Großwörterbuch
Deutsch als Fremdsprache

WAHRIG

Großwörterbuch Deutsch als Fremdsprache

von Renate Wahrig-Burfeind

Bertelsmann Lexikon Institut
Cornelsen

WAHRIG

Fragen zur Rechtschreibung, Grammatik und Zeichensetzung beantwortet die WAHRIG-Sprachberatung unter der Telefonnummer **09001 898960** (1,86 Euro pro Minute deutschlandweit) und unter der Internet-Adresse **www.wahrig-sprachberatung.de**

Die Autorin

Dr. Renate Wahrig-Burfeind ist Lexikographin und besitzt langjährige Erfahrung in der Erarbeitung und Betreuung von Wörterbüchern.

Wissenschaftliche Beratung

Deutsch als Fremdsprache

Prof. Dr. Britta Hufeisen: Professorin für Mehrsprachigkeitsforschung und Deutsch als Fremdsprache am Institut für Sprach- und Literaturwissenschaft der TU Darmstadt

Sprachtechnologische Beratung

Prof. Dr. Manfred Pinkal: Professor für Computerlinguistik am Institut für Computerlinguistik und Phonetik an der Universität des Saarlandes

Das **WAHRIG Textkorpus**digital wurde aufgebaut und sprachtechnologisch ausgewertet durch die CLT Sprachtechnologie GmbH Saarbrücken.

Die Auswertung erfolgte u.a. auf der Basis aktueller Jahrgänge folgender Zeitungen und Zeitschriften: *Berliner Zeitung, BRAVO, FÜR SIE, Neue Zürcher Zeitung, Spektrum der Wissenschaft, Der Spiegel, Der Standard, Süddeutsche Zeitung* (lizenziert durch die DIZ München GmbH)

Redaktionelle Leitung
Dr. Sabine Krome
Redaktion
Michael Müller, omnibooks, Andrea Rocha-Lieder, Bernhard Roll
Illustrationen
Ralf Haselhorst
Layout
Angelika Bredin
Datentechnik und Satz
omnibooks, Roman Bold & Black, Köln, Andreas Ziegelmayer
Herstellung
Joachim Weintz
Einbandgestaltung
Groothuis, Lohfert, Consorten/ www.glcons.de
Druck und Bindung
CPI books, Leck

1. Auflage

Printed in Germany
ISBN 978-3-577-10237-7

Vorwort

Das neu entwickelte Werk »WAHRIG Großwörterbuch Deutsch als Fremdsprache« wurde auf der Grundlage von »WAHRIG Deutsches Wörterbuch« erarbeitet und verzeichnet rund 70.000 Stichwörter, Anwendungsbeispiele und Redensarten. Die Konzeption des Wörterbuchs zielt noch genauer als die bereits in der Reihe der WAHRIG-Werke erschienenen Bedeutungswörterbücher auf die Bedürfnisse von Deutschlernenden ab.

So wurden auch die Stichwörter für den in diesem Wörterbuch dargestellten Grundwortschatz speziell auf den Bereich Deutsch als Fremdsprache abgestimmt. Die Auswahl der Wörter erfolgte anhand des »WAHRIG Textkorpus^{digital}«, der großen digitalen Textsammlung des Verlags. Ausschlaggebendes Kriterium für die Aufnahme in das Wörterbuch war neben inhaltlichen Kriterien insbesondere die Häufigkeit ihres Vorkommens im Deutschen.

Besonders ausgearbeitet ist in diesem Wörterbuch auch der sogenannte Zertifikatswortschatz, dessen Erlernen eine grundlegende Voraussetzung für das erfolgreiche Bestehen der Sprachprüfung »Zertifikat Deutsch« ist. Diese Stichwörter sind im Wörterbuch farbig hervorgehoben und besonders ausführlich dargestellt. Ebenso sind alle wichtigen Austriazismen und Helvetismen verzeichnet, diese werden zum Teil auch dem Zertifikatswortschatz zugerechnet. Das Stichwortverzeichnis umfasst der Zielgruppe entsprechend überwiegend deutsche Wörter. In wenigen Fällen wurden auch Fremdwörter aufgenommen, allerdings nur, wenn sie sehr gebräuchlich und Bestandteil der deutschen Standardsprache sind.

Die Definitionen der in diesem DaF-Wörterbuch beschriebenen Stichwörter wurden so vereinfacht, dass sie auch für den Deutschlernenden leicht verständlich sind. Es sind zahlreiche Beispielsätze und Kollokatoren aufgeführt, die den typischen Gebrauch der jeweiligen Wörter in der deutschen Alltagssprache widerspiegeln, dabei sind auch umgangssprachliche Wendungen der Alltagskommunikation berücksichtigt.

Weitere Informationen zu Landeskunde, kulturellen Bräuchen und sprachlichen Besonderheiten bieten rund 200 farbig hervorgehobene Infokästen. Die Konzeption des Wörterbuchs und der Aufbau der Stichwortartikel sind ausführlich erläutert in den »Hinweisen zur Benutzung«.

Eine Einleitung von Prof. Dr. Britta Hufeisen in das Wörterbuch beschreibt die wissenschaftlichen und praktischen Grundlagen des Faches »Deutsch als Fremdsprache« mit einer Einführung in die grammatischen Grundbegriffe des Deutschen.

Autorin und Redaktion hoffen, dass dieses speziell auf die Erfordernisse von Deutsch als Fremdsprache hin konzipierte Nachschlagewerk allen Deutschlernenden ein hilfreicher und zuverlässiger Begleiter im Sprachunterricht sein möge.

Renate Wahrig-Burfeind
Januar 2008

Inhalt

i

Hinweise zur Benutzung

1. Auswahl der Stichwörter

Die Auswahl der Stichwörter für das WAHRIG Großwörterbuch DaF erfolgte auf der Basis des WAHRIG Textkorpus[digital] – einer derzeit 900 Mio. Wortbelege umfassenden digitalen Textsammlung – mit dessen Hilfe die deutsche Sprache auf ihrem gegenwärtigen Stand erfasst wird. Ausschlaggebend für die Aufnahme der Wörter in das Wörterbuch ist vor allem die Verwendungshäufigkeit bzw. Gebräuchlichkeit der Begriffe. Der Lerner des Deutschen als Fremdsprache kann davon ausgehen, dass Begriffe oder Redewendungen, die ihm im Alltag begegnen oder die er bei der Zeitungslektüre vorfindet, im Wörterbuch verzeichnet sind.

Da der Umfang dieses Werks auf die Belange des Lernenden begrenzt bleiben sollte, musste jedoch eine gewisse Auswahl aus dem Wortschatz des Deutschen getroffen werden. So wurden geografische Namen in der Regel nicht in das Wörterverzeichnis aufgenommen. Diese können jedoch – zusammen mit den zugehörigen Einwohnerbezeichnungen – in der Tabelle auf S. 13 nachgeschlagen werden. Der Grundwortschatz „Zertifikat Deutsch" ist blau markiert und speziell für Deutschlerner ausgearbeitet.

2. Rechtschreibung

Dieses Wörterbuch stellt die deutsche Rechtschreibung auf dem aktuellen Stand der neuen amtlichen Rechtschreibregelung dar, die am 1.8.2006 in Kraft getreten ist.

Im Zuge der Rechtschreibreform wurden auch zahlreiche Variantenschreibungen zugelassen. So ist z. B. sowohl die Zusammenschreibung *saubermachen* als auch die Getrenntschreibung *sauber machen* möglich.

Bei vielen Fremdwörtern gibt es neben einer fremdsprachigen auch eine an das Deutsche angepasste Schreibung (z. B. *Spaghetti* oder *Spagetti; Graphiker* oder *Grafiker*). Im Wörterbuch sind in der Regel alle Varianten verzeichnet, sofern sie gebräuchlich sind.

3. Stichworteintrag

Der Stichworteintrag ist in **fetter** Schrift gedruckt, ihm folgen die grammatischen Angaben in spitzen Klammern.
Blau markierte Stichwörter sind Bestandteil des Wortschatzes „Zertifikat Deutsch". Manche Wörter werden gleich geschrieben, erhalten jedoch jeweils einen eigenen Stichworteintrag. Dies ist dann der Fall, wenn sie unterschiedlichen Wortarten angehören:

ma̲l[1] ⟨Adv.⟩ **I** ⟨Zeichen: x, ·⟩ *vervielfältigt, malgenommen, multipliziert mit* ▸ zwei ~ drei ist sechs **II** ⟨umg.; kurz für⟩ *einmal*[1] ▸ ich bin schon ~ dort gewesen; noch ~ / nochmal
ma̲l[2] ⟨Abtönungspartikel; umg.; kurz für⟩ *einmal*[2] ▸ komm ~ her!: es ist nun ~ so

Gleiches gilt für Stichwörter, die gleich geschrieben werden, aber eine unterschiedliche Wortherkunft haben:

Ki̲e̲l[1] ⟨der; -(e)s, -e⟩ *harter Teil der Vogelfeder, früher als Schreibgerät verwendet;* Zus *Federkiel, Gänsekiel*
Ki̲e̲l[2] ⟨der; -(e)s, -e⟩ *unterster, mittlerer Längsteil (aus Holz od. Stahl) mancher Schiffe* ▸ ein Schiff auf ~ legen *zu bauen beginnen*

Stehen mehrere fettgedruckte Stichwörter hintereinander in derselben Zeile, so haben sie die gleiche Bedeutung, können aber unterschiedlich geschrieben werden:

kẹn|nen|ler|nen *auch:* **kẹn|nen ler|nen**
ạcht|ge|ben *auch:* **Ạcht ge|ben**

3.1 Worttrennung

Am Stichwort wird auch die Worttrennung markiert. Zu ihrer Kennzeichnung werden die Zeichen | und | verwendet:
da|zwi|schen (wird getrennt: *da-zwi-schen*)
da|von|lau|fen (wird getrennt: *da-von-laufen*)

Der blaue senkrechte Strich | steht bei Verben mit abtrennbarer Vorsilbe (z. B. *davonlaufen – ich laufe davon*). Es ist zu beachten, dass sich durch das Anfügen einer Flexionsendung auch die Worttrennung ändern kann, z. B. *Tag, Tage* (abgetrennt: *Ta-ge*). Deshalb wird bei allen Flexionsendungen die Worttrennung mit angegeben:
ge|rẹcht ⟨Adj.; -er, am -es|ten⟩

3.2 Betonung

Die Betonung ist bei den meisten Stichwörtern am Stichworteintrag selbst angegeben: Lange betonte Vokale oder Diphthonge haben einen Unterstrich:

gie|ßen
Gie|ße|rei

Kurze betonte Vokale sind unterpunktet:

Gips
Köpf|chen

Bei unterschiedlicher Betonung wird die abweichende Betonung in eckigen Klammern hinter das Stichwort gesetzt:

Al|ge|bra ⟨österr. [-'--] die; -; unz.; Math.⟩

3.3 Aussprache

Die Aussprache wird nach dem Internationalen Phonetischen Alphabet angegeben. Sie ist bei Wörtern verzeichnet, deren Aussprache Probleme bereitet oder den üblichen Ausspracheregeln des Deutschen zuwiderläuft:

Asyl ⟨[azyːl] das; -s, -e⟩
Bal|kon ⟨[balkɔ̃ː] od. [-kɔŋ]⟩
Knie ⟨das; -s, - [kniːə], a. [kniː]⟩

Insbesondere dort, wo man den Buchstaben *v* nicht [f] sondern [v] (also wie in *Wasser*) ausspricht, wird dies angegeben:

Kon|ser|vie|rung ⟨[-viː-]⟩

4. Grammatische Angaben

Die grammatischen Angaben stehen immer in spitzen Klammern < >. Bei jedem Stichwort wird aufgeführt, zu welcher Wortart es gehört.

4.1 Substantive

Bei Substantiven wird entsprechend dem grammatischen Geschlecht der Artikel angegeben, dahinter folgen die Endungen von Genitiv Singular und Nominativ Plural. Wird ein Substantiv regional mit unterschiedlichem Genus gebraucht, wird auch dies angegeben:

Knall|frosch ⟨der; -(e)s, -frö|sche⟩
Ra|dio ⟨das; -s, -s⟩ **1** ⟨schweiz. a. der; -s, -s⟩

Weiterhin ist bei Substantiven die Abkürzung <unz.> ein Hinweis darauf, dass sie „unzählbar" sind, also nicht im Plural stehen. Manche Wörter bilden im Zusammenhang mit einer bestimmten Bedeutung einen Plural, bei einer anderen jedoch nicht, so z. B. bei dem Wort *Fass*. Hier wird im Wörterbuch angegeben, in welchen Bedeutungen das Wort zählbar (mit der römischen Ziffer I gekennzeichnet) und in welchen es unzählbar (mit der römischen Ziffer II gekennzeichnet) ist:

Tel|ler|rand ⟨der; -(e)s, -rän|der⟩ **I** ⟨zählb.⟩ *Rand des Tellers* **II** ⟨unz.; übertr.⟩ *enger geistiger Horizont* ▸ über den eigenen ~ nicht hinaussehen können *sich nur mit sich selbst beschäftigen*

4.2. Verben

Da Verben bei der Konstruktion von Sätzen eine besonders wichtige Funktion zukommt, sind hier die grammatischen Angaben besonders differenziert.

Valenzangaben: Verben sind in der Grammatikklammer durch ein V. gekennzeichnet. Danach folgt der Hinweis, ob sie transitiv (mit Akkusativobjekt) <V. trans.>, intransitiv <V. intr.> (ohne Objekt bzw. mit Dativobjekt oder Präpositionalobjekt), reflexiv <V. refl.> oder unpersönlich <unpers.> gebraucht werden:

ge|sel|len ⟨V. refl.; ge|sellt sich, ge|sell|te sich, hat sich ge|sellt⟩ sich zu jmdm. ~ *sich jmdm. anschließen*

Flexionsformen: Bei jedem Verb werden die flektierten Formen der 3. Person im Präsens Singular und Präteritum Singular sowie das Perfekt mit *haben* bzw. *sein* angegeben. Bei Verben mit abtrennbarer Vorsilbe wird auch die Infinitivform mit *zu* aufgeführt:

ta|deln ⟨V. trans.; ta|delt, ta|del|te, hat ge|ta|delt⟩
lau|fen ⟨V.⟩ **I** ⟨V. intr.; läuft, lief, ist ge|lau|fen⟩
hin|wir|ken ⟨V. intr.; wirkt hin, wirk|te hin, hat hin|ge|wirkt, hin|zu|wir|ken⟩

Satzmuster: Bei der Konstruktion von Sätzen ist es notwendig zu wissen, mit welchen Mitspielern das Verb gebraucht wird. So benötigt das Verb *schenken* neben dem Subjekt noch weitere Mitspieler im Akkusativ und im Dativ. In den Konstruktionsformeln werden die Mitspieler durch *etwas* bzw. *jmd.* (= jemand) markiert. Auf die Nennung des Subjekts wird dagegen verzichtet:

vor|sa|gen ⟨V.; sagt vor, sag|te vor, hat vor|ge|sagt, vor|zu|sa|gen⟩ **I** ⟨V. trans.⟩ jmdm. etwas ~ *zum Nachsagen, Wiederholen vorsprechen* **II** ⟨V. trans. u. V. intr.; Schülerspr.⟩ jmdm. (etwas) ~ *die Antwort heimlich zuflüstern*

Wird das Verb vor allem im Zusammenhang mit bestimmten Wörtern gebraucht, so stehen auch diese in den Satzmustern:

> **kap|pen** ⟨V. trans.; kappt, kapp|te, hat ge|kappt⟩ einen Mast, Zweig, ein Tau ~ *abschneiden, abhauen, verkürzen*

4.3 Adjektive

Bei den Adjektiven ist die regelmäßige Steigerung (Endung *-(e)r* für den Komparativ, Endung *-sten* für den Superlativ) nicht angegeben. Bei Adjektiven mit unregelmäßiger Steigerung werden die Formen in den folgenden Fällen angegeben:

1. bei Verwendung eines anderen Wortstamms:

   gut ⟨Adj.; bes|ser, am bes|ten⟩

2. bei Bildung der Komparationsformen mittels eines Umlauts:

   warm ⟨Adj.; wär|mer, am wärms|ten⟩

3. bei eingeschobenem Vokal:

   weit ⟨Adj.; -er, am -es|ten⟩

4. bei Wegfall eines Vokals:

   edel ⟨Adj.; ed|ler, am -s|ten⟩

Bei einigen Verbformen hat sich das Partizip Perfekt im Laufe der Zeit zu einem selbstständigen Adjektiv mit einer eigenen Bedeutung entwickelt. Bei solchen Adjektiven wird im Artikel zusätzlich auf das Stichwort der Verbform verwiesen:

> **ge|lehrt** I ⟨Part. Perf. von⟩ *lehren* II ⟨Adj.; -er, am -es|ten⟩ *gründlich wissenschaftlich gebildet* ▸ eine ~e Abhandlung verfassen; Abl *Gelehrtheit*

5. Stilebene und Fachgebiet

Wörter und Redewendungen, zu denen keine besonderen Hinweise gegeben sind, können grundsätzlich als standardsprachlich betrachtet werden. Sie sind damit für das gesamte deutsche Sprachgebiet relevant. Speziell gekennzeichnet sind dagegen:

1. Einschränkungen des Sprachgebietes: Es gibt Wörter und Wendungen, die nur in Österreich, in der Schweiz, im Gebiet eines Dialekts oder einer Landschaft üblich sind.
2. Eingrenzung der Stilebene: Grundsätzlich sind sowohl standardsprachliche als auch umgangssprachliche Begriffe verzeichnet. Während die Standardsprache insbesondere für den offiziellen und den schriftlichen Gebrauch des Deutschen relevant ist, wird mit der Umgangssprache der eher lockere Ton der mündlichen Konversation bezeichnet (vgl. z. B. umg. *(Geld) verplempern* gegenüber standardsprachlich *(Geld) vergeuden*). Wörter, die als umgangssprachlich empfunden werden, sind entsprechend <umg.> gekennzeichnet (z. B. *Glotze, saufen* usw.). Zur Vulgärsprache <derb> werden insbesondere diejenigen Wörter und Wendungen gerechnet, die sich in verletzender oder entwürdigender Form auf die Aufnahme und Ausscheidung von Nahrung sowie auf Sexuelles beziehen und damit einem gewissen Tabu unterliegen. Stilistisch über der Standardsprache steht noch die sogenannte Dichtersprache, die durch den Hinweis <poet.> gekennzeichnet ist: *Ross* gegenüber *Pferd*. Weitere Stilbezeichnungen geben die Hinweise scherzhaft <scherzh.>, gehoben <geh.>, im übertragenen Sinn <übertr.> u.a.
3. Sondersprachen oder Jargon: Hiermit wird die Redeweise bestimmter gesellschaftlicher Gruppen oder Berufsstände bezeichnet: <Jugendspr.>, <Jägerspr.> usw.
4. Fachsprachen: Sie verweisen auf ein bestimmtes Fachgebiet, in dem Wörter oder Redewendungen gebraucht werden: <EDV>, <Med.>, <Rechtsw.>, <Soziol.> usw.
Die entsprechenden Abkürzungen sind in der Tabelle „Abkürzungen und Zeichen" (S. 12) aufgelistet.

6. Der Aufbau eines Wörterbuchartikels

Die Wörterbuchartikel sind in der Regel folgendermaßen aufgebaut:

1. Stichworteintrag: Angaben zu Schreibvarianten, zur Worttrennung und Betonung
2. Grammatikklammer < >: grammatische Angaben zur Aussprache, zur Wortart, zur Konjugation, zum Sprachgebiet und zur Stilebene
3. *Worterklärung* (bei Verben mit Satzmuster)
4. Anwendungsbeispiele (nach dem Trennzeichen ▸): Angabe von typischen Redewendungen und gebräuchlichen Formulierungen (lässt sich die Bedeutung einer Redewendung nicht aus ihren einzelnen Bestandteilen erschließen, so ist eine kursiv gedruckte Erläuterung beigefügt)

6.1 Die Anordnung der Bedeutungen

Der Aufbau von Wörterbuchartikeln, bei denen das Stichwort nur eine Bedeutung besitzt, ist klar strukturiert:

> **grü|nen** ⟨V. intr.; grünt, grün|te, hat ge|grünt⟩ *grün werden, grüne Triebe zeigen* ▸ ~de Bäume, Sträucher; wie im Mai alles grünt und blüht

Besitzt ein Wort mehrere Bedeutungen, so werden diese durch arabische Ziffern markiert. Dabei wird die am häufigsten verwendete Bedeutung des Wortes – das ist in der Regel die allgemeine Grundbedeutung – an den Anfang gestellt, die weniger häufig gebrauchten, spezielleren oder übertragenen Bedeutungen werden angefügt. Bei Verben werden die Satzmuster aufgeführt:

> **kalk|weiß** ⟨Adj.⟩ **1** *weiß wie Kalk* **2** ⟨übertr.⟩ *blass vor Angst od. Entsetzen* ▸ ~e Häuser; sie war ~ geschminkt; er wurde ~ im Gesicht ⟨übertr.⟩

Die Nummerierung mit römischen Zahlen erfolgt dann, wenn ein Wort grammatisch unterschiedlich gebraucht wird, so kann z. B. *darbieten* sowohl transitiv als auch reflexiv gebraucht werden. Hier werden die grammatischen Kategorien durch römische Ziffern voneinander getrennt:

> **dar|bie|ten** ⟨V.; bie|tet dar, bot dar, hat dar|ge|boten, dar|zu|bie|ten⟩ **I** ⟨V. trans.⟩ (jmdm.) etwas ~ **1** *reichen, anbieten* **2** *vortragen;* Abl *Darbietung* ▸ jmdm. die Hand ~; eine gute Show ~ **II** ⟨V. refl.⟩ sich jmdm. ~ *sich bieten, sich zeigen* ▸ ihm bot sich eine Gelegenheit dar

6.2 Die Anordnung der Anwendungsbeispiele

Um bei größeren Artikeln das Auffinden der gesuchten Formen zu erleichtern, sind die Umgebungswörter der Anwendungsbeispiele **blau** hervorgehoben und nach Wortarten gegliedert. Der Übergang von einer Wortart zur anderen ist jeweils mit dem Trennzeichen ▸ markiert. Die Gliederung erfolgt in dieser Reihenfolge:

- Substantive
- Verben
- Adjektive
- Adverbien, Präpositionen, Konjunktionen
- Fragewörter
- Passivformen
- Partizipformen des Stichworts im Präsens oder Perfekt

Beispiele, die sich keinem der genannten Punkte zuordnen lassen (z. B. Ausrufe, Wendungen in direkter Rede), werden zu Anfang verzeichnet:

> **be|den|ken** ⟨V. trans.; be|denkt, be|dach|te, hat bedacht⟩ **1** etwas ~ *über etwas nachdenken, sich etwas überlegen, etwas erwägen* **2** jmdn. ~ *jmdn. beschenken* **3** etwas od. jmdn. ~ *an etwas od. jmdn. denken, es od. ihn mitberücksichtigen* ▸ es ist zu ~, dass … ▸ du solltest die Folgen ~ ▸ etwas gründlich ~; wenn man es recht bedenkt ▸ er hat sie in seinem Testament bedacht; jmdn. mit etwas ~ *jmdn. mit etwas beschenken, jmdm. etwas vermachen;* jmdn. mit einem Geschenk ~; jmdm. etwas zu ~ geben *jmdn. auf etwas hinweisen* ▸ auf etwas bedacht sein *eine bestimmte Absicht verfolgen;* er war stets nur darauf bedacht, seinen Vorteil auszunützen

6.3 Bedeutungserklärungen

Die Erklärungen zu den Wörtern und Anwendungsbeispielen sind *kursiv* gedruckt. Sie sind so verständlich wie möglich gehalten und sollen keine fachwissenschaftlichen Definitionen ersetzen. Bei den Worterklärungen geht es also immer darum, Hilfen zu geben, die es dem Lernenden ermöglichen, durch ihm bereits bekannte sprachliche Elemente andere ihm unbekannte zu verstehen.

Hat ein Stichwort mehrere Bedeutungen, so sind die Bedeutungserklärungen durch arabische Ziffern voneinander abgetrennt:

> **raf|fen** ⟨V. trans.; rafft, raff|te, hat ge|rafft⟩ **1** etwas ~ *gierig nehmen, fassen* **2** etwas ~ *geizig anhäufen* **3** ein Kleid, einen Stoff, Vorhang ~ *in kleine Falten legen, bauschen* **4** einen Text ~ *kürzen* **5** ⟨Jugendspr.⟩ etwas ~ *begreifen, verstehen* ▸ alles Geld, Kleider an sich ~; geraffte Vorhänge; er rafft es einfach nicht ⟨Jugendspr.⟩

6.4 Synonyme – Syn

Synonyme, d. h. bedeutungsgleiche oder bedeutungsähnliche Wörter, können wie Begriffsdefinitionen dazu dienen, die Bedeutung eines Wortes näher einzugrenzen. Synonyme werden am Ende der Bedeutungserklärung aufgeführt, für die sie gültig sind, und sind durch **Syn** markiert:

> **Grip|pe** ⟨die; -, -n; Med.⟩ **1** *ansteckende, fiebrige Viruskrankheit, die sich häufig im Frühjahr u. Herbst epidemieartig verbreitet;* Syn *Virusgrippe, Influenza;* Zus *Grippeimpfung* **2** *leichtere akute Infektion, Erkältungskrankheit;* Syn *grippaler Infekt* ▸ ich habe eine ~ bekommen; er muss wegen einer ~ zu Hause bleiben; sie liegt mit einer ~ im Bett

Ist ein Synonym für mehrere Bedeutung gültig, so steht es vor den Bedeutungserklärungen:

Pa|ra|sit <der; -en, -en> Syn *Schmarotzer* **1** *Pflanze od. Tier, die bzw. das sich in od. auf einem anderen Lebewesen aufhält u. sich von ihm ernährt;* Zus *Darmparasit, Hautparasit* **2** *jmd., der auf fremde Kosten lebt;* Abl *parasitär, parasitisch*

6.5 Antonyme – Ggs

Antonyme sind Wortpaare mit gegensätzlicher Bedeutung, sie werden durch den Hinweis **Ggs** (= Gegensatz) gekennzeichnet. Antonyme werden immer dann aufgeführt, wenn sie als Ergänzung zur Bedeutungserklärung sinnvoll erscheinen. Unter Gegensatz wird hierbei nicht ein „logischer Gegenpol" verstanden, sondern im weiteren Sinne eine stark konträre Bedeutung in einer sprachlich ähnlichen Situation:

jen|seits <a. [jen-] Präp. m. Gen.> *auf der anderen Seite;* Ggs *diesseits* ▸ ~ des Flusses; ~ der deutschen Grenze; das ist ~ von Gut und Böse *das überschreitet alle Grenzen*

6.6 Ableitungen – Abl

Wenn sich ein Wort direkt aus einem anderen ableiten lässt (z. B. *Grausamkeit* aus *grausam*), so erhält dieses kein eigenes Stichwort, sondern steht bei dem Wort, von dem es sich ableiten lässt, hinter dem Zeichen **Abl** (= Ableitung):

fröh|lich <Adj.> *heiter, unbeschwert, mit Freude erfüllt, vergnügt* ▸ er kam ~ von der Arbeit; du machst heute ein ~es Gesicht; die Kinder spielen ~ im Garten; Abl *Fröhlichkeit*

6.7 Zusammensetzungen – Zus

Im Deutschen besteht die Möglichkeit, aus mehreren Wörtern Zusammensetzungen (Komposita) zu bilden (z. B. *Haus* + Tür → *Haustür*). Um dem Lernenden zu zeigen, welche Bildungen von Zusammensetzungen möglich oder gebräuchlich sind, werden bei zahlreichen Stichwörtern hinter dem Zeichen **Zus** (= Zusammensetzung) die wichtigsten Zusammensetzungen aufgeführt:

De|cke <die; -, -n> **1** *etwas zum Zudecken, Bedecken;* Zus *Bettdecke, Tischdecke* **2** *Auflage, (obere) Schicht;* Zus *Schneedecke, Straßendecke*

6.8 Orthografische Varianten – oV

Bei vielen Wörtern sind zwei Schreibungen orthografisch korrekt. In diesem Wörterbuch werden in der Regel alle zugelassenen Schreibungen aufgeführt. Steht eine orthografische Variante im Alphabet an gleicher Stelle – das betrifft vor allem die Getrennt- und Zusammenschreibung –, so werden beide Schreibungen im Stichwort nebeneinander aufgeführt:

ken|nen||ler|nen *auch:* **ken|nen ler|nen**

Steht die orthografische Variante im Alphabet an anderer Stelle, so wird sie im Wörterbuchartikel durch **oV** (= orthografische Variante) markiert:

Spa|ghet|ti <Pl.> *lange, dünne, nicht hohle Nudeln;* oV *Spagetti* ▸ Kinder essen gern ~ mit Ketchup

6.9 Verweis auf Bildtafeln – ⓘ

In das Wörterbuch sind auf insgesamt 20 Seiten Bildtafeln zu typischen Themenbereichen des Alltags, z. B. Arbeitsplatz, Schule, eingefügt. Bei allen Begriffen im Wörterverzeichnis, die in solchen Illustrationen bildhaft umgesetzt sind, verweist das Zeichen ⓘ zusammen mit der Seitenzahl auf die entsprechende Bildtafel.

Erd|ap|fel <der; -s, -äp|fel; österr., süddt.> *Kartoffel;* ⓘ S. 1002

Erd|bee|re <die; -, -n> *rote, süße, saftige Frucht, die an kleinen strauchigen Pflanzen wächst u. im Frühsommer reif ist;* ⓘ S. 1003; Abl *erdbeerfarben;* Zus *Erdbeerbowle, Erdbeerkuchen, Erdbeermarmelade, Erdbeertorte*

7. Informationskästen

Im Wörterverzeichnis finden sich rund 200 Infokästen zu verschiedenen Themenbereichen. Viele dieser Kästen geben grundlegende Informationen zur Landeskunde und zu wichtigen Institutionen (z. B. zu *Kindergarten* oder *Partei*). Andere erläutern den kulturellen Hintergrund von Begriffen, wie z. B. *Stammtisch* oder *Nikolaus*. Eine weitere Gruppe behandelt typische Probleme, die beim Erlernen der deutschen Sprache auftreten. So werden z. B. die Adjektive *empfindlich* oder *empfindsam* oft verwechselt. Die diesen Problemen zugrundeliegenden grammatischen und semantischen Eigenschaften werden erläutert, der richtige Gebrauch der Wörter und Wendungen anhand typischer Beispielsätze gezeigt.

Abkürzungen und Zeichen

a.	auch
Abk.	Abkürzung
Abl	Ableitung
Adj.	Adjektiv
adv.	adverbial
Adv.	Adverb
afrik.	afrikanisch
ägypt.	ägyptisch
ahd.	althochdeutsch
Akk.	Akkusativ
allg.	allgemein
amerikan.	amerikanisch
Amtsdt.	Amtsdeutsch
Anat.	Anatomie
Arch.	Architektur
Archäol.	Archäologie
Art.	Artikel
Astrol.	Astrologie
Astron.	Astronomie
AT	Altes Testament
attr.	attributiv
Ausspr.	Aussprache
bair.	bairisch
Bankw.	Bankwesen
Bauw.	Bauwesen
bes.	besonders
Bes	Besonderheit
best.	bestimmt
Bez.	Bezeichnung
Bgb.	Bergbau
Biol.	Biologie
Bot.	Botanik
bzw.	beziehungsweise
ca.	circa
Chem.	Chemie
chin.	chinesisch
Dat.	Dativ
Dekl.	Deklination
d. h.	das heißt
dt.	deutsch
Dtschld.	Deutschland
EDV	Elektronische Datenverarbeitung
ehem.	ehemalig
eigtl.	eigentlich
Eisenb.	Eisenbahn
El.	Elektrizität
engl.	englisch
erg.	ergänze
europ.	europäisch
ev., evang.	evangelisch
evtl.	eventuell
f.	femininum, weiblich
fachspr.	fachsprachlich
Fem.	Femininum, weibliches Geschlecht
Finanzw.	Finanzwesen
finn.	finnisch
Flugw.	Flugwesen
Fot.	Fotografie
frz.	französisch
Fußb.	Fußball(spiel)
geh.	gehoben
Gen.	Genitiv
Geogr.	Geografie
Geol.	Geologie
Geom.	Geometrie
Gesch.	Geschichte
Ggs	Gegensatz
Gramm.	Grammatik
grch.	griechisch
hl.	heilig
i. Allg.	im Allgemeinen
i. e. S.	im engeren Sinne
Inf.	Infinitiv
insbes.	insbesondere
Int.	Interjektion
intr.	intransitiv
ital.	italienisch
i. w. S.	im weiteren Sinne
Jagdw.	Jagdwesen
Jh.	Jahrhundert
jmd.	jemand
jmdm.	jemandem
jmdn.	jemanden
jmds.	jemandes
Kart.	Kartenspiel
kath.	katholisch
Kfz	Kraftfahrzeug(technik)
Kochk.	Kochkunst
Komp.	Komparativ
Konj.	Konjunktion
Kunstw.	Kunstwort
Kurzw.	Kurzwort
Landw.	Landwirtschaft
lat.	lateinisch
Lit.	Literatur(wissenschaft)
m.	maskulinum, männlich
MA	Mittelalter
Mal.	Malerei
Mar.	Marine
Mask.	Maskulinum, männliches Geschlecht
Math.	Mathematik
mdt.	mitteldeutsch
Med.	Medizin
Meteor.	Meteorologie
mhd.	mittelhochdeutsch
Mil.	Militärwesen
Min.	Mineralogie
Myth.	Mythologie
n.	neutrum, sächlich
Neutr.	Neutrum, sächliches Geschlecht
nhd.	neuhochdeutsch
Nom.	Nominativ
norddt.	norddeutsch
NT	Neues Testament
Num.	Numerale
o. Ä.	oder Ähnliche(s)
oberdt.	oberdeutsch
Obj.	Objekt
od.	oder
Ökol.	Ökologie
ostdt.	ostdeutsch
österr.	österreichisch
oV	orthografische Variante
Päd.	Pädagogik
Perf.	Perfekt
pers.	persönlich
Pharm.	Pharmazie
Philos.	Philosophie
Phon.	Phonetik
Phys.	Physik
Pl.	Plural
poet.	poetisch
Pol.	Politik
präd.	prädikativ
Präf.	Präfix
Präp.	Präposition
Präs.	Präsens
Prät.	Präteritum
Pron.	Pronomen
Psych.	Psychologie
rd.	rund
Rechtsw.	Rechtswesen
refl.	reflexiv, rückbezüglich
Rel.	Religion
relig.	religiös
Rhet.	Rhetorik
Sammelbez.	Sammelbezeichnung
scherzh.	scherzhaft
Schulw.	Schulwesen
schweiz.	schweizerisch
Sg., Sing.	Singular
Soziol.	Soziologie
Sp.	Sport
Spr.; ...spr.	Sprache; ...sprache
Sprachw.	Sprachwissenschaft
Sprichw.	Sprichwort
Subst.	Substantiv
süddt.	süddeutsch
Superl.	Superlativ
Syn	Synonym
trans.	transitiv
Tel.	Telekommunikation
Textilw.	Textilwesen
Theat.	Theater
Theol.	Theologie
TV	Fernsehen
Typ.	Typographie
u.	und
u. a.	unter anderem, und anderes

u.Ä.	und Ähnliche(s)	Vors.	Vorsilbe	=	Hinweis auf ein Wort mit gleicher Bedeutung
übertr.	im übertragenen Sinn	V. refl.	reflexives Verb		
u. dgl.	und dergleichen	V. trans.	transitives Verb		
umg.	umgangssprachlich	westdt.	westdeutsch	*	sprachlich nicht korrekt, ungrammatisch; bei Personen: geboren
undekl.	undeklinierbar	Wirtsch.	Wirtschaft		
unpers.	unpersönlich	wiss.	wissenschaftlich		
unz.	unzählbar (ohne Plural)	zählb.	zählbar (mit Plural)		
		z.B.	zum Beispiel	†	gestorben
urspr.	ursprünglich	Zeitungsw.	Zeitungswesen	®	Markenzeichen
usw.	und so weiter	Zool.	Zoologie		
V.	Verb	Zus	Zusammensetzung		
vgl.	vergleiche	zw.	zwischen		
V. intr.	intransitives Verb				
viell.	vielleicht	→	siehe		
Volksk.	Volkskunde	→ a.	siehe auch		

Die Endungen *-isch* und *-lich* sind oft abgekürzt.
Weitere Abkürzungen befinden sich im Wörterverzeichnis als Stichwörter.

Geografische Namen und Einwohnerbezeichnungen

Die Namen von Ländern und Regionen sind im Deutschen in der Regel Neutra, werden aber ohne Artikel gebraucht, z.B. *Deutschland, Frankreich, Österreich, Bayern.* In diesen Fällen steht auf die Frage *wohin*? die Präposition *nach* (z.B. *wir fahren nach Deutschland*) und auf die Frage *wo?* die Präposition *in* (z.B. *ich arbeite in Österreich*).
Einige wenige Namen von Ländern oder Regionen stehen dagegen mit einem Artikel (z.B. *die Schweiz, die Niederlande, das Saarland*). Auf die Fragen *wo*? und *wohin*? müssen sie mit der Präposition *in* gebraucht werden (z.B. *wir fahren in die Schweiz, ich arbeite im Saarland*).
Weibliche Einwohnernamen werden in der Regel durch Anhängen der Endung *-in* gebildet: *Österreicher – Österreicherin.* Endet der Name auf *-e*, so entfällt dies bei der Bildung weiblicher Formen: *Däne – Dänin.*

Bundesländer und Kantone

Deutsche Bundesländer

Baden-Württemberg	Baden-Württemberger
Bayern	Bayer
Berlin	Berliner
Brandenburg	Brandenburger
Bremen	Bremer
Hamburg	Hamburger
Hessen	Hesse
Mecklenburg-Vorpommern	Mecklenburg-Vorpommer
Niedersachsen	Niedersachse
Nordrhein-Westfalen	Nordrhein-Westfale
Rheinland-Pfalz	Rheinland-Pfälzer
das Saarland	Saarländer
Sachsen	Sachse
Sachsen-Anhalt	Sachsen-Anhalter/ Sachsen-Anhaltiner
Schleswig-Holstein	Schleswig-Holsteiner
Thüringen	Thüringer

Österreichische Bundesländer

das Burgenland	Burgenländer
Kärnten	Kärntner/Kärntener
Niederösterreich	Niederösterreicher
Oberösterreich	Oberösterreicher
Salzburg	Salzburger
die Steiermark	Steirer/Steiermärker
Tirol	Tiroler
Vorarlberg	Vorarlberger
Wien	Wiener

Geografische Namen und Einwohnerbezeichnungen

Schweizer Kantone

der Aargau	Aargauer
Appenzell-Innerrhoden	Innerrhoder
Appenzell-Außerrhoden	Außerrhoder
Basel-Stadt	Basler
Basel-Landschaft	Baselbieter
Bern	Berner
Freiburg	Freiburger
Genf	Genfer
Glarus	Glarner
Graubünden	Bündner/Graubündner
der Jura	Jurassier
Luzern	Luzerner
Neuenburg	Neuenburger
Nidwalden	Nidwaldner
Obwalden	Obwaldner
Sankt Gallen	Sankt Galler/Sankt-Galler
Schaffhausen	Schaffhauser
Schwyz	Schwyzer
Solothurn	Solothurner
das Tessin	Tessiner
der Thurgau	Thurgauer
Uri	Urner
Waadt	Waadtländer
das Wallis	Walliser
Zug	Zuger
Zürich	Zürcher

Städte

Amsterdam	Amsterdamer
Athen	Athener
Belgrad	Belgrader
Brüssel	Brüsseler
Budapest	Budapester
Bukarest	Bukarester
Damaskus	Damaszener
Den Haag	(Den) Haager
Dresden	Dresdner
Dublin	Dubliner
Florenz	Florentiner
Frankfurt	Frankfurter
Halle (Saale)	Hallenser
Hannover	Hannoveraner
Jena	Jenaer/Jenenser
Kaiserslautern	Kaiserslauterer
Kassel	Kasselaner/Kasseler/Kassler
Köln	Kölner
Lissabon	Lissabonner
London	Londoner
Madrid	Madrilene/Madrider
Mailand	Mailänder
Moskau	Moskauer
München	Münchner/Münchener
Münster	Münsteraner
New York	New Yorker
Paris	Pariser
Peking	Pekinger
Prag	Prager
Rom	Römer
Straßburg	Straßburger
Tokio	Tokioter/Tokioer
Venedig	Venezianer
Warschau	Warschauer
Washington	Washingtoner
-beuren	-beurer (Ottobeurer)
-brücken	-brücker (Saarbrücker) -brückener (Zweibrückener)
-felde	-felder (Oebisfelder)
-hausen	-hausener (Oberhausener)
-häuser	(Mühlhäuser)
-hofen	-hofener (Sonthofener) -hofer (Solnhofer) -höfer (Königshöfer)
-ingen	-inger (Überlinger)
-kirch	-kircher (Neukircher) -kirch(e)ner (Lenzkirch[e]ner)
-mark	-märker (Altmärker)
-leben	-leber (Eisleber)
-loe	-loer (Buchloer)
-see	-seer (Tegernseer)
-stadt	-städter (Neustädter)
-statt	-stätter (Hallstätter)
-wald	-wälder (Schwarzwälder)
-weiler	-weiler (Ahrweiler)

Länder und Regionen

Afghanistan	Afghane
Afrika	Afrikaner
Ägypten	Ägypter
Albanien	Albaner
Amerika	Amerikaner
Andorra	Andorraner
Angola	Angolaner
Arabien	Araber
Argentinien	Argentinier
Armenien	Armenier
Asien	Asiat
Äthiopien	Äthiopier
Australien	Australier
Baden	Badener
das Baltikum	Balte
das Baskenland	Baske
Belgien	Belgier
Bolivien	Bolivianer/Bolivier
Bosnien	Bosnier (selten: Bosniake)
Brasilien	Brasilianer
die Bretagne	Bretone
Bulgarien	Bulgare
Chile	Chilene
China	Chinese
Dänemark	Däne
Deutschland	Deutscher
Ecuador	Ecuadorianer
El Salvador	Salvadorianer
das Elsass	Elsässer
England	Engländer

Estland	Este
Europa	Europäer
Finnland	Finne
Flandern	Flame
Franken	Franke
Frankreich	Franzose
Friesland	Friese
Georgien	Georgier
Ghana	Ghanaer
Griechenland	Grieche
Großbritannien	Brite
Guatemala	Guatemalteke
Haiti	Haitianer
Hawaii	Hawaiianer
Holland	Holländer
Indien	Inder
Indonesien	Indonesier
der Irak	Iraki/Iraker
der Iran	Iraner
Irland	Ire
Island	Isländer
Israel	Israeli
Italien	Italiener
Jamaika	Jamaikaner
Japan	Japaner
der Jemen	Jemenit
Jugoslawien	Jugoslawe
Kambodscha	Kambodschaner
Kamerun	Kameruner
Kanada	Kanadier
Kasachstan	Kasache
Katalonien	Katalane
Kenia	Kenianer
Kirgisistan	Kirgise
Kolumbien	Kolumbianer
Kongo	Kongolese
Korea	Koreaner
Korsika	Korse
das Kosovo	Kosovare
Kroatien	Kroate
Kuba	Kubaner
Kurdistan	Kurde
Laos	Laote
Lappland	Lappe
Lettland	Lette
der Libanon	Libanese
Liberia	Liberianer
Libyen	Libyer
Liechtenstein	Liechtensteiner
Litauen	Litauer
Luxemburg	Luxemburger
Madagaskar	Madagasse
Malaysia	Malaysier
Mallorca	Mallorquiner
Malta	Malteser
Marokko	Marokkaner
Mexiko	Mexikaner
Monaco	Monegasse
Mongolei	Mongole
Montenegro	Montenegriner
Mosambik	Mosambikaner/Mosambiker
Namibia	Namibier

Nepal	Nepalese
Neuseeland	Neuseeländer
Nicaragua	Nicaraguaner
die Niederlande	Niederländer
Nigeria	Nigerianer
die Normandie	Normanne
Norwegen	Norweger
Österreich	Österreicher
Pakistan	Pakistani/Pakistaner
Palästina	Palästinenser
Panama	Panamaer/Panamene
Persien	Perser
Peru	Peruaner
die Pfalz	Pfälzer
die Philippinen	Filipino/Philippiner
Polen	Pole
Pommern	Pommer
Portugal	Portugiese
Preußen	Preuße
die Provence	Provenzale
das Rheinland	Rheinländer
Rumänien	Rumäne
Russland	Russe
Sardinien	Sarde
Saudi-Arabien	Saudi/Saudi-Araber
Schlesien	Schlesier
Schottland	Schotte
Schwaben	Schwabe
Schweden	Schwede
die Schweiz	Schweizer
der Senegal	Senegalese
Serbien	Serbe
Sibirien	Sibirier/Sibirer
Sizilien	Sizilianer
Skandinavien	Skandinavier
die Slowakei	Slowake
Slowenien	Slowene
Somalia	Somalier
der Sudan	Sudanese/Sudaner
Syrien	Syrer
Tadschikistan	Tadschike
Tansania	Tansanier
Thailand	Thai/Thailänder
Tibet	Tibetaner/Tibeter
Togo	Togoer/Togolese
die Toskana	Toskaner
die Tschechische Republik (Tschechien)	Tscheche
die Türkei	Türke
Tunesien	Tunesier
Turkmenistan	Turkmene
Uganda	Ugander
die Ukraine	Ukrainer
Ungarn	Ungar
Uruguay	Uruguayer
Usbekistan	Usbeke
Venezuela	Venezolaner
die Vereinigten Staaten von Amerika	(US-)Amerikaner
Vietnam	Vietnamese
Wales	Waliser
Zypern	Zyprer/Zypriot

Tabelle der Aussprachezeichen

Vokale

[:] der Doppelpunkt bezeichnet die Länge eines Vokals; Vokale ohne Doppelpunkt sind kurz bis halblang zu sprechen
[a] kurzes a (wie in k**a**nn)
[a:] langes a (wie in H**ah**n)
[æ] sehr offenes, meist kurzes, dem [a] zuneigendes ä (wie in G**a**ngway [gæ̣ŋwɛɪ])
[æ:] langes ä (wie in engl. H**a**nds [hæ:ndz])
[ʌ] dumpfes, kurzes a (wie in C**u**p [kʌ̣p])
[ã] kurzes, nasaliertes a (wie in frz. Ch**a**mps-Élysées [ʃãzelize:])
[ã:] langes, nasaliertes a (wie in Restaur**an**t [rɛstorã:])
[aɪ] Diphthong (wie in Br**ei**, L**ai**b)
[aʊ] Diphthong (wie in k**au**m)
[e] kurzes, geschlossenes e (wie in D**e**büt)
[e:] langes, geschlossenes e (wie in R**eh**)
[ə] kurzes, dumpfes e (wie in Pini**e** [-iə], G**e**birg**e**)
[ɛ] kurzes, offenes e (wie in F**e**st, G**ä**nse)
[ɛ:] langes, offenes e (wie in B**ä**r)
[ɛ̃] kurzes, nasaliertes e (wie in t**i**mbrieren [tɛ̃bri:rən])
[ɛ̃:] langes, nasaliertes e (wie in Grat**in** [gratɛ̃:])
[ɛɪ] Diphthong (wie in Homep**a**ge [hoʊmpɛɪdʒ])
[ɪ] kurzes i (wie in b**i**n)
[i:] langes i (wie in W**ie**n)
[ɔ] kurzes, offenes o (wie in R**o**ss)
[ɔ:] langes, offenes o, ein dem a angenähertes o (wie in engl. W**a**llstreet [wɔ:lstri:t])
[ɔ̃] offenes, nasaliertes o (wie in M**o**nt Blanc [mɔ̃blã:])
[ɔ̃:] langes, nasales o (wie in F**on**ds [fɔ̃:])
[ɔɪ] Diphthong (wie in L**eu**te)
[o] kurzes, geschlossenes o (wie in V**o**kal)
[o:] langes, geschlossenes o (wie in L**oh**n, L**o**s)
[oʊ] Diphthong (wie in Sh**ow** [ʃoʊ])
[œ] kurzes ö (wie in K**ö**ln)
[œ:] offenes, langes ö (wie in G**i**rl [gœ:l])
[ø] kurzes, geschlossenes ö (wie in Ph**ö**nizier)
[ø:] langes, geschlossenes ö (wie in K**öh**ler)
[œ̃] kurzes, nasales ö (wie in frz. **un** [œ̃])
[œ̃:] langes, nasales ö (wie in Verd**un** [vɛrdœ̃:])
[u] kurzes u (wie in r**u**nd)
[u:] langes u (wie in Gr**u**ß)
[y] kurzes ü (wie in J**ü**nger)
[y:] langes ü (wie in f**üh**ren)

Konsonanten

[b] stimmhafter Verschlusslaut (wie in **B**ad)
[d] stimmhafter Verschlusslaut (wie in **d**ort)
[f] stimmloser Reibelaut (wie in **F**eld)
[g] stimmhafter Verschlusslaut (wie in **g**ut)
[h] Hauchlaut (wie in **h**eute)
[j] stimmhafter Reibelaut (wie in **j**a)
[k] stimmhafter Verschlusslaut (wie in **K**ind)
[l] Liquida (Fließlaut) (wie in **l**eben)
[m] Nasal (wie in **M**ann)
[n] Nasal (wie in **N**ase)
[p] stimmloser Verschlusslaut (wie in **P**ilz)
[r] Liquida (Fließlaut) (wie in **R**eich)
[t] stimmloser Verschlusslaut (wie in **T**ag)
[ç] ch (wie in i**ch**)
[ŋ] ng (wie in Lä**ng**e, Ba**nk** [bạŋk])
[s] stimmloses s (wie in mü**ss**en)
[ʃ] stimmloses sch (wie in **Sch**af)
[ʒ] stimmhafter sch-Laut (wie in Eta**g**e [eta:ʒə])
[θ] stimmloser Lispellaut (wie in engl. **th**ing [θɪ̣ŋ])
[ð] stimmhafter Lispellaut (wie in engl. mo**th**er [mʌ̣ðə(r)])
[v] w (wie in **W**asser)
[w] mit stark gewölbten Lippen gesprochenes englisches w (wie in **W**ells [wẹlz])
[x] ch (wie in ma**ch**en)
[z] stimmhaftes s (wie in Wei**s**e)

Buchstaben, die zwei Laute wiedergeben, werden in der Lautschrift durch zwei Zeichen dargestellt, z. B.
[ts] z (wie in rei**z**en [raɪtsən])
[ks] x (wie in He**x**e [hẹksə])

Einleitung

von Prof. Dr. Britta Hufeisen

1. WAHRIG im Unterricht Deutsch als Fremdsprache

„WAHRIG Deutsches Wörterbuch" und DaF

Als Gerhard Wahrig nach mehr als zehnjähriger Planungs- und Vorbereitungsphase 1966 sein „Deutsches Wörterbuch" veröffentlichte, füllte er damit eine Lücke, die gerade von Deutschlernern im Ausland wahrgenommen wurde. Während es für das Englische (z. B. das „Concise Oxford Dictionary") oder für das Französische („Petit Larousse") schon längst gleichermaßen moderne wie umfassende Wörterbücher gab, existierte für das Deutsche bis zu diesem Zeitpunkt kein vergleichbares Nachschlagewerk.

Dass das „Deutsche Wörterbuch" bereits kurz nach seinem Erscheinen ein durchschlagender Erfolg wurde und sich schon bald als Standard etablierte, ist allerdings nicht allein darauf zurückzuführen, dass einfach eine Marktlücke bedient wurde. Der Hauptgrund lag vielmehr darin, dass das Werk auch lexikographisch neue Maßstäbe setzte: Das Ziel Gerhard Wahrigs bestand darin, Wörter und ihre Bedeutungen im lebendigen Sprachzusammenhang darzustellen, um so die deutsche Sprache in der Vielfalt ihrer Ausdrucksmöglichkeiten abzubilden.

Um dies zu erreichen, zugleich aber die Wörterbuchartikel für den Leser übersichtlich zu gestalten, entwickelte er ein neuartiges System der lexikographischen Darstellung. Er ging von der Erkenntnis aus, dass sich die Bedeutung eines Wortes vor allem im sprachlichen Zusammenhang und im Hinblick auf das Gemeinte ergibt:

Bisher wurden in solchen Fällen Ordnungsprinzipien von „zentraler" zu „peripherer" Bedeutung oder von „allgemeiner" zu „besonderer" Bedeutung oder sogar von (historisch) „ursprünglicher" zu neuerer und „übertragener" Bedeutung gewählt. Alle diese Prinzipien beruhten auf der Ansicht, daß ein Wort eine selbständige Einheit mit einer eigenen Bedeutung ist, und nehmen nicht zur Kenntnis, daß sich die Bedeutung eines Wortes als Träger einer Mitteilung nur im lebendigen sprachlichen Zusammenhang und im Hinblick auf ein Gemeintes manifestieren kann.
(Vorwort zur Erstausgabe von „Wahrig Deutsches Wörterbuch" 1966)

Konsequenterweise gliederte Wahrig die Artikel nicht nach abstrakten Bedeutungsprinzipien, sondern nach Satzzusammenhängen. Die Reichhaltigkeit der Darstellung an Redewendungen, Redensarten und typischen Kollokatoren wurde zu einem typischen Merkmal des „Deutschen Wörterbuchs" und „der Wahrig" zu einem festen Begriff.

Tatsächlich haben sich diese Hauptprinzipien in besonderem Maße bei der Vermittlung für Deutsch als Fremdsprache bewährt. Denn gerade für den Lernenden liegt der Vorteil eines einsprachigen Wörterbuchs gegenüber einem zweisprachigen auf der Hand: Bedeutungen werden nicht durch bloße Übersetzung vermittelt, sondern können vom Lernenden aus dem sprachlichen Zusammenhang innerhalb der Fremdsprache erschlossen werden, wodurch das Gespür für die fremde Sprache gestärkt wird.

Zugleich wurde jedoch auch deutlich, dass Wörterbücher wie „WAHRIG Deutsches Wörterbuch" oder etwa das „Concise Oxford Dictionary" sich vor allem an den fortgeschrittenen Lerner oder den Fremdsprachenlehrer richteten. Geeignete Wörterbücher für Lerner fehlten dagegen. Es war hier vor allem die englische Lexikographie, die mit neuen Konzepten für einsprachige Wörterbücher hervortrat, die sich vor allem an diese Zielgruppe richteten. Diese Anstöße führten ab den 1980er Jahren auch in Deutschland zu einer verstärkten Entwicklung von Lernerwörterbüchern, die sich deutlich von den bisherigen einsprachigen Wörterbüchern unterschieden.

Vor diesem Hintergrund entstand die Idee, in Zusammenarbeit mit dem Cornelsen Verlag ein Wörterbuch für Deutsch als Fremdsprache zu erarbeiten, das einerseits die wesentlichen Impulse dieser Entwicklung aufnehmen, zugleich aber die bewährte Artikelstruktur des „Deutschen Wörterbuchs" beibehalten sollte. Für diese Neuentwicklung zeichnet Renate Wahrig-Burfeind, die Tochter von Gerhard Wahrig, sowie die WAHRIG-Redaktion verantwortlich. So wurde die Benutzerfreundlichkeit u.a. durch die Streichung älterer, selten gebrauchter Bedeutungen, durch die Vereinfachung von Definitionen und die Darstellung von Verben im Satzzusammenhang deutlich erhöht. Das wesentliche Anliegen Gerhard Wahrigs blieb jedoch auch für das vorliegende Großwörterbuch maßgeblich: Wörter in ihrem lebendigen sprachlichen Zusammenhang zu präsentieren und so die aktive Sprachkompetenz der Lerner für Deutsch als Fremdsprache zu stärken.

An wen richtet sich „WAHRIG Großwörterbuch Deutsch als Fremdsprache"?

Das vorliegende Werk „WAHRIG Großwörterbuch Deutsch als Fremdsprache" richtet sich an all diejenigen, für die Deutsch eine Fremd- oder Zweitsprache ist, und an alle, die Deutsch als Fremdsprache (DaF) oder Deutsch als Zweitsprache (DaZ) unterrichten. In deutschsprachigen Ländern sind dies oft Lehrkräfte an Institutionen, die Deutschkurse anbieten, und Lernende des Deutschen als eine fremde Sprache. In nichtdeutschsprachigen Ländern sind das Beschäftigte der kleineren und großen Kulturmittlerinstitutionen wie beispielsweise das Goethe Institut, welches Schulen betreut, oder der Deutsche Akademische Austauschdienst, der Lektoren und Lektorinnen an Universitäten vermittelt. Aber auch Schulen und andere Einrichtungen, die Deutsch anbieten, können dieses Wörterbuch einsetzen.

Im Unterschied zu einem deutschsprachigen Jugendlichen oder einer deutschsprachigen Studentin, die die Bedeutung eines Wortes nachschlagen wollen, müssen Jugendliche und Studierende mit anderen Muttersprachen die neue Zielsprache erst einmal lernen. Sie können nicht einfach ein reguläres Konversationslexikon mit ausführlichen und komplexen Erklärungen benutzen, sondern benötigen eines, das speziell auf die Voraussetzungen von Nichtmuttersprachlern hin ausgelegt ist, Begriffe treffend erklärt und mit den nötigen grammatischen Informationen belegt.

Das Gleiche gilt für Menschen, die zwar in deutschsprachigen Ländern leben, für die das Deutsche aber nicht die Mutter- oder Erstsprache ist. Sie wollen einerseits neue oder noch unbekannte Begriffe schnell nachschlagen und eine verständliche Erklärung finden und andererseits beim Abfassen von eigenen Texten Beispiele für angemessene und korrekte Formulierungen in vergleichbaren Zusammenhängen heranziehen. Deshalb ist an eine ganz praktische Verwendung des Wörterbuches nicht nur für die aktuelle Lernsituation gedacht, sondern auch für den Gebrauch im Alltag.

Deutsch als Fremdsprache und Deutsch als Zweitsprache

Oft wird zwischen Deutsch als Fremdsprache (= DaF) und Deutsch als Zweitsprache (= DaZ) unterschieden. Klassischerweise wird mit der Abkürzung DaF das Lernen des Deutschen außerhalb deutschsprachiger Länder und mit der Abkürzung DaZ das Lernen des Deutschen innerhalb deutschsprachiger Länder, wie z. B. von Menschen mit Migrationshintergrund, verbunden. Sie verfolgen andere Lernziele als beispielsweise eine Schülerin an einer finnischen Oberschule, die für einige Jahre Deutsch als eine ihrer Wahlpflichtfremdsprachen lernt. Selbstverständlich kann man die damit verbundenen typischen Lernweisen und Lernziele nicht völlig voneinander trennen, aber es hat sich herausgestellt, dass es gewisse Aspekte gibt, die für die jeweiligen Gruppen typisch sind:

- Für DaZ-Lerner ist eine deutschsprachige Umgebung und die unmittelbare Notwendigkeit der Kommunikation in deutscher Sprache charakteristisch.
- Für DaF-Lerner geschieht die Aneignung des Deutschen vor dem Hintergrund einer eher systematischen Erschließung mit Hilfe von Unterricht, Lehrbüchern, verbunden mit einer nicht immer realistischen Aussicht, in einem der Zielsprachenländer das Gelernte auch ausprobieren zu können.

Deshalb stehen für diese beiden Gruppen jeweils andere Ausschnitte der Sprache im Vordergrund: So wird ein DaZ-Lerner sich möglicherweise – zumindest solange die Kommunikation funktioniert – nicht sehr intensiv mit grammatischen Regeln beschäftigen. Genau das kann aber für einen DaF-Lerner im Ausland, der Deutsch als eines seiner Schulfächer lernt, ganz wichtig sein, weil ein bestimmtes grammatisches Pensum Teil der nächsten Klausur sein wird. Hier liegt dann der Schwerpunkt nicht so sehr auf der unmittelbar notwendigen Anwendbarkeit eines bestimmten konkreten Ausschnitts aus der Grammatik, sondern auf der mehr oder minder umfassenden Kenntnis des Systems der Fremdsprache.

Die Rolle der Grammatik für eine Fremdsprache

Die Frage nach der Rolle und Wichtigkeit von Grammatik wird von verschiedenen Personen unterschiedlich beantwortet. Die Antworten sind davon abhängig, ob diese Personen die Grammatik für wichtig erachten oder nicht.

Aus didaktischer Sicht kommt es, wie eben bereits angedeutet, darauf an, was man mit einer Sprache machen möchte: Möchte man ihre Struktur, ihre Systematik und vielleicht ihre Entwicklung kennenlernen? Dann kann man sich mit Grammatik um ihrer selbst willen beschäftigen, sich mit allen Regeln auseinandersetzen und auch die Ausnahmen betrachten. Wer dagegen Deutsch lernt, um es im alltäglichen oder beruflichen Leben zu benutzen, für den ist es wichtig, vor allem diejenigen grammatischen Regeln zu kennen und auch in Sprache umsetzen zu können, die man für bestimmte Sprachverwendungen benötigt.

Hier ist es auch nicht erforderlich, alle Ausnahmen zu kennen, sondern nur die, die beim tatsächlichen Sprechen und Verstehen gebraucht werden. Eine vollständige Kenntnis des Regelapparates ist also nicht notwendig. In der Sprachdidaktik spricht man in diesem Zusammenhang von **Sprachhandlungskompetenz**: Man muss über so viel Regelwissen und Anwendungskompetenz verfügen, so viele Vokabeln kennen, so viel über interkulturelle Regeln wie Höflichkeitsroutinen oder Verhaltensregeln wissen, dass man in der Zielsprache mit der Sprache **handeln** kann. Das heißt, man muss so viel wissen, dass man sprachlich ausdrücken kann, was man sagen möchte. Man sollte nicht nur verstanden werden, sondern sich auch gemäß den gesellschaftlichen Regeln, z. B. zum Duzen und Siezen, angemessen verhalten und sprachlich entsprechend agieren.

Ebenso verhält es sich mit dem Wissen über Grammatik. Wenn man über etwas Vergangenes berichten möchte, muss man wissen, welche Form(en) man dafür wählt. Man muss aber weder wissen, wie diese Formen heißen (Präteritum, Vergangenheitsform), noch muss man wissen, ob das betreffende Verb ein stark gebeugtes (d.h. mit einem Wechsel des Stammvokals, wie z. B. in *scheinen* zu *schien*) oder schwach gebeugtes (wie z. B. *machen* zu *machte*) ist. Beschäftigt man sich aber mit dem System der betreffenden Sprache, so wird man vermutlich gleich das gesamte Konjugationsparadigma dieses Verbs wissen wollen, z. B. *gehen – ging – gegangen*.

Hauptbereiche und Bezugswissenschaften des Gebietes DaF

Deutsch als Fremdsprache ist als Wissenschaftsgebiet noch relativ jung. Erst in den 1970er Jahren wurde deutlich, dass man in nichtdeutschsprachigen Ländern nicht einfach die Germanistik, wie man sie aus den deutschsprachigen Ländern kannte, importieren und Deutschunterricht wie in den deutschsprachigen Ländern abhalten konnte. Stattdessen waren eigene Bildungsgänge notwendig, zum einen, was das Lernen des Deutschen als Fremdsprache betraf, aber auch im wissenschaftlichen Studium des Faches Deutsch.

Aber auch für ein Studium des Deutschen als Fremdsprache innerhalb der deutschsprachigen Länder müssen mehr Themengebiete bearbeitet werden als im Rahmen eines regulären Germanistikstudiums. Auch hier muss die Außenperspektive eingenommen und die fremdsprachenphilologische Herangehensweise gewählt werden. Dies führt dazu, dass das Fach Deutsch als Fremdsprache viele Aspekte mit der traditionellen Germanistik, aber ebenso viele mit den Fremdsprachenphilologien wie Anglistik oder Romanistik teilt.

2. Wort – Satz – Äußerung – Text

Diese Einleitung gibt einen ersten Einblick in grammatische Zusammenhänge des Deutschen, die für die Benutzung eines Wörterbuchs besonders relevant sind. Ausgangspunkt der Betrachtung sind die einzelnen Bestandteile (z. B. die **Wörter)** bis hin zu den größeren Einheiten (z. B. den **Sätzen**), denn diese Reihenfolge ist im Rahmen eines Wörterbuches besonders geeignet. Da wir aber nicht in Einzelwörtern miteinander reden, sondern in sinnhaften Äußerungen und Sätzen, und beim Schreiben eher Texte verfassen als einzelne Wörter (Ausnahmen sind z. B. Einkaufszettel oder Exzerpte), müssen wir uns auch nach und nach mit dem Schreiben von Texten vertraut machen, die im Deutschen wie in anderen Sprachen auch nach bestimmten Strukturprinzipien gebaut sind. Diese Baupläne von Texten muss man kennen, nicht nur, um bestimmte **Textsorten** selbst zu **schreiben**, sondern vor allem auch, um bestimmte Textsorten beim Lesen zu **verstehen.**

Bei dieser Einleitung ist keine Vollständigkeit angestrebt. Sie macht mit einigen sprachhandlungsrelevanten Sachverhalten bekannt, ohne sogleich alle Regeln und Ausnahmen zu vermitteln. Wenn man einen systematischen Einblick in ein Phänomen gewinnen möchte, ist es sinnvoll, beispielsweise eine Grammatik zurate zu ziehen.

3. Das Wort und seine Aussprache

Wörter sind die Einheiten, die in diesem Wörterbuch nachgeschlagen werden. Sie tragen fast immer eine eigene Bedeutung, die man kennen muss; zudem muss man wissen, wie diese Wörter ausgesprochen werden. Dies ist wichtig, weil eine falsche Aussprache zu Missverständnissen führen kann.

Modern oder *modern*?

Das Wort *modern* beispielsweise hat zwei Bedeutungen, je nachdem, ob ich es auf der ersten oder der zweiten Silbe betone. Sage ich *mo'dern*, so meine ich ‚aktuell, nicht veraltet'; sage ich hingegen *'modern*, so meine ich vermutlich einen Baumstamm, der im Wald liegt und dabei ist zu verrotten.

Wie kommt es zu so einer zweifachen Belegung eines einzigen Wortes? Das Adjektiv *modern* ist ein Fremdwort, welches aus dem Französischen ins Deutsche importiert wurde, und man kann das daran erkennen, dass es auf der zweiten Silbe betont wird. Im Nachschlageteil erkennt man das an den Betonungszeichen (Punkten und Strichen, vgl. Kasten) unter dem Wort: Das Verb *modern* ist das deutsche Wort; es wird ganz regelhaft auf der ersten Silbe betont. Die lautliche Übereinstimmung der beiden Wörter ist rein zufällig. Wenn man die verschiedenen Aussprachearten nicht gehört hat oder wenn es sich um einen geschriebenen Text handelt, lassen sich diese Unterschiede meist aus dem Kontext des Gesagten oder Geschriebenen erschließen. Versieht man das Wort jedoch beim eigenen Sprechen mit dem falschen Akzent, kann es passieren, dass die Gesprächspartner irritiert sind, weil sie das Gesagte nicht sogleich verstehen. Diese Irritation kann man vermeiden, wenn man sich beim Lernen der neuen Wörter auch gleich die Betonung merkt.

Wortbetonung im Wörterbuch

Bei Stichwörtern ist immer der Hauptakzent eines Wortes angegeben. Die betonte Silbe wird entweder durch einen Punkt oder einen Strich unter dem Vokal kenntlich gemacht.

Der Punkt steht für einen kurzen betonten, der Strich für einen langen betonten Vokal:

mo̲|dern ⟨V. intr.; mo|dert, mo|der|te, hat ge|mo-dert⟩ *verfaulen, verwesen, verderben, zerfallen* ▸ das Haus modert vor sich hin

mo|dẹrn ⟨Adj.⟩ **1** *der Mode, dem Zeitgeschmack, dem Zeitgeist entsprechend, zeitgemäß* **2** *neuzeitlich* ▸ ein ~er Mensch *für die Probleme der Gegenwart aufgeschlossener M.*; ich höre gern ~e Musik; ~e Untersuchungsverfahren anwenden; er versucht zu zeigen, wie ~ er ist; das Kleid ist nicht mehr ~

Betonung auf der ersten Silbe: Initialakzent

In der Regel werden im Deutschen mehrsilbige Wörter auf der ersten (Haupt-)Silbe betont: *laufen, Fahrzeug, Haustür, Baumkrone, rosa, trudeln, fließen, Tauben, Träume, heute, Ziege, wenig, alles, waschen, trotten, Zacken, Wetter, Wasser, Schimmer, rinnen, Puppen*

Ausgenommen davon sind jedoch Wörter mit Vorsilben (Präfixe): *bedienen, beleidigt, gewinnen, verzichten, zerzausen*

Dieser **Initialakzent** hat historische Gründe. Wird ein Wort hingegen auf einer anderen Silbe betont, so ist davon auszugehen, dass das Wort ein aus einer anderen Sprache übernommenes **Fremdwort** ist wie: *Spaghetti, Injektion, initiieren, rosé, retour, Florett, Bankett, Automobil, Modell, Maschine, Karussell, Politik, Politiker, Polizei, Radar, sozial, Substanz*

Rat oder *Rad*? – Auslautverhärtung

Eine Folge dieses Initialakzentes ist die **Auslautverhärtung**. Sie bewirkt, dass Wörter im Deutschen am Ende eines Wortes bzw. einer Silbe keine stimmhaften Laute wie [b, d, g] haben. So werden *Rad* und *Rat* in den Äußerungen *mit dem Rad fahren* und *einen Rat geben* völlig gleich ausgesprochen, nämlich [ra:t]. Wenn man das Modalverb *mögen* in die 1. Person Singular setzt, spricht man *mag* wie [ma:k] aus, die Konjunktion *ob* wie [ɔp]. Auf die **Schreibung** der Wörter hat die Auslautverhärtung jedoch keinen Einfluss:

ohne Auslautverhärtung		mit Auslautverhärtung	
lie|ben	[b]	*lieb|lich*	[p]
mö|gen	[g]	*ich mag, mög|lich*	[k]
Kin|der	[d]	*ein Kind, Kind|lein*	[t]
ta|gen	[g]	*täg|lich*	[k]

Bett oder *Beet*? Offene und kurze oder geschlossene und lange Vokale

Ein weiterer wichtiger Aspekt für das Verständnis und das Gelingen der Kommunikation mit anderen Menschen sind die unterschiedlichen Arten, wie im Deutschen Vokale ausgesprochen werden. Sie können lang oder kurz und offen oder geschlossen ausgesprochen werden. Auch hier kann es zu Irritationen und Missverständnissen kommen, wenn man beispielsweise *Bett* [bẹt] und *Beet* [be:t] oder *Ofen* [o:fən] und *offen* [ɔ̣fən] gleich ausspricht.

Tipp: Minimalpaare bilden

Die Aussprache eines Wortes ist genauso wichtig wie der Artikel eines Nomens oder die Imperfektform eines Verbs. Um sich das Lernen zu erleichtern, kann man versuchen, in einer Vokabelkartei einem Wort gleich ein zweites hinzuzufügen, welches sich vom ersten nur durch den Vokal unterscheidet. Auf diese Weise kann man sich für die kleinen und doch großen Unterschiede sensibilisieren: Der Unterschied zwischen konnte [kɔ̣ntə] und könnte [kø̣ntə] ist nämlich beträchtlich. Der Satz *Wir konnten im Sommer in Urlaub fahren* steht im Indikativ und hat berichtenden Charakter. Im Satz *Wir könnten im Sommer in Urlaub fahren* findet sich die Konjunktivform, die lediglich eine Möglichkeit oder, wie vielleicht in unserem Beispiel, einen Vorschlag anzeigt.

Diese Wörter, die sich nur in einem einzigen Merkmal voneinander unterscheiden, nennt man **Minimalpaare**, und sie eignen sich ganz hervorragend zum Lernen von Vokabeln.

4. Das Wort, seine Zusammensetzungen und seine Ableitungen

Das Deutsche hat die Eigenschaft, dass man aus vielen Teilen neue Teile erstellen kann. Das mag das Lernen des Deutschen ein wenig erschweren, weil man die Regeln zu diesen Zusammenfügungen lernen muss. Im Grunde stellt diese Eigenschaft aber eine enorme Erleichterung dar, weil es nicht so viele Vokabeln gibt wie in manchen anderen Sprachen.

Ein neues Wort entsteht durch Zusammensetzung von zwei oder mehr Wörtern

Betrachten wir als Erstes **Komposita**, also Wörter, die aus der Zusammensetzung anderer Wörter entstehen. Eine *Haustür* ist die Tür eines Hauses, d.h. der entscheidende Teil des zusammengesetzten Wortes steht hinten: Es handelt sich um eine Tür. Der erste Teil variiert und präzisiert den zweiten Teil: Es handelt sich um die Tür eines Hauses und nicht um die Tür eines Autos. Man kann sogar noch mehr Elemente zusammensetzen: *Haustürschlüssel*. Auch hier liegt die Hauptinformation auf dem letzten Teil des Wortes: Es handelt sich um einen Schlüssel, und zwar von einer Haustür und nicht von einer Autotür.

Diese Reihenfolge ist wichtig, denn bei den Beispielen *Orangensaft* und *Saftorange* handelt es sich um zwei verschiedene Dinge, und nur an der Reihenfolge der beiden Teile kann man erkennen, um welche Sache es sich handelt. Im ersten Fall ist es der fertige Saft, den man trinken kann, im zweiten ist es die Frucht, die sich zum Auspressen für die Saftherstellung besonders eignet.

Zusammensetzungen im Wörterbuch

Im Wörterbuch werden bei vielen Stichwörtern mögliche Zusammensetzungen angegeben und durch das Kürzel **Zus** gekennzeichnet:

Mụn|ze ⟨die; -, -n⟩ *mit Bild- u. Schriftprägung versehenes Metallgeldstück, dessen Gewicht u. Zusammensetzung genau festgelegt sind* ▸ ~n prägen, fälschen, sammeln; etwas für bare ~ nehmen ⟨übertr.⟩ *blind glauben;* Zus *Münzfälscher(in), Münzfälschung, Münzsammler(in), Münzsammlung; Gedenkmünze, Goldmünze, Kupfermünze, Silbermünze*

Mu|se|um ⟨das; -s, -se|en⟩ **1** *öffentliche Sammlung von Gegenständen der Kunst od. Wissenschaft* **2** *Gebäude dafür;* Zus *Heimatmuseum, Kunstmuseum, Musikinstrumentenmuseum* ▸ naturkundliches ~; die Schüler gehen heute ins ~; wie viel kosten die Eintrittskarten für das ~?

Fugenelemente

Gelegentlich wundert man sich darüber, dass zwischen zwei Teilen eines Kompositums noch ein **Fugen-s** steht, wie in *Verband**s**zeug* oder *Übung**s**grammatik*, bei anderen Komposita jedoch nicht, wie in *Apfelwein* oder *Buchkapitel*. Leider gibt es keine generelle Regel, die dabei behilflich sein könnte, festzulegen, wann ein Fugen-s gesetzt wird und wann nicht. Meist sind es ältere Wörter, die eher ein Fugen-s mit sich führen, oder Komposita, bei denen die beiden Wörter ohne Fugen-s oder ein anderes Bindeglied (*-e, -er, -en*) nicht leicht ausgesprochen werden könnten, wie in *Brückenpfeiler, Schweinebauch, Rindermagen*.

Komposita und ihre Teile

Zusammensetzungen können im Deutschen nicht nur aus Substantiven, sondern auch aus anderen Wortarten gebildet werden. So kann man z. B. auch zwei Adjektive zusammensetzen (z. B. *dunkel + rot = dunkelrot*). Sehr oft werden derartige Zusammensetzungen in einem Wort geschrieben. Dies gilt jedoch nicht für alle Wortarten. So schreibt man zwei Verben in der Regel getrennt (z. B. *spazieren gehen*). Nur in Ausnahmefällen, bei Verbindungen mit den Verben *bleiben* oder *lassen*, ist bei übertragener Bedeutung auch die Zusammenschreibung erlaubt. So kann man *sitzen lassen* in der Bedeutung „jemanden im Stich lassen" getrennt oder zusammenschreiben: *sitzen lassen / sitzenlassen*. Im Wörterbuch wird daher immer an Beispielen gezeigt, wann Zusammensetzungen getrennt oder zusammengeschrieben werden. Weitere Beispiele für Zusammensetzungen sind:

Substantiv + Adjektiv *(Gift + grün)*	ein Pullover ist *giftgrün*
Adjektiv + Adjektiv *(rosa + rot)*	ein Hemd ist *rosarot*
Verb + Substantiv *(stehen + Café)*	sich im *Stehcafé* treffen
Zahlwort + Substantiv *(null + Nummer)*	der erste Versuch ist eine *Nullnummer*
Pronomen + Substantiv *(selbst + Zweifel)*	*Selbstzweifel* haben
Adverb/Präposition + Substantiv *(nicht + Fachmann)*	*Nichtfachmann* sein
Kurzwort/Akronym + Substantiv *(EU + Kommission, Laser + Strahl)*	*EU-Kommission, Laserstrahl*
Satz + Substantiv *(Ich habe keine Lust + Wetter)*	*Ich-habe-keine-Lust-Wetter*

Wortbildung

Wichtiger sind hier sicher noch die vielen **Wortbildung**smöglichkeiten, die sich beispielsweise bei Zusammensetzungen aus Verben + Präpositionen oder Verben + Präfixen ergeben. Durch die Kombination aus dem Verb *setzen* und verschiedenen Präfixen ergeben sich mehr als zehn Möglichkeiten, neue Verben zu kreieren:
hinsetzen, vorsetzen, aufsetzen, absetzen, entsetzen, versetzen, nachsetzen, untersetzen, übersetzen, besetzen, ersetzen usw.

Aus der Kombination dieser verschiedenen Teile ergeben sich auf diese Weise viele neue Bedeutungsmöglichkeiten.

Der gleiche Mechanismus funktioniert übrigens auch für andere Wortarten wie z. B. Substantive:

mit Präpositionen:
Absatz, Vorsatz, Aufsatz, Nachsatz, Durchsatz, Nebensatz, Gegensatz, Untersatz, Umsatz, Aussatz

mit Zahlwörtern:
Einsatz, Dreisatz

Ableitungen

Bei vielen deutschen Wörtern lassen sich durch das Anhängen eines Suffixes an das Grundwort neue Wörter bilden, die sich nach Wortart und/oder Bedeutung vom Grundwort unterscheiden. Dieses Grundwort ist in der Regel ein Verb oder ein Substantiv, von dem man andere Wörter bilden kann. Nehmen wir als Beispiel das Verb *prüfen*. Aus diesem Wort lassen sich bedeutungsnahe Wörter anderer Wortarten ableiten:
die Prüfung, der Prüfer/die Prüferin, der Prüfling

Das Wort, seine Erscheinungsweise und seine Funktion im Satz

An den Beispielen lässt sich erkennen, dass man aus *prüfen Prüfung* erstellen kann, und schon hat man ein Wort in einer anderen **Wortart** abgeleitet. Oft findet man in einer Wortfamilie Vertreter aller Wortarten. Im folgenden Teil der Einleitung sollen kurz die Wortarten behandelt werden, die es im Deutschen gibt. Gleichzeitig soll gezeigt werden, welche Funktionen diese verschiedenen Wortarten in Äußerungen und Sätzen übernehmen können.

Wortart Substantiv

Ein Substantiv kann im Satz verschiedene Funktionen übernehmen:

Subjekt:
Das alte Auto fährt immer noch einwandfrei,

Akkusativobjekt:
trotzdem kaufen wir uns bald ein neues Auto.

Wenn man sich Substantive merken will, ist es hilfreich, in einer Vokabelkartei oder in einem Vokabelheft auch das Geschlecht, das **Genus,** des Substantivs zu vermerken. Im Deutschen gibt es drei Genera, nämlich

Femininum, Maskulinum, Neutrum:
die Sonne, der Baum, das Auto.

Auch hierbei gibt es nur wenige Regeln, die es erleichtern, sich das Genus eines Substantivs herzuleiten. So sind z. B. einheimische Diminutive, also Verkleinerungsformen, wie *das Mädchen* oder *das Ringlein,* immer sächlich, also Neutra. Dabei spielt es keine Rolle, dass *das Mädchen* doch eigentlich ein Femininum, also weiblich ist; entscheidend ist die grammatische Kategorie der Endung *-chen.*

Genauso kann man sich rasch merken, dass Fremdwörter, die auf *-tion* oder *-(t)ur* enden (wie z.B. *Nation, Bastion, Muskulatur, Registratur),* immer Feminina sind.

Das Genus im Wörterbuch

Im Wörterbuch wird das Genus der Substantive bei den grammatischen Angaben zum Stichwort durch den Artikel angezeigt. Ist das Genus schwankend oder regional unterschiedlich, wird auch dies angegeben:

Me|ter <der od. das; -s, -; schweiz. nur der; -s, -; Abk.: m> *Längeneinheit des in Technik u. Wirtschaft gebräuchl. Maßsystems* ▸ 100-, 3000-, 5000-~-Lauf; 1000 ~ sind 1 Kilometer; wie viel ~ Stoff brauchen Sie?; ich brauche drei ~ Stoff für dieses Kleid; laufendes, <od.> laufender ~, laufenden ~s <Abk.: lfm. od. lfd. m.>; die Mauer ist 20 ~ lang; eine Mauer von 20 ~, <od.> ~n Länge; Zus *Meterband, Metermaß, Meterware; meterhoch, meterlang*

Einige Substantive, ihre Endungen und ihre Genuszugehörigkeit:

Endung	Femininum (die)	Maskulinum (der)	Neutrum (das)
-tion	*Nation, Bastion, Munition*		
-ei	*Bäckerei, Schweinerei*		
-schaft	*Eigenschaft, Bereitschaft*		
-heit	*Beschaffenheit, Beliebtheit*		
-(t)ur	*Muskulatur, Rasur, Diktatur, Registratur*		
-us		*Mechanismus, Buddhismus*	
-um			*Jubiläum, Monstrum*
-at		*Primat, Prälat*	*Diktat, Patriarchat, Referat, Destillat*
-chen			*Mädchen, Kindchen*
-lein			*Ringlein*

Genus bei Fremdwörtern – Analogiebildung

Bei Substantiven, die aus anderen Sprachen übernommen werden und die man nicht unmittelbar einem Genus zuordnen kann, entstehen oft Analogiebildungen zu bereits bestehenden deutschen Wörtern, z. B.: *die Mail* in Analogie zu *die Nachricht* (wobei es auch viele Menschen gibt, die *das Mail* sagen, weil das Wort im Englischen keinem bestimmten Genus zugeordnet ist), *die Mauer* in Analogie zu *die Wand* statt **der Mauer* von lat. *murus* (mask.) oder *das Souvenir* statt **der Souvenir* von frz. *le souvenir* in Analogie zu *das Andenken*.

Diese Analogiebildungen funktionieren nicht immer, manchmal werden zwei oder sogar mehr Artikel gleichzeitig in unterschiedlichen Regionen deutschsprachiger Länder benutzt, ohne dass der eine Artikel richtiger oder falscher wäre als der andere. So hört und liest man sowohl *der Joghurt* als auch *das Joghurt*.

Wortart Artikel

Im Zusammenhang mit Substantiven benötigen wir meist auch **Artikel**, was manchen Deutschlernenden schwierig erscheinen mag, weil sie in ihrer Sprache keine Artikel haben und sie deshalb auch im Deutschen manchmal weglassen. Grundsätzlich kann man sagen, dass Artikel stehen müssen, wenn es sich um eine konkrete Sache oder eine konkrete Person handelt: *Der Student schreibt eine Klausur.* Mit *der Student* haben wir ein Beispiel für einen **bestimmten Artikel**, von dem es noch die feminine Form *die* (wie in *die Klausur*), die Neutrumform *das* (wie in *das Arbeitsblatt*) und die Pluralform *die* (wie in *die Bäume, die Klausuren, die Blätter*) gibt.

Beispiele für einen **unbestimmten Artikel** sind: *ein Mann, eine Frau, ein Kind.* Den unbestimmten Artikel gibt es im Plural nicht: *Studierende schreiben am Ende des Semesters oft Klausuren.*

Die Deklination des bestimmten Artikels:

	Singular			Plural
	Mask.	Fem.	Neutr.	MFN
Nom.	*der*	*die*	*das*	*die*
Gen.	*des*	*der*	*des*	*der*
Dat.	*dem*	*der*	*dem*	*den*
Akk.	*den*	*die*	*das*	*die*

Die Deklination des unbestimmten Artikels im Singular (der Plural entfällt):

	Mask.	Fem.	Neutr.
Nom.	*ein*	*eine*	*ein*
Gen.	*eines*	*einer*	*eines*
Dat.	*einem*	*einer*	*einem*
Akk.	*einen*	*eine*	*ein*

Wortart Verb

Man muss nicht nur wissen, was ein Wort bedeutet und wie es ausgesprochen wird. Man muss darüber hinaus wissen, wie es in einer Äußerung oder einem Satz benutzt wird und wie es sich in einer bestimmten Satzumgebung verändert. Dies ist vor allem beim Verb wichtig: Es muss in Bezug auf die Person oder den Sachverhalt, zu dem es gehört, verändert **(konjugiert)** werden. So wird das **Verb** *gehen* in dem Satz *Ich gehe zur Schule* in anderer Form verwendet, nämlich in der 1. Person Singular Indikativ Präsens, als in dem Satz *Wir gehen im Wald spazieren.* Hier sieht das Verb wie ein Infinitiv aus, es steht allerdings in der 1. Person Plural Indikativ Präsens. Außerdem verändert sich das Verb in Bezug auf die Zeit, die man beschreibt **(Tempus)**: *Gestern waren wir im Kino.*

Die Tempora am Beispiel von *sein*:

	Präsens	
	Indikativ	Konjunktiv
Singular	*ich bin*	*sei*
	du bist	*sei(e)st*
	er, sie, es ist	*sei*
Plural	*wir sind*	*seien*
	ihr seid	*seiet*
	sie sind	*seien*

	Präteritum	
	Indikativ	Konjunktiv
Singular	*ich war*	*wäre*
	du warst	*wär(e)st*
	er, sie, es war	*wäre*
Plural	*wir waren*	*wären*
	ihr wart	*wär(e)t*
	sie waren	*wären*

	Perfekt	
	Indikativ	Konjunktiv
Singular	*ich bin gewesen*	*sei gewesen*
	du bist gewesen	*sei(e)st gewesen*
	er, sie, es ist gewesen	*sei gewesen*
Plural	*wir sind gewesen*	*seien gewesen*
	ihr seid gewesen	*seiet gewesen*
	sie sind gewesen	*seien gewesen*

	Plusquamperfekt	
	Indikativ	Konjunktiv
Singular	*ich war gewesen*	*wäre gewesen*
	du warst gewesen	*wär(e)st gewesen*
	er, sie, es war gewesen	*wäre gewesen*
Plural	*wir waren gewesen*	*wären gewesen*
	ihr wart gewesen	*wär(e)t gewesen*
	sie waren gewesen	*wären gewesen*

	Futur I	
	Indikativ	Konjunktiv
Singular	*ich werde sein*	*werde sein*
	du wirst sein	*werdest sein*
	er, sie, es wird sein	*werde sein*
Plural	*wir werden sein*	*werden sein*
	ihr werdet sein	*werdet sein*
	sie werden sein	*werden sein*

	Futur II	
	Indikativ	Konjunktiv
Singular	*ich werde gewesen sein*	*ich werde gewesen sein*
	du wirst gewesen sein	*du werdest gewesen sein*
	er, sie, es wird gewesen sein	*er, sie, es werde gewesen sein*
Plural	*wir werden gewesen sein*	*wir werden gewesen sein*
	ihr werdet gewesen sein	*ihr werdet gewesen sein*
	sie werden gewesen sein	*sie werden gewesen sein*

	Imperativ
Singular	*sei!*
Plural	*seid!*

Wortart Modalverb

Modalverben modifizieren den Bedeutungsgehalt eines Vollverbs: *Ich kaufe das Auto* hat eine andere Bedeutung als *Ich möchte das Auto kaufen*. Wenn man den folgenden Satz aus dem Indikativ *Wir lernen für die Klausur* mit den verschiedenen Modalverben verbindet, entstehen völlig unterschiedliche Sachverhalte:

Modalverb	Bedeutung
Wir sollen für die Klausur lernen.	Aufforderung/Auftrag
Wir müssen für die Klausur lernen.	Anordnung/Befehl
Wir dürfen für die Klausur lernen.	Erlaubnis
Wir können für die Klausur lernen.	Möglichkeit/Fähigkeit
Wir wollen für die Klausur lernen.	Wille/Absicht

Während die ersten beiden Aussagen einen gewissen (vielleicht auch moralischen) Zwang ausdrücken, bedeuten „dürfen" und „können" eher, dass uns die Möglichkeit dazu eröffnet wird bzw. dass wir die Zeit oder Fähigkeit dazu haben. Das letzte Beispiel variiert die Äußerung so, dass der eigene Wille und das Interesse am Lernen deutlich wird. Zu den Modalverben zählen die Verben, die weder im Passiv noch im Imperativ stehen können.

Obligatorische Mitspieler eines Verbs

Beim Lernen von Verben ist es notwendig, sich neben der Bedeutung auch gleich zu notieren und zu merken, mit welchen **Mitspielern** das Verb auftritt. Mitspieler sind obligatorische Ergänzungen zum Verb, durch die der Satz erst komplett und grammatisch korrekt wird.

So hat das Verb *geben* in dem Satz *Sie gibt ihm einen guten Rat* drei **Mitspieler**:
- einen im Nominativ (was oben als Subjekt eines Satzes bezeichnet wurde),
- einen im Dativ (was man traditionellerweise Dativobjekt nennt) und
- einen im Akkusativ (Akkusativobjekt):

Alle drei Mitspieler sind notwendig: Weder **Sie gibt einen guten Rat* noch **Sie gibt ihm* können als vollständige Sätze gelten.
Je nachdem, mit welchen Mitspielern ein Verb gebraucht wird, kann sich auch die Bedeutung ändern. Wird das Verb *setzen* mit dem Reflexivpronomen *sich* gebraucht, bedeutet es „einen Sitzplatz einnehmen". Steht *setzen* dagegen mit der Präposition *auf* und dem Akkusativ (*auf etwas* oder *jemanden setzen*), bedeutet es „(im Glücksspiel) einen Betrag auf etwas oder jemanden wetten".

Mitspieler von Verben im Wörterbuch

Im Wörterbuch wird bei Verben immer vor den Worterklärungen das Satzmuster mit den Mitspielern des Verbs angegeben, z.B. bei *schenken: jmdm. etwas schenken* oder im reflexiven Gebrauch: *sich etwas schenken*

schen|ken ⟨V.; schenkt, schenk|te, hat ge|schenkt⟩ **I** ⟨V. trans.⟩ **1** jmdm. etwas ~ *zum Geschenk machen, freiwillig u. gern geben* **2** ⟨geh.⟩ etwas in etwas ~ *eingießen* ▸ jmdm. od. einer Sache **Aufmerksamkeit** ~ *widmen;* jmdm. keinen **Blick** ~ *jmdn. nicht beachten;* jmdm. **Blumen** ~; jmdm. **Gehör** ~ *jmdn. bereitwillig anhören;* jmdm. **Glauben** ~ *jmdm. glauben;* jmdm. sein **Herz** ~ ⟨übertr.⟩ *jmdn. liebgewinnen, sich in jmdn. verlieben;* einem Kind das **Leben** ~ *ein K. gebären;* jmdm. **Vertrauen** ~ *jmdm. vertrauen* ▸ jmdm. etwas **als** Andenken ~; er schenkt **gern;** Bier, Wein **ins** Glas ~; jmdm. ein Buch **zum** Geburtstag, zu Weihnachten ~ ▸ etwas geschenkt bekommen; das möcht ich nicht geschenkt! ⟨umg.⟩ *das würde ich nicht haben wollen, auch wenn man es mir schenkte;* das ist wirklich geschenkt ⟨übertr.; umg.⟩ *das ist sehr billig;* ihm ist im Leben nichts geschenkt worden *er hat sich alles selbst erarbeiten müssen* **II** ⟨V. refl.; umg.⟩ sich etwas ~ *etwas nicht tun (weil es nicht nötig ist)* ▸ das kann er sich ~!

Modus Indikativ, Modus Imperativ, Modus Konjunktiv

Verben tauchen in verschiedenen Ausdrucksvarianten, **Modi**, auf:

- als reine Aussagen im **Indikativ**
  Ich studiere Germanistik.
- als **Imperativ**form, die eine Anordnung, einen Befehl oder auch eine Bitte kennzeichnet:
  Beginnen Sie jetzt mit der Bearbeitung der Klausur. Geben Sie jetzt ab! Bitte vergessen Sie nicht, Ihren Namen oben links zu vermerken.
- als berichtende Formen im **Konjunktiv Präsens:**
  Sie berichtet, sie habe ihr Studium erfolgreich beendet.
- als Formen im **Konjunktiv Präteritum/ Perfekt**, wenn es um nicht Reales oder um Bedingungen geht:
  Hätte ich noch Urlaub, führe ich nach Österreich. Wenn er Millionär wäre, spendete er der Kinderkrebshilfe viel Geld.

In der Umgangssprache werden diese Formen oft mit *würden* und dem Infinitiv des Verbs gebildet:
Wenn ich noch Urlaub hätte, würde ich nach Österreich fahren. Wenn er Millionär wäre, würde er der Kinderkrebshilfe viel Geld spenden.

Wortart Pronomen

Eine wichtige weitere Wortart sind **Pronomen**. Sie helfen dabei, Ersatz für vorher Gesagtes zu finden bzw. einfach und rasch auf etwas bereits Erwähntes zu verweisen: *Das Wörterbuch enthält 75.000 Einträge. Deshalb ist es so dick und schwer. Es* ersetzt im zweiten Satz das Wort *das Wörterbuch*. Pronomen gibt es in allen **Personen** und **Numeri**, also z.B.

- *der Mann **(er)*** oder *die Männer **(sie)***
- *die Frau **(sie)*** oder *die Frauen **(sie)***
- *das Kind **(es)*** oder *die Kinder **(sie)***

Personalpronomen können, genauso wie die Wörter, die sie ersetzen, durch alle **Kasus** hindurch **dekliniert** werden: *ich, mein (meine, meiner), mir, mich.*
Wir legen unsere Bücher auf den Tisch.
Ich lege meines auf den Stuhl.

1. Person	Singular	Plural
Nom.	*ich*	*wir*
Gen.	*meiner*	*unser*
Dat.	*mir*	*uns*
Akk.	*mich*	*uns*

2. Person	Singular	Plural
Nom.	*du*	*ihr*
Gen.	*deiner*	*euer*
Dat.	*dir*	*euch*
Akk.	*dich*	*euch*

Die Personalpronomina der **3. Person** werden nach dem Genus unterschieden:

	Singular			Plural
3. Pers.	Mask.	Fem.	Neutr.	MFN
Nom.	*er*	*sie*	*es*	*sie*
Gen.	*seiner*	*ihrer*	*seiner*	*ihrer*
Dat.	*ihm*	*ihr*	*ihm*	*ihnen*
Akk.	*ihn*	*sie*	*es*	*sie*

Eine besondere Art Pronomen ist das **Possessivpronomen**, mit dem meist ausgedrückt wird, dass jemand etwas **besitzt**:
Das ist mein Fahrrad. Ist das Ihre Tasche?

Zum anderen kann ein Possessivpronomen eine **Zugehörigkeit** anzeigen. *Das ist mein Mann* heißt nicht, dass der betreffende Mann der Person gehört, die diesen Satz äußert. Possessivpronomen können sowohl Begleiter als auch Stellvertreter eines Substantivs sein:
Das ist dein Pass, gib mir bitte meinen.

Deklination des Possessivpronomens *sein*:

	Singular			Plural
	Mask.	Fem.	Neutr.	MFN
Nom.	*sein*	*seine*	*sein*	*seine*
Gen.	*seines*	*seiner*	*seines*	*seiner*
Dat.	*seinem*	*seiner*	*seinem*	*seinen*
Akk.	*seinen*	*seine*	*sein*	*seine*

Wortart Präposition

Mit **Präpositionen** können wir u.a. lokale Verhältnisse anzeigen:
Ein Vogel sitzt auf einem Dach.
Die Katze schläft unter dem Tisch.
Der Hund bellt hinter dem Zaun.
Das Fahrrad lehnt an der Mauer.

Präpositionen können aber auch zu einem Verb gehören, ohne einen Ort zu bezeichnen:
Wir hoffen auf gutes Wetter.
Denkt Ihr an den Feiertag nächste Woche?
Er hat sich schon lange um eine neue Stelle bemüht.
Der Kunde besteht auf einer Reparatur.
Das Puzzle besteht aus 500 Teilen.

Für diese Wortart ist es nicht nur hilfreich, sich die Bedeutung einzelner Präpositionen klarzumachen, sondern auch, dass Präpositionen manchmal scheinbar ohne Bedeutung in einer Kollokation stehen wie z.B. in *um die Wette laufen, sich über etwas Gedanken machen, sich um jemanden oder etwas Sorgen machen.*

Präpositionen im Wörterbuch

Präpositionen bestimmen den Kasus des Substantivs oder Pronomens, bei dem sie stehen. Deshalb ist im Wörterbuch bei Präpositionen immer der Kasus des zugehörigen Substantivs angegeben.

seit[1] <Präp. m. Dat.> *von einer bestimmten Zeit an (bis jetzt andauernd)* ▸ ~ ich ihn kenne; ~ Adam und Eva ist das so gewesen <umg.> *schon immer;* ~ Anfang des Jahres ist er krank; ~ etwa einem Jahr habe ich nichts von ihr gehört; ~ damals; ~ kurzem/Kurzem, ~ kurzer Zeit; ~ langem/Langem, ~ langer Zeit; ~ wann ist er hier?

Wortart Adjektiv

Adjektive haben beschreibenden Charakter und modifizieren Aussagen: *Sie kann tanzen* sagt etwas anderes aus als *Sie kann gut tanzen.* Sie werden, wenn sie wie im Beispielsatz ein Verb näher beschreiben, nicht dekliniert und nehmen die Funktion des **Adverbs** ein.

In allen anderen Zusammenhängen werden sie wie Substantive oder Pronomen **dekliniert**, wenn sie beispielsweise einen Sachverhalt oder eine Person näher beschreiben:
Sie ist eine gute Tänzerin.
Er ist auch ein guter Tänzer.
Das ist wirklich ein gutes Musikstück.
So gute Musikstücke gibt es selten.

Adjektive lassen sich auch steigern, um Sachverhalte, Dinge oder Menschen miteinander zu **vergleichen:**

Positiv:
Sie ist eine gute Tänzerin.
Komparativ:
Die Sonne scheint heute intensiver als gestern.
Superlativ:
Der Mount Everest ist der höchste Berg der Erde.
Superlativ:
Am liebsten esse ich Vanilleeis.

Adjektive werden in Bezug auf das Wort dekliniert, welches sie jeweils näher beschreiben:
ein gutes Kind, eine gute Prüfung, ein guter Prüfling, gute Klausuren, die guten Klausuren

Bei der **schwachen Deklination** steht vor Adjektiv + Substantiv der bestimmte Artikel oder ein Pronomen, der bzw. das gebeugt ist:
der schöne Baum / die schönen Bäume
jeder grüne Hering / alle grünen Heringe
diese blaue Kette / diese blauen Ketten

Bei der **starken Deklination** steht das Adjektiv ohne Artikel oder Pronomen vor dem Substantiv:
herber Wein / herbe Weine
gute Mutter / gute Mütter
edles Ross / edle Rösser

Bei der **gemischten Deklination** steht vor Adjektiv und Substantiv der unbestimmte **Artikel,** das **Indefinitpronomen** *kein* oder ein **Possessivpronomen** (*mein, dein, euer* usw.). Bei der Verwendung des unbestimmten Artikels wird der Plural ohne Artikel, also stark, gebildet, während er mit *kein* oder einem Possessivpronomen schwach gebildet wird:

ein bunter Vogel / bunte Vögel
mein bunter Vogel / meine bunten Vögel
eine gelbe Blume / gelbe Blumen
keine gelbe Blume / keine gelben Blumen
ein gutes Beispiel / gute Beispiele
euer bestes Ergebnis / eure besten Ergebnisse

In Sätzen können Adjektive unterschiedliche Funktionen übernehmen:

Adverbiales Adjektiv zum Verb	*Die Prüfung ist gut gelaufen*
Attribut zum Subjekt	*Der gute Sohn hilft seinen Eltern.*
Attribut zum Präpositionalobjekt	*Wir warten auf eine gute Idee.*
Attribut zum Adverbial	*Wir warten auf dem größeren Bahnsteig.*
Prädikativ	*Die Weißwurst ist gut!*

Wortart Adverb

Adverbien sind als Wortart im Gegensatz zu Adjektiven **nicht flektierbar**. Sie dienen der lokalen, temporalen oder modalen Bestimmung des im Satz dargestellten Geschehens: *Hoffentlich sehen wir uns bald. Das müsste man sofort reparieren.*

Substantiv + Adverb	*Die Party gestern war gut besucht.*
Adverb + Adjektiv	*Dieses Fahrrad ist sehr teuer.*
Adverb + Adverb	*Käsespätzle essen wir besonders gern.*
Verb + Adverb	*Michael wohnt nebenan.*
Satz + Adverb	*Der Herbst kommt zweifellos.*

Wortart Konjunktion

Konjunktionen dienen dazu, Gedanken und Äußerungen miteinander zu verbinden: *Er hat die Straßenbahn verpasst, weil er zu spät von zu Hause weggegangen ist.* Würden wir hier einfach zwei einzelne Sätze aneinanderreihen (*Er hat die Straßenbahn verpasst* und *Er ist zu spät von zu Hause weggegangen*), wäre nicht deutlich, dass der zweite Satz die Bedingung für den ersten ist.

In den beiden Äußerungen *Nachdem wir eine Wanderung durch den Wald gemacht hatten, waren wir in einem Gasthaus essen*, wird durch die Konjunktion *nachdem* deutlich, dass beide Vorgänge in einem zeitlichen Zusammenhang stehen.

Bei diesen Beispielen sind durch die Konjunktionen Unterordnungen eines Satzes unter den anderen entstanden: Der Satz *Als sie alle Fragen beantwortet hatte, …* ist der untergeordnete **Nebensatz** zu dem **Hauptsatz** *gab sie die Klausur ab.*

Mit den Konjunktionen *und, oder* und *denn* können zwei (oder mehrere) Hauptsätze aneinandergereiht bzw. zusammengestellt werden:
Wollen wir ins Schwimmbad gehen, oder sollen wir heute den Rasen mähen?
Wir sollten wohl lieber den Rasen mähen, denn das Gras ist bereits sehr hoch geworden.
Dann mähen wir jetzt erst den Rasen, und heute Nachmittag gehen wir ins Schwimmbad.

Wortart Abtönungspartikel

Was ist das denn für eine laute Musik? In diesem Satz ist *denn* eine **Abtönungs-** bzw. **Modalpartikel**, und sie modifiziert das Gesagte wie auch das Wort *ziemlich* in *Die Klausur ist ziemlich gut ausgefallen*. Im zweiten Satz relativiert die Partikel das Adverb *gut*. Modalpartikeln sind Sonderverwendungen von Wörtern anderer Wortarten. Beispielsweise ist die Partikel *aber* in *Du bist aber groß* eine Sonderverwendung der Konjunktion *aber*. Abtönungspartikeln können meist gestrichen werden, ohne einen Satz ungrammatisch werden zu lassen. Aber sie sind in der Kommunikation sehr nützlich, um Nuancen auszudrücken. Sie sind ein typisches Merkmal der gesprochenen Sprache, finden aber auch zunehmend in der geschriebenen Sprache Verwendung. Typische Partikeln sind *eben, halt, eigentlich, ja* oder *mal*. Man sollte sie jedoch nicht in jedem Satz einsetzen, weil dies übertrieben oder überflüssig wirken kann.

Typische Abtönungspartikeln sind z. B.:
Komm bloß nicht zu spät!
Was ist denn eigentlich mit ihm los?
Besuche uns doch einmal.
Er will eben nicht.
Du kannst doch nicht einfach absagen!
Wir müssen es halt versuchen.
Du kannst ruhig mitkommen.
Gibt es das überhaupt?
Ich habe wohl nicht richtig gehört?

Wortart und Satzglied

Wörter können immer zweifach beurteilt werden: als **Wortart** (ihr Wesen) und als **Satzglied** (ihre Funktion im Satz). Zum Abschluss dieses Teils der Einleitung wird gezeigt, welche Funktion die einzelnen Wortarten in Sätzen übernehmen können. Die einzelnen Wortarten, z. B. Pronomen, können verschiedene Funktionen im Satz haben, d.h. verschiedene Satzglieder repräsentieren, sie müssen dann entsprechend dekliniert werden. Manchmal irritiert dabei der Begriff des Adverbs, welches doch eigentlich eine Wortart ist, oft aber auch als Satzglied bezeichnet wird. Diese Doppeldeutigkeit kann man aufheben, indem man die Wortart konsequent **Adverb** und das Satzglied **Adverbial** nennt.

Hier zur Veranschaulichung einige Beispiele für einfache Hauptsätze:

1. Satz mit Dativ- und Akkusativobjekt, d.h. das Verb *schenken* hat drei Mitspieler, einen im Nominativ, einen im Dativ und einen im Akkusativ:

Satzfunktion		Beispiel	Wortart
Subjekt		Die	bestimmter Artikel
		Frau	Substantiv (Nominativ)
Prädikat		schenkt	Verb
Dativobjekt		ihm	Pronomen (Mask. 3. Person Sing. Dativ
Akkusativobjekt		ein	unbestimmter Artikel
	Attribut zu Buch	spannendes	Adjektiv (Part. Präs.)
		Buch.	Substantiv (Akkusativ)

2. Satz mit dem Verb *sein:*

Satzfunktion		Beispiel	Wortart
Subjekt		Der	bestimmter Artikel
		Hund	Substantiv (Nominativ)
	Genitivattribut zu Hund	des	best. Artikel
		Nachbarn	Substantiv (Genitiv)
Prädikat		ist	Verb
Prädikatsnomen		ein	unbestimmter Artikel
	Attribut zu Tier	wohlerzogenes	Adjektiv
		Tier.	Substantiv (Nominativ)

3. Satz mit einer nicht obligatorischen Ergänzung, d.h. *auf dem Bahnsteig* könnte auch weggelassen werden, ohne dass der Satz ungrammatisch wäre:

Satzfunktion	Beispiel	Wortart
Adjektivadverbial	Ungeduldig	Adjektiv
Prädikat	wartet	Verb
Subjekt	er	Pronomen
Lokaladverbial	auf	Präposition
	dem	Artikel
	Bahnsteig.	Substantiv

4. Satz mit einem *Verb*, welches einen obligatorischen Mitspieler hat, der mit einer Präposition eingeleitet wird:

Satzfunktion	Beispiel	Wortart
Prädikat	Glaubst	Verb
Subjekt	du	Pronomen
Präpositionalobjekt	an	Präposition
	seinen	Possessivpronomen
	Erfolg?	Substantiv

Das Verb *glauben* könnte auch anders verwendet werden, nämlich in Aussagen wie *Glaubst du ihm?* mit dem Mitspieler im Dativ oder mit einem Nebensatz: *Glaubst du, dass er Erfolg haben wird?*

Kollokationen

Im Wörterbuch findet man häufiger Hinweise darauf, mit welchen anderen Wörtern ein Stichwort gemeinsam auftritt. Auch hier ist es ratsam, diese Information mit in eine Vokabelkartei aufzunehmen. So tritt das Verb *glauben* meistens mit der Präposition *an* auf, und in dieser Kombination kann man auch versuchen, sich die Verben zu merken: *glauben an, bestehen auf, sich bewerben um/für.*

Kollokationen im Wörterbuch

Im Wörterbuch sind die Kollokatoren oder Umgebungswörter in umfangreicheren Artikeln blau markiert und daher leicht zu erkennen. Der besseren Übersicht halber sind sie nach Wortarten gegliedert: Nach jedem Gliederungszeichen folgt eine andere Wortart.

sa̩nft ⟨Adj.; -er, am -es|ten⟩ **1** *zart, mild, weich* (Berührung, Druck, Lüftchen) **2** *freundlich* (Stimme, Augen, Vorwurf) **3** *friedfertig, liebevoll* (Wesen, Gemüt) **4** *leicht, gering* (Steigung), *wenig ansteigend* (Hügel) **5** *gedämpft, nicht grell* (Farbe) ▸ einen ~en **Druck,** Zwang ausüben; eine ~e **Farbe;** jmdn. mit ~er **Gewalt** zu etwas zwingen; sie hat eine ~e **Stimme;** etwas auf die ~e **Tour** erreichen ⟨umg.⟩ *durch gutes Zureden;* ihr ~es **Wesen** ▸ ~ **entschlafen** *friedlich sterben;* ein Kätzchen ~ **streicheln** ▸ ~ **wie** ein Lamm

Kollokatoren tauchen aber nicht nur in Form von Präpositionen bei Verben auf, sondern auch im Zusammenspiel mit anderen Wortarten, wie z.B. *eine Prüfung bestehen, ein Auto fahren, rauf und runter, hin und her.* Besonders bei alten Wendungen, bei denen man gar nicht mehr alle einzelnen Bestandteile versteht, ist der Zusammenhalt zwischen den Kollokatoren fest: *gang und gäbe, mit Mann und Maus, mit Kind und Kegel.* Die **Alliteration** – d.h. der Gleichklang der Wortanfänge – erleichtert dabei oft das Lernen dieser Wendungen.

In vielen Fällen bildet das Verb mit bestimmten Kollokatoren feste Wendungen, wobei diese oft eine übertragene Bedeutung haben, die sich nicht mehr aus den einzelnen Bestandteilen der Wendung erschließen lässt (z.B. *seinen Hut nehmen* = „kündigen, von einer Position zurücktreten")

Sätze im Deutschen

Grundsätzlich unterscheiden wir drei Typen von Sätzen im Deutschen: **Aussagesätze** *(Sie schlagen im Wörterbuch nach.)*, **Fragesätze** *(Lesen Sie im Wörterbuch? Warum lesen Sie im Wörterbuch? Wann schlagen Sie im Wörterbuch nach?)* und **Befehlssätze**, **Imperative** *(Schlagen Sie das unbekannte Wort im Wörterbuch nach!)*.
Man wählt sie je nach eigener Intention aus. Außerdem gibt es verschiedene Satzbautypen im Deutschen. Besonders häufig kommen die folgenden Sätze vor:

Subjekt, Prädikat und Akkusativobjekt	*Das Kind pflückt Wiesenblumen.*
Subjekt, Prädikat und Adverbial	*Das Kind spielt im Sandkasten.*
Subjekt, Prädikat und Präpositionalobjekt	*Das Kind freut sich über das Geburtstagsgeschenk.*
Subjekt, Prädikat und Dativobjekt	*Das Kind glaubt dem Nikolaus.*

Typische Schwierigkeiten im Deutschen

Es gibt einige typische Schwierigkeiten, mit denen Lernende des Deutschen zu kämpfen haben. Fehler an sich sind aber keine Katastrophe: Die Kommunikation funktioniert meist auch, wenn eine Äußerung nicht ganz korrekt ist, wie z. B. in **Können Sie mir bitte sagen, wo ist die Bahnhof?* statt *Können Sie mir bitte sagen, wo der Bahnhof ist?* Man wird trotzdem verstanden, und die Frage wird beantwortet.

Das heißt keineswegs, dass man dem Lernen von Artikeln oder Satzstellungsregeln keine Beachtung schenken sollte. Aber man sollte ruhig etwas sagen, auch wenn man glaubt, dass eine Äußerung nicht grammatisch perfekt ist. Wichtiger ist es, die Regeln der Höflichkeit, die sich in vielen Aspekten zeigt, zu beachten.

Dazu gehört z.B. die richtige Intonation, aber auch die Regel, dass man fremde Erwachsene siezen und nicht duzen sollte. Wenn dies doch versehentlich einmal passiert, kann man sich entschuldigen, und nur wenige Deutschsprachige werden es dann übelnehmen.

Falsche Freunde

Als „falsche Freunde" bezeichnet man Wortpaare in zwei Sprachen, die gleich oder ähnlich klingen oder geschrieben werden, die aber völlig verschiedene Dinge bedeuten. Wenn man sie benutzt, führt das manchmal zu Irritationen oder auch zu kuriosen Situationen, da oft etwas Lustiges bei dieser Verwechslung entsteht. So geht das englische *gift* (Geschenk) zwar auf die gleiche historische Wurzel zurück wie das deutsche Wort *Gift*. Tatsächlich bedeuten beide Wörter immer noch, dass man jemand anderem etwas gibt. Aber während das englische Wort *gift*, wenn man es bekommt, einem vermutlich Freude bereitet, ist die Gabe von *Gift* im Deutschen alles andere als positiv. Die Wörter haben sich in den beiden Sprachen in ihren Bedeutungen unterschiedlich entwickelt.

Ebenso bedeutet das norwegische Wort *hyggelig* etwas anderes als das ähnlich klingende deutsche Wort *hügelig*, nämlich nicht, dass es – wie im Deutschen – viele kleinere Berge in einer Landschaft gibt, sondern dass etwas *gemütlich* ist.

Man kann sich die „falschen Freunde", wenn man möchte, zwar besonders merken, aber sie stellen eigentlich kein großes Problem dar, weil sie zahlenmäßig viel seltener vorkommen als die zahlreichen ‚guten Freunde', insbesondere zwischen nah verwandten Sprachen, wie z. B. zwischen Englisch und Deutsch, Niederländisch und Deutsch oder Dänisch und Deutsch.

Hier einige weitere zufällig ausgewählte Beispiele für „falsche Freunde":

Deutsches Wort	klingt ähnlich oder sieht ähnlich aus wie	tatsächlich heißt es auf Deutsch aber .....
das Semester	*schwed. semester*	*die Ferien, der Urlaub*
groß	frz. *gros, -se* (neg. Konnotation)	*fett* (neg. Konnotation)
fett (neg. Konnotation)	engl. *fat* (neutral)	*dick* (neutral)
sensibel	engl. *sensible*	*vernünftig*
rotieren	frz. *rotîr*	*grillen*
die Karte	span. *carta*	*der Brief*
plump	engl. *plump*	*rundlich, mollig*
Mappe	poln. *mapa*	*die Landkarte*
schön	ndl. *schoen*	*der Schuh*
die Infusion	frz. *infusion*	*das Getränk, z. B. Tee*
die Platane	span. *plátano*	*die Banane*
das schöne Wetter / schönes Wetter	ndl. *schoenveter*	*das Schuhband*
die Bagage	frz. *bagage*	*das Gepäck*
der Hof	ndl. *hof*	*der Garten*
die Politesse	frz. *politesse*	*die Höflichkeit*

Deutsch in den verschiedenen deutschsprachigen Ländern

Deutsch wird in **Deutschland** gesprochen. Diese an sich banale Aussage bedarf trotzdem einer dringenden Ergänzung, so z.B. um die Angabe, dass in Deutschland noch einige andere Sprachen gesprochen werden: Dänisch in Teilen Norddeutschlands, Polnisch an der polnischen Grenze, Französisch im Rheingraben, Sorbisch in begrenzten Teilen Ostdeutschlands, aber auch Türkisch von Bevölkerungsgruppen, die einen türkischsprachigen und Russisch von Bevölkerungsgruppen, die einen russischsprachigen Hintergrund haben.

Natürlich wird auch in anderen Ländern Deutsch als Erstsprache gesprochen, vor allem in **Österreich**, das ebenfalls anderssprachige Gruppen hat, wie z.B. kroatische Sprecher im Südosten des Landes, und in **Liechtenstein**. In der **Schweiz**, in **Luxemburg** und in **Norditalien** sind Teile der Bevölkerung deutschsprachig, in manchen anderen Ländern gibt es noch kleinere Gruppen, die sich das Deutsche aufgrund früherer **Emigration** bewahrt haben.
Für die Arbeit mit dem Wörterbuch ist es wichtig, sich zu vergegenwärtigen, dass diese verschiedenen **Varietäten** des Deutschen, wie sie offiziell in den genannten Ländern gesprochen und geschrieben werden, sich in der Grammatik und Syntax nur wenig voneinander unterscheiden. Im Vokabular kann es unterschiedliche Varianten geben, die man sich merken sollte, wenn man in die entsprechenden Länder reist. So heißt in der **schweizerdeutschen Schriftsprache** *parkieren*, was im Standarddeutschen *parken* heißt, im Österreichischen bezeichnen *Erdäpfel* das Lebensmittel, welches im Standarddeutschen *Kartoffeln* genannt wird.

Allerdings sind die **Sprachgrenzen** keineswegs identisch mit den **Landesgrenzen**. Oft kennt das Österreichische die gleichen Bezeichnungen wie das Bairische, beide Sprachgruppen heben sich gemeinsam vom **bundesdeutschen Standard** ab. Speziell für Deutschlerner ist es wichtig, die für den geografischen Teil des deutschsprachigen Gebiets relevanten Wörter zu kennen, um auch in allen deutschsprachigen Ländern und Regionen verstanden zu werden. „WAHRIG Großwörterbuch Deutsch als Fremdsprache“ möchte dazu einen Beitrag leisten.

A-Z

WÖRTERVERZEICHNIS

A a

a I ⟨das; -, - od. -s; Mus.⟩ *Tonbez., Grundton der a-Moll-Tonleiter* II ⟨ohne Artikel; Mus.; Abk. für⟩ *a-Moll (Tonartbez.)*

A I ⟨das; -, - od. -s; Mus.⟩ *Tonbez., Grundton der A-Dur-Tonleiter* ▸ das ~ und O einer Sache *das Wesentliche;* von ~ bis Z *von Anfang bis Ende, alles;* wer ~ sagt, muss auch B sagen *wer etwas beginnt, muss damit fortfahren* II ⟨ohne Artikel; Mus.; Abk. für⟩ *A-Dur (Tonartbez.)*

Aal ⟨der; -(e)s, -e; Zool.⟩ *langer, schlangenähnlicher Fisch* ▸ er windet sich wie ein ~ *er versucht (mit allen Mitteln), aus einer unangenehmen Lage herauszukommen;* geräucherter ~

aa|len ⟨V. refl.; aalt sich, aal|te sich, hat sich ge|aalt; umg.⟩ sich ~ 1 *sich faulenzend dehnen u. strecken* 2 *faul sein, sich erholen*

aal|glạtt ⟨Adj.; übertr.; abwertend⟩ 1 *sich überall listig hindurchwindend* (von Personen) 2 *nicht unfreundlich, aber unpersönlich*

a. a. O. ⟨Abk. für⟩ *am angeführten Ort;* →a. *anführen*

Aas I ⟨das; -es, -e⟩ 1 *verwesende Tierleiche* 2 *Köder* II ⟨das; -es, Äser; derb⟩ *gemeine, hinterlistige Person* ▸ kein ~ ließ sich blicken ⟨derb⟩ *niemand*

Aas|gei|er ⟨der; -s, -; Zool.⟩ 1 *ein rabenähnlicher Vogel* 2 ⟨übertr.; umg.⟩ *habgierige Person*

ạb[1] ⟨Adv.⟩ *(bezeichnet einen Zeitpunkt, von dem aus etwas anfängt)* 1 *weg* 2 *ausgehend von* 3 *beginnend mit* 4 *mehr als* 5 *vermindert um* ▸ sein: der Knopf ist ~ *abgegangen* ▸ ~ und an *manchmal;* auf und ~; ~ heute *beginnend mit dem heutigen Tage;* ~ nach links, rechts od. hinten ⟨Theat.⟩ *von der Bühne abgehen;* ~ und zu *gelegentlich, manchmal*

ạb[2] ⟨Präp. m. Dat.; umg. a. mit Akk.⟩ *(bezeichnet einen Ort od. Zeitpunkt, an dem etwas seinen Anfang nimmt)* ▸ ~ 3 Euro *(eine Sache kostet) 3 Euro od. mehr;* ~ zweitem, ⟨umg. a.⟩ zweiten Mai; ~ 2 Uhr, von 2 Uhr ~ *um 2 Uhr od. später*

ạb|än|dern ⟨V. trans.; än|dert ab, än|der|te ab, hat ab|ge|än|dert, ab|zu|än|dern⟩ etwas ~ *anders machen, umändern, umbilden;* Abl *Abänderung*

ạb|ar|bei|ten ⟨V.; ar|bei|tet ab, ar|bei|te|te ab, hat ab|ge|ar|bei|tet, ab|zu|ar|bei|ten⟩ I ⟨V. trans.⟩ 1 ein Pensum ~ *durch Arbeit schrittweise erledigen* 2 eine Schuld ~ *für eine S. Arbeit leisten* II ⟨V. refl.⟩ sich ~ *bis zum Ende der Kräfte arbeiten;* →a. *abgearbeitet*

Ạb|art ⟨die; -, -en⟩ *Abweichung von einer Art, Spielart*

ạb|ar|tig ⟨Adj.; abwertend⟩ 1 *aus der Art geschlagen* 2 *pervers* 3 *nicht normal* ▸ ~ veranlagt sein

Ạb|bau ⟨der; -(e)s; unz.⟩ 1 *Verringerung, Verkleinerung, Beseitigung* 2 ⟨Bgb.⟩ *Gewinnung von Bodenschätzen* 3 *Entlassung von Arbeitnehmern* 4 *Herabsetzung von Preisen, Gehältern usw.* 5 ⟨Physiologie; Chem.⟩ *Zerlegung chem. Verbindungen in kleinere Moleküle;* Zus *Abbauprodukt* ▸ ~ eines Gebäudes *Abbruch;* ~ einer Maschine *Demontage;* ~ der Waffen *Abrüstung*

ạb|bau|en ⟨V.; baut ab, bau|te ab, hat ab|ge|baut, ab|zu|bau|en⟩ I ⟨V. trans.⟩ 1 ein Haus, Gerüst ~ *abbrechen, niederreißen, beseitigen, wegnehmen* 2 Preise, Gehälter ~ *verringern, verkleinern* 3 ⟨Bgb.⟩ Erze ~ *gewinnen* 4 ⟨Physiol.; Chem.⟩ Schadstoffe ~ *auflösen, zerstören;* Abl *abbaubar* ▸ Arbeitsplätze, Personal ~ *die Anzahl der A., des P. verringern (durch Entlassungen, Frühverrentungen o. Ä.);* Misstrauen, Vorurteile ~ II ⟨V. intr.⟩ *Kräfte, Fähigkeiten einbüßen* ▸ der Mensch baut im Alter körperlich und geistig ab; der Sportler baute kurz vor dem Ziel ab

ạb|bei|ßen ⟨V. trans.; beißt ab, biss ab, hat ab|gebis|sen, ab|zu|bei|ßen⟩ etwas ~ *durch Beißen abtrennen* ▸ er biss ein Stück Brot ab; sich lieber die Zunge ~, als etwas zu verraten ⟨übertr.⟩

ạb|bei|zen ⟨V. trans.; beizt ab, beiz|te ab, hat abge|beizt, ab|zu|bei|zen⟩ etwas ~ *Farb- u. Oxidschicht mit Hilfe von Chemikalien vom Untergrund entfernen;* Zus *Abbeizmittel*

ạb|be|kom|men ⟨V. trans.; be|kommt ab, be|kam ab, hat ab|be|kom|men, ab|zu|be|kom|men⟩ etwas ~ 1 *entfernen können* 2 *geschlagen werden* 3 *bekommen* ▸ ich bekomme die Briefmarke nicht ab; sein(en) Teil ~ *bei einer Verteilung etwas bekommen, erhalten;* ⟨übertr.⟩ *bestraft werden*

ạb|be|ru|fen ⟨V. trans.; be|ruft ab, be|rief ab, hat ab|be|ru|fen, ab|zu|be|ru|fen⟩ 1 Beamte, Diplomaten ~ *von einem Posten zurückrufen* 2 ~ werden (nach) 2.1 *versetzt werden* 2.2 ⟨übertr.⟩ *sterben, aus dem Leben scheiden;* Abl *Abberufung*

ạb|be|stel|len ⟨V. trans.; be|stellt ab, be|stell|te ab, hat ab|be|stellt, ab|zu|be|stel|len⟩ etwas ~ *eine Bestellung rückgängig machen*

ạb|be|zah|len ⟨V. trans.; be|zahlt ab, be|zahl|te ab, hat ab|be|zahlt, ab|zu|be|zah|len⟩ etwas ~ *völlig bezahlen, in Raten zahlen* ▸ eine Schuld ~

ạb|bie|gen ⟨V.⟩ I ⟨V. intr.; biegt ab, bog ab, ist abge|bo|gen, ab|zu|bie|gen⟩ jmd. biegt ab *ändert die Richtung* ▸ nach rechts ~ *eine Rechtskurve fahren;* hier musst du rechts ~; Abl *Abbieger;* Zus *Abbiegespur* II ⟨V. trans.; biegt ab, bog ab, hat ab|ge|bo|gen, ab|zu|bie|gen⟩ etwas ~ *krümmen* (Blech, Draht) ▸ wir konnten das ~ ⟨umg.⟩ *wir konnten es verhindern*

Ạb|bild ⟨das; -(e)s, -er⟩ *Darstellung einer Person od. eines Gegenstandes, Wiedergabe, Spiegelbild* ▸ ein getreues ~ *genaue Darstellung*

ạb|bil|den ⟨V. trans.; bil|det ab, bil|de|te ab, hat abge|bil|det, ab|zu|bil|den⟩ jmdn. od. etwas ~ *darstellen, abzeichnen, abmalen*

Ạb|bil|dung ⟨die; -, -en; Abk.: Abb.⟩ *etwas Abgebildetes, Illustration*

ạb|bin|den ⟨V.; bin|det ab, band ab, hat ab|ge|bunden, ab|zu|bin|den⟩ **I** ⟨V. trans.⟩ **1** eine verletzte Ader ~ *(zur Unterbrechung des Blutkreislaufs) das betroffene Glied fest umwickeln* **2** einen angebundenen Gegenstand ~ *losbinden, lösen* **3** eine Soße ~ *durch Zugabe von Mehl od. Stärke verdicken* **II** ⟨V. intr.⟩ *erhärten* (Mörtel, Beton)

Ab|bit|te ⟨die; -, -n⟩ *Bitte um Verzeihung* ▸ ~ leisten, tun *um Verzeihung bitten*

ab|bla|sen ⟨V. trans.; bläst ab, blies ab, hat ab|ge|bla|sen, ab|zu|bla|sen; übertr.; umg.⟩ eine Veranstaltung ~ *ausfallen lassen, absagen*

ab|blät|tern ⟨V. intr.; blät|tert ab, blät|ter|te ab, ist ab|ge|blät|tert, ab|zu|blät|tern⟩ *sich in kleinen Blättchen lösen* (Farbe, Mauerputz)

ab|blen|den ⟨V.; blen|det ab, blen|de|te ab, hat ab|ge|blen|det, ab|zu|blen|den⟩ **I** ⟨V. trans.⟩ eine Lampe, das Licht ~ *so weit abdecken, dass sie, es nicht blendet* **II** ⟨V. intr.⟩ *die Autoscheinwerfer so einschalten, dass sie nicht blenden;* Ggs *aufblenden (1);* Zus *Abblendlicht*

ab|blit|zen ⟨V. intr.; blitzt ab, blitz|te ab, ist ab|geblitzt, ab|zu|blit|zen; umg.⟩ bei jmdm. ~ *keinen Erfolg haben, unverrichteter Dinge abziehen* ▸ jmdn. ~ lassen *abweisen*

ab|blo|cken ⟨V. trans.; blockt ab, block|te ab, hat ab|ge|blockt, ab|zu|blo|cken⟩ etwas ~ **1** ⟨Sp.⟩ *abwehren* **2** ⟨allg.⟩ *entschieden verhindern, ablehnen* ▸ einen Angriff, ein Vorhaben ~

ab|bre|chen ⟨V.⟩ **I** ⟨V. trans.; bricht ab, brach ab, hat ab|ge|bro|chen, ab|zu|bre|chen⟩ etwas ~ **1** *durch Brechen abtrennen* **2** *(vorzeitig) beenden, unterbrechen* ▸ sich einen ~ ⟨umg.⟩ *eine Aufgabe umständlich u. mühevoll erledigen* ▸ ein **Bauwerk,** Gebäude ~ *nieder-, abreißen;* die **Beziehungen,** Verhandlungen ~ *einstellen, unterbrechen;* alle **Brücken** hinter sich ~ ⟨übertr.⟩ *sich eine Rückkehr unmöglich machen;* eine **Erzählung,** Rede ~ **II** ⟨V. intr.⟩ **II.I** ⟨bricht ab, brach ab, ist ab|ge|bro|chen, ab|zu|bre|chen⟩ **1** *sich (von selbst) abtrennen* **2** *plötzlich aufhören, unvermittelt enden* **3** *ohne Übergang steil abfallen* (Gelände) ▸ die Funkverbindung brach plötzlich ab; das Land bricht zum Meer hin an einer Kante steil ab; der Henkel ist von der Tasse abgebrochen **II.II** ⟨bricht ab, brach ab, hat ab|ge|brochen, ab|zu|bre|chen⟩ *mit, in einer Tätigkeit aufhören, ohne am Ende zu sein* ▸ wir wollen hier ~; schon nach wenigen Worten brach der Redner plötzlich ab

ab|brem|sen ⟨V. intr. u. V. trans.; bremst ab, brems|te ab, hat ab|ge|bremst, ab|zu|brem|sen⟩ (ein Auto) ~ *durch Bremsen verlangsamen od. zum Stehen bringen*

ab|bren|nen ⟨V.⟩ **I** ⟨V. trans.; brennt ab, brann|te ab, hat ab|ge|brannt, ab|zu|bren|nen⟩ etwas ~ *verbrennen, durch Verbrennen beseitigen* ▸ ein Feuerwerk ~ *veranstalten* **II** ⟨V. intr.; brennt ab, brann|te ab, ist ab|ge|brannt, ab|zu|bren|nen⟩ *nach u. nach verbrennen, durch Brand zerstört werden;* →a. *abgebrannt*

ab|brin|gen ⟨V. trans.; bringt ab, brach|te ab, hat ab|ge|bracht, ab|zu|brin|gen⟩ **1** etwas (von etwas) ~ *entfernen können* **2** etwas von etwas ~ *ablenken, von einer vorgegebenen Richtung abweichen lassen* **3** ⟨übertr.⟩ jmdn. von etwas ~ *jmdn. so beeinflussen, dass er seine Meinung, seine Vorsätze ändert* ▸ ich bringe das Brett nicht hier ab; das bringt uns von unserem Thema ab *lenkt ab;* jmdn. von seiner Meinung ~; sich von seiner Meinung nicht ~ lassen *auf seiner Meinung bestehen*

ab|brö|ckeln ⟨V. intr.; brö|ckelt ab, brö|ckel|te ab, ist ab|ge|brö|ckelt, ab|zu|brö|ckeln⟩ *in Stücken abfallen* ▸ die Preise, Kurse bröckeln ab *sinken allmählich*

Ab|bruch ⟨der; -(e)s; unz.⟩ **1** *Niederreißen, Schaden* **2** *Beendigung, Einstellung* ▸ ~ der Beziehung; ~ eines Gebäudes; ~ eines Lagers *Vorbereitung zum Verlegen eines Lagers, Einpacken der Sachen u. Geräte;* das tut der Liebe keinen ~ *schadet ihr nicht*

ab|bruch|reif ⟨Adj.⟩ das Haus ist ~ *so baufällig, dass es abgerissen werden muss*

ab|brum|men ⟨V. trans.; brummt ab, brumm|te ab, hat ab|ge|brummt, ab|zu|brum|men; umg.⟩ eine Strafe ~ *ab-, verbüßen*

ab|bu|chen ⟨V. trans.; bucht ab, buch|te ab, hat ab|ge|bucht, ab|zu|bu|chen⟩ etwas ~ *als Ausgabe eintragen* ▸ einen Betrag vom Konto ~; Abl *Abbuchung*

ab|bü|ßen ⟨V. trans.; büßt ab, büß|te ab, hat ab|gebüßt, ab|zu|bü|ßen⟩ **1** eine Schuld ~ *leiden für eine Schuld* **2** eine Strafe ~ *(eine Zeit lang) Strafe erdulden*

Abc ⟨das; -, -⟩ = *Alphabet* ▸ Namen nach dem ~ ordnen; Zus *Abc-Buch*

Abc-Schüt|ze ⟨der; -n, -n⟩ *Kind im Alter des Lesenlernens, Erstklässler*

ab|däm|men ⟨V. trans.; dämmt ab, dämm|te ab, hat ab|ge|dämmt, ab|zu|däm|men⟩ Lärm, Geräusche, Kälte ~ *durch Einsatz von Bauteilen den Durchgang von Wärme, Kälte od. Lärm vermindern;* Abl *Abdämmung*

ab|dämp|fen ⟨V. trans.; dämpft ab, dämpf|te ab, hat ab|ge|dämpft, ab|zu|dämp|fen⟩ etwas ~ *mildern, abschwächen, dämpfen*

ab|dan|ken ⟨V. intr.; dankt ab, dank|te ab, hat ab|ge|dankt, ab|zu|dan|ken⟩ *auf eine Stellung, auf ein Amt verzichten, sich zur Ruhe setzen, pensionieren lassen* (Offiziere, Beamte, Politiker) ▸ der König hat abgedankt; Abl *Abdankung*

ab|de|cken ⟨V. trans.; deckt ab, deck|te ab, hat ab|ge|deckt, ab|zu|de|cken⟩ etwas ~ **1** *die Decke, Bedeckung abnehmen von* **2** *schützend zudecken* **3** ⟨übertr.⟩ **3.1** *einen Bereich, ein Gebiet vollständig, komplett einbeziehen* **3.2** *befriedigen, decken* ▸ ein **Gebäude** ~ *das Dach abnehmen;* seine Rede hat alle **Themen** abgedeckt *erschöpfend behandelt;* den **Tisch** ~ *Geschirr, Besteck vom T. wegnehmen* ▸ **mit** einer Plane ~ *zudecken*

ab|dich|ten ⟨V. trans.; dich|tet ab, dich|te|te ab, hat ab|ge|dich|tet, ab|zu|dich|ten⟩ etwas ~ *eine Dichtung an etwas anbringen, ein unerwünschtes Loch in etwas schließen;* Abl *Abdichtung*

ạb|drän|gen ⟨V. trans.; drängt ab, dräng|te ab, hat ab|ge|drängt, ab|zu|drän|gen; a. übertr.⟩ jmdn. ~ *mit (geringer) Gewaltanwendung vom Weg od. der Fahrbahn verdrängen, wegschieben*

ạb|dre|hen ⟨V.⟩ **I** ⟨V. trans.; dreht ab, dreh|te ab, hat ab|ge|dreht, ab|zu|dre|hen⟩ etwas ~ *durch Drehen abtrennen, stoppen, schließen* ▸ Schrauben ~ *lösen, abschrauben;* den Wasserhahn ~ *schließen* **II** ⟨V. refl.; dreht ab, dreh|te ab, hat ab|gedreht, ab|zu|drehen⟩ sich ~ *sich abwenden, wegschauen* **III** ⟨V. intr.; dreht ab, dreh|te ab, ist ab|ge|dreht, ab|zu|drehen⟩ **1** ⟨Mar.; Flugw.⟩ *den Kurs wechseln* **2** ⟨umg.⟩ *verrückt werden* ▸ das Flugzeug dreht ab; ein völlig abgedrehter Film ⟨umg.⟩ *ein verblüffender F.*

ạb|drif|ten ⟨V. intr.; drif|tet ab, drif|te|te ab, ist ab|ge|drif|tet, ab|zu|drif|ten; a. übertr.⟩ *vom Kurs abweichen, (in eine andere Richtung) abgetrieben werden*

Ạb|druck **I** ⟨der; -(e)s, -e⟩ **1** *Wiederholung eines anderen Druckes* **2** *Wiedergabe durch Druck, Stempel usw.* **II** ⟨der; -(e)s, -drü|cke⟩ *Form, die ein Körper in anderem Material hinterlässt, Spur;* Zus *Fingerabdruck, Gipsabdruck*

ạb|dru|cken ⟨V. trans.; druckt ab, druck|te ab, hat ab|ge|druckt, ab|zu|dru|cken⟩ etwas ~ **1** *im Druck wiedergeben* **2** *einen Abdruck von etwas anfertigen*

ạb|drü|cken ⟨V.; drückt ab, drück|te ab, hat ab|gedrückt, ab|zu|drü|cken⟩ **I** ⟨V. intr.⟩ *durch Hebeldruck einen Schuss auslösen* **II** ⟨V. trans.⟩ etwas ~ *etwas durch Drücken am Fließen hindern* ▸ eine Arterie ~ **III** ⟨V. refl.⟩ sich ~ *(in einem Material) als Abdruck entstehen*

ạb|dun|keln ⟨V. trans.; dun|kelt ab, dun|kel|te ab, hat ab|ge|dun|kelt, ab|zu|dun|keln⟩ etwas ~ *dunkler machen* ▸ eine abgedunkelte Scheibe

ạb|du|schen ⟨V. trans.; duscht ab, dusch|te ab, hat ab|ge|duscht, ab|zu|du|schen⟩ jmdn. od. sich ~ *durch eine Dusche, Brause mit Wasser begießen, unter die Dusche stellen*

ạb|eb|ben ⟨V. intr.; ebbt ab, ebb|te ab, ist ab|ge|ebbt, ab|zu|eb|ben⟩ *schwächer, weniger werden* ▸ das Hochwasser, der Lärm ebbt ab ⟨übertr.⟩

...a|bel ⟨Nachsilbe; zur Bildung von Adj.⟩ *...fähig, die Möglichkeit einer Handlung od. eines Verhaltens bezeichnend,* z.B. akzeptabel

Abend/abends

Im Falle von *Abend* und *abends* bestehen einige Unsicherheiten bezüglich der Schreibung. Da es ein Substantiv ist, schreibt man *Abend* generell groß: *Es war ein schöner Abend. Wir gingen am Abend ins Kino. Eines Abends traf sie ihre alte Freundin Anne.* Dies gilt auch in Fügungen mit Adverbien der Zeit: *Treffen wir uns heute Abend? Ich komme morgen Abend vorbei.* Dagegen ist *abends* ein Adverb und wird immer kleingeschrieben: *Bei uns gibt es abends immer etwas Warmes zu essen. Ich halte es abends nicht allein zu Hause aus.*

In Zusammensetzungen mit Wochentagen verschmilzt *Abend* mit dem Erstbestandteil zu einem neuen Substantiv: *Am nächsten Dienstagabend feiern wir. Die Freitagabende sind hier sehr ausgelassen.* Verbindungen aus Wochentagen und *abends* werden zu neuen Adverbien: *Der Kurs findet dienstagabends um 20 Uhr statt.* Ist der Wochentag hingegen ebenfalls ein Adverb, so wird getrennt geschrieben: *Der Kurs findet dienstags abends um 20 Uhr statt.*

Abend ⟨der; -s, -e⟩ **1** *Zeit vom Sonnenuntergang bis um Mitternacht, Tagesende;* Zus *Abendgebet, Abendhimmel, Abendzeitung* **2** ⟨übertr.⟩ *Ende, Ausklang;* Zus *Lebensabend* ▸ noch ist nicht aller Tage ~ ⟨übertr.⟩ *man kennt das Ende noch nicht* ▸ einen gemütlichen ~ verbringen; guten ~! *(Begrüßung od. Abschiedsgruß am Abend);* jmdm. guten/Guten ~ sagen, wünschen; Heiliger ~ *Tag vor dem Weihnachtstag;* ich wünsche euch noch einen schönen ~! ▸ am ~; am ~ vorher; bis in den späten ~ hinein; ~ für ~ *jeden Abend;* gegen ~ *Zeit gegen Ende des Tages;* gestern, heute, morgen ~; sie verabredeten sich auf, für heute ~; man soll den Tag nicht vor dem ~ loben ⟨übertr.⟩ *man soll nichts loben, dessen Ende man noch nicht kennt;* zu ~ essen *die abendliche Mahlzeit einnehmen*

Abend|brot ⟨das; -(e)s; unz.; norddt. u. mitteldt.⟩ = *Abendessen*

Abend|es|sen ⟨das; -s, -⟩ *Mahlzeit am Abend, (meistens) letzte Mahlzeit des Tages;* Syn *Abendbrot, Nachtessen, Nachtmahl*

abend|fül|lend ⟨Adj.⟩ *einen ganzen Abend ausfüllend* ▸ eine ~e Beschäftigung

Abend|kas|se ⟨die; -, -n⟩ *Stelle zum Verkauf von Theaterkarten vor der Abendvorstellung*

Abend|kleid ⟨das; -(e)s, -er⟩ *elegantes Damenkleid für Abendgesellschaften*

Abend|kurs ⟨der; -es, -e⟩ = *Abendschule*

Abend|land ⟨das; -(e)s; unz.⟩ Syn *Okzident;* Ggs *Morgenland* **1** *die westlichen Länder* **2** *die westlichen Länder Europas*

abend|län|disch ⟨Adj.⟩ *das Abendland betreffend, zu ihm gehörig;* Syn *okzidental*

abend|lich ⟨Adj.⟩ *am Abend, jeden Abend (stattfindend)*

Abend|mahl ⟨das; -(e)s, -e⟩ *abendliche Mahlzeit* ▸ das heilige ~ *in den christlichen Kirchen gottesdienstliche Handlung zur Erinnerung an das letzte Mahl Christi mit seinen Jüngern*

Abend|rot ⟨das; -s; unz.⟩ *rötliche Färbung des Himmels bei Sonnenuntergang;* Ggs *Morgenrot*

abends ⟨Adv.⟩ *am Abend* ▸ ~ (um) 8 Uhr, um 8 Uhr ~; ~ spät; ⟨aber⟩ →a. *spätabends*

Abend|schu|le ⟨die; -, -n⟩ *Unterricht am Abend, bes. in der Erwachsenenbildung neben der Berufsarbeit*

Abend|son|ne ⟨die; -; unz.⟩ *Sonne nahe am Untergang*

Aben|teu|er ⟨das; -s, -⟩ **1** *gefährl. Wagnis, nicht alltägl. Ereignis;* Zus *Abenteuerfilm, Abenteuerlust,*

Abenteuerroman **2** *(kurze, flüchtige) Liebschaft* ▸ ~ bestehen *Gefahr bestehen, gut überstehen;* auf ~ ausgehen, sich in ein ~ stürzen

aben|teu|er|lich ⟨Adj.⟩ **1** *mit Abenteuern verbunden, von Abenteuern handelnd* **2** *bizarr, seltsam* ▸ ~e Erzählung; ~es Unterfangen *U., dessen Ausgang ungewiss ist*

aben|teu|er|lus|tig ⟨Adj.⟩ *nach Abenteuern suchend, begierig auf das Erleben von Abenteuern*

Aben|teu|rer ⟨der; -s, -⟩ **1** *Mann, der Abenteuer sucht oder erlebt* **2** *Hochstapler;* Abl *Abenteurerin*

aber[1] ⟨Konj.⟩ *(zwei Sätze od. Satzteile als gegensätzlich bezeichnend, häufig wird dabei eine Einschränkung, ein Einwand od. ein Widerspruch geäußert)* ▸ er wird kommen, ~ er kann nicht lange bleiben; klein, ~ fein; oder ~ *(schließt eine andere Möglichkeit ein);* er ist nicht besonders klug, wohl ~ fleißig *(betont das Zugeständnis);* ~ dennoch, ~ doch *trotz allem*

aber[2] ⟨Abtönungspartikel⟩ *(drückt ein Erstaunen aus, wenn etwas anders als erwartet ist)* ▸ das ist ~ schrecklich!; das war ~ schön!; ~ ja! *natürlich!, selbstverständlich!;* ~ nein! *keineswegs!*

aber[3] ⟨Adv.⟩ *wieder, noch einmal* ▸ ~ und ~mals *immer wieder;* tausend und ~tausend / Tausend und Abertausend *unzählbare T.;* Tausende und Abertausende / tausende und abertausende

Aber ⟨das; -s, - od. -s⟩ *Einschränkung, Einwand* ▸ es ist ein ~ dabei

Aber|glau|be ⟨der; -ns; unz.⟩ *vom Standpunkt der Wissenschaft od. best. Religionen für irrig gehaltener Glaube an übernatürl. Zusammenhänge, die durch magische Praktiken beeinflussbar sind*

aber|gläu|bisch ⟨Adj.⟩ *auf Aberglauben beruhend, einem Aberglauben anhängend* ▸ ~e Furcht

aber|hun|dert *auch:* **Aber|hun|dert** ⟨Adj.⟩ *unzählige Hundert* ▸ es kamen ~ Menschen

ab|er|ken|nen ⟨V. trans.; er|kennt ab, er|kannte ab, hat ab|er|kannt, ab|zu|er|ken|nen⟩ **1** ⟨Rechtsw.⟩ jmdm. etwas ~ *erklären od. entscheiden, dass jmd. ein Recht nicht habe, dass jmdm. ein Besitz nicht zustehe* **2** jmdm. eine Eigenschaft, eine Fähigkeit ~ *erklären, dass er sie nicht besitze* ▸ ich erkenne es ihm ab, ⟨auch⟩ ich aberkenne es ihm; Abl *Aberkennung*

aber|ma|lig ⟨Adj.⟩ *nochmalig, wiederholt*

aber|mals ⟨Adv.⟩ *noch einmal*

aber|tau|send *auch:* **Aber|tau|send** ⟨Adj.⟩ *unzählige tausend;* →a. *aber*[3]

Aber|witz ⟨der; -es; unz.⟩ *Unverstand, Wahnwitz;* Abl *aberwitzig*

ab|fa|ckeln ⟨V. trans.; fa|ckelt ab, fa|ckel|te ab, hat ab|ge|fa|ckelt, ab|zu|fa|ckeln; umg.⟩ etwas ~ *abbrennen*

ab|fahr|be|reit ⟨Adj.⟩ **1** *für die Reise fertig* **2** *zum Losfahren bereit* ▸ der ICE ist ~

ab|fah|ren ⟨V.⟩ **I** ⟨V. trans.; fährt ab, fuhr ab, hat ab|ge|fah|ren, ab|zu|fah|ren⟩ **1** etwas ~ *mittels Wagen abtransportieren, wegbringen* **2** eine Strecke ~ *entlangfahren* **3** die Reifen ~ *die R. durch häufiges Fahren abnutzen* ▸ etwas ~ lassen *mit einem Wagen abholen lassen;* jmdn. ~ lassen ⟨übertr.⟩ *jmdn. abweisen, jmdm. unfreundlich eine Antwort geben;* ein Auto mit abgefahrenen Reifen **II** ⟨V. intr.; fährt ab, fuhr ab, ist ab|ge|fah|ren, ab|zu|fah|ren⟩ **1** *eine Fahrt beginnen (mit Auto, Bahn, Rad, Schiff), losfahren, abreisen* **2** ⟨Skifahren⟩ *abwärtsfahren* **3** ⟨salopp⟩ auf jmdn. od. etwas ~ *über jmdn. od. etwas in Begeisterung geraten, sich plötzlich für jmdn. od. etwas stark interessieren* ▸ wir sind gestern aus München abgefahren; sie ist voll auf ihn abgefahren ⟨salopp⟩ **III** ⟨V. refl.; fährt ab, fuhr ab, hat ab|ge|fah|ren, ab|zu|fah|ren⟩ sich ~ *sich abnutzen* (Reifen); →a. *abgefahren*

Ab|fahrt ⟨die; -, -en⟩ **1** *Beginn, Start einer Fahrt, Abreise;* Ggs *Ankunft;* Zus *Abfahrtsort, Abfahrtszeit* **2** ⟨Skisp.⟩ *Talfahrt;* Zus *Abfahrtslauf* **3** ⟨österr.⟩ = *Ausfahrt (2)* ▸ die ~ des Zuges verzögert sich um zehn Minuten

Ab|fall ⟨der; -(e)s, -fäl|le⟩ **I** ⟨zählb.⟩ *unbrauchbarer Rest, Überbleibsel, Müll;* Zus *Abfallbeseitigung, Abfalleimer, Abfallstoff; Küchenabfall* ▸ den ~ nach draußen bringen, tragen **II** ⟨unz.⟩ **1** *Lossagen von jmdm. od. etwas* **2** *Minderung, Abnahme;* Zus *Leistungsabfall* ▸ ~ vom Glauben

ab|fal|len ⟨V. intr.; fällt ab, fiel ab, ist ab|ge|fal|len, ab|zu|fal|len⟩ **1** *sich lösen u. herunterfallen* **2** *übrig bleiben, nicht verwendbar sein* **3** *sich allmählich senken* (von Gebäuden) **4** *in ein Gefälle übergehen* (Gelände) ▸ die Blätter fallen ab; Kurse fallen ab *sinken* ▸ etwas fällt für dich dabei ab *du wirst einen Teil abbekommen;* ~ gegen jmdn. *im Nachteil, schlechter sein im Vergleich mit ihm;* von jmdm. ~ *sich abwenden;* vom Glauben ~ *den G. verlieren*

ab|fäl|lig ⟨Adj.⟩ *abschätzig, verächtlich* ▸ eine ~e Bemerkung machen; jmdn. ~ beurteilen

Ab|fall|pro|dukt ⟨das; -(e)s, -e⟩ **1** *Produkt, das aus Abfällen erzeugt wird* **2** *Produkt, das bei einer anderen Produktion abfällt*

ab|fäl|schen ⟨V. trans.; fälscht ab, fälsch|te ab, hat ab|ge|fälscht, ab|zu|fäl|schen; Sp.; bes. Fußb.⟩ einen Ball ~ *vom B. getroffen werden u. ihn so (auch absichtlich) in eine andere Richtung lenken*

ab|fan|gen ⟨V. trans.; fängt ab, fing ab, hat ab|gefan|gen, ab|zu|fan|gen⟩ **1** eine Person od. Sache ~ *sie erwischen, indem man ihr auflauert* **2** Briefe ~ *vor Aushändigung an den Empfänger wegnehmen* **3** ein Flugzeug ~ *aus dem Sturzflug in die Normallage bringen*

ab|fär|ben ⟨V. intr.; färbt ab, färb|te ab, hat ab|gefärbt, ab|zu|fär|ben⟩ *Farbe verlieren u. (od.) übertragen* ▸ dieser Stoff färbt ab; sein schlechtes Benehmen färbt auf sie ab ⟨übertr.⟩ *beeinflusst sie*

ab|fas|sen ⟨V. trans.; fasst ab, fass|te ab, hat ab|gefasst, ab|zu|fas|sen⟩ etwas ~ *verfassen, schreiben, formulieren* ▸ er fasste einen poetischen Text ab

ab|fe|dern ⟨V. trans.; fe|dert ab, fe|der|te ab, hat ab|ge|fe|dert, ab|zu|fe|dern⟩ einen Stoß ~ *durch Federung abfangen*

ab|fei|ern ⟨V. trans.; fei|ert ab, fei|er|te ab, hat ab|ge|fei|ert, ab|zu|fei|ern; umg.⟩ Überstunden ~ *für geleistete Ü. freibekommen*

ab|fer|ti|gen ⟨V. trans.; fer|tigt ab, fer|tig|te ab, hat ab|ge|fer|tigt, ab|zu|fer|ti|gen⟩ **1** etwas ~ *zum Versand, zur Verschickung fertig machen* (Fracht, Gepäck) **2** jmdn. ~ *(am Schalter) bedienen* (Kunden, Fahr-, Fluggäste) ▸ ein Fahrzeug, Flugzeug, Schiff ~ *zur Abfahrt, zum Abflug vorbereiten;* Gepäck, Pakete, Sendungen ~ ⟨Post; Flughafen⟩ *zum Versand, Weitertransport annehmen* ▸ jmdn. kühl ~ *jmdn. unpersönlich, unhöflich behandeln;* jmdn. kurz ~ *jmdn. kurz, unhöflich behandeln* ▸ jmdn. mit Geld ~ *jmdn. nur mit G. entschädigen*

ab|feu|ern ⟨V. trans.; feu|ert ab, feu|er|te ab, hat ab|ge|feu|ert, ab|zu|feu|ern⟩ **1** eine Pistole ~ *einen Schuss mit einer P. abgeben* **2** einen Schuss ~ *(einmal) schießen*

ab|fin|den ⟨V.; fin|det ab, fand ab, hat ab|ge|fun|den, ab|zu|fin|den⟩ **I** ⟨V. trans.⟩ jmdn. mit etwas ~ *jmds. Ansprüche durch Geld o. Ä. befriedigen* **II** ⟨V. refl.⟩ **1** sich mit jmdm. ~ *widerwillig dessen Anwesenheit ertragen, sich mit ihm zufriedengeben* **2** sich mit etwas ~ *sich notgedrungen in eine Lage schicken, sich zufriedengeben*

Ab|fin|dung ⟨die; -, -en⟩ *Geldzahlung zur Abgeltung rechtlicher Ansprüche*

ab|fla|chen ⟨V.⟩ **I** ⟨V. trans.; flacht ab, flach|te ab, hat ab|ge|flacht, ab|zu|fla|chen⟩ etwas ~ *etwas flach machen, abschrägen* **II** ⟨V. refl.; flacht ab, flach|te ab, hat ab|ge|flacht, ab|zu|flachen⟩ sich ~ *flacher werden, an Höhe verlieren* ▸ der Kursanstieg flachte sich deutlich ab **III** ⟨V. intr.; flacht ab, flach|te ab, ist ab|ge|flacht, ab|zu|flachen; übertr.⟩ *im Niveau, in der Qualität nachlassen* ▸ im letzten Drittel flachte der Film zusehends ab

ab|flau|en ⟨V. intr.; flaut ab, flau|te ab, ist ab|ge|flaut, ab|zu|flau|en⟩ **1** *nachlassen* (Sturm, Wind) **2** ⟨übertr.⟩ *nachlassen, geringer werden, sinken* (Interesse, Börsenkurse, Preise)

ab|flie|gen ⟨V. intr.; fliegt ab, flog ab, ist ab|ge|flo|gen, ab|zu|flie|gen⟩ **1** ein Vogel fliegt ab *fängt an zu fliegen* **2** ein Flugzeug fliegt ab *startet*

ab|flie|ßen ⟨V. intr.; fließt ab, floss ab, ist ab|ge|flos|sen, ab|zu|flie|ßen⟩ *ablaufen, wegfließen* (Flüssigkeit) ▸ das Wasser floss nicht ab

Ab|flug ⟨der; -(e)s, -flü|ge⟩ **1** *das Abfliegen* **2** *Start eines Flugzeugs;* Zus *Abflugschneise, Abflugzeit*

Ab|fluss ⟨der; -es, -flüs|se⟩ **1** *Zustand, Tätigkeit des Abfließens* **2** *Rohr, Rinne, Flussbett usw., wodurch etwas abfließt od. abgeleitet wird, Ablauf;* ⓘ S. 147; Zus *Abflussrinne, Abflussrohr* **3** *Wassermenge, die in der Sekunde einen bestimmten Querschnitt durchfließt* **4** ⟨übertr.⟩ *Abgang, Verminderung (von Kapital, Arbeitskräften usw.)*

Ab|fol|ge ⟨die; -, -n⟩ *bestimmte Reihenfolge* ▸ eine schnelle ~ von Ereignissen

ab|for|dern ⟨V. trans.; for|dert ab, for|der|te ab, hat ab|ge|for|dert, ab|zu|for|dern⟩ jmdm. etwas ~ *verlangen, dass jmd. etwas hergibt od. tut* ▸ er hat ihm viel abgefordert

ab|fra|gen ⟨V. trans.; fragt ab, frag|te ab, hat ab|ge|fragt, ab|zu|fra|gen⟩ jmdn. od. jmdm. etwas ~ *durch gezielte Fragen Antwort zu erhalten suchen* ▸ jmdn. die Vokabeln ~

ab|fres|sen ⟨V. trans.; frisst ab, fraß ab, hat ab|ge|fres|sen, ab|zu|fres|sen⟩ Blätter, Gras usw. ~ *vollständig fressen*

Ab|fuhr ⟨die; -, -en⟩ **1** *Wegbringen von Gegenständen durch Fahrzeuge* **2** ⟨übertr.⟩ *Zurückweisung (einer Forderung, auch moralisch)* ▸ ~ von Sperrmüll; jmdm. eine ~ erteilen *jmdn. zurückweisen*

ab|füh|ren ⟨V.; führt ab, führ|te ab, hat ab|ge|führt, ab|zu|füh|ren⟩ **I** ⟨V. trans.⟩ **1** jmdn. ~ *(vorläufig) festnehmen u. in ein polizeiliches Gewahrsam bringen* **2** einen Betrag an jmdn. ~ *zahlen* ▸ der Gefangene wurde abgeführt; Steuern an das Finanzamt ~; Wärme, Abgase ~ *Wärme, Abgase wegleiten* **II** ⟨V. intr.⟩ von etwas ~ *sich von etwas entfernen, davon wegführen* ▸ das führt zu weit vom Thema ab

Ab|führ|mit|tel ⟨das; -s, -; Pharm.⟩ *Arzneimittel, das die Darmentleerung herbeiführt, erleichtert od. beschleunigt*

ab|fül|len ⟨V. trans.; füllt ab, füll|te ab, hat ab|ge|füllt, ab|zu|fül|len⟩ etwas ~ *aus einem (größeren) in ein anderes (kleineres) Gefäß füllen* ▸ Wein in Flaschen ~; Zus *Abfüllanlage*

Ab|ga|be ⟨die; -, -n⟩ **1** *das Abgeben, Überlassung, Aushändigung, Auslieferung* **2** *Verkauf* **3** ⟨meist Pl.⟩ *Steuer;* Abl *abgabenfrei* **4** ⟨Sp.; Fußb.⟩ *das Zuspielen des Balles*

Ab|gang ⟨der; -(e)s, -gän|ge⟩ **1** *Verlassen der Schule;* Zus *Abgangszeugnis* **2** ⟨Med.⟩ *Ausscheidung (z. B. von Nierensteinen od. Sekret)* **3** ⟨übertr.⟩ *Sterben, Tod* **4** ⟨österr.⟩ *Fehlbetrag* ▸ sich einen effektvollen ~ sichern

Ab|gän|ger ⟨der; -s, -; meist in Zus.⟩ *aus einer Schule Entlassener;* Abl *Abgängerin;* Zus *Schulabgänger*

Ab|gas ⟨das; -es, -e; Kfz⟩ *bei Verbrennungsvorgängen entweichendes Gas, Auspuffgas;* Zus *Abgaskatalysator, Abgasreinigung*

ab|gas|arm ⟨Adj.; Kfz⟩ *wenig schädliche Abgase ausstoßend* ▸ ~e Autos

Ab|gas|son|der|un|ter|su|chung ⟨die; -, -en; Kfz; Abk.: AU, ASU⟩ *Untersuchung von Kraftfahrzeugen, bei der der Anteil an Schadstoffen im Abgas festgestellt wird*

ab|ge|ar|bei|tet **I** ⟨Part. Perf. von⟩ *abarbeiten* **II** ⟨Adj.⟩ *durch übermäßiges Arbeiten erschöpft, verbraucht*

ab|ge|ben ⟨V.; gibt ab, gab ab, hat ab|ge|ge|ben, ab|zu|ge|ben⟩ **I** ⟨V. trans.⟩ **1** etwas ~ *weggeben, sich trennen von, ausliefern* **2** jmdm. etwas ~, etwas an jmdn. ~ *jmdm. etwas geben, überlassen* **3** den Vorsitz, die Leitung ~ *eine Führungsposition aufgeben (müssen), abtreten* **4** ⟨Sp.⟩ den Ball ~ *zuspielen* **5** Hitze, Schadstoffe, Radioaktivität ~ *ausstrahlen, ausströmen, freisetzen* **6** etwas (günstig, verbilligt) ~ *verkaufen* **7** jmdn. od. etwas ~ *eine Funktion ausfüllen, für etwas geeignet sein* ▸ eine Erklärung, ein Statement ~; er gibt einen guten Familienvater ab *ist geeignet als F.;* Handgepäck ~ *aufbewahren lassen;* einen

Schuss ~ *schießen;* seine Stimme ~ (für, gegen) *wählen* ▸ das Material gibt keine Schadstoffe an die Umwelt ab; etwas gegen Geld ~ *verkaufen* **II** ‹V. refl.› **1** sich mit etwas ~ *sich beschäftigen* **2** ‹umg.; abwertend› sich mit jmdm. ~ *mit jmdm. Umgang, Kontakt haben* ▸ mit Kleinigkeiten gibt er sich erst gar nicht ab

ab|ge|brannt **I** ‹Part. Perf. von› *abbrennen* **II** ‹Adj.; umg.› *mittellos, in Geldnot* ▸ ich bin im Augenblick ziemlich ~

ab|ge|brüht ‹Adj.; -er, am -es|ten; übertr.› **1** *gewitzt, schlau, gerissen* **2** *(durch schlimme Erfahrungen) unempfindlich (geworden)* ▸ ein ~er Geschäftsmann; er ist sehr ~

ab|ge|dro|schen ‹Adj.› *durch zu häufige Wiederholung bedeutungslos (geworden), banal*

ab|ge|fah|ren **I** ‹Part. Perf. von› *abfahren* **II** ‹Adj.; umg.; salopp› *auffallend, witzig u. schrill, im Trend liegend* ▸ ~e Klamotten tragen

ab|ge|grif|fen **I** ‹Part. Perf. von› *abgreifen* **II** ‹Adj.› **1** *durch häufiges Anfassen unansehnlich geworden* **2** = *abgedroschen* ▸ ein ~es Wort

ab|ge|hackt **I** ‹Part. Perf. von› *abhacken* **II** ‹Adj.› ~ sprechen *stockend, nicht fließend*

ab|ge|half|tert ‹Adj.; umg.› **1** *entlassen, abgesetzt, seiner einflussreichen Position beraubt* **2** *erfolglos, gescheitert* ▸ eine ~e Rockband

ab|ge|härmt ‹Adj.› *durch ständige Sorgen gramvoll, kummervoll, elend geworden* ▸ ein ~es Gesicht

ab|ge|här|tet **I** ‹Part. Perf. von› *abhärten* **II** ‹Adj.› **1** *an Strapazen, Kälte gewöhnt* **2** ‹übertr.› *widerstandsfähig* ▸ er ist ein sehr ~er Schwimmer

ab|ge|hen ‹V.› **I** ‹V. intr.; geht ab, ging ab, ist abge|gan|gen, ab|zu|ge|hen› **1** *sich wegbewegen, sich entfernen* **2** (von etwas) ~ *sich lösen* **3** von der Schule ~ *sie verlassen, entlassen werden* **4** von einer Absicht, Meinung ~ *sie ändern, nachgeben* **5** von etwas ~ *abgezogen, abgerechnet werden* **6** ‹umg.› jmdm. ~ *jmdm. fehlen* **7** *sich abspielen, in einer bestimmten Weise ablaufen* ▸ ihm geht jedes Gespür für die Situation ab *ihm fehlt jedes G. für die S.;* da geht es ganz schön ab! ‹umg.› *da ist viel los, da herrscht großes Durcheinander* ▸ die Farbe, der Knopf geht ab ▸ was geht hier ab? *was geschieht hier?;* es wird (nicht) ohne Streit ~; von Forderungen ~ *sie herabmindern, aufgeben;* von dem Preis gehen 2% ab **II** ‹V. trans.; geht ab, ging ab, ist/hat ab|ge|gan|gen, abzu|ge|hen› einen Platz ~ *abschreiten, um den ganzen P. herumgehen*

ab|ge|kämpft ‹Adj.› *erschöpft, müde* ▸ sie sieht ~ aus

ab|ge|kar|tet ‹Adj.› *heimlich abgesprochen* ▸ die Sache war ~; ein ~es Spiel treiben *jmdn. hintergehen, Ränke schmieden*

ab|ge|klärt **I** ‹Part. Perf. von› *abklären* **II** ‹Adj.› **1** *geklärt, entschieden* **2** ‹übertr.› *durch Erfahrung reif geworden, ausgeglichen, besonnen*

ab|ge|le|gen ‹Adj.› *entfernt, schwer zugänglich, einsam* (Ort)

ab|gel|ten ‹V. trans.; gilt ab, golt ab, hat ab|ge|golten, ab|zu|gel|ten› etwas ~ **1** *bezahlen* **2** *ausgleichen, ersetzen* ▸ Mehrarbeit wird durch Freizeit abgegolten; Abl *Abgeltung*

ab|ge|macht **I** ‹Part. Perf. von› *abmachen* **II** ‹Adj.› *beschlossen* ▸ ~!; eine ~e Sache

ab|ge|neigt ‹Adj.› *keine Lust habend* ▸ einer Sache ~ sein; nicht ~ sein, etwas zu tun *willens sein*

Ab|ge|ord|ne|te(r) ‹die; -n, -n (der; -n, -n); Abk.: Abg.› **1** *jmd., der einer Abordnung angehört, Delegierte(r), Deputierte(r)* **2** *Mitglied des Parlaments;* Zus *Abgeordnetenhaus, Abgeordnetenkammer*

Ab|ge|sand|te(r) ‹die; -n, -n (der; -n, -n)› *jmd., der als Vertreter einer od. mehrerer Personen od. einer amtl. Stelle geschickt wird*

ab|ge|schie|den ‹Adj.› *einsam, von anderen Menschen od. Wohnungen entfernt* ▸ ein ~er Ort; Abl *Abgeschiedenheit*

ab|ge|schla|gen **I** ‹Part. Perf. von› *abschlagen* **II** ‹Adj.› **1** *matt, erschöpft* **2** ‹Sp.› *deutlich besiegt* ▸ der Favorit belegte ~ den sechsten Rang

ab|ge|schmackt ‹Adj.; -er, am -es|ten; abwertend› **1** *albern, fad* **2** *taktlos*

ab|ge|se|hen **I** ‹Part. Perf. von› *absehen* **II** ‹Adj.; undekl.› **1** es auf jmdn. od. etwas ~ haben *sein Interesse auf jmdn. od. etwas richten* **2** ~ von *ohne ... zu rechnen, zu berücksichtigen*

ab|ge|spannt ‹Adj.; -er, am -e|sten› *erschöpft, müde* ▸ er ist völlig ~

ab|ge|stan|den **I** ‹Part. Perf. von› *abstehen* **II** ‹Adj.› **1** *durch zu langes Stehen geschmacklos od. schal geworden* (Flüssigkeit) **2** ‹übertr.› *durch häufigen Gebrauch fad, inhaltslos geworden* (Redensart)

ab|ge|stumpft **I** ‹Part. Perf. von› *abstumpfen* **II** ‹Adj.; -er, am -es|ten› *gleichgültig, unempfindlich* ▸ ~ gegen Ratschläge, Vorwürfe sein

ab|ge|tra|gen **I** ‹Part. Perf. von› *abtragen* **II** ‹Adj.› *durch häufiges Tragen abgenutzt u. unansehnlich geworden* ▸ ein ~er Mantel

ab|ge|win|nen ‹V. trans.; ge|winnt ab, ge|wann ab, hat ab|ge|won|nen, ab|zu|ge|win|nen› jmdm. od. einer Sache etwas ~ *an jmdm. od. einer S. Gefallen finden* ▸ dieser Sache kann ich nichts ~

ab|ge|wöh|nen ‹V. trans.; ge|wöhnt ab, ge|wöhnte ab, hat ab|ge|wöhnt, ab|zu|ge|wöh|nen› **1** jmdm. etwas ~ *jmdn. eine Gewohnheit ablegen lassen (durch Beeinflussung)* **2** sich etwas ~ *eine Gewohnheit ablegen*

ab|ge|wrackt **I** ‹Part. Perf. von› *abwracken* **II** ‹Adj.; übertr.; umg.› *verkommen, schäbig, verwahrlost* ▸ ein ~es Gebäude

ab|gie|ßen ‹V. trans.; gießt ab, goss ab, hat ab|gegos|sen, ab|zu|gie|ßen› Kartoffeln, Nudeln, Reis ~ *das Kochwasser weggießen*

Ab|glanz ‹der; -es; unz.› **1** *Reflex, zurückgeworfener Glanz, Widerschein* **2** ‹übertr.› *Rest von einem früheren Glanz, Nachklang*

Ab|gleich ‹der; -(e)s, -e› *das Abgleichen, Vergleich* ▸ einen ~ von Daten vornehmen; ein ~ der Kopie mit dem Original

ab|glei|chen ‹V. trans.; gleicht ab, glich ab, hat abge|gli|chen, ab|zu|glei|chen› Daten, Ergebnisse,

Termine ~ *durch Vergleich einander anpassen, aufeinander abstimmen*

ab|göt|tisch ⟨Adj.⟩ *einem Abgott entsprechend* ▸ jmdn. ~ lieben, verehren

ab|gra|ben ⟨V. trans.; gräbt ab, grub ab, hat ab|ge|gra|ben, ab|zu|gra|ben; meist in der übertr. Wendung⟩ jmdm. das Wasser ~ *seine Existenz gefährden od. vernichten*

ab|gra|sen ⟨V. trans.; grast ab, gras|te ab, hat ab|ge|grast, ab|zu|gra|sen⟩ **1** eine Wiese ~ *Gras von einer Wiese abfressen* **2** ⟨übertr.⟩ etwas ~ *ein großes Gebiet absuchen* ▸ ich habe die ganze Gegend nach ihm abgegrast *ich habe ihn überall gesucht*

ab|gren|zen ⟨V.; grenzt ab, grenz|te ab, hat ab|ge|grenzt, ab|zu|gren|zen⟩ **I** ⟨V. trans.⟩ etwas (gegen od. von etwas) ~ *eine Grenze dazu festlegen, bilden* ▸ Einflussbereiche, Pflichten gegeneinander ~ **II** ⟨V. refl.⟩ sich von jmdm. od. etwas ~ *auf Distanz gehen zu jmdm. od. etwas;* Abl *Abgrenzung*

Ab|grund ⟨der; -(e)s, -grün|de⟩ **1** ⟨a. übertr.⟩ *(unermesslich) große Tiefe* **2** ⟨übertr.⟩ **2.1** *(unermesslich) großes Ausmaß* **2.2** *Niedergang, Untergang* ▸ ein ~ an Korruption, Heuchelei; die Abgründe der menschlichen Seele; jäher ~; am Rande des ~es ⟨übertr.⟩ *kurz vor dem Untergang, der Vernichtung;* Abgründe tun sich zwischen ihnen auf ⟨übertr.⟩ *zwischen ihnen bestehen unüberbrückbare Gegensätze*

ab|grün|dig ⟨Adj.⟩ **1** = *abgrundtief* **2** ⟨übertr.⟩ *rätselhaft, unergründlich* ▸ ein ~er Hass *unermesslich großer Hass;* ein ~es Lächeln *ein rätselhaftes, unergründliches Lächeln*

ab|grund|tief ⟨Adj.; bes. übertr.⟩ *tief wie ein Abgrund, ganz tief* ▸ ~er Hass

ab|gu|cken ⟨V. trans. u. V. intr.; guckt ab, guck|te ab, hat ab|ge|guckt, ab|zu|gu|cken⟩ **1** (etwas) (bei jmdm.) ~ *eine Information erspähen, die man nicht sehen soll od. darf* **2** (jmdm.) etwas ~, (sich) etwas (bei jmdm.) ~ *sich Eigenschaften od. Tätigkeiten aneignen, die man bei anderen gesehen hat* ▸ während der Klausur beim Nachbarn ~

Ab|guss ⟨der; -es, -güs|se⟩ **1** *Abformung durch einen später erhärtenden Stoff* **2** *die so entstandene Form, Nachbildung* **3** *Flüssigkeit, die von anderen od. einem Rückstand abgegossen wurde*

ab|ha|ben ⟨V. trans.; nur im Inf.; umg.⟩ etwas ~ wollen *erhalten, bekommen wollen, verlangen*

ab|ha|cken ⟨V. trans.; hackt ab, hack|te ab, hat ab|ge|hackt, ab|zu|ha|cken⟩ etwas ~ *mit scharfem Werkzeug u. schneller Bewegung abtrennen* ▸ mit einem Beil den Ast ~; →a. *abgehackt*

ab|ha|ken ⟨V. trans., hakt ab, hak|te ab, hat ab|ge|hakt, ab|zu|ha|ken⟩ etwas ~ **1** *mit einem Zeichen (Häkchen) als erledigt markieren* **2** ⟨übertr.⟩ *auf etwas nicht mehr hoffen, etwas aufgeben* ▸ Namen auf einer Liste ~; das können wir ~ ⟨übertr.; umg.⟩ *damit können wir nicht mehr rechnen*

ab|hal|ten ⟨V. trans.; hält ab, hielt ab, hat ab|ge|hal|ten, ab|zu|hal|ten⟩ **1** etwas ~ *fernhalten* **2** jmdn. von etwas ~ *an etwas hindern* **3** Feste, Versammlungen, Besprechungen, Gottesdienste ~ *durchführen;* Abl *Abhaltung* ▸ jmdn. von der Arbeit ~ *hindern zu arbeiten;* sich ~ lassen

ab|han|deln ⟨V. trans.; han|delt ab, han|del|te ab, hat ab|ge|han|delt, ab|zu|han|deln⟩ **1** etwas ~ *erschöpfend behandeln* (Thema) **2** jmdm. etwas ~ *durch Herunterhandeln des Preises von jmdm. etwas erhalten*

ab|han|den|kom|men ⟨V. intr.; kommt ab|handen, kam ab|han|den, ist ab|han|den|ge|kommen⟩ *verlorengehen, verschwinden* ▸ mir ist mein Schlüssel abhandengekommen

Ab|hand|lung ⟨die; -, -en; Abk.: Abh.⟩ **1** *schriftliche wissenschaftl. Arbeit, Aufsatz* **2** *amtlicher Bericht* ▸ gelehrte, wissenschaftliche ~

Ab|hang ⟨der; -(e)s, -hän|ge⟩ *geneigte Fläche des Erdbodens* ▸ jäher, steiler, sanfter ~

ab|hän|gig ⟨Adj.⟩ **1** ~ von jmdm. od. etwas *angewiesen auf jmdn. od. etwas, auf Hilfe od. Unterstützung angewiesen* **2** *drogenabhängig, alkoholabhängig, süchtig* ▸ ~er Satz ⟨Gramm.⟩ *Nebensatz*

Ab|hän|gig|keit ⟨die; -, -en⟩ **1** *abhängige Beschaffenheit* **2** *Drogen-, Alkohol- od. Arzneimittelsucht* ▸ physische, psychische ~

ab|här|ten ⟨V.; här|tet ab, här|te|te ab, hat ab|ge|här|tet, ab|zu|här|ten⟩ **I** ⟨V. intr.⟩ *jmdn. hart, widerstandsfähig machen* **II** ⟨V. refl.⟩ sich gegen Gefühle, fremde Einflüsse usw. ~ *sich ihnen gegenüber hartmachen;* →a. *abgehärtet*

ab|hau|en ⟨V.⟩ **I** ⟨V. intr.; haut ab, hau|te ab, ist ab|ge|hau|en, ab|zu|hau|en; umg.⟩ **1** *weggehen, fortgehen* **2** *ausreißen, weglaufen* ▸ hau bloß ab! *geh weg, verschwinde!;* er ist von zu Hause abgehauen **II** ⟨V. trans.; haut ab, hau|te ab / hieb ab, hat ab|ge|hau|en, ab|zu|hau|en⟩ etwas ~ *von etwas abschlagen, abhacken*

ab|he|ben ⟨V.; hebt ab, hob ab, hat ab|ge|ho|ben, ab|zu|he|ben⟩ **I** ⟨V. trans.⟩ etwas ~ *durch Heben nach oben wegnehmen (u. von etwas entfernen)* ▸ ein Dach, einen Deckel ~; Geld ~ *vom Bankkonto holen;* die Karten ~ ⟨Kart.⟩ *einen Teil der Karten wegnehmen u. den Rest obenauf legen* **II** ⟨V. intr.⟩ *sich in die Luft erheben* ▸ das Flugzeug hebt ab; auf etwas ~ *auf etwas hinweisen* **III** ⟨V. refl.⟩ sich von etwas ~ *sich abzeichnen, unterscheiden* ▸ eine Farbe hebt sich von einer anderen ab

ab|hef|ten ⟨V. trans.; hef|tet ab, hef|te|te ab, hat ab|ge|hef|tet, ab|zu|hef|ten⟩ etwas ~ *in einen Ordner heften (zum Aufbewahren)*

ab|hei|len ⟨V. intr.; heilt ab, heil|te ab, ist ab|geheilt, ab|zu|hei|len⟩ *vollständig heilen* ▸ die Wunde ist gut abgeheilt

ab|hel|fen ⟨V. intr.; hilft ab, half ab, hat ab|ge|hol|fen, ab|zu|hel|fen⟩ einem Übel ~ *ein Ü. beseitigen* ▸ dem muss abgeholfen werden *das muss man ändern;* dem ist nicht abzuhelfen

ab|het|zen ⟨V. refl.; hetzt sich ab, hetz|te sich ab, hat sich ab|ge|hetzt, sich ab|zu|het|zen⟩ sich ~ *sehr schnell machen, sich bis zur Erschöpfung beeilen*

Ab|hil|fe ⟨die; -; unz.⟩ ~ schaffen *Schwierigkeiten,*

Missstände beseitigen ▸ auf ~ dringen *verlangen, dass Probleme gelöst werden*

ab|hold ⟨Adj.; nur präd.; geh.⟩ *einer Sache nicht geneigt, feindlich gesinnt* ▸ allem Prunk, großen Worten, jeder Geselligkeit ~ sein

ab|ho|len ⟨V. trans.; holt ab, hol|te ab, hat ab|geholt, ab|zu|ho|len⟩ jmdn. od. etwas ~ *von einem Ort herbringen* ▸ er holt sie vom Bahnhof ab; das Kind wird an der Schule abgeholt; Abl *Abholung;* Zus *abholbereit*

Ab|hol|markt ⟨der; -(e)s, -märk|te⟩ *Geschäft, in dem Waren vom Käufer selbst abgeholt (u. ihm nicht geliefert) werden* ▸ ~ für Getränke, Möbel

ab|hol|zen ⟨V. trans.; holzt ab, holz|te ab, hat ab|ge|holzt, ab|zu|hol|zen⟩ **1** Bäume ~ *fällen* **2** Wald ~ *roden;* Abl *Abholzung*

ab|hö|ren ⟨V. trans.; hört ab, hör|te ab, hat ab|ge|hört, ab|zu|hö|ren⟩ **1** ein Gespräch ~ *heimlich mit anhören* **2** jmdn. etwas ~ *abfragen*

Ab|hör|ge|rät ⟨das; -(e)s, -e⟩ *Gerät zum Abhören von Telefon- u. a. Gesprächen*

Abi ⟨das; -s, -s; umg; kurz für⟩ *Abitur*

Abitur

Als höchster Schulabschluss in der Bundesrepublik Deutschland beendet das ***Abitur*** die höhere Schulbildung nach der 13. bzw. nach der 12. Klasse. Doch nur in Deutschland sagt man ***Abitur:*** In Österreich, der Schweiz und Liechtenstein lautet die Bezeichnung **Matura** oder **Reifeprüfung.** Den Schulabschluss nach Abschluss der 10. Schulklasse nennt man in Deutschland **mittlere Reife.**
Obwohl sich die **Abiturprüfungen** in den einzelnen Bundesländern teilweise stark unterscheiden, werden die Abschlüsse in ganz Deutschland anerkannt. Auch als **allgemeine Hochschulreife** bezeichnet, ist das ***Abitur*** die Voraussetzung für die Bewerbung um einen Studienplatz an einer Universität oder Hochschule. Daneben gibt es die **fachgebundene Hochschulreife,** die nur zum Studium bestimmter Fächer berechtigt, und die **Fachhochschulreife,** die ein Studium an einer Fachhochschule oder Gesamthochschule ermöglicht.

Ab|i|tur ⟨das; -s, -e; Pl. selten⟩ *Abschlussprüfung an Gesamtschule u. Gymnasium (ist die Voraussetzung für das Studium an einer Universität);* Syn ⟨österr.; schweiz.⟩ *Matura, Reifeprüfung* ▸ das ~ ablegen, machen; Zus *Abiturnote, Abiturprüfung, Abiturzeugnis; Zentralabitur*

Ab|i|tu|ri|ent ⟨der; -en, -en⟩ *jmd., der die Reifeprüfung ablegen will od. abgelegt hat;* Abl *Abiturientin*

ab|ja|gen ⟨V.; jagt ab, jag|te ab, hat ab|ge|jagt, ab|zu|ja|gen⟩ **I** ⟨V. trans.⟩ jmdm. etwas ~ *mit Mühe von ihm erhalten* **II** ⟨V. refl.⟩ sich ~ *sich abhetzen*

ab|käm|men ⟨V. trans.; kämmt ab, kämm|te ab, hat ab|ge|kämmt, ab|zu|käm|men; übertr.⟩ ein Gelände, den Wald ~ *systematisch durchsuchen*

ab|kan|zeln ⟨V. trans.; kan|zelt ab, kan|zel|te ab, hat ab|ge|kan|zelt, ab|zu|kan|zeln; übertr.⟩ jmdn. ~ *zurechtweisen, heftig tadeln*

ab|kap|seln ⟨V. refl.; kap|selt sich ab, kap|sel|te sich ab, hat sich ab|ge|kap|selt, sich ab|zu|kap|seln; übertr.⟩ sich ~ *sich von der Umwelt abschließen*

ab|kas|sie|ren ⟨V. intr.; kas|siert ab, kas|sier|te ab, hat ab|kas|siert, ab|zu|kas|sie|ren⟩ **1** *Geld kassieren, einnehmen* **2** ⟨umg.; abwertend⟩ *übertrieben viel Geld verlangen u. einnehmen* ▸ darf ich ~? *im Lokal, Café usw.;* bei den Gebühren wird kräftig abkassiert ⟨abwertend⟩

ab|kau|fen ⟨V. trans.; kauft ab, kauf|te ab, hat ab|ge|kauft, ab|zu|kau|fen⟩ jmdm. etwas ~ **1** *etwas von jmdm. kaufen* **2** ⟨übertr.; umg.⟩ *jmdm. etwas glauben* ▸ den Unsinn kaufe ich dir nicht ab! ⟨übertr.; umg.⟩

Ab|kehr ⟨die; -; unz.⟩ *Abwendung*

ab|keh|ren ⟨V. refl.; kehrt sich ab, kehr|te sich ab, hat sich ab|ge|kehrt, sich ab|zu|keh|ren⟩ sich von jmdm. od. etwas ~ **1** *sich abwenden, sich umwenden, um jmdn. od. etwas nicht zu sehen* **2** *sich um jmdn. od. etwas nicht mehr kümmern*

ab|klap|pern ⟨V. trans.; klap|pert ab, klap|per|te ab, hat ab|ge|klap|pert, ab|zu|klap|pern; übertr.; umg.⟩ Geschäfte ~ *von Geschäft zu Geschäft gehen (um etwas zu kaufen)* ▸ sie hat alle Läden in der Stadt nach neuen Schuhen abgeklappert

ab|klä|ren ⟨V.; klärt ab, klär|te ab, hat ab|ge|klärt, ab|zu|klä|ren⟩ **I** ⟨V. trans.⟩ **1** Flüssigkeiten ~ *klar machen, klar werden lassen, feste Bestandteile sich setzen lassen* **2** einen Sachverhalt, Verdacht ~ *durch nähere Untersuchung klären* **II** ⟨V. refl.⟩ sich ~ *langsam klar werden* (Flüssigkeiten); →a. *abgeklärt;* Abl *Abklärung*

Ab|klatsch ⟨der; -(e)s, -e⟩ **1** *Abdruck, genaues Abbild, Klischee* **2** *Nachahmung ohne eigenen Wert*

ab|klem|men ⟨V. trans.; klemmt ab, klemm|te ab, hat ab|ge|klemmt, ab|zu|klem|men⟩ **1** etwas ~ *durch eine Klemme unterbrechen, verschließen* **2** ⟨schweiz.; übertr.⟩ eine Beziehung, ein Geschäft, eine Unterredung ~ *abbrechen, beenden* ▸ eine Telefonleitung ~

ab|klin|gen ⟨V. intr.; klingt ab, klang ab, ist ab|ge|klun|gen, ab|zu|klin|gen⟩ *nachlassen, weniger werden* (von Krankheiten, Tönen) ▸ das Fieber ist abgeklungen

ab|klop|fen ⟨V. trans.; klopft ab, klopf|te ab, hat ab|ge|klopft, ab|zu|klop|fen⟩ **1** etwas (von etwas) ~ *durch Klopfen von etwas entfernen* **2** ein Kleidungsstück ~ *durch Klopfen reinigen* **3** ⟨übertr.⟩ etwas auf etwas hin ~ *untersuchen, prüfen* ▸ den Staub vom Rock ~; Argumente auf ihre Stichhaltigkeit hin ~ ⟨übertr.⟩

ab|knab|bern ⟨V. trans.; knab|bert ab, knab|ber|te ab, hat ab|ge|knab|bert, ab|zu|knab|bern⟩ etwas (von etwas) ~ *in kleinen Bissen abbeißen* ▸ einen Knochen ~ *die letzten Fleischreste davon abbeißen*

ab|knal|len ⟨V. trans.; knallt ab, knall|te ab, hat ab|ge|knallt, ab|zu|knal|len; umg.⟩ jmdn. ~ *(sinnlos) abschießen, erschießen*

ab|knei|fen ⟨V. trans.; kneift ab, kniff ab, hat ab|ge|knif|fen, ab|zu|knei|fen⟩ einen Draht ~ *mit der Zange abtrennen*

ab|kni|cken ⟨V.⟩ **I** ⟨V. trans.; knickt ab, knick|te ab, hat ab|ge|knickt, ab|zu|kni|cken⟩ etwas ~ *knicken, durch Knick abbrechen (auch ohne den Teil ganz abzutrennen)* **II** ⟨V. intr.; knickt ab, knick|te ab, ist ab|ge|knickt, ab|zu|knicken⟩ *eine Kurve bilden* (Straße) ▸ ~de Vorfahrt; Abl *Abknickung*

ab|knöp|fen ⟨V. trans.; knöpft ab, knöpf|te ab, hat ab|ge|knöpft, ab|zu|knöp|fen⟩ **1** ein Kleidungsstück ~ *durch Öffnen der Knöpfe abtrennen, ablegen* **2** ⟨umg.⟩ jmdm. Geld ~ *durch List von ihm erhalten*

ab|ko|chen ⟨V. trans.; kocht ab, koch|te ab, hat ab|ge|kocht, ab|zu|ko|chen⟩ etwas ~ *durch Kochen keimarm machen*

ab|kom|man|die|ren ⟨V. trans.; kom|man|diert ab, kom|man|dier|te ab, hat ab|kom|man|diert, ab|zu|kom|man|die|ren; Mil.⟩ jmdn. (zu etwas) ~ *durch Befehl zu anderer Tätigkeit bestimmen, abordnen* ▸ jmdn. zu einer Einheit ~

ab|kom|men ⟨V. intr.; kommt ab, kam ab, ist ab|ge|kom|men, ab|zu|kom|men⟩ von etwas ~ **1** *von einer eingeschlagenen Richtung abweichen* **2** *von einer Meinung, einer Position abrücken, eine Meinung, eine Position aufgeben* ▸ von einer Ansicht ~ *seine Ansicht ändern;* vom Thema ~ *das eigentliche T. aus den Augen verlieren u. von etwas anderem sprechen;* vom Weg ~ *sich verirren, den Weg verlieren*

Ab|kom|men ⟨das; -s, -⟩ *Vertrag, Vereinbarung, Übereinkunft* ▸ ein ~ treffen, brechen; einem ~ beitreten

ab|kömm|lich ⟨Adj.; geh.⟩ *entbehrlich* (von Personen) ▸ ich bin zur Zeit nicht ~ *kann nicht abkommen, nicht von meiner Arbeit weg*

Ab|kömm|ling ⟨der; -s, -e⟩ *Nachkomme*

ab|kön|nen ⟨V. trans.; kann ab, kon|nte ab, hat ab|ge|konnt, ab|zu|kön|nen; umg.; meist in verneinenden Wendungen⟩ jmdn. od. etwas (nicht) ~ **1** *(nicht) leiden können, mögen* **2** *(nicht) vertragen, aushalten* ▸ ich kann diese Musik nicht ab; ich kann diesen Typen nicht ab

ab|kop|peln ⟨V.; kop|pelt ab, kop|pel|te ab, hat ab|ge|kop|pelt, ab|zu|kop|peln⟩ **I** ⟨V. trans.⟩ etwas ~ *vom Koppel lösen* **II** ⟨V. refl.; übertr.⟩ sich ~ *sich selbstständig machen, sich (von einer Gruppe) lösen*

ab|krat|zen ⟨V.⟩ **I** ⟨V. trans.; kratzt ab, kratz|te ab, hat ab|ge|kratzt, ab|zu|krat|zen⟩ etwas (von etwas) ~ *durch Kratzen entfernen* **II** ⟨V. intr.; kratzt ab, kratz|te ab, ist ab|ge|kratzt, ab|zu|krat|zen; derb⟩ *sterben*

ab|krie|gen ⟨V. trans.; kriegt ab, krieg|te ab, hat ab|ge|kriegt, ab|zu|krie|gen⟩ etwas ~ = *abbekommen*

ab|küh|len ⟨V.⟩ **I** ⟨V. trans.; kühlt ab, kühl|te ab, hat ab|ge|kühlt, ab|zu|küh|len⟩ etwas ~ *kälter werden lassen* **II** ⟨V. intr.; kühlt ab, kühl|te ab, ist ab|ge|kühlt, ab|zu|küh|len⟩ **1** ⟨persönl.⟩ etwas kühlt ab *wird kälter* **2** ⟨unpersönl.⟩ es kühlt ab *wird kälter* **III** ⟨V. refl.; kühlt ab, kühl|te ab, hat ab|ge|kühlt, ab|zu|küh|len⟩ sich ~ *kälter werden* ▸ die Luft hat sich abgekühlt; Abl *Abkühlung*

ab|kür|zen ⟨V. trans.; kürzt ab, kürz|te ab, hat ab|ge|kürzt, ab|zu|kür|zen⟩ etwas ~ *kürzer machen, einen Teil davon weglassen* ▸ einen Vorgang, ein Verfahren ~; einen Weg ~; ein Wort ~

Ab|kür|zung ⟨die; -, -en⟩ **1** ⟨Sprachw.⟩ *Kürzung eines Wortes, abgekürztes Wort,* z. B. „ca., usw." **2** eine ~ kennen, nehmen *einen kürzeren Weg kennen, nehmen*

ab|la|den ⟨V. trans.; lädt ab, lud/la|de|te ab, hat ab|ge|la|den, ab|zu|la|den⟩ **1** Güter ~ *von einem Fahrzeug herunternehmen* **2** ⟨übertr.⟩ etwas auf, bei jmdm ~ *etwas von sich auf einen anderen abwälzen* (Schuld, Verdacht, Arbeit) ▸ Müll ~; man kann die Schuld für die Misere nicht bei ihr ~

Ab|la|ge ⟨die; -, -n⟩ **1** *Stelle od. Raum zum Aufbewahren u. Sortieren von Schriftsachen, bes. in Büros* **2** ⟨schweiz.⟩ *Agentur zur Annahme u. Abholung von Gegenständen für bestimmte Zwecke, z. B. chemische Reinigung*

ab|la|gern ⟨V.; la|gert ab, la|ger|te ab, hat ab|ge|la|gert, ab|zu|la|gern⟩ **I** ⟨V. trans.⟩ **1** Güter ~ *abstellen, aufs, ins Lager bringen* **2** ein Fluss lagert Sand ab *lässt mitgeführten Sand (an einer Stelle) liegen* **II** ⟨V. refl.⟩ sich ~ **1** *niedersinken u. liegen bleiben* **2** ⟨Geol.⟩ *Sedimente (Ablagerungen) bilden* ▸ Flusssand lagert sich ab; Abl *Ablagerung*

Ab|lass ⟨der; -es, -läs|se⟩ **1** ⟨kath. Lehre⟩ *Erlassen, Nachlass zeitl. Sündenstrafen;* Zus *Ablassbrief* **2** *Nachlass (vom Preis)* ▸ ~ erteilen; jmdm. ~ gewähren

ab|las|sen ⟨V.; lässt ab, ließ ab, hat ab|ge|las|sen, ab|zu|las|sen⟩ **I** ⟨V. trans.⟩ **1** eine Flüssigkeit ~ *auslaufen, ablaufen lassen* (Flüssigkeit) **2** Dampf ~ *entweichen lassen* **II** ⟨V. intr.⟩ von etwas ~ *aufhören, etwas zu tun* ▸ von einem Vorhaben ~ *es aufgeben*

Ab|lauf ⟨der; -(e)s, -läu|fe⟩ **1** *Stelle, an der Flüssigkeit aus einem Teich, Rohr o. Ä. austritt* **2** *Vorrichtung zum Austritt von Flüssigkeit, Abfluss* **3** *Ende einer Zeitdauer, einer Frist* **4** *Verlauf (eines Vorgangs, einer Handlung)* ▸ nach ~ von zwei Tagen

ab|lau|fen ⟨V.⟩ **I** ⟨V. trans.; läuft ab, lief ab, hat ab|ge|lau|fen, ab|zu|lau|fen⟩ **1** Absätze, Sohlen, Schuhe ~ *durch vieles Laufen abnützen* **2** Geschäfte, Straßen (nach jmdm. od. etwas) ~ *durch viele Geschäfte, Straßen laufen, um etwas od. jmdn. zu finden* ▸ jmdm. den Rang ~ ⟨übertr.⟩ *jmdn. übertreffen* **II** ⟨V. intr.; läuft ab, lief ab, ist ab|ge|lau|fen, ab|zu|lau|fen⟩ **1** *abfließen* (Flüssigkeit) **2** *abrollen* (Kabel) **3** irgendwie ~ *verlaufen, vonstattengehen, vor sich gehen* **4** *zu Ende gehen, ungültig werden* (Frist, Vertrag) **5** *vergehen* (Zeit) ▸ gut ~ *vorteilhaft, günstig enden;* wie soll das Fest ~?

Ab|laut ⟨der; -(e)s, -e; Gramm.⟩ *Vokalwechsel in der Stammform von Wörtern,* z. B. trinken -

trank - Trunk, schwimmen - schwamm - geschwommen; Abl *ablauten*

Ab|le|ben ⟨das; -s; unz.; geh.⟩ *Sterben, Tod* ▸ kurz nach, vor seinem ~

ab|le|cken ⟨V. trans.; leckt ab, leck|te ab, hat ab|geleckt, ab|zu|le|cken⟩ etwas ~ **1** *mit der Zunge entlanggleiten an* **2** *durch wiederholtes Lecken säubern* ▸ sich die Finger nach etwas ~ ⟨übertr.⟩ *etwas heftig begehren*

ab|le|gen ⟨V. trans.; legt ab, leg|te ab, hat ab|gelegt, ab|zu|le|gen⟩ **1** etwas irgendwo ~ *weglegen, an einem Ort deponieren* **2** die Jacke, den Mantel ~ *ausziehen* ▸ bitte legen Sie ab! *(Aufforderung an einen Besucher)* ▸ ein **Bekenntnis,** Gelübde ~ *etwas bekennen, geloben;* **Dateien** auf der Festplatte ~ *auf der F. abspeichern;* einen **Eid** ~ *leisten, schwören;* seine **Kleider** ~ *sich ausziehen;* eine **Prüfung,** ein Examen ~ *eine P., ein E. machen;* **Rechenschaft** (über etwas) ~ *Auskunft über sein Tun u. Lassen geben;* **Vorurteile,** Gewohnheiten ~ *aufgeben, sich von ihnen frei machen;* **Zeugnis** von etwas, für od. gegen jmdn. ~ *über etwas aussagen, für od. gegen jmdn. zeugen*

Ab|le|ger ⟨der; -s, -⟩ **1** ⟨Bot.⟩ *Pflanzenteil zur vegetativen Vermehrung* **2** ⟨übertr.⟩ *Zweigunternehmen*

ab|leh|nen ⟨V. trans.; lehnt ab, lehn|te ab, hat ab|ge|lehnt, ab|zu|leh|nen⟩ jmdn. od. etwas ~ *zurückweisen, nicht annehmen, ausschlagen* ▸ mit Dank, dankend ~; ein abgelehnter Asylbewerber; Abl *Ablehnung*

ab|leis|ten ⟨V. trans.; leis|tet ab, leis|te|te ab, hat ab|ge|leis|tet, ab|zu|leis|ten⟩ etwas ~ *leisten, erfüllen* ▸ einen Dienst ~; seine Wehrpflicht ~

ab|lei|ten ⟨V. trans.; lei|tet ab, lei|te|te ab, hat ab|ge|lei|tet, ab|zu|lei|ten⟩ **1** etwas ~ *in eine andere Richtung leiten* **2** etwas aus od. von etwas ~ *die Ursache, den Ursprung von etwas feststellen, nachweisen* ▸ Vergünstigungen aus einem Gesetz ~ *V. aufgrund eines Gesetzes feststellen;* ein Wort von einem anderen ~ *es durch Anfügen von Silben, durch Ablaut od. Zusammensetzung aus einem anderen Wort bilden;* Abl *ableitbar*

Ab|lei|tung ⟨die; -, -en⟩ **1** *Vorgang oder Ergebnis des Ableitens* **2** ⟨Gramm.⟩ **2.1** *Bildung neuer Wörter aus einem Ursprungswort* **2.2** *das neu gebildete Wort selbst*

ab|len|ken ⟨V. trans.; lenkt ab, lenk|te ab, hat ab|ge|lenkt, ab|zu|len|ken⟩ **1** etwas ~ *in eine andere Richtung lenken* **2** jmdn. ~ **2.1** *auf andere Gedanken bringen* **2.2** *irreleiten* ▸ den Verdacht auf jmdn. ~ *jmd. anderen verdächtigen;* jmdn. von einem Vorhaben, Ziel ~ *wegbringen*

Ab|len|kung ⟨die; -, -en⟩ *das Ablenken (2)* ▸ sie braucht ein bisschen ~

Ab|len|kungs|ma|nö|ver ⟨[-vər] das; -s, -; Mil.; a. übertr.⟩ *Manöver zur Ablenkung der feindlichen Aufmerksamkeit* ▸ das Treffen war nur ein ~ ⟨übertr.⟩

ab|le|sen ⟨V. trans.; liest ab, las ab, hat ab|ge|le|sen, ab|zu|le|sen⟩ **1** einen Text ~ *vom beschriebenen, bedruckten Blatt lesen* **2** einen Wert, ein Maß ~ *die Anzeige auf einer Skala feststellen* **3** jmdm. etwas am Gesicht, von den Augen ~ *die Gefühle, Wünsche eines anderen erkennen*

ab|leug|nen ⟨V. trans.; leug|net ab, leug|ne|te ab, hat ab|ge|leug|net, ab|zu|leug|nen; verstärkend⟩ etwas ~ *leugnen*

ab|lich|ten ⟨V. trans.; lich|tet ab, lich|te|te ab, hat ab|ge|lich|tet, ab|zu|lich|ten⟩ jmdn. od. etwas ~ *fotografieren* ▸ er ließ sich zusammen mit dem Premierminister ~; Abl *Ablichtung*

ab|lie|fern ⟨V. trans.; lie|fert ab, lie|fer|te ab, hat ab|ge|lie|fert, ab|zu|lie|fern⟩ jmdn. od. etwas (irgendwo) ~ *abgeben, pflichtgemäß überreichen, aushändigen* ▸ die bestellten Waren ~; die Kinder bei den Eltern ~ ⟨umg.⟩; Abl *Ablieferung*

ab|lö|schen ⟨V. trans.; löscht ab, lösch|te ab, hat ab|ge|löscht, ab|zu|lö|schen⟩ etwas Gebratenes ~ *kalte Flüssigkeit zugeben*

ab|lö|sen ⟨V.; löst ab, lös|te ab, hat ab|ge|löst, ab|zu|lö|sen⟩ **I** ⟨V. trans.⟩ **1** etwas (von etwas) ~ *loslösen, von der Unterlage entfernen, vorsichtig abmachen* **2** jmdn. ~ *die Tätigkeit eines andern übernehmen* ▸ eine Schuld ~ *bezahlen;* die Wache ~ *durch andere Wachtposten ersetzen* **II** ⟨V. refl.⟩ sich (von etwas) ~ *von selbst abgehen* ▸ das Plakat löst sich ab; Abl *Ablösung*

Ab|luft ⟨die; -; unz.⟩ *verbrauchte, sauerstoffarme Luft, die aus Räumen od. Maschinen abgeleitet wird;* Ggs *Zuluft*

ABM ⟨Abk. für⟩ *Arbeitsbeschaffungsmaßnahme;* Zus *ABM-Maßnahme, ABM-Stelle*

ab|ma|chen ⟨V. trans.; macht ab, mach|te ab, hat ab|ge|macht, ab|zu|ma|chen⟩ **1** etwas (von etwas) ~ *etwas Haftendes entfernen, losmachen, lösen* **2** einen Termin ~ *vereinbaren, verabreden* **3** ein Geschäft ~ *abschließen* ▸ das haben sie unter sich abgemacht *unter sich geklärt;* →a. *abgemacht*

Ab|ma|chung ⟨die; -, -en⟩ *Vereinbarung, Verabredung* ▸ eine ~ treffen *etwas abmachen, vereinbaren;* sich nicht an die ~en halten

ab|ma|gern ⟨V. intr.; ma|gert ab, ma|ger|te ab, ist ab|ge|ma|gert, ab|zu|ma|gern⟩ **1** *mager werden;* Zus *Abmagerungskur* **2** ⟨übertr.⟩ *an Substanz, an Volumen verlieren* ▸ er ist bis auf die Knochen abgemagert; Abl *Abmagerung*

ab|mah|nen ⟨V. trans.; mahnt ab, mahn|te ab, hat ab|ge|mahnt, ab|zu|mah|nen; Rechtsw.⟩ jmdn. ~ *jmdn. (unter Androhung einer Kündigung) ermahnen, vertragsgemäß od. laut Gesetz zu handeln* ▸ der Angestellte wurde erstmalig abgemahnt; Abl *Abmahnung*

ab|ma|len ⟨V. trans.; malt ab, mal|te ab, hat ab|gemalt, ab|zu|ma|len⟩ etwas ~ *durch Malen nachahmen, wiedergeben*

Ab|marsch ⟨der; -(e)s; unz.⟩ *das (gemeinsame) Abmarschieren, geordnetes Weggehen*

ab|mar|schie|ren ⟨V. intr.; mar|schiert ab, mar|schier|te ab, ist ab|mar|schiert, ab|zu|mar|schie|ren⟩ **1** *(gemeinsam) weggehen* **2** ⟨Mil.⟩ *im Gleichschritt u. in Marschordnung weggehen*

ab|mel|den ⟨V. trans.; mel|det ab, mel|de|te ab, hat ab|ge|mel|det, ab|zu|mel|den⟩ jmdn. od. sich ~

melden, dass jmd. od. man selbst einen Ort verlässt, eine Tätigkeit aufgibt ▸ sich polizeilich ~; jmdn. von der Schule ~; Abl *Abmeldung*

ab|mes|sen ⟨V. trans.; misst ab, maß ab, hat ab|gemes|sen, ab|zu|mes|sen⟩ etwas ~ *die Maße von etwas feststellen* ▸ die Höhe eines Schranks ~; seine Worte genau ~ *genau überlegen*

Ab|mes|sung ⟨die; -, -en⟩ *Maße* ▸ die genauen ~en eines Gegenstandes

ab|mil|dern ⟨V. trans.; mil|dert ab, mil|der|te ab, hat ab|ge|mil|dert, ab|zu|mil|dern⟩ etwas ~ *mildern*

ab|mon|tie|ren ⟨V. trans.; mon|tiert ab, mon|tier|te ab, hat ab|mon|tiert, ab|zu|mon|tie|ren⟩ **1** einen Teil von einer Maschine ~ *lösen* **2** Maschinen ~ *aus der Verankerung im Boden lösen*

ab|mü|hen ⟨V. refl.; müht sich ab, müh|te sich ab, hat sich ab|ge|müht, sich ab|zu|mü|hen⟩ sich ~ *sich Mühe machen*

ab|murk|sen ⟨V. trans.; murkst ab, murks|te ab, hat ab|ge|murkst, ab|zu|murk|sen; umg.⟩ jmdn. ~ *töten, umbringen*

ab|na|beln ⟨V.; na|belt ab, na|bel|te ab, hat ab|gena|belt, ab|zu|na|beln⟩ **I** ⟨V. trans.⟩ ein Neugeborenes ~ *mit dem Durchtrennen der Nabelschnur aus der Verbindung mit dem Mutterleib lösen* ▸ ich nab(e)le es ab **II** ⟨V. refl.; übertr.; umg.⟩ sich ~ *sich endgültig von etwas lösen (bes. als Jugendlicher vom Elternhaus)*

ab|na|gen ⟨V. trans.; nagt ab, nag|te ab, hat ab|genagt, ab|zu|na|gen⟩ **1** etwas von etwas ~ *durch Nagen ablösen* **2** etwas ~ *so lange an etwas nagen, bis nichts mehr daran ist*

Ab|nä|her ⟨der; -s, -⟩ *Naht zur Verengung von Kleidungsstücken*

Ab|nah|me ⟨die; -; unz.⟩ **1** *das Abnehmen, Wegnehmen, Entfernen* **2** *Verringerung, Verfall, Verlust, Rückgang;* Zus *Gewichtsabnahme* **3** *Entgegennahme, Annahme, Kauf;* Zus *Abnahmeprüfung* ▸ ~ eines **Bauwerks** *(amtl.) Anerkennung der richtigen Fertigstellung;* ~ einer **Ladung** *Abholung u. Anerkennung der richtigen Lieferung;* ~ des **Mondes** *Übergang vom Vollmond zum Neumond;* ~ einer **Ware**

ab|neh|men ⟨V.; nimmt ab, nahm ab, hat ab|genom|men, ab|zu|neh|men⟩ **I** ⟨V. trans.⟩ **1** einen Deckel, den Hut ~ *(nach oben) wegnehmen* **2** ein Bild ~ *(von oben) wegnehmen* **3** etwas von etwas ~ *ablösen, abtrennen* **4** jmdm. etwas ~ **4.1** *(widerrechtlich) wegnehmen, beschlagnahmen* **4.2** *etwas von jmdm. nehmen, übernehmen* **4.3** *abkaufen* **4.4** *jmdm. etwas glauben* ▸ das nehme ich dir nicht ab *das glaube ich dir nicht* ▸ jmdm. die **Arbeit** ~ *für jmdn. die Arbeit tun;* **Bauwerke,** techn. Einrichtungen, Maschinen, Pläne ~ *die Herstellung, Ausführung gemäß den Vorschriften überprüfen;* jmdm. die **Beichte** ~ *jmds. Beichte anhören;* jmdm. **Blut** ~ *jmdm. B. (für eine medizinische Untersuchung) entnehmen;* jmdm. einen **Eid** ~ *jmdn. schwören lassen;* den **Hörer** ~ *den Telefonhörer von der Gabel nehmen;* einen **Verband** ~ *entfernen, abwickeln;* jmdm. ein **Versprechen** ~ *sich ein V. geben lassen;* **Wäsche** ~ *von der Leine nehmen* **II** ⟨V. intr.⟩ *Umfang, Gewicht verlieren, kleiner, schmaler, kürzer werden* ▸ das **Fieber,** der Mond, der Regen nimmt ab ▸ er hat **viel,** wenig, stark abgenommen ▸ **an** Gewicht ~; Abl *abnehmbar*

Ab|neh|mer ⟨der; -s, -⟩ *Käufer, Verbraucher, Kunde* ▸ die Ware findet viele, wenige ~ *wird gern, nicht gern gekauft;* Abl *Abnehmerin*

Ab|nei|gung ⟨die; -, -en⟩ *Widerwille;* Ggs *Zuneigung* ▸ eine ~ gegen etwas od. jmdn. haben

ab|ni|cken ⟨V. trans.; nickt ab, nick|te ab, hat abge|nickt, ab|zu|ni|cken; umg.⟩ etwas ~ *etwas zustimmend prüfen, etwas genehmigen* ▸ einen Antrag, Beschluss ~

ab|norm ⟨Adj.⟩ *nicht normal, gegen die Regel, krankhaft, ungewöhnlich* ▸ ~e Veranlagung

ab|nor|mal ⟨Adj.; österr. umg.; schweiz.⟩ *nicht normal*

ab|nö|ti|gen ⟨V. trans.; nö|tigt ab, nö|tig|te ab, hat ab|ge|nö|tigt, ab|zu|nö|ti|gen⟩ jmdm. etwas ~ *durch Zwang von jmdm. erlangen* ▸ er nötigt mir Achtung, Bewunderung ab ⟨übertr.⟩ *ich muss ihn achten, bewundern*

ab|nut|zen ⟨V. trans.; nutzt ab, nutz|te ab, hat abge|nutzt, ab|zu|nut|zen⟩ etwas ~ = *abnützen*

ab|nüt|zen ⟨V.; nützt ab, nütz|te ab, hat ab|genützt, ab|zu|nüt|zen⟩ **I** ⟨V. trans.⟩ etwas ~ *durch (vielfachen) Gebrauch schadhaft machen, Wert od. Brauchbarkeit verringern von, beschädigen* **II** ⟨V. refl.⟩ sich ~ *schadhaft, unbrauchbar werden;* Abl *Abnützung/Abnutzung*

Abo ⟨das; -s, -s; kurz für⟩ *Abonnement*

Abon|ne|ment ⟨[-n(ə)mãː] das; -s, -s; kurz: Abo⟩ **1** *Bezug von Waren (meist Zeitungen, Zeitschriften, Büchern) auf bestimmte Zeit* **2** *Bezug von Theater-, Kino-, Konzertkarten für die Dauer einer Spielzeit, Anrecht* **3** *Dauerfahrkarte (Zeitkarte);* Zus *Abonnementsbüro, Abonnementspreis*

Abon|nent ⟨der; -en, -en⟩ *Inhaber, Besitzer eines Abonnements;* Abl *Abonnentin*

abon|nie|ren ⟨V. trans.; abon|niert, abon|nier|te, hat abon|niert⟩ etwas ~ *ein Abonnement über etwas abschließen* ▸ eine Zeitschrift, Zeitung ~

ab|ord|nen ⟨V. trans.; ord|net ab, ord|ne|te ab, hat ab|ge|ord|net, ab|zu|ord|nen⟩ jmdn. ~ *mit einem Auftrag (zu jmdm.) schicken*

Ab|ord|nung ⟨die; -, -en⟩ *eine Anzahl Beauftragter*

Ab|ort ⟨der; -(e)s, -e; veraltet⟩ = *Toilette (I.2)*

ab|pa|cken ⟨V. trans.; packt ab, pack|te ab, hat abge|packt, ab|zu|pa|cken⟩ etwas ~ *in kleinere Mengen teilen u. verpacken*

ab|pas|sen ⟨V. trans.; passt ab, pass|te ab, hat ab|gepasst, ab|zu|pas|sen⟩ **1** etwas ~ *ausgleichen, zu einer anderen Sache passend machen* **2** etwas ~ *abwarten* (Zeitpunkt) **3** jmdn. ~ *jmdm. auflauern, warten, bis man jmdn. trifft* ▸ die Täter haben ihn nahe seiner Wohnung abgepasst

ab|pfei|fen ⟨V. trans. u. V. intr.; pfeift ab, pfiff ab, hat ab|ge|pfif|fen, ab|zu|pfei|fen; Sp.⟩ (etwas) ~ *das Ende od. die Unterbrechung eines Spieles durch Pfeifen anzeigen*

Ab|pfiff ⟨der; -(e)s, -e; Sp.⟩ *das Ende od. die Unterbrechung eines Spiels anzeigender Pfiff des Schiedsrichters*

ab|pflü|cken ⟨V. trans.; pflückt ab, pflück|te ab, hat ab|ge|pflückt, ab|zu|pflü|cken⟩ Blumen, Früchte ~ *pflücken, durch Pflücken wegnehmen, entfernen*

ab|pla|gen ⟨V. refl.; plagt sich ab, plag|te sich ab, hat sich ab|ge|plagt, sich ab|zu|pla|gen⟩ sich (mit etwas) ~ *sich abmühen*

ab|pral|len ⟨V. intr.; prallt ab, prall|te ab, ist ab|geprallt, ab|zu|pral|len⟩ **1** an od. von etwas ~ *beim Auftreffen auf einen Gegenstand zurückgeworfen werden* **2** ⟨übertr.⟩ an jmdm. ~ *jmdn. nicht berühren, keinen Eindruck auf ihn machen*

ab|pum|pen ⟨V. trans.; pumpt ab, pump|te ab, hat ab|ge|pumpt, ab|zu|pum|pen⟩ eine Flüssigkeit ~ *durch Saugen anziehen u. abfließen lassen*

ab|quä|len ⟨V. refl.; quält sich ab, quäl|te sich ab, hat sich ab|ge|quält, sich ab|zu|quä|len⟩ sich (mit etwas) ~ *große Anstrengungen machen, Qualen erdulden, um etwas zu erreichen*

ab|qua|li|fi|zie|ren ⟨V. trans.; qua|li|fi|ziert ab, qua|li|fi|zier|te ab, hat ab|ge|qua|li|fi|ziert, ab|zu|qua|li|fi|zie|ren⟩ jmdn. od. etwas ~ *abwertend beurteilen*

ab|ra|ckern ⟨V. refl.; ra|ckert sich ab, ra|cker|te sich ab, hat sich ab|ge|ra|ckert, sich ab|zu|ra|ckern; umg.⟩ sich ~ *sich abarbeiten*

Ab|ra|ka|da|b|ra ⟨das; -s, -s⟩ *Zauberwort;* →a. *Simsalabim*

ab|ra|sie|ren ⟨V. trans.; ra|siert ab, ra|sier|te ab, hat ab|ra|siert, ab|zu|ra|sie|ren⟩ (sich od. jmdm.) etwas ~ *durch Rasieren entfernen*

ab|ra|ten ⟨V. intr.; rät ab, riet ab, hat ab|ge|ra|ten, ab|zu|ra|ten⟩ (jmdm.) von etwas ~ *jmdm. raten, etwas nicht zu tun*

ab|räu|men ⟨V. trans.; räumt ab, räum|te ab, hat ab|ge|räumt, ab|zu|räu|men⟩ **1** etwas (von etwas) ~ *(von einer Oberfläche) wegräumen* **2** etwas ~ *leerräumen* ▸ den Tisch ~

ab|re|a|gie|ren ⟨V.; re|a|giert ab, re|a|gier|te ab, hat ab|re|a|giert, ab|zu|re|a|gie|ren⟩ **I** ⟨V. trans.⟩ Ärger, Wut ~ *durch eine Reaktion zum Abklingen bringen* **II** ⟨V. refl.⟩ sich ~ *durch eine Reaktion eine Spannung, Erregung loswerden*

ab|rech|nen ⟨V.; rech|net ab, rech|ne|te ab, hat ab|ge|rech|net, ab|zu|rech|nen⟩ **I** ⟨V. intr.⟩ **1** *(nach Abschluss eines Geschäftes) eine (endgültige) Rechnung aufstellen u. bezahlen* **2** ⟨übertr.⟩ mit jmdm. ~ *jmdn. für etwas zur Rechenschaft ziehen* **II** ⟨V. trans.⟩ etwas (von etwas) ~ *rechnend (von einer Summe) abziehen;* Abl *Abrechnung*

Ab|re|de ⟨die; -, -n⟩ *Verabredung, Abkommen* ▸ nach ~ *entsprechend der Vereinbarung;* etwas in ~ stellen *leugnen, sagen, dass etwas nicht wahr sei*

ab|re|gen ⟨V. refl.; regt sich ab, reg|te sich ab, hat sich ab|ge|regt, sich ab|zu|re|gen; umg.; iron.⟩ sich ~ *sich beruhigen* ▸ reg dich wieder ab!

ab|rei|ben ⟨V. trans.; reibt ab, rieb ab, hat ab|ge|rie|ben, ab|zu|rei|ben⟩ etwas ~ *durch Reiben entfernen, säubern od. trocknen* ▸ die Schale einer Zitrone ~ *mit der Reibe entfernen;* sich mit dem Badetuch ~

Ab|rei|bung ⟨die; -, -en⟩ **1** *das Abreiben* **2** ⟨übertr.; umg.⟩ **2.1** *scharfe Zurechtweisung* **2.2** *Prügelei* ▸ jmdm. eine tüchtige ~ verpassen

Ab|rei|se ⟨die; -; unz.⟩ *Verlassen eines Ortes, Antritt einer Reise, Abfahrt*

ab|rei|sen ⟨V. intr.; reist ab, reis|te ab, ist ab|gereist, ab|zu|rei|sen⟩ *eine Reise antreten, abfahren*

ab|rei|ßen ⟨V.⟩ **I** ⟨V. trans.; reißt ab, riss ab, hat abge|ris|sen, ab|zu|rei|ßen⟩ **1** etwas (von etwas) ~ *durch Reißen entfernen* **2** etwas ~ *niederreißen, abbrechen* ▸ ein Blatt vom Kalender ~; das Haus wurde abgerissen **II** ⟨V. intr.; reißt ab, riss ab, ist ab|ge|ris|sen, ab|zu|rei|ßen⟩ *sich von einer Befestigung ablösen, zerreißen, durchreißen* (Faden, Knopf) ▸ es riss überhaupt nicht ab ⟨übertr.⟩ *es nahm kein Ende;* abgerissene Kleidung *abgenutzte u. zerrissene K.;* die Funkverbindung riss ab *wurde plötzlich unterbrochen*

Ab|reiß|ka|len|der ⟨der; -s, -⟩ *Kalender mit abreißbaren Blättern*

ab|rich|ten ⟨V. trans.; rich|tet ab, rich|te|te ab, hat ab|ge|rich|tet, ab|zu|rich|ten⟩ Tiere ~ *dressieren*

Ab|rieb ⟨der; -(e)s; unz.⟩ **1** *Materialschwund durch Abbröckeln bei der Beförderung (z. B. von Kohle) od. durch Abnutzung bei Reibung (z. B. von Gummireifen)* **2** *das abgebröckelte od. abgeriebene Material*

ab|rieb|fest ⟨Adj.⟩ *widerstandsfähig gegen Abrieb*

ab|rie|geln ⟨V. trans.; rie|gelt ab, rie|gel|te ab, hat ab|ge|rie|gelt, ab|zu|rie|geln⟩ etwas ~ **1** *mit einem Riegel verschließen* **2** *absperren, sperren* ▸ Zugangswege ~; Abl *Abrieg(e)lung*

ab|rin|gen ⟨V. trans.; ringt ab, rang ab, hat ab|gerun|gen, ab|zu|rin|gen⟩ jmdm. etwas ~ *etwas von jmdm. gegen seinen anfänglichen Widerstand erhalten* ▸ jmdm. ein Versprechen, eine Zusage ~; ich habe ihm sein Einverständnis abgerungen

Ab|riss ⟨der; -es, -e⟩ **1** *das Abreißen (eines Gebäudes)* **2** *Entwurf, Skizze* **3** *Schema, kurze Darstellung, wissenschaftliche Übersicht*

ab|rol|len ⟨V.; rollt ab, roll|te ab, hat ab|ge|rollt, abzu|rol|len⟩ **I** ⟨V. trans.⟩ etwas (von etwas) ~ *von einer Rolle, einer Spule ablaufen lassen* ▸ Garn, ein Kabel ~ **II** ⟨V. refl.; Turnen⟩ *sich mit einer rollenden Bewegung auf dem Boden abfangen* ▸ sich über den Arm, den Rücken ~

ab|rub|beln ⟨V. trans.; rub|belt ab, rub|bel|te ab, hat ab|ge|rub|belt, ab|zu|rub|beln⟩ **1** jmdn. ~ *durch Rubbeln trockenreiben, kräftig abreiben* **2** etwas (von etwas) ~ *durch Rubbeln entfernen* ▸ sich nach dem Baden mit dem Handtuch ~

ab|rü|cken ⟨V.⟩ **I** ⟨V. trans.; rückt ab, rück|te ab, hat ab|ge|rückt, ab|zu|rü|cken⟩ etwas (von etwas) ~ *durch Rücken von etwas entfernen, wegrücken* ▸ einen Schrank von der Wand ~ **II** ⟨V. intr.; rückt ab, rück|te ab, ist ab|ge|rückt, ab|zu|rü|cken⟩ **1** *wegziehen, abmarschieren* (Truppen) **2** ⟨übertr.⟩ von jmdm. od. etwas ~ *nichts mehr mit jmdm. od. etwas zu tun haben wollen*

Ab|ruf ‹der; -(e)s; unz.› *das Abrufen* ▸ auf ~ *sofort, wenn es gebraucht wird;* sich auf ~ bereithalten

ab|ruf|bar ‹Adj.› *so beschaffen, dass es abgerufen werden kann* ▸ ~es Wissen *W., das jederzeit abgefragt werden kann;* ~e Daten

ab|ru|fen ‹V. trans.; ruft ab, rief ab, hat ab|ge|rufen, ab|zu|ru|fen› **1** jmdn. ~ *wegrufen, wegbefehlen* **2** Waren ~ *zur Teillieferung anweisen*

ab|run|den ‹V. trans.; run|det ab, run|de|te ab, hat ab|ge|run|det, ab|zu|run|den› etwas ~ **1** *rund machen* **2** *vervollkommnen, ergänzen, komplettieren* ▸ eine Darstellung ~ ‹übertr.› *(zusammenfassend) ergänzen;* eine Zahl ~ *die Endziffer(n) durch Null(en) ersetzen;* den Geschmack durch Zugabe von Zitronensaft ~

ab|rup|fen ‹V. trans.; rupft ab, rupf|te ab, hat ab|ge|rupft, ab|zu|rup|fen› etwas (von etwas) ~ *abzupfen, abreißen*

ab|rupt ‹Adj.› **1** *abgebrochen, zusammenhanglos* **2** *plötzlich* ▸ die Stimmung schlug ~ um

ab|rüs|ten ‹V. intr.; rüs|tet ab, rüs|te|te ab, hat ab|ge|rüs|tet, ab|zu|rüs|ten› *Kriegsrüstung abschaffen, vermindern od. begrenzen*

Ab|rüs|tung ‹die; -; unz.› *das Abrüsten;* Zus *Abrüstungsabkommen*

ab|rut|schen ‹V. intr.; rutscht ab, rutsch|te ab, ist ab|ge|rutscht, ab|zu|rut|schen› **1** *nach unten gleiten, den Halt verlieren* **2** ‹übertr.› **2.1** *auf die schiefe Bahn geraten, etwas Unrechtes tun* **2.2** *in den Leistungen in der Schule nachlassen*

ABS ‹Kfz; Abk. für› *Antiblockiersystem*

Abs. ‹Abk. für› **1** *Absatz* **2** *Absender*

ab|sa|cken ‹V. intr.; sackt ab, sack|te ab, ist ab|gesackt, ab|zu|sacken› **1** *in den Baugrund ganz od. teilweise einsinken* **2** ‹übertr.› *abrutschen, in den Leistungen nachlassen* **3** *nach unten gedrückt werden* (Flugzeug)

Ab|sa|ge ‹die; -, -n› *Ablehnung, Weigerung* ▸ jmdm. eine ~ erteilen; eine ~ erhalten

ab|sa|gen ‹V.; sagt ab, sag|te ab, hat ab|ge|sagt, ab|zu|sa|gen› **I** ‹V. trans.› etwas ~ *mitteilen, dass etwas nicht stattfindet* ▸ eine Versammlung, Veranstaltung ~; einen Termin, eine Vereinbarung ~ **II** ‹V. intr.› **1** *die Beteiligung an etwas ablehnen* **2** *die Anmeldung für etwas zurückziehen* ▸ er hat im letzten Augenblick abgesagt

ab|sä|gen ‹V. trans.; sägt ab, säg|te ab, hat ab|gesägt, ab|zu|sä|gen› **1** etwas (von etwas) ~ *durch Sägen abtrennen* **2** ‹übertr.; umg.› jmdn. ~ *jmdm. kündigen*

ab|sah|nen ‹V. trans.; sahnt ab, sahn|te ab, hat ab|ge|sahnt, ab|zu|sah|nen; übertr.; umg.› etwas ~ *ohne Mühe od. Bezahlung erhalten*

Ab|satz ‹der; -es, -sät|ze› **I** ‹zählb.› **1** *mit einer neuen Zeile beginnender Abschnitt in einem geschriebenen od. gedruckten Text* **2** ‹Abk.: Abs.; in Gesetzestexten› *Abschnitt, Paragraf, Teil eines Paragrafen* **3** *verstärkter Teil unter der Ferse am Schuh* **4** *ebene Stelle, Unterbrechung der Stufen an der Treppe;* Zus *Treppenabsatz* ▸ neuer ~ *Beginn eines neuen Abschnittes* **II** ‹unz.› *Verkauf* ▸ diese Güter haben keinen (guten) ~ *lassen sich schwer, nicht verkaufen;* Zus *Absatzgebiet, Absatzquote*

ab|sau|fen ‹V. intr.; säuft ab, soff ab, ist ab|ge|soffen, ab|zu|sau|fen; umg.› **1** *untergehen, sinken* **2** *ertrinken*

ab|sau|gen ‹V. trans.; saugt ab, saug|te ab, hat abge|saugt, ab|zu|sau|gen› **1** Flüssigkeit, Gas, Staub ~ *durch Saugen wegnehmen, entfernen* **2** Teppich, Polster ~ *durch Saugen säubern*

ab|scha|ben ‹V. trans.; schabt ab, schab|te ab, hat ab|ge|schabt, ab|zu|scha|ben› etwas (von etwas) ~ *durch Schaben entfernen, abkratzen*

ab|schaf|fen ‹V. trans.; schafft ab, schaff|te ab, hat ab|ge|schafft, ab|zu|schaf|fen› etwas ~ *aufheben, beseitigen* ▸ die Todesstrafe ist abgeschafft

ab|schä|len ‹V.; schält ab, schäl|te ab, hat ab|geschält, ab|zu|schä|len› **I** ‹V. trans.› **1** etwas ~ *die Rinde, Schale entfernen, lösen* (Baum, Frucht) **2** etwas (von etwas) ~ *durch Schälen entfernen* (Rinde, Schale) **II** ‹V. refl.› sich ~ *sich lösen wie eine Schale* ▸ die Haut schält sich ab

ab|schal|ten ‹V.; schal|tet ab, schal|te|te ab, hat abge|schal|tet, ab|zu|schal|ten› **I** ‹V. trans.› das Licht, den Strom ~ *durch Schalten unterbrechen, ausschalten* **II** ‹V. intr.; übertr.; umg.› **1** *nicht mehr zuhören od. mitmachen* **2** *sich erholen, an nichts Berufliches, Ärgerliches, Belastendes denken* ▸ er hat abgeschaltet; im Urlaub einmal ~; Abl *Abschaltung*

ab|schät|zen ‹V. trans.; schätzt ab, schätz|te ab, hat ab|ge|schätzt, ab|zu|schät|zen› etwas ~ *schätzen, einschätzen* ▸ das Risiko nicht ~ können; ich kann den Umfang noch nicht ~; Abl *Abschätzung*

ab|schät|zig ‹Adj.› *geringschätzig, verächtlich*

ab|schau|en ‹V. trans.; schaut ab, schau|te ab, hat ab|ge|schaut, ab|zu|schau|en› etwas ~ = *abgucken*

Ab|schaum ‹der; -(e)s; unz.; abwertend› *die (moralisch) minderwertigsten Menschen* ▸ der ~ der Gesellschaft

Ab|scheu ‹der; -(e)s, -e od. die; -; unz.› *Ekel* ▸ ~ haben vor jmdm. od. etwas

ab|scheu|lich ‹Adj.› **1** *ekelhaft, grauenhaft* **2** *gehässig, hässlich, böse* **3** *verabscheuenswürdig, scheußlich* ▸ ein ~es Verbrechen; Abl *Abscheulichkeit*

ab|schi|cken ‹V. trans.; schickt ab, schick|te ab, hat ab|ge|schickt, ab|zu|schi|cken› Briefe, Pakete ~ *absenden, wegschicken*

ab|schie|ben ‹V.› **I** ‹V. trans.; schiebt ab, schob ab, hat ab|ge|scho|ben, ab|zu|schie|ben› **1** etwas von etwas ~ *beiseite-, wegschieben* **2** jmdn. ~ **2.1** *polizeilich ausweisen, des Landes verweisen* **2.2** ‹übertr.› *seines Einflusses berauben, ins Abseits drängen, auf einen unwichtigen Posten versetzen* ▸ unerwünschte Personen ~ **II** ‹V. intr.; schiebt ab, schob ab, ist ab|ge|scho|ben, ab|zu|schie|ben; umg.› *(widerwillig) weggehen* ▸ nachdem sie ihn beschimpft hatte, schob er beleidigt ab; schieb ab! *mach, dass du fortkommst!*

Ab|schied ‹der; -(e)s, -e; meist unz.› **1** *Zeitpunkt, an dem man sich von jmdm. trennt* **2** *Entlassung* ▸ ~ nehmen (von) *sich verabschieden;* die Familie

A

nahm vom Verstorbenen ~; seinen ~ einreichen *um seine Entlassung ersuchen;* Zus *Abschiedsbesuch, Abschiedsbrief, Abschiedsgesuch*

ab|schie|ßen ⟨V. trans.; schießt ab, schoss ab, hat ab|ge|schos|sen, ab|zu|schie|ßen⟩ **1** eine Rakete, ein Torpedo ~ *losschießen, abfeuern* **2** ein Flugzeug ~ *durch Beschießen zum Abstürzen bringen* **3** jmdn. ~ *hinterlistig erschießen* **4** ⟨übertr.; umg.⟩ jmdn. ~ *durch Intrigen aus einer Stellung entfernen;* ▸ den Vogel ~ ⟨übertr.⟩ *alle anderen übertreffen*

ab|schir|men ⟨V. trans.; schirmt ab, schirm|te ab, hat ab|ge|schirmt, ab|zu|schir|men; a. übertr.⟩ etwas od. sich gegen etwas ~ *vor Strahlen, äußeren Einflüssen usw. schützen* ▸ er wurde von seinen Leibwächtern sorgfältig abgeschirmt; völlig abgeschirmt von äußeren Einflüssen leben; Abl *Abschirmung*

ab|schlach|ten ⟨V. trans.; schlach|tet ab, schlachte|te ab, hat ab|ge|schlach|tet, ab|zu|schlach|ten; verstärkend⟩ **1** Tiere ~ *schlachten* **2** Menschen ~ *grausam od. in Massen töten*

ab|schlaf|fen ⟨V. intr.; schlafft ab, schlaff|te ab, ist ab|ge|schlafft, ab|zu|schlaf|fen; umg.⟩ *schlaff, müde werden* ▸ ich bin total abgeschlafft

Ab|schlag ⟨der; -(e)s, -schlä|ge⟩ **1** *Abholzung* **2** ⟨Sp.; Hockey, Eishockey⟩ *erster Schlag des Balles nach bestimmten Regeln;* Syn *Bully* **3** *Teillohn, Vorschuss;* Zus *Abschlagszahlung* **4** *Preisnachlass;* Zus *Preisabschlag* ▸ auf ~ *auf Raten, mittels Teilzahlung*

ab|schla|gen ⟨V. trans.; schlägt ab, schlug ab, hat ab|ge|schla|gen, ab|zu|schla|gen⟩ **1** etwas (von etwas) ~ *durch Schlagen abtrennen* **2** jmdm. etwas ~ *verweigern, nicht bewilligen* ▸ jmdm. eine Bitte ~; etwas vom Preis ~ *weniger berechnen*

ab|schlä|gig ⟨Adj.⟩ *abweisend* ▸ jmdm. eine ~e Antwort erteilen

ab|schle|cken ⟨V. trans.; schleckt ab, schleck|te ab, hat ab|ge|schleckt, ab|zu|schle|cken⟩ = *ablecken*

ab|schlei|fen ⟨V.; schleift ab, schliff ab, hat ab|ge|schlif|fen, ab|zu|schlei|fen⟩ **I** ⟨V. trans.⟩ einen Gegenstand ~ *seine Oberfläche durch Schleifen od. Reiben glätten* **II** ⟨V. refl.; a. übertr.⟩ sich ~ *durch Reibung glatt werden, sich abnutzen*

Ab|schlepp|dienst ⟨der; -(e)s, -e⟩ *Organisation zum Abtransport nicht mehr fahrtüchtiger Fahrzeuge*

ab|schlep|pen ⟨V.; schleppt ab, schlepp|te ab, hat ab|ge|schleppt, ab|zu|schlep|pen⟩ **I** ⟨V. trans.⟩ **1** ein Fahrzeug ~ *ein nicht mehr fahrtüchtiges Fahrzeug abtransportieren* **2** ⟨übertr.; umg.⟩ jmdn. ~ *jmdn. (meist gegen seinen Willen) mitnehmen* **II** ⟨V. refl.⟩ sich (mit etwas) ~ *sich mit einer zu großen Last abmühen*

ab|schlie|ßen ⟨V.; schließt ab, schloss ab, hat ab|ge|schlos|sen, ab|zu|schlie|ßen⟩ **I** ⟨V. trans.⟩ **1** einen Raum, eine Tür ~ *mit einem Schlüssel verschließen* **2** eine Sitzung, ein Studium ~ *beenden* **3** ein Geschäft, einen Vertrag ~ *gültig, endgültig machen* **4** eine Wette ~ *eingehen, vereinbaren* ▸ so können wir ~d sagen, dass …; eine ~de Bemerkung **II** ⟨V. intr.⟩ **1** mit etwas ~ **1.1** *mit etwas Bestimmtem enden, aufhören* **1.2** ⟨übertr.⟩ *etwas als erledigt betrachten* **2** mit jmdm. ~ *nichts mehr mit ihm zu tun haben wollen* **3** ⟨Buchführung⟩ mit einem Saldo ~ *einen Unterschied zwischen Soll u. Haben ausweisen* ▸ mit der Vergangenheit, mit dem Leben ~ ⟨übertr.⟩; das Gelände schließt mit einem Zaun ab

Ab|schluss ⟨der; -es, -schlüs|se⟩ **1** *Ende, Beendigung;* Zus *Abschlussbericht, Abschlussfeier, Abschlusskonzert, Abschlussprüfung, Abschlusszeugnis; Schulabschluss* **2** *Schlussabrechnung;* Zus *Jahresabschluss, Kontoabschluss* **3** *Vereinbarung;* Zus *Vertragsabschluss* ▸ ~ eines **Geschäftes** ▸ den ~ **machen** ▸ ein **günstiger** ~; das war ein **schöner** ~ des Abends ▸ etwas **zum** ~ bringen; mit jmdm. zum ~ kommen *mit ihm etwas vereinbaren, handelseinig werden;* zum ~ ein Lied singen

Ab|schluss|ball ⟨der; -(e)s, -bäl|le⟩ *Ball, der als Abschluss eines Tanzkurses veranstaltet wird* ▸ sie gingen gemeinsam zum ~

ab|schme|cken ⟨V. trans.; schmeckt ab, schmeckte ab, hat ab|ge|schmeckt, ab|zu|schme|cken⟩ Getränke, Speisen ~ *auf den Geschmack prüfen* ▸ ein Gericht mit Salz und Pfeffer ~ *Salz u. Pfeffer nach Geschmack hinzufügen*

ab|schmet|tern ⟨V. trans.; schmet|tert ab, schmetter|te ab, hat ab|ge|schmet|tert, ab|zu|schmet|tern; übertr.⟩ etwas ~ *energisch abweisen, zurückweisen* ▸ der Vorschlag wurde mit 5 gegen 22 Stimmen abgeschmettert

ab|schmie|ren ⟨V.⟩ **I** ⟨V. trans.; schmiert ab, schmier|te ab, hat ab|ge|schmiert, ab|zu|schmieren⟩ etwas ~ *(mit Schmieröl) einschmieren, einölen* **II** ⟨V. intr.; schmiert ab, schmier|te ab, ist ab|ge|schmiert, ab|zu|schmieren⟩ *im Flug seitlich abrutschen, abkippen (u. abstürzen)* ▸ der Rechner ist abgeschmiert ⟨übertr. umg.⟩ *abgestürzt*

ab|schmin|ken ⟨V. trans.; schminkt ab, schmink|te ab, hat ab|ge|schminkt, ab|zu|schmin|ken⟩ **1** jmdn., sich od. etwas ~ *von Schminke säubern* **2** ⟨übertr.⟩ sich etwas ~ *auf etwas verzichten, etwas aufgeben* ▸ sich das Gesicht ~; das kannst du dir ~! ⟨übertr.⟩

ab|schnei|den ⟨V.; schnei|det ab, schnitt ab, hat ab|ge|schnit|ten, ab|zu|schnei|den⟩ **I** ⟨V. trans.⟩ **1** etwas (von etwas) ~ *durch Schneiden entfernen, abtrennen, loslösen* **2** jmdn. od. etwas von jmdm. od. etwas ~ *trennen, absondern* ▸ jmdm. die **Ehre** ~ *wegnehmen, rauben;* den **Rückzug** ~ *verhindern, unmöglich machen;* jmdm. den **Weg** ~ *ihm zuvorkommen u. sich ihm in den Weg stellen;* jmdm. das **Wort** ~ *jmdn. nicht ausreden lassen* ▸ **von** der Außenwelt abgeschnitten **II** ⟨V. intr.⟩ bei etwas irgendwie ~ *ein gutes (schlechtes usw.) Ergebnis haben, erreichen, erzielen* ▸ sie hat bei dem Test **gut** abgeschnitten

Ab|schnitt ⟨der; -(e)s, -e⟩ **1** *Stück von einem zusammengehörigen Ganzen, Teil, Teilstück, bes. Teil eines Kapitels, Absatz* **2** *abtrennbarer Teil eines Formulars* **3** ⟨Autobahn, Eisenbahn⟩ *Teil ei-*

ner Strecke; Zus *Streckenabschnitt* **4** ‹Gesetzbuch› *Teil eines Paragrafen* **5** *Zeiteinheit, Zeitraum, Epoche;* Zus *Lebensabschnitt, Zeitabschnitt*

ab|schnü|ren ‹V. trans.; schnürt ab, schnür|te ab, hat ab|ge|schnürt, ab|zu|schnü|ren› jmdm. etwas ~ *(zu) fest zusammendrücken* ▸ der Gummi schnürt mir den Arm ab

ab|schöp|fen ‹V. trans.; schöpft ab, schöpf|te ab, hat ab|ge|schöpft, ab|zu|schöp|fen› etwas ~ *durch Schöpfen wegnehmen* ▸ den Schaum ~; das Fett ~, den Rahm ~ ‹übertr.› *sich das Beste aussuchen;* Gewinne, Rendite ~ ‹übertr.›; Abl *Abschöpfung*

ab|schot|ten ‹V. trans.; schot|tet ab, schot|te|te ab, hat ab|ge|schot|tet, ab|zu|schot|ten› **1** ein Schiff ~ *mit Schotten versehen* **2** ‹übertr.› etwas ~ *dicht, undurchlässig machen, unbegehbar machen, absperren* ▸ von der Außenwelt abgeschottet sein; Abl *Abschottung*

ab|schrau|ben ‹V. trans.; schraubt ab, schraub|te ab, hat ab|ge|schraubt, ab|zu|schrau|ben› etwas ~ *durch Lösen der Schraube(n) abnehmen*

ab|schre|cken ‹V. trans.; schreckt ab, schreck|te ab, hat ab|ge|schreckt, ab|zu|schre|cken› **1** jmdn. ~ *jmdn. von einer Sache abbringen, indem man ihm ihre unangenehmen Seiten zeigt* **2** gekochte Eier, Nudeln ~ *mit kaltem Wasser übergießen* ▸ diese Warnung schreckt mich nicht ab!; sich (nicht) ~ lassen *sich (nicht) von etwas abbringen lassen;* ein ~des Beispiel

Ab|schre|ckung ‹die; -, -en› *das Abschrecken* ▸ strenge Strafe zur ~; atomare ~; Zus *Abschreckungsstrategie*

ab|schrei|ben ‹V.; schreibt ab, schrieb ab, hat ab|ge|schrie|ben, ab|zu|schrei|ben› **I** ‹V. trans.› **1** einen Text ~ *nochmals unter Benutzung einer Vorlage schreiben* **2** Ausgaben ~ *wegen Abnutzung aus der (steuerlichen) Bilanz ausbuchen, nicht versteuern* **3** ‹umg.› jmdn. od. etwas ~ *nicht mehr mit jmdm. od. etwas rechnen, jmdn. od. etwas als verloren aufgeben* **II** ‹V. intr. u. V. trans.› (etwas) (von jmdm.) ~ *das, was ein anderer geschrieben hat, im eigenen Werk verwenden, Diebstahl an geistigem Eigentum begehen* **III** ‹V. intr.› jmdm. ~ *jmdm. schriftlich absagen*

Ab|schrei|bung ‹die; -, -en; bes. Wirtsch.› *Ausbuchung von Beträgen aus der (steuerlichen) Bilanz infolge von Abnutzung, Verlust, Wertminderung usw.*

ab|schrei|ten ‹V. trans.; schrei|tet ab, schritt ab, hat ab|ge|schrit|ten, ab|zu|schrei|ten› **1** etwas ~ *prüfend an etwas entlanggehen (zur Erfüllung eines Zeremoniells)* **2** eine Strecke, eine Entfernung ~ *mit Schritten abmessen*

Ab|schrift ‹die; -, -en› *zweite Ausfertigung eines Schriftstücks, Kopie* ▸ eine beglaubigte ~ anfertigen; Abl *abschriftlich*

ab|schrub|ben ‹V. trans.; schrubbt ab, schrubb|te ab, hat ab|ge|schrubbt, ab|zu|schrub|ben› jmdn. od. etwas ~ *durch kräftiges Abreiben mit einer Bürste von Verschmutzungen reinigen*

ab|schup|pen ‹V.; schuppt ab, schupp|te ab, hat ab|ge|schuppt, ab|zu|schup|pen› **I** ‹V. trans.› Fische ~ *von Schuppen befreien* **II** ‹V. refl.› sich ~ *Schuppen abstoßen*

Ab|schuss ‹der; -es, -schüs|se› *Vorgang od. Ergebnis des Abschießens;* Zus *Abschussrampe*

ab|schüs|sig ‹Adj.› *steil, geneigt, stark abfallend* (Gelände); Abl *Abschüssigkeit*

Ab|schuss|lis|te ‹die; -, -n; umg.› *Liste mit den Namen derer, die entlassen od. verhaftet werden sollen* ▸ er steht auf der ~

ab|schüt|teln ‹V. trans.; schüt|telt ab, schüt|tel|te ab, hat ab|ge|schüt|telt, ab|zu|schüt|teln› **1** etwas (von etwas) ~ *durch Schütteln abwerfen, loswerden* **2** ‹übertr.› etwas ~ *sich von etwas befreien* **3** ‹übertr.› einen Verfolger ~ *loswerden, hinter sich lassen* ▸ er hat die Erinnerung daran (von sich) abgeschüttelt

ab|schwä|chen ‹V. trans.; schwächt ab, schwäch|te ab, hat ab|ge|schwächt, ab|zu|schwä|chen› etwas ~ **1** *mildern, vermindern* **2** *schwächer machen;* Abl *Abschwächung*

ab|schwat|zen ‹V. trans.; schwatzt ab, schwatz|te ab, hat ab|ge|schwatzt, ab|zu|schwat|zen› jmdm. etwas ~ *jmdn. überreden, etwas herzugeben*

ab|schwei|fen ‹V. intr.; schweift ab, schweif|te ab, ist ab|ge|schweift, ab|zu|schwei|fen› **1** *abkommen, weggehen (vom Weg)* **2** *abweichen (vom Thema)* ▸ sein Bericht schweifte ab; sein Blick schweifte ab; in Gedanken ~; Abl *Abschweifung*

ab|schwel|len ‹V. intr.; schwillt/schwellt ab, schwoll/schwell|te ab, ist ab|ge|schwol|len/geschwellt, ab|zu|schwel|len› **1** *zurückgehen* (Geschwulst) **2** *leiser werden* (Ton) **3** *abnehmen* (Flut)

ab|schwir|ren ‹V. intr.; schwirrt ab, schwirr|te ab, ist ab|ge|schwirrt, ab|zu|schwir|ren› **1** *schwirrend wegfliegen* (Vögel) **2** ‹übertr.; umg.› *weggehen* ▸ schwirr doch endlich ab!

ab|schwö|ren ‹V. intr.; schwört ab, schwor ab, hat ab|ge|schwo|ren, ab|zu|schwö|ren› einer Sache ~ *sich (durch Schwur) von etwas lossagen, es verneinen, verleugnen* ▸ einem Glauben, einer Weltanschauung ~; dem Alkohol ~ ‹übertr.›

ab|seg|nen ‹V. trans.; seg|net ab, seg|ne|te ab, hat ab|ge|seg|net, ab|zu|seg|nen; umg.› etwas ~ *seine Zustimmung zu etwas geben, etwas genehmigen, nach Prüfung gutheißen;* Abl *Absegnung*

ab|seh|bar ‹Adj.› *übersehbar, erkennbar* ▸ in ~er Zeit *in nicht zu langer Z.;* nicht ~er Schaden

ab|se|hen ‹V.; sieht ab, sah ab, hat ab|ge|se|hen, ab|zu|se|hen› **I** ‹V. trans.› etwas ~ *erkennen, voraussehen* ▸ das Ende von etwas ~ können *schon erkennen können;* die Folgen ~ *abschätzen können;* es ist nicht abzusehen, wie lange es noch dauern wird *es ist (noch) nicht zu erkennen* **II** ‹V. intr.; übertr.› von etwas ~ **1** *auf etwas verzichten* **2** *etwas nicht berücksichtigen* ▸ das Gericht sieht von einer Strafe ab; →a. *abgesehen*

ab|sei|fen ‹V. trans.; seift ab, seif|te ab, hat ab|geseift, ab|zu|sei|fen› jmdn. od. etwas ~ *mit Seife abreiben*

ab|sei|hen ‹V. trans.; seiht ab, seih|te ab, hat ab|geseiht, ab|zu|sei|hen⟩ etwas ~ *durchsickern lassen, filtern, seihen*

ab|sei|tig ⟨Adj.; geh.⟩ **1** *abgelegen, abwegig* **2** *unnatürlich*

ab|seits[1] ⟨Adv.⟩ *entfernt* ▸ weit ~ stehen

ab|seits[2] ⟨Präp. m. Gen.⟩ *fern von* ▸ er stand ~ des Trubels

Ab|seits ⟨das; -, -; Sp.; bes. Fußb.⟩ *regelwidrige Stellung eines Spielers zw. dem ballführenden Spieler u. dem gegnerischen Tor, ohne dass ein gegnerischer Feldspieler seinem Tor näher steht als er* ▸ ins ~ geraten ⟨übertr.; umg.⟩ *die Wirksamkeit einbüßen, nicht mehr beachtet werden, an den Rand des Geschehens geraten*

ab|sen|den ⟨V. trans.; sen|det ab, sand|te/sen|de|te ab, hat ab|ge|sandt/ab|ge|sen|det, ab|zu|sen|den⟩ etwas ~ = *abschicken*

Absender/Sender

Aufgrund ihrer Ähnlichkeit und Bedeutungsverwandtschaft werden die Wörter *Absender* und *Sender* leicht verwechselt. *Absender* nennt man im Deutschen eine Person, die einen Brief oder eine Postsendung verschickt: *Ich schicke das Paket sofort an den Absender zurück. Auf jedem Brief müssen Absender und Empfänger angegeben werden.*
Hingegen bezeichnet das Wort *Sender* eine technische Anlage, mit deren Hilfe Radio- oder Fernsehsendungen ausgestrahlt werden, oder eine Rundfunkanstalt: *Der Sender (= Fernsehsender) hat die Sendung aus dem Programm genommen. Ich suche einen Sender (= Radiosender), der Verkehrsnachrichten bringt.*

Ab|sen|der ⟨der; -s, -; Abk.: Abs.⟩ Ggs *Empfänger (1)* **1** *jmd., der etwas abschickt* **2** *Name u. Adresse des Absenders (1) auf einer Postsendung;* Abl *Absenderin*

ab|sen|ken ⟨V.; senkt ab, senk|te ab, hat ab|gesenkt, ab|zu|sen|ken⟩ **I** ⟨V. trans.⟩ den Grundwasserstand ~ *senken* **II** ⟨V. refl.⟩ sich ~ *nach unten sinken* (Erdreich); Abl *Absenkung*

ab|ser|vie|ren ⟨[-vi:-] V. trans.; ser|viert ab, ser|vier|te ab, hat ab|ser|viert, ab|zu|ser|vie|ren; übertr.; umg.⟩ jmdn. ~ *rücksichtslos behandeln, z. B. aus seiner Stellung entlassen*

ab|setz|bar ⟨Adj.⟩ *so beschaffen, dass man es absetzen kann* ▸ von der Steuer ~e Ausgaben; die Waren sind schwer ~

ab|set|zen ⟨V.; setzt ab, setz|te ab, hat ab|ge|setzt, ab|zu|set|zen⟩ **I** ⟨V. trans.⟩ **1** etwas ~ *hinstellen, niederlegen* **2** den Hut ~ *abheben, abnehmen* **3** einen Ton, eine Zeile ~ *einen Zwischenraum, eine Pause davor einfügen* **4** etwas ~ *abziehen, annullieren* **5** Waren ~ *verkaufen* **6** jmdn. ~ *des Amtes entheben, entlassen, entthronen* **7** jmdn. irgendwo ~ *aussteigen lassen (u. weiterfahren)* ▸ das Glas (vom Mund) ~; einen König ~; ein Medikament ~ *nicht mehr einnehmen;* eine Zeile ~ *einrücken* ▸ jmdn. an einer bestimmten Stelle ~; einen Posten von der Rechnung ~ *abziehen;* ein Stück vom Spielplan ~ *nicht mehr aufführen;* Ausgaben von der Steuer ~ *das zu versteuernde Einkommen um diese Ausgaben mindern* **II** ⟨V. intr.⟩ *kurz pausieren* ▸ beim Sprechen od. Singen usw. ~; ohne abzusetzen *ohne Pause, unaufhörlich* **III** ⟨V. refl.⟩ **1** sich ~ **1.1** *sich niederschlagen* (Stoff in Flüssigkeit) **1.2** *(heimlich) weggehen, seinen Wohnsitz verlegen* **2** sich gegen od. von etwas ~ *sich von etwas abheben, unterscheiden* ▸ im Wasser hat sich Eisen abgesetzt; Abl *Absetzung*

ab|si|chern ⟨V. trans.; si|chert ab, si|cher|te ab, hat ab|ge|si|chert, ab|zu|si|chern; verstärkend⟩ etwas od. sich (gegen etwas) ~ *sichern* ▸ einen Balken mit Stützen ~; sich gegen eventuelle Vorwürfe ~; Abl *Absicherung*

Ab|sicht ⟨die; -, -en⟩ **1** *Entschluss, etwas Bestimmtes zu tun;* Zus *Absichtserklärung* **2** *Wunsch, Vorsatz* **3** *Bewusstheit, klarer Wille;* Abl *absichtslos* **4** *Versuch* ▸ es war nicht meine ~, das zu tun *ich wollte es nicht* ▸ die ~en des Gegners durchschauen ▸ seine ~ erreichen; die ~ haben, etwas zu tun *etwas wollen;* er hat ~en (auf sie) ⟨umg.⟩ *er liebt sie, möchte ihr nähertreten;* jmds. ~en vereiteln ▸ in der ~, etwas zu tun *mit dem Vorsatz;* in der besten ~ *das Beste wollend;* in welcher ~?; mit ~ *absichtlich, vorsätzlich;* ohne böse ~ *ohne etwas Böses zu wollen*

ab|sicht|lich ⟨a. ['---] Adj.⟩ *mit Absicht, vorsätzlich*

ab|sin|ken ⟨V. intr.; sinkt ab, sink|te ab, ist ab|gesinkt, ab|zu|sin|ken⟩ **1** *nach unten sinken* **2** *weniger werden, abnehmen* **3** *niveaulos werden, verwahrlosen* ▸ der Blutdruck sinkt ab; die Temperatur sinkt ab; Aktienkurse sinken ab; in die Armut ~

ab|sit|zen ⟨V.⟩ **I** ⟨V. trans.; sitzt ab, saß ab, hat abge|ses|sen, ab|zu|sit|zen⟩ **1** eine Zeit ~ *so lange sitzen, bis sie zu Ende ist* **2** eine Strafe ~ *verbüßen* **II** ⟨V. intr.; sitzt ab, saß ab, ist ab|ge|sessen, ab|zu|sit|zen⟩ vom Pferd, Fahr-, Motorrad ~ *absteigen* ▸ sitzen Sie ab! ⟨schweiz.⟩ *nehmen Sie Platz!*

ab|so|lut ⟨Adj.⟩ **I** ⟨attr., präd.⟩ *unabhängig, losgelöst, für sich betrachtet, unbeschränkt, völlig, unbedingt, rein;* Ggs *relativ (I)* ▸ ~e Mehrheit *Mehrheit von mehr als 50 %;* ~er Nullpunkt *die tiefste erreichbare Temperatur (-273,15 °C);* ~es Vertrauen *V. ohne jede Einschränkung* **II** ⟨adv.⟩ *durchaus, gänzlich, überhaupt, völlig* ▸ das ist ~ unmöglich

Ab|so|lu|ti|on ⟨die; -, -en; kath. Kirche⟩ *Freisprechung, Lossprechung von Sünden* ▸ jmdm. die ~ erteilen

Ab|so|lu|tis|mus ⟨der; -; unz.⟩ *Alleinherrschaft eines Monarchen, der oberster Gesetzgeber, Gerichtsherr, Regierungsoberhaupt u. Militärbefehlshaber ist, absolute Monarchie*

Ab|sol|vent ⟨[-vẹnt] der; -en, -en⟩ *jmd., der eine Ausbildung, Schule, einen Lehrgang, ein Studium erfolgreich beendet hat;* Abl *Absolventin*

ab|sol|vie|ren ⟨[-vi:-] V. trans.; ab|sol|viert, ab|sol|vier|te, hat ab|sol|viert⟩ **1** die Schule, ein Praktikum, einen Lehrgang ~ *durchlaufen, erfolgreich beenden, abschließen* **2** ⟨umg.⟩ jmdm. einen Besuch ~ *pflichtgemäß einen Besuch bei jmdm. machen*

ab|sọn|der|lich ⟨Adj.⟩ *merkwürdig, eigentümlich, besonders, gesondert, seltsam, sonderbar* ▸ ein ~es Benehmen; ein ~er Mensch; Abl *Absonderlichkeit*

ạb|son|dern ⟨V.; son|dert ab, son|der|te ab, hat ab|ge|son|dert, ab|zu|son|dern⟩ **I** ⟨V. trans.⟩ **1** jmdn. od. etwas (von jmdm. od. etwas) ~ *(ab)trennen, isolieren* **2** etwas ~ *ausscheiden* ▸ Nadelhölzer sondern Harz ab; Abl *Absonderung* **II** ⟨V. refl.⟩ sich ~ *eigene Wege gehen, anderen aus dem Weg gehen*

ab|sor|bie|ren ⟨V. trans.; ab|sor|biert, ab|sor|bier|te, hat ab|sor|biert⟩ **1** etwas ~ *einsaugen, aufsaugen, aufzehren;* Abl *Absorption* **2** jmdn. ~ *(völlig) in Anspruch nehmen* ▸ von einer Arbeit (völlig) absorbiert sein

ạb|spal|ten ⟨V. trans.; spal|tet ab, spal|te|te ab, hat ab|ge|spal|ten, ab|zu|spal|ten⟩ etwas ~ *durch Spalten abtrennen;* Abl *Abspaltung*

Ạb|spann ⟨der; -(e)s, -e; Film; Funk; TV⟩ *einer Sendung od. einem Film folgende Auflistung aller Beteiligten (Schauspieler, Mitarbeiter, Produzenten u. a.);* Syn *Nachspann;* Ggs *Vorspann*

ạb|spe|cken ⟨V. intr. u. V. trans.; speckt ab, speck|te ab, hat ab|ge|speckt, ab|zu|spe|cken; umg.⟩ (etwas) ~ *an Gewicht, Umfang verlieren, abnehmen* ▸ er hat im letzten Jahr einige Kilo abgespeckt; den öffentlichen Haushalt ~ ⟨übertr.⟩ *öffentl. Ausgaben vermindern*

ạb|spei|chern ⟨V. trans.; spei|chert ab, spei|cher|te ab, hat ab|ge|spei|chert, ab|zu|spei|chern; EDV⟩ Daten ~ *auf einen Datenträger speichern (u. dadurch sichern)*

ạb|spei|sen ⟨V. trans.; speist ab, speis|te ab, hat ab|ge|speist, ab|zu|spei|sen; übertr.⟩ jmdn. mit etwas ~ *jmdm. etwas weniger Gutes, als er erwartet hat, geben od. sagen* ▸ damit lasse ich mich nicht ~ *damit gebe ich mich nicht zufrieden;* jmdn. mit leeren Versprechungen ~

ạb|spens|tig ⟨Adj.⟩ jmdm. seine Freundin ~ machen *entfremden, weglocken, wegnehmen*

ạb|sper|ren ⟨V. trans.; sperrt ab, sperr|te ab, hat ab|ge|sperrt, ab|zu|sper|ren⟩ etwas ~ *eine Sperre errichten, (durch Sperre) schließen, zuschließen* ▸ eine Straße, den Hafen ~ *für den Verkehr sperren;* die Tür, einen Raum ~; den Weg ~; Abl *Absperrung*

ạb|spie|len ⟨V.; spielt ab, spiel|te ab, hat ab|gespielt, ab|zu|spie|len⟩ **I** ⟨V. trans.⟩ **1** Tonträger ~ *ablaufen lassen, vorführen* **2** den Ball ~ *an einen Mitspieler der eigenen Mannschaft abgeben* **II** ⟨V. refl.⟩ sich ~ *sich ereignen, stattfinden* ▸ niemand weiß, was sich in der Wohnung abgespielt hat

ạb|split|tern ⟨V. intr.; split|tert ab, split|ter|te ab, ist ab|ge|split|tert, ab|zu|split|tern⟩ (von etwas) ~ *sich in Form von Splittern lösen*

Ạb|spra|che ⟨die; -, -n⟩ *Verabredung, Vereinbarung* ▸ eine ~ mit jmdm. treffen

ạb|spre|chen ⟨V.; spricht ab, sprach ab, hat ab|ge|spro|chen, ab|zu|spre|chen⟩ **I** ⟨V. trans.⟩ **1** etwas (mit jmdm.) ~ *verabreden, abmachen* **2** jmdm. Fähigkeiten od. Kenntnisse ~ *erklären, dass er sie nicht hat* **3** jmdm. das Recht ~, etwas zu tun *verweigern* **II** ⟨V. refl.⟩ sich (mit jmdm.) ~ *(mit jmdm.) vereinbaren, etwas zu tun*

ạb|sprei|zen ⟨V. trans.; spreizt ab, spreiz|te ab, hat ab|ge|spreizt, ab|zu|sprei|zen⟩ ein Körperteil ~ *wegdrehen* ▸ den kleinen Finger (von den übrigen) ~

ạb|sprin|gen ⟨V. intr.; springt ab, sprang ab, ist ab|ge|sprun|gen, ab|zu|sprin|gen⟩ **1** *herunterspringen, empor-, wegschnellen, losspringen, sich abstoßen* **2** *sich abtrennen* (Splitter) **3** *abprallen, aufschlagen u. zurückspringen* **4** ⟨übertr.⟩ *(aus einer Gemeinschaft) austreten, sich distanzieren, sich von etwas lossagen* ▸ mit dem Fallschirm aus einem Flugzeug ~ *(während des Fluges) aussteigen;* von einem (fahrenden) Fahrzeug ~; vom Pferd ~

Ạb|sprung ⟨der; -(e)s, -sprün|ge⟩ **1** ⟨a. übertr.⟩ *das Ab-, Herunter-, Losspringen* **2** *das Empor-, Wegschnellen* ▸ ~ aus dem Flugzeug; ~ von einer Partei ⟨übertr.⟩; sie hat den ~ geschafft ⟨übertr.⟩

ạb|spu|len ⟨V. trans.; spult ab, spul|te ab, hat ab|gespult, ab|zu|spu|len⟩ **1** Garn ~ *von einer Spule abwickeln* **2** ⟨übertr.⟩ einen Text, eine Rede ~ *eintönig hersagen*

ạb|spü|len ⟨V. trans.; spült ab, spül|te ab, hat ab|gespült, ab|zu|spü|len⟩ **1** Geschirr ~ *mit Wasser säubern, spülen* **2** Land ~ *durch Wasser wegnehmen*

ạb|stam|men ⟨V. intr.; stammt ab; stamm|te ab; ab|zu|stam|men; ohne Perf.⟩ von jmdm. ~ *jmds. Nachkomme sein* ▸ dieses Wort stammt vom Lateinischen ab *leitet sich vom L. her;* Abl *Abstammung*

Ạb|stam|mungs|leh|re ⟨die; -, -n⟩ *Theorie von der Entstehung u. Entwicklung des Lebens*

Ạb|stand ⟨der; -(e)s, -stän|de⟩ **1** *Entfernung* **2** *Zwischenraum* **3** *Zahlung für die Überlassung einer Sache;* Zus *Abstandssumme* ▸ zu etwas od. jmdm. ~ **halten** *in einer bestimmten Entfernung bleiben, sich nicht zu sehr nähern;* ~ **wahren** *Vertraulichkeiten vermeiden* ▸ **in** Abständen ⟨räumlich⟩ *mit Zwischenräumen,* ⟨zeitlich⟩ *mit Pausen, nach u. nach;* eine Wahl **mit** großem ~ gewinnen; **von** etwas ~ nehmen *etwas nicht tun, auf etwas verzichten*

ạb|stat|ten ⟨V. trans.; stat|tet ab, stat|te|te ab, hat ab|ge|stat|tet, ab|zu|stat|ten⟩ **1** jmdm. einen Besuch ~ *jmdn. besuchen* **2** jmdm. seinen Dank ~ *sich bei jmdm. bedanken*

ạb|stau|ben ⟨V. trans.; staubt ab, staub|te ab, hat ab|ge|staubt, ab|zu|stau|ben⟩ etwas ~ **1** *den Staub von etwas entfernen* **2** ⟨übertr.; umg.⟩ **2.1** *stehlen, heimlich mitgehen lassen* **2.2** *als Geschenk erhalten, günstig bekommen* ▸ an Weihnachten viele Geschenke ~

ạb|ste|chen ⟨V.; sticht ab, stach ab, hat ab|ge|sto|chen, ab|zu|ste|chen⟩ **I** ⟨V. trans.⟩ **1** Rasen, Torf ~ *durch Stechen abtrennen* **2** ein Tier ~ *erstechen, schlachten* **3** jmdn. ~ *mit einem Messer o. Ä. gewaltsam töten* **II** ⟨V. intr.⟩ gegen od. von etwas ~ *anders sein als etwas, sich gegen etwas abheben, sich stark von etwas unterscheiden*

Ạb|ste|cher ⟨der; -s, -⟩ *kleiner Ausflug während einer Reise* ▸ einen ~ an den Bodensee, nach München machen

ạb|ste|cken ⟨V. trans.; steckt ab, steck|te ab, hat ab|ge|steckt, ab|zu|ste|cken⟩ **1** eine Fläche, Strecke ~ *dadurch kennzeichnen, dass man Stangen od. Nadeln an ihre Grenzen steckt* **2** ⟨übertr.⟩ ein Ziel ~ *klar benennen, planen* **3** ein Kleid ~ *mit Hilfe von Nadeln anpassen*

ạb|ste|hen ⟨V. intr.; steht ab, stand ab, hat/ist abge|stan|den, ab|zu|ste|hen⟩ von etwas ~ *von einem Ansatzpunkt wegstreben* ▸ die Haare standen ihm vom Kopf ab; ~de Ohren haben *nach vorn gerichtete Ohrmuscheln;* →a. *abgestanden*

Ạb|stei|ge ⟨die; -, -n; umg.; abwertend⟩ *billige Unterkunft (mit schlechtem Ruf)*

ạb|stei|gen ⟨V. intr.; steigt ab, stieg ab, ist ab|ge|stie|gen, ab|zu|stei|gen⟩ **1** (von etwas) ~ *heruntersteigen, bergab gehen* **2** irgendwo ~ *(vorübergehend) Wohnung nehmen* **3** ⟨übertr.⟩ *an Ansehen, Rang verlieren* ▸ in einem Hotel ~; vom Pferd ~; Blutsverwandte in der ~den Linie *alle Nachkommen*

ạb|stel|len ⟨V. trans.; stellt ab, stell|te ab, hat ab|gestellt, ab|zu|stel|len⟩ **1** etwas ~ *wegstellen, hinstellen, niederlegen;* Zus *Abstellfläche* **2** etwas irgendwo ~ *aufbewahren;* Zus *Abstellraum* **3** eine Maschine ~ *ausschalten, außer Betrieb setzen* ▸ das Gas, Licht, Wasser ~ *die Zuleitung unterbrechen;* Missstand, Schaden ~ *beseitigen;* den Motor ~ ▸ eine Sache auf etwas ~ *eine S. nach etwas ausrichten, passend zu etwas machen*

Ạb|stell|gleis ⟨das; -es, -e; Eisenb.⟩ *Gleis auf dem Abstellbahnhof* ▸ auf dem ~ stehen ⟨übertr.⟩ *in einer Stellung ohne Möglichkeit, vorwärtszukommen*

ạb|stem|peln ⟨V. trans.; stem|pelt ab, stem|pel|te ab, hat ab|ge|stem|pelt, ab|zu|stem|peln⟩ **1** etwas ~ *einen Stempel auf etwas drücken* **2** ⟨übertr.⟩ jmdn. als, zum Verbrecher ~ *als V. bezeichnen*

ạb|ster|ben ⟨V. intr.; stirbt ab, starb ab, ist ab|gestor|ben, ab|zu|ster|ben⟩ **1** *eingehen* **2** ⟨Med.⟩ *immer weniger, geringer werden, zugrunde gehen* (Gewebe) **3** *jede Empfindung verlieren* (Gliedmaße) ▸ vor Kälte abgestorbene Zehen

Ạb|stieg ⟨der; -(e)s, -e⟩ **I** ⟨meist unz.⟩ **1** *das Absteigen, Hinabsteigen* **2** ⟨übertr.⟩ *Verschlechterung, Niedergang;* Zus *Abstiegskandidat* **3** ⟨Sp.⟩ *in eine niedrigere Leistungs- od. Spielklasse versetzt werden;* Zus *abstiegsgefährdet* **II** ⟨zählb.⟩ *bergab führender Weg*

ạb|stil|len ⟨V. trans.; stillt ab, still|te ab, hat ab|gestillt, ab|zu|stil|len⟩ ein Kind ~ *aufhören, ein K. zu stillen*

ạb|stim|men ⟨V.; stimmt ab, stimm|te ab, hat abge|stimmt, ab|zu|stim|men⟩ **I** ⟨V. intr.⟩ *wählen, seine Stimme abgeben* ▸ über etwas (z. B. eine Gesetzesvorlage) ~ *seine Stimme abgeben für od. gegen etwas* **II** ⟨V. trans.⟩ **1** Musikinstrumente ~ *im Vergleich mit anderen stimmen, den Ton übereinstimmend machen* **2** Dinge aufeinander ~ *übereinstimmend, zueinander passend machen* **3** etwas miteinander ~ *(gemeinsam) vergleichen, einander angleichen* **4** etwas mit jmdm. ~ *besprechen u. dann auf gleiche Weise gestalten*

Ạb|stim|mung ⟨die; -, -en⟩ **1** *Anpassung, Angleichung, Übereinstimmung* **2** *Wahl, Stimmabgabe;* Zus *Abstimmungsergebnis, Abstimmungskampf* ▸ zur ~ schreiten *(feierlich) mit der Stimmabgabe beginnen*

ab|s|ti|nẹnt ⟨Adj.⟩ **1** *enthaltsam, Alkohol meidend* **2** *auf Geschlechtsverkehr verzichtend;* Abl *Abstinenz, Abstinenzler(in)*

Ạb|stoß ⟨der; -es, -stö|ße⟩ **1** *Stoß, der von einer Sache weg gerichtet ist* **2** ⟨Sp.; Fußb.⟩ *Abschuss des Balles (vom Tor)*

ạb|sto|ßen ⟨V.; stößt ab, stieß ab, hat ab|ge|sto|ßen, ab|zu|sto|ßen⟩ **I** ⟨V. trans.⟩ **1** etwas ~ *wegstoßen, von sich stoßen* **2** etwas ~ *schnell, billig verkaufen* **3** ⟨Chem.⟩ etwas ~ *ausscheiden* **4** jmdn. ~ *jmds. Widerwillen, Abscheu erregen* ▸ den Ball ~ ⟨Sp.; Fußb.⟩ *vom Tor ins Spiel bringen;* die Ecken eines Möbelstücks ~ *versehentlich abschlagen, abbrechen;* (sich) die Hörner ~ ⟨übertr.⟩ *jugendlichen Übermut ablegen;* ein Transplantat ~ ⟨Physiologie⟩ *übertragene Gewebe od. Organe nicht annehmen;* Ware, Wertpapiere ~ **II** ⟨V. refl.⟩ sich (von etwas) ~ *sich mit den Armen, Beinen o. Ä. von etwas wegstoßen* ▸ sich vom Ufer, Beckenrand ~

ạb|sto|ßend **I** ⟨Part. Präs. von⟩ *abstoßen* **II** ⟨Adj.⟩ *ekelerregend, widerlich* ▸ ~er Anblick; ~es Verbrechen; ~ hässlich

ạb|stot|tern ⟨V. trans.; stot|tert ab, stot|ter|te ab, hat ab|ge|stot|tert, ab|zu|stot|tern; umg.⟩ etwas ~ *in Raten abzahlen*

ab|s|tra|hie|ren ⟨V. trans.; ab|s|tra|hiert, ab|s|tra|hier|te, hat ab|s|tra|hiert⟩ etwas ~ **1** *das Wesentliche von etwas aus dem Zufälligen herausheben* **2** *zum Begriff erheben, verallgemeinern*

ab|s|trạkt ⟨Adj.⟩ *von der Wirklichkeit abgetrennt, begrifflich verallgemeinert, nur gedacht, unanschaulich;* Ggs *konkret* ▸ ~e Kunst *Kunstrichtung, die durch frei erfundene Formen Eigenes schaffen will, das seine Vorlage unabhängig von der uns umgebenden Wirklichkeit findet;* ~es Rechtsgeschäft *ein selbstständiges, vom Rechtsgrund unabhängiges R.*

Ab|s|trak|ti|on ⟨die; -, -en⟩ **1** *Verallgemeinerung zum Begriff, Begriffsbildung;* Zus *Abstraktionsgrad, Abstraktionsvermögen* **2** *allgemeiner Begriff*

ạb|stram|peln ⟨V. refl.; stram|pelt sich ab, stram|pel|te sich ab, hat sich ab|ge|stram|pelt, sich ab|zu|stram|peln; umg.⟩ sich ~ *sich heftig bemühen, sich sehr anstrengen*

ạb|strei|chen ⟨V. trans.; streicht ab, strich ab, hat ab|ge|stri|chen, ab|zu|strei|chen⟩ etwas ~ *durch*

Streichen entfernen ▸ (sich) die Füße ~ *durch Scharren den Schmutz von den Schuhen entfernen;* das Rasiermesser ~ *abwischen*

ab|strei|fen ⟨V. trans.; streift ab, streif|te ab, hat abge|streift, ab|zu|strei|fen⟩ **1** Kleidung ~ *mit leichter Bewegung ausziehen* **2** ⟨übertr.⟩ eine Erinnerung ~ *aus dem Gedächtnis löschen* ▸ Handschuhe, Kleider ~; die Schlange streift die Haut ab *häutet sich*

ab|strei|ten ⟨V. trans.; strei|tet ab, stritt ab, hat abge|strit|ten, ab|zu|strei|ten⟩ etwas ~ *in Abrede stellen, bestreiten, leugnen* ▸ er streitet es ab, dabei gewesen zu sein; es lässt sich nicht ~, dass …

Ab|strich ⟨der; -(e)s, -e; Med.⟩ **1** *Entnahme von Wund- u. Schleimhautabsonderungen zur Untersuchung* **2** *der entnommene Abstrich (1) selbst* ▸ ~e machen ⟨übertr.⟩ *sich begnügen, weniger beanspruchen*

ab|s|t|rus ⟨Adj.; -er, am -es|ten⟩ *verworren, schwer verständlich*

ab|stu|fen ⟨V. trans.; stuft ab, stuf|te ab, hat ab|gestuft, ab|zu|stu|fen⟩ **1** etwas ~ *stufenförmig gliedern, stufenförmig einteilen* **2** ⟨übertr.⟩ jmdn. od. etwas ~ *um eine od. mehrere Stufen herabsetzen* ▸ Farben ~ *in verschiedenen Schattierungen gegeneinander absetzen;* Gelände ~ *stufenförmig machen;* Abl *Abstufung*

ab|stump|fen ⟨V.⟩ **I** ⟨V. trans.; stumpft ab, stumpf|te ab, hat ab|ge|stumpft, ab|zu|stump|fen⟩ etwas ~ **1** *etwas stumpf machen* **2** *die Schneide, Kante, Spitze von etwas entfernen* **II** ⟨V. intr.; stumpft ab, stumpf|te ab, ist ab|ge|stumpft, ab|zu-stump|fen⟩ **1** *stumpf werden* **2** ⟨übertr.⟩ *unempfindlich, träge, gleichgültig werden* ▸ abgestumpft gegen Lärm, Ermahnungen, Vorwürfe sein

Ab|sturz ⟨der; -es, -stür|ze⟩ **1** *(tödlicher) Fall, Sturz in die Tiefe* **2** ⟨EDV⟩ = *Crash (2)*

ab|stür|zen ⟨V. intr.; stürzt ab, stürz|te ab, ist abge|stürzt, ab|zu|stür|zen⟩ **1** *herunterfallen, in die Tiefe stürzen* **2** *steil abfallen* (Hang) **3** ⟨EDV⟩ *zusammenbrechen* (von Computersystemen)

ab|stüt|zen ⟨V. trans.; stützt ab, stütz|te ab, hat abge|stützt, ab|zu|stüt|zen⟩ jmdn. od. etwas ~ *durch Stütze Halt geben, stützen;* Abl *Abstützung*

ab|su|chen ⟨V. trans.; sucht ab, such|te ab, hat abge|sucht, ab|zu|su|chen⟩ etwas (nach jmdm. od. etwas) ~ *überall gründlich nach jmdm. od. etwas suchen* ▸ eine Gegend, einen Wald ~; mit den Augen den Horizont ~

ab|surd ⟨Adj.; -er, am -es|ten⟩ **1** *abwegig, widersinnig* **2** *unsinnig, unvernünftig;* Abl *Absurdität*

Ab|s|zess ⟨der; -es, -e⟩ *durch Einschmelzung entstandene Eiteransammlung im Gewebe, Eitergeschwulst*

Ab|szis|sen|ach|se ⟨[-ks-] die; -, -n; Math.⟩ *waagerechte Achse im Koordinatensystem;* Syn *x-Achse;* Ggs *Ordinatenachse*

Abt ⟨der; -(e)s, Äb|te⟩ *Vorsteher eines Klosters*

ab|tas|ten ⟨V. trans.; tas|tet ab, tas|te|te ab, hat abge|tas|tet, ab|zu|tas|ten⟩ **1** etwas ~ *tastend absuchen* **2** ⟨EDV⟩ einen Datenträger ~ *Daten von einem D. einlesen*

ab|tau|chen ⟨V. intr.; taucht ab, tauch|te ab, ist abge|taucht, ab|zu|tau|chen⟩ **1** ⟨Seemannspr.⟩ *in die Tiefe gehen (beim Tauchen)* **2** ⟨umg.⟩ *verschwinden, sich verstecken* ▸ ein Unterseeboot taucht ab; nach dem Vorfall ist er abgetaucht ⟨umg.⟩

ab|tau|en ⟨V.⟩ **I** ⟨V. intr.; taut ab, tau|te ab, ist abge|taut, ab|zu|tau|en⟩ *sich durch Schmelzen lösen* **II** ⟨V. trans.; taut ab, tau|te ab, hat ab|ge|taut, ab-zu|tau|en⟩ den Kühlschrank ~ *das Eis im K. schmelzen*

Ab|tei ⟨die; -, -en⟩ *Kloster, dem ein Abt od. eine Äbtissin vorsteht*

Ab|teil ⟨a. ['--] das; -(e)s, -e⟩ **1** *abgetrennter Raum im Eisenbahnwagen;* Zus *Raucherabteil, Zugabteil* **2** *Schrankfach*

ab|tei|len ⟨V. trans.; teilt ab, teil|te ab, hat ab|geteilt, ab|zu|tei|len⟩ etwas ~ *einteilen, (ab)trennen* ▸ einen Raum ~; von einem Braten kleine Portionen ~

Ab|tei|lung ⟨die; -, -en⟩ **I** ⟨unz.⟩ *das Abteilen, Abtrennung, Loslösung, Zerlegung* **II** ⟨[-'--] zählb.; Abk.: Abt.⟩ **1** *Abschnitt, Teil eines gegliederten Ganzen* **2** *Teil eines Betriebes, einer Organisation mit bestimmtem Aufgabengebiet;* Zus *Abteilungschef(in), Abteilungsleiter(in); Exportabteilung, Importabteilung, Versandabteilung* **3** *Einteilungsmerkmal der Biologie, zwischen Gruppe u. Klasse angeordnet* **4** ⟨Mil.⟩ *Einheit von 2 bis 4 Kompanien od. Batterien* ▸ eine ~ in einem Kaufhaus leiten

ab|ti|schen ⟨V. intr.; tischt ab, tisch|te ab, hat abge|tischt, ab|zu|ti|schen; schweiz.⟩ *abräumen, abdecken* ▸ nach dem Essen ~

Äb|tis|sin ⟨die; -, -sin|nen⟩ *Vorsteherin eines Klosters od. Stifts*

ab|tö|nen ⟨V. trans.; tönt ab, tön|te ab, hat ab|getönt, ab|zu|tö|nen⟩ etwas ~ *schattieren, den Farbton schwächer machen;* Abl *Abtönung*

ab|tö|ten ⟨V. trans.; tö|tet ab, tö|te|te ab, hat ab|getö|tet, ab|zu|tö|ten⟩ etwas ~ *töten, vernichten* ▸ Bakterien ~ *vernichten;* Gefühle ~; einen Nerv ~ ⟨Med.⟩ *empfindungslos machen, zerstören;* Schmerz ~ *stillen, mit Hilfe eines Medikamentes unterdrücken;* Abl *Abtötung*

ab|tra|gen ⟨V. trans.; trägt ab, trug ab, hat ab|getra|gen, ab|zu|tra|gen⟩ etwas ~ *nach u. nach entfernen, beseitigen* ▸ ein Gebäude ~; Gelände ~ *einebnen;* Kleider, Schuhe ~ *durch Tragen abnutzen;* eine Schuld ~ *(in Raten) abzahlen;* die Speisen ~ *vom Esstisch entfernen;* →a. *abgetragen;* Abl *Abtragung*

ab|träg|lich ⟨Adj.⟩ *schädlich* ▸ das ist ihrem Ruf ~

ab|trans|por|tie|ren ⟨V. trans.; trans|por|tiert ab, trans|por|tier|te ab, hat ab|trans|por|tiert, ab|zu-trans|por|tie|ren⟩ etwas ~ *mit einem Fahrzeug weg-, fortbringen;* Abl *Abtransport*

ab|trei|ben ⟨V.⟩ **I** ⟨V. trans. u. V. intr.; treibt ab, trieb ab, hat ab|ge|trie|ben, ab|zu|trei|ben⟩ **1** jmdn. od. etwas ~ *weg-, hinaus-, zurücktreiben* **2** (ein Kind) ~ *einen Schwangerschaftsabbruch vornehmen lassen* **II** ⟨V. intr.; treibt ab, trieb ab,

A
B
C
D
E
F
G
H
I
J
K
L
M
N
O
P
Q
R
S
T
U
V
W
X
Y
Z

A

ist ab|ge|trie|ben, ab|zu|trei|ben; Mar. u. Flugw.〉 *durch Wind od. Seegang vom Kurs abkommen*

Ab|trei|bung 〈die; -, -en〉 *künstliche Herbeiführung einer Fehl- od. Frühgeburt*

ab|tren|nen 〈V. trans.; trennt ab, trenn|te ab, hat ab|ge|trennt, ab|zu|tren|nen〉 etwas (von etwas) ~ *(los)lösen, ablösen, abschneiden* ▸ Gebietsteile ~ *(aus einem Staatsverband) ausgliedern;* ein Glied ~ *durch Gewalt od. operativ vom Körper lösen;* Abl *Abtrennung; abtrennbar*

ab|tre|ten 〈V.〉 **I** 〈V. trans.; tritt ab, trat ab, hat ab|ge|tre|ten, ab|zu|tre|ten〉 **1** etwas ~ *durch Treten ablösen, abbrechen* **2** jmdm. etwas ~ *überlassen, übergeben;* Abl *Abtretung* ▸ jmdm. Rechte ~ *überlassen, übertragen;* sich die Schuhe ~ *säubern, den Schmutz von den Schuhen abstreichen* **II** 〈V. intr.; tritt ab, trat ab, ist ab|ge|tre|ten, ab|zu|tre|ten〉 **1** *sich entfernen* **2** *sich von etwas zurückziehen* **3** 〈übertr.; umg.〉 *sterben* ▸ aus dem öffentlichen Leben ~; von der Bühne ~

ab|trock|nen 〈V.〉 **I** 〈V. trans.; trock|net ab, trock|ne|te ab, hat ab|ge|trock|net, ab|zu|trock|nen〉 jmdn., sich od. etwas ~ *trocken machen* ▸ er, sie trocknet sich mit dem Handtuch ab; ich muss mir noch die Hände ~ **II** 〈V. intr.; trock|net ab, trock|ne|te ab, ist ab|ge|trock|net, ab|zu|trock|nen〉 *trocken werden* ▸ die Gartenstühle sind nach dem Regen wieder abgetrocknet

ab|trop|fen 〈V. intr.; tropft ab, tropf|te ab, ist ab|ge|tropft, ab|zu|trop|fen〉 **1** *tropfenweise Feuchtigkeit absondern* **2** *in Tropfen herabfallen* ▸ langsam tropft das Wasser von der Wäsche ab

ab|trün|nig 〈Adj.〉 **1** *treulos* **2** *von einer Partei, Glaubensrichtung abgefallen*

ab|tun 〈V. trans.; tut ab, tat ab, hat ab|ge|tan, ab|zu|tun〉 **1** etwas ~ *einer Sache keine Bedeutung beimessen, sie als unbegründet ablehnen* **2** etwas ~ *ablegen* ▸ Gewohnheiten ~ *ablegen;* Kleider ~ *ablegen, ausziehen;* eine Angelegenheit, einen Streit ~; einen Vorschlag mit der Bemerkung „unmöglich" ~ *als unmöglich ablehnen, verächtlich beiseiteschieben;* das ist damit nicht abgetan *noch nicht beendet, noch nicht genug*

ab|tup|fen 〈V. trans.; tupft ab, tupf|te ab, hat ab|ge|tupft, ab|zu|tup|fen〉 **1** jmdn. od. etwas ~ *betupfen, (mit einem Tupfer od. Wattebausch) vorsichtig berühren* **2** einen Fleck ~ *durch Tupfen entfernen*

ab|ur|tei|len 〈V. trans.; ur|teilt ab, ur|teil|te ab, hat ab|ge|ur|teilt, ab|zu|ur|tei|len〉 jmdn. ~ *endgültig verurteilen;* Abl *Aburteilung*

Ab|ver|kauf 〈der; -(e)s, -käu|fe; österr.〉 **1** = *Ausverkauf* **2** *Verkauf in größeren Mengen*

ab|ver|lan|gen 〈V. trans.; ver|langt ab, ver|lang|te ab, hat ab|ver|langt, ab|zu|ver|lan|gen〉 jmdm. etwas ~ *von jmdm. etwas verlangen, fordern*

ab|wä|gen 〈V. trans.; wägt ab, wog/wäg|te ab, hat ab|ge|wo|gen/ab|ge|wägt, ab|zu|wä|gen〉 etwas ~ *bedächtig überlegen, abschätzend erwägen* ▸ zwei Dinge gegeneinander ~ *die Vorzüge u. Nachteile vergleichen;* Abl *Abwägung*

Ab|wahl 〈die; -, -en〉 *das Abwählen*

ab|wäh|len 〈V. trans.; wählt ab, wähl|te ab, hat ab|ge|wählt, ab|zu|wäh|len〉 **1** jmdn. ~ *so wählen, dass jmd. zugunsten eines andern auf sein Amt verzichten muss* **2** ein Fach ~ *ein F. nicht mehr belegen* ▸ die Regierung ~; er hat Religion abgewählt

ab|wäl|zen 〈V. trans.; wälzt ab, wälz|te ab, hat ab|ge|wälzt, ab|zu|wäl|zen〉 etwas auf jmdn. ~ *jmd. anderem auferlegen, zuschieben* ▸ Steuern auf den Verbraucher ~ *S. durch Preiserhöhung den V. zahlen lassen;* eine Schuld, einen Verdacht von sich ~ *sich von S., V. unberechtigt befreien;* Verantwortung auf andere ~

ab|wan|deln 〈V. trans.; wan|delt ab, wan|del|te ab, hat ab|ge|wan|delt, ab|zu|wan|deln〉 etwas ~ *(leicht) verändern;* Abl *Abwandlung*

ab|wan|dern 〈V. intr.; wan|dert ab, wan|der|te ab, ist ab|ge|wan|dert, ab|zu|wan|dern〉 **1** *den Ort wechseln, übersiedeln* (Bevölkerung) **2** *einem Betrieb od. Industriezweig entzogen werden* (Kapital); Abl *Abwanderung*

ab|war|ten 〈V. trans. u. V. intr.; war|tet ab, war|te|te ab, hat ab|ge|war|tet, ab|zu|war|ten〉 (etwas) ~ *auf etwas warten* ▸ warten Sie ab! *bleiben Sie geduldig, bis etwas geschieht; warten Sie noch, Sie werden dann schon sehen;* einen günstigen Augenblick ~; das bleibt abzuwarten! 〈umg.〉 *erst mal sehen, ob es geschieht!;* ~ und Tee trinken! 〈übertr.; umg.〉 *nur Geduld!;* sich ~d verhalten *auf eine (günstige, passende) Gelegenheit warten*

ab|wärts 〈Adv.; a. übertr.〉 *nach unten* ▸ Kinder von 3 Jahren ~ *von Jahren u. jünger*

ab|wärts|ge|hen 〈V. intr.; geht ab|wärts, ging ab|wärts, ist ab|wärts|ge|gan|gen, ab|wärts|zu|ge|hen〉 **1** *hinuntergehen* **2** 〈übertr.〉 es geht abwärts mit jmdm. od. etwas *es wird schlechter* ▸ den Weg ~; mit seiner Gesundheit geht es abwärts 〈übertr.〉

Ab|wärts|trend 〈der; -s, -s; bes. Wirtsch.〉 *Tendenz nach unten, Trend zur Verschlechterung*

Ab|wasch 〈der; -(e)s; unz.〉 *schmutziges Geschirr u. Besteck, Aufwasch* ▸ den ~ machen; alles in einem ~ erledigen 〈umg.〉 *alles auf einmal tun*

ab|wa|schen 〈V. trans.; wäscht ab, wusch ab, hat ab|ge|wa|schen, ab|zu|wa|schen〉 Geschirr ~ *mit Wasser reinigen, säubern* ▸ heute musst du die Gläser ~; Abl *abwaschbar;* Zus *Abwaschmittel*

Ab|was|ser 〈das; -s, -wäs|ser〉 *(aus Haushalt u. Betrieben) abfließendes schmutziges Wasser;* Zus *Abwasserkanal, Abwasserreinigung*

abwechseln/wechseln

Wie bei vielen anderen Verben mit abtrennbarer Vorsilbe, so kann es auch bei den konjugierten Formen von ***sich abwechseln*** zu Verwechslungen mit dem nicht gleichbedeutenden Verb ***wechseln*** kommen. ***Sich abwechseln*** bedeutet ebenso wie das Partizip ***abwechselnd,*** etwas „in einem regelmäßigen Wechsel mit anderen, wechselweise" zu tun: *Die Kinder wechseln sich beim Spielen ab. Wir kaufen abwechselnd ein.*

Dagegen verwendet man *wechseln* im Sinne von „tauschen“ oder „ändern“ grundsätzlich ohne das Reflexivpronomen sich: *In der Bank können wir Geld wechseln. Er wechselt die Krankenkasse.*

ab|wech|seln ⟨[-ks-] V. refl.; wech|selt sich ab, wech|sel|te sich ab, hat sich ab|ge|wech|selt, sich ab|zu|wech|seln⟩ **1** sich (mit jmdm.) ~ *wechselweise handeln, vorgehen* **2** sich (mit etwas) ~ *wechseln* ▸ sie wechseln sich bei der Arbeit ab *erledigen die Arbeit im regelmäßigen Wechsel mit dem andern;* Sonnenschein und Regen wechseln sich ab; etwas ~d tun *wechselweise*

Ab|wechs|lung ⟨[-ks-] die; -, -en⟩ *unterhaltsame Unterbrechung des Alltags, Zerstreuung* ▸ ~ in eine Sache bringen *eine S. auflockern, unterhaltsam gestalten;* der ~ wegen; zur ~; Zus *abwechslungsreich*

ab|we|gig ⟨Adj.⟩ *sonderbar, unwirklich* ▸ das ist gänzlich ~ *undenkbar;* Abl *Abwegigkeit*

Ab|wehr ⟨die; -; unz.⟩ **1** ⟨bes. Sp.⟩ *Verteidigung, Schutz;* Zus *Abwehrdienst* **2** ⟨a. übertr.⟩ *Widerstand, Zurückweisung;* Zus *Abwehrmechanismus, Abwehrreaktion*

ab|weh|ren ⟨V. trans.; wehrt ab, wehr|te ab, hat ab|ge|wehrt, ab|zu|weh|ren⟩ jmdn. od. etwas ~ *ablenken, zurückschlagen, zurückweisen* ▸ einen Angriff ~; Dank, Lob ~ *(bescheiden) zurückweisen;* Fliegen ~ *fernhalten, verscheuchen;* üble Folgen ~ *verhindern;* Kälte ~ *fernhalten, dagegen schützen*

Ab|wehr|spie|ler ⟨der; -s, -; Sp.⟩ = *Verteidiger (2)*

ab|wei|chen ⟨V. intr.; weicht ab, wich ab, ist ab|ge|wi|chen, ab|zu|wei|chen⟩ **1** von etwas ~ *sich von der eingeschlagenen Richtung entfernen* **2** von jmdm. od etwas ~ *anders, verschieden sein, nicht gleichen* ▸ vom Kurs ~ ⟨Mar.⟩ *den K. verlassen;* von der Regel ~ *eine Ausnahme bilden;* vom Thema ~ *abkommen, nicht bei einem Thema bleiben;* vom Weg ~ *abkommen, den Weg verlassen;* Abl *Abweichung*

ab|wei|chend **I** ⟨Part. Präs. von⟩ *abweichen* **II** ⟨Adj.⟩ *anders* ▸ ~ von *anders als;* eine ~e Meinung vertreten

ab|wei|sen ⟨V. trans.; weist ab, wies ab, hat ab|ge|wie|sen, ab|zu|wei|sen⟩ jmdn. od. etwas ~ *ablehnen, zurückweisen* ▸ einen Angriff ~ *zurückschlagen;* eine Klage ~; einen Liebhaber ~; einen Wechsel ~ *nicht akzeptieren* ▸ sich nicht ~ lassen ▸ jmdn. barsch, höflich, kurz, schroff ~; Abl *Abweisung*

ab|wei|send **I** ⟨Part. Präs. von⟩ *abweisen* **II** ⟨Adj.⟩ *zurückweisend, von sich weisend, ablehnend* ▸ sich ~ verhalten; ein ~es Gesicht machen

ab|wen|den ⟨V.; wen|det ab, wand|te/wen|de|te ab, hat ab|ge|wandt/ab|ge|wen|det, ab|zu|wen|den⟩ **I** ⟨V. trans.⟩ sich od. etwas (von jmdm. od. etwas) ~ *in die andere Richtung drehen, nach einer anderen Seite wenden* ▸ den Blick ~ *beiseiteblicken, wegschauen* **II** ⟨V. trans.; nur schwach konjugiert⟩ **1** einen Schlag ~ *ablenken, ableiten* **2** eine Gefahr, ein Unheil ~ *verhindern, beseitigen;* Abl *Abwendung; abwendbar*

ab|wer|ben ⟨V. trans.; wirbt ab, warb ab, hat ab|ge|wor|ben, ab|zu|wer|ben⟩ **1** Kunden ~ *werbend abspenstig machen* **2** Arbeitskräfte ~ *zum Verlassen ihres Arbeitgebers bewegen u. selbst in Dienst nehmen;* Abl *Abwerbung*

ab|wer|fen ⟨V. trans.; wirft ab, warf ab, hat ab|ge|wor|fen, ab|zu|wer|fen⟩ **1** jmdn. od. etwas ~ *nach unten, zur Erde werfen* **2** etwas ~ *einbringen* ▸ das Pferd hat den Reiter abgeworfen; einen Nutzen ~ *bringen;* Zinsen, Gewinne ~

ab|wer|ten ⟨V. trans.; wer|tet ab, wer|te|te ab, hat ab|ge|wer|tet, ab|zu|wer|ten⟩ **1** jmdn. od. etwas ~ *im Wert herabsetzen* **2** eine Währung ~ *im Kurswert herabsetzen* ▸ ~de Kritik; eine ~de und arrogante Haltung an den Tag legen; Abl *Abwertung*

ab|we|send ⟨Adj.⟩ Ggs *anwesend* **1** *nicht anwesend, nicht da, ferngeblieben;* Abl *Abwesende(r)* **2** *zerstreut, mit den Gedanken nicht bei der Sache;* Zus *geistesabwesend* ▸ ~ sein; seit zwei Tagen von (zu Hause usw.) ~ sein *seit zwei Tagen nicht mehr (zu Hause usw.) gewesen sein*

Ab|we|sen|heit ⟨die; -; unz.⟩ *Nicht-gegenwärtig-Sein, Nichtanwesenheit* ▸ kurze, ständige, zeitweilige ~; durch ~ glänzen ⟨übertr.; umg.; iron.⟩ *durch Fernbleiben auffallen;* jmdn. in ~ verurteilen *ihn verurteilen, ohne dass er beim Gerichtsverfahren gegenwärtig ist*

ab|wi|ckeln ⟨V. trans.; wi|ckelt ab, wi|ckel|te ab, hat ab|ge|wi|ckelt, ab|zu|wi|ckeln⟩ **1** Garn, ein Knäuel ~ *von der Rolle wickeln, abrollen* **2** ⟨übertr.⟩ ein Geschäft, einen Auftrag ~ *ordnungsgemäß erledigen, für einen reibungslosen Ablauf sorgen;* Abl *Abwicklung*

ab|wie|geln ⟨V. intr. u. V. trans.; wie|gelt ab, wie|gel|te ab, hat ab|ge|wie|gelt, ab|zu|wie|geln⟩ **1** jmdn. ~ *beschwichtigen* **2** etwas ~ *herunterspielen* ▸ er versuchte, die Auseinandersetzung abzuwiegeln

ab|wie|gen ⟨V. trans.; wiegt ab, wog ab, hat ab|ge|wo|gen, ab|zu|wie|gen⟩ ein Stück, einen Teil ~ *von etwas wegnehmen u. wiegen*

ab|wim|meln ⟨V. trans.; wim|melt ab, wim|mel|te ab, hat ab|ge|wim|melt, ab|zu|wim|meln; umg.⟩ jmdn. od. etwas ~ *als lästig abweisen, sich jmds. od. einer Sache entledigen*

ab|win|ken ⟨V. intr.; winkt ab, wink|te ab, hat ab|ge|winkt, ab|zu|win|ken⟩ etwas ~ **1** *durch Winken abweisen, beenden* **2** *das Zeichen zur Abfahrt geben* ▸ er hat Geld bis zum Abwinken ⟨umg.⟩ *er ist sehr reich*

ab|wi|schen ⟨V. trans.; wischt ab, wisch|te ab, hat ab|ge|wischt, ab|zu|wi|schen⟩ etwas ~ **1** *durch Wischen entfernen* **2** *putzen, abreiben*

ab|wra|cken ⟨V. trans.; wrackt ab, wrack|te ab, hat ab|ge|wrackt, ab|zu|wra|cken⟩ ein nicht mehr betriebsfähiges Schiff ~ *abbauen;* →a. *abgewrackt*

Ab|wurf ⟨der; -(e)s, -wür|fe⟩ *das Abwerfen* ▸ ~ von Bomben

ab|wür|gen ⟨V. trans.; würgt ab, würg|te ab, hat

A

ab|ge|würgt, ab|zu|wür|gen; umg.⟩ **1** ⟨übertr.⟩ ein Unternehmen, eine Sache ~ *im Keim ersticken* **2** ⟨umg.⟩ den Motor ~ *durch falsche Bedienung von Kupplung u. Bremse zum Stillstand bringen*

ab|zah|len ⟨V. trans.; zahlt ab, zahl|te ab, hat ab|ge|zahlt, ab|zu|zah|len⟩ Schulden ~ *allmählich zahlen, in Raten zahlen* ▸ wöchentlich, monatlich, vierteljährlich ~

ab|zäh|len ⟨V. trans.; zählt ab, zähl|te ab, hat ab|ge|zählt, ab|zu|zäh|len⟩ **1** jmdn. od. etwas ~ *in Gruppen zusammenfassend zählen, durchzählen, auszählen* **2** etwas ~ *durch Zählen abziehen* ▸ das kannst du dir an den fünf Fingern ~ ⟨übertr.⟩ *das ist selbstverständlich, leicht durchschaubar;* das Geld abgezählt bereithalten *passend bereithalten*

Ab|zah|lung ⟨die; -, -en⟩ *Teilzahlung, Ratenzahlung, Rate* ▸ etwas auf ~ kaufen *auf Raten*

ab|zap|fen ⟨V. trans.; zapft ab, zapf|te ab, hat ab|ge|zapft, ab|zu|zap|fen⟩ etwas ~ *durch ein Bohrloch abfließen lassen, entnehmen* ▸ an der Tankstelle Benzin ~; jmdm. Geld ~ ⟨übertr.; umg.⟩ *durch unbescheidenes Fordern von jmdm. erhalten*

Ab|zei|chen ⟨das; -s, -⟩ *Kennzeichen, Merkmal, Plakette, Orden*

ab|zeich|nen ⟨V. trans.; zeich|net ab, zeich|ne|te ab, hat ab|ge|zeich|net, ab|zu|zeich|nen⟩ **1** etwas ~ **1.1** *nach einer Vorlage zeichnen, nachzeichnen* **1.2** *(mit dem abgekürzten Namenszug) unterschreiben, signieren* **2** sich gegen etwas ~ *sich gegen etwas abheben, vor od. neben etwas deutlich sichtbar sein*

Ab|zieh|bild ⟨das; -(e)s, -er⟩ **1** *durch Anfeuchten u. Aufdrücken übertragbares Bild* **2** ⟨übertr.⟩ *Klischee, Abklatsch* ▸ er ist das ~ seines Vaters ⟨übertr.⟩

ab|zie|hen ⟨V.⟩ **I** ⟨V. trans.; zieht ab, zog ab, hat ab|ge|zo|gen, ab|zu|zie|hen⟩ **1** etwas (von etwas) ~ *durch Ziehen entfernen, wegnehmen* **2** ⟨Math.⟩ etwas (von etwas) ~ *subtrahieren* ▸ das Bett ~ *die Bettbezüge abnehmen;* ein toten Tier das Fell ~ *das Fell, die Haut von einem Tier ziehen;* die Haut von Tomaten ~; eine Show ~ ⟨umg.⟩ *den eigenen Auftritt effektvoll (mit übertriebenem Aufwand) inszenieren;* Truppen ~ *aus einem Gebiet wegmarschieren lassen* ▸ Steuern vom Lohn ~ *zurückbehalten;* einen Rabatt vom Preis ~ *ihn nicht mitberechnen* **II** ⟨V. intr.; zieht ab, zog ab, ist ab|ge|zo|gen, ab|zu|zie|hen⟩ **1** *fortgehen, wegmarschieren* **2** *entweichen* (Rauch) **3** *sich verziehen, weiterwandern* (Gewitter, Wolken) ▸ zieh ab! ⟨umg.⟩ *geh!, verschwinde!* ▸ die Truppen zogen ab *marschierten aus dem Gebiet weg* ▸ er zog beschämt ab ▸ mit langem Gesicht ~ ⟨umg.⟩ *enttäuscht weggehen;* jmdn. mit leeren Händen ~ lassen ⟨umg.⟩ *gehen lassen, ohne ihm etwas (Erwartetes) gegeben zu haben*

ab|zie|len ⟨V. intr.; zielt ab, ziel|te ab, hat ab|ge|zielt, ab|zu|zie|len⟩ auf etwas ~ *etwas als Ziel anstreben* ▸ auf wen zielt das ab? *wer ist damit gemeint?;* worauf zielt die Frage ab?

ab|zo|cken ⟨V. trans.; zockt ab, zock|te ab, hat ab|ge|zockt, ab|zu|zo|cken; umg.⟩ jmdn. ~ *jmdm. (mittels Anwendung unredlicher Methoden) viel Geld abnehmen;* Abl *Abzocke, Abzocker(in)*

Ab|zug ⟨der; -(e)s, -zü|ge⟩ **1** *Vorgang des Abziehens* **2** ⟨Tech.; Chem.⟩ *Vorrichtung zum Weg-, Ableiten von Dämpfen u. Gasen;* Zus *Dunstabzug* **3** *Kopie von einem Original* **4** ⟨Fot.⟩ *positive Kopie von einem Negativ* **5** ⟨Mil.⟩ *Rückzug, Abmarsch (von Truppen)* **6** *Vorrichtung an Schusswaffen zum Auslösen des Schusses* ▸ nach ~ der Kosten *nachdem ein Betrag um die Kosten gekürzt wurde;* ohne ~ *zum vollen Rechnungsbetrag*

ab|züg|lich ⟨Präp. m. Gen.⟩ *nach Abzug* ▸ ~ der Kosten; ~ des Fahrgeldes; ⟨auch m. undekl. Subst., wenn es im Sg. u. ohne Art. steht⟩ ~ Fahrgeld; ⟨auch m. Dat., wenn das folgende Subst. im Pl. u. ohne Art. steht⟩ ~ Fahrgeldern

ab|zugs|fä|hig ⟨Adj.⟩ *so geartet, dass man es abziehen kann* ▸ ~e Ausgaben *vor Berechnung der Steuer vom Einkommen abziehbare A.*

ab|zwa|cken ⟨V. trans.; zwackt ab, zwack|te ab, hat ab|ge|zwackt, ab|zu|zwa|cken⟩ etwas (von etwas) ~ **1** *zwickend abtrennen, abkneifen* **2** ⟨übertr.⟩ *auf unauffällige Weise wegnehmen*

ab|zwei|gen ⟨V.⟩ **I** ⟨V. intr.; zweigt ab, zweig|te ab, ist ab|ge|zweigt, ab|zu|zwei|gen⟩ *wie ein Zweig nach der Seite verlaufen* ▸ der Weg zweigt hier ab **II** ⟨V. trans.; zweigt ab, zweig|te ab, hat ab|ge|zweigt, ab|zu|zweigen; umg.⟩ etwas ~ *einen Teil von etwas für einen anderen Zweck verwenden* ▸ er hat einen Teil der Spenden für sich abgezweigt

Ab|zwei|gung ⟨die; -, -en⟩ **1** *abzweigender Weg, Nebenlinie, Nebenleitung* **2** *Gabelung (einer Straße, Eisenbahnstrecke)*

Ac|ces|soire ⟨[aksɛsoa:(r)] das; -s, -s; meist Pl.⟩ *modisches Zubehör*

ach ⟨Int.⟩ *(drückt Erstaunen, Schmerz usw. aus)* ▸ ~ Gott! *nein, so was!;* ~ ja! *na ja, ja schon, gewiss doch;* ~ nein! *gewiss nicht!, ich glaube kaum!, was du nicht sagst!;* ~ so! *so ist das!;* ~ was? *wirklich?;* ~ was! *keine Rede davon!, keine Spur!, das kommt nicht in Frage!*

Ach ⟨das; -s, -s⟩ **1** mit ~ und Krach ⟨umg.⟩ *gerade noch, mit viel Glück, sehr knapp* **2** ~ und Weh schreien *laut jammern*

Achil|les|fer|se ⟨[axɪl-] die; -, -n; übertr.⟩ *empfindliche, verwundbare Stelle, schwacher Punkt*

Achil|les|seh|ne ⟨[axɪl-] die; -, -n; Anat.⟩ *Sehne, die die Wadenmuskeln mit dem hinteren Rand des Fersenbeins verbindet;* ⓘ S. 146

a. Chr. (n.) ⟨Abk. für lat.⟩ *ante Christum (natum)*

Ach|se ⟨[-ks-] die; -, -n⟩ **1** *längliche Vorrichtung zum Aufhängen der Räder eines Fahrzeugs;* Zus *Achsabstand, Achsdruck, Achsenkreuz, Achslager, Achslast* **2** *Mittellinie, um die eine Drehung erfolgt* **3** ⟨Math.; Optik⟩ *Gerade, die bei einer Drehung ihre Lage nicht verändert* ▸ ständig auf (der) ~ sein ⟨übertr.; umg.⟩ *immer unterwegs, auf Reisen*

Ach|sel 〈[-ks-] die; -, -n〉 *Höhle zw. Brust, Oberarm u. Schulterblatt* ▸ mit den Achseln ~ *wortlos die Schultern heben u. senken (als Zeichen der Ratlosigkeit od. Gleichgültigkeit);* Zus *Achselgrube, Achselhaar, Achselhöhle, Achselschweiß*

Ach|sel|zu|cken 〈[-ks-] das; -s; unz.〉 *Gebärde der Gleichgültigkeit od. des Nichtwissens* ▸ etwas mit einem ~ abtun; mit einem ~ antworten; Abl *achselzuckend*

...ach|sig 〈[-ks-] in Zus.; zur Bildung von Adj.〉 *mit einer bestimmten Zahl von Achsen versehen (von Fahrzeugen),* z. B. zweiachsig

acht 〈Adj.; Kardinalzahl; als Ziffer: 8〉 (Ziffernschreibung in Zusammensetzungen usw.: 8-eckig; 8fach/8-fach; 8-jährig; 8-jährlich; 8-malig; 8 mal 4 ist 32; 6-8-mal; 8-Stunden-Tag) ▸ zwei und ~ ist (macht) zehn *2 + 8 = 10* ▸ die Uhr **schlägt** ~ ▸ er ist ~ (**Jahre** alt); ~ **Mal** = *achtmal (I);* es ist **Punkt,** Schlag ~ *genau 8 Uhr;* es ist **viertel** ~ *7.15 Uhr;* drei viertel ~ *7.45 Uhr;* fünf Minuten vor drei viertel ~ *7.40 Uhr* ▸ **halb** ~ *7.30 Uhr* ▸ es ist ein Viertel **auf** ~ *7.45 Uhr;* **binnen** ~ Stunden; **gegen** ~ (Uhr) *kurz vor, etwa um 8 Uhr;* **in** ~ Tagen *eine Woche später (d. h. eigtl. 7 Tage später);* es ist (ein) Viertel **nach** ~ *8.15 Uhr;* **über** ~ Tage *nach einer Woche;* es ist **um** ~ *8 Uhr;* **vor** ~ Tagen *eine Woche vorher (d. h. eigtl. 7 Tage);* es ist (ein) Viertel vor ~ *7.45 Uhr;* die Mannschaft gewann zehn **zu** ~ *mit 10 gegen 8 Toren (Punkten usw.);* sie sind zu ~, 〈umg.〉 zu ~en *sie sind 8 Personen*

Acht[1] 〈die; -, -en〉 **1** *die Zahl, Ziffer 8* **2** die ~ *Straßenbahn, Bus mit der Nummer 8* ▸ eine ~ drucken; in die ~ (um)steigen, mit der ~ fahren

Acht[2] 〈die; -; unz.〉 *Aufmerksamkeit, Fürsorge* ▸ ~ geben = *achtgeben;* ~ haben = *achthaben;* etwas außer ~ lassen *nicht beachten;* sich, etwas in ~ nehmen *vorsichtig sein, gut auf etwas achten, auf etwas aufpassen;* sich vor etwas in ~ nehmen *sich vor etwas vorsehen, bei etwas vorsichtig sein;* nimm dich vor fremden Menschen in ~!

Acht[3] 〈die; -; unz.〉 **1** 〈früher〉 *Bann, Verbannung, Ächtung* **2** *Ausschluss von jedem Rechtsschutz* ▸ die ~ über jmdn. aussprechen, jmdn. in die ~ erklären, tun 〈urspr.〉 *für rechtlos erklären, ächten;* 〈übertr.〉 *aus der Gesellschaft ausstoßen;* jmdn. in ~ und Bann tun

acht|bar 〈Adj.〉 *anständig, rechtschaffen* ▸ ein ~er Mensch

ach|te(r, -s) 〈Adj.; Ordinalzahl zu „acht"; Zeichen: 8.〉 *der/die/das dem siebten Folgende* ▸ 〈Kleinschreibung〉 das ~ Mal; der ~ Januar; 〈Großschreibung〉 er war der Achte, der bestraft wurde; er ist der Achte in seiner Klasse; sie kommen am Achten dieses Monats; Heinrich der Achte

Acht|eck 〈das; -(e)s, -e; Geom.〉 *geometr. Figur mit acht Ecken*

acht|eckig 〈Adj.; in Ziffern: 8-eckig〉 *mit acht Ecken versehen*

ach|tel 〈Adj.; Bruchzahl zu „acht"; Zeichen: /8〉 *den achten Teil vom Ganzen umfassend* ▸ ein ~ Zentner od. ein Achtelzentner; drei ~ Liter od. Achtelliter Wein

Ach|tel 〈das od. schweiz. der; -s, -〉 **1** *achter Teil* **2** 〈Mus.〉 *Achtelnote* ▸ ein ~ vom Kuchen; drei ~ Wurst; die Geige beginnt zwei ~ später als die Flöte; im Dreiachteltakt, im 3/8-Takt

Ach|tel|fi|na|le 〈das; -s, -s od. das; -s, -; Sp.〉 *drittletzte Etappe vor der Schlussrunde, in der in acht parallelen Kämpfen um den Eintritt ins Viertelfinale gekämpft wird*

Ach|tel|li|ter 〈das od. der; -s, -〉 *der achte Teil eines Liters;* →a. *achtel*

Ach|tel|no|te 〈die; -, -n; Mus.〉 *der achte Teil einer ganzen Note*

ach|ten 〈V.; ach|tet, ach|te|te, hat ge|ach|tet〉 **I** 〈V. trans.〉 jmdn. od. etwas ~ *schätzen* ▸ das Gesetz ~ *darauf Rücksicht nehmen, sich danach richten;* etwas für nichts ~ *nichts davon halten, geringschätzen;* eine geachtete Firma, Persönlichkeit *F., P. von gutem Ruf, von hohem Ansehen* **II** 〈V. intr.〉 auf jmdn. od. etwas ~ *Rücksicht nehmen, aufpassen, sich um jmdn. od. etwas kümmern* ▸ ohne auf ihn zu ~; auf Unebenheiten der Fahrbahn ~

äch|ten 〈V. trans.; äch|tet, äch|te|te, hat ge|äch|tet〉 **1** jmdn. ~ *jmdn. aus einer Gemeinschaft ausstoßen, ihn verbannen* **2** etwas ~ *verurteilen, geringschätzen, verdammen* **3** 〈früher〉 jmdn. ~ *in die Acht*[3] *erklären, verbannen* ▸ er wurde von allen geächtet; die meisten Regierungen ~ die Todesstrafe

ach|tens 〈Adv.〉 *an achter Stelle*

Ach|ter 〈der; -s, -〉 **1** 〈Mar.〉 *Ruderboot für acht Mann* **2** 〈süddt.〉 *Biegung in Form einer 8* ▸ er hat einen ~ im Rad

Ach|ter|bahn 〈die; -, -en; auf Jahrmärkten〉 *auf- u. abwärtsfahrende Bahn mit Kurven in Form von Achten;* Syn *Berg-und-Tal-Bahn, Gebirgsbahn,* 〈österr.〉 *Hochschaubahn*

Ach|ter|deck 〈das; -(e)s, -e od. -s; Mar.〉 *hinteres Deck;* Syn *Hinterdeck;* Ggs *Vordeck*

ach|tern 〈Adv.; Mar.〉 *hinten*

acht|fach 〈Adj.; in Ziffern: 8fach/8-fach〉 *achtmal (so viel)*

Acht|fa|che 〈das; -n; unz.; in Ziffern: 8fache/8-Fache〉 *das mit acht Malgenommene* ▸ etwas um das ~ erhöhen; ein ~s

acht|ge|ben *auch:* **Acht ge|ben** 〈V. intr.; gibt acht/Acht, gab acht/Acht, hat acht|ge|ge|ben / Acht ge|ge|ben, acht|zu|ge|ben / Acht zu ge|ben〉 auf jmdn. od. etwas ~ *aufpassen, Rücksicht nehmen*

acht|ha|ben *auch:* **Acht ha|ben** 〈V. intr.; hat acht/Acht, hat|te acht/Acht, hat acht|ge|habt / Acht ge|habt, acht|zu|ha|ben / Acht zu ha|ben〉 auf jmdn. od. etwas ~ *aufpassen, Rücksicht nehmen* ▸ hab acht/Acht! *pass auf, sieh dich vor!;* habt acht/Acht! *(militär. Kommando; bes. österr.)*

acht|hun|dert 〈Adj.; Kardinalzahl; als Ziffer: 800〉 *acht mal hundert*

acht|jäh|rig 〈Adj.; in Ziffern: 8-jährig〉 *acht Jahre alt;* Abl *Achtjährige(r)* 〈in Ziffern: 8-Jährige(r)〉

A

ach|t|jähr|lich ⟨Adj.; in Ziffern: 8-jährlich⟩ *alle(r) acht Jahre*

acht|los ⟨Adj.; -er, am -es|ten⟩ **1** *sorglos, zerstreut* **2** *unbesonnen, leichtsinnig* ▸ das Kind geht ~ mit seinen Spielsachen um; Abl *Achtlosigkeit*

acht|mal *auch:* **acht Mal** ⟨Adv.; in Ziffern: 8-mal / 8 Mal⟩ **I** ⟨Zusammen- u. Getrenntschreibung⟩ *achtfach wiederholt* ▸ wir haben unseren Urlaub schon ~ hier verbracht **II** ⟨nur Zusammenschreibung⟩ *mit acht multipliziert* ▸ die Umsätze des Unternehmens sind heute achtmal so groß wie vor zehn Jahren; ⟨aber⟩ acht mal acht ist vierundsechzig; →a. *...mal, Mal (II)*

acht|ma|lig ⟨Adj.; in Ziffern: 8-malig⟩ **1** *achtmal stattfindend* **2** *in achtfacher Wiederholung* ▸ eine ~e Wiederholung; er ist ~er Meister

acht|sam ⟨Adj.⟩ **1** *sorglich, sorgfältig* **2** *aufmerksam* **3** *wachsam;* Abl *Achtsamkeit*

Acht|stun|den|tag ⟨der; -(e)s, -e; in Ziffern: 8-Stunden-Tag⟩ *Arbeitstag von acht Stunden*

acht|tä|gig ⟨Adj.; in Ziffern: 8-tägig⟩ **1** *acht Tage dauernd* **2** *acht Tage alt* **3** *einwöchig*

acht|täg|lich ⟨Adj.; in Ziffern: 8-täglich⟩ *alle(r) acht Tage, wöchentlich (wiederkehrend)*

acht|tau|send ⟨Adj.; Kardinalzahl; als Ziffer: 8000⟩ *acht mal tausend*

acht|und|zwan|zig ⟨Adj.; Kardinalzahl; als Ziffer: 28⟩ er ist ~ Jahre alt

Ach|tung ⟨die; -; unz.⟩ **1** *Aufmerksamkeit, um eine Gefahr zu bemerken, das Achtgeben* **2** *besondere Wertschätzung, Hochschätzung, Respekt;* Zus *Achtungsbezeigung, Achtung gebietend / achtunggebietend; Selbstachtung* ▸ ~! *aufgepasst!, Vorsicht!;*~, der Weg ist glatt!; ~, ~, eine wichtige Durchsage! ▸ jmdm. ~ **einflößen;** sich ~ **verschaffen** ▸ **alle** ~! *(Ausruf der Anerkennung);* es **an** ~ fehlen lassen; **aus** ~ vor jmdm.

Äch|tung ⟨die; -; unz.⟩ **1** *Missachtung* **2** *Ausstoßung aus der Gemeinschaft*

Ach|tungs|er|folg ⟨der; -(e)s, -e⟩ *ein Erfolg, der nur Achtung (kein Geld) einbringt, mäßiger Erfolg* ▸ der neue Film war nur ein ~

acht|zehn ⟨Adj.; Kardinalzahl; als Ziffer: 18⟩ im Jahre ~ *1918 bzw. 2018*

acht|zig ⟨Adj.; Kardinalzahl; als Ziffer: 80⟩ er ist Mitte ~ *etwa 85 Jahre alt;* er ist über ~ *älter als 80 Jahre;* auf ~ sein ⟨umg.⟩ *sehr wütend, zornig sein;* Abl *achtzigfach, achtzigjährig*

Acht|zig ⟨die; -, -en⟩ *die Zahl 80*

acht|zi|ger ⟨Adj.⟩ **1** *das Jahr 80 betreffend* **2** *zw. dem Jahre 80 u. 90 eines Jahrhunderts (geschehen)* ▸ ein ~ Jahrgang *ein Wein aus dem Jahre 1980; ein im Jahre 1980 geborener Mensch;* die ~ Jahre = *Achtzigerjahre*

Acht|zi|ger I ⟨der; -s, -⟩ **1** *Mann zwischen 80 u. 90 Jahren* **2** *Wein aus dem Jahre 1880 bzw. 1980* ▸ er ist ein ziemlich rüstiger ~ **II** ⟨Pl.⟩ **1** *die Lebensjahre zw. 80 u. 90* **2** *die Jahre zwischen 1980 u. 1990* ▸ er ist Mitte der ~ *etwa 85 Jahre alt;* das geschah in den ~n *in den Achtzigerjahren;* er ist hoch in den ~n *er ist weit über 80 Jahre alt*

Acht|zi|ger|jah|re *auch:* **acht|zi|ger Jah|re** ⟨Pl.⟩ **1** ⟨in Ziffern: 80er Jahre / 80er-Jahre⟩ die ~ des 20. Jh. *die Jahre zwischen 1980 u. 1990* **2** *die Lebensjahre zw. 80 u. 90* ▸ sie ist in den ~n *sie ist zwischen 80 u. 90 Jahre alt*

acht|zigs|te(r, -s) ⟨Adj.; Ordinalzahl zu „achtzig"; Zeichen: 80.⟩ *der/die/das dem neunundsiebzigsten Folgende;* →a. *achte(r, -s)*

acht|zigs|tel ⟨Adj.; Bruchzahl zu „achtzig"; Zeichen: /80⟩ *den achtzigsten Teil vom Ganzen umfassend;* →a. *achtel*

Acht|zigs|tel ⟨das; -s, - od. schweiz. der; -s, -⟩ *der 80. Teil;* →a. *Achtel*

Acht|zy|lin|der ⟨der; -s, -; in Ziffern: 8-Zylinder; Kfz⟩ *(Kraftwagen mit einem) Motor mit 8 Zylindern*

äch|zen ⟨V. intr.; ächzt, ächz|te, hat ge|ächzt⟩ **1** *stöhnen, seufzen* **2** *klagen, wehklagen* ▸ vor Hunger, Schmerz ~

Acker ⟨der; -s, Äcker⟩ *landwirtschaftlich bebauter Boden, Feld* ▸ den ~ bestellen, pflügen; auf dem ~ arbeiten; Zus *Ackerboden, Ackerkrume, Ackerland*

Acker|bau ⟨der; -(e)s; unz.⟩ *systematisches Bebauen des Bodens mit Nutzpflanzen* ▸ ~ treiben

Acker|gaul ⟨der; -(e)s, -gäu|le; umg.; abwertend⟩ *Pferd schwerer Rasse, wie es früher zum Ackern, zum Pflügen verwendet wurde*

ackern ⟨V. intr.; ackert, ack|te, hat ge|ackert⟩ **1** *den Acker bestellen, pflügen* **2** ⟨übertr.⟩ *schwer arbeiten, sich plagen, sich hart mühen* ▸ er ackert von früh bis spät

Ac|ryl ⟨das; -s; unz.⟩ *Kunststoff, aus dem synthetische Fasern hergestellt werden*

Ac|tion ⟨[ækʃn] die; -; unz.⟩ **1** *sehr bewegte, spannende (Film-)Handlung;* Zus *Actionthriller* **2** ⟨umg.⟩ *Trubel, lebhafte Bewegung, ereignisreicher Vorgang* ▸ er macht überall ~ ⟨umg.⟩

ad ab|sur|dum eine Behauptung ~ führen *jmdm. die Unsinnigkeit einer Behauptung beweisen, indem man ihm ihre (unmöglichen) Folgen vor Augen führt u. sie dadurch lächerlich macht*

ADAC ⟨Abk. für⟩ *Allgemeiner Deutscher Automobil-Club*

ad ac|ta ⟨Abk.: a. a.⟩ *zu den Akten* ▸ etwas ~ legen ⟨übertr.⟩ *als erledigt betrachten, weglegen*

ada|gio ⟨[-dʒo] Adj.; Mus.⟩ *langsam, ruhig (zu spielen)*

Adam ⟨der; -s, -s; nach bibl. Überlieferung⟩ *der erste Mensch* ▸ eine Geschichte bei ~ und Eva zu erzählen anfangen *weitschweifig erzählen, ganz von vorn anfangen*

Adam Rie|se ⟨nur in der Wendung⟩ (das macht) nach ~ *(das macht, das ist) richtig gerechnet, wenn ich es richtig gerechnet habe* ▸ das macht nach ~ 25 Euro

Adams|ap|fel ⟨der; -s, -äp|fel⟩ *der beim Mann am Hals häufig stark hervortretende Schildknorpel (Kehlkopf)*

Ad|ap|ta|ti|on ⟨die; -, -en⟩ Syn *Adaption* **1** ⟨Biol.⟩ *Anpassung von Sinnesorganen an äußere Reize (z. B. des Auges an Licht)* **2** ⟨Soziol.⟩ *Anpas-*

sungsvermögen an die Umwelt **3** *Umarbeitung eines literarischen Werkes für Film od. Funk*

Ad|ap|ter ⟨der; -s, -⟩ **1** *Vorrichtung zur Verbindung von Geräten, deren Anschlüsse voneinander abweichen* **2** *Vorrichtung zur Anpassung der Netzspannung an die Betriebsspannung*

ad|äqu|at ⟨Adj.; -er, am -es|ten⟩ *angemessen, entsprechend;* Ggs *inadäquat* ▸ sein Verhalten war nicht ~; Abl *Adäquatheit*

ad|die|ren ⟨V. trans.; ad|diert, ad|dier|te, hat ad|diert⟩ **1** etwas (zu etwas) ~ *hinzufügen* **2** ⟨bes. Math.⟩ etwas ~ *zusammenzählen*

Ad|di|ti|on ⟨die; -, -en; bes. Math.⟩ **1** *das Addieren, Zusammenzählung (eine der vier Grundrechenarten)* **2** *Ergebnis des Addierens*

ade ⟨volkstüml. Form von⟩ *adieu, auf Wiedersehen* ▸ Winter ~, Scheiden tut weh *(Volkslied);* jmdm. ~/Ade sagen

Ade|bar ⟨der; -s, -e; volkstüml. Bez. für⟩ *Storch* ▸ Meister ~

Adel ⟨der; -s; unz.⟩ *in einer nach Ständen gegliederten Gesellschaft der oberste, mit bes. Vorrechten ausgestattete Stand, aufgrund von Landbesitz od. von bes. Verdiensten durch Verleihung* ▸ alter, hoher, niedriger ~; von altem ~ sein *aus einem alten adligen Geschlecht stammen;* Zus *Adelsprädikat, Adelstitel; Geburtsadel, Verdienstadel*

ade|lig ⟨Adj.⟩ = *adlig*

Ade|li|ge(r) ⟨die; -n, -n (der; -n, -n)⟩ = *Adlige(r)*

adeln ⟨V. trans.; adelt, adel|te, hat ge|adelt⟩ jmdn. ~ **1** *jmdn. in den Adelsstand erheben, jmdm. einen Adelstitel verleihen* **2** ⟨übertr.⟩ *bes. hervorheben, auszeichnen* ▸ sein Handeln adelt ihn; Abl *Adelung*

Adels|stand ⟨der; -(e)s; unz.⟩ **1** *gesellschaftlicher Stand des Adels, erster Stand* **2** *Gesamtheit der Adligen* ▸ jmdn. in den ~ erheben

Ader ⟨die; -, -n⟩ **1** ⟨Anat.⟩ = *Blutgefäß;* Abl *Äderchen;* Zus *Pulsader* **2** ⟨Bot.⟩ *Blattnerv, Rippe;* Zus *Blattader* **3** ⟨Geol.⟩ *Minerallagerstätte, Gang;* Zus *Erzader, Goldader* **4** ⟨übertr.⟩ *Veranlagung, Interesse* ▸ **poetische,** musikalische ~ ⟨übertr.⟩ *dichter., musikal. Veranlagung;* er hat auch eine **romantische** ~ ⟨übertr.⟩ ▸ eine ~ **für** etwas haben ⟨übertr.⟩ *Veranlagung, Interesse;* mir erstarrte vor Schreck das Blut **in** den ~n ⟨übertr.⟩; jmdn. **zur** ~ lassen ⟨Med.; früher⟩ *jmdm. Blut abnehmen, abzapfen;* ⟨übertr.⟩ *jmdm. viel Geld abnehmen*

Ader|lass ⟨der; -es, -läs|se⟩ **1** ⟨Med.; früher⟩ *Öffnung einer Blutader (Vene) zur Abnahme von Blut* **2** ⟨übertr.⟩ *(großer) Verlust, Schwund*

ad hoc *eigens zu diesem Zweck, hierfür;* Zus *Ad-hoc-Bildung*

adieu ⟨[adjø:]⟩ *lebe wohl, Gott befohlen (als Abschiedsgruß)* ▸ jmdm. ~/Adieu sagen

Ad|jek|tiv ⟨das; -(e)s, -e; Gramm.⟩ *ein Wort, das ein Substantiv od. Verb näher bestimmt u. dekliniert werden kann, z. B.* schön, schwarz, eng, groß; Syn *Beiwort, Eigenschaftswort;* Abl *adjektivieren*

ad|jek|ti|visch ⟨[-vɪʃ] Adj.; Gramm.⟩ *in der Art eines Adjektivs, als A. verwendet;* Syn *eigenschaftswörtlich* ▸ ~e Form; ein Wort ~ gebrauchen

Ad|ju|tant ⟨der; -en, -en; Mil.⟩ **1** *einem höheren Offizier beigeordneter Offizier, Helfer des Kommandeurs* **2** ⟨schweiz.⟩ *Kompaniefeldwebel* ▸ persönlicher ~

Ad|ler ⟨der; -s, -⟩ *großer Raubvogel mit sehr kräftigem Schnabel;* Zus *Adlerhorst*

Ad|ler|au|ge ⟨das; -s, -n; übertr.⟩ *sehr scharfes Auge* ▸ jmdn. mit ~n beobachten

ad|lig ⟨Adj.⟩ **1** *von Adel* **2** ⟨a. übertr.⟩ *edel, vornehm* ▸ ~en Standes *dem Adelsstand zugehörig;* ein Mann von ~er Gesinnung

Ad|li|ge(r) ⟨die; -n, -n (der; -n, -n)⟩ *Angehörige(r) des Adelsstandes* ▸ ein hoher ~r

Ad|mi|nis|t|ra|ti|on ⟨die; -, -en⟩ **1** *Verwaltung, Verwaltungsbehörde* **2** *Regierung der USA*

ad|mi|nis|t|ra|tiv ⟨Adj.⟩ *Verwaltungs…, zur Verwaltung gehörend, auf dem Verwaltungswege*

Ad|mi|ral ⟨der; -s, -e od. (österr.) -rä|le⟩ **1** ⟨Mil.⟩ *Offizier der Seestreitkräfte im Generalsrang;* Abl *Admiralität;* Zus *Admiralstab* **2** ⟨Zool.⟩ *Schmetterling mit rotem Band u. weißen Flecken auf schwarzen Flügeln*

ado|les|zent ⟨Adj.⟩ *im jugendlichen Alter stehend, im Heranwachsen begriffen;* Abl *Adoleszenz*

Ado|nis ⟨der; -, -se⟩ *schöner Mann* ▸ er ist ein echter ~; Abl *adonisch*

ad|op|tie|ren ⟨V. trans.; ad|op|tiert, ad|op|tier|te, hat ad|op|tiert⟩ ein Kind ~ *ein fremdes Kind als eigenes Kind annehmen;* Abl *Adoption; adoptiv*

Ad|op|tiv|el|tern ⟨Pl.⟩ *Eltern durch Adoption*

Ad|op|tiv|kind ⟨das; -(e)s, -er⟩ *adoptiertes Kind*

Ad|re|na|lin ⟨das; -(e)s; unz.⟩ *in den Nebennieren gebildetes Hormon;* Zus *Adrenalinspiegel*

Ad|res|sat ⟨der; -en, -en⟩ *jmd., an den eine Sendung adressiert ist, Empfänger (einer Postsendung);* Abl *Adressatin*

Ad|ress|buch ⟨das; -(e)s, -bü|cher⟩ *Einwohnerverzeichnis, Anschriftenbuch*

Ad|res|se ⟨die; -, -n⟩ **1** *Anschrift, Angabe des Namens, der Straße u. des Wohnortes einer Person;* Zus *Adressenverzeichnis* **2** ⟨kurz für⟩ *E-Mail-Adresse* **3** *schriftl. Kundgebung, Eingabe* **4** *Glückwunschschreiben* **5** ⟨EDV⟩ *Teil eines Befehls, der angibt, wo (im Speicher) der Befehl ausgeführt werden soll;* Zus *Internetadresse, Webadresse* ▸ die ~ auf den Briefumschlag schreiben; sich jmds. ~ notieren; eine ~ an jmdn. richten; der Brief ist (nicht) an seine ~ gelangt; bei jmdm. nicht an der richtigen ~ sein ⟨umg.⟩ *nicht die zuständige Stelle erreicht haben*

ad|res|sie|ren ⟨V. trans.; ad|res|siert, ad|res|sier|te, hat ad|res|siert⟩ einen Brief, ein Paket ~ *mit einer Adresse versehen* ▸ einen Brief an jmdn. ~; die Aufforderung war an sie adressiert ⟨übertr.⟩ *gerichtet*

ad|rett ⟨Adj.; -er, am -es|ten⟩ *ein angenehmes Erscheinungsbild bietend, hübsch* ▸ ein sehr ~es Mädchen; ~ angezogen sein

A-Dur ⟨das; -; unz.; Zeichen: A; Mus.⟩ *auf dem Grundton A beruhende Dur-Tonart*

A

Ad|vent ⟨[-vɛnt] der; -(e)s, -e⟩ *Zeit vor Weihnachten;* Syn *Adventszeit* ▸ erster ~ *der erste der vier Sonntage vor Weihnachten, Beginn des Kirchenjahres*

Advent

Als *Advent* wird im Deutschen die **Vorweihnachtszeit** bezeichnet, in der man nach altem Brauch einen **Adventskranz** mit vier Kerzen aufstellt, die nach und nach an den Adventssonntagen angezündet werden. Erst am vierten Advent brennen alle vier Kerzen zugleich. Kindern schenkt man häufig einen **Adventskalender** aus Pappe mit 24 Türen, die vom 1. bis zum 24. Dezember, dem Heiligen Abend, geöffnet werden. Hinter jeder Tür dieses mit weihnachtlichen Motiven (Tannenbäumen, Weihnachtsmännern, Engeln usw.) geschmückten Kalenders verbirgt sich meist ein Weihnachtsbild oder ein kleines Stück Schokolade.

ad|vent|lich ⟨[-vɛnt-] Adj.⟩ *vorweihnachtlich, den Advent, die Adventszeit betreffend*

Ad|vents|ka|len|der ⟨[-vɛnts-] der; -s, -⟩ *Kalender für Kinder mit 24 Türchen, von denen während der Adventszeit täglich eines geöffnet wird;* oV ⟨österr.⟩ *Adventkalender*

Ad|vents|kranz ⟨[-vɛnts-] der; -es, -krän|ze⟩ *im Advent im Zimmer aufgehängter od. aufgestellter Tannenkranz mit vier Kerzen*

Ad|verb ⟨[-vɛrb] das; -s, -ver|bi|en od. -ver|ben [-vɛr-]; Gramm.⟩ *Wort, das ein Adjektiv, Verb od. anderes Adverb genauer bestimmt, z. B.* „sehr" gut; Syn *Umstandswort*

ad|ver|bi|al ⟨[-vɛr-] Adj.; Gramm.⟩ *das Adverb betreffend, in der Art eines Adverbs, umstandswörtlich;* oV *adverbiell* ▸ ein Wort ~ gebrauchen

Ad|vo|kat ⟨[-vo-] der; -en, -en⟩ *Anwalt, Rechtsanwalt;* Abl *Advokatin*

Ae|ro|bic ⟨[ɛ-] das; -; unz.; Sp.⟩ *Ausdauer- u. Beweglichkeitssportart mit Elementen aus Konditionsgymnastik u. Tanz*

Ae|ro|dy|na|mik ⟨[ae-] od. [ɛ-] die; -; unz.⟩ *Lehre von den strömenden Gasen u. den ihnen zugrundeliegenden Gesetzmäßigkeiten;* Abl *aerodynamisch*

Af|fä|re ⟨die; -, -n⟩ **1** *Angelegenheit, (unangenehmer) Vorfall, Streitsache;* Zus *Staatsaffäre* **2** *Liebesverhältnis, Liebesabenteuer;* Zus *Liebesaffäre*

Af|fe ⟨der; -n, -n; Zool.⟩ *dem Menschen ähnliches Säugetier mit Greifhand u. gut entwickeltem Gehirn* ▸ einen ~n **haben** ⟨umg.⟩ *betrunken sein;* ich dachte, mich **laust,** kratzt der ~ ⟨umg.⟩ *ich war überrascht* ▸ du bist wohl **vom** ~n gebissen? ⟨umg.⟩ *du bist wohl verrückt?;* er ist behaart **wie** ein ~; sich **zum** ~n machen ⟨umg.⟩ *sich selbst lächerlich, unmöglich machen;* Abl *Äffchen*

Af|fekt ⟨der; -(e)s, -e⟩ *heftige Gemütsbewegung* ▸ im ~ handeln; etwas im ~ tun; Zus *Affektausbruch, Affekthandlung*

af|fek|tiert ⟨Adj.; -er, am -es|ten⟩ *geziert, gekünstelt* ▸ ~es Benehmen, Lachen, Reden; ~e Person; ~er Stil

af|fen|ar|tig ⟨Adj.⟩ *affenähnlich* ▸ mit ~er Geschwindigkeit ⟨übertr.; umg.⟩ *mit sehr großer G.*

Af|fen|brot|baum ⟨der; -(e)s, -bäu|me; Bot.⟩ *Steppenbaum im tropischen Afrika, mit essbaren, gurkenähnlichen Früchten, im Sommer Laub abwerfend;* Syn *Baobab*

af|fen|geil ⟨Adj.; Jugendspr.⟩ **1** *begeisternd, großartig* **2** *spannend* ▸ ein ~er Hit

Af|fen|lie|be ⟨die; -; unz.; umg.; abwertend⟩ *übertriebene, blinde Liebe*

Af|fen|the|a|ter ⟨das; -s; unz.; umg.⟩ Syn *Affenkomödie* **1** *übertriebenes, lächerliches Aufhebens* **2** *übertriebene, lächerliche Angelegenheit*

af|fig ⟨Adj.; übertr.; umg.⟩ *geziert, gekünstelt, eitel* ▸ ein ~es Benehmen

Af|fi|ni|tät ⟨die; -; unz.⟩ **1** *Neigung zur Verbindung, Annäherung, Fühlungnahme, Wesensverwandtschaft* **2** *Verwandtschaft durch Heiratsschwägerschaft* **3** ⟨Geom.⟩ *Verwandtschaft zw. einem ebenen Bild u. dessen Abbildung auf eine andere Ebene durch Parallelprojektion* **4** ⟨Chem.⟩ *chem. Verwandtschaft, Kraft, sich mit Atomen od. Gruppen von Atomen zu verbinden* ▸ er hat eine starke ~ zu Italien

Af|fir|ma|ti|on ⟨die; -, -en⟩ *Bejahung;* Ggs *Negation (1)*

af|fir|ma|tiv ⟨Adj.⟩ *bejahend;* Ggs *negativ (1)*

Af|fix ⟨a. ['--] das; -es, -e; zusammenfassende Bez. für⟩ *Präfix, Suffix u. a.*

Af|front ⟨[afrɔ̃ː] der; -s, -s⟩ *Beleidigung, Kränkung, Verhöhnung* ▸ dieser Zeitungsbericht ist ein ~ gegen den Bundeskanzler

Af|gha|ne ⟨der; -n, -n⟩ **1** *Einwohner von Afghanistan;* Abl *Afghanin; afghanisch* **2** ⟨Zool.⟩ *eine Windhundrasse*

Af|ri|ka|ner ⟨der; -s, -⟩ *Einwohner Afrikas;* Abl *Afrikanerin*

af|ri|ka|nisch ⟨Adj.⟩ *Afrika betreffend, zu ihm gehörig, aus ihm stammend*

Af|ro|ame|ri|ka|ner ⟨der; -s, -⟩ *aus Afrika stammender Amerikaner, amerikanischer Schwarzer;* Abl *Afroamerikanerin; afroamerikanisch*

Af|ter ⟨der; -s, -; Anat.⟩ *Mastdarmöffnung nach außen;* Syn *Anus*

Af|ter|shave ⟨[-tə(r)ʃɛɪv] das; -s, -s⟩ *Rasierwasser*

AG ⟨Abk. für⟩ *Aktiengesellschaft*

Agen|da ⟨die; -, -gen|den⟩ **1** *Merkbuch, Notizkalender* **2** *Tagesordnung*

Agent ⟨der; -en, -en⟩ **1** *Spion* **2** *Vermittler* **3** *Vertreter* ▸ er ist ~ für Schauspieler; Abl *Agentin*

Agen|tur ⟨die; -, -en⟩ **1** *Vertretung, Geschäftsnebenstelle* **2** *Geschäftsstelle eines Agenten, Vermittlungsstelle;* Zus *Agenturbericht, Agenturmeldung*

Ag|glo|me|rat ⟨das; -(e)s, -e⟩ **1** *etwas, das sich angehäuft od. angesammelt hat* **2** *aus eckigen, scharfkantigen Lavabrocken bestehende Gesteinsmasse*

Ag|gre|gat ⟨das; -(e)s, -e; Tech.⟩ *Kopplung mehrerer Maschinen, bes. von Kraft- u. Arbeitsmaschinen*

Ag|gre|gat|zu|stand ⟨der; -(e)s, -stän|de⟩ *jede der drei Erscheinungsformen der Materie* ▸ gasförmiger, flüssiger, fester ~

Ag|gres|si|on ⟨die; -, -en⟩ **1** *(bes. militärischer) Angriff, Überfall* **2** *Streitsüchtigkeit, ausgeprägte Angriffslust* **3** ⟨Psych.⟩ *durch Affekte ausgelöstes Angriffsverhalten, das gegen andere Lebewesen, Sachen od. gegen sich selbst gerichtet sein kann*

ag|gres|siv ⟨Adj.⟩ **1** *angreifend* **2** *angriffslustig, streitsüchtig* **3** *aufdringlich leuchtend* (Farbe) **4** *schädigend, zerstörend, zersetzend* (chemische Substanz) ▸ du bist heute so ~!; ~e Fahrweise *rücksichtloses, zu schnelles u. drängelndes Fahren*

Ag|gres|si|vi|tät ⟨[-vi-] die; -; unz.⟩ *aggressives Verhalten od. Wesen*

Ag|gres|sor ⟨der; -s, -en⟩ *Angreifer*

Ägi|de ⟨die; -; unz.; geh.⟩ *Obhut, Schutz, Leitung* ▸ unter der ~ von

agie|ren ⟨V. intr.; agiert, agier|te, hat ge|agiert⟩ **1** irgendwie ~ *handeln* **2** als jmd. od. etwas ~ *wirken, als Rolle darstellen*

agil ⟨Adj.⟩ *flink, gewandt, beweglich* ▸ sie ist für ihre achtzig Jahre noch sehr ~; Abl *Agilität*

Agi|ta|ti|on ⟨die; -, -en⟩ *aggressive politische Werbung, Propaganda meist für politische od. soziale Ziele* ▸ ~ betreiben; Zus *Agitationskunst*

Agi|ta|tor ⟨der; -s, -en⟩ *jmd., der (für etwas) agitiert;* Abl *Agitatorin; agitatorisch*

agi|tie|ren ⟨V. intr.; agi|tiert, agi|tier|te, hat agitiert⟩ *werben, politische Propaganda treiben* ▸ für eine Idee, eine Sache ~

Ago|nie ⟨die; -, -n⟩ *Todeskampf*

ag|rar..., Ag|rar... ⟨Vorsilbe⟩ *landwirtschaftlich, landwirtschafts..., Landwirtschafts...*

Ag|rar|ex|port ⟨der; -(e)s, -e⟩ *Export von landwirtschaftlichen Erzeugnissen;* Ggs *Agrarimport*

Ag|rar|ge|sell|schaft ⟨die; -, -en⟩ *(feudalistische) vorindustrielle Gesellschaft*

Ag|rar|im|port ⟨der; -(e)s, -e⟩ *Import von landwirtschaftlichen Erzeugnissen;* Ggs *Agrarexport*

ag|ra|risch ⟨Adj.⟩ *landwirtschaftlich*

Ag|rar|land ⟨das; -(e)s, -län|der⟩ **1** = *Agrarstaat* **2** *landwirtschaftlich genutzter Boden*

Ag|rar|markt ⟨der; -(e)s, -märk|te⟩ *Warenverkehr, Absatzgebiet von Agrarprodukten* ▸ der europäische ~

Ag|rar|mi|nis|ter ⟨der; -s, -; Pol.⟩ **1** ⟨BRD⟩ *Minister, der für die Bereiche Ernährung, Landwirtschaft u. Forsten zuständig ist* **2** ⟨Österreich⟩ *Minister für Land- u. Forstwirtschaft;* Abl *Agrarministerin, Agrarministerium*

Ag|rar|po|li|tik ⟨die; -; unz.⟩ *Maßnahmen zur Förderung der Landwirtschaft;* Abl *agrarpolitisch*

Ag|rar|pro|dukt ⟨das; -(e)s, -e⟩ *landwirtschaftliches Erzeugnis*

Ag|rar|staat ⟨der; -(e)s, -en⟩ *Staat mit überwiegend landwirtschaftlicher Erzeugung;* Ggs *Industriestaat*

Ag|ree|ment ⟨[əgriːmənt] das; -s, -s⟩ **1** *Vereinbarung* **2** *formlose, aber bindende Übereinkunft*

Ag|ri|kul|tur ⟨die; -; unz.⟩ *Ackerbau, Landwirtschaft*

Ag|ro|nom ⟨der; -en, -en⟩ *landwirtschaftlicher Sachverständiger, Wissenschaftler auf dem Gebiet der Landwirtschaft;* Abl *Agronomie; agronomisch*

Ägyp|ter ⟨der; -s, -⟩ *Einwohner von Ägypten;* Abl *Ägypterin; ägyptisch*

ah! ⟨Int.⟩ *(Ausruf des Staunens, der Erkenntnis, Verwunderung, Bewunderung od. Erleichterung)* ▸ ~ so! *also so ist das!*

aha! ⟨a. ['--] Int.⟩ **1** *also so ist das, jetzt verstehe ich (es)!* **2** *da haben wir's, ich habe es ja gleich gesagt!*

Aha-Er|leb|nis ⟨das; -nis|ses, -nis|se; umg.⟩ *plötzliche Erkenntnis eines Sinnzusammenhanges* ▸ ein ~ haben

ahis|to|risch ⟨Adj.⟩ *ohne geschichtliche Gesichtspunkte, nicht historisch* ▸ ~e Betrachtungsweise; ein ~er Ansatz

Ah|le ⟨die; -, -n⟩ *Werkzeug zum Löcherstechen in Leder od. Pappe*

Ahn ⟨der; -(e)s, -en; geh.⟩ *männl. Vorfahr* ▸ die ~en, unsere ~en; Abl *Ahnin*

ahn|den ⟨V. trans.; ahn|det, ahn|de|te, hat ge|ahndet⟩ ein Vergehen, ein Unrecht ~ *strafen, rächen, strafrechtlich verfolgen*

Ah|ne ⟨der; -n, -n od. die; -, -n⟩ *Ahn, Ahnin, männl. od. weibl. Vorfahr;* Zus *Ahnenbild, Ahnenforschung, Ahnengalerie, Ahnenkult, Ahnenreihe, Ahnentafel*

äh|neln ⟨V. intr.; äh|nelt, äh|nel|te, hat ge|äh|nelt⟩ jmdm. od. einer Sache ~ **1** *ähnlich sein, ähnlich sehen, ähnlich klingen* **2** *so ähnlich aussehen, klingen wie, so ähnlich sein wie* ▸ das Bild ähnelt einem anderen, das ich kenne; er ähnelt seinem Vater

ah|nen ⟨V. trans.; ahnt, ahn|te, hat ge|ahnt⟩ etwas ~ **1** *vorher-, vorausfühlen* **2** *vermuten, eine unbestimmte Vorstellung von etwas haben* ▸ ach, du ahnst es nicht! ⟨umg.⟩ *(Ausruf der unangenehmen Überraschung) ach, du liebe Zeit!;* ich habe es doch (fast) geahnt, dass du heute kommen würdest; du ahnst nicht, wie schwer es ist; ich ahne Böses, nichts Gutes; deine Andeutung lässt schon ~, was nun auf uns zukommt; nichts ~d, öffnete sie die Wohnungstür

ähn|lich ⟨Adj.⟩ *in vielen wichtigen Merkmalen od. Eigenschaften übereinstimmend, an jmdn. od. etwas erinnernd* ▸ ein ~er **Fall** hat sich kürzlich zugetragen ▸ mir **geht** es ~ *mir geht es fast ebenso;* ~ **klingen**, riechen, schmecken wie ...; jmdm. ~ **sehen** od. sein *ähnlich wie jemand aussehen od. sein;* das sieht ihm ähnlich! *das ist typisch für ihn!;* **sein:** ihr seid euch sehr ~ ▸ einander **täuschend** ~ sehen *zum Verwechseln ähnlich* ▸ ich habe nie **etwas** Ähnliches erlebt; **oder** Ähnliches ⟨Abk.: o. Ä.⟩; er heißt Neumeister oder **so** ~ *od. so etwas, ich weiß es nicht mehr genau;* **und** Ähnliches ⟨Abk.: u. Ä.⟩ *u. anderes, was dem Genannten, Erwähnten entspricht;* die Zwillinge sind einander **zum** Verwechseln ~; Abl *Ähnlichkeit*

Ah|nung ⟨die; -, -en⟩ **1** *Vorgefühl, Vermutung, gefühlsmäßige Erwartung* **2** *Begriff, Vorstellung* ▸ meine ~ hat sich (nicht) **erfüllt; hast** du eine

~, wo ich meine Brille hingelegt habe? ⟨umg.⟩ *weißt du vielleicht …;* hast du eine ~! ⟨umg.⟩ *was du dir so (darunter) vorstellst!;* meine ~ hat mich (nicht) **getrogen** ▸ **böse,** dunkle, schlimme ~; **keine** ~! ⟨umg.⟩ *ich weiß es nicht!;* ich habe nicht die **leiseste,** geringste ~, ob sie kommen wird; Zus *Ahnungsvermögen*

ah|nungs|los ⟨Adj.⟩ *ohne Ahnung, völlig unwissend, nichtsahnend* ▸ ich war völlig ~; wir waren ~ über das Ausmaß der Katastrophe; Abl *Ahnungslosigkeit*

ah|nungs|voll ⟨Adj.⟩ *voller Ahnung, etwas (meist Böses) ahnend*

ahoi! ⟨Seemannsspr.⟩ *(Anruf eines Schiffes)* ▸ Boot ~, Schiff ~!

Ahorn ⟨der; -(e)s, -e; Bot.⟩ *Laubbaum mit handförmig gefächerten Blättern*

Äh|re ⟨die; -, -n; Bot.⟩ *Blütenstand mit ungestielten Einzelblüten an der verlängerten Hauptachse von Getreidepflanzen;* Zus *Ährenfeld, Ährenkranz, Ährenlese*

AIDS *auch:* **Aids** ⟨[ɛɪdz] ohne Artikel; Kurzwort für engl.⟩ *Acquired Immune Deficiency Syndrome (erworbenes Immundefekt-Syndrom), durch ein Virus hervorgerufenes Syndrom von Immunschwäche, das den Zusammenbruch des körpereigenen Abwehrsystems zur Folge haben kann;* Zus *Aidshilfe, aidskrank, Aidskranke(r), Aidsvirus*

Aids|test ⟨[ɛɪdz-] der; -(e)s, -e od. -s⟩ *medizinische Untersuchungsmethode, um die Krankheit AIDS zu diagnostizieren*

Air|bag ⟨[ɛːrbæg] der; -s, -s⟩ **1** *mit Luft gefülltes Kissen* **2** *in der Lenksäule von Kraftfahrzeugen untergebrachte Kunststoffhülle, die sich im Falle eines Aufpralles innerhalb von Sekundenbruchteilen aufbläst u. den Aufprall des Fahrers auf das Lenkrad dämpft*

Air|bus® ⟨[ɛːr-] der; -bus|ses, -bus|se; Flugw.; Serienname für⟩ *von einem europäischen Gemeinschaftsunternehmen entwickelte Flugzeugfamilie von Großraum-Passagierflugzeugen für Kurz-, Mittel- u. Langstrecken*

ais, Ais ⟨das; -, -; Mus.⟩ *das um einen halben Ton erhöhte a bzw. A*

Aka|de|mie ⟨die; -, -n⟩ **1** *Vereinigung, Gesellschaft von Gelehrten, Dichtern u. Ä.;* Zus *Dichterakademie, Sprachakademie* **2** *Fachschule* **3** *Anstalt zur Förderung der Wissenschaften, Forschungsanstalt;* Zus *Kunstakademie, Musikakademie* **4** *Gebäude einer Akademie* **5** ⟨österr.⟩ *literarische od. musikalische Veranstaltung* ▸ Mitglied einer ~ sein; ~ der schönen Künste; ~ der Wissenschaften

Aka|de|mi|ker ⟨der; -s, -⟩ *jmd., der auf einer Akademie, bes. auf der Universität, studiert hat;* Abl *Akademikerin*

aka|de|misch ⟨Adj.⟩ **1** *eine Akademie betreffend, zu ihr gehörig, auf ihr beruhend* **2** ⟨übertr.⟩ *weltfremd, trocken, überlieferungstreu* ▸ eine ~e Bildung haben; ~er Grad *Stufe in der Laufbahn des Hochschullehrers nach bestimmten Prüfungen, z. B. Doktor;* ~es Viertel *Viertelstunde nach der (für den Beginn der Vorlesungen) angegebenen Zeit;* ~ ausgebildet sein

Aka|zie ⟨[-tsjə] die; -, -n; Bot.⟩ *in wärmeren Klimazonen heimischer Baum od. Strauch*

Ak|kla|ma|ti|on ⟨die; -, -en; geh.⟩ **1** *bestimmender Zuruf* **2** *Beifall* ▸ jmdn. durch ~ wählen *jmdn. durch Zuruf wählen*

Ak|kli|ma|ti|sa|ti|on ⟨die; -; unz.⟩ *das Akklimatisieren, Gewöhnung an veränderte Klima- od. Umweltbedingungen, Anpassung daran*

ak|kli|ma|ti|sie|ren ⟨V. refl.; ak|kli|ma|ti|siert sich, ak|kli|ma|ti|sier|te sich, hat sich ak|kli|ma|ti|siert⟩ sich ~ **1** *an veränderte Klima- od. Umweltbedingungen gewöhnen* **2** *an veränderte Lebensumstände, an eine neue Umgebung gewöhnen* ▸ er hat sich in seiner neuen Heimat schnell akklimatisiert; Abl *Akklimatisierung*

Ak|kord ⟨der; -(e)s, -e⟩ **1** ⟨Mus.⟩ *Zusammenklang von drei od. mehr Tönen verschiedener Höhe* **2** *Bezahlung nach der Stückzahl;* Zus *Akkordarbeit, Akkordlohn* ▸ einen ~ anschlagen, greifen ⟨Mus.⟩; im ~ arbeiten

Ak|kor|de|on ⟨das; -s, -s; Mus.⟩ *Handharmonika mit gleichem Ton bei Zug u. Druck;* Syn ⟨umg.⟩ *Schifferklavier*

ak|kre|di|tie|ren ⟨V. trans.; ak|kre|di|tiert, ak|kre|di|tier|te, hat ak|kre|di|tiert⟩ jmdn. ~ *bevollmächtigen* ▸ zum Empfang erschienen die in Berlin akkreditierten Diplomaten; Abl *Akkreditierung*

Ak|ku ⟨der; -s, -s; kurz für⟩ *Akkumulator*

Ak|ku|mu|la|tor ⟨der; -s, -en; kurz: Akku⟩ **1** *Gerät zum Speichern elektrischer Energie mittels elektrochemischer Vorgänge* **2** *ein Behälter mit konstantem Wasserdruck für hydraulische Pressen*

ak|ku|mu|lie|ren ⟨V.; ak|ku|mu|liert, ak|ku|mu|lier|te, hat ak|ku|mu|liert; geh.⟩ **I** ⟨V. trans.⟩ Vermögen, Kapital ~ *sammeln, speichern* **II** ⟨V. refl.⟩ sich ~ *sich ansammeln* ▸ das Gift akkumulierte sich im See; Abl *Akkumulation*

ak|ku|rat ⟨Adj.; -er, am -es|ten⟩ *genau, sorgfältig, sehr ordentlich* ▸ ~ arbeiten

Ak|ku|sa|tiv ⟨der; -(e)s, -e; Gramm.⟩ *vierter Fall der Deklination;* Syn *Wenfall;* Abl *akkusativisch*

Ak|ne ⟨die; -; unz.; Med.⟩ *eine von den Talgdrüsen ausgehende, bes. in den Entwicklungsjahren vorkommende eitrige Hauterkrankung*

ak|qui|rie|ren ⟨V. trans.; ak|qui|riert, ak|qui|rier|te, hat ak|qui|riert⟩ Kunden ~ *anwerben, gewinnen*

Ak|qui|si|ti|on ⟨die; -, -en⟩ *Anschaffung, Erwerbung;* Syn *Akquise*

Ak|ri|bie ⟨die; -; unz.⟩ *peinliche Genauigkeit, höchste Sorgfalt;* Abl *akribisch*

Ak|ro|bat ⟨der; -en, -en⟩ *Turner, der besondere körperliche Kraft, Gewandtheit u. Beweglichkeit erfordernde Übungen vollbringt;* Abl *Akrobatin*

Ak|ro|ba|tik ⟨die; -; unz.⟩ *besondere körperliche Kraft, Gewandtheit u. Beweglichkeit erfordernde Turnkunst, Kunstturnen;* Abl *akrobatisch;* Zus ⟨übertr.⟩ *Gedankenakrobatik*

Akt ⟨der; -(e)s, -e⟩ **1** *Handlung, Vorgang, Tätigkeit* **2** ⟨Theat.⟩ *Aufzug (3)* **3** ⟨Kunst⟩ *Darstellung des* *nackten menschlichen Körpers;* Zus *Aktfoto, Aktzeichnung* **4** *feierliche Zeremonie, Teil einer Zeremonie* **5** *Vorführung;* Zus *Zirkusakt* ▸ ein ~ der **Höflichkeit,** Verzweiflung ▸ einen ~ **malen,** zeichnen ▸ ein **feierlicher,** symbolischer ~; **männlicher,** weiblicher ~ ▸ ein Drama **mit** fünf ~en; **während** des ersten, zweiten ~es

Ak|te ⟨die; -, -n⟩ *schriftliche Unterlagen eines geschäftlichen od. gerichtlichen Vorgangs* ▸ jmdn. in den ~n führen *Unterlagen über ihn besitzen;* etwas zu den ~n legen *zu den schon vorhandenen, gesammelten Schriftstücken über den gleichen Vorgang;* ⟨übertr.⟩ *als erledigt ablegen;* Zus *Aktenordner, Aktentasche, Aktenvermerk; Gerichtsakte, Polizeiakte, Prozessakte*

Ak|ten|ein|sicht ⟨die; -, -en⟩ *Einblick in Akten* ▸ einem Anwalt ~ gewähren

Ak|ten|kof|fer ⟨der; -s, -⟩ *kleiner (meist lederner) Koffer zum Mitnehmen von schriftlichen Unterlagen (Akten, Büchern usw.)*

ak|ten|kun|dig ⟨Adj.⟩ *in einer Akte belegt, nachweisbar* ▸ Straftaten ~ machen

Ak|ten|map|pe ⟨die; -, -n⟩ **1** *Mappe mit Traghenkel zum Mitnehmen von Akten u. a. Schriftstücken, Büchern usw.* **2** *Sammelmappe aus Pappe für Akten*

Ak|ten|no|tiz ⟨die; -, -en⟩ *kurze Aufzeichnung, Notiz über einen Vorgang, die zu einer Akte gelegt wird*

Ak|teur ⟨[-tøːr] der; -s, -e⟩ **1** *Handelnder* **2** *Schauspieler* **3** ⟨Sp.⟩ *Wettkämpfer in einer Sportveranstaltung* ▸ nach dem Platzverweis waren nur noch zehn ~e auf dem Platz; die ~e eines Bühnenstücks nennen; Abl *Akteurin*

Ak|tie ⟨[-tsjə] die; -, -n⟩ *Anteil am Grundkapital einer Aktiengesellschaft* ▸ ~n ausgeben, auswerfen, kaufen; die ~n fallen, steigen; die ~n stehen (nicht) gut ⟨übertr.⟩ *die Aussichten sind gut (schlecht);* sein Geld in ~n anlegen; Zus *Aktienanteil, Aktienbesitz, Aktienbörse, Aktiengeschäft, Aktienhandel, Aktienkapital, Aktienkurs, Aktienmarkt, Aktienpaket, Aktienwert*

Ak|ti|en|fonds ⟨[-fɔ̃] der; - [-fɔ̃ːs], - [-fɔ̃s]⟩ *Art des Investmentfonds, bei dem das Kapital von Kunden in Form von Beteiligungspapieren im In- u. Ausland bei Aktiengesellschaften angelegt wird*

Ak|ti|en|ge|sell|schaft ⟨[-tsi-] die; -, -en; Abk.: AG⟩ *Handelsgesellschaft, deren Grundkapital aus den Einlagen der Gesellschafter besteht, mit denen diese (beschränkt od. voll) haften u. aus denen sie in Form von Dividenden Erträge beziehen*

Ak|ti|en|in|dex ⟨[-tsi-] der; - od. -es, -e od. -di|zes od. -di|ces⟩ *Messzahl des durchschnittl. Börsenkurses der Aktien der bedeutendsten Aktiengesellschaften, die an der Börse notiert werden* ▸ Deutscher ~ ⟨Abk.: DAX®⟩

Ak|ti|en|mehr|heit ⟨die; -, -en⟩ *die Mehrheit der Aktien (über 50 %) eines Unternehmens* ▸ ein Gesellschafter hält die ~

Ak|ti|on ⟨die; -, -en⟩ **1** *Handlung, Vorgehen, Unternehmung;* Zus *Aktionsplan, Aktionsprogramm* **2** *Maßnahme* **3** *Ereignis, Vorgang* **4** ⟨schweiz.⟩ *Sonderangebot* ▸ eine gemeinsame ~ starten ⟨umg.⟩; in ~ treten *zu handeln beginnen*

Ak|ti|o|när ⟨der; -s, -e⟩ **1** *Aktienbesitzer, Teilhaber* **2** *Mitglied einer Aktiengesellschaft;* Abl *Aktionärin;* Zus *Aktionärsversammlung*

Ak|ti|o|nis|mus ⟨der; -; unz.; meist abwertend⟩ *übermäßiger Tätigkeitsdrang* ▸ blinder, übertriebener ~; der Minister warnte vor ~ in der Bildungspolitik; Abl *aktionistisch*

Ak|ti|ons|ra|di|us ⟨der; -, -di|en⟩ **1** *Strecke, die ein Fahr- od. Flugzeug zurücklegen kann, ohne neuen Treibstoff aufzunehmen* **2** ⟨übertr.⟩ *Reichweite, Wirkungsbereich* ▸ einen großen ~ haben

ak|tiv ⟨Adj.⟩ **1** *ständig tätig, immer bereit, etwas zu tun, mit großem Engagement handelnd;* Ggs *passiv (1)* **2** *als Mitglied eines Vereins tätig, indem man an Übungen u. Wettkämpfen teilnimmt;* Abl *Aktive(r)* **3** ⟨Mil.⟩ *ständig im Dienst stehend* **4** ⟨['--] Gramm.⟩ *im Aktiv (stehend)* ▸ sie ist in der **Friedensbewegung** ~; ~er **Offizier** *Berufsoffizier;* ~er **Sportler** *S., der Leistungssport betreibt u. an Wettkämpfen teilnimmt;* ~es **Verb;** es gibt ~e und passive **Vereinsmitglieder;** ~es **Wahlrecht** *das Recht, zu wählen;* Ggs *passives Wahlrecht;* ~er **Wortschatz** *W., den man selbst anwendet;* Ggs *passiver Wortschatz* ▸ sich ~ bei od. an etwas **beteiligen** ▸ er ist **politisch** sehr ~

Ak|tiv[1] ⟨das; -s; unz.; Gramm.⟩ *Aktionsform des Verbums, drückt aus, was das Subjekt des Satzes tut;* Syn *Tatform, Tätigkeitsform;* Ggs *Passiv;* Abl *aktivisch*

Ak|tiv[2] ⟨das; -s, -e; DDR⟩ *kleine Arbeitsgruppe, die innerhalb eines größeren Kollektivs aktivierend einwirken soll*

Ak|tiv|bür|ger ⟨der; -s, -⟩ *Staatsbürger, der Wahlrecht besitzt u. gewählt werden kann;* Abl *Aktivbürgerin*

ak|ti|vie|ren ⟨[-viː-] V. trans.; ak|ti|viert, ak|ti|vier|te, hat ak|ti|viert⟩ jmdn. od. etwas ~ *in Tätigkeit setzen, in Schwung bringen, zu größerer Wirkung bringen;* Abl *Aktivierung*

Ak|ti|vis|mus ⟨[-vɪs-] der; -; unz.⟩ **1** *Tätigkeitsdrang* **2** *betont zielbewusstes Handeln;* Abl *aktivistisch*

Ak|ti|vist ⟨[-vɪst] der; -en, -en⟩ **1** *politisch tatkräftiger Mensch, zielbewusst Handelnder* **2** ⟨DDR⟩ *Arbeiter od. Angestellter, der für seine überdurchschnittliche Leistungen ausgezeichnet worden ist;* Abl *Aktivistin*

Ak|ti|vi|tät ⟨[-vi-] die; -, -en⟩ **I** ⟨unz.⟩ **1** *aktives Verhalten, Geschäftigkeit* **2** *Wirksamkeit, Wirkungsfähigkeit* ▸ er forderte die Parteimitglieder zu mehr ~ auf **II** ⟨zählb.; meist Pl.⟩ *(lebhafte) Handlung, Tätigkeit* ▸ kriminelle, illegale ~en

Ak|tiv|ur|laub ⟨der; -(e)s, -e; Pl. selten⟩ *Urlaub, in dem man sich gezielt körperlich betätigt*

ak|tu|a|li|sie|ren ⟨V. trans.; ak|tu|a|li|siert, ak|tu|a|li|sier|te, hat ak|tu|a|li|siert⟩ einen Bericht, eine Statistik ~ *aktuell, zeitnah machen;* Abl *Aktualisierung*

ak|tu|ell ⟨Adj.⟩ **1** *in der Gegenwart vorhanden u. von Bedeutung, gegenwärtig, zurzeit bestehend*

A

2 *modisch, zeitgemäß* ▸ sein ~es Album ist ein großer Erfolg; dem ~en Modetrend folgen; ~e/Aktuelle Stunde *höchstens einstündige Bundestagsdebatte zu aktuellen Themen;* einer ~en Untersuchung zufolge hat sich die wirtschaftliche Situation verbessert; ihre Erkenntnisse sind noch immer ~; Abl *Aktualität*

Aku|punk|tur ⟨die; -, -en; Med.⟩ *jahrtausendealtes chines. Heilverfahren, bei dem durch Einstich von Nadeln an bestimmten Hautpunkten erkrankte innere Organe beeinflusst werden;* Abl *akupunktieren*

Akus|tik ⟨die; -; unz.⟩ **1** *Lehre vom Schall;* Abl *Akustiker(in)* **2** ⟨Mus.⟩ *Lehre von den Tönen* **3** *Klangwirkung, Beschaffenheit eines Raumes bezüglich des Widerhalls von Klang* ▸ der Saal hat eine gute, schlechte ~

Akus|tik|gi|tar|re ⟨die; -, -n; Mus.⟩ *Gitarre ohne elektronische Verstärkung;* ⓘ S. 788

akus|tisch ⟨Adj.⟩ **1** *die Akustik betreffend, auf ihr beruhend* **2** *das Gehör, den Schall betreffend* **3** *mit dem Gehör wahrnehmbar* ▸ ~e Sinneseindrücke; etwas ~ nicht verstehen

akut ⟨Adj.⟩ **1** *plötzlich auftretend, scharf, heftig* **2** *vordringlich, unmittelbar, gegenwärtig vorherrschend* **3** ⟨Med.⟩ *rasch u. heftig verlaufend;* Ggs *chronisch (1)* ▸ ~e Gefahr, Bedrohung; ~er Geldmangel; er schwebt in ~er Lebensgefahr; haben Sie ~e Beschwerden?

AKW ⟨Abk. für⟩ *Atomkraftwerk;* Zus *AKW-Gegner(in)*

Ak|zent ⟨der; -(e)s, -e; Zeichen: ´, `, ˆ⟩ **1** *Zeichen für Betonung, Qualität od. Quantität eines Lautes* **2** *Betonung, Nachdruck, Schwerpunkt, Gewicht* **3** *Aussprache, Tonfall, Sprachmelodie* ▸ auf ein Wort, eine Aussage besonderen ~ legen; ~e setzen ▸ mit bairischem, österreichischem ~ sprechen ▸ der ~ liegt auf der ersten Silbe, auf dem ersten Wort; mit ausländischem, englischem, süddeutschem ~ sprechen

ak|zent|frei ⟨Adj.⟩ *ohne Betonung, ohne Akzent (gesprochen)* ▸ ~e Aussprache

ak|zen|tu|ie|ren ⟨V. trans.; ak|zen|tu|iert, ak|zen|tu|ier|te, hat ak|zen|tu|iert⟩ etwas ~ **1** *mit Nachdruck betonen* **2** *abgemessen, genau aussprechen* ▸ akzentuiert sprechen; Abl *Akzentuation*

ak|zep|ta|bel ⟨Adj.; -ta|bler od. -tab|ler, am -s|ten⟩ *so beschaffen, dass man es akzeptieren kann, annehmbar;* Ggs *inakzeptabel* ▸ der Vorschlag ist (nicht) ~; Abl *Akzeptabilität*

Ak|zep|tanz ⟨die; -; unz.⟩ *das Akzeptieren, das Bereitsein, etwas anzunehmen* ▸ in der Bevölkerung besteht keine ~ dafür

ak|zep|tie|ren ⟨V. trans.; ak|zep|tiert, ak|zep|tier|te, hat ak|zep|tiert⟩ jmdn. od. etwas ~ *annehmen, anerkennen, mit jmdm. od. etwas einverstanden sein* ▸ einen Vorschlag ~; er wurde von seinen Mitschülern akzeptiert; Abl *akzeptierbar*

...al ⟨Nachsilbe; zur Bildung von Adj.⟩ **1** *wie etwas, in der Art von etwas,* z. B. phänomenal, rational **2** *in Bezug auf etwas,* z. B. hormonal, kantonal

alaaf! ⟨köln.⟩ *hoch!* ▸ Kölle ~!

Ala|bas|ter ⟨der; -s, -; Pl. selten⟩ **1** *marmorähnliche, feinkörnige, reinweiße, durchscheinende Gipsart;* Zus *Alabastergips* **2** *weißer, durchscheinender Kalkstein als Werkstoff für Schalen, Vasen u. Ä.;* Zus *Alabasterglas*

Alarm ⟨der; -(e)s, -e⟩ **1** *Ruf od. Signal zur Warnung, Gefahrmeldung, Gefahrensignal;* Zus *Alarmsignal; Bombenalarm, Feueralarm* **2** *die Zeit der Gefahr, die Dauer des Alarms (1) vom Signal bis zur Entwarnung* ▸ ~ auslösen, schlagen; blinder ~ *falscher Alarm;* dreistündiger, kurzer, langer ~

Alarm|an|la|ge ⟨die; -, -n⟩ *Einrichtung, die bei Berührung Alarm auslöst*

Alarm|be|reit|schaft ⟨die; -; unz.⟩ *Bereitsein für den Einsatz* ▸ die Feuerwehr stand bei der großen Hitze unter höchster ~; Abl *alarmbereit*

Alarm|glo|cke ⟨die; -, -n⟩ *Glocke um Alarm zu läuten* ▸ bei dieser Bemerkung schrillten bei ihr die ~n ⟨übertr.⟩

alar|mie|ren ⟨V. trans.; alar|miert, alar|mier|te, hat alar|miert⟩ jmdn. ~ **1** *jmdm. Alarm geben, jmdn. zum Einsatz rufen* **2** ⟨übertr.⟩ *jmdn. beunruhigen* ▸ die Feuerwehr, Funkstreife, Polizei ~; ihre Bemerkung alarmierte ihn ⟨übertr.⟩

Alarm|stu|fe ⟨die; -, -n⟩ *Phase der Alarmbereitschaft, höchste Gefahrenstufe* ▸ ~ Rot

Al|ba|ner ⟨der; -s, -⟩ *Einwohner Albaniens;* Abl *Albanerin; albanisch*

Al|ba|t|ros ⟨der; -s|ses, -s|se; Zool.⟩ *ein großer Seevogel, der weite Strecken fliegen, aber auch gut schwimmen kann*

Alb|druck ⟨der; -(e)s, -drü|cke; Pl. selten⟩ = *Alpdruck*

Alb|drü|cken ⟨das; -s; unz.⟩ = *Alpdrücken*

Al|ben ⟨Pl. von⟩ *Album*

al|bern[1] ⟨Adj.⟩ **1** *kindisch* **2** *lustig, heiter (ohne Grund)* **3** ⟨umg.⟩ *unbedeutend, wertlos* ▸ ~es Benehmen, Gerede, Getue; ~e Gänse ⟨umg.⟩ *sinnlos kichernde Mädchen;* ~es Zeug schwatzen ▸ ~ daherreden, lachen ▸ so viel Umstände wegen dieses ~en Zettels ⟨umg.⟩

al|bern[2] ⟨V. intr.; al|bert, al|ber|te, hat ge|al|bert⟩ *Unsinn, Spaß treiben* ▸ mit den Kindern (herum)~; Abl *Alberei*

Al|bern|heit ⟨die; -, -en⟩ *albernes Benehmen* ▸ lass doch bitte diese ~en!

Al|bi|no ⟨der; -s, -s⟩ *Mensch od. Tier mit mangelhafter od. fehlender Farbstoffbildung*

Alb|traum ⟨der; -(e)s, -träu|me⟩ = *Alptraum*

Al|bum ⟨das; -s, Al|ben⟩ **1** *Gedenkbuch, Sammelbuch;* Zus *Fotoalbum, Poesiealbum* **2** *Tonträger mit mehreren Aufnahmen einer Gruppe od. eines Einzelinterpreten* ▸ das neue ~ der „Ärzte" war bei den Fans ein großer Erfolg

Al|chi|mie ⟨[-çi-] die; -; unz.⟩ *mittelalterliche Chemie, bes. Goldmacherkunst;* Abl *alchimistisch*

Ale|man|ne ⟨der; -n, -n⟩ *Angehöriger eines german. Stammes an Oberrhein u. Oberdonau*

ale|man|nisch ⟨Adj.⟩ *die Alemannen betreffend, zu ihnen gehörig, von ihnen stammend* ▸ ~e Mundart *deutsche, vor allem im Elsass, in Baden u. in der Schweiz gesprochene Mundart*

Al|ge ‹die; -, -n; Bot.› *einfache, im Wasser lebende Grünpflanze;* Zus *Algenteppich*

Al|ge|bra ‹österr. [-'--] die; -; unz.; Math.› *Teilgebiet der Mathematik, Lehre von den Gleichungen, Buchstabenrechnung;* Abl *algebraisch*

Al|go|rith|mus ‹der; -, -men; Math.; EDV› *ein Verfahren, bei dem aufgrund eines Systems von Regeln gegebene Größen (Aufgaben) in andere Größen (Lösungen) umgewandelt werden können;* Abl *algorithmisch*

ali|as ‹Adv.› *auch … genannt, eigentlich …* ▸ Hans Weber ~ Schulze

Ali|bi ‹das; -s, -s› **1** *Nachweis der Abwesenheit vom Tatort zur Tatzeit* **2** *Entschuldigung, Rechtfertigung* ▸ ein (kein) ~ haben; sein ~ nachweisen; über ein wasserdichtes ~ verfügen; jmdn., etwas als ~ missbrauchen *als Rechtfertigungsgrund für das eigene Handeln anführen*

Ali|bi|funk|ti|on ‹die; -, -en; in der Wendung› ~ haben *etwas verschleiern sollen, einen Vorwand für etwas liefern*

Al|ka|li ‹das; -s, -li|en; Chem.› *Substanz, die mit Wasser verbunden Laugen bildet, Base;* Abl *alkalisch*

Al|ko|hol ‹der; -(e)s, -e› **1** *brennbare Flüssigkeit, die, mit Wasser verdünnt, trinkbar ist u. in verschiedenen Getränken (z. B. Bier, Schnaps, Wein) enthalten ist u. berauschend wirkt;* Abl *alkoholfrei, alkoholhaltig* **2** *alkoholhaltiges Getränk;* Zus *Alkoholkonsum, Alkoholrausch, Alkoholverbot, Alkoholvergiftung; alkoholabhängig, alkoholkrank, alkoholsüchtig* ▸ er hat wieder zu viel ~ getrunken; Jugendliche bekommen keinen ~

Al|ko|ho|li|ka ‹Pl.› *alkoholische Getränke*

Al|ko|ho|li|ker ‹der; -s, -› *jmd., der an Alkoholismus leidet, Alkoholabhängiger;* Abl *Alkoholikerin*

al|ko|ho|lisch ‹Adj.› *Alkohol enthaltend* (Getränk) ▸ ~e Gärung *G., bei der Alkohol entsteht*

Al|ko|ho|lis|mus ‹der; -; unz.› *Trunksucht, stetiger Missbrauch von alkoholischen Getränken*

Al|ko|hol|pro|b|lem ‹das; -s, -e› *Tendenz zum Alkoholismus* ▸ er hat ein ~

Al|ko|hol|spie|gel ‹der; -s, -› *Menge des im Blut enthaltenen Alkohols* ▸ ein ~ von 1,5 ‰

Al|ko|hol|test ‹der; -s, -e od. der; -s, -s› *Feststellung des Blutalkoholgehaltes (bes. im Straßenverkehr)*

Al|ko|ven ‹[-vən] der; -s, -› *Bettnische, sehr kleiner Nebenraum an einem Zimmer*

all/ganz

Um die „Gesamtheit einer Sache“ oder „sämtliche Personen“ zu bezeichnen, verwendet man im Deutschen das unbestimmte Pronomen *all,* das in den folgenden Fällen standardsprachlich nicht durch das Adjektiv *ganz* ersetzbar ist: *Alle Kinder waren müde. Ich habe alle Bücher gelesen. Alles Gute zum Geburtstag!*

Zwar gibt es auch Wendungen wie *mit aller/ganzer Kraft,* in denen beide Wörter austauschbar sind, doch sollte im Plural nicht *ganz* statt *all* verwendet werden. Ein mögliches Synonym ist **sämtliche:** *Ich habe sämtliche Bücher gelesen.* Im Singular jedoch wird *ganz* gebraucht, um eine Gesamtheit auszudrücken: *Der ganze Rasen muss umgegraben werden. Ich war die ganze Zeit zu Hause.* Hier ist wiederum in der Regel keine Ersetzung durch *all* möglich, genauso wie in der Bedeutung „unbeschädigt“: *Das Fahrrad ist wieder ganz. Er hat den Stuhl wieder ganz gemacht.*

all ‹Indefinitpron.› **1** ‹meist Sg.› *gesamt, ganz* **2** ‹meist Pl.› *sämtliche* **3** ‹zeitlich› *regelmäßig in Abständen von …* ▸ wie viele sind gekommen? ~e!; wie viel (davon) hast du ihm gegeben? ~es!; wir, ihr, sie ~e; ~e beide *beide zusammen, jeder von beiden;* ~ das hat keinen Sinn; ~e, die kommen wollen …; du bist mein Ein und Alles *du bedeutest mir am meisten auf der Welt;* ~es, was ich gesehen, gehört, gesagt, getan habe; ~es, was recht ist! *(Ausruf des Unwillens) das geht wirklich nicht!* ▸ ~er **Anfang** ist schwer; Gebrauchsgegenstände ~er **Art** *jeder Art;* ~ das **Fremde,** Neue, Ungewohnte; ich habe ~ mein **Geld** verloren; er hat ~en **Grund** dazu; ich wünsche dir ~es **Gute;** ~e **Jahre** wieder *jedes Jahr;* ~e **Kinder,** Menschen, Tiere; die Ursache ~en **Leides,** Übels; ~e **Leute;** ~en **Mahnungen** zum Trotz; wir treffen uns ~e ‹mitteldt.: ~er› paar **Monate** ‹umg.› *innerhalb einiger Monate einmal;* ~e paar **Schritte** stolperte er; in ~er **Stille** *heimlich, unter Ausschluss der Öffentlichkeit;* ~e **Tage;** ~e ‹mitteldt.: ~er› acht Tage ‹umg.› *jede Woche einmal;* ~e **Welt** *jeder(mann);* ~e ‹mitteldt.: ~er› zwei **Wochen** ‹umg.› *jede zweite Woche, eine Woche um die andere* ▸ **aufhören:** da hört doch ~es auf! *das ist doch unerhört!;* ~es ‹umg.; eigtl.:› ~e **aussteigen!**; es **hat** ~es einmal sein Ende; es sind ~e **gekommen;** man kann es nicht ~en **recht machen;** diese Städte habe ich ~e **gesehen; sein:** das ist ~es *mehr habe nicht zu sagen;* danke, das ist ~es (beim Einkaufen) *das genügt, mehr brauche ich nicht;* ist das ~es? *hast du noch etwas zu sagen?, genügt das?;* wenn das ~es ist, dann ist es nicht so schlimm; ich will ~es **tun,** was ich kann ▸ ~e **fünf;** er ist ~es **andere** als dumm *gar nicht dumm;* ~es **eingerechnet;** ein für ~e **Mal** *einmal, (das gilt) für immer;* ich sage dir das ein für ~e Mal! *ich möchte dir das nicht noch einmal sagen müssen!;* →a. *allemal;* ~es **Mögliche** tun; ~es **Übrige** erledige ich ▸ bitte nicht ~e **auf** einmal!; es kommt immer ~es auf einmal; auf ~e Fälle komme ich morgen vorbei *bestimmt;* **bei** ~ seinem Leichtsinn ist er doch ein liebenswerter Kerl *trotz seines Leichtsinns;* Mädchen **für** ~es ‹umg.; übertr.› *jmd., der die verschiedensten Arbeiten tun muss;* er will ~es für sich haben; nimm für ~e Fälle den Schirm mit *vor-*

sichtshalber; für ~e Zeiten *für immer;* ~es in ~em war es doch schön *im Großen u. Ganzen;* ~es in ~em habe ich 150 Euro ausgegeben *insgesamt;* in ~er Eile *in großer Eile, eilig(st);* in ~er Frühe ‹umg.› *sehr früh;* die Neuigkeit ist in ~er Munde *jeder spricht davon;* in ~er Ruhe *ruhig, ohne die Ruhe zu verlieren;* mit ~er Gewalt, Kraft, Liebe; mit ~em Zubehör; ~es oder nichts; ohne ~en Zweifel *ohne jeden Z.;* trotz ~em *trotzdem;* ein gutes Buch geht mir über ~es *ist mir das Liebste;* jmdn. über ~es lieben *sehr, mehr, als man sagen kann;* um ~es in der Welt nicht *auf gar keinen Fall;* unter ~en Umständen *auf jeden Fall, unbedingt;* vor ~em *hauptsächlich, zuerst;* er wurde vor ~en andern bloßgestellt *im Beisein der anderen;* vor ~er Augen *öffentlich;* vor ~en Dingen musst du versuchen, zu … *zuerst, besonders;* er ist zu ~em fähig *jeder Tat fähig;* zu ~em Unglück hat er auch noch seine Brieftasche verloren *noch dazu;* das ist zu ~en Zeiten so gewesen *jederzeit, immer* ▸ was hast du ~es gesehen?; wer war ~es da? ‹umg.›; →a. *alle*

All ‹das; -s; unz.› *Weltall, Weltraum*

all|a̲bend|lich ‹Adj.› *jeden Abend (stattfindend)* ▸ das ~e Vorlesen liebte er sehr

A̡l|lah ‹a. [-'-] ohne Artikel; im Islam Bez. für› *Gott*

a̡l|le ‹Adv.; umg.; mitteldt.› *zu Ende, verbraucht, erschöpft;* →a. *all* ▸ ~ sein *zu Ende sein, verbraucht sein;* ‹übertr.› *erschöpft sein;* ich bin ganz ~ ‹übertr.›; das Brot, mein Geld ist ~; ~ werden *nahezu verbraucht sein*

al|le|de̲m ‹nur in Verbindung mit Präp.› *all diesem* ▸ bei ~ *trotzdem, trotz alledem;* ich kann mit ~ nichts anfangen; nach ~ kann er ihr nicht mehr vertrauen; trotz ~ ‹verstärkend› *trotzdem;* zu ~ ‹verstärkend› *außerdem, obendrein*

Al|le̲e ‹die; -, -n› *von Bäumen gesäumte Straße, von Bäumen eingefasster Weg;* Zus *Alleebaum*

Al|le|go|ri̲e ‹die; -, -n; in bildender Kunst u. Dichtung› *bildhafte Darstellung eines Begriffs od. eines Vorgangs mit erkennbarer Verbindung zu diesem, Sinnbild, Gleichnis, z. B. Frau mit verbundenen Augen für „Gerechtigkeit";* →a. *Symbol;* Abl *allegorisch*

al|le̲in[1] ‹Adv.› **1** *einsam, verlassen* **2** *ohne die Anwesenheit anderer Personen, für sich;* Zus *Alleinbesitz, Alleinerbe, Alleinflug, Alleinvertretung, Alleinvertrieb* **3** *nur* ▸ du ~ kannst mir helfen; er ~ ist an allem schuld ▸ ~ Erziehende(r) = *Alleinerziehende(r);* ~ (schon) der Gedanke daran macht mich unruhig ▸ ich habe ihn (nicht) ~ angetroffen; danke, ich kann es ~; ein Unglück kommt selten ~; ich kann das Kind nicht ~ lassen; das Kind kann schon, noch nicht ~ laufen; ~ leben; kann ich dich einen Augenblick ~ sprechen?; sein: ich bin so ~; ich muss jetzt (mit mir) ~ sein ▸ einsam und ~; einzig und ~ seine Geistesgegenwart hat uns gerettet *ausschließlich, nur;* ~ erziehend = *alleinerziehend;* er hält seine Ansichten für ~ seligmachend / ~ selig machend *einzig richtig, einzig wahr;* ~ stehend = *alleinstehend (I)* ▸ ganz ~; er war ~ im Zimmer; er war ~ mit ihr (im Zimmer); ich werde ~ damit fertig; nicht ~ die Aussage, sondern auch die Art und Weise war unhöflich

al|le̲in[2] ‹Konj.› *aber, doch* ▸ ich wollte dem Bettler etwas geben, ~ ich hatte nichts bei mir

al|lein|er|zie|hend *auch:* **al|le̲in er|zie|hend** ‹Adj.› *ein Kind, Kinder allein großziehend u. erziehend (ohne den anderen Elternteil);* Abl *Alleinerziehende(r) / allein Erziehende(r)*

Al|le̲in|gang ‹der; -(e)s, -gän|ge› im ~ *allein, ohne Hilfe, Begleitung od. Zustimmung anderer* ▸ einen Berg im ~ besteigen; die Opposition warnte vor gefährlichen Alleingängen in der Außenpolitik; sie gewann das Rennen im ~ *in weitem Abstand vor dem Feld der Verfolger*

Al|le̲in|herr|schaft ‹die; -; unz.› *Regierungsform, bei der die Macht uneingeschränkt von einem einzelnen Herrscher ausgeübt wird;* Abl *Alleinherrscher(in)*

al|le̲i|nig ‹Adj.› *einzig*

Al|le̲in|in|ha|ber ‹der; -s, -› *alleiniger Inhaber eines Geschäfts, einer Firma*

Al|le̲in|sein ‹das; -s; unz.› **1** *Fürsichsein* **2** *Einsamkeit, Isoliertheit* ▸ er hatte genug vom ~

al|le̲in|ste|hend *auch:* **al|le̲in ste|hend** ‹Adj.› **I** ‹Zusammen- u. Getrenntschreibung› *für sich stehend, freistehend* ▸ ein ~es Haus **II** ‹nur Zusammenschreibung› *unverheiratet, ohne Kinder, ohne Partner* ▸ er ist noch alleinstehend

Al|le|lu̲|ja ‹das; -s, -s› = *Halleluja*

a̡l|le|mal ‹a. [--'-] Adv.› →a. *alle* **1** *jedes Mal, immer* **2** ‹umg.› *auf jeden Fall* ▸ ~! ‹umg.› *auf jeden Fall!, ohne Bedenken!;* das kannst du dann ~ noch tun *immer noch, auch später noch*

a̡l|len|falls ‹Adv.› **1** *vielleicht, eventuell, nötigenfalls* **2** *höchstens, gerade noch* ▸ sie hat ~ ein Kopfnicken für mich übrig; er kümmert sich kaum um die Kinder, ~ sieht er sie beim Abendbrot

a̡l|ler… ‹Vorsilbe; umg. zur Verstärkung des Superl.› das ist das allerschönste Geschenk; er ist der Allergeschickteste von ihnen

a̡l|ler|be̲s|te(r, -s) ‹Adj.; verstärkend› *beste(r, -s)* ▸ ich wünsche Ihnen das Allerbeste (zum Geburtstag usw.); du bist meine Allerbeste; das gefällt mir am ~n; von der ~n Sorte

al|ler|di̲ngs ‹Adv. u. Abtönungspartikel› **I** ‹etwas, das bereits gesagt wurde, mit Nachdruck bejahend› *in der Tat, selbstverständlich, sicherlich, freilich* ▸ bist du denn auch schon selbst dort gewesen? ~! **II** ‹etwas zögernd zugestehend od. einschränkend› *jedoch, man muss zugeben, dass …* ▸ das hat er ~ nicht gesagt, nicht erlaubt; das Essen war ganz gut, ~ sehr teuer; ich komme gern, ~ habe ich zurzeit einen Schnupfen

a̡l|ler|e̲rs|te(r, -s) ‹Adj.; verstärkend› *erste(r, -s)* ▸ er war der Allererste

Al|l|er|ge̲n ‹das; -(e)s, -e; meist Pl.› *eine allergische Krankheit bewirkender Stoff*

Al|l|er|gi̲e ‹die; -, -n; Med.› *Überempfindlichkeit des Immunsystems gegen bestimmte Stoffe*

Al|l|er|gi|ker ⟨der; -s, -⟩ *jmd., der allergisch auf bestimmte Stoffe reagiert;* Abl *Allergikerin*

al|l|er|gisch ⟨Adj.⟩ **1** *auf Allergie beruhend* (Krankheit) **2** *überempfindlich gegen bestimmte Stoffe* (Person) **3** ⟨übertr.⟩ *ungehalten, gereizt (gegenüber jmdm., etwas)* ▸ ~ gegen Nüsse sein; er reagiert zunehmend ~ auf Kritik ⟨übertr.⟩

al|ler|größ|te(r, -s) ⟨Adj.; verstärkend⟩ *größte(r, -s)* ▸ er ist der Allergrößte

al|ler|hand ⟨Adj.; undekl.⟩ **1** *allerlei, verschiedenerlei* **2** ⟨umg.; a. ['---]⟩ *ziemlich viel, ziemlich stark, unerhört* ▸ ~ hübsche Dinge, Kleinigkeiten; ich habe ~ erlebt; das ist wirklich ~!

Al|ler|hei|li|gen ⟨ohne Artikel; undekl.; kath. Kirche⟩ *Feiertag am 1. November zum Gedenken an alle Heiligen* ▸ an ~, zu ~

al|ler|höchs|tens ⟨Adv.; verstärkend⟩ *höchstens* ▸ ~ vier *keinesfalls mehr als vier*

al|ler|lei ⟨a. [--'-] Adj.; undekl.⟩ *viel, eine Menge* ▸ ~ gute Sachen; er redete ~ Unsinn

Al|ler|lei ⟨das; -s, -s; unz.⟩ **1** *kunterbuntes Durcheinander* **2** ⟨Kochk.⟩ Leipziger ~ *gemischtes Gemüse aus Erbsen, Karotten, Pilzen u. Spargelstückchen*

al|ler|letz|te(r, -s) ⟨Adj.; verstärkend⟩ **1** *letzte(r, -s)* **2** ⟨umg.⟩ *im höchsten Grade schlecht, hässlich* ▸ er war der Allerletzte; sie sah dies als ~e Möglichkeit; das ist doch wirklich das Allerletzte ⟨umg.⟩ *das ist eine Unverschämtheit*

al|ler|liebst ⟨Adj.⟩ **1** ⟨verstärkend⟩ *liebste(r, -s)* **2** *entzückend, reizend* ▸ es sah wirklich ~ aus

al|ler|meis|te(n) ⟨Adj.; verstärkend⟩ *meist(e, -en)* ▸ das ~/Allermeiste davon kenne ich schon; am ~n *am meisten, am häufigsten;* das wünsche ich mir am ~n

al|ler|min|des|te(r, -s) ⟨Adj.; verstärkend⟩ *mindeste(r, -s)* ▸ das ist das ~/Allermindeste, was du tun solltest, tun musst; er nimmt nicht die ~ Rücksicht

al|ler|nächs|te(r, -s) ⟨Adj.; verstärkend⟩ *nächste(r, -s)* ▸ die ~ Verwandtschaft; in ~r Nähe, Zeit; das Allernächste

al|ler|neu|es|te(r, -s) ⟨Adj.; verstärkend⟩ *neueste(r, -s)* ▸ das Allerneueste ⟨umg.⟩ *das Neueste vom Neuen;* die ~n Nachrichten; nach der ~n Mode; oV *allerneuste(r, -s)*

al|ler|or|ten ⟨Adv.⟩ *überall;* Syn *allerorts*

Al|ler|see|len ⟨ohne Artikel; undekl.; kath. Kirche⟩ *Feiertag am 2. November zum Gedenken an die Verstorbenen* ▸ an ~; zu ~

al|ler|seits ⟨Adv.⟩ **1** *alle, alle zusammen* **2** *allseits* ▸ gute Nacht, guten Tag, auf Wiedersehen ~!; dies wurde ~ mit großer Erleichterung aufgenommen; sich ~ bekanntmachen

Al|ler|welts... ⟨in Zus.⟩ *Durchschnitts..., so, wie man es häufig findet,* z.B. Allerweltsname, Allerweltsproblem

al|ler|we|nigs|te(n) ⟨Adj.; verstärkend⟩ *wenigste(n)* ▸ das ist das ~/Allerwenigste, was du für ihn tun musst; die ~n/Allerwenigsten waren einverstanden; das habe ich am ~n beabsichtigt, gewollt

al|ler|we|nigs|tens ⟨Adv.; verstärkend⟩ *wenigstens* ▸ es waren ~ vier *auf gar keinen Fall weniger*

Al|ler|wer|tes|te(r) ⟨der; -n, -n; umg.; scherzh.; verhüllend⟩ *Gesäß, Popo* ▸ auf den ~n fallen

al|les ⟨Indefinitpron.⟩ = *all*

al|le|samt ⟨schweiz. ['---] Adv.⟩ *alle miteinander, alle zusammen* ▸ die Trauben waren ~ faul

al|le|zeit ⟨Adv.⟩ = *allzeit*

all|fäl|lig ⟨Adj.; österr. u. schweiz.⟩ **1** *möglicherweise vorkommend* **2** *gegebenenfalls, allenfalls*

All|ge|gen|wart ⟨schweiz. ['----] die; -; unz.⟩ *ständige Anwesenheit* ▸ die ~ Gottes

all|ge|gen|wär|tig ⟨Adj.⟩ *ständig, überall gegenwärtig* ▸ der ~e Gott

all|ge|mein ⟨a. ['---] Adj.⟩ **1** *grundsätzlich* **2** *überall (verbreitet, bekannt), bei, von allen* **3** *für alle Personen bestimmt, für alle gültig* **4** *(fast) ausnahmslos, bei allen vorhanden* ▸ um 11 Uhr war ~er Aufbruch *um 11 Uhr gingen alle;* Allgemeiner Deutscher Automobil-Club ⟨Abk.: ADAC⟩; ~e Entrüstung auslösen; sein Verhalten rief ~es Erstaunen hervor; die ~e (gesellschaftliche, politische, wirtschaftliche usw.) Lage; Allgemeiner Studentenausschuss ⟨Kurzwort: AStA⟩ *gewählte Interessenvertretung der Studenten an Hoch- u. Fachhochschulen;* das ~e Wahlrecht missachten; der Rat fand ~e Zustimmung ▸ seine Tüchtigkeit wird ~ anerkannt *wird überall, von allen anerkannt* ▸ das ist ~ bekannt; er ist ~ beliebt; ~ bildend = *allgemeinbildend;* gültig = *allgemeingültig;* ~ verständlich = *allgemeinverständlich* ▸ vom Besonderen auf das Allgemeine schließen ⟨Philos.⟩; im Allgemeinen ⟨Abk.: i. Allg.⟩ *im Großen u. Ganzen, meist, fast immer;* jmdn. mit ~en Redensarten abspeisen *sich ihm gegenüber zu nichts verpflichten;* vom Allgemeinen auf das Besondere schließen ⟨Philos.⟩; der Abend verlief zur ~en Zufriedenheit

all|ge|mein|bil|dend *auch:* **all|ge|mein bil|dend** ⟨Adj.⟩ *eine vielseitige Bildung vermittelnd* ▸ ~e Schulen

All|ge|mein|bil|dung ⟨die; -; unz.⟩ *allseitige Bildung, Bildung außer dem Fachwissen*

all|ge|mein|gül|tig *auch:* **all|ge|mein gül|tig** ⟨Adj.⟩ *für jedermann gültig, überall, zu jeder Zeit* ▸ ~e Normen, Regeln; Abl *Allgemeingültigkeit*

All|ge|mein|heit ⟨die; -; unz.⟩ *die Öffentlichkeit, das Volk, die anderen* ▸ historische Funde der ~ zugänglich machen; diese Briefe sind nicht für die ~ bestimmt

All|ge|mein|me|di|zin ⟨die; -; unz.⟩ *Bereich der medizinischen Wissenschaft u. Praxis ohne Spezialisierung auf ein Gebiet* ▸ Arzt für ~ *praktischer Arzt;* Abl *Allgemeinmediziner(in)*

All|ge|mein|platz ⟨der; -es, -plät|ze⟩ *abgegriffene Redensart, nichtssagendes, unverbindliches Gerede* ▸ er antwortet nur mit Allgemeinplätzen

all|ge|mein|ver|ständ|lich *auch:* **all|ge|mein verständ|lich** ⟨Adj.⟩ *für jeden, leicht verständlich*

All|ge|walt ⟨die; -; unz.⟩ *unbeschränkte Macht* ▸ die ~ der Fürsten; Abl *allgewaltig*

All|heil|mit|tel ⟨das; -s; unz.⟩ *Heilmittel für (angeb-*

lich) alles ▸ gegen die hohe Arbeitslosigkeit gibt es kein ~

Al|li|anz ⟨die; -, -en⟩ **1** *Bündnis, Vereinigung, Interessengemeinschaft* **2** ⟨Völkerrecht⟩ *Bündnis, Zusammenschluss von Staaten für defensive od. offensive politische Zwecke od. zur Erhaltung einer bestimmten zwischenstaatlichen Ordnung*

Al|li|ga|tor ⟨der; -s, -en; Zool.⟩ *ein Krokodil mit verhältnismäßig kurzer Schnauze*

Al|li|ier|te(r) ⟨die; -n, -n (der; -n, -n)⟩ *Verbündete(r)* ▸ die ~n *die gegen Dtschld. verbündeten Länder im 1. u. 2. Weltkrieg*

all|jähr|lich ⟨schweiz. ['---] Adj.⟩ *jedes Jahr (stattfindend, sich wiederholend)*

All|macht ⟨die; -; unz.⟩ *die alles umfassende Macht (Gottes)*

all|mäch|tig ⟨Adj.⟩ *Allmacht habend* ▸ der ~e Gott; der ~e Vater; Gott, der Allmächtige

all|mäh|lich ⟨Adj.⟩ **1** *langsam u. stetig, ständig fortschreitend* **2** *schrittweise, nach u. nach* ▸ eine ~e Entwicklung; ich begreife ~, was das für dich bedeutet; sein Befinden bessert sich ~; der Lösung eines Problems ~ näher kommen

all|mo|nat|lich ⟨Adj.⟩ *jeden Monat (stattfindend, sich wiederholend)*

Al|lo|t|ria ⟨das; -s; unz.⟩ **1** *Unfug, Unsinn, Dummheiten* **2** *Spektakel, Tumult* ▸ ~ treiben

All|rad|an|trieb ⟨der; -(e)s; unz.; Kfz⟩ *Antrieb aller Räder eines Kraftfahrzeugs;* Syn *Vierradantrieb*

All|roun|der ⟨[ɔ:lraʊndə(r)] der; -s, -⟩ **1** *jmd., der umfassende Fähigkeiten besitzt u. vielseitig einsetzbar ist, z. B. Sportler, Unterhaltungskünstler* **2** *etwas, das vielseitig verwendbar ist* ▸ er ist ein erfahrener ~; diese Fahrzeuge sind kompakte ~

all|seits ⟨Adv.⟩ *überall, nach, von allen Seiten* ▸ eine ~ beliebte Lehrerin; der Vorschlag wurde ~ gelobt

All|tag ⟨der; -(e)s; unz.⟩ **1** *Gesamtheit der Werk-, Wochentage;* Zus *Arbeitsalltag* **2** *die gewohnten, sich täglich wiederholenden Handlungen u. Geschehnisse, die wenig Abwechslung bieten u. häufig als langweilig empfunden werden;* Zus *Alltagsleben, Alltagstrott* ▸ der graue ~; dem ~ entfliehen; aus dem ~ ausbrechen; im ~

all|täg|lich ⟨Adj.⟩ **1** *zum Alltag gehörend, für den Alltag bestimmt* **2** *täglich, jeden Tag (stattfindend, sich wiederholend)* **3** ⟨übertr.⟩ *durchschnittlich, nicht ausgeprägt* ▸ ~e Kleidung; ~e Pflichten; ich gehe ~ an seinem Haus vorüber; etwas Alltägliches *nichts Besonderes;* Abl *Alltäglichkeit*

all|tags ⟨Adv.⟩ *im Alltag, werktags, wochentags*

All|tags|klei|dung ⟨die; -; unz.⟩ *Kleidung für den Alltag (nicht für festliche Anlässe)*

all|tags|nah ⟨Adj.⟩ *mit Bezug zur Welt des Alltags* ▸ ein ~es Beispiel

All|tags|spra|che ⟨die; -, -n⟩ = *Umgangssprache*

all|um|fas|send ⟨Adj.⟩ *alles umfassend* ▸ eine ~e Organisation

Al|lü|ren ⟨Pl.; abwertend⟩ *(ungewöhnl.) Benehmen, (auffallende) Umgangsformen, Gewohnheiten* ▸ komische, merkwürdige, unangenehme ~

all|wis|send ⟨Adj.⟩ *alles wissend* ▸ der ~e Gott; ich bin doch nicht ~! *(als Antwort);* Abl *Allwissenheit*

all|wö|chent|lich ⟨Adj.⟩ *jede Woche (stattfindend, sich wiederholend)*

all|zeit ⟨Adv.⟩ *immer, jederzeit* ▸ wir sind ~ bereit

all|zu ⟨Adv.⟩ **1** *viel zu* **2** *in zu großem Maße, übertrieben* ▸ ~ sehr *viel zu sehr;* du überlegst ~ viel *übertrieben viel;* er macht ~ viele Fehler; ~ wenig *viel zu wenig*

Alm ⟨die; -, -en⟩ *Weide im Hochgebirge*

Alm|ab|trieb ⟨der; -(e)s, -e⟩ *das Abtreiben des Viehs von den Almen im Herbst;* Syn ⟨schweiz.⟩ *Alpabzug*

Al|ma Ma|ter ⟨die; - -; unz.; poet.⟩ *Universität*

Al|ma|nach ⟨der; -(e)s, -e⟩ **1** *Verlagsverzeichnis mit Textproben aus neuen Büchern* **2** *Kalender, Jahrbuch mit Bildern* **3** *Gedichtsammlung*

Alm|auf|trieb ⟨der; -(e)s, -e⟩ *Auftrieb des Viehs auf die Almen im Frühjahr;* Syn ⟨schweiz.⟩ *Alpaufzug*

Al|mo|sen ⟨das; -s, -⟩ **1** *Gabe an Arme, Bedürftige, milde Gabe* **2** ⟨übertr.⟩ *herablassend gegebenes kleines (Geld-)Geschenk* ▸ jmdm. ein ~ geben; ich will von ihm kein ~ haben; um ~ bitten

Alp ⟨die; -, -en⟩ = *Alm;* oV *Alpe*

Al|pa|ka ⟨das; -s, -s⟩ **I** ⟨zählb.⟩ *südamerikanisches Kamelschaf, das zur Fleisch- u. Wollgewinnung in den Anden halbwild gehalten wird* **II** ⟨unz.⟩ *dessen Wolle*

Alp|druck ⟨der; -(e)s, -drü|cke; Pl. selten⟩ = *Alpdrücken*

Alp|drü|cken ⟨das; -s; unz.⟩ *mit Angstträumen verbundenes Beklemmungsgefühl im Schlaf*

Al|pen|glü|hen ⟨das; -s; unz.⟩ *Rotleuchten der Alpengipfel bei Sonnenuntergang*

Al|pen|ver|ein ⟨der; -(e)s; unz.⟩ *Verein zur Förderung wissenschaftlichen Erforschung der Hochgebirge u. des Bergsteigens*

Al|pha ⟨das; -s, -s; Zeichen: α, A⟩ *erster Buchstabe des griechischen Alphabets*

Alphabet

Grundlage der deutschen Schriftsprache ist das in den meisten europäischen Sprachen verwendete lateinische *Alphabet.* Es besteht im Deutschen aus 26 **Buchstaben,** von denen es jeweils eine große und eine kleine Variante gibt.
Zu den Besonderheiten des deutschen Alphabets zählen die drei Umlautbuchstaben *Ää, Öö* und *Üü* sowie das stimmlose (scharfe) *s* nach langem Vokal, das *ß.* Diesen Buchstaben gebraucht man nur in kleingeschriebener Form – als Großbuchstabe wird *ß* zu *SS: Straße – STRASSE.* In der Schweiz und in Liechtenstein wird das *ß* in der Regel durch ein *ss* wiedergegeben.

Al|pha|bet ⟨das; -(e)s, -e⟩ *die geordnete Folge der Buchstaben einer Sprache;* Syn *Abc* ▸ das lateinische, griechische, deutsche ~; Wörter, Namen nach dem ~ ordnen

al|pha|be|tisch <Adj.> *nach dem Alphabet, in der Ordnung des Alphabets* ▸ Namen, Wörter in ~er Reihenfolge aufschreiben

al|pha|be|ti|sie|ren <V. trans.; al|pha|be|ti|siert, al|pha|be|ti|sier|te, hat al|pha|be|ti|siert> **1** etwas ~ *nach dem Alphabet ordnen* **2** jmdn. ~ *im Lesen u. Schreiben unterrichten;* Abl *Alphabetisierung*

al|pha|nu|me|risch <Adj.> ~e Zeichen <EDV> *Zeichen aus Dezimalziffern u. Buchstaben*

Al|pha|tier <das; -(e)s, -e; Biol.> *ranghöchstes Tier (einer Herde)*

Alp|horn <das; -(e)s, -hör|ner; Mus.> *altes, einfaches, wahrscheinlich aus Asien stammendes Holzblasinstrument mit bis zu 4 m langem Rohr*

al|pin <Adj.> *die Alpen, das Hochgebirge betreffend, Alpen-, Hochgebirgscharakter zeigend, in der Art der Alpen* ▸ ~e Ausrüstung; ~e (Dreier-)Kombination <Sp.> *Abfahrtslauf, Slalom u. Riesenslalom;* ~e Fauna und Flora

Al|pi|nis|tik <die; -; unz.> *sportlich betriebenes Bergsteigen (in den Alpen, im Hochgebirge);* Syn *Alpinismus;* Abl *Alpinist(in); alpinistisch*

Alp|traum <der; -(e)s, -träu|me> *durch Alpdrücken hervorgerufener, schwerer, beängstigender Traum*

als/wie

In der Umgangssprache werden die Konjunktionen ***als*** und ***wie*** oft verwechselt, obwohl sie in unterschiedlichen Kontexten gebraucht werden. Mit dem meist **temporal** (zeitlich) verwendeten ***als*** wird die Gleichzeitigkeit eines Vorgangs angegeben: *Als sie kam, wollte er gerade weggehen.* Die umgangssprachliche Verwendung der Konjunktion ***wie*** ist in diesem Fall schriftsprachlich zu vermeiden.

Wie wird meistens **modal** (Art und Weise) verwendet: *Wie in der Zeitung zu lesen stand, ist das Vorhaben gescheitert.*

Besonders bei der **Steigerung** und bei **Vergleichen** werden ***als*** und ***wie*** im Deutschen häufig verwechselt. Richtig ist hier die Verwendung von ***als*** bei der Steigerung, also bei Ungleichheit: *Er ist größer als sie. Der Baum ist höher als das Haus. Sie sprang heute weiter als gestern.*

Wie wird dagegen bei Vergleichen, d. h. bei Gleichheit verwandt: *Er ist so groß wie sie. Der Baum ist so hoch wie das Haus. Sie sprang heute so weit wie gestern.*

als <Konj.> **I** <bezeichnet die Eigenschaft von einer Person od. Sache> der Apparat ~ solcher ist sehr praktisch, aber er ist hässlich ▸ ich schenke dir die Kette ~ **Andenken;** ich erwähne das nur ~ **Beispiel;** 100 Euro ~ **Belohnung,** Unterstützung erhalten; ~ **Fachmann** wusste er genau, was zu tun war; ~ dein **Freund** möchte ich dir raten, es nicht zu tun; ~ **Kind** bin ich oft dort gewesen; in meiner Eigenschaft ~ **Leiter** dieses Betriebes muss ich dagegen protestieren; sie hatte ~ **„Maria Stuart"** großen Erfolg; jmdn. ~ **Sohn** annehmen ▸ sich ~ etwas **erweisen** ▸ dieses Bild gilt ~ das **beste** des ganzen Museums; die Nachricht hat sich ~ **falsch,** richtig, wahr herausgestellt **II** <bezeichnet einen Vergleich (meist von mehreren Personen od. Dingen) u. wird bes. zur Bildung des Komparativs verwendet> er ist älter ~ **ich;** niemand (anderer) ~ ich *allein nur ich;* eins ist größer, höher, schöner ~ das **andere;** ich verlange nichts (anderes) ~ **dies;** dieses Buch ist teurer ~ **jenes;** sie ist hübscher ~ ihre **Schwester;** man braucht länger ~ zwei **Stunden** ▸ es sind bis dorthin nicht mehr ~ zwei Stunden; er ist jünger, ~ er **aussieht;** es ging viel schneller, ~ ich **dachte** ▸ er ist viel zu anständig, ~ **dass** er so etwas tun könnte; davon habe ich mehr ~ **genug;** das ist besser ~ **nichts;** ich komme **so** bald ~ möglich <fälschl. für> *so bald wie möglich;* er ist heute ganz anders ~ **sonst** **III** <steht einleitend vor einer Aufzählung u. wird zur Gegenüberstellung von Personen u. Sachen verwendet> *wie, zum Beispiel* ▸ wir haben eine Menge Obst im Garten, ~ da sind: Äpfel, Birnen, Pflaumen usw.; sowohl … ~ auch … *das eine od. die einen wie auch das andere od. die anderen;* sowohl die Lehrer ~ auch die Schüler **IV** <wird zur Einleitung von Nebensätzen verwendet, um die Gleichzeitigkeit zu der im Hauptsatz ausgedrückten Handlung zu bezeichnen> *zu der Zeit, da* ▸ ~ ich noch ein Kind war, bin ich oft bei den Großeltern gewesen; gerade ~ ich gehen wollte, klingelte das Telefon; damals, ~ das geschah; ich war gerade beim Essen, ~ er kam **V** <zur Einleitung von Nebensätzen, um eine Folge der im Hauptsatz angedeuteten Handlung zu bezeichnen (~ dass) od. um eine Annahme, Täuschung auszudrücken (~ ob, (umg.) ~ wenn)> er ist zu brav, ~ dass er sich so etwas trauen würde; tu nicht so, ~ ob du das nicht könntest, wüsstest; es war mir doch, ~ hätte es geklingelt

als|bald <Adv.> *sofort, sogleich*

als|dann <Adv.> **1** *danach, dann, darauf, hierauf* **2** <umg.> *also, dann also* ▸ ~ auf Wiedersehen!

al|so[1] <Konj.; eine Schlussfolgerung bezeichnend> *aus diesem Grunde, folglich, deswegen, infolgedessen* ▸ dort hast du dich ~ versteckt; ich höre ihn nicht, ~ ist er nicht da

al|so[2] <Adv.; zusammenfassend od. ergänzend> *mit anderen Worten bezeichnet* ▸ sie liebt italienische Städte, ~ Rom, Florenz, Verona

al|so[3] <Abtönungspartikel> *(einen Vorgang, eine Diskussion o. Ä. beendend)* ▸ ~! *endlich!; siehst du!; nun gut!, nun denn;* ~, lass jetzt sehen!; ~ gut, schön! *nun gut!, es sei denn!;* ~ doch! *es ist doch so, wie ich es gesagt habe!;* er ist ~ doch da; ~ los, gehen wir!; na ~! *ich habe es doch gleich gesagt!*

Al|ster|was|ser <das; -s, -; norddt.> = *Radler (2)*

alt <Adj.; äl|ter, am äl|tes|ten> **1** *seit vielen Jahren lebend, nicht mehr jung, betagt* (Mensch) **2** *eine bestimmte Anzahl von Jahren bestehend, vorhanden* **3** *langjährig, bewährt, vertraut, lieb* (Freund) **4** *unverändert, immer gleich* **5** *ehemalig, damalig,* *früher* (Schüler) **6** *nicht mehr frisch* (Lebensmittel) **7** *aus vergangenen Zeiten stammend* (Möbel, Bilder) **8** *traditionell, überkommen, seit langem überliefert* (Sitten u. Gebräuche) **9** *gebraucht, abgenutzt, abgetragen* (Kleider, Schuhe) ▸ ein viele Jahrhunderte ~es **Bauwerk;** ich gehöre noch nicht zum ~en **Eisen!** ⟨übertr.⟩; ein ~er **Freund** von mir *ein langjähriger, lieber F.;* seinen ~en **Gang** gehen *in gewohnter Weise verlaufen;* die ~en **Germanen,** Griechen, Römer *Germanen, Griechen, Römer in der Antike;* immer die ~e **Geschichte,** Leier, Platte! ⟨übertr.; umg.⟩ *immer dasselbe!;* ein ~er **Hase** (auf diesem Gebiet) *ein erfahrener Fachmann;* ~es **Haus!** ⟨übertr.; umg.⟩ *lieber (langjähr.) Freund!;* das ~e **Jahr** *das eben vergangene Jahr beim Jahreswechsel;* die ~en **Leute;** ein ~er **Lehrer** von mir *jmd., der vor langer Zeit mein Lehrer war;* eine ~e **Liebe** *jmd., in den man früher verliebt war (u. den man noch liebt);* ein Alter **Meister** *Künstler des Mittelalters od. dessen Werk;* das Alte **Testament** ⟨Abk.: AT⟩ *der erste, ältere, hebräisch geschriebene Teil der Bibel, der die Zeit der Propheten vor der Geburt Jesu beschreibt;* die Alte **Welt** *Europa im Unterschied zur Neuen Welt (Nordamerika)* ▸ ~ **aussehen** ⟨übertr.; umg.⟩ *in eine ungünstige Lage kommen;* wenn das bekanntwird, sehen wir ~ aus; sich (noch nicht) ~ **fühlen;** etwas ~ **kaufen** *aus zweiter Hand;* **sein:** er ist immer noch der Alte *derselbe, unverändert;* er ist 20 Jahre ~; das Kind ist noch nicht 1 Jahr ~; ~ **werden** ▸ **am** Alten hängen *an der Tradition hängen, vertraute Gewohnheiten nicht aufgeben wollen;* **auf** seine ~en Tage *im Alter;* **aus** Alt mach Neu ⟨umg.; Schlagwort für⟩ *geschickte Umänderung eines Gegenstandes, so dass er wieder wie neu aussieht;* beliebt **bei** Alt und Jung *bei allen beliebt;* beim Alten bleiben *beim Gewohnten, Bewährten bleiben, nichts ändern;* **in** ~er Freundschaft, Treue; in ~en Zeiten *vor längst vergangener Zeit;* Alt **und** Jung *jedermann* ▸ **wie** ~ sind Sie?; für wie ~ halten Sie ihn?

Alt ⟨der; -s; unz.; Mus.⟩ **1** *tiefe Stimmlage bei Frauen u. Knaben bzw. jungen Männern* **2** *Altstimme* **3** *Sängerin mit Altstimme* **4** *Gesamtheit der Altstimmen im Chor* ▸ sie hat einen sehr schönen ~; sie singt (im) ~

Alt... ⟨in Zus.⟩ *aus dem Amt ausgeschieden u. noch lebend,* z. B. Altbundespräsident, Altvorsitzender (in der Schweiz meist klein- u. getrennt geschrieben: alt Bundesrat)

Al|tar ⟨der; -(e)s, -tä|re⟩ **1** *Opferstein, Opferstätte, blockartiger Platz zur Opferdarbringung* **2** ⟨im Christentum⟩ *tisch- od. blockartiger Platz, auf dem das Abendmahl gefeiert wird;* Zus *Altarbild, Altarsakrament* ▸ sich vor dem ~ das Jawort geben *kirchlich heiraten*

alt|ba|cken ⟨Adj.⟩ **1** *nicht mehr frisch, einige Tage alt* (Brot) **2** ⟨übertr.; abwertend⟩ *veraltet, altmodisch* ▸ ein ~es Brötchen; heute wirken ihre Songs etwas ~ ⟨übertr.⟩

Alt|bau ⟨der; -(e)s, -ten⟩ *vor dem 20.06.1948 fertiggestellter Wohnbau;* Ggs *Neubau (I);* Zus *Altbausanierung, Altbauwohnung*

alt|be|kannt ⟨Adj.⟩ *seit langem offenkundig, bekannt* ▸ eine ~e Weisheit

alt|be|währt ⟨Adj.⟩ *seit langem erprobt, bewährt*

Alt|bun|des|kanz|ler ⟨der; -s, -⟩ *aus dem Amt geschiedener, noch lebender Bundeskanzler;* Abl *Altbundeskanzlerin*

Alt|bun|des|prä|si|dent ⟨der; -en, -en⟩ *aus dem Amt geschiedener, noch lebender Bundespräsident;* Abl *Altbundespräsidentin*

alt|deutsch ⟨Adj.⟩ **1** *alles Deutsche vor der Reformation betreffend* **2** ⟨Kunstgewerbe⟩ *im Stil der dt. Renaissance* ▸ ~e Bierstube *altertümlich eingerichtetes Lokal*

Al|te(r) ⟨die; -n, -n (der; -n, -n)⟩ **1** *alte Frau, Greisin bzw. alter Mann, Greis* **2** ⟨umg.⟩ *Chef(in), Vorgesetzte(r)* **3** ⟨Jugendspr.⟩ *freundschaftliche Anrede* ▸ die Alten *die alten Leute;* ⟨umg.⟩ *die Eltern, die Vorfahren; die Völker des Altertums;* mein ~r ⟨umg.⟩ *mein Vater; mein Mann;* hey ~er, komm mal her! ⟨Jugendspr.⟩

alt|ehr|wür|dig ⟨Adj.⟩ *aufgrund des hohen Alters respektgebietend, verehrungswürdig*

alt|ein|ge|ses|sen ⟨Adj.⟩ *seit Generationen an einem Ort ansässig*

Alt|ei|sen ⟨das; -s; unz.⟩ *altes Eisen, das als Rohstoff bei der Herstellung neuer Eisen- u. Stahlwaren wiederverwendet wird*

Al|ten|heim ⟨das; -(e)s, -e⟩ *Wohnstätte für alte Menschen, die Wohnraum, Pflege u. Betreuung bietet* ▸ sie ist gemeinsam mit ihrem Mann voriges Jahr ins ~ gegangen

Al|ten|pfle|ge ⟨die; -; unz.⟩ *Betreuung, Begleitung u. Pflege alter Menschen zu Hause u. im Altenheim;* Abl *Altenpfleger(in)*

Al|ten|teil ⟨das; -(e)s, -e; meist in der Wendung⟩ sich aufs ~ zurückziehen *nicht mehr aktiv an etwas teilnehmen*

Al|ter ⟨das; -s; unz.⟩ **1** *Anzahl der Jahre, die ein Lebewesen bereits gelebt hat;* Zus *Altersabstand, Altersangabe, Altersaufbau, Altersstufe* **2** *Zeit des Bestehens eines Gegenstandes (z. B. eines Kunstwerkes);* Zus *Altersbestimmung* **3** *der spätere Teil des Lebens, Lebensabend;* Zus *Altersrente, Alterssicherung* ▸ ~ eines **Baumes;** das ~ einer **Münze** bestimmen ▸ er **ist** in meinem ~ *so alt wie ich* ▸ ein **biblisches** ~ erreichen *ein sehr hohes A.;* ein Mann **mittleren** ~s ▸ **für** sein ~ ist das Kind schon sehr groß; **im** ~ von 85 Jahren starb er; im besten ~ *in den mittleren Lebensjahren;* im reiferen ~ *wenn man bereits älter ist;* im zarten ~ von fünf Jahren; →a. *alt*

äl|ter ⟨Adj.⟩ **1** ⟨Komp. von⟩ *alt* **2** *nicht mehr jung* ▸ sie ist 2 Jahre ~ als ich; er ist schon ~; eine ~e Dame *eine nicht mehr junge, aber noch keine alte Dame;* Alexandre Dumas der Ältere

Al|ter Ego ⟨das; - -; unz.⟩ **1** *das andere Ich, zweites Ich* **2** ⟨übertr.⟩ *treuer Freund*

al|tern ⟨V. intr.; al|tert, al|ter|te, ist ge|al|tert; selten a.: hat⟩ **1** *(sichtlich) alt werden* (Lebewesen) **2** *die ursprüngliche Beschaffenheit verändern* (Metalle,

Aromen, Weine) ▸ er ist früh gealtert; die Luftverschmutzung lässt Sandstein schnell ~

al|ter|na|tiv ⟨Adj.⟩ **1** *zwischen zwei Möglichkeiten, Dingen usw. auswählend, abwechselnd, wechselweise* **2** ⟨übertr.⟩ **2.1** *anders als üblich* (Lebens-, Ernährungsweise) **2.2** *eine andere, oft ablehnende Haltung gegenüber gesellschaftlichen Erscheinungen einnehmend (z. B. der Globalisierung)* ▸ ~e Energie; ~e Gruppen; ~e Politik; ~e Partei; ~ leben

Al|ter|na|ti|ve ⟨[-və] die; -, -n⟩ **1** *Wahl, Entscheidung zwischen zwei Möglichkeiten, Dingen usw.* **2** *die andere der beiden Möglichkeiten* ▸ vor einer ~ stehen; jmdn. vor die ~ stellen, das eine oder das andere zu tun; zu ihm als Parteivorsitzenden gibt es keine ~

Al|ter|na|ti|ve(r) ⟨die; -n, -n (der; -n, -n)⟩ *jmd., der eine alternative (2.2) Auffassung vertritt*

al|ter|nie|ren ⟨V. intr.; al|ter|niert, al|ter|nier|te, hat al|ter|niert⟩ *wechseln, abwechseln zw. zweien*

al|ters ⟨Adv.; nur in Wendungen wie⟩ von ~ her, seit ~ *von jeher, schon immer*

al|ters|be|dingt ⟨Adj.⟩ *durch Alter verursacht, hervorgerufen* ▸ ~e Krankheit

Al|ters|er|schei|nung ⟨die; -, -en⟩ *eine für höheres Lebensalter typische Erscheinung, z. B. Leistungsminderung, Grauwerden des Haars*

Al|ters|heim ⟨das; -(e)s, -e⟩ *Heim, in dem alte Menschen leben, gepflegt u. betreut werden* ▸ in ein ~ gehen; in einem ~ leben

Al|ters|py|ra|mi|de ⟨die; -, -n; Statistik⟩ *grafische Darstellung der Altersverteilung einer Bevölkerung in Form einer Pyramide*

al|ters|schwach ⟨Adj.⟩ **1** *schwach infolge hohen Alters* **2** *abgenutzt* (Gegenstände) ▸ ein ~es Gebäude; Abl *Altersschwäche*

Al|ters|un|ter|schied ⟨der; -(e)s, -e⟩ *Differenz, die sich aus der unterschiedlichen Anzahl an Lebensjahren ergibt* ▸ ein ~ von drei Jahren

Al|ters|ver|sor|gung ⟨die; -; unz.⟩ *wirtschaftliche Versorgung im Alter durch eine Altersversicherung od. die öffentliche u. private Fürsorge*

Al|ters|vor|sor|ge ⟨die; -, -n⟩ *finanzielle Absicherung im Alter*

Al|ters|zu|la|ge ⟨die; -, -n⟩ *Geldbetrag, der bei älteren Personen zusätzlich zum Lohn od. Gehalt gezahlt werden kann*

Al|ter|tum ⟨das; -s; unz.⟩ *der Zeitraum von den Anfängen menschlicher Kultur bis etwa zum Untergang des weströmischen Reiches* ▸ klassisches ~ *das griech.-röm. Altertum vom 5. Jh. v. Chr. bis zum 5. Jh. n. Chr.;* Syn *Antike*

Al|ter|tü|mer ⟨nur Pl.⟩ *Kunstgegenstände aus dem Altertum* ▸ ~ sammeln

al|ter|tüm|lich ⟨Adj.⟩ **1** *für vergangene Zeiten typisch* **2** *aus alter Zeit stammend* **3** *im Stil einer vergangenen Zeit* (Gebäude, Schreibweise)

Al|te|rung ⟨die; -; unz.⟩ **1** *das Altern;* Zus *Alterungsprozess* **2** ⟨Tech.⟩ *Veränderung des Gefüges od. der Zusammensetzung durch Abnutzung*

Äl|tes|te(r) ⟨die; -n, -n (der; -n, -n)⟩ **1** *diejenige od. derjenige in einer Gemeinschaft, der das höchste Alter hat* **2** *Vorsteher, Oberhaupt;* Zus *Gemeindeältester* **3** *Erstgeborene(r) unter Geschwistern* ▸ meine Älteste *meine älteste Tochter;* mein Ältester *mein ältester Sohn*

Äl|tes|ten|rat ⟨der; -(e)s, -rä|te⟩ **1** ⟨bei traditionellen Völkern⟩ *Gruppe der Ältesten eines Gemeindewesens zur Regelung des gesellschaftlichen Lebens* **2** ⟨in der BRD⟩ *aus dem Präsidium des Bundestages u. weiteren 23 Bundestagsmitgliedern zur Unterstützung des Präsidenten gebildeter Ausschuss*

alt|ge|dient ⟨Adj.⟩ **1** *lange Zeit (in der Armee) gedient habend* **2** *bereits seit langer Zeit im Dienst* ▸ ein ~er Mitarbeiter

alt|ge|wohnt ⟨Adj.⟩ **1** *vertraut, bekannt* **2** *üblich*

Alt|glas ⟨das; -es; unz.⟩ *gebrauchtes, als Rohmaterial wiederverwertbares Glas;* Zus *Altglascontainer*

Alt|gold ⟨das; -(e)s; unz.⟩ *dunkle Goldfarbe*

Alt|her|ren|mann|schaft ⟨die; -, -en; Sp.⟩ *Mannschaft aus älteren Spielern (etwa ab 32 Jahre), die nicht mehr an offiziellen Wettkämpfen teilnimmt*

alt|hoch|deutsch ⟨Adj.⟩ *den frühesten Zeitraum der deutschen Sprache betreffend, zu ihm gehörig, aus ihm stammend* ▸ ~e Sprache *die mittel- u. oberdt. Mundarten vom Beginn der schriftl. Überlieferung (etwa 810) bis etwa 1100;* Abl *Althochdeutsch*

Alt|kanz|ler ⟨der; -s, -; kurz für⟩ *Altbundeskanzler;* Abl *Altkanzlerin*

alt|klug ⟨Adj.⟩ *(als Kind) in seinen Äußerungen die Erwachsenen imitierend, nicht kindgemäß*

Alt|last ⟨die; -, -en⟩ **1** *in der Umwelt (bes. im Erdreich, in Gewässern) verbliebene Schadstoffbelastung, z. B. stillgelegte Mülldeponien* **2** ⟨übertr.; bes. Pol.⟩ *in der Vergangenheit nicht bewältigtes Problem (auch in Bezug auf Personen)*

ält|lich ⟨Adj.⟩ *alt wirkend, veraltet, leicht verschroben* ▸ er wirkte schon immer etwas ~

Alt|ma|te|ri|al ⟨das; -s, -li|en⟩ *alte, nicht mehr gebrauchsfähige Sachen*

Alt|meis|ter ⟨der; -s, -⟩ *ältester u. bedeutendster Vertreter eines Faches (z. B. der Wissenschaft, der Kunst, des Sports)*

Alt|me|tall ⟨das; -(e)s, -e⟩ *alte, gebrauchsunfähige Metallgegenstände, die zu neuwertigem Metall umgeschmolzen werden;* Syn *Schrott (1)*

alt|mo|disch ⟨Adj.⟩ *nicht der augenblickl. Mode entsprechend, unmodern, rückständig, veraltet* (Möbel, Kleidung, Ansichten)

Alt|öl ⟨das; -(e)s, -e⟩ *gebrauchtes Mineralöl, das vorschriftsmäßig beseitigt od. wiederaufbereitet werden muss*

Alt|pa|pier ⟨das; -s; unz.⟩ *gebrauchtes Papier (zur Wiederverwendung)*

Alt|phi|lo|lo|gie ⟨die; -; unz.⟩ *Wissenschaft von den Sprachen des klass. Altertums (Altgriechisch, Latein), klassische Philologie;* Abl *Altphilologe, Altphilologin; altphilologisch*

alt|ro|sa ⟨Adj.; undekl.⟩ *dunkelrosa, rosa mit leicht bläulichem Schimmer* ▸ sie trug ein ~ Kleid

Al|t|ru|is|mus ⟨der; -; unz.⟩ *durch Rücksicht auf andere gekennzeichnete Denk- u. Handlungsweise,*

Selbstlosigkeit, Uneigennützigkeit; Ggs *Egoismus;* Abl *Altruist(in); altruistisch*

alt|sprach|lich ⟨Adj.⟩ *die Sprachen des Altertums (Altgriechisch u. Latein) betreffend*

Alt|stadt ⟨die; -, -städ|te⟩ *ältester Teil einer Stadt;* Zus *Altstadtbummel, Altstadtsanierung*

Alt|stim|me ⟨die; -, -n; Mus.⟩ *Knaben- od. Frauenstimme in tiefer Lage*

alt|vä|ter|lich ⟨Adj.⟩ *großväterlich-ehrwürdig, großväterlich-behaglich, altmodisch*

alt|ver|traut ⟨Adj.⟩ *seit langem vertraut*

Alt|wa|ren ⟨Pl.⟩ *gebrauchte Gegenstände (Kleidung, Möbel usw.);* Zus *Altwarenhändler*

Alt|wei|ber|fast|nacht ⟨die; -, -näch|te⟩ *Donnerstag vor Aschermittwoch*

Alt|wei|ber|som|mer ⟨der; -s, -⟩ **1** *vom Wind getragene Spinnfäden im Spätsommer;* Syn *fliegender Sommer* **2** *warme Tage im Spätsommer*

Alu ⟨das; - od. -s; unz.; kurz für⟩ *Aluminium;* Zus *Alufolie*

Alu|mi|ni|um ⟨das; -s; unz.; Chem.; Zeichen: Al⟩ *chem. Element, silberweißes Leichtmetall*

Alz|hei|mer ⟨ohne Artikel; Med.⟩ *unaufhaltsam voranschreitendes, starkes Nachlassen der geistigen Fähigkeiten bis zum gänzlichen Verfall (durch Hirngewebsschwund)*

am ⟨Verschmelzungsform von Präp. u. Art.⟩ *an dem* **I** ⟨zur Bildung des Superl.⟩ dies hier ist ~ schönsten; er hat ~ besten gespielt **II** ⟨zeitlich⟩ ~ Abend; ~ Montag, den 15. Mai; ~ Tage vorher **III** ⟨örtlich⟩ jmdn. ~ Arm führen; ~ Ende der Straße; ~ Fluss; ~ Fuße des Berges; Frankfurt ~ Main ⟨Abk.: a. M.⟩; ~ Griff anfassen; ~ Land leben ⟨österr.⟩ *auf dem Land leben;* ~ angeführten (od. angegebenen) Ort ⟨Abk.: a. a. O. (bei Zitaten aus Büchern u. Ä.)⟩ **IV** ⟨zurzeit stattfindender Vorgang⟩ er ist ~ Lesen ⟨umg.⟩ *mit Lesen beschäftigt, er liest gerade*

Amal|gam ⟨das; -s, -e; Zahnmed.⟩ *Legierung von Quecksilber mit über 50 % Silber;* Zus *Amalgamfüllung*

Ama|teur ⟨[-tø:r] der; -s, -e⟩ **1** *jmd., der eine Beschäftigung aus Liebhaberei, nicht berufsmäßig betreibt;* Zus *Amateurfotograf(in)* **2** ⟨Sp.⟩ *Aktiver in einem Sportverein* **3** ⟨abwertend⟩ *jmd., der nur über begrenzte Kenntnisse u. Fähigkeiten verfügt, Anfänger;* Abl *amateurhaft* ▸ das sind doch alles ~e ⟨abwertend⟩; Abl *Amateurin*

Ama|zo|ne ⟨die; -, -n⟩ **1** ⟨grch. Myth.⟩ *Angehörige eines kriegerischen Frauenvolkes in Kleinasien* **2** ⟨Reitsp.⟩ *Springreiterin;* Zus *Amazonenspringen*

Am|bi|en|te ⟨das; -s; unz.⟩ **1** *Umgebung, Atmosphäre, Milieu* **2** *Stil einer Einrichtung, Ausstattung* ▸ italienisches, rustikales, luxuriöses ~; das sorgt für das passende ~

Am|bi|gu|i|tät ⟨die; -, -en⟩ *Doppelsinn, Zwei-, Mehrdeutigkeit;* Abl *ambig*

Am|bi|ti|on ⟨die; -, -en⟩ *Ehrgeiz, Bestrebung* ▸ ich habe große, keine ~en

am|bi|ti|o|niert ⟨Adj.⟩ *ehrgeizig* ▸ ein ~er Unternehmer; ein ~es Projekt

am|bi|va|lent ⟨[-va-] Adj.⟩ **1** *zwiespältig* (von Gefühlen) **2** = *ambig* ▸ sie stehen in einem ~en Verhältnis; Abl *Ambivalenz*

Am|boss ⟨der; -es, -e⟩ **1** *eiserner Block mit ebener Fläche, auf dem der Schmied das Eisen mit einem Hammer schmiedet* **2** ⟨Anat.⟩ *das mittlere der drei Gehörknöchelchen*

am|bu|lant ⟨Adj.⟩ **1** *von Ort zu Ort herumziehend, wandernd* **2** ⟨Med.⟩ *während der Sprechstunde (ohne einen Krankenhausaufenthalt);* Ggs *stationär (3)* ▸ eine Operation ~ durchführen

Am|bu|lanz ⟨die; -, -en; Med.⟩ **1** *Station im Krankenhaus für ambulante Behandlung* **2** *fahrbare Einrichtung für ärztliche Untersuchungen, Krankenwagen*

Amei|se ⟨die; -, -n; Zool.⟩ *kleines, schwarzes Insekt, das in Staaten zusammenlebt;* Zus *Ameisengift, Ameisenhügel*

Amei|sen|bär ⟨der; -en, -en; Zool.⟩ *ein zahnloses, ameisenfressendes Säugetier Südamerikas*

Amei|sen|säu|re ⟨die; -; unz.; Chem.⟩ *in Ameisen-, Bienengift u. Brennnesseln vorkommende Säure*

Amen ⟨das; -s, -⟩ **1** *Abschluss eines Gebets od. Segens* **2** *Zustimmung der Gemeinde zu Rede, Segen, Gebet usw.* ▸ zu allem ja und amen / Ja und Amen sagen ⟨übertr.⟩ *mit allem einverstanden sein; sich allem fügen;* das ist so sicher wie das ~ in der Kirche ⟨Sprichw.⟩ *ganz sicher, bestimmt*

Ame|ri|ka|ner ⟨der; -s, -⟩ **1** *Einwohner von Amerika;* Abl *Amerikanerin; amerikanisch;* Zus *Nordamerikaner, Südamerikaner* **2** ⟨umg.⟩ *Gebäck mit Zuckerglasur auf der flachen Seite*

Ame|thyst ⟨der; -(e)s, -e; Min.⟩ *violetter Halbedelstein*

Ami ⟨der; -s, -s; umg.; kurz für⟩ *US-Amerikaner*

Am|mann ⟨der; -(e)s, -män|ner; schweiz.⟩ *Obmann, Amtmann, Bezirks-, Gemeindevorsteher*

Am|me ⟨die; -, -n⟩ *Mutter, die ein fremdes Kind stillt*

Am|men|mär|chen ⟨das; -s, -; übertr.⟩ *unglaubwürdige Geschichte*

Am|mo|ni|ak ⟨a. ['----] das; -(e)s; unz.; Chem.⟩ *farbloses, stechend riechendes Gas*

Am|ne|sie ⟨die; -, -n; Med.⟩ *Gedächtnisstörung, (vorübergehender) Gedächtnisverlust*

Am|nes|tie ⟨die; -, -n⟩ *Straferlass, Begnadigung für eine ganze Gruppe von Gefangenen* ▸ eine ~ erlassen, verkünden; um ~ bitten; die Menschenrechtsgruppe forderte eine ~ für den Gefangenen XY; Abl *Amnestierung; amnestieren*

Amö|be ⟨die; -, -n; Zool.⟩ *ein einfach gebautes, einzelliges Lebewesen*

Amok ⟨der; -s; unz.⟩ *plötzlicher Anfall von Geistesgestörtheit, der mit einem unkontrollierten Ausbruch von Aggressivität einhergeht* ▸ ~ laufen *infolge einer Geistesstörung blindwütig u. unkontrolliert mit einer Waffe um sich schießen u. dabei andere Menschen schwer verletzen od. töten;* Zus *Amoklauf, Amokläufer(in), Amokschütze*

a-Moll ⟨das; -; unz.; Mus.; Zeichen: a⟩ *auf dem Grundton a beruhende Moll-Tonart*

Amor ⟨der; -s; unz.; röm. Myth.⟩ *römischer Gott der Liebe;* →a. *Eros* ▸ von ~s Pfeil getroffen werden ⟨übertr.⟩ *sich verlieben*

amo|ra|lisch ⟨Adj.⟩ **1** *sich über die Moral hinwegsetzend* **2** *jenseits der Moralbegriffe*

amorph ⟨Adj.⟩ **1** *formlos, gestaltlos* **2** *ohne Kristallform;* Ggs *kristallisch*

amor|ti|sie|ren ⟨V.; amor|ti|siert, amor|ti|sier|te, hat amor|ti|siert⟩ **I** ⟨V. trans.⟩ etwas ~ *tilgen, abschreiben* **II** ⟨V. refl.⟩ sich ~ *Kosten wieder einbringen, Gewinn abwerfen* ▸ die Investition hat sich amortisiert; Abl *Amortisation, Amortisierung; amortisierbar*

amou|rös ⟨[-mu-] Adj.⟩ *eine Liebschaft betreffend, auf ihr beruhend* ▸ ein ~es Abenteuer

Am|pel ⟨die; -, -n⟩ **1** *Lichtanlage zur Verkehrsregelung, die abwechselnd Lichter in verschiedenen Farben anzeigt;* Zus *Ampelanlage, Ampelschaltung; Fußgängerampel, Verkehrsampel* **2** *hängende Blumenschale* ▸ die ~ schaltet auf Grün; an der ~ warten, anhalten

Am|pel|ko|a|li|ti|on ⟨die; -, -en; Pol.⟩ *Parteienkoalition aus SPD, FDP u. Bündnis 90 / Die Grünen*

Am|pere ⟨[ampɛ:r] das; - od. -s, -; El.; Zeichen: A⟩ *Maßeinheit der elektrischen Stromstärke*

Am|phe|t|a|min ⟨das; -s; unz.; Pharm.⟩ *Stoff mit anregender Wirkung auf das zentrale Nervensystem*

Am|phi|bie ⟨[-bjə] die; -, -n; Zool.⟩ *Tier, das im Wasser u. auf dem Land leben kann, Lurch;* Abl *amphibisch*

Am|phi|the|a|ter ⟨das; -s, -; in der Antike⟩ *Theater unter freiem Himmel mit kreisrundem od. elliptischem Grundriss u. ansteigenden Sitzreihen*

Am|pho|re ⟨die; -, -n⟩ *griechische Vase in Form eines Kruges mit zwei Henkeln*

Am|p|li|tu|de ⟨die; -, -n⟩ *größter Ausschlag eines Schwingungsvorgangs*

Am|pul|le ⟨die; -, -n⟩ *zugeschmolzenes Glasröhrchen mit sterilen Lösungen zum Einspritzen* ▸ eine ~ mit Blut, Serum

am|pu|tie|ren ⟨V. trans.; am|pu|tiert, am|pu|tier|te, hat am|pu|tiert⟩ (jmdm.) etwas ~ *ein Körperglied durch Operation abtrennen;* Abl *Amputation*

Am|sel ⟨die; -, -n; Zool.⟩ *Singvogel, Männchen schwarz mit gelbem Schnabel, Weibchen graubraun mit braunem Schnabel*

Amt ⟨das; -(e)s, Äm|ter⟩ **1** *fester, dauernder, mit best. Pflichten u. Rechten verbundener Aufgabenkreis in Staat, Kommune od. Kirche;* Zus *Amtsantritt, Amtsenthebung, Amtsinhaber(in), Amtsmissbrauch, Amtsniederlegung, Amtsübernahme, Amtsvergehen* **2** *fest umrissene, ehrenamtl. Tätigkeit (z. B. im Verein)* **3** ⟨übertr.⟩ *Aufgabe, Pflicht* **4** *staatl. Behörde, Dienststelle;* Zus *Amtsdiener, Amtskollege; Finanzamt, Postamt* **5** *Gebäude, in dem eine Dienststelle, Behörde untergebracht ist;* Zus *Amtszimmer* **6** *staatlicher Verwaltungsbezirk aus mehreren Gemeinden* ▸ das ~ des **Bürgermeisters** ausüben ▸ ein ~ **antreten;** ein ~ **ausüben,** bekleiden, innehaben, versehen; sich um ein ~ **bewerben;** jmdn. in ein ~ **einführen,** einweisen, einsetzen; jmdn. seines ~es **entheben** *ihn absetzen;* sein ~ **niederlegen** ▸ **Auswärtiges** ~ *Außenministerium;* **öffentliches** ~ *Dienst in Staatsgewalt od. Selbstverwaltung* ▸ **im** ~ bleiben, sich befinden, sein; in ~ und Würden sein ⟨umg.⟩ *ein Amt u. die damit verbundenen Rechte haben;* **kraft** seines ~es *aufgrund seiner Amtsgewalt;* etwas **von** ~s wegen bekanntmachen, untersagen; ich bin von ~s wegen hier *amtlich, in öffentlichem Auftrag*

am|tie|ren ⟨V. intr.; am|tiert, am|tier|te, hat amtiert⟩ *in einem Amt tätig sein, die Amtsgeschäfte führen* ▸ als Richter ~; ~der Bürgermeister

amt|lich ⟨Adj.⟩ **1** *auf einem Amt beruhend, von einem Amt stammend* **2** *nicht privat, dienstlich* **3** *aufgrund der Amtsgewalt* **4** ⟨übertr.⟩ *glaubwürdig, feststehend* ▸ ~e Bescheinigung; ein ~es Schreiben; ist das ~? ⟨umg.⟩ *offiziell, verbürgt, feststehend;* ich teile ihnen dies ~ mit; jetzt ist es also ~: der Minister tritt morgen zurück; Abl *amtlicherseits*

Amts|an|ma|ßung ⟨die; -, -en⟩ *unbefugte, strafbare Ausübung eines öffentlichen Amtes*

Amts|arzt ⟨der; -es, -ärz|te⟩ *von einer Behörde angestellter Arzt (im Beamtenverhältnis), der bestimmte amtl. Zeugnisse ausstellt;* Abl *Amtsärztin; amtsärztlich*

Amts|deutsch ⟨das; -; unz.⟩ *umständliche, trockene Verwaltungssprache in Ämtern u. Behörden*

Amts|eid ⟨der; -(e)s, -e⟩ *vor Antritt eines Amtes zu leistender Eid, die übernommenen Pflichten zu erfüllen*

Amts|ein|füh|rung ⟨die; -, -en⟩ *feierliche Einführung in ein Amt*

Amts|füh|rung ⟨die; -; unz.⟩ *Ausübung eines Amtes* ▸ mit der ~ betraut sein

Amts|ge|heim|nis ⟨das; -es, -e⟩ = *Dienstgeheimnis*

Amts|ge|richt ⟨das; -(e)s, -e⟩ *unterstes Gericht der dt. Gerichtsbarkeit*

Amts|ge|schäf|te ⟨Pl.⟩ *die zu erledigenden Aufgaben eines Amtes*

Amts|ge|walt ⟨die; -; unz.⟩ *Recht, Befugnis aufgrund eines Amtes* ▸ Missbrauch der ~

Amts|hand|lung ⟨die; -, -en⟩ *jede Handlung bei der Ausübung eines Amtes*

amts|mü|de ⟨Adj.⟩ *bereit, ein Amt niederzulegen*

Amts|pe|ri|o|de ⟨die; -, -n⟩ *zeitlich begrenzte Wahrnehmung eines Amtes*

Amts|per|son ⟨die; -, -en⟩ *jmd. mit amtl. Auftrag* ▸ ich komme als ~

Amts|rich|ter ⟨der; -s, -⟩ *Richter an einem Amtsgericht;* Abl *Amtsrichterin*

Amts|sitz ⟨der; -es, -e⟩ *Sitz, Gebäude einer Behörde* ▸ der ~ des dt. Bundeskanzlers ist das Bundeskanzleramt in Berlin

Amts|spra|che ⟨die; -, -n⟩ **1** *offizielle Sprache (eines Staates)* **2** ⟨in internationalen Organisationen⟩ *zur Verständigung der Mitglieder untereinander dienende Sprache*

Amts|trä|ger ⟨der; -s, -⟩ *Inhaber eines Amtes, z. B. Parteivorsitzender;* Abl *Amtsträgerin*

A

Amts|vor|gän|ger ⟨der; -s, -⟩ *vorheriger Amtsinhaber;* Abl *Amtsvorgängerin*

Amts|weg ⟨der; -(e)s; unz.⟩ *vorgeschriebener Weg, Vorgehen über ein Amt* ▸ dem ~ folgen

Amts|zeit ⟨die; -, -en⟩ *Zeit, während der jmd. ein Amt ausübt* ▸ das geschah vor, nach, während seiner ~

Amu|lett ⟨das; -(e)s, -e⟩ *kleiner Gegenstand, der als vermeintliches Zaubermittel gegen böse Mächte am Körper getragen wird (meist um den Hals)*

amü|sant ⟨Adj.; -er, am -es|ten⟩ *unterhaltsam, belustigend* ▸ das ist eine ~e Geschichte

amü|sie|ren ⟨V.; amü|siert, amü|sier|te, hat amüsiert⟩ **I** ⟨V. trans.⟩ jmdn. ~ *unterhalten, belustigen* ▸ die Geschichte hat uns sehr amüsiert; der Vorfall hat ihn sehr amüsiert **II** ⟨V. refl.⟩ **1** sich ~ *sich vergnügen, Spaß haben* **2** sich über jmdn. od. etwas ~ *sich über jmdn. od. etwas lustig machen* ▸ amüsiert euch!; wir haben uns köstlich amüsiert; sie amüsierten sich über sein Hemd

an[1] ⟨Präp. m. Dat. u. Akk.⟩ **1** ⟨bezeichnet einen Ort⟩ **1.1** *dicht bei, nahe, auf, in* **1.2** *von einem Ort, einem Punkt aus* **2** ⟨bezeichnet einen Zeitpunkt⟩ *mit einem bestimmten Zeitpunkt beginnend, zu einer bestimmten Zeit stattfindend* **3** ⟨mit Zahlenangaben⟩ *etwa, ungefähr* **4** *mit, mit Hilfe* **5** *bestimmt für, zu Händen von, bezogen auf, zugehörig zu* **6** ⟨umg.; kurz für⟩ **6.1** *anschalten, angeschaltet* **6.2** *angezogen, bekleidet mit* ▸ ich habe gerade ~ dich gedacht; ich habe eine Bitte, Frage ~ dich; ein Brief ~ ihn; es ist (nicht) ~ dem ⟨umg.⟩ *es ist (nicht) wahr, es entspricht (nicht) den Tatsachen;* er hat die Gewohnheit ~ sich, zu … ▸ ~ der Arbeit sein; geh ~ deine Aufgaben! ⟨umg.⟩; (nahe) ~ der Autobahn; er wohnt ~ der Bahnhofstraße ⟨schweiz.⟩ *in der B.;* Lehrer ~ einer Berufsschule sein; ~ der Ecke warten; ~ Entkräftung sterben; mir liegt viel ~ einer baldigen Entscheidung; reich ~ Erzen; von 5 Euro ~ aufwärts; ~ (die) 100 Euro; ~ den Fingern abzählen; einen Gruß ~ deine Frau!; ~ Gott glauben; bis ~ den Hals im Wasser stehen; dort steht Hotel ~ Hotel; jung ~ Jahren; von Jugend, Kindheit ~; ~ einer Krankheit leiden; ~ Krücken gehen; bitte Licht ~!; das Licht ist ~; ~ (die) 200 Menschen; 14.30 ~ München ⟨auf Fahrplänen⟩ *Ankunft in München;* sich ~ Obst satt essen; Frankfurt ~ der Oder ⟨Abk.: a. d. O.⟩; der Ort, ~ dem er starb; Dekan ~ der philosophischen Fakultät; du bist ~ der Reihe; ~ der Sache ist kein wahres Wort; ~ einem heißen Sommertag; ~ Stelle = *anstelle;* ~ der gleichen Stelle; jmdn. ~ der Stimme erkennen; etwas ~ die Tafel schreiben; der Tag, ~ dem …; von dem Tage ~, als er krank wurde; ~ einem Theaterstück schreiben; ~ die Tür klopfen; sich ~ die Wand lehnen; es ist ~ der Zeit, zu gehen ▸ es fehlt ihm ~ der nötigen Ausdauer; ich weiß nicht, was du ~ ihm findest; es liegt nur ~ ihm *er ist schuld;* ~ sein ⟨umg.; kurz für⟩ *angeschaltet sein;* jetzt ist es ~ dir, zu handeln *es ist deine Aufgabe* ▸ mit nur wenig ~ *leicht bekleidet* ▸ von heute ~; von hier ~; ohne etwas ~ *unbekleidet;* von unten ~

an[2] ⟨Adv.⟩ **1** ab und ~ *ab und zu, hin und wieder* **2** ~ und für sich *eigentlich, genau genommen*

an… ⟨Vorsilbe⟩ **1** ⟨bezeichnet das Befestigen, Annähern, Berühren⟩ anbinden, angrenzen, anhängen **2** ⟨bezeichnet die Richtung auf etwas od. jmdn. hin⟩ jmdn. anschreiben, etwas anpeilen **3** ⟨bezeichnet den Beginn einer Handlung, eines Vorgangs⟩ andiskutieren, anstimmen, anfaulen **4** ⟨bezeichnet die Verstärkung, den Zuwachs⟩ anschwellen, anbauen, anhäufen **5** ⟨bezeichnet die Eindringlichkeit, Genauigkeit⟩ sich etwas anhören, ansehen

Ana|bo|li|kum ⟨das; -s, -li|ka; Pharm.⟩ *den Aufbaustoffwechsel fördernder Wirkstoff, im Sport unerlaubt als leistungssteigerndes Mittel verwendet*

Ana|chro|nis|mus ⟨[-kro-] der; -, -nis|men⟩ **1** *etwas, das sich überholt hat, nicht mehr in die Gegenwart passt;* Abl *anachronistisch* **2** ⟨in der Dichtung⟩ *das Verlegen von Erscheinungen der Gegenwart in die Vergangenheit* ▸ der Mann wirkt in diesem Geschäft wie ein ~

Ana|gramm ⟨das; -(e)s, -e⟩ *Wortumbildung durch Buchstabenversetzung,* z. B. Lampe - Palme

anal ⟨Adj.; Anat.⟩ *den After betreffend, in seiner Nähe liegend* ▸ ~e Phase ⟨Psychoanalyse⟩ *frühkindliches Entwicklungsstadium, in dem das Kind Interesse am eigenen analen Körperbereich zeigt*

ana|log ⟨Adj.⟩ **1** *entsprechend, ähnlich, sinngemäß* **2** ⟨EDV⟩ *kontinuierlich veränderlich, direkt proportional zu den Daten;* Ggs *digital (1)*

Ana|lo|gie ⟨die; -, -n⟩ **1** *Ähnlichkeit, Entsprechung, Gleichartigkeit* **2** *sinngemäße Anwendung, Übertragung* ▸ etwas in ~ zu etwas anderem beurteilen; es bestehen ~n zwischen ihnen

An|al|pha|bet ⟨a. [---'-] der; -en, -en⟩ *jmd., der nicht lesen u. schreiben kann;* Abl *Analphabetentum, Analphabetin; analphabetisch*

Ana|ly|se ⟨die; -, -n⟩ *Zergliederung eines Ganzen in seine Teile, genaue Untersuchung der Einzelheiten, Auflösung* ▸ eine ~ durchführen

ana|ly|sie|ren ⟨V. trans.; ana|ly|siert, ana|ly|sier|te, hat ana|ly|siert⟩ etwas ~ *eine Analyse von etwas machen, es in die Einzelteile zerlegen (um es zu verstehen), untersuchen* ▸ der Vorfall wird genau analysiert; er versucht, ihr Verhalten zu ~

Ana|ly|tik ⟨die; -; unz.⟩ **1** *Lehre, Kunst od. Verfahren der Analyse* **2** ⟨Math.⟩ *zergliedernde, bes. rechnerische Verfahren bei mathematischen Problemen;* Ggs *Synthetik (2);* Abl *Analytiker(in)*

ana|ly|tisch ⟨Adj.⟩ **1** *die Analyse betreffend, mit ihrer Hilfe* **2** *zergliedernd, in Einzelteile zerlegend*

An|ä|mie ⟨die; -; unz.; Med.⟩ *Blutarmut;* Abl *anämisch*

Ana|m|ne|se ⟨die; -, -n; Med.⟩ *Vorgeschichte einer Krankheit*

Ana|nas ⟨die; -, - od. -nas|se; Bot.⟩ *in Mittelamerika heimisches Gewächs mit großen Früchten, die ein gelbes, süß-säuerliches Fruchtfleisch enthalten;* ⓘ S. 1003; Zus *Ananassaft, Ananasscheiben*

Ana|pher ⟨die; -, -n⟩ **1** ⟨Rhet.⟩ *Wiederholung des Anfangswortes in aufeinanderfolgenden Sätzen od. Satzteilen,* z. B. das Wasser rauscht', das Wasser schwoll **2** ⟨Sprachw.⟩ *sprachliche Einheit, die auf etwas Vorausgegangenes verweist,* z. B. „es" in „das Essen war gut, es war jedoch zu reichhaltig"; Abl *anaphorisch*

An|ar|chie ⟨[-çiː] die; -, -n⟩ **1** *Zustand der Gesetzlosigkeit, politische Unordnung* **2** *die vom Anarchismus geforderte Gesellschaftsordnung* ▸ im Land herrschte ~; Abl *anarchisch*

An|ar|chis|mus ⟨[-çɪs-] der; -; unz.⟩ *polit. Lehre, die jede staatl. Ordnung ablehnt u. das menschl. Zusammenleben nur vom Willen u. von der Einsicht des Einzelnen bestimmt wissen will*

An|ar|chist ⟨[-çɪst] der; -en, -en⟩ *Anhänger, Vertreter des Anarchismus;* Abl *Anarchistin*

An|ạr|cho ⟨der; -s, -s; Jargon.⟩ *jmd., der die bestehende bürgerliche Gesellschaftsordnung ablehnt (u. dem Anarchismus nahesteht)*

An|äs|the|sie ⟨die; -; unz.; Med.⟩ **1** *Schmerzunempfindlichkeit* **2** *Betäubung von Schmerzen;* Abl *anästhetisch, anästhesieren*

An|äs|the|sịst ⟨der; -en, -en; Med.⟩ *Facharzt für Anästhesie, Narkosefacharzt;* Abl *Anästhesistin*

Ana|tom ⟨der; -en, -en⟩ *Kenner, Lehrer der Anatomie*

Ana|to|mie ⟨die; -, -n⟩ **1** *Wissenschaft vom Körperbau der Pflanzen, Tiere u. des Menschen* **2** *Körperbau des Menschen;* Abl *anatomisch*

ạn|bag|gern ⟨V. trans.; bag|gert an, bag|ger|te an, hat an|ge|bag|gert, an|zu|bag|gern; umg.⟩ jmdn. ~ *jmdn. in aufdringlicher Weise anreden (um eine (sexuelle) Beziehung zu knüpfen)*

ạn|bah|nen ⟨V.; bahnt an, bahn|te an, hat an|gebahnt, an|zu|bah|nen; übertr.⟩ **I** ⟨V. trans.⟩ etwas ~ *beginnen, den Weg für etwas bereiten* **II** ⟨V. refl.⟩ sich ~ *sich eröffnen* ▸ neue Möglichkeiten bahnen sich an; Abl *Anbahnung*

ạn|bän|deln ⟨V. intr.; bän|delt an, bän|del|te an, hat an|ge|bän|delt, an|zu|bän|deln⟩ mit jmdm. ~ *eine Liebesbeziehung anknüpfen, einen Annäherungsversuch machen;* oV *anbandeln*

Ạn|bau ⟨der; -(e)s, -ten⟩ **I** ⟨unz.⟩ *Anpflanzung, Kultivierung* ▸ der ~ von Getreide **II** ⟨zählb.⟩ *angebautes Nebengebäude od. Möbel*

ạn|bau|en ⟨V. trans.; baut an, bau|te an, hat an|gebaut, an|zu|bau|en⟩ **1** Feldfrüchte, Getreide ~ *(in größerem Umfang) pflanzen, säen, aufziehen* **2** etwas ~ *dazubauen, hinzubauen;* Zus *Anbauküche, Anbaumöbel, Anbauwand* ▸ eine Garage ~; Bücherregale zum Anbauen

Ạn|bau|flä|che ⟨die; -, -n⟩ **1** *Fläche zum Anbauen* (von Pflanzen) **2** *bebaute Fläche*

Ạn|be|ginn ⟨der; -(e)s; unz.; poet.⟩ *Beginn, Anfang* ▸ seit ~; von ~ der Zeit *schon immer*

ạn|be|hal|ten ⟨V. trans.; be|hält an, be|hielt an, hat an|be|hal|ten, an|zu|be|hal|ten⟩ Kleider, Schuhe ~ *am Körper behalten, nicht ausziehen, nicht ablegen* ▸ ich behalte die neuen Schuhe gleich an

an|bei ⟨a. ['--] Adv.⟩ *beiliegend, beigefügt, als Anlage* ▸ ~ senden wir Ihnen ein Muster

ạn|bei|ßen ⟨V.; beißt an, biss an, hat an|ge|bis|sen, an|zu|bei|ßen⟩ **I** ⟨V. trans.⟩ etwas ~ *in etwas beißen, hineinbeißen* (Brot, Wurst) ▸ sie ist zum Anbeißen ⟨umg.; scherzh.⟩ *hübsch, attraktiv* **II** ⟨V. intr.⟩ **1** *den Köder annehmen* (Fisch) **2** ⟨übertr.; umg.⟩ *sich verlocken, überreden lassen* ▸ als wir ihm Geld boten, biss er sofort an ⟨übertr.⟩; hat was angebissen? (am Angelhaken)

ạn|be|lan|gen ⟨V. trans.; be|langt an, be|lang|te an, hat an|be|langt, an|zu|be|lan|gen⟩ jmdn. od. etwas ~ = *anlangen*

ạn|bel|len ⟨V. trans.; bellt an, bell|te an, hat an|gebellt, an|zu|bel|len⟩ jmdn. ~ **1** *sich jmdm. zuwenden u. bellen* (Hund) **2** ⟨übertr.⟩ *barsch anreden, anherrschen*

ạn|be|rau|men ⟨V. trans.; be|raumt an, be|raum|te an, hat an|be|raumt, an|zu|be|rau|men⟩ etwas ~ *für einen bestimmten Termin festsetzen* ▸ eine Versammlung zum (auf den) 3. November ~; Abl *Anberaumung*

ạn|be|ten ⟨V. trans.; be|tet an, be|te|te an, hat ange|be|tet, an|zu|be|ten⟩ jmdn. od. etwas ~ **1** *zu jmdm. od. etwas beten, durch Gebet verehren, lobpreisen* (Gottheit) **2** ⟨übertr.⟩ *sehr verehren, vergöttern* ▸ er betet seine Frau an; Abl *Anbetung*

Ạn|be|tracht ⟨nur noch in der Wendung⟩ in ~ *mit Rücksicht auf, im Hinblick auf* ▸ in ~ der kritischen Situation; in ~ dessen, dass …

ạn|bet|teln ⟨V. trans.; bet|telt an, bet|tel|te an, hat an|ge|bet|telt, an|zu|bet|teln⟩ jmdn. ~ *sich bettelnd an jmdn. wenden, aufdringlich bitten*

ạn|be|tungs|wür|dig ⟨Adj.⟩ *in höchstem Maße der Verehrung würdig, überaus außergewöhnlich*

ạn|bie|dern ⟨V. refl.; bie|dert sich an, bie|der|te sich an, hat sich an|ge|bie|dert, sich an|zu|biedern⟩ sich (bei jmdm.) ~ *sich jmdm. aufdrängen, in aufdringlicher Weise jmds. Gesellschaft suchen* ▸ er biedert sich bei ihm an; Abl *Anbiederung*

ạn|bie|ten ⟨V.; bie|tet an, bot an, hat an|ge|bo|ten, an|zu|bie|ten⟩ **I** ⟨V. trans.⟩ **1** jmdm. etwas (zu essen od. zu trinken) ~ *darreichen, geben* **2** eine Ware ~ *zeigen (zum Verkauf)* **3** jmdm. seine Hilfe ~ *zur Verfügung stellen, (fragend) vorschlagen* ▸ er bot mir an, mich mit dem Wagen heimzufahren; jmdm. seine Dienste ~; darf ich Ihnen ein Glas Wein ~?; jmdm. eine Stellung ~ **II** ⟨V. refl.⟩ sich ~ *sich zur Verfügung stellen, sich aus eigenem Antrieb bereiterklären* ▸ das bot sich einfach an *war sehr günstig, passte gut*

Ạn|bie|ter ⟨der; -s, -⟩ *Person od. Firma, die Dienstleistungen od. Produkte zum Verkauf anbietet;* Abl *Anbieterin;* Zus *Internetanbieter, Mobilfunkanbieter*

ạn|bin|den ⟨V.; bin|det an, band an, hat an|ge|bunden, an|zu|bin|den⟩ **I** ⟨V. trans.⟩ **1** jmdn. od. etwas (an etwas) ~ *mit Faden, Schnur usw. befestigen, festbinden* **2** ⟨übertr.⟩ Verkehrswege ~ *anschließen, mit einem bestehenden Netz verbinden, verknüpfen* ▸ den Hund ~; eine Bahnlinie an das Streckennetz ~; das Gewerbegebiet ist optimal an das öffentliche Verkehrsnetz angebunden; Abl *Anbindung*

A

an|blaf|fen ⟨V. trans.; blafft an, blaff|te an, hat an|ge|blafft, an|zu|blaf|fen; übertr.; umg.⟩ jmdn. ~ *grob zurechtweisen, anschnauzen*

An|blick ⟨der; -(e)s, -e⟩ **1** *das Anblicken* **2** *das, was man beim Anblicken sieht, das sich bietende Bild* **3** *das Aussehen des betrachteten Gegenstandes* ▸ ein herrlicher ~ bot sich uns; bei ihrem ~ erschrak er

an|bli|cken ⟨V. trans.; blickt an, blick|te an, hat an|ge|blickt, an|zu|bli|cken⟩ jmdn. od. etwas ~ *den Blick zu jmdm. od. etwas hinwenden, ansehen*

an|blin|zeln ⟨V. trans.; blin|zelt an, blin|zel|te an, hat an|ge|blin|zelt, an|zu|blin|zeln⟩ jmdn. ~ *sich jmdm. zuwenden u. dabei blinzeln*

an|bra|ten ⟨V. trans.; brät an, briet an, hat an|ge|bra|ten, an|zu|bra|ten⟩ Fleisch ~ *in heißem Fett kurz bräunen*

an|bre|chen ⟨V.⟩ **I** ⟨V. trans.; bricht an, brach an, hat an|ge|bro|chen, an|zu|bre|chen⟩ **1** eine neue Packung ~ *zu verbrauchen beginnen* **2** ein Brot, eine Tafel Schokolade ~ *das erste Stück abbrechen, zu essen beginnen* **3** eine Flasche ~ *das erste Glas ausschenken* **4** einen Knochen ~ *nicht ganz durchbrechen* **II** ⟨V. intr.; bricht an, brach an, ist an|ge|bro|chen, an|zu|bre|chen⟩ *beginnen, anfangen* (Tag, Nacht) ▸ bei ~der Nacht; ein angebrochener Abend

an|bren|nen ⟨V.⟩ **I** ⟨V. intr.; brennt an, brann|te an, ist an|ge|brannt, an|zu|bren|nen⟩ **1** *anfangen zu brennen* **2** *sich am Boden des Kochtopfes ansetzen* (Speisen) ▸ Milch brennt (beim Erhitzen) leicht an; eine Speise ~ lassen; er lässt nichts ~ ⟨übertr.; scherzh.⟩ *er sucht oft sexuelle Abenteuer;* das Fleisch riecht, schmeckt angebrannt **II** ⟨V. trans.; brennt an, brann|te an, hat an|ge|brannt, an|zu|bren|nen⟩ Kerzen, Lampen, Zigaretten ~ *zum Brennen, Glühen, Leuchten bringen, anzünden*

an|brin|gen ⟨V. trans.; bringt an, brach|te an, hat an|ge|bracht, an|zu|brin|gen⟩ **1** etwas ~ *herbeibringen, herbeitragen* **2** etwas irgendwo ~ *befestigen, festmachen, installieren* **3** Änderungen, Verbesserungen ~ *machen, hinzufügen* **4** Waren ~ *absetzen, verkaufen* **5** eine Beschwerde, Idee, Klage ~ *vortragen, äußern, mitteilen* ▸ ich konnte meine Bitte nicht ~ *es ergab sich keine Gelegenheit, sie zu äußern;* an der Wand muss noch eine Lampe angebracht werden; der Hund brachte das erlegte Wild an; eine Bemerkung ~; etwas für angebracht halten *für passend, angemessen, richtig halten;* dein Spott ist hier nicht angebracht *ist vollkommen fehl am Platze*

An|bruch ⟨der; -(e)s; unz.⟩ *Beginn, Anfang, Start* ▸ der ~ einer Epoche; bei ~ der Nacht

an|brül|len ⟨V. trans.; brüllt an, brüll|te an, hat an|ge|brüllt, an|zu|brül|len⟩ jmdn. ~ *sich gegen jmdn. wenden u. brüllen, schimpfen*

...and ⟨Nachsilbe; zur Bildung männl. Subst.⟩ *(zur Bezeichnung von Personen, mit denen etwas geschehen soll od. die sich in einem bestimmten Prozess befinden),* z. B. Proband, Doktorand; →a. *...ant*

An|dacht ⟨die; -, -en⟩ **I** ⟨unz.⟩ **1** *geistige u. seelische, bes. religiöse Versenkung* **2** *feierliche, ehrfürchtige Stimmung, innere Sammlung;* Abl *andachtsvoll* ▸ jmds. ~ (nicht) stören **II** ⟨zählb.⟩ **1** *kurzer Gottesdienst* **2** *stille, religiöse Feier* ▸ eine ~ halten; Zus *Abendandacht, Morgenandacht*

an|däch|tig ⟨Adj.⟩ **1** *geistig u. seel. tief versunken, ehrfürchtig-still, ehrfürchtig-aufmerksam* **2** *eine ehrfurchtsvolle Stimmung verbreitend* ▸ ~ lauschen, zuhören; es herrschte eine ~e Stille

an|dau|ern ⟨V. intr.; dau|ert an, dau|er|te an, hat an|ge|dau|ert, an|zu|dau|ern⟩ *lange dauern, anhalten, nicht aufhören* ▸ der Regen dauert an; die Verhandlungen dauerten über 12 Stunden an

an|dau|ernd **I** ⟨Part. Präs. von⟩ *andauern* **II** ⟨Adj.⟩ **1** *dauernd, ununterbrochen* **2** ⟨umg.; adv.⟩ *immerzu, immer wieder* ▸ durch den ~en Regen drohen Überschwemmungen; sie fragt ~ dasselbe

an|den|ken ⟨V. trans.; denkt an, denk|te an, hat an|ge|denkt, an|zu|den|ken; umg.⟩ etwas ~ *über etwas erstmalig nachdenken* ▸ eine Frage nur ~

An|den|ken ⟨das; -s, -⟩ **I** ⟨unz.⟩ *Gedenken, Gedächtnis, Erinnerung* ▸ ich schicke dir das Foto zum ~ an unsere Reise **II** ⟨zählb.⟩ *Geschenk zur Erinnerung, Erinnerungsstück* ▸ der Ring ist ein ~ an meine Mutter; →a. *Angedenken*

an|de|re(r, -s) ⟨Indefinitpron.⟩ **1** *nicht diese(r, -s), nicht der-, die-, dasselbe, sondern der, die, das Zweite* **2** *nicht gleich, verschieden* ▸ ein ~r/Anderer, ⟨od.⟩ ein andrer/Andrer; die ~n/Anderen, ⟨od.⟩ die andern/Andern; wir, ihr anderen/Anderen, ⟨od.⟩ andern /Andern; jeder ~/Andere ist mir lieber; jmd. ~r/Anderer, ⟨od.⟩ jmd. ~s/Anderes, ⟨od.⟩ jmd. anders müsste es sein; ich hielt ihn für jmd. ~n/Anderen, ⟨od.⟩ jmd. anders *ich habe ihn mit jmdm. verwechselt* ▸ er fährt jetzt ein ~s Auto; ein ~s Mal komme ich mit; ich bin ~r Meinung; er ist ein ganz ~r Mensch geworden; dort herrscht ein ~r Ton *ein strengerer Ton* ▸ sich eines ~n/Anderen besinnen *seine Meinung ändern;* das kannst du ~n/Anderen erzählen, aber nicht mir! *ich glaube es nicht;* ein Wort gab das ~, und schon war der Streit im Gange; das haben ~/Andere auch schon gesagt; sein: er war es nicht, es war ein ~r/Anderer ▸ kein ~r/Anderer kann das besser; und vieles ~/Andere mehr ▸ einer schrie immer noch lauter als der ~; das ist alles ~/Andere als gut *gar nicht gut;* am ~n Tag *am nächsten Tag;* auf ein ~s Mal!; das ist etwas ~s/Anderes, ⟨od.⟩ andres/Andres; mit ~n Worten: ...; immer einer nach dem ~n/Anderen! *immer der Reihe nach!;* er erzählte eine Geschichte nach der ~n *immer wieder eine neue;* es blieb ihm nichts ~s/Anderes übrig, als zu gehen; entweder das eine/Eine oder das ~/Andere!; der eine/Eine oder ~/Andere wird schon kommen *manch einer, einige;* einen Tag um den ~n *jeden zweiten Tag;* ein Mal ums ~ *jedes zweite Mal;* und ~e(s)/Andere(s) ⟨Abk.: u. a.⟩; und ~s/Anderes mehr ⟨Abk.: u. a. m.⟩; unter ~m/Anderem ⟨Abk.: u. a.⟩ habe ich auch noch Schuhe gekauft; reden wir von etwas (ganz) ~m/Anderem!; es kam eins zum ~n, und am Schluss war eben das Unglück passiert; ich bin von einem Geschäft zum ~n gelaufen; zum einen (erstens) habe ich keine Zeit, mitzugehen, und zum ~n (zweitens) auch gar keine Lust

an|de|ren|falls ⟨Adv.⟩ *im anderen Falle, sonst*

an|de|ren|orts ⟨Adv.⟩ *anderswo*

an|de|ren|tags ⟨Adv.⟩ *am nächsten Tag, am Tage darauf*

an|de|ren|teils ⟨Adv.⟩ = *andererseits* ▸ einesteils …, ~ …

an|de|rer|seits ⟨Adv.⟩ *auf der anderen Seite, hingegen, wenn man (aber) berücksichtigt* ▸ auf der einen Seite würde ich ins Kino gehen, ~ müsste ich aber noch arbeiten

an|der|mal ⟨Adv.; in der Wendung⟩ ein ~ *zu einem späteren Zeitpunkt*

än|dern ⟨V.; än|dert, än|der|te, hat ge|än|dert⟩ **I** ⟨V. trans.⟩ jmdn. od. etwas ~ *anders machen, eine andere Form, ein anderes Aussehen geben* ▸ ich will mir das Kleid ~ (lassen); seine Meinung, seine Pläne ~; die Richtung ~ ▸ ich kann es auch nicht ~; du kannst ihn nicht ~; das ändert nichts an der Tatsache, dass er weggelaufen ist *trotzdem bleibt die Tatsache bestehen, dass er weggelaufen ist;* das ist nicht zu ~ *damit muss man sich abfinden* **II** ⟨V. refl.⟩ sich ~ *anders werden* ▸ das Wetter ändert sich; die Zeiten ~ sich ▸ das lässt sich nicht ~ ▸ es hat sich seitdem nichts geändert; er hat sich schon sehr geändert

an|dern|falls ⟨Adv.⟩ = *anderenfalls*

an|dern|orts ⟨Adv.⟩ = *anderenorts*

an|dern|tags ⟨Adv.⟩ = *anderentags*

an|dern|teils ⟨Adv.⟩ = *anderenteils*

an|ders ⟨Adv.⟩ **1** *auf eine andere Art u. Weise, unterschiedlich* **2** *verändert gegenüber früher od. nicht wie üblich* **3** *außer, außerdem, noch, sonst* ▸ jemand ~; →a. *andere(r, -s)* ▸ ~ Denkende(r) = *Andersdenkende(r)* ▸ ~ ausgedrückt *mit anderen Worten;* aussehen: sie sieht (ganz) ~ aus als ihre Schwester; sich ~ besinnen *seine Pläne ändern;* ich denke ~ (als ihr); das klingt schon ganz ~ ⟨umg.⟩ *besser;* das macht man ~; sich eine Sache ~ überlegen *den Entschluss ändern;* sie ist ~ geworden ▸ ~ geartet = *andersgeartet;* ~ lautend = *anderslautend* ▸ sie muss um diese Zeit irgendwo ~ gewesen sein; ich habe es nicht ~ erwartet; so und nicht ~ (wird es gemacht)!; wenn es nicht ~ geht, machen wir es so; ich konnte nicht ~ als ihn hereinlassen; wenn ~ nicht möglich, müssen wir schon um 5 Uhr abreisen ▸ wem ~ sollte ich vertrauen, wenn nicht dir?; wer ~ könnte es denn gewesen sein?; wo ~ könnte er gewesen sein als bei dir? *wo sonst*

an|ders|ar|tig ⟨Adj.⟩ *andersgeartet, von anderer Art* ▸ ein ganz ~er Charakter; Abl *Andersartigkeit*

An|ders|den|ken|de(r) *auch:* **an|ders Den|ken|de(r)** ⟨die; -n, -n (der; -n, -n)⟩ *jmd., der eine andere (politische) Meinung hat als man selbst*

an|der|seits ⟨Adv.⟩ = *andererseits*

an|ders|far|big ⟨Adj.⟩ *von anderer Farbe*

an|ders|ge|ar|tet *auch:* **an|ders ge|ar|tet** ⟨Adj.⟩ *von anderer Art* ▸ ein ~es Problem

an|ders|he|r|um ⟨Adv.⟩ **1** *in entgegengesetzter Richtung* **2** ⟨übertr.; umg.⟩ *homosexuell* ▸ sie war linksherum gegangen und er ~; der ist ~

an|ders|lau|tend *auch:* **an|ders lau|tend** ⟨Adj.⟩ *abweichend (lautend)* ▸ er hat eine ~ Adresse angegeben, nicht seine Privatadresse

an|ders|wo ⟨Adv.⟩ = *woanders*

an|ders|wo|her ⟨Adv.⟩ *von woanders, von einem anderen Ort, aus anderer Richtung*

an|ders|wo|hin ⟨Adv.⟩ *zu einem anderen Ort, in andere Richtung*

an|dert|halb ⟨Adj.; Bruchzahl⟩ *eineinhalb* ▸ dieses Haus ist ~mal so groß wie jenes; ~ Stunden *eine u. eine halbe Stunde*

Än|de|rung ⟨die; -, -en⟩ **1** *das Ändern, Veränderung, Umgestaltung, Abwandlung;* Zus *Änderungsantrag* **2** *Wechsel* **3** *Neuerung* ▸ ~en vorbehalten (im Programm); eine ~ an einem Kleid vornehmen lassen ⟨besser⟩ *etwas (daran) ändern lassen;* ist eine ~ eingetreten?

an|der|wei|tig ⟨Adj.⟩ **1** *auf andere Weise* **2** *an einem anderen Ort* **3** *an jemand anderen, an eine andere Stelle* ▸ die Fördermittel wurden ~ verwendet; einen Auftrag ~ vergeben *an jmd. anderen, an eine andere Firma;* die Firma versuchte, die Mitarbeiter ~ unterzubringen

an|deu|ten ⟨V.; deu|tet an, deu|te|te an, hat an|ge|deu|tet, an|zu|deu|ten⟩ **I** ⟨V. trans.⟩ etwas ~ **1** *einen versteckten Hinweis, Tipp geben, vorsichtig zu verstehen geben, auf etwas anspielen* **2** *bezeichnen, durch Zeichen kenntlich machen* ▸ er hat so etwas angedeutet, als ob er heute Abend zu Besuch kommen wollte; ich möchte meine Vorstellungen an dieser Stelle nur ~ *nur kurz umreißen* **II** ⟨V. refl.⟩ sich ~ *sich abzeichnen, erkennbar werden* ▸ in dem Konflikt deutet sich noch keine Lösung an

An|deu|tung ⟨die; -, -en⟩ **1** *Anspielung, Hinweis, kurze Bemerkung, Erwähnung* **2** *Vorzeichen, Anzeichen* ▸ sich in ~en ergehen; eine ~, geheimnisvolle ~en machen; Abl *andeutungsweise*

an|dich|ten ⟨V. trans.; dich|tet an, dich|te|te an, hat an|ge|dich|tet, an|zu|dich|ten⟩ jmdm. etwas ~ *etwas Falsches von jmdm. behaupten* ▸ er dichtet mir alle möglichen Eigenschaften an

an|do|cken ⟨V. intr.; dockt an, dock|te an, hat an|ge|dockt, an|zu|do|cken⟩ *ankoppeln* ▸ ein Raumschiff dockt an

An|drang ⟨der; -(e)s; unz.⟩ **1** *Gedränge, drängende Menschenmenge* **2** *heftiger Zustrom;* Zus *Blutandrang* ▸ es herrschte großer ~ an der Kasse

an|drän|gen ⟨V.⟩ **I** ⟨V. refl.; drängt an, dräng|te an, hat an|ge|drängt, an|zu|drän|gen⟩ sich ~ *sich an jmdn. drängen, heftig anschmiegen* **II** ⟨V. intr.; drängt an, dräng|te an, ist an|ge|drängt, an|zu|drän|gen⟩ *sich in Massen vorschieben* ▸ gegen etwas od. jmdn. ~

and|re(r, -s) ⟨Indefinitpron.⟩ = *andere(r, -s)*

An|dre|as|kreuz ⟨das; -es, -e; Verkehrsw.⟩ *Kreuz aus gleich langen, weiß-roten, diagonal verlaufen-*

den Balken mit spitzen Winkeln nach oben u. unten (als Warnkreuz an Bahnübergängen)

an|dre|hen ⟨V. trans.; dreht an, dreh|te an, hat an|ge|dreht, an|zu|dre|hen⟩ **1** einen Motor ~ *durch Drehen in Bewegung setzen* **2** das Licht, Radio ~ *einschalten* **3** ⟨umg.⟩ jmdm. etwas ~ *jmdm. etwas betrügerisch, wider dessen Willen verkaufen*

and|rer|seits ⟨Adv.⟩ = *andererseits*

an|dro|hen ⟨V. trans.; droht an, droh|te an, hat an|ge|droht, an|zu|dro|hen⟩ jmdm. etwas ~ *jmdm. mit etwas drohen, ihm etwas drohend in Aussicht stellen* (Prügel, Rache, Strafe); Abl *Androhung*

An|d|ro|i|de ⟨der; -n, -n⟩ *künstlicher Mensch*

an|drü|cken ⟨V. trans.; drückt an, drück|te an, hat an|ge|drückt, an|zu|drü|cken⟩ etwas ~ *an etwas od. jmdn. drücken, festdrücken* ▸ ein Pflaster ~

an|düns|ten ⟨V. trans.; düns|tet an, düns|te|te an, hat an|ge|düns|tet, an|zu|düns|ten⟩ Gemüse ~ *leicht dünsten* ▸ Zwiebeln in heißem Öl ~

an|ecken ⟨V. intr.; eckt an, eck|te an, ist an|ge|eckt, an|zu|ecken⟩ **1** *an eine Ecke stoßen, anstoßen* **2** ⟨übertr.; umg.⟩ *Anstoß, Missfallen erregen* ▸ ich bin bei ihm angeeckt ⟨übertr.; umg.⟩

an|eig|nen ⟨V. refl.; eig|net sich an, eig|ne|te sich an, hat sich an|ge|eig|net, sich an|zu|eig|nen⟩ sich etwas ~ **1** *sich zu eigen machen, in Besitz nehmen* **2** *lernen* (Sprache) ▸ sich etwas widerrechtlich ~; sich Kenntnisse ~; Abl *Aneignung*

an|ei|n|an|der ⟨Adv.⟩ *einer an den anderen* ▸ wir haben oft ~ gedacht; jeder weiß, wie sehr sie ~ hängen *wie sehr sie sich lieben, wie unzertrennlich sie sind;* ⟨aber⟩ →a. *aneinanderhängen;* ~ vorbeireden *sich gegenseitig missverstehen;* Zus *aneinandergrenzen, aneinanderstoßen*

an|ei|n|an|der|fü|gen ⟨V. trans.; fügt an|ei|n|an|der, füg|te an|ei|n|an|der, hat an|ei|n|an|der|ge|fügt, an|ei|n|an|der|zu|fü|gen⟩ etwas ~ *eins ans andere fügen, zusammensetzen, vereinen*

an|ei|n|an|der|ge|ra|ten ⟨V. intr.; ge|rät an|ei|n|an|der, ge|riet an|ei|n|an|der, ist an|ei|n|an|der|ge|ra|ten, an|ei|n|an|der|zu|ge|ra|ten; übertr.⟩ (mit jmdm.) ~ *in Streit geraten* ▸ sie sind wegen Meinungsverschiedenheiten aneinandergeraten

an|ei|n|an|der|hän|gen ⟨V.⟩ **I** ⟨V. intr.; hängt an|ei|n|an|der, hing an|ei|n|an|der, hat an|ei|n|an|der|ge|han|gen, an|ei|n|an|der|zu|hän|gen⟩ *zusammenhängen, aneinanderhaften* ▸ die Moleküle hängen aneinander **II** ⟨V. trans.; hängt an|ei|n|an|der, häng|te an|ei|n|an|der, hat an|ei|n|an|der|ge|hängt, an|ei|n|an|der|zu|hän|gen⟩ etwas ~ *eins ans andere hängen* ▸ Waggons ~; →a. *aneinander*

An|ek|do|te ⟨die; -, -n⟩ *kurze, witzige, unbeglaubigte, aber charakteristische Erzählung od. Begebenheit, meist eine bekannte Persönlichkeit betreffend* ▸ ~n erzählen; Abl *anekdotisch*

an|ekeln ⟨V. trans.; ekelt an, ekel|te an, hat an|ge|ekelt, an|zu|ekeln⟩ jmdn. ~ *in jmdm. Ekel erregen, jmdm. zuwider sein* ▸ sein Benehmen ekelt mich an; →a. *angeekelt*

Ane|mo|ne ⟨die; -, -n; Bot.⟩ *Frühlingsblume mit weißen od. gelben Blüten, Windröschen*

an|er|kannt **I** ⟨Part. Perf. von⟩ *anerkennen* **II** ⟨Adj.⟩ **1** *bewährt, von gutem Ruf, unbestritten* **2** *zugelassen, bestätigt* ▸ ein ~er Fachmann; staatlich ~e Prüfung

an|er|kann|ter|ma|ßen ⟨Adv.⟩ *wie allgemein anerkannt wird* ▸ er ist ~ der beste Fachmann

an|er|ken|nen ⟨V. trans.; er|kennt an, er|kannte an, hat an|er|kannt, an|zu|er|ken|nen⟩ **1** etwas ~ *bestätigen, als gültig, richtig bejahen* **2** jmdn. od. etwas ~ *würdigen, gutheißen, loben* ▸ wir erkennen es an, ⟨auch⟩ wir ~ es; eine Forderung ~; die Meinung eines anderen ~; sich ~d äußern; einen Staat diplomatisch ~ *einen (neu gegründeten) Staat öffentlich bestätigen u. diplomatische Beziehungen zu diesem aufnehmen*

an|er|ken|nens|wert ⟨Adj.; -er, am -es|ten⟩ **1** *so geartet, dass man es anerkennen sollte* **2** *würdig, wert, anerkannt zu werden*

An|er|ken|nung ⟨die; -, -en⟩ **1** *Lob, Billigung* **2** *Bestätigung* **3** *Würdigung* ▸ jmdm. seine ~ aussprechen; ~ bekommen; sich ~ verschaffen; in ~ seiner Verdienste; sie bemüht sich um ~

an|fa|chen ⟨V. trans.; facht an, fach|te an, hat an|ge|facht, an|zu|fa|chen⟩ **1** Feuer, Glut ~ *durch Blasen zum Lodern bringen, schüren* **2** ⟨übertr.⟩ Hass, Leidenschaft ~ *entzünden, wecken*

an|fah|ren ⟨V.⟩ **I** ⟨V. intr.; fährt an, fuhr an, ist an|ge|fah|ren, an|zu|fah|ren⟩ **1** *anfangen zu fahren* (Wagen) **2** *fahrend herankommen, näher kommen* ▸ er kam in einem schrottreifen Auto angefahren ▸ der Wagen fuhr plötzlich an; der Wagen gibt beim Anfahren ein recht lautes Geräusch **II** ⟨V. trans.; fährt an, fuhr an, hat an|ge|fah|ren, an|zu|fah|ren⟩ **1** etwas ~ *heranfahren, herbeifahren* **2** jmdn. od. etwas ~ *gegen jmdn. od. etwas fahren* **3** ⟨übertr.⟩ jmdn. ~ *heftig u. unfreundlich anreden* ▸ einen Fußgänger ~ *gegen einen F. fahren, ihn streifen u. ihn dadurch schwer verletzen;* er hat ihn grob angefahren

An|fahrt ⟨die; -, -en⟩ **1** *das Heranfahren, Herbeifahren;* Zus *Anfahrtsweg, Anfahrtszeit* **2** *die Zeit, die man zum Heranfahren an ein Ziel benötigt* ▸ die ~ dauert zwei Stunden

An|fall ⟨der; -(e)s, -fäl|le⟩ **I** ⟨zählb.⟩ *plötzliches Auftreten (einer krankhaften Erscheinung, Gemütsbewegung usw.)* ▸ ~ von Fieber, Schwermut, von Zorn, Heiterkeit; der Patient hatte nachts einen schweren ~; es geschah in einem ~ von Wut; Abl *anfall(s)weise;* Zus *Ohnmachtsanfall, Wutanfall* **II** ⟨unz.⟩ **1** *Ertrag, Ausbeute* **2** *das, was anfällt, vorkommt, was zu erledigen ist;* Zus *Arbeitsanfall* ▸ der ~ von Korrespondenz ist kaum noch zu bewältigen

an|fal|len ⟨V.⟩ **I** ⟨V. trans.; fällt an, fiel an, hat an|ge|fal|len, an|zu|fal|len⟩ jmdn. ~ *überfallen, angreifen* ▸ sie wurde auf dem Heimweg angefallen **II** ⟨V. intr.; fällt an, fiel an, ist an|ge|fal|len, an|zu|fal|len⟩ *vorkommen, entstehen* ▸ wir werden sehen, wie viel Arbeit anfällt; die ~den Gebühren, Zinsen sind am Ersten des Monats zu zahlen

an|fäl|lig ⟨Adj.⟩ *nicht widerstandsfähig, zu etwas neigend* ▸ ~ gegen Erkältungen sein; er ist sehr ~ für Schmeicheleien; Abl *Anfälligkeit*

An|fang ⟨der; -(e)s, -fän|ge⟩ *Zeitpunkt des Beginns von etwas, Ursprung, Ausgangspunkt* ▸ jemand **muss** ja den ~ machen *endlich beginnen;* **sein:** aller ~ ist schwer ⟨sprichwörtl.⟩ ▸ der ~ einer **Erzählung;** ~ **März** kommt er zurück; ~ nächster **Woche** ▸ **am** ~ einer Entwicklung stehen; am ~ des Jahres; das ist der ~ **vom** Ende *damit ist das Ende schon abzusehen;* von ~ an; von ~ bis (zu) Ende *vollständig;* **zu** ~ hatte ich noch Probleme ▸ **wer** macht den ~? *wer fängt an?;* Zus *Anfangskapital, Anfangsschwierigkeiten*

an|fan|gen ⟨V.; fängt an, fing an, hat an|ge|fan|gen, an|zu|fan|gen⟩ **I** ⟨V. trans.⟩ etwas ~ **1** *beginnen, in Gang setzen* **2** *tun, machen, schaffen* ▸ hast du den **Brief** schon angefangen?; mit 16 fing sie eine **Lehre** an; musst du immer **Streit** ~? ▸ etwas **geschickt,** schlau ~ ▸ was soll ich **damit** ~?; ich kann **mit** ihr nichts ~ *wir haben uns nichts zu sagen;* mit dir kann man heute wirklich nichts ~ *du bist heute zu nichts zu gebrauchen;* ich kann mit diesem Buch nichts ~ *ich finde es nicht interessant* ▸ **was** fangen wir nun an?; sie weiß überhaupt nicht, was sie vor Freude ~ soll *tun, sagen soll* **II** ⟨V. intr.⟩ **1** *der Anfang sein, beginnen* **2** *der Erste sein, den ersten Schritt tun* ▸ das fängt ja **gut** an! ⟨umg.; iron.⟩ ▸ **hier** fängt das Naturschutzgebiet an; **mit** einer Arbeit ~; wer hat damit angefangen?; der Unterricht fängt **um** 8 Uhr an; **von** vorn ~; du solltest nicht immer wieder davon ~ (zu reden); es hat angefangen **zu** regnen; ich fange an zu verstehen ▸ **wer** fängt an? (beim Spiel)

An|fän|ger ⟨der; -s, -⟩ *jmd., der anfängt, etwas zu lernen, der auf einem Gebiet nur geringe Kenntnisse besitzt, Neuling* ▸ einen Sprachkurs für ~ besuchen; er ist noch ein blutiger ~ im Autofahren ⟨umg.⟩; Abl *Anfängerin*

an|fäng|lich ⟨Adj.⟩ **I** ⟨nur attr.⟩ *erste(r, -s)* ▸ die ~en Schwierigkeiten wurden bald überwunden **II** ⟨nur adv.⟩ *am Anfang, zuerst*

an|fangs[1] ⟨Adv.⟩ *am Anfang, zuerst* ▸ ~ waren die Kinder noch ziemlich aufgeregt; ~ ging alles gut

an|fangs[2] ⟨Präp. m. Gen.; umg.⟩ *am, zu Beginn* ▸ ~ der Dreißigerjahre

An|fangs|buch|sta|be ⟨der; -ns, -n⟩ *erster Buchstabe (eines Wortes)*

An|fangs|ge|halt ⟨das; -(e)s, -häl|ter⟩ *erstes Gehalt nach Antritt einer neuen Stellung*

An|fangs|pha|se ⟨die; -, -n⟩ *erste Stufe einer Entwicklung;* Syn *Anfangsstadium* ▸ die Versuche waren in der ~ steckengeblieben

An|fangs|zeit ⟨die; -, -en⟩ **1** *Zeitpunkt, zu dem eine Veranstaltung o. Ä. beginnt* **2** *Anfangsphase, erste Zeit, z. B. einer beruflichen Tätigkeit* ▸ in der ~ hatte ich Schwierigkeiten mit der Arbeit

an|fas|sen ⟨V. trans.; fasst an, fass|te an, hat an|gefasst, an|zu|fas|sen⟩ **1** jmdn. od. etwas ~ *mit der Hand berühren, ergreifen, in die Hand nehmen* **2** ⟨übertr.⟩ **2.1** eine Aufgabe, Sache irgendwie ~ *in Angriff nehmen, beginnen* **2.2** jmdn. irgendwie ~ *behandeln, umgehen mit* ▸ das Kind hat die heiße **Herdplatte** angefasst ▸ jmdn. **hart** ~ *ihn streng behandeln;* eine Sache **richtig,** verkehrt ~ ▸ **mit** ~ *helfen;* wenn alle mit ~, ist alles schnell erledigt ▸ ihm glückt alles, **was** er anfasst

an|fau|chen ⟨V. trans.; faucht an, fauch|te an, hat an|ge|faucht, an|zu|fau|chen⟩ jmdn. ~ **1** *sich fauchend gegen jmdn. wenden* **2** ⟨übertr.; umg.⟩ *barsch anreden* ▸ die Katze fauchte ihn an

an|fech|ten ⟨V. trans.; ficht an, focht an, hat an|gefoch|ten, an|zu|fech|ten⟩ etwas ~ *Einspruch gegen etwas erheben, zurückweisen* ▸ ein Testament, Urteil ~; Abl *Anfechtung; anfechtbar*

an|fein|den ⟨V. trans.; fein|det an, fein|de|te an, hat an|ge|fein|det, an|zu|fein|den⟩ jmdn. ~ *jmdn. (mit Worten) angreifen;* Abl *Anfeindung*

an|fer|ti|gen ⟨V. trans.; fer|tigt an, fer|tig|te an, hat an|ge|fer|tigt, an|zu|fer|ti|gen⟩ etwas ~ *herstellen, (kunstgerecht) machen* ▸ eine Arznei nach Rezept ~; der Anzug wurde nach Maß angefertigt *genau passend;* Abl *Anfertigung*

an|feuch|ten ⟨V. trans.; feuch|tet an, feuch|te|te an, hat an|ge|feuch|tet, an|zu|feuch|ten⟩ einen Schwamm, Briefmarken, die Lippen ~ *ein wenig feucht machen*

an|feu|ern ⟨V. trans.; feu|ert an, feu|er|te an, hat an|ge|feu|ert, an|zu|feu|ern⟩ **1** den Ofen ~ *anheizen, zum Brennen bringen* **2** ⟨übertr.⟩ jmdn. ~ *kräftig ermuntern, ermutigen, durch Zuruf antreiben (bes. bei einem Wettkampf);* Abl *Anfeuerung*

an|fle|hen ⟨V. trans.; fleht an, fleh|te an, hat an|gefleht, an|zu|fle|hen⟩ jmdn. ~ *flehend, inständig bitten* ▸ ich flehe dich an: tu es nicht!

an|flie|gen ⟨V.⟩ **I** ⟨V. trans.; fliegt an, flog an, hat an|ge|flo|gen, an|zu|flie|gen⟩ etwas ~ *auf ein Ziel zufliegen* ▸ einen Flugplatz, eine Stadt ~ **II** ⟨V. intr.; fliegt an, flog an, ist an|ge|flo|gen, an|zu-flie|gen⟩ *sich fliegend, unbemerkt nähern*

An|flug ⟨der; -(e)s, -flü|ge⟩ **1** *das Heranfliegen* (von Vögeln, Flugzeugen); Zus *Anflughöhe* **2** ⟨übertr.⟩ *Hauch, Spur, Andeutung* ▸ die Maschine ist im ~; mit dem ~ eines Lächelns

an|for|dern ⟨V. trans.; for|dert an, for|der|te an, hat an|ge|for|dert, an|zu|for|dern⟩ etwas ~ *die Lieferung, Zusendung von jmdm. fordern* ▸ einen Bericht von jmdm. ~

An|for|de|rung ⟨die; -, -en⟩ **1** *das Anfordern, Mahnung* **2** *Anspruch (an die Leistungsfähigkeit)* ▸ große, hohe ~en stellen; die ~en sind mir zu hoch; den ~en (nicht) gewachsen sein

An|fra|ge ⟨die; -, -n⟩ *Frage, Ersuchen, Bitte um Auskunft (auch im Parlament;* parlamentarische ~) ▸ eine ~ **einbringen** (im Parlament); darf ich mir eine ~ **erlauben?** ▸ **große**/Große ~ *wichtige, von vielen unterzeichnete parlamentarische A.;* **kleine**/Kleine ~ *kurze parlamentarische A., die schriftlich beantwortet werden kann* ▸ eine ~ **an** jmdn. richten; eine Auskunft **auf** ~ erhalten

an|fra|gen ⟨V. intr.; fragt an, frag|te an, hat an|gefragt, an|zu|fra|gen⟩ (bei jmdm.) ~ *fragen, sich (bei jmdm.) erkundigen* ▸ ich möchte bei Ihnen ~, ob ich den Termin verlegen kann

an|freun|den ⟨V. refl.; freun|det sich an, freun|dete sich an, hat sich an|ge|freun|det, sich an|zufreun|den⟩ **1** sich (mit jmdm.) ~ *Freundschaft schließen (mit jmdm.)* **2** sich mit etwas ~ *sich an etwas gewöhnen, Gefallen an etwas finden*

an|fü|gen ⟨V. trans.; fügt an, füg|te an, hat an|ge|fügt, an|zu|fü|gen⟩ etwas ~ *(am Schluss) hinzufügen* ▸ eine Bemerkung ~; Abl *Anfügung*

an|füh|len ⟨V.; fühlt an, fühl|te an, hat an|ge|fühlt, an|zu|füh|len⟩ **I** ⟨V. trans.⟩ jmdn. od. etwas ~ *befühlen, fühlend untersuchen* ▸ fühl den Stoff einmal an, wie weich er ist **II** ⟨V. refl.⟩ sich irgendwie ~ *ein bestimmtes Gefühl vermitteln* ▸ sich weich, hart, rau ~

an|füh|ren ⟨V. trans.; führt an, führ|te an, hat an|ge|führt, an|zu|füh|ren⟩ **1** ein Heer, eine Diskussion, einen Festzug ~ *der Anführer sein, befehligen, leiten* **2** eine Textstelle, einen Ausspruch ~ **2.1** *zitieren, wörtlich wiederholen* **2.2** *in Anführungszeichen setzen* **3** ein Buch, ein Dokument ~ *erwähnen, sich darauf berufen* **4** Gründe ~ *mitteilen, vorbringen* ▸ etwas als Beispiel ~; was können Sie zu Ihrer Rechtfertigung ~?

An|füh|rer ⟨der; -s, -⟩ *jmd., der andere (als Befehlshaber) anführt* ▸ ~ einer Abteilung Soldaten, einer Revolte; Abl *Anführerin*

An|füh|rung ⟨die; -, -en⟩ **1** *das Anführen, Berufung* **2** *angeführtes Wort, Zitat* **3** *in Anführungszeichen eingeschlossener Satz*

An|füh|rungs|stri|che ⟨Pl.⟩ = *Anführungszeichen*

Anführungszeichen

Die *Anführungszeichen* umschließen die direkte Rede, also die wörtlich wiedergegebene Rede (im Gegensatz zur indirekten Rede). Der Rede vorangehende Ankündigungsworte werden mit Doppelpunkt abgeschlossen. Satzzeichen (Punkt, Fragezeichen, Ausrufezeichen) am Ende der direkten Rede stehen vor dem schließenden Anführungszeichen: *Die Mutter fragt: „Hast du alles erledigt?" Susanne antwortet: „Ich habe alle Aufgaben erledigt."* Nach dem schließenden Anführungszeichen folgt ein Komma, wenn der Begleitsatz weitergeführt wird: *„Du kommst zu spät!", rief er.* Beendet ein Punkt, Fragezeichen oder Ausrufezeichen die direkte Rede, so folgt auf das Anführungszeichen kein weiteres Satzzeichen: *„Warum", fragte er, „sagst du das erst jetzt?"* *Anführungszeichen* werden auch zur Hervorhebung oder Betonung von Wörtern oder Teilen von Texten verwendet, z. B. bei Überschriften, Titeln von Büchern, Namen von Zeitungen, bei Zitaten oder Sprichwörtern: *Er nannte sie „Schätzchen". Das Ganze hat „nur" 1 000 Euro gekostet. Das „Wochenblatt" wird kostenlos verteilt. Ich lese gerade die „Buddenbrooks".*

An|füh|rungs|zei|chen ⟨Pl.⟩ *Zeichenpaar („ "), das wörtlich wiederholte Aussprüche, Büchertitel, ironisch gemeinte Wendungen usw. anzeigt* ▸ das habe ich in ~ gesagt! ⟨übertr.⟩ *es war ironisch gemeint;* ein Wort in ~ setzen

An|ga|be ⟨die; -, -n⟩ **1** *Aussage, Mitteilung* **2** *Erwähnung* **3** *Anweisung* **4** ⟨Tennis, Tischtennis⟩ = *Aufschlag (2)* **5** ⟨umg.⟩ *Angeberei, Aufschneiderei* ▸ wer hat ~? ⟨Tennis⟩; sein: es ist alles nur ~, was er erzählt ⟨umg.⟩ ▸ können sie genaue ~n über den Unfallhergang machen?; können sie zu dem Vorfall nähere ~n machen? ▸ das Haus ist nach meinen eigenen ~n gebaut worden; wir bitten um ~ von Einzelheiten

an|ge|ben ⟨V.; gibt an, gab an, hat an|ge|ge|ben, an|zu|ge|ben⟩ **I** ⟨V. trans.⟩ **1** etwas ~ *sagen, aussagen, nennen, mitteilen* **2** etwas ~ *zeigen, hinweisen auf* **3** etwas ~ *behaupten* **4** jmdn. als etwas ~ *verraten, melden, denunzieren, anzeigen* ▸ er gibt an, krank gewesen zu sein ▸ bitte geben Sie ihre Anschrift an; die Uhr gibt die Minuten und Sekunden an; den Ton ~ ⟨übertr.⟩ *in einer Gesellschaft, Gemeinschaft bestimmen, führen* ▸ er kann nicht ~, wer ihn niedergeschlagen hat ▸ er hat ihn bei der Polizei als Zeugen angegeben **II** ⟨V. intr.; umg.⟩ **1** *sich wichtigtun, prahlen, aufschneiden* **2** ⟨Tennis, Tischtennis⟩ = *aufschlagen (I.2)* ▸ gib nicht so an! ⟨umg.⟩ ▸ wer gibt an? ⟨Sp.⟩

An|ge|ber ⟨der; -s, -⟩ **1** *jmd., der (beim Spiel) angibt* **2** *jmd., der angibt, sich wichtigtut* ▸ er ist ein ganz schöner ~; Abl *Angeberin*

An|ge|be|rei ⟨die; -, -en⟩ *Prahlerei, Wichtigtuerei*

an|ge|be|risch ⟨Adj.⟩ *wichtigtuerisch, prahlerisch*

an|geb|lich ⟨Adj.⟩ *wie man behauptet, vermeintlich, vorgeblich* ▸ das ist sein ~er Bruder; er ist ~ Musiker; er hat ~ ein großes Vermögen

an|ge|bo|ren ⟨Adj.⟩ *von Geburt an, als Veranlagung vorhanden* (Eigenschaft, Krankheit) ▸ sein Musikalität ist ~ *ererbt, nicht anerzogen*

An|ge|bot ⟨das; -(e)s, -e⟩ **1** *Vorschlag, etwas für einen anderen zu tun, freiwillige Bereiterklärung* **2** *Vorschlag (für Honorar, Preis, Stellung)* **3** *zum Verkauf stehende Waren;* Zus *Angebotspalette* **4** ⟨umg.⟩ *Sonderangebot;* Zus *angebotsorientiert* ▸ ein ~ ablehnen, annehmen, ausschlagen; machen Sie mir ein ~! ▸ ich habe ein sehr günstiges ~ bekommen; höchstes ~ (bei Auktionen); ein reichhaltiges ~ von Fischwaren; er hat mir ein schlechtes ~ gemacht ▸ Rindfleisch ist heute im ~ ⟨umg.⟩ *besonders preiswert;* ~ und Nachfrage regeln die Preise

An|ge|den|ken ⟨das; -s; unz.⟩ *Gedenken, Erinnerung* ▸ jmdn. in gutem ~ behalten

an|ge|ekelt **I** ⟨Part. Perf. von⟩ *anekeln* **II** ⟨Adj.⟩ *Ekel empfindend* ▸ ein ~es Gesicht machen

an|ge|gos|sen ⟨Adj.; in der Wendung⟩ sitzt wie ~ *passt genau, perfekt*

an|ge|grif|fen **I** ⟨Part. Perf. von⟩ *angreifen* **II** ⟨Adj.⟩ **1** *erschöpft, müde* **2** *erschüttert* (Gesundheit) ▸ ~ aussehen; sich etwas ~ fühlen

an|ge|hei|ra|tet ⟨Adj.⟩ *durch Heirat verbunden* ▸ ein ~er Vetter von mir

an|ge|hei|tert ⟨Adj.; umg.⟩ *leicht betrunken*

an|ge|hen ⟨V.⟩ **I** ⟨V. intr.; geht an, ging an, ist an|ge|gan|gen, an|zu|ge|hen⟩ **1** das Licht geht an *fängt an zu brennen* **2** das Radio geht an *fängt an* *zu spielen* **3** gegen etwas od. jmdn. ~ *etwas od. jmdn. bekämpfen* ▸ dass er nicht gekommen ist, mag noch ~, aber dass er sich nicht entschuldigt hat, ärgert mich sehr *ist noch tolerierbar* ▸ das Feuer geht nicht an *ich bringe es nicht zum Brennen;* gegen eine Krankheit, ein Gerichtsurteil ~ **II** ‹V. trans.; geht an, ging an, hat an|ge|gan|gen, an|zu|ge|hen› **1** einen Gegner ~ *angreifen* **2** eine Arbeit ~ *beginnen* **3** jmdn. ~ *betreffen* ▸ das geht mich nichts an *damit will ich nichts zu tun haben;* jmdn. um Geld ~ *um Geld bitten* ▸ was mich angeht, ich bin bereit, etwas zu tun; was deinen Vorschlag angeht, so muss ich Folgendes sagen

an|ge|hend **I** ‹Part. Präs. von› *angehen* **II** ‹Adj.› *noch nicht am Ende der Entwicklung, jedoch bereits erkennbar* ▸ ein ~er Künstler

an|ge|hö|ren ‹V. intr.; ge|hört an, ge|hör|te an, hat an|ge|hört, an|zu|ge|hö|ren› jmdm. od. einer Sache ~ *zu jmdm. od. einer S. gehören, zu eigen sein* ▸ einer Partei (als Mitglied) ~

An|ge|hö|ri|ge(r) ‹die; -n, -n (der; -n, -n)› **1** *jmd., der einer Gemeinschaft angehört, Mitglied (eines Vereins); Zus Staatsangehöriger* **2** *Verwandter; Zus Familienangehöriger* ▸ meine Angehörigen *meine nächsten Verwandten*

An|ge|hö|rig|keit ‹die; -; unz.› *Zustand des Angehörens, das Angehörigsein, das Gehören zu etwas; Zus Staatsangehörigkeit*

An|ge|klag|te(r) ‹die; -n, -n (der; -n, -n)› *jmd., der einer Straftat beschuldigt ist u. gegen den das Gericht die Eröffnung des Hauptverfahrens beschlossen hat;* →a. *Angeschuldigte(r)*

an|ge|knackst ‹Adj.; umg.› **1** *leicht beschädigt* **2** *nicht mehr ganz zufriedenstellend* ▸ er ist psychisch ~

An|gel ‹die; -, -n› **1** *Scharnier, drehbare Befestigung; Zus Türangel* **2** *Fischfanggerät aus Rute, Schnur, Vorfach u. Haken, an dem der Köder befestigt wird u. der Fisch beim Anbeißen hängen bleiben soll; Zus Angelhaken, Angelschnur* ▸ die Tür aus den ~n heben; die Welt aus den ~n heben ‹übertr.› *die Welt grundlegend ändern;* die Tür quietscht in den ~n; zwischen Tür und ~ ‹übertr.› *auf der Schwelle, in aller Eile*

An|ge|le|gen|heit ‹die; -, -en› *Sache, Begebenheit, Geschehen, Fall* ▸ diese ~ muss heute noch erledigt, geregelt werden; das ist meine ~!; auswärtige ~en *Tätigkeitsbereich der Außenpolitik;* kann ich Sie in einer dringenden, privaten ~ sprechen?; eine peinliche ~; misch dich nicht in fremde ~en! ‹umg.›; ich will mit der ganzen ~ nichts zu tun haben; kümmere dich um deine eigenen ~en!

an|geln ‹V. trans. u. V. intr.; an|gelt, an|gel|te, hat ge|an|gelt› **1** (etwas) ~ *mit der Angel fischen* **2** ‹übertr.› nach etwas ~ *versuchen zu (er)greifen, zu bekommen* **3** ‹übertr.; scherzh.› sich jmdn. od. etwas ~ *mit Mühe erreichen, fassen, für sich gewinnen* ▸ wir gehen sonntags immer ~; den Hut aus dem Wasser ~; sie hat sich einen reichen Mann geangelt ‹übertr.; scherzh.›

An|gel|punkt ‹der; -(e)s, -e; meist in der Wendung› Dreh- und ~ *Kernpunkt, Hauptsache* ▸ er war der Dreh- und ~ des Spiels ‹Sp.› *der wichtigste Spieler*

An|gel|sach|sen ‹[-ks-] Pl.; Sammelbez. für› *die germanischen Stämme der Angeln, Sachsen u. Jüten*

an|gel|säch|sisch ‹[-ks-] Adj.› **1** *die Angelsachsen betreffend, von ihnen stammend* **2** *den Britischen Commonwealth, bes. Großbritannien, u. die USA, den englischen Sprachraum betreffend*

an|ge|mes|sen ‹Adj.› *passend, entsprechend* (Belohnung, Frist, Gehalt, Preis, Strafe) ▸ jmdn. ~ entschädigen; in ~er Weise; Abl *Angemessenheit*

an|ge|nehm ‹Adj.› *einen guten Eindruck vermittelnd, ein positives Gefühl auslösend* ▸ eine ~e Beschäftigung, Arbeit *eine erfreuliche, willkommene B., A.;* haben Sie eine ~e Fahrt, Reise gehabt?; ~e Ruhe! *(Grußformel beim Schlafengehen);* ich wünsche ~e Unterhaltung!; ein ~es Wesen *ein freundliches W.* ▸ sein: Ihr Besuch ist uns jederzeit ~ ▸ es ist ~ frisch draußen *wohltuend frisch* ▸ das Angenehme mit dem Nützlichen verbinden ‹sprichwörtl.›; sehr ~! *(Formel, wenn man jmdm. vorgestellt wird)*

an|ge|nom|men **I** ‹Part. Perf. von› *annehmen* **II** ‹Adj.› *wenn man annimmt, (dass) …* ▸ ~, dass … *vorausgesetzt, dass …;* ~, ich hätte …

An|ger ‹der; -s, -› **1** *freier Grasplatz im Dorf; Zus Angerdorf* **2** *Weide, Wiese*

an|ge|regt **I** ‹Part. Perf. von› *anregen* **II** ‹Adj.› *lebhaft, voller Interesse* ▸ sich ~ unterhalten

an|ge|sagt **I** ‹Part. Perf. von› *ansagen* **II** ‹Adj.; umg.; salopp› *im Trend liegend, beliebt* ▸ eine ~e Diskothek; grelle Farben sind ~

an|ge|säu|selt ‹Adj.; umg.› = *angeheitert*

an|ge|schla|gen **I** ‹Part. Perf. von› *anschlagen* **II** ‹Adj.› **1** *beschädigt* **2** ‹übertr.› *erschöpft, nicht mehr voll leistungsfähig* ▸ er ist ziemlich ~; einen ~en Eindruck machen

An|ge|schul|dig|te(r) ‹die; -n, -n (der; -n, -n)› *jmd., der einer Straftat beschuldigt u. gegen den öffentliche Klage erhoben worden ist;* →a. *Angeklagte(r)*

an|ge|se|hen **I** ‹Part. Perf. von› *ansehen* **II** ‹Adj.› **1** *geachtet, geschätzt* (Persönlichkeit) **2** *gut eingeführt* (Firma) ▸ sehr ~ sein (bei)

An|ge|sicht ‹das; -(e)s, -er od. österr. a.: -e; Pl. selten› **1** ‹poet.› *Gesicht, Antlitz* **2** ‹übertr.› *Anblick* ▸ im Schweiße meines ~s ‹scherzh.; nach einem Bibelwort› *mit großer Mühe, Anstrengung;* im ~ des Todes; jmdm. von ~ zu ~ gegenüberstehen

an|ge|sichts ‹Präp. m. Gen.› *gegenüber, im Hinblick auf* ▸ ~ dieser Tatsache ist es besser; ~ der erdrückenden Last von Beweisen

an|ge|spannt **I** ‹Part. Perf. von› *anspannen* **II** ‹Adj.; -er, am -es|ten› **1** *angestrengt* (Arbeit, Aufmerksamkeit), *aufmerksam* **2** *kritisch, von einer Krise bedroht* (Lage) ▸ die ~e Lage auf dem Arbeitsmarkt; ~ arbeiten, lauschen

A

an|ge|staubt ‹Adj.; umg.› **1** *leicht verstaubt, mit Staub überzogen* **2** ‹übertr.› *altmodisch, überholt*

An|ge|stell|te(r) ‹die; -n, -n (der; -n, -n)› *jmd., der gegen ein festes Gehalt bei einer Firma, Behörde arbeitet;* Zus *Angestelltengewerkschaft, Angestelltenversicherung, Angestelltenvertrag; Bankangestellte(r), Büroangestellte(r)*

an|ge|tan **I** ‹Part. Perf. von› *antun* **II** ‹Adj.› von etwas ~ sein *daran Gefallen finden, es mögen* ▸ ich bin von dem Buch, dem Film sehr ~

an|ge|trun|ken ‹Adj.› *leicht betrunken*

an|ge|wie|sen **I** ‹Part. Perf. von› *anweisen* **II** ‹Adj.› auf etwas od. jmdn. ~ sein *etwas od. jmdn. unbedingt brauchen* ▸ ich bin auf ihn, auf seine Hilfe ~; er ist ganz auf sich selbst, auf sich allein ~ *er muss für sich selbst sorgen*

an|ge|wöh|nen ‹V. trans.; ge|wöhnt an, ge|wöhn|te an, hat an|ge|ge|wöhnt, an|zu|ge|wöh|nen› jmdm. od. sich etwas ~ *zur Gewohnheit machen* ▸ sich das Rauchen ~; ich habe ihm angewöhnt, pünktlich zu sein

An|ge|wohn|heit ‹die; -, -en› = *Gewohnheit*

an|gif|ten ‹V. trans.; gif|tet an, gif|te|te an, hat an|ge|gif|tet, an|zu|gif|ten; umg.› jmdn. ~ *giftig, böse anreden*

An|gi|na ‹die; -, An|gi|nen; Med.› *mit Schwellung des Rachens u. der Mandeln verbundene, entzündliche, fieberhafte Erkrankung des Halses*

an|glei|chen ‹V. trans.; gleicht an, glich an, hat an|ge|gli|chen, an|zu|glei|chen› jmd. jmd. anderem ~ od. eine Sache der anderen ~ *jmdm. od. etwas anderem ähnlich od. gleich machen, anpassen* ▸ die Gehälter den Lebenshaltungskosten ~; Abl *Angleichung*

Ang|ler ‹der; -s, -› *jmd., der angelt;* Abl *Anglerin*

an|glie|dern ‹V. trans.; glie|dert an, glie|der|te an, hat an|ge|glie|dert, an|zu|glie|dern› etwas (einer anderen Sache od. an eine andere Sache) ~ *als Teil einem Ganzen hinzufügen;* Abl *Angliederung*

An|g|lis|tik ‹die; -; unz.› *Lehre von der englischen Sprache u. Literatur;* Abl *Anglist(in); anglistisch*

An|g|li|zis|mus ‹der; -, -zis|men› *Entlehnung aus dem Englischen in eine andere Sprache*

an|glot|zen ‹V. trans.; glotzt an, glotz|te an, hat an|ge|glotzt, an|zu|glot|zen; umg.› jmdn. ~ *dümmlich-staunend od. starr ansehen*

An|go|ra|kat|ze ‹die; -, -n; Zool.› *eine Katze mit langem, seidigem Haar von weißer, gelblicher od. grauer Färbung*

An|go|ra|wol|le ‹die; -; unz.› *aus den Haaren der Angoraziege od. Angorakatze gewonnene, weiche Wolle* ▸ ein Pullover aus ~

An|go|ra|zie|ge ‹die; -, -n; Zool.› *eine Ziege mit langem Fell*

an|greif|bar ‹Adj.› **1** *so beschaffen, dass man es angreifen kann* **2** ‹übertr.› *nicht gefestigt, nicht gültig, nicht korrekt* ▸ ein ~es Argument

an|grei|fen ‹V.; greift an, griff an, hat an|ge|grif|fen, an|zu|grei|fen› **I** ‹V. trans.› **1** jmdn. od. etwas ~ *(mit Waffen) bekämpfen, attackieren, beleidigen* **2** ‹Sp.› jmdn. in einem (sportlichen) Wettkampf ~ *ihn unter Druck setzen* **3** ‹übertr.› eine Sache ~ *unternehmen, in Angriff nehmen, anpacken* **4** jmdn. od. etwas ~ *mit der Hand berühren, anfassen, anfühlen* **5** Ersparnisse, Vorräte ~ *zu verbrauchen beginnen* **6** die Gesundheit, die Nerven ~ *schwächen, anstrengen* **7** die Karosserie ~ *beschädigen, zersetzen* (von Säuren, Rost) ▸ das dauernde helle Licht greift meine Augen an ▸ der Redner wurde für seine Thesen heftig angegriffen ▸ jmdn. mit dem Messer ~ ▸ was er auch angreift, es gelingt ihm eigentlich immer alles **II** ‹V. refl.› sich ~ *sich anfühlen* ▸ der Stoff greift sich hart, weich an; →a. *angegriffen*

An|grei|fer ‹der; -s, -› *jmd., der einen andern angreift* ▸ den ~ zurückschlagen; Abl *Angreiferin*

An|griff ‹der; -s, -e› **1** *das Angreifen* **2** *Beginn, Eröffnung des Kampfes* **3** ‹Sp.› **3.1** *das Ergreifen der Initiative, Versuch, einen Punktgewinn zu erzielen* **3.2** *Gesamtheit der angreifenden Spieler* **4** ‹übertr.› *Beleidigung, Vorgehen gegen, Beschimpfung, Anklage, scharfer Vorwurf* ▸ einen ~ abwehren, zurückschlagen; auf ~ umschalten *von der Verteidigung zum Angriff übergehen;* sich gegen jmds. ~e wehren; ein Werk in ~ nehmen *es beginnen;* zum ~ übergehen

an|grif|fig ‹Adj.; schweiz.› *angriffslustig, offensiv* ▸ ein ~es Spiel; ~e Reden führen

An|griffs|flä|che ‹die; -, -n› = *Angriffspunkt (2)* ▸ jmdm. keine ~n bieten

An|griffs|lust ‹die; -; unz.› *stetige Bereitschaft zum Angriff;* Abl *angriffslustig*

An|griffs|punkt ‹der; -(e)s, -e› **1** ‹Mil.› *Punkt, Ort, von dem ein Angriff ausgeht* **2** ‹übertr.› *schwache Stelle, die bes. leicht anzugreifen ist* ▸ dem Gegner keine ~e bieten ‹übertr.›

an|grin|sen ‹V. trans.; grinst an, grins|te an, hat an|ge|grinst, an|zu|grin|sen; umg.› jmdn. ~ *sich jmdm. zuwenden u. grinsen*

angst ‹Adj.; urspr. Subst.; nur präd. u. adv.; in Verbindung mit den Verben „sein", „bleiben", „werden"› *ängstlich (zumute)* ▸ mir ist ~ (um ihn); mir ist ~ und bange dabei geworden

Angst ‹die; -, Ängs|te› **1** *große Sorge, Unruhe* **2** *unbestimmtes Gefühl der Bedrohung;* →a. *Furcht* ▸ jmdn. in ~ und Schrecken versetzen ▸ du brauchst keine ~ zu haben; die ~ (in sich) bekämpfen, unterdrücken; ~ bekommen, haben; jmdm. ~ einjagen; jmdm. ~ machen; jmdm. ~ und Bange machen ▸ in ~ geraten; es mit der ~ zu tun bekommen; ~ um jmdn. haben; ~ vor jmdm. od. etwas haben; vor ~ nicht, schlecht schlafen können; sich vor ~ fast in die Hose machen ‹umg.›; Abl *angstfrei, angstvoll;* Zus *Angstgefühl, Angstgegner, Angstgeschrei, Angstneurose, Angstpsychose, Angststörung, Angstzustand; angsterfüllt*

Angst|ha|se ‹der; -n, -n; umg.; scherzh.› *ängstlicher Mensch*

ängs|ti|gen ‹V.; ängs|tigt, ängs|tig|te, hat ge|ängs|tigt› **I** ‹V. trans.› jmdn. ~ *in Angst versetzen, Angst machen* **II** ‹V. refl.› sich ~ *Angst haben,* *sich sehr sorgen* ▸ sich um jmdn. od. etwas ~; sich vor jmdm. ~; sich zu Tode ~ ⟨übertr.⟩

ängst|lich ⟨Adj.⟩ **I** ⟨attr.; adv.; präd.⟩ **1** *angsterfüllt, voller Angst, schüchtern* (Kind) **2** *innerlich unruhig, sehr besorgt* ▸ mir wurde ~ zumute; Abl *Ängstlichkeit* **II** ⟨nur adv.⟩ *peinlich genau, übertrieben gewissenhaft* ▸ ~ darauf bedacht sein, dass nichts in Unordnung gerät

Angst|schweiß ⟨der; -es; unz.⟩ *vor Angst ausbrechender Schweiß* ▸ der ~ steht ihm auf der Stirn

an|gu|cken ⟨V. trans.; guckt an, guck|te an, hat an|ge|guckt, an|zu|gu|cken; umg.⟩ jmdn. od. etwas ~ *ansehen*

an|gur|ten ⟨V. trans.; gur|tet an, gur|te|te an, hat an|ge|gur|tet, an|zu|gur|ten⟩ jmdn. od. sich ~ *mit einem Gurt befestigen, anschnallen*

an|ha|ben ⟨V. trans.; hat an, hat|te an, hat an|ge|habt, an|zu|ha|ben⟩ **1** ⟨umg.⟩ ein Kleidungsstück ~ *am Körper haben, tragen, angezogen haben* **2** jmdm. etwas ~ können *schaden können* ▸ du hast ja immer noch die nassen Sachen an!; er kann mir nichts ~; was kann er mir schon ~?

an|haf|ten ⟨V. intr.; haf|tet an, haf|te|te an, hat an|ge|haf|tet, an|zu|haf|ten⟩ einer Sache ~ *festhaften an, fest verbunden sein mit* ▸ ihm haftet immer noch etwas von seiner früheren Ängstlichkeit an ⟨übertr.⟩

an|hal|ten ⟨V.; hält an, hielt an, hat an|ge|hal|ten, an|zu|hal|ten⟩ **I** ⟨V. intr.⟩ **1** *stehen bleiben* (Fahrzeug) **2** *(fort)dauern* (Regen, Kälte) ▸ halten Sie an! *(Aufforderung an den Fahrer eines Fahrzeugs)* ▸ die **Spannung** hielt den ganzen Film hindurch an; der **Zug** hielt auf freier Strecke an **II** ⟨V. trans.⟩ **1** jmdn. od. etwas ~ *an der Weiterbewegung hindern, zum Stehen bringen* **2** einen Ton ~ *aushalten, weiterklingen lassen* **3** jmdn. zu etwas ~ *ermahnen, dass er etwas tut* ▸ den **Atem,** die Luft ~; ein **Auto** ~; halt mir doch bitte den **Stoff** mal an! ▸ **um** die Hand einer Frau ~ ⟨veraltet⟩ *ihr einen Heiratsantrag machen;* jmdn. **zur** Arbeit ~

An|hal|ter ⟨der; -s, -⟩ *jmd., der ein Fahrzeug anhält u. bittet, (kostenlos) mitfahren zu dürfen* ▸ per ~ fahren; Abl *Anhalterin*

An|halts|punkt ⟨der; -(e)s, -e; übertr.⟩ *etwas, worauf man eine Meinung stützen kann* ▸ für diese Behauptung gibt es keinen ~

an|hand ⟨Präp. m. Gen.⟩ *mit Hilfe* ▸ ~ seines Berichtes

An|hang ⟨der; -(e)s, -hän|ge; Abk.: Anh.⟩ **1** *Zusatz zu Schriftstücken, (erläuterndes od. ergänzendes) Schlusskapitel* **2** ⟨scherzh.; umg.⟩ *Familienmitglieder, Lebenspartner* **3** *Gesamtheit an Fremden, Bekannten (die stets mitgeführt werden)* ▸ er ist samt ~ erschienen

an|han|gen ⟨V.⟩ **I** ⟨V. intr.; hängt an, hing an, hat an|ge|han|gen, an|zu|hän|gen⟩ **1** einer Sache ~ **1.1** *sich ihr verbunden fühlen, für sie eintreten* **1.2** *sich nicht von ihr lösen können* **2** jmdm. ~ *jmdm. zugetan sein* ▸ einer Lehre ~ **II** ⟨V. trans.; hängt an, häng|te an, hat an|ge|hängt, an|zu|hän|gen⟩ **1** etwas an etwas ~ **1.1** *einen Gegenstand so an etwas befestigen, dass er hängt* **1.2** *hinzufügen, beigeben* **2** ⟨übertr.⟩ jmdm. etwas ~ *jmdn. einer Sache beschuldigen, jmdm. etwas Schlechtes nachsagen* ▸ eine Endung an ein Wort ~; einen Wagen an den Zug ~

An|hän|ger ⟨der; -s, -⟩ **1** *Vertreter gleicher Interessen, Auffassungen od. Ziele* **2** *Schüler, Jünger* **3** *angehängtes Fahrzeug* **4** *an einer Kette zu tragendes Schmuckstück* ▸ ~ einer Theorie, Bewegung, eines Politikers; Abl *Anhängerin*

An|hän|ger|schaft ⟨die; -; unz.⟩ *Gesamtheit der Anhänger (einer Bewegung, eines Politikers usw.)*

an|hän|gig ⟨Adj.⟩ **1** der Prozess ist ~ *schwebt, steht zur Entscheidung* **2** eine Klage ~ machen *vor Gericht Klage erheben* **3** etwas bei Gericht ~ machen *bei Gericht vorbringen*

an|häng|lich ⟨Adj.⟩ *jmdm. sehr zugetan, treu* ▸ der Hund ist sehr ~; Abl *Anhänglichkeit*

An|häng|sel ⟨das; -s, -⟩ **1** *lose verbundenes kleines Endstück* **2** ⟨umg.⟩ *ständiger, aber nicht wichtiger Begleiter*

an|hau|chen ⟨V. trans.; haucht an, hauch|te an, hat an|ge|haucht, an|zu|hau|chen⟩ etwas ~ *behauchen, leicht anblasen*

an|häu|fen ⟨V.; häuft an, häuf|te an, hat an|ge|häuft, an|zu|häu|fen⟩ **I** ⟨V. trans.⟩ etwas ~ *in Mengen sammeln, zusammentragen, speichern* (Geld, Schätze) **II** ⟨V. refl.⟩ sich ~ *sich ansammeln, immer mehr werden;* Abl *Anhäufung*

an|he|ben ⟨V.; hebt an, hob an, hat an|ge|ho|ben, an|zu|he|ben⟩ **I** ⟨V. trans.⟩ **1** jmdn. od. etwas ~ *ein kleines Stück in die Höhe heben* **2** ⟨übertr.⟩ die Preise ~ *erhöhen* **II** ⟨V. intr.; geh.⟩ *beginnen* ▸ er hob (hub) an zu lachen; Abl *Anhebung*

an|hef|ten ⟨V. trans.; hef|tet an, hef|te|te an, hat an|ge|hef|tet, an|zu|hef|ten⟩ etwas (an etwas) ~ *mit Nadeln, Klammern o. Ä. befestigen*

an|heim|fal|len ⟨V. intr.; fällt an|heim, fiel an|heim, ist an|heim|ge|fal|len, an|heim|zu|fal|len; geh.⟩ jmdm. ~ *jmds. Eigentum werden* ▸ dieses Grundstück fällt später dem Staat anheim; der Vergessenheit ~ *allmählich vergessen werden*

an|heim|stel|len ⟨V. trans.; stellt an|heim, stell|te an|heim, hat an|heim|ge|stellt, an|heim|zu|stel|len⟩ jmdm. etwas ~ *etwas jmds. Entscheidung überlassen* ▸ ich stelle es dir anheim, ob du kommen willst oder nicht

an|hei|zen ⟨V. trans.; heizt an, heiz|te an, hat an|ge|heizt, an|zu|hei|zen⟩ etwas ~ *Feuer in etwas entfachen, zu heizen beginnen, anschüren* ▸ den Ofen ~; die Stimmung ~ ⟨übertr.⟩ *steigern*

an|herr|schen ⟨V. trans.; herrscht an, herrsch|te an, hat an|ge|herrscht, an|zu|herr|schen⟩ jmdn. ~ *streng, grob ansprechen, barsch anreden*

an|heu|ern ⟨V.; heu|ert an, heu|er|te an, hat an|ge|heu|ert, an|zu|heu|ern⟩ **I** ⟨V. trans.⟩ jmdn. ~ **1** ⟨Mar.⟩ *für Schiffsdienste einstellen, anwerben* **2** ⟨umg.⟩ *engagieren, einstellen* ▸ Matrosen ~; der Betrieb heuert neue Leute an ⟨umg.⟩ **II** ⟨V. intr.⟩ **1** ⟨Mar.⟩ *auf einem Schiff in Dienst treten* **2** ⟨umg.⟩ *in Dienst treten* ▸ er heuerte als Leichtmatrose auf der Pegasus an

Ạn|hieb ⟨der; -(e)s, -e; in der Wendung⟩ auf ~ *gleich beim ersten Mal*

ạn|him|meln ⟨V. trans.; him|melt an, him|mel|te an, hat an|ge|him|melt, an|zu|him|meln; umg.; scherzh.⟩ jmdn. ~ *schwärmerisch verehren* ▸ er himmelt sie schon seit der Schulzeit an

Ạn|hö|he ⟨die; -, -n⟩ *kleiner Hügel* ▸ auf einer ~

ạn|hö|ren ⟨V.; hört an, hör|te an, hat an|ge|hört, an|zu|hö|ren⟩ **I** ⟨V. trans.⟩ **1** jmdn. ~ *jmdn. eine Sache vorbringen lassen u. zuhören* **2** eine Sache ~ *einer S. prüfend od. aufmerksam zuhören* ▸ ein Musikstück ~; ich habe ihn bis zu Ende angehört; dieser Lärm ist nicht anzuhören *der Lärm ist unerträglich* **II** ⟨V. refl.⟩ sich irgendwie ~ **1** *aufgrund typischer Geräusche eine bestimmte Vermutung zulassen* **2** *in bestimmter Weise wirken, klingen wie* ▸ das hört sich gut an *das klingt gut;* seine Rede hörte sich an wie eine Anklage; es hörte sich an, als ob Wasser plätscherte

Ạn|hö|rung ⟨die; -, -en⟩ **1** *Vernehmung von Zeugen durch einen Parlamentsausschuss* **2** *öffentliches Anhören von Sachverständigen*

ani|ma̲|lisch ⟨Adj.⟩ **1** *tierisch, den Tieren eigentümlich* **2** *auf grobe Weise sinnlich* ▸ er legt ein ~es Verhalten an den Tag

Ani|ma|teur ⟨[-tø̲ːr] der; -s, -e⟩ *Angestellter eines Reiseunternehmens, der für die Unterhaltung u. Freizeitgestaltung einer Reisegesellschaft zuständig ist;* Abl *Animateurin*

Ani|ma|ti|o̲n ⟨die; -, -en⟩ **1** *(von einem Animateur organisierte) Unterhaltung u. Freizeitgestaltung für Urlauber* **2** ⟨EDV; Film⟩ *Verfahren zur Belebung u. Bewegung von Figuren im Trickfilm*

ani|mie̲|ren ⟨V. trans.; ani|miert, ani|mier|te, hat ani|miert⟩ **1** jmdn. zu etwas ~ *beleben, ermuntern, anregen* **2** Gegenstände, Figuren ~ *als belebt erscheinen lassen*

A̲nis ⟨a. [-'-] der; -es, -e⟩ *eine Gewürz- u. Heilpflanze;* Zus *Anisplätzchen, Anisschnaps*

ạn|kämp|fen ⟨V. intr.; kämpft an, kämpf|te an, hat an|ge|kämpft, an|zu|kämp|fen⟩ gegen etwas ~ **1** *etwas bekämpfen* **2** *einer Sache Widerstand entgegensetzen* ▸ gegen die Müdigkeit ~

ạn|kau|fen ⟨V. trans.; kauft an, kauf|te an, hat an|ge|kauft, an|zu|kau|fen⟩ etwas ~ *käuflich erwerben;* Abl *Ankauf, Ankäufer(in)*

Ạn|ker ⟨der; -s, -; Mar.⟩ *an Kette od. Tau befestigter, schwerer Doppelhaken zum Festmachen von Schiffen auf dem Meeresgrund* ▸ die ~ lichten, hieven, werfen; vor ~ gehen *ankern, den Anker auswerfen;* vor ~ liegen *mit Anker festgemacht sein;* Zus *Ankerboje, Ankergebühr, Ankergeld, Ankerkette, Ankerplatz, Ankerwinde; ankerfest*

ạn|kern ⟨V. intr.; an|kert, an|ker|te, hat ge|an|kert⟩ **1** *das Schiff mit Anker festmachen* **2** irgendwo ~ *vor Anker liegen, mit Anker festgemacht sein* ▸ das Schiff ankert im Hafen

ạn|ket|ten ⟨V. trans.; ket|tet an, ket|te|te an, hat an|ge|ket|tet, an|zu|ket|ten⟩ etwas, ein Tier ~ *mit einer Kette befestigen, an die Kette legen*

Ạn|kla|ge ⟨die; -, -n⟩ **1** *Beschuldigung vor Gericht;* Zus *Anklagepunkt, Anklagevertretung* **2** *Beschuldigung, Vorwurf* ▸ gegen jmdn. ~ erheben (wegen Mordes usw.) *jmdn. vor Gericht beschuldigen;* die ~ vertritt …; unter ~ stehen (wegen) *vor Gericht beschuldigt sein;* unter ~ stellen *anklagen*

Ạn|kla|ge|bank ⟨die; -, -bän|ke⟩ *Sitzplatz für den Angeklagten vor Gericht* ▸ auf der ~ sitzen ⟨übertr.⟩ *als Beschuldigter gelten*

ạn|kla|gen ⟨V. trans.; klagt an, klag|te an, hat an|ge|klagt, an|zu|kla|gen⟩ jmdn. ~ **1** *vor Gericht anschuldigen* **2** *beschuldigen* ▸ jmdn. wegen eines Verbrechens ~; Missstände ~

Ạn|klä|ger ⟨der; -s, -⟩ *jmd., der gerichtlich Klage erhebt od. erhoben hat* ▸ öffentlicher ~ *(meist) Staatsanwalt;* Abl *Anklägerin*

ạn|klam|mern ⟨V.; klam|mert an, klam|mer|te an, hat an|ge|klam|mert, an|zu|klam|mern⟩ **I** ⟨V. trans.⟩ etwas ~ *mit Klammern o. Ä. befestigen* **II** ⟨V. refl.⟩ sich (an etwas) ~ **1** *sich krampfhaft festhalten (an)* **2** ⟨übertr.⟩ *hartnäckig, verzweifelt auf etwas bestehen*

Ạn|klang ⟨der; -(e)s, -klän|ge⟩ **1** *flüchtiger Schimmer, Spur, leichte Ähnlichkeit* **2** *(freudiger) Widerhall, Beifall, Anerkennung* ▸ ~ finden; in dieser Oper findet man Anklänge an Wagner

ạn|kle|ben ⟨V. trans.; klebt an, kleb|te an, hat an|ge|klebt, an|zu|kle|ben⟩ etwas (an etwas) ~ *durch Kleben befestigen, anleimen* ▸ Zettel ~ verboten

ạn|klei|den ⟨V. trans.; klei|det an, klei|de|te an, hat an|ge|klei|det, an|zu|klei|den⟩ jmdn. od. sich ~ *jmdm. od. sich anziehen* ▸ jmdm. beim Ankleiden helfen; sich (zum Ausgehen) ~

ạn|kli|cken ⟨V. trans.; klickt an, klick|te an, hat an|ge|klickt, an|zu|kli|cken; EDV⟩ ein Zeichen, ein Wort, ein Feld ~ *auf dem Computerbildschirm mit dem Cursor durch Betätigen der Maustaste markieren, auswählen od. einen Link öffnen*

ạn|klin|gen ⟨V. intr.; klingt an, klang an, hat an|ge|klun|gen, an|zu|klin|gen⟩ ~ an **1** *im Klang, Stil, Wortlaut erinnern an, ähnlich sein* **2** *sich andeuten* ▸ hier klingt noch (schon) manches aus seinen früheren (späteren) Werken an

ạn|klop|fen ⟨V. intr.; klopft an, klopf|te an, hat an|ge|klopft, an|zu|klop|fen⟩ **1** *(um Einlass bittend) an die Tür klopfen* **2** ⟨übertr.; umg.⟩ bei jmdm. wegen etwas ~ *behutsam bitten*

ạn|knab|bern ⟨V. trans.; knab|bert an, knab|ber|te an, hat an|ge|knab|bert, an|zu|knab|bern⟩ etwas ~ *an etwas knabbern, nagen, etwas durch Knabbern beschädigen* ▸ der Apfel ist angeknabbert

ạn|knip|sen ⟨V. trans.; knipst an, knips|te an, hat an|ge|knipst, an|zu|knip|sen; umg.⟩ das Licht ~ *einschalten*

ạn|knüp|fen ⟨V.; knüpft an, knüpf|te an, hat an|geknüpft, an|zu|knüp|fen⟩ **I** ⟨V. trans.⟩ **1** etwas (an etwas) ~ *durch Knüpfen befestigen, anknoten* **2** ⟨übertr.⟩ **2.1** eine Beziehung ~ *aufnehmen, anbahnen* **2.2** ein Gespräch ~ *in Gang bringen, anfangen* ▸ Beziehungen mit, zu jmdm. ~ ⟨übertr.⟩ **II** ⟨V. intr.; übertr.⟩ an od. bei etwas ~ *sich auf etwas beziehen, eine Verbindung mit, zu etwas herstellen* ▸ in einem Vortrag an etwas ~;

er konnte nicht an seine früheren Erfolge ~ *er hatte weniger Erfolg als zuvor*

An|knüp|fungs|punkt ⟨der; -(e)s, -e⟩ **1** *etwas Gemeinsames, was Menschen verbindet (z. B. Erlebnis, Neigung), Berührungspunkt* **2** *günstiger Ausgangspunkt* ▸ einen ~ für ein Gespräch suchen

an|kom|men ⟨V. intr.; kommt an, kam an, ist angelkom|men, an|zu|kom|men⟩ **1** *eintreffen, anlangen, einen Ort erreichen* **2** es kommt auf etwas an *es hängt von etwas ab, etwas ist wichtig für etwas anderes* **3** ⟨umg.⟩ *Beifall, Anerkennung bekommen, Anklang finden* ▸ bist du gut zu Hause, bei ihnen angekommen? ▸ ich bin in dem Roman an der Stelle angekommen, wo …; es kommt mir bei dieser Arbeit mehr auf Genauigkeit als auf Schönheit an *G. ist mir wichtiger als S.;* das kommt (ganz) darauf an, ob …, wie … *das hängt davon ab, ob …, wie …;* es kommt darauf an, zu wissen, ob … *wichtig ist, dass man weiß;* darauf kommt es ja gerade an! *das ist ja das Entscheidende!;* es kommt mir sehr darauf an *es ist mir sehr wichtig;* wenn es d(a)rauf ankommt, ist er stets zur Stelle *immer dann, wenn er wirklich gebraucht wird;* es drauf ~ lassen *eine Sache sich entwickeln lassen, ohne einzugreifen;* seine Witze kommen bei den Zuhörern nicht an ⟨umg.⟩ *das Publikum findet ihn nicht witzig;* damit kommst du bei mir nicht an *damit hast du kein Glück bei mir;* gut (schlecht) bei jmdm. ~ *gut (schlecht) aufgenommen werden von jmdm.;* er kommt nicht gegen ihn an *er ist ihm unterlegen;* sie sind gestern (in München) angekommen

an|krei|den ⟨V. trans.; krei|det an, krei|de|te an, hat an|ge|krei|det, an|zu|krei|den; übertr.⟩ jmdm. etwas ~ *übelnehmen, es ihm nicht vergessen* ▸ sich etwas ~ lassen *an einer Sache schuld sein*

an|kreu|zen ⟨V. trans.; kreuzt an, kreuz|te an, hat an|ge|kreuzt, an|zu|kreu|zen⟩ etwas ~ *durch Kreuz anmerken, hervorheben*

an|kün|di|gen ⟨V. trans.; kün|digt an, kün|dig|te an, hat an|ge|kün|digt, an|zu|kün|di|gen⟩ etwas ~ *vorher bekanntmachen, anmelden (etwas Kommendes, ein Vorhaben);* Abl *Ankündigung*

An|kunft ⟨die; -; unz.⟩ *Eintreffen, Ankommen, Erscheinen;* Ggs *Abfahrt* ▸ jmds. ~ erwarten; bei ~ des Zuges; Zus *Ankunftszeit*

an|kur|beln ⟨V. trans.; kur|belt an, kur|bel|te an, hat an|ge|kur|belt, an|zu|kur|beln⟩ **1** den Motor ~ *mittels Kurbel in Gang bringen* **2** ⟨übertr.⟩ die Wirtschaft ~ *fördern, vorwärtsbringen;* Abl *Ankurbelung*

an|lä|cheln ⟨V. trans.; lä|chelt an, lä|chel|te an, hat an|ge|lä|chet, an|zu|lä|cheln⟩ jmdn. ~ *sich jmdm. zuwenden u. lächeln*

an|la|chen ⟨V. trans.; lacht an, lach|te an, hat ange|lacht, an|zu|la|chen⟩ jmdn. ~ **1** *sich jmdm. zuwenden u. lachen* **2** ⟨übertr.⟩ *einen einladenden, appetitanregenden Anblick bieten* ▸ sie lachte das Kind an; die Torte lacht mich an ⟨übertr.⟩

An|la|ge ⟨die; -, -n⟩ **1** *in einer bestimmten Weise gestaltetes od. bebautes Gelände;* Zus *Freizeitanlage, Grünanlage, Parkanlage* **2** *Gesamtheit eines Betriebes;* Zus *Befestigungsanlage, Fabrikanlage* **3** *Plan, Aufbau (eines Dramas, Romans)* **4** ⟨Psych.⟩ *Veranlagung, Begabung, angeborene Neigung (zu Krankheiten o. Ä.);* Zus *Charakteranlage* **5** *Einsatz von Geld, Kapital;* Zus *Anlageberater(in), Anlagekapital, Anlagepapiere; Kapitalanlage* **6** *Beilage, etwas Beigelegtes, beigefügte Datei (im Brief od. in einer E-Mail)* ▸ gute geistige ~n haben; als ~, in der ~ erhalten Sie die Rechnung über …; eine ~ zu Ängstlichkeit haben

an|lan|gen ⟨V.⟩ **I** ⟨V. trans.; langt an, lang|te an, hat an|ge|langt, an|zu|lan|gen⟩ jmdn. od. etwas ~ **1** *anbelangen, betreffen, angehen* **2** ⟨oberdt.⟩ *(mit der Hand) anfassen* ▸ was das anlangt … *betrifft* **II** ⟨V. intr.; langt an, lang|te an, ist an|ge|langt, an|zu|lan|gen; süddt.⟩ *eintreffen, ankommen*

An|lass ⟨der; -es, -läs|se⟩ **1** *Veranlassung, (äußerer) Anstoß* **2** *Gelegenheit* **3** ⟨schweiz.⟩ *Veranstaltung* ▸ zu Klagen ~ **geben;** der Vorfall hat ~ zu drastischen Maßnahmen gegeben; ~ **nehmen,** etwas zu tun ⟨Amtsdt.⟩ *die Gelegenheit ergreifen* ▸ **aus** ~ seines 75. Geburtstages *veranlasst durch;* **bei,** zu besonderen Anlässen; **ohne** allen ~; es ist kein ~ **zu** klagen

an|las|sen ⟨V.; lässt an, ließ an, hat an|ge|las|sen, an|zu|las|sen⟩ **I** ⟨V. trans.⟩ **1** einen Motor ~ *in Gang setzen* **2** ⟨umg.⟩ **2.1** Kleidung, Schuhe ~ *nicht ablegen, anbehalten* **2.2** das Licht, den Motor ~ *angeschaltet lassen* ▸ du kannst das Licht ~; er hatte die Maschine angelassen **II** ⟨V. refl.⟩ sich gut, schlecht usw. ~ *gut, schlecht beginnen* ▸ die Sache lässt sich gut an *die Sache fängt gut an, verspricht, gut zu werden*

An|las|ser ⟨der; -s, -⟩ **1** *Hebel, Vorrichtung zum Anlassen des Motors* **2** ⟨bei Elektromotoren⟩ *vorgeschalteter regelbarer Widerstand, der ein allmähliches Anlaufen einer Maschine ermöglicht*

an|läss|lich ⟨Präp. m. Gen.⟩ **1** *aus Anlass des, der* … **2** *bei der Gelegenheit des, der* … ▸ ~ des 50. Geburtstages unseres Vaters

an|las|ten ⟨V. trans.; las|tet an, las|te|te an, hat ange|las|tet, an|zu|las|ten⟩ jmdm. etwas ~ *zur Last legen, jmdn. für etwas verantwortlich machen*

An|lauf ⟨der; -(e)s, -läu|fe⟩ **1** ⟨Sp.⟩ **1.1** *kurzer, rascher Lauf, um Schwung für den Sprung od. Wurf zu bekommen* **1.2** *Abfahrt beim Skispringen auf der Sprungschanze* **2** ⟨übertr.⟩ *Versuch* ▸ ~ nehmen zum Springen; sie hat mehrere Anläufe unternommen, ihm die Sache zu erklären ⟨übertr.⟩

an|lau|fen ⟨V.⟩ **I** ⟨V. intr.; läuft an, lief an, ist ange|lau|fen, an|zu|lau|fen⟩ **1** ⟨Sp.⟩ *durch kurzen Lauf Schwung nehmen* **2** ⟨meist Part. Perf.⟩ *herbeilaufen* **3** *einsetzen, beginnen* (Kampagne, Versuchsreihe) **4** *sich häufen, anwachsen* (Kosten, Zinsen) **5** *sich beschlagen* (Fenster, Brille) **6** *eine bestimmte Farbe annehmen, sich verfärben* ▸ ein neuer Film ist angelaufen *wird seit kurzem gezeigt* ▸ die Kinder kamen angelaufen *näherten sich im Lauf;* den Motor, eine Maschine ~ **lassen** *in Gang bringen* ▸ **blau** ~ (vor Kälte) *sich* *blau verfärben;* rot ~ (vor Scham od. Zorn) *erröten* ▸ gegen etwas ~ ⟨übertr.⟩ *sich gegen etwas wehren, das jmdn. unter Druck setzt* **II** ⟨V. trans.; läuft an, lief an, hat an|ge|lau|fen, an|zu|lau|fen; Mar.⟩ einen Hafen ~ *ansteuern*

An|lauf|stel|le ⟨die; -, -n⟩ *Stelle, Adresse, die eine Beratung od. Hilfestellung bietet*

An|laut ⟨der; -(e)s, -e; Sprachw.⟩ *erster Laut eines Wortes od. einer Silbe* ▸ im ~ stehen *am Wort- od. Silbenanfang stehen;* Zus *Anlautschwund*

an|lau|ten ⟨V. intr.; lau|tet an, lau|te|te an, hat an|ge|lau|tet, an|zu|lau|ten; Sprachw.⟩ mit einem bestimmten Buchstaben ~ *beginnen*

an|le|gen ⟨V.; legt an, leg|te an, hat an|ge|legt, an|zu|le|gen⟩ **I** ⟨V. trans.⟩ **1** eine Leiter ~ *an etwas anderes legen, danebenlegen, anlehnen* **2** eine Bahnstrecke, eine Straße, einen Garten ~ *(flächenhaft) einrichten, errichten, bauen, pflanzen* **3** Geld, Kapital ~ *mit Nutzen unterbringen, investieren* **4** einen Plan ~ *in Grundzügen festlegen, entwerfen* **5** eine Sammlung ~ *zusammentragen, aufbauen* **6** ein Kleid, Schmuck ~ *anziehen* **7** einen Verband ~ *anbringen, umbinden* ▸ jmdm. Fesseln ~ *jmdn. fesseln;* das Gewehr ~ *mit dem Gewehr zielen;* (mit) Hand ~ *bei einer Arbeit selbst mit zupacken;* letzte Hand ~ *eine Sache abschließend ordnen;* sein Kapital (in Aktien) ~; beim Domino einen Stein ~ ▸ Hand ~ an jmdn. *jmdm. Gewalt antun* ▸ der Roman ist breit, groß angelegt **II** ⟨V. intr.⟩ **1** irgendwo ~ *landen, festmachen* (Schiff); Zus *Anlegeplatz, Anlegesteg, Anlegestelle* **2** ⟨unpersönl.⟩ es auf etwas ~ *etwas (mit Nachdruck) planen, beabsichtigen* ▸ am Ufer, im Hafen ~; du legst es wohl darauf an, mich zu ärgern! **III** ⟨V. refl.⟩ sich mit jmdm. ~ *mit jmdm. zu streiten anfangen*

an|leh|nen ⟨V. trans.; lehnt an, lehn|te an, hat an|ge|lehnt, an|zu|leh|nen⟩ **1** etwas od. sich ~ *gegen etwas lehnen, gegen etwas stützen* (Leiter, Rücken) **2** etwas ~ *nicht ganz schließen, nicht einklinken* (Fenster, Tür) ▸ auf diesem Stuhl kann man sich nicht ~; der Verfasser lehnt sich stark an die Lehre Heideggers an ⟨übertr.⟩ *nimmt sie zum Vorbild;* sie konnte sich in ihrem Unglück an einen starken Freund ~ *Hilfe bei ihm finden*

An|leh|nung ⟨die; -, -en⟩ *das Anlehnen* ▸ ~ bei jmdm. suchen *Unterstützung, Hilfe suchen;* in ~ an jmdn. od. etwas *unter Berufung auf jmdn. od. etwas*

An|leh|nungs|be|dürf|nis ⟨das; -nis|ses; unz.⟩ *Bedürfnis, bei jmdm. Halt, Zärtlichkeit zu finden;* Abl *anlehnungsbedürftig*

An|leh|re ⟨die; -, -n; schweiz.⟩ *Berufsausbildung mit verkürzter Ausbildungszeit für Jugendliche, die keine od. unzureichende Voraussetzungen für eine Berufslehre besitzen, Anlernberuf*

an|lei|ern ⟨V. trans.; lei|ert an, lei|er|te an, hat an|ge|lei|ert, an|zu|lei|ern; umg.⟩ etwas ~ *in die Wege leiten, initiieren*

An|lei|he ⟨die; -, -n⟩ **1** *(langfristige) Geldaufnahme;* Zus *Anleihepapiere* **2** ⟨umg.; übertr.⟩ *Verwendung fremden geistigen Eigentums* ▸ eine ~ bei jmdm. aufnehmen, machen; in diesem Gedicht hat er eine ~ bei Heine gemacht; geistige ~

An|lei|hen ⟨das; -s, -; schweiz.⟩ = *Anleihe*

an|lei|nen ⟨V. trans.; leint an, lein|te an, hat an|ge|leint, an|zu|lei|nen⟩ einen Hund ~ *an die Leine nehmen*

an|lei|ten ⟨V. trans.; lei|tet an, lei|te|te an, hat an|ge|lei|tet, an|zu|lei|ten⟩ jmdn. (bei etwas) ~ *jmdm. zeigen, wie etwas zu tun ist*

An|lei|tung ⟨die; -, -en⟩ *Unterweisung, Richtlinie* ▸ ~ bekommen (für, zu ...); jmdm. ~en geben (für, zu ...); unter seiner ~; ~ zum Gebrauch (eines Gerätes usw.)

an|ler|nen ⟨V.; lernt an, lern|te an, hat an|ge|lernt, an|zu|ler|nen⟩ **I** ⟨V. trans.⟩ jmdn. ~ *jmdn. in eine Tätigkeit, Fertigkeit einweisen* ▸ angelernter Arbeiter **II** ⟨V. refl.⟩ sich etwas ~ *sich Kenntnisse, Fähigkeiten (oberflächlich) selbst beibringen* ▸ sie hatte sich flugs ein wenig Portugiesisch angelernt

an|le|sen ⟨V. trans.; liest an, las an, hat an|ge|le|sen, an|zu|le|sen⟩ **1** ein Buch ~ *anfangen zu lesen, um sich einen Eindruck zu verschaffen* **2** sich etwas ~ *durch Lesen etwas lernen, ohne es selbst erfahren od. durchdacht zu haben* ▸ seine Ansichten sind ja nur angelesen

an|lie|fern ⟨V. trans.; lie|fert an, lie|fer|te an, hat an|ge|lie|fert, an|zu|lie|fern⟩ etwas ~ *an einen Bestimmungsort liefern;* Abl *Anlieferung*

an|lie|gen ⟨V. intr.; liegt an, lag an, hat an|ge|legen, an|zu|lie|gen⟩ **1** etwas liegt an *ist beigefügt, beigelegt* (in Briefen) **2** ein Kleidungsstück liegt an *liegt eng am Körper, schmiegt sich an* **3** einem Grundstück ~ *benachbart sein* **4** ⟨umg.⟩ eine Sache liegt an *muss erledigt werden* ▸ was liegt heute an? ⟨umg.⟩ *was muss heute getan werden?*

An|lie|gen ⟨das; -s, -⟩ *Wunsch, Bitte* ▸ ein ~ vorbringen; ich habe ein ~ an Sie

An|lie|ger ⟨der; -s, -⟩ *Anwohner, jmd., der an einem öffentl. Verkehrsweg ein Grundstück hat* ▸ nur für ~ *(auf Sperrschildern an Straßen)*

An|lie|ger|staat ⟨der; -(e)s, -en⟩ **1** *benachbarter Staat* **2** *Staat, der an ein großes Gewässer (Meer) grenzt* ▸ die ~en der Nordsee

an|lo|cken ⟨V. trans.; lockt an, lock|te an, hat an|ge|lockt, an|zu|lo|cken⟩ jmdn. od. ein Tier ~ *durch Schmeichelei o. Ä. herbeilocken, zum Näherkommen zu bewegen suchen*

an|lü|gen ⟨V. trans.; lügt an, log an, hat an|ge|lo|gen, an|zu|lü|gen⟩ jmdn. ~ *jmdm. etwas Unwahres erzählen, jmdn. zu täuschen versuchen*

An|ma|che ⟨die; -, -n; salopp⟩ *deutlicher Versuch, eine (sexuelle) Beziehung zu jmdm., bes. zu einem Mädchen od. einer Frau, anzuknüpfen*

an|ma|chen ⟨V. trans.; macht an, mach|te an, hat an|ge|macht, an|zu|ma|chen⟩ **1** etwas ~ *festmachen, befestigen* **2** ⟨umg.⟩ das Licht, den Fernseher ~ *einschalten, anknipsen* **3** ⟨umg.⟩ jmdn. ~ **3.1** *ansprechen, um eine (erotische) Beziehung anzuknüpfen* **3.2** *verlocken, reizen* **3.3** *jmdn. beschimpfen* ▸ Feuer ~ *entfachen, anzünden;* Salat ~ *mit den Zutaten vermischen, zubereiten;*

dieses Konzert hat mich nicht gerade angemacht ⟨umg.⟩

an|mah|nen ⟨V. trans.; mahnt an, mahn|te an, hat an|ge|mahnt, an|zu|mah|nen⟩ **1** jmdn. ~ *jmdn. mahnen, etwas zu schreiben od. zu liefern* **2** eine Sendung ~ *jmdn. mahnen, dass er eine S. schickt;* Abl *Anmahnung*

an|ma|len ⟨V.; malt an, mal|te an, hat an|ge|malt, an|zu|ma|len⟩ **I** ⟨V. trans.⟩ jmdn. od. etwas ~ *mit Farbe versehen, bemalen* **II** ⟨V. refl.; umg.⟩ sich ~ *sich übertrieben schminken*

An|marsch ⟨der; -(e)s; unz.⟩ **1** *Herannahen* **2** *Herweg* ▸ auf dem ~ sein; im ~ sein *unterwegs*

an|ma|ßen ⟨V. refl.; maßt sich an, maß|te sich an, hat sich an|ge|maßt, sich an|zu|ma|ßen⟩ sich etwas ~ **1** *sich unberechtigt zuerkennen, zutrauen* (Fähigkeit, Urteil) **2** *für sich in Anspruch nehmen, sich unberechtigt aneignen* (Rechte) ▸ ich maße mir nicht an, darüber zu urteilen

an|ma|ßend **I** ⟨Part. Präs. von⟩ *anmaßen* **II** ⟨Adj.⟩ *anspruchsvoll, hochmütig, eingebildet, dünkelhaft* ▸ von ~em Wesen sein; er ist ganz schön ~

An|ma|ßung ⟨die; -, -en⟩ **I** ⟨zählb.⟩ *unberechtigter Anspruch* **II** ⟨unz.⟩ *Hochmut, Dünkel*

An|mel|de|for|mu|lar ⟨das; -(e)s, -e⟩ *Formular für eine Anmeldung (im Hotel usw.)*

An|mel|de|ge|bühr ⟨die; -, -en⟩ *bei einer Anmeldung zu zahlende Gebühr*

an|mel|den ⟨V. trans.; mel|det an, mel|de|te an, hat an|ge|mel|det, an|zu|mel|den⟩ **1** etwas ~ *melden, vorab mitteilen* **2** jmdn. od. sich ~ **2.1** *vormerken lassen (beim Arzt)* **2.2** *beim Einwohnermeldeamt einschreiben lassen* ▸ seine **Ankunft,** seinen Besuch ~; ein Gewerbe ~;**Konkurs** ~; ein **Patent** ~ *im Patentamt eintragen lassen* ▸ sich **polizeilich** ~ *sich auf dem Einwohnermeldeamt eintragen lassen;* sich **schriftlich,** telefonisch ~ ▸ sich **beim** Arzt ~; ein Kind in der, **zur** Schule ~; sich zu einem Kursus ~

An|mel|de|pflicht ⟨die; -, -en⟩ = *Meldepflicht;* Abl *anmeldepflichtig*

An|mel|dung ⟨die; -, -en⟩ **1** *das Anmelden* **2** *Mitteilung der Anwesenheit od. Ankunft* **3** *Einschreibung, Eintragung (in eine Liste o. Ä.)* **4** *Bitte um Vormerkung* ▸ polizeiliche ~; ohne vorherige ~

an|mer|ken ⟨V. trans.; merkt an, merk|te an, hat an|ge|merkt, an|zu|mer|ken⟩ **1** etwas ~ **1.1** *erläuternd od. ergänzend bemerken* **1.2** *anzeichnen, mit einem Zeichen versehen* **2** jmdm. etwas ~ *an jmdm. etwas bemerken, es ihm ansehen* ▸ man merkt ihm seine Verlegenheit deutlich an; sich etwas ~ lassen *die andern etwas merken, sehen lassen;* lass es dir nicht ~, dass du davon weißt; einen Tag im Kalender (rot) ~; dazu möchte ich Folgendes anmerken …

An|mer|kung ⟨die; -, -en; Abk.: Anm.⟩ **1** *(kurze) Meinungsäußerung* **2** *erläuternde od. ergänzende Bemerkung, kurze Erläuterung* **3** *Fußnote*

an|mie|ten ⟨V. trans.; mie|tet an, mie|te|te an, hat an|ge|mie|tet, an|zu|mie|ten⟩ eine Wohnung, einen Wagen ~ *für einen befristeten Zeitraum mieten, z. B. am Urlaubsort*

An|mut ⟨die; -; unz.⟩ **1** *Liebreiz, Wohlgefälligkeit (der Bewegung), Grazie* **2** *Leichtigkeit, Beschwingtheit* **3** *harmonische Schönheit* (Landschaft) **4** *heitere, gewandte Leichtigkeit* (Stil)

an|mu|ten ⟨V. trans.; mu|tet an, mu|te|te an, hat an|ge|mu|tet, an|zu|mu|ten⟩ jmdn. irgendwie ~ *jmdm. irgendwie vorkommen* ▸ die Landschaft mutet mich fremd an

an|mu|tig ⟨Adj.⟩ *voller Anmut, lieblich*

an|na|geln ⟨V. trans.; na|gelt an, na|gel|te an, hat an|ge|na|gelt, an|zu|na|geln⟩ etwas ~ *mit einem Nagel (bzw. Nägeln) befestigen*

an|nä|hen ⟨V. trans.; näht an, näh|te an, hat an|genäht, an|zu|nä|hen⟩ etwas ~ *durch Nähen befestigen*

an|nä|hern ⟨V.; nä|hert an, nä|her|te an, hat an|genä|hert, an|zu|nä|hern⟩ **I** ⟨V. trans.⟩ etwas etwas anderem ~ *sehr ähnlich, fast gleichmachen* **II** ⟨V. refl.⟩ **1** sich einem Ort ~ *einem Ort näher kommen* **2** sich einer Sache ~ *sehr ähnlich, fast gleich werden* **3** sich jmdm. ~ *jmdm. näherkommen, vertrauter werden* ▸ in den Verhandlungen näherten sich die Parteien an

an|nä|hernd **I** ⟨Part. Präs. von⟩ *annähern* **II** ⟨Adj.⟩ *fast, beinahe, ungefähr*

An|nä|he|rungs|ver|such ⟨der; -(e)s, -e⟩ *Versuch, sich jmdm. (körperlich) anzunähern*

An|nah|me ⟨die; -, -n⟩ **1** *das Annehmen* **2** *Zulassung, Zustimmung, Entgegennahme, Empfang, Übernahme* **3** *Meinung, Voraussetzung, Vermutung* ▸ die ~ (einer Sendung) verweigern; in der ~, dass … *vermutend, für wahrscheinlich haltend, dass …*

an|nehm|bar ⟨Adj.⟩ **1** *ganz gut, leidlich* (Befinden) **2** *gangbar* (Weg) **3** *recht brauchbar* (Vorschlag) **4** *befriedigend, ausreichend* (Leistung)

an|neh|men ⟨V.; nimmt an, nahm an, hat an|genom|men, an|zu|neh|men⟩ **I** ⟨V. trans.⟩ **1** etwas ~ *vermuten, glauben, voraussetzen* **2** einen Auftrag, ein Geschenk, ein Paket ~ *an sich nehmen, entgegennehmen* **3** eine Einladung ~ *zu einer Einladung kommen* **4** einen anderen Namen ~ *übernehmen, führen* **5** eine Stellung ~ *in einer S. arbeiten* **6** eine Meinung, einen Glauben ~ *sich zu eigen machen* **7** eine Form, eine Gestalt ~ *entstehen lassen, zustande bringen* ▸ man nimmt allgemein an, dass es sich so zugetragen hat; nehmen wir an, es sei so, wie er sagt ▸ ich nehme heute keine **Arbeit** mehr an; der Stoff nimmt die **Farbe** gut an *lässt sich gut färben;* nimm doch **Vernunft** an!; einen **Vorschlag** ~ *ihm zustimmen* ▸ etwas **als** richtig, passend, wahr ~; Bewerber **zum** Studium ~ ▸ angenommener Name *Pseudonym;* →a. *angenommen* **II** ⟨V. refl.⟩ **1** sich jmds. ~ *sich um jmdn. kümmern* **2** sich einer Sache ~ *eine Sache unterstützen*

An|nehm|lich|keit ⟨die; -, -en⟩ *etwas Angenehmes, Vorteil* ▸ die ~en einer modernen Wohnung

an|nek|tie|ren ⟨V. trans.; an|nek|tiert, an|nek|tierte, hat an|nek|tiert⟩ einen Staat ~ *sich (gewaltsam) aneignen, in Besitz nehmen, an sich reißen;* Abl *Annektierung, Annexion*

A

an|no *auch:* **An|no** ⟨Abk.: a., A.⟩ *im Jahre* ▸ ~ dazumal ⟨umg.⟩ *in alter Zeit, einstmals;* ⟨nur Großschreibung⟩ Anno Domini 1492 ⟨Abk.: A. D.⟩ *1492 nach Christi Geburt*

An|non|ce ⟨[-nɔ̃:sə] die; -, -n⟩ *Anzeige, Inserat* ▸ eine ~ in einer Zeitung aufgeben; Zus *Heiratsannonce, Zeitungsannonce*

an|non|cie|ren ⟨[-nɔ̃si:-] V. trans. u. V. intr.; annon|ciert, an|non|cier|te, hat an|non|ciert⟩ (etwas) ~ *durch Annonce veröffentlichen* ▸ eine Stelle ~

an|nul|lie|ren ⟨V. trans.; an|nul|liert, an|nul|lier|te, hat an|nul|liert⟩ etwas ~ **1** *für ungültig, für nichtig erklären* **2** *außer Kraft setzen;* Abl *Annullierung*

Ano|de ⟨die; -, -n; El., Phys.⟩ *positive Elektrode;* Ggs *Kathode*

an|öden ⟨V. trans.; ödet an, öde|te an, hat an|geödet, an|zu|öden; umg.⟩ jmdn. ~ *jmdn. langweilen u. ihm damit lästigfallen* ▸ das ödet mich allmählich an *geht mir langsam auf die Nerven*

an|o|mal ⟨Adj.⟩ *nicht der Regel entsprechend, regelwidrig, nicht normal*

An|o|ma|lie ⟨die; -, -n⟩ **1** *Regelwidrigkeit, Abweichung von der Regel* **2** ⟨Biol.⟩ *Abweichung von der normalen Beschaffenheit (z. B. eines Organs)*

an|o|nym ⟨Adj.⟩ **1** *ungenannt, namenlos, ohne Namensangabe* **2** *unpersönlich, fremd* ▸ eine ~e Atmosphäre *eine unpersönliche A.;* ~er Brief *Brief ohne Namensunterschrift;* eine ~e Einrichtung; der Verfasser möchte ~ bleiben; das Buch ist ~ erschienen *ohne Angabe des Verfassers;* Abl *Anonymität*

an|o|ny|mi|siert ⟨Adj.⟩ *anonym, unkenntlich gemacht* ▸ ~e Berichte; Daten in ~er Form; ein ~er Fragebogen

Ano|rak ⟨der; -s, -s⟩ *wasserfeste Jacke, meist mit Kapuze*

an|ord|nen ⟨V. trans.; ord|net an, ord|ne|te an, hat an|ge|ord|net, an|zu|ord|nen⟩ **1** etwas ~ *befehlen, bestimmen, festsetzen* **2** etwas irgendwie ~ *in bestimmter Ordnung, Reihenfolge gliedern*

An|ord|nung ⟨die; -, -en⟩ **1** *Befehl, Verordnung, Bestimmung, Verfügung, Erlass* **2** *Reihenfolge, Verteilung (nach Plan), Gliederung* ▸ ~en treffen; sich jmds. ~en widersetzen

an|or|ga|nisch ⟨Adj.⟩ Ggs *organisch (2)* **1** *unbelebt, nicht von Lebewesen stammend, nicht durch Lebewesen entstanden* **2** *Verbindungen betreffend, die keinen Kohlenstoff enthalten*

anor|mal ⟨Adj.; umg.⟩ *nicht normal*

an|pa|cken ⟨V. trans.; packt an, pack|te an, hat ange|packt, an|zu|pa|cken⟩ **1** jmdn. od. etwas ~ *kräftig anfassen, angreifen, zugreifen* **2** ⟨umg.⟩ eine Arbeit ~ *beginnen, herangehen an* ▸ wir müssen die Sache anders ~; jmdn. hart, fest, streng ~ ⟨umg.⟩ *behandeln;* er hat tüchtig mit angepackt *tüchtig mitgeholfen*

an|pas|sen ⟨V.; passt an, pass|te an, hat an|ge|passt, an|zu|pas|sen⟩ **I** ⟨V. trans.⟩ **1** etwas jmdm. od. einer Sache ~ *etwas für jmdn. od. zu etwas Vorhandenem passend machen, mit etwas in Einklang bringen* **2** jmdm. ein Kleid ~ *anprobieren* ▸ ein Werkstück ist dem anderen genau angepasst *angeglichen* **II** ⟨V. refl.⟩ sich ~ *sich seiner Umwelt gut einfügen, sich nach den jeweiligen Umständen richten* ▸ sich den Verhältnissen ~; er kann sich gut, nicht gut ~

An|pas|sung ⟨die; -; unz.⟩ *das Anpassen, Sichanpassen;* Zus *Anpassungsvermögen*

an|pas|sungs|fä|hig ⟨Adj.⟩ *sich anpassen könnend, fähig, sich anzupassen;* Abl *Anpassungsfähigkeit*

an|pei|len ⟨V. trans.; peilt an, peil|te an, hat an|gepeilt, an|zu|pei|len; Mar. u. Flugw.⟩ etwas ~ *ansteuern* ▸ eine Marke ~ ⟨a. übertr.⟩ *etwas erreichen wollen*

an|pfei|fen ⟨V.; pfeift an, pfiff an, hat an|ge|pfif|fen, an|zu|pfei|fen⟩ **I** ⟨V. intr. od. V. trans.; Sp.⟩ (etwas) ~ *durch Pfiff das Zeichen zum Spielbeginn geben* ▸ ein Fußballspiel ~; das Spiel ist angepfiffen **II** ⟨V. trans.; übertr.⟩ jmdn. ~ *barsch, heftig zurechtweisen*

An|pfiff ⟨der; -s, -e⟩ **1** ⟨Sp.⟩ *Pfiff zum Zeichen des Spielbeginns* **2** ⟨übertr.; umg.⟩ *barscher Tadel*

an|pflan|zen ⟨V. trans.; pflanzt an, pflanz|te an, hat an|ge|pflanzt, an|zu|pflan|zen⟩ Gemüse, Getreide, Blumen ~ *pflanzen, anbauen;* Abl *Anpflanzung*

an|pir|schen ⟨V. refl.; pirscht sich an, pirsch|te sich an, hat sich an|ge|pirscht, sich an|zu|pir|schen; Jägerspr.⟩ sich ~ *sich (an das Wild) anschleichen*

an|pö|beln ⟨V. trans.; pö|belt an, pö|bel|te an, hat an|ge|pö|bet, an|zu|pö|beln⟩ jmdn. ~ *mit zudringlichen od. gemeinen Reden belästigen*

an|pran|gern ⟨V. trans.; pran|gert an, pran|ger|te an, hat an|ge|pran|gert, an|zu|pran|gern; übertr.⟩ etwas ~ *öffentlich scharf kritisieren, heftig kritisieren* ▸ Menschenrechtsverletzungen ~

an|prei|sen ⟨V. trans.; preist an, pries an, hat an|geprie|sen, an|zu|prei|sen⟩ etwas (bes. eine Ware) ~ *öffentlich in auffallender Weise loben* ▸ seine Produkte ~; Abl *Anpreisung*

an|pro|bie|ren ⟨V. trans.; pro|biert an, pro|bier|te an, hat an|pro|biert, an|zu|pro|bie|ren⟩ ein Kleidungsstück ~ *es anziehen, um zu sehen, wie es passt;* Abl *Anprobe*

an|pum|pen ⟨V. trans.; pumpt an, pump|te an, hat an|ge|pumpt, an|zu|pum|pen⟩ jmdn. ~ *(auf dreiste Art) von jmdm. Geld borgen*

an|quat|schen ⟨V. trans.; quatscht an, quatsch|te an, hat an|ge|quatscht, an|zu|quat|schen; umg.⟩ jmdn. ~ *ansprechen* ▸ er hat mich dumm angequatscht

An|rai|ner ⟨der; -s, -; oberdt.⟩ = *Anlieger*

An|rai|ner|staat ⟨der; -(e)s, -en⟩ = *Anliegerstaat*

an|ra|ten ⟨V. trans.; rät an, riet an, hat an|ge|ra|ten, an|zu|ra|ten⟩ (jmdm.) etwas ~ *raten, empfehlen, nahelegen (etwas Bestimmtes zu tun)* ▸ auf Anraten von *auf den Rat, auf die Empfehlungen von*

an|rau|en ⟨V. trans.; raut an, rau|te an, hat an|geraut, an|zu|rau|en⟩ einen Stoff ~ *rau machen*

an|rech|nen ⟨V. trans.; rech|net an, rech|ne|te an, hat an|ge|rech|net, an|zu|rech|nen⟩ **1** (jmdm.) etwas ~ *auf die Rechnung setzen* **2** ⟨übertr.⟩ (jmdm.) etwas ~ *bei einer Bewertung berücksichtigen* **3** etwas auf etwas ~ *mit einbeziehen, abzie-*

hen ▸ die kleinen Beträge rechne ich Ihnen nicht an; ich rechne ihm seine Hilfe hoch an; ein fehlendes Komma muss ich (im Diktat) als Fehler ~; die Untersuchungshaft wurde ihm auf die Gefängnisstrafe angerechnet

An|recht ⟨das; -(e)s, -e⟩ *Recht, Anspruch* ▸ ein ~ auf etwas erwerben, haben; ~ auf Unterhalt

An|re|de ⟨die; -, -n⟩ **1** *persönl. Ansprechen* **2** *Bezeichnung für den, den man anredet (z. B. Sie, Frau, Herr Professor)* ▸ „du" ist eine vertrauliche ~; wie ist die richtige ~ für einen Professor?

an|re|den ⟨V. trans.; re|det an, re|de|te an, hat ange|re|det, an|zu|re|den⟩ jmdn. ~ *jmdn. ansprechen, das Wort an jmdn. richten* ▸ jmdn. höflich, grob ~; jmdn. auf der Straße ~; jmdn. mit „Du", mit „Herr Direktor" ~; →a. *ansprechen*

an|re|gen ⟨V. trans.; regt an, reg|te an, hat an|ge-regt, an|zu|re|gen⟩ **1** etwas ~ *in Tätigkeit setzen, in Gang bringen, veranlassen* **2** den Appetit, den Kreislauf ~ *reger, stärker machen, beschleunigen* **3** ein Spiel ~ *vorschlagen* ▸ Kaffee regt (den Kreislauf) an; können Sie nicht mal ~, dass …; dieses Mittel wirkt ~d auf den Kreislauf; dieses Buch regt zum Nachdenken an; →a. *angeregt*

An|re|gung ⟨die; -, -en⟩ **1** *Veranlassung, Anstoß, Vorschlag* **2** *Ermunterung, Belebung;* Zus *Anregungsmittel* ▸ ~en geben, etwas zu tun; auf ~ von Herrn Müller

an|rei|chern ⟨V.; rei|chert an, rei|cher|te an, hat ange|rei|chert, an|zu|rei|chern⟩ **I** ⟨V. trans.⟩ etwas ~ *den Gehalt an gewissen Bestandteilen von etwas steigern, verbessern* ▸ Margarine mit Vitaminen ~ **II** ⟨V. refl.⟩ sich ~ *sich ansammeln, aufspeichern* ▸ Schwermetalle reicherten sich in der Nahrungskette an; Abl *Anreicherung*

an|rei|hen ⟨V.; reiht an, reih|te an, hat an|ge|reiht, an|zu|rei|hen⟩ **I** ⟨V. trans.⟩ etwas ~ *in Reihe ordnen, anfügen, aneinandersetzen* **II** ⟨V. refl.⟩ sich ~ *nacheinander erscheinen* ▸ sich hinten, hinter den anderen ~ *sich an eine Reihe anstellen*

An|rei|se ⟨die; -; unz.⟩ **1** *Ankunft, Eintreffen* **2** *die Reise zum Ziel* ▸ die ~ dauert fünf Stunden

an|rei|sen ⟨V. intr.; reist an, reis|te an, ist an|gereist, an|zu|rei|sen⟩ **1** *nach einer Reise am Ziel ankommen* **2** *zu einem Ziel reisen* ▸ die Gäste reisen morgen an; die Besucher reisten aus ganz Europa an; mit öffentlichen Verkehrsmitteln ~

an|rei|ßen ⟨V. trans.; reißt an, riss an, hat an|ge|rissen, an|zu|rei|ßen⟩ **1** Stoff ~ *ein kleines Stück einreißen, einen kleinen Riss darin anbringen* **2** einen Vorrat ~ *zu verbrauchen beginnen* **3** ein Problem, Thema ~ *erwähnen, oberflächlich erörtern*

An|reiz ⟨der; -es, -e⟩ *Reiz, Ansporn, Lockung, Versuchung* ▸ die Anerkennung war ihm ein ~ zu weiterer Forschung

an|rem|peln ⟨V. trans.; rem|pelt an, rem|pel|te an, hat an|ge|rem|pelt, an|zu|rem|peln⟩ jmdn. ~ *(absichtlich) heftig, grob anstoßen*

an|ren|nen ⟨V. intr.; rennt an, rann|te an, ist an|gerannt, an|zu|ren|nen⟩ **1** angerannt kommen *herbeirennen* **2** gegen jmdn. od. etwas ~ **2.1** *(in feindlicher Absicht) anstürmen* **2.2** ⟨übertr.⟩ *heftigen Widerstand leisten, sich auflehnen* ▸ ständig kommt er angerannt und will etwas von mir

An|rich|te ⟨die; -, -n⟩ **1** *Raum od. Tisch zum Bereitstellen von Speisen* **2** *niedriger, breiter Schrank für Geschirr*

an|rich|ten ⟨V. trans.; rich|tet an, rich|te|te an, hat an|ge|rich|tet, an|zu|rich|ten⟩ **1** Speisen ~ *tischfertig machen, auftragen* **2** ⟨übertr.⟩ Unheil, Schaden ~ *verursachen* ▸ es ist angerichtet! *das Essen ist bereit, bitte zu Tisch!;* da hast du aber etwas Schönes angerichtet! ⟨übertr.⟩; einen Salat mit Petersilie ~ *zubereiten, verzieren*

an|rü|chig ⟨Adj.⟩ **1** *übel beleumdet, verrufen* (Lokal) **2** *nicht einwandfrei* (Angelegenheit)

an|rü|cken ⟨V.⟩ ⟨V. intr.; rückt an, rück|te an, ist an|ge|rückt, an|zu|rü|cken⟩ *sich nähern, näher kommen* (Truppen)

An|ruf ⟨der; -(e)s, -e⟩ *Telefonverbindung, Gespräch am Telefon* ▸ einen ~ bekommen *angerufen werden;* ich erwarte heute noch einen ~

An|ruf|be|ant|wor|ter ⟨der; -s, -⟩ *mit dem Telefon verbundenes Gerät, das die von einem Anrufer gesprochene Nachricht aufzeichnet* ▸ (jmdm.) auf den ~ sprechen

an|ru|fen ⟨V. trans.; ruft an, rief an, hat an|ge|rufen, an|zu|ru|fen⟩ **1** jmdn. ~ *ein Telefongespräch mit jmdm. führen;* Abl *Anruferin* **2** Gott ~ *um Beistand, Hilfe bitten;* Abl *Anrufung* ▸ ruf mich morgen Nachmittag an!; ich muss ihn heute noch ~; es hat jmd. für dich angerufen

an|rüh|ren ⟨V. trans.; rührt an, rühr|te an, hat ange|rührt, an|zu|rüh|ren⟩ **1** jmdn. od. etwas ~ *berühren* **2** einen Teig ~ *mischen, zubereiten* **3** eine Farbe, Kalk ~ *mit Flüssigkeit vermengen* ▸ rühr mich nicht an!; er hat das Essen nicht angerührt

an|rüh|rend **I** ⟨Part. Präs. von⟩ *anrühren* **II** ⟨Adj.⟩ *Gefühle ansprechend, bewegend* (Geschichte)

ans ⟨Verschmelzungsform von Präp. u. Art.⟩ *an das* ▸ gute Anbindung ~ Verkehrsnetz

An|sa|ge ⟨die; -, -n⟩ *Ankündigung, Mitteilung* ▸ ~ einer Sendung im Fernsehen

an|sa|gen ⟨V. trans.; sagt an, sag|te an, hat an|gesagt, an|zu|sa|gen⟩ jmdn. od. etwas ~ **1** *ankündigen, vorher mitteilen* **2** *anmelden* ▸ er hat seinen Besuch für heute angesagt; jmdm. den Kampf ~; es ist schlechtes Wetter angesagt; jetzt ist Stimmung angesagt; →a. *angesagt*

An|sa|ger ⟨der; -s, -⟩ *jmd., der (im Fernsehen, Radio usw.) etwas ansagt, Sprecher;* Abl *Ansagerin*

an|sam|meln ⟨V.; sam|melt an, sam|mel|te an, hat an|ge|sam|melt, an|zu|sam|meln⟩ **I** ⟨V. trans.⟩ etwas ~ *zusammentragen* (Vorräte) **II** ⟨V. refl.⟩ sich ~ **1** *sich häufen, sich türmen* **2** *sich versammeln, zusammenkommen* (Menschen)

An|samm|lung ⟨die; -, -en⟩ **1** *das Ansammeln* **2** *das, was sich angesammelt hat, massenhaftes Zusammenkommen;* Zus *Menschenansammlung*

an|säs|sig ⟨Adj.⟩ *wohnhaft, ständig wohnend, beheimatet* ▸ ~ sein, werden in …

An|satz ⟨der; -es, -sät|ze⟩ **1** *Beginn, erstes (wahrnehmbares) Anzeichen, Keim, Ausgangspunkt* **2** *etwas, das sich angesetzt hat;* Zus *Fettansatz*

3 *Stelle, an der ein zum Körper gehörender Teil beginnt;* Zus *Brustansatz, Haaransatz* **4** ⟨Math.; bei Rechenaufgaben⟩ *Umsetzung von gegebenen Tatsachen in Rechengrößen* **5** ⟨Mus.; bei Bläsern, Streichern, Sängern⟩ *Art der Tonerzeugung* ▸ die ersten Ansätze zu einer Karriere als Schriftsteller; den falschen, richtigen ~ wählen; jeder Widerspruch wurde schon im ~ erstickt; seine Argumentation ist schon im ~ falsch

An|satz|punkt ⟨der; -(e)s, -e⟩ *Stelle, von der aus man an etwas herangeht*

an|satz|wei|se ⟨Adv.⟩ *im Ansatz, teilweise* ▸ die Verwirklichung seiner Pläne ist ihm ~ gelungen

an|schaf|fen ⟨V. trans.; schafft an, schaff|te an, hat an|ge|schafft, an|zu|schaf|fen⟩ (sich) etwas ~ *etwas beschaffen, erwerben, kaufen* ▸ er hat sich ein neues Auto angeschafft; wir wollen uns einen Hund ~; er hat für die Bibliothek viele Bücher angeschafft; ~ gehen *Prostitution treiben*

An|schaf|fung ⟨die; -, -en⟩ *Erwerbung, Kauf* ▸ wir können keine großen ~en machen; Zus *Anschaffungswert*

an|schal|ten ⟨V. trans.; schal|tet an, schal|te|te an, hat an|ge|schal|tet, an|zu|schal|ten⟩ den Fernseher, das Licht, den Motor ~ *mit Hilfe eines Schalters in Betrieb setzen*

an|schau|en ⟨V. trans.; schaut an, schau|te an, hat an|ge|schaut, an|zu|schau|en⟩ jmdn.od. etwas ~ *ansehen, betrachten* ▸ ein Bilderbuch ~; ich will mir den Schaden einmal ~ *ihn untersuchen;* jmdn. freundlich, böse, vorwurfsvoll ~

an|schau|lich ⟨Adj.⟩ *bildhaft, lebendig, wirklichkeitsgetreu* ▸ ein ~es Beispiel; eine ~e Schilderung; etwas ~ erzählen; Abl *Anschaulichkeit*

An|schau|ung ⟨die; -, -en⟩ **1** *Betrachtungsweise, Vorstellung, Meinung, Auffassung;* Zus *Weltanschauung* **2** *Erfahrung* ▸ jmds. ~ teilen *der gleichen Meinung sein;* seine politischen ~en; etwas aus eigener ~ kennen *etwas aus eigener Erfahrung kennen, es selbst gesehen, erlebt haben*

An|schein ⟨der; -(e)s; unz.⟩ *Schein, äußerer Eindruck* ▸ es erweckt den ~, als ob *es macht den Eindruck, als ob;* allem ~ nach *anscheinend*

anscheinend/scheinbar

Zwar haben die Adjektive *anscheinend* und *scheinbar* dieselbe Wurzel (schein-), doch sie bedeuten nicht dasselbe. *Anscheinend* ist recht objektiv und heißt so viel wie „offensichtlich, vermutlich“: *Anscheinend hat er es jetzt verstanden. Du bist anscheinend noch nie dort gewesen.* Mit *scheinbar* wird dagegen ausgedrückt, dass jemand etwas nur vortäuscht, es beinhaltet also eine Wertung: *Er gab scheinbar nach, setzte seinen Willen aber stillschweigend um. Ihr scheinbares Interesse war nur geheuchelt.*

an|schei|nend ⟨Adv.⟩ *dem Anschein nach, offensichtlich, vermutlich;* →a. *scheinbar* ▸ ~ kann er doch mehr, als wir vermutet haben; sie ist ~ schon weggegangen

an|schi|cken ⟨V. refl.; schickt sich an, schick|te sich an, hat sich an|ge|schickt, sich an|zu|schi|cken⟩ sich ~, etwas zu tun *anfangen, etwas zu tun* ▸ er schickte sich an, den Baum abzusägen

an|schie|ben ⟨V. trans.; schiebt an, schob an, hat an|ge|scho|ben, an|zu|schie|ben⟩ jmdn. od. etwas ~ *durch Schieben in Bewegung setzen*

an|schie|ßen ⟨V.⟩ **I** ⟨V. trans.; schießt an, schoss an, hat an|ge|schos|sen, an|zu|schie|ßen⟩ jmdn. od. ein Tier ~ *durch Schuss treffen, verwunden, aber nicht töten* **II** ⟨V. intr.; schießt an, schoss an, ist an|ge|schos|sen, an|zu|schie|ßen; meist in der umg. Wendung⟩ angeschossen kommen *mit großer Geschwindigkeit näher kommen*

An|schiss ⟨der; -es, -e; umg.⟩ *scharfer, derber Tadel* ▸ einen ~ bekommen

An|schlag ⟨der; -(e)s, -schlä|ge⟩ **1** *das Anschlagen, Niederdrücken (einer Taste)* **2** *gewalttätiger, überraschender Angriff, der eine Beschädigung von Sach- od. symbolischen Werten od. die Verletzung od. Tötung von Personen zum Ziel hat;* Zus *Bombenanschlag, Terroranschlag* **3** *etwas, das angeschlagen worden ist, Plakat, Bekanntmachung (an einer Mauer, am schwarzen Brett)* **4** ⟨Tech.⟩ *vorspringender Teil, Hemmung an einer Maschine als Begrenzung* **5** *das Knüpfen der ersten Schlinge beim Häkeln u. Stricken* **6** *schussfertige Haltung des Gewehres* ▸ einen ~ auf jmdn. od. etwas verüben, vorhaben; einem heimtückischen ~ zum Opfer fallen; das Gewehr im ~ haben *in schussbereiter Stellung*

an|schla|gen ⟨V.; schlägt an, schlug an, hat an|ge|schla|gen, an|zu|schla|gen⟩ **I** ⟨V. trans.⟩ **1** ein Brett ~ *mit Nägeln befestigen* **2** ein Plakat ~ *ankleben* **3** Geschirr ~ *durch Schlag beschädigen* **4** Tasten ~ *mit den Fingern niederdrücken* ▸ einen Ton ~ *durch Tastendruck erklingen lassen (auf dem Klavier);* einen anderen Ton ~ ⟨übertr.⟩ *das Verhalten ändern, strenger, energischer, sanfter werden;* er wirkt angeschlagen ⟨übertr.⟩ *wirkt in seiner Gesundheit od. Leistungsfähigkeit beeinträchtigt* **II** ⟨V. intr.⟩ *die gewünschte Wirkung erzielen* (Medikament, Therapie)

an|schlei|chen ⟨V. refl.; schleicht sich an, schlich sich an, hat sich an|ge|schli|chen, sich an|zu|schlei|chen⟩ sich ~ *sich leise, unbemerkt nähern*

an|schlie|ßen ⟨V.; schließt an, schloss an, hat an|ge|schlos|sen, an|zu|schlie|ßen⟩ **I** ⟨V. trans.⟩ etwas (an etwas) ~ **1** *an etwas befestigen* **2** *einer Reihe anfügen* **3** *eine Verbindung zu etwas herstellen, an etwas anbringen* ▸ einen Herd an das Stromnetz ~ ▸ das Rad an einen Zaun ~ *mit einem Schloss an einem Z. befestigen* **II** ⟨V. refl.⟩ **1** sich ~ **1.1** *unmittelbar auf etwas folgen, aufeinanderfolgen* (Züge, Kolonnen) **1.2** *aneinander angrenzen* **1.3** *mitmachen, an etwas teilnehmen* **2** sich jmdm. ~ *mit jmdm. mitgehen, sich jmdm. zugesellen* ▸ darf ich mich Ihnen ~? ▸ sich einer Meinung ~ *ihr zustimmen, sie sich zu eigen machen;* sich einer Partei ~ *Mitglied einer Partei werden* ▸ an unser Grundstück schließt sich ein anderes an; an den offiziellen Teil des Abends schloss sich ein geselliges Beisammensein an

an|schlie|ßend I ⟨Part. Präs. von⟩ *anschließen* II ⟨Adv.⟩ *danach, darauf* ▸ ~ gingen wir noch ins Kino

An|schluss ⟨der; -es, -schlüs|se⟩ I ⟨zählb.⟩ *Verbindung* ▸ keinen ~ bekommen (beim Telefonieren); bekommen wir den ~ nach Berlin noch? *den Anschlusszug;* ~ haben (beim Telefonieren); den ~ verpassen *den nächsten Zug beim Umsteigen versäumen;* ⟨umg.⟩ *die (letzte) Gelegenheit zum Weiterkommen verpassen* ▸ der Zug hat um 13.30 Uhr ~ nach Hamburg; Zus *Anschlussdose, Anschlusszug; Telefonanschluss, Wasseranschluss, Zuganschluss* II ⟨unz.⟩ 1 *das Anschließen, das Sichanschließen* 2 *sozialen Kontakt, Bekanntschaften* ▸ (keinen) ~ finden *(keine) Freunde finden* ▸ ~ an eine Partei; bitte kommen Sie im ~ an den Vortrag zu mir *nach dem Vortrag;* im ~ daran *unmittelbar danach*

An|schluss|stel|le ⟨die; -, -n⟩ *Abfahrt von einer od. Auffahrt auf eine Autobahn*

an|schmie|gen ⟨V. refl.; schmiegt sich an, schmieg|te sich an, hat sich an|ge|schmiegt, sich an|zu|schmie|gen⟩ sich ~ *sich sanft anlehnen*

an|schmieg|sam ⟨Adj.⟩ *sich gern anschmiegend, zärtlich;* Abl *Anschmiegsamkeit*

an|schmie|ren ⟨V. trans.; schmiert an, schmier|te an, hat an|ge|schmiert, an|zu|schmie|ren⟩ 1 etwas ~ 1.1 *beschmieren* 1.2 *sehr schlecht bemalen* 2 ⟨umg.⟩ jmdn. ~ *betrügen, übervorteilen*

an|schnal|len ⟨V. trans.; schnallt an, schnall|te an, hat an|ge|schnallt, an|zu|schnal|len⟩ 1 jmdn. od. sich (im Auto od. Flugzeug) ~ *mit Schnallen, mit einem Gurt befestigen;* Zus *Anschnallgurt* 2 (jmdm. od. sich) etwas ~ *etwas mit einem Gurt od. Schnallen an jmdm. od. sich befestigen* ▸ bitte ~!; bitte schnall dich an!; sich die Skier ~

an|schnei|den ⟨V. trans.; schnei|det ab, schnitt ab, hat ab|ge|schnit|ten, ab|zu|schnei|den⟩ 1 etwas ~ *nicht ganz durchschneiden* 2 ein Brot, einen Kuchen ~ *durch Abschneiden des ersten Stückes zu verbrauchen beginnen* 3 ⟨übertr.⟩ ein Thema, eine Frage ~ *zur Sprache bringen, davon zu sprechen beginnen* 4 ⟨Sp.⟩ einen Ball ~ *den durch seitliches Stoßen, Schlagen usw. in Umdrehung versetzen u. damit die Flugbahn verändern*

An|schnitt ⟨der; -(e)s, -e⟩ 1 *erstes abgeschnittenes Stück (vom Brot, Stoffballen)* 2 *Schnittfläche*

an|schrau|ben ⟨V. trans.; schraubt an, schraub|te an, hat an|ge|schraubt, an|zu|schrau|ben⟩ etwas ~ *durch Schrauben befestigen*

an|schrei|ben ⟨V. trans.; schreibt ab, schrieb ab, hat ab|ge|schrie|ben, ab|zu|schrei|ben⟩ 1 etwas ~ *an eine senkrechte Fläche, z. B. Wandtafel, Aushängeschild, schreiben* 2 ⟨Amtsdt.⟩ jmdn. ~ *an jmdn. schreiben* ▸ ~ lassen *auf die laufende Rechnung setzen lassen, auf Borg kaufen;* bei jmdm. gut angeschrieben sein *geschätzt werden*

An|schrei|ben ⟨das; -s, -; Amtsdt.⟩ *Brief, Schreiben*

an|schrei|en ⟨V.; schreit an, schrie an, hat an|geschrien, an|zu|schrei|en⟩ I ⟨V. trans.⟩ jmdn. ~ *sehr laut u. zornig anreden* II ⟨V. intr.; umg.⟩ gegen etwas ~ *etwas durch Schreien zu übertönen versuchen, um sich verständlich zu machen* ▸ gegen Motorenlärm ~

An|schrift ⟨die; -, -en⟩ *Orts-, Straßen- u. Hausbezeichnung der Wohnung, Adresse*

an|schul|di|gen ⟨V. trans.; schul|digt an, schul|dig|te an, hat an|ge|schul|digt, an|zu|schul|di|gen; Rechtsw.⟩ jmdn. ~ *öffentlich vor Gericht anklagen;* Abl *Anschuldigung*

an|schwär|zen ⟨V. trans.; schwärzt an, schwärz|te an, hat an|ge|schwärzt, an|zu|schwär|zen; übertr.⟩ jmdn. ~ *verleumden, denunzieren*

an|schwel|len ⟨V. intr.; schwillt/schwellt an, schwoll/schwell|te an, ist an|ge|schwol|len/an|ge|schwellt, an|zu|schwel|len⟩ *dick werden, sich weiten, quellen* ▸ der verletzte Finger schwillt an; ein Fluss schwillt an *steigt an, führt immer mehr Wasser;* Abl *Anschwellung*

an|schwem|men ⟨V. trans.; schwemmt an, schwemm|te an, hat an|ge|schwemmt, an|zu|schwem|men⟩ etwas ~ *ans Ufer schwemmen, am Ufer ablagern, ans Ufer anspülen* ▸ der Sturm hat Algen angeschwemmt; Abl *Anschwemmung*

an|schwin|deln ⟨V. trans.; schwin|delt an, schwin|del|te an, hat an|ge|schwin|delt, an|zu|schwin|deln⟩ jmdn. ~ *durch Lügen, Schwindeln täuschen*

an|se|hen ⟨V. trans.; sieht an, sah an, hat an|ge|sehen, an|zu|se|hen⟩ 1 (sich) jmdn. od. etwas ~ *die Augen auf jmdn. od. etwas richten, jmdn. od. etwas betrachten* 2 jmdn. ~ *jmdm. ins Gesicht, in die Augen sehen* 3 jmdm. od. einer Sache etwas ~ *durch Blick den (inneren) Zustand erkennen* 4 jmdn. od. etwas als od. für etwas ~ *für etwas halten* ▸ man sieht ihm an, dass er überarbeitet ist; sieh mich an! ▸ man sieht ihm sein Alter nicht an; sich eine Kirche, eine Stadt ~ *besichtigen;* ich möchte mir den Schaden ~ *ihn untersuchen* ▸ jmdn. böse, freundlich ~; sich etwas gründlich ~; das ist schön anzusehen *das sieht schön aus* ▸ etwas als beendet ~; ich sehe es als meine Pflicht an, ihm zu helfen; ich sehe es dir an der Nasenspitze an, dass du schwindelst!; etwas mit ~ *Zeuge, Zuschauer sein;* ⟨übertr.⟩ *dulden, ertragen;* ich kann es nicht länger mit ~, wie sie geschlagen wird; ich sehe es mir nicht mehr länger an *ich greife ein;* →a. *angesehen*

An|se|hen ⟨das; -s; unz.⟩ *Würde, Geltung, Hochachtung, Wertschätzung* ▸ das ~ unserer Firma steht auf dem Spiel ▸ ~ genießen; seine Stellung verleiht ihm ~; sich ~ verschaffen ▸ an ~ verlieren; in hohem ~ stehen; ohne ~ der Person *ohne Berücksichtigung ihrer Stellung*

an|sehn|lich ⟨Adj.⟩ 1 *von gutem, angenehmem Äußeren, stattlich, groß* (Person, Gebäude, Gegenstand) 2 *bedeutend* (Summe, Anzahl, Menge)

an sein → *an*[2]

an|set|zen ⟨V.; setzt an, setz|te an, hat an|ge|setzt, an|zu|set|zen⟩ I ⟨V. trans.⟩ 1 etwas (an etwas) ~ *ein zusätzliches Stück anfügen* 2 eine Besprechung ~ *einen bestimmten Zeitpunkt für etwas festlegen* 3 einen Preis, eine Summe ~ *veran-*

schlagen, schätzen **4** die Flöte, das Glas ~ *an den Mund setzen* **5** Fett ~ *dick, fett werden* **6** jmdn. auf jmdn. ~ *jmdn. einen anderen verfolgen, beschatten lassen* **7** Knospen ~ *sichtbar werden lassen* **II** ⟨V. intr.⟩ **1** mit etwas ~ *mit etwas beginnen, seinen Ausgangspunkt darin haben* **2** zu etwas ~ *etwas beginnen, versuchen* ▸ zum Sprung ~ *die Haltung zum Springen einnehmen* **III** ⟨V. refl.⟩ sich ~ *sich festsetzen, haften bleiben* ▸ Fettzellen setzen sich im Gewebe an

An|sicht ⟨die; -, -en⟩ **I** ⟨zählb.⟩ **1** ⟨übertr.⟩ *Anschauung, Auffassung, Meinung, Standpunkt* **2** *Anblick, Blickwinkel, Seite, von der man etwas sieht;* Zus *Seitenansicht, Vorderansicht* **3** *Abbildung, Bild;* Zus *Ansichtskarte* ▸ **sein:** ich bin der ~, dass …; jmds. ~ **teilen** *der gleichen Meinung sein;* eine ~ **vertreten** ▸ der **gleichen,** verschiedener ~ sein; er hat **vernünftige** ~en ▸ meiner ~ **nach** verhält es sich anders; eine ~ **von** vorn, von der Seite **II** ⟨unz.⟩ *das Ansehen, Betrachten* ▸ können Sie mir die Ware zur ~ schicken?

An|sichts|sa|che ⟨die; -; unz.⟩ das ist ~! *darüber kann man verschiedener Meinung sein*

an|sie|deln ⟨V.; sie|delt an, sie|del|te an, hat an|ge|sie|delt, an|zu|sie|deln⟩ **I** ⟨V. trans.⟩ **1** jmdn. ~ *jmdm. Grund u. Boden zur ständigen Bearbeitung überlassen* **2** etwas ~ *einordnen, den Stellenwert bestimmen* **II** ⟨V. refl.⟩ sich ~ *eine Siedlung gründen, sich niederlassen* ▸ sich in Kanada ~; Abl *Ansiedler(in)*

An|sied|lung ⟨die; -, -en⟩ **1** *das Ansiedeln* **2** *Siedlung, Kolonie*

An|sin|nen ⟨das; -s, -; geh.⟩ *(kaum annehmbare) Forderung* ▸ ein ~ an jmdn. stellen

an|sons|ten ⟨Adv.; umg.⟩ *sonst, im Übrigen, darüber hinaus* ▸ ~ gibt es nichts Neues

an|span|nen ⟨V. trans.; spannt an, spann|te an, hat an|ge|spannt, an|zu|span|nen⟩ **1** ein Seil ~ *spannen, straffen* **2** Zugtiere ~ *vor dem Wagen festmachen* **3** ⟨übertr.⟩ alle Kräfte ~ *zusammennehmen, anstrengen* ▸ alle Muskeln ~; die Pferde sind angespannt; Abl *Anspannung*

an|spa|ren ⟨V. trans.; spart an, spar|te an, hat an|ge|spart, an|zu|spa|ren⟩ einen Betrag ~ *einen B. als ersten Teil einer Summe sparen*

An|spiel ⟨das; -(e)s, -e; Sp.⟩ *erster Wurf, Stoß usw. des Spiels*

an|spie|len ⟨V.; spielt an, spiel|te an, hat an|gespielt, an|zu|spie|len⟩ **I** ⟨V. trans.⟩ **1** ⟨Mus.⟩ ein Musikstück ~ *den Anfang probeweise spielen* **2** ⟨Sp.⟩ jmdn. ~ *jmdm. den Ball zuspielen* **II** ⟨V. intr.⟩ auf etwas ~ *versteckt auf etwas hinweisen* ▸ er spielte auf den Streit von gestern an

An|spie|lung ⟨die; -, -en⟩ *versteckter Hinweis, absichtsvolle Andeutung* ▸ eine ~ auf etwas machen; Abl *anspielungsreich*

an|spit|zen ⟨V. trans.; spitzt an, spitz|te an, hat an|ge|spitzt, an|zu|spit|zen⟩ **1** etwas ~ *spitz machen;* Abl *Anspitzer* ⓘ S. 575 **2** ⟨übertr.; umg.⟩ jmdn. ~ *antreiben*

An|sporn ⟨der; -(e)s; unz.⟩ *Antrieb, Reiz* ▸ Belohnung ist ~ zu höheren Leistungen

an|spor|nen ⟨V. trans.; spornt an, sporn|te an, hat an|ge|spornt, an|zu|spor|nen; übertr.⟩ jmdn. ~ *motivieren, seinen Ehrgeiz anstacheln, anreizen* ▸ jmdn. durch (ein) Lob, Vorbild zu guten Leistungen ~

An|spra|che ⟨die; -, -n⟩ **I** ⟨zählb.⟩ *kleine, förmliche Rede* ▸ eine ~ halten **II** ⟨unz.⟩ *geistige Anregung, seelischer Austausch, Unterhaltung* ▸ er hat in seinem neuen Umfeld keinerlei ~

an|spre|chen ⟨V.; spricht an, sprach an, hat an|ge|spro|chen, an|zu|spre|chen⟩ **I** ⟨V. trans.⟩ **1** jmdn. ~ *jmdn. anreden, das Wort an jmdn. richten* **2** etwas ~ *es erwähnen, darauf hinweisen, es nicht übergehen* ▸ ein **Thema,** ein Problem ~ ▸ ich sprach ihn **auf** den gestrigen Vorfall an *ich wollte Näheres von ihm darüber wissen* **II** ⟨V. intr.⟩ **1** *wirksam werden* **2** auf etwas ~ *(positiv) auf etwas reagieren* ▸ die **Medikamente** sprechen an ▸ der Apparat spricht **auf** die leiseste Berührung an **III** ⟨V. intr. u. V. trans.⟩ (jmdn.) ~ *(jmdm.) gefallen, jmdn. für sich einnehmen;* →a. *ansprechend* ▸ der **Vortrag** hat (uns) angesprochen

an|spre|chend **I** ⟨Part. Präs. von⟩ *ansprechen* **II** ⟨Adj.⟩ *angenehm, gefällig* ▸ ein ~es Äußeres

An|sprech|part|ner ⟨der; -s, -⟩ *Kontaktperson, zuständiger Berater;* Abl *Ansprechpartnerin*

an|sprin|gen ⟨V.⟩ **I** ⟨V. trans.; springt an, sprang an, hat an|ge|sprun|gen, an|zu|sprin|gen⟩ jmdn. ~ *mit Sprung angreifen* ▸ der Hund sprang den Einbrecher an **II** ⟨V. intr.; springt an, sprang an, ist an|ge|sprun|gen, an|zu|sprin|gen⟩ **1** *in Gang kommen* **2** ⟨umg.⟩ auf etwas ~ *(sofort) zustimmend auf etwas reagieren* ▸ der Motor springt nicht an; er sprang sofort auf den Vorschlag an

An|spruch ⟨der; -(e)s, -sprü|che⟩ **1** *Recht, Anrecht (auf etwas)* **2** *Forderung* ▸ (keinen) ~ **erheben** (auf etwas) *(etwas) (nicht) haben wollen;* seine Ansprüche **geltend machen** (bei, gegenüber jmdm.); allen Ansprüchen **gerecht werden,** genügen *alle Wünsche berücksichtigen;* Ansprüche **stellen** *etwas fordern* ▸ **berechtigter,** begründeter ~ auf etwas; er stellt **große** Ansprüche ▸ dieses Buch erhebt keinen ~ **auf** Vollständigkeit *hat nicht alle Tatsachen usw. berücksichtigt;* auf etwas ~ haben; er nimmt das Recht **für** sich in ~, zu kommen und zu gehen, wann er will; jmdn. stark **in** ~ nehmen *stark beschäftigen;* darf ich Ihre Hilfe in ~ nehmen?; die Vorführung nahm ihre Aufmerksamkeit völlig in ~ *sie war so davon gefesselt, dass sie für nichts anderes Sinn hatte*

an|spruchs|los ⟨Adj.; -er, am -es|ten⟩ **1** *ohne (große) Ansprüche, bescheiden, genügsam* (Person) **2** *nicht sonderlich geistreich od. gehaltvoll* (Theaterstück, Buch); Abl *Anspruchslosigkeit*

an|spruchs|voll ⟨Adj.⟩ **1** *hohe Ansprüche stellend, viel verlangend* **2** *ein hohes Niveau bietend, hohen Ansprüchen genügend* ▸ ein ~es Publikum

an|spu|cken ⟨V. trans.; spuckt an, spuck|te an, hat an|ge|spuckt, an|zu|spu|cken⟩ jmdn. ~ *(absichtlich) mit Spucke beschmutzen*

an|sta|cheln ⟨V. trans.; sta|chelt an, sta|chel|te an, hat an|ge|sta|chelt, an|zu|sta|cheln⟩ **1** jmdn. ~

heftig antreiben, anspornen (zu einer Leistung) **2** jmds. Ehrgeiz ~ *zu steigern versuchen*

Ạn|stalt ⟨die; -, -en⟩ **1** *einem bestimmten Zweck dienende öffentliche Einrichtung sowie das Gebäude dafür;* Zus *Erziehungsanstalt, Justizvollzugsanstalt* **2** *Schule;* Zus *Lehranstalt* **3** *Heilstätte;* Zus *Heilanstalt, Pflegeanstalt* **4** *Betrieb;* Zus *Fernsehanstalt, Verlagsanstalt* **5** ⟨nur Pl.⟩ *Vorbereitungen, Umstände* ▸ keine ~en machen zu gehen *kein Anzeichen dafür geben, gehen zu wollen;* in eine ~ eingewiesen werden

Ạn|stand ⟨der; -(e)s; unz.⟩ *der guten Sitte entsprechendes Benehmen* ▸ die Regeln des ~s beachten ▸ den ~ verletzen; den ~ wahren ▸ er hat keinen ~ ▸ du hast wohl gar kein Gefühl für ~?

ạn|stän|dig ⟨Adj.⟩ **1** *dem Anstand entsprechend, gesittet, höflich* (Benehmen) **2** *ehrbar, ordentlich* (Mensch, Firma) **3** *moralisch einwandfrei* (Gesinnung, Charakter) **4** *angemessen* (Preis) **5** *ausreichend* (Gehalt) **6** *gut, ordentlich* (Kleidung) **7** ⟨nur adv.; umg.⟩ *ziemlich heftig* ▸ er ist ein ~er Kerl ▸ benimm dich ~!; jetzt schneit es aber (ganz) ~ ⟨umg.⟩ *heftig;* sein: das war nicht ~ von ihm ▸ ~ gekleidet sein; Abl *Anständigkeit*

Ạn|stands|be|such ⟨der; -(e)s, -e⟩ *kurzer, förmlicher Besuch, Höflichkeitsbesuch*

ạn|stands|hal|ber ⟨Adv.⟩ *wegen des Anstands, um die Form zu wahren*

ạn|stands|los ⟨Adj.⟩ *ohne Anstände (Schwierigkeiten), ohne weiteres* ▸ etwas ~ bekommen

ạn|star|ren ⟨V. trans.; starrt an, starr|te an, hat an|ge|starrt, an|zu|star|ren⟩ jmdn. ~ *unverwandt od. aufdringlich anblicken*

an|stạtt ⟨Präp. m. Gen.⟩ *anstelle von* ▸ ~ des Stirnbands hättest du mal lieber eine warme Mütze aufsetzen sollen; ~ seiner kam sein Freund; ~ dass er sofort zum Arzt ging, fuhr er noch in Urlaub; du solltest lieber arbeiten, ~ zu feiern; →a. *statt*[1]

ạn|ste|chen ⟨V. trans.; sticht an, stach an, hat an|ge|sto|chen, an|zu|ste|chen⟩ **1** eine Blase, ein Bierfass ~ *durch Stich öffnen* **2** Kuchen, Kartoffeln ~ *durch einen Stich prüfen, ob etwas gar ist*

ạn|ste|cken ⟨V.; steckt an, steck|te an, hat an|ge|steckt, an|zu|ste|cken⟩ **I** ⟨V. trans.⟩ **1** etwas ~ *mit Nadel befestigen;* Zus *Anstecknadel* **2** (sich) einen Ring ~ *an den Finger stecken* **3** ein Haus, eine Kerze, eine Zigarette ~ *in Brand stecken, anzünden* **4** jmdn. ~ **4.1** *eine Krankheit auf jmdn. übertragen* **4.2** ⟨übertr.⟩ *eine Stimmung auf jmdn. übertragen* ▸ er hat uns alle mit seiner Fröhlichkeit angesteckt ⟨übertr.⟩; er hat eine ~de Erkältung; sie hat ein ~es Lachen ⟨übertr.⟩ **II** ⟨V. intr.⟩ *ansteckend, übertragbar sein* ▸ Lachen, Gähnen steckt an **III** ⟨V. refl.⟩ sich ~ *eine ansteckende Krankheit bekommen* ▸ ich habe mich bei ihm, irgendwo angesteckt

Ạn|ste|ckung ⟨die; -, -en⟩ **1** *Übertragung von Krankheitserregern, Infektion* **2** *das Sichanstecken* ▸ sich vor ~ hüten; Zus *Ansteckungsgefahr*

ạn|ste|hen ⟨V. intr.; steht an, stand an, hat (süddt., österr., schweiz.: ist) an|ge|stan|den, an|zu|ste|hen⟩ **1** *stehend in einer Reihe warten, Schlange stehen* **2** *nicht beglichen, nicht bezahlt sein, fällig sein* (Rechnung, Schuld) **3** nicht ~, etwas zu tun *nicht zögern* ▸ die Beantwortung der Briefe steht noch an ⟨umg.⟩ *muss noch erledigt werden;* die nächste Gebührenerhöhung steht an *ist bald fällig;* Zahlungen ~ lassen *hinauszögern;* man muss nach Theaterkarten lange ~

ạn|stei|gen ⟨V. intr.; steigt an, stieg an, ist an|ge|stie|gen, an|zu|stei|gen⟩ **1** *in die Höhe, aufwärtsführen* (Weg) **2** *höher werden* (Temperatur, Flut) **3** *größer werden, anwachsen* ▸ eine steil ~de Straße; die Besucherzahl stieg rapide an

an|stel|le *auch:* **an Stẹl|le** ⟨Präp. m. Gen.⟩ *statt* ▸ ~ des Lehrers; ~ von Briefen

ạn|stel|len ⟨V.; stellt an, stell|te an, hat an|ge|stellt, an|zu|stel|len⟩ **I** ⟨V. trans.⟩ **1** die Heizung, den Fernseher ~ *in Gang setzen, einschalten* **2** eine Leiter ~ *anlehnen, an etwas heranrücken* **3** etwas ~ *machen, unternehmen* **4** jmdn. ~ *in Dienst nehmen, in ein Arbeitsverhältnis aufnehmen* ▸ Betrachtungen über etwas ~ *etwas überlegend, nachdenklich betrachten;* Dummheiten ~; alles Mögliche ~, um etwas zu erreichen; Versuche ~ ▸ er ist bei der Firma Meier & Co. fest angestellt ▸ jmdn. als Verkäufer ~; was soll ich nur mit dir ~? ⟨umg.⟩ *was soll ich nur mit dir machen?* ▸ was habt ihr da wieder angestellt! *was habt ihr da wieder für Dummheiten gemacht!;* ich weiß nicht, wie ich es ~ soll *wie ich es machen soll* **II** ⟨V. refl.⟩ sich ~ **1** *sich an eine Reihe wartend anschließen, Schlange stehen* **2** *sich erweisen, zeigen* **3** *so tun als ob* **4** *sich zieren* ▸ stell dich nicht so dumm an! ⟨umg.⟩ *tu nicht, als ob du so dumm wärst!;* sich sehr geschickt ~ ▸ sich an der Kasse ~; hinten ~!; stell dich nicht so an! *sei nicht so zimperlich*

ạn|stel|lig ⟨Adj.⟩ *geschickt, gelehrig, willig*

Ạn|stel|lung ⟨die; -, -en⟩ **1** *Aufnahme in ein Arbeitsverhältnis* **2** *Posten, Amt, Stelle* ▸ eine neue ~ finden

ạn|steu|ern ⟨V. trans.; steu|ert an, steu|er|te an, hat an|ge|steu|ert, an|zu|steu|ern⟩ etwas ~ *auf etwas hinsteuern, zusteuern* ▸ eine Insel, eine Stadt, ein Ziel ~

Ạn|stich ⟨der; -(e)s, -e⟩ *das Öffnen mittels Stiches* (Fass) ▸ frischer ~ *Bier vom eben geöffneten Fass*

Ạn|stieg ⟨der; -(e)s, -e⟩ **1** *das Hinaufsteigen* **2** *das Ansteigen, Höherwerden* (Weg, Preise, Temperatur) **3** *emporführender Weg*

ạn|stif|ten ⟨V. trans.; stif|tet an, stif|te|te an, hat an|ge|stif|tet, an|zu|stif|ten⟩ **1** jmdn. (zu etwas) ~ *(zu etwas) verleiten, verlocken* **2** eine Dummheit, Verschwörung ~ *veranlassen* ▸ wer hat euch dazu angestiftet?; Abl *Anstifter(in), Anstiftung*

ạn|stim|men ⟨V. trans.; stimmt an, stimm|te an, hat an|ge|stimmt, an|zu|stim|men⟩ **1** ein Lied ~ *zu singen beginnen* **2** etwas ~ *laut zu äußern beginnen* ▸ ein Geschrei ~; lauten Protest ~

Ạn|stoß ⟨der; -es, -stö|ße⟩ **1** *der erste Stoß* **2** ⟨Sp.; Fußb.⟩ *der erste Schuss* **3** ⟨übertr.⟩ *Anlass, Veranlassung, Antrieb* **4** *Ermunterung, Anregung*

5 *Ärgernis, Ärger* ▸ ~ erregen; (keinen) ~ an etwas nehmen *etwas (bzw. nichts) dagegen einzuwenden haben* den ~ zu etwas geben

an|sto|ßen ⟨V.⟩ **I** ⟨V. intr.; stößt an, stieß an, ist/hat an|ge|sto|ßen, an|zu|sto|ßen⟩ **1** *anprallen, anschlagen* **2** *zur Bekräftigung eines Wunsches die Gläser aneinanderklingen lassen u. einander zutrinken* **3** *Anstoß, Ärger erregen* **4** an etwas ~ *unmittelbar neben etwas liegen, an etwas angrenzen* ▸ sein Grundstück stößt an unseren Garten an; auf gutes Gelingen, auf jmds. Wohl ~; ich bin mit dem Kopf angestoßen; mit der Zunge ~ *lispeln* **II** ⟨V. trans.; stößt an, stieß an, hat an|ge|sto|ßen, an|zu|sto|ßen⟩ **1** jmdn. od. etwas ~ *jmdm. od. etwas einen Stoß geben* **2** einen Ball, einen Wagen ~ *durch Stoß in Bewegung setzen, ins Rollen bringen* ▸ jmdn. mit dem Ellbogen ~ *mit dem E. ein (heiml.) Zeichen geben;* angestoßenes Obst *beim Transport beschädigtes O.*

an|stö|ßig ⟨Adj.⟩ *den Anstand verletzend, peinlich, schlüpfrig* ▸ ein ~es Benehmen; Abl *Anstößigkeit*

an|strah|len ⟨V. trans.; strahlt an, strahl|te an, hat an|ge|strahlt, an|zu|strah|len⟩ **1** ein Bauwerk ~ *mit Scheinwerfern beleuchten* **2** jmdn. ~ *mit strahlenden Augen ansehen*

an|stre|ben ⟨V. trans.; strebt an, streb|te an, hat an|ge|strebt, an|zu|stre|ben⟩ etwas ~ *nach etwas streben, sich um etwas bemühen*

an|strei|chen ⟨V. trans.; streicht an, strich an, hat an|ge|stri|chen, an|zu|strei|chen⟩ etwas ~ **1** *mit Farbe versehen, bemalen, tünchen* **2** *mit einem Strich markieren* ▸ Fehler ~ *kenntlich machen (u. verbessern);* eine Stelle im Buch ~ *sich schriftlich ein Zeichen daran machen;* den heutigen Tag muss man rot im Kalender ~ ⟨übertr.⟩ *als ganz außergewöhnlich markieren*

an|stren|gen ⟨V.; strengt an, streng|te an, hat an|ge|strengt, an|zu|stren|gen⟩ **I** ⟨V. trans.⟩ **1** etwas ~ *mit aller Kraft bestrebt sein, etwas zu erreichen* **2** jmdn. ~ *alle seine Kräfte beanspruchen u. ihn ermüden* ▸ eine Klage, einen Prozess ~ (gegen jmdn.) *einen Rechtsstreit beginnen;* Joggen strengt mich sehr an; angestrengt arbeiten *mit aller Kraft;* angestrengt aussehen *ermüdet* **II** ⟨V. refl.⟩ sich ~ *sich viel Mühe geben* ▸ ich musste mich sehr ~, um mein Ziel zu erreichen

an|stren|gend **I** ⟨Part. Präs. von⟩ *anstrengen* **II** ⟨Adj.⟩ *beschwerlich, Anstrengung auslösend, ermüdend* ▸ eine ~e Reise; das ist mir zu ~

An|stren|gung ⟨die; -, -en⟩ *Kraftanspannung, Mühe, Bemühung* ▸ geistige ~; schwere körperliche ~; große ~en machen, etwas zu erreichen

An|sturm ⟨der; -(e)s, -stür|me⟩ **1** *Angriff, Sturm* **2** *(heftiger) Andrang, starke Nachfrage* ▸ der erwartete ~ auf die Sonderangebote blieb aus; ein ~ der Gefühle; dem ~ nicht gewachsen sein

An|su|chen ⟨das; -s, -; Amtsdt.⟩ *Bitte, Gesuch* ▸ ein ~ an jmdn. stellen; auf mein ~ hin

...ant ⟨Nachsilbe; zur Bildung männl. Subst.⟩ *(zur Bezeichnung von Personen, die aktiv eine bestimmte Tätigkeit ausüben),* z. B. Demonstrant; Praktikant; →a. *...and*

An|ta|go|nis|mus ⟨das; -, -men⟩ *Widerstreit, (unversöhnl.) Gegensätzlichkeit;* Abl *antagonistisch*

Ant|ark|tis ⟨die; -; unz.⟩ *Südpolargebiet;* Abl *antarktisch*

an|tas|ten ⟨V. trans.; tas|tet an, tas|te|te an, hat an|ge|tas|tet, an|zu|tas|ten⟩ jmdn. od. etwas ~ **1** *vorsichtig berühren* **2** *unberechtigt berühren, verletzen* ▸ meine Ehre lasse ich von niemandem ~

An|teil ⟨der; -(e)s, -e⟩ **1** *zustehender, zufallender Teil, Teilsumme;* Zus *Geschäftsanteil, Gewinnanteil* **2** *(geistige) Beteiligung, Mitwirkung* **3** *Teilnahme, Mitgefühl* ▸ wie hoch ist mein ~ an den Kosten?; er hat seinen ~ schon bekommen; einen ~ haben an einer Firma *an ihr beteiligt sein;* starken ~ an jmds. Schicksal nehmen

an|tei|lig ⟨Adj.⟩ *dem Anteil gemäß*

An|teil|nah|me ⟨die; -; unz.⟩ **1** *Teilnahme, Mitgefühl* **2** *Beileid* ▸ seine ~ ausdrücken, aussprechen (bei einem Todesfall); die Zeremonie fand unter reger ~ der Bevölkerung statt

An|teils|eig|ner ⟨der; -s, -⟩ *jmd., der einen Anteil an etwas besitzt od. Eigner von Aktien ist*

An|ten|ne ⟨die; -, -n⟩ *Anordnung eines od. mehrerer elektrischer Leiter zum Empfang od. Senden elektromagnetischer Wellen;* Zus *Antennenverstärker; Außenantenne, Fernsehantenne*

An|tho|lo|gie ⟨die; -, -n; Lit.⟩ *Sammlung von Gedichten, Sprüchen od. Prosastücken*

An|thra|zit ⟨der; -s, -e⟩ *sehr harte, glänzende Steinkohle mit hohem Heizwert*

An|thro|po|lo|gie ⟨die; -; unz.⟩ *Wissenschaft vom Menschen unter besonderer Berücksichtigung der biologischen, philosophischen, pädagogischen u. theologischen Sicht, Menschenkunde;* Abl *Anthropologe, Anthropologin; anthropologisch*

an|ti..., An|ti... ⟨Vorsilbe⟩ *gegen..., Gegen...*

An|ti|al|ko|ho|li|ker ⟨der; -s, -⟩ *Alkoholgegner;* Abl *Antialkoholikerin*

an|ti|ame|ri|ka|nisch ⟨a. ['------] Adj.⟩ *ablehnend eingestellt gegenüber den USA*

an|ti|au|to|ri|tär ⟨a. ['------] Adj.⟩ *gegen Autorität eingestellt, Autorität ablehnend*

An|ti|ba|by|pil|le ⟨[-be:bi-] die; -, -n⟩ *empfängnisverhütendes Mittel auf hormonaler Grundlage*

an|ti|bak|te|ri|ell ⟨Adj.⟩ *gegen Bakterien (wirkend)*

An|ti|bio|ti|kum ⟨das; -s, -ti|ka; Pharm.⟩ *Medikament, das Bakterien u. a. Kleinlebewesen durch Stoffe, die von anderen Kleinlebewesen (Pilzen, Bakterien) gebildet werden vernichtet, z. B. Penicillin;* Abl *antibiotisch*

An|ti|blo|ckier|sys|tem ⟨das; -s, -e; Abk.: ABS; Kfz⟩ *Vorrichtung, die das Blockieren der Räder beim Bremsvorgang verhindert u. so das Fahrzeug auch bei Vollbremsung lenkbar macht*

An|ti|de|pres|si|vum ⟨[-vum] das; -s, -va [-va]; Pharm.⟩ *Medikament gegen Depressionen*

An|ti|fa|schis|mus ⟨a. ['-----] der; -; unz.⟩ *polit. Gegnerschaft sowie Bewegung gegen Nationalsozialismus u. Faschismus;* Abl *antifaschistisch*

An|ti|gen ⟨das; -s, -e; Biochem.⟩ *artfremder Eiweißstoff, der im Blut von Mensch u. Tier die Bildung von Antikörpern anregt*

an|tik ⟨Adj.⟩ **1** *die Antike betreffend, aus ihr stammend* **2** *alt, altertümlich* ▸ ~e Möbel

An|ti|ke ⟨die; -; unz.⟩ *klassisches Altertum*

An|ti|kör|per ⟨der; -s, -; Biochem.⟩ *durch ein Antigen im Körper gebildeter Abwehr-, Gegen-, Schutzstoff, z. B. gegen Krankheitserreger, Immunkörper*

An|ti|lo|pe ⟨die; -, -n; Zool.⟩ *eine Rinderart in Asien u. Afrika, zierlich gebaut, schnell laufend*

An|ti|pas|to ⟨das od. der; -s, -pas|ti; meist Pl.; ital. Kochk.⟩ *Vorspeise*

An|ti|pa|thie ⟨die; -, -n⟩ *Ablehnung, Abneigung, Widerwille;* Ggs *Sympathie;* Abl *antipathisch*

An|ti|po|de ⟨der; -n, -n⟩ *Mensch, der den entgegengesetzten Standpunkt vertritt, Mensch von gegensätzlicher Natur, anderer Eigenart*

an|tip|pen ⟨V. trans.; tippt an, tipp|te an, hat an|ge-tippt, an|zu|tip|pen⟩ jmdn. od. etwas ~ *leicht u. kurz berühren* ▸ ich habe sie ganz vorsichtig angetippt

An|ti|quar ⟨der; -s, -e⟩ **1** *jmd., der mit gebrauchten, oft wertvollen Büchern handelt* **2** *Antiquitätenhändler;* Abl *Antiquarin*

An|ti|qua|ri|at ⟨das; -(e)s, -e⟩ **1** *Handel mit gebrauchten (oft wertvollen) Büchern* **2** *Handel mit Antiquitäten;* Zus *Kunstantiquariat*

an|ti|qua|risch ⟨Adj.⟩ *gebraucht, aus zweiter Hand*

an|ti|quiert ⟨Adj.⟩ *veraltet* ▸ er wirkt ziemlich ~; Abl *Antiquiertheit*

An|ti|qui|tät ⟨die; -, -en⟩ *antikes Kunstwerk, alter, meist wertvoller Gegenstand* ▸ ~en sammeln

An|ti|se|mit ⟨der; -en, -en⟩ *Judengegner, Judenfeind;* Abl *Antisemitin; antisemitisch*

An|ti|se|mi|tis|mus ⟨der; -; unz.⟩ *Judenfeindschaft*

an|ti|zi|pie|ren ⟨V. trans.; an|ti|zi|piert, an|ti|zi|pier-te, hat an|ti|zi|piert⟩ etwas ~ *vorwegnehmen;* Abl *Antizipation*

Ant|litz ⟨das; -es, -e; poet.⟩ *Gesicht*

An|t|o|nym ⟨das; -s, -e; Sprachw.⟩ *Wort von entgegengesetzter Bedeutung, z. B. „hell" im Gegensatz zu „dunkel"*

An|trag ⟨der; -(e)s, -trä|ge⟩ **1** *schriftliches Gesuch, schriftlich vorgebrachte Bitte;* Zus *Antragsformular, Antragstellerin; Asylantrag* **2** *vorgefertigtes Formular für einen Antrag (1)* **3** ⟨kurz für⟩ *Heiratsantrag* ▸ einen ~ ablehnen, annehmen, stellen, genehmigen; einen ~ einbringen (im Parlament); er hat seiner Freundin einen ~ gemacht; auf ~ von Herrn Meier; einen ~ auf Rückvergütung der Auslagen stellen

an|trai|nie|ren ⟨[-trɛ-] V. trans.; trai|niert an, trai-nier|te an, hat an|trai|niert, an|zu|trai|nie|ren⟩ jmdm. od. sich etwas ~ *sich etwas durch Training aneignen, etwas mit jmdm. einüben, einstudieren* ▸ er hat sich Muskeln antrainiert

an|tref|fen ⟨V. trans.; trifft an, traf an, hat an|ge-trof|fen, an|zu|tref|fen⟩ jmdn. ~ *treffen, vorfinden* ▸ er ist nur selten in der Firma anzutreffen; ich habe ihn (nicht) zu Hause angetroffen

an|trei|ben ⟨V.⟩ **I** ⟨V. trans.; treibt an, trieb an, hat an|ge|trie|ben, an|zu|trei|ben⟩ **1** jmdn. ~ *drängen, anregen, zur Eile mahnen* **2** eine Maschine, ein Boot ~ *in Bewegung setzen* **3** Pferde ~ *rascher vorwärtstreiben* ▸ jmdn. zur Arbeit ~ **II** ⟨V. intr.; treibt an, trieb an, ist an|ge|trie|ben, an|zu|trei-ben⟩ Strandgut treibt an *wird ans Ufer gespült*

an|tre|ten ⟨V.⟩ **I** ⟨V. trans.; tritt an, trat an, hat an-ge|tre|ten, an|zu|tre|ten⟩ **1** ein Amt, eine Stellung ~ *übernehmen* **2** eine Reise, den Rückzug ~ *beginnen* ▸ den Beweis ~, dass ... *den Beweis liefern, dass ...;* seinen Dienst ~; eine Erbschaft ~ **II** ⟨V. intr.; tritt an, trat an, ist an|ge|tre|ten, an-zu|tre|ten⟩ **1** *herantreten, sich aufstellen, sich sammeln, versammeln* **2** ⟨Pol.; Sp.⟩ gegen jmdn. ~ *bei einer Wahl, einem Wettkampf als Gegenkandidat, Gegner auftreten* ▸ in Reih und Glied ~; zur Arbeit ~; zum Wettkampf ~

An|trieb ⟨der; -(e)s, -e⟩ **1** *bewegende Kraft, Triebkraft;* Zus *Antriebskraft* **2** *die einer technischen Vorrichtung zugeführte Bewegungsenergie* **3** *Teil einer Maschine, der diese Energie liefert od. überträgt* **4** ⟨übertr.⟩ *Ansporn, Anreiz, Anregung* ▸ Maschine mit elektrischem ~; aus eigenem, freiem ~ *aus freiem Willen, von sich aus, von selbst*

an|triebs|los ⟨Adj.⟩ **1** *ohne Antrieb* **2** ⟨Psych.; übertr.⟩ *ohne inneren Antrieb, ohne Energie, schlaff* ▸ das Raumschiff schwebt ~ im Weltraum; er ist schlaff und ~ ⟨übertr.⟩

An|triebs|schwä|che ⟨die; -; unz.⟩ *eingeschränkte Fähigkeit zu Willenshandlungen;* Abl *antriebsschwach*

An|tritt ⟨der; -(e)s; unz.⟩ *Beginn, Übernahme* ▸ ~ einer Erbschaft; bei ~ der Reise; Zus *Antrittsbesuch, Antrittsvorlesung; Amtsantritt*

An|tritts|re|de ⟨die; -, -n⟩ *erste Rede nach der Übernahme eines Amtes*

an|tun ⟨V. trans.; tut an, tat an, hat an|ge|tan, an-zu|tun⟩ jmdm. od. sich etwas ~ *etwas zufügen, bereiten* ▸ tun Sie mir das nicht an! *verschonen Sie mich damit!;* diese Landschaft hat es mir angetan *gefällt mir, begeistert mich* ▸ er musste sich Gewalt, Zwang ~, um ruhig zu bleiben; bitte tun Sie sich keinen Zwang an! ⟨halb iron.⟩ *benehmen Sie sich ganz so, wie es Ihnen gefällt* ▸ das ist nicht gerade danach angetan, unsere Stimmung zu heben *das ist nicht gerade geeignet;* ich habe Angst, dass sie sich etwas antut *dass sie Selbstmord begeht;* pass auf, dass er dem Kind nichts (Böses) antut! ▸ wenn du wüsstest, was er mir alles (Böses) angetan hat!; →a. *angetan*

Ant|wort ⟨die; -, -en⟩ **1** *Äußerung, die auf eine Frage folgt, Erwiderung, Entgegnung* **2** *(schriftlicher) Bescheid;* Zus *Antwortbrief, Antwortschreiben* **3** ⟨übertr.⟩ *auf eine Handlung erfolgte Gegenhandlung* ▸ Rede und ~ stehen *Rechenschaft über etwas geben* ▸ gib ~! *antworte!;* du hast auch auf alles eine ~; die ~ schuldigbleiben *nicht antworten* ▸ eine ausweichende, bejahende, dumme, freundliche, verneinende ~ geben; keine ~ ist auch eine ~ *man kann auch durch Schweigen seine Meinung zum Ausdruck bringen;* energisches Vorgehen ist die richtige ~ auf seine Herausforderung ⟨übertr.⟩ ▸ auf ~ warten

A

(beim Überbringen einer Nachricht); um ~ wird gebeten 〈Abk.: u. A. w. g.; bei schriftl. Einladungen〉 *Zusage bzw. Absage erbeten;* „Nein", gab er zur ~

ant|wor|ten 〈V. intr. u. V. trans.; ant|wor|tet, ant|wor|te|te, hat ge|ant|wor|tet〉 (jmdm.) (etwas) ~, (jmdm.) (auf etwas) ~ *eine Antwort auf eine Frage geben, eine Äußerung erwidern* ▸ „Ja", antwortete er; kannst du nicht ~?; höflich, kurz, schriftlich ~; auf eine Frage ~; was sollte ich darauf ~?; er antwortete mit „Ja"; was hast du (ihm) geantwortet?

an|ver|trau|en 〈V.; ver|traut an, ver|trau|te an, hat an|ver|traut, an|zu|ver|trau|en〉 **I** 〈V. trans.〉 jmdm. etwas ~ **1** *zu treuen Händen überlassen, in Obhut übergeben* **2** *vertraulich, im Geheimen mitteilen* ▸ jmdm. ein Geheimnis ~; jmdm. Geld, ein Geschäft ~; jmdm. seinen Kummer ~ **II** 〈V. refl.〉 sich jmdm. ~ **1** *jmdm. ein bisher gewahrtes Geheimnis offenbaren* **2** *sich in jmds. Obhut begeben* ▸ du kannst dich mir ruhig ~; sich einem Arzt ~

an|wach|sen 〈[-ks-] V. intr.; wächst an, wuchs an, ist an|ge|wach|sen, an|zu|wach|sen〉 **1** *Wurzel(n) schlagen* **2** 〈übertr.〉 *zunehmen, immer mehr werden, anschwellen* ▸ die Pflanzen sind (gut, noch nicht) angewachsen; seine Ersparnisse waren inzwischen auf 10.000 Euro angewachsen

An|walt 〈der; -(e)s, -wäl|te〉 **1** *Rechtsanwalt;* Abl *Anwaltschaft;* Zus *Anwaltsbüro, Anwaltskammer, Anwaltskanzlei* **2** 〈übertr.〉 *Fürsprecher, Verfechter, Verteidiger* ▸ sich als ~ niederlassen *eine Praxis als Rechtsanwalt eröffnen;* er ist ein guter ~ für unsere Sache 〈übertr.〉; Abl *Anwältin*

An|wand|lung 〈die; -, -en〉 *Sinnesänderung, Laune* ▸ in einer plötzlichen ~ von Großzügigkeit lud er uns zum Essen ein

an|wär|men 〈V. trans.; wärmt an, wärm|te an, hat an|ge|wärmt, an|zu|wär|men〉 Milch, Wasser ~ *ein wenig warm machen, leicht erwärmen*

An|wär|ter 〈der; -s, -〉 *jmd., der Anspruch od. Aussicht auf ein Recht od. Amt hat* ▸ ~ auf einen Posten, auf ein Regierungsamt, auf eine Medaille; Abl *Anwärterin*

An|wart|schaft 〈die; -; unz.〉 *Anspruch, Aussicht (auf ein Amt usw.)*

an|wei|sen 〈V. trans.; weist an, wies an, hat an|ge|wie|sen, an|zu|wei|sen〉 **1** etwas ~ *anordnen, auftragen, befehlen* **2** jmdn. ~ *belehren, unterweisen* **3** Geld ~ *überweisen* ▸ jmdm. einen Betrag (durch die Bank, die Post) ~; bitte weisen Sie Ihre Leute an, vorsichtig zu sein; jmdm. einen Platz ~ *zuweisen;* →a. *angewiesen*

an|wend|bar 〈Adj.〉 *so geartet, dass man es anwenden kann* ▸ diese Methode, Regel ist hier nicht ~; Abl *Anwendbarkeit*

an|wen|den 〈V. trans.; wen|det an, wand|te/wen|de|te an, hat an|ge|wandt/an|ge|wen|det, an|zu|wen|den〉 etwas ~ **1** *verwenden, gebrauchen* **2** *in die Tat umsetzen, auf die Praxis übertragen, zur Wirkung bringen* ▸ neue Methoden ~; kann man die Regel auch hier ~?; die angewandten Wissenschaften

An|wen|der 〈der; -s, -; meist EDV〉 *jmd., der etwas anwendet od. benutzt, z. B. ein Computerprogramm;* Abl *Anwenderin;* Zus *anwenderfreundlich*

An|wen|dung 〈die; -, -en〉 **I** 〈unz.〉 *Verwendung, Gebrauch, Umsetzung in die Tat* ▸ ~ finden *angewendet werden;* zur ~ bringen *anwenden;* Zus *Anwendungsbereich, Anwendungsgebiet* **II** 〈zählb.〉 *Heilbehandlung* (bei Kuren)

an|wer|ben 〈V. trans.; wirbt an, warb an, hat an|ge|wor|ben, an|zu|wer|ben〉 Kunden, Investoren ~ *für etwas zu gewinnen suchen;* Abl *Anwerbung*

an|wer|fen 〈V. trans.; wirft an, warf an, hat an|ge|wor|fen, an|zu|wer|fen〉 den Motor ~ *anlassen, in Gang setzen*

An|we|sen 〈das; -s, -〉 *Haus mit größerem Grundbesitz*

an|we|send 〈Adj.〉 *zugegen, sich an Ort u. Stelle befindend, da;* Ggs *abwesend* ▸ bitte teilen Sie den heute nicht ~en Mitgliedern mit, dass …; er war bei der Feier (nicht) ~; die Anwesenden *alle, die anwesend sind*

An|we|sen|heit 〈die; -; unz.〉 *das Zugegensein, Da-, Dabeisein* ▸ die ~ feststellen; in ~ von *im Beisein von;* Zus *Anwesenheitsliste*

an|wi|dern 〈V. trans.; wi|dert an, wi|der|te an, hat an|ge|wi|dert, an|zu|wi|dern〉 jmdn. ~ *anekeln, widerlich sein, Abscheu, Ekel erregen* ▸ dieser Anblick widert mich an; sein Verhalten widert sie an

an|win|keln 〈V. trans.; win|kelt an, win|kel|te an, hat an|ge|win|kelt, an|zu|win|keln〉 etwas ~ *so biegen, dass es einen Winkel bildet* ▸ den Arm ~

An|woh|ner 〈der; -s, -〉 *Nachbar, Anlieger;* Abl *Anwohnerin*

An|zahl 〈die; -, -en〉 **1** *gewisse Menge, bestimmte Stückzahl* **2** *Zahl* ▸ die ~ der Teilnehmer steht noch nicht fest; eine beträchtliche, große ~; eine ~ Kinder, 〈od.〉 eine ~ von Kindern spielte auf der Straße 〈umg.〉 *mehrere*

an|zah|len 〈V. trans.; zahlt an, zahl|te an, hat an|ge|zahlt, an|zu|zah|len〉 etwas ~ *die erste Rate, einen Teilbetrag für etwas zahlen;* Abl *Anzahlung*

an|zap|fen 〈V. trans.; zapft an, zapf|te an, hat an|ge|zapft, an|zu|zap|fen〉 **1** ein Fass ~ *durch einen Stich öffnen, anstechen* **2** 〈übertr.; umg.〉 eine Telefonleitung ~ *sich unbemerkt in eine Telefonleitung einschalten;* Abl *Anzapfung*

An|zei|chen 〈das; -s, -〉 **1** *Zeichen (von etwas Kommendem)* **2** *ankündigendes Ereignis, Ankündigung, Vorbote* ▸ Fieber ist oft das erste ~ einer Krankheit; ein Windstoß als ~ eines Gewitters

An|zei|ge 〈die; -, -n〉 **1** *schriftliches Inserat, Annonce in einer Zeitung;* Zus *Anzeigenkampagne; Stellenanzeige, Zeitungsanzeige* **2** *Meldung, Mitteilung (bei Behörde, Polizei);* Zus *Anzeigepflicht* **3** *Teil eines Geräts od. Messinstruments, der einen Wert anzeigt, Anzeigeeinheit;* Zus *Anzeigetafel* ▸ eine ~ (bei der Zeitung) aufgeben;

~ (bei der Polizei) erstatten (wegen); auf eine ~ antworten; einen Wert auf einer ~ ablesen

ạn|zei|gen <V. trans.; zeigt an, zeig|te an, hat an|ge|zeigt, an|zu|zei|gen> **1** etwas ~ **1.1** *schriftlich od. durch Zeitungsanzeige ankündigen, mitteilen, bekanntmachen;* Zus *Anzeigetafel* ⓘ S. 897 **1.2** *erkennen lassen, angeben* **2** jmdn. ~ *bei der Polizei melden, verklagen, beschuldigen* ▸ einen **Diebstahl** ~; das Thermometer zeigt 10 **Grad** über, unter Null an; die **Sekunden** ~; einen **Verlust** (in der Zeitung) ~; seine **Vermählung** ~ ▸ jmdn. **wegen** Diebstahls ~ ▸ es scheint angezeigt, etwas zu tun *es scheint ratsam*

Ạn|zei|gen|teil <der; -(e)s, -e> *Teil der Zeitung, in dem nur Anzeigen veröffentlicht werden*

ạn|zet|teln <V. trans.; zet|telt an, zet|tel|te an, hat an|ge|zet|telt, an|zu|zet|teln; übertr.> eine Verschwörung ~ *im Geheimen vorbereiten, anstiften*

ạn|zie|hen <V.> **I** <V. trans.; zieht an, zog an, hat an|ge|zo|gen, an|zu|zie|hen> **1** jmdn. od. sich ~ *jmdm. od. sich Kleidung anlegen, jmdn. od. sich ankleiden, kleiden* **2** ein Kleid, Handschuhe, Strümpfe ~ *überziehen, anlegen* **3** eine Schraube, die Handbremse ~ *anspannen, straffer ziehen* **4** <übertr.> Käufer, das Publikum ~ *anlocken, anreizen* **5** einen Geruch ~ *aufnehmen, annehmen* **6** Wasser ~ *an-, aufsaugen* ▸ ihr heiteres Wesen zieht alle an ▸ der Magnet zieht **Eisen** an; eine **Schraube** (fester) ~ *fester schrauben;* die **Zügel** ~ *straffer ziehen;* <übertr.> *strenger werden* ▸ das Kind kann sich schon, noch nicht **allein** ~; sich **elegant,** festlich, gut, sauber, warm ~ ▸ er ist immer gut angezogen; jeder fühlt sich von seiner Fröhlichkeit angezogen **II** <V. intr.; zieht an, zog an, hat/ist an|ge|zo|gen, an|zu|zie|hen> *steigen, sich erhöhen* ▸ die **Preise,** Börsenkurse haben in den letzten Wochen stark angezogen

ạn|zie|hend **I** <Part. Präs. von> *anziehen* **II** <Adj.> *gewinnend, reizvoll, angenehm, sympathisch*

Ạn|zie|hung <die; -, -en> **I** <unz.> *das Anziehen, Heranziehen* **II** <zählb.> *Reiz, Anreiz, Lockung*

Ạn|zie|hungs|kraft <die; -, -kräf|te> **1** <Phys.> **1.1** *Kraft, durch die ein Gegenstand angezogen wird* **1.2** *Schwerkraft (der Erde)* **2** <übertr.> *Vermögen, andere Menschen anzuziehen, zu fesseln*

Ạn|zug <der; -(e)s, -zü|ge> **I** <zählb.> *Hose mit dazugehöriger Jacke (u. Weste)* ▸ sich einen ~ (vom Schneider) machen lassen; zweireihiger ~; im dunklen ~ erscheinen; ⓘ S. 683; Zus *Herrenanzug, Hosenanzug* **II** <unz.> *das Herannahen, Anrücken* ▸ etwas ist im ~ *nähert sich;* ein Gewitter ist im ~

ạn|züg|lich <Adj.> *anstößig, beziehungsvoll, anspielend, leicht boshaft* ▸ ~ werden *eine spitze, anstößige Bemerkung machen;* Abl *Anzüglichkeit*

ạn|zün|den <V. trans.; zün|det an, zün|de|te an, hat an|ge|zün|det, an|zu|zün|den> **1** eine Kerze, eine Zigarette ~ *entzünden, anbrennen* **2** Holz, ein Gebäude ~ *in Brand setzen*

ạn|zwei|feln <V. trans.; zwei|felt an, zwei|fel|te an, hat an|ge|zwei|felt, an|zu|zwei|feln> etwas ~ *die Wahrheit von etwas infrage stellen*

Aọr|ta <die; -, Aọr|ten; Anat.> *Hauptschlagader*

Apạrt|ment <das; -s, -s> = *Appartement*

Apa|thie <die; -; unz.> *Teilnahmslosigkeit, Gleichgültigkeit, Abstumpfung;* Abl *apathisch*

aper <Adj.; oberdt.> *schneefrei*

Ape|ri|tif <[-ti:f] der; -s, -s> *alkoholisches Getränk vor dem Essen*

Ạp|fel <der; -s, Äp|fel> *am Baum wachsende rundliche Frucht mit weißlich-gelbem Fruchtfleisch u. braunen Kernen* ▸ der ~ fällt nicht weit vom Stamm <sprichwörtl.> *wie der Vater, so der Sohn, das liegt in der Familie;* für einen ~ und ein Ei <übertr.> *fast umsonst;* in den sauren ~ beißen <übertr.> *etwas Unangenehmes auf sich nehmen;* ⓘ S. 1003; Zus *Apfelbaum, Apfelkuchen, Apfelmus; Sommerapfel, Winterapfel*

Ạp|fel|schim|mel <der; -s, -> *Pferd mit weißgrauen Ringen od. Flecken*

Ap|fel|si|ne <die; -, -n> *orangefarbene Frucht mit dicker Schale, deren Fruchtfleisch sehr saftig ist u. sich in einzelne Spalten zerteilen lässt, Orange;* ⓘ S. 1003; Zus *Apfelsinenbaum, Apfelsinensaft*

Apho|rịs|mus <der; -, -rịs|men; Lit.> *in sich geschlossener, kurz u. treffend formulierter Gedanke, geistreicher Spruch;* Abl *aphoristisch*

Aph|ro|di|si|a|kum <der; -s, -ka; Pharm.> *den Geschlechtstrieb anregendes Mittel*

Apo|ka|lyp|se <die; -, -n> **1** *prophetische Schrift über das Weltende, bes. die Offenbarung des Johannes im NT* **2** <übertr.> *Katastrophe, Untergang;* Abl *apokalyptisch*

Apọs|tel <der; -s, -> **1** <Rel.> *die Jünger Jesu;* Zus *Apostelgeschichte* **2** <allg.> *Verkünder einer neuen Lehre, Vorkämpfer;* Zus *Gesundheitsapostel*

Apo|s|t|roph <der; -s, -e; Zeichen: '; Sprachw.> *Zeichen für einen oder mehrere weggelassene Buchstaben, Auslassungszeichen,* z. B. „er ist's" oder „mit'm Fahrrad"

Apotheke/Drogerie

Neben kosmetischen Produkten wie Cremes, Salben und Zahnpasta erhält man in *Apotheken* vor allem **verschreibungspflichtige Medikamente,** für die man ein **Rezept** von einem Arzt benötigt. Einen Teil der Kosten für diese Arzneimittel, die **Rezeptgebühr,** muss der Patient selbst bezahlen, die restlichen Kosten übernimmt die **Krankenkasse.** Apotheker sind zudem aufgrund ihrer Ausbildung dazu berechtigt, Salben o. Ä. selbst herzustellen.

In einer *Drogerie* gibt es dagegen u. a. kosmetische Produkte, Lebensmittel (Tees, Müslis, Säfte), Babynahrung, Pflegemittel für Kleinkinder, Putzmittel und Haushaltswaren. Medikamente erhält man dort bislang nur dann, wenn sie nicht verschreibungspflichtig sind.

Apo|the|ke <die; -, -n> *Geschäft, das Arzneimittel verkauft* ▸ in der ~ ein neues Rezept einlösen; Abl *Apotheker(in)*

A

apo|the|ken|pflich|tig ‹Adj.› *nur durch eine Apotheke verkäuflich* (Medikament)

Ap|pa|rat ‹der; -(e)s, -e› **1** *technisches Gerät, das aus mehreren Teilen zusammengesetzt ist;* Zus *Fernsehapparat, Fotoapparat* **2** ‹kurz für› *Telefon-, Fotoapparat usw.* **3** *Gesamtheit aller für eine Verwaltung od. Behörde nötigen Hilfsmittel u. Personen;* Zus *Polizeiapparat, Regierungsapparat* **4** ‹bes. in sozialist. Staaten› *Gesamtheit aller hauptamtlichen Funktionäre, die die Politik der Partei- u. Staatsführung umsetzen;* Zus *Parteiapparat* **5** *mehrere Körperteile od. Organe, die als Ganzes zusammenwirken;* Zus *Atmungsapparat, Verdauungsapparat* ▸ nimmst du deinen (Foto-)~ mit?; (ich bin selbst) am ~! *(beim Telefonieren);* wer ist am ~? bleiben Sie bitte am ~!

Ap|pa|ra|tur ‹die; -, -en› **1** *Gesamtheit von Apparaten* **2** *aus mehreren Apparaten zusammengesetztes Werk*

Ap|par|te|ment ‹[apart(ə)mã:] das; -s, -s, schweiz. a. [-mɛnt] das; -s, -e› **1** *(im Hotel) Zimmerflucht aus Wohn- u. Schlafzimmer, meist mit Bad* **2** *komfortable Kleinstwohnung aus einem Zimmer, Bad u. Küche bzw. Kochnische*

Ap|pell ‹der; -s, -e› **1** *Aufruf, Ermahnung, Aufforderung (etwas zu tun od. zu unterlassen)* **2** ‹Mil.› *Ruf zum Versammeln, Antreten (zur Befehlsausgabe usw.)* ▸ ein ~ an die Vernunft; zum ~ antreten; zum ~ blasen

ap|pel|lie|ren ‹V. intr.; ap|pel|liert, ap|pel|lier|te, hat ap|pel|liert› an jmdn. od. etwas ~ *sich an jmdn. od. etwas wenden* ▸ ich appelliere an deine Vernunft, an dein Mitgefühl

Ap|pen|dix **I** ‹der; -, -di|zes› *Anhang, Zusatz* **II** ‹die; -, -di|zes; Anat.› = *Wurmfortsatz*

Ap|pe|tit ‹der; -(e)s, -e› *Esslust, Verlangen, etwas zu essen* ▸ den ~ **anregen;** frische Luft **macht** ~; ich lasse mir nicht von dir den ~ **verderben;** da **vergeht** einem ja der ~! ▸ **großen,** keinen ~ haben; **guten** ~! *(als Formel, wenn man mit dem Essen beginnt)* ▸ ~ **auf** etwas haben; Zus *Appetithappen; appetitanregend*

ap|pe|tit|lich ‹Adj.› *den Appetit anregend, lecker* ▸ die Speisen waren ~ zurechtgemacht

ap|pe|tit|los ‹Adj.› *ohne Appetit, nichts essen wollend;* Abl *Appetitlosigkeit*

ap|plau|die|ren ‹V. intr.; ap|plau|diert, ap|plau|dier|te, hat ap|plau|diert› *Beifall spenden, klatschen* ▸ niemand applaudierte ihm; lange, laut ~

Ap|plaus ‹der; -es; unz.› *Beifall, Händeklatschen* ▸ einen begeisterten, starken ~ erhalten; für seine Darbietung bekam er nur verhaltenen ~

Ap|po|si|ti|on ‹die; -, -en; Gramm.› *ein substantivisches Attribut, das im gleichen Kasus steht wie das Substantiv od. Personalpronomen, zu dem es gehört,* z. B. Friedrich „der Große"

Ap|pro|ba|ti|on ‹die; -, -en; Med.; Pharm.› *staatliche Genehmigung zur Berufsausübung für Ärzte u. Apotheker*

Ap|ri|ko|se ‹die; -, -n› *eiförmige, orangefarbene Frucht mit samtiger Schale u. einem sehr harten Kern;* Zus *Aprikosenbaum, Aprikosenmarmelade*

Ap|ril ‹der; - od. -s, -e› *vierter Monat im Jahr* ▸ ~, ~! *Hereingefallen! (Ausruf nach einem Aprilscherz);* der erste ~ *Tag, an dem man andere zum Besten hat, foppt;* jmdn. in den ~ schicken *jmdn. am 1. April foppen;* Zus *Aprilscherz*

Aprilscherz

Nach einem alten Brauch kann man anderen Personen am **1. April** erfundene Geschichten, sogenannte ***Aprilscherze,*** erzählen. Manche verwenden viel Mühe darauf, andere „in den April zu schicken". Das bedeutet, einen Scherz so glaubhaft zu erzählen, dass andere ihn ernst nehmen. ***Aprilscherze*** sind jedoch nicht nur privater Natur: Am 1. April gibt es auch in Zeitungen oder im Rundfunk kuriose Falschmeldungen, die Leichtgläubige für wahr halten.

Ap|ril|wet|ter ‹das; -s; unz.; übertr.› *wechselhaftes Wetter*

a pri|o|ri **1** *allein aus der Vernunft, dem Denken stammend* **2** *von vornherein*

ap|ro|pos ‹[-po:] Adv.› *nebenbei (bemerkt), übrigens, was ich noch sagen wollte*

Aquä|dukt ‹das; -(e)s, -e› *altrömische Wasserleitung in Gestalt einer Brücke, die eine Rinne trägt*

Aqua|ma|rin ‹der; -s, -e; Min.› *ein meergrün od. blau gefärbter Edelstein;* Zus *aquamarinblau*

Aqua|pla|ning ‹das; -s; unz.; Kfz› *Gleiten, Rutschen der Autoreifen auf nasser Fahrbahn bei höherer Geschwindigkeit, Wasserglätte*

Aqua|rell ‹das; -s, -e; Mal.› *mit Wasserfarben gemaltes Bild;* Zus *Aquarellfarbe, Aquarellmalerei*

Aqua|ri|um ‹das; -s, -ri|en› **1** *Glasbehälter, in dem Wassertiere gehalten werden* **2** *Gebäude (Museum), in dem Wassertiere ausgestellt werden*

Äqua|tor ‹der; -s, -en; Geogr.› *größter Breitenkreis auf der Erd- od. Himmelskugel;* Abl *äquatorial*

äqui|va|lent ‹[-va-] Adj.› *gleichwertig;* Abl *Äquivalenz*

Äqui|va|lent ‹[-va-] das; -(e)s, -e› **1** *Gegenwert* **2** *Entschädigung, vollwertiger Ersatz*

Ära ‹die; -, Ären› *Zeitalter, Zeitabschnitt, Amtszeit* ▸ die ~ Schröder; eine neue ~ zieht herauf

Ara|ber ‹a. [ara-] od. umg. u. österr., schweiz. [ara:-] der; -s, -› **1** *Bewohner Arabiens;* Abl *Araberin* **2** ‹Zool.› *arabisches Vollblutpferd*

Ara|bes|ke ‹die; -, -n› **1** *Blatt- u. Rankenornament, Schnörkel* **2** ‹Mus.› *heiteres Musikstück*

ara|bisch ‹Adj.› *Arabien u. die Araber betreffend, von ihnen stammend* ▸ ~e Ziffern *die Z. des dekadischen Zahlensystems, z. B. 1, 2, 3*

Ar|beit ‹die; -, -en› **1** *körperliche od. geistige Betätigung, Tätigkeit, Beschäftigung;* Zus *Arbeitseifer, Arbeitsleistung, Arbeitsmaterial* ⓘ S. 575; *Forschungsarbeit, Gartenarbeit, Hausarbeit* **2** *Beruf, berufliche Tätigkeit, Stellung;* Zus *Arbeitskollege, Arbeitslohn, Arbeitsunfall; Berufsarbeit* **3** *Mühe, Anstrengung* **4** *schriftliche od. praktische Prüfung;* Zus *Klassenarbeit* **5** *Ausführung, Gestaltung;* Zus *Goldschmiedearbeit* **6** *Herstellung* **7** *das be-*

arbeitete Ergebnis der Tätigkeit, Leistung; Zus Doktorarbeit ▸ eine Menge ~; das kostet ein schönes Stück ~ ▸ die ~ einstellen; ~ finden; das kostet viel ~; produktive ~ leisten; gute ~ liefern; eine ~ schreiben (in der Schule); ~ suchen ▸ eine anstrengende, harte, körperliche, leichte, schwere ~; meine berufliche ~; gründliche ~ leisten ⟨übertr.⟩ energisch aufräumen, rücksichtslos durchgreifen; gute, ordentliche, sorgfältige ~ leisten; eine schriftliche ~ abgeben; das ist, macht unnötige ~; das hat viel ~ gemacht ▸ er hat ~ als Tischler gefunden; an die ~ gehen; sich an die ~ machen; auf ~ gehen ⟨umg.⟩ beruflich tätig sein (von Arbeitern); der Anzug ist noch in ~ an ihm wird noch gearbeitet; mit ~ überlastet sein; sich nach getaner ~ ausruhen; ich bin augenblicklich ohne ~; auf dem Weg zur ~ sein

ạr|bei|ten ⟨V.; ar|bei|tet, ar|bei|te|te, hat ge|ar|bei|tet⟩ **I** ⟨V. intr.⟩ **1** eine körperliche od. geistige Arbeit verrichten **2** eine berufliche Tätigkeit ausüben **3** tätig sein, in Gang sein (Maschine) **4** sich verändern, verziehen (Holz) **5** Zinsen tragen, Gewinn bringen (Geld) ▸ sein Herz, der Motor arbeitet einwandfrei; gut, ordentlich, sauber, schlecht, schnell, sorgfältig ~; körperlich, geistig, wissenschaftlich ~ ▸ er arbeitet schon lange als Tischler; an etwas ~ etwas bearbeiten; an sich ~ sich (bes. charakterlich) zu vervollkommnen versuchen; an einer Erfindung ~; am Fließband ~; auf dem Feld ~; er arbeitet bei der Post; sich durch den Schnee, das Gestrüpp ~ sich mit Mühe hindurchkämpfen; er arbeitet für die Firma Meier & Co.; er arbeitet für zwei tüchtig, viel; sie arbeitet gern im Garten; ~ wie ein Pferd ⟨umg.⟩ sehr viel u. angestrengt **II** ⟨V. trans.⟩ etwas ~ anfertigen, herstellen ▸ ich habe mir einen Anzug ~ lassen; der Ring ist gut gearbeitet **III** ⟨V. refl.; umg.; in bestimmten Wendungen⟩ es arbeitet sich gut mit ihm zusammen man kann gut mit ihm arbeiten; bei dieser Hitze arbeitet es sich schlecht man kann schlecht arbeiten

Ạr|bei|ter ⟨der; -s, -⟩ **1** jmd., der arbeitet **2** jmd., der gegen Lohn körperliche Arbeit leistet; Zus Arbeitergewerkschaft, Arbeiterpartei, Arbeiterschutz; Bauarbeiter, Industriearbeiter, Metallarbeiter ▸ er ist ein guter ~ er ist tüchtig; Abl Arbeiterin

Ạr|bei|ter|be|we|gung ⟨die; -, -en⟩ organisierter Zusammenschluss der Industriearbeiter seit etwa Ende des 19. Jh.

Ạr|bei|ter|klas|se ⟨die; -, -n⟩ Klasse, gesellschaftliche Schicht der Lohnarbeiter

Ạr|bei|ter|schaft ⟨die; -; unz.⟩ Gesamtheit der Arbeiter

Ạr|beit|ge|ber ⟨der; -s, -⟩ jmd., der Angestellte od. Arbeiter gegen Bezahlung beschäftigt; Zus Arbeitgeberpräsident(in)

Ạr|beit|ge|be|rin ⟨die; -, -rin|nen⟩ weibl. Arbeitgeber

Ạr|beit|ge|ber|ver|band ⟨der; -(e)s, -bän|de⟩ Vereinigung der Arbeitgeber (als Verhandlungspartner der Gewerkschaft)

Ạr|beit|neh|mer ⟨der; -s, -⟩ jmd., der als Angestellter od. Arbeiter für einen Arbeitgeber gegen Bezahlung arbeitet; Abl Arbeitnehmerin; Zus Arbeitnehmerorganisation; arbeitnehmerfeindlich, arbeitnehmerfreundlich

Ạr|beits|ab|lauf ⟨der; -(e)s, -läu|fe⟩ (planmäßiger) Verlauf, Gliederung der Arbeit

ạr|beit|sam ⟨Adj.⟩ fleißig, geschäftig, gern arbeitend

Ạr|beits|amt ⟨das; -(e)s, -äm|ter⟩ **1** Amt für Arbeitsvermittlung, Arbeitslosenversicherung u. Berufsberatung **2** ⟨BRD; offizielle Bez.⟩ Bundesagentur für Arbeit

Ạr|beits|an|zug ⟨der; -(e)s, -zü|ge⟩ Anzug für die Arbeit, Arbeitskleidung

Ạr|beits|auf|kom|men ⟨das; -s, -⟩ anfallende, zu erledigende Arbeit ▸ ein hohes, niedriges ~

Ạr|beits|auf|wand ⟨der; -(e)s; unz.⟩ Aufwand an Arbeit; Abl arbeitsaufwändig/arbeitsaufwendig

Ạr|beits|be|las|tung ⟨die; -; unz.⟩ zeitliche, körperliche u. seelische Belastung, die von einer Arbeit(stätigkeit) ausgeht

Ạr|beits|be|reich ⟨der; -(e)s, -e⟩ **1** alle Aufgaben, für die jmd. an seinem Arbeitsplatz zuständig ist **2** Umfeld, in dem jmd. arbeitet

Ạr|beits|be|schaf|fungs|maß|nah|me ⟨die; -, -n; meist Pl.; Abk.: ABM⟩ staatliche Maßnahme zur (kurzfristigen) Schaffung zusätzl. Arbeitsplätze

Ạr|beits|dienst ⟨der; -(e)s; unz.⟩ freiwillige od. pflichtgemäße gemeinsame Arbeit von Jugendlichen für den Staat

Ạr|beits|er|laub|nis ⟨die; -, -se; Pl. selten⟩ staatliche Genehmigung zur Ausübung einer Arbeit

Ạr|beits|es|sen ⟨das; -s, -⟩ Mahlzeit, bei der geschäftl., polit. o. ä. Besprechungen geführt werden

ạr|beits|fä|hig ⟨Adj.⟩ fähig, tauglich zur Arbeit; Abl Arbeitsfähigkeit

Ạr|beits|gang ⟨der; -(e)s, -gän|ge⟩ Abschnitt innerhalb einer Arbeit

Ạr|beits|ge|mein|schaft ⟨die; -, -en⟩ Gruppe bes. von Schülern od. Studenten, zu gemeinsamer Arbeit auf einem bestimmten Gebiet

Ạr|beits|ge|richt ⟨das; -(e)s, -e⟩ Gericht für arbeitsrechtl. Streitigkeiten

Ạr|beits|grup|pe ⟨die; -, -n⟩ Gruppe von Personen, die gemeinsam an etwas arbeitet ▸ eine ~ bilden

ạr|beits|in|ten|siv ⟨Adj.⟩ viel Arbeit erfordernd

Ạr|beits|kampf ⟨der; -(e)s, -kämp|fe⟩ von Kampfmaßnahmen wie z. B. Aussperrung od. Streik begleitete Auseinandersetzung zw. Arbeitnehmern u. Arbeitgebern

Ạr|beits|kli|ma ⟨das; -s; unz.⟩ menschliche Atmosphäre innerhalb eines Betriebs, einer Firma

Ạr|beits|kos|ten ⟨Pl.; Wirtsch.⟩ **1** Gesamtheit aller anfallenden Kosten innerhalb eines Unternehmens für den Faktor Arbeit (einschließl. aller Sozialleistungen) **2** Kosten für die Arbeitszeit bei der Ausführung einer Dienstleistung

Ạr|beits|kraft ⟨die; -, -kräf|te⟩ **I** ⟨unz.⟩ Leistungskraft, Schaffenskraft, geistige u. körperliche. Kraft zur Arbeit ▸ sich seine ~ erhalten **II** ⟨zählb.⟩ Mensch im Hinblick auf seine Arbeitsleistung ▸ Mangel an Arbeitskräften; er ist eine gute ~

A

Ar|beits|la|ger ‹das; -s, -› *Gemeinschaftsunterkunft für Zwangsarbeiter (seltener für Arbeiter)*
Ar|beits|le|ben ‹das; -s, -› **1** *beruflicher Alltag* **2** *durch Arbeit u. Berufstätigkeit geprägter Lebensabschnitt*
ar|beits|los ‹Adj.› *ohne (bezahlte) Arbeit;* Syn *erwerbslos* ▸ er ist schon seit einem Jahr ~
Ar|beits|lo|se(r) ‹die; -n, -n (der; -n, -n)› *Erwerbsfähige(r) ohne Arbeitsverhältnis;* Zus *Arbeitslosenquote, Arbeitslosenrate, Arbeitslosenzahl*

Arbeitslosengeld

Arbeitslose haben in Deutschland Anspruch auf den Erhalt eines *Arbeitslosengeldes* aus der Arbeitslosenversicherung. Das nach dem Verlust der Anstellung bezahlte, anteilmäßig berechnete *Arbeitslosengeld I* wird maximal 12 Monate, an über 55 Jahre alte Arbeitlose maximal 18 Monate lang gezahlt. Alle erwerbsfähigen Arbeitslosen, die keinen Anspruch auf das Arbeitslosengeld I besitzen, erhalten das *Arbeitslosengeld II.* Dieses beinhaltet die Kranken-, Renten- und Pflegeversicherung der Empfänger und beträgt derzeit im Höchstfall 347 € pro Person im Monat.
Langzeitarbeitslose müssen grundsätzlich jede ihnen angebotene Arbeit annehmen. Weiter in der Diskussion ist der in einigen Branchen bereits bezahlte Mindestlohn, der verhindern soll, dass man trotz Arbeit nicht von seinem Lohn leben kann.

Ar|beits|lo|sen|geld ‹das; -(e)s, -er› *von der Arbeitslosenversicherung an arbeitslose Arbeiter gezahlter Geldbetrag* ▸ ~ bekommen, beziehen, beantragen
Ar|beits|lo|sen|hil|fe ‹die; -; unz.› *staatliche Unterstützung von Arbeitslosen, die keinen Anspruch (mehr) auf Arbeitslosengeld haben*
Ar|beits|lo|sen|ver|si|che|rung ‹die; -; unz.› *Versicherung für den Fall der Arbeitslosigkeit*
Ar|beits|lo|sig|keit ‹die; -; unz.› *Mangel an Arbeitsgelegenheit mit Verdienst;* Syn *Erwerbslosigkeit*
Ar|beits|markt ‹der; -(e)s, -märk|te› *Angebot von u. Nachfrage nach Arbeitskräften u. Arbeitsplätzen;* Zus *Arbeitsmarktpolitik*
Ar|beits|mo|ral ‹die; -; unz.› *Einstellung zur eigenen Arbeit*
Ar|beits|nie|der|le|gung ‹die; -, -en› = *Streik*
Ar|beits|plat|te ‹die; -, -n› *(Elektrogeräte u. Unterschränke in der Küche abdeckende) Platte, auf der Küchenarbeiten verrichtet werden*
Ar|beits|platz ‹der; -es, -plät|ze› **1** *Platz, an dem man arbeitet;* Syn *Arbeitsstätte* **2** *Anstellung, Beschäftigung* ▸ Mangel an Arbeitsplätzen
Ar|beits|pro|zess ‹der; -es, -e› **I** ‹unz.› *Arbeitsleben* **II** ‹zählb.› *Ablauf, Verlauf einer Arbeit*
Ar|beits|recht ‹das; -(e)s, -e› *alle Vorschriften u. Gesetze, die die Stellung der Arbeitnehmer regeln;* Abl *arbeitsrechtlich*
ar|beits|scheu ‹Adj.› *nicht arbeiten wollend*
Ar|beits|schutz ‹der; -es; unz.› *Gesamtheit an gesetzlichen Vorschriften zum Schutz von Arbeitnehmern (umfasst Unfall-, Kündigungsschutz, Arbeitszeitregelungen u. a.)*
Ar|beits|stel|le ‹die; -, -n› **1** *Betrieb, in dem man arbeitet* **2** *Arbeitsplatz, Anstellung*
Ar|beits|stun|de ‹die; -, -n› *gearbeitete Stunde* ▸ der Handwerker berechnete eine ~ für die erledigte Reparatur
ar|beits|su|chend ‹Adj.› *nach einer Arbeit suchend;* Abl *Arbeitssuchende(r)*
Ar|beits|tag ‹der; -(e)s, -e› *Tag im Hinblick auf die währenddessen geleistete od. zu leistende Arbeit* ▸ er hat 14 ~e Urlaub; achtstündiger ~
Ar|beits|tei|lung ‹die; -; unz.› *Verteilung der zu leistenden Arbeit auf mehrere Personen*
ar|beits|un|fä|hig ‹Adj.› *aufgrund von Krankheit o. Ä. vorübergehend od. dauernd unfähig zur Arbeit;* Abl *Arbeitsunfähigkeit*
ar|beits|un|wil|lig ‹Adj.› *unwillig zu arbeiten, faul*
Ar|beits|ver|hält|nis ‹das; -nis|ses, -nis|se› *Rechtsverhältnis zw. Arbeitnehmer u. Arbeitgeber* ▸ in einem ~ stehen *angestellt, dauernd gegen Entgelt beschäftigt sein;* in keinem ~ stehen *selbstständig sein; nicht berufstätig sein*
Ar|beits|ver|mitt|lung ‹die; -, -en› *Vermittlung von Arbeitskräften u. -stellen*
Ar|beits|ver|trag ‹der; -(e)s, -trä|ge› *Vertrag, in dem sich jmd. einem anderen gegenüber zur Arbeit gegen Entgelt verpflichtet*
Ar|beits|wei|se ‹die; -, -n› *Art u. Weise, wie jmd. arbeitet* ▸ eine gute, schlechte ~
Ar|beits|welt ‹die; -, -en› *der durch berufliche Arbeit bestimmte Lebensbereich*
Ar|beits|wil|li|ge(r) ‹die; -n, -n (der; -n, -n)› *zur Aufnahme der Arbeit bereite(r) Arbeitnehmer(in)*
ar|beits|wü|tig ‹Adj.› *besonders arbeitswillig, überaus fleißig*
Ar|beits|zeit ‹die; -, -en› *Zeitdauer, während der gearbeitet wird* ▸ gesetzlich festgelegte ~; flexible, gleitende ~; Zus *Arbeitszeitverkürzung*
Ar|beits|zim|mer ‹das; -s, -› *Zimmer (in einer Wohnung), in dem gearbeitet wird;* ⓘ S. 468
ar|cha|isch ‹[-ça:-] Adj.› *frühzeitlich, altertümlich, veraltet*
Ar|chäo|lo|gie ‹[-çɛ-] die; -; unz.› *Wissenschaft vom Altertum, Altertumskunde;* Abl *Archäologe, Archäologin; archäologisch*
Ar|che ‹[-çə] die; -, -n› *kastenartiges Schiff* ▸ die ~ Noah(s) *im AT Schiff Noahs, in dem während der Sintflut Menschen u. Tiere Zuflucht fanden*
Ar|che|typ ‹[-çə-] der; -, -ty|pen› **1** *Urform, Urbild, älteste erreichbare Vorlage einer Handschrift od. eines Druckes* **2** *Ausgangsform, von der sich die stammesgeschichtliche Verwandtschaft von Lebewesen ableitet;* Abl *archetypisch*
Ar|chi|tekt ‹[-çi-] der; -en, -en› *Baufachmann, jmd., der Bauwerke entwirft u. ihre Fertigstellung überwacht* ▸ ein Haus von einem ~en entwerfen lassen; Abl *Architektin;* Zus *Architektenbüro*
ar|chi|tek|to|nisch ‹[-çi-] Adj.› **1** *die Architektur*

betreffend, zu ihr gehörig, auf ihr beruhend **2** *baulich, baukünstlerisch* ▸ ein ~es Meisterwerk

Ar|chi|tek|tur ⟨[-çi-] die; -, -en⟩ **1** *Baukunst, Wissenschaft von der Baukunst* **2** *innerer Aufbau, Bauplan (von Bauwerken, Maschinen, Körpern)* **3** *Baustil* ▸ ~ der Gotik; sie studiert jetzt ~

Ar|chiv ⟨[-çi:f] das; -s, -e⟩ **1** *geordnete Sammlung von historisch od. politisch bedeutsamen Schrift-, Bild- od. Tondokumenten einer Person od. einer Institution* **2** *Raum zum Aufbewahren eines Archivs (1)* **3** *Einrichtung, die ein Archiv (1) erstellt u. vewaltet;* Zus *Privatarchiv, Staatsarchiv, Stadtarchiv*

Ar|chi|var ⟨[-çiva:r] der; -s, -e⟩ *Angestellter, Leiter eines Archivs (3);* Abl *Archivarin; archivarisch*

ar|chi|vie|ren ⟨[-çivi:-] V. trans.; ar|chi|viert, ar|chi|vier|te, hat ar|chi|viert⟩ Urkunden, Dokumente ~ *in ein Archiv (1) aufnehmen*

Are|al ⟨das; -s, -e⟩ **1** *Fläche, Bezirk* **2** *Verbreitungsgebiet (von Tieren od. Pflanzen)*

Are|na ⟨die; -, Are|nen⟩ **1** ⟨Antike⟩ *mit Sand bestreuter Kampfplatz im Amphitheater* **2** *Sportplatz mit Zuschauersitzen* **3** ⟨im Zirkus⟩ = *Manege*

arg ⟨Adj.; är|ger, am ärgs|ten⟩ **1** *schlimm, böse, bösartig* **2** *ärgerlich* **3** ⟨nur adv.; umg.⟩ *sehr, stark, überaus* ▸ jmdm. einen ~en Blick zuwerfen; ~es Pech haben; ~e Schmerzen haben ▸ vor dem Ärgsten bewahrt bleiben; jmdm. ~ mitspielen *es tut mir sehr leid;* ihr treibt es aber auch gar zu ~ ▸ das ist ~ teuer ⟨umg.⟩ ▸ im Argen liegen *der Regelung bedürfen, vernachlässigt sein*

Är|ger ⟨der; -s; unz.⟩ **1** *Unwille, Verdrossenheit, leichter Zorn* **2** *Unannehmlichkeit, Verdruss* ▸ seinen ~ an jmdm. auslassen; seinem ~ Luft machen ▸ beruflichen ~ haben; ich habe viel ~ mit ihr gehabt ▸ nichts als ~ hat man damit!

är|ger|lich ⟨Adj.⟩ **1** *Ärgernis erregend, unangenehm* **2** *verärgert, verdrossen, leicht zornig* ▸ ein ~er Vorfall; das ist wirklich ~; er war darüber sehr ~

är|gern ⟨V.; är|gert, är|ger|te, hat ge|är|gert⟩ **I** ⟨V. trans.⟩ jmdn. ~ **1** *jmdm. Ärger bereiten, jmdn. ärgerlich machen* **2** *mit jmdm. leicht boshafte Scherze treiben* ▸ sein Verhalten hat sie geärgert; es ärgert ihn, dass sie immer zu spät kommt; du darfst deine kleine Schwester nicht immer ~ **II** ⟨V. refl.⟩ sich ~ *ärgerlich sein, ärgerlich werden* ▸ ich habe mich sehr darüber geärgert

Är|ger|nis ⟨das; -nis|ses, -nis|se⟩ **1** *Ärger, Anstoß, etwas Ärgerliches* **2** *eine anstoßerregende Handlung, Verletzung des religiösen od. sittlichen Gefühls* ▸ ~ erregen; es ist jedesmal ein ~ für mich

Arg|list ⟨die; -; unz.⟩ *Hinterlist, Heimtücke;* Abl *arglistig*

arg|los ⟨Adj.⟩ **1** *nichts Böses vorhabend* **2** *nichts Böses ahnend, vertrauensselig;* Abl *Arglosigkeit*

Ar|gu|ment ⟨das; -(e)s, -e⟩ *stichhaltige Entgegnung, Punkt in einer Beweisführung* ▸ das ist kein ~ (gegen meine Behauptung)!; ein gutes ~ für, gegen etwas; Abl *argumentativ*

Ar|gu|men|ta|ti|on ⟨die; -, -en⟩ *Beweisführung, Begründung;* Zus *Argumentationskette*

ar|gu|men|tie|ren ⟨V. intr.; ar|gu|men|tiert, ar|gu|men|tier|te, hat ar|gu|men|tiert⟩ *Argumente vorbringen* ▸ gut, richtig ~

Ar|gus|au|ge ⟨das; -s, -n; in der Fügung⟩ mit ~n *mit scharfen, wachsamen Augen, Blicken* ▸ etwas mit ~n beobachten; mit ~n über etwas wachen

Arg|wohn ⟨der; -(e)s; unz.⟩ *schlimme Vermutung, Verdacht, Misstrauen* ▸ jmds. ~ erregen

arg|wöh|nen ⟨V. trans.; arg|wöhnt, arg|wöhn|te, hat ge|arg|wöhnt⟩ etwas ~ *etwas befürchten, einen Verdacht haben, etwas (Schlimmes) vermuten* ▸ man argwöhnt, dass der Präsident korrupt ist

arg|wöh|nisch ⟨Adj.⟩ *voller Argwohn, misstrauisch*

Arie ⟨[-riə] die; -, -n; Mus.⟩ *kunstvolles Sologesangsstück mit Instrumentalbegleitung*

Ari|er ⟨der; -s, -; Bez. für⟩ **1** *Inder u. Iraner* **2** ⟨fälschl. für⟩ *nicht semitischer Angehöriger der weißen Rasse;* Abl *arisch*

Aris|to|krat ⟨der; -en, -en⟩ **1** *Angehöriger der Aristokratie, Adliger* **2** ⟨übertr.⟩ *Mensch von vornehmer Gesinnung;* Abl *Aristokratin*

Aris|to|kra|tie ⟨die; -, -n⟩ **1** *Adel* **2** *Adelsherrschaft;* Abl *aristokratisch*

Arith|me|tik ⟨die; -; unz.⟩ *Gebiet der Mathematik*

Ar|ka|de **1** ⟨die; -, -n⟩ *auf Säulen od. Pfeilern ruhender Bogen* **2** ⟨Pl.⟩ ~n *Bogenreihe, Bogengang*

Ark|tis ⟨die; -; unz.⟩ *Nordpolargebiet;* Abl *arktisch*

arm ⟨Adj.; är|mer, am ärms|ten⟩ **1** *wenig Geld besitzend, mittellos, bedürftig;* Ggs *reich (1)* **2** *unglücklich, Mitleid erregend, bedauernswert* **3** *jämmerlich, gering, dürftig, armselig* ▸ du Arme, Armer!; der Ärmste! *(Ausruf des Mitleids)* ▸ er ist ein ~er Kerl; das sind ~e Leute; quäl das ~e Tier doch nicht so! ▸ Arm und Reich *die Armen u. die Reichen;* ⟨übertr.⟩ *jedermann* ▸ ~ sein, werden ▸ ~ an *Mangel an;* ~ an Freunden; ~ an Vitaminen; ich bin um 10 Euro ärmer geworden ⟨umg.; scherzh.⟩ *ich habe 10 Euro ausgegeben, man hat mir 10 Euro gestohlen*

Arm ⟨der; -(e)s, -e⟩ **1** *von den Schultern bis zur Hand reichende Vordergliedmaße von Menschen u. Affen;* ⓘ S. 146 **2** *armähnlicher Teil eines Gegenstandes, Gerätes;* Zus *Greifarm* **3** *Maschinenteil mit armähnlicher Bewegung* **4** *Abzweigung;* Zus *Flussarm* ▸ der ~ des Gesetzes ⟨übertr.⟩ *das Gericht, die Polizei* ▸ die ~e ausstrecken; sich den ~ brechen; jmdm. die ~e entgegenstrecken ▸ einen langen ~ haben ⟨übertr.⟩ *einen weitreichenden Einfluss haben* ▸ jmdn. am ~ packen; jmdn. auf den ~ nehmen ⟨übertr.; scherzh.⟩ *necken, veralbern;* jmdm. in den ~ fallen ⟨übertr.⟩ *ihn hindern, etwas zu tun;* ~ in ~ gehen; jmdn. im ~, in den ~en halten *umarmt halten;* jmdm. in die ~e laufen ⟨übertr.⟩ *zufällig begegnen;* jmdn. in die ~e nehmen od. schließen; einander in die ~e sinken; mit verschränkten, gekreuzten ~en dastehen; jmdn. mit offenen ~en empfangen *sehr freundlich aufnehmen;* jmdm. unter die ~e greifen ⟨übertr.⟩ *helfen*

Ar|ma|da ⟨die; -, -s od. -ma|den⟩ **1** *Kriegsflotte, bes. die spanische Flotte Philipps II.* **2** ⟨übertr.; umg.⟩ *Pulk, Anhäufung*

Ar|ma|tur ⟨die; -, -en⟩ **1** *Zubehör von Maschinen u. technischen Anlagen* **2** *Bedienungsteil von Maschinen u. Apparaten* **3** *Vorrichtung zur Regelung der Wasserzufuhr in Bädern*

Ar|ma|tu|ren|brett ⟨das; -(e)s, -er; bes. Kfz⟩ *Schaltbrett, Tafel mit Schalt- u. Messgeräten;* ⓘ S. 896

Arm|band ⟨das; -(e)s, -bän|der⟩ *am Arm zu tragendes band- od. kettenartiges Schmuckstück*

Arm|band|uhr ⟨die; -, -en⟩ *am Arm (Handgelenk) zu tragende Uhr*

Arm|beu|ge ⟨die; -, -n⟩ *Innenseite des Ellbogengelenks*

Arm|bin|de ⟨die; -, -n⟩ **1** *Dreiecktuch als Stützverband bei Armverletzungen* **2** *Binde um den Oberarm als Kennzeichen, z. B. für Sanitäter*

Arm|brust ⟨die; -, -e od. die; -, -brüs|te⟩ *Schusswaffe bestehend aus Bogen mit Sehne u. Schaft mit Kolben zum Verschießen von Bolzen, Pfeilen od. Kugeln*

Ar|mee ⟨die; -, -n; Mil.⟩ **1** *Gesamtheit der Streitkräfte* **2** *Heer* **3** *Verband aus mehreren Divisionen* ▸ in die ~ eintreten; eine ~ von Reportern ⟨übertr.⟩ *eine große Zahl*

Är|mel ⟨der; -s, -⟩ *den Arm ganz od. teilweise bedeckender Teil eines Kleidungsstückes* ▸ die ~ hochkrempeln *nach oben umkrempeln;* ⟨übertr.⟩ *ans Werk gehen;* kurzer, langer ~; etwas (locker) aus dem ~ schütteln ⟨übertr.⟩ *etwas spielend erledigen, mit Leichtigkeit zustande bringen;* ein Kleid ohne ~; Zus *Hemdärmel, Mantelärmel*

Är|mel|ka|nal ⟨der; -(e)s; unz.⟩ *Wasserstreifen zwischen England u. Frankreich, der den Atlantischen Ozean u. die Nordsee verbindet*

är|mel|los ⟨Adj.⟩ *ohne Ärmel* (Kleid)

Arm|leh|ne ⟨die; -, -n⟩ *Armstütze, Lehne für den Arm, Seitenlehne eines Sitzmöbels*

Arm|leuch|ter ⟨der; -s, -⟩ **1** *Leuchter mit mehreren Armen* **2** ⟨umg.; Schimpfwort⟩ *Dummkopf*

ärm|lich ⟨Adj.⟩ **1** *elend, dürftig* **2** *gering (ausgestattet), kümmerlich* ▸ ~ gekleidet; Abl *Ärmlichkeit*

Arm|loch ⟨das; -(e)s, -lö|cher⟩ *der ausgeschnittene Teil des Kleidungsstücks, in den der Ärmel eingepasst ist*

Arm|reif ⟨der; -(e)s, -e⟩ *als Schmuck am Arm zu tragender Reif*

arm|se|lig ⟨Adj.⟩ **1** *arm, ärmlich, kümmerlich, bescheiden* **2** ⟨abwertend⟩ *mangelhaft, elendig, dürftig* ▸ wie ~!; sein Vortrag war ~; eine ~e Wohnung; Abl *Armseligkeit*

Ar|mut ⟨die; -; unz.⟩ *das Armsein, Mangel am Notwendigsten, Not, Elend, Bedürftigkeit* ▸ bittere ~; geistige ~ *geistige Anspruchslosigkeit;* in ~ geraten *arm werden;* in ~ leben

Ar|muts|fal|le ⟨die; -, -n; Pl. selten; übertr.⟩ *ausweglos erscheinender Zustand der Bedürftigkeit, Armut* ▸ in die ~ geraten

Ar|muts|gren|ze ⟨die; -; unz.⟩ *Bereich, in dem Armut beginnt* ▸ unterhalb der ~ leben

Ar|muts|zeug|nis ⟨das; -nis|ses, -nis|se⟩ **1** ⟨Rechtsw.⟩ *amtliche Bescheinigung über die Bedürftigkeit, Nachweis der Armut* **2** ⟨übertr.⟩ *Beweis der Unfähigkeit*

Aro|ma ⟨das; -s, Aro|men od. -s⟩ **1** *würziger Wohlgeruch od. Wohlgeschmack* **2** *künstlich hergestellter Geschmacksstoff für Speisen* ▸ ein kräftiges, liebliches, würziges ~; künstliches ~

aro|ma|tisch ⟨Adj.⟩ *voller Aroma, wohlriechend, wohlschmeckend, würzig*

aro|ma|ti|sie|ren ⟨V. trans.; aro|ma|ti|siert, aro|ma|ti|sier|te, hat aro|ma|ti|siert⟩ etwas ~ *mit Aroma versehen*

Ar|ran|ge|ment ⟨[arɑ̃ʒ(ə)mɑ̃ː] das; -s, -s⟩ **1** *Anordnung, Vorbereitung* **2** *Übereinkommen, Abmachung* **3** *Bearbeitung eines Musikstücks für andere Instrumente* ▸ ein ~ treffen

ar|ran|gie|ren ⟨[arɑ̃ʒiː-] od. [araŋʒiː] V.; ar|ran|giert, ar|ran|gier|te, hat ar|ran|giert⟩ **I** ⟨V. trans.⟩ **1** eine Besprechung, ein Treffen ~ *anordnen, vorbereiten* **2** etwas ~ *ausgleichen, übereinkommen, abmachen* **3** ⟨Mus.⟩ ein Musikstück ~ *für andere Instrumente bearbeiten* **II** ⟨V. refl.⟩ sich ~ **1** *sich mit den Gegebenheiten abfinden, sich darauf einstellen* **2** *trotz Unstimmigkeiten od. Streit zu einer Einigung kommen* ▸ sie haben sich arrangiert; sie hat sich mit ihrer Lage arrangiert

Ar|rest ⟨der; -(e)s, -e⟩ *Haft, leichte Freiheitsstrafe* ▸ drei Tage ~ bekommen; Abl *arrestieren*

ar|ri|viert ⟨[-viːrt] Adj.⟩ *gesellschaftlich u./od. beruflich aufgestiegen, erfolgreich* ▸ ~er Komponist

ar|ro|gant ⟨Adj.; -er, am -es|ten; abwertend⟩ *anmaßend, dünkelhaft, eingebildet* ▸ ein ~er Politiker; Abl *Arroganz*

Arsch ⟨der; -(e)s, Är|sche; umg.; derb⟩ *Gesäß, Hintern* ▸ leck mich am ~! *(Ausdruck der Verachtung, Ablehnung);* sich den ~ aufreißen *sich für eine Aufgabe völlig verausgaben;* du kannst mich mal am ~ lecken; sie wohnen am ~ der Welt *sehr weit abgelegen;* jmdm. in den ~ kriechen *jmdm. unterwürfig, kriecherisch ergeben sein;* jmdm. in den ~ treten *jmdn. gehörig antreiben;* das Gerät ist im ~ *kaputt;* Zus *Arschbacke,* ⟨übertr.⟩ *Arschkriecher(in)*

Arsch|loch ⟨das; -(e)s, -lö|cher; derb⟩ **1** *After* **2** ⟨Schimpfwort⟩ *gemeiner Mensch*

Ar|sen ⟨das; -(e)s; unz.; chem. Zeichen: As⟩ *chemisches Element, gefährliches Gift;* Abl *arsenig*

Ar|se|nal ⟨das; -(e)s, -e⟩ *Geräte-, Waffenlager*

Art ⟨die; -, -en⟩ **1** *Weise, Eigenart, Eigentümlichkeit von jmdm. od. etwas* **2** *Beschaffenheit, Wesen, Natur* **3** ⟨Biol.⟩ *grundlegende Systematik der Pflanzen u. Tiere, die die Gesamtheit aller Individuen bezeichnet, die fortpflanzungsfähig sind, Spezies* ▸ diese ~ Leute ist unangenehm; der Stoff ist (so) eine ~ Taft ▸ er hat eine nette ~, mit Menschen umzugehen ▸ Gemüse aller ~(en); die beste, einfachste ~, etwas zu tun; er hat (so) eine heitere ~; das ist doch keine ~! *so etwas tut man nicht;* es ist eigentlich nicht seine ~, so zu handeln; er zeigt seine Dankbarkeit auf seine ~ ▸ kannst du es nicht auf eine andere ~ versuchen?; aus der ~ schlagen *sich anders entwickeln, als zu erwarten war* (von Lebewesen); dieses Gebäude ist einzig in seiner ~ *ein solches gibt es nur einmal;* Spaghetti nach Mailänder ~;

diese Möbel sind von derselben ~ wie unsere; er gehört zu der ~ von Menschen, die …

Ar|te|fakt ⟨das; -(e)s, -e⟩ *Erzeugnis menschlichen Könnens, Kunsterzeugnis*

ar|ten ⟨V. intr.; ar|tet, ar|te|te, ist ge|ar|tet⟩ **1** irgendwie ~ *werden, sich entwickeln* **2** nach jmdm. ~ *ähnlich werden wie* ▸ er ist nach seinem Vater geartet; gut, schlecht geartet *gut, schlecht beschaffen, von gutem, schlechtem Wesen*

ar|ten|reich ⟨Adj.; Biol.⟩ *große Artenvielfalt aufweisend;* Abl *Artenreichtum*

Ar|ten|schutz ⟨der; -es; unz.⟩ *Schutz von Tier- u. Pflanzenarten u. Erhaltung ihrer Lebensräume;* Zus *Artenschutzabkommen*

Ar|ten|viel|falt ⟨die; -, -en; Biol.⟩ *Vielfalt an Tier- u. Pflanzenarten* ▸ die ~ verringert sich

Ar|te|rie ⟨[-riə] die; -, -n; Anat.⟩ *vom Herzen wegführendes Blutgefäß, Schlagader;* Abl *arteriell;* Zus *Arterienverkalkung, Arteriosklerose*

art|fremd ⟨Adj.⟩ *der Art nicht entsprechend*

Art|ge|nos|se ⟨der; -n, -n⟩ *Lebewesen gleicher Art*

art|ge|recht ⟨Adj.⟩ *der Art entsprechend* ▸ er betreibt ~e Tierhaltung

Ar|th|ri|tis ⟨die; -, -ti|den; Med.⟩ *Gelenkentzündung;* Abl *arthritisch*

Ar|th|ro|se ⟨die; -, -n; Med.⟩ *degenerative Gelenkerkrankung*

ar|tig ⟨Adj.⟩ *brav, folgsam, gehorsam* (von Kindern) ▸ der Kleine war heute sehr ~; Abl *Artigkeit*

…ar|tig ⟨in Zus.; zur Bildung von Adj.⟩ *in einer bestimmten Art, in der Art von,* z. B. holzartig, samtartig, andersartig, gleichartig

Ar|ti|kel ⟨a. [-tiː-] der; -s, -⟩ **1** ⟨Gramm.⟩ *Wortart, die das grammatische Geschlecht eines Substantivs anzeigt* **2** *kleiner Aufsatz;* Zus *Zeitungsartikel* **3** *Abschnitt (eines Gesetzes, eines Vertrages)* **4** *Ware einer bestimmten Gattung;* Zus *Haushaltsartikel* ▸ diesen ~ führen wir nicht mehr; einen ~ schreiben; bestimmter ~ *der, die, das;* unbestimmter ~ *ein, eine;* ein häufig verlangter ~

ar|ti|ku|lie|ren ⟨V. trans. u. V. intr.; ar|ti|ku|liert, ar|ti|ku|lier|te, hat ar|ti|ku|liert⟩ **1** ⟨Phon.⟩ (Worte, Laute) ~ *(deutlich) aussprechen* **2** Gedanken ~ *mit Worten wiedergeben;* Abl *Artikulation*

Ar|til|le|rie ⟨die; -, -n; Mil.⟩ **1** *Geschützausrüstung* **2** *mit Geschützen ausgerüstete Truppe* ▸ leichte, schwere ~

Ar|ti|scho|cke ⟨die; -, -n; Bot.⟩ *in wärmeren Ländern angebaute Gemüsepflanze von leicht bitterem Geschmack;* Zus *Artischockenherz*

Ar|tist ⟨der; -en, -en⟩ *Zirkuskünstler;* Abl *Artistin*

Arz|nei ⟨die; -, -en⟩ *Heilmittel, Medikament, Medizin* ▸ eine ~ einnehmen, verschreiben; Abl *arzneilich;* Zus *Arzneikunde, Arzneilehre*

Arz|nei|mit|tel ⟨das; -s, -⟩ = *Medikament*

Arzt ⟨der; -es, Ärz|te⟩ *jmd., der an einer Universität Medizin studiert hat u. Patienten behandelt* ▸ den ~ aufsuchen; praktischer ~ *Arzt, der sich nicht auf ein Fachgebiet spezialisiert hat, Allgemeinmediziner;* Ggs *Facharzt;* er ist als ~ am Krankenhaus tätig; zum ~ gehen; Abl *Ärztin;* Zus *Augenarzt, Frauenarzt, Ohrenarzt*

Arzt|hel|fe|rin ⟨die; -, -rin|nen; Berufsbez. für⟩ *Sekretärin u. Sprechstundenhilfe eines Arztes*

Ärz|tin ⟨die; -, -tin|nen⟩ *weibl. Arzt*

ärzt|lich ⟨Adj.⟩ *den Arzt betreffend, mit seiner Hilfe, durch den Arzt* ▸ ~e Hilfe; ~e Untersuchung; ~es Zeugnis; sich ~ behandeln lassen

Arzt|pra|xis ⟨die; -, -pra|xen⟩ *Räume eines Arztes, in denen er Patienten behandelt*

as I ⟨das; -, -; Mus.⟩ *Tonbez., das um einen halben Ton erniedrigte a* **II** ⟨Mus.; Abk. für⟩ *as-Moll (Tonartbez.)*

As I ⟨das; -, -; Mus.⟩ *Tonbez., das um einen halben Ton erniedrigte A* **II** ⟨Mus.; Abk. für⟩ *As-Dur (Tonartbez.)*

As|best ⟨der; -(e)s, -e; Min.⟩ *faseriges, grausilbernes Mineral, wärmedämmend (aus Gesundheitsgründen als Baustoff zunehmend ersetzt)*

Asche ⟨die; -, -n⟩ **1** *Verbrennungsrückstand;* Zus *Ascheneimer, Aschenregen; aschblond, aschfahl, aschgrau* **2** ⟨salopp⟩ *Geld* ▸ sich ~ aufs Haupt streuen *sich schuldig bekennen, bereuen, büßen;* etwas in (Schutt und) ~ legen *verbrennen;* ⟨übertr.⟩ *zerstören;* zu ~ verbrennen

Aschen|bahn ⟨die; -, -en; Sp.⟩ *mit Schlacken bedeckte Rennbahn auf Sportplätzen*

Aschen|be|cher ⟨der; -s, -⟩ *kleine Schale zum Ablegen der Zigarette u. zum Abstreifen der Asche*

Aschen|put|tel ⟨das; -s, -⟩ *weibl. Märchengestalt;* Syn *Aschenbrödel*

Ascher|mitt|woch ⟨der; -(e)s, -e⟩ **1** *der Tag nach Fastnacht, erster Tag der Fastenzeit* **2** *letzter Tag der Karnevalswoche*

As|cor|bin|säu|re ⟨die; -; unz.; fachsprachl.⟩ = *Askorbinsäure*

äsen ⟨V. intr.; äst, äs|te, hat ge|äst; Jägerspr.⟩ *fressen* (vom Wild)

Asep|sis ⟨die; -; unz.; Med.⟩ *Keimfreiheit (z. B. von Wunden, Instrumenten);* Abl *aseptisch*

Asi|at ⟨der; -en, -en⟩ *Einwohner Asiens;* Abl *Asiatin; asiatisch*

As|ke|se ⟨die; -; unz.⟩ *streng enthaltsame Lebensweise, Entsagung, um Begierden abzutöten u. Laster zu überwinden;* Abl *asketisch*

As|ket ⟨der; -en, -en⟩ *jmd., der Askese übt*

As|kor|bin|säu|re ⟨die; -; unz.; chem. Bez. für⟩ *Vitamin C*

aso|zi|al ⟨Adj.⟩ **1** *nicht sozial, unfähig zum Leben in der Gemeinschaft* **2** *die menschliche Gemeinschaft schädigend;* Abl *Asoziale(r)*

As|pekt ⟨der; -(e)s, -e⟩ *Betrachtungsweise, Gesichtspunkt, von dem aus man etwas betrachtet* ▸ einen Plan unter finanziellem ~ diskutieren

As|phalt ⟨der; -(e)s, -e⟩ *gegen Feuchtigkeit isolierender, als Straßenbelag verwendeter Rückstand der Erdöl- u. Teerdestillation;* Zus *Asphaltbeton*

as|phal|tie|ren ⟨V. trans.; as|phal|tiert, as|phal|tier|te, hat as|phal|tiert⟩ eine Straße ~ *mit Asphalt belegen;* Abl *Asphaltierung*

As|pik ⟨[-piːk] der; -s, - od. österr. das; -s, -e⟩ *Sülze mit Fisch- od. Fleischeinlage* ▸ Aal, Ente in ~

As|pi|rant ⟨der; -en, -en⟩ *Anwärter, Bewerber* ▸ er ist ~ für einen Führungsposten; Abl *Aspirantin*

A

As|pi|rin® ⟨das; -s; unz.; Pharm.⟩ *ein Schmerz- u. Fiebermittel*

aß → *essen*

Ass ⟨das; -es, -e⟩ **1** *Spielkarte mit dem höchsten Wert, Daus;* Zus *Herzass, Karoass, Kreuzass, Pikass* **2** ⟨übertr.⟩ *Spitzenkönner auf einem Gebiet, bes. im Sport* **3** ⟨Sp.; Tennis⟩ *für den Gegner unerreichbarer Aufschlag* ▸ er ist ein ~ im Boxen

As|sel ⟨die; -, -n; Zool.⟩ *ein Krebstier;* Zus *Asselspinne; Kellerassel*

As|ses|sor ⟨der; -s, -en⟩ *Anwärter auf die Beamtenlaufbahn im höheren Staatsdienst;* Abl *Assessorin*

As|si|mi|la|ti|on ⟨die; -, -en⟩ **1** *Anpassung, Angleichung* **2** ⟨Biol.⟩ *Umwandlung der von einem Lebewesen aufgenommenen Stoffe in körpereigene Substanz* **3** ⟨Pol.⟩ *das Angleichen einer Minderheit an die Kultur einer Mehrheit*

as|si|mi|lie|ren ⟨V. trans.; as|si|mi|liert, as|si|mi|lier|te, hat as|si|mi|liert⟩ **I** ⟨V. refl.⟩ sich ~ *an eine fremde Kultur anpassen* **II** ⟨V. trans.⟩ etwas ~ **1** *angleichen* **2** *einverleiben, verschmelzen*

As|sis|tent ⟨der; -en, -en; Abk.: Ass.⟩ *(bes. wissenschaftlicher) Helfer, Mitarbeiter;* Abl *Assistentin*

As|sis|tenz ⟨die; -, -en⟩ *Mitarbeit, Mitwirkung* ▸ die ~ übernehmen; ~ leisten; Zus *Assistenzarzt, Assistenzärztin, Assistenzprofessor(in)*

as|sis|tie|ren ⟨V. intr.; as|sis|tiert, as|sis|tier|te, hat as|sis|tiert⟩ jmdm. (bei etwas) ~ *beistehen, helfen, mitarbeiten* ▸ dem Arzt bei einer Operation ~

As|so|zi|a|ti|on ⟨die; -, -en⟩ **1** *Verknüpfung von Vorstellungen* **2** *Vereinigung, Zusammenschluss*

as|so|zi|a|tiv ⟨Adj.⟩ *verbindend, verknüpfend, zusammenschließend*

as|so|zi|ie|ren ⟨V.; as|so|zi|iert, as|so|zi|ier|te, hat as|so|zi|iert⟩ **I** ⟨V. trans.⟩ etwas (mit jmdm. od. etwas) ~ *verbinden, verknüpfen (von Vorstellungen, Ideen)* ▸ mit Blumen assoziiere ich Sommer **II** ⟨V. refl.⟩ sich ~ *eine Assoziation (2) bilden* ▸ assoziierte Staaten *verbündete Staaten*

Ast ⟨der; -(e)s, Äs|te⟩ **1** *unmittelbar aus dem Stamm bzw. der Wurzel hervorgehender Teil des Baumes bzw. Strauches;* Zus *Astgabel, Astholz* **2** *Astloch (im Holz)* **3** *Verzweigung, astartiges Glied, astartiger Teil* ▸ den ~ absägen, auf dem man sitzt ⟨übertr.⟩ *sich selbst schädigen, sich seine Existenz nehmen;* sich einen ~ lachen ⟨übertr.⟩ *sehr lachen;* sich auf dem absteigenden ~ befinden ⟨übertr.⟩ *im Niedergang begriffen sein*

As|ter ⟨die; -, -n; Bot.⟩ *eine meist im Spätsommer od. Herbst blühende Zierpflanze*

As|te|ro|id ⟨der; -en, -en od. der; -(e)s, -en⟩ *kleiner, die Sonne umkreisender, planetenartiger Himmelskörper;* Syn *Planetoid*

Äs|thet ⟨der; -en, -en⟩ *(zuweilen schwärmerischer) Kenner u. Liebhaber des Künstlerischen sowie des ästhetisch Vollkommenen;* Abl *Ästhetin*

Äs|the|tik ⟨die; -; unz.⟩ *Lehre von den Gesetzen u. Grundlagen des Schönen, bes. in Natur u. Kunst*

äs|the|tisch ⟨Adj.⟩ *die Ästhetik betreffend, ihren Forderungen entsprechend, auf ihr beruhend, ausgewogen schön, geschmackvoll, ansehnlich* ▸ eine ~ ausgewogene Aufführung

Asth|ma ⟨das; -s; unz.; Med.⟩ *anfallsweise auftretende Atemnot, Kurzatmigkeit infolge einer Erkrankung entweder der Bronchien od. des Herzens, die meist durch Überempfindlichkeit gegen bestimmte Stoffe ausgelöst wird;* Abl *asthmatisch*

Asth|ma|ti|ker ⟨der; -s, -; Med.⟩ *jmd., der an Asthma leidet;* Abl *Asthmatikerin*

Ast|loch ⟨das; -(e)s, -lö|cher⟩ *durch Abzweigung eines Astes entstandenes Loch od. als Fleck sichtbare Ansatzstelle des Astes im Brettholz*

ast|rein ⟨Adj.; Jugendspr.⟩ **1** *großartig, prima, toll* **2** ⟨umg.; meist in der Fügung⟩ nicht (ganz) ~ *anrüchig* (Sache)

As|t|ro|lo|gie ⟨die; -; unz.⟩ *Lehre vom (angeblichen) Einfluss der Gestirne auf das menschliche Schicksal u. den menschlichen Charakter, Sterndeutung;* Abl *Astrologe, Astrologin; astrologisch*

As|t|ro|naut ⟨der; -en, -en⟩ *Besatzungsmitglied eines Raumfahrzeugs;* Abl *Astronautin*

As|t|ro|no|mie ⟨die; -; unz.⟩ *Wissenschaft von den Himmelskörpern, Sternkunde;* Abl *Astronom(in); astronomisch*

ASU ⟨Abk. für⟩ *Abgassonderuntersuchung*

Asyl

Wer in der Bundesrepublik Deutschland ***Asyl*** sucht, muss dies den zuständigen Grenzbehörden bei der Einreise mitteilen. Von dort wird er an die zuständige Außenstelle des **Bundesamtes für Migration und Flüchtlinge** verwiesen, bei der auch der **Asylantrag** zu stellen ist, auf dessen Grundlage man die Anerkennung als **Asylberechtigter** erhalten kann. Antragsteller, die illegal eingereist sind oder sich vor der Antragstellung unerlaubt im Land aufgehalten haben, können in sogenannte **Abschiebungshaft** genommen werden. In Österreich und der Schweiz existieren ähnliche Rechtsvorschriften.

Asyl ⟨[azy:l] das; -s, -e⟩ **1** *Aufnahme u. Unterkunft, die ein Staat verfolgten Ausländern gewährt;* Zus *Asylantrag, Asylberechtigte(r), Asylrecht, Asyl Suchende(r) / Asylsuchende(r)* **2** *Unterkunft, Wohnheim für Asylsuchende* ▸ um ~ bitten; jmdm. ~ gewähren; das Grundrecht auf politisches ~; in einem ~ leben

Asy|lant ⟨[azy-] der; -en, -en; häufig abwertend für⟩ *Asylbewerber;* Abl *Asylantin*

Asyl|be|wer|ber ⟨[azy:l-] der; -s, -⟩ *jmd., der sich aus politischen Gründen um Asyl beworben hat;* Abl *Asylbewerberin*

Asyl|ver|fah|ren ⟨[azy:l-] das; -s, -⟩ *Verfahren, bei dem das Recht auf Asyl geprüft wird*

Asym|me|t|rie ⟨die; -; unz.⟩ *Mangel an Symmetrie, Uneben-, Ungleichmäßigkeit;* Abl *asymmetrisch*

asyn|chron ⟨[-kro:n], a. ['---] Adj.⟩ *nicht gleichzeitig;* Ggs *synchron*

at ⟨[æt] Zeichen: @; EDV⟩ *Trennungszeichen zwischen Anwendername u. Zielort bei E-Mail-Adressen;* Syn *Klammeraffe*

AT ⟨Abk. für⟩ *Altes Testament*

Ate|li|er ⟨[-lje:] das; -s, -s⟩ **1** *Werkstatt (eines Fotografen od. Künstlers)* **2** *Raum für Filmaufnahmen;* Zus *Filmatelier*

Atem ⟨der; -s; unz.⟩ **1** *Luft zum Atmen;* Zus *Atemluft* **2** *Art des Atmens;* Zus *Atemgeräusch, Atemtechnik* **3** ⟨a. übertr.⟩ *ausgeatmete Luft, Hauch* ▸ den ~ anhalten *kurze Zeit keine Luft holen;* ⟨übertr.⟩ *außerordentlich gespannt od. erschreckt sein;* (tief) ~ holen *Luft einatmen;* ⟨übertr.⟩ *eine (kurze) Pause einlegen* ▸ einen langen ~ haben ⟨übertr.; umg.⟩ *lange aus-, durchhalten* ▸ außer ~ sein *atemlos sein;* jmdn. in ~ halten ⟨übertr.⟩ *pausenlos beschäftigen;* nach ~ ringen *mühsam Luft einatmen;* wieder zu ~ kommen *nach einer Anstrengung sich erholen*

atem|be|rau|bend ⟨Adj.; übertr.⟩ *so, dass man den Atem anhalten muss* ▸ ~e Spannung, Geschwindigkeit; du siehst heute ~ aus

atem|los ⟨Adj.⟩ *ohne Atem, außer Atem, keuchend, japsend;* Abl *Atemlosigkeit*

Atem|mas|ke ⟨die; -, -n⟩ *Maske zum Einatmen von Sauerstoff*

Atem|not ⟨die; -; unz.⟩ *Schwierigkeit beim Atmen* ▸ in ~ geraten

Atem|pau|se ⟨die; -, -n⟩ **1** *Pause zwischen den Atemzügen* **2** ⟨übertr.⟩ *kurze Ruhepause* ▸ eine ~ einlegen

Atem|we|ge ⟨Pl.⟩ *Wege der Atemluft im Körper (Nase, Luftröhre, Lunge)*

Atem|zug ⟨der; -(e)s, -zü|ge⟩ **1** *auf einmal eingeatmete Luft* **2** *einmaliges Ein- u. Ausatmen* ▸ er schwieg einige Atemzüge lang; bis zum letzten ~ *bis zum Tode;* in einem ~ ⟨übertr.⟩ *ohne Pause, fast gleichzeitig*

Ätha|nol ⟨das; -s; unz.; Chem.⟩ = *Alkohol (1);* oV ⟨fachsprachl.⟩ *Ethanol*

Athe|is|mus ⟨der; -; unz.⟩ *Verneinung der Existenz Gottes, Weltanschauung ohne einen Gott;* Abl *Atheist(in); atheistisch*

Äther ⟨der; -s; unz.; früher⟩ *ein Narkosemittel*

äthe|risch ⟨Adj.⟩ **1** ⟨übertr.⟩ *hauchzart, durchgeistigt* **2** ⟨Chem.⟩ ~e Öle *meist stark aromatisch riechende, aus Pflanzen gewonnene Öle*

Ath|let ⟨der; -en, -en⟩ **1** *Sportler, Wettkämpfer* **2** *kraftvoller, muskulöser Mensch;* Abl *Athletin*

Ath|le|tik ⟨die; -; unz.⟩ **1** *durch sportliches Training erworbene Beweglichkeit u. Körperkraft* **2** *sportlicher Wettkampf*

ath|le|tisch ⟨Adj.⟩ *kraftvoll, muskulös*

At|lan|ten ⟨Pl. von⟩ *Atlas*

At|lan|tik ⟨der; -s; unz.⟩ *zw. Amerika, Europa u. Afrika gelegener Ozean;* Abl *atlantisch*

At|las ⟨der; - od. -las|ses, -las|se od. -lan|ten⟩ **1** *Ansammlung von Landkarten in Buchform* **2** *umfangreiches Buch mit Abbildungen aus einem Wissensgebiet;* Zus *Anatomieatlas*

at|men ⟨V. trans. u. V. intr.; at|met, at|me|te, hat ge|at|met⟩ (etwas) ~ *Luft mit den Lungen einziehen u. ausstoßen* ▸ der Verunglückte atmete noch; tief, unruhig ~; reine, frische Luft ~

At|mo|sphä|re ⟨die; -; unz.⟩ **1** *Gashülle eines Planeten, bes. die Lufthülle der Erde* **2** ⟨übertr.⟩ **2.1** *Stimmung, die innerhalb einer Gruppe von Menschen herrscht, Gemütslage* **2.2** *Stimmung, die in der Natur od. in einem Raum herrscht* ▸ eine ~ des Friedens; eine ~ des Hasses verbreiten; zwischen den beiden herrscht eine gespannte ~

at|mo|sphä|risch ⟨Adj.⟩ **1** *die Atmosphäre betreffend, zu ihr gehörig, auf ihr beruhend* **2** ⟨übertr.⟩ *eine Stimmung betreffend* ▸ der Roman besticht durch seine ~e Dichte ⟨übertr.⟩; ~e Störungen

At|mung ⟨die; -; unz.⟩ *das Atmen;* Zus *Atmungskette, Atmungsorgan*

at|mungs|ak|tiv ⟨Adj.⟩ *luftdurchlässig* ▸ ~e Textilien

Atoll ⟨das; -s, -e⟩ *ringförmige Koralleninsel in den tropischen Gebieten des Stillen Ozeans*

Atom ⟨das; -s, -e; Chem.⟩ **1** *kleinstes, mit chemischen Mitteln nicht mehr spaltbares Teilchen eines chemischen Elements;* Zus *Atomkern, Atomrakete, Atomstrom, Atomversuch, Atomzeitalter* **2** ⟨übertr.⟩ *winziges Teilchen, Winzigkeit*

ato|mar ⟨Adj.⟩ **1** *das Atom betreffend, auf ihm beruhend* **2** *die Atomwaffen betreffend, auf ihnen beruhend, mit ihrer Hilfe* ▸ ~e Rüstung

Atom|aus|stieg ⟨der; -(e)s, -e; Pol.⟩ *das Herunterfahren u. Stilllegen aller Atomkraftwerke, die zur Gewinnung von Strom betrieben werden*

Atom|bom|be ⟨die; -, -n⟩ *Bombe mit Kernsprengstoff als Ladung*

Atom|ener|gie ⟨die; -; unz.⟩ = *Kernenergie*

Atom|kraft ⟨die; -; unz.⟩ = *Kernenergie;* Zus *Atomkraftgegner(in), Atomkraftwerk*

Atom|krieg ⟨der; -(e)s, -e⟩ *Krieg, in dem Atombomben verwendet werden*

Atom|macht ⟨die; -, -mäch|te⟩ *Staat, der im Besitz von Atomwaffen ist*

Atom|mei|ler ⟨der; -s, -⟩ = *Kernkraftwerk*

Atom|müll ⟨der; -s; unz.⟩ *durch Kernreaktionen od. Absorption von Neutronen entstehender radioaktiver Abfall, der nicht vernichtet werden kann;* Zus *Atommülltransport*

Atom|phy|sik ⟨die; -; unz.⟩ *Lehre von den Atomen, insbes. von den Vorgängen in der Atomhülle*

Atom|pilz ⟨der; -es, -e⟩ *Rauchpilz, der durch die Explosion einer Atombombe entsteht*

Atom|re|ak|tor ⟨der; -s, -en⟩ = *Kernkraftwerk*

Atom|spreng|kopf ⟨der; -(e)s, -köp|fe⟩ *Bombe mit Kernbrennstoff im vorderen Teil einer Rakete od. eines Geschosses*

Atom|test ⟨der; -(e)s, -e od. -s⟩ *Test mit atomaren Sprengköpfen (zu Versuchszwecken)*

Atom|waf|fe ⟨die; -, -n⟩ *auf Umwandlung von Atomkernen beruhende Waffe*

ätsch! ⟨Int.⟩ *(Ausruf, mit dem man jmdn. schadenfroh verspottet)*

At|ta|cke ⟨die; -, -n⟩ **1** *militär. Angriff* **2** ⟨übertr.⟩ *scharfe, harte Kritik* **3** *Anfall, Krankheitsanfall;* Zus *Herzattacke*

at|ta|ckie|ren ⟨V. trans.; at|ta|ckiert, at|ta|ckier|te, hat at|ta|ckiert⟩ jmdn. ~ **1** *angreifen* **2** *stark bedrängen* ▸ jmdn. mit Worten, Vorwürfen ~

At|ten|tat ⟨a. ['---] das; -(e)s, -e⟩ *(politischer) Mordanschlag, Gewalttat* ▸ ein ~ auf jmdn. verüben;

A

ein ~ auf jmdn. vorhaben ⟨umg.; scherzh.⟩ *jmdn. um eine (große) Hilfeleistung bitten wollen*

At|ten|tä|ter ⟨der; -s, -⟩ *jmd., der ein Attentat verübt (hat);* Abl *Attentäterin*

At|test ⟨das; -(e)s, -e⟩ *schriftliche (bes. ärztliche) Bescheinigung, Zeugnis* ▸ ein ~ vorlegen

at|tes|tie|ren ⟨V. trans.; at|tes|tiert, at|tes|tier|te, hat at|tes|tiert⟩ jmdm. etwas ~ **1** *jmdm. ein Attest über etwas ausstellen* **2** *jmdm. etwas zugestehen, bestätigen* ▸ die Richterin attestierte dem Zeugen ein hohes Maß an Glaubwürdigkeit

At|ti|tü|de ⟨die; -, -n⟩ **1** *ausdrucksvolle Körperhaltung* **2** *(innere) Einstellung, Verhalten, Art u. Weise, wie jmd. (in der Öffentlichkeit) auftritt* ▸ er tritt mit der ~ eines Geschäftsmannes auf

At|trak|ti|on ⟨die; -, -en⟩ **1** *Anziehungskraft* **2** ⟨Zirkus⟩ *Glanznummer* **3** *bes. gut gehende Ware*

at|trak|tiv ⟨Adj.⟩ *anziehend, verlockend* ▸ ein ~es Angebot; eine ~e Frau; Abl *Attraktivität*

At|trap|pe ⟨die; -, -n⟩ *(täuschend ähnliche) Nachbildung, Imitation* ▸ die Bombe war nur eine ~

At|tri|but ⟨das; -(e)s, -e⟩ **1** *wesentliches Merkmal, Kennzeichen* **2** ⟨Gramm.⟩ *Wort, das ein Substantiv, Adjektiv od. Adverb näher bezeichnet, Beifügung;* Abl *attributiv*

aty|pisch ⟨a. [-'--] Adj.⟩ *nicht typisch* ▸ ein ~er Krankheitsverlauf

ät|zen ⟨V.; ätzt, ätz|te, hat ge|ätzt⟩ **I** ⟨V. trans.⟩ etwas (in etwas) ~ *mit chemischen Mitteln auf etwas einwirken u. die Oberfläche angreifen, zerstören* **II** ⟨V. intr.⟩ Säure ätzt *S. greift die Oberfläche von etwas an;* Abl *Ätzung*

ät|zend **I** ⟨Part. Präs. von⟩ *ätzen* **II** ⟨Adj.; umg.; bes. Jugendspr.⟩ **1** *langweilig, ermüdend, uninteressant* **2** *widerwärtig, äußerst unangenehm*

Au ⟨die; -, -en⟩ = *Aue*

AU ⟨Abk. für⟩ *Abgassonderuntersuchung*

au! ⟨Int.⟩ *(Ausruf des Schmerzes)* ▸ ~ weia! ⟨umg.⟩ *(Ausruf des Erstaunens od. in Erwartung von etwas Unangenehmem)*

Au|ber|gi|ne ⟨[obɛrʒiːnə] die; -, -n⟩ *essbare, meist violette, gurkenähnliche Frucht;* Syn *Eierfrucht*

auch[1] ⟨Adv.⟩ **1** *gleichfalls, ebenso, zugleich* **2** *sogar* **3** *wirklich, tatsächlich, bestimmt* ▸ ~ dieses Mal; ich gehe jetzt, du ~? ich ~; das hat ~ niemand behauptet!; du bist ganz außer Atem! – ich bin ja ~ gelaufen!; er weiß ~ (rein) gar nichts! ▸ die Sache hat aber ~ einen Vorteil ▸ dabei sein: seine Schwester ist ~ dabei; ~ ich war dabei; ich glaube (es) ~; kennst du ~ seine Tochter?; kommst du ~ mit?; kommst du ~ (wirklich)?; können: ~ der kleinste Fehler kann ernste Folgen haben; das kann dir ~ passieren; kann ich mich ~ darauf verlassen? ▸ so ist es ~ gut, recht; das ist (aber) ~ wahr! ▸ du hast aber ~ gar keine Geduld!; er versuchte es ~ dann immer noch, als ich bereits mehrfach abgelehnt hatte; du bist ~ immer der Letzte!; ich ~ nicht; ~ nicht einer; das fehlte ~ noch! ⟨iron.⟩ *auf keinen Fall;* aber ~ nur dieses eine Mal!; wir können uns heute treffen oder ~ morgen; kommst du ~ schon? ⟨iron.⟩; so ist es ~!; nicht nur …, sondern ~ …; sowohl gestern als ~ heute; sie ist schön und ~ klug; ~ wenn du noch so bittest

auch[2] ⟨Abtönungspartikel⟩ **1** *(als verallgemeinernde Verstärkung)* **2** *(als Einschränkung, meist mit „wenn")* ▸ zum Teufel ~! ▸ ach was, man muss ~ nicht alles glauben; ohne ~ nur zu fragen; und wenn ich ~ alles hergeben müsste; und wenn er ~ noch so bescheiden ist; und wenn ~! *(als Antwort) was tut's, was schadet es?* ▸ wann ~ immer du kommst; warum ~?; was er ~ sagen mag; wie dem ~ sei; wie reich er ~ sei (ist); wie sehr er ~ lief; wo ~ immer er sein mag

Au|di|enz ⟨die; -, -en⟩ **1** *feierlicher offizieller Empfang;* Zus *Audienzsaal* **2** *Unterredung (mit hohen Würdenträgern)* ▸ jmdm. eine ~ gewähren

au|dio|vi|su|ell ⟨[-vi-] Adj.⟩ *das Hören u. Sehen betreffend, diese Fähigkeiten nutzend*

Au|di|to|ri|um ⟨das; -s, -ri|en⟩ **1** *Hörsaal* **2** *Zuhörerschaft* ▸ ~ maximum ⟨Abk.: Audimax⟩ *größter Hörsaal einer Universität*

Aue ⟨die; -, -n⟩ *feuchtes, oft mit Laubwald bestandenes Flusstal;* Zus *Auenwald*

Au|er|hahn ⟨der; -(e)s, -häh|ne od. jägerspr.: -en⟩ *männliches Auerhuhn*

Au|er|huhn ⟨das; -(e)s, -hüh|ner⟩ *großes Waldhuhn*

auf/an

Mitunter kommt es bei den Präpositionen *auf* und *an* im örtlichen Sinn zu Verwechslungen. *Auf* bedeutet „an der Oberfläche von etwas, oben darauf": *Das Schiff treibt auf dem Meer. Nach dem Unfall stand der Wagen lange auf der Kreuzung. Er balancierte auf der Mauer.*
Dagegen bedeutet die Präposition *an* im örtlichen Sinn „in der Nähe von, dicht bei, nahe": *Wir liegen am Meer. Stell den Stuhl bitte näher an den Tisch. Das Haus steht direkt an der Kreuzung.* Bei senkrechten Oberflächen wie Wänden, Tafeln u. Ä. steht ebenfalls meist *an: Er schrieb die Lösung an die Tafel. Sie malte ihren Namen an die Wand.*
Für Ortsangaben bei Ämtern, öffentlichen Gebäuden oder Institutionen werden zwar beide Präpositionen verwendet, sie sind aber im jeweiligen Kontext nicht austauschbar: *Ich gehe auf die Post und auf die Bank. Frag mal auf dem Finanzamt nach! Er arbeitet an der Universität. Sie studiert an einer Hochschule.* Mit dem Verb gehen und *auf* drückt man im Fall von Schulen oder Lehranstalten aus, dass die betreffende Person sie regelmäßig besucht: *Auf welche Schule geht sie? Er geht schon lange auf die Universität.* Ist eher das Gebäude gemeint, stehen die Präpositionen zu und in: *Gehst du gleich zur Uni? Ich war seit Wochen nicht mehr in der Uni.*

auf ⟨Präp.; auf die Frage „wo?" m. Dat., auf die Frage „wohin?" m. Akk.⟩ **I** ⟨örtlich⟩ **1** *an der Oberfläche von etwas, unmittelbar oberhalb od. seitlich von etwas* **2** *in* **3** ⟨umg.; bes. schweiz.⟩ *bei*

4 ⟨übertr.⟩ *mit* ▸ ~ beiden Augen blind; ~ dem Baum, dem Dach; ~ dem Bauch, ~ dem Rücken (liegen); ~ dem Hof; ~ Grund = *aufgrund;* ~ der Insel; den Hut ~ den Kopf setzen; ~ dem Land; ~ der Post arbeiten; ~ Rügen, Sizilien; ~ dem Schloss; ~ der anderen Seite, ~ beiden Seiten des Weges; auf Seiten = *aufseiten;* ~ der Stelle treten, gehen; der Ort liegt ~ der Strecke nach Stuttgart; ~ dem Wasser schwimmen; ~ der (ganzen) Welt; das Wort endet ~ „z"; er ist ~ seinem Zimmer (bes. im Hotel) **II** ⟨Richtung⟩ **1** *an die Oberfläche, an die Seite* **2** *herauf, hinauf, empor* **3** *nach, hin zu* **4** *nach, hinter, eins nach dem andern* ▸ ~ den Bahnhof, die Post gehen; ~ einen Berg steigen; ~ die Erde fallen; ~ den Fluss zu; das Fenster geht ~ den Hof hinaus; aufs Land ziehen; Monat ~ Monat verging; es ging Schlag ~ Schlag; etwas ~ den Tisch legen; sich ~ den Weg machen ▸ eine Last ~ sich nehmen ⟨übertr.⟩; auf sein *geöffnet sein, offen sein* (Tür); *aus dem Bett sein, aufgestanden sein;* er ist schon ~; bist du schon ~?; sie ist noch ~ *sie ist noch wach;* ~ etwas stoßen ▸ ~ und ab *hinauf u. herunter;* das Auf und Ab des Lebens *die Wechselfälle des Lebens;* ~ und ab gehen *hin u. her gehen;* er ist ~ und davon *er ist geflohen;* ~ und nieder *hinauf und hinunter* **III** ⟨zeitlich⟩ *bis, für, zu* ▸ ~ einen Augenblick verschwinden; ~ Lebenszeit; ~ die Minute, Sekunde (genau, pünktlich); jmdn. ~ eine Tasse Kaffee, ein Glas Wein einladen; ~/Auf Wiedersehen! *(Abschiedsgruß)* ▸ es geht ~ drei Uhr zu *es ist bald drei Uhr* ▸ ~ immer; ~ morgen! *(als Abschiedsgruß)* **IV** ⟨Art u. Weise⟩ ~s beste/Beste untergebracht; einen Satz ~ Deutsch sagen; ein Kampf ~ Leben und Tod; ~s Neue *wieder, von vorn, neu;* etwas ~ Raten kaufen; ~ eigene Rechnung und Gefahr (hin); ~ der Stelle *sofort;* ~ diese Weise ▸ ~ gut Glück ▸ ~ einmal *plötzlich;* (alle, alles) ~ einmal *zur gleichen Zeit;* etwas ~ etwas hin untersuchen *etwas untersuchen, indem man dabei auf etwas Bestimmtes bes. achtet* **V** ⟨Ziel⟩ **1** im Hinblick ~; ein Kind ~ den Namen „Jörn" taufen; ~ der Suche nach; ~ etwas achten; ~ etwas hoffen; ~ jmds. Gesundheit trinken; ~ jmdn. warten; ~ dass *damit* **2** *(beschäftigt) bei, in, mit* ▸ ~ Arbeit gehen ⟨umg.⟩ *berufstätig sein (bes. Arbeiter);* ~ dem Ball; ~ Besuch; ~ der Flucht; ~ der Jagd; ~ Reisen; ~ die Schule gehen *in die Schule gehen, die Schule besuchen;* ~ Urlaub sein ⟨österr.⟩ *im U. sein* **VI** ⟨kurz für⟩ *offen, aufmachen* ▸ Augen ~! *pass auf!;* die Tür ist ~ ⟨umg.⟩ *offen* **VII** ⟨auffordernd⟩ ~! *vorwärts!, fang an!;* ~ geht's *es geht los, wir gehen* **VIII** ⟨in best. Fügungen⟩ bis ~ *außer, ganz;* alle bis ~ einen; bis ~ die Hälfte; bis ~ die Haut nass werden; jmdn. bis ~s Hemd ausplündern; bis ~ den letzten Mann *alle;* ~ ihre Bitte, seinen Rat hin; von klein ~ *von der Kindheit an*

auf... ⟨Vorsilbe⟩ **1** *hinauf, empor, nach oben,* z. B. aufblicken, auffliegen **2** *öffnen,* z. B. aufbrechen, aufschließen **3** *bis zu Ende, ganz,* z. B. aufbrauchen, aufessen, aufsammeln **4** *plötzlich u. kurz,* z. B. aufflammen, aufschreien

auf|ar|bei|ten ⟨V. trans.; ar|bei|tet auf, ar|bei|te|te auf, hat auf|ge|ar|bei|tet, auf|zu|ar|bei|ten⟩ **1** etwas ~ *nacharbeiten, auf-, nachholen* **2** Möbel ~ *neu herrichten, instand setzen* **3** Vergangenes ~ *sich mit einem Geschehen der Vergangenheit geistig auseinandersetzen* ▸ den Forschungsstand ~ *den Stand der Forschung kritisch vergleichend darstellen;* Abl *Aufarbeitung*

auf|at|men ⟨V. intr.; at|met auf, at|me|te auf, hat auf|ge|at|met, auf|zu|at|men⟩ **1** *tief einatmen* **2** ⟨übertr.⟩ *erleichtert sein, einen Seufzer (der Erleichterung) ausstoßen* ▸ nach der Prüfung konnte er endlich ~ ⟨übertr.⟩

auf|ba|cken ⟨V. trans.; bäckt/backt auf, back|te auf, hat auf|ge|ba|cken, auf|zu|ba|cken⟩ Brötchen ~ *durch leichtes Backen wieder knusprig machen*

auf|bah|ren ⟨V. trans.; bahrt auf, bahr|te auf, hat auf|ge|bahrt, auf|zu|bah|ren⟩ einen Toten ~ *einen T. in einem Sarg ausstellen;* Abl *Aufbahrung*

Auf|bau **I** ⟨der; -(e)s; unz.⟩ **1** *das Aufbauen* (Gebäude), *Wiederaufbauen* (Stadt), *Aufstellen* (Zelt, Gerüst); Zus *Aufbauarbeit* **2** *Errichtung, Schaffung* (Unternehmen) **3** *Gliederung, Anordnung, Struktur* ▸ der ~ eines Romans; der ~ einer neuen Verwaltung in einem Land **II** ⟨der; -(e)s, -bau|ten⟩ **1** *aufgesetztes Stockwerk* **2** *auf dem Deck befindliche Schiffsräume*

auf|bau|en ⟨V.; baut auf, bau|te auf, hat auf|gebaut, auf|zu|bau|en⟩ **I** ⟨V. trans.⟩ **1** Häuser ~ *bauen* **2** ein Unternehmen ~ *errichten, schaffen* **3** eine Stadt ~ *nach Zerstörung wieder errichten* **4** ein Regal ~ *zusammensetzen* **5** ein Drama, ein Musikstück ~ *gliedern, anlegen* **6** ⟨übertr.; umg.⟩ jmdn. ~ **6.1** *bei seinem Aufstieg unterstützen* **6.2** *aufmuntern* ▸ er hat ihn nach der Niederlage wieder ~ müssen ⟨übertr.⟩ **II** ⟨V. intr.⟩ auf etwas ~ *sich auf etwas gründen* ▸ das Drama baut auf den Regeln der antiken Dramentechnik auf **III** ⟨V. refl.; übertr.; umg.⟩ sich vor jmdm. ~ *sich drohend vor jmdn. hinstellen*

auf|bäu|men ⟨V. refl.; bäumt sich auf, bäum|te sich auf, hat sich auf|ge|bäumt, sich auf|zu|bäu|men⟩ **1** sich ~ *sich heftig hoch aufrichten, sich auf die Hinterbeine stellen* **2** ⟨übertr.⟩ sich gegen jmdn. od. etwas ~ *wehren, auflehnen* ▸ das Pferd bäumte sich vor ihm auf; er bäumte sich gegen diese Ungerechtigkeit auf ⟨übertr.⟩

auf|bau|schen ⟨V. trans.; bauscht auf, bausch|te auf, hat auf|ge|bauscht, auf|zu|bau|schen; übertr.⟩ etwas ~ *unangenehm viel daraus machen*

Auf|bau|ten ⟨Pl. von⟩ *Aufbau*

auf|be|geh|ren ⟨V. intr.; be|gehrt auf, be|gehr|te auf, hat auf|be|gehrt, auf|zu|be|geh|ren⟩ (gegen jmdn. od. etwas) ~ *sich gegen jmdn. od. etwas auflehnen, wehren*

auf|be|kom|men ⟨V. trans.; be|kommt auf, be|kam auf, hat auf|be|kom|men, auf|zu|be|kom|men⟩ **1** etwas Verschlossenes ~ *öffnen können* **2** Hausaufgaben ~ *übertragen, zu erledigen bekommen*

▸ wir haben heute in Deutsch, Mathematik sehr viel ~

auf|be|rei|ten ⟨V. trans.; be|rei|tet auf, be|rei|te|te auf, hat auf|be|rei|tet, auf|zu|be|rei|ten⟩ **1** Rohstoffe ~ *so bearbeiten, dass sie eine zur Weiterverwendung geeignete Form erhalten* **2** Wasser ~ *reinigen;* Abl *Aufbereitung*

auf|bes|sern ⟨V. trans.; bes|sert auf, bes|ser|te auf, hat auf|ge|bes|sert, auf|zu|bes|sern⟩ jmds. Gehalt ~ *verbessern, erhöhen;* Abl *Aufbesserung*

auf|be|wah|ren ⟨V. trans.; be|wahrt auf, be|wahr|te auf, hat auf|be|wahrt, auf|zu|be|wah|ren⟩ etwas ~ *verwahren, aufheben, schützend lagern* ▸ ein Andenken, Wertgegenstände ~; etwas gut, sicher, sorgfältig ~; Gepäck auf dem Bahnhof ~ lassen; etwas für jmdn. ~; Abl *Aufbewahrung*

auf|bie|ten ⟨V. trans.; bie|tet auf, bot auf, hat auf|ge|bo|ten, auf|zu|bie|ten⟩ **1** Personal, Truppen ~ *zusammenbringen, aufstellen, auf die Beine bringen* **2** Kräfte ~ *zusammennehmen, -raffen, sammeln, aufwenden;* Abl *Aufbietung*

auf|bin|den ⟨V. trans.; bin|det auf, band auf, hat auf|ge|bun|den, auf|zu|bin|den⟩ **1** einen Knoten ~ *lösen, entwirren* **2** ⟨übertr.⟩ jmdm. einen Bären ~ *jmdn. beschwindeln*

auf|blä|hen ⟨V.; bläht auf, bläh|te auf, hat auf|gebläht, auf|zu|blä|hen⟩ **I** ⟨V. trans.⟩ etwas ~ *aufblasen, an-, aufschwellen lassen* ▸ der Wind bläht die Segel, das Kleid auf **II** ⟨V. refl.; übertr.⟩ sich ~ = *aufblasen (II);* →a. *aufgebläht*

auf|bla|sen ⟨V.; bläst auf, blies auf, hat auf|ge|blasen, auf|zu|bla|sen⟩ **I** ⟨V. trans.⟩ einen Luftballon, eine Luftmatratze ~ *durch Blasen mit Luft füllen, spannen;* Abl *aufblasbar* **II** ⟨V. refl.; übertr.⟩ sich ~ *sich wichtigtun;* →a. *aufgeblasen*

auf|blät|tern ⟨V. trans.; blät|tert auf, blät|ter|te auf, hat auf|ge|blät|tert, auf|zu|blät|tern⟩ ein Buch ~ *die Seiten eines Buches aufschlagen*

auf|blei|ben ⟨V. intr.; bleibt auf, blieb auf, ist auf|ge|blie|ben, auf|zu|blei|ben⟩ **1** *nicht schlafen gehen* **2** ⟨umg.⟩ *offen bleiben* (Tür, Fenster) ▸ die Kinder dürfen heute bis 9 Uhr ~; die Tür bleibt auf

auf|blen|den ⟨V. intr.; blen|det auf, blen|de|te auf, hat auf|ge|blen|det, auf|zu|blen|den⟩ **1** *die Autoscheinwerfer auf Fernlicht schalten;* Ggs *abblenden (II)* **2** ⟨Fot.⟩ *eine größere Blende einstellen*

auf|bli|cken ⟨V. intr.; blickt auf, blick|te auf, hat auf|ge|blickt, auf|zu|bli|cken⟩ = *aufsehen*

auf|blit|zen ⟨V. intr.; blitzt auf, blitz|te auf, ist auf|ge|blitzt, auf|zu|blit|zen⟩ *kurz aufleuchten* (Licht) ▸ ein Gedanke blitzte (in) ihm auf ⟨übertr.⟩

auf|blü|hen ⟨V. intr.; blüht auf, blüh|te auf, ist auf|ge|blüht, auf|zu|blü|hen⟩ **1** *sich öffnen, entfalten* (Knospen) **2** ⟨übertr.⟩ **2.1** *sich gut entwickeln, gedeihen* **2.2** *gesünder, fröhlicher, hübscher werden* ▸ seit sie bei uns lebt, ist sie richtig aufgeblüht

auf|brau|chen ⟨V. trans.; braucht auf, brauch|te auf, hat auf|ge|braucht, auf|zu|brau|chen⟩ Vorräte ~ *(zu Ende, ganz) verbrauchen*

auf|brau|sen ⟨V. intr.; braust auf, braus|te auf, ist auf|ge|braust, auf|zu|brau|sen⟩ **1** *sich brausend emporheben* (Wogen) **2** *schäumen* (Sekt, Limonade) **3** ⟨übertr.⟩ *sich schnell, heftig erregen, zornig hochfahren* ▸ er hat ein ~des Temperament

auf|bre|chen ⟨V.⟩ **I** ⟨V. trans.; bricht auf, brach auf, hat auf|ge|bro|chen, auf|zu|bre|chen⟩ **1** eine Kiste, ein Schloss, eine Tür ~ *durch Brechen, Stemmen öffnen* **2** einen Brief ~ *unbefugt öffnen* **3** die Straße ~ *mit Brechwerkzeug auseinanderbrechen* **II** ⟨V. intr.; bricht auf, brach auf, ist auf|ge|bro|chen, auf|zu|bre|chen⟩ **1** *plötzlich sich öffnen, aufspringen* **2** *fortgehen, abreisen, weiterwandern* ▸ die Eisdecke bricht auf *wird rissig;* eine Wunde bricht auf *beginnt wieder zu bluten*

auf|brin|gen ⟨V. trans.; bringt auf, brach|te auf, hat auf|ge|bracht, auf|zu|brin|gen⟩ **1** ein Schloss, eine Tür ~ *öffnen können* **2** Geld ~ *beschaffen* **3** ein Gerücht, eine Mode ~ *einführen, in Umlauf setzen* **4** Verständnis ~ *haben, ermöglichen* **5** Farbe, eine Schicht ~ *auftragen* **6** jmdn. ~ *erzürnen, erregen* ▸ er hat nicht den Mut aufgebracht, sie anzusprechen; er war sehr aufgebracht *sehr erregt*

Auf|bruch ⟨der; -(e)s; unz.⟩ **1** *das Aufbrechen* **2** *das Weggehen, Abmarsch, Abreise* ▸ im ~ begriffen sein *im Begriff sein aufzubrechen;* ~ zur Jagd, zur Wanderung; das Zeichen zum ~ geben

Auf|bruch|stim|mung ⟨die; -; unz.⟩ oV *Aufbruchsstimmung* **1** *Atmosphäre des Abschiednehmens, Weggehens* **2** *Atmosphäre des Neubeginns, bes. im polit. Bereich* ▸ die Gäste waren schon in ~

auf|brü|hen ⟨V. trans.; brüht auf, brüh|te auf, hat auf|ge|brüht, auf|zu|brü|hen⟩ Tee, Kaffee ~ *mit kochendem Wasser übergießen, zubereiten*

auf|brum|men ⟨V. trans.; brummt auf, brumm|te auf, hat auf|ge|brummt, auf|zu|brum|men; umg.⟩ (jmdm.) etwas ~ *zuteilen, auferlegen* ▸ jmdm. eine Strafe, Strafarbeit ~

auf|bür|den ⟨V. trans.; bür|det auf, bür|de|te auf, hat auf|ge|bür|det, auf|zu|bür|den⟩ (jmdm. od. sich) etwas ~ *auferlegen* ▸ sich zu viel Arbeit ~

auf|de|cken ⟨V.; deckt auf, deck|te auf, hat auf|gedeckt, auf|zu|de|cken⟩ **I** ⟨V. trans.⟩ **1** jmdn. od. etwas ~ *die Bedeckung abnehmen von* **2** ⟨übertr.⟩ ein Geheimnis, ein Verbrechen ~ *enthüllen;* Abl *Aufdeckung* **3** ein Tischtuch ~ *auf den Tisch legen* **II** ⟨V. intr.; umg.⟩ *den Tisch decken*

auf|drän|gen ⟨V.; drängt auf, dräng|te auf, hat auf|ge|drängt, auf|zu|drän|gen⟩ **I** ⟨V. trans.⟩ jmdm. etwas ~ *jmdm. etwas gegen seinen Willen geben, zuschieben* ▸ jmdm. Essen, eine Ware, seine Freundschaft, Meinung ~ **II** ⟨V. refl.⟩ sich (jmdm.) ~ *aufdringlich, zudringlich werden, lästigfallen* ▸ ich möchte mich nicht ~, aber nach meiner Meinung …; der Gedanke drängt sich mir auf *ich kann den G. nicht loswerden*

auf|dre|hen ⟨V.; dreht auf, dreh|te auf, hat auf|gedreht, auf|zu|dre|hen⟩ **I** ⟨V. trans.⟩ **1** einen Hahn ~ *durch Drehen öffnen* **2** die Musik ~ *lauter stellen* **II** ⟨V. intr.; umg.⟩ **1** *Gas geben, schneller fahren* **2** *lustig, ausgelassen werden, in Schwung kommen* **3** *die eigene Leistung steigern* ▸ du bist ja heute Abend so richtig aufgedreht; nach der Halbzeit drehte die Mannschaft auf

auf|dring|lich ⟨Adj.⟩ *sich aufdrängend, lästig* ▸ er war ihr gegenüber sehr ~; Abl *Aufdringlichkeit*

auf|dru|cken ⟨V. trans.; druckt auf, druck|te auf, hat auf|ge|druckt, auf|zu|dru|cken⟩ etwas (auf etwas) ~ *auf etwas anderes drucken;* Abl *Aufdruck*

auf|drü|cken ⟨V.; drückt auf, drück|te auf, hat auf|ge|drückt, auf|zu|drü|cken⟩ **I** ⟨V. trans.⟩ **1** etwas (auf etwas) ~ *auf etwas anderes drücken* **2** etwas ~ *durch (leichtes, starkes) Drücken öffnen* ▸ einen Verschluss ~; einem Brief einen Stempel ~ **II** ⟨V. intr.⟩ *auf etwas drücken* ▸ beim Schreiben zu stark (mit dem Stift, der Mine) ~

auf|ei|n|an|der ⟨Adv.⟩ *eins auf, über das andere od. auf, über dem anderen* ▸ ~ einwirken; ~ hören

auf|ei|n|an|der|bei|ßen ⟨V. trans.; beißt auf|ei|n|an|der, biss auf|ei|n|an|der, hat auf|ei|n|an|der ge|bis|sen, auf|ei|n|an|der|zu|bei|ßen⟩ die Zähne ~ *die Z. zusammenbeißen (um nicht zu schreien)*

Auf|ei|n|an|der|fol|ge ⟨die; -, -n⟩ *dichte Folge* ▸ in rascher ~

auf|ei|n|an|der|pral|len ⟨V. intr.; prallt auf|ei|n|an|der, prall|te auf|ei|n|an|der, ist auf|ei|n|an|der|ge|prallt, auf|ei|n|an|der|zu|pral|len⟩ *zusammen-, gegeneinanderprallen*

auf|ei|n|an|der|schla|gen ⟨V. trans.; schlägt auf|ei|n|an|der, schlug auf|ei|n|an|der, ist auf|ei|n|an|der|ge|schla|gen, auf|ei|n|an|der|zu|schla|gen⟩ *gegeneinanderschlagen*

auf|ei|n|an|der|tref|fen ⟨V. intr.; trifft auf|ei|n|an|der, traf auf|ei|n|an|der, ist auf|ei|n|an|der|ge|trof|fen, auf|ei|n|an|der|zu|tref|fen⟩ *sich begegnen*

Auf|ent|halt ⟨der; -(e)s, -e⟩ **1** *Zeit, während deren man sich an einem Ort aufhält* **2** *Aufenthaltsort* **3** *Pause, Unterbrechung* **4** ⟨Eisenb.⟩ *Wartezeit* ▸ der Zug hat 10 Minuten ~ ▸ angenehmer, kurzer, längerer, ständiger, vorübergehender ~ ▸ wir wollen dir den ~ bei uns so schön wie möglich machen; ohne ~ weiterfahren; während meines ~(e)s in Leipzig

Auf|ent|halts|er|laub|nis ⟨die; -, -s|se⟩ *behördliche Erlaubnis, sich vorübergehend an einem Ort aufzuhalten;* Syn *Aufenthaltsgenehmigung*

Auf|ent|halts|ort ⟨der; -(e)s, -e⟩ *Ort, an dem man sich (vorübergehend) aufhält* ▸ ~ unbekannt

auf|er|le|gen ⟨V. trans.; er|legt auf, er|leg|te auf, hat auf|er|legt, auf|zu|er|le|gen⟩ jmdm. od. sich etwas ~ *auftragen, zu etwas verpflichten* ▸ jmdm. eine Pflicht, Steuern, eine Strafe ~

auf|er|ste|hen ⟨V. intr.; er|steht auf, er|stand auf, ist auf|er|stan|den, auf|zu|er|ste|hen⟩ **1** *nach dem Tod wieder zu neuem Leben erwachen;* Abl *Auferstehung* **2** ⟨übertr.⟩ *neu entstehen, wiederaufleben* ▸ Christus ist auferstanden; den (Geist des) Militarismus (nicht) wieder ~ lassen

auf|es|sen ⟨V. trans. u. V. intr.; isst auf, aß auf, hat auf|ge|ges|sen, auf|zu|es|sen⟩ (Speisen) ~ *essen, ohne etwas übrig zu lassen, zu Ende essen* ▸ er isst immer seinen Teller auf; iss bitte auf!

auf|fah|ren ⟨V.⟩ **I** ⟨V. intr.; fährt auf, fuhr auf, ist auf|ge|fah|ren, auf|zu|fah|ren⟩ **1** *aufeinanderfahren, zusammenstoßen;* Zus *Auffahrunfall* **2** *mit (zu) geringem Abstand hinter einem anderen Fahrzeug herfahren* **3** *an eine bestimmte Stelle fahren, fortfahren* **4** *sich plötzlich u. schnell aufrichten, aufspringen, emporschnellen* ▸ auf die Autobahn ~ ▸ zu dicht ~ ▸ das Auto ist auf ein anderes aufgefahren; er fuhr von seinem Sitz auf **II** ⟨V. trans.; fährt auf, fuhr auf, hat auf|ge|fah|ren, auf|zu|fah|ren⟩ **1** Erde ~ *aufschütten* **2** Geschütz ~ *in Angriffsstellung fahren, bringen* **3** ⟨umg.⟩ Speisen ~ *reichlich herbeibringen* ▸ am späten Abend ließ er noch Sekt und Kaviar ~

Auf|fahrt ⟨die; -, -en⟩ **1** *das Auf-, Heran-, Hinauffahren, Aufstieg* **2** *breite Straße, Weg zum Hinauffahren* **3** *schräge Bahn, Rampe*

auf|fal|len ⟨V. intr.; fällt auf, fiel auf, ist auf|ge|fal|len, auf|zu|fal|len; übertr.⟩ (jmdm.) ~ *Aufmerksamkeit erregen, sich bemerkbar machen, ins Auge fallen, hervorstechen* ▸ wir müssen durch den Nebeneingang gehen, sonst fallen wir zu sehr auf; es ist mir besonders aufgefallen, dass …; angenehm, unangenehm ~; nur nicht ~!

auf|fal|lend **I** ⟨Part. Präs. von⟩ *auffallen* **II** ⟨Adj.⟩ *so, dass es auffällt, außergewöhnlich, aus dem Rahmen des Üblichen fallend* ▸ sich ~ kleiden; ein ~ schöner Junge; es ist heute ~ still hier

auf|fäl|lig ⟨Adj.⟩ **1** *auffallend* **2** *Anlass zu Mutmaßungen gebend, verdachterregend* ▸ er trug ein ~ buntes Halstuch; Abl *Auffälligkeit*

auf|fan|gen ⟨V. trans.; fängt auf, fing auf, hat auf|ge|fan|gen, auf|zu|fan|gen⟩ **1** einen Ball ~ *durch Fangen, Greifen erreichen, bekommen, im Fliegen fassen* **2** Worte ~ *zufällig u. meist nur unvollständig hören, aufschnappen* **3** einen Funkspruch, eine Nachricht ~ *zufällig empfangen, abfangen* **4** Flüchtlinge ~ *vorübergehend (in Lagern) aufnehmen* ▸ fang auf!; einen Schlag, Stoß ~; Tropfen in einer Schüssel ~

Auf|fang|la|ger ⟨das; -s, -⟩ *Lager, in dem Asylbewerber, Flüchtlinge, Auswanderer vorübergehend aufgenommen werden*

auf|fas|sen ⟨V. trans.; fasst auf, fass|te auf, hat auf|ge|fasst, auf|zu|fas|sen⟩ etwas irgendwie ~ **1** *begreifen, verstehen* **2** *auslegen, deuten* ▸ etwas falsch, richtig, schnell ~; wie soll ich das ~?

Auf|fas|sung ⟨die; -, -en⟩ **1** *Ansicht, Anschauung, Meinung* **2** *Auslegung, Deutung* ▸ er ist der ~, dass … ▸ seine ~ ändern; jmds. ~ (nicht) teilen ▸ er hat eine strenge ~ von Moral; darüber kann man verschiedener ~ sein ▸ meiner ~ nach; nach ~ meines Vorgesetzten; eine bestimmte ~ von etwas haben

Auf|fas|sungs|ga|be ⟨die; -; unz.⟩ *Fähigkeit, etwas aufzufassen, zu begreifen* ▸ eine gute ~ haben

auf|fin|den ⟨V. trans.; fin|det auf, fand auf, hat auf|ge|fun|den, auf|zu|fin|den⟩ Gesuchtes ~ *(nach Suchen) finden, entdecken* ▸ der Vermisste konnte nirgends aufgefunden werden; Abl *auffindbar*

auf|fla|ckern ⟨V. intr.; fla|ckert auf, fla|cker|te auf, ist auf|ge|fla|ckert, auf|zu|fla|ckern⟩ **1** *in die Höhe flackern, aufleuchten* **2** ⟨übertr.⟩ *wieder aufleben* ▸ das Feuer ist wieder aufgeflackert; sein Misstrauen flackerte auf ⟨übertr.⟩

auf|flam|men ⟨V. intr.; flammt auf, flamm|te auf,

ist auf|ge|flammt, auf|zu|flam|men> **1** *in Flammen hoch aufbrennen* **2** *aufleuchten* **3** <übertr.> *plötzlich beginnen* ▸ das Feuer, das Streichholz flammt auf; der alte Streit flammte wieder auf <übertr.>

auf|flie|gen <V. intr.; fliegt auf, flog auf, ist auf|ge|flo|gen, auf|zu|flie|gen> **1** *in die Höhe fliegen* (Vögel, Flugzeug) **2** *sich plötzlich schnell öffnen* (Tür, Tor, Fenster) **3** <umg.> *entdeckt, aufgedeckt werden* (Schwindel, Betrug) ▸ die Balkontür flog auf; der Betrug ist aufgeflogen

auf|for|dern <V. trans.; for|dert auf, for|der|te auf, hat auf|ge|for|dert, auf|zu|for|dern> jmdn. (zu etwas) ~ **1** *bitten, einladen* **2** *ermahnen (etwas zu tun)* **3** *befehlen, verlangen (etwas zu tun)* ▸ jmdn. ~ mitzuwirken, teilzunehmen; jmdn. ~, zu Besuch zu kommen; jmdn. zur Zahlung ~

Auf|for|de|rung <die; -, -en> **1** *Bitte, Einladung* **2** *Ermahnung* **3** *Befehl* ▸ einer ~ Folge leisten, nachkommen; ~ zum Tanz

Auf|for|de|rungs|satz <der; -es, -sät|ze; Gramm.> *Satzart, die Befehle, Bitten od. Wünsche ausdrückt*

auf|fors|ten <V. trans.; fors|tet auf, fors|te|te auf, hat auf|ge|fors|tet, auf|zu|fors|ten> Wald ~ *neu anlegen, anpflanzen;* Abl *Aufforstung*

auf|fres|sen <V. trans.; frisst auf, fraß auf, hat auf|ge|fres|sen, auf|zu|fres|sen> **1** etwas ~ *fressen, ohne etwas übrig zu lassen, zu Ende fressen* **2** <übertr.; umg.> jmdn. ~ *erschöpfen, völlig beanspruchen* ▸ die Arbeit frisst mich auf <umg.>

auf|fri|schen <V.> **I** <V. trans.; frischt auf, frisch|te auf, hat auf|ge|frischt, auf|zu|fri|schen> **1** Gemälde, Möbel ~ *erneuern, wieder ansehnlich machen* **2** Kenntnisse ~ *wieder lebendig machen;* Abl *Auffrischung* **II** <V. intr.; frischt auf, frisch|te auf, hat/ist auf|ge|frischt, auf|zu|frischen> *stärker wehen, anschwellen* ▸ ein ~der Wind

auf|füh|ren <V.; führt auf, führ|te auf, hat auf|ge|führt, auf|zu|füh|ren> **I** <V. trans.> **1** Namen, Zahlen ~ *anführen, nennen* **2** ein Drama, einen Film, ein Konzert ~ *spielen, darstellen, vorführen, zeigen* ▸ dein Name ist in der Liste leider nicht aufgeführt **II** <V. refl.; umg.> sich irgendwie ~ *sich benehmen, verhalten* ▸ sich anständig, schlecht, unmöglich ~

Auf|füh|rung <die; -, -en> **I** <unz.; allg.> *das Aufführen (I.2);* Zus *Aufführungsrecht* **II** <zählb.; Theat.> *Vorstellung, Vorführung* ▸ die ~ war gut, schlecht besucht, ausverkauft; eine ausgezeichnete, gute, schlechte ~; eine ~ vorbereiten

auf|fül|len <V. trans.; füllt auf, füll|te auf, hat auf|ge|füllt, auf|zu|fül|len> etwas ~ *(bis zum Rand) nachfüllen, ergänzen* ▸ die Vorräte wieder ~

Auf|ga|be <die; -, -n> **I** <unz.> **1** *das Aufgeben, Verzicht* **2** *Schließung;* Zus *Firmenaufgabe, Geschäftsaufgabe* **3** *Übermittlung, Weiterleitung (von Anzeigen od. Waren)* ▸ ~ einer Anzeige, eines Briefes, des Gepäcks; ~ eines Amtes, des Dienstes, deines Rennens **II** <zählb.> *Verpflichtung, die man freiwillig eingegangen ist od. die einem aufgetragen wurde, Arbeit, Anforderung* ▸ im Leben eine ~ haben; eine ~ lösen; seine ~n machen *Hausaufgaben* ▸ das ist nicht deine ~ *das brauchst du nicht zu tun;* eine leichte, schwere ~ ▸ ich betrachte es als meine ~, ihm zu helfen; jmdn. vor eine ~ stellen; sich etwas zur ~ machen; Zus *Hausaufgabe, Rechenaufgabe*

auf|ga|beln <V. trans.; ga|belt auf, ga|bel|te auf, hat auf|ge|ga|belt, auf|zu|ga|beln> **1** etwas ~ *auf eine Gabel spießen* **2** <übertr.; scherzh. u. leicht abwertend> jmdn. od. etwas ~ *entdecken, finden*

Auf|ga|ben|be|reich <der; -(e)s, -e> *Bereich der zu erfüllenden Aufgaben* ▸ das fällt in seinen ~

Auf|ga|ben|stel|lung <die; -, -en> *Art u. Weise, in der Aufgaben od. Anforderungen gestellt sind* ▸ die ~ bei einem Rechentest

Auf|gang <der; -(e)s, -gän|ge> **1** *das Aufgehen (der Gestirne);* Zus *Sonnenaufgang* **2** *aufwärtsführender Eingang, Treppe* **3** *Weg nach oben*

auf|ge|ben <V.; gibt auf, gab auf, hat auf|ge|ge|ben, auf|zu|ge|ben> **I** <V. trans.> **1** einen Brief, ein Paket, Gepäck ~ *zur Beförderung (durch Post od. Bahn) geben* **2** eine Zeitungsanzeige ~ *zur Veröffentlichung, zum Druck geben* **3** die Hoffnung, den Kampf, das Vorhaben ~ *darauf verzichten, resignieren* **4** jmdm. Essen ~ *auf den Teller tun* **5** jmdm. ein Rätsel, Schularbeiten ~ *auftragen, zur Erledigung od. Lösung geben* ▸ gib's auf! <umg.; oft abwertend> *hör auf!, lass es sein!* ▸ seinen Beruf, seine Tätigkeit ~; den Geist ~ <umg.> *kaputtgehen;* darf ich Ihnen noch etwas Gemüse ~?; ein Geschäft ~ *schließen od. einem anderen übergeben, überlassen;* einen Kranken ~ *nicht mehr auf Genesung hoffen;* das Rennen, die Partie ~ ▸ jmdm. etwas zu lernen, zu raten ~ ▸ unser Lehrer gibt (uns) immer viel zu viel auf **II** <V. intr.> **1** *mit einer Tätigkeit aufhören, ohne ein gesetztes Ziel erreicht zu haben* **2** <Sp.> *nicht weiterspielen od. -kämpfen* ▸ die Mannschaft hat aufgegeben

auf|ge|bläht **I** <Part. Perf. von> *aufblähen* **II** <Adj.; übertr.> **1** <umg.> = *aufgeblasen (II)* **2** *übermäßig, übertrieben groß* ▸ ein ~er Verwaltungsapparat

auf|ge|bla|sen **I** <Part. Perf. von> *aufblasen* **II** <Adj.; übertr.; umg.> *eitel, hochnäsig, wichtigtuerisch* ▸ eine ~e Person; Abl *Aufgeblasenheit*

Auf|ge|bot <das; -(e)s, -e> **1** *das, was aufgeboten wird* (Material, Menschen, Kraft) **2** *Aufforderung, Ansprüche u. Rechte anzumelden, z. B. bei Erbschaften* **3** *amtliche Bekanntgabe, Veröffentlichung* ▸ ~ eines Brautpaares; ein ungeheures ~ an Menschen und Material; →a. *aufbieten*

auf|ge|bracht <Adj.> → *aufbringen*

auf|ge|dun|sen <Adj.> *aufgequollen, aufgeschwollen* ▸ ein ~es Gesicht

auf|ge|hen <V. intr.; geht auf, ging auf, ist auf|ge|gan|gen, auf|zu|ge|hen> **1** *sich öffnen* (Fenster, Knopf, Knospe, Tür) **2** *keimen* (Saat) **3** *sich lösen* (Knoten, Naht, Schleife) **4** *über dem Horizont erscheinen, sichtbar werden* (Sonne, Stern) **5** in etwas ~ **5.1** *in eine Sache eingehen, mit etwas verschmelzen* **5.2** *sich einer Sache od. Tätigkeit ganz widmen* ▸ die Gleichung, die Rechnung geht auf *stimmt, bleibt ohne Rest;* das Herz geht mir auf, wenn ich sehe, wie … *ich freue mich;* jetzt geht mir ein Licht auf *auf einmal verstehe ich es;* der Mond ist aufgegangen; die Saat ist aufgegangen *beginnt aus der Erde zu sprießen;* mir ist erst jetzt der Sinn deiner Bemerkung aufgegangen; der Teig geht auf *treibt, geht in die Höhe;* der Vorhang geht auf ‹Theat.› ▸ ein Unternehmen ist in einem größeren aufgegangen *ist von ihm aufgenommen worden, mit ihm verschmolzen;* er geht völlig in seiner Arbeit auf *widmet sich ihr ganz;* in Rauch ~ *verbrennen*

auf|ge|klärt I ‹Part. Perf. von› *aufklären* II ‹Adj.› 1 *vorurteilsfrei (im Sinne der historischen Aufklärung)* 2 *über die (menschliche) Sexualität belehrt, informiert* ▸ ein ~er Monarch; ein ~es Kind

auf|ge|kratzt I ‹Part. Perf. von› *aufkratzen* II ‹Adj.; übertr.› *gut gelaunt, gut aufgelegt, fröhlich*

auf|ge|legt I ‹Part. Perf. von› *auflegen* II ‹Adj.› *in einer gewissen Stimmung befindlich* ▸ gut, schlecht ~ sein

auf|ge|schlos|sen I ‹Part. Perf. von› *aufschließen* II ‹Adj.; übertr.› *empfänglich, zugänglich für alle Eindrücke, Anregungen, Neuerungen usw.* ▸ er zeigt sich unseren Vorstellungen gegenüber ~; Abl *Aufgeschlossenheit*

auf|ge|schmis|sen ‹Adj.; umg.; nur präd.› *in Verlegenheit, ratlos* ▸ ~ sein

auf|ge|schwemmt ‹Adj.› = *aufgedunsen*

auf|ge|weckt I ‹Part. Perf. von› *aufwecken* II ‹Adj.; -er, am -es|ten; übertr.› *lebhaft u. klug, intelligent* ▸ ein ~es Kind; Abl *Aufgewecktheit*

auf|glie|dern ‹V. trans.; glie|dert auf, glie|der|te auf, hat auf|ge|glie|dert, auf|zu|glie|dern› etwas (Ganzes) ~ *in einzelne Glieder zerlegen, (unter)gliedern;* Abl *Aufgliederung*

auf|grei|fen ‹V. trans.; greift auf, griff auf, hat auf|ge|grif|fen, auf|zu|grei|fen› 1 einen Dieb, Häftling ~ *ergreifen, erwischen* 2 einen Gedanken ~ *ergreifen u. nutzen* ▸ ein aktuelles Thema ~; das vermisste Mädchen wurde am Abend von der Polizei aufgegriffen

auf|grund *auch:* **auf Grund** ‹Präp.› *wegen, veranlasst durch* ▸ ~ einer Anzeige; ~ seiner Aussage; →a. *Grund*

Auf|guss ‹der; -es, -güs|se› *durch Aufgießen (Überbrühen) entstandene Flüssigkeit* ▸ der erste, zweite ~ vom Tee; Zus *Aufgussbeutel; Teeaufguss*

auf|ha|ben ‹V.; hat auf, hat|te auf, hat auf|ge|habt, auf|zu|ha|ben› I ‹V. trans.› 1 einen Hut, eine Mütze ~ *auf dem Kopf haben* 2 ‹umg.› die Augen, den Mund ~ *offen haben* 3 Hausaufgaben ~ *aufgetragen bekommen haben, zu Hause für die Schule tun müssen* ▸ wir haben heute viel, wenig, nichts auf II ‹V. intr.; umg.› *geöffnet haben, offen sein* ▸ die Gaststätte hat bis 24 Uhr auf

auf|hal|sen ‹V. trans.; halst auf, hals|te auf, hat auf|ge|halst, auf|zu|hal|sen; umg.› jmdm. etwas ~ *zu tun geben (was man selber nicht tun will, kann)*

auf|hal|ten ‹V.; hält auf, hielt auf, hat auf|ge|hal|ten, auf|zu|hal|ten› I ‹V. trans.› 1 jmdn. ~ *zurückhalten, am Weitergehen hindern, an einer Tätigkeit hindern, stören* 2 ein Gerät, eine Maschine ~ *den Lauf, Betrieb unterbrechen, anhalten* 3 einen Schlag ~ *auffangen, abhalten, abwehren* 4 ‹umg.› die Hand, die Tür ~ *offen, geöffnet halten* ▸ jmdm. die Tür ~ ‹umg.› ▸ ich will Sie nicht (länger) ~; lassen Sie sich bitte (durch mich, uns) nicht ~ ▸ ich komme etwas später, ich bin aufgehalten worden II ‹V. refl.› 1 sich irgendwo ~ *an einem Ort sein* 2 sich irgendwo ~ *bleiben, verweilen* 3 sich mit etwas ~ *sich mit etwas längere Zeit beschäftigen* ▸ er hält sich zurzeit bei seinem Onkel auf; ich kann mich nicht mit Kleinigkeiten ~; sich im Freien ~

auf|hän|gen ‹V.; hängt auf, häng|te auf, hat auf|ge|hängt, auf|zu|hän|gen› I ‹V. trans.› 1 ein Bild, einen Mantel ~ *durch Hängen befestigen* 2 jmdn. ~ *durch Erhängen töten* 3 ‹umg.› jmdm. etwas ~ *etwas Lästiges od. Mühevolles zu tun geben* ▸ Wäsche ~ *zum Trocknen auf die Leine hängen* II ‹V. intr.; umg.› *den Telefonhörer auflegen, um ein Gespräch zu beenden* ▸ sie hat einfach aufgehängt III ‹V. refl.› sich ~ *Selbstmord durch Erhängen begehen*

Auf|hän|ger ‹der; -s, -› 1 *Öse zum Aufhängen (an Kleidungsstücken, Bildern)* 2 ‹übertr.› *Anlass, Ereignis, von dessenen Schilderung aus eine Geschichte entwickelt wird od. ihren Anfang nimmt* ▸ er braucht einen ~ für seinen Bericht ‹übertr.›

auf|häu|fen ‹V. trans.; häuft auf, häuf|te auf, hat auf|ge|häuft, auf|zu|häu|fen› Laub, Erde, Vorräte ~ *in Haufen schichten, anhäufen*

auf|he|ben ‹V.; hebt auf, hob auf, hat auf|ge|hoben, auf|zu|he|ben› I ‹V. trans.› 1 jmdn. od. etwas ~ *vom Boden in die Höhe heben* 2 ein Gesetz, eine Anordnung ~ *außer Kraft setzen, für ungültig erklären;* Abl *Aufhebung* 3 etwas ~ *verwahren, aufbewahren* ▸ ein Foto als, zur Erinnerung ~; etwas vom Boden ~; aufgeschoben ist nicht aufgehoben *wenn man etwas verschoben hat, braucht es noch nicht ungültig zu sein;* das Geld ist bei ihm gut aufgehoben *sicher aufbewahrt;* hier ist man gut aufgehoben *gut versorgt;* um eine Sache, von einer Sache viel Aufhebens machen *sie zu wichtig nehmen* II ‹V. refl.› zwei Dinge heben sich (gegenseitig) auf *kommen einander an Wert od. Wirkung gleich u. gleichen sich dadurch aus* ▸ Druck und Gegendruck heben sich auf; Abl *Aufhebung*

auf|hei|tern ‹V.; hei|tert auf, hei|ter|te auf, hat auf|ge|hei|tert, auf|zu|hei|tern› I ‹V. trans.› jmdn. ~ *heiter machen, aufmuntern* II ‹V. refl.› sich ~ *heiter werden* (Wetter); Abl *Aufheiterung*

auf|hei|zen ‹V. trans.; heizt auf, heiz|te auf, hat auf|ge|heizt, auf|zu|hei|zen› 1 ‹Tech., Phys.› Wasser, einen Ofen ~ *erwärmen* 2 ‹übertr.› etwas ~ *(etwas Negatives) verstärken* ▸ die Stimmung beim Streik ~

auf|hel|fen ‹V. intr.; hilft auf, half auf, hat auf|ge|hol|fen, auf|zu|hel|fen› jmdm. ~ *beim Aufstehen behilflich sein*

auf|hel|len ‹V.; hellt auf, hell|te auf, hat auf|ge|hellt, auf|zu|hel|len› I ‹V. trans.› 1 etwas ~ *heller* *machen* **2** eine Angelegenheit ~ *Licht in eine A. bringen* ▸ die Schatten im Foto ~; Abl *Aufhellung* **II** ⟨V. refl.⟩ sich ~ **1** *heller werden, aufklaren* (Himmel) **2** *freundlicher werden* (Gesicht)

auf|het|zen ⟨V. trans.; hetzt auf, hetz|te auf, hat auf|ge|hetzt, auf|zu|het|zen⟩ jmdn. (gegen jmdn.) ~ *gegen jmdn. aufwiegeln;* Abl *Aufhetzung*

auf|heu|len ⟨V. intr.; heult auf, heul|te auf, hat auf|ge|heult, auf|zu|heu|len⟩ **1** *plötzlich kurz losheulen* **2** *ein heulendes Geräusch von sich geben* ▸ vor Schmerz ~; den Motor ~ lassen

auf|ho|len ⟨V.; holt auf, hol|te auf, hat auf|ge|holt, auf|zu|ho|len⟩ **I** ⟨V. trans.⟩ etwas Versäumtes, einen Verlust ~ *ausgleichen* ▸ der Zug hat die Verspätung aufgeholt **II** ⟨V. intr.⟩ *den Vorsprung eines anderen verringern* ▸ er konnte letztes Jahr ~

auf|hor|chen ⟨V. intr.; horcht auf, horch|te auf, hat auf|ge|horcht, auf|zu|hor|chen⟩ **1** *plötzlich auf etwas hören, aufmerksam werden u. lauschen* **2** ⟨übertr.⟩ *misstrauisch werden bei etwas, was man hört, stutzen* ▸ diese Worte ließen ihn ~

auf|hö|ren ⟨V. intr.; hört auf, hör|te auf, hat auf|gehört, auf|zu|hö|ren⟩ *(mit etwas) nicht weitermachen, eine Sache beenden* ▸ hör (endlich) auf!; da hört doch alles auf! *das ist unverschämt!;* mit der Arbeit ~; hör auf zu weinen!; es hört nicht auf zu regnen *es regnet ununterbrochen*

auf|kau|fen ⟨V. trans.; kauft auf, kauf|te auf, hat auf|ge|kauft, auf|zu|kau|fen⟩ **1** einen Betrieb ~ *kaufen, übernehmen* **2** Waren, Aktien ~ *in großer Menge kaufen;* Abl *Aufkauf, Aufkäufer(in)*

auf|kei|men ⟨V. intr.; keimt auf, keim|te auf, ist auf|ge|keimt, auf|zu|kei|men⟩ **1** *zu keimen beginnen, sprießen* **2** ⟨übertr.⟩ *langsam, zaghaft entstehen* ▸ neue Hoffnung keimte auf

auf|klap|pen ⟨V. trans.; klappt auf, klapp|te auf, hat auf|ge|klappt, auf|zu|klap|pen⟩ etwas ~ *einen Teil eines Gegenstandes auseinanderklappen, hochklappen, um ihn zu öffnen* ▸ einen Gartenstuhl ~; Abl *aufklappbar*

auf|kla|ren ⟨V. intr.; klart auf, klar|te auf, hat auf|ge|klart, auf|zu|kla|ren⟩ *klarer, heller, freundlicher werden* ▸ das Wetter klart auf

auf|klä|ren ⟨V.; klärt auf, klär|te auf, hat auf|geklärt, auf|zu|klä|ren⟩ **I** ⟨V. trans.⟩ **1** jmdn. über etwas ~ *über eine Sache informieren, jmds. Unwissenheit od. Vorurteile beseitigen* **2** ein Kind, Jugendliche ~ *über Sexualität informieren* **3** etwas ~ *die Wahrheit darüber herausfinden, ihm auf den Grund gehen* ▸ habt ihr eure Tochter schon aufgeklärt?; wir wurden über die politischen Hintergründe des Konflikts aufgeklärt **II** ⟨V. refl.⟩ sich ~ **1** = *aufklaren* **2** *klarwerden* ▸ die Sache hat sich aufgeklärt; →a. *aufgeklärt*

Auf|klä|rung ⟨die; -, -en⟩ **1** *das Aufklären (3)* **2** *Belehrung, Unterrichtung, bes. über politische, weltanschauliche, sexuelle Fragen;* Zus *Aufklärungsarbeit, Aufklärungsfilm* **3** ⟨Mil.⟩ *Erkundung;* Zus *Aufklärungsflug* **4** *Bestreben, das Denken von Vorurteilen zu befreien u. auf Vernunft zu gründen;* Abl *aufklärerisch* **5** *die im Europa des 18. Jh. herrschende Bewegung zur Erneuerung von Wissenschaft u. Bildung, die gegen Willkürherrschaft, religiösen Aberglauben u. Unwissenheit auftrat;* Abl *Aufklärer(in); aufklärerisch*

auf|kle|ben ⟨V. trans.; klebt auf, kleb|te auf, hat auf|ge|klebt, auf|zu|kle|ben⟩ Briefmarken ~ *mit Klebstoff befestigen*

Auf|kle|ber ⟨der; -s, -⟩ *selbstklebendes (meist kleines) bedrucktes Papier, Sticker*

auf|knöp|fen ⟨V. trans.; knöpft auf, knöpf|te auf, hat auf|ge|knöpft, auf|zu|knöp|fen⟩ ein Kleidungsstück ~ *seinen Knopfverschluss öffnen*

auf|knüp|fen ⟨V. trans.; knüpft auf, knüpf|te auf, hat auf|ge|knüpft, auf|zu|knüp|fen⟩ **1** einen Knoten ~ *lösen* **2** ⟨umg.⟩ jmdn. ~ *aufhängen*

auf|ko|chen ⟨V.⟩ **I** ⟨V. trans.; kocht auf, koch|te auf, hat auf|ge|kocht, auf|zu|ko|chen⟩ Speisen ~ **1** *kurz kochen (lassen)* **2** *noch einmal kurz kochen* ▸ die Soße nur ~; ein Gericht noch einmal ~, damit es warm wird **II** ⟨V. intr.; kocht auf, koch|te auf, ist auf|ge|kocht, auf|zu|ko|chen⟩ *zum Kochen kommen, kurz kochen*

auf|kom|men ⟨V. intr.; kommt auf, kam auf, ist auf|ge|kom|men, auf|zu|kom|men⟩ **1** *entstehen, sich bilden, sich erheben* **2** für etwas ~ *für etwas haften, etwas zahlen, ersetzen* ▸ ein Gewitter kommt auf *zieht sich zusammen, kommt näher;* eine neue Mode kommt auf; ich möchte keinen Zweifel darüber ~ lassen, dass wir ehrliche Absichten haben; er muss für den Verlust ~

Auf|kom|men ⟨das; -s, -⟩ *erhobener Ertrag, Leistung;* Zus *Steueraufkommen*

auf|krat|zen ⟨V. trans.; kratzt auf, kratz|te auf, hat auf|ge|kratzt, auf|zu|krat|zen⟩ (sich) die Haut ~ *durch Kratzen verletzen;* →a. *aufgekratzt*

auf|krem|peln ⟨V. trans.; krem|pelt auf, krem|pel|te auf, hat auf|ge|krem|pelt, auf|zu|krem|peln⟩ die Ärmel, die Hosenbeine ~ *hochstreifen*

auf|krie|gen ⟨V. trans.; kriegt auf, krieg|te auf, hat auf|ge|kriegt, auf|zu|krie|gen⟩ = *aufbekommen*

auf|kün|di|gen ⟨V. trans.; kün|digt auf, kün|dig|te auf, hat auf|ge|kün|digt, auf|zu|kün|di|gen⟩ etwas ~ = *kündigen* ▸ jmdm. die Freundschaft ~ *erklären, dass man die F. als beendet betrachtet*

auf|la|chen ⟨V. intr.; lacht auf, lach|te auf, hat auf|ge|lacht, auf|zu|la|chen⟩ *plötzlich, abrupt kurz lachen* ▸ hell, laut ~

auf|la|den ⟨V. trans.; lädt auf, lud/la|de|te auf, hat auf|ge|la|den, auf|zu|la|den⟩ **1** Heu, Abfälle, Steine ~ *auf ein Fahrzeug laden* **2** einen Akku, eine Batterie ~ *mit Energie speisen* **3** jmdm. etwas ~ *aufbürden* ▸ du hast dir zu viel Arbeit aufgeladen; die Batterie muss neu aufgeladen werden; eine Geldkarte ~ *ein Guthaben auf eine Chipkarte übertragen;* eine aufgeladene Atmosphäre ⟨übertr.⟩ *eine gereizte, erregte A.*

Auf|la|ge ⟨die; -, -n⟩ **1** *Stelle, an der man etwas auflegen kann* **2** *geforderte Leistung, Verpflichtung für einen bestimmten Zeitabschnitt;* Zus *Steuerauflage* **3** ⟨Abk.: Aufl.⟩ *Gesamtzahl der auf einmal hergestellten od. ausgelieferten Exemplare eines Buches od. einer Zeitung;* Zus *Auflagenhöhe, Auflagenziffer* ▸ erste, zweite, neu bearbeitete, unveränderte ~; er hat als ~ bekommen, regelmäßig eine Summe zu zahlen; das neue Buch erscheint in einer ~ von 10 000 Exemplaren

auf|la|gen|schwach ⟨Adj.; -schwä|cher, am -schwächs|ten⟩ ~es Buch *B. mit niedriger Auflage*

auf|la|gen|stark ⟨Adj.; -stär|ker, am -stärks|ten⟩ ~es Buch *B. mit hoher Auflage*

auf|las|sen ⟨V. trans.; lässt auf, ließ auf, hat auf|ge|las|sen, auf|zu|las|sen; umg.⟩ **1** eine Kopfbedeckung ~ *auf dem Kopf lassen* **2** eine Tür, ein Geschäft ~ *offen, geöffnet lassen* **3** ein Kind ~ *nicht ins Bett schicken*

auf|lau|ern ⟨V. intr.; lau|ert auf, lau|er|te auf, hat auf|ge|lau|ert, auf|zu|lau|ern⟩ jmdm. ~ *in einem Versteck auf jmdn. warten (um ihn zu überfallen)*

Auf|lauf ⟨der; -(e)s, -läu|fe⟩ **1** *(rechtswidrige) Ansammlung von Menschen;* Zus *Massenauflauf* **2** *in einer Form überbackene, lockere Speise;* Zus *Auflaufform; Kartoffelauflauf, Nudelauflauf*

auf|lau|fen ⟨V. intr.; läuft auf, lief auf, ist auf|ge|lau|fen, auf|zu|lau|fen⟩ **1** *sich ansammeln* (Kosten, Beträge) **2** *auf Grund stoßen, festfahren* **3** ⟨Sp.⟩ *das Spielfeld betreten* ▸ das Schiff ist auf eine Sandbank aufgelaufen; die Mannschaft lief in roten Trikots auf ⟨Sp.⟩; zu großer Form ~ ⟨übertr.⟩ *ein hohes Niveau erreichen;* jmdn. ~ lassen ⟨übertr.⟩ *bloßstellen*

auf|le|ben ⟨V. intr.; lebt auf, leb|te auf, ist auf|ge|lebt, auf|zu|le|ben⟩ **1** *zu neuem Leben erwachen* **2** *wieder munter, fröhlich werden* **3** *wieder auftreten, erneut ausbrechen* (Hass, Sturm) **4** *wieder lebhafter werden* (Verkehr)

auf|le|cken ⟨V. trans.; leckt auf, leck|te auf, hat auf|ge|leckt, auf|zu|le|cken⟩ etwas ~ *mit der Zunge aufnehmen*

auf|le|gen ⟨V. trans.; legt auf, leg|te auf, hat auf|ge|legt, auf|zu|le|gen⟩ etwas ~ *auf etwas anderes legen, offen hinlegen* ▸ ein **Buch** (neu) ~ *eine (neue) Auflage herausbringen;* ein **Gedeck** mehr ~; den (Telefon-)**Hörer** ~ *den H. auf die Gabel legen u. damit die Verbindung abbrechen;* er hat (den Hörer) einfach aufgelegt; **Puder,** Rouge, Schminke ~; →a. *aufgelegt*

auf|leh|nen ⟨V.; lehnt auf, lehn|te auf, hat auf|ge|lehnt, auf|zu|leh|nen⟩ **I** ⟨V. trans.⟩ den Arm ~ *stützen, lehnen* **II** ⟨V. refl.⟩ sich (gegen jmdn. od. etwas) ~ *Widerstand (gegen jmdn. od. etwas) leisten;* Abl *Auflehnung*

auf|le|sen ⟨V. trans.; liest auf, las auf, hat auf|ge|le|sen, auf|zu|le|sen⟩ **1** etwas ~ *vom Boden, vom Tisch aufheben, sammeln, zusammensuchen* **2** ⟨übertr.; umg.⟩ jmdn. ~ *finden u. (zu sich) mitnehmen* ▸ einen Hund (von der Straße) ~

auf|leuch|ten ⟨V. intr.; leuch|tet auf, leuch|te|te auf, hat auf|ge|leuch|tet, auf|zu|leuch|ten⟩ **1** *kurz leuchten* **2** *zu leuchten beginnen* ▸ seine Augen leuchteten (vor Freude) auf; in der Ferne leuchtete ein Licht nach dem andern auf

auf|lis|ten ⟨V. trans.; lis|tet auf, lis|te|te auf, hat auf|ge|lis|tet, auf|zu|lis|ten⟩ Namen, Daten ~ *in Listen anordnen, aufschreiben;* Abl *Auflistung*

auf|lo|ckern ⟨V. trans.; lo|ckert auf, lo|cker|te auf, hat auf|ge|lo|ckert, auf|zu|lo|ckern⟩ **1** Erde ~ *locker machen* **2** ⟨übertr.⟩ etwas ~ *abwechslungsreicher gestalten* ▸ Erdreich durch Graben, Hacken ~; einen Vortrag durch anschauliche Beispiele ~ ⟨übertr.⟩; Abl *Auflockerung*

auf|lo|dern ⟨V. intr.; lo|dert auf, lo|der|te auf, ist auf|ge|lo|dert, auf|zu|lo|dern⟩ **1** *plötzlich sehr hoch brennen, aufflammen* **2** ⟨übertr.⟩ *plötzlich ausbrechen* (Zorn) ▸ hell ~; ~de Empörung ⟨übertr.⟩

auf|lö|sen ⟨V.; löst auf, lös|te auf, hat auf|ge|löst, auf|zu|lö|sen⟩ **I** ⟨V. trans.⟩ **1** ⟨a. übertr.⟩ einen Knoten, ein Rätsel ~ *lösen, entwirren* **2** etwas (in etwas) ~ *flüssig machen, in einer Flüssigkeit zerfallen lassen* **3** eine Ehe, Versammlung, einen Vertrag ~ *beenden, außer Kraft setzen* **4** eine Firma ~ *schließen, aufgeben* ▸ eine Tablette in Wasser ~; sie war völlig aufgelöst *sie weinte verzweifelt* **II** ⟨V. refl.⟩ sich ~ **1** *sich zersetzen, zerfallen* **2** *sich aufklären* (Rätsel, Problem) **3** *aufhören zu existieren, durch Beschluss beendet werden* (Verein, Partei) ▸ Salz löst sich in Wasser auf; die Partei löste sich auf; sich in Wohlgefallen ~ ⟨übertr.⟩ *von selbst enden, verschwinden*

Auf|lö|sung ⟨die; -, -en⟩ **1** *das Auflösen* **2** *Lösung, Klärung, Beendigung, Außerkraftsetzung* **3** *Zerfall* ▸ die ~ des Rätsels steht auf S. 90

auf|ma|chen ⟨V.; macht auf, mach|te auf, hat auf|ge|macht, auf|zu|ma|chen⟩ **I** ⟨V. trans.⟩ **1** die Augen, den Mantel, das Fenster ~ *öffnen* **2** einen Knoten ~ *lösen* **3** ein Geschäft ~ *eröffnen* **4** etwas irgendwie ~ *ausstatten, gestalten* ▸ mach die Tür nicht auf, wenn es klingelt; in unserer Straße hat ein neuer Bäcker aufgemacht; der Film ist nicht gut aufgemacht **II** ⟨V. refl.⟩ sich (irgendwohin) ~ *sich auf den Weg machen, weggehen*

Auf|ma|cher ⟨der; -s, -⟩ **1** *wirkungsvoller Titel eines Zeitungs- od. Zeitschriftenartikels* **2** *die Berichterstattung einleitender Artikel*

Auf|ma|chung ⟨die; -, -en⟩ *Ausstattung, äußere Gestaltung* ▸ geschmackvolle, schäbige ~; in großer ~ erscheinen *in festlicher Kleidung*

auf|ma|len ⟨V. trans.; malt auf, mal|te auf, hat auf|ge|malt, auf|zu|ma|len⟩ etwas ~ **1** *auf etwas malen* **2** *skizzieren* ▸ eine Wegbeschreibung ~

auf|mar|schie|ren ⟨V. intr.; mar|schiert auf, mar|schier|te auf, ist auf|mar|schiert, auf|zu|mar|schie|ren⟩ **1** *zum Gefecht, zur Kundgebung o. Ä. heranmarschieren u. sich aufstellen* **2** *feierlich vorbeimarschieren;* Abl *Aufmarsch*

auf|mer|ken ⟨V. intr.; merkt auf, merk|te auf, hat auf|ge|merkt, auf|zu|mer|ken⟩ **1** *achtgeben, aufpassen, aufmerksam sein* **2** *aufhorchen*

auf|merk|sam ⟨Adj.⟩ **1** *gut, genau wahrnehmend, sehr scharf u. genau beobachtend* **2** *geistig wach, mit allen Gedanken auf etwas gerichtet, konzentriert* **3** ⟨übertr.⟩ *liebenswürdig, höflich, zuvorkommend, rücksichtsvoll* ▸ ein ~er **Mann;** ein ~er **Zuhörer,** Zuschauer ▸ einen Kunden ~ **bedienen;** in der Schule ~ **sein;** einen Vorgang ~ **verfolgen;** ~ **zuhören,** zusehen ▸ jmdn. ~ machen **auf** *hinweisen auf, ihm zeigen;* darf ich Sie darauf ~ machen, dass ...; er ist seinen Gästen gegenüber sehr ~; vielen Dank, sehr ~! *(als Antwort auf eine kleine Hilfeleistung)*

Auf|merk|sam|keit ⟨die; -, -en⟩ **I** ⟨unz.⟩ **1** *die Fähigkeit, Sinneswahrnehmungen gut aufzunehmen* **2** *Konzentration, Sorgfalt* **3** *liebenswürdige Höflichkeit, Zuvorkommenheit, Rücksicht(nahme)* ▸ einer Sache od. jmdm. ~ schenken; einer Sache besondere ~ widmen; die ~ auf etwas lenken; (größte) ~ auf etwas verwenden **II** ⟨zählb.⟩ **1** *zuvorkommendes Verhalten, rücksichtsvolle Behandlung* **2** *kleines Geschenk* ▸ die Blumen waren nur eine kleine ~; jmdm. ~en erweisen

auf|mi|schen ⟨V. trans.; mischt auf, misch|te auf, hat auf|ge|mischt, auf|zu|mi|schen; umg.⟩ jmdn. od. etwas ~ **1** *in Schwung bringen, munter machen* **2** *Streit anzetteln, jmdn. fertigmachen, verprügeln* ▸ der neue Betriebsleiter wird die Belegschaft schon gehörig ~; eine paar Rowdys versuchten die Demonstranten aufzumischen

auf|mö|beln ⟨V. trans.; mö|belt auf, mö|bel|te auf, hat auf|ge|mö|belt, auf|zu|mö|beln; umg.⟩ **1** etwas ~ *erneuern, verbessern* **2** jmdn. ~ *aufmuntern, beleben* ▸ die Nachricht wird ihn ~

auf|mot|zen ⟨V. trans.; motzt auf, motz|te auf, hat auf|ge|motzt, auf|zu|mot|zen; umg.⟩ etwas ~ *wirkungsvoll, auffallend gestalten*

auf|mu|cken ⟨V. intr.; muckt auf, muck|te auf, hat auf|ge|muckt, auf|zu|mu|cken; umg.⟩ (gegen jmdn. od. etwas) ~ *sich auflehnen, widersetzen*

auf|mun|tern ⟨V. trans.; mun|tert auf, mun|ter|te auf, hat auf|ge|mun|tert, auf|zu|mun|tern⟩ jmdn. ~ *ermuntern, beleben, Mut machen*

auf|müp|fig ⟨Adj.; umg.⟩ *aufsässig, leicht aufmuckend;* Abl *Aufmüpfigkeit*

Auf|nah|me ⟨die; -, -n⟩ **I** ⟨unz.⟩ **1** *das Aufnehmen* **2** *Wiedergabe, Nachbildung (durch Fernsehen, Film, Fotografie, Rundfunk, CD)* **3** *das Festhalten, Aufschreiben eines Verlaufs od. eines Zustands;* Zus *Bestandsaufnahme* **4** *das Zusichnehmen, Essen;* Zus *Nahrungsaufnahme* **5** *Unterkunft, Betreuung u. Obdach* **6** *Zulassung* **7** *das Erfassen, Begreifen, Ansprechen, Eingehen auf* **8** *Beginn* **9** *das Leihen (von Geldern, Hypotheken)* **10** *Vermessung (eines Geländes)* ▸ die ~ von Beziehungen; die ~ einer Nachricht, eines Vorschlags ▸ ~ finden *aufgenommen werden;* ~ gewähren *aufnehmen* ▸ sich für die herzliche ~ bedanken ▸ ~ als Mitglied; ~ auf CD; ~ in ein Krankenhaus; ~ eines Theaterstücks in den Spielplan; um ~ in eine Partei, einen Verein bitten **II** ⟨zählb.⟩ **1** *das Aufgenommene od. Aufzunehmende;* Zus *Filmaufnahme, Musikaufnahme, Röntgenaufnahme* **2** *Empfangsraum im Krankenhaus* ▸ eine ~ machen; eine ~ verwackeln ▸ eine scharfe unscharfe, unterbelichtete ~ ▸ melden Sie sich bitte in der ~!

auf|nah|me|fä|hig ⟨Adj.⟩ *fähig, etwas aufzunehmen* ▸ ich bin heute nicht mehr ~ (weil ich zu müde bin); Abl *Aufnahmefähigkeit*

Auf|nah|me|prü|fung ⟨die; -, -en⟩ *Prüfung, von der die Aufnahme (in eine Schule usw.) abhängt*

auf|neh|men ⟨V. trans.; nimmt auf, nahm auf, hat auf|ge|nom|men, auf|zu|neh|men⟩ **1** etwas (vom Boden, vom Tisch) ~ *aufheben, einsammeln* **2** jmdn. od. etwas ~ *mit einer Kamera od. einem Mikrofon (für spätere Wiedergabe durch Fernsehen, Film, Funk usw.) aufzeichnen* **3** jmdn. od. etwas (in etwas) ~ *mit dazunehmen, einfügen, aufschreiben* **4** Nahrung ~ *zu sich nehmen* **5** jmdn. ~ *empfangen, beherbergen, Obdach, Zuflucht gewähren* **6** einen Gedanken, einen Vorschlag ~ *aufgreifen, annehmen* **7** eine Arbeit ~ *beginnen* **8** einen Kredit ~ *leihen* ▸ den Bestand ~; Flüchtlinge ~; Gäste ~; ein Gespräch (wieder) ~ *ein abgebrochenes G. fortsetzen;* eine Hypothek auf ein Haus ~ *es mit einer Hypothek belasten;* Kontakt zu jmdm. ~; eine Landschaft ~ ⟨Fot.⟩; wie hat sie die Nachricht aufgenommen?; die Spur ~ *finden u. verfolgen;* das Studium (an der Universität) ~ ▸ einen Vorschlag gut, schlecht ~; jmdn. freundlich, herzlich, kühl, unfreundlich ~ ▸ jmdn. als Mitglied ~; ein Musikstück auf CD ~; jmdn. in ein Krankenhaus ~; jmdn. in eine Partei, einen Verein ~; ein Wort in ein Wörterbuch ~; es mit jmdm. ~ können *sich mit ihm messen können*

auf|nö|ti|gen ⟨V. trans.; nö|tigt auf, nö|tig|te auf, hat auf|ge|nö|tigt, auf|zu|nö|ti|gen⟩ jmdm. etwas ~ *aufdrängen, zuschieben*

auf|op|fern ⟨V. trans.; op|fert auf, op|fer|te auf, hat auf|ge|op|fert, auf|zu|op|fern⟩ jmdn. od. sich (für jmdn. od. etwas) ~ *ohne Rücksicht auf sich selbst einsetzen* ▸ sie hat sich für ihn aufgeopfert

auf|op|fernd **I** ⟨Part. Präs. von⟩ *aufopfern* **II** ⟨Adj.⟩ *hingebungsvoll, selbstlos*

Auf|op|fe|rung ⟨die; -; unz.⟩ *selbstloser Einsatz aller körperl. u. seel. Kräfte;* Zus *aufopferungsvoll*

auf|päp|peln ⟨V. trans.; päp|pelt auf, päp|pel|te auf, hat auf|ge|päp|pelt, auf|zu|päp|peln⟩ jmdn. od. ein Tier ~ *(nach einer Krankheit) bes. sorgsam pflegen u. ihm gut zu essen geben*

auf|pas|sen ⟨V. intr.; passt auf, pass|te auf, hat auf|ge|passt, auf|zu|pas|sen⟩ **1** *achtgeben, aufmerksam sein* **2** auf jmdn. ~ *jmdn. betreuen u. beobachten, damit ihm nichts geschieht* ▸ pass doch auf!; an der Kreuzung bitte gut ~!; in der Schule nicht ~

Auf|pas|ser ⟨der; -s, -; umg.⟩ *jmd., der in jmds. Auftrag auf andere aufpasst;* Abl *Aufpasserin*

auf|peit|schen ⟨V. trans.; peitscht auf, peitsch|te auf, hat auf|ge|peitscht, auf|zu|peit|schen⟩ **1** etwas ~ *aufwühlen* **2** ⟨übertr.⟩ jmdn. od. etwas ~ *in heftige Erregung versetzen* ▸ der Sturm peitscht die Wogen auf; die Gegner ~ ⟨übertr.⟩

auf|plat|zen ⟨V. intr.; platzt auf, platz|te auf, ist auf|ge|platzt, auf|zu|plat|zen⟩ *durch Druck von innen od. einen Schlag sich öffnen* (Naht, Wunde)

auf|plus|tern ⟨V.; plus|tert auf, plus|ter|te auf, hat auf|ge|plus|tert, auf|zu|plus|tern⟩ **I** ⟨V. trans.⟩ die Federn ~ *aufrichten* **II** ⟨V. refl.⟩ sich ~ **1** *(durch Aufstellen der Federn) scheinbar seinen Umfang vergrößern* (Vogel) **2** ⟨übertr.⟩ *sich wichtigtun*

auf|po|lie|ren ⟨V. trans.; po|liert auf, po|lier|te auf, hat auf|po|liert, auf|zu|po|lie|ren⟩ **1** Möbel ~ *ih-*

nen wieder Glanz geben **2** ⟨übertr.; umg.⟩ seine Kenntnisse ~ *auffrischen, erneuern*

auf|pols|tern ⟨V. trans.; pols|tert auf, pols|ter|te auf, hat auf|ge|pols|tert, auf|zu|pols|tern⟩ eine Couch, einen Sessel ~ (lassen) *die Polster einer C., eines S. wieder auffüllen (lassen)*

auf|pral|len ⟨V. intr.; prallt auf, prall|te auf, ist auf|ge|prallt, auf|zu|pral|len⟩ *heftig auf od. gegen etwas stoßen, schwer auf etwas fallen* ▸ die Kugel ist auf die Wand aufgeprallt; Abl *Aufprall*

Auf|preis ⟨der; -es, -e⟩ *aufgeschlagener Preis* ▸ gegen einen ~ erhält man verschiedene Extras

auf|pum|pen ⟨V. trans.; pumpt auf, pump|te auf, hat auf|ge|pumpt, auf|zu|pum|pen⟩ einen Reifen ~ *durch Pumpen mit Luft füllen*

auf|put|schen ⟨V. trans.; putscht auf, putsch|te auf, hat auf|ge|putscht, auf|zu|put|schen⟩ jmdn. ~ **1** *aufwiegeln, aufstacheln* **2** *durch Reizmittel, Drogen stark anregen;* Zus *Aufputschmittel*

auf|quel|len ⟨V. intr.; quillt/quellt auf, quoll/quell|te auf, ist auf|ge|quol|len/auf|ge|quellt, auf|zu|quel|len⟩ **1** *durch Aufnehmen von Flüssigkeit anschwellen* **2** *nach oben quellen* ▸ getrocknete Erbsen einige Stunden ~ lassen

auf|raf|fen ⟨V.; rafft auf, raff|te auf, hat auf|ge|rafft, auf|zu|raf|fen⟩ **I** ⟨V. trans.⟩ etwas ~ *schnell, eilig, aufsammeln u. an sich nehmen* **II** ⟨V. refl.⟩ sich (zu etwas) ~ *sich mit Mühe dazu bringen, etwas zu tun* ▸ er raffte sich endlich auf, zu gehen

auf|ra|gen ⟨V. intr.; ragt auf, rag|te auf, ist auf|ge|ragt, auf|zu|ra|gen⟩ *in die Höhe ragen*

auf|rap|peln ⟨V. refl.; rap|pelt sich auf, rap|pel|te sich auf, hat sich auf|ge|rap|pelt, sich auf|zu|rap|peln⟩ sich ~ **1** *schnell, aber ein wenig ungeschickt aufstehen* **2** *wieder zu Kräften kommen*

auf|räu|men ⟨V.; räumt auf, räum|te auf, hat auf|ge|räumt, auf|zu|räu|men⟩ **I** ⟨V. trans.⟩ **1** eine Wohnung, ein Lager ~ *ordnen, in Ordnung bringen* **2** Schutt, umherliegende Gegenstände ~ *beiseiteräumen, beiseiteschaffen* ▸ hast du dein Zimmer schon aufgeräumt?; wir müssen den Keller ~ **II** ⟨V. intr.; übertr.⟩ **1** mit etwas ~ *mit etwas Schluss machen, etwas beseitigen* **2** unter etwas, unter Personen ~ *viele Opfer fordern, viele Personen töten* ▸ mit Missständen ~; die Epidemie hat unter der Mannschaft aufgeräumt

auf|rech|nen ⟨V. trans.; rech|net auf, rech|ne|te auf, hat auf|ge|rech|net, auf|zu|rech|nen⟩ etwas gegen etwas ~ *etwas durch etwas Gleichwertiges ausgleichen u. tilgen*

auf|recht ⟨Adj.⟩ **1** *gerade, in aufgerichteter Haltung* **2** ⟨übertr.⟩ *aufrichtig, unbestechlich, ehrenhaft* (Charakter, Mensch) ▸ ~ gehen, sitzen, stehen; sich vor Müdigkeit nicht mehr ~ halten können

auf|recht|er|hal|ten ⟨V. trans.; er|hält auf|recht, er|hielt auf|recht, hat auf|recht|er|hal|ten, auf|recht|zu|er|hal|ten⟩ etwas ~ *beibehalten, gültig erhalten, sichern* ▸ ein Angebot, eine Behauptung, die Ordnung ~; Abl *Aufrechterhaltung*

auf|re|gen ⟨V.; regt auf, reg|te auf, hat auf|ge|regt, auf|zu|re|gen⟩ **I** ⟨V. trans.⟩ jmdn. ~ *unruhig machen, erregen* ▸ der Besuch regte den Kranken auf; die Kinder sind vor Freude ganz aufgeregt; er kam aufgeregt ins Zimmer gestürzt; ein ~des Buch *spannendes B.* **II** ⟨V. refl.⟩ **1** sich ~ *in Unruhe, Erregung geraten* **2** sich über jmdn. od. etwas ~ *sich über jmdn., etwas empören u. abfällig äußern* ▸ sich wegen jeder Kleinigkeit ~

Auf|re|gung ⟨die; -, -en⟩ *Erregung, Unruhe, Spannung* ▸ er konnte vor ~ kaum noch sprechen

auf|rei|ben ⟨V. trans.; reibt auf, rieb auf, hat auf|ge|rie|ben, auf|zu|rei|ben⟩ **1** Haut, Fell ~ *wund-reiben* **2** jmdn. ~ *überbeanspruchen u. vollkommen erschöpfen, ermüden* ▸ der Sattel hat dem Pferd das Fell aufgerieben; er reibt sich für seine Familie auf; eine ~de Tätigkeit

auf|rei|hen ⟨V. trans.; reiht auf, reih|te auf, hat auf|ge|reiht, auf|zu|rei|hen⟩ jmdn. od. etwas ~ *in eine Reihe stellen, legen, aneinanderreihen*

auf|rei|ßen ⟨V.⟩ **I** ⟨V. trans.; reißt auf, riss auf, hat auf|ge|ris|sen, auf|zu|rei|ßen⟩ **1** einen Brief, ein Geschenk, eine Naht ~ *durch Reißen öffnen* **2** das Pflaster, die Straße ~ *aufbrechen, aufhacken* **3** ⟨übertr.⟩ die Augen, den Mund ~ *schnell u. weit öffnen* **4** ⟨umg.⟩ jmdn. ~ *jmdn. ansprechen, mit jmdm. sexuellen Kontakt suchen* **II** ⟨V. intr.; reißt auf, riss auf, ist auf|ge|ris|sen, auf|zu|rei|ßen⟩ *sich durch Druck od. Schlag öffnen, spalten, aufplatzen* ▸ die Wunde ist erneut aufgerissen

auf|rei|zend ⟨Adj.⟩ *provokativ, sexy* ▸ sie kleidet sich immer sehr ~d

auf|rich|ten ⟨V. trans.; rich|tet auf, rich|te|te auf, hat auf|ge|rich|tet, auf|zu|rich|ten⟩ **1** jmdn., sich od. etwas ~ *geraderichten* **2** etwas ~ *errichten, aufbauen, aufstellen* **3** ⟨übertr.⟩ jmdn. ~ *trösten, jmdm. Mut zusprechen* ▸ einen Mast, einen Pfosten ~; jmdn. nach einer Niederlage wieder ~ ⟨übertr.⟩; sich an jmdm. od. etwas ~ ⟨übertr.⟩ *Trost, Halt finden;* sich im Bett ~

auf|rich|tig ⟨Adj.⟩ **1** *ehrlich, ohne Falsch* **2** *offen, freimütig* ▸ ein ~er Mensch; ~e Anteilnahme!; ~ seine Meinung sagen; Abl *Aufrichtigkeit*

Auf|riss ⟨der; -es, -e⟩ *geometr. (unperspektivische) Zeichnung eines senkrechten Schnittes od. der Außenseite eines Gegenstandes*

auf|rol|len ⟨V. trans.; rollt auf, roll|te auf, hat auf|ge|rollt, auf|zu|rol|len⟩ **1** Garn ~ *auf eine Rolle wickeln od. von einer Rolle abwickeln* **2** ⟨übertr.⟩ eine Sache ~ *darstellen u. gründlich untersuchen, umfassend behandeln* ▸ wir müssen die Frage, das Problem noch einmal von vorne ~

auf|rü|cken ⟨V. intr.; rückt auf, rück|te auf, ist auf|ge|rückt, auf|zu|rü|cken⟩ **1** *sich an den Vorder- od. Nebenmann anschließen* **2** *in eine höhere Position aufsteigen* ▸ zum Abteilungsleiter ~

Auf|ruf ⟨der; -(e)s, -e⟩ **1** *öffentlicher Appell, Aufforderung* **2** *das Aufrufen (1)* ▸ nach ~ des Namens bitte vortreten; ~ zum Widerstand

auf|ru|fen ⟨V. trans.; ruft auf, rief auf, hat auf|ge|ru|fen, auf|zu|ru|fen⟩ **1** jmdn. ~ *durch Rufen zum Erheben od. Sichmelden veranlassen* **2** jmdn. zu etwas ~ *öffentlich auffordern, etwas Bestimmtes zu tun* ▸ einen Schüler (im Unterricht) ~; jmdn. mit Namen ~; ein Programm ~ ⟨EDV⟩

starten; zur Teilnahme, zum Widerstand ~; Sie müssen warten, bis Sie aufgerufen werden; einen Zeugen ~ *in den Zeugenstand rufen*

Auf|ruhr ⟨der; -s, -e; Pl. selten⟩ **1** *Auflehnung (gegen die Staatsgewalt), Empörung;* Abl *Aufrührer(in)* **2** *Durcheinander, Tumult* **3** *heftige Unruhe, starke Erregung* ▸ die ganze Stadt war in ~; jmds. Gefühle, ein Volk in ~ bringen

auf|rüh|re|risch ⟨Adj.⟩ *zum Aufruhr geneigt, zum Aufruhr aufstachelnd* ▸ ~e Reden halten

auf|run|den ⟨V. trans.; run|det auf, run|de|te auf, hat auf|ge|run|det, auf|zu|run|den⟩ eine Zahl ~ *die Endziffer(n) einer Zahl durch Null(en) ersetzen u. die letzte verbleibende Stelle um 1 erhöhen*

auf|rüs|ten ⟨V.; rüs|tet auf, rüs|te|te auf, hat auf|ge|rüs|tet, auf|zu|rüs|ten⟩ **I** ⟨V. trans.⟩ einen Computer ~ *mit zusätzl. Teilen ausstatten* **II** ⟨V. intr.; Mil.⟩ *die Armee u. ihre Ausrüstung verstärken* ▸ das Land rüstet weiter auf; Abl *Aufrüstung*

auf|rüt|teln ⟨V. trans.; rüt|telt auf, rüt|tel|te auf, hat auf|ge|rüt|telt, auf|zu|rüt|teln⟩ jmdn. ~ **1** *durch Rütteln aus dem Schlaf aufwecken* **2** ⟨übertr.⟩ **2.1** *energisch zum Tun ermahnen* **2.2** *zu einer Einsicht bringen* **2.3** *aus seinen Träumen holen*

aufs ⟨Verschmelzungsform aus Präp. + Art.⟩ *auf das*

auf|sa|gen ⟨V. trans.; sagt auf, sag|te auf, hat aufge|sagt, auf|zu|sa|gen⟩ ein Gedicht ~ *(auswendig) hersagen*

auf|sam|meln ⟨V. trans.; sam|melt auf, sam|mel|te auf, hat auf|ge|sam|melt, auf|zu|sam|meln⟩ **1** etwas ~ *(vom Boden) aufheben u. sammeln* **2** ⟨umg.⟩ jmdn. ~ *(zufällig) finden u. mitnehmen*

auf|säs|sig ⟨Adj.⟩ *widerspenstig, trotzig;* Abl *Aufsässigkeit*

Auf|satz ⟨der; -es, -sät|ze⟩ **1** *kurze Abhandlung, schriftliche Darstellung;* Zus *Schulaufsatz* **2** *aufgesetztes Stück, Aufbau;* Zus *Regalaufsatz*

auf|sau|gen ⟨V. trans.; saugt auf, saug|te auf, hat auf|ge|saugt, auf|zu|sau|gen⟩ Flüssigkeit ~ *durch Saugen in sich aufnehmen*

auf|schau|en ⟨V. intr.; schaut auf, schau|te auf, hat auf|ge|schaut, auf|zu|schau|en⟩ = *aufsehen*

auf|schau|keln ⟨V. refl.; schau|kelt sich auf, schau|kel|te sich auf, hat sich auf|ge|schau|kelt, sich auf|zu|schau|keln; umg.⟩ = *hochschaukeln (II)*

auf|schäu|men ⟨V.⟩ **I** ⟨V. intr.schäumt auf, schäum|te auf, ist auf|ge|schäumt, auf|zu|schäu|men⟩ *(plötzlich) Schaum bilden* ▸ die Wellen schäumten auf; Milch ist im Topf aufgeschäumt **II** ⟨V. trans.; schäumt auf, schäum|te auf, hat auf|ge|schäumt, auf|zu|schäu|men⟩ etwas ~ *zum Schäumen bringen* ▸ aufgeschäumte Milch

auf|scheu|chen ⟨V. trans.; scheucht auf, scheuch|te auf, hat auf|ge|scheucht, auf|zu|scheu|chen⟩ jmdn. ~ **1** *plötzlich aus der Ruhe bringen* **2** *aus dem Versteck u. in die Flucht jagen*

auf|schich|ten ⟨V. trans.; schich|tet auf, schich|te|te auf, hat auf|ge|schich|tet, auf|zu|schich|ten⟩ etwas ~ *in Schichten übereinanderlegen, aufstapeln*

auf|schie|ben ⟨V. trans.; schiebt auf, schob auf, hat auf|ge|scho|ben, auf|zu|schie|ben⟩ **1** eine Tür ~ *durch Schieben öffnen* **2** ⟨übertr.⟩ einen Termin ~ *auf später verschieben;* →a. *aufheben*

Auf|schlag ⟨der; -(e)s, -schlä|ge⟩ **1** *Auftreffen von etwas auf einer Fläche* **2** ⟨Sp.; Tennis⟩ *erster Schlag;* Syn *Angabe (4);* Zus *Aufschlaglinie* **3** *Verteuerung, Preiserhöhung;* Zus *Preisaufschlag* **4** *nach oben gewendeter Stoffteil an Kleidungsstücken;* Zus *Ärmelaufschlag, Rockaufschlag*

auf|schla|gen ⟨V.⟩ **I** ⟨V. intr.; schlägt auf, schlug auf, ist/hat auf|ge|schla|gen, auf|zu|schla|gen⟩ **1** (auf etwas) ~ *auf einer Fläche auftreffen, aufprallen* **2** ⟨Sp.; Tennis, Badminton⟩ *den ersten Schlag tun, angeben (II.2)* ▸ er schlug mit dem Kopf auf dem Boden auf ▸ wer hat aufgeschlagen? ⟨Sp.⟩ **II** ⟨V. trans.; schlägt auf, schlug auf, hat auf|ge|schla|gen, auf|zu|schla|gen⟩ **1** ein Ei, eine Nuss ~ *durch Schlag öffnen* **2** ein Buch, die Zeitung ~ *an einer bestimmten Stelle öffnen* **3** sich das Knie, den Kopf ~ *durch Schlag verletzen* **4** ein Lager, ein Zelt ~ *als Bleibe einrichten, errichten, aufbauen* ▸ die Augen ~ *öffnen;* die Bettdecke ~ *umschlagen, zurückschlagen;* ein Fass ~ *anzapfen;* den Kragen ~ *emporstellen, hochschlagen;* eine Seite, Stelle (in einem Buch) ~ *ein Buch an einer bestimmten Stelle öffnen*

auf|schlie|ßen ⟨V.; schließt auf, schloss auf, hat auf|ge|schlos|sen, auf|zu|schlie|ßen⟩ **I** ⟨V. trans.⟩ eine Tür, einen Schrank ~ *mit Schlüssel öffnen* **II** ⟨V. intr.⟩ = *aufrücken (1);* →a. *aufgeschlossen*

auf|schlit|zen ⟨V. trans.; schlitzt auf, schlitz|te auf, hat auf|ge|schlitzt, auf|zu|schlit|zen⟩ etwas ~ *durch Schnitt od. Riss öffnen* ▸ einen Brief ~

Auf|schluss ⟨der; -es, -schlüs|se⟩ *Aufklärung* ▸ ~ erhalten (über); jmdm. ~ geben (über)

auf|schlüs|seln ⟨V. trans.; schlüs|selt auf, schlüs|sel|te auf, hat auf|ge|schlüs|selt, auf|zu|schlüs|seln⟩ etwas ~ *nach einem System od. bestimmten Verhältnis aufteilen*

auf|schnei|den ⟨V.; schnei|det auf, schnitt auf, hat auf|ge|schnit|ten, auf|zu|schnei|den⟩ **I** ⟨V. trans.⟩ etwas ~ **1** *durch Schneiden öffnen* **2** *in Scheiben schneiden* ▸ den Braten, die Wurst ~ **II** ⟨V. intr.⟩ *prahlen, übertreiben;* Abl *Aufschneider(in), Aufschneiderei; aufschneiderisch*

Auf|schnitt ⟨der; -(e)s; unz.⟩ *in Scheiben geschnittenes, verschiedenartiges Fleisch* (Wurst, Schinken)

auf|schnü|ren ⟨V. trans.; schnürt auf, schnür|te auf, hat auf|ge|schnürt, auf|zu|schnü|ren⟩ etwas ~ *die Verschnürung von etwas lösen* ▸ Schuhe ~

auf|schre|cken ⟨V.⟩ **I** ⟨V. trans.; schreckt auf, schreck|te auf, hat auf|ge|schreckt, auf|zu|schre|cken⟩ jmdn. od. ein Tier ~ *plötzlich erschrecken, aufscheuchen* **II** ⟨V. intr.; schrickt/schreckt auf, schrak/schreck|te auf, ist auf|ge|schreckt, auf|zu|schre|cken⟩ *plötzlich erschreckt hochfahren, aufwachen* ▸ aus dem Schlaf ~

Auf|schrei ⟨der; -(e)s, -e⟩ *plötzlicher Schrei* ▸ entsetzlicher, freudiger, schriller ~

auf|schrei|ben ⟨V. trans.; schreibt auf, schrieb auf, hat auf|ge|schrie|ben, auf|zu|schrei|ben⟩ (sich) etwas ~ *etwas schriftlich festhalten, niederschreiben,* *notieren (damit man es nicht vergisst)* ▸ ich habe mir seine Telefonnummer aufgeschrieben

auf|schrei|en ‹V. intr.; schreit auf, schrie auf, hat auf|ge|schri|en, auf|zu|schrei|en› *einen Schrei ausstoßen* ▸ vor Freude, Schmerz, Schreck ~

Auf|schrift ‹die; -, -en› **1** *Beschriftung (auf Etiketten usw.)* **2** *Inschrift (auf Denkmälern usw.)*

Auf|schub ‹der; -(e)s, -schü|be› *Zeit, für od. um die etwas aufgeschoben wird, Verzögerung, Frist* ▸ jmdm. ~ gewähren; die Sache duldet keinen ~; ohne ~ *sofort, unverzüglich;* um ~ bitten

auf|schür|fen ‹V. trans.; schürft auf, schürf|te auf, hat auf|ge|schürft, auf|zu|schür|fen› (sich) die Haut ~ *oberflächlich verletzen*

auf|schüt|teln ‹V. trans.; schüt|telt auf, schüt|tel|te auf, hat auf|ge|schüt|telt, auf|zu|schüt|teln› das Bett, die Kissen ~ *durch Schütteln lockern*

auf|schüt|ten ‹V. trans.; schüt|tet auf, schüt|te|te auf, hat auf|ge|schüt|tet, auf|zu|schüt|ten› Erde (zum Damm, Wall) ~ *auf einen Haufen schütten, aufhäufen;* Abl *Aufschüttung*

auf|schwat|zen ‹V. trans.; schwatzt auf, schwatz|te auf, hat auf|ge|schwatzt, auf|zu|schwat|zen; umg.› **1** jmdm. etwas ~ *jmdn. dazu überreden, etwas zu nehmen, zu kaufen* **2** sich etwas ~ lassen *sich zu einem Kauf überreden lassen*

Auf|schwung ‹der; -(e)s, -schwün|ge› **1** *Aufstieg der Konjunktur;* Zus *Wirtschaftsaufschwung* **2** *Turnübung, Hochschwingen des Körpers auf das Gerät* ▸ die Wirtschaft erlebte, nahm in diesem Jahr einen großen ~; ein ~ am Reck

auf|se|hen ‹V. intr.; sieht auf, sah auf, hat auf|ge|se|hen, auf|zu|se|hen› **1** *in die Höhe sehen* **2** zu jmdm. ~ *ihn bewundern* ▸ er arbeitete, ohne aufzusehen *ohne Pause;* zum Himmel ~

Auf|se|hen ‹das; -s; unz.› *allgemeine Aufmerksamkeit* ▸ Aufsehen erregend = *aufsehenerregend;* seine Heirat erregte großes ~; die Sache ging ohne ~ vor sich *unbemerkt*

auf|se|hen|er|re|gend *auch:* **Auf|se|hen er|re|gend** ‹Adj.› *so beschaffen, dass es Aufsehen erregt* ▸ ein ~er Vorfall

Auf|se|her ‹der; -s, -› *Aufsicht Führender, Wächter;* Abl *Aufseherin*

auf sein → *auf*

auf|sei|ten *auch:* **auf Sei|ten** ‹Präp. mit Gen.› *bei* ▸ ~ der Opposition; →a. *Seite*

auf|set|zen ‹V.; setzt auf, setz|te auf, hat auf|ge|setzt, auf|zu|set|zen› **I** ‹V. trans.› **1** etwas (auf etwas anderes) ~ *darauf setzen, bauen, nähen usw.* **2** den Arm, das Bein ~ *aufstützen* **3** einen Text ~ *(vorläufig schriftlich) abfassen, entwerfen* ▸ die **Brille** ~ *auf die Nase setzen;* den **Hut,** die Mütze ~ *auf den Kopf setzen;* **Kartoffeln,** Wasser ~ *zum Kochen auf den Herd stellen;* eine mürrische **Miene** ~ ‹umg.› *ein mürrisches Gesicht machen* ▸ den Text **für** eine Rede ~ **II** ‹V. intr.; Flugw.› das Flugzeug setzte **hart,** weich (auf dem Boden) auf *landete, berührte den Boden hart, weich* **III** ‹V. refl.› sich ~ *sich (aus dem Liegen) zum Sitzen aufrichten*

Auf|sicht ‹die; -, -en› **I** ‹unz.› *Überwachung, Beaufsichtigung, Kontrolle* ▸ die ~ führen, haben (über); unter jmds. ~ stehen; Zus *Aufsichtsbehörde, Aufsichtspersonal* **II** ‹zählb.› *Aufsichtsbeamter*

Auf|sichts|pflicht ‹die; -; unz.› *(gesetzl.) Pflicht zur Beaufsichtigung (bestimmter Personen, bes. von Kindern)* ▸ seine ~ verletzen

Auf|sichts|rat ‹der; -(e)s, -rä|te› *Vereinigung von Personen zur Beaufsichtigung von Aktiengesellschaften, Genossenschaften usw.;* Zus *Aufsichtsratsitzung, Aufsichtsratsvorsitzende(r)*

auf|sit|zen ‹V. intr.; sitzt auf, saß auf, ist/hat auf|ge|ses|sen, auf|zu|sit|zen› **1** *aufs Pferd, Motorrad steigen* **2** ‹umg.› jmdm. ~ *sich von ihm täuschen lassen* ▸ jmdn. ~ lassen *jmdn. (aufs Pferd, Motorrad) aufsteigen lassen;* ‹übertr.; umg.› *jmdn. durch Nichteinhalten einer Verabredung od. Zusage in eine unangenehme Lage bringen*

auf|spal|ten ‹V. trans.; spal|tet auf, spal|te|te auf, hat auf|ge|spal|ten, auf|zu|spal|ten› etwas ~ *durch Spalten zerteilen, aufteilen, zerlegen* ▸ Atome ~; die Partei hat sich in Gruppen aufgespalten ‹übertr.›; Abl *Aufspaltung*

auf|span|nen ‹V. trans.; spannt auf, spann|te auf, hat auf|ge|spannt, auf|zu|span|nen› einen Schirm ~ *öffnen, ausbreiten, bis er gespannt ist*

auf|spa|ren ‹V. trans.; spart auf, spar|te auf, hat auf|ge|spart, auf|zu|spa|ren› (sich) etwas ~ *für später aufheben, zurücklegen* ▸ eine Neuigkeit bis zuletzt ~; sich ein Stück Schokolade ~

auf|sper|ren ‹V. trans.; sperrt auf, sperr|te auf, hat auf|ge|sperrt, auf|zu|sper|ren› **1** eine Tür, einen Schrank ~ *mittels Schlüssels od. Riegels öffnen, aufschließen* **2** die Augen, den Mund, ein Fenster, eine Tür ~ *weit öffnen, aufmachen* ▸ die Ohren ~ ‹übertr.; umg.› *aufmerksam zuhören*

auf|spie|len ‹V.; spielt auf, spiel|te auf, hat auf|ge|spielt, auf|zu|spie|len› **I** ‹V. trans. u. V. intr.› **1** *Musik machen* **2** ‹Sp.› *in einer bestimmten Weise, mit einer speziellen Taktik spielen* ▸ einen Walzer ~; zum Tanz ~; glänzend, unbeschwert ~ ‹Sp.› **II** ‹V. refl.› **1** sich ~ *sich wichtigtun, angeben, prahlen* **2** sich als etwas ~ *so tun, als ob man etwas Bestimmtes sei* ▸ sich als Fachmann ~

auf|spie|ßen ‹V. trans.; spießt auf, spieß|te auf, hat auf|ge|spießt, auf|zu|spie|ßen› etwas ~ *auf etwas Spitzes stecken, durchbohren* ▸ ein Stück Fleisch mit der Gabel ~

auf|sprin|gen ‹V. intr.; springt auf, sprang auf, ist auf|ge|sprun|gen, auf|zu|sprin|gen› **1** *in die Höhe springen* **2** *auf etwas Fahrendes springen* **3** *sich plötzlich (weit) öffnen* (Tür, Schloss) **4** *rissig werden* (Haut, Lippen, Rinde) ▸ vom Sitz ~; vor Freude ~; auf den fahrenden Zug ~

auf|spü|ren ‹V. trans.; spürt auf, spür|te auf, hat auf|ge|spürt, auf|zu|spü|ren› jmdn. od. etwas ~ *durch Verfolgen der Spur entdecken, in einem Versteck finden* ▸ der Verbrecher wurde aufgespürt; Wild ~; einen Fehler ~ ‹übertr.›

auf|sta|cheln ‹V. trans.; sta|chelt auf, sta|chel|te auf, hat auf|ge|sta|chelt, auf|zu|sta|cheln› jmdn. (zu etwas) ~ *aufwiegeln, hetzend anspornen* ▸ die Bevölkerung zum Widerstand ~

A

Auf|stand ⟨der; -(e)s, -stän|de⟩ *Empörung, Erhebung* ▸ ~ der Massen; ein ~ bricht aus; bewaffneter ~; Abl *aufständisch; Aufständische(r)*

auf|sta|peln ⟨V. trans.; sta|pelt auf, sta|pel|te auf, hat auf|ge|sta|pelt, auf|zu|sta|peln⟩ Kisten, Bücher ~ *zu einem Stapel schichten*

auf|stau|en ⟨V.; staut auf, stau|te auf, hat auf|ge|staut, auf|zu|stau|en⟩ **I** ⟨V. trans.⟩ Wasser ~ *am Weiterfließen hindern* **II** ⟨V. refl.⟩ sich ~ *sich ansammeln* ▸ in ihm staute sich die Wut auf

auf|ste|chen ⟨V. trans.; sticht auf, stach auf, hat auf|ge|sto|chen, auf|zu|ste|chen⟩ etwas ~ *durch Stich öffnen* ▸ eine Brandblase ~

auf|ste|hen ⟨V. intr.; steht auf, stand auf, ist auf|ge|stan|den, auf|zu|ste|hen⟩ **1** *sich auf die Füße stellen, sich zum Stehen aufrichten, sich erheben* **2** *das Bett verlassen* **3** ⟨umg.⟩ *offen stehen, sein* ▸ das Fenster, die Tür steht auf ⟨umg.⟩ ▸ früh, spät ~ ▸ aus dem Bett ~; mit dem linken Fuß zuerst aufgestanden sein ⟨übertr.⟩ *schon morgens schlechte Laune haben;* ich stehe jeden Tag um 6 Uhr auf; vom Boden, vom Stuhl ~

auf|stei|gen ⟨V. intr.; steigt auf, stieg auf, ist auf|ge|stie|gen, auf|zu|stei|gen⟩ **1** *ein Pferd besteigen* **2** *auf ein Fahrzeug (Fahrrad, Motorrad) steigen* **3** *in die Höhe fliegen, sich in die Luft erheben* (Flugzeug, Vogel) **4** *in die Höhe steigen* (Nebel, Rauch) **5** *am Himmel emporsteigen* (Gestirne) **6** ⟨Sp.⟩ *in eine höhere Spiel- bzw. Leistungsklasse eintreten* **7** ⟨übertr.⟩ *befördert werden, sich hocharbeiten* ▸ einen Drachen ~ lassen; in die nächsthöhere Liga ~ ⟨Sp.⟩; Erinnerungen steigen in mir auf ⟨übertr.⟩; er stieg zum Abteilungsleiter auf; sich auf dem ~den Ast befinden ⟨übertr.⟩ *vorwärtskommen* (Person), *aufblühen* (Geschäft); gegen die ~den Tränen ankämpfen

Auf|stei|ger ⟨der; -s, -⟩ **1** ⟨Sp.⟩ *Mannschaft, die in einem Wettbewerb in eine höhere Spiel- od. Leistungsklasse wechselt* **2** ⟨umg.⟩ *jmd., der in eine höhere gesellschaftliche Stellung, Klasse aufgestiegen ist;* Abl *Aufsteigerin*

auf|stel|len ⟨V.; stellt auf, stell|te auf, hat auf|ge|stellt, auf|zu|stel|len⟩ **I** ⟨V. trans.⟩ **1** ein Denkmal, eine Maschine, ein Zelt ~ *aufrichten, errichten, aufbauen* **2** eine Leiter, Falle, einen Posten, Wachen ~ *an eine bestimmte Stelle stellen* **3** eine Regel, Theorie ~ *erdenken (u. veröffentlichen od. anwenden)* **4** eine Liste, Rechnung ~ *(schriftlich) zusammenstellen, ordnen* ▸ einen Automaten ~; eine Behauptung ~ *etwas behaupten;* Kandidaten ~ *Kandidaten nennen u. zur Wahl vorschlagen;* einen Rekord ~ *einen R. erreichen;* einen Tarif ~ *festsetzen, schaffen;* eine These ~; Truppen ~ *einziehen u. kampfbereit machen* ▸ jmdn. als Kandidaten ~ **II** ⟨V. refl.⟩ sich ~ **1** *antreten* **2** *sich (wartend) hinstellen* ▸ sich hintereinander, in Reih und Glied ~; →a. *aufgestellt*

Auf|stel|lung ⟨die; -, -en⟩ **I** ⟨unz.⟩ **1** *das Aufstellen* **2** ⟨Sp.⟩ *vorgeschriebene Verteilung der Spieler am Anfang eines Spieles od. nach einer Unterbrechung* ▸ ~ nehmen *sich aufstellen, antreten* **II** ⟨zählb.⟩ *das, was aufgestellt worden ist, Liste* ▸ eine ~ einreichen, vornehmen

auf|stem|men ⟨V. trans.; stemmt auf, stemm|te auf, hat auf|ge|stemmt, auf|zu|stem|men⟩ etwas ~ *mit dem Stemmeisen öffnen*

Auf|stieg ⟨der; -(e)s, -e⟩ **I** ⟨unz.⟩ **1** *das Aufsteigen, Hinaufsteigen* **2** ⟨übertr.⟩ *berufliches Vorwärtskommen, Karriere;* Zus *Aufstiegsmöglichkeit* **3** *Fortschritt, Aufschwung, Höherentwicklung* ▸ leichter, schwerer, rascher ~; beim ~ auf den Berggipfel; nach seinem ~ zum Leiter des Unternehmens **II** ⟨zählb.⟩ *aufwärtsführender Weg* ▸ bequemer, steiler, steiniger ~

auf|stö|bern ⟨V. trans.; stö|bert auf, stö|ber|te auf, hat auf|ge|stö|bert, auf|zu|stö|bern⟩ jmdn. od. ein Tier ~ = *aufspüren*

auf|sto|cken ⟨V. trans.; stockt auf, stock|te auf, hat auf|ge|stockt, auf|zu|sto|cken⟩ **1** ein Gebäude ~ *um ein Stockwerk erhöhen* **2** Vorräte, Kapital ~ *vermehren, erweitern, erhöhen;* Abl *Aufstockung*

auf|stöh|nen ⟨V. intr.; stöhnt auf, stöhn|te auf, hat auf|ge|stöhnt, auf|zu|stöh|nen⟩ *kurz u. hörbar stöhnen*

auf|sto|ßen ⟨V.; stößt auf, stieß auf, hat auf|ge|sto|ßen, auf|zu|sto|ßen⟩ **I** ⟨V. trans.⟩ ein Fenster, eine Tür ~ *durch Stoß öffnen, ruckartig öffnen* **II** ⟨V. intr.⟩ **1** *Luft aus dem Magen heraufdringen lassen* **2** jmdm. ~ *als bemerkenswert auffallen* **3** auf etwas ~ *von oben an etwas stoßen* ▸ von Limonade muss ich immer ~; das stößt mir übel auf ⟨übertr.⟩ *stört mich sehr, ärgert mich;* er ist mit dem Kopf auf die Tischkante aufgestoßen **III** ⟨V. refl.⟩ sich etwas ~ *durch Stoß verletzen* ▸ er hat sich den Kopf aufgestoßen

auf|stre|ben ⟨V. intr.; strebt auf, streb|te auf, hat/ist auf|ge|strebt, auf|zu|stre|ben⟩ *nach oben, in die Höhe streben* ▸ zu etwas ~ *sich um ein höheres Ziel bemühen;* das ~de Bürgertum ⟨übertr.⟩ *das zur Macht strebende B.*

Auf|strich ⟨der; -(e)s, -e⟩ **1** *eine auf etwas aufgestrichene Schicht;* Zus *Farbaufstrich* **2** *alles, was aufs Brot gestrichen wird;* Zus *Brotaufstrich*

auf|stüt|zen ⟨V.; stützt auf, stütz|te auf, hat auf|ge|stützt, auf|zu|stüt|zen⟩ **I** ⟨V. trans.⟩ etwas (auf etwas) ~ *zum besseren Halt auf etwas lehnen, stützen* ▸ die Arme (auf dem/den Tisch) ~ **II** ⟨V. refl.⟩ sich (mit etwas) (auf etwas) ~ *sich (mit den Armen) auf etwas stützen, lehnen*

auf|su|chen ⟨V. trans.; sucht auf, such|te auf, hat auf|ge|sucht, auf|zu|su|chen⟩ jmdn. ~ *jmdn. besuchen, zu jmdm. gehen* ▸ einen Anwalt ~; den Arzt ~; die Toilette ~ *hineingehen*

auf|ta|keln ⟨V.; ta|kelt auf, ta|kel|te auf, hat auf|ge|ta|kelt, auf|zu|ta|keln⟩ **I** ⟨V. trans.⟩ ein Schiff ~ *mit Takelwerk versehen* **II** ⟨V. refl.; übertr.; oft abwertend⟩ sich ~ *sich übertrieben anziehen, schminken, mit Schmuck behängen usw.*

Auf|takt ⟨der; -(e)s, -e⟩ **1** ⟨Mus.⟩ *unvollständiger Takt zu Beginn eines Musikstückes* **2** ⟨übertr.⟩ *Beginn, Eröffnung (einer Veranstaltung)* ▸ beim, zum ~ einer Tournee

auf|tan|ken ⟨V. intr. u. V. trans.; tankt auf, tank|te

auf, hat auf|ge|tankt, auf|zu|tan|ken⟩ (etwas) ~ *den Treibstoffvorrat auffüllen* ▸ Energie, neue Kräfte ~ ⟨übertr.⟩; im Urlaub ~ ⟨übertr.⟩

auf|tau|chen ⟨V. intr.; taucht auf, tauch|te auf, ist auf|ge|taucht, auf|zu|tau|chen⟩ **1** *aus dem Wasser hervorkommen, über der Wasseroberfläche sichtbar werden* **2** ⟨übertr.⟩ *erscheinen, plötzlich da sein* ▸ nach langer Zeit tauchte er wieder bei uns auf; immer wieder tauchten Zweifel auf ⟨übertr.⟩

auf|tau|en ⟨V.⟩ **I** ⟨V. intr.; taut auf, tau|te auf, ist auf|ge|taut, auf|zu|tau|en⟩ **1** *schmelzen* **2** ⟨übertr.⟩ *zutraulich, mitteilsam werden* ▸ die vereiste Fensterscheibe taut auf **II** ⟨V. trans.; taut auf, tau|te auf, hat auf|ge|taut, auf|zu|tau|en⟩ etwas Eingefrorenes ~ *zum Schmelzen bringen*

auf|tei|len ⟨V. trans.; teilt auf, teil|te auf, hat auf|ge|teilt, auf|zu|tei|len⟩ etwas ~ **1** *restlos verteilen* **2** *aufgliedern* ▸ der Gewinn wurde aufgeteilt; Abl *Aufteilung*

auf|ti|schen ⟨V. trans.; tischt auf, tisch|te auf, hat auf|ge|tischt, auf|zu|ti|schen⟩ **1** Speisen ~ *auf den Esstisch bringen, auftragen* **2** ⟨übertr.⟩ jmdm. Lügen, Halbwahrheiten ~ *erzählen*

Auf|trag ⟨der; -(e)s, -trä|ge⟩ **1** *zugeteilte Arbeit, Anweisung zur Ausführung einer Arbeit, zur Lieferung von etwas;* Zus *Auftraggeber(in), Auftragnehmer(in), Auftragsarbeit* **2** *Lieferungsvertrag, Bestellung;* Zus *Auftragsbestätigung, Auftragseingang, Auftragsvolumen* **3** *Aufstrich, aufgetragene Schicht;* Zus *Farbauftrag* ▸ einen ~ (pünktlich) **ausführen,** erledigen; jmdm. einen ~ **erteilen,** geben; ich **habe** den ~, Ihnen mitzuteilen, dass … ▸ ein **schwieriger** ~ ▸ **im** ~ ⟨Abk.: i. A.⟩ *(bei Briefen, die nicht vom Bevollmächtigten, sondern von einem Beauftragten einer Firma, Behörde usw. unterzeichnet werden);* in jmds. ~ handeln; eine Arbeit in ~ geben

auf|tra|gen ⟨V.; trägt auf, trug auf, hat auf|ge|tragen, auf|zu|tra|gen⟩ **I** ⟨V. trans.⟩ **1** Farbe, Lack, Puder, Schminke ~ *auf eine Oberfläche streichen, aufbringen* **2** Speisen ~ *auf den Esstisch bringen, servieren* **3** Kleidung, Schuhe ~ *so lange tragen, bis sie kaputt sind* **4** jmdm. etwas ~ *einen Auftrag geben, jmdn. anweisen, etwas zu tun* ▸ jmdm. Grüße (an jmdn.) ~; Farbe dick, dünn ~; dick ~ ⟨übertr.⟩ *übertreiben;* ich habe ihm aufgetragen, hier auf dich zu warten **II** ⟨V. intr.; umg.⟩ *dick machen* ▸ dieser Stoff, diese Unterjacke trägt auf

Auf|trags|la|ge ⟨die; -; unz.⟩ *Situation der eingegangenen Aufträge*

auf|tref|fen ⟨V. intr.; trifft auf, traf auf, ist auf|ge|trof|fen, auf|zu|tref|fen⟩ auf etwas ~ *auf eine Oberfläche treffen, aufprallen, aufschlagen*

auf|trei|ben ⟨V. trans.; treibt auf, trieb auf, hat auf|ge|trie|ben, auf|zu|trei|ben⟩ **1** etwas ~ *durch inneren Druck erweitern, blähen* **2** jmdn. od. etwas ~ *nach mühevollem Suchen finden* ▸ Geld ~ *besorgen, herbeischaffen;* Hefe treibt den Teig auf; das ist alles, was ich an Essbarem ~ konnte

auf|tren|nen ⟨V. trans.; trennt auf, trenn|te auf, hat auf|ge|trennt, auf|zu|tren|nen⟩ eine Naht, einen Saum ~ *durch Trennen öffnen, lösen*

auf|tre|ten ⟨V. intr.; tritt auf, trat auf, ist auf|ge|treten, auf|zu|tre|ten⟩ **1** *auf den Boden treten, den Fuß aufsetzen* **2** *die Bühne betreten, auf der Bühne erscheinen* **3** *sich öffentlich zeigen* **4** *sich (auf bestimmte Weise) benehmen* **5** *vorkommen, eintreten* (Erscheinung, Krankheit) ▸ in der Öffentlichkeit **gewandt,** sicher, selbstbewusst ~; **öffentlich** ~; Pocken treten weltweit nur noch **selten** auf ▸ **als** Zeuge (vor Gericht) ~; **in** einem Stück ~ *als Schauspieler mitwirken*

Auf|trieb ⟨der; -(e)s, -e⟩ **1** *Hinauftreiben (des Viehs) auf die Alm* **2** ⟨übertr.⟩ *Aufschwung, Schwung, Schaffenskraft* **3** ⟨übertr.⟩ *Anregung (zu einer Leistung), Ermunterung, Ansporn* **4** ⟨Phys.⟩ *eine der Schwerkraft entgegen, nach oben wirkende Kraft* ▸ ein Flugzeug erhält ~; die Wirtschaft erhielt (einen) neuen ~ ⟨übertr.⟩; jmdm. ~ geben ⟨übertr.⟩ *ihn anspornen*

Auf|tritt ⟨der; -(e)s, -e⟩ **1** *das Auftreten, Erscheinen, bes. auf der Bühne* **2** *Teil des Aktes, Szene, durch Auf- od. Abtreten eines Schauspielers gekennzeichnet* **3** ⟨übertr.⟩ *heftiger Streit, Wortwechsel* ▸ ein hässlicher, peinlicher ~ ⟨übertr.⟩

auf|tun ⟨V.; tut auf, tat auf, hat auf|ge|tan, auf|zu|tun⟩ **I** ⟨V. trans.⟩ **1** jmdn. od. etwas ~ *ausfindig machen* **2** etwas ~ *aufmachen, öffnen* ▸ ich habe hier neue Bekannte aufgetan ⟨umg.⟩; einen Laden ~ ⟨schweiz.⟩ *eröffnen* **II** ⟨V. refl.⟩ sich ~ **1** *sich öffnen* (Tür, Vorhang) **2** *entstehen, sich bilden* (Geschäft, Vereinigung) ▸ vor unseren Augen tat sich eine herrliche Landschaft auf

auf|tür|men ⟨V.; türmt auf, türm|te auf, hat auf|getürmt, auf|zu|tür|men⟩ **I** ⟨V. trans.⟩ etwas ~ *zu einem Turm übereinanderschichten* **II** ⟨V. refl.⟩ sich ~ *zu einer bestimmten Höhe anwachsen* ▸ die Wellen türmten sich vor dem Boot auf

aufwachen/aufwecken/erwachen

Bei der Verwendung dieser drei Verben kommen häufig Fehler vor, daher sollten sie gut unterschieden werden. *Aufwachen* bedeutet, dass eine Person von sich aus, ohne die Einwirkung anderer wach wird: *Ich bin heute um 9 Uhr aufgewacht. Er ist noch nicht aufgewacht.* Demgegenüber meint *aufwecken,* dass jemand von einer anderen Person wachgemacht, geweckt wird: *Kannst du mich morgen um 8 Uhr aufwecken? Ich werde ihn gleich aufwecken.* Das Verb *erwachen* bedeutet ebenfalls „aufwachen" und wird heute überwiegend schriftsprachlich, besonders im gehobenen Sprachstil oder in übertragener Bedeutung (meist nicht in Bezug auf Personen) verwendet: *Sie erwachte aus einem langen, traumlosen Schlaf. Seine Lebensgeister sind wieder erwacht. Nach dem Feiern kam das böse Erwachen.*

auf|wa|chen ⟨V. intr.; wacht auf, wach|te auf, ist auf|ge|wacht, auf|zu|wa|chen⟩ **1** *vom Schlaf erwachen, wach werden* **2** ⟨übertr.⟩ *Interesse an der Umwelt gewinnen, lebhafter, vernünftiger werden*

▸ wach auf! ⟨übertr.⟩ *sieh ein, dass du auf dem falschen Weg bist!;* ich bin (heute) früh, spät aufgewacht; aus der Ohnmacht, der Narkose ~ *das Bewusstsein wiedererlangen;* ich wache jeden Morgen gegen 6 Uhr auf

auf|wach|sen ⟨[-ks-] V. intr.; wächst auf, wuchs auf, ist auf|ge|wach|sen, auf|zu|wach|sen⟩ *größer, älter werden, heranwachsen* ▸ er ist auf dem Land, in der Stadt, in Südamerika aufgewachsen; ich bin in einer kinderreichen Familie aufgewachsen; wir sind zusammen aufgewachsen *haben unsere Kindheit u. Jugend gemeinsam verbracht*

auf|wal|len ⟨V. intr.; wallt auf, wall|te auf, ist auf|ge|wallt, auf|zu|wal|len⟩ **1** *aufkochen* **2** ⟨übertr.⟩ in jmdm. ~ *plötzlich aufsteigen* (von Gefühlen) ▸ die Suppe nur einmal ~ lassen; der Zorn wallte in ihm auf ⟨übertr.⟩

Auf|wand ⟨der; -(e)s; unz.⟩ **1** *das, was aufgewendet worden ist* **2** *Einsatz (von Mitteln)* ▸ großen, viel ~ treiben; unnützer ~; ~ an Energie, Geld, Kraft, Material, Zeit; mit großem, geringem, viel, wenig ~; Zus *Kraftaufwand, Zeitaufwand*

auf|wän|dig ⟨Adj.⟩ = *aufwendig*

auf|wär|men ⟨V.; wärmt auf, wärm|te auf, hat auf|ge|wärmt, auf|zu|wär|men⟩ **I** ⟨V. trans.⟩ **1** Speisen ~ *noch einmal wärmen, wieder erwärmen* **2** ⟨übertr.⟩ alte Geschichten ~ *wieder ins Gedächtnis rufen, sich wieder erinnern (zumeist negativ)* **II** ⟨V. refl.⟩ **1** sich (an od. mit etwas) ~ *an einer Wämequelle wieder warm werden* **2** ⟨Sp.⟩ sich ~ *durch Übungen die Muskulatur lockern*

auf|war|ten ⟨V. intr.; war|tet auf, war|te|te auf, hat auf|ge|war|tet, auf|zu|war|ten⟩ mit etwas ~ *etwas anbieten, bereithalten* ▸ mit einem Imbiss ~; mit Neuigkeiten ~ ⟨übertr.⟩ *N. zu erzählen wissen*

auf|wärts ⟨Adv.⟩ *empor, nach oben, in die Höhe;* Zus *Aufwärtstrend, Aufwärtsentwicklung*

Auf|war|tung ⟨die; -, -en⟩ jmdm. seine ~ machen *einen förmlichen Besuch abstatten*

Auf|wasch ⟨der; -(e)s; unz.⟩ *schmutziges Geschirr, das aufgewaschen werden soll, Abwasch* ▸ ich habe heute viel, wenig ~; das geht doch in einem ~ ⟨übertr.; umg.⟩ *das kann man alles auf einmal erledigen;* Zus *Aufwaschlappen, Aufwaschwasser*

auf|we|cken ⟨V. trans.; weckt auf, weck|te auf, hat auf|ge|weckt, auf|zu|we|cken⟩ jmdn. ~ *wachmachen, wecken* ▸ sei leise, damit du das Kind ja nicht aufweckst! →a. *aufgeweckt*

auf|wei|chen ⟨V.⟩ **I** ⟨V. trans.; weicht auf, weich|te auf, hat auf|ge|weicht, auf|zu|wei|chen⟩ etwas ~ **1** *(durch Flüssigkeit) weich machen* **2** ⟨übertr.⟩ *lockern* ▸ hartes Brot in Wasser ~; ein Verbot ~ ⟨übertr.⟩; die Wege sind vom Regen aufgeweicht **II** ⟨V. intr.; weicht auf, weich|te auf, ist auf|ge|weicht, auf|zu|weichen⟩ *weich werden*

auf|wei|sen ⟨V. trans.; weist auf, wies auf, hat auf|ge|wie|sen, auf|zu|wei|sen⟩ **1** Eigenschaften ~ *besitzen, darüber verfügen* **2** etwas ~ *vorzeigen, enthüllen* ▸ er weist alle Anzeichen von Masern auf; die Bilanz weist einen Gewinn auf

auf|wen|den ⟨V. trans.; wen|det auf, wand|te/wen|de|te auf, hat auf|ge|wandt/auf|ge|wen|det, auf|zu|wen|den⟩ **1** Energie, Mühe, Kraft ~ *leisten, aufbieten* **2** Geld ~ *zahlen, ausgeben* ▸ für eine Arbeit viel Fleiß, Zeit ~

auf|wen|dig ⟨Adj.⟩ *mit viel Aufwand verbunden, betrieben, hergestellt, kostspielig;* oV *aufwändig*

Auf|wen|dung ⟨die; -, -en⟩ **1** *Zahlung, Ausgabe* **2** *Leistung*

auf|wer|fen ⟨V.; wirft auf, warf auf, hat auf|ge|wor|fen, auf|zu|wer|fen⟩ **I** ⟨V. trans.⟩ **1** einen Wall ~ *aufhäufen, aufschütten* **2** ⟨übertr.⟩ eine Frage ~ *eine Frage stellen, zur Sprache bringen* **II** ⟨V. refl.; übertr.⟩ sich zu etwas ~ *sich eine Position (mit bestimmten Vorrechten) anmaßen* ▸ sich zum Richter (über andere) ~

auf|wer|ten ⟨V. trans.; wer|tet auf, wer|te|te auf, hat auf|ge|wer|tet, auf|zu|wer|ten⟩ etwas ~ *den Wert erhöhen, den ursprünglichen Wert ganz od. zum Teil wiederherstellen* ▸ der Euro wurde um einen Cent aufgewertet; Abl *Aufwertung*

auf|wi|ckeln ⟨V. trans.; wi|ckelt auf, wi|ckel|te auf, hat auf|ge|wi|ckelt, auf|zu|wi|ckeln⟩ **1** Garn, ein Seil ~ *auf eine Rolle, ein(en) Knäuel wickeln* **2** eine Rolle ~ *öffnen, ausbreiten* **3** Haar ~ *auf Lockenwickler drehen*

auf|wie|geln ⟨V. trans.; wie|gelt auf, wie|gel|te auf, hat auf|ge|wie|gelt, auf|zu|wie|geln⟩ jmdn. ~ *zum Aufstand anstiften, veranlassen;* Abl *Aufwiegler(in), Aufwieg(e)lung; aufwieglerisch*

auf|wie|gen ⟨V. trans.; wiegt auf, wog auf, hat auf|ge|wo|gen, auf|zu|wie|gen⟩ etwas ~ *ausgleichen, ein Gegengewicht zu etwas herstellen* ▸ die wenigen Vorteile wiegen die Nachteile kaum, nicht auf; das lässt sich nicht mit Gold ~ *das ist unbezahlbar, außerordentlich wertvoll*

Auf|wind ⟨der; -(e)s, -e⟩ **1** *aufsteigende Luftbewegung* **2** ⟨übertr.; umg.⟩ *Schwung, Auftrieb* ▸ das Segelflugzeug hat guten ~; im ~ sein ⟨übertr.; umg.⟩ *gut vorankommen, (beruflich) aufsteigen*

auf|wir|beln ⟨V. trans.; wir|belt auf, wir|bel|te auf, hat auf|ge|wir|belt, auf|zu|wir|beln⟩ Staub ~ *drehend in die Höhe wehen* ▸ viel Staub ~ ⟨übertr.⟩ *viel Aufsehen erregen*

auf|wi|schen ⟨V. trans.; wischt auf, wisch|te auf, hat auf|ge|wischt, auf|zu|wi|schen⟩ **1** eine Flüssigkeit ~ *mit dem Lappen aufnehmen* **2** den Boden ~ *durch Wischen trocknen*

auf|wüh|len ⟨V. trans.; wühlt auf, wühl|te auf, hat auf|ge|wühlt, auf|zu|wüh|len⟩ **1** Erde ~ *durch Wühlen in Unordnung bringen* **2** ⟨übertr.⟩ jmdn. ~ *in starke innere Bewegung versetzen* ▸ die Nachricht hat mich aufgewühlt ⟨übertr.⟩

auf|zäh|len ⟨V. trans.; zählt auf, zähl|te auf, hat auf|ge|zählt, auf|zu|zäh|len⟩ etwas ~ *der Reihe nach, einzeln benennen* ▸ er zählte uns die Vorzüge seiner Wohnung auf; Abl *Aufzählung*

auf|zäu|men ⟨V. trans.; zäumt auf, zäum|te auf, hat auf|ge|zäumt, auf|zu|zäu|men⟩ ein Pferd ~ *einem P. Zaumzeug anlegen* ▸ ein Pferd vom Schwanz (her), von hinten ~ ⟨übertr.⟩ *eine Sache falsch anfangen*

auf|zeich|nen ⟨V. trans.; zeich|net auf, zeich|ne|te auf, hat auf|ge|zeich|net, auf|zu|zeich|nen⟩ etwas

~ **1** *(erklärend) hinzeichnen* **2** *aufschreiben, notieren* **3** = *aufnehmen (2)* ▸ jmdm. einen Plan, einen Weg ~; das Interview wurde vor der Sendung aufgezeichnet

Auf|zeich|nung ⟨die; -, -en⟩ **1** *(erklärende) Zeichnung, Niederschrift, Notiz* **2** *Filmaufnahme, Tonaufnahme* ▸ seine ~en veröffentlichen

auf|zei|gen ⟨V.; zeigt auf, zeig|te auf, hat auf|gezeigt, auf|zu|zei|gen⟩ **I** ⟨V. trans.⟩ (jmdm.) etwas ~ *darlegen, vorführen, beweisen* ▸ die Entwicklung eines Lebewesens (in einem Vortrag o. Ä.) ~ **II** ⟨V. intr.⟩ *die Hand heben* (Schüler)

auf|zie|hen ⟨V.⟩ **I** ⟨V. trans.; zieht auf, zog auf, hat auf|ge|zo|gen, auf|zu|zie|hen⟩ **1** eine Gardine, eine Schublade ~ *durch Ziehen öffnen* **2** eine Uhr ~ *durch Spannen der Feder (neu) einstellen* **3** ein Kind, ein Tier ~ *großziehen, erziehen* **4** eine Schleuse, Zugbrücke ~ *in die Höhe ziehen* **5** ⟨übertr.; umg.⟩ eine Sache, ein Projekt ~ *organisieren, ins Werk setzen* **6** ⟨übertr.; umg.⟩ jmdn. ~ *necken, hänseln* ▸ einen **Reifen** ~ *auf die Felge des Rades aufmontieren* ▸ ein Unternehmen (ganz) **groß** ~ *mit viel Aufwand, in großem Umfang aufbauen* ▸ ein Foto **auf** Pappe ~ *festkleben;* jmdn. **mit** einer Angewohnheit ~ ⟨übertr.; umg.⟩ *ihn wegen einer A. hänseln* ▸ die Uhr ist (nicht) aufgezogen **II** ⟨V. intr.; zieht auf, zog auf, ist auf|ge|zo|gen, auf|zu|zie|hen⟩ ein Gewitter, Wolken ziehen auf *kommen näher*

Auf|zucht ⟨die; -; unz.⟩ *das Aufziehen (von Tieren, Pflanzen);* Zus *Geflügelaufzucht, Rosenaufzucht, Schweineaufzucht*

Auf|zug ⟨der; -(e)s, -zü|ge⟩ **1** *Fahrstuhl, Lift;* Zus *Lastenaufzug, Personenaufzug* **2** *Aufmarsch, Vorbeimarsch, Festzug* **3** ⟨Theat.⟩ *Abschnitt, Teil eines Bühnenwerkes, Akt (2)* **4** *Art der Kleidung, Aufmachung* ▸ den ~ nehmen; feierlicher ~ des Staatspräsidenten; der ~ ist voll; in feierlichem ~ erscheinen, vorbeimarschieren; in einem solchen ~ kannst du dich nirgends sehen lassen ⟨umg.⟩ *in dieser unpassenden od. beschmutzten Kleidung;* mit dem ~ fahren

auf|zwin|gen ⟨V. trans.; zwingt auf, zwang auf, hat auf|ge|zwun|gen, auf|zu|zwin|gen⟩ jmdm. etwas ~ *gewaltsam aufdrängen, aufnötigen*

Aug|ap|fel ⟨der; -s, -äp|fel; Anat.⟩ *das Auge* ▸ jmdn. od. etwas wie seinen ~ hüten *bes. gut auf jmdn. od. etwas achtgeben*

Au|ge ⟨das; -s, -n⟩ **1** ⟨Anat.⟩ *Sehorgan des Menschen u. der Tiere;* ⓘ S. 146; Zus *Augenfarbe, Augenlid, Augenränder* **2** ⟨Bot.⟩ *ruhende Knospe, Knospenansatz* **3** *Punkt, Figur, Zahl (auf Würfeln, Dominosteinen, Spielkarten usw.);* Zus *Augenzahl* **4** *(auf der Suppe, Soße) schwimmender Fetttropfen;* Zus *Fettauge* ▸ das ~ des **Gesetzes** *die Polizei* ▸ **aufgehen:** jetzt gehen mir die ~n auf! ⟨übertr.⟩ *jetzt erkenne ich die Zusammenhänge!;* **mach** doch die ~n auf! ⟨umg.⟩ *pass doch auf!;* die ~n **aufschlagen** *aufwachen;* die ~n **brennen,** tränen mir; ihre ~n **funkelten,** strahlten; ein (sehr wachsames) ~ auf etwas od. jmdn. **haben** *etwas od. jmdn. sorglich beobachten, darauf od. auf ihn aufpassen;* (große) ~n **machen** *staunen;* die ~n **niederschlagen;** die ~n **offen halten** ⟨übertr.⟩ *aufmerksam sein, die Umwelt gut beobachten;* die ~n **öffnen;** jmdm. die ~n öffnen ⟨übertr.⟩ *jmdn. (über etwas) aufklären;* so weit das ~ **reicht** *so weit man sehen kann;* die ~n auf etwas od. jmdn. **richten** *etwas od. jmdn. ansehen;* die ~n **schließen** *schlafen;* ⟨übertr.⟩ *sterben;* ich **traute** meinen ~n nicht, als ich das sah *ich wollte es nicht glauben;* sich die ~n **verderben** *das Sehvermögen herabsetzen;* die ~n (vor einer Tatsache) **verschließen** *(etwas) nicht sehen wollen;* ein ~ **zudrücken** ⟨übertr.⟩ *etwas nicht genau nehmen, (wohlwollend) übersehen;* die ganze Nacht (über) kein ~ **zutun** *nicht schlafen können* ▸ **blaue,** braune, graue ~n; →a. *blau;* **funkelnde,** glänzende, strahlende, sanfte, schöne, treue ~n; **feuchte,** nasse ~n bekommen, haben *(fast) zu weinen beginnen, sehr gerührt sein;* **gute,** schlechte ~n haben *gut, schlecht sehen;* da blieb **kein** ~ trocken *alle waren sehr gerührt;* ⟨umg.⟩ *begeistert;* hast du keine ~n (im Kopf)? *hast du das nicht gesehen?, pass doch auf!;* mit **offenen** ~n in sein Unglück rennen *das U. sehen, aber nicht beachten;* jmdm. **schöne** ~n machen *mit ihm kokettieren, seine Aufmerksamkeit zu fesseln suchen;* **sechs** ~n werfen (beim Würfeln); ein **sicheres** ~ für etwas haben *das Wesentliche von etwas erfassen* ▸ jmdm. etwas **an** den ~n ablesen, absehen *einen unausgesprochenen Wunsch erraten;* das passt wie die Faust **aufs** ~ ⟨umg.⟩ *das passt gar nicht zusammen;* jmdm. etwas aufs ~ drücken *ihm eine lästige Arbeit aufzwingen;* ein ~ auf etwas werfen *etwas gern besitzen wollen;* er hat ein ~ auf sie geworfen *er interessiert sich für sie;* **aus** den ~n, aus dem Sinn *nicht mehr gesehen - schon vergessen;* geh mir aus den ~n! *ich will dich nicht mehr sehen!;* jmdn. nicht aus den ~n lassen *ihn ständig beobachten;* jmdn. aus den ~n verlieren *nichts mehr von ihm hören;* das ist etwas **fürs** ~ ⟨übertr.⟩ *das ist ein hübscher Anblick;* ich werde die Sache **im** ~ behalten *ich werde daran denken, sie weiterverfolgen;* einen Fremdkörper im ~ haben; etwas im ~ haben ⟨übertr.⟩ *daran denken, im Sinn haben, sich vorstellen;* (nur) seinen eigenen Vorteil im ~ haben; jmdn. im ~ behalten *jmdn. unverwandt beobachten;* ~ **in** ~ *von Angesicht zu Angesicht, einander fest ansehend;* in meinen ~n ist er ein Schuft *meiner Ansicht nach;* es fällt, springt in die ~n *fällt sofort auf, erregt die Aufmerksamkeit;* etwas ins ~ fassen *in Erwägung ziehen, beabsichtigen, sich vornehmen;* das wäre fast ins ~ gegangen ⟨umg.⟩ *wäre fast schlimm ausgegangen;* Tränen in den ~n haben (vor Rührung); einer Gefahr ins ~ sehen *ihr mutig begegnen;* dem Tod ins ~ sehen *in Todesgefahr sein;* **mit** den ~n rollen; jmdn. mit den ~n verschlingen *begehrlich ansehen;* mit den ~n zwinkern; etwas mit anderen ~n sehen *von einem anderen Gesichtspunkt aus beurteilen;* etwas mit bloßem ~ erkennen können *ohne optische Hilfsmittel;* ich habe es mit (meinen) eigenen ~n gesehen *selbst gesehen, ich war Zeuge, war dabei;* eine Sache mit einem lachenden und einem weinenden ~ betrachten *halb froh, heiter, erleichtert, halb betrübt, besorgt;* du schläfst wohl mit offenen ~n? *du passt nicht auf;* seine ~n überall haben *gut beobachten, sich nichts entgehen lassen;* jmdm. nicht mehr unter die ~n treten können *ein schlechtes Gewissen ihm gegenüber haben;* jmdm. etwas unter vier ~n sagen, etwas unter vier ~n besprechen *es ihm allein sagen, es zu zweit, ohne Zeugen besprechen;* es fiel ihm wie Schuppen von den ~n *plötzlich erkannte er die Zusammenhänge;* jmdm. etwas vor ~n führen *ihm darlegen, erklären, zeigen;* etwas vor ~n haben *sich deutlich vorstellen;* sich eine Tatsache vor ~n halten *sie bedenken, nicht vergessen, beherzigen;* mir wurde schwarz vor (den) ~n *mir wurde schlecht, ich drohte ohnmächtig zu werden;* vor aller ~n *öffentlich, vor allen andern;* vor meinen ~n *vor mir;* etwas vor seinem inneren, geistigen ~ sehen *sich vorstellen* ▸ ~n wie ein Luchs haben *sehr gut sehen können*

Au|gen|arzt ⟨der; -es, -ärz|te; Med.⟩ *Facharzt für Augenerkrankungen;* Abl *Augenärztin*

Au|gen|auf|schlag ⟨der; -(e)s, -schlä|ge⟩ *Bewegen der Augenlider* ▸ mit einem koketten ~

Au|gen|blick ⟨a. [--'-] der; -(e)s, -e⟩ **1** *sehr kurze Zeit, Moment* **2** *bestimmter Zeitpunkt* ▸ einen (kleinen) ~ bitte! *bitte noch (ein) wenig Geduld!;* alle ~(e) *sehr oft, immerzu, fortwährend;* er muss jeden ~ da sein *sehr bald, gleich* ▸ im entscheidenden ~; der große ~ war gekommen; einen günstigen ~ erwischen ⟨umg.⟩ ▸ bis zu diesem ~; ich bin im ~ sehr beschäftigt *zurzeit, gerade jetzt;* (gerade) in dem ~, als …; im ersten ~ dachte ich … *zuerst;* er kam im letzten ~ *gerade noch rechtzeitig;* im nächsten ~ *unmittelbar darauf;* er erschien im ungünstigsten ~

au|gen|blick|lich ⟨a. [--'--] Adj.⟩ **1** *im Augenblick, momentan, zurzeit* **2** *sofort, jetzt* ▸ die Situation ist ~ schlecht; sein Zustand hat sich ~ verbessert; er ist ~ nicht da; er verschwand ~

Au|gen|blicks|er|folg ⟨der; -(e)s, -e⟩ *kurzer Erfolg, Erfolg ohne Dauer*

Au|gen|braue ⟨die; -, -n⟩ *behaarter Halbbogen über dem Auge* ▸ die ~n hochziehen *(Zeichen des Erstaunens, Unglaubens od. der Missbilligung);* sich die ~n zupfen; ⓘ S. 146; Zus *Augenbrauenstift*

au|gen|fäl|lig ⟨Adj.⟩ *sofort erkennbar, auffällig*

Au|gen|hö|he ⟨die; in den Wendungen⟩ in ~ *in Höhe der Augen;* auf gleicher ~ ⟨übertr.⟩ *in ebenbürtiger Position*

Au|gen|licht ⟨das; -(e)s; unz.⟩ *Sehkraft* ▸ das ~ verlieren *blind werden*

Au|gen|maß ⟨das; -es; unz.⟩ **1** *Schätzung nach bloßem Ansehen, ohne nachzumessen* **2** *Fähigkeit, Entfernungen zu schätzen* ▸ ein gutes ~ haben; die Entfernung beträgt nach ~ etwa 100 Meter

Au|gen|merk ⟨das; -s; unz.⟩ *Aufmerksamkeit* ▸ sein ~ auf etwas richten

Au|gen|op|ti|ker ⟨der; -s, -⟩ *Optiker, der Sehhilfen für die Augen (Brillen, Kontaktlinsen) ausmisst u. anpasst;* Abl *Augenoptikerin*

Au|gen|schein ⟨der; -s; unz.⟩ *äußerer Anschein* ▸ der ~ trügt in diesem Falle; etwas in ~ nehmen *durch eigene Besichtigung prüfen*

au|gen|schein|lich ⟨Adj.⟩ **1** *sichtbar, offenbar* **2** *anscheinend, soviel man sieht* ▸ es ist ~, dass …; ~ ist er schon hier gewesen

Au|gen|wei|de ⟨die; -; unz.; poet.⟩ *etwas, das schön anzusehen ist, erfreulicher Anblick*

Au|gen|wi|sche|rei ⟨die; -; unz.; übertr.; umg.⟩ *Selbsttäuschung durch Verharmlosung (von Missständen od. Gefahren)*

Au|gen|zeu|ge ⟨der; -n, -n⟩ *Beobachter (eines Vorfalls)* ▸ ~ bei einem Unfall sein; Abl *Augenzeugin;* Zus *Augenzeugenbericht*

Au|gen|zwin|kern ⟨das; -s; unz.⟩ *Zeichen mit den Augen* ▸ mit einem ~ ⟨übertr.⟩ *mit nachsichtigem Einverständnis;* Abl *augenzwinkernd*

…äu|gig ⟨in Zus.; zur Bildung von Adj.⟩ *mit einer bestimmten Art od. Zahl von Augen versehen,* z. B. blauäugig

Au|gust ⟨der; -(e)s, -e; Abk.: Aug.⟩ *achter Monat des Jahres*

Auk|ti|on ⟨die; -, -en⟩ = *Versteigerung;* Abl *Auktionator(in);* Zus *Auktionshaus*

Au|la ⟨die; -, Au|len⟩ *Festsaal in Schule od. Universität* ▸ die Veranstaltung findet in der ~ statt

Au|pair-Mäd|chen *auch:* **Au-pair-Mäd|chen** ⟨[opɛːr-] das; -s, -⟩ *Mädchen, das im Ausland gegen Unterkunft, Verpflegung u. Taschengeld in einer Familie arbeitet*

Au|ra ⟨die; -, Au|ren⟩ *Gesamtheit der Wirkungen, die von einem Menschen ausgehen*

aus/von

Getränke nimmt man in der Regel ***aus*** einem Gefäß zu sich, das heißt, man trinkt ***aus*** einem Becher, einem Glas oder einer Flasche: *Wir tranken den Wein aus Wassergläsern. Sie wollten das Bier aus der Flasche trinken.*
Wenn man ausdrücken möchte, dass ein Getränk nur zum Teil getrunken wurde, gebraucht man die Präposition ***von*** mit einem Dativobjekt: *Wer hat von meinem Kaffee getrunken?* Wird alles (aus)getrunken, so steht nur ein Akkusativobjekt: *Sie trank den Saft mit einem Zug (aus). Wer hat meinen Kaffee getrunken/ausgetrunken?*

aus **I** ⟨Präp. m. Dat.⟩ **1** ⟨örtlich, Richtung⟩ *von … her, etwas verlassend, weg von, aus etwas hinaus, heraus* **2** ⟨zeitlich⟩ *von … her* **3** *bestehend, hergestellt aus* **4** *infolge (von)* ▸ ~ ihm spricht der Hass ⟨übertr.⟩ *er spricht hasserfüllt, man merkt ihm seinen Hass an* ▸ ~ diesem Anlass; einen Brief ~ Berlin bekommen; das habe ich ~ einem Buch gelernt; etwas ~ Erfahrung wissen; er stammt ~ guter Familie; etwas ~ dem Fenster werfen; ~ Furcht; etwas ~ dem Gedächtnis wiederholen; ~ einem Glas trinken; eine Kette

~ Gold; ~ welchem Grund?; ~ vollem Halse lachen *laut lachen;* der Vogel frisst ~ der Hand; ~ dem Hause gehen, kommen, treten; ~ Holz geschnitzt; ~ Liebe; einer ~ unserer Mitte *einer von uns;* ~ der Mode kommen *unmodern werden;* der Roman besteht ~ mehreren Teilen; jmdm. ~ einer Verlegenheit (heraus)helfen; ~ Verzweiflung; ein Schal ~ Wolle; ein Lied ~ alten Zeiten ▸ wie Sie ~ der beigefügten Rechnung ersehen; einen Begriff ~ dem Zusammenhang herauslösen; das Bild stammt ~ dem vorigen Jahrhundert **II** 〈Adv.; Richtung〉 *heraus, hinaus, hervor, etwas verlassend* ▸ bei jmdm. ein und ~ gehen 〈übertr.〉 *häufig bei jmdm. sein;* weder ein noch ~ wissen *völlig ratlos sein;* von hier ~ kann man es sehen; von mir ~ 〈umg.〉 *meinetwegen, ich habe nichts dagegen* **III** 〈präd.〉 **1** auf etwas ~ sein *eine Absicht verfolgen, etwas verfolgen* **2** 〈umg.〉 **2.1** 〈kurz für〉 *ausgeschaltet, ausgegangen* **2.2** *vorbei, zu Ende* ▸ sein: es ist ~! *jetzt ist Schluss!;* alles ist ~ *es gibt keinen Ausweg mehr;* das Licht ist ~; die Vorstellung ist ~; wir waren gestern ~ ▸ der Löwe ist auf Beute ~; er ist nur darauf ~, Geld zu verdienen; es ist ~ mit ihm *er ist am Ende seiner Kraft; er kann sich nirgends mehr blicken lassen;* zwischen uns ist es ~ *unsere Beziehung, Freundschaft ist beendet*

Aus 〈das; -; unz.; Sp.〉 *Raum außerhalb des Spielfeldes* ▸ einen Ball ins ~ spielen

aus... 〈Vorsilbe〉 **1** *weg von, hinaus,* z. B. ausgehen, aussenden **2** *hervor, heraus,* z. B. ausbrechen, ausgraben **3** *bis zu Ende, gründlich,* z. B. ausstrecken, auskochen **4** *wählend,* z. B. auslesen, aussuchen; →a. *hinaus..., heraus...*

aus|ar|bei|ten 〈V. trans.; ar|bei|tet aus, ar|bei|te|te aus, hat aus|ge|ar|bei|tet, aus|zu|ar|bei|ten〉 **1** ein Gesetz, einen Vortrag ~ *schriftlich zusammenstellen, in gültige Form bringen* **2** ein Verfahren ~ *vervollkommnen, verbessern* **3** Ornamente ~ *die Feinheiten herausholen;* Abl *Ausarbeitung*

aus|ar|ten 〈V. intr.; ar|tet aus, ar|te|te aus, ist ausge|ar|tet, aus|zu|ar|ten〉 *über das rechte Maß hinausgehen, nicht mehr gut sein* ▸ ihre Meinungsverschiedenheiten arten immer in Streit aus *schlagen in Streit um, enden im Streit*

aus|at|men 〈V. trans. u. V. intr.; at|met aus, at|mete aus, hat aus|ge|at|met, aus|zu|at|men〉 *Luft durch Mund od. Nase ausstoßen*

aus|ba|den 〈V. trans.; ba|det aus, ba|de|te aus, hat aus|ge|ba|det, aus|zu|ba|den〉 etwas ~ müssen *die Folgen von etwas (was man meist nicht selbst verschuldet hat) tragen müssen*

aus|ba|lan|cie|ren 〈[-laŋsiː-] od. [-lãsiː-] V. trans.; ba|lan|ciert aus, ba|lan|cier|te aus, hat aus|ba|lanciert, aus|zu|ba|lan|cie|ren〉 etwas ~ *ins Gleichgewicht bringen* ▸ verschiedene Interessen ~

Aus|bau 〈der; -(e)s, -ten〉 **1** *das Ausbauen* **2** *Fertigstellung* **3** *Erweiterung, Vervollkommnung*

aus|bau|en 〈V. trans.; baut aus, bau|te aus, hat ausge|baut, aus|zu|bau|en〉 **1** einen Motor, ein Maschinenteil ~ *aus einem Bau, einem Gefüge herausnehmen* **2** ein Haus, einen Hafen, Tunnel ~ *durch Bauen erweitern* **3** den Dachboden ~ *die Einzelheiten vollenden von, vervollständigen, Inneneinrichtung fertigstellen von* **4** ein Geschäft ~ *vergrößern* **5** Beziehungen, ein System, eine Theorie ~ *weiterentwickeln;* Zus *ausbaufähig*

aus|bes|sern 〈V. trans.; bes|sert aus, bes|ser|te aus, hat aus|ge|bes|sert, aus|zu|bes|sern〉 **1** ein Dach, ein Gebäude ~ *Schäden beseitigen an, instand setzen, reparieren* **2** Kleidung ~ *flicken, stopfen*

aus|beu|len 〈V. trans.; beult aus, beul|te aus, hat aus|ge|beult, aus|zu|beu|len〉 etwas ~ *Beulen daraus beseitigen* ▸ der Kotflügel wird ausgebeult

Aus|beu|te 〈die; -, -n; Pl. selten〉 *Ertrag, Gewinn, Einnahmen* ▸ geringe, reiche ~; ~ an Erzen

aus|beu|ten 〈V. trans.; beu|tet aus, beu|te|te aus, hat aus|ge|beu|tet, aus|zu|beu|ten〉 **1** etwas ~ *sich etwas zunutze machen, Nutzen aus etwas ziehen, verwerten* **2** Bodenschätze ~ *fördern u. verwerten* **3** 〈abwertend〉 jmdn. ~ *jmds. Arbeitskraft über Gebühr ausnutzen;* Abl *Ausbeuter(in); ausbeuterisch* ▸ in dieser Firma werden die Angestellten ausgebeutet; Abl *Ausbeutung*

aus|be|zah|len 〈V. trans.; be|zahlt aus, be|zahl|te aus, hat aus|be|zahlt, aus|zu|be|zah|len〉 **1** jmdm. etwas ~ *vollständig auszahlen* **2** jmdn ~ *mit einem Geldbetrag für etwas, das ihm zusteht, abfinden* ▸ sich das Erbe ~ lassen

aus|bil|den 〈V.; bil|det aus, bil|de|te aus, hat ausge|bil|det, aus|zu|bil|den〉 **I** 〈V. trans.〉 **1** Fähigkeiten ~ *entwickeln, vervollkommnen* **2** Schüler, Lehrlinge ~ *ihnen (beruflichen) Unterricht erteilen;* Abl *Ausbilder(in), Auszubildende(r)* ▸ seine Stimme ~ *singen lernen;* er ist am Konservatorium ausgebildet (worden); sie lässt sich als, zur Schauspielerin ~; sie ist ausgebildete Röntgenassistentin; die Pflanzen bilden Knospen aus **II** 〈V. refl.〉 sich ~ *sich entwickeln, entstehen* ▸ im 19. Jh. bildete sich die Romantik aus

Aus|bil|dung 〈die; -, -en〉 **1** *das Ausbilden, Schulung (für den Beruf);* Zus *Ausbildungsförderung, Ausbildungszentrum* **2** *Lehrzeit;* Zus *Ausbildungszeit* **3** *Gestaltung, Entwicklung (einer Fähigkeit, eines Könnens)* ▸ seine ~ war schlecht; sie hat eine künstlerische ~ gemacht; sich (noch) in der ~ befinden; während meiner ~

Aus|bil|dungs|be|trieb 〈der; -(e)s, -e〉 *Betrieb, der eine Berufsausbildung für Lehrberufe anbietet*

Aus|bil|dungs|platz 〈der; -es, -plät|ze〉 *Lehrstelle*

aus|bit|ten 〈V. trans.; bit|tet aus, bat aus, hat ausge|be|ten, aus|zu|bit|ten〉 sich etwas ~ *verlangen* ▸ ich bitte mir aus, dass du pünktlich bist

aus|blei|ben 〈V. intr.; bleibt aus, blieb aus, ist ausge|blie|ben, aus|zu|blei|ben〉 **1** *nicht kommen, weg-, fernbleiben* **2** *nicht (mehr) auftreten* ▸ der Erfolg ist ausgeblieben; die Menstruation ist ausgeblieben 〈Med.〉; der erhoffte Regen blieb aus

aus|blei|chen 〈V. trans.; bleicht aus, bleich|te aus, hat aus|ge|bleicht, aus|zu|blei|chen〉 etwas ~ *durch Bleichen entfernen* ▸ die Sonne hat den Fleck ausgebleicht

aus|blen|den 〈V. trans.; blen|det aus, blen|de|te aus, hat aus|ge|blen|det, aus|zu|blen|den〉 **1** 〈Film,

A

Rundfunk, TV〉 Ton u./od. Bild ~ *langsam verklingen od. verblassen lassen* **2** 〈übertr.〉 etwas ~ *unerwünschte od. unerwartete Ereignisse od. Zustände nicht zur Kenntnis nehmen, nicht wahrhaben wollen* ▸ die Realität ~

Aus|blick 〈der; -(e)s, -e〉 **1** *Rundblick, Fernblick* **2** 〈übertr.〉 *Blick in die Zukunft* ▸ ein schöner ~; ein ~ auf die nächsten fünf Jahre

aus|bor|gen 〈V. trans.; borgt aus, borg|te aus, hat aus|ge|borgt, aus|zu|bor|gen; umg.〉 (sich) etwas ~ *borgen, leihen, ausleihen, verleihen*

aus|bre|chen 〈V.〉 **I** 〈V. trans.; bricht aus, brach aus, hat aus|ge|bro|chen, aus|zu|bre|chen〉 **1** etwas ~ *durch Brechen herauslösen* **2** Speisen ~ *ausspeien, erbrechen* ▸ er hat sich zwei Zähne ausgebrochen **II** 〈V. intr.; bricht aus, brach aus, ist aus|ge|bro|chen, aus|zu|bre|chen〉 **1** *sich mit Gewalt aus einer Zwangslage befreien* **2** 〈übertr.〉 *sich aus engen sozialen Bindungen befreien* **3** *plötzlich beginnen, entstehen* (Brand, Feuer, Krieg, Krankheit, Seuche, Streik) **4** in etwas ~ *heftig mit etwas beginnen* ▸ der Häftling ist ausgebrochen; der Schweiß brach mir aus *ich begann heftig zu schwitzen;* ein Vulkan bricht aus *wird plötzlich tätig;* aus dem Gefängnis ~; aus dem Käfig ~ (von großen Tieren); in Gelächter ~; in Tränen ~; mit plötzlich ~dem Zorn

Aus|bre|cher 〈der; -s, -〉 *Gefangener, der aus dem Gefängnis ausgebrochen ist;* Abl *Ausbrecherin*

aus|brei|ten 〈V.; brei|tet aus, brei|te|te aus, hat aus|ge|brei|tet, aus|zu|brei|ten〉 **I** 〈V. trans.〉 **1** eine Decke, einen Plan, Karten ~ *auseinanderlegen, entfalten* **2** die Arme ~ *nach den Seiten ausstrecken* **II** 〈V. refl.〉 sich ~ **1** *sich ausdehnen, sich erstrecken* (Landschaft) **2** *sich verbreiten* (Epidemie, Panik) **3** *überall bekanntwerden* (Gerücht, Nachricht) **4** *immer größer werden* (Fleck, Feuer)

aus|brin|gen 〈V. trans.; bringt aus, brach|te aus, hat aus|ge|bracht, aus|zu|brin|gen〉 **1** einen Toast (auf jmdn.) ~ *mit, bei einem Trunk aussprechen* **2** Dünger, Saat ~ *auf dem Acker verteilen*

Aus|bruch 〈der; -(e)s, -brü|che〉 **1** *das Ausbrechen, gewaltsame Befreiung;* Zus *Gefängnisausbruch* **2** *plötzlich einsetzende Vulkantätigkeit;* Zus *Vulkanausbruch* **3** *plötzlicher Beginn;* Zus *Kriegsausbruch* **4** *plötzlich einsetzender Gefühlsüberschwang;* Zus *Gefühlsausbruch* ▸ zum ~ kommen *ausbrechen, plötzlich beginnen*

aus|brü|ten 〈V. trans.; brü|tet aus, brü|te|te aus, hat aus|ge|brü|tet, aus|zu|brü|ten〉 **1** Eier ~ *so lange brüten, bis der junge Vogel ausschlüpft* **2** 〈übertr.; umg.〉 einen Plan ~ *so lange über etwas grübeln, bis ein Ergebnis zustande kommt* **3** 〈übertr.; umg.〉 eine Krankheit ~ *einige Zeit undeutliche Symptome aufweisen, ehe sich die Krankheit zeigt*

Aus|bund 〈der; -(e)s, -bün|de〉 *Muster, Inbegriff* ▸ er ist ein ~ an Tüchtigkeit, Fleiß

aus|bü|geln 〈V. trans.; bü|gelt aus, bü|gel|te aus, hat aus|ge|bü|gelt, aus|zu|bü|geln; übertr.; umg.〉 eine (unangenehme) Sache (wieder) ~ *bereinigen, in Ordnung bringen*

aus|bür|gern 〈V. trans.; bür|gert aus, bür|ger|te aus, hat aus|ge|bür|gert, aus|zu|bür|gern〉 jmdn. ~ *ihm die Staatsangehörigkeit entziehen, denaturalisieren;* Abl *Ausbürgerung*

aus|che|cken 〈[-tʃɛ-] V.; checkt aus, check|te aus, hat aus|ge|checkt, aus|zu|che|cken〉 **I** 〈V. trans.〉 jmdn. ~ *nach der Ankunft des Flugzeugs abfertigen* **II** 〈V. intr.〉 *nach dem Verlassen des Flugzeugs die Kontrollen passieren*

Aus|dau|er 〈die; -; unz.〉 *Geduld, Zähigkeit, anhaltender Fleiß* ▸ mit ~ arbeiten

aus|dau|ernd 〈Adj.〉 *beharrlich, zäh, geduldig, nicht ermüdend* ▸ ein ~er Läufer; seine ~en Bemühungen hatten Erfolg

aus|deh|nen 〈V.; dehnt aus, dehn|te aus, hat aus|ge|dehnt, aus|zu|deh|nen〉 **I** 〈V. trans.〉 etwas ~ **1** *dehnen, verbreitern* **2** *erweitern, den Umfang, den Geltungsbereich von etwas vergrößern* **3** *die Zeitdauer verlängern* ▸ seinen Einfluss ~; die Ermittlungen wurden auf die Angehörigen ausgedehnt; du dehnst mir meine neuen Schuhe aus ▸ wir wollen die Sitzung nicht zu lange ~ ▸ Vorschriften auf einen größeren Personenkreis ~ ▸ ausgedehnte Beziehungen *weit reichende B.;* ein ausgedehnter Spaziergang *ein weiter, sehr langer S.* **II** 〈V. refl.〉 sich ~ **1** *das eigene Volumen, die Breite od. die Länge vergrößern* **2** *sich erstrecken* ▸ Metall dehnt sich durch Erwärmung aus; Abl *Ausdehnung*

aus|den|ken 〈V. trans.; denkt aus, dach|te aus, hat aus|ge|dacht, aus|zu|den|ken〉 (sich) etwas ~ *durch Denken schaffen, sich vorstellen* ▸ sich eine Überraschung für jmdn. ~; ist das wahr, oder hast du es dir bloß ausgedacht?; es ist nicht auszudenken *man kann es sich nicht vorstellen*

aus|dis|ku|tie|ren 〈V. trans.; dis|ku|tiert aus, dis|ku|tier|te aus, hat aus|dis|ku|tiert, aus|zu|dis|ku|tie|ren〉 etwas ~ *durch Diskutieren klären*

aus|dör|ren 〈V.〉 **I** 〈V. trans.; dörrt aus, dörr|te aus, hat aus|ge|dörrt, aus|zu|dör|ren; meist im Passiv〉 etwas ~ *trocken machen, austrocknen lassen* ▸ die Erde, der Boden ist ausgedörrt **II** 〈V. intr.; dörrt aus, dörr|te aus, ist aus|ge|dörrt, aus|zu|dör|ren〉 *trocken werden* ▸ die Erde dörrt aus

Aus|druck[1] 〈der; -(e)s, -drü|cke〉 **I** 〈unz.〉 **1** *die Art, wie man nach außen hin wirkt, bes. wenn man spricht, singt, spielt od. sich bewegt* **2** *äußerliches Zeichen, Äußerung des inneren Erlebens;* Zus *Gefühlsausdruck* **3** *Miene, Mienenspiel;* Zus *Gesichtsausdruck* **4** *Art der sprachlichen Gestaltung* ▸ dein Aufsatz ist inhaltlich gut, aber der ~ muss besser werden ▸ der ~ seines Gesichts wechselte ständig ▸ seinen Gefühlen ~ geben; einer Hoffnung ~ geben; einem Lied (beim Singen) mehr ~ geben ▸ eine Äußerung mit dem ~ des Bedauerns zurücknehmen; mit leidenschaftlichem ~ singen, spielen, sprechen; er singt, spielt ohne (jeden) ~; in seinem Gesicht lag ein ~ von Freude; etwas zum ~ bringen *(deutlich) sagen, ausdrücken, in Worte fassen;* in dem Vortrag kam (deutlich) zum ~, dass ...; Zus *Ausdrucksform, Ausdruckskraft, Ausdrucksstärke* **II** 〈zählb.〉 **1** *Redensart, Redewendung* **2** *Wort,*

Bezeichnung; Zus *Fachausdruck* ▸ den richtigen ~ (nicht) **finden** ▸ kannst du mir einen **anderen** ~ für „romantisch" sagen?; **beleidigende** Ausdrücke; ein **bildlicher,** falscher, neuer, neu geprägter, richtiger, treffender, veralteter, volkstümlicher ~ ▸ „pirschen" ist ein ~ **aus** der Jägersprache; **nach** dem richtigen, einem geeigneten ~ suchen

Aus|druck[2] ⟨der; -(e)s, -e; EDV⟩ *von einem Drucker ausgegebene Informationen;* Abl *ausdrucken*

aus|drü|cken ⟨V.; drückt aus, drück|te aus, hat ausge|drückt, aus|zu|drü|cken⟩ **I** ⟨V. trans.⟩ **1** einen Schwamm ~ *durch Drücken die Flüssigkeit daraus entfernen* **2** eine Zitrone ~ *durch Drücken Flüssigkeit daraus herausholen, sie auspressen* **3** Dank, Gefühle, Gedanken ~ *äußerlich zeigen, in Worte fassen, aussprechen* ▸ seine Freude ~ (über etwas); eine Zigarette ~ *durch Drücken auslöschen;* ich will es noch anders od. besser ~; etwas in, mit Worten, Gesten ~; einen Sachverhalt in Zahlen ~; ich kann gar nicht ~, wie schön es war **II** ⟨V. refl.⟩ sich irgendwie ~ *sich äußern, etwas sagen, erklären* ▸ sich deutlich, falsch, (un)klar ~; habe ich mich richtig ausgedrückt?; ich weiß nicht, wie ich mich ~ soll

aus|drück|lich ⟨Adj.⟩ *betont, bestimmt, deutlich, klar* ▸ ~e Erlaubnis, ~es Verbot; ich habe ~ gesagt, dass er kommen soll

aus|drucks|los ⟨Adj.⟩ *ohne Ausdruck*

aus|drucks|stark ⟨Adj.⟩ *mit Ausdruck sprechend, anschaulich;* Syn *ausdrucksvoll*

Aus|drucks|wei|se ⟨die; -, -n⟩ *die Art, sich auszudrücken* ▸ derbe, höfliche, komische ~

aus|duns|ten ⟨V. intr.; duns|tet aus, duns|te|te aus, hat aus|ge|duns|tet, aus|zu|duns|ten⟩ etwas ~ *Dunst, Geruch absondern;* Abl *Ausdunstung*

aus|düns|ten ⟨V. intr.; düns|tet aus, düns|te|te aus, hat aus|ge|düns|tet, aus|zu|düns|ten⟩ = *ausdunsten;* Abl *Ausdünstung*

aus|ei|n|a̱n|der ⟨Adv.⟩ **1** *abgesondert, getrennt (vom, von anderen)* **2** *einer (eines) weg vom andern;* Zus *auseinanderfallen, auseinanderreißen* ▸ die Ereignisse liegen zwei Tage ~

aus|ei|n|a̱n|der|ge|hen ⟨V. intr.; geht aus|ei|n|ander, ging aus|ei|n|an|der, ist aus|ei|n|an|der|gegan|gen, aus|ei|n|an|der|zu|ge|hen⟩ **1** *voneinander weggehen, sich trennen* **2** *sich verzweigen* (Wege) **3** *sich in seine Bestandteile auflösen* ▸ unsere Meinungen gehen stark, weit auseinander *sind sehr verschieden;* sie ist in den letzten Jahren ziemlich auseinandergegangen ⟨umg.⟩ *dick geworden*

aus|ei|n|a̱n|der|hal|ten ⟨V. trans.; hält aus|ei|n|ander, hielt aus|ei|n|an|der, hat aus|ei|n|an|der|gehal|ten, aus|ei|n|an|der|zu|hal|ten⟩ zwei Personen od. Dinge ~ *unterscheiden* ▸ die Zwillinge kann man nicht ~

aus|ei|n|a̱n|der|le|ben ⟨V. refl.; lebt sich aus|ei|n|an|der, leb|te sich aus|ei|n|an|der, hat sich aus|ei|n|an|der|ge|lebt, sich aus|ei|n|an|der|zu|le|ben⟩ sich ~ *einander fremd werden*

aus|ei|n|a̱n|der|neh|men ⟨V. trans.; nimmt aus|ei|n|an|der, nahm aus|ei|n|an|der, hat aus|ei|n|an|der|ge|nom|men, aus|ei|n|an|der|zu|neh|men⟩ etwas ~ *in seine Bestandteile zerlegen* ▸ er hat das Gerät auseinandergenommen

aus|ei|n|a̱n|der|set|zen ⟨V.; setzt aus|ei|n|an|der, setz|te aus|ei|n|an|der, hat aus|ei|n|an|der|ge|setzt, aus|ei|n|an|der|zu|set|zen⟩ **I** ⟨V. trans.⟩ **1** Schüler ~ *jedem od. einem von ihnen einen anderen, entfernteren Sitzplatz zuweisen* **2** ⟨übertr.⟩ (jmdm.) etwas ~ *darlegen, erklären* ▸ der Lehrer musste die beiden Schüler ~, weil sie den Unterricht störten **II** ⟨V. refl.; übertr.⟩ **1** sich mit jmdm. ~ *etwas in einem ernsten Gespräch mit dem anderen klären* **2** sich mit etwas ~ *sich gründlich mit etwas befassen* ▸ er hatte keine Lust, sich mit ihm auseinanderzusetzen

Aus|ei|n|a̱n|der|set|zung ⟨die; -, -en⟩ **1** *ernstes, energisches Gespräch, Streit* **2** *ernsthafte Beschäftigung* ▸ wir hatten eine (heftige) ~

aus|er|ko|ren ⟨Adj.⟩ *auserwählt* ▸ seine Auserkorene ⟨poet. od. umg.; scherzh.⟩ *seine Braut*

aus|er|le|sen ⟨Adj.⟩ *durch Auswahl als am besten erkannt, erlesen* ▸ dies ist ein ~er Wein

aus|er|se|hen ⟨V. trans.; er|sieht aus, er|sah aus, hat aus|er|se|hen, aus|zu|er|se|hen⟩ jmdn. od. etwas (zu etwas) ~ *auswählen, bestimmen* ▸ man hatte sie dazu ~, die Nachricht zu überbringen

aus|er|wäh|len ⟨V. trans.er|wählt aus, er|wähl|te aus, hat aus|er|wählt, aus|zu|er|wäh|len⟩ jmdn. od. etwas ~ *aus-, erwählen*

aus|fah|ren ⟨V.⟩ **I** ⟨V. intr.; fährt aus, fuhr aus, ist aus|ge|fah|ren, aus|zu|fah|ren⟩ **1** *spazieren fahren* **2** *den Bahnhof verlassen* (Zug) **3** *den Hafen verlassen, in See stechen* (Schiff) **II** ⟨V. trans.; fährt aus, fuhr aus, hat aus|ge|fah|ren, aus|zu|fah|ren⟩ **1** jmdn. ~ *spazieren fahren* **2** etwas ~ *mit dem Fahrzeug ausliefern* **3** eine Antenne ~ *ein bewegliches Teil nach außen bringen;* Abl *ausfahrbar*

Aus|fahrt ⟨die; -, -en⟩ **1** *Ausgang für Fahrzeuge aus einer Garage od. einem Tor* **2** *Straße zum Verlassen der Autobahn;* Zus *Autobahnausfahrt* **3** *Fahrt (des Zuges) aus dem Bahnhof* **4** *Ausgang für Schiffe;* Zus *Hafenausfahrt* **5** *Spazierfahrt* ▸ ~ frei halten!; die ~ Bremen nehmen

Aus|fall ⟨der; -(e)s, -fäl|le⟩ **1** *Verlust, Wegfall;* Zus *Haarausfall, Lohnausfall, Stromausfall* **2** *das Nichtstattfinden (einer Sitzung, Veranstaltung, des Unterrichts);* Zus *Stundenausfall, Unterrichtsausfall* **3** *das Versagen eines Geräts, einer Funktion* **4** *Ergebnis, Erfolg bzw. Misserfolg (der Ernte, einer Klassenarbeit usw.)* **5** *Fehlbetrag*

aus|fal|len ⟨V. intr.; fällt aus, fiel aus, ist aus|ge|fallen, aus|zu|fal|len⟩ **1** *herausfallen* (Haar, Zahn) **2** *verlorengehen* (Lohn) **3** *nicht stattfinden, unterbleiben* (Sitzung, Unterricht) **4** *versagen, nicht mehr funktionieren* (Gerät, Funktion, System) **5** *enden, ein Ergebnis zur Folge haben* (Prüfung, Ernte) **6** ⟨Mil.⟩ *ausbrechen, hervorbrechen (aus einer Stellung)* ▸ der Unterricht fällt heute aus; der fahrplanmäßige Zug fällt aus; die Ernte fiel dieses Jahr schlecht aus; →a. *ausgefallen*

aus|fal|lend **I** ⟨Part. Präs. von⟩ *ausfallen* **II** ⟨Adj.⟩ *beleidigend, unverschämt, frech, herausfordernd,* *ausfällig* ▸ ~e Bemerkungen machen; gegen jmdn. ~ werden *jmdn. beleidigen, beschimpfen*

aus|fäl|lig ⟨Adj.⟩ = *ausfallend (II)*

Aus|fall|stra|ße ⟨die; -, -n⟩ *aus einer Stadt hinausführende Hauptverkehrsstraße*

aus|fech|ten ⟨V. trans.; ficht aus, focht aus, hat aus|ge|foch|ten, aus|zu|fech|ten⟩ etwas ~ *einen Kampf mit Energie u. Ausdauer zu Ende bringen*

aus|fe|gen ⟨V. trans.; fegt aus, feg|te aus, hat aus|ge|fegt, aus|zu|fe|gen⟩ etwas ~ = *auskehren (2)*

aus|fer|ti|gen ⟨V. trans.; fer|tigt aus, fer|tig|te aus, hat aus|ge|fer|tigt, aus|zu|fer|ti|gen; Amtsdt.⟩ etwas ~ *(schriftlich) herstellen, ausstellen* ▸ einen Pass, eine Urkunde ~; Abl *Ausfertigung*

aus|fin|dig ⟨Adj.; nur adv. in der Wendung⟩ jmdn. od. etwas ~ machen *(nach langem, angestrengtem Suchen, Nachdenken) finden* ▸ sie haben den Gesuchten endlich ~ gemacht

aus|flip|pen ⟨V. intr.; flippt aus, flipp|te aus, ist aus|ge|flippt, aus|zu|flip|pen; umg.⟩ **1** *die Beherrschung verlieren* **2** *sich sehr über etwas freuen* ▸ vor Freude ~; als sie das hörte, ist sie ausgeflippt

Aus|flucht ⟨die; -, -flüch|te⟩ *Vorwand, Ausrede* ▸ immer eine ~ haben; Ausflüchte machen

Aus|flug ⟨der; -(e)s, -flü|ge⟩ *kleine Wanderung, Fahrt zu einer Sehenswürdigkeit* ▸ einen ~ an den Niederrhein, ins Grüne, nach München machen; Abl *Ausflügler(in)*; Zus *Ausflugslokal, Ausflugsort, Ausflugsziel; Sonntagsausflug*

Aus|fluss ⟨der; -es, -flüs|se⟩ **I** ⟨zählb.⟩ **1** *Abfluss, Abzug(sgraben), Öffnung* **2** *ständiges Herausfließen, -strömen* **II** ⟨unz.⟩ **1** *Ergebnis* **2** ⟨Med.⟩ *Absonderung von Flüssigkeit aus der Scheide*

aus|for|mu|lie|ren ⟨V. trans.; for|mu|liert aus, for|mu|lier|te aus, hat aus|for|mu|liert, aus|zu|for|mu|lie|ren⟩ etwas ~ **1** *exakt ausdrücken* **2** *stichwortartige Notizen in vollständige Sätze bringen*

aus|fra|gen ⟨V. trans.; fragt aus, frag|te aus, hat aus|ge|fragt, aus|zu|fra|gen⟩ jmdn. ~ *anhaltend, eingehend nach etwas fragen*

aus|fran|sen ⟨V. intr.; franst aus, frans|te aus, ist aus|ge|franst, aus|zu|fran|sen⟩ *sich (am Rand) in Fransen auflösen* ▸ ausgefranste Jeans

aus|fres|sen ⟨V. trans.; frisst aus, fraß aus, hat aus|ge|fres|sen, aus|zu|fres|sen⟩ etwas ~ *eine Dummheit machen, eine (leichte) Straftat begehen*

Aus|fuhr ⟨die; -; unz.⟩ *Verkauf von Waren ins Ausland, Export*; Ggs *Einfuhr*; Zus *Ausfuhrhandel, Ausfuhrland, Ausfuhrverbot*

aus|füh|ren ⟨V. trans.; führt aus, führ|te aus, hat aus|ge|führt, aus|zu|füh|ren⟩ **1** eine Person, einen Hund ~ *spazieren führen* **2** jmdn. ~ *ins Theater, in ein Lokal usw. einladen* **3** Waren ~ *ins Ausland verkaufen, exportieren*; Ggs *einführen (1)* **4** eine Arbeit, einen Auftrag, einen Plan ~ *durchführen, vollenden*; Abl *ausführbar* **5** Zusammenhänge ~ *darlegen, ausführlich, umständlich erklären* ▸ der Auftrag wurde planmäßig ausgeführt; wie ich oben ausgeführt habe

aus|füh|r|lich ⟨schweiz. ['---] Adj.⟩ *eingehend, sehr genau, breit darstellend (Brief, Bericht)* ▸ ein Thema ~ behandeln; etwas ~ erklären

Aus|führ|lich|keit ⟨a. ['----] die; -; unz.⟩ *breit darstellende Genauigkeit* ▸ in aller ~ antworten

Aus|füh|rung ⟨die; -, -en⟩ **1** *das Hinausführen, Ausscheiden (von Stoffen, Flüssigkeiten)* **2** *Durchführung, Vollendung (einer Arbeit, eines Auftrags, Plans)* **3** *Art der Ausarbeitung, Ausstattung* **4** *ausführliche Erklärung, Darlegung (eines Themas)* ▸ das waren interessante ~en; wie ich Ihren ~en entnommen habe

aus|fül|len ⟨V. trans.; füllt aus, füll|te aus, hat aus|ge|füllt, aus|zu|fül|len⟩ **1** ein Loch, eine Lücke ~ *vollmachen, ganz füllen* **2** eine Fläche ~ *bedecken* **3** ein Formular ~ *vollschreiben, beantworten* **4** jmdn. ~ *erfüllen, in Anspruch nehmen* ▸ der Antrag wurde nicht richtig ausgefüllt; der Gedanke füllt ihn gänzlich aus

Aus|ga|be ⟨die; -, -n⟩ **1** *geleistete Zahlung, Kostenaufwand (für Essen, Anschaffungen o. Ä.)*; Zus *Ausgabenbegrenzung, Ausgabenbuch* **2** *das Ausgeben, Verteilung, Herausgabe*; Zus *Essensausgabe, Warenausgabe* **3** *Stelle, an der etwas ausgegeben wird, Schalter*; Zus *Gepäckausgabe, Paketausgabe* **4** *eine Sendung in einer Sendereihe* **5** ⟨Abk.: Ausg.⟩ **5.1** *Veröffentlichung (von versch. Schriftwerken)*; Zus *Abendausgabe, Erstausgabe* **5.2** *die einzelne Nummer einer Zeitung* **5.3** *Ausstattung, Form eines Druckwerkes*; Zus *Neuausgabe, Taschenbuchausgabe* **6** ⟨EDV⟩ *Abgabe von Daten nach deren Bearbeitung durch ein Programm*; →a. *Output*; Zus *Ausgabeeinheit* ▸ keine ~n **scheuen** ▸ **große,** kleine, viele ~n haben; **laufende** ~n; die **letzte** ~ der Quizshow wird am Freitag gesendet ▸ **in** welcher ~ stand die Nachricht?

Aus|gang ⟨der; -(e)s, -gän|ge⟩ **1** *Tür zum Hinausgehen, ins Freie*; Ggs *Eingang (I.1)*; Zus *Hauptausgang, Nebenausgang, Notausgang* **2** *Ausgehtag, freier Tag od. Nachmittag (bes. von Soldaten)*; Zus *Ausgangssperre* **3** *Ende (eines Romans, Wortes, einer Verhandlung, eines Unternehmens)* **4** ⟨nur Pl.⟩ Ausgänge *an einem Tag gelieferte Waren, abgesandte Briefe* ▸ alle Ausgänge **besetzen;** das Personal **hat** heute ~ *dienstfrei*; den ~ **versperren** ▸ eine Geschichte mit **glücklichem** schlechtem ~; **tödlicher** ~ einer Krankheit, eines Unfalls ▸ **am** ~ des 19. Jh.; am ~ des Theaters; bitte den ~ an der Seite benutzen!

Aus|gangs|la|ge ⟨die; -, -n⟩ = *Ausgangsposition*

Aus|gangs|po|si|ti|on ⟨die; -, -en⟩ *Position, Situation zu Beginn von etwas* ▸ diese Firma bietet ihm eine gute ~ für seine Karriere

Aus|gangs|punkt ⟨der; -(e)s, -e⟩ *Punkt, von dem etwas ausgeht, Beginn, Ursprung*

aus|ge|ben ⟨V. trans.; gibt aus, gab aus, hat aus|ge|ge|ben, aus|zu|ge|ben⟩ **1** Geld (für etwas) ~ *für den Kauf von etwas geben, mit Geld etwas bezahlen* **2** Essen (an jmdn.) ~ *auf Tellern portioniert verteilen* **3** Fahrscheine, Eintrittskarten (an jmdn.) ~ *verkaufen, herausgeben* **4** Aktien ~ *in Umlauf setzen, an der Börse handeln* **5** einen Befehl, eine Parole ~ *öffentlich bekanntgeben* **6** jmdn., etwas als/für jmdn., etwas ~ *jmdn.,* *etwas fälschlich als jmd. andern, etwas anderes bezeichnen* **7** (jmdm.) etwas ~ *spendieren* ▸ mit vollen Händen Geld ~; er gibt sich als Ire aus (ist es aber nicht); er gibt sich für den Sohn eines Journalisten aus

aus|ge|blu|tet ⟨Adj.; übertr.⟩ *völlig ausgebeutet, aller wirtschaftlichen Reserven beraubt*

aus|ge|bucht ⟨Adj.⟩ ein Hotel, eine Reise ist ~ *alle Plätze sind bereits vergeben*

aus|ge|bufft ⟨Adj.; umg.⟩ *raffiniert, clever* ▸ er ist ein ~er Geschäftsmann

Aus|ge|burt ⟨die; -, -en⟩ *(übles) Erzeugnis* ▸ ~ der Hölle; eine ~ seiner krankhaften Fantasie

aus|ge|fal|len **I** ⟨Part. Perf. von⟩ *ausfallen* **II** ⟨Adj.⟩ *nicht alltäglich, merkwürdig* ▸ eine ~e Idee

aus|ge|feilt ⟨Adj.⟩ *genauestens ausgearbeitet, äußerst präzise* ▸ ein ~es System; eine ~ Technik

aus|ge|flippt **I** ⟨Part. Perf. von⟩ *ausflippen* **II** ⟨Adj.; umg.⟩ *außerhalb der gesellschaftlichen Normen stehend* ▸ ein ~es Outfit; ein ~er Typ

aus|ge|gli|chen **I** ⟨Part. Perf. von⟩ *ausgleichen* **II** ⟨Adj.⟩ *ruhig, schwer zu erschüttern* (Charakter, Gemüt, Wesen); Abl *Ausgeglichenheit*

aus|ge|hen ⟨V. intr.; geht aus, ging aus, ist aus|ge|gan|gen, aus|zu|ge|hen⟩ **1** *meist abends fortgehen, um eine Veranstaltung, ein Fest, ein Restaurant usw. zu besuchen;* Zus *Ausgehverbot* **2** *fast aufgebraucht sein, zu Ende gehen* (Geld, Waren) **3** *ausfallen* (Haare) **4** *erlöschen* (Kerze, Licht) **5** irgendwie ~ *enden* **6** von etwas ~ *von etwas herrühren, bei etwas beginnen* **7** von etwas ~ *etwas als Grundlage nehmen* ▸ es geht sich nicht aus ⟨österr.⟩ *es reicht nicht, passt nicht* ▸ jetzt geht mir die Geduld aus! ▸ das Feuer ~ lassen ▸ nicht gern ~ *lieber zu Hause bleiben;* die Geschichte wird gut, schlecht ~; leer ~ *nichts bekommen* ▸ von falschen Voraussetzungen ~; ich gehe davon aus, dass ihr mich unterstützt

aus|ge|las|sen **I** ⟨Part. Perf. von⟩ *auslassen* **II** ⟨Adj.; übertr.⟩ *übermütig, sehr fröhlich u. wild* ▸ ein ~es Kind; Abl *Ausgelassenheit*

aus|ge|macht **I** ⟨Part. Perf. von⟩ *ausmachen* **II** ⟨Adj.; umg.⟩ *eindeutig, vollkommen* ▸ ~er Blödsinn; ein ~er Dummkopf

aus|ge|mer|gelt ⟨Adj.⟩ *abgemagert, mager u. blutlos* ▸ ein ~es Gesicht; ~ aussehen

aus|ge|nom|men[1] ⟨Präp. m. Akk.⟩ *außer, mit Ausnahme von* ▸ wir alle, mich ~; Anwesende ~

aus|ge|nom|men[2] ⟨Konj.⟩ *abgesehen von, mit Ausnahme von* ▸ er erinnert sich des Vorfalls genau, ~ der letzten Sekunden

aus|ge|pumpt **I** ⟨Part. Perf. von⟩ *auspumpen* **II** ⟨Adj.; übertr.; umg.⟩ *erschöpft, kraftlos*

aus|ge|rech|net ⟨Adv.⟩ *gerade (so, wie es nicht zu erwarten war)* ▸ ~ mir muss das passieren!; musst du ~ jetzt kommen?

aus|ge|schlos|sen **I** ⟨Part. Perf. von⟩ *ausschließen* **II** ⟨Adj.⟩ *unmöglich* ▸ ~! *kommt nicht in Frage!;* es ist völlig ~, dass du dort hingehst

aus|ge|spro|chen **I** ⟨Part. Perf. von⟩ *aussprechen* **II** ⟨Adj.⟩ *sehr, besonders, unverkennbar* ▸ ich mag ihn ~ gern; ein ~ hübsches Kind

aus|ge|stal|ten ⟨V. trans.; ge|stal|tet aus, ge|stal|te|te aus, hat aus|ge|stal|tet, aus|zu|ge|stal|ten⟩ einen Abend, ein Fest ~ *gestalten, künstlerisch ausarbeiten;* Abl *Ausgestaltung*

aus|ge|wach|sen ⟨[-ks-]⟩ **I** ⟨Part. Perf. von⟩ *auswachsen* **II** ⟨Adj.⟩ *zu voller Größe gewachsen, voll entwickelt* ▸ ein ~er Stier

aus|ge|wo|gen ⟨Adj.⟩ *richtig im Maß, maßvoll, ausgeglichen;* Abl *Ausgewogenheit*

aus|ge|zeich|net **I** ⟨Part. Perf. von⟩ *auszeichnen* **II** ⟨Adj.⟩ *sehr gut, hervorragend* ▸ ein ~er Wein; er ist ein ~er Schwimmer; danke, es geht (mir) ~; das hast du ~ gemacht; ganz ~!

aus|gie|big ⟨Adj.⟩ *reichlich, ausführlich* ▸ eine ~e Mahlzeit; ~ frühstücken; ~ schlafen; er hat ~ von seinen Reisen berichtet; Abl *Ausgiebigkeit*

aus|gie|ßen ⟨V. trans.; gießt aus, goss aus, hat aus|ge|gos|sen, aus|zu|gie|ßen⟩ **1** eine Flüssigkeit ~ *herausgießen, ausschütten* **2** eine Form ~ *mit Gussmasse füllen* ▸ ich habe das Putzwasser in den Abfluss ausgegossen; er goss die Form mit Gips aus; seinen Zorn über jmdn. ~ ⟨übertr.⟩

Aus|gleich ⟨der; -(e)s, -e; Pl. selten⟩ **1** *das Ausgleichen* **2** *Verrechnung, Bezahlung;* Zus *Kostenausgleich, Lohnausgleich* **3** *Entschädigung, Wiedergutmachung, Ersatz;* Zus *Ausgleichszahlung* **4** ⟨Sp.⟩ *gleiche Anzahl an Punkten od. Toren;* Zus *Spielausgleich* ▸ einen ~ für etwas schaffen; für den ~ sorgen ⟨Sp.⟩; zum ~ Ihres Kontos

aus|glei|chen ⟨V. trans.; gleicht aus, glich aus, hat aus|ge|gli|chen, aus|zu|glei|chen⟩ **1** Unterschiede ~ *beseitigen* **2** eine Rechnung ~ *bezahlen, verrechnen* **3** einen Schaden ~ *wiedergutmachen, ersetzen* **4** ein Konto ~ *die Soll- u. Habenseite eines K. einander angleichen*

aus|glei|ten ⟨V. trans.; glei|tet aus, glitt aus, ist aus|ge|glit|ten, aus|zu|glei|ten⟩ = *ausrutschen*

aus|glie|dern ⟨V. trans.; glie|dert aus, glie|der|te aus, hat aus|ge|glie|dert, aus|zu|glie|dern⟩ Geschäftsbereiche, Stellen ~ *aus einem gegliederten Ganzen systematisch herausnehmen, aussondern;* Abl *Ausgliederung*

aus|gra|ben ⟨V. trans.; gräbt aus, grub aus, hat aus|ge|gra|ben, aus|zu|gra|ben⟩ etwas ~ **1** *durch Graben ans Licht bringen, freilegen* (Altertümer, Pflanzen) **2** ⟨übertr.⟩ *neu beleben, herausbringen* ▸ vergessene Literaturwerke ~ ⟨übertr.⟩

Aus|gra|bung ⟨die; -, -en⟩ **1** *das Ausgraben von Überresten vergangener Zeiten;* Zus *Ausgrabungsstätte* **2** *das ausgegrabene Fundstück* ▸ in der Ausstellung kann man zahlreiche ~en bewundern

aus|gren|zen ⟨V. trans.; grenzt aus, grenz|te aus, hat aus|ge|grenzt, aus|zu|gren|zen⟩ **1** etwas ~ *ausklammern, herausnehmen* **2** jmdn. ~ *jmdn. aus einer Gemeinschaft hinausdrängen* ▸ ein Thema, eine Problematik ~; Abl *Ausgrenzung*

Aus|guck ⟨der; -(e)s, -e⟩ *Wachtturm, erhöhter Beobachtungsplatz*

Aus|guss ⟨der; -es, -güs|se⟩ **1** *Becken mit Abfluss zum Ausgießen von Schmutzwasser (in der Küche)* **2** *Schnauze an Kannen u. Krügen zum Ausgießen der Flüssigkeit*

A

aus|ha|ben ‹V.; hat aus, hat|te aus, hat aus|ge|habt, aus|zu|ha|ben; umg.› **I** ‹V. intr.› *dienstfrei, schulfrei haben* ▸ wann hast du denn heute aus? **II** ‹V. trans.› etwas ~ *ausgelesen, ausgetrunken, ausgezogen haben usw.*

aus|hal|ten ‹V. trans.; hält aus, hielt aus, hat aus|ge|hal|ten, aus|zu|hal|ten› **1** Schmerzen, Lärm, Kälte ~ *ertragen* **2** eine Geliebte ~ *den Lebensunterhalt zahlen* ▸ ich halte es vor Hunger nicht mehr aus; das ist nicht auszuhalten; etwas bis zum (bitteren) Ende ~

aus|han|deln ‹V. trans.; han|delt aus, han|del|te aus, hat aus|ge|han|delt, aus|zu|han|deln› einen Vertrag ~ *durch Verhandeln erreichen*

aus|hän|di|gen ‹V. trans.; hän|digt aus, hän|dig|te aus, hat aus|ge|hän|digt, aus|zu|hän|di|gen› jmdm. etwas ~ *übergeben;* Abl *Aushändigung*

Aus|hang ‹der; -(e)s, -hän|ge› *öffentlich ausgehängte Bekanntmachung od. Anzeige* ▸ in der Schule einen ~ machen

aus|hän|gen ‹V.› **I** ‹V. intr.; hängt aus, hing aus, hat aus|ge|han|gen, aus|zu|hän|gen› *im Aushang stehen* ▸ die Namen der Brautpaare hängen im Standesamt aus **II** ‹V. trans.; hängt aus, häng|te aus, hat aus|ge|hängt, aus|zu|hän|gen› **1** Ware ~ *ins Schaufenster hängen* **2** ein Fenster, eine Tür ~ *aus den Angeln od. Scharnieren herausheben*

Aus|hän|ge|schild ‹das; -(e)s, -er› *ausgehängtes Schild mit Bekanntmachung, Reklame o. Ä.* ▸ jmdn. als ~ benutzen ‹übertr.› *seine Person od. seinen Namen zur Reklame für sich benutzen*

aus|har|ren ‹V. intr.; harrt aus, harr|te aus, hat aus|ge|harrt, aus|zu|har|ren› **1** *aus-, durchhalten* **2** *geduldig warten* ▸ er hat auf seinem Posten (bis zuletzt) ausgeharrt

aus|he|ben ‹V. trans.; hebt aus, hob aus, hat aus|ge|ho|ben, aus|zu|he|ben› **1** ein Fenster, eine Tür ~ *vom Verschluss, Haken usw. lösen u. herunternehmen, aushängen* **2** Erdreich, einen Graben ~ *durch Graben herausheben, graben, ausschachten* **3** ‹übertr.› eine illegale Einrichtung, eine kriminelle Vereinigung ~ *entdecken u. auflösen bzw. deren Mitglieder verhaften;* Abl *Aushebung*

aus|he|cken ‹V. trans.; heckt aus, heck|te aus, hat aus|ge|heckt, aus|zu|he|cken; umg.› etwas ~ *ausdenken, ausbrüten* (Streiche, Dummheiten)

aus|hei|len ‹V. trans. u. V. intr.; heilt aus, heil|te aus, hat/ist aus|ge|heilt, aus|zu|hei|len› *ganz, vollständig heilen* ▸ die Wunde ist ausgeheilt

aus|hel|fen ‹V. intr.; hilft aus, half aus, hat aus|ge|hol|fen, aus|zu|hel|fen› jmdm. ~ *ihm Hilfe leisten, in einer vorübergehenden Notlage helfen* ▸ sie arbeitet nicht mehr, hilft aber gelegentlich noch bei uns aus; könntest du mir mit zehn Euro ~?

Aus|hil|fe ‹die; -, -n› **I** ‹unz.› *das Aushelfen* ▸ Verkäuferin zur ~ gesucht **II** ‹zählb.› = *Aushilfskraft;* Abl *aushilfsweise;* Zus *Aushilfsjob*

Aus|hilfs|kraft ‹die; -, -kräf|te› *jmd., der aushilft, Arbeitskraft zur Aushilfe*

aus|höh|len ‹V. trans.; höhlt aus, höhl|te aus, hat aus|ge|höhlt, aus|zu|höh|len› etwas ~ **1** *hohlmachen, eine Höhlung in etwas machen* **2** *untergraben, auswaschen* **3** ‹übertr.› *schwächen, untergraben* ▸ einen Baum ~; ein Gesetz durch einschränkende Bestimmungen ~ ‹übertr.›

aus|ho|len ‹V. intr.; holt aus, hol|te aus, hat aus|ge|holt, aus|zu|ho|len› **1** *Abstand nehmen u. die Hand erheben (zum Schlag, Wurf)* **2** *ausgreifen, große Schritte machen* **3** ‹übertr.› *in der Vergangenheit beginnen, ausschweifend erzählen* ▸ wenn ich das erzählen will, muss ich weit ~ ‹übertr.›; zum Schlag ~ *schlagen wollen;* zum Wurf ~

aus|hor|chen ‹V. trans.; horcht aus, horch|te aus, hat aus|ge|horcht, aus|zu|hor|chen› jmdn. ~ *jmdm. ein Geheimnis entlocken*

aus|hun|gern ‹V. trans.; hun|gert aus, hun|ger|te aus, hat aus|ge|hun|gert, aus|zu|hun|gern› jmdn. ~ **1** *hungern lassen* **2** ‹Mil.› *durch Hungernlassen zur Aufgabe zwingen*

aus|keh|ren ‹V. trans.; kehrt aus, kehr|te aus, hat aus|ge|kehrt, aus|zu|keh|ren› **1** Schmutz ~ *durch Kehren entfernen* **2** ein Zimmer ~ *durch Kehren säubern, ausfegen*

aus|ken|nen ‹V. refl.; kennt sich aus, sich kann|te aus, hat sich aus|ge|kannt, sich aus|zu|ken|nen› sich ~ *Bescheid wissen* ▸ sich in einer Stadt ~; er kennt sich mit Autos ~

aus|klam|mern ‹V. trans.; klam|mert aus, klam|mer|te aus, hat aus|ge|klam|mert, aus|zu|klam|mern› etwas ~ **1** *aus den Klammern nehmen* **2** ‹übertr.› *beiseitelassen, da es nicht in Betracht kommt* ▸ diesen Aspekt können wir erst einmal ~ ‹übertr.›; Abl *Ausklammerung*

Aus|klang ‹der; -(e)s, -klän|ge› **1** ‹Mus.› *letzter Ton (eines Musikstücks)* **2** ‹übertr.› *langsamer Abschluss (eines Festes, einer Geschichte)*

aus|klin|gen ‹V. intr.; klingt aus, klang aus, ist/hat aus|ge|klun|gen, aus|zu|klin|gen› **1** *verklingen, verhallen* (Musikstück, Lied) **2** ‹übertr.› *langsam, harmonisch abschließen, enden* (Fest) ▸ die Feier klang aus in einem gemeinsamen Lied

aus|klin|ken ‹V.; klinkt aus, klink|te aus, hat aus|ge|klinkt, aus|zu|klin|ken› **I** ‹V. trans.› etwas ~ *durch Druck auf eine Klinke lösen u. fallen lassen* ▸ eine Bombe ~ **II** ‹V. refl.; übertr.; umg.› sich ~ *sich lösen* ▸ sich aus einem Gespräch ~

aus|klop|fen ‹V. trans.; klopft aus, klopf|te aus, hat aus|ge|klopft, aus|zu|klop|fen› eine Pfeife, eine Hose ~ *durch Klopfen säubern*

aus|knip|sen ‹V. trans.; knipst aus, knips|te aus, hat aus|ge|knipst, aus|zu|knip|sen; umg.› das Licht ~ *mit Hilfe eines Schalters ausschalten*

aus|ko|chen ‹V. trans.; kocht aus, koch|te aus, hat aus|ge|kocht, aus|zu|ko|chen› **1** etwas ~ *durch Kochen Nährstoffe, Fett usw. herauslösen* **2** ‹übertr.; umg.› etwas ~ *aushecken, ersinnen* ▸ Brühe aus Fleisch ~; →a. *ausgekocht*

aus|kom|men ‹V. intr.; kommt aus, kam aus, ist aus|ge|kom|men, aus|zu|kom|men› **1** mit etwas ~ *zurechtkommen, ausreichend mit etwas versorgt sein* **2** mit jmdm. ~ *sich mit jmdm. vertragen* ▸ wir kommen gut miteinander aus; mit seinem Geld gut, nicht ~; ich muss nun ohne sie ~

Aus|kom|men ‹das; -s; unz.› **1** *Lebensunterhalt*

2 *Einverständnis, das Vertragen* ▸ ein gutes ~ haben; mit ihm ist kein ~ (möglich)

aus|kos|ten ⟨V. trans.; kos|tet aus, kos|te|te aus, hat aus|ge|kos|tet, aus|zu|kos|ten⟩ etwas ~ *in vollen Zügen genießen* ▸ er hat seine Ferien bis zum letzten Tag ausgekostet

aus|krat|zen ⟨V. trans.; kratzt aus, kratz|te aus, hat aus|ge|kratzt, aus|zu|krat|zen⟩ etwas ~ **1** *durch Kratzen entfernen* **2** ⟨Med.⟩ = *ausschaben (2)*

aus|kund|schaf|ten ⟨V. trans.; kund|schaf|tet aus, kund|schaf|te|te aus, hat aus|ge|kund|schaf|tet, aus|zu|kund|schaf|ten⟩ ein Gelände, Geheimnisse ~ *erkunden, erforschen, erspähen*

Aus|kunft ⟨die; -, -künf|te⟩ **1** *Information, um die jmd. bittet, Belehrung, (erbetene) Mitteilung, Antwort* **2** *Dienststelle, Schalter, an dem Auskunft erteilt wird;* ⓘ S. 897 ▸ ich hätte gern eine ~; darüber kann, darf ich keine ~ geben; Auskünfte einziehen; um ~ bitten; wo ist hier bitte die ~?; Zus *Auskunftsstelle; Telefonauskunft*

aus|kup|peln ⟨V. trans. u. V. intr.; kup|pelt aus, kup|pel|te aus, hat aus|ge|kup|pelt, aus|zu|kup|peln⟩ (etwas) ~ *die Kupplung (von etwas) lösen*

aus|ku|rie|ren ⟨V. trans.; ku|riert aus, ku|rier|te aus, hat aus|ku|riert, aus|zu|ku|rie|ren⟩ eine Krankheit od. sich ~ *vollständig kurieren, ganz ausheilen* ▸ du solltest dich endlich richtig ~

aus|la|chen ⟨V. trans.; lacht aus, lach|te aus, hat aus|ge|lacht, aus|zu|la|chen⟩ jmdn. ~ *durch Lachen verspotten, sich über jmdn. lustig machen* ▸ die Kinder haben ihn ausgelacht

aus|la|den ⟨V. trans.; lädt aus, lud/la|de|te aus, hat aus|ge|la|den, aus|zu|la|den⟩ **1** einen Wagen ~ *leeren* **2** Waren ~ *abladen* **3** ⟨umg.⟩ Gäste (wieder) ~ *eine Einladung rückgängig machen*

aus|la|dend **I** ⟨Part. Präs. von⟩ *ausladen* **II** ⟨Adj.⟩ **1** *breit gebaut* (Dach, Kahn) **2** *weit ausholend* (Gebärden) **3** *breit, weitschweifig* (Stil)

Aus|la|ge ⟨die; -, -n⟩ **1** *das Auslegen, Zurschaustellen* **2** *im Schaufenster ausgestellte Waren* **3** ⟨meist Pl.⟩ ~n *für jmd. anderen ausgelegtes Geld, Ausgaben* ▸ jmds. ~n erstatten

aus|la|gern ⟨V. trans.; la|gert aus, la|ger|te aus, hat aus|ge|la|gert, aus|zu|la|gern⟩ **1** Ware ~ *an einen anderen Ort bringen u. dort aufbewahren* **2** Teile einer Firma o. Ä. ~ *an einen anderen Ort verlegen* ▸ die Produktion ins Ausland ~

Aus|land ⟨das; -(e)s; unz.⟩ **1** *Gebiet, das nicht zum eigenen Staat gehört, fremdes Land;* Ggs *Inland;* Zus *Auslandsanleihe, Auslandsaufenthalt, Auslandsreise* **2** *die Bewohner des Auslands* ▸ die Meinung des europäischen ~es; Pressestimmen aus dem ~; heimische Produkte in das ~ exportieren; sich im ~ aufhalten; ins ~ gehen; Handel mit dem ~ treiben

Aus|län|der ⟨der; -s, -⟩ *Angehöriger eines fremden Staates* ▸ die Integration von ~n fördern; Zus *Ausländeranteil, Ausländerbehörde*

Aus|län|der|be|auf|trag|te(r) ⟨die; -n, -n (der; -n, -n)⟩ *Person, die sich in staatlichen Institutionen od. privaten Firmen um die Angelegenheiten von Ausländern kümmert*

aus|län|der|feind|lich ⟨Adj.⟩ *Ausländer (im eigenen Staat) ablehnend, ihnen gegenüber feindlich gesinnt* ▸ ~e Tendenzen; ein ~es Verhalten; Abl *Ausländerfeindlichkeit*

Aus|län|de|rin ⟨die; -, -rin|nen⟩ *weibl. Ausländer*

aus|län|disch ⟨Adj.⟩ *das Ausland betreffend, zu ihm gehörig, aus ihm stammend* ▸ eine ~e Staatsbürgerschaft besitzen; mit ~er Währung bezahlen; Sprachkurse für ~e Mitbürger anbieten

Aus|lands|ver|tre|tung ⟨die; -, -en⟩ *im Ausland befindliche Vertretung (einer Firma, eines Staates), Botschaft*

aus|las|sen ⟨V.; lässt aus, ließ aus, hat aus|ge|lassen, aus|zu|las|sen⟩ **I** ⟨V. trans.⟩ **1** das Licht, den Fernseher ~ *ausgeschaltet lassen* **2** einen Buchstaben, ein Wort, eine Zahl ~ *nicht nennen, nicht schreiben, weglassen* **3** Speck ~ *ausschmelzen, flüssig werden lassen* **4** seinen Zorn, seine schlechte Laune an jmdm. ~ *jmd. anderen ungehemmt den eigenen Zorn, die eigene schlechte Laune spüren lassen* **II** ⟨V. refl.⟩ sich über jmdn. od. etwas ~ *seine Meinung über jmdn. od. etwas sagen* ▸ sich ständig über seine Kollegen ~; sich lang und breit über etwas ~; →a. *ausgelassen*

Aus|las|sung ⟨die; -, -en⟩ **1** *das Weglassen (eines Lautes im Wort)* **2** ⟨nur Pl.; übertr.⟩ ~en *(weitschweifige) Äußerungen, Bemerkungen*

Aus|las|sungs|zei|chen ⟨das; -s, -; Gramm.⟩ = *Apostroph*

aus|las|ten ⟨V. trans.; las|tet aus, las|te|te aus, hat aus|ge|las|tet, aus|zu|las|ten⟩ jmdn. od. etwas ~ *die Tragfähigkeit einer Sache, die Arbeitsfähigkeit einer Person ausnutzen* ▸ einen Wagen voll ~; ich bin in, mit meiner Arbeit (nicht) voll ausgelastet; Abl *Auslastung*

Aus|lauf ⟨der; -(e)s, -läu|fe⟩ **1** *Aus-, Abfluss (von Flüssigkeiten)* **2** *Abflussöffnung* **3** *das Auslaufen, Abfahrt (eines Schiffes)* **4** *umzäuntes Areal zur freien Bewegung* **5** *Bewegungsfreiheit* ▸ Hunde, Pferde brauchen ~; genügend ~ haben

aus|lau|fen ⟨V. intr.; läuft aus, lief aus, ist aus|gelau|fen, aus|zu|lau|fen⟩ **1** *herauslaufen (von Flüssigkeiten)* **2** *sich entleeren (von Flüssigkeitsbehältern)* **3** *aus dem Hafen hinausfahren, in See stechen* (Schiff) **4** *langsamer laufen bis zum Stillstand* (Maschine) **5** *langsam aufhören, zu Ende gehen, ablaufen* ▸ das Öl, der Tank ist ausgelaufen; die Regelung läuft Ende des Monats aus

Aus|läu|fer ⟨der; -s, -⟩ **1** *letzter, flacher od. schmaler werdender Berg eines Gebirgsmassivs* **2** ⟨Meteor.⟩ *letzter, weniger intensiver Teil (eines Tiefs)* **3** ⟨Bot.⟩ *Seitentrieb, Spross*

Aus|lauf|mo|dell ⟨das; -(e)s, -e⟩ **1** *Modell, Fabrikat, das ausläuft u. nicht mehr hergestellt wird* **2** ⟨übertr.; abwertend⟩ *etwas, das keinen Bestand, keine Zukunft hat, nicht mehr praktiziert wird*

aus|lau|gen ⟨V. trans.; laugt aus, laug|te aus, hat aus|ge|laugt, aus|zu|lau|gen⟩ jmdn. ~ *erschöpfen, aufreiben* ▸ ich bin völlig ausgelaugt *erschöpft, kraftlos*

Aus|laut ⟨der; -(e)s, -e; Phon.⟩ *letzter Laut (eines*

Wortes od. einer Silbe) ▸ das „t“ steht beim Wort „alt“ im ~; Abl *auslauten;* Zus *Auslautschwund*

aus|le|ben ‹V.; lebt aus, leb|te aus, hat aus|ge|lebt, aus|zu|le|ben› **I** ‹V. refl.› sich ~ *das Leben (bes. in sinnl. Beziehung) genießen* **II** ‹V. trans.› etwas ~ *zur Entfaltung bringen* ▸ seine Gefühle ~

aus|lee|ren ‹V. trans.; leert aus, leer|te aus, hat aus|ge|leert, aus|zu|lee|ren› etwas ~ *ganz leeren, ausschütten, austrinken* ▸ ein Glas, eine Tasche ~

aus|le|gen ‹V. trans.; legt aus, leg|te aus, hat aus|ge|legt, aus|zu|le|gen› **1** Waren, Zeitschriften ~ *ausgebreitet, offen zur Ansicht hinlegen* **2** Minen, Fallen ~ *versteckt verteilen* **3** Geld ~ *leihweise bezahlen* **4** eine Äußerung, einen Text ~ *deuten, erklären;* Abl *Auslegung* **5** etwas mit etwas ~ *bedecken* **6** ‹Tech.› etwas für etwas ~ *auf eine bestimmte Belastung, Leistungsfähigkeit hin konstruieren* ▸ einen Text aus der Bibel ~; ein Wort falsch, richtig ~; kannst du den Beitrag für mich ~?; ein Zimmer mit Teppichen ~; das Schienennetz ist für diese Belastung nicht ausgelegt

Aus|leg|wa|re ‹die; -; unz.› *Teppichstoff zum Auslegen von Räumen*

aus|lei|ern ‹V. trans.; lei|ert aus, lei|er|te aus, hat aus|ge|lei|ert, aus|zu|lei|ern; umg.› etwas ~ *durch vieles Drehen od. Tragen abnutzen, ausweiten* ▸ die Hose ist schon ganz ausgeleiert

Aus|lei|he ‹die; -, -n› *Stelle in Bibliotheken, an der die Bücher ausgegeben werden*

aus|lei|hen ‹V. trans.; leiht aus, lieh aus, hat aus|ge|lie|hen, aus|zu|lei|hen› **1** jmdm. etwas ~ *etwas verleihen* **2** sich etwas ~ *sich etwas leihen, borgen;* Abl *Ausleiher(in)* ▸ ich habe mir ein neues Buch ausgeliehen; diese Bibliothek leiht Bücher aus; Abl *Ausleihung;* Zus *Ausleihbibliothek*

Aus|le|se ‹die; -, -n› **1** *Auswahl (der Besten), Siebung, Selektion* **2** *aus überreifen edelfaulen Trauben bereiteter Wein;* Zus *Beerenauslese*

aus|lie|fern ‹V. trans.; lie|fert aus, lie|fer|te aus, hat aus|ge|lie|fert, aus|zu|lie|fern› **1** Waren, Bücher ~ *zum Verkauf ausgeben, übergeben* **2** ‹Rechtsw.› jmdn. ~ *dem Heimatstaat, der zuständigen Gerichtsbarkeit übergeben* ▸ Gefangene dem Heimatstaat ~; die erste Auflage wird im Mai ausgeliefert; jmdm. od. einer Sache völlig ausgeliefert sein *schutzlos preisgegeben sein*

aus|lie|gen ‹V. intr.; liegt aus, lag aus, hat aus|ge|le|gen, aus|zu|lie|gen› *zur Ansicht od. zum Verkauf ausgelegt, ausgestellt sein* (Waren, Zeitschriften) ▸ im Wartesaal liegen Zeitungen aus

aus|löf|feln ‹V. trans.; löf|felt aus, löf|fel|te aus, hat aus|ge|löf|felt, aus|zu|löf|feln› eine Suppe ~ *mit dem Löffel ausessen, aufessen* ▸ etwas ~ müssen, was man sich eingebrockt hat ‹übertr.› *die Folgen seiner Handlungen tragen müssen*

aus|lö|schen ‹V. trans.; löscht aus, lösch|te aus, hat aus|ge|löscht, aus|zu|lö|schen› **1** ein Feuer ~ *löschen* **2** eine Schrift ~ *beseitigen* **3** ‹übertr.› jmdn. od. etwas ~ *vernichten* ▸ ein Leben ~

aus|lo|sen ‹V. trans.; lost aus, los|te aus, hat aus|ge|lost, aus|zu|lo|sen› Gewinner ~ *durch Los bestimmen, wählen;* Abl *Auslosung*

aus|lö|sen ‹V. trans.; löst aus, lös|te aus, hat aus|ge|löst, aus|zu|lö|sen› **1** Gefangene ~ *durch Lösegeld befreien, loskaufen* **2** etwas Verpfändetes ~ *wieder eintauschen, zurückkaufen* **3** eine bestimmte Wirkung, Reaktion ~ *veranlassen, in Gang setzen;* Abl *Auslösung*

Aus|lö|ser ‹der; -s, -› **1** *Knopf od. Kabel zum Auslösen eines mechanischen Vorgangs* **2** *Sache, Vorfall, die bzw. der etwas auslöst* ▸ das Geld war ~ für seine Entscheidung; auf den ~ drücken

aus|lo|ten ‹V. trans.; lo|tet aus, lo|te|te aus, hat aus|ge|lo|tet, aus|zu|lo|ten› etwas ~ **1** *durch Loten die Tiefe von etwas feststellen* **2** ‹übertr.; umg.› *(gedanklich) ganz zu erkennen versuchen*

aus|ma|chen ‹V. trans.; macht aus, mach|te aus, hat aus|ge|macht, aus|zu|ma|chen› **1** ein Feuer, das Licht ~ *löschen, auslöschen* **2** ein Gerät ~ *außer Betrieb setzen, ausschalten* **3** einen Termin (mit jmdm.) ~ *verabreden, vereinbaren* **4** einen Betrag ~ *sich auf einen B. belaufen* **5** jmdn. od. etwas ~ *erkennen, wahrnehmen* **6** jmdm. etwas ~ *jmdn. stören, beeinträchtigen* ▸ wir haben ausgemacht, dass er morgen kommt ▸ die Kosten machen zehn **Euro** aus; mach bitte den **Fernseher** aus! ▸ das macht **nichts** aus *ist nicht schlimm;* wenn es Ihnen nichts ausmacht *wenn es Ihnen keine Mühe macht, wenn es Sie nicht stört;* das machen wir **unter** uns aus! ▸ **wie** viel macht es aus? *was kostet es?* ▸ es ist ausgemacht, dass die Feier morgen stattfindet; →a. *ausgemacht*

aus|ma|len ‹V. trans.; malt aus, mal|te aus, hat aus|ge|malt, aus|zu|ma|len› **1** etwas ~ **1.1** *mit Farbe bemalen, mit Farbe ausfüllen* **1.2** ‹übertr.› *schildern, anschaulich darstellen* **2** ‹übertr.› sich etwas ~ *anschaulich, bildlich vorstellen* ▸ das Kind malt ein Bilderbuch aus; er malt sich die Zukunft in schönen Farben aus ‹übertr.›

aus|ma|nö|v|rie|ren ‹V. trans.; ma|nö|v|riert aus, ma|nö|v|rier|te aus, hat aus|ge|ma|nö|v|riert, aus|zu|ma|nö|v|rie|ren› jmdn. ~ **1** *geschickt täuschen, ausstechen, austricksen* **2** *hinausdrängen, (vom Wettbewerb) verdrängen*

Aus|maß ‹das; -es, -e› *Umfang, Ausdehnung* ▸ das ~ der Katastrophe ist noch nicht zu übersehen; in, von großem, von geringem ~

aus|mer|zen ‹V. trans.; merzt aus, merz|te aus, hat aus|ge|merzt, aus|zu|mer|zen› etwas ~ **1** *ausrotten, vernichten* **2** *ausscheiden, streichen, tilgen* ▸ Schädlinge ~; die Fehler aus einem Text ~

aus|mes|sen ‹V. trans.; misst aus, maß aus, hat aus|ge|mes|sen, aus|zu|mes|sen› etwas ~ *genau (ab)messen* ▸ ein Zimmer ~; der Ingenieur misst die Brückenlänge aus; Abl *Ausmessung*

aus|mis|ten ‹V. trans.; mis|tet aus, mis|te|te aus, hat aus|ge|mis|tet, aus|zu|mis|ten› **1** einen Stall ~ *von Mist befreien* **2** ‹übertr.; umg.› ein Zimmer ~ *von Unbrauchbarem befreien*

aus|mus|tern ‹V. trans.; mus|tert aus, mus|ter|te aus, hat aus|ge|mus|tert, aus|zu|mus|tern› **1** etwas ~ *(Unbrauchbares, Schlechtes) aussortieren, entfernen* **2** jmdn. ~ *wegen Krankheit aus dem Militärdienst entlassen;* Abl *Ausmusterung*

Aus|nah|me ⟨die; -, -n⟩ *von einer Regel od. von der üblichen Norm Abweichendes* ▸ ~n **bestätigen** die Regel; eine ~ **bilden,** sein; eine ~ **machen** *anders als üblich verfahren* ▸ **mit** seltenen ~n; mit ~ von zwei Schülern haben es alle verstanden; keine Regel **ohne** ~; Zus *Ausnahmefall, Ausnahmegenehmigung*

Aus|nah|me|zu|stand ⟨der; -(e)s; unz.⟩ *Notzustand, der bestimmte staatliche Maßnahmen nötig macht* ▸ den ~ erklären

aus|nahms|los ⟨Adj.⟩ *ohne Ausnahme* ▸ ~ alle kamen mit

aus|nahms|wei|se ⟨a. [--'--] Adv.⟩ *als Ausnahme, ganz selten* ▸ er darf nur ~ mitkommen

aus|neh|men ⟨V.; nimmt aus, nahm aus, hat aus|ge|nom|men, aus|zu|neh|men⟩ **I** ⟨V. trans.⟩ **1** einen Fisch, ein Huhn ~ *die Innereien herausnehmen* **2** ⟨umg.⟩ jmdn. ~ *ihm Geld abnehmen (beim Spiel usw.)* **3** jmdn. od. etwas von etwas ~ *ausschließen, nicht berücksichtigen* ▸ ihn muss ich von dieser Behauptung ~ *ihn meine ich mit dieser B. nicht* **II** ⟨V. refl.; geh.⟩ sich irgendwie ~ *wirken, erscheinen* ▸ wie nimmt sich das Bild dort an der Wand aus?; →a. *ausgenommen*

aus|neh|mend **I** ⟨Part. Präs. von⟩ *ausnehmen* **II** ⟨Adj.⟩ *sehr, ungewöhnlich, besonders* ▸ es hat mir ~ gut gefallen; der Hut steht dir ~ gut

aus|nut|zen ⟨V. trans.; nutzt aus, nutz|te aus, hat aus|ge|nutzt, aus|zu|nut|zen⟩ jmdn. od. etwas ~ *(rücksichtslos) Vorteil aus jmdm. od. etwas ziehen* ▸ seinen Einfluss ~; eine Gelegenheit ~; die Zeit (gut) ~; jmds. Gutmütigkeit ~

aus|nüt|zen ⟨V. trans.; nützt aus, nütz|te aus, hat aus|ge|nützt, aus|zu|nüt|zen⟩ = *ausnutzen*

aus|pa|cken ⟨V.; packt aus, pack|te aus, hat aus|ge|packt, aus|zu|pa|cken⟩ **I** ⟨V. trans.⟩ **1** Gegenstände ~ *aus der Umhüllung herausnehmen* **2** ein Paket, einen Koffer ~ *leeren, die Sachen herausnehmen* **II** ⟨V. intr.; umg.⟩ *ein Geheimnis verraten, ein Geständnis machen, die Wahrheit sagen* ▸ ein ehemaliger Mitarbeiter hat ausgepackt

aus|peit|schen ⟨V. trans.; peitscht aus, peitsch|te aus, hat aus|ge|peitscht, aus|zu|peit|schen⟩ jmdn. ~ *mit der Peitsche prügeln (zur Strafe)*

aus|pfei|fen ⟨V. trans.; pfeift aus, pfiff aus, hat aus|ge|pfif|fen, aus|zu|pfei|fen⟩ ein Theaterstück, Schauspieler ~ *durch Pfeifen missbilligen, ablehnen* ▸ das Stück ist ausgepfiffen worden

aus|plau|dern ⟨V. trans.; plau|dert aus, plau|der|te aus, hat aus|ge|plau|dert, aus|zu|plau|dern⟩ Geheimnisse, Vertraulichkeiten ~ *leichtsinnig, gedankenlos verraten*

aus|plün|dern ⟨V. trans.; plün|dert aus, plün|der|te aus, hat aus|ge|plün|dert, aus|zu|plün|dern⟩ jmdn. od. etwas ~ *ausrauben*

aus|po|sau|nen ⟨V. trans.; po|saunt aus, po|saun|te aus, hat aus|po|saunt, aus|zu|po|sau|nen⟩ etwas (laut) ~ *laut u. prahlerisch überall weitererzählen*

aus|prä|gen ⟨V.; prägt aus, präg|te aus, hat aus|ge|prägt, aus|zu|prä|gen⟩ **I** ⟨V. trans.⟩ etwas ~ *deutlich, kennzeichnend gestalten, formen* ▸ ausgeprägte Gesichtszüge; er hat einen ausgeprägten Sinn für Musik **II** ⟨V. refl.⟩ sich ~ *deutlich zum Ausdruck kommen;* Abl *Ausprägung*

aus|pres|sen ⟨V. trans.; presst aus, press|te aus, hat aus|ge|presst, aus|zu|pres|sen⟩ **1** eine Frucht ~ *durch Pressen den Saft herauslaufen lassen* **2** ⟨umg.⟩ Saft (aus einer Frucht) ~ *durch Pressen der Frucht gewinnen* ▸ jmdn. wie eine Zitrone ~ *jmdm. viel Geld abnehmen*

aus|pro|bie|ren ⟨V. trans.; pro|biert aus, pro|bier|te aus, hat aus|pro|biert, aus|zu|pro|bie|ren⟩ etwas ~ *probieren, testen* ▸ das muss ich erst einmal ~; ich habe das Gerät ist noch nicht ausprobiert

Aus|puff ⟨der; -(e)s, -e od. -püf|fe; bei Verbrennungsmotoren⟩ *die Vorrichtung zum Ausstoß von Abgasen;* ⓘ S. 896; Zus *Auspuffgase, Auspuffrohr, Auspufftopf*

aus|pum|pen ⟨V. trans.; pumpt aus, pump|te aus, hat aus|ge|pumpt, aus|zu|pum|pen⟩ **1** einen Behälter ~ *leer pumpen* **2** Wasser, Luft (aus etwas) ~ *herauspumpen* **3** ⟨umg.⟩ jmdm. den Magen ~ *den Mageninhalt mit Hilfe einer Sonde herausholen;* →a. *ausgepumpt*

aus|pus|ten ⟨V. trans.; pus|tet aus, pus|te|te aus, hat aus|ge|pus|tet, aus|zu|pus|ten⟩ eine Kerze, ein Streichholz ~ *durch Pusten löschen*

aus|quar|tie|ren ⟨V. trans.; quar|tiert aus, quar|tier|te aus, hat aus|quar|tiert, aus|zu|quar|tie|ren⟩ jmdn. ~ *aus einer Unterkunft entfernen*

aus|quet|schen ⟨V. trans.; quetscht aus, quetsch|te aus, hat aus|ge|quetscht, aus|zu|quet|schen⟩ **1** etwas ~ *auspressen* **2** ⟨übertr.; umg.⟩ jmdn. ~ *mit Fragen bedrängen, dringlich ausfragen*

aus|ra|die|ren ⟨V. trans.; ra|diert aus, ra|dier|te aus, hat aus|ra|diert, aus|zu|ra|die|ren⟩ **1** etwas ~ *durch Radieren entfernen* **2** ⟨übertr.⟩ eine Stadt ~ *vollständig zerstören, niederreißen*

aus|ran|gie|ren ⟨[-raŋʒiː-] V. trans.; ran|giert aus, ran|gier|te aus, hat aus|ran|giert, aus|zu|ran|gie|ren⟩ etwas ~ *aussondern, aussortieren, wegwerfen* ▸ alte Kleider, unbrauchbares Hausgerät ~

aus|ras|ten ⟨V.⟩ **I** ⟨V. intr.; ras|tet aus, ras|te|te aus, ist aus|ge|ras|tet, aus|zu|ras|ten⟩ **1** *aus einer Befestigung herausspringen* (Verschluss o. Ä.) **2** ⟨umg.⟩ *sehr zornig werden, die Beherrschung verlieren* ▸ bei dieser Bemerkung ist er völlig ausgerastet **II** ⟨V. refl.; ras|tet aus, ras|te|te aus, hat aus|ge|ras|tet, aus|zu|ras|ten; österr.⟩ sich ~ *ausruhen*

aus|rau|ben ⟨V. trans.; raubt aus, raub|te aus, hat aus|ge|raubt, aus|zu|rau|ben⟩ jmdn. od. etwas ~ *allen Eigentums berauben*

aus|räu|chern ⟨V. trans.; räu|chert aus, räu|cher|te aus, hat aus|ge|räu|chert, aus|zu|räu|chern⟩ etwas ~ *durch Räuchern von Schädlingen befreien;* Abl *Ausräucherung*

aus|räu|men ⟨V. trans.; räumt aus, räum|te aus, hat aus|ge|räumt, aus|zu|räu|men⟩ **1** einen Schrank, ein Zimmer ~ *ganz vom Inhalt befreien, leeren* **2** ⟨übertr.⟩ Missverständnisse ~ *beseitigen*

aus|rech|nen ⟨V. trans.; rech|net aus, rech|ne|te aus, hat aus|ge|rech|net, aus|zu|rech|nen⟩ **1** etwas ~ *durch Rechnen herausfinden, errechnen* **2** sich etwas ~ *annehmen, zu ermitteln versuchen*

▸ kannst du bitte ~, wie viel der Einkauf gekostet hat; er rechnet sich bei der Vergabe der Stipendien gute Chancen aus; →a. *ausgerechnet*

Aus|re|de ⟨die; -, -n⟩ *Vorwand, Ausflucht, Entschuldigung* ▸ faule ~n! ⟨umg.⟩ *nicht ausreichende, nicht wahrheitsgetreue Entschuldigungen;* immer eine ~ parat haben; nach einer ~ suchen; nie um eine ~ verlegen sein

aus|re|den ⟨V.; re|det aus, re|de|te aus, hat aus|ge|re|det, aus|zu|re|den⟩ **I** ⟨V. intr.⟩ *zu Ende, fertigreden* ▸ jmdn. ~ lassen; lass mich doch bitte erst ~! **II** ⟨V. trans.⟩ jmdm. etwas ~ *jmdn. durch Reden zu einer anderen Meinung bringen, ihn von einem Vorhaben abbringen* ▸ das lasse ich mir nicht ~; ich habe versucht, ihm das auszureden

aus|rei|chen ⟨V. intr.; reicht aus, reich|te aus, hat aus|ge|reicht, aus|zu|rei|chen⟩ *im erforderlichen Maß vorhanden sein* ▸ die Vorräte reichen nicht aus *es sind zu wenig V.;* ich weiß nicht, ob ich damit ausreiche; wird das Geld ~?; seine Qualifikation reicht für diese Stelle nicht aus

aus|rei|chend **I** ⟨Part. Präs. von⟩ *ausreichen* **II** ⟨Adj.⟩ **1** *genügend, genug* **2** *gerade noch genügend (als Zensur)*

Aus|rei|se ⟨die; -, -n⟩ *Reise hinaus, ins Ausland, Grenzübertritt (ins Ausland)* ▸ Geldmittel bei der ~ angeben; Zus *Ausreiseantrag*

aus|rei|sen ⟨V. intr.; reist aus, reis|te aus, ist aus|ge|reist, aus|zu|rei|sen⟩ *in ein anderes Land reisen*

aus|rei|ßen ⟨V.⟩ **I** ⟨V. trans.; reißt aus, riss aus, hat aus|ge|ris|sen, aus|zu|rei|ßen⟩ etwas ~ *durch Reißen entfernen* (Unkraut, Federn) ▸ ein Blatt aus einem Buch ~; ich könnte Bäume ~ *ich bin voller Tatendrang;* sich kein Bein ~ (wegen, für) ⟨übertr.; umg.⟩ *keine Mühe auf sich nehmen, sich nicht anstrengen* **II** ⟨V. intr.; reißt aus, riss aus, ist aus|ge|ris|sen, aus|zu|rei|ßen⟩ **1** *durch Reißen kaputtgehen, sich lösen* (Stoff, Naht) **2** ⟨umg.⟩ *fliehen, davonlaufen;* Abl *Ausreißer(in)* ▸ er riss schon mehrfach von zu Hause aus

aus|rei|ten ⟨V. intr.; rei|tet aus, ritt aus, ist aus|ge|rit|ten, aus|zu|rei|ten⟩ *zu Pferde einen Ausflug machen*

aus|rei|zen ⟨V. trans.; reizt aus, reiz|te aus, hat aus|ge|reizt, aus|zu|rei|zen⟩ etwas ~ *etwas bis zur äußersten Grenze treiben*

aus|ren|ken ⟨V. trans. u. V. refl.; renkt aus, renk|te aus, hat aus|ge|renkt, aus|zu|ren|ken⟩ (sich) ein Glied ~ *aus dem Gelenk drehen, verrenken* ▸ sie hat sich den Arm ausgerenkt

aus|rich|ten ⟨V. trans.; rich|tet aus, rich|te|te aus, hat aus|ge|rich|tet, aus|zu|rich|ten⟩ **1** etwas ~ *geraderichten, genau in eine Reihe stellen* **2** etwas an/nach jmdm. od. etwas ~, etwas auf jmdn. od. etwas ~ *an jmdm. od. etwas orientieren, auf jmdn. od. etwas richten* **3** ein Fest, eine Hochzeit ~ *veranstalten, gestalten u. die Kosten tragen* **4** ⟨übertr.⟩ (jmdm.) einen Gruß, eine Nachricht ~ *bestellen, übermitteln, weitergeben* **5** etwas, nichts ~ können *etwas, nichts erreichen, durchsetzen* ▸ ich werde es ihm gerne ~; das Angebot auf die Bedürfnisse der Kunden ~; weder mit Geld noch mit guten Worten kannst du in dieser Angelegenheit etwas ~; ich soll einen Gruß von ihm ~; eine nationalistisch ausgerichtete Regierung; Abl *Ausrichter(in), Ausrichtung*

aus|rot|ten ⟨V. trans.; rot|tet aus, rot|te|te aus, hat aus|ge|rot|tet, aus|zu|rot|ten⟩ **1** ein Volk, eine Tierart ~ *vernichten, vertilgen, beseitigen, alle töten* **2** ein Übel, eine Unsitte ~ *vollständig beseitigen* ▸ der Fischadler ist nahezu ausgerottet; Pocken und Masern könnten weltweit ausgerottet werden ⟨übertr.⟩; Abl *Ausrottung*

aus|rü|cken ⟨V. intr.; rückt aus, rück|te aus, ist aus|ge|rückt, aus|zu|rü|cken⟩ **1** *die Dienststelle verlassen, losmarschieren* **2** ⟨umg.⟩ *ausreißen, davonlaufen* ▸ die Polizei ist ausgerückt

Aus|ruf ⟨der; -(e)s, -e⟩ **1** *plötzliche kurze, laute Äußerung* **2** *verhaltener Schrei*

aus|ru|fen ⟨V. trans.; ruft aus, rief aus, hat aus|ge|ru|fen, aus|zu|ru|fen⟩ **1** etwas ~ *plötzlich laut, kurz äußern* **2** etwas ~ *öffentlich verkünden, bekanntmachen;* Abl *Ausrufer(in), Ausrufung* **3** ⟨früher⟩ jmdn. zum König, Kanzler ~ *öffentl. wählen u. in das Amt einsetzen* ▸ die Republik ~; die Eltern, die das Kind auf der Ausstellung verloren hatten, ließen es durch Lautsprecher ~

Aus|ru|fe|satz ⟨der; -es, -sät|ze; Gramm.⟩ *aus einem Ausruf bestehender Aussagesatz*

Ausrufezeichen

Das *Ausrufezeichen* (*!*) setzt man nach

- **Aufforderungen, Befehlen** oder **Wünschen:** *Verlassen Sie sofort dieses Zimmer! Treten Sie näher! Komm endlich zur Sache! Ich wünschte, wir hätten endlich Ferien!*
- **Ausrufen:** *Das ist doch die Höhe! Au! Das tut weh! Nein! Nein!*
- **Ausrufesätzen** in Form einer Frage: *Wie lange sollen wir hier noch herumstehen! Kannst du das nicht besser machen!*
- der **Anrede** in Briefen:
  Liebe Katja!
  Vielen Dank für Deinen langen Brief.

Heute wird hier anstelle des Ausrufezeichens meistens ein **Komma** gesetzt und danach kleingeschrieben:
Sehr geehrter Herr Schmidt,
vielen Dank für Ihren Brief.

Aus|ru|fe|zei|chen ⟨das; -s, -; Zeichen: !; Gramm.⟩ *Satzzeichen zur Kennzeichnung eines Ausrufs;* oV ⟨bes. schweiz.⟩ *Ausrufungszeichen*

aus|ru|hen ⟨V. intr. u. V. refl.; ruht sich aus, ruh|te sich aus, hat sich aus|ge|ruht, sich aus|zu|ru|hen⟩ (sich) ~ *ruhen, sich erholen, durch Ruhen neue Kraft sammeln* ▸ nach den Anstrengungen des Tages ~; von der Arbeit ~; sich zwei Stunden ~

aus|rüs|ten ⟨V. trans.; rüs|tet aus, rüs|te|te aus, hat aus|ge|rüs|tet, aus|zu|rüs|ten⟩ **1** jmdn. od. etwas ~ *mit allem Nötigen versehen* (Expedition, Schiff) **2** ⟨übertr.⟩ jmdn. ~ *mit dem nötigen (geistigen)*

Rüstzeug versehen ▸ sich für eine Reise ~; jmdn. mit Waffen, Werkzeug, Mannschaften ~; mit guten Vorsätzen ausgerüstet sein ⟨übertr.⟩

Aus|rüs|tung ⟨die; -, -en⟩ **1** *das Ausrüsten* **2** *die Gegenstände dazu;* Zus *Sportausrüstung* ▸ eine gute medizinische ~ haben

aus|rut|schen ⟨V. intr.; rutscht aus, rutsch|te aus, ist aus|ge|rutscht, aus|zu|rut|schen⟩ *durch plötzl. Rutschen das Gleichgewicht verlieren (u. hinfallen)* ▸ auf dem Eis ~; ihm ist die Hand ausgerutscht ⟨übertr.; umg.⟩ *er hat jmdn. geschlagen*

Aus|rut|scher ⟨der; -s, -; übertr.; umg.⟩ *taktlose Bemerkung, unangebrachtes Benehmen*

Aus|saat ⟨die; -, -en⟩ **1** *das Säen, Ausbringen der Samenkörner auf ein Feld* **2** *das Gesäte, die Saat* ▸ die ~ von Getreide

aus|sä|en ⟨V. trans.; sät aus, sä|te aus, hat aus|ge|sät, aus|zu|sä|en; verstärkend⟩ etwas ~ *säen*

Aus|sa|ge ⟨die; -, -n⟩ **1** *sprachlich gefasste Mitteilung, Feststellung, kurzer Bericht, Erklärung, bes. vor Gericht;* Zus *Aussageverweigerung; Zeugenaussage* **2** *geistiger Inhalt, Gehalt, Bedeutung* ▸ eine ~ machen; die ~ verweigern; ein Film mit einer starken ~; laut, nach ~ des Zeugen

Aus|sa|ge|kraft ⟨die; -, -kräf|te⟩ *Überzeugungskraft einer Aussage;* Abl *aussagekräftig*

aus|sa|gen ⟨V.; sagt aus, sag|te aus, hat aus|ge|sagt, aus|zu|sa|gen⟩ **I** ⟨V. trans.⟩ etwas ~ **1** *etwas sprachlich mitteilen, erklären* **2** *einen geistigen Gehalt haben u. diesen ausdrücken* ▸ das Bild sagt etwas aus; alle sagen übereinstimmend aus, dass … **II** ⟨V. intr.⟩ *eine Aussage machen* ▸ wollen Sie ~? *(Frage an den Zeugen);* über etwas od. jmdn. ~; unter Eid ~; vor Gericht ~

Aus|sa|ge|satz ⟨der; -es, -sät|ze; Gramm.⟩ *eine einfache Aussage enthaltender, vollständiger Satz*

Aus|satz ⟨der; -es; unz.; Med.⟩ *chronische Infektionskrankheit mit Veränderungen der Haut, der Nerven u. Knochen, Lepra*

aus|sät|zig ⟨Adj.⟩ *mit Aussatz behaftet, an Aussatz erkrankt;* Abl *Aussätzige(r)*

aus|scha|ben ⟨V. trans.; schabt aus, schab|te aus, hat aus|ge|schabt, aus|zu|scha|ben⟩ etwas ~ **1** *durch Schaben auskratzen, aushöhlen* **2** ⟨Med.⟩ eine Körperhöhle, bes. Gebärmutter ~ *von krankem Gewebe od. Geweberesten mit löffelartigem Gerät reinigen, auskratzen (2)*

aus|schach|ten ⟨V. trans.; schach|tet aus, schach|te|te aus, hat aus|ge|schach|tet, aus|zu|schach|ten⟩ einen Schacht, eine Grube ~ *graben*

aus|schal|ten ⟨V. trans.; schal|tet aus, schal|te|te aus, hat aus|ge|schal|tet, aus|zu|schal|ten⟩ **1** Licht, Strom ~ *mittels Schalters den Stromkreis unterbrechen* **2** das Radio, den Fernseher ~ *außer Betrieb sezten* **3** ⟨übertr.⟩ jmdn. ~ *nicht mitarbeiten, nicht mitwirken lassen* **4** ⟨übertr.⟩ jmdn. od. etwas ~ *nicht berücksichtigen* **5** ⟨übertr.⟩ eine Fehlerquelle ~ *beseitigen;* Abl *Ausschaltung*

Aus|schank ⟨der; -(e)s, -schän|ke⟩ **1** *Ausgabe von Getränken;* Zus *Bierausschank* **2** *Schanktisch* ▸ ~ alkoholischer Getränke; heute ist kein ~ mehr; →a. *ausschenken*

Aus|schau ⟨die; -; unz.⟩ *das Ausschauen* ▸ nach jmdm. od. etwas ~ halten *versuchen, jmdn. od. etwas ausfindig zu machen*

aus|schau|en ⟨V. intr.; schaut aus, schau|te aus, hat aus|ge|schaut, aus|zu|schau|en⟩ *aussehen* ▸ gut schaust du aus!; na, wie schaut's aus? ⟨umg.⟩ *wie geht es dir?, wie laufen die Dinge?;* nach jmdm. od. etwas ~ *erwartend hinaussehen, sich umsehen;* es schaut nach Gewitter aus

aus|schei|den ⟨V.⟩ **I** ⟨V. trans.; schei|det aus, schied aus, hat aus|ge|schie|den, aus|zu|schei|den⟩ Exkremente, Harn, Schweiß ~ *nach außen aus dem Körper entfernen, absondern;* Zus *Ausscheidungsprodukt* **II** ⟨V. intr.; schei|det aus, schied aus, ist aus|ge|schie|den, aus|zu|schei|den⟩ **1** *nicht mehr mitwirken, -spielen, -arbeiten, den Dienst, die Stellung verlassen* **2** *nicht in Betracht kommen* ▸ das scheidet (von vornherein) aus; aus einem Amt ~; aus einem Rennen ~; die Mannschaft ist ausgeschieden; Abl *Ausscheidung*

Aus|schei|dungs|kampf ⟨der; -(e)s, -kämp|fe; Sp.⟩ *Wettkampf, bei dem eine Vorauswahl für den Endkampf getroffen wird*

Aus|schei|dungs|or|gan ⟨das; -s, -e⟩ *Organ, das der Ausscheidung (Exkretion) dient*

aus|schen|ken ⟨V. trans.; schenkt aus, schenk|te aus, hat aus|ge|schenkt, aus|zu|schen|ken⟩ Getränke ~ **1** *am Ausschank abgeben* **2** *eingießen*

aus|sche|ren ⟨V. intr.; schert aus, scher|te aus, ist aus|ge|schert, aus|zu|sche|ren⟩ **1** *die Reihe seitlich verlassen* (von Fahrzeugen) **2** ⟨übertr.⟩ *von der gemeinsamen (politischen) Linie abweichen*

aus|schil|dern ⟨V. trans.; schil|dert aus, schil|der|te aus, hat aus|ge|schil|dert, aus|zu|schil|dern⟩ einen Weg ~ *mit Verkehrsschildern, Wegweisern versehen;* Abl *Ausschilderung*

aus|schimp|fen ⟨V. trans.; schimpft aus, schimpf|te aus, hat aus|ge|schimpft, aus|zu|schimp|fen; umg.⟩ jmdn. ~ *durch Schimpfen zurechtweisen*

aus|schlach|ten ⟨V. trans.; schlach|tet aus, schlach|te|te aus, hat aus|ge|schlach|tet, aus|zu|schlach|ten⟩ **1** Tiere ~ *von Eingeweide befreien, ausweiden* **2** ⟨übertr.; umg.⟩ alte Autos, Maschinen ~ *ihre noch brauchbaren Teile herausnehmen, um sie anderweitig zu verwenden* ▸ das Ereignis wurde von der Presse ausgeschlachtet ⟨übertr.; umg.⟩ *bis ins Einzelne berichtet u. kommentiert*

aus|schla|fen ⟨V.⟩ **I** ⟨V. intr.; schläft aus, schlief aus, hat/ist aus|ge|schla|fen, aus|zu|schla|fen⟩ *so lange schlafen, bis man völlig erholt ist* ▸ ich habe, bin heute nicht ausgeschlafen; im Urlaub will ich morgens mal richtig ~ **II** ⟨V. trans.; schläft aus, schlief aus, hat aus|ge|schla|fen, aus|zu|schla|fen; umg.⟩ etwas ~ *durch Schlaf beseitigen, beheben* ▸ seinen Rausch ~

Aus|schlag ⟨der; -(e)s, -schlä|ge⟩ **1** *krankhafte Hautveränderung;* Syn *Hautausschlag* **2** *Abweichen von der Ruhe-, Gleichgewichtslage (der Waage, des Zeigers bei Messinstrumenten, eines Pendels)* ▸ einen ~ bekommen, haben; das gibt den ~ ⟨übertr.⟩ *das ist entscheidend*

aus|schla|gen ⟨V.⟩ **I** ⟨V. intr.; schlägt aus, schlug

aus, hat/ist aus|ge|schla|gen, aus|zu|schla|gen⟩ **1** *von der Ruhe-, Gleichgewichtslage abweichen, schwingen* (Waage, Pendel, Zeiger) **2** *mit dem Hinterhuf heftig treten* (Pferd) **3** *Knospen treiben, sprossen, grünen* (Bäume) **II** ⟨V. trans.; schlägt aus, schlug aus, hat aus|ge|schla|gen, aus|zu|schla|gen⟩ **1** jmdm. etwas ~ *durch Schlag entfernen* **2** einen Innenraum ~ *auskleiden, bedecken* **3** ⟨übertr.⟩ ein Angebot, eine Einladung, Erbschaft ~ *zurückweisen, ablehnen* ▸ jmdm. ein Auge ~; jmdm. eine Bitte ~ ⟨übertr.⟩; das schlägt doch dem Fass den Boden aus! ⟨übertr.; umg.⟩ *unerhört!*; eine Kiste mit Papier ~

aus|schlag|ge|bend ⟨Adj.⟩ *entscheidend* ▸ der Hinweis war ~ für die Verhaftung des Täters

aus|schlie|ßen ⟨V. trans.; schließt aus, schloss aus, hat aus|ge|schlos|sen, aus|zu|schlie|ßen⟩ **1** jmdn. ~ *durch Zuschließen der Tür am Hereinkommen hindern, aussperren* **2** jmdn. (von etwas) ~ *jmdn. an etwas nicht teilhaben lassen, nicht mitwirken lassen* **3** jmdn. od. etwas ~ *nicht berücksichtigen* ▸ wir haben die Katze ausgeschlossen; das wollen wir von vornherein ~; ich habe mich selbst ausgeschlossen *stehe ohne Schlüssel vor der verschlossenen Tür meiner Wohnung;* →a. *ausgeschlossen*

aus|schließ|lich[1] ⟨a. [-'--] Adj.⟩ *ausnahmslos, alleinig, ungeteilt, uneingeschränkt* ▸ das ist sein ~es Recht; Abl *Ausschließlichkeit*

aus|schließ|lich[2] ⟨a. [-'--] Adv.⟩ *nur, nichts anderes als* ▸ sie ist jetzt ~ Hausfrau und Mutter; ich lebe ~ von vegetarischer Kost

aus|schließ|lich[3] ⟨a. [-'--] Präp. m. Gen.⟩ *nicht mitgerechnet, ungerechnet, außer* ▸ wir sehen uns täglich, ~ des Sonntags; Gewicht ~ der Verpackung; Preis für Übernachtung ~ des Frühstücks; ⟨auch mit undekl. Subst., wenn es im Sg. u. ohne Art. steht⟩ ~ Frühstück; ~ der Trinkgelder; ⟨auch mit Dat., wenn das folgende Subst. im Pl. u. ohne Art. steht⟩ ~ Trinkgeldern

aus|schlüp|fen ⟨V. intr.; schlüpft aus, schlüpf|te aus, ist aus|ge|schlüpft, aus|zu|schlüp|fen⟩ *aus dem Ei schlüpfen*

Aus|schluss ⟨der; -es, -schlüs|se⟩ *Ausschließung, Fernhaltung* ▸ den ~ eines Mitgliedes beantragen; mit ~ von; unter ~ der Öffentlichkeit (bei Gerichtsverhandlungen)

aus|schmü|cken ⟨V. trans.; schmückt aus, schmück|te aus, hat aus|ge|schmückt, aus|zu|schmü|cken⟩ **1** einen Raum ~ *verzieren, mit Zierrat behängen* **2** eine Erzählung ~ *durch Zusätze ergänzen, etwas hinzudichten;* Abl *Ausschmückung*

aus|schnei|den ⟨V. trans.; schnei|det aus, schnitt aus, hat aus|ge|schnit|ten, aus|zu|schnei|den⟩ etwas ~ *(formgerecht) herausschneiden* ▸ ein Inserat aus der Zeitung ~; ein tief ausgeschnittenes Kleid

Aus|schnitt ⟨der; -(e)s, -e⟩ **1** *das Ausgeschnittene;* Zus *Zeitungsausschnitt* **2** *ausgeschnittene Stelle;* Zus *Ärmelausschnitt* **3** ⟨übertr.⟩ *Einzelheit, Teil;* Zus *Filmausschnitt* ▸ einen ~ aus einem Film zeigen; sie trug ein Kleid mit tiefem ~

aus|schöp|fen ⟨V. trans.; schöpft aus, schöpf|te aus, hat aus|ge|schöpft, aus|zu|schöp|fen⟩ **1** Wasser (aus etwas) ~ *durch Schöpfen entfernen* **2** ⟨übertr.⟩ alle Möglichkeiten ~ *voll auswerten, nutzen;* Abl *Ausschöpfung*

aus|schrei|ben ⟨V. trans.; schreibt aus, schrieb aus, hat aus|ge|schrie|ben, aus|zu|schrei|ben⟩ **1** (jmdm.) ein Rezept, eine Rechnung ~ *schreiben, ausstellen* **2** ein Wort ~ *mit allen Buchstaben schreiben (nicht abkürzen)* **3** eine Stelle, einen Wettbewerb ~ *öffentlich bekanntmachen;* Abl *Ausschreibung*

Aus|schrei|tung ⟨die; -, -en⟩ *Gewalttätigkeit, Verstoß gegen die allgemeine Ordnung* ▸ ~en begehen; bei dem Fußballspiel kam es zu ~en

Aus|schuss ⟨der; -es, -schüs|se⟩ **I** ⟨unz.⟩ *als fehlerhaft, mangelhaft Ausgesondertes, Abfall;* Zus *Ausschussware* **II** ⟨zählb.⟩ *für besondere Aufgaben ausgewählte Leute, Kommission, Komitee;* Zus *Ausschussmitglied; Prüfungsausschuss*

aus|schüt|teln ⟨V. trans.; schüt|telt aus, schüt|tel|te aus, hat aus|ge|schüt|telt, aus|zu|schüt|teln⟩ eine Decke ~ *durch Schütteln säubern*

aus|schüt|ten ⟨V.; schüt|tet aus, schüt|te|te aus, hat aus|ge|schüt|tet, aus|zu|schüt|ten⟩ **I** ⟨V. trans.⟩ **1** etwas ~ *durch Umkippen leeren* **2** Wasser ~ *wegschütten, aus etwas herausschütten* **3** Dividenden, Gewinnanteile ~ *verteilen* **4** jmdm. sein Herz ~ *jmdm. seine Sorgen mitteilen* **II** ⟨V. refl.⟩ sich vor Lachen ~ *herzhaft, anhaltend lachen*

aus|schwär|men ⟨V. intr.; schwärmt aus, schwärm|te aus, ist aus|ge|schwärmt, aus|zu|schwär|men⟩ *im Schwarm ausfliegen* (Bienen)

aus|schwei|fend ⟨Adj.⟩ **1** *im Übermaß genießend, verschwenderisch, zügellos* **2** *übertrieben, zu üppig* ▸ ein ~es Leben führen; eine ~e Fantasie besitzen; Abl *Ausschweifung*

aus|schwit|zen ⟨V. trans.; schwitzt aus, schwitz|te aus, hat aus|ge|schwitzt, aus|zu|schwit|zen⟩ Flüssigkeit ~ *durch Schwitzen ausscheiden* ▸ Wände schwitzen Feuchtigkeit aus; eine Erkältung, Krankheit ~ *sich durch Schwitzen davon befreien*

aus|se|hen ⟨V. intr.; sieht aus, sah aus, hat aus|gese|hen, aus|zu|se|hen⟩ *einen bestimmten Anblick bieten, einen bestimmten Eindruck machen* ▸ gut, schlecht, schön, hässlich, hübsch, vergnügt ~; die Sache sieht nicht gut aus *scheint bedenklich, gefährlich;* er sieht jünger (älter) aus (als er ist) ▸ er sieht aus, als sei er krank; das sieht nach nichts aus *nicht besonders gut od. ansprechend;* es sieht nach Regen, Schnee aus *als ob es regnen, schneien wollte;* so, ⟨od.⟩ danach sieht er gar nicht aus *so wirkt er nicht;* so siehst du (gerade) aus! ⟨umg.⟩ *da hast du dich (aber) geirrt!;* wie siehst du denn aus?; wie sieht es geschäftlich aus? *wie stehen die Geschäfte?;* wie etwas od. jmd. ~ *den Eindruck machen, ähnlich sein;* das sieht wie Gold aus; er sieht (genauso) aus wie sein Vater; der rote Pullover sieht zu dem grauen Rock sehr gut aus ⟨umg.⟩ *passt gut dazu*

Aus|se|hen ⟨das; -s; unz.⟩ *Anschein, äußerer Eindruck, der Anblick, den jmd. od. etwas bietet*

▸ sein ~ gefällt mir nicht *er sieht schlecht, krank aus u. macht mir deshalb Sorgen;* sein ~ verriet seine Erregung; nach dem ~ zu urteilen

aus sein → *aus*

au|ßen ⟨Adv.⟩ *außerhalb von etwas, nicht innen, an der äußeren Seite;* Ggs *innen* ▸ ~ an der Tür; das Fenster ist nach ~ zu öffnen; einen Mantel von innen nach ~ wenden; nach ~ hin wahrt er den Schein ⟨übertr.⟩ *anderen gegenüber;* das Haus sieht von ~ nicht schön aus; die Tür von ~ streichen; ~ vor sein, bleiben ⟨übertr.; umg.⟩ *nicht berücksichtigt werden;* ~ Stehende(r) = *Außenstehende(r);* Zus *Außenbezirk, Außenfläche, Außentemperatur, Außenwand*

Au|ßen|auf|nah|me ⟨die; -, -n; Fot.; Film⟩ *Aufnahme, die im Freien gemacht wird*

aus|sen|den ⟨V. trans.; sen|det aus, sand|te/sen|de|te aus, hat aus|ge|sandt/aus|ge|sen|det, aus|zu|sen|den⟩ **1** jmdn. ~ *(mit einem Auftrag) wegschicken* **2** etwas ~ *von sich geben* ▸ einen Boten, Berichterstatter ~; Strahlen ~; Abl *Aussendung*

Au|ßen|dienst ⟨der; -(e)s; unz.⟩ *Arbeit außerhalb der Dienststelle;* Ggs *Innendienst;* Abl *außendienstlich;* Zus *Außendienstmitarbeiter(in)*

Au|ßen|han|del ⟨der; -s; unz.⟩ *Handel mit dem Ausland, zwischenstaatlicher Handel*

Au|ßen|mi|nis|ter ⟨der; -s, -; Pol.⟩ *Minister für auswärtige Angelegenheiten;* Abl *Außenministerin, Außenministerium*

Au|ßen|po|li|tik ⟨die; -; unz.⟩ *Politik der zwischenstaatlichen Beziehungen, Verkehr eines Staates mit anderen;* Abl *außenpolitisch*

Au|ßen|sei|te ⟨die; -, -n⟩ *äußere Seite* ▸ ein Gerät an der ~ der Wand befestigen

Au|ßen|sei|ter ⟨der; -s, -⟩ **1** *jmd., der seine eigenen Wege geht, Eigenbrötler;* Abl *Außenseiterin* **2** *Sportler mit geringen Gewinnchancen;* Abl *Außenseiterin* **3** *Rennpferd, auf das nicht od. wenig gewettet wird u. das deshalb beim Sieg eine bes. hohe Quote bringt*

Au|ßen|stän|de ⟨Pl.⟩ *unbezahlte Forderungen* ▸ er hat ~ von 10.000 Euro einzuziehen

Au|ßen|ste|hen|de(r) *auch:* **au|ßen Ste|hen|de(r)** ⟨die; -n, -n (der; -n, -n)⟩ **1** *jmd., der in etwas nicht eingeweiht ist* **2** *nicht zu einem kleinen Kreis od. zur Familie gehörige Person*

Au|ßen|stel|le ⟨die; -, -n⟩ *Niederlassung, Geschäftsstelle separat von der Zentrale*

Au|ßen|welt ⟨die; -; unz.⟩ **1** *gesamte Sinnenwelt (außerhalb des Ichs);* Ggs *Innenwelt* **2** *Umwelt, Welt außerhalb des eigenen Heims*

au|ßer[1] ⟨Präp. mit Dat. od. Akk., selten mit Gen.⟩ **1** *außerhalb von, nicht (mehr) in* **2** *mit Ausnahme von, ausgenommen, abgesehen von* **3** *noch dazu, darüber hinaus* ▸ ~ sich geraten *die Beherrschung verlieren;* ~ sich sein (vor Empörung, Zorn) *sehr empört, sehr zornig sein* ▸ etwas ~ Acht lassen *nicht beachten;* ~ Atem sein *atemlos sein, keuchen;* die Maschine ist ~ Betrieb; ~ Dienst ⟨Abk.: a. D.⟩ *pensioniert, im Ruhestand* (Beamter, Offizier); ~ Frage = *außerfrage;* er ist ~ Gefahr; jmdn. ~ Gefecht setzen *kampfunfähig machen;* er ist ~ Haus(e) *er ist nicht zu Hause; nicht an seinem Arbeitsplatz;* ~ Landes gehen *ins Ausland gehen, auswandern;* jmdn. ~ der Reihe bedienen; außer Stande = *außerstande;* das steht ~ (allem) Zweifel *das steht fest, daran ist nicht zu zweifeln* ▸ ~ dir wird niemand kommen; ich esse alles gern ~ Fisch; ich bin immer zu Hause ~ nachmittags; ~ dem Gehalt bekommt er noch eine Provision

au|ßer[2] ⟨Konj.⟩ *es sei denn (dass), wenn nicht* ▸ du wirst wohl noch lange auf Hilfe warten müssen, ~ du hilfst dir selbst; ~ dass *abgesehen davon, dass;* der Urlaub war sehr schön, ~ dass ich mich dabei erkältet habe; ~ wenn *nur nicht, wenn;* ich komme gerne, ~ wenn es regnet

au|ßer... ⟨Vorsilbe; zur Bildung von Adj.⟩ *außerhalb von etwas gelegen,* z. B. außerbetrieblich, außerehelich, außerirdisch, außerschulisch

au|ßer|dem ⟨[--'-] Konj.⟩ *(noch) dazu, zusätzlich, darüber hinaus* ▸ er besitzt fünf Anzüge und ~ (noch) vier Hosen; sie spielt Tennis und ~ joggt sie täglich; ich habe keine Zeit mitzukommen, und ~ bin ich auch gar nicht eingeladen

äu|ße|re(r, -s) ⟨Adj.⟩ **1** *an der Außenseite, Oberfläche (befindlich), von außen sichtbar* **2** *außerhalb eines Raumes (befindlich)* ▸ der ~ Eindruck; dem ~n Schein nach zu urteilen; die ~ Seite

Äu|ße|re(s) ⟨das; -n, -n⟩ **1** *Außenseite, Oberfläche* **2** ⟨übertr.⟩ *äußere Erscheinung, Anblick von außen, Aussehen* ▸ das ~ des Hauses ist hübsch; Wert auf (sein) ~s legen; ein angenehmes ~s haben; man soll nicht (nur) nach dem ~n urteilen

au|ßer|ehe|lich ⟨Adj.⟩ **1** *nicht in der Ehe geboren* (Kind) **2** *außerhalb der Ehe* (Geschlechtsverkehr)

au|ßer|eu|ro|pä|isch ⟨Adj.⟩ **1** *außerhalb Europas (befindlich)* **2** *nicht europäisch*

au|ßer|ge|richt|lich ⟨Adj.⟩ *ohne Hilfe des Gerichtes*

au|ßer|ge|wöhn|lich ⟨Adj.⟩ *über das Gewöhnliche, Gewohnte weit hinausgehend, auffallend, ungewöhnlich, hervorstechend* ▸ eine ~e Leistung; ~ gut, heiß, kalt; ein ~ schönes Mädchen

au|ßer|halb[1] ⟨Präp. m. Gen.⟩ **1** *nicht in einem festgelegten Raum (gelegen od. stattfindend)* **2** *nicht während eines bestimmten Zeitraumes (stattfindend)* ▸ ~ der Arbeitszeit; ~ des Hauses, der Stadt; einen Arzt ~ der Sprechzeiten erreichen

au|ßer|halb[2] ⟨Adv.⟩ *nicht in der Stadt, auswärts* ▸ er wohnt ~; viele Käufer kommen von ~

au|ßer|ir|disch ⟨Adj.⟩ **1** *außerhalb der Erde befindlich* **2** *nicht von der Erde stammend* ▸ ~e Wesen

äu|ßer|lich ⟨Adj.⟩ **1** *das Äußere betreffend* **2** ⟨übertr.⟩ *dem äußeren Schein nach, oberflächlich, nicht wesentlich* **3** *scheinbar* ▸ das ist ~ nicht erkennbar; nur für die ~e Anwendung *nur zum Einreiben, nicht zum Einnehmen (Aufschrift auf Rezepten od. Arzneiflaschen);* rein ~ betrachtet

äu|ßern ⟨V.; äu|ßert, äu|ßer|te, hat ge|äu|ßert⟩ **I** ⟨V. trans.⟩ etwas ~ *aussprechen, sagen* ▸ eine Bitte, einen Wunsch ~; Gefühle ~; eine Meinung ~ **II** ⟨V. refl.⟩ **1** sich ~ *seine Meinung mitteilen* **2** sich in etwas ~ *sich offenbaren, zeigen* ▸ bitte ~

Sie sich dazu; diese Krankheit äußert sich in hohem Fieber; sich über jmdn. od. etwas ~

au|ßer|or|dent|lich ⟨a. [--'---] Adj.⟩ *überdurchschnittlich, sich aus dem Üblichen heraushebend, ganz besonders* ▸ eine ~e Leistung; er ist ~ begabt, klug; ich habe mich ~ gefreut

au|ßer|plan|mä|ßig ⟨Adj.⟩ *zusätzlich zu einem Plan, Fahrplan usw.* ▸ ~ verkehren noch folgende Züge

äu|ßerst ⟨Adv.⟩ *sehr, besonders, im höchsten Grade* ▸ er war ~ erregt; das ist ~ wichtig

au|ßer|stan|de *auch:* **au|ßer Stan|de** ⟨Adv.⟩ ~ sein, etwas zu tun *nicht imstande, nicht in der Lage sein, etwas zu tun* ▸ ich fühle, sehe mich ~, arbeiten zu gehen

äu|ßers|te(r, -s) ⟨Adj.⟩ **1** *am weitesten draußen (befindlich), der, die, das am weitesten entfernte* **2** ⟨übertr.⟩ *der, die, das letzte (höchste, tiefste, größte usw.)* ▸ das ist mein ~s Angebot; der ~ Rand ▸ am ~n Ende der Stadt wohnen; er war aufs äußerste/Äußerste gespannt *sehr gespannt;* im ~n Falle *bei dringender Notwendigkeit;* mit ~r Anstrengung; von ~r Wichtigkeit

Äu|ßers|te(s) ⟨das; -n, -n⟩ *das Letzte, das Letztmögliche, der höchste Grad* ▸ er war auf das ~ gefasst *auf das Schlimmste;* bis zum ~n gehen; es (nicht) bis zum ~n kommen lassen *(nicht) warten, bis das Schlimmste eintritt*

Äu|ße|rung ⟨die; -, -en⟩ *Aussage, Bemerkung;* Zus *Meinungsäußerung*

aus|set|zen ⟨V.; setzt aus, setz|te aus, hat aus|gesetzt, aus|zu|set|zen⟩ **I** ⟨V. trans.⟩ **1** eine Belohnung, einen Preis ~ *festsetzen, ausschreiben, zur Verfügung stellen* **2** ein Kind ~ *irgendwo hinlegen u. hilflos liegen lassen* **3** Wild ~ *Tiere im Wald freilassen (um den Bestand aufzufrischen od. eine neue Wildart einzubürgern)* **4** ⟨Rechtsw.⟩ ein Verfahren ~ *unterbrechen, verschieben* **5** sich, jmdn. od. etwas einer Sache ~ *preisgeben, ausliefern* ▸ sich od. jmdn. einer Gefahr ~; du setzt dich mit deinem Verhalten dem Gelächter der anderen aus; eine Runde ~ ⟨beim Würfelspiel⟩; den Unterricht ~; sich, jmdn., etwas Wind und Wetter ~ ▸ an jmdm. od. einer Sache etwas auszusetzen haben *zu tadeln, zu bemängeln haben;* er hat an allem etwas auszusetzen; es ist nichts daran auszusetzen; auf seinen Kopf sind 10.000 Euro (Belohnung) ausgesetzt; ein Urteil zur Bewährung ~ **II** ⟨V. intr.⟩ **1** *aufhören, stocken* (Puls, Motor) **2** mit etwas ~ *etwas unterbrechen* ▸ die Atmung des Kranken hat ausgesetzt; ich muss einen Moment ~ *eine Pause machen* ▸ mit der Arbeit ~; Abl *Aussetzung*

Aus|sicht ⟨die; -, -en⟩ **1** *begründete Hoffnung für die Zukunft, Chance* **2** *Rundblick, Ausblick, Blick in die Ferne;* Zus *Aussichtspunkt, Aussichtsturm* ▸ es besteht (keine) ~, dass er die Stelle bekommt; vom Gipfel bietet sich eine herrliche ~; die ~ genießen; er hat (keine) ~ zu gewinnen; wie stehen deine ~en, eine Arbeit zu bekommen? ▸ seine beruflichen ~en sind gut; günstige, ungünstige ~en; eine gute, schöne, weite ~; das sind ja schöne ~en! ⟨iron.⟩; die sichere ~ auf einen Arbeitsplatz ▸ mit ~ aufs Meer; ~ auf Erfolg; die ~ aus dem Fenster; etwas in ~ haben *erwarten dürfen;* eine Überraschung steht in ~ *ist zu erwarten;* jmdm. etwas in ~ stellen *versprechen;* ein Zimmer mit ~

aus|sichts|los ⟨Adj.⟩ *hoffnungslos, ohne jede Aussicht* ▸ die Lage der Verschütteten ist ~; seine Bewerbung ist ~; Abl *Aussichtslosigkeit*

aus|sichts|reich ⟨Adj.⟩ *erfolgversprechend, mit guten Aussichten* ▸ ein ~es Unterfangen

aus|sie|ben ⟨V. trans.; siebt aus, sieb|te aus, hat aus|ge|siebt, aus|zu|sie|ben⟩ **1** etwas ~ *durch Sieben aussondern* **2** ⟨übertr.⟩ jmdn. ~ *aus einer großen Menge auswählen*

Aus|sied|ler ⟨der; -s, -⟩ **1** *jmd., der ein Land für immer verlässt* **2** *jmd., der als Deutschstämmiger aus dem (osteuropäischen) Ausland nach Deutschland gekommen ist, um dort zu leben;* Abl *Aussiedlerin*

aus|sit|zen ⟨V. trans.; sitzt aus, saß aus, hat aus|ge|ses|sen, aus|zu|sit|zen; übertr.⟩ etwas ~ *so lange zögern, bis etwas beendet ist* ▸ einen Konflikt ~

aus|söh|nen ⟨V.; söhnt aus, söhn|te aus, hat aus|ge|söhnt, aus|zu|söh|nen⟩ **I** ⟨V. trans.⟩ jmdn. (mit jmdm.) ~ *zwischen ihnen eine Versöhnung herbeiführen* **II** ⟨V. refl.⟩ **1** sich (mit jmdm.) ~ *Streit beenden, mit jmdm. Frieden schließen* **2** sich mit etwas ~ *sich damit abfinden;* Abl *Aussöhnung*

aus|son|dern ⟨V. trans.; son|dert aus, son|der|te aus, hat aus|ge|son|dert, aus|zu|son|dern⟩ jmdn. od. etwas ~ *aus einer Menge heraussuchen u. entfernen;* Abl *Aussonderung*

aus|sor|tie|ren ⟨V. trans.; sor|tiert aus, sor|tier|te aus, hat aus|sor|tiert, aus|zu|sor|tie|ren⟩ jmdn. od. etwas ~ = *aussondern*

aus|span|nen[1] ⟨V.; spannt aus, spann|te aus, hat aus|ge|spannt, aus|zu|span|nen⟩ **I** ⟨V. trans.⟩ Zugtiere ~ *aus dem Gespann nehmen* **II** ⟨V. intr.⟩ *ausruhen, sich erholen* ▸ von der Arbeit ~

aus|span|nen[2] ⟨V. trans.; spannt aus, spann|te aus, hat aus|ge|spannt, aus|zu|span|nen; übertr.⟩ jmdm. den Freund, die Freundin ~ *abspenstig machen, wegnehmen*

aus|spa|ren ⟨V. trans.; spart aus, spar|te aus, hat aus|ge|spart, aus|zu|spa|ren⟩ etwas ~ *auslassen, freilassen, sichtbar lassen;* Abl *Aussparung*

aus|sper|ren ⟨V. trans.; sperrt aus, sperr|te aus, hat aus|ge|sperrt, aus|zu|sper|ren⟩ jmdn. ~ **1** *die Tür vor jmdm. zuschließen, jmdn. nicht hereinlassen* **2** ⟨übertr.⟩ *jmdn. ausschließen (von etwas, bes. von der Arbeit), nicht zulassen (zu etwas)* ▸ Fabrikarbeiter ~; die Presse aus dem Gerichtssaal ~; Abl *Aussperrung*

aus|spie|len ⟨V. trans. u. V. intr.; spielt aus, spiel|te aus, hat aus|ge|spielt, aus|zu|spie|len⟩ **1** *als Erster eine Karte hergeben, anfangen zu spielen, das Spiel eröffnen* **2** jmdn. od. etwas gegen jmdn. ~ ⟨übertr.⟩ *jmdn. od. etwas zum eigenen Vorteil gegen jmd. anderen verwenden* ▸ eine Karte, einen Trumpf, ein Ass, einen König ~ *ins Spiel bringen;* Gewinne ~ ⟨Lotterie⟩ *ermitteln*

aus|spi|o|nie|ren ⟨V. trans.; spi|o|niert aus, spi|o|nier|te aus, hat aus|spi|o|niert, aus|zu|spi|o|nie|ren⟩ jmdn. od. etwas ~ *durch Spionieren herausfinden, erforschen*

Aus|spra|che ⟨die; -, -n⟩ **1** ⟨Sprachw.⟩ **1.1** *das Aussprechen;* Zus *Ausspracheworterbuch* **1.2** *Art des Aussprechens* **2** *Meinungsaustausch, Unterredung* ▸ deine ~ muss besser werden; gute, schlechte, deutliche, undeutliche, falsche, richtige ~; englische ~; jmdn. um eine ~ bitten

aus|spre|chen ⟨V.; spre|che aus, sprach aus, hat aus|ge|spro|chen, aus|zu|spre|chen⟩ **I** ⟨V. trans.⟩ **1** Laute, Wörter ~ *mit dem Mund bilden, formen, artikulieren;* Abl *aussprechbar* **2** Gefühle, Gedanken ~ *zum Ausdruck bringen, in Worte fassen* ▸ jmdm. seine **Anteilnahme,** sein Bedauern, seinen Dank ~; eine **Bitte,** einen Tadel, ein Lob~; wie spricht man dieses **Wort** aus? ▸ etwas **deutlich,** falsch, richtig ~ **II** ⟨V. intr.⟩ *zu Ende sprechen* ▸ er hatte kaum ausgesprochen, als die Tür aufging; lassen Sie ihn (doch) erst mal ~! **III** ⟨V. refl.⟩ sich ~ *seine Meinung sagen, seine Gedanken äußern, mitteilen* ▸ sprich dich (ruhig) aus!; sie wollte sich einmal ~ *ihr Herz ausschütten* ▸ sich **anerkennend** ~ ▸ sich **dagegen** ~ *dagegen stimmen, gegenteilige Meinung äußern;* sich **für** etwas ~ *für etwas Partei ergreifen;* du solltest dich endlich einmal **mit** ihr ~ *eine Aussprache (2) haben;* →a. *ausgesprochen*

Aus|spruch ⟨der; -(e)s, -sprü|che⟩ *(meist kurze) Äußerung mit bedeutendem Inhalt, Sinnspruch*

aus|spu|cken ⟨V.; spuckt aus, spuck|te aus, hat aus|ge|spuckt, aus|zu|spu|cken⟩ **I** ⟨V. trans.⟩ etwas ~ *herausspucken, durch Spucken von sich geben* ▸ einen Obstkern ~ **II** ⟨V. intr.⟩ *Speichel (gewaltsam) von sich geben*

aus|spü|len ⟨V. trans.; spült aus, spül|te aus, hat aus|ge|spült, aus|zu|spü|len⟩ etwas ~ *mit Flüssigkeit reinigen, durch Spülen säubern* ▸ ein Glas ~; sich den Mund ~

aus|staf|fie|ren ⟨V. trans.; staf|fiert aus, staf|fier|te aus, hat aus|staf|fiert, aus|zu|staf|fie|ren⟩ jmdn. od. etwas ~ *ausstatten, einkleiden* ▸ einen Saal festlich ~; jmdn. neu ~; Abl *Ausstaffierung*

Aus|stand ⟨der; -(e)s, -stän|de⟩ **1** *Arbeitsniederlegung, Streik;* Abl *ausständig, Ausständige(r)* **2** *Feier anlässlich des Ausscheidens aus einem Betrieb;* Ggs *Einstand (1)* ▸ im ~ sein, sich im ~ befinden *streiken;* in den ~ treten *die Arbeit niederlegen, streiken;* seinen ~ geben *das Ausscheiden aus der Firma feiern*

aus|stat|ten ⟨V. trans.; stat|tet aus, stat|te|te aus, hat aus|ge|stat|tet, aus|zu|stat|ten⟩ **1** jmdn. mit etwas ~ *jmdm. eine Ausstattung geben, ihn mit einer A., mit allem Notwendigen versehen, ausrüsten* **2** einen Raum mit etwas ~ *einrichten*

Aus|stat|tung ⟨die; -, -en⟩ **1** *Ausrüstung* **2** *Aufmachung, äußere Gestaltung* (Buch) **3** *Einrichtung* (Zimmer) ▸ die Gewerkschaft forderte eine bessere ~ der Polizei; allein die technische ~ hat Unsummen gekostet

aus|ste|chen ⟨V. trans.; sticht aus, stach aus, hat aus|ge|sto|chen, aus|zu|ste|chen⟩ **1** Plätzchen ~ *durch Stechen aus einem ausgerollten Teig herausholen;* Zus *Ausstechform* **2** ⟨übertr.⟩ jmdn. ~ *jmdn. übertreffen* ▸ einen Mitbewerber ~

aus|ste|hen ⟨V.; steht aus, stand aus, hat aus|ge|stan|den, aus|zu|ste|hen⟩ **I** ⟨V. trans.⟩ **1** etwas ~ *erleiden, erdulden, ertragen, aushalten* **2** jmdn. od. etwas nicht ~ können *(ganz u. gar) nicht mögen* ▸ ich habe große Angst ausgestanden; er hat viele Schmerzen ~ müssen; ich kann ihn auf den Tod nicht ~ ⟨verstärkend⟩ **II** ⟨V. intr.⟩ *fehlen, noch geleistet werden müssen* ▸ die Entscheidung steht noch aus; ~de Zahlungen

aus|stei|gen ⟨V. intr.; steigt aus, stieg aus, ist aus|ge|stie|gen, aus|zu|stei|gen⟩ **1** *ein Fahrzeug verlassen* **2** ⟨umg.⟩ *nicht mehr mitmachen wollen* **3** *sich aus dem Beruf u. anderen Verpflichtungen zurückziehen, um ein neues Leben ohne gesellschaftliche Zwänge zu beginnen;* Abl *Aussteiger(in)* ▸ sie steigen gerade aus dem Auto aus; ich steige aus ⟨umg.⟩; bitte Vorsicht beim Aussteigen!

aus|stel|len ⟨V. trans.; stellt aus, stell|te aus, hat aus|ge|stellt, aus|zu|stel|len⟩ **1** Waren ~ *zur Ansicht hinstellen, zum Verkauf hinlegen* **2** jmdm. etwas ~ *ausfertigen u. aushändigen* ▸ Gemälde, Skulpturen ~; jmdm. einen Pass, eine Quittung ~; er hat mir eine Rechnung über 100 Euro ausgestellt; im Schaufenster war ein schöner Mantel ausgestellt; die Hose ist ausgestellt *wird unten weiter;* Abl *Aussteller(in)*

Aus|stel|lung ⟨die; -, -en⟩ **1** *zur Ansicht zusammengestellte Sammlung;* Zus *Ausstellungsfläche, Ausstellungskatalog, Ausstellungsraum, Ausstellungsstück; Kunstausstellung, Möbelausstellung, Sonderausstellung* **2** *amtliche Ausfertigung, Bescheinigung;* Zus *Ausstellungstag* ▸ die ~ eines Reisepasses, einer Urkunde; eine ~ moderner Kunst; eine ~ besuchen, veranstalten; in eine ~ gehen

aus|ster|ben ⟨V. intr.; stirbt aus, starb aus, ist aus|ge|stor|ben, aus|zu|ster|ben⟩ **1** *sich nicht mehr fortpflanzen, von der Erde verschwinden* (Volk, Geschlecht, Pflanzen, Tiere) **2** *allmählich in Vergessenheit geraten* (Brauch) ▸ die Straßen sind wie ausgestorben *menschenleer*

Aus|steu|er ⟨die; -, -n⟩ *Ausstattung, die die Eltern ihrer Tochter bei der Heirat mit in die Ehe geben*

Aus|stieg ⟨der; -(e)s, -e⟩ Ggs *Einstieg* **1** *das Aussteigen* **2** *Tür, Öffnung zum Aussteigen (an Straßenbahnen, Autobussen)*

aus|stop|fen ⟨V. trans.; stopft aus, stopf|te aus, hat aus|ge|stopft, aus|zu|stop|fen⟩ etwas ~ *vollstopfen, füllen* ▸ eine Puppe mit Watte ~; Tiere, bes. Vögel, ~ *ihre Bälge mit Stroh o. Ä. füllen (zu Ausstellungs- od. Unterrichtszwecken)*

Aus|stoß ⟨der; -es, -stö|ße⟩ **1** *gesamte Produktion (eines Industriebetriebes, einer Maschine)* **2** *an die Umwelt abgegebene Abgase (von Autos), Emissionen;* Zus *Schadstoffausstoß*

aus|sto|ßen ⟨V. trans.; stößt aus, stieß aus, hat aus|ge|sto|ßen, aus|zu|sto|ßen⟩ **1** Dampf, Rauchwolken ~ *durch Innendruck heraustreiben, hervor-*

bringen, nach außen drücken **2** ⟨übertr.⟩ einen Fluch, einen Schrei ~ *heftig äußern* **3** jmdn. (aus einer Gemeinschaft, einer Gruppe) ~ *ausschließen* ▸ einen Seufzer ~ *seufzen*

aus|strah|len ⟨V. trans.; strahlt aus, strahl|te aus, hat aus|ge|strahlt, aus|zu|strah|len⟩ **1** Licht, Wärme ~ *in Form von Strahlen aussenden, abgeben* **2** ⟨übertr.⟩ etwas ~ *ringsum verbreiten* **3** eine Sendung ~ *im Radio od. Fernsehen senden* ▸ sie strahlt Ruhe aus ⟨übertr.⟩; das Hörspiel wird von Radio Bremen ausgestrahlt

aus|stre|cken ⟨V. trans.; streckt aus, streck|te aus, hat aus|ge|streckt, aus|zu|stre|cken⟩ etwas od. sich ~ *(sich) ganz strecken, geradestrecken, etwas von sich strecken* ▸ die Arme, Beine ~; die Fühler nach jmdm. od. etwas ~ ⟨übertr.⟩ *sich nach jmdm. od. etwas erkundigen;* die Zunge ~ *herausstrecken;* sich lang ~ *sich hinlegen*

aus|strö|men ⟨V.⟩ **I** ⟨V. intr.strömt aus, ström|te aus, ist aus|ge|strömt, aus|zu|strö|men⟩ *herausströmen, entweichen* (Gas, Flüssigkeit) ▸ durch ~des Gas getötet werden **II** ⟨V. trans.; strömt aus, ström|te aus, hat aus|ge|strömt, aus|zu|strö|men⟩ etwas ~ *von sich geben, verbreiten* ▸ die Blume strömt Duft aus; er strömt Ruhe aus ⟨übertr.⟩

aus|su|chen ⟨V. trans.; sucht aus, such|te aus, hat aus|ge|sucht, aus|zu|su|chen⟩ (sich) jmdn. od. etwas ~ *aus einer Menge heraussuchen, auswählen* ▸ wir haben uns eine neue Waschmaschine ausgesucht; dieses Bild ist ausgesucht schön *sehr, besonders schön;* das Kuchenangebot war schon sehr ausgesucht *es war nicht mehr viel übrig*

Aus|tausch ⟨der; -(e)s, -e⟩ **1** *das Austauschen;* Zus *Warenaustausch* **2** *wechselseitige Mitteilung, das Sichaustauschen;* Zus *Meinungsaustausch* **3** *Auslandsaufenthalt auf Gegenseitigkeit;* Zus *Austauschschüler(in); Schüleraustausch, Studentenaustausch* ▸ etwas im ~ für etwas anderes geben, erhalten; ~ von Meinungen; ~ von Waren

aus|tau|schen ⟨V.; tauscht aus, tausch|te aus, hat aus|ge|tauscht, aus|zu|tau|schen⟩ **I** ⟨V. trans.⟩ **1** jmdn. od. etwas ~ *gegen jmdn. od. etwas anderes tauschen, auswechseln;* Abl *austauschbar* **2** Gedanken, Meinungen ~ *sich wechselseitig die eigenen G., M. mitteilen u. darüber sprechen* ▸ ein defektes Gerät ~; Erinnerungen ~; Gefangene ~; Schüler, Studenten, Professoren ~ *wechselseitig schicken* **II** ⟨V. refl.⟩ sich (mit jmdm.) über etwas ~ *sich wechselseitig etwas mitteilen*

aus|tei|len ⟨V. trans.; teilt aus, teil|te aus, hat aus|ge|teilt, aus|zu|tei|len⟩ etwas ~ *verteilen, mehreren Personen geben, zukommen lassen* ▸ Geschenke ~; Hefte ~ (Schule); Karten ~; Ohrfeigen ~; bei Tisch das Essen ~ *auf die Teller legen*

Aus|ter ⟨die; -, -n; Zool.⟩ *essbare Muschel in warmen u. gemäßigten Meeren;* Zus *Austernbank*

aus|tes|ten ⟨V. trans.; tes|tet aus, tes|te|te aus, hat aus|ge|tes|tet, aus|zu|tes|ten⟩ jmdn. od. etwas ~ **1** *bis zur äußersten Grenze testen* **2** *überprüfen, ausprobieren* ▸ Kinder testen ihre Grenzen aus

aus|to|ben ⟨V. refl.; tobt aus, tob|te aus, hat aus|ge|tobt, aus|zu|to|ben⟩ sich ~ **1** *tollen, lärmen* (Kinder) **2** *seine Kräfte erschöpfen* (Sturm) ▸ das Gewitter hat sich (endlich) ausgetobt; auf dem Spielplatz können sich die Kinder ~

aus|tra|gen ⟨V. trans.; trägt aus, trug aus, hat aus|ge|tra|gen, aus|zu|tra|gen⟩ **1** einen Streit, einen Wettkampf ~ *erledigen, entscheiden u. beenden* **2** Briefe, Zeitungen ~ *den Empfängern, Kunden ins Haus tragen, austeilen* **3** ein Kind ~ *bis zur (normalen) Niederkunft im Mutterleib tragen*

Aus|tra|gung ⟨die; -, -en⟩ *das Austragen* ▸ ~ einer Meisterschaft *Wettkampf um die Meisterschaft;* Zus *Austragungsort*

Aus|t|ra|li|er ⟨der; -s, -⟩ *Einwohner Australiens;* Abl *Australierin; australisch*

aus|trei|ben ⟨V. trans.; treibt aus, trieb aus, hat aus|ge|trie|ben, aus|zu|trei|ben⟩ **1** jmdm. etwas ~ *jmdm. etwas energisch abgewöhnen* **2** ⟨im Volksglauben⟩ Geister ~ *mit Hilfe magischer Kräfte vertreiben;* Abl *Austreibung*

aus|tre|ten ⟨V.⟩ **I** ⟨V. intr.; tritt aus, trat aus, ist aus|ge|tre|ten, aus|zu|tre|ten⟩ **1** *heraustreten, einen Raum verlassen* **2** *eine Gemeinschaft verlassen, die Mitgliedschaft, die Zugehörigkeit aufgeben* **3** *die Toilette aufsuchen* **4** = *ausschlagen (I.2)* ▸ Blut tritt aus den Gefäßen aus; aus einer Partei, einem Verein ~; aus der Kirche ~ **II** ⟨V. trans.; tritt aus, trat aus, hat aus|ge|tre|ten, aus|zu|tre|ten⟩ **1** Stufen ~ *durch Treten abnutzen* **2** Schuhe ~ *breit treten* **3** ein Feuer, eine Zigarette ~ *mit den Füßen löschen* ▸ einen Weg ~ *durch häufige Benutzung festtreten;* ein ausgetretener Pfad; sie trägt ausgetretene Schuhe

aus|trick|sen ⟨V. trans.; trickst aus, tricks|te aus, hat aus|ge|trickst, aus|zu|trick|sen; umg.⟩ jmdn. ~ *durch einen Trick überlisten, ausschalten*

aus|trin|ken ⟨V. trans.; trinkt aus, trank aus, hat aus|ge|trun|ken, aus|zu|trin|ken⟩ etwas ~ **1** *durch Trinken leeren* **2** *zu Ende trinken*

aus|trock|nen ⟨V.⟩ **I** ⟨V. intr.; trock|net aus, trock|ne|te aus, ist aus|ge|trock|net, aus|zu|trock|nen⟩ *völlig trocken werden, vertrocknen* ▸ der Bach, Sumpf trocknet aus; der Neubau muss noch ~; meine Kehle ist (vor Durst) ganz ausgetrocknet **II** ⟨V. trans.; trock|net aus, trock|ne|te aus, hat aus|ge|trock|net, aus|zu|trock|nen⟩ etwas ~ *bewirken, dass etwas völlig trocken wird* ▸ die anhaltende Dürre hat den Boden ausgetrocknet

aus|tüf|teln ⟨V. trans.; tüf|telt aus, tüf|tel|te aus, hat aus|ge|tüf|telt, aus|zu|tüf|teln⟩ etwas ~ *durch eingehendes Nachdenken ausdenken, herausfinden*

aus|üben ⟨V. trans.; übt aus, üb|te aus, hat aus|ge|übt, aus|zu|üben⟩ **1** einen Beruf, ein Gewerbe ~ *betreiben, gewohnheitsgemäß tun* **2** ein Amt ~ *innehaben* **3** Einfluss, Macht ~ *(längere Zeit) in die Tat umsetzen, anwenden, wirksam machen* ▸ einen großen Reiz (auf jmdn. od. etwas) ~; eine Fähigkeit praktisch ~; Abl *Ausübung*

aus|ufern ⟨V. intr.; ufert aus, ufer|te aus, ist aus|ge|ufert, aus|zu|ufern⟩ **1** *über die Ufer treten* **2** ⟨übertr.⟩ *das übliche, erträgl. Maß überschreiten* ▸ diese Kontrollen ufern allmählich aus ⟨übertr.⟩

aus und ein → *aus*

Aus|ver|kauf ⟨der; -(e)s, -käu|fe⟩ *(meist verbilligter) Warenverkauf, um die Lager zu leeren;* Zus *Ausverkaufsaktion; Totalausverkauf*

aus|ver|kauft ⟨Adj.⟩ **1** *bis zum letzten Stück verkauft* **2** *so beschaffen, dass alle Eintrittskarten verkauft sind* ▸ die Ware ist ~; vor ~em Hause spielen *vor voll besetztem Hause*

aus|wach|sen ⟨[-ks-] V. refl.; wächst sich aus, wuchs sich aus, hat sich aus|ge|wach|sen, sich aus|zu|wach|sen⟩ sich zu etwas ~ *zu etwas werden, sich zu etwas entwickeln* ▸ sein Hobby ist zu regelrechter Arbeit ausgewachsen

Aus|wahl ⟨die; -; unz.⟩ **1** *das Auswählen;* Zus *Auswahlverfahren* **2** *Wahl* **3** *ausgewählte Menge, Auslese;* Zus *Auswahlmannschaft, Auswahlspieler(in)* ▸ eine ~ der **Besten,** Schönsten ▸ die ~ **haben** *die Möglichkeit zu wählen;* eine ~ **treffen** *auswählen* ▸ eine **kleine,** gute ~; es ist **viel,** genug ~ vorhanden ▸ eine reiche ~ **an** Waren; eine ~ **aus** der neuen Modekollektion; ~ **von** Gedichten; ein großes Angebot steht **zur** ~

aus|wäh|len ⟨V. trans.; wählt aus, wähl|te aus, hat aus|ge|wählt, aus|zu|wäh|len⟩ jmdn. od. etwas ~ *aus einer Menge wählen, sich durch Wahl für jmdn. od. etwas entscheiden*

Aus|wan|de|rer ⟨der; -s, -⟩ *jmd., der auswandert od. ausgewandert ist;* Ggs *Einwanderer;* →a. *Emigrant*

aus|wan|dern ⟨V. intr.; wan|dert aus, wan|der|te aus, ist aus|ge|wan|dert, aus|zu|wan|dern⟩ *(aus wirtschaftlichen, politischen Gründen) das Heimatland für immer verlassen;* Ggs *einwandern;* →a. *emigrieren*

Aus|wan|de|rung ⟨die; -, -en⟩ *das Auswandern;* Ggs *Einwanderung;* →a. *Emigration;* Zus *auswanderungswillig*

aus|wär|tig ⟨Adj.⟩ **1** *nicht einheimisch, nicht im gleichen Ort (lebend);* Abl *Auswärtige(r)* **2** *ausländisch* **3** *von auswärts (her)* ▸ Auswärtiges Amt ⟨Abk.: AA⟩ *zentrale Behörde der BRD für alle das Ausland betreffenden Angelegenheiten;* wir haben ~en Besuch; ~er Schüler

aus|wärts ⟨Adv.⟩ *außerhalb (des Hauses, des Ortes, der Stadt)* ▸ ~ essen, wohnen; Besuch von ~ *aus einem anderen Ort;* ~ spielen ⟨Sp.⟩ *am Spielort des Gegners;* Zus *Auswärtssieg*

Aus|wärts|spiel ⟨das; -(e)s, -e; Sp.⟩ *auswärtig, andernorts stattfindendes Spiel;* Ggs *Heimspiel*

aus|wa|schen ⟨V. trans.; wäscht aus, wusch aus, hat aus|ge|wa|schen, aus|zu|wa|schen⟩ **1** einen Fleck ~ *durch Waschen entfernen* **2** Gläser, Wäsche, eine Wunde ~ *durch Waschen (Spülen) säubern* **3** Felsen, Ufer ~ *durch Wassereinwirkung abnutzen, aushöhlen* **4** Farben, Kleidungsstücke ~ *durch vieles Waschen bleichen, aufhellen*

aus|wech|seln ⟨[-ks-] V. trans.; wech|selt aus, wech|sel|te aus, hat aus|ge|wech|selt, aus|zu|wech|seln⟩ jmdn. (gegen jmdn.) od. etwas (gegen etwas) ~ *an die Stelle eines anderen setzen, eins gegen ein anderes austauschen* ▸ ein Rad ~; zwei Räder ~; er war wie ausgewechselt *plötzlich (in der Stimmung, im Benehmen) ganz verändert;* Abl *Auswechs(e)lung; auswechselbar*

Aus|weg ⟨der; -(e)s, -e⟩ **1** *Rettungsweg* **2** ⟨übertr.⟩ *Hilfe (in der Not), Lösung* ▸ einen ~ finden, suchen; es gibt keinen anderen ~

aus|weg|los ⟨Adj.⟩ **1** *ohne Ausweg* **2** ⟨übertr.⟩ *hoffnungslos* ▸ sich in ~er Lage befinden; Abl *Ausweglosigkeit*

aus|wei|chen ⟨V. intr.; weicht aus, wich aus, ist aus|ge|wi|chen, aus|zu|wei|chen⟩ jmdm. od. einer Sache ~ **1** *aus dem Wege gehen, Platz machen* **2** ⟨übertr.⟩ *Ausflüchte machen, nicht präzise antworten* ▸ einem Fahrzeug gerade noch ~ können; einer Frage ~ ⟨übertr.⟩; einer Gefahr ~; seitlich ~; eine ~de Antwort geben ⟨übertr.⟩; Zus *Ausweichmanöver, Ausweichmöglichkeit*

aus|wei|nen ⟨V. refl.; weint sich aus, wein|te sich aus, hat sich aus|ge|weint, sich aus|zu|wei|nen⟩ sich (bei jmdm.) ~ *heftig, lange weinen u. sich somit von Kummer befreien*

Aus|weis ⟨der; -es, -e⟩ *Dokument, das etwas beglaubigt, z. B. die Personaldaten einer Person od. die Zugehörigkeit zu einer Institution* ▸ einen ~ ausstellen, beantragen, vorzeigen; bei einer Kontrolle die ~e verlangen; Zus *Ausweiskontrolle, Ausweispapiere; Behindertenausweis, Mitgliedsausweis, Personalausweis, Schülerausweis*

aus|weisen ⟨V.; weist aus, wies aus, hat aus|gewie|sen, aus|zu|wei|sen⟩ **I** ⟨V. trans.⟩ **1** jmdn. ~ *jmdm. den Aufenthalt verbieten, jmdn. fortschicken;* Abl *Ausweisung* **2** jmdn. als etwas ~ *herausstellen, zeigen, erkennen lassen* ▸ seine sachverständigen Kommentare wiesen ihn als Fachmann aus; jmdn. aus dem Land ~ **II** ⟨V. refl.⟩ sich ~ *den Personalausweis vorzeigen, Nachweis über seine Person erbringen* ▸ er wies sich als Besitzer des Autos aus; sich durch Pass ~

aus|wei|ten ⟨V. trans.; wei|tet aus, wei|te|te aus, hat aus|ge|wei|tet, aus|zu|wei|ten⟩ **1** Schuhe ~ *durch Dehnen, häufiges Tragen weiter machen, ausdehnen* **2** ⟨übertr.⟩ Kontakte ~ *vergrößern, erweitern;* Abl *Ausweitung*

aus|wen|dig ⟨Adv.⟩ *aus dem Gedächtnis, ohne auf eine Vorlage zu sehen* ▸ ein Gedicht ~ lernen *so lernen, dass man es ohne nachzulesen wiederholen kann;* ein Musikstück ~ spielen; etwas ~ wissen

aus|wer|fen ⟨V. trans.; wirft aus, warf aus, hat ausge|wor|fen, aus|zu|wer|fen⟩ **1** eine Angel, ein Netz ~ *hinausschleudern, -werfen* **2** ⟨übertr.⟩ etwas ~ *produzieren, hervorbringen, verteilen* **3** den Anker ~ *ankern, vor Anker gehen* ▸ Gewinne ~ ⟨übertr.⟩; einen Köder ~ ⟨a. übertr.⟩; der Vulkan wirft Lava aus

aus|wer|ten ⟨V. trans.; wer|tet aus, wer|te|te aus, hat aus|ge|wer|tet, aus|zu|wer|ten⟩ etwas ~ *prüfen u. den Wert von etwas ermitteln* ▸ Daten, Dokumente ~; Abl *Auswertung; auswertbar*

aus|wir|ken ⟨V. refl.; wirkt sich aus, wirk|te sich aus, hat sich aus|ge|wirkt, sich aus|zu|wir|ken⟩ sich (irgendwie) (auf jmdn. od. etwas) ~ *Folgen (für jmdn. od. etwas) haben* ▸ der Regen hat sich günstig ausgewirkt; der Klimawechsel hat sich nachteilig auf seine Gesundheit ausgewirkt

Aus|wir|kung 〈die; -, -en〉 *Folge, Wirkung* ▸ das Erdbeben hatte verheerende ~en

aus|wi|schen 〈V. trans.; wischt aus, wisch|te aus, hat aus|ge|wischt, aus|zu|wi|schen〉 **1** etwas ~ *durch Wischen mit einem Tuch usw. säubern* **2** 〈übertr.〉 jmdm. eins ~ *jmdm. einen bösen Streich spielen, eine Bosheit antun* ▸ einen Schrank (feucht) ~; Schrift (auf der Tafel) ~

aus|wrin|gen 〈V. trans.; wringt aus, wrang aus, hat aus|ge|wrun|gen, aus|zu|wrin|gen〉 Wäsche ~ *durch Zusammendrehen u. Drücken Feuchtigkeit herauspressen*

Aus|wuchs 〈[-ks] der; -es, -wüch|se〉 **1** *etwas krankhaft Herausgewachsenes, Wucherung* **2** 〈meist Pl.; übertr.〉 *Missstand, unangenehme Nebenerscheinung* ▸ Auswüchse einer Entwicklung; diese Vorstellung ist ein ~ der Fantasie *krankhaftes, übertriebenes Fantasiegebilde*

aus|zah|len 〈V.; zahlt aus, zahl|te aus, hat aus|gezahlt, aus|zu|zah|len〉 **I** 〈V. trans.〉 **1** eine Summe ~ *in Bargeld übergeben* **2** jmdn. ~ *entlohnen, bezahlen* ▸ jmdm. seinen Anteil ~; jmdm. seinen Lohn ~; Abl *Auszahlung* **II** 〈V. refl.〉 sich ~ *sich lohnen* ▸ das zahlt sich nicht aus

aus|zäh|len 〈V. trans.; zählt aus, zähl|te aus, hat aus|ge|zählt, aus|zu|zäh|len〉 **1** etwas ~ *durch Zählen feststellen* **2** 〈Sp.; Boxen〉 jmdn. ~ *durch Zählen bis 10 die Niederlage (des am Boden liegenden Kämpfers) feststellen;* Abl *Auszählung*

aus|zeich|nen 〈V.; zeich|net aus, zeich|ne|te aus, hat aus|ge|zeich|net, aus|zu|zeich|nen〉 **I** 〈V. trans.〉 **1** eine Ware ~ *mit Preis(schild) versehen* **2** jmdn. ~ **2.1** *aus der Menge hervorheben* **2.2** *jmdm. eine Ehrung od. einen Preis verleihen* ▸ sein Mut zeichnet ihn (vor anderen) aus; jmdn. mit einem Orden, Titel ~ **II** 〈V. refl.〉 sich durch etwas ~ *sich hervortun, sich (aus einer Menge) herausheben* ▸ er hat sich durch Entschlossenheit ausgezeichnet; →a. *ausgezeichnet*

Aus|zeich|nung 〈die; -, -en〉 **1** *Preisangabe (bei Waren)* **2** *Ehrung, Belobigung* **3** *auszeichnendes Abzeichen, Kennzeichen, Orden, Titel* ▸ er hat mehrere ~en erhalten; mit ~ *(als Prüfungsnote) hervorragend;* eine Prüfung mit ~ bestehen

Aus|zeit 〈die; -, -en; Sp.〉 *Spielpause od. Spielunterbrechung, die jeweils nicht zur regulären Spielzeit zählen* ▸ eine ~ nehmen

aus|zie|hen 〈V.〉 **I** 〈V. trans.; zieht aus, zog aus, hat aus|ge|zo|gen, aus|zu|zie|hen〉 **1** etwas (aus etwas) ~ *herausziehen u. entfernen* **2** einen Tisch, eine Sofa ~ *in die Länge ziehen, auseinanderziehen;* Abl *ausziehbar;* Zus *Ausziehleiter, Ausziehtisch* **3** ein Kleidungsstück ~ *ablegen, von sich ziehen* **4** jmdn. od. sich ~ *jmdm. od. sich die Kleider abnehmen* ▸ Handschuhe, Mantel, Schuhe ~; sie haben ihn bis aufs Hemd ausgezogen 〈übertr.〉 *ausgenutzt* **II** 〈V. intr.; zieht aus, zog aus, ist aus|ge|zo|gen, aus|zu|zie|hen〉 **1** *weggehen, wegziehen* **2** *die Wohnung mit allem Eigentum verlassen* **3** *fortgehen, fortziehen, um etwas zu finden od. zu tun* ▸ er ist von zu Hause ausgezogen; auf Abenteuer ~; zum Kampf ~

Aus|zu|bil|den|de(r) 〈die; -n, -n (der; -n, -n); Kurzwort: Azubi〉 *jmd., der in einer Behörde od. einem Betrieb ausgebildet wird, Lehrling* ▸ alle ~n wurden nach der Ausbildung übernommen

Aus|zug 〈der; -(e)s, -zü|ge〉 **1** *das Ausziehen* **2** *Abmarsch* **3** *Auswanderung* **4** *Teilabschnitt;* Zus *Bankauszug, Kontoauszug, Grundbuchauszug* **5** *herausgeschriebene wichtige Stellen, kurze Fassung (eines Buches, einer Abhandlung);* Zus *Textauszug* **6** 〈Chem.〉 *Extrakt* ▸ ~ aus der Wohnung; eine Rede im ~ wiedergeben *zum Teil bzw. zusammengefasst*

aus|zugs|wei|se 〈Adv.〉 *im Auszug, gekürzt* ▸ einen Bericht ~ wiedergeben

aus|zup|fen 〈V. trans.; zupft aus, zupf|te aus, hat aus|ge|zupft, aus|zu|zup|fen〉 etwas ~ *durch Zupfen beseitigen, herausziehen* ▸ Augenbrauen ~

au|t|ark 〈Adj.〉 *wirtschaftlich unabhängig, selbstständig* (Staat); Abl *Autarkie*

au|then|tisch 〈Adj.〉 *echt, glaubwürdig, zuverlässig* ▸ ~e Nachricht; Abl *Authentizität*

Au|tis|mus 〈der; -; unz.; Med.; Psych.〉 *kindliche Entwicklungsstörung, die sich in einer gestörten Beziehung des Kindes zu seiner Umwelt äußert;* Abl *Autist(in); autistisch*

Au|to 〈das; -s, -s〉 *Kraftfahrzeug mit vier Rädern zur Beförderung von Personen, Automobil* ▸ (mit dem) ~ fahren; ein ~ falsch parken; sich ein gebrauchtes, neues ~ kaufen; unser ~ ist kaputt; ⓘ S. 896; Zus *Autobombe, Autofahrer(in), Autofahrt, Autohersteller, Automarke, Autoradio* ⓘ S. 896, *Autoreifen* ⓘ S. 896, *Autorennen, Autounfall, Autotür* ⓘ S. 896, *Autowerkstatt*

au|to..., Au|to... 〈vor Vokalen〉 aut..., Aut... 〈in Zus.〉 *selbst..., Selbst...*

Au|to|at|las 〈der; - od. -ses, -se od. -lan|ten〉 *Atlas für Fahrer von Kraftfahrzeugen, in dem die wichtigsten Straßenverbindungen verzeichnet sind*

Autobahn

Autobahnen, in Deutschland offiziell **Bundesautobahnen** genannt, sind Schnellverkehrsstraßen für den Kraftverkehr, die aus mindestens zwei Fahrspuren und einem zusätzlichen Standstreifen für jede Fahrtrichtung bestehen. Das Halten und Parken auf der Autobahn ist nicht gestattet, dafür sind Parkplätze und **Autobahnraststätten** vorgesehen. In regelmäßigen Abständen sind **Notrufsäulen** neben dem Standstreifen angebracht, über die man in Notfällen telefonisch Hilfe anfordern kann.

Auffahrten führen auf die Autobahn, die man über **Ausfahrten** wieder verlässt. Weitere Bestandteile des Autobahnnetzes sind **Autobahnkreuze,** die den nahtlosen Wechsel von einer Autobahn auf die nächste ermöglichen. Zur besseren Orientierung innerhalb des deutschen bzw. europäischen Autobahnnetzes sind Autobahnen und Ausfahrten nummeriert.

Durch starken Gütertransport sind die deutschen Autobahnen sehr belastet, weshalb für alle Lastkraftwagen ab 12 Tonnen eine vom Herkunftsland der Fahrzeuge unabhängige Gebühr, die Lkw-Maut, erhoben wird. Über Sensoren an Kontrollbrücken und mit Hilfe von Überwachungspersonal wird die Einhaltung der Mautpflicht überprüft. In Österreich und der Schweiz besteht ebenfalls eine Mautpflicht.

Au|to|bahn ‹die; -, -en› *nur für Kraftfahrzeuge vorgesehene vier- od. mehrspurige Straße mit Mittelstreifen* ▸ auf die ~ fahren; in einem Stau auf der ~ stehen; Zus *Autobahnauffahrt, Autobahnausfahrt, Autobahngebühr*

Au|to|bahn|kreuz ‹das; -es, -e› *Schnittpunkt, Kreuzungsbereich von Autobahnen unterschiedlicher Fahrtrichtung mit der Möglichkeit eines direkten Wechsels auf eine andere Autobahn*

Au|to|bahn|zu|brin|ger ‹der; -s, -› *Zufahrtsstraße zur Autobahn*

Au|to|bio|gra|fie ‹die; -, -n› *Selbstbeschreibung, Beschreibung des eigenen Lebens;* oV *Autobiographie;* Abl *autobiografisch / autobiographisch*

Au|to|bus ‹der; -ses, -se› = *Omnibus*

Au|to|di|dakt ‹der; -en, -en› *jmd., der sich durch Selbstunterricht bildet od. gebildet hat;* Abl *Autodidaktin; autodidaktisch*

au|to|frei ‹Adj.› *ohne Autoverkehr* ▸ ein ~er Sonntag; eine ~e Straße

Au|to|gramm ‹das; -(e)s, -e› *handschriftlicher Namenszug (einer bekannten Persönlichkeit)* ▸ nach der Vorstellung gab der Künstler ~e; ~e sammeln; Zus *Autogrammjäger*

Au|to|hof ‹der; -(e)s, -hö|fe› *Parkplatz für Lastkraftwagen mit Tankstelle, Werkstatt usw.*

Au|to|ki|no ‹das; -s, -s› *Freilichtkino, bei dem man vom Auto aus zuschaut*

Au|to|mat ‹der; -en, -en› **1** *mit Waren gefüllter Apparat, in den man Geld einwirft, um Getränke, Zigaretten, Fahrkarten, Briefmarken o. Ä. zu bekommen;* Zus *Fahrkartenautomat, Kaffeeautomat, Zigarettenautomat* **2** *Maschine, die so programmiert ist, dass sie selbsttätig arbeiten kann*

Au|to|ma|tik ‹die; -, -en› **I** ‹unz.› *Lehre von der Selbsttätigkeit* **II** ‹zählb.› *automatisch arbeitende Steuer- od. Kontrollvorrichtung*

au|to|ma|tisch ‹Adj.› **1** *mit Hilfe eines Automaten* **2** *selbsttätig* **3** ‹übertr.› *unwillkürlich, ohne darüber nachzudenken* ▸ ich habe das ~ getan; das war eine ganz ~e Reaktion; eine ~e Bewegung machen

au|to|ma|ti|sie|ren ‹V. trans.; au|to|ma|ti|siert, au|to|ma|ti|sier|te, hat au|to|ma|ti|siert› Abläufe, eine Produktion ~ *automatisch machen, mit Automaten ausstatten*

Au|to|mo|bil ‹das; -(e)s, -e› *Kraftwagen, Auto;* Zus *Automobilausstellung, Automobilindustrie, Automobilklub*

au|to|nom ‹Adj.› *selbstständig, unabhängig, nach eigenen Gesetzen lebend*

Au|to|no|me(r) ‹die; -n, -n (der; -n, -n)› *Mitglied einer Gruppierung junger Anarchisten, die Staat u. Gesellschaft ablehnend gegenübersteht u. dies auch durch Gewaltbereitschaft ausdrückt*

Au|to|no|mie ‹die; -; unz.› **1** *Recht (von Gemeinden od. Ländern), sich eigene Gesetze zu geben, Selbstverwaltung* **2** *Unabhängigkeit*

Au|to|pi|lot ‹der; -en, -en› *automatische Steuerung (von Raketen, Flugzeugen u. a.)*

Au|t|op|sie ‹die; -, -n› = *Obduktion*

Au|tor ‹der; -s, -en› *Verfasser, Urheber (eines Kunst- od. Schriftwerkes)* ▸ ein ~ der Klassik, Romantik; moderne ~en; Zus *Autorenlesung; Drehbuchautor(in), Kinderbuchautor(in)*

Au|to|rin ‹die; -, -rin|nen› *weibl. Autor*

au|to|ri|sie|ren ‹V. trans.; au|to|ri|siert, au|to|ri|sier|te, hat au|to|ri|siert› jmdn. zu etwas ~ *jmdn. (als Einzigen) zu etwas ermächtigen, jmdm. die Vollmacht erteilen* ▸ autorisierte Übersetzung; Abl *Autorisation*

au|to|ri|tär ‹Adj.› **1** *auf Autorität beruhend* **2** *mit (unumschränkter) Autorität herrschend* ▸ ~e Erziehung; ~es Regime; ~er Staat

Au|to|ri|tät ‹die; -, -en› **I** ‹unz.› *Geltung, Ansehen, maßgebender Einfluss* ▸ jmds. ~ untergraben; sich ~ verschaffen; seine ~ wahren **II** ‹zählb.› *Person mit maßgebendem Einfluss, Person, deren Wissen u. Urteil allgemein anerkannt werden, anerkannter Fachmann* ▸ eine ~ auf einem Gebiet sein; Zus *autoritätsgläubig*

Au|to|stra|ße ‹die; -, -n› *ausschließlich für Kraftfahrzeuge bestimmte Straße*

Au|to|stun|de ‹die; -, -n› *eine Stunde Fahrzeit mit dem Auto* ▸ der Ort liegt eine ~ entfernt

avan|cie|ren ‹[avãsiː-] V. intr.; avan|ciert, avan|cier|te, ist avan|ciert› zu etwas ~ *in eine höhere Stellung, einen höheren Rang aufrücken*

Avant|gar|de ‹[avã-] die; -, -n› *Gruppe von Vorkämpfern (für eine Idee od. Bewegung);* Abl *Avantgardist(in); avantgardistisch*

Aver|si|on ‹[-vɛr-] die; -, -en› *Abneigung, Widerwille* ▸ eine ~ gegen jmdn. od. etwas haben

Avo|ca|do ‹[-vo-] die; -, -s; Bot.› *birnenförmige, dunkelgrüne Frucht mit einem großen Kern u. hellgrünem Fruchtfleisch;* Zus *Avocadopflanze*

Axi|om ‹das; -(e)s, -e› **1** *grundlegender Lehrsatz, der ohne Beweis einleuchtet* **2** *Annahme als Grundlage eines wissenschaftlichen Systems*

Axt ‹die; -, Äx|te› *Hauwerkzeug zum Fällen von Bäumen, Spalten u. Zurichten von Holz, mit längerem Stiel u. schmalerer Schneide als das Beil* ▸ Holz mit einer ~ spalten

Aza|lee ‹[-leːə] die; -, -n; Bot› *eine rosa, lila, rot od. weiß blühende Zierpflanze*

Aze|tyl|sa|li|cyl|säure ‹die; -, -n; Chem.› *schmerzstillender u. fiebersenkender Wirkstoff in zahlreichen Arzneimitteln, z. B. Aspirin®*

Azu|bi ‹a. ['---] der; -s, -s; umg.; Kurzwort für› *Auszubildende(r)*

azur|blau ‹Adj.› *leuchtend himmelblau, tiefblau*

azy|k|lisch ‹Adj.› **1** *nicht zyklisch* **2** *nicht kreisförmig* **3** *zeitlich unregelmäßig verlaufend*

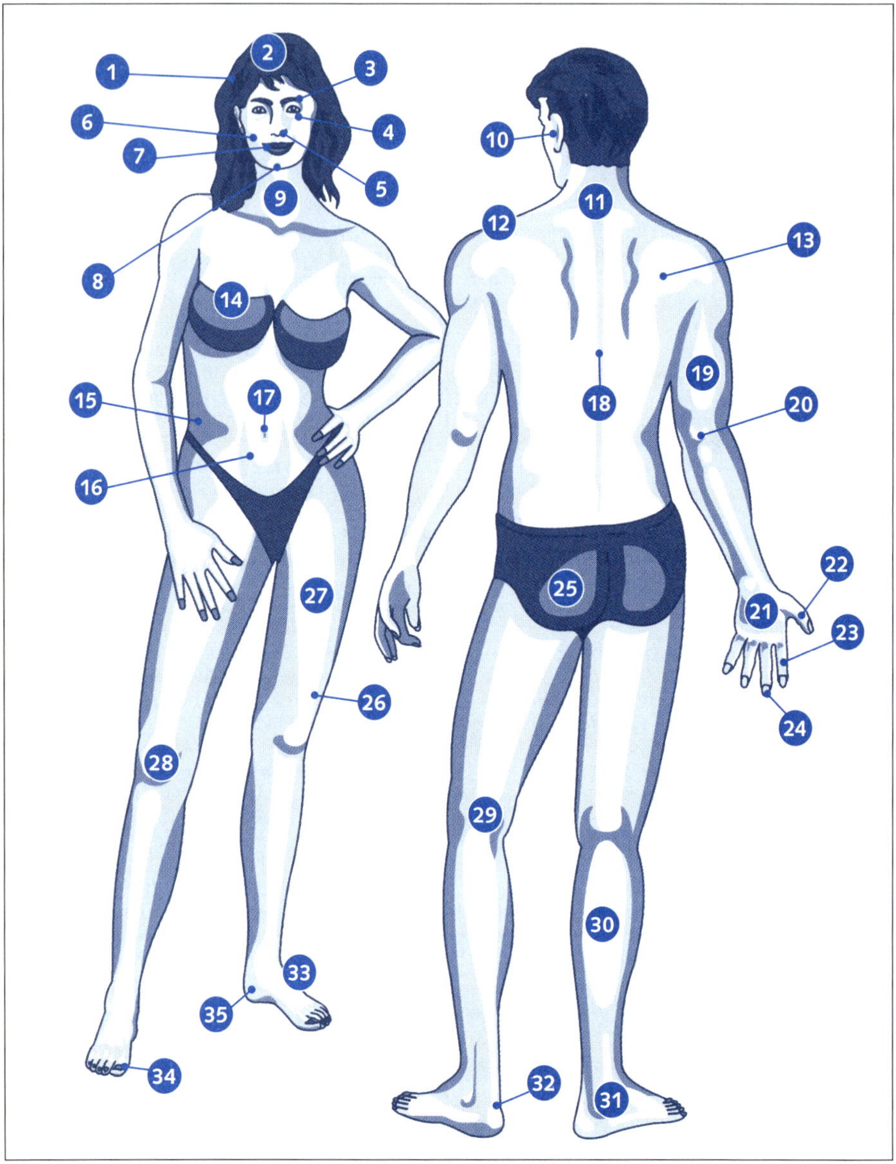

1 der Kopf 2 das Haar, die Haare 3 die Augenbraue, die Augenbrauen / die Braue, die Brauen 4 das Auge, die Augen 5 die Nase 6 die Wange, die Wangen / die Backe, die Backen 7 der Mund 8 das Kinn 9 der Hals 10 das Ohr, die Ohren 11 der Nacken 12 die Schulter, die Schultern 13 der Rücken 14 die Brust, die Brüste 15 die Hüfte 16 der Bauch 17 der Nabel / der Bauchnabel 18 die Wirbelsäule 19 der Arm, die Arme 20 der Ellbogen, die Ellbogen 21 die Hand, die Hände 22 der Daumen, die Daumen 23 der Finger, die Finger 24 der Fingernagel, die Fingernägel 25 das Gesäß 26 das Bein, die Beine 27 der Oberschenkel, die Oberschenkel 28 das Knie, die Knie 29 die Kniekehle, die Kniekehlen 30 die Wade, die Waden 31 der Knöchel, die Knöchel 32 die Achillessehne, die Achillessehnen 33 der Fuß, die Füße 34 der Zeh, die Zehen 35 die Ferse, die Fersen

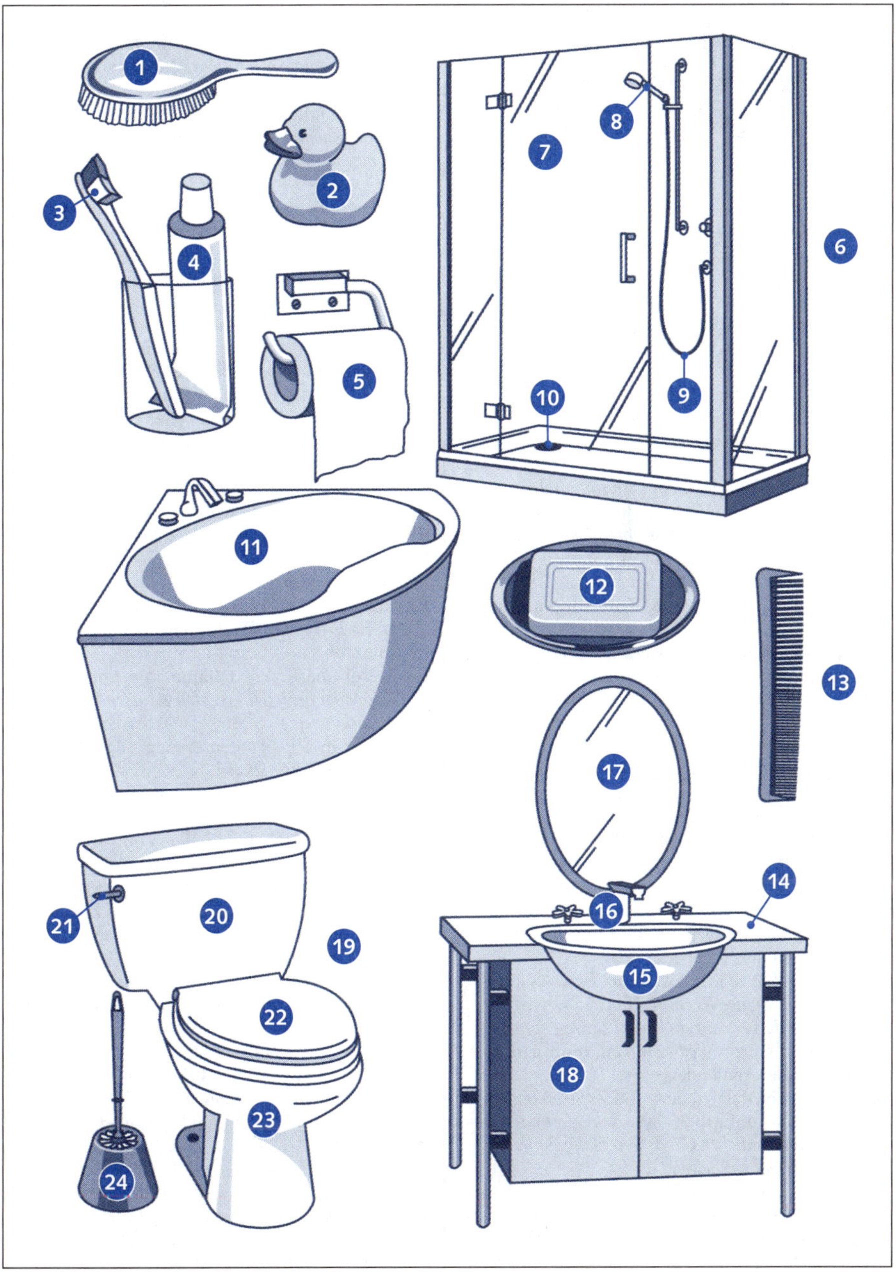

1 die Bürste / die Haarbürste 2 die Bade-Ente 3 die Zahnbürste 4 die Zahnpasta / die Zahncreme 5 das Toilettenpapier 6 die Dusche 7 die Duschkabine 8 der Duschkopf 9 der Duschschlauch 10 der Abfluss 11 die Badewanne 12 die Seife 13 der Kamm 14 der Waschtisch 15 das Waschbecken 16 der Wasserhahn 17 der Spiegel 18 der Waschbeckenschrank 19 die Toilette / das Klo / das Klosett 20 der Spülkasten 21 die Spülung 22 der Toilettendeckel 23 das Toilettenbecken 24 die Toilettenbürste

B b

b I ⟨das; -, - od. -s; Mus.⟩ *Tonbez., das um einen halben Ton erniedrigte h* II ⟨ohne Artikel; Mus.; Abk. für⟩ *b-Moll (Tonartbezeichnung)*

B I ⟨das; -, - od. -s; Mus.⟩ *das um einen halben Ton erniedrigte H* II ⟨ohne Artikel⟩ 1 ⟨Mus.; Abk. für⟩ *B-Dur (Tonartbezeichnung)* 2 ⟨Abk. für⟩ *Bundesstraße*

bab|beln ⟨V.; bab|belt, bab|bel|te, hat ge|bab|belt⟩ I ⟨V. trans. u. V. intr.; süddt.; schweiz.; umg.⟩ (etwas) ~ *zusammenhanglos daherreden* ▸ er babbelt nur dummes Zeug II ⟨V. intr.⟩ 1 ⟨süddt.; schweiz.; umg.⟩ *plaudern, sich unterhalten* 2 ⟨umg.; bes. von Kleinkindern⟩ *undeutlich Laute von sich geben, brabbeln* ▸ hört auf zu ~!

Ba|bel ⟨das; -s; unz.⟩ *Ort großer Sprachenvielfalt*

Ba|by ⟨[be:bi] das; -s, -s⟩ 1 *Säugling;* Zus *Babybett, Babyflasche, Babypflege* 2 ⟨Kosewort⟩ *Liebling, Schätzchen*

Ba|by|boom ⟨[be:bibu:m] der; -s, -s; umg.⟩ *plötzliches Ansteigen der Geburtenrate*

Ba|by|klap|pe ⟨[be:bi-] die; -, -n⟩ *Vorrichtung an Krankenhäusern, die eine anonyme Abgabe von unerwünschten Neugeborenen ermöglicht*

Ba|by|pau|se ⟨[be:bi-] die; -; unz.⟩ *Pause von der Berufstätigkeit wegen einer Mutterschaft*

Ba|by|sit|ter ⟨[be:bi-] der; -s, -⟩ *jmd., der während der Abwesenheit ihrer Eltern Babys od. Kleinkinder betreut;* Abl *Babysitterin*

Ba|by|strich ⟨[be:bi-] der; -(e)s; unz.; umg.⟩ 1 *Prostitution Minderjähriger* 2 *Straßenmeile, auf der Minderjährige sich zur Prostitution anbieten* ▸ auf den ~ gehen

Bach ⟨der; -(e)s, Bä|che⟩ 1 *kleiner Fluss* 2 ⟨übertr.; meist Pl.⟩ *kleines Rinnsal* (Blut, Schweiß) ▸ etwas geht den ~ runter ⟨übertr.; umg.⟩ *etwas steuert auf seinen Niedergang zu;* murmelnder, rauschender, reißender ~; Abl *Bächlein*

Ba|che|lor ⟨[bætʃələ(r)] der; - od. -s, -s; Abk.: B.; in den USA u. Europa⟩ Syn *Bakkalaureus* 1 *unterster akademischer Grad;* Syn *Bakkalaureat* 2 *Inhaber des Bachelor (1)*

Bach|stel|ze ⟨die; -, -n; Zool.⟩ *ein kleiner, schlanker Vogel mit geradem, schlankem Schnabel, langem Schwanz u. hohen, langzehigen Füßen*

Back|blech ⟨das; -(e)s, -e⟩ *flaches Blech, auf dem man Plätzchen, Kuchen u. a. zum Backen od. Garen in den Ofen schieben kann*

Back|bord ⟨das; -(e)s; unz.; Flugw.; Mar.⟩ *linke Schiffs- od. Flugzeugseite (von hinten gesehen);* Ggs *Steuerbord*

Ba|cke[1] ⟨die; -, -n⟩ 1 = *Wange;* ⓘ S. 146; Abl *Bäckchen;* Zus *Backenbart* 2 *jede der beiden verstellbaren Flächen eines Werkzeugs, zw. denen ein Werkstück festgeklemmt werden kann* 3 *Fläche der Bremsvorrichtung, die an die Räder des Fahrzeugs angedrückt wird;* Zus *Bremsbacke* ▸ dicke, rote ~n haben; eine geschwollene ~ haben; etwas od. jmdn. an der ~ haben ⟨übertr.; umg.⟩ *sich unfreiwillig mit einer lästigen Sache od. Person auseinandersetzen müssen;* au ~! *oh je!*

Ba|cke[2] ⟨die; -, -n⟩ *Teil des Gesäßes;* oV *Backen* ▸ etwas auf einer ~ absitzen ⟨übertr.; umg.⟩ *etwas mühelos hinter sich bringen*

ba|cken ⟨V.; bäckt/backt, back|te, hat ge|ba|cken⟩ I ⟨V. trans.⟩ 1 Brot, Kuchen ~ *einen Teig machen u. durch Hitze im Backofen garen* 2 Eier, Fleisch, Fisch, Teig ~ *in heißem Fett (in der Pfanne) garen, braten* ▸ etwas (nicht) gebacken kriegen ⟨nur Part. Perf.; übertr.; umg.⟩ *etwas (nicht) bewältigen, schaffen;* die Brötchen sind knusprig gebacken; gebackener Fisch II ⟨V. intr.⟩ 1 *als Bäcker arbeiten* 2 *(im Ofen od. in der Pfanne) gar werden* 3 *kleben, sich zusammenballen* ▸ der Kuchen bäckt noch; ich backe gern; der Kuchen muss 40 Minuten ~

Ba|cken|kno|chen ⟨der; -s, -⟩ = *Jochbein*

Ba|cken|zahn ⟨der; -(e)s, -zäh|ne⟩ *jeder der auf den Eckzahn folgenden Zähne*

Bä|cker ⟨der; -s, -⟩ *Hersteller von Backwaren;* Abl *Bäckerin;* Zus *Brotbäcker, Feinbäcker, Kuchenbäcker*

Bä|cke|rei ⟨die; -, -en⟩ I ⟨zählb.⟩ 1 *Betrieb, in dem Backwaren hergestellt werden* 2 *Ladengeschäft für Backwaren* 3 ⟨österr.⟩ *Gebäck* ▸ Brot und Kuchen in der ~ kaufen II ⟨unz.⟩ *das Backen;* Zus *Weihnachtsbäckerei*

Back|form ⟨die; -, -en⟩ *Form zum Backen von Teig (zu Kuchen)*

Back|ground ⟨[bækgraʊnd] der; - od. -s; unz.⟩ 1 *Hintergrund* 2 ⟨übertr.⟩ 2.1 *ursächl. Zusammenhang* 2.2 *lebensgeschichtlicher Hintergrund* 3 ⟨Jazz⟩ *Klanghintergrund beim Solo;* Zus *Backgroundsänger(in)* ▸ er ist ein Mitarbeiter mit technischem ~

Back|hähn|chen ⟨das; -s, -⟩ = *Brathühnchen*

Back|hendl ⟨das; -s, -n; oberdt.⟩ = *Brathühnchen*

Back|obst ⟨das; -es; unz.⟩ *getrocknetes Obst;* Syn *Dörrobst, Trockenobst*

Back|ofen ⟨der; -s, -öfen⟩ *Ofen zum Backen* ▸ hier ist ja eine Hitze wie in einem ~; ⓘ S. 254

Back|pfei|fe ⟨die; -, -n; umg.⟩ = *Ohrfeige*

Back|pul|ver ⟨das; -s, -⟩ *Treibmittel zum Kuchenbacken*

Back|röh|re ⟨die; -, -n⟩ = *Backofen*

Back|stein ⟨der; -(e)s, -e⟩ = *Ziegel (1)*

Back|stu|be ⟨die; -, -n⟩ *Raum, in dem in einer Bäckerei gebacken wird*

Back|wa|ren ⟨Pl.; Sammelbez. für⟩ *Brot, Brötchen, Kuchen, kleines Gebäck*

Back|werk ⟨das; -(e)s; unz.⟩ *alle Arten von (süßem) Gebäck*

Bad ⟨das; -(e)s, Bä|der⟩ 1 *das Baden, Körperreinigung od. -erfrischung mit Wasser;* Zus *Bade-Ente* ⓘ S. 147; *Duschbad, Wannenbad* 2 *Wasser zum*

Baden; Zus *Badewasser* **3** 〈kurz für〉 *Badezimmer;* ⓘ S. 147 **4** *Badeanstalt, öffentl. Schwimmhalle, Schwimmbad;* Zus *Freibad, Hallenbad* **5** *Kurort mit Heilquelle od. an der See;* Zus *Heilbad, Mineralbad, Seebad* ▸ ~ Nauheim, ~ Rehburg ▸ ein ~ in der **Menge** nehmen 〈übertr.〉 *sich unter eine Menschenmenge mischen* ▸ jmdm. ein ~ **bereiten,** einlassen; ein ~ **nehmen** ▸ **gekacheltes** ~; **heißes,** kaltes ~ ▸ er ist gerade **im** ~; ins (Schwimm-)~ gehen; ins ~ steigen; Wohnung **mit** Küche und ~

Ba|de|an|stalt 〈die; -, -en〉 *öffentliche Schwimmhalle, öffentliches Schwimmbad*

Ba|de|an|zug 〈der; -(e)s, -zü|ge〉 *einteiliges Kleidungsstück zum Baden (Schwimmen)*

Ba|de|ho|se 〈die; -, -n〉 *kurze Hose zum Schwimmen, Baden*

Ba|de|kap|pe 〈die; -, -n〉 *wasserdichte Kappe zum Schwimmen;* Syn *Badehaube, Bademütze*

Ba|de|man|tel 〈der; -s, -män|tel〉 *Mantel aus Frotteestoff zum Abtrocknen nach dem Baden*

Ba|de|mat|te 〈die; -, -n〉 = *Badvorleger*

Ba|de|meis|ter 〈der; -s, -〉 *Aufseher eines öffentlichen Schwimmbads, Schwimmmeister*

ba|den 〈V.; ba|det, ba|de|te, hat ge|ba|det〉 **I** 〈V. intr.〉 **1** *ein Wannenbad nehmen, den Körper zur Reinigung od. Erfrischung in Wasser tauchen* **2** *in einem öffentlichen Schwimmbad, in einem See, Fluss od. im Meer schwimmen* ▸ ~ gehen *schwimmen gehen;* 〈übertr.〉 *einen Misserfolg haben, scheitern;* kalt, warm, heiß ~; täglich ~; sie waren (wie) in Schweiß gebadet *ganz nass vor Schweiß* **II** 〈V. trans.〉 jmdn. od. sich ~ *jmdn. od. sich im Bad reinigen* ▸ ein Kind ~

Ba|de|ner 〈der; -s, -〉 *Einwohner von Baden;* oV *Badenser*

Ba|de|salz 〈das; -es, -e〉 *wohlriechender Zusatz für das Badewasser*

Ba|de|tuch 〈das; -(e)s, -tü|cher〉 *Tuch aus Frotteestoff zum Abtrocknen nach dem Baden*

Ba|de|wan|ne 〈die; -, -n〉 *Wanne zum Baden (im Badezimmer)* ▸ in die ~ steigen; ⓘ S. 147

Ba|de|zeug 〈das; -(e)s; unz.〉 *alles, was man für das Bad (in der Badeanstalt) braucht (Badeanzug, Badekappe, Badetuch)*

Ba|de|zim|mer 〈das; -s, -〉 *Zimmer mit Waschbecken, Dusche u. od. Badewanne u. Toilette innerhalb einer Wohnung;* ⓘ S. 147

ba|disch 〈Adj.〉 *Baden betreffend, aus Baden stammend;* oV 〈umg.〉 *badensisch*

Bad|min|ton 〈[bædmıntən] das; -s; unz.; Sp.〉 = *Federball (II);* Zus *Badmintonschläger* ⓘ S. 789

Bad|vor|le|ger 〈der; -s, -〉 *kleiner Teppich vor der Badewanne;* oV *Badevorleger*

BA|fög *auch:* **Ba|fög** 〈das; - od. -s; unz.〉 **1** 〈Abk. für〉 *Bundesausbildungsförderungsgesetz, Gesetz zur Förderung von Schülern u. Studenten* **2** *Stipendium aufgrund dieses Gesetzes* ▸ ~ beantragen, bekommen

Ba|ga|tel|le 〈die; -, -n〉 *Kleinigkeit, Geringfügigkeit*

ba|ga|tel|li|sie|ren 〈V. trans.; ba|ga|tel|li|siert, ba|ga|tel|li|sier|te, hat ba|ga|tel|li|siert〉 ein Problem ~ *als geringfügig hinstellen*

Ba|ga|tell|scha|den 〈der; -s, -schä|den〉 *geringfügiger Schaden*

Bag|ger 〈der; -s, -〉 *Maschine zum Lösen, Heben u. Ausschütten von Erdreich;* Zus *Baggerführer*

bag|gern 〈V.; bag|gert, bag|ger|te, hat ge|bag|gert〉 **I** 〈V. intr.〉 jmd. baggert *arbeitet mit dem Bagger* **II** 〈V. trans.〉 etwas ~ *mit dem Bagger arbeiten, etwas mit dem Bagger ausheben, wegtragen*

Bag|ger|see 〈der; -s, -n〉 *durch Ausbaggerungen größerer Sand- od. Kiesmengen entstandener See (häufig als Badesee genutzt)*

Ba|guette 〈[bagɛt] das; -s, -s〉 *langes, dünnes französisches Weißbrot*

Bahn 〈die; -, -en〉 **1** 〈kurz für〉 *Straßenbahn, Eisenbahn;* Zus *Bahnarbeiter(in), Bahnwärter(in)* **2** *Fahrstraße;* Zus *Fahrbahn* **3** *glatter Weg;* Zus *Rodelbahn* **4** *ebene Strecke;* Zus *Rennbahn* **5** *Weg, Verlauf;* Zus *Planetenbahn, Geschossbahn* **6** *Platz, weite Fläche für Sportveranstaltungen;* Zus *Eisbahn, Reitbahn* **7** *langer Streifen;* Zus *Papierbahn, Stoffbahn, Tapetenbahn, Zeltbahn* ▸ sich ~ **brechen** 〈übertr.〉 *sich durchsetzen;* jmdm. bei etwas freie ~ **lassen** 〈übertr.〉 *jmdn. etwas ungehindert tun lassen;* die ~ **nehmen** *mit der Eisen- bzw. Straßenbahn fahren (statt mit dem Auto zu fahren, zu fliegen od. zu laufen);* ich habe die (Straßen-)~ **verpasst** ▸ ~ **frei!** *Achtung!, aus dem Weg gehen!;* wann fährt die **letzte** (Straßen-)~?; auf die **schiefe** ~ geraten *vom rechten Weg abkommen* ▸ jmdn. **aus** der ~ werfen 〈übertr.〉 *jmds. Leben in Unordnung bringen;* er ist **bei** der ~ beschäftigt *bei der Deutschen Bahn AG;* eine Tätigkeit **in** die richtigen ~en lenken; **mit** der ~ fahren

bahn|bre|chend 〈Adj.〉 *umwälzend, eine neue Entwicklung beginnend, neue Möglichkeiten weisend* ▸ eine ~e Entdeckung machen

Bahn|Card® 〈die; -, -s〉 *Karte, Ausweis (mit Passbild), der von der Dt. Bahn bezogen werden kann u. zum Erwerb von ermäßigten Fahrkarten berechtigt*

Bahn|damm 〈der; -(e)s, -däm|me〉 *künstliche Erhöhung, auf der die Gleise verlaufen*

bah|nen 〈V. trans.; bahnt, bahn|te, hat ge|bahnt〉 jmdm. od. sich etwas ~ *ebnen, gangbar machen* ▸ jmdm. den Weg ~; sich einen Weg ~

Bahn|fahrt 〈die; -, -en〉 *Fahrt mit der Eisenbahn*

Bahn|gleis 〈das; -es, -e〉 *Schienen für die Eisen- od. Straßenbahn*

Bahn|hof 〈der; -(e)s, -hö|fe; Abk.: Bhf., Bf.〉 **1** *Haltestelle der Eisenbahn;* ⓘ S. 897; Zus *Bahnhofsschild* ⓘ S. 897 **2** *das zu einer Haltestelle der Eisenbahn gehörende Gebäude mit Schaltern, Geschäften usw.* ▸ jmdn. am, auf dem ~ treffen; im ~ einfahren; ich verstehe nur ~ 〈übertr.; umg.〉 *ich verstehe nichts;* jmdn. vom ~ abholen; jmdn. zum ~ begleiten

Bahn|hof|buf|fet 〈[-byfe:] das; -s, -s; schweiz.〉 = *Bahnhofsrestaurant*

B

Bahn|hofs|res|tau|rant ⟨[-rɛstorã:] das; -s, -s⟩ *Restaurant in einem Bahnhofsgebäude*

Bahn|li|nie ⟨[-njə] die; -, -n⟩ *Eisenbahnstrecke, Gleisabschnitt*

Bahn|rei|sen|de(r) ⟨die; -n, -n (der; -n, -n)⟩ *Person, die mit der Bahn reist*

Bahn|steig ⟨der; -(e)s, -e⟩ *auf Bahnhöfen erhöhter Weg zw. den Schienen für das Ein- u. Aussteigen* ▸ auf dem ~ warten; der Zug fährt vom selben ~ gegenüber *(Ansage beim Umsteigen);* ⓘ S. 897

Bahn|stre|cke ⟨die; -, -n⟩ **1** *Teilstrecke der Eisenbahn, Gleisabschnitt* **2** *von der Eisenbahn zurückgelegte od. zurückzulegende Strecke*

Bahn|über|gang ⟨der; -(e)s, -gän|ge⟩ *höhengleicher Weg über Bahngleise* ▸ bewachter, unbewachter, beschrankter, unbeschrankter ~

Bahn|un|ter|füh|rung ⟨die; -, -en⟩ *Kreuzung, bei der die Eisenbahn unter einer Straße hindurchgeführt wird*

Bah|re ⟨die; -, -n⟩ *längl. Traggestell für Kranke, Verletzte od. Tote* ▸ von der Wiege bis zur ~ *von Anfang bis Ende des Lebens;* Zus *Tragbahre*

bai|risch ⟨Adj.⟩ ~e Mundart ⟨sprachwiss. Schreibung für die⟩ *in Bayern gesprochene M.*

Bai|ser ⟨[bɛze:] das; -s, -s⟩ *Schaumgebäck aus Eischnee u. Zucker*

Ba|jo|nett ⟨das; -(e)s, -e⟩ *an der Seite getragene, auf den Gewehrlauf aufsteckbare Stoß- u. Stichwaffe für den Nahkampf*

Ba|ke ⟨die; -, -n⟩ **1** *feststehendes Seezeichen zum Kennzeichnen des Fahrwassers* **2** *vor Bahnübergängen schmale Tafel mit roten Schrägstreifen auf weißem Grund als Hinweiszeichen*

Ba|ke|lit® ⟨das; -(e)s; unz.⟩ *Kunststoff verschiedener Zusammensetzung;* oV *Bakelite®*

Bak|te|rie ⟨[-riə] die; -, -n⟩ = *Bakterium*

bak|te|ri|ell ⟨Adj.⟩ *die Bakterien betreffend, durch Bakterien hervorgerufen*

Bak|te|ri|um ⟨das; -s, -ri|en⟩ *einzelliger, kugel-, schrauben- od. stäbchenförmiger Organismus, Krankheitserreger;* oV *Bakterie;* Zus *Bakterienkultur; Fäulnisbakterium*

bak|te|ri|zid ⟨Adj.⟩ *Bakterien tötend*

Ba|lan|ce ⟨[balaŋsə] od. [balã:s(ə)] die; -, -n⟩ *Gleichgewicht* ▸ die ~ halten, verlieren

Ba|lan|ce|akt ⟨[balaŋsə-] od. [balã:s(ə)-] der; -(e)s, -e⟩ **1** *Vorführung, Darbietung einer schwierigen Gleichgewichtsübung, Kunststück auf dem Seil* **2** ⟨übertr.; umg.⟩ *schwieriges Handeln, bei dem man nach allen Seiten hin Rücksicht nehmen muss*

ba|lan|cie|ren ⟨[-laŋsi:-] od. [-lãsi:-] V.⟩ **I** ⟨V. intr.; ba|lan|ciert, ba|lan|cier|te, ist ba|lan|ciert⟩ *(sich) im Gleichgewicht halten* ▸ am Rande des Abgrunds ~ ⟨übertr.⟩ *sich in einer riskanten Situation befinden;* auf dem, über das Seil ~ **II** ⟨V. trans.; ba|lan|ciert, ba|lan|cier|te, hat ba|lan|ciert⟩ etwas ~ *im Gleichgewicht halten* ▸ einen Ball (auf einem Finger) ~

bald ⟨Adv.⟩ **1** *innerhalb kurzer Zeit, in Kürze* **2** *wenig später, kurz danach* **3** ⟨umg.⟩ *beinahe, fast* ▸ ich werde ~ kommen; er wäre ~ verzweifelt; ▸ (all)zu ~ *(all)zu schnell;* bis ~ *(Abschiedsgruß);* ~ danach; möglichst ~; so ~ als, wie möglich; ~ so, ~ so *einmal so, einmal anders*

Bal|da|chin ⟨[-xi:n] der; -s, -e⟩ **1** *Stoffdach über einem Thron, einem Bett* **2** *steinernes Schutzdach über Standbildern, Altären, Kanzeln u. Ä.*

bal|dig ⟨Adj.⟩ *kurz bevorstehend* ▸ ich rechne mit seiner ~en Ankunft

bald|mög|lichst ⟨Adv.; besser⟩ *möglichst bald* ▸ er kommt ~ bei Ihnen vorbei

Bal|d|ri|an ⟨der; -s; unz.; Bot.⟩ *Heilpflanze, deren Wurzeln das als Beruhigungsmittel verwendete Baldrianöl liefern;* Zus *Baldriantropfen*

Balg **I** ⟨der; -(e)s, Bäl|ge⟩ **1** *abgezogenes Fell, abgezogene Haut (von Tieren)* **2** ⟨bei Dudelsack, Orgel, Ziehharmonika; kurz für⟩ *Blasebalg* **3** *harmonikaartig ausziehbare Hülle, z. B. an Fotoapparaten* **II** ⟨das od. der; -(e)s, Bäl|ger⟩ *(ungezogenes) Kind* ▸ freches, unerzogenes ~

bal|gen ⟨V. refl.; balgt sich, balg|te sich, hat sich ge|balgt⟩ sich ~ *sich (spielend) raufen, sich miteinander auf dem Boden herumwälzen* (von Kindern u. jungen Tieren)

Bal|ge|rei ⟨die; -, -en⟩ *(spielerische) Rauferei*

Bal|ken ⟨der; -s, -⟩ **1** *vierkantig gesägtes Bauholz* **2** *Träger aus Holz od. Stahl;* Zus *Querbalken, Stützbalken* ▸ lügen, dass sich die ~ biegen *so sehr lügen, dass es jeder merkt*

Bal|kon ⟨[balkɔ̃:] od. [-kɔŋ] der; -s, -s od. süddt., österr., schweiz. [balko:n] der; -s, -e⟩ **1** *mit dem Wohnraum verbundener Vorsprung eines Hauses, der durch ein Gitter od. eine Brüstung gesichert ist;* Zus *Balkonblume, Balkonkasten* **2** *erster Rang im Theater;* Zus *Mittelbalkon, Seitenbalkon* ▸ auf dem ~ sitzen; eine Wohnung mit ~

Ball[1] ⟨der; -(e)s, Bäl|le⟩ *kugelförmiges Spielzeug od. Sportgerät;* Abl *Bällchen;* Zus *Fußball, Tennisball, Wasserball, Gummiball, Lederball* ▸ den ~ (auf)fangen, abgeben, (ein)werfen, im Spiel halten, schlagen, stoßen; den ~ flachhalten ⟨Fußb.⟩ *flach spielen;* ⟨übertr.⟩ *sich zurückhalten, die Anforderungen nicht zu hoch ansetzen;* ~ spielen; sich gegenseitig die Bälle zuspielen, zuwerfen ⟨übertr.⟩ *sich im Gespräch durch geschicktes Einwerfen von Stichworten u. Fragen gegenseitig unterstützen, begünstigen* ▸ am ~ bleiben ⟨Fußb.; a. übertr.⟩ *eine Sache weiterverfolgen*

Ball[2] ⟨der; -(e)s, Bäl|le⟩ *festliche Tanzveranstaltung* ▸ einen ~ eröffnen; einen ~ geben; auf den ~ gehen; Zus *Ballkleid; Abschlussball*

Bal|la|de ⟨die; -, -n⟩ **1** ⟨Lit.⟩ *episches, dramatisch bewegtes Gedicht;* Abl *balladenhaft, balladesk* **2** ⟨Mus.⟩ *ruhiges u. gefühlvolles, oft melancholisches Lied modernerer Stilrichtung;* Zus *Jazzballade, Popballade, Rockballade*

Bal|last ⟨der; -(e)s, -e; meist Sg.⟩ **1** *wertlose Fracht zum Ausgleich des Gewichts od. (bei Schiffen) des Tiefgangs* **2** ⟨übertr.⟩ *unnützes Beiwerk, Bürde, Last, Belastung* ▸ ~ abgeben, ab- od. auswerfen *um das Gewicht od. den Tiefgang zu verringern;* ⟨übertr.⟩ *um sich von allzu vielen Pflichten o. Ä. zu befreien;* jmdn. od. etwas als ~ empfinden

Bal|last|stof|fe ⟨Pl.⟩ *kaum verwertbare, pflanzliche Bestandteile der Nahrung, die der Anregung der Darmtätigkeit dienen;* Abl *ballaststoffreich*

bal|len ⟨V.; ballt, ball|te, hat ge|ballt⟩ **I** ⟨V. trans.⟩ etwas ~ **1** *zusammendrücken, verdichten* **2** *zu einem Ball formen* ▸ die Faust, die Fäuste ~; die Hand zur Faust ~; mit geballter Energie, Kraft ⟨übertr.⟩ *mit konzentrierter Energie, Kraft;* er steht hier mit geballter Faust **II** ⟨V. refl.⟩ sich ~ *eine dichte Masse, einen Klumpen bilden* ▸ die Erde, der Schnee ballt sich zu Klumpen; Menschen in geballten Massen *sehr viele Menschen*

Bal|len ⟨der; -s, -⟩ **1** *in Leinwand o. Ä. festverpacktes Frachtstück (z. B. Kaffee, Baumwolle, Tabak)* **2** *Zählmaß für Papier, Tuch u. Leder* **3** *zusammengerollte od. auf Pappe gewickelte Stoffbahn* (Stoff~) **4** *verdickte Stellen an den Laufflächen der Gliedmaßen der Säugetiere sowie unter Daumen u. Zehen beim Menschen* ▸ auf den ~ abrollen, laufen; Altpapier zu ~ pressen

Bal|le|ri|na ⟨die; -, -ri|nen⟩ *Ballettsolistin, Tänzerin;* oV *Ballerine*

bal|lern ⟨V.; bal|lert, bal|ler|te, hat ge|bal|lert; umg.⟩ **I** ⟨V. intr.⟩ **1** *knallen (beim Schießen)* **2** *(anhaltend) schießen* ▸ ein Schuss ballert; sie ballerten durch die Gegend **II** ⟨V. intr. u. V. trans.⟩ (etwas) ~ *heftig treten, stoßen, werfen* ▸ einen Stein gegen das Fenster ~

Bal|lett ⟨das; -(e)s, -e⟩ **1** *Bühnentanz;* Zus *Balletttänzer(in), Balletttruppe* **2** *Bühnentanzgruppe* ▸ ein ~ aufführen; beim ~ sein *Mitglied einer Baletttruppe sein;* ins, zum ~ gehen

Bal|lett|meis|ter ⟨der; -s, -⟩ *Leiter, Ausbilder einer Bühnentanzgruppe*

Bal|lis|tik ⟨die; -; unz.⟩ *Lehre von den Flugbahnen geworfener od. geschossener Körper;* Abl *ballistisch*

Ball|jun|ge ⟨der; -n, -n⟩ *Junge, der beim Tennis od. beim Fußball die Bälle aufhebt od. fängt u. den Spielern wieder zuwirft*

Bal|lon ⟨[-lɔ̃ː] od. [-lɔŋ] od. [-loːn] der; -s, -s od. süddt., österr., schweiz. [baloːn] der; -s, -e⟩ **1** *mit Luft od. Gas gefüllter Ball aus dünner Gummihaut, Kinderspielzeug;* Zus *Luftballon* **2** *mit Gas (od. Heißluft) gefülltes, ballförmiges Luftfahrzeug, leichter als Luft;* Zus *Fesselballon, Freiballon, Heißluftballon*

Ball|saal ⟨der; -s, -sä|le⟩ *Saal für Bälle*[2]

Ball|spiel ⟨das; -(e)s, -e⟩ *Spiel mit einem Ball*

Bal|lung ⟨die; -, -en⟩ **1** *das Ballen, das Geballtwerden* **2** *Verdichtung, Zusammendrängung*

Bal|lungs|ge|biet ⟨das; -(e)s, -e⟩ *Landschaft mit überdurchschnittl. Bevölkerungsdichte u. sehr viel Industrie;* Syn *Ballungsraum, Ballungszentrum*

Ball|wech|sel ⟨[-ks-] der; -s, -; Sp.⟩ *Wechsel des Ballbesitzes, durch Abspiel beim Fußball od. Zuspiel über ein Netz*

Bal|sam ⟨der; -s, -e⟩ **1** *natürl. Gemisch von Harzen u. ätherischen Ölen* **2** ⟨übertr.; poet.⟩ *Linderung, Wohltat* ▸ deine Worte sind ~ für meine Seele ⟨übertr.⟩ *tun mir gut, trösten mich*

Ba|lus|t|ra|de ⟨die; -, -n⟩ *Brüstung, Balkon mit Geländer aus Balustern*

Balz ⟨die; -, -en; Zool.⟩ *Paarungszeit größerer Waldvögel (z. B. Auerhühner), sowie von Fasanen, Trappen, Schnepfen*

bal|zen ⟨V. intr.; balzt, balz|te, hat ge|balzt⟩ ein Vogel balzt *wirbt durch Lockruf u. Bewegungen*

Bam|bus ⟨der; -bus|ses, -bus|se; Bot.⟩ *tropische Riesengraspflanze, deren Stängel verholzen;* Zus *Bambusrohr*

Bam|bus|spross ⟨der; -es, -en; meist Pl.⟩ *Keimling des Bambusses, der als Gemüse verwendet wird*

Bam|mel ⟨der; -s; unz.; umg.⟩ *Angst, Furcht, Lampenfieber* ▸ ~ vor einer Prüfung haben

ba|nal ⟨Adj.⟩ *alltäglich, fade, unbedeutend, geistlos, abgedroschen, nichtssagend*

Ba|na|ne ⟨die; -, -n; Bot.⟩ *eine tropische Frucht mit gelber Schale u. weichem Fruchtfleisch* ▸ etwas (völlig) ~ finden ⟨umg.⟩ *(völlig) unsinnig;* ⓘ S. 1003; Zus *Bananenschale*

Ba|na|nen|re|pu|b|lik ⟨die; -, -en⟩ **1** *(wirtschaftlich meist abhängiges) lateinamerikanisches Land mit ausgedehntem Bananenexport* **2** ⟨übertr.; umg.⟩ *Land, in dem die wirtschaftlichen, politisch-moralischen u./od. rechtlichen Verhältnisse unsicher u./od. korrupt sind*

Ba|nau|se ⟨der; -n, -n; abwertend⟩ *Mensch ohne Sinn für Kunst u. Geistiges*

band → *binden*

Band/Bande/Bände/Bänder

Das Band – mit dem Plural *Bänder* – ist ein schmaler Streifen aus Stoff o. Ä.: *Ich habe das Band/die Bänder zu kurz geschnitten. Das Band ist gerissen./Die Bänder sind gerissen.*
Demgegenüber ist *der Band* (mit dem Plural *Bände*) ein einzelnes Buch eines mehrbändigen Gesamtwerkes: *Er hat den zweiten Band / zwei neue Bände gekauft. Aus wie vielen Bänden besteht die Gesamtausgabe?*
Übertragen (und meist in gehobenem Sprachstil) bedeutet *das Band* auch „Fessel, Verbindung“. In diesem Fall lautet der Plural *Bande: Das Band der Ehe zerreißen. Zarte Bande der Freundschaft knüpfen.*
Hingegen wird mit dem weiblichen Substantiv *die Bande* (Plural: *Banden*) zumeist eine „Clique, Vereinigung von Verbrechern“ bezeichnet: *Die Bande hat wieder zugeschlagen. Abends sind in der Stadt zahlreiche Banden unterwegs.*
Daneben kann es auch „Umrandung, Einfassung“ bedeuten: *Die Bande der Reithalle ist beschädigt.*

Band[1] **I** ⟨das; -(e)s, Bän|der⟩ **1** *schmaler Streifen aus Gewebe;* Zus *Haarband, Seidenband* **2** *schmaler Streifen aus Leder;* Zus *Halsband* **3** *schmaler Streifen aus Leder aus Kunststoff zur Speicherung von Musik- od. Filmaufnahmen;* Zus *Tonband, Videoband* **4** ⟨kurz für⟩ *Fließband* **5** ⟨Anat.⟩ *faseriger Verstärkungsstrang aus Bindegewebe zur Befestigung der gegeneinander bewegl. Knochen;* Zus *Bänderdehnung, Bänderzerrung* ▸ ein ~ besprechen, bespielen ▸ am laufenden ~ *am Fließband;* ⟨übertr.⟩ *ohne Unterbrechung* ▸ am ~ stehen *am Fließband arbeiten;* ein ~ im Haar tragen **II** ⟨der; -(e)s, Bän|de⟩ *einzelnes Buch, ein Buch als Teil eines Gesamtwerkes* ▸ darüber könnte man Bände erzählen, schreiben *sehr viel erzählen, schreiben;* das spricht Bände! *das sagt genug* ▸ Schillers Werke in 10 Bänden **III** ⟨das; -(e)s, -e⟩ **1** *Fessel* **2** ⟨meist Pl.; übertr.⟩ *Verbindung, Verknüpfung* ▸ ~e der Freundschaft ▸ eine zarte ~e knüpfen *eine Freundschaft, Liebschaft beginnen* ▸ außer Rand und ~ sein *nicht zu bändigen sein*

Band[2] ⟨[bænd] die; -, -s; Mus.⟩ *Gruppe, die Musik moderner Stilrichtungen, wie z. B. Pop, Rock od. Jazz, spielt* ▸ eine ~ gründen; in einer ~ spielen

Ban|da|ge ⟨[-ʒə] die; -, -n⟩ *Stütz- od. Schutzverband* ▸ mit harten ~n kämpfen ⟨übertr.⟩ *hart, mit allen Mitteln kämpfen*

ban|da|gie|ren ⟨[-ʒiː-] V. trans.; ban|da|giert, ban|da|gier|te, hat ban|da|giert⟩ (jmdm.) etwas od. jmdn. ~ *eine Bandage anlegen* ▸ den Fuß ~

Band|brei|te ⟨die; -, -n⟩ **1** *Frequenzbereich eines Signals* **2** ⟨übertr.⟩ *Vielfalt, Spannweite* ▸ eine Ausstellung von großer ~

Ban|de[1] ⟨die; -, -n⟩ **1** *Vereinigung von Verbrechern unter einem Anführer;* Zus *Diebesbande, Räuberbande, Verbrecherbande* **2** *Schar* **3** ⟨scherzh.⟩ *Gesellschaft (bes. von Kindern, jungen Leuten)* ▸ ihr seid ja eine verrückte ~!; eine ~ von Herumtreibern

Ban|de[2] ⟨die; -, -n⟩ **1** *innere Umrandung des Billardtisches* **2** *Einfassung der Reitbahn u. der Zirkusmanege* **3** *seitl. Begrenzung einer Kegel- od. Eisbahn* ▸ den Ball an, über die ~ spielen

Ban|del ⟨das; -s, -; bair.-österr.⟩ *Bändel* ▸ jmdn. am ~ haben ⟨übertr.; umg.⟩ *einen Verehrer, Liebhaber haben; Kontrolle über jmdn. ausüben*

Bän|del ⟨das; -s, -⟩ *kleines, schmales Band*

Ban|den|krieg ⟨der; -(e)s, -e⟩ *ständiger bewaffneter Kampf, dauernde Feindschaft zw. rivalisierenden Banden*

Ban|de|ro|le ⟨die; -, -n⟩ **1** *Papierstreifen, mit dem steuerpflichtige Waren versehen werden (insbes. Tabakwaren)* **2** *Spruchband*

Bän|der|riss ⟨der; -es, -e; Med.⟩ *Riss in den Bändern der Knochengelenke*

...bän|dig ⟨in Zus.; zur Bildung von Adj.⟩ *eine bestimmte od. unbestimmte Anzahl von Bänden umfassend,* z. B. mehrbändig, vierbändig

bän|di|gen ⟨V. trans.; bän|digt, bän|dig|te, hat gebän|digt⟩ **1** Tiere ~ *zähmen, unterwerfen* **2** jmdn. ~ *zur Ruhe, unter Kontrolle bringen, beruhigen* **3** Gefühle ~ *bezwingen, unterdrücken* ▸ der Gefangene war kaum zu ~; Abl *Bändigung*

Ban|dit ⟨der; -en, -en⟩ *gewerbsmäßiger Verbrecher, hinterlistiger Betrüger, Ganove*

Band|lea|der ⟨[bændliːdə(r)] der; -s, -; Mus.⟩ **1** ⟨i. e. S.⟩ *im traditionellen Jazz Mitglied einer Band, das die Führungsstimme (Lead), meist Trompete od. Kornett, übernimmt* **2** ⟨i. w. S.⟩ *Leiter einer Jazz-, Rock- od. Popband*

Band|mit|glied ⟨[bænd-] das; -(e)s, -er; Mus.⟩ *Musiker einer Musikband*

Band|schei|be ⟨die; -, -n; Anat.⟩ *elast. Scheibe zw. den Wirbelkörpern;* Zus *Bandscheibenschaden*

Band|schei|ben|vor|fall ⟨der; -(e)s, -fäl|le; Med.⟩ *Bandscheibenschaden, bei dem der gallertartige Kern der Bandscheibe zw. den Wirbeln hervortritt*

Band|wurm ⟨der; -(e)s, -wür|mer⟩ *Schmarotzer im Darm der Wirbeltiere u. des Menschen*

ban|ge ⟨Adj.⟩ *furchtsam, ängstlich, beklommen, besorgt;* oV *bang* ▸ ~ Stunden durchleben; mir ist angst und ~ geworden ⟨verstärkend⟩; ~ sein; mir ist ~ *ich habe Angst, bin ängstlich, besorgt;* vor ihm ist mir nicht ~

Ban|ge ⟨die; -; unz.; umg.⟩ *Angst, Furcht, Sorge, Beklommenheit* ▸ ~ haben; jmdm. (Angst und) ~ machen; Bangemachen gilt nicht! *nur keine Angst!, nicht einschüchtern lassen!;* nur keine ~, das wird schon; →a. *bange*

ban|gen ⟨V. intr. u. V. refl.; bangt, bang|te, hat gebangt⟩ jmdm. bangt, sich ~ *Angst, Furcht, Sorge haben* ▸ mir bangt, es bangt mir davor *ich habe Angst davor;* er bangt um seine Stellung *er fürchtet, seine Stellung zu verlieren*

Bank/Banken/Bänke

Als eine *Bank* bezeichnet man ein breites Sitzmöbel für mehrere Personen oder eine Ansammlung von Sand oder Kies in Gewässern (Sandbank, Kiesbank). In beiden Fällen lautet der Plural *Bänke: Wir saßen alle auf der Bank. Die Bänke im Park wurden neu gestrichen. Bei Ebbe ist die Sandbank zu sehen. Der Fluss enthält viele Kiesbänke.*

Eine *Bank* kann auch eine Institution, besonders ein Unternehmen für den Geldverkehr sein. In diesem Fall lautet der Plural *Banken: Ich gehe morgen auf die Bank. Die Banken sind jetzt schon geschlossen.*

Bank[1] ⟨die; -, Bän|ke⟩ **1** *Sitzmöbel für mehrere Personen;* Zus *Gartenbank, Parkbank* **2** *Tisch mit Bank (1) od. Stühlen in der Schule;* Zus *Schulbank* ⓘ S. 574 **3** *Untiefe (geringe Tiefe) im Ozean od. Flussläufen;* Zus *Sandbank* **4** *dichte Ansammlung von Meereslebewesen;* Zus *Austernbank* **5** *Arbeitsgerät in Tischform;* Zus *Hobelbank* ▸ etwas auf die lange ~ schieben ⟨übertr.⟩ *etwas hinausschieben, verzögern;* (alle) durch die ~ *allesamt, alle miteinander, alle ohne Ausnahme;* in der Schule in der ersten ~ sitzen

Bank[2] ⟨die; -, -en⟩ **1** *Unternehmen für Geldverkehr;* →a. *Spielbank;* Zus *Bankangestellte(r), Bankengruppe, Bankensektor, Bankfiliale, Bankgewerbe, Bankkonto, Bankkredit* **2** *Sammelstelle für Blut- u. Organkonserven;* Zus *Blutbank* ▸ die ~ sprengen *das gesamte Geld des Bankhalters gewinnen* ▸ Deutsche ~, Dresdner ~ (Name von Banken) ▸ Geld auf der ~ einzahlen; bei der ~ sein *Bankangestellter sein;* ein Konto bei einer ~ eröffnen; Geld von der ~ holen

Ban|ken|auf|sicht ⟨die; -, -en⟩ *staatliche Aufsicht über das Kreditwesen zum Schutz des Bankkunden u. gegen Unregelmäßigkeiten im Finanzbereich der Volkswirtschaft*

Ban|ker ⟨a. engl. [bæŋkə(r)] der; -s, -; umg.⟩ *Bankkaufmann, Bankfachmann, Bankier*

Ban|kett ⟨das; -(e)s, -e⟩ *Festmahl, Festessen*

Bank|ge|heim|nis ⟨das; -nis|ses; unz.⟩ *Recht u. Verpflichtung einer Bank, Bankbeziehungen u. Höhe der Konten ihrer Kunden geheim zu halten*

Bank|ge|schäft ⟨das; -(e)s, -e⟩ *Geschäft (mit Hilfe) einer Bank²*

Ban|ki|er ⟨[baŋkje:] der; -s, -s⟩ **1** *Inhaber, Eigentümer od. Vorstandsmitglied einer Bank²* **2** *Banker*

Bank|kauf|frau ⟨die; -, -en; Berufsbez.⟩ *weibl. Bankkaufmann*

Bank|kauf|mann ⟨der; -(es), -leu|te; Berufsbez.⟩ *jmd., der eine abgeschlossene kaufmännische Ausbildung für Banken hat*

Bank|leit|zahl ⟨die; -, -en; Abk.: BLZ⟩ *Banken u. Sparkassen kennzeichnende, achtstellige Zahl*

Bank|no|te ⟨die; -, -n⟩ *von der Notenbank ausgegebener Geldschein*

Bank|raub ⟨der; -(e)s; unz.⟩ *Einbruch in eine Bank², oft mit Geiselnahme;* Abl *Bankräuber(in)*

ban|k|rott ⟨Adj.⟩ *zahlungsunfähig* (von Geschäftsleuten) ▸ eine ~e Firma; ~ sein, werden

Ban|k|rott ⟨der; -(e)s, -e⟩ *Zahlungsunfähigkeit, finanzieller Zusammenbruch, Konkurs, Pleite;* Syn ⟨schweiz.⟩ *Geltstag* ▸ seinen ~ erklären; ~ machen *zahlungsunfähig werden;* Zus *Bankrotterklärung*

Bank|schal|ter ⟨der; -s, -⟩ *Schalter in einer Bank, an dem man seine Bankgeschäfte erledigen kann*

Bank|über|fall ⟨der; -(e)s, -fäl|le⟩ *Raubüberfall auf eine Bank*

Bank|über|wei|sung ⟨die; -, -en⟩ *Geldüberweisung durch eine Bank²*

Bann ⟨der; -(e)s, -e⟩ **1** ⟨bes. früher⟩ *Verbannung;* Zus *Kirchenbann* **2** ⟨übertr.⟩ *Verzauberung, Fessel* ▸ den ~ brechen ⟨übertr.⟩ *eine Befangenheit überwinden;* die Zuhörer standen noch im ~e der Musik; jmdn. in ~ schlagen ⟨übertr.⟩; jmdn. in seinen ~ ziehen ⟨übertr.⟩ *jmdn. bezaubern*

ban|nen ⟨V. trans.; bannt, bann|te, hat ge|bannt⟩ **1** ⟨bes. früher⟩ jmdn. ~ *verbannen, aus der Kirche ausschließen* **2** jmdn. od. etwas ~ *(mit Hilfe von Magie) vertreiben* **3** ⟨übertr.⟩ jmdn. ~ *durch Spannung fesseln* ▸ eine Gefahr ~; Geister, den Teufel ~; die Not war fürs Erste gebannt; wie gebannt zuhören

Ban|ner ⟨das; -s, -⟩ **1** *an einer mit dem Fahnenschaft verbundenen Querstange befestigte Fahne* **2** *Feldzeichen* **3** ⟨a. engl. [bæn-] EDV⟩ *rechteckige Werbefläche auf einer Homepage*

Bann|mei|le ⟨die; -, -n⟩ **1** ⟨urspr.⟩ *Sperrbezirk von einer Meile um eine Ortschaft* **2** ⟨heute⟩ *staatliche Institutionen umgebender Bezirk, innerhalb dessen Demonstrationen u. Ä. untersagt sind*

Bap|tis|mus ⟨der; -; unz.; Rel.⟩ *Lehre christlicher Gemeinschaften, die nur Erwachsene taufen;* Abl *Baptist(in); baptistisch*

bar ⟨Adj.⟩ **1** *in Geldscheinen od. Münzen (nicht in Schecks, per Kreditkarte od. durch Überweisung)* **2** ⟨a. übertr.⟩ *nackt, unbekleidet, entblößt* **3** ⟨nur attr.⟩ *ohne (etwas zu haben)* ▸ ~ aller **Hoffnung** ⟨übertr.⟩ *ohne jede Hoffnung* ▸ eine Rechnung ~ **bezahlen** ▸ eine Bemerkung, Behauptung, einen Scherz **für** ~e Münze nehmen ⟨übertr.⟩ *als wahr hinnehmen, glauben;* **in** ~ bezahlen

Bar¹ ⟨die; -, -s⟩ **1** *Lokal od. Raum (z. B. im Hotel) mit erhöhter Theke zur Einnahme von Getränken;* Zus *Hotelbar, Nachtbar* **2** *die Theke selbst;* Zus *Barhocker* ▸ an der ~ einen Cocktail bestellen, trinken; sich an die ~ setzen

Bar² ⟨das; -, -; Zeichen: bar⟩ *Maßeinheit des Drucks (Luftdrucks)*

Bär ⟨der; -en, -en⟩ **1** *großes Raubtier (Säugetier) mit einem dicken Pelz u. gedrungener Gestalt;* Abl *Bärchen, Bärin* **2** *jedes der beiden ähnlichen Sternbilder des nördlichen Himmels* ▸ jmdm. einen ~en **aufbinden** ⟨übertr.⟩ *jmdm. eine Lügengeschichte erzählen;* **sein:** da ist der ~ los ⟨übertr.; umg.⟩ *da herrscht ausgelassene Stimmung* ▸ **Großer ~,** Kleiner ~ ⟨Astron.⟩ ▸ ein ~ **von** einem Mann ⟨umg.⟩ *ein sehr großer, kräftiger M.*

...bar ⟨Nachsilbe; zur Bildung von Adj.⟩ *so, dass man etwas Bestimmtes damit tun kann* ▸ heilbar *so, dass man es heilen kann;* auswechselbar *so, dass man es auswechseln kann*

Ba|ra|cke ⟨die; -, -n⟩ **1** *einfacher, flacher, nicht unterkellerter Holzbau (als Notwohnung od. Schuppen)* **2** ⟨umg.⟩ *baufällige, heruntergekommene Behausung*

Bar|bar ⟨der; -en, -en⟩ *unkultivierter Mensch, Rohling* ▸ ihr benehmt euch wie die ~en

Bar|ba|rei ⟨die; -; unz.⟩ **1** *Rohheit, Unmenschlichkeit, Grausamkeit* **2** *völlige Unbildung*

bar|ba|risch ⟨Adj.⟩ **1** *unmenschlich, roh, grausam* **2** *völlig ungebildet, unkultiviert, unzivilisiert*

Bar|be|cue ⟨[-bıkju:] das; -s, -s⟩ **1** *Gartenfest mit gegrilltem Fleisch* **2** *Gerät zum Grillen, Grill* **3** *das gegrillte Fleisch selbst*

Bar|bier ⟨der; -s, -e; veraltet⟩ *Bart- u. Haarpfleger*

bar|bu|sig ⟨Adj.; umg.⟩ *mit unbedecktem Busen*

Bar|code ⟨[-ko:d] der; -s, -s⟩ = *Strichcode*

Bar|da|me ⟨die; -, -n⟩ *Angestellte, die an der Bar Getränke ausschenkt*

Bar|de ⟨der; -n, -n⟩ **1** *keltischer Dichter u. Sänger* **2** ⟨übertr.⟩ *Heldensänger* **3** ⟨a. iron.⟩ *Liedermacher*

Bä|ren|dienst ⟨der; -(e)s; unz.; übertr.⟩ *ein (ungewollt) schlechter Dienst* ▸ jmdm. einen ~ leisten *jmdm. (ungewollt) schaden*

Bä|ren|hun|ger ⟨der; -s; unz.; umg.⟩ *gewaltiger Hunger*

bä|ren|stark ⟨Adj.⟩ **1** *stark wie ein Bär, außergewöhnlich stark* **2** ⟨umg.⟩ *hervorragend, toll*

Ba|rett ⟨das; -(e)s, -e⟩ *schirmlose, flache Kopfbedeckung, bes. zur Amtstracht von Geistlichen, Richtern, Professoren usw.*

bar|fuß ⟨Adj.; nur präd.; undekl.⟩ *mit bloßen Füßen, ohne Schuhe u. Strümpfe* ▸ ~ gehen, laufen; Abl *barfüßig*

barg → *bergen*

Bar|geld ⟨das; -(e)s; unz.⟩ *Geldscheine u. Münzen*

bar|geld|los ⟨Adj.⟩ *ohne (Gebrauch von) Bargeld* ▸ ~er Zahlungsverkehr; ~ zahlen *mit Kreditkarte, Scheck od. Überweisung zahlen*

bar|häup|tig ⟨Adj.⟩ *ohne Kopfbedeckung*

Ba|ri|ton ⟨der; -s, -e; Mus.⟩ **1** *mittlere Stimmlage der Männer* **2** *Baritonstimme* **3** *Sänger mit Baritonstimme*

Bar|kauf ⟨der; -(e)s, -käu|fe⟩ *Kauf gegen Barzahlung*

Bar|kee|per ⟨[-kiːpə(r)] der; -s, -⟩ **1** *Besitzer einer Bar* **2** *Kellner hinter der Bar;* Abl *Barkeeperin*

Bär|lauch ⟨der; -(e)s; unz.; Bot.⟩ *zwiebelartiges Liliengewächs, das in Wäldern wächst, mit knoblauchähnlichem Geruch;* Zus *Bärlauchsuppe*

Bar|mann ⟨der; -(e)s, -män|ner⟩ = *Barkeeper*

barm|her|zig ⟨Adj.⟩ *mitleidig u. hilfreich* ▸ ein ~er Mensch; Abl *Barmherzigkeit*

ba|rock ⟨Adj.⟩ **1** *zum Barock gehörend, aus ihm stammend* **2** ⟨übertr.⟩ *verschnörkelt, überladen*

Ba|rock ⟨das od. der; - od. -s; unz.⟩ **1** *schmuckreicher, schwungvoller Kunststil vom Anfang des 17. bis zur Mitte des 18. Jh.;* Syn *Barockstil* **2** *das Zeitalter selbst*

Ba|ro|me|ter ⟨das; -s, -; Meteor.⟩ *Luftdruckmesser* ▸ das ~ fällt, steigt; das ~ steht auf Schönwetter

Ba|ron ⟨der; -s, -e⟩ **1** *Freiherr* **2** *Anrede für einen Freiherrn* **3** ⟨übertr.⟩ *jmd., der als Besitzender in einem Wirtschaftszweig einflussreich ist;* Zus *Drogenbaron, Hühnerbaron, Ölbaron*

Ba|ro|ness ⟨die; -, -en⟩ oV *Baronesse* **1** *Freifräulein, Freiin* **2** *Anrede für ein Freifräulein*

Bar|ren ⟨der; -s, -⟩ **1** *Stangen, Ziegel der Edelmetalle als Zahlungsmittel;* Zus *Goldbarren, Silberbarren* **2** *Turngerät aus zwei feststehenden, waagerechten Stangen*

Bar|ri|e|re ⟨[-rieː-] die; -, -n⟩ *Schranke, Sperre, Hindernis* ▸ eine ~ errichten, überwinden

Bar|ri|ka|de ⟨die; -, -n⟩ **1** *Schanze, Straßensperre, Hindernis, bes. zur Verteidigung;* Abl *barrikadieren* **2** *Sinnbild der Revolution* ▸ auf die ~n gehen, steigen ⟨übertr.⟩ *sich auflehnen, protestieren*

barsch ⟨Adj.⟩ *grob, unfreundlich* ▸ eine ~e Antwort; jmdn. ~ anreden

Barsch ⟨der; -(e)s, -e; Zool.⟩ *ein Raubfisch*

Bar|schaft ⟨die; -; unz.⟩ *Besitz an Bargeld* ▸ meine ~ besteht noch aus drei Euro

Bar|scheck ⟨der; -s, -s; Bankw.⟩ *Anweisung auf die Auszahlung von Bargeld*

barst → *bersten*

Bart ⟨der; -(e)s, Bär|te⟩ **1** *Haarwuchs im Gesicht u. am Hals des Mannes;* Abl *Bärtchen;* Zus *Kinnbart, Spitzbart, Vollbart* **2** ⟨bei Hunden, Katzen u. a. Tieren⟩ *Schnauzhaare* ▸ sich den ~ **abrasieren,** stutzen (lassen) das **hat** so einen ~! *das ist doch längst bekannt!;* er lässt sich einen ~ **stehen,** wachsen ▸ etwas **in** seinen ~ brummen, murmeln *undeutlich vor sich hin sprechen;* jmdm. **um** den ~ gehen ⟨übertr.⟩ *jmdn. umschmeicheln*

Bart|haar ⟨das; -(e)s, -e⟩ *einzelnes sowie auch das gesamte Haar des Bartes*

bär|tig ⟨Adj.⟩ *mit Bart*

bart|los ⟨Adj.⟩ *ohne Bart*

Bart|stop|pel ⟨die; -, -n; meist Pl.; umg.⟩ *nach der Rasur nachgewachsenes Barthaar*

Bart|wuchs ⟨[-ks] der; -es; unz.⟩ *Wachstum der Barthaare* ▸ einen spärlichen ~ haben

Bar|zah|lung ⟨die; -, -en⟩ *sofortige Bezahlung (bei Warenempfang)*

Ba|salt ⟨der; -(e)s, -e; Geol.⟩ *schwärzliches Vulkangestein, meist in Form von Säulen*

Ba|sar ⟨der; -s, -e⟩ **1** *oriental. Markt* **2** *offene Kaufhalle* **3** *Verkauf zu Wohltätigkeitszwecken;* Zus *Weihnachtsbasar, Wohltätigkeitsbasar*

Ba|se ⟨die; -, -n⟩ *chemische Verbindung, die mit Säuren Salze bildet;* Abl *basisch*

Base|ball ⟨[bɛɪsbɔːl] der; - od. -s, -s; Sp.⟩ **I** ⟨unz.⟩ *nordamerikanisches, dem Schlagball ähnliches Ballspiel;* Zus *Baseballkappe, Baseballschläger* **II** ⟨zählb.⟩ *der dabei verwendete Ball*

ba|sie|ren ⟨V. intr.; ba|siert, ba|sier|te, hat ba|siert⟩ auf etwas ~ *auf etwas beruhen, sich gründen, sich stützen* ▸ die Ergebnisse meiner Arbeit ~ auf jahrelanger Forschung

Ba|si|li|ka ⟨die; -, -li|ken⟩ **1** ⟨urspr.⟩ *altgriechisches Amtsgebäude, altröm. Markt- u. Gerichtshalle* **2** ⟨dann⟩ *altchristl. Versammlungsraum der Gemeinde, Kirche mit Mittelschiff u. zwei niedrigeren Seitenschiffen, später vielfach abgewandelt*

Ba|si|li|kum ⟨das; -s; unz.; Bot.⟩ **1** *Pflanze, deren Blätter als Gewürz verwendet werden* **2** *Gewürz, das aus Basilikum (1) hergestellt wird*

Ba|sis ⟨die; -, Ba|sen⟩ **1** *Grundlage, Ausgangspunkt, Wurzel* **2** *Unterlage* **3** ⟨Mil.⟩ *Stützpunkt* **4** ⟨Math.⟩ **4.1** *Grundzahl (einer Potenz od. eines Logarithmus)* **4.2** ⟨Geom.⟩ *Grundlinie, Grundfläche* **5** ⟨Arch.⟩ *Grundlage, Sockel, Unterbau* **6** ⟨Pol.⟩ *breite Mitgliederschicht im Gegensatz zu den Führungsgremien u. Vorständen, z. B. in einer Partei, den Kirchen od. Verbänden* ▸ die ~ eines **Gebäudes** ▸ eine **gemeinsame** ~ finden ▸ **an** der ~ einer Partei *unter den einfachen Mitgliedern einer Partei;* unsere Freundschaft ruht **auf** einer festen ~; seine Ausbildung ist eine sichere ~ **für** sein Vorwärtskommen

Ba|sis|de|mo|kra|tie ⟨die; -; unz.⟩ *Art der Demokratie, in der die Bevölkerung aktiv mitwirkt u. mitentscheidet*

Bas|ke ⟨der; -n, -n⟩ *Angehöriger eines Volkes in den Pyrenäen, Bewohner des Baskenlandes;* Abl *Baskin; baskisch*

Bas|ken|müt|ze ⟨die; -, -n⟩ *schirm- u. randlose Mütze (der Basken)*

Bas|ket|ball ⟨der; -(e)s, -bäl|le; Sp.⟩ **I** ⟨unz.⟩ *dem Korbball ähnliches engl. Ballspiel* **II** ⟨zählb.⟩ *der dabei verwendete Ball*

Bass ⟨der; -es, Bäs|se; Mus.⟩ **1** *Kontrabass, Bassgitarre* **2** *tiefste Tonlage bei Musikinstrumenten;* Zus *Bassklarinette, Basstrommel* ⓘ S. 788 **3** *tiefste Lage der männl. Stimme;* Zus *Bassbariton* **4** = *Bassist* **5** = *Bassstimme* **6** *Gesamtheit der Bassstimmen im Chor u. im Orchester* ▸ ~ singen; den ~ streichen; einen schönen ~ haben

Bas|sin ⟨[basɛ̃ː] das; -s, -s⟩ *künstlich angelegtes Wasserbecken;* Zus *Schwimmbassin*

Bas|sist ⟨der; -en, -en; Mus.⟩ **1** *Sänger mit Bassstimme* **2** *Spieler eines Bassinstruments;* Abl *Bassistin*

Bass|stim|me ⟨die; -, -n; Mus.⟩ **1** *Männerstimme in tiefster Tonlage* **2** *tiefste Stimme eines Musikstückes*

Bast ⟨der; -(e)s, -e⟩ *unter der Rinde liegendes pflanzl. Fasergewebe, das zum Flechten u. Binden verwendet wird (zur Herstellung von Matten u. Ä.);* Zus *Bastkorb, Bastschuhe*

Bas|tard ⟨der; -(e)s, -e; Biol.⟩ *Tier od. Pflanze, das od. die durch Kreuzung unterschiedlicher Arten, Gattungen, Rassen entstanden ist, Hybride*

Bas|tel|ar|beit ⟨die; -, -en⟩ **1** *das Basteln* **2** *durch Basteln angefertigter Gegenstand*

bas|teln ⟨V. trans. u. V. intr.; bas|telt, bas|tel|te, hat ge|bas|telt⟩ (etwas) ~ *spielerisch etwas zusammenbauen, aus Liebhaberei handwerklich fertigen* ▸ er bastelt gern; sich ein Radio ~

Bas|ti|on ⟨die; -, -en⟩ *vorspringender Teil eines Festungsbauwerkes;* Syn *Bastei*

Bast|ler ⟨der; -s, -⟩ *jmd., der gern bastelt;* Abl *Bastlerin*

bat → *bitten*

Ba|tail|lon ⟨[bataljoːn] das; -s, -e; Abk.: Bat.⟩ *Truppenabteilung, Teil eines Regimentes*

Ba|tik ⟨die; -, -en⟩ **I** ⟨unz.⟩ *auf Java entwickeltes, kunstvolles Stofffärbeverfahren, bei dem die Muster mit Wachs abgedeckt u. dann nacheinander gefärbt werden* **II** ⟨zählb.⟩ *dessen Erzeugnis*

Ba|tist ⟨der; -(e)s, -e; Textilwesen⟩ *feines, leinwandartiges Gewebe*

Bat|te|rie ⟨die; -, -n⟩ **1** ⟨El.⟩ *als Stromquelle zusammengeschlossene elektr. Elemente;* Zus *Autobatterie, Taschenlampenbatterie* **2** ⟨Mil.; Abk.: Btt(r).⟩ *aus mehreren Geschützen (mit Bedienungsmannschaft) bestehende kleinste Artillerieeinheit* ▸ die ~ aufladen; eine neue ~ einsetzen

bat|te|rie|be|trie|ben ⟨Adj.⟩ *mit Batterien betrieben, mit Hilfe von Batterien funktionierend*

Bat|zen ⟨der; -s, -; umg.⟩ *kleiner Klumpen, Haufen* ▸ das wird einen schönen ~ Geld kosten *es wird viel Geld kosten*

Bau **I** ⟨der; -(e)s; unz.⟩ **1** *das Bauen, Errichten;* Zus *Baugenehmigung* **2** *Aufbau, Bauweise* **3** *Körperbau, Gestalt, Wuchs* ▸ den ~ einer **Blüte** untersuchen; der ~ eines **Hauses,** eines Schiffes, einer Straße ▸ er ist gerade **auf** dem ~ *auf der Baustelle (eines Gebäudes);* auf dem ~ arbeiten *Bauarbeiter sein;* das Haus ist (noch) **im** ~; **mit** dem ~ beginnen **II** ⟨der; -(e)s, -ten⟩ *Gebäude, Bauwerk* ▸ ein **düsterer,** gewaltiger, solider, stattlicher ~ **III** ⟨der; -(e)s, -e⟩ *Erdhöhle, Tierwohnung unter der Erde (von Fuchs, Otter, Kaninchen, Wildkatze u. a.)* ▸ der Fuchs ist **im** ~

Bau|ab|schnitt ⟨der; -(e)s, -e⟩ **1** *Phase innerhalb der Fertigstellung eines Bauprojektes* **2** *Teilbereich eines Bauprojektes*

Bau|amt ⟨das; -(e)s, -äm|ter⟩ *staatliche Behörde, die für privates u. öffentliches Bauwesen zuständig ist*

Bau|ar|beit ⟨die; -, -en⟩ *Arbeit am Bau* ▸ wegen ~en ist das Hallenbad geschlossen

Bau|art ⟨die; -, -en⟩ *Art eines Baues, eines Gefüges*

Bau|auf|sicht ⟨die; -, -en⟩ *staatliche Behörde, die die korrekte u. termingerechte Ausführung öffentlicher Bauten überwacht*

Bau|be|ginn ⟨der; -(e)s; unz.⟩ *Beginn der Bautätigkeit*

Bau|boom ⟨[-buːm] der; -s; unz.⟩ *wirtschaftlicher Aufschwung in der Baubranche*

Bau|bran|che ⟨[-brãːʃə] die; -, -n⟩ *Branche, die das Bauwesen umfasst*

Bauch ⟨der; -(e)s, Bäu|che⟩ **1** *unterer Teil des Rumpfes zwischen Brust u. Becken;* ⓘ S. 146; Abl *Bäuchlein* **2** *dicker, gewölbter Bauch (1) mit einer Speckschicht* **3** *Teil des Rumpfes bei Tieren;* Zus *Bauchflosse* **4** ⟨übertr.⟩ *Wölbung, gewölbter Teil eines Gegenstandes;* Zus *Flaschenbauch* **5** *Hohlraum, Innenraum;* Zus *Schiffsbauch* ▸ einen ~ **bekommen,** haben; den ~ **einziehen;** sich den ~ **halten** vor Lachen ⟨übertr.⟩ *sehr heftig lachen;* sich den ~ **vollschlagen** (mit) ⟨derb⟩ *viel essen (von);* **wehtun:** der ~ tut mir weh ▸ ein **dicker,** fetter, spitzer ~; ein **voller** ~ studiert nicht gern ⟨sprichwörtl.⟩ *zu viel essen macht träge* ▸ sich **auf** den ~ legen; auf dem ~ liegen; **aus** dem ~ heraus handeln, urteilen ⟨übertr.; umg.⟩ *nicht dem Verstand, sondern seinen Gefühlen folgend;* aus dem hohlen ~ (heraus) ⟨umg.⟩ *unvorbereitet;* Wut **im** ~ haben ⟨umg.⟩ *wütend, zornig sein;* Kinder fragen einem manchmal ein Loch in den ~ ⟨übertr.; umg.⟩ *Kinder stellen unablässig Fragen*

Bauch|de|cke ⟨die; -, -n⟩ *beim Menschen vordere, bei Säugetieren untere Begrenzung des Bauches*

bauch|frei ⟨Adj.⟩ *so beschaffen, dass der Bauch frei ist* ▸ ein ~es T-Shirt

Bauch|höh|le ⟨die; -, -n; Anat.⟩ *die Baucheingeweide enthaltende Leibeshöhlung;* Zus *Bauchhöhlenschwangerschaft*

bau|chig ⟨Adj.⟩ *mit einem Bauch versehen, gewölbt* ▸ ~e Flasche; ~er Krug

Bauch|la|ge ⟨die; -; unz.⟩ *Lage auf dem Bauch*

Bauch|lan|dung ⟨die; -, -en⟩ **1** *Landung eines Flugzeuges mit eingezogenem Fahrwerk* **2** ⟨übertr.⟩ *Misserfolg*

bäuch|lings ⟨Adv.⟩ *auf dem Bauch, mit dem Bauch voran* ▸ ~ auf dem Bett liegen; ~ ins Wasser fallen

Bauch|na|bel ⟨der; -s, -; umg.⟩ *Nabel;* ⓘ S. 146

bauch|re|den ⟨V. intr.; hat bauch|ge|re|det; nur im Inf. u. Part.⟩ *ohne Mundbewegungen sprechen* ▸ er kann gut ~; Abl *Bauchredner(in)*

Bauch|schmerz ⟨der; -es, -en; meist Pl.⟩ *Schmerz im Bauch* ▸ schreckliche ~en haben; seine Pläne verursachen einem ~en ⟨übertr.⟩

Bauch|spei|chel|drü|se ⟨die; -, -n; Anat.⟩ *längliche Drüse hinter dem Magen, die Verdauungssäfte für Fette, Eiweiß u. Kohlenhydrate liefert*

Bauch|tanz ⟨der; -es, -tän|ze⟩ *oriental. Tanz mit rhythm. Bewegungen der Hüften u. des Bauches*

Bauch|weh ⟨das; -s; unz.⟩ = *Bauchschmerz*

Bau|denk|mal ⟨das; -(e)s, -mä|ler od. -e⟩ *historisch od. künstlerisch bedeutendes Bauwerk*

bau|en ⟨V. trans. u. V. intr.; baut, bau|te, hat gebaut⟩ **1** (etwas) ~ *(nach einem Plan) zusammenfügen, errichten, aufbauen* **2** Wege, Straßen ~ *anlegen* **3** ⟨übertr.⟩ auf etwas od. jmdn. ~ *mit etwas od. jmdm. rechnen, auf etwas od. jmdn. vertrauen* **4** ⟨umg.⟩ einen Unfall ~ *machen, verursachen* ▸ eine **Brücke,** ein Haus, eine Maschine, ein Schiff ~; eine **Höhle** ~; **Mist** ~ ⟨umg.⟩ *einen Fehler machen;* der Vogel baut sein **Nest;** sich ein Nest ~ ⟨übertr.⟩ *ein Heim einrichten* ▸ **an** dem Haus wird noch gebaut; seine Hoffnung **auf** etwas od. jmdn. ~ ⟨übertr.⟩ *auf etwas od. jmdn. hoffen* ▸ breit, kräftig, schmal, stark gebaut sein *breiten, kräftigen usw. Körperbau haben*

Bau|er ⟨der; -n, -n⟩ **1** *jmd., der berufsmäßig ein eigenes od. gepachtetes Stück Land bebaut, Landwirt;* Zus *Ackerbauer, Weinbauer* **2** *die kleinste Schachfigur* **3** *Spielkarte* (Bube, Unter, Wenzel) ▸ die dümmsten ~n haben die dicksten, größten Kartoffeln ⟨umg.; sprichwörtl.⟩ *Erfolg hat mitunter der, der ihn eigentlich am wenigsten verdient;* ein freier ~; früher gab es leibeigene ~n

Bäu|er|chen ⟨das; -s, -⟩ *kleiner Bauer* ▸ ein ~ machen ⟨übertr.; umg.⟩ *nach dem Essen od. Trinken aufstoßen (von Säuglingen)*

Bäu|e|rin ⟨die; -, -rin|nen⟩ *Frau des Bauern, Bauersfrau*

bäu|er|lich ⟨Adj.⟩ *den Bauern betreffend, zu ihm gehörend, von ihm stammend*

Bau|ern|fän|ger ⟨der; -s, -⟩ *Betrüger, der die Weltfremdheit mancher Menschen ausnützt*

Bau|ern|früh|stück ⟨das; -(e)s, -e⟩ *Röstkartoffeln mit Eiern u. Schinken od. Blutwurst*

Bau|ern|haus ⟨das; -es, -häu|ser⟩ *Wohnung u. Betriebsgebäude des Bauern*

Bau|ern|hof ⟨der; -(e)s, -hö|fe⟩ *Gut, Landbesitz (mit Vieh) eines Bauern;* Syn *Bauerngut*

Bau|ern|re|gel ⟨die; -, -n⟩ *überlieferte, auf Erfahrung beruhende, einfache Wetterregel*

bau|fäl|lig ⟨Adj.⟩ *dem Zusammenbruch nahe, erneuerungsbedürftig* (Gebäude)

Bau|fir|ma ⟨die; -, -fir|men⟩ *Unternehmen, das ein Bauvorhaben ausführt*

Bau|ge|län|de ⟨das; -s, -⟩ **1** *bebaubares Gelände* **2** *Gelände, auf dem ein Bau errichtet wird od. werden soll* ▸ ~ erschließen *ein Gelände durch Rohrlegung (Gas usw.), Stromzuführung u. Anlegen von Wegen zum Bauen zugänglich machen*

Bau|ge|rüst ⟨das; -(e)s, -e⟩ *Gerüst, Hilfsbau beim Bauen od. zum Ausbessern von Gebäuden*

Bau|ge|wer|be ⟨das; -s; unz.; Sammelbez. für⟩ *Hochbau (Gebäude) u. Tiefbau (Straßen, Brücken usw.)*

bau|gleich ⟨Adj.⟩ *in gleicher Bauweise, von gleicher Bauart* ▸ ~e Reihenhäuser

Bau|hand|werk ⟨das; -(e)s; unz.⟩ *zum Hochbau gehöriges Handwerk, z. B. Maurer-, Zimmerer-, Bauklempner- u. Bauschlosserhandwerk*

Bau|herr ⟨der; -en, -en⟩ *jmd., der bauen lässt;* Abl *Bauherrin*

Bau|jahr ⟨das; -(e)s, -e⟩ *Jahr, in dem etwas hergestellt worden ist* ▸ ein Volkswagen, ~ 1975

Bau|kas|ten ⟨der; -s, -käs|ten⟩ *Kinderspielzeug, Kasten mit Einzelteilen zum Bauen*

Bau|kas|ten|sys|tem ⟨das; -s, -e⟩ *technische Konstruktionsmethode, bei der standardisierte Bauteile zu größeren Einheiten montiert werden*

Bau|klötz|chen ⟨das; -s, -⟩ *Kinderspielzeug, Klötzchen aus Holz od. Kunststoff zum Bauen*

Bau|klöt|ze(r) ⟨Pl.⟩ *Bauklötzchen* ▸ ~ staunen ⟨übertr.⟩ *sehr staunen*

Bau|kos|ten ⟨Pl.⟩ *Kosten für einen Bau*

Bau|land ⟨das; -(e)s; unz.⟩ = *Baugelände (1)*

Bau|lei|ter ⟨der; -s, -⟩ *vom Bauherrn beauftragter u. den Behörden gegenüber verantwortl. Leiter der Ausführung eines Baues;* Abl *Bauleiterin*

Bau|lei|tung ⟨die; -, -en⟩ **1** *die (verantwortl.) Leitung eines Baues* **2** *der Bauleiter zusammen mit seinen Büroangestellten*

bau|lich ⟨Adj.⟩ *den Bau betreffend* ▸ ~e Veränderungen anbringen, vornehmen

Baum ⟨der; -(e)s, Bäu|me⟩ **1** ⟨Bot.⟩ *Holzgewächs aus Stamm u. Ästen mit Blättern od. Nadeln;* Abl *Bäumchen;* Zus *Laubbaum, Nadelbaum* **2** *Balken, dicke Stange;* Zus *Hebebaum, Ladebaum, Schlagbaum* **3** ⟨Mar.⟩ *Rundholz der Takelung;* Zus *Mastbaum* ▸ ich fühle mich wieder so gesund, als könnte ich Bäume **ausreißen;** der ~ **blüht,** nadelt, schlägt aus; der Sturm hat viele Bäume **entwurzelt;** einen ~ **fällen,** pflanzen; den (Weihnachts-)~ **schmücken** ▸ ein **alter,** hoher, junger, morscher ~ ▸ **auf** einen ~ klettern; er sieht den Wald **vor** lauter Bäumen nicht *er steht davor u. sieht es doch nicht (was er sucht)*

Bau|markt ⟨der; -(e)s, -märk|te⟩ **1** *Warenverkehr im Baugewerbe* **2** *Geschäft, das Baumaterialien, Werkzeuge, Gartenartikel u. Ä. anbietet*

Bau|maß|nah|me ⟨die; -, -n⟩ *geplante bauliche Maßnahme (zu Zwecken einer baulichen Veränderung)* ▸ jede ~ muss genehmigt werden

Bau|ma|te|ri|al ⟨die; -, -li|en⟩ *für ein Bauvorhaben benötigtes Hilfsmittel, Rohstoff od. Werkstoff*

Baum|be|stand ⟨der; -(e)s, -stän|de⟩ *Bestand an Bäumen*

Bau|meis|ter ⟨der; -s, -; geschützte Berufsbez. für⟩ *Diplomingenieur als Bauunternehmer;* Abl *Baumeisterin*

bau|meln ⟨V. intr.; bau|melt, bau|mel|te, hat gebau|melt⟩ **1** *lose, schwingend hängen* **2** *schwingen, schaukeln* ▸ die Beine ~ lassen; am Klettergerüst ~; an einem Ast baumelte ein Seil

Baum|haus ⟨das; -es, -häu|ser⟩ *in einen Baumes gebautes Holzhäuschen, zum Spielen für Kindern*

Baum|kro|ne ⟨die; -, -n⟩ *Gesamtheit der Äste u. Zweige des Baumes*

Baum|ku|chen ⟨der; -s, -⟩ *hoher, ringförmiger Kuchen, der in feinen Schichten gebacken wird*

Baum|nuss ⟨die; -, -nüs|se; schweiz.⟩ = *Walnuss*

Baum|schu|le ⟨die; -, -n⟩ *Gärtnerei für Bäume*

Baum|stamm ⟨der; -(e)s, -stäm|me⟩ *Stamm des Baumes*

Baum|stumpf ⟨der; -(e)s, -stümp|fe⟩ *nach dem*

Fällen des Baumes stehen gebliebenes Ende des Stammes

Baum|wol|le ⟨die; -; unz.⟩ *Gewebe aus Garn, welches von den Fasern der Samenhaare des Baumwollstrauches hergestellt wird*

Bau|plan ⟨der; -(e)s, -plä|ne⟩ **1** = *Bauvorhaben (1)* **2** *Zeichnung eines Baues, Aufriss u. Grundriss* **3** ⟨Biol.⟩ *Anordnung von Teilen, Organen, Zellen usw. in Lebewesen u. Pflanzen* ▸ einen ~ einreichen; ~ des Körpers; genetischer ~

Bau|platz ⟨der; -es, -plät|ze⟩ *zu bebauendes Stück Boden*

Bau|rei|he ⟨die; -, -n; bes. Kfz⟩ *eine Serie od. Reihe von Modellen* ▸ Opel bietet zwei neue ~n an

bäu|risch ⟨Adj.⟩ *wie ein Bauer, urwüchsig, nicht verfeinert, derb* (Kleidung, Benehmen)

Bau|satz ⟨der; -es, -sät|ze⟩ *Satz von Fertigteilen zum Zusammenbauen* ▸ ein ~ für ein Modellflugzeug

Bausch ⟨der; -(e)s, Bäu|sche⟩ **1** *Wulst, Verdickung* **2** *zusammengeknülltes Stück* (Stoff, Watte), *Knäuel;* Zus *Wattebausch* **3** *gefältelter Stoff od. Besatz (an Vorhängen, Kleidern)* **4** ⟨österr.⟩ *Umschlag, Kompresse* ▸ in ~ und Bogen ⟨übertr.⟩ *alles in einem, ohne es genau zu nehmen*

bau|schig ⟨Adj.⟩ *in lockeren Falten hervortretend, abstehend, weit, gebläht*

bau|spa|ren ⟨V. intr.; nur im Inf.⟩ *bei einer Bausparkasse sparen*

Bau|spar|kas|se ⟨die; -, -n⟩ *Kreditinstitut, das für wohnungswirtschaftliche Maßnahmen Gelddarlehen an seine Anleger vergibt*

Bau|stein ⟨der; -(e)s, -e⟩ **1** *ein Stein zum Bauen* **2** ⟨übertr.⟩ *einzelner Teil eines Ganzen*

Bau|stel|le ⟨die; -, -n⟩ *Stelle, an der gebaut wird*

Bau|stoff ⟨der; -(e)s, -e⟩ *zum Bauen notwendiger Rohstoff*

Bau|stopp ⟨der; -s, -s⟩ *Einstellung der Bautätigkeit* ▸ es wurde ein sofortiger ~ erwirkt

Bau|teil ⟨das; -(e)s, -e⟩ **1** *Fertigteil eines Bausatzes* **2** *Abschnitt eines Gebäudes*

Bau|ten ⟨Pl. von⟩ *Bau II*

Bau|trä|ger ⟨der; -s, -⟩ *Unternehmen, das im Auftrag eines Bauherren eine Baumaßnahme ausführt bzw. einen Bau errichtet*

Bau|un|ter|neh|men ⟨das; -s, -⟩ **1** *Baubetrieb, Baugeschäft* **2** *Bauprojekt, Baumaßnahme*

Bau|vor|ha|ben ⟨das; -s, -⟩ **1** *Plan, Idee, Vorhaben zu einem Bau* **2** *in Planung od. im Bau befindliches Gebäude* ▸ ein weiteres ~ in Berlin finanzieren; ein neues ~ genehmigen

Bau|wei|se ⟨die; -, -n⟩ *Art der Ausführung eines Baues;* Zus *Holzbauweise, Steinbauweise*

Bau|werk ⟨das; -(e)s, -e⟩ **1** *das Erbaute* **2** *größerer, bes. künstlerisch bedeutender Bau*

Bau|zaun ⟨der; -(e)s, -zäu|ne⟩ *Zaun, der (aus sicherheitstechnischen Gründen) einen Bau begrenzt, ihn umgibt*

Bau|zeit ⟨die; -, -en⟩ *Dauer einer Baumaßnahme*

bay|risch ⟨Adj.⟩ *Bayern od. die Einwohner von Bayern betreffend, ihnen zugehörig, von ihnen stammend;* oV *bayerisch;* →a. *bairisch*

Ba|zar ⟨[-za:r] der; -s, -e⟩ = *Basar*

Ba|zil|le ⟨die; -, -n; umg. für⟩ *Bazillus, Bakterium* ▸ eine linke ~ ⟨übertr.; umg.⟩ *eine unehrliche, zwielichtige Person*

B-Dur ⟨[be:-] das; -; unz.; Abk.: B; Mus.⟩ *auf dem Grundton B beruhende Dur-Tonart;* Zus *B-Dur-Tonleiter*

BE ⟨Abk. für⟩ *Broteinheit, Einheit zur Berechnung der Kohlenhydratmenge für die Diät, 1 BE = 12 Kohlenhydrate*

be|ab|sich|ti|gen ⟨V. trans.; be|ab|sich|tigt, be|ab|sich|tig|te, hat be|ab|sich|tigt⟩ etwas ~ *wollen, vorhaben (zu tun)* ▸ ich beabsichtige, nächste Woche nach Rom zu fahren; das war (doch) nicht beabsichtigt! *nicht gewollt*

be|ach|ten ⟨V. trans.; be|ach|tet, be|ach|te|te, hat be|ach|tet⟩ etwas od. jmdn. ~ *auf etwas od. jmdn. achten, einer Sache od. jmdm. Aufmerksamkeit schenken* ▸ einen Ratschlag, ein Verbot, Verkehrszeichen ~; etwas od. jmdn. nicht ~

be|ach|tens|wert ⟨Adj.; -er, am -es|ten⟩ *so beschaffen, dass man es beachten sollte, Beachtung verdienend* ▸ ihr Talent ist ~

be|acht|lich ⟨Adj.⟩ *ziemlich groß, beträchtlich* ▸ ein ~er Erfolg; eine ~e Leistung; er hat schon Beachtliches erreicht

Be|ach|tung ⟨die; -; unz.⟩ *das Beachten, das Beachtetwerden* ▸ ~ der Verkehrszeichen; jmdm. od. einer Sache (keine) ~ schenken

Be|am|te(r) ⟨die; -n, -n (der; -n, -n)⟩ *jmd., der im Staatsdienst od. im Dienst einer Institution öffentlichen Rechts arbeitet* ▸ er arbeitet als Beamter im einfachen, mittleren, höheren, gehobenen Dienst; Zus *Finanzbeamte(r), Staatsbeamte(r), Verwaltungsbeamte(r)*

Be|am|ten|sta|tus ⟨der; -; unz.⟩ *rechtlicher u. gesellschaftlicher Stand von Beamten*

Be|am|tin ⟨die; -, -tin|nen⟩ *weibl. Beamter*

be|ängs|ti|gen ⟨V. trans.; be|ängs|tigt, be|ängs|tig|te, hat be|ängs|tigt⟩ jmdn. ~ *jmdm. Angst machen, jmdn. beunruhigen* ▸ seine Worte ~ uns

be|ängs|ti|gend **I** ⟨Part. Präs. von⟩ *beängstigen* **II** ⟨Adj.⟩ *angsteinflößend, beunruhigend* ▸ er sieht ~ bleich aus

be|an|spru|chen ⟨V. trans.; be|an|sprucht, be|an|spruch|te, hat be|an|sprucht⟩ **1** etwas ~ *(zu Recht od. Unrecht) fordern, verlangen* **2** etwas od. jmdn. ~ *brauchen, nötig haben* ▸ viel Platz, Zeit ~; seine Arbeit beansprucht meine ganze Kraft, Zeit; Körperbehinderte können einen Sitzplatz ~; er wird von seiner Familie sehr beansprucht; Abl *Beanspruchung*

be|an|stan|den ⟨V. trans.; be|an|stan|det, be|an|stan|de|te, hat be|an|stan|det⟩ etwas ~ *etwas kritisieren, etwas daran auszusetzen haben* ▸ eine Rechnung ~; das Einzige, was ich an der Sache zu ~ habe, ist …; es gab nichts zu ~; Abl *Beanstandung*

be|an|tra|gen ⟨V. trans.; be|an|tragt, be|an|trag|te, hat be|an|tragt⟩ etwas ~ **1** *einen Antrag stellen, um etwas zu bekommen, förmlich um etwas bitten* **2** ⟨Rechtsw.⟩ **2.1** *fordern* **2.2** *vorschlagen* ▸ eine

Änderung der Tagesordnung ~; der Staatsanwalt beantragte die Höchststrafe; einen Sonderurlaub, seine Versetzung ~

B

beantworten/antworten

Gerade das Partizip Perfekt von Verben mit Vorsilbe bereitet immer wieder Probleme, so auch im Fall des von *antworten* abgeleiteten Verbes *beantworten.* Da die Vorsilbe *be-* von *beantworten* nicht abtrennbar ist, lautet das Perfekt *beantwortet: Du hast meine Frage noch nicht beantwortet.* Die Perfektform von *antworten* heißt hingegen *geantwortet: Sie hat mit einem Kopfschütteln geantwortet.*
Darüber hinaus verändert die Vorsilbe *be-* das Satzmuster des Verbs, denn das transitive *beantworten* benötigt ein Akkusativobjekt: *Ich hoffe, dass er meinen Brief beantwortet.* Als intransitives Verb steht *antworten* dagegen ohne Objekt: *Er antwortete nicht.*

be|ant|wor|ten ⟨V. trans.; be|ant|wor|tet, be|ant|wor|te|te, hat be|ant|wor|tet⟩ etwas ~ **1** *auf etwas antworten, eine Antwort auf etwas geben* **2** *eine bestimmte Reaktion auf etwas zeigen* ▸ einen Brief, eine Frage ~; sie beantwortete seinen Blick mit einem Lächeln

be|ar|bei|ten ⟨V. trans.; be|ar|bei|tet, be|ar|bei|te|te, hat be|ar|bei|tet⟩ **1** etwas ~ *an etwas arbeiten, sich eingehend damit beschäftigen* **2** Land ~ *bebauen* **3** Holz, Metall, Stein ~ *ihm Form geben, es zurechtmachen, zurichten* **4** einen Buch, einen Text ~ *bessere Form geben, überarbeiten, redigieren* **5** ⟨übertr.; umg.⟩ jmdn. ~ *jmdn. durch eindringliches Zureden zu beeinflussen versuchen* ▸ einen Antrag ~; den Boden ~; ein Stück Land ~ ▸ neu bearbeitete Auflage (eines Buches) ▸ jmdn. mit den Fäusten ~ *jmdn. heftig verprügeln;* Metall mit dem Hammer, Meißel ~; er hat mich so bearbeitet, dass ich nicht Nein sagen konnte

Be|ar|bei|ter ⟨der; -s, -⟩ *jmd., der etwas bearbeitet (hat), z. B. ein Buch, ein Sachgebiet;* Abl *Bearbeiterin;* Zus *Sachbearbeiter*

Be|ar|bei|tung ⟨die; -, -en⟩ **I** ⟨unz.⟩ *das Bearbeiten, das Bearbeitetwerden* ▸ das Stück ist in ~ *in Arbeit, wird (gerade) bearbeitet* **II** ⟨zählb.⟩ *bearbeitetes (Literatur- od. Musik-)Werk*

Beat ⟨[biːt] der; -s; unz.; Mus.⟩ **1** *betonter Taktteil* **2** *Schlagrhythmus* **3** ⟨kurz für⟩ *Beatmusik, stark rhythmischer Stil der Rockmusik*

be|at|men ⟨V. trans.; be|at|met, be|at|me|te, hat be|at|met⟩ jmdn. (künstlich) ~ *Luft, Sauerstoff in jmds. Atemwege einführen;* Abl *Beatmung*

be|auf|sich|ti|gen ⟨V. trans.; be|auf|sich|tigt, be|auf|sich|tig|te, hat be|auf|sich|tigt⟩ jmdn. od. etwas ~ *Aufsicht führen über, überwachen, kontrollieren* ▸ Kinder ~; Abl *Beaufsichtigung*

be|auf|tra|gen ⟨V. trans.; be|auf|tragt, be|auf|trag|te, hat be|auf|tragt⟩ jmdn. ~ *jmdm. einen Auftrag erteilen* ▸ jmdn. mit einer Arbeit ~; ich bin beauftragt, die Sachen abzuholen; Abl *Beauftragte(r)*

be|äu|gen ⟨V. trans.; be|äugt, be|äug|te, hat be|äugt⟩ jmdn. od. etwas ~ *forschend, misstrauisch, neugierig anschauen, betrachten*

be|bau|en ⟨V. trans.; be|baut, be|bau|te, hat be|baut⟩ **1** Land, einen Acker ~ *bearbeiten, beackern, bepflanzen* **2** ein Gelände, ein Grundstück ~ *mit Gebäuden versehen*

Be|bau|ung ⟨die; -; unz.⟩ *das Bebauen, das Bebautwerden;* Zus *Bebauungsdichte*

Be|bau|ungs|plan ⟨der; -(e)s, -plä|ne⟩ *Plan, der die Nutzung von Grundstücken sowie die städtebauliche Entwicklung in einer Gemeinde regelt*

be|ben ⟨V. intr.; bebt, beb|te, hat ge|bebt⟩ *zittern* ▸ die Erde bebte; seine Stimme bebte ▸ er bebte am ganzen Körper; mit ~der Stimme sprechen; vor Erregung, Furcht, Kälte, Zorn ~

Be|ben ⟨das; -s, -⟩ **1** ⟨kurz für⟩ *Erdbeben* **2** *Zustand von jmd. od. etwas, der bzw. das bebt*

be|bil|dern ⟨V. trans.; be|bil|dert, be|bil|der|te, hat be|bil|dert⟩ ein Buch ~ *mit Bildern versehen, illustrieren;* Abl *Bebilderung*

Be|cher ⟨der; -s, -⟩ **1** *Trinkgefäß, meist ohne Fuß u. ohne Henkel* **2** *etwas Becherförmiges, z. B. Fruchthülle, unterster Teil der Holzblasinstrumente, Gefäß zum Würfeln;* Zus *Würfelbecher* ▸ ein ~ Milch; den ~ leeren

be|chern ⟨V. intr.; be|chert, be|cher|te, hat ge|be|chert; umg.⟩ *viel Alkohol trinken, zechen*

be|cir|cen ⟨V. trans.; be|circt, be|circ|te, hat be|circt; umg.; scherzh.⟩ = *bezirzen*

Be|cken ⟨das; -s, -⟩ **1** *große, flache Schüssel, Schale;* Zus *Taufbecken, Spülbecken, Waschbecken* **2** *eingefasster, ausgemauerter, großer Wasserbehälter;* Zus *Schwimmbecken* **3** ⟨Mus.⟩ **3.1** *Schlaginstrument aus zwei flachgewölbten Metallscheiben* **3.2** *flachgewölbte Metallscheibe als ein Teil des Schlagzeugs;* ⓘ S. 788 **4** ⟨Anat.⟩ *Knochenring der höheren Wirbeltiere u. des Menschen, der aus Kreuz- u. Schambein gebildet ist*

Be|cken|kno|chen ⟨der; -s, -; Anat.⟩ *paariger Knochen, der zusammen mit dem Kreuzbein das Becken bildet*

Be|cken|rand ⟨der; -(e)s, -rän|der⟩ *Rand des Beckens*

Bec|que|rel ⟨[bɛkərɛl] das; -s, -; Zeichen: Bq⟩ *Einheit für die Stärke der Radioaktivität*

Be|dacht ⟨der; -(e)s; unz.⟩ *Überlegung, Ruhe, Besonnenheit, Umsicht* ▸ etwas mit ~ tun; mit ~ vorgehen; ohne ~; Abl *bedachtsam*

be|däch|tig ⟨Adj.⟩ *vorsichtig, ruhig, besonnen, langsam* ▸ ~ gehen, handeln, sprechen; Abl *Bedächtigkeit*

be|dan|ken ⟨V. refl.; be|dankt sich, be|dank|te sich, hat sich be|dankt⟩ **1** sich ~ *danksagen* **2** sich bei jmdm. für etwas ~ *jmdm. für etwas danken* ▸ sie hat sich für das Geschenk bedankt; für dieses Chaos kannst du dich bei ihm ~ ⟨übertr.; umg.; iron.⟩ *dieses Chaos hat er verursacht*

Be|darf ⟨der; -(e)s; unz.⟩ **1** *etwas, das man für einen best. Zweck (z. B. zum Essen) benötigt;* Zus *Bedarfsartikel* **2** *Verbrauch, Nachfrage;* Zus *Energiebedarf* ▸ seinen ~ decken ▸ (dringender) ~ an

Lebensmitteln; bei ~ bitte wieder nachbestellen; nach ~ auswählen, einkaufen ▸ mein ~ ist gedeckt *ich brauche nichts mehr*

Be|darfs|fall ⟨der; -(e)s, -fäl|le⟩ im ~ *wenn nötig*

be|dau|er|lich ⟨Adj.⟩ *Bedauern hervorrufend, unerfreulich* ▸ ein ~es Missgeschick; ein ~er Vorfall; es ist sehr ~, dass … *es ist schade, dass …*

be|dau|er|li|cher|wei|se ⟨Adv.⟩ *leider*

be|dau|ern ⟨V. trans.; be|dau|ert, be|dau|er|te, hat be|dau|ert⟩ **1** jmdn. ~ *bemitleiden* **2** etwas ~ **2.1** *bereuen, ungeschehen wünschen* **2.2** *nicht gern sehen, als schade empfinden* ▸ bedaure! ⟨geh.⟩ *(Ausdruck des Ablehnens, Abweisens) tut mir leid!, kein Bedarf!;* ich bedauere den Vorfall; ich bedauere (sehr), dass ich nicht mitkommen kann *es tut mir leid;* der arme Kerl ist zu ~

Be|dau|ern ⟨das; -s; unz.⟩ **1** *Mitgefühl, (leichtes) Mitleid* **2** *(formelle) Betrübnis, Trauer* **3** *(oberflächl.) Reue* ▸ jmdm. sein ~ ausdrücken; wir haben mit ~ zur Kenntnis genommen, dass …; zu meinem (größten) ~ muss ich Ihnen mitteilen *es tut mir leid, Ihnen mitteilen zu müssen*

be|dau|erns|wert ⟨Adj.; -er, am -es|ten⟩ **1** *bemitleidenswert* (Person) **2** *bedauerlich* (Sache)

be|de|cken ⟨V.; be|deckt, be|deck|te, hat be|deckt⟩ **I** ⟨V. trans.⟩ **1** eine Fläche, eine Öffnung ~ *zudecken, verhüllen* **2** ⟨Mil., Mar.⟩ ~ *zum Schutz geleiten* ▸ Schnee bedeckt die Erde; der Rock bedeckt (gerade noch) die Knie ▸ der Garten war mit Blütenblättern bedeckt; das Gesicht mit den Händen ~; den Toten mit einem Tuch ~ ▸ sich bedeckt halten ⟨übertr.⟩ *sich mit der eigenen Meinung zurückhalten* **II** ⟨V. refl.⟩ sich ~ **1** *den Hut aufsetzen, sich zudecken* **2** *sich bewölken* (Himmel)

be|deckt **I** ⟨Part. Perf. von⟩ *bedecken* **II** ⟨Adj.⟩ *bewölkt* ▸ der Himmel ist ~; bei ~em Himmel

Be|de|ckung ⟨die; -, -en⟩ **I** ⟨unz.⟩ *das Bedecken* **II** ⟨zählb.⟩ **1** *Gegenstand zum Bedecken, Decke, Tuch, Brett, Deckel usw.* **2** *Schutz, Schutzdach* **3** *Kleidung* ▸ die ~ abnehmen; unter ~ fahren, marschieren *durch Streitkräfte usw. geschützt, bewacht*

be|den|ken ⟨V. trans.; be|denkt, be|dach|te, hat bedacht⟩ **1** etwas ~ *über etwas nachdenken, sich etwas überlegen, etwas erwägen* **2** jmdn. ~ *jmdn. beschenken* **3** etwas od. jmdn. ~ *an etwas od. jmdn. denken, es od. ihn mitberücksichtigen* ▸ es ist zu ~, dass … ▸ du solltest die Folgen ~ ▸ etwas gründlich ~; wenn man es recht bedenkt ▸ er hat sie in seinem Testament bedacht; jmdn. mit etwas ~ *jmdn. mit etwas beschenken, jmdm. etwas vermachen;* jmdn. mit einem Geschenk ~; jmdm. etwas zu ~ geben *jmdn. auf etwas hinweisen* ▸ auf etwas bedacht sein *eine bestimmte Absicht verfolgen;* er war stets nur darauf bedacht, seinen Vorteil auszunützen

Be|den|ken ⟨das; -s, -⟩ **1** *Überlegung, Besinnung* **2** *Erwägung* **3** *Zweifel, Einwendung* ▸ er äußerte seine ~ zu diesem Plan; bestehen noch ~?; ~ haben; jetzt kommen mir doch ~, ob …; ich teile deine ~ ▸ nach langem, reiflichem ~ stimmte er zu; etwas ohne ~ tun; dieser Umstand gibt zu ~ Anlass

be|den|ken|los ⟨Adj.⟩ **1** *ohne Bedenken* **2** *skrupellos* **3** *blindlings* ▸ er handelt ~

be|denk|lich ⟨Adj.⟩ **1** *Bedenken, Zweifel, Misstrauen erregend;* Abl *Bedenklichkeit* **2** *zweifelnd* ▸ die ganze Angelegenheit macht einen ~en Eindruck; er machte ein ~es Gesicht, als er den Vorschlag hörte; er befindet sich in einer ~en Lage ▸ das scheint mir recht ~; sein: der Zustand des Patienten ist ~

Be|denk|zeit ⟨die; -, -en⟩ *Zeit zum Nachdenken, um etwas zu entscheiden* ▸ sich ~ ausbitten

be|deu|ten ⟨V. trans.; be|deu|tet, be|deu|te|te, hat be|deu|tet⟩ **1** etwas ~ *einen bestimmten Sinn haben, ein Zeichen für etwas sein* **2** (jmdm.) etwas ~ *(für jmdn.) wichtig sein* **3** ⟨geh.⟩ jmdm. etwas ~ *jmdm. etwas zu verstehen geben, andeuten, befehlen* ▸ die Kinder ~ ihr alles; das hat etwas (nichts) zu ~; es bedeutet Folgendes: …; das bedeutet nichts Gutes ▸ seine Anteilnahme bedeutet mir sehr viel ▸ hundert Euro ~ viel für mich; „Hobbyraum" bedeutet so viel wie „Werkraum, Bastelzimmer"; er bedeutete ihm zu gehen ⟨geh.⟩ ▸ was soll das eigentlich ~?

be|deu|tend **I** ⟨Part. Präs. von⟩ *bedeuten* **II** ⟨Adj.⟩ **II.I** ⟨attr.; präd.⟩ **1** *umfangreich, beträchtlich, groß* **2** *wichtig, bekannt, berühmt, einflussreich* ▸ er hat bereits ~e Erfolge erzielt; es handelt sich um eine ~e Persönlichkeit; er gehört zu den ~sten Vertretern seines Faches ▸ sein: seine Leistungen sind ~; das Vermögen, das er hinterließ, war ~ ▸ es gelang ihm nie, etwas Bedeutendes zu leisten **II.II** ⟨adv.⟩ *sehr, wesentlich* ▸ in letzter Zeit hat er sich ~ verbessert

be|deut|sam ⟨Adj.⟩ **1** *bedeutend* **2** *voller (tieferer) Bedeutung, andeutungsvoll* ▸ eine ~e Sache; sie blickte ihn ~ an

Be|deu|tung ⟨die; -, -en⟩ **1** *Sinn, Wortsinn* **2** *Wichtigkeit* **3** *Ernst* **4** *Tragweite* ▸ die ~ eines Begriffes erläutern ▸ einer Sache ~ beimessen *eine Sache für wichtig halten* ▸ dieser Ausdruck wird in übertragener ~ verwendet; die ursprüngliche ~ eines Wortes; die wörtliche ~ lautet anders ▸ an ~ gewinnen *wichtiger werden;* diese Sache kommt keinerlei ~ zu; bist du dir über die ~ deiner Aussage im Klaren?; von ~ *wichtig;* ein Ereignis von historischer ~

Be|deu|tungs|leh|re ⟨die; -; unz.; Sprachw.⟩ = *Semantik (1)*

be|deu|tungs|los ⟨Adj.⟩ *unwichtig, ohne Bedeutung*

Be|deu|tungs|lo|sig|keit ⟨die; -, -en⟩ **1** *die Tatsache, dass etwas ohne Bedeutung ist* **2** *etwas, das bedeutungslos ist* ▸ in der ~ versinken

be|deu|tungs|voll ⟨Adj.⟩ *wichtig, voller Bedeutung*

be|die|nen ⟨V.; be|dient, be|dien|te, hat be|dient⟩ **I** ⟨V. trans.⟩ **1** jmdn. ~ *jmdm. Dienste leisten, ihm bei Tisch Speisen auf- u. abtragen, ihm Waren vorlegen u. ihn beim Kauf beraten* **2** ein Gerät, eine Maschine ~ *beaufsichtigen, handhaben, damit umgehen;* Abl *Bediener(in)* ▸ kannst du diese

Maschine ~? ▸ sein: ich bin bedient! ⟨übertr.; umg.⟩ *ich habe genug davon, meine schlechten Erfahrungen reichen mir!;* werden Sie schon bedient? *(Frage an den Kunden)* **II** ⟨V. refl.⟩ sich ~ *zugreifen (beim Essen), sich nehmen* ▸ bitte ~ Sie sich! *(Aufforderung zum Essen)* **III** ⟨V. refl.; mit. Gen.-Obj.; geh.⟩ sich einer Sache ~ *sie benutzen, Gebrauch davon machen* ▸ darf ich mich Ihres Angebots ~?; bitte ~ Sie sich des Fahrstuhls

Be|diens|te|te(r) ⟨die; -n, -n (der; -n, -n)⟩ **1** *Beamtin, Beamter (im öffentl. Dienst)* **2** *Angestellte(r)* ▸ ~ des Landes Hessen

Be|die|nung ⟨die; -, -en⟩ **I** ⟨unz.⟩ *das Bedienen, das Bedientwerden* ▸ die ~ der Küchenmaschine ist einfach *ihre Benutzung, die Ausführung der notwendigen Handgriffe;* ~ ist im Preis inbegriffen; Zus *Bedienungsfehler, Bedienungshandbuch* **II** ⟨zählb.⟩ *Kellner(in), Verkäufer(in)* ▸ die ~ rufen; wo bleibt denn die ~?

Be|die|nungs|an|lei|tung ⟨die; -, -en⟩ *Anleitung zur Bedienung eines Gerätes od. einer Maschine*

be|die|nungs|freund|lich ⟨Adj.⟩ *so beschaffen, dass man es mühelos, ohne Schwierigkeiten bedienen kann*

be|dingt ⟨Adj.⟩ **1** *beschränkt* **2** *an Bedingungen geknüpft* **3** *abhängig* **4** *angenommen* **5** ⟨Rechtsw.; Logik⟩ *von den Verhältnissen abhängig, zu begründen*

...be|dingt ⟨in Zus.; zur Bildung von Adj.⟩ *bedingt durch, verursacht durch,* z. B. altersbedingt, berufsbedingt, betriebsbedingt, krankheitsbedingt, verkehrsbedingt

Be|din|gung ⟨die; -, -en⟩ **1** *Voraussetzung für etwas, das jmd. wünscht od. fordert* **2** *Bestimmung, Abmachung, Klausel* **3** ⟨meist Pl.⟩ *Zustand, Verhältnis* ▸ die ~en anerkennen, einhalten; jmdm. ~en auferlegen, stellen, vorschreiben; wir müssen noch die ~en vereinbaren, unter denen … ▸ günstige, harte ~en stellen ▸ sich an die ~ halten; lass dich auf diese ~ nicht ein!; mit den ~en nicht einverstanden sein; ich gehe auf Ihre Vorschläge nur unter der ~ ein, dass …; unter guten, schlechten ~en arbeiten

be|din|gungs|los ⟨Adj.⟩ *ohne Bedingung, ohne jede Einschränkung;* Abl *Bedingungslosikeit*

Be|din|gungs|satz ⟨der; -es, -sät|ze; Gramm.⟩ = *Konditionalsatz*

be|drän|gen ⟨V. trans.; be|drängt, be|dräng|te, hat be|drängt⟩ jmdn. ~ **1** *(mit etwas) bedrücken, quälen* **2** *einengen, unter Druck setzen* **3** *belästigen, heftig umwerben* ▸ jmdn. mit seinen Bitten, Wünschen ~; von Hunger, Not, Sorgen bedrängt werden; sich in einer bedrängten Lage befinden *in Schwierigkeiten, in Not sein*

Be|dräng|nis ⟨die; -, -nis|se; Pl. selten⟩ *bedrängte Lage, Not, Konflikt* ▸ sich in ~ befinden; in ~ sein, geraten

be|dro|hen ⟨V. trans.; be|droht, be|droh|te, hat bedroht⟩ jmdn. ~ *jmdm. (mit etwas) drohen, ihm Gewalt androhen, Unheil ankündigen* ▸ jmdn. mit einer Waffe ~

be|droh|lich ⟨Adj.⟩ *gefährlich, unheildrohend* ▸ das Unwetter rückt in ~e Nähe; am politischen Horizont sieht es ~ aus ⟨übertr.⟩

Be|dro|hung ⟨die; -, -en⟩ *Drohung, Ankündigung von Unheil od. Gewalt* ▸ tätliche ~ ⟨Rechtsw.⟩ *Ankündigung von ungesetzlicher Gewaltanwendung*

be|dru|cken ⟨V. trans.; be|druckt, be|druck|te, hat be|druckt⟩ Papier, Stoff ~ *etwas darauf drucken*

be|drü|cken ⟨V. trans.; be|drückt, be|drück|te, hat be|drückt⟩ jmdn. ~ *seelisch belasten, traurig machen* ▸ Geldschwierigkeiten ~ ihn; er ist bedrückt *niedergeschlagen*

be|drü|ckend ⟨Adj.⟩ *das Gefühl des Bedrücktseins verursachend, körperlich od. seelisch belastend* ▸ heute herrscht eine ~e Schwüle; ~e Sorge

Be|du|i|ne ⟨der; -n, -n⟩ *nomadisch od. halbnomadisch lebender Araber;* Abl *Beduinin; beduinisch*

be|dür|fen ⟨V. intr.; be|darf, be|durf|te, hat bedurft⟩ jmds. od. einer Sache ~ *jmdn. od. eine Sache nötig haben* ▸ das bedarf einer Erklärung; sie ~ unserer Hilfe

Be|dürf|nis ⟨das; -nis|ses, -nis|se⟩ *Notwendigkeit od. Wunsch, einem Mangel abzuhelfen* ▸ ein ~ befriedigen *einer Notwendigkeit, einem Wunsch entsprechen;* ich habe das ~ *ich möchte gern …;* sein: es ist mir ein ~, Ihnen mitzuteilen, dass … ▸ es besteht ein allgemeines ~ nach …

be|dürf|tig ⟨Adj.; mit Gen.⟩ *Mangel leidend, mittellos, arm* ▸ ~e Kinder, Menschen; um Spenden für Bedürftige bitten; jmds. od. einer Sache ~ sein *jmdn. od. eine Sache nötig haben, brauchen;* Abl *Bedürftigkeit*

...be|dürf|tig ⟨in Zus.; zur Bildung von Adj.⟩ *bedürfend, nötig habend, verlangend nach,* z. B. behandlungsbedürftig, erklärungsbedürftig, gewöhnungsbedürftig, hilfsbedürftig

be|ei|den ⟨V. trans.; be|ei|det, be|ei|de|te, hat be|eidet⟩ etwas ~ *einen Eid auf etwas leisten, etwas beschwören*

be|ei|len ⟨V. refl.; be|eilt sich, be|eil|te sich, hat sich be|eilt⟩ sich ~ *schnell, rasch machen* ▸ beeil dich!; ich muss mich ~, damit ich den Zug noch erreiche

Be|ei|lung ⟨die; -; unz.; umg.⟩ *das Sichbeeilen* ▸ bitte ~! *bitte, beeilt euch!*

be|ein|dru|cken ⟨V. trans.; be|ein|druckt, be|ein|druck|te, hat be|ein|druckt⟩ jmdn. ~ *Eindruck auf jmdn. machen* ▸ ich bin von ihrer Kunst stark beeindruckt

be|ein|dru|ckend **I** ⟨Part. Präs. von⟩ *beeindrucken* **II** ⟨Adj.⟩ *wirkungsvoll, einen starken Eindruck erzeugend* ▸ ein ~er Beweis seines Könnens

be|ein|flus|sen ⟨V. trans.; be|ein|flusst, be|ein|flusste, hat be|ein|flusst⟩ etwas od. jmdn. ~ *auf etwas od. jmdn. Einfluss nehmen, mit einer bestimmten Absicht auf etwas od. jmdn. einwirken u. in eine bestimmte Richtung lenken* ▸ jmdn. günstig, ungünstig ~; er ist leicht zu ~; von etwas od. jmdm. beeinflusst sein; Abl *beeinflussbar*

Be|ein|flus|sung ⟨die; -, -en⟩ *das Beeinflussen, das Beeinflusstwerden, Einfluss, Einwirkung* ▸ durch persönliche ~; bitte keine ~ des Zeugen!

be|ein|träch|ti|gen ⟨V. trans.; be|ein|träch|tigt, be|ein|träch|tig|te, hat be|ein|träch|tigt⟩ **1** etwas ~ *schmälern, vermindern, verringern* **2** etwas od. jmdn. ~ *in Mitleidenschaft ziehen, schädigen* ▸ dadurch wird der Wert stark beeinträchtigt; die Wirkung von etwas ~; Abl *Beeinträchtigung*

be|en|den ⟨V. trans.; be|en|det, be|en|de|te, hat be|en|det⟩ etwas ~ *zu Ende bringen, fertig machen, Schluss machen mit (Arbeit, Streit usw.)*

be|en|di|gen ⟨V. trans.; be|en|digt, be|en|dig|te, hat be|en|digt⟩ = *beenden;* Abl *Beendigung*

be|en|gen ⟨V. trans.; be|engt, be|eng|te, hat be|engt⟩ jmdn. ~ **1** *beschränken, einengen (im Raum)* **2** ⟨übertr.⟩ *jmds. Bewegungsfreiheit einschränken* ▸ sich (durch Gesetze, Verbote) beengt fühlen ⟨übertr.⟩; sie wohnen noch sehr beengt; Abl *Beengtheit*

be|er|ben ⟨V. trans.; be|erbt, be|erb|te, hat be|erbt⟩ jmdn. ~ *jmds. Nachlass erhalten, jmds. Erbe antreten*

be|er|di|gen ⟨V. trans.; be|er|digt, be|er|dig|te, hat be|er|digt⟩ jmdn. ~ *begraben, bestatten, zur letzten Ruhe betten*

Be|er|di|gung ⟨die; -, -en⟩ **1** *das Beerdigen* **2** *Bestattung, Begräbnis*

Bee|re ⟨die; -, -n⟩ *rundliche Frucht von Sträuchern od. kleineren Pflanzen, z. B. Brombeere, Erdbeere, Himbeere;* Zus *Beerenlese, Beerenobst*

Beet ⟨das; -(e)s, -e⟩ *begrenztes, gärtnerisch bearbeitetes Stück Boden;* Zus *Blumenbeet, Gemüsebeet*

Bee|te ⟨die; -, -n⟩ = *Bete*

be|fä|hi|gen ⟨V. trans.; be|fä|higt, be|fä|hig|te, hat be|fä|higt⟩ jmdn. (zu etwas) ~ *jmdm. die Fähigkeiten geben, jmdn. in die Lage versetzen (etwas zu tun)* ▸ seine Kenntnisse ~ ihn zu dieser Arbeit; →a. *befähigt*

be|fä|higt **I** ⟨Part. Perf. von⟩ *befähigen* **II** ⟨Adj.⟩ *begabt, geeignet* ▸ er ist ein ~er Mensch

Be|fä|hi|gung ⟨die; -; unz.⟩ **1** *Tauglichkeit, Eignung* **2** *Begabung*

be|fahl → *befehlen*

be|fah|ren[1] ⟨V. trans.; be|fährt, be|fuhr, hat be|fahren⟩ Straßen, Wege ~ *darauf fahren, sie mit Fahrzeugen benutzen;* Abl *befahrbar*

be|fah|ren[2] **I** ⟨Part. Perf. von⟩ *befahren*[1] **II** ⟨Adj.⟩ *von Fahrzeugen benutzt* ▸ eine stark ~e Straße

Be|fall ⟨der; -(e)s, -fäl|le⟩ *das Befallensein, Betroffensein (von Schädlingen, Pflanzenkrankheiten);* Zus *Läusebefall*

be|fal|len ⟨V. trans.; be|fällt, be|fiel, hat be|fal|len⟩ jmdn. od. etwas ~ *treffen, überfallen, ergreifen* ▸ plötzlich befiel mich eine unerklärliche Angst; die Obstbäume sind von Schädlingen ~

be|fan|gen ⟨Adj.⟩ **1** *gehemmt, schüchtern, verlegen* **2** ⟨Rechtsw.⟩ *voreingenommen, parteiisch* ▸ die neue Umgebung macht das Kind ~; jmdn. für ~ erklären ⟨Rechtsw.⟩

Be|fan|gen|heit ⟨die; -; unz.⟩ **1** *Schüchternheit, Verlegenheit* **2** ⟨Rechtsw.⟩ *Voreingenommenheit, Parteilichkeit* ▸ er hat seine ~ völlig abgelegt; eine Gerichtsperson wegen ~ ablehnen

be|fas|sen ⟨V.; be|fasst, be|fass|te, hat be|fasst⟩ **I** ⟨V. refl.⟩ sich mit etwas od. jmdm. ~ *sich beschäftigen, abgeben* ▸ mit dieser Angelegenheit haben wir uns nun lange genug befasst; damit muss ich mich erst noch ~ **II** ⟨V. trans.⟩ jmdn. mit etwas ~ *jmdn. mit etwas beschäftigen, jmdm. etwas zu tun geben* ▸ er ist mit dieser Angelegenheit nicht befasst

Be|fehl ⟨der; -(e)s, -e; bes. Mil.⟩ **1** *bindender Auftrag, bes. von Vorgesetzten, strenge Anordnung, feste Vorschrift* **2** *Befehlsgewalt, Kommando* ▸ einen ~ **ausführen,** befolgen, verweigern; einen ~ **bekommen,** empfangen, erhalten; einen ~ **erlassen,** erteilen; einem ~ **Folge leisten,** gehorchen, nachkommen; **sein:** ~ ist ~ *einem Befehl muss gehorcht werden;* sich einem ~ **widersetzen** ▸ ein **dienstlicher,** mündlicher, schriftlicher, strenger ~ ▸ **auf** höheren ~ (hin); den ~ haben **über** ⟨Mil.⟩; **unter** dem ~ von; **zu** ~!

be|feh|len ⟨V. trans.; be|fiehlt, be|fahl, hat be|fohlen⟩ jmdm. etwas ~ *einen Befehl od. Befehle erteilen, anordnen, vorschreiben* ▸ „Komm her!“, befahl er; hier habe ich zu ~!; von dir lasse ich mir nichts ~!; du hast mir gar nichts zu ~!; er befahl ihn zu sich *ließ ihn zu sich kommen*

Be|fehls|ge|walt ⟨die; -; unz.⟩ *Befugnis, Befehle zu erteilen* ▸ die ~ über etwas haben

Be|fehls|ha|ber ⟨der; -s, -; Mil.⟩ *Offizier, der einen Truppenteil befehligt, Kommandeur*

be|fes|ti|gen ⟨V. trans.; be|fes|tigt, be|fes|tig|te, hat be|fes|tigt⟩ etwas ~ **1** *festmachen, festbinden, festnageln, festkleben usw.* **2** *zur Verteidigung bereiten* **3** *haltbar machen, stärken* ▸ einen Deich ~; eine Stadt ~; ein Schild an der Eingangstür ~

Be|fes|ti|gung ⟨die; -, -en⟩ **1** *das Fest-, Haltbarmachen* **2** *fest-, haltbar gemachte Verbindung* **3** *Stärkung* **4** ⟨Mil.⟩ *das Ausstatten, Versehen mit Verteidigungsanlagen* **5** *Verteidigungsanlage*

be|feuch|ten ⟨V. trans.; be|feuch|tet, be|feuch|te|te, hat be|feuch|tet⟩ etwas ~ *feucht machen, anfeuchten* ▸ seine Lippen ~; Wäsche ~

be|fin|den ⟨V.; be|fin|det, be|fand, hat be|fun|den⟩ **I** ⟨V. refl.⟩ sich ~ **1** *sich aufhalten, anwesend sein* **2** *enthalten sein* **3** ⟨geh.⟩ *sich fühlen* ▸ sich unpässlich, wohl ~; sich auf dem Land, in der Stadt, im Zimmer ~; meine Wohnung befindet sich im zweiten Stock(werk); wir befanden uns in einer schwierigen Lage; befindet sich jmd. unter Ihnen, der … **II** ⟨V. intr.; geh.⟩ über etwas ~ *über etwas, über etwas entscheiden* ▸ ich habe nicht darüber zu ~ **III** ⟨V. trans.; geh.⟩ jmdn. od. etwas ~ für *beurteilen, erkennen als* ▸ etwas für gut, richtig, schlecht ~; die Geschworenen ~ ihn für schuldig

Be|fin|den ⟨das; -s; unz.; geh.⟩ *körperl. od. seel. Zustand* ▸ sein ~ lässt sehr zu wünschen übrig; sich nach jmds. ~ erkundigen; wie ist sein ~?

be|find|lich ⟨Adj.⟩ *sich befindend, vorhanden* ▸ die in unserer Bibliothek ~en Bücher

Be|find|lich|keit ⟨die; -, -en⟩ *Befinden, Stimmungslage* ▸ sich nach jmds. ~ erkundigen

be|fle|cken ⟨V. trans.; be|fleckt, be|fleck|te, hat befleckt⟩ etwas ~ **1** *mit Flecken versehen, fleckig*

B

machen **2** ⟨übertr.⟩ *entehren, entheiligen* ▸ jmds. Ehre ~ ⟨übertr.⟩; mit Blut befleckte Kleidung

be|flis|sen ⟨Adj.⟩ *eifrig bemüht* (dienst~, kunst~) ▸ er ist sehr ~; um jmds. Wohlergehen ~ sein; Abl *Beflissenheit*

be|flü|geln ⟨V. trans.; be|flü|gelt, be|flü|gel|te, hat be|flü|gelt⟩ jmdn. od. etwas ~ **1** *beschleunigen* **2** ⟨übertr.⟩ *beleben, antreiben* ▸ die Hoffnung beflügelte ihn

be|foh|len → *befehlen*

be|fol|gen ⟨V. trans.; be|folgt, be|folg|te, hat befolgt⟩ etwas ~ *etwas ausführen, sich nach etwas richten, danach handeln* ▸ Befehle, Gebote, Gesetze, einen Rat, Vorschläge ~; Abl *Befolgung*

be|för|dern ⟨V. trans.; be|för|dert, be|för|der|te, hat be|för|dert⟩ **1** Gepäck, Waren ~ *an einen anderen Ort bringen, fortschaffen, verschicken, transportieren* **2** jmdn. ~ *im Rang erhöhen, in eine höhere Stellung aufrücken lassen* **3** ⟨übertr.⟩ eine Sache ~ *eine S. fördern, unterstützen* ▸ **Briefe,** Gepäck, Güter, Pakete, Waren ~ ▸ jmdn. **an** die (frische) Luft ~ ⟨umg.; übertr.⟩ *hinauswerfen;* die Fahrgäste **mit** (dem) Bus, Flugzeug, Schiff ~; jmdn. **zum** Oberleutnant ~

Be|för|de|rung ⟨die; -, -en⟩ *das Befördern, das Befördertwerden* ▸ ~ zu Lande, zur Luft, zur See, zu Wasser; ihre ~ zur Chefredakteurin steht bevor

Be|för|de|rungs|mit|tel ⟨das; -s, -⟩ *Mittel zum Befördern, z. B. Schiff, Wagen*

be|frach|ten ⟨V. trans.; be|frach|tet, be|frach|te|te, hat be|frach|tet⟩ etwas ~ **1** *mit Fracht beladen* **2** ⟨übertr.⟩ *belasten, füllen*

be|fra|gen ⟨V. trans.; be|fragt, be|frag|te, hat befragt⟩ jmdn. ~ *an jmdn. Fragen richten, um Auskunft bitten* ▸ ein Buch, Lexikon ~ ⟨übertr.⟩ *darin nachschlagen;* Abl *Befragung*

be|frei|en ⟨V.; be|freit, be|frei|te, hat be|freit⟩ **I** ⟨V. trans.⟩ **1** Gefangene ~ *in Freiheit setzen* **2** jmdn. (von etwas) ~ *erlösen, entlasten, erretten* **3** jmdn. von etwas ~ *freistellen* **4** etwas von etwas ~ *säubern* ▸ jmdn. aus einer Gefahr, aus einer unangenehmen Lage ~; jmdn. vom Unterricht ~; jmdn. von einer Arbeit ~; er ist von Steuern befreit **II** ⟨V. refl.⟩ sich (von etwas) ~ *sich frei machen, retten, entlasten* ▸ sich endlich von Schulden ~

Be|frei|ung ⟨die; -, -en⟩ *Erlösung, Rettung, Entlastung, Entbindung;* Zus *Befreiungsbewegung, Befreiungskampf*

Be|frei|ungs|schlag ⟨der; -(e)s, -schlä|ge; übertr.⟩ *Handlung od. Äußerung, um aus einer unangenehmen Situation herauszukommen*

be|frem|den ⟨V. trans.; be|frem|det, be|frem|de|te, hat be|frem|det⟩ jmdn. ~ **1** *in Erstaunen versetzen, stutzig machen* **2** *unangenehm berühren* ▸ sein Verhalten befremdet mich, ist ~d; es befremdet mich, dass …; er sah sie befremdet an

Be|frem|den ⟨das; -s; unz.; geh.⟩ *unwilliges Erstaunen* ▸ sein ~ über etwas ausdrücken, äußern, aussprechen; zu meinem ~ höre ich, dass …

be|freun|den ⟨V. refl.; be|freun|det sich, be|freun|de|te sich, hat sich be|freun|det⟩ **1** sich mit jmdm. ~ *mit jmdm. Freundschaft schließen, jmds. Freund werden* **2** sich mit etwas ~ *sich an etwas gewöhnen, mit etwas vertraut werden* ▸ ich habe mich schnell mit ihm befreundet; ich kann mich nicht mit dem Gedanken ~, dass …

be|freun|det **I** ⟨Part. Perf. von⟩ *befreunden* **II** ⟨Adj.⟩ *in Freundschaft verbunden, nahestehend* ▸ ~e Familien; ~e Staaten

be|frie|di|gen ⟨V. trans.; be|frie|digt, be|frie|dig|te, hat be|frie|digt⟩ **1** jmdn. ~ *zufriedenstellen* **2** ein Gefühl, Bedürfnis ~ *ihm Genüge tun, nach-, entgegenkommen, es erfüllen, stillen* **3** jmdn. od. sich selbst ~ *jmds. od. das eigene sexuelle Verlangen stillen* ▸ jmds. **Ansprüche,** Forderungen, Verlangen, Wünsche ~; seinen **Appetit,** Durst, Hunger ~; ein **Bedürfnis** ~; hast du deine **Neugierde** befriedigt? ▸ er ist **leicht,** schwer zu ~ ▸ **mit** dieser Antwort wird er doch wohl befriedigt sein?; Abl *Befriedigung*

be|frie|di|gend **I** ⟨Part. Präs. von⟩ *befriedigen* **II** ⟨Adj.⟩ **1** *jmdn. zufrieden machend, zufriedenstellend* **2** *die Schulnote 3 (im mittleren Bereich der Notenskala von 1-6 liegend)* ▸ ~e Leistungen aufweisen; in Französisch habe ich „befriedigend"

be|fris|ten ⟨V. trans.; be|fris|tet, be|fris|te|te, hat befris|tet⟩ etwas ~ **1** *eine Frist dafür setzen* **2** *die Geltungsdauer davon begrenzen* ▸ einen Vertrag ~; eine befristete Genehmigung; Abl *Befristung*

be|fruch|ten ⟨V. trans.; be|fruch|tet, be|fruch|te|te, hat be|fruch|tet⟩ **1** etwas ~ *den männlichen Samen auf das weibliche Fortpflanzungsorgan übertragen* **2** etwas od. jmdn. ~ **2.1** *fruchtbar machen* **2.2** ⟨übertr.⟩ *zu fruchtbarer Tätigkeit anregen* ▸ aus dem befruchteten Ei entwickelt sich der Embryo; Blüten werden von Insekten oder vom Wind befruchtet; seine Ausführungen haben meine eigene Arbeit (geistig) befruchtet ⟨übertr.⟩

Be|fruch|tung ⟨die; -, -en⟩ **1** *Vereinigung einer männlichen Samenzelle mit einer weiblichen Eizelle* **2** ⟨übertr.⟩ *Anregung zu fruchtbarer Tätigkeit* ▸ künstliche ~ *künstliches Einbringen von Samenflüssigkeit in die Scheide*

Be|fug|nis ⟨die; -, -nis|se⟩ *Erlaubnis, Berechtigung, Ermächtigung* ▸ jmdm. ~se einräumen, erteilen, vergeben; besondere ~se besitzen, erhalten, erlangen, haben; seine ~se überschreiten

be|füh|len ⟨V. trans.; be|fühlt, be|fühl|te, hat befühlt⟩ etwas od. jmdn. ~ *anfassen u. fühlen, betasten* ▸ mit der Hand etwas ~

Be|fund ⟨der; -(e)s, -e⟩ **1** *Feststellung* **2** *Ergebnis einer Untersuchung* ▸ ärztlicher ~; der ~ war negativ, positiv; je nach ~; ohne ~ ⟨Abk.: o. B.⟩ *die Untersuchung hat kein Anzeichen für eine Erkrankung ergeben*

be|fürch|ten ⟨V. trans.; be|fürch|tet, be|fürch|te|te, hat be|fürch|tet⟩ etwas ~ *vor etwas Sorge haben, etwas besorgt ahnen* ▸ ich befürchte das Allerschlimmste; es ist zu ~, dass …; Abl *Befürchtung*

be|für|wor|ten ⟨V. trans.; be|für|wor|tet, be|für|wor|te|te, hat be|für|wor|tet⟩ etwas ~ *etwas wohl-*

wollend unterstützen, dafür eintreten ▸ eine Bitte, ein Gesuch ~; der Plan wurde von ihm befürwortet; Abl *Befürworter(in), Befürwortung*

Be|ga|bung ⟨die; -, -en⟩ *angeborene Befähigung, Anlage zu besonderen Fähigkeiten* ▸ eine ~ für Sprachen haben

be|gann → *beginnen*

be|ge|ben ⟨V. refl.; be|gibt sich, be|gab sich, hat sich be|ge|ben⟩ **I** ⟨persönl.⟩ sich ~ *gehen, hingehen* ▸ sich an die Arbeit ~ *mit der Arbeit beginnen;* sich auf Reisen ~; sich nach Hause ~; sich zu jmdm. ~; sich zur Ruhe ~ *sich schlafen legen* **II** ⟨unpersönl.⟩ es begibt sich *geschieht, ereignet sich* ▸ da begab es sich, dass … *(formalhafte Wendung in Märchen u. a. Erzählungen)*

Be|ge|ben|heit ⟨die; -, -en⟩ *Ereignis, Geschehnis, Geschehen, Vorkommnis*

be|geg|nen ⟨V. intr.; be|geg|net, be|geg|ne|te, ist be|geg|net⟩ **1** jmdm. ~ *jmdn. (zufällig) treffen* **2** einer Sache ~ *auf eine Sache reagieren, ihr durch Gegenmaßnahmen zuvorkommen* ▸ ihre **Blicke** begegneten sich ▸ jmdm. **abweisend** ~ *ihn abweisend behandeln* ▸ ich bin ihm **gestern** auf der Straße begegnet; jmdm. **mit** Achtung, Rücksicht ~; jmdm. **unterwegs,** zufällig ~

Be|geg|nung ⟨die; -, -en⟩ **1** *Treffen, Zusammentreffen* **2** *sportl. Wettkampf* ▸ die ~ der deutschen Nationalmannschaft mit einer englischen Auswahlmannschaft verlief 1:1; eine erfreuliche, unangenehme, zufällige ~

be|ge|hen ⟨V. trans.; be|geht, be|ging, hat be|gangen⟩ etwas ~ **1** *(prüfend) abschreiten, entlanggehen* **2** *gehen auf, zu Fuß benutzen;* Abl *begehbar* **3** *tun, verüben* **4** *feiern* ▸ eine Dummheit, einen Fehler, ein Verbrechen ~; ein Fest, seinen 75. Geburtstag, ein Jubiläum ~; er beging Selbstmord; ein häufig begangener Weg

be|geh|ren ⟨V. trans.; be|gehrt, be|gehr|te, hat begehrt⟩ **1** etwas ~ *etwas sehnlich wünschen, heftig verlangen, nach etwas Verlangen haben* **2** jmdn. ~ *sexuelles Verlangen nach jmdm. haben* ▸ hier gibt es alles, was das Herz begehrt; sie war eine begehrte Partnerin, Tänzerin *beliebt*

Be|geh|ren ⟨das; -s, -⟩ *Verlangen, Wunsch* ▸ das ist sein leidenschaftliches ~

be|geh|rens|wert ⟨Adj.; -er, am -es|ten⟩ *so geartet, dass man es begehrt*

be|geis|tern ⟨V.; be|geis|tert, be|geis|ter|te, hat begeis|tert⟩ **I** ⟨V. trans.⟩ jmdn. (für etwas) ~ *mit Begeisterung erfüllen* ▸ erneut begeisterte er das Publikum; jmdn. für eine Sache ~; er ist für nichts zu ~ **II** ⟨V. refl.⟩ sich für etwas ~ *darüber in Begeisterung geraten* ▸ dafür könnte ich mich (nicht) ~; sich für jmds. Kunst ~

be|geis|tert **I** ⟨Part. Perf. von⟩ *begeistern* **II** ⟨Adj.⟩ *voller Begeisterung* ▸ die Zuhörer waren von dem Konzert ~; das ~e Publikum rief die Darsteller immer wieder vor den Vorhang

Be|geis|te|rung ⟨die; -; unz.⟩ **1** *freudige Erregung, Jubel* **2** *leidenschaftl. Eifer* ▸ einen **Sturm** der ~ entfesseln ▸ **anhalten:** die ~ hielt nicht lange an; ~ **auslösen;** die ~ **kannte** keine Grenzen; **nachlassen:** die ~ ließ sehr schnell nach ▸ in **große,** helle ~ geraten ▸ es herrscht allgemein ~ **über** …; **voller** ~ ans Werk gehen

Be|gier|de ⟨die; -, -n⟩ *heftiges Verlangen, leidenschaftlicher Wunsch, große Lust;* oV *Begier* ▸ große, heftige, wachsende ~ haben, verspüren

be|gie|rig ⟨Adj.⟩ *voller Begierde* ▸ ~ jmds. Worten lauschen; ~ nach etwas sein

be|gie|ßen ⟨V. trans.; be|gießt, be|goss, hat be|gossen⟩ Blumen, einen Braten ~ *Flüssigkeit darüber gießen* ▸ das müssen wir ~! ⟨umg.; scherzh.⟩ *mit Alkohol feiern*

Be|ginn ⟨der; -(e)s; unz.⟩ *Anfang* ▸ ~ der **Vorstellung** ist erst um 20 Uhr ▸ ich kam zu spät und **versäumte** den ~ ▸ **pünktlicher,** verfrühter, verspäteter ~ ▸ **am** ~, bei ~, zu ~ der Sendung; **seit** ~ dieses Jahrhunderts; eine Entwicklung **von** ihrem ~ an verfolgen; gleich **zu** ~

be|gin|nen ⟨V. trans. u. V. intr.; be|ginnt, be|gann, hat be|gon|nen⟩ (etwas od. mit etwas) ~ **1** *(eine Sache, mit einer Tätigkeit) anfangen* **2** ⟨übertr.⟩ *anstellen, unternehmen* ▸ seinen **Bericht** ~; hier beginnt der **Wald** ▸ **mit** einer Arbeit ~; gegen Abend begann es **zu** schneien; zu weinen ~ ▸ das ~de Frühjahr

be|glau|bi|gen ⟨V. trans.; be|glau|bigt, be|glau|bigte, hat be|glau|bigt⟩ etwas ~ *glaubhaft machen, (amtlich) bestätigen, bezeugen* ▸ die Abschrift vom Zeugnis durch die Polizei ~ lassen; eine notariell beglaubigte Abschrift vorlegen

be|glei|chen ⟨V. trans.; be|gleicht, be|glich, hat be|gli|chen⟩ eine Rechnung, Schulden ~ *ausgleichen, tilgen, bezahlen;* Abl *Begleichung*

be|glei|ten ⟨V. trans.; be|glei|tet, be|glei|te|te, hat be|glei|tet⟩ **1** jmdn. ~ *mit jmdm. mitgehen, jmdn. hinführen, hinbringen* **2** etwas ~ *mit etwas einhergehen* **3** ⟨Mus.⟩ jmdn. od. etwas ~ *zum Gesang od. zu einem melodieführenden Instrument auf einem anderen Instrument spielen* ▸ **darf** ich Sie ~? ▸ er begleitete die Sängerin **auf** dem Klavier; wir werden dich **ins** Konzert ~; jmdn. **nach** Hause ~ ▸ die ~den Umstände waren sehr unerfreulich

Be|glei|ter ⟨der; -s, -; a. Mus.⟩ *jmd., der einen anderen begleitet* ▸ er war ihr ständiger ~; jmdm. einen erfahrenen Bergsteiger als ~ mitgeben; Abl *Begleiterin*

Be|gleit|er|schei|nung ⟨die; -, -en⟩ *mit einem Vorgang verbundene Erscheinung, Nebenerscheinung* ▸ Falten als ~ des Alterns

Be|gleit|schrei|ben ⟨das; -s, -⟩ *einer Sendung beigelegtes Erklärungsschreiben*

Be|glei|tung ⟨die; -, -en⟩ **1** *das Begleiten, Hinführen, Mitgehen* **2** *Begleiter, Gefolge* **3** ⟨Mus.⟩ *das Mitspielen auf einem Instrument* ▸ ich habe ihr meine ~ angeboten; er übernahm die ~ der Sängerin; ich bin in ~ von Freunden hier

be|glü|cken ⟨V. trans.; be|glückt, be|glück|te, hat be|glückt⟩ jmdn. (mit etwas) ~ *jmdn. glücklich machen, jmdm. eine große Freude bereiten* ▸ jmdn. mit einem Buch ~; ein ~des Gefühl

be|glück|wün|schen ⟨V. trans.; be|glück|wünscht,

B

be|glück|wünsch|te, hat be|glück|wünscht› jmdn. (zu etwas) ~ *jmdm. Mitfreude, Anerkennung aussprechen* ▸ jmdn. zum Geburtstag, zum Jubiläum, zur bestandenen Prüfung ~

be|gna|di|gen ‹V. trans.; be|gna|digt, be|gna|dig|te, hat be|gna|digt› jmdn. ~ *jmds. Strafe vermindern od. jmdm. die Strafe erlassen* ▸ einen zum Tode Verurteilten zu lebenslanger Freiheitsstrafe ~

Be|gna|di|gung ‹die; -, -en› *das Begnadigen, Begnadigtwerden, Straferlass, Strafminderung;* Zus *Begnadigungsgesuch*

be|gnü|gen ‹V. refl.; be|gnügt sich, be|gnüg|te sich, hat sich be|gnügt› sich mit etwas ~ *mit etwas zufrieden sein, sich mit etwas zufriedengeben*

be|gon|nen → *beginnen*

be|gra|ben ‹V. trans.; be|gräbt, be|grub, hat be|graben; Abk.: begr.; Zeichen: ▭› **1** jmdn. ~ *beerdigen, bestatten, zu Grabe tragen* **2** ‹übertr.› etwas ~ *aufgeben, vergessen sein lassen, nicht mehr davon sprechen, darauf verzichten* ▸ die **Hoffnung** habe ich längst ~; da liegt der **Hund** ~ ‹übertr.; umg.› *das ist der Kern der Sache, das ist das Problem;* lass uns unseren **Streit** endlich ~ ▸ gestern haben sie ihn **auf** dem Südfriedhof ~; jmdn. **in** aller Stille ~ ▸ **wo** ist, liegt er ~?

Be|gräb|nis ‹das; -nis|ses, -nis|se› *Bestattung, Beerdigung;* Zus *Begräbnisfeier; Staatsbegräbnis*

be|gra|di|gen ‹V. trans.; be|gra|digt, be|gra|dig|te, hat be|gra|digt› einen Fluss, eine Straße ~ *gerademachen, geraderichten*

be|grei|fen ‹V. trans.; be|greift, be|griff, hat be|griffen› etwas ~ *verstehen, auffassen, erfassen* ▸ können Sie sein seltsames **Verhalten** ~? ▸ etwas **allmählich,** langsam, leicht, mühsam, schnell, schwer ~ ▸ hast du es **endlich** begriffen?; es ist einfach **nicht** zu ~! *nicht zu fassen; rätselhaft;* →a. *begriffen*

be|greif|lich ‹Adj.› **1** *so beschaffen, dass man es begreifen kann* **2** *verständlich, erfassbar, fassbar* ▸ ich finde es durchaus, nicht ~, dass ...; jmdm. etwas ~ machen *es ihm erläutern, erklären*

be|gren|zen ‹V. trans.; be|grenzt, be|grenz|te, hat be|grenzt› etwas ~ **1** *in Grenzen einschließen, mit Grenzen versehen, umranden* **2** *die Grenze bilden zu, anschließen an, angrenzen* **3** ‹übertr.› *beschränken, einengen* ▸ im Norden ~ Berge das **Land; Schaden** ~; meine **Zeit** ist begrenzt ▸ die Redezeit der Diskussionsteilnehmer **auf** fünf Minuten ~; den Garten **durch** eine hohe Hecke ~ ▸ er hat einen begrenzten Horizont ‹übertr.; umg.› *er ist geistig wenig rege, er hat geringe geistige Interessen;* Abl *Begrenztheit, Begrenzung*

Be|griff ‹der; -(e)s, -e› **1** *Bedeutungsinhalt eines Wortes, Vorstellungsinhalt* **2** *Ahnung, vage Vorstellung* ▸ **sein:** ist dir das ein ~? *kennst du das?;* ich muss diesen ~ **umschreiben,** da mir das rechte Wort dafür fehlt ▸ das Wort „Gleichung" ist ein **mathematischer** ~ ▸ du machst dir keinen ~ **davon,** was da los war ‹umg.› *du ahnst nicht;* **für** meine ~e ist das unmöglich *nach meiner Ansicht;* **im** ~ sein, stehen zu ... *anfangen, beginnen, gerade dabei sein, zu ...;* ich bin im ~ zu gehen; schwer **von** ~ sein ‹umg.› *eine langsame Auffassungsgabe haben*

be|grif|fen **I** ‹Part. Perf. von› *begreifen* **II** ‹Adj.› in etwas ~ sein *mit etwas beschäftigt sein, (gerade) dabei sein* ▸ der Plan ist noch in der Entwicklung ~ *er wird gerade entwickelt*

be|griff|lich ‹Adj.› *gedanklich, abstrakt;* Ggs *gegenständlich* ▸ ~es Hauptwort *Abstraktum;* ~ denken können; etwas ~ erfassen, festlegen

be|griffs|stut|zig ‹Adj.› *schwer von Begriff, langsam begreifend;* oV ‹österr.› *begriffsstützig*

be|grün|den ‹V. trans.; be|grün|det, be|grün|de|te, hat be|grün|det› etwas ~ **1** *Gründe für etwas anführen, etwas mit Argumenten erklären* **2** *etwas neu schaffen, die Grundlage für etwas bereiten* ▸ seine **Ablehnung,** seine Abwesenheit, seinen Antrag, sein Verhalten ~; eine **Behauptung,** eine neue Lehre ~ ▸ sie begründete ihr Fehlen **mit** Krankheit ▸ **wie** willst du das ~? **womit** begründest du das? ▸ eine begründete Abneigung gegen etwas haben, hegen; ein begründeter Verdacht

Be|grün|der ‹der; -s, -› *jmd., der etwas begründet (hat)* ▸ ~ einer Lehre, einer Kunstrichtung; Abl *Begründerin*

Be|grün|dung ‹die; -, -en› *Angabe von Gründen, stichhaltige Erklärung* ▸ eine ~ **anführen,** angeben, geben, nennen ▸ das ist keine **ausreichende,** befriedigende, glaubwürdige, zufriedenstellende ~ ▸ **als** ~ nannte er ...; die ~ **für** etwas; **mit** der ~, dass ...; **ohne** (jede) ~; **zur** ~ seiner Thesen führte er an, dass ...; Zus *Begründungssatz; Urteilsbegründung*

be|grü|nen ‹V. trans.; be|grünt, be|grün|te, hat begrünt› etwas ~ *mit Pflanzen, Bäumen, Sträuchern bepflanzen, eine Grünfläche anlegen* ▸ den Schulhof, Dächer ~; Abl *Begrünung*

be|grü|ßen ‹V. trans.; be|grüßt, be|grüß|te, hat begrüßt› **1** jmdn. ~ *beim Kommen grüßen, bei der Ankunft willkommen heißen* **2** ‹übertr.› etwas ~ *für erfreulich, gut, richtig halten;* Abl *begrüßenswert* **3** ‹schweiz.› jmdn., bes. eine Behörde ~ *um seine bzw. ihre Meinung befragen, Mitteilung von einem Beschluss machen* ▸ auch ich würde es ~, wenn ...; wir ~ seinen Entschluss; jmdn. freundlich, herzlich, liebenswürdig, unfreundlich ~; jmdn. mit freundlichen Worten ~

Begrüßungen und Verabschiedungen

Standardsprachlich begrüßt man sich in Deutschland bis zum Mittag mit *guten Morgen,* ansonsten sagt man meist *guten Tag.* Nach Anbruch der Dunkelheit lautet die ***Begrüßung*** in der Regel *guten Abend,* während *gute Nacht* eine ***Verabschiedung*** vor dem Schlafengehen ist. Die übliche Abschiedsformel ist *auf Wiedersehen,* am Telefon sagt man meist *auf Wiederhören.* Bekannte begrüßt man mit *hallo* oder dem englisch ausgesprochenen *hi.*

Aufgrund der vielen Mundarten des deutschen Sprachraums gibt es einen Fülle regionaler ***Begrüßungen*** und ***Verabschiedungen.*** Im Norden

Deutschlands kann man zu jeder Tageszeit ein *moin* oder *moin, moin* hören, das nichts mit dem *Morgen* zu tun hat, sondern auf Niederdeutsch „gut" bedeutet. Während man Bekannte im nördlichen Teil meist mit *tschüs* oder *tschüss* verabschiedet, sagt man im rheinländischen Westen *tschö.*

Je weiter man nach Süden kommt, desto stärker verändern sich diese Formen. Im schwäbischen Raum verabschiedet man sich z. B. mit *ade,* in Bayern und Österreich sagt man offiziell zur Begrüßung *grüß Gott,* während man Bekannte mit *servus* sowohl begrüßen als auch verabschieden kann. Statt *auf Wiedersehn* hört man hier meist *auf Wiederschauen,* wenn man geht. In Österreich wiederum verabschiedet man einen Freund mit *pfüatdi,* in Wien meist mit *baba.* Dagegen gelten für die Schweiz andere Formeln: Hier wird man mit *grüezi* begrüßt und oft mit *auf Wiederluege* verabschiedet.

Be|grü|ßung ⟨die; -, -en⟩ *Gruß bei jmds. Kommen, Willkommen, Willkommensgruß* ▸ eine freundliche, herzliche, kühle, offizielle ~; einen Blumenstrauß zur ~ überreichen

be|güns|ti|gen ⟨V. trans.; be|güns|tigt, be|güns|tig|te, hat be|güns|tigt⟩ **1** jmdn. ~ *vorziehen, bevorzugen, bevorrechten* **2** etwas ~ *fördern, Beihilfe zu etwas leisten* ▸ ein Verbrechen ~; das Wachstum ist begünstigt durch das milde Klima

Be|güns|ti|gung ⟨die; -, -en⟩ **1** *Bevorzugung, Förderung* **2** *Beihilfe* **3** ⟨Rechtsw.⟩ *Beistand nach der Tat* ▸ jmdn. wegen ~ verurteilen

be|gut|ach|ten ⟨V. trans.; be|gut|ach|tet, be|gut|ach|te|te, hat be|gut|ach|tet⟩ etwas ~ *fachmännisch beurteilen, prüfen;* Abl *Begutachtung*

be|haart ⟨Adj.⟩ *mit Haaren bewachsen* ▸ die ~en Stellen des Körpers; dicht, spärlich, stark ~

Be|haa|rung ⟨die; -, -en⟩ *Haarwuchs, Haarkleid*

be|hä|big ⟨Adj.⟩ *beleibt, dicklich u. dabei bequem, langsam, schwerfällig* ▸ er ist im Alter recht ~ geworden; Abl *Behäbigkeit*

be|haf|tet ⟨Adj.⟩ mit etwas ~ *mit etwas Unangenehmem versehen, belastet* ▸ mit einer ansteckenden Krankheit ~

be|ha|gen ⟨V. intr.; be|hagt, be|hag|te, hat be|hagt⟩ jmdm. ~ *gefallen, angenehm sein, erfreulich für ihn sein* ▸ das behagt mir (nicht)

Be|ha|gen ⟨das; -s; unz.⟩ *Zufriedenheit, Wohlbehagen, Wohlgefallen* ▸ außerordentliches, größtes ~; den Wein mit ~ schlürfen

be|hag|lich ⟨Adj.⟩ *Behagen verbreitend, gemütlich, angenehm, anheimelnd* ▸ ein ~es Leben führen; der Ofen verbreitet eine ~e Wärme; die Wohnung ~ einrichten; Abl *Behaglichkeit*

be|hal|ten ⟨V. trans.; be|hält, be|hielt, hat be|hal|ten⟩ etwas ~ **1** *nicht weggeben, nicht zurückgeben, bei sich lassen* **2** *aufbewahren* **3** ⟨übertr.⟩ *im Gedächtnis bewahren, sich merken, nicht vergessen* **4** *unverändert erhalten, bewahren* ▸ er hat sein jugendliches Aussehen ~; ich kann seinen Namen einfach nicht ~!; die Oberhand ~; du hast wieder einmal recht/Recht ~ ▸ etwas widerrechtlich ~ ▸ den Hut auf dem Kopf ~; ein Geheimnis für sich ~ *es nicht ausplaudern, weitererzählen;* jmdn. im Auge ~ *nicht aus den Augen lassen, weiterhin beobachten;* etwas im Auge ~ ⟨übertr.⟩ *nicht davon abkommen, weiter daran denken;* im Gedächtnis, im Kopf ~; jmdn. in guter Erinnerung ~; ich habe von seinen Ausführungen nichts ~

Be|häl|ter ⟨der; -s, -⟩ *Gefäß, Möbelstück, Raum zum Aufbewahren (Becken, Etui, Kasten, Topf, Tank, Truhe usw.)*

Be|hält|nis ⟨das; -nis|ses, -nis|se⟩ *Behälter, Gefäß*

be|hän|de ⟨Adj.⟩ *flink u. geschickt, gewandt;* oV *behänd*

be|han|deln ⟨V. trans.; be|han|delt, be|han|del|te, hat be|han|delt⟩ **1** jmdn. od. etwas ~ *mit ihm od. damit (in einer bestimmten Weise) umgehen* **2** jmdn. (mit einem Medikament) ~ *jmdn. ärztlich versorgen, ihn therapieren* **3** etwas ~ *(mit etwas) auf etwas einwirken, etwas bearbeiten* **4** etwas ~ *ausführlicher erklären, davon handeln* ▸ eine Angelegenheit bevorzugt ~ ▸ sich ärztlich ~ lassen; etwas ausführlich, erschöpfend, kurz, sorgfältig ~; jmdn. gut, freundlich, schlecht ~ ▸ jmdn. mit ausgesuchter Höflichkeit, mit Hochachtung ~; das Geschwür muss vom Arzt behandelt werden; sich wegen einer Grippe ~ lassen ▸ der ~de Arzt ist Dr. Voss

behandeln/handeln

Auch wenn sie sich ähneln, unterscheiden sich die Verben ***handeln*** und ***behandeln*** hinsichtlich der Bedeutung und des Satzmusters beträchtlich. Das intransitive Verb ***handeln,*** dessen Partizip Perfekt *gehandelt* lautet, bedeutet „(aktiv) etwas tun": *Hier müssen wir rasch handeln. Er hat richtig gehandelt. Der Bericht handelt von der Sklaverei in Amerika.*

Jemanden oder etwas ***behandeln*** meint hingegen, dass man auf jemanden oder etwas „einwirkt" oder mit ihm bzw. damit „in einer besonderen Weise umgeht". Das Partizip Perfekt dieses transitiven Verbes lautet *behandelt:*
Sie müssen die Krankheit schnellstens behandeln.
Er hat mich wie einen Schuljungen behandelt.
Der Bericht behandelt die Sklaverei in Amerika.
Unpersönlicher Gebrauch liegt vor bei ***es handelt sich um,*** das so viel wie „es betrifft, es ist" bedeutet: *Es handelt sich hier um ein Versehen. Kann es sich dabei um eine Verwechslung handeln?*

Be|hand|lung ⟨die; -, -en⟩ *das Behandeln, das Behandeltwerden* ▸ gute, schlechte ~; bei wem sind Sie in ~? *welcher Arzt behandelt Sie?*

be|hän|gen ⟨V. trans.; be|hängt, be|häng|te, hat behängt⟩ etwas od. jmdn. mit etwas ~ *überreich mit etwas ausstatten* ▸ die Wände mit Bildern ~; den Christbaum mit bunten Kugeln und Lametta ~; sich mit Perlen, Schmuck ~

be|har|ren ⟨V. intr.; be|harrt, be|harr|te, hat beharrt⟩ auf, in etwas ~ *zäh an etwas festhalten, auf etwas bestehen* ▸ auf einem Entschluss, einer Meinung ~; in seinem Trotz ~

be|harr|lich ⟨Adj.⟩ *ausdauernd, zäh, hartnäckig* ▸ ~ schweigen; ~ ein Ziel verfolgen; Abl *Beharrlichkeit*

be|hau|en ⟨V. trans.; be|haut, be|hau|te, hat behau|en⟩ Baumstämme, Steinblöcke ~ *zurechtschlagen, mit Beil, Hammer u. Ä. bearbeiten*

be|haup|ten ⟨V.; be|haup|tet, be|haup|te|te, hat behaup|tet⟩ **I** ⟨V. trans.⟩ etwas ~ **1** *überzeugt, nachdrücklich etwas aussprechen, etwas sehr bestimmt vertreten, für wahr erklären, ohne es beweisen zu können* **2** *erfolgreich verteidigen, behalten, aufrechterhalten* ▸ er behauptete, mich (nicht) gesehen zu haben; das Feld ~ ⟨übertr.⟩ *sich durchsetzen;* seinen Standpunkt ~; das kannst du nicht einfach ~, wenn du es nicht beweisen kannst!; du willst doch nicht etwa ~, dass ich lüge; er behauptet steif und fest, … **II** ⟨V. refl.⟩ sich ~ *standhalten, sich durchsetzen* ▸ es gelang ihm nicht, sich in seiner neuen Stellung zu ~

Be|haup|tung ⟨die; -, -en⟩ *bestimmte, aber nicht bewiesene Erklärung, Versicherung* ▸ eine ~ aufstellen, vorbringen, zurücknehmen; die Tatsachen beweisen, widerlegen deine ~; wir wollen diese ~ gelten lassen ▸ eine gewagte, unhaltbare ~ ▸ bei seiner ~ bleiben; er geht von seiner ~ nicht ab; wie kommst du zu dieser absurden ~?

Be|hau|sung ⟨die; -, -en⟩ *Wohnung, Heimstätte*

be|he|ben ⟨V. trans.; be|hebt, be|hob, hat be|hoben⟩ Schwierigkeiten, Mängel ~ *beseitigen* ▸ er will Geld von der Bank ~ ⟨österr.⟩ *abheben*

be|hei|ma|tet ⟨Adj.⟩ **1** *ansässig* **2** *heimisch* ▸ wo sind Sie ~?

be|hei|zen ⟨V. trans.; be|heizt, be|heiz|te, hat beheizt⟩ = *heizen*

Be|helf ⟨der; -(e)s, -e⟩ *vorübergehende Hilfe, notdürftiger Ersatz;* Zus *Behelfsbau; Notbehelf*

be|hel|fen ⟨V. refl.; be|hilft sich, be|half sich, hat sich be|hol|fen⟩ **1** sich ~ *zurechtkommen* **2** sich mit etwas ~ *sich (einstweilen) mit etwas als Ersatz begnügen* ▸ sich schlecht mit etwas ~; sich ohne etwas ~ müssen

be|helfs|mä|ßig ⟨Adj.⟩ *vorübergehend, ersatzweise, provisorisch*

be|her|ber|gen ⟨V. trans.; be|her|bergt, be|herberg|te, hat be|her|bergt⟩ jmdn. ~ *jmdm. Unterkunft geben, ihn bei sich unterbringen*

be|herr|schen ⟨V.; be|herrscht, be|herrsch|te, hat be|herrscht⟩ **I** ⟨V. trans.⟩ **1** jmdn. od. etwas ~ *über jmdn. od. etwas herrschen, Macht haben, regieren;* Abl *beherrschbar* **2** etwas ~ *gut können, darin sehr bewandert sein* **3** etwas ~ *(wirkungsvoll) überragen, entscheidend prägen* ▸ sie beherrscht ihn völlig ▸ der Kirchturm beherrscht die ganze Stadt; eine Kunst, eine Sprache, eine Technik, ein Thema, ein Wissenschaftsgebiet ~; ein Land ~ ▸ der ~de Gedanke seiner Ausführungen war …; er ist von dem Wunsch beherrscht … **II** ⟨V. refl.⟩ sich ~ *in der Gewalt haben, zügeln* ▸ sie weiß sich zu ~ ▸ er kann sich gut, schlecht, schwer ~; →a. *beherrscht*

be|herrscht **I** ⟨Part. Perf. von⟩ *beherrschen* **II** ⟨Adj.⟩ *ruhig, gefasst, gleichmütig* ▸ ein ~er Mensch; Abl *Beherrschtheit*

Be|herr|schung ⟨die; -; unz.⟩ *das Beherrschen, Sichbeherrschen* ▸ die ~ verlieren; die sichere ~ mehrerer Sprachen

be|her|zi|gen ⟨V. trans.; be|her|zigt, be|her|zig|te, hat be|her|zigt⟩ etwas ~ *sich etwas zu Herzen nehmen, sich etwas merken u. sich danach richten* ▸ einen Rat, seine Worte ~; Abl *Beherzigung*

be|herzt ⟨Adj.⟩ *mutig, tapfer, unerschrocken, entschlossen* ▸ seinem ~en Handeln, Vorgehen war es zu danken, dass …; Abl *Beherztheit*

be|hilf|lich ⟨Adj.⟩ *hilfreich* ▸ ~ sein *helfen;* würden Sie mir dabei ~ sein?; er war beim Umzug ~

be|hin|dern ⟨V. trans.; be|hin|dert, be|hin|der|te, hat be|hin|dert⟩ **1** jmdn. ~ **1.1** *jmdm. hinderlich sein, jmdn. stören* **1.2** ⟨Sp.⟩ *einem Mitspieler den Wettkampf unfair erschweren (durch Festhalten, Versperren des Weges)* **2** etwas ~ *einer Sache hinderlich sein, eine Sache erschweren* ▸ den Verkehr ~; einen Konkurrenten beim Laufen ~ ⟨Sp.⟩

be|hin|dert **I** ⟨Part. Perf. von⟩ *behindern* **II** ⟨Adj.⟩ *von einer dauerhaften körperlichen od. geistigen Beeinträchtigung betroffen* ▸ ~e Kinder; geistig, körperlich ~ sein; Abl *Behinderte(r)*

be|hin|der|ten|ge|recht ⟨Adj.⟩ *den Anforderungen von Behinderten gerecht werdend* ▸ ~e Wohnung

Be|hin|de|rung ⟨die; -, -en⟩ **1** *das Behindern* **2** *bleibende Beeinträchtigung* ▸ geistige, körperliche ~

Be|hör|de ⟨die; -, -n⟩ **1** *von Staat, Stadt, Gemeinde od. Kirche mit der Erledigung von Amtsgeschäften beauftragte Gruppe von Beamten* **2** *deren Dienststelle* ▸ ein Vertreter der ~ sprach zu den Versammelten; die hierfür zuständige ~

be|hörd|lich ⟨Adj.⟩ *die Behörde betreffend, von ihr ausgehend* ▸ eine ~ angeordnete Maßnahme

be|hü|ten ⟨V. trans.; be|hü|tet, be|hü|te|te, hat behü|tet⟩ jmdn. ~ *beschützen, sorgsam bewachen, bewahren* ▸ jmdn. liebevoll, fürsorglich, sorgsam ~; jmdn. vor jmds. Einfluss, vor Gefahr ~

be|hut|sam ⟨Adj.⟩ *sorgsam, vorsichtig, umsichtig, zart* ▸ jmdm. eine Nachricht ~ beibringen; wir müssen ~ vorgehen; Abl *Behutsamkeit*

bei ⟨Präp. m. Dat.⟩ **I** ⟨örtl.⟩ **1** *in der Nähe von, neben* **2** *an einem bestimmten Ort, unter bestimmten Leuten* **3** *an einem bestimmten Punkt* ▸ wir werden ~ ihm auf euch warten *in seiner Wohnung;* ~ mir, ~ uns zu Hause *in meiner, in unserer Wohnung, in meiner, in unserer Heimat;* wollen Sie ~ uns zu Mittag essen? ▸ sie ist ~m Bäcker; er ist ~ der Bahn, ~ der Post ⟨umg.⟩ *dort angestellt;* er dient ~ der Bundeswehr; er wohnt ~ einer netten alten Dame; ~ den Engländern wird Weihnachten so gefeiert *in England;* er arbeitet ~ der Firma …; gleich ~m Flugplatz befindet sich …; jmdn. ~ der Hand fassen, nehmen; Wurzen ~ Leipzig ▸ bei wem ist das Kind? *wo?* **II** ⟨zeitl.⟩ **1** *während (einer bestimmten Zeit), zu einem bestimmten Zeitpunkt* **2** *augen-*

blicklich beschäftigt mit **3** ‹zur Bez. des Urhebers› ~ Fontane lesen wir ...; Vorlesungen hören ~ Professor ... **4** ‹vor unbest. Angaben› das ist ~ weitem/Weitem besser, schöner *viel besser, schöner;* ~ weitem/Weitem nicht zufrieden sein *keineswegs* ▸ ~ meiner Abfahrt, Ankunft in Berlin; alles ~m Alten lassen *nicht ändern;* ~ der Arbeit sein; Vorsicht ~m Aussteigen; nicht ~ Besinnung sein; ~ deiner Erkältung würde ich lieber zu Hause bleiben!; ~ seinen Fähigkeiten sollte es ihm gelingen; ~ einer Flasche Wein gemütlich zusammensitzen; ~m Frühstücken sein; ~ (nächster) Gelegenheit werde ich ...; kommt das oft ~ ihm vor?; hast du nichts Ungewöhnliches ~ ihm bemerkt?; gut, knapp, schlecht ~ Kasse sein ‹umg.› *wenig Geld besitzen;* (noch nicht) wieder ~ Kräften sein; ich dachte ~ mir ...; ich habe die Wagenpapiere nicht ~ mir; jmdn. ~ seinem, ~m Namen rufen; ~ dieser Präposition steht der Genitiv; ~ Regen bleiben wir zu Hause *wenn es regnet ...;* genügend, kein Geld ~ sich haben; der flüchtige Verbrecher hat eine Schusswaffe ~ sich; ~ Sonnenaufgang; der Tenor ist heute nicht ~ Stimme; ~ Tage, Nacht; sie sind schon ~ Tisch *sie essen bereits;* ich kann ~m besten Willen nicht

bei..., Bei... ‹Vorsilbe› *neben, dazu, zu u. Ä.,* z. B. Beifilm, Beigericht, Beiladung, beiordnen, beifügen

bei|be|hal|ten ‹V. trans.; be|hält bei, be|hielt bei, hat bei|be|hal|ten, bei|zu|be|hal|ten› eine Gewohnheit ~ *weiterhin behalten;* Abl *Beibehaltung*

Bei|boot ‹das; -(e)s, -e› *kleines, auf dem Schiff mitgeführtes Boot*

bei|brin|gen ‹V. trans.; bringt bei, brach|te bei, hat bei|ge|bracht, bei|zu|brin|gen› **1** Zeugen, Zeugnisse ~ *herbeiholen, beschaffen* **2** jmdm. eine Niederlage, Verluste ~ *zufügen* **3** jmdm. etwas ~ *jmdm. etwas lehren, ihn darin unterweisen* **4** jmdm. etwas schonend ~ *schonend mitteilen, zu verstehen geben*

Beich|te ‹die; -, -n› *öffentl. od. geheimes Aussprechen seiner Sünden, Sündenbekenntnis* ▸ die ~ ablegen; jmdm. die ~ abnehmen; zur ~ gehen

beich|ten ‹V. trans. u. V. intr.; beich|tet, beich|te|te, hat ge|beich|tet› (etwas) ~ **1** *(öffentl. od. geheim) bekennen* **2** ‹übertr.› *ein Vergehen eingestehen* ▸ eine Sünde ~; er beichtete ihr, dass er gelogen hatte

Beicht|stuhl ‹der; -(e)s, -stüh|le› *dreiteiliges Holzgehäuse mit einem Mittelteil für den Beichtvater u. zwei abgeteilten, mit einem Gitter zum Sprechen versehenen Seitenteilen für den Beichtenden*

Beicht|va|ter ‹der; -s, -vä|ter› *Geistlicher, der die Beichte abnimmt*

bei|de ‹Pron.› *zwei Dinge od. Personen, alle zwei* ▸ ich kann ~ gut leiden; ~ haben zugesagt; ~ Kinder sind blond; ~ Mal; alle ~ kamen zu spät; alles ~s ist richtig; ~r Leben war in Gefahr; das Leben ~r Kinder war in Gefahr; unser, euer, ihrer, aller ~r Leben; ich habe es ~n, euch ~n, ~n Kindern, allen ~n gesagt; es betrifft ~, ~ Gruppen, ~ Kinder, alle ~, uns, euch, sie ~; die ~n kamen wieder zu spät; die Eltern der ~n Kinder; ich habe es den ~n, den ~n Kindern gesagt; ich habe die ~n Kinder heute morgen abgeholt

beide/zwei

Zwar bedeuten *beide* und *zwei* fast dasselbe, doch wird *beide* immer dann benutzt, wenn „alle zwei" gemeint sind, also eine (abgeschlossene) Einheit: *Ihr tun beide Augen weh. Beide Prüfungen wurden mit der Note „gut" bewertet. Sind beide Kinder schon im Bett?*
Zwei hingegen bezeichnet zwei aus einer größeren Anzahl, also eine Teilmenge: *Sie hat zwei der vier Prüfungen bestanden. Zwei ihrer Kinder studieren, das dritte geht noch auf die Schule.*
Um zu betonen, dass es um alle vorliegenden Fälle geht, wird *beide* mitunter zu alle *beide:* *Die Pullover gefallen mir – ich kaufe gleich alle beide.*

bei|der|lei ‹Adj.› *zweierlei, von zwei genannten Arten* ▸ Tiere ~ Geschlechts

bei|der|sei|tig ‹Adj.› **1** *auf allen zwei Seiten* **2** *gegenseitig* ▸ in ~em Einverständnis; ~e Lungenentzündung

bei|der|seits ‹Präp. m. Gen.› **1** *auf beiden Seiten* **2** *von beiden Beteiligten* ▸ ~ des Flusses, Stromes; ~ übereinstimmende Aussagen

bei|dre|hen ‹V. intr.; dreht bei, dreh|te bei, hat bei|ge|dreht, bei|zu|dre|hen› *das Schiff dem Wind zuwenden, die Fahrt verlangsamen*

beid|sei|tig ‹Adj.› = *beiderseitig*

bei|ei|n|an|der ‹Adv.› *einer beim andern, nahe zusammen* ▸ du hast wohl nicht mehr alle ~? ‹umg.› *du bist wohl verrückt?;* gut ~ sein *gesund sein, sich wohlfühlen;* Zus *beieinandersitzen, beieinanderstehen*

Bei|fah|rer ‹der; -s, -› **1** *neben dem Kraftwagenfahrer sitzender Mitfahrer* **2** *Begleiter eines Motorradfahrers, Sozius;* Abl *Beifahrerin;* Zus *Beifahrersitz* ⓘ S. 896, *Beifahrertür*

Bei|fall ‹der; -(e)s; unz.› **1** *Billigung, Zustimmung* **2** *Applaus, Händeklatschen u. Ä. (als Ausdruck der Zustimmung, Begeisterung);* Zus *Beifallsruf, Beifallssturm* ▸ ~ äußern, ernten, klatschen, zollen; der Vorschlag findet allgemein ~ *er wird allgemein gutgeheißen;* losbrechen: ein Sturm des ~s brach los; ▸ anhaltender, nicht enden wollender, tosender ~; ~ heischend = *beifallheischend* ▸ ~ für eine Darbietung bekommen

bei|fall|hei|schend *auch:* **Bei|fall hei|schend** ‹Adj.› *um Beifall werbend, nach Zustimmung, Beifall strebend* ▸ sie blickte ~ in die Runde

bei|fäl|lig ‹Adj.› *billigend, zustimmend* ▸ ~ nicken

bei|fü|gen ‹V. trans.; fügt bei, füg|te bei, hat bei|ge|fügt, bei|zu|fü|gen› etwas ~ *beilegen, hinzufügen* ▸ einer Sendung etwas ~

Bei|ga|be ‹die; -, -n› *etwas, das beigegeben, mitgegeben wird;* Zus *Grabbeigabe*

B

beige ‹[beːʒ] Adj.; undekl.› **1** *naturfarben* (Wolle) **2** *sandfarben;* Abl *Beige; beigefarben*

bei|ge|ben ‹V. trans.; gibt bei, gab bei, hat bei|ge-ge|ben, bei|zu|ge|ben› etwas ~ **1** *mitgeben* **2** *beilegen, beifügen* ▸ klein ~ ‹übertr.; umg.› *sich fügen*

Bei|ge|schmack ‹der; -(e)s, -schmä|cke› **1** *Nebengeschmack, der den eigentl. Geschmack beeinträchtigt od. verdrängt* **2** ‹übertr.› *störende Nebeneigenschaft* ▸ der Wein hat einen ~; ein bitterer, fader, süßlicher ~; diese Angelegenheit hat einen unangenehmen ~ ‹übertr.›

Bei|heft ‹das; -(e)s, -e› *einem Buch beigefügtes Heft* ▸ das grammatische ~ zum Lehrbuch

Bei|hil|fe ‹die; -, -n› **1** *finanzielle Hilfe, Unterstützung* **2** *Hilfeleistung bei einer Straftat* ▸ ~ zu einem Verbrechen leisten

bei|kom|men ‹V. intr.; kommt bei, kam bei, ist bei|ge|kom|men, bei|zu|kom|men› **1** jmdm. ~ *jmdn. zu fassen bekommen* **2** einer Sache ~ *mit einer S. fertigwerden, sie meistern* ▸ ihm ist nicht beizukommen; ich weiß nicht, wie ich der Sache ~ soll

Beil ‹das; -(e)s, -e› *kurzstieliges Werkzeug mit breiter, einseitiger Schneide (bes. zum Be- u. Zerhauen von Holz u. Fleisch);* →a. *Fallbeil* ▸ Holz mit dem ~ spalten, zerhacken

Bei|la|ge ‹die; -, -n› *etwas, das beigelegt wird;* Zus *Gemüsebeilage, Zeitungsbeilage*

bei|läu|fig ‹Adj.› **1** *nebenbei (gesagt)* **2** ‹österr. a.› *etwa, ungefähr* ▸ eine ~e Frage; ~ 10 Euro; etwas ~ erwähnen

bei|le|gen ‹V. trans.; legt bei, leg|te bei, hat bei|ge-legt, bei|zu|le|gen› etwas ~ **1** *hinzulegen, beifügen* **2** *beimessen, zuschreiben, zusprechen* **3** *eine Auseinandersetzung, einen Konflikt beenden, schlichten* ▸ wir haben der Angelegenheit keine Bedeutung beigelegt; einem Brief ein Foto, Rückporto ~; einen Streit ~

bei|lei|be ‹Adv.; nur in Verneinungen› *bestimmt, wirklich* ▸ ~ nicht *auf keinen Fall;* er ist ~ kein großer Künstler

Bei|leid ‹das; -(e)s; unz.› *Mitgefühl, Anteilnahme (bei Todesfällen)* ▸ mein ~!; herzliches ~!; sein ~ ausdrücken, aussprechen, bezeigen; Zus *Beileidsbezeigung, Beileidsbrief, Beileidsschreiben*

bei|lie|gen ‹V. intr.; liegt bei, lag bei, hat bei|ge|legen, bei|zu|lie|gen› *einem Brief beigelegt, beigefügt sein* ▸ Zeugnisse liegen dem Schreiben bei

bei|lie|gend ‹Adj.; Abk.: beil.› *in der Anlage beigelegt, (einem Schreiben) beigefügt* ▸ ~e Abschrift; ~ erhalten Sie …

beim ‹Verschmelzungsform aus Präp. u. Art.› **1** *bei dem* **2** *bei einem*

bei|mes|sen ‹V. trans.; misst bei, maß bei, hat bei-ge|mes|sen, bei|zu|mes|sen› jmdm. od. einer Sache etwas ~ *zuschreiben* ▸ einer Angelegenheit besondere, geringe, große, keine Bedeutung ~

Bein ‹das; -(e)s, -e› **1** *untere Gliedmaße des Menschen, mit der man geht;* ⓘ S. 146 **2** *Gliedmaße höherer Wirbeltiere* **3** *eine beinähnliche Stütze;* Zus *Stuhlbein, Tischbein* ▸ er hat sich kein ~ dabei ausgerissen ‹übertr.; umg.› *er hat sich nicht übermäßig dabei angestrengt;* jmdm. ~e machen ‹übertr.; umg.› *ihn antreiben;* jmdm. ein ~ stellen *versuchen, ihn durch ein ausgestrecktes Bein zu Fall zu bringen;* sich die ~e (ein wenig) vertreten ‹übertr.; umg.› *sich Bewegung machen* ▸ dicke, gerade, krumme, kurze, lange, schlanke ~ haben; ein gebrochenes, geschientes ~; mit gekreuzten, übergeschlagenen ~en dasitzen; mit gespreizten ~en dastehen; das linke, rechte ~ heben ▸ er hat das Geschäft wieder auf die ~e gebracht ‹übertr.› *wieder hochgebracht, ihm neuen Aufschwung gegeben;* einem Gestürzten wieder auf die ~e helfen; auf einem ~ hüpfen; nach langer Krankheit wieder auf die ~e kommen *gesund werden, genesen;* den ganzen Tag, von früh an auf den ~en sein; noch gut auf den ~en sein ‹übertr.› *noch rüstig sein;* die ganze Stadt war auf den ~en ‹umg.› *unterwegs;* auf wackeligen ~en stehen ‹übertr.› *nicht sicher, abgesichert sein;* etwas auf die ~e stellen *zustande bringen;* ein Schemel mit drei ~en; mit den ~en baumeln; mit beiden ~en fest im Leben stehen *lebenstüchtig sein; sich in jeder Lage zurechtfinden;* die ~e unter den Arm nehmen ‹übertr.› *schnell entwischen;* jmdm. Knüppel zwischen die ~e werfen ‹übertr.› *jmdm. Schwierigkeiten bereiten*

bei|na|he ‹a. [-'--] Adv.› *nicht ganz, fast;* oV *beinah*

Bei|na|me ‹der; -ns, -n› *Name, den jmd. zu seinem eigtl. Namen später bekommen hat, z. B. Ehrenname, Spitzname* ▸ Friedrich I. mit dem ~n „Barbarossa"

Bein|bruch ‹der; -(e)s, -brü|che› *Bruch eines Beinknochens* ▸ das ist kein ~ ‹übertr.› *das ist nicht schlimm*

be|in|hal|ten ‹V. trans.; be|in|hal|tet, be|in|hal|te|te, hat be|in|hal|tet› etwas ~ *zum Inhalt haben, enthalten, umfassen* ▸ das Schreiben beinhaltet ein Formular

...bei|nig ‹in Zus.; zur Bildung von Adj.› *mit einer bestimmten Art od. Anzahl von Beinen versehen,* z. B. kurzbeinig, langbeinig ▸ ein dreibeiniger Hocker; ein vierbeiniges Tier

Bei|pack|zet|tel ‹der; -s, -› *einer Packung beiliegender Zettel mit Hinweisen für den Gebrauch ihres Inhalts*

bei|pflich|ten ‹V. intr.; pflich|tet bei, pflich|te|te bei, hat bei|ge|pflich|tet, bei|zu|pflich|ten› jmdm. od. einer Sache ~ *Recht geben, zustimmen* ▸ einer Meinung, einem Vorschlag ~

Bei|rat ‹der; -(e)s, -rä|te› *beigeordneter Berater, beratende Körperschaft;* Zus *Elternbeirat*

be|ir|ren ‹V. trans.; be|irrt, be|irr|te, hat be|irrt› jmdn. ~ *irremachen, verwirren* ▸ ‹meist in den Wendungen› sich durch etwas, von jmdm. (nicht) ~ lassen

bei|sam|men ‹Adv.› *zusammen, beieinander* ▸ wir waren vorgestern Abend noch sehr lange gemütlich ~; Zus *beisammensitzen, beisammenstehen*

bei|sam|men|ha|ben ‹V. trans.; hat bei|sam|men, hat|te bei|sam|men, hat bei|sam|men|ge|habt, bei|sam|men|zu|ha|ben⟩ Geld ~ *gesammelt haben* ▸ seine Gedanken ~ *konzentriert sein;* seinen Verstand, seine fünf Sinne ~ *vernünftig denken*

Bei|sam|men|sein ⟨das; -s; unz.⟩ *Zusammen-, Beieinandersein* ▸ geselliges ~

Bei|schlaf ⟨der; -(e)s; unz.⟩ = *Koitus* ▸ den ~ ausüben

Bei|sein ⟨das; -s; unz.⟩ *Anwesenheit* ▸ im ~ von

bei|sei|te ⟨Adv.⟩ *seitwärts, nach der Seite, fort, weg;* oV ⟨südwestdt.⟩ *beiseits* ▸ Spaß ~! ⟨umg.⟩ *das ist kein Scherz, es ist ernst gemeint*

bei|sei|te|ge|hen ⟨V. intr.; geht bei|sei|te, ging bei|sei|te, ist bei|sei|te|ge|gan|gen, bei|sei|te|zu|ge|hen⟩ *zur Seite gehen*

bei|sei|te|neh|men ⟨V. trans.; nimmt bei|sei|te, nahm bei|sei|te, hat bei|sei|te|ge|nom|men, bei|sei|te|zu|neh|men⟩ jmdn. ~ *jmdm. unter vier Augen etwas sagen*

Bei|sel ⟨das; -s, -n; süddt., österr.⟩ = *Kneipe (2)*

bei|set|zen ⟨V. trans.; setzt bei, setz|te bei, hat bei|ge|setzt, bei|zu|set|zen⟩ jmdn. ~ *beerdigen, begraben, bestatten*

Bei|set|zung ⟨die; -, -en⟩ *Beerdigung, Begräbnis, Feuerbestattung;* Zus *Urnenbeisetzung*

Bei|sitz ⟨der; -es, -e⟩ *Amt des Beisitzers;* Abl *beisitzen*

Bei|sit|zer ⟨der; -s, -⟩ **1** *Richter neben dem Vorsitzenden* **2** *Nebenrichter* **3** *Ausschuss-, Vorstandsmitglied neben einem Vorsitzenden;* Abl *Beisitzerin*

Bei|spiel ⟨das; -(e)s, -e⟩ **1** *typischer Fall für etwas, Muster* **2** *Vorbild, mustergültiges Verhalten für jmdn.* ▸ ich **folgte** seinem ~ ▸ ein **abschreckendes,** warnendes ~; ein **gutes,** schlechtes, treffendes ~ ▸ dies kann uns **als** ~ dienen; etwas als ~ nehmen; ich will es **an** einem ~ klarmachen; nimm dir ein ~ an deinem Bruder!; **mit** gutem ~ vorangehen; **nach** dem ~ von; das ist **ohne** ~ *das hat es noch nie gegeben;* **zum** ~ ⟨Abk.: z. B.⟩; nehmen wir zum ~ an, dass …

bei|spiel|haft ⟨Adj.⟩ *mustergültig, vorbildlich*

bei|spiel|los ⟨Adj.⟩ *ohne Beispiel, noch nie da gewesen, unerhört* ▸ ein ~er Erfolg

Bei|spiel|satz ⟨der; -es, -sät|ze⟩ *Satz als Beispiel, beispielgebender Satz;* oV *Beispielssatz*

bei|spiels|wei|se ⟨Adv.⟩ *zum Beispiel*

bei|ßen ⟨V. trans. u. V. intr.; beißt, biss, hat ge|bis|sen⟩ **1** *die Zähne aufeinanderpressen* **2** etwas od. jmdn. ~ *die Zähne in etwas od. jmdn. hineindrücken, mit den Zähnen packen* **3** (etwas) ~ *essen, kauen, mit den Zähnen zerkleinern* **4** jmdn. ~ *stechen* (Insekten) **5** *brennen, ätzen* (Geruch, ⟨übertr.⟩ Spott) **6** *scharf sein* (Säure, Speisen) ▸ er kann das harte **Brot** nicht mehr ~; die **Farben** ~ sich ⟨übertr.⟩ *passen nicht zueinander;* die **Hunde** haben sich/einander gebissen; eine **Mücke** hat mich gebissen ▸ **auf** einen Kirschkern ~; sich auf die Zunge ~; der Rauch beißt **in** den Augen; ins Brot ~ ▸ ein ~der Geruch; ~der Hohn, Spott; eine ~d scharfe Soße; →a. *Apfel, Granit, Hund*[1]

Bei|stand ⟨der; -(e)s, -stän|de⟩ **I** ⟨unz.⟩ *Hilfe, Stütze, Unterstützung* ▸ (keinen) ~ haben, finden; jmdm. ~ leisten **II** ⟨zählb.⟩ **1** *Helfer* **2** *Helfer des Angeklagten im Prozess;* Zus *Rechtsbeistand* **3** ⟨österr.⟩ *Trauzeuge*

bei|ste|hen ⟨V. intr.; steht bei, stand bei, hat (süddt., österr., schweiz.: ist) bei|ge|stan|den, bei|zu|ste|hen⟩ jmdm. ~ *jmdm. helfen, jmdn. unterstützen* ▸ er hat mir in der Not beigestanden; jmdm. mit Rat und Tat ~

Bei|stell|tisch ⟨der; -(e)s, -e⟩ *niedriger Tisch, der meist neben Sessel od. Sofas gestellt wird;* ⓘ S. 360

bei|steu|ern ⟨V. trans.; steu|ert bei, steu|er|te bei, hat bei|ge|steu|ert, bei|zu|steu|ern⟩ etwas (zu etwas) ~ **1** *dazugeben, seinen Beitrag zu etwas geben* **2** ⟨übertr.⟩ *zum Gelingen beitragen, mithelfen* ▸ seinen Anteil ~; etwas zum Programm ~

bei|stim|men ⟨V. intr.; stimmt bei, stimm|te bei, hat bei|ge|stimmt, bei|zu|stim|men⟩ jmdm. od. einer Sache ~ *zustimmen* ▸ ich stimme Ihnen bei; einer Meinung ~

Bei|trag ⟨der; -(e)s, -trä|ge⟩ **1** *Zahlung als Mitglied od. Teilnehmer;* Zus *Beitragserhöhung, Beitragszahlung; Jahresbeitrag, Monatsbeitrag, Mitgliedsbeitrag* **2** *Leistung od. Mitarbeit als Beteiligung an etwas Umfassendem, Anteil zum Ganzen* **3** *Artikel, Aufsatz, Bericht* **4** *Teil einer Sendung in Rundfunk od. Fernsehen* ▸ seinen jährlichen ~ **bezahlen,** entrichten; einer Zeitung Beiträge **einschicken;** seinen ~ **leisten** (zu) *einen Anteil geben (zu), sich beteiligen;* einen ~ (für eine Zeitschrift, ein Werk) **schreiben** ▸ **belehrender,** literarischer ~

bei|tra|gen ⟨V. trans. u. V. intr.; trägt bei, trug bei, hat bei|ge|tra|gen, bei|zu|tra|gen⟩ etwas (zu etwas) ~ **1** *seinen Anteil geben* **2** ⟨übertr.⟩ *mitwirken, mithelfen* ▸ etwas zum Gelingen des feierlichen Abends ~; (mit) zur Unterhaltung ~

bei|trags|frei ⟨Adj.⟩ *keine Beiträge entrichtend* ▸ ~e Mitgliedschaft

bei|trags|pflich|tig ⟨Adj.⟩ *zur Zahlung eines Beitrages verpflichtet od. verpflichtend* ▸ ein ~es Mitglied; die Mitgliedschaft in diesem Verein ist ~

bei|tre|ten ⟨V. intr.; tritt bei, trat bei, ist bei|ge|tre|ten, bei|zu|tre|ten⟩ einer Partei, einem Verein ~ *Mitglied werden*

Bei|tritt ⟨der; -(e)s, -e⟩ *das Beitreten, Anschluss, Erwerb der Mitgliedschaft;* Zus *Beitrittsverhandlung; beitrittswillig*

Bei|werk ⟨das; -(e)s; unz.⟩ **1** *(unnötige) Ausschmückung, Aufwand* **2** *Unwichtiges, Nebensächliches*

bei|woh|nen ⟨V. intr.; wohnt bei, wohn|te bei, hat bei|ge|wohnt, bei|zu|woh|nen⟩ einem Ereignis ~ *(bei einem Ereignis) zugegen sein, Zeuge sein* ▸ einer Feier, einer Gerichtsverhandlung ~

Bei|ze ⟨die; -, -n⟩ **1** *Mittel zur Oberflächenbehandlung von Hölzern, Metallen* **2** *Färbemittel für Fasern* **3** *Mittel zum Einpökeln von Fisch u. Fleisch* **4** *Mittel zum Gerben;* Abl *beizen*

bei|zei|ten ⟨Adv.⟩ *frühzeitig, rechtzeitig, bevor es zu spät ist* ▸ ich möchte ~ da sein

be|ja|hen ⟨V. trans.; be|jaht, be|jah|te, hat be|jaht⟩

Ggs *verneinen;* etwas ~ **1** *Ja dazu sagen, sich zustimmend dazu äußern, es billigen* **2** ⟨übertr.⟩ *positiv dazu eingestellt sein* ▸ eine Frage ~; das Leben ~; etwas lebhaft, zögernd ~; ~de Antwort

be|jahrt ⟨Adj.⟩ *alt, in die höheren Jahre gekommen*

be|jam|mern ⟨V. trans.; be|jam|mert, be|jam|mer-te, hat be|jam|mert⟩ jmdn. od. etwas ~ *außerordentlich beklagen, sehr bedauern;* Abl *bejammernswert*

be|ju|beln ⟨V. trans.; be|ju|belt, be|ju|bel|te, hat be|ju|belt⟩ eine Sache od. jmdn. ~ *einer Sache od. jmdm. zujubeln, laut seine Begeisterung kundtun* ▸ das Ereignis, der Sieger wurde (laut) bejubelt

be|kämp|fen ⟨V. trans.; be|kämpft, be|kämpf|te, hat be|kämpft⟩ etwas od. jmdn. ~ *gegen etwas od. jmdn. kämpfen, etwas od. jmdn. angreifen, zu besiegen versuchen* ▸ einander (bis aufs Blut) ~; einen politischen Gegner ~; Schädlinge, Ungeziefer ~; Abl *Bekämpfung*

be|kannt ⟨Adj.; -er, am -es|ten⟩ *so, dass viele es wissen od. kennen, nicht neu od. fremd* ▸ eine ~e Tatsache ▸ ~ geben = *bekanntgeben;* ~ machen = *bekanntmachen;* sein: das ist mir ~ *das weiß ich* ▸ es ist allgemein ~, dass er leicht wütend wird; wir sind gut ~ (miteinander) *wir kennen uns gut* ▸ etwas als ~ voraussetzen; er ist für seine Gewissenhaftigkeit ~

Be|kann|te(r) ⟨die; -n, -n (der; -n, -n)⟩ *jmd., den man kennt, der aber kein enger Freund ist* ▸ er ist ein guter ~r von uns; ein flüchtiger, guter ~r; ein ~r von mir; er feiert seinen Geburtstag mit Freunden und ~n; Zus *Bekanntenkreis*

be|kannt|ge|ben *auch:* **be|kannt ge|ben** ⟨V. trans.; gibt be|kannt, gab be|kannt, hat be|kannt|ge|geben, be|kannt|zu|ge|ben⟩ etwas ~ *öffentlich mitteilen, wissen lassen* ▸ das Ergebnis der Prüfung ~; Abl *Bekanntgabe*

Be|kannt|heit ⟨die; -, -en⟩ *bekannte Persönlichkeit*

be|kannt|lich ⟨Adv.⟩ *wie bekannt, wie jedermann weiß*

be|kannt|ma|chen *auch:* **be|kannt ma|chen** ⟨V. trans.; macht be|kannt, mach|te be|kannt, hat be|kannt|ge|macht, be|kannt|zu|ma|chen⟩ **1** jmdn. mit jmdm. ~ *jmdm. jmdn. vorstellen* **2** etwas ~ *veröffentlichen* ▸ darf ich ~: Herr X, Frau Y; eine Entscheidung ~ *öffentl. mitteilen*

Be|kannt|ma|chung ⟨die; -, -en⟩ **1** *amtl. öffentl. Mitteilung, Veröffentlichung* **2** *Zettel, Plakat, auf dem etwas bekanntgemacht wird, Anschlag*

Be|kannt|schaft ⟨die; -, -en⟩ **I** ⟨unz.⟩ *das Bekanntsein, Vertrautsein (mit)* ▸ jmds. ~ machen *jmdn. kennenlernen;* ich freue mich, Ihre ~ zu machen; mit jmdm. od. etwas ~ schließen **II** ⟨zählb.⟩ **1** *Bekanntenkreis, Freundeskreis* **2** *Person, die man kennt* ▸ in meiner ~ ist erst neulich Folgendes passiert

be|keh|ren ⟨V. trans.; be|kehrt, be|kehr|te, hat be|kehrt⟩ jmdn. od. sich zu etwas ~ *von etwas überzeugen, dazu bringen, etwas zu glauben od. zu tun* ▸ sich zu einer Ansicht, einem Glauben, einer Weltanschauung ~; jmdn. od. sich zum Christentum ~; du kannst mich nicht (dazu) ~!

be|ken|nen ⟨V. trans.; be|kennt, be|kann|te, hat be|kannt⟩ **1** einen Fehler, eine Schuld ~ *gestehen, zugeben* **2** etwas ~ *seine wahre Meinung über etwas offenbaren* ▸ ich bekenne, dass ich es getan habe; die Wahrheit ~; sich schuldig ~; sich zu jmdm. ~ *öffentlich sagen, dass man jmds. Ansicht ist;* sich zu einem Glauben ~

Be|ken|ner|schrei|ben ⟨das; -s, -⟩ *Brief od. Schreiben, in dem eine Organisation die Verantwortung für etwas (z. B. ein Attentat) übernimmt*

Be|kennt|nis ⟨das; -nis|ses, -nis|se⟩ **1** *Geständnis, Eingeständnis, Beichte;* Zus *Sündenbekenntnis* **2** *öffentliche Bezeugung, Erklärung* **3** *Glaubenssätze einer Religionsgemeinschaft;* Zus *Glaubensbekenntnis* **4** *Zugehörigkeit zu einer Religionsgemeinschaft;* Zus *Bekenntnisfreiheit* ▸ ~ einer Auffassung, des Glaubens; ein ~ ablegen; evangelisches, katholisches, religiöses ~

be|kla|gen ⟨V.; be|klagt, be|klag|te, hat be|klagt⟩ **I** ⟨V. trans.⟩ **1** etwas ~ *über etwas klagen, etwas bedauern* **2** jmdn. ~ *bemitleiden* ▸ jmds. Tod ~; einen Verlust ~; Menschenleben sind bei dem Unfall nicht zu ~ *es gab keine Toten;* Abl *beklagenswert* **II** ⟨V. refl.⟩ sich ~ (über) *sich beschweren* ▸ Sie können sich nicht ~

Be|klag|te(r) ⟨die; -n, -n (der; -n, -n)⟩ *jmd., gegen den eine rechtliche Klage erhoben worden ist;* Ggs *Kläger*

be|klau|en ⟨V. trans.; be|klaut, be|klau|te, hat beklaut; umg.⟩ jmdn. ~ *jmdm. etwas stehlen*

be|kle|ben ⟨V. trans.; be|klebt, be|kleb|te, hat beklebt⟩ etwas (mit etwas) ~ *etwas an etwas kleben, vollkleben* ▸ einen Gegenstand mit Papier ~; das Bekleben der Wand ist streng verboten

be|klei|den ⟨V. trans.; be|klei|det, be|klei|de|te, hat be|klei|det⟩ ein Amt ~ *innehaben*

be|klei|det **I** ⟨Part. Perf. von⟩ *bekleiden* **II** ⟨Adj.⟩ mit etwas ~ sein *eine bestimmte Kleidung tragen* ▸ sie ist nur leicht ~

Be|klei|dung ⟨die; -, -en⟩ **1** *Gesamtheit der Kleidung;* ⓘ S. 682 **2** *das Bekleiden eines Amtes*

be|klem|men ⟨V. trans.; be|klemmt, be|klemm|te, hat be|klemmt⟩ jmdn. ~ *jmdn. bedrücken, ängstigen* ▸ Angst, Sorge beklemmt mich; ein ~des Angstgefühl; eine ~de Stille trat ein

Be|klem|mung ⟨die; -, -en⟩ *beklemmendes Gefühl, Angst* ▸ in diesem Raum bekomme ich ~en

be|klom|men ⟨Adj.⟩ *bedrückt, ängstlich* ▸ sie schwieg ~; mir war ~ zumute

be|kloppt ⟨Adj.; umg.⟩ *begriffsstutzig, blöd, dumm*

be|knien ⟨V. trans.; be|kniet, be|knie|te, hat bekniet⟩ jmdn. ~ *wiederholt bitten, bedrängen*

be|ko|chen ⟨V. trans.; be|kocht, be|koch|te, hat bekocht; umg.⟩ jmdn. ~ *für jmds. Essen sorgen*

be|kom|men ⟨V.⟩ **I** ⟨V. trans.; be|kommt, be|kam, hat be|kom|men⟩ **1** etwas (von jmdm.) ~ *kriegen, erhalten* **2** eine Erkältung, einen Schnupfen ~ *sich zuziehen* ▸ Angst ~; (keine) Antwort ~; einen Bauch ~ *dick werden;* Besuch ~; einen Brief ~; die Erlaubnis ~ (etwas zu tun); ich bekomme noch drei Euro; Farbe ~ *allmählich gesünder, frischer aussehen;* Gehalt, Geld ~; graue

Haare ~; Herzklopfen ~; Hunger ~ *hungrig werden;* sie bekommt ein Kind *sie erwartet ein K., ist schwanger;* sie hat ein Kind ~ *sie hat ein K. geboren, zur Welt gebracht;* eine Krankheit ~ *erkranken (an);* Lust ~, etwas zu tun; die Mitteilung ~, dass ...; eine Nachricht ~; die Mauer bekommt Risse; Schläge ~; einen Schrecken ~; Übung (im Autofahren o. Ä.) ~; wir ~ anderes Wetter *das Wetter wird sich ändern;* einen Wutanfall ~; Zähne ~ ▸ was kann ich zu essen ~?; dort bekommt man alles zu kaufen; etwas geschenkt ~; ich habe nichts davon zu sehen ~ *man hat mir nichts gezeigt;* kann ich etwas anderes zu tun ~? *eine andere Arbeit* ▸ etwas od. jmdn. in seine Gewalt ~ *sich einer Sache od. einer Person bemächtigen;* ich bekomme es allmählich mit der Angst ⟨umg.⟩ *ich werde ängstlich;* es sind keine Eintrittskarten mehr zu ~ ▸ was ~ Sie? *was habe ich zu zahlen?;* was ~ Sie bitte? *(Frage der Verkäuferin) was wünschen Sie?* **II** ⟨V. intr.; be|kommt, be|kam, ist be|kommen⟩ *bekömmlich, gut verträglich sein* ▸ es bekommt mir *ich vertrage es* ▸ das Essen ist mir nicht ~ ▸ es bekommt mir gut, schlecht *ich vertrage es gut, schlecht;* wohl bekomm's *(Wunsch beim Essen od. Trinken)*

be|kọmm|lich ⟨Adj.⟩ *gesund, gut verträglich* ▸ eine ~e Mahlzeit; fette Speisen sind schwer ~

be|krạ̈f|ti|gen ⟨V. trans.; be|kräf|tigt, be|kräf|tig|te, hat be|kräf|tigt⟩ etwas ~ *nachdrücklich bestätigen, unterstützen* ▸ die Meinung eines anderen ~; einen Vorschlag ~; Abl *Bekräftigung*

be|kreu|zi|gen ⟨V. refl.; be|kreu|zigt sich, be|kreu|zig|te sich, hat sich be|kreu|zigt⟩ sich ~ *das Kreuzzeichen (vor sich selbst) machen*

be|krie|gen ⟨V. trans.; be|kriegt, be|krieg|te, hat be|kriegt⟩ jmdn. ~ *gegen jmdn. Krieg führen, jmdn. bekämpfen*

be|krit|teln ⟨V. trans.; be|krit|telt, be|krit|tel|te, hat be|krit|telt⟩ etwas (an jmdm.) od. jmdn. ~ *kleinlich kritisieren, an etwas od. jmdm. nörgeln*

be|kụ̈m|mern ⟨V. trans.; be|küm|mert, be|küm|mer|te, hat be|küm|mert⟩ jmdn. ~ *jmdm. Kummer, Sorge bereiten, jmdn. betrüben* ▸ das bekümmert ihn gar nicht; das braucht dich nicht zu ~; →a. *bekümmert;* Abl *Bekümmernis*

be|kụ̈m|mert **I** ⟨Part. Perf. von⟩ *bekümmern* **II** ⟨Adj.⟩ *betrübt, besorgt, bedrückt* ▸ ein ~es Gesicht machen; beide schwiegen ~

be|kụn|den ⟨V. trans.; be|kun|det, be|kun|de|te, hat be|kun|det⟩ etwas ~ **1** *kundtun, öffentlich aussprechen* **2** *bezeigen, zeigen* ▸ sein Beileid ~

be|lạ̈|cheln ⟨V. trans.; be|lä|chelt, be|lä|chel|te, hat be|lä|chelt⟩ etwas od. jmdn. ~ *über etwas od. jmdn. lächeln, es od. ihn nicht ernst nehmen*

be|la|den ⟨V. trans.; be|lädt, be|lud/be|la|de|te, hat be|la|den⟩ etwas od. jmdn. ~ *mit einer Last belegen, befrachten, belasten* ▸ einen Wagen mit Möbeln ~; ein Schiff mit Containern ~

Be|lag ⟨der; -(e)s, -lä|ge⟩ **1** *dünne Schicht, dünner Überzug;* Zus *Zahnbelag* **2** *Schicht aus einem bestimmten Material;* Zus *Fußbodenbelag, Straßenbelag* **3** *Aufstrich, Aufschnitt, Zutaten auf einer Scheibe Brot od. auf einem Teig;* Zus *Brotbelag, Pizzabelag* ▸ ~ auf der Fensterscheibe; einen ~ auf der Zunge haben ⟨Med.⟩

be|la|gern ⟨V. trans.; be|la|gert, be|la|ger|te, hat be|la|gert⟩ **1** ⟨Mil.⟩ eine Stadt ~ *mit einem Heer umschlossen halten* **2** ⟨übertr.⟩ jmdn. od. etwas ~ *von allen Seiten bedrängen, sich um etwas od. jmdn. drängen* ▸ einen Politiker ~; die Sängerin war von Fans belagert

Be|la|ge|rung ⟨die; -, -en⟩ *das Belagern* ▸ die ~ einer Stadt aufheben; Zus *Belagerungszustand*

be|lạ̈m|mert ⟨Adj.; umg.⟩ **1** *betreten, verwirrt* **2** *unangenehm, scheußlich* ▸ ein ~es Gesicht machen

Be|lạng ⟨der; -(e)s, -e⟩ *Wichtigkeit, Interesse* ▸ jmds. ~e vertreten, wahren; ohne ~ *unwichtig;* das ist für mich nicht von ~

be|lạn|gen ⟨V. trans.; be|langt, be|lang|te, hat belangt⟩ jmdn. ~ *zur Verantwortung ziehen, verklagen* ▸ jmdn. gerichtlich ~; jmdn. wegen Diebstahls ~

be|lạng|los ⟨Adj.; -er, am -es|ten⟩ *ohne Belang, unwichtig;* Abl *Belanglosigkeit*

be|lạs|sen ⟨V. trans.; be|lässt, be|ließ, hat be|lassen⟩ etwas od. jmdn. ~ *lassen* ▸ jmdn. in seiner Stellung (noch) ~; alles beim Alten ~; wir wollen es dabei ~

be|lạst|bar ⟨Adj.⟩ *so beschaffen, dass man es belasten kann;* Abl *Belastbarkeit*

be|lạs|ten ⟨V. trans.; be|las|tet, be|las|te|te, hat be|las|tet⟩ **1** etwas ~ *beladen* **2** jmdn. ~ **2.1** *jmdn. seelisch bedrücken* **2.2** *jmdn. beschuldigen* ▸ eine Brücke, einen Fahrstuhl (zu sehr) ~; sein Unglück belastet mich sehr ▸ den Angeklagten durch eine Aussage ~; ein Konto mit einem Betrag ~ *den B. von dem K. abziehen;* ich will dich nicht mit meinen Sorgen ~ ▸ ~de Aussagen machen ⟨Rechtsw.⟩; ein ~der Umstand

be|lạ̈s|ti|gen ⟨V. trans.; be|läs|tigt, be|läs|tig|te, hat be|läs|tigt⟩ jmdn. ~ *jmdm. unangenehm sein, jmdn. stören, sich jmdm. aufdrängen* ▸ jmdn. auf der Straße ~; jmdn. mit Fragen ~; ich möchte Sie nicht ~, aber ich habe eine Frage an Sie; bitte ~ Sie mich nicht länger!

Be|lạ̈s|ti|gung ⟨die; -, -en⟩ *lästige Störung* ▸ eine Frage als eine ~ empfinden

Be|lạs|tung ⟨die; -, -en⟩ **1** *Traglast, Gewicht;* Zus *Belastungsgrenze* **2** *Schuld, Verpflichtung, Eintragung auf der Sollseite* **3** ⟨übertr.⟩ *Sorge, Bedrückung, seel. Druck* ▸ ~ eines Kontos; finanzielle ~; seelische ~; steuerliche ~ *Steuern*

be|lau|ern ⟨V. trans.; be|lau|ert, be|lau|er|te, hat be|lau|ert⟩ jmdn. od. etwas ~ *heimlich, aus dem Hinterhalt beobachten*

be|lau|fen ⟨V. refl.; be|läuft sich, be|lief sich, hat sich be|lau|fen⟩ sich ~ auf *die Summe, Zahl, Höhe erreichen von* ▸ die Kosten ~ sich auf 300 Euro; die Zahl der Teilnehmer beläuft sich auf 200

be|lau|schen ⟨V. trans.; be|lauscht, be|lausch|te, hat be|lauscht⟩ **1** Personen ~ *eine Unterhaltung zw. diesen Personen heimlich mitverfolgen* **2** ein Gespräch ~ *es heimlich mit anhören*

B C D E F G H I J K L M N O P Q R S T U V W X Y Z

be|le|ben ⟨V.; be|lebt, be|leb|te, hat be|lebt⟩ **I** ⟨V. trans.⟩ **1** jmdn. ~ *zum Wiederatmen bringen* **2** ⟨übertr.⟩ etwas ~ *anregen, fördern, wieder in Schwung bringen* ▸ ein Geschäft ~; die Stimmung ~; ein kahles Zimmer durch Bilder, Vorhänge ~; Kaffee hat eine ~de Wirkung **II** ⟨V. refl.⟩ sich ~ *(wieder) lebhaft, lebendiger werden* ▸ sein Gesicht belebt sich; die Straße, der Verkehr belebt sich; →a. *belebt*

be|lebt **I** ⟨Part. Perf. von⟩ *beleben* **II** ⟨Adj.; -er, am -es|ten⟩ **1** *lebendig, mit Leben gefüllt* **2** *lebhaft, bewegt, geschäftig* **3** *verkehrsreich* (Straße) ▸ eine ~e Einkaufszone; die ~e Welt

Be|leg ⟨der; -(e)s, -e⟩ **1** *Nachweis, Zeugnis* **2** *Beweisstück* **3** *Quittung, Originalunterlage für die Buchung;* Zus *Rechnungsbeleg* ▸ kann ich für die Zahlung einen ~ haben?

be|le|gen ⟨V. trans.; be|legt, be|leg|te, hat be|legt⟩ **1** etwas ~ *(mit einem Belag) bedecken* **2** etwas ~ *beweisen, nachweisen;* Abl *belegbar* **3** ein Zimmer ~ *besetzen* ▸ Ausgaben (durch Quittungen) ~; Brote (mit Wurst-, Käsescheiben) ~; einen Kurs ~ *sich als Hörer, Teilnehmer dafür einschreiben;* eine Pizza ~; einen Platz ~ *sich einen Platz durch Darauflegen eines Gegenstandes sichern, freihalten;* sie belegte den 3. Platz *sie hat bei einem Wettkampf den 3. Platz errungen* ▸ eine Behauptung mit Beweisen ~; den Boden mit Fliesen ~ ▸ im Gasthaus sind alle Zimmer belegt *besetzt;* seine Zunge ist belegt *hat einen Belag;* belegte Brötchen *Brötchen mit Aufschnitt o. Ä.;* →a. *Beschlag*

Be|leg|schaft ⟨die; -, -en⟩ *alle Beschäftigten eines Betriebes, einer Firma*

be|leh|ren ⟨V. trans.; be|lehrt, be|lehr|te, hat belehrt⟩ jmdn. ~ *aufklären, unterrichten* ▸ jmdn. eines Besseren ~ *jmds. Meinung berichtigen;* er ist nicht zu ~ *er nimmt keine Belehrung an*

Be|leh|rung ⟨die; -, -en⟩ **1** *das Belehren* **2** *Lehre, Rat, Auskunft* ▸ (keine) ~ annehmen *sich (nicht) belehren lassen*

be|leibt ⟨Adj.; -er, am -es|ten⟩ *dick, dickbäuchig, korpulent;* Abl *Beleibtheit*

be|lei|di|gen ⟨V. trans.; be|lei|digt, be|lei|dig|te, hat be|lei|digt⟩ jmdn. od. etwas ~ *durch Worte verletzen, kränken* ▸ dieser Anblick beleidigt das Auge; solche Klänge ~ das Ohr; sie ist leicht, schnell beleidigt *leicht gekränkt;* die beleidigte Leberwurst spielen ⟨übertr.; umg.⟩ *lange gekränkt sein;* einen ~den Brief schreiben; ~de Worte sprechen

Be|lei|di|gung ⟨die; -, -en⟩ **I** ⟨unz.⟩ *das Beleidigen, Kränkung, Herabsetzung* ▸ jmdn. wegen ~ verklagen **II** ⟨zählb.⟩ *beleidigende Äußerung* ▸ ich höre mir diese ~en nicht länger an

be|lei|hen ⟨V. trans.; be|leiht, be|lieh, hat be|liehen⟩ ein Haus ~ *zugunsten der Bank als Sicherheit für einen Kredit verpfänden*

be|le|sen ⟨Adj.⟩ *durch vieles Lesen gut informiert u. kenntnisreich* ▸ sie ist sehr ~

be|leuch|ten ⟨V. trans.; be|leuch|tet, be|leuch|te|te, hat be|leuch|tet⟩ etwas ~ **1** *in helles Licht setzen, mit Licht bestrahlen* **2** ⟨übertr.⟩ *zeigen, ins rechte Licht setzen, (anschaulich) darstellen* ▸ einen Saal festlich ~; der Platz, die Straße ist gut, schlecht beleuchtet; einen Gegenstand von allen Seiten ~ ⟨a. übertr.⟩ *erschöpfend behandeln*

Be|leuch|tung ⟨die; -, -en⟩ **1** *das Beleuchten* **2** *Lichtverteilung, Licht* **3** *künstliche Erhellung, künstliches Licht* ▸ die ~ der Straßen durch Laternen; gute, schlechte, indirekte ~

bel|gisch ⟨Adj.⟩ *Belgien od. die Belgier betreffend, Belgien zugehörend, aus Belgien stammend*

be|lich|ten ⟨V. trans.; be|lich|tet, be|lich|te|te, hat be|lich|tet; Fot.⟩ einen Film (kurz, lang) ~ *dem Licht aussetzen;* Abl *Belichtung*

be|lie|ben ⟨V. intr.; be|liebt, be|lieb|te, hat be|liebt; geh.⟩ **I** ⟨persönl.⟩ etwas zu tun ~ *sich (gnädig)herablassen (etwas zu tun)* ▸ er beliebt zu scherzen **II** ⟨unpersönl.⟩ jmdm. ~ *gefallen* ▸ kommen Sie, wann es Ihnen beliebt; wie es Ihnen beliebt

Be|lie|ben ⟨das; -s; unz.⟩ *Ermessen, Wunsch, Wille* ▸ nach ~ *wie man will*

be|lie|big ⟨Adj.⟩ **I** ⟨attr.; präd.⟩ *irgendein* ▸ jeder Beliebige *irgendeiner, jeder;* du kannst jeden Beliebigen fragen; ein ~es Beispiel herausgreifen; ein ~er Gegenstand **II** ⟨adv.⟩ *nach Wunsch, nach Wahl* ▸ du kannst hier ~ spazieren gehen; ~ lange; ~ oft; ~ viel; Abl *Beliebigkeit*

be|liebt **I** ⟨Part. Perf. von⟩ *belieben* **II** ⟨Adj.; -er, am -es|ten⟩ **1** *überall gern gesehen* (Person) **2** *gern u. oft gebraucht, sehr verbreitet* (Sache) ▸ eine ~e Gewohnheit, ein ~er Brauch; ein ~er Lehrer, Politiker, Schauspieler; sich (bei jmdm.) ~ machen *sich (bei jmdm.) einschmeicheln;* er ist bei allen Kollegen ~; Abl *Beliebtheit*

be|lie|fern ⟨V. trans.; be|lie|fert, be|lie|fer|te, hat be|lie|fert⟩ jmdn. (mit etwas) ~ *jmdm. etwas liefern, zusenden* ▸ jmdn. mit Getränken ~

bel|len ⟨V. intr.; bellt, bell|te, hat ge|bellt⟩ **1** *Laut geben* (Hund) **2** ⟨übertr.⟩ *heftig u. hart, trocken husten* ▸ Hunde, die ~, beißen nicht ⟨Sprichw.⟩ *wer viel droht, handelt nicht;* ~der Husten

Bel|le|t|ris|tik ⟨die; -; unz.⟩ *schöngeistige Literatur, Unterhaltungsliteratur;* Abl *belletristisch*

be|loh|nen ⟨V. trans.; be|lohnt, be|lohn|te, hat belohnt⟩ **1** jmdn. (für etwas) ~ *jmdm. einen Lohn, eine Belohnung (für etwas) geben* **2** etwas ~ *etwas mit einer Belohnung vergelten* ▸ jmdn. reichlich ~; jmdn. für seine Hilfe mit einem Geschenk ~; eine solche Leistung muss belohnt werden

Be|loh|nung ⟨die; -, -en⟩ **1** *das Belohnen* **2** *Gabe, Geschenk als Dank* ▸ eine hohe ~ auf od. für etwas aussetzen; als od. zur ~ für eine gute Leistung

be|lüf|ten ⟨V. trans.; be|lüf|tet, be|lüf|te|te, hat belüf|tet⟩ einen Raum ~ *regelmäßig mit frischer Luft versorgen* ▸ schlecht belüftete Räume

be|lü|gen ⟨V. trans.; be|lügt, be|log, hat be|lo|gen⟩ jmdn. ~ *jmdm. Unwahres sagen*

be|lus|ti|gen ⟨V. trans.; be|lus|tigt, be|lus|tig|te, hat be|lus|tigt⟩ jmdn. ~ *jmdn. erheitern, jmdm. Spaß machen*

be|mäch|ti|gen ⟨V. refl.; be|mäch|tigt sich, bemäch|tig|te sich, hat sich be|mäch|tigt; m. Gen.; geh.⟩ **1** sich einer Sache ~ *sie gewaltsam nehmen, sich aneignen* **2** sich jmds. ~ *jmdn. in seine Gewalt bekommen* ▸ sich der Militärgewalt ~; Abl *Bemächtigung*

be|mä̲|keln ⟨V. trans.; be|mä|kelt, be|mä|kel|te, hat be|mä|kelt⟩ jmdn. od. etwas ~ *überkritisch begutachten u. bemängeln*

be|ma̲|len ⟨V. trans.; be|malt, be|mal|te, hat bemalt⟩ etwas ~ *mit Farbe anstreichen, anmalen, bunt machen*

Be|ma̲|lung ⟨die; -, -en⟩ **1** *Farbanstrich* **2** *Geschminktsein, z. B. bei traditionellen Völkern*

be|män|geln ⟨V. trans.; be|män|gelt, be|män|gel|te, hat be|män|gelt⟩ etwas ~ *etwas kritisieren, etwas beanstanden, es jmdm. als Fehler vorhalten* ▸ jmds. Verhalten ~; an allem etwas zu ~ haben

be|mẹrk|bar ⟨Adj.⟩ *so beschaffen, dass man es bemerken kann* ▸ sich ~ machen *seine Anwesenheit (durch Geräusche, Bewegungen) deutlich machen, sich zu erkennen geben*

be|mẹr|ken ⟨V. trans.; be|merkt, be|merk|te, hat be|merkt⟩ **1** jmdn. od. etwas ~ *wahrnehmen, sehen, hören, entdecken* **2** etwas ~ *durch Beobachten od. Nachdenken erkennen* **3** etwas ~ *äußern, sagen, hinzufügen* ▸ der Autofahrer hat den Fußgänger nicht bemerkt; ich bemerkte ein leises Geräusch; einen Schaden rechtzeitig, zu spät ~; jmdn. nicht ~ *jmdn. nicht sehen, nicht sehen wollen, übersehen;* nebenbei bemerkt, ich habe ihn auf der Feier gar nicht gesehen; „…“, bemerkte er

be|mẹr|kens|wert ⟨Adj.; -er, am -es|ten⟩ *so beschaffen, dass man es bemerken muss, beachtlich, Aufmerksamkeit verdienend* ▸ ein ~er junger Mann; es ist ~, wie geschickt er ist

Be|mẹr|kung ⟨die; -, -en⟩ *kurze mündl. od. schriftl. Äußerung, Anmerkung* ▸ eine kritische, spöttische, treffende, unpassende ~; eine ~ über jmdn. od. etwas machen

be|mẹs|sen ⟨V. trans.; be|misst, be|maß, hat bemes|sen⟩ etwas ~ **1** *abmessen* **2** *(nach einem Vorbild) einrichten* ▸ unsere Zeit ist knapp, kurz ~ *wir haben nur wenig Zeit;* Abl *Bemessung*

Be|mẹs|sungs|grund|la|ge ⟨die; -, -n⟩ *Grundlage für die Bemessung od. Berechnung eines Beitrages*

be|mịt|lei|den ⟨V. trans.; be|mit|lei|det, be|mit|lei|de|te, hat be|mit|lei|det⟩ jmdn. ~ *mit jmdm. Mitleid haben* ▸ ich bemitleide ihn *er tut mir leid;* hör auf, dich ständig selbst zu ~!

be|mịt|lei|dens|wert ⟨Adj.⟩ *so beschaffen, dass man es, sie, ihn bemitleiden muss*

be|mü̲|hen ⟨V.; be|müht, be|müh|te, hat be|müht⟩ **I** ⟨V. trans.⟩ jmdn. ~ **1** *jmdm. Mühe machen, Arbeit bereiten* **2** *jmdn. etwas zu tun veranlassen* ▸ es tut mir leid, dass ich dich ~ musste; er hat einen Spezialisten bemüht **II** ⟨V. refl.⟩ **1** sich ~ *sich Mühe geben, sich anstrengen* **2** sich um jmdn. ~ **2.1** *sich um jmdn. kümmern, für jmdn. einsetzen* **2.2** *jmdn. für sich gewinnen wollen* **3** sich um etwas ~ *sich dafür einsetzen, etwas zu erreichen, erlangen* ▸ bitte, ~ Sie sich nicht! *(als höfliche Ablehnung eines Angebotes);* sich um einen Arbeitsplatz, Job ~

Be|mü̲|hung ⟨die; -, -en⟩ **1** *das Sichbemühen* **2** *Anstrengung, Bestreben* ▸ ich danke Ihnen für Ihre ~(en); trotz aller ~en gelang es nicht

be|mü̲|ßigt ⟨Adj.; fast nur in der Wendung⟩ sich ~ fühlen *sich genötigt, veranlasst fühlen* ▸ ich fühlte mich ~, dich nach Hause zu begleiten

be|mụt|tern ⟨V. trans.; be|mut|tert, be|mut|ter|te, hat be|mut|tert⟩ jmdn. ~ *wie eine Mutter für jmdn. sorgen, jmdn. sanft bevormunden*

be|na̲ch|bart ⟨Adj.⟩ **1** *angrenzend, anliegend* (Haus, Grundstück) **2** *in der Nähe liegend* (Stadt)

be|na̲ch|rich|ti|gen ⟨V. trans.; be|nach|rich|tigt, be|nach|rich|tig|te, hat be|nach|rich|tigt⟩ jmdn. (von etwas) ~ *jmdm. eine Nachricht übermitteln, ihm etwas mitteilen;* Abl *Benachrichtigung*

be|na̲ch|tei|li|gen ⟨V. trans.; be|nach|tei|ligt, be|nach|tei|lig|te, hat be|nach|tei|ligt⟩ jmdn. ~ *jmdn. schlechter behandeln als andere, ihm weniger geben als anderen* ▸ er fühlt sich benachteiligt; Abl *Benachteiligung*

be|ne̲|beln ⟨V. trans.; be|ne|belt, be|ne|bel|te, hat be|ne|belt⟩ jmdn. ~ *jmdn. verwirren, seinen Geisteszustand beeinträchtigen* ▸ der Wein hatte ihn benebelt; benebelt sein *beschwipst sein, einen Rausch haben*

Be|ne|fi̲z... ⟨in Zus.⟩ *etwas, das einem wohltätigen Zweck dient,* z. B. Benefizkonzert

be|ne̲h|men ⟨V. refl.; be|nimmt sich, be|nahm sich, hat sich be|nom|men⟩ sich ~ *sich betragen, sich verhalten* ▸ bitte benimm dich! *betrage dich gut, anständig;* sich anständig, gut, schlecht, tadellos ~; er hat sich unmöglich benommen ⟨umg.⟩ *sehr schlecht;* er weiß sich zu ~ *er weiß, wie man sich gut betragen muss*

Be|ne̲h|men ⟨das; -s; unz.⟩ **1** *Betragen, Gesamtheit der Umgangsformen* **2** *Verhalten, Handlungsweise* ▸ anständiges, höfliches, schlechtes, tadelloses ~; dein ~ war schlecht; sich mit jmdm. ins ~ setzen ⟨Amtsdt.⟩ *mit jmdm. übereinkommen*

be|nei̲|den ⟨V. trans.; be|nei|det, be|nei|de|te, hat be|nei|det⟩ **1** jmdn. ~ **1.1** *jmdm. etwas nicht gönnen* **1.2** *sein wollen wie jmd., an jmds. Stelle sein wollen* **2** jmdn. um etwas ~ *dasselbe haben wollen wie jmd.* ▸ ich beneide ihn um seinen Reichtum; er ist wirklich nicht zu ~

be|nei̲|dens|wert ⟨Adj.; -er, am -es|ten⟩ *so beschaffen, dass man jmdn. (darum) beneiden kann* ▸ es ist ~, wie er sich hochgearbeitet hat

Be|ne|lụx|län|der ⟨Pl.⟩ *die Länder Belgien, Niederlande u. Luxemburg*

be|nẹn|nen ⟨V. trans.; be|nennt, be|nann|te, hat be|nannt⟩ **1** jmdn. od. eine Sache ~ **1.1** *einer Sache, jmdm. einen Namen geben, sie od. ihn bezeichnen* **1.2** *jmdn. (mit Namen) nennen* **2** jmdn. ~ *jmdn. ernennen* ▸ einen Kandidaten, Vorsitzenden ~; etwas (nicht) genau ~ können *etwas (nicht) genau beschreiben können;* den Sohn nach seinem Vater ~; Abl *Benennung*

be|nẹt|zen ⟨V. trans.; be|netzt, be|netz|te, hat benetzt⟩ etwas ~ *(leicht) befeuchten, nass machen*

B

Ben|gel ⟨der; -s, - od. -s⟩ *(frecher) kleiner Junge*

Be|nimm ⟨der; -s; unz.; umg.⟩ *Benehmen* ▸ du hast keinen ~ *schlechte Manieren*

be|nom|men I ⟨Part. Perf. von⟩ *benehmen* II ⟨Adj.⟩ *verstört, verwirrt, leicht betäubt* ▸ vom Alkoholgenuss (noch) ~ sein; er ist von dem Schrecken noch ganz ~; Abl *Benommenheit*

be|no|ten ⟨V. trans.; be|no|tet, be|no|te|te, hat be|no|tet⟩ etwas ~ *mit einer Note (Zensur) versehen* ▸ einen Aufsatz ~; Abl *Benotung*

be|nö|ti|gen ⟨V. trans.; be|nö|tigt, be|nö|tig|te, hat be|nö|tigt⟩ etwas ~ *notwendig brauchen, dringend haben müssen* ▸ Geld, Kleidung ~; ich benötige deine Hilfe; Abl *Benötigung*

be|nutz|bar ⟨Adj.⟩ *so beschaffen, dass man es benutzen kann* (Weg, Zimmer); oV *benützbar;* Abl *Benutzbarkeit/Benützbarkeit*

be|nut|zen ⟨V. trans.; be|nutzt, be|nutz|te, hat benutzt⟩ oV *benützen* 1 etwas od. jmdn. ~ *für einen bestimmten Zweck gebrauchen, nehmen* 2 ein Buch, Lexikon, Nachschlagewerk ~ *zu Rate ziehen* 3 den Bus, das Fahrrad, das Auto ~ *mit dem B., F., A. fahren* 4 die Gelegenheit ~ *die G. ergreifen* ▸ kannst du nicht das Fahrrad ~; sie hat ihn nur benutzt *ausgenutzt*

Be|nut|zer ⟨der; -s, -⟩ *jmd., der etwas benutzt;* oV *Benützer* ▸ ~ eines Buches (bes. in Bibliotheken); Abl *Benutzerin/Benützerin*

be|nut|zer|freund|lich ⟨Adj.; bes. EDV⟩ *für den Anwender, Benutzer angenehm od. mühelos zu handhaben* ▸ ~e Oberfläche

Be|nut|zer|ober|flä|che ⟨die; -, -n; EDV⟩ *Oberfläche eines (EDV-)Programmes auf dem Computerbildschirm*

Be|nut|zung ⟨die; -; unz.⟩ *Verwendung, Gebrauch, vorteilhafte Anwendung;* oV *Benützung*

Ben|zin ⟨das; -s; unz.⟩ *Bestandteile des Erdöls, die bes. als Treibstoff für Kraftfahrzeuge verwendet werden;* Zus *Benzinfeuerzeug, Benzinmotor*

be|ob|ach|ten ⟨V. trans.; be|ob|ach|tet, be|ob|ach|te|te, hat be|ob|ach|tet⟩ jmdn. od. etwas ~ 1 *eine Zeit lang genau betrachten, mit den Augen verfolgen* 2 *bemerken, feststellen, wahrnehmen* ▸ ich habe den Unfall beobachtet; einen Vorgang ~ ▸ jmdn. ärztlich ~ (lassen); genau, gut, scharf, unausgesetzt ~ ▸ das habe ich noch nie an ihr beobachtet; jmdn. aus der Nähe ~; jmdn. bei einer Beschäftigung ~

Be|ob|ach|ter ⟨der; -s, -⟩ *jmd., der etwas od. jmdn. beobachtet, Zeuge* ▸ ~ eines Unfalls, Vorgangs; ein guter, scharfer ~ sein; Abl *Beobachterin*

Be|ob|ach|tung ⟨die; -, -en⟩ I ⟨unz.⟩ *das Beobachten;* Zus *Beobachtungsgabe* II ⟨zählb.⟩ *Wahrnehmung, Feststellung* ▸ ~en anstellen *beobachten;* ich habe (oft) die ~ gemacht *beobachtet*

be|pa|cken ⟨V. trans.; be|packt, be|pack|te, hat bepackt⟩ etwas ~ *beladen, mit Last beladen* ▸ das Auto mit Koffern ~

be|pflan|zen ⟨V. trans.; be|pflanzt, be|pflanz|te, hat be|pflanzt⟩ etwas ~ *mit Pflanzen versehen, Pflanzen auf od. in etwas setzen* ▸ ein Grundstück mit Bäumen ~ *Bäume auf ein Grundstück pflanzen;* Balkonkästen mit Blumen, Gemüse ~; Abl *Bepflanzung*

be|quem ⟨Adj.⟩ 1 *faul, träge* (Person) 2 *behaglich* (Sessel) 3 *angenehm* (Weg) 4 *gut passend* (Schuhe, Kleid) 5 *leicht, mühelos* ▸ eine ~e Ausrede; zum Sport ~e Kleidung tragen ▸ man kann den Ort ~ in einer halben Stunde erreichen; mach es dir ~! *setz dich behaglich hin!;* sein: sei nicht immer so ~; er ist zu ~, selbst hinzugehen; sitzt du ~?

be|que|men ⟨V. refl.; be|quemt sich, be|quem|te sich, hat sich be|quemt⟩ sich ~ (etwas zu tun) *sich (endlich) bereitfinden, sich (endlich) dazu herablassen (etwas zu tun)*

Be|quem|lich|keit ⟨die; -, -en⟩ I ⟨unz.⟩ 1 *Annehmlichkeit* 2 *Behaglichkeit, Mühelosigkeit* 3 *Faulheit, Nachlässigkeit* ▸ er liebt die ~; er hat aus ~ die Tür nicht abgeschlossen II ⟨zählb.⟩ *Gegenstand, Einrichtung zur Bequemlichkeit* ▸ ein Zimmer mit allen ~en ausstatten

be|rap|pen ⟨V. trans.; be|rappt, be|rapp|te, hat berappt; umg.⟩ etwas ~ *zahlen*

be|ra|ten ⟨V. trans. u. V. intr.; be|rät, be|riet, hat be|ra|ten⟩ 1 jmdn. ~ *jmdm. einen Rat geben, ratend beistehen* 2 (etwas) ~ *gemeinsam überlegen u. besprechen* ▸ wir haben den neuen Plan, das neue Projektteam ~ ▸ sich von jmdm. ~ lassen ▸ jmdn. gut, schlecht, übel ~; damit bist du gut ~ *das ist ein guter Rat* ▸ (sich) mit jmdm. ~; sie haben gestern über die Ausführung des Plans ~ ▸ jmdm. ~d zur Seite stehen

Be|ra|ter ⟨der; -s, -⟩ *jmd., der Rat erteilt, der einen anderen berät* ▸ einer Gesandtschaft einen politischen ~ mitgeben; Abl *Beraterin*

be|rat|schla|gen ⟨V. trans.; be|rat|schlagt, be|rat|schlag|te, hat be|rat|schlagt⟩ etwas (mit jmdm.) ~ *etwas beraten;* Abl *Beratschlagung*

Be|ra|tung ⟨die; -, -en⟩ 1 *Erteilung von Rat;* Zus *Beratungsgespräch; Berufsberatung, Mütterberatung* 2 *gemeinsame Überlegung, Besprechung* 3 *Ort, an dem (unentgeltlich) Rat u. Auskunft über bestimmte Fragen (z. B. gesundheitl., berufl.) erteilt wird;* Zus *Beratungsstelle*

be|rau|ben ⟨V. trans.; be|raubt, be|raub|te, hat be|raubt⟩ jmdn. ~ 1 *jmdm. etwas (mit Gewalt, durch Überfall) rauben, jmdn. ausrauben, ausplündern* 2 *jmdm. etwas wegnehmen, entziehen* ▸ jmdn. seiner Freiheit ~; jmdn. seines Geldes ~; Abl *Beraubung*

be|rau|schen ⟨V.; be|rauscht, be|rausch|te, hat berauscht⟩ I ⟨V. trans.⟩ jmdn. ~ 1 *betrunken machen* 2 ⟨übertr.⟩ *leicht betäuben* 3 *in einen Begeisterungstaumel versetzen* ▸ der Wein hatte ihn berauscht; leicht, schwer, stark berauscht sein *leicht, schwer, stark betrunken sein;* ich war von der (Schönheit der) Musik ganz berauscht II ⟨V. refl.⟩ sich an etwas ~ *über etwas in einen Begeisterungstaumel geraten* ▸ sich an einem Anblick ~

be|rau|schend I ⟨Part. Präs. von⟩ *berauschen* II ⟨Adj.⟩ *in Rausch versetzend, betrunken machend* (Getränke, Mittel) ▸ dein Zeugnis ist ja nicht (gerade) ~ ⟨umg.⟩ *nur mittelmäßig*

be|re|chen|bar 〈Adj.〉 *so beschaffen, dass man es berechnen, voraussehen kann;* Abl *Berechenbarkeit*
be|rech|nen 〈V. trans.; be|rech|net, be|rech|ne|te, hat be|rech|net〉 **1** die Kosten, Zinsen, den Preis ~ *ausrechnen* **2** etwas ~ *genau überlegen, erwägen, berücksichtigen, kalkulieren* **3** jmdm. etwas ~ *in Rechnung stellen, anrechnen, Bezahlung dafür verlangen* ▸ den Umfang eines Kreises ~; die Versandkosten werden nicht berechnet
be|rech|nend I 〈Part. Präs. von〉 *berechnen* **II** 〈Adj.〉 *stets vorausschauend, bes. die eigenen Vorteile bedenkend, eigennützig* ▸ ein (kalt, kühl) ~er Mensch; sie ist sehr ~
Be|rech|nung 〈die; -, -en〉 **1** *das Berechnen* **2** *Rechnung, Ausrechnung* **3** *eigennützige Überlegung, Bedachtsein auf Vorteile* ▸ ~en anstellen *etwas berechnen;* etwas nur aus ~ tun
be|rech|ti|gen 〈V. trans.; be|rech|tigt, be|rech|tig|te, hat be|rech|tigt〉 jmdn. ~, etwas zu tun *jmdm. das Recht geben, etwas zu tun* ▸ der Ausweis berechtigt (nicht) zum kostenlosen Eintritt; ich bin nicht berechtigt, Sie hereinzulassen
be|rech|tigt I 〈Part. Perf. von〉 *berechtigen* **II** 〈Adj.〉 *mit Recht, zu Recht bestehend, begründet* ▸ ein ~er Einwand, Vorwurf; mit ~em Stolz
Be|rech|ti|gung 〈die; -, -en〉 **1** *das Berechtigen* **2** *das Berechtigtsein, Recht, Anrecht, Anspruch* **3** *Vollmacht* **4** *Befugnis* ▸ mit voller ~; ohne ~
be|re|den 〈V.; be|re|det, be|re|de|te, hat be|re|det〉 **I** 〈V. trans.〉 eine Sache ~ *darüber reden, sie besprechen, beraten* **II** 〈V. refl.〉 sich mit jmdm. ~ *sich mit jmdm. beraten*
be|red|sam 〈Adj.〉 **1** *viel redend* **2** *redegewandt;* Abl *Beredsamkeit*
be|redt 〈Adj.〉 **1** *redegewandt, viel redend, viele Worte machend* **2** 〈übertr.〉 *eindringlich, ausdrucksvoll, vielsagend* ▸ ein ~es Schweigen
Be|reich 〈der od. (selten) das; -(e)s, -e〉 **1** *Bezirk, Umgebung, Gebiet* **2** *Umkreis, Umfang* **3** *Wirkungskreis;* Zus *Arbeitsbereich, Einflussbereich, Frequenzbereich* ▸ in welchem ~ arbeitet er?; im ~ des Möglichen liegen *möglich sein*
be|rei|chern 〈V.; be|rei|chert, be|rei|cher|te, hat be|rei|chert〉 **I** 〈V. trans.〉 **1** jmdn. ~ *reich(er) machen (auch bezüglich ideeller Werte)* **2** etwas ~ *vergrößern, erweitern, ergänzen* ▸ Freunde ~ das Leben; ich konnte meine Sammlung um einige besonders wertvolle Stücke ~ **II** 〈V. refl.〉 sich (an etwas) ~ *aus etwas seinen Vorteil unredlich wahrnehmen, Gewinn ziehen;* Abl *Bereicherung*
be|rei|ni|gen 〈V. trans.; be|rei|nigt, be|rei|nig|te, hat be|rei|nigt〉 etwas ~ *in Ordnung bringen, klären, lösen, beseitigen* ▸ Schwierigkeiten ~
be|rei|sen 〈V. trans.; be|reist, be|reis|te, hat be|reist〉 ein Land, die Welt ~ **1** *umherreisen in* **2** *durch vieles Umherreisen kennenlernen*
be|reit 〈Adj.〉 **1** *fertig, auf etwas vorbereitet;* Zus *abfahrbereit, kampfbereit, startbereit* **2** *gewillt, etwas zu tun;* Zus *diskussionsbereit, hilfsbereit, kompromissbereit* ▸ seid ihr (jetzt) ~?; wärest du ~, mir zu helfen?; ~ erklären = *bereiterklären;* ~ machen = *bereitmachen;* auf Abruf ~ sein *ohne Unterbrechung zur Verfügung stehen;* ~ zur Abfahrt
be|rei|ten 〈V. trans.; be|rei|tet, be|rei|te|te, hat be|rei|tet〉 **1** (jmdm.) etwas ~ *etwas (für jmdn.) bereitmachen, fertig machen, zurichten* **2** Speisen ~ *zubereiten, herstellen* **3** jmdm. Freude, Kummer, Schmerz ~ *verursachen, zuteilwerden lassen* ▸ jmdm. ein Bad ~; jmdm. Schwierigkeiten ~; das Spiel bereitet mir großes Vergnügen
be|reit|er|klä|ren *auch:* **be|reit er|klä|ren** 〈V. refl.; er|klärt sich be|reit, er|klär|te sich be|reit, hat sich be|reit|er|klärt, sich be|reit|zu|er|klä|ren〉 sich ~, etwas zu tun *zum Ausdruck bringen, dass man bereit ist, etwas zu tun*
be|reit|hal|ten 〈V.; hält be|reit, hielt be|reit, hat be|reit|ge|hal|ten, be|reit|zu|hal|ten〉 **I** 〈V. trans.〉 etwas ~ *bereithaben, zur Verfügung, gebrauchsfertig halten* ▸ eine Überraschung ~ **II** 〈V. refl.〉 sich ~ *sich so vorbereiten, dass man bei Bedarf sofort zur Verfügung steht* ▸ sich zur Abfahrt ~
be|reit|lie|gen 〈V. intr.; leigt be|reit, lag be|reit, hat (süddt., schweiz., österr.: ist) be|reit|ge|le|gen, be|reit|zu|lie|gen〉 *gebrauchsfertig daliegen* ▸ der Feuerlöscher muss für den Notfall immer ~
be|reit|ma|chen *auch:* **be|reit ma|chen** 〈V. trans.; macht be|reit, mach|te be|reit, hat be|reit|gemacht, be|reit|zu|ma|chen〉 jmdn., etwas od. sich (zu etwas) ~ *fertig machen, vorbereiten* ▸ macht euch bereit!; sich zur Abfahrt ~; sie haben alles bereitgemacht / bereit gemacht
be|reits 〈Adv.〉 *schon* ▸ ich habe ~ gegessen; ich bin ~ fertig
Be|reit|schaft 〈die; -, -en〉 **I** 〈unz.〉 **1** *Bereitsein;* Zus *Bereitschaftsdienst, Bereitschaftspolizei* **2** *Bereithaben* **3** *Vorrat, Verfügung* ▸ in ~ *vorrätig, verfügbar;* in ~ sein *einsatzbereit sein;* ~ zum Kampf **II** 〈zählb.〉 *Gruppe der Schutzpolizei*
be|reit|ste|hen 〈V. intr.; steht be|reit, stand be|reit, hat (süddt.; österr.; schweiz.: ist) be|reit|ge|standen, be|reit|zu|ste|hen〉 *zur Verfügung stehen, zum sofortigen Einsatz bereit sein*
be|reit|stel|len 〈V. trans.; stellt be|reit, stell|te bereit, hat be|reit|ge|stellt, be|reit|zu|stel|len〉 Geld, Arbeitskräfte ~ *zur Verfügung stellen, bereithalten;* Abl *Bereitstellung*
be|reit|wil|lig 〈Adj.〉 *gern bereit (zu etwas), geneigt, entgegenkommend, dienstfertig* ▸ er sagte seine Hilfe ~ zu; Abl *Bereitwilligkeit*
be|reu|en 〈V. trans.; be|reut, be|reu|te, hat be|reut〉 etwas ~ *Reue empfinden über, bedauern, ungeschehen wünschen* ▸ eine Tat ~; etwas bitter ~
Berg 〈der; -(e)s, -e〉 **1** *deutlich sichtbare, größere Geländeerhebung, meist als Teil eines Gebirges;* Zus *Bergbahn, Bergfahrt, Bergführer, Berggipfel, Bergland, Bergregion, Bergrücken* **2** 〈übertr.〉 *große Menge* ▸ ein ~ (von) Arbeit 〈übertr.〉; ~ und Tal ▸ einen ~ besteigen ▸ der höchste ~ in Deutschland ist die Zugspitze ▸ dastehen wie der Ochs am ~e 〈übertr.〉 *ratlos sein;* auf einen ~ klettern, steigen; mit etwas hinterm ~ halten *etwas verheimlichen;* in die ~e fahren *ins Gebirge;* der Kranke ist über den ~ *der K. hat das*

Schlimmste hinter sich; er ist über alle ~e *er ist fort, ist geflohen;* die Haare standen ihm zu ~e ⟨übertr.⟩ *sträubten sich (vor Schreck)*

berg|ab ⟨Adv.⟩ *den Berg hinunter, abwärts, talwärts* ▸ ~ fahren, fließen, steigen; mit seiner Gesundheit geht es ~ *seine G. verschlechtert sich*

berg|ab|wärts ⟨Adv.⟩ *den Berg hinunter, bergab*

berg|an ⟨Adv.⟩ = *bergauf*

berg|auf ⟨Adv.⟩ *den Berg hinauf* ▸ es geht ~ ⟨übertr.⟩ *die Lage verbessert sich;* es geht ~ mit ihm ⟨übertr.⟩ *jmds. Zustand verbessert sich*

Berg|bau ⟨der; -(e)s; unz.⟩ *gewerbliche Gewinnung, gewerblicher Abbau von Bodenschätzen*

ber|gen ⟨V. trans.; birgt, barg, hat ge|bor|gen⟩ **1** jmdn. od. etwas ~ *in Sicherheit bringen, retten* **2** etwas ~ *enthalten* ▸ die Erde birgt viele Schätze; Tote, Verletzte ~ (nach Unfällen); das Unternehmen birgt Gefahren in sich; →a. *geborgen*

ber|gig ⟨Adj.⟩ *mit Bergen versehen* (Landschaft, Gelände)

Berg|kamm ⟨der; -(e)s, -käm|me⟩ *schmaler Bergrücken*

Berg|kris|tall ⟨der; -(e)s, -e; Min.⟩ *wasserklarer, reiner Quarz*

Berg|mann ⟨der; -(e)s, -leu|te⟩ *Bergarbeiter*

Berg|not ⟨die; -; unz.⟩ *(lebens)gefährliche Lage beim Bergsteigen* ▸ in ~ geraten, sein

Berg|pre|digt ⟨die; -; unz.⟩ *eine Predigt Christi (Matth. 5-7)*

Berg|sta|ti|on ⟨die; -, -en⟩ *Station (Bergbahn/Skilift) am od. auf dem Berg;* Ggs *Talstation*

berg|stei|gen ⟨V. intr.; ist berg|ge|stie|gen; nur Inf. od. Part.⟩ **1** *im Gebirge wandern u. klettern* **2** *einen Berg besteigen, Bergtouren unternehmen;* Abl *Bergsteiger(in); bergsteigerisch*

Ber|gung ⟨die; -, -en⟩ *Rettung von Menschen u. Material bei Unfällen*

Berg|wacht ⟨die; -, -en⟩ *Organisation zur Hilfeleistung bei Gebirgsunfällen u. zum Schutz von Pflanzen u. Tieren in Hochgebirgsregionen*

Berg|wand ⟨die; -, -wän|de⟩ *fast senkrecht aufsteigender Berg, Felsen*

Berg|wan|dern ⟨das; -s; unz.⟩ *Wandern in den Bergen (ohne zu klettern)*

Berg|werk ⟨das; -(e)s, -e⟩ *Einrichtung für Bergbau, Anlage zur Gewinnung von Bodenschätzen*

Be|richt ⟨der; -(e)s, -e⟩ **1** *sachliche, nicht ausgeschmückte Darstellung von etwas, das passiert ist;* Zus *Unfallbericht* **2** *(schriftliche) Wiedergabe von Tatsachen in Wort od. Bild;* Zus *Bildbericht, Erlebnisbericht, Tatsachenbericht, Zeitungsbericht* ▸ einen ~ anfordern; über etwas ~ erstatten; einen ~ schreiben; laut ~ vom 10.1.

be|rich|ten ⟨V. trans. u. intr.; be|rich|tet, be|rich|te|te, hat be|rich|tet⟩ (jmdm.) etwas ~, (jmdm.) (von od. über etwas) ~ *sachlich von etwas erzählen, das passiert ist, einen Vorgang sachlich darstellen, mitteilen* ▸ „…“, berichtete er; man hat mir berichtet, dass … ▸ ein Erlebnis ~ ▸ ausführlich, genau ~ ▸ an seine neue Dienststelle ~; jmdm. über etwas ~; von einer Reise ~

Be|richt|er|stat|ter ⟨der; -s, -⟩ *Mitarbeiter (meist einer Zeitung od. des Fernsehens), der regelmäßig über Tagesereignisse berichtet, Reporter* ▸ auswärtiger, zuständiger ~; Abl *Berichterstatterin*

Be|richt|er|stat|tung ⟨die; -, -en⟩ **1** *das Berichterstatten* **2** *Bericht* ▸ objektive, seriöse ~

be|rich|ti|gen ⟨V. trans.; be|rich|tigt, be|rich|tig|te, hat be|rich|tigt⟩ jmdn. od. etwas ~ *richtigstellen, verbessern, korrigieren* ▸ bitte ~ Sie mich, wenn ich etwas Falsches sage; einen Fehler, einen Irrtum ~; Abl *Berichtigung*

be|rie|seln ⟨V. trans.; be|rie|selt, be|rie|sel|te, hat be|rie|selt; übertr.⟩ **1** die Bevölkerung mit Schlagworten ~ *ständig beeinflussen* **2** ⟨umg; scherzh.⟩ sich von einem Vortrag, mit Musik ~ lassen *anhören, ohne wirklich aufzupassen*

be|rit|ten ⟨Adj.⟩ *auf einem Pferd, Pferden reitend* ▸ ~e Soldaten; sie waren ~

Ber|li|ner[1] ⟨der; -s, -⟩ *Einwohner Berlins;* Abl *Berlinerin*

Ber|li|ner[2] ⟨Adj.⟩ *berlinisch* ▸ ~ (Pfannkuchen) = *Krapfen;* ~ Weiße *Weißbier*

ber|li|nern ⟨V. intr.; ber|li|nert, ber|li|ner|te, hat ber|li|nert⟩ *in der Berliner Mundart sprechen*

ber|li|nisch ⟨Adj.⟩ *Berlin betreffend, zu ihm gehörig, aus ihm stammend;* oV *berlinerisch*

Ber|mu|das ⟨Pl.⟩ *bis zu den Knien reichende Shorts*

Bern|har|di|ner ⟨der; -s, -; Zool.⟩ *großer, schwerer, langhaariger Hund, Rettungshund im Gebirge*

Bern|stein ⟨der; -(e)s, -e⟩ *gelber Stein, der aus dem Harz von Bäumen entstanden ist, oft mit Einschlüssen versehen* ▸ ~e sammeln

Ber|ser|ker ⟨a. ['---] der; -s, -⟩ *ein in sinnlose Raserei geratener Mensch* ▸ Kraft wie ein ~ haben; wie ein ~ kämpfen, toben, wüten

bers|ten ⟨V. intr.; birst/bers|tet, barst/borst/bers|te|te, ist ge|bors|ten⟩ *aufplatzen, zerspringen, aufbrechen, Sprünge, Risse bekommen* ▸ das Eis birst; wir sind vor Lachen fast geborsten *haben unmäßig gelacht;* der Saal war zum Bersten voll *überfüllt*

be|rüch|tigt ⟨Adj.⟩ *in schlechtem Ruf stehend, verrufen, gefürchtet* ▸ eine ~e Kneipe; er war für seine, ⟨od.⟩ wegen seiner Grausamkeit ~

be|rü|ckend ⟨Adj.⟩ *bezaubernd, entzückend, verlockend* ▸ ein ~es Lächeln; ein Mädchen von ~er Schönheit

be|rück|sich|ti|gen ⟨V. trans.; be|rück|sich|tigt, be|rück|sich|tig|te, hat be|rück|sich|tigt⟩ jmdn. od. etwas ~ *beachten, in seine Überlegungen miteinbeziehen, mitbedenken* ▸ die besonderen Umstände, Verhältnisse von jmdm. ~; man muss dabei ~, dass er schon alt ist; bei unseren Überlegungen sollten wir dieses Argument mit ~ / mitberücksichtigen *zusätzlich bedenken;* er wurde bei der Auswahl der Kandidaten nicht berücksichtigt

Be|ruf ⟨der; -(e)s, -e⟩ *gewerbl. ausgeübte od. auszuübende Tätigkeit, Erwerb des Lebensunterhaltes, Zugehörigkeit zu einem Erwerbszweig* ▸ einen ~ ausüben, erlernen; einen ~ ergreifen; seinem ~ nachgehen; den ~ wechseln ▸ ausgeübter, erlernter ~; keinen festen ~ haben ▸ er ist von

~ Lehrer ▸ was sind Sie von ~?; Zus *Berufsanfänger, Berufsausbildung, Berufsberatung, Berufsbezeichnung, Berufserfahrung, Berufskleidung, Berufssoldat, Berufswahl, Berufsziel*

be|ru|fen[1] ⟨V.; be|ruft, be|rief, hat be|ru|fen⟩ **I** ⟨V. trans.⟩ jmdn. ~ **1** *ernennen* **2** *in ein Amt einsetzen* ▸ einen Professor an eine Universität ~; jmdn. zu sich ~; er ist zum Nachfolger des Verstorbenen ~ worden **II** ⟨V. refl.⟩ sich auf jmdn. od. etwas ~ *jmdn. od. etwas als Zeugen od. als Beweis nennen* ▸ er berief sich auf das Gesetz

be|ru|fen[2] ⟨Adj.⟩ *auserwählt, vorbestimmt, mit einer speziellen Begabung ausgestattet* ▸ ~ sein *eine Sendung zu erfüllen haben;* er ist dazu ~, anderen Menschen zu helfen; sich zu etwas ~ fühlen

be|ruf|lich ⟨Adj.⟩ *den Beruf betreffend, zu ihm gehörig, auf ihm beruhend* ▸ ~er Ärger; ~e Sorgen; ~ tätig sein *in einem Beruf tätig sein*

be|rufs|be|dingt ⟨Adj.⟩ *durch den Beruf bedingt* ▸ ~e Ausgaben

be|rufs|be|glei|tend ⟨Adj.⟩ **1** ~e Schule = *Berufsschule* **2** ~e Ausbildung *zusätzliche A., die neben der beruflichen Arbeit durchlaufen wird*

Be|rufs|bild ⟨das; -(e)s, -er⟩ *Beschreibung eines Berufs u. der dazugehörigen Ausbildung u. Aufstiegsmöglichkeiten*

be|rufs|bil|dend ⟨Adj.⟩ *für einen Beruf ausbildend* ▸ Berufsbildende Höhere Schule ⟨österr.⟩ *Schule, die Allgemeinbildung u. Kenntnisse für eine höhere berufliche Ausbildung vermittelt*

Be|rufs|ge|heim|nis ⟨das; -nis|ses, -nis|se⟩ *Schweigepflicht über das, was jmdm. innerhalb seiner Berufsausübung anvertraut wird (z. B. bei Ärzten)*

Be|rufs|heer ⟨das; -(e)s, -e; Mil.⟩ *professionelle Armee, meist Heer eines Staates*

Be|rufs|krank|heit ⟨die; -, -en⟩ *in der Berufsausübung entstandene Gesundheitsschädigung (rechtlich den Betriebsunfällen gleichgestellt)*

Be|rufs|le|ben ⟨das; -s; unz.⟩ *alle Vorgänge, die mit dem Beruf zusammenhängen;* Syn *Erwerbsleben* ▸ (mitten) im ~ stehen *mit beruflicher Tätigkeit (stark) ausgefüllt sein*

Be|rufs|mit|tel|schu|le ⟨die; -, -en; schweiz.⟩ *Schule, die nach Abschluss der mittleren Reife parallel zur Berufsausbildung besucht wird*

Be|rufs|schu|le ⟨die; -, -n⟩ *auf den allgemeinbildenden Schulen aufbauende Pflichtschule nach Abschluss der Hauptschule od. mittleren Reife für die in Ausbildung befindlichen od. auch arbeitslosen Jugendlichen*

Be|rufs|stand ⟨der; -(e)s, -stän|de⟩ *Gesamtheit aller, die den gleichen Beruf ausüben*

be|rufs|tä|tig ⟨Adj.⟩ *in einem Beruf tätig, einen B. ausübend;* Abl *Berufstätige(r), Berufstätigkeit*

be|rufs|un|fä|hig ⟨Adj.⟩ *infolge eines Unfalls, einer Erkrankung nicht mehr in der Lage sein, (s)einen Beruf auszuüben;* Abl *Berufsunfähigkeit*

Be|rufs|ver|bot ⟨das; -(e)s, -e⟩ *gerichtliches Verbot der Berufsausübung*

Be|rufs|ver|kehr ⟨der; -s; unz.⟩ *bes. starker Verkehr vor Beginn u. nach Ende der tägl. Arbeitszeit*

Be|ru|fung ⟨die; -, -en⟩ **1** *das (Sich-)Berufen* **2** *Einsetzung in ein Amt, Ernennung* **3** ⟨Rechtsw.⟩ *Einspruch, Rechtsmittel zur Nachprüfung od. Änderung eines gerichtlichen Urteils;* Zus *Berufungsgericht, Berufungsverfahren* **4** ⟨übertr.⟩ *innere Bestimmung für einen Beruf od. etwas zu tun* ▸ ~ gegen etwas einlegen ⟨Rechtsw.⟩ *Einspruch gegen etwas erheben;* ~ eines Professors an eine Universität; unter ~ auf ⟨Amtsdt.⟩ *unter Hinweis auf;* die ~ zum Arzt in sich fühlen

be|ru|hen ⟨V. intr.; be|ruht, be|ruh|te, hat be|ruht⟩ **1** ~ auf *sich gründen auf, sich stützen auf, seine Ursache haben in* **2** etwas auf sich ~ lassen *etwas nicht weiterverfolgen, etwas so lassen, wie es ist* ▸ die Abneigung beruht auf Gegenseitigkeit; seine Behauptungen ~ auf einem Irrtum

be|ru|hi|gen ⟨V.; be|ru|higt, be|ru|hig|te, hat be|ruhigt⟩ **I** ⟨V. trans.⟩ jmdn. ~ *wieder zur Ruhe bringen, beschwichtigen, trösten* ▸ ich habe das Kind nur mit Mühe ~ können; beruhigt einschlafen; beruhigt sein *ohne Sorge, unbesorgt sein;* ~de Worte sprechen **II** ⟨V. refl.⟩ sich ~ **1** *wieder ruhig werden* **2** *sich legen* (Sturm, Aufregung) ▸ hast du dich wieder beruhigt?; das aufgewühlte Meer hat sich wieder beruhigt *hat sich geglättet*

Be|ru|hi|gung ⟨die; -, -en; Pl. selten⟩ **1** *das Beruhigen;* Zus *Beruhigungsmittel* **2** *beruhigendes Gefühl, Sicherheit* ▸ zu deiner ~ kann ich dir sagen, dass andere auch Fehler machen

be|rühmt ⟨Adj.; -er, am -es|ten⟩ *weithin bekannt, überall hoch angesehen, prominent* ▸ ein ~es Buch, Werk; ein ~er Dichter, Musiker, Politiker; er ist durch seine Filme ~ geworden; mit diesem Song wurde sie auf einen Schlag ~ *plötzlich, unerwartet;* Zus *berühmt-berüchtigt*

Be|rühmt|heit ⟨die; -, -en⟩ **I** ⟨unz.⟩ *weitreichender Ruf, Ruhm* ▸ er hat durch seine geschickten Einbrüche eine traurige ~ erlangt **II** ⟨zählb.⟩ *berühmte Persönlichkeit* ▸ er ist in den letzten Jahren eine ~ geworden

be|rüh|ren ⟨V.; be|rührt, be|rühr|te, hat be|rührt⟩ **I** ⟨V. trans.⟩ **1** jmdn. od. etwas ~ *(leicht) anfassen, (vorsichtig) betasten, streifen* **2** ein Grundstück ~ *an ein G. grenzen, stoßen* **3** ein Thema ~ *oberflächlich ansprechen, nebenbei erwähnen* **4** jmdn. ~ *in jmdm. Gefühle erwecken* ▸ das berührt mich (nicht) *das lässt mich kalt;* es berührt mich (un)angenehm, schmerzlich; jmdn. mit der Hand ~; von etwas peinlich berührt sein **II** ⟨V. refl.⟩ sich ~ *sich (gegenseitig) anfassen, betasten* ▸ sie standen so nahe beisammen, dass sie sich fast berührten

Be|rüh|rung ⟨die; -, -en⟩ **1** *das Berühren* **2** *Zusammenhang, Kontakt* ▸ er empfindet bei jeder, bei der kleinsten ~ Schmerzen; der Kranke darf nicht mit Gesunden in ~ kommen

Be|rüh|rungs|angst ⟨die; -, -ängs|te; meist Pl.⟩ *Angst vor der (körperlichen) Annäherung von Personen od. Furcht vor der Berührung von bestimmten Dingen* ▸ Kinder haben auf dem Spielplatz keinerlei ~

be|sa|gen ⟨V. trans.; be|sagt, be|sag|te, hat be|sagt⟩ etwas ~ *(inhaltlich) angeben, aussagen, zum*

B

Ausdruck bringen, bedeuten ▸ der Abschnitt besagt Folgendes; das hat nichts zu ~

be|sagt I ‹Part. Perf. von› *besagen* II ‹Adj.› *erwähnt, bereits genannt* ▸ der Besagte; ~er Schüler hat einen Mitschüler getreten

be|sa|men ‹V. trans.; be|samt, be|sam|te, hat besamt› **1** eine Pflanze ~ *mit Samen bestreuen* **2** eine Eizelle ~ *als Samen in die E. eindringen*

be|sänf|ti|gen ‹V. trans.; be|sänf|tigt, be|sänf|tig|te, hat be|sänf|tigt› jmdn. ~ *beruhigen, beschwichtigen* ▸ einen Wütenden ~; Abl *Besänftigung*

Be|satz ‹der; -es, -sät|ze› *aufgenähte Bänder od. Spitzen (am Kleid)*

Be|sat|zer ‹der; -s, -; umg.› *Angehöriger einer Staatsarmee, die eine Besatzung in einem fremden Staatsgebiet unterhält;* Syn *Besetzer*

Be|sat|zung ‹die; -, -en› **1** *Bemannung eines Schiffes od. Flugzeuges* **2** *Truppen eines Standortes* **3** *Truppen, die fremdes Staatsgebiet besetzt halten;* Zus *Besatzungsmacht, Besatzungstruppen, Besatzungszone*

be|sau|fen ‹V. refl.; be|säuft sich, be|soff sich, hat sich be|sof|fen; derb› sich ~ *sich betrinken*

Be|säuf|nis ‹das; -nis|ses, -nis|se› *übermäßiges Trinken von Alkohol, Sauferei* ▸ der Abend endete in einem allgemeinen, großen ~

be|schä|di|gen ‹V. trans.; be|schä|digt, be|schä|dig|te, hat be|schä|digt› etwas ~ *einer Sache Schaden zufügen, sie schadhaft od. kaputt machen* ▸ bei dem Unfall wurden mehrere Autos beschädigt; Abl *Beschädigung*

be|schaf|fen[1] ‹V. trans.; be|schafft, be|schaff|te, hat be|schafft› (sich) etwas ~ *herbeibringen, herbeischaffen, besorgen, kaufen* ▸ das nötige Material für eine Arbeit ~; Abl *Beschaffung*

be|schaf|fen[2] ‹Adj.› *geartet, veranlagt, in einem bestimmten Zustand* ▸ der Gegenstand ist so ~, dass ...; wie ist es mit deiner Gesundheit ~? *wie steht es mit deiner G.?*

Be|schaf|fen|heit ‹die; -; unz.› **1** *das Beschaffensein, Sosein, Natur, natürliche Eigenart* **2** *Zustand* ▸ ~ eines Materials, eines Stoffes; körperliche ~; seelische ~ *Veranlagung, Disposition*

Be|schaf|fungs|kri|mi|na|li|tät ‹die; -; unz.› *Strafälligkeit im Zusammenhang mit der Finanzierung u. der Beschaffung von Drogen*

be|schäf|ti|gen ‹V.; be|schäf|tigt, be|schäf|tig|te, hat be|schäf|tigt› I ‹V. trans.› jmdn. ~ **1** *jmdm. etwas zu tun geben* **2** *jmdm. Arbeit geben, ihn im Arbeitsverhältnis haben* **3** *jmdn. zum Nachdenken veranlassen* ▸ die Sache beschäftigt mich sehr ‹übertr.› *die S. gibt mir sehr zu denken;* er beschäftigt in seinem Betrieb 50 Arbeiter; sehr, viel beschäftigt sein, *stark in Anspruch genommen sein, viel Arbeit haben;* beschäftigt sein bei, in *im Arbeitsverhältnis stehen, angestellt sein bei, in;* in der Fabrik sind 100 Arbeiter beschäftigt; sie ist noch in der Küche beschäftigt *sie arbeitet noch in der Küche;* mit etwas beschäftigt sein *an etwas arbeiten, (gerade) etwas tun;* sie war gerade damit beschäftigt, die neuen Gardinen aufzuhängen, als ich kam II ‹V. refl.› **1** sich ~ *sich die Zeit vertreiben, etwas tun, arbeiten* **2** sich mit jmdm. ~ *sich mit jmdm. abgeben, sich jmdm. (intensiv) widmen* **3** sich mit etwas ~ *sich mit etwas die Zeit vertreiben, sich intensiv mit etwas auseinandersetzen* ▸ er kann sich gut, nicht (allein) ~ ▸ sich mit Gartenarbeit, mit einem Problem ~; die Eltern ~ sich viel mit den Kindern

Be|schäf|ti|gung ‹die; -, -en› **1** *Beruf, Arbeit, Tätigkeit* **2** *das Sichbeschäftigen, Betätigung, Zeitvertreib* **3** *das Beschäftigen, Anstellen* ▸ die ~ weiterer Arbeitskräfte; einer ~ nachgehen; eine ~ suchen; eine geregelte ~; die ~ mit einem Thema *das Nachdenken über ein T.;* ohne ~ sein

be|schä|men ‹V. trans.; be|schämt, be|schäm|te, hat be|schämt› jmdn. ~ *jmdm. Scham (u. Reue) bereiten, jmdn. demütigen* ▸ deine Großzügigkeit beschämt mich *ich habe deine G. nicht verdient* ▸ beschämt sein *sich schämen;* ein ~des Gefühl

be|schat|ten ‹V. trans.; be|schat|tet, be|schat|te|te, hat be|schat|tet› **1** jmdn. od. etwas ~ *vor Sonne schützen, in den Schatten bringen* **2** ‹übertr.› jmdn. ~ *heimlich verfolgen u. beobachten, überwachen* ▸ ein großer Hut beschattete ihr Gesicht; eine alte Linde beschattete das Haus; einen Verdächtigen von der Polizei ~ lassen; Abl *Beschattung*

be|schau|lich ‹Adj.› **1** *behaglich, friedlich* **2** *besinnlich in Betrachtungen versunken, ruhig sinnend* ▸ ein ~es Dasein führen; Abl *Beschaulichkeit*

Be|scheid ‹der; -(e)s, -e› **1** *Antwort, Nachricht, Auskunft* **2** *(behördliche) Entscheidung;* Zus *Steuerbescheid* ▸ Sie bekommen (noch) ~; jmdm. ~ geben *Auskunft erteilen, jmdn. benachrichtigen;* wann kann ich mir (den) ~ holen?; bitte sagen Sie mir ~, wann ich aussteigen muss; jmdm. ordentlich ~ sagen ‹umg.› *jmdm. deutlich seine Meinung sagen;* ~ wissen *von etwas Kenntnis haben, etwas gut kennen, sich zurechtfinden;* danke, ich weiß ~!; ich weiß über seinen Plan nicht ~; er weiß überall ~ *er findet sich in jeder Lage schnell zurecht* ▸ abschlägiger ~ *Absage;* der endgültige ~ geht Ihnen schriftlich zu; vorläufiger ~ ▸ damit du ~ weißt! *(als Drohung)*

be|schei|den[1] ‹V.; be|schei|det, be|schied, hat be|schie|den› I ‹V. trans.› (jmdm.) etwas ~ *zuteilen, geben* (bes. vom Schicksal) ▸ es war ihm nicht beschieden, ein großer Künstler zu werden *es war ihm nicht vergönnt* II ‹V. refl.› sich ~ *sich begnügen, verzichten* ▸ mit dieser Antwort musste ich mich oft ~; sich mit wenigem ~

be|schei|den[2] ‹Adj.› **1** *genügsam, anspruchslos* **2** *nicht eingebildet* **3** *einfach, gering, mittelmäßig* ▸ wie geht es dir? ~! *mäßig,* ‹a. verhüllend für› *beschissen;* ~e Ansprüche; ein ~es Gehalt beziehen; ein ~er Mensch; ~ leben; er drängt sich niemals vor, dazu ist er viel zu ~; Abl *Bescheidenheit*

be|schei|nen ‹V. trans.; be|scheint, be|schien, hat be|schie|nen› etwas ~ *bestrahlen, anscheinen* ▸ von der Sonne beschienene Hügel

be|schei|ni|gen ‹V. trans.; be|schei|nigt, be|schei|nig|te, hat be|schei|nigt› (jmdm.) etwas ~ *schrift-*

lich bestätigen, bezeugen ▸ den Empfang eines Briefes, einer Sendung ~

Be|schei|ni|gung ⟨die; -, -en⟩ **1** *Bestätigung, Beglaubigung* **2** *Ausweis(papier)* **3** *Schein, Quittung* ▸ eine ~ ausstellen

be|schei|ßen ⟨V. trans. u. V. intr.; be|scheißt, beschiss, hat be|schis|sen; übertr.; derb⟩ (jmdn.) ~ *betrügen* ▸ beim Bezahlen ~; →a. *beschissen*

be|schen|ken ⟨V. trans.; be|schenkt, be|schenk|te, hat be|schenkt⟩ jmdn. ~ *jmdm. ein Geschenk machen* ▸ jmdn. mit Blumen ~

be|sche|ren ⟨V. trans.; be|schert, be|scher|te, hat be|schert⟩ jmdm. etwas ~ **1** *jmdm. etwas schenken, als Geschenk darbringen* **2** ⟨a. iron.⟩ *jmdm. etwas einbringen* ▸ du bescherst uns nur Unglück; ihre Ausdauer bescherte ihr den Sieg; was hat dir das Christkind beschert?

Be|sche|rung ⟨die; -, -en⟩ **1** *das Bescheren* **2** *das Austeilen, Darbringen, Überreichen von Geschenken* **3** ⟨übertr.; umg.; iron.⟩ *unangenehme Überraschung* ▸ am 24. Dezember abends ist (die) ~; das ist ja eine schöne ~! ⟨iron.⟩

be|scheu|ert ⟨Adj.; derb⟩ *dumm, einfältig*

be|schich|ten ⟨V. trans.; be|schich|tet, be|schich|te|te, hat be|schich|tet⟩ etwas ~ *mit einer Schicht (Lack u. Ä.) versehen;* Abl *Beschichtung*

be|schie|ßen ⟨V. trans.; be|schießt, be|schoss, hat be|schos|sen⟩ etwas od. jmdn. ~ *mehrfach auf etwas od. jmdn. schießen* ▸ ein Schiff, eine Stadt ~

be|schil|dern ⟨V. trans.; be|schil|dert, be|schil|derte, hat be|schil|dert⟩ etwas ~ *mit Schildern versehen;* Abl *Beschilderung*

be|schimp|fen ⟨V. trans.; be|schimpft, be|schimpfte, hat be|schimpft⟩ jmdn. ~ *auf jmdn. schimpfen, jmdn. durch Beschimpfungen beleidigen;* Syn ⟨österr.⟩ *beflegeln;* Abl *Beschimpfung*

Be|schiss ⟨der; -es; unz.; derb⟩ *Betrug* ▸ das ist ~!

be|schis|sen **I** ⟨Part. Perf. von⟩ *bescheißen* **II** ⟨Adj.; derb⟩ *sehr unangenehm* ▸ es ist ~!; eine ~e Sache

Be|schlag ⟨der; -(e)s, -schlä|ge⟩ **1** *Metallstück zum Zusammenhalten von bewegl. Teilen (z. B. von Fenstern, Türen)* **2** *Hufeisen* **3** *Metallverzierung (an Schränken, Schubfächern)* **4** *feiner Niederschlag, Hauch, Überzug (auf Fensterscheiben, Metallflächen usw.)* **5** *Beanspruchung* ▸ etwas in, unter ~ nehmen, mit ~ belegen ⟨umg.⟩ *sich aneignen, (allein für sich) beanspruchen, beschlagnahmen;* jmdn. in ~ nehmen ⟨umg.⟩ *jmdn. stark in Anspruch nehmen*

be|schla|gen[1] ⟨V.⟩ **I** ⟨V. trans.; be|schlägt, beschlug, hat be|schla|gen⟩ etwas ~ *einen Metallbeschlag an etwas anbringen* ▸ ein Pferd ~ *ihm Hufeisen aufnageln;* mit Eisen ~ **II** ⟨V. intr.; beschlägt, be|schlug, ist be|schla|gen⟩ *sich mit einem Beschlag bedecken od. überziehen, anlaufen* (Glas, Metall) ▸ die Fensterscheibe beschlägt

be|schla|gen[2] ⟨Adj.⟩ *viele Kenntnisse besitzend, gut Bescheid wissend* ▸ auf dem Gebiet der Astrologie ist sie sehr ~

be|schlag|nah|men ⟨V. trans.; be|schlag|nahmt, be|schlag|nahm|te, hat be|schlag|nahmt⟩ etwas ~ *mit behördlicher Genehmigung wegnehmen* ▸ Bücher, Zeitschriften ~; Schmuggelware ~; Abl *Beschlagnahme, Beschlagnahmung*

be|schlei|chen ⟨V. trans.; be|schleicht, be|schlich, hat be|schli|chen⟩ jmdn. ~ *unbemerkt an jmdn. heranschleichen* ▸ allmählich beschlichen ihn Zweifel *bekam er Z.*

be|schleu|ni|gen ⟨V. trans.; be|schleu|nigt, beschleu|nig|te, hat be|schleu|nigt⟩ etwas ~ *schneller werden lassen, für rascheren Ablauf von etwas sorgen* ▸ die Fahrt ~; er beschleunigte seine Schritte *er ging schneller;* beschleunigter Puls; Abl *Beschleunigung*

be|schlie|ßen ⟨V. trans.; be|schließt, be|schloss, hat be|schlos|sen⟩ etwas ~ **1** *nachdem man länger überlegt hat, einen Beschluss fassen, sich entscheiden, etwas zu tun* **2** *aufgrund einer Abstimmung festlegen* ▸ er beschloss, noch heute abzureisen; die neuen Gesetze wurden vom Parlament beschlossen; es ist noch nichts (endgültig) beschlossen; was habt ihr beschlossen?; es ist beschlossene Sache *die Sache ist beschlossen*

Be|schluss ⟨der; -es, -schlüs|se⟩ *Entschluss, Übereinkommen, Resultat einer Beratung od. Überlegung* ▸ einen ~ fassen; einstimmiger ~; laut ~ der Versammlung; Zus *Beschlussfassung*

be|schluss|fä|hig ⟨Adj.⟩ *(aufgrund einer bestimmten Anzahl von Anwesenden) fähig, einen Beschluss zu fassen* ▸ die Versammlung war (nicht) ~; Abl *Beschlussfähigkeit*

be|schmie|ren ⟨V. trans.; be|schmiert, be|schmierte, hat be|schmiert⟩ etwas ~ **1** *bestreichen, vollschmieren* **2** *unsauber bemalen* **3** *beschmutzen* ▸ eine Brotscheibe mit Butter ~; die Wand war mit Kritzeleien beschmiert

be|schmut|zen ⟨V. trans.; be|schmutzt, beschmutz|te, hat be|schmutzt⟩ jmdn. od. etwas ~ **1** *schmutzig machen, beflecken, verunreinigen* **2** ⟨übertr.⟩ *entweihen, verunglimpfen, schänden* ▸ sein Ruf wurde beschmutzt ⟨übertr.⟩; beschmutztes Gesicht, beschmutzte Finger

be|schnei|den ⟨V. trans.; be|schnei|det, be|schnitt, hat be|schnit|ten⟩ **1** Papier, Leder, Stoff ~ *den Rand davon glattschneiden* **2** Äste, Bart, Bäume, Finger-, Fußnägel ~ *kürzer machen, stutzen, zurückschneiden* **3** ⟨übertr.⟩ Ausgaben, Löhne, jmds. Rechte ~ *herabsetzen, einschränken, schmälern* **4** jmdn. ~ *eine Beschneidung (II) an jmdm. vornehmen;* Abl *Beschnittene(r)* ▸ die Bogen eines Buches ~; einem Vogel die Flügel ~; jmds. Freiheit od. jmdm. die Freiheit ~

Be|schnei|dung ⟨die; -, -en⟩ **I** ⟨unz.⟩ *das Beschneiden* (von Ästen, (übertr.) Rechten usw.) **II** ⟨zählb.; bei Menschen⟩ **1** ⟨bei Männern⟩ *Entfernen od. Einschneiden der Vorhaut des Penis aus rituellen od. medizinischen Gründen* **2** ⟨bei Frauen⟩ *Entfernen verschiedener weiblicher Geschlechtsorgane aus rituellen Gründen*

be|schnup|pern ⟨V. trans.; be|schnup|pert, beschnup|per|te, hat be|schnup|pert⟩ jmdn. od. sich gegenseitig ~ *aneinander riechen* (von Tieren)

be|schö|ni|gen ⟨V. trans.; be|schö|nigt, be|schö|nig|te, hat be|schö|nigt⟩ einen Fehler, ein Ver-

B

gehen ~ *schönfärben, mildernd schildern, in einem besseren Licht erscheinen lassen*

be|schrän|ken ‹V.; be|schränkt, be|schränk|te, hat be|schränkt› **I** ‹V. trans.› jmdn. od. etwas ~ *jmdm. od. etwas Schranken setzen, einengen* ▸ man versuchte, das Feuer auf den Brandherd zu ~; der Gips beschränkt sie in ihrer Bewegungsfreiheit **II** ‹V. refl.› sich auf etwas ~ *sich damit begnügen* ▸ wir müssen uns auf das Wesentliche ~

be|schränkt I ‹Part. Perf. von› *beschränken* **II** ‹Adj.; -er, am -es|ten› **1** *begrenzt, knapp* **2** *ärmlich, dürftig* **3** ‹übertr.› *unbegabt, einfältig* ▸ wir haben nur ~e Mittel zur Verfügung; meine Zeit ist ~; er ist geistig etwas ~; Gesellschaft mit ~er Haftung; Abl *Beschränktheit*

Be|schrän|kung ‹die; -, -en› **1** *das Beschränken* **2** *Begrenzung, Einengung* ▸ jmdm. ~en auferlegen; dieses Recht unterliegt gewissen ~en

be|schrei|ben ‹V. trans.; be|schreibt, be|schrieb, hat be|schrie|ben› **1** Papier ~ *vollschreiben, beschriften* **2** einen Eindruck, ein Erlebnis ~ *schildern, mit Worten ausdrücken* **3** einen Kreis ~ *zeichnen, ziehen, fahren* ▸ das **Flugzeug** beschrieb einen Kreis; kannst du den **Mann** ~?; eine **Person** ~; eine **Tafel** ~ ▸ etwas **anschaulich,** ausführlich, näher ~ ▸ sein Glück war **nicht** zu ~ ▸ die Seiten waren eng beschrieben

Be|schrei|bung ‹die; -, -en› **1** *das Beschreiben* **2** *Schilderung* **3** *genaue Angaben (über etwas od. jmdn.); Zus Personenbeschreibung* ▸ eine ~ des Täters, einer Person geben; das spottet jeder ~ *das ist unglaublich!*

be|schrei|ten ‹V. trans.; be|schrei|tet, be|schritt, hat be|schrit|ten› **1** etwas ~ *auf etwas schreiten, entlangschreiten, begehen* **2** den Rechtsweg ~ *bei Gericht klagen* ▸ einen Weg ~ ‹a. übertr.›

be|schrif|ten ‹V. trans.; be|schrif|tet, be|schrif|te|te, hat be|schrif|tet› etwas ~ *mit Schrift(zeichen), mit einer Beschriftung versehen* ▸ ein Etikett ~

Be|schrif|tung ‹die; -, -en› **I** ‹unz.› **1** *das Beschriften* **2** *das Beschriftetsein* ▸ die ~ der Ausstellungsstücke ist gut, ungenügend **II** ‹zählb.› *der beschriftete Gegenstand selbst, Etikett, Schild, Aufschrift* ▸ die ~ entfernen

be|schul|di|gen ‹V. trans.; be|schul|digt, be|schul|dig|te, hat be|schul|digt› jmdn. ~ **1** *jmdm. die Schuld geben* **2** *jmdn. wegen einer Straftat bei Gericht anzeigen* ▸ jmdn. des Diebstahls ~; man hat ihn beschuldigt, Geld gestohlen zu haben; jmdn. falsch, zu Unrecht ~; Abl *Beschuldigte(r)*

Be|schul|di|gung ‹die; -, -en› *das Beschuldigen, Zuschieben einer Schuld* ▸ ~en gegen jmdn. erheben

Be|schuss ‹der; -es; unz.› **1** *Beschießung mit Schusswaffen* **2** ‹übertr.› *heftige Kritik* ▸ jmdn. unter ~ nehmen ‹übertr.› *jmdn. heftig kritisieren;* unter ~ geraten, stehen ‹übertr.› *heftig kritisiert werden*

be|schüt|zen ‹V. trans.; be|schützt, be|schütz|te, hat be|schützt› jmdn. od. etwas ~ *jmdm. od. etwas Schutz gewähren, jmdn. od. etwas schützen, verteidigen, decken, behüten* ▸ jmdn. vor einem Feind, vor einer Gefahr ~; Abl *Beschützer(in)*

be|schwat|zen ‹V. trans.; be|schwatzt, be|schwatz|te, hat be|schwatzt; umg.› oV *beschwätzen* **1** jmdn. ~ (zu) *jmdn. überreden (zu)* **2** etwas ~ *über etwas reden, klatschen* ▸ sich ~ lassen *sich überreden lassen*

Be|schwer|de ‹die; -, -n› **1** *körperliche Leiden, Schmerz; Zus beschwerdefrei* **2** *Klage, Protest* **3** *Rechtsmittel gegen Beschlüsse (von Verwaltungsbehörden); Zus Beschwerdeweg* ▸ ~ **einlegen,** einreichen, vorbringen ▸ **keinerlei** ~n (mehr) haben ▸ **über** ~n (beim Atmen, bei der Verdauung usw.) klagen; jmdm. Grund **zur** ~ geben ▸ **was** haben Sie für ~n?

be|schwe|ren ‹V.; be|schwert, be|schwer|te, hat be|schwert› **I** ‹V. trans.› etwas ~ *belasten, schwerer machen* ▸ Schriftstücke mit einem Stein ~ (damit sie nicht weggeweht werden) **II** ‹V. refl.› sich ~ *eine Beschwerde vorbringen, sich beklagen* ▸ sich bei dem Geschäftsführer ~; er hat sich über die schlechte Bedienung beschwert

be|schwer|lich ‹Adj.› **1** *Beschwerde(n) bereitend, mühselig, mühsam, ermüdend* (Arbeit) **2** *unbequem* (Reise, Weg) ▸ jmdn. ~ fallen, werden *lästig werden;* Abl *Beschwerlichkeit*

be|schwich|ti|gen ‹V. trans.; be|schwich|tigt, be|schwich|tig|te, hat be|schwich|tigt› jmdn. ~ **1** *besänftigen, beruhigen* **2** *trösten* ▸ ich konnte ihn nicht ~; Abl *Beschwichtigung*

be|schwingt ‹Adj.; übertr.› *leicht, schwungvoll, heiter, freudig eilend* ▸ ~e Melodie, ~en Schrittes, mit ~en Schritten; ~ nach Hause gehen

be|schwö|ren ‹V. trans.; be|schwört, be|schwor, hat be|schwo|ren› **1** eine Aussage, Tat ~ *durch Schwur bekräftigen, beeiden* **2** jmdn. ~, etwas (nicht) zu tun *flehentlich bitten* **3** Dämonen, Geister, Naturmächte ~ *herbeizaubern od. wegzaubern, austreiben;* Abl *Beschwörung*

be|se|hen ‹V. trans.; be|sieht, be|sah, hat be|se|hen› etwas ~ *aufmerksam betrachten, ansehen*

be|sei|ti|gen ‹V. trans.; be|sei|tigt, be|sei|tig|te, hat be|sei|tigt› **1** Gegenstände, Schmutz ~ *wegschaffen, entfernen* **2** Fehler, Hindernisse, eine Störung, die Ursache ~ *beheben, aus der Welt schaffen* **3** jmdn. ~, einen Mitwisser ~ *unschädlich machen, töten;* Abl *Beseitigung*

Be|sen ‹der; -s, -› **1** *Werkzeug zum Kehren;* Zus *Besenkammer, Besenschrank, Besenstiel; Handbesen, Kehrbesen* **2** ‹umg.; scherzh.› *unfreundliche, streitsüchtige Frau* ▸ die Straße mit dem ~ kehren; neue ~ kehren gut ‹Sprichw.› *anfangs arbeitet jeder bes. gut*

be|ses|sen I ‹Part. Perf. von› *besitzen* **II** ‹Adj.› **1** *so, als ob ein böser Geist in jmdm. steckte, tobsüchtig, irr* **2** *übermäßig erfüllt, schwärmerisch begeistert (von etwas)* ▸ er ist vom Teufel ~; von einer Idee ~ sein; wie ~ herumspringen, schreien; Abl *Besessene(r), Besessenheit*

be|set|zen ‹V. trans.; be|setzt, be|setz|te, hat besetzt› **1** ein Staatsgebiet ~ *in Besitz nehmen, erobern, mit Truppen belegen* **2** einen Platz ~ *bele-*

gen, freihalten **3** einen Posten, eine Stelle ~ *vergeben* **4** Stoff ~ *benähen* ▸ ein Land, eine Stadt ~; alle Plätze waren schon besetzt *nicht mehr frei;* die Rollen ~ ⟨Theat.⟩ *verteilen* ▸ einen Stuhl für jmdn. ~; ein mit Pelz besetzter Mantel

be|setzt **I** ⟨Part. Perf. von⟩ *besetzen* **II** ⟨Adj.⟩ *nicht frei, belegt, in Besitz genommen* ▸ Besetzt (als Aufschrift auf den Schlössern von Toilettentüren); der Zug ist bis auf den letzten Platz ~ *es gibt keine freien Sitzplätze mehr;* dieser Stuhl ist ~ *steht anderen nicht zur Verfügung;* die Telefonleitung ist ~; von Truppen ~es Gebiet

Be|setzt|zei|chen ⟨das; -s, -; Tel.⟩ *Tonzeichen, wenn die Rufnummer nicht frei ist*

Be|set|zung ⟨die; -, -en⟩ **1** *das Besetzen* **2** *Gruppe von Personen, mit denen verschiedene Positionen in einer Mannschaft, einer Band, einem Orchester od. verschiedene Rollen in einem Schauspiel, einem Film o. Ä. besetzt worden sind* **3** *das Besetzt-, Belegtsein* ▸ die ~ eines Theaterstücks *die Rollenverteilung für das Theaterstück; die darin auftretende Gruppe von Schauspielern;* bei, mit voller ~ (Wagen, Schiff); die Mannschaft spielt heute mit ihrer zweiten ~

be|sich|ti|gen ⟨V. trans.; be|sich|tigt, be|sich|tig|te, hat be|sich|tigt⟩ etwas ~ *ansehen, anschauen (zwecks Bildung od. Prüfung)* ▸ ein Bauwerk ~

Be|sich|ti|gung ⟨die; -, -en⟩ *das Besichtigen* ▸ ~ durch Sachverständige; ~ von Kunstwerken

be|sie|deln ⟨V. trans.; be|sie|delt, be|sie|del|te, hat be|sie|delt⟩ ein Gebiet ~ **1** *neue Bewohner in einem G. ansiedeln* **2** *als Bewohner in einem Gebiet ansässig werden*

be|sie|geln ⟨V. trans.; be|sie|gelt, be|sie|gel|te, hat be|sie|gelt⟩ etwas ~ *bekräftigen, bindend bestätigen* ▸ ein Versprechen mit Handschlag ~; besiegelt sein *entschieden sein;* sein Schicksal ist durch das Urteil besiegelt

be|sie|gen ⟨V. trans.; be|siegt, be|sieg|te, hat besiegt⟩ etwas od. jmdn. ~ *den Sieg erringen über, im Kampf gewinnen gegen* ▸ seine Leidenschaften ~ *zügeln, bezähmen;* Schwierigkeiten ~ *überwinden;* jmdn. im Wettkampf, im Spiel ~; sich für besiegt erklären *sich als, zum Verlierer erklären, den Kampf aufgeben*

be|sin|gen ⟨V. trans.; be|singt, be|sang, hat be|sungen⟩ jmdn. od. etwas ~ *ein Lied auf jmdn. od. etwas singen* ▸ eine Heldentat, die Liebe ~

be|sin|nen ⟨V. refl.; be|sinnt sich, be|sann sich, hat sich be|son|nen⟩ **1** sich ~ *überlegen, nachdenken* **2** sich auf etwas ~ *sich an etwas erinnern, sich etwas bewusstmachen* ▸ sich einen Augenblick ~; sich anders od. eines Besseren ~ *sich etwas anders od. besser überlegen;* sich auf seine eigentlichen Ziele ~; wenn ich mich recht besinne *wenn mich meine Erinnerung nicht täuscht*

be|sinn|lich ⟨Adj.⟩ *nachdenklich, beschaulich* ▸ eine ~e Stunde verbringen; Abl *Besinnlichkeit*

Be|sin|nung ⟨die; -; unz.⟩ **1** *das Besinnen, Überlegung, Erinnerung* **2** *Bewusstsein* ▸ die ~ verlieren *bewusstlos werden, in Ohnmacht fallen;* ⟨übertr.⟩ *unbesonnen, unvernünftig, unbeherrscht handeln;* jmdn. zur ~ bringen ⟨übertr.⟩ *jmdn. zur Vernunft bringen;* wieder zur ~ kommen *aus der Bewusstlosigkeit erwachen;* ⟨übertr.⟩ *wieder Vernunft annehmen*

be|sin|nungs|los ⟨Adj.⟩ **1** *ohne Besinnung, bewusstlos, tief betäubt, ohnmächtig* **2** *außer sich, aufs Höchste erregt, nicht bei Vernunft* ▸ ~ vor Wut sein; Abl *Besinnungslosigkeit*

Be|sitz ⟨der; -es; unz.⟩ **1** *Eigentum von jmdm.;* Zus *Besitzanspruch, Besitzwechsel; Hausbesitz, Staatsbesitz* **2** *die Sache selbst, deren Gebrauchs- u. Nutzungsrecht man hat* ▸ von etwas ~ ergreifen *sich etwas aneignen* ▸ einen kostbaren ~ haben; unerlaubter ~ (z. B. von Waffen) ▸ etwas in seinen ~ bringen, etwas in ~ nehmen *sich etwas aneignen, etwas an sich reißen;* in den ~ einer Sache kommen; im ~ einer Sache sein ⟨besser⟩ *eine Sache besitzen;* das Haus ging vor einigen Jahren in seinen ~ über; die Krankheit hat nun vollständig von ihr ~ ergriffen ⟨übertr.⟩

be|sit|zen ⟨V. trans.; be|sitzt, be|saß, hat be|ses|sen⟩ etwas ~ **1** *(als Besitz) haben, darüber verfügen können* **2** *sein Eigen nennen* **3** *haben* ▸ er hat die Frechheit besessen, zu behaupten ... ⟨übertr.⟩; ein Grundstück, ein Haus, viel Geld ~; jmds. Vertrauen ~; Mut, Fantasie, ein Talent ~

Be|sit|zer ⟨der; -s, -⟩ *jmd., der etwas besitzt, jmd., der die Gewalt, die Herrschaft über eine Sache hat u. diese auch ausübt, Eigentümer, Inhaber* ▸ er ist stolzer ~ eines neuen BMWs; Abl *Besitzerin;* Zus *Besitzerwechsel; Hausbesitzer*

be|sitz|er|grei|fend ⟨Adj.⟩ *von etwas Besitz ergreifend, einnehmend* ▸ er hat eine sehr ~e Art

be|soh|len ⟨V. trans.; be|sohlt, be|sohl|te, hat besohlt⟩ Schuhe ~ *mit neuen Sohlen versehen*

Be|sol|dung ⟨die; -; unz.⟩ **1** *Zahlung von Sold, Beamtengehalt* **2** *Diensteinkommen, Dienstbezüge*

be|son|de|re(r, -s) ⟨Adj.⟩ **1** *anders als normal, eigen, außergewöhnlich* **2** *als Einzelnes herausragend, nicht allgemein, speziell* **3** *besser, schöner, größer als normal* ▸ ~ Kennzeichen, Umstände; heute ist ein ~r Tag; er ist ein ganz ~r Mensch; sie braucht für diese Tätigkeit noch eine ~ Ausbildung; das ist etwas ganz Besonderes; im Allgemeinen und im Besonderen; →a. *besonders*

Be|son|der|heit ⟨die; -, -en⟩ *Eigenart, Eigentümlichkeit, Eigenheit*

be|son|ders ⟨Adv.⟩ **1** *sehr, ausdrücklich, nachdrücklich* **2** *getrennt von anderen, gesondert, separat* ▸ ein Thema ~ behandeln; das möchte ich ~ betonen; (nicht) ~ gut, schön, schlecht; wie geht es dir? nicht ~! *nicht sehr gut;* ich habe dabei ~ an dich gedacht; das ist eine tolle Leistung, ~ wenn man bedenkt, wie wenig Zeit ihr hattet; dieser Bericht ist ~ interessant; darauf ist sie ~ stolz

be|son|nen **I** ⟨Part. Perf. von⟩ *besinnen* **II** ⟨Adj.⟩ *überlegt, bedächtig, vorsichtig, umsichtig* ▸ ein ~er Mensch; ~ handeln; Abl *Besonnenheit*

be|sor|gen ⟨V. trans.; be|sorgt, be|sorg|te, hat besorgt⟩ **I** ⟨persönl.⟩ **1** (jmdm. od. sich) etwas ~ *kaufen, beschaffen, holen* **2** den Einkauf, Geschäfte ~ *erledigen* ▸ sich etwas ~ lassen; können Sie mir einen guten Anwalt ~?; ich muss noch Getränke ~; kannst du mir seine Adresse ~?; jmdm. ein Zimmer ~ **II** ⟨unpers.⟩ es jmdm. ~ **1** *es jmdm. heimzahlen* **2** ⟨derb⟩ *jmdn. sexuell befriedigen* ▸ dem habe ich es (aber) besorgt! ⟨umg.⟩ *dem habe ich deutlich die Meinung gesagt*

Be|sọrg|nis ⟨die; -, -nis|se⟩ *Sorge, Furcht, Bangnis* ▸ Besorgnis erregend = *besorgniserregend*

be|sọrg|nis|er|re|gend *auch:* **Be|sọrg|nis er|re|gend** ⟨Adj.⟩ *so beschaffen, dass es Besorgnis erregt, bedenklich* ▸ sein Zustand ist ~

be|sọrgt **I** ⟨Part. Perf. von⟩ *besorgen* **II** ⟨Adj.⟩ *sich sorgend, in Sorge* ▸ eine ~e Mutter; um jmds. Gesundheit ~ sein

Be|sọr|gung ⟨die; -, -en⟩ **1** *Beschaffung, Einkauf* **2** *Erledigung* ▸ in der Stadt ~en machen

be|spạn|nen ⟨V. trans.; be|spannt, be|spann|te, hat be|spannt⟩ **1** eine Wand ~ *verkleiden, verhüllen* **2** einen Wagen ~ *mit Zugtieren ausrüsten* ▸ einen Holzrahmen mit Leinwand ~; ein Instrument mit Saiten ~; Wände mit Stoff ~; Abl *Bespannung*

be|spiel|bar ⟨Adj.⟩ *so beschaffen, dass man es bespielen kann* ▸ das Spielfeld war nicht ~ nach dem Regen; die Kassette ist immer wieder ~

be|spie|len ⟨V. trans.; be|spielt, be|spiel|te, hat bespielt⟩ eine CD, Kassette ~ *ein Musikstück auf CD, Kassette aufnehmen (lassen)*

be|spịt|zeln ⟨V. trans.; be|spit|zelt, be|spit|zel|te, hat be|spit|zelt⟩ jmdn. ~ *als Spitzel überwachen, aushorchen;* Abl *Bespitzelung*

be|sprẹ|chen ⟨V.; be|spricht, be|sprach, hat be|spro|chen⟩ **I** ⟨V. trans.⟩ etwas ~ **1** *erörtern, über etwas sprechen* **2** *beurteilen, eine Kritik über etwas schreiben* ▸ ein neu erschienenes Buch ~; eine Problem, einen Vorfall ~; etwas eingehend, gründlich ~ **II** ⟨V. refl.⟩ sich mit jmdm. ~ *mit jmdm. über etwas sprechen*

Be|sprẹ|chung ⟨die; -, -en⟩ **1** *das Besprechen, Unterredung, Beratung, Erörterung* **2** *Rezension, Kritik, Kommentar* ▸ mit jmdm. zu einer wichtigen ~ zusammenkommen

be|sprịt|zen ⟨V. trans.; be|spritzt, be|spritz|te, hat be|spritzt⟩ jmdn. od. etwas ~ *durch Spritzen nass machen, vollspritzen* ▸ die Kinder ~ sich mit Wasser; mit Blut bespritzt

be|sprü|hen ⟨V. trans.; be|sprüht, be|sprüh|te, hat be|sprüht⟩ etwas ~ *durch Sprühen befeuchten* ▸ Zimmerpflanzen ~

be|spụ|cken ⟨V. trans.; be|spuckt, be|spuck|te, hat be|spuckt⟩ jmdn. od. etwas ~ *anspucken*

bẹs|ser ⟨Adj.; Komp. von „gut"⟩ *mehr als gut* ▸ meine ~e Hälfte ⟨umg.; scherzh.⟩ *meine Frau;* er möchte gern in ein ~es Hotel gehen; ich komme wieder, wenn du ~e Laune hast ▸ ~ Verdienende(r) = *Besserverdienende(r)* ▸ ~ gehen = *bessergehen;* meine Kinder sollen es einmal ~ haben als ich; du kannst das ~ als ich; das kann man ~ machen; er ist zu faul zum Arbeiten, ~ gesagt: er will gar nicht arbeiten; sein: ~ ist ~! *lieber vorbeugen!;* ihre Leistungen sind ~ als deine; es wäre ~, wenn du sofort kämst; es muss doch einmal ~ werden; er will immer alles ~ wissen ▸ ~ spät als nie ▸ das ist ~ als nichts; auf ~es Wetter warten; auf ~e Zeiten hoffen; desto ~!; in ~en Kreisen verkehren *in höheren Gesellschaftsschichten;* umso ~!

Bẹs|se|re(s) ⟨das; -n, -n⟩ *etwas, das besser ist als anderes* ▸ ich habe ~s zu tun als …; jmdn. eines ~n belehren *jmdn. von einer falschen Meinung abbringen;* sich eines ~n besinnen *es sich anders (besser) überlegen;* etwas ~s ist dir wohl nicht eingefallen?; wenn du nichts ~s vorhast, komm doch heute Abend

bẹs|ser|ge|hen *auch:* **bẹs|ser ge|hen** ⟨V. intr.; geht bes|ser, ging bes|ser, ist bes|ser|ge|gan|gen, bes|ser|zu|ge|hen⟩ es geht jmdm. besser *jmd. befindet sich in einem besseren Gesundheitszustand, in einer besseren wirtschaftlichen Lage o. Ä. als vorher* ▸ dem Kranken wird es bald wieder ~; geht es dir wieder besser?

bẹs|sern ⟨V.; bes|sert, bes|ser|te, hat ge|bes|sert⟩ **I** ⟨V. trans.⟩ jmdn. od. etwas ~ *besser machen, verbessern* **II** ⟨V. refl.⟩ sich ~ *besser werden* ▸ deine Leistungen müssen sich noch ~; sein Zustand bessert sich zusehends; er will sich ~

Bẹs|se|rung ⟨die; -, -en⟩ **1** *das Besserwerden, Sichbessern* **2** *Entwicklung zum Guten, hin zu einem besseren Zustand* ▸ es ist eine (merkliche) ~ eingetreten; gute ~! *werde bald wieder gesund!;* einem Kranken gute ~ wünschen; er ist auf dem Wege der ~ *es geht ihm gesundheitlich besser*

Bẹs|ser|ver|die|nen|de(r) *auch:* **bẹs|ser Ver|die|nen|de(r)** ⟨die; -n, -n (der; -n, -n)⟩ *jmd. mit hohem Verdienst* ▸ er gehört zu den ~n

Bẹs|ser|wis|ser ⟨der; -s, -; abwertend⟩ *jmd., der alles besser zu wissen glaubt, der aufdringlich belehrt;* Abl *Besserwisserei; besserwisserisch*

best… ⟨in Zus.⟩ *am besten, am meisten,* z. B. die bestangezogene Frau, der bestgehasste Mann

Be|stạnd ⟨der; -(e)s, -stän|de⟩ **I** ⟨unz.⟩ *das Bestehen, Fortbestehen, Dauer* ▸ das hat keinen ~ *ist nicht von Dauer* ▸ das ist nicht von ~ **II** ⟨zählb.⟩ *augenblicklicher Vorrat, das Vorhandene* ▸ der ~ der Bibliothek beträgt 10 000 Bände ▸ den ~ auffüllen, erneuern ▸ der ~ an Büchern, an Kleidern; das Stück gehört zum festen ~ des Theaters *das S. wird immer wieder einmal gespielt;* Zus *Baumbestand, Bücherbestand, Kassenbestand, Waldbestand, Warenbestand*

be|stän|dig ⟨Adj.⟩ **I** ⟨attr.; präd.⟩ **1** *andauernd, ständig, ununterbrochen, dauerhaft, widerstandsfähig, stabil;* Zus *hitzebeständig, säurebeständig, wetterbeständig* **2** *beharrlich, treu, nicht schwankend* ▸ ein ~er Mensch; der ~e Regen macht einen ganz trübselig; ~es Wetter; der Stoff ist sehr ~ gegen Wasser **II** ⟨adv.⟩ *immer(zu), in einem fort* ▸ es hat heute ~ geregnet; er hat ~ etwas auszusetzen, zu klagen; Abl *Beständigkeit*

Be|stands|auf|nah|me ⟨die; -, -n⟩ **1** *listenmäßige Aufnahme, Erfassung des Bestandes, Inventur* **2** *Überprüfung* ▸ eine ~ machen; etwas einer kritischen, umfassenden ~ unterziehen

Be|stand|teil ⟨der; -(e)s, -e⟩ *Teil einer größeren Einheit* ▸ die Methodik ist ein wesentlicher ~ der Pädagogik; das Stück hat sich in seine ~e aufgelöst ⟨umg.; scherzh.⟩ *ist kaputtgegangen;* einen Gegenstand in seine ~e zerlegen

be|stär|ken ⟨V. trans.; be|stärkt, be|stärk|te, hat be|stärkt⟩ jmdn. (in etwas) ~ *unterstützen, bestätigen* ▸ jmdn. in seiner Meinung ~

be|stä|ti|gen ⟨V.; be|stä|tigt, be|stä|tig|te, hat be|stä|tigt⟩ **I** ⟨V. trans.⟩ **1** etwas ~ *als richtig anerkennen, für gültig erklären* **2** (jmdm.) etwas ~ *versichern* **3** etwas ~ *zur Kenntnis nehmen, bescheinigen, dass man etwas erhalten hat* **4** jmdn. (in etwas) ~ *unterstützen, stärken* ▸ jmds. **Ansicht,** Meinung ~; den **Empfang** einer Postsendung ~; das bestätigt meinen **Verdacht,** meine Vermutung ▸ eine Aussage **eidlich** ~ ▸ jmdn. **in** seiner Meinung ~ ▸ damit sehe ich meine Auffassung bestätigt **II** ⟨V. refl.; be|stä|tigt sich, be|stä|tig|te sich, hat sich be|stä|tigt⟩ sich ~ *sich als wahr herausstellen, sich bewahrheiten* ▸ es hat sich bestätigt, dass die Kosten hierfür zu hoch sind; meine Befürchtungen haben sich bestätigt

Be|stä|ti|gung ⟨die; -, -en⟩ **1** *das Bestätigen, Kenntnisnahme, Anerkennung, Beglaubigung;* Zus *Empfangsbestätigung, Urteilsbestätigung* **2** *Anerkennung, Zuspruch* ▸ die amtliche ~ einer Sache; bei jmdm. ~ finden, suchen

be|stat|ten ⟨V. trans.; be|stat|tet, be|stat|te|te, hat be|stat|tet⟩ jmdn. ~ *begraben, beerdigen, einäschern;* Abl *Bestattung*

Be|stat|tungs|in|s|ti|tut ⟨das; -(e)s, -e⟩ *Unternehmen für Vorbereitung u. Durchführung von Bestattungen;* Syn *Beerdigungsunternehmen*

be|stäu|ben ⟨V. trans.; be|stäubt, be|stäub|te, hat be|stäubt⟩ **1** etwas ~ *mit feinem Pulver od. Puder bestreuen* **2** ⟨Bot.⟩ eine Pflanze ~ *den Blütenstaub (Pollen) der Staubgefäße auf die weibl. Blütenorgane einer Pflanze übertragen* ▸ einen Kuchen mit Puderzucker ~; Blüten werden von Bienen od. vom Wind bestäubt; Abl *Bestäubung*

be|stau|nen ⟨V. trans.; be|staunt, be|staun|te, hat be|staunt⟩ jmdn. od. etwas ~ *über jmdn. od. etwas staunen*

bes|te(r, -s) ⟨Adj.; Superl. von „gut"⟩ *in höchstem Grade gut* ▸ es wird das Beste sein, wenn wir gleich hingehen *am besten;* →a. *Beste(r, -s)* ▸ der ~ **Freund,** Schüler; das ist das ~ seiner **Werke** ▸ der, die, das **erste** Beste, ⟨od.⟩ der, die, das nächste Beste *irgendjemand, irgendein;* ich habe den ersten Besten gefragt, der mir begegnete; die erste ~ Gelegenheit ergreifen ▸ es ist **am** ~n, du kommst sofort; das blaue Kleid gefällt mir am ~n; er hat am ~n gesungen; das musst du selbst am ~n wissen; er ist **auf** dem ~n Wege, ein großer Künstler zu werden; das geht **beim** ~n Willen nicht *wirklich nicht;* ich halte es **für** das Beste, du kommst gleich mit *für am besten;* →a. *Beste(r, -s);* er ist **in** den ~n Jahren *im mittleren Alter;* im ~n Sinne des Wortes; **nach** ~m Wissen handeln; sich **von** seiner ~n Seite zeigen; mit seiner Gesundheit steht es nicht **zum** Besten *nicht gut;* einen Witz zum Besten geben *zur Unterhaltung vortragen, erzählen;* jmdn. zum Besten haben, ⟨od.⟩ halten *ihn veralbern*

Bes|te(r, -s) ⟨die; -n, -n, der; -n, -n od. das; -n, -n; Superl. von „Gute(r, -s)"⟩ *in höchstem Grade Gute(r, -s)* ▸ sein ~s geben, tun *sich alle Mühe geben;* ich kaufe stets nur das ~; man muss aus jeder Lebenslage das ~ machen; ich will doch nur dein ~s; die ~ (in) der Klasse; ich halte dies für das ~, was ich je gesehen habe; das ~ vom ~n; es geschieht nur zu deinem ~n

be|ste|chen ⟨V.; be|sticht, be|stach, hat be|sto|chen⟩ **I** ⟨V. trans.⟩ jmdn. ~ *durch nicht erlaubte Geschenke für sich gewinnen, beeinflussen* ▸ Beamte ~; einen Richter, Zeugen ~ **II** ⟨V. intr.⟩ *für sich einnehmen, einen gewinnenden, günstigen Eindruck machen* ▸ sie besticht durch ihr gutes Aussehen

be|stech|lich ⟨Adj.⟩ *einer Bestechung zugänglich, käuflich;* Abl *Bestechlichkeit*

Be|ste|chung ⟨die; -, -en⟩ *Beeinflussung durch unerlaubte Geschenke;* Zus *Bestechungsgeld*

Be|steck ⟨das; -s, -e od. -s⟩ **1** *die Esswerkzeuge für eine Person: Messer, Gabel, Löffel;* Zus *Essbesteck, Fischbesteck, Silberbesteck, Tischbesteck* **2** ⟨Med.⟩ *tragbare Instrumente, die ein Arzt für eine bestimmte Behandlung benötigt* ▸ das ~ auflegen; das silberne ~ polieren; chirurgisches ~

be|ste|hen ⟨V.; be|steht, be|stand, hat be|stan|den⟩ **I** ⟨V. trans.⟩ etwas ~ *erfolgreich durchstehen, siegreich überstehen* ▸ **Abenteuer,** einen Kampf, eine Probe ~; nach bestandenem **Examen** ▸ eine Prüfung **mit** Auszeichnung ~ **II** ⟨V. intr.⟩ *vorhanden, da sein, existieren, (weiter)leben* ▸ die **Firma** besteht schon seit zehn Jahren; es besteht ein **Gesetz,** eine Vorschrift, dass … ▸ ~ **bleiben** *an-, fortdauern, weiterhin existieren;* diese Einrichtung sollte ~ bleiben ▸ **auf** etwas ~ *etwas beharrlich wollen, verlangen;* ich bestehe auf meinem Recht; er bestand hartnäckig auf seiner Forderung; ich bestehe darauf, dass mir der Schlüssel ausgehändigt wird; ~ **aus** *aus einem bestimmten Material gemacht sein, zusammengesetzt sein aus;* dieser Gegenstand besteht aus Gummi, Holz, Silber; **darüber** besteht kein Zweifel; ~ irgendwelche Bedenken **gegen** meinen Vorschlag?; ~ **in** *ausgefüllt sein mit, gebildet werden durch;* sein Leben bestand in Hilfe u. Aufopferung für andere; meine Aufgabe besteht in der Ausbildung von Lehrkräften; in einem Kampf ~ *sich behaupten, sich bewähren;* **seit** Bestehen des Geschäfts; **vor** jmdm. ~ (können) *jmds. Zweifel od. Ansprüchen standhalten;* dein Vorwurf besteht **zu** Recht ▸ die ~den Gesetze

be|steh|len ⟨V. trans.; be|stiehlt, be|stahl, hat be|stoh|len⟩ jmdn. ~ *jmdm. etwas stehlen* ▸ ich bin bestohlen worden *man hat mir etwas gestohlen*

be|stei|gen ⟨V. trans. u. V. intr.; be|steigt, be|stieg, hat be|stie|gen⟩ etwas ~ *auf etwas hinaufsteigen, in etwas hineinsteigen* ▸ einen Berg ~; den Thron ~ *die Herrschaft antreten;* Abl *Besteigung*

be|stel|len ⟨V. trans.; be|stellt, be|stell|te, hat bestellt⟩ **1** eine Lieferung, Ware ~ *verlangen, anfordern* **2** (Essen) ~ *(im Restaurant) ordern* **3** Kino-, Theaterkarten, ein Hotelzimmer ~ *reservieren lassen* **4** ein Feld, einen Acker ~ *bearbeiten, bebauen* **5** jmdn. (an einen Ort) ~ *beordern, kommen lassen* **6** jmdn. ~ *(in ein Amt) einsetzen, ernennen* **7** jmdm. etwas ~ *jmdm. etwas ausrichten, eine Botschaft überbringen* ▸ kann ich bei Ihnen ~? *das Essen ordern;* ich soll Ihnen ~, dass meine Mutter nicht kommen kann ▸ ein Taxi ~; eine Flasche Wein ~ ▸ die Felder sind gut, schlecht bestellt; Ware telefonisch ~ ▸ jmdm. od. an jmdn. einen Gruß (von jmdm.) ~ *jmdn. grüßen lassen;* ich habe bei der Firma Lau 100 Stück bestellt; ich habe das Essen für 12 Uhr bestellt; er hat mich für Montag bestellt; mit seiner, ⟨od.⟩ um seine Gesundheit ist es schlecht bestellt *steht es schlecht;* bestell deinem Vater einen schönen Gruß von mir; jmdn. zu sich ~; jmdn. zum Richter, zum Vormund ~ ▸ was möchten Sie ~? ▸ amtlich bestellter Vormund *amtlich ernannter, eingesetzter V.*

Be|stell|num|mer ⟨die; -, -n⟩ **1** *in Katalogen od. Anzeigen bei der Ware angegebene Nummer, unter der man die W. bestellen kann* **2** *laufende Nummer des Auftrags im Bestellbuch*

Be|stel|lung ⟨die; -, -en⟩ **1** *das Bestellen;* Zus *Autobestellung, Feldbestellung* **2** *Auftrag zur Lieferung* ▸ ~ eines Vormundes ▸ eine ~ aufgeben *etwas bestellen;* eine ~ annehmen, notieren, registrieren ▸ schriftliche, telefonische ~ ▸ auf Ihre ~ hin teilen wir Ihnen mit, dass die Ware ausverkauft ist; bei ~ bitte die Größe, Nummer angeben; laut ~ vom 16.10.; ~ zum Richter

Be|stell|zet|tel ⟨der; -s, -; in Bibliotheken u. im Buchhandel⟩ *Zettel zum Bestellen der gewünschten Bücher;* Syn *Bestellschein*

bes|ten|falls ⟨Adv.⟩ *im besten Fall* ▸ er kann ~ in einer Stunde da sein

bes|tens ⟨Adv.⟩ *aufs Beste, so gut wie möglich, sehr gut, ausgezeichnet* ▸ wie geht es dir? ~!; danke ~!; ich danke Ihnen ~ für Ihren Brief; wir werden Sie ~ bedienen, es ~ erledigen

be|steu|ern ⟨V. trans.; be|steu|ert, be|steu|er|te, hat be|steu|ert⟩ etwas ~ *mit einer Steuer belegen;* Abl *Besteuerung*

Best|form ⟨die; -; unz.⟩ *beste, leistungsstarke (körperliche) Verfassung* ▸ die Sportler sind in ~

be|sti|cken ⟨V. trans.; be|stickt, be|stick|te, hat bestickt⟩ etwas ~ *mit Stickerei versehen*

Bes|tie ⟨[-tjə] die; -, -n⟩ **1** *wildes Tier, großes Raubtier* **2** ⟨übertr.⟩ *roher, grausamer, brutaler Mensch* ▸ eine wilde ~ in Menschengestalt; Abl *Bestialität; bestialisch*

be|stimm|bar ⟨Adj.⟩ *so beschaffen, dass man es bestimmen, einordnen kann;* Abl *Bestimmbarkeit*

be|stim|men ⟨V. trans.; be|stimmt, be|stimm|te, hat be|stimmt⟩ **1** einen Sachverhalt ~ *genau feststellen, ermitteln* **2** Begriffe ~ *genau klären, definieren* **3** einen Ort, eine Zeit, einen Preis ~ *festsetzen, festlegen* **4** ⟨Bot.⟩ eine Pflanze, ein Tier ~ *nach Art, Familie, Gattung einordnen* **5** jmdn. ~ *ernennen, einsetzen, auswählen* **6** etwas ~ *befehlen, anordnen* ▸ hier bestimme ich!; du hast hier nichts zu bestimmen! *du darfst nichts entscheiden;* er bestimmte, dass ...; jmdn. ~, etwas zu tun ⟨umg.⟩ *veranlassen, überreden* ▸ einen Nachfolger ~; ihm war eine große Zukunft (vom Schicksal) bestimmt ▸ jmdn. als, zum Nachfolger ~; den Gewinner durch das Los ~; für etwas, jmdn. bestimmt sein *für etwas, jmdn. vorgesehen sein;* das Geld ist für die Kinder bestimmt; die Beeren sind nicht zum Verzehr bestimmt ▸ ~den Einfluss auf jmdn. haben *entscheidenden E.;* für eine Aufgabe, einen Zweck bestimmt sein; das war nicht für deine Ohren bestimmt *das solltest du nicht hören, erfahren*

be|stimmt[1] ⟨Adv.⟩ *sicher, gewiss* ▸ wir kommen ~ (nicht); ich kann es nicht ~ sagen

be|stimmt[2] **I** ⟨Part. Perf. von⟩ *bestimmen* **II** ⟨Adj.; -er, am -es|ten⟩ **1** *genau festgesetzt, begrenzt* **2** *entschieden, energisch, stark ausgeprägt* ▸ der ~e Artikel ⟨Gramm.⟩ *der, die, das;* er trat sehr ~ auf; ich suche etwas Bestimmtes; ich brauche es für einen ~en Zweck; zu einer ~n Zeit kommen

Be|stimmt|heit ⟨die; -; unz.⟩ *Entschiedenheit, Festigkeit, Gewissheit, Deutlichkeit* ▸ etwas mit ~ wissen; ich kann es nicht mit ~ behaupten; ich möchte mit aller ~ betonen, dass ...

Be|stim|mung ⟨die; -, -en⟩ **1** *das Bestimmen, Einordnung* **2** *Festsetzung, Festlegung;* Zus *Begriffsbestimmung* **3** *Ernennung* **4** *Schicksal, Los* **5** *Aufgabe, Sendung* **6** *Anordnung, Vorschrift* ▸ es war wohl ~, dass alles so kommen musste; den ~en gemäß; gesetzliche ~en; ein Adjektiv als nähere ~ zum Subjekt, Objekt ⟨Gramm.⟩; ich muss mich nach den (geltenden) ~en richten

Be|stim|mungs|ort ⟨der; -(e)s, -e⟩ *Zielort einer Warenlieferung, eines Verkehrsmittels, einer militärischen Einheit o. Ä.*

Best|mar|ke ⟨die; -, -n; Sp.⟩ *Rekord, Höchstleistung* ▸ die ~ erreichen

best|mög|lich ⟨Adj.⟩ *so gut wie möglich* ▸ einen ~en Ausgleich erzielen

be|stra|fen ⟨V. trans.; be|straft, be|straf|te, hat bestraft⟩ **1** jmdn. ~ *jmdm. wegen eines Vergehens od. einer Straftat eine Strafe geben* **2** etwas ~ *ein Vergehen od. eine Straftat mit einer Strafe belegen* ▸ er hat das Kind hart bestraft; er wurde für seinen Leichtsinn bestraft; mit Gefängnis ~; Zuwiderhandlungen gegen das Verbot werden bestraft

Be|stra|fung ⟨die; -, -en⟩ *das Bestrafen, Erteilen einer Strafe*

be|strah|len ⟨V. trans.; be|strahlt, be|strahl|te, hat be|strahlt⟩ **1** etwas ~ *hell beleuchten, Strahlen aussetzen, mit Strahlen bescheinen* **2** ⟨Med.⟩ jmdn. (mit etwas) ~ *mit Strahlen behandeln*

Be|strah|lung ⟨die; -, -en⟩ **1** *das Bestrahlen, Einwirkung von Strahlen;* Zus *Sonnenbestrahlung* **2** ⟨Med.⟩ *Behandlung mit Strahlen*

Be|stre|bung ⟨die; -, -en⟩ *Anstrengung, Bemühung, Versuch* ▸ es sind ~en im Gange

be|strei|chen ⟨V. trans.; be|streicht, be|strich, hat be|stri|chen⟩ etwas (mit etwas) ~ *mit einem Aufstrich, Anstrich versehen* ▸ eine Scheibe Brot mit Butter ~; einen Zaun mit Farbe ~

be|strei|ken ⟨V. trans.; be|streikt, be|streik|te, hat be|streikt⟩ einen Betrieb ~ *mit Streik belegen, dem Streik aussetzen* ▸ bestreikter Betrieb

be|strei|ten ⟨V. trans.; be|strei|tet, be|stritt, hat be|strit|ten⟩ **1** eine Behauptung, Tatsache ~ *für unrichtig erklären, anzweifeln, nicht glauben, das Gegenteil behaupten, leugnen* **2** etwas ~ *bezahlen, finanzieren, aufbringen, für etwas aufkommen* ▸ du kannst doch nicht ~, dass du ihn gesehen hast; das hat ja auch niemand bestritten!; die Kosten von etwas ~; einen Teil des Programms ~ *gestalten;* den Unterhalt einer Familie ~; ich bestreite entschieden, dass ich es gewusst habe; sein Studium aus eigener Tasche ~; ein Spiel um einen Pokal ~ *spielen, durchführen*

be|streu|en ⟨V. trans.; be|streut, be|streu|te, hat be|streut⟩ etwas mit etwas ~ *mit einer losen, lockeren Schicht bedecken* ▸ mit Blumen, Sand ~

Best|sel|ler ⟨der; -s, -⟩ *Buch mit dem größten Verkaufserfolg (in einem bestimmten Zeitabschnitt);* Zus *Bestsellerautor(in), Bestsellerliste*

be|stü|cken ⟨V. trans.; be|stückt, be|stück|te, hat be|stückt⟩ etwas mit etwas ~ **1** *mit Einzelstücken, (bei Schiffen) mit Geschützen ausrüsten* **2** ⟨allg.⟩ *ausstatten* ▸ gut bestückt sein (mit etwas)

be|stuh|len ⟨V. trans.; be|stuhlt, be|stuhl|te, hat bestuhlt⟩ ein Kino, Theater ~ *mit Stühlen, Sitzplätzen versehen;* Abl *Bestuhlung*

be|stür|men ⟨V. trans.; be|stürmt, be|stürm|te, hat be|stürmt⟩ jmdn. od. etwas ~ *heftig angreifen, gegen jmdn. od. etwas stürmen, anrennen* ▸ jmdn. mit Bitten, Fragen ~ *überschütten, bedrängen*

be|stür|zen ⟨V. trans.; be|stürzt, be|stürz|te, hat bestürzt⟩ jmdn. ~ *erschrecken, aus der Fassung bringen, ratlos machen* ▸ die Nachricht hat mich sehr, tief bestürzt; bestürzt sein *fassungslos, ratlos, erschreckt sein;* ein bestürztes Gesicht machen

Be|stür|zung ⟨die; -; unz.⟩ *das Bestürztsein, Betroffenheit, Schrecken, Fassungslosigkeit* ▸ die ~ über sein Verschwinden war groß

Best|zeit ⟨die; -, -en; Sp.⟩ *beste Zeit, Rekordzeit* ▸ er lief die Strecke in der ~ von 10,5 Sekunden

Be|such ⟨der; -(e)s, -e⟩ **1** *das Aufsuchen einer Person in ihrem Haus, Büro, im Krankenhaus u. Ä.;* Zus *Besuchstag, Besuchszeit* **2** *Aufenthalt als Gast* **3** *der Gast od. die Gäste selbst* **4** *Anzahl der Personen, die an einer Veranstaltung teilnehmen od. eine Ausstellung ansehen* ▸ ~ einer Schule, eines Theaters, einer Versammlung; ~ einer Stadt ▸ seinen ~ absagen, abbrechen, ausdehnen; jmdm. einen ~ abstatten; ~ empfangen, erwarten; jmds. ~ erwidern *einen Gegenbesuch machen;* wir haben heute ~ bekommen; es kommt ~ ▸ seine häufigen ~e werden allmählich anstrengend; keinen ~ empfangen; ein kurzer, langer ~; lieber ~; starker, schwacher, mäßiger ~ (einer Versammlung, einer Kunstausstellung); wir haben viel ~ ▸ er hat seinen ~ für Montag angekündigt; während meines ~s bei meinen Freunden; bei guten Freunden zu ~ sein ▸ wir wollen unserem ~ die Stadt zeigen

be|su|chen ⟨V. trans.; be|sucht, be|such|te, hat besucht⟩ **1** jmdn. ~ **1.1** *jmds. Gast sein, bei jmdm. zu Gast sein* **1.2** *jmdn. (in seinem Büro u. Ä.) aufsuchen* **2** etwas (Ort, Veranstaltung) ~ *aufsuchen u. sich ansehen, anhören* ▸ einen Freund, Kranken ~; ein Konzert, Museum ~; die Schule ~ *zur Schule gehen;* eine Versammlung ~; Vorlesungen ~ ▸ das Theater war gut, schlecht besucht *es waren viele, wenige Leute da;* jmdn. od. etwas häufig ~ ▸ besuch uns bald wieder!; jmdn. od. etwas gern, oft ~; jmdn. im Krankenhaus ~ ▸ ein gut besuchtes Konzert

Be|su|cher ⟨der; -s, -⟩ *jmd., der einen anderen od. etwas (Ort, Veranstaltung) besucht, Gast, Teilnehmer* ▸ die ~ werden gebeten, vor der Vorführung ihre Handys auszuschalten; lästige ~ abweisen; Abl *Besucherin;* Zus *Besucherzahl*

be|su|deln ⟨V. trans.; be|su|delt, be|su|del|te, hat be|su|delt⟩ etwas od. jmdn. (mit etwas) ~ *beflecken, beschmutzen, verunreinigen* ▸ mit Blut, Schmutz besudelt; jmds. guten Ruf ~ ⟨übertr.⟩; Abl *Besudelung*

be|tagt ⟨Adj.⟩ *alt, hoch an Jahren* ▸ ein Mann, schon etwas ~, kam vorbei

be|tas|ten ⟨V. trans.; be|tas|tet, be|tas|te|te, hat betas|tet⟩ jmdn. od. etwas ~ *mit den Fingern befühlen, prüfend, forschend berühren* ▸ eine Schwellung am Arm ~

be|tä|ti|gen ⟨V.; be|tä|tigt, be|tä|tig|te, hat be|tä|tigt⟩ **I** ⟨V. trans.⟩ einen Mechanismus ~ *zur Wirkung bringen, bedienen* ▸ die Bremse, ein Signal ~ **II** ⟨V. refl.⟩ sich ~ *arbeiten, sich beschäftigen, eine Tätigkeit ausführen* ▸ sich politisch ~; er betätigt sich gern als Gärtner *arbeitet gern im Garten;* sich im Haushalt ~; Abl *Betätigung*

Be|tä|ti|gungs|feld ⟨das; -(e)s, -er⟩ *Bereich, in dem man sich betätigt, Wirkungskreis*

be|täu|ben ⟨V. trans.; be|täubt, be|täub|te, hat betäubt⟩ **1** einen Kranken ~ *(völlig od. teilweise) bewusstlos machen, einschläfern* **2** ein Körperteil ~ *empfindungsunfähig machen* **3** ⟨übertr.⟩ jmdn. ~ *verursachen, dass jmd. nicht mehr klar denken kann, benommen wird* ▸ ein Bein, einen Zahn ~; ein Körperglied örtlich ~; er suchte seinen Kummer durch Alkohol zu ~; jmdn. durch, mittels Narkose ~; sie war vor Schreck wie betäubt; ein ~der Duft von Blüten *starker D.*

Be|täu|bung ⟨die; -, -en; Pl. selten⟩ **1** *das Betäuben* **2** *Zustand des Betäubtseins* **3** ⟨Med.⟩ *Bewusstlosigkeit, Narkose;* Zus *Betäubungsmittel, Betäubungsspritze* **4** ⟨übertr.⟩ *Fassungslosigkeit (vor Schmerz, Kummer, Schreck)* ▸ örtliche ~; der operierte Kranke lag noch in tiefer ~

Be|te ⟨die; -, -n⟩ *ein Wurzelgemüse, Art der Rüben;* oV *Beete* ▸ Rote ~ *rote Rübe*

be|tei|li|gen ⟨V.; be|tei|ligt, be|tei|lig|te, hat be|teiligt⟩ **I** ⟨V. trans.⟩ jmdn. an etwas ~ *jmdm. einen Anteil geben von etwas* ▸ Arbeiter am Gewinn ~;

beteiligt sein an *teilhaben an, sich beteiligt haben an, verwickelt sein in;* mit wie viel Prozent ist er an dem Geschäft beteiligt?; waren Sie an dem Unfall, dem Vorgang beteiligt? **II** 〈V. refl.〉 sich ~ *teilnehmen, mitwirken, etwas beisteuern* ▸ du musst dich stärker am Unterricht ~; sich an einem Gespräch ~; sich an einem Wettbewerb ~; sich finanziell an einem Geschäft ~ *einen Teil der Finanzierung übernehmen;* Abl *Beteiligung*

be|ten 〈V. intr. u. V. trans.; be|tet, be|te|te, hat ge|be|tet〉 *mit Worten zu Gott sprechen, Gott um Hilfe od. Beistand anrufen* ▸ bete und arbeite!; das Ave-Maria, den Rosenkranz, das Vaterunser ~; für etwas, jmdn. ~ *Gott um Schutz od. Hilfe für etwas, jmdn. bitten;* vor bzw. nach Tisch ~ *das Tischgebet sprechen;* zu Gott ~

be|teu|ern 〈V. trans.; be|teu|ert, be|teu|er|te, hat be|teu|ert〉 etwas ~ *feierlich, nachdrücklich versichern, erklären* ▸ seine Unschuld ~; er beteuerte, es nicht getan zu haben; Abl *Beteuerung*

Be|ton 〈[bətɔŋ] od. [bətõː], süddt., österr., schweiz. [-toːn] der; -s; unz.〉 *Mörtel aus Sand mit Zement, meist in Schalungen od. Formen eingebracht, ein Baustoff;* Zus *Betonbau, Betonbauweise, Betonwüste*

be|to|nen 〈V. trans.; be|tont, be|ton|te, hat be|tont〉 **1** ein Wort, eine Note, Silbe ~ *durch stärkere Tongebung hervorheben, mit Nachdruck aussprechen od. spielen* **2** 〈übertr.〉 etwas ~ *Nachdruck auf etwas legen, etwas eindringlich äußern* ▸ ich möchte ~, dass ich damit nichts zu tun habe; er betont sein gutes Aussehen sehr deutlich; stark, schwach betonte Silben; →a. *betont*

be|to|nie|ren 〈V. trans.; be|to|niert, be|to|nier|te, hat be|to|niert〉 etwas ~ *mit Beton befestigen*

Be|ton|klotz 〈[bətɔŋ-] od. [bətõː-] der; -es, -klötze〉 **1** *Klotz aus Beton* **2** 〈umg.〉 *hässliches Gebäude aus Beton*

be|tont **I** 〈Part. Perf. von〉 *betonen* **II** 〈Adj.〉 **1** *hervorgehoben, akzentuiert* **2** *auffallend, nachdrücklich* **3** *besonders, ausgesucht* ▸ stark ~e Note einer Melodie; er verhält sich ihr gegenüber ~ höflich; sie kleidet sich ~ schlicht

Be|to|nung 〈die; -, -en〉 **1** 〈Sprachw.〉 **1.1** *das Betonen, Hervorheben durch stärkeren Ton;* **1.2** *der Ton selbst, Akzent* **2** 〈übertr.〉 *Nachdruck, Eindringlichkeit* ▸ die ~ schwankt, wechselt; ~ auf der zweiten Silbe; du musst das Gedicht mit mehr ~ sprechen

be|tö|ren 〈V. trans.; be|tört, be|tör|te, hat be|tört〉 jmdn. ~ **1** *in sich verliebt machen* **2** *bezaubern, verblenden* ▸ sie hat ihn durch ihren Charme betört; er hat sich von ihrer Schönheit ~ lassen; jmdn. ~d anlächeln

Be|tracht 〈der; -(e)s; unz.〉 *Erwägung, Berücksichtigung* ▸ das bleibt außer ~ *bleibt unberücksichtigt;* jmdn. od. eine Sache außer ~ lassen *nicht berücksichtigen;* er, sie od. das kommt nicht in ~ *wird nicht erwogen;* er, sie kommt für diese Arbeit, diesen Posten nicht in ~ *ist nicht geeignet;* es kommen auch noch andere Möglichkeiten in ~; etwas in ~ ziehen *etwas erwägen*

be|trach|ten 〈V. trans.; be|trach|tet, be|trach|te|te, hat be|trach|tet〉 **1** jmdn. od. etwas ~ *längere Zeit (nachdenklich) ansehen, anschauen, beobachten* **2** etwas ~ *untersuchen, analysieren* ▸ ein **Bild,** eine Landschaft ~ ▸ jmdn. **forschend,** heimlich, prüfend, verstohlen, wohlwollend ~; das muss ich (mir) einmal **genauer,** näher ~ ▸ ~ **als** … *ansehen als, halten für;* eine Angelegenheit als erledigt ~; ich betrachte ihn als den größten Dichter unserer Zeit; wenn man die Sache **aus** der Nähe betrachtet, erscheint sie anders; sich im Spiegel ~; etwas **mit** Wohlgefallen ~

Be|trach|ter 〈der; -s, -〉 *jmd., der etwas betrachtet, Beschauer* ▸ das hängt vom ~ ab 〈übertr.〉 *das ist personen-, perspektivenabhängig;* vom ~ aus gesehen rechts; Abl *Betrachterin*

be|trächt|lich 〈Adj.〉 **1** *erheblich, beachtlich* **2** *ziemlich groß, ziemlich viel* ▸ eine ~e Entfernung, Summe; ein ~es Stück; ~e Verluste; ~ größer, schneller, weiter als andere; ein Gegenstand von ~en Ausmaßen; um ein Beträchtliches höher

Be|trach|tung 〈die; -, -en〉 **1** *das Betrachten* **2** *Gedanke, Überlegung* **3** *Untersuchung, Analyse* ▸ etwas einer genauen ~ unterziehen; bei der ~ des Bildes fiel ihm auf, dass …; ~en über etwas anstellen *sich Gedanken über etwas machen*

Be|trach|tungs|wei|se 〈die; -, -n〉 *Art, Möglichkeit der Betrachtung*

Be|trag 〈der; -(e)s, -trä|ge〉 *Geldsumme* ▸ ~ dankend erhalten *(auf Quittungen, Rechnungen);* ein ~ von 50 Euro steht noch offen; überweisen Sie den ~ bitte auf mein Konto; ein bestimmter, geringfügiger, großer, hoher, kleiner ~; Kredite im ~(e) von 100.000 Euro; Zus *Geldbetrag, Gesamtbetrag*

be|tra|gen 〈V.; be|trägt, be|trug, hat be|tra|gen〉 **I** 〈V. trans.〉 etwas ~ *eine bestimmte Summe od. ein Ausmaß erreichen, sich belaufen auf* ▸ die Breite, Höhe, Länge beträgt 1,50 m; die Gebühr, Rechnung beträgt 450 Euro; die Kosten ~ mehr als der Gewinn; wie viel beträgt es? **II** 〈V. refl.〉 sich ~ *sich benehmen, sich verhalten* ▸ sich ordentlich, artig, gut, schlecht ~

Be|tra|gen 〈das; -s; unz.〉 *Benehmen, Verhalten, Manieren* ▸ sein ~ war einwandfrei

be|trau|en 〈V. trans.; be|traut, be|trau|te, hat betraut〉 jmdn. mit etwas ~ *jmdn. mit etwas beauftragen* ▸ jmdn. mit einer Arbeit, Aufgabe ~

be|trau|ern 〈V. trans.; be|trau|ert, be|trau|er|te, hat be|trau|ert〉 jmdn., jmds. Tod ~ *um jmdn. trauern* ▸ sein Tod ist sehr betrauert worden

Be|treff 〈der; -(e)s; unz.; Abk.: Betr.; Amtsdt.〉 *Inhalt, Thema (Überschrift von Akten od. Briefen)* ▸ in diesem ~ *in dieser Hinsicht;* in Betreff (Ihrer Anfrage, Lieferung usw.) *betreffend, betreffs*

be|tref|fen 〈V. trans.; be|trifft, be|traf, hat be|trof|fen〉 etwas od. jmdn. ~ **1** *angehen, anbelangen, sich beziehen auf* **2** *treffen, befallen* ▸ Betrifft: *(am Anfang von Geschäftsbriefen);* das betrifft dich!; was mich betrifft, ich bin einverstanden; was meine Arbeit betrifft, so habe ich alles erledigt; von etwas betroffen sein *in etwas verwickelt sein,* *es erleiden;* die von der Überschwemmung betroffenen Häuser; der ~de Kollege *der genannte, zuständige Kollege;* alle den Unfall ~den Hinweise

Be|tref|fen|de(r) ⟨die; -n, -n (der; -n, -n)⟩ *der Genannte, derjenige, der in Betracht kommt, der gemeint ist* ▸ da müssen sie den ~n selbst fragen

be|treffs ⟨Präp. m. Gen.; Abk.: betr.; Amtsdt.⟩ *betreffend* ▸ ~ der letzten Lieferung

be|trei|ben ⟨V. trans.; be|treibt, be|trieb, hat be|trie|ben⟩ **1** Studien ~ *sich mit etwas beschäftigen* **2** ein Geschäft ~ *leiten, führen* **3** ein Handwerk ~ *ausüben* ▸ Ackerbau ~; er betreibt einen Handel mit gebrauchten Büchern; ein Hobby ~ ▸ er kann diesen Sport nicht länger ~ ▸ auf mein Betreiben (hin) geht es mit der Sache nun endlich vorwärts; Abl *Betreibung*

Be|trei|ber ⟨der; -s, -⟩ **1** *Unternehmen, das eine technische Einrichtung unterhält* Syn *Betreibergesellschaft;* Zus *Flughafenbetreiber, Kernkraftwerkbetreiber, Netzwerkbetreiber* **2** *jmd., der eine Tätigkeit ausübt;* Zus *Campingplatzbetreiber;* Abl *Betreiberin*

be|tre|ten[1] ⟨V. trans.; be|tritt, be|trat, hat be|tre|ten⟩ etwas ~ **1** *auf etwas treten u. darauf weitergehen wollen* **2** *sich auf etwas stellen* **3** *in etwas eintreten* ▸ das Betreten der Baustelle, des Grundstückes ist verboten; nach einer Schiffsreise wieder festen Boden ~; eine Brücke, ein Haus, einen Raum ~; damit ~ wir unbekanntes, unerforschtes Gebiet *damit beginnen wir uns mit einem unbekannten G. zu beschäftigen;* er darf mein Haus nicht mehr ~ ⟨übertr.⟩ *ich habe ihm verboten, zu mir zu kommen;* bitte den Rasen nicht ~!; kaum hatte ich das Zimmer ~, da klingelte das Telefon

be|tre|ten[2] **I** ⟨Part. Perf. von⟩ *betreten*[1] **II** ⟨Adj.⟩ *verlegen, verwirrt, beschämt* ▸ ein ~es Gesicht machen; ~es Schweigen; ~ dastehen, dreinschauen; er war ganz, sehr, deutlich ~ darüber

be|treu|en ⟨V. trans.; be|treut, be|treu|te, hat be|treut⟩ **1** jmdn. ~ *jmdn. pflegen, sich um jmdn. kümmern, für jmdn. sorgen* **2** ein Arbeits-, Sachgebiet ~ *bearbeiten* **3** ein Projekt ~ *die Arbeit daran leiten u. überwachen* ▸ wer betreut die Kinder, wenn wir weg sind?; sie wurde im Krankenhaus betreut; wer betreut dieses Projekt?; die Kunden werden von unseren Mitarbeitern betreut; Abl *Betreuung*

Be|treu|er ⟨der; -s, -⟩ **1** *jmd., der jmdn. od. etwas betreut* **2** *Helfer, Pfleger, Bearbeiter*

Be|treu|e|rin ⟨die; -, -rin|nen⟩ *weibl. Betreuer*

Be|trieb ⟨der; -(e)s, -e⟩ **I** ⟨zählb.⟩ **1** *Fabrik, Unternehmen, größere Werkstatt, Geschäft;* Zus *Betriebsgewinn, Betriebsunfall; betriebseigen; Industriebetrieb, Schneidereibetrieb* **2** *die für einen Betrieb (1) nötige räuml.-techn. Anlage, einschließlich der Gebäude* **3** *Gesamtheit der Personen, die in einem Betrieb (1) arbeiten;* Zus *Betriebsausflug, Betriebsferien, Betriebsführung, Betriebsversammlung* ▸ einen ~ aufbauen, stilllegen; einen ~ leiten ▸ sein Vater geht jeden Morgen in den, in seinen ~; in dem Betrieb sind 200 Arbeiter beschäftigt **II** ⟨unz.⟩ **1** *das Arbeiten einer Maschine od. Firma;* Zus *Betriebsanleitung* **2** *Ablauf, Gang, Antrieb* **3** ⟨übertr.⟩ *Verkehr, lebhaftes Treiben, Rummel* ▸ die Firma hat den ~ aufgenommen *hat zu arbeiten begonnen* ▸ auf der Straße, im Geschäft war sehr lebhafter ~; hier herrscht viel, wenig, gar kein ~ ▸ die Maschine, Fabrik ist außer ~ *wird nicht mehr benutzt, arbeitet nicht mehr;* die Maschine ist in ~; einen Mechanismus, eine neue Maschine in ~ nehmen; eine Maschine in ~ setzen

be|trieb|lich ⟨Adj.⟩ *den Betrieb betreffend, zu ihm gehörig* ▸ ~e Angelegenheiten; (inner)~e Schwierigkeiten haben

be|trieb|sam ⟨Adj.⟩ *tätig, emsig, viel unternehmend* ▸ er ist immer sehr ~; Abl *Betriebsamkeit*

be|triebs|be|dingt ⟨Adj.⟩ *von den Umständen im Betrieb abhängig* ▸ ~e Kündigungen

be|triebs|be|reit ⟨Adj.⟩ *bereit, in Betrieb genommen zu werden;* Syn *betriebsfertig* ▸ die Maschine ist ~

be|triebs|blind ⟨Adj.⟩ *die Mängel im eigenen Betrieb, im eigenen Umfeld nicht wahrnehmend*

Be|triebs|er|geb|nis ⟨das; -nis|ses, -nis|se; Wirtsch.⟩ **1** *Ergebnis der gewöhnlichen Geschäftstätigkeit, Darlegung von Jahresgewinn od. -verlust eines Betriebes* **2** *Darstellung des Erfolges aus dem operativen Geschäft von Banken*

Be|triebs|er|laub|nis ⟨die; -, -nis|se⟩ *Erlaubnis, eine techn. Anlage, Maschine, ein Kraftfahrzeug u. Ä. in Betrieb zu nehmen*

Be|triebs|ge|heim|nis ⟨das; -nis|ses, -nis|se⟩ *Verfahren, Vorgang, Tatsache o. Ä., worüber der Arbeitnehmer zu schweigen verpflichtet ist*

Be|triebs|kli|ma ⟨das; -s; unz.⟩ *menschliche Atmosphäre innerhalb eines Betriebes* ▸ angenehmes, gutes, schlechtes ~

Be|triebs|kos|ten ⟨Pl.⟩ *Kosten für den Betrieb (einer Maschine od. eines Werkes)*

Be|triebs|rat ⟨der; -(e)s, -rä|te⟩ *(alle vier Jahre neu gewählte) Vertretung der Arbeitnehmer eines Betriebes zur Wahrung ihrer wirtschaftl. u. sozialen Interessen* ▸ Wahlen zum ~; unser ~ besteht aus 12 Mitgliedern; Zus *Betriebsratsvorsitzende(r)*

Be|triebs|sys|tem ⟨das; -s, -e; EDV⟩ *Sammlung von Programmen zur Übersetzung u. Bearbeitung der Benutzerprogramme sowie zur Steuerung eines EDV-Systems*

Be|triebs|wirt ⟨der; -(e)s, -e⟩ *Absolvent eines Studiums der Betriebswirtschaft(slehre);* Abl *Betriebswirtin*

Be|triebs|wirt|schaft ⟨die; -; unz.⟩ *Wissenschaft von Betrieben u. Unternehmen, Teil der Wirtschaftswissenschaft;* Syn *Betriebswirtschaftslehre, Betriebswissenschaft*

be|triebs|wirt|schaft|lich ⟨Adj.⟩ *die Betriebswirtschaft betreffend, auf ihr beruhend, zu ihr gehörig*

Be|triebs|wirt|schafts|leh|re ⟨die; -; unz.; Abk.: BWL⟩ = *Betriebswirtschaft*

Be|triebs|zeit ⟨die; -, -en⟩ *Zeit, in der eine Maschine od. techn. Anlage in Betrieb ist*

be|trin|ken ⟨V. refl.; be|trinkt sich, be|trank sich,

B

hat sich be|trun|ken⟩ sich ~ *zu viel Alkohol trinken;* →a. *betrunken*

be|trof|fen **I** ⟨Part. Perf. von⟩ *betreffen* **II** ⟨Adj.⟩ *bestürzt, schmerzlich überrascht* ▸ jmdn. ~ ansehen; ~ schweigen; Abl *Betroffenheit*

be|trüb|lich ⟨Adj.⟩ *traurig, Kummer bereitend* ▸ eine ~e Mitteilung erhalten; es ist sehr ~, dass du nicht kommst; Zus *betrüblicherweise*

be|trübt ⟨Adj.⟩ *traurig, bekümmert* ▸ ich bin sehr ~ darüber; ein ~es Gesicht machen; Abl *Betrübnis*

Be|trug ⟨der; -(e)s; unz.⟩ **1** *Hintergehen eines anderen* **2** *Täuschung in der Absicht, sich einen Vorteil zu verschaffen, sich zu bereichern* **3** *Übervorteilung, Schwindel* ▸ (einen) ~ begehen

be|trü|gen ⟨V.; be|trügt, be|trog, hat be|tro|gen⟩ **I** ⟨V. trans. u. V. intr.⟩ **1** (jmdn.) ~ *einen Betrug begehen;* Abl *Betrüger(in), Betrügerei* **2** jmdn. ~ *hintergehen, bewusst täuschen, beschwindeln* ▸ er hat seine **Frau,** sie hat ihren **Mann** betrogen *Ehebruch begangen;* ▸ **beim** od. **im** Spiel ~ *falschspielen, mogeln;* er hat seine Frau **mit** ihrer Freundin betrogen; jmdn. **um** sein Geld, sein Vermögen ~ ▸ er war in seinen Erwartungen betrogen worden *er hatte vergebens gehofft* **II** ⟨V. refl.⟩ sich (selbst) ~ *sich nicht die Wahrheit eingestehen, sich etwas vormachen*

be|trü|ge|risch ⟨Adj.⟩ *betrügen wollend, absichtlich täuschend* ▸ in ~er Absicht *Betrug beabsichtigend*

be|trun|ken **I** ⟨Part. Perf. von⟩ *betrinken* **II** ⟨Adj.⟩ *zu viel Alkohol getrunken habend* ▸ er ist (völlig) ~; Abl *Betrunkene(r), Betrunkenheit*

Bett ⟨das; -(e)s, -en⟩ **1** *Möbelstück zum Schlafen;* Zus *Bettenmachen, Bettgestell, Bettlaken, Betttuch; Doppelbett, Einzelbett, Ehebett, Kinderbett* **2** *Decke zum Zudecken im Bett, Bettdecke* **3** *von fließendem Gewässer ausgespülte Rinne, Vertiefung;* Zus *Bachbett, Flussbett* ▸ ein ~ **aufschlagen,** aufstellen; das ~ (frisch) **beziehen;** das ~ **hüten** *im Bett liegen, weil man krank ist;* das ~, die ~en **machen** *das Laken glattziehen, die Kissen u. Decken aufschütteln u. ordentlich hinlegen* ▸ jmdm. das Frühstück **ans** ~ bringen; ans ~ gefesselt sein (durch Krankheit); morgens nicht **aus** dem ~ finden, kommen *schwer, ungern aufstehen;* aus dem ~ springen; einen Fluss **in** ein neues ~ leiten; ins ~ fallen, sinken (vor Erschöpfung, Müdigkeit); wann gehst du abends ins ~?; mit einer Frau, einem Mann ins ~ gehen *Geschlechtsverkehr haben;* sich ins ~ legen; sich ins gemachte ~ legen ⟨übertr.⟩ *sich seine Existenz nicht selbst aufbauen;* ins ~ machen ⟨umg.⟩ *ins Bett urinieren;* ein Kind, einen Kranken **zu** ~ bringen *schlafen legen, helfen, ins Bett zu gehen;* zu ~ gehen *schlafen gehen;* mit den Hühnern zu ~ gehen *früh am Abend schlafen gehen*

bet|tel|arm ⟨Adj.⟩ *sehr arm*

bet|teln ⟨V. intr.; bet|telt, bet|tel|te, hat ge|bet|telt⟩ **1** *öffentlich (auf der Straße u. in Häusern) um Almosen bitten* **2** ⟨übertr.⟩ *unaufhörlich, dringlich bitten* (Kinder) ▸ der Junge hat so (darum) gebettelt, mitkommen zu dürfen; ~ gehen *gewerbsmäßig betteln*

Bet|tel|stab ⟨der; -(e)s; unz.; sinnbildl. für⟩ *Verarmung* ▸ dein Leichtsinn, deine Verschwendungssucht wird dich noch an den ~ bringen

bet|ten ⟨V.; bet|tet, bet|te|te, hat ge|bet|tet⟩ **I** ⟨V. trans.⟩ jmdn. ~ **1** *jmdm. ein Ruhelager bereiten* **2** *jmdn. behutsam, sorglich so hinlegen, dass er bequem liegt* ▸ jmdn. auf eine Bahre ~; den Kopf des Verletzten auf ein Kissen ~; jmdn. auf Rosen ~ ⟨übertr.⟩ *jmdn. verwöhnen;* einen Toten zur letzten Ruhe ~ *beerdigen, begraben* **II** ⟨V. refl.⟩ sich ~ *sich zur Ruhe legen, sich hinlegen*

Bett|hup|ferl ⟨das; -s, -n; süddt.⟩ *kleine Süßigkeit vor dem Schlafengehen*

bett|lä|ge|rig ⟨Adj.⟩ *(wegen Krankheit) gezwungen, im Bett zu liegen*

Bett|ler ⟨der; -s, -⟩ *jmd., der öffentlich um Almosen bettelt;* Abl *Bettlerin*

Bett|näs|sen ⟨das; -s; unz.⟩ *ungewollter Harnabgang im Schlaf*

Bett|ru|he ⟨die; -; unz.⟩ *Liegen, Ruhen im Bett* ▸ der Arzt hat ~ verordnet

Bett|vor|le|ger ⟨der; -s, -⟩ *kleiner Teppich vor dem Bett;* Syn *Bettvorlage*

Bett|wä|sche ⟨die; -; unz.⟩ *Betttuch sowie Überzüge für Kopfkissen u. Deckbett*

Bett|zeug ⟨das; -(e)s; unz.⟩ **1** *Bettwäsche* **2** *Bettbezugstoffe u. Inlettstoff*

be|tucht ⟨Adj.; -er, am -es|ten; umg.⟩ *wohlhabend*

be|tu|lich ⟨Adj.⟩ **1** *geschäftig, rührig* **2** *freundlich-besorgt u. dabei etwas umständlich*

Beu|ge|haft ⟨die; -; unz.⟩ *Haft, durch die jmd. zu einer Zeugenaussage o. Ä. gezwungen werden soll* ▸ jmdn. in ~ nehmen

beu|gen ⟨V.; beugt, beug|te, hat ge|beugt⟩ **I** ⟨V. trans.⟩ **1** den Arm, das Knie ~ *anwinkeln, biegen, krümmen* **2** den Kopf, Rumpf ~ *neigen, senken* **3** ⟨Gramm.⟩ ein Wort ~ **3.1** *flektieren* **3.2** ⟨beim Verb⟩ = *konjugieren* **3.3** ⟨beim Subst., Adj., Pron.⟩ = *deklinieren;* Abl *beugbar* ▸ den **Nacken,** den Rücken ~ ⟨übertr.⟩ *nachgeben, sich unterwerfen;* das **Recht** ~ *missachten od. unehrl. anwenden* ▸ unter einer Last gebeugt; vom Alter gebeugt; Abl *Beugung* **II** ⟨V. refl.⟩ sich ~ **1** *den eigenen Körper in eine best. Richtung neigen* **2** ⟨übertr.⟩ *sich unterordnen, sich unterwerfen* ▸ sich dem **Stärkeren** ~ ⟨übertr.⟩ ▸ sich **aus** dem Fenster ~; sich **nach** vorn ~; sich **über** ein Geländer ~

Beu|le ⟨die; -, -n⟩ **1** *durch Stoß od. Schlag entstandene Wölbung nach außen, Ausbuchtung* **2** *Schwellung, Vorwölbung der Haut* **3** *Auswuchs* ▸ sich eine ~ fallen, schlagen; ein Topf voller ~n; eine ~ am Kopf, an der Stirn; ~ im Hosenknie

be|un|ru|hi|gen ⟨V.; be|un|ru|higt, be|un|ru|hig|te, hat be|un|ru|higt⟩ **I** ⟨V. trans.⟩ jmdn. ~ *jmdm. Sorge bereiten* ▸ ich bin sehr beunruhigt; eine ~de Nachricht; es ist sehr ~d, dass er nicht kommt **II** ⟨V. refl.⟩ sich ~ *sich sorgen, sich Sorgen machen* ▸ bitte ~ Sie sich nicht!; Abl *Beunruhigung*

be|ur|kun|den ⟨V. trans.; be|ur|kun|det, be|ur|kunde|te, hat be|ur|kun|det⟩ etwas ~ **1** *durch Urkunde(n) beweisen, bezeugen* **2** *aufgrund von Urkunden bescheinigen, beglaubigen* **3** *zu Protokoll geben* ▸ den Kauf des Hauses ~; Abl *Beurkundung*

be|ur|lau|ben ⟨V. trans.; be|ur|laubt, be|ur|laub|te, hat be|ur|laubt⟩ jmdn. ~ **1** *jmdm. Urlaub geben* **2** *jmdn. vorübergehend vom Dienst suspendieren* ▸ für zwei Wochen beurlaubt sein; sich (bei jmdm.) ~ lassen *(an zuständiger Stelle) erklären, dass man Urlaub nimmt;* Abl *Beurlaubung*

be|ur|tei|len ⟨V. trans.; be|ur|teilt, be|ur|teil|te, hat be|ur|teilt⟩ jmdn. od. etwas ~ *über jmdn. od. etwas urteilen, sich ein Urteil bilden, bewerten, begutachten* ▸ jmds. Arbeit, Leistung ~; einen Menschen, einen Patienten, einen Schüler ~ ▸ etwas od. jmdn. abfällig, falsch, gerecht, günstig, richtig, streng ~; das kann man nur schwer ~ ▸ ich kann die Dinge nur danach ~, was ich in der Zeitung darüber lese; das kann ich nicht ~ ▸ wie beurteilst du sein Verhalten?; Abl *Beurteilung*

Beu|te ⟨die; -; unz.⟩ *Gewinn bei Jagd, Krieg, Plünderung, Einbruch u. Diebstahl* ▸ das Lager wurde eine ~ des Feindes *fiel dem Feind in die Hände;* das Haus wurde eine ~ der Flammen *verbrannte;* er wurde eine ~ der wilden Tiere *wurde von ihnen getötet, gefressen* ▸ einem Dieb seine ~ wieder abjagen; ~ machen *etwas erbeuten;* die ~ der Einbrecher konnte sichergestellt werden ▸ der Schmuck war für den Dieb eine leichte ~ *war leicht zu finden* ▸ auf ~ ausgehen; Zus *Diebesbeute, Jagdbeute, Kriegsbeute*

Beu|tel ⟨der; -s, -⟩ **1** *Säckchen;* Zus *Schuhbeutel, Wäschebeutel* **2** *säckchenartige Tasche;* Zus *Einkaufsbeutel, Plastikbeutel* **3** *Geldbörse, Geldtasche;* Zus *Geldbeutel* **4** ⟨Zool.⟩ *Bauchfalte des Muttertieres, in der sich die Jungen fertig entwickeln;* Zus *Beuteltier* ▸ die Einkäufe in den ~ legen, tun; ein Känguru mit seinem Jungen im ~; (tief) in den ~ greifen (müssen) *(viel) bezahlen (müssen);* das reißt ein großes Loch in meinen ~ *das kostet mich viel*

be|völ|kern ⟨V. trans.; be|völ|kert, be|völ|ker|te, hat be|völ|kert⟩ etwas ~ **1** *mit Bewohnern besetzen, erfüllen* **2** ⟨übertr.⟩ *in Scharen belegen* ▸ Tausende von Vögeln ~ die Insel; dicht, stark bevölkerte Gebiete

Be|völ|ke|rung ⟨die; -, -en⟩ *Gesamtheit der Einwohner (eines Gebietes);* Zus *Bevölkerungsgruppe, Bevölkerungskreis, Bevölkerungsschicht, Bevölkerungswachstum, Bevölkerungszahl*

Be|völ|ke|rungs|dich|te ⟨die; -, -n⟩ *Bevölkerungszahl je km²*

Be|völ|ke|rungs|ex|plo|si|on ⟨die; -, -en⟩ *plötzliche, sprunghaft ansteigende Vermehrung der Bevölkerung*

be|voll|mäch|ti|gen ⟨V. trans.; be|voll|mäch|tigt, be|voll|mäch|tig|te, hat be|voll|mäch|tigt⟩ jmdn. ~ *jmdm. eine Vollmacht erteilen* ▸ jmdn. zum Abschluss eines Kaufs, eines Vertrages ~; Abl *Bevollmächtigte(r), Bevollmächtigung*

be|vor ⟨Konj.⟩ *ehe, früher als etwas anderes stattfindend* ▸ ~ du mir sagst, was hier geschehen ist, kann ich dir nicht helfen; komm noch einmal zu mir, ~ du gehst

bevor/zuvor/vorher

Mit der temporalen Konjunktion *bevor* wird ausgedrückt, dass ein Geschehen entweder noch nicht stattgefunden hat oder vor etwas anderem stattgefunden hat bzw. stattfinden wird. Ein mit *bevor* eingeleiteter vorzeitiger Temporalsatz wird durch ein Komma abgegrenzt: *Bitte schließ die Tür ab, bevor du gehst. Bevor du das entscheidest, musst du mit ihr sprechen. Ich hatte lange bei meinen Eltern gewohnt, bevor ich hier einzog.*
Ist *bevor* jedoch Bestandteil einer Wortgruppe, wird diese nicht durch ein Komma abgetrennt: *Am Tag bevor das Unglück geschah, sah alles normal aus.*
Die Synonyme *zuvor* und *vorher* zeigen ebenfalls die Vorzeitigkeit eines Geschehens an, sie sind aber keine Konjunktionen, sondern temporale Adverbien. Im Folgenden können sie nicht durch *bevor* ersetzt werden: *Er verließ das Büro um 19 Uhr. Zuvor/vorher hatte er noch seine Frau angerufen.* Möchte man hier *bevor* benutzen, muss man einen vorzeitigen Temporalsatz bilden: *Bevor er um 19 Uhr das Büro verließ, hatte er noch seine Frau angerufen.*

be|vor|mun|den ⟨V. trans.; be|vor|mun|det, be|vor|mun|de|te, hat be|vor|mun|det⟩ jmdn. ~ **1** *unter Vormundschaft stellen* **2** ⟨übertr.⟩ *nicht selbstständig entscheiden lassen, gängeln* ▸ ich lasse mich von dir nicht ~; Abl *Bevormundung*

be|vor|ste|hen ⟨V. intr.; steht be|vor, stand be|vor, hat be|vor|ge|stan|den, be|vor|zu|ste|hen⟩ *zu erwarten sein* (Ereignis, Gefahr) ▸ wer weiß, was uns alles noch bevorsteht!; das ~de Ereignis

be|vor|zu|gen ⟨V. trans.; be|vor|zugt, be|vor|zug|te, hat be|vor|zugt⟩ jmdn. od. eine Sache ~ *jmdm. od. einer Sache den Vorzug geben, jmdn. begünstigen, günstiger behandeln als andere* ▸ ein Kind, einen Schüler ~; ich bevorzuge Seefische; einen Freund vor anderen ~; ein Ort in bevorzugter Lage; jmdn. bevorzugt abfertigen *vor den anderen, früher als die anderen;* Abl *Bevorzugung*

be|wa|chen ⟨V. trans.; be|wacht, be|wach|te, hat be|wacht⟩ etwas od. jmdn. ~ **1** *scharf beobachten, dienstlich auf etwas od. jmdn. aufpassen* **2** *behüten, beschützen* ▸ Gefangene, Grenzen, ein Haus, eine Tür ~; Abl *Bewacher(in), Bewachung*

be|wach|sen ⟨[-ks-] V. trans.; be|wächst, be|wuchs, hat be|wach|sen⟩ etwas ~ *bedecken, überziehen (mit Pflanzen)* ▸ mit Efeu ~e Mauer

be|waff|nen ⟨V. trans.; be|waff|net, be|waff|ne|te, hat be|waff|net⟩ jmdn. ~ **1** *mit Waffen versehen* **2** ⟨umg.; scherzh.⟩ *ausrüsten* ▸ leicht, schwer bewaffnet; mit einem Sonnenschirm bewaffnet zum Strand gehen

Be|waff|nung ⟨die; -, -en⟩ **1** *das Bewaffnen, Aus-*

rüstung mit Waffen **2** *die Waffen selbst* ▸ leichte, schwere, starke ~

be|wah|ren ⟨V. trans.; be|wahrt, be|wahr|te, hat be|wahrt⟩ **1** etwas ~ **1.1** *verwahren, für längere Zeit aufheben* **1.2** *halten, erhalten* **2** jmdn. ~ *schützen, behüten* ▸ wir werden dem Toten ein ehrendes Andenken ~; über eine Sache Stillschweigen ~; jmdm. die Treue ~; sich seine Unabhängigkeit ~ ▸ dieser Brauch hat sich bis heute bewahrt; jmds. Worte im Gedächtnis, im Herzen ~; jmdn. vor einer Gefahr ~; Abl *Bewahrer(in), Bewahrung*

be|wäh|ren ⟨V. refl.; be|währt sich, be|währ|te sich, hat sich be|währt⟩ sich ~ *sich als zuverlässig erweisen, sich als geeignet herausstellen, eine Probe erfolgreich bestehen* ▸ er muss sich erst ~, ehe wir ihm größere Aufgaben übertragen können ▸ er hat sich als treuer Freund bewährt; diese Einrichtung hat sich nicht bewährt; dieser Mantel hat sich schon sehr bewährt ▸ ein bewährtes Mittel gegen Heuschnupfen

be|wahr|hei|ten ⟨V. refl.; be|wahr|hei|tet sich, bewahr|hei|te|te sich, hat sich be|wahr|hei|tet⟩ sich ~ *sich als wahr erweisen, herausstellen*

Be|wäh|rung ⟨die; -; unz.⟩ **1** *das Sichbewähren, Fähigkeitsnachweis;* Zus *Bewährungsprobe* **2** *Bewährungsfrist, bedingte Strafaussetzung;* Zus *Bewährungsstrafe* ▸ jmdn. zu drei Jahren Gefängnis ohne ~ verurteilen

Be|wäh|rungs|hel|fer ⟨der; -s, -⟩ *jmd., der einen Verurteilten während der Bewährungsfrist betreut u. überwacht;* Abl *Bewährungshelferin*

be|wal|den ⟨V.; be|wal|det, be|wal|de|te, hat be|wal|det⟩ **I** ⟨V. trans.⟩ etwas ~ *mit Wald bepflanzen* ▸ ein Brandgebiet wieder neu ~ **II** ⟨V. refl.⟩ sich ~ *mit Wald bedecken* ▸ die Berge haben sich im Lauf der Zeit bewaldet; bewaldete Hügel; Abl *Bewaldung*

be|wäl|ti|gen ⟨V. trans.; be|wäl|tigt, be|wäl|tig|te, hat be|wäl|tigt⟩ **1** Schwierigkeiten ~ *damit fertigwerden, sie überwinden* **2** eine Arbeit ~ *ausführen, erledigen* ▸ ich kann es nicht ~ *ich schaffe es nicht;* die Portion kann ich nicht allein ~ *nicht allein aufessen;* ich weiß kaum, wie ich das alles ~ soll; Abl *Bewältigung*

be|wan|dert ⟨Adj.⟩ *erfahren, kenntnisreich, gut ausgebildet* ▸ in einem Fachgebiet ~ sein

Be|wandt|nis ⟨die; -; unz.⟩ *Beschaffenheit, Umstand* ▸ das hat od. damit hat es eine andere ~ *damit verhält es sich anders;* was hat es damit für eine ~? *was ist damit los?*

be|wäs|sern ⟨V. trans.; be|wäs|sert, be|wäs|ser|te, hat be|wäs|sert⟩ Land ~ *mit Wasser versorgen, ständig feucht halten* ▸ Wiesen, Felder ~; Zus *Bewässerung*

be|we|gen ⟨V.⟩ **I** ⟨V. trans.; be|wegt, be|weg|te, hat be|wegt⟩ **1** jmdn. od. etwas ~ *die Lage von jmdm. od. etwas verändern, fortbewegen, an einen anderen Ort bringen* **2** ⟨übertr.⟩ jmdn. ~ *jmdn. rühren, erregen, jmds. Gefühle ansprechen* ▸ die Arme, die Füße ~; er konnte kein Körperteil ~; Pferde ~ *P. (regelmäßig) reiten* ▸ das Lied, der Vortrag, sein Tod, seine Worte haben mich tief bewegt ▸ ich kann den Schrank nicht allein von der Stelle ~ ▸ es war ein ~der Moment *ein ergreifender M.;* bewegt *unruhig;* ⟨übertr.⟩ *ergriffen;* ein bewegtes Leben führen *ein unruhiges, ereignisreiches L.;* bewegte See, bewegtes Meer; eine bewegte Vergangenheit hinter sich haben *viel erlebt haben;* er bedankte sich mit bewegter Stimme, mit bewegten Worten **II** ⟨V. refl.; bewegt, be|weg|te, hat be|wegt⟩ sich ~ *die Lage seines Körpers od. eines Körperteils verändern, umhergehen* ▸ sich anmutig, grazil, unbeholfen ~; die Pferde können sich auf der Weide frei ~ ▸ langsam bewegte er sich auf uns zu *langsam kam er auf uns zu;* sie bewegt sich in der Öffentlichkeit genauso sicher wie zu Hause; ich muss mich noch etwas ~ *ich muss noch etwas an die frische Luft gehen;* sich in schlechten Kreisen ~ *in schlechter Gesellschaft verkehren;* der Raum war so überfüllt, dass man sich kaum ~ konnte; die Erde bewegt sich um die Sonne; er bewegte sich nicht vom Fleck; sich ~ zwischen *schwanken zw.;* die Preise ~ sich zwischen 100 und 150 Euro **III** ⟨V. trans.; be|wegt, be|wog, hat be|wo|gen⟩ jmdn. ~, etwas zu tun *jmdn. zu etwas veranlassen* ▸ er bewog ihn, das Haus zu verkaufen ▸ er war nicht dazu zu ~; was hat dich dazu bewogen, so schnell abzureisen?

Be|weg|grund ⟨der; -(e)s, -grün|de; meist Pl.⟩ *innerer Anlass, Grund, Motiv* ▸ etwas aus niederen, ⟨od.⟩ niedrigen Beweggründen tun

be|weg|lich ⟨Adj.⟩ **1** *so beschaffen, dass man es bewegen kann* **2** ⟨übertr.⟩ *leicht zu bewegen, sich leicht, gern bewegend* ▸ ~e Feste *Feste, die sich nach dem Mondjahr richten u. nicht jedes Jahr auf den gleichen Tag fallen, z. B. Ostern;* ~es Kapital (im Unterschied zum Grund- und Hausbesitz) ▸ ein Gelenk wieder ~ machen; sein: das Kind ist sehr ~ *gelenkig;* die einzelnen Teile des Spielzeugs sind ~; Abl *Beweglichkeit*

Be|we|gung ⟨die; -, -en⟩ **1** *Lage-, Ortsveränderung;* Zus *Bewegungsablauf, Bewegungsdrang; Aufwärtsbewegung, Kreisbewegung, Pendelbewegung, Rückwärtsbewegung, Vorwärtsbewegung* **2** *Geste;* Zus *Handbewegung, Kopfbewegung* **3** *Bestreben mehrerer od. einer Masse, Initiative;* Zus *Arbeiterbewegung, Frauenbewegung, Freiheitsbewegung, Friedensbewegung, Studentenbewegung* **4** ⟨übertr.⟩ *Rührung, innere Anteilnahme, Ergriffenheit* ▸ alle Hebel in ~ setzen ⟨übertr.⟩ *alles Erdenkliche versuchen* ▸ sich seine (innere) ~ nicht anmerken lassen; sich einer ~ anschließen ▸ eine hastige, unbedachte, unvorsichtige ~ machen; (tiefe) innere ~; eine künstlerische, literarische, politische, religiöse ~; du hast zu wenig ~ ▸ er liebt die körperliche ~ an der frischen Luft; etwas in ~ bringen, setzen ⟨übertr.⟩ *etwas anregen u. vorantreiben;* sich in ~ setzen *sich zu bewegen beginnen, vorwärtsgehen, -fahren;* der Zug setzte sich in ~; er wies ihn mit einer ~ der Hand zurück; seine Stimme zitterte vor (innerer) ~

be|we|gungs|los ‹Adj.› *ohne Bewegung;* Abl *Bewegungslosigkeit*

Be|we|gungs|the|ra|pie ‹die; -, -n› *Therapie durch bestimmte aktive Bewegungen des Körpers*

be|wei|nen ‹V. trans.; be|weint, be|wein|te, hat be|weint› jmdn. od. etwas ~ *weinen um, beklagen, betrauern* ▸ einen Toten ~

Be|weis ‹der; -es, -e› **1** *Darlegung von Zeugnissen od. Gründen, die die Richtigkeit einer Behauptung od. einer Erkenntnis bestätigen, Nachweis;* Zus *Beweismaterial* **2** *Zeichen, sichtbarer Ausdruck;* Zus *Gunstbeweis, Vertrauensbeweis* **3** ‹Philos.› *Schluss, Bestätigung* ▸ ~ des **Gegenteils;** unter der **Last** der ~e zusammenbrechen *ein Geständnis ablegen* ▸ den ~ für etwas **antreten,** führen, liefern ▸ **logischer** ~; ein **schlagender,** sprechender, untrüglicher ~ ▸ **als** ~ seiner Verehrung; dies ist als ~ dafür anzusehen, dass ich es ernst meine; einen Angeklagten aus Mangel **an** ~en freisprechen; ihre Verlegenheit war ein ~ **für** ihre Lüge; eine Behauptung, eine Fähigkeit **unter** ~ stellen ‹besser› *beweisen;* **zum** ~ zeigte er die Fotos

Be|weis|auf|nah|me ‹die; -, -n; Rechtsw.› *Benutzung, Sichtung der zusammengetragenen Beweise in der Verhandlung*

be|wei|sen ‹V.; be|weist, be|wies, hat be|wie|sen› **I** ‹V. trans.› etwas ~ *etwas durch Beweis(e) bestätigen* ▸ jmdm. ~, dass er Unrecht hat ▸ dieses **Argument** beweist noch gar nichts; eine **Behauptung** ~; er hat seinen **Mut** oft bewiesen; jmds. **Schuld,** Unschuld ~ ▸ etwas **durch** Belege, Urkunden ~; diese Behauptung ist durch nichts **zu** ~ ▸ kannst du ~, dass du Recht hast?; es ist längst bewiesen, dass er der Täter ist; dieser Lehrsatz braucht nicht bewiesen zu werden; Abl *beweisbar* **II** ‹V. refl.› sich ~ *den eigenen Wert, die eigenen Fähigkeiten unter Beweis stellen* ▸ sich in der neuen Schulklasse erst einmal ~

Be|weis|füh|rung ‹die; -, -en› *das Führen, Liefern eines Beweises, die Art, in der ein Beweis geführt wird* ▸ geschickte, glänzende, logische ~

Be|weis|ket|te ‹die; -, -n› *Reihe von logisch aufeinanderfolgenden Beweisen*

Be|weis|kraft ‹die; -; unz.› *Glaubwürdigkeit eines Beweises od. Beweisstückes* ▸ dieses Zeugnis hat keine ~; Abl *beweiskräftig*

Be|weis|la|ge ‹die; -; unz.; Rechtsw.› *für die Beurteilung einer Straftat vorliegende Beweise u. entlastendes Material* ▸ er wurde aufgrund der erdrückenden ~ verurteilt

Be|weis|last ‹die; -; unz.; Rechtsw.› *Last, in einem Rechtsstreit die Wahrheit einer Behauptung zu beweisen*

Be|weis|mit|tel ‹das; -s, -› *Sache, auf die sich ein Beweis stützt;* Syn *Beweisstück*

be|wen|den ‹V. intr.; nur im Inf.; in der Wendung› es dabei ~ lassen *sich damit begnügen* ▸ wir wollen es dabei ~ lassen

be|wer|ben ‹V.; be|wirbt, be|warb, hat be|worben› **I** ‹V. refl.› **1** sich (als od. um etwas) ~ *sich bemühen, eine bestimmte Arbeitsstelle od. einen Ausbildungsplatz zu bekommen* **2** sich um ein Amt ~ *sich bemühen, in ein Amt gewählt zu werden* ▸ hiermit bewerbe ich mich um eine Anstellung als Elektriker; ich habe mich schon mehrmals (vergeblich) beworben; sich als Buchhalter bei einer Firma ~; sich um einen Posten, eine Stelle ~ **II** ‹V. trans.› etwas ~ *für etwas werben* ▸ ein neues Produkt ~

Be|wer|ber ‹der; -s, -› **1** *jmd., der sich um etwas bewirbt;* Abl *Bewerberin* **2** *jmd., der eine Frau gewinnen möchte* ▸ einen ~ abweisen, annehmen

Be|wer|bung ‹die; -, -en› **1** *Vorgang des Sichbewerbens;* Zus *Bewerbungsfrist* **2** *schriftliche Bewerbung (um eine Arbeitsstelle);* Zus *Bewerbungsschreiben* ▸ meine ~en sind erfolglos geblieben; eine ~ ablehnen, einreichen, schreiben; ~ um einen Posten

be|wer|fen ‹V. trans.; be|wirft, be|warf, hat be|wor|fen› jmdn. od. etwas ~ *mit etwas nach jmdm. od. etwas werfen*

be|werk|stel|li|gen ‹V. trans.; be|werk|stel|ligt, be|werk|stel|lig|te, hat be|werk|stel|ligt› etwas ~ *zustande bringen, ausführen* ▸ er hat es bewerkstelligt, dass alle zufrieden waren; ich weiß nicht, wie ich das ~ soll

be|wer|ten ‹V. trans.; be|wer|tet, be|wer|te|te, hat be|wer|tet› **1** etwas ~ *dessen Wert (ein)schätzen, bestimmen* **2** jmdn. od. etwas ~ *beurteilen* ▸ etwas **hoch,** niedrig, günstig, ungünstig, gut, schlecht ~ ▸ die Arbeit wurde **mit** der Note „sehr gut" bewertet; man soll Menschen nicht **nach** ihrem Äußeren ~ ▸ **wie** ~ Sie seine Leistung?; Abl *Bewertung*

be|wil|li|gen ‹V. trans.; be|wil|ligt, be|wil|lig|te, hat be|wil|ligt› (jmdm.) etwas ~ *genehmigen, gewähren* ▸ Gelder, Kredite, Zuschüsse ~; eine Gehaltserhöhung ~; eine Summe für den Bau eines Spielplatzes ~; Abl *Bewilligung*

be|wir|ken ‹V. trans.; be|wirkt, be|wirk|te, hat bewirkt› etwas ~ *zustande bringen, hervorbringen, hervorrufen, veranlassen* ▸ was bewirkt dieses Medikament?

be|wir|ten ‹V. trans.; be|wir|tet, be|wir|te|te, hat be|wir|tet› **1** einen Gast ~ *ihm zu essen u. zu trinken geben* **2** ‹schweiz. a.› ein Landgut ~ *bewirtschaften* ▸ jmdn. reichlich ~; Abl *Bewirtung*

be|wirt|schaf|ten ‹V. trans.; be|wirt|schaf|tet, be|wirt|schaf|te|te, hat be|wirt|schaf|tet› **1** einen landwirtschaftlichen Betrieb, ein Restaurant, Hotel ~ *leiten u. bearbeiten* **2** Land ~ *bearbeiten, bebauen, bestellen;* Abl *Bewirtschaftung*

be|wog → *bewegen*

be|woh|nen ‹V. trans.; be|wohnt, be|wohn|te, hat be|wohnt› etwas ~ *in etwas wohnen, sein Heim in etwas haben* ▸ er bewohnt eine ganze Etage; ein Haus, ein Zimmer ~; der Raum ist, wird von zwei Personen bewohnt; Abl *bewohnbar*

Be|woh|ner ‹der; -s, -› *jmd., der etwas bewohnt* ▸ die ~ eines Gebietes, einer Insel, einer Wohnung; er kennt alle ~ des Hauses

Be|woh|ne|rin ‹die; -, -rin|nen› *weibl. Bewohner*

be|wöl|ken ‹V. refl.; be|wölkt sich, be|wölk|te

sich, hat sich be|wölkt⟩ sich ~ **1** *sich mit Wolken bedecken, beziehen* (Himmel) **2** ⟨übertr.⟩ *finster, unfreundlich werden* (Miene, Stirn) ▸ der Himmel hat sich bewölkt

Be|wọ̈l|kung ⟨die; -; unz.⟩ *Aufziehen von Wolken, Bedeckung mit Wolken (über einem Gebiet)* ▸ die ~ nimmt ab, nimmt zu, lockert sich auf; leichte, starke, wechselnde ~

Be|wu̲chs ⟨[-ks] der; -es; unz.⟩ *alle Pflanzen, die an einem bestimmten Ort wachsen*

be|wụn|dern ⟨V. trans.; be|wun|dert, be|wun|der|te, hat be|wun|dert⟩ jmdn. od. etwas ~ *etwas anerkennend bestaunen, verehrend zu jmdm. aufsehen* ▸ jmds. Leistung, Mut, Weitsicht ~; jmdn. od. etwas aufrichtig, ehrlich, heimlich, neidlos ~; sie ließ sich in ihrem neuen Kleid ~; deine Ausdauer ist zu ~! sie möchte gern bewundert werden; Abl *Bewunderer, Bewunderin*

be|wụn|derns|wert ⟨Adj.⟩ *Bewunderung verdienend;* Syn *bewundernswürdig*

Be|wụn|de|rung ⟨die; -; unz.⟩ *große Anerkennung, Verehrung, anerkennendes Staunen* ▸ vor jmdm. od. etwas in ~ erstarren ⟨umg.; scherzh.⟩

be|wụsst ⟨Adj.⟩ **1** *klar erkennend, geistig wach* **2** *im Bewusstsein vorhanden, bekannt* **3** ⟨übertr.⟩ *genannt, erwähnt* **4** *gewollt, absichtlich* ▸ dies ist das ~e Haus (von dem ich sprach); ~e Irreführung der Behörden ▸ ein ~ lebender Mensch; ~ machen = *bewusstmachen;* sich einer Sache ~ sein *eine S. erkennen;* mir ist nicht ~, dass ich ihn beleidigt habe; dir ist anscheinend gar nicht ~, was du angerichtet hast!; sich eines Fehlers ~ sein; ich bin mir keiner Schuld ~; das habe ich wirklich nicht ~ getan; ~ werden = *bewusstwerden*

be|wụsst|los ⟨Adj.⟩ *ohne Bewusstsein, ohnmächtig*

Be|wụsst|lo|sig|keit ⟨die; -; unz.⟩ *bewusstloser Zustand, Ohnmacht* ▸ aus seiner ~ erwachen; etwas bis zur ~ tun ⟨umg.; scherzh.⟩ *unaufhörlich, immer wieder;* in tiefer ~ liegen

be|wụsst|ma|chen *auch:* **be|wụsst ma|chen** ⟨V. trans.; macht be|wusst, mach|te be|wusst, hat be|wusst|ge|macht, be|wusst|zu|ma|chen⟩ jmdm. od. sich etwas ~ *verdeutlichen, ins Bewusstsein bringen* ▸ sie hat ihm die Folgen seines Planes bewusstgemacht / bewusst gemacht

Be|wụsst|sein ⟨das; -s; unz.⟩ **1** *geistige Klarheit, Besinnung;* Zus *Bewusstseinsstörung* **2** *das Wissen um etwas (eine Sache, einen Zusammenhang u. a.)* **3** *Gesamtheit der von jmdm. bewusst vertretenen Ansichten u. Grundsätze* ▸ das ~ verlieren *ohnmächtig werden;* das ~ wiedererlangen *aus der Ohnmacht erwachen;* er starb, ohne das ~ wiedererlangt zu haben ▸ politisches, religiöses ~ ▸ er ist (nicht) bei ~; im ~ seiner Stärke; eine Tatsache ins ~ zurückrufen; die Tat geschah bei od. mit vollem ~; jmdm. etwas zum ~ bringen; wieder zu(m) ~ kommen *die Besinnung wiedergewinnen, aus der Ohnmacht erwachen*

Be|wụsst|seins|spal|tung ⟨die; -; unz.; Psych.⟩ = *Schizophrenie (1)*

be|wụsst|wer|den *auch:* **be|wụsst wer|den** ⟨V.; wird be|wusst, wur|de be|wusst, hat be|wusst|ge|wor|den, be|wusst|zu|wer|den⟩ **I** ⟨V. intr.⟩ jmdm. ~ *klarwerden* **II** ⟨V. refl.⟩ **1** sich einer Sache ~ *eine S. erkennen* **2** sich seiner selbst ~ *sich selbst besser kennen- u. verstehen lernen*

Bez. ⟨Abk. für⟩ **1** *Bezeichnung* **2** *Bezirk*

be|za̲hl|bar ⟨Adj.⟩ *so beschaffen, dass man es bezahlen kann, erschwinglich;* Abl *Bezahlbarkeit*

be|za̲h|len ⟨V. trans.; be|zahlt, be|zahl|te, hat bezahlt⟩ **1** etwas ~ *Geld für etwas geben* **2** jmdn. ~ *jmdm. für eine Arbeit od. Leistung Geld aushändigen* ▸ eine Arbeit, Leistung ~; Schulden ~ ▸ das kann ich gar nicht ~ *das ist zu teuer;* sich für eine Tätigkeit ~ lassen ▸ eine Ware (in) bar ~; das habe ich teuer ~ müssen ⟨a. übertr.⟩ *das habe ich büßen müssen* ▸ wenn es ans Bezahlen geht, zieht er sich zurück *wenn bezahlt werden muss;* er hat es mit dem Leben bezahlt *er musste dafür sterben;* eine Ware mit Karte ~; das ist nicht mit Geld zu ~ *das ist unbezahlbar, bedeutet sehr viel (für jmdn.)* ▸ die Rechnung, Schuld ist (noch nicht) bezahlt; eine gut, schlecht bezahlte Arbeitsstelle; bezahlter Urlaub *U., bei dem der Lohn weitergezahlt wird;* das macht sich (nicht) bezahlt ⟨übertr.⟩ *das lohnt sich (nicht)*

Be|za̲h|lung ⟨die; -, -en⟩ **1** *das Bezahlen* **2** *Gehalt, Lohn, Löhnung, Entgelt* ▸ die ~ ist gut, schlecht

be|za̲u̲|bern ⟨V. trans.; be|zau|bert, be|zau|ber|te, hat be|zau|bert⟩ jmdn. ~ *einen Zauber auf jmdn. ausüben, ihn entzücken* ▸ sie hat uns alle durch ihren Charme bezaubert; er ist von ihrer Schönheit ganz bezaubert; Abl *Bezauberung*

be|za̲u̲|bernd **I** ⟨Part. Präs. von⟩ *bezaubern* **II** ⟨Adj.⟩ *charmant, entzückend, reizend* ▸ der gestrige Abend war wirklich ~; ein ~es Kind; sie hatte ein ~es Kleid an; ihr ~es Lächeln

be|ze̲i̲ch|nen ⟨V. trans.; be|zeich|net, be|zeich|nete, hat be|zeich|net⟩ etwas ~ **1** *durch Zeichen kenntlich machen* **2** *nennen, angeben* **3** *bedeuten, für etwas stehen, etwas meinen* ▸ dieses Wort bezeichnet verschiedene Dinge; kannst du mir den genauen Ort ~ ▸ kannst du die Pflanze nicht genauer ~? ▸ etwas od. jmdn. ~ als *benennen (mit), nennen;* jmdn. als Betrüger ~; er hat ihn als größten Politiker unserer Zeit bezeichnet; die Sitzplätze sind mit Nummern bezeichnet

be|ze̲i̲ch|nend **I** ⟨Part. Präs. von⟩ *bezeichnen* **II** ⟨Adj.⟩ *kennzeichnend, charakteristisch* ▸ ein (für den Sprecher) ~er Ausspruch; das ist ~ für ihn; Abl *bezeichnenderweise*

Be|ze̲i̲ch|nung ⟨die; -, -en⟩ **1** *das Bezeichnen, Kenntlichmachen* **2** *Name, Benennung* ▸ die ~ der Kisten; eine charakteristische, treffende ~; die falsche, richtige ~ wählen; dies ist eine nähere ~ für seine Tätigkeit; es gibt dafür mehrere ~en; nach einer genauen ~ (für etwas) suchen

be|ze̲u̲|gen ⟨V. trans.; be|zeugt, be|zeug|te, hat bezeugt⟩ etwas ~ **1** *Zeugnis für od. über etwas ablegen* **2** *(durch Zeugen, durch Zeugnisse, urkundlich) beglaubigen* **3** *bestätigen, bescheinigen* ▸ er konnte ~, dass der Angeklagte die Wahrheit gesprochen hatte; ich kann seine Aussage ~; das Wort ist seit dem 16. Jh. bezeugt *belegt*

be|zich|ti|gen ⟨V. trans.; be|zich|tigt, be|zich|tig|te, hat be|zich|tigt⟩ jmdn. einer Sache ~, jmdn. ~, etwas getan zu haben *beschuldigen* ▸ er wurde der Unterschlagung bezichtigt; Abl *Bezichtigung*

be|zie|hen ⟨V.; be|zieht, be|zog, hat be|zo|gen⟩ **I** ⟨V. trans.⟩ **1** das Bett, die Kissen ~ *mit einem Überzug versehen* **2** ein Sofa, einen Sessel ~ *mit Stoff bespannen* **3** ein Haus, eine Wohnung ~ *darin einziehen* **4** eine Zeitung, Zeitschrift ~ *regelmäßig geliefert bekommen;* Abl *Bezieher(in)* **5** ⟨Mil.⟩ einen Posten ~ *sich auf einem Posten aufstellen* ▸ ein **Gehalt,** Rente ~ *bekommen;* **Polstermöbel** neu ~ lassen; eine geringe **Rente** ~; **Steuern** ~ ⟨schweiz.⟩ *einfordern;* (die) **Wache** ~ ⟨Mil.⟩ *den Wachtposten einnehmen* ▸ ein Bett **frisch,** neu ~; eine Zeitschrift **monatlich** ~ ▸ etwas **auf** sich ~ *sich durch etwas getroffen fühlen;* Waren **aus** dem Ausland ~ ▸ **woher** beziehst du deine Informationen? *woher hast du deine I.?* **II** ⟨V. refl.⟩ **1** sich ~ *sich (mit Wolken) bedecken* (Himmel) **2** sich auf jmdn. od. etwas ~ *sich darauf berufen, jmdn. od. etwas als Quelle nennen* ▸ wir ~ uns auf Ihr Schreiben vom 2.10. und teilen Ihnen mit …; seine Äußerung bezieht sich auf unser gestriges Gespräch; er bezog sich dabei auf Hegel

Be|zie|hung ⟨die; -, -en⟩ **1** *Verbindung od. Zusammenhang zw. mehreren Personen od. Dingen;* Zus *Geschäftsbeziehung, Verwandtschaftsbeziehung, Wirtschaftsbeziehung* **2** *die Bezugnahme auf jmdn. od. etwas* **3** ⟨umg.⟩ *(intime) Partnerschaft;* Zus *Zweierbeziehung* ▸ die ~en zu jmdm. **abbrechen,** wiederaufnehmen; ~en **anknüpfen** (mit, zu); die ~en (zu jmdm.) **einschlafen** lassen; (gute) ~en **haben** ⟨umg.⟩ *einflussreiche Bekannte haben, die einem nützlich sein können;* eine ~ mit jmdm. haben ⟨umg.⟩ *mit jmdm. intim befreundet sein;* die ~en (zu jmdm.) **pflegen** ▸ **diplomatische** ~en (zu einem Staat) aufnehmen; **freundschaftliche,** verwandtschaftliche, wirtschaftliche ~en; **sexuelle,** intime ~en mit jmdm. haben *Geschlechtsverkehr haben* ▸ zwei Dinge miteinander **in** ~ bringen; eine Sache zu einer anderen in ~ setzen; mit jmdm. oder einer Sache in ~ stehen *etwas mit ihm od. damit zu tun haben;* in freundschaftlichen ~en zu jmdm. stehen; in dieser ~ muss ich dir Recht geben; mit, zu jmdm. in freundschaftliche ~en treten

Be|zie|hungs|kis|te ⟨die; -, -n; umg.⟩ *alles, was die Partner einer Zweierbeziehung betrifft*

be|zie|hungs|los ⟨Adj.⟩ *ohne Beziehung zu etwas, isoliert;* Abl *Beziehungslosigkeit*

be|zie|hungs|wei|se ⟨Konj.; Abk.: bzw.⟩ **1** *oder, oder auch* **2** *oder vielmehr, besser gesagt* ▸ habt ihr, ~ haben Sie eigentlich gewusst, dass …; ich werde zwei Theaterkarten bestellen, ~ drei, wenn dein Freund auch mitkommen will

be|zif|fern ⟨V. trans.; be|zif|fert, be|zif|fer|te, hat be|zif|fert⟩ Seiten ~ *nummerieren*

Be|zirk ⟨der; -(e)s, -e⟩ **1** *abgegrenztes Gebiet;* Zus *Wohnbezirk* **2** ⟨Abk.: Bez., Bz.⟩ *Verwaltungseinheit in Ländern, Städten u. Gemeinden;* Zus *Bezirkskrankenhaus; Polizeibezirk, Stadtbezirk* **3** ⟨umg.⟩ *Umkreis, Gegend, Landstrich*

Be|zirks|ge|richt ⟨das; -, -(e)s, -e; österr.; schweiz.⟩ *dem Landgericht entsprechendes Gericht in einem Bezirk*

Be|zirks|li|ga ⟨die; -, -li|gen; Sp.⟩ *regionale Spielklasse im Mannschaftssport*

Be|zirks|schu|le ⟨die; -, -n⟩ *Schule mit höherem Lernniveau, die nach Abschluss der Primarschule besucht werden kann (in einigen Kantonen der Schweiz)*

be|zir|zen ⟨V. trans.; be|zirzt, be|zirz|te, hat bezirzt; umg.; scherzh.⟩ jmdn. ~ *bezaubern*

Be|zug ⟨der; -(e)s, -zü|ge⟩ **I** ⟨unz.⟩ **1** *Verweis, Bezugnahme* **2** *Hinsicht, Beziehung* **3** *das Beziehen (von Zeitschriften, Zeitungen usw.)* **4** *das Einziehen (in Häuser, Wohnungen)* ▸ der Erst~ einer **Wohnung** ▸ auf etwas ~ **nehmen** *auf etwas verweisen;* ~ nehmend auf den gestrigen Beschluss … ▸ **in** ~ auf *bezüglich, betreffend, hinsichtlich;* in ~ auf die neue Stelle gibt es nichts Neues; **mit** ~ auf unser Schreiben vom 10.10. teilen wir Ihnen mit …; (k)einen ~ **zu** etwas haben *keine Beziehung, Verbindung zu etwas haben* **II** ⟨zählb.⟩ **1** *Überzug (für Betten, Polstermöbel usw.)* **2** ⟨nur Pl.⟩ *Einnahme, Gehalt* ▸ die Bezüge der **Betten** waschen, wechseln ▸ wie **hoch** sind Ihre Bezüge? *Ihr Gehalt?*

be|züg|lich[1] ⟨Adj.⟩ *(auf etwas) bezogen, Beziehung habend (zu etwas)* ▸ ~es Fürwort = *Relativpronomen*

be|züg|lich[2] ⟨Präp. m. Gen.; Abk.: bez.⟩ *mit Beziehung auf, hinsichtlich* ▸ ~ Ihres Schreibens

Be|zug|nah|me ⟨die; -, -n; Amtsdt.⟩ *das Bezugnehmen* ▸ unter ~ auf Ihr Schreiben vom 10.1. teilen wir Ihnen mit … *wir beziehen uns auf Ihr S. vom 10.1. und …*

be|zugs|fer|tig ⟨Adj.⟩ *fertig zum Beziehen, Einziehen* ▸ ein ~er Neubau

Be|zugs|per|son ⟨die; -, -en⟩ *Person, an der sich ein Mensch, bes. ein Kind, überwiegend orientiert u. von der jmd. überwiegend betreut wird*

Be|zugs|quel|le ⟨die; -, -n⟩ *Einkaufsgelegenheit* ▸ billige, zuverlässige ~

be|zu|schus|sen ⟨V. trans.; be|zu|schusst, be|zu|schuss|te, hat be|zu|schusst bezuschusst⟩ eine Sache ~ *einer Sache einen Zuschuss geben*

be|zwe|cken ⟨V. trans.; be|zweckt, be|zweck|te, hat be|zweckt⟩ etwas ~ *einen Zweck verfolgen, beabsichtigen* ▸ was bezweckst du damit?; was soll das ~? *was möchtest du damit erreichen?*

be|zwei|feln ⟨V. trans.; be|zwei|felt, be|zwei|fel|te, hat be|zwei|felt⟩ etwas ~ *in Zweifel ziehen, nicht glauben wollen* ▸ ich bezweifle, dass es so ist

be|zwin|gen ⟨V. trans.; be|zwingt, be|zwang, hat be|zwun|gen⟩ **1** einen Gegner ~ *besiegen, überwinden* **2** ein Hindernis ~ *bewältigen, damit fertigwerden* **3** ein Tier ~ *unterwerfen, im Zaum halten* **4** Leidenschaften ~ *unterdrücken, beherrschen* ▸ einen Berg ~; seine Angst, seinen Schmerz, Zorn ~; Abl *Bezwinger(in)*

B

Bf. ‹Abk. für› *Bahnhof*
BGB ‹Abk. für› *Bürgerliches Gesetzbuch*
BH ‹umg.; Abk. für› *Büstenhalter;* ⓘ S. 682
Bhf. ‹Abk. für› *Bahnhof*
Bi|ath|lon ‹das od. der; -s, -s; Sp.› *olympische Disziplin aus Skilanglauf (20 km) u. vier eingeschobenen Schießübungen;* Abl *Biathlet(in)*
bib|bern ‹V. intr.; bib|bert, bib|ber|te, hat ge|bibbert; umg.› *zittern, beben* ▸ vor Angst, Kälte ~
Bi|bel ‹die; -, -n› **1** *Buch der Bücher, Heilige Schrift, heiliges Buch der Christen;* Zus *Bibelspruch, Bibelstelle, Bibelübersetzung* **2** ‹übertr.› *wichtiges, bedeutsames Buch* ▸ die ~ auslegen, übersetzen; Goethes „Faust" ist seine ~
bi|bel|fest ‹Adj.› *mit der Bibel vertraut, sich in der Bibel gut auskennend*
Bi|bel|stun|de ‹die; -, -n› *Andacht mit Lesung aus der Bibel*
Bi|ber ‹der; -s, -; Zool.› *Nagetier, das an Gewässern, in Höhlen od. in aus Ästen, Zweigen u. Schlamm gebauten Burgen lebt*
Bi|b|lio|gra|fie ‹die; -, -n› *Verzeichnis von Büchern mit ausführlichen Angaben von Verfasser, Titel, Erscheinungsort u. -jahr u. a.;* oV *Bibliographie;* Syn *Bücherverzeichnis;* Abl *bibliografisch/bibliographisch*
Bi|b|lio|thek ‹die; -, -en› **1** *Sammlung von Büchern* **2** *Raum od. Gebäude, in dem diese aufbewahrt wird;* Syn *Bücherei;* Zus *Fachbibliothek, Leihbibliothek, Universitätsbibliothek* ▸ öffentliche, private, wissenschaftliche ~; eine umfangreiche ~ besitzen; eine ~ von ungefähr 2000 Bänden
Bi|b|lio|the|kar ‹der; -s, -e› *Angestellter in einer Bibliothek mit drei- od. mehrjähriger Ausbildung;* Abl *Bibliothekarin*
bi|b|lisch ‹Adj.› *die Bibel betreffend, zu ihr gehörig, aus ihr stammend* ▸ ~e Geschichten *G. aus der Bibel;* er hat ein ~es Alter erreicht *er ist sehr alt*
Bi|det ‹[bideː] das; -s, -s› *Sitzbadebecken*
bie|der ‹Adj.; abwertend› *rechtschaffen, ehrenwert, brav, treuherzig;* Abl *Biederkeit*
Bie|der|mei|er ‹das; -s; unz.› *Kunststil der ersten Hälfte des 19. Jh., gekennzeichnet durch Zierlichkeit (bei Möbeln) u. gemütvolle Beschaulichkeit (in der Malerei)*
bie|gen ‹V. trans.; biegt, bog, hat ge|bo|gen› **1** etwas od. sich ~ *krummmachen, krümmen* **2** etwas ~ *die Krümmung von etwas verändern* ▸ **auf** Biegen und Brechen *auf jeden Fall, unbedingt;* die Bäume ~ sich **im** Wind; **um** die Ecke ~ *um die Ecke gehen od. fahren;* die Zweige ~ sich **unter** der Last der Früchte; sich ~ **vor** Lachen *heftig, sehr lachen;* dünne Zweige **zur** Seite ~ ▸ eine leicht gebogene Klinge
bieg|sam ‹Adj.› **1** *biegbar, leicht zu biegen, elastisch* (Zweig) **2** *geschmeidig, gelenkig* (Körper) **3** ‹übertr.› *fügsam, leicht zu lenken* (Charakter) ▸ ihr Körper ist sehr ~; Abl *Biegsamkeit*
Bie|gung ‹die; -, -en› **1** *bogenförmige Richtungsänderung, Abweichung von der Geraden, Rundung* **2** *Wendung, Krümmung, Kurve;* Zus *Flussbiegung, Wegbiegung*

Bie|ne ‹die; -, -n; Zool.› *ein Insekt mit gelbschwarz gestreiftem Körper, das in Staaten lebt u. durch Sammeln von Blütenstaub Honig erzeugt* ▸ emsig, fleißig wie eine ~; Zus *Bienenhonig, Bienenschwarm, Bienenvolk, Bienenwabe, Bienenwachs, Bienenzucht; Honigbiene*
Bie|nen|fleiß ‹der; -es; unz.› *unermüdlicher Fleiß*
Bie|nen|kö|ni|gin ‹die; -, -gin|nen› *das einzige fruchtbare Weibchen eines Bienenvolkes*
Bie|nen|stich ‹der; -(e)s, -e› **1** *Stich einer Biene* **2** *mit Mandeln bedeckter, cremegefüllter Kuchen*
Bie|nen|stock ‹der; -(e)s, -stö|cke› *Kasten mit kleiner Öffnung (Flugloch) als Bienenwohnung mit Vorrichtungen zum Wabenbau*

Bier

Bereits im Mittelalter in Klöstern gebraut, ist *Bier* bis heute eines der wichtigsten Getränke in Deutschland. Besonders stolz ist man auf das im Jahr 1516 vom bayrischen Herzog Wilhelm IV. erlassene sogenannte **Reinheitsgebot,** nach dem zum **Bierbrauen** nur Gerstenmalz, Hopfen und Wasser verwendet werden dürfen. Auch heute noch hält man sich in den deutschen **Brauereien** größtenteils an diese alte Rechtsvorschrift, selbst wenn – zumal in Bayern – oft Weizen und Hefe verwendet werden. Zu den beliebtesten **Biersorten** zählen Pils, Weizen- und Altbier, darüber hinaus gibt es das vor allem in Ostdeutschland gebraute Schwarzbier und alkoholhaltigere Starkbiere wie das Bockbier. Getrunken werden all diese Biere aus **Biergläsern** oder **Bierkrügen** (beliebt ist auch das weniger vornehme Trinken direkt aus der Flasche). Ursprünglich vor allem in Bayern zu finden, sind **Biergärten** mittlerweile im ganzen Land verbreitet. Bei Volksfesten werden häufig **Bierzelte** aufgestellt, in denen man an **Biertischen** Bier trinken und deftige Speisen zu sich nehmen kann. Größtes **Bierfest** der Welt ist das Münchner **Oktoberfest.**
Viel *Bier* wird in Deutschland bei Fußballspielen – auch am heimischen Fernsehgerät - konsumiert. Da Bier viele Kalorien hat, erkennt man passionierte **Biertrinker** recht gut an ihrem **Bierbauch.**

Bier ‹das; -(e)s, -e› *alkoholisches Getränk, das aus Hopfen, Malz, Hefe u. Wasser durch Gärung gewonnen wird* ▸ eine **Flasche,** ein Glas ~; ein **Liter,** ein, ‹bair.› eine Maß ~ ▸ ~ **ausschenken,** brauen, zapfen ▸ **dunkles,** helles, Pilsner ~; ein ~, ein **halbes** ~ trinken ▸ **auf** ein ~ bleiben; **beim** ~ (im Gasthaus) sitzen ▸ das ist (nicht) **dein** ~ ‹umg.› *das geht dich nichts an;* Zus *Bierdose, Bierflasche, Bierfass, Bierglas, Bierkrug*
Bier|bauch ‹der; -(e)s, -bäu|che; umg.› *dicker Bauch (aufgrund steten Bierkonsums)*
Bier|de|ckel ‹der; -s, -› *Untersatz aus Filz od. fester Pappe für das Bierglas (in einem Gasthaus);* Syn *Bierfilz,* ‹schweiz.› *Bierteller*

bier|ernst ⟨Adj.; umg.⟩ *sehr ernst, todernst*

Bier|gar|ten ⟨der; -s, -gär|ten⟩ *Gartenlokal, in dem vorzugsweise Bier ausgeschenkt wird*

Bier|zelt ⟨das; -(e)s, -e; bes. auf Jahrmärkten⟩ *großes Zelt mit Gaststättenbetrieb*

Biest ⟨das; -(e)s, -er⟩ **1** ⟨übertr.⟩ *unangenehmes Tier* **2** ⟨umg.; Schimpfwort⟩ *hinterhältige Person*

bie|ten ⟨V.; bie|tet, bot, hat ge|bo|ten⟩ **I** ⟨V. trans.⟩ **1** (jmdm.) etwas ~ *(dar)reichen, anbieten* **2** ⟨bei Versteigerungen⟩ etwas ~ *ein Angebot machen;* Abl *Bieter(in)* **3** jmdm. etwas ~ *jmdn. die Möglichkeit geben, etwas zu nehmen* (Geld, Stellung) ▸ wir wollten dir etwas Besonderes ~ *etwas besonders Gutes* ▸ jmdm. den **Arm** als Stütze ~; jmdm. eine **Belohnung,** eine Entschädigung ~ (für etwas); die Kinder boten ein hübsches **Bild;** jmdm. **Gelegenheit** ~, etwas zu tun; der Künstler bot ein ausgezeichnetes **Programm** ▸ er hat mir 800 Euro **für** das Bild geboten; jmdm. die Wange **zum** Kuss ~ ▸ 100 Euro sind geboten (worden), **wer** bietet mehr? **II** ⟨V. refl.⟩ sich ~ *sich anbieten, sich zeigen, vorkommen* ▸ uns bot sich ein herrlicher **Anblick;** es hat sich mir noch keine **Gelegenheit** dazu geboten ▸ bei der nächsten sich ~den Gelegenheit; →a. *Schach, Spitze, Stirn, Trotz*

Bi|ga|mie ⟨die; -; unz.⟩ *(strafbare) Ehe mit zwei Ehepartnern zugleich;* Syn *Doppelehe*

bi|gott ⟨Adj.; -er, am -es|ten; abwertend⟩ *blindgläubig, frömmelnd, scheinheilig;* Abl *Bigotterie*

Bi|ki|ni ⟨der; -s, -s; umg.⟩ *meist knapper zweiteiliger Badeanzug für Damen*

Bi|lanz ⟨die; -, -en⟩ **1** *Übersicht über zwei verschiedene Zahlenreihen* **2** *Ergebnis, das der Vergleich zweier Zahlenreihen hervorbringt* **3** *jährlicher Kontenabschluss;* Zus *Bilanzprüfung* **4** ⟨übertr.⟩ *abschließender Überblick* ▸ die ~ aufstellen, die ~ ziehen *abrechnen;* ⟨übertr.⟩ *etwas überblickend beschreiben*

bi|lan|zie|ren ⟨V. trans. u. V. intr.; bi|lan|ziert, bi|lan|zier|te, hat bi|lan|ziert⟩ (etwas) ~ *eine Bilanz über etwas aufstellen*

Bild ⟨das; -(e)s, -er⟩ **1** *Darstellung von etwas od. jmdm. auf einer Fläche, z. B. auf einem Gemälde, einer Zeichnung od. einer Fotografie;* ⓘ S. 360; Zus *Bilderrahmen; Lichtbild, Ölbild* **2** *plastische Darstellung von jmdm. od. etwas;* Zus *Standbild* **3** *Darstellung einer Sache durch ein Zeichen od. Symbol;* Zus *Sinnbild* **4** *Erscheinungsform von etwas;* Zus *Krankheitsbild* **5** *Anblick* **6** *Vorstellung von etwas* ▸ er bot ein ~ des **Jammers** *einen bejammernswürdigen Anblick* ▸ ein ~ **aufhängen,** aufnehmen ⟨Fot.⟩, betrachten, malen, zeichnen; **bleiben:** sein ~ ist mir gut im Gedächtnis geblieben *ich kann mich gut an ihn erinnern;* es **bot** sich uns ein überraschendes ~; sich ein ~ (von etwas) **machen** (können) *sich etwas vorstellen (können)* ▸ er vermittelte uns ein **anschauliches** ~ (von …); ein **buntes,** farbenfrohes, gelungenes, herrliches ~; ein **deutliches,** flüchtiges ~ (in der Erinnerung); ein **falsches,** richtiges ~ von etwas haben *eine falsche, richtige Vorstellung von etwas haben;* ein **gerahmtes** ~; ein **scharfes,** unscharfes, verwackeltes ~ ⟨Fot.⟩ ▸ ein ~ **auf** Glas, Holz, Leinwand; es war ein ~ **für** die Götter ⟨umg.; scherzh.⟩ *ein komischer Anblick;* ich bin **im** ~e *ich weiß Bescheid;* ich bin darüber nicht im ~e; jmdn. ins ~ setzen (über) *jmdn. informieren (über);* ein ~ **von** Dürer *von D. gemalt;* ein ~ von Schiller *Sch. darstellend;* sie ist ein ~ von einem Mädchen *sehr hübsch*

Bild|band ⟨der; -(e)s, -bän|de⟩ *Buch mit hauptsächlich Bildern zu einem Thema*

Bild|be|richt ⟨der; -(e)s, -e⟩ *Bericht in Bildern, z. B. in Zeitschriften*

bil|den ⟨V.; bil|det, bil|de|te, hat ge|bil|det⟩ **I** ⟨V. trans.⟩ **1** etwas ~ *erzeugen, machen, schaffen, formen, gestalten* **2** eine Gesellschaft, einen Staat, Verein ~ *gründen* **3** etwas (für etwas) ~ *darstellen, sein* **4** jmdn. ~ *jmdm. Bildung vermitteln, jmdn. erziehen* ▸ jmds. **Charakter,** Verstand ~; die **Fälle,** Verbformen (von Wörtern) ~; die Kinder bildeten einen **Kreis;** das Wort „Vieh“ bildet keinen **Plural;** eine **Regierung** ~; aus zehn Buchstaben ein **Wort** ~ ▸ eine Gestalt, Figur **aus** od. **in** Marmor, Ton ~ ▸ ~de Kunst ⟨Sammelbez. für⟩ *Baukunst, Plastik, Malerei, Grafik;* gebildet sein *Bildung besitzen;* ein gebildeter Mensch, ein Gebildeter **II** ⟨V. refl.⟩ sich ~ **1** *entstehen, sich entwickeln* **2** *sich Bildung aneignen* ▸ ein **Geschwür,** eine Geschwulst hat sich gebildet; Nebel, Rauch, Staub bildet sich ▸ sich **geistig,** wissenschaftlich ~ ▸ sich eine Meinung, ein Urteil **über** etwas ~; →a. *ausbilden*

Bil|der|buch ⟨das; -(e)s, -bü|cher⟩ *Buch mit vielen Bildern u. wenig Text, bes. für Kinder* ▸ wie im ~ *sehr schön*

Bil|der|buch… ⟨in Zus.; umg.⟩ *sehr gut, sehr schön, ohne Probleme, wie im Bilderbuch,* z. B. Bilderbuchlandung (eines Flugzeugs), Bilderbuchwetter

Bil|der|rät|sel ⟨das; -s, -⟩ *Rätsel, bei dem aus Bildern u. Zeichen Wörter u. Sätze gebildet werden müssen;* Syn *Rebus*

Bild|flä|che ⟨die; -, -n⟩ **1** *Fläche, auf der ein Bild dargestellt ist od. werden soll* **2** *Leinwand (für Lichtbilder od. Filmvorführung)* ▸ auf der ~ erscheinen *(unvermutet) auftreten, sichtbar werden;* plötzlich von der ~ verschwinden

bild|haft ⟨Adj.; -er, am -es|ten⟩ **1** *in der Art eines Bildes* **2** ⟨übertr.⟩ *plastisch, anschaulich, deutlich* ▸ ~e Darstellung; ~e Vorstellung

Bild|hau|er ⟨der; -s, -⟩ *Hersteller plastischer Kunstwerke;* Abl *Bildhauerin; bildhauerisch*

bild|hübsch ⟨Adj.⟩ *sehr hübsch, sehr schön anzusehen* ▸ ein ~es Mädchen; sie ist ~

bild|lich ⟨Adv.⟩ *in Bildern, mit Hilfe eines Bildes od. von Bildern* ▸ ~er Ausdruck *A., der ein Bild gebraucht, um etwas anschaulich od. poetisch darzustellen,* z. B. „Arm des Gesetzes“ für „Polizei“; eine Sache ~ darstellen; ich kann es mir ~ vorstellen

Bild|nis ⟨das; -nis|ses, -nis|se⟩ *bildliche Darstellung eines Menschen, Porträt (1)*

Bild|punkt ⟨der; -(e)s, -e; EDV⟩ *kleinstes Element im Rasterbild eines Computermonitors, Pixel*

Bild|qua|li|tät ⟨die; -, -en⟩ *Qualität eines Bildes*

Bild|röh|re ⟨die; -, -n⟩ *Teil des Fernsehapparates für die Wiedergabe von Bildern*

Bild|schirm ⟨der; -(e)s, -e⟩ *Vorderteil eines Fernsehapparates od. Monitors, auf dem das Bild erscheint*

Bild|schirm|scho|ner ⟨der; -s, -; EDV⟩ *Programm, das sich nach einer bestimmten nicht aktiven Zeit einschaltet u. damit vermeidet, dass sich ein Bild in die Leuchtschicht des Monitors einbrennt*

bild|schön ⟨Adj.⟩ *schön wie ein Bild, sehr schön*

Bil|dung ⟨die; -, -en⟩ **I** ⟨unz.⟩ *geistige u. innere Formung des Charakters eines Menschen, Aneignung von umfassenden Kenntnissen auf allen Wissensgebieten* ▸ sich ~ aneignen; jmdm. ~ beibringen; (keine) ~ haben ⟨umg.⟩ *(nicht) gebildet sein* ▸ eine gute, vielseitige ~ genossen haben ▸ ein Mann von ~; das zu wissen gehört zur allgemeinen ~ *das muss man wissen, wenn man als gebildet gelten will;* Zus *Bildungsministerium, Bildungssystem; Allgemeinbildung* **II** ⟨zählb.⟩ **1** *das Bilden, Sichbilden* **2** *Gesichtsschnitt, Gestalt;* Zus *Gesichtsbildung, Körperbildung* **3** *Gestalt, Form;* Zus *Wolkenbildung* ▸ ~ einer Regierung; ~ einer Geschwulst; ~ eines Wortes ▸ ~ von Nebel, Rauch, Schaum

Bil|dungs|an|ge|bot ⟨das; -(e)s, -e⟩ *Angebot an Bildungsmöglichkeiten in verschiedenen Bildungsstätten*

Bil|dungs|bür|ger|tum ⟨das; -s; unz.; bes. früher⟩ *Teil des Bürgertums, der sich um die Bewahrung der klassischen Bildung bemüht*

Bil|dungs|lü|cke ⟨die; -, -n⟩ *Mangel an bestimmten Kenntnissen innerhalb der allgemeinen Bildung* ▸ auf diesem Gebiet hatte er eine ~

Bil|dungs|not|stand ⟨der; -(e)s, -stän|de⟩ *schlechter Zustand des allgemeinen Bildungswesens (aufgrund schlechter Ausbildung, Mangel an Fachkräften)* ▸ gegen den ~ ankämpfen

Bil|dungs|po|li|tik ⟨die; -; unz.⟩ *das Bildungswesen betreffende Politik;* Abl *bildungspolitisch*

Bil|dungs|stät|te ⟨die; -, -n⟩ *Einrichtung, in der unterrichtet wird (z. B. Schule);* Syn *Bildungseinrichtung*

Bil|dungs|ur|laub ⟨der; -(e)s, -e⟩ *Urlaub mit dem Zweck, sich weiterzubilden*

bi|lin|gu|al ⟨Adj.⟩ = *zweisprachig*

Bil|lard ⟨[bıljart], österr. [bija:r] das; -(e)s, -e⟩ *Kugelstoßspiel mit Hilfe eines Stabes (Queue) auf stoffbezogenem Tisch mit federndem Rand (Bande);* Zus *Billardkugel, Billardstock, Billardtisch*

Bil|lett ⟨[bıljɛt] od. [bije:] das; -(e)s, -s od. -e⟩ **1** ⟨schweiz.⟩ *Fahrkarte, Eintrittskarte* **2** ⟨österr. a.⟩ *Briefkarte, Glückwunschkarte*

Bil|li|ar|de ⟨die; -, -n⟩ *1 000 Billionen*

bil|lig ⟨Adj.⟩ **1** *preiswert, wenig Geld kostend;* Ggs *teuer;* Zus *Billiganbieter, Billigangebot, Billigpreis* **2** ⟨abwertend⟩ *minderwertig, von schlechter Qualität;* Zus *Billigware* **3** *abgedroschen, bedeutungslos, nichtssagend* ▸ ~e Arbeitskräfte; eine ~e Ausrede, Redensart; eine ~e Forderung; ein ~es Kleid; ~e Waren ▸ hier kann man ~ einkaufen; in dieser Stadt kann man ~ leben; Erdbeeren sind jetzt besonders ~; →a. *recht*

Bil|lig|an|bie|ter ⟨der; -s, -⟩ *jmd., der seine Produkte zu außergewöhnlich günstigen Preisen anbietet*

bil|li|gen ⟨V. trans.; bil|ligt, bil|lig|te, hat ge|bil|ligt⟩ etwas ~ *damit einverstanden sein* ▸ jmds. Verhalten, einen Vorschlag ~; Abl *Billigung*

Bil|lig|flie|ger ⟨der; -s, -; umg.⟩ **1** *Fluggesellschaft, die sehr billige Flüge anbietet* **2** *Flugzeug einer solchen Fluggesellschaft*

Bil|li|on ⟨die; -, -en⟩ *eine Million Millionen,* 10^{12}

bim|meln ⟨V. intr.; bim|melt, bim|mel|te, hat gebim|melt; umg.; scherzh.⟩ *klingeln, läuten*

bin ⟨1. Pers. Sing. Präs. von⟩ *sein*

bi|när ⟨Adj.⟩ *aus zwei Einheiten bestehend* (Ziffer); oV *binar;* Syn *binarisch;* Zus *Binärcode*

Bin|de ⟨die; -, -n⟩ **1** *Streifen aus Verbandstoff zum Verbinden;* Zus *Mullbinde* **2** *Schlips, Krawatte;* Zus *Halsbinde* **3** *Stoffstreifen als Abzeichen;* Zus *Armbinde* **4** ⟨kurz für⟩ *Monatsbinde*

Bin|de|ge|we|be ⟨das; -s; unz.; Anat.⟩ *Stützgewebe aus Zellen u. Fasern, das zum Aufbau des Körpers dient u. Bänder u. Sehnen bildet*

Bin|de|glied ⟨das; -(e)s, -er⟩ **1** *Zwischenstück (in einer Kette)* **2** ⟨übertr.⟩ *Verbindung, Vermittler*

Bin|de|haut ⟨die; -, -häu|te; Anat.⟩ *dünne, schleimige Haut, die die Innenseite der Augenlider u. die Vorderseite des Augapfels überzieht;* Zus *Bindehautentzündung*

bin|den ⟨V.; bin|det, band, hat ge|bun|den⟩ **I** ⟨V. trans.⟩ **1** etwas ~ *mit etwas verbinden, verknüpfen* **2** etwas od. jmdn. an etwas ~ *mit einer Kette, einem Seil an etwas festmachen* **3** ⟨Chem.⟩ Stoffe ~ *miteinander vereinigen;* Zus *Bindemittel* **4** jmdn. an sich ~ *zwingen, bei einem zu bleiben, von sich abhängig machen* ▸ ein Buch ~ *mit Rücken u. Deckeln versehen;* einem Gefangenen die Hände (und Füße) ~; die Krawatte, eine Schleife ~ *formgerecht schlingen;* die Schnürsenkel ~ ▸ einen Baum an einen Pfahl ~; einen Kranz aus Blumen ~; eine Soße mit Mehl ~; jmdm. ein Tuch um die Augen ~; eine Schnur um ein Paket ~; Blumen zum Strauß ~ ▸ ihm sind die Hände gebunden ⟨übertr.⟩ *er kann nicht handeln, wie er möchte;* gebunden sein *verheiratet sein;* an etwas gebunden sein *sich an etwas halten müssen;* eine ~de Abmachung, Zusage *eine verpflichtende A., Z.* **II** ⟨V. refl.; übertr.⟩ **1** sich ~ *sich verpflichten* **2** sich (an jmdn.) ~ *mit jmdm. ein festes Verhältnis eingehen*

Bindestrich

Durch das Zeichen - werden neben dem *Bindestrich* auch der Ergänzungsstrich (z. B. in *Maul- und Klauenseuche*) und der Trennungsstrich am Zeilenende repräsentiert. Außerdem entspricht es dem Rechenzeichen *minus* und dem Zeichen für „bis“ (z. B. in *13.-14. Jahrhundert*).

Häufig gebraucht man den *Bindestrich* im Deutschen dazu, um die einzelnen Bestandteile einer Zusammensetzung zu verdeutlichen: *Icherzählung* oder *Ich-Erzählung.* Das gilt auch für beim Zusammentreffen von drei gleichen Buchstaben (z. B. *See-Elefant* statt *Seeelefant, Fett-Tropfen* statt *Fetttropfen*) und in Fällen, in denen ein Personenname den ersten Bestandteil einer Zusammensetzung bildet, z. B. *Goethe-Ausgabe* statt *Goetheausgabe.*
Notwendig ist ein *Bindestrich* hingegen bei Aneinanderreihungen, besonders bei substantivisch gebrauchten Infinitiven: *das In-den-Tag-Hineinleben, das Auf-die-lange-Bank-Schieben, das Sowohl-als-auch.* Das Gleiche gilt für Zusammensetzungen mit Einzelbuchstaben oder Ziffern wie *3-Tonner, T-förmig, 2/3-Mehrheit, A-Dur-Tonleiter, ein 100stel-Millimeter.* Auch in Zusammensetzungen aus Personennamen steht im Deutschen ein Bindestrich, z. B. *Müller-Lüdenscheid, Schmidt-Kaspari.*
Zu beachten ist, dass weder vor noch nach einem *Bindestrich* ein Leerzeichen gesetzt wird.

Bin|de|strich ⟨der; -(e)s, -e; Zeichen: -⟩ *kurzer Querstrich, der zwei Wörter verbindet od. als Silbentrennungszeichen dient*

Bin|de|wort ⟨das; -(e)s, -wör|ter; Gramm.⟩ = *Konjunktion*

Bind|fa|den ⟨der; -s, -fä|den⟩ *Faden zum Binden, dünne Schnur, dünner Strick* ▸ es regnet Bindfäden ⟨umg.; scherzh.⟩ *stark u. andauernd*

Bin|dung ⟨die; -, -en⟩ **1** *das Binden* **2** *das Gebundensein* **3** *Zusammenhalt* **4** *Verbindung* **5** *Schnalle u. Riemen am Ski od. Schlittschuh zum Festhalten des Stiefels* **6** *die Art, wie sich in einem Gewebe die Fäden kreuzen;* Zus *Atlasbindung; Kreuzbindung; Leinwandbindung* **7** ⟨übertr.⟩ *Verpflichtung* ▸ das Kind hat eine starke ~ zum Vater; ~en eingehen; freundschaftliche ~en

bin|nen..., Bin|nen... ⟨in Zus.; meist örtl.⟩ *innerhalb von etwas, im Innern befindlich,* z. B. Binnengewässer, Binnenhafen, Binnenhandel, Binnenmarkt, Binnenschifffahrt

Bin|se ⟨die; -, -n; Bot.⟩ *Pflanze mit röhrenförmigen, langen, zum Flechten verwendeten Blättern* ▸ in die ~n gehen ⟨übertr.⟩ *schiefgehen*

Bin|sen|weis|heit ⟨die; -, -en⟩ *eine selbstverständliche, allgemein bekannte Wahrheit, Tatsache, die man nicht erläutern muss;* Syn *Binsenwahrheit*

bio..., Bio... ⟨in Zus.⟩ **1** *leben(s)..., Leben(s)...* **2** ⟨kurz für⟩ *biologisch;* Zus *bioaktiv*

Bio|che|mie ⟨[-çe-] die; -; unz.⟩ *Wissenschaft von den biologischen u. chemischen Grundlagen des Lebens, bes. den chem. Verbindungen im Stoffwechsel der Lebewesen;* Abl *Biochemiker(in); biochemisch*

Bio|graf ⟨der; -en, -en⟩ *Verfasser einer Biografie;* oV *Biograph;* Abl *biografisch/biographisch*

Bio|gra|fie ⟨die; -, -n⟩ *Beschreibung des Lebens eines (bedeutenden) Menschen;* oV *Biographie*

Bio|la|den ⟨der; -s, -lä|den; umg.⟩ *Laden, in dem biologisch erzeugte Nahrungsmittel verkauft werden*

Bio|lo|ge ⟨der; -n, -n⟩ *Wissenschaftler, Student der Biologie;* Abl *Biologin*

Bio|lo|gie ⟨die; -; unz.⟩ *Wissenschaft von den Formen des Lebens u. von den Lebewesen (Menschen, Tiere, Pflanzen)*

bio|lo|gisch ⟨Adj.⟩ **1** *die Biologie betreffend, zu ihr gehörig, auf ihr beruhend* **2** *ohne chem. Stoffe, ohne Giftstoffe (erzeugt)* ▸ ~er Anbau von Gemüse; ~e Waffen *Bakterien, Viren, die u. a. Seuchen verbreiten, als Mittel der Kriegsführung*

Bio|ton|ne ⟨die; -, -n⟩ *Mülltonne für organische Haushalts- u. Gartenabfälle*

Bio|top ⟨der od. das; -s, -e⟩ *Lebensraum von Tier- u. Pflanzenarten, die ähnl. Umweltbedingungen verlangen*

Bir|ke ⟨die; -, -n; Bot.⟩ *ein Laubbaum mit weißer Borke;* Zus *Birkenholz*

Bir|ne ⟨die; -, -n⟩ **1** *grüne (od. gelbe), länglichrunde Frucht mit süßem, weißem Fruchtfleisch;* ⓘ S. 1003; Abl *birnenförmig;* Zus *Birnbaum* **2** *elektrischer Glühkörper;* Zus *Glühbirne, 100-Watt-Birne* **3** ⟨umg.; scherzh.⟩ *Kopf* ▸ in der Küche ist die ~ **durchgebrannt;** eine neue ~ **einsetzen;** die ~n **fallen** vom Baum ▸ eine **gelbe,** reife, saftige, süße ~; eine **weiche** ~ haben ⟨umg.; scherzh.⟩ *nicht ganz richtig im Kopf sein* ▸ jmd. eins (= einen Schlag) **auf** od. **vor** die ~ geben ⟨umg.⟩ *ihn auf den Kopf schlagen*

bis[1] ⟨Präp. m. Akk.⟩ **1** ⟨örtl.⟩ *zu einem bestimmten Endpunkt od. Ort hin, nach* **2** ⟨zeitl.⟩ *zu einem bestimmten Zeitpunkt hin* **3** ⟨zur Bez. einer nicht genau bestimmten Menge od. eines Wertes⟩ *zu einem als Höchstmaß angegebenen Wert hin* ▸ von Morgen ~ **Abend;** eine **Arbeit** mit „zwei ~ drei" zensieren; vier ~ fünf **Euro;** von Berlin ~ **München;** zehn ~ zwölf **Personen** ▸ ich warte ~ **drei** Uhr; Sprechzeit von drei ~ sechs Uhr ▸ von morgens ~ **abends;** ~ **an** die Knie im Wasser stehen; ~ **auf** weiteres/Weiteres *auf unbestimmte Zeit;* die Wohnung ist jetzt ~ auf die Küche renoviert *außer, mit Ausnahme der Küche;* sie haben alle ~ auf den letzten Mann gerettet *alle ohne Ausnahme;* alle ~ auf einen *alle mit einer Ausnahme;* ~ auf Widerruf; ~ **bald!,** ~ gleich!, ~ später! *(umg. Grußformeln) wir sehen uns bald, gleich, später wieder;* ~ **dahin** vergeht noch viel Zeit; ~ **gegen** Mitternacht; ~ **heute** hat er sich nicht gemeldet; ~ **hierher;** ~ **in** den Abend hinein; ~ ins Kleinste, Letzte *sehr genau, sehr gründlich;* ~ **jetzt;** ~ **morgen;** ~ **nach** Hannover; ~ nach Weihnachten; Treue ~ **über** den Tod hinaus; er brachte sie ~ **vor** die Tür; ~ vor einem Jahr; Eintritt für Kinder ~ **zu** sechs Jahren frei; wir wollen es nicht ~ zum Äußersten kommen lassen; du musst ~ zum Ende der Straße laufen ▸ ~ **wann** kann ich das Bilderbuch behalten?; ~ **wohin** können Sie mich mitnehmen?

bis[2] ⟨Konj.; zur Einleitung eines Temporalsatzes⟩ ich warte, ~ er kommt; du überlegst so lange, ~

B

es zu spät ist; ich warte so lange, ~ ich weiß, was geschehen ist; ~ dass der Tod uns scheidet

Bi|sam|rat|te ⟨die; -, -n; Zool.⟩ *ein Nagetier, das an Land u. in Flüssen lebt*

Bi|schof ⟨der; -(e)s, -schö|fe⟩ *oberster geistl. Würdenträger eines begrenzten Gebietes (eines Bistums, einer Diözese);* Abl *bischöflich;* Zus *Bischofskonferenz, Bischofssitz, Bischofsstab*

bi|se|xu|ell ⟨Adj.⟩ **1** ⟨allg.⟩ *mit beiden Geschlechtern sexuell verkehrend, sowohl homo- als auch heterosexuell;* Syn ⟨umg.; kurz⟩ *bi* **2** ⟨Biol.⟩ *zweigeschlechtig;* Abl *Bisexualität, Bisexuelle(r)*

bis|her ⟨schweiz. a. ['- -] Adv.⟩ *bis jetzt, bislang*

bis|he|rig ⟨Adj.⟩ *bisher gewesen, bisher stattgefunden habend, vergangen* ▸ die ~en Besprechungen waren nicht erfolgreich; in seinem ~en Leben; im Bisherigen *im Vorangegangenen*

Bis|kuit ⟨[-kvɪt] das; -s, -s od. -e⟩ *leichtes, feines Gebäck aus Eiern, Mehl u. Zucker ohne Fett;* Zus *Biskuitrolle, Biskuitteig*

bis|lang ⟨Adv.⟩ *bisher, bis jetzt*

biss → *beißen*

Biss ⟨der; -es, -e⟩ **1** *das Hineinbeißen mit den Zähnen* **2** *Verletzung durch Beißen;* Zus *Bisswunde; Hundebiss, Schlangenbiss*

biss|chen ⟨Adj.⟩ *wenig, eine kleine Menge* ▸ ihr ~ Geld; das ~ Schnee, das heute gefallen ist; ▸ **ein** ~ *ein wenig, etwas;* **kein** ~ *gar nicht(s), überhaupt nicht(s), gar kein;* es ist kein ~ Wurst mehr da; das Kind hat kein ~ geweint ▸ gib dir ein ~ **Mühe** ▸ komm ein ~ **näher;** geh ein ~ **schneller!** ▸ tut es weh? **nicht** ein ~

Bis|sen ⟨der; -s, -⟩ **1** *die Menge, die man auf einmal abbeißen kann, Mundvoll* **2** ⟨übertr.⟩ *eine Kleinigkeit zu essen, Happen* ▸ ein ~ **Brot** ▸ ich möchte erst einen ~ **essen** ▸ einen **großen** ~ nehmen; er hat sich für das neue Auto jeden ~ vom Munde abgespart *er hat auf vieles verzichtet, um sich ein neues A. kaufen zu können;* **keinen** ~ anrühren; jmdm. keinen ~ Brot gönnen ⟨übertr.⟩ *neidisch, missgünstig sein* ▸ ihm blieb vor Schreck der ~ **im** Halse stecken

biss|fest ⟨Adj.; Kochk.⟩ *noch eine bestimmte Festigkeit besitzend* ▸ die Nudeln sollten ~ sein

bis|sig ⟨Adj.⟩ **1** *schnell, gern beißend, durch Beißen angreifend* (Tier, bes. Hund u. Pferd) **2** ⟨übertr.⟩ *scharf, höhnisch, auf barsche Weise verletzend* ▸ eine ~e Bemerkung, Kritik; Vorsicht, ~er Hund! *(Warnschild an Hof- od. Gartentüren)*

bist ⟨2. Pers. Sing. Präs. von⟩ *sein*

Bis|tum ⟨das; -(e)s, -tü|mer⟩ *Verwaltungsbereich eines Bischofs;* Syn *Diözese*

bis|wei|len ⟨Adv.⟩ *manchmal, ab u. zu*

Bit ⟨das; - od. -s, - od. -s; Zeichen: bit, bt; EDV⟩ *Maßeinheit für den Informationsgehalt, entsprechend einer der Binärziffern (0 od. 1)*

bit|te ⟨Adv.; Höflichkeitsformel⟩ **1** *sei od. seien Sie so freundlich!* **2** *wenn ich dich od. Sie darum bitten darf!* **3** *gern, selbstverständlich, ja* **4** *wenn du willst, wenn Sie wollen!* ▸ (na) ~! hab ich's nicht gesagt? *das (Scheitern) hatte ich vorausgesehen!;* kann ich die Butter haben? ~! *hier! (beim Überreichen);* vielen Dank! - ~!; ist der Platz hier frei? - ~!; ach, ~, können Sie mir sagen ...; ja, ~! *(Meldung am Telefon)* ▸ Herr Ober, ~ einen **Kaffee!** ▸ **entschuldigen** Sie ~!; würden Sie mir ~ **helfen?**; **sagen** Sie mir ~ ...; ~ **wenden!** ⟨Abk.: b.w.⟩ *(Aufforderung am Ende einer Formularseite o. Ä.)* ▸ ~ **lauter!** *(Aufforderung an einen Redner);* komm ~ etwas **später** ▸ darf ich mir das einmal ansehen? ~ **sehr!** ▸ **wie** ~? *(bei nicht verstandener Äußerung)*

Bit|te ⟨die; -, -n⟩ *Wunsch, der an jmdn. gerichtet ist u. in höflicher Weise geäußert wird* ▸ jmdm. eine ~ **abschlagen;** eine ~ **aussprechen,** äußern; eine ~ **erfüllen,** gewähren; ich **habe** eine ~; jmds. ~n **nachgeben,** nachkommen ▸ **dringende,** flehentliche, inständige, vergebliche ~ ▸ ich habe, ⟨od.⟩ hätte eine ~ **an** Sie; eine ~ an jmdn. richten, stellen *jmdn. bitten;* **auf** seine dringende ~ hin bin ich gekommen

bit|ten ⟨V. trans.; bit|tet, bat, hat ge|be|ten⟩ jmdn. ~ (etwas zu tun) *höflich zur Erfüllung eines Wunsches auffordern* ▸ „Kommst du bald?", bat er; ich bitte Sie, mir zu helfen; ich bitte Sie! *aber nein!, wie können Sie das glauben!;* aber ich bitte dich! *aber selbstverständlich!* ▸ wenn ich ~ **darf;** sich lange ~ **lassen;** da **muss** ich doch sehr ~! *das gehört sich nicht!* ▸ jmdn. **dringend** um einen Gefallen ~ ▸ **auf** Bitten von Herrn X; sich aufs Bitten verlegen; **um** etwas ~ *eine Bitte aussprechen, um etwas zu erhalten;* ich bitte um Entschuldigung; um Geduld, Hilfe, Verzeihung ~; du kannst ~ **und** betteln, soviel du willst, ich tue es doch nicht; ich hatte ihn gebeten **zu** warten; jmdn. zu sich ~ *jmdn. einladen, jmdn. zu sich kommen lassen;* eine Dame zum Tanz ~; jmdn. zu Tisch ~ *auffordern, zum Essen zu kommen* ▸ darum möchte ich gebeten haben! *das verlange ich;* er will immer erst gebeten sein

bit|ter ⟨Adj.⟩ **1** *sehr herb* (Geschmack) **2** ⟨übertr.⟩ *hart, schmerzlich* **3** ⟨übertr.; verstärkend⟩ *sehr, tüchtig;* Zus *bitterarm, bitterböse, bitterkalt* **4** ⟨übertr.⟩ *verbittert, an nichts mehr Freude habend* ▸ aus einem harmlosen Streit wurde ~er **Ernst;** einen ~en **Geschmack** im Munde haben; ~e **Kälte;** ~e **Mandeln,** Medizin, Schokolade; sie hat ~e **Tränen** geweint; sie hat ihm ~e **Vorwürfe** gemacht ▸ eine Tat ~ **bereuen;** einen Bitteren **trinken** *einen stark gewürzten Likör, einen Magenbitter;* er ist durch schlechte Erfahrungen ~ **geworden** ▸ er hat das Geld ~ **nötig**

Bit|ter|keit ⟨die; -; unz.⟩ **1** *bittere Beschaffenheit, bitterer Geschmack* **2** ⟨übertr.⟩ *bitteres Wesen, Verbitterung*

bit|ter|lich ⟨Adv.⟩ *heftig, sehr, schmerzlich* ▸ das wirst du noch ~ bereuen!; ~ weinen

bit|ter|süß ⟨Adj.⟩ **1** *bitter u. süß zugleich* **2** ⟨übertr.⟩ *auf schmerzl. Weise schön* (Erlebnis)

bit|te|schön ⟨Adv.; verstärkend⟩ *bitte*

Bitt|schrift ⟨die; -, -en⟩ *an eine höhere Stelle gerichtete, förmliche, schriftliche Bitte;* Syn *Bittschreiben*

Bitt|stel|ler ⟨der; -s, -⟩ *jmd., der förmlich etwas erbittet, Verfasser einer Bittschrift;* Abl *Bittstellerin*

Bi|wak ⟨das; -s, -e od. -s; Mil.⟩ *Lager im Freien, Feldlager*
bi|zarr ⟨Adj.⟩ **1** *seltsam, ungewöhnlich* **2** *wunderlich, verschroben* ▸ ~e Formen; ~es Wesen
Bi|zeps ⟨der; -es, -e; Anat.⟩ *zweiköpfiger Muskel, z. B. am Oberarm u. am Oberschenkel*
Bla|bla ⟨das; - od. -s; unz.; umg.⟩ *nichtssagendes Gerede* ▸ was soll das ganze ~?
Black-out *auch:* **Black|out** ⟨[blækaʊt] das od. der; -s, -s⟩ *plötzliche, vorübergehende Bewusstseinstrübung* ▸ er hatte einen ~
blä|hen ⟨V.; bläht, bläh|te, hat ge|bläht⟩ **I** ⟨V. trans.⟩ etwas ~ *aufblasen* ▸ der Wind bläht die Segel **II** ⟨V. intr.⟩ *Darmgase bilden* (Speise) ▸ Bohnen, Kohl, Zwiebeln ~ **III** ⟨V. refl.⟩ sich ~ *sich aufblasen, (an)schwellen*
Blä|hung ⟨die; -, -en⟩ *Gasbildung im Darm* ▸ ~en haben; an ~en leiden
bla|ma|bel ⟨Adj.; -ma|bler od. -mab|ler, am -s|ten⟩ *eine Blamage verursachend, beschämend*
Bla|ma|ge ⟨[-ʒə] die; -, -n⟩ *beschämende, peinliche Bloßstellung*
bla|mie|ren ⟨V. trans.; bla|miert, bla|mier|te, hat bla|miert⟩ jmdn. od. sich ~ *bloßstellen, zum Gespött machen* ▸ da habe ich mich ja ganz schön blamiert!; jmdn. vor allen Leuten ~
blan|chie|ren ⟨[blãʃiː-] V. trans.; blan|chiert, blanchier|te, hat blan|chiert; Kochk.⟩ Gemüse ~ *kurz in heißem Wasser sieden*
blank ⟨Adj.⟩ **1** *blinkend, glänzend, hell* (Augen, Fensterscheiben, Metall) **2** *sauber, rein* (Fußboden) **3** *abgegriffen, abgewetzt* (Hosenboden, Ärmel) **4** *unbedeckt, nackt* (Degen, Körper) **5** ⟨nur präd. u. adv.; umg.⟩ *ohne Geld* ▸ auf der ~en Erde sitzen; ein ~e Münze; er redet ~en Unsinn *offensichtl. Unsinn* ▸ Kabel, Drähte, die ~ liegen; ⟨aber⟩ ~ liegen = *blankliegen;* ~ putzen = *blankputzen;* sein: ich bin (völlig) ~ ⟨umg.⟩
blank|lie|gen *auch:* **blank lie|gen** ⟨V. intr.; liegt blank, lag blank, hat blank|ge|le|gen, blank|zu|lie|gen; übertr.; in Wendungen wie⟩ seine Nerven liegen blank *er ist äußerst gereizt*
blan|ko ⟨Adv.⟩ *leer, nicht vollständig ausgefüllt* (Formular, Scheck)
blank|put|zen *auch:* **blank put|zen** ⟨V. trans.; putzt blank, putz|te blank, hat blank|ge|putzt, blank|zu|put|zen⟩ etwas ~ *putzen, bis es glänzt*
Bläs|chen ⟨das; -s, -⟩ *kleine Blase*
Bla|se ⟨die; -, -n⟩ **1** *Hohlorgan bei Menschen u. Tieren für Flüssigkeit od. Luft;* Zus *Gallenblase, Harnblase, Schwimmblase* **2** ⟨kurz für⟩ *Harnblase;* Zus *Blasenentzündung* **3** *mit Schwellung verbundene Flüssigkeitsansammlung unter der obersten Schicht der Haut;* Zus *Brandblase* **4** *Ansammlung von Gas od. Flüssigkeit unter der Oberfläche od. mit feiner Haut;* Zus *Seifenblase, Wasserblase* **5** *Hohlraum in Glas, Gestein usw.* ▸ eine ~ aufstechen; die ~ entleeren; sich die ~ erkälten; sich ~n (an den Füßen) laufen; der Teig schlägt ~n ▸ ~n am Fuß, an der Hand haben
Bla|se|balg ⟨der; -(e)s, -bäl|ge⟩ *Gerät aus zwei durch einen Lederbalg verbundenen Platten zum Erzeugen eines Luftstroms*
bla|sen ⟨V.; bläst, blies, hat ge|bla|sen⟩ **I** ⟨V. intr.⟩ **1** *Luft aus dem Munde ausstoßen* **2** *wehen* (Wind) ▸ daher bläst der Wind! *also das steckt dahinter!;* ein eisiger Wind blies mir ins Gesicht; zum Angriff ~ *Signal zum A. geben* **II** ⟨V. trans.⟩ **1** etwas ~ *durch Ausstoßen von Luft erzeugen* **2** etwas irgendwohin ~ *durch Ausstoßen von Luft in eine bestimmte Richtung bewegen od. erzeugen* **3** ein Blasinstrument ~ *durch Ausstoßen von Luft zum Tönen bringen, spielen;* Zus *Blasmusik, Blasorchester* ▸ Flöte, Trompete ~; Glas ~ *Glasgegenstände herstellen;* jmdm. den Marsch ~ ⟨umg.⟩ *jmdm. deutlich die Meinung sagen;* Trübsal ~ *trübe gestimmt, hoffnungslos sein* ▸ jmdm. einen ~ ⟨derb⟩ *jmdn. durch Fellatio sexuell befriedigen;* ich werde dir was ~! ⟨umg.⟩ *ich denke nicht (im Traum) daran!;* →a. *tuten*
Blä|ser ⟨der; -s, -⟩ **1** *jmd., der etwas bläst, durch Blasen etwas herstellt;* Zus *Glasbläser* **2** *Musiker, der ein Blasinstrument spielt;* Zus *Blechbläser, Flötenbläser, Holzbläser;* Abl *Bläserin*
bla|siert ⟨Adj.; -er, am -es|ten⟩ *eingebildet, hochnäsig, eitel u. dabei innerl. hohl*
Blas|in|s|t|ru|ment ⟨das; -(e)s, -e; Mus.⟩ *durch Atemluft betriebenes Musikinstrument,* z. B. Flöte, Horn, Trompete
Blas|phe|mie ⟨die; -, -n⟩ *Verhöhnung von Heiligem, Gotteslästerung;* Abl *blasphemisch*
Blas|rohr ⟨das; -(e)s, -e⟩ *langes, dünnes Rohr, durch das man Kugeln od. Pfeile bläst*
blass ⟨Adj.; blas|ser, am blas|ses|ten, auch: bläs|ser, am bläs|ses|ten⟩ **1** *bleich, fahl (als Gesichtsfarbe);* Abl *Blässe* **2** *in mattem od. hellem Farbton;* Zus *blassblau, blassgrün, blassrosa* **3** ⟨übertr.⟩ *verblasst, kaum (noch) vorhanden* ▸ ich habe keine ~e Ahnung, keinen ~en Dunst od. Schimmer, was das heißen soll ⟨übertr.⟩ *ich weiß wirklich nicht, überhaupt nicht;* ein ~es Blau; ich habe nur noch eine ~e Erinnerung an ihn ⟨übertr.⟩ *eine schwache, dunkle Erinnerung;* ~es Gesicht, ~e Haut ▸ ~ aussehen; diese Farbe macht dich ~; sie wird ~ werden vor Schreck; Abl *blässlich*
Blatt ⟨das; -(e)s, Blät|ter⟩ **1** ⟨Bot.⟩ *flaches, meist grünes Teil von Pflanzen, das häufig länglich geformt ist u. aus den Samen od. Wurzeln einer Pflanze od. an Ästen von Bäumen wächst;* Zus *Ahornblatt, Baumblatt, Blütenblatt* **2** *gleichmäßig beschnittenes Stück Papier, Zettel* **3** *Seite eines Buches o. Ä.* **4** *Zeitung, Zeitschrift;* Zus *Tageblatt, Wochenblatt* **5** ⟨Kart.⟩ *alle an einen Spieler ausgeteilten Karten* **6** *Flügel eines Propellers* ▸ 50 ~ Papier bedrucken ▸ die Blätter fallen, knospen, sprießen; die Bäume treiben Blätter; das ~ hat sich gewendet ⟨übertr.⟩ *die Umstände haben sich geändert* ▸ fliegende Blätter *lose Blätter, Zettel;* ein frisches, gelbes, grünes, trockenes, verwelktes ~; ein gutes ~ haben *gute Spielkarten;* ein unbeschriebenes ~ ⟨übertr.⟩ *ein Mensch noch ohne Erfahrung od. Erfolge* ▸ alles

B

auf ein ~ setzen *ein Risiko eingehen;* das steht auf einem anderen ~ ⟨übertr.⟩ *das ist etwas ganz anderes;* vom ~ singen, spielen *ohne vorheriges Üben nach Noten singen, spielen;* kein ~ vor den Mund nehmen ⟨übertr.⟩ *rückhaltlos, unbekümmert seine Meinung sagen*

blät|tern ⟨V.; blät|tert, blät|ter|te, hat ge|blät|tert⟩ **I** ⟨V. intr.⟩ in einem Buch, einer Zeitschrift ~ *die Seiten eines Buch, einer Zeitschrift umschlagen, ohne alles zu lesen* **II** ⟨V. trans.⟩ Geldscheine, Karten auf den Tisch ~ *einzeln hinlegen*

Blät|ter|teig ⟨der; -(e)s; unz.; Kochk.⟩ *durch Ausrollen u. Zusammenlegen blätteriger Butterteig*

Blatt|gold ⟨das; -(e)s; unz.⟩ *fein ausgewalztes, reines Gold*

Blatt|laus ⟨die; -, -läu|se; Zool.⟩ *ein Schädling, der Pflanzen befällt*

...blätt|rig ⟨in Zus.⟩ *mit einer bestimmten Anzahl od. Form von Blättern versehen,* z. B. vierblättrig, kleinblättrig, großblättrig

Blatt|sa|lat ⟨der; -(e)s, -e⟩ *grüner Salat*

blau ⟨Adj.; -er, am -(e)s|ten⟩ **1** *von blauer Farbe, von der Farbe des Himmels bei Sonnenschein;* Zus *blaugrau, blaugrün, blauschwarz* **2** ⟨umg.; übertr.⟩ *betrunken* ▸ ~e Augen haben; er hat ein ~es Auge ⟨übertr.⟩ *(durch Schlag od. Sturz) blutunterlaufenes Auge;* der Himmel ist ~; sie trägt ein ~es Kleid; das ~e Meer; der Blaue Planet *die Erde* ▸ jmdn. grün und ~ schlagen *heftig schlagen* ▸ er war schon am Nachmittag völlig ~ ⟨übertr.⟩ ▸ mit einem ~en Auge davonkommen ⟨Sprichw.⟩ *mit dem Schrecken od. einer nur geringfügigen Verletzung davonkommen;* ~ vor Kälte sein *sehr blass u. stark fröstelnd vor Kälte;* →a. *Brief*

Blau ⟨das; -s, -s⟩ *Farbe des wolkenlosen Himmels* ▸ das ~ des Himmels; sie ging ganz in ~ *sie war blau gekleidet;* eine Fahrt ins ~e *F. mit unbekanntem Ziel;* ins ~e hineinfahren *ohne ein bestimmtes Ziel;* er lügt das ~e vom Himmel herunter *er lügt außerordentlich, schamlos;* jmdm. das ~e vom Himmel versprechen *Unerfüllbares versprechen*

blau|äu|gig ⟨Adj.⟩ **1** *mit blauen Augen ausgestattet* **2** ⟨übertr.; umg.⟩ *treuherzig, vertrauensselig, gutgläubig, naiv*

Blau|bee|re ⟨die; -, -n; Bot.⟩ = *Heidelbeere*

blau|blü|tig ⟨Adj.; scherzh.⟩ *adelig*

Bläue ⟨die; -; unz.⟩ *blaue Färbung*

Blau|helm ⟨der; -(e)s, -e; meist Pl.⟩ *(in Krisengebieten) im Auftrag der UNO eingesetzter Soldat*

Blau|kraut ⟨das; -(e)s; unz.⟩ = *Rotkohl*

bläu|lich ⟨Adj.⟩ *etwas blau, mit blauem Schimmer* ▸ ein ~ schimmernder Stoff

Blau|licht ⟨das; -(e)s; unz.⟩ *flackerndes blaues Licht als Signal (bes. an Polizei-, Rettungswagen)*

blau|ma|chen ⟨V. intr.; macht blau, mach|te blau, hat blau|ge|macht, blau|zu|ma|chen⟩ *nicht arbeiten, schwänzen* ▸ zwei Tage ~

Blau|mann ⟨der; -(e)s, -män|ner; umg.⟩ *Arbeitsanzug aus festem, blauem Stoff*

Blau|säu|re ⟨die; -; unz.⟩ *giftige, farblose Flüssigkeit mit bittermandelähnl. Geruch*

Bla|zer ⟨[bleːzə(r)] der; -s, -⟩ *sportlich-elegantes Jackett (mit aufgesetzten Taschen)*

Blech ⟨das; -(e)s, -e⟩ **I** ⟨zählb.⟩ **1** *zu Tafeln od. Folien ausgewalztes Metall* **2** ⟨kurz für⟩ *Backblech* ▸ eine Kiste mit ~ ausschlagen **II** ⟨unz.⟩ **1** ⟨Mus.; Sammelbez. für⟩ *die Bläser von Blechblasinstrumenten im Orchester* **2** ⟨übertr.; umg.⟩ *Unsinn* ▸ red nicht solches ~! ⟨übertr.⟩

Blech|blas|in|s|t|ru|ment ⟨das; -(e)s, -e; Mus.⟩ *Blasinstrument aus Messing*

ble|chen ⟨V. trans. u. V. intr.; blecht, blech|te, hat ge|blecht; umg.⟩ (etwas) für etwas ~ *zahlen* ▸ er wird tüchtig, ⟨od.⟩ eine Menge dafür ~ müssen

ble|chern ⟨Adj.⟩ **1** *aus Blech* **2** *metallisch klappernd, dünn* (Klang, Stimme)

Blech|la|wi|ne ⟨die; -, -n; übertr.; umg.⟩ *sehr dichter Autoverkehr in einer Richtung* ▸ die ~ wälzt sich langsam nach dem Süden

Blech|scha|den ⟨der; -s, -schä|den; Kfz.⟩ *Schaden an der Karosserie* ▸ es gab nur ~

ble|cken ⟨V. trans.; bleckt, bleck|te, hat ge|bleckt; nur in der Wendung⟩ die Zähne ~ *die Z. zeigen, fletschen (von Tieren)*

Blei ⟨das; -(e)s; unz.⟩ **1** ⟨Chem.; Zeichen: Pb⟩ *ein weiß glänzendes Metall, das leicht schmelzbar, weich, schwer ist;* Zus *Bleirohr; bleigrau* **2** ⟨sinnbildl.⟩ *auf jmdm. lastende Schwere* ▸ das Gefühl, ~ in den Gliedern zu haben; die Müdigkeit, dieses Ereignis lastet wie ~ auf mir

Blei|be ⟨die; -; unz.; umg.⟩ *Unterkunft, Herberge, Obdach* ▸ keine ~ haben

blei|ben ⟨V. intr.; bleibt, blieb, ist ge|blie|ben⟩ **1** *sich an einem Ort längere Zeit aufhalten, dort verweilen* **2** *einen Zustand, die Lage, Stellung nicht verändern* **3** *sich nicht verändern* **4** *als Rest verbleiben, übrig bleiben* ▸ er ist derselbe geblieben *er hat sich (im Lauf der Jahre) nicht verändert* ▸ wir ~ Freunde!; eine Zeit lang ~ ▸ das bleibt abzuwarten *das muss (noch) abgewartet werden;* kannst du nicht noch etwas ~?; so kann es nicht ~; wie lange kannst du (bei uns) ~?; ~ lassen = *bleibenlassen* ▸ bleib gesund!; es bleibt sich gleich *es besteht kein Unterschied;* ich kann nicht länger ~; nüchtern ~; offen, geschlossen ~; ruhig, gefasst ~; seinen Grundsätzen treu ~; wach ~ ▸ am Leben ~ *nicht sterben;* hier ist alles beim Alten geblieben *hier hat sich nichts verändert;* bei den Kindern, bei dem Kranken ~; bei seiner Meinung ~ *seine M. nicht ändern;* bei der Sache ~ *sich nicht ablenken lassen;* bei der Wahrheit ~ *die W. sagen;* es bleibt dabei! *abgemacht, wie besprochen!;* ich bleibe dabei, dass er ein Betrüger ist *ich behaupte weiterhin;* in Berlin ~; in Bewegung, in Gang ~; es bleibt mir nichts weiter (zu tun), als … *ich kann nichts anderes mehr tun, als …;* die Sache wird nicht ohne Folgen, ohne ein Nachspiel ~; das bleibt unter uns! *darüber sprechen wir nicht zu anderen;* bleib mir (damit) vom Leibe! *lass mich (damit) in Ruhe!* ▸ wo bleibst du denn? *warum kommst*

B

du nicht? ▸ ein ~der Erfolg *ein beständiger, dauerhafter E.;* etwas ist von ~dem Wert

blei|ben|las|sen *auch:* **blei|ben las|sen** 〈V. trans.; lässt blei|ben, ließ blei|ben, hat blei|ben|las|sen, blei|ben|zu|las|sen〉 etwas ~ **1** *etwas seinlassen, nicht beginnen* **2** *mit etwas aufhören* ▸ das werde ich schön ~ *ich denke nicht daran, das zu tun*

Blei|be|recht 〈das; -(e)s, -e〉 *Recht auf Aufenthaltserlaubnis in einem Land od. Gebiet* ▸ kein ~ in einem fremden Land erhalten

bleich 〈Adj.〉 *fahl, blass, farblos* ▸ er hatte ein ~es Gesicht; du siehst ganz ~ aus!; das ~e Entsetzen ergriff uns bei seinem Anblick; das ~e Licht des Mondes; die Farben sind ~ geworden; er wurde ~ vor Schreck; er war ~ wie der Tod

blei|chen 〈V.〉 **I** 〈V. trans.; bleicht, bleich|te, hat ge|bleicht〉 **1** Weißwäsche, Farben ~ *bleich-, weißmachen, aufhellen* **2** Haare ~ *grau-, weißmachen, blondieren* ▸ von der Sonne gebleichtes Haar **II** 〈V. intr.; bleicht, bleich|te, ist gebleicht〉 *farblos werden, sich entfärben*

blei|ern 〈Adj.〉 **1** *aus Blei* **2** 〈übertr.〉 *wie Blei, schwerlastend* ▸ ~e Rohre; eine ~e Müdigkeit überkam ihn; in einen ~en Schlaf fallen

blei|frei 〈Adj.; in der Fügung〉 ~es Benzin *Benzin ohne das umweltschädliche Bleitetraäthyl*

Blei|gie|ßen 〈das; -s; unz.〉 *ein Silvesterbrauch, bei dem man geschmolzenes Blei in kaltes Wasser gießt u. aus den so entstandenen Formen die Zukunft zu deuten sucht*

blei|schwer 〈Adj.〉 *schwer wie Blei* ▸ die Lider waren mir ~ vor Müdigkeit 〈übertr.〉

Blei|stift 〈der od. südwestdt. das; -(e)s, -e〉 *Stift (aus Holz) mit einer schwarzen Mine, mit der man schreiben od. zeichnen kann* ▸ den ~ anspitzen; mit einem harten, weichen ~ schreiben; ⓘ S. 575; Zus *Bleistiftanspitzer* ⓘ S. 575, *Bleistiftmine, Bleistiftzeichnung*

Blen|de 〈die; -, -n〉 **1** *Vorrichtung zum Schutz vor blendenden Sonnenstrahlen* **2** 〈Fot.〉 **2.1** *Einrichtung in der Kamera zur Verkleinerung u. Vergrößerung der Objektivöffnung* **2.2** *durch Zahl bezeichnete Öffnungsweite des Objektivs* **3** 〈Bauwesen〉 *zur Verzierung od. Gliederung der Mauer eingesetzter Bauteil*

blen|den 〈V.; blen|det, blen|de|te, hat ge|blen|det〉 **I** 〈V. trans.〉 jmdn. ~ **1** *jmdm. unmittelbar, schmerzhaft ins Auge strahlen, jmds. Sehvermögen beeinträchtigen* **2** 〈übertr.〉 *so stark beeindrucken, dass der Betreffende nichts anderes mehr sieht* ▸ das helle Licht blendet (mich, meine Augen); sich durch den äußeren Schein ~ lassen; er war von ihrer Schönheit (wie) geblendet **II** 〈V. intr.〉 *mehr scheinen, als man ist* ▸ er blendet durch seine Einfälle; Abl *Blender(in)*

blen|dend **I** 〈Part. Präs. von〉 *blenden* **II** 〈Adj.; umg.〉 *großartig, ausgezeichnet, hervorragend* ▸ wie hat es dir gefallen? ~!; ein ~er Redner, Schauspieler; eine Frau von ~er Schönheit; wir haben uns ~ amüsiert; du siehst heute ~ aus

Bles|se 〈die; -, -n〉 *weißer Stirnfleck (bei Pferden, Kühen)*

Bles|sur 〈die; -, -en〉 *Verletzung, Verwundung* ▸ bei dem Unfall hat sie einige ~en erlitten

Blick 〈der; -(e)s, -e〉 **1** *kurzes Hinschauen* **2** *Ausdruck der Augen* **3** *Aussicht, Fernsicht;* Zus *Ausblick, Rundblick* **4** 〈übertr.〉 *Urteilsvermögen* ▸ den ~ abwenden; ausweichen: sie wich seinem ~ aus; er begegnete ihrem ~; das Flugzeug entschwand unseren ~en; er hat einen guten, hat keinen ~ für fotografische Motive; jmdm. den ~ schärfen für eine Sache 〈übertr.〉; jmdm. keinen ~ schenken *ihn nicht beachten;* einen ~ (des Einverständnisses mit jmdm.) wechseln; jmdn. keines ~es würdigen; jmdm. einen ~ zuwerfen ▸ ein dankbarer, finsterer, freundlicher, heimlicher, rascher, verstohlener ~; durchdringender, scharfer, stechender ~; ein flüchtiger ~ genügte, um festzustellen, dass alles erledigt war; von hier aus hat man einen herrlichen, weiten ~ über die Berge ▸ Liebe auf den ersten ~ *L. beim ersten Ansehen;* etwas od. jmdn. auf den ersten ~ erkennen; ein Zimmer mit ~ aufs Meer; sie lenkte alle ~e auf sich; den ~ auf jmdn. od. etwas richten; einen ~ auf etwas werfen *sich etwas kurz ansehen;* er durchbohrte mich mit seinem ~; etwas mit sicherem ~ erkennen; er verschlang sie mit seinen ~en *er sah sie aufdringlich an*

blick|dicht 〈Adj.〉 *nicht durchscheinend* ▸ der Vorhang ist vollkommen ~; ~e Strumpfhosen

bli|cken 〈V.; blickt, blick|te, hat ge|blickt〉 **I** 〈V. intr.〉 *schauen, sehen* ▸ böse, finster, freundlich ~; das lässt tief ~ 〈übertr.〉 *daraus kann man vieles schließen;* das Meer reicht, so weit das Auge blickt ▸ die Sonne blickt durch die Wolken; in die Ferne ~ **II** 〈V. trans.; Jugendspr.〉 etwas (nicht) ~ *etwas (nicht) verstehen*

Blick|fang 〈der; -(e)s, -fän|ge〉 *etwas, das die Augen auf sich lenkt*

Blick|feld 〈das; -(e)s, -er〉 **1** *das, was man mit den Augen in der Nähe sehen kann* **2** 〈übertr.〉 *Betrachtungsweise, Gesichtspunkt* ▸ etwas ins ~ rücken 〈übertr.〉 *die Aufmerksamkeit, das Interesse auf etwas lenken;* →a. *Gesichtsfeld*

Blick|kon|takt 〈der; -(e)s, -e〉 *Kontakt durch Blicke* ▸ ~ mit jmdm. aufnehmen, haben

Blick|rich|tung 〈die; -, -en〉 **1** *Richtung, in die jmd. blickt, guckt, sieht* **2** 〈übertr.〉 *Ansicht, Beurteilung einer Sache aus einer bestimmten Überzeugung heraus* ▸ in ~ Innenstadt

Blick|win|kel 〈der; -s, -〉 = *Blickfeld (2)* ▸ 〈in Wendungen wie〉 unter diesem ~ betrachtet *unter diesem Gesichtspunkt*

blieb → *bleiben*

blies → *blasen*

blind 〈Adj.〉 **1** *ohne Sehvermögen* **2** *angelaufen, nicht spiegelnd od. durchsichtig* (Glas, Spiegel) **3** *vorgetäuscht, falsch* (Alarm, Fenster) **4** 〈übertr.〉 *unbesonnen, ohne Einsicht, ohne Überlegung* (Eifer, Hass, Wut) **5** 〈adv.〉 *ohne hinzusehen* ▸ ~er Eifer schadet nur; sie kann ~ Maschine schreiben; ~er Passagier *P., der heimlich u. ohne Fahrkarte mitfährt;* er hat ~es Vertrauen in sie *uneingeschränktes V.* ▸ die Straße **endet** ~ *geht nicht weiter, zweigt nicht ab;* Liebe **macht** ~ *der Liebende sieht nicht die Fehler des geliebten Menschen;* jmdm. ~ **vertrauen** *bedingungslos vertrauen* ▸ er war ~ **für** die Schönheit der Landschaft *er sah sie nicht od. wollte sie nicht sehen;* er war ~ **vor** Eifersucht, vor Wut

Blind|darm ⟨der; -(e)s, -där|me; Anat.⟩ *nicht weiterführender Teil des Dickdarms;* Zus *Blinddarmentzündung*

Blin|de(r) ⟨die; -n, -n (der; -n, -n)⟩ *jmd., der blind ist* ▸ das sieht doch ein ~ (im Dunkeln, ⟨od.⟩ mit dem Krückstock)! ⟨umg.; scherzh.⟩ *das sieht doch jeder sofort*

Blin|de|kuh ⟨ohne Artikel⟩ *Spiel, bei dem ein Spieler mit verbundenen Augen versuchen muss, einen anderen zu fangen*

Blin|den|hund ⟨der; -(e)s, -e⟩ *speziell ausgebildeter Hund, der einen Blinden führt*

Blin|den|schrift ⟨die; -, -en⟩ *Schrift für Blinde aus einem System von erhabenen Punkten zum Tasten;* Syn *Punktschrift*

Blind|flug ⟨der; -(e)s, -flü|ge⟩ *Flug ohne Sicht*

Blind|gän|ger ⟨der; -s, -⟩ **1** *nicht explodiertes Geschoss, Bombe, Mine* **2** ⟨übertr.; umg.⟩ *Versager*

Blind|heit ⟨die; -; unz.⟩ **1** *das Blindsein, fehlendes Sehvermögen* **2** ⟨übertr.⟩ *Verblendung, Mangel an Urteilskraft* ▸ mit ~ geschlagen sein *verblendet sein, die Tatsachen nicht erkennen*

blind|lings ⟨Adv.⟩ **1** *ohne hinzusehen* **2** ⟨übertr.⟩ *ohne jede Überlegung, unbesonnen* ▸ er stürmte ~ drauflos; er schlug ~ um sich

Blind|schlei|che ⟨die; -, -n; Zool.⟩ *ungiftige schlangenähnliche Echse*

blind|wü|tig ⟨Adj.⟩ *besinnungslos wütend*

blin|ken ⟨V. intr.; blinkt, blink|te, hat ge|blinkt⟩ **1** *aufblitzen, glänzen, glitzern* **2** ⟨Kfz⟩ *den Blinker betätigen* ▸ vor dem Abbiegen links, rechts ~

Blin|ker ⟨der; -s, -⟩ *Blinklicht an Fahrzeugen, das die Änderung der Fahrtrichtung anzeigt* ▸ beim Abbiegen musst du den ~ betätigen; ⓘ S. 896

Blink|licht ⟨das; -(e)s, -er⟩ *blinkendes Lichtsignal zur Verkehrsregelung, bes. an Bahnübergängen*

blin|zeln ⟨V. intr.; blin|zelt, blin|zel|te, hat ge|blinzelt⟩ **1** *die Augenlider bis auf einen Spalt schließen, zusammenkneifen (bei grellem Licht)* **2** *die Augenlider rasch bewegen, zwinkern*

Blitz ⟨der; -es, -e⟩ **1** *ein sehr helles Licht am Himmel, dem häufig ein Donnerschlag folgt u. das eine elektrische Entladung bei Gewittern ist;* Zus *Blitzschlag* **2** ⟨kurz für⟩ *Blitzlicht* ▸ **Donner** und ~ ▸ der ~ hat **eingeschlagen;** mit den Augen ~e **schießen** *zornig blicken* ▸ wie ein **geölter** ~ davonrennen ⟨übertr.; umg.; scherzh.⟩ *ganz schnell* ▸ wie ein ~ **aus** heiterem Himmel *ganz unerwartet;* **vom** ~ erschlagen werden; wie vom ~ getroffen zu Boden stürzen *ganz plötzlich;* er verschwand, war fort **wie** der ~

Blitz|ab|lei|ter ⟨der; -s, -⟩ *Einrichtung zum Schutz von Gebäuden gegen den Einschlag von Blitzen* ▸ jmdn. als ~ benutzen *einen Zornausbruch o. Ä. auf einen anderen ablenken*

blitz|ar|tig ⟨Adj.⟩ **1** *wie ein Blitz* **2** ⟨übertr.⟩ *außerordentlich schnell*

blitz|blank ⟨Adj.⟩ *blendend blank*

Blitz|eis ⟨das; -es; unz.⟩ *Eis, das blitzartig entsteht, wenn Regen auf gefrorene Straßen fällt*

blit|zen ⟨V.; blitzt, blitz|te, hat ge|blitzt⟩ **I** ⟨V. intr.⟩ *plötzlich aufleuchten* ▸ es blitzt *ein Blitz leuchtet auf;* ein Licht blitzte durch die Bäume **II** ⟨V. trans.⟩ jmdn. ~ *mittels Radar bei zu hoher Fahrgeschwindigkeit ertappen u. fotografieren*

Blitz|krieg ⟨der; -(e)s, -e⟩ *rasch zum Sieg geführter Krieg od. Feldzug*

Blitz|licht ⟨das; -(e)s, -er; Fot.⟩ *kurz aufblitzendes künstl. Licht zum Fotografieren;* Zus ⟨übertr.⟩ *Blitzlichtgewitter*

blitz|schnell ⟨Adj.; übertr.⟩ *sehr schnell*

Block ⟨der; -(e)s, Blö|cke⟩ **1** *großes (schweres) Stück Holz, Metall od. Stein;* Zus *Felsblock, Marmorblock* **2** *Gesamtheit zusammenhängender Mietshäuser;* Zus *Häuserblock, Wohnblock* **3** *an einer Seite zusammengeklebte od. -geheftete Papierbogen zum Abreißen;* ⓘ S. 575; Zus *Notizblock, Quittungsblock, Schreibblock* **4** ⟨Sp.; bes. Basketball u. Volleyball⟩ *Abwehrsperre durch einen od. mehrere Spieler* **5** ⟨Pol.⟩ **5.1** *Verbindung mehrerer Staaten;* Zus *Ostblock* **5.2** *Verbindung mehrerer Parteien;* Zus *Parteienblock* **6** *eingegrenzter Zuschauerbereich in Stadien u. Ä.;* Zus *Fanblock* **7** *mehrere Dinge, die gemeinsam eine Einheit bilden;* Zus *Blockstunde* ▸ ein roher, unbehauener ~; die Familie Vogt wohnt mit uns im selben ~; abends noch einmal um den ~ gehen

Blo|cka|de ⟨die; -, -n⟩ **1** *Absperrung eines Staatsgebietes von jeglicher Zufuhr von Waren;* Zus *Militärblockade* **2** *kurzfristige Funktionsstörung;* Zus *Bremsblockade* ▸ die ~ brechen; über ein Land oder eine Stadt eine ~ verhängen

Block|buch|sta|be ⟨der; -ns, -n⟩ *in Blockschrift geschriebener Buchstabe*

Block|flö|te ⟨die; -, -n; Mus.⟩ *ein Holzblasinstrument mit Grifflöchern;* ⓘ S. 788

Block|haus ⟨das; -es, -häu|ser⟩ *Haus aus roh behauenen Stämmen*

blo|ckie|ren ⟨V.; blo|ckiert, blo|ckier|te, hat blockiert⟩ **I** ⟨V. intr.⟩ *vorübergehend nicht funktionieren* ▸ die Bremsen ~ **II** ⟨V. trans.⟩ **1** etwas ~ *sperren, absperren* **2** jmdn. od. etwas ~ *behindern* **3** etwas ~ *kurzfristig funktionsunfähig machen* ▸ die Angst blockierte ihn völlig; eine Straße ~; die Umsetzung von Reformen ~; den Verkehr ~; Abl *Blockierung*

Block|schrift ⟨die; -; unz.⟩ *lateinische Druckschrift aus Großbuchstaben* ▸ etwas in ~ ausfüllen

blö|de ⟨Adj.; umg.⟩ oV *blöd* **1** *dumm, einfältig, geistig beschränkt* **2** *langweilig, einfallslos* ▸ ein ~s Buch; es war ein ~s Gefühl; ein ~r Kerl; stell dich doch nicht immer so ~ an!; Schule ist ~; Abl *Blödheit*

blö|deln ⟨V. intr.; blö|delt, blö|del|te, hat ge|blödelt⟩ *sich absichtlich albern benehmen* ▸ er hat die ganze Zeit geblödelt; Abl *Blödelei*

Blö|di|an ⟨der; -s, -e; umg.⟩ *blöder Kerl*

Blöd|mann 〈der; -(e)s, -män|ner; umg.〉 *blöder Kerl, begriffsstutziger Mensch*

Blöd|sinn 〈der; -(e)s; unz.; umg.〉 *Unsinn, dummes Zeug* ▸ ~ machen, reden; so ein ~!; mach keinen solchen ~!; Abl *blödsinnig*

blö|ken 〈V. intr.; blökt, blök|te, hat ge|blökt〉 *schreien* (Kalb u. Schaf)

blond 〈Adj.; -er, am -es|ten〉 **1** *hell, gelblich* (Haar) **2** *hellhaarig* (Person) ▸ eine Frau mit ~em Haar; das Kind hat ~e Locken; ein (kühles) Blondes *ein Glas helles Bier;* Zus *blondhaarig, blondlockig; dunkelblond, hellblond, rotblond*

blon|die|ren 〈V. trans.; blon|diert, blon|dier|te, hat blon|diert〉 Haar ~ *künstlich aufhellen*

Blon|di|ne 〈die; -, -n〉 *Frau mit blondem Haar*

bloß[1] 〈Adj.〉 **1** *nackt, ohne Kleidung* **2** *alleinig, nichts weiter als* ▸ der ~e Anblick reicht mir ▸ ~ legen = *bloßlegen (I);* seine Nerven liegen ~ *er ist sehr nervös* ▸ auf der ~en Erde liegen; auf den ~en Verdacht hin; im ~en Unterhemd dastehend; ich kann es mit ~em Auge nicht erkennen *ohne Brille, Fernglas od. Lupe;* mit ~en Füßen herumlaufen; vom ~en Hinschauen wird mir schon schwindlig

bloß[2] 〈Adv.〉 *nur* ▸ die Aufführung war gut, ~ die Sänger waren schlecht; er hat mir das schon gesagt, ich frage mich ~, ob es die Wahrheit ist

bloß[3] 〈Abtönungspartikel〉 *nur, ja* ▸ komm ~ nach Hause, sonst erkältest du dich noch; geht ihm ~ aus dem Weg, er hat schlechte Laune; lass dir ~ nichts anmerken; kommt ~ nicht zu spät; ~ nicht!; ich habe ~ noch zwei Euro

Blö|ße 〈die; -, -n〉 **1** *Nacktheit* **2** 〈übertr.〉 *schwache Stelle, Schwäche* ▸ sich eine ~ geben *einen Angriffspunkt bieten;* ich möchte mir keine ~ geben 〈übertr.〉 *ich möchte keine Schwäche zeigen*

bloß|le|gen *auch:* **bloß le|gen** 〈V. trans.; legt bloß, leg|te bloß, hat bloß|ge|legt, bloß|zu|legen〉 **I** 〈Zusammen- u. Getrenntschreibung〉 etwas ~ *freimachen, ausgraben* ▸ Mauern ~ **II** 〈nur Zusammenschreibung〉 etwas bloßlegen *aufdecken, öffentlich darlegen* ▸ sie wird die Hintergründe ihrer Tat bloßlegen

bloß|stel|len 〈V. trans.; stellt bloß, stell|te bloß, hat bloß|ge|stellt, bloß|zu|stel|len〉 jmdn. ~ *eine schwache Seite od. Stelle von jmdm. zeigen, jmdn. blamieren* ▸ sich vor allen Leuten ~

Blou|son 〈[bluzɔ̃:] od. [-zɔŋ] der od. das; -s, -s〉 *weit geschnittene sportl. Jacke mit engem Bund*

Blues 〈[blu:z] der; -, -〉 **1** 〈Mus.〉 **1.1** *schwermütiges Tanzlied der nordamerikanischen Schwarzen* **1.2** *aus (1.1) hervorgegangene Stilrichtung des Jazz* **2** 〈übertr.; umg.〉 *Anfall von Depression* ▸ den ~ kriegen 〈übertr.; umg.〉 *depressiv werden*

Bluff 〈[blœf], a. [blʌf] der; -s, -s〉 *bewusste Irreführung, (dreiste) Täuschung*

bluf|fen 〈[blœfən], a. [blʌfən] V. trans. u. V. intr.; blufft, bluff|te, hat ge|blufft〉 (jmdn.) ~ *durch falsche Behauptungen irreführen, täuschen*

blü|hen 〈V. intr.; blüht, blüh|te, hat ge|blüht〉 **1** *offene Blüten haben* **2** 〈übertr.〉 **2.1** *gedeihen, sich gut entwickeln, florieren* **2.2** 〈meist iron.〉 *widerfahren* ▸ das Geschäft, der Handel blüht; die Rosen ~ im Garten ▸ wer weiß, was uns noch (alles) blüht *wer weiß, was uns alles bevorsteht* ▸ ~de Bäume; sie sieht ~d aus 〈übertr.〉 *sehr gut, gesund;* im ~den Alter von 18 Jahren

Blüm|chen 〈das; -s, -〉 *kleine zarte Blume*

Blu|me 〈die; -, -n〉 **1** *Pflanze, die Blüten treibt;* Zus *Blumenbeet, Blumenerde; Gartenblume, Sommerblume* **2** *blühende Pflanze;* Zus *Blumenstrauß, Blumenvase* **3** 〈Wein〉 = *Bouquet (2)* ▸ ~n gießen, pflanzen, pflücken, schneiden; (bei einer Hochzeit) ~n streuen ▸ frische, künstliche, verwelkte ~n ▸ jmdm. ~n auf den Weg streuen 〈übertr.〉 *jmdm. Angenehmes bereiten;* jmdm. etwas durch die ~ sagen *in Andeutungen, verhüllt sagen;* vielen Dank für die ~n! 〈umg.; iron.〉 *dafür danke ich!*

Blu|men|kohl 〈der; -(e)s; unz.; Bot.〉 *kopfförmiges Gemüse mit weißen Blütensprossen;* ⓘ S. 1002

Blu|men|topf 〈der; -(e)s, -töp|fe〉 *Ton- od. Kunststoffgefäß zum Einpflanzen von Balkon- od. Zimmerpflanzen* ▸ damit kannst du keinen ~ gewinnen 〈umg.〉 *damit kannst du nichts erreichen*

blu|mig 〈Adj.〉 **1** *mit einem Duft versehen* (Wein) **2** 〈übertr.〉 *weitschweifig* ▸ ~e Worte

Blu|se 〈die; -, -n〉 *Oberbekleidungsstück für Frauen* ▸ eine langärmelige, kurzärmelige ~ tragen; ⓘ S. 682; Zus *Hemdbluse, Seidenbluse*

Blut 〈das; -(e)s; unz.〉 **1** *Flüssigkeit zum Transport von Sauerstoff u. Nährstoffen im Körper der Menschen u. Tiere;* Zus *Blutblase, Blutfleck, Blutgerinnung, Blutlache, Bluttransfusion, Blutuntersuchung, Blutverlust; blutbeschmiert, blutrot, blutüberströmt, blutverschmiert* **2** 〈übertr.〉 **2.1** *Abstammung, Herkunft* **2.2** *Gemütslage, Temperament* ▸ das ~ Christi *Wein beim Abendmahl;* ein Tropfen ~ ▸ jmdm. ~ abnehmen 〈Med.〉; das ~ erstarrte in meinen Adern *mich packte Entsetzen;* das ~ fließt, quillt, schießt, sickert, strömt aus einer Wunde; ~ husten, spucken (bei Krankheiten); an seinen Händen klebt ~ 〈übertr.〉 *er hat jmdn. ermordet;* er hat ~ geleckt 〈übertr.〉 *er ist auf den Geschmack gekommen;* das ~ pocht (in den Adern, den Schläfen); das ~ schoss, stieg ihm vor Zorn in den Kopf *er wurde rot vor Zorn;* ~ (und Wasser) schwitzen vor Angst, Aufregung *große Angst haben, sehr aufgeregt sein;* ~ spenden; das ~ stillen *eine blutende Wunde verschließen;* ~ übertragen; ~ vergießen *töten;* im Kampf wurde viel ~ vergossen; der Verletzte hat viel ~ verloren; weichen: alles ~ war aus ihrem Gesicht gewichen *sie war totenblass* ▸ ~ bildend = *blutbildend;* blaues ~ in den Adern haben *adelig sein;* das macht böses ~ *das erregt Unwillen, Streit;* feuriges, heißes ~ haben *leicht erregbar, sehr temperamentvoll sein;* ein junges ~ 〈poet.〉 *ein junger Mensch;* ruhig ~! *nicht aufregen!;* ~ saugend = *blutsaugend;* ~ stillend = *blutstillend;* wir wollen kein unschuldiges ~ vergießen ▸ jmdn. bis aufs ~ reizen *jmdn. bis zum Letzten reizen;* das liegt ihm im ~(e) *das ist seine Veranlagung;* dieser Boden ist

B

mit ~ getränkt *er ist heiß umkämpft worden; hier ist jmd. ermordet worden;* von edlem ~ *von edler, adeliger Abstammung*

Blut|al|ko|hol ⟨der; -s; unz.⟩ *Alkoholgehalt im Blut*

blut|arm ⟨Adj.⟩ *an einem Mangel an roten Blutkörperchen leidend;* Syn *anämisch;* Abl *Blutarmut*

Blut|bad ⟨das; -(e)s, -bä|der⟩ *grausiges Morden, Gemetzel* ▸ die Armee hat ein ~ angerichtet

Blut|bahn ⟨die; -, -en⟩ *System der Blutgefäße des Körpers*

Blut|bank ⟨die; -, -en⟩ *Sammelstelle für Blutkonserven*

Blut|bild ⟨das; -(e)s, -er; Med.⟩ **1** *mikroskop. Untersuchung des Blutes* **2** *die so festgestellte Beschaffenheit des Blutes* ▸ ein ~ machen

blut|bil|dend *auch:* **Blut bil|dend** ⟨Adj.⟩ *zur Vermehrung der roten Blutkörperchen beitragend*

Blut|druck ⟨der; -(e)s; unz.; Med.⟩ *Druck des Blutes in den Schlagadern* ▸ den ~ messen

Blü|te ⟨die; -, -n; Bot.⟩ **1** *Teil der Pflanze, das zwischen od. neben den Blättern wächst u. durch seine Farbe od. seinen Duft auffällt, es dient der Fortpflanzung u. daraus entstehen Samen od. Früchte;* Zus *Blütenblatt, Blütenhonig* **2** *das Blühen;* Zus *Baumblüte* **3** ⟨übertr.⟩ *Höhepunkt einer Entwicklung* **4** *falsche Banknote* ▸ ~n treiben *Knospen bilden;* die Bäume standen in (voller) ~; in der ~ seiner Jahre stehen *in der Mitte des Lebens;* ihre Fantasie treibt seltsame ~n ⟨übertr.⟩ *ist eigenartig;* die ~ der Barockmusik

Blut|egel ⟨der; -s, -; Zool.⟩ *10-15 cm langer, blutsaugender Egel*

blu|ten ⟨V. intr.; blu|tet, blu|te|te, hat ge|blu|tet⟩ **1** *Blut verlieren* **2** ⟨übertr.⟩ *viel Geld bezahlen (müssen)* ▸ an der Hand ~; aus der Nase ~; stark ~de Wunden; das Herz blutet mir dabei *es macht mir großen Kummer;* er wird schön ~ müssen! ⟨übertr.⟩ *er muss viel zahlen*

Blü|ten|staub ⟨der; -(e)s; unz.; Bot.⟩ *kleine Körner aus den Staubbeuteln der Blütenpflanzen, aus denen die männlichen Geschlechtszellen hervorgehen*

blü|ten|weiß ⟨Adj.⟩ *leuchtend weiß, rein weiß*

Blut|er|guss ⟨der; -es, -güs|se⟩ *Blutung innerhalb des Körpergewebes*

Blü|te|zeit ⟨die; -, -en⟩ **1** *Zeit des Blühens* **2** ⟨übertr.⟩ *Glanzzeit, Höhepunkt* ▸ die ~ der mittelhochdeutschen Literatur

Blut|ge|fäß ⟨das; -es, -e; Med.⟩ *röhrenförmiges Organ zum Bluttransport u. zur Ernährung der Zellen u. Gewebe (durch Gasaustausch), Ader*

Blut|ge|rinn|sel ⟨das; -s, -; Med.⟩ *ein Stück geronnenes Blut innerhalb eines Blutgefäßes*

Blut|grup|pe ⟨die; -, -n; Med.⟩ *unveränderlicher Typus des Blutes mit bestimmten Merkmalen*

Blut|hoch|druck ⟨der; -(e)s; unz.; Med.⟩ *(zu) hoher Blutdruck* ▸ an ~ leiden

blu|tig ⟨Adj.⟩ *voller Blut, mit Blut vermischt, mit Blut befleckt* ▸ seine Hände waren ~; ein ~er Anfänger, ~er Laie ⟨übertr.; umg.⟩ *jmd., der von einer Sache (noch) nicht viel versteht;* es ist mein ~er Ernst *völliger, tiefer E.*

blut|jung ⟨Adj.⟩ *sehr jung*

Blut|kon|ser|ve ⟨[-və] die; -, -n; Med.⟩ *für Blutübertragungen konserviertes Blut*

Blut|kör|per|chen ⟨das; -s, -; Med.⟩ *fester Bestandteil des Blutes* ▸ rotes ~ *B., das zum Transport von Sauerstoff u. Kohlensäure dient;* Syn *Erythrozyt;* weißes ~ *B., das zum Töten von Krankheitserregern dient;* Syn *Leukozyt*

Blut|kreis|lauf ⟨der; -(e)s, -läu|fe⟩ *Kreislauf des Blutes im Körper*

blut|leer ⟨Adj.⟩ **1** *ohne Blut* **2** ⟨übertr.⟩ *farblos, ohne Ausdruckskraft*

Blut|oran|ge ⟨[-orã:ʒə] od. [-oraŋʒə] die; -, -n⟩ *Apfelsine mit teilweise rotem Fruchtfleisch*

Blut|ra|che ⟨die; -; unz.⟩ *Rache für einen Ermordeten durch Mord eines Angehörigen der Familie des Mörders* ▸ ~ üben

blut|rüns|tig ⟨Adj.⟩ **1** *mordgierig* **2** *von viel Mord u. Totschlag handelnd* (Buch, Geschichte)

blut|sau|gend *auch:* **Blut sau|gend** ⟨Adj.⟩ **1** *sich von Blut ernährend* (Tier) **2** ⟨fig⟩ *ausbeuterisch*

Blut|sau|ger ⟨der; -s, -⟩ **1** ⟨Zool.⟩ *Tier, das Blut saugt* **2** ⟨übertr.⟩ *jmd., der sich auf Kosten anderer rücksichtslos bereichert, Ausbeuter*

Bluts|bru|der ⟨der; -s, -brü|der⟩ *inniger Freund*

Blut|sen|kung ⟨die; -, -en; Med.⟩ *das Sinken der roten Blutkörperchen in ungerinnbar gemachtem Blut (zur Bestimmung von Krankheiten)*

Blut|spen|der ⟨der; -s, -⟩ *jmd., der eigenes Blut (zur Blutübertragung) abgibt;* Abl *Blutspenderin*

blut|stil|lend *auch:* **Blut stil|lend** ⟨Adj.⟩ *Blutungen zum Stillstand bringend* ▸ ~e Watte

Bluts|ver|wand|te(r) ⟨die; -n, -n (der; -n, -n)⟩ *jmd., der mit einem anderen blutsverwandt ist*

Blu|tung ⟨die; -, -en; Med.⟩ **1** *Austritt von Blut aus der Blutbahn* **2** ⟨meist Pl.⟩ = *Menstruation*

blut|un|ter|lau|fen ⟨Adj.⟩ *durch Austritt von Blut ins Unterhautzellgewebe verfärbt* ▸ ~e Augen

Blut|ver|gie|ßen ⟨das; -s; unz.⟩ *Tötung* ▸ unnötiges ~ vermeiden

Blut|ver|gif|tung ⟨die; -, -en; Med.⟩ *Erkrankung durch Eintritt von Bakterien in die Blutbahn*

Blut|wurst ⟨die; -, -würs|te⟩ *Wurst aus Schweinefleisch u. Speckstücken mit Blut*

Blut|zu|cker ⟨der; -s; unz.⟩ *im Blut enthaltener Traubenzucker;* Zus *Blutzuckerspiegel*

BLZ ⟨Abk. für⟩ *Bankleitzahl*

b-Moll ⟨[be:-] das; -; unz.; Abk.: b; Mus.⟩ *auf dem Grundton b beruhende Moll-Tonart*

Bö ⟨die; -, -en⟩ *kurzer, heftiger Windstoß;* oV *Böe;* Zus *Windbö(e)*

Boa ⟨die; -, -s⟩ **1** ⟨Zool.⟩ *Riesenschlange* **2** ⟨umg.⟩ **2.1** *langer, schmaler Damenpelz zum Umlegen* **2.2** *Umhang aus Federn*

Bob ⟨der; -s, -s; Sp.⟩ *lenkbarer Rennschlitten für zwei bis sechs Personen* ▸ ~ fahren; Zus *Bobbahn*

Bock ⟨der; -(e)s, Bö|cke⟩ **1** *männl. Tier, bes. von Arten, die ein Geweih od. Hörner tragen, auch beim Kaninchen;* Zus *Rehbock, Schafbock, Ziegenbock* **2** ⟨übertr.; umg.; abwertend⟩ *Mann* **3** *Gestell, Stützkonstruktion zum Auflegen von Werkstücken;* Zus *Sägebock* **4** *gepolsterter, mit Leder bezogener Holzkasten auf vier ausziehbaren*

baren Beinen als Turngerät ▸ keinen (null) ~ (auf etwas) **haben** ‹übertr.; Jugendspr.› *keine Lust (auf etwas);* das Kind hat einen ~ ‹übertr.› *ist trotzig;* einen ~ **schießen** ‹übertr.› *einen groben Fehler machen* ▸ ein **geiler** ~ ‹derb› *ein Lustmolch;* ein **sturer** ~ ‹umg.› *ein sturer Kerl* ▸ **über** den ~ springen; den ~ **zum** Gärtner machen ‹übertr.› *jmdn. am falschen Platz einsetzen*

bock|bei|nig ‹Adj.; übertr.› *bockig, störrisch*

Bock|bier ‹das; -(e)s; unz.› *ein Starkbier*

bo|cken ‹V. intr.; bockt, bock|te, hat ge|bockt› **1** *sich aufbäumen, ausschlagen, buckeln* (Pferd) **2** ‹übertr.› *trotzen, trotzig, störrisch sein* (Kind)

bo|ckig ‹Adj.› *trotzig, eigensinnig* ▸ ~es Kind

Bocks|horn ‹das; -(e)s, -hör|ner; nur in der Wendung› jmdn. ins ~ jagen *jmdn. einschüchtern, verängstigen*

Bock|sprin|gen ‹das; -s; unz.› *mit gegrätschten Beinen über den Bock (4) od. eine gebückt stehende Person springen u. sich mit den Händen abstützen*

Bock|wurst ‹die; -, -würs|te› *aus Rind- u. Schweinefleisch gemischte Brühwurst*

Bo|den ‹der; -s, Bö|den› **1** *Erde, Erdoberfläche, Grund;* Zus *Bodenbeschaffenheit; Erdboden, Meeresboden* **2** *Erdreich (im Hinblick auf Bodenschätze)* **3** *Stück Land (zum Bebauen)* **4** *Grund, die untere Fläche (eines Raumes od. Gefäßes);* Zus *Fassboden, Flaschenboden, Fußboden, Küchenboden* **5** *Speicher- od. Trockenraum unter dem Dach;* Zus *Dachboden, Trockenboden, Wäscheboden* **6** ‹übertr.› *sichere Grundlage, fester Grund* ▸ den ~ **bearbeiten,** bebauen; den ~ (für ein Ziel) **bereiten** ‹übertr.› *für ein Ziel vorarbeiten;* (an) ~ **gewinnen** ‹übertr.› *(an) Sicherheit gewinnen, andere überzeugen;* (an) ~ **verlieren** ‹übertr.› *Einfluss, Macht einbüßen* ▸ **fruchtbarer,** guter, sandiger, schwerer ~; **günstigen** ~ (für ein Vorhaben) vorfinden *gute Bedingungen;* der ~ wurde ihm zu **heiß** ‹übertr.› *er musste fliehen* ▸ **am** ~ zerstört sein ‹übertr.; umg.; scherzh.› *völlig erschöpft sein;* **auf** dem ~ bleiben *sachlich sein, nicht zu hohe Anforderungen stellen;* auf den ~ fallen; auf dem ~ liegen; auf deutschem ~ *innerhalb Deutschlands, auf rechtl. zu Deutschland gehörendem Gebiet;* auf eigenem ~ stehen *Grundbesitz haben;* seine Vorschläge fielen auf fruchtbaren ~ *wurden aufgenommen;* etwas **aus** dem ~ stampfen *aus dem Nichts schaffen;* sie hätte vor Verlegenheit **in** den ~ (ver)sinken mögen; ein Koffer **mit** doppeltem ~; das ist ein Fass **ohne** ~ *eine endlose od. vergebl. Sache;* wieder festen ~ **unter** den Füßen haben (nach einer Flug- od. Schiffsreise); festen ~ unter die Füße bekommen ‹übertr.› *sicher werden;* den ~ unter den Füßen verlieren ‹übertr.› *die Sicherheit verlieren;* **zu** ~ gehen ‹Boxsp.› *niederstürzen;* die Augen zu ~ schlagen *verlegen nach unten blicken;* zu ~ stürzen; jmdn. zu ~ werfen

Bo|den|be|lag ‹der; -(e)s, -lä|ge› *oberste Schicht od. Bedeckung des Fußbodens,* z. B. Parkett, Fliesen, Linoleum, Teppich

Bo|den|frost ‹der; -(e)s, -frös|te› *Frost am Erdboden*

Bo|den|haf|tung ‹die; -; unz.; bei Kfz› *Haftung der Reifen auf der Fahrbahn*

Bo|den|hal|tung ‹die; -; unz.› *Haltung von Hennen, die zum Eierlegen gezüchtet wurden, in Käfigen am Boden (nicht auf Stangen)* ▸ Eier aus ~

bo|den|los ‹Adj.› **1** *unergründlich tief* **2** ‹übertr.› *unerhört* ▸ eine ~e Frechheit; ins Bodenlose fallen, stürzen

Bo|den|ne|bel ‹der; -s, -› *niedriger, über dem Boden liegender Nebel*

Bo|den|per|so|nal ‹das; -s; unz.› *die im Flughafen tätigen Mitarbeiter einer Fluggesellschaft*

Bo|den|satz ‹der; -es, -sät|ze› *feste Teilchen in einer Flüssigkeit, die sich auf dem Boden des Gefäßes abgesetzt haben*

Bo|den|schät|ze ‹Pl.› *Werte (z. B. Kohle, Metalle) im Erdboden*

bo|den|stän|dig ‹Adj.› *ortsverbunden, verwurzelt*

Bo|den|sta|ti|on ‹die; -, -en› *Überwachungsstelle auf der Erde für (Weltraum-)Flugunternehmen*

Bo|den|tur|nen ‹das; -s; unz.; Sp.› *Turnübungen auf mattenbelegtem Fußboden, Bodengymnastik*

Bo|dy ‹[bɔdı] der; - od. -s, -s; umg.› *einteiliges Kleidungsstück für Damen, das den Rumpf bedeckt (meist als Unterwäsche getragen)*

Bo|dy|buil|ding ‹[bɔdıbıldıŋ] das; - od. -s; unz.› *Training zur Ausbildung guter Körperformen*

Bo|dy|guard ‹[bɔdıga:d] der; -s, -s› *Beschützer, Leibwächter (einer Persönlichkeit)*

Böe ‹die; -, -n› = *Bö*

bog → *biegen*

Bo|gen ‹der; -s, - od. süddt., österr., schweiz.: Bögen› **1** *Teil einer gekrümmten Linie, Krümmung, Kurve;* Abl *bogenförmig;* Zus *Kreisbogen, Regenbogen, U-Bogen* **2** *gekrümmtes Tragstück zum Überbrücken einer Öffnung, Wölbung;* Zus *Brückenbogen, Gewölbebogen, Rundbogen, Spitzbogen, Torbogen* **3** *Waffe aus einem biegsamen Holzstab zum Abschießen von Pfeilen;* Zus *Bogenschießen, Bogenschütze* **4** *mit Haaren bespannter Holzstab zum Streichen von Instrumentensaiten;* ⓘ S. 788; Zus *Geigenbogen* **5** *rechteckig beschnittenes Schreib- od. Packpapier;* Zus *Papierbogen* ▸ einen ~ **beschreiben,** zeichnen; den ~ **raushaben** ‹übertr.; umg.› *etwas gut können;* den ~ **überspannen** ‹übertr.› *übertriebene Forderungen stellen* ▸ **in** hohem ~ hinausfliegen, hinausgeworfen werden ‹übertr.; umg.›; **mit** Pfeil und ~ schießen; einen ~ **um** jmdn., etwas machen *jmdm., einer Sache aus dem Wege gehen*

Bo|heme ‹[boɛ:m] die; -; unz.› *unbürgerl. Welt od. ungebundenes Leben der Studenten, Künstler*

Bo|he|mi|en ‹[boemjɛ̃:] der; -s, -s› *Angehöriger der Boheme, jmd., der in der Art der Boheme lebt*

Boh|le ‹die; -, -n› *dickes Brett, Planke (aus Holz)*

böh|misch ‹Adj.› *Böhmen betreffend, zu ihm gehörig, aus ihm stammend* ▸ das sind für mich ~e Dörfer ‹übertr.› *davon habe ich keine Ahnung*

Boh|ne ‹die; -, -n› **1** ‹Bot.› *eine Gemüsepflanze, die an Stangen rankt* **2** *längliche, grüne Frucht der*

Bohne (1); ⓘ S. 1002; Zus *Bohnensuppe* **3** *Kaffee- od. Kakaofrucht;* Zus *Kaffeebohne, Kakaobohne* ▸ das interessiert mich nicht die ~ 〈umg.〉 *gar nicht*

Boh|nen|kaf|fee 〈der; -s; unz.〉 *Kaffee aus Kaffeebohnen*

Boh|nen|kraut 〈das; -(e)s; unz.; Bot.〉 *ein zum Würzen gekochter Bohnen verwendetes Kraut*

Boh|nen|stan|ge 〈die; -, -n〉 **1** *Stange für Bohnenranken* **2** 〈übertr.; umg.; scherzh.〉 *sehr lange, dünne Person*

boh|nern 〈V. trans.; boh|nert, boh|ner|te, hat gebohnert〉 den Fußboden ~ *mit der Bohnerbürste blankreiben;* Syn 〈oberdt.〉 *blocken*

Boh|ner|wachs 〈[-ks] das; -es; unz.〉 *Wachs zum Einreiben des Fußbodens vor dem Bohnern*

boh|ren 〈V.; bohrt, bohr|te, hat ge|bohrt〉 **I** 〈V. trans. u. V. intr.〉 **1** (ein Loch) ~ *mit dem Bohrer, Finger od. einem spitzen Gegenstand drehend ein Loch machen;* Abl *Bohrung;* Zus *Bohrloch, Bohrmaschine* **2** in etwas ~ *in etwas drehen* **3** etwas in etwas ~ *etwas drehend in etwas hineinstoßen* **4** 〈übertr.〉 *drängen, inständig bitten* ▸ einen **Brunnen,** Schacht ~; der **Zahnarzt** bohrt *bohrt ein Loch in einen kaputten Zahn, um ihn zu füllen* ▸ er hat so **lange** gebohrt, bis ich ihm alles erzählt habe 〈übertr.〉 ▸ (mit dem Finger) **in** der Nase ~; **nach** Öl, Wasser ~ *in der Erde danach suchen* ▸ ein ~der Schmerz *peinigender Schmerz* **II** 〈V. refl.〉 sich in etwas ~ *bohrend eindringen* ▸ der Dorn bohrte sich tief in den Finger

Boh|rer 〈der; -s, -〉 *spitzes, spiralenförmiges Werkzeug zum Bohren;* Zus *Metallbohrer*

Bohr|in|sel 〈die; -, -n〉 *künstliche Insel für Bohrungen in den Meeresgrund zur Gewinnung von Bodenschätzen*

bö|ig 〈Adj.〉 **1** *in Böen wehend* **2** *mit Böen einhergehend* ▸ ~es Wetter; ~er Wind

Boi|ler 〈der; -s, -〉 *Warmwasserspeicher*

Bo|je 〈die; -, -n〉 *verankerter Schwimmkörper, Seezeichen*

...bold 〈in Zus.; zur Bildung von Subst.; der; -(e)s, -e〉 *jmd., der etwas (Negatives) oft tut od. sich als etwas aufspielt,* z. B. Saufbold, Witzbold

Böl|ler 〈der; -s, -〉 **1** *lauter Schuss, Knall (als Signal zu Festtagen od. zum Salut)* **2** 〈umg.〉 *lauter Feuerwerkskörper;* Abl *böllern;* Zus *Böllerschuss*

Boll|werk 〈das; -(e)s, -e〉 *Bastion, Befestigung, Schutzwehr* ▸ ein ~ des Friedens 〈übertr.〉

Bol|sche|wis|mus 〈der; -; unz.〉 *auf der leninschen Auslegung des Marxismus beruhende Doktrin der Kommunistischen Partei der Sowjetunion;* Abl *Bolschewist(in); bolschewistisch*

Bol|zen 〈der; -s, -〉 *Eisenstift mit Kopf zum Verbinden von Maschinenteilen*

Bolz|platz 〈der; -es, -plät|ze〉 *Platz für das Fußballspielen für Kinder u. Jugendliche*

bom|bar|die|ren 〈V. trans.; bom|bar|diert, bom|bar|dier|te, hat bom|bar|diert〉 **1** eine Stadt, ein Gebäude ~ *mit Bomben angreifen, belegen* **2** 〈übertr.〉 jmdn. mit Fragen, Vorwürfen ~ *bedrängen;* Abl *Bombardierung*

bom|bas|tisch 〈Adj.〉 **1** *schwülstig, hochtrabend* **2** *prunkvoll, überladen* **3** *hervorragend, enorm* ▸ eine ~e Ausstattung; Abl *Bombast*

Bom|be 〈die; -, -n; Mil.〉 *mit Spreng- od. Brandstoff gefüllter Metallkörper mit Zünder* ▸ ~n **abwerfen,** entschärfen, legen; eine ~ **explodiert,** geht hoch, schlägt ein; gestern ist die ~ **geplatzt** 〈übertr.〉 *ist die Wahrheit ans Licht gekommen* ▸ die Nachricht schlug ein **wie** eine ~ 〈übertr.〉 *verursachte große Aufregung;* Zus *Bombenangriff, Bombenanschlag, Bombenattentat, Bombendrohung, Bombentrichter; Brandbombe, Sprengbombe*

Bom|ben... 〈in Zus.; umg.; verstärkend〉 *groß, riesig,* z. B. Bombenerfolg, Bombengehalt, Bombengeschäft, Bombenstimmung

Bom|ber 〈der; -s, -; Mil.〉 *Bombenflugzeug*

Bom|mel 〈die; -, -n; umg.; bes. norddt.〉 *Troddel, Quaste;* Zus *Bommelmütze*

Bon 〈[bɔ̃:] od. [bɔŋ] der; -s, -s〉 **1** *Gutschein* **2** *Kassenzettel*

Bon|bon 〈[bɔ̃bɔ̃:] od. [bɔŋbɔŋ] das; -s, -s (österr. u. schweiz. nur so) od. der; -s, -s〉 **1** *kleine Süßigkeit zum Lutschen in verschiedenen Geschmacksrichtungen;* Zus *Fruchtbonbon, Halsbonbon, Hustenbonbon, Kräuterbonbon, Zitronenbonbon* **2** 〈übertr.〉 *besondere, reizvolle Beigabe* ▸ Kinder lutschen gerne ~s; als ~ erhielten alle Teilnehmer noch eine Flasche Wein

bon|bon|far|ben 〈[bɔ̃bɔ̃:-] od. [bɔŋbɔŋ-] Adj.〉 *auffallend farbig, grell u. bunt wie Bonbons*

Bo|ni|tät 〈die; -, -en; Kaufmannsspr.〉 **1** *Zahlungsfähigkeit, Sicherheit* **2** *kaufmännischer Ruf*

Bon|mot 〈[bɔ̃mo:] das; -s, -s〉 *treffende, geistreiche Wendung, witzige Bemerkung*

Bo|nus 〈der; - od. -nus|ses, - od. -nus|se〉 **1** *zusätzlicher Gewinnanteil* **2** *Sondervergütung, Zusatzrabatt, z. B. für Groß- od. Dauerabnehmer* **3** *sich günstig auswirkende Eigenschaft, Vorzug*

Bon|ze 〈der; -n, -n; umg.; abwertend〉 **1** *überheblicher, einflussreicher Funktionär (bei Partei, Gewerkschaft u. Ä.)* **2** *reicher u. mit seinem Reichtum protzender Mensch*

Boom 〈[bu:m] der; -s, -s〉 *plötzlicher, kurzer wirtschaftl. Aufschwung*

boo|men 〈[bu:-] V. intr.; boomt, boom|te, hat geboomt; umg.〉 *einen Boom erleben, im Aufschwung begriffen sein* ▸ der Markt für Handys boomt; die Wirtschaft boomt

Boot 〈das; -(e)s, -e; Pl. regional a.: Bö|te〉 *kleines, meist offenes Wasserfahrzeug* ▸ das ~ ist leck; wir fahren gern ~; wir sind in, mit einem ~ (über den See) gefahren; wir sitzen alle in einem ~ 〈übertr.〉 *sind alle in der gleichen Lage;* Abl *Bötchen;* Zus *Bootsfahrt, Bootshaus, Bootssteg; Motorboot, Ruderboot, Segelboot*

Boots|mann 〈der; -(e)s, -leu|te; Mil.〉 *Gehilfe des wachhabenden Marineoffiziers*

Bord[1] 〈der; -(e)s, -e〉 **1** *oberster Rand des Schiffes* **2** *Innenraum eines Schiffes, Flugzeugs, Raumschiffs* **3** *Deckplatte, Seitenplatte, Rand, Einfassung;* Zus *Bordstein* ▸ **an** ~ *auf dem Schiff, im*

Flugzeug, im Raumschiff; an ~ gehen *das Schiff betreten, ins Flugzeug, Raumschiff einsteigen;* etwas od. jmdn. an ~ nehmen; Mann über ~! *Hilfe! jmd. ist aus dem Schiff ins Wasser gefallen!;* über ~ gespült werden; über ~ fallen, gehen *aus dem Schiff ins Wasser fallen;* eine Flasche über ~ werfen; die Sorgen über ~ werfen ⟨übertr.⟩ *sich davon freimachen, entledigen;* von ~ gehen *das Schiff, Flugzeug verlassen*

Bord[2] ⟨das; -(e)s, -e; norddt.⟩ *Gestell, Regal, Brett;* Zus *Bücherbord*

Bor|dell ⟨das; -s, -e⟩ *Haus, in dem Prostitution ausgeübt wird* ▸ in ein ~ gehen

Bord|stein ⟨der; -(e)s, -e⟩ *Rand des erhöhten Fußwegs zur Fahrstraße;* Syn *Bordkante*

bor|gen ⟨V. trans.; borgt, borg|te, hat ge|borgt⟩ **1** jmdm. etwas ~ *verleihen, vorübergehend überlassen* **2** sich etwas (von jmdm.) ~ *etwas entleihen, sich etwas ausleihen* ▸ ich borge dir das Buch bis übermorgen; dieses Buch hatte ich mir von dir geborgt; kannst du mir etwas Kleingeld ~?

Bor|ke ⟨die; -, -n⟩ **1** *Rinde (des Baumes)* **2** *Wundschorf*

Bor|ken|kä|fer ⟨der; -s, -; Zool.⟩ *ein Käfer, dessen Weibchen unter der Rinde von Bäumen Eier ablegt u. die Bäume stark schädigt*

bor|niert ⟨Adj.; -er, am -es|ten; abwertend⟩ *geistig beschränkt, engstirnig* ▸ er ist ein ~er Mensch

Bör|se ⟨die; -, -n⟩ **1** ⟨Kaufmannsspr.⟩ **1.1** *regelmäßige Zusammenkunft von Händlern, die mit Wertpapieren, Aktien od. bestimmten Waren handeln;* Zus *Börsengeschäft, Börsenhandel, Börsenmakler, Börsenschluss, Börsenspekulation; Warenbörse, Wertpapierbörse* **1.2** *Gebäude hierfür* **2** *Geldbeutel, Portemonnaie;* Zus *Geldbörse* ▸ an der ~ spekulieren; an der Frankfurter ~ fiel der Kurs des Dollars; eine dicke ~ haben *viel Geld bei sich haben*

Bör|sen|gang ⟨der; -(e)s, -gän|ge⟩ *Gang eines Unternehmens an die Börse*

Bör|sen|kurs ⟨der; -es, -e⟩ *Geldwert eines an der Börse gehandelten Wertpapiers*

bör|sen|no|tiert ⟨Adj.⟩ ~es Unternehmen *Unternehmen, dessen Aktien an der Börse gehandelt werden;* oV ⟨schweiz.⟩ *börsenkotiert*

Bors|te ⟨die; -, -n⟩ *steifes, dickes Haar (bes. beim Schwein)* ▸ die ~n einer Bürste, eines Pinsels; Zus *Borstentier*

bors|tig ⟨Adj.⟩ **1** *mit Borsten versehen* **2** *struppig*

Bor|te ⟨die; -, -n⟩ *Besatz, Saum, Tresse*

bös ⟨Adj.⟩ = *böse*

bös|ar|tig ⟨Adj.⟩ **1** *tückisch, hinterhältig* (Charakter, Mensch) **2** *lebensgefährlich* (Geschwulst, Krankheit); Abl *Bösartigkeit*

Bö|schung ⟨die; -, -en⟩ *Abhang, schräge Grabenwand, Aufschüttung*

bö|se ⟨Adj.⟩ **1** *boshaft, schlecht* (Absichten, Gedanken) **2** *ungehorsam, unartig* (Kind) **3** *zornig, wütend* **4** *schlimm, sehr unangenehm* (Angelegenheit) **5** *entzündet, schmerzend, krank* (Knie) ▸ sie ist mit ~n Absichten gekommen; das war eine ~ Enttäuschung für uns; ein ~r Geist *Dämon, Teufel* ▸ aussehen: die Verletzung sieht ~ aus; er hat es nicht ~ gemeint; etwas Böses sagen, tun, vorhaben; ~ sein (auf jmdn., mit jmdm.) *wütend, zornig sein (auf jmdn.);* wenn du nicht damit aufhörst, werde ich gleich böse; jmdm. etwas Böses wünschen ▸ er ist ~ dran *es geht ihm schlecht;* im Bösen auseinandergehen *sich in Unfrieden trennen;* im Guten wie im Bösen; man soll Böses nicht mit Bösem vergelten; jenseits von Gut und Böse *völlig realitätsfern, weltfremd*

Bö|se|wicht ⟨der; -(e)s, -e⟩ *schlechter, böser Mensch*

bos|haft ⟨Adj.; -er, am -es|ten⟩ *schadenfroh, hinterlistig, spottsüchtig;* Abl *Boshaftigkeit*

Bos|heit ⟨die; -, -en⟩ **I** ⟨unz.⟩ *Hinterlist, Schadenfreude* ▸ etwas nur aus ~ tun **II** ⟨zählb.⟩ *boshafte Äußerung od. Handlung* ▸ kleine ~en

Boss ⟨der; -es, -e⟩ *Arbeitgeber, Chef, Anführer*

bös|wil|lig ⟨Adj.⟩ *absichtlich böse, in böser Absicht* ▸ etwas ~ beschädigen; Abl *Böswilligkeit*

bot → *bieten*

Bo|ta|nik ⟨die; -; unz.⟩ *Lehre von den Pflanzen, ihrem Bau, ihren Funktionen, ihrer Verbreitung, ihrer Züchtung usw.;* Abl *Botaniker(in)*

bo|ta|nisch ⟨Adj.⟩ *die Botanik betreffend, zu ihr gehörig* ▸ ~er Garten *Garten, in dem Pflanzen aus allen Erdteilen gezogen werden*

Bo|te ⟨der; -n, -n⟩ **1** *Überbringer von Gegenständen od. Nachrichten;* Zus *Botengang; Postbote, Zeitungsbote* **2** ⟨poet.⟩ *Gesandter, Abgesandter, Verkünder* ▸ einen ~n schicken; Schneeglöckchen als erste ~n des Frühlings; ein ~ des Todes; ein reitender, schneller, zuverlässiger ~; Abl *Botin*

Bot|schaft ⟨die; -, -en⟩ **1** *Nachricht, Meldung* **2** *feierl. amtl. Verlautbarung, polit. Aussage* **3** *ständige diplomat. Vertretung eines Staates in einem anderen Staat* **4** *das der Botschaft (3) zur Verfügung stehende Gebäude* **5** *Aussage, Mitteilung (eines Buches, Films o. Ä.)* ▸ eine ~ des Bundespräsidenten ▸ eine ~ bekommen, erhalten, hören; jmdm. eine ~ senden, überbringen, übermitteln, zukommen lassen; eine ~ über das Fernsehen verbreiten ▸ zur deutschen ~ in Paris gehen; sich an die französische Botschaft in London wenden; jmdm. eine frohe ~ überbringen

Bot|schaf|ter ⟨der; -s, -⟩ *Gesandter 1. Klasse, oberste Rangstufe eines diplomat. Vertreters* ▸ der deutsche ~ in Tokio; Abl *Botschafterin*

Bot|tich ⟨der; -(e)s, -e⟩ *großes, offenes Holzfass*

Bouil|lon ⟨[buljɔ̃:] österr.: [bujɔ̃:] die; -, -s; Kochk.⟩ = *Fleischbrühe*

Bou|le|vard ⟨[buləva:r] der; -s, -s⟩ *Ring-, Prachtstraße, urspr. anstelle früherer Festungswerke*

Bou|le|vard|pres|se ⟨[buləva:r-] die; -; unz.⟩ *Berichterstattung der Boulevardzeitungen*

Bou|le|vard|zei|tung ⟨[buləva:r-] die; -, -en⟩ *Zeitung, die überwiegend Berichte über Sensationen, Skandale u. Geschichten über Prominente enthält;* Syn *Boulevardblatt*

Bou|quet ⟨[buke:] das; -s, -s⟩ **1** *gebundener Blumenstrauß* **2** ⟨beim Wein⟩ *Duft, Aroma*

Bour|geois ⟨[burʒoa] der; -, - [burʒoa:s]⟩ *Angehö-*

B

riger der Bourgeoisie, wohlhabender Bürger; Abl *bourgeois*

Bour|geoi|sie ⟨[burʒoazi:] die; -; unz.⟩ *das besitzende Bürgertum (als Klasse)*

Bou|tique ⟨[buti:k] die; -, -n; Pl. [-kən]⟩ *kleiner Laden, für modische Kleidung u. Modeartikel*

Bow|le ⟨[bo:lə] die; -, -n⟩ *Getränk aus Wein, Früchten, Gewürzen, Zucker u. Sekt*

Bow|ling ⟨[bo:lıŋ] das; - od. -s; unz.⟩ *amerikanische Art des Kegelspiels mit 10 Kegeln, die in einem gleichseitigen Dreieck angeordnet sind*

Box ⟨die; -, -en⟩ **1** *Behältnis, Schachtel* **2** ⟨kurz für⟩ *Lautsprecherbox;* ⓘ S. 360 **3** ⟨Rennsp.⟩ *abgegrenzter Platz für Montagearbeiten und Betanken der Rennfahrzeuge bei Autorennen;* Zus *Boxenstopp* **4** *Abteil im Pferdestall;* Zus *Pferdebox*

bo|xen ⟨V.; boxt, box|te, hat ge|boxt⟩ **I** ⟨V. intr.⟩ *den sportl. Faustkampf nach bestimmten Regeln ausüben;* Zus *Boxhandschuh, Boxkampf* **II** ⟨V. trans.⟩ jmdn. ~ *mit den Fäusten schlagen*

Bo|xer ⟨der; -s, -⟩ **1** ⟨Sp.⟩ *Faustkämpfer* **2** *braune, mittelgroße Hunderasse mit kurzem Fell u. schwarzer Maske*

Bo|xer|shorts ⟨[-ʃɔ:ts] Pl.⟩ **1** ⟨Sp.⟩ *beim Boxkampf getragene Shorts aus dünnem Stoff* **2** ⟨Mode⟩ *Herrenunterhosen in der Art der Boxershorts (1)*

Box|ring ⟨der; -s, -e; Sp.⟩ *Kampfplatz für Boxkämpfe* ▸ in den ~ steigen

Boy|kott ⟨[bɔı-] der; -s, -s od. -e⟩ *wirtschaftliche, soziale od. politische Blockade, Weigerung des Warenkaufs od. -verkaufs* ▸ jmdm. den ~ erklären; den ~ über etwas verhängen; jmdn. mit ~ belegen

boy|kot|tie|ren ⟨[bɔı-] V. trans.; boy|kot|tiert, boy|kot|tier|te, hat boy|kot|tiert⟩ **1** einen Staat ~ *mit Boykott belegen* **2** ⟨übertr.⟩ **2.1** etwas ~ *bei etwas nicht mitmachen* **2.2** jmdn. ~ *mit jmdm. nichts zu tun haben wollen*

brab|beln ⟨V. trans.; brab|belt, brab|bel|te, hat ge|brab|belt; umg.⟩ etwas vor sich hin ~ *undeutlich murmeln*

brach[1] → *brechen*

brach[2] ⟨Adj.⟩ *unbebaut, unbestellt* (Acker)

Bra|che ⟨die; -, -n; Landw.⟩ **1** *gepflügter, unbebauter Acker;* Syn *Brachfeld, Brachland* **2** *Zustand des Unbebautseins, Anbauphase*

bra|chi|al ⟨[-xi-] Adj.⟩ *roh, brutal*

Bra|chi|al|ge|walt ⟨[-xi-] die; -; unz.⟩ *rohe Körperkraft* ▸ eine Tür mit ~ öffnen

brach|lie|gen ⟨V. intr.; liegt brach, lag brach, hat brach|ge|le|gen, brach|zu|lie|gen⟩ *nicht genutzt werden* ▸ die Äcker liegen brach; seine Kräfte liegen brach ⟨übertr.⟩

brach|te → *bringen*

bra|ckig ⟨Adj.; nddt.⟩ *mit Salzwasser gemischt, nicht trinkbar* ▸ das Wasser ist ~; ~es Wasser

Brack|was|ser ⟨das; -s, -⟩ *Mischung von Süß- u. Salzwasser, bes. in Flussmündungen*

Bran|che ⟨[brã:ʃə] die; -, -n; Kaufmannsspr.⟩ *Geschäfts-, Wirtschaftszweig* ▸ er ist aus meiner ~; in eine andere ~ wechseln; Zus *Branchenführer, Branchenkenner; branchenüblich*

Bran|chen|ver|zeich|nis ⟨[brã:ʃən-] das; -nis|ses, -nis|se⟩ *Adressenverzeichnis nach Branchen*

Brand ⟨der; -(e)s, Brä|nde⟩ **1** *Feuer, Feuersbrunst;* Zus *Brandfleck, Brandschutz, Brandstelle; Dachstuhlbrand, Schwelbrand* **2** ⟨umg.⟩ *Durst* ▸ einen ~ eindämmen, entfachen, legen, löschen; einen ordentlichen, tüchtigen ~ haben ⟨umg.⟩ *großen Durst;* in ~ geraten; ein Haus, einen Wohnwagen in ~ stecken; der Dachstuhl stand in ~ *brannte*

brand... ⟨in Zus.; umg.; verstärkend⟩ *sehr, ganz,* z. B. brandaktuell, brandneu

Brand|an|schlag ⟨der; -(e)s, -schlä|ge⟩ *Anschlag, Attentat, bei dem Feuer gelegt wird*

Brand|bla|se ⟨die; -, -n⟩ *durch Verbrennung entstandene Hautblase*

bran|den ⟨V. intr.; bran|det, bran|de|te, hat gebran|det⟩ *sich brechen* (Wellen) ▸ die Wogen der Empörung brandeten hoch ⟨übertr.⟩

brand|heiß ⟨Adj.; umg.; verstärkend⟩ *ganz aktuell, ganz neu* ▸ eine ~e Information, Neuigkeit; ~e Mode

Brand|herd ⟨der; -(e)s, -e⟩ *Ausgangspunkt eines Brandes*

Brand|mal ⟨das; -(e)s, -e od. -mä|ler⟩ **1** ⟨im MA⟩ *in die Haut gebranntes Mal für Verbrecher* **2** *eingebranntes Zeichen bei Zuchtvieh;* Syn *Brandzeichen* **3** ⟨übertr.⟩ *Stigma*

brand|mar|ken ⟨V. trans.; brand|markt, brandmark|te, hat ge|brand|markt; übertr.⟩ jmdn. ~ *öffentlich bloßstellen, scharf kritisieren, verurteilen*

brand|schat|zen ⟨V. trans.; brand|schatzt, brandschatz|te, hat ge|brand|schatzt; früher⟩ eine Stadt ~ *unter Androhung von Brand u. Plünderung Geld erpressen;* Abl *Brandschatzung*

Brand|stif|ter ⟨der; -s, -⟩ *jmd., der eine Brandstiftung begangen hat;* Abl *Brandstifterin*

Brand|stif|tung ⟨die; -, -en⟩ *vorsätzl. Verbrennen, bes. von Gebäuden*

Bran|dung ⟨die; -, -en⟩ *das Brechen, Überstürzen der Wellen an der Küste*

Brand|wun|de ⟨die; -, -n⟩ *durch Verbrennung entstandene Wunde*

brann|te → *brennen*

Brannt|wein ⟨der; -(e)s, -e⟩ *durch Destillation („Brennen") zuvor vergorener zuckerhaltiger pflanzlicher Produkte (Früchte, Getreide) gewonnenes alkoholisches Getränk mit mindestens 32 Vol% Alkohol (z. B. Rum, Whisky)*

bra|ten ⟨V.; brät, briet, hat ge|bra|ten⟩ **I** ⟨V. trans.⟩ etwas ~ *etwas in heißem Fett erhitzen (u. garen)* ▸ Fisch, Fleisch, Kartoffeln ~ ▸ etwas braun, knusprig ~ ▸ Hähnchen am Spieß ~; Fleisch auf dem Grill ~; in Butter, Öl ~; in der Pfanne ~ **II** ⟨V. intr.⟩ *mit Fett erhitzt werden* ▸ das Fleisch brät; in der Sonne ~ ⟨umg.⟩ *sich von ihr bräunen lassen;* Zus *Bratapfel, Bratfisch, Bratkartoffeln, Bratpfanne* ⓘ S. 254, *Bratwurst*

Bra|ten ⟨der; -s, -⟩ *größeres Stück Fleisch, das gebraten wird* ▸ sie macht sonntags gerne einen ~; den ~ riechen ⟨übertr.; umg.⟩ *etwas Unangenehmes od. einen Vorteil frühzeitig bemerken;*

fetter ~ ⟨übertr.⟩ *guter Gewinn, reiche Beute;* kalter ~ zum Brot; Zus *Bratenfett, Bratensoße; Lammbraten, Rinderbraten, Schweinebraten*

Brat|fett ⟨das; -(e)s, -e⟩ *Fett zum Braten*

Brat|hühn|chen ⟨das; -s, -⟩ *(bes. am Spieß) gebratenes Huhn;* Syn *Backhähnchen, Brathuhn*

Brat|röh|re ⟨die; -, -n⟩ = *Backofen*

Brat|rost ⟨der; -(e)s, -e⟩ *Grill*

Brat|sche ⟨die; -, -n; Mus.⟩ *Streichinstrument, etwas größer als die Violine u. eine Quinte tiefer gestimmt* ▸ ~ spielen; Abl *Bratschist(in)*

Brat|spieß ⟨der; -es, -e⟩ *(sich drehender) Spieß zum Braten von Fleisch über dem offenen Feuer*

Brauch ⟨der; -(e)s, Bräu|che⟩ *Sitte, Gewohnheit* ▸ alte Bräuche am Leben erhalten; das ist bei uns so ~ *so üblich;* es ist alter ~, ...; Ostern, Pfingsten, Weihnachten nach altem ~ feiern

brauch|bar ⟨Adj.⟩ *so beschaffen, dass man es brauchen kann, nützlich;* Abl *Brauchbarkeit*

brau|chen ⟨V. trans.; braucht, brauch|te, hat gebraucht⟩ jmdn. od. etwas ~ **1** *benötigen, bedürfen* (Freund, Pflege, Ruhe, Zeit) **2** *anwenden, verwenden, gebrauchen* ▸ **Beistand,** Erholung, Geld, Unterstützung ~; sie braucht viel **Geld** *sie verbraucht viel;* er braucht deine **Hilfe** nicht; dieses Gerät braucht viel **Strom;** der Zug braucht für diese Strecke zwei **Stunden** *fährt zwei Stunden lang* ▸ etwas **dringend,** rasch, sofort, später ~; das kann ich **gut** ~ ▸ sie braucht viel Geld **für** ihre Kleidung *sie verwendet viel Geld für K.;* er hat nur 4 Jahre für das Studium gebraucht *er war nach 4 Jahren mit dem Studium fertig;* hier braucht man nur auf den Knopf **zu** drücken; Sie ~ gar nicht erst hinzugehen; Sie ~ es mir nur zu sagen *es genügt, wenn Sie es mir sagen* ▸ **was** braucht es da noch vieler Erklärungen? *es sind keine E. nötig;* **wie viel** Zeit braucht man, um nach Hamburg zu kommen? *wie lange dauert es?;* →a. *gebrauchen, verbrauchen*

Brauch|tum ⟨das; -(e)s, -tü|mer; Pl. selten⟩ *Gesamtheit der Bräuche eines Volkes*

Braue ⟨die; -, -n⟩ = *Augenbraue;* ⓘ S. 146

brau|en ⟨V. trans.; braut, brau|te, hat ge|braut⟩ Bier ~ *herstellen, zubereiten*

Brau|e|rei ⟨die; -, -en⟩ **I** ⟨unz.⟩ **1** *das Brauen, Bierherstellung* **2** *Braugewerbe* **II** ⟨zählb.⟩ *Betrieb, in dem Bier hergestellt wird;* Syn *Brauhaus*

braun ⟨Adj.⟩ *von der Farbe wie Erde od. Holz* ▸ ~e Augen, ~es Haar haben; er hat ~e Haut; ~ gebrannt = *braungebrannt;* Abl *Braun;* Zus *braunäugig, braunhaarig; dunkelbraun, hellbraun, kaffeebraun, kakaobraun*

Braun|bär ⟨der; -en, -en; Zool.⟩ *Hauptart der Bären verschiedener Größe u. Färbung*

Bräu|ne ⟨die; -; unz.⟩ *braune Tönung der Haut*

bräu|nen ⟨V.⟩ **I** ⟨V. trans.; bräunt, bräun|te, hat ge|bräunt⟩ etwas od. jmdn. ~ *braunmachen, braunfärben* ▸ die Sonne hat die Haut gebräunt; das Fleisch, das Omelett, die Zwiebeln in der Pfanne ~ *braten, bis sie braun werden* **II** ⟨V. refl.; bräunt, bräun|te, hat ge|bräunt⟩ sich in der Sonne, im Sonnenstudio ~ *sich zur Bräunung der Haut den Strahlen der Sonne od. einer Sonnenbank aussetzen* **III** ⟨V. intr.; bräunt, bräun|te, ist ge|bräunt⟩ *braun werden* ▸ ich bräune nur langsam; seine Haut bräunt schnell; Abl *Bräunung*

braun|ge|brannt *auch:* **braun ge|brannt** ⟨Adj.⟩ *von der Sonne gebräunt* ▸ ~ sein

Braun|koh|le ⟨die; -, -n⟩ *zw. dem Torf u. der Steinkohle liegende, hell- bis dunkelbraun gefärbte Kohle von holziger, erdiger Beschaffenheit*

bräun|lich ⟨Adj.⟩ *mit braunem Schimmer*

Braus ⟨der; nur in der Wendung⟩ in Saus und ~ *sorglos, verschwenderisch, im Überfluss*

Brau|se ⟨die; -, -n⟩ **1** *siebartig durchlöchertes Kopfstück an Gießkannen* **2** ⟨umg.⟩ **2.1** *Dusche* **2.2** *Limonade* ▸ eine kalte ~ trinken; unter die ~ gehen *sich duschen*

brau|sen ⟨V.⟩ **I** ⟨V. intr.; braust, braus|te, hat gebraust⟩ **1** *aufwallen, wallen, brodeln* (Wasser) **2** *rauschen, sausen* (Wind) **3** *lärmen, tosen* (Beifall, Brandung, Wellen) **4** *schäumen, zischen* (Limonade) ▸ es braust mir in den Ohren *es saust, rauscht mir in den Ohren;* der Künstler erntete ~den Beifall **II** ⟨V. intr.; braust, braus|te, ist gebraust; umg.⟩ *eilen, jagen* ▸ das Motorrad ist um die Ecke gebraust

Brau|se|pul|ver ⟨[-vər] das; -s, -⟩ *pulvriges Gemisch aus verschieden Zutaten, das sich im Wasser auflöst u. dabei Kohlensäure bildet*

Braut ⟨die; -, Bräu|te⟩ **1** *Frau am Hochzeitstag;* Zus *Brauteltern, Brautmutter, Brautvater* **2** ⟨Jugendspr.⟩ *Mädchen, Frau* ▸ eine ~ zum Altar führen; die ~ für die Hochzeit schmücken; da liefen ein paar heiße Bräute herum ⟨Jugendspr.⟩ *da gab es attraktive Mädchen*

Braut|füh|rer ⟨der; -s, -⟩ *Begleiter der Braut od. der Brautjungfer im Hochzeitszug*

Bräu|ti|gam ⟨der; -s, -e⟩ *Mann am Hochzeitstag* ▸ Braut und ~

Braut|jung|fer ⟨die; -, -n⟩ *Freundin od. Verwandte der Braut, die sie zur Kirche führt od. ihr im Hochzeitszug folgt;* Syn *Kranzjungfer*

Braut|kleid ⟨das; -(e)s, -er⟩ *Hochzeitskleid der Braut*

Braut|paar ⟨das; -(e)s, -e⟩ *verlobtes Paar, Braut u. Bräutigam;* Syn *Brautleute*

Braut|schau ⟨die; -, -en⟩ *Suche nach einer passenden Braut* ▸ auf (die) ~ gehen

Braut|schlei|er ⟨der; -s, -⟩ *langer Hochzeitsschleier der Braut*

Braut|strauß ⟨der; -es, -sträu|ße⟩ *Blumenstrauß, den die Braut während der Trauung hält*

brav ⟨Adj.⟩ **1** *gehorsam, artig* **2** *anständig, bieder* **3** *nett, aber fade* ▸ die Kinder waren heute sehr ~; wenn du ~ bist, bekommst du ein Eis; ~! *(Lob an den Hund);* er hat das Stück ~ (herunter)gespielt *fade, ausdruckslos;* Abl *Bravheit*

bra|vo! ⟨[-vo] Int.⟩ *sehr gut! (als Beifallskundgebung)* ▸ ~ rufen; Zus *Bravoruf*

Bra|vour ⟨[-vu:r] die; -; unz.⟩ oV *Bravur* **1** *Geschicklichkeit, Meisterschaft* **2** *Tapferkeit* ▸ etwas mit großer ~ meistern

Bra|vour|leis|tung ⟨[-vu:r-] die; -, -en⟩ *meisterhaf-*

te, eindrucksvolle, überragende Leistung; oV *Bravurleistung* ▸ eine ~ zeigen, vollbringen

bra|vou|rös ⟨[-vu-] Adj.⟩ oV *bravurös* **1** *großes technisches Können erfordernd* **2** *technisch meisterhaft* ▸ ~es Musikstück; er hat es ~ gespielt

Bra|vour|stück ⟨[-vu:r-] das; -(e)s, -e⟩ oV *Bravurstück* **1** *techn. schwieriges Musikstück, dessen Wiedergabe Virtuosität erfordert* **2** ⟨allg.⟩ *Glanzstück*

BRD ⟨nicht amtliche Abk. für⟩ *Bundesrepublik Deutschland*

Brech|ei|sen ⟨das; -s, -⟩ *kurze, am Ende gebogene Eisenstange zum Heben von Lasten, Ausreißen von Haken usw.*

bre|chen ⟨V.⟩ **I** ⟨V. trans.; bricht, brach, hat gebro|chen⟩ **1** einen Stock, Brot ~ *durch Druck od. Gewalt in mehrere Stücke teilen, entzweibrechen* **2** Marmor ~ *im Steinbruch gewinnen, abschlagen* **3** Lichtstrahlen, Wellen ~ *von der Richtung abweichen lassen, zurückwerfen* **4** ⟨übertr.⟩ einen Eid, Vertrag, ein Gelübde, sein Wort ~ *nicht halten* **5** ⟨übertr.⟩ ein Gesetz ~ *übertreten* **6** ⟨übertr.⟩ jmds. Widerstand ~ *bezwingen, überwinden* ▸ den Acker ~ *(um)pflügen;* die Blockade ~ *durchstoßen, überwinden;* das Brot ~ *feierlich teilen;* die Ehe ~ *Ehebruch begehen;* sich das Genick ~; das brach ihm das Genick ⟨übertr.⟩ *daran ging er zugrunde;* eine Lanze für jmdn. ~ *sich für jmdn. einsetzen;* einen Rekord ~ *überbieten;* das Schweigen ~ *es beenden, wieder reden;* den Streik ~ *sich nicht an ihn halten, trotzdem arbeiten;* der Felsen bricht die Wellen; jmds. Widerstand ~ ⟨übertr.⟩ *überwinden* ▸ der gebrochene Arm muss geschient werden; ein gebrochener Mensch ⟨übertr.⟩ *ein in seiner körperl., geistigen od. seelischen Existenz vernichteter Mensch;* eine Sprache gebrochen sprechen *unvollkommen, fehlerhaft* **II** ⟨V. intr.; bricht, brach, ist ge|bro|chen⟩ **1** *unter Druck in Stücke gehen, brüchig werden, zerfallen, entzweigehen* **2** *aussetzen* (Stimme) ▸ fast brach ihr das Herz ⟨übertr.⟩ *sie starb fast vor Kummer;* ihm brach die Stimme *er konnte nicht weitersprechen* ▸ die Sonne bricht durch die Wolken *kommt aus den Wolken hervor;* mit jmdm. ~ *sich entzweien; sich von ihm lossagen;* mit einer lieben Gewohnheit ~ *sich etwas abgewöhnen;* der Raum war zum Brechen voll *überfüllt* ▸ ~d voll *überfüllt* **III** ⟨V. intr.; bricht, brach, hat ge|bro|chen; umg.⟩ *den Magen durch den Mund entleeren, sich erbrechen* ▸ ich muss ~ ⟨umg.⟩ **IV** ⟨V. refl.; bricht, brach, hat ge|bro|chen⟩ **1** sich ~ **1.1** *von der Richtung abweichen, zurückgeworfen werden* (Lichtstrahlen) **1.2** *sich überstürzen, überschlagen* (Wellen) **2** sich etwas ~ *sich durch einen Sturz o. Ä. einen Knochen verletzen* ▸ die Wellen ~ sich am Felsen, am Strand; er hat sich den Arm, das Bein gebrochen

Bre|cher ⟨der; -s, -⟩ *hohe, sich überstürzende Welle*

Brech|mit|tel ⟨das; -s, -⟩ *Arzneimittel zur Herbeiführung von Erbrechen* ▸ er ist ein ~ ⟨übertr.; umg.⟩ *ich kann ihn nicht ausstehen*

Brech|reiz ⟨der; -es; unz.⟩ *würgendes Gefühl im Rachen, Drang, sich zu erbrechen* ▸ ~ haben, verursachen

Brech|stan|ge ⟨die; -, -n⟩ = *Brecheisen*

Bre|chung ⟨die; -, -en; Phys.⟩ *Richtungsänderung einer Welle, z. B. Licht-, Schall- od. Wasserwelle beim Auftreffen auf eine Grenzfläche zweier Medien mit unterschiedlicher Ausbreitungsgeschwindigkeit;* Zus *Brechungsebene, Brechungswinkel*

Bre|douil|le ⟨[bredulјə] die; -; unz.; umg.⟩ *Bedrängnis* ▸ in der ~ sein; in die ~ geraten

Brei ⟨der; -(e)s, -e⟩ **1** *dickflüssige Masse;* Abl *breiig;* Zus *Grießbrei, Haferbrei, Kartoffelbrei* **2** *Kindernahrung;* Zus *Babybrei* ▸ um den heißen ~ herumreden ⟨übertr.; umg.⟩ *um eine Sache herumreden, sich scheuen, sie anzusprechen*

breit ⟨Adj.; -er, am -es|ten⟩ **1** *in der Querrichtung gemessen (als Maßangabe)* **2** *seitlich ziemlich weit ausgedehnt, raumgreifend, geräumig;* Ggs *schmal (1);* Zus *Breitformat* **3** ⟨übertr.⟩ *weitschweifig, umständlich* **4** ⟨Mus.⟩ *langsam u. ausdrucksvoll* **5** ⟨umg.⟩ *betrunken, alkoholisiert* ▸ eine ~e Aussprache haben *die Vokale betont u. lang aussprechen;* das ist ein ~er Graben; auf ~ester Grundlage *so, dass jeder Nutzen davon haben kann;* die ~e Masse, ~e Schichten der Bevölkerung *die Allgemeinheit, ein großer Teil der Bevölkerung, bes. die unteren Schichten;* er hat ~e Schultern ▸ ~ dastehen *breitbeinig;* dieser Stoff liegt 90 cm ~; sein: er ist sehr ~ *dick;* die Melodie musst du auf dem Klavier ~er spielen; einen Dialekt ~ sprechen *behäbig, mit langen, betonten Vokalen* ▸ ~ gefächert = *breitgefächert*

breit|bei|nig ⟨Adj.⟩ *mit gespreizten, auseinandergestellten Beinen* ▸ er stellte sich ~ vor sie

Brei|te ⟨die; -, -n⟩ **1** *seitliche Ausdehnung, Querrichtung* **2** *große Ausdehnung* **3** ⟨übertr.⟩ *Weitschweifigkeit* **4** *Abstand eines Ortes vom Äquator* ▸ die ~ des Stoffes beträgt 140 cm ▸ einen Vorgang in aller ~ schildern; nördliche ~ ⟨Abk.: n. Br., nördl. Br.⟩; südliche ~ ⟨Abk.: s. Br., südl. Br.⟩; der Ort liegt auf 34 Grad südlicher ~; in unseren ~n ist das nicht üblich ⟨umg.⟩ *hierzulande* ▸ sie ist sehr in die ~ gegangen ⟨umg.⟩ *sehr dick geworden;* der ~ nach *in der Querrichtung;* die Fahrbahn hat eine ~ von fünf Metern

brei|ten ⟨V.; brei|tet, brei|te|te, hat ge|brei|tet⟩ **I** ⟨V. trans.⟩ etwas über jmdn. od. etwas ~ *es über jmdm. od. etwas ausbreiten* ▸ eine Decke über den Tisch ~; die Hände schützend über das Kind ~ **II** ⟨V. refl.⟩ sich über etwas ~ *sich sanft darüberlegen* ▸ Nebel breitete sich über das Tal

Brei|ten|grad ⟨der; -(e)s, -e⟩ *der Streifen Erdoberfläche, der von zwei um 1° voneinander entfernten parallel zum Äquator liegenden Kreisen eingeschlossen wird*

Brei|ten|sport ⟨der; -(e)s; unz.⟩ *Sport, den große Teile der Bevölkerung ausüben*

Brei|ten|wir|kung ⟨die; -; unz.⟩ *Wirkung, die große Teile der Bevölkerung erfasst*

breit|ge|fä|chert *auch:* **breit ge|fä|chert** ⟨Adj.⟩ *vielfältig, umfangreich* ▸ ein ~es Angebot

breit|ma|chen ⟨V. refl.; macht sich breit, mach|te sich breit, hat sich breit|ge|macht, sich breit|zu|ma|chen; umg.⟩ sich ~ **1** *viel Platz beanspruchen, einnehmen* **2** ⟨übertr.⟩ *sich ausbreiten, verbreiten* **3** *sich (gegen den Willen der eigtl. Bewohner) dauerhaft niederlassen* ▸ dass dir ja nicht einfällt, dich hier breitzumachen!; allmählich machte sich Panik unter den Zuschauern breit

breit|schla|gen ⟨V. trans.; schlägt breit, schlug breit, hat breit|ge|schla|gen, breit|zu|schla|gen; übertr.; umg.⟩ jmdn. ~ *durch Überredung beeinflussen* ▸ sich ~ lassen *sich überreden lassen*

breit|schult|rig ⟨Adj.⟩ *mit breiten Schultern versehen;* oV *breitschulterig*

Breit|sei|te ⟨die; -, -n⟩ **1** *Längsseite eines Schiffes* **2** ⟨auf Kriegsschiffen⟩ **2.1** *die dort aufgestellten Geschütze* **2.2** *gleichzeitiges Abfeuern dieser Geschütze nach einer Seite auf ein Ziel* **3** ⟨übertr.⟩ **3.1** *Angriffsfläche* **3.2** *Angriff* ▸ eine (volle) ~ abfeuern; die ~ bieten *die größte Angriffsfläche*

breit|tre|ten ⟨V. trans.; tritt breit, trat breit, hat breit|ge|tre|ten, breit|zu|tre|ten; umg.⟩ ein Thema ~ *zu ausführlich, zu häufig besprechen*

Breit|wand ⟨die; -, -wän|de⟩ *besonders breite Leinwand im Kino;* Zus *Breitwandformat*

Brem|se[1] ⟨die; -, -n⟩ **1** *Vorrichtung zum Verlangsamen od. Anhalten eines Fahrzeugs* **2** *Hebel, Pedal od. Schalter, mit dem man eine Bremse (1) betätigen kann;* Zus *Handbremse, Notbremse* ▸ die ~ anziehen, betätigen, ziehen; auf die ~ treten; ⓘ S. 789

Brem|se[2] ⟨die; -, -n; Zool.⟩ *kräftige Fliege mit dickem, meist graubraunem Hinterleib, die bes. Tiere sticht u. Blut saugt*

brem|sen ⟨V. trans. u. V. intr.; bremst, brems|te, hat ge|bremst⟩ **1** (einen Wagen, Zug) ~ *die Bremse betätigen, die Fahrt (von etwas) verlangsamen, anhalten* **2** ⟨übertr.⟩ eine Sache od. jmdn. ~ *an der Fortentwicklung hindern* ▸ er ist nicht zu ~ ⟨übertr.; umg.⟩ *man kann ihn nicht aufhalten;* der Fahrer bremste scharf; der Wagen musste plötzlich ~

Brems|klotz ⟨der; -es, -klöt|ze⟩ *Teil der Bremse, der am Rad schleift u. dieses bremst*

Brems|kraft ⟨die; -; unz.⟩ *Kraftwirkung von einer Bremsvorrichtung auf den zu bremsenden Körper*

Brems|licht ⟨das; -(e)s, -er⟩ *Licht am Heck eines Fahrzeugs, das beim Bremsen aufleuchtet*

Brems|spur ⟨die; -, -en⟩ *durch scharfes Bremsen von einem Fahrzeug auf der Straße hinterlassene Spur*

Brems|weg ⟨der; -(e)s, -e⟩ *die vom Betätigen der Bremse bis zum Stehenbleiben des Wagens zurückgelegte Entfernung* ▸ langer, kurzer ~

brenn|bar ⟨Adj.⟩ *so beschaffen, dass es brennen kann, entzündlich;* Abl *Brennbarkeit*

Brenn|ele|ment ⟨das; -(e)s, -e; Phys.⟩ *radioaktiver Brennstoff in einer stabförmigen Hülle, der im Reaktor zur Kernspaltung eingesetzt wird*

bren|nen ⟨V.; brennt, brann|te, hat ge|brannt⟩ **I** ⟨V. intr.⟩ **1** *in Flammen stehen, Feuer fangen, zünden* **2** *glühend heiß sein, so dass man sich daran Brandwunden zuziehen kann* **3** *heiß wie Feuer scheinen* (Sonne) **4** *leuchten, strahlen* (Lampe); Zus *Brenndauer* **5** *prickelnd schmerzen* **6** ⟨übertr.⟩ *äußerst erregt sein* ▸ es brennt! *(Alarmruf bei Ausbruch eines Feuers)* ▸ mir ~ die **Augen** (vom vielen Lesen, vor Kälte); der **Dachstuhl** brannte lichterloh; mir ~ die **Füße** vom vielen Gehen; meine **Haut** brennt (vom Sonnenbad); das **Licht** ~ lassen; im Wohnzimmer brennt noch Licht; **Öl** brennt am besten; die **Sonne** brannte; das **Streichholz** brennt nicht; die **Wunde** brennt heftig, wie Feuer ▸ die Arbeit brennt mir **auf** den Nägeln, Nähten ⟨übertr.⟩ *sie ist eilig, dringend;* der Pfeffer brannte auf der Zunge; es brennt mir auf der Zunge ⟨übertr.⟩ *ich möchte es aussprechen, loswerden;* ich brenne darauf, sie zu sehen; er brennt **vor** Begierde, Ehrgeiz, Erwartung, Liebe, Neugier, Ungeduld; die Wunde brennt **wie** Feuer ▸ **wo** brennt es? *wo ist Feuer ausgebrochen?;* wo brennt's denn? ⟨übertr.; umg.⟩ *warum so eilig?, was ist eigentlich los?* ▸ sein ~der Ehrgeiz treibt ihn zu weit; die ~de Glut der Mittagssonne; ein ~des Problem *sehr wichtiges, dringendes Problem;* ich möchte es ~d gern wissen *sehr gern;* ich wünsche es mir ~d *sehnlichst* **II** ⟨V. trans.⟩ **1** Ziegel, Porzellan ~ *mit Feuer, Hitze behandeln* **2** Branntwein ~ *zubereiten, herstellen* **3** ⟨EDV⟩ **3.1** eine CD, DVD ~ *eine CD, DVD mit Hilfe eines Brenners (2) mit Daten beschreiben* **3.2** Daten auf eine CD, DVD ~ *Daten mit Hilfe eines Brenners (2) auf eine CD, DVD übertragen* ▸ er hat mit der Zigarette ein Loch ins Tischtuch gebrannt; gebrannte Mandeln *gezuckerte u. geröstete Mandeln* **III** ⟨V. refl.⟩ sich ~ *sich verbrennen*

Bren|ner ⟨der; -s, -⟩ **1** *Teil eines Heiz- od. Leuchtgeräts, in dem Gas od. Flüssigkeit (Spiritus u. Ä.) verbrennen;* Zus *Gasbrenner* **2** ⟨EDV⟩ *Gerät, das CDs, DVDs u. Ä. mit Daten beschreiben kann;* Zus *CD-Brenner, DVD-Brenner*

Bren|ne|rei ⟨die; -, -en⟩ **I** ⟨unz.⟩ *Herstellung von Branntwein* **II** ⟨zählb.⟩ *Betrieb hierfür*

Brenn|holz ⟨das; -es; unz.⟩ *Holz zum Heizen*

Brenn|ma|te|ri|al ⟨das; -s, -li|en; Pl. selten⟩ *Material zum Heizen, z. B. Holz, Kohlen*

Brenn|nes|sel ⟨die; -, -n; Bot.⟩ *ein Kraut, das auf Wiesen u. an Wegrändern wächst u. dessen Berührung ein Brennen der Haut verursacht*

Brenn|punkt ⟨der; -(e)s, -e⟩ **1** ⟨Phys.⟩ *Punkt, in dem sich parallele Lichtstrahlen nach Durchgang durch Linsen od. nach Reflexion in Hohlspiegeln treffen* **2** ⟨übertr.⟩ *Blick-, Mittelpunkt, Stelle, auf die die Aufmerksamkeit gerichtet ist* ▸ den ~ einer Linse bestimmen; dieser Platz ist der ~ des Verkehrs in der City ⟨übertr.⟩; dieses Problem steht im ~ des öffentlichen Interesses ⟨übertr.⟩

Brenn|stab ⟨der; -(e)s, -stä|be; meist Pl.⟩ = *Brennelement*

Brenn|wei|te ⟨die; -, -n; Opt.⟩ *Abstand des Brennpunktes vom Mittelpunkt einer Linse*

brenz|lig ⟨Adj.; umg.⟩ *bedenklich, gefährlich, heikel* ▸ in eine ~e Situation geraten

Bre|sche ⟨die; -, -n; Mil.⟩ *Lücke (in einer Befestigung), an der man angreifen kann* ▸ eine ~ schlagen ⟨a. übertr.⟩ *Widerstand überwinden;* in die ~ springen ⟨übertr.⟩ *jmdm. zuhilfe kommen*

Brett ⟨das; -(e)s, -er⟩ **1** *aus einen Baumstamm geschnittene, flache Holzplatte, Planke;* Zus *Bretterbude, Bretterzaun* **2** *flacher Holzträger für Bücher, Geschirr usw.;* Zus *Bücherbrett* **3** *Platte, Spieltafel;* Zus *Schachbrett* **4** ⟨Pl.⟩ ~er **4.1** *Skier* **4.2** ⟨übertr.⟩ *Bühne* ▸ sich die ~er anschnallen *Skier;* Löcher in ein ~ bohren ▸ das schwarze/Schwarze ~ *Anschlagtafel für Ausschreibungen, Bekanntmachungen u. Ä.* ▸ die Figuren auf das ~ stellen; auf den ~ern, die die Welt bedeuten *auf der Bühne;* er hat bei ihr einen Stein im ~ ⟨übertr.; umg.⟩ *er steht bei ihr in Gunst* ein Fenster mit ~ern vernageln; ein ~ vorm Kopf haben ⟨übertr.; umg.⟩ *begriffsstutzig sein*

bret|tern ⟨V. intr.; bret|tert, bret|ter|te, ist ge|brettert; umg.⟩ *sehr schnell fahren, rasen* ▸ über die Autobahn ~

Brett|spiel ⟨das; -(e)s, -e⟩ *Unterhaltungsspiel mit Figuren od. runden Steinen auf einem Brett*

Bre|zel ⟨die; -, -n⟩ *Gebäck etwa in Form einer 8;* oV ⟨schweiz.⟩ *Bretzel*

Brief ⟨der; -(e)s, -e⟩ **1** *schriftl., bes. durch die Post zugestellte Mitteilung;* Zus *Briefpapier, Briefporto* **2** *Urkunde;* Zus *Gesellenbrief* **3** ⟨Börse⟩ *Wertpapier, Wechsel* ▸ jmdm. ~ und Siegel auf etwas geben ⟨übertr.⟩ *fest zusichern* ▸ du musst den ~ rechtzeitig abschicken; einen ~ bei der Post aufgeben; einen ~ aufmachen, aufreißen, öffnen; er hat heute zwei ~e bekommen; einen ~ mit Briefmarken frankieren, freimachen; dieser ~ ist nicht ausreichend frankiert ▸ ein blauer/Blauer ~ *Schreiben der Schule an die Eltern, in dem die Gefährdung der Versetzung angemahnt wird;* ein offener ~ *in der Presse veröffentlichte Mitteilung an einen Einzelnen od. an eine Behörde*

Brief|be|schwe|rer ⟨der; -s, -⟩ *Gegenstand zum Beschweren von Schriftstücken od. Papieren*

Brief|bo|gen ⟨der; -s, - od. süddt. -bö|gen⟩ *Papierblatt für schriftl. Mitteilungen*

Brief|bom|be ⟨die; -, -n⟩ *mit Sprengstoff gefüllter Brief, der beim Öffnen explodiert*

Brief|freund ⟨der; -(e)s, -e⟩ *Freund, mit dem man korrespondiert;* Abl *Brieffreundin*

Brief|ge|heim|nis ⟨das; -nis|ses; unz.⟩ *Unverletzlichkeit von Briefsendungen* ▸ das ~ verletzen *einen Brief unbefugt öffnen*

Brief|kas|ten ⟨der; -s, -käs|ten⟩ **1** *auf der Straße, an Häusern od. bei der Post aufgestellter Behälter, in den man Briefe einwerfen kann u. der regelmäßig von der Post geleert wird* **2** *Behälter im Hauseingang od. an der Wohnungstür zum Einwerfen von Briefen* ▸ hast du heute schon den ~ geleert?; ich bringe die Briefe noch rasch zum ~; der ~ an der Post wird täglich um 16 Uhr geleert

Brief|kopf ⟨der; -(e)s, -köp|fe⟩ *Angaben über Absender od. Empfänger oben auf dem Briefbogen*

brief|lich ⟨Adj.⟩ *im Brief, durch Brief*

Brief|mar|ke ⟨die; -, -n⟩ *Wertzeichen zum Freimachen von Postsendungen, das man bei der Post od. anderen Poststellen kaufen kann* ▸ du musst noch eine ~ auf die Postkarte kleben; ich habe keine ~n mehr; Zus *Briefmarkenalbum, Briefmarkensammlung*

Brief|öff|ner ⟨der; -s, -⟩ *messerartiges Gerät zum Öffnen von Briefumschlägen*

Brief|ta|sche ⟨die; -, -n⟩ **1** *Mappe in Brusttaschengröße für Ausweise, Geld u. Ä.* **2** ⟨österr.⟩ *Geldbörse, Portemonnaie*

Brief|tau|be ⟨die; -, -n⟩ *Taubenart, die dank ihres Ortssinnes über weite Entfernungen zum Heimatschlag zurückfindet u. die man deshalb zur Nachrichtenübermittlung benutzt*

Brief|trä|ger ⟨der; -s, -⟩ *Angestellter der Post, der die Briefe austrägt;* Abl *Briefträgerin*

Brief|um|schlag ⟨der; -(e)s, -schlä|ge⟩ *zuklebbare Papierhülle zum Verschicken von Briefen*

Brief|wech|sel ⟨[-ks-] der; -s, -⟩ *Verkehr mit anderen Personen durch Briefe* ▸ in ~ mit jmdm. stehen, treten; den ~ mit jmdm. aufnehmen

Briefeschreiben

Die **Anschrift** in einem **Brief** sollte folgendermaßen gegliedert sein: Zunächst wird die Art der Sendung (z. B. *Einschreiben, Päckchen*) angegeben, dann die Anrede (z. B. *Herr, Frau, Firma*) und der Personen- oder Firmenname. Es folgt die Straße mit Hausnummer oder Postfach, die Postleitzahl mit dem Bestimmungsort sowie – wenn der Brief ins Ausland geschickt wird – das Bestimmungsland. Zum Beispiel:

Einschreiben Einwurf
Frau
Katharina Wenge
Donaustr. 18
1040 Wien
ÖSTERREICH

Der deutschen Norm (DIN 5008) entsprechend werden zwischen der Art der Sendung und der Anrede sowie zwischen der Straße / dem Postfach und dem Bestimmungsort jeweils **Leerzeilen** gesetzt. Bei Sendungen ins Ausland sollte keine Leerzeile vor dem Bestimmungsort eingefügt werden, zudem wird empfohlen, ausländische Bestimmungsorte mit Großbuchstaben zu schreiben.

Leerzeilen werden auch verwendet, um im **Brief** selbst die Anrede (z. B. *Sehr geehrte Frau …*) und den Gruß (z. B. *Mit freundlichen Grüßen*) vom Folgenden bzw. Vorhergehenden abzugrenzen.

briet → *braten*

Bri|ga|de ⟨die; -, -n⟩ **1** ⟨Mil.⟩ *Einheit aus mehreren Truppenteilen verschiedener Waffengattungen* **2** ⟨DDR⟩ *Gruppe mehrerer Arbeiter od. Angestellter im Wettbewerb*

Bri|kett ⟨das; -s, -s od. -e⟩ *in Form gepresste Braun- od. Steinkohle*

bril|lant <[brɪljant] Adj.> *glänzend, hervorragend* ▸ ein ~er Einfall; Abl *Brillanz*

Bril|lant <[brɪljant] der; -en, -en> *ein geschliffener Diamant;* Zus *Brillantring, Brillantschliff*

Bril|le <die; -, -n> *vor den Augen getragenes Gestell als Sehhilfe, Vorrichtung zum Ausgleich von Augenfehlern od. zum Schutz gegen Licht, Funken, Staub u. Ä.* ▸ die ~ **abnehmen,** aufsetzen; die ~ **sitzt** gut, locker, schlecht auf der Nase; er **trägt** eine ~; ich habe meine ~ **verlegt** *ich weiß nicht mehr, wo ich sie hingelegt habe;* die ~ **zurechtrücken** ▸ eine **randlose** ~; eine **schärfere,** schwächere ~ brauchen ▸ alles **durch** eine rosarote ~ sehen <übertr.> *allzu zuversichtlich sein;* eine ~ **mit** getönten, runden Gläsern; jmdn. **über** die ~ hinweg ansehen Zus *Brillenbügel, Brillenglas; Fernbrille, Nahbrille, Schutzbrille, Sonnenbrille*

Bril|len|schlan|ge <die; -, -n> **1** <Zool.> *eine lange Schlange, deren Biss Tiere u. Menschen töten kann u. die bei Erregung eine brillenartige Zeichnung am Hals zeigt* **2** <umg.; scherzh.> *Brillenträger(in)*

Bril|len|trä|ger <der; -s, -> *jmd., der eine Brille tragen muss;* Abl *Brillenträgerin*

bril|lie|ren <[brɪljiːrən] V. intr.; bril|liert, bril|lier|te, hat bril|liert> (mit etwas) ~ *glänzen, sich durch bes. Leistungen hervortun* ▸ sie hat im Examen mit ihrem Wissen brilliert

Brim|bo|ri|um <das; -s; unz.; umg.> *übertriebener Aufwand, unnützes Zeug* ▸ was soll das ganze ~?

brin|gen <V. trans.; bringt, brach|te, hat ge|bracht> **1** (jmdm.) etwas ~ *etwas (für jmdn.) herbeiholen, zu jmdm. hinschaffen* **2** (jmdm.) ein Paket ~ *ein P. bei jmdm. abliefern* **3** (jmdm.) eine Nachricht ~ *übermitteln* **4** etwas irgendwohin ~ *an eine bestimmte Stelle schaffen* **5** jmdn. irgendwohin ~ *an einen Ort begleiten, führen, fahren* **6** (jmdm.) Ehre, Nutzen, Schaden, Verluste ~ *(für jmdn.) zur Folge haben* **7** (für etwas) Opfer ~ *beim Einsatz für eine Sache Nachteile, Verluste auf sich nehmen* **8** jmdm. Hilfe, Trost, Unterstützung ~ *geben, zuteilwerden lassen* **9** (jmdm.) Gewinn, Zinsen ~ *Ertrag abwerfen* **10** etwas (in einer Zeitung) ~ *veröffentlichen, erscheinen lassen* **11** <umg.> etwas ~ **11.1** *sich lohnen, einen Nutzen haben* **11.2** *(leisten) können, schaffen, vermögen* ▸ das bringe ich nicht <umg.> *das kann ich nicht;* das bringt doch nichts <umg.> *das nutzt nichts, lohnt sich nicht;* Bungeejumping bringt's (total) <Jugendspr.> *macht (sehr viel) Spaß* ▸ das wird uns noch viel **Ärger** ~; die heutige Zeitung bringt einen **Artikel** über den Klimawandel; der Spritze hat dem Patienten sofort **Erleichterung** gebracht; die Felder ~ in diesem Jahr reiche **Ernte;** der Talisman soll dir **Glück** ~; das Wetter wird uns **Hitze,** Kälte, Regen, Schnee ~; jmdm. eine gute, schlechte **Nachricht** ~; unser Theater bringt zurzeit eine **Oper** von Mozart *führt sie auf;* dem Jubilar ein **Ständchen** ~; sich eine **Tasse** Tee ~ lassen ▸ etwas **an** sich ~ *widerrechtlich an sich nehmen;* ein Geheimnis ans Licht ~ *ein Geheimnis lüften, verraten;* jmdn. **auf** etwas ~ *jmdm. einen Gedanken eingeben;* er hat es schon auf 90 Jahre gebracht *er ist schon 90 Jahre alt geworden;* ein neues Produkt auf den Markt ~; dieser Hinweis brachte die Polizei auf die Spur des Verbrechers; dieser Wagen bringt es auf 160 Stundenkilometer *er erreicht 160 Stundenkilometer;* das Gespräch auf ein Thema ~; er war nicht **aus** der Fassung zu bringen; etwas oder jmdn. **dahin** ~, dass … *dazu veranlassen, dass …;* ich brachte ihn **darauf,** einen Abendkursus zu besuchen; jmdn. **dazu** ~, dass er Sport treibt *jmdn. dazu veranlassen;* das Fernsehprogramm bringt **heute** Abend eine neue Show; etwas **hinter** sich ~ *einen Teil einer Arbeit leisten;* jmdn. **in** Aufregung, Verlegenheit ~ *A., V. in jmdm. hervorrufen;* etwas in seinen Besitz ~ *erwerben;* er hat das Geschäft wieder in die Höhe gebracht *ihm neuen Aufschwung gegeben;* den Kranken ins Krankenhaus ~; etwas in Ordnung, ins Reine ~ *ordnen, regeln;* etwas in Reime, Verse ~; etwas in Unordnung ~; etwas **mit** sich ~ *nach sich ziehen;* diese Expedition wird Gefahren mit sich ~; etwas **über** sich ~ *sich zu etwas überwinden;* ich kann es nicht über mich ~, abzusagen; jmdn. **um** etwas ~ *ihm etwas nehmen;* er hat sie um ihre gesamten Ersparnisse gebracht; etwas unter seine Gewalt, Herrschaft ~; etwas **vom** Fleck, von der Stelle ~ *bewegen;* etwas **vor** Gericht, vor den Richter ~ *anzeigen, melden;* er wird es nicht **weit** ~ <übertr.> *er wird im Leben nicht viel erreichen;* es **zu** etwas ~ *Erfolg haben;* jmdn. wieder zu sich ~ *jmdm. helfen, wieder zu Bewusstsein, zur Vernunft zu kommen;* er wird es zu nichts ~ <übertr.> *nicht viel erreichen im Leben;* zum Abschluss, zu Ende ~ *beenden;* den Gast zur Bahn, zum Bahnhof, zum Wagen ~; die Kinder zu Bett ~ *schlafen legen;* er hat es bis zum Oberregierungsrat gebracht *er ist O. geworden;* zum Schweigen ~ *verstummen lassen;* etwas zur Sprache ~ *als Gesprächsthema vorbringen, erörtern wollen;* er war nur mit Mühe zum Sprechen zu ~; du bringst mich zur Verzweiflung!

bri|sant <Adj.; -er, am -es|ten; übertr.> *von zündender Aktualität, heikel, zu heftigen Reaktionen führend* ▸ eine ~e Entdeckung machen

Bri|sanz <die; -; unz.; übertr.> *zündende Aktualität* ▸ ein aktuelles Thema von großer ~

Bri|se <die; -, -n> *gleichmäßiger Wind mittlerer Geschwindigkeit* ▸ eine frische, steife ~

Bri|te <a. [brɪ-] der; -n, -n> *Einwohner von Großbritannien;* Abl *Britin; britisch*

Broc|co|li <a. [broː-] nur Pl.; Bot.> = *Brokkoli*

brö|ckeln <V.> **I** <V. intr.; brö|ckelt, brö|ckel|te, ist ge|brö|ckelt> **1** *in kleine Stücke zerfallen* (Gestein) **2** *sich in kleinen Stücken lösen* ▸ sein Einfluss bröckelt <übertr.> *verringert sich, zerfällt;* der alte Putz bröckelt von den Wänden **II** <V. trans.; brö|ckelt, brö|ckel|te, hat ge|brö|ckelt> etwas ~ *in kleine Stückchen zerteilen, zerlegen*

Bro|cken <der; -s, -> **1** *kleines abgebrochenes Stück,*

Bissen (Brot) **2** *Bruchstück* (Gestein) **3** ⟨übertr.; umg.⟩ *großer, breiter, schwerfälliger Mensch* ▸ ein paar ~ Russisch können ⟨übertr.⟩ *einige Sätze* ▸ jmdm. ein paar ~ hinwerfen ⟨übertr.; umg.⟩ *jmdn. mit ein paar Worten abfertigen;* da hat er sich wieder einen fetten ~ geschnappt ⟨übertr.; umg.⟩ *ein gutes Geschäft gemacht* ▸ ein dicker, harter ~! ⟨übertr.; umg.⟩ *eine schwierige Sache, Aufgabe;* ein schwerer ~ ⟨übertr.; umg.⟩ *schwergewichtige Person (bes. Kind); schwierige Aufgabe*

bro|deln ⟨V. intr.; bro|delt, bro|del|te, hat ge|bro|delt⟩ **1** *kochen, sieden, sprudeln, wallen* (Wasser) **2** ⟨übertr.⟩ *in starke Erregung, Unruhe geraten* ▸ die Menschenmenge brodelte

Broi|ler ⟨der; -s, -; ostdt.⟩ *Grillhähnchen*

Bro|kat ⟨der; -(e)s, -e; Textilw.⟩ *schwerer, gemusterter Seidenstoff mit eingewebten Gold- od. Silberfäden;* Zus *Goldbrokat, Silberbrokat*

Brok|ko|li ⟨a. [bro:-] nur Pl.; Bot.⟩ *ein Gemüse mit grünen, langstieligen Blütensprossen;* ⓘ S. 1002

Brom|bee|re ⟨die; -, -n; Bot.⟩ *eine schwarz glänzende Beere, die an stacheligen Sträuchern wächst*

Bron|chi|en ⟨[-çiən] Pl.; Med.⟩ *die Hauptäste der Luftröhre;* Abl *bronchial*

Bron|chi|tis ⟨[-çi-] die; -, -ti|den; Med.⟩ *entzündliche Erkrankung der Schleimhaut der Bronchien, die starken Husten verursacht*

Bron|ze ⟨[brɔ̃:sə] od. [brɔŋsə] die; -, -n⟩ **I** ⟨zählb.⟩ **1** ⟨Sammelbez. für⟩ *Legierungen des Kupfers mit anderen Metallen* **2** *daraus hergestellter Kunstgegenstand;* Zus *Bronzedruck, Bronzeguss* **3** ⟨Sp.; kurz für⟩ *Bronzemedaille* ▸ sie holte bei dem Wettkampf einmal ~; eine in ~ gegossene Skulptur **II** ⟨unz.⟩ *rotbrauner (metallisch glänzender) Farbton;* Abl *bronzefarben, bronzen*

Bron|ze|me|dail|le ⟨[brɔ̃:səmedaljə] od. [brɔŋsə-] die; -, -n⟩ *bronzene Medaille, dritthöchste Auszeichnung bei Wettbewerben* ▸ eine ~ gewinnen

Bron|ze|zeit ⟨[brɔ̃:sə-] od. [brɔŋsə-] die; -; unz.⟩ *Zeitalter zw. Jungstein- u. Eisenzeit*

Bro|sche ⟨die; -, -n⟩ *Schmuckstück mit Nadel zum Anstecken*

Bro|schü|re ⟨die; -, -n⟩ **1** *geheftetes Buch* **2** *kleine, nicht eingebundene Druckschrift, Flugschrift* ▸ eine ~ über Allergien; ~n an alle Haushalte verteilen

Brö|sel ⟨der od. österr. das; -s, - od. umg. -n⟩ *Krümel, Bröckchen;* Abl *bröselig*

brö|seln ⟨V.⟩ **I** ⟨V. trans.; brö|selt, brö|sel|te, hat ge|brö|selt⟩ etwas ~ *in Brösel zerreiben, zerbröckeln, zerkrümeln* **II** ⟨V. intr.; brö|selt, brö|sel|te, ist ge|brö|selt⟩ *in Brösel zerfallen, krümeln* ▸ der Kuchen, das Brot bröselt

Brot ⟨das; -(e)s, -e⟩ **1** *Gebäck aus Mehl, Wasser, etwas Salz u. einem Treibmittel;* Zus *Brotteig* **2** *ein einzelner Laib od. eine einzelne Scheibe dieses Gebäcks;* Zus *Brotkasten, Brotkorb, Brotkrume, Brotlaib, Brotmesser, Brotrinde* **3** ⟨übertr.⟩ *Nahrung, Unterhalt* ▸ ein Laib, eine Scheibe, ein Stück ~ ▸ ~ backen, brechen, schneiden; sich ein ~ schmieren; kannst du das ~ in Scheiben schneiden?; sein ~ verdienen ⟨übertr.⟩ *seinen Lebensunterhalt* ▸ altes, frisches, trockenes ~; ein belegtes ~; das ist ein hartes ~ ⟨übertr.⟩ *schwere, mühsame Arbeit;* →a. *Butter*

Bröt|chen ⟨das; -s, -⟩ *kleines, meist rundes od. ovales Gebäck aus Mehl, Salz, Wasser u. a.;* Syn ⟨berlin.⟩ *Schrippe,* ⟨fränk., bair., österr.⟩ *Semmel* ▸ zum Frühstück esse ich ~; beim Bäcker ~ kaufen; (sich) seine ~ verdienen ⟨übertr.; umg.⟩ *seinen Lebensunterhalt;* kleine ~ backen ⟨übertr.; umg.⟩ *genügsam, nicht ehrgeizig sein*

Bröt|chen|ge|ber ⟨der; -s, -; umg.; scherzh.⟩ *Arbeitgeber;* Abl *Brötchengeberin*

brot|los ⟨Adj.⟩ *ohne Verdienst, erwerbslos* ▸ ~e Kunst *eine Fertigkeit, die nichts einbringt*

Brot|zeit ⟨die; -; unz.; oberdt.⟩ *Zwischenmahlzeit, Frühstück od. kaltes Mittagessen* ▸ ~ halten

Brow|ser ⟨[brau-] der; -s, -; EDV⟩ *Programm, das einen Zugriff auf das World Wide Web im Internet ermöglicht*

BRT ⟨Abk. für⟩ *Bruttoregistertonne*

Bruch ⟨der; -(e)s, Brü|che⟩ **1** *Auseinanderbrechen, Zerbrechen durch Druck, Schlag usw.;* Zus *Achsenbruch, Dammbruch* **2** *Zerstörung unter Gewaltanwendung* **3** *entzweigegangene, zerbrochene Ware;* Zus *Glasbruch* **4** *durch Auseinanderbrechen entstandene Fläche, Spalt, Riss, Ritze* **5** ⟨Med.⟩ **5.1** ⟨kurz für⟩ *Knochenbruch* **5.2** *das Heraustreten von Eingeweide od. Gewebe;* Zus *Eingeweidebruch* **6** ⟨Math.⟩ *Verhältnis zwischen zwei ganzen Zahlen;* Zus *Bruchstrich, Bruchzahl* **7** ⟨übertr.⟩ *Lösung einer Beziehung, Verletzung eines Abkommens u. Ä.;* Zus *Ehebruch, Vertragsbruch* **8** *Unterbrechung, Abgehen von einer best. Darstellungsweise;* Zus *Stilbruch* **9** ⟨umg.; kurz für⟩ *Einbruch* ▸ der ~ eines Arms, Beins, Fingers, Wirbels, Zehs ⟨Med.⟩; der ~ eines Ehrenwortes, Eides, Gesetzes, Gelübdes, Vertrages; den ~ einer Freundschaft bedauern ▸ einen ~ erweitern, kürzen, verwandeln ⟨Math.⟩; sich einen ~ heben, zuziehen ⟨Med.⟩; einen ~ machen ⟨umg.⟩ *einen Einbruch verüben;* einen ~ operieren ▸ ein einfacher, glatter, komplizierter ~ *Knochenbruch* ▸ ihre Ehe ist in die Brüche gegangen ⟨übertr.⟩ *wurde geschieden;* Geschirr kann leicht in die Brüche gehen *zerbrechen;* rechnet ihr in der Schule schon mit Brüchen?; ein ~ mit der Vergangenheit; der ~ von Schokolade; der ~ von Fliesen; zu ~ gehen *in Trümmer gehen, zerbrechen;* es kam zwischen ihnen zum ~ ⟨übertr.⟩ *sie beendeten ihre Beziehung, ihre Verbindung*

Bruch|bu|de ⟨die; -, -n; umg.; abwertend⟩ *baufälliges Haus, dürftiges Zimmer, elende Unterkunft*

bruch|fest ⟨Adj.⟩ *unzerbrechlich* ▸ ~es Geschirr; Abl *Bruchfestigkeit*

brü|chig ⟨Adj.⟩ **1** *zerbrechlich, morsch* (Gestein) **2** ⟨übertr.⟩ *ungleichmäßig, klanglos* (Stimme); Abl *Brüchigkeit*

Bruch|lan|dung ⟨die; -, -en⟩ *Landung, bei der das Flugzeug stark beschädigt wird* ▸ eine ~ machen

bruch|rech|nen ⟨V. intr.; nur im Inf.⟩ *mit Brüchen rechnen;* Abl *Bruchrechnung*

bruch|si|cher ⟨Adj.⟩ *gesichert gegen Zerbrechen* ▸ ~ verpackt

Bruch|stel|le ⟨die; -, -n⟩ *Stelle, an der ein Gegenstand zerbrochen ist*

Bruch|stück ⟨das; -(e)s, -e⟩ **1** *von einem Ganzen abgebrochenes Stück* **2** ⟨übertr.⟩ *übriggebliebener Teil eines nicht mehr vorhandenen Ganzen;* Abl *bruchstückhaft*

Bruch|teil ⟨der; -(e)s, -e⟩ **1** *Teil eines Ganzen* **2** *sehr kleiner Teil* ▸ der ~ einer Sekunde, einer Summe, eines Wertes; nur ein ~ des Schadens wurde von der Versicherung ersetzt; im ~ einer Sekunde ⟨übertr.⟩ *ungeheuer schnell*

Brü|cke ⟨die; -, -n⟩ **1** *Bauwerk zur Führung von Verkehrswegen über Straßen, Eisenbahnlinien, Flüsse, Schluchten usw.;* Zus *Autobahnbrücke, Eisenbahnbrücke, Fußgängerbrücke; Brückenbau, Brückengeländer, Brückenpfeiler* **2** *Haltevorrichtung für künstl. Zähne an den benachbarten, gesunden Zähnen;* Zus *Keramikbrücke, Kunststoffbrücke* **3** ⟨Mar.; kurz für⟩ *Kommandobrücke* **4** *kleiner, schmaler Teppich* **5** ⟨übertr.⟩ *Verbindung, Kontakt* ▸ eine ~ **abbrechen,** bauen, konstruieren, schlagen, sprengen; alle ~n hinter sich abbrechen ⟨übertr.⟩ *alle Verbindungen lösen;* über eine ~ **gehen,** fahren ▸ eine **breite,** hölzerne, schmale, schwankende, stählerne, steinerne ~ ▸ eine ~ **über** eine Eisenbahnlinie, einen Fluss, eine Straße, eine Schlucht, ein Tal

Bru|der ⟨der; -s, Brü|der⟩ **1** *von demselben Elternpaar abstammende männl. Person;* Zus *Bruderliebe* **2** *Kamerad, Kumpel, enger Freund* **3** *Mönch;* Zus *Klosterbruder, Ordensbruder* ▸ jmdn. wie den eigenen ~ **behandeln;** ich **habe** einen ~; **sein:** er ist ihr ~; die Brüder **streiten** sich um das Geld ▸ mein **älterer,** großer, kleiner, jüngerer, leiblicher ~; ein **warmer** ~ ⟨umg.; abwertend⟩ *Homosexueller* ▸ das Bild ist **unter** Brüdern 500 Euro wert ⟨umg.⟩ *billig gerechnet, in ehrlichem, freundschaftl. Handel*

Bru|der|herz ⟨das; -her|zens; unz.; häufig scherzh.; Koseform für⟩ *Bruder*

brü|der|lich ⟨Adj.⟩ **1** *wie bei sich liebenden Brüdern üblich* **2** ⟨übertr.⟩ **2.1** *gleichberechtigt* **2.2** *rücksichtsvoll gegen andere* ▸ jmdm. einen ~en Kuss geben; etwas ~ teilen; Abl *Brüderlichkeit*

Brü|he ⟨die; -, -n⟩ **1** *durch Kochen von Nahrungsmitteln, bes. Fleisch, Knochen, gewonnene Flüssigkeit;* Zus *Fleischbrühe, Hühnerbrühe* **2** ⟨abwertend⟩ *trübe Flüssigkeit* ▸ diese **dünne** ~ soll Kaffee sein? ⟨umg.⟩; eine **heiße,** klare, kräftige, würzige ~ ▸ ~ **mit** Ei

brü|hen ⟨V. trans.; brüht, brüh|te, hat ge|brüht⟩ etwas ~ **1** *kochen* **2** *mit heißer Flüssigkeit übergießen*

brüh|warm ⟨Adj.; übertr.; umg.⟩ etwas ~ weitererzählen *sofort weitererzählen*

brül|len ⟨V. intr.; brüllt, brüll|te, hat ge|brüllt⟩ *laut schreien, heftig heulen* ▸ „Das ist eine Frechheit!", brüllte er; vor Schmerz, Wut ~; wie am Spieß ~ ⟨umg.⟩; das ist ja zum Brüllen! ⟨umg.⟩ *so komisch, dass man laut darüber lachen muss*

Brül|ler ⟨der; -s, -; umg.⟩ *gelungener Witz*

brum|men ⟨V. intr.; brummt, brumm|te, hat gebrummt⟩ **1** *tiefe, dumpfe Laute von sich geben* (Bär) **2** *summen* (Käfer) **3** *tief tönen* (Glocke) **4** *leise dröhnen* (Motor, Lastwagen) **5** *murmelnd, undeutlich od. ärgerlich leise sprechen* **6** ⟨übertr.⟩ *dumpf schmerzen* (Kopf); Zus *Brummschädel* **7** ⟨umg.⟩ *im Gefängnis eine Strafe abbüßen* ▸ „Das hättest du besser machen können!", brummte er; mir brummt der Kopf, der Schädel vor lauter Lernen ⟨umg.⟩; die Fliege, der Käfer brummt; er muss vier Wochen ~ ⟨umg.⟩ *ins Gefängnis gehen;* ein Auto brummt durch die Straße; was brummst du da in deinen Bart? ⟨umg.⟩ *was sprichst du da leise vor dich hin?*

Brum|mer ⟨der; -s, -⟩ **1** *große Fliege, die laut brummt* **2** ⟨umg.⟩ *Lastkraftwagen*

brum|mig ⟨Adj.; übertr.; umg.⟩ *mürrisch, übellaunig, verdrießlich* ▸ ein ~er Mensch

Brunch ⟨[brʌntʃ] der od. das; -s, -s od. -e⟩ *(spätes) Frühstück u. Mittagessen zugleich*

brü|nett ⟨Adj.⟩ *braunhaarig;* Abl *Brünette(r)*

Brunft ⟨die; -, Brünf|te; Jägerspr.⟩ *Paarung u. Paarungszeit bei Hirschen u. Ä.;* Zus *Brunftzeit*

Brun|nen ⟨der; -s, -⟩ **1** *Anlage zur Förderung von Grundwasser durch einen Schöpfeimer od. eine Pumpe;* Zus *Brunnenbauer; Ziehbrunnen* **2** *Brunnenbecken* **3** *Wasser einer natürlichen Quelle, bes. Heilquelle;* Zus *Brunnenwasser; Mineralbrunnen* ▸ einen ~ anlegen, bohren, graben; aus dem ~ trinken; ein künstlicher, natürlicher ~

Brunst ⟨die; -, Brüns|te; Jägerspr.⟩ = *Brunft*

brüns|tig ⟨Adj.; Jägerspr.⟩ *geschlechtlich erregt*

brüsk ⟨Adj.; -er, am -es|ten⟩ *barsch, schroff, unfreundlich* ▸ jmdn. ~ abweisen

brüs|kie|ren ⟨V. trans.; brüs|kiert, brüs|kier|te, hat brüs|kiert⟩ jmdn. ~ *brüsk, kränkend behandeln*

Brust ⟨die; -, Brüs|te⟩ **1** *die vordere Hälfte des Rumpfes der Menschen u. Wirbeltiere;* Syn *Brustkasten, Brustkorb* **2** ⟨meist Pl.⟩ *Busen;* ⓘ S. 146; Zus *Brustkrebs* ▸ dem Säugling die ~ **geben;** die ~ **nehmen** (Säugling); die ~ **schwillt** ihm vor Freude, Stolz ⟨übertr.⟩ *er ist sehr glücklich, stolz* ▸ eine **breite,** schmale ~ *Brustkorb* ▸ jmdn. **an** die ~ drücken *ihn umarmen;* er hat es **auf** der ~ ⟨umg.⟩ *leidet an Bronchitis, ist lungenkrank;* ich bin heute schwach auf der ~ ⟨übertr.; umg.⟩ *habe wenig Geld bei mir;* **aus** voller ~ singen *kräftig, laut, mit voller Lungenkraft;* sich **in** die ~ werfen ⟨übertr.⟩ *sich ein Ansehen geben, prahlen;* (sich) einen **zur** ~ nehmen ⟨umg.⟩ *Alkohol trinken;* sich jmdn. zur ~ nehmen ⟨übertr.; umg.⟩ *jmdn. zurechtweisen*

Brust|bein ⟨das; -(e)s, -e; Anat.⟩ *die Knochen, die die vordere Mitte des Brustkorbs bilden*

Brust|beu|tel ⟨der; -s, -⟩ *Geldtäschchen, das an einem Band um den Hals gehängt wird*

Brust|drü|se ⟨die; -, -n; Anat.⟩ *paariges, drüsiges Organ der Menschen u. Säugetiere, dessen Aufgabe die Milchbildung ist*

brüs|ten ⟨V. refl.; brüs|tet sich, brüs|te|te sich, hat

B

sich ge|brüs|tet⟩ sich (mit etwas) ~ *prahlen, angeben*

Brust|fell ⟨das; -(e)s, -e; Anat.⟩ *Membran, die den Brustraum der Wirbeltiere innen auskleidet*

Brust|korb ⟨der; -(e)s, -kör|be⟩ = *Brust (1)*

Brust|schwim|men ⟨das; -s; unz.⟩ *Schwimmen in Brustlage, gebräuchlichster Schwimmstil*

Brüs|tung ⟨die; -, -en⟩ *bis in halbe Körperhöhe od. Brusthöhe reichende Schutzwand, Lehne, Geländer;* Zus *Balkonbrüstung, Fensterbrüstung*

Brust|war|ze ⟨die; -, -n; Anat.⟩ *warzenförmige Mündung der Milchgänge der Brustdrüsen*

Brut ⟨die; -, -en⟩ **I** ⟨zählb.; Biol.⟩ *Nachkommenschaft der Tiere, die Eier legen* ▸ die ~ der Fische, Vögel; die erste ~; künstliche ~ *Brut, die im Brutapparat ausgebrütet wurde* **II** ⟨unz.⟩ **1** *Vorgang des Brütens (1);* Zus *Brutzeit* **2** ⟨übertr.; abwertend⟩ *Pack* ▸ die ~ ausrotten

bru|tal ⟨Adj.⟩ *roh, grob u. gewalttätig* ▸ er ist sehr ~; er ist ein ~er Mensch; Abl *Brutalität*

Brut|ap|pa|rat ⟨der; -(e)s, -e⟩ *Maschine zum künstlichen Ausbrüten von Eiern*

brü|ten ⟨V. intr.; brü|tet, brü|te|te, hat ge|brü|tet⟩ **1** *die Eier durch eigene Körperwärme erwärmen bis zum Ausschlüpfen der Jungen* **2** ⟨übertr.⟩ über etwas ~ *über etwas nachgrübeln, nachsinnen* ▸ die Glucke, der Vogel brütet; über einem Entschluss ~ ⟨übertr.⟩; über den Schulaufgaben ~ ⟨übertr.; umg.⟩; vor sich hin ~ ⟨übertr.; umg.⟩ *düsteren Gedanken nachhängen, herumgrübeln*

brü|tend **I** ⟨Part. Präs. von⟩ *brüten* **II** ⟨Adj.⟩ *drückend, sehr heiß* ▸ ~e Hitze; es ist ~ heiß ⟨verstärkend⟩

Brut|kas|ten ⟨der; -s, -käs|ten; Med.⟩ *Gerät zur medizin. Versorgung von Frühgeburten*

brut|to ⟨Adv.; Abk.: btto.; Wirtsch.⟩ Ggs *netto* **1** *ohne Kosten- od. Steuerabzug;* Zus *Bruttoeinkommen, Bruttolohn, Bruttopreis* **2** *einschließlich Verpackung;* Zus *Bruttogewicht*

Brut|to|in|lands|pro|dukt ⟨das; -(e)s; unz.⟩ *die Summe der von den ständigen Bewohnern eines Wirtschaftsbereiches erzielten Nettoproduktionswerte;* Syn ⟨veraltet⟩ *Bruttosozialprodukt*

Brut|to|re|gis|ter|ton|ne ⟨die; -, -n; Abk.: BRT⟩ *Raummaß für Schiffe (2,8316 m^3)*

brut|zeln ⟨V. trans. u. V. intr.; brut|zelt, brut|zel|te, hat ge|brut|zelt; umg.⟩ Fleisch (in der Pfanne) ~ *brodelnd u. spritzend braten*

Bub ⟨der; -en, -en; oberdt.⟩ *Junge, Knabe, Bursche;* →a. *Bube;* Abl *bubenhaft, bübisch*

Bu|be ⟨der; -n, -n⟩ **1** ⟨Kart.⟩ *vierthöchste frz. Spielkarte, entspricht dem deutschen „Unter" od. Wenzel* **2** ⟨veraltet⟩ *Schurke;* Zus *Spitzbube*

Buch ⟨das; -(e)s, Bü|cher⟩ **1** *zusammengeheftete od. eingebundene, beschriebene od. bedruckte Papierbogen;* Zus *Bucheinband, Bücherregal, Bücherschrank, Buchumschlag* **2** *größeres Schriftwerk;* Zus *Buchautor(in), Buchbesprechung, Buchmesse, Buchtitel, Bücherverzeichnis* **3** *Teil eines größeren Schriftwerkes, z. B. der Bibel* **4** ⟨Kaufmannsspr.; meist Pl.⟩ *Geschäftsbuch* ▸ das ~ **Hiob** *ein Teil der Bibel* ▸ ein ~ **auflegen,** binden, erscheinen lassen, verlegen, vertreiben; über alle Kosten ~ **führen** *alle K. aufschreiben;* die Bücher führen, prüfen ⟨Kaufmannsspr.⟩ *die Geschäftsbücher;* viele Bücher **lesen** ▸ ein ~ **antiquarisch** kaufen; ein **gutes,** interessantes, langweiliges, spannendes ~ lesen ▸ ein ~ **für** anspruchsvolle, junge Leser; damit hat er sich **ins** ~ der Geschichte eingetragen ⟨übertr.⟩ *unsterblichen Ruhm verdient;* steck deine Nase ins ~! ⟨umg.⟩ *lerne!;* du solltest öfter ein ~ in die Hand nehmen! ⟨umg.⟩ *du solltest mehr lesen!;* in einem ~ blättern, lesen; in jmds. Seele wie in einem ~ lesen können ⟨übertr.⟩ *ihn genau kennen;* ein Gelehrter, wie er im ~e steht *ein typischer G.;* das ist für mich ein ~ **mit** sieben Siegeln ⟨übertr.⟩ *das ist mir unverständlich, ein großes Geheimnis;* **über** den Büchern sitzen ⟨umg.⟩ *fleißig lernen;* er redet **wie** ein ~ *gewandt, pausenlos;* das Haus steht mit 80.000 Euro **zu** ~(e) ⟨Kaufmannsspr.⟩ *ist mit diesem Wert eingetragen;* die Entlassungen schlagen negativ zu ~(e); das ~ zum Film, zu einer Oper *Drehbuch, Textbuch*

Buch|bin|der ⟨der; -s, -⟩ *Handwerker, der Bücher einbindet;* Abl *Buchbinderin*

Buch|druck ⟨der; -(e)s; unz.⟩ *Gesamtheit der mechanischen Verfahren zur Vervielfältigung von Schriftwerken;* Abl *Buchdrucker(in)*

Buch|dru|cke|rei ⟨die; -, -en⟩ **I** ⟨unz.⟩ *mechanische Vervielfältigung von Schriftwerken mittels Druck* **II** ⟨zählb.⟩ *technischer Betrieb zur Herstellung von Büchern*

Bu|che ⟨die; -, -n; Bot.⟩ *ein Laubbaum mit silbriger, glatter Rinde u. rötlichem Holz*

Buch|ecker ⟨die; -, -n; Bot.⟩ *kleine, dreikantige Nuss, rotbraune Frucht der Buche*

bu|chen ⟨V. trans.; bucht, buch|te, hat ge|bucht⟩ **1** Ausgaben, Gewinne ~ *in ein Geschäftsbuch, eine Liste eintragen* **2** einen Flug, eine Reise ~ *rechtsverbindlich bestellen* ▸ einen Platz im Flugzeug, Schlafwagen ~; eine Reise im Reisebüro, bei einer Reisegesellschaft ~; etwas als Erfolg, Misserfolg ~ ⟨übertr.⟩ *etwas als E., M. ansehen;* eine Summe auf ein Bankkonto ~; Abl *Buchung*

Bü|che|rei ⟨die; -, -en⟩ = *Bibliothek (2);* Zus *Büchereiausweis; Stadtbücherei*

Bü|cher|wurm ⟨der; -(e)s, -wür|mer; übertr.; umg.⟩ *Bücherliebhaber, eifriger Bücherleser*

Buch|fink ⟨der; -en, -en; Zool.⟩ *ein Singvogel*

Buch|füh|rung ⟨die; -; unz.⟩ *systemat. Aufschreiben aller Geschäftseinnahmen u. -ausgaben*

Buch|hal|ter ⟨der; -s, -⟩ *für die Buchführung zuständiger kaufmännischer Angestellter;* Abl *Buchhalterin; buchhalterisch*

Buch|hal|tung ⟨die; -, -en⟩ **1** *kaufmänn. Rechnungsführung, Buchführung* **2** *die dafür zuständige Abteilung eines Betriebes*

Buch|han|del ⟨der; -s; unz.⟩ *Herstellung (Verlag) u. Vertrieb (Sortiment) von Büchern, Zeitschriften, Noten, Bilddrucken usw.*

Buch|händ|ler ⟨der; -s, -⟩ *Leiter od. Angestellter in einer Buchhandlung, in einem Verlag u. Ä. (Beruf mit dreijähriger Lehrzeit);* Abl *Buchhändlerin*

Buch|hand|lung ⟨die; -, -en⟩ *Ladengeschäft, in dem Bücher verkauft werden*

Buch|ma|cher ⟨der; -s, -⟩ *gewerbsmäßiger Wettunternehmer, bes. bei Pferderennen*

Buch|preis|bin|dung ⟨die; -, -en⟩ *gesetzl. Regelung, nach der ein Buch im Handel zu einem verbindlichen Preis angeboten werden muss*

Büch|se ⟨[-ks-] die; -, -n⟩ **1** *kleiner Behälter aus Holz, Metall o. Ä., Dose;* Zus *Büchsenfleisch, Büchsenmilch, Büchsenöffner; Blechbüchse, Konservenbüchse, Sammelbüchse, Sparbüchse* **2** *Gewehr, Jagdgewehr* ▸ eine ~ Ananas, Gulasch, Milch, Thunfisch, Würstchen *Konservendose;* die ~ laden, spannen; ein Geldstück in die ~ werfen *Sammelbüchse*

Buch|sta|be ⟨der; -ns, -n⟩ *Schriftzeichen für einen Sprechlaut* ▸ das A ist der erste ~ des Alphabets ▸ deutsche, griechische, hebräische, kyrillische, lateinische ~n; ein gedruckter, geschriebener, großer, kleiner ~ ▸ sich auf seine vier ~n setzen ⟨umg.; scherzh.⟩ *sich auf seinen Popo setzen; sich hinsetzen u. anfangen, fleißig zu lernen;* eine Zahl in ~n schreiben *nicht in Ziffern, sondern als Wort schreiben;* nach dem ~n des Gesetzes richten, verurteilen ⟨übertr.⟩ *starr nach den Paragrafen;* Zus *Buchstabenrätsel, Buchstabenschrift*

buch|sta|ben|ge|treu ⟨Adj.⟩ *wie vorgegeben, genau, wörtlich* ▸ etwas ~ erfüllen

buch|sta|bie|ren ⟨V. trans.; buch|sta|biert, buch|sta|bier|te, hat buch|sta|biert⟩ ein Wort ~ *in einzelnen Buchstaben lesen od. sprechen* ▸ können Sie bitte Ihren Nachnamen ~?

buch|stäb|lich ⟨Adj.; übertr.⟩ *dem genauen Wortsinn nach, nicht übertrieben, regelrecht, wirklich* ▸ er wurde ~ in Stücke gerissen

Bucht ⟨die; -, -en⟩ *ins Land eingreifender Teil von Meeren od. Binnengewässern;* Zus *Meeresbucht*

Bu|ckel ⟨der; -s, -⟩ **1** *Höcker, Beule, Ausbuchtung, runde Erhebung* **2** ⟨Med.⟩ *Wölbung der Wirbelsäule nach hinten* **3** ⟨umg.⟩ *Rücken;* Abl *bucklig, Bucklige(r);* Zus *Katzenbuckel* ▸ er kann mir den ~ runterrutschen! ⟨übertr.; umg.⟩ *das, was er will od. sagt, ist mir ganz gleichgültig* ▸ sie hat einen ~ ⟨umg.⟩ *sie ist verwachsen;* die Katze macht einen krummen ~ ▸ er hat einen breiten ~ ⟨übertr.; umg.⟩ *er verträgt viel, lässt sich nicht aus der Ruhe bringen* ▸ er hat schon seine 90 Jahre auf dem ~ ⟨übertr.; umg.⟩ *ist schon 90 Jahre alt;* etwas auf seinen ~ nehmen ⟨übertr.⟩ *die Verantwortung auf sich nehmen;* ihr lief es kalt den ~ hinunter ⟨übertr.; umg.⟩ *ihr schauderte*

bu|ckeln ⟨V.; bu|ckelt, bu|ckel|te, hat ge|bu|ckelt⟩ **I** ⟨V. intr.⟩ **1** *einen Buckel machen* **2** *ausschlagen, Bocksprünge machen* (Pferd) **3** ⟨übertr.⟩ (vor jmdm.) ~ *sich einschmeicheln, kriechen, katzbuckeln* ▸ das Pferd hat heftig gebuckelt und seinen Reiter abgeworfen **II** ⟨V. trans.⟩ etwas ~ *auf dem Buckel tragen*

bü|cken ⟨V. refl.; bückt sich, bück|te sich, hat sich ge|bückt⟩ sich ~ *sich niederbeugen, den Rücken krümmen*

Bück|ling ⟨der; -s, -e⟩ *warm geräucherter Hering*

Bud|del ⟨die; -, -n; norddt.; umg.⟩ *Flasche, besonders Schnapsflasche* ▸ eine ~ Schnaps kaufen

bud|deln ⟨V. intr.; bud|delt, bud|del|te, hat gebud|delt⟩ *wühlen, graben, im Sand spielen* ▸ Kinder ~ gern im Sandkasten

Bud|dhis|mus ⟨der; -; unz.⟩ *die von Buddha (560-480 v. Chr.) gestiftete indische Religion;* Abl *Buddhist(in); buddhistisch*

Bu|de ⟨die; -, -n⟩ **1** *leichtes Bretterhäuschen, fahrbare Verkaufsstelle;* Zus *Bretterbude, Jahrmarktsbude, Verkaufsbude* **2** ⟨umg.⟩ *baufälliges Haus, alte Wohnung* **3** ⟨umg.; scherzh.⟩ *Zimmer;* Zus *Studentenbude* ▸ jmdm. die ~ einlaufen, einrennen ⟨übertr.; umg.⟩ *ihn wiederholt aufsuchen u. mit Wünschen belästigen* ▸ jmdm. auf die ~ rücken ⟨umg.⟩ *jmdn. überraschend in seiner Wohnung besuchen;* die ~ auf den Kopf stellen ⟨umg.; scherzh.⟩ *gründlich durchsuchen u. dabei in Unordnung bringen;* Leben in die ~ bringen ⟨übertr.; umg.⟩ *etwas beleben, in Elan, Schwung bringen;* immer nur in der ~ hocken

Bud|get ⟨[bydʒeː] das; -s, -s⟩ **1** *Haushaltsplan od. Voranschlag öffentl. Institutionen* **2** ⟨umg.⟩ *Gesamtheit der verfügbaren finanziellen Mittel* ▸ diese Ausgaben übersteigen mein ~ ⟨umg.⟩

Bü|fett ⟨[byfeː] das; -(e)s, -e⟩ oV *Buffet* **1** *Anrichte, Porzellan- u. Glasschrank* **2** *Schanktisch* ▸ kaltes ~ *Tisch mit kalten Speisen zum Selbstbedienen*

Büf|fel ⟨der; -s, -; Zool.⟩ *eine große Rinderart mit langen, fast dreieckigen Hörnern;* Zus *Büffelkäse*

büf|feln ⟨V. intr.; büf|felt, büf|fel|te, hat ge|büf|felt; umg.⟩ *intensiv für die Schule, für Prüfungen lernen*

Bug ⟨der; -(e)s, -e od. Bü|ge⟩ *vorderster Teil (eines Schiffes)*

Bü|gel ⟨der; -s, -; kurz für⟩ *Kleiderbügel, Steigbügel* ▸ den Mantel auf den ~ hängen; dem Reiter in den ~ helfen

Bü|gel|ei|sen ⟨das; -s, -⟩ *elektrisch heizbares Gerät zum Bügeln von Wäsche*

Bü|gel|fal|te ⟨die; -, -n⟩ *scharfe Falte (an langen Hosen)*

bü|gel|frei ⟨Adj.⟩ *so beschaffen, dass man es nicht bügeln muss* ▸ ~e Oberhemden

bü|geln ⟨V. trans.; bü|gelt, bü|gel|te, hat ge|bü|gelt⟩ Wäsche ~ *mit dem Bügeleisen glätten;* Zus *Bügelbrett, Bügelmaschine, Bügelwäsche*

Bug|gy ⟨[bʌgi] der; -s, -s⟩ *offener, zusammenklappbarer Kinderwagen* ▸ ein Kind im ~ fahren

bug|sie|ren ⟨V. trans.; bug|siert, bug|sier|te, hat bug|siert; umg.⟩ jmdn. od. etwas ~ *an einen bestimmten Ort bringen* ▸ jmdn. ins Bett ~

bu|hen ⟨V. intr.; buht, buh|te, hat ge|buht; umg.⟩ *Buh! rufen (als Missfallenskundgebung)*

buh|len ⟨V. intr.; buhlt, buhl|te, hat ge|buhlt⟩ **1** mit jmdm. um etwas ~ *wetteifern* **2** um etwas ~ *heftig nach etwas streben* ▸ um jmds. Gunst ~

Buh|mann ⟨der; -(e)s, -män|ner; umg.⟩ *angeblich böser Mensch, der alle Schuld an etwas trägt* ▸ jmdn. als ~ hinstellen; der ~ für alle sein

Büh|ne ⟨die; -, -n⟩ **1** *der nach dem Zuschauerraum hin geöffnete, für die Aufführung bestimmte Teil*

des Theaters; Zus *Bühnenanweisung, Bühnenwirkung* **2** *Podium, erhöhter Teil des Fußbodens, Tribüne;* Zus *Rednerbühne* **3** ⟨übertr.⟩ *Theater* ▸ die Schauspieler betreten die ~; ein Stück auf die ~ bringen *aufführen;* auf der ~ stehen; etwas gut, schnell über die ~ bringen ⟨übertr.; umg.⟩ *ausführen, erledigen;* die Sache ging gut über die ~ ⟨übertr.; umg.⟩ *verlief erfolgreich*

Büh|nen|bild ⟨das; -(e)s, -er⟩ *künstlerisch gestaltete Ausstattung der Bühne mit Kulissen, diversen plastischen Bauten, Vorhängen usw.;* Abl *Bühnenbildner(in)*

büh|nen|reif ⟨Adj.⟩ **1** *gut genug für eine Aufführung auf der Bühne* **2** ⟨übertr.⟩ *sehr amüsant, komisch* ▸ ein ~er Auftritt

Buh|ruf ⟨der; -(e)s, -e⟩ *der Ruf „buh!" (als Ausdruck des Missfallens)*

buk → *backen*

Bu|kett ⟨das; -(e)s, -e⟩ = *Bouquet*

Bu|let|te ⟨die; -, -n; regional⟩ *Frikadelle*

Bul|ga|re ⟨der; -n, -n⟩ *Einwohner von Bulgarien;* Abl *Bulgarin; bulgarisch*

Bull|au|ge ⟨das; -s, -n⟩ *kleines, rundes Fenster an Schiffen*

Bull|dog|ge ⟨die; -, -n; Zool.⟩ *stämmige engl. Hunderasse*

Bull|do|zer ⟨[-do:zə(r)] der; -s, -⟩ *Raupenfahrzeug, das Gelände einebnet*

Bul|le[1] ⟨der; -n, -n⟩ **1** ⟨Zool.⟩ *geschlechtsreifes männl. Rind, Zuchtstier* **2** ⟨übertr.; umg.⟩ *großer starker Mann* **3** ⟨derb⟩ *Polizist* ▸ Achtung, die ~n kommen! ⟨derb⟩

Bul|le[2] ⟨die; -, -n⟩ **1** ⟨i. w. S.⟩ *Urkunde mit Metallsiegel* **2** ⟨i. e. S.⟩ *päpstl. Erlass* ▸ Goldene ~ *kaiserliche bzw. königliche Urkunde*

Bul|len|hit|ze ⟨die; -; unz.; umg.⟩ *große Hitze*

bul|lig ⟨Adj.; umg.⟩ *massig, plump*

Bu|me|rang ⟨a. [bu-] der; -s, -e od. -s⟩ *Wurfholz, das zum Werfer zurückkehrt, wenn es sein Ziel verfehlt*

bum|meln ⟨V. intr.; bum|melt, bum|mel|te, ist/hat ge|bum|melt; umg.⟩ **1** *gemütlich spazieren gehen* **2** *trödeln* **3** *langsam arbeiten* **4** *nichts tun, leichtsinnig leben* ▸ durch die Einkaufszone ~; bummel nicht so! *beeil dich;* in den ersten Semestern hat er nur gebummelt *nicht richtig gearbeitet*

Bum|mel|streik ⟨der; -s, -s od. -e⟩ *langsames Arbeiten zum Erzwingen von Forderungen der Arbeitnehmer*

Bum|mel|zug ⟨der; -(e)s, -zü|ge; umg.; scherzh.⟩ *an jeder Station haltender Personenzug*

bum|sen ⟨V. intr.; bumst, bums|te, hat ge|bumst; umg.⟩ **1** *dröhnen, aufprallen* **2** ⟨derb⟩ (mit jmdm.) ~ *Geschlechtsverkehr haben*

Bund **I** ⟨der; -(e)s, Bün|de⟩ **1** *enge, dauernde Verbindung;* Zus *Ehebund* **2** *Vereinigung, Gemeinschaft, Vereinsverband;* Zus *Jugendbund, Parteienbund* **3** *Zusammenschluss von Staaten;* Zus *Staatenbund* **4** ⟨Soldatenspr.; kurz für⟩ *Bundeswehr* **5** *eingefasster oberer Rand an Hose u. Rock;* Zus *Hosenbund, Rockbund* ▸ ein ~ der Freundschaft ▸ einen ~ eingehen, erneuern, festigen, lösen ▸ ein dauerhafter, enger, fester, langjähriger, politischer ~ ▸ der ~ an der Hose ist 70 cm weit; beim ~ sein ⟨Soldatenspr.⟩; den ~ fürs Leben schließen *heiraten;* der Dritte im ~e sein *sich einem Freundespaar anschließen;* im ~e mit jmdm. sein *mit jmdm. verbündet sein, ihn unterstützen;* jmdm. die Hand zum ~ reichen ⟨übertr.⟩; ein ~ zwischen zwei Staaten **II** ⟨das; -(e)s, -e⟩ **1** *etwas Zusammengebundenes;* Zus *Strohbund* **2** *Maßeinheiten für zusammengebundene Gegenstände, bes. Gemüse, Blumen* ▸ ein ~ Radieschen; Abl *bundweise*

Bünd|chen ⟨das; -s, -⟩ *eingefasster Rand am Ärmel od. am Halsausschnitt eines Kleidungsstücks*

Bün|del ⟨das; -s, -⟩ **1** *etwas Zusammengebundenes;* Zus *Strohbündel, Aktenbündel* **2** ⟨Math.⟩ *unendl. Schar von Geraden od. Ebenen im Raum, die sich in einem Punkt od. einer Geraden schneiden* ▸ sein ~ schnüren ⟨übertr.; umg.⟩ *sich zum Aufbruch fertigmachen;* auch er hat sein ~ zu tragen ⟨übertr.; umg.⟩ *auch er hat seine Sorgen*

bün|deln ⟨V. trans.; bün|delt, bün|del|te, hat gebün|delt⟩ etwas ~ **1** *in Bündel zusammenschnüren;* Abl *bündelweise* **2** ⟨übertr.⟩ *zusammenführen* ▸ sie bündelten ihre Kräfte ⟨übertr.⟩; gebündelte Energie ⟨übertr.⟩; gebündelte Karotten; Abl *Bündelung*

bun|des..., Bun|des... ⟨in Zus.⟩ **1** ⟨i. w. S.⟩ *einen Bund (I), bes. einen Staatenbund betreffend* **2** ⟨i. e. S.⟩ *die Bundesrepublik Deutschland, ihre Bundesländer u./od. Organe betreffend, zu ihnen gehörend,* z. B. Bundesbehörde, Bundesgebiet, Bundesgericht, Bundesgesetz; bundespolitisch

Bun|des|amt ⟨das; -(e)s, -äm|ter⟩ *obere Verwaltungsbehörde in der BRD*

Bun|des|bank ⟨die; -; unz.⟩ Deutsche ~ *Zentralbank der BRD*

Bun|des|bür|ger ⟨der; -s, -⟩ *Bürger der Bundesrepublik Deutschland;* Abl *Bundesbürger*

bun|des|deutsch ⟨Adj.⟩ *die Bundesrepublik Deutschland betreffend, ihr zugehörig*

Bun|des|ebe|ne ⟨die; -; unz.; übertr.⟩ auf ~ (stattfinden, sich einigen usw.) *in der Zuständigkeit der Bundesregierung*

Bun|des|ge|nos|se ⟨der; -n, -n⟩ *Verbündeter*

Bun|des|ge|richts|hof ⟨der; -(e)s; unz.; Rechtsw.; Abk.: BGH⟩ *oberstes Bundesgericht für die Zivil- u. Strafgerichtsbarkeit der BRD*

Bun|des|grenz|schutz ⟨der; -es; unz.; Abk.: BGS⟩ *polizeiähnl. Behörde der BRD zum Schutz ihrer Grenzen*

Bun|des|haupt|stadt ⟨die; -, -städ|te⟩ *Hauptstadt eines Bundesstaates* ▸ ~ Berlin; →a. *Bundesstadt*

Bun|des|ka|bi|nett ⟨das; -(e)s; unz.; BRD; Sammelbez. für⟩ *Bundeskanzler u. sämtliche Bundesminister*

Bun|des|kanz|ler ⟨der; -s, -⟩ **1** ⟨BRD u. Österr.⟩ *Leiter der Bundesregierung* **2** ⟨Schweiz⟩ *Leiter der Bundeskanzlei*

Bun|des|kanz|ler|amt ⟨das; -(e)s, -äm|ter⟩ **1** ⟨BRD⟩ *Dienstbehörde des Bundeskanzlers* **2** ⟨Österr.⟩ *Geschäftsstelle des Bundeskanzlers*

Bun|des|kanz|le|rin ⟨die; -, -rin|nen⟩ *weibl. Bundeskanzler*

Bun|des|land ⟨das; -(e)s, -län|der⟩ **1** ⟨i. w. S.⟩ *zu einem Bundesstaat gehörendes Land* **2** ⟨i. e. S.⟩ *Land der BRD* ▸ alte Bundesländer *die westdeutschen Bundesländer (die bereits vor der deutschen Wiedervereinigung der BRD angehörten);* neue Bundesländer *die ostdeutschen Bundesländer (die nach der deutschen Wiedervereinigung der BRD beitraten)*

Bundesländer

Gemeinsames Merkmal der drei größten deutschsprachigen Länder ist ihre **föderative** Struktur. Die **Bundesrepublik Deutschland** besteht aus 16 ***Bundesländern,*** nämlich Baden-Württemberg, Bayern, Berlin, Brandenburg, Bremen, Hamburg, Hessen, Mecklenburg-Vorpommern, Niedersachsen, Nordrhein-Westfalen, Rheinland-Pfalz, dem Saarland, Sachsen, Sachsen-Anhalt, Schleswig-Holstein und Thüringen. Als **Stadtstaaten** werden drei dieser Länder bezeichnet, die Hansestädte Bremen und Hamburg sowie die deutsche Hauptstadt Berlin. Besonders die Vereinigung von Berlin und Brandenburg zu einem Bundesland wird seit längerem diskutiert.
Auch in der **Republik Österreich** gibt es – insgesamt neun – ***Bundesländer:*** das Burgenland, Kärnten, Niederösterreich, Salzburg, die Steiermark, Tirol, Vorarlberg und Wien.
Die 26 Teilstaaten der **Schweiz** nennt man dagegen **Kantonene:** Aargau, Appenzell (A-Außerrhoden und A-Innerrhoden), Basel (B-Landschaft und B-Stadt), Bern, Freiburg, Genf, Glarus, Graubünden, Jura, Luzern, Neuenburg, Nidwalden, Obwalden, Schaffhausen, Schwyz, Solothurn, St. Gallen, Thurgau, Tessin, Uri, Wallis, Waadt, Zug, Zürich.

Bun|des|li|ga ⟨die; -; unz.; Sp.⟩ *oberste Spielklasse im Fußball der BRD;* Abl *Bundesligist*

Bun|des|mi|nis|ter ⟨der; -s, -⟩ *Minister der Bundesregierung*

Bun|des|mi|nis|te|rin ⟨die; -, -rin|nen⟩ *weibl. Bundesminister*

Bun|des|nach|rich|ten|dienst ⟨der; -(e)s, -e; Abk.: BND⟩ *Nachrichtendienst (Geheimdienst) der Bundesrepublik Deutschland*

Bun|des|prä|si|dent ⟨der; -en, -en⟩ *Staatsoberhaupt eines Bundesstaates*

Bun|des|prä|si|den|tin ⟨die; -, -tin|nen⟩ *weibl. Bundespräsident*

Bun|des|rat ⟨der; -(e)s, -rä|te⟩ **1** *aus den Vertretern der Bundesgliedstaaten bestehendes Organ eines Bundesstaates* **2** *Regierung der Schweiz* **3** *Mitglied des österr. od. schweiz. Bundesrates*

Bun|des|rä|tin ⟨die; -, -tin|nen⟩ *weiblicher Bundesrat (3)*

Bun|des|re|gie|rung ⟨die; -, -en⟩ *Regierung eines Bundesstaates*

Bun|des|re|pu|b|lik Deutsch|land ⟨die; - -; unz.; nicht amtl. Abk.: BRD⟩ *der aus dem Zusammenschluss der westdeutschen Länder 1949 entstandene Bundesstaat, seit 1990 einschließlich der ostdeutschen Länder;* →a. *Deutschland*

Bun|des|staat ⟨der; -(e)s, -en⟩ **1** *Vereinigung von Staaten zu einem (neuen) souveränen Gesamtstaat* **2** *einzelner Gliedstaat eines solchen Bundesstaates*

Bun|des|stadt ⟨die; -, -städ|te; Amtsdt.⟩ ~ Bonn *ehemalige Hauptstadt der Bundesrepublik Deutschland (als zweites politisches Zentrum);* →a. *Bundeshauptstadt*

Bun|des|stra|ße ⟨die; -, -n; Abk.: B⟩ *für den Fernverkehr in der BRD bestimmte, besonders gekennzeichnete u. nummerierte Autostraße*

Bun|des|tag ⟨der; -(e)s; unz.; BRD⟩ *Volksvertretung, Parlament* ▸ Deutscher ~ *Gesetzgebungsorgan des Bundes u. Repräsentanz des Volkes;* Mitglied des ~es ⟨Abk.: MdB⟩; Zus *Bundestagsabgeordnete(r), Bundestagsdebatte*

Bundestag

In der Bundesrepublik Deutschland bezeichnet man das Parlament als ***Bundestag.*** Seine Abgeordneten werden bei der **Bundestagswahl** für die Dauer einer Wahlperiode, d. h. für jeweils vier Jahre gewählt. Ausschlaggebend für die Anzahl der Abgeordneten sind nicht nur die deutschlandweiten Wahlergebnisse der einzelnen Parteien, sondern auch die regionale Stimmverteilung in den momentan 299 Wahlkreisen. In der Regel sind annähernd 600 Abgeordnete im Bundestag vertreten, die den **Bundeskanzler** wählen, der als Regierungschef die Verantwortung für die Richtlinien der Politik trägt und gemeinsam mit den **Bundesministern** die **Bundesregierung** bildet. Seit 2005 gibt es erstmals eine **Bundeskanzlerin.**
Offizielles Staatsoberhaupt der Bundesrepublik Deutschland ist der **Bundespräsident,** den die **Bundesversammlung** jeweils für die Dauer von fünf Jahren wählt.

Bun|des|tags|wahl ⟨die; -, -en⟩ *Wahl der Abgeordneten für den Bundestag (durch die wahlberechtigten Bundesbürger)*

Bun|des|trai|ner ⟨[-tre:-] der; -s, -; Sp.⟩ *Trainer einer Nationalmannschaft in einem Bundesstaat;* Abl *Bundestrainerin;* Zus *Fußballbundestrainer*

Bun|des|ver|dienst|kreuz ⟨das; -es, -e⟩ *Orden, der für außerordentliche Verdienste vom Bundespräsidenten verliehen wird*

Bun|des|ver|fas|sungs|ge|richt ⟨das; -(e)s; unz.; Rechtsw.; BRD⟩ *oberstes Gericht*

Bun|des|ver|samm|lung ⟨die; -, -en⟩ **1** *oberstes Bundesorgan, das nur zur Wahl des Bundespräsidenten zusammentritt, es besteht aus den Mitgliedern des Bundestags u. aus einer gleichen Zahl von Mitgliedern, die von den Volksvertretungen der Länder nach den Grundsätzen der Verhältnis-*

B

wahl gewählt werden **2** ‹Schweiz› *gemeinsame Sitzung des Nationalrates u. des Ständerates*
Bun|des|wehr ‹die; -; unz.; Mil.› *die Streitkräfte der BRD;* Abl *Bundeswehrsoldat(in)*
bun|des|weit ‹Adj.› *das gesamte Bundesgebiet betreffend;* Syn *deutschlandweit* ▸ ein ~er Versuch
bün|dig ‹Adj.› **1** *überzeugend, treffend, schlagend* **2** ‹Arch.› *auf gleicher Ebene liegend* ▸ ~e Balken ‹Arch.›; ein ~er Beweis,; etwas kurz und ~ beantworten, erklären; die Bretter liegen ~
Bünd|nis ‹das; -nis|ses, -nis|se› **1** *völkerrechtlicher Vertrag zwischen Staaten zur Verfolgung gemeinsamer Interessen* **2** *Vereinbarung gemeinsamen Vorgehens* ▸ ein ~ eingehen, erneuern, lösen; ein ~ zwischen zwei Staaten; Zus *Bündnispartner*
Bun|ga|low ‹[-lo:] der; -s, -s› *ebenerdiges Wohnhaus mit flachem Dach*
Bun|ker ‹der; -s, -› *Schutzraum gegen militärische Angriffe;* Zus *Luftschutzbunker*
bun|kern ‹V. trans.; bun|kert, bun|ker|te, hat gebun|kert; umg.› Geld, Vorräte ~ *horten, sichern*
Bun|sen|bren|ner ‹der; -s, -› *Gasbrenner, bei dem das Gas in ein weiteres Rohr strömt*
bunt ‹Adj.; -er, am -es|ten› **1** *farbig (nicht nur schwarz od. weiß);* Zus *Buntpapier* **2** *mehrfarbig* **3** ‹übertr.› *mannigfaltig, vielgestaltig, abwechslungsreich* ▸ ein ~er Abend *Veranstaltung mit verschiedenen unterhaltsamen Darbietungen;* sie trägt gern ~e Blusen; bekannt wie ein ~er Hund ‹übertr.› *überall bekannt;* ~es Laub *herbstlich gefärbtes Laub;* ~er Teller *Teller mit verschiedenem Gebäck u. Süßigkeiten* ▸ im alten Schubkasten lag alles ~ durcheinander; treibt es nicht zu ~! *werdet nicht übermütig!* ▸ ~ gemischt = *buntgemischt* ▸ jetzt wird mir der Lärm aber zu ~! *jetzt reicht es mir!;* Abl *Buntheit*
bunt|ge|mischt *auch:* **bunt ge|mischt** ‹Adj.; übertr.› *aus vielen verschiedenen Teilen od. Personen bestehend* ▸ eine ~e Gesellschaft
Bunt|specht ‹der; -(e)s, -e; Zool.› *ein farbiger Specht*
Bunt|stift ‹der; -(e)s, -e› *farbiger Zeichenstift* ▸ mit einem ~ malen; Zus *Buntstiftzeichnung*
Bunt|wä|sche ‹die; -; unz.› *bunte Wäsche*
Bür|de ‹die; -, -n› **1** *schwere Traglast* **2** ‹übertr.› *seelische Last, Mühe, Kummer* ▸ eine drückende, leichte, schwere ~; mit dieser Aufgabe hast du dir eine große ~ aufgeladen ‹übertr.›; eine ~ auf sich nehmen ‹übertr.›
Burg ‹die; -, -en› **1** *befestigte Gebäudeanlage, (bes.) Ritterwohnung, Festung, befestigte Siedlung;* Zus *Burggraben, Burgherr, Burgverlies* **2** *Bau aus Sand, bes. am Strand;* Zus *Sandburg*
Bür|ge ‹der; -n, -n› *jmd., der für einen anderen haftet, finanzielle Sicherheit für diesen leistet;* Abl *Bürgin*
bür|gen ‹V. intr.; bürgt, bürg|te, hat ge|bürgt› für jmdn. ~ **1** *für ihn haften* **2** *finanzielle Sicherheit leisten*
Bür|ger ‹der; -s, -› **1** *Bewohner einer Stadt od. eines Staates;* Zus *Staatsbürger* **2** *Zivilist (im Gegensatz zum Soldaten)* **3** *Angehöriger des Mittelstands* ▸ ein ~ der Vereinigten Staaten; ein angesehener ~ unserer Stadt
Bür|ger|be|geh|ren ‹das; -s, -; Pol.› *Begehren nach Entscheidung eines von Bürgern vorgebrachten Anliegens im Gemeinderat*
Bür|ger|ent|scheid ‹der; -(e)s, -e; Pol.› *Entscheid einer Gemeindeangelegenheit durch die Bürger*
Bür|ge|rin ‹die; -, -rin|nen› *weibl. Bürger*
Bür|ger|in|i|ti|a|ti|ve ‹[-tsjati:və] die; -, -n› *Vereinigung von Bürgern zur Durchsetzung bestimmter Forderungen u. Interessen;* Syn *Bürgerbewegung*
Bür|ger|krieg ‹der; -(e)s, -e› *Krieg zw. Bewohnern derselben Stadt od. desselben Staates* ▸ in dem Land tobte lange ein ~; Zus *bürgerkriegsähnlich*
bür|ger|lich ‹Adj.› **1** *das Bürgertum betreffend, ihm zugehörig;* Abl *Bürgerliche(r)* **2** *nach hergebrachter Art, nicht überfeinert* (Küche) **3** ‹abwertend› *spießbürgerlich* ▸ ein Restaurant mit ~er Küche; sie sind ~ eingerichtet; die ~en Rechte bewahren; Bürgerliches Gesetzbuch ‹Abk.: BGB› *einheitl. dt. Gesetzbuch zur Regelung des bürgerl. Rechts;* ~es Recht *das allgemeine, jeden Bürger betreffende Privatrecht;* Syn *Zivilrecht*
Bür|ger|meis|ter ‹der; -s, -› *Oberhaupt einer Stadt od. Gemeinde*
Bür|ger|meis|te|rin ‹die; -, -rin|nen› *weibl. Bürgermeister*
bür|ger|nah ‹Adj.› *an den Bedürfnissen des Bürgers orientiert* ▸ ~e Politik; Abl *Bürgernähe*
Bür|ger|pflicht ‹die; -, -en› *Pflicht eines Bürgers zu bestimmten Dienstleistungen u. Abgaben*
Bür|ger|recht ‹das; -(e)s, -e› *Gesamtheit der einem Staatsbürger bzw. einem Gemeindemitglied zustehenden Rechte;* Abl *bürgerrechtlich*
Bür|ger|recht|ler ‹der; -s, -› **1** ‹i. w. S.› *jmd., der für gleiches, tatsächl. Recht für alle Staatsbürger eintritt u. kämpft* **2** ‹i. e. S.› *Anhänger der Bürgerrechtsbewegung;* Abl *Bürgerrechtlerin*
Bür|ger|rechts|be|we|gung ‹die; -, -en› *für die Gleichberechtigung u. Wahrung der Bürgerrechte eintretende Massenbewegung*
Bür|ger|schaft ‹die; -, -en› **1** *Gesamtheit der Bürger (eines Staates, einer Stadt od. Gemeinde)* **2** ‹i. e. S.› *Parlament der Hansestädte Hamburg u. Bremen;* Zus *Bürgerschaftswahl*
Bür|ger|steig ‹der; -(e)s, -e› *erhöhter Weg für Fußgänger neben der Fahrbahn;* Syn *Fußweg (2), Gehsteig, Gehweg (1), Trottoir*
Bür|ger|tum ‹das; -s; unz.› *Gesamtheit aller Bürger*
Bürg|schaft ‹die; -, -en› **1** *Sicherheit, Haftung für jmdn. durch einen Bürgen* **2** *der Vertrag darüber* ▸ ~ leisten; die ~ für jmdn. übernehmen
bur|lesk ‹Adj.› *possenhaft, derb-komisch*
Bur|les|ke ‹die; -, -n; Lit.; Theat.› *Posse, Schwank*
Bü|ro ‹das; -s, -s› **1** *Arbeitszimmer;* Zus *Büromöbel, Büroschrank* ⓘ S. 468 **2** *Geschäftsstelle* **3** *kleinere Firma;* Zus *Büroangestellte(r), Bürogebäude, Bürohaus, Bürostunden; Schreibbüro, Werbebüro* **4** *Gesamtheit der Angestellten in einer Geschäftsstelle od. Firma*
Bü|ro|kauf|frau ‹die; -, -en; Berufsbez.› *weibl. Bürokaufmann*

Bü|ro|kauf|mann ⟨der; -(e)s, -leu|te; Berufsbez.⟩ *männliche Person, deren Tätigkeit die Betriebsorganisation u. kaufmännische Verwaltung umfasst*

Bü|ro|klam|mer ⟨die; -, -n⟩ *kleine Klammer zum Zusammenhalten von Papierbogen*

Bü|ro|krat ⟨der; -en, -en⟩ **1** *Angehöriger der Bürokratie* **2** ⟨übertr.⟩ *engstirnig nach Vorschriften arbeitender Mensch;* Abl *Bürokratin*

Bü|ro|kra|tie ⟨die; -, -n⟩ **1** *Beamtenherrschaft* **2** *der gesamte, aus den Beamten bestehende Verwaltungsstab* **3** ⟨übertr.⟩ *engstirnige, schwerfällige Beamtenwirtschaft;* Abl *bürokratisch*

Bur|sche ⟨der; -n, -n⟩ **1** *junger Mann, Halbwüchsiger* **2** ⟨umg.⟩ *Kerl* ▸ ein aufgeweckter, junger ~; ein durchtriebener, übler ~; er ist ein kräftiger, zäher ~; das ist ja ein sauberer ~ ⟨umg.; iron.⟩ *ein Betrüger*

Bur|schen|schaft ⟨die; -, -en; seit 1815⟩ *studentische Verbindung;* Abl *burschenschaftlich*

bur|schi|kos ⟨Adj.; -er, am -es|ten⟩ *jungenhaft ungezwungen, formlos*

Bürs|te ⟨die; -, -n⟩ *Gegenstand mit Borsten zum Bürsten u. Reinigen;* Zus *Haarbürste* ⓘ S. 147, *Nagelbürste, Zahnbürste* ⓘ S. 147

bürs|ten ⟨V. trans.; bürs|tet, bürs|te|te, hat ge|bürstet⟩ etwas ~ *mit der Bürste reinigen, glätten, aufrauen* ▸ einem Kind die Haare ~; ich muss mir noch die Zähne ~ *putzen*

Bür|zel ⟨der; -s, -; Zool.⟩ *Schwanzwurzel der Vögel*

Bus ⟨der; Bus|ses, Bus|se; kurz für⟩ *Autobus, Omnibus* ▸ mit dem ~ fahren; eine Fahrkarte für den ~ kaufen; der ~ ist (nicht) klimatisiert; Zus *Busfahrer(in), Busfahrt, Bushaltestelle; Reisebus*

Busch ⟨der; -(e)s, Bü|sche⟩ **1** *Strauch* **2** *dichter tropischer Wald* ▸ der afrikanische ~; bei jmdm. auf den ~ klopfen ⟨übertr.; umg.⟩ *ihn auszuhorchen versuchen;* mit seinen Absichten, Plänen hinterm ~ halten ⟨übertr.; umg.⟩ *sie nicht preisgeben;* sich seitwärts in die Büsche schlagen ⟨übertr.; umg.⟩ *heimlich verschwinden;* da ist etwas im ~ ⟨übertr.; umg.⟩ *da stimmt etwas nicht*

Bü|schel ⟨das; -s, -⟩ *kleiner Busch, kleines Bündel;* Abl *büschelweise;* Zus *Haarbüschel*

bu|schig ⟨Adj.⟩ **1** *wie ein Busch* **2** *mit Gebüsch bewachsen* **3** *dicht, voll* (Augenbrauen, Haar)

Bu|sen ⟨der; -s, -⟩ *weibliche Brust* ▸ ein großer, kleiner, schöner ~; am ~ der Natur ruhen ⟨poet.⟩ *im Freien;* eine Schlange am ~ nähren ⟨übertr.; umg.⟩ *jmdm. (bes. einer feindlich gesinnten Person) zu stark vertrauen*

Bu|sen|freund ⟨der; -(e)s, -e⟩ *inniger, bester Freund, Herzensfreund;* Abl *Busenfreundin*

Busi|ness ⟨[bɪznɪs] das; -; unz.⟩ *Geschäft*

Busi|ness|class ⟨[bɪznɪskla:s] die; -; unz.; im Flugverkehr⟩ *Beförderungsklasse für Geschäftsreisende*

Bus|sard ⟨der; -(e)s, -e; Zool.⟩ *kräftiger Greifvogel mit breiten Flügeln;* Zus *Mäusebussard*

Bu|ße ⟨die; -, -n⟩ **1** *religiöse Handlung zur Wiedergutmachung einer Tat od. zur Besserung (Opfer, Fasten, Beten, Wallfahren);* Zus *Bußpredigt* **2** *Reue u. Wille zur Besserung* **3** *Entschädigung, Schadenersatz;* Zus *Geldbuße* ▸ jmdm. für ein Vergehen eine ~ auferlegen; ~ tun

bü|ßen ⟨V. trans. u. V. intr.; büßt, büß|te, hat büßt⟩ **1** etwas ~ *Buße tun, eine Schuld sühnen;* Abl *Büßer(in)* **2** etwas (mit etwas)~, für etwas ~ *für etwas eine Strafe auf sich nehmen, Wiedergutmachung leisten* ▸ das sollst, wirst du mir ~! *(Drohung);* er musste seinen Leichtsinn mit dem Leben ~; für seine Vertrauensseligkeit wird er noch schwer ~ müssen; →a. *Lückenbüßer*

Bus|serl ⟨das; -s, -n; oberdt.⟩ *Kuss*

Buß|geld ⟨das; -(e)s, -er⟩ *Geldstrafe wegen einer Ordnungswidrigkeit (bes. im Straßenverkehr);* Zus *Bußgeldbescheid*

Bus|si ⟨das; -s, -s; umg.⟩ = *Busserl*

Büs|te ⟨die; -, -n⟩ **1** *plastische Darstellung des Menschen vom Kopf bis zur Brust* **2** *weibliche Brust*

Büs|ten|hal|ter ⟨der; -s, -; Abk.: BH⟩ *Kleidungsstück, das der weiblichen Brust Form u. Halt gibt;* ⓘ S. 682

Butt ⟨der; -(e)s, -e; Zool.⟩ *ein Schollenfisch*

Büt|te ⟨die; -, -n⟩ **1** *hölzernes Wassergefäß* **2** *auf dem Rücken tragbares Gefäß, eisenbeschlagene Kiepe* **3** *Holzfass für den Papierbrei bei der Papierherstellung;* Zus *Büttenpapier* **4** *Rednerpult des Karnevalsredners;* oV *Bütt;* Zus *Büttenrede*

But|ter ⟨die; -; unz.⟩ *aus Milch gewonnenes Speisefett* ▸ gesalzene, ranzige, zerlassene ~ ▸ alles in ~! ⟨übertr.; umg.⟩ *alles in Ordnung;* Fisch, Fleisch in ~ braten, dünsten; eine Scheibe Brot mit ~ bestreichen; jmdm. die ~ vom Brot nehmen ⟨übertr.⟩ *ihn hemmen, ruinieren;* sich nicht die ~ vom Brot nehmen lassen ⟨übertr.⟩ *sich nicht übervorteilen lassen;* Zus *Butterdose, Butterschmalz*

But|ter|blu|me ⟨die; -, -n; volkstüml. Name für⟩ *viele gelb blühende Pflanzen, auch für den Löwenzahn u. die Ringelblume*

But|ter|brot ⟨das; -(e)s, -e⟩ *mit Butter bestrichene Scheibe Brot* ▸ jmdm. etwas aufs ~ schmieren ⟨übertr.; umg.⟩ *vorhalten, vorwerfen;* etwas für ein ~ bekommen ⟨übertr.; umg.⟩ *sehr billig*

But|ter|cre|me ⟨[-kre:m] die; -; unz.⟩ *Creme aus Butter, Zucker u. Milch als Füllung für Torten;* oV *Butterkrem, Butterkreme*

But|ter|milch ⟨die; -; unz.⟩ *beim Buttern zurückbleibender Milchrest mit wenig Fett*

but|tern ⟨V.; but|tert, but|ter|te, hat ge|but|tert⟩ **I** ⟨V. intr.⟩ *aus Milch Butter herstellen* **II** ⟨V. trans.⟩ **1** eine Scheibe Brot ~ *mit Butter bestreichen* **2** ⟨umg.⟩ Geld in etwas ~ *sinnlos u. verschwenderisch investieren*

but|ter|weich ⟨Adj.⟩ *sehr weich, knetbar* ▸ bei der Prüfung hatte er ~e Knie ⟨übertr.⟩

By|pass ⟨[baɪ-] der; -es, -e od. -päs|se; Med.⟩ *bei Herzoperationen eingesetzter Schlauch als Ersatz für eine verengte Ader;* Zus *Bypassoperation*

Byte ⟨[baɪt] das; - od. -s, -s od. (bei Zahlenangaben) -; EDV; Zeichen: B⟩ *kleinste Dateneinheit im Speicher einer EDV-Anlage, umfasst acht Bit*

bzw. ⟨Abk. für⟩ *beziehungsweise*

C c

c **I** ‹das; -, - od. -s; Mus.› *Tonbezeichnung, Grundton der c-Moll-Tonleiter* **II** ‹ohne Artikel› **1** ‹Mus.; Abk. für› *c-Moll (Tonartbez.)* **2** ‹Zeichen für› *Zenti…*

C **I** ‹das; -, - od. -s; Mus.› *Tonbezeichnung, Grundton der C-Dur-Tonleiter* **II** ‹ohne Artikel; Abk. für› **1** ‹Mus.› *C-Dur (Tonartbezeichnung)* **2** ‹röm. Zahlzeichen für› *100 (centum)* **3** ‹Phys.; Zeichen für› *Celsius*

ca. ‹Abk. für› *zirka*

Ca|ba|ret ‹[kabare:] od. [kabare:] das; -s, -s› = *Kabarett*

Ca|b|rio ‹das; -s, -s; kurz für› *Cabriolet;* ⓘ S. 896

Ca|b|ri|o|let ‹[kabriole:] das; -s, -s› *Personenkraftwagen mit zurückklappbarem Verdeck;* Ggs *Limousine*

Café/Kaffee

Ein *Café* ist ein Lokal, in dem man außer *Kaffee* o. Ä. meist auch noch Kuchen oder andere Backwaren konsumieren kann, bisweilen auch Eisspezialitäten (in **Eiscafés**) oder kleine Mahlzeiten. Das *Café* ist eine typisch deutsche und österreichische kulturelle Institution. Häufig werden *Cafés* in Verbindung mit einer **Konditorei** oder **Bäckerei** betrieben.

Feste Bestandteile des Kuchenangebots in deutschen *Cafés* sind: Schwarzwälder Kirschtorte, Erdbeertorte, Käsekuchen, Apfelkuchen, Marmorkuchen und Biskuitrolle. Im süddeutschen und österreichischen Raum kommt noch der Apfelstrudel hinzu, in Österreich als besondere Spezialität die Sachertorte.

Wegen der ähnlichen, teils gleichen Aussprache sind die Wörter *Café* und *Kaffee* leicht zu verwechseln. Daher sollte man sie gut unterscheiden: *Wir treffen uns um 15 Uhr im Café. Das Café ist auch am Sonntag geöffnet. Er lädt uns ins Café ein. Wir hätten gern zwei Kaffee. Wenn ich den Kaffee ausgetrunken habe, können wir gehen.*

In Wien haben die **Kaffeehäuser** eine lange kulturelle Tradition. Der **Milchkaffee** wird hier **Melange** genannt, der **Espresso** heißt **Mokka,** und als **Brauner** wird ein schwarzer Kaffee mit Milch bezeichnet.

Ca|fé ‹[-fe:] das; -s, -s› *Kaffeehaus, Konditorei*

Ca|fe|te|ria ‹die; -, -ri|en› *Café, Restaurant mit Selbstbedienung*

Cal|ci|um ‹das; -s; unz.; chem. Zeichen: Ca; fachsprachl.› = *Kalzium*

Call|girl ‹[kɔ:lgœ:l] das; -s, -s› *Prostituierte, die man telefonisch bestellt*

Ca|mem|bert ‹a. [kamãbɛ:r] der; -s, -s› *vollfetter Weichkäse mit leichtem Schimmelbelag u. champignonartigem Geschmack*

Ca|mi|on ‹[kamjɔ̃:] der; -s, -s; schweiz.› *Lastkraftwagen*

Camp ‹[kæmp] das; -s, -s› *Feld-, Zeltlager* ▸ in ein ~ fahren; Zus *Jugendcamp*

cam|pen ‹[kæmpən] V. intr.; campt, camp|te, hat ge|campt› *(während des Urlaubs) im Zelt od. im Wohnwagen leben;* Syn ‹schweiz.› *campieren*

Cam|per ‹[kæmpə(r)] der; -s, -› **1** *jmd., der Camping betreibt;* Abl *Camperin* **2** *motorisierter Wohnwagen;* Syn *Wohnmobil*

Cam|ping ‹[kæm-] das; -s; unz.› *Freizeit- u. Feriengestaltung mit Zelt od. Wohnwagen auf einem Campingplatz* ▸ zum ~ ans Mittelmeer fahren; Zus *Campingausrüstung, Campingurlaub*

Cam|ping|bus ‹[kæm-] der; -bus|ses, -bus|se› *als Wohnmobil ausgebauter Kleinbus*

Cam|ping|platz ‹[kæm-] der; -es, -plät|ze› *Platz zum Aufstellen von Zelten u. Wohnwagen (oft mit sanitären Anlagen)*

Cam|pus ‹der; -; unz.› *Gelände einer Universität od. eines Colleges*

can|celn ‹[ka:nsəln] od. [kænsəln] V. trans.; cancelt, can|cel|te, hat ge|can|celt› eine Reise, einen Flug ~ *absagen*

Can|na|bis ‹der; -; unz.› **1** *Hanf* **2** = *Haschisch*

Ca|nos|sa|gang ‹der; -(e)s, -gän|ge› *demütigender Bußgang*

Cape ‹[ke:p] das; -s, -s› *ärmelloser Umhang*

Cap|puc|ci|no ‹[-tʃi:-] der; -s, -s› *ital. Kaffee mit einer Haube aus aufgeschäumter Milch od. geschlagener Sahne*

Ca|ra|van ‹[karava:n] der; -s, -s› **1** *Kombiwagen* **2** *Wohnwagen als Autoanhänger*

Ca|ri|tas ‹die; -; unz.; kurz für› *Caritasverband, katholischer Verband zur Wohlfahrtspflege*

Ca|ro|tin ‹das; -s; unz.; fachsprachl.› = *Karotin*

Car|toon ‹[kartu:n] der od. das; -s, -s› **1** *Karikatur, satirische Zeichnung* **2** = *Comicstrip*

Car|too|nist ‹[-tu-] der; -en, -en› *jmd., der Cartoons zeichnet;* Abl *Cartoonistin*

Ca|sa|no|va ‹[-va] der; -s, -s› *Frauenliebling, Frauenverführer*

Cash ‹[kæʃ] das; -; unz.› **1** *Barzahlung* **2** *Bargeld*

Ca|si|no ‹das; -s, -s› **1** *Gesellschaftshaus, Unterhaltungsstätte* **2** *Speiseraum für Offiziere;* Zus *Offizierscasino* **3** *öffentlicher Betrieb für Glücksspiele*

Cas|ting ‹[ka:s-] das; -s, -s› **I** ‹unz.› *alle bei einem Film mitwirkenden Schauspieler* **II** ‹zählb.› *Auswahl der Schauspieler für einen Film*

Cas|tor® ‹der; -s, -s od. -to|ren; Abk. für engl.› *cask for storage and transport of radioactive material (Fass, Behälter für die Lagerung u. den Transport von radioaktivem Materials);* Syn *Castorbehälter*

cat|chen ‹[kætʃən] V. intr.; catcht, catch|te, hat ge|catcht› **1** *im Freistil ringen* **2** ‹umg.› *fangen;* Abl *Catcher*

Ca|te|ring ⟨[kɛɪtərɪŋ] das; - od. -s; unz.⟩ *Herstellung, Anlieferung u. Bereitstellung von Speisen u. Getränken für eine größere Anzahl von Personen, z. B. im Flugzeug, bei Kongressen od. Partys*

CB-Funk ⟨der; -s; unz.⟩ *gebührenfreier Amateurfunk;* Abl *CB-Funker(in)*

Cc ⟨bes. EDV; Abk. für⟩ *Kopie (bei E-Mails), Durchschlag (bei Briefen od. Dokumenten)*

CD ⟨Abk. für engl.⟩ *Compact Disc*

CD-Bren|ner ⟨[tse:de:-] der; -s, -⟩ *Gerät, mit dem man CD-Rohlinge mit Daten beschreiben kann*

CD-Play|er *auch:* **CD-Pla|yer** ⟨[tsede:plɛɪə(r)] der; -s, -⟩ *Gerät zum Abspielen von Compact Discs;* Syn *CD-Spieler*

CD-ROM ⟨die; -, -s; EDV; Abk. für engl.⟩ *Compact Disc Read Only Memory, eine optische Speicherplatte mit großer Speicherkapazität, die nur gelesen, jedoch nicht beschrieben werden kann*

CDU ⟨Abk. für⟩ *Christlich-Demokratische Union (Deutschlands);* Zus *CDU-Anhänger(in)*

Cel|list ⟨[tʃɛl-] der; -en, -en; Mus.⟩ *Cellospieler;* Abl *Cellistin*

Cel|lo ⟨[tʃɛl-] das; -s, -s od. Cel|li; Mus.; kurz für⟩ *Violoncello;* ⓘ S. 788

Cel|lo|phan® ⟨das; -s; unz.; fachsprachl.⟩ = *Zellophan*

Cel|lu|li|tis ⟨die; -, -ti|den⟩ = *Zellulitis*

Cel|lu|loid ⟨das; -(e)s; unz.; fachsprachl.⟩ = *Zelluloid*

Cel|lu|lo|se ⟨die; -; unz.; fachsprachl.⟩ = *Zellulose*

Cel|si|us ⟨das; -, -; Zeichen: C⟩ *internationale Einheit der Temperatur* ▸ 10 Grad ~, 10 °C

Cel|si|us|ska|la *auch:* **Cel|si|us-Ska|la** ⟨die; -; unz.⟩ *Temperaturskala mit einer 100-Grad-Einteilung*

Cem|ba|lo ⟨[tʃɛm-] das; -s, -s od. -ba|li; Mus.⟩ *altes Tasteninstrument, bei dem die Saiten nicht angeschlagen, sondern angerissen werden*

Cent ⟨der; - od. -s, -s od. (bei Zahlenangaben) -; Abk.: c od. ct; Pl.: cts⟩ **1** *hundertster Teil eines Euros, Währungseinheit in der Europäischen Union* **2** *hundertster Teil eines Dollars, Währungseinheit der USA* ▸ ein Brötchen kostet 25 ~; ich habe im Portemonnaie sehr viele ~ *einzelne Centmünzen*

Cen|ter ⟨[sɛntə(r)] das; -s, -⟩ *Ort, Mittelpunkt bestimmter Tätigkeiten od. Dienstleistungen;* Zus *Einkaufscenter, Vergnügungscenter*

Ce|ran® ⟨das; -s, -e⟩ *Werkstoff (für Kochflächen) aus Glaskeramik*

Ce|ran|feld ⟨das; -(e)s, -er⟩ *ebenes Kochfeld aus Glaskeramik*

Ces ⟨das; -, -; Mus.⟩ **1** *Tonbezeichnung, das um einen Halbton erniedrigte C* **2** *Tonartbezeichnung, Ces-Dur*

CH **1** ⟨Abk. für lat.⟩ *Confoederatio Helvetica (Schweiz)* **2** ⟨Kfz-Kennzeichen für⟩ *die Schweiz*

Cha|mä|le|on ⟨[ka-] das; -s, -s; Zool.⟩ *Baumeidechse mit herausschleuderbarer Klebezunge u. veränderl. Hautfarbe*

Cham|pa|gner ⟨[ʃampanjər] der; -s, -⟩ *ein edler frz. Schaumwein;* Zus *Champagnerflasche*

Cham|pi|gnon ⟨[ʃampinjɔŋ] od. [ʃãpinjɔ̃:] der; -s, -s; Bot.⟩ *ein Speisepilz;* ⓘ S. 1002

Cham|pi|on ⟨[tʃæmpjən] der; -s, -s; Sp.⟩ *Meistersportler, z. B. erfolgreichster Sportler einer Sportart*

Chan|ce ⟨[ʃã:s(ə)] die; -, -n⟩ **1** *günstige Gelegenheit, Aussicht auf Erfolg* **2** *Möglichkeit, etwas zu tun, zu erreichen, sich zu bewähren* ▸ eine ~ **ausnutzen,** verpassen, versäumen, wahrnehmen; jmdm. eine ~ **bieten,** geben *Möglichkeit zur Bewährung geben;* gute ~n **haben** *gute Aussichten haben;* er hat noch eine (letzte) ~, das Spiel zu gewinnen ▸ **geringe,** große, keine, wenig ~n haben; ich habe bei ihr leider **keine** ~n ⟨umg.⟩ *ich bin ihr nicht sehr sympathisch, sie wird sich nie in mich verlieben* ▸ ~n **auf** einen Gewinn haben

chan|cen|gleich ⟨[ʃã:sən-] Adj.⟩ *die gleichen Chancen besitzend, zu siegen od. zum Erfolg zu kommen;* Abl *Chancengleichheit*

chan|cen|los ⟨[ʃã:sən-] Adj.⟩ *ohne Chance auf einen Sieg, ohne Aussicht auf Erfolg;* Ggs *chancenreich*

chan|cen|reich ⟨[ʃã:sən-] Adj.⟩ *viele Chancen zum Sieg habend, mit großer Aussicht auf Erfolg;* Ggs *chancenlos*

Chan|son ⟨[ʃãsɔ̃:] das; -s, -s; Mus.⟩ *meist kritisches od. leicht sentimentales Lied, das bes. im Kabarett gesungen wird;* Zus *Chansonsänger(in)*

Chan|son|ni|er ⟨[ʃãsɔnje:] der; -s, -s⟩ *Kabarettsänger;* oV *Chansonier*

Cha|os ⟨[ka:ɔs] das; -; unz.⟩ *Durcheinander, Wirrwarr;* Abl *chaotisch;* Zus *Chaostheorie*

Cha|ot ⟨[ka-] der; -en, -en⟩ *jmd., der Unruhe, Verwirrung stiftet;* oV *Chaote;* Abl *Chaotin*

Cha|rak|ter ⟨[ka-] der; -s, -te|re⟩ **1** *Merkmal, Wesensart od. Eigenart, die kennzeichnend für jmdn. od. etwas ist* **2** *Mensch, der ein ausgeprägtes Wesen besitzt* **3** ⟨übertr.⟩ *feste, standhafte Haltung* ▸ der ~ der **Landschaft** wird durch zahlreiche Seen bestimmt ▸ die Auseinandersetzung hat einen bösartigen ~ **angenommen;** ~ **beweisen,** haben ⟨übertr.⟩ ▸ ein **ausgeprägter,** edler, guter, haltloser, schlechter, schwacher, schwieriger, starker ~; er hat **keinen** ~ *er schwankt in seinem Verhalten, seinen Ansichten;* die Besprechungen hatten **vertraulichen** ~ ▸ er ist ein Mann **von** ~ *ein Mann, der zu seiner Meinung steht*

Cha|rak|ter|bil|dung ⟨[ka-] die; -; unz.⟩ *das Werden, die Formung eines Charakters*

Cha|rak|ter|feh|ler ⟨[ka-] der; -s, -⟩ *schlechte Charaktereigenschaft*

cha|rak|ter|fest ⟨[ka-] Adj.; -er, am -es|ten⟩ *willenskräftig, standhaft;* Syn *charaktervoll;* Abl *Charakterfestigkeit*

cha|rak|te|ri|sie|ren ⟨[ka-] V. trans.; cha|rak|te|ri|siert, cha|rak|te|ri|sier|te, hat cha|rak|te|ri|siert⟩ jmdn. od. etwas ~ *kennzeichnen, treffend schildern, beschreiben* ▸ du hast ihn treffend charakterisiert; Personen genau ~ können; er charakterisiert das Wesen seines Chefs; Abl *Charakterisierung*

C

Cha|rak|te|ris|tik ⟨[ka-] die; -, -en⟩ *Kennzeichnung, treffende Beschreibung*

Cha|rak|te|ris|ti|kum ⟨[ka-] das; -s, -ti|ka⟩ *kennzeichnendes Merkmal*

cha|rak|te|ris|tisch ⟨[ka-] Adj.⟩ *kennzeichnend, unterscheidend, typisch* ▸ die Handlungsweise ist ~ für ihn

cha|rak|ter|lich ⟨[ka-] Adj.⟩ *den Charakter betreffend* ▸ er hat ~e Schwächen

cha|rak|ter|los ⟨[ka-] Adj.⟩ *wankelmütig, ohne feste Haltung;* Abl *Charakterlosigkeit*

cha|rak|ter|schwach ⟨[ka-] Adj.⟩ *willensschwach, unbeständig in seinem Verhalten u. seinen Ansichten* ▸ ~ wie er war, hatte die Gegenpartei ihn bereits nach sehr kurzer Zeit auf ihre Seite gezogen; Abl *Charakterschwäche*

cha|rak|ter|stark ⟨[ka-] Adj.⟩ *eine feste innere Haltung besitzend, unbeirrbar, standhaft* ▸ sie war so ~, dass sie sich nicht von ihrer Überzeugung abbringen ließ; Abl *Charakterstärke*

Cha|rak|ter|zug ⟨[ka-] der; -(e)s, -zü|ge⟩ *Wesenszug, Eigenschaft*

Cha|ris|ma ⟨[ka:-] od. [ça:-] od. [-ris-] das; -, -ris|ma|ta od. -ris|men⟩ *Ausstrahlung* ▸ er hat, besitzt viel ~; Abl *charismatisch*

char|mant ⟨[ʃar-] Adj.; -er, am -es|ten⟩ *von gewinnendem Wesen, voller Charme, liebenswürdig* ▸ sie ist eine sehr ~e ältere Dame

Charme ⟨[ʃarm] der; -s; unz.⟩ *liebenswürdiges, gewinnendes Wesen;* oV *Scharm* ▸ seinen ganzen ~ entfalten; das Mädchen hat ~; er besitzt wenig, keinen ~

Char|meur ⟨[ʃarmø:r] der; -s, -e⟩ *Schmeichler, betont liebenswürdiger Mensch;* Abl *Charmeurin, Charmeuse*

char|tern ⟨[(t)ʃar-] V. trans.; char|tert, char|ter|te, hat ge|char|tert⟩ ein Schiff oder Flugzeug ~ *zur Beförderung von Fracht od. Personen pachten od. mieten;* Zus *Charterflugzeug*

Charts ⟨[tʃa:ts] Pl.; Mus⟩ *(wöchentlich veröffentlichte) Liste der beliebtesten Musiktitel* ▸ auf Platz 1 der ~ klettern, landen, stehen; in die ~ kommen

Chat ⟨[tʃæt] der; -s, -s; EDV; umg.⟩ **1** *Unterhaltung, Kommunikation (im Internet);* Abl *chatten* **2** ⟨kurz für⟩ *Chatroom, im Internet angebotenes Forum, in dem mit anderen Internetbenutzern kommuniziert werden kann* ▸ wir lernten uns im ~ kennen; sich zu einem kurzem ~ treffen

Chauf|feur ⟨[ʃofø:r] der; -s, -e⟩ *Kraftwagenfahrer, der beruflich Prominente, Politiker(innen) u. Vorgesetzte (von meist größeren Unternehmen) fährt*

Chauf|feu|se ⟨[ʃofø:zə] die; -, -n⟩ *weibl. Chauffeur*

chauf|fie|ren ⟨[ʃɔf-] V. trans.; chauf|fiert, chauf|fier|te, hat chauf|fiert⟩ jmdn. ~ *jmdn. (als Chauffeur, Chauffeuse) in einem Kraftfahrzeug an einen gewünschten Ort fahren* ▸ sie muss ständig die Kinder ~

Chaus|see ⟨[ʃɔ-] die; -, -n; veraltet⟩ *Landstraße*

Chau|vi|nis|mus ⟨[ʃovi-] der; -; unz.⟩ **1** *Zurschaustellen vermeintlicher männlicher Überlegenheit gegenüber der Frau* **2** *übertriebene Liebe zum eigenen Vaterland, verbunden mit Hass u. Verachtung gegen andere Völker;* Abl *chauvinistisch*

Chau|vi|nist ⟨[ʃovi-] der; -en, -en⟩ **1** *Mann, dessen Verhalten u. Denken vom Chauvinismus (1) geprägt ist;* Syn ⟨kurz⟩ *Chauvi* **2** *Vertreter des Chauvinismus (2)*

Check ⟨[tʃɛk] der; -s, -s⟩ *Prüfung, Untersuchung, die der Kontrolle dient* ▸ sich einem gründlichen ärztlichen ~ unterziehen; Zus *Gesundheitscheck*

che|cken ⟨[tʃɛkən] V. trans.; checkt, check|te, hat ge|checkt⟩ **1** Texte ~ *vergleichen, vergleichend prüfen* **2** ⟨umg.⟩ etwas ~ *verstehen, begreifen* ▸ hast du es jetzt endlich gecheckt? ⟨umg.⟩

Check-in ⟨[tʃɛkın] od. [tʃɛkın] das; -s, -s⟩ *Abfertigung der Fluggäste vor dem Flug*

Chef ⟨[ʃɛf] der; -s, -s⟩ **1** *Vorgesetzter, Leiter einer Dienststelle od. einer Gruppe von Mitarbeitern;* Zus *Chefarzt, Chefärztin, Chefkoch, Chefköchin, Chefredakteur(in), Chefsekretär(in)* **2** *Geschäfts- od. Firmeninhaber, Arbeitgeber* ▸ Urlaub musst du beim ~ beantragen; er wurde vom ~ ermahnt; sie kommt mit ihrem ~ nicht gut zurecht; ich werde mich beim ~ beschweren!

Chef|eta|ge ⟨[ʃɛfeta:ʒə] die; -, -n⟩ **1** *Stockwerk in einem Firmengebäude, in dem sich die Büros der Geschäftsführung befinden* **2** ⟨übertr.⟩ *Gesamtheit der Führungskräfte eines Unternehmens* ▸ sie hat den Sprung in die ~ geschafft

Che|fin ⟨[ʃɛ-] die; -, -fin|nen⟩ *weibl. Chef*

Chef|sa|che ⟨[ʃɛf-] die; -, -n⟩ **1** ⟨i. e. S.⟩ *wichtige Angelegenheit, die vom Chef persönlich in die Hand genommen wird* **2** ⟨i. w. S.⟩ *Angelegenheit von höchster Priorität* ▸ etwas zur ~ machen

Chef|ses|sel ⟨[ʃɛf-] der; -s, -; übertr.⟩ *Position eines leitenden Angestellten*

Che|mie ⟨[çe-], süddt., österr.: [ke-] die; -; unz.⟩ **1** *Wissenschaft, die die Grundstoffe, ihre Zusammensetzung u. ihre Verbindungen sowie deren Veränderungen untersucht* **2** ⟨umg.⟩ *diese chemischen Grundstoffe u. Verbindungen selbst;* Zus *Chemiefaser, Chemieindustrie, Chemiekonzern, Chemiewaffe* ▸ anorganische, organische ~; sie studiert ~ im zweiten Jahr; dieses Reinigungsmittel steckt voller ~ ⟨umg.⟩; zwischen ihnen stimmt die ~ ⟨übertr.; umg.⟩ *sie passen gut zusammen*

Che|mie|la|bo|rant ⟨[çe:-] der; -en, -en⟩ *chemisch-technischer Assistent, der in Forschungs- u. Entwicklungslaboratorien chemische bzw. chemisch-physikalische Analysen durchführt;* Abl *Chemielaborantin*

Che|mi|ka|lie ⟨[çe-ljə] die; -, -n⟩ *auf chemischem Weg hergestellter Stoff*

Che|mi|ker ⟨[çe:-] der; -s, -⟩ *auf dem Gebiet der Chemie arbeitender Wissenschaftler;* Abl *Chemikerin*

che|misch ⟨[çe:-], süddt., österr.: [ke:-] Adj.⟩ *die Chemie betreffend, auf ihr beruhend, mit Stoffumwandlung verbunden* ▸ ~es **Element,** ~er Grundstoff *mit Hilfe chem. Methoden nicht weiter in einfachere Stoffe zerlegbarer Grundbestandteil der Materie;* ~e **Formel** *symbol. Darstellung* *der chem. Verbindungen;* ~e **Gleichung** *in Form einer Gleichung geschriebene symbol. Darstellung einer chem. Reaktion;* ~e **Reaktion** *Vorgang, durch den verschiedene chem. Stoffe od. Verbindungen ineinander übergeführt werden;* ~e **Reinigung** *Reinigung von Kleidungsstücken durch chem. Lösemittel;* ~e **Verbindung** *Verbindung der Atome mehrerer chem. Elemente zu einem Molekül;* ~es **Zeichen** *für chem. Grundstoffe verwendete Abkürzung*

Che|mo|the|ra|pie ⟨[çe-] die; -; unz.⟩ *Heilverfahren mit chem. reinen Stoffen (bes. bei der Behandlung von Krebserkrankungen)*

...chen ⟨Verkleinerungssilbe zur Bildung sächl. Substantive; das; -s, -⟩ z. B. Häuschen, Hündchen, Töchterchen

Cheque ⟨[ʃɛk] der; -s, -s; schweiz.⟩ = *Scheck*

chic ⟨[ʃik] Adj.; undekl.; nur präd. u. adv.⟩ **1** *modisch, elegant, geschmackvoll* **2** *der Mode entsprechend, im Trend liegend* ▸ ich finde den Anzug sehr ~; sie kleidet sich immer ~; preiswerte Massenware gilt heutzutage als ~; →a. *schick*

Chi|co|rée ⟨[ʃikoreː] od. [ʃikoreː] die; -; unz. od. der; -s; unz.⟩ *Pflanze mit weiß-gelben Blättern, die etwas bitter schmeckt u. bes. in der Winterzeit als Gemüse u. Salat gegessen wird, Brüsseler Salat*

Chif|fon ⟨[ʃifɔ̃ː] der; -s, -s; Textilwesen⟩ *sehr dünnes Gewebe aus Seide od. Kunstseide*

Chif|f|re ⟨[ʃifrə] od. [ʃifər] die; -, -n⟩ **1** *Kennziffer in Anzeigen* **2** *Geheimzeichen* ▸ unter einer ~ annoncieren

chif|f|rie|ren ⟨[ʃif-] V. trans.; chif|f|riert, chif|f|rierte, hat chif|f|riert⟩ einen Text, eine Nachricht ~ *in Geheimschrift schreiben, verschlüsseln*

Chi|li ⟨[tʃiːli] der; -s, -s; Bot.⟩ *paprikaähnliche Frucht, aus der Cayennepfeffer gewonnen wird* ▸ ~ con Carne *scharf gewürztes Rinderragout*

Chi|mä|re ⟨[çi-] die; -, -n⟩ *Trugbild, Hirngespinst*

Chi|na|kohl ⟨[çiː-] der; -(e)s; unz.⟩ *eine Kohlart von länglicher Form, die als Gemüse od. Salat gegessen wird*

Chi|ne|se ⟨[çi-], süddt., österr.: [ki-] der; -n, -n⟩ *Einwohner von China;* Abl *Chinesin*

chi|ne|sisch ⟨[çi-], süddt., österr.: [ki-] Adj.⟩ *China betreffend, zu China gehörig, aus China stammend* ▸ die Chinesische Mauer *etwa 2450 km langer Schutzwall um das chines. Reich (um 210 v. Chr. erbaut);* das ist für mich Chinesisch ⟨umg.⟩ *das ist mir unverständlich*

Chi|nin ⟨[çi-], süddt., österr.: [ki-] das; -s; unz.⟩ *Alkaloid der Chinarinde (gegen Malaria)*

Chip ⟨[tʃip] der; -s, -s⟩ **1** *Spielmarke* **2** ⟨Pl.⟩ ~s *in Fett gebackene Scheiben roher Kartoffeln, pikant gewürzt* **3** ⟨EDV⟩ *kleine Platte aus Halbleitermaterial, auf der elektron. Halbleiterschaltungen untergebracht sind*

Chip|karte ⟨[tʃip-] die; -, -n; EDV⟩ *(fast fälschungssichere) Plastikkarte mit integriertem Schaltkreis u. Mikroprozessor, die u. a. als Bargeldersatz eingesetzt wird, z. B. als Kreditkarte, Telefonkarte usw.*

Chi|ro|prak|tik ⟨[çi-] die; -; unz.⟩ *Heilverfahren zur Behandlung von Wirbelverrenkungen mit den Händen;* Abl *Chiropraktiker(in)*

Chi|r|urg ⟨[çir-] der; -en, -en; Med.⟩ *Facharzt für Chirurgie, Operateur;* Abl *Chirurgin*

Chi|r|ur|gie ⟨[çir-] die; -; unz.; Med.⟩ **1** *Behandlung von Krankheiten durch operative Eingriffe;* Abl *chirurgisch* **2** ⟨umg.⟩ *chirurgische Klinik*

Chlor ⟨[kloːr] das; -(e)s; unz.; chem. Zeichen: Cl⟩ *chem. Element, gelbgrünes, stechend riechendes Gas, das in der Natur nicht frei vorkommt;* Abl *chlorfrei, chlorhaltig*

Chlo|ro|form ⟨[klo-] das; -s; unz.; Chem.⟩ *Flüssigkeit, die früher bei Narkosen verwendet wurde*

Choke ⟨[tʃoʊk] der; -s, -s; Kfz⟩ *Luftklappe am Vergaser, die bei tiefen Außentemperaturen betätigt wird, um den Start des Fahrzeugs zu verbessern*

Cho|le|ra ⟨[koː-] die; -; unz.; Med.⟩ *schwere Infektionskrankheit mit heftigem Erbrechen, starkem Durchfall u. schnellem Kräfteverfall*

Cho|le|ri|ker ⟨[ko-] der; -s, -⟩ *aufbrausender, jähzorniger Mensch;* Abl *Cholerikerin; cholerisch*

Cho|les|te|rin ⟨[ko-] od. [ço-] das; -s; unz.⟩ *Fett, das in allen Körperzellen vorhanden ist, kann u. a. krankhafte Ablagerungen in Gefäßwänden (des Herzens) verursachen*

Cho|les|te|rin|spie|gel ⟨[ko-] od. [ço-] der; -s, -; Med.⟩ *Cholesteringehalt des Blutes* ▸ normaler, erhöhter ~

Chor ⟨[koːr]⟩ **I** ⟨der; -(e)s, Chö|re⟩ **1** ⟨grch. Theat.⟩ *Teil der Tragödie, der, von mehreren Sprechern gleichzeitig gesprochen, die Meinung des Volkes ausdrücken soll* **2** ⟨Mus.⟩ **2.1** *mehrstimmige Gesangsgemeinschaft, größere Sängergruppe;* Zus *Chorknabe, Chorleiter(in); Kirchenchor, Knabenchor* **2.2** *Vereinigung gleicher od. verwandter Instrumente;* Zus *Bläserchor* ▸ einem ~ angehören; gemischter ~; sie antworteten im ~ ⟨übertr.; umg.⟩ *alle gleichzeitig;* im ~ singen; ein Werk für ~ und Orchester **II** ⟨der od. das; -(e)s, -e od. Chö|re⟩ *den Geistlichen vorbehaltener Raum in der Kirche mit Altar u. Stühlen*

Cho|ral ⟨[ko-] der; -(e)s, -rä|le; Mus.⟩ **1** *einstimmiger, unbegleiteter Chorgesang der röm. Kirche (Gregorianischer Choral)* **2** *protestant. Kirchenlied*

Cho|re|o|graph ⟨[ko-] der; -en, -en⟩ *jmd., der Tänze entwirft u. diese mit Tänzern einstudiert;* oV *Choreograf;* Abl *Choreographin / Choreografin*

Cho|reo|gra|phie ⟨[ko-] die; -, -n⟩ *Komposition und Inszenierung von Tänzen;* oV *Choreografie;* Abl *choreographisch / choreografisch*

Cho|se ⟨[ʃoːzə] die; -, -n; umg.⟩ *Sache, Angelegenheit* ▸ das ist eine dumme ~

Christ ⟨[krist]⟩ **I** ⟨der; -; unz.; volkstüml. für⟩ *Christus* ▸ der heilige ~ *Christkind* **II** ⟨der; -en, -en⟩ *Anhänger des Christentums;* Abl *Christin;* Zus *Christenverfolgung*

Christ|baum ⟨[krist-] der; -(e)s, -bäu|me⟩ *Weihnachtsbaum*

Christ|de|mo|krat ⟨[krist-] der; -en, -en; Pol.⟩ *Mitglied der CDU, der Christlich-Demokrati-*

schen Union (Deutschlands); Abl *Christdemokratin; christdemokratisch*

Chris|ten|heit ⟨[krɪs-] die; -; unz.⟩ *Gesamtheit aller Christen*

Chris|ten|tum ⟨[krɪs-] das; -s; unz.⟩ **1** *religiöse Lehre, die auf Jesus Christus zurückgeführt wird* **2** *christlicher Glaube, die gelebte Lehre Christi* ▸ im Mittelalter wurden viele Heiden zum ~ bekehrt; das Nebeneinander von Islam und ~ respektieren

chris|ti|a|ni|sie|ren ⟨[krɪs-] V. trans.; chris|ti|a|ni|siert, chris|ti|a|ni|sier|te, hat chris|ti|a|ni|siert⟩ jmdn. ~ *zum Christentum bekehren;* Abl *Christianisierung*

Christ|kind ⟨[krɪst-] das; -(e)s; unz.⟩ **1** *der kleine Jesus* **2** ⟨regional⟩ *Kinderfigur, die zu Weihnachten Geschenke bringt u. dem Jesuskind nachempfunden ist*

Christkindlmarkt

Als ***Christkindlmarkt*** wird vor allem im süddeutschen Raum ein traditioneller **Weihnachtsmarkt** bezeichnet, der in der Regel von der Woche vor dem 1. Advent bis zum Heiligen Abend dauert.
Ursprünglich gedacht als Möglichkeit für die Bürger, Vorräte für die Winterzeit anzulegen, haben sich ***Christkindlmärkte*** besonders in Deutschland und Österreich im Laufe der Zeit zum weihnachtlichen Brauchtum entwickelt: In Augsburg, Bautzen, Braunschweig, Dresden, Frankfurt am Main, Leipzig, München oder Stuttgart auf deutscher sowie in Wien und Salzburg auf österreichischer Seite werden seit Jahrhunderten **Weihnachtsmärkte** abgehalten. Dagegen sind die Schweizer **Christkindlimärkte** zumeist erst in jüngster Zeit entstanden.
Auf den Märkten findet man meistens kleine, weihnachtlich dekorierte Holzbuden als **Verkaufsstände**, in denen heutzutage Weihnachtsschmuck, Kerzen und kleine Geschenke aller Art angeboten werden. Daneben gibt es zahlreiche kulinarische Stände, an denen man vor allem Glühwein, Bratwürste und Kartoffelpuffer verzehren kann.
Einer der traditionsreichsten und bekanntesten Märkte ist der seit 1628 urkundlich belegte **Nürnberger Christkindlesmarkt,** zu dessen Eröffnung alljährlich eine junge Nürnbergerin als **Christkind** verkleidet Grußworte vom Balkon der Frauenkirche herabspricht.

christ|lich ⟨[krɪst-] Adj.⟩ *dem Christentum entsprechend, zu Christus u. dem Christentum gehörig, im Sinne des Christentums* ▸ Christlich-Demokratische Union (Deutschlands) ⟨Abk.: CDU⟩ *1945 gegründete polit. Partei auf christl. Grundlage;* Christlicher Verein Junger Menschen (früher: Männer) ⟨Abk.: CVJM⟩ *1883 gegründete evang. Jugendverband mit relig. u. sozialen Zielen;* Christlich-Soziale Union ⟨Abk.: CSU⟩ *bayr. Entsprechung der CDU;* die ~e Lehre verbreiten; ~ denken, handeln

Christ|met|te ⟨[krɪst-] die; -, -n⟩ *Gottesdienst in der Christnacht*

Christ|nacht ⟨[krɪst-] die; -, -näch|te⟩ *die Nacht vom 24. zum 25. Dezember*

Christ|stol|len ⟨[krɪst-] der; -s, -⟩ = *Stollen*[1]

Chris|tus ⟨[krɪs-] ohne Artikel; Gen.: Chris|ti, Dat.: Chris|to od. -, Akk.: Chris|tum od. -⟩ *der Messias, Ehrenname Jesu* ▸ nach Christo, nach ~, nach Christi Geburt ⟨Abk.: n. Chr.⟩ *nach der Zeitrechnung;* vor Christo, vor ~, vor Christi Geburt ⟨Abk.: v. Chr.⟩ *vor der Zeitrechnung*

Chrom ⟨[kro:m] das; -s; unz.; chem. Zeichen: Cr⟩ *chem. Element, ein silberweiß glänzendes Schwermetall* ▸ ein Regal, eine Armatur aus ~

chro|ma|tisch ⟨[kro-] Adj.⟩ **1** ⟨Mus.⟩ *in Halbtönen fortschreitend* **2** ⟨Opt.⟩ *auf Farbenzerlegung beruhend* ▸ ~e Tonleiter *aus den 12 Halbtönen gebildete T.*

Chro|mo|som ⟨[kro-] das; -s, -en; Genetik⟩ *Teil des Zellkerns, der Träger der Erbanlagen ist*

Chro|nik ⟨[kro:-] die; -, -en⟩ *Bericht über geschichtl. Vorgänge in der Reihenfolge ihres Geschehens* ▸ die ~ einer Stadt aufzeichnen, beschreiben; Zus *Familienchronik, Ortschronik*

chro|nisch ⟨[kro:-] Adj.⟩ **1** ⟨Med.⟩ *langsam verlaufend, schleichend;* Ggs *akut (3)* **2** ⟨umg.⟩ *andauernd* ▸ ~ krank sein; unter ~em Geldmangel leiden ⟨umg.⟩

Chro|nist ⟨[kro-] der; -en, -en⟩ *Verfasser einer Chronik;* Abl *Chronistin*

Chro|no|lo|gie ⟨[kro-] die; -, -n⟩ **I** ⟨unz.⟩ *Zeitfolge, zeitlicher Ablauf* **II** ⟨zählb.⟩ *(schriftl.) Aufstellung von Ereignissen, Gegebenheiten gemäß ihrer zeitl. Abfolge* ▸ eine ~ des vergangenen Jahrzehnts verfassen

chro|no|lo|gisch ⟨[kro-] Adj.⟩ *nach dem zeitl. Ablauf* ▸ Ereignisse ~ aufzeichnen; Schriften ~ ordnen

Chry|s|an|the|me ⟨[krys-] die; -, -n; Bot.⟩ *eine Herbstblume mit sehr großen, meist gelblichen od. weißen Blüten*

Ci|ne|ast ⟨[si-] der; -en, -en⟩ **1** *Filmfachmann, Filmschaffender* **2** *Filmfan;* Abl *Cineastin*

cir|ca ⟨[tsɪrka] Abk.: ca.⟩ = *zirka*

Cir|cus ⟨der; -, -se⟩ = *Zirkus*

cis ⟨Mus.⟩ **I** ⟨das; -, -⟩ *Tonbezeichnung, das um einen halben Ton erhöhte c, Grundton der cis-Moll-Tonleiter* **II** ⟨Abk. für⟩ *cis-Moll (Tonartbezeichnung)*

Cis ⟨Mus.⟩ **I** ⟨das; -, -⟩ *Tonbezeichnung, das um einen halben Ton erhöhte C, Grundton der Cis-Dur-Tonleiter* **II** ⟨Abk. für⟩ *Cis-Dur (Tonartbezeichnung)*

Ci|ty ⟨[sɪti] die; -, -s⟩ *Stadtkern, Zentrum einer Großstadt, Innenstadt mit Geschäftsviertel* ▸ in der ~ wohnen; Zus *Citycenter, Citynähe*

Clan ⟨[klæ:n] der; -s, -s od. eindeutschend [kla:n] der; -s, -e; umg.⟩ *Gruppenverband, Familienverband mit festem Zusammenhalt* ▸ einem ~ angehören; einen ~ bilden

Cle|men|ti|ne ⟨die; -, -n⟩ *kernlose, süße Mandarinensorte*

cle|ver ⟨[klɛvə(r)] Adj.⟩ *schlau, durchtrieben, gewandt* ▸ sie ist sehr ~; er ist ein ~er Bursche

Clinch ⟨[klɪntʃ] od. [klɪnʃ] der; -es; unz.⟩ *Auseinandersetzung, Streit* ▸ mit jmdm. im ~ liegen *sich streiten*

Clip ⟨der; -s, -s⟩ **1** = *Klipp* **2** ⟨kurz für⟩ *Videoclip*

Cli|que ⟨[klɪkə] die; -, -n⟩ **1** *Gruppe miteinander befreundeter Personen* **2** *durch gemeinsame egoistische Interessen verbundene Gruppe, Sippschaft, Klüngel* ▸ sich in der ~ stark fühlen

Cli|quen|wirt|schaft ⟨[klɪkən-] die; -; unz.; umg.⟩ *Cliquenwesen, Klüngel*

Clog ⟨der; -s, -s; meist Pl.⟩ *pantoffelähnlicher Schuh mit Holzsohle*

Clou ⟨[klu:] der; -s, -s⟩ *Höhepunkt, Knalleffekt* ▸ das war der ~!; der ~ des Abends, der Saison, der Vorstellung; der ~ vom Ganzen

Clown ⟨[klaun] der; -s, -s⟩ **1** *Spaßmacher in Zirkus u. Varietee* **2** ⟨übertr.⟩ *stetig unernste od. alberne Person, Possenreißer* ▸ den ~ spielen; Abl *Clownerie; clownesk*

Club ⟨der; -s, -s⟩ **1** *Vereinigung von Menschen mit den gleichen Interessen u. Zielen auf geselligem, sportlichem, künstlerischem, wirtschaftlichem o. ä. Gebiet;* Zus *Fotoclub, Golfclub, Kegelclub, Sportclub, Tennisclub* **2** *Gebäude, Raum, in dem sich die Mitglieder eines Clubs (1) treffen, Sport treiben;* Syn *Clubhaus* **3** *Sportverein* **4** ⟨umg.; scherzh.⟩ *Gruppe von Menschen mit gemeinsamen Merkmalen* ▸ sie geht immer in ihren ~ zum Tennisspielen; einen neuen ~ gründen; er ist in mehreren ~s aktiv; wir treffen uns im ~; ~ der Millionäre, der Mächtigen ⟨umg.; scherzh.⟩

cm ⟨Abk. für⟩ *Zentimeter*

cm² ⟨Abk. für⟩ *Quadratzentimeter*

cm³ ⟨Abk. für⟩ *Kubikzentimeter*

Coach ⟨[koutʃ] der; -s, -s; Sp.⟩ *Betreuer u. Trainer eines Sportlers od. einer Mannschaft;* Abl *coachen*

Co|ca-Co|la® ⟨die; -, -s od. das; -s, -s⟩ *mit Kohlensäure versetztes, koffeinhaltiges Erfrischungsgetränk*

Co|ca|in ⟨das; -s; unz.⟩ = *Kokain*

Co|cker|spa|ni|el ⟨der; -s, -s; Zool.⟩ *eine englische Jagdhundrasse*

Cock|pit ⟨das; -s, -s⟩ **1** ⟨Flugw.⟩ *Pilotenkabine im Flugzeug* **2** ⟨Sp.⟩ *Sitz des Rennfahrers im Rennwagen*

Cock|tail ⟨[kɔkteɪl] der; -s, -s⟩ *alkoholisches Mischgetränk* ▸ einen ~ mixen; Zus *Cocktailparty*

Cock|tail|kleid ⟨[kɔkteɪl-] das; -(e)s, -er⟩ *festliches Kleid mit meist kurzem Rock*

Code ⟨[koud] od. [ko:d] der; -s, -s⟩ **1** *Schlüssel zum Entziffern von verschlüsselten Mitteilungen, z. B. einer Geheimschrift, bzw. zum Verschlüsseln von normaler Schrift* **2** *Pass-, Schlüsselwort, das den Zugang zu etwas schützt;* Syn *Codewort* **3** ⟨Med.⟩ genetischer ~ = *DNS* ▸ einen ~ knacken

co|die|ren ⟨V. trans.; co|diert, co|dier|te, hat codiert⟩ einen Text ~ *mit Hilfe eines Codes in ein anderes Zeichen- od. Datensystem übertragen, verschlüsseln;* Abl *Codierung*

Cof|fe|in ⟨das; -s; unz.; fachsprachl.⟩ = *Koffein*

Co|g|nac® ⟨[kɔnjak] der; -s, -s⟩ *im frz. Ort Cognac hergestellter Weinbrand;* →a. *Kognak*

Coif|feur ⟨[koafø:r], schweiz.: [kwa-] der; -s, -e od. der; -s, -s; bes. schweiz.⟩ *Friseur*

Coif|feu|se ⟨[koafø:z(ə)] die; -, -n; bes. schweiz.⟩ *Friseurin*

Coke ⟨[kouk] die; -, -s od. das; -s, -s; umg. Abk. für⟩ *Coca-Cola®*

Co|la ⟨die; -, - od. -s od. das; -s, - od. -s; kurz für⟩ *Coca-Cola®* ▸ sie trinkt gern ~; ich möchte gern zwei ~(s) bestellen

Col|la|ge ⟨[-ʒə] die; -, -n; bildende Kunst⟩ *aus Papier, Fotos, Zeitungsausschnitten od. anderem Material geklebtes Bild*

Col|la|gen ⟨das; -s, -e; Biol.; Med.⟩ *Eiweißstoff, der im Bindegewebe, in Knochen u. Knorpel vorkommt*

Col|lie ⟨der; -s, -s; Zool.⟩ *schottischer Schäferhund*

Col|li|er ⟨[kɔlje:] das; -s, -s⟩ *wertvoller Halsschmuck;* Zus *Brillantcollier, Perlencollier*

Colt® ⟨[kɔlt] der; -s, -s⟩ *ein Revolver*

Com|bo ⟨die; -, -s; Mus.; Jazz⟩ *Kapelle mit kleiner Besetzung*

Come-back *auch:* **Come|back** ⟨[kʌmbæk] das; -s, -s⟩ *Wiederauftreten eines bekannten Künstlers, Politikers od. Sportlers nach längerer Pause* ▸ ein ~ planen, starten, versuchen

Co|me|dy ⟨[kɔmədi] die; -, -s; TV⟩ *als Einzelbeitrag od. (häufiger) als Serie produzierte Komödie*

Co|mic ⟨[kɔmɪk] das; -s, -s; kurz für⟩ **1** *Comicheft* **2** *Comicstrip*

Co|mic|heft ⟨[kɔmɪk-] das; -(e)s, -e⟩ *Magazin mit Comicstrips, z. B. von Micky Maus, Asterix u. Obelix u. a.*

Co|mic|strip ⟨[kɔmɪk -] der; -s, -s⟩ *gezeichnete Bilderfolge in Streifen mit Sprechblasen*

Com|pact Disc ⟨[kɔmpɛkt dɪsk] die; - -, - -s; Abk.: CD⟩ *kleine Platte, auf der Musik od. andere Informationen gespeichert sind u. die zum Auslesen der Daten mit einem Laser abgetastet wird;* oV *Compact Disk*

Com|pu|ter ⟨[-pju:-] der; -s, -; EDV⟩ *elektronische Maschine zur Datenverarbeitung, Rechner;* ▸ den ~ anstellen, einschalten; einen ~ programmieren; mit dem ~ ins Internet gehen; am ~ arbeiten; ich war heute noch nicht am ~; ⓘ S. 468; Abl *computerisieren;* Zus *Computerbildschirm* ⓘ S. 468, *Computerbranche, Computerfirma, Computergrafik, Computerhersteller, Computerindustrie, Computerlinguistik, Computerprogramm, Computersimulation, Computerspiel;* →a. *Personal Computer*

com|pu|ter|ge|ne|riert ⟨[-pju:-] Adj.; EDV⟩ *von einem Computer erzeugt, mit Hilfe eines Computers dargestellt* ▸ seine Fotos sind ~; ~e Bilder

com|pu|ter|ge|stützt ⟨[-pju:-] Adj.; EDV⟩ *mit Unterstützung eines Computers durchgeführt, mit Hilfe von Computereinsatz* ▸ ~er Fremdsprachenunterricht

C

Com|pu|ter|mo|dell ‹[-pjuː-] das; -(e)s, -e; EDV› *Modell, Muster, Vorbild, das mit Hilfe eines Computers erstellt wurde*

Con|fi|se|rie ‹die; -, -n; schweiz.› Syn *Konfiserie* **1** *Konditorei* **2** *feines Backwerk*

Con|foe|de|ra|tio Hel|ve|ti|ca ‹[-veː-] die; - -; unz.; Abk.: CH› *Schweizerische Eidgenossenschaft*

Con|sul|ting ‹[kɔnsʌltɪŋ] das; -s; unz.; Wirtsch.› *(Unternehmens-)Beratung*

Con|tai|ner ‹[-teː-] der; -s, -› **1** *Großbehälter zur Güterbeförderung od. -aufbewahrung;* Zus *Containerhafen, Containerschiff, Containerterminal* **2** *Gebäude, in dem vorübergehend Menschen untergebracht werden können u. das leicht wieder abgebaut werden kann* ▸ ~ für Altpapier, Altglas; einen ~ aufstellen; die Schulklasse ist während der Renovierungsarbeiten in einem ~ untergebracht

Con|te|nance ‹[kɔ̃tənãːs] die; -; unz.; geh.› *Selbstbeherrschung, Haltung, Fassung, Gelassenheit (in schwierigen Situationen)* ▸ sie hat die ~ nicht verloren

con|t|ra ‹Präp.› *gegen, wider;* Ggs *pro*

Con|t|ra ‹das; -s, -s› **1** *das Gegen, das Wider, das, was gegen eine Sache spricht;* Ggs *Pro* **2** *Widerstand* ▸ jmdm. ~ geben *jmdm. widersprechen;* das Pro und ~ (einer Sache) abwägen

Con|t|rol|ling ‹[-troʊl-] das; -s; unz.; Wirtsch.› *im Einklang mit der Unternehmensleitung durchgeführte Planungs- u. Kontrollfunktionen*

cool ‹[kuːl] Adj.› **1** ‹umg.; salopp› *kühl, leidenschaftslos, ruhig u. überlegen, gelassen, distanziert* **2** ‹Jugendspr.› *sehr gut, hervorragend, klasse* ▸ ~e Musik; ein ~er Typ ‹umg.; salopp› *jmd., der sich (trotz einer schwierigen Situation) gelassen verhält;* ‹Jugendspr.› *ein attraktiver Mann;* ganz ~ bleiben *ruhig und überlegen bleiben*

Cool|ness ‹[kuːlnɛs] die; -; unz.; umg.› **1** *Kaltblütigkeit, Kaltschnäuzigkeit* **2** *Kühle*

Co|pi|lot ‹der; -en, -en› *zweiter Pilot (eines Flugzeuges);* Abl *Copilotin*

Co|py|right ‹[kɔpiraɪt] das; -s, -s; Zeichen: ©› *Urheberrecht*

Co|py|shop ‹[kɔpiʃɔp] der; -s, -s› *Geschäft, in dem man Fotokopien anfertigen (lassen) u. Bürobedarf kaufen kann*

Cord ‹der; -(e)s, -e› *strapazierfähiges Gewebe mit dichtem, schnurartigen Rippen;* Zus *Cordhose*

Cor|don bleu ‹[kɔrdɔ̃ bløː] das; - -, -s -s [kɔrdɔ̃ bløː]; Kochk.› *zwei dünne, zusammengeklappte Kalbsschnitzel mit Zwischenlage aus Käse u. Schinken, paniert u. gebraten*

Cor|ned|beef ‹[kɔːrn(ə)dbiːf]› *auch:* **Cor|ned Beef** ‹das; (-) -; unz.› *gepökeltes Rindfleisch in Büchsen*

Corn|flakes ‹[kɔːrnfleɪks] Pl.› *knusprig geröstete Maisflocken, die zum Frühstück gegessen werden*

Corps ‹[koːr] das; - [koːrs], - [koːrs]› = *Korps*

Cor|pus ‹das; -, -po|ra› = *Korpus*

Cor|pus De|lic|ti ‹das; - -, -po|ra -› *Gegenstand eines Verbrechens (z. B. Waffe), Beweisstück*

Cor|ti|son ‹das; -s; unz.› *ein Hormon der Nebennierenrinde*

Couch ‹[kaʊtʃ] die; -, -es [-tʃɪz] od. -en› *breites Liegesofa mit niedriger Lehne* ▸ auf der ~ liegen; wir haben eine neue ~ gekauft; die ~ wurde neu bezogen; ⓘ S. 360; Zus *Couchgarnitur*

Couch|tisch ‹[kaʊtʃ-] der; -(e)s, -e› *niedriger, vor eine Couch zu stellender Tisch;* ⓘ S. 360

Cou|leur ‹[kulœːr] die; -, -s od. -en› *(individuelle) Weltanschauung, polit. Überzeugung* ▸ Politiker verschiedener ~

Count-down *auch:* **Count|down** ‹[kaʊntdaʊn] der od. das; -s, -s› **1** *lautes Rückwärtszählen von einer beliebigen Ausgangsziffer bis null als Einleitung zum Startkommando für einen Vorgang, bes. für den Start einer Rakete ins Weltall* **2** *die dafür festgelegte Zeitspanne* ▸ der ~ läuft

Coun|ter|te|nor ‹[kaʊntə(r)-] der; -(e)s, -nö|re; Mus.› *männliche Altstimme, hoher Tenor*

Coun|t|ry|mu|sic ‹[kʌntrimjuːzɪk] die; -; unz.› *amerikanische Volksmusik*

Coup ‹[kuː] der; -s, -s› **1** *Kniff, Kunstgriff* **2** *überraschendes Vorgehen* ▸ ihm ist ein großer ~ geglückt; einen ~ landen, planen; das war ein genialer, großer ~

Coupe ‹[kuːp] die od. der; -, -s [kuːp]; schweiz.› *Eisbecher*

Cou|pé ‹[kupeː] das; -s, -s; Kfz› *sportlicher, geschlossener, meist zweitüriger Personenkraftwagen mit hinten schräg abfallendem Dach*

Cou|pon ‹[kupɔ̃ː] der; -s, -s› *Gutschein, Abschnitt* ▸ per ~ eine Broschüre anfordern

Cou|ra|ge ‹[kuraːʒə] die; -; unz.› *Mut, Entschlossenheit* ▸ Angst vor der eigenen ~ bekommen *plötzlich den Mut verlieren, sich einer schwierigen Aufgabe wirklich zu stellen*

cou|ra|giert ‹[kuraʒiːrt] Adj.› *mutig, entschlossen* ▸ sie hat sehr ~ gehandelt

Cous|cous ‹[kuskus] der od. das; -, -; Kochk.› *in Nordafrika beliebte Speise aus Hammelfleisch, Gemüse u. Grieß (Hirse od. Kichererbsen) in Brühe*

Cou|sin ‹[kuzɛ̃ː] der; -s, -s› *Sohn des Onkels od. der Tante*

Cou|si|ne ‹[ku-] die; -, -n› *Tochter der Tante od. des Onkels*

Cou|vert ‹[kuvɛrt] od. [kuvɛːr] das; -s, -s; schweiz.› = *Kuvert*

Co|ver ‹[kʌvə(r)] das; -s, -s› **1** *Hülle einer CD, Schallplatte, DVD usw.* **2** *Titelseite (von Illustrierten);* Zus *Covergirl*

co|vern ‹[kʌvə(r)n] V. trans.; co|vert, co|ver|te, hat ge|co|vert; Mus.› einen Musiktitel ~ *nachspielen, imitieren;* Zus *Coverversion*

Cow|boy ‹[kaʊbɔɪ] der; -s, -s› *berittener nordamerikan. Rinderhirt;* Zus *Cowboyhut, Cowboystiefel*

Crack[1] ‹[kræk] der; -s, -s› *Spitzensportler od. Spitzenwissenschaftler;* Zus *Computercrack, Eishockeycrack, Fußballcrack, Mathecrack*

Crack[2] ‹[kræk] das; -s; unz.› *(vor allem in den USA verbreitetes) kokainhaltiges Rauschmittel*

Crash ⟨[kræʃ] der; -s, -s⟩ **1** *Zusammenstoß von Fahrzeugen im Verkehr;* Zus *Crashtest* **2** ⟨EDV⟩ *Zusammenbruch eines EDV-Systems, z. B. durch Programmfehler*

Crash|kurs ⟨[kræʃ-] der; -es, -e⟩ *Intensivkurs* ▸ an einem ~ in Englisch teilnehmen

Cre|do ⟨das; -s, -s⟩ **1** *das Apostolische Glaubensbekenntnis* **2** *Teil der katholischen Messe* **3** ⟨allg.⟩ *Glaubensbekenntnis* ▸ diese Auffassung ist ihr, sein ~

Creme ⟨[krɛ:m] die; -, -s od. österr.: -n⟩ oV *Kreme* **I** ⟨zählb.⟩ **1** *feine, meist mit Sahne zubereitete Süßspeise* **2** *Füllung für Süßigkeiten u. Torten;* Zus *Buttercreme, Schokoladencreme* **3** *kosmetische Salbe zur Hautpflege;* Abl *cremig;* Zus *Feuchtigkeitscreme, Gesichtscreme, Hautcreme, Nachtcreme, Sonnencreme* ▸ eine Torte mit ~ füllen; am Morgen eine ~ auf das Gesicht auftragen **II** ⟨unz.; übertr.⟩ *das Erlesenste* ▸ die ~ der Gesellschaft *gesellschaftliche Oberschicht*

Crème de la Crème ⟨[krɛ:m də la krɛ:m] die; - - - -; unz.; umg.; auch abwertend od. iron.⟩ *erlesener Kreis der gesellschaftlichen Oberschicht* ▸ bei dem Neujahrsempfang in der Botschaft war die gesamte ~ vertreten

creme|far|ben ⟨[krɛ:m-] Adj.⟩ *beige, blassgelb;* Syn *cremefarbig*

Crème fraîche ⟨[krɛ:m frɛʃ] die; - -, -s -s [krɛ:m frɛʃ]⟩ *sehr fetthaltige saure Sahne, die bes. zur Verfeinerung von Soßen verwendet wird*

Crêpe ⟨[krɛp]⟩ **I** ⟨der; -s, -s od. -e; Textilwesen⟩ *krauses od. genarbtes Gewebe mit rauem Griff* **II** ⟨der; -s, -s od. die; -, -s; Kochk.⟩ *sehr dünner Eierkuchen, der mit verschiedenen Zutaten gefüllt werden kann*

Crew ⟨[kru:] die; -, -s⟩ *Besatzung (eines Schiffes od. Flugzeugs)*

Crois|sant ⟨[kroasã:] das; -s, -s⟩ *Hörnchen aus Blätterteig*

Cro|mar|gan® ⟨das; -s; unz.⟩ *rostfreie Legierung aus Chrom u. Nickel mit silberartigem Glanz, wird bes. für Besteck verwendet*

Crou|pi|er ⟨[krupje:] der; -s, -s⟩ *Bankhalter einer Spielbank*

Crux ⟨die; -; unz.⟩ oV *Krux* **1** *Kreuz, Last, Bürde, Kummer* **2** *Schwierigkeit, Knackpunkt* ▸ darin liegt die ~ (der Sache)!; das ist eine ~

CSU ⟨Abk. für⟩ *Christlich-Soziale Union*

Cup ⟨[kʌp] der; -s, -s; Sp.⟩ **1** *Pokal* ⟨Sp.⟩ **2** *der sportliche Wettkampf selbst;* Zus *Fußballcup, Weltcup*

Cur|ri|cu|lum ⟨das; -s, -cu|la⟩ *Gesamtplan für den schulischen Unterricht, umfasst Inhalte u. Ziele, Methoden u. Ergebnisse*

Cur|ri|cu|lum Vi|tae ⟨[- vi:tɛ:] das; - -, -cu|la -⟩ *(kurzer) Lebenslauf*

Cur|ry ⟨[kœri] od. [kʌri] der od. das; -s, -s⟩ **I** ⟨unz.⟩ *Mischung scharfer indischer Gewürze;* Zus *Curryhuhn, Curryketchup, Curryreis, Currysoße* **II** ⟨zählb.; Kochk.⟩ *indisches Gericht aus Fleisch, Fisch od. Gemüse, das mit Curry (I) gewürzt u. mit Reis serviert wird*

Cur|ry|wurst ⟨[kœri-] od. [kʌri-] die; -, -würs|te; Kochk.⟩ *Bratwurst mit Ketchup u. Curry*

Cur|sor ⟨[kœ:sə(r)] der; -s, -; EDV⟩ *bewegliche Markierung auf dem Bildschirm, die anzeigt, an welcher Stelle des Bildschirmes das Zeichen, das man als nächstes eingibt, erscheint*

Cut|ter ⟨[kʌtə(r)] der; -s, -⟩ *Mitarbeiter bei Fernsehen, Film od. Rundfunk, der Film- od. Tonbandaufnahmen bearbeitet u. zu einem Ganzen zusammenfügt;* Abl *Cutterin*

Cy|ber|space ⟨[saɪbə(r)spɛɪs] der; -; unz.; EDV⟩ *nur in einem EDV-System existenter Raum, in dem die Wahrnehmung u. Fortbewegung nur mit Hilfe von Spezialgeräten (wie Datenhandschuhe, Raumbrille usw.) möglich sind;* Syn *digitale Welt*

C

D *d*

D

d **I** ⟨das; -, - od. -s; Mus.⟩ *Tonbezeichnung, Grundton der d-Moll-Tonleiter* **II** ⟨ohne Artikel⟩ **1** ⟨Mus.; Abk. für⟩ *d-Moll (Tonartbezeichnung)* **2** ⟨Zeichen für⟩ *Durchmesser* **3** ⟨vor Maßeinheiten⟩ *Dezi…,* $^1/_{10}$

D **I** ⟨das; -, - od. -s; Mus.⟩ *Tonbezeichnung, Grundton der D-Dur-Tonleiter* **II** ⟨ohne Artikel⟩ **1** ⟨Mus.; Abk. für⟩ *D-Dur (Tonartbezeichnung)* **2** ⟨röm. Zahlzeichen für⟩ *fünfhundert*

da[1] ⟨Adv.⟩ **I** ⟨örtlich⟩ **1** *hier, an dieser Stelle* **2** *dort, an jener Stelle* ▸ hallo, du ~, … ⟨umg.⟩ ▸ der Mann ~ kommt mir verdächtig vor ⟨umg.⟩; Platz ~! ⟨umg.⟩ *aus dem Weg!;* bitte von dieser Sorte Wurst ~ ⟨umg.⟩ ▸ das Unglück geschah ~, wo die Straße stark abfällt; ~ habe ich vor Jahren einmal gewohnt; ~ kommt er endlich!; lass das ~ liegen!; ~ sein *anwesend, gegenwärtig, vorhanden, zugegen sein;* das ist noch nicht ~ gewesen! *noch nicht vorgekommen;* es ist kein Brot mehr ~ *im Haus vorhanden* ▸ als ~ sind … *(bei Aufzählungen:) nämlich …;* ~ draußen, drinnen, drüben wartet er; der Weg führt ~ entlang, hinab, hinauf, hinüber, hinunter; hier und ~; ~ hinten, oben, unten, vorn liegt das Buch; nichts ~! ⟨umg.⟩ *das gibt es nicht!, das kommt nicht in Frage!;* von ~ ging es weiter zur Raststätte ▸ wer ist ~? **II** ⟨zeitlich⟩ *zu dieser Zeit, in diesem Augenblick* ▸ ~ hast du's! *jetzt musst du auch einsehen, was ich schon voraussah;* ~ siehst du, was du mit deinen Versprechungen angerichtet hast! *(erst) jetzt merkst du es auch* ▸ es kommt hier und ~ vor, dass … *ab und zu, hin und wieder;* von ~ an war nicht mehr mit ihm zu rechnen **III** ⟨folgernd; umg.⟩ *unter diesen Umständen, in diesem Fall* ▸ ~ haben Sie Unrecht!; ~ kann man nur noch resignieren; ~ muss man vorsichtig sein!

da[2] ⟨Konj.⟩ *weil* ▸ ~ ich nicht kommen kann, wird mein Bruder mich vertreten

DAAD ⟨Abk. für⟩ *Deutscher Akademischer Austauschdienst*

da|bei ⟨Betonung ['--], wenn mit bes. Nachdruck auf etwas hingewiesen wird; Adv.⟩ **I** ⟨hinweisend auf das, wovon gerade gesprochen wird⟩ **1** ⟨allg.⟩ *bei diesem* **2** ⟨örtlich⟩ *nahe, in der Nähe, daneben* **3** *bei alledem* **4** *gleichzeitig, außerdem* ▸ wir wollen ~ bleiben, dass … *wir wollen unsere Absicht nicht ändern;* ⟨aber⟩ →a. *dabeibleiben;* ohne sich etwas ~ zu denken; er fühlt sich wohl ~; er arbeitete und hörte ~ Radio; ~ kommt nichts heraus *das führt zu nichts;* ~ sein, etwas zu tun *im Begriff sein;* ganz nahe ~ sein; immer ~ sein *immer anwesend, beteiligt sein;* ich bin ~! *ich bin einverstanden, mache mit;* ich bin gerade ~, deinen Koffer zu packen *ich habe bereits damit begonnen;* was ist denn schon ~? *was soll denn daran bedenklich sein?;* es ist doch nichts ~, wenn man … *es macht doch nichts aus, ist nicht bedenklich …;* du kannst ~ sitzen *bei dieser Tätigkeit;* ⟨aber⟩ →a. *dabeisitzen* **II** ⟨entgegengesetzt zu dem, wovon gerade gesprochen wird⟩ *doch* ▸ er ist reich und ~ bescheiden

da|bei|blei|ben ⟨V. intr.; bleibt da|bei, blieb da|bei, ist da|bei|ge|blie|ben, da|bei|zu|blei|ben⟩ *bei einer Person, Sache, Beschäftigung bleiben* ▸ er ist lange dabeigeblieben; →a. *dabei*

da|bei|sit|zen ⟨V. intr.; sitzt da|bei, saß da|bei, hat da|bei|ge|ses|sen, da|bei|zu|sit|zen; süddt., österr., schweiz.: ist⟩ *bei jmdm. od. etwas sitzen (bleiben)* ▸ ich möchte gern ~, wenn ihr redet; →a. *dabei*

da capo ⟨Mus.; Abk.: d. c.⟩ *noch einmal von vorn* ▸ ~ spielen

Dach ⟨das; -(e)s, Dä|cher⟩ **1** *oberer Abschluss eines Gebäudes;* Zus *Dachbalken, Dachfenster, Dachkammer, Dachluke; Flachdach, Ziegeldach* **2** *Bedeckung;* ⓘ S. 896; Zus *Schirmdach, Wagendach* **3** ⟨übertr.⟩ *Sicherheit, Schutz* **4** ⟨übertr.; umg.⟩ *Kopf* ▸ das ~ der Welt ⟨übertr.⟩ *das Hochland von Pamir* ▸ ein ~ decken ▸ ein abgeschrägtes, flaches, spitzes ~ ▸ eins aufs ~ bekommen ⟨übertr.; umg.⟩ *gerügt, zurechtgewiesen werden;* jmdm. eins aufs ~ geben ⟨übertr.; umg.⟩ *ihn rügen, zurechtweisen;* noch kein ~ überm Kopf haben ⟨übertr.⟩ *noch nirgends untergekommen sein;* mit jmdm. unter einem ~ wohnen *in demselben Haus;* unter ~ und Fach sein ⟨übertr.⟩ *abgeschlossen, erledigt sein;* die Spatzen pfeifen es schon vom ~, von den Dächern *es ist schon allgemein bekannt*

Dach|bo|den ⟨der; -s, -bö|den⟩ *Speicher unter dem Dach* ▸ den ~ ausbauen

Dach|de|cker ⟨der; -s, -⟩ *Bauhandwerker, der Dächer herstellt u. ausbessert*

Dach|rin|ne ⟨die; -, -n⟩ *Abflussrinne für Regenwasser an der unteren Dachkante;* Syn *Regenrinne*

Dachs ⟨[-ks] der; -es, -e; Zool.⟩ *Tier mit fast rüsselförmiger Schnauze, schwarzweißer Gesichtszeichnung, Vorderbeine mit starken Grabkrallen*

Dach|stuhl ⟨der; -(e)s, -stüh|le⟩ *das tragende Gerüst des Daches*

dach|te → *denken*

Dach|ter|ras|se ⟨die; -, -n⟩ *auf dem Dach als Terrasse genutzte Fläche*

Dach|ver|band ⟨der; -(e)s, -bän|de⟩ *übergeordneter Verband (2)*

Dach|zie|gel ⟨der; -s, -⟩ *gebrannter Ton- od. Lehmziegel zum Dachdecken*

Da|ckel ⟨der; -s, -⟩ *kurzbeinige, besonders zur Dachsjagd geeignete Hunderasse*

da|durch ⟨Adv.; Betonung ['--], wenn mit bes. Nachdruck auf etwas hingewiesen wird⟩ *durch diesen Umstand* ▸ ~ geriet er in Rückstand; ~, dass mein Zug Verspätung hatte, konnte ich nicht rechtzeitig kommen

DaF ⟨Abk. für⟩ *Deutsch als Fremdsprache*

da|für ⟨Betonung ['--], wenn mit bes. Nachdruck auf etwas hingewiesen wird; Adv.⟩ **1** *für dieses, stattdessen, als Ersatz, Entgelt od. im Tausch für etwas* **2** *zugunsten von, für etwas, für eine Sache* **3** *für diesen Umstand* ▸ ~! *(bei Abstimmungen)* ▸ und dies ist nun der Dank ~! ⟨iron.⟩ ▸ ~ bekommt man nichts; er ist ~ bestraft worden, dass er …; ~ gibt es keine Entschuldigung; ~ können = *dafürkönnen;* ~ sein *zustimmen, einverstanden sein, einer bestimmten Ansicht sein;* wer ist ~? *wer stimmt zu?;* er ist ~, dass wir umziehen; ich werde ~ sorgen; alles spricht ~, dass es sich so zugetragen hat; ~ stehen = *dafürstehen*

da|für|hal|ten ⟨V. intr.; hält da|für, hielt da|für, hat da|für|ge|hal|ten, da|für|zu|hal|ten; geh.⟩ *der Meinung sein, meinen* ▸ nach meinem Dafürhalten *nach meiner Meinung;* ich halte dafür, dass …

da|für|kön|nen *auch:* **da|für kön|nen** ⟨V. trans.; kann da|für, konn|te da|für, hat da|für|ge|konnt, da|für|zu|kön|nen; umg.⟩ etwas ~ *Schuld daran haben*

dag ⟨österr. Zeichen für⟩ *Dekagramm*

da|ge|gen[1] ⟨Betonung ['--], wenn mit bes. Nachdruck auf etwas hingewiesen wird; Adv.⟩ **1** *hierauf, hierzu* **2** *gegen etwas* ▸ ~! (bei Abstimmungen) ▸ er hat 1000 Einwände ~; gibt es ein Mittel ~? ▸ ~ ist nichts einzuwenden; wenn Sie nichts ~ haben, würde ich gern …; ~ ist nichts zu machen; ~ sein *nicht zustimmen;* wer ist ~?

da|ge|gen[2] ⟨Konj.⟩ *jedoch, im Gegensatz dazu* ▸ die Jüngeren gingen zu Fuß, die Älteren ~ fuhren mit der Bergbahn

da|ge|gen|hal|ten ⟨V.; hält da|ge|gen, hielt da|gegen, hat da|ge|gen|ge|hal|ten, da|ge|gen|zu|halten⟩ **I** ⟨V. trans.⟩ etwas ~ **1** *gegen etwas anderes halten* **2** *entgegnen, antworten, einwenden, erwidern* ▸ könntest du das Bild ~?; er hielt dagegen, dass … **II** ⟨V. intr.⟩ **1** *standhalten, abwehren, verteidigen* **2** *eine Gegenposition formulieren* ▸ mit Argumenten ~

da|heim ⟨Adv.; bes. süddt., österr., schweiz.⟩ *zu Hause* ▸ ~ arbeiten, sein; wie geht's ~? ⟨umg.⟩ *den nächsten Angehörigen* ▸ auf einem Gebiet ~ sein ⟨übertr.; umg.⟩ *es beherrschen;* bei mir ~; bitte fühlen Sie sich hier wie ~!; auf eine Nachricht von ~ warten; Zus *Daheimgebliebene(r)*

Da|heim ⟨das; -(e)s; unz.; bes. süddt., österr., schweiz.⟩ *das Zuhause, Heim* ▸ kein ~ haben; sich in seinem eigenen ~ verloren vorkommen

da|her ⟨Adv.⟩ **1** *deshalb, deswegen, darum, aus diesem Grund* **2** ⟨örtl.⟩ *von dort her* ▸ ~ also! *das ist also der Grund;* ich war Augenzeuge, und ~ kann ich den Unfall genau beschreiben; das kommt nur ~, weil du mir nicht Bescheid gesagt hast ⟨aber⟩ →a. *daherkommen;* ~ weht also der Wind! ⟨übertr.; umg.⟩ *so ist das also, jetzt merke ich die Absicht*

da|her|ge|lau|fen ⟨Adj.; abwertend⟩ *von unsicherer, zweifelhafter Herkunft* ▸ ein ~er Kerl; Abl *Dahergelaufene(r)*

da|her|kom|men ⟨V. intr.; kommt da|her, kam daher, ist da|her|ge|kom|men, da|her|zu|kom|men⟩ **1** *gemächlich kommen, herankommen* **2** ⟨iron.⟩ als jmd., wie jmd. ~ *auftreten, erscheinen* **3** ⟨abwertend⟩ mit etwas ~ *etwas anbringen, äußern* (Argument) ▸ als großer Held ~; mit fadenscheinigen Ausflüchten ~; →a. *daher*

da|her|re|den ⟨V. intr.; re|det da|her, re|de|te daher, hat da|her|ge|re|det, da|her|zu|re|den⟩ *planlos, ohne Überlegung reden* ▸ red nicht so viel, so dumm daher!

da|hin ⟨Betonung a. ['--], wenn mit bes. Nachdruck auf etwas hingewiesen wird; Adv.⟩ **1** ⟨örtlich⟩ *an diesen Ort, zu dieser bestimmten Stelle* **2** ⟨zeitlich⟩ bis ~ *bis zu einem bestimmten Zeitpunkt* **3** ⟨hinweisend⟩ **3.1** *so weit, bis zu diesem Zustand* **3.2** *auf eine bestimmte Absicht hin* **4** ⟨Betonung nur [-'-]⟩ **4.1** *vergangen, verloren, vorbei* **4.2** *tot* ▸ auf diesem Weg kommen wir nie ~ ▸ alles Geld ist ~; sein guter Ruf ist endgültig ~ ▸ jmdn. ~ bringen, dass er … *beeinflussen;* er hat es ~ gebracht, dass … *er hat es erreicht, dass …;* seine Bemühungen gehen ~, dass … *zielen darauf* ▸ bis ~ kannst du fahren, den Rest des Weges musst du gehen; es ist noch genug Zeit bis ~

da|hi|n|ein ⟨Adv.⟩ *in diesen Raum, Behälter o. Ä. hinein* ▸ leg die Socken bitte ~ (in diese Schublade)

da|hin|ge|hen ⟨V. intr.; geht da|hin, ging da|hin, ist da|hin|ge|gan|gen, da|hin|zu|ge|hen⟩ **1** *weggehen* **2** ⟨übertr.⟩ *vergehen* (Zeit) **3** ⟨poet.⟩ *sterben* ▸ er ist dahingegangen

da|hin|raf|fen ⟨V. trans.; rafft da|hin, raff|te da|hin, hat da|hin|ge|rafft, da|hin|zu|raf|fen⟩ jmdn. ~ *töten, vernichten*

da|hin|schlep|pen ⟨V. refl.; schleppt sich da|hin, schlepp|te sich da|hin, hat sich da|hin|geschleppt, sich da|hin|zu|schlep|pen⟩ sich ~ **1** *sich mühsam fortbewegen* **2** ⟨übertr.⟩ *träge vorankommen* ▸ die Angelegenheit schleppt sich über Wochen dahin ⟨übertr.⟩

da|hin|sie|chen ⟨V. intr.; siecht da|hin, siech|te dahin, ist da|hin|ge|siecht, da|hin|zu|sie|chen⟩ *lange sehr schwer krank u. dem Tode nahe sein*

da|hin|sin|ken ⟨V. intr.; sinkt da|hin, sank da|hin, ist da|hin|ge|sun|ken, da|hin|zu|sin|ken⟩ *umsinken, zu Boden sinken*

da|hin|ten ⟨Adv.⟩ *dort hinten*

da|hin|ter ⟨Adv.⟩ *hinter diesem, hinter diesen* ▸ bald kommen Sie ans Ende des Ortes, und ~ beginnt gleich der Wald; ~ kommt nichts mehr; ⟨aber⟩ →a. *dahinterkommen;* ~ liegt das Meer; ~ sein = *dahinterstecken* ▸ es ist nichts, nicht viel ~ ⟨übertr.; umg.⟩ *es ist nichts wert;* viel Aufregung und nichts ~ ⟨umg.⟩

da|hin|ter|klem|men ⟨V. refl.; klemmt sich da|hinter, klemm|te sich da|hin|ter, hat sich da|hin|terge|klemmt, sich da|hin|ter|zu|klem|men; übertr.; umg.⟩ = *dahinterknien*

da|hin|ter|knien ⟨V. refl.; kniet sich da|hin|ter, knie|te sich da|hin|ter, hat sich da|hin|ter|gekniet, sich da|hin|ter|zu|knien; übertr.; umg.〉 sich ~ *sich um etwas bemühen, eine Sache energisch betreiben* ▸ du musst dich mehr ~, wenn du dein Studium schaffen willst

da|hin|ter|kom|men 〈V. intr.; kommt da|hin|ter, kam da|hin|ter, ist da|hin|ter|ge|kom|men, da|hin|ter|zu|kom|men; übertr.; umg.〉 *entdecken, erfassen, ausfindig machen* ▸ ich konnte beim besten Willen nicht ~, was das zu bedeuten hatte; →a. *dahinter*

D

da|hin|ter|stecken 〈V. intr.; steckt da|hin|ter, steck|te da|hin|ter, hat da|hin|ter|ge|steckt, da|hin|ter|zu|stecken; übertr.; umg.〉 **1** *auf sich haben* **2** *als geheime Absicht verborgen sein* **3** *als eigentlicher Urheber verborgen sein* ▸ da steckt etwas dahinter!; es steckt sicherlich eine gute Absicht dahinter

da|hin|ter|ste|hen 〈V. intr.; steht da|hin|ter, stand da|hin|ter, hat (süddt., österr., schweiz.: ist) da|hin|ter|ge|stan|den, da|hin|ter|zu|ste|hen; übertr.; umg.〉 *etwas (von dem gerade die Rede ist) befürworten, unterstützen* ▸ der gesamte Vorstand steht dahinter

Dah|lie 〈[-ljə] die; -, -n; Bot.〉 *Zierpflanze mit Körbchenblüten*

da|las|sen 〈V. trans.; lässt da, ließ da, hat da|ge|las|sen, da|zu|las|sen〉 etwas od. jmdn. ~ *zurücklassen*

da|lie|gen 〈V. intr.; liegt da, lag da, hat (süddt., österr., schweiz.: ist) da|ge|le|gen, da|zu|lie|gen〉 **1** *hingestreckt liegen* **2** *offen bereitliegen* ▸ er sah sie hilflos ~

dal|li 〈Adv.; umg.〉 *schnell!* ▸ komm her, und zwar ein bisschen ~!

da|ma|lig 〈Adj.〉 *damals vorhanden, damals geschehen* ▸ um auf die ~e Angelegenheit zurückzukommen …

da|mals 〈Adv.〉 *zu einem bestimmten vergangenen Zeitpunkt, zu jener Zeit* ▸ das war schon ~ der Fall; ~ war alles einfacher als heute

Da|me 〈die; -, -n〉 **I** 〈zählb.〉 **1** *Frau (als höfliche Anrede)* **2** *vornehme, kultivierte Frau;* Zus *Damenbekanntschaft, Damenbegleitung* **3** 〈übertr.〉 **3.1** *höchster Stein des Damespiels* **3.2** 〈Schach〉 *die Königin* **3.3** 〈Kart.〉 *dritthöchste Spielkarte* ▸ meine ~n und Herren! *(Anrede);* eine alte, ältere, junge, jüngere, vornehme, würdige ~; eine junge ~ möchte Sie sprechen; ~n *(Aufschrift an Toiletten)* **II** 〈nur Pl.; meist in Zus.〉 ~n *Frauen;* Zus *Damenfußball, Damenkonfektion, Damenmode, Damenschuh* ⓘ S. 682

da|men|haft 〈Adj.〉 *einer Dame entsprechend, vornehm* ▸ ein ~es Kleid

Da|men|mann|schaft 〈die; -, -en; Sp.〉 *weibl. Sportmannschaft*

Da|men|rad 〈das; -(e)s, -rä|der〉 *Fahrrad ohne das obere Stahlrohr des Rahmens*

Da|men|wahl 〈die; -; unz.〉 *Aufforderung der Tänzer durch die Damen*

Da|me|spiel 〈das; -(e)s, -e〉 *ein Brettspiel*

Dam|hirsch 〈der; -(e)s, -e; Zool.〉 *eine Hirschart mit schaufelartig verbreitertem Geweih*

da|mit[1] 〈Betonung a. ['--], wenn mit bes. Nachdruck auf etwas hingewiesen wird; Adv.〉 **1** *mit dieser Sache* **2** *folglich* **3** *gleichzeitig, mit etwas einhergehend* ▸ wir wollen endlich ~ anfangen zu …; du sollst endlich ~ aufhören!; er kann nicht ~ umgehen ▸ ~ ist es jetzt aus! *das wird von nun an nicht mehr gemacht;* her ~! 〈umg.〉 *gib es mir!;* was soll ~ sein? *was ist mit dieser Sache nicht in Ordnung?, was gibt es daran auszusetzen?*

da|mit[2] 〈Konj.〉 *in der Absicht, zu dem Zweck, dass …* ▸ ich sage es, ~ ihr jetzt alle Bescheid wisst

däm|lich 〈Adj.; umg.〉 *dumm, einfältig;* Abl *Dämlichkeit*

Damm 〈der; -(e)s, Däm|me〉 **1** *aufgeschütteter, fester Erdkörper als Unterbau von Eisenbahnlinien, Straßen usw. zum Schutz gegen Hochwasser (Deich)* Zus *Bahndamm, Erddamm, Hafendamm, Straßendamm* **2** 〈Anat.〉 *Stück zw. After u. Geschlechtsteilen* ▸ einen ~ aufschütten, errichten; wieder auf dem ~ sein 〈übertr.; umg.〉 *gesund, munter sein*

däm|men 〈V. trans.; dämmt, dämm|te, hat gedämmt〉 **1** Wasser ~ *stauen, durch einen Damm aufhalten* **2** Schall, Wärme ~ *abschwächen, dämpfen* **3** ein Gebäude ~ *vor Temperatur-, Schalleinwirkungen schützen* **4** 〈übertr.〉 Schmerzen ~ *einschränken, hemmen*

Däm|mer|licht 〈das; -(e)s; unz.〉 *Halbdunkel, Licht zw. Tag u. Abend, Nacht u. Morgen, Dunkelheit u. Helle*

däm|mern 〈V. intr.; däm|mert, däm|mer|te, hat gedäm|mert〉 **1** *langsam hell bzw. dunkel werden* **2** *sich im Halbschlaf befinden, vor sich hin träumen* **3** 〈übertr.; umg.〉 *klarwerden, deutlich werden* ▸ es dämmert *der Morgen bzw. Abend bricht an;* der Morgen dämmert; der Kranke dämmerte den ganzen Tag vor sich hin; es dämmert mir *es wird mir klar*

Däm|me|rung 〈die; -, -en〉 *Übergang zw. Nacht u. Tag, Halbdunkel;* Zus *Abenddämmerung, Morgendämmerung*

dämm|rig 〈Adj.〉 oV *dämmerig* **1** *vom Tageslicht zur Dunkelheit od. von der Dunkelheit ins Tageslicht übergehend* **2** *halbdunkel, schwach hell* ▸ es wird ~ *der Abend bzw. der Tag bricht an*

Dä|mon 〈der; -s, -mo|nen〉 **1** 〈Myth.〉 *(meist) böser Geist, (böses) übermenschliches Wesen, Teufel;* Abl *Dämonin; dämonisch* **2** 〈übertr.〉 *dem Menschen innewohnende unheimliche Kräfte* ▸ von seinem ~ getrieben 〈übertr.〉

Dampf 〈der; -(e)s, Dämp|fe〉 **1** 〈Phys.〉 *Zustand eines Stoffes beim Übergang vom flüssigen in den gasförmigen Zustand* **2** *feinstverteiltes Wasser, feuchte Luft, Nebel, Dunst* ▸ Hans ~ in allen Gassen 〈übertr.; umg.〉 *jmd., der angeblich überall Bescheid weiß, Wichtigtuer;* ~ ablassen 〈übertr.; umg.〉 *die eigene Wut herauslassen, sich abreagieren;* jmdm. ~ machen 〈übertr.; umg.〉 *jmdn. antreiben*

Dampf|bü|gel|ei|sen ⟨das; -s, -⟩ *Bügeleisen mit Wasserbehalter, aus dem während des Bügelns Dampf auf das Gewebe geblasen wird*

dampf|fen ⟨V. intr.; dampft, dampf|te, hat gedampft⟩ *Dampf entwickeln, ausstoßen* ▸ das Essen dampfte noch, als es aufgetragen wurde

dämp|fen ⟨V. trans.; dämpft, dämpf|te, hat gedämpft⟩ **1** Fleisch, Gemüse ~ *im eigenen Saft mit wenig Fett u. Wasser kochen, dünsten* **2** Lärm, Gefühle ~ *abschwächen, unterdrücken, mildern* ▸ Farben, Lärm, Licht ~; ihr Hass, ihre Wut war nicht zu ~; ich muss deinen Optimismus ~; gepolsterte Türen, die den Schall ~ ▸ mit gedämpfter Stimme sprechen

Dampf|er ⟨der; -s, -; kurz für⟩ *Dampfschiff* ▸ auf dem falschen ~ sein, sitzen ⟨übertr.; umg.⟩ *auf einem Irrtum beharren, eine falsche Auffassung vertreten*

Dämp|fer ⟨der; -s, -⟩ **1** ⟨Mech.⟩ = *Stoßdämpfer* **2** ⟨Kochk.⟩ *Gerät zum Dämpfen von Speisen* ▸ jmdm. einen ~ geben ⟨übertr.; umg.⟩ *jmds. Überschwang zügeln, mäßigen*

Dampf|wal|ze ⟨die; -, -n⟩ *Straßenwalze mit Dampfantrieb*

da|nach ⟨Betonung a. ['--], wenn mit bes. Nachdruck auf etwas hingewiesen wird; Adv.⟩ **1** ⟨allg.⟩ *nach diesem Gegenstand, nach dieser Sache, Angelegenheit* **2** ⟨zeitlich⟩ *dann, hinterher, hierauf, später* **3** ⟨umg.⟩ *so, entsprechend* ▸ wir fahren zuerst in die Bayerischen Alpen, und ~ nach München ▸ sie streckte schon die Hand ~ aus; mir steht der Sinn (nicht) ~ *ich habe hieran (kein) Interesse* ▸ aussehen: er sieht ganz ~ aus, als ob …; ich habe mich noch nicht ~ erkundigt; ich fragte ihn wiederholt ~, ohne eine Antwort zu erhalten; richten Sie sich bitte ~! ▸ bald, kurze Zeit ~ geschah das Unglück

Dan|dy ⟨[dændi] der; -s, -s⟩ *Geck, Modenarr, Schönling;* Abl *dandyhaft*

Dä|ne ⟨der; -n, -n⟩ *Einwohner von Dänemark;* Abl *Dänin*

da|ne|ben ⟨Betonung a. ['---], wenn mit bes. Nachdruck auf etwas hingewiesen wird; Adv.⟩ **1** ⟨räumlich⟩ *neben diesem, in unmittelbarer Nähe von diesem* **2** ⟨anreihend⟩ *außerdem, ferner* ▸ wir einigten uns über etliche Fachfragen, doch ~ fanden wir noch Zeit für ein persönliches Gespräch ▸ sein Haus befindet sich gleich ~; dass du das gesagt, getan hast, fand ich total ~ ⟨umg.⟩ *unangebracht, taktlos;* ~ sein ⟨umg.⟩ *sich unwohl fühlen; in schlechter (psych.) Verfassung, durcheinander sein; schlecht, missraten sein* ▸ die breite Tür führt ins Konferenzzimmer, die rechts ~ in den Zeichenraum

da|ne|ben|be|neh|men ⟨V. refl.; be|nimmt sich da|ne|ben, be|nahm sich da|ne|ben, hat sich da|ne|ben|be|nom|men, sich da|ne|ben|zu|be|neh|men; umg.⟩ sich ~ *ein unangebrachtes Benehmen zeigen, sich taktlos benehmen* ▸ er hat sich ziemlich danebenbenommen

da|ne|ben|ge|hen ⟨V. intr.; geht da|ne|ben, ging da|ne|ben, ist da|ne|ben|ge|gan|gen, da|ne|ben|zu|ge|hen⟩ **1** *das Ziel verfehlen* **2** ⟨umg.⟩ *misslingen* ▸ der Versuch ist völlig danebengegangen

da|ne|ben|lie|gen ⟨V. intr.; liegt da|ne|ben, lag da|ne|ben, hat da|ne|ben|ge|le|gen, da|ne|ben|zu|lie|gen; umg.⟩ *sich verschätzen, täuschen* ▸ mit seiner Prognose lag er weit daneben

da|ne|ben|schie|ßen ⟨V. intr.; schießt da|ne|ben, schoss da|ne|ben, hat da|ne|ben|ge|schos|sen, da|ne|ben|zu|schie|ßen⟩ *beim Schießen das Ziel verfehlen*

dä|nisch ⟨Adj.⟩ *Dänemark betreffend, zu ihm gehörend, aus ihm stammend*

dank ⟨Präp. mit Dat. od. Gen⟩ *durch, mit Hilfe von, infolge* ▸ ~ seinem guten Willen, ~ seines guten Willens

Dank ⟨der; -(e)s; unz.⟩ *Freude über etwas, das man bekommen hat, Vergeltung für eine erwiesene Wohltat, Gefälligkeit, Hilfe usw.* ▸ jmdm. seinen ~ abstatten, ausdrücken, aussprechen; haben Sie vielen ~!; jmdm. ~ schulden; sein: es ist Gott sei ~ noch einmal gutgegangen *glücklicherweise* ▸ aufrichtigen, besten, herzlichen, innigen, verbindlichen, vielen ~! ▸ als, zum ~ lade ich dich zum Essen ein; auf ~ verzichten; ist das der ~ dafür?; keinen ~ für etwas erhalten, ernten; Ihre freundliche Hilfe nehme ich mit ~ an; jmdm. zu ~ verpflichtet sein; zum ~ für Ihre Bemühungen …

dank|bar ⟨Adj.⟩ **1** *voller Dank, erfreut über etwas, das man bekommen hat* **2** *voller Anerkennung* **3** *ergiebig, sich lohnend, befriedigend* ▸ eine ~e Aufgabe, Rolle; jmdm. einen ~en Blick zuwerfen; ein ~es Publikum ▸ jmds. Hilfe ~ annehmen; sich jmdm. gegenüber ~ erweisen, zeigen; jmdm. ~ sein; ich wäre dir äußerst ~, wenn du …; Abl *Dankbarkeit*

dan|ke ⟨Adv.; Höflichkeitsformel⟩ *ich danke dir, Ihnen* ▸ ja ~! *(als Antwort, wenn man ein Angebot annimmt);* nein ~! *(als Antwort, wenn man ein Angebot nicht annehmen möchte);* (jmdm.) ~/Danke sagen; wie geht es Ihnen heute? ~ gut!; ~ schön; ~ sehr; ~ vielmals!; ~ bestens!; ~ gleichfalls! *(Antwort auf einen Wunsch)*

dan|ken ⟨V.; dankt, dank|te, hat ge|dankt⟩ **I** ⟨V. intr.⟩ jmdm. (für etwas) ~ *jmdm. (für etwas) Dank aussprechen, sich bei jmdm. (für etwas) bedanken* ▸ sie dankte ihm freundlich; jmdm. herzlich, innig ~ ▸ ich danke Ihnen vielmals für Ihre Bemühungen; im Voraus ~; nichts zu ~! *es ist nicht nötig, mir zu danken (als Reaktion auf Dankesworte)* ▸ eine Einladung ~d ablehnen, annehmen; Ihr letztes Schreiben habe ich ~d erhalten **II** ⟨V. trans.⟩ jmdm. etwas ~ **1** *mit Dank vergelten* **2** ⟨geh.⟩ *verdanken* ▸ wie kann ich dir das jemals ~! ▸ all die Mühe dankt dir keiner

dan|kens|wert ⟨Adj.; -er, am -es|ten⟩ **1** *zu Dank verpflichtend, Dank verdienend* **2** *lohnend, nützlich* ▸ eine ~e Aufgabe

Dan|ke|schön ⟨das; -s; unz.⟩ *(ausgesprochener) Dank* ▸ ich habe nicht einmal ein ~ für meine Mühe erhalten

D

Dạnk|sa|gung ⟨die; -, -en⟩ **1** *schriftlicher Dank (bes. für Beileidsbriefe)* **2** ⟨Rel.⟩ *Dankgebet*

dạnn ⟨Adv.⟩ **1** *nachher, später, danach* **2** *ferner, außerdem* **3** *wenn eine bestimmte Voraussetzung erfüllt ist* ▸ ~ müsste man noch besprechen, ob …; wenn du Hilfe brauchst, ~ sage es mir; und ~ sagte er noch …; erst überlegen, ~ sprechen ▸ ich werde erst ~ eurem Plan zustimmen, wenn …; ~ (also) nicht!; selbst ~ ist er noch nicht damit einverstanden, wenn …; ~ und wann *ab und zu* ▸ und was ~? *und was soll danach geschehen?*

dar… ⟨Vorsilbe⟩ *hin…*, z. B. darreichen

da|r|ạn ⟨Betonung ['--], wenn mit bes. Nachdruck auf etwas hingewiesen wird; Adv.⟩ oV ⟨umg.⟩ *dran* **1** ⟨allg.⟩ *an diese, an dieser Sache (Gegenstand, Angelegenheit o. Ä.)* **2** ⟨örtlich⟩ *an diesem Ort, an diesen Ort, an diese(r) Stelle* **3** ⟨zeitlich⟩ *im Begriff* ▸ sie hat großen Anteil ~ ▸ ~ kann keiner mehr etwas ändern; ~ bin ich nicht beteiligt; ich muss immer ~ denken; ~ erkennt man, dass…; er wird ~ glauben müssen ⟨umg.⟩ *er wird gezwungen werden; er wird wohl sterben;* das liegt ~, dass … *das ist der Grund dafür;* zuerst kommt man an Feldern und Wiesen vorbei, ~ schließt sich gleich der Wald an; sein: es ist etwas Wahres ~ *an dem, was behauptet wird;* ich zweifle ~, dass er … ▸ dicht ~ *daneben;* er war nahe ~ zu sterben; →a. *dran*

da|r|ạn|ge|ben ⟨V. trans.; gibt da|r|an, gab da|r|an, hat da|r|an|ge|ge|ben, da|r|an|zu|ge|ben⟩ etwas ~ *beisteuern, opfern, sich sehr bemühen;* oV ⟨umg.⟩ *drangeben* ▸ für seine Ziele hat er alles darangegeben

da|r|ạn|ge|hen ⟨V. intr.; geht da|r|an, ging da|r|an, ist da|r|an|ge|gan|gen, da|r|an|zu|ge|hen⟩ *beginnen, anfangen;* oV ⟨umg.⟩ *drangehen* ▸ ~, etwas zu tun

da|r|ạn|ma|chen ⟨V. refl.; macht sich da|r|an, mach|te sich da|r|an, hat sich da|r|an|ge|macht, sich da|r|an|zu|ma|chen; umg.⟩ sich ~, etwas zu tun *beginnen, anfangen;* oV ⟨umg.⟩ *dranmachen*

da|r|ạn|set|zen ⟨V. trans.; setzt da|r|an, setz|te da|r|an, hat da|r|an|ge|setzt, da|r|an|zu|set|zen⟩ alles ~, um … *aufs Spiel setzen, wagen, einsetzen, um ein bestimmtes Ziel zu erreichen;* oV ⟨umg.⟩ *dransetzen*

da|r|auf ⟨a. ['--], wenn mit bes. Nachdruck auf etwas hingewiesen wird; Adv.⟩ **1** ⟨allg.; a. übertr.⟩ *auf dieses, auf diesem* **2** ⟨örtlich⟩ *auf diesem, auf dieses* **3** ⟨zeitlich⟩ *danach, später, dann* ▸ ein Tisch mit Blumen ~; am Tag ~; eine Woche ~ ▸ ~ ereignete sich Folgendes; ~ folgte ein lauter Donnerschlag; ~ freue ich mich schon; wir wollen Rosen ~ pflanzen; ~ steht Gefängnis *diese Tat wird mit Gefängnis bestraft;* Sie können sich ~ verlassen; ich werde noch ~ zurückkommen ▸ du hättest mich ~ aufmerksam machen sollen! ▸ gleich ~; →a. *drauf*

da|r|auf|fol|gend ⟨Adj.⟩ *nächst, nächstfolgend* ▸ am ~en Tag

da|r|auf|hin ⟨a. [--'-] Adv.⟩ *dann (als Folge)* ▸ ~ änderte er seinen Plan

da|r|auf|le|gen ⟨V. trans.; legt da|r|auf, leg|te da|r|auf, hat da|r|auf|ge|legt, da|r|auf|zu|le|gen⟩ etwas ~ *etwas auf etwas legen* ▸ ich habe einen Stein daraufgelegt

da|r|auf|stel|len ⟨V. trans.; stellt da|r|auf, stell|te da|r|auf, hat da|r|auf|ge|stellt, da|r|auf|zu|stel|len⟩ etwas ~ *etwas auf etwas stellen* ▸ ich habe eine Vase daraufgestellt

da|r|aus ⟨a. ['--], wenn mit bes. Nachdruck auf etwas hingewiesen wird; Adv.⟩ *aus diesem* ▸ ~ folgt, dass …; es wird nichts ~ *unser Plan lässt sich nicht verwirklichen;* →a. *draus*

dạr|ben ⟨V. intr.; darbt, darb|te, hat ge|darbt; geh.⟩ *Entbehrung, Mangel leiden* ▸ sie haben gehungert und gedarbt

dạr|bie|ten ⟨V.; bie|tet dar, bot dar, hat dar|ge|boten, dar|zu|bie|ten⟩ **I** ⟨V. trans.⟩ (jmdm.) etwas ~ **1** *reichen, anbieten* **2** *vortragen;* Abl *Darbietung* ▸ jmdm. die Hand ~; eine gute Show ~ **II** ⟨V. refl.⟩ sich jmdm. ~ *sich bieten, sich zeigen* ▸ ihm bot sich eine Gelegenheit dar

dạr|brin|gen ⟨V. trans.; bringt dar, brach|te dar, hat dar|ge|bracht, dar|zu|brin|gen; geh.⟩ (jmdm.) etwas ~ *feierlich geben, hingeben, schenken* ▸ ein Opfer ~

da|r|ein ⟨Adv.; poet.⟩ *in dieses* ▸ sich ~ ergeben *sich damit zufriedengeben, sich damit abfinden;* →a. *drein*

da|r|ịn ⟨a. ['--], wenn mit bes. Nachdruck auf etwas hingewiesen wird; Adv.⟩ **1** ⟨allg.; a. übertr.⟩ *hierin, in diesem Punkt* **2** ⟨örtlich⟩ *in diesem, in dieser;* oV ⟨umg.⟩ *drin (1)* ▸ er wird es ~ nie weit bringen ▸ der Unterschied besteht vor allem ~, dass …; ~ irrst du dich gründlich!; sein: ~ ist er mir überlegen; ich habe die Zeitung schon gelesen, es steht nichts Neues ~ ▸ ein Nest mit zwei Jungen ~; Zus *darinsitzen, darinstehen*

da|r|ịn|nen ⟨Adv.; veraltet⟩ = *darin* ▸ es ist nichts ~; was mag ~ sein?

dar|le|gen ⟨V. trans.; legt dar, leg|te dar, hat dar|gelegt, dar|zu|le|gen⟩ (jmdm.) etwas ~ *erklären, klärend ausführen* ▸ etwas im Einzelnen ~; er versuchte vor Gericht darzulegen, wie es dazu gekommen war; Abl *Darlegung*

Dar|le|hen ⟨das; -s, -⟩ *Leihgabe (von Geld), Leihsumme*

Dạrm ⟨der; -(e)s, Där|me; Anat.⟩ *Teil des Verdauungskanals;* Zus *Darmbakterien, Darmerkrankung, Darmkrebs, Darmträgheit; Dickdarm, Dünndarm, Mastdarm*

Dạrm|flo|ra ⟨die; -; unz.⟩ *Gesamtheit der im Darm lebenden Bakterien*

dar|rei|chen ⟨V. trans.; reicht dar, reich|te dar, hat dar|ge|reicht, dar|zu|rei|chen⟩ (jmdm.) etwas ~ *anbieten, geben;* Abl *Darreichung*

dar|stel|len ⟨V. trans.; stellt dar, stell|te dar, hat dar|ge|stellt, dar|zu|stel|len⟩ **1** einen Sachverhalt ~ *beschreiben, schildern* **2** etwas ~ *wiedergeben, anschaulich machen* **3** eine Handlung im Theaterstück ~ *zeigen, vorführen* **4** eine Rolle ~ *ver-*

körpern **5** etwas ~ *sein* ▸ das Gemälde stellt den Künstler in jungen Jahren dar ▸ er kann die Angelegenheit nicht objektiv ~ ▸ er versuchte es so darzustellen, als ob …; er vermag den Faust ebenso überzeugend darzustellen wie den Mephisto ▸ die ~den Künste *die Künste, die etwas Gegenständliches darstellen (Bildnerei u. Malerei);* Abl *darstellbar*

Dar|stel|ler ‹der; -s, -› *Schauspieler, Opernsänger;* Abl *Darstellerin*

Dar|stel|lung ‹die; -, -en› **1** *Beschreibung, Schilderung* **2** *Wiedergabe* **3** *Vorführung (einer Handlung)* **4** *Verkörperung (einer Rolle)* ▸ eine ~ von einem Vorfall geben *ihn schildern;* grafische ~

da|r|ü|ber ‹a. ['---], wenn mit bes. Nachdruck auf etwas hingewiesen wird; Adv.› **1** ‹allg.; a. übertr.› **1.1** *über dieses* **1.2** *mehr* **2** ‹örtlich› *über diesen od. diesem, über dieses;* Zus *darüberfahren, darüberlegen; darüberschreiben* **3** ‹zeitlich› *währenddessen* **4** ‹begründend› *damit einhergehend, deshalb* ▸ 20 Euro und keinen Cent ~!; die Toreinfahrt ist ungünstig, denn das Zimmer ~ ist sehr kalt ▸ er beschwert sich ~, dass …; ~ kann man diskutieren, reden, streiten, verschiedener Meinung sein; mehr konnte ich nicht ~ erfahren; ich freue mich sehr ~; das ist mein letztes Angebot, ~ kann ich nicht gehen *mehr kann ich nicht bieten;* jetzt will er ein Buch ~ schreiben; ~ müssen wir noch ausführlich sprechen; er ist ~ gestorben; sie erzählte und erzählte, und ~ verging die Zeit ▸ ich dachte, wir sind uns ~ einig?; ~ bin ich nicht unterrichtet ▸ ~ hinaus möchte ich noch Folgendes bemerken *außerdem;* ich bin ~ hinweg ‹umg.› *es interessiert, bekümmert mich nicht mehr;* →a. *drüber*

da|r|ü|ber|ste|hen ‹V. intr.; steht da|r|ü|ber, stand da|r|ü|ber, hat (südd., österr., schweiz.: ist) da|r|ü|ber|ge|stan|den, da|r|ü|ber|zu|ste|hen› *sich von etwas nicht beirren, verunsichern lassen* ▸ ihr solltet doch ~! *es nicht so wichtig nehmen*

da|r|um ‹a. ['--], wenn mit bes. Nachdruck auf etwas hingewiesen wird; Adv.› **1** *deshalb, deswegen, daher* **2** ‹allg.; a. übertr.› *um diesen, um diese, um dieses* **3** ‹örtlich› *um (etwas) herum;* Zus *darumbinden* ▸ warum? (Antwort:) ~! ‹umg.› *das geht dich gar nichts an!* ▸ ein Park mit einer hohen Mauer ~ ▸ er bat mich ~, ihn zu entschuldigen; ~ geht es ja gerade! ‹umg.› *eben um diese Angelegenheit handelt es sich!;* es handelt sich ~, zu erfahren, ob …; man wird kaum ~ herumkommen ‹umg.› *es wird sich kaum vermeiden lassen;* ~ muss ich immer wieder vor den Schwierigkeiten warnen; tun: er hat es nur ~ getan, weil … ▸ und ~ weise ich erneut auf diese Gefahr hin; →a. *drum*

da|r|un|ter ‹a. ['--], wenn mit bes. Nachdruck auf etwas hingewiesen wird; Adv.› **1** ‹allg.; a. übertr.› *unter dieses, unter diesem, unter diesen* **2** ‹örtlich› *unter, unterhalb von diesem, unter dieses;* Zus *darunterliegen, darunterschreiben* ▸ eine große Menschenmenge, ~ viele Kinder ‹übertr.› *dazwischen, dabei;* ein Tisch mit einem Teppich ~ ▸ unsere neue Wohnung ist im ersten Stock, ~ befinden sich die Geschäftsräume ▸ Kinder von fünf Jahren und ~ ▸ was verstehen Sie ~?; →a. *drunter;* Zus *darunterbleiben*

da|r|un|ter|fal|len ‹V. intr.; fällt da|r|un|ter, fiel da|r|un|ter, ist da|r|un|ter|ge|fal|len, da|r|un|ter|zu|fal|len; übertr.› *zu etwas gerechnet werden* ▸ ich kenne die Bestimmungen genau, diese Sache fällt nicht darunter

D

das/dass

Bei der Schreibung von *das/dass* werden häufig Fehler gemacht. Wichtig für die korrekte Verwendung dieser Wörter ist das Erkennen der jeweiligen Wortarten, denn *das* und *dass* gehören unterschiedlichen Wortarten an. *Das* wird als bestimmter Artikel Neutrum, als Demonstrativ- oder als Relativpronomen verwendet:
Das (= Demonstrativpronomen) *ist das* (= Artikel) *Kleid, das* (= Relativpronomen) *mir am besten gefällt.*
Dagegen ist *dass* eine Konjunktion, die meist verwendet wird, um einen Nebensatz einzuleiten: *Sie sagte, dass sie heute kommen wird. Dass du krank bist, ist sehr bedauerlich.*
Verwechselt werden besonders häufig das Relativpronomen *das* und die Konjunktion *dass.* Dies lässt sich vermeiden, wenn man die folgende Regel beachtet: *Das* kann man durch dieses oder welches ersetzen, die Konjunktion *dass* dagegen nicht. Also: *Das ist das Kind, das* (oder: *welches) seine Eltern sucht. Sie hat mir nicht mitgeteilt, dass* (hier nicht durch „dieses" oder „welches" zu ersetzen) *sie umgezogen ist.*

das[1] ‹n.; bestimmter Art.› ~ Buch, ~ Haus, ~ Kind

das[2] ‹Demonstrativpron.› *dies, dieses, dasjenige* ▸ ~ habe ich nicht behauptet!; ~ heißt ‹Abk.: d. h.›; von wem hast du denn ~ gehört?; sein: ~ ist ‹Abk.: d. i.›; ja, ~ ist es!; ~ ist der Gesuchte!; ~ ist der berühmte Schauspieler; ~ ist die Wahrheit; ~ ist sehr freundlich von Ihnen; ~ war eine erholsame Zeit für uns; ~ hätte ich ihm wirklich nicht zugetraut

das[3] ‹Relativpron.› dies ist das beste Theaterstück, ~ ich in letzter Zeit gesehen habe

da sein → *da*

Da|sein ‹das; -s; unz.› **1** *Vorhandensein, Bestehen, Existenz* **2** *Leben, bes. die einfachsten Voraussetzungen dafür* ▸ ein besseres ~ erstreben; ein elendes, trauriges ~ führen, haben; für ein besseres ~ eintreten, kämpfen

da|sit|zen ‹V. intr.; sitzt da, saß da, hat (südd., österr., schweiz.: ist) da|ge|ses|sen, da|zu|sit|zen› *auf einer Stelle, einem Platz sitzen* ▸ nach einer Stunde saß er immer noch da; völlig untätig ~

dass ‹Konj.› **I** ‹als Einleitung eines Nebensatzes› ~ du kommst, ist doch wohl sicher; ich weiß, ~ er kommen wollte; das kommt davon, ~ du nicht aufgepasst hast; er spielte so gut, ~ er nicht zu schlagen war; ich habe die Hoffnung, ~ sich alles noch zum Guten wenden wird; er versucht es schon seit Jahren, ohne ~ er Erfolg damit hat **II** ⟨als Einleitung zu Hauptsätzen mit der Wortstellung von Nebensätzen, die einen Wunsch, eine Drohung o. Ä. ausdrücken⟩ ~ du mir ja nicht auf die Straße gehst!; ~ es doch endlich soweit wäre!

D

das|sel|be ⟨Demonstrativpron.; das; Gen. desselben, Pl. dieselben⟩ **1** *(genau) das, eben das* **2** ⟨umg. oft fälschl. für⟩ *das gleiche* ▸ ein und ~; genau ~; es ist ~ Haus, in dem ich meine Kindheit verbracht habe; es läuft auf ~ hinaus; es ist immer wieder ~; sie hat sich gestern ~ Kleid gekauft wie ich ⟨richtig⟩ *das gleiche*

Dass|satz *auch:* **dass-Satz** ⟨der; -es, -sät|ze; Gramm.⟩ *mit der Konjunktion „dass" eingeleiteter Nebensatz*

da|ste|hen ⟨V. intr.; steht da, stand da, hat (süddt., österr., schweiz.: ist) da|ge|stan|den, da|zu|stehen⟩ **1** *auf einer Stelle stehen, im Leben stehen* **2** ⟨übertr.⟩ *sich in einer bestimmten Lage befinden* ▸ wenn der Vater stirbt, wird sie ganz allein ~; glänzend, gut, mittellos ~ ⟨übertr.; umg.⟩ ▸ ~ und zuschauen ▸ wie stehe ich nun vor meinen Freunden da! ⟨übertr.⟩ *was müssen sie jetzt von mir halten!, ich bin blamiert*

Dat. ⟨Abk. für⟩ *Dativ*

Da|tei ⟨die; -, -en⟩ **1** *Sammlung sachlich zusammengehöriger Daten* **2** ⟨EDV⟩ *ein (auf Diskette, CD-ROM o. Ä.) gespeicherter Bestand an elektron. Daten*

Da|ten **1** ⟨Pl. von⟩ *Datum* **2** ⟨nur Pl.; Informatik⟩ *Informationen über Größen u. Werte*

Da|ten|aus|tausch ⟨der; -(e)s, -e; EDV⟩ *Austausch od. Übertragung von elektronischen Daten*

Da|ten|bank ⟨die; -, -en; EDV⟩ *EDV-System, in dem mehrere Benutzer mittels bestimmter Programme schnell auf Daten zugreifen können*

Da|ten|schutz ⟨der; -es; unz.⟩ *Schutz vor missbräuchlicher Verwendung (Weitergabe) persönlicher Daten des Bürgers;* Zus *Datenschutzbeauftragte(r)*

Da|ten|trä|ger ⟨der; -s, -; EDV⟩ *Mittel (Festplatte, CD o. Ä.) zum Speichern von Daten, die maschinell lesbar sind*

Da|ten|ver|ar|bei|tung ⟨die; -, -en; EDV⟩ *Sammeln, Sichten, Speichern, Bearbeiten u. Auswerten von Informationen, die als Größen u. Werte miteinander in Beziehung gesetzt werden können*

da|tie|ren ⟨V.; da|tiert, da|tier|te, hat da|tiert⟩ **I** ⟨V. trans.⟩ **1** einen Brief ~ *mit einem Datum versehen* **2** einen Fund ~ *seine Entstehungszeit bestimmen* ▸ der Archäologe datiert die neuen Ausgrabungsfunde auf 1300 v. Chr. **II** ⟨V. intr.⟩ *stammen* ▸ das Schreiben ist vom 20. Juli datiert; Abl *Datierung; datierbar*

Da|tiv ⟨der; -s, -e; Gramm.; Abk.: Dat.⟩ *dritter Fall der Deklination;* Syn *Wemfall;* Abl *dativisch*

Dat|tel ⟨die; -, -n⟩ *zuckerreiche, mehlige Frucht der in Afrika u. im südlichen Asien heimischen Dattelpalme*

Da|tum ⟨das; -s, Da|ten⟩ **1** *Zeitangabe nach dem Kalender, bestimmter Zeitpunkt, Tag* **2** ⟨Pl.⟩ Daten *Tatsachen, Angaben* ▸ das ~ des Poststempels; eine Übersicht mit den wichtigsten Daten der Weltgeschichte ▸ Daten speichern ▸ ein früheres ~ angeben; neueren ~s *noch nicht sehr lange zurückliegend, aus der letzten Zeit* ▸ unter dem heutigen ~ ▸ welches ~ haben wir heute?

Datum

Im Deutschen wird das *Datum* in der Reihenfolge Tag, Monat, Jahr angegeben. Mögliche Schreibweisen sind:
08.09.07
08.09.2007
8. September 2007
8. Sept. 2007
08. Sept. 07
Nach der internationalen Norm steht das *Datum* jedoch in umgekehrter Reihenfolge (Jahr, Monat, Tag): *2007-09-08* oder: *07-09-08.*
Werden ein Wochentag und ein *Datum* in Verbindung mit *am* oder *vom* geschrieben, so steht die Datumsangabe im Dativ, ohne *am* und *vom* nimmt man den Akkusativ. Die Datumsangabe wird stets mit Kommas abgetrennt, wobei das schließende Komma wegfallen kann: *Sie kommen Dienstag, den 4. April(,) in München an. Sie kommen am Dienstag, dem 4. April(,) an. Der Brief vom Montag, dem 26. November 2007(,) wurde verspätet zugestellt.*
Sobald Uhrzeiten oder Ortsangaben hinzukommen, wird wie folgt geschrieben: *Am Sonntag, dem 27. Februar, um 15 Uhr. Wir treffen uns am 27. Februar, 15 Uhr(,) im Kulturcafé. Die Tagung beginnt am Donnerstag, dem 23. August, (um) 18.00 Uhr(,) im Kongresszentrum.*

Dau|er ⟨die; -; unz.⟩ **1** *Zeitspanne* **2** *lange Zeit;* Zus *Dauermieter, Dauerparker* **3** *Bestand, Fortbestehen* ▸ die ~ einer Behandlung ▸ auf die ~ ist das unerträglich; für die ~ eines Augenblicks; mit zunehmender ~ wurde es immer schwieriger; ihr Glück war nur von kurzer ~

dau|er|ar|beits|los ⟨Adj.⟩ = *langzeitarbeitslos;* Abl *Dauerarbeitslose(r), Dauerarbeitslosigkeit*

Dau|er|auf|trag ⟨der; -(e)s, -trä|ge; Bankw.⟩ *Auftrag eines Kontoinhabers an seine Bank, regelmäßig einen bestimmten Betrag an einen bestimmten Empfänger zu überweisen*

dau|er|haft ⟨Adj.; -er, am -es|ten⟩ *fest, beständig, widerstandsfähig über einen längeren Zeitraum, ausdauernd* ▸ über einen ~en Wohnsitz verfügen

Dau|er|lauf ⟨der; -(e)s, -läu|fe⟩ *längerer Lauf (in einem gemäßigten Tempo)*

Dau|er|leih|ga|be ⟨die; -, -n⟩ *zeitlich unbegrenzt zur Verfügung gestellte Leihgabe (bes. von Kunstwerken)*

dau|ern 〈V. intr.; dau|ert, dau|er|te, hat ge|dau|ert〉 **1** *währen, anhalten, bestehen bleiben* **2** *unverändert bleiben* ▸ es kann nur noch wenige Minuten ~; es dauerte nicht lange; es dauert mir zu lange; wie lange dauert der Flug?

dau|ernd **1** 〈Part. Präs. von〉 *dauern* **2** 〈Adj.〉 *fortwährend, ständig, regelmäßig* ▸ seine ~e Fragerei ist lästig; er ist ~ unterwegs; er vergisst ~ seinen Schlüssel

Dau|men 〈der; -s, -〉 **1** *zweigliedriger, stärkster Finger der Hand, der sich gegen die übrigen vier Finger bewegen lässt;* ⓘ S. 146 **2** 〈Tech.〉 *Griffhebel* ▸ Pi mal ~ *ungefähr;* zwischen Zeigefinger und ~ ▸ jmdm. den, die ~ drücken, halten *jmdm. Glück, Erfolg wünschen* ▸ am ~ lutschen *(Angewohnheit von Kindern);* ich habe mich in den ~ geschnitten; eine Entfernung über den ~ peilen *ungefähr schätzen;* →a. *grün*

dau|men|dick 〈Adj.〉 *so dick wie ein Daumen* ▸ ein ~er Ast

Dau|ne 〈die; -, -n〉 **1** *Flaumfeder der Vögel, bei der die Federäste locker angeordnet sind u. sich nicht zu einer Federfahne zusammenschließen* **2** *Gänse- od. Entenflaumfeder zum Füllen von Kissen u. Decken;* Zus *Daunenbett, Daunendecke, Daunenjacke*

da|von 〈a. ['--], wenn mit bes. Nachdruck auf etwas hingewiesen wird; Adv.〉 *von dieser Sache* ▸ wer will noch etwas ~? (z. B. von dieser Speise) ▸ genug ~!; ~ ['--] habe ich genug; nichts mehr ~! *sprechen wir nicht mehr darüber;* weg ~; nicht weit ~ *nicht weit entfernt von diesem Platz, von dort;* Zus *davoneilen, davonfahren, davonjagen, davonrennen, davonschleichen*

da|von|kom|men 〈V. intr.; kommt da|von, kam da|von, ist da|von|ge|kom|men, da|von|zu|kommen〉 **1** *gerettet werden* **2** 〈übertr.〉 *unverletzt bleiben od. nur einen geringen Schaden haben* ▸ er ist noch einmal davongekommen; mit einem blauen Auge ~ 〈übertr.〉 *nur geringen Schaden erleiden;* mit dem Leben, dem Schrecken, mit heiler Haut ~

da|von|lau|fen 〈V. intr.; läuft da|von, lief da|von, ist da|von|ge|lau|fen, da|von|zu|lau|fen〉 *fortlaufen, weglaufen* ▸ es ist zum Davonlaufen! *es ist unerträglich*

da|von|ma|chen 〈V. refl.; macht sich da|von, mach|te sich da|von, hat sich da|von|ge|macht, sich da|von|zu|ma|chen; umg.〉 sich ~ *heimlich weglaufen* ▸ er hat sich gleich wieder davongemacht

da|von|steh|len 〈V. refl.; stiehlt sich da|von, stahl sich da|von, hat sich da|von|ge|stoh|len, sich da|von|zu|steh|len; umg.〉 sich ~ *sich unbemerkt, heimlich entfernen*

da|von|tra|gen 〈V. trans.; trägt da|von, trug davon, hat da|von|ge|tra|gen, da|von|zu|tra|gen〉 **1** etwas ~ *forttragen, wegtragen* **2** eine Krankheit ~ *als Folge bekommen* **3** einen Preis ~ *erringen, erlangen* ▸ er hat bei, von dem Unfall schwere Verletzungen davongetragen; diesmal konnten wir den Sieg ~

da|vor 〈a. ['--], wenn mit bes. Nachdruck auf etwas hingewiesen wird; Adv.〉 **1** 〈allg.〉 *vor dieser Sache* **2** 〈örtlich〉 *vor diesem, vor dieses;* Zus *davorlegen, davorliegen, davorstehen* **3** 〈zeitlich〉 *vor diesem, vorher, zuvor* ▸ ich habe Angst, Ekel, Furcht ~; ein Haus mit einem Baum ~; fünf Minuten ~ musste ich feststellen … ▸ nimm dich ~ in Acht!; er hat mich ~ gewarnt

D

davor/vor

Davor ist ein zusammengesetztes Adverb, das aus dem Adverb *da* und der Präposition *vor* besteht und in den folgenden Bedeutungen verwendet wird:

1. (mit Bezug auf eine Sache) vor diesem: *Davor warnte er mich.*
2. (örtlich) vor etwas: *Ein Grundstück mit einem großen Schild davor.*
3. (zeitlich) vorher: *Davor waren sie im Kino.*

Besonders in der norddeutschen Umgangssprache wird *davor* mitunter getrennt: *Da habe ich keine Angst vor. Da steht ein Auto vor.* Dieser Gebrauch sollte aber in der Schriftsprache vermieden werden.

Im Unterschied zu *davor* ist *vor* eine Präposition, die ein nachfolgendes Nomen oder Pronomen erfordert: *Er blieb davor / vor dem Haus stehen. Sie stieg davor / vorher / vor ihm aus.*

da|vor|stel|len 〈V. trans.; stellt da|vor, stell|te davor, hat da|vor|ge|stellt, da|vor|zu|stel|len〉 etwas ~ *vor dieses stellen* ▸ wir könnten die Bank ~

DAX® 〈Abk. für〉 *Deutscher Aktienindex*

da|zu 〈a. ['--], wenn mit bes. Nachdruck auf etwas hingewiesen wird; Adv.〉 **1** 〈allg.〉 *zu diesem Zweck, zu dieser Gelegenheit, Sache* **2** 〈anreihend〉 *außerdem* ▸ sie sang, und er begleitete sie ~; und ~ brauche ich …; ich brauche hierfür Draht, ~ Bast und Klebstoff; wollen wir nicht Beckers noch mit ~ einladen *außer den Übrigen;* was meinen, sagen Sie ~?; ich kann nichts ~ tun *ich kann dabei nicht helfen* ▸ er ist ~ da, um … *das ist seine Aufgabe*

da|zu|ge|hö|ren 〈V. intr.; ge|hört da|zu, gehör|te da|zu, hat da|zu|ge|hört, da|zu|zu|ge|hö|ren〉 *eng verbunden sein mit, zu diesem Gegenstand od. dieser Person gehören* ▸ er möchte gern ~; Abl *dazugehörig*

da|zu|ge|win|nen 〈V. trans.; ge|winnt da|zu, gewann da|zu, hat da|zu|ge|won|nen, da|zu|zu|gewin|nen〉 jmdn. od. etwas ~ *hinzubekommen, noch zusätzlich erwerben, dazubekommen*

da|zu|kom|men 〈V. intr.; kommt da|zu, kam dazu, ist da|zu|ge|kom|men, da|zu|zu|kom|men〉 *hinzukommen, hinzugefügt werden* ▸ Folgendes wird noch ~; 〈an erster Stelle im Satz Getrenntschreibung〉 dazu kommt, dass …

da|zu|ler|nen 〈V. intr.; lernt da|zu, lern|te da|zu, hat da|zu|ge|lernt, da|zu|zu|ler|nen〉 *neu, zusätzlich lernen* ▸ er hat auf dem Lehrgang viel dazugelernt

D

da|zu|sa|gen ‹V. trans.; sagt da|zu, sag|te da|zu, hat da|zu|ge|sagt, da|zu|zu|sa|gen› etwas ~ *hinzufügen, zusätzlich erklären, auch sagen*

da|zu|sto|ßen ‹V. intr.; stößt da|zu, stieß da|zu, ist da|zu|ge|sto|ßen, da|zu|zu|sto|ßen› *dazukommen, sich anschließen* ▸ er werden noch mehr Sympathisanten ~

da|zu|ver|die|nen ‹V. trans.; ver|dient da|zu, ver|dien|te da|zu, hat da|zu|ver|dient, da|zu|zu|ver|die|nen› etwas ~ *zusätzlich Geld verdienen*

da|zu|zäh|len ‹V. trans.; zählt da|zu, zähl|te da|zu, hat da|zu|ge|zählt, da|zu|zu|zäh|len› jmdn. od. etwas ~ *einer Gruppe od. Menge hinzufügen, zusätzlich zählen, addieren* ▸ die angefallenen Unkosten muss man ~

da|zwi|schen ‹Adv.› **1** ‹örtlich› *zw., unter, inmitten zweier od. mehrerer* **2** ‹zeitlich› *zwischendurch, ab u. zu* ▸ zwei Felder mit einer Hecke ~; ~ liegen immerhin fünf Jahre

da|zwi|schen|fah|ren ‹V. intr.; fährt da|zwi|schen, fuhr da|zwi|schen, ist da|zwi|schen|ge|fah|ren, da|zwi|schen|zu|fah|ren› **1** *sich energisch in etwas einmischen* **2** *jmdm. heftig ins Wort fallen* ▸ er ist ständig dazwischengefahren

da|zwi|schen|ge|hen ‹V. intr.145; geht da|zwi|schen, ging da|zwi|schen, ist da|zwi|schen|ge|gan|gen, da|zwi|schen|zu|ge|hen› *eingreifen, sich einmischen, z. B. um einen Streit zu schlichten* ▸ wäre er nicht dazwischengegangen, hätte es böse enden können

da|zwi|schen|re|den ‹V. intr.; re|det da|zwi|schen, re|de|te da|zwi|schen, hat da|zwi|schen|ge|re|det, da|zwi|schen|zu|re|den› *jmdm. ins Wort fallen, jmdn. unterbrechen* ▸ bitte red (mir) nicht immer dazwischen!

da|zwi|schen|tre|ten ‹V. intr.; tritt da|zwi|schen, trat da|zwi|schen, ist da|zwi|schen|ge|tre|ten, da|zwi|schen|zu|tre|ten› *vermittelnd eingreifen* ▸ ich konnte gerade noch rechtzeitig ~; seinem Dazwischentreten war es zu verdanken, dass …

DDR ‹1949-1990; Abk. für› *Deutsche Demokratische Republik; Zus DDR-Bürger*

D-Dur ‹[deː-] das; -; unz.; Mus.; Abk.: D› *auf dem Grundton D beruhende Dur-Tonart; Zus D-Dur-Tonleiter*

de…, De… ‹vor Vokalen› des…, Des… ‹Vorsilbe› *von, weg, ent…*

Deal ‹[diːl] der od. das; -s, -s; umg.› **1** *(zwielichtiger) Handel, Geschäft (mit Rauschmitteln)* **2** *Abmachung* ▸ einen ~ einfädeln, platzenlassen, vorschlagen

Dea|ler ‹[diː-] der; -s, -s; umg.› *jmd., der mit Rauschmitteln handelt*

De|ba|kel ‹das; -s, -› *Zusammenbruch, Niederlage, Fiasko* ▸ die Partei hat bei der Wahl ein totales ~ erlebt; die Niederlage wurde von der Mannschaft als ~ empfunden

De|bat|te ‹die; -, -n› **1** *Erörterung* **2** *(parlamentarische) Verhandlung; Zus Parlamentsdebatte* **3** *Wortgefecht* ▸ er **eröffnete** die ~ ▸ eine **erregte,** lebhafte, stürmische, sachliche ~ ▸ sich **auf** eine ~ einlassen; **in** eine ~ eingreifen; diese Angelegenheit steht nicht **zur** ~ *darum geht es nicht;* das steht noch zur ~ *das ist noch zu klären, zu erörtern;* zur ~ stellen *veranlassen, dass etwas erörtert wird; Abl debattieren*

De|büt ‹[-byː] das; -s, -s› **1** *erstes öffentliches Auftreten, bes. auf der Bühne* **2** ‹früher› *erste Vorstellung bei Hofe* ▸ sein ~ geben, liefern; *Abl Debütant(in); debütieren*

de|chif|f|rie|ren ‹[deʃifriː-] V. trans.; de|chif|f|riert, de|chif|f|rier|te, hat de|chif|f|riert› etwas ~ *entziffern, entschlüsseln*

Deck ‹das; -(e)s, -s od. -e› **1** *Bedachung des Schiffsrumpfes* **2** *Stockwerk im Schiff, bes. das oberste* ▸ alle Mann an ~!; von ~ gehen

De|cke ‹die; -, -n› **1** *etwas zum Zudecken, Bedecken; Zus Bettdecke, Tischdecke* **2** *Auflage, (obere) Schicht; Zus Schneedecke, Straßendecke* **3** *oberer Abschluss eines Raumes, Wagens o. Ä.; Zus Zimmerdecke* **4** *Mantel des Radreifens; Zus Reifendecke* **5** *Bucheinband; Zus Buchdecke, Einbanddecke* ▸ eine **dicke,** dünne, karierte, warme, weiche, wollene ~; die Räume haben **hohe,** niedrige ~n ▸ **an** die ~ gehen ‹übertr.; umg.› *sich aufregen, aufbrausen;* jmdm. fällt die ~ **auf** den Kopf ‹übertr.; umg.› *jmd. langweilt sich, fühlt sich eingeengt, weil er kaum außer Haus ist;* sich **in** eine ~ hüllen, wickeln; mit jmdm. **unter** einer ~ stecken ‹übertr.; umg.› *gemeinsame Sache machen*

De|ckel ‹der; -s, -› **1** *Platte zum Bedecken von offenen Behältern* (Topf~) **2** *Bucheinband* (Buch~) **3** ‹übertr.; umg.› *Hut* ▸ den ~ **abnehmen** ▸ der ~ passt **auf** diesen Topf; jmdm. eins auf den ~ geben ‹übertr.; umg.› *jmdn. zurechtweisen;* eins auf den ~ kriegen ‹übertr.; umg.› *zurechtgewiesen werden;* den ~ **vom** Topf abnehmen, abheben

de|cken ‹V.; deckt, deck|te, hat ge|deckt› **I** ‹V. trans.› **1** ein Dach ~ *bedecken, zudecken, belegen; Zus Deckblatt* **2** Farben ~ *verdecken* **3** den Rückzug ~ *schützen, sichern, bewachen* **4** ‹Sp.› den Gegner ~ *bewachen* **5** ‹Kaufmannsspr.› einen Bedarf ~ *befriedigen* **6** jmdn. ~ *jmds. Unrecht, Verbrechen, Fehler verhüllen, verbergen* ▸ ~ Sie rechtzeitig Ihren **Bedarf** an Lebensmitteln!; das **Dach** (mit Schiefer, Ziegeln) ~; ein **Defizit,** einen Fehlbetrag ~ *auffüllen, ausgleichen;* die **Flanke,** den Rückzug ~ ‹Mil.›; die **Kosten** ~ *ohne finanziellen Verlust arbeiten;* den **Tisch** (für 6 Personen) ~ *Essbesteck auflegen* ▸ ~de Farben verwenden; der Schaden wird durch die Versicherung voll gedeckt; mein Bedarf ist gedeckt! ‹umg.; iron.› *ich habe es satt* **II** ‹V. refl.› sich ~ **1** *sich sichern* **2** *in der Form übereinstimmen* (geometrische Figuren) **3** *gleich sein, übereinstimmen* (Interessen) ▸ ihre **Aussage** deckt sich mit der seinen (nicht) ▸ sich **gegen** einen Angriff ~

De|cken|lam|pe ‹die; -, -n› *an der Decke eines Innenraums befestigte Lampe;* ⓘ S. 361

Deck|man|tel ‹der; -s; unz.; übertr.› *vorgetäuschte Eigenschaft od. Tätigkeit, Vorwand* ▸ unter dem ~ der Freundschaft jmdm. schaden

De|ckung ⟨die; -, -en; meist unz.⟩ **1** *deckende Schicht* (Dach) **2** ⟨Bankw.⟩ *Sicherheit für eine Forderung* **3** ⟨Sp.⟩ *Bewachung der Gegner im Mannschaftsspiel, Verteidigung* **4** ⟨Mil.⟩ *Schutz vor feindl. Feuer od. gegen Sicht* ▸ die ~ des Linksaußen ließ viel zu wünschen übrig ⟨Sp.⟩ ▸ dieses Gelände bietet genügend, gute, kaum, keine ~ ⟨Mil.⟩ ▸ volle ~! *(militärisches Kommando)* ▸ als, zur ~ von ... ⟨Bankw.⟩; in ~ gehen ⟨Mil.⟩; ~ in bar ⟨Bankw.⟩; die Dame ohne ~ lassen ⟨Schach⟩; ~ vor dem feindlichen Angriff suchen; zur ~ der Kosten beitragen

de|ckungs|gleich ⟨Adj.⟩ **1** ⟨Math.⟩ *in der Form übereinstimmend;* Syn *kongruent* **2** ⟨allg.⟩ *identisch, homogen* ▸ unsere Ansichten sind fast ~

Deck|weiß ⟨das; -; unz.⟩ *weiße Deckfarbe*

Dé|colle|té ⟨[dekɔlteː] das; -s, -s⟩ = *Dekolletee*

De|duk|ti|on ⟨die; -, -en; Philos.⟩ *Ableitung des Besonderen aus dem Allgemeinen;* Ggs *Induktion (1)*

de|es|ka|lie|ren ⟨V. intr.; de|es|ka|liert, de|es|ka|lier|te, hat de|es|ka|liert⟩ *sich stufenweise abschwächen, verringern;* Ggs *eskalieren;* Abl *Deeskalation*

de fac|to ⟨Adv.; Rechtsw.⟩ *tatsächlich, den Tatsachen entsprechend, nach Lage der Tatsachen*

De|fä|tis|mus ⟨der; -; unz.⟩ *fehlender Glaube an den Sieg, Untergangsstimmung;* Abl *defätistisch*

de|fekt ⟨Adj.⟩ **1** *fehlerhaft, mangelhaft* **2** *beschädigt, schadhaft* ▸ ein ~es Auto

De|fekt ⟨der; -(e)s, -e⟩ **1** *Mangel, Fehler, Gebrechen, Makel* **2** *Beschädigung, Schaden;* Zus *Motordefekt, Reifendefekt* **3** *Ausfall, Fehlbetrag*

de|fen|siv ⟨Adj.⟩ *abwehrend, verteidigend;* Ggs *offensiv*

De|fen|si|ve ⟨[-və] die; -, -n⟩ *Abwehr, Verteidigung, Abwehrstellung;* Ggs *Offensive* ▸ sich in der ~ befinden; in der ~ bleiben

de|fi|nie|ren ⟨V. trans.; de|fi|niert, de|fi|nier|te, hat de|fi|niert⟩ etwas ~ *(genau) erklären, begrifflich bestimmen, festlegen*

De|fi|ni|ti|on ⟨die; -, -en⟩ **1** *Begriffsbestimmung* **2** ⟨kath. Kirche⟩ *unfehlbare Entscheidung in dogmatischen Fragen* ▸ ~ eines Dogmas

de|fi|ni|tiv ⟨Adj.⟩ *endgültig, bestimmt* ▸ etwas ~ aussagen, bestellen, verabreden

De|fi|zit ⟨a. [- - '-] das; -(e)s, -e⟩ **1** *Mangel* **2** *Fehlbetrag* **3** *Einbuße, Verlust* ▸ die Bilanz weist ein ~ auf; Abl *defizitär*

de|for|mie|ren ⟨V. trans.; de|for|miert, de|for|mier|te, hat de|for|miert⟩ etwas od. jmdn. ~ *verformen, verunstalten, entstellen;* Abl *Deformierung*

def|tig ⟨Adj.; umg.⟩ **1** *tüchtig, stark* **2** *kräftig* **3** *derb, grob* **4** *sehr hoch* ▸ ein ~es Essen; ihr droht eine ~e Geldstrafe; sie verlangen ~e Preise

De|gen ⟨der; -s, -⟩ **1** *Hieb- u. Stoßwaffe* **2** *Offizierssäbel* ▸ den ~ ziehen; zum ~ greifen

De|ge|ne|ra|ti|on ⟨die; -, -en; Med.⟩ **1** *Rückbildung (bes. von Geweben u. Organen)* **2** *Entartung, körperlicher od./u. geistiger Verfall;* Abl *degenerieren*

de|gra|die|ren ⟨V. trans.; de|gra|diert, de|gra|dier|te, hat de|gra|diert⟩ jmdn. ~ **1** *im Rang herabsetzen* **2** ⟨allg.⟩ *herabsetzen* ▸ einen Offizier zum Gefreiten ~; ein wichtiges Thema zur Nebensache ~ ⟨übertr.⟩; Abl *Degradierung*

dehn|bar ⟨Adj.⟩ **1** *so beschaffen, dass es gedehnt werden kann* **2** ⟨übertr.⟩ *vieldeutig* ▸ ein ~er Begriff; Abl *Dehnbarkeit*

deh|nen ⟨V.; dehnt, dehn|te, hat ge|dehnt⟩ **I** ⟨V. trans.⟩ **1** etwas ~ *durch Ziehen verlängern, strecken, spannen, weiten* **2** Vokale ~ *langziehen, langgezogen aussprechen* **3** Musiknoten ~ *lange aushalten, klingen lassen* **4** ⟨übertr.⟩ einen Begriff ~ *allzu weit fassen, strapazieren* ▸ eine Silbe, ein Wort beim Sprechen ~ **II** ⟨V. refl.; dehnt, dehn|te, hat ge|dehnt⟩ sich ~ *sich recken, die Glieder strecken* ▸ sich vor einem Wettkampf ~ ⟨Sp.⟩ *sich aufwärmen;* Abl *Dehnung*

Deich ⟨der; -(e)s, -e⟩ *Schutzdamm gegen Hochwasser am Meer od. Flussufer* (Fluss~, See~); Zus *Deichbau, Deichbruch*

Deich|sel ⟨[-ks-] die; -, -n⟩ *am Wagen angebrachte Stange od. Doppelstange zum Ziehen u. Lenken od. zum Anschirren der Zugtiere*

deich|seln ⟨[-ks-] V. trans.; deich|selt, deich|sel|te, hat ge|deich|selt⟩ etwas ~ *zuwege bringen, geschickt durchführen* ▸ ich werde das, die Sache schon ~

dein[1] ⟨Possessivpron., 2. Person Sg.⟩ *dir gehörig, von dir ausgehend, dir zukommend* ▸ infolge ~es Fleißes, ~es Könnens ...; vergiss nicht ~en Schirm; ⟨in Briefen Groß- od. Kleinschreibung⟩ es grüßt dich/Dich dein/Dein Daniel, deine/Deine Brigitte *(Formel für den Briefschluss)* ▸ es ist nicht ~e Angelegenheit; steht ~ Entschluss schon fest?; du musst noch ~e Medizin einnehmen *die dir verordnete Medizin;* ich bin nicht ~er Meinung; das ist ausschließlich ~e Schuld; das soll nicht ~e Sorge sein; es war ~ Vorschlag und nicht meiner! ▸ es ist mein und ~ Haus; Mein und Dein nicht unterscheiden können *stehlen*

dein[2] ⟨Personalpron.; Gen. von „du"; veraltet⟩ ich gedenke, erinnere mich ~ *ich denke, ich erinnere mich an dich;* oV *deiner* ▸ ⟨in Briefen Groß- od. Kleinschreibung⟩ dein/Dein

dei|ne ⟨Possessivpron., 2. Person Sg.⟩ *dir gehörig, dir zukommend* ▸ wessen Aufgabe ist das?, ~?; du musst das deine/Deine dafür tun *deinen Teil;* die deinen/Deinen *deine Angehörigen;* ⟨in Briefen Groß- od. Kleinschreibung⟩ viele Grüße auch an deine/Deine Freundin

dei|ner ⟨Personalpron.; Gen. von „du"; veraltet⟩ = *dein*[2] ▸ ⟨in Briefen Groß- od. Kleinschreibung⟩ deiner/Deiner

dei|ner|seits ⟨Adv.⟩ *von dir, von dir aus, von deiner Seite her* ▸ ⟨in Briefen Groß- od. Kleinschreibung⟩ deinerseits/Deinerseits; du musst auch ~ etwas tun

dei|nes|glei|chen ⟨Pron.; undekl.⟩ *wie du, Leute wie du* ▸ ⟨in Briefen Groß- od. Kleinschreibung⟩ deinesgleichen/Deinesgleichen; du und ~

dei|net|we|gen ⟨Adv.⟩ *für dich, um dich;* oV *dei-*

nethalben ▸ ⟨in Briefen Groß- od. Kleinschreibung⟩ deinetwegen/Deinetwegen; ich tue es nur ~

De|ka ⟨das; -s, -s; österr.; kurz für⟩ *Dekagramm*

de|ka|dent ⟨Adj.⟩ **1** *kulturell degeneriert, sittenlos* **2** *mit künstlerischen Mitteln überfrachtet* ▸ eine ~e Kunst, Epoche; Abl *Dekadenz*

De|ka|gramm ⟨das; -(e)s, -e od. (bei Maßangaben) -; Zeichen: Dg, österr.: dag⟩ *zehn Gramm*

De|ka|li|ter ⟨das od. der; -s, -; Zeichen: dal⟩ *zehn Liter*

De|kan ⟨der; -s, -e⟩ **1** *Leiter einer Hochschulfakultät* **2** ⟨evang. Kirche⟩ *Superintendent* **3** ⟨kath. Kirche⟩ *Vorsteher eines geistlichen Kollegiums*

De|ka|nat ⟨das; -(e)s, -e⟩ *Verwaltung einer Fakultät, Amt od. Bezirk eines Dekans*

de|kla|mie|ren ⟨V. trans.; de|kla|miert, de|kla|mier|te, hat de|kla|miert⟩ etwas ~ **1** *kunstgerecht u. ausdrucksvoll vortragen (z. B. ein Gedicht)* **2** ⟨umg.; scherzh.⟩ *übertreibend, pathetisch über etwas sprechen;* Abl *Deklamation*

de|kla|rie|ren ⟨V. trans.; de|kla|riert, de|kla|rier|te, hat de|kla|riert⟩ etwas ~ **1** *eine offizielle Erklärung über etwas abgeben* **2** *eine Erklärung über die zu verzollenden Waren abgeben;* Abl *Deklaration*

de|klas|sie|ren ⟨V. trans.; de|klas|siert, de|klas|sier|te, hat de|klas|siert⟩ jmdn. ~ **1** *in eine (sozial) niedrigere Klasse verweisen, herabsetzen* **2** ⟨Sp.⟩ *einen Gegner sehr deutlich schlagen, sehr viel besser sein als die Konkurrenz* ▸ er deklassierte das Feld; Abl *Deklassierung*

De|kli|na|ti|on ⟨die; -, -en; Gramm.⟩ *Abwandlung der Substantive, Adjektive, Pronomen u. Artikel, Bildung der vier Fälle;* →a. *Flexion*

de|kli|nie|ren ⟨V. trans.; de|kli|niert, de|kli|nier|te, hat de|kli|niert; Gramm.⟩ Substantive, Adjektive, Pronomen, Artikel ~ *abwandeln, in die vier Fälle setzen, beugen*

De|ko ⟨die; -, -s; umg.; salopp⟩ *modische Dekoration, schmückende Dinge;* Zus *Dekostoff*

de|ko|die|ren ⟨V. trans.; de|ko|diert, de|ko|dier|te, hat de|ko|diert⟩ Daten, Texte ~ *entschlüsseln* ▸ eine verschlüsselte Information ~

De|kolle|té ⟨[-kɔlte:] das; -s, -s⟩ oV *Dekolletee* **1** *tiefer Kleidausschnitt* **2** *zw. Brust u. Hals befindlicher Bereich des (weibl.) Oberkörpers* ▸ eine Creme auf das ~ auftragen

De|kor ⟨der od. das; -s, -e od. -s⟩ **I** ⟨unz.⟩ *Ausstattung (eines Raumes, Tisches, Theaterstücks)* **II** ⟨zählb.⟩ **1** *Schmuck, Verzierung* **2** *Muster (auf Glas- u. Tonwaren)*

De|ko|ra|teur ⟨[-tø:r] der; -s, -e⟩ *jmd., der sich beruflich mit der Ausstattung von Innenräumen, Schaufenstern u. Ä. beschäftigt;* Abl *Dekorateurin*

De|ko|ra|ti|on ⟨die; -, -en⟩ **1** *Ausschmückung, Verzierung, Schmuck* **2** *Ausstattung;* Zus *Bühnendekoration* **3** *Orden, Ehrenzeichen*

de|ko|ra|tiv ⟨Adj.⟩ *wirkungsvoll schmückend*

de|ko|rie|ren ⟨V. trans.; de|ko|riert, de|ko|rier|te, hat de|ko|riert⟩ **1** etwas ~ *schmücken, verzieren* **2** jmdn. ~ *(mit einem Orden) auszeichnen* ▸ er ist mit einem Orden dekoriert worden; Abl *Dekorierung*

De|kret ⟨das; -(e)s, -e⟩ *behördliche Verordnung, Verfügung* ▸ ein ~ erlassen

De|le|ga|ti|on ⟨die; -, -en⟩ **1** *Abordnung;* Zus *Delegationsleiter* **2** ⟨Rechtsw.⟩ *Übertragung einer Vollmacht, Befugnis, Schuld*

de|le|gie|ren ⟨V. trans.; de|le|giert, de|le|gier|te, hat de|le|giert⟩ **1** jmdn. ~ *abordnen, schicken* **2** etwas (an jmdn.) ~ *weitergeben, zuteilen* ▸ sie weiß lästige Arbeiten an Kollegen zu ~

De|le|gier|te(r) ⟨die; -n, -n (der; -n, -n)⟩ *Abgeordnete(r), Beauftragte(r), Mitglied einer Delegation;* Zus *Delegiertenversammlung*

Del|fin ⟨der; -s, -e; Zool.⟩ *ein Zahnwal mit schnabelartig verlängertem Schädel, vornehmlich Fischfresser;* oV *Delphin*

Del|fin|schwim|men ⟨das; -s; unz.; Sp.⟩ *Schwimmstil, bei dem die Arme kreisförmig bewegt u. zugleich der Körper nach vorn geschnellt wird;* oV *Delphinschwimmen*

delikat/fein/sensibel

Mit dem Adjektiv ***delikat*** wird im Deutschen meist eine **Speise** bezeichnet, die „besonders köstlich, fein oder auserlesen" ist. Daneben gibt es delikate **Angelegenheiten** – „Sachen, die mit viel Feingefühl zu behandeln sind". Während ***delikat*** in anderen Sprachen auch in Bezug auf Personen oder die Gestalt einer Sache verwendet wird, gebraucht man im Deutschen stattdessen die Adjektive ***sensibel*** und ***fein:*** *Er ist ein äußerst sensibler* (nicht: *delikater) junger Mann. Sie hat sehr feine* (nicht: *delikate) Hände.* Ähnliches gilt für das Substantiv ***Delikatesse.***

de|li|kat ⟨Adj.⟩ **1** *köstlich, lecker* (Speisen) **2** *heikel, behutsam zu behandeln* (Angelegenheiten) ▸ das ist ein ~es Thema; das Essen war äußerst ~

De|li|ka|tes|se ⟨die; -, -n⟩ **I** ⟨zählb.⟩ *Leckerei, Köstlichkeit* ▸ das Gericht heute Mittag war eine ~!; Geschäft für Obst und ~n **II** ⟨unz.; übertr.⟩ *Behutsamkeit* ▸ eine Sache mit ~ behandeln

De|likt ⟨das; -(e)s, -e; Rechtsw.⟩ *strafbare Handlung* ▸ ein ~ begehen, ⟨schweiz.⟩ verüben

De|lin|quent ⟨der; -en, -en; geh.⟩ *Missetäter, Übeltäter, Verbrecher;* Abl *Delinquentin*

De|li|ri|um ⟨das; -s, -ri|en⟩ *Zustand der Verwirrung mit Wahnvorstellungen (im Fieber, Rausch)*

de|li|zi|ös ⟨Adj.⟩ *fein, köstlich* ▸ ~e Speisen

Del|le ⟨die; -, -n; umg.⟩ *Vertiefung, Druckstelle* ▸ eine ~ in der Autotür; eine ~ in etwas hauen

Del|phin ⟨der; -s, -e; Zool.⟩ = *Delfin*

Del|phin|schwim|men ⟨das; -s; unz.; Sp.⟩ = *Delfinschwimmen*

Del|ta ⟨das; -s, -s od. Del|ten⟩ **1** *dreieckförmige Flussmündung* **2** *das von den äußeren Mündungsarmen umschlossene Gebiet*

dem[1] ⟨Dat. Sg. vom Artikel „der"⟩ ~ Gast etwas anbieten

dem[2] ⟨Dat. Sg. von den Demonstrativpron. „der"

u. „das"⟩ ~ ist nicht so *es ist anders;* wenn ~ so ist; wie ~ auch sei

dem[3] ⟨Dat. Sg. von den Relativpron. „der" u. „das"⟩ *welchem* ▸ dies ist der Junge, das Mädchen, ~ ich das Buch geborgt habe

dem[4] ⟨umg. für den Dat. Sg. des Personalpron. „er"⟩ *ihm* ▸ ~ hast du das gesagt?; wie konntest du ~ nur Vertrauen schenken!

De|m|a|go|ge ⟨der; -n, -n; abwertend⟩ *jmd., der durch Lügen u. falsche Versprechungen andere für seine polit. Ziele zu begeistern sucht, Volksverführer;* Abl *Demagogie, Demagogin; demagogisch*

De|mar|ka|ti|ons|li|nie ⟨[-njə] die; -, -n⟩ *vereinbarte Grenze (auch zw. Interessensgebieten)*

de|mas|kie|ren ⟨V. trans.; de|mas|kiert, de|mas|kier|te, hat de|mas|kiert; übertr.⟩ jmdn. od. sich *~ entlarven, seinen wahren Charakter zeigen;* Abl *Demaskierung*

De|men|ti ⟨das; -s, -s⟩ **1** *Ableugnung, Widerruf* **2** *Richtigstellung (einer Nachricht)* ▸ ein ~ geben

de|men|tie|ren ⟨V. trans.; de|men|tiert, de|men|tier|te, hat de|men|tiert⟩ etwas ~ **1** *bestreiten, widerrufen* **2** *berichtigen* ▸ eine Nachricht ~

dem|ent|spre|chend ⟨Adj.⟩ *demgemäß, dem angemessen* ▸ eine ~e Tat; ~ handeln

De|menz ⟨die; -, -en; Med.⟩ *Geistesschwäche aufgrund einer Gehirnschädigung;* Abl *dement*

dem|ge|gen|über ⟨Adv.⟩ *andererseits, im Vergleich zu dem Gesagten*

dem|ge|mäß ⟨Adv.⟩ *dementsprechend*

de|mi|li|ta|ri|sie|ren ⟨V. trans.; de|mi|li|ta|ri|siert, de|mi|li|ta|ri|sier|te, hat de|mi|li|ta|ri|siert⟩ = *entmilitarisieren;* Abl *Demilitarisierung*

dem|nach ⟨Adv. od. Konj.⟩ *also, infolgedessen, aufgrund des Gesagten* ▸ es ist ~ aussichtslos

dem|nächst ⟨Adv.⟩ *bald*

De|mo ⟨die; -, -s; umg.; kurz für⟩ *Demonstration*

De|mo|gra|phie ⟨die; -, -n⟩ *Beschreibung, Darstellung von Struktur u. Bewegung der Bevölkerung aufgrund der Bevölkerungsstatistik;* oV *Demografie;* Abl *Demograph(in)/Demograf(in); demographisch/demografisch*

De|mo|krat ⟨der; -en, -en⟩ *Anhänger, Verfechter der Demokratie;* Abl *Demokratin*

De|mo|kra|tie ⟨die; -, -n⟩ *Staatsform, bei der ein Staat nach dem Willen des Volkes parlamentarisch regiert wird;* Syn *Volksherrschaft*

de|mo|kra|tisch ⟨Adj.⟩ *der Demokratie entsprechend, auf den Grundsätzen der Demokratie beruhend, die ~en Grundsätze wahrend*

de|mo|kra|ti|sie|ren ⟨V. trans.; de|mo|kra|ti|siert, de|mo|kra|ti|sier|te, hat de|mo|kra|ti|siert⟩ **1** einen Staat ~ *zur Demokratie machen* **2** einen Betrieb, die Verwaltung ~ *nach demokrat. Gesichtspunkten umformen;* Abl *Demokratisierung*

de|mo|lie|ren ⟨V. trans.; de|mo|liert, de|mo|lier|te, hat de|mo|liert⟩ etwas ~ *stark beschädigen, zerstören*

De|mons|t|rant ⟨der; -en, -en; Pol.⟩ *Teilnehmer an einer Demonstration;* Abl *Demonstrantin*

De|mons|t|ra|ti|on ⟨die; -, -en⟩ **1** *Beweisführung, Darlegung* **2** *anschauliche Schilderung, Zurschaustellung, Vorführung* **3** ⟨Pol.⟩ *Massenkundgebung* ▸ ~ eines neuen Apparats; an einer ~ teilnehmen

de|mons|t|ra|tiv ⟨Adj.⟩ **1** *anschaulich darlegend* **2** *beweisend* **3** *absichtlich, auffallend, betont* ▸ ~er Beifall; ~ zustimmen

De|mons|t|ra|tiv|pro|no|men ⟨das; -s, - od. -mi|na; Gramm.⟩ *hinweisendes Fürwort,* z. B. dieser, jener, derjenige

de|mons|t|rie|ren ⟨V.; de|mons|t|riert, de|mons|t|rier|te, hat de|mons|t|riert⟩ **I** ⟨V. trans.⟩ etwas ~ **1** *anschaulich vorführen* **2** *darlegen, beweisen* **II** ⟨V. intr.⟩ *eine Demonstration veranstalten, an ihr teilnehmen*

De|mon|ta|ge ⟨[-ta:ʒə] die; -, -n⟩ **1** *Abbau, Abbruch (bes. von Industrieanlagen)* **2** ⟨übertr.⟩ **2.1** *systematische Verminderung von etwas* **2.2** *Abbau des öffentl. Ansehens, der Machtbefugnisse von jmdm.* ▸ die ~ der freien Marktwirtschaft; die ~ eines Politikers betreiben

de|mon|tie|ren ⟨V. trans.; de|mon|tiert, de|mon|tier|te, hat de|mon|tiert⟩ **1** ⟨Tech.⟩ etwas ~ *in seine Bestandteile zerlegen, abbauen, abtragen* **2** ⟨übertr.⟩ etwas od. jmdn. ~ *zum Opfer einer Demontage machen*

de|mo|ra|li|sie|ren ⟨V. trans.; de|mo|ra|li|siert, de|mo|ra|li|sier|te, hat de|mo|ra|li|siert⟩ jmdn. ~ **1** *jmds. Moral u. Sitte untergraben* **2** *jmdn. entmutigen* ▸ eine ~de Niederlage *eine hohe Niederlage;* Abl *Demoralisierung*

De|mo|s|ko|pie ⟨die; -, -n⟩ *Meinungsforschung, Meinungsumfrage;* Abl *demoskopisch*

De|mut ⟨die; -; unz.⟩ *Liebe zum Dienen, Selbsterniedrigung, tiefe Bescheidenheit, Unterwürfigkeit* ▸ voller ~; sich in ~ üben; Abl *demutsvoll*

de|mü|tig ⟨Adj.⟩ *Demut übend, ergeben, ohne Geltungsbedürfnis*

de|mü|ti|gen ⟨V. trans.; de|mü|tigt, de|mü|tig|te, hat ge|de|mü|tigt⟩ jmdn. ~ *erniedrigen, beschämen* ▸ eine ~de Niederlage, Situation; das Demütigende daran war …; Abl *Demütigung*

dem|zu|fol|ge ⟨Konj.⟩ *daher, infolgedessen*

den[1] ⟨Akk. Sg. vom Artikel „der"⟩ ~ Freund verteidigen; Hamburg, ~ 1. April

den[2] ⟨Dat. Pl. aller drei Artikel⟩ ~ Freunden vertrauen

den[3] ⟨Akk. Sg. vom Demonstrativpron. „der"⟩ *diesen, denjenigen* ▸ ich meine ~, der dort vorn steht; nimm ~ hier!

den[4] ⟨Akk. Sg. vom Relativpron. „der"⟩ *welchen* ▸ der Freund, ~ er liebt

den[5] ⟨umg. für den Akk. Sg. des Personalpron. „er"⟩ *ihn* ▸ ich kann ~ nun einmal nicht leiden!

de|nen[1] ⟨Dat. Pl. vom Demonstrativpron. „der, die, das"⟩ *diesen, denjenigen* ▸ ~, die unter diese Bestimmung fallen, wird geraten …

de|nen[2] ⟨Dat. Pl. vom Relativpron. „der"⟩ *welchen* ▸ er gab es denjenigen Freunden, ~ er schon lange vertraute

de|nen[3] ⟨umg. für den Dat. Pl. der Personalpron. „er, sie, es"⟩ *ihnen* ▸ wie konntest du ~ nur vertrauen!

Dẹnk|an|stoß ⟨der; -es, -stö|ße⟩ *Anregung, Vorschlag, über etwas nachzudenken* ▸ einen ~ geben
dẹnk|bar ⟨Adj.⟩ **I** ⟨attr.; präd.⟩ *so beschaffen, dass es sich denken lässt, vorstellbar, möglich* ▸ ~e Alternativen; diese Entwicklung ist ~ **II** ⟨adv.⟩ **1** *möglichst* **2** *sehr, äußerst* ▸ das ~ beste Ergebnis; zu einem ~ ungünstigen Zeitpunkt kommen
dẹn|ken ⟨V.; denkt, dach|te, hat ge|dacht⟩ **I** ⟨V. trans. u. V. intr.⟩ **1** *geistig arbeiten, urteilen, überlegen;* Zus *Denkfähigkeit* **2** etwas ~ **2.1** *annehmen, glauben, meinen* **2.2** *sich vorstellen, ersinnen* **3** an etwas ~ *etwas beabsichtigen, im Sinn haben* **4** an jmdn. od. etwas ~ *die Gedanken auf jmdn. od. etwas richten, gedanklich bei jmdm. od. etwas sein, sich an jmdn. od. etwas erinnern* **5** etwas von jmdm. od. etwas ~, etwas über jmdn. od. etwas ~ *eine bestimmte Meinung über ihn bzw. darüber haben, ihn bzw. es auf bestimmte Weise beurteilen* ▸ ich denke, wir warten noch ein paar Minuten; du denkst wohl, du brauchst dir jetzt keine Mühe mehr zu geben?; denkste! ⟨umg.⟩ *du täuschst dich, es ist nicht so, wie du glaubst / wie ich glaube;* sie dachte, es sei ihre Pflicht ▸ Gutes, Schlechtes ~ ▸ solange ich ~ kann … *soweit ich mich erinnern kann …;* das Denken lernen ▸ edel, freundschaftlich, kleinlich, gemeinsam ~ *gesonnen sein;* laut ~ *denken u. das Gedachte gleichzeitig auch aussprechen;* logisch, scharf, vernunftgemäß ~; lass uns positiv ~! ▸ ich denke oft an dich; nur an sich ~ *nur auf den eigenen Vorteil aus sein;* ich dachte mir nichts Böses dabei; er denkt gar nicht daran, zu antworten *er hält es nicht für nötig;* denk daran! *vergiss es nicht!;* nicht im Traum daran ~, etwas zu tun ⟨umg.⟩ *etwas auf keinen Fall tun;* gut, schlecht von jmdm. ~; was sollen die Leute von uns ~?; das hätte ich nicht von ihm gedacht!; wenn ich denke, dass … *wenn ich mir vorstelle, dass …;* das gibt zu ~ *das ist bedenklich, hier heißt es vorsichtig sein;* daran ist im Augenblick überhaupt noch nicht zu ~! *darauf besteht jetzt noch nicht die geringste Aussicht* ▸ wer hätte das gedacht! *das hätte niemand für möglich gehalten!;* wo denkst du hin! *aber nein, wie kannst du das annehmen?* **II** ⟨V. refl.⟩ sich etwas ~ *sich vorstellen* ▸ das hast du dir gedacht! ⟨umg.⟩ *da hast du dich gründlich getäuscht!* ▸ ich dachte mir die Sache so: … ▸ das hätte ich mir ~ können! *das hätte mich nicht überraschen sollen, denn es war zu erwarten gewesen;* ich kann es mir ~; Sie können sich sicher ~, dass … ▸ das habe ich mir beinahe gedacht! *das habe ich vermutet;* ich habe es mir gleich gedacht! *ich habe es kommen sehen!, ich habe es gleich vermutet;* ▸ was ~ Sie sich eigentlich? ⟨umg.⟩ *was erlauben Sie sich?*
…den|ken ⟨in Zus.; zur Bildung von Subst.; das; -s; unz.⟩ *auf ein bestimmtes Ziel ausgerichtetes Denken u. Verhalten,* z. B. Profitdenken, Parteidenken, Feinddenken
Dẹn|ker ⟨der; -s, -⟩ **1** *jmd., der (gut) denken kann* **2** *Philosoph* ▸ ein scharfer, kluger Denker; das Land der Dichter und ~; Abl *Denkerin*
dẹnk|faul ⟨Adj.⟩ *zu faul zum Denken, zum geistigen Arbeiten*
Dẹnk|feh|ler ⟨der; -s, -⟩ *logischer Fehler*
Dẹnk|mal ⟨das; -(e)s, -mä|ler od. -e od. das; -(e)s, -e⟩ **1** ⟨i. w. S.⟩ *denk- u. erhaltenswürdiger Gegenstand der Kunst, Geschichte, Natur;* Zus *Literaturdenkmal, Sprachdenkmal, Naturdenkmal* **2** ⟨i. e. S.⟩ *Bildwerk, Gedenkstein zur Erinnerung an ein Ereignis od. eine Person* ▸ jmdm. ein ~ setzen *eine Persönlichkeit u. ihre Verdienste in einem Kunstwerk (meist literarisch) verewigen;* sich ein ~ setzen *etwas Hervorragendes von bleibendem Wert leisten*
Dẹnk|mal|pfle|ge ⟨die; -; unz.⟩ *Schutz von historischen Denkmälern sowie von kunst- u. kulturgeschichtlich bedeutenden Werken der Baukunst, Bildnerei, Malerei u. Ä.;* oV *Denkmalspflege*
Dẹnk|mal|schutz ⟨der; -es; unz.⟩ = *Denkmalpflege;* oV *Denkmalsschutz;* Abl *denkmalgeschützt*
Dẹnk|pau|se ⟨die; -, -n⟩ **1** *Pause, um nachdenken zu können* **2** *Pause, um vom Denken auszuruhen* ▸ eine ~ einlegen
Dẹnk|sport ⟨der; -(e)s; unz.⟩ *Lösung von Denkaufgaben u. Rätseln;* Zus *Denksportaufgabe*
Dẹnk|spruch ⟨der; -(e)s, -sprü|che⟩ = *Sinnspruch*
Dẹnk|wei|se ⟨die; -, -n⟩ *die Art zu denken, zu urteilen, Gesinnung* ▸ ein Mensch von niedriger, vornehmer ~
dẹnk|wür|dig ⟨Adj.⟩ *der Beachtung, Betrachtung, Erinnerung wert* ▸ das war ein ~er Tag
Dẹnk|zet|tel ⟨der; -s, -; übertr.; umg.⟩ *fühlbare, handgreifl. Lehre, die man nicht so leicht vergessen kann, Strafe* ▸ einen ~ bekommen, erhalten; jmdm einen ~ geben, verpassen
dẹnn[1] ⟨Konj.⟩ **1** *weil* **2** ⟨einräumend⟩ es sei ~, dass … *außer …, außer wenn* **3** ⟨umg. norddt. für die temporale Konj.⟩ *dann* ▸ ich konnte nicht kommen, ~ ich war krank; ⟨in der Wendung⟩ mehr ~ je; er war der Aufklärung des Verbrechens näher ~ je; na ~ geht es eben nicht ⟨norddt.⟩
dẹnn[2] ⟨Abtönungspartikel⟩ *nur, bloß* ▸ kannst du es ~ nicht sehen?; wann, welcher, wer, wo ~?; was ist ~ eigentlich geschehen?
dẹn|noch ⟨Adv.⟩ *doch, trotzdem* ▸ er ist schon mehrmals abgewiesen worden, ~ will er es noch einmal versuchen; und ich werde es ~ tun
de|nun|zie|ren ⟨V. trans.; de|nun|ziert, de|nun|zierte, hat de|nun|ziert⟩ jmdn. ~ *aus niedrigen Beweggründen anzeigen, anschwärzen;* Abl *Denunziant(in), Denunziation*
Deo ⟨das; -s, -s; kurz für⟩ *Deodorant;* Zus *Deospray, Deostick, Deostift*
Deo|do|rạnt ⟨das; -s, -s od. -e⟩ *kosmetisches Mittel zum Desodorieren;* Zus *Deodorantspray, Deodorantstift*
De|par|te|ment ⟨[depart(ə)mã:] das; -s, -s od. schweiz. [-təmẹnt] das; -s, -e⟩ **1** *Verwaltungsbezirk, Geschäftsbezirk* **2** ⟨Schweiz⟩ *Ministerium* **3** ⟨Frankreich⟩ *Regierungsbezirk*
de|plat|ziert ⟨Adj.⟩ *unangebracht, fehl am Platze, unpassend*
De|po|nie ⟨die; -, -n⟩ **1** *Stelle zum Ablagern u.*

Verscharren von Müll; Zus *Mülldeponie* **2** *das Ablagern von Müll* ▸ geordnete, wilde ~

de|po|nie|ren ⟨V. trans.; de|po|niert, de|po|nier|te, hat de|po|niert⟩ etwas (an einem bestimmten Ort) ~ *hinterlegen, in Verwahrung geben;* Abl *Deponierung*

De|por|ta|ti|on ⟨die; -, -en⟩ *Zwangsverschickung, Verbannung, Verschleppung* ▸ die ~ der Juden (in Deutschland im 2. Weltkrieg); Abl *deportieren*

De|pot ⟨[depo:] das; -s, -s⟩ **1** *Aufbewahrungsort* **2** *die im Depot (1) einer Bank aufbewahrten Gegenstände* **3** *Archiv, Magazin, Lager, Sammlung* **4** ⟨schweiz.⟩ *Einsatz, Hinterlegtes für Geliehenes, Pfand;* Zus *Flaschendepot*

Depp ⟨der; -s od. -en, -s od. -en; abwertend⟩ *einfältiger Kerl, Trottel, Dummkopf*

De|pres|si|on ⟨die; -, -en⟩ **1** ⟨Psych.⟩ *Niedergeschlagenheit, gedrückte Stimmung* **2** ⟨Wirtsch.⟩ *Krise, Tiefstand, Niedergang*

de|pres|siv ⟨Adj.⟩ *auf Depression (1) beruhend, niedergeschlagen* ▸ es herrschte eine ~e Gefühlslage, Stimmung; ~ sein

de|pri|mie|ren ⟨V. trans.; de|pri|miert, de|pri|mierte, hat de|pri|miert⟩ jmdn. ~ *niederdrücken, entmutigen* ▸ sein Misserfolg hat ihn deprimiert

De|pu|tat ⟨das; -(e)s, -e⟩ **1** *in Naturalien entrichteter Teil des Lohnes* **2** *zukommender Anteil (z. B. an Unterrichtsstunden)*

der[1] ⟨der; bestimmter Art.⟩ ~ Mann; ~ Baum; ⟨auch vor Eigennamen⟩ ~ Peter; er ist der ⟨betont⟩ Komponist unserer Zeit *der führende, beste Komponist*

der[2] ⟨Gen. u. Dat. Sg. vom Art. „die"; Gen. Pl. vom bestimmten Art. aller Geschlechter⟩ die Arbeit ~ Schneiderin

der[3] ⟨Demonstrativpron.⟩ *dieser, derjenige* ▸ ~, den ich gesehen habe; ~ da, hier war es!; ~ und ~ *(als Ersatz für Eigennamen) ein gewisser Herr X;* nach ~ und ~ Zeit *nach einer gewissen Zeit*

der[4] ⟨Relativpron.⟩ *welcher* ▸ er war der Erste, ~ den Mond betrat

der[5] ⟨umg. für das Personalpron.⟩ *er* ▸ wie konnte ~ nur dein Vertrauen gewinnen?

der|art ⟨Adv.⟩ *so* ▸ die Angelegenheit gestaltet sich ~ schwierig, dass …

der|ar|tig ⟨Adj.⟩ *so beschaffen* ▸ eine ~e Frechheit habe ich noch nicht erlebt!

derb ⟨Adj.⟩ **1** *rau, grob, hart* (Stoff) **2** *kräftig, heftig* (Stoß) **3** *urwüchsig, bäurisch* (Mensch) **4** *grob, offen ohne jede Rücksicht* (Antwort) **5** *nicht salonfähig, unfein* (Scherz, Witz); Abl *Derbheit*

Der|by ⟨[dœ:bi] od. [da:bi] das; -s, -s; Sp.⟩ **1** *Pferderennen* **2** *Wettkampf*

der|einst ⟨Adv.⟩ *später(hin), einst*

de|ren[1] ⟨Gen. Sg. f. u. Gen. Pl. m., f., n. vom Relativpron.⟩ die Frau, ~ Kind verunglückte

de|ren[2] ⟨Gen. Sg. u. Pl. vom Demonstrativpron.⟩ abstrakte Gemälde, ihre Maler und ~ Leben

de|ren[3] ⟨als Ersatz für das Possessivpron., wenn sonst die Beziehung nicht deutl. würde⟩ meine Schwägerin, meine Freundin und ~ Tochter

de|rent|we|gen ⟨Adv.⟩ **I** ⟨demonstrativ⟩ *wegen dieser, ihretwegen* ▸ ich habe das keinesfalls ~ getan, sondern wirklich nur aus eigenem Interesse **II** ⟨relativ⟩ *wegen der, wegen deren* ▸ die Frau, die Kinder, ~ die Sammlung veranstaltet wurde

de|rent|wil|len ⟨Adv.⟩ um ~ *derentwegen*

de|rer ⟨Pl. vom Demonstrativpron.⟩ *derjenigen* ▸ das Schicksal ~, die verschollen sind

der|ge|stalt ⟨Adv.⟩ *derart, so* ▸ ~, dass …

der|glei|chen ⟨Demonstrativpron.; Abk.: dgl.⟩ *solche, ähnliche Dinge* ▸ Hund, Katze, Maus und ~; und ~ mehr ⟨Abk.: u. dgl. m.⟩; nichts ~ *nichts davon, nichts in dieser Art*

der|je|ni|ge ⟨Demonstrativpron.; Gen. desjenigen, Pl. diejenigen⟩ ~ Gast, der gestern … ⟨verstärkend für⟩ *der Gast, …*

der|lei ⟨Demonstrativpron.⟩ *dergleichen*

der|mal ⟨Adj.⟩ *zur Haut gehörig*

der|ma|ßen ⟨Adv.⟩ *so* ▸ ich bin ~ erschrocken, dass ich …

Der|ma|to|lo|ge ⟨der; -n, -n; Med.⟩ *Arzt für Hautkrankheiten;* Syn *Hautarzt;* Abl *Dermatologie, Dermatologin; dermatologisch*

der|sel|be ⟨Demonstrativpron.; der; Gen. desselben, Pl. dieselben⟩ *(genau) der, eben der* ▸ ein und ~ ⟨verstärkend⟩; beide tragen denselben Hut ⟨umg. fälschl. für⟩ *den gleichen*

der|weil ⟨Konj.⟩ *mittlerweile, unterdessen*

der|zeit ⟨Adv.⟩ *zurzeit, momentan, im Augenblick* ▸ das Buch ist ~ nicht lieferbar; diese Operation ist ~ nicht möglich

der|zei|tig ⟨Adj.⟩ *augenblicklich, jetzig* ▸ der ~e Leiter der Abteilung Buchgeschichte

des ⟨Gen. Sg. vom Art. „der" u. „das"⟩ das Buch ~ Schülers; die Ansicht ~ Chefs; ~ Morgens *morgens, am Morgen*

Des **I** ⟨das; -, -; Mus.⟩ *Tonbezeichnung, das um einen halben Ton erniedrigte D* **II** ⟨ohne Artikel; Mus.; Abk. für⟩ *Des-Dur (Tonartbezeichnung)*

des…, Des… ⟨Vorsilbe⟩ = *de…, De…*

De|sas|ter ⟨das; -s, -⟩ *Unglück, Unheil, Zusammenbruch* ▸ die Veranstaltung war ein ~

de|sen|si|bi|li|sie|ren ⟨V. trans.; de|sen|si|bi|li|siert, de|sen|si|bi|li|sier|te, hat de|sen|si|bi|li|siert; Med.⟩ jmdn. ~ *dessen Empfindlichkeit bei allergischen Erkrankungen stufenweise verringern (durch Einspritzen der Allergene);* Abl *Desensibilisierung*

De|ser|teur ⟨[-tø:r] der; -s, -e⟩ *Soldat, der sich unerlaubt von der Truppe entfernt, Fahnenflüchtiger*

de|ser|tie|ren ⟨V. intr.; de|ser|tiert, de|ser|tier|te, ist de|ser|tiert⟩ *Fahnenflucht begehen*

des|glei|chen[1] ⟨Adv.; Abk.: desgl.⟩ *das Gleiche, so, ebenso* ▸ er hat noch nie ~ getan!

des|glei|chen[2] ⟨Konj.⟩ *ebenso, auch* ▸ aufgerufen wurden die Nummern 1 bis 10, ~ noch einige dringende Fälle

des|halb ⟨Adv.⟩ *aus diesem Grunde, darum, deswegen*[1] ▸ er hatte verschlafen, ~ kam er zu spät; er hat es ~ getan; er kommt nur ~, weil er dich nicht enttäuschen will

De|sign ⟨[dizaın] das; -s, -s⟩ **1** *zeichnerischer od. plastischer Entwurf, Skizze, Modell;* →a. *Mus-*

ter, Dessin **2** *formgerechte u. funktionelle Gestaltung, Stil* ▸ modernes, ultramodernes, kühles, dezentes ~

De|si|g|ner ⟨[dizaınə(r)] der; -s, -⟩ *jmd., der Designs entwirft;* Abl *Designerin;* Zus *Designerbrille, Designermode*

De|si|g|ner|dro|ge ⟨[dizaınə(r)-] die; -, -n⟩ *synthetisch, auf chemischer Basis hergestelltes Rauschmittel, z. B. Ecstasy*

de|si|g|niert ⟨Adj.⟩ *für ein Amt vorgesehen, vorbestimmt* ▸ ~er Nachfolger

des|il|lu|si|o|nie|ren ⟨V. trans.; des|il|lu|si|o|niert, des|il|lu|si|o|nier|te, hat des|il|lu|si|o|niert⟩ jmdn. ~ *jmdm. die Illusionen nehmen, ihn ernüchtern, enttäuschen;* Abl *Desillusionierung*

Des|in|fek|ti|on ⟨die; -, -en⟩ *Vernichtung von Krankheitserregern mit chemischen Mitteln*

des|in|fi|zie|ren ⟨V. trans.; des|in|fi|ziert, des|in|fi|zier|te, hat des|in|fi|ziert⟩ etwas ~ *keimfrei machen;* Abl *Desinfizierung*

Des|in|te|r|es|se ⟨das; -s; unz.⟩ *mangelhaftes Interesse, Gleichgültigkeit;* Ggs *Interesse (1);* Abl *desinteressiert*

de|so|lat ⟨Adj.⟩ **1** *einsam, öde* **2** *hoffnungslos, traurig* ▸ sie befindet sich in einem ~en Zustand

Des|or|ga|ni|sa|ti|on ⟨die; -; unz.⟩ **1** *Auflösung, Zerrüttung (einer Ordnung)* **2** *mangelhafte Organisation*

des|or|ga|ni|siert ⟨Adj.⟩ *schlecht, mangelhaft, fehlerhaft organisiert* ▸ der Arbeitsablauf ist ~

de|s|pek|tier|lich ⟨Adj.; geh.⟩ *unehrerbietig, respektlos, verächtlich*

Des|pot ⟨der; -en, -en⟩ *Tyrann, Gewaltherrscher*

des|po|tisch ⟨Adj.⟩ **1** *herrisch, rücksichtslos* **2** *gewalttätig* **3** *willkürlich*

des|sel|ben ⟨Gen. von⟩ *derselbe*

dessen / von dem

Obwohl der Genitiv in der gesprochenen Sprache oft durch Phrasen mit von ersetzt wird, ist er in der Schriftsprache weiterhin häufig anzutreffen, beispielsweise im Fall von *dessen,* der Genitivform des Relativpronomens der oder das. In den folgenden Sätzen kann *dessen* nicht durch *von dem* ersetzt werden: *Das Kind, dessen Ball auf die Straße rollte, lief hinterher. Der Junge, dessen Hose zerriss, wurde von seiner Mutter ausgeschimpft. Das ist ein Buch, dessen Verfasser ich gut kenne.*

Daneben kann *dessen* auch als Possessivpronomen zur besseren Verdeutlichung der Beziehung verwendet werden: *Ich gehe mit meinem Freund und seinem/dessen Bruder ins Kino.*

des|sen[1] ⟨Gen. Sg. vom Relativpron. „der" u. „das"⟩ der Tag, ~ wir gedenken; das Buch, ~ Umschlag der neue Grafiker entworfen hat, …

des|sen[2] ⟨Gen. Sg. vom Demonstrativpron. „der" u. „das"⟩ das Kind ~, der …; er erinnert sich ~ nicht; ~ ungeachtet *nichtsdestoweniger, dennoch, trotzdem;* oV *des ungeachtet*

des|sen[3] ⟨als Ersatz für das Possessivpron., wenn sonst die Beziehung nicht deutl. würde⟩ mein Vetter, mein Freund und ~ Sohn

des|sent|wil|len ⟨Adv.⟩ um ~ *dem zuliebe* ▸ das Kind, um ~ sie das getan hat

Des|sert ⟨[dɛsɛ:r] das; -s, -s⟩ *Nachspeise, Nachtisch* ▸ ein feines ~; es gab Obst als/zum ~; Zus *Dessertlöffel, Dessertteller, Dessertwein*

Des|sous ⟨[dəsu:] das; -, - [-su:s]; meist Pl.⟩ *Damenunterwäsche*

de|sta|bi|li|sie|ren ⟨V. trans.; de|sta|bi|li|siert, de|sta|bi|li|sier|te, hat de|sta|bi|li|siert⟩ etwas ~ *instabil, unbeständig machen;* Ggs *stabilisieren* ▸ politische Verhältnisse ~; Abl *Destabilisierung*

de|s|til|lie|ren ⟨V. trans.; de|s|til|liert, de|s|til|lier|te, hat de|s|til|liert; Chem.⟩ Flüssigkeiten ~ *durch Verdampfung u. anschließende Kondensation trennen od. reinigen* ▸ destilliertes Wasser *chemisch reines Wasser;* Abl *Destillation*

des|to ⟨Konj.⟩ *umso* ▸ ~ besser! *(Ausruf der Erleichterung);* je mehr hierbei mitarbeiten, ~ schneller wird die Arbeit beendet sein

de|s|t|ruk|tiv ⟨Adj.⟩ *zerstörend, zersetzend, auf Umsturz bedacht* ▸ ~e Arbeitsweise, Kritik; du verhältst dich sehr ~; Abl *Destruktivität*

des|we|gen ⟨Adv.⟩ = *deshalb*

De|tail ⟨[deta:j] das; -s, -s⟩ *etwas Einzelnes, Einzelheit* ▸ ~s **angeben;** alle ~s **besprechen,** klären; (weitere) ~s **entnehmen** Sie bitte dem Dokument, der Presse ▸ er kann sich nicht **an** alle ~s erinnern; **auf** jedes ~ eingehen; auf ~s verzichten; eine Begebenheit bis **ins** kleinste ~ berichten; Abl *detailbesessen, detailreich*

de|tail|liert ⟨[detaji:rt] Adj.⟩ *in allen Einzelheiten, bis ins Detail, ausführlich, genauestens* ▸ eine ~e Beschreibung

De|tek|tiv ⟨der; -s, -e⟩ *privater, professioneller Ermittler von Straftaten u. zivilrechtlicher Angelegenheiten;* Abl *Detektivin;* Zus *Detektivbüro, Detektivroman*

De|tek|tor ⟨der; -s, -en⟩ **1** *Gerät zum Nachweis u. zur Bestimmung der Eigenschaften von elektromagnetischer od. Teilchenstrahlung* **2** *Gleichrichter für Hochfrequenzströme;* Zus *Kristalldetektor*

De|to|na|ti|on ⟨die; -, -en⟩ *eine unter Knallerscheinung u. Gasentwicklung sehr rasch vor sich gehende, aber langsamer als eine Explosion verlaufende chemische Reaktion*

deucht → *dünken*

Deut ⟨der; -s, -s; veraltet⟩ *alte Kupfermünze* ▸ ⟨nur noch übertr. in⟩ keinen ~, nicht einen ~ *nicht das Geringste;* keinen ~ besser sein

deu|ten ⟨V.; deu|tet, deu|te|te, hat ge|deu|tet⟩ **I** ⟨V. trans.⟩ etwas ~ *auslegen, erklären, erläutern* ▸ ein Gleichnis, die Sterne, einen Text, ein Zeichen ~; etwas falsch, richtig ~ **II** ⟨V. intr.⟩ auf etwas ~ **1** *auf etwas zeigen* **2** ⟨übertr.⟩ *etwas erkennen lassen, auf etwas hinweisen* ▸ sie deutete auf ihn; mit dem Finger, der Hand, dem Zeigestock auf etwas ~

deut|lich ⟨Adj.⟩ **1** *klar erkennbar* **2** ⟨a. übertr.⟩ *leicht festzustellen* (Absicht) **3** *gut verständlich*

4 *leicht lesbar* (Schrift) **5** ⟨übertr.⟩ *nachdrücklich, eindeutig, grob* (Ablehnung, Absage) ▸ das war eine ~e Antwort! ⟨übertr.⟩; er hat eine ~e Schrift; eine ~e Sprache mit jmdm. sprechen ⟨übertr.⟩ *jmdm. rücksichtslos offen die Meinung sagen* ▸ du musst dich ~er ausdrücken; ein Wort ~ aussprechen; ich kann es ~ erkennen, sehen, wahrnehmen; klar und ~ sprechen

deutsch ⟨Adj.⟩ **1** *zu Deutschland gehörig, es betreffend* **2** *aus Deutschland stammend, in Deutschland hergestellt* **3** *in deutscher Sprache* ▸ ⟨Kleinschreibung⟩ die ~e Außenpolitik; ~e Autos; die ~e Bundesrepublik ⟨kein Titel⟩ *Bundesrepublik Deutschland;* ein ~es Buch; ~e Erzeugnisse; die ~en Grenzen; ~e Literatur; die ~e Schweiz *die deutschsprechende Schweiz;* die ~e Sprache *eine westgermanische Sprache* ▸ ⟨Großschreibung, in Titeln, Namen⟩ Deutscher Akademischer Austauschdienst ⟨Abk.: DAAD⟩; Deutsche Bahn AG ⟨Abk.: DB⟩; die Deutsche Bibliothek (in Frankfurt a. M.); die Deutsche Bücherei (in Leipzig); Deutsche Demokratische Republik ⟨1949-1990; Abk.: DDR⟩; Deutscher Fußball-Bund ⟨Abk.: DFB⟩; Deutscher Gewerkschaftsbund ⟨Abk.: DGB⟩; Deutsches Institut für Normung ⟨Abk.: DIN⟩; Deutsches Jugendherbergswerk ⟨Abk.: DJH⟩; Deutsche Lebensrettungs-Gesellschaft ⟨Abk.: DLRG⟩; Deutsche Mark ⟨Abk.: DM⟩ *frühere Währungseinheit in Deutschland;* Deutsche Presse-Agentur ⟨Abk.: dpa⟩; das Deutsche Reich; Deutsches Rotes Kreuz ⟨Abk.: DRK⟩ ▸ er hat ~ geschrieben, gesprochen; wir haben uns ~ unterhalten ▸ auf, in, zu Deutsch *in deutschem Text, Wortlaut;* auf gut Deutsch ⟨umg.⟩ *einfach u. deutlich (gesagt), unmissverständlich*

Deutsch

In Europa sprechen ca. 90 Millionen Menschen *Deutsch* als Muttersprache, es ist Landessprache in Deutschland, Österreich, der Schweiz, Luxemburg und Liechtenstein. Ca. 40 Millionen Sprecher in Südtirol, Ostbelgien, Süddänemark, dem Elsass, dem rumänischen Siebenbürgen und Teilen anderer Länder verwenden es als Minderheiten- bzw. Zweitsprache.

Als westgermanische Sprache unterscheidet sich das Deutsche von den übrigen germanischen Sprachen durch die sogenannte hochdeutsche Lautverschiebung. Die geschichtliche Entwicklung der deutschen Sprache unterteilt man in vier Abschnitte:

1. Althochdeutsch (8. Jahrhundert bis 1050)
2. Mittelhochdeutsch (1050-1350)
3. Frühneuhochdeutsch (1350-1650)
4. Neuhochdeutsch (ab 1650)

Deutsch ⟨das; - od. -s; unz.⟩ **1** *die deutsche Sprache als Sprache eines Einzelnen od. einer bestimmten Gruppe od. wenn sie sonst wie näher bestimmt ist;* Zus *Deutschkenntnisse* **2** *die Art, Deutsch (1) zu sprechen od. zu schreiben, Kenntnisse der deutschen Sprache* **3** *das Unterrichtsfach Deutsch in der Schule;* Zus *Deutscharbeit, Deutschlehrer(in), Deutschstunde* ▸ er versteht kein Wort ~ ▸ er kann, lehrt, lernt, spricht, versteht (kein) ~ ▸ ihr, sein ~ ist akzentfrei, einwandfrei, gut, schlecht; im heutigen ~ gibt es viele englische Wendungen ▸ ~ als Fremdsprache ⟨Abk.: DaF⟩; wer hat hier den Lehrstuhl für ~?; Unterricht in Deutsch erhalten, erteilen, geben, haben, nehmen; er hat in ~ eine gute Note; →a. *deutsch*

deutsch-deutsch ⟨Adj.; früher⟩ *die Bundesrepublik Deutschland u. die Deutsche Demokratische Republik betreffend* ▸ ~e Beziehungen

Deut|sche ⟨das; -n, -n; stets mit Art.⟩ **1** *die deutsche Sprache* **2** ⟨in Zus.⟩ *einzelner Zweig der dt. Sprache;* Zus *Hochdeutsch, Niederdeutsch* **3** *die Aussprache der dt. Sprache, dt. Wesensart* ▸ etwas aus dem ~n ins Französische übersetzen, übertragen; etwas aus dem Englischen ins ~ übersetzen, übertragen

Deut|sche(r) ⟨die; -n, -n (der; -n, -n)⟩ *jmd., der aus Deutschland stammt, dessen Muttersprache Deutsch ist* ▸ alle ~n; sie ist ~; sie hat einen ~n geheiratet

Deutschland

1949 wurde die Bundesrepublik Deutschland als parlamentarischer Bundesstaat gegründet. Derzeit haben ihre 16 Bundesländer, die jeweils über eigene Verfassungen, Parlamente und Regierungen verfügen, zusammen ca. 82,5 Millionen Einwohner. Damit ist *Deutschland* nicht nur das größte der deutschsprachigen Länder (in Österreich leben über 8 Millionen, in der Schweiz 7,5 Millionen Menschen), sondern auch das bevölkerungsreichste Land der Europäischen Union.

Hauptstadt der Bundesrepublik Deutschland war vor der deutschen Wiedervereinigung 1990 Bonn, inzwischen ist es Berlin. Dort residiert auch das formale deutsche Staatsoberhaupt, der Bundespräsident, dessen Macht aber viel geringer ist als die der Bundesregierung mit dem Bundeskanzler bzw. der Bundeskanzlerin an der Spitze. Die Regierung wird alle vier Jahre bei den Wahlen zum Bundestag, dem deutschen Parlament, bestimmt, das sich die Gesetzgebung mit dem Bundesrat teilt, der Vertretung aller 16 Landesparlamente.

Seit 1990 ist der Nationalfeiertag am 3. Oktober, dem Tag der Deutschen Einheit. Als Währung wurde im Jahr 2002 der Euro eingeführt, der die D-Mark ablöste.

deutsch|land|weit ⟨Adj.⟩ = *bundesweit*

Deutsch|land|lied ⟨das; -(e)s; unz.⟩ *das „Lied der Deutschen" von Hoffmann von Fallersleben, die deutsche Nationalhymne*

Deutsch|schweiz ⟨die; -; unz.; schweiz⟩ *deutschsprachige Schweiz;* Abl *Deutschschweizer(in)*

Deu̲tsch|tum ⟨das; -s; unz.⟩ **1** *deutsches Wesen, deutsche Eigenart* **2** das ~ im Ausland *Gesamtheit der Deutschen im Ausland*

Deu̲|tung ⟨die; -, -en⟩ *Erklärung, Auslegung* ▸ eine ~ der letzten Ereignisse geben; dieses Wort lässt mehrere ~en zu; das ist eine subjektive ~

De|vi|se ⟨[-vi̲:-] die; -, -n⟩ **1** *Wahlspruch, Motto* **2** ⟨Wirtsch.; meist Pl.⟩ *Zahlungsmittel in ausländischer Währung;* Zus *Devisengeschäft, Devisenhandel, Devisenmarkt* ▸ nach einer bestimmten ~ handeln

de|vot ⟨[-vo̲:t] Adj.; -er, am -es|ten⟩ *unterwürfig, übertrieben ehrerbietig, diensteifrig, ergeben*

Dez. ⟨Abk. für⟩ *Dezember*

De|zẹm|ber ⟨der; -s od. -, -; Abk.: Dez.⟩ *12. Monat des Jahres*

de|zẹnt ⟨Adj.; -er, am -es|ten⟩ **1** *anständig, schicklich, taktvoll* **2** *unauffällig, unaufdringlich* ▸ ein ~es Kleid; ~e Musik; ~ auf etwas hinweisen

de̲|zen|t|ral ⟨Adj.⟩ *vom Mittelpunkt weg verlegt;* Ggs *zentral*

De|zen|t|ra|li|sie̲|rung ⟨die; -, -en⟩ *Aufgliederung, Übertragung von Aufgaben u. Befugnissen auf untergeordnete Behörden zur Selbstverwaltung;* Ggs *Zentralisierung*

De|zer|na̲t ⟨das; -(e)s, -e⟩ *Aufgaben-, Sachgebiet, Amts-, Geschäftsbereich*

De|zi... ⟨Abk.: d; vor Maßeinheiten⟩ *Zehntel...*

De|zi|bẹl ⟨a. ['---] das; -s, -s; bei Maßangaben Pl.: -; Zeichen: dB⟩ *$^1/_{10}$ Bel*

de|zi|die̲rt ⟨Adj.⟩ *entschieden, bestimmt* ▸ sehr ~ Stellung nehmen

de|zi|ma̲l ⟨Adj.⟩ *auf der Zahl 10 beruhend*

De|zi|ma̲l|sys|tem ⟨das; -s; unz.⟩ *auf der Zahl 10 beruhendes Zahlen- u. Rechensystem;* Syn *dekadisches System; Zehnersystem*

De|zi|ma̲l|zahl ⟨die; -, -en⟩ *rechts vom Komma stehende Zahl*

de|zi|mie̲|ren ⟨V. trans.; de|zi|miert, de|zi|mier|te, hat de|zi|miert⟩ etwas ~ *etwas stark vermindern, ihm große Verluste zufügen;* Abl *Dezimierung*

DFB ⟨Abk. für⟩ *Deutscher Fußball-Bund*

dgl. ⟨Abk. für⟩ *dergleichen*

d. h. ⟨Abk. für⟩ *das heißt*

Di̲a ⟨das; -s, -s⟩ *durchsichtige Fotografie auf Glas od. Film (zur Projektion)*

di|a..., Di|a... ⟨Vorsilbe⟩ **1** *durch, hindurch* **2** *auseinander, getrennt*

Di|a|be̲|tes ⟨der; -; unz.; Med.⟩ *mit Erhöhung des Blutzuckers u. starker Wasserausscheidung verbundene Krankheit;* Syn *Zuckerkrankheit*

Di|a|be̲|ti|ker ⟨der; -s, -⟩ *jmd., der an Diabetes leidet;* Abl *Diabetikerin; diabetisch;* Zus *Diabetikermarmelade, Diabetikerschokolade*

di|a|bo̲|lisch ⟨Adj.⟩ *teuflisch* ▸ ~ lachen

Di|a|de̲m ⟨das; -s, -e⟩ *Stirnschmuck in Form eines Reifs*

Di|a|g|no̲|se ⟨die; -, -n; Med.⟩ *Erkennung, Feststellung einer Krankheit* ▸ eine ~ stellen; die ~ auf etwas stellen; Abl *diagnostisch; diagnostizieren;* Zus *Diagnoseverfahren, Diagnosezentrum*

di|a|go|na̲l ⟨Adj.⟩ **1** *zwei nichtbenachbarte Ecken eines Vielecks od. Vielflachs gradlinig verbindend* **2** *schräg laufend* ▸ ein Buch ~ lesen ⟨umg.⟩ *nur sehr flüchtig, oberflächlich*

Di|a|go|na̲|le ⟨die; -, -n⟩ *Verbindungslinie zweier nichtbenachbarter Ecken eines Vielecks od. Vielflachs*

Dia|grạmm ⟨das; -(e)s, -e⟩ *grafische Darstellung von zahlenmäßigen Abhängigkeiten zw. zwei od. mehreren Größen;* Syn *Schaubild*

Di|a|ko̲n ⟨der; -s od. -en, -e od. -en⟩ **1** ⟨kath. Kirche⟩ *niederer Geistlicher* **2** ⟨ev. Kirche⟩ *Gemeindehelfer*

Di|a|ko|ni̲s|se ⟨die; -, -n; ev. Kirche⟩ *Gemeindeschwester, die in der Krankenpflege u. Jugendfürsorge tätig ist;* oV *Diakonissin*

Dia|lẹkt ⟨der; -(e)s, -e; Sprachw.⟩ = *Mundart* ▸ er spricht starken ~; Abl *dialektal*

Dia|lẹk|tik ⟨die; -; unz.⟩ **1** *Kunst der wissenschaftlichen Gesprächsführung, Redekunst* **2** ⟨Philos.⟩ *Methode, durch Denken in Gegensatzbegriffen zur Erkenntnis zu gelangen;* Abl *dialektisch*

Dia|lo̲g ⟨der; -(e)s, -e⟩ **1** *Gespräch zw. zweien od. mehreren, Wechselrede;* Zus *dialogbereit* **2** ⟨EDV⟩ *Wechsel zw. Frage u. Antwort im Rechnersystem*

dia|lo̲|gisch ⟨Adj.⟩ *in Form eines Dialogs abgefasst*

Dia|ly̲|se ⟨die; -, -n; Med.⟩ *Reinigung des Blutes von Giftstoffen bei mangelhafter Nierenfunktion;* Syn *Blutwäsche;* Zus *Dialyseapparat*

Di|a|mạnt ⟨der; -en, -en⟩ *aus reinem Kohlenstoff bestehender, wertvoller Edelstein* ▸ schwarze ~en ⟨übertr.⟩ *Steinkohle;* Abl *diamanten*

Di|a̲|s|po|ra ⟨die; -; unz.; Rel.⟩ **1** *kirchliche od. ethnische Minderheit* **2** *Gebiet, in dem diese Minderheit lebt* ▸ in der ~ leben

Di|ä̲t ⟨die; -, -en⟩ **1** *eine der Konstitution (des Kranken) gemäße bestimmte Ernährungsweise, Schonkost* **2** *gezielt kalorienarme Ernährung, um Gewicht abzunehmen* ▸ die vorgeschriebene ~ einhalten; (strenge) ~ halten; er lebt Diät; eine ~ machen ▸ nach einer bestimmten ~ leben; →a. *Diäten*

Di|ä̲|ten ⟨nur Pl.⟩ *Gehalt, Bezüge der Abgeordneten eines Parlaments (urspr. als Tagegelder, Aufwandsentschädigung)* ▸ ~ beziehen, erhöhen

di̲ch ⟨Akk. Sg. vom Personalpron. „du"⟩ er achtet, hasst, kennt, liebt, verehrt ~; es grüßt dich/Dich deine/Deine Anna ⟨Groß- od. Kleinschreibung in Briefen⟩; an, für, gegen, ohne, über ~

di̲cht ⟨Adj.; -er, am -es|ten⟩ **I** ⟨attr.; präd.; adv.⟩ **1** *zusammengefügt ohne od. mit nur wenig Zwischenraum zwischen den einzelnen Teilen* (Gewebe, Haar, Menschenmenge); Zus *dicht besiedelt / dichtbesiedelt, dicht bevölkert / dichtbevölkert* **2** *schwer durchdringlich* (Wald, Gestrüpp) **3** *undurchlässig;* Zus *wasserdicht* ▸ er hat ~es Haar; ~er Nebel ▸ sein: die Schuhsohlen sind nicht mehr ~; du bist wohl nicht ganz ~? ⟨umg.⟩ *du bist wohl verrückt?;* die Straßen sind ~ ⟨umg.⟩ *(wegen Stau) verstopft, durch Hindernisse versperrt* **II** ⟨nur adv.⟩ *nahe, eng* ▸ die Fans drängten sich im Stadion ~ an ~ *sehr eng anei-*

nander; jmdm. ~ auf den Fersen sein *ihm unmittelbar folgen;* er stand ~ dabei, als der Unfall geschah; ~ neben dem Haus

Dịch|te ⟨die; -; unz.⟩ Syn *Dichtheit, Dichtigkeit* **1** *Verhältnis der Masse eines Stoffes zu seinem Volumen* **2** *Undurchlässigkeit (von Geweben)* **3** *Nähe, Enge, Aufeinanderfolge*

dịch|ten[1] ⟨V. trans.; dich|tet, dich|te|te, hat gedich|tet⟩ ein Gedicht, einen Roman ~ *ersinnen, verfassen, ausdenken;* Zus *Dichtkunst*

dịch|ten[2] ⟨V. trans.; dich|tet, dich|te|te, hat gedich|tet⟩ ein Leck, ein Dach ~ *dicht, undurchlässig machen, vor Feuchtigkeit schützen*

Dịch|ter ⟨der; -s, -⟩ **1** *Schöpfer von Sprachkunstwerken;* Zus *Dichterlesung* **2** ⟨übertr.⟩ *tiefsinniger, fantasievoller Mensch, der die Welt beseelt sieht*

Dịch|te|rin ⟨die; -, -rin|nen⟩ *weibl. Dichter*

dịch|te|risch ⟨Adj.⟩ **1** *zum Dichter, zur Dichtung gehörig, auf sie bezüglich* **2** *in gut formulierter Sprache abgefasst* ▸ ein glänzender ~er Einfall; ~e Freiheit *die Freiheit des Dichters, aus künstlerischen Gründen vom (sprachlich) Herkömmlichen u. vom Wirklichen abzuweichen*

dịcht|ge|drängt *auch:* **dịcht ge|drängt** ⟨Adj.⟩ *sehr dicht zusammengedrängt* ▸ eine ~e Menge

dịcht|hal|ten ⟨V. intr.; hält dicht, hielt dicht, hat dicht|ge|hal|ten, dicht|zu|hal|ten; umg.⟩ *etwas für sich behalten, schweigen* ▸ du musst ~; er hat (nicht) dichtgehalten

dịcht|ma|chen *auch:* **dịcht ma|chen** ⟨V. trans.; macht dicht, mach|te dicht, hat dicht|ge|macht, dicht|zu|ma|chen⟩ **I** ⟨Zusammen- u. Getrenntschreibung⟩ etwas ~ *abdichten, zumachen* ▸ das Fenster ~ **II** ⟨nur Zusammenschreibung; übertr.; umg.⟩ etwas ~ *schließen, sperren, zumachen* ▸ sie haben den Betrieb dichtgemacht

Dịch|tung[1] ⟨die; -, -en⟩ **1** *Werk eines Dichters* **2** ⟨übertr.; umg.⟩ *Schwindel, Fantasiegebilde* ▸ die ~ der Romantik, der Klassik, des 20. Jahrhunderts; geistliche, weltliche ~

Dịch|tung[2] ⟨die; -, -en⟩ **I** ⟨unz.⟩ *das Undurchlässigmachen (gegen Feuchtigkeit), Verstopfen* **II** ⟨zählb.⟩ *flaches Zwischenstück an Verbindungsstellen technischer Geräte zum Abdichten*

dịck ⟨Adj.⟩ **1** *eine große Masse aufweisend, stark, umfangreich* (Buch, Baum, Brotscheibe) **2** *unförmig, fett* (Person, Tier) **3** *geschwollen* (Gesicht) **4** *dicht* (Gestrüpp, Haar) **5** *fest, derb* (Tuch, Stoff) **6** ⟨übertr.⟩ *eng, innig, vertraut* (Freundschaft) **7** *dickflüssig* (Brei) **8** ⟨übertr.; umg.⟩ **8.1** *gewinnbringend, groß* (Geschäft, Gewinn) **8.2** *ungemütlich, gespannt, unheilvoll* (Stimmung) ▸ ein ~er Brocken ⟨übertr.⟩ *sehr viel;* es liegt noch ein ~er Brocken Arbeit vor mir; ich habe die Faxen ~(e) ⟨umg.⟩ *mir reicht es, ich habe genug;* ein ~es Fell haben ⟨übertr.⟩ *bezogen auf Kritik u. Ä. wenig empfindlich sein;* sie sind ~e Freunde; er hat ein ~es Geschäft gemacht ⟨übertr.; umg.⟩ *ein gewinnbringendes G.;* sie konnte ein ~es Lob ernten ⟨übertr.; umg.⟩ *sie wurde sehr gelobt;* es herrschte ~e Luft ⟨übertr.⟩ *eine gespannte Stimmung, gereizte Atmosphäre* ▸ ~ auftragen ⟨übertr.; umg.⟩ *stark übertreiben;* sein: das Brett war drei Zentimeter ~; ich bin zu ~ ▸ die beiden gehen durch ~ und dünn miteinander ⟨übertr.; umg.⟩ *sie stehen sich bei allen Gefahren, in jeder Lage zur Seite*

Dịck|darm ⟨der; -(e)s, -där|me; Anat.⟩ *Teil des Darmes der Wirbeltiere u. des Menschen zwischen Dünndarm u. Mastdarm;* Zus *Dickdarmkrebs*

Di|̣cke **I** ⟨die; -, -n⟩ **I.I** ⟨unz.⟩ *das Dicksein* **I.II** ⟨zählb.⟩ *Maß von einer Seite zur anderen* **II** ⟨die od. der; -n, -n⟩ *dicker Mensch*

dịck|fel|lig ⟨Adj.; übertr.; umg.⟩ *unempfindlich (gegen Ermahnungen, Kritik);* Abl *Dickfelligkeit*

dịck|flüs|sig ⟨Adj.⟩ *breiig, zähflüssig* ▸ ~er Brei

Dịck|häu|ter ⟨der; -s, -; Zool.⟩ *Angehöriger einer Tiergruppe mit dicker Haut, z. B. Elefant, Flusspferd, Nashorn, Schwein*

Di|̣ckicht ⟨das; -(e)s, -e⟩ *dichtes Gebüsch, Gestrüpp*

Dịck|kopf ⟨der; -(e)s, -köp|fe; übertr.⟩ *eigensinniger Mensch;* Syn *Dickschädel* ▸ einen ~ haben *unbedingt seinen Willen durchsetzen wollen;* Abl *dickköpfig*

dịck|lich ⟨Adj.⟩ *etwas dick*

Dịck|milch ⟨die; -; unz.⟩ *saure Milch*

Dịck|wanst ⟨der; -(e)s, -wäns|te; umg.; abwertend⟩ *dicker, fetter Kerl*

Di|dạk|tik ⟨die; -; unz.; Päd.⟩ *Wissenschaft vom Lehren u. Lernen, von den Inhalten der Bildung u. ihrer Auswahl im Lehrplan;* Syn *Unterrichtslehre;* Abl *didaktisch*

die[1] ⟨best. Art.; die⟩ ~ Mutter, ~ Schule; ⟨nur umg.; bes. süddt., a. vor Eigennamen⟩ ~ Julia; ~ Meiers *Familie Meier;* sie ist ~ ⟨betont⟩ Schriftstellerin der engl. Kriminalliteratur *die führende Schriftstellerin*

die[2] ⟨Nom. u. Akk. Pl. vom best. Art. aller Geschlechter⟩ ~ Bäume; ~ Häuser; für ~ Söhne

die[3] ⟨Demonstrativpron.⟩ *diese, diejenige* ▸ ~, welche ich gesehen habe …; ~ da, dort war es!

die[4] ⟨Relativpron.⟩ *welche* ▸ sie war die Erste, ~ eintrat; die Kinder, ~ im Garten spielen

die[5] ⟨umg. für das Personalpron.⟩ *sie* ▸ wie konnte ~ nur dein Vertrauen gewinnen?

Dieb ⟨der; -(e)s, -e⟩ *jmd., der stiehlt bzw. gestohlen hat* ▸ einen ~ bestrafen, ertappen, fangen, festnehmen; haltet den ~! *(Alarmruf, wenn man einen Dieb auf frischer Tat ertappt)*

Die|bin ⟨die; -, -bin|nen⟩ *weibl. Dieb*

die|bisch ⟨Adj.⟩ **I** ⟨attr.; präd.⟩ **1** *zum Stehlen neigend, gern stehlend* **2** *mit Schadenfreude vermischt* ▸ ein ~es Vergnügen daran haben **II** ⟨adv.; umg.⟩ *mit Schadenfreude* ▸ ich freue mich ~

die|je|ni|ge ⟨Demonstrativpron.; Gen. derjenigen, Pl. diejenigen⟩ ~ Person, die gestern … ⟨verstärkend für⟩ *die Person, …*

Die|le ⟨die; -, -n⟩ **1** *Fußbodenbrett* **2** *Vorraum, breiter Flur*

die|nen ⟨V. intr.; dient, dien|te, hat ge|dient⟩ **1** jmdm. ~ *für jmdn. wirken, ihm helfen, für ihn da sein* **2** jmdm. ~ *abhängig von jmdm. sein, ihm untergeben sein, bei ihm angestellt sein* **3** ⟨Mil.⟩ *Soldat sein, Dienst tun* ▸ er hat ihm sein Leben

D

lang treu gedient ▸ der Allgemeinheit, dem Wohl der Menschheit ~; Gott ~ ▸ als etwas ~ *für jmdn. da sein, benutzt werden;* die Burgruine dient heute als beliebtes Ausflugsziel; er kann dir als Vorbild ~; lass dir das als, zur Warnung ~!; bei der Luftwaffe, Marine ~ ‹Mil.›; kann ich Ihnen mit etwas ~? *(Frage des Verkäufers) kann ich Ihnen etwas zeigen, vorlegen?;* damit können wir (Ihnen) leider nicht ~ *das haben wir leider nicht vorrätig* ▸ womit kann ich ~?; wozu soll das ~? ▸ damit ist mir nicht, nur wenig gedient *das nützt mir nichts*

Die|ner ‹der; -s, -› **1** *Angestellter im Haus od. in Instituten;* Abl *Dienerin;* Zus *Hausdiener, Hoteldiener* **2** *jmd., der sich jmdm. od. einer Sache mit Inbrunst widmet* **3** *Verbeugung* ▸ ein ~ Gottes, der Kirche; ein treuer ~ seines Herrn; einen ~ machen *sich verbeugen;* er war ihr ergebenster ~

Die|ner|schaft ‹die; -; unz.› *Gesamtheit der Diener, der Dienstboten*

dien|lich ‹Adj.; nur präd.› *förderlich, zuträglich, nützlich* ▸ das Gerät ist mir sehr ~; Zus *zweckdienlich*

Dienst ‹der; -(e)s, -e› **1** *abhängiges Arbeitsverhältnis* **2** *Amtspflicht, Beruf (bes. bei Beamten u. Soldaten), Ausübung der Berufs-, Amtspflicht;* Zus *Dienstalter, Dienstvorschrift* **3** *Hilfe, freiwillige Unterstützung* ▸ jmdm. seine ~e **anbieten;** er wird seinen ~ am 1. März **antreten;** einen Beamten seines ~es **entheben;** jmdm. einen guten, schlechten, üblen ~ **erweisen;** sie würden mir einen großen ~ erweisen, wenn …; ~ **haben** *an der Arbeitsstelle sein, die Aufsicht führen; geöffnet sein* (von Apotheken); welche Apotheke hat am Wochenende ~?; den ~ **kündigen,** quittieren *sein Arbeitsverhältnis aufgeben;* jmdm. den ~ kündigen *ihn entlassen;* unsere neue Heizung wird uns im nächsten Winter gute ~e **leisten;** jmds. ~e in Anspruch **nehmen;** seinen ~ gewissenhaft, gut, schlecht **versehen** ▸ ‹Getrennt- u. Zusammenschreibung› ~ **habend** = *diensthabend* ▸ ~ **am** Kunden; mit Vollendung seines 65. Lebensjahres wird er **aus** dem ~ ausscheiden; ein Beamter **außer** ~ ‹Abk.: a. D.› *im Ruhestand;* ein veraltetes Verkehrsmittel außer ~ stellen; ärztliche Forschung **im** ~e der Menschheit; im ~ einer guten, schlechten Sache stehen; ich muss um 8 Uhr im ~ sein *in der Dienststelle;* jmdn. in ~, in seine ~e nehmen *an-, einstellen;* ein Schiff wieder in ~ stellen; in jmds. ~, ~e treten; ich stehe **zu** Ihren ~en!

Diens|tag ‹der; -(e)s, -e; Abk.: Di› *zweiter Tag der Woche* ▸ am ~ früh, am Dienstagabend *am Morgen, am Abend des nächsten Dienstags;* dienstagabends od. dienstags abends *am Abend jedes Dienstags;* Zus *Dienstagabend, Dienstagmittag, Dienstagmorgen, Dienstagnachmittag, Dienstagnacht, Dienstagvormittag; dienstagabends*

diens|tä|gig ‹Adj.› *am Dienstag stattfindend*

diens|täg|lich ‹Adj.› *jeden Dienstag*

diens|tags ‹Adv.› *jeden Dienstag;* →a. *Dienstag*

Dienst|äl|tes|te(r) ‹die; -n, -n (der; -n, -n)› *diejenige Person, die von mehreren die längste Zeit im Dienst zugebracht hat*

Dienst|auf|sicht ‹die; -; unz.› *Aufsicht über Untergebene*

dienst|bar ‹Adj.› *ergeben, gefügig* ▸ ein ~er Geist ‹übertr.› *ein Diener;* jmdm. ~ sein

dienst|be|flis|sen ‹Adj.› *eifrig im Dienst, dienstwillig, übereifrig*

Dienst|bo|te ‹der; -n, -n› *Hausangestellte(r)*

Dienst|ei|fer ‹der; -s; unz.› **1** *Eifer im Dienst* **2** *übertriebene Gefälligkeit;* Abl *diensteifrig*

Dienst|fahrt ‹die; -, -en› *Fahrt in dienstlichem Auftrag*

Dienst|ge|heim|nis ‹das; -nis|ses, -nis|se› *dienstliche Angelegenheit, über die der Beamte od. Angestellte zu schweigen hat*

Dienst|grad ‹der; -(e)s, -e› *Rangstufe*

dienst|ha|bend *auch:* **Dienst ha|bend** ‹Adj.› *im Dienst befindlich, zum Dienst eingeteilt* ▸ der ~e Arzt

Dienst|herr ‹der; -en, -en› *Arbeitgeber*

Dienst|leis|ter ‹der; -s, -› **1** *jmd., der eine Dienstleistung auftragsmäßig erbringt;* Abl *Dienstleisterin* **2** *Firma, die Dienstleistungen anbietet*

Dienst|leis|tung ‹die; -, -en› **1** *Hilfe-, Arbeitsleistung* **2** ‹Wirtsch.› *nicht im Zusammenhang mit der Warenherstellung erbrachte (Arbeits-)Leistung;* Zus *Dienstleistungsangebot, Dienstleistungsbetrieb, Dienstleistungsgesellschaft, Dienstleistungssektor* ▸ diverse ~en anbieten

dienst|lich ‹Adj.› **1** *den Dienst betreffend, zu ihm gehörig* **2** ‹übertr.; umg.› *unpersönlich, ernsthaft, offiziell* ▸ eine ~e Angelegenheit; ein ~es Schreiben

Dienst|mäd|chen ‹das; -s, -; veraltet› *Hausangestellte, -gehilfin*

Dienst|rei|se ‹die; -, -n› *Reise in dienstlichem Auftrag*

Dienst|stel|le ‹die; -, -n› *Amt, Behörde, Arbeitsstelle, Büro* ▸ in meiner ~; meine vorgesetzte ~

dienst|taug|lich ‹Adj.› *tauglich für den Wehrdienst;* Abl *Diensttauglichkeit*

dienst|un|fä|hig ‹Adj.› *nicht fähig zur Ausübung eines Dienstes;* Abl *Dienstunfähigkeit*

Dienst|waf|fe ‹die; -, -n› *Waffe, die (bes. von Polizeibeamten) bei der Ausübung ihrer dienstlichen Aufgaben getragen wird*

Dienst|wa|gen ‹der; -s, -› *einer Behörde od. Firma gehörender, für Dienstfahrten zur Verfügung stehender Kraftwagen*

Dienst|weg ‹der; -(e)s; unz.› *vorgeschriebene Reihenfolge zur Erledigung behördlicher Angelegenheiten* ▸ sich an den ~ halten, den ~ einhalten

dies|be|züg|lich ‹Adj.› *sich hierauf beziehend, das Erwähnte betreffend, hierzu, dazu* ▸ die ~e Vereinbarung; ~ möchte ich noch sagen …

die|se(r, -s) ‹Demonstrativpron.; im Unterschied zu „jene" auf etwas hinweisend, was sich näher beim Sprechenden od. Schreibenden befindet od. zuletzt erwähnt wurde› **I** ‹substantiv. gebraucht› ~r ist es!; ~r hier; es kamen mein

Freund und mein Bruder, ~r brachte auch einen Freund mit; ~s ist das Richtige **II** ⟨adjektiv. gebraucht⟩ ~s eine Mal; ~s Jahres ⟨Abk.: d. J.⟩; ~s Monats ⟨Abk.: d. M.⟩; ~r Tage ⟨eigtl.⟩ *in diesen Tagen, in den letzten Tagen;* ich habe ihn ~r Tage noch gesehen; ⟨oft betonend⟩ ~ vielen Geschenke! *so viele G.!;* in ~n Wochen

Die|sel ⟨der; - od. -s, -; Kfz; kurz für⟩ **1** *Dieselöl;* Zus *Dieselkraftstoff* **2** *Fahrzeug mit Dieselmotor*

die|sel|be ⟨Demonstrativpron.; die; Gen. der|selben, Pl. die|sel|ben⟩ *(genau) die, eben die* ▸ ein und ~; es ist immer ~ (Frau); wir wohnen seit zehn Jahren in derselben Wohnung; ⟨umg.; oft fälschl. für⟩ *die gleiche;* du hast ~ Handtasche wie ich ⟨richtig⟩ *die gleiche*

Die|sel|mo|tor ⟨der; -s, -en; Kfz⟩ *Verbrennungsmotor, der mit Dieselöl betrieben wird*

Die|sel|öl ⟨das; -(e)s; unz.⟩ *aus Erdöl hergestellter Kraftstoff, der schwerer entzündlich ist als Benzin*

die|sig ⟨Adj.⟩ *dunstig, neblig, regnerisch*

dies|jäh|rig ⟨Adj.⟩ *in diesem Jahre stattfindend* ▸ die ~en Festspiele

dies|mal ⟨Adv.⟩ *dies(es) eine Mal* ▸ ~ passe ich besser auf!

dies|seits ⟨Adv.⟩ *auf dieser Seite;* Ggs *jenseits* ▸ ~ der Alpen, des Flusses, des Gebirges

Dies|seits ⟨das; -; unz.⟩ *die Welt, das irdische Leben;* Ggs *Jenseits*

Diet|rich ⟨der; -s, -e⟩ *Drahthaken zum Öffnen von Schlössern*

dif|fa|mie|ren ⟨V. trans.; dif|fa|miert, dif|fa|mier|te, hat dif|fa|miert⟩ jmdn. ~ *herabsetzen, schlechtmachen, verleumden;* Abl *Diffamierung*

Dif|fe|renz ⟨die; -, -en⟩ **1** ⟨allg.⟩ **1.1** *Unterschied* **1.2** *Meinungsverschiedenheit, Streit* **2** ⟨Math.⟩ *Ergebnis einer Subtraktion* ▸ die ~en sind beigelegt; die ~ zwischen 10 und 15 beträgt, ist 5; es entstanden ~en zwischen den Verhandlungspartnern; mit jmdm. ~en haben

dif|fe|ren|zie|ren ⟨V.; dif|fe|ren|ziert, dif|fe|ren|zier|te, hat dif|fe|ren|ziert⟩ **I** ⟨V. intr. u. V. trans.⟩ (etwas) ~ **1** *unterscheiden, Unterschiede betonen, trennen* **2** *abstufen, verfeinern* ▸ in diesem Fall müssen wir genau ~ **II** ⟨V. refl.⟩ sich ~ *Gestalt, Form, Konturen gewinnen;* Abl *Differenzierung*

dif|fe|ren|ziert **I** ⟨Part. Perf. von⟩ *differenzieren* **II** ⟨Adj.⟩ *vielfach abgestuft, detailliert, aufgefächert, nuanciert* ▸ eine ~e Stellungnahme

dif|fe|rie|ren ⟨V. intr.; dif|fe|riert, dif|fe|rier|te, hat dif|fe|riert⟩ *verschieden sein, voneinander abweichen*

dif|fi|zil ⟨Adj.⟩ *schwierig, größte Sorgfalt, Fingerspitzengefühl erfordernd, heikel* ▸ eine ~e Sache

dif|fus ⟨Adj.; -er, am -es|ten⟩ **1** *zerstreut* (Licht) **2** *wirr, verschwommen* (Gerede)

di|gi|tal ⟨Adj.⟩ **1** ⟨EDV⟩ *in Ziffern darstellbar, mittels Ziffern;* Ggs *analog (2)* **2** ⟨Med.⟩ *mit Hilfe der Finger*

di|gi|ta|li|sie|ren ⟨V. trans.; di|gi|ta|li|siert, di|gi|ta|li|sier|te, hat di|gi|ta|li|siert; EDV⟩ Daten u. Ziffern ~ *von der analogen in die digitale Darstellung umsetzen;* Abl *Digitalisierung*

Di|gi|tal|ka|me|ra ⟨die; -, -s; Fot.⟩ *Kamera, die auf einer digitalen Speicherkarte Bilder erstellt, die auf den Computer heraufgeladen u. dort bearbeitet werden können*

Dik|tat ⟨das; -(e)s, -e⟩ **1** *Ansage (zum Nachschreiben)* **2** *Nachschrift nach Ansage (als Rechtschreibeübung in der Schule)* **3** ⟨übertr.⟩ *aufgezwungene Verpflichtung, Gewaltfriede* ▸ ein ~ schreiben; nach ~ schreiben

Dik|ta|tor ⟨der; -s, -en⟩ *Herrscher mit unbeschränkter Gewalt;* Abl *Diktatorin*

dik|ta|to|risch ⟨Adj.⟩ **1** *in der Art eines Diktators* **2** *herrisch, keinen Widerspruch duldend*

Dik|ta|tur ⟨die; -, -en⟩ *Herrschaft eines Diktators, unbeschränkte Gewalt* ▸ ~ des Proletariats; unter einer ~ leben, stehen

dik|tie|ren ⟨V. trans.; dik|tiert, dik|tier|te, hat diktiert⟩ (jmdm.) etwas ~ **1** *zum Nachschreiben vorsprechen* **2** *aufzwingen, befehlen* ▸ jmdm. einen Brief ~; das Tempo ~ *es bestimmen;* jmdm. einen Vertrag, Bedingungen ~

Dik|ti|on ⟨die; -; unz.⟩ *Stil, Schreibart, Ausdrucksweise, Sprechweise*

Di|lem|ma ⟨das; -s, -s od. -ma|ta⟩ *Zwangslage (zwischen zwei Übeln), Schwierigkeit* ▸ das ist ja gerade das ~!; sich in einem ~ befinden

Di|let|tant ⟨der; -en, -en⟩ **1** *jmd., der eine Tätigkeit nicht berufsmäßig, sondern aus Liebhaberei betreibt, Nichtfachmann, Laie, Liebhaber (einer Tätigkeit)* **2** *Pfuscher;* Abl *Dilettantin*

di|let|tan|tisch ⟨Adj.⟩ **1** *in der Art eines Dilettanten, laienhaft, als od. aus Liebhaberei* **2** *sachunkundig, oberflächlich, pfuscherhaft* ▸ eine Kunst nur ~ betreiben; der junge Pianist spielte geradezu ~

Dill ⟨der; -(e)s, -e; Bot.⟩ *ein Salatgewürz;* oV ⟨österr.⟩ *Dille*

Di|men|si|on ⟨die; -, -en⟩ **1** ⟨a. übertr.⟩ *Abmessung, Ausdehnung eines Körpers (Breite, Höhe, Länge)* **2** ⟨Phys.⟩ *Beziehung einer beliebigen Größe zu den Basisgrößenarten eines Maßsystems, wie z. B. Länge, Temperatur, Masse* ▸ ein Raum von ungeheuren ~en; in neue ~en vordringen, vorstoßen; vierte ~

di|men|si|o|nal ⟨Adj.⟩ *auf eine Dimension bezüglich, Dimensionen besitzend* (drei~, zwei~)

Diminutiv

Als *Diminutiv* wird die Verkleinerungsform eines Substantivs bezeichnet. Im Deutschen wird ein *Diminutiv* durch Anhängen der Endungen *-chen* oder *-lein* gebildet, die beide aus dem so veränderten Wort ein Neutrum machen, z. B. *der Hund – das Hündchen, die Ente – das Entlein.* Aus dem Französischen stammt dagegen die Endung *-ette,* die das Wort zu einem Femininum macht, vgl. *der Stiefel – die Stiefelette.*

Di|mi|nu|tiv ⟨das; -s, -e; Gramm.⟩ *Verkleinerungsform,* z. B. Kindchen, Männlein, Büble; Syn *Diminutivform*

DIN **1** ⟨urspr. Abk. für⟩ *Deutsche Industrie-Norm;* Zus *DIN-Format* **2** ⟨heute Abk. für⟩ *Deutsches Institut für Normung e. V., Zeichen für die in den Veröffentlichungen dieses Instituts herausgegebenen Arbeitsergebnisse, Normen u. Empfehlungen*

Di|ner ⟨[-ne:] das; -s, -s⟩ **1** *Mittagessen* **2** *festliches Essen mit mehreren Gängen, Festmahl* **3** ⟨in Frankreich⟩ *die am Abend eingenommene Hauptmahlzeit des Tages*

Ding **I** ⟨das; -(e)s, -e⟩ **1** *Sache, Gegenstand* **2** ⟨umg.⟩ *wertlose Sache* **3** *Sache, deren Benennung einem nicht einfällt* **4** ⟨a. übertr.⟩ *Angelegenheit, Arbeit, Pflicht* ▸ das ist der Lauf der ~e *so ist es nun einmal;* das ist ein ~ der Unmöglichkeit *ist unmöglich* ▸ ein ~ drehen ⟨umg.⟩ *ein Verbrechen begehen (bes. Einbruch, Raubüberfall);* so, wie die ~e (nun einmal) liegen, sind *so, wie es (nun einmal) ist;* so, wie ich die ~e sehe *so, wie ich die Lage beurteile;* sein: das ist ein ~! *etwas Erstaunliches, Überraschendes* ▸ ich habe andere ~e im Kopf als … *ich muss an Wichtigeres denken als an …;* er hat immer andere ~e im Kopf als seine Schularbeiten *er denkt an anderes, arbeitet nicht;* munter und guter ~e sein *guter Laune sein;* jedes ~ hat (seine) zwei Seiten *man kann alles von zwei Seiten betrachten;* →a. *drei* ▸ das ~ beim (rechten) Namen nennen *offen über eine Sache sprechen, seine Meinung offen äußern;* das geht nicht mit rechten ~en zu *das geschieht nicht auf natürliche od. rechtmäßige Weise;* Inlineskaten ist nicht mein ~ ⟨umg.⟩ *macht mir keinen Spaß, interessiert mich nicht;* über den ~en stehen ⟨übertr.⟩ *eine distanzierte Haltung haben, sich nicht beeindrucken lassen;* reden wir lieber von anderen, erfreulichen, schönen ~en!; vor allen ~en *vor allem, hauptsächlich* **II** ⟨das; -(e)s, -er; umg.⟩ **1** *wertloser od. unbekannter Gegenstand* **2** ⟨übertr.⟩ *kleines, junges Mädchen* ▸ ein dummes ~

ding|fest ⟨Adj.; nur in der Wendung⟩ jmdn. ~ machen *verhaften*

ding|lich ⟨Adj.⟩ *ein Ding, Dinge betreffend, in der Art eines Dinges* ▸ ~e Rechte *Rechte an (bestimmten) Dingen*

Dings ⟨das; -, Din|ger; umg.⟩ *Ding*

Dings|bums ⟨der, die od. das; -; unz.; umg.; scherzh.; Bez. für⟩ *Person od. Sache, deren Name einem nicht einfällt* ▸ wie nennt man denn nochmal dieses ~?

Dings|da ⟨der, die od. das; -; unz.; umg.; scherzh.; Bez. für⟩ *Person od. Sache, deren Name einem im Augenblick nicht einfällt, unbekannter Ort* ▸ dieser Herr ~

di|nie|ren ⟨V. intr.; di|niert, di|nier|te, hat di|niert⟩ *das Diner einnehmen, (festlich) zu Mittag od. Abend speisen*

Din|kel ⟨der; -s, -⟩ *eine Weizenart;* Zus *Dinkelbrot, Dinkelmehl*

Din|ner ⟨das; -s, - od. -s; in England⟩ *(erst) am Abend eingenommene Hauptmahlzeit des Tages;* Zus *Dinnerjackett*

Di|no ⟨der; -s, -s; umg.; kurz für⟩ *Dinosaurier*

Di|no|sau|ri|er ⟨der; -s, -⟩ **1** *ein ausgestorbenes Reptil* **2** ⟨scherzh.⟩ *Letzter seiner Art, Übriggebliebener*

Di|oxin ⟨das; -s, -e; Chem.⟩ *ein hochgiftiger Stoff, der als unerwünschtes Nebenprodukt bei Verbrennungsprozessen auftreten kann;* Zus *dioxinverseucht*

Di|ö|ze|se ⟨die; -, -n⟩ = *Bistum;* Zus *Diözesanbischof*

Dip ⟨der; -s, -s⟩ *dicke, gewürzte Soße, in die man kleine Bissen (Brot, Fleisch u. a.) eintaucht;* Abl *dippen*

Di|ph|thong ⟨der; -(e)s, -e; Sprachw.⟩ *ein aus zwei verschiedenen Vokalen zusammengesetzter Laut, z. B. ei, au;* Syn *Zwielaut;* Ggs *Monophthong*

dipl. ⟨Abk. für⟩ *diplomiert*

Dipl. ⟨Abk. für⟩ *Diplom*

Di|p|lom ⟨das; -(e)s, -e; Abk.: Dipl.⟩ *Zeugnis, Urkunde über eine Auszeichnung od. abgelegte Prüfung, bes. von einer höheren Schule od. Universität;* Abl *Diplomand(in);* Zus *Diplomarbeit, Diplombiologe* ⟨Abk.: Dipl.-Biol.⟩, *Diplomingenieur* ⟨Dipl.-Ing.⟩, *Diplompsychologe* ⟨Dipl.-Psych.⟩

Di|p|lo|ma|tie ⟨die; -; unz.⟩ **1** *Regelung zwischenstaatlicher Beziehungen* **2** *Gesamtheit der Diplomaten* **3** ⟨übertr.⟩ *geschickte Berechnung, geschicktes Verhandeln*

di|p|lo|ma|tisch ⟨Adj.⟩ **1** *zur Diplomatie gehörig, auf ihr beruhend* **2** *zwischenstaatlich* (Beziehungen) **3** ⟨übertr.⟩ **3.1** *geschickt, gewandt, berechnend* **3.2** *vorsichtig verhandelnd, sich behutsam ausdrückend* ▸ ~ sein, vorgehen; im ~en Dienst stehen; ~es Korps ⟨Abk.: CD⟩ *die bei einem Staat akkreditierten Vertreter anderer Staaten*

dir ⟨Personalpron., Dat. von „du"⟩ ich sage es ~; wasch ~ bitte die Hände; wie du mir, so ich ~! ⟨Sprichw.⟩; von ~ hätte ich das nicht gedacht; ⟨in Briefen Groß- od. Kleinschreibung⟩ dir/Dir

di|rekt ⟨umg. a. ['--] Adj.; -er, am -es|ten⟩ **I** ⟨attr.; präd.; adv.⟩ **1** Ggs *indirekt* **1.1** *auf kürzestem Weg, ohne Umweg, geradlinig* (Fahrt, Flug); Zus *Direktflug, Direktübertragung* **1.2** *unmittelbar neben jmdm. od. etwas gelegen* (Nachbar) *od. sich anschließend* (Nachfolger) **1.3** *geradeheraus, nicht beschönigend* (Worte) **2** *ganz nahe bei* (Ort) ▸ ~e Demokratie ⟨Pol.⟩ *Demokratie, bei der das Volk die Staatsgewalt unmittelbar ausübt u. in Volksabstimmungen über Amtsträger, Gesetze u. politische Maßnahmen entscheidet;* ~es Objekt ⟨Gramm.⟩ *Objekt, das im Akkusativ steht;* ; ~e Rede ⟨Gramm.⟩ = *wörtl. Rede;* Ggs *indirekte Rede;* ; eine ~e Verbindung von Hamburg nach München ▸ sein: er ist ziemlich ~ *sagt ohne Umschweife, was er denkt* ▸ wir wohnen ~ am Flugplatz; wenden Sie sich bitte ~ an den Chef; der Ball flog mir ~ ins Gesicht **II** ⟨adv.⟩ *geradezu* ▸ sein: die Sache ist mir ~ peinlich

Di|rekt|heit ⟨die; -, -en⟩ *direkte Art od. Beschaffenheit, unmittelbare, sehr deutliche Äußerung*

Di|rek|ti|on ⟨die; -, -en⟩ **1** *Leitung, Verwaltung,*

Vorstand **2** *Gesamtheit der zur Direktion (1) gehörenden Personen* **3** ⟨schweiz.⟩ *Ministerium eines Kantons*

Di|rek|ti|ve ⟨[-və] die; -, -n⟩ *Richtlinie, Weisung, Anweisung, Verhaltensmaßregel*

Di|rekt|kan|di|dat ⟨der; -en, -en⟩ *jmd., der sich in direkter Wahl um ein Amt bewirbt;* Abl *Direktkandidatin*

Di|rek|tor ⟨der; -s, -en; Abk.: Dir.⟩ *Leiter, Vorsteher;* Abl *Direktorin;* Zus *Bankdirektor(in), Fabrikdirektor(in), Schuldirektor(in)*

Di|rekt|wahl ⟨die; -, -en⟩ **1** ⟨Pol.⟩ *Wahl, bei der die Wähler ihre Vertreter direkt bestimmen* **2** ⟨Tel.⟩ *direktes Anwählen eines Fernsprechteilnehmers*

Di|ri|gent ⟨der; -en, -en; Mus.⟩ *Leiter eines Orchesters od. Chores;* Abl *Dirigentin*

di|ri|gie|ren ⟨V.; di|ri|giert, di|ri|gier|te, hat di|ri|giert⟩ **I** ⟨V. intr.; Mus.⟩ *Takt schlagen* **II** ⟨V. trans.⟩ **1** ⟨Mus.⟩ ein Orchester od. einen Chor ~ *musikalisch leiten* **2** ⟨allg.⟩ etwas ~ *leiten, verwalten* **3** ⟨umg.⟩ jmdn. ~ *in eine Richtung, an einen Ort weisen* ▸ Herr Müller-Lüdenscheidt dirigiert heute das Rundfunkorchester; er dirigierte mich in das richtige Zimmer

Dirndl ⟨das; -s, -n; bair.-österr.⟩ **1** *Mädchen* **2** *bayerisches od. österrisches Trachtenkleid*

Dir|ne ⟨die; -, -n; abwertend⟩ *Prostituierte*

dis...[1], **Dis...**[1] ⟨Vorsilbe.⟩ *auseinander..., weg...*

dis...[2], **Dis...**[2] ⟨Vorsilbe⟩ *zweimal, doppelt*

Disc|jo|ckey ⟨[-dʒɔki] od. [-dʒɔke] der; -s, -s; Abk.: DJ⟩ *Person, die im Rundfunk, Fernsehen, in Diskotheken usw. Musikalben präsentiert;* oV *Diskjockey*

Dis|co ⟨[-ko] die; -, -s⟩ = *Disko*

Dis|co|thek ⟨[-ko-] die; -, -en⟩ = *Diskothek*

Dis|count ⟨[-kaʊnt] der; -s, -s⟩ *Verkauf von Waren zu einem niedrigen Preis;* Zus *Discountgeschäft, Discountladen*

Dis|har|mo|nie ⟨die; -, -n⟩ Ggs *Harmonie* **1** *Missklang* **2** ⟨übertr.⟩ *Unstimmigkeit, Uneinigkeit*

dis|har|mo|nisch ⟨Adj.⟩ **1** *in der Art einer Disharmonie, missklingend* **2** ⟨übertr.⟩ *uneinig*

Dis|ket|te ⟨die; -, -n; EDV⟩ *magnetisch beschichtete Kunststoffscheibe zur Datenaufzeichnung für Computer* ▸ einen Text auf ~ ziehen

Disk|jo|ckey ⟨[-dʒɔki] od. [-dʒɔke] der; -s, -s; Abk.: DJ⟩ = *Discjockey*

Dis|ko ⟨die; -, -s; kurz für⟩ *Diskothek;* oV *Disco*

dis|kon|ti|nu|ier|lich ⟨Adj.⟩ *mit zeitlichen od. räumlichen Unterbrechungen aufeinander folgend;* Ggs *kontinuierlich;* Abl *Diskontinuität*

Dis|ko|thek ⟨die; -, -en⟩ oV *Discothek* **1** *Schallplatten-, CD-Sammlung* **2** *Lokal, in dem zu Musik von CDs u. Ä. getanzt wird* ▸ nachts in die ~ gehen

dis|kre|di|tie|ren ⟨V. trans.; dis|kre|di|tiert, dis|kre|di|tier|te, hat dis|kre|di|tiert; geh.⟩ jmdn. ~ *in Verruf bringen, verleumden*

Dis|kre|panz ⟨die; -, -en⟩ *Abweichung, Unstimmigkeit, Zwiespalt, Widerspruch, Missverhältnis*

dis|kret ⟨Adj.; -er, am -es|ten⟩ *verschwiegen, taktvoll, unauffällig;* Ggs *indiskret* ▸ ~es Benehmen; eine Angelegenheit äußerst ~ behandeln

Dis|kre|ti|on ⟨die; -; unz.⟩ *diskretes Wesen, diskrete Behandlung, Verschwiegenheit, Takt, Unauffälligkeit;* Ggs *Indiskretion* ▸ um ~ bitten; jmdm. strengste ~ (über eine Sache) zusichern

dis|kri|mi|nie|ren ⟨V. trans.; dis|kri|mi|niert, dis|kri|mi|nier|te, hat dis|kri|mi|niert⟩ jmdn. ~ **1** *aussondern, unterschiedlich behandeln* **2** *herabsetzen, herabwürdigen;* Abl *Diskriminierung*

Dis|kurs ⟨der; -es, -e⟩ *lebhafte Erörterung, Unterhaltung* ▸ gesellschaftlicher ~ *öffentlich ausgetragene Debatte*

Dis|kus ⟨der; - od. -kus|ses, -kus|se od. Dis|ken; Sp.⟩ *hölzerne Scheibe mit Metallbeschlag zum Werfen;* Zus *Diskuswerfen*

Dis|kus|si|on ⟨die; -, -en⟩ **1** *lebhafte Erörterung, Meinungsaustausch* **2** *meist öffentlich geführtes Gespräch, Aussprache über ein bestimmtes Thema* ▸ die ~ einleiten, eröffnen, schließen; darüber will ich mich gar nicht erst auf, in ~en einlassen; ein Thema zur ~ stellen *ein Thema zur Sprache bringen, zur Erörterung vorschlagen;* etwas steht nicht zur ~ *ist nicht verhandelbar, kommt nicht infrage;* Abl *diskussionswürdig;* Zus *Diskussionsbeitrag, Diskussionsforum, Diskussionsrunde, Diskussionsveranstaltung*

dis|ku|ta|bel ⟨Adj.; -ta|bler od. -tab|ler, am -s|ten⟩ *so beschaffen, dass man darüber diskutieren kann od. sollte, erwägenswert, annehmbar;* Ggs *indiskutabel* ▸ ein diskutabler Vorschlag

dis|ku|tie|ren ⟨V. trans. u. V. intr.; dis|ku|tiert, dis|ku|tier|te, hat dis|ku|tiert⟩ etwas od. über etwas ~ *etwas lebhaft erörtern, Meinungen über etwas austauschen* ▸ eine Frage, einen Gesetzesentwurf ~; er diskutiert gern über Politik

dis|pa|rat ⟨Adj.; geh.⟩ *ungleichartig, nicht zueinanderpassend, sich widersprechend*

Dis|pens ⟨der; -es, -e⟩ *Befreiung (von einer Verpflichtung), Ausnahmebewilligung* ▸ ~ einholen, erhalten; Abl *dispensieren*

Di|s|per|si|ons|far|be ⟨die; -, -n⟩ *aus Pigmenten u. Kunststoffteilchen bestehende Farbe mit großer Deckkraft*

Dis|play ⟨[-pleɪ] das; -s, -s⟩ **1** *optisch wirksames Zurschaustellen (von Waren, Werbematerial u. a.)* **2** *Anzeigeneinheit elektronischer Geräte, z. B. von Taschenrechnern (entweder mit Leuchtdioden od. als Flüssigkristallanzeige)*

dis|po|nie|ren ⟨V. intr.; dis|po|niert, dis|po|nier|te, hat dis|po|niert⟩ über etwas ~ *etwas einteilen, verplanen, darüber verfügen*

Dis|po|si|ti|ons|kre|dit ⟨der; -(e)s, -e; Bankw.⟩ *Kredit, über den ein Kontoinhaber jederzeit verfügen kann, Überziehungskredit*

Dis|put ⟨der; -(e)s, -e⟩ *Streitgespräch, Wortgefecht*

dis|pu|tie|ren ⟨V. intr.; dis|pu|tiert, dis|pu|tier|te, hat dis|pu|tiert⟩ (mit jmdm.) ~ **1** *in Worten, gelehrt, wissenschaftlich streiten* **2** *seine Meinung gegeneinander verfechten*

dis|qua|li|fi|zie|ren ⟨V.; dis|qua|li|fi|ziert, dis|qua|li|fi|zier|te, hat dis|qua|li|fi|ziert⟩ **I** ⟨V. trans.⟩ jmdn.

D

~ **1** *für untauglich erklären* **2** *(zur Strafe) vom Wettkampf ausschließen* **II** ‹V. refl.› sich ~ *zeigen, dass man einer Sache nicht würdig ist* ▸ mit dieser Äußerung hat sie sich selbst disqualifiziert; Abl *Disqualifikation, Disqualifizierung*

Diss. ‹Abk. für› *Dissertation*

Dis|ser|ta|ti|on ‹die; -, -en; Abk.: Diss.› *wissenschaftliche Arbeit (bes. zum Erlangen der Doktorwürde)* ▸ an einer ~ arbeiten

Dis|si|dent ‹der; -en, -en› *jmd., der von einer offiziellen Lehrmeinung od. Ideologie abweicht;* Abl *Dissidentin*

Dis|so|nanz ‹die; -, -en› **1** ‹Mus.› *Missklang, nach Auflösung verlangender Klang* **2** ‹übertr.› *Unstimmigkeit;* Abl *dissonant; dissonieren*

Di|s|tanz ‹die; -, -en› *Abstand, Entfernung* ▸ ~ wahren (von od. zu jmdm.) *Vertraulichkeit vermeiden;* einen Gegenstand auf eine ~ von 10 m erkennen; das Rennen geht über eine ~ von 5 000 m

di|s|tan|zie|ren ‹V.; di|s|tan|ziert, di|s|tan|zier|te, hat di|s|tan|ziert› **I** ‹V. refl.› sich von etwas od. jmdm. ~ *von etwas od. jmdm. abrücken, nichts damit od. mit ihm zu tun haben wollen* ▸ von diesen Gerüchten möchte ich mich ausdrücklich ~ **II** ‹V. trans.› jmdn. ~ *(im Wettkampf) überbieten, hinter sich lassen;* Abl *Distanzierung*

di|s|tan|ziert **I** ‹Part. Perf. von› *distanzieren* **II** ‹Adj.; -er, am -es|ten› *Abstand wahrend, Zurückgezogenheit bevorzugend* ▸ ein ~es Verhältnis zu jmdm. haben; Abl *Distanziertheit*

di|s|tanz|los ‹Adj.› *ohne Distanz, keinen Abstand wahrend, aufdringlich*

Dis|tel ‹die; -, -n; Bot.; Sammelbez. für› *verschiedene stachelige Kräuter*

di|s|tin|guiert ‹[-gi:rt] Adj.; -er, am -es|ten› *(aus der Allgemeinheit) hervorgehoben, ausgezeichnet, vornehm* ▸ ein ~er älterer Herr; von ~em Aussehen

Di|s|t|rikt ‹der; -(e)s, -e› *Verwaltungsbezirk, abgeschlossener Bereich*

Dis|zi|p|lin ‹die; -, -en› **I** ‹unz.› *Zucht, Ordnung, Einordnung, Unterordnung* ▸ ~ halten; die ~ wahren; eiserne ‹übertr.›, strenge ~; jmdn. od. sich an ~ gewöhnen; für ~ sorgen **II** ‹zählb.› *wissenschaftliche od. sportliche Fachrichtung, Fachgebiet* ▸ die verschiedenen ~en der Naturwissenschaften

dis|zi|p|li|na|risch ‹Adj.› **1** *die Disziplin betreffend, mit Hilfe einer Disziplinarstrafe;* Syn *disziplinär* **2** ‹übertr.› *streng*

Dis|zi|pli|nar|stra|fe ‹die; -, -n› *Strafe für ein Vergehen gegen die Dienstvorschrift*

Dis|zi|p|li|nar|ver|fah|ren ‹das; -s, -› *Verfahren über das Vergehen eines Beamten gegen die Dienstvorschrift*

dis|zi|p|li|nie|ren ‹V. trans.; dis|zi|p|li|niert, dis|zi|p|li|nier|te, hat dis|zi|p|li|niert› jmdn. ~ **1** *an Disziplin gewöhnen* **2** *streng zurechtweisen*

dis|zi|p|li|niert **I** ‹Part. Perf. von› *disziplinieren* **II** ‹Adj.; -er, am -es|ten› *Disziplin haltend;* Abl *Diszipliniertheit*

dis|zi|p|lin|los ‹Adj.› *ohne Disziplin, keine Disziplin haltend;* Abl *Disziplinlosigkeit*

Di|va ‹[-va] die; -, -s od. Di|ven [-vən]› *gefeierte, aber als übertrieben exzentrisch u. schwierig geltende Künstlerin, bes. bei Bühne u. Film*

Di|ver|genz ‹[-vɛr-] die; -, -en› Ggs *Konvergenz* **1** *Auseinanderstreben* **2** *Meinungsverschiedenheit*

di|ver|gie|ren ‹[-vɛr-] V. intr.; di|ver|giert, di|ver|gier|te, hat di|ver|giert› **1** *auseinandergehen, voneinander abweichen* **2** *anderer Meinung sein*

di|vers ‹[-vɛrs] Adj.› **1** ~e *mehrere* **2** Diverses *verschiedene Gegenstände, die man (in Aufstellungen usw.) nicht in die gegebenen Rubriken einordnen kann* ▸ ~e Möglichkeiten

Di|vi|dend ‹[-vi-] der; -en, -en; Math.› *zu teilende Zahl, Zähler eines Bruches;* Ggs *Divisor*

Di|vi|den|de ‹[-vi-] die; -, -n; Bankw.› *auf eine Aktie entfallender Gewinnanteil*

di|vi|die|ren ‹[-vi-] V. trans.; di|vi|diert, di|vi|dierte, hat di|vi|diert; Math.› eine Zahl durch eine andere ~ *teilen* ▸ 27 dividiert durch 9 ergibt 3

Di|vi|si|on ‹[-vi-] die; -, -en› **1** ‹Math.› *das Dividieren, Aufteilung einer Zahl (Dividend) in so viele gleiche Teile, wie eine andere Zahl (Divisor) angibt (eine der vier Grundrechenarten)* **2** ‹Mil.› *großer Kampfverband* **3** ‹Mar.› *Teil der Schiffsbesatzung in Stärke einer Kompanie*

Di|vi|sor ‹[-vi:-] der; -s, -en; Math.› *teilende Zahl, Nenner eines Bruches;* Ggs *Dividend*

Di|wan ‹der; -s, -e› oV *Divan* **1** *gepolsterte Liege ohne Rückenlehne* **2** *ehem. türk. Staatsrat* **3** *oriental. Gedichtsammlung* ▸ Westöstlicher ~ (von Goethe)

DJ ‹[di:dʒɛɪ] der; -s, -s; kurz für› *Discjockey*

DJane ‹[didʒɛɪn] die; -, -s› *weiblicher DJ*

DJH ‹Abk. für› *Deutsches Jugendherbergswerk*

Dji|had ‹[dʒi:-] der; -s; unz.› = *Dschihad*

dm[1] ‹Zeichen für› *Dezimeter*

dm[2] ‹Zeichen für› *Quadratdezimeter*

dm[3] ‹Zeichen für› *Kubikdezimeter*

DM ‹früher; Abk. für› *Deutsche Mark*

d-Moll ‹[de:-] das; -; unz.; Abk.: d; Mus.› *auf dem Grundton d beruhende Moll-Tonart;* Zus *d-Moll-Tonleiter*

DNA ‹Abk. für› **1** *Deutscher Normenausschuss* **2** *Desoxyribonucleinsäure;* →a. *DNS*

DNA-Fin|ger|ab|druck ‹der; -(e)s, -drü|cke› *durch molekulartechnische Analyse der DNA gewonnenes genetisches Profil einer Person, das z. B. bei der polizeilichen Fahndung von Bedeutung sein kann;* Syn *genetischer Fingerabdruck*

DNS ‹Abk. für› *Desoxyribonucleinsäure, den Hauptbestandteil der Chromosomen, der als Träger der Erbinformation die stoffliche Substanz der Gene bildet*

doch[1] ‹Adv.; betont› **I** *(als Gegensatz zu etwas Vorangegangenem od. als verstärkende Antwort)* ▸ hast du ihn wirklich nicht gesehen? ~!; bitte geh nicht weg! ~!; warst du nicht dabei? o ~! **II** *trotzdem, dennoch, wenn es auch schwierig ist, gleichwohl* ▸ und er **kommt** ~!; er kann ~ nicht kommen; **sein:** das war denn ~ zu viel ▸ **also** ~!

ich habe es ja gleich gesagt! **III** *(zur Einleitung einer entgegenstehenden Aussage)* ▸ die Luft ist kalt und ~ angenehm; wenn er auch nicht reich ist, so ist er ~ (auch) nicht arm

doch[2] ⟨Konj.; zum Anknüpfen eines Hauptsatzes an einen anderen⟩ *jedoch* ▸ ich wurde eingeladen, ~ ich hatte schon etwas anderes vor; wir warteten, ~ er kam nicht

doch[3] ⟨Abtönungspartikel; unbetont⟩ **I** ⟨verstärkende Antwort⟩ gewiss ~!; kommst du? ja ~!; nein ~!; nicht ~! **II** ⟨bestätigend⟩ **1** *ja, eben* **2** *tatsächlich, wahrhaftig, wirklich* ▸ sagen: ich habe es ~ gleich gesagt; ich habe es dir ~ schon dreimal gesagt; sein: das ist ~ die Höhe!; du bist ~ kein Kind mehr! **III** ⟨in Wunschsätzen, bittend-verstärkend⟩ besuche uns ~ einmal!; bring mir ~ bitte die Zeitung; komm ~!; wenn er ~ bald käme; lass das ~ (sein); wenn er nicht will, dann lass ihn ~; sei ~ bitte so nett; wäre ich ~ nicht hingegangen!; tun Sie es ~!; warte ~! **IV** ⟨in Sätzen der Ungewissheit⟩ er hat dir ~ geschrieben?; er wird ~ wohl kommen?; sein: das ist ~ nicht wirklich dein Ernst!; du weißt ~, dass …?

Docht ⟨der; -(e)s, -e⟩ *fadenförmiger Teil der Kerze od. Lampe, an dem die Verbrennung erfolgt*

Dock ⟨das; -s, -s od. -e⟩ **1** *Anlage zum Trockensetzen von Schiffen zu Reparatur- u. Wartungsarbeiten, entweder als Schwimmkörper od. als Becken, das dann leergepumpt wird;* Zus *Schwimmdock, Trockendock* **2** *aufgrund regulierender Schleusen in der Höhe des Wasserspiegels von Ebbe u. Flut unabhängige Hafenanlage;* Syn *Dockhafen* ▸ ins ~ gehen

Do|ge ⟨die; -, -n; Zool.⟩ *Angehörige einer Gruppe von Hunderassen, große, schlanke* (Deutsche ~) *bis kurzbeinige, schwere Arten* (Bull~)

Dog|ma ⟨das; -s, Dog|men⟩ *Glaubenssatz, Lehrsatz*

Dog|ma|tik ⟨die; -, -en⟩ *Lehre vom Dogma;* Syn *Glaubenslehre;* Abl *Dogmatiker(in)*

dog|ma|tisch ⟨Adj.⟩ **1** *zu einem Dogma gehörig, darauf beruhend, daran gebunden* **2** ⟨übertr.⟩ *unkritisch, starr an einem Dogma festhaltend*

Dog|ma|tis|mus ⟨der; -; unz.⟩ **1** *starres Festlegen von od. Festhalten an Dogmen* **2** *unkritisches, unselbstständiges Denken*

Doh|le ⟨die; -, -n; Zool.⟩ *schwarzer, taubengroßer Rabenvogel mit grauem Nacken;* Syn *Turmkrähe*

Dok|tor ⟨der; -s, -en; Abk.: Dr.⟩ **1** *akademischer Grad u. Titel nach besonderer Prüfung (wird in der Anrede gemeinsam mit dem Familiennamen verwendet,* z. B. Herr Dr. Müller, Frau Dr. Bauers*)* **2** *Inhaber des Doktortitels (1)* **3** ⟨umg.⟩ *Arzt* ▸ seinen ~ machen *die Doktorprüfung ablegen;* zum ~ gehen ⟨umg.⟩

Dok|to|rand ⟨der; -en, -en⟩ *jmd., der im Begriff steht, die Doktorprüfung abzulegen;* Abl *Doktorandin*

Dok|tor|ar|beit ⟨die; -, -en⟩ *Dissertation zum Erlangen des Doktorgrades*

Dok|to|rin ⟨die; -, -rin|nen⟩ *weibl. Doktor (2, 3)*

Dok|tor|va|ter ⟨der; -s, -vä|ter⟩ *Hochschullehrer, der einem Studenten ein Thema für die Doktorarbeit stellt, ihn bei der Abfassung der Arbeit berät u. die Arbeit betreut u. benotet*

Dok|t|rin ⟨die; -, -en⟩ **1** *Lehre, Lehrsatz* **2** ⟨übertr.⟩ *starre Lehrmeinung*

dok|t|ri|när ⟨Adj.⟩ **1** *auf einer Doktrin beruhend, in der Art einer Doktrin* **2** *sich auf festgelegte Meinungen versteifend, einseitig theoretisch, engstirnig*

Do|ku|ment ⟨das; -(e)s, -e⟩ **1** *Aufzeichnung, Schriftstück, das als Grundlage für weitere Arbeiten dienen kann* **2** *Urkunde, amtliche Bescheinigung, amtliches Schriftstück* **3** *als Beweis dienendes Schriftstück*

Do|ku|men|tar|film ⟨der; -(e)s, -e⟩ *Film, der tatsächliche Begebenheiten dokumentarisch wiedergibt*

do|ku|men|ta|risch ⟨Adj.⟩ **1** *aufgrund von, mit Hilfe von Dokumenten, durch Dokumente belegbar, urkundlich* **2** *realistisch, wahrheitsgetreu* ▸ einen Sachverhalt ~ belegen

Do|ku|men|ta|ti|on ⟨die; -, -en⟩ **1** *Beweisführung durch Dokumente, Beurkundung* **2** *das Zusammentragen u. Aufbereiten von Dokumenten u. Medien aller Art* **3** *das Ergebnis einer Zusammenstellung von Dokumenten u. Medien aller Art* **4** ⟨allg.⟩ *das Aufzeigen, das Dokumentieren (2)* ▸ die ~ gesellschaftlicher Missstände; die aktuelle Ausgabe der Zeitung enthält eine ~ zum Thema „Armut in Deutschland"

do|ku|men|tie|ren ⟨V. trans.; do|ku|men|tiert, do|ku|men|tier|te, hat do|ku|men|tiert⟩ etwas ~ **1** *durch Dokumente belegen, beweisen, beurkunden* **2** ⟨allg.⟩ *aufzeigen, belegen*

Dolch ⟨der; -(e)s, -e⟩ *kurze, meist zweischneidige Stichwaffe;* Syn *Faustdegen*

Dol|de ⟨die; -, -n; Bot.⟩ *büscheliger Blütenstand;* Zus *Blütendolde*

Dol|lar ⟨der; -s, - od. -s; Zeichen: $⟩ *Währungseinheit in den USA, 100 Cent;* Zus *Dollarkurs*

dol|met|schen ⟨V. intr. u. V. trans.; dol|metscht, dol|metsch|te, hat ge|dol|metscht⟩ (eine Rede, ein Gespräch) ~ *als Dolmetscher tätig sein, mündlich übersetzen* ▸ er hat gedolmetscht

Dol|met|scher ⟨der; -s, -⟩ *jmd., der mündlich das Gespräch zw. zweien übersetzt, die nicht dieselbe Sprache sprechen;* Abl *Dolmetscherin*

Dom ⟨der; -(e)s, -e⟩ **1** *Bischofskirche* **2** *Hauptkirche einer Stadt* **3** *Weihnachtsmarkt am Domplatz in Hamburg* ▸ der ~ des Himmels ⟨poet.⟩ *Himmelswölbung;* Zus *Domdekan, Domherr, Domkapellmeister*

Do|mä|ne ⟨die; -, -n⟩ **1** *staatliches od. landesherrliches Landgut* **2** ⟨übertr.⟩ *Arbeitsgebiet, Wissensgebiet, auf dem man besonders gut Bescheid weiß* ▸ die mittelhochdeutsche Literatur ist seine ~

do|mes|ti|zie|ren ⟨V. trans.; do|mes|ti|ziert, do|mes|ti|zier|te, hat do|mes|ti|ziert⟩ **1** wilde Tiere ~ *zu Haustieren machen* **2** wilde Pflanzen ~ *zu Kulturpflanzen machen*

D

1 die Einbauküche 2 der Kühlschrank 3 das Tiefkühlfach 4 die Spülmaschine / die Geschirrspülmaschine 5 das Geschirr 6 der Hängeschrank 7 das Spülbecken 8 die Kaffee-

maschine 9 der Wasserkocher 10 die Mikrowelle 11 die Pfanne 12 der Herd 13 die Herdplatte 14 der Backofen 15 der Kochtopf 16 das Gewürzregal 17 die Dunstabzugshaube

D

do|mi|nant ⟨Adj.⟩ **1** *vorherrschend, beherrschend* **2** *überdeckend* (Erbanlage); Ggs *rezessiv* ▸ unser ursprüngliches Interesse bleibt ~; eine ~e Position einnehmen; sein Vater war sehr ~

Do|mi|nanz ⟨die; -; unz.⟩ **1** *Überlegenheit, Vorherrschaft* **2** ⟨Genetik⟩ *Vorherrschen bestimmter Merkmale* ▸ ihre ~ bleibt ungebrochen

do|mi|nie|ren ⟨V.; do|mi|niert, do|mi|nier|te, hat do|mi|niert⟩ **I** ⟨V. intr.⟩ *überwiegen, vorherrschen* ▸ seine schlechten Eigenschaften ~ leider **II** ⟨V. trans.⟩ jmdn. od. etwas ~ *beherrschen* ▸ die USA ~ den Filmmarkt

Do|mi|no ⟨das; -s, -s⟩ *Spiel mit 28 Steinen, von denen jeder zwei Felder (mit 0-6 Augen) hat, die jeweils mit der gleichen Augenzahl aneinandergelegt werden müssen;* Zus *Dominospiel, Dominostein*

Do|mi|no|ef|fekt ⟨der; -(e)s, -e⟩ *durch ein Grundereignis ausgelöste Reihe ähnlicher Ereignisse (wie bei Dominosteinen, die in langer Reihe hintereinander aufgestellt sind u. beim Antippen nacheinander umfallen), Kettenreaktion* ▸ einen ~ auslösen

Do|mi|zil ⟨das; -(e)s, -e⟩ **1** = *Wohnsitz (1)* **2** ⟨bei Wechseln⟩ *Zahlungsort*

Dom|pfaff ⟨der; -en, -en; Zool.⟩ *einheimischer, kräftiger, schwarz-grauer Singvogel;* Syn *Gimpel*

Domp|teur ⟨[-tøːr] der; -s, -e⟩ *jmd., der wilde Tiere dressiert u. mit ihnen Kunststücke vorführt;* Syn *Tierbändiger;* Abl *Dompteuse*

Don|ner ⟨der; -s, -⟩ **1** *beim Gewitter dem Blitz folgendes, rollendes, krachendes Geräusch infolge plötzlichen Ausdehnens u. Zurückschlagens der vom Blitz erhitzten Luft* **2** *dem Donner ähnliches Geräusch, rollendes Krachen* ▸ der ~ grollt, kracht, rollt; Blitz und ~; wie vom ~ gerührt stehen bleiben od. dastehen *regungslos vor Überraschung;* Zus *Donnergrollen; Donnerschlag*

don|nern ⟨V. intr.; don|nert, don|ner|te, hat gedon|nert⟩ **I** ⟨unpersönl.⟩ es donnert *der Donner grollt, rollt, kracht* **II** ⟨persönl., umg.⟩ *dem Donner ähnlichen Lärm machen, laut schlagen, klopfen* ▸ an die Tür ~; ~der Applaus

Don|ners|tag ⟨der; -(e)s, -e; Abk.: Do⟩ *vierter Tag der Woche;* Schreibung u. Zusammensetzungen: →a. *Dienstag*

don|ners|tags ⟨Adv.⟩ *an jedem Donnerstag;* →a. *Dienstag*

Don|ner|wet|ter ⟨das; -s, -⟩ **1** *Gewitter* **2** ⟨umg.; scherzh.⟩ **2.1** *heftige, laute Schelte* **2.2** *heftige Auseinandersetzung* ▸ ~! *(Ausruf der Anerkennung od. des Zorns);* ein ~ ging auf ihn nieder; ja, zum ~, wo bleibt er denn?

doof ⟨Adj.; umg.⟩ **1** *dumm, töricht, einfältig* **2** *langweilig* ▸ du bist ~; Hausaufgaben sind ~!; ein ~es Spiel; es war ein ~er Nachmittag

Do|ping ⟨das; -s, -s; Sp.⟩ *unerlaubte Anwendung von leistungssteigernden Mitteln vor Wettkämpfen;* Zus *Dopingfall, Dopingkontrolle, Dopingmittel, Dopingprobe*

Dop|pel ⟨das; -s, -⟩ **1** *Zweitschrift, vollwertige Abschrift, Durchschlag* **2** ⟨Sp.⟩ *Spiel von je zwei Spielern gegeneinander, z. B. beim (Tisch-)Tennis;* Syn *Doppelspiel;* Ggs *Einzel;* Zus *Damendoppel, Herrendoppel* ▸ gemischtes ~ *Spiel eines gemischten Paares gegen ein anderes*

dop|pel..., Dop|pel... ⟨in Zus.⟩ *zweifach..., in zweifacher Ausführung, doppelt,* z. B. doppeldeutig, Doppelstecker, Doppelstudium

Dop|pel|agent ⟨der; -en, -en⟩ *für zwei gegnerische Staaten arbeitender Agent;* Abl *Doppelagentin*

Dop|pel|bett ⟨das; -(e)s, -en⟩ *breites Bett für zwei Personen od. zwei unmittelbar nebeneinanderstehende Betten, Ehebett* ▸ ein Zimmer mit ~ (im Hotel) buchen

dop|pel|bö|dig ⟨Adj.⟩ *uneindeutig, unterschiedlich auslegbar* ▸ eine ~e Reaktion; Abl *Doppelbödigkeit*

Dop|pel|de|cker ⟨der; -s, -⟩ *Flugzeug mit je zwei Tragflügeln übereinander*

dop|pel|deu|tig ⟨Adj.⟩ *mit zwei Bedeutungen, mit zwei Möglichkeiten der Auslegung, zweideutig, ambivalent* ▸ ~e Anspielungen machen; Abl *Doppeldeutigkeit*

Dop|pel|gän|ger ⟨der; -s, -⟩ *jmd., der einem anderen täuschend ähnlich sieht* ▸ einen ~ haben; Abl *Doppelgängerin*

Dop|pel|haus ⟨das; -es, -häu|ser⟩ *zwei Häuser mit einer gemeinsamen Mauer, die aber jeweils auf eigenem Grundstück stehen;* Zus *Doppelhaushälfte*

Dop|pel|kinn ⟨das; -(e)s, -e⟩ *Fettwulst unter dem Kinn*

dop|pel|kli|cken ⟨V. intr.; dop|pel|klickt, dop|pel|klick|te, hat dop|pel|ge|klickt, dicht|zu|ma|chen; EDV⟩ *die Maustaste am Computer zweimal hintereinander betätigen;* Abl *Doppelklick*

Dop|pel|le|ben ⟨das; -s; unz.⟩ ein ~ führen *zwei verschiedene Lebensstile nebeneinander führen (oft in täuschender Absicht)*

Dop|pel|mo|ral ⟨die; -; unz.⟩ *unterschiedlich auslegbare Moral*

Dop|pel|mord ⟨der; -(e)s, -e⟩ *Mord an zwei Personen zugleich od. nacheinander*

Dop|pel|pack ⟨der; -s, -s⟩ *Packung, die zwei Einzelstücke eines Produktes enthält* ▸ ein Produkt im ~ verkaufen

Doppelpunkt

Der ***Doppelpunkt*** ist ein Satzzeichen, das der Gliederung von Sätzen dient und etwas Weiterführendes oder eine Zusammenfassung ankündigt. Er steht als Zeichen der **Ankündigung** einerseits vor der **direkten Rede** und wörtlich wiedergegebenen Textstellen, z. B.: *Sie sagte zu ihm: „Denke bitte darüber nach.“* Andererseits verwendet man ihn vor **Aufzählungen, Titeln, Angaben** u. Ä.: *Sie hatten wenig Proviant mitgenommen: Wasser, Brot und Äpfel. Thomas Mann: Die Buddenbrooks. Familienstand: ledig.* Bei Zitaten, die nicht vorher angekündigt werden, steht dagegen kein Doppelpunkt: *Das Thema „Gesunde Ernährung“ wurde von Frau Dr. Schmidt referiert.*

Folgt nach dem Doppelpunkt ein als selbstständig betrachteter ganzer Satz, so schreibt man ihn groß: *Sie hatten ihr Ziel endlich erreicht: Alle Spuren waren restlos getilgt.* Führen **Zusammenfassungen** und **Folgerungen** den vor dem Doppelpunkt begonnenen Satz fort, wird kleingeschrieben: *Das war ihr vordringlichstes Ziel, nämlich: alle Spuren zu tilgen.*

Dọp|pel|punkt ⟨der; -(e)s, -e; Zeichen: :⟩ *Satzzeichen vor der direkten Rede, vor angekündigten Sätzen, Satzstücken sowie Aufzählungen*

dọp|pel|sei|tig ⟨Adj.⟩ *beiderseitig, auf beiden Seiten* ▸ ~e Lungenentzündung

Dọp|pel|sinn ⟨der; -(e)s; unz.⟩ *doppelter Sinn, Hintersinn* ▸ ~ einer Bemerkung; der ~ dieses Wortes war mir nicht geläufig; Abl *doppelsinnig*

Dọp|pel|stock|bus ⟨der; -bus|ses, -bus|se⟩ *doppelstöckiger Autobus*

dọp|pel|stö|ckig ⟨Adj.⟩ *zweigeschossig*

dọp|pelt ⟨Adj.⟩ *zweimal das Gleiche;* →a. *zweifach, zweierlei* ▸ ~e **Buchführung** *B. auf dem Haben- u. auf dem Sollkonto;* ~er Espresso *zweifache Menge eines E.;* geteilte Freude ist ~e **Freude** ⟨Sprichw.⟩; ~es **Spiel** = *Doppelspiel;* ein ~es Spiel spielen ▸ das Buch **besitze** ich ~; das **freut** mich ~; das **kostet** das Doppelte; ~ **gemoppelt** ⟨umg.⟩ *unnötigerweise zweimal;* Gegenstände, Personen ~ **sehen** *zweimal sehen* ▸ dieses Grundstück ist ~ **so** groß wie das andere; das macht mir ~ so viel Arbeit; dieser Mantel ist **um** das Doppelte teurer als jener

Dọp|pe|lung ⟨die; -, -en⟩ *das Doppeln, Doppeltnehmen, Verdoppelung*

Dọp|pel|ver|die|ner ⟨der; -s, -⟩ **1** *jeder von zwei verdienenden Ehegatten* **2** *jmd., der zwei Einkommen hat*

Dọp|pel|zent|ner ⟨der; -s, -; Abk.: dz⟩ *zwei Zentner, 100 kg*

Dọp|pel|zim|mer ⟨das; -s, -; im Hotel⟩ *Zimmer mit zwei Betten*

dọp|pel|zün|gig ⟨Adj.; übertr.⟩ *falsch, je nach Bedarf anderes sprechend* ▸ ein ~es Verhalten; sich ~ gegenüber anderen zeigen

Do|ra̲|do ⟨das; -s, -s⟩ = *Eldorado*

Dorf ⟨das; -(e)s, Dọ̈r|fer⟩ **1** *ländliche Siedlung, kleiner Ort, urspr. größtenteils aus Bauernhöfen bestehend;* Abl *Dörfchen;* Zus *Dorfbewohner(in), Dorfkern, Dorfschule* **2** *Gesamtheit der Bewohner eines Dorfes;* Zus *Dorfälteste(r), Dorftrottel* ▸ das ganze ~ war versammelt; auf dem ~ leben, wohnen; vom ~ sein; Potemkin'sche Dörfer ⟨übertr.⟩ *Täuschung, Blendwerk;* →a. *böhmisch*

dọ̈rf|lich ⟨Adj.⟩ *zum Dorf gehörend, ländlich, in der Art eines Dorfes*

Dọrn I ⟨der; -(e)s, -en⟩ **1** *stechende Spitze an Dornbüschen* **2** *Pflanze mit Dornen;* Zus *Dornbusch, Dornenhecke; Rotdorn, Weißdorn, Feuerdorn* ▸ sein Lebensweg war voller ~en *sein L. war beschwerlich, mühsam;* das ist mir ein ~ im Auge *das ist für mich schwer erträglich, ist mir ein Ärgernis;* sich einen ~ in den Fuß treten **II** ⟨der; -(e)s, -e⟩ **1** *kegelförmiges Werkzeug zum Erweitern kleiner Löcher* **2** *Stachel, Stift;* →a. *Rose*

dọr|nen|reich ⟨Adj.⟩ Syn *dornenvoll* **1** *voller Dornen* **2** ⟨übertr.⟩ *voller Mühsal u. Leid*

dọr|nig ⟨Adj.⟩ *mit Dornen versehen* ▸ ~es Gebüsch

Dorn|rö̲s|chen ⟨das; -s; unz.⟩ *Märchengestalt, Königstochter, die 100 Jahre lang in einem von Dornengestrüpp überwachsenen Schloss schlief;* Zus *Dornröschenschlaf*

dọ̈r|ren ⟨V. trans.; dörrt, dörr|te, hat ge|dörrt⟩ Obst, Fisch, Fleisch ~ *am Feuer od. an der Luft austrocknen u. dadurch haltbar machen* ▸ gedörrtes Obst; Zus *Dörrfisch, Dörrfleisch, Dörrobst*

Dọrsch ⟨der; -(e)s, -e; Zool.⟩ *junges Tier od. kleinere, in der Ostsee lebende Form des Kabeljaus*

dọrt ⟨Adv.⟩ Ggs *hier (1)* **1** *da (weiter weg)* **2** *an dem Ort, von dem ich spreche* ▸ gib mir bitte das Buch ~!; wo ist das Buch? ~ liegt es! ▸ **sein:** kennst du Berlin? ja, ich war schon ~; wir **treffen** uns dann ~! ▸ **da** und ~; **hier** und ~; ~ **hinten,** oben, unten, vorn; ~ **in** der Ecke; ich komme soeben **von** ~; von ~ aus sind es noch 10 km

dọrt|her ⟨Adv.⟩ von ~ *von dem erwähnten Ort her, aus dieser Richtung, von da* ▸ „Woher ist er gekommen?" „Von ~!"

dọrt|hin ⟨Adv.⟩ *an den erwähnten Ort hin, in diese Richtung, dahin* ▸ geh nicht ~!; er lief dahin und ~ und fand den Weg nicht

dọr|tig ⟨Adj.⟩ *dort befindlich* ▸ der ~e Bürgermeister wird das Weitere veranlassen *der B. des erwähnten Ortes*

Do̲|se ⟨die; -, -n⟩ **1** *kleiner, meist runder od. ovaler, verschließbarer Behälter aus Holz, Metall od. Porzellan, Büchse;* Zus *Blechdose, Butterdose, Plastikdose, Puderdose, Tabakdose, Zuckerdose* **2** *luftdicht verschlossener Blechbehälter;* Zus *Dosenbier, Dosenmilch, Dosenöffner, Dosenpfand; Konservendose* **3** ⟨umg.⟩ = *Dosis*

dö̲|sen ⟨V. intr.; döst, dös|te, hat ge|döst; umg.⟩ *schlummern, halb schlafen, im Wachen träumen*

do|si̲e̲|ren ⟨V. trans.; do|siert, do|sier|te, hat dosiert⟩ etwas ~ *in einer bestimmten Dosis abmessen* ▸ ein Medikament genau ~; Abl *Dosierung*

dö̲|sig ⟨Adj.⟩ **1** *schläfrig, schwindlig, nicht ganz wach* **2** *lahm*

Do̲|sis ⟨die; -, Do̲|sen⟩ *genau zugemessene Menge eines Stoffes* (Medikament) *od. einer Strahlung* (Strahlen~) ▸ eine kleine, geringe, hohe, tödliche ~

Dos|si|er ⟨[dɔsje̲:] der od. schweiz.: das; -s, -s⟩ *Sammlung von Schriftstücken, die eine bestimmte Sache od. einen bestimmten Vorgang betreffen* ▸ ein ~ anlegen

do|ti̲e̲|ren ⟨V. trans.; do|tiert, do|tier|te, hat dotiert⟩ etwas (mit etwas) ~ *mit Einkünften versehen, eine bestimmte Entlohnung festlegen* ▸ der Literaturpreis ist mit 5.000 € dotiert; eine sehr gut dotierte Stellung; Abl *Dotierung*

Dọt|ter ⟨das od. der; -s, -⟩ *das Gelbe im Ei, das dem Keimling zur Nahrung dient* ▸ das Eiweiß vom ~ trennen (beim Backen); Zus *dottergelb; Eidotter*

dou|beln ‹[du:-] V.; dou|belt, dou|bel|te, hat ge-dou|belt› **I** ‹V. intr.› *eine Rolle als Double spielen* ▸ ich double, doubele **II** ‹V. trans.› einen Darsteller ~ *für ihn als Double spielen*

Dou|b|le ‹[du:b(ə)l] das; -s, -s› **1** *Doppel* **2** *Doppelgänger* **3** ‹Film; TV› *Schauspieler od. Artist, der dem Hauptdarsteller ähnelt u. ihn bei Proben u. Aufnahmen (Film) ersetzt, wenn dieser die vorgeschriebenen Aufgaben (z. B. gefährliche Übungen) nicht selbst darstellen kann*

down|loa|den ‹[daʊnloʊdən] V. trans.; down|loa-det, down|loa|de|te, hat down|ge|loa|det; meist Inf.; EDV› Daten ~ = *herunterladen*

Do|zent ‹der; -en, -en› **1** *Lehrer an einer Hochschule, Fachhochschule od. Volkshochschule* **2** *Lehrer an einer Universität, der nicht Professor ist;* Abl *Dozentin*

do|zie|ren ‹V. intr.; do|ziert, do|zier|te, hat doziert› **1** *lehren, Vorlesungen halten* **2** ‹übertr.› *lehrhaft etwas vortragen* ▸ über Literatur ~

dpa ‹Abk. für› *Deutsche Presse-Agentur*

Dr. ‹Abk. für› *Doktor*

Dra|che ‹der; -n, -n› *riesiges, echsenartiges Fabeltier, das Feuer speien kann*

Dra|chen ‹der; -s, -› **1** *aus einem mit Kunststoffgewebe überzogenen Gestell bestehendes, trapezförmiges Fluggerät* **2** *Kinderspielzeug, mit Papier od. Stoff bespanntes Gerüst aus Holz od. Metall, das vom Wind getragen u. an einer langen Schnur gehalten wird;* Zus *Papierdrachen* **3** ‹übertr.› *zänkische (bes. weibliche) Person;* Zus *Hausdrache(n)* ▸ ~ steigen lassen; sie ist manchmal ein (richtiger) ~

Dra|gee ‹[-ʒe:] das; -s, -s od. die; -, -n› oV *Dragée* **1** *überzuckerte Frucht* **2** *(gefülltes) Bonbon mit Schokoladen- od. Zuckerüberzug* **3** *mit Zuckermasse überzogene Pille*

Draht ‹der; -(e)s, Dräh|te› *schnurartig ausgewalztes od. ausgezogenes Metall* ▸ jmdn. auf ~ bringen ‹übertr.› *in Schwung bringen, energisch zu einer Tätigkeit anhalten;* auf ~ sein *tüchtig, gesund, einsatzbereit sein;* einen guten ~ zu jmdm. haben ‹umg.› *eine gute Verbindung zu jmdm. haben, sich gut mit jmdm. verstehen;* Zus *Drahtbürste*

Draht|esel ‹der; -s, -; umg.; scherzh.› *Fahrrad*

drah|tig ‹Adj.› **1** *wie Draht, fest, stark, hart* **2** ‹übertr.› *kräftig, sehnig u. körperlich gewandt*

draht|los ‹Adj.› *durch Funk* ▸ ~e Kommunikation, Datenübertragung

Draht|seil|akt ‹der; -(e)s, -e› = *Balanceakt*

Draht|zie|her ‹der; -s, -; übertr.› *jmd., der andere seinen Willen ausführen lässt u. dabei selbst im Hintergrund bleibt* ▸ als ~ einer Affäre auftreten

Drai|na|ge ‹[drɛna:ʒə] die; -, -n› **1** *Ableitung von Eiter od. Wundflüssigkeit mittels Gummiröhrchen od. Stoffstreifen aus Gaze* **2** ‹österr., schweiz. Schreibung für› *Dränage*

dra|ko|nisch ‹Adj.› *sehr streng, hart, rücksichtslos* ▸ ~e Maßnahmen ergreifen

drall ‹Adj.› *stämmig, rund u. fest, stramm, pausbäckig (Person, bes. Mädchen od. Kind)*

Drall ‹der; -(e)s, -e› **1** *Drehung, Drehbewegung* **2** *Drehbewegung von etwas nach rechts* (Rechts~) *od. links* (Links~)

Dra|ma ‹das; -s, Dra|men› **1** ‹Lit.› *literar. Gattung, die sowohl Tragödie als auch Komödie umfasst* **2** *Theaterstück od. Film mit einem tragischen Ende* **3** ‹übertr.› *aufregendes, meist trauriges Geschehen* ▸ ein ~ **aufführen,** schreiben, inszenieren; aus allem ein ~ **machen** ‹übertr., umg.› *es schlimmer darstellen, als es tatsächlich ist* ▸ diese Geschichte ist ja das **reinste** ~ ‹übertr.; umg.› ▸ ein ~ **in** fünf Akten; ein ~ **von** Shakespeare

Dra|ma|tik ‹die; -; unz.› **1** ‹Lit.; Theat.› *dramatische Dichtkunst, Bühnendichtkunst* **2** ‹allg.› *Spannung, Lebendigkeit, bewegter Ablauf* ▸ die ~ eines Stückes, einer Darstellung

Dra|ma|ti|ker ‹der; -s, -; Lit.; Theat.› *Dichter von Dramen* ▸ Shakespeare ist vor allem als ~ bekannt; Abl *Dramatikerin*

dra|ma|tisch ‹Adj.› **1** ‹Lit.; Theat.› *das Drama od. die Dramatik betreffend, dazu gehörig, darauf beruhend* **2** ‹allg.› **2.1** *spannend, emotional bewegt, lebendig, mitreißend* **2.2** *schrecklich, furchtbar, schlimm* **3** ‹iron.› *übertrieben, pathetisch* ▸ ein ~es Ereignis; es war gar nicht (so) ~ ‹umg.›

dra|ma|ti|sie|ren ‹V. trans.; dra|ma|ti|siert, dra|ma-ti|sier|te, hat dra|ma|ti|siert› etwas ~ **1** *zu einem Drama (2) umarbeiten* **2** ‹umg.› *schlimmer darstellen, als es tatsächlich ist* ▸ wir wollen die Sache nicht unnötig ~; Abl *Dramatisierung*

Dra|ma|turg ‹der; -en, -en; Theat.› *Mitarbeiter der Theaterleitung, der Stücke für die Bühne aussucht u. bearbeitet u. bei der Gestaltung auf der Bühne beratend mitwirkt;* Abl *Dramaturgin*

Dra|ma|tur|gie ‹die; -; unz.; Theat.› **1** *Wissenschaft vom Drama u. seiner Gestaltung auf der Bühne, Schauspielkunde* **2** *Tätigkeit des Dramaturgen* **3** *dramatische Gestaltung, Dramatik;* Abl *dramaturgisch*

dran ‹Adv.; umg.› = *daran* ▸ dran sein *an der Reihe sein;* er ist gut, schlecht ~ ‹umg.; übertr.› *es geht ihm gut, schlecht;* jetzt bin ich aber ~!; du musst warten, bis du ~ bist; wer ist jetzt ~?

Drä|na|ge ‹[-ʒə] die; -, -n› **1** *Entwässerung* **2** *Entwässerungsanlage;* →a. *Drainage*

dran|blei|ben ‹V. intr.; bleibt dran, blieb dran, ist dran|ge|blie|ben, dran|zu|blei|ben; umg.› **1** an etwas ~ *an diesem bleiben* **2** ‹übertr.› an jmdm. od. etwas ~ *jmdn. od. etwas verfolgen, im Sinn behalten* ▸ am Telefon ~; an der Sache musst du ~ *weiter nachforschen, nicht aufgeben*

drang → *dringen*

Drang ‹der; -(e)s, Drän|ge› **1** *Druck, Bedrängung, Gedränge* **2** *Drängendes, Bedrängendes, Not, Eile* **3** *dringendes körperliches Bedürfnis;* Zus *Harndrang, Stuhldrang* **4** ‹übertr.› *heißer Wunsch, Sehnsucht* ▸ ~ nach Freiheit, Rache; ~ zum Wasserlassen

dran|ge|ben ‹V. trans.; gibt dran, gab dran, hat dran|ge|ge|ben, dran|zu|ge|ben; umg.› etwas ~ = *darangeben*

dran|ge|hen ‹V. intr.; geht dran, ging dran, ist

dran|ge|gan|gen, dran|zu|ge|hen; umg.⟩ an etwas ~ = *darangehen*
drän|geln ⟨V.; drän|gelt, drän|gel|te, hat ge|drän|gelt; umg.⟩ **I** ⟨V. intr. u. V. refl.⟩ (sich) ~ *sich in einer Menge vorschieben* ▸ sich nach vorn ~; nicht so ~! **II** ⟨V. intr.⟩ *hartnäckig auf etwas dringen* ▸ das Kind hat lange gedrängelt
drän|gen ⟨V.; drängt, dräng|te, hat ge|drängt⟩ **I** ⟨V. trans.⟩ **1** jmdn. od. etwas ~ *mit Gewalt, energisch an einen bestimmten Ort, in eine bestimmte Position drücken, zwingen* **2** jmdn. ~ *aufgrund eigener Ungeduld unter Druck setzen, damit er, sie tut, was man verlangt* ▸ es drängt mich, Ihnen zu sagen … *ich muss Ihnen unbedingt sagen …;* dräng mich nicht! ▸ einen Angestellten ~ ▸ ich lasse mich nicht ~; jmds. Drängen nachgeben ▸ sich an die Wand ~ lassen ⟨übertr.⟩ *sich zurücksetzen lassen, zu bescheiden sein;* jmdn. zur Entscheidung ~ ▸ gedrängt stehen, sitzen *im dichten Gedränge, sehr eng;* der Saal war gedrängt voll *sehr voll, überfüllt;* in gedrängter Kürze *sehr kurz zusammengefasst* **II** ⟨V. intr.⟩ **1** *andere voller Ungeduld nach vorne wegschieben, wegdrücken, um selbst schneller voranzukommen* **2** *eilen, eilig, dringend, knapp sein* **3** auf etwas ~ *verlangen, bitten, dass etwas schnell geschehen soll* ▸ es drängt nicht *es eilt nicht, es hat Zeit* ▸ die Zeit drängt *es ist keine Zeit mehr* ▸ die Kunden drängten an die Tische mit den Sonderangeboten; auf Drängen von Herrn Hinz **III** ⟨V. refl.⟩ sich ~ **1** *sich wegen Platzmangels gegenseitig nach vorne od. zur Seite drücken* **2** *sich mit Gewalt, energisch an einen bestimmten Ort, in eine bestimmte Position bringen wollen* ▸ sich durch die Menge ~; die Leute drängten sich in den Raum; sich in den Vordergrund ~ ⟨übertr.⟩ *die Aufmerksamkeit auf sich lenken (wollen);* die Menge drängte sich über den Jahrmarkt; sich zwischen die Streitenden ~ ⟨übertr.⟩ *zwischen Streitenden zu vermitteln suchen*
Drang|sal ⟨die; -, -e; geh.⟩ *Leiden, Not, Qual*
drang|sa|lie|ren ⟨V. trans.; drang|sa|liert, drang|sa|lier|te, hat drang|sa|liert⟩ jmdn. ~ *quälen, plagen, peinigen*
dran|hal|ten ⟨V. refl.; hält sich dran, hielt sich dran, hat sich dran|ge|hal|ten, sich dran|zu|hal|ten; umg.⟩ sich ~ = *daranhalten*
dran|hän|gen ⟨V.; umg.⟩ **I** ⟨V. intr.; hängt dran, hing dran, hat dran|ge|han|gen, dran|zu|hän|gen⟩ etwas hängt an etwas dran *hängt mit etwas zusammen, hat damit zu tun* **II** ⟨V. trans.; hängt dran, häng|te dran, hat dran|ge|hängt, dran|zu|hän|gen⟩ etwas (an etwas) ~ *hinzufügen* ▸ eine Woche Urlaub ~ **III** ⟨V. refl.;hängt dran, hängte dran, hat dran|ge|hängt, dran|zu|hän|gen; übertr.; oft abwertend⟩ sich ~ *sich jmdm. anschließen, sich aufdrängen* ▸ sie hat sich einfach drangehängt
dran|kom|men ⟨V. intr.; kommt dran, kam dran, ist dran|ge|kom|men, dran|zu|kom|men; umg.⟩ **1** *an der Reihe sein* **2** *im Unterricht vom Lehrer aufgerufen werden* **3** an etwas, jmdn. ~ *an etwas, jmdn. herankommen* ▸ jetzt komme ich dran!; wer kommt (als Nächster) dran?
dran|krie|gen ⟨V. trans.; kriegt dran, krieg|te dran, hat dran|ge|kriegt, dran|zu|krie|gen; umg.⟩ jmdn. ~ *jmdn. zur Verantwortung ziehen* ▸ warte nur, wenn ich dich drankriege!
dran|ma|chen ⟨V. refl.; macht sich dran, mach|te sich dran, hat sich dran|ge|macht, sich dran|zu|ma|chen; umg.⟩ sich ~ = *daranmachen*
dran|set|zen ⟨V. trans.; setzt dran, setz|te dran, hat dran|ge|setzt, dran|zu|setzen; umg.⟩ alles ~, um … = *daransetzen*
dra|pie|ren ⟨V. trans.; dra|piert, dra|pier|te, hat dra|piert⟩ **1** etwas ~ *wirkungsvoll in Falten legen* **2** etwas (mit etwas) ~ *wirkungsvoll schmücken, ausschmücken, behängen* ▸ mit Girlanden ~
dras|tisch ⟨Adj.⟩ **1** *schnell wirkend* (Medikament) **2** *sehr wirksam* (Maßnahme) **3** *derb, deutlich, handgreiflich* ▸ einen Sachverhalt ~ ausdrücken, erklären, schildern; Missstände mit ~en Mitteln beseitigen; zu ~en Maßnahmen greifen
drauf ⟨Adv.; umg.⟩ = *darauf* ▸ ~ und dran sein, etwas zu tun *im Begriff sein, gerade anfangen wollen;* gut ~ sein ⟨umg.⟩ *sich in einer guten Stimmung, in einem gutem Zustand befinden*
Drauf|gän|ger ⟨der; -s, -⟩ *jmd., der viel wagt, ohne sich zu besinnen;* Abl *Draufgängerin; draufgängerisch*
drauf|ge|hen ⟨V. intr.; geht drauf, ging drauf, ist drauf|ge|gan|gen, drauf|zu|ge|hen; umg.⟩ **1** etwas geht (bei etwas) drauf *geht verloren, wird verbraucht* **2** jmd. geht (bei etwas) drauf *kommt um, stirbt, geht zugrunde* ▸ all mein Geld ist draufgegangen; bei der verunglückten Expedition ist die Hälfte der Leute draufgegangen
drauf|ha|ben ⟨V. intr.; hat drauf, hat|te drauf, hat drauf|ge|habt, drauf|zu|ha|ben; umg.⟩ etwas ~ **1** *begabt sein auf einem bestimmten Gebiet, etwas sehr gut beherrschen* **2** *mit einer hohen Geschwindigkeit fahren* ▸ er hatte in der Kurve über 100 Sachen drauf; in Deutsch hat sie viel drauf
drauf|kom|men ⟨V. intr.; kommt drauf, kam drauf, ist drauf|ge|kom|men, drauf|zu|kom|men; umg.⟩ **1** *ausfindig machen, herausbekommen* **2** jmdm. ~ *jmdn. (einer Tat) überführen, jmdn. ertappen*
drauf|le|gen ⟨V. trans.; legt drauf, leg|te drauf, hat drauf|ge|legt, drauf|zu|le|gen; umg.⟩ etwas ~ **1** *drauflegen* **2** ⟨übertr.; umg.⟩ *zusätzlich zahlen, zuzahlen* ▸ du musst noch ein paar Euro ~
drauf|los ⟨Adv.⟩ *in Richtung auf etwas, gegen etwas;* Zus *drauflosaufen*
drauf|ma|chen ⟨V. trans.; macht drauf, mach|te drauf, hat drauf|ge|macht, drauf|zu|ma|chen; umg.; in der Wendung⟩ einen ~ *lange u. ausschweifend feiern (besonders in Lokalen)*
drauf|sat|teln ⟨V. trans.; sat|telt drauf, sat|tel|te drauf, hat drauf|ge|sat|telt, drauf|zu|sat|teln; umg.⟩ etwas ~ *zusätzlich gewähren, zahlen*
drauf|schla|gen ⟨V.; schlägt drauf, schlug drauf, hat drauf|ge|schla|gen; umg.⟩ **I** ⟨V. intr.⟩ *zuschlagen, auf etwas od. jmdn. schlagen* ▸ mit ei-

D

serner Faust ~ **II** ⟨V. trans.⟩ etwas auf einen Grundbetrag ~ *den G. darum erhöhen*

drauf|set|zen ⟨V. trans.; setzt drauf, setz|te drauf, hat drauf|ge|setzt, drauf|zu|set|zen; umg.⟩ etwas od. sich ~ *auf etwas setzen* ▸ er musste noch einen ~ ⟨übertr.⟩ *etwas (in seiner Dramatik) noch verstärken*

drauf|zah|len ⟨V.; zahlt drauf, zahl|te drauf, hat drauf|ge|zahlt, drauf|zu|zahlen; umg.⟩ **I** ⟨V. intr.⟩ *zu viel bezahlen, mehr zahlen als erwartet* ▸ er musste sogar ~ **II** ⟨V. trans.⟩ etwas ~ *zuzahlen, zusätzlich zahlen* ▸ Sie müssen noch zwanzig Euro ~

drau|ßen ⟨Adv.⟩ Ggs *drinnen* **1** *außerhalb (eines Raums), nicht in einem Raum* **2** *außerhalb eines bewohnten Gebiets, nicht in Stadtnähe* **3** *auf dem Meer* ▸ er wohnt ~; ich warte solange ~

drech|seln ⟨[-ks-] V. trans.; drech|selt, drech|sel|te, hat ge|drech|selt⟩ etwas ~ *aus Holz, Horn u. Ä. auf der Drehbank u. mit Schneidwerkzeugen herstellen;* Abl *Drechsler(in)*

Dreck ⟨der; -(e)s; unz.; umg.⟩ **1** *Schmutz, Schlamm* **2** *Kot;* Zus *Fliegendreck, Mäusedreck* **3** ⟨übertr.⟩ *wertlose, unbrauchbare Kleinigkeit, ein Nichts, Plunder* ▸ angehen: das geht dich einen ~ an ⟨derb⟩ *das geht dich gar nichts an;* das kümmert mich einen ~ ⟨derb⟩ *darum kümmere ich mich nicht, das ist mir völlig gleich;* mach deinen ~ allein! ⟨derb⟩ *mach, was du willst, ich kümmere mich nicht mehr darum!;* du verstehst einen ~ davon ⟨derb⟩ *gar nichts;* etwas, jmdn. durch, in den ~ ziehen ⟨übertr.; derb⟩ *abfällig, hässlich über etwas, jmdn. sprechen* ▸ jmdn. wie den letzten ~ behandeln *sehr schlecht, verächtlich behandeln;* die Sache ist einen ~ wert *ist absolut nichts wert* ▸ der hat selber ~ am Stecken *der hat selbst kein reines Gewissen (u. soll also nicht über andere reden);* den Karren aus dem ~ ziehen ⟨übertr.⟩ *eine scheinbar hoffnungslos verfahrene Angelegenheit wieder in Ordnung bringen;* in den ~ fallen; jmdn. mit ~ bewerfen *etwas Hässliches von ihm sagen;* ich muss mich um jeden ~ (selbst) kümmern *um jede Kleinigkeit*

dre|ckig ⟨Adj.; umg.⟩ **1** *voller Dreck, schmutzig* **2** ⟨übertr.⟩ **2.1** *schweinisch, eklig* (Witz, Bemerkung) **2.2** *hämisch, unangenehm* (Lachen) ▸ die ~en Schuhe ausziehen; sie lachten ~

Drecks|ar|beit ⟨die; -, -en⟩ *unangenehme, als lästig empfundene, schmutzige Arbeit;* oV *Dreckarbeit* ▸ er lässt immer andere die ~ machen

Dreck|sau ⟨die; -, -säu|e; derb⟩ **1** *sehr unreinlicher Mensch* **2** ⟨übertr.⟩ *unanständiger Mensch*

Dreck|schleu|der ⟨die; -, -n; umg.⟩ *Maschine od. Betrieb, die bzw. der durch hohen Schadstoffausstoß die Umwelt belastet*

Dreck|schwein ⟨das; -(e)s, -e; derb⟩ = *Drecksau*

Drecks|kerl ⟨der; -(e)s, -e; derb⟩ **1** *sehr unreinlicher Mensch* **2** ⟨übertr.⟩ *gemeiner Kerl*

Dreck|spatz ⟨der; -es, -en; umg.⟩ *schmutziger Mensch, schmutziges Kind*

Dreh ⟨der; -(e)s, -e⟩ **1** *Drehung, Drehbewegung* **2** ⟨umg.⟩ *das Drehen von Filmaufnahmen;* Syn *Dreharbeit(en);* Zus *Drehort* **3** ⟨übertr.; umg.⟩ *entscheidender Handgriff, Kunstgriff* ▸ den ~ raushaben, weghaben ⟨übertr.⟩ *wissen, wie man etwas machen muss, wie man zu etwas kommt* ▸ er wird schon den rechten ~ finden ⟨übertr.; umg.⟩ *er wird schon merken, wie er es machen muss;* ich habe den richtigen ~ noch nicht gefunden, noch nicht heraus ▸ auf den ~ wäre ich nicht gekommen!; wie spät ist es wohl? fünf Uhr, so um den ~ ⟨umg.⟩ *so ungefähr*

Dreh|bank ⟨die; -, -bän|ke⟩ *Werkzeugmaschine, die ein Werkstück um eine horizontale Achse in Drehung versetzt, das dann mit Schneidwerkzeugen bearbeitet wird*

Dreh|buch ⟨das; -(e)s, -bü|cher⟩ *Manuskript für Filmaufnahmen, in dem die Szenen in Einstellungen (kleinste Aufnahmeeinheiten) geteilt u. mit optischen u. akustischen Hinweisen versehen sind;* Zus *Drehbuchautor(in)*

dre|hen ⟨V.; dreht, dreh|te, hat ge|dreht⟩ **I** ⟨V. trans.⟩ **1** jmdn. od. etwas ~ *um eine Achse od. einen Punkt bewegen, in eine andere Richtung bringen, wenden* **2** einen Film ~ *einen Film aufnehmen, herstellen* **3** Zigaretten, Pillen ~ *rundformen, runden* ▸ wie man es auch dreht und wendet ⟨übertr.⟩ *von welcher Seite man die Angelegenheit auch betrachtet* ▸ eine Kurbel ~ ▸ sich ~ und winden ⟨übertr.⟩ *Ausflüchte machen* ▸ Fleisch durch den Wolf ~; sich im Kreis ~ ⟨a. übertr.⟩ *nicht vorankommen, keine Fortschritte machen;* etwas od. sich nach rechts, links ~ ▸ einen Gegenstand in ~de Bewegung versetzen **II** ⟨V. refl.⟩ **1** sich ~ *sich selbstständig um eine Achse bewegen, selbstständig die Richtung ändern* **2** sich um etwas ~ **2.1** *sich um etwas herumbewegen, um etwas kreisen* **2.2** ⟨übertr.⟩ *um etwas gehen, sich um etwas handeln* ▸ mir dreht sich alles (im Kopf) *mir ist schwindlig* ▸ die Räder ~ sich; der Wind hat sich gedreht ⟨a. übertr.⟩ ▸ alles dreht sich um ihn ⟨übertr.⟩ *er ist Mittelpunkt, jeder kümmert sich nur um ihn;* die Erde dreht sich um die Sonne; (bei) mir dreht sich alles vor den Augen *mir ist schwindlig* **III** ⟨V. intr.⟩ **1** an etwas ~ **1.1** *etwas um eine Achse od. einen Punkt bewegen* **1.2** ⟨übertr.; umg.⟩ *etwas (heimlich) manipulieren* **2** *seine Richtung ändern* (Wind) **3** ⟨Tech.⟩ *eine Drehbewegung ausführen* ▸ der Motor dreht gleichmäßig ▸ daran ist nichts mehr zu ~ ⟨übertr.; umg.⟩ *daran ist nichts mehr zu ändern*

Dreh|kreuz ⟨das; -es, -e⟩ **1** *drehbare Sperrvorrichtung zum Durchlassen von jeweils einer Person* **2** ⟨übertr.⟩ *Kreuzungspunkt wichtiger Verkehrslinien, Knotenpunkt*

Dreh|or|gel ⟨die; -, -n; Mus.⟩ *fahr- od. tragbare Kleinorgel, bei der eine Kurbel den Blasebalg sowie eine Melodienwalze mit Stiften betätigt, die die Ventile der Pfeifen öffnen*

Dreh|tür ⟨die; -, -en⟩ *um eine Mittelachse drehbare Tür mit mehreren Flügeln*

Dre|hung ⟨die; -, -en⟩ *Bewegung um eine Achse od. einen Punkt, Wendung, Umdrehung, Rota-*

tion, Kreisbewgung ▸ halbe ~ rechts *Wendung um 180° nach rechts*

Dreh|wurm ⟨der; -(e)s; unz.; in der Wendung⟩ da bekommt man ja den ~! ⟨übertr.; umg.; scherzh.⟩ *Schwindelgefühl bei einer Beschäftigung, bei der man sich viel drehen muss*

Dreh|zahl ⟨die; -, -en; Tech.⟩ *Tourenzahl, Anzahl der Umdrehungen rotierender Körper in einer bestimmten Zeit;* Zus *Drehzahlmesser*

drei ⟨Adj.; Kardinalzahl; als Ziffer: 3⟩ →a. *acht* ▸ aller guten Dinge sind ~; wir haben keine ~ Worte miteinander gewechselt *wir kennen uns kaum* ▸ ~ Mal = *dreimal* ▸ ~ viertel *drei Teile eines viermal geteilten Ganzen umfassend, 3/4;* ~ viertel fünf (Uhr) *ein Viertel vor fünf (Uhr);* das Glas ist noch ~ viertel voll ▸ nicht bis ~ zählen können ⟨übertr.⟩ *sehr dumm sein;* ehe man bis ~ zählen konnte, war er wieder da *sehr schnell, im Nu;* ich komme um ~ (Uhr); zu ~en *zu dritt, drei Personen miteinander;* zu je ~en *immer drei u. drei;* Abl *dreihändig, dreibeinig, dreifarbig*

Drei ⟨die; -, -en⟩ **1** *die Zahl, Ziffer 3* **2** *befriedigend (als Schulnote)* **3** die ~ *Straßenbahn, Bus mit der Nummer 3* ▸ er hat in Musik eine ~; er hat im Zeugnis zwei ~en

drei|di|men|si|o|nal ⟨Adj.⟩ *mit drei Dimensionen versehen, räumlich* ▸ ~er Film ⟨kurz: 3-D-Film⟩ *Film, der räumlich wirkende Bilder vermittelt, stereoskopischer Film*

Drei|eck ⟨das; -(e)s, -e; Geom.⟩ *eine durch die kürzesten Verbindungen zw. drei Punkten begrenzte Fläche* ▸ ein gleichschenkliges, rechtwinkliges ~; im ~ springen ⟨übertr.; umg.⟩ *sich ärgern, aufregen*

drei|eckig ⟨Adj.⟩ *mit drei Ecken, in Form eines Dreiecks*

Drei|er ⟨der; -s, -⟩ **1** ⟨Lotto⟩ *drei richtig getippte Zahlen* **2** ⟨umg.⟩ **2.1** *Geschlechtsverkehr zu dritt* **2.2** *die Schulnote Drei* **2.3** *Bus od. Straßenbahn mit der Nummer drei* **2.4** *Dreimeterbrett (im Schwimmbad)* ▸ er hat im Rechnen einen ~; Zus *Dreierreihe, Dreiertakt*

drei|er|lei ⟨Adj.; undekl.⟩ *drei Dinge, drei Arten (von)*

drei|fach ⟨Adj.; in Ziffern: 3fach/3-fach⟩ *dreimal(ig)* ▸ ein ~es Hoch auf das Geburtstagskind!; ein Schriftstück in ~er Ausfertigung

Drei|fal|tig|keit ⟨die; -; unz.⟩ *Einheit von Vater, Sohn u. Heiligem Geist;* Zus *Dreifaltigkeitsfest*

drei|hun|dert ⟨Adj.; als Ziffer: 300⟩ *dreimal hundert;* →a. *achthundert*

Drei|kä|se|hoch ⟨der; -s, -s; umg.; scherzh.⟩ *kleiner Junge*

Drei|klang ⟨der; -(e)s, -klän|ge; Mus.⟩ *Zusammenklang von drei Tönen, z. B. Grundton, Terz u. Quinte*

Drei|kö|nigs|fest ⟨das; -(e)s, -e⟩ *Fest der Heiligen Drei Könige, 6. Januar;* Syn *Dreikönige*

drei|mal *auch:* **drei Mal** ⟨Adv.; in Ziffern: 3-mal / 3 Mal⟩ **I** ⟨Zusammen- u. Getrenntschreibung⟩ *dreifach wiederholt* ▸ muss man dir immer alles ~ sagen? **II** ⟨nur Zusammenschreibung⟩ *mit drei multipliziert* ▸ unsere neue Wohnung ist dreimal größer als die alte; ⟨aber⟩ drei mal drei ist neun; →a. *...mal, Mal (II)*

Drei|mas|ter ⟨der; -s, -; Mar.⟩ *Segelschiff mit drei Masten*

drein ⟨Adv.; umg.⟩ = *darein*

drein|bli|cken ⟨V. intr.; blickt drein, blick|te drein, hat drein|ge|blickt, drein|zu|bli|cken⟩ *auf eine bestimmte Weise blicken;* Syn *dreinschauen* ▸ düster, freundlich, finster, schelmisch ~

Drein|ga|be ⟨die; -, -n⟩ *Zugabe*

drein|re|den ⟨V. intr.; re|det drein, re|de|te drein, hat drein|ge|re|det, drein|zu|re|den; umg.⟩ jmdm. (bei etwas, in etwas) ~ **1** *dazwischenreden* **2** *sich einmischen, es anders haben wollen als jmd.* ▸ ich lasse mir in meine Arbeit von niemandem ~

drein|schau|en ⟨V. intr.; schaut drein, schau|te drein, hat drein|ge|schaut, drein|zu|schau|en⟩ = *dreinblicken*

Drei|rad ⟨das; -(e)s, -rä|der⟩ **1** *kleines Fahrzeug für Kinder mit drei Rädern* **2** *Lieferwagen mit drei Rädern*

Drei|satz|rech|nung ⟨die; -, -en; Math.⟩ *einfaches Verfahren zum Finden einer unbekannten Größe, wenn drei andere, davon abhängige Größen gegeben sind*

Drei|sprung ⟨der; -(e)s, -sprün|ge; Sp.⟩ *Weitsprung mit drei Sätzen (zweimal dasselbe Bein) nach Anlauf*

drei|ßig ⟨Adj.; Kardinalzahl; in Ziffern: 30⟩ *dreimal zehn;* →a. *achtzig*

drei|ßig|jäh|rig ⟨Adj.; in Ziffern: 30-jährig⟩ *30 Jahre alt, 30 Jahre lang dauernd* ▸ der Dreißigjährige Krieg (1618-1648)

dreist ⟨Adj.; -er, am -es|ten⟩ *keck, anmaßend, frech* ▸ eine ~e Behauptung; Abl *Dreistigkeit*

drei|stel|lig ⟨Adj.⟩ *aus drei Ziffern bestehend* ▸ eine ~e Zahl

drei|stu|fig ⟨Adj.⟩ **1** *aus drei Stufen bestehend* **2** *drei aufeinanderfolgende Stufen innerhalb einer Einheit umfassend* ▸ eine ~e Treppe; ein ~es Lernprogramm; ein ~es Antriebssystem

Drei|ta|ge|bart ⟨der; -(e)s, -bär|te⟩ *drei Tage alter Bart, Stoppelbart* ▸ er trägt einen ~

drei|tau|send ⟨Adj.; Kardinalzahl; als Ziffer: 3000⟩ *dreimal tausend*

drei|tei|lig ⟨Adj.⟩ *in drei Teilen, aus drei Teilen bestehend*

Drei|vier|tel|mehr|heit ⟨die; -; unz.⟩ *mehr als 75 % der Stimmen (bei einem Wahlergebnis)*

Drei|vier|tel|stun|de ⟨die; -, -n⟩ *drei Viertel von einer ganzen Stunde, 45 Minuten*

Drei|vier|tel|takt ⟨der; -(e)s, -e⟩ *Takt mit Notenwerten zu jeweils drei Viertelnoten, ¾-Takt* ▸ im ~

Drei|zack ⟨der; -(e)s, -e⟩ *Speer mit Zacken (Zinken), Symbol des Meergottes*

drei|zehn ⟨Adj.; Kardinalzahl; als Ziffer: 13⟩ *drei und zehn;* →a. *acht* ▸ jetzt schlägt's ~! ⟨übertr.; umg.⟩ *jetzt habe ich aber genug!;* →a. *achtzehn*

Dres. ⟨Abk. für lat.⟩ *doctores (Doktoren; wenn mehrere Personen gemeint sind)*

D

Dre|sche ⟨die; -; unz.; umg.⟩ *Schläge, Prügel* ▸ von jmdm. ~ bekommen, beziehen, kriegen

dre|schen ⟨V. trans.; drischt, drosch, hat ge|dro|schen⟩ **1** Getreide, Hülsenfrüchte ~ *Körner durch Schlagen aus ihnen lösen* **2** ⟨übertr.; umg.⟩ jmdn. ~ *prügeln* ▸ leeres Stroh ~ ⟨übertr.⟩ *sinnlos daherreden, Altbekanntes wiederholen;* Phrasen ~ ⟨übertr.⟩ *reden, ohne wirklich etwas auszusagen;* Abl *Drescher;* Zus *Dreschmaschine*

Dress ⟨der; -es, -e od. österr. a.: -en⟩ **1** *Anzug, bes. der Jockeys beim Pferderennen* **2** ⟨allg.⟩ *Sportkleidung;* Zus *Sportdress*

dres|sie|ren ⟨V. trans.; dres|siert, dres|sier|te, hat dres|siert⟩ ein Tier ~ *lehren, abrichten*

Dres|sing ⟨das; -s, -s; Kochk.⟩ *gewürzte Soße od. Gewürzmischung für Salate, Braten u. andere Speisen*

Dress|man ⟨[-mæn] der; -s, -men [-mən]⟩ *männl. Model*

Dres|sur ⟨die; -, -en⟩ **1** *Abrichtung (von Tieren)* **2** ⟨kurz für⟩ **2.1** *Dressurakt, Vorführung von Kunststücken eines dressierten Tiers* **2.2** *Dressurreiten, Disziplin des Reitsports*

drib|beln ⟨V. intr.; drib|belt, drib|bel|te, hat gedrib|belt; Sp.; Basketb.; Fußb.⟩ *den Ball in kurzen Stößen vor sich her u. an gegnerischen Spielern vorbeitreiben*

drif|ten ⟨V. intr.; drif|tet, drif|te|te, ist ge|drif|tet⟩ *treiben;* →a. *abdriften*

Drill ⟨der; -s; unz.⟩ *strenge, harte Ausbildung, z. B. beim Militär*

dril|len ⟨V. trans.; drillt, drill|te, hat ge|drillt⟩ jmdn. ~ **1** *scharf exerzieren, hart ausbilden* **2** *streng erziehen*

Dril|ling ⟨der; -s, -e⟩ *mit zwei andern gleichzeitig im Mutterleib entwickeltes Kind;* Zus *Drillingsgeburt*

drin ⟨Adv.; umg.⟩ **1** = *darin* **2** = *drinnen* ▸ das ist nicht ~ ⟨übertr.⟩ *das geht nicht, ist nicht möglich, hat keinen Sinn, keinen Zweck, das lohnt nicht;* mehr war nicht ~ *mehr ließ sich nicht erreichen*

drin|gen ⟨V. intr.; dringt, drang, hat/ist ge|drungen⟩ *sich einen Weg bahnen, drängen* ▸ **auf** etwas ~ *unbedingt verlangen, auf etwas bestehen;* er hat auf Antwort, Zahlung gedrungen; **aus** dem Behälter ist Flüssigkeit gedrungen; aus dem Kessel ~ Dämpfe; aus dem Zimmer drang Geschrei *ertönte, klang;* das Gerücht, der Lärm drang **bis** zu uns; **durch** das Gebüsch ~; die Kälte drang uns durch die Kleider; **in** jmdn. ~ *jmdn. mit Bitten u. Ä. bedrängen, bestürmen;* die Kugel drang ihm ins Herz; →a. *drängen, gedrungen*

drin|gend **I** ⟨Part. Präs. von⟩ *dringen* **II** ⟨Adj.⟩ **1** *eilig, drängend, sofort zu erledigen* (Brief, Geschäft, Verpflichtung) **2** *sehr wichtig, außerordentlich stark* (Bedürfnis, Notwendigkeit) **3** *mit starkem Nachdruck geäußert, eindringlich* (Bitte, Mahnung) ▸ ein ~es **Ferngespräch** führen; ~e **Gefahr** *unmittelbar drohende Gefahr;* es besteht der ~e **Verdacht,** dass … *der eindeutige, begründete, zwingende Verdacht* ▸ ich möchte Sie ~ darum **bitten;** ich **brauche** das Buch ~; **sein:** die Sache ist sehr ~ ▸ es ist ~ **erforderlich,** notwendig, dass …; er ist der Tat ~ **verdächtig** *es scheint eindeutig, dass er die Tat begangen hat* ▸ ich kann im Augenblick nur das Dringendste erledigen *das Notwendigste, das Wichtigste*

dring|lich ⟨Adj.⟩ *dringend;* Abl *Dringlichkeit*

Drink ⟨der; -s, -s⟩ *Trunk, alkoholisches (Mix-)Getränk* ▸ jmdn. zu einem ~ auffordern, einladen

drin|nen ⟨Adv.⟩ Ggs *draußen* **1** *innerhalb, in etwas drin* **2** *im Haus, Zimmer* ▸ der Korken steckt ~ *in der Flasche;* er ist ~! (im Zimmer)

drin|ste|cken ⟨V. intr.; steckt drin, steck|te drin, hat (süddt., österr., schweiz.: ist) drin|ge|steckt, drin|zu|ste|cken; umg.⟩ (in etwas) ~ **1** *in etwas stecken* **2** ⟨übertr.⟩ *sich mitten in einem Projekt od. einer Tätigkeit befinden* **3** ⟨übertr.⟩ *in jmdm. enthalten, verborgen sein* ▸ er steckt ganz in seiner Arbeit drin; da steckst du nicht drin! *das kannst du nicht wissen, nicht nachempfinden!;* er steckt ganz schön tief drin! *er hat große Probleme, ist in Schwierigkeiten*

dritt ⟨nur in der Wendung⟩ zu ~ *zu dreien*

dritt… ⟨in Zus.; zur Bildung von Adj.⟩ *an dritter Stelle stehend,* z. B. drittklassig; der dritthöchste, drittgrößte, drittstärkste

drit|te(r, -s) ⟨Adj.; Ordinalzahl zu „drei"; Zeichen: 3.⟩ *in einer Reihenfolge nach dem Zweiten stehend* ▸ den ~en Rang einnehmen ▸ das Dritte **Reich** ⟨nationalsozialist. Sprachgebrauch⟩ *die Zeit des Nationalsozialismus in Dtschld. 1933-1945;* die Dritte **Welt** *Gesamtheit der Entwicklungsländer* ▸ der Dritte **im** Bunde; **zum** Ersten, zum Zweiten, zum Dritten! *(Ruf des Auktionators bei Versteigerungen);* →a. *achte(r, -s)*

Drit|te(r) ⟨die; -n, -n (der; -n, -n)⟩ **1** *der/die im Range od. nach der Leistung an 3. Stelle Stehende;* →a. *erste(r, -s)* **2** *Außenstehender, Unbeteiligter, einer, der nicht dazu, zum engeren Kreis gehört* ▸ er wurde im Wettlauf ~r; der lachende ~ *derjenige, der bei einem Streit zweier anderer etwas gewinnen kann;* eine Information nicht an ~ weitergeben *nicht an andere Personen, Länder;* ich möchte vor ~n nicht darüber sprechen *im Beisein anderer*

Drit|tel ⟨das od. schweiz.: der; -s, -⟩ *dritter Teil, 1/3*

drit|teln ⟨V. trans.; drit|telt, drit|tel|te, hat ge|drit|telt⟩ etwas ~ *in drei Teile teilen*

drit|tens ⟨Adv.⟩ *an dritter Stelle stehend, als dritter Punkt* ▸ erstens, zweitens, ~

dritt|letz|te(r, -s) ⟨Adj.⟩ *von hinten an dritter Stelle stehend, vor dem Vorletzten* ▸ die ~ Etappe

Dritt|mit|tel ⟨Pl.⟩ *Zuschüsse od. Gelder, die eine Hochschule, öffentliche Institution o. Ä. zusätzlich einwirbt, z. B. Fördermittel einer Stiftung od. Finanzmittel aus der Wirtschaft* ▸ durch die eingeworbenen ~ können förderungswürdige Studenten ein Stipendium erhalten

DRK ⟨Abk. für⟩ *Deutsches Rotes Kreuz*

Dro|ge ⟨die; -, -n⟩ *pflanzlich od. synthetisch erzeugter Stoff, der Menschen in einen Rauschzustand versetzt u. eine Abhängigkeit erzeugt,* *den Stoff immer wieder einzunehmen, Rauschgift* ▸ von ~n abhängig sein; Zus *Drogenabhängigkeit, Drogenhandel, Drogenhändler(in), Drogensucht; drogenabhängig, drogensüchtig*

drö|ge ⟨Adj.; nddt.; abwertend⟩ **1** *trocken, vertrocknet* **2** ⟨übertr.⟩ *langweilig, humorlos* ▸ ein ~r Mensch

Dro|gen|fahn|der ⟨der; -s, -⟩ *jmd., der nach Drogenhändlern od. -abhängigen fahndet* ▸ viele Wochen hatten die ~ gegen ihn ermittelt; Abl *Drogenfahnderin, Drogenfahndung*

Dro|ge|rie ⟨die; -, -n⟩ *Ladengeschäft, in dem man insbesondere Wasch- u. Putzmittel u. Produkte für die Körperpflege u. Kosmetik kaufen kann;* Abl *Drogist(in)*

Droh|brief ⟨der; -(e)s, -e⟩ *Drohung in Form eines Briefes* ▸ er hat einen anonymen ~ bekommen

dro|hen ⟨V. intr.; droht, droh|te, hat ge|droht⟩ **1** *anscheinend bevorstehen* (Gefahr, Unheil) **2** jmdm. ~ *für einen bestimmten Fall etwas Böses ankündigen (Zufügung eines Schadens, eines Schmerzes u. Ä.);* Zus *Drohgebärde* ▸ „...!", drohte er; ihm droht Gefängnis; das Haus droht einzustürzen *es ist zu befürchten, dass das Haus sehr bald einstürzt;* jmdm. mit einer Anzeige, Klage ~; jmdm. mit dem Finger, mit der Faust ~ *den Finger, die Faust warnend erheben;* eine ~de Haltung einnehmen

Droh|ku|lis|se ⟨die; -, -n; übertr.; bes. Pol.⟩ *einschüchternde, bedrohlich wirkende Maßnahme, die geeignet ist, einen Gegner zum Rückzug bzw. zum Einlenken bei einem Konflikt zu bewegen* ▸ eine militärische ~ aufbauen

Droh|ne ⟨die; -, -n⟩ **1** ⟨Zool.⟩ *männliche Biene;* oV *Drohn* **2** ⟨übertr.⟩ *Nichtstuer, Schmarotzer*

dröh|nen ⟨V. intr.; dröhnt, dröhn|te, hat gedröhnt⟩ **1** *laut (er)schallen* (Donner, Gelächter, Motor, Schritte) **2** *durch Lärm erzittern* ▸ mir dröhnt der Kopf; die Musik dröhnt mir in den Ohren; er lachte mit ~der Stimme

Dro|hung ⟨die; -, -en⟩ *Ankündigung eines Unheils, von etwas Bösem* ▸ ~en ausstoßen; seine ~ wahrmachen; in seinen Worten lag eine offene, versteckte ~; wilde, wüste ~en; jmdn. durch ~en einschüchtern

drol|lig ⟨Adj.⟩ **1** *lustig, spaßig, komisch* **2** *niedlich, süß* ▸ ein ~es Kerlchen; Abl *Drolligkeit*

Dro|me|dar ⟨a. ['---] das; -s, -e; Zool.⟩ *Kamel mit nur einem Höcker*

Drops ⟨der; -, -; meist Pl.⟩ *saures Fruchtbonbon*

Drosch|ke ⟨die; -, -n⟩ **1** ⟨urspr.⟩ *leichtes Pferdefahrzeug, gemietete Pferdekutsche;* Zus *Pferdedroschke* **2** ⟨später, jetzt veraltet⟩ *Kraftfahrzeug;* Zus *Autodroschke*

Dros|sel ⟨die; -, -n; Zool.⟩ *insekten- u. beerenfressender Singvogel*

dros|seln ⟨V. trans.; dros|selt, dros|sel|te, hat gedros|selt⟩ **1** jmdn. ~ *würgen* **2** etwas ~ *bremsen, verringern, hemmen* ▸ die Ein- oder Ausfuhr (von Waren) ~; die Geschwindigkeit, den Strom ~

drü|ben ⟨Adv.⟩ **1** *auf der anderen Seite* **2** auf der anderen Seite einer Grenze od. eines Gewässers **3** ⟨zu Zeiten der zwei dt. Staaten umg. für⟩ *jenseits der Grenze zur DDR* ▸ er ist schon ~; sie kommen von ~

drü|ber ⟨Adv.; umg.⟩ = *darüber;* →a. *drunter*

Druck[1] ⟨der; -(e)s, Drü|cke; Pl. nur techn. fachsprachl.⟩ **1** *das Drücken;* Zus *druckempfindlich; Händedruck, Knopfdruck* **2** *die senkrecht auf eine Fläche wirkende Kraft, Belastung;* Zus *Gasdruck, Luftdruck, Wasserdruck* **3** ⟨übertr.⟩ *Bedrückung, Belastung, Bedrängnis, Zwang;* Zus *Leistungsdruck* **4** ⟨übertr.⟩ *dringende Notwendigkeit, Zeitnot, Eile;* Zus *Zeitdruck* ▸ hoher, niedriger ~ *Luftdruck* ▸ ein ~ auf den Knopf (zum Einschalten eines Apparates); ~ auf jmdn. ausüben ⟨übertr.⟩ *jmdn. bedrängen, mit Drohungen einschüchtern;* hinter etwas ~ machen od. setzen ⟨übertr.⟩ *etwas zu beschleunigen suchen;* in ⟨od.⟩ im ~ sein ⟨übertr.⟩ *in Bedrängnis sein, es sehr eilig haben;* einen ~ im Kopf, im Magen haben *ein drückendes Gefühl;* unter dem ~ der herrschenden Verhältnisse ⟨übertr.⟩; jmdn. unter ~ setzen ⟨übertr.⟩ *mit Forderungen bedrängen, mit Drohungen einschüchtern;* unter ~ stehen ⟨übertr.⟩ *sich in einer bedrängenden Lage befinden;* von einem ~ befreit sein ⟨übertr.⟩

Druck[2] ⟨der; -(e)s, -e⟩ **I** ⟨zählb.⟩ **1** *Erzeugnis des Druckens;* Zus *Druckseite* **2** *Buch, Auflage, Ausgabe;* Zus *Nachdruck, Neudruck, Sonderdruck* **II** ⟨unz.⟩ **1** *das Drucken u. die dafür notwendige Technik;* Zus *Druckfarbe, Druckort, Drucktechnik* **2** *die Art, wie ein Buch, eine Schrift gedruckt ist* ▸ ein alter, kostbarer, seltener ~; großer, kleiner, gut leserlicher, schlechter ~; das Manuskript geht in ~, wird in ~ gegeben

Druck|blei|stift ⟨der od. südwestdt. das; -(e)s, -e⟩ *Bleistift, bei dem die auswechselbare Mine durch Druck auf einen Knopf am oberen Ende weitergeschoben wird*

Druck|buch|sta|be ⟨der; -ns, -n; Typ.⟩ *Buchstabe in Druckschrift*

Drü|cke|ber|ger ⟨der; -s, -⟩ *jmd., der sich vor etwas, bes. einer Arbeit drückt*

dru|cken ⟨V. trans.; druckt, druck|te, hat gedruckt⟩ **1** etwas ~ *durch Druck vervielfältigen* **2** Muster auf Stoffe ~ *auf Stoffe aufbringen, aufdrucken* ▸ ein Buch in einer Auflage von 1000 Exemplaren ~; das Bild ist auf das T-Shirt gedruckt; er lügt wie gedruckt *er lügt dreist*

drü|cken ⟨V.; drückt, drück|te, hat ge|drückt⟩ **I** ⟨V. trans.⟩ **1** etwas ~ *auf etwas einen Druck ausüben, etwas durch Druck betätigen* **2** die Preise, Löhne ~ *niedrig halten, rücksichtslos senken* **3** ⟨umg.⟩ jmdn. ~ *herzlich umarmen* ▸ die Last der Verantwortung drückt mich sehr ⟨übertr.⟩ ▸ jmdm. die Hand ~; bitte Knopf ~! *(als Aufschrift an Klingeln, Automaten u. Ä.);* ihn drückt die Sorge, dass ...; eine Taste ~ ▸ die Verantwortung drückt mich schwer ▸ jmdn. an sich, an seine Brust ~ *jmdn. umarmen;* jmdm. einen Kuss auf die Lippen, die Stirn ~; sich in eine Ecke ~ *sich schüchtern, ängstlich in einer Ecke verbergen;* jmdm. etwas in die Hand ~ *jmdm. et-*

D

was geben ▸ ~de Hitze, Schwüle **II** ⟨V. intr.⟩ *schwer lasten, einen Druck ausüben* ▸ der Schuh drückt *der Schuh ist zu eng, er schmerzt;* wo drückt der Schuh? ⟨übertr.⟩ *wo gibt es Probleme?;* die Hitze drückt ▸ das drückt aufs Gemüt *belastet, verursacht eine melancholische Stimmung* **III** ⟨V. refl.⟩ sich ~ *leise u. heimlich weggehen* ▸ um elf Uhr habe ich mich gedrückt ▸ sich um eine Sache, vor einer Sache ~ *sich einer Sache entziehen, ihr aus dem Wege gehen;* sich um die Arbeit, vor der Arbeit ~

Dru|cker ⟨der; -s, -⟩ **1** *Buchdrucker, im Buchdruck ausgebildeter Handwerker;* Abl *Druckerin* **2** ⟨EDV⟩ *mit einem Computer verbundenes Gerät zur Ausgabe von Daten in lesbarer Form;* ⓘ S. 468; Zus *Laserdrucker, Tintenstrahldrucker*

Drü|cker ⟨der; -s, -⟩ *Bedienungsknopf für elektrische Anlagen, z. B. zur Türöffnung* ▸ die Hand am ~ haben ⟨übertr.; umg.⟩ *jeden Augenblick bereit sein, geeignete Maßnahmen zu ergreifen;* am ~ sein ⟨übertr.; umg.⟩ *am Zug sein;* am ~ sitzen ⟨übertr.; umg.⟩ *eine einflussreiche Stellung haben;* auf den letzten ~ am Bahnhof ankommen *erst, wenn es schon fast zu spät ist, im letzten Augenblick*

Dru|cke|rei ⟨die; -, -en⟩ *Unternehmen, das Bücher, Zeitungen u. Ä. druckt;* Zus *Druckereiwesen*

Druck|feh|ler ⟨der; -s, -⟩ *falsch gesetzte(r) Buchstabe(n), Fehler in einem gedruckten Text*

druck|frisch ⟨Adj.⟩ *frisch aus der Druckerpresse, aktuell, noch unbenutzt (von Druckerzeugnissen)* ▸ die Kataloge liegen ~ vor

Druck|knopf ⟨der; -(e)s, -knöp|fe⟩ **1** *Betätigungsknopf für elektron. Anlagen* **2** *zweiteiliger Knopf für Verschlüsse an Kleidungsstücken*

Druck|le|gung ⟨die; -, -en⟩ *Beginn des Druckens (eines Textes)* ▸ bei der ~; vor der ~

Druck|mit|tel ⟨das; -s, -; übertr.⟩ *Mittel, einen Zwang auszuüben*

druck|reif ⟨Adj.⟩ *geeignet, um gedruckt zu werden* ▸ ~es Manuskript; sie spricht, formuliert ~ *so überlegt u. gut, dass man ihre Worte drucken könnte*

Druck|sa|che ⟨die; -, -n; früher⟩ *offene Postsendung, die nur einen gedruckten od. mechan. vervielfältigten, keinen geschriebenen Text als Inhalt hat, zu ermäßigter Gebühr* ▸ eine Sendung als ~ schicken

Druck|schrift ⟨die; -, -en⟩ **1** *jeder gedruckte, bes. nichtgebundene Text, Broschüre u. Ä.* **2** *Schrift aus Druckbuchstaben;* Ggs *Schreibschrift*

druck|sen ⟨V. intr.; druckst, drucks|te, hat gedruckst; umg.⟩ *nicht recht mit der Sprache herauswollen, mit dem Sprechen zögern*

Druck|wel|le ⟨die; -, -n⟩ *bei plötzlicher Druckänderung, z. B. Explosion, in Flüssigkeiten u. Gasen entstehende Welle, die sich schnell ausbreitet*

drum ⟨Adv.; umg.⟩ = *darum* ▸ sei's ~ *es macht nichts, nehmen wir's in Kauf, es soll uns nicht stören;* mit allem ~ und dran ⟨umg.⟩ *mit allem, was dazugehört;* das Drum und Dran *das Zubehör, alles, was dazugehört*

Drum|he|r|um ⟨das; -s; unz.⟩ *alles, was dazugehört, das ganze Drum und Dran* ▸ das ganze ~ war zu viel des Guten

drun|ten ⟨Adv.⟩ *dort unten, da unten*

drun|ter ⟨Adv.; umg.⟩ = *darunter* ▸ es geht (alles) ~ und drüber *es geht (alles) durcheinander, es herrscht keine Ordnung mehr*

Drü|se ⟨die; -, -n; Anat.⟩ *Organ zur Absonderung von Körpersäften (Galle, Schweiß usw.) bei Mensch u. Tier*

Dschi|had ⟨[dʒi:-] der; -s; unz.; im Islam⟩ oV *Djihad, Jihad* **1** *die persönliche Anstrengung, ein Gott wohlgefälliges Leben zu führen* **2** *Verteidigung u. Verbreitung des islamischen Glaubens mit geistigen u. bisweilen auch militärischen Mitteln*

Dschun|gel ⟨der od. das; -s, -⟩ **1** *subtropischer Urwald* **2** ⟨a. übertr.⟩ *undurchdringliches Dickicht*

du ⟨Personalpronomen, 2. Person Sing.⟩ **1** *(Pronomen der vertrauten Anrede für Verwandte, Freunde, Kinder u. Tiere)* **2** ⟨mitunter, bes. bair., für⟩ *man* ▸ ⟨in Briefen Groß- od. Kleinschreibung⟩ du/Du; ~ liebe Zeit! *(Ausruf des Erstaunens, der Überraschung)* ▸ jmdm. das Du anbieten; geh ~ doch zu ihr ⟨betont⟩; und wenn ~ glaubst, es geht nicht mehr *und wenn man glaubt* ▸ mit jmdm. auf Du und Du stehen; mit jmdm. per ~ sein; zu jmdm. ~ sagen

du|al ⟨Adj.⟩ *eine Zweiheit, etwas Zweifaches bildend* ▸ ~e Ausbildung *sich parallel in Betrieb u. Berufsschule vollziehende Form der Berufsausbildung;* ~es System *System, bei dem wiederverwertbarer Abfall vom übrigen Abfall getrennt wird;* Abl *Dualität*

Dü|bel ⟨der; -s, -⟩ **1** *kleiner Pflock aus Holz, der Möbelteile zusammenhält* **2** *Hülse (meist aus Kunststoff), die in ein vorgebohrtes Loch (an der Wand, in der Decke) gesteckt wird u. die sich beim Eindrehen einer Schraube spreizt u. dadurch festhält*

du|bi|os ⟨Adj.; -er, am -es|ten⟩ *zweifelhaft;* oV *dubiös* ▸ ein ~er Geschäftsmann

du|cken ⟨V.; duckt, duck|te, hat ge|duckt⟩ **I** ⟨V. trans.⟩ jmdn. ~ **1** *jmdm. den Kopf hinunterdrücken* **2** ⟨übertr.⟩ *demütigen, fügsam machen* **II** ⟨V. refl.⟩ sich ~ **1** *sich rasch beugen, Kopf u. Schultern einziehen, um sich zu verbergen od. einem Schlag auszuweichen* **2** ⟨übertr.⟩ *sich ängstlich fügen*

Duck|mäu|ser ⟨der; -s, -; abwertend⟩ *jmd., der sich sofort beim geringsten Widerstand fügt, der seine Meinung nicht zu sagen wagt*

du|deln ⟨V. intr.; du|delt, du|del|te, hat ge|du|delt⟩ **1** *auf dem Dudelsack blasen, auf der Drehorgel, dem Leierkasten spielen* **2** ⟨übertr.⟩ *eintönig od. leise vor sich hin blasen, singen od. summen*

Du|del|sack ⟨der; -(e)s, -sä|cke; Mus.⟩ *Sackpfeife, bei dem aus einem durch ein Mundstück aufgeblasenen Windsack durch Druck mit dem Arm Luft in mehrere Pfeifen gedrückt wird;* Zus *Dudelsackpfeifer*

Du|ell ⟨das; -s, -e⟩ **1** ⟨früher⟩ *mit Waffen ausgeführter Zweikampf* **2** ⟨Sp.⟩ *Wettkampf zwischen* *zwei Sportlern, Mannschaften* **3** *Streitgespräch zwischen zwei Personen* ▸ die beiden Diskussionsteilnehmer lieferten sich ein erbittertes ~; jmdn. zum ~ herausfordern

du|el|lie|ren 〈V. refl.; du|el|liert sich, du|el|lier|te sich, hat sich du|el|liert〉 sich ~ *sich im Duell bekämpfen*

Du|ett 〈das; -(e)s, -e; Mus.〉 *Musikstück für zwei Singstimmen od. zwei gleiche Instrumentalstimmen* (Flöten~, Klarinetten~); →a. *Duo*

Duft 〈der; -(e)s, Düf|te〉 **1** *zarter, meist angenehmer Geruch* **2** *Raureif* **3** 〈poet.〉 *leichter Nebel* ▸ ein herber, süßer ~; ein ~ von Rosen

duf|ten 〈V. intr.; duf|tet, duf|te|te, hat ge|duf|tet〉 *Duft verbreiten* ▸ das Parfüm duftet gut; süß, betörend, verführerisch ~; nach etwas ~ *nach etwas riechen;* ~de Blumen

duf|tig 〈Adj.; übertr.〉 **1** *wie ein Duft* (Nebel) **2** *hauchzart, hauchfein* (Gewebe, Kleid)

Duft|mar|ke 〈die; -, -n〉 *von einem Tier mit einem von ihm ausgeschiedenen Stoff markierte Stelle* ▸ eine ~ setzen 〈a. übertr.〉

Duft|stoff 〈der; -(e)s, -e〉 *flüchtige Substanz mit charakteristischem Geruch*

dul|den 〈V.; dul|det, dul|de|te, hat ge|dul|det〉 **I** 〈V. trans.〉 **1** jmdn. ~ *mit jmdm. Nachsicht üben, jmdn. tolerieren* **2** etwas ~ *etwas erlauben, zulassen, nichts dagegen einwenden* **3** Schmerzen ~ *ertragen, erdulden* ▸ ich dulde es nicht, dass …; die Sache duldet keinen Aufschub; er duldet keinen Widerspruch **II** 〈V. intr.; geh.〉 *still leiden* ▸ er duldet schweigend

Dul|der|mie|ne 〈die; -, -n; umg.; scherzh.〉 *mitleidfordernder Gesichtsausdruck* ▸ etwas mit ~ hinnehmen

duld|sam 〈Adj.〉 **1** *vieles duldend* **2** *andere Meinungen gelten lassend, tolerant;* Abl *Duldsamkeit*

Dul|dung 〈die; -; unz.〉 *das Dulden, Erlauben, Zulassen, stillschweigendes Hinnehmen von etwas, das man nicht billigt*

dumm 〈Adj.; düm|mer, am dümms|ten〉 **1** *unwissend, unerfahren* (Kind) **2** *nicht intelligent, unbegabt* **3** *ohne Überlegung, unvernünftig* **4** *ärgerlich, unangenehm, peinlich, heikel* (Angelegenheit, Lage) ▸ er sucht nur einen Dummen, der ihm die Arbeit machen soll ▸ es war ein ~es Gefühl; ein ~es Gesicht machen; du behandelst mich ständig wie einen ~en Jungen; du ~e Kuh! *(Schimpfwort);* eine ~e Sache; ~e Witze machen; ~es Zeug! *(Ausdruck der ungeduldigen Ablehnung)* ▸ sich ~ anstellen; red nicht so ~ (daher)!; sei nicht so ~; das ist aber wirklich ~! ▸ er ist ja noch dümmer, als ich gedacht habe!; ich lasse mich doch nicht für ~ verkaufen *ich lasse mir nichts vormachen, mich nicht irreführen, mich nicht veralbern;* so was Dummes!; jetzt wird's mir aber zu ~! *jetzt bin ich mit meiner Geduld am Ende*

Dumm|heit 〈die; -, -en〉 **I** 〈unz.〉 *Mangel an Einsicht u. Urteilskraft* ▸ gegen diese ~ kann man nichts ausrichten **II** 〈zählb.〉 *unüberlegte Handlung, törichter Streich* ▸ eine ~, ~en machen

Dumm|kopf 〈der; -(e)s, -köp|fe〉 *dummer Mensch* ▸ sei kein ~! *nimm Vernunft an!*

dümm|lich 〈Adj.〉 *etwas dumm, beschränkt*

düm|peln 〈V. intr.; düm|pelt, düm|pel|te, hat gedüm|pelt〉 **1** 〈Seemannsspr.〉 *sich leicht bewegen, schlingern* **2** 〈übertr.〉 (vor sich hin) ~ *nicht recht von der Stelle kommen* ▸ das Boot dümpelt am Ufer

dumpf 〈Adj.〉 **1** *hohl klingend, tief u. undeutlich, gedämpft, erstickt* (Geräusch, Stimme) **2** *ohne klares Bewusstsein* **3** *unklar, unbewusst* (Ahnung) ▸ ein ~er Schmerz; der Donner rollt, grollt ~; ~ dasitzen; Abl *Dumpfheit*

Dum|ping 〈[dʌm-] das; -s, -s〉 *Warenabsatz (im Ausland) unter dem Marktpreis;* Zus *Dumpingpreis*

Dü|ne 〈die; -, -n〉 *vom Wind zusammengewehter Sandhügel*

Dung 〈der; -(e)s; unz.〉 = *Dünger*

dün|gen 〈V. trans.; düngt, düng|te, hat ge|düngt〉 ein Beet, einen Acker ~ *Dünger darauf aufbringen, Dünger daruntermischen;* Abl *Düngung;* Zus *Düngemittel*

Dün|ger 〈der; -s, -〉 *Zusätze für den Erdboden, die den Ertrag steigern helfen;* Syn *Düngemittel* ▸ anorganischer, künstlicher ~ *chemisch hergestellter Stoff zur Düngung;* natürlicher, organischer ~ *vorwiegend tierische Ausscheidungsstoffe*

dun|kel 〈Adj.; dunk|ler, am -s|ten〉 **1** *nicht hell, ohne Licht, finster* **2** *braun, bräunlich* (Hautfarbe, Haare, Augen) **3** *tief, gedämpft* (Stimme, Ton) **4** *ins Schwarze gehend* (Farbe); Zus *dunkelblau, dunkelbraun, dunkelgrün, dunkelrot* **5** *unklar, ungewiss, undeutlich* (Andeutung, Gerücht) **6** 〈übertr.〉 *verdächtig, zwielichtig, die Öffentlichkeit scheuend* (Person) ▸ eine dunkle Ahnung stieg in ihm auf; dunkle Augen, dunkles Haar; eine dunkle Ecke, Straße; dunkle Geschäfte, Machenschaften 〈übertr.〉; dunkle Pläne schmieden 〈übertr.〉; in seinem Leben gibt es einen dunklen Punkt 〈übertr.〉; ein dunkles Rot, Blau, Grün; ein dunkler Typ *Mensch mit schwarzer Haar- u. bräunlicher Hautfarbe;* eine dunkle Vergangenheit haben 〈übertr.〉 ▸ ich kann mich ~ daran erinnern; im Sommer wird es spät ~; komm nach Hause, wenn es ~ wird ▸ er hat mich darüber im Dunkeln gelassen *im Ungewissen, er hat mich nicht darüber unterrichtet;* das liegt noch im Dunkeln 〈übertr.〉 *ist noch ungewiss;* im Dunkeln tappen *vergeblich forschen, im Unklaren sein*

Dun|kel 〈das; -s; unz.〉 **1** *Dunkelheit* **2** 〈übertr.〉 *Unklarheit, Ungewissheit* ▸ im ~n ist gut munkeln 〈sprichwörtl.〉 *im Verborgenen lassen sich gut Intrigen spinnen;* wir saßen im Dunklen od. ~n

Dün|kel 〈der; -s; unz.; abwertend〉 *Anmaßung, Einbildung, Eitelkeit, Hochmut bei innerer Hohlheit;* Abl *dünkelhaft*

dun|kel|blond 〈Adj.〉 *von dunklem Blond* ▸ sie hat ~es Haar

dun|kel|häu|tig 〈Adj.〉 *dunkle Hautfarbe besitzend*

D

D

Dun|kel|heit ‹die; -; unz.› *Lichtlosigkeit, Finsternis* ▸ die ~ brach herein; bei einbrechender ~; bei Einbruch, Eintritt der ~

Dun|kel|zif|fer ‹die; -, -n› *Gesamtheit von Fakten, die statistisch nicht erfasst sind od. nicht erfasst werden können, weil sie nicht bekannt sind*

dün|ken ‹V.; dünkt, dünk|te, hat ge|dünkt; geh.; bes. schweiz.› **I** ‹V. trans.; meist unpersönl.› *scheinen* ▸ mir dünkt, mich dünkt, dass … *mir scheint, ich glaube, dass …* **II** ‹V. refl.› sich ~ *sich vorkommen (wie), sich halten für, sich einbilden, etwas zu sein* ▸ er dünkt sich etwas Großes, etwas Besseres als wir

dünn ‹Adj.› Ggs *dick* **1** *nicht dick, schmal, sehr schlank, mager* (Person, Tier, Glieder) **2** *wässerig* (Milch, Suppe) **3** *flüssig* (Teig) **4** *fein* (Regen, Schicht) **5** *nicht dicht, durchscheinend* (Haar, Papier, Stoff) **6** ‹übertr.› *schwach* (Stimme) **7** ‹übertr.; umg.› *von schlechter Qualität* (Buch, Vortrag) ▸ ~ besiedelt = *dünnbesiedelt;* er ist nur noch so ~ wie ein Faden

dünn|be|sie|delt *auch:* **dünn be|sie|delt** ‹Adj.› *spärlich besiedelt* ▸ in einem ~en Landstrich leben

Dünn|bier ‹das; -(e)s, -e› *alkoholarmes Bier*

Dünn|brett|boh|rer ‹der; -s, -; umg.; abwertend› **1** *jmd., der mit geringstem Aufwand seine Aufgaben bewältigt* **2** *wenig intelligente Person*

Dünn|darm ‹der; -(e)s, -där|me; Anat.› *erster Abschnitt des Darmes vom Magenausgang bis zum Blinddarm*

dün|ne|ma|chen ‹V. refl.; macht sich dün|ne, mach|te sich dün|ne, hat sich dün|ne|ge|macht, sich dün|ne|zu|mach|en; umg.› sich ~ *heimlich od. sehr rasch verschwinden, weglaufen, ausreißen*

dünn|flüs|sig ‹Adj.› *sehr flüssig*

dünn|häu|tig ‹Adj.› **1** *dünne Haut aufweisend* **2** ‹übertr.› *empfindsam, verletzlich, überempfindlich* ▸ in der Politik darf man nicht ~ sein

Dünn|pfiff ‹der; -(e)s, -e; derb› *Durchfall, dünner Stuhlgang;* Syn *Dünnschiss*

Dunst ‹der; -(e)s, Düns|te› **1** *(durch kleine Teilchen verursachte) Lufttrübung* **2** *Ausdünstung, Hauch, Geruch* **3** *Qualm, Rauch* **4** ‹übertr.; umg.› *Schimmer, schwache Ahnung* ▸ keinen (blassen) ~ haben (von etwas) *keine Ahnung haben (von), nichts wissen (von);* der blaue ~ ‹umg.› *Zigarettenrauch;* jmdm. blauen ~ vormachen ‹übertr.› *jmdm. etwas Falsches sagen, etwas vorspiegeln;* über der Stadt liegt ein leichter, schwacher ~

Dunst|ab|zugs|hau|be ‹die; -, -n› *über dem Kochherd installierte flächige Vorrichtung zum Absaugen des Kochdunstes;* ⓘ S. 255

duns|ten ‹V. intr.; duns|tet, duns|te|te, hat ge|duns|tet› *Dunst ausströmen, dampfen*

düns|ten ‹V.; düns|tet, düns|te|te, hat ge|düns|tet› **I** ‹V. intr.› = *dunsten* **II** ‹V. trans.› Gemüse ~ *durch Dampf in wenig Fett garen, dämpfen*

Dunst|glo|cke ‹die; -, -n› *bes. starke Ansammlung von Dunst über Großstädten u. Industriegebieten;* Syn *Dunsthaube*

duns|tig ‹Adj.› **1** *voller Dunst, trüb* (Wetter) **2** *mit schlechter Sicht* (Tag)

Dunst|kreis ‹der; -es, -e; bes. übertr.› **1** *Atmosphäre, Wirkungsbereich* **2** ‹abwertend› *zweifelhafte Umgebung* ▸ im ~ der organisierten Kriminalität

Duo ‹das; -s, -s› **1** ‹Mus.› **1.1** *Musikstück für zwei selbstständige, zumeist verschiedene Instrumente* **1.2** *die beiden ausführenden Musiker* **2** *ein eng u. gut zusammenarbeitendes Team aus zwei Personen*

Du|pli|kat ‹das; -(e)s, -e› **1** *Doppel (einer Urkunde, eines Schriftstücks)* **2** *Abschrift, Kopie, Durchschlag, Zweitausfertigung*

Dur ‹das; -s; unz.; Mus.› *eins der beiden Tongeschlechter mit großer Terz im Dreiklang der Tonika;* Ggs *Moll*

durch ‹Präp. m. Akk.› **I** ‹räuml.; a. übertr.› *hindurch, mittendurch, auf der einen Seite hinein u. auf der anderen hinaus* ▸ er ist ~s Examen gefallen; einen Ball ~s Fenster werfen; ~ das Fernrohr sehen; der Schuss ging ~s Herz; ~ ein Land reisen; der Fluss fließt ~ einen See; ein Ruf hallte ~ den Wald; ~ ein Zimmer gehen ▸ ~ sein ‹umg.› *hindurchgekommen sein;* er ist ~ *er ist außer Gefahr (bei Krankheit); er ist durchgekommen, hat das Examen bestanden;* mein Antrag ist ~ *angenommen;* das Fleisch ist ~ ‹umg.› *durchgebraten, gar;* der Zug nach Berlin ist schon ~ *vorbeigefahren* ▸ ~ und ~ *vollkommen, ganz u. gar;* der Schrei ging mir ~ und ~ *traf, erschreckte mich bis ins Innerste;* ich kenne ihn, sie, das Land usw. ~ und ~ *sehr genau;* er ist ~ und ~ ehrlich; ~ und ~ nass **II** ‹zeitl.› *während eines bestimmten Zeitraumes, von Anfang bis Ende hindurch* ▸ das ganze Jahr ~; die ganze Nacht ~; den Winter ~ ▸ es ist schon sechs (Uhr) ~ *schon sechs Uhr vorbei* **III** ‹Mittel, Werkzeug› *mit Hilfe von, mittels, durch Vermittlung von* ▸ er hat mich ~ stichhaltige Argumente überzeugt; ~ Ausdauer, Erfahrungen, Fleiß, Wissen vorwärtskommen; ich habe ihn ~ Freunde kennengelernt; ich bin ~ einen Kunden länger aufgehalten worden; den Gewinner ~ das Los ermitteln; ich habe den Posten ~ seine Vermittlung erhalten **IV** ‹ursächl.; umg.› *infolge (von)* ▸ ~ das viele Rauchen wirst du noch krank werden

durch|ackern ‹V. trans.; ackert durch, acker|te durch, hat durch|ge|ackert, durch|zu|ackern› **1** ein Feld ~ *bis zu Ende ackern* **2** ‹übertr.; umg.› etwas ~ = *durcharbeiten (II)*

durch|ar|bei|ten ‹V.; ar|bei|tet durch, ar|bei|te|te durch, hat durch|ge|ar|bei|tet, durch|zu|ar|bei|ten› **I** ‹V. intr.› *eine gewisse Zeit ohne Pause arbeiten* ▸ die ganze Nacht ~; wir arbeiten heute durch *wir machen keine Mittagspause* **II** ‹V. trans.› ein Buch, ein Wissensgebiet ~ *sich eingehend u. bis zu Ende damit beschäftigen, es sehr gründlich lesen bzw. sorgsam studieren* **III** ‹V. refl.› sich ~ *mit Anstrengung hindurchdringen, alle Schwierigkeiten überwindend bis zum Ende vordringen* ▸ sich durchs Gestrüpp ~, sich durch ein Wissensgebiet, Buch ~

durch|at|men ⟨V. intr.; at|met durch, at|me|te durch, hat durch|ge|at|met, durch|zu|at|men⟩ *tief atmen, die Lunge ganz mit Luft füllen u. wieder leeren* ▸ jetzt kann ich endlich wieder ~ ⟨übertr.⟩ *mich entspannen*

durch|aus ⟨a. ['--] Adv.; meist verstärkend⟩ **1** *völlig, vollkommen* **2** *ganz und gar, unbedingt, absolut* ▸ ich habe ~ keinen Grund, das zu denken; ich bin mir ~ klar darüber, dass …, aber …; macht es dir etwas aus, ihn am Bahnhof abzuholen? Nein, ~ nicht! *bestimmt nicht, sicher nicht, keinesfalls*

durch|bei|ßen ⟨V.; beißt durch, biss durch, hat durch|ge|bis|sen, durch|zu|bei|ßen⟩ **I** ⟨V. trans.⟩ etwas ~ *entzweibeißen, durch Beißen trennen* ▸ der Hund biss dem Huhn die Kehle durch **II** ⟨V. refl.; übertr.⟩ sich ~ *hart kämpfen (im Leben)* ▸ er hat sich immer ~ müssen

durch|bie|gen ⟨V. trans.; biegt durch, bog durch, hat durch|ge|bo|gen, durch|zu|bie|gen⟩ etwas ~ *ganz biegen, bis zum Anschlag biegen*

Durch|blick ⟨der; -(e)s, -e⟩ **1** *durch etwas hindurchführender Ausblick* **2** ⟨übertr.; umg.⟩ *Übersicht, Überblick* ▸ er hat keinen ~ ⟨übertr.; umg.⟩ *er hat keine Ahnung, sein Wissen ist mangelhaft*

durch|bli|cken ⟨V. intr.; blickt durch, blick|te durch, hat durch|ge|blickt, durch|zu|bli|cken⟩ (durch etwas) ~ **1** *hindurchschauen* **2** ⟨übertr.; umg.⟩ *Zusammenhänge erkennen u. verstehen* ▸ er blickt nicht durch ⟨übertr.; umg.⟩ *er versteht nichts;* etwas ~ lassen ⟨übertr.; umg.⟩ *andeuten;* →a. *durchschauen*

durch|blu|ten ⟨V. trans.; durch|blu|tet, durch|blu|te|te, hat durch|blu|tet⟩ etwas ~ *mit Blut versorgen* ▸ gut, schlecht durchblutete Gefäße

Durch|blu|tung ⟨die; -; unz.⟩ **1** *das Durchbluten* **2** *das Durchblutetsein von Organen od. Gewebe* ▸ eine gute, schlechte ~ haben; Zus *Durchblutungsstörung; durchblutungsfördernd*

durch|boh|ren ⟨V. trans. u. V. intr.; bohrt durch, bohr|te durch, hat durch|ge|bohrt, durch|zu|boh|ren⟩ (etwas) ~ *durch etwas hindurchbohren, bohrend hindurchdringen, bohren, bis man auf der anderen Seite wieder herauskommt;* Abl *Durchbohrung*

durch|boh|ren ⟨V. trans.; durch|bohrt, durch|bohr|te, hat durch|bohrt⟩ **1** etwas ~ *mit einem spitzen Gegenstand ganz durchdringen* **2** jmdn. (mit etwas) ~ *jmdm. etwas durch den Leib stechen* ▸ er durchbohrte ihn mit dem Speer; sein Körper war von Kugeln durchbohrt; Abl *Durchbohrung*

durch|bo|xen ⟨V.; boxt durch, box|te durch, hat durch|ge|boxt, durch|zu|bo|xen⟩ **I** ⟨V. trans.; übertr.; umg.⟩ etwas ~ *energisch durchsetzen* **II** ⟨V. refl.⟩ sich ~ **1** *sich boxend nach vorn drängen* **2** ⟨übertr.⟩ *Schwierigkeiten energisch überwinden, sich behaupten*

durch|bra|ten ⟨V.⟩ **I** ⟨V. trans.; brät durch, briet durch, hat durch|ge|bra|ten, durch|zu|bra|ten⟩ Fleisch ~ *zu Ende braten, durch Braten völlig garen* **II** ⟨V. intr.; brät durch, briet durch, ist durch|ge|bra|ten, durch|zu|bra|ten⟩ *durch Braten völlig gar werden* ▸ das Fleisch ist noch nicht ganz durchgebraten

durch|bre|chen ⟨V.⟩ **I** ⟨V. trans.; bricht durch, brach durch, hat durch|ge|bro|chen, durch|zu|bre|chen⟩ **1** ein Brett, einen Stab ~ *entzweibrechen, durch Brechen in Teile zerlegen* **2** eine Wand ~ *gewaltsam einen Durchgang schlagen durch* **II** ⟨V. intr.; bricht durch, brach durch, ist durch|ge|bro|chen, durch|zu|bre|chen⟩ **1** etwas bricht durch **1.1** *geht durch Brechen entzwei* **1.2** *sinkt etwas zerbrechend ein, stürzt zusammen* **1.3** ⟨übertr.⟩ *bahnt sich gewaltsam einen Weg, bricht sich Bahn* **2** eine Krankheit bricht durch *tritt gewaltsam hervor, bricht aus* **3** eine Eigenschaft bricht durch *tritt in Erscheinung* **4** die Sonne bricht durch *kommt hervor, zeigt sich* ▸ das Eis war zu dünn, er ist durchgebrochen

durch|bre|chen ⟨V. trans.; durch|bricht, durch|brach, hat durch|bro|chen⟩ **1** die Front, Schranken ~ *sich gewaltsam einen Weg dadurch bahnen, hindurchstoßen* **2** ein Gesetz, eine Vorschrift ~ *übertreten* ▸ seine Gewohnheiten ~ *entgegen seinen G. handeln*

durch|brin|gen ⟨V. trans.; bringt durch, brach|te durch, hat durch|ge|bracht, durch|zu|brin|gen⟩ **1** jmdn. ~ **1.1** *(mit Mühe) ernähren, für jmds. Lebensunterhalt sorgen* **1.2** *jmdm. helfen, eine Krankheit od. Schwierigkeiten zu überwinden, eine Prüfung zu bestehen* **2** etwas ~ **2.1** *durchsetzen, gegen den Widerstand anderer zur Geltung, Anerkennung bringen* (Antrag) **2.2** ⟨übertr.⟩ *vergeuden, verschleudern, sinnlos ausgeben* ▸ er hat sein ganzes Erbteil, Geld durchgebracht; er weiß nicht, wie er seine Familie ~ soll; jmdn. durchs Examen ~

Durch|bruch ⟨der; -(e)s, -brü|che⟩ **1** *das Durchbrechen, gewaltsames Durchdringen, Durchstoßen* **2** ⟨übertr.⟩ **2.1** *Erfolg, der zur Berühmtheit verhilft* **2.2** *Erfolg, der zum Gelingen einer komplizierten Angelegenheit beiträgt* **3** *durchgebrochene Öffnung;* Zus *Mauerdurchbruch* ▸ ~ eines Magengeschwürs; ~ der Zähne ▸ sein: dieses Konzert war sein ~ ⟨übertr.⟩ ▸ einen ~ in den Verhandlungen erzielen; einer Idee, einer Sache zum ~ verhelfen *sie fördern*

durch|che|cken ⟨[-tʃɛkən] V. trans.; checkt durch, check|te durch, hat durch|ge|checkt, durch|zu|che|cken; umg.⟩ **1** jmdn. od. etwas ~ *genau überprüfen, gründlich checken, genau untersuchen* **2** etwas ~ *durchdenken, gründlich überlegen*

durch|den|ken ⟨V. trans.; denkt durch, dach|te durch, hat durch|ge|dacht, durch|zu|den|ken⟩ eine Frage, ein Problem ~ *bis zu Ende denken*

durch|den|ken ⟨V. trans.; durch|denkt, durch|dach|te, hat durch|dacht⟩ etwas ~ *genau darüber nachdenken, gründlich überlegen* ▸ eine gut durchdachte Arbeit, Argumentation

durch|dis|ku|tie|ren ⟨V. trans.; dis|ku|tiert durch, dis|ku|tier|te durch, hat durch|dis|ku|tiert, durch|zu|dis|ku|tie|ren⟩ etwas ~ *gründlich, bis zu Ende diskutieren, eingehend durchsprechen*

D

dụrch|dre|hen ⟨V. intr.⟩ **I** ⟨dreht durch, dreh|te durch, ist durch|ge|dreht, durch|zu|dre|hen⟩ *sich auf der Stelle bewegen* (Räder) ▸ die Autoreifen drehten im Schlamm durch **II** ⟨dreht durch, dreh|te durch, ist/hat durch|ge|dreht, durch|zu-dre|hen; übertr.; umg.⟩ *die Nerven, die Fassung, den Verstand verlieren* ▸ ich habe Angst, er dreht noch durch; er ist/hat völlig durchgedreht *ist am Ende seiner Nervenkräfte*

dụrch|drin|gen ⟨V. intr.; dringt durch, drang durch, ist durch|ge|drun|gen, durch|zu|drin|gen⟩ **1** *mit Mühe, Anstrengung od. Beharrlichkeit durch etwas hindurchgelangen* **2** ⟨übertr.⟩ *gegen anfänglichen Widerstand Zustimmung gewinnen* ▸ sein Vorschlag ist durchgedrungen ▸ das Gerücht, die Nachricht ist bis zu uns durchgedrungen; mit seiner Meinung ~; ~der Geruch *starker, intensiver G.;* ~de Kälte *eine Kälte, die durch alle schützenden Hüllen dringt;* ein ~der Schrei *alles übertönender S.;* er sah ihn mit einem ~den Blick an

durch|drịn|gen ⟨V. trans.; durch|dringt, durch-drang, hat durch|drun|gen⟩ etwas ~ *durchbrechen, durchstoßen, in etwas eindringen* ▸ ein Licht durchdrang die Dunkelheit; Röntgenstrahlen ~ feste Körper; ein Problem geistig ~ *geistig verarbeiten, damit fertigwerden;* von etwas durchdrungen sein *erfüllt, überzeugt sein*

dụrch|drü|cken ⟨V. trans.; drückt durch, drück|te durch, hat durch|ge|drückt, durch|zu|drü|cken⟩ **1** einen Hebel ~ *drücken bis zum Widerstand* **2** die Knie ~ *nach hinten drücken, ganz strecken* **3** ⟨übertr.⟩ seine Meinung, einen Antrag, einen Vorschlag ~ *gegen Widerstand durchsetzen*

durch|ei|n|ạn|der ⟨Adv.⟩ **1** *aus der Ordnung gekommen, unordentlich, regellos* **2** ⟨übertr.⟩ *aufgeregt, verwirrt* ▸ in seinem Zimmer ist alles ~; ich bin noch ganz ~

Durch|ei|n|ạn|der ⟨a. ['----] das; -s, -⟩ *Verwirrung, Unordnung, Regellosigkeit* ▸ es herrschte ein heilloses, wildes, wüstes ~; ein lärmendes ~ von Stimmen *ein undefinierbares Stimmengewirr*

durch|ei|n|ạn|der|brin|gen ⟨V. trans.; bringt durch|ei|n|an|der, brach|te durch|ei|n|an|der, hat durch|ei|n|an|der|ge|bracht, durch|ei|n|an|der|zu-brin|gen⟩ **1** etwas ~ **1.1** *in Unordnung bringen* **1.2** ⟨übertr.⟩ *verwechseln* **2** ⟨übertr.⟩ jmdn. ~ *aufregen, nervös machen, verwirren* ▸ der Schreck hat mich ganz durcheinandergebracht

durch|ei|n|ạn|der|lau|fen ⟨V. intr.; läuft durch|ei-n|an|der, lief durch|ei|n|an|der, ist durch|ei|n|an-der|ge|lau|fen, durch|ei|n|an|der|zu|lau|fen⟩ *ziellos hin u. her laufen* (von mehreren Personen), *kreuz u. quer laufen*

durch|ei|n|ạn|der|re|den ⟨V. intr.; re|det durch|ei-n|an|der, re|de|te durch|ei|n|an|der, hat durch|ei-n|an|der|ge|re|det, durch|ei|n|an|der|zu|re|den⟩ *gleichzeitig reden* (von mehreren Personen), *ohne auf die anderen zu achten*

durch|ei|n|ạn|der|schrei|en ⟨V. intr.; schreit durch|ei|n|an|der, schrie durch|ei|n|an|der, hat durch|ei|n|an|der|ge|schrien, durch|ei|n|an|der|zu-schrei|en⟩ *gleichzeitig Verschiedenes schreien* (von mehreren Personen)

durch|ei|n|ạn|der|wer|fen ⟨V. trans.; wirft durch-ei|n|an|der, warf durch|ei|n|an|der, hat durch|ei-n|an|der|ge|wor|fen, durch|ei|n|an|der|zu|wer|fen⟩ **1** Verschiedenes ~ *unordentlich umherwerfen* **2** ⟨übertr.⟩ Begriffe ~ *sie miteinander verwechseln*

dụrch|ex|er|zie|ren ⟨V. trans.; ex|er|ziert durch, ex|er|zier|te durch, hat durch|ex|er|ziert, durch-zu|ex|er|zie|ren; umg.⟩ etwas ~ *intensiv erproben, ausprobieren* ▸ sämtliche Mittel ~; wir haben das alles schon einige Male durchexerziert (und wissen deshalb, wie es läuft)

dụrch|fah|ren ⟨V. intr.; fährt durch, fuhr durch, ist durch|ge|fah|ren, durch|zu|fah|ren⟩ **1** durch etwas ~ *hindurchfahren, sich fahrend hindurchbewegen* **2** *fahren, ohne anzuhalten od. größere Pausen zu machen* **3** *fahren, ohne umzusteigen* ▸ der Zug fährt hier nur durch *der Zug hält nicht;* wir sind die ganze Strecke in einem Tag durchgefahren; bis München ~; durch einen Tunnel ~

durch|fa̲h|ren ⟨V. trans.; durch|fährt, durch|fuhr, hat durch|fah|ren⟩ **1** etwas ~ *etwas bereisen, dort umherfahren* **2** jmdn. ~ *jmdm. plötzlich ins Bewusstsein kommen u. ihn erschrecken* ▸ er hat das Land, die Stadt (kreuz und quer) ~; ein schrecklicher Gedanke durchfuhr sie

Dụrch|fahrt ⟨die; -, -en⟩ **I** ⟨unz.⟩ **1** *das Durchfahren* **2** *durchgehender Fahrverkehr;* Zus *Durchfahrtsverkehr* ▸ ~ verboten!; wir sind auf der ~ *wir machen nur eine Zwischenstation, wollen nicht bleiben* **II** ⟨zählb.⟩ *Öffnung zum Durchfahren, kleine Straße, Torweg* ▸ ~ frei halten!; Zus *Durchfahrtsstraße*

Dụrch|fall ⟨der; -(e)s, -fäl|le⟩ **1** ⟨Med.⟩ *rasche u. häufige, dünnflüssige Darmentleerung;* Syn *Diarrhö;* Zus *Durchfallerkrankung* **2** ⟨übertr.⟩ *Misserfolg, Fehlschlag* ▸ das Stück erlebte bei der Premiere einen ~; ~ im Examen

dụrch|fal|len ⟨V. intr.; fällt durch, fiel durch, ist durch|ge|fal|len, durch|zu|fal|len⟩ **1** *durch eine Öffnung hinunterfallen* **2** ⟨übertr.⟩ **2.1** *Misserfolg haben, einen Reinfall erleben* **2.2** *eine Prüfung nicht bestehen* ▸ einen Prüfling ~ lassen; das Stück ist bei der Premiere durchgefallen; bei der Wahl ~ *nicht gewählt werden*

dụrch|fei|ern ⟨V. intr.; fei|ert durch, fei|er|te durch, hat durch|ge|fei|ert, durch|zu|fei|ern; umg.⟩ *(die ganze Nacht bis zum nächsten Morgen) ohne Unterbrechung feiern*

dụrch|flie|ßen ⟨V. intr.; fließt durch, floss durch, ist durch|ge|flos|sen, durch|zu|flie|ßen⟩ **1** *durch etwas hindurchfließen* **2** *weiterfließen, abfließen* ▸ eine Rinne machen, damit das Wasser ~ kann

durch|fli̲e|ßen ⟨V. trans.; durch|fließt, durch|floss, hat durch|flos|sen⟩ etwas ~ *fließend durchqueren* ▸ zahlreiche Ströme ~ das Land; der Fluss durchfließt die Stadt

Dụrch|fluss ⟨der; -es, -flüs|se⟩ **I** ⟨unz.⟩ *das Hindurchfließen* **II** ⟨zählb.⟩ *die Öffnung zum Durchfließen*

durch|for|schen ⟨V. trans.; durch|forscht, durch|forsch|te, hat durch|forscht⟩ etwas ~ *nach allen Seiten gründlich in etwas forschen* ▸ ein fremdes Land ~; ein Wissensgebiet ~

durch|fors|ten ⟨V. trans.; durch|fors|tet, durch|fors|te|te, hat durch|fors|tet; übertr.⟩ etwas ~ *suchend durchsehen* ▸ alte Zeitungen ~

durch|fra|gen ⟨V. refl.; fragt sich durch, frag|te sich durch, hat sich durch|ge|fragt, sich durch|zu|fra|gen⟩ sich ~ *durch Fragen zum Ziel kommen* ▸ ich habe mich bis zum Museum durchgefragt

durch|frie|ren ⟨V. intr.; friert durch, fror durch, ist durch|ge|fro|ren, durch|zu|frie|ren⟩ **1** *bis auf den Grund gefrieren* (Teich) **2** ⟨übertr.⟩ *bis ins Innerste kalt werden, auskühlen* (Person) ▸ der Teich ist von oben bis unten durchgefroren; ich bin (ganz) durchgefroren/durchfroren

Durch|fuhr ⟨die; -; unz.⟩ *Warenverkehr zwischen zwei Staaten durch einen dritten Staat hindurch;* Syn *Transit*

durch|führ|bar ⟨Adj.⟩ *so beschaffen, dass man es durchführen kann;* Abl *Durchführbarkeit*

durch|füh|ren ⟨V. trans.; führt durch, führ|te durch, hat durch|ge|führt, durch|zu|füh|ren⟩ **1** jmdn. (durch etwas) ~ *hindurchführen, führend begleiten durch* **2** ⟨übertr.⟩ einen Plan, Versuch ~ *verwirklichen, in die Tat umsetzen* ▸ eine begonnene Arbeit bis zu Ende ~; Abl *Durchführung*

durch|füt|tern ⟨V. trans.; füt|tert durch, füt|ter|te durch, hat durch|ge|füt|fütert, durch|zu|t|tern; umg.⟩ jmdn. ~ *jmdm. regelmäßig zu essen geben, jmdn. mit ernähren, versorgen*

Durch|gang ⟨der; -(e)s, -gän|ge⟩ **1** *Öffnung, Weg zum Durchgehen, schmale Gasse, Torweg, Torbogen, schmaler Gang, Tunnel* **2** *Abschnitt eines mehrteiligen Geschehens, eines Wettbewerbs (bei dem eine engere Wahl getroffen wird);* Zus *Wahldurchgang* **3** ⟨Sp.; bes. Fußb.⟩ *Spielabschnitt* ▸ ~ gesperrt!; hier ist kein ~; Prüfung junger Musiker im zweiten ~; ~ von einem zum anderen Gebäude

durch|gän|gig ⟨Adj.⟩ *allgemein geltend, prinzipiell* ▸ in Wohngebieten gilt ~ Tempo 30; der Roman ist in ~ gleichem Stil geschrieben

Durch|gangs|ver|kehr ⟨der; -s; unz.⟩ *durchgehender Verkehr* ▸ gesperrt für ~

durch|ge|ben ⟨V. trans.; gibt durch, gab durch, hat durch|ge|ge|ben, durch|zu|ge|ben⟩ **1** etwas ~ *an alle der Reihe nach weitergeben* **2** jmdm. eine Nachricht ~ *(telefonisch) weiterleiten, mitteilen*

durch|ge|hen ⟨V.; geht durch, ging durch, ist durch|ge|gan|gen, durch|zu|ge|hen⟩ **I** ⟨V. intr.⟩ **1** jmd. geht durch **1.1** *bewegt sich gehend durch etwas hindurch* **1.2** *läuft heimlich davon, reißt aus* **2** ein Pferd geht durch *scheut u. läuft davon, ohne auf Reiter od. Kutscher zu achten* **3** ein Antrag, ein Gesetz geht durch *findet Zustimmung, wird angenommen, bewilligt* **4** ein Balkon, ein Gang, eine Röhre geht durch *führt ohne Unterbrechung (bis zu einem bestimmten Ort) hindurch* **5** Feuchtigkeit geht durch *dringt durch etwas hindurch* **6** etwas geht durch *lässt sich durch etwas hindurchschieben, hindurchstecken* ▸ das Nadelöhr ist zu klein, der Faden geht nicht durch ▸ das Museum ist nicht groß, man kann bequem in einer Stunde ~; jmdn. ~ lassen; jmdm. etwas ~ lassen *jmdm. etwas nachsehen, es dulden, ohne zu tadeln od. zu strafen;* das kann ich nicht ~ lassen *nicht dulden* ▸ der Antrag ist glatt durchgegangen ▸ die Nässe ist durch die Jacke durchgegangen; Sie können gleich hier ~; sein Temperament ging mit ihm durch *riss ihn mit, er verlor die Beherrschung* ▸ ~de Wand *W. ohne Unterbrechung, in einem Stück;* ~der Zug *Zug, bei dem man bis zum Reiseziel nicht umzusteigen braucht;* das Geschäft ist ~d geöffnet *von morgens bis abends ununterbrochen, ohne Mittagspause* **II** ⟨V. trans.⟩ **1** ein Thema ~ *kurz besprechen* **2** Unterlagen ~ *prüfen, prüfend ansehen* ▸ seine Aufgaben noch einmal ~; Rechnungen ~; einen Text noch einmal auf Fehler (hin) ~

durch|ge|knallt ⟨Adj.; umg.; abwertend⟩ *überspannt, verrückt, exaltiert* ▸ er ist völlig ~

durch|hal|ten ⟨V. intr. od. V. trans.; hält durch, hielt durch, hat durch|ge|hal|ten, durch|zu|hal|ten⟩ (etwas) ~ *etwas aushalten, etwas bis zuletzt ertragen* ▸ ich halte diesen Nervenkrieg nicht mehr lange durch; er hat eisern durchgehalten

Durch|hal|te|ver|mö|gen ⟨das; -s; unz.⟩ *Ausdauer, Fähigkeit durchzuhalten (bes. in schwierigen Situationen)* ▸ bei dieser Aufgabe sind vor allem ~ und Selbstdisziplin gefordert

durch|hän|gen ⟨V. intr.; hängt durch, hing durch, hat durch|ge|han|gen, durch|zu|hän|gen⟩ **1** *in der Mitte nach unten hängen, sich stark durchbiegen* **2** ⟨übertr.; umg.⟩ **2.1** *abgespannt, erschöpft, kraftlos sein* **2.2** *niedergeschlagen sein, mit einer Lebenslage nicht fertigwerden* ▸ das Seil hängt durch; er hängt völlig durch ⟨übertr.; umg.⟩

durch|hau|en ⟨a. [-'--] V. trans.; haut durch, hau|te durch, hat durch|ge|hau|en, durch|zu|hau|en⟩ etwas ~ *durch Hauen in (zwei od. mehrere) Teile spalten, zerschlagen* ▸ er hat den gordischen Knoten durchgehauen ⟨od.⟩ durchhauen

durch|hel|fen ⟨V. intr.; hilft durch, half durch, hat durch|ge|hol|fen, durch|zu|hel|fen⟩ jmdm. ~ *jmdm. helfen, Schwierigkeiten zu überwinden*

durch|hö|ren ⟨V. trans.; hört durch, hör|te durch, hat durch|ge|hört, durch|zu|hö|ren; umg.⟩ etwas ~ **1** *durch etwas hindurch hören, vernehmen, wahrnehmen* **2** *aus Andeutungen heraushören* ▸ er hat es nicht ausgesprochen, aber ich konnte doch ~, dass …

durch|hun|gern ⟨V. refl.; hun|gert sich durch, hun|ger|te sich durch, hat sich durch|ge|hun|gert, sich durch|zu|hun|gern⟩ sich ~ *sich hungernd durchs Leben schlagen, sehr kärglich leben*

durch|käm|men ⟨V. trans.; kämmt durch, kämmte durch, hat durch|ge|kämmt, durch|zu|käm|men⟩ **1** Haar ~ *gründlich kämmen* **2** ⟨übertr.; umg.⟩ einen Wagen ~ *einzeln, sorgfältig durchsuchen, untersuchen, kontrollieren* ▸ jeder Wagen wurde durchgekämmt

durch|käm|men ⟨V. trans.; durch|kämmt, durch|kämm|te, hat durch|kämmt⟩ ein Gebiet ~ *durchstreifen u. dabei sorgfältig absuchen*

durch|kämp|fen ⟨V.; kämpft durch, kämpf|te durch, hat durch|ge|kämpft, durch|zu|kämp|fen⟩ **I** ⟨V. trans.⟩ eine Sache ~ *mit aller Kraft durchsetzen* **II** ⟨V. refl.⟩ sich ~ **1** *kämpfend hindurchdringen* **2** ⟨übertr.⟩ *sich mit Mühe behaupten* ▸ sich im Leben ~ müssen

durch|kau|en ⟨V. trans.; kaut durch, kau|te durch, hat durch|ge|kaut, durch|zu|kau|en⟩ etwas ~ **1** *gründlich kauen* **2** ⟨übertr.⟩ *sehr gründlich, sehr eingehend besprechen* ▸ einen Wissensstoff oder Altbekanntes (immer wieder) ~; Speisen gut ~

durch|klin|gen ⟨V. intr.; klingt durch, klang durch, hat/ist durch|ge|klun|gen, durch|zu|klin|gen⟩ **1** *übertönen* **2** *andeutungsweise zu hören sein* ▸ er war fröhlich, aber es klang doch immer wieder eine leise Trauer durch

durch|klin|gen ⟨V. trans.; durch|klingt, durch|klang, hat durch|klun|gen⟩ einen Raum ~ *mit Klang erfüllen* ▸ Musik durchklingt den Garten

durch|kom|men ⟨V. intr.; kommt durch, kam durch, ist durch|ge|kom|men, durch|zu|kom|men⟩ **1** *durch etwas hindurchkommen, vorbeikommen, entlangkommen* **2** *(hin)durchdringen, sich hindurchzwängen* **3** ⟨übertr.⟩ **3.1** *sich retten* **3.2** *eine Prüfung bestehen* **3.3** *eine Krankheit überstehen* **3.4** *Schwierigkeiten überwinden* **3.5** *etwas zu Ende führen* ▸ wird er ~? *wird er gesund werden?; wird er die Prüfung bestehen?;* das Gitter ist eng, aber der Hund versucht durchzukommen; es ist (hier) nicht durchzukommen *man kann hier nicht weiter;* sieh zu, dass du (irgendwie, allein) durchkommst ▸ die ersten Knospen, die ersten grünen Spitzen kommen schon durch ▸ er ist heil und unversehrt durchgekommen ▸ bei der Wahl ~ *gewählt werden;* mit 500 Euro im Monat kannst du ~ *auskommen;* mit Schwindeln kommst du bei mir nicht durch *erreichst du nichts;* damit wirst du nicht ~ *keinen Erfolg haben*

durch|kön|nen ⟨V. intr.; kann durch, konn|te durch, hat durch|ge|konnt, durch|zu|kön|nen; umg.⟩ *hindurchgehen, hindurchfahren können* ▸ die Straße ist gesperrt, wir können nicht durch

durch|kreu|zen ⟨V. trans.; kreuzt durch, kreuz|te durch, hat durch|ge|kreuzt, durch|zu|kreu|zen⟩ Geschriebenes ~ *durch Kreuz ungültig machen*

durch|kreu|zen ⟨V. trans.; durch|kreuzt, durch|kreuz|te, hat durch|kreuzt; übertr.⟩ jmds. Pläne ~ *stören, vereiteln, zunichtemachen*

Durch|lass ⟨der; -es, -läs|se⟩ **1** *Öffnung, um etwas od. Personen durchzulassen, enger Durchgang* **2** *Mauerwerk zur Unterführung eines Wasserlaufs* **3** *das Durchlassen (1), Erlaubnis, Möglichkeit durchzugehen, durchzufahren* ▸ jmdm. ~ gewähren; auf ~ warten

durch|las|sen ⟨V. trans.; lässt durch, ließ durch, hat durch|ge|las|sen, durch|zu|las|sen⟩ **1** jmdn. ~ *Platz zum Durchgehen, Durchfahren machen, vorbeigehen, vorbeifahren* **2** etwas ~ **2.1** *unbeanstandet weiterbefördern* (Waren) **2.2** *durch etwas hindurchdringen, hindurchgelangen lassen* ▸ würden Sie mich bitte ~?; der Vorhang lässt kein Licht durch

durch|läs|sig ⟨Adj.⟩ **1** *etwas (Licht, Luft, Flüssigkeit) durchlassend* **2** *undicht, porös;* Zus *lichtdurchlässig, luftdurchlässig* **3** ⟨übertr.⟩ *passierbar* (Grenze)*;* Abl *Durchlässigkeit*

Durch|laucht ⟨a. ['--] die; -; unz.; Titel für⟩ *Fürst, Fürstin* ▸ Seine, Ihre ~; Euer ~ *(als Anrede)*

durch|lau|fen ⟨V.⟩ **I** ⟨V. intr.; läuft durch, lief durch, ist durch|ge|lau|fen, durch|zu|lau|fen⟩ **1** *sich laufend durch etwas hindurchbewegen* **2** *bis zum Ziel od. eine gewisse Zeit laufen, ohne Rast zu machen* **3** *hindurchfließen, durchsickern* ▸ er ist zehn Stunden durchgelaufen; das Dach ist undicht, das Wasser läuft durch ▸ der Bach ist seicht, man kann ~ ▸ ich hatte keine Zeit, ich bin (durch die Ausstellung) nur rasch durchgelaufen **II** ⟨V. trans.; läuft durch, lief durch, hat durch|ge|lau|fen, durch|zu|lau|fen⟩ (sich) die Schuhe, Schuhsohlen ~ *durch vieles Laufen abnutzen*

durch|lau|fen ⟨V. trans.; durch|läuft, durch|lief, hat durch|lau|fen⟩ **1** eine Straße ~ *im Eilschritt, Laufschritt durchqueren* **2** eine Ausbildung, die Schule, einen Lehrgang ~ *mitmachen, hinter sich bringen* **3** eine Abteilung ~ *arbeitend kennenlernen* ▸ es durchlief mich eiskalt (siedend heiß) *ich fühlte ein kaltes (heißes) Schauern;* er hat jetzt alle Abteilungen des Betriebes ~

durch|la|vie|ren ⟨[-vi-] V. refl.; la|viert sich durch, la|vier|te sich durch, hat sich durch|la|viert, sich durch|zu|la|vie|ren; umg.⟩ sich ~ *sich geschickt hindurchwinden, Schwierigkeiten geschickt aus dem Weg gehen* ▸ hier muss man sich ~

durch|le|ben ⟨V. trans.; durch|lebt, durch|leb|te, hat durch|lebt⟩ etwas ~ *bewusst von Anfang bis Ende erleben* ▸ schreckliche Augenblicke ~; eine schwere Zeit ~; etwas mit jmdm. gemeinsam ~

durch|le|sen ⟨V. trans.; liest durch, las durch, hat durch|ge|le|sen, durch|zu|le|sen⟩ (sich) ein Buch, einen Brief ~ *von Anfang bis Ende lesen*

durch|leuch|ten ⟨V. trans.; durch|leuch|tet, durch|leuch|te|te, hat durch|leuch|tet⟩ **1** etwas ~ *mit Licht durchdringen* **2** jmdn. od. etwas ~ **2.1** *mit Röntgenstrahlen durchdringen* **2.2** ⟨übertr.⟩ *genau betrachten, untersuchen* ▸ die Lunge ~; jmds. Vergangenheit ~; Abl *Durchleuchtung*

durch|lö|chern ⟨V. trans.; durch|lö|chert, durch|lö|cher|te, hat durch|lö|chert⟩ etwas ~ *mit Löchern versehen, viele Löcher hineinbohren, hineinknipsen, hineinschneiden, hineinreißen* ▸ der Strumpf ist ganz durchlöchert

durch|ma|chen ⟨V. trans.; macht durch, mach|te durch, hat durch|ge|macht, durch|zu|ma|chen; umg.⟩ etwas ~ **1** *erdulden, erleiden, erleben* **2** *überstehen, hinter sich bringen* (Krankheit) **3** = *durchlaufen (2)* ▸ die Nacht ~ *nicht schlafen gehen, sondern die ganze Nacht feiern;* er hat furchtbar viel durchgemacht *er hat ein schweres Schicksal hinter sich*

Durch|marsch ⟨der; -(e)s, -mär|sche⟩ **1** *Durchquerung, Marsch, Gang durch etwas hindurch* **2** ⟨umg.; scherzh.⟩ = *Durchfall*

durch|mes|sen ⟨V. trans.; durch|misst, durch|maß, hat durch|mes|sen⟩ etwas ~ *durchschreiten* ▸ er durchmaß den Raum mit großen Schritten

Durch|mes|ser ⟨der; -s, -; Zeichen: d od. Ø⟩ **1** *durch den Mittelpunkt eines Kreises, einer Kugel od. eines Zylinders laufende Strecke* **2** *Länge dieser Strecke* ▸ ~ eines Baumstammes; ein ~ von zwei Metern

durch|mi|schen ⟨V.; durch|mischt, durch|misch|te, hat durch|mischt⟩ **I** ⟨V. trans.⟩ etwas (mit etwas) ~ *mit etwas durchsetzen, etwas untermischen, untermengen* ▸ Sand mit Zement ~ **II** ⟨V. refl.⟩ sich ~ *sich miteinander vermengen, verbinden* ▸ die Luftmassen ~ sich

durch|mo|geln ⟨V. refl.; mo|gelt sich durch, mo|gel|te sich durch, hat sich durch|ge|mo|gelt, sich durch|zu|mo|geln; umg.⟩ sich ~ = *durchlavieren*

durch|müs|sen ⟨V. intr.; muss durch, muss|te durch, hat durch|ge|musst, durch|zu|müs|sen; umg.⟩ *hindurchgehen, hindurchfahren, hindurchkommen müssen* ▸ wir müssen durch *wir müssen die Schwierigkeiten überwinden;* da musst du jetzt durch ⟨übertr.⟩ *das ist unausweichlich, das musst du bewältigen*

durch|neh|men ⟨V. trans.; nimmt durch, nahm durch, hat durch|ge|nom|men, durch|zu|neh|men⟩ einen Stoff, ein Thema ~ *systematisch im Unterricht besprechen, abhandeln, erörtern*

durch|num|me|rie|ren ⟨V. trans.; num|me|riert durch, num|me|rier|te durch, hat durch|num|me|riert, durch|zu|num|me|rie|ren⟩ etwas ~ *von Anfang bis Ende fortlaufend nummerieren*

durch|pau|sen ⟨V. trans.; paust durch, paus|te durch, hat durch|ge|paust, durch|zu|pau|sen⟩ eine Zeichnung ~ *durch durchsichtiges Papier nachziehen, nachzeichnen*

durch|peit|schen ⟨V. trans.; peitscht durch, peitsch|te durch, hat durch|ge|peitscht, durch|zu|peit|schen⟩ **1** jmdn. od. ein Tier ~ *mit der Peitsche züchtigen* **2** ⟨übertr.⟩ ein Gesetz ~ *sehr nachdrücklich gegen Widerstand durchsetzen*

durch|pflü|gen ⟨V. trans.; durch|pflügt, durch|pflüg|te, hat durch|pflügt⟩ etwas ~ **1** *fahrend zerteilen, durchfurchen* **2** ⟨übertr.⟩ *gründlich suchen, bis in alle Einzelheiten prüfen* ▸ das Schiff durchpflügte die Wellen; er hat die ganze Literatur durchpflügt ⟨übertr.⟩

durch|que|ren ⟨V. trans.; durch|quert, durch|quer|te, hat durch|quert⟩ einen Raum ~ *sich durch einen Raum hindurchbewegen* ▸ einen Fluss, einen See ~; ein Land, einen Kontinent ~; Abl *Durchquerung*

durch|ras|seln ⟨V. intr.; ras|selt durch, ras|sel|te durch, ist durch|ge|ras|selt, durch|zu|ras|seln; umg.⟩ = *durchfallen (2)*

durch|rech|nen ⟨V. trans.; rech|net durch, rech|ne|te durch, hat durch|ge|rech|net, durch|zu|rech|nen⟩ etwas ~ **1** *gründlich rechnen, bis zu Ende rechnen, rechnend erkennen* **2** *prüfend rechnen* ▸ ich muss das Projekt ~, ehe ich darüber etwas sagen kann; noch einmal ~

durch|reg|nen ⟨V. intr.; reg|net durch, reg|ne|te durch, hat durch|ge|reg|net, durch|zu|reg|nen⟩ es regnet durch *Regen dringt durch etwas hindurch* ▸ es regnet hier durch, das Dach ist undicht; ich bin ganz durchgeregnet ⟨umg.⟩ *ganz durchnässt vom Regen*

Durch|rei|che ⟨die; -, -n⟩ *Wandöffnung zw. Küche u. Essraum zum Durchreichen der Speisen*

durch|rei|chen ⟨V. trans.; reicht durch, reich|te durch, hat durch|ge|reicht, durch|zu|rei|chen⟩ etwas ~ *durch eine Öffnung hindurchgeben*

durch|rei|sen ⟨V. intr.; reist durch, reis|te durch, ist durch|ge|reist, durch|zu|rei|sen⟩ *auf der Reise hindurchgehen, -fahren* ▸ wir reisen nur durch *wir wollen weiterreisen, nicht bleiben;* Abl *Durchreise, Durchreisende(r)*

durch|rei|sen ⟨V. trans.; durch|reist, durch|reis|te, hat durch|reist⟩ Länder, die Welt ~ *reisend durchqueren, reisend kennenlernen*

durch|rei|ßen ⟨V.⟩ **I** ⟨V. trans.; reißt durch, riss durch, hat durch|ge|ris|sen, durch|zu|rei|ßen⟩ etwas ~ *durch Reißen teilen, in zwei Teile zerreißen* ▸ wütend riss er ihren Brief durch **II** ⟨V. intr.; reißt durch, riss durch, ist durch|ge|ris|sen, durch|zu|rei|ßen⟩ *durch Reißen entzweigehen* ▸ das Seil ist durchgerissen

durch|rin|gen ⟨V. refl.; ringt sich durch, rang sich durch, hat sich durch|ge|run|gen, sich durch|zu|rin|gen⟩ sich zu etwas ~ *sich nach inneren Kämpfen zu etwas entschließen* ▸ er hat sich zum Verzicht durchgerungen; ich habe mich dazu durchgerungen, es zu tun

durch|ros|ten ⟨V. intr.; ros|tet durch, ros|te|te durch, ist durch|ge|ros|tet, durch|zu|ros|ten⟩ *durch Rost entzweigehen* ▸ die Stange ist durchgerostet

durch|rut|schen ⟨V. intr.; rutscht durch, rutsch|te durch, ist durch|ge|rutscht, durch|zu|rut|schen⟩ **1** *durch etwas rutschen* **2** ⟨übertr.⟩ *gerade noch durchkommen (bei einer Prüfung, Kontrolle o. Ä.)*

durch|rüt|teln ⟨V. trans.; rüt|telt durch, rüt|tel|te durch, hat durch|ge|rüt|telt, durch|zu|rüt|teln⟩ jmdn. od. etwas ~ *gründlich rütteln, erschüttern* ▸ wir sind im Wagen durchgerüttelt worden

durchs ⟨Verschmelzungsform von Präp. u. Art.⟩ *durch das*

Durch|sa|ge ⟨die; -, -n⟩ *Information od. Mitteilung von einer zentralen Stelle an alle Personen in jedem einzelnen Raum* ▸ eine wichtige ~ machen; auf die ~n achten

durch|sa|gen ⟨V. trans.; sagt durch, sag|te durch, hat durch|ge|sagt, durch|zu|sa|gen⟩ etwas ~ **1** *als Durchsage mitteilen* **2** *von einem zum andern weitersagen*

durch|sä|gen ⟨V. trans.; sägt durch, säg|te durch, hat durch|ge|sägt, durch|zu|sä|gen⟩ etwas ~ *mit der Säge zerteilen*

durch|schau|en ⟨V. intr.; schaut durch, schau|te durch, hat durch|ge|schaut, durch|zu|schau|en⟩ *durch etwas hindurchschauen* ▸ die Fenster sind so

D

schmutzig, man kann kaum noch ~; lass mich doch bitte mal ~! (durchs Fernrohr)

durch|schau|en ⟨V. trans.; durch|schaut, durchschau|te, hat durch|schaut⟩ **1** etwas ~ *erkennen, was dahintersteckt* **2** jmdn. ~ *seine verborgene Absicht, seine Gedanken erraten*

durch|schei|nen ⟨V. intr.; scheint durch, schien durch, hat durch|ge|schie|nen, durch|zu|scheinen⟩ *durch etwas hindurchscheinen, einen Schein hindurchdringen lassen* ▸ die Vorhänge sind zu dünn, die Sonne scheint durch

durch|schei|nend ⟨Adj.⟩ *einen Schein, einen Lichtschimmer durchlassend* (Mattscheibe, Papier, Porzellan)

durch|scheu|ern ⟨V.; scheu|ert durch, scheu|er|te durch, hat durch|ge|scheu|ert, durch|zu|scheuern⟩ **I** ⟨V. trans.⟩ etwas ~ *durch Scheuern (Reiben) schadhaft machen* ▸ die Haut ~ *wundreiben* **II** ⟨V. refl.⟩ sich ~ *durch Scheuern schadhaft werden* (Stoff, Ärmel, Hose)

durch|schie|ben ⟨V. trans.; schiebt durch, schob durch, hat durch|ge|scho|ben, durch|zu|schieben; umg.⟩ etwas ~ *durch eine Öffnung hindurchschieben*

durch|schim|mern ⟨V. intr.; schim|mert durch, schim|mer|te durch, hat durch|ge|schim|mert, durch|zu|schim|mern⟩ *einen Schimmer hindurchsenden* ▸ die Sonne schimmert durch

durch|schla|fen ⟨V. intr.; schläft durch, schlief durch, hat durch|ge|schla|fen, durch|zu|schla|fen⟩ *eine gewisse Zeit lang schlafen, ohne aufzuwachen* ▸ ich habe sechs Stunden durchgeschlafen

durch|schla|gen ⟨V.; schlägt durch, schlug durch, hat durch|ge|schla|gen, durch|zu|schla|gen⟩ **I** ⟨V. intr.⟩ **1** *wirksam werden, deutlich hervortreten* (Medikament) **2** *durch etwas hindurchdringen* ▸ die Tinte schlägt durch *dringt auf die Rückseite des Papiers durch;* ~d *nachhaltig, kräftig, wirksam;* das Theaterstück hatte ~den Erfolg; das Mittel zeigt eine ~de Wirkung **II** ⟨V. trans.⟩ **1** ein Stück Holz ~ *durch Schlag trennen, teilen, zerschlagen, entzweischlagen* **2** einen Nagel ~ *durch Schlag ganz hindurchdringen lassen* ▸ eine Öffnung ~ (durch eine Mauer) **III** ⟨V. refl.⟩ sich ~ **1** *sich einen Weg bahnen, erkämpfen* **2** *Schwierigkeiten (im Leben) mit einiger Mühe überwinden* ▸ er konnte sich bis in die Heimat ~; sich mit Gelegenheitsarbeiten ~

durch|schla|gen ⟨V. trans.; durch|schlägt, durchschlug, hat durch|schla|gen⟩ etwas ~ *durch Schlag in etwas ein- u. wieder hinausdringen* ▸ die Kugel hat die Bretterwand ~

Durch|schlags|kraft ⟨die; -; unz.⟩ **1** *Kraft, mit der ein Geschoss ein Ziel durchschlägt* **2** ⟨übertr.⟩ **2.1** *Überzeugungskraft* **2.2** ⟨Sp., bes. Fußball⟩ *Effizienz, Torgefährlichkeit* ▸ es fehlte der Partei an ~; ohne jede ~; Abl *durchschlagskräftig*

durch|schlän|geln ⟨V. refl.; schlän|gelt sich durch, schlän|gel|te sich durch, hat sich durch|ge|schlängelt, sich durch|zu|schlän|geln⟩ sich ~ **1** *sich geschickt, gewandt durch etwas hindurchwinden* **2** ⟨übertr.⟩ *Schwierigkeiten geschickt umgehen*

durch|schleu|sen ⟨V. trans.; schleust durch, schleus|te durch, hat durch|ge|schleust, durchzu|schleu|sen; übertr.⟩ jmdn. ~ *heimlich durch eine Kontrolle, Sperre bringen*

durch|schlüp|fen ⟨V. intr.; schlüpft durch, schlüpf|te durch, ist durch|ge|schlüpft, durch|zuschlüp|fen⟩ **1** *rasch u. gewandt durch etwas hindurchkriechen* **2** ⟨übertr.⟩ *unbemerkt hinein- u. wieder hinauskommen* ▸ der Dieb ist der Polizei durchgeschlüpft *entkommen;* die Öffnung war groß genug zum Durchschlüpfen

durch|schnei|den ⟨V. trans.; schnei|det durch, schnitt durch, hat durch|ge|schnit|ten, durch|zuschnei|den⟩ etwas ~ *mit dem Messer, der Schere zerteilen* ▸ einen Stoff, ein Stück Papier ~

Durch|schnitt ⟨der; -(e)s, -e⟩ **1** *das Durchschneiden, Schnitt durch etwas* **2** *Mittelwert mehrerer gleichartiger Größen;* Zus *Durchschnittsalter, Durchschnittseinkommen, Durchschnittswert* ▸ er ist guter ~ *seine Leistungen sind etwas besser als der Mittelwert;* im ~ *den Mittelwert gerechnet;* ⟨umg.⟩ *im Allgemeinen, üblicherweise;* die Kuh gibt im ~ täglich 10 l Milch; über, unter dem ~ liegen

durch|schnitt|lich ⟨Adj.⟩ **1** *im Durchschnitt, im Mittelwert (gerechnet)* **2** ⟨umg.⟩ *im Allgemeinen* **3** *mittelmäßig, normal, weder gut noch besonders schlecht, weder viel noch wenig* ▸ das ~e Einkommen unserer Angestellten beträgt …; seine Leistungen sind eher ~; die Ware ist von ~er Qualität

durch|schrei|ten ⟨V. trans.; durch|schrei|tet, durch|schritt, hat durch|schrit|ten⟩ einen Raum ~ *im Schritt, schreitend durchqueren*

Durch|schrift ⟨die; -, -en⟩ *durchgeschriebenes Schriftstück, Zweitschrift, Durchschlag, Kopie*

durch|schüt|teln ⟨V. trans.; schüt|telt durch, schüt|tel|te durch, hat durch|ge|schüt|telt, durchzu|schüt|teln⟩ jmdn. od. etwas ~ *kräftig schütteln, durch Schütteln erschüttern* ▸ wir wurden auf den holprigen Wegen im Wagen tüchtig durchgeschüttelt

durch|schwit|zen ⟨V. trans.; schwitzt durch, schwitz|te durch, hat durch|ge|schwitzt, durchzu|schwit|zen⟩ ein Hemd, ein T-Shirt ~ *mit Schweiß durchnässen*

durch|se|hen ⟨V.; sieht durch, sah durch, hat durch|ge|se|hen, durch|zu|se|hen⟩ **I** ⟨V. intr.⟩ *durch etwas hindurchschauen* ▸ lass mich einmal ~! (durchs Fernrohr) **II** ⟨V. trans.⟩ **1** Papiere, Post, Rechnungen ~ *prüfend ansehen, nachprüfen, überprüfen* **2** ein Buch ~ *flüchtig anschauen, durchblättern* ▸ eine Arbeit noch einmal auf Schreibfehler (hin) ~

durch|set|zen ⟨V.; setzt durch, setz|te durch, hat durch|ge|setzt, durch|zu|set|zen⟩ **I** ⟨V. trans.⟩ etwas ~ *nach Überwindung von Widerstand erreichen* ▸ ich habe es durchgesetzt, dass …; seinen Kopf ~ *unnachgiebig auf seinem Willen beharren;* einen Plan ~; seinen Willen ~ **II** ⟨V. refl.⟩ sich ~ *sich behaupten, seinen Willen realisieren; Anerkennung erreichen;* Abl *Durchsetzung*

durch|set|zen ⟨V. trans.; durch|setzt, durch|setz|te, hat durch|setzt⟩ etwas ~ **1** *etwas mit etwas anderem vermischen, einer Masse etwas beimengen* **2** ⟨übertr.⟩ *durch das Einschleusen von Personen unterwandern* ▸ das Gestein ist mit Erzen durchsetzt; mit, von Spionen, Spitzeln durchsetzt ⟨übertr.⟩; Abl *Durchsetzung*

durch|set|zungs|fä|hig ⟨Adj.⟩ *fähig, seinen Willen gegen den Widerstand anderer durchzusetzen;* Abl *Durchsetzungsfähigkeit*

Durch|sicht ⟨die; -; unz.⟩ **1** *das Durchsehen, Prüfung, Sichtung* **2** *Durchblick* ▸ bei ~ unserer Bücher stellten wir fest, dass Sie …

durch|sich|tig ⟨Adj.⟩ **1** *Licht hindurchlassend, glasklar* (Gewebe, Papier, Stoff) **2** ⟨übertr.⟩ *sehr zart, blass, blutarm* (Erscheinung, Gesicht) **3** *leicht durchschaubar, leicht erkennbar* ▸ sein Plan ist allzu ~ *man bemerkt sofort die (versteckte) Absicht dabei;* Abl *Durchsichtigkeit*

durch|spie|len ⟨V. trans.; spielt durch, spiel|te durch, hat durch|ge|spielt, durch|zu|spie|len⟩ **1** ein Musikstück ~ *von Anfang bis zu Ende spielen* **2** etwas in Gedanken ~ **2.1** *etwas genau überlegen, bevor man es ausführt* **2.2** *etwas in Gedanken rückblickend nachvollziehen od. vorausschauend vorwegnehmen* ▸ ein Verbrechen, die Folgen einer Handlung in Gedanken ~

durch|spre|chen ⟨V.; spricht durch, sprach durch, hat durch|ge|spro|chen, durch|zu|spre|chen⟩ **I** ⟨V. intr.⟩ durch etwas ~ *durch etwas (z. B. ein Fenster am Schalter) hindurchsprechen* **II** ⟨V. trans.⟩ **1** eine Nachricht ~ *telefonisch durchgeben, durchsagen, weiterleiten* **2** einen Plan, ein Problem, eine Rolle ~ *erörtern, besprechen*

durch|star|ten ⟨V. intr.; star|tet durch, star|te|te durch, ist durch|ge|star|tet, durch|zu|star|ten⟩ **1** *beim missglückten Landeversuch das Flugzeug von neuem beschleunigen u. wieder Höhe gewinnen* **2** *(beim Autofahren) plötzlich stark Gas geben* **3** ⟨übertr.; umg.⟩ *mit Schwung u. Elan beginnen (etwas zu tun)*

durch|ste|hen *auch:* **durch|ste|hen** ⟨V. trans.; steht durch / durch|steht, stand durch / durch|stand, hat durch|ge|stan|den/durch|stan|den, durch|zu|ste|hen / zu durch|ste|hen⟩ etwas ~ *aushalten, bis zu Ende ertragen* ▸ er steht es durch / er durchsteht es

durch|stei|gen ⟨V. intr.; steigt durch, stieg durch, ist durch|ge|stie|gen, durch|zu|stei|gen⟩ durch etwas ~ **1** *durch etwas hindurchsteigen, hindurchwaten* **2** ⟨übertr.; umg.⟩ *etwas begreifen, durchschauen* ▸ da steige ich noch nicht durch

durch|stel|len ⟨V. trans.; stellt durch, stell|te durch, hat durch|ge|stellt, durch|zu|stel|len; umg.⟩ ein Gespräch od. einen Anrufer ~ *zu einem anderen Telefonanschluss weiterleiten* ▸ einen Augenblick bitte, ich stelle Sie durch

durch|stö|bern ⟨V. trans.; durch|stö|bert, durch|stö|ber|te, hat durch|stö|bert⟩ etwas ~ *durchsuchen* ▸ Gepäck, ein Auto nach Waffen ~

durch|sto|ßen ⟨V. intr.; stößt durch, stieß durch, ist durch|ge|sto|ßen, durch|zu|sto|ßen⟩ **1** *kämpfend, stoßend, heftig durch etwas hindurchdringen* **2** *stoßend eindringen u. auf der anderen Seite wieder hinausdringen* ▸ ganz ~; durch eine Öffnung ~; zu jmdm. ~ ⟨bes. Mil.⟩ *vordringen*

durch|sto|ßen ⟨V. trans.; durch|stößt, durch|stieß, hat durch|sto|ßen⟩ etwas ~ *stoßend durchdringen* ▸ die feindliche Stellung ~

durch|strei|chen ⟨V. trans.; streicht durch, strich durch, hat durch|ge|stri|chen, durch|zu|strei|chen⟩ etwas ~ *einen Strich hindurchziehen, durch einen Strich ungültig machen* ▸ Nichtzutreffendes bitte ~!

durch|strei|fen ⟨V. trans.; durch|streift, durch|streif|te, hat durch|streift⟩ etwas ~ *ziellos darin umherwandern, es durchqueren* ▸ Wiesen und Wälder ~

durch|strö|men ⟨V. trans.; durch|strömt, durch|ström|te, hat durch|strömt⟩ etwas ~ *durchfließen* ▸ große Flüsse ~ das Land; ein Gefühl der Dankbarkeit durchströmte mich ⟨übertr.⟩

durch|su|chen ⟨V. trans.; durch|sucht, durch|such|te, hat durch|sucht⟩ Gepäck, eine Wohnung (nach etwas) ~ *gründlich untersuchen, absuchen, um etwas Bestimmtes zu finden* ▸ das Haus polizeilich ~; die Wohnung wurde nach Drogen durchsucht; Abl *Durchsuchung*

durch|tren|nen *auch:* **durch|tren|nen** ⟨V. trans.; trennt durch / durch|trennt, trenn|te durch / durch|trenn|te, hat durch|ge|trennt/durch|trennt, durch|zu|tren|nen / zu durch|tren|nen⟩ etwas ~ *zertrennen, zerteilen, entzweischneiden, zerschneiden* ▸ einen Nerv, eine Sehne ~; die Nabelschnur ist durchgetrennt/durchtrennt; Abl *Durchtrennung*

durch|tre|ten ⟨V.⟩ **I** ⟨V. intr.; tritt durch, trat durch, ist durch|ge|tre|ten, durch|zu|tre|ten⟩ **1** *sich hindurchbewegen, durchfließen* **2** *hindurchtreten, eintreten* ▸ durch die Decke ist Wasser durchgetreten; bitte treten Sie durch! *gehen Sie weiter, gehen Sie ganz hinein* **II** ⟨V. trans.; tritt durch, trat durch, hat durch|ge|tre|ten, durch|zu|tre|ten⟩ etwas ~ *durch vieles Laufen abnutzen, verbiegen, ausbeulen*

durch|trie|ben ⟨Adj.⟩ *listig, verschlagen, schlau, pfiffig* ▸ er ist sehr ~; Abl *Durchtriebenheit*

durch|wa|chen ⟨V. trans.; durch|wacht, durch|wach|te, hat durch|wacht⟩ die Nacht ~ *ohne Schlaf verbringen* ▸ viele durchwachte Stunden

durch|wach|sen ⟨[-ks-] V. intr.; wächst durch, wuchs durch, ist durch|ge|wach|sen, durch|zu|wach|sen⟩ *durch etwas hindurchwachsen* (Pflanzen)

durch|wach|sen ⟨[-ks-] Adj.⟩ **1** *durchsetzt, fest mit etwas verbunden* **2** ⟨übertr.; umg.⟩ *nicht sonderlich gut, mittelmäßig* ▸ ~es Fleisch *von Fett durchzogenes Fleisch;* ~er Speck *mit Fleischschichten durchsetzter Speck;* das Erdreich ist von zahlreichen Wurzeln ~; das Wetter ist heute wieder ~ ⟨übertr.; umg.⟩ *wechselhaft*

Durch|wahl ⟨die; -; unz.⟩ **1** *direkte Wahl einer Telefonnummer (ohne Vermittlung durch eine Zentrale od. andere Stelle);* Abl *durchwählen* **2** *Tele-*

fonnummer, die aus der amtlichen Nummer eines Betriebes u. eines separaten Anschlusses zusammengesetzt ist; Zus *Durchwahlnummer*

durch|wan|dern ⟨V. trans.; durch|wan|dert, durch|wan|der|te, hat durch|wan|dert⟩ etwas ~ *wandernd durchstreifen, wandernd kennenlernen* ▸ eine Landschaft, die Welt ~

D

durch|wa|schen ⟨V. trans.; wäscht durch, wusch durch, hat durch|ge|wa|schen, durch|zu|waschen; umg.⟩ etwas ~ *(rasch) waschen*

durch|weg ⟨Adv.⟩ oV ⟨österr., schweiz.⟩ *durchwegs* **1** *ausnahmslos* **2** *überall, in allen Fällen* ▸ es haben ~ alle zugestimmt

durch|wegs ⟨Adv.; österr., schweiz.⟩ = *durchweg*

durch|wüh|len ⟨V. trans.; durch|wühlt, durchwühl|te, hat durch|wühlt⟩ **1** Gepäck, Schränke ~ *energisch, rücksichtslos durchsuchen, beim Suchen in Unordnung bringen* **2** die Erde ~ *suchend aufgraben, aufwerfen* ▸ Schweine ~ die Erde

durch|zäh|len ⟨V.; zählt durch, zähl|te durch, hat durch|ge|zählt, durch|zu|zäh|len⟩ **I** ⟨V. intr.⟩ *zählen, indem jeder in der Reihe die nächste Zahl nennt* ▸ ~! *(Kommando)* **II** ⟨V. trans.⟩ etwas ~ *ohne Abschnitt, Einschnitt zählen, im Ganzen, nicht in Gruppen zählen, bis zu Ende zählen* ▸ die Stunden werden in Deutschland von 1 bis 24 durchgezählt

durch|zie|hen ⟨V.⟩ **I** ⟨V. intr.; zieht durch, zog durch, ist durch|ge|zo|gen, durch|zu|zie|hen⟩ **1** *ohne Aufenthalt durchmarschieren* **2** *(in Scharen) vorbeifliegen, dahinfliegen* (Zugvögel) **II** ⟨V. trans.; zieht durch, zog durch, hat durch|ge|zogen, durch|zu|zie|hen⟩ **1** etwas (durch etwas) ~ *durch etwas anderes hindurchziehen* **2** Linien ~ *ohne Unterbrechung ziehen* **3** ⟨umg.⟩ eine Sache ~ *sie unbedingt, ohne Verzögerungen zu Ende bringen* ▸ den Faden (durch ein Nadelöhr) ~

durch|zie|hen ⟨V. trans.; durch|zieht, durch|zog, hat durch|zo|gen⟩ etwas ~ **1** *wandernd, fahrend durchqueren* **2** *durchfließen* **3** *sich hindurch erstrecken* **4** *durchdringen, sich damit vermischen* **5** etwas mit etwas ~ *etwas durch etwas ziehen* ▸ Flüsse und Eisenbahnlinien ~ das Land; die Länder, Meere, Wälder ~; ein süßer Duft durchzog das Zimmer; Stoff mit bunten Fäden ~

Durch|zug ⟨der; -(e)s, -zü|ge⟩ **1** *sich durch einen Raum bewegende Luft* **2** *das Durchziehen, Durchfliegen, Durchmarschieren, Durchmarsch* **3** *umgebogene Kante, Saum zum Durchziehen eines Bandes od. Gummis (an Gardinen, Hosen, Kleidern)* ▸ ~ der Zugvögel; ~ machen *durch Luftzug lüften;* beim ~ durch die Stadt

durch|zwän|gen ⟨V. trans.; zwängt durch, zwängte durch, hat durch|ge|zwängt, durch|zu|zwängen⟩ etwas (durch etwas) ~ *hindurchdrängen, durchschieben* ▸ der Spalt war schmal, aber er konnte sich ~

dür|fen ⟨V.⟩ **I** ⟨V. intr.; Modalverb in Verbindung mit Inf.; darf, durf|te, hat … dür|fen⟩ **1** *die Erlaubnis, das Recht od. die Macht haben, etwas zu tun (oft als Ausdruck der Höflichkeit)* **2** *Grund haben, etwas zu tun* **3** ⟨im Konjunktiv⟩ *(als Ausdruck einer Vermutung)* ▸ darf ich Ihnen ein Glas Wein anbieten?; darf ich, darf man eintreten?; darf ich etwas fragen?; darf man fragen? *ist die Frage erlaubt?;* Sie ~ es mir glauben *Sie sollen es mir glauben;* darf ich mitkommen?; rauchen: hier darf nicht geraucht werden; wenn ich so sagen darf *wenn dieser Ausdruck, diese Formulierung erlaubt ist;* das darf nicht sein; das darf man nicht tun; das hättest du nicht tun ~; darüber darf man sich nicht wundern *darüber sollte man sich nicht wundern* ▸ es dürfte allen bekannt sein, dass … *es ist sicher allen bekannt;* das dürfte wohl möglich sein *das kann wohl, wird wohl möglich sein;* es dürfte ratsam sein, jetzt zu gehen ▸ was darf es sein? *(Frage des Verkäufers) was wünschen Sie, was soll ich Ihnen zeigen?* **II** ⟨V. trans.; Vollverb; darf, durf|te, hat ge|durft⟩ etwas ~ *die Erlaubnis zu etwas haben* ▸ kommst du mit? Nein, ich darf nicht; das darf man nicht; so etwas habe ich früher nicht gedurft; er ist krank und darf nicht in die Schule

dürfen/erlauben/müssen

Im Fall dieser drei Verben kommt es immer wieder zu Verwechslungen. Das Modalverb *dürfen,* nach dem kein Dativobjekt stehen kann, wird mit dem Infinitiv verwendet und drückt die Erlaubnis oder das Recht aus, etwas zu tun: *Wir dürfen gehen. Er durfte Auto fahren. Darf man hier rauchen?*
Dagegen steht das Verb *erlauben* meistens mit Dativobjekt und einem Infinitiv mit zu: *Ich habe ihm erlaubt zu gehen. Seine Eltern erlauben ihm das Autofahren nicht. Ist es erlaubt, hier zu rauchen?*
Mit dem Modalverb *müssen* wiederum, das einen nachfolgenden Infinitiv erfordert, wird die Notwendigkeit einer Sache ausgedrückt: *Wir müssen jetzt gehen. Ich muss heute noch 400 km mit dem Auto fahren. Er muss immerzu gähnen. Warum musstest du das tun?*
Wird *dürfen* verneint gebraucht, so bezeichnet es ein Verbot: *Wir dürfen das Haus nicht verlassen. Sie durfte nicht wiederkommen.*
Eine Verneinung mit *müssen* bringt dagegen zum Ausdruck, dass jemand eine Sache frei wählen bzw. selbst bestimmen kann: *Er muss heute nicht kommen (aber wenn er möchte, kann er dies tun). Du musst dich davor nicht fürchten / Du brauchst dich davor nicht zu fürchten.*

durf|te → *dürfen*

dürf|tig ⟨Adj.⟩ **1** *ärmlich, kümmerlich, armselig* (Wohnung) **2** *knapp, kärglich, unzureichend* (Einnahmen, Essen) **3** *unzulänglich, wenig gehaltvoll* (Aufsatz, Rede) ▸ ~ ausgestattet; ~ gekleidet; Abl *Dürftigkeit*

dürr ⟨Adj.⟩ **1** *trocken, ausgetrocknet, abgestorben* (Ast, Blatt) **2** *unfruchtbar, ärmlich, unergiebig* (Boden) **3** *mager, abgemagert, sehr dünn* (Gestalt, Mensch, Tier)

Dür|re ‹die; -; unz.› **1** *Trockenheit, Unfruchtbarkeit, Unergiebigkeit* **2** *Magerkeit* ▸ ~ des Bodens; eine große ~ kam über das Land

Durst ‹der; -(e)s; unz.› **1** *Bedürfnis zu trinken* **2** ‹übertr.› *drängendes Verlangen, große Sehnsucht* ▸ ~ **erregen,** haben, leiden, machen; seinen ~ **löschen,** stillen ▸ **brennender,** großer, quälender ~ ▸ **an** ~ leiden; ~ **auf** Bier, Kaffee; ~ **nach** Bildung, Erfolg ‹übertr.›; einen **über** den ~ trinken ‹umg.› *sich betrinken;* umkommen, vergehen **vor** ~ *sehr durstig sein*

durs|ten ‹V. intr.; durs|tet, durs|te|te, hat ge|durstet› *Durst haben, Durst leiden* ▸ er hat zwei Tage lang ~ müssen

dürs|ten ‹V. intr.; dürs|tet, dürs|te|te, hat ge|dürstet; meist unpersönl.› **1** *Durst haben, trinken wollen* **2** ‹übertr.› nach etwas ~ *heftig nach etwas verlangen* ▸ mich dürstet; nach Rache, Vergeltung ~ ‹übertr.›

durs|tig ‹Adj.› *Durst habend, Durst verspürend* ▸ die Kinder sind ~

Durst|stre|cke ‹die; -, -n› *Zeitspanne mit vielen Entbehrungen*

Du|sche ‹die; -, -n› **1** *Anlage im Badezimmer od. Schwimmbad, aus der von oben aus einer Düse Wasser in dünnen Strahlen fließt;* ⓘ S. 147; Zus *Duschbad, Duschkabine* ⓘ S. 147, *Duschkopf* ⓘ S. 147, *Duschschlauch* ⓘ S. 147, *Duschvorhang* **2** *Bad unter der Dusche (1)* ▸ **heiße,** kalte, warme ~; eine **kalte** ~ ‹übertr.› *überraschend eintretende Enttäuschung, Ernüchterung* ▸ die ~ **aufdrehen;** sich im Badezimmer eine ~ **einbauen** lassen; eine ~ **nehmen** ▸ **unter** die ~ gehen

du|schen ‹V. intr.; duscht, dusch|te, hat geduscht› (jmdn. od. sich) ~ *eine Dusche nehmen, unter die Dusche gehen* ▸ (sich) kalt, warm ~; kurz ~ gehen

Dü|se ‹die; -, -n› *Vorrichtung zum Zerstäuben von Flüssigkeiten*

dü|sen ‹V. intr.; düst, düs|te, ist ge|düst; umg.› **1** *sich sehr schnell zu Lande od. in der Luft fortbewegen, sehr eilig reisen* **2** *sich beeilen* ▸ durch die Welt ~; von einer Tagung zur anderen ~

Dü|sen|flug|zeug ‹das; -(e)s, -e› *durch Luftstrahltriebwerk angetriebenes Flugzeug*

Dü|sen|jä|ger ‹der; -s, -› *Jagdflugzeug mit Luftstrahltriebwerk*

Dus|sel ‹der; -s, -; umg.› *Dummkopf*

dus|se|lig ‹Adj., umg.› *unachtsam, töricht, dumm;* Abl *Dusseligkeit*

dus|ter ‹Adj.; norddt.; umg.› *finster, dunkel* ▸ hier ist es aber ziemlich ~; sie sitzen ungern im Duster(e)n

düs|ter ‹Adj.› **1** *schaurig-dunkel, lichtlos* (Raum, Gebäude) **2** *schwermütig* **3** *unheilverkündend* (Blick) **4** *finster, verdrießlich, niedergedrückt* (Schweigen, Stimmung) ▸ er zeichnete ein ~es Bild der Zukunft; Abl *Düsterkeit*

Dutt ‹der; -(e)s, -e; umg.› *Haarknoten*

Dut|zend ‹das; -(e)s, -e od. (bei Zahlenangaben) -; Abk.: Dtzd.› *zwölf Stück* ▸ zwei, drei ~; ~e/dutzende von Büchern, Menschen; ein paar ~/dutzend Mal(e)

dut|zend|fach ‹Adj.› *sehr häufig* ▸ er wurde ~ ermahnt

dut|zend|mal ‹Adv.› **1** *zwölfmal* **2** ‹umg.› *sehr oft, immer wieder* ▸ ich habe ihm das ~ gesagt

dut|zend|weise ‹Adv.› **1** *im Dutzend, zu je zwölf Stück* **2** ‹übertr.› *zu Dutzenden, in größeren Mengen, massenweise* ▸ eine Ware ~ verkaufen

du|zen ‹V.; duzt, duz|te, hat ge|duzt› Ggs *siezen* **I** ‹V. trans.› jmdn., sich (gegenseitig) ~ *mit Du anreden* **II** ‹V. refl.› sich mit jmdm. ~ *sich gegenseitig mit Du anreden*

DVD ‹Abk. für engl.› *Digital Versatile Disc, eine beidseitig beschichtete CD mit sehr großer Speicherkapazität, auf der große Datenmengen u. bes. Filme gespeichert werden;* Zus *DVD-Player, DVD-Spieler*

Dy|na|mik ‹die; -; unz.› **1** *Lehre von der Bewegung von Körpern unter dem Einfluss von Kräften;* Ggs *Statik* **2** ‹übertr.› *Triebkraft, Kraftentfaltung, Schwung, Lebendigkeit, lebendige, lebhafte, rhythmische Bewegung*

dy|na|misch ‹Adj.› Ggs *statisch* **1** *die Dynamik betreffend, auf ihr beruhend* **2** *voll innerer Kraft, lebendig, lebhaft*

Dy|na|mit ‹das; -s; unz.› *Sprengstoff aus 75 % Nitroglycerin, 24,5 % Kieselgur u. 0,5 % Soda*

Dy|na|mo ‹a. ['---] der; -s, -s› *Generator;* ⓘ S. 789

Dy|nas|tie ‹die; -, -n› *Herrscherhaus, Herrscherfamilie;* Abl *Dynast; dynastisch*

dys..., Dys... ‹Vorsilbe› *schlecht, schwer, schwierig, widrig,* z. B. dysfunktional, Dysfunktion

E *e*

E

e **I** ⟨das; -, - od. -s; Mus.⟩ *Tonbez., Grundton der e-Moll-Tonleiter* **II** ⟨ohne Artikel; Mus.; Abk. für⟩ *e-Moll (Tonartbez.)*

E **I** ⟨das; -, - od. -s; Mus.⟩ *Tonbez., Grundton der E-Dur-Tonleiter* **II** ⟨ohne Artikel⟩ **1** ⟨Mus.; Abk. für⟩ *E-Dur (Tonartbez.)* **2** ⟨Abk. für⟩ *Europastraße*

€ ⟨Zeichen für⟩ *Euro*

Eb|be ⟨die; -, -n⟩ **1** *Tiefwasser, Zurückweichen des Meerwassers beim Wechsel der Gezeiten;* Ggs *Flut (1)* **2** ⟨übertr.⟩ *Geldmangel* ▸ ~ und Flut; es ist ~; in meiner Kasse ist leider ~ ⟨übertr.⟩

eben¹ ⟨Adj.⟩ **1** *gleichmäßig hoch, gerade, flach, platt* **2** *gleichmäßig, ohne Erhebungen* ▸ eine ~e Fläche, Straße; er hat einen ~en Gang; die Landschaft ist ~ ▸ der Weg läuft ganz ~ (dahin) ▸ zu ~er Erde *in Höhe der Straße, des Erdbodens*

eben² ⟨Adv.⟩ **1** *gerade in diesem Augenblick, soeben, gerade jetzt* **2** *schnell einmal* **3** *gerade dies, genau dies* **4** *gerade passend, gerade noch, knapp* **5** *gerade, besonders* **6** ~! *(als verstärkende Bestätigung) das sage ich ja, das ist es ja gerade, genau das, genauso ist es* ▸ er ist ~ abgereist; ich bin ~ (erst) angekommen; ausreichen: das reicht (so) ~ aus; ~ kommt er!; sprechen: ~ habe ich mit ihm gesprochen; ~ wollte er gehen, als das Telefon klingelte ▸ ~ das wollte er; das ist ~ (noch) gut genug; ▸ ~ hier; das ist es ja ~! *davon rede ich ja die ganze Zeit!, das meine ich ja!;* wann ist er hier gewesen? jetzt ~, vor fünf Minuten; kann ich ~ mal das Buch haben?

eben³ ⟨Abtönungspartikel⟩ *nun, ja, nun einmal, einfach* ▸ sein: du bist ~ ein Künstler; das ist ~ seine Schwäche; es ist ~ so und lässt sich nicht ändern ▸ wenn du nicht mitkommen willst, dann bleibst du ~ hier; gut, dann ~ nicht!; es ist ~ doch wahr; ich hätte ~ nicht hingehen sollen; er will ~ nicht

Eben|bild ⟨das; -(e)s, -er⟩ *Abbild, ganz ähnliches Wesen* ▸ er ist dein ~; er ist das ~ seines Vaters

eben|bür|tig ⟨Adj.⟩ **1** *gleichwertig* **2** *(jmdm.) geistig gewachsen* ▸ er ist seinem Bruder (nicht) ~; Abl *Ebenbürtigkeit*

eben|da ⟨Adv.⟩ **1** *gerade dort* **2** ⟨bei Zitaten in wiss. Abhandlungen; Abk.: ebd.⟩ *am eben zitierten, angeführten Ort*

Ebe|ne ⟨die; -, -n⟩ **1** *Flachland;* Zus *Hochebene, Tiefebene* **2** ⟨Geom.⟩ *Fläche, die durch drei nicht auf einer Geraden liegenden Punkte eindeutig bestimmt ist* **3** ⟨übertr.⟩ *Personen mit gleicher Verantwortung in einem Institut od. Unternehmen* **4** *Stockwerk* ▸ eine Sache auf der mittleren, unteren, oberen ~ beraten; diese Entscheidung kann nur auf höchster ~ gefällt werden ⟨übertr.⟩

eben|er|dig ⟨Adj.⟩ **1** *in Straßen-, Bodenhöhe* **2** *im Erdgeschoss, zu ebener Erde*

eben|falls ⟨Adv.⟩ *auch, gleichfalls* ▸ er hat ~ ein Buch geschenkt bekommen; danke ~!

Eben|holz ⟨das; -es; unz.; Sammelbezeichnung für⟩ *eine Anzahl dunkler, schwerer u. harter Edelhölzer* ▸ Haar, schwarz wie ~

eben|mä|ßig ⟨Adj.⟩ *gleichmäßig, regelmäßig* ▸ von ~em Wuchs; Abl *Ebenmäßigkeit*

eben|so ⟨Adv.⟩ *genauso, auch so* ▸ er hat ein ~ großes Zimmer; ~ gut *ebenso wohl, genauso gut;* das kann er ~ gut machen wie ich; ~ gut könnte ich ihr helfen; ~ lang *von gleicher Länge;* das Zimmer ist ~ lang wie breit; ~ sehr *im selben Maße;* ich habe es ~ sehr genossen wie er; ~ viel *im selben Maße viel;* heute waren es ~ viel wie gestern; weit *im selben Maße weit;* bis dorthin ist es ~ weit; ~ wenig *im selben Maße wenig;* das weiß er ~ wenig wie ich; ~ wohl *im selben Maße wohl, genauso wohl;* ich fühle mich dort ~ wohl ▸ ~ oft *im selben Maße oft*

Eber ⟨der; -s, -⟩ *männl. Schwein*

Eber|esche ⟨die; -, -n; Bot.⟩ *bis 10 m hoher Baum mit scharlachroten, zuweilen auch gelben Früchten, die den Vögeln als Nahrung dienen;* Syn *Vogelbeerbaum, Vogelkirschbaum*

eb|nen ⟨V. trans.; eb|net, eb|ne|te, hat ge|eb|net⟩ **1** den Boden ~ *flachmachen, glattmachen, glätten* **2** ⟨übertr.⟩ jmdm. den Weg ~ *für jmdn. alle Schwierigkeiten aus dem Weg räumen*

EC ⟨Abk. für⟩ *Eurocity, Schnellzug des europäischen Eisenbahnnetzes*

echauf|fie|ren ⟨[-ʃɔ-] V. refl.; echauf|fiert sich, echauf|fier|te sich, hat sich echauf|fiert; geh.⟩ sich (über jmdn. od. etwas) ~ *sich aufregen*

Echo ⟨das; -s, -s⟩ **1** ⟨Phys.⟩ *reflektierte Schallwellen, die an ihrem Ausgangspunkt wieder wahrgenommen werden;* Syn *Widerhall* **2** ⟨übertr.⟩ *Anklang, Zustimmung* ▸ der Vortrag fand begeistertes, lebhaftes ~ ⟨übertr.⟩; ein einfaches, dreifaches, mehrfaches ~ ▸ das Stück fand kein ~ bei den Zuschauern ⟨übertr.⟩; der Zwischenfall fand kein ~ in der Presse ⟨übertr.⟩

Echo|lot ⟨das; -(e)s, -e⟩ *Gerät zur Entfernungs- u. Tiefenmessung mit Hilfe von Schallwellen*

Ech|se ⟨[-ks-] die; -, -n; Zool.⟩ *ein Kriechtier mit langem Schwanz, dessen Körper meist mit Schuppen bedeckt ist, z. B. Krokodil*

echt ⟨Adj.; -er, am -es|ten⟩ **I** ⟨attr.; adv.; präd.⟩ **1** *unverfälscht, nicht nachgemacht* (Schmuck) **2** *original* (Dokument, Kunstwerk) **3** *beständig* (Farbe) **4** *aufrichtig, gut, wahr, ursprünglich* (Gefühle) **5** ⟨umg.⟩ *bezeichnend (für)* ▸ das ist wieder einmal ~ Simone! ⟨umg.⟩; ihre Gefühle sind nicht ~; diese Unterschrift ist nicht ~ ▸ ein ~er Bruch *ein Bruch, der kleiner als 1 ist;* ein ~er Freund in der Not; sind es ~e Perlen?; ein ~er Rembrandt *ein wirklich von Rembrandt gemaltes Bild;* ein ~er Schäferhund *ein reinrassiger S.;*

sie trägt nur ~en Schmuck, keinen Modeschmuck *nur Schmuck aus Gold od. Silber u. Edelsteinen;* Zus *echt golden / echtgolden* **II** ⟨nur adv.; umg.; verstärkend⟩ *wirklich, tatsächlich* ▸ er hat sich ~ gefreut ▸ er kann ~ gut singen; sie ist ~ wütend

Ẹcht|heit ⟨die; -; unz.⟩ **1** *das Echtsein* **2** *Unverfälschtheit, Glaubwürdigkeit*

Ẹck ⟨das; -(e)s, -e od. österr. das; -(e)s, -en⟩ *Ecke* ▸ über ~ *schräg gegenüber, diagonal*

EC-Kar|te ⟨[e:tse:-] die; -, -n; Abk. für⟩ *Euroscheckkarte*

Ẹck|ball ⟨der; -(e)s, -bäl|le; Sp.; Fußb., Hockey u. a.⟩ *Freistoß von einem Punkt der Torlinie nahe der Eckfahne, wenn der Ball von einem gegnerischen Spieler über die eigene Torlinie gespielt wurde;* Syn ⟨Fußb.⟩ *Eckstoß*

Ẹcke ⟨die; -, -n⟩ **1** *vorspringendes Stück, Spitze, Knick* **2** *Punkt, an dem zwei Linien od. Kanten zusammenstoßen, u. der dadurch entstehende Winkel;* Zus *Eckbank, Eckfenster, Eckplatz, Eckschrank; Straßenecke* **3** *Punkt, an dem zwei Häuserreihen zusammenstoßen;* Zus *Eckhaus* **4** ⟨Sp.; kurz für⟩ *Eckball* ▸ die ~ wird vom Linksaußen getreten ⟨Fußb.⟩ ▸ das ist eine gefährliche ~ *eine Straßenkreuzung, an der viele Unfälle passieren* ▸ es fehlt noch an allen ~n und Enden ⟨übertr.; umg.⟩ *überall, an vielem;* den Besen in die ~ stellen; der Wagen fuhr schnell um die ~; er wohnt gleich um die ~ ⟨umg.⟩ *in nächster Nähe;* jmdm. um die ~ bringen ⟨übertr.; umg.⟩ *töten, ermorden;* um ein paar ~n herum mit jmdm. verwandt sein ⟨übertr.; umg.⟩ *weitläufig*

ẹckig ⟨Adj.⟩ **1** *mit Ecken versehen (nicht rund), spitz, kantig* **2** ⟨übertr.⟩ *unbeholfen* ▸ er machte ~e Bewegungen

Ẹck|pfei|ler ⟨der; -s, -⟩ **1** *äußerster Pfeiler, Endpfeiler (einer Brücke)* **2** ⟨übertr.⟩ *starke Stütze, Grundsatz* ▸ die beiden ~ seiner Lehre ⟨übertr.⟩

Ẹck|punkt ⟨der; -(e)s, -e⟩ **1** *Punkt, der die Ecke (einer geometrischen Figur) markiert* **2** ⟨übertr.⟩ *Eckdatum, Eckwert*

Ẹck|stoß ⟨der; -es, -stö|ße; Sp.; Fußball⟩ = *Eckball*

Ẹck|zahn ⟨der; -(e)s, -zäh|ne⟩ *auf die Schneidezähne folgender Zahn*

e̲del ⟨Adj.; e̲d|ler, am -s|ten⟩ **1** *kostbar, wertvoll, vortrefflich* (Schmuck, Wein) **2** *menschenfreundlich, hilfsbereit, großherzig* (Charakter, Gesinnung, Tat) **3** ⟨veraltet⟩ *adlig, von vornehmer Herkunft* (Geschlecht); Zus *Edelfrau, Edelmann* **4** *rassig* (Pferd)

E̲del|me|tall ⟨das; -(e)s, -e⟩ *Metall, das beim Erhitzen an der Luft nicht oxidiert u. von den meisten Chemikalien nicht angegriffen wird: Gold, Platin, Silber, Quecksilber*

E̲del|mut ⟨der; -(e)s; unz.⟩ *Groß-, Hochherzigkeit, Anständigkeit;* Abl *edelmütig*

E̲del|stahl ⟨der; -(e)s, -e od. der; -(e)s, -stäh|le⟩ *rostfreier Stahl*

E̲del|stein ⟨der; -s, -e; Min.⟩ *jedes durch Schönheit u. Klarheit der Farbe, Durchsichtigkeit, Glanz, Härte u. hohe Lichtbrechung ausgezeichnete Mineral*

E̲del|weiß ⟨das; -es, -e; Bot.⟩ *eine Alpenblume mit gelblich weißen Blütenköpfen*

E̲den ⟨das; -s; unz. AT⟩ (der Garten) ~ *Paradies*

edi̲e|ren ⟨V. trans.; ediert, edier|te, hat ediert⟩ Bücher ~ *herausgeben, veröffentlichen*

Edị̲kt ⟨das; -(e)s, -e⟩ *Erlass, Verordnung, öffentl. Bekanntmachung;* Zus *Regierungsedikt*

Edi|ti|o̲n ⟨die; -, -en; Abk.: Ed.⟩ *Ausgabe, Auflage (von Büchern, Musikalien)*

EDV ⟨Abk. für⟩ *elektronische Datenverarbeitung*

E̲feu ⟨der; -s; unz.; Bot.⟩ *Kletterpflanze mit immergrünen Blättern u. gelbgrünen Blüten, die nach oben wächst od. am Boden kriecht*

Eff|ẹff ⟨das; nur in den Wendungen⟩ etwas aus dem ~ beherrschen, können, verstehen *sehr gut, problemlos*

Ef|fẹkt ⟨der; -(e)s, -e⟩ **1** *Wirkung, Eindruck;* Zus *Lichteffekt* **2** *Ergebnis, Erfolg* ▸ dieser ~ war beabsichtigt

Ef|fẹk|ten ⟨Pl.; Wirtsch.⟩ **1** *Wertpapiere;* Zus *Effektenbörse, Effektenhandel* **2** *Urkunden über langfristige Kapitalanlagen, bewegl. Habe, Besitz (an Waren)*

Ef|fekt|ha|sche|re̲i ⟨die; -; unz.; abwertend⟩ *Bemühen, Wirkung zu erzielen*

ef|fek|ti̲v ⟨Adj.⟩ **1** *tatsächlich, wirklich* **2** *wirksam, gewinnbringend;* Ggs *ineffektiv;* Abl *Effektivität; effektivieren* ▸ ~e Arbeitsmethoden

ef|fẹkt|voll ⟨Adj.⟩ *auf Effekt bedacht, wirkungsvoll, eine erwünschte Folge bewirkend* ▸ eine ~e Vorstellung

ef|fi|zi|ẹnt ⟨Adj.; -er, am -es|ten⟩ *wirksam u. ökonomisch;* Ggs *ineffizient* ▸ möglichst ~ arbeiten; ~ und kostengünstig; Abl *Effizienz*

ega̲l ⟨Adj.⟩ *unbedeutend, gleichgültig, einerlei* ▸ das ist mir ganz ~; ~, was ich mache, es ist immer falsch; es ist ~, ob du morgens oder abends kommst

E̲gel ⟨der; -s, -; Zool.⟩ *eine Wurmart;* →a. *Blutegel*

Ẹg|ge ⟨die; -, -n; Landw.⟩ *Gerät zum Lockern, Zerkrümeln u. Einebnen des Ackerbodens;* Abl *eggen*

E̲go ⟨das; -; unz.⟩ *das Ich;* →a. *Alter Ego* ▸ ihre Komplimente schmeicheln seinem ~

Ego|ị|smus ⟨der; -; unz.⟩ *Ichsucht, Selbstsucht;* Ggs *Altruismus* ▸ sein Verhalten war stark von ~ geprägt

Ego|ị|st ⟨der; -en, -en⟩ *jmd., der nur an sich selbst denkt;* ▸ er ist ein ~, wie er im Buche steht; Abl *Egoistin; egoistisch*

Ego|zẹn|t|ri|ker ⟨der; -s, -⟩ *jmd., der das eigene Ich in den Mittelpunkt stellt, nur vom eigenen Ich aus denkt u. handelt, alles auf das eigene Ich bezieht;* Abl *Egozentrikerin; egozentrisch*

e̲h[1] ⟨Adv.⟩ *früher, damals* ▸ seit ~ und je *schon immer;* wie ~ und je

e̲h[2] ⟨Abtönungspartikel⟩ *sowieso* ▸ das nützt ~ nichts!

e̲he ⟨Konj.⟩ *bevor* ▸ ~ wir gehen, wollen wir noch schnell …

E

Ehe ⟨die; -, -n⟩ **1** *Lebensgemeinschaft zwischen Mann u. Frau nach der Heirat* **2** *gesetzlich geregelte Lebensgemeinschaft gleichgeschlechtlicher Paare* ▸ in den (heiligen) Stand der ~ treten *heiraten* ▸ eine ~ auflösen, scheiden, trennen, für ungültig erklären; die ~ eingehen, vollziehen, schließen *heiraten;* eine glückliche, unglückliche ~ führen ▸ er ist in zweiter ~ verheiratet ▸ Kinder aus erster ~; Kinder, Grundbesitz mit in die ~ bringen; Zus *Eheberatung, Ehegatte, Ehegattin, Eheleute, Ehepaar, Ehepartner(in); eheähnlich*

Ehe|bett ⟨das; -(e)s, -en⟩ *Doppelbett für Eheleute*

Ehe|bre|cher ⟨der; -s, -⟩ *jmd., der die eheliche Treue verletzt;* Abl *Ehebrecherin; ehebrecherisch*

Ehe|bruch ⟨der; -(e)s, -brü|che⟩ *Verletzung der ehelichen Treue, eheliche Untreue*

ehe|dem ⟨Adv.⟩ *einst, vordem, vormals*

Ehe|frau ⟨die; -, -en⟩ *weibl. Partner einer Ehe;* Syn *Ehegattin*

ehe|lich ⟨Adj.⟩ **1** *zur Ehe gehörig, in der Ehe üblich* (Pflichten, Rechte) **2** *aus einer gültigen Ehe stammend* (Kinder)

ehe|li|chen ⟨V. trans.; ehe|licht, ehe|lich|te, hat geehe|licht⟩ jmdn. ~ *heiraten*

ehe|los ⟨Adj.⟩ *unverheiratet, ledig;* Abl *Ehelosigkeit*

ehe|ma|lig ⟨Adj.⟩ *einstig, früher*

ehe|mals ⟨Adv.⟩ *einst, früher* ▸ ~ konnte er gut turnen

Ehe|mann ⟨der; -(e)s, -män|ner⟩ *männlicher Partner einer Ehe*

eher ⟨Adv.⟩ **1** *früher* **2** *lieber, leichter* **3** *mehr, vielmehr* ▸ er ist von mittlerem, ~ kleinerem Wuchs ▸ ich konnte leider nicht ~ kommen; je ~ du kommst, umso lieber ist es mir; morgen würde es ~ passen!; das könnte man schon ~ sagen! ▸ alles andere ~ als das!; sie war ~ da als er; je ~, desto besser, lieber

Ehe|ring ⟨der; -(e)s, -e⟩ = *Trauring*

Ehe|schlie|ßung ⟨die; -, -en⟩ *Heirat*

Ehe|ver|trag ⟨der; -(e)s, -trä|ge⟩ *Vereinbarung der Eheleute über ihre finanziellen Verhältnisse*

ehr|bar ⟨Adj.⟩ **1** *achtenswert, ehrenwert, ehrenhaft* (Mensch) **2** *der Sitte entsprechend* (Benehmen); Abl *Ehrbarkeit*

Eh|re ⟨die; -, -n⟩ **1** *Achtung, Anerkennung* **2** *Ruf, Ansehen* **3** *innerer Wert, Sittlichkeit, Ehrgefühl* **4** *Auszeichnung, Ehrung* **5** ⟨Rel.⟩ *Ruhm, Lobpreisung* ▸ einer Sache alle ~ antun *sie ehrenvoll behandeln;* das bringt ihm keine ~; jmdm. ~ erweisen; jmdm. die letzte ~ erweisen *ihn zu Grabe geleiten;* mit wem habe ich die ~? *(steife Höflichkeitsfloskel) mit wem spreche ich?;* jmdm. ~ machen *Anerkennung einbringen;* das Werk macht seinem Meister ~; sein: es ist mit eine besondere ~; ~ sei Gott in der Höhe!; was verschafft mir die ~ (Ihres Besuches)? ▸ bei meiner ~! *(Beteuerung);* es ist eine große ~ für mich!; etwas in ~n halten *treu, sorglich bewahren;* jmds. Andenken in ~n halten *treu, sorglich bewahren;* jmdn. mit militärischen ~n empfangen; jmdn. um seine ~ bringen *jmdn. verleumden, in schlechten Ruf bringen;* ein Mann von ~; ich rechne es mir zur ~ an, dass … *ich fühle mich geehrt, ausgezeichnet*

eh|ren ⟨V. trans.; ehrt, ehr|te, hat ge|ehrt⟩ **1** jmdn. od. etwas ~ *achten, verehren* **2** jmdn. od. etwas ~ *aus würdigem Anlass feiern* **3** jmdn. ~ *stolz machen* ▸ sein Vertrauen ehrt mich; jmds. Verdienste ~; man ehrte ihn durch einen Nachruf; er wurde mit einer Festschrift, Rede geehrt; sehr geehrter Herr! *(Anrede im Brief);* er fühlt sich durch die Einladung sehr geehrt

Eh|ren|amt ⟨das; -(e)s, -äm|ter⟩ *unentgeltlich ausgeübtes Amt* ▸ ein ~ übernehmen; Abl *ehrenamtlich*

Eh|ren|bür|ger ⟨der; -s, -⟩ **1** *Ehrentitel für eine Person, die sich um eine Stadt (od. Hochschule) bes. verdient gemacht hat* **2** *die Person, die als Ehrenbürger (1) ausgezeichnet wurde;* Abl *Ehrenbürgerin*

Eh|ren|dok|tor ⟨der; -s, -en; Abk.: Dr. h. c.⟩ *Doktor ehrenhalber (von Hochschulen ohne Prüfung verliehener Titel);* →a. *Doktor*

Eh|ren|gast ⟨der; -(e)s, -gäs|te⟩ *prominente Persönlichkeit als Gast*

eh|ren|haft ⟨Adj.; -er, am -es|ten⟩ *anständig, untadelig, rechtschaffen;* Abl *Ehrenhaftigkeit*

Eh|ren|mann ⟨der; -(e)s, -män|ner⟩ *ehrenhafter, redlicher Mensch*

Eh|ren|mit|glied ⟨das; -(e)s, -er⟩ *Mitglied durch Auszeichnung*

Eh|ren|mord ⟨der; -(e)s, -e⟩ *Ermordung eines weiblichen Familienmitgliedes (z. B. bei Bestehen einer unehelichen Schwangerschaft), die mit der Wiederherstellung der Familienehre begründet u. in einigen islamischen Ländern praktiziert wird*

Eh|ren|ret|tung ⟨die; -; unz.⟩ *Verteidigung gegen persönl. Angriffe, Beleidigung usw.* ▸ zu seiner ~ sei gesagt, …

eh|ren|rüh|rig ⟨Adj.⟩ *beleidigend, das Ehrgefühl verletzend* ▸ eine ~e Behauptung

Eh|ren|sa|che ⟨die; -, -n⟩ **1** *die Ehre betreffende Angelegenheit* **2** ⟨umg.⟩ *selbstverständlich, freudig u. stolz erfüllte Pflicht* ▸ es ging um eine ~; Diskretion ist ~; das ist doch ~!

Eh|ren|tag ⟨der; -(e)s, -e⟩ *Erinnerungstag, Tag zum Gedenken an ein bes. Ereignis, bes. festl. begangener Tag,* z. B. Hochzeitstag, Geburtstag

eh|ren|voll ⟨Adj.⟩ **1** *Ehre, Lob, Anerkennung bringend* **2** *ruhmreich, anständig* ▸ ein ~er Friede

eh|ren|wert ⟨Adj.; -er, am -es|ten⟩ *achtbar, anständig, rechtschaffen, würdig* ▸ ein ~er Mann

Eh|ren|wort ⟨das; -(e)s, -wör|ter⟩ *feierl. Versprechen, feierl. Bekräftigung einer Aussage* ▸ mein ~; jmdm. sein ~ geben; Abl *ehrenwörtlich*

ehr|er|bie|tig ⟨Adj.⟩ *achtungsvoll, respektvoll* ▸ jmdn. ~ grüßen; Abl *Ehrerbietung*

Ehr|furcht ⟨die; -; unz.⟩ *tiefe Achtung, heiliger Respekt* ▸ jmdm. seine ~ bezeigen; vor jmdm. od. etwas ~ haben, hegen; eine ~ einflößende Persönlichkeit; Abl *ehrfürchtig, ehrfurchtsvoll*

Ehr|ge|fühl ⟨das; -(e)s; unz.⟩ *Gefühl für Ehre, Würde u. Anstand* ▸ ein stark ausgeprägtes ~ haben; er hat kein ~; etwas aus falschem, verletztem ~ heraus tun

Ehr|geiz ⟨der; -es; unz.⟩ *das Streben, vorwärtszukommen* ▸ brennender, heftiger, krankhafter, übertriebener ~; er tut es aus ~; er ist vom, von ~ besessen; Abl *ehrgeizig*

ehr|lich ⟨Adj.⟩ **1** *ehrenhaft, aufrichtig, rechtschaffen, die Wahrheit sprechend;* Abl *Ehrlichkeit* **2** ⟨umg.; verstärkend⟩ *wirklich, bestimmt* ▸ aber ~!; es tut mir leid, ~! ⟨umg.; verstärkend⟩ ▸ die ~e **Absicht** haben zu kommen; eine ~e **Haut** ⟨umg.⟩ *ein aufrichtiger Mensch* ▸ sich ~ um etwas **bemühen** ⟨umg.; verstärkend⟩; ~ **spielen** ▸ das ist ~ **gut** ⟨umg.; verstärkend⟩ *echt, wirklich gut*

ehr|los ⟨Adj.⟩ *unehrenhaft, unanständig, ohne Ehre* ▸ ein ~es Verhalten; Abl *Ehrlosigkeit*

Eh|rung ⟨die; -, -en⟩ *sichtbarer Beweis der Achtung für jmdn.* ▸ er wurde mit ~en überhäuft; bei seinem Jubiläum wurden ihm zahlreiche ~en zuteil

ehr|wür|dig ⟨Adj.⟩ *ehrfurchteinflößend, achtunggebietend, durch Alter respektgebietend* ▸ ein ~er Greis; Abl *Ehrwürdigkeit*

Ei ⟨das; -(e)s, -er⟩ **1** *ovale Zelle der Lebewesen, aus der sich Nachkommen entwickeln können;* Syn *Eizelle* **2** *mit einer Schale umhülltes, von Vögeln (bes. Hühnern) gelegtes ovales Gebilde, das deren Nachkommen enthält;* Abl *eiförmig;* Zus *Eidotter, Eierschale; Hühnerei, Vogelei* **3** *das (meist vom Huhn stammende) Ei (2) als Speise* **4** ⟨meist Pl.; derb⟩ *Hoden* ▸ das ~ des **Kolumbus** ⟨übertr.⟩ *überraschend einfache Lösung eines Problems* ▸ ~er **aufschlagen,** braten, kochen, schälen; die ~er **ausbrüten;** die Henne hat ein ~ **gelegt;** ein ~ **trennen** *Eiweiß u. Eigelb trennen;* jmdm. in die ~er **treten** ⟨derb⟩ ▸ ein **angebrütetes,** angeschlagenes, faules, frisches, gebratenes, hart- bzw. weichgekochtes ~; ach, du **dickes** ~! ⟨umg.⟩ *(Ausruf des Erstaunens);* **pochierte,** verlorene ~er *in kochendes Wasser geschlagene Eier* ▸ die Küken schlüpfen **aus** dem ~; wie aus dem ~ gepellt aussehen ⟨umg.⟩ *sauber u. sorgfältig angezogen, gepflegt sein;* die Zwillinge gleichen sich **wie** ein ~ dem anderen *sind sich zum Verwechseln ähnlich;* man muss ihn, es wie ein rohes ~ behandeln *ihn, es äußerst behutsam behandeln*

...ei ⟨Nachsilbe; zur Bildung weibl. Subst.; die; -, -en⟩ *ein Gewerbe, eine Gesamtheit, Wiederholung od. ein anhaltendes Tun bezeichnend,* z. B. Bücherei, Fleischerei, Jägerei, Raserei, Singerei

Ei|be ⟨die; -, -n; Bot.⟩ *ein Nadelbaum*

Ei|che ⟨die; -, -n; Bot.⟩ *ein Laubbaum, der ovale Früchte (Eicheln) trägt;* Zus *Eichenholz, Eichenlaub, Eichenwald*

Ei|chel ⟨die; -, -n⟩ **1** *Frucht der Eiche* **2** ⟨Kart.⟩ *Farbe der dt. Spielkarte, entspricht dem Kreuz der frz. Spielkarte* **3** ⟨Anat.⟩ *vorderster Teil des männl. Gliedes u. des weibl. Kitzlers*

ei|chen ⟨V. trans.; eicht, eich|te, hat ge|eicht⟩ Maße, Messgeräte ~ *(durch das Eichamt od. einen Eichmeister) prüfen, mit Normen in Übereinstimmung bringen u. als geeicht kennzeichnen* ▸ geeichte Gefäße, Gewichte; auf etwas geeicht sein ⟨übertr.; umg.⟩ *sich bes. gut auf etwas verstehen*

Eich|hörn|chen ⟨das; -s, -; Zool.⟩ *ein Nagetier mit langem, buschigem, zum Springen dienendem Schwanz;* Syn *Eichkatze*

Eid ⟨der; -(e)s, -e⟩ *feierl. Versicherung, Schwur, in vorgeschriebener Form, die Wahrheit gesagt u. nichts verschwiegen zu haben* ▸ einen ~ **ablegen,** leisten, schwören; jmdm. einen ~ **abnehmen** *jmdn. schwören lassen;* den ~ **brechen** ▸ einen **falschen** ~ schwören *einen Meineid* ▸ Erklärung **an** ~es statt *Erklärung, die jederzeit beschworen werden kann;* den ~ **auf** die Verfassung ablegen; etwas **durch** einen ~ gebunden sein; **unter** ~ vor Gericht aussagen; Zus *Eidesformel*

Ei|dech|se ⟨[-ks-] die; -, -n; Zool.⟩ *eine kleine Art der Echsen, die bes. in den warmen u. gemäßigten Zonen aller Erdteile verbreitet ist*

ei|des|statt|lich ⟨Adj.⟩ *einen Eid vertretend, jederzeit beschwörbar* ▸ eine ~e Erklärung abgeben

Eid|ge|nos|se ⟨der; -n, -n⟩ **1** *Mitglied einer Eidgenossenschaft* **2** *durch Eid verbundener Freund*

Eid|ge|nos|sen|schaft ⟨die; -, -en⟩ *religiöser od. politischer Zusammenschluss, besonders die Schweizerische Eidgenossenschaft*

eid|ge|nös|sisch ⟨Adj.⟩ *die Eidgenossenschaft betreffend, zu ihr gehörig, von ihr stammend*

Ei|er|be|cher ⟨der; -s, -⟩ *Gefäß zum Aufstellen eines gekochten Eies*

Ei|er|ku|chen ⟨der; -s, -⟩ = *Pfannkuchen*

Ei|er|li|kör ⟨der; -s, -e⟩ *aus Alkohol, Eigelb u. Zucker hergestellter Likör*

ei|ern ⟨V. intr.; ei|ert, ei|er|te, hat ge|ei|ert; umg.⟩ *sich ungleichmäßig drehen, bewegen* (Rad)

Ei|er|stich ⟨der; -(e)s; unz.⟩ *Mischung aus Eiern u. Milch, die im Wasserbad gekocht u. als Einlage in klare Suppen gegeben wird*

Ei|er|stock ⟨der; -(e)s, -stö|cke; Anat.⟩ *aus einem paarigen Organ bestehende weibl. Keimdrüse;* Zus *Eierstockentzündung, Eierstockschwangerschaft*

Ei|er|tanz ⟨der; -es, -tän|ze⟩ *äußerst vorsichtiges Verhalten in einer heiklen od. gefährlichen Lage* ▸ einen ~ aufführen

Ei|er|uhr ⟨die; -, -en⟩ *beim Kochen von Eiern verwendete Uhr, z. B. Sanduhr*

Ei|fer ⟨der; -s; unz.⟩ **1** *ernsthaftes Streben, lebhafter Fleiß* **2** *Tatendrang, Energie, Begeisterung* ▸ etwas im ~ des Gefechts übersehen, vergessen ⟨übertr., umg.⟩ *vor Aufregung;* etwas mit ~ betreiben, unternehmen, verteidigen; mit großem ~ bei der Sache sein

Ei|fe|rer ⟨der; -s, -⟩ *jmd., der eine Sache übertrieben heftig vertritt (besonders auf politischem u. religiösem Gebiet)* ▸ ein missionarischer ~

ei|fern ⟨V. intr.; ei|fert, ei|fer|te, hat ge|ei|fert⟩ gegen etwas ~ *heftig, zornig gegen etwas reden*

Ei|fer|sucht ⟨die; -; unz.⟩ **1** *leidenschaftl. Streben nach Alleinbesitz, Geltung u. Ä.* **2** *Angst vor Nebenbuhlern od. Zurücksetzung* ▸ ~ empfinden; aus ~ handeln; er verfolgte sie mit seiner ~

E

E

ei|fer|süch|tig ‹Adj.› *Eifersucht empfindend* ▸ jmdn. ~ machen; ~ sein auf etwas od. jmdn.

eif|rig ‹Adj.› *mit Eifer tätig, lebhaft strebend, bemüht, emsig* ▸ ein ~er Arbeiter, Schüler; ~ arbeiten, lernen, studieren; ~ um etwas bemüht sein

Ei|gelb ‹das; -s, -e; bei Mengenangaben Pl.: -› *das Gelbe im Ei, Dotter* ▸ man nehme drei ~

ei|gen ‹Adj.› **1** *mit einer Person od. Sache eng verknüpft, in ihrem Besitz* **2** *einer Person od. einer Sache eigentümlich, sie charakterisierend* **3** *wunderlich, sonderbar, merkwürdig* ▸ diese Anschauung ist ihm ~; mit der ihm ~en Tatkraft ▸ er hat es aus ~em Antrieb getan; er wollte es mit ~en Augen sehen ‹umg.› *sich selbst davon überzeugen;* ein Zimmer mit ~em Eingang; er steht mittlerweile auf ~en Füßen ‹übertr.› *er ist mittlerweile selbstständig;* etwas auf ~e Gefahr, Rechnung, Verantwortung tun; ein ~es Haus, eine ~e Wohnung haben; keine ~e Meinung haben; er ist ein sehr ~er Mensch; es ist zu deinem ~en Nutzen, Schaden, Vorteil; in ~er Sache sprechen *über etwas, das einen selbst betrifft;* ich habe es aus ~er Tasche bezahlt ‹umg.› *selbst;* man kann ja vor Lärm sein ~es Wort nicht verstehen! ‹umg.›; sein: er ist darin sehr ~ ▸ ich habe es mir zu ~ gemacht *mir geistig angeeignet, es gelernt*

Ei|gen ‹das; -s; unz.› *Besitz* ▸ etwas sein ~ nennen; das ist sein ~ *sein Eigentum*

Ei|gen|art ‹die; -, -en› **1** *Gesamtheit der Merkmale, Wesen* **2** *Eigentümlichkeit, charakteristisches Kennzeichen, Besonderheit* ▸ eine ~ dieser Pflanze besteht darin, dass ...; dies ist eine merkwürdige ~ von ihm; jeder Mensch in seiner besonderen ~

ei|gen|ar|tig ‹Adj.› *merkwürdig, sonderbar*

Ei|gen|be|darf ‹der; -(e)s; unz.› *Bedarf für jmdn. selbst* ▸ ~ geltend machen *einem Mieter kündigen, um Wohnraum selbst zu nutzen*

Ei|gen|bröt|ler ‹der; -s, -› *Einzelgänger, Mensch, der sich abkapselt, seine eigenen Wege geht, Sonderling;* Abl *Eigenbrötlerin; eigenbrötlerisch*

Ei|gen|dy|na|mik ‹die; -; unz.› *meist nicht mehr steuerbare, von selbst ablaufende Entwicklung* ▸ die Grenzstreitigkeiten entwickeln eine ~, die einen Krieg auslösen könnte

Ei|gen|heim ‹das; -(e)s, -e› *vom Hauseigentümer selbst bewohntes Einfamilienhaus*

Ei|gen|heit ‹die; -, -en› *besondere, unterscheidende (oft etwas merkwürdige) Eigenschaft* ▸ er hat seine ~en; auf jmds. ~en Rücksicht nehmen

Ei|gen|in|i|ti|a|ti|ve ‹[-və] die; -, -n› *eigene Initiative (einer od. mehrerer Personen) zur Verwirklichung bestimmter Forderungen, Pläne od. Vorhaben* ▸ einen Kindergarten in ~ betreiben; ~ zeigen; eine ~ gründen

Ei|gen|ka|pi|tal ‹das; -s; unz.› **1** *von einer Firma durch Einlagen od. nicht abgehobene Gewinne im Unternehmen eingesetzte Kapital* **2** ‹allg.› *das aus eigenen Mitteln erbrachte Kapital*

Ei|gen|le|ben ‹das; -s; unz.› *Leben nach eigenen Grundsätzen, unabhängige Lebensform* ▸ ein ~ entwickeln, führen

Ei|gen|lob ‹das; -(e)s; unz.› *Lob eigener Fähigkeiten od. Verdienste;* Syn *Selbstlob* ▸ ~ stinkt ‹übertr.; umg.› *ist unangebracht*

ei|gen|mäch|tig ‹Adj.› *unbefugt, ohne den Zuständigen zu fragen* ▸ ein ~es Handeln, Vorgehen; er hat ~ gehandelt; Abl *Eigenmächtigkeit*

Ei|gen|na|me ‹der; -ns, -n; Gramm.› *Name von Einzelwesen (Personen-, Länder-, Firmenname usw.);* →a. *Sammelname;*

Ei|gen|nutz ‹der; -es; unz.› **1** *der eigene Vorteil* **2** *das rücksichtslose Streben danach* ▸ aus ~ handeln

ei|gen|nüt|zig ‹Adj.› *rücksichtslos auf Eigennutz bedacht;* Abl *Eigennützigkeit*

ei|gens ‹Adv.› *ausschließlich, nur* ▸ ich bin ~ gekommen, um mich mit dir auszusöhnen; das ist ~ für dich bestimmt; ~ zu diesem Zweck

Ei|gen|schaft ‹die; -, -en› **1** *besonderes Kennzeichen, Merkmal, Wesensart, Besonderheit* **2** *Stellung, Funktion* ▸ die hierfür notwendigen ~en fehlen ihm; diese ~ schätze ich besonders an ihm; gute, schlechte ~en haben; in meiner ~ als Vorsitzender begrüße ich die Anwesenden

Ei|gen|schafts|wort ‹das; -(e)s, -wör|ter; Gramm.› = *Adjektiv*

Ei|gen|sinn ‹der; -(e)s; unz.› *zähes, stures Festhalten an einer Meinung, einem Vorhaben usw.*

ei|gen|sin|nig ‹Adj.› *voller Eigensinn, halsstarrig, dickköpfig;* Abl *Eigensinnigkeit*

ei|gen|stän|dig ‹Adj.› *nach eigenen Grundsätzen od. Gesetzen lebend, unabhängig, selbstständig;* Abl *Eigenständigkeit*

ei|gent|lich[1] ‹Adj.› *wahr, wirklich* ▸ die ~e Bedeutung dieses Wortes; die ~e Frage ist ja, ob sein Verhalten richtig war; sein ~er Name ist Bernhard

ei|gent|lich[2] ‹Adv.; Abk.: eigtl.› **1** *im Grunde genommen, streng genommen, genau gesagt* **2** *ursprünglich* ▸ ~ hast du Recht; ~ sollte man sich nicht darum kümmern; ~ wollten wir nur ein Stündchen bleiben, aber nun sind wir schon vier Stunden hier

ei|gent|lich[3] ‹Abtönungspartikel; abschwächend› *in Wirklichkeit* ▸ was ist ~ geschehen?; was ist ~ mit dir los?; was will er ~?

Ei|gen|tor ‹das; -(e)s, -e; Sp.› *versehentlicher Treffer ins Tor der eigenen Mannschaft* ▸ ein ~ schießen ‹a. übertr.› *sich unbeabsichtigt selbst schaden, während man gegen jmd. anderen od. etwas vorgeht*

Ei|gen|tum ‹das; -s; unz.› *Besitz, Sache, über die jmd. allein verfügen kann* ▸ geistiges ~, persönliches, privates, öffentliches ~; das ist mein ~ *das gehört mir;* Zus *Eigentumsrecht*

Ei|gen|tü|mer ‹der; -s, -› *jmd., dem etwas gehört, dem das Besitzrecht an einer Sache zusteht, Besitzer;* Abl *Eigentümerin*

ei|gen|tüm|lich ‹Adj.› **1** *jmdm. od. einer Sache zugehörig* **2** *merkwürdig, sonderbar* ▸ es ist ihm ~; eine ~e Sache!; Abl *Eigentümlichkeit*

Ei|gen|tums|woh|nung <die; -, -en> *Wohnung, an der man ein Eigentumsrecht hat* ▸ sie haben sich eine ~ gekauft

ei|gen|ver|ant|wort|lich <Adj.> *in eigener Verantwortung* ▸ er handelt ~

Eigen|ver|ant|wor|tung <die; -, -en> *eigene Verantwortung* ▸ in ~ handeln; die ~ erhöhen

ei|gen|wil|lig <Adj.> *nach eigenen Grundsätzen denkend u. handelnd* ▸ er ist sehr ~; das Kunstwerk ist sehr ~ gestaltet; Abl *Eigenwilligkeit*

eig|nen <V. refl.; eig|net sich, eig|ne|te sich, hat sich ge|eig|net> sich für etwas, zu etwas ~ *für etwas passend, brauchbar, tauglich sein, zu etwas fähig sein,* er eignet sich nicht für diesen Beruf; sie eignet sich zur Schauspielerin; für etwas besonders geeignet sein

Eig|ner <der; -s, -> *Eigentümer;* Abl *Eignerin;* Zus *Schiffseigner*

Eig|nung <die; -, -en> *Tauglichkeit, Verwendbarkeit, Talent, Befähigung* ▸ eine besondere, keine ~ für etwas haben; Zus *Eignungsprüfung, Eignungstest*

Ei|klar <das; -s, -; österr.> = *Eiweiß (1)*

Ei|land <das; -(e)s, -e; poet.> *Insel*

Eil|bo|te <der; -n, -n> *Postangestellter, der eilige Sendungen rasch zustellt* ▸ durch ~n (zustellen)

Eil|brief <der; -(e)s, -e> *Brief, der mit normaler Post befördert, aber durch einen Eilboten sofort zugestellt wird*

Ei|le <die; -; unz.> *Hast, Zeitmangel, Drang zur Schnelligkeit* ▸ die Sache hat große ~ *es ist keine Zeit zu verlieren;* es hat ~ *es hat schnell zu geschehen;* damit hat es keine ~ *es hat Zeit;* in der ~ habe ich das vergessen; in (aller) ~ möchte ich dir mitteilen, dass alles erledigt ist; er ist immer in ~

Ei|lei|ter <der; -s, -; Anat.> *jedes der beiden Rohre zum Transport des Eies von den Eierstöcken zur Gebärmutterhöhle*

ei|len <V. intr.; eilt, eil|te, ist ge|eilt> **1** an einen bestimmten Ort ~ *sich schnell dort hinbewegen* **2** etwas eilt *ist dringend, drängt* **3** <unpers.> es eilt jmdm. mit etwas *jmd. möchte, dass etwas schnell erledigt wird* ▸ die Sache eilt! ▸ es eilt mir damit; damit eilt es noch nicht; nach Hause ~; jmdm. zu Hilfe ~; zum Arzt ~

ei|lends <Adv.> *schnell, schleunigst, sofort, rasch* ▸ er machte sich ~ auf

eil|fer|tig <Adj.> *dienstfertig, dienstbeflissen, überstürzt, eilig, hastig;* Abl *Eilfertigkeit*

ei|lig <Adj.> **1** *dringend, dringlich* **2** *rasch, schnell, in Eile befindlich* ▸ nur nicht so ~! ▸ es handelt sich um eine ~e Angelegenheit, Mitteilung ▸ ~ davonlaufen; hast du es ~? *bist du in Eile?;* sein: die Sache ist sehr ~ ▸ er hatte nichts Eiligeres zu tun, als sich eine Zigarette anzuzünden

Eil|tem|po <das; -s; unz.; umg.> *sehr schnelles Tempo* ▸ im ~

Ei|mer <der; -s, -> *Gefäß mit Henkel zum Tragen od. Aufbewahren von Flüssigkeiten, Abfällen usw.;* Abl *eimerweise;* Zus *Mülleimer, Wassereimer* ▸ ein ~ voll Wasser; es gießt wie aus ~n <übertr.; umg.> *es regnet heftig;* es ist im ~ <übertr.; umg.> *ist kaputt, verloren, vorbei*

ein[1] <unbest. Art.> *(etwas Einzelnes, den Einzelfall bezeichnend)* ▸ ~ Mann, ~e Frau, ~ Kind; <vor Eigennamen vergleichend> *ein Mann wie …, eine Frau wie …;* dies konnte nur ~ Beethoven komponieren; ~e andere; ~ jedes; ~ jeglicher ▸ ~en Eid ablegen; das Amt ~es Vorsitzenden übernehmen; es gab ~e Zeit, da … ▸ ~en trinken <umg.> *einen Schnaps trinken* ▸ in ~em derartigen Fall würde ich Beschwerde einlegen; er hat ~e günstige Gelegenheit verpasst; für sie ist es ~ wahres Glück; bei ~em so wichtigen Geschäft

ein/einer

Mit nachfolgendem Substantiv wird der unbestimmte Artikel *ein* nach Genus und Kasus abgewandelt: *Er bemerkte, dass ein Schüler fehlte. Ich sah eine Frau und ein Kind. Der Mann führte einen Hund an der Leine.* In diesen Sätzen meint *ein* eine unbestimmte Person oder Sache bzw. – wenn *ein* betont ist – genau eine Person oder Sache.

Ersetzt das unbestimmte Pronomen *einer, eine* oder *eines* ein Substantiv, so wird es stark flektiert, wenn der bestimmte Artikel fehlt: *Wir sahen zwei Jungen, einer telefonierte mit einem Handy. Das Tierheim hatte viele Katzen, eine gefiel uns besonders gut.*

Die verneinte Form des Artikels *ein* lautet kein: *Das steht gar kein Haus mehr.* Auch das Pronomen wird verneint zu keiner, keine, keines: *Er hatte viele Bewerbungen verschickt, keine war erfolgreich.*

Bei mehrteiligen Subjekten (z. B. *du oder ich, Vater oder Mutter, Hans oder Susanne*) dient das Pronomen *einer* auch dazu, umständliche Satzkonstruktionen zu vermeiden: *Du oder ich, einer von uns beiden, muss mit ihm sprechen* (statt: *Du oder ich muss mit ihm sprechen.*)

ein[2] <Indefinitpron.> **1** *irgendeiner, jemand* **2** *jeden* **3** *man* ▸ <ohne Art. flektiert es stark> ~er, ~e, ~es; <mit best. Art. flektiert es schwach> der ~e/Eine, die ~e/Eine, das ~e/Eine; wieder ~er!; noch ~er!; geben Sie mir noch so ~es, <od.> ~s!; sie helfen ~er dem anderen / Einer dem Anderen, <od.> ~er hilft dem andern / Einer hilft dem Andern *jeder hilft dem andern;* er war ~er von ihnen; ~er von vielen ▸ ~er meiner Freunde ist tötlich verunglückt ▸ es freut ~en, wenn man so etwas hört *man freut sich;* die ~en sagen, es stimmt, die anderen glauben es nicht; sein: du bist vielleicht ~er! *was machst du bloß für Sachen!;* seine Tochter ist sein Ein und Alles; er tut ~em wirklich leid *er tut doch jedem leid* ▸ weder der ~e noch der andere / Eine noch der Andere; der ~e oder andere *mancher, einige;* der ~e oder andere wird es schon verstehen; ~ und derselbe <verstärkend> *derselbe;* es ist doch

~er **wie** der andere! *es sind doch alle gleich* ▸ **was** für ~e?

ein[3] ⟨Adj.; Kardinalzahl; als Ziffer: 1⟩ *(die Anzahl, den Zahlenwert eins bezeichnend)* ▸ ~es, ⟨od.⟩ ~s ist wichtig; ich kann dir nichts abgeben, ich habe nur ~es, ~s, ~en; das ~e will ich dir sagen ⟨warnend⟩ ▸ ~ **Drittel,** ~ Viertel; ~ **Mal** = *einmal*[1] *(1);* ~er **Meinung** sein *der gleichen Meinung;* mit ~em **Paar** Strümpfe kommst du nicht aus; er hat nicht ~en (einzigen) **Tag** gefehlt; es ist ~ **Uhr** ▸ zwei große Stücke und ~ **kleines** ▸ es wird ~en, ⟨umg.⟩ ~ **bis** zwei Tage dauern; ~ **für** alle Mal *einmal u. nicht noch einmal, endgültig;* **in** ~em fort reden *ununterbrochen;* **mit** ~em Schlag *plötzlich;* ~er **von** beiden; **zum** einen …, zum anderen …

ein[4] ⟨Adv.⟩ *hinein, herein* ▸ ~ und aus; bei jmdm. ~ und aus gehen *bei jmdm. häufiger Gast sein;* nicht mehr ~ noch aus wissen *sich in einer ausweglosen Situation befinden*

ein…[1] ⟨in Zus.⟩ *hinein…,* z. B. einfahren, einnehmen, einstecken

ein…[2] ⟨in Zus.⟩ *aus einem Einzigen bestehend,* z. B. einsilbig, einstündig

ei|n|an|der ⟨Adv.⟩ *(sich) gegenseitig* ▸ sie hatten ~ so lieb; sie helfen ~

ein|ar|bei|ten ⟨V. trans.; ar|bei|tet ein, ar|bei|te|te ein, hat ein|ge|ar|bei|tet, ein|zu|ar|bei|ten⟩ **1** jmdn. od. sich (in etwas) ~ *mit einer neuen Arbeit vertraut machen* **2** etwas (in etwas) ~ *in etwas hineinarbeiten, einfügen* ▸ ich muss meinen Nachfolger noch ~; er ist gut eingearbeitet *hat viel Übung, Erfahrung darin;* Abl *Einarbeitung*

ein|ar|mig ⟨Adj.⟩ *nur einen Arm besitzend*

ein|äschern ⟨V. trans.; äschert ein, äscher|te ein, hat ein|ge|äschert, ein|zu|äschern⟩ **1** etwas ~ *(zu Asche) verbrennen* **2** eine Leiche ~ *durch Feuerbestattung begraben* ▸ durch den Brand wurden mehrere Häuser eingeäschert; Abl *Einäscherung*

ein|at|men ⟨V.; at|met ein, at|me|te ein, hat ein|ge|at|met, ein|zu|at|men⟩ **I** ⟨V. intr.⟩ *Luft durch Mund od. Nase einziehen, Luft holen* **II** ⟨V. trans.⟩ Staub ~ *durch Mund u. Nase einsaugen;* Abl *Einatmung*

ein|äu|gig ⟨Adj.⟩ *mit nur einem Auge versehen* ▸ unter den Blinden ist der Einäugige König ⟨Sprichw.⟩

Ein|bahn|stra|ße ⟨die; -, -n⟩ *Straße, die nur in einer Richtung befahren werden darf* ▸ er ist gegen die ~ gefahren

ein|bal|sa|mie|ren ⟨V. trans.; bal|sa|miert ein, bal|sa|mier|te ein, hat ein|bal|sa|miert, ein|zu|bal|sa|mie|ren⟩ Leichen ~ *mit fäulnishindernden Stoffen zum Schutz vor Verwesung bearbeiten;* Abl *Einbalsamierung*

Ein|band ⟨der; -(e)s, -bän|de⟩ *Rücken u. Deckel (eines Buches);* Zus *Einbandentwurf; Ledereinband, Leineneinband*

Ein|bau ⟨der; -(e)s, -bau|ten⟩ *das Einbauen;* Zus *Einbauküche* ⓘ S. 254, *Einbaumöbel, Einbauschrank* ▸ ~ eines Bades; ~ eines Motors

ein|bau|en ⟨V. trans.; baut ein, bau|te ein, hat ein|ge|baut, ein|zu|bau|en⟩ etwas (in etwas) ~ *in etwas schon Vorhandenes passend einfügen* ▸ einen neuen Motor ~; Zitate in einen Vortrag ~ ⟨übertr.; umg.⟩; fertig eingebaute Schränke

ein|be|hal|ten ⟨V. trans.; be|hält ein, be|hielt ein, hat ein|be|hal|ten, ein|zu|be|hal|ten⟩ etwas ~ *nicht auszahlen, zurückbehalten* ▸ einen Betrag für bestimmte Zwecke ~

ein|bei|nig ⟨Adj.⟩ *mit nur einem Bein versehen* ▸ ein ~er Tisch

ein|be|ru|fen ⟨V. trans.; be|ruft ein, be|rief ein, hat ein|be|ru|fen, ein|zu|be|ru|fen⟩ **1** eine Versammlung ~ *zusammenrufen* **2** Rekruten ~ *zum Militär-, Wehrdienst rufen, auffordern;* Abl *Einberufung*

ein|be|to|nie|ren ⟨V. trans.; be|to|niert ein, be|to|nier|te ein, hat ein|be|to|niert, ein|zu|be|to|nie|ren⟩ etwas ~ *mit Beton umgeben, befestigen*

ein|bet|ten ⟨V. trans.; bet|tet ein, bet|te|te ein, hat ein|ge|bet|tet, ein|zu|bet|ten⟩ etwas (in etwas) ~ **1** *in etwas Umschließendes einfügen* **2** ⟨übertr.⟩ *in einen größeren Zusammenhang einfügen, einpassen* ▸ das Werk eines Künstlers in dessen lebensgeschichtlichen Hintergrund ~ ⟨übertr.⟩; das Hotel liegt eingebettet in eine, in einer idyllischen Flusslandschaft; Abl *Einbettung*

Ein|bett|zim|mer ⟨das; -s, -⟩ *Hotel-, Krankenhauszimmer mit nur einem Bett*

ein|be|zie|hen ⟨V. trans.; be|zieht ein, be|zog ein, hat ein|be|zo|gen, ein|zu|be|zie|hen⟩ jmdn. od. etwas (in etwas) ~ *hinzunehmen, hinzurechnen, hinzuzählen* ▸ wir sollten dieses neueste Forschungsergebnis mit in unseren Bericht ~; Abl *Einbeziehung, Einbezug*

ein|bie|gen ⟨V. intr.; biegt ein, bieg|te ein, ist ein|ge|biegt, ein|zu|bie|gen⟩ in eine Straße ~ *nach links od. rechts in eine S. gehen od. fahren, in eine S. einlenken, einmünden* ▸ in einen Seitenweg ~; diese Straße biegt in die Hauptstraße ein

ein|bil|den ⟨V. refl.; bil|det sich ein, bil|de|te sich ein, hat sich ein|ge|bil|det, sich ein|zu|bil|den⟩ sich etwas ~ *sich etwas fälschlich vorstellen, unberechtigt glauben, sich einreden* ▸ er bildet sich etwas, eine ganze Menge ein ⟨umg.⟩ *er ist hochmütig;* ich bilde mir nicht ein, schön zu sein; bilde dir ja nicht ein, dass ich dir das glaube!; er bildet sich nichts auf seinen Erfolg ein; sich auf seinen Reichtum etwas ~; →a. *eingebildet*

Ein|bil|dung ⟨die; -, -en⟩ *irrige Vorstellung* ▸ das sind ~en!; ~ ist auch eine Bildung ⟨umg.⟩ *du bist eingebildet u. sonst gar nichts;* das gibt es nur in deiner ~!

Ein|bil|dungs|kraft ⟨die; -; unz.⟩ *Fähigkeit, sich etwas deutlich vorzustellen, sich auszudenken, wie etwas sein könnte, Vorstellungskraft, Fantasie;* Syn *Einbildungsvermögen*

ein|bin|den ⟨V. trans.; bin|det ein, band ein, hat ein|ge|bun|den, ein|zu|bin|den⟩ **1** etwas (in etwas) ~ *hineinbinden* **2** etwas (in etwas) ~ *mit Binden, Tüchern usw. einwickeln* **3** ein Buch ~ *mit Deckel u. Rücken (Einband) versehen* **4** ⟨übertr.⟩ jmdn. od. etwas (in etwas) ~ *(in etwas) einbezie-*

hen, einfügen, integrieren ▸ die verletzte Hand ~; Bücher in Leinen, Leder ~ lassen; eine Zusicherung, Vergünstigung in einen Vertrag ~; Abl *Einbindung*

ein|bläu|en ⟨V. trans.; bläut ein, bläu|te ein, hat ein|ge|bläut, ein|zu|bläu|en; umg.⟩ jmdm. etwas ~ *sehr eindringlich einschärfen* ▸ wir haben den Kindern eingebläut, nur bei Grün über die Straße zu gehen

ein|blen|den ⟨V. trans.; blen|det ein, blen|de|te ein, hat ein|ge|blen|det⟩ eine Filmszene ~ *in eine andere (allmählich stärker werdend) einschalten*

Ein|blick ⟨der; -(e)s, -e⟩ *Kenntnis durch eigenen Augenschein* ▸ ~ in etwas bekommen, gewinnen; jmdm. ~ in etwas geben, gewähren; ich habe mir ~ in die Akten verschafft

ein|bre|chen ⟨V.⟩ **I** ⟨V. trans.; bricht ein, brach ein, hat ein|ge|bro|chen, ein|zu|bre|chen⟩ **1** eine Tür ~ *gewaltsam öffnen, eindrücken* **2** eine Wand ~ *zerstören, nieder-, einreißen* **II** ⟨V. intr.; bricht ein, brach ein, ist ein|ge|bro|chen, ein|zu|bre|chen⟩ **1** *zu Bruch gehen, zusammen-, nieder-, einstürzen* (Wand) **2** ins Eis ~ *(hin)einstürzen* **3** in etwas, bei jmdm. ~ *gewaltsam eindringen* (Einbrecher, Kriegshorden) **4** *plötzlich beginnen* (Dämmerung, Nacht) ▸ er ist beim Schlittschuhlaufen auf dem Eis eingebrochen; in unsere Wohnung wurde letzte Nacht eingebrochen

Ein|bre|cher ⟨der; -s, -⟩ *jmd., der gewaltsam in fremde Räume eindringt, einbricht;* Abl *Einbrecherin*

ein|bren|nen ⟨V.; brennt ein, brann|te ein, hat ein|ge|brannt, ein|zu|bren|nen⟩ **I** ⟨V. trans.⟩ (einem Tier) ein Brandmal ~ *mit glühendem Eisen o. Ä. eindrücken* **II** ⟨V. refl.; übertr.⟩ sich ~ *sich tief u. fest einprägen* ▸ dieser Abend brannte sich unauslöschlich in mein Gedächtnis ein

ein|brin|gen ⟨V.; bringt ein, brach|te ein, hat ein|ge|bracht, ein|zu|brin|gen⟩ **I** ⟨V. trans.⟩ **1** die Ernte ~ *herbeischaffen, bringen* **2** Wissen, Fähigkeiten ~ *beisteuern, mitbringen* **3** (jmdm.) etwas ~ *Nutzen bringen, Ertrag abwerfen* **4** ein Gesetz ~ *vorlegen* ▸ einen Antrag im Parlament ~; das Getreide, Heu ~; sein Geld so anlegen, dass es Zinsen einbringt ▸ 50.000 Euro in eine Firma ~; das Auto ist so alt, dass der Verkauf nichts mehr einbringt **II** ⟨V. refl.⟩ sich (in etwas) ~ *sich persönlich (an etwas) beteiligen, (dafür) einsetzen* ▸ sich mit Eifer in ein Projekt ~

ein|bro|cken ⟨V. trans.; brockt ein, brock|te ein, hat ein|ge|brockt, ein|zu|bro|cken⟩ **1** Brot in die Suppe ~ *hineinbrocken, krümeln, bröseln* **2** ⟨übertr.; umg.⟩ jmdm. od. sich etwas ~ *Unannehmlichkeiten verursachen* ▸ da hast du dir aber etwas Schönes eingebrockt! ⟨übertr.; umg.⟩ *an den Unannehmlichkeiten bist du selbst schuld;* die Suppe auslöffeln, die man sich eingebrockt hat ⟨übertr.; umg.⟩ *die selbst verschuldeten Unannehmlichkeiten tragen*

Ein|bruch ⟨der; -(e)s, -brü|che⟩ **1** *Diebstahl durch gewaltsames Eindringen;* Zus *Einbruch(s)diebstahl; einbruch(s)sicher* **2** *Einsturz (des Bodens)* **3** *Eindringen (von Wasser)* **4** ⟨übertr.⟩ *Beginn* (Dämmerung) **5** ⟨übertr.⟩ *plötzliche negative Veränderung, starker Abfall* ▸ einen ~ in ein Haus, eine Wohnung verüben; bei, mit ~ der Nacht; ~ am Börsenmarkt; der ~ der Aktie war zu erwarten; das war ein ~ in seine gewohnte Lebensweise

ein|buch|ten ⟨V. trans.; buch|tet ein, buch|te|te ein, hat ein|ge|buch|tet, ein|zu|buch|ten; umg.⟩ jmdn. ~ *einsperren*

Ein|buch|tung ⟨die; -, -en⟩ **1** *Windung, Verengung (eines Weges)* **2** *Vertiefung, Delle (an einem Gefäß)*

ein|bud|deln ⟨V. trans.; bud|delt ein, bud|del|te ein, hat ein|ge|bud|delt, ein|zu|bud|deln; umg.⟩ etwas ~ *in Sand eingraben*

ein|bür|gern ⟨V.; bür|gert ein, bür|ger|te ein, hat ein|ge|bür|gert, ein|zu|bür|gern⟩ **I** ⟨V. trans.⟩ jmdn. ~ *zum Staatsbürger machen, jmdm. die Staatsangehörigkeit verleihen* **II** ⟨V. refl.; übertr.⟩ sich ~ *heimisch, üblich werden* ▸ das hat sich so eingebürgert; dieser Brauch hat sich vor Jahrhunderten hier eingebürgert; in unserer Sprache haben sich viele Fremdwörter eingebürgert; Abl *Einbürgerung*

Ein|bu|ße ⟨die; -, -n⟩ *Verlust, Schaden* ▸ (keine) ~ erleiden; ~ an Ansehen, Einfluss, Vermögen

ein|bü|ßen ⟨V. trans.; büßt ein, büß|te ein, hat ein|ge|büßt, ein|zu|bü|ßen⟩ etwas ~ *verlieren, daran Schaden erleiden* ▸ sein Ansehen, seinen guten Ruf ~; sein Vermögen bei Spekulationen an der Börse ~; die Ware hat an Qualität eingebüßt

Ein|cent|stück ⟨das; -(e)s, -e; in Ziffern: 1-Cent-Stück⟩ *Münze, die einen Cent wert ist*

ein|che|cken ⟨[-tʃɛ-] V.; checkt ein, check|te ein, hat ein|ge|checkt, ein|zu|che|cken; Flugw.⟩ **I** ⟨V. trans.⟩ jmdn. od. etwas ~ *abfertigen* ▸ die Stewardessen checken die Fluggäste und das Gepäck ein **II** ⟨V. intr.⟩ *abgefertigt werden* ▸ die Fluggäste checken am Schalter ein

ein|cre|men ⟨[-kre:-] V. trans.; cremt ein, crem|te ein, hat ein|ge|cremt, ein|zu|cre|men⟩ jmdn. ~, (jmdm. od. sich) etwas ~ *mit Creme einreiben* ▸ sich die Hände, das Gesicht ~

ein|däm|men ⟨V. trans.; dämmt ein, dämm|te ein, hat ein|ge|dämmt, ein|zu|däm|men⟩ **1** einen Fluss ~ *mit einem Damm versehen, stauen* **2** ⟨übertr.⟩ etwas ~ **2.1** *einschränken, beschränken* **2.2** *an der Ausbreitung hindern* ▸ jmds. Redeschwall, Übermut ~ ⟨übertr.⟩; es wurde alles getan, um die Seuche einzudämmen; Abl *Eindämmung*

ein|de|cken ⟨V. trans.; deckt ein, deck|te ein, hat ein|ge|deckt, ein|zu|de|cken⟩ jmdn. od. sich mit etwas ~ *(für den Notfall) versorgen* ▸ sich mit Lebensmitteln, Proviant ~

ein|deu|tig ⟨Adj.⟩ **1** *nur eine Bedeutung habend, nur eine Deutung zulassend, unmissverständlich, sehr klar* **2** ⟨übertr.⟩ *grob, unmissverständlich, derb* ▸ dieser Begriff ist ~; ich habe ihm ~ klar gemacht, dass … ⟨übertr.⟩; Abl *Eindeutigkeit*

ein|deut|schen ⟨V. trans.; deutscht ein, deutsch|te ein, hat ein|ge|deutscht, ein|zu|deut|schen⟩

Fremdwörter ~ *in die deutsche Sprache übernehmen u. ihr anpassen;* Abl *Eindeutschung*

ein|di|cken ⟨V. trans.; dickt ein, dick|te ein, hat ein|ge|dickt, ein|zu|di|cken⟩ Flüssigkeit ~ *dicker machen* ▸ die Soße mit Mehl etwas ~

ein|drin|gen ⟨V. intr.; dringt ein, drang ein, ist ein|ge|drun|gen, ein|zu|drin|gen⟩ **1** in etwas ~ *sich mit Gewalt Ein-, Zutritt verschaffen* **2** in etwas ~ *hineingelangen* (Wasser) **3** in etwas ~ *es kennenlernen, erforschen* **4** (mit etwas) auf jmdn. ~ *jmdn. handgreiflich bedrohen, überfallen* **5** (mit etwas) auf jmdn. ~ *jmdn. bedrängen, belästigen* ▸ er versucht, in das Geheimnis einzudringen; der Dieb drang durch ein Fenster in das Haus ein; der Splitter ist tief in die Haut eingedrungen; wenn das Hochwasser steigt, wird es noch in unseren Keller ~

ein|dring|lich ⟨Adj.⟩ *nachdrücklich, dringend* ▸ jmdm. etwas ~ klarmachen; ich habe ihn eindringlich davor gewarnt; Abl *Eindringlichkeit*

Ein|dring|ling ⟨der; -s, -e⟩ *jmd., der sich rücksichtslos Eingang od. Zutritt verschafft, sich ungebeten einmischt*

Ein|druck **I** ⟨der; -(e)s, -drü|cke⟩ *Einwirkung in das Fühlen u. Denken, Wirkung* ▸ ich kann mich des ~s nicht erwehren, dass …; dieser ~ bleibt haften, dauert an, hat sich noch verstärkt; ich hatte den ~, dass er krank ist; ~ machen *Wirkung haben, ausüben;* einen guten, schlechten ~ machen; auf meiner letzten Reise habe ich unvergessliche Eindrücke gesammelt ▸ sein Verhalten hat einen ausgezeichneten, großen, guten, schlechten ~ auf mich gemacht; der erste ~ ist immer der wichtigste ▸ er stand noch unter dem ~ des Unglücks, als sie kam **II** ⟨der; -(e)s; unz.⟩ *Anschein* ▸ es erweckt, macht den ~, als ob es vergeblich war ▸ er macht einen nervösen, zerstreuten ~

ein|drü|cken ⟨V. trans.; drückt ein, drück|te ein, hat ein|ge|drückt, ein|zu|drü|cken⟩ **1** etwas ~ *nach innen drücken* **2** eine Tür, ein Fenster ~ *durch Druck zerstören, beschädigen*

ein|drucks|voll ⟨Adj.⟩ *großen Eindruck machend, wirkungsvoll* ▸ das war eine ~e Vorstellung

ei|ne ⟨unbest. Art.; Indefinitpronomen; Adj.⟩ → *ein*[1, 2, 3]

ein|eb|nen ⟨V. trans.; eb|net ein, eb|ne|te ein, hat ein|ge|eb|net, ein|zu|eb|nen⟩ etwas ~ *eben-, flach-, plattmachen;* Abl *Einebnung*

ein|ei|ig ⟨Adj.; Biol.⟩ *aus einer einzigen Eizelle entstanden (u. daher die gleichen Erbanlagen aufweisend);* Ggs *zweieiig* ▸ ~e Zwillinge

ein|ein|halb ⟨Adj.; Bruchzahl; in Ziffern: $1\,^{1}/_{2}$⟩ *ein(e, -er, -es) und noch ein(e) halb(e, -er, -es);* Syn *einundeinhalb* ▸ es hat ~ Stunden gedauert, ⟨aber⟩ eine und eine halbe Stunde

ei|nen ⟨V. trans.; eint, ein|te, hat ge|eint; geh.⟩ mehrere Personen ~ *zusammenbringen*

ein|en|gen ⟨V. trans.; engt ein, eng|te ein, hat ein|ge|engt, ein|zu|en|gen⟩ **1** etwas ~ *begrenzen, beschränken, einschränken* **2** jmdn. ~ *in seiner Freiheit einschränken* ▸ einen Begriff noch mehr ~

ei|ner ⟨unbest. Art.; Indefinitpronomen; Adj.⟩ → *ein*[1, 2, 3]

Ei|ner ⟨der; -s, -; Sp.⟩ *einsitziges Ruder- od. Paddelboot*

ei|ner|lei ⟨Adj.; nur präd.⟩ *gleich, gleichgültig* ▸ das ist mir ~

Ei|ner|lei ⟨das; -s; unz.⟩ *immer Gleiches, Eintönigkeit* ▸ das ~ des Alltags; das ewige ~!

ei|ner|seits ⟨Adv.⟩ *bei Berücksichtigung bestimmter Dinge, von der einen Seite her betrachtet, auf der einen Seite, zwar;* Syn *einesteils* ▸ ~ …, andererseits … *zwar …, aber …*

ei|nes|teils ⟨Adv.⟩ = *einerseits* ▸ ~ bin ich zufrieden, anderenteils aber auch nicht

Ein|eu|ro|stück ⟨das; -(e)s, -e; in Ziffern: 1-Euro-Stück⟩ *Münze, die einen Euro wert ist*

ein|fach[1] ⟨Adj.⟩ **1** *nicht zusammengesetzt, aus nur einem Teil bestehend* **2** *einmal, nicht doppelt* **3** *leicht verständlich, unkompliziert* **4** *bescheiden, schlicht, anspruchslos* (Essen, Kleidung) ▸ „Hin- und Rückfahrt?" „Nein, ~!" ⟨umg.⟩ *ohne Rückfahrkarte* ▸ ein ~er Bruch; etwas in ~en Worten erklären; ▸ das ist sehr ~ zu bewerkstelligen, zu erledigen; ~ essen, leben, wohnen; sein: die Sache ist gar nicht so ~!; es ist das Einfachste, wenn …; das ist nicht ganz ~ zu verstehen; Abl *Einfachheit*

ein|fach[2] ⟨Abtönungspartikel⟩ **1** *geradezu* **2** *ohne weiteres* ▸ die Sache ist ~ die, dass ich ihn nicht mag ▸ du kannst doch jetzt nicht ~ absagen!; er ist ~ davongelaufen ▸ es war ~ großartig, herrlich, wunderschön ▸ ich verstehe dich ~ nicht!

ein|fä|deln ⟨V.; fä|delt ein, fä|del|te ein, hat ein|ge|fä|delt, ein|zu|fä|deln⟩ **I** ⟨V. trans.⟩ **1** einen Faden (in eine Nadel) ~ *durch ein Nadelöhr ziehen* **2** ⟨übertr.⟩ eine Intrige ~ *anbahnen, vorbereiten* ▸ einen Plan geschickt, schlau ~ ⟨übertr.⟩ **II** ⟨V. refl.⟩ sich ~ *sich einordnen* ▸ sich in eine Autoschlange ~; Abl *Einfädelung*

ein|fah|ren ⟨V.⟩ **I** ⟨V. trans.; fährt ein, fuhr ein, hat ein|ge|fah|ren, ein|zu|fah|ren⟩ **1** in etwas ~ *hineinfahren* **2** in etwas ~ *etwas durch Hineinfahren beschädigen, zertrümmern* **3** einen Wagen ~ *durch Fahren allmählich leistungsfähig machen* **4** die Ernte ~ *einbringen, in die Scheune fahren* ▸ wir wollen morgen das Getreide ~; den Wagen vorsichtig in die Garage ~; unser Zaun wurde in der vergangenen Nacht von einem Wagen eingefahren **II** ⟨V. intr.; fährt ein, fuhr ein, ist ein|ge|fah|ren, ein|zu|fah|ren⟩ *ankommen, hereingefahren kommen* (Zug) ▸ der Intercity aus München wird in wenigen Minuten auf Bahnsteig 3 ~; der Zug ist bereits (in den Bahnhof) eingefahren **III** ⟨V. refl.; fährt ein, fuhr ein, hat ein|ge|fah|ren, ein|zu|fah|ren; übertr.⟩ sich ~ **1** *sich im Fahren üben* **2** ⟨umg.⟩ *zur Gewohnheit werden, sich einspielen* ▸ die Sache hat sich gut eingefahren ⟨übertr.; umg.⟩

Ein|fahrt ⟨die; -, -en⟩ **I** ⟨unz.⟩ **1** *das Hineinfahren* **2** ⟨Eisenb.⟩ *Erlaubnis zur Einfahrt* ▸ Vorsicht bei ~ des Zuges! **II** ⟨zählb.⟩ **1** *Öffnung zum Hineinfahren;* Zus *Hafeneinfahrt* **2** *Torweg, Tor, breiter*

Eingang; Zus *Garageneinfahrt, Hofeinfahrt* ▸ bitte die ~ freihalten; vor der ~ darf nicht geparkt werden

Ein|fall ⟨der; -(e)s, -fäl|le⟩ **1** *plötzlicher Gedanke, Idee* **2** *das Hereinströmen (des Lichts)* **3** *Einsturz* **4** *Überfall, feindliches Vordringen (in ein Gebiet)* ▸ es war nur so ein ~ von mir; der ~ feindlicher Truppen; ein genialer, glänzender, glücklicher, launiger, seltsamer, sonderbarer, witziger, wunderlicher ~; er kam plötzlich auf den ~, sie anzurufen

ein|fal|len ⟨V. intr.; fällt ein, fiel ein, ist ein|ge|fallen, ein|zu|fal|len⟩ **1** jmdm. ~ *in den Sinn kommen* (Gedanke, Idee) **2** jmdm. ~ *wieder in Erinnerung kommen* **3** *einstürzen, zusammenstürzen* (Mauer) **4** irgendwo(hin) ~ *hereinfallen, hereinströmen, eindringen* (Lichtstrahlen) ▸ da fällt mir gerade Folgendes ein; plötzlich fiel ihm ein, dass er das Geld vergessen hatte; das fällt mir gar nicht, nicht im Traume ein! ⟨umg.⟩ *ich denke nicht daran, das zu tun!* ▸ mir fällt nichts Besseres ein; die alte Mauer wird bald ~; sein Name will mir nicht ~ ▸ in ein Land ~; mir fällt zu diesem Thema nichts mehr ein ▸ was fällt ihm ein! *was erlaubt er sich?* ▸ ~de Lichtstrahlen

ein|falls|los ⟨Adj.⟩ *ohne (gute) Einfälle u. Ideen, langweilig;* Abl *Einfallslosigkeit*

ein|falls|reich ⟨Adj.⟩ *reich an (guten) Einfällen, Gedanken;* Abl *Einfallsreichtum*

Ein|falt ⟨die; -; unz.⟩ **1** *Arglosigkeit* **2** *Beschränktheit, Naivität*

ein|fäl|tig ⟨Adj.⟩ *gutmütig-beschränkt, töricht, leichtgläubig, naiv;* Abl *Einfältigkeit*

Ein|falts|pin|sel ⟨der; -s, -; umg.⟩ *törichter, allzu argloser Mensch*

Ein|fa|mi|li|en|haus ⟨das; -es, -häu|ser⟩ *Wohnhaus für nur eine Familie*

ein|fan|gen ⟨V. trans.; fängt ein, fing ein, hat ein|ge|fan|gen, ein|zu|fan|gen⟩ **1** jmdn. od. etwas ~ *wieder fangen* **2** ⟨übertr.⟩ **2.1** die Stimmung, das Milieu ~ *schildern, darstellen* **2.2** ⟨umg.⟩ sich etwas ~ *etwas Unangenehmes bekommen, sich anstecken* ▸ einen entlaufenen Hund ~; sich eine Grippe ~

ein|fär|ben ⟨V. trans.; färbt ein, färb|te ein, hat ein|ge|färbt, ein|zu|fär|ben; verstärkend⟩ etwas ~ *färben* ▸ sie hat sich rote Haare ~ lassen

ein|far|big ⟨Adj.⟩ *in nur einer Farbe gehalten, mit nur einer Farbe versehen* ▸ ~er Kleiderstoff

ein|fas|sen ⟨V. trans.; fasst ein, fass|te ein, hat ein|ge|fasst, ein|zu|fas|sen⟩ **1** etwas ~ *umrahmen, umranden, umschließen, umgeben* **2** Edelsteine ~ *mit einer Fassung (aus Gold u. a.) versehen* ▸ einen Garten mit einer Hecke ~; das Wasserbecken ist mit Steinen eingefasst; Abl *Einfassung*

ein|fet|ten ⟨V. trans.; fet|tet ein, fet|te|te ein, hat ein|ge|fet|tet, ein|zu|fet|ten⟩ etwas ~ *mit Fett, einer fettigen Substanz einreiben*

ein|fin|den ⟨V. refl.; fin|det sich ein, fand sich ein, hat sich ein|ge|fun|den, sich ein|zu|fin|den⟩ sich ~ *eintreffen, kommen* ▸ wir fanden uns zum verabredeten Zeitpunkt pünktlich ein

ein|flech|ten ⟨V. trans.; flicht/flech|tet ein, flocht ein, hat ein|ge|floch|ten, ein|zu|flech|ten⟩ **1** etwas in etwas ~ *durch Flechten dazwischenbringen* **2** ⟨übertr.⟩ etwas (in etwas) ~ *erwähnen, einfügen (im Gespräch)* ▸ ein Band ins Haar ~; er hatte einige Zitate in seine Rede eingeflochten

ein|flie|gen ⟨V.⟩ **I** ⟨V. trans.; fliegt ein, flog ein, hat ein|ge|flo|gen, ein|zu|flie|gen⟩ **1** eine neue Maschine ~ *durch Fliegen ausprobieren* **2** jmdn. od. etwas (irgendwohin) ~ *im Flugzeug hineinbringen* ▸ die Journalisten wurden in die Stadt eingeflogen **II** ⟨V. intr.; fliegt ein, flog ein, ist ein|ge|flo|gen, ein|zu|flie|gen⟩ (irgendwo) ~ *hineinfliegen;* Abl *Einflug*

ein|flie|ßen ⟨V. intr.; fließt ein, floss ein, ist ein|geflos|sen, ein|zu|flie|ßen⟩ in etwas ~ **1** *hineinfließen* (Flüssigkeiten), *münden* **2** ⟨übertr.⟩ *hinzukommen, einströmen* (Gelder) ▸ seine Spende floss in einen Kinderhilfsfonds ein; er hat gesprächsweise ~ lassen, dass … *beiläufig bemerkt*

ein|flö|ßen ⟨V. trans.; flößt ein, flöß|te ein, hat ein|ge|flößt, ein|zu|flö|ßen⟩ **1** jmdm. Medizin ~ *zu trinken eingeben* **2** ⟨übertr.⟩ jmdm. Achtung, Furcht, Vertrauen ~ *bei jmdm. A., F., V. bewirken, hervorrufen, erwecken*

Ein|flug|schnei|se ⟨die; -, -n⟩ *für das Einfliegen u. Landen von Flugzeugen vorgesehene Schneise im Luftraum zum Flughafen hin*

Ein|fluss ⟨der; -es, -flüs|se⟩ *Wirkung, Macht;* Abl *einflusslos, einflussreich;* Zus *Einflussbereich* ▸ ich habe meinen ganzen ~ aufbieten müssen, um das zu verhindern; ~ auf etwas od. jmdn. ausüben, haben, nehmen; du musst deinen ~ auch geltend machen; er konnte an ~ gewinnen; sein ~ schwindet immer mehr; sein ~ wächst ständig ▸ einen großen, guten, nachteiligen ~ auf jmdn. haben ▸ ich habe keinen ~ auf seine Entscheidungen; ich habe leider keinen ~ darauf; ein Mann von großem ~

Ein|fluss|nah|me ⟨die; -; unz.⟩ *Ausübung von Einfluss*

ein|flüs|tern ⟨V. trans.; flüs|tert ein, flüs|ter|te ein, hat ein|ge|flüs|tert, ein|zu|flüs|tern⟩ jmdm. etwas ~ **1** *heimlich mitteilen* **2** ⟨Schule⟩ *vorsagen, ins Ohr sagen* **3** ⟨meist übertr.⟩ *jmdn. heimlich beeinflussen, aufhetzen*

ein|för|mig ⟨Adj.⟩ *wenig Abwechslung bietend, immer gleichbleibend, eintönig;* Abl *Einförmigkeit*

ein|frie|den ⟨V. trans.; frie|det ein, frie|de|te ein, hat ein|ge|frie|det, ein|zu|frie|den⟩ ein Grundstück ~ *mit Hecke, Mauer, Zaun schützend umgeben;* Abl *Einfriedung*

ein|frie|ren ⟨V.⟩ **I** ⟨V. intr.; friert ein, fror ein, ist ein|ge|fro|ren, ein|zu|frie|ren⟩ **1** *festfrieren, im Eis fest stecken bleiben* **2** *durch Kälteeinwirkung unbenutzbar werden* (Wasserleitung) **3** *gefrieren u. dadurch haltbar werden* (Fleisch, Obst) **4** ⟨umg.⟩ *gesperrt, nicht verfügbar sein* (Guthaben) ▸ einige Schiffe sind auf dem Fluss eingefroren; die eingefrorenen Wasserrohre sind geplatzt **II** ⟨V. trans.; friert ein, fror ein, hat ein|ge|fro|ren, ein|zu|frie|ren⟩ etwas ~ **1** *durch Kälteeinwirkung*

E

haltbar machen **2** ⟨übertr.; umg.⟩ *(auf dem augenblicklichen Stand) ruhenlassen* ▸ Fleisch, Gemüse, Obst ~; Löhne und Gehälter ~

ein|fü|gen ⟨V.; fügt ein, füg|te ein, hat ein|ge|fügt, ein|zu|fü|gen⟩ **I** ⟨V. trans.⟩ etwas ~ *dazwischenschieben, eingliedern, einarbeiten, zusätzlich anbringen* ▸ noch einige Sätze in ein Manuskript ~ **II** ⟨V. refl.⟩ sich in etwas ~ *sich anpassen, eingliedern, einordnen* ▸ er hat sich schnell in die neue Umgebung eingefügt; er kann sich nur schwer in die Gemeinschaft ~; Abl *Einfügung*

ein|füh|len ⟨V. refl.; fühlt sich ein, fühl|te sich ein, hat sich ein|ge|fühlt, sich ein|zu|füh|len⟩ sich in etwas od. jmdn. ~ *sich in jmdn., in eine Lage hineinversetzen, jmds. Verhalten verstehen*

ein|fühl|sam ⟨Adj.⟩ **1** *fähig, sich in etwas od. jmdn. einzufühlen* **2** *von dieser Fähigkeit herrührend* ▸ ~ Worte; etwas ~ schildern; ~ sein

Ein|füh|lungs|ver|mö|gen ⟨das; -s; unz.⟩ *Fähigkeit, sich in jmdn. od. etwas einzufühlen, sich an jmds. Stelle zu denken* ▸ ein feines ~ besitzen

Ein|fuhr ⟨die; -, -en⟩ = *Import;* Ggs *Ausfuhr;* Zus *Einfuhrverbot, Einfuhrware*

ein|füh|ren ⟨V. trans.; führt ein, führ|te ein, hat ein|ge|führt, ein|zu|füh|ren⟩ **1** Waren ~ = *importieren;* Ggs *ausführen (3)* **2** ein neues Produkt ~ *auf den Markt bringen, verbreiten* **3** ⟨bes. Med.⟩ einen Schlauch ~ *hineinschieben, hineingleiten lassen* **4** jmdn. in eine neue Aufgabe ~ *ihn damit vertraut machen* **5** jmdn. in eine Gesellschaft ~ *dort in offizieller Form bekanntmachen, vorstellen* **6** eine Romanfigur ~ *zum ersten Mal auftreten* ▸ das wollen wir gar nicht erst ~! *mit so etwas wollen wir gar nicht erst anfangen* ▸ neue Lehrbücher ~; dem Patienten wurde ein Schlauch in den Magen eingeführt ▸ im nächsten Jahr sollen noch mehr Waren aus Japan eingeführt werden; ich werde dich bei ihm ~; dieses System lässt sich bei uns nicht ~; der neue Rektor wurde gestern in sein Amt eingeführt ▸ die Firma ist gut eingeführt *gut bekannt u. anerkannt*

Ein|füh|rung ⟨die; -, -en⟩ **1** *das Einführen, Neuerung* **2** *das In-Gebrauch-Bringen (einer Mode)* **3** *Vorstellung (eines Gastes, Mitgliedes)* **4** *Anleitung, Unterweisung (in ein Amt, eine Arbeit, ein Wissensgebiet)* **5** *Einleitung (einer Rede, eines Textes)* ▸ eine ~ zu einem Theaterstück geben

Ein|füh|rungs|preis ⟨der; -es, -e⟩ *bes. günstiger Preis bei der Einführung eines neuen Artikels*

ein|fül|len ⟨V. trans.; füllt ein, füll|te ein, hat ein|ge|füllt, ein|zu|fül|len⟩ etwas (in etwas) ~ *hineingießen, -schütten* ▸ Wein in Flaschen ~

Ein|ga|be ⟨die; -, -n⟩ **I** ⟨unz.⟩ **1** *das Eingeben (von Medizin usw.)* **2** *das Eingeben von Daten in einen Computer, Input* **II** ⟨zählb.⟩ *Bittschrift, Gesuch* ▸ eine ~ einreichen, machen; jmds. ~ ablehnen, bearbeiten, prüfen, weiterleiten

Ein|gang ⟨der; -(e)s, -gän|ge⟩ **I** ⟨zählb.⟩ **1** *Öffnung zum Eintreten, Tür, Tor;* Ggs *Ausgang (1);* Zus *Eingangsbereich, Eingangshalle, Eingangstür; Haupteingang, Nebeneingang* **2** *Öffnung eines Organs;* Zus *Mageneingang* **3** *Eintreffen, Ankunft (von Post, Geld od. Waren);* Zus *Eingangsbestätigung, Eingangsdatum; Posteingang, Wareneingang* ▸ den ~, die Eingänge bearbeiten, buchen, registrieren; wir bestätigen den ~ Ihres Schreibens vom 3. Dezember ▸ der Park hat vier Eingänge ▸ am, vorm ~ auf jmdn. warten; das Haus durch einen seitlichen, zweiten ~ verlassen **II** ⟨unz.⟩ *Zugang* ▸ in einen Freundeskreis, eine Gesellschaft, ein Wissenschaftsgebiet ~ finden

ein|gän|gig ⟨Adj.⟩ *leicht zu begreifen* ▸ eine ~e Melodie; Abl *Eingängigkeit*

ein|gangs ⟨Adv. u. Präp. m. Gen.; Amtsdt.⟩ *am Anfang* ▸ wie ~ erwähnt; der ~ erwähnte …; ~ Ihres Schreibens

ein|ge|ben ⟨V. trans.; gibt ein, gab ein, hat ein|ge|ge|ben, ein|zu|ge|ben⟩ **1** eine Arbeit, ein Gesuch, eine Klage ~ *einreichen* **2** ⟨EDV⟩ Daten ~ *in einen Computer hineingeben, darin abspeichern* **3** ⟨Med.⟩ jmdm. ein Medikament ~ *ihm ein M. geben, es ihm einflößen*

ein|ge|bil|det **I** ⟨Part. Perf. von⟩ *einbilden* **II** ⟨Adj.; abwertend⟩ *vom eigenen Wert, von den eigenen Fähigkeiten allzu sehr überzeugt, auf andere herabschauend, überheblich* ▸ er ist sehr ~

Ein|ge|bo|re|ne(r) ⟨die; -n, -n (der; -n, -n)⟩ *jmd., der in einem bestimmten Lande geboren ist u. dort lebt, Ureinwohner* ▸ die ~n Neuguineas

Ein|ge|bung ⟨die; -, -en⟩ *plötzlich auftauchender (wichtiger, entscheidender) Gedanke, Intuition* ▸ eine ~ haben; dichterische ~

ein|ge|denk ⟨Präp. m. Gen.⟩ *in Erinnerung an, unter Berücksichtigung von* ▸ ~ seiner Verdienste; jmds. od. einer Sache ~ sein, bleiben *jmdn. od. eine S. nicht vergessen*

ein|ge|fleischt ⟨Adj.; übertr.⟩ *in Fleisch u. Blut eingewurzelt* ▸ eine ~e Gewohnheit; ⟨meist in der Wendung⟩ ein ~er Junggeselle *J. aus Überzeugung, aus eigenem Willen*

ein|ge|hen ⟨V.; geht ein, ging ein, ist ein|ge|gan|gen, ein|zu|ge|hen⟩ **I** ⟨V. intr.⟩ **1** *ankommen, eintreffen* (Brief, Geld, Waren) **2** *enger, kleiner werden* (Kleid, Stoff) **3** *aufhören, erlöschen, aufhören zu existieren* (Firma, Geschäft, Zeitung) **4** *sterben* (Tier) **5** *absterben* (Pflanze) **6** auf jmdn. ~ *sich jmdm. aufmerksam u. verständnisvoll widmen* **7** auf etwas ~ **7.1** *sich zu etwas äußern* **7.2** *sich auf etwas einlassen, etwas mitmachen* ▸ das Kleid ist (beim Waschen) eingegangen; ist viel Post eingegangen? ▸ der Hund ist an der Staupe eingegangen; auf einen Plan, einen Vorschlag ~; darauf werde ich nachher noch (ausführlicher, näher) ~ *davon werde ich nachher noch sprechen;* darauf kann ich jetzt nicht ~ ▸ die eingegangene Post durchsehen **II** ⟨V. trans.⟩ eine Sache ~ *einer S. zustimmen* ▸ Bedingungen ~ *B. annehmen;* Kompromisse ~ *sich darauf einlassen;* ein Geschäft ~ *ein G. machen, abschließen;* Verpflichtungen ~ *V. auf sich nehmen;* eine Wette ~ *abschließen*

ein|ge|hend **I** ⟨Part. Präs. von⟩ *eingehen* **II** ⟨Adj.⟩ **1** *ins Einzelne gehend, ausführlich* **2** *genau, sorg-*

fältig ▸ eine Angelegenheit ~ prüfen; ein Thema ~ behandeln, erörtern

Ein|ge|mach|te(s) ⟨das; -n, -n⟩ *durch Einkochen haltbar Gemachtes, bes. Kompott u. Marmelade* ▸ ans ~ gehen ⟨übertr.⟩ *die Ersparnisse angreifen*

ein|ge|nom|men I ⟨Part. Perf. von⟩ *einnehmen* II ⟨Adj.⟩ 1 für jmdn. od. etwas ~ sein *jmdm. od. einer Sache günstig gesinnt sein* 2 gegen jmdn. od. etwas ~ sein *jmdm. od. einer Sache ungünstig gesinnt sein, ein Vorurteil gegen ihn od. dagegen haben* 3 von sich ~ sein *von seinem eigenen Wert sehr überzeugt sein* 4 von einem Gedanken ~ sein *beherrscht, erfüllt sein, ihn gutheißen*

ein|ge|schnappt I ⟨Part. Perf. von⟩ *einschnappen* II ⟨Adj.; umg.⟩ *beleidigt, gekränkt, verletzt* ▸ sei doch nicht immer gleich ~

ein|ge|schos|sig ⟨Adj.⟩ *mit einem Geschoss (Stockwerk) versehen* ▸ ein ~es Wohnhaus

ein|ge|schrie|ben I ⟨Part. Perf. von⟩ *einschreiben* II ⟨Adj.; österr.⟩ *als Einschreiben* ▸ einen Brief ~ verschicken

ein|ge|schwo|ren I ⟨Part. Perf. von⟩ *einschwören* II ⟨Adj.⟩ *eng verbunden, fest zu etwas stehend* ▸ eine ~e Gemeinschaft; auf eine gemeinsame Politik, auf eine bestimmte Sorte ~ sein

ein|ge|ses|sen I ⟨Part. Perf. von⟩ *einsitzen* II ⟨Adj.⟩ *(seit Generationen) ansässig, (schon lange) heimisch*

Ein|ge|ständ|nis ⟨das; -nis|ses, -nis|se⟩ *Geständnis*

ein|ge|ste|hen ⟨V. trans.; ge|steht ein, ge|stand ein, hat ein|ge|stan|den, ein|zu|ge|ste|hen⟩ (jmdm. od. sich) etwas ~ *(jmdm. od. sich gegenüber) bekennen, gestehen, zugeben*

ein|ge|stellt I ⟨Part. Perf. von⟩ *einstellen* II ⟨Adj.⟩ *gesinnt* ▸ ein konservativ ~er Mensch; er ist gegen mich ~ *er hat etwas gegen mich*

Ein|ge|wei|de ⟨nur Pl.⟩ *die in den großen Körperhöhlen (Brust, Bauch, Becken) liegenden inneren Organe*

Ein|ge|weih|te(r) ⟨die; -n, -n (der; -n, -n)⟩ *jmd., der eingeweiht, ins Vertrauen gezogen worden ist* ▸ das ist nur für die ~n verständlich

ein|ge|wöh|nen ⟨V. trans.; ge|wöhnt ein, gewöhn|te ein, hat ein|ge|wöhnt, ein|zu|ge|wöhnen⟩ jmdn. od. sich ~ *an einen Aufenthaltsort od. eine Arbeitsstätte gewöhnen*

ein|gip|sen ⟨V. trans.; gipst ein, gips|te ein, hat ein|ge|gipst, ein|zu|gip|sen⟩ 1 ein gebrochenes Bein ~ *ringsum mit Gips bestreichen, in einen Gipsverband legen* 2 einen Dübel ~ *mit Gips in der Wand befestigen*

ein|glei|sig ⟨Adj.⟩ 1 *mit nur einem Gleis (ausgestattet)* 2 ⟨übertr.⟩ *engstirnig, festgefahren* (Denkmuster) ▸ ~e Strecke; der Zug fährt hier nur ~

ein|glie|dern ⟨V. trans.; glie|dert ein, glie|der|te ein, hat ein|ge|glie|dert, ein|zu|glie|dern⟩ etwas, jmdn. od. sich (in etwas) ~ *in ein größeres Ganzes einfügen, einordnen, einpassen* ▸ er kann, will sich nicht ~; Abl *Eingliederung*

ein|gra|ben ⟨V.; gräbt ein, grub ein, hat ein|ge|graben, ein|zu|gra|ben⟩ I ⟨V. trans.⟩ 1 eine Pflanze ~ *einpflanzen* 2 einen Knochen, einen Schatz ~ *in die Erde senken, vergraben* II ⟨V. refl.⟩ sich ~ 1 *sich einen Bau, ein Versteck in die Erde graben* (Tier) 2 ⟨Mil.⟩ *sich zum Schutz einen Graben graben* 3 ⟨übertr.⟩ *tief einprägen* ▸ das Erlebnis hat sich mir tief eingegraben

ein|gra|vie|ren ⟨[-vi:-] V. trans.; gra|viert ein, gravier|te ein, hat ein|gra|viert, ein|zu|gra|vie|ren⟩ etwas (in etwas) ~ *in Metall, Stein o. Ä. einritzen* ▸ ein Ring mit eingraviertem Wappen

ein|grei|fen ⟨V. intr.; greift ein, griff ein, hat einge|grif|fen, ein|zu|grei|fen⟩ (in etwas) ~ *etwas gegen etwas unternehmen, sich energisch, entschlossen in etwas einmischen* ▸ hier muss man (energisch) ~; seinem Eingreifen war es zu verdanken, dass die Sache gut ausging; in ein Gespräch ~; in jmds. Rechte ~ *jmds. Rechte verletzen*

Ein|greif|trup|pe ⟨die; -, -n; Mil.⟩ *Einheit des Militärs aus verschiedenartigen Truppengattungen, die kurzfristig einsatzbereit ist u. zur Krisenbewältigung entsandt werden kann*

ein|gren|zen ⟨V. trans.; grenzt ein, grenz|te ein, hat ein|ge|grenzt, ein|zu|gren|zen⟩ etwas ~ 1 *eine Grenze um etwas herum ziehen* 2 *etwas begrenzen, beschränken* ▸ ein zu umfassendes Thema ~

Ein|griff ⟨der; -(e)s, -e⟩ 1 ⟨Med.⟩ *Einwirken von außen, Operation* 2 *(unrechtmäßiges) Eingreifen, Übergriff (auf)* ▸ ~ in jmds. Rechte

ein|ha|ken ⟨V.; hakt ein, hak|te ein, hat ein|gehakt, ein|zu|ha|ken⟩ I ⟨V. trans.⟩ etwas ~ *durch Haken verschließen, verbinden* II ⟨V. refl.⟩ sich bei jmdm. ~ *seinen Arm mit dem eines anderen verschränken* ▸ mit jmdm. eingehakt gehen III ⟨V. intr.; umg.⟩ *eingreifen, sich einmischen, ein Gespräch unterbrechen* ▸ hier muss man einmal ~; ich fand keine Gelegenheit, bei der ich hätte ~ können (im Gespräch)

Ein|halt ⟨der; -(e)s; unz.⟩ *Halt* ▸ jmdm. ~ gebieten *weiteres Tun verhindern, jmdn. zur Beendigung seines Tuns auffordern;* einer Sache ~ gebieten od. tun *eine Sache beendigen, an weiterer Ausbreitung hindern, eindämmen, zurückhalten*

ein|hal|ten ⟨V.; hält ein, hielt ein, hat ein|ge|halten, ein|zu|hal|ten⟩ I ⟨V. trans.⟩ 1 eine Verabredung ~ *wie verabredet erfüllen, pünktlich befolgen* 2 einen Termin ~ *daran festhalten* 3 die Zeit ~ *pünktlich sein, zur festgesetzten Zeit kommen* 4 eine Vorgabe ~ *sie befolgen* ▸ im Straßenverkehr sollten die gebotenen Sicherheitsabstände jederzeit eingehalten werden; Abl *Einhaltung* II ⟨V. intr.⟩ mit etwas ~ *aufhören, innehalten* ▸ haltet ein!

ein|han|deln ⟨V. trans.; han|delt ein, han|del|te ein, hat ein|ge|han|delt, ein|zu|han|deln⟩ sich od. jmdm. etwas ~ *sich od. jmdm. unbeabsichtigt etwas (Unangenehmes) verschaffen* ▸ mit diesem Verhalten handelt er sich, uns nur Ärger ein

ein|hän|dig ⟨Adj.⟩ *mit nur einer Hand*

ein|hän|gen ⟨V.; hängt ein, häng|te ein, hat ein|gehängt, ein|zu|hän|gen⟩ I ⟨V. trans.⟩ etwas ~ *an der dafür vorgesehenen Stelle durch Hängen befestigen* ▸ die Tür (in die Angeln) ~ II ⟨V. intr.⟩ *den Telefonhörer auflegen u. das Gespräch been-*

E

den ▸ er hat einfach eingehängt **III** ‹V. refl.› sich bei jmdm. ~ = *einhaken (II)*

ein|hef|ten ‹V. trans.; hef|tet ein, hef|te|te ein, hat ein|ge|hef|tet, ein|zu|hef|ten› etwas (in etwas) ~ *durch Heften in etwas befestigen* ▸ lose Blätter in einen Ordner ~

ein|hei|misch ‹Adj.› **1** *in einem Land od. Ort geboren u. dort lebend, beheimatet, ansässig, alteingesessen* (Person); Abl *Einheimische(r)* **2** *bodenständig* (Pflanze) **3** *inländisch* (Produkt)

ein|heim|sen ‹V. trans.; heimst ein, heims|te ein, hat ein|ge|heimst, ein|zu|heim|sen; umg.› etwas ~ *für sich erlangen* ▸ Erfolg, Lorbeeren ~

ein|hei|ra|ten ‹V. intr.; hei|ra|tet ein, hei|ra|te|te ein, hat ein|ge|hei|ra|tet, ein|zu|hei|ra|ten› in eine Familie ~ *durch Heirat darin aufgenommen werden*

Ein|heit ‹die; -, -en› **1** *etwas Zusammengehöriges, Untrennbares, ein Ganzes* **2** *Maß, Maßzahl, (international gültige) physikalisch-technische Größe zum Vergleich gleichartiger Größen od. Mengen;* Zus *Gewichtseinheit, Währungseinheit* **3** *Truppenverband, z. B. Kompanie, Regiment* ▸ eine ~ bilden; die innere ~ eines Kunstwerkes; eine militärische, politische, staatliche, sprachliche, wirtschaftliche ~

ein|heit|lich ‹Adj.› **1** *eine Einheit bildend, zusammenhängend* **2** *gleichmäßig, gleich* ▸ ~e Kleidung; etwas ~ gestalten; Abl *Einheitlichkeit*

Ein|heits|preis ‹der; -es, -e› *allgemein, überall üblicher od. festgesetzter Preis*

ein|hel|lig ‹Adj.› *übereinstimmend* ▸ die ~e Meinung aller; alle drei Zeugen haben ~ behauptet, dass der Täter einen Bart trug

ein|her ‹Adv.› *daher, heran, umher*

ein|her|ge|hen ‹V. intr.; geht ein|her, ging ein|her, ist ein|her|ge|gan|gen, ein|her|zu|ge|hen› **1** *(in bestimmter Weise) daher-, heran-, umhergehen* **2** mit etwas ~ *zusammen mit etwas anderem auftreten, mit etwas anderem verbunden sein* ▸ hochmütig, stolz, siegesgewiss ~; Masern gehen mit Fieber und Ausschlag einher

ein|ho|len ‹V. trans.; holt ein, hol|te ein, hat ein|ge|holt, ein|zu|ho|len› **1** Anweisungen, einen Rat ~ *anfordern* **2** Erkundigungen ~ *einziehen* **3** ein Boot, das Tau ~ *einziehen, hereinholen* **4** eine Flagge, das Segel ~ *herunterholen, herunterlassen* **5** jmdn. ~ **5.1** *nachlaufend od. nachfahrend erreichen* **5.2** *jmds. Leistungen nach anfänglichem Zurückbleiben gleichkommen* ▸ Auskunft ~; die Erlaubnis für das Halten eines Hundes ~; eine Genehmigung zur Errichtung einer Deponie ~

Ein|horn ‹das; -(e)s, -hör|ner› *pferdeähnliches Fabeltier mit einem Horn auf der Stirn*

ein|hül|len ‹V. trans.; hüllt ein, hüll|te ein, hat ein|ge|hüllt, ein|zu|hül|len› etwas, jmdn. od. sich (in etwas) ~ *leicht, lose (in etwas) einwickeln* ▸ jmdn. od. sich warm ~; einen Kranken in Decken ~; jmdn. od. sich in einen Mantel ~

ein|hun|dert ‹Adj.; als Ziffer: 100; verstärkend› *hundert*

ei|nig ‹Adj.› **1** *einer Meinung, gleichgesinnt* **2** *geeint* ▸ wir sind uns vollkommen ~, dass wir umziehen wollen; darin (in dieser Hinsicht) od. darüber sind wir uns ~; (sich) mit jmdm. ~ sein; wir sind uns noch nicht über die Form der Vereinbarung ~ *wir konnten uns noch nicht darüber einigen;* über den Preis werden wir schon ~ werden *werden wir uns schon einigen*

einig/einige

Bei der Verwendung der Wörter *einig* und *einige* kann es zu Verwechslungen kommen. *Einig* ist ein Adjektiv, das „gleichgesinnt, einer Meinung" bedeutet und meist prädikativ verwendet wird: *Wir sind uns darin einig. Sie sind sich vollkommen einig, dass sie bald heiraten möchten.* Demgegenüber gibt das Indefinitpronomen *einige* eine unbestimmte Anzahl von Personen oder Dingen an: *Einige Gäste waren unzufrieden. Wir erhielten einige Informationen. Einige waren frühzeitig abgereist. Wir erfuhren so einiges.*

ei|ni|ge ‹unbestimmtes Pron.› **I** ‹Sg.› **1** *ein wenig, etwas, gering* **2** *ziemlich viel* ▸ ich habe dazu noch ~s zu sagen ▸ ich habe darin ~ Erfahrung; es gehört schon ~r Mut dazu; mit ~m guten Willen wird es schon gehen ▸ ~s davon kenne ich schon; in ~r Entfernung; nach ~r Zeit **II** ‹Pl.› **1** *manche, mehrere, ein paar, wenige (aber mehr als zwei)* **2** ‹vor kleingeschriebenen Grundzahlen› *etwas über, etwas mehr als* **3** ‹vor großgeschriebenen Grundzahlen› *eine unbestimmte (aber nicht sehr große) Zahl von* ▸ ~ haben dem Vorschlag zugestimmt ▸ ~ der schönsten Bilder; er besitzt ~ schöne Bücher; ~ meiner Freunde; ~ Mal(e) *ein paar Mal;* ~ Menschen, Tiere, Städte; ~ Schritte entfernt ▸ ~ hundert/Hundert Menschen *etwas mehr als hundert* ▸ an ~n Stellen; in ~n Tagen; mit ~n anderen; mit ~n treuen Freunden; mit Ausnahme ~r weniger; nach ~n Stunden; sie ist um ~s größer, schneller, stärker als er *um ein nicht unerhebliches Maß;* vor ~n Wochen habe ich ihn zuletzt gesehen

ei|ni|gen ‹V.; ei|nigt, ei|nig|te, hat ein|ei|nigt› **I** ‹V. trans.› jmdn. od. etwas ~ *zu einer Einheit verbinden, vereinen, einig machen* **II** ‹V. refl.› sich (mit jmdm.) (auf etwas) ~ *sich einig werden, zu einem gemeinsamen Beschluss (über etwas) kommen* ▸ wir haben uns auf die folgende Form geeinigt; sich auf einen Kompromiss ~; sich dahin ~, dass der Antrag angenommen wird

ei|ni|ger|ma|ßen ‹Adv.; umg.› **1** *ziemlich* **2** *ziemlich gut* ▸ hier kenne ich mich ~ aus; es geht mir ~; auf diesem Gebiet weiß ich ~ Bescheid; ~ niedrige Preise; ~ gute Qualität; es ist ~ kalt draußen

Ei|nig|keit ‹die; -; unz.› **1** *Einigsein, Zusammenhalt, Eintracht, gutes Einvernehmen* **2** *das Sicheinigsein, volle Übereinstimmung*

Ei|ni|gung ‹die; -, -en› **1** *das Einigen, Zusammen-*

schluss **2** *das Sicheinigen, Sicheinigwerden, Übereinstimmung* ▸ eine ~ erzielen

ein|impf|fen ⟨V. trans.; impft ein, impf|te ein, hat ein|ge|impft, ein|zu|imp|fen⟩ jmdm. etwas ~ **1** *als Impfstoff einspritzen* **2** ⟨übertr.⟩ *tief einprägen, mit großem Nachdruck sagen* ▸ ich habe den Kindern (immer wieder) eingeimpft, nicht mit Fremden mitzugehen; Abl *Einimpfung*

ein|jäh|rig ⟨Adj.⟩ **1** *ein Jahr dauernd* **2** *ein Jahr alt* (Kind, Tier); Abl *Einjährige(r)* **3** ⟨Bot.⟩ *nur ein Jahr lebend, blühend, nicht überwinternd;* Syn *annuell*

ein|kal|ku|lie|ren ⟨V. trans.; kal|ku|liert ein, kal|kulier|te ein, hat ein|kal|ku|liert, ein|zu|kal|ku|lieren; umg.⟩ Ausgaben, Kosten, Verluste ~ *einrechnen, in eine Rechnung einbeziehen, im Voraus damit rechnen;* Abl *Einkalkulierung*

ein|kas|sie|ren ⟨V. trans.; kas|siert ein, kas|sier|te ein, hat ein|kas|siert, ein|zu|kas|sie|ren⟩ Geld (bei jmdm.) ~ *kassieren, einziehen*

Ein|kauf ⟨der; -(e)s, -käu|fe⟩ **1** *das Einkaufen, Erwerb durch Kauf;* Zus *Einkaufskorb, Einkaufsstraße, Einkaufstasche, Einkaufstüte* **2** *Beitritt, Eintritt durch Zahlen einer Summe* **3** *das Gekaufte* ▸ Einkäufe machen

ein|kau|fen ⟨V.; kauft ein, kauf|te ein, hat ein|gekauft, ein|zu|kau|fen⟩ **I** ⟨V. intr.⟩ *Einkäufe, Besorgungen machen* ▸ ~ gehen; bargeldlos ~; er kauft immer im Supermarkt ein **II** ⟨V. trans.⟩ (sich od. jmdm.) etwas ~ *kaufen (bes. auf Vorrat od. für den tägl. Lebensbedarf)* ▸ Brot, Gemüse, Lebensmittel ~ **III** ⟨V. refl.⟩ sich in eine Firma, Arztpraxis, Kanzlei ~ *durch Zahlen einer Summe eine Teilhaberschaft erwerben*

Ein|kaufs|bum|mel ⟨der; -s, -; umg.⟩ *geruhsamer Gang, um Einkäufe zu machen*

Ein|kaufs|markt ⟨der; -(e)s, -märk|te⟩ = *Supermarkt*

Ein|kaufs|pas|sa|ge ⟨[-ʒə] die; -, -n⟩ *(häufig architektonisch auffällig gestaltete) Passage, Durchgang mit einer Reihe von Geschäften*

Ein|kaufs|preis ⟨der; -es, -e⟩ *Preis, zu dem ein Einzelhändler eine Ware vom Großhändler od. von der Fabrik bezieht;* Syn *Bezugspreis;* ▸ eine Ware zum ~ bekommen

Ein|kaufs|wa|gen ⟨der; -s, -⟩ *fahrbares Eisengestell in Geschäften, in das man den Einkauf legen u. zur Kasse fahren kann*

Ein|kaufs|zen|t|rum ⟨das; -s, -tren⟩ *verkehrsgünstig gelegene Gruppe von Läden aller Art zur Deckung des täglichen Bedarfs*

ein|keh|ren ⟨V. intr.; kehrt ein, kehr|te ein, ist eingel|kehrt, ein|zu|keh|ren⟩ (irgendwo) ~ *kurze Rast (im Gasthaus) halten, ein Gasthaus besuchen* ▸ im od. in einem Gasthaus ~; Abl *Einkehr*

ein|ker|ben ⟨V. trans.; kerbt ein, kerb|te ein, hat ein|ge|kerbt, ein|zu|ker|ben⟩ etwas (in etwas) ~ *als Kerbe hineinschneiden* ▸ eine Vertiefung, ein Zeichen (in einen Baumstamm, Stock) ~

ein|ker|kern ⟨V. trans.; ker|kert ein, ker|ker|te ein, hat ein|ge|ker|kert, ein|zu|ker|kern; umg.⟩ jmdn. ~ *im Kerker einsperren*

ein|kes|seln ⟨V. trans.; kes|selt ein, kes|sel|te ein, hat ein|ge|kes|selt, ein|zu|kes|seln⟩ jmdn. ~ *wie in einem Kessel einschließen, einkreisen, umzingeln;* Abl *Einkesselung*

ein|kla|gen ⟨V. trans.; klagt ein, klag|te ein, hat ein|ge|klagt, ein|zu|kla|gen⟩ eine Schuld ~ *durch Klage eintreiben;* Abl *einklagbar*

ein|klam|mern ⟨V. trans.; klam|mert ein, klammer|te ein, hat ein|ge|klam|mert, ein|zu|klammern⟩ einen Satz, ein Wort ~ *in Klammern einschließen;* Abl *Einklammerung*

Ein|klang ⟨der; -(e)s, -klän|ge⟩ **1** *Zusammenklang zweier od. mehrerer Stimmen auf dem gleichen Ton od. im Oktavabstand* **2** *Übereinstimmung* ▸ zwei Dinge miteinander in ~ bringen; mit etwas in ~ stehen *zu etwas passen, mit etwas übereinstimmen*

ein|kle|ben ⟨V. trans.; klebt ein, kleb|te ein, hat ein|ge|klebt, ein|zu|kle|ben⟩ etwas (in etwas) ~ *durch Kleben in etwas befestigen* ▸ Urlaubsfotos in ein Album ~

ein|klei|den ⟨V. trans.; klei|det ein, klei|de|te ein, hat ein|ge|klei|det, ein|zu|klei|den⟩ **1** jmdn. od. sich ~ **1.1** *mit Kleidung versehen* **1.2** *mit Uniform od. einheitl. Tracht versehen* **2** ⟨übertr.⟩ etwas in etwas ~ *verhüllend umschreiben* ▸ jmdn. völlig neu ~; seine Kritik war in freundliche Worte eingekleidet; Abl *Einkleidung*

ein|klem|men ⟨V. trans.; klemmt ein, klemm|te ein, hat ein|ge|klemmt, ein|zu|klem|men⟩ (sich od. jmdm.) etwas ~ *in od. zwischen etwas klemmen, festklemmen* ▸ (sich) den Finger ~; ein Werkstück im Schraubstock ~

ein|kni|cken ⟨V.⟩ **I** ⟨V. trans.; knickt ein, knick|te ein, hat ein|ge|knickt, ein|zu|kni|cken⟩ etwas ~ *einen Knick machen, umknicken, umbiegen* ▸ eine Eintrittskarte ~ **II** ⟨V. intr.; knickt ein, knick|te ein, ist ein|ge|knickt, ein|zu|knicken⟩ **1** *einen Knick bekommen* **2** *durch Knicken (der Knie, Knöchel) straucheln, zusammensinken* ▸ ich knicke ständig mit dem linken Fuß ein

ein|ko|chen ⟨V.⟩ **I** ⟨V. trans.; kocht ein, koch|te ein, hat ein|ge|kocht, ein|zu|ko|chen⟩ Obst, Gemüse ~ *durch Kochen u. luftdichtes Verschließen haltbar machen* **II** ⟨V. intr.; kocht ein, koch|te ein, ist ein|ge|kocht, ein|zu|kochen⟩ **1** *durch langes Kochen verdunsten, verdampfen* (Wasser) **2** *Wasser abgeben u. dick werden* ▸ Flüssigkeit, eine Soße ~ lassen

Ein|kom|men ⟨das; -s, -⟩ *Lohn, Gehalt, Einnahmen* ▸ ein sicheres ~ haben; sein ~ versteuern; festes, geringes, hohes, mäßiges, regelmäßiges ~; über ein sicheres ~ verfügen; Abl *einkommensschwach, einkommensstark*

Ein|kom|mens|gren|ze ⟨die; -, -n⟩ *Betrag beim Einkommen, der als höchste od. niedrigste Grenze für die Berechnung von Steuern, Zuschüssen, Vergünstigungen usw. angesetzt wird* ▸ bis zu einer ~ von 1500 € werden keine zusätzlichen Gebühren erhoben

Ein|kom|mens|steu|er ⟨die; -, -n⟩ *nach dem Einkommen bemessene Steuer;* oV *Einkommensteuer*

Ein|kom|mens|steu|er|er|klä|rung ⟨die; -, -en⟩ *Erklärung gegenüber dem Finanzamt über das Einkommen zur Berechnung der Steuer;* oV *Einkommensteuererklärung*

ein|krei|sen ⟨V. trans.; kreist ein, kreis|te ein, hat ein|ge|kreist, ein|zu|krei|sen⟩ **1** etwas ~ *einen Kreis um etwas zeichnen* **2** jmdn. ~ *in einem Kreis einschließen, umzingeln* ▸ einen Ort auf der Landkarte ~

ein|kre|men ⟨V. trans.; kremt ein, krem|te ein, hat ein|ge|kremt, ein|zu|kre|men⟩ jmdn. od. (jmdm.) etwas ~ = *eincremen*

Ein|künf|te ⟨nur Pl.⟩ *das, was an Geld einkommt, Einnahmen, Einkommen* ▸ geringe, gute, regelmäßige ~ haben; ~ aus einem Amt, aus Hausbesitz; über hohe ~ verfügen; Zus *Nebeneinkünfte*

ein|la|den ⟨V. trans.; lädt ein, lud/la|de|te ein, hat ein|ge|la|den, ein|zu|la|den⟩ **1** etwas ~ *in etwas hineinladen, verladen* **2** jmdn. ~ *auffordern, bitten, zu kommen od. mitzugehen* ▸ Lebensmittel in den Lastwagen~; jmdn. für acht Tage ~; jmdn. ins Konzert, ins Theater ~; jmdn. zum Essen, zum Kaffee ~; mit einer ~den Handbewegung forderte er ihn zum Eintreten auf; bei Freunden eingeladen sein

ein|la|dend **I** ⟨Part. Präs. von⟩ *einladen* **II** ⟨Adj.⟩ **1** *anziehend, verführerisch, verlockend* (Wetter) **2** *appetitlich* (Speisen) ▸ das sieht ~ aus; das Wetter ist nicht gerade sehr ~ für einen Spaziergang

Ein|la|dung ⟨die; -, -en⟩ **1** *das Einladen* **2** *Aufforderung zum Besuch;* Zus *Einladungskarte, Einladungsschreiben* ▸ mündliche, schriftliche ~; eine ~ annehmen, ablehnen; einer ~ Folge leisten; jmdm. eine ~ schicken; eine ~ zu einer Geburtstagsfeier bekommen

Ein|la|ge ⟨die; -, -n⟩ **1** *etwas, das hineingelegt, eingefügt, eingeschoben worden ist;* Zus *Programmeinlage, Suppeneinlage* **2** *herausnehmbarer Innenteil, Schubfach o. Ä.* **3** *Anlage, Beilage (im Brief, Paket)* **4** *den Fuß stützende Sohle zum Einlegen in den Schuh* **5** *Sparguthaben* ▸ ~n tragen (in den Schuhen); musikalische ~; Suppe mit ~

ein|la|gern ⟨V. trans.; la|gert ein, la|ger|te ein, hat ein|ge|la|gert, ein|zu|la|gern⟩ **1** Möbel ~ *lagern, in ein Lager bringen, im Lager aufheben* **2** Kartoffeln ~ *einkellern;* Abl *Einlagerung*

Ein|lass ⟨der; -es, -läs|se⟩ **1** *Zutritt, Eintritt, Zugang;* Zus *Einlasskarte* **2** *das Öffnen (eines Eingangs)* **3** *Tür, Öffnung, kleine Pforte im od. neben dem Tor* ▸ sich ~ verschaffen; wann ist ~? (im Kino, Theater); kein ~! *(als Aufschrift an Türen);* ~ ab, ⟨od.⟩ um 18 Uhr

ein|las|sen ⟨V.; lässt ein, ließ ein, hat ein|ge|las|sen, ein|zu|las|sen⟩ **I** ⟨V. trans.⟩ **1** jmdn. ~ *eintreten lassen, hereinlassen* **2** Wasser (in etwas) ~ *einlaufen lassen, einfüllen* **3** etwas in etwas anderes ~ *fest hineinfügen* ▸ Wasser in ein Becken, in die Badewanne ~; einen Haken, Ring in eine Mauer ~ **II** ⟨V. refl.⟩ **1** sich auf etwas ~ *auf etwas eingehen, etwas mitmachen, an etwas teilnehmen* **2** sich mit jmdm. ~ *mit jmdm. eine Beziehung anknüpfen od. eingehen* ▸ darauf kann ich mich nicht ~; sich auf nichts ~; sich auf Erörterungen ~; sich nicht auf Fragen ~; sich auf gewagte Unternehmungen ~; sich mit einer Frau, einem Mann ~ ⟨leicht abwertend⟩ *eine Liebesbeziehung eingehen*

Ein|lauf ⟨der; -(e)s, -läu|fe⟩ **1** ⟨Med.⟩ *das Einbringen einer größeren Flüssigkeitsmenge durch den After in den Darm zur Reinigung, künstlichen Ernährung u. a.;* →a. *Klistier* **2** ⟨Sp.⟩ **2.1** *das Einlaufen (I.2)* **2.2** *Reihenfolge der am Ziel ankommenden Sportler od. Rennpferde* ▸ einem Kranken einen ~ machen; beim ~ ins Ziel

ein|lau|fen ⟨V.⟩ **I** ⟨V. intr.; läuft ein, lief ein, ist ein|ge|lau|fen, ein|zu|lau|fen⟩ **1** *einfahren* (Zug, Schiff) **2** *den Sportplatz im Laufschritt betreten* (Mannschaft) **3** *ankommen* (Post) **4** *eingehen* (Auftrag, Bestellung) **5** *eingehen, enger, kleiner werden* (Kleidungsstück, Stoff) **6** *hineinlaufen, hineinfließen, einfließen* ▸ täglich laufen Zuschriften ein; dieser Stoff läuft nicht ein; das Kleid ist beim Waschen eingelaufen; Wasser (ins Becken, in die Wanne) ~ lassen **II** ⟨V. trans.; läuft ein, lief ein, ist/hat ein|ge|lau|fen, ein|zu|lau|fen; umg.⟩ Schuhe ~ *durch Laufen der Fußform anpassen* **III** ⟨V. refl.; läuft ein, lief ein, hat ein|ge|lau|fen, ein|zu|lau|fen⟩ sich ~ *sich an einwandfreien, ruhigen Gang gewöhnen* (Maschine) ▸ die Maschine hat sich noch nicht eingelaufen

ein|le|ben ⟨V. refl.; lebt sich ein, leb|te sich ein, hat sich ein|ge|lebt, sich ein|zu|le|ben⟩ sich ~ *sich eingewöhnen, heimisch werden* ▸ er hat sich noch nicht eingelebt; sich in einer Gemeinschaft ~; sich in der neuen Heimat ~

ein|le|gen ⟨V. trans.; legt ein, leg|te ein, hat ein|gelegt, ein|zu|le|gen⟩ **1** etwas (in etwas) ~ *hineinlegen, hineintun* **2** etwas (in etwas) ~ *einschieben, einfügen, einschalten* **3** Fleisch, Gurken, Eier (in etwas) ~ *in Salz, Essig o. Ä. legen u. dadurch haltbar machen* ▸ (gegen ein Urteil) **Berufung** ~; (gegen etwas) **Beschwerde** ~ *sich (über etwas) beschweren;* einen **Film,** eine Kassette (in die Kamera od. den Rekorder) ~; **Heringe** ~ *salzen od. in Marinade legen;* eine **Pause** ~; **Protest** (gegen etwas) ~ *(dagegen) protestieren;* sein **Veto** ~ *ein Veto aussprechen* ▸ ein gutes Wort **für** jmdn. ~ *für jmdn. sprechen*

ein|lei|ten ⟨V. trans.; lei|tet ein, lei|te|te ein, hat ein|ge|lei|tet, ein|zu|lei|ten⟩ **1** einen Prozess, eine Verhandlung ~ *beginnen, in Gang bringen* **2** ein Fest ~ *eröffnen* **3** ein Buch ~ *mit einer Einführung, einem Vorwort versehen* ▸ die nötigen Maßnahmen, Schritte ~; ein Verfahren gegen jmdn. ~; eine Veranstaltung mit Musik ~; einige ~de Worte sprechen *einführende W.;* ~d möchte ich sagen …; Abl *Einleitung*

ein|len|ken ⟨V. intr.; lenkt ein, lenk|te ein, hat ein|ge|lenkt, ein|zu|len|ken; übertr.⟩ **1** *milder, versöhnlich werden, nachgeben* **2** in eine Kurve, eine Seitenstraße ~ *mit einem Fahrzeug einbiegen* ▸ er sprach zornig, aber auf ihren erstaunten Blick hin lenkte er sofort ein

ein|lie|fern ⟨V. trans.; lie|fert ein, lie|fer|te ein, hat ein|ge|lie|fert, ein|zu|lie|fern⟩ **1** eine Postsendung, Waren ~ *abgeben, abliefern* **2** jmdn. ins Gefängnis, ins Krankenhaus ~ *als Gefangenen, als Patienten hinbringen;* Abl *Einlieferung*

Ein|lie|ger|woh|nung ⟨die; -, -en⟩ *kleine, in einem Einfamilienhaus zusätzlich eingebaute Wohnung*

ein|lo|chen ⟨V. trans.; locht ein, loch|te ein, hat ein|ge|locht, ein|zu|lo|chen⟩ **1** ⟨umg.⟩ jmdn. ~ *ins Gefängnis (= Loch) einsperren* **2** ⟨Sp.; bes. Golf⟩ den Ball ~ *in ein Loch spielen*

ein|log|gen ⟨V. refl.; loggt sich ein, logg|te sich ein, hat sich ein|ge|loggt, sich ein|zu|log|gen; EDV⟩ sich ~ *sich auf einem Server, einer Webseite o. Ä. anmelden*

ein|lö|sen ⟨V. trans.; löst ein, lös|te ein, hat ein|gelöst, ein|zu|lö|sen⟩ **1** einen Gutschein, Scheck ~ *sich auszahlen, bezahlen lassen;* Abl *einlösbar* **2** Pfand ~ *zurückkaufen* **3** sein Versprechen, Wort ~ *erfüllen, halten;* Abl *Einlösung*

ein|lul|len ⟨V. trans.; lullt ein, lull|te ein, hat eingel|lullt, ein|zu|lul|len⟩ **1** jmdn. ~ *in den Schlaf singen* **2** jmdn. durch, mit Versprechungen ~ *durch, mit V. blindmachen*

ein|ma|chen ⟨V. trans.; macht ein, mach|te ein, hat ein|ge|macht, ein|zu|ma|chen⟩ Obst ~ *einlegen, einkochen, einwecken, konservieren* ▸ eingemachtes Obst; Abl *Einmachglas*

ein|mal[1] ⟨Adv.⟩ **1** *ein einziges Mal;* oV *ein Mal* **2** *früher, vor langer Zeit* **3** *gelegentlich, später* ▸ ~ und nie wieder!; ~ ist keinmal *ein einziges Mal zählt nicht* ▸ du wirst noch ~ an mich **denken!**; **kommen** Sie doch ~ zu uns!; **sein:** das war ~ *das ist gewesen, das ist vorbei;* es war ~ *(formelhafter Anfang von Märchen);* ich war schon ~ dort ▸ **auf** ~ *gleichzeitig, in einem Zug, (alles) zugleich, zusammen; plötzlich, unversehens;* es kommen immer alle auf ~; ich kann nicht alles auf ~ tun; **irgendwann** ~; **nicht** ~ *gar nicht;* der hat nicht ~ auf Wiedersehen gesagt; **noch** ~ *ein weiteres Mal, wieder;* ich sage es jetzt noch ~ *ich wiederhole es, sage es wieder;* ein Lied noch ~ singen; noch ~ so viel *doppelt so viel;* **nur** ~ *ohne Wiederholung;* das gibt's nur ~

ein|mal[2] ⟨Abtönungspartikel⟩ *eben, gerade, doch* ▸ **denk** nur ~; **gib** mir doch ~ das Buch; es ist nun ~ **geschehen** *es lässt sich nichts mehr daran ändern;* **komm** doch ~ (her)!; **sein:** das ist nun ~ so *das ist eben so, man kann es nicht ändern*

Ein|mal|eins ⟨das; -es; unz.⟩ **1** großes ~ *alle Multiplikationen von je zwei Zahlen zw. 10 u. 20* **2** kleines ~ *alle Multiplikationen von je zwei Zahlen zw. 1 u. 10* ▸ das ~ aufsagen, können, lernen

ein|ma|lig ⟨Adj.⟩ *einzig, unwiederholbar* ▸ eine ~e Gelegenheit; Abl *Einmaligkeit*

ein|mar|schie|ren ⟨V. intr.; mar|schiert ein, mar-schier|te ein, ist ein|mar|schiert, ein|zu|mar|schie-ren⟩ **1** in etwas ~ *als geschlossene Gruppe hineingehen* **2** in ein Land ~ *ein L. militärisch besetzen;* Abl *Einmarsch*

ein|mi|schen ⟨V. refl.; mischt sich ein, misch|te sich ein, hat sich ein|ge|mischt, sich ein|zu|mi-schen⟩ sich in etwas ~ *dazwischenreden, eingreifen* ▸ er mischt sich in alles ein; sich ständig in fremde Angelegenheiten ~ *ständig ungebeten in fremde A. eingreifen;* sich in ein Gespräch ~; Abl *Einmischung*

ein|mot|ten ⟨V. trans.; mot|tet ein, mot|te|te ein, hat ein|ge|mot|tet, ein|zu|mot|ten⟩ **1** Kleider ~ *mit einem Mittel gegen Motten einpacken, verstauen* **2** ⟨umg.; übertr.⟩ eine alte Lokomotive, ein Motorrad ~ *etwas über einen längeren Zeitraum schützend lagern*

ein|mün|den ⟨V. intr.; mün|det ein, mün|de|te ein, ist ein|ge|mün|det, ein|zu|mün|den; verstärkend⟩ in etwas ~ *münden;* Abl *Einmündung*

ein|mü|tig ⟨Adj.⟩ *gleichgesinnt, einträchtig, einstimmig* ▸ etwas ~ beschließen, erklären; ~ zusammenstehen; Abl *Einmütigkeit*

Ein|nah|me ⟨die; -, -n⟩ **I** ⟨unz.⟩ *das Einnehmen* ▸ ~ eines Landes **II** ⟨zählb.⟩ **1** *Ertrag, Gewinn, Erlös;* Zus *Tageseinnahme* **2** ⟨Pl.⟩ *Einkommen, Einkünfte* ▸ ~n und Ausgaben

ein|neh|men ⟨V. trans.; nimmt ein, nahm ein, hat ein|ge|nom|men, ein|zu|neh|men⟩ **1** Geld ~ *gewinnen, erwerben, verdienen* **2** Steuern ~ *einziehen* **3** einen Platz, eine Stellung ~ *innehaben, ausfüllen* **4** eine Festung, Stadt, ein Land ~ *erobern, erstürmen, besetzen, davon Besitz ergreifen* **5** ein Medikament, eine Mahlzeit ~ *sich einverleiben, zu sich nehmen* **6** jmdn. ~ *beschäftigen, beanspruchen* ▸ monatlich 5 000 **Euro** ~; das **Frühstück,** Mittag-, Abendessen ~ *frühstücken, zu Mittag, zu Abend essen;* eine feste, gerade **Haltung** ~ ⟨a. übertr.⟩; bitte die **Plätze** ~!; der Tisch nimmt zu viel Platz ein *beansprucht, füllt zu viel P.;* jmds. **Stelle** ~ *jmdn. vertreten;* er nimmt die Stelle eines Abteilungsleiters ein ▸ **viel,** wenig ~ ▸ seinen Platz **am** Tisch ~; jmdn. **für** sich, etwas od. jmd. anderen ~ *günstig stimmen, gewinnen;* sie nimmt durch ihr freundliches Wesen alle für sich ein; jmdn. **gegen** sich, etwas od. jmd. anderen ~ *ungünstig stimmen;* die Mahlzeiten **im** Freien ~

ein|neh|mend **I** ⟨Part. Präs. von⟩ *einnehmen* **II** ⟨Adj.⟩ *anziehend, gewinnend* ▸ ein ~es Äußeres haben; er hat ein ~es Wesen *gewinnendes, anziehendes W.;* ⟨iron.⟩ *er nimmt lieber, als er gibt;* ein Mann von ~em Äußeren

ein|ni|cken ⟨V. intr.; nickt ein, nick|te ein, ist einge|nickt, ein|zu|ni|cken⟩ *für kurze Zeit leicht einschlafen (bes. im Sitzen)*

ein|nis|ten ⟨V. refl.; nis|tet sich ein, nis|te|te sich ein, hat sich ein|ge|nis|tet, sich ein|zu|nis|ten⟩ sich irgendwo ~ **1** *sich an einem Ort ein Nest bauen* **2** ⟨übertr.⟩ *fest von einem Platz Besitz ergreifen, sich nicht mehr vertreiben lassen* ▸ ein befruchtetes Ei nistet sich in der Gebärmutter ein

Ein|öde ⟨die; -, -n⟩ *einsame Gegend, Wüstenei*

ein|ord|nen ⟨V.; ord|net ein, ord|ne|te ein, hat einge|ord|net, ein|zu|ord|nen⟩ **I** ⟨V. trans.⟩ etwas ~ *an die richtige Stelle in einer Reihe, einem Zusammenhang bringen* **II** ⟨V. refl.⟩ sich ~ *sich in* *eine Gemeinschaft einfügen, sich ihr anpassen* ▸ er kann sich nicht ~; Abl *Einordnung*

ein|pa|cken ⟨V.; packt ein, pack|te ein, hat ein|ge-packt, ein|zu|pa|cken⟩ **I** ⟨V. trans.⟩ etwas ~ **1** *einwickeln, verpacken, mit einer Hülle umgeben* **2** *im Koffer, in einem Karton od. Paket verstauen* ▸ einen Blumenstrauß in Folie ~; können Sie mir die Bücher bitte als Geschenk ~?; beim Umzug das Geschirr in Zeitungspapier ~; ich muss meine Sachen noch ~ **II** ⟨V. intr.; umg.⟩ *keinen Erfolg haben* ▸ ⟨nur in den Wendungen⟩ damit kannst du ~ *das hat keinen Erfolg, damit erreichst du gar nichts*

ein|par|ken ⟨V. intr. od. V. trans.; parkt ein, park-te ein, hat ein|ge|parkt, ein|zu|par|ken⟩ (ein Auto) ~ *in eine Parklücke hineinfahren, einrangieren* ▸ (den Wagen) vorwärts, rückwärts ~

ein|pas|sen ⟨V. trans.; passt ein, pass|te ein, hat ein|ge|passt, ein|zu|pas|sen⟩ etwas ~ **1** *zum Einfügen passend machen* **2** *genau, maßgerecht einfügen*

ein|pau|ken ⟨V. trans.; paukt ein, pauk|te ein, hat ein|ge|paukt, ein|zu|pau|ken; umg.⟩ jmdm. od. sich etwas ~ *mühsam, energisch lernen, sich einprägen* ▸ sich eine Lektion, Vokabeln ~

ein|pen|deln ⟨V. refl.; pen|delt sich ein, pen|del|te sich ein, hat sich ein|ge|pen|delt, sich ein|zu|pen-deln⟩ sich ~ **1** *in gleichmäßige Pendelbewegung übergehen* **2** ⟨übertr.⟩ *in Ordnung, ins Gleichmaß kommen* ▸ das pendelt sich schon wieder ein

ein|pfer|chen ⟨V. trans.; pfercht ein, pferch|te ein, hat ein|ge|pfercht, ein|zu|pfer|chen⟩ **1** Vieh ~ *in einen Pferch einschließen* **2** ⟨übertr.⟩ viele Menschen in einen Raum ~ *eng in einen Raum zusammendrängen*

ein|pflan|zen ⟨V. trans.; pflanzt ein, pflanz|te ein, hat ein|ge|pflanzt, ein|zu|pflan|zen⟩ **1** einen Baum, Strauch ~ *in die Erde pflanzen* **2** ⟨Med.⟩ jmdm. ein Organ ~ *ein fremdes Organ in jmds. Körper übertragen* ▸ jmdm. eine fremde Niere ~

ein|pla|nen ⟨V. trans.; plant ein, plan|te ein, hat ein|ge|plant, ein|zu|pla|nen⟩ Kosten, Ausgaben ~ *in einer Planung (mit)berücksichtigen*

ein|prä|gen ⟨V.; prägt ein, präg|te ein, hat ein|ge-prägt, ein|zu|prä|gen⟩ **I** ⟨V. trans.⟩ **1** etwas in etwas ~ *scharf in etwas eindrücken* **2** ⟨übertr.⟩ jmdm. etwas ~ *jmdn. etwas so nachdrücklich lehren, dass er es nicht wieder vergisst* ▸ ich habe den Kindern immer wieder eingeprägt, dass sie den Fußgängerüberweg benutzen sollen; einem Ring eine Inschrift ~ **II** ⟨V. refl.⟩ **1** sich jmdm. ~ *einen festen Eindruck bei jmdm. hinterlassen* **2** sich (selbst) etwas ~ *sich merken* ▸ sich etwas fest, gut ~; die Melodie prägt sich dem Gehör leicht ein *man kann sie sich gut merken;* sich den Weg gut ~; Abl *Einprägung*

ein|präg|sam ⟨Adj.⟩ *so beschaffen, dass es sich leicht einprägt, leicht zu merken ist* (Melodie, Worte); Abl *Einprägsamkeit*

ein|pu|dern ⟨V. trans.; pu|dert ein, pu|der|te ein, hat ein|ge|pu|dert, ein|zu|pu|dern⟩ jmdn. od. sich etwas ~ *mit Puder bestreuen*

ein|quar|tie|ren ⟨V.; quar|tiert ein, quar|tier|te ein, hat ein|quar|tiert, ein|zu|quar|tie|ren⟩ **I** ⟨V. trans.⟩ **1** Truppen ~ *in Quartieren, Privathäusern unterbringen* **2** Gäste bei Freunden ~ *unterbringen* **II** ⟨V. refl.⟩ sich bei jmdm. od. in jmds. Wohnung ~ *für kurze Zeit dort niederlassen;* Abl *Einquartierung*

ein|rah|men ⟨V. trans.; rahmt ein, rahm|te ein, hat ein|ge|rahmt, ein|zu|rah|men⟩ etwas ~ **1** *mit einem Rahmen versehen* **2** ⟨übertr.⟩ *umgeben, umrahmen* ▸ Bilder ~; das Gebäude ist von hohen Bäumen eingerahmt ⟨übertr.⟩

ein|ras|ten ⟨V. intr.; ras|tet ein, ras|te|te ein, ist ein-ge|ras|tet, ein|zu|ras|ten⟩ *ineinandergreifen u. sich dadurch befestigen* (Verschluss, Zahnrad)

ein|räu|men ⟨V. trans.; räumt ein, räum|te ein, hat ein|ge|räumt, ein|zu|räu|men⟩ **1** eine Wohnung, ein Zimmer ~ *mit Möbeln einrichten, wohnlich machen* **2** Schubladen, einen Schrank ~ *mit Gegenständen füllen* **3** etwas in etwas ~ *in etwas hineinräumen, einordnen, hineinstellen, hineinlegen* **4** ⟨übertr.⟩ **4.1** etwas ~ *zugeben* **4.2** jmdm. etwas ~ *zugestehen* ▸ ich muss (allerdings) ~, dass ich das nicht wusste ▸ Bücher, Spielsachen, Wäsche (in die Fächer, Regale, Schränke) ~; den Bücherschrank ~; jmdm. eine Frist, einen Kredit ~ ⟨übertr.⟩; jmdm. einen Platz ~ ⟨übertr.⟩ *abtreten, freigeben;* jmdm. das Recht ~, etwas zu tun ⟨übertr.⟩

ein|re|den ⟨V.; re|det ein, re|de|te ein, hat ein|ge-re|det, ein|zu|re|den⟩ **I** ⟨V. intr.⟩ auf jmdn. ~ *unaufhörlich u. eindringlich zu jmdm. reden* **II** ⟨V. trans.⟩ **1** jmdm. etwas ~ *jmdm. so lange zureden, bis er etwas glaubt od. tut;* **2** sich etwas ~ *sich etwas vormachen, sich selbst belügen* ▸ wer hat dir das eigentlich eingeredet?

ein|rei|ben ⟨V. trans.; reibt ein, rieb ein, hat ein-ge|rie|ben, ein|zu|rei|ben⟩ **1** jmdn. od. sich ~ *Creme od. Salbe reibend auf die Haut auftragen* **2** etwas ~ *durch Reiben eindringen lassen* ▸ jmds. Haut, jmdn. mit Fett, Salbe o. Ä. ~; die Salbe gut ~; Abl *Einreibung*

ein|rei|chen ⟨V. trans.; reicht ein, reich|te ein, hat ein|ge|reicht, ein|zu|rei|chen⟩ **1** einen Antrag, ein Gesuch, Unterlagen ~ *abgeben, übergeben* **2** Urlaub, seinen Abschied ~ *formell, schriftlich darum bitten* ▸ eine Beschwerde, eine Klage ~; Rechnungen, Zeugnisse, Steuerunterlagen ~; seine Versetzung ~; Abl *Einreichung*

ein|rei|hen ⟨V. trans.; reiht ein, reih|te ein, hat ein-ge|reiht, ein|zu|rei|hen⟩ etwas, jmdn. od. sich (in etwas) ~ *in einer Reihe, in einen gegliederten Zusammenhang an die richtige Position einordnen;* Abl *Einreihung*

Ein|rei|her ⟨der; -s, -⟩ *Anzug, dessen Jacke mit nur einer Knopfreihe in der Mitte geschlossen wird*

Ein|rei|se ⟨die; -, -n⟩ *ordnungsgemäßes Betreten fremden Staatsgebietes;* Zus *Einreiseerlaubnis, Einreisegenehmigung*

ein|rei|sen ⟨V. intr.; reist ein, reis|te ein, ist ein|ge-reist, ein|zu|rei|sen⟩ *fremdes Staatsgebiet ordnungsgemäß betreten* ▸ wann sind Sie eingereist?

ein|rei|ßen ⟨V.⟩ **I** ⟨V. intr.; reißt ein, riss ein, ist ein|ge|ris|sen, ein|zu|rei|ßen⟩ **1** *einen Riss bekommen, zu reißen beginnen* **2** ⟨übertr.⟩ *zur (schlechten) Gewohnheit werden, sich verbreiten, um sich greifen* (Unsitte, Übelstand) ▸ das Papier, die Seite, die Tapete ist eingerissen; man darf das nicht erst ~ lassen ⟨übertr.⟩ **II** ⟨V. trans.; reißt ein, riss ein, hat ein|ge|ris|sen, ein|zu|rei|ßen⟩ **1** Papier, Stoff ~ *einen Riss in P., S. hineinbringen, verursachen* **2** ein Gebäude ~ *niederreißen, abbauen*

ein|ren|ken ⟨V. trans.; renkt ein, renk|te ein, hat ein|ge|renkt, ein|zu|ren|ken⟩ **1** ⟨Med.⟩ ein ausgerenktes Glied ~ *in die ursprüngliche, richtige Lage zurückführen* **2** ⟨übertr.; umg.⟩ eine Angelegenheit (wieder) ~ *(wieder) in Ordnung bringen;* Abl *Einrenkung*

ein|rich|ten ⟨V.; rich|tet ein, rich|te|te ein, hat ein|ge|rich|tet, ein|zu|rich|ten⟩ **I** ⟨V. trans.⟩ **1** eine Wohnung, ein Zimmer ~ *mit Möbeln ausstatten, wohnlich machen* **2** etwas ~ *gestalten, ordnen, zurechtmachen* **3** etwas ~ *bewerkstelligen, zustande bringen* ▸ jmdm. od. sich eine Wohnung, ein Zimmer ~ ▸ das wird sich ~ lassen *das wird zu machen sein, wird möglich sein* ▸ das musst du (dir) anders, besser ~; sie haben sich (ihre Wohnung) elegant, gemütlich, hübsch, modern, neu eingerichtet; das lässt sich gut, schlecht ~ *das geht gut, schlecht* ▸ etwas ~ für *passend machen für, umarbeiten, umschreiben für;* ich kann es so ~, dass … ▸ eine gemütlich, hübsch, modern eingerichtete Wohnung **II** ⟨V. refl.⟩ sich ~ *sich den Gegebenheiten, der Lage anpassen* ▸ man muss sich eben ~ ▸ sich häuslich ~ *es sich (für längere Zeit) wohnlich machen, sich (für länger) niederlassen* ▸ sich auf etwas ~ *sich auf etwas vorbereiten;* bitte sagen Sie es mir vorher, damit ich mich darauf ~ kann

Ein|rich|tung ⟨die; -, -en⟩ **I** ⟨unz.⟩ *das Einrichten* **II** ⟨zählb.⟩ **1** *Gesamtheit der Gegenstände, mit denen etwas eingerichtet ist;* Zus *Geschäftseinrichtung, Wohnungseinrichtung* **2** *öffentliche Anstalt* **3** *Maßnahme* ▸ die Poliklinik ist eine ~ der Stadt; die Müllabfuhr ist eine notwendige ~; kommunale, städtische, staatliche ~en

ein|ros|ten ⟨V. intr.; ros|tet ein, ros|te|te ein, ist ein|ge|ros|tet, ein|zu|ros|ten⟩ **1** *durch Rost unbeweglich werden, verklemmen* (Türschloss) **2** ⟨übertr.; umg.⟩ *an Beweglichkeit verlieren, steif werden* ▸ die Schraube ist eingerostet

ein|rü|cken ⟨V.⟩ **I** ⟨V. trans.; rückt ein, rück|te ein, hat ein|ge|rückt, ein|zu|rü|cken⟩ **1** etwas in etwas ~ *hineinrücken, einsetzen* **2** ⟨Typ.⟩ eine Zeile ~ *erst nach einem kleinen Abstand vom Rand beginnen lassen* **II** ⟨V. intr.; rückt ein, rück|te ein, ist ein|ge|rückt, ein|zu|rü|cken⟩ **1** *zum Militär gehen, in den Heeresdienst eintreten* **2** in ein Land, eine Stadt ~ (von Truppen) *einmarschieren, einziehen, es, sie in Besitz nehmen*

ein|rüh|ren ⟨V. trans.; rührt ein, rühr|te ein, hat ein|ge|rührt, ein|zu|rüh|ren⟩ etwas in etwas ~ *durch Rühren hineinmischen, hineinmengen* ▸ Grieß in die Suppe, ein Ei in den Teig ~

eins[1] ⟨Adj.⟩ **1** ⟨Kardinalzahl; als Ziffer: 1⟩ *erste Zahl der Zahlenreihe* **2** *einerlei, gleichgültig* **3** *einig, einer Meinung;* Ggs *uneins* ▸ ~ a (Ia) *ausgezeichnet, vorzüglich;* ~ a Pralinen, Qualität; das ist ~ a!; ~ plus ~ macht zwei ⟨od. in Ziffern⟩ 1 + 1 = 2; einmal ~ ist ~ ⟨od. in Ziffern⟩ 1 x 1 = 1; ~, zwei, drei war er schon weg! *im Nu, sofort* ▸ Punkt ~ *pünktlich um 1 Uhr* ▸ ~ sein *sich einig, einer Meinung sein; einerlei, gleichgültig sein;* das ist mir ~; wir sind uns ~ darüber, dass wir abreisen wollen; ~ werden *sich einigen*

eins[2] ⟨indefinites Pron.⟩ **1** *etwas, das eine* **2** *ein und dasselbe* ▸ jmdm. ~ auswischen *jmdm. einen (üblen) Streich spielen;* ~ muss ich dir sagen; ~ sein *ein und dasselbe sein; eine Einheit sein;* das ist alles ~; ich will ~ tun, nämlich …; ~ werden *sich vereinen, zu einer Einheit verschmelzen* ▸ ~ geht ins andere über; es kommt auf ~ heraus; ich muss ~ nach dem anderen erledigen

Eins ⟨die; -, -en⟩ **1** *die Zahl 1* **2** *sehr gut (als Schulnote, Zensur)* **3** *Straßenbahn, Bus mit der Nummer 1* ▸ die Note ~ erhalten *die Bewertung „sehr gut";* dem Schüler eine ~ geben; eine ~ schreiben; er hat im Zeugnis drei ~en; ~ zu Null für dich *ich gebe mich geschlagen, du hast Recht;* einen Aufsatz mit (einer) ~ bewerten; →a. *Acht*[1]

ein|sam ⟨Adj.⟩ **1** *allein, verlassen* (Mensch) **2** *abgelegen, unbewohnt* (Gegend) **3** *menschenleer, nicht begangen* (Weg) ▸ sich ~ fühlen; ~ leben; ein ~ gelegenes Haus *in einer abgelegenen, menschenleeren Gegend;* das ist ~e Spitze, ~e Klasse *das ist außergewöhnlich gut;* Abl *Einsamkeit*

ein|sam|meln ⟨V. trans.; sam|melt ein, sam|mel|te ein, hat ein|ge|sam|melt, ein|zu|sam|meln⟩ Geld, Schulhefte ~ *sammeln, zusammentragen*

Ein|satz ⟨der; -es, -sät|ze⟩ **1** *das Einsetzen* **2** *das Eingesetztsein* **3** *das, was eingesetzt wird, Anteil, den man für Gewinn od. Verlust wagt* **4** *Beginn eines Instrumentes od. einer Stimme (im Zusammenspiel)* **5** *Dienst (bes. im Rettungswesen od. bei der Polizei);* Zus *Einsatzleiter, Einsatzleitung; einsatzbereit, einsatzfähig; Kampfeinsatz* **6** *auswechselbarer Teil eines Gerätes;* Zus *Glaseinsatz* **7** *auswechselbarer, eingesetzter Teil an Kleidungsstücken;* Zus *Bluseneinsatz, Spitzeneinsatz* ▸ den ~ des eigenen Lebens nicht scheuen; ~ einer Stimme; ~ der Trompeten ▸ der Dirigent gibt den ~; den ~ verdoppeln, verdreifachen; den ~ verpassen (beim Zusammensingen, Zusammenspielen) ▸ freiwilliger, harter, ununterbrochener ~ ▸ jmdn. unter ~ des eigenen Lebens retten *unter Lebensgefahr;* ~ von Militär

ein|sau|gen ⟨V.⟩ **I** ⟨V. trans.; saugt ein, saug|te ein, hat ein|ge|saugt, ein|zu|sau|gen⟩ Flüssigkeit ~ *durch Saugen einziehen, aufnehmen* **II** ⟨V. trans.; saugt ein, saug|te/sog ein, hat ein|ge|saugt/ein|ge|so|gen, ein|zu|sau|gen⟩ Luft ~ *einatmen*

ein|schal|ten ⟨V.; schal|tet ein, schal|te|te ein, hat ein|ge|schal|tet, ein|zu|schal|ten⟩ **I** ⟨V. trans.⟩ **1** das Licht, einen Motor, das Radio, den Strom ~ *den elektrischen Stromkreis schließen, ihn durch Schalten in Gang bringen, in Tätigkeit setzen*

E

2 jmdn. ~ *jmdn. zum Eingreifen veranlassen, hinzuziehen* ▸ den Fernseher, das Radio ~; einen Gang im Auto ~; den zweiten Gang ~; die Polizei ~ **II** ‹V. refl.› sich (in etwas) ~ *sich einmischen, eingreifen* ▸ sich in eine Unterredung, in ein Verfahren, eine Fernsehübertragung ~

Ein|schalt|quo|te ‹die; -, -n; TV, Rundfunk› *in Prozent ausgedrückte Anzahl von Personen, die für eine bestimmte Sendung ihr Gerät eingeschaltet haben (bezogen auf die Gesamtzahl der Fernseh- u. Rundfunkteilnehmer)*

ein|schär|fen ‹V. trans.; schärft ein, schärf|te ein, hat ein|ge|schärft, ein|zu|schär|fen› jmdm. etwas ~ *eindringlich ins Gedächtnis einprägen, jmdn. drängend ermahnen* ▸ jmdm. Verhaltensmaßregeln, Höflichkeit, Vorsicht ~; ich habe ihm eingeschärft, mich sofort zu benachrichtigen

ein|schät|zen ‹V. trans.; schätzt ein, schätz|te ein, hat ein|ge|schätzt, ein|zu|schät|zen› jmdn. od. etwas ~ *schätzen, bewerten* ▸ jmds. Vermögen, Einkommen, Fähigkeiten, Kräfte falsch, richtig, hoch, niedrig ~; Abl *Einschätzung*

ein|schen|ken ‹V. trans.; schenkt ein, schenk|te ein, hat ein|ge|schenkt, ein|zu|schen|ken› (jmdm.) etwas ~ *eingießen* ▸ darf ich Ihnen noch einmal (etwas Bier, Kaffee, Wein) ~?; →a. *rein*[2]

ein|sche|ren ‹V. intr.; schert ein, scher|te ein, ist ein|ge|schert, ein|zu|sche|ren› *wieder an die richtige Stelle einbiegen (im Straßenverkehr)*

ein|schi|cken ‹V. trans.; schickt ein, schick|te ein, hat ein|ge|schickt, ein|zu|schi|cken› (jmdm.) etwas ~ *einsenden, einem Amt, einer Institution schicken* ▸ dem Herstellungswerk einen Apparat zur Reparatur ~

ein|schie|ben ‹V. trans.; schiebt ein, schob ein, hat ein|ge|scho|ben, ein|zu|schie|ben› etwas (in etwas) ~ *hineinschieben, dazwischenschieben, einfügen* ▸ können Sie mich nicht ~? *außer der Reihe drannehmen (in der Sprechstunde o. Ä.)*; eine Arbeit ~ *zusätzlich, zwischendurch erledigen* Abl *Einschiebung*

ein|schif|fen ‹V.; schifft ein, schiff|te ein, hat ein|ge|schifft, ein|zu|schif|fen› **I** ‹V. trans.› jmdn. od. etwas ~ *aufs Schiff bringen, verladen* **II** ‹V. refl.› sich ~ *mit dem Schiff abreisen* ▸ sich nach Amerika ~; Abl *Einschiffung*

ein|schla|fen ‹V. intr.; schläft ein, schlief ein, ist ein|ge|schla|fen, ein|zu|schla|fen› **1** *in Schlaf versinken* **2** *gefühllos werden u. prickeln* (Glieder) **3** ‹übertr.› *nachlassen, aufhören* (Aufmerksamkeit, Tätigkeit) **4** ‹verhüllend› *sterben* ▸ schlaf nicht ein! ‹übertr.; umg.› *pass auf, mach schneller!* ▸ mein Arm, Bein ist eingeschlafen; unser Briefwechsel ist eingeschlafen ‹übertr.›; Großvater ist gestern (sanft) eingeschlafen *gestorben* ▸ ich kann nicht ~ ▸ fest, sofort ~ ▸ bei, über der Arbeit ~; vor dem Einschlafen noch lesen

ein|schlä|fern ‹V. trans.; schlä|fert ein, schlä|fer|te ein, hat ein|ge|schlä|fert, ein|zu|schlä|fern› **1** jmdn. ~ *zum Schlafen bringen* **2** ein krankes Tier ~ *durch ein Medikament schmerzlos töten* ▸ ~des Mittel; ~de Musik *langweilige M.*

Ein|schlag ‹der; -(e)s, -schlä|ge› **1** *das Einschlagen, Auftreffen (eines Geschosses)* **2** *Stelle des Einschlags*

ein|schla|gen ‹V.; schlägt ein, schlug ein, hat ein|ge|schla|gen, ein|zu|schla|gen› **I** ‹V. trans.› **1** Nägel, einen Pfahl in etwas ~ *durch Schlagen hineintreiben* **2** ein Fenster, eine Tür ~ *durch Schlagen zerbrechen, zerschlagen* **3** jmdm. den Schädel, die Zähne ~ *durch Schlag den S. verletzen, die Z. entfernen* **4** einen Gegenstand, Ware (in etwas) ~ *einwickeln, einhüllen, einpacken* **5** einen Weg, Kurs, eine Richtung ~ *wählen u. gehen od. fahren* ▸ eine Laufbahn ~ *beginnen;* er wusste nicht, welche Richtung er ~ sollte ▸ einen Gegenstand in Papier, in ein Tuch ~; den Weg über Land, durch den Wald ~ **II** ‹V. intr.› **1** *etwas annehmen, einer Sache zustimmen (u. durch Handschlag bekräftigen)* **2** *etwas treffen u. zerstören od. beschädigen* (Blitz) **3** *Erfolg haben, wirken* ▸ schlag ein!; es hat eingeschlagen *der Blitz hat getroffen* ▸ der neue Artikel hat eingeschlagen (wie eine Bombe); die Bombe, Granate hat eingeschlagen ▸ gut, schlecht ~ ▸ auf jmdn. od. ein Tier ~ *wild drauflosschlagen;* es hat in die Scheune eingeschlagen *der Blitz hat die Scheune getroffen*

ein|schlä|gig ‹Adj.› *bezüglich, zutreffend, dazugehörig* ▸ die ~en Bestimmungen nachschlagen; ~ vorbestraft *für das gleiche Vergehen bereits vorbestraft*

ein|schlei|chen ‹V. refl.; schleicht sich ein, schlich sich ein, hat sich ein|ge|schli|chen, sich ein|zu|schlei|chen› sich ~ **1** *heimlich hinein-, hereinkommen* **2** ‹übertr.› *sich langsam ausbreiten, allmählich üblich werden, zur (schlechten) Gewohnheit werden* (Missbrauch, Unsitte, Übelstand) **3** *unbemerkt geschehen* (Fehler, Irrtum) ▸ hier hat sich (in die Arbeit, Rechnung) ein Fehler eingeschlichen; sich in jmds. Vertrauen ~ *geschickt jmds. Vertrauen erringen, um es auszunützen*

ein|schlei|fen ‹V.; schleift ein, schliff ein, hat ein|ge|schlif|fen, ein|zu|schlei|fen› **I** ‹V. trans.› **1** etwas (in etwas) ~ *durch Schleifen darin eingraben* **2** etwas ~ *durch Schleifen passend machen* ▸ die Ventile eines Motors ~ **II** ‹V. refl.› sich ~ *durch häufiges Wiederholen einüben, sicher werden* ▸ die Neuerungen müssen sich erst ~

ein|schlep|pen ‹V. trans.; schleppt ein, schlepp|te ein, hat ein|ge|schleppt, ein|zu|schlep|pen› eine Krankheit, Krankheitserreger, Ungeziefer ~ *unbemerkt hereinbringen*

ein|schleu|sen ‹V. trans.; schleust ein, schleus|te ein, hat ein|ge|schleust, ein|zu|schleu|sen› jmdn. od. etwas ~ *unbemerkt durch eine Kontrolle hindurch- u. hereinbringen* ▸ illegale Einwanderer ~; Schmuggelware ~

ein|schlie|ßen ‹V. trans.; schließt ein, schloss ein, hat ein|ge|schlos|sen, ein|zu|schlie|ßen› **1** etwas od. jmdn. ~ *durch Verschließen, Zuschließen der Tür einsperren* **2** eine Stadt, Festung ~ *von allen Seiten umgeben, umzingeln* **3** etwas ~ *enthalten, in sich schließen, mit umfassen* **4** etwas od. jmdn.

~ *mitberechnen, in der Rechnung od. Zahl mitberücksichtigen* ▸ einen Gefangenen ~; Geld, Schmuck ~; hohe Mauern schließen den Park ein ▸ jmdn. in sein Gebet ~ *auch für ihn beten;* in Klammern ~ *einklammern;* er schloss sich in sein Zimmer ein; ein Grundstück mit einem Zaun ~ ▸ alle, mich eingeschlossen

ein|schließ|lich ⟨Präp. m. Gen.; Abk.: einschl.⟩ *mitberücksichtigt, eingeschlossen, einbegriffen* ▸ alle ~ der Neuankömmlinge; ~ aller Unkosten; ⟨auch mit undekl. Subst., wenn es im Sg. u. ohne Artikel steht⟩ Sprechstunde Montag bis ~ Donnerstag; das Museum ist bis ~ 25. Mai geschlossen; ⟨auch mit Dat., wenn das folgende Subst. im Pl. u. ohne Artikel steht⟩ die Miete beträgt 350 Euro ~ Nebenkosten

Ein|schluss ⟨der; -es; unz.⟩ *das Einschließen* ▸ mit od. unter ~ (von) *unter Berücksichtigung von, einschließlich des, der*

ein|schmei|cheln ⟨V. refl.; schmei|chelt sich ein, schmei|chel|te sich ein, hat sich ein|ge|schmei|chelt, sich ein|zu|schmei|cheln⟩ sich (bei jmdm.) ~ *sich durch Schmeicheln, Schmeicheleien beliebt machen* ▸ sich bei seinem Vorgesetzten ~

ein|schmie|ren ⟨V. trans.; schmiert ein, schmier|te ein, hat ein|ge|schmiert, ein|zu|schmie|ren⟩ jmdn. od. (jmdm.) etwas (mit etwas) ~ *mit Fett, Öl, Salbe einreiben*

ein|schnap|pen ⟨V. intr.; schnappt ein, schnapp|te ein, ist ein|ge|schnappt, ein|zu|schnap|pen⟩ **1** *ins Schloss springen* (Tür) **2** *sich selbst schließen, zufallen* (Schloss); →a. *eingeschnappt*

ein|schnei|den ⟨V.; schnei|det ein, schnitt ein, hat ein|ge|schnit|ten, ein|zu|schnei|den⟩ **I** ⟨V. trans.⟩ **1** etwas (in etwas) ~ *mit dem Messer einkerben* **2** etwas (mit etwas) ~ *mit dem Messer, einer Schere o. Ä. einen Schnitt daran vornehmen* ▸ einen Namen in die Baumrinde ~; ein Stück Stoff ~ **II** ⟨V. intr.⟩ **1** *einen Schnitt machen, schneidend eindringen* **2** *zu eng sein* ▸ das Gummiband schneidet ein

ein|schnei|dend **I** ⟨Part. Präs. von⟩ *einschneiden* **II** ⟨Adj.⟩ *von großem Einfluss, umwälzend, tiefgreifend* ▸ ~e Maßnahmen, ~e Veränderungen

ein|schnei|en ⟨V. intr.; schneit ein, schnei|te ein, ist ein|ge|schneit, ein|zu|schnei|en⟩ **1** *ganz mit Schnee bedeckt werden* **2** *infolge anhaltenden Schneiens nicht fortkönnen* ▸ wir sind (hier, in Graz) eingeschneit; das Haus ist völlig eingeschneit

Ein|schnitt ⟨der; -(e)s, -e⟩ **1** *Einkerbung, Schnitt* **2** *Kerbe, Schnittfläche, -wunde, Graben* **3** *das Mähen, Ernte* **4** ⟨übertr.⟩ *Pause, Absatz, Zäsur, Abschluss u. Neubeginn zugleich* ▸ ein bedeutsamer, tiefgreifender ~ ⟨übertr.⟩; flacher, tiefer ~; eine Prüfung ist ein ~ im Leben ⟨übertr.⟩

ein|schnü|ren ⟨V. trans.; schnürt ein, schnür|te ein, hat ein|ge|schnürt, ein|zu|schnü|ren⟩ **1** etwas ~ *mit einer Schnur fest zusammenbinden, umwickeln* **2** jmdn. ~ *einengen;* Abl *Einschnürung*

ein|schrän|ken ⟨V.; schränkt ein, schränk|te ein, hat ein|ge|schränkt, ein|zu|schrän|ken⟩ **I** ⟨V. trans.⟩ **1** die Ausgaben ~ *beschränken, verringern* **2** jmds. Freiheit ~ *begrenzen, jmdn. einengen* ▸ er fügte ~d hinzu, dass die Finanzierung noch unsicher ist **II** ⟨V. refl.⟩ sich ~ *sparsam leben* ▸ sich sehr ~ müssen; Abl *Einschränkung*

ein|schrei|ben ⟨V. trans.; schreibt ein, schrieb ein, hat ein|ge|schrie|ben, ein|zu|schrei|ben⟩ **1** etwas ~ *hineinschreiben, eintragen (in Listen)* **2** jmdn. od. sich ~ *jmds. od. seinen Namen in ein Buch, eine Liste o. Ä. eintragen* ▸ Einnahmen und Ausgaben ~; sich als Student an der Universität ~ (lassen); sich in die Teilnehmerliste ~ (und dadurch vormerken lassen)

Ein|schrei|ben ⟨das; -s, -⟩ *Brief, der gegen Quittung auf der Post in eine Liste eingeschrieben ist u. dem Empfänger nur gegen Empfangsbestätigung ausgehändigt wird sowie gegen Verlust versichert ist;* Syn *Einschreib(e)brief, Einschreib(e)sendung* ▸ ein ~ erhalten; einen Brief als ~ schicken

ein|schrei|ten ⟨V. intr.; schrei|tet ein, schritt ein, ist ein|ge|schrit|ten, ein|zu|schrei|ten⟩ gegen jmdn. od. etwas ~ *vorgehen, etwas gegen jmdn. od. etwas unternehmen* ▸ gegen Aufrührer, randalierende Rowdys ~; gegen Übergriffe, Missbräuche ~; gerichtlich, polizeilich gegen etwas ~; Abl *Einschreitung*

ein|schrump|fen ⟨V. intr.; schrumpft ein, schrumpf|te ein, ist ein|ge|schrumpft, ein|zu|schrump|fen⟩ *trocken u. dadurch kleiner werden*

Ein|schub ⟨der; -(e)s, -schü|be⟩ *das, was eingeschoben worden ist, Einschiebung*

ein|schüch|tern ⟨V. trans.; schüch|tert ein, schüch|ter|te ein, hat ein|ge|schüch|tert, ein|zu|schüch|tern⟩ jmdn. ~ *jmdm. Angst machen, jmdn. unsicher, verlegen machen* ▸ sich (nicht) ~ lassen; jmdn. durch, mit Drohungen, Kritik ~; Abl *Einschüchterung*

ein|schu|len ⟨V. trans.; schult ein, schul|te ein, hat ein|ge|schult, ein|zu|schu|len⟩ ein Kind ~ *zum ersten Mal auf eine Schule geben;* Abl *Einschulung*

Ein|schuss ⟨der; -es, -schüs|se⟩ *Eintrittsstelle eines Geschosses;* Zus *Einschussloch*

ein|schwö|ren ⟨V. trans.; schwört ein, schwor ein, hat ein|ge|schwo|ren, ein|zu|schwö|ren⟩ jmdn. auf etwas ~ *jmdn. dazu bringen, etwas nachdrücklich zu vertreten;* →a. *eingeschworen*

ein|se|hen ⟨V. trans.; sieht ein, sah ein, hat ein|ge|se|hen, ein|zu|se|hen⟩ **1** etwas ~ *begreifen, verstehen, zu einer Erkenntnis darüber kommen* **2** Akten, ein Dokument ~ *lesen, zur Kenntnis nehmen* **3** ein Gelände ~ *hineinsehen, hineinschauen in* ▸ siehst du das nicht ein?; ich habe eingesehen, dass es so besser ist, dass ich Unrecht habe ▸ eine Akte ~; seinen Irrtum, sein Unrecht ~; man kann den Garten, den Balkon (nicht) ~; kann ich die Unterlagen ~? ▸ ein Einsehen haben *etwas verstehen u. deshalb nachgeben*

ein|sei|fen ⟨V. trans.; seift ein, seif|te ein, hat ein|ge|seift, ein|zu|sei|fen⟩ **1** jmdn. od. sich ~ *mit Seife einreiben* **2** ⟨umg.⟩ jmdn. ~ *betrügen, hintergehen* ▸ sich das Gesicht zum Rasieren ~

ein|sei|tig ‹Adj.› **1** *nur auf einer Seite befindlich* (Kopfschmerzen, Lähmung, Lungenentzündung) **2** *nur eine Seite (einer Sache), nur einen Gesichtspunkt hervorhebend* **3** *subjektiv, parteiisch* **4** *nur für einen Teil, eine Partei verbindlich* (Beschluss, Erklärung, Vertrag) ▸ Papier nur ~ bedrucken, beschreiben; eine Sache ~ betrachten; einen Vorgang ~ darstellen, schildern; sein: er ist sehr ~ *hat außer seinem Fach- od. Interessengebiet keine anderen Interessen* ▸ ~ interessiert sein; Abl *Einseitigkeit*

ein|sen|den ‹V. trans.; sen|det ein, san|dte/sen|de|te ein, hat ein|ge|sandt/ein|ge|sen|det, ein|zu|sen|den› etwas (an etwas) ~ *(einer Behörde, Institution, einem Amt) zusenden, einschicken* ▸ Anfragen, Artikel, Manuskripte an einen Verlag, eine Zeitung ~; Unterlagen, Zeugnisse ~; Abl *Einsendung*

Ein|sen|der ‹der; -s, -› *jmd., der etwas einsendet od. eingesandt hat* ▸ ~ eines Artikels; Abl *Einsenderin*

Ein|sen|de|schluss ‹der; -es; unz.› *letzter Termin, bis zu dem etwas eingesandt werden kann* ▸ ~ für das Preisausschreiben ist der 31. Oktober

ein|set|zen ‹V.; setzt ein, setz|te ein, hat ein|gesetzt, ein|zu|set|zen› **I** ‹V. trans.› **1** etwas in etwas ~ *in etwas hineinsetzen* **2** einen Bürgermeister, einen Leiter ~ *ernennen, mit einem Amt betrauen;* Abl *Einsetzung* **3** Hilfsmittel, eine Maschine, Truppen ~ *anwenden, zur Wirkung bringen* ▸ Bäume, Pflanzen ~ *in die Erde setzen, einpflanzen;* eine neue Fensterscheibe ~; Fische (zur Zucht) ~ *in einen Teich geben;* Geld od. eine Summe ~ *als Einsatz im Spiel od. in der Lotterie einzahlen;* freiwillige Helfer ~; seine ganze Kraft ~, um etwas zu erreichen; sein Leben ~ *wagen, aufs Spiel setzen;* eine Regierung ~; Zahlen ~ *in freigelassene Stellen schreiben (auf Formularen);* ▸ jmdn. als od. zum Erben ~; jmdn. als Richter ~; seine Kraft für eine Sache, für das Gelingen einer Sache ~; jmdn. in ein Amt ~ **II** ‹V. refl.› **1** sich für etwas ~ *seinen Einfluss, seine Kraft für etwas verwenden* **2** sich für jmdn. ~ *jmdn. fördern, für ihn sprechen* ▸ sich für die Einführung neuer Methoden ~ **III** ‹V. intr.› *beginnen* ▸ die Musik setzt ein ▸ mit ~dem Herbst ziehen die Zugvögel fort

Ein|sicht ‹die; -, -en› **1** *Einblick, Kenntnisnahme;* Abl *Einsichtnahme* **2** *Verständnis* **3** *Klugheit, Vernunft* **4** *Erkenntnis, Sachkenntnis* ▸ ~ gewähren (in etwas); haben; ~ in Akten, Unterlagen nehmen *sie sich ansehen* ▸ ~ in Akten, Vorgänge; er wird noch zur ~ kommen *Vernunft annehmen, vernünftig werden;* jmdm. etwas (Akten, Papiere) zur ~ vorlegen

ein|sich|tig ‹Adj.› *klug, verständig, vernünftig, überlegt;* Syn *einsichtsvoll* ▸ er ist nicht sehr ~

Ein|sied|ler ‹der; -s, -› **1** *einsam lebender Mönch;* Syn *Eremit* **2** ‹übertr.› *sehr zurückgezogen lebender Mensch;* Abl *Einsiedlerin; einsiedlerisch* ▸ er ist ein richtiger ~ ‹übertr.›; wie ein ~ leben

ein|sil|big ‹Adj.› **1** *aus nur einer Silbe bestehend* **2** ‹übertr.› *wortkarg* (Antwort, Mensch) ▸ ~e Wörter; sehr ~ sein ‹übertr.›; Abl *Einsilbigkeit*

ein|sin|ken ‹V. intr.; sinkt ein, sank ein, ist ein|gesun|ken, ein|zu|sin|ken› **1** *sich vertiefen* (Boden, Erdoberfläche) **2** *nach innen sinken* **3** *in etwas hineinsinken, versinken* ▸ Vorsicht, hier sinkt man ein!; bis zu den Knien im Schlamm, Schnee ~

ein|sit|zen ‹V. intr.; sitzt ein, saß ein, hat ein|geses|sen, ein|zu|sit|zen› *(in einem Gefängnis) inhaftiert sein*

ein|span|nen ‹V. trans.; spannt ein, spann|te ein, hat ein|ge|spannt, ein|zu|span|nen› **1** etwas in etwas ~ *in einen Rahmen spannen, in etwas befestigen, festklemmen* **2** Zugtiere ~ *vor dem Wagen befestigen* **3** ‹übertr.› jmdn. für od. zu etwas ~ *jmdn. zur Mitarbeit bei od. an etwas veranlassen* ▸ Pferde, Ochsen ~ ▸ sie wollen ihn bereits jetzt für ihr nächstes Projekt ~

ein|spa|ren ‹V. trans.; spart ein, spar|te ein, hat ein|ge|spart, ein|zu|spa|ren› **1** Material ~ *durch Sparen zurückbehalten, nicht verwenden* **2** einen Posten ~ *unbesetzt lassen;* Abl *Einsparung*

ein|sper|ren ‹V. trans.; sperrt ein, sperr|te ein, hat ein|ge|sperrt, ein|zu|sper|ren› **1** etwas od. ein Tier ~ *ein-, wegschließen* **2** jmdn. ~ *ins Gefängnis setzen, inhaftieren;* Abl *Einsperrung*

ein|spie|len ‹V.; spielt ein, spiel|te ein, hat ein|gespielt, ein|zu|spie|len› **I** ‹V. trans.› **1** ein Instrument ~ *durch Spielen zum besseren, volleren Tönen bringen* **2** ein Musikstück ~ *spielen u. auf CD aufnehmen* **3** Gewinne ~ *durch Spielen Gewinne erzielen* ▸ eine Geige ~; der Film hat die Herstellungskosten längst eingespielt; Abl *Einspielung* **II** ‹V. refl.› sich ~ **1** *sich im Spiel einüben, im Spiel sicher werden* **2** *allmählich gut in Gang kommen* (Betrieb) ▸ der Arbeitsablauf hat sich gut eingespielt *verläuft jetzt reibungslos;* der Pianist musste sich erst ~; gut aufeinander eingespielt sein *sich gut ergänzen, im Spiel gut zusammenwirken;*

ein|spra|chig ‹Adj.› *in nur einer Sprache abgefasst, nur eine Sprache beherrschend* ▸ ein ~es Wörterbuch; ~ sein

ein|sprin|gen ‹V. intr.; springt ein, sprang ein, ist ein|ge|sprun|gen, ein|zu|sprin|gen› (für jmdn.) ~ *etwas ersatzweise, stellvertretend (für jmdn.) tun, ausnahmsweise die Arbeit eines anderen tun, aushelfen* ▸ könnten Sie heute einmal ~?

ein|sprit|zen ‹V. trans.; spritzt ein, spritz|te ein, hat ein|ge|spritzt, ein|zu|sprit|zen› (jmdm.) ein Medikament ~ *mit einer Spritze durch die Haut in jmds. Körper einbringen, einführen;* Syn *injizieren;* Abl *Einspritzung*

Ein|spruch ‹der; -(e)s, -sprü|che› **1** *Einwendung, Einwand, Protest, energischer Widerspruch* **2** *Beschwerde* **3** ‹Rechtsw.› *Protest gegen Unrecht od. gerichtliche Entscheidung;* Zus *Einspruchsfrist* ▸ es erfolgte kein ~; seine Einsprüche vorbringen; ~ gegen eine gerichtliche Entscheidung erheben

ein|spu|rig ‹Adj.› **1** *eingleisig* (Eisenbahn) **2** *auf, mit nur einer Spur* (Straße) ▸ eine ~e Verkehrsführung

einst ⟨Adv.⟩ **1** *weit in der Vergangenheit od. weit in der Zukunft liegend* **2** *früher, damals, seinerzeit* **3** *künftig, später* ▸ ~ dienten die Baracken zur Unterbringung von Flüchtlingen

Ein|stand ⟨der; -(e)s, -stän|de⟩ **1** *festlich begangener Dienstantritt;* Ggs *Ausstand (2)* **2** ⟨Sp.; Tennis⟩ *gleicher Punktestand (je 40) für beide Partner;* Syn *Deuce* ▸ seinen ~ geben

ein|ste|cken ⟨V. trans.; steckt ein, steck|te ein, hat ein|ge|steckt, ein|zu|ste|cken⟩ **1** etwas ~ *hineinstecken, in die Tasche stecken* **2** ⟨umg.⟩ Geld, Profit ~ *einnehmen* **3** ⟨übertr.; umg.⟩ etwas ~ *ertragen, hinnehmen* ▸ eine Beleidigung, Kränkung ~ müssen; vergiss nicht, deine Brille, dein Frühstück, dein Geld einzustecken; bei ihm muss sie viel ~ ⟨übertr.⟩ *sie muss sich von ihm manches sagen lassen, ohne erwidern zu können*

ein|ste|hen ⟨V. intr.; ge|steht ein, ge|stand ein, hat ein|ge|stan|den, ein|zu|ge|ste|hen; süddt., österr., schweiz.: ist⟩ für etwas od. jmdn. ~ *bürgen, Gewähr leisten, eintreten, jmdm. helfen, etwas verantworten* ▸ ich stehe für den Erfolg des Vorhabens ein; für deine Tat musst du selbst ~

ein|stei|gen ⟨V. intr.; steigt ein, stieg ein, ist eingestie|gen, ein|zu|stei|gen⟩ in etwas ~ **1** *hineinsteigen, hineinklettern* **2** ⟨übertr.; umg.⟩ *sich beteiligen (an Geschäften)* ▸ ~! *(Ruf des Stationsvorstehers vor Abfahrt des Zuges);* ins Auto, in den Bus, in den Zug ~; er will in das Geschäft ~ ⟨übertr.; umg.⟩; der Dieb ist über den Balkon in die Wohnung eingestiegen

Ein|stei|ger ⟨der; -s, -⟩ *jmd., der als Anfänger, z. B. im Beruf od. in der Politik, seine Tätigkeit aufnimmt* ▸ ein geeignetes Projekt für ~ suchen; dieses Notebook ist vor allem für ~ geeignet; Abl *Einsteigerin;* Zus *Berufseinsteiger*

ein|stel|len ⟨V.; stellt ein, stell|te ein, hat ein|gestellt, ein|zu|stel|len⟩ **I** ⟨V. trans.⟩ **1** jmdn. ~ *in Arbeit, in den Dienst nehmen* **2** die Arbeit, Zahlungen ~ *beenden, damit aufhören* **3** etwas (in etwas) ~ *hineinstellen, unter Dach bringen, unterstellen, unterbringen* **4** einen Apparat ~ *zur Benutzung fertig machen, anpassen, richten* ▸ wir müssen noch einige Arbeitskräfte ~; das Feuer ~ ⟨Mil.⟩; die Kampfhandlungen wurden eingestellt; einen Rekord ~ *erreichen;* den Sender Frankfurt im Radio ~; eine Uhr richtig ~; das Verfahren wird wegen Geringfügigkeit eingestellt **II** ⟨V. refl.⟩ **1** sich ~ *sich einfinden, erscheinen, kommen* **2** sich auf jmdn. od. etwas ~ *sich auf jmdn. od. etwas vorbereiten, sich jmdm. od. etwas anpassen* ▸ der Frühling hat sich in diesem Jahr schon früh eingestellt ▸ sich auf neue Arbeitsmethoden ~; →a. *eingestellt*

ein|stel|lig ⟨Adj.⟩ *aus nur einer Ziffer bestehend* ▸ ~e Zahl, Summe; ein ~er Betrag

Ein|stel|lung ⟨die; -, -en⟩ **1** *das Einstellen* **2** ⟨übertr.⟩ *Gesinnung, innere Haltung, Denkart* ▸ ~ von Arbeitskräften; ~ einer Maschine; die ~ der Kampfhandlungen; die ~ des Verfahrens ⟨Rechtsw.⟩; seine politische, religiöse ~; ich kenne seine ~ zu dieser Sache

Ein|stich ⟨der; -(e)s, -e⟩ **1** *das Einstechen* **2** *Stelle, an der eingestochen worden ist*

Ein|stieg ⟨der; -(e)s, -e⟩ Ggs *Ausstieg* **1** *das Einsteigen* **2** *Öffnung, Tür zum Einsteigen (z. B. bei der Straßenbahn)*

ein|stim|men ⟨V.; stimmt ein, stimm|te ein, hat ein|ge|stimmt, ein|zu|stim|men⟩ **I** ⟨V. intr.⟩ (in etwas) ~ **1** ⟨Mus.⟩ *anfangen mitzusingen* **2** ⟨übertr.⟩ *einwilligen, einer Sache bei-, zustimmen* ▸ der Chor stimmte ein; in ein Lied ~; in das Gelächter der anderen ~ *mit den andern mitlachen* **II** ⟨V. trans.⟩ Instrumente ~ *in Übereinstimmung, Einklang bringen* **III** ⟨V. refl.; übertr.⟩ sich auf etwas ~ *sich gefühlsmäßig auf etwas einstellen, sich innerlich darauf vorbereiten* ▸ sich auf ein Konzert ~

ein|stim|mig ⟨Adj.⟩ **1** ⟨Mus.⟩ **1.1** *aus nur einer Stimme bestehend* **1.2** *mit nur einer Stimme* **2** ⟨übertr.⟩ *einmütig, übereinstimmend, ohne Gegenstimme* ▸ ~er Beschluss; ein ~es Lied singen ▸ der Vorschlag wurde ~ angenommen; die ganze Klasse antwortete, rief ~ … *wie aus einem Munde;* ~ singen, spielen; er wurde ~ zum Vorsitzenden gewählt; Abl *Einstimmigkeit*

einst|mals ⟨Adv.⟩ *vormals, seinerzeit, früher*

ein|stö|ckig ⟨Adj.⟩ *aus nur einem Stockwerk bestehend* (Haus)

ein|strei|chen ⟨V. trans.; streicht ein, strich ein, hat ein|ge|stri|chen, ein|zu|strei|chen⟩ etwas ~ **1** *hineinstreichen, bestreichen* **2** ⟨umg.⟩ *wie selbstverständlich an sich nehmen, einstecken* ▸ er strich das Geld ein, ohne herauszugeben; große Gewinne ~ *sehr leicht verdienen*

ein|streu|en ⟨V. trans.; streut ein, streu|te ein, hat ein|ge|streut, ein|zu|streu|en⟩ etwas (in etwas) ~ **1** *hineinstreuen, streuend (in od. auf etwas) verteilen;* Abl *Einstreu* **2** ⟨übertr.⟩ *einflechten, hinzufügen* ▸ eine Bemerkung ins Gespräch ~; Stroh in die Boxen im Stall ~

ein|stu|die|ren ⟨V. trans.; stu|diert ein, stu|dier|te ein, hat ein|stu|diert, ein|zu|stu|die|ren⟩ etwas ~ *durch Üben lernen, einüben* ▸ eine Rolle ~; ein Lied ~; Abl *Einstudierung*

ein|stu|fen ⟨V. trans.; stuft ein, stuf|te ein, hat einge|stuft, ein|zu|stu|fen⟩ jmdn. od. etwas ~ *in ein System mit verschiedenen Stufen einordnen (u. somit bewerten)* ▸ etwas als gefährlich, relevant, vertraulich, wichtig ~; jmdn. in eine bestimmte Besoldungsgruppe ~; Abl *Einstufung*

ein|stün|dig ⟨Adj.⟩ *eine Stunde dauernd* ▸ ein ~er Kurs

Ein|sturz ⟨der; -es, -stür|ze⟩ *das Einstürzen, Zusammenbrechen* ▸ ~ einer Mauer, Ruine; dem ~ nahe sein; Zus *Einsturzgefahr*

ein|stür|zen ⟨V. intr.; stürzt ein, stürz|te ein, ist ein|ge|stürzt, ein|zu|stür|zen⟩ *zusammenstürzen, -brechen, -fallen* ▸ das Haus stürzte ein

einst|wei|len ⟨Adv.⟩ *vorläufig, inzwischen*

einst|wei|lig ⟨Adj.⟩ *vorläufig* ▸ eine ~e Verfügung erlassen ⟨Zivilprozess⟩ *vorläufige gerichtl. Anordnung zur Abwendung schwerer Nachteile für eine Partei;* Syn *vorläufige Verfügung*

ein|tä|gig ⟨Adj.⟩ *nur einen Tag lang, nur einen Tag dauernd* ▸ ein ~er Kongress

ein|tau|chen ⟨V.⟩ **I** ⟨V. trans.; taucht ein, tauch|te ein, hat ein|ge|taucht, ein|zu|tau|chen⟩ etwas (in etwas) ~ *in Flüssigkeit hineintauchen* ▸ einen Schwamm ~ **II** ⟨V. intr.; taucht ein, tauch|te ein, ist ein|ge|taucht, ein|zu|tauchen⟩ *im Wasser untertauchen, unter Wasser gehen* (Schwimmer, Taucher, Unterseeboot)

E

ein|tau|schen ⟨V. trans.; tauscht ein, tausch|te ein, hat ein|ge|tauscht, ein|zu|tau|schen⟩ etwas ~ **1** *durch Tausch bekommen, erwerben* **2** ⟨übertr.⟩ *für eine Leistung bekommen* ▸ Briefmarken ~

ein|tau|send ⟨Adj.; als Ziffer: 1000; verstärkend⟩ *tausend*

ein|tei|len ⟨V. trans.; teilt ein, teil|te ein, hat ein|ge|teilt, ein|zu|tei|len⟩ (sich) etwas ~ *etwas planmäßig teilen, gliedern* ▸ Lebensmittel, Geld ~; er kann sich die Arbeit selbst ~; sich seine Zeit besser ~; Personen in Gruppen ~; Abl *Einteilung*

ein|tei|lig ⟨Adj.⟩ *aus nur einem Teil bestehend* ▸ ein ~er Badeanzug

ein|tö|nig ⟨Adj.⟩ *gleichförmig, langweilig* ▸ die Musik war sehr ~; Abl *Eintönigkeit*

Ein|topf ⟨der; -(e)s, -töp|fe⟩ *in einem einzigen Topf gekochtes Gericht; Zus Eintopfgericht; Bohneneintopf, Linseneintopf*

Ein|tracht ⟨die; -; unz.⟩ *gutes Einvernehmen, Einmütigkeit, Einigkeit* ▸ in Liebe und ~; in ~ leben; die ~ stören

ein|träch|tig ⟨Adj.⟩ *einig, friedlich, in gutem Einvernehmen* ▸ ~ beieinandersitzen; Abl *Einträchtigkeit*

Ein|trag ⟨der; -(e)s, -trä|ge⟩ *Eintragung, schriftl. Vermerk, Notiz, Buchung* ▸ einen ~ ins Klassenbuch bekommen *im K. festgehaltener Tadel*

ein|tra|gen ⟨V. trans.; trägt ein, trug ein, hat ein|ge|tra|gen, ein|zu|tra|gen⟩ **1** etwas, jmdn. od. sich ~ *etwas, jmds. Namen od. den eigenen Namen auf od. in etwas einschreiben, vermerken;* Abl *Eintragung* **2** (jmdm.) Nutzen, Ertrag, Schaden ~ *einbringen, abwerfen* ▸ sein Versuch zu helfen hat ihm nur Undank eingetragen; bitte tragen Sie sich in diese Liste ein; ich muss mir den Termin noch in mein Notizbuch ~; eingetragener Verein ⟨Abk.: e. V.⟩ *behördlich registrierter u. genehmigter V. mit nichtwirtschaftlicher Zielsetzung*

ein|träg|lich ⟨Adj.⟩ *gewinnbringend* ▸ ein ~es Geschäft

ein|tref|fen ⟨V. intr.; trifft ein, traf ein, ist ein|getrof|fen, ein|zu|tref|fen⟩ **1** *ankommen* **2** *sich bestätigen, in Erfüllung gehen* ▸ meine Befürchtungen, Vermutungen sind eingetroffen; unsere Besucher trafen pünktlich bei uns ein

ein|trei|ben ⟨V. trans.; treibt ein, trieb ein, hat ein|ge|trie|ben, ein|zu|trei|ben⟩ **1** einen Nagel, Pfahl, eine Niete ~ *durch Schläge hineinbohren, -stoßen* **2** Vieh ~ *heimtreiben, hineinjagen* **3** ⟨übertr.⟩ Schulden, Steuern ~ *einziehen, kassieren*

ein|tre|ten ⟨V.⟩ **I** ⟨V. trans.; tritt ein, trat ein, hat ein|ge|tre|ten, ein|zu|tre|ten⟩ eine Tür, Fensterscheibe ~ *durch Fußtritte eindrücken, zerstören* **II** ⟨V. intr.; tritt ein, trat ein, ist ein|ge|tre|ten, ein|zu|tre|ten⟩ **1** (in etwas) ~ *hineingehen, hereinkommen* **2** in einen Verein ~ *Mitglied, Angehöriger werden* **3** *geschehen, sich ereignen, Wirklichkeit werden* **4** für jmdn. od. etwas ~ *jmdn. od. etwas verteidigen, vertreten, in Schutz nehmen* **5** ⟨schweiz.⟩ auf etwas ~ *sich mit etwas beschäftigen* ▸ bitte treten Sie ein!; beim Eintreten blickte er suchend um sich; was wir befürchteten, trat tatsächlich ein ▸ es wird keine Änderung ~; nun ist der Fall eingetreten, dass er arbeitslos ist ▸ für eine Änderung, einen Plan, einen Vorschlag ~; in einen Betrieb, eine Firma, einen Klub, einen Orden, eine Partei ~; in eine Diskussion, ein Gespräch ~ *damit beginnen*

ein|trich|tern ⟨V. trans.; trich|tert ein, trich|ter|te ein, hat ein|ge|trich|tert, ein|zu|trich|tern; übertr.; umg.⟩ **1** jmdm. od. sich etwas ~ *mühsam beibringen, aneignen* **2** jmdm. etwas ~ *eindringlich zu verstehen geben*

Ein|tritt ⟨der; -(e)s, -e⟩ **1** *Berechtigung zum Besuch (eines Museums, einer Ausstellung, eines Zoos o. Ä.); Zus Eintrittsgeld, Eintrittspreis* **2** *Beitritt, Aufnahme, Erwerb einer Mitgliedschaft* **3** *das Eintreten, Hereinkommen (in einen Raum)* **4** *Anfang, Beginn* ▸ es kostet keinen ~; der ~ ist frei; ~ verboten!; bei ~ der Dunkelheit

Ein|tritts|kar|te ⟨die; -, -n⟩ *Karte, die zum Besuch von etwas od. zur Teilnahme an etwas berechtigt* ▸ wie teuer sind die ~n?

ein|tun|ken ⟨V. trans.; tunkt ein, tunk|te ein, hat ein|ge|tunkt, ein|zu|tun|ken⟩ etwas (in etwas) ~ *eintauchen* ▸ Brot in die Soße, in den Kaffee ~

ein|üben ⟨V. trans.; übt ein, üb|te ein, hat ein|geübt, ein|zu|üben⟩ etwas ~ *durch Üben lernen* ▸ ein Gedicht, einen Tanz, ein Theaterstück ~

ein|und|ein|halb ⟨Adj.; Bruchzahl⟩ = *eineinhalb*

ein|ver|lei|ben ⟨V. refl.; ver|leibt sich ein, ver|leib|te sich ein, hat sich ein|ver|leibt, sich ein|zu|ver|lei|ben⟩ sich etwas ~ **1** *es (unrechtmäßig) dem eigenen Besitz einfügen, eingliedern* **2** *verzehren, essen* ▸ ein Staat verleibt sich ein Gebiet ein, ⟨od.⟩ er einverleibt es sich

ein|ver|neh|men ⟨V. trans.; ver|nimmt ein, vernahm ein, hat ein|ver|nom|men, ein|zu|ver|neh|men; österr. u. schweiz.⟩ jmdn. ~ *vernehmen, verhören;* Abl *Einvernahme*

Ein|ver|neh|men ⟨das; -s; unz.⟩ **1** *Übereinstimmung, Eintracht, Einigkeit* **2** *Verständigung* ▸ im gegenseitigen ~ handeln; mit jmdm. im ~, in gutem ~ leben, stehen

ein|ver|nehm|lich ⟨Adj.⟩ *im Einvernehmen, übereinstimmend* ▸ etwas ~ beschließen

ein|ver|stan|den ⟨Adj.⟩ **1** mit einer Sache ~ sein *einer S. zustimmen* **2** ⟨umg.⟩ mit jmdm. ~ sein *jmds. Teilnahme, Zulassung usw. billigen* **3** sich mit etwas ~ erklären *zustimmen* ▸ sie ist damit ~, dass …; mit einer Maßnahme, einem Entschluss, einem Plan ~ sein; ~! *gut!, in Ordnung!*

Ein|ver|ständ|nis ⟨das; -nis|ses, -nis|se⟩ *Zustimmung, Einwilligung, Übereinstimmung* ▸ zwischen beiden besteht ein völliges ~; zwischen uns herrscht geheimes, stillschweigendes ~; ich habe sein ~ für unseren Plan; im ~ mit jmdm. handeln *nach vorherigem Übereinkommen, nach Verabredung;* Zus *Einverständniserklärung*

Ein|wand ⟨der; -(e)s, -wän|de⟩ **1** *Einwendung, Gegengrund, Gegenargument* **2** *Widerspruch, Protest* ▸ einen ~ geltend machen, vorbringen *etwas einwenden;* Einwände erheben, machen; jmds. ~ zurückweisen; ein unbegründeter, berechtigter, begründeter, empörter ~

Ein|wan|de|rer ⟨der; -s, -⟩ *jmd., der in einen fremden Staat übersiedelt, um sich dort dauernd niederzulassen;* Syn *Immigrant;* Ggs *Auswanderer;* Abl *Einwanderin*

ein|wan|dern ⟨V. intr.; wan|dert ein, wan|der|te ein, ist ein|ge|wan|dert, ein|zu|wan|dern⟩ *in einen fremden Staat übersiedeln, einreisen, um sich dort dauernd niederzulassen;* Syn *immigrieren;* Ggs *auswandern*

Ein|wan|de|rung ⟨die; -, -en⟩ *Übertritt, Einreise in einen fremden Staat zur dauernden Übersiedlung, Zuzug von Ausländern;* Syn *Immigration;* Ggs *Auswanderung;* Zus *Einwanderungsbehörde, Einwanderungsgesetz, Einwanderungsland*

ein|wand|frei ⟨Adj.⟩ **1** *keinen Fehler, Mangel aufweisend* (Waren) **2** *tadellos, vorbildlich* (Benehmen, Leistung)

ein|wärts ⟨Adv.⟩ **1** *nach innen;* Zus *Einwärtsdrehung* **2** *in … hinein;* Zus *stadteinwärts*

ein|wech|seln ⟨[-ks-] V. trans.; wech|selt ein, wech|sel|te ein, hat ein|ge|wech|selt, ein|zu-wech|seln⟩ **1** Geld ~ *ein-, umtauschen, umwechseln* **2** ⟨Sp.⟩ einen Spieler ~ *während eines Spiels im Austausch für einen anderen Spieler auf das Spielfeld schicken;* Abl *Einwechs(e)lung*

ein|we|cken ⟨V. trans.; weckt ein, weck|te ein, hat ein|ge|weckt, ein|zu|we|cken⟩ Obst in Gläser, Dosen ~ *kochen u. luftdicht abschließen, einkochen;* Zus *Einweckglas*

Ein|weg|fla|sche ⟨die; -, -n⟩ *Flasche, die als Leergut vom Händler nicht zurückgenommen wird;* Ggs *Mehrwegflasche*

ein|wei|chen ⟨V. trans.; weicht ein, weich|te ein, hat ein|ge|weicht, ein|zu|wei|chen⟩ Brot, Hülsenfrüchte, Wäsche ~ *zum Weichmachen od. Schmutzlösen in Flüssigkeit legen*

ein|wei|hen ⟨V. trans.; weiht ein, weih|te ein, hat ein|ge|weiht, ein|zu|wei|hen⟩ **1** eine Brücke, Sporthalle, Straße ~ *feierlich in Gebrauch nehmen, zum ersten Mal gebrauchen u. der Öffentlichkeit übergeben* **2** ⟨übertr.⟩ jmdn. in etwas ~ *jmdm. ein Geheimnis anvertrauen, jmdn. in eine geheime Angelegenheit einführen* ▸ die neue Sporthalle wurde eingeweiht; wir werden ihn in unseren Plan ~ ⟨übertr.⟩; Abl *Einweihung*

ein|wei|sen ⟨V. trans.; weist ein, wies ein, hat ein-ge|wie|sen, ein|zu|wei|sen⟩ **1** jmdn. in ein Amt ~ *feierlich einführen* **2** jmdn. in eine Arbeit ~ *einführen, ihm diese A. näherbringen, beibringen* **3** einen Patienten ins Krankenhaus ~ *einliefern, die Einlieferung anordnen;* Abl *Einweisung*

ein|wen|den ⟨V. trans.; wen|det ein, wan|dte/wen|de|te ein, hat ein|ge|wandt/ein|ge|wen|det, ein|zu|wen|den⟩ etwas gegen eine Sache ~ *einen Einwand gegen eine S. erheben, einer S. widersprechen* ▸ ich habe nichts, eine ganze Menge dagegen einzuwenden; Abl *Einwendung*

ein|wer|fen ⟨V. trans.; wirft ein, warf ein, hat ein-ge|wor|fen, ein|zu|wer|fen⟩ **1** eine Scheibe ~ *durch Wurf zertrümmern* **2** einen Brief in den Briefkasten ~ *hineinwerfen* **3** ⟨Sp.⟩ einen Ball ~ *ins Spielfeld werfen* **4** ⟨übertr.⟩ etwas ~ *im Gespräch beiläufig anmerken*

ein|wi|ckeln ⟨V. trans.; wi|ckelt ein, wi|ckel|te ein, hat ein|ge|wi|ckelt, ein|zu|wi|ckeln⟩ **1** etwas (in etwas) ~ *einpacken, einhüllen;* Zus *Einwickelpapier* **2** ⟨übertr.; umg.⟩ jmdn. ~ *überlisten, übervorteilen* ▸ du hast dich von ihm ganz schön ~ lassen! ⟨übertr., umg.⟩; jmdn. in Decken ~

ein|wil|li|gen ⟨V. intr.; wil|ligt ein, wil|lig|te ein, hat ein|ge|wil|ligt, ein|zu|wil|li|gen⟩ in eine Sache ~ *ihr zustimmen, sie erlauben;* Abl *Einwilligung*

ein|wir|ken ⟨V. intr.; wirkt ein, wirk|te ein, hat ein|ge|wirkt, ein|zu|wir|ken⟩ **1** auf etwas od. jmdn. ~ *Wirkung ausüben* **2** auf jmdn. ~ *jmdn. beeinflussen, ihm zureden* ▸ eine Säure, ein Arzneimittel kurze Zeit ~ lassen; nachteilig, wohltuend auf jmdn. ~; Abl *Einwirkung*

ein|wö|chig ⟨Adj.⟩ *eine Woche dauernd* ▸ eine ~e Fortbildung

Ein|woh|ner ⟨der; -s, -⟩ **1** *dauernder Bewohner, Ansässiger (eines Landes, einer Stadt)* **2** *Mieter (eines Hauses)* ▸ die Stadt hat nur 100 000 ~; Abl *Einwohnerschaft;* Zus *Einwohnerzahl*

Ein|woh|ne|rin ⟨die; -, -rin|nen⟩ *weibl. Einwohner*

Einwohnermeldeamt

Als Behörde der **öffentlichen Verwaltung** befasst sich das *Einwohnermeldeamt* hauptsächlich mit der **Meldepflicht** aller Bürger, also den An-, Ab- und Ummeldungen der Einwohner einer Stadt oder Kommune. Außerdem stellt es zahlreiche Dokumente aus, z. B. **Kinderausweise, Personalausweise, Führungszeugnisse, amtliche Beglaubigungen, Lohnsteuerkarten** und **Totenscheine.**
Das Einwohnermeldeamt ist darüber hinaus zuständig für **Aufenthaltsgenehmigungen, Aufenthalts- und Meldebescheinigungen, Einladungen von visumpflichtigen Ausländern** sowie für die **Wehrerfassung.**

Ein|woh|ner|mel|de|amt ⟨das; -(e)s, -äm|ter⟩ *Behörde einer Gemeinde, bei der alle Einwohner verzeichnet sind;* Syn *Meldeamt, Meldestelle,* ⟨schweiz.⟩ *Kontrollbüro,* ⟨schweiz.⟩ *Einwohnerkontrolle*

Ein|wurf ⟨der; -(e)s, -wür|fe⟩ **1** *das Hineinwerfen* **2** *Öffnung, Schlitz zum Hineinwerfen (z. B. an Briefkästen)* **3** ⟨übertr.⟩ *in ein Gespräch eingeschaltete Bemerkung* **4** ⟨Sp.⟩ *Wurf des Balles ins Spielfeld*

E

E

Ein|zahl ⟨die; -; unz.; Gramm.⟩ = *Singular;* Ggs *Mehrzahl (2)*
ein|zah|len ⟨V. trans.; zahlt ein, zahl|te ein, hat ein|ge|zahlt, ein|zu|zah|len⟩ einen Geldbetrag ~ *in eine Kasse, auf ein Konto zahlen* ▸ er hat gestern 300 € auf sein Girokonto eingezahlt; man kann zusätzliche Beiträge in die Rentenkasse ~; Abl *Einzahler(in), Einzahlung*
ein|zäu|nen ⟨V. trans.; zäunt ein, zäun|te ein, hat ein|ge|zäunt, ein|zu|zäu|nen⟩ ein Grundstück ~ *mit einem Zaun versehen, umschließen;* Abl *Einzäunung*
ein|zeich|nen ⟨V. trans.; zeich|net ein, zeich|ne|te ein, hat ein|ge|zeich|net, ein|zu|zeich|nen⟩ etwas (in etwas) ~ *in etwas hineinzeichnen, eintragen* ▸ eine Skizze ~; sich (in eine Liste usw.) ~; Abl *Einzeichnung*
Ein|zel ⟨das; -s, -; Sp.; bes. Tennis⟩ *Spiel eines Spielers gegen einen andern;* Ggs *Doppel (2)*
Ein|zel... ⟨in Zus.; zur Bildung von Subst.⟩ **1** *nur einen Einzelnen betreffend,* z. B. Einzelhaft, Einzelunterricht **2** *für sich allein, einzeln,* z. B. Einzelkind, Einzelpreis **3** *nur einmal vorhanden, besonders,* z. B. Einzelfall, Einzelnummer
Ein|zel|fall ⟨der; -(e)s, -fäl|le⟩ **1** *Sonderfall, einzig dastehender Fall* **2** *einzelner Fall* ▸ etwas als ~ betrachten; im ~ muss die Beurteilung anders sein
Ein|zel|gän|ger ⟨der; -s, -⟩ *für sich allein lebender, ungeselliger Mensch;* Abl *Einzelgängerin*
Ein|zel|han|del ⟨der; -s; unz.⟩ *Warenverkauf direkt an den Endkunden, Verbraucher;* Syn *Detailhandel;* Ggs *Großhandel (2);* Zus *Einzelhandelskauffrau, Einzelhandelskaufmann, Einzelhändler(in)*
Ein|zel|heit ⟨die; -, -en⟩ *einzelner Teil (aus einem größeren Ganzen), Detail* ▸ auf ~en können wir jetzt nicht eingehen; etwas bis in die kleinsten ~en erklären, schildern
Ein|zel|kämp|fer ⟨der; -s, -⟩ *jmd., der allein (nicht gemeinsam mit anderen) gegen jmdn. od. etwas kämpft;* Abl *Einzelkämpferin*
Ein|zel|kind ⟨das; -(e)s, -er⟩ *Kind, das keine Geschwister hat*
Ein|zel|ler ⟨der; -s, -; Biol.⟩ *einzellige Pflanze (Alge, Bakterium) od. einzelliges Tier, bei der bzw. dem die eine Zelle in der Lage ist, sämtliche Funktionen zu erfüllen;* Abl *einzellig*
ein|zeln ⟨Adj.⟩ **1** *für sich allein betrachtet, getrennt von anderen* **2** *allein stehend* ▸ es kam nur ein ~er Gast; können Sie die Bücher bitte ~ verpacken?; der, die, das Einzelne *einer, eine, eines allein;* Einzelnes hat mir gefallen; Einzelne sind der Meinung *einige, manche;* jeder Einzelne von uns weiß, dass die Arbeit anstrengend ist; wir wollen es noch im Einzelnen besprechen *mit allen Einzelheiten, Details;* dazu möchte ich mich im Einzelnen nicht äußern
Ein|zel|teil ⟨das; -(e)s, -e⟩ *einzelnes Teil* ▸ etwas in seine ~e zerlegen
Ein|zel|zim|mer ⟨das; -s, -⟩ *Zimmer mit nur einem Bett (im Hotel)*
ein|zie|hen ⟨V.⟩ **I** ⟨V. trans.; zieht ein, zog ein, hat ein|ge|zo|gen, ein|zu|zie|hen⟩ **1** ein Gummiband in etwas ~ *hineinziehen, einführen* **2** Luft ~ *einsaugen* **3** die Krallen ~ *an sich heranziehen* **4** den Schwanz ~ *einklemmen;* →a. *Schwanz* **5** Gelder, Schulden, Steuern ~ *einfordern, einkassieren, eintreiben* **6** ein Vermögen ~ *wegnehmen, beschlagnahmen, konfiszieren* **7** Banknoten ~ *zurückziehen, aus dem Handel, Verkehr nehmen* **8** ⟨Mil.⟩ Rekruten ~ *zum Militär-, Wehrdienst einberufen* **9** einen Balken, eine Wand ~ *einbauen, dazwischensetzen* **10** ⟨übertr.⟩ Erkundigungen ~ *forschend einholen* ▸ über jmds. Vergangenheit Erkundigungen ~; die Katze zieht die Krallen ein; die Schultern ~; mit eingezogenem Schwanz lief der Hund zurück; ich habe mir einen Splitter eingezogen **II** ⟨V. intr.; zieht ein, zog ein, ist ein|ge|zo|gen, ein|zu|zie|hen⟩ **1** *sich eine Wohnung nehmen, eine Wohnung, ein Zimmer beziehen* **2** *eindringen* (Feuchtigkeit) **3** *einmarschieren, hereinkommen* ▸ der neue Mieter sind gestern in unser Haus eingezogen ▸ mit vielen Tieren und Wagen zog der Zirkus in die Stadt ein
ein|zig[1] ⟨Adj.⟩ *nur einmal vorhanden, einmalig* ▸ der, die, das Einzige; er ist der Einzige, der mich versteht; Frederik ist unser Einziger *unser einziger Sohn* ▸ ist das der ~e Grund, warum du nicht kommst?; ein ~es Mal; ein ~er Schlag genügte; seine ~e Tochter; wenn das deine ~e Sorge ist ... ▸ seine Hilfsbereitschaft steht ~ dar; sein: es ist ~ in seiner Art ▸ er hat als Einziger keinen Fehler gemacht
ein|zig[2] ⟨Adv.⟩ *nur, bloß, ausschließlich* ▸ bei ihr zählt ~ das Geld *nur das Geld;* das ist das ~ Wahre! ⟨umg.⟩ *das Richtige!;* ~ und allein das ist der Grund
ein|zig|ar|tig ⟨Adj.⟩ *einmalig, unvergleichlich;* Abl *Einzigartigkeit*
Ein|zim|mer|woh|nung ⟨die; -, -en⟩ *aus nur einem Zimmer (mit Bad u. Küche bzw. Kochnische) bestehende Wohnung*
Ein|zug ⟨der; -(e)s, -zü|ge⟩ **1** *das Beziehen einer Wohnung* **2** *Einmarsch (von Mannschaften, Truppen)* **3** *das Einziehen (eines Geldbetrages)* ▸ wir wollen heute unseren ~ feiern; der Frühling hat ~ gehalten ⟨poet.⟩ *hat begonnen;* beim ~ in die neue Wohnung; die Sportler hielten ~ in das Stadion
Ein|zugs|be|reich ⟨der; -(e)s, -e⟩ = *Einzugsgebiet*
Ein|zugs|er|mäch|ti|gung ⟨die; -, -en; Bankw.⟩ *Ermächtigung, Vollmacht, von einem Bankkonto (regelmäßig) Beträge (z. B. für Miete, Zeitung) einzuziehen* ▸ jmdm. eine ~ erteilen
Ein|zugs|ge|biet ⟨das; -(e)s, -e⟩ *Versorgungsgebiet eines Verbrauchszentrums, z. B. eines Industriebezirks, einer Stadt*
Eis ⟨das; -es; unz.⟩ **1** *gefrorenes Wasser, Gefrorenes;* Zus *Eisbahn, Eisblock, Eisfläche, Eisglätte, Eisschmelze* **2** *Speiseeis;* Zus *Eisbecher, Eistorte, Eiswaffel; Milcheis, Schokoladeneis, Softeis, Vanilleeis* ▸ ein Becher, eine Portion, eine Tüte ~; ein Block, eine Schicht, eine Stange ~; der Teich

ist mit einer dicken, dünnen Schicht ~ bedeckt ▸ das ~ bricht, schmilzt; das ~ ist gebrochen ⟨übertr.⟩ *die anfängliche Zurückhaltung ist überwunden;* möchtest du ein ~ essen?; Kinder lutschen gern ~; das ~ trägt noch nicht (zum Schlittschuhlaufen) ▸ sich auf dünnes ~ begeben ⟨übertr.⟩ *sich einer riskanten Situation aussetzen* ▸ ~ am Stiel; eine Angelegenheit erst einmal auf ~ legen ⟨übertr.; umg.⟩ *nicht weiterbearbeiten, verschieben;* ~ mit Früchten und Sahne

Eis|bär ⟨der; -en, -en; Zool.⟩ *ein großer, weißer Bär, der in der Arktis lebt*

Eis|bein ⟨das; -(e)s; unz.⟩ *gepökeltes u. gekochtes Bein vom Schwein*

Eis|berg ⟨der; -(e)s, -e⟩ *im Meer schwimmende, abgebrochene Randstücke (ant)arktischen Eises od. polarer Gletscher;* →a. *Spitze*

Eis|beu|tel ⟨der; -s, -⟩ *mit Eisstückchen gefüllter Gummibehälter zur örtl. Kälteeinwirkung für Heilzwecke;* Syn *Eisblase*

Eis|blu|men ⟨Pl.⟩ *blumen- u. blätterförmiger Eisniederschlag am Fenster*

Eis|bre|cher ⟨der; -s, -⟩ *bes. starkes Schiff zum Aufbrechen vereister Fahrrinnen auf Fluss u. Meer*

Eis|ca|fé ⟨das; -s, -s⟩ = *Eisdiele*

Ei|schnee ⟨der; -s; unz.⟩ *geschlagenes Eiweiß;* Syn *Eierschaum*

Eis|creme ⟨[-kre:m] die; -, -s⟩ oV *Eiskrem, Eiskreme* **1** *Halbgefrorenes* **2** *Speiseeis*

Eis|die|le ⟨die; -, -n⟩ *kleine Gaststätte, in der hauptsächlich Speiseeis verkauft u. verzehrt wird*

Ei|sen ⟨das; -s, -; chem. Zeichen: Fe⟩ **1** *silberweißes, graues Metall, das bei Feuchtigkeit leicht rostet;* →a. *Stahl;* Zus *Eisenstange, Eisenwaren* **2** ⟨Med.⟩ *eisenhaltiges Heilmittel* ▸ ~ formen, hämmern, gießen, walzen; man muss das ~ schmieden, solange es heiß ist ⟨Sprichw.⟩ *eine Sache erledigen, solange es günstig ist* ▸ etwas zum alten ~ werfen ⟨übertr.; umg.⟩ *als verbraucht ausscheiden;* geschmiedetes, gewalztes, glühendes ~; das ist ein heißes ~ ⟨übertr.⟩ *ein schwieriges, ungelöstes Problem;* damit hat er ein sehr heißes ~ angefasst; mehrere ~ im Feuer haben ⟨übertr.⟩ *mehrere Pläne gleichzeitig verfolgen, um Erfolg zu haben*

Ei|sen|bahn ⟨die; -, -en⟩ *auf Schienen fahrendes Verkehrsmittel, das Personen u. Güter befördert* ▸ mit der ~ fahren; es ist höchste ~ ⟨umg.; scherzh.⟩ *es ist höchste Zeit;* →a. *Bahn;* Zus *Eisenbahnlinie, Eisenbahnschaffner(in), Eisenbahnschranke, Eisenbahntunnel, Eisenbahnwag(g)on*

Ei|sen|bah|ner ⟨der; -s, -; umg.⟩ *Beamter, Angestellter bei der Eisenbahn;* Abl *Eisenbahnerin*

Ei|sen|bahn|netz ⟨das; -es, -e⟩ *Gesamtheit der Eisenbahnlinien;* Syn *Bahnnetz*

Ei|sen|erz ⟨das; -es, -e⟩ *Eisen enthaltendes Mineral*

ei|sen|hal|tig ⟨Adj.⟩ *Eisen enthaltend* ▸ ~es Mineralwasser

Ei|sen|zeit ⟨die; -; unz.⟩ *vorgeschichtl. Zeitalter nach der Bronzezeit, etwa ab 800 v. Chr.*

ei|sern ⟨Adj.⟩ **1** *aus Eisen bestehend* **2** ⟨übertr.⟩ *hart, unnachgiebig, unerbittlich, unbeugsam* **3** *unerschütterlich, zäh, unbeirrbar* ▸ ~e Disziplin, Energie, Gesundheit; ~e Ration *Proviant für den Notfall;* der ~e Vorhang der Eiserne Vorhang ⟨übertr.⟩ *die Grenze des sowjet. Machtbereiches gegen die übrige Welt, Grenzscheide zw. östl. u. westl. polit. Machtbereich bis 1989;* sie hat einen ~en Willen ⟨übertr.⟩ ▸ in einer Angelegenheit ~ bleiben, sein *unerbittlich;* ~ schweigen *standhaft schweigen*

Ei|ses|käl|te ⟨die; -; unz.⟩ *eisige Kälte*

eis|frei ⟨Adj.⟩ **1** *nicht zugefroren* (Fluss, Meer) **2** *nicht vereist* (Straße)

eis|ge|kühlt ⟨Adj.⟩ *mit Eis gekühlt, im Kühlschrank gekühlt* ▸ ~e Getränke

eis|glatt ⟨Adj.⟩ *glatt von Eis* ▸ ~e Straßen durch überfrierende Nässe

Eis|hei|li|gen ⟨Pl.⟩ *die Tage 11., 12. und 13. Mai, an denen es oft Frost gibt*

Eis|ho|ckey ⟨[-hɔke:], engl. [-hɔki] das; -s; unz.; Sp.⟩ *Hockey mit Schlittschuhen auf einer Eisbahn*

ei|sig ⟨Adj.⟩ **1** *eiskalt, sehr kalt* **2** ⟨übertr.⟩ *unnahbar, kalt, abweisend* ▸ ~e Kälte, Luft; es herrschte ~es Schweigen ⟨übertr.⟩; es bläst ein ~er Wind; es ist ~ kalt

Eis|kaf|fee ⟨der; -s, -s⟩ *Kaffee mit Speiseeis*

eis|kalt ⟨Adj.⟩ **1** *kalt wie Eis* **2** ⟨übertr.⟩ *kalt abweisend, mitleidslos* ▸ eine ~e Antwort

Eis|krem ⟨die; -, -s⟩ = *Eiscreme*

Eis|kre|me ⟨die; -, -s⟩ = *Eiscreme*

Eis|kris|tall ⟨das; -(e)s, -e⟩ *Kristall aus sechseckigen Plättchen od. Säulen;* Syn *Schneestern*

Eis|kunst|lauf ⟨der; -(e)s; unz.; Sp.⟩ *dem Tanz ähnliche sportliche Darbietung mit Schlittschuhen auf einer Eisbahn;* Abl *Eiskunstläufer(in)*

Eis|lauf ⟨der; -(e)s; unz.; Sp.⟩ *sportlich betriebene Fortbewegung mit Schlittschuhen auf dem Eis;* Abl *Eisläufer(in)*

eis|lau|fen ⟨V. intr.; läuft eis, lief eis, ist eis|ge|lau|fen, eis|zu|lau|fen⟩ = *Schlittschuh laufen*

Ei|sprung ⟨der; -(e)s, -sprün|ge; Med.⟩ *Reifen u. Lösen eines befruchtungsfähigen Eies im Eileiter*

Eis|re|gen ⟨der; -s, -⟩ *Niederschlag als Eiskörnchen od. unterkühlter Regen, der bei Berührung fester Gegenstände gefriert u. Glatteis bildet*

Eis|sa|lon ⟨[-lo:n] der; -s, -s; österr.⟩ = *Eisdiele*

Eis|schnell|lauf ⟨der; -(e)s; unz.⟩ *Wettlauf mit Schlittschuhen auf dem Eis;* Abl *Eisschnellläufer(in)*

Eis|schol|le ⟨die; -, -n⟩ *großes Stück Treibeis*

Eis|schrank ⟨der; -(e)s, -schrän|ke⟩ *Gefrierschrank, Kühlschrank*

Eis|sta|di|on ⟨das; -s, -di|en⟩ *Stadion mit Eisfläche zur Ausübung verschiedener Sportarten (z. B. Eiskunstlauf, Eishockey)*

Eis|tanz ⟨der; -es; unz.; Sp.⟩ *tänzerischer Eiskunstlauf, die Übertragung der gebräuchlichen Tänze auf das Eis;* Abl *Eistänzer(in)*

Eis|tee ⟨der; -s, -s⟩ *kaltes teehaltiges Erfrischungsgetränk*

Eis|wür|fel ⟨der; -s, -⟩ *im Kühlschrank bereitetes, würfelförmiges Eisstückchen (zum Kühlen von Getränken)*

E

Eis|zap|fen ⟨der; -s, -⟩ *Zapfen, Zacken aus herabgelaufenen u. sofort angefrorenen Wassertropfen (bes. an Dächern)*

Eis|zeit ⟨die; -, -en; Geol.⟩ *Zeitalter der Erdgeschichte mit ausgebreiteter Vergletscherung;* Syn *Glazial(zeit);* Abl *eiszeitlich*

ei|tel ⟨Adj.; eit|ler, am -s|ten⟩ **1** *viel Wert auf das eigene Äußere legend, selbstgefällig, eingebildet* **2** ⟨poet.⟩ *nichtig, gehaltlos, wertlos* ▸ eitles Geschwätz; er ist ein überaus eitler Mensch; nun herrscht wieder ~ Sonnenschein *pure Harmonie*

Ei|tel|keit ⟨die; -, -en; Pl. selten⟩ *eitles Wesen, Selbstgefälligkeit*

Ei|ter ⟨der; -s; unz.⟩ *entzündliche Absonderung des Körpergewebes (Wasser, weiße Blutkörperchen, Gewebezellen) zur Abwehr der Eitererreger;* Zus *Eiterbeule, Eiterblase, Eiterpickel*

ei|tern ⟨V. intr.; er|tert, ei|ter|te, hat ge|ei|tert⟩ *Eiter bilden, absondern* ▸ ~de Wunde

eit|rig ⟨Adj.⟩ *Eiter ansammelnd, eiternd*

Ei|weiß ⟨das; -es, -e⟩ **1** *das Weiße im Ei;* Syn ⟨österr.⟩ *Eiklar* **2** ⟨Biochem.⟩ = *Protein*

Ei|zel|le ⟨die; -, -n; Biol.⟩ = *Ei (1)*

eja|ku|lie|ren ⟨V. intr.; eja|ku|liert, eja|ku|lier|te, hat eja|ku|liert⟩ *sich entsamen, Samen ausspritzen;* Abl *Ejakulation*

Ekel I ⟨der; -s; unz.⟩ *Widerwille, Abscheu* ▸ bei, in jmdm. ~ erregen; vor etwas ~ empfinden; vor etwas einen ~ haben; sich schütteln vor ~; Zus *Ekel erregend / ekelerregend* II ⟨das; -s, -; zählb.; umg.⟩ *unangenehme, widerwärtige Person* ▸ ein altes ~; du ~!

ekel|haft ⟨Adj.; -er, am -es|ten⟩ **1** *ekelerregend* **2** ⟨umg.⟩ *beschwerlich, unangenehm* ▸ das ist eine ~e Arbeit

eke|lig ⟨Adj.⟩ *ekelerregend, ekelhaft;* oV *eklig*

ekeln ⟨V.; ekelt, ekel|te, hat ge|ekelt⟩ I ⟨V. trans.⟩ jmdn. ~ *anwidern, bei jmdm. Ekel verursachen* ▸ der Geschmack, Geruch ekelt mich; es ekelt mir od. mich vor ihm II ⟨V. refl.⟩ sich (vor jmdm. od. etwas) ~ *Ekel empfinden*

EKG *auch:* **Ekg** ⟨Abk. für⟩ *Elektrokardiogramm, die Aufzeichnung der elektrischen Impulse, die die Herztätigkeit verursachen u. begleiten*

Ek|lat ⟨[ekla:] der; -s, -s⟩ *aufsehenerregender Streit, Skandal* ▸ einen ~ auslösen; für einen ~ sorgen; zwischen den Parteien kam es zum ~

ek|la|tant ⟨Adj.; -er, am -es|ten⟩ **1** *offenbar, offenkundig* **2** *aufsehenerregend* ▸ ein besonders ~es Beispiel

ek|lig ⟨Adj.⟩ = *ekelig*

Ek|s|ta|se ⟨die; -, -n⟩ **1** *Außersichsein, Verzückung, Entrückung* **2** *übermäßige Begeisterung* ▸ in ~ geraten; Abl *ekstatisch*

Ek|zem ⟨das; -s, -e; Med.⟩ *Hautausschlag, der nicht ansteckend ist*

Elan ⟨[-la:n], frz. [-lã:] der; -s; unz.⟩ *Schwung, Begeisterung, Stoßkraft* ▸ etwas mit großem ~ in Angriff nehmen

elas|tisch ⟨Adj.⟩ **1** *dehnbar, biegsam, nachgebend, federnd* **2** ⟨übertr.⟩ *spannkräftig, schwungvoll* ▸ er ist für sein Alter noch sehr ~; Abl *Elastizität*

Elch ⟨der; -(e)s, -e; Zool.⟩ *großer Hirsch mit lang überhängender Oberlippe u. schaufelförmigem Geweih, der bes. in Nordeuropa verbreitet ist*

El|do|ra|do ⟨das; -s, -s; übertr.⟩ *Wunschland, Traumland, Paradies* ▸ dieser See ist ein ~ für jeden Angler

Ele|fant ⟨der; -en, -en; Zool.⟩ *sehr großes graues Tier mit einem langen Rüssel, breiten, herunterhängenden Ohren u. Stoßzähnen* ▸ er benimmt sich oft wie ein ~ im Porzellanladen ⟨übertr.; umg.⟩ *er richtet durch seine Ungeschicklichkeit oft Unheil an;* aus einer Mücke einen ~en machen ⟨sprichwörtl.⟩ *eine Angelegenheit (unnötig) aufbauschen;* Zus *Elefantenbulle, Elefantenkuh*

Ele|fan|ten|hoch|zeit ⟨die; -, -en; umg.; scherzh.⟩ *Vereinigung von einflussreichen Unternehmen, Gesellschaften, Verbänden o. Ä.* ▸ die beiden größten Autokonzerne feiern eine ~

ele|gant ⟨Adj.; -er, am -es|ten⟩ **1** *modisch, stilsicher u. geschmackvoll* **2** *unerwartet gut, geschickt* ▸ sich ~ kleiden; eine ~e Lösung; eine ~e Formulierung; Abl *Eleganz*

elek|t|ri|fi|zie|ren ⟨V. trans.; elek|t|ri|fi|ziert, elek|t|ri|fi|zier|te, hat elek|t|ri|fi|ziert⟩ **1** die Eisenbahn ~ *auf elektrischen Betrieb umstellen* **2** etwas ~ *mit elektrischen Geräten ausstatten;* Abl *Elektrifizierung*

Elek|t|rik ⟨die; -; unz.; Kurzwort für⟩ *Elektrotechnik*

Elek|t|ri|ker ⟨der; -s, -; kurz für⟩ *Elektrotechniker, Handwerker im Bereich der Elektrotechnik;* Abl *Elektrikerin*

elek|t|risch ⟨Adj.⟩ *mit Elektrizität betrieben* ▸ ~e **Anlage** *Zusammenschaltung von Einrichtungen u. Geräten zum Gewinnen u. Benutzen elektr. Energie;* ~e **Eisenbahn** *(Spielzeug);* ~e **Leitung** *Leitung für den Transport elektr. Energie;* ~e **Spannung** *Ursache des Stromflusses im Stromkreis, Einheit Volt* ⟨Zeichen: V⟩ ; ~er **Strom** *sich bewegende elektrische Ladungsträger;* ~er **Widerstand** *dem durch eine angelegte Spannung verursachten Stromfluss entgegengesetzter Widerstand eines elektrischen Leiters;* ~er **Zaun** *elektr. geladener Draht als Umzäunung*

elek|t|ri|sie|ren ⟨V. trans.; elek|t|ri|siert, elek|t|ri|sier|te, hat elek|t|ri|siert; übertr.⟩ jmdn. ~ *erschrecken, aufrütteln, begeistern* ▸ durch ein Ereignis wie elektrisiert sein

Elek|t|ri|zi|tät ⟨die; -; unz.⟩ *alle Erscheinungen, die von elektrischen Ladungen u. den sie umgebenden Feldern ausgehen*

Elek|t|ri|zi|täts|werk ⟨das; -(e)s, -e; Kurzwort: E-Werk⟩ *Anlage zum Erzeugen, Umwandeln u. Verteilen von Elektrizität;* Syn *Kraftwerk*

elek|t|ro..., Elek|t|ro... ⟨in Zus.⟩ *auf Elektrizität beruhend, mit ihrer Hilfe, mit Elektrizität arbeitend,* z. B. Elektrofahrzeug, Elektrogerät, Elektrogitarre ⓘ S. 788

Elek|t|ro|de ⟨die; -, -n⟩ *Teil eines elektrischen Leiters, der als Ein- od. Austrittsstelle des elektrischen Stromes in Flüssigkeiten od. Gasen od. im Vakuum dient*

Elek|t|ro|in|ge|ni|eur ⟨[-ɪnʒənjøːr] der; -s, -e⟩ *auf einer technischen Hochschule ausgebildeter Elektrotechniker;* Zus *Elektroingenieurin*

elek|t|ro|ma|g|ne|tisch ⟨Adj.⟩ *durch elektrischen Strom magnetisch*

Elek|t|ron ⟨das; -s, -tro|nen⟩ *negativ geladenes, leichtes Elementarteilchen*

Elek|t|ro|nik ⟨die; -; unz.⟩ **1** *Gebiet der Elektrotechnik, das sich mit dem Verhalten des elektr. Stromes in Vakuum, Gasen u. Halbleitern, seiner Verwendung zur Steuerung von Licht- u. Schallwellen sowie techn. Prozessen u. Rechenoperationen beschäftigt;* Abl *Elektroniker(in)* **2** *Gesamtheit der elektron. Bauteile eines Gerätes*

elek|t|ro|nisch ⟨Adj.⟩ *auf Elektronenfluss beruhend* ▸ ~e Datenverarbeitung ⟨Abk.: EDV⟩ *D. mittels elektron. Geräte;* ~es Spielzeug

Elek|t|ro|schock ⟨der; -s, -s⟩ *durch elektrischen Strom künstlich erzeugter Schock*

Elek|t|ro|smog ⟨der; - od. -s; unz.⟩ *übermäßige elektromagnetische Strahlung, die schädigend wirkt*

Elek|t|ro|tech|nik ⟨die; -; unz.; kurz: Elektrik⟩ *Lehre von der technischen Anwendung der physikalischen Grundlagen der Elektrizitätslehre;* Abl *Elektrotechniker(in); elektrotechnisch*

Ele|ment ⟨das; -(e)s, -e⟩ **1** ⟨allg.⟩ *Grundlage, Grundbestandteil* **2** *Naturkraft, z. B. Wasser, Luft* **3** *Grundsatz, Grundbegriff* **4** ⟨Chem.; kurz für⟩ *chemisches Element* **5** ⟨Mengenlehre⟩ *abstrakte Einheit, die als Eigenschaft von Objekten ausschließlich ihre Zugehörigkeit zu einer Menge gelten lässt* **6** ⟨übertr.; umg.; meist Pl.⟩ *Person, Mensch* ▸ Kohlenstoff, Natrium, Sauerstoff sind chemische ~e; kriminelle ~e ⟨übertr.; umg.; abwertend⟩ *schlechte Menschen;* das nasse ~ *das Wasser;* die vier ~e *Feuer, Wasser, Luft u. Erde* ▸ er ist in seinem ~ ⟨übertr.⟩ *er hat das gefunden, was er beherrscht od. worin er sich wohlfühlt*

ele|men|tar ⟨Adj.⟩ **1** *grundlegend, wesentlich;* Zus *Elementarkenntnise* **2** *für Anfänger, Anfangs...;* Zus *Elementarunterricht* **3** *Natur..., Ur...;* Zus *Elementargewalt, Elementarkraft* **4** *naturhaft, urwüchsig* **5** *heftig* ▸ ~e Begriffe, Kenntnisse, Voraussetzungen; ~e Bedürfnisse befriedigen; das gehört zu den ~sten Pflichten

Ele|men|tar|teil|chen ⟨das; -s, -⟩ **1** ⟨urspr.⟩ *Bauteil des Atoms (Elektron, Proton, Neutron)* **2** ⟨heute⟩ *alle Teilchen, die nach dem heutigen Stand der Forschung als unteilbar, nicht mehr aus einfacheren Teilchen zusammengesetzt, angesehen werden*

elend ⟨Adj.; -er, am -es|ten⟩ **1** *unglücklich, niedergedrückt* **2** *ärmlich, kärglich, kümmerlich* **3** *verächtlich, gemein, schlecht* **4** *kränklich, matt, abgemagert* **5** ⟨umg.⟩ *heftig, unangenehm* ▸ eine ~e Behausung, Hütte; ein ~er Kerl; ein ~es Leben führen ▸ aussehen: du siehst ~ aus; sich ~ fühlen; sein: er ist ~ dran; mir ist ~ zumute

Elend ⟨das; -s; unz.⟩ *Unglück, Not, Armut, Drangsal* ▸ er ist nur noch ein Häufchen ~ ⟨umg.⟩; das ~ von obdachlosen Menschen ▸ dieses ~ kann man nicht mehr mit ansehen ▸ das heulende ~ bekommen, haben, kriegen *Weltschmerz, wehleidige, weinerl. Stimmung;* ▸ im ~ leben, sterben; ins ~ geraten; Zus *Elendsquartier*

elen|dig ⟨Adj.⟩ *sehr elend;* Syn *elendiglich* ▸ ~ zugrunde gehen

Elends|vier|tel ⟨das; -s, -⟩ *Armenviertel einer Stadt*

elf ⟨Adj.; Kardinalzahl; als Ziffer: 11⟩ wir sind ~

Elf[1] ⟨die; -, -en⟩ **1** *die Zahl, Ziffer 11* **2** die ~ **2.1** *Straßenbahn, Bus mit der Nummer 11* **2.2** *aus elf Spielern bestehende Mannschaft;* Zus *Fußballelf, Handballelf;* →a. *acht*

Elf[2] ⟨der; -en, -en⟩ *Märchengestalt, zarter Geist*

El|fe ⟨die; -, -n⟩ *weibl. Elf;* Abl *elfenhaft*

El|fen|bein ⟨das; -(e)s; unz.⟩ *Zahnbein der Zähne von Elefanten, Mammut, Walross, Nilpferd u. Narwal;* Abl *elfenbeinfarben*

El|fen|bein|turm ⟨der; -(e)s, -tür|me; in Wendungen wie⟩ im ~ sitzen, leben *sich von seiner Umwelt abschließen, um sich ungestört geistiger od. künstlerischer Arbeit widmen zu können*

elf|hun|dert ⟨Adj.; Kardinalzahl; als Ziffer: 1100⟩ *eintausendeinhundert (bes. bei Jahreszahlen)*

Elf|me|ter ⟨der; -s, -; Sp.; Fußb.⟩ *Strafstoß aus 11 m Entfernung gegen das Tor*

Elf|me|ter|schie|ßen ⟨das; -s, -; Fußb.⟩ *abwechselndes Schießen von Elfmetern zur Entscheidung nach einer unentschieden beendeten Spielzeit*

elf|te(r, -s) ⟨Adj.; Ordinalzahl zu „elf"; Zeichen: 11.⟩ *der/die/das dem zehnten Folgende* ▸ das ~ Gebot ⟨umg.; scherzh.⟩ *du sollst dich nicht erwischen lassen!*

eli|mi|nie|ren ⟨V. trans.; eli|mi|niert, eli|mi|nier|te, hat eli|mi|niert⟩ jmdn. od. etwas ~ *aussondern, beseitigen, entfernen* ▸ man hat ihn einfach eliminiert; Abl *Eliminierung*

eli|tär ⟨Adj.⟩ *zu einer Elite gehörend od. sich ihr zurechnend, wie in einer Elite üblich, sich überheblich gegenüber anderen abgrenzend* ▸ ein ~es Verhalten, Denken

Eli|te ⟨österr. a. [əliːt] die; -, -n⟩ *Auslese, das Beste, die Besten* ▸ zur geistigen ~ gehören

Eli|te|uni|ver|si|tät ⟨[-vɛr-] die; -, -en⟩ *Universität zur Ausbildung u. Förderung der Elite (mit besonders guter finanzieller Ausstattung)*

Eli|xier ⟨das; -s, -e⟩ *Getränk, das magische Kräfte hat, Zaubertrank;* Zus *Lebenselixier*

...ell ⟨Nachsilbe; zur Bildung von Adj.⟩ **1** *in der Art von etwas, auf etwas ausgerichtet,* z. B. rationell **2** *in Bezug auf etwas,* z. B. visuell

Ell|bo|gen ⟨der; -s, -⟩ *Übergangsstelle vom Ober- zum Unterarm;* oV *Ellenbogen* ▸ die ~ auflegen, aufstützen; seine ~ gebrauchen ⟨übertr.⟩ *sich energisch, rücksichtslos durchsetzen;* er saß auf die ~ gestützt am Tisch; ⓘ S. 146

Ell|bo|gen|frei|heit ⟨die; -; unz.; übertr.; umg.⟩ *Bewegungs-, Handlungsfreiheit* ▸ (nicht) genug ~ haben

Ell|bo|gen|ge|sell|schaft ⟨die; -; unz.; abwertend⟩ *Gesellschaft, in der nur diejenigen Menschen Erfolg haben, die sich rücksichtslos gegen andere durchsetzen*

El|le 〈die; -, -n〉 **1** *der an der Innenseite liegende Unterarmknochen* **2** 〈früher〉 *dessen Länge entsprechendes Längenmaß (60-80 cm)* ▸ vier ~n Tuch
el|len|lang 〈Adj.; übertr.; umg.〉 *sehr lang* ▸ er erzählte eine ~e Geschichte
El|lip|se 〈die; -, -n〉 **1** 〈Math.〉 *ein Kegelschnitt: zentrisch-symmetrische, geschlossene Kurve, bei der für jeden Punkt die Summe der Entfernungen von zwei Festpunkten (den Brennpunkten) konstant ist* **2** 〈Gramm.〉 *Satz, in dem nur die Hauptbegriffe ausgedrückt sind,* z. B. Ende gut, alles gut; Syn *Auslassungssatz;* Abl *elliptisch*
elo|quent 〈Adj.; -er, am -es|ten〉 *sehr redegewandt, geschliffen formuliert;* Abl *Eloquenz*
el|säs|sisch 〈Adj.〉 *das Elsass betreffend, zu ihm gehörend, von ihm stammend* ▸ ~e Küche
Els|ter 〈die; -, -n; Zool.〉 *ein schwarzweißer Rabenvogel mit langem Schwanz, raubt Nester aus u. ist ein Sinnbild der Schwatzhaftigkeit u. diebischen Veranlagung* ▸ sie ist eine diebische ~ 〈übertr.; umg.〉
el|ter|lich 〈Adj.〉 *den Eltern zukommend, gehörig, von ihnen stammend* ▸ ~e Liebe; die ~e Sorge *Recht u. Pflicht der Eltern, für ihre Kinder zu sorgen u. sie zu erziehen*
El|tern 〈nur Pl.〉 *Vater u. Mutter* ▸ meine ~; nicht von schlechten ~ sein 〈übertr.; umg.〉 *nicht zu unterschätzen, gar nicht mal so übel;* Abl *elternlos;* Zus *Elternpaar; Schwiegereltern*
El|tern|abend 〈der; -(e)s, -e〉 *Treffen am Abend von Lehrern u. Eltern der Schüler, bei dem Informationen gegeben u. verschiedene Themen diskutiert werden*
El|tern|bei|rat 〈der; -(e)s, -rä|te〉 *Ausschuss von Eltern der Schüler (einer Klasse, einer Schule)*
El|tern|geld 〈das; -(e)s, -er〉 = *Erziehungsgeld*
El|tern|haus 〈das; -es, -häu|ser〉 **1** *Vaterhaus* **2** 〈übertr.〉 *die Familie* ▸ aus einem guten ~ stammen
El|tern|teil 〈der; -(e)s, -e〉 *jeder der beiden Teile des Elternpaares*
EM 〈die; -, -s; Abk. für〉 *Europameisterschaft*
Email 〈[-ma:j] od. [-mail] das; -s, -s〉 *meistens farbige, Metallgegenständen (z. B. Kochtöpfen) als Schutz od. Schmuck aufgeschmolzene Glasmasse;* Zus *Emailfarbe, Emaillack; emaillieren*
E-Mail 〈[i:mɛɪl] die; -, -s od. das; -s, -s; kurz für〉 *Electronic Mail, digitalisierte schriftliche Nachricht an einen anderen Teilnehmer innerhalb eines Computernetzwerks* ▸ kannst du mir eine ~ dazu schicken, wann du am Bahnhof ankommst?; lästige, unerwünschte ~s erhalten; Zus *E-Mail-Adresse*
Email|le 〈[-ma:ljə] od. [-ma:j] die; -, -n〉 = *Email*
Eman|ze 〈die; -, -n; umg.; abwertend〉 *emanzipierte Frau*
Eman|zi|pa|ti|on 〈die; -, -en〉 *Befreiung von Abhängigkeit u. Bevormundung, Gleichstellung (der Frau)* ▸ ~ der Frauen; Abl *emanzipativ, emanzipatorisch*
eman|zi|pie|ren 〈V. refl.; eman|zi|piert sich, eman|zi|pier|te sich, hat sich eman|zi|piert〉 sich ~ *sich aus Abhängigkeit u. Bevormundung befreien, selbstständig machen, gleichstellen*
eman|zi|piert **I** 〈Part. Perf. von〉 *emanzipieren* **II** 〈Adj.〉 *befreit, frei (von Beschränkungen, Vorurteilen), selbstständig, unabhängig* ▸ eine ~e Frau
Em|bar|go 〈das; -s, -s〉 *(von einem Staat od. einer Staatengemeinschaft verhängtes) Verbot, Handel zu treiben, Ein- u. Ausfuhrverbot* ▸ ein ~ verhängen; einen Staat mit einem ~ belegen; Zus *Handelsembargo*
Em|b|lem 〈[ɛmble:m] od. [ãble:m] das; -s, -e〉 *Kennzeichen, Sinnbild*
Em|bo|lie 〈die; -, -n; Med.〉 *plötzlicher Verschluss einer Schlagader durch ein im Blutstrom wanderndes Blutgerinnsel, Fetttröpfchen*
Em|b|ryo 〈der; -s, -s od. -ry|o|nen od. österr. a. das; -s, -s od. -ry|o|nen〉 **1** *Keimling, sich aus der befruchteten Eizelle entwickelndes Lebewesen* **2** *Lebewesen vor der Geburt, vor dem Schlüpfen*
eme|ri|tie|ren 〈V. trans.; eme|ri|tiert, eme|ri|tier|te, hat eme|ri|tiert〉 einen Geistlichen, Hochschullehrer ~ *in den Ruhestand versetzen;* Abl *Emeritierung*
Emi|g|rant 〈der; -en, -en〉 *jmd., der emigriert od. emigriert ist;* Ggs *Immigrant;* →a. *Auswanderer;* Abl *Emigrantin*
Emi|g|ra|ti|on 〈die; -, -en〉 *das Emigrieren;* Ggs *Immigration;* →a. *Auswanderung*
emi|g|rie|ren 〈V. intr.; emi|griert, emi|g|rier|te, ist emi|g|riert〉 *(aus politischen Gründen) das Heimatland verlassen;* Ggs *immigrieren;* →a. *auswandern* ▸ 1941 emigrierte er in die USA
emi|nent 〈Adj.〉 *hervorragend, außerordentlich* ▸ von ~er Bedeutung
Emi|nenz 〈die; -, -en〉 *(Titel der Kardinäle, auch Anrede);* →a. *grau*
Emir 〈a. [-'-] der; -(e)s, -e〉 *Titel arab. Stammeshäuptlinge u. Fürsten;* Abl *Emirat*
Emis|si|on 〈die; -, -en〉 **1** *Ausgabe neuer Anleihen od. Wertpapiere* **2** 〈schweiz. a.〉 *Rundfunksendung* **3** 〈Chem.〉 *Aussendung von Schadstoffen od. Energien in die Umwelt;* →a. *Immission*
Emo|ti|on 〈die; -, -en〉 *Gefühls-, Gemütsbewegung, Erregung;* Abl *Emotionalität; emotional, emotionsfrei, emotionslos*
emp|fahl → *empfehlen*
Emp|fang 〈der; -(e)s, -fän|ge〉 **1** *das Empfangen, Erhalten, Annahme, Erhalt (von Waren)* **2** *Aufnahme, Übernahme (von Funksendungen)* **3** *Begrüßung, Aufnahme (der Gäste)* **4** *Stelle zur Aufnahme u. Weiterleitung von Kunden, Gästen od. Patienten;* Syn *Rezeption (1)* **5** *festliche, offizielle Einladung, Unterredung (bei einer bedeutenden Persönlichkeit)* ▸ dem Präsidenten einen festlichen ~ **bereiten;** den ~ einer Ware **bescheinigen,** bestätigen; einen ~ **geben,** veranstalten; **sein:** der ~ der Gäste war herzlich; der ~ ist durch das Gewitter **gestört** ▸ ~ **bei** dem Bürgermeister; **zum** ~ geladen sein
emp|fan|gen 〈V. trans.; emp|fängt, emp|fing, hat emp|fan|gen〉 **1** Geld, Waren ~ *erhalten, anneh-*

men, entgegennehmen **2** einen Gast ~ *willkommen heißen, begrüßen* **3** eine Rundfunksendung, einen Funkspruch ~ *mit dem Radio oder Funksprechgerät hören* ▸ das heilige Abendmahl ~; eine Belohnung, Briefe, Geschenke, Waren ~; empfängt er heute Besucher? ▸ jmdn. herzlich, kühl ~

Emp|fän|ger ⟨der; -s, -⟩ **1** *jmd., der etwas empfängt, erhält, entgegennimmt (bes. Briefe, Pakete, Waren);* Ggs *Absender* **2** *Gerät zur Aufnahme u. Wiedergabe von Funksendungen;* Syn *Empfangsgerät;* Zus *Radioempfänger* ▸ ~ unbekannt *(Notiz auf Briefen, die an den Absender zurückgehen)*

Emp|fän|ge|rin ⟨die; -, -nen⟩ *weibl. Empfänger (1)*

emp|fäng|lich ⟨Adj.⟩ ~ sein für etwas *aufnahmebereit, aufnahmewillig* ▸ sie ist ~ für Komplimente, Schmeicheleien; jmdn. für etwas ~ machen; Abl *Empfänglichkeit*

Emp|fäng|nis ⟨die; -, -nis|se; Pl. selten⟩ *Befruchtung einer Eizelle durch eine Samenzelle beim Menschen*

emp|fäng|nis|ver|hü|tend ⟨Adj.⟩ *eine Schwangerschaft verhindernd* ▸ ~es Mittel

Emp|fangs|chef ⟨[-ʃɛf] der; -s, -s⟩ *Angestellter in großen Geschäften, Hotels usw. zur Begrüßung u. Weiterleitung der Kunden u. Gäste*

Emp|fangs|da|me ⟨die; -, -n⟩ *weibl. Empfangschef*

emp|feh|len ⟨V.; emp|fiehlt, emp|fahl, hat emp|foh|len⟩ **I** ⟨V. trans.⟩ **1** (jmdm.) etwas ~ *raten* **2** (jmdm.) jmdn. od. etwas ~ *für vorteilhaft, brauchbar, gut geeignet erklären* ▸ er empfahl mir, in dieser Angelegenheit noch nichts zu unternehmen ▸ ein Buch für junge Leser ~; dieses Fleisch ist heute besonders zu ~; Ihr Geschäft ist mir sehr empfohlen worden; einen neuen Mitarbeiter ~ ▸ das kann ich dir wärmstens ~ ⟨umg.⟩ *mit besonderem Nachdruck, sehr* **II** ⟨V. refl.⟩ **II.I** ⟨persönl.⟩ sich ~ **1** ⟨geh.⟩ *sich verabschieden* **2** *sich als geeignet, empfehlenswert zu erkennen geben* ▸ bitte ~ Sie mich Ihrer Frau Gemahlin; ich empfehle mich Ihnen als Sachbearbeiter für … **II.II** ⟨unpersönl.⟩ es empfiehlt sich *es ist vorteilhaft, zweckmäßig* ▸ es empfiehlt sich, die Karten im Vorverkauf zu besorgen

emp|feh|lens|wert ⟨Adj.; -er, am -es|ten⟩ *so beschaffen, dass man es empfehlen kann*

Emp|feh|lung ⟨die; -, -en⟩ **1** *Rat, Anraten* **2** *Urteil über jmdn., das sich vorteilhaft für ihn auswirkt, Befähigungsnachweis, Referenz;* Zus *Empfehlungsschreiben* **3** *höflicher Gruß* ▸ haben Sie eine ~?; ich komme auf ~ von Herrn Benschneider; jmdm. eine ~ ausrichten; mit freundlichen, den besten ~en *(Formel zum Briefschluss)*

emp|fin|den ⟨V. trans.; emp|fin|det, emp|fand, hat emp|fun|den⟩ **1** einen Reiz ~ *mit den Sinnen wahrnehmen* **2** Leid, Liebe ~ *fühlen, spüren* ▸ Befriedigung, Freude, Neid, Reue, Scham ~; Durst, Hunger, Kälte, Wärme ~ ▸ einen Verlust schmerzlich, tief ~ ▸ Abneigung, Achtung, Antipathie, Bewunderung, Sympathie, Zuneigung für jmdn. ~; nichts für jmdn. ~ *ihn nicht lieben;* Abscheu, Ekel vor etwas od. jmdm. ~

emp|find|lich ⟨Adj.⟩ **1** *leicht verletzbar, zimperlich, wehleidig, weichlich* **2** *leicht zu beleidigen* **3** *empfänglich für Reize;* Zus *kälteempfindlich* **4** *merklich, fühlbar* **5** ⟨übertr.⟩ *eine heikle Angelegenheit erwähnen* ▸ ein ~er Mensch *jmd., der leicht zu beleidigen ist;* eine ~e Stelle berühren (auf der Haut); ein ~er Stoff *S., der schnell schmutzig wird od. zerreißt;* eine ~e Strafe; ein ~es Thema ansprechen ⟨übertr.⟩; einen ~en Verlust erleiden ▸ jmdn. ~ kränken ▸ ~ gegen Hitze, Kälte sein; Abl *Empfindlichkeit*

empfindlich/empfindsam

Obwohl die Adjektive *empfindlich* und *empfindsam* einander ähneln, haben sie eine unterschiedliche Bedeutung und sollten nicht verwechselt werden. *Empfindlich* bedeutet, dass jemand oder etwas „sehr leicht verletzbar" ist oder „sehr empfänglich für bestimmte Reize" ist. Dies kann sowohl den körperlichen als auch den seelischen Zustand eines Menschen betreffen: *Sie ist sehr empfindlich gegen Kälte. Du bist so empfindlich, dass du keine Kritik ertragen kannst. Die Bezüge der Autositze sind sehr empfindlich und werden schnell schmutzig.*
Dagegen wird das Adjektiv *empfindsam* nur im Zusammenhang mit seelischen Regungen verwendet. Es bedeutet so viel wie „feinfühlig, gefühlvoll, sensibel": *Sie ist eine empfindsame Frau. Einen Beruf im Bereich der Seelsorge können nur empfindsame Menschen ausüben.*

emp|find|sam ⟨Adj.⟩ *gefühlvoll, zart empfindend, aufnahmefähig für Reize u. Eindrücke;* Abl *Empfindsamkeit*

Emp|fin|dung ⟨die; -, -en⟩ **1** *Sinneswahrnehmung* **2** *Gefühl, Eindruck;* Abl *empfindungslos*

emp|foh|len → *empfehlen*

Em|pha|se ⟨die; -, -n⟩ *Nachdruck, Redeschwung, Leidenschaftlichkeit (im Ausdruck)* ▸ er hat seine Rede mit großer ~ gehalten; Abl *emphatisch*

em|pi|risch ⟨Adj.⟩ *auf Erfahrung beruhend, aus Erfahrung gewonnen* ▸ ~e Wissenschaften *Wissenschaften, die sich mit der Beschreibung u. Analyse von Erfahrungen befassen;* Abl *Empirie, Empirik*

em|por… ⟨in Zus., meist poet.⟩ *hinauf…, hoch…, aufwärts, in die Höhe*

em|por|ar|bei|ten ⟨V. refl.; ar|bei|tet sich em|por, ar|bei|te|te sich em|por, hat sich em|por|ge|ar|bei|tet, sich em|por|zu|ar|bei|ten⟩ sich ~ = *hocharbeiten*

Em|po|re ⟨die; -, -n⟩ *zum Innenraum hin offenes Obergeschoss in Kirchen, Galerie*

em|pö|ren ⟨V.; em|pört, em|pör|te, hat em|pört⟩ **I** ⟨V. trans.⟩ jmdn. ~ *erregen, zornig machen, in Entrüstung bringen* ▸ das empörte ihn; sein Benehmen, seine Frechheit, sein Verhalten empört mich **II** ⟨V. refl.⟩ sich (gegen od. über etwas od. jmdn.) ~ *zornig werden, sich erregen, sich (gegen jmdn.) erheben, meutern* ▸ das Volk empörte sich gegen seine Unterdrücker

em|pö|rend I ⟨Part. Präs. von⟩ *empören* II ⟨Adj.⟩ *so beschaffen, dass man sich darüber empören muss, schändlich, abscheulich* ▸ ich finde es ~!; sein Benehmen war ~

Em|por|kömm|ling ⟨der; -s, -e; abwertend⟩ *jmd., der sich aus einer niederen (berufl.) Stellung rücksichtslos hochgearbeitet hat, Neureicher*

em|por|schau|en ⟨V. intr.; schaut em|por, schau|te em|por, hat em|por|ge|schaut, em|por|zu|schau-en⟩ **1** *auf-, hinaufschauen* **2** ⟨übertr.⟩ zu jmdm. ~ *ihn verehren*

E

Em|pö|rung ⟨die; -, -en⟩ **1** *das Empörtsein, Entrüstung, Wut* **2** *Aufstand, Aufruhr, Meuterei*

em|sig ⟨Adj.⟩ *eifrig, fleißig, flink, behände, rastlos, unermüdlich;* Abl *Emsigkeit*

Emul|si|on ⟨die; -, -en⟩ *feinste Verteilung einer Flüssigkeit in einer anderen, nicht mit ihr mischbaren, z. B. Milch, Hautcremes*

E-Mu|sik ⟨die; -; unz.; umg.; kurz für⟩ *ernste Musik;* Ggs *U-Musik*

En|de ⟨das; -s, -n⟩ I ⟨meist unz.⟩ **1** *Schluss, Ausgang (einer Angelegenheit), Abschluss, Aufhören* **2** *Ort od. Zeitpunkt, an dem es nicht mehr weitergeht* **3** ⟨a. übertr.⟩ *Untergang* **4** *Tod* ▸ das ~ der Besprechung, Unterredung, der Verhandlungen; ~ des Jahres, Monats, der Woche ▸ einer Sache ein ~ bereiten, machen, setzen; er kann kein ~ damit finden *er hört nicht damit auf;* damit muss es jetzt ein ~ haben *das muss jetzt aufhören;* es nimmt kein ~ *es hört nicht auf;* seinem Leben ein ~ machen, setzen *sich das Leben nehmen, Selbstmord begehen* ▸ das dicke ~ kommt noch ⟨umg.⟩ *Unangenehmes steht noch bevor;* das Fest fand ein frühes, vorzeitiges ~; das glückliche, traurige ~ eines Films; ~ gut, alles gut ⟨Sprichw.⟩ *wenn eine Sache gut ausgeht, kann man vergessen, mit welchen Schwierigkeiten sie erreicht wurde;* die Arbeit nimmt kein ~ *hört nicht auf;* letzten ~s *schließlich, wenn man alles zusammenfasst;* das wird noch ein schlimmes ~ nehmen ▸ am ~ kam er doch noch *zuletzt, schließlich;* am ~ wird sich zeigen, wer Recht behält; sie ist mit ihrer Kraft am ~; ich bin mit meinem Latein am ~ ⟨umg.⟩ *ich weiß nicht weiter;* die Angelegenheit war von Anfang bis ~ erlogen; gegen ~ des Stückes wurde es langweilig; Klagen ohne ~; das ist das ~ vom Lied ⟨übertr.; umg.⟩ *die unausweichl. Enttäuschung;* kurz vor seinem ~ machte er ein Testament; eine Sache zu ~ bringen, führen; zu ~ gehen *aufhören, sich dem Schluss nähern;* der Vorrat geht zu ~ *ist fast verbraucht;* ein Buch zu ~ lesen; meine Geduld ist zu ~ II ⟨zählb.⟩ **1** *Endstück, letztes Stück, Ausläufer, Spitze* **2** ⟨umg.⟩ *kleines Stück, Zipfel, Teil* ▸ am anderen ~ der Stadt wohnen; ein ~ Stoff, Schnur *kleines Stück;* das ~ der Straße ▸ am äußersten, oberen, unteren ~ ▸ an allen Ecken und ~n ⟨übertr.⟩ *überall;* am ~ des Zuges; am ~ der Welt ⟨übertr.; umg.⟩ *sehr weit weg;* von einem ~ zum anderen laufen *hin und her*

End|ef|fekt ⟨der; -(e)s, -e⟩ **1** *letztes, endgültiges Ergebnis, letzter Effekt* **2** im ~ *letztlich, schließlich* ▸ im ~ bleibt es gleich

en|den ⟨V. intr.; en|det, en|de|te, hat ge|en|det⟩ **1** *räumlich od. zeitlich aufhören, einen Abschluss finden* **2** *ablaufen* (Frist) **3** *sterben* **4** ⟨Gramm.⟩ *mit einem Buchstaben od. einer Silbe abschließen* ▸ diese Eisenbahnlinie endet an der Grenze; die Straße endet auf dem Platz vor dem Bahnhof; die Vorstellung endet gegen 23 Uhr ▸ das wird nicht gut ~! ▸ die Auseinandersetzung endete vor Gericht ▸ wie wird das alles ~?

End|er|geb|nis ⟨das; -nis|ses, -nis|se⟩ *endgültiges Ergebnis* ▸ das vorläufige amtliche ~ einer Wahl

end|gül|tig ⟨Adj.⟩ *für immer, unwiderruflich, unumstößlich* ▸ du musst eine ~e Entscheidung treffen; das ist ein ~es Urteil; sein Entschluss war ~; sich ~ zu etwas entschließen

En|di|vie ⟨[-vjə] die; -, -n; Bot.⟩ *eine grüne Salatpflanze*

End|la|ger ⟨das; -s, -⟩ *Örtlichkeit für eine endgültige Lagerung, bes. von radioaktiven Abfallstoffen, Endlagerstätte;* Abl *Endlagerung; endlagern;* →a. *Zwischenlager*

End|lauf ⟨der; -(e)s, -läu|fe; Sp.; bes. Leichtathletik, Radsp.⟩ *bei Meisterschaftskämpfen letzter Lauf zur Ermittlung des Meisters*

endlich/schließlich

Zwar sind die Adverbien *endlich* und *schließlich* mitunter austauschbar, doch ist dies nicht in allen Verwendungen möglich. Beide Wörter bezeichnen einen End- bzw. Schlusspunkt von etwas, wie leicht aus den zugehörigen Substantiven *Ende* und *Schluss* erkennbar ist.
Man verwendet *endlich,* um auszudrücken, dass etwas lange oder ungeduldig Erwartetes am Ende eintritt: *Der Zug fuhr endlich doch ab. Kommst du endlich? Endlich hatte er begriffen, worum es eigentlich ging.*
In einigen Fällen ist *endlich* auch durch *schließlich* ersetzbar: *Der Zug fuhr schließlich doch ab.* Jedoch drückt man mit *schließlich* gemeinhin aus, dass zum Schluss etwas geschieht, was man nicht unbedingt erwartet hatte: *Er hat schließlich doch noch nachgegeben.*
Nicht austauschbar sind die beiden Adverbien in umgangssprachlichen Wendungen wie: *Hör doch endlich mit dem Rauchen auf. Sag ihm doch endlich deine Meinung!*
Das ist schließlich meine Sache! Das war schließlich seine Entscheidung.
Als Adjektiv ist von diesen beiden Wörtern nur *endlich* verwendbar. In diesem Fall bedeutet es „vergänglich" (als Gegensatz zu ewig) oder „begrenzt" (als Gegensatz zu unendlich).

end|lich[1] ⟨Adv.⟩ **1** *nach langer Erwartung, Verzögerung, nach langem Zweifel* **2** *schließlich, zuletzt* ▸ jetzt begreife ich ~, warum er nicht gekommen ist; komm doch ~!; schließlich und ~ ist doch noch alles gut geworden

ẹnd|lich[2] ⟨Adj.⟩ **1** *vergänglich;* Ggs *ewig (1)* **2** *beschränkt, begrenzt;* Ggs *unendlich (I.1)* ▸ ~e Größe, Strecke; Abl *Endlichkeit*

ẹnd|los ⟨Adj.⟩ **1** *ohne Ende, ringförmig* (Treibriemen, Seil) **2** *unaufhörlich, unabsehbar, unendlich, grenzenlos* ▸ ~es Gerede; ich musste ~ lange warten Abl *Endlosigkeit*

ẹnd|los... ⟨in Zus.⟩ *zusammen-, aneinanderhängend, ohne Ende,* z. B. Endlospapier, Endlosformular, Endlosschleife (Film- od. Tonband)

Ẹnd|lö|sung ⟨die; -, -en⟩ **1** *endgültige Lösung (eines Problems)* **2** ⟨1942-45 verhüllende Bez. für⟩ *Ermordung, Ausrottung der Juden*

Ẹnd|pha|se ⟨die; -, -n⟩ *letzte, abschließende Phase (eines größeren Projektes od. Vorhabens), Schlussphase* ▸ der Bau befindet sich in der ~; die ~ eines Fußballspiels

Ẹnd|punkt ⟨der; -(e)s, -e⟩ *äußerster Punkt, Schlusspunkt*

Ẹnd|run|de ⟨die; -, -n; Sp.; bes. Handb., Fußb.⟩ *bei Weltmeisterschaften letzte Spielserie zur Ermittlung des Meisters;* →a. *Vorrunde*

Ẹnd|sieg ⟨der; -(e)s, -e⟩ *endgültiger Sieg (Schlagwort der nationalsozialistischen Propaganda im Zweiten Weltkrieg)*

Ẹnd|spurt ⟨der; -(e)s, -e od. -s; a. übertr.⟩ *letzte Anstrengung vor dem Ziel*

Ẹnd|sta|di|um ⟨das; -s, -sta|di|en⟩ *letztes Stadium* ▸ Krebs im ~

Ẹnd|stand ⟨der; -(e)s, -stän|de; Sp.⟩ *Stand am Ende eines Spiels od. Wettkampfes*

Ẹnd|sta|ti|on ⟨die; -, -en⟩ *letzte Station, Zielstation (des Zuges, der Straßenbahn od. des Omnibusses)* ▸ bis zur ~ fahren

Ẹn|dung ⟨die; -, -en; Gramm.⟩ *letzter Buchstabe od. letzte Silbe (eines Wortes)*

Ẹnd|ver|brau|cher ⟨der; -s, -⟩ *Käufer, der eine Ware zum eigenen Gebrauch erwirbt, also nicht weiterverkauft;* Abl *Endverbraucherin*

Ẹnd|zeit ⟨die; -; unz.⟩ *Zeit des Endes, des Untergangs der bestehenden Welt*

Ẹnd|ziel ⟨das; -(e)s, -e⟩ *letztes, eigentliches Ziel*

Ener|gie ⟨die; -, -n⟩ **1** ⟨allg.⟩ *Tatkraft, Schwung, Kraft, Nachdruck* **2** *Kraft, die durch Umwandlung (Bewegung, Verbrennung, Kernspaltung) von Stoffen wie Kohle, Gas, Öl gewonnen wird;* Zus *Energiebedarf, Energieerzeugung, Energiegewinnung, Energiepolitik, Energieträger, Energieverbrauch, Energieversorgung; Sonnenenergie, Windenergie* **3** ⟨Phys.; Chem.⟩ *physikalische Größe, die Fähigkeit, Arbeit zu leisten* ▸ viel ~ für eine Sache **aufbringen**, besitzen, haben; seine ~ hat leider **nachgelassen** ▸ **chemische**, elektrische ~; (nicht) **erneuerbare** ~; ~ **sparend** = *energiesparend* ▸ sich **mit** aller ~ für etwas einsetzen

Ener|gie|bün|del ⟨das; -s, -; umg.⟩ *jmd., der voller Energie (u. Tatendrang) ist* ▸ sie ist das reinste ~

Ener|gie|kri|se ⟨die; -, -n⟩ *durch plötzliche Verteuerung bisher preiswerter Energiequellen od. deren Verknappung ausgelöste Wirtschaftskrise*

ener|gie|spa|rend *auch:* **Ener|gie spa|rend** ⟨Adj.⟩ *(bei der Herstellung) nicht viel Energie verbrauchend* ▸ ~e Produktion

ener|gisch ⟨Adj.⟩ **1** *voller Energie, tatkräftig, nachdrücklich, entschlossen* **2** *Energie verratend* (Auftreten, Gesicht, Kinn) ▸ ~e Maßnahmen ergreifen; etwas ~ betonen, anpacken; ~ durchgreifen

En|fant ter|ri|b|le ⟨[ãfa̲: tɛri̲:bl] das; - -, -s -s [ãfa̲: tɛri̲:bl]⟩ *jmd., der durch zu große Offenheit andere in Verlegenheit bringt*

ẹng ⟨Adj.⟩ oV *enge* **1** *schmal, wenig Raum lassend* (Raum, Straße) **2** *dicht(gedrängt)* **3** *klein, fest anliegend* (Kleidungsstück); Ggs *weit (I.2);* Zus *eng anliegend / enganliegend* **4** *beschränkt* (Grenzen, Gesichtskreis) **5** *vertraut, innig* (Freundschaft); Zus *eng befreundet / engbefreundet* ▸ sie haben im ~sten **Familienkreis** gefeiert; ~e **Freunde;** er hat einen ~en **Horizont** *ist beschränkt* ▸ das darf man nicht so ~ **sehen** *nicht zu genau nehmen* ▸ es wird **zeitlich** ~ *die Zeit wird knapp* ▸ **auf** ~em Raum zusammengedrängt; **im** ~eren Sinne ⟨Abk.: i. e. S.⟩ *im genauen, eigentlichen Sinne;* Ggs *im weiteren Sinne;* in die ~ere Wahl kommen, jmdn. in die ~ere Wahl nehmen; der Rock ist mir viel **zu** ~

En|ga|ge|ment ⟨[ãgaʒ(ə)mã̲:] das; -s, -s⟩ **1** *Stellung, Anstellung (von Künstlern)* **2** ⟨Pl. selten⟩ *das Sicheinsetzen, persönliches Bemühen* ▸ politisches, religiöses, soziales ~; ~ für den Umweltschutz

en|ga|gie|ren ⟨[ãgaʒi̲:rən] V.; en|ga|giert, en|ga|gier|te, hat en|ga|giert⟩ **I** ⟨V. trans.⟩ einen Schauspieler ~ *anstellen, einstellen, in Dienst nehmen* **II** ⟨V. refl.⟩ sich (für etwas od. jmdn.) ~ *sich (für etwas od. jmdn) einsetzen* ▸ sich für eine Minderheit ~; sich politisch ~; sehr engagiert sein *sehr stark um etwas bemüht sein*

Ẹn|ge ⟨die; -, -n⟩ **I** ⟨unz.⟩ **1** *enge Beschaffenheit* **2** *Gedrängtheit* **3** ⟨übertr.⟩ *Ausweglosigkeit, Bedrängnis* ▸ jmdn. in die ~ treiben *jmdm. alle Auswege versperren;* ⟨übertr.⟩ *alle Ausflüchte, jegliche Ausreden widerlegen* **II** ⟨zählb.⟩ *schmale Stelle;* Zus *Landenge, Meerenge*

Ẹn|gel ⟨der; -s, -⟩ **1** ⟨christl. Rel.⟩ **1.1** *von Gott geschaffener Geist zur Hilfe für den Menschen;* Zus *Schutzengel* **1.2** *Bote Gottes;* Zus *Engelschar* **2** *Sinnbild der Reinheit, Selbstlosigkeit, Schönheit;* Abl *engel(s)gleich, engelhaft* ▸ du bist ein ~!; mein ~! *(als Kosewort);*er erschien als rettender ~ *als Helfer in der Not;* schön wie ein ~

Ẹn|gels|ge|duld ⟨die; -; unz.; übertr.⟩ *sehr große Geduld* ▸ sie erklärte es mit ~

Ẹn|gels|zun|ge ⟨die; -, -n; nur in der Wendung⟩ mit ~n reden *große Überredungskunst anwenden, jmdm. geduldig, aber eindringlich zureden*

Ẹng|län|der ⟨der; -s, -⟩ **1** *Bewohner Englands, englischer Staatsangehöriger;* Abl *Engländerin* **2** *verstellbarer Schraubenschlüssel*

ẹng|lisch ⟨Adj.⟩ **1** *zu England gehörend, England betreffend, aus ihm stammend* **2** *in englischer Sprache (verfasst)* ▸ ~er **Garten** *in England entwickelte, den chinesischen Gärten nachgeahmte Form des Landschaftsgartens;* die ~e **Literatur**

eng|lisch|spra|chig ⟨Adj.⟩ **1** *Englisch sprechend* **2** *in englischer Sprache verfasst* ▸ die ~en Mitbürger; ~e Bücher

eng|ma|schig ⟨Adj.⟩ *mit engen Maschen* (Netz, Strickarbeit)

Eng|pass ⟨der; -es, -päs|se⟩ **1** *Schlucht, schmaler Weg* **2** ⟨übertr.; umg.⟩ *Mangel (an Materialien, Waren, Arbeitskräften)* ▸ es besteht zur Zeit ein ~ an Ersatzteilen

eng|stir|nig ⟨Adj.⟩ *einseitig denkend, mit begrenztem geistigem Horizont;* Abl *Engstirnigkeit*

En|kel ⟨der; -s, -⟩ *Sohn des Sohnes od. der Tochter;* Syn *Enkelsohn* ▸ das werden vielleicht unsere ~ noch erleben

En|ke|lin ⟨die; -, -lin|nen⟩ *Tochter des Sohnes od. der Tochter;* Syn *Enkeltochter*

En|kel|kind ⟨das; -(e)s, -er⟩ *Enkel od. Enkelin*

enorm ⟨Adj.⟩ **1** *sehr groß, riesig* **2** *erstaunlich* **3** *herrlich, wunderbar* ▸ ~e Summen; das ist (ja) ~!; das Theaterstück war (ganz) ~; ~ groß, hoch

en pas|sant ⟨[ã pasã:] Adv.⟩ *beiläufig* ▸ eine Sache ~ erwähnen

En|sem|b|le ⟨[ãsã:bl] das; -s, -s⟩ **1** *Gruppe von Schauspielern oder Musikern mit einem festen Engagment* **2** *Gemeinschaft von Künstlern, die zusammen spielen od. musizieren* **3** *Gesangs-, Tanzgruppe;* Zus *Gesangsensemble, Tanzensemble* **4** *wirkungsvoll zusammengestellte Gruppe (von Dingen, z. B. Blumen)*

ent..., Ent... ⟨Vorsilbe⟩ **1** *von etwas weg, aus ... heraus, zum Gegenteil hin,* z. B. entfließen, entschuldigen **2** *wegnehmen (von),* z. B. entölen **3** *beginnen,* z. B. entbrennen, entfachen

ent|ar|ten ⟨V. intr.; ent|ar|tet, ent|ar|te|te, ist ent|ar|tet⟩ **1** *aus der Art schlagen, degenerieren* **2** *sich krankhaft ausbilden, rückbilden* ▸ entartete Kunst ⟨im Sprachgebrauch des Nationalsozialismus⟩ *Kunst, die den polit., propagandist. u. rassist. Zielsetzungen nicht entsprach u. deshalb verboten wurde;* entartete Sitten; Abl *Entartung*

ent|beh|ren ⟨V.; ent|behrt, ent|behr|te, hat entbehrt⟩ **I** ⟨V. trans.; m. Akk.⟩ etwas od. jmdn. ~ *auf etwas od. jmdn. verzichten* ▸ sie müssen das Nötigste ~; etwas od. jmdn. (nicht) ~ können **II** ⟨V. intr.; m. Gen.⟩ einer Sache ~ *eine Sache nicht vorweisen können, nicht haben* ▸ diese Behauptung entbehrt jeder Grundlage

ent|behr|lich ⟨Adj.⟩ *so beschaffen, dass man es entbehren kann, überflüssig*

Ent|beh|rung ⟨die; -, -en⟩ *Mangel an Nötigem, Not* ▸ ihre Kindheit war gekennzeichnet durch Mangel und ~; viele ~en hinnehmen, erleiden müssen; Abl *entbehrungsreich*

ent|bin|den ⟨V.; ent|bin|det, ent|band, hat entbun|den⟩ **I** ⟨V. trans.⟩ **1** jmdn. einer Sache od. von einer Sache ~ *davon lossprechen, befreien* **2** eine Frau ~ *ihr bei der Geburt des Kindes helfen* ▸ jmdn. von seiner Verpflichtung, seinem Versprechen ~; sie ist von einem Jungen, einem Mädchen, Zwillingen entbunden worden **II** ⟨V. intr.⟩ *gebären, ein Kind zur Welt bringen* ▸ sie hat heute entbunden; in der Klinik, zu Hause ~

Ent|bin|dung ⟨die; -, -en⟩ **1** *das Entbinden, Befreien (von etwas)* **2** *das Gebären, Niederkunft, Geburt;* Zus *Entbindungsabteilung, Entbindungsstation* ▸ eine leichte, schwere ~

ent|blö|ßen ⟨V.; ent|blößt, ent|blöß|te, hat entblößt⟩ **I** ⟨V. trans.⟩ **1** etwas, jmdn., sich ~ *entkleiden* **2** etwas ~ **2.1** *die Hülle von etwas wegnehmen, etwas freilegen* **2.2** ⟨übertr.⟩ *etwas offenlegen* **3** ⟨geh.⟩ **3.1** jmdn. einer Sache od. von etwas ~ *ihn einer Sache berauben* **3.2** etwas einer Sache od. von etwas ~ *etwas von einer Sache befreien* ▸ sein Haupt ~ *den Hut abnehmen;* den Oberkörper ~ **II** ⟨V. refl.; übertr.⟩ sich ~ *sich selbst bloßstellen, die eigenen Schwächen o. Ä. offenlegen*

ent|bren|nen ⟨V. intr.; ent|brennt, ent|brann|te, ist ent|brannt⟩ **1** ⟨übertr.⟩ *heftig beginnen* (Kampf) **2** *leidenschaftlich erregt werden* ▸ ein harter Kampf (um die Stadt) entbrannte; die Diskussion ist neu entbrannt; sie entbrannten in heftiger Liebe *verliebten sich leidenschaftlich*

ent|cof|fe|i|nie|ren ⟨V. trans.; ent|cof|fe|i|niert, ent|cof|fe|i|nier|te, hat ent|cof|fe|i|niert⟩ etwas ~ = *entkoffeinieren*

ent|de|cken ⟨V. trans.; ent|deckt, ent|deck|te, hat ent|deckt⟩ **1** ein Land, Naturgesetz, etwas Neues ~ *(als Erster) finden* **2** etwas od. jmdn. ~ *(nach langem Suchen, Nachdenken) herausfinden, auffinden* ▸ Kolumbus hat Amerika entdeckt; einen Dieb ~; Marie und Pierre Curie haben das Radium entdeckt; er hat den Diebstahl sofort entdeckt; jmdn. unter vielen Menschen ~; sie entdeckt immer wieder neue Boutiquen in der Stadt

Ent|de|cker ⟨der; -s, -⟩ *jmd., der etwas entdeckt, als Erster etwas Unbekanntes, Neues findet;* Abl *Entdeckerin*

Ent|de|ckung ⟨die; -, -en⟩ *das Entdecken* ▸ die ~ Amerikas; er machte plötzlich eine grausige ~; Zus *Entdeckungsfahrt, Entdeckungsreise*

En|te ⟨die; -, -n⟩ **1** ⟨Zool.⟩ *kleinerer, kurzbeiniger Gänsevogel;* ⓘ S. 1111 **2** ⟨übertr.; scherzh.; umg.⟩ *unverbürgte Nachricht, Falschmeldung;* Zus *Zeitungsente* ▸ die letzte Nachricht, das Gerücht war nur eine ~

ent|eh|ren ⟨V. trans.; ent|ehrt, ent|ehr|te, hat entehrt⟩ jmdn. ~ *jmdm. eine Schande antun, jmdm. seine Ehre nehmen, jmdn. beleidigen* ▸ eine ~de Beleidigung, Strafe, Tat; Abl *Entehrung*

ent|eig|nen ⟨V. trans.; ent|eig|net, ent|eig|ne|te, hat ent|eig|net⟩ jmdn. ~ *jmdm. sein Eigentum entziehen (im Interesse des Staates);* Abl *Enteignung*

ent|ei|sen ⟨V. trans.; ent|eist, ent|eis|te, hat enteist⟩ etwas ~ *von Eis befreien, auftauen*

En|tente ⟨[ãtã:t] die; -, -n⟩ *freundschaftliches Bündnis zw. Staaten*

ent|er|ben ⟨V. trans.; ent|erbt, ent|erb|te, hat enterbt⟩ jmdn. ~ *vom Erbe ausschließen* ▸ er wurde von seinem Vater enterbt; Abl *Enterbung*

En|te|rich ⟨der; -s, -e⟩ *männliche Ente;* Syn *Erpel*

en|tern ⟨V. trans.; en|tert, en|ter|te, hat ge|en|tert⟩ ein Schiff ~ *auf dem Meer erobern, kapern*

En|ter|tai|ner ⟨a. [-teɪ-] der; -s, -⟩ *jmd., der andere unterhält, z. B. Moderator, Discjockey* ▸ er trat als ~ auf; Abl *Entertainerin*

ent|fa|chen ⟨V. trans.; ent|facht, ent|fach|te, hat ent|facht⟩ **1** ein Feuer ~ *zum Brennen bringen* **2** ⟨übertr.⟩ Hass, Leidenschaft, Streit, Liebe ~ *auslösen, entstehen lassen*

ent|fah|ren ⟨V. intr.; ent|fährt, ent|fuhr, ist ent|fahren⟩ jmdm. ~ *unbeabsichtigt entschlüpfen, ausgesprochen, ausgestoßen werden* ▸ ihm entfuhr ein Ruf der Überraschung

ent|fal|len ⟨V. intr.; ent|fällt, ent|fiel, ist ent|fal|len⟩ **1** jmdm. ~ *aus dem Gedächtnis verschwinden* **2** *wegfallen, nicht stattfinden, nicht zutreffen* **3** auf jmdn. ~ *jmdm. als Teil zugesprochen werden* ▸ das Wort, der Name ist mir ~; von der ganzen Summe ~ 500 Euro auf ihn

ent|fal|ten ⟨V.; ent|fal|tet, ent|fal|te|te, hat ent|fal|tet⟩ **I** ⟨V. trans.⟩ **1** eine Fahne, Landkarte, Serviette ~ *auseinanderfalten, öffnen, in der ganzen Größe, Ausdehnung zeigen* **2** ⟨übertr.⟩ einen Plan ~ *darlegen* **3** ⟨übertr.⟩ eine Begabung, Kräfte, Talente ~ *zeigen, offenbaren, entwickeln* ▸ große Pracht, großen Prunk ~; eine vielseitige Tätigkeit ~ ▸ er kann sich beruflich hier nicht ~ *seine Fähigkeiten in seinem Beruf nicht zeigen* ▸ sich zu voller Pracht, Schönheit ~ **II** ⟨V. refl.⟩ sich ~ *aufblühen* (Knospen) ▸ die Blüten sind, haben sich voll entfaltet; Abl *Entfaltung*

ent|fer|nen ⟨V.; ent|fernt, ent|fern|te, hat ent|fernt⟩ **I** ⟨V. trans.⟩ **1** jmdn. od. etwas ~ *beiseitetun, aus der Nähe wegtun, wegbringen* **2** jmdn. od. etwas ~ *wegnehmen, wegschaffen, beseitigen* **3** (jmdm.) ein Glied, ein Organ ~ *herausnehmen, herausreißen* ▸ Flecke, Schmutz ~; eine Geschwulst, die Mandeln operativ ~; jmdn. aus einer Stellung, einem Amt ~; einen Schüler aus od. von der Schule ~ **II** ⟨V. refl.⟩ **1** sich ~ *weggehen* **2** ⟨übertr.⟩ sich von jmdm. od. etwas ~ *die Verbindung verlieren, fremd werden* ▸ sich heimlich, rasch, schweigend ~; wir haben uns in den vergangenen Jahren weit voneinander entfernt; damit ~ wir uns zu weit vom Thema; sich von der Wahrheit ~ *nicht genau die W. sagen;* →a. *entfernt*

ent|fernt **I** ⟨Part. Perf. von⟩ *enfernen* **II** ⟨Adj.; -er, am -es|ten⟩ **1** *abgelegen, entlegen* **2** *abseits, fern* **3** ⟨übertr.⟩ *weitläufig, nicht nahe* (Verwandter) ▸ ein ~er Vetter von mir ▸ wir sind nur ~ verwandt miteinander; der Wald ist nicht sehr weit ~ ▸ bis in die ~esten Teile des Landes vordringen; nicht im Entferntesten *nicht im Geringsten, ganz u. gar nicht;* das Haus liegt weit von uns ~; ich bin weit davon ~, ihm schaden zu wollen *ich habe nicht die Absicht*

Ent|fer|nung ⟨die; -, -en⟩ **1** *Abstand, Zwischenraum zwischen zwei Orten, Strecke* **2** *das Entfernen* ▸ die ~ zwischen beiden Städten beträgt 220 km ▸ die operative ~ einer Geschwulst ▸ Hunde hören diese Pfeife auf große ~; aus od. in der ~ sieht das ganz anders aus ⟨umg.⟩; das Tier beäugte mich aus einiger ~ aufmerksam; bei den großen ~en in dieser Stadt braucht man ein Auto; in einiger ~ entdeckte ich ihn

ent|fes|seln ⟨V. trans.; ent|fes|selt, ent|fes|sel|te, hat ent|fes|selt; übertr.⟩ Krieg, Leidenschaften ~ *zum Ausbruch bringen* ▸ einen Aufruhr, Kampf, Streit ~; einen Sturm der Entrüstung ~; entfesselte Leidenschaften, Triebe; Abl *Entfesselung*

ent|flam|men ⟨V.⟩ **I** ⟨V. trans.; ent|flammt, ent|flamm|te, hat ent|flammt⟩ jmds. Hass, Liebe, Begeisterung ~ *auslösen, hervorrufen* **II** ⟨V. intr.; ent|flammt, ent|flamm|te, ist ent|flammt⟩ *aufflammen, heftig beginnen* ▸ sein Hass, der Streit entflammte von neuem; in Liebe entflammt sein *leidenschaftlich verliebt sein*

ent|flech|ten ⟨V. trans.; ent|flicht/ent|flech|tet, ent|flocht, hat ent|floch|ten⟩ etwas ~ *entwirren*

ent|flie|hen ⟨V. intr.; ent|flieht, ent|floh, ist ent|flo|hen⟩ (jmdm. od. einer Sache) ~ *(vor jmdm. od. einer Sache) fliehen, flüchten, die Flucht ergreifen* ▸ der Gefangene ist entflohen; er entfloh dem Kerker, seinen Peinigern

ent|frem|den ⟨V. trans.; ent|frem|det, ent|frem|dete, hat ent|frem|det⟩ **1** jmdn. (von) jmdm. ~ *bei jmdm. ein Gefühl der Fremdheit hervorrufen* **2** etwas ~ *fremd machen, für einen anderen Zweck als den vorgesehenen verwenden;* Zus *zweckentfremden* ▸ ich habe mich ihm entfremdet *bin ihm fremd geworden;* sie haben sich voneinander entfremdet; Abl *Entfremdung*

ent|füh|ren ⟨V. trans.; ent|führt, ent|führ|te, hat ent|führt⟩ **1** jmdn. ~ *durch Zwang od. Überredung (meist ungesetzlich) wegführen, rauben;* Abl *Entführer(in), Entführung* **2** ⟨scherzh.⟩ (jmdm.) etwas ~ *wegnehmen, fortnehmen, entziehen* ▸ darf ich Ihnen kurz die Speisekarte ~?; darf ich Ihnen (für) einen Augenblick Ihre Nachbarin ~?

ent|ge|gen ⟨Präp. m. Dat.⟩ **1** *im Gegensatz zu, zuwider, im Unterschied zu* **2** *in Richtung auf etwas od. jmdn. zu, hin* ▸ er hat ~ meinen Anweisungen, meinem Befehl, Rat gehandelt; ~ dieser Nachricht müssen wir jetzt mitteilen, dass das Flugzeug verspätet eintrifft

ent|ge|gen|bli|cken ⟨V. intr.; blickt ent|ge|gen, blick|te ent|ge|gen, hat ent|ge|gen|ge|blickt, ent|ge|gen|zu|bli|cken⟩ jmdm. od. etwas ~ *in Richtung auf jmdn. od. etwas schauen* ▸ einem bevorstehenden Auftritt gelassen ~ ⟨übertr.⟩ *ihn ohne Aufregung erwarten*

ent|ge|gen|brin|gen ⟨V. trans.; bringt ent|ge|gen, brach|te ent|ge|gen, hat ent|ge|gen|ge|bracht, ent|ge|gen|zu|brin|gen⟩ jmdm. etwas ~ **1** *auf jmdn. zugehen u. etwas bringen* **2** ⟨übertr.⟩ *darbieten, zeigen, bezeigen* ▸ jmdm. Achtung, Freundschaft, Wohlwollen ~

ent|ge|gen|fie|bern ⟨V. intr.; fie|bert ent|ge|gen, fie|ber|te ent|ge|gen, hat ent|ge|gen|ge|fie|bert, ent|ge|gen|zu|fie|bern⟩ einem Ereignis ~ *ungeduldig, aufgeregt darauf warten* ▸ die Kinder fieberten dem Weihnachtsfest entgegen

ent|ge|gen|ge|hen ⟨V. intr.; geht ent|ge|gen, ging ent|ge|gen, ist ent|ge|gen|ge|gan|gen, ent|ge|gen-zu|ge|hen⟩ jmdm. od. einer Sache ~ *auf jmdn. zugehen, sich jmdm. od. einer Sache nähern* ▸ seinem Untergang ~; die Kinder gingen dem Vater ein Stück entgegen

ent|ge|gen|ge|setzt ⟨Adj.⟩ *gegenteilig, umgekehrt, gegensätzlich, widersprechend* ▸ wir sind (genau) ~er Meinung; in ~er Richtung, fahren, gehen, liegen

ent|ge|gen|hal|ten ⟨V. trans.; hält ent|ge|gen, hielt ent|ge|gen, hat ent|ge|gen|ge|hal|ten, ent|ge|gen-zu|hal|ten⟩ **1** eine Sache einer anderen Sache ~ *gegenüberstellen* **2** jmdm. od. jmds. Aussage etwas ~ *etwas gegen sie einwenden* ▸ dieser Behauptung, Beschuldigung muss man ~, dass …

ent|ge|gen|kom|men ⟨V. intr.; kommt ent|ge|gen, kam ent|ge|gen, ist ent|ge|gen|ge|kom|men, ent|ge|gen|zu|kom|men⟩ jmdm. ~ **1** *auf jmdn. zukommen, sich einem Kommenden nähern* **2** ⟨übertr.⟩ *zum Teil nachgeben, auf jmds. Wünsche, Forderungen eingehen* ▸ komm mir bitte ein Stück entgegen; dein Vorschlag kommt mir sehr entgegen *ist mir angenehm, deckt sich mit meinen Wünschen*

Ent|ge|gen|kom|men ⟨das; -s; unz.⟩ *Unterstützung, Gefälligkeit* ▸ etwas ~ kann ich doch wohl von dir erwarten; bei jmdm. (kein) ~ finden; wir danken Ihnen für Ihr ~

ent|ge|gen|kom|mend **I** ⟨Part. Präs. von⟩ *entgegenkommen* **II** ⟨Adj.⟩ *liebenswürdig, hilfsbereit, gefällig* ▸ ein sehr ~er junger Mann; er ist, zeigt sich sehr ~; ein ~er Verhandlungspartner

ent|ge|gen|lau|fen ⟨V. intr.; läuft ent|ge|gen, lief ent|ge|gen, ist ent|ge|gen|ge|lau|fen, ent|ge|gen-zu|lau|fen⟩ **1** jmdm. od. einer Sache ~ *auf jmdn. od. etwas zulaufen, sich laufend nähern* **2** einer Sache ~ *ihr nicht entsprechen, ihr zuwiderlaufen* ▸ der Hund, die Kinder liefen mir entgegen; das läuft meinen Absichten, Wünschen entgegen

ent|ge|gen|neh|men ⟨V. trans.; nimmt ent|ge|gen, nahm ent|ge|gen, hat ent|ge|gen|ge|nom|men, ent|ge|gen|zu|neh|men⟩ *annehmen, in Empfang nehmen, sich geben lassen* ▸ einen Auftrag, Brief ~; ich darf kein Geld ~; er nahm zahlreiche Geschenke und Glückwünsche entgegen; Abl *Entgegennahme*

ent|ge|gen|se|hen ⟨V. intr.; sieht ent|ge|gen, sah ent|ge|gen, hat ent|ge|gen|ge|se|hen, ent|ge|gen-zu|se|hen⟩ **1** jmdm. ~ *jmdn. (erwartungsvoll) kommen sehen* **2** einer Sache ~ *eine S. erwarten* ▸ von diesem Fenster aus kannst du ihm gut ~; er sieht dem Tod gefasst, ruhig entgegen

ent|ge|gen|set|zen ⟨V. trans.; setzt ent|ge|gen, setz|te ent|ge|gen, hat ent|ge|gen|ge|setzt, ent|ge-gen|zu|set|zen⟩ jmdm. od. einer Sache etwas ~ *etwas Gegenteiliges tun od. sagen* ▸ einer Beschuldigung eine gegenteilige Behauptung ~; einem Plan großen Widerstand ~

ent|ge|gen|stel|len ⟨V.; stellt ent|ge|gen, stell|te ent|ge|gen, hat ent|ge|gen|ge|stellt, ent|ge|gen|zu-stel|len⟩ **I** ⟨V. trans.⟩ einer Behauptung eine andere ~ *entgegensetzen, gegenüberstellen* **II** ⟨V. refl.⟩ sich jmdm. ~ **1** *sich jmdm. in den Weg stellen, den Weg versperren* **2** ⟨übertr.⟩ *jmdm. Widerstand leisten*

ent|ge|gen|tre|ten ⟨V. intr.; tritt ent|ge|gen, trat ent|ge|gen, ist ent|ge|gen|ge|tre|ten, ent|ge|gen-zu|tre|ten⟩ **1** jmdm. ~ *vor einen Kommenden hintreten, jmdm. in den Weg treten* **2** ⟨übertr.⟩ jmdm. od. einer Sache ~ *Widerstand leisten, Einhalt gebieten, ihn hindern, sie verhindern* ▸ jmdm. furchtlos, mutig ~; diesem Missbrauch muss man entschieden, energisch ~

ent|geg|nen ⟨V. trans.; ent|geg|net, ent|geg|ne|te, hat ent|geg|net⟩ (jmdm.) etwas ~ *antworten, erwidern* ▸ dem muss ich ~, dass … *dagegen muss ich einwenden, dass …;* „Niemals!", entgegnete er; etwas barsch, freundlich, liebenswürdig, unfreundlich (auf jmds. Frage) ~; darauf wusste er nichts mehr zu ~; Abl *Entgegnung*

ent|ge|hen ⟨V. intr.; ent|geht, ent|ging, ist ent|gan-gen⟩ **1** einer Sache ~ *entkommen, aus dem Wege gehen* **2** jmdm. ~ *von jmdm. nicht bemerkt werden* **3** sich etwas (ungern) ~ lassen *auf etwas (ungern) verzichten* ▸ mir ist (völlig) entgangen, dass sie ein Geschenk mitgebracht hat *ich habe es nicht bemerkt;* mir ist nicht entgangen, dass du Pralinen genascht hast *ich habe es wohl bemerkt;* es dürfte Ihnen nicht entgangen sein, dass … *sie werden sicherlich bemerkt haben, dass …;* einer Gefahr ~; er wird der Strafe, Vergeltung nicht ~; da hast du dir wirklich etwas ~ lassen *das hättest du wirklich sehen, hören, erleben sollen;* einer Gefahr, dem Tod mit knapper Not ~

ent|geis|tert ⟨Adj.⟩ *unangenehm überrascht, wie vor den Kopf geschlagen, bestürzt, fassungslos* ▸ er sah mich ~ an

Ent|gelt ⟨das; -(e)s, -e⟩ **1** *Lohn, Belohnung* **2** *Bezahlung* **3** *Vergütung, Entschädigung, Ersatz (für Leistungen, Mühen)* ▸ er bekommt als ~ zwölf Euro in der Stunde; für, gegen ein geringes, kleines ~ arbeiten; ohne ~ arbeiten *unbelohnt, unbezahlt, umsonst*

ent|gel|ten ⟨V. trans.; ent|gilt, ent|galt, hat ent|gol-ten; geh.⟩ jmdm. etwas ~ *jmdn. für etwas bezahlen, belohnen; jmdm. etwas vergüten, ersetzen* ▸ ich werde es dir später einmal ~ *ich werde später einmal etwas für dich tun*

ent|glei|sen ⟨V. intr.; ent|gleist, ent|gleis|te, ist ent-gleist⟩ **1** *aus dem Gleis springen* (Zug, Straßenbahn) **2** ⟨übertr.⟩ *einen gesellschaftlichen Fehler begehen, etwas Ungehöriges, Unschickliches sagen od. tun* ▸ einen Zug zum Entgleisen bringen; Abl *Entgleisung*

ent|glei|ten ⟨V. intr.; ent|glei|tet, ent|glitt, ist ent-glit|ten⟩ jmdm. ~ **1** *aus den Händen gleiten* **2** ⟨übertr.⟩ *sich jmds. Kontrolle entziehen* ▸ der Junge ist ihr entglitten ⟨übertr.⟩ *sie hat keinen Einfluss mehr auf ihn*

ent|grä|ten ⟨V. trans.; ent|grä|tet, ent|grä|te|te, hat ent|grä|tet⟩ Fisch ~ *von Gräten befreien*

ent|hal|ten[1] ⟨V. trans.; ent|hält, ent|hielt, hat ent-hal|ten⟩ etwas ~ *in sich schließen, in sich haben* ▸ dieser Likör enthält mehr als 40 % Alkohol; das Buch enthält zahlreiche gute Denkansätze

ent|hal|ten² ⟨V. refl.; ent|hält sich, ent|hielt sich, hat sich ent|hal|ten⟩ **1** sich einer Sache ~ *etwas nicht tun, auf etwas verzichten* **2** sich der Stimme ~ *nicht abstimmen, keine Meinung äußern, seine Stimme nicht abgeben* ▸ ich konnte mich nicht ~, zu sagen, dass …; ich konnte mich einer boshaften Bemerkung nicht ~; Abl *Enthaltung*

ent|halt|sam ⟨Adj.⟩ **1** *entsagend, bestimmte Dinge nicht tuend, abstinent* **2** *sehr bescheiden, sehr maßvoll* ▸ ~ leben *ohne besondere Genüsse leben, keusch leben;* Abl *Enthaltsamkeit*

ent|haup|ten ⟨V. trans.; ent|haup|tet, ent|haup|te|te, hat ent|haup|tet⟩ jmdn. ~ *jmdm. den Kopf abschlagen;* Abl *Enthauptung*

ent|häu|ten ⟨V. trans.; ent|häu|tet, ent|häu|te|te, hat ent|häu|tet⟩ etwas ~ *von der Haut befreien, die Haut davon abziehen, lösen;* Abl *Enthäutung*

ent|he|ben ⟨V. trans.; ent|hebt, ent|hob, hat ent|ho|ben⟩ jmdn. einer Sache ~ *davon entbinden, daraus entlassen* ▸ jmdn. seines Amtes ~ *ihn entlassen, absetzen, ihm sein Amt nehmen;* damit bin ich aller Sorgen enthoben ⟨geh.⟩ *von allen S. befreit;* Abl *Enthebung*

ent|hem|men ⟨V. trans.; ent|hemmt, ent|hemm|te, hat ent|hemmt⟩ jmdn. ~ *von Hemmungen befreien* ▸ Alkohol enthemmt den Menschen

ent|hül|len ⟨V. trans.; ent|hüllt, ent|hüll|te, hat ent|hüllt⟩ **1** etwas ~ *von seiner Hülle befreien, aufdecken* **2** ⟨übertr.⟩ ein Geheimnis ~ *entdecken, offenbaren* ▸ ein Denkmal ~ *zum ersten Mal ohne Hülle zeigen;* Abl *Enthüllung*

En|thu|si|as|mus ⟨der; -; unz.⟩ *Begeisterung, Entzücken, Schwärmerei* ▸ sein ~ für dieses Projekt ist kaum zu bremsen; Abl *enthusiastisch*

ent|jung|fern ⟨V. trans.; ent|jung|fert, ent|jung|fer|te, hat ent|jung|fert⟩ ein Mädchen, eine Frau ~ *beim ersten Geschlechtsverkehr das Jungfernhäutchen zerreißen;* Abl *Entjungferung*

ent|kal|ken ⟨V. trans.; ent|kalkt, ent|kalk|te, hat ent|kalkt⟩ etwas ~ *von Kalk befreien* ▸ die Kaffeemaschine ~; Abl *Entkalkung*

ent|ker|nen ⟨V. trans.; ent|kernt, ent|kern|te, hat ent|kernt⟩ Kernobst ~ *von den Kernen, vom Kerngehäuse befreien*

ent|klei|den ⟨V. trans.; ent|klei|det, ent|klei|de|te, hat ent|klei|det⟩ **1** jmdn. od. sich ~ *ausziehen, auskleiden, von den Kleidern befreien* **2** ⟨übertr.⟩ jmdn. seiner Würde ~ *sie ihm wegnehmen, ihn seiner W. berauben* ▸ ein Kind ~

ent|kof|fe|i|nie|ren ⟨V. trans.; ent|kof|fe|i|niert, ent|kof|fe|i|nier|te, hat ent|kof|fe|i|niert⟩ Kaffee ~ *dem K. das Koffein entziehen*

ent|kom|men ⟨V. intr.; ent|kommt, ent|kam, ist ent|kom|men⟩ *entgehen, entfliehen* ▸ der Dieb ist der Polizei ~; der Flüchtling konnte den Verfolgern ~; aus dem Gefängnis ~

ent|kor|ken ⟨V. trans.; ent|korkt, ent|kork|te, hat ent|korkt⟩ eine Flasche ~ *den Kork aus der F. ziehen*

ent|kräf|ten ⟨V. trans.; ent|kräf|tet, ent|kräf|te|te, hat ent|kräf|tet⟩ **1** jmdn. ~ *jmdm. Kraft wegnehmen, Kräfte entziehen* **2** eine Behauptung, Beschuldigung, ein Gerücht ~ *widerlegen, das Gegenteil davon beweisen* ▸ die Anstrengungen der Arbeit haben ihn entkräftet; entkräftet sein *kraftlos, geschwächt sein;* Abl *Entkräftung*

ent|la|den ⟨V.; ent|lädt, ent|lud/ent|la|de|te, hat ent|la|den⟩ **I** ⟨V. trans.⟩ etwas ~ **1** einen Lastwagen, ein Schiff ~ *von der Ladung befreien, die Ladung davon herunternehmen* **2** eine Waffe ~ *die Ladung, das Geschoss daraus herausnehmen* **3** eine Batterie ~ *ihr die elektrische Ladung entnehmen* **II** ⟨V. refl.⟩ sich ~ **1** *schlagartig od. mit einem Schlag ausgleichen* (elektrische Spannung) **2** ⟨übertr.; umg.; scherzh.⟩ *seinem Zorn in einem heftigen Ausbruch Luft machen;* Abl *Entladung*

ent|lang ⟨Präp. m. Akk. od. m. Dat.⟩ *neben einer Strecke, längs, hindurch in der Längsrichtung* ▸ immer den Bach, den Fluss, das Ufer, den Weg ~; die Straße ~; das Tal ~; am Fluss ~

ent|lang|fah|ren ⟨V. intr.; fährt ent|lang, fuhr entlang, ist ent|lang|ge|fah|ren, ent|lang|zu|fah|ren⟩ am Ufer, das Ufer ~ *neben dem U. herfahren*

ent|lang|ge|hen ⟨V. intr.; geht ent|lang, ging entlang, ist ent|lang|ge|gan|gen, ent|lang|zu|ge|hen⟩ am Bach, den Bach ~ *neben dem B. hergehen*

ent|lang|lau|fen ⟨V. intr.; läuft ent|lang, lief entlang, ist ent|lang|ge|lau|fen, ent|lang|zu|lau|fen⟩ an der Straße, die Straße ~ *neben der S. herlaufen;* →a. *entlanggehen*

ent|lar|ven ⟨V. trans.; ent|larvt, ent|larv|te, hat entlarvt; übertr.⟩ jmdn. ~ *jmds. wahren Charakter, wahre Absichten enthüllen* ▸ einen Betrüger ~; Abl *Entlarvung*

ent|las|sen ⟨V. trans.; ent|lässt, ent|ließ, hat ent|lassen⟩ **1** einen Mitarbeiter ~ *ihm kündigen, ihn nicht mehr beschäftigen, jmds. Arbeitsverhältnis lösen* **2** jmdn. ~ *jmdm. erlauben, sich zu entfernen* ▸ mit bestimmten Auflagen aus dem Krankenhaus ~ werden ▸ jmdn. fristlos ~ ▸ jmdn. aus dem Amt ~; Soldaten, Truppen aus dem Heer ~; jmdn. aus dem Gefängnis ~; er wurde als geheilt aus dem Krankenhaus ~; jmdn. wegen Veruntreuung ~

Ent|las|sung ⟨die; -, -en⟩ **1** *das Entlassen* **2** *das Entlassenwerden* ▸ seine ~ einreichen; fristlose ~; nach seiner ~ aus dem Gefängnis, aus der Haft, aus dem Krankenhaus, der Schule; um seine ~ bitten; Abl *Entlassungsgesuch, Entlassungspapiere*

ent|las|ten ⟨V. trans.; ent|las|tet, ent|las|te|te, hat ent|las|tet⟩ **1** etwas ~ *von einer Last befreien, leichter machen, die Belastung reduzieren* **2** jmdn. ~ **2.1** *jmdm. Arbeit abnehmen* **2.2** *von einem Verdacht, Vorwurf, einer Anklage befreien* ▸ einen Angeklagten ~; einen Balken, einen Träger ~; der neue Assistent soll den Chef ~; einen Geschäftsführer, Vorstand ~ *seine Geschäftsführung billigen;* sein Gewissen ~; den Verkehr ~ *verringern* ▸ jmdn. von einem Verdacht ~; ▸ ~de Umstände *die Schuld verringernde Umstände;* Abl *Entlastung*

Ent|las|tungs|zeu|ge ⟨der; -n, -n⟩ *Zeuge, der durch seine Aussage den Angeklagten ganz od. zum*

Teil von den gegen ihn erhobenen Vorwürfen entlasten kann; Abl *Entlastungszeugin*

ent|lau|fen ‹V. intr.; ent|läuft, ent|lief, ist ent|laufen› *davonlaufen, fliehen, entfliehen* ▸ ~er Hund; von zu Hause ~

ent|le|di|gen ‹V. refl.; ent|le|digt sich, ent|le|dig|te sich, hat sich ent|le|digt› sich jmds. od. einer Sache ~ *sich von jmdm. od. einer Sache befreien* ▸ sich eines Auftrages ~ *einen Auftrag ausführen;* sich einer Bürde, Last ~; sich einer Aufgabe mit (großem) Geschick ~; Abl *Entledigung*

E

ent|lee|ren ‹V. trans.; ent|leert, ent|leer|te, hat entleert› etwas ~ *leermachen, vom Inhalt befreien, ausräumen, ausgießen, ausschütten* ▸ die Blase, den Darm ~ *Harn, Kot ausscheiden;* seine Taschen ~; Abl *Entleerung*

ent|le|gen ‹Adj.› **1** *fern, weit weg, abseitsliegend, abgelegen, verlassen* (Haus, Ort) **2** ‹übertr.› *abseitig* (Gedanke)

ent|leh|nen ‹V. trans.; ent|lehnt, ent|lehn|te, hat ent|lehnt› ein Wort ~ *(aus einer anderen Sprache od. einem anderen Wissensbereich) übernehmen* ▸ das Wort „Fenster" ist aus dem Lateinischen entlehnt; Abl *Entlehnung*

ent|lei|hen ‹V. trans.; ent|leiht, ent|lieh, hat ent|lie|hen› (sich) etwas ~ *sich etwas leihen, borgen* ▸ ich habe (mir) das Buch aus der Bibliothek, von ihm entliehen; entliehene Bücher sollte man schonend behandeln; Abl *Entleiher(in)*

ent|lo|cken ‹V. trans.; ent|lockt, ent|lock|te, hat ent|lockt› **1** jmdm. etwas ~ *etwas aus jmdm. herauslocken* **2** einer Sache etwas ~ *aus ihr hervorbringen* ▸ jmdm. ein Geheimnis, ein Geständnis ~; jmdm. etwas durch Schmeicheln, mit List ~

ent|loh|nen ‹V. trans.; ent|lohnt, ent|lohn|te, hat ent|lohnt› jmdn. ~ *jmdm. Lohn geben, jmdn. bezahlen (für geleistete Dienste);* oV ‹schweiz.› *entlöhnen* ▸ Arbeiter, Dienstmann, Handwerker ~; Abl *Entlohnung*

ent|lüf|ten ‹V. trans.; ent|lüf|tet, ent|lüf|te|te, hat ent|lüf|tet› einen Raum ~ *von (schlechter, verbrauchter) Luft befreien, frische Luft hereinlassen*

ent|mach|ten ‹V. trans.; ent|mach|tet, ent|mach|te|te, hat ent|mach|tet› jmdn. ~ *seiner Macht od. Kraft berauben* ▸ einen Politiker ~; er wurde vom Präsidenten entmachtet; Abl *Entmachtung*

ent|mi|li|ta|ri|sie|ren ‹V. trans.; ent|mi|li|ta|ri|siert, ent|mi|li|ta|ri|sier|te, hat ent|mi|li|ta|ri|siert› ein Land, einen Staat, eine Zone ~ *von Streitkräften u. Waffen befreien;* Syn *demilitarisieren;* Abl *Entmilitarisierung*

ent|mün|di|gen ‹V. trans.; ent|mün|digt, ent|mün|dig|te, hat ent|mün|digt› jmdn. ~ *der Mündigkeit berauben, unter Vormundschaft stellen* ▸ einen unzurechnungsfähigen Menschen ~; Abl *Entmündigung*

ent|mu|ti|gen ‹V. trans.; ent|mu|tigt, ent|mu|tig|te, hat ent|mu|tigt› jmdn. ~ *jmdm. den Mut wegnehmen, jmdn. seines Mutes berauben, mutlos machen* ▸ lass dich nicht so schnell ~; das alles klingt sehr ~d; ein ~der Anblick, eine ~de Nachricht; Abl *Entmutigung*

Ent|nah|me ‹die; -; unz.› *das Entnehmen, Herausnehmen* ▸ ~ von Geld; Zus *Blutentnahme*

ent|na|zi|fi|zie|ren ‹V. trans.; ent|na|zi|fi|ziert, ent|na|zi|fi|zier|te, hat ent|na|zi|fi|ziert› **1** jmdn. ~ *als ehemaligen Nationalsozialisten überprüfen u. gegebenenfalls bestrafen* **2** die Beamtenschaft, Betriebe ~ *von nationalsozialistischen Einflüssen u. Mitarbeitern befreien;* Abl *Entnazifizierung*

ent|neh|men ‹V. trans.; ent|nimmt, ent|nahm, hat ent|nom|men› (einer Sache od. aus einer Sache) etwas ~ **1** *etwas (aus etwas) herausnehmen, entfernen* **2** ‹übertr.› *etwas (aus etwas) schließen, folgern* ▸ ich entnahm seinem Brief, seinen Worten, dass er nicht kommen können wird ‹übertr.›; Angaben, Zitate einem wissenschaftlichen Werk ~; der Kasse 500 Euro ~

ent|ner|ven ‹V. trans.; ent|nervt, ent|nerv|te, hat ent|nervt› jmdn. ~ *jmdn. nervös machen, jmdm. lästig sein* ▸ völlig entnervt sein

ent|pup|pen ‹V. refl.; ent|puppt sich, ent|pupp|te sich, hat sich ent|puppt› sich als jmd. od. etwas ~ *sich als jmd. od. etwas anderes herausstellen, als man zunächst vermutet hat* ▸ die Sache hat sich als Betrug, Schwindel entpuppt

ent|rah|men ‹V. trans.; ent|rahmt, ent|rahm|te, hat ent|rahmt› Milch ~ *aus der M. den Rahm, das Fett entfernen* ▸ entrahmte Frischmilch

ent|rät|seln ‹V. trans.; ent|rät|selt, ent|rät|sel|te, hat ent|rät|selt› eine Sache ~ *das ihr zugrundeliegende Rätsel lösen, ihren verborgenen Sinn herausfinden, ihre Bedeutung erkennen* ▸ ein Geheimnis, Schriftzeichen ~; Abl *Enträtselung*

ent|rech|ten ‹V. trans.; ent|rech|tet, ent|rech|te|te, hat ent|rech|tet› jmdn. ~ *seiner Rechte berauben;* Abl *Entrechtung*

ent|rei|ßen ‹V. trans.; ent|reißt, ent|riss, hat ent|rissen› jmdm. jmdn. od. etwas ~ *mit Gewalt wegnehmen, aus den Händen reißen* ▸ sie entriss ihm das Buch, das Kind; der Täter hatte ihr die Handtasche entrissen

ent|rich|ten ‹V. trans.; ent|rich|tet, ent|rich|te|te, hat ent|rich|tet› einen Beitrag, eine Schuld ~ *bezahlen;* Abl *Entrichtung*

ent|rin|nen ‹V. intr.; ent|rinnt, ent|rann, ist ent|ron|nen› **1** ‹übertr.› *schnell vergehen, entfließen* (Zeit) **2** ‹allg.› jmdm. od. einer Sache ~ *gerade noch, mit knapper Not entkommen* ▸ einer Gefahr, dem Tod gerade noch ~; er konnte seinen Verfolgern ~; es gibt kein Entrinnen mehr

ent|ros|ten ‹V. trans.; ent|ros|tet, ent|ros|te|te, hat ent|ros|tet› etwas ~ *von Rost befreien*

ent|rückt ‹Adj.› *geistesabwesend, gedankenverloren u. fern von allem Irdischen* ▸ er ist völlig ~

ent|rüm|peln ‹V. trans.; ent|rüm|pelt, ent|rüm|pel|te, hat ent|rüm|pelt› den Dachboden, Keller ~ *von Gerümpel, unbrauchbaren Dingen frei machen;* Abl *Entrümpelung*

ent|rüs|ten ‹V. refl.; ent|rüs|tet sich, ent|rüs|te|te sich, hat sich ent|rüs|tet› sich (über jmdn. od. etwas) ~ *sich empören, sehr unwillig werden* ▸ sich über jmds. dreiste Handlungsweise ~; →a. *entrüstet;* Abl *Entrüstung*

ent|rüs|tet I ‹Part. Perf. von› *entrüsten* II ‹Adj.› *zornig, empört* ▸ er war sehr ~; „So nicht!", erwiderte er ~; er wies den Vorschlag ~ von sich

ent|sa|gen ‹V. intr.; ent|sagt, ent|sag|te, hat entsagt; geh.› einer Sache ~ *freiwillig, aber ungern auf eine S. verzichten* ▸ dem Rauchen, dem Trinken ~; Abl *Entsagung*

ent|schä|di|gen ‹V. trans.; ent|schä|digt, ent|schä|dig|te, hat ent|schä|digt› jmdn. (für etwas) ~ *jmdm. Ersatz geben (für Verlust od. Schaden)* ▸ jmdn. für entstandene Kosten ~; er wurde für seine Mühe angemessen, reichlich entschädigt; für Verluste entschädigt werden *Ersatz erhalten*

Ent|schä|di|gung ‹die; -, -en› **1** *das Entschädigen* **2** *das Entschädigtwerden* **3** *Ersatz (für Verlust od. Schaden), Schadenersatz* ▸ jmdm. eine ~ geben, zahlen; etwas als, zur ~ erhalten; Zus *Entschädigungssumme, Entschädigungszahlung*

ent|schär|fen ‹V. trans.; ent|schärft, ent|schärf|te, hat ent|schärft› **1** Geschosse, eine Bombe ~ *ungefährlich machen* **2** ‹übertr.; umg.› ein Buch, einen Film ~ *von scharfen politischen od. von obszönen Stellen, Szenen befreien;* Abl *Entschärfung*

ent|schei|den ‹V.; ent|schei|det, ent|schied, hat ent|schie|den› I ‹V. trans. u. V. intr.› etwas od. über etwas ~ **1** *etwas endgültig bestimmen, anordnen, festlegen* **2** *ein maßgebendes Urteil darüber fällen, den Ausschlag dafür geben* ▸ der Chef hat entschieden, dass es so gemacht werden soll; das Los soll ~, wer gehen oder bleiben soll; du sollst ~; es ist noch nichts entschieden ▸ die Sache ist bereits entschieden ▸ sein Eingreifen hat die Sache (zu unseren Gunsten) entschieden; über einen Fall, eine Streitfrage ~; darüber haben Sie nicht zu ~ II ‹V. refl.› sich ~ *einen Entschluss fassen* ▸ ich werde mich morgen ~, ob ich mitfahre; ich kann mich nicht ~, wie ich es machen soll ▸ ich kann mich nicht so schnell ~ ▸ sich für etwas ~ *eine Sache einer anderen vorziehen, eine Sache wählen;* sich für jmdn. ~ *jmdm. vor einem anderen den Vorzug geben;* sich gegen jmdn. ~; →a. *entschieden*

ent|schei|dend I ‹Part. Präs. von› *entscheiden* II ‹Adj.› *ausschlaggebend, richtunggebend, endgültig* ▸ die ~e Begegnung steht noch aus; er hat einen ~en Fehler, Irrtum begangen; im ~en Augenblick zieht er sich jedesmal zurück; die Frage ist von ~er Wichtigkeit

Ent|schei|dung ‹die; -, -en› **1** *das Entscheiden* **2** *endgültiges Urteil, Schiedsspruch;* Syn *Entscheid* **3** *das Sichentscheiden* ▸ die ~ des Richters, des Unparteiischen ▸ eine ~ annehmen, ablehnen, anfechten, erzwingen; wie ist seine ~ ausgefallen?; ausstehen: die endgültige ~ steht noch aus; einer ~ ausweichen, aus dem Wege gehen; die ~ soll morgen fallen; eine ~ treffen ▸ eine falsche, gerichtliche, klare, rasche, richtige, schnelle ~ ▸ ein Kampf, Spiel um die ~ *den endgültigen Sieg;* sich vor einer ~ scheuen; er stand vor der ~, ob er es tun sollte oder nicht; jmdn. zur ~ drängen; Zus *Entscheidungsfindung, Entscheidungsfreiheit, Entscheidungsprozess*

Ent|schei|dungs|fra|ge ‹die; -, -n; Gramm.› *Frage, auf die man nur mit „ja" od. „nein" antworten kann*

ent|schie|den I ‹Part. Perf. von› *entscheiden* II ‹Adj.› **1** *entschlossen, energisch* **2** *bündig, kurz u. fest* **3** *zweifellos* ▸ er ist ein ~er Gegner der Todesstrafe; eine ~e Haltung einnehmen (bei einer Sache); er lehnt es ~ ab, das zu tun; ~ antworten; Abl *Entschiedenheit*

ent|schla|fen ‹V. intr.; ent|schläft, ent|schlief, ist ent|schla|fen; verhüllend für› *sterben* ▸ er ist gestern Abend sanft ~; der Entschlafene *der (eben) Verstorbene*

ent|schlie|ßen ‹V. refl.; ent|schließt sich, entschloss sich, hat sich ent|schlos|sen› sich (zu etwas) ~ *einen Entschluss fassen, den Willen haben, etwas zu tun* ▸ schnell, entschließ dich! *zögere nicht so lange!;* ich kann mich stets nur schwer (zu etwas) ~; dazu kann ich mich nicht ~; ich habe mich entschlossen, das Auto zu kaufen; er ist fest entschlossen, morgen abzureisen; kurz entschlossen fuhr ich in die Stadt; →a. *entschlossen;* Abl *Entschließung*

ent|schlos|sen I ‹Part. Perf. von› *entschließen* II ‹Adj.› *energisch, tatkräftig, beherzt, nicht zögernd* ▸ seinem ~en Handeln, Vorgehen war es zu verdanken, dass noch größeres Unheil verhütet wurde; ~ eingreifen, handeln, vorgehen; Abl *Entschlossenheit*

ent|schlüp|fen ‹V. intr.; ent|schlüpft, ent|schlüpf|te, ist ent|schlüpft› jmdm. ~ **1** *vorsichtig entrinnen, geschickt entfließen, entgleiten* **2** *unüberlegt herausschlüpfen* (Wort) ▸ die Bemerkung, das Wort war ihm gegen seinen Willen entschlüpft

Ent|schluss ‹der; -es, -schlüs|se› *Entscheidung, Willensakt, Festlegung des Willens* ▸ seinen ~ ändern; einen ~ fassen *sich zu etwas entschließen;* fester, rascher, schwerer, unabänderlicher ~; sich zu einem ~ durchringen; er kann zu keinem endgültigen ~ kommen *er kann sich nicht entschließen;* Zus *Entschlusskraft*

ent|schlüs|seln ‹V. trans.; ent|schlüs|selt, ent|schlüs|sel|te, hat ent|schlüs|selt› **1** etwas ~ *aufdecken, enträtseln* **2** einen verschlüsselten Text ~ *mit Hilfe eines Codes in lesbaren, verständlichen Text umwandeln* ▸ eine Geheimmeldung, einen Funkspruch ~; Abl *Entschlüsselung*

ent|schuld|bar ‹Adj.› *so beschaffen, dass man es entschuldigen kann, verzeihlich* ▸ ~er Irrtum, ~es Vergehen

ent|schul|den ‹V. trans.; ent|schul|det, ent|schul|de|te, hat ent|schul|det› etwas od. jmdn. ~ *von Schulden frei machen* ▸ ein Grundstück ~; den Staatshaushalt ~; Abl *Entschuldung*

ent|schul|di|gen ‹V.; ent|schul|digt, ent|schul|dig|te, hat ent|schul|digt› I ‹V. trans.› **1** etwas ~ *verzeihen, nicht böse sein* **2** jmdn. ~ **2.1** *Verzeihung, Nachsicht für jmds. Handlungsweise erbitten* **2.2** *jmds. Abwesenheit erklären* ▸ ~ Sie! *verzeihen Sie, nehmen Sie es nicht übel;* ~ Sie mich bitte einen Augenblick *nehmen Sie es nicht übel, wenn ich Sie kurze Zeit alleinlasse* ▸ sie hat das

E

E

kranke Kind in der Schule entschuldigt; ich möchte meinen Sohn für morgen ~; ~ Sie bitte die Störung; unter diesen Umständen kann od. muss man sein Verhalten wohl ~ ▸ seine Unhöflichkeit ist durch od. mit nichts zu ~ ▸ einige ~de Worte sagen **II** ⟨V. refl.⟩ sich ~ *um Verzeihung, Nachsicht bitten* ▸ mein Vater lässt sich ~, er kann leider nicht kommen ▸ sich bei jmdm. (für etwas) ~; er hat sich nicht einmal entschuldigt; ich möchte, muss mich vielmals ~, dass ich gestern nicht gekommen bin; du musst dich bei ihm wegen des Vorfalls von gestern ~ ▸ „Ich bin noch nicht lange hier", sagte sie ~d

Ent|schul|di|gung ⟨die; -, -en⟩ **1** *entschuldigende Worte, Bitte um Verzeihung* **2** *Rechtfertigung, Erklärung für jmds. Handlungsweise, Vorwand;* Zus *Entschuldigungsschreiben* **3** *das Entschuldigen, das Sichentschuldigen* ▸ für solch ein Benehmen gibt es keine ~; einem Kind eine ~ (für die Schule) schreiben; eine ~ stammeln ▸ er hat Krankheit als ~ angegeben; ohne ~ fehlen; (jmdn.) um ~ bitten; ich bitte tausendmal um ~; was können Sie zu Ihrer ~ anführen?

Ent|schul|di|gungs|grund ⟨der; -(e)s, -grün|de⟩ *als Entschuldigung, Rechtfertigung angeführter Grund* ▸ er hatte keinen triftigen ~

ent|schwin|den ⟨V. intr.; ent|schwin|det, entschwand, ist ent|schwun|den; geh.⟩ *verschwinden, dem Blick verlorengehen* ▸ das ist mir aus dem Gedächtnis entschwunden *das habe ich vergessen*

ent|sen|den ⟨V. trans.; ent|sen|det, ent|sand|te/ent|sen|de|te, hat ent|sandt/ent|sen|det⟩ Abgeordnete, Boten, Vertreter, Botschafter ~ *losschicken, abschicken;* Abl *Entsendung*

ent|set|zen ⟨V.; ent|setzt, ent|setz|te, hat ent|setzt⟩ **I** ⟨V. trans.⟩ jmdn. ~ *in Furcht, Angst, Schrecken, Grauen versetzen* ▸ dieser Anblick hat sie, mich sehr entsetzt **II** ⟨V. refl.⟩ sich (vor etwas) ~ *erschrecken* ▸ ich habe mich vor diesem Anblick entsetzt; →a. *entsetzt*

Ent|set|zen ⟨das; -s; unz.⟩ *Erschrecken, Schrecken, Furcht, Grauen* ▸ ~ ergriff die Menge; zu unserem ~ stürzte er die Böschung hinunter; er war vor ~ wie gelähmt

ent|setz|lich ⟨Adj.⟩ **1** *so beschaffen, dass es Entsetzen hervorruft, schrecklich, grausig, grässlich* **2** *riesig, ungeheuer, sehr* ▸ es war ein ~er Anblick; die Soldaten richteten ein ~es Blutbad an; in Afrika herrscht eine ~e Hungersnot; es war ~ anzusehen; sie war ~ blass; es war geradezu, wirklich ~

ent|setzt **I** ⟨Part. Perf. von⟩ *entsetzen* **II** ⟨Adj.⟩ *erschrocken, bestürzt, von Grauen gepackt* ▸ ich war ganz, völlig ~; ein ~er Blick, Schrei

ent|si|chern ⟨V. trans.; ent|si|chert, ent|si|cher|te, hat ent|si|chert⟩ eine Schusswaffe ~ *die Sicherung entfernen von, schussbereit machen* ▸ mit entsichertem Gewehr, entsicherter Pistole; Abl *Entsicherung*

ent|sin|nen ⟨V. refl.; ent|sinnt sich, ent|sann sich, hat sich ent|son|nen⟩ sich (jmds. od. einer Sache) ~, sich (an jmdn. od. eine Sache) ~ *sich erinnern* ▸ soweit ich mich entsinne, war es so; ich kann mich noch an den Tag ~, als …

ent|sor|gen ⟨V. trans.; ent|sorgt, ent|sorg|te, hat ent|sorgt⟩ Abfälle, Müll ~ *unter kontrollierten Bedingungen beseitigen;* Abl *Entsorgung*

ent|span|nen ⟨V.; ent|spannt, ent|spann|te, hat ent|spannt⟩ **I** ⟨V. intr. u. V. trans.⟩ (etwas) ~ *die Spannung vermindern, sie lockern* ▸ den Körper ~; beim Sport, vor dem Fernseher ~; ein ~des Bad nehmen **II** ⟨V. refl.; übertr.⟩ sich ~ **1** *an Spannung verlieren, sich beruhigen* **2** *sich ausruhen, sich zerstreuen* ▸ die Lage hat sich entspannt; sich im Urlaub einmal völlig ~; Abl *Entspannung*

ent|spin|nen ⟨V. refl.; ent|spinnt sich, ent|spann sich, hat sich ent|spon|nen⟩ sich ~ *anfangen, beginnen, sich entwickeln* ▸ ein Gespräch entspann sich zwischen ihnen (über …)

ent|spre|chen ⟨V. intr.; ent|spricht, ent|sprach, hat ent|spro|chen⟩ **1** einer Sache ~ **1.1** *zu einer Sache passen, einer Sache ähnlich sein* **1.2** *ihr genügen* **2** jmdm. ~ *jmds. Wünschen entgegenkommen, seine Wünsche erfüllen* ▸ den Anforderungen ~ *den Anforderungen genügen;* das entspricht nicht meinen Erwartungen, Wünschen; seine Behauptung entspricht nicht den Tatsachen, der Wahrheit *seine B. ist unwahr*

ent|spre|chend **I** ⟨Part. Präs. von⟩ *entsprechen* **II** ⟨Adj.⟩ **1** *ähnlich, ungefähr gleichend* **2** *angemessen, gemäß* ▸ jmdn. seinen Leistungen ~ bezahlen; den Anweisungen, den Umständen ~ handeln; sich dem Anlass ~ kleiden; eine tapfere Tat ~ würdigen

Ent|spre|chung ⟨die; -, -en⟩ **1** *das Entsprechen, Ähnlichsein* **2** *genaue Wiedergabe, Analogie* **3** *entsprechende Sache* ▸ dieses Wort hat in der deutschen Sprache keine ~

ent|sprin|gen ⟨V. intr.; ent|springt, ent|sprang, ist ent|sprun|gen⟩ **1** an einem Ort ~ *aus dem Boden quellen* (Fluss) **2** einer Sache od. aus etwas ~ *darin seinen Ursprung haben, daraus hervorgehen, sich daraus entwickeln* **3** aus etwas ~ *ausbrechen, entfliehen* ▸ der Gefangene ist aus dem Gefängnis entsprungen; daraus entsprang die Vorstellung, dass …; der Rhein entspringt in der Schweiz

ent|stam|men ⟨V. intr.; ent|stammt, ent|stamm|te, ist ent|stammt⟩ **1** jmdm. ~ *von jmdm. stammen, jmds. Nachkomme sein* **2** einer Sache ~ *sich davon ableiten* ▸ er entstammt einer alten Offiziersfamilie, einem Adelsgeschlecht

ent|ste|hen ⟨V. intr.; ent|steht, ent|stand, ist entstan|den⟩ *sich entwickeln, beginnen, verursacht werden* ▸ es entstand ein Aufruhr, große Aufregung, Lärm, Unruhe; es entstand bei den meisten der Eindruck, dass er nicht vorbereitet war; es werden für Sie keine Kosten ~; wie ist das Leben (auf der Erde) entstanden? ▸ wir wollen nicht den Eindruck ~ lassen, als ob wir die Schuld hätten ▸ hoffentlich entsteht aus den Streitigkeiten kein Krieg; daraus kann großes Unheil ~; die Sache ist erst im Entstehen begriffen ▸ für ~den Schaden haftet der Eigentümer; für einen entstandenen Schaden aufkommen; Abl *Entstehung*

Ent|ste|hungs|ge|schich|te ⟨die; -, -n⟩ **1** *Geschichte des Ursprungs, der Entstehung einer Sache* **2** ⟨Theol.⟩ *Schöpfungsgeschichte, das 1. Buch Mose in der Bibel* ▸ die ~ der Erde

ent|stei|gen ⟨V. intr.; ent|steigt, ent|stieg, ist ent|stie|gen; geh.⟩ dem Bad, dem Wasser, dem Flugzeug ~ *daraus heraussteigen*

ent|stei|nen ⟨V. trans.; ent|steint, ent|stein|te, hat ent|steint⟩ Kirschen, Pflaumen ~ *die Steine daraus entfernen*

ent|stel|len ⟨V. trans.; ent|stellt, ent|stell|te, hat ent|stellt⟩ **1** jmdn. od. etwas ~ *hässlich machen, verzerren, verunstalten, verstümmeln* **2** jmdn. od. etwas ~ *in hässlicher Weise darstellen* **3** etwas ~ *fälschen, verfälschen, falsch darstellen* ▸ einen Bericht, ein Ereignis, die Wahrheit ~; einen Vorfall, den Inhalt eines Briefes entstellt wiedergeben; die Leiche war grässlich entstellt

ent|tar|nen ⟨V. trans.; ent|tarnt, ent|tarn|te, hat ent|tarnt⟩ jmdn. ~ *entlarven (als Spion);* Abl *Enttarnung*

ent|täu|schen ⟨V. trans.; ent|täuscht, ent|täusch|te, hat ent|täuscht⟩ jmdn. ~ *jmds. Erwartungen nicht entsprechen, jmdm. nicht gefallen* ▸ er hat mich sehr enttäuscht; das Buch, die Aufführung hat mich enttäuscht; ich muss Sie leider ~; er hat meine Erwartungen, Hoffnungen enttäuscht *nicht erfüllt;* das Konzert war ~d; →a. *enttäuscht*

ent|täuscht **I** ⟨Part. Perf. von⟩ *enttäuschen* **II** ⟨Adj.⟩ *betrübt, traurig, niedergeschlagen, weil sich Hoffnungen, Erwartungen nicht erfüllt haben* ▸ ich bin bitter, tief ~ von seinem Verhalten; bitte sei nicht ~, aber ich kann nicht kommen; ich war von der Stadt ~ *sie hat mir nicht gefallen (obwohl ich es gehofft, angenommen hatte);* vom Leben ~ sein

Ent|täu|schung ⟨die; -, -en⟩ **1** *das Enttäuschen* **2** *das Enttäuschtsein* ▸ jmdm. eine ~ bereiten *ihn enttäuschen;* eine ~ erleben; eine große ~ verschmerzen müssen; eine bittere, große, tiefe, schwere ~

ent|thro|nen ⟨V. trans.; ent|thront, ent|thron|te, hat ent|thront⟩ jmdn. ~ **1** *jmdm. den Thron entziehen, ihn vom Thron absetzen* **2** ⟨übertr.⟩ *jmdn. aus einer einflussreichen Stellung, einer Machtposition entfernen;* Abl *Entthronung*

ent|völ|kern ⟨V. trans.; ent|völ|kert, ent|völ|ker|te, hat ent|völ|kert⟩ ein Gebiet, Land ~ *die Zahl der Bevölkerung darin verkleinern, verringern* ▸ der Krieg, die Seuche hat große Gebiete des Landes entvölkert; Abl *Entvölkerung*

ent|waff|nen ⟨V. trans.; ent|waff|net, ent|waff|ne|te, hat ent|waff|net⟩ jmdn. ~ **1** *jmdm. die Waffen wegnehmen;* Abl *Entwaffnung* **2** ⟨übertr.⟩ *jmdn. verblüffen, so dass er nichts mehr entgegnen kann* ▸ Gefangene, Truppen ~; einen gestellten Verbrecher ~; eine ~de Antwort geben ⟨übertr.⟩; sie hatte ein ~des Lächeln ⟨übertr.⟩

ent|war|nen ⟨V. intr.; ent|warnt, ent|warn|te, hat ent|warnt⟩ *(nach dem Alarm) die Warnung aufheben*

Ent|war|nung ⟨die; -, -en⟩ **1** *Aufhebung der Warnung, Ende eines Alarms* **2** *Zeichen (Sirenenton) dazu* ▸ ~ geben

ent|wäs|sern ⟨V. trans.; ent|wäs|sert, ent|wäs|ser|te, hat ent|wäs|sert⟩ **1** den Boden, einen Sumpf, eine Wiese ~ *von Wasser befreien, trockenlegen* **2** den Körper ~ *ihm durch Medikamente Wasser entziehen;* Abl *Entwässerung*

ent|we|der ⟨Konj.⟩ **1** ~ … oder … *es gibt zwei Möglichkeiten, von denen nur eine eintritt od. gewählt werden kann* **2** ~, oder! *entscheide!, wähle!* ▸ du kannst ~ den Apfel oder die Birne haben, aber nicht beides; ich werde ~ fliegen oder mit dem Zug fahren; ~ hat er unsere Verabredung vergessen, oder er hat nicht kommen können; ~ alles oder nichts; ~ gleich oder gar nicht; er kommt ~ heute oder morgen mit dem Zug aus Paris; Zus *Entweder-oder*

ent|wei|chen ⟨V. intr.; ent|weicht, ent|wich, ist ent|wi|chen⟩ (aus etwas) ~ *austreten, ausströmen* (Dampf, Gase, Luft)

ent|wei|hen ⟨V. trans.; ent|weiht, ent|weih|te, hat ent|weiht⟩ ein Heiligtum, eine Kirche ~ *entheiligen, schänden, die Heiligkeit, die Weihe davon zerstören, verletzen* ▸ eine heilige Stätte durch unpassendes Benehmen ~; Abl *Entweihung*

ent|wen|den ⟨V. trans.; ent|wen|det, ent|wen|de|te, hat ent|wen|det⟩ (jmdm.) etwas ~ *heimlich, widerrechtlich wegnehmen, stehlen;* Abl *Entwendung*

ent|wer|fen ⟨V. trans.; ent|wirft, ent|warf, hat ent|wor|fen⟩ **1** einen Plan ~ *einen Entwurf machen, etwas in groben Zügen darstellen* **2** einen Vortrag ~ *eine erste Fassung davon niederschreiben*

ent|wer|ten ⟨V. trans.; ent|wer|tet, ent|wer|te|te, hat ent|wer|tet⟩ eine Sache ~ *einer S. den Wert (bes. Geldwert) nehmen, sie für weiteren Gebrauch wertlos machen* ▸ Briefmarken ~ *stempeln;* Fahrschein, Eintrittskarte (durch Einreißen, Lochen, Stempeln) ~; Geld ~; ihre Leistung wurde durch seine Bemerkung entwertet ⟨übertr.⟩; Abl *Entwertung*

ent|wi|ckeln ⟨V.; ent|wi|ckelt, ent|wi|ckel|te, hat ent|wi|ckelt⟩ **I** ⟨V. trans.⟩ **1** Fähigkeiten ~ *ausbilden, heranbilden* **2** etwas ~ *entstehen lassen, hervorbringen* **3** eine Maschine ~ *erfinden, konstruieren* **4** Gedanken, Pläne ~ *detailliert darlegen* **5** etwas aus etwas ~ *daraus herleiten, schließen* **6** ⟨Fot.⟩ einen Film ~ *die Bilder darauf durch Chemikalien sichtbar machen* ▸ diese Fahrzeuge können eine große **Geschwindigkeit** ~; er hat eine neue **Methode** entwickelt; einen **Stil** (in der Malerei usw.) ~; eine lebhafte **Tätigkeit** ~ **II** ⟨V. refl.⟩ sich ~ **1** *wachsen, werden* **2** *entstehen* (Dämpfe, Gase, Rauch) ▸ der **Konflikt** (im Drama) entwickelt sich ▸ sich **früh,** spät, günstig, ungünstig, gut, schlecht, rasch, langsam ~; das Kind hat sich **gut** entwickelt ▸ der Frosch entwickelt sich **aus** der Kaulquappe

Ent|wick|lung ⟨die; -, -en⟩ **I** ⟨unz.⟩ **1** *das Entwi-*

ckeln **2** *das Sichentwickeln;* Zus *Entwicklungsalter, Entwicklungsstörung* ▸ die ~ eines Films; das neue Verfahren ist noch in der ~ begriffen **II** ⟨zählb.⟩ **1** *Veränderung* **2** *Erfindung, Konstruktion* ▸ der Betrieb stellt seine neuesten ~en vor; Zus *Entwicklungsstufe, Entwicklungsprozess*

ent|wick|lungs|fä|hig ⟨Adj.⟩ **1** *fähig, entwickelt zu werden* (Erfindung, Methode, Verfahren) **2** *fähig, sich zu entwickeln, lebensfähig;* Abl *Entwicklungsfähigkeit*

Ent|wick|lungs|hel|fer ⟨der; -s, -⟩ *jmd., der im Rahmen der Entwicklungshilfe Dienst in einem Entwicklungsland tut;* Abl *Entwicklungshelferin*

Ent|wick|lungs|hil|fe ⟨die; -; unz.⟩ *Unterstützung eines technisch u. wirtschaftlich wenig entwickelten Landes durch einen Industriestaat*

Ent|wick|lungs|land ⟨das; -(e)s, -län|der⟩ *technisch u. wirtschaftlich wenig entwickeltes Land*

ent|win|den ⟨V.; ent|win|det, ent|wand, hat ent|wun|den⟩ **I** ⟨V. trans.⟩ jmdm. etwas ~ *gewaltsam wegnehmen, was er in der Hand hält, es ihm aus der Hand drehen (bes. Waffe)* ▸ er entwand ihm das Messer, die Pistole **II** ⟨V. refl.⟩ sich jmdm. od. einer Sache ~ *sich mühsam von jmdm., einer Sache befreien*

ent|wir|ren ⟨V. trans.; ent|wirrt, ent|wirr|te, hat ent|wirrt⟩ Fäden, ein Knäuel ~ *auflösen, auseinanderziehen* ▸ ein Durcheinander, eine Verstrickung ~ ⟨übertr.⟩; Abl *Entwirrung*

ent|wi|schen ⟨V. intr.; ent|wischt, ent|wisch|te, ist ent|wischt⟩ jmdm. ~ *entkommen, entschlüpfen* ▸ der Dieb ist der Polizei entwischt

ent|wöh|nen ⟨V. trans.; ent|wöhnt, ent|wöhn|te, hat ent|wöhnt⟩ jmdn. od. sich einer Sache ~ *jmdm. etwas abgewöhnen* ▸ er muss sich des Rauchens, Trinkens ~; Abl *Entwöhnung*

ent|wür|di|gen ⟨V. trans.; ent|wür|digt, ent|wür|dig|te, hat ent|wür|digt⟩ jmdn. ~ *jmds. Menschenwürde verletzen, jmdn. seiner Würde berauben, ihn demütigen* ▸ ~de Behandlung, ~de Zustände; Abl *Entwürdigung*

Ent|wurf ⟨der; -(e)s, -wür|fe⟩ **1** *flüchtige Zeichnung, Zeichnung in groben Umrissen, Skizze* **2** *flüchtige Niederschrift, Niederschrift in Stichworten, Andeutungen;* Zus *Romanentwurf, Vertragsentwurf* ▸ einen ~ **ablehnen,** annehmen; einen ~ **anfertigen,** machen; jmdm. mehrere Entwürfe (zur Auswahl) **vorlegen** ▸ **erster,** zweiter ~ ▸ der Vertrag, die Zeichnung ist **im** ~ fertig, liegt im ~ vor; der ~ **zu** einem Gemälde

ent|wur|zeln ⟨V. trans.; ent|wur|zelt, ent|wur|zel|te, hat ent|wur|zelt⟩ **1** einen Baum ~ *mit den Wurzeln herausziehen, herausreißen* **2** ⟨übertr.⟩ jmdn. ~ *der heimatlichen Grundlage, der vertrauten Umgebung berauben;* Abl *Entwurzelung*

ent|zer|ren ⟨V. trans.; ent|zerrt, ent|zerr|te, hat ent|zerrt⟩ etwas ~ *von Verzerrungen befreien* ▸ eine fotografische Aufnahme ~; Abl *Entzerrung*

ent|zie|hen ⟨V.; ent|zieht, ent|zog, hat ent|zo|gen⟩ **I** ⟨V. trans.⟩ jmdm. etwas ~ *wegnehmen, nicht mehr zuteilwerden lassen, für künftige Fälle verweigern* ▸ jmdm. **Alkohol,** Zigaretten ~ *ihn am Trinken, Rauchen hindern;* jmdm. die **Erlaubnis** ~, etwas zu tun; jmdm. seine **Gunst,** Unterstützung ~; einem Redner das **Wort** ~ **II** ⟨V. refl.⟩ sich jmdm. od. einer Sache ~ *entfliehen, entkommen, sich von jmdm. od. etwas befreien* ▸ diese Vorgänge ~ sich der **Beobachtung** *können nicht beobachtet werden;* sich den **Blicken** ~ *sich verbergen;* das entzieht sich meiner **Kenntnis** *das weiß ich nicht;* sich der **Verantwortung** ~; sich der **Strafe,** dem Zugriff der Polizei durch die Flucht ~

Ent|zie|hungs|kur ⟨die; -, -en⟩ *Kur zum Abgewöhnen von Suchtmitteln, besonders Alkohol*

ent|zif|fern ⟨V. trans.; ent|zif|fert, ent|zif|fer|te, hat ent|zif|fert⟩ eine Schrift ~ **1** *sie lesen, obwohl sie schlecht geschrieben ist* **2** *sie in die übliche Schrift umsetzen, ihre Bedeutung herausfinden* ▸ eine Geheimschrift ~; die Hieroglyphen, die Keilschrift ~; ich kann die Schrift kaum, nur mit Mühe ~; Abl *Entzifferung*

ent|zü|cken ⟨V. trans.; ent|zückt, ent|zück|te, hat ent|zückt⟩ jmdn. ~ *jmdm. helle Freude machen, ihn begeistern* ▸ der Anblick, das Buch, ihr Gesang entzückt mich; ich bin (ganz) entzückt von der Idee; Abl *Entzückung*

Ent|zü|cken ⟨das; -s; unz.⟩ *Begeisterung, helle Freude* ▸ in ~ geraten; jmdn. in ~ versetzen; zu meinem (größten) ~

ent|zü|ckend **I** ⟨Part. Präs. von⟩ *entzücken* **II** ⟨Adj.⟩ *begeisternd, reizend, wunderschön* ▸ sie ist ~

Ent|zug ⟨der; -(e)s; unz.⟩ **1** *das Entziehen (von etwas)* **2** *Behandlung Alkohol- od. Drogenabhängiger zur schrittweisen Entwöhnung von Suchtmitteln;* Zus *Entzugsklinik; Alkoholentzug, Drogenentzug* ▸ auf ~ sein; ~ der Freiheit, von Vergünstigungen

Ent|zugs|er|schei|nung ⟨die; -, -en; meist Pl.⟩ *Erscheinung infolge der Reaktion des Körpers auf den Entzug eines gewohnten Rauschmittels hin, die sich in heftigem Zittern u./od. großen Schmerzen zeigt* ▸ ~en haben

ent|zün|den ⟨V.; ent|zün|det, ent|zün|de|te, hat ent|zün|det⟩ **I** ⟨V. trans.⟩ etwas ~ **1** ein Feuer, Streichholz, eine Kerze ~ *anzünden, entfachen, anbrennen;* Abl *entzündbar* **2** ⟨übertr.⟩ Begeisterung, Leidenschaft ~ *verursachen, entflammen* **II** ⟨V. refl.⟩ sich ~ **1** *zu brennen beginnen, Feuer fangen* **2** *durch Bakterien, Reiz usw. sich krankhaft röten* (Haut, Wunde)

Ent|zün|dung ⟨die; -, -en⟩ **I** ⟨unz.⟩ *das Entzünden* **II** ⟨zählb.⟩ *krankhafte Stelle im Körper od. an der Haut, die gerötet, geschwollen od. eitrig ist, meist durch Krankheitserreger verursacht;* Zus *Entzündungsherd; entzündungshemmend*

ent|zwei ⟨Adv.⟩ *zerbrochen, zerrissen, kaputt* ▸ der Krug ist ~

ent|zwei|bre|chen ⟨V.⟩ **I** ⟨V. trans.; bricht entzwei, brach ent|zwei, hat ent|zweigebrochen, ent|zweizubrechen⟩ etwas ~ *in Stücke brechen, auseinanderbrechen* ▸ eine Tasse ~ **II** ⟨V. intr.; ist⟩ etwas bricht entzwei *zerbricht in Stücke*

ent|zwei|en ⟨V.; ent|zweit, ent|zwei|te, hat entzweit⟩ **I** ⟨V. trans.⟩ Personen ~ *Zwietracht zw. ihnen säen, Streit zw. ihnen entfachen* ▸ eine Familie ~ *Unfrieden in ihr stiften* **II** ⟨V. refl.⟩ sich ~ *uneins werden, einen Bruch herbeiführen* ▸ die Freunde haben sich entzweit; sie hat sich mit seinem Bruder entzweit; Abl *Entzweiung*

ent|zwei|ge|hen ⟨V. intr.; geht ent|zwei, ging entzwei, ist ent|zwei|ge|gan|gen, ent|zwei|zu|gehen⟩ *in Stücke brechen, reißen, kaputtgehen*

En|zi|an ⟨der; -s, -e; Bot.⟩ *eine Pflanze mit gelben u. blauen Blüten, die im Gebirge vorkommt*

En|zy|k|lo|pä|die ⟨die; -, -n⟩ *Nachschlagewerk über alle Wissensgebiete od. eines Teilgebietes der Wissenschaft od. Kunst in lexikalischer Form* ▸ ~ der Kunst, der Länderkunde; Abl *enzyklopädisch*

En|zym ⟨das; -s, -e; Biochem.⟩ *Eiweißverbindung, die eine spezifische biochemische Reaktion beschleunigt od. überhaupt erst ermöglicht;* Syn *Ferment*

Epen ⟨Pl. von⟩ *Epos*

Epi|de|mie ⟨die; -, -n⟩ *Seuche, ansteckende, plötzlich auftretende Massenerkrankung;* Abl *epidemisch*

Epik ⟨die; -; unz.; Lit.⟩ *Gattung der erzählenden Vers- u. Prosadichtung*

Epi|lep|sie ⟨die; -; unz.; Med.⟩ *zeitweilig auftretende Krämpfe am ganzen Körper mit Bewusstlosigkeit;* Abl *Epileptiker(in); epileptisch*

epi|lie|ren ⟨V. trans.; epi|liert, epi|lier|te, hat epiliert⟩ (sich od. jmdm.) die Beine ~ *die Haare entfernen, enthaaren*

Epi|log ⟨der; -(e)s, -e; bes. Lit.⟩ *Nachwort, Schlusswort (eines Buches);* Ggs *Prolog*

episch ⟨Adj.; Lit.⟩ *in der Art eines Epos, erzählend* ▸ ~e Breite *breit ausmalende Erzählform;* ~e Dichtung *erzählende D.;* ~es Theater *moderne dramatische Form, bei der es weniger um individuelle Schicksale als um gesellschaftliche Beziehungen geht, die z. T. verfremdet dargestellt werden*

Epi|so|de ⟨die; -, -n⟩ **1** *eingeschobene Nebenhandlung im Drama od. Roman* **2** ⟨allg.⟩ *nebensächliches Erlebnis, Zwischenspiel*

Epi|zen|t|rum ⟨das; -s, -zen|t|ren⟩ *senkrecht über dem Erdbebenherd liegender Punkt der Erdoberfläche*

epo|chal ⟨[-xaːl] Adj.⟩ **1** *für eine Epoche geltend* **2** ⟨übertr.; umg.⟩ *aufsehenerregend, bahnbrechend*

Epo|che ⟨[epɔxə] die; -, -n⟩ **1** *(bedeutsamer) Zeitabschnitt* **2** *historischer Wendepunkt*

Epos ⟨das; -, Epen; Lit.⟩ **1** *langes, erzählendes Gedicht in gleichmäßiger Versform* **2** *großangelegte, breit ausgemalte Prosadichtung;* Zus *Heldenepos, Versepos*

er ⟨persönl. Pron. für die 3. Person Maskulinum⟩ ~ kommt; ~ hat dich gesucht; hat ~ gesagt, wohin ~ geht; ~ ist es; da ist ~ ja!; das ist mein Bruder, ~ ist gerade aus Berlin gekommen; ein Er und eine Sie ⟨umg.⟩ *ein Mann u. eine Frau*

er... ⟨Vorsilbe⟩ **1** *etwas bewirken, etwas machen,* z. B. sich erkälten, erfreuen, ermuntern **2** *etwas entstehen lassen, hervorbringen,* z. B. erbauen, erzeugen **3** *etwas durch Mühe od. Anstrengung bekommen,* z. B. erbitten, erhalten, ersingen **4** *ein Ergebnis herbeiführen,* z. B. erkunden, erwarten **5** *zur Bezeichnung einer kurzen Handlung od. des Beginns einer Handlung,* z. B. erschauern, erzittern, erblühen, erröten

er|ach|ten ⟨V. trans.; er|ach|tet, er|ach|te|te, hat er|ach|tet⟩ etwas für od. als etwas ~ *etwas für etwas halten, meinen, dass etwas so od. so ist* ▸ zwei Gegenstände für gleich ~; es für nützlich ~; meines Erachtens ⟨Abk.: m. E.⟩ *nach meiner Meinung, meiner Ansicht*

er|ah|nen ⟨V. trans.; er|ahnt, er|ahn|te, hat er|ahnt⟩ etwas ~ *vorausfühlen, ahnend erwarten, ahnen;* Abl *Erahnung*

er|ar|bei|ten ⟨V. trans.; er|ar|bei|tet, er|ar|bei|te|te, hat er|ar|bei|tet⟩ (sich) etwas ~ *durch Arbeit erreichen, erwerben;* Abl *Erarbeitung*

Erb|an|la|ge ⟨die; -, -n⟩ *vererbbare Anlage, Eigenschaft, Fähigkeit*

er|bar|men ⟨V.; er|barmt, er|barm|te, hat er|barmt⟩ **I** ⟨V. trans.; geh.⟩ jmdn. ~ *Mitleid (u. zugleich Hilfe) hervorrufen* ▸ er erbarmt mich *sein Unglück geht mir zu Herzen, er tut mir leid* **II** ⟨V. refl.⟩ sich jmds. ~ *mit jmdm. Mitleid haben u. ihm zu helfen suchen* ▸ erbarme dich meiner!; Abl *Erbarmung*

Er|bar|men ⟨das; -s; unz.⟩ *Mitleid u. Hilfe zugleich* ▸ er kennt kein ~; mit jmdm. ~ haben; ohne ~; er sieht zum ~ aus; Abl *erbarmenswert*

er|bärm|lich ⟨Adj.⟩ **1** *erbarmenswert, bedauernswert, jämmerlich* **2** *dürftig, ärmlich* **3** *sehr elend od. schlecht* **4** *kleinlich, sehr od. zu klein, sehr od. zu gering* **5** *abscheulich* (Wetter, Tag) **6** *gemein, schurkisch, schändlich* (Gesinnung) **7** *nichtswürdig, schlecht* (Mensch) ▸ eine ~e Behausung, Hütte; er hat sich ~ benommen; sich in einem ~en Zustand befinden; Abl *Erbärmlichkeit*

er|bar|mungs|los ⟨Adj.⟩ **1** *ohne Erbarmen, hart(herzig), grausam* **2** ⟨übertr.⟩ *sehr stark* (Kälte); Abl *Erbarmungslosigkeit*

er|bau|en ⟨V.; er|baut, er|bau|te, hat er|baut⟩ **I** ⟨V. trans.⟩ **1** etwas ~ *bauen, aufbauen, errichten;* Abl *Erbauer(in)* **2** ⟨übertr.⟩ jmdn. ~ *aufmuntern, innerlich stärken* ▸ von etwas (nicht) erbaut sein ⟨umg.⟩ *davon angenehm (unangenehm) berührt sein, sich (nicht) darüber freuen;* ich bin von der Nachricht nicht sehr erbaut **II** ⟨V. refl.; geh.⟩ sich (an etwas) ~ *sich (an etwas) erfreuen* ▸ sich an dem Anblick der Berge ~

Er|bau|er ⟨der; -s, -⟩ *jmd., der etwas erbaut hat od. hat erbauen lassen, Bauherr;* Abl *Erbauerin*

Er|be **I** ⟨der; -n, -n⟩ *jmd., der etwas erbt od. erben wird, eine Erbschaft antritt od. antreten wird* ▸ Müller(s) ~n *(als Firmenbezeichnung);* der einzige, die gesetzlichen ~; die lachenden ~n ⟨umg.; scherzh.⟩; jmdn. als od. zum ~n einsetzen *jmdn. bestimmen, der nach dem eigenen Tode die Hinterlassenschaft übernehmen soll;* Abl *Erbin;* Zus *Erbengemeinschaft* **II** ⟨das; -s; unz.⟩ *Erbschaft, Hinterlassenschaft;* Zus *Erbanspruch, Erb-*

E

berechtigung, Erbrecht, Erbteil ▸ ein ~ antreten, ausschlagen; das klassische ~ pflegen; das kulturelle ~ würdigen

er|be|ben ⟨V. intr.; er|bebt, er|beb|te, ist er|bebt⟩ *kurz beben*

er|ben ⟨V. trans.; erbt, erb|te, hat ge|erbt⟩ etwas ~ *ein Erbe od. etwas als Erbe übernehmen* ▸ jmds. Vermögen ~; Geld, ein Haus von jmdm. ~

er|be|ten I ⟨Part. Perf. von⟩ *erbitten* II ⟨Adj.⟩ *gewünscht, erwünscht* ▸ sachdienliche Hinweise sind ~

er|bet|teln ⟨V. trans.; er|bet|telt, er|bet|tel|te, hat er|bet|telt⟩ etwas (von jmdm.) ~ 1 *durch Betteln erhalten, erreichen od. zu erhalten, zu erreichen suchen* 2 ⟨übertr.⟩ *durch unaufhörliches Bitten (zu) erhalten, erreichen (suchen)*

er|beu|ten ⟨V. trans.; er|beu|tet, er|beu|te|te, hat erbeu|tet⟩ etwas ~ *als Beute erringen;* Abl *Erbeutung*

Erb|fol|ge ⟨die; -; unz.⟩ *Reihenfolge der Erbberechtigung innerhalb der Familienmitglieder;* Abl *Erbfolger(in);* Zus *Erbfolgekrieg, Erbfolgestreit*

er|bie|ten ⟨V. refl.; er|bie|tet sich, er|bot sich, hat sich er|boten; geh.⟩ sich ~ (etwas zu tun) *sich bereiterklären*

er|bit|ten ⟨V. trans.; er|bit|tet, er|bat, hat er|be|ten; geh.⟩ etwas (von jmdm.) ~ *durch Bitten erreichen od. zu erreichen versuchen* ▸ jmds. Hilfe, Rat, Verzeihung ~

er|bit|tern ⟨V. trans.; er|bit|tert, er|bit|ter|te, hat erbit|tert⟩ jmdn. ~ *zur Verbitterung bringen, in Zorn bringen, sehr böse, sehr zornig machen* ▸ diese Ungerechtigkeit erbittert mich; ein erbitterter Kampf *heißer, harter, hartnäckiger K.*

Erb|krank|heit ⟨die; -, -en⟩ *erbliche Krankheit*

er|blas|sen ⟨V. intr.; er|blasst, er|blass|te, ist erblasst⟩ *blass werden, Farbe verlieren* ▸ vor Neid, vor Zorn ~ ⟨übertr.⟩ *heftigen Neid, Zorn empfinden*

Erb|las|ser ⟨der; -s, -⟩ *jmd., der ein Erbe hinterlässt;* Abl *Erblasserin*

Erb|last ⟨die; -, -en⟩ *von Vorgängern od. früheren Generationen verursachter Missstand, der die Nachfolgenden stark belastet* ▸ eine hohe Verschuldung als ~ übernehmen

er|blei|chen ⟨V.⟩ I ⟨V. intr.; er|bleicht, er|bleich|te, ist er|bleicht⟩ *bleich werden, Farbe verlieren* II ⟨V. intr.; er|bleicht, er|blich, ist er|bli|chen; poet.⟩ *sterben*

erb|lich ⟨Adj.⟩ 1 *vererbbar, vererblich* 2 *übertragbar* (Krankheit) ▸ er ist vom Vater, von der Mutter her ~ belastet *er zeigt die gleichen Anlagen wie der V., die M.;* Abl *Erblichkeit*

er|blich → *erbleichen (II)*

er|bli|cken ⟨V. trans.; er|blickt, er|blick|te, hat erblickt; geh.⟩ etwas od. jmdn. ~ 1 *mit den Augen wahrnehmen, entdecken* 2 ⟨übertr.⟩ *erkennen* ▸ das Licht der Welt ~ *geboren werden;* in ihm erblicke ich meinen schärfsten Gegner; darin kann ich keinen Fehler, Schaden, Vorteil ~

er|blin|den ⟨V. intr.; er|blin|det, er|blin|de|te, ist erblin|det⟩ 1 *blind werden, die Sehkraft verlieren;* Abl *Erblindung* 2 ⟨übertr.⟩ *glanzlos, matt, undurchsichtig werden* (von Glas, Spiegeln)

er|blü|hen ⟨V. intr.; er|blüht, er|blüh|te, ist erblüht; geh.⟩ 1 *aufblühen, zur Blüte kommen* (Knospe) 2 ⟨übertr.⟩ *heranwachsen, sich entfalten* ▸ die Knospen sind voll erblüht

Erb|mas|se ⟨die; -, -n⟩ *Gesamtheit der Erbanlagen;* Syn *Erbgut*

er|bo|sen ⟨V.; er|bost, er|bos|te, hat er|bost⟩ I ⟨V. trans.⟩ jmdn. ~ *erzürnen* II ⟨V. refl.⟩ sich (über etwas od. jmdn.) ~ *böse werden, zornig werden*

er|bre|chen ⟨V.; er|bricht, er|brach, hat er|brochen⟩ I ⟨V. intr. u. V. refl.⟩ (sich) ~ *den Mageninhalt durch den Mund entleeren, sich übergeben* ▸ er muss (sich) ~; die Sache habe ich satt bis zum Erbrechen ⟨übertr.; umg.⟩ II ⟨V. trans.⟩ etwas ~ *durch den Mund herausbringen* ▸ das Kind hat das Essen erbrochen

er|brin|gen ⟨V. trans.; er|bringt, er|brach|te, hat erbracht⟩ etwas ~ *bringen, vorlegen, vorweisen* ▸ eine Leistung ~; einen Nachweis ~

Erb|schaft ⟨die; -, -en⟩ *das Erbe, Hinterlassenschaft* ▸ eine ~ antreten, ausschlagen; väterliche ~; Zus *Erbschaft(s)steuer*

Erb|se ⟨die; -, -n; Bot.⟩ *ein Gemüse, kleine grüne runde Kugel, die in Schoten wächst, gehört zu den Hülsenfrüchten;* Zus *Erbsensuppe; erbsengroß*

Erb|stück ⟨das; -(e)s, -e⟩ *ererbter Gegenstand*

Erb|sün|de ⟨die; -; unz.⟩ *nach christlicher Lehre die infolge des Sündenfalls Adams u. Evas jedem Menschen angeborene Sündhaftigkeit*

Erd|an|zie|hung ⟨die; -; unz.⟩ = *Gravitation*

Erd|ap|fel ⟨der; -s, -äp|fel; österr., süddt.⟩ *Kartoffel;* ⓘ S. 1002

Erd|be|ben ⟨das; -s, -⟩ *durch natürliche Vorgänge in der Erdkruste verursachte Erschütterung;* Zus *Erdbebengebiet, Erdbebenherd, Erdbebenopfer*

erd|be|ben|si|cher ⟨Adj.⟩ *gegen die Zerstörung durch Erdbeben gesichert* ▸ ~e Bauten, Gebiete

Erd|bee|re ⟨die; -, -n⟩ *rote, süße, saftige Frucht, die an kleinen strauchigen Pflanzen wächst u. im Frühsommer reif ist;* ⓘ S. 1003; Abl *erdbeerfarben;* Zus *Erdbeerbowle, Erdbeerkuchen, Erdbeermarmelade, Erdbeertorte*

Erd|bo|den ⟨der; -s; unz.⟩ *Erde, Boden* ▸ eine Stadt dem ~ gleichmachen *völlig zerstören*

Er|de ⟨die; -, -n⟩ 1 *unsere Welt, Planet, auf dem die Menschen leben;* Zus *Erdatmosphäre, Erdball, Erdinnere(s), Erdkern, Erdkruste, Erdkugel, Erdnähe, Erdoberfläche, Erdumfang; erdumspannend* 2 *Erdreich, der Boden (als Grundlage des Pflanzenwachstums);* Zus *Erdklumpen; Blumenerde* ▸ Himmel und ~; das Leben auf der ~; unsere Mutter ~ ⟨übertr.; poet.⟩ ▸ die ~ erbebte, erzitterte; die ~ kreist um die Sonne ▸ fette, feuchte, fruchtbare, gute, lockere, magere, schlechte, trockene ~ ▸ auf ~n *im Leben;* er hat den Himmel auf ~n *er ist sehr glücklich, es geht ihm sehr gut;* mit beiden Beinen fest auf der ~ stehen *sich gut im Leben zurechtfinden;* unter der ~ *unter der Erdoberfläche;* jmdn. unter die ~ bringen *zu jmds. Tod beitragen, an jmds. Tod schuld sein;*

zur ~ fallen; zu ebener ~ *in gleicher Höhe mit dem Erdboden*

er|den ‹V. trans.; er|det, er|de|te, hat ge|er|det› ein elektrisches Gerät ~ *durch eine Leitung mit dem Erdboden verbinden* ▸ die Antenne ~; Abl *Erdung*

er|den|ken ‹V. trans.; er|denkt, er|dach|te, hat erdacht› (sich) etwas ~ *sich ausdenken, erfinden*

er|denk|lich ‹Adj.› *soweit man es sich nur ausdenken kann, soweit überhaupt denkbar* ▸ jmdm. alles ~(e) Gute wünschen; sich alle ~e Mühe geben

Erd|gas ‹das; -es; unz.› *Gasgemisch, das unter der Erde vorkommt, überwiegend aus Methan besteht u. zum Heizen u. Kochen verwendet wird*

Erd|ge|schich|te ‹die; -; unz.› = *Geologie;* Abl *erdgeschichtlich*

Erd|ge|schoss ‹das; -es, -e; Abk.: Erdg.› *Stockwerk zu ebener od. wenig über der Erde;* Syn *Parterre* ▸ die Wohnung liegt im ~; wir wohnen im ~; →a. *Geschoss*[2]

er|dich|ten ‹V. trans.; er|dich|tet, er|dich|te|te, hat er|dich|tet› etwas ~ *sich mit Hilfe der Fantasie ausdenken, erfinden;* Abl *Erdichtung*

er|dig ‹Adj.› **1** *voller Erde, Erde enthaltend* **2** *wie Erde* ▸ ~e Hände, Schuhe

Erd|kreis ‹der; -es; unz.› *Erdkugel, Erdball, Erdenrund* ▸ auf dem ganzen ~

Erd|kun|de ‹die; -; unz.› = *Geografie*

Erd|nuss ‹die; -, -nüs|se; Bot.› *kleine ovale Nuss, die in länglichen Schalen reift* ▸ gesalzene Erdnüsse; Zus *Erdnussbutter*

Erd|öl ‹das; -(e)s; unz.› *in der Erde vorkommendes Öl, das zur Herstellung von Benzin, Diesel usw. verwendet wird;* Syn *Rohöl, Steinöl;* Zus *Erdölförderung, Erdölkonzern, Erdölprodukt*

er|dol|chen ‹V. trans.; er|dolcht, er|dolch|te, hat er|dolcht› jmdn. ~ *mit dem Dolch erstechen, töten*

Erd|reich ‹das; -(e)s; unz.› *Erdboden, lockere Erde als Grundlage des Pflanzenwachstums*

er|dreis|ten ‹V. refl.; er|dreis|tet sich, er|dreis|te|te sich, hat sich er|dreis|tet› sich ~, etwas zu tun *so dreist sein, etwas zu tun* ▸ wie konnte er sich ~, mir das ins Gesicht zu sagen?

er|dros|seln ‹V. trans.; er|dros|selt, er|dros|sel|te, hat er|dros|selt› jmdn. ~ *mit den Händen od. einem Strick erwürgen;* Abl *Erdrosselung*

er|drü|cken ‹V. trans.; er|drückt, er|drück|te, hat er|drückt› jmdn. ~ **1** *zu Tode drücken, ersticken* **2** ‹übertr.› *in übergroßem Maße belasten* ▸ durch herabstürzende Erdmassen erdrückt werden; ~de Beweise seiner Schuld *Beweise, die jeden Zweifel ausschließen*

Erd|rutsch ‹der; -(e)s, -e› *Abrutschen größerer Erd- od. Gesteinsmassen an Bergabhängen*

erd|rutsch|ar|tig ‹Adj.; umg.› **1** ‹allg.› *plötzlich u. in großem Ausmaß* **2** ‹Pol.› *die bisherigen (parlamentarischen Mehrheits- bzw. Macht-)Verhältnisse umwerfend* ▸ ein ~er Wahlsieg; die Preise stürzten ~ in den Keller

Erd|stoß ‹der; -es, -stö|ße› *ruckartige Erschütterung der Erde beim Erdbeben*

Erd|teil ‹der; -(e)s, -e› *große Festlandmasse, Kontinent* ▸ die Anzahl der ~e ist umstritten

er|dul|den ‹V. trans.; er|dul|det, er|dul|de|te, hat er|dul|det› etwas od. jmdn. ~ *duldend ertragen;* Abl *Erduldung*

er|ei|fern ‹V. refl.; er|ei|fert sich, er|ei|fer|te sich, hat sich er|ei|fert› sich (über etwas od. jmdn.) ~ *in Eifer geraten, sich (über etwas od. jmdn.) aufregen* ▸ sich über eine Behauptung, eine Bemerkung über jmds. Verhalten ~

er|eig|nen ‹V. refl.; er|eig|net sich, er|eig|ne|te sich, hat sich er|eig|net› sich ~ *geschehen, passieren, stattfinden* ▸ gestern hat sich etwas Merkwürdiges, Schreckliches ereignet; der Unfall ereignete sich auf der Hauptstraße

Er|eig|nis ‹das; -nis|ses, -nis|se› **1** *Geschehnis, Vorkommnis, Begebenheit* **2** ‹übertr.; umg.› *großes, eindrucksvolles Erlebnis* ▸ die Aufführung war wirklich ein ~; ein freudiges ~; frohes, fröhliches, trauriges ~; seit diesem ~ sind viele Monate vergangen; Abl *ereignislos, ereignisreich*

er|ei|len ‹V. trans.; er|eilt, er|eil|te, hat er|eilt; geh.› jmdn. ~ *einholen, erreichen, überraschen* ▸ der Tod hat ihn ereilt

Erek|ti|on ‹die; -, -en› *das Sichaufrichten, Anschwellen (der äußeren Geschlechtsorgane bei geschlechtlicher Erregung)*

Ere|mit ‹der; -en, -en› = *Einsiedler*

er|er|ben ‹V. trans.; er|erbt, er|erb|te, hat er|erbt› etwas ~ *durch Erbe erwerben, erben* ▸ ein ererbtes Vermögen

er|fah|ren[1] ‹V. trans.; er|fährt, er|fuhr, hat er|fahren› **1** eine Neuigkeit ~ *mitgeteilt bekommen, darüber in Kenntnis gesetzt werden* **2** Leid, einen Verlust ~ *erleben, erleben müssen* ▸ ich habe ~, dass er schon hier ist ▸ er hat in seinem Leben viel **Böses** ~; hast du **Einzelheiten,** Näheres von dem Unglück ~?; wann erfahre ich das **Ergebnis?** ▸ ich habe nicht ~ **können,** ob ihn mein Brief erreicht hat ▸ ich habe die Nachricht erst **aus** der Zeitung ~; ich habe es **durch** seinen Brief, durch die Zeitung, durch (einen) Zufall ~; →a. *erfahren*[2]

er|fah|ren[2] **I** ‹Part. Perf. von› *erfahren*[1] **II** ‹Adj.› *reich an Erfahrung, Kenntnissen u. Übung, allseits erprobt, bewährt* ▸ ein ~er Arzt, Fachmann, Lehrer; in der Behandlung schwieriger Kinder ~ sein; Abl *Erfahrenheit;* Zus *lebenserfahren*

Er|fah|rung ‹die; -, -en› **1** *ein Erlebnis, aus dem man lernt* **2** *Kenntnisse, die man durch eigenes Erleben, eigene Anschauung erworben hat* ▸ ~ ist die Mutter der Weisheit *aus dem, was man selbst erlebt, lernt man am meisten* ▸ ~ **haben;** jeder muss selbst seine ~en **machen;** ich habe die ~ gemacht, dass sie am besten abends zu erreichen ist; ~en **sammeln** ▸ für diese Stelle muss man bereits **berufliche** ~ haben; **böse,** bittere, gute, schlechte, schmerzliche ~en machen; zu dieser Arbeit gehört **einige** ~; **große,** langjährige ~ haben ▸ das kenne, weiß ich **aus** (eigener) ~; **durch** ~ wird man klug; etwas **in** ~ bringen *durch Mühe erfahren, auskundschaften*

E

er|fah|rungs|ge|mäß ⟨Adv.⟩ *wie man schon oft erfahren hat, wie man immer wieder erfahren kann* ▸ ~ gibt es bei dieser Arbeit keine großen Schwierigkeiten

Er|fah|rungs|wert ⟨der; -(e)s, -e⟩ *durch Erfahrung, nicht durch Berechnung od. Messung gewonnener Wert*

er|fas|sen ⟨V. trans.; er|fasst, er|fass|te, hat er|fasst⟩ **1** jmdn. ~ *berühren, beeinflussen, überkommen* **2** ⟨übertr.⟩ etwas ~ *verstehen, begreifen* **3** jmdn. od. etwas ~ *in Listen, Verzeichnisse, Statistiken aufnehmen* ▸ er hat (noch nicht) erfasst, worauf es ankommt; Entsetzen, Furcht, Zweifel erfasste ihn; alle noch nicht schulpflichtigen Kinder ~; eine Situation, einen Vorgang instinktiv, rasch, richtig, schnell, sofort ~; Abl *Erfassung*

er|fin|den ⟨V. trans.; er|fin|det, er|fand, hat er|fun|den⟩ etwas ~ **1** *ersinnend schaffen, etwas ganz Neues (besonders in der Technik) schaffen* **2** *sich ausdenken, erdichten, lügen* ▸ Ausreden ~; Edison hat die Glühlampe erfunden; die ganze Geschichte ist frei erfunden; eine erfundene Person (zwecks Täuschung) vorschieben

Er|fin|der ⟨der; -s, -⟩ *Schöpfer von etwas Neuem (bes. in der Technik)* ▸ Gutenberg, der ~ der Buchdruckerkunst; Abl *Erfinderin*

er|fin|de|risch ⟨Adj.⟩ *einfallsreich, schöpferisch denkend* ▸ ein ~er Geist; Not macht ~ ⟨sprichwörtl.⟩

Er|fin|dung ⟨die; -, -en⟩ **1** *das Erfinden, Einfall des schöpfer. Denkens, erfundene Sache;* Zus *Erfindungsgabe, Erfindungsgeist* **2** *Erdichtung, Ausgedachtes, Lüge* ▸ eine ~ machen; das ist meine ~!; das Radio ist eine großartige, praktische ~; es ist reine ~, was er erzählt

er|fle|hen ⟨V. trans.; er|fleht, er|fleh|te, hat er|fleht⟩ etwas ~ *flehentlich erbitten*

Er|folg ⟨der; -(e)s, -e⟩ **1** *positives Ergebnis, positive Wirkung;* Zus *Erfolgsaussicht, Erfolgschance, Erfolgsgeschichte, Erfolgsquote; erfolgsorientiert, erfolgssicher, erfolgsverwöhnt; Publikumserfolg, Wahlerfolg* **2** *erfolgreiche Sache* ▸ einen ~ erzielen; ~ haben *Anklang finden;* keinen ~ mit einer Sache haben; die Sache verspricht (keinen) ~; der ~ wird zeigen, ob es richtig war, so zu handeln ▸ das war ein beispielloser, durchschlagender, geringer, glänzender, großer, nachhaltiger, voller ~; der Versuch hatte (nicht) den gewünschten ~; ~ versprechend = *erfolgversprechend;* viel, wenig ~ haben; das Konzert, Theaterstück wurde ein voller ~ ▸ er od. die Sache hat keine Aussicht auf ~; ~(e) bei Frauen haben; ~ im Beruf, im Leben haben; an einer Prüfung mit ~ teilnehmen; seine Bemühungen blieben ohne ~; seine Mühe wurde von ~ gekrönt

er|fol|gen ⟨V. intr.; er|folgt, er|folg|te, ist er|folgt⟩ *(als Folge auf etwas) geschehen, eintreten, passieren* (Ereignis, Wirkung) ▸ er rief, aber es erfolgte keine Antwort; es ist noch nichts weiter darauf erfolgt

er|folg|los ⟨Adj.⟩ *ohne Erfolg, vergeblich;* Abl *Erfolglosigkeit*

er|folg|reich ⟨Adj.⟩ **1** *mit Erfolg* **2** *von Erfolg gekrönt, Erfolg habend* **3** *wirksam* ▸ ein ~er Manager; eine Prüfung ~ bestehen

Er|folgs|er|leb|nis ⟨das; -nis|ses, -nis|se; Psych.⟩ *Erlebnis des Erfolgs einer eigenen Handlung* ▸ er braucht endlich ein ~, um sein Selbstbewusstsein wiederzugewinnen

Er|folgs|re|zept ⟨das; -(e)s, -e⟩ *sicheres Mittel, das zum Erfolg führt* ▸ dafür gibt es kein ~

er|folg|ver|spre|chend *auch:* **Er|folg ver|spre|chend** ⟨Adj.⟩ *mit vermutlich gutem Erfolg* ▸ das sind ~e Maßnahmen; ein ~es Mittel anwenden

er|for|der|lich ⟨Adj.⟩ *nötig, unerlässlich, unentbehrlich* ▸ das ~e Alter für einen Beruf; ich werde die ~en Schritte unternehmen; es ist dringend, unbedingt ~, dass du kommst

erfordern/fordern

Da sie einander in vielerlei Hinsicht ähneln, können die transitiven Verben *erfordern* und *fordern* leicht verwechselt werden. Ein wesentliches Unterscheidungsmerkmal ist, dass bei *fordern* das Subjekt meistens eine handelnde Person ist. Wenn *jemand etwas fordert* bedeutet das, dass jemand etwas verlangt, etwas haben möchte: *Er forderte sehr viel Geld von ihm. Der Sportler war bis an seine Grenzen gefordert. Was forderst* (= willst) *du eigentlich von mir?*
Dagegen ist das Subjekt von *erfordern* meistens unbelebt, und auch die Bedeutung unterscheidet sich. *Etwas erfordert etwas* heißt, dass etwas etwas anderes verlangt oder notwendig macht: *Diese Aufgabe erfordert viel Geduld. Die Sache erforderte seinen ganzen Mut.*
Mitunter wird *fordern* auch im Sinne von *erfordern,* also mit unbelebtem Subjekt verwendet: *Diese Tätigkeit fordert/erfordert/braucht sehr viel Zeit.*

er|for|dern ⟨V. trans.; er|for|dert, er|for|der|te, hat er|for|dert⟩ etwas ~ *fordern, unbedingt verlangen, bedürfen, nötig haben* ▸ die Sache erfordert viel Arbeit, Geld, Mühe, Zeit; dieser Beruf erfordert eine besondere Begabung

Er|for|der|nis ⟨das; -nis|ses, -nis|se⟩ *Bedingung, Voraussetzung* ▸ den ~sen der Lage entsprechend

er|for|schen ⟨V. trans.; er|forscht, er|forsch|te, hat er|forscht⟩ **1** ein Land, einen Vorgang ~ *wissenschaftlich ergründen* **2** ein Geheimnis ~ *auskundschaften, herauszubekommen suchen* ▸ sein Gewissen ~ *prüfen;* jmds. wirkliche Meinung ~; chemische Vorgänge ~; Abl *Erforschung*

er|fra|gen ⟨V. trans.; er|fragt, er|frag|te, hat er|fragt⟩ etwas ~ *durch Fragen erfahren* ▸ den Weg zum Museum ~; Näheres zu ~ bei … *nähere Auskunft bei …*

er|freu|en ⟨V.; er|freut, er|freu|te, hat er|freut⟩ **I** ⟨V. trans.⟩ jmdn. ~ *jmdm. Freude machen* ▸ jmdn. mit seinem Besuch, mit einem Geschenk ~ **II** ⟨V. refl.⟩ sich an jmdm. od. (an) einer Sache ~ *sich (anhaltend) freuen, etwas genießen* ▸ diese Einrichtung erfreut sich großer Beliebtheit *diese E. ist sehr beliebt;* sich bester Gesundheit ~ *völlig gesund sein*

er|freu|lich ⟨Adj.⟩ **1** *Freude bereitend, angenehm, schön* **2** *günstig* ▸ eine ~e Aussicht; er macht ~e Fortschritte; das ist ja (nicht) sehr ~; Abl *erfreulicherweise*

er|freut **I** ⟨Part. Perf. von⟩ *erfreuen* **II** ⟨Adj.⟩ *voller Freude, froh* ▸ er war über ihren Besuch sehr ~; er machte ein nicht sehr ~es Gesicht

er|frie|ren ⟨V. intr.; er|friert, er|fror, ist er|fro|ren⟩ *durch Frieren, Kälterwerden, zugrunde gehen* (Lebewesen), *absterben* (Glied, Pflanzenteil) ▸ die Blumen sind erfroren; ich bin ganz erfroren *erstarrt vor Kälte;* er hat sich die Hände erfroren; erfrorene Füße haben; Abl *Erfrierung*

er|fri|schen ⟨V. trans.; er|frischt, er|frisch|te, hat er|frischt⟩ jmdn. od. sich ~ *neu beleben, frischmachen* ▸ sich im Bad ~; jmdn. od. sich mit Wasser ~; eine ~de Kühle; ein ~es Lüftchen; Abl *Erfrischung*

er|fül|len ⟨V.; er|füllt, er|füll|te, hat er|füllt⟩ **I** ⟨V. trans.⟩ **1** einen Raum mit etwas ~ *ganz füllen, ausfüllen* (Duft) **2** eine Bedingung, ein Versprechen ~ *(ein)halten, verwirklichen* **3** eine Aufgabe, Pflicht ~ *ausführen, erledigen* **4** ⟨übertr.⟩ jmdn. ~ *ausfüllen, stark beschäftigen, ganz in Anspruch nehmen* ▸ seine Arbeit erfüllt ihn ganz; du hast meinen größten Wunsch erfüllt; es erfüllt mich mit tiefer Befriedigung, dass ...; die Blumen ~ das Zimmer mit ihrem Duft **II** ⟨V. refl.⟩ sich ~ *wahr werden, Wirklichkeit werden* (Prophezeiung, Wunsch) ▸ nicht alle Wünsche ~ sich

Er|fül|lung ⟨die; -, -en⟩ **1** *das Erfüllen, Verwirklichung* **2** *das Erfülltwerden* ▸ in ~ gehen *sich erfüllen;* sein Wunsch ist (nicht) in ~ gegangen

er|gän|zen ⟨V.; er|gänzt, er|gänz|te, hat er|gänzt⟩ **I** ⟨V. trans.⟩ **1** etwas (mit od. durch etwas) ~ *vervollständigen* **2** etwas Fehlendes ~ *hinzufügen* ▸ jmds. Bericht ~; das Fehlende ~; das Lager, Vorräte ~; ich möchte noch ~d hinzufügen ...; Abl *Ergänzung* **II** ⟨V. refl.⟩ sich ~ *sich gegenseitig vervollständigen, ein gut funktionierendes Ganzes ergeben* ▸ die beiden ~ sich/einander gut *jeder hat die Eigenschaften od. Fähigkeiten, die dem andern fehlen*

er|gat|tern ⟨V. trans.; er|gat|tert, er|gat|ter|te, hat er|gat|tert; umg.⟩ etwas ~ *erwischen, erhaschen, sich rasch u. geschickt verschaffen* ▸ ich konnte (gerade) noch eine Theaterkarte ~

er|gau|nern ⟨V. trans.;er|gau|nert, er|gau|ner|te, hat er|gau|nert; meist refl.⟩ (sich) etwas ~ *sich durch Gaunerei, Betrug verschaffen* ▸ sich Geld, einen Vorteil ~

er|ge|ben[1] ⟨V.; er|gibt, er|gab, hat er|ge|ben⟩ **I** ⟨V. trans.⟩ etwas ~ **1** *zum Ergebnis, zur Folge haben* **2** *Erkenntnis bringen, zeigen, beweisen* **3** *abwerfen, Ertrag erbringen* **4** *Lösung erbringen* ▸ 4 mal 3 ergibt 12; die Prüfung, Umfrage hat ergeben, dass ...; die Untersuchung hat nichts ~ **II** ⟨V. refl.⟩ **1** sich ~ *keinen Widerstand (mehr) leisten, kapitulieren, sich unterwerfen* **2** sich ~ *sich als Ergebnis zeigen* **3** sich jmdm. od. einer Sache ~ *sich ihm od. ihr hingeben, widmen, jmdm. od. einer Sache verfallen* **4** sich aus etwas ~ *daraus entstehen, folgen* **5** sich in etwas ~ *sich darin fügen, schicken* ▸ es hat sich eben so ~ *es ist eben so gekommen;* die Soldaten mussten sich ~; er ergab sich der Polizei; sich dem Alkohol ~; daraus ergibt sich, dass die Mannschaft ins Finale kommt; daraus können sich Nachteile, unangenehme Folgen ~; beim Zusammenrechnen ergibt sich eine Summe von 4150 Euro; sich in sein Schicksal ~; →a. *ergeben[2]*

er|ge|ben[2] **I** ⟨Part. Perf. von⟩ *ergeben[1]* **II** ⟨Adj.⟩ **1** *fügsam, widerspruchslos* **2** *untertänig, hingebungsvoll* ▸ jmdm. ~ sein *demütig zugetan sein, (freiwillig) untertan, hörig sein;* sie ist ihm bedingungslos, treu, völlig ~; ~ ließ er den Zornausbruch über sich ergehen; er schwieg ~; Abl *Ergebenheit*

Er|geb|nis ⟨das; -nis|ses, -nis|se⟩ **1** *Erfolg, Resultat* **2** *Ertrag* **3** *Folge* **4** ⟨Math.⟩ *Lösung* ▸ das ~ einer Gleichung, Prüfung, Rechenaufgabe, Untersuchung, eines Versuchs ▸ die Prüfung hat kein ~ gebracht, gehabt; ein ~ finden, herausbekommen, suchen, zeitigen ▸ ein befriedigendes, gutes, schlechtes, zufriedenstellendes, unbefriedigendes ~ ▸ die Untersuchung wurde mit dem ~ abgeschlossen, dass der Versuch wiederholt werden muss; die Suche ist ohne ~ verlaufen; das ~ von 2 mal 2 ist 4; die Verhandlungen führten zu keinem ~ ▸ was für ein ~ hast du herausbekommen?

er|geb|nis|los ⟨Adj.⟩ *ohne Ergebnis, erfolglos* ▸ eine Unterredung ~ abbrechen; der Versuch ist ~ verlaufen; Abl *Ergebnislosigkeit*

er|ge|hen ⟨V.⟩ **I** ⟨V. intr.; er|geht, er|ging, ist ergan|gen; persönl.⟩ an jmdn. ~ *ausgehen* (Gebot), *erlassen werden* (Gesetz) ▸ einen Befehl an jmdn. ~ lassen *erlassen, ausgeben* ▸ es erging an ihn die Aufforderung, das Land zu verlassen; etwas über sich ~ lassen *mit sich geschehen lassen, geduldig ertragen, widerspruchslos hinnehmen;* eine Rede über sich ~ lassen *gelangweilt anhören* **II** ⟨V. intr.; er|geht, er|ging, ist er|gan|gen; unpers.⟩ es ergeht mir gut, schlecht *es geht mir;* es wird dir schlecht ~ wenn ... **III** ⟨V. refl.; ergeht, er|ging, hat er|gan|gen⟩ sich über etwas ~ *über etwas sehr ausführlich, weitschweifig sprechen* ▸ sie erging sich in Lobeshymnen über sein Verhalten *sie lobte sein V. überschwänglich;* sich in Vermutungen ~ *alles Mögliche vermuten*

er|gie|big ⟨Adj.⟩ *fruchtbar, ertragreich, nutzbringend* ▸ das vorhandene Material ist (nicht) sehr ~ für unsere Zwecke *gibt (nicht) viel her;* Abl *Ergiebigkeit*

er|gie|ßen ⟨V. refl.; er|gießt sich, er|goss sich, hat sich er|gos|sen⟩ sich ~ *strömen, heftig fließen* ▸ ein Schwall schmutzigen Wassers ergoss sich auf die Straße; ein Strom von Regenwasser ergoss sich aus der undichten Dachrinne; eine

Flut von Schimpfworten ergoss sich **über** ihn ‹übertr.›

er|go ‹Konj.› *also, folglich, infolgedessen* ▸ er war an dem Abend zu Hause, ~ kann er nicht bei dir gewesen sein

Er|go|no|mik ‹die; -; unz.› *Bereich der Arbeitswissenschaft, der sich mit den Leistungsmöglichkeiten, den Arbeitsbedingungen u. der Arbeitsplatzgestaltung des arbeitenden Menschen befasst u. die Technik seiner Arbeit anzupassen versucht;* Syn *Ergonomie;* Abl *ergonomisch*

er|göt|zen ‹V.; er|götzt, er|götz|te, hat er|götzt; geh.› **I** ‹V. trans.› jmdn. ~ *erheitern, unterhalten, erfreuen* ▸ er ergötzte alle Anwesenden mit seinen Witzen **II** ‹V. refl.› sich an etwas ~ *sich daran erfreuen, es genießen* ▸ sich an einem Anblick, einer Lektüre ~; Abl *Ergötzung*

er|grau|en ‹V. intr.; er|graut, er|grau|te, ist ergraut› *grau werden* ▸ sein Haar ist ergraut

er|grei|fen ‹V. trans.; er|greift, er|griff, hat er|griffen› **1** etwas ~ *nach etwas greifen u. es festhalten, packen* **2** einen Dieb ~ *fest-, gefangen nehmen;* Abl *Ergreifung* **3** ‹übertr.› jmdn. ~ *innerlich bewegen, erschüttern* ▸ Entsetzen, Furcht ergriff mich *packte, überfiel mich* ▸ einen **Beruf** ~ *wählen u. auszuüben beginnen;* die **Flucht** ~ *fliehen;* einen **Gegenstand** ~; die **Gelegenheit** ~, etwas zu tun *die G. wahrnehmen, nützen;* die **Macht** ~ *die Macht übernehmen;* **Maßnahmen,** Mittel ~ *wählen u. anwenden;* das **Wort** ~ *zu sprechen beginnen, eine Rede beginnen* ▸ **für** jmdn. Partei ~ *sich für jmdn. einsetzen, jmds. Meinung unterstützen;* **von** etwas Besitz ~ *etwas in Besitz nehmen, sich aneignen* ▸ von Furcht ergriffen werden *sich plötzlich fürchten, sich zu fürchten beginnen;* ein ~des Buch, Schicksal, Theaterstück →a. *ergriffen*

er|grif|fen **I** ‹Part. Perf. von› *ergreifen* **II** ‹Adj.› *erschüttert, bewegt* ▸ der Musik, einem Vortrag ~ lauschen; ich bin von Ihrer Schilderung tief ~; Abl *Ergriffenheit*

er|grün|den ‹V. trans.; er|grün|det, er|grün|de|te, hat er|grün|det› eine Sache ~ *einer Sache auf den Grund gehen, sie erforschen* ▸ ich muss ~, ob er Verwandte in Amerika hat; ein Geheimnis ~; die Ursachen für etwas ~; Abl *Ergründung*

Er|guss ‹der; -es, -güs|se› **1** *das Sichergießen, Ausströmen;* Zus *Bluterguss, Samenerguss* **2** ‹übertr.› *Redeschwall, wortreiche Aussage*

er|ha|ben ‹Adj.› **1** ‹a. übertr.› *erhöht über die Umgebung, plastisch hervortretend* **2** *feierlich, erhebend, großartig* (Anblick, Augenblick, Gedanke, Schauspiel, Stil) ▸ der ~e Herrscher, Kaiser; ein ~es Muster; über solchen Klatsch bin ich ~ *das berührt mich nicht, dem fühle ich mich überlegen;* er ist über jeden Tadel, jeden Verdacht ~; Abl *Erhabenheit*

Er|halt ‹der; -(e)s; unz.; Amtsdt.› *Empfang* ▸ nach ~ Ihres Schreibens *nachdem ich Ihr Schreiben erhalten habe*

er|hal|ten ‹V.; er|hält, er|hielt, hat er|hal|ten› **I** ‹V. trans.› **1** etwas ~ *bekommen, kriegen* **2** ein Andenken, Bauwerk ~ *bewahren, sein weiteres Bestehen, Fortdauern sichern;* Abl *Erhaltung* ▸ eine **Antwort,** einen Brief, ein Geschenk ~; viel **Beifall** für eine Rede ~; **Besuch** ~; er hat eine **Nachricht** von seiner Schwester ~ ▸ das Denkmal soll der Nachwelt ~ **bleiben** ▸ Betrag **dankend** ~ *(auf Quittungen);* das Klavier ist noch **gut,** ist schlecht ~ *in gutem, schlechtem Zustand* ▸ er hat das Buch **als** Geschenk ~; jmdn. **am** Leben ~; Schokolade erhält man **aus** Kakaobohnen *S. gewinnt man aus K.* **II** ‹V. refl.› sich ~ *fortdauern, bestehen bleiben, lebendig bleiben* ▸ dieser alte Brauch hat sich bis zum heutigen Tag ~

er|hält|lich ‹Adj.› *so beschaffen, dass man es (noch) erhalten kann, käuflich, lieferbar* ▸ dieses Buch ist leider nicht mehr ~ *gibt es nicht mehr*

er|hän|gen ‹V.; er|hängt, er|häng|te, hat er|hängt› **I** ‹V. trans.› jmdn. ~ *durch Aufhängen, Henken, durch den Strang töten* **II** ‹V. refl.› sich ~ *durch Sichaufhängen Selbstmord verüben*

er|här|ten ‹V. trans.; er|här|tet, er|här|te|te, hat er|här|tet› etwas ~ **1** *hart machen* **2** ‹übertr.› *bekräftigen, bestätigen* ▸ eine Behauptung, eine These durch Beweise ~; Abl *Erhärtung*

er|ha|schen ‹V. trans.; er|hascht, er|hasch|te, hat er|hascht› etwas od. jmdn. ~ *durch rasches Zugreifen fangen, fassen, einfangen, auffangen* ▸ Libellen ~ ihre Beute im Fluge; einen Blick, ein Wort von jmdm. ~ ‹übertr.›

er|he|ben ‹V.; er|hebt, er|hob, hat er|ho|ben› **I** ‹V. trans.› **1** ein Glas ~ *emporheben* **2** jmdn. ~ *loben, rühmen* **3** Anspruch, Beschwerde ~ *geltend machen* **4** jmdn. ~ *in feierliche Stimmung versetzen* **5** Gebühren, Steuern, Zoll ~ *verlangen, zahlen lassen* **6** Geschrei, Klage ~ *beginnen, anstimmen* ▸ **Anklage** (gegen jmdn.) ~; ein **Geheul,** Wehklagen ~; sein **Glas** ~ (um auf jmds. Wohl zu trinken); lauten **Protest** (gegen etwas) ~; die **Stimme** ~ *zu reden beginnen; mit lauter Stimme weitersprechen* ▸ seine Stimme **laut** ~; den Kopf **stolz** ~ ▸ Anspruch **auf** etwas ~; jmdn. **in** den Adelsstand ~; Einspruch **gegen** etwas ~; die Hand gegen jmdn. ~ *ihn schlagen (wollen);* die Stimme gegen etwas ~ *sich gegen etwas wenden, dagegensprechen;* jmdn. **zum** Anführer, Kaiser, König ~ ▸ erhobenen Hauptes, ‹od.› mit erhobenem Haupte schritt er einher; mit erhobener Stimme fuhr er mit seinem Bericht fort **II** ‹V. refl.› sich ~ **1** *eine Erhöhung bilden, über etwas hinausragen* **2** *aufstehen, sich aufrichten* **3** *aufkommen, entstehen* ▸ es erhob sich ein lebhafter **Disput;** in der Mitte des Gartens erhebt sich ein kleiner **Hügel** ▸ er erhob sich **ehrerbietig** ▸ sich **gegen** jmdn. od. etwas ~ *sich empören, auflehnen;* viele Stimmen erhoben sich dagegen *wurden laut;* sich **in** die Luft ~ *vom Boden abheben, in die Luft steigen* (Flugzeug, Vogel); sich **über** andere ~ *sich mehr anmaßen, als einem zukommt;* das Gebirge erhebt sich bis zu 2000 m über dem Meeresspiegel; sich **vom** Stuhl ~ *aufstehen*

er|he|bend I ⟨Part. Präs. von⟩ *erheben* II ⟨Adj.⟩ *großartig-feierlich, ergreifend, bewegend* ▸ das war ein ~er Augenblick; es war ein ~es Gefühl, ihn auf der Bühne zu sehen

er|heb|lich ⟨Adj.⟩ 1 *wichtig, bedeutsam* 2 *groß, beträchtlich* 3 *zahlreich* 4 *viel* ▸ die Sache hat für uns ~e Nachteile, Vorteile; es ist ein ~er Schaden entstanden; ein ~er Teil davon ist ihr Verdienst; die Verluste sind (nicht) ~ ▸ er ist ~ größer als sie ▸ die Sache ist von ~er Bedeutung, Wichtigkeit *sehr bedeutsam, sehr wichtig;* ein Bau von ~em Umfang, von ~er Breite

Er|he|bung ⟨die; -, -en⟩ I ⟨unz.⟩ 1 *das Erheben* 2 *das Erhobenwerden* II ⟨zählb.⟩ 1 *Forderung (von Gebühren);* Zus *Steuererhebung* 2 *Ermittlung, Untersuchung, Erkundigung, Feststellung, Rundfrage* 3 *das Sicherheben (über), Höhe, Berg, Hügel;* Zus *Bodenerhebung* ▸ medizinische, polizeiliche, statistische ~en; ~en machen *Erkundigungen einziehen, Ermittlungen, Umfragen anstellen;* ~ über dem Meeresspiegel

er|hei|tern ⟨V.;er|hei|tert, er|hei|ter|te, hat er|heitert⟩ I ⟨V. trans.⟩ jmdn. ~ *heiter stimmen, zum Lachen bringen* ▸ dieser Vorfall hat mich sehr erheitert; ein ~des Buch, Erlebnis II ⟨V. refl.⟩ sich (über etwas) ~ *heiter werden, sich (über etwas) amüsieren;* Abl *Erheiterung*

er|hel|len ⟨V.; er|hellt, er|hell|te, hat er|hellt⟩ I ⟨V. trans.⟩ etwas ~ 1 *hell machen, beleuchten* 2 ⟨übertr.⟩ *verdeutlichen* ▸ seine Ausführungen erhellten die komplexen Zusammenhänge ⟨übertr.⟩; die Kerzen ~ den Raum nur noch schwach II ⟨V. refl.⟩ sich ~ *hell werden* ▸ ein Fenster erhellte sich; sein Gesicht erhellte sich wieder ⟨übertr.⟩

er|hit|zen ⟨V.; er|hitzt, er|hitz|te, hat er|hitzt⟩ I ⟨V. trans.⟩ 1 Flüssigkeit, Metall ~ *heiß machen* 2 ⟨übertr.⟩ jmdn. ~ *in Aufregung, in Zorn bringen* ▸ der Prozess, Streit hat die Gemüter erhitzt; Wasser auf 100 °C ~; du siehst ganz erhitzt aus; Abl *Erhitzung* II ⟨V. refl.⟩ sich ~ 1 *in Hitze geraten* 2 ⟨übertr.⟩ *in Aufregung, Eifer, Zorn geraten* ▸ sich wegen jeder Kleinigkeit ~

er|hof|fen ⟨V. trans.; er|hofft, er|hoff|te, hat erhofft⟩ (sich) etwas (von jmdm. od. etwas) ~ *hoffen auf, hoffend erwarten* ▸ er hat nichts mehr (von mir) zu ~; was erhoffst du dir davon?; die erhoffte Wirkung des Medikaments blieb aus

er|hö|hen ⟨V. trans.; er|höht, er|höh|te, hat erhöht⟩ 1 einen Damm, eine Mauer ~ *höher machen* 2 jmds. Freude, Schuld, die Geschwindigkeit, Wirkung ~ *verstärken, vergrößern, steigern* 3 das Gehalt, den Gewinn, Preise, Steuern ~ *umfangreicher machen, heraufsetzen* ▸ jmds. Ansehen ~; das Niveau der Straße ~ ▸ die Zahl der Todesopfer hat sich auf 57 erhöht; die Steuern wurden um 3 % erhöht ▸ erhöhte Temperatur *leichtes Fieber*

er|ho|len ⟨V. refl.; er|holt sich, er|hol|te sich, hat sich er|holt⟩ sich ~ 1 *sich ausruhen (nach großer Anstrengung), ausspannen* 2 *wieder zu Kräften kommen (nach einer Krankheit)* 3 *Erschöpfung, Schrecken überwinden, sich wieder beruhigen* 4 *Verluste ausgleichen, besser werden* (Geschäftsgang, Börsenkurse) ▸ er muss sich im Urlaub gründlich, ⟨umg.⟩ richtig ~; wir haben uns am Meer sehr gut erholt ▸ er hat sich nach seiner Krankheit bald wieder erholt; er ist ins Gebirge gefahren, um sich zu ~; sich von einer Anstrengung, einer Krankheit, einem Schrecken ~ ▸ er sieht sehr, nicht sehr, wenig erholt aus

er|hol|sam ⟨Adj.⟩ *der Erholung dienend, für die Erholung gut* ▸ der Urlaub war sehr ~; Abl *Erholsamkeit*

Er|ho|lung ⟨die; -; unz.⟩ *das Sicherholen, Entspannung, Kräftigung, Gesundung* ▸ er braucht ~; er hat ~ dringend nötig; im Gebirge, am Meer ~ suchen; zur ~ an die See fahren; Zus *Erholungsgebiet, Erholungsreise, Erholungsurlaub*

er|hö|ren ⟨V. trans.; er|hört, er|hör|te, hat er|hört; geh.⟩ jmdn. ~ *jmds. Bitte, Gebet erfüllen* ▸ Gott hat mein Flehen erhört; Abl *Erhörung*

Eri|ka ⟨die; -, Eri|ken; Bot.⟩ *(meist violett blühende) Pflanze, die in der Heide wächst;* Syn *Glockenheide*

er|in|nern ⟨V.; er|in|nert, er|in|ner|te, hat er|in|nert⟩ I ⟨V. trans.⟩ jmdn. an etwas ~ 1 *jmdm. etwas ins Gedächtnis zurückrufen* 2 *jmdn. mahnen, etwas zu tun* ▸ ich erinnere dieses Buch sehr gut ⟨regional⟩ *ich erinnere mich sehr gut an dieses Buch* ▸ ich vergesse so viel, ich muss mich an alles ~ lassen; ich muss ihn immer an seine Termine ~; er erinnert mich an meinen verstorbenen Bruder *er sieht ihm etwas ähnlich;* jmdn. an ein Versprechen ~; in diesem Haus erinnert vieles noch an frühere Zeiten; ~ Sie mich bitte daran, damit ich es nicht vergesse II ⟨V. refl.⟩ sich (an jmdn. od. etwas) ~ *etwas noch wissen, etwas od. jmdn. noch kennen, noch im Gedächtnis haben* ▸ ja, ich erinnere mich *jetzt fällt es mir wieder ein;* ich kann mich nicht ~, ihn je gesehen zu haben; ich kann mich noch ~, dass wir hier gewohnt haben ▸ ich kann mich dessen noch deutlich, genau, gut ~; schwach; wenn ich mich recht erinnere *wenn mich mein Gedächtnis nicht täuscht* ▸ an meinen Großvater kann ich mich nicht mehr ~; daran kann ich mich noch ~

Er|in|ne|rung ⟨die; -, -en⟩ 1 *das Erinnern, Mahnung* 2 *das Wissen von Vergangenem, Gelerntem, Erlebtem durch das Gedächtnis* 3 *Gedenken* 4 *Andenken, Bild, das man im Gedächtnis trägt* ▸ alte ~en auffrischen, ausgraben, austauschen; meine ~en reichen bis in mein zweites Lebensjahr zurück; wenn mich meine ~ nicht trügt, war es so; hier verlässt mich die ~ *von diesem Punkt an kann ich mich an nichts mehr erinnern* ▸ eine bleibende, liebe, schöne ~; ich habe eine deutliche, dunkle, schwache, gar keine ~ daran ▸ sein Besuch bei uns ist meine letzte ~ an ihn; das Foto ist eine schöne ~ an die Reise; daran habe ich keine ~ mehr; in der ~ sieht manches ganz anders aus, als es wirklich war; jmdm. sein Versprechen wieder in ~ bringen, rufen *jmdn. wieder an sein V. erinnern;* diesen Tag habe ich in angenehmer, unangenehmer ~; meiner ~ nach war es so, dass …; im Alter von seinen ~en leben

Er|in|ne|rungs|ver|mö|gen ⟨das; -s; unz.⟩ *Fähigkeit, sich zu erinnern, Gedächtnis* ▸ ein ausgezeichnetes, gutes, schlechtes ~ haben

er|kal|ten ⟨V. intr.; er|kal|tet, er|kal|te|te, ist er|kal|tet⟩ **1** *kalt werden* **2** ⟨übertr.⟩ *erlöschen, vergehen, aufhören* ▸ einen Pudding ~ lassen; seine Liebe für sie war längst erkaltet ⟨übertr.⟩

E

er|käl|ten ⟨V. refl.; er|käl|tet sich, er|käl|te|te sich, hat sich er|käl|tet⟩ sich ~ *eine Erkältung bekommen* ▸ ich habe mich beim Schwimmen erkältet; ich bin leicht, sehr, stark erkältet; wo hast du dich denn so erkältet?

Er|käl|tung ⟨die; -, -en⟩ *Entzündung der Nasenschleimhaut u. der oberen Luftwege, meist mit Absonderung von schleimigem Ausfluss, Schnupfen* ▸ sich eine ~ zuziehen; eine leichte, starke ~ haben

er|kämp|fen ⟨V. trans.; er|kämpft, er|kämpf|te, hat er|kämpft⟩ (sich) etwas ~ **1** *durch Kampf, Einsatz erringen* **2** ⟨übertr.⟩ *durch Anstrengung, energisches Vorgehen erreichen* ▸ (sich) den ersten Platz ~; (sich) den Sieg in einer Prüfung ~

er|kau|fen ⟨V. trans.; er|kauft, er|kauf|te, hat erkauft⟩ (sich) etwas ~ **1** *durch Kauf, durch Bestechung erwerben* **2** ⟨übertr.⟩ *durch Mühe, Opfer erwerben, erringen* ▸ sich ein Amt ~; sich jmds. Schweigen, Verschwiegenheit ~ ▸ ich habe diese Erfahrung teuer ~ müssen

er|kenn|bar ⟨Adj.⟩ *so beschaffen, dass man es erkennen kann*

er|ken|nen ⟨V. trans.; er|kennt, er|kann|te, hat erkannt⟩ jmdn. od. etwas ~ **1** *wahrnehmen, sehen, von anderen unterscheiden* **2** *merken, wer od. was es ist;* Zus *Erkennungszeichen* **3** *merken, wie etwas od. jmd. ist* ▸ erkennst du mich nicht (mehr)?; ich habe sie nicht gleich erkannt (und deshalb nicht gegrüßt); er erkannte, dass man ihn betrogen hatte; kannst du erkennen, ob er etwas in der Hand hat? ▸ seinen Fehler, seinen Irrtum ~; es ist zu dunkel, ich kann die Schrift nicht mehr ~ ▸ etwas zu ~ geben *merken lassen, fühlen lassen;* sich zu ~ geben *sagen, wer man ist;* er hat seine Missbilligung, seinen Unwillen laut zu ~ gegeben; du musst deine Absichten deutlicher zu ~ geben; etwas ~ lassen *zeigen, durchblicken lassen, sich anmerken lassen;* sein Verhalten lässt doch deutlich ~, dass er es nicht ernst meint ▸ etwas als falsch, richtig ~; ich erkannte ihn am Gang, an der Sprache, Stimme; etwas gerade noch, gleich, rechtzeitig, sofort, zu spät ~; ich kann von hier aus nicht ~, was es ist; ich habe ihn schon von weitem erkannt

er|kennt|lich ⟨Adj.⟩ *zu Gegenleistungen bereit, dankbar* ▸ ⟨fast nur in der Wendung⟩ sich ~ zeigen; sich für jmds. Hilfe ~ zeigen; Abl *Erkenntlichkeit*

Er|kennt|nis ⟨die; -, -nis|se⟩ **1** *Erkennen, Einsicht, die durch Erlebtes, Erfahrenes entstanden ist* **2** *das, was man erkannt hat, Ergebnis des Erkennens, Wissen um die Wahrheit* ▸ ~se gewinnen; zur ~ kommen *zur Einsicht, zur Vernunft kommen;* ich bin zu der ~ gekommen, dass es falsch war, sie allein fahren zu lassen

Er|ker ⟨der; -s, -⟩ *vorspringender Bauteil mit Fenstern an Gebäuden*

er|klä|ren ⟨V.; er|klärt, er|klär|te, hat er|klärt⟩ **I** ⟨V. trans.⟩ etwas ~ **1** *klarmachen, erläutern* **2** *aussprechen, als Entschluss äußern* ▸ „Ich werde jetzt gehen", erklärte er; jmdm. etwas ~ ▸ seinen Austritt (aus einer Partei) ~; einen Begriff, Vorgang ~; einem Staat den Krieg ~; seine Unabhängigkeit ~ (Staat) ▸ das brauche ich wohl nicht erst zu ~; ich kann es mir nicht ~ *ich verstehe es nicht;* sich etwas ~ lassen; das lässt sich schwer ~ ▸ sich bankrott ~; etwas deutlicher, näher ~; sich (mit einem Plan, Vorschlag) einverstanden ~ ▸ ich will es an einem Beispiel ~; sich für besiegt ~; einen Vermissten für tot ~ lassen; einen Vertrag für ungültig ~ ▸ einige ~de Worte hinzufügen; ein erklärter Gegner der Todesstrafe sein *es offen aussprechen* **II** ⟨V. refl.⟩ sich aus etwas ~ (von Sachen, Vorgängen) *die Folge von etwas sein, durch etwas bedingt sein* ▸ das erklärt sich aus der Tatsache, dass einige Mitarbeiter erkrankt sind

er|klär|lich ⟨Adj.⟩ *so beschaffen, dass man es erklären kann* ▸ das ist doch ganz leicht ~; es ist nicht ~, wie das Unglück geschehen konnte

er|klär|ter|ma|ßen ⟨Adv.⟩ *wie bereits deutlich zum Ausdruck gebracht, ausdrücklich* ▸ er hat ~ darauf verzichtet

Er|klä|rung ⟨die; -, -en⟩ **1** *das Erklären* **2** *das Erklärtwerden, Erläuterung, Auslegung* **3** *die erklärenden Worte* **4** *bindende Aussage;* Zus *Beitrittserklärung, Rücktrittserklärung* ▸ eine ~ der Regierung ▸ eine ~ abgeben; ich möchte eine ~ machen ▸ eine eidesstattliche ~ ▸ das genügt nicht als ~; eine ~ an Eides statt; er findet, hat für alles eine ~; von jmdm. eine ~ für sein Verhalten fordern

er|kleck|lich ⟨Adj.⟩ *beachtlich, beträchtlich, erheblich, ziemlich groß* ▸ eine ~e Anzahl

er|klim|men ⟨V. trans.; er|klimmt, er|klimm|te, hat er|klom|men/er|klimmt⟩ etwas ~ **1** *erklettern* **2** ⟨übertr.⟩ *durch Fleiß, Mühe od. Zähigkeit hinaufsteigen* ▸ die höchste Stufe des Erfolgs ~

er|klin|gen ⟨V. intr.; er|klingt, er|klang, ist er|klungen⟩ *zu klingen beginnen* ▸ die Gläser ~ lassen *durch leichtes Anstoßen zum Klingen bringen, anstoßen;* ein Lied ~ lassen *singen*

er|kran|ken ⟨V. intr.; er|krankt, er|krank|te, ist erkrankt⟩ (an etwas) ~ *krank werden* ▸ er ist an Grippe erkrankt

Er|kran|kung ⟨die; -, -en⟩ **1** *das Erkranken* **2** *das Erkranktsein, Krankheit;* Zus *Erkrankungsfall* ▸ die Sängerin musste wegen ~ absagen

er|kun|den ⟨V. trans.; er|kun|det, er|kun|de|te, hat er|kun|det⟩ etwas ~ **1** *festzustellen suchen, auskundschaften* **2** *erfragen* ▸ ein Gelände ~; die Stellungen des Feindes ~; kannst du ~, ob …

er|kun|di|gen ⟨V. refl.; er|kun|digt sich, er|kun|digte sich, hat sich er|kun|digt⟩ sich (nach etwas od. jmdm.) ~ *(nach etwas od. jmdm.) fragen, Auskünfte einholen* ▸ ich möchte mich ~, ob das bestellte Buch schon da ist; hast du dich nach dem Weg erkundigt?; ich werde mich bei der Information nach dem nächsten Zug ~

Er|kun|di|gung ⟨die; -, -en; meist Pl.⟩ **1** *Nachfrage, Einholen einer Auskunft* **2** *Nachforschung* ▸ ~en einziehen

Er|kun|dung ⟨die; -, -en⟩ *das Erkunden* ▸ jmdn. auf ~ ausschicken; Zus *Erkundungsflug, Erkundungsgang*

Er|lag|schein ⟨der; -(e)s, -e; österr.⟩ *Zahlschein*

er|lah|men ⟨V. intr.; er|lahmt, er|lahm|te, ist er|lahmt⟩ **1** *müde werden* (Person, Tier) **2** *nachlassen* (Eifer, Kraft, Interesse)

er|lan|gen ⟨V. trans.; er|langt, er|lang|te, hat er|langt⟩ etwas ~ *bekommen, erreichen, gewinnen* ▸ die Fähigkeit ~, etwas zu tun; die Gewissheit ~, dass das Paket angekommen ist; Abl *Erlangung*

Er|lass ⟨der; -es, -läs|se⟩ **1** *behördliche Verordnung od. Bekanntmachung;* Zus *Regierungserlass* **2** *das Erlassen, Aufhebung;* Zus *Schulderlass, Straferlass* ▸ königlicher, päpstlicher ~

er|las|sen ⟨V. trans.; er|lässt, er|ließ, hat er|las|sen⟩ **1** ein Gesetz, eine Verfügung ~ *verkünden, veröffentlichen, verordnen, anordnen, in Kraft treten lassen* **2** jmdm. etwas ~ *jmdn. von etwas befreien* (von Arbeit, Schuld, Strafe) ▸ dem Verurteilten wurde die Strafe ~

er|lau|ben ⟨V.; er|laubt, er|laub|te, hat er|laubt⟩ **I** ⟨V. trans.⟩ (jmdm.) etwas ~ *gestatten, zugestehen, einer Sache zustimmen* ▸ ~ Sie …? *darf ich? (Höflichkeitsformel);* nein, das erlaube ich nicht!; ich habe ihm erlaubt, mitzugehen; erlaubst du, dass er mitkommt?; ist es erlaubt, hier zu rauchen? ▸ der Arzt hat dem Kranken das Aufstehen erlaubt; Eintritt, Durchgang nicht erlaubt *(auf Türschildern);* seine finanziellen Verhältnisse ~ ihm ein behagliches Leben ▸ sie ~ ihren Kindern viel ▸ erlaubte Mittel anwenden **II** ⟨V. refl.⟩ sich etwas ~ **1** *sich die Freiheit nehmen, etwas zu tun (besonders als Höflichkeitsformel)* **2** *in der Lage sein, finanzielle Ausgaben (für etwas) zu tätigen* ▸ ich habe mir erlaubt, mir inzwischen Ihre Bilder anzusehen ▸ wenn ich mir die Bemerkung ~ darf …; er erlaubt sich manche Freiheiten *er tut manches, was andere sich nicht getrauen;* ▸ in seiner Stellung kann er es sich ~, eigenmächtig zu handeln; wir können uns kein neues Auto ~ ▸ was ~ Sie sich eigentlich? *was fällt Ihnen ein?*

Er|laub|nis ⟨die; -, -nis|se⟩ **1** *Einwilligung, Zustimmung, Billigung* **2** *schriftliche Genehmigung zu etwas, Dokument;* Zus *Aufenthaltserlaubnis, Arbeitserlaubnis, Druckerlaubnis, Einreiseerlaubnis* ▸ jmdm. die ~ geben, etwas zu tun *jmdm. etwas erlauben;* mit Ihrer ~ möchte ich jetzt gehen *wenn Sie erlauben (Höflichkeitsformel);* ich habe es mit seiner ~ getan; (jmdn.) um ~ bitten

er|laucht ⟨Adj.; veraltet; noch iron.⟩ *erhaben, hoch(stehend), gnädig* ▸ der ~e Kaiser; es war eine ~e Versammlung großer Geister ⟨iron.⟩

er|läu|tern ⟨V. trans.; er|läu|tert, er|läu|ter|te, hat er|läu|tert⟩ (jmdm.) etwas ~ *erklären, darlegen, begreiflich machen* ▸ können Sie Ihre Pläne noch genauer ~?; Abl *Erläuterung*

Er|le ⟨die; -, -n; Bot.⟩ *ein Laubbaum mit holzigen Zapfen*

er|le|ben ⟨V. trans.; er|lebt, er|leb|te, hat er|lebt⟩ etwas ~ **1** *denkend u. fühlend dabei sein* **2** *erfahren, kennenlernen* **3** *zu einer bestimmten Zeit, in der ein Ereignis eintritt, leben* ▸ das werde ich nicht mehr ~ *wenn das geschieht, werde ich schon tot sein;* wir werden es ja ~ *wir werden schon sehen, bis dahin müssen wir eben abwarten;* du wirst es noch ~ ▸ eine Enttäuschung, Überraschung ~; er hat seinen 70. Geburtstag noch erlebt; ich habe etwas sehr Schönes, etwas Schreckliches erlebt ▸ er durfte es noch ~, dass sein Buch erschien; wenn du das tust, dann kannst du was ~! ⟨umg.⟩ *dann geht es dir schlecht, dann droht dir eine Strafe;* ich möchte es noch ~, dass er mich besucht

Er|leb|nis ⟨das; -nis|ses, -nis|se⟩ **1** *Ereignis, das man erlebt, Vorfall, den man miterlebt hat* **2** *eindrucksvolles, aufregendes Ereignis* ▸ die Aufführung war ein ~; ein ~ haben; das war ein heiteres, lustiges, schönes, schweres, trauriges, unangenehmes ~; Abl *erlebnisreich*

er|le|di|gen ⟨V. trans.; er|le|digt, er|le|dig|te, hat er|le|digt⟩ **1** einen Auftrag, ein Geschäft ~ *ausführen, besorgen* **2** eine Angelegenheit ~ *fertig machen, zu Ende bringen* **3** jmdn. ~ **3.1** *aus dem Weg schaffen, umbringen, töten* **3.2** *zugrunde richten* ▸ Besorgungen, Bestellungen, Botengänge, Einkäufe ~; die tägliche Post ~ ▸ etwas gewissenhaft, pünktlich, sorgfältig ~ ▸ kannst du das für mich ~?; etwas gleich, nachher, sofort, später ~; die Angelegenheit hat sich von selbst erledigt *hat sich erübrigt, man braucht nichts mehr dafür zu tun* ▸ wird erledigt! *wird abgeschlossen;* die Sache ist erledigt *ist besorgt, geschehen;* ich bin erledigt *zum Umfallen müde, erschöpft;* er ist erledigt *er ist (geschäftlich, gesellschaftlich, gesundheitlich od. seelisch) zugrunde gerichtet;* Abl *Erledigung*

er|le|gen ⟨V. trans.; er|legt, er|leg|te, hat er|legt⟩ Wild ~ *töten, zur Strecke bringen;* Abl *Erlegung*

er|leich|tern ⟨V.; er|leich|tert, er|leich|ter|te, hat er|leich|tert⟩ **I** ⟨V. trans.⟩ **1** etwas ~ *von einer Last befreien, eine Last davon abnehmen, das Gewicht von etwas verringern* **2** (jmdm.) etwas ~ *leichter, einfacher, angenehmer machen* **3** jmdn. ~ *jmdn. von Angst, einer Last, Sorge befreien* **4** ⟨umg.⟩ jmdn. um sein Geld ~ *jmdn. bestehlen* ▸ sein Gewissen ~ *beichten;*sein Herz ~ *sich aussprechen;* jmds. Lage, Los ~ *ihm helfen, ihm Sorgen abnehmen, ihn (bes. finanziell) unterstützen* **II** ⟨V. refl.; übertr.⟩ sich ~ **1** *sich seinen Kummer, seine Sorgen von der Seele reden* **2** ⟨umg.; scherzh.⟩ *Darm u. /od. Harnblase entleeren*

er|leich|tert **I** ⟨Part. Perf. von⟩ *erleichtern* **II** ⟨Adj.⟩

von Angst, einer Last, Sorge befreit ▸ ~ aufatmen; „Das wäre erledigt“, sagte er ~

Er|leich|te|rung ‹die; -, -en› **1** *das Erleichtern* **2** *das Erleichtertsein* ▸ jmdm. eine ~ od. ~en verschaffen

er|lei|den ‹V. trans.; er|lei|det, er|litt, hat er|lit|ten› etwas ~ *Böses, Schweres erleben, durch Leiden erfahren, ertragen, erdulden, aushalten* ▸ eine Niederlage ~ *zugefügt bekommen;* einen Rückfall (nach einer Krankheit) ~; er hat das gleiche Schicksal erlitten wie all die andern; Schiffbruch ~ ‹übertr.› *keinen Erfolg haben mit etwas, scheitern*

E

er|ler|nen ‹V. trans.; er|lernt, er|lern|te, hat erlernt› etwas ~ *sich durch Lernen aneignen* ▸ ein Handwerk, eine Sprache, eine Kunst ~; Abl *erlernbar*

er|le|sen ‹Adj.› *ausgesucht, gewählt, sehr fein, von hervorragender Qualität* ▸ ~es Essen; ein ~es Publikum einladen; das ist etwas wirklich Erlesenes; Abl *Erlesenheit*

er|leuch|ten ‹V. trans.; er|leuch|tet, er|leuch|te|te, hat er|leuch|tet› **1** etwas ~ *mit Licht hell machen* **2** ‹übertr.› jmdn. ~ *jmdm. eine plötzliche Erkenntnis vermitteln* ▸ ein festlich erleuchteter Saal

Er|leuch|tung ‹die; -, -en› *plötzliche Erkenntnis* ▸ eine ~ haben; plötzlich kam mir eine ~

er|lie|gen ‹V. intr.; er|liegt, er|lag, ist er|le|gen› **1** einer Krankheit ~ *an einer Krankheit sterben* **2** jmdm. od. einer Sache ~ *der Versuchung durch jmdn. od. eine S. nicht widerstehen können* **3** ‹österr.› *zur Einsicht, Kenntnisnahme öffentlich daliegen* ▸ das Gebührenverzeichnis erliegt im Vorzimmer ‹österr.›; seinen Verletzungen ~ *an seinen V. sterben;* der feindlichen Übermacht ~; er ist der Versuchung erlegen; etwas zum Erliegen bringen *zum Stillstand bringen;* zum Erliegen kommen *zum Stillstand kommen* (Handel, Verkehr)

Er|lös ‹der; -es, -e› *das, was man erlöst hat, erlöster Betrag, erzielter Gewinn* ▸ den ~ aus dem Verkauf des Hauses hat er in Aktien investiert

er|losch → *erlöschen*

er|lö|schen ‹V. intr.; er|lischt, er|losch, ist er|loschen› **1** *zu brennen, zu leuchten aufhören* (Flamme, Licht, (übertr.) Gefühl) **2** *zu bestehen aufhören* (Firma) **3** *aussterben* (Geschlecht, Name) **4** ‹übertr.; poet.› *zu Ende gehen* (Leben) ▸ der Anspruch, die Mitgliedschaft erlischt nach einem Jahr; die Epidemie, Seuche ist erloschen; in ihm war alle Freude, Liebe, alles Gefühl erloschen ▸ erloschene Vulkane *ganz od. vorübergehend ruhende, nicht mehr tätige Vulkane*

er|lö|sen ‹V. trans.; er|löst, er|lös|te, hat er|löst› **1** Geld ~ *(aus Verkauf) einnehmen* **2** jmdn. ~ *befreien* ▸ jmdn. aus einer unangenehmen Lage ~; er wurde aus großer Not erlöst; er hat aus dem Verkauf seiner Waren 5000 Euro erlöst; Gott hat ihn von seinem Leiden erlöst *hat ihn sterben lassen;* jmdn. von seinen Peinigern ~; einen Kranken von seinen Schmerzen ~; jmdn. von einem Zauber ~ (im Märchen); er sprach das ~de Wort; sie atmete erlöst auf; nach der Prüfung war sie wie erlöst; Abl *Erlösung*

Er|lö|ser ‹der; -s, -› **1** *Befreier, Retter in der Not;* Abl *Erlöserin* **2** *der Heiland, Christus*

er|mäch|ti|gen ‹V. trans.; er|mäch|tigt, er|mäch|tig|te, hat er|mäch|tigt› jmdn. zu etwas ~ *jmdm. die Erlaubnis, Vollmacht geben, etwas zu tun* ▸ dazu bin ich nicht ermächtigt; Abl *Ermächtigung*

er|mah|nen ‹V. trans.; er|mahnt, er|mahn|te, hat er|mahnt› jmdn. ~ *auffordern, endlich etwas zu tun, ihn an eine Pflicht erinnern, mahnen* ▸ ich ermahne Sie noch einmal, das zu unterlassen; muss ich dich immer erst ~?; jmdn. zum Fleiß, zum Nachgeben, zur Vorsicht ~; Abl *Ermahnung*

Er|man|ge|lung ‹die; -; unz.; geh.› *das Fehlen, Nichtvorhandensein* ▸ ‹fast nur in Wendungen wie› in ~ eines Besseren mussten wir uns mit dem Vorhandenen begnügen *da wir nichts Besseres hatten;* in ~ eines geeigneten Werkzeugs nahm er eine Eisenstange *anstelle eines W.*

er|mä|ßi|gen ‹V. trans.; er|mä|ßigt, er|mä|ßig|te, hat er|mä|ßigt› Gebühren, Preise ~ *verringern, verkleinern, herabsetzen* ▸ Eintritt zu ermäßigtem Preis; Abl *Ermäßigung*

er|mat|ten ‹V.› **I** ‹V. trans.; er|mat|tet, er|mat|te|te, hat er|mat|tet› jmdn. ~ *mattmachen* ▸ die Anstrengung, die Schwüle hat mich ermattet **II** ‹V. intr.; er|mat|tet, er|mat|te|te, ist er|mat|tet› *matt werden* ▸ ich bin ganz ermattet; in seinem Eifer ~ *nachlassen;* Abl *Ermattung*

er|mes|sen ‹V. trans.; er|misst, er|maß, hat er|messen› etwas ~ *(in seiner Ausdehnung, Bedeutung) erfassen, begreifen, sich vorstellen, abschätzen, beurteilen* ▸ ich kann nicht ~, ob sich die Sache lohnen wird

Er|mes|sen ‹das; -s; unz.› *Urteil, Gutdünken* ▸ ich stelle es in Ihr ~ *ich überlasse es Ihnen (wie Sie entscheiden);* wir haben nach (unserem) ~ entschieden; nach menschlichem ~ müsste es gelingen *soweit man es überhaupt beurteilen kann*

Er|mes|sens|fra|ge ‹die; -, -n› das ist eine ~ *diese Frage kann man nur nach eigenem Ermessen entscheiden (nicht nach Vorschriften, Gesetzen usw.)*

er|mit|teln ‹V.; er|mit|telt, er|mit|tel|te, hat er|mittelt› **I** ‹V. trans.› etwas od. jmdn. ~ *durch Nachforschen herausbekommen, feststellen* ▸ können Sie ~, ob dies die richtige Telefonnummer ist?; es ist nicht (mehr) zu ~; ich habe die genauen Zahlen nicht ~ können **II** ‹V. intr.› (gegen jmdn.) ~ *nach Beweismaterial dafür suchen, dass ein Verbrechen begangen wurde* ▸ die Polizei hat ein Jahr lang ermittelt; gegen den Angeklagten ist bereits ermittelt worden

Er|mitt|ler ‹der; -s, -› **1** *jmd., der in einer Sache ermittelt* **2** *jmd., der nach Beweismaterial für ein Verbrechen sucht* ▸ verdeckter ~ *verdeckt, unter falschem Namen ermittelnder Polizeibeamter;* Abl *Ermittlerin*

Er|mitt|lung ‹die; -, -en› *das Ermitteln, Nachfor-*

schung, Feststellung ▸ ~ der Vaterschaft; die ~en sind (noch nicht) abgeschlossen; ~en nach jmds. Verbleib anstellen

er|mög|li|chen ‹V. trans.; er|mög|licht, er|mög|lich|te, hat er|mög|licht› (jmdm.) etwas ~ *möglich machen, Gelegenheit bieten, etwas zu tun* ▸ kannst du es ~, dass er eine Lehrstelle bekommt?; er hat es mir ermöglicht, zu studieren; wenn es sich ~ lässt, will ich es gern tun *wenn es möglich ist, wenn es geht;* Abl *Ermöglichung*

er|mọr|den ‹V. trans.; er|mor|det, er|mor|de|te, hat er|mor|det› jmdn. ~ *vorsätzlich töten;* Abl *Ermordung*

er|mü|den ‹V.› **I** ‹V. trans.; er|mü|det, er|mü|de|te, hat er|mü|det› jmdn. ~ *müde machen* ▸ diese Tätigkeit ermüdet mich sehr; das Sprechen ermüdet den Kranken; eine ~de Arbeit, Tätigkeit ausüben **II** ‹V. intr.; er|mü|det, er|mü|de|te, ist er|mü|det› **1** *müde werden* **2** ‹Tech.› *durch anhaltende Belastung rissig, brüchig, schadhaft werden* ▸ von der Arbeit ermüdet; dieses Material ermüdet nach zwanzig Jahren; Abl *Ermüdung*

er|mụn|tern ‹V.; er|mun|tert, er|mun|ter|te, hat er|mun|tert› jmdn. zu etwas ~ *freundlich auffordern, ermutigen;* Abl *Ermunterung*

er|mụn|ternd I ‹Part. Präs. von› *ermuntern* **II** ‹Adj.› *aufheiternd, ermutigend* ▸ einige ~e Worte sagen

er|mu|ti|gen ‹V. trans.; er|mu|tigt, er|mu|tig|te, hat er|mu|tigt› jmdn. (zu etwas) ~ *jmdm. Mut machen, Mut zusprechen* ▸ jmdn. zu einer Tat ~; jmdm. einige ~de Worte zurufen; Abl *Ermutigung*

er|näh|ren ‹V.; er|nährt, er|nähr|te, hat er|nährt› **I** ‹V. trans.› **1** jmdn. ~ *regelmäßig mit Nahrung versorgen, beköstigen* **2** ‹übertr.› jmdn. od. sich ~ *für jmds. od. den eigenen Lebensunterhalt sorgen* ▸ sie versucht, ihre Kinder gesund zu ernähren; die Kinder waren gut, schlecht, unzureichend ernährt; einen Kranken künstlich ~ ▸ sie muss die ganze Familie allein ~ **II** ‹V. refl.› sich (von etwas) ~ *(etwas als) Nahrung zu sich nehmen* ▸ sich biologisch ~ *von Erträgen der biologischen Landwirtschaft* ▸ er ernährt sich nur von Rohkost

Er|näh|rer ‹der; -s, -› *jmd., der für den Unterhalt eines anderen od. einer Familie sorgt* ▸ er ist der ~ der Familie; Abl *Ernährerin*

Er|näh|rung ‹die; -; unz.› **1** *das Ernähren, Zufuhr der zum Leben u. Aufbau des Körpers notwendigen Stoffe, Nahrung;* Zus *Ernährungsberater(in), Ernährungsweise* **2** ‹übertr.› *Unterhalt* ▸ ausreichende, falsche, gesunde, gute, mangelhafte, richtige, schlechte, unzureichende ~; künstliche, natürliche ~

er|nẹn|nen ‹V. trans.; er|nennt, er|nann|te, hat er|nannt› jmdn. (zu etwas) ~ *bestimmen, einsetzen (in ein Amt)* ▸ er wurde zum Oberschulrat ernannt; Abl *Ernennung*

er|neu|er|bar ‹Adj.› *so beschaffen, dass man es erneuern kann* ▸ ~e Energien

Er|neu|e|rer ‹der; -s, -› *jmd., der etwas erneuert*

er|neu|ern ‹V. trans.; er|neu|ert, er|neu|er|te, hat er|neu|ert› **1** ein Gebäude, Gemälde ~ *instand setzen, ausbessern, verbessern, renovieren* **2** ein Haushaltsgerät ~ *durch einen neuen Apparat ersetzen, auswechseln* **3** Verträge ~ *neu in Kraft treten lassen* **4** Beziehungen, Kräfte ~ *auffrischen, neu beleben* ▸ das Andenken an jmdn. od. etwas ~; eine Bekanntschaft, Freundschaft ~; ein schadhaft gewordenes Dach ~; der beschädigte Zaun muss erneuert werden; Abl *Erneuerung*

er|neut ‹Adj.› **1** *wiederholt, abermalig* **2** *abermals, von neuem, wieder* ▸ ein ~es Angebot; ~ etwas anbieten

er|nied|ri|gen ‹V. trans.; er|nied|rigt, er|nied|rig|te, hat er|nied|rigt› jmdn. od. sich ~ *jmdn. herabsetzen, demütigen, degradieren;* Abl *Erniedrigung*

ẹrnst ‹Adj.; -er, am -es|ten› **1** *streng, sachlich, entschieden* **2** *nicht lustig, fast traurig* **3** *ermahnend, zurechtweisend* **4** *aufrichtig, ehrlich* **5** *bedenklich, bedrohlich* ▸ die ~e Absicht haben zu arbeiten; du machst so ein ~es Gesicht; die Lage ist ~; eine ~e Miene machen; ~e Musik *klassische M. (im Gegensatz zur Unterhaltungsmusik);* in eine ~e Situation geraten; ich habe ~e Worte mit dem Kind gesprochen ▸ er meint es ~ *aufrichtig, er lügt nicht, (od.) er macht wahr, was er sagt, droht nicht nur;* was ich jetzt sage, meine ich ernst; ich kann ihn nicht ~ nehmen; seine Arbeit, seinen Beruf, seine Pflichten sehr ~ nehmen; sein: die politische Lage ist ~; es steht ~ um den Kranken ▸ ~ gemeint = *ernstgemeint*

Ẹrnst ‹der; -(e)s; unz.› **1** *Entschiedenheit, Strenge* **2** *ernste Absicht, Meinung* **3** *raue Wirklichkeit* **4** *Bedrohlichkeit* ▸ der ~ der Lage zwingt uns zu dieser Maßnahme; der ~ des Lebens hat für sie begonnen ▸ ~ machen *nicht mehr spaßen;* sein: ist das Ihr ~? *scherzen Sie auch nicht?;* das ist nicht dein ~! *das kann nur ein Scherz von dir sein!;* wie leicht kann aus Spaß plötzlich ~ werden ▸ allen ~es etwas behaupten, sagen; es ist mein bitterer, blutiger, völliger ~ ▸ du lässt es an dem nötigen ~ fehlen; im ~ sprechen; im ~? *wirklich? ist das kein Scherz?*

Ẹrnst|fall ‹der; -(e)s; unz.› *Eintritt eines erwarteten bedrohlichen Ereignisses, Augenblick, in dem man sich bewähren muss* ▸ für den ~; im ~ sollten Sie mich sofort informieren

ẹrnst|ge|meint *auch:* **ẹrnst ge|meint** ‹Adj.› *aufrichtig gemeint* ▸ ~e Zuschriften, Vorschläge; dieser Vorschlag war wohl nicht ~

ẹrnst|haft ‹Adj.› *ernst gesinnt, ernst;* Abl *Ernsthaftigkeit*

ẹrnst|lich ‹Adj.› **1** *ernst* **2** *wirklich* ▸ er ist ~ böse

Ẹrn|te ‹die; -, -n› **1** *Mähen, Sammeln u. Einbringen der Feld- u. Gartenfrüchte* **2** *der Ertrag der eingebrachten Früchte* ▸ die ~ deines Fleißes ‹übertr.› ▸ die ~ einbringen, einholen; die ~ reift ▸ die diesjährige, vorjährige ~; die ~ war gut, schlecht ▸ er möchte bei der ~ helfen; Zus *Erntefest, Erntehelfer(in); Getreideernte, Kartoffelernte, Rekordernte, Weinernte*

Ern|te|dank|fest 〈das; -(e)s, -e〉 *kirchliches Fest nach vollbrachter Ernte, meist am ersten Sonntag im Oktober*

ern|ten 〈V. trans.; ern|tet, ern|te|te, hat ge|ern|tet〉 **1** Feld-, Gartenfrüchte ~ *mähen od. sammeln u. einbringen* **2** 〈übertr.〉 Lob, Dank ~ *bekommen, erhalten* ▸ Anerkennung, Undank ~ 〈übertr.〉; Getreide, Kartoffeln, Obst ~; die Früchte seiner Arbeit, seines Fleißes ~ 〈übertr.〉; viel, wenig ~

er|nüch|tern 〈V. trans.; er|nüch|tert, er|nüch|ter|te, hat er|nüch|tert〉 jmdn. ~ **1** *jmdm. die Begeisterung, Freude nehmen* **2** 〈übertr.〉 *jmdn. enttäuschen, desillusionieren* ▸ die Kritik wirkte ~d auf ihn; Abl *Ernüchterung*

Er|obe|rer 〈der; -s, -〉 *jmd., der etwas erobert (hat);* Abl *Eroberin*

er|obern 〈V. trans.; er|obert, er|ober|te, hat erobert〉 **1** ein Land ~ *mit Gewalt an sich reißen, unterwerfen* **2** 〈übertr.〉 etwas ~ *durch Vorzüge, Schmeichelei usw. erlangen, gewinnen* **3** 〈übertr.〉 jmdn. ~ *Neigung, Gegenliebe bei jmdm. erwecken* ▸ eine Festung, einen feindlichen Stützpunkt ~; jmds. Herz im Sturm ~; er hat sich einen guten Platz erobert 〈übertr.〉; Abl *Eroberung*

er|öff|nen 〈V.; er|öff|net, er|öff|ne|te, hat er|öff|net〉 **I** 〈V. trans.〉 **1** eine Sitzung ~ *beginnen* **2** ein Geschäft ~ *der Öffentlichkeit zugänglich machen* **3** ein Testament ~ *seinen Inhalt bekanntgeben* **4** jmdm. etwas ~ *förmlich, feierlich od. vertraulich mitteilen* ▸ sie hat mir eröffnet, dass sie zu Hause bleiben möchte ▸ die Ausstellung wurde vom Kanzler eröffnet; die Diskussion ~; ein Konto bei der Sparkasse ~; gestern wurde der neue Musiksaal mit einem Festkonzert eröffnet; den Tanz mit einem Walzer ~ **II** 〈V. refl.〉 sich (jmdm.) ~ *sich zeigen, in Aussicht stellen* (Möglichkeiten) ▸ nach Abschluss der Ausbildung ~ sich ihm viele Möglichkeiten

Er|öff|nung 〈die; -, -en〉 **1** *Beginn, Zugänglichmachen;* Zus *Eröffnungsfeier, Eröffnungsrede* **2** 〈übertr.〉 *Mitteilung*

ero|gen 〈Adj.〉 ~e Zonen *Körperstellen, deren Berührung (Reizung) sexuell erregt*

er|ör|tern 〈V. trans.; er|ör|tert, er|ör|ter|te, hat er|ör|tert〉 etwas ~ *eingehend besprechen, darüber diskutieren, debattieren* ▸ die neue Gesetzesvorlage wurde im Parlament ausführlich erörtert; das Für und Wider eines Vorschlages ~; Abl *Erörterung*

Eros 〈der; -; unz.; grch. Myth.〉 *Gott der Liebe;* →a. *Amor*

Ero|si|on 〈die; -, -en; Geol.〉 *Auswaschung, Abtragung (von Land durch Wind od. Wasser)*

Ero|tik 〈die; -; unz.〉 **1** *Liebeskunst, (vergeistigtes) Liebes- u. Geschlechtsleben* **2** *Sinnlichkeit;* Abl *erotisch*

Er|pel 〈der; -s, -〉 = *Enterich*

er|picht 〈Adj.; umg.〉 auf etwas ~ sein *auf etwas versessen, begierig sein*

er|pres|sen 〈V. trans.; er|presst, er|press|te, hat erpresst〉 **1** etwas (von jmdm.) ~ *durch Androhung von Gewalt (von jmdm.) bekommen* **2** jmdn. ~ *durch Androhung von Gewalt unter Druck setzen, dazu zwingen, etwas zu tun* ▸ er wurde angeblich erpresst; man hatte 100.000 Euro von ihnen erpresst; Abl *Erpressung; erpressbar*

Er|pres|ser 〈der; -s, -〉 *jmd., der einen anderen erpresst;* Abl *Erpresserin; erpresserisch*

er|pro|ben 〈V. trans.; er|probt, er|prob|te, hat er|probt〉 etwas ~ *auf die Probe stellen, prüfen* ▸ jmds. Ausdauer, Zuverlässigkeit ~; ein Gerät praktisch ~; Abl *Erprobung*

er|qui|cken 〈V. trans.; er|quickt, er|quick|te, hat er|quickt〉 jmdn. od. sich ~ *stärken, laben, erfrischen, beleben* ▸ sich an einem Anblick ~; ein ~des Bad nehmen; Abl *Erquickung*

er|quick|lich 〈Adj.〉 *erfreulich, belebend* ▸ diese Neuigkeiten sind wenig ~

er|ra|ten 〈V. trans.; er|rät, er|riet, hat er|ra|ten〉 ein Rätsel, Geheimnis ~ *durch Raten herausfinden, aus Andeutungen schließen* ▸ du errätst es nicht!; jetzt habe ich ~, was du meinst; jmds. Absichten, Gedanken ~

er|rech|nen 〈V. trans.; er|rech|net, er|rech|ne|te, hat er|rech|net〉 einen Anteil, Prozentsatz ~ *durch Rechnen herausbekommen, ausrechnen*

er|reg|bar 〈Adj.〉 *leicht in Erregung zu versetzen, leicht reizbar* ▸ ein leicht ~er Mensch; Abl *Erregbarkeit*

er|re|gen 〈V.; er|regt, er|reg|te, hat er|regt〉 **I** 〈V. trans.〉 **1** jmdn. ~ *unruhig machen, reizen, aufregen, anregen;* Abl *Erregtheit* **2** etwas ~ *hervorrufen, bewirken, erzeugen, erwecken* ▸ Anerkennung, Bewunderung, Interesse, Neid ~; Ärgernis, Aufsehen, Missfallen, Staunen, Verdruss ~; Begierde ~; Besorgnis, Mitleid, Trauer ~; ihre schlagfertige Antwort erregte Gelächter ▸ jmdn. sexuell, sinnlich ~ ▸ sich über jmdn. od. etwas ~; er war vor Empörung, Zorn ganz erregt ▸ eine erregte Auseinandersetzung; eine erregt geführte Debatte **II** 〈V. refl.〉 sich ~ *in einen Zustand heftiger Gemütsbewegung geraten*

Er|re|ger 〈der; -s, -〉 *Erzeuger, Verursacher (besonders von Krankheiten);* Zus *Krankheitserreger*

Er|re|gung 〈die; -, -en〉 **1** *Erzeugung, Reizung (von Gefühlen)* **2** *heftige Gefühlswallung* ▸ ~ öffentlichen Ärgernisses; geschlechtliche ~

er|reich|bar 〈Adj.〉 *so beschaffen, dass man es erreichen kann* ▸ in ~er Nähe; Abl *Erreichbarkeit*

er|rei|chen 〈V. trans.; er|reicht, er|reich|te, hat er|reicht〉 **1** einen Ort ~ *an einen O. gelangen* **2** Gegenstände ~ *fassen, greifen können* **3** etwas ~ *erwirken, durchsetzen* **4** jmdn. ~ *mit jmdm. in Verbindung treten (können), jmdn. antreffen* ▸ ohne Fleiß wirst du nicht viel ~; unter welcher Nummer kann ich Sie (telefonisch) ~?; deine Briefe erreichten ihn nicht; ich habe ihn leider nicht erreicht; bei ihr kann man alles, nichts ~ ▸ eine Absicht, einen Zweck (nicht) ~; der Zug hatte Verspätung, so dass ich meinen Anschluss nicht erreichte; die Hütte ist nur zu Fuß zu ~; in einer Stunde werden wir München ~; mit diesem Wagen ~ Sie eine Spitzengeschwindigkeit von 200 km/h; der Schwimmer erreichte das Ufer nur mit Mühe ▸ wann, wie, wo kann ich dich morgen ~?; wo sind Sie tagsüber zu ~?; Abl *Erreichung*

er|ret|ten ⟨V. trans.; er|ret|tet, er|ret|te|te, hat er|ret|tet; geh.⟩ jmdn. ~ *retten, vor etwas bewahren* ▸ jmdn. aus Bedrängnis, Gefahr, Not ~; jmdn. vom, vorm Tode ~; Abl *Errettung*

er|rich|ten ⟨V. trans.; er|rich|tet, er|rich|te|te, hat er|rich|tet⟩ **1** eine Denkmal ~ *aufrichten, aufstellen* **2** ein Gebäude ~ *bauen* **3** eine Fabrik, ein Geschäft ~ *gründen, bilden, einrichten* ▸ auf einer Geraden eine Senkrechte ~; Abl *Errichtung*

er|rin|gen ⟨V. trans.; er|ringt, er|rang, hat er|run|gen⟩ einen Preis, Sieg ~ *durch Mühe, Anstrengung erlangen;* Abl *Erringung*

er|rö|ten ⟨V. intr.; er|rö|tet, er|rö|te|te, ist er|rö|tet⟩ *rot werden (im Gesicht)* ▸ jmdn. ~ machen; tief ~; aus, vor Freude, Scham, Verlegenheit ~; über jmdn. od. etwas ~; Abl *Errötung*

Er|run|gen|schaft ⟨die; -, -en⟩ *etwas durch Anstrengung Erreichtes, Erworbenes, nützliche Neuerung* ▸ die ~en der Forschung praktisch nutzbar machen; das ist meine neueste ~ ⟨umg.⟩ *Anschaffung;* einen Haushalt mit allen technischen ~en haben

Er|satz ⟨der; -es, -sät|ze⟩ **1** *jmd. od. etwas, den od. das man anstelle von jmd. od. etwas Ähnlichem, das ersetzt werden muss, verwenden kann;* Zus *Ersatzmann, Ersatzreifen, Ersatzspieler(in)* **2** *Entschädigung, Gegenwert, Wiedererstattung* **3** ⟨Mil.⟩ *Reserve, Nachschub, Verstärkung* ▸ ~ der Kosten, des Schadens, des Verlustes ▸ ~ für etwas beantragen, fordern, verlangen; ~ für etwas bieten, leisten; für etwas ~ schaffen ▸ ein vollwertiger ~ ▸ er springt als ~ für den verletzten Spieler ein; für ~ sorgen

Er|satz|dienst ⟨der; -(e)s; unz.⟩ = *Zivildienst*

er|satz|los ⟨Adj.⟩ *ohne Ersatz* ▸ die Stellen wurden ~ gestrichen

Er|satz|teil ⟨das; -(e)s, -e od. der; -(e)s, -e⟩ *Gegenstand, der anstelle eines verlorenen od. eines unbrauchbar gewordenen Stückes eingesetzt wird;* Syn *Ersatzstück* ▸ für diese alte Waschmaschine gibt es keine ~e mehr; für den Motor muss ein neues ~ bestellt werden; alle ~e vorrätig haben; Zus *Ersatzteillager*

er|satz|wei|se ⟨Adj.⟩ *als Ersatz*

er|sau|fen ⟨V. intr.; er|säuft, er|soff, ist er|sof|fen; umg.⟩ *ertrinken*

er|säu|fen ⟨V. trans.; er|säuft, er|säuf|te, hat er|säuft; umg.⟩ jmdn. ~ *ertränken* ▸ seinen Kummer im Alkohol ~ ⟨übertr.⟩ *vergessen machen, betäuben*

er|schaf|fen ⟨V. trans.; er|schafft, er|schuf, hat er|schaf|fen⟩ etwas od. jmdn. ~ *schaffen, entstehen lassen;* Abl *Erschaffung*

er|schau|dern ⟨V. intr.; er|schau|dert, er|schau|der|te, ist er|schau|dert⟩ *schaudern, zusammenschrecken, Angst u. Entsetzen empfinden* ▸ vor Grauen ~; bei dem Anblick erschauderten wir

er|schau|ern ⟨V. intr.; er|schau|ert, er|schau|er|te, ist er|schau|ert⟩ *von einem Schauer, Gruseln, Zittern erfasst werden* ▸ vor Kälte ~

er|schei|nen ⟨V. intr.; er|scheint, er|schien, ist er|schie|nen⟩ **1** (jmdm.) ~ *sich zeigen, kommen, sich sehenlassen* **2** *herausgegeben werden, in den Handel kommen* (Bücher) **3** jmdm. auf bestimmte Weise ~ *sich jmdm. auf bestimmte Weise offenbaren, auf bestimmte Weise auf jmdn wirken* ▸ der Abendstern, der Mond, die Sonne erschien am Himmel; sein neues Buch wird in Kürze ~; eine Neuauflage erscheint demnächst ▸ es erscheint mir bemerkenswert, glaubhaft, merkwürdig, unglaublich, wünschenswert; es erscheint mir günstig, ungünstig, vorteilhaft, dass …; die Zeitschrift erscheint monatlich, täglich, vierteljährlich, wöchentlich ▸ am Fenster ~; am Horizont erschienen die ersten Gewitterwolken; auf einer Versammlung ~; das Buch war schon bald nach Erscheinen vergriffen; soeben erschienen! (Buch); um pünktliches Erscheinen wird gebeten (in einer Einladung); als Zeuge vor Gericht ~

Er|schei|nung ⟨die; -, -en⟩ **1** *das äußerlich Sichtbare der Dinge, Aussehen, Aufmachung;* Zus *Erscheinungsform* **2** *Traumbild, Vision, Geist, Gespenst* **3** *Sichtbarwerden, Hervortreten* **4** *Veröffentlichung;* Zus *Erscheinungsjahr, Erscheinungsort* ▸ es ist eine auffallende, bekannte, eigentümliche, seltene ~; eine stattliche ~ *eine große u. kräftige Person;* das ist eine typische ~ für … ▸ in ~ treten *sichtbar bzw. wirksam werden*

Er|schei|nungs|bild ⟨das; -(e)s, -er⟩ *die äußeren Merkmale einer Erscheinung* ▸ eine Krankheit mit verschiedenen ~ern

er|schie|ßen ⟨V.; er|schießt, er|schoss, hat er|schos|sen⟩ **I** ⟨V. trans.⟩ jmdn. od. ein Tier ~ *durch Schuss töten, hinrichten* ▸ er erschoss den Flüchtigen im Wald; der Förster hat den ausgebrochenen Bären erschossen; sie wurde in New York erschossen; ich bin völlig erschossen! ⟨übertr.; umg.⟩ *abgearbeitet, müde, am Ende meiner Kräfte;* Abl *Erschießung* **II** ⟨V. refl.⟩ sich ~ *Selbstmord mit einer Schusswaffe begehen* ▸ er hat sich am Abend erschossen

er|schlaf|fen ⟨V. intr.; er|schlafft, er|schlaff|te, ist er|schlafft⟩ *schlaff, schwach werden, sich entspannen* ▸ die Glieder ~ lassen; nach schwerer Arbeit erschlafft sein; erschlaffte Muskeln

er|schla|gen ⟨V. trans.; er|schlägt, er|schlug, hat er|schla|gen⟩ jmdn. ~ *durch Schlag töten, ermorden* ▸ ich bin ~! ⟨übertr.; umg.⟩ *erstaunt, verblüfft, überrascht; sehr müde, abgespannt;* jmdn. mit einem Knüppel ~; er wurde vom Blitz ~; sich wie ~ fühlen ⟨übertr.⟩ *sehr müde, abgespannt*

er|schlei|chen ⟨V. refl.; er|schleicht sich, er|schlich sich, hat sich er|schli|chen⟩ sich etwas ~ **1** *unrechtmäßig, durch heimliche Machenschaften erwerben* **2** *durch Schmeichelei od. Täuschung erlangen* ▸ sich ein Erbe ~; sich jmds. Gunst durch Lügen ~; Abl *Erschleichung*

er|schlie|ßen ⟨V. trans.; er|schließt, er|schloss, hat er|schlos|sen⟩ **1** (jmdm. od. sich) etwas ~ *zugänglich, nutzbar machen* **2** etwas aus etwas ~ *durch Schlussfolgerung feststellen* ▸ neue Absatz-

E

märkte ~; neues Baugelände ~; zusätzlich Einnahmequellen ~; eine Ölquelle ~ ▸ daraus ist zu ~, dass er betrügerisch gehandelt hat; Abl *Erschließung*

er|schöp|fen ⟨V. trans.; er|schöpft, er|schöpf|te, hat er|schöpft⟩ **1** jmdn. ~ *bis zum Ende der Kräfte ermüden;* Abl *Erschöpfung* **2** einen Kredit, das Lager, Mittel, Vorräte ~ *bis zum Letzten verbrauchen* ▸ meine Geduld ist erschöpft; alle Möglichkeiten, Reserven ~

er|schöp|fend I ⟨Part. Präs. von⟩ *erschöpfen* **II** ⟨Adj.⟩ *vollständig, bis in alle Einzelheiten gehend* ▸ die ~e Darstellung eines Themas

er|schöpft I ⟨Part. Perf. von⟩ *erschöpfen* **II** ⟨Adj.⟩ *am Ende der Kräfte, vollkommen u. anhaltend ermüdet* ▸ ~e Kinder; sie ist völlig ~

er|schre|cken ⟨V.⟩ **I** ⟨V. trans.; er|schreckt, er|schreck|te, hat er|schreckt⟩ jmdn. ~ **1** *in Schrecken, Angst, Erregung versetzen* **2** *Schrecken, Angst einjagen* ▸ habe ich dich erschreckt?; der Unfall erschreckte die Kinder sehr; er ist leicht zu ~; die Jungen haben uns mit einem plötzlichen Gebrüll erschreckt; sie sah ~d schlecht aus; der Verletzte bot einen ~den Anblick; ein ~des Beispiel **II** ⟨V. intr.; er|schrickt, er|schrak, ist er|schro|cken⟩ *einen Schrecken bekommen, plötzlich in Angst, Erregung geraten* ▸ erschrick nicht!; wir erschraken über sein Aussehen; sie erschrak vor ihm; zu Tode erschrocken wandte er sich ab **III** ⟨V. refl.; er|schrickt/er|schreckt, er|schrak/er|schreck|te, hat er|schro|cken/er|schreckt; umg.⟩ sich ~ *einen Schrecken bekommen, zusammenzucken* ▸ ich habe mich sehr erschreckt, ⟨od.⟩ erschrocken

er|schro|cken → *erschrecken*

er|schüt|tern ⟨V. trans.; er|schüt|tert, er|schüt|ter|te, hat er|schüt|tert⟩ **1** ⟨a. übertr.⟩ etwas ~ *ins Wanken bringen* **2** jmdn. ~ *aufregen, stark erregen* ▸ diese Nachricht wird ihn sehr ~ ▸ das Erdbeben erschütterte den Boden; die Explosion erschütterte die nahe gelegenen Gebäude; unser Vertrauen zu dir kann nicht erschüttert werden ▸ er war zutiefst erschüttert über diesen Vertrauensbruch; tief erschüttert vom Tode Ihres Vaters ▸ die Trauergemeinde stand erschüttert an seinem Grabe; Abl *Erschütterung*

er|schwe|ren ⟨V. trans.; er|schwert, er|schwer|te, hat er|schwert⟩ (jmdm.) etwas ~ *durch Hindernisse schwieriger machen, behindern* ▸ jmdm. seine Arbeit ~; das erschwert mir meine Aufgabe; die Rettung der Bergsteiger wird durch starken Schneefall erschwert; unter erschwerten Bedingungen arbeiten müssen; ein ~der Umstand ⟨Rechtsw.⟩ *strafverschärfender Umstand;* Abl *Erschwerung*

Er|schwer|nis ⟨die; -, -nis|se⟩ *Behinderung, Belastung, Hindernis*

er|schwin|deln ⟨V. trans.; er|schwin|delt, er|schwin|del|te, hat er|schwin|delt⟩ (sich) etwas ~ *durch Schwindeln od. Betrug erlangen*

er|schwing|lich ⟨Adj.⟩ *so beschaffen, dass man es bezahlen kann* ▸ diese Mode ist für alle ~; für viele sind diese Preise nicht ~; Abl *Erschwinglichkeit*

er|se|hen ⟨V. trans.; er|sieht, er|sah, hat er|se|hen⟩ etwas aus einer Sache ~ *einer Sache entnehmen, daraus folgern* ▸ so viel ich aus dem Brief ersehe, hat sich der Vorfall geklärt; wie Sie aus den Unterlagen ~, verdoppelte sich der Umsatz

er|seh|nen ⟨V. trans.; er|sehnt, er|sehn|te, hat ersehnt⟩ etwas od. jmdn. ~ *herbeisehnen, herbeiwünschen* ▸ etwas heiß ~; endlich kam der ersehnte Augenblick der Abreise

er|setz|bar ⟨Adj.⟩ *so beschaffen, dass es ersetzt werden kann* ▸ sie ist nicht ~; Abl *Ersetzbarkeit*

er|set|zen ⟨V. trans.; er|setzt, er|setz|te, hat er|setzt⟩ **1** etwas (durch etwas) ~ *etwas anderes (für etwas) geben, etwas ausgleichen, auswechseln* **2** jmdn. od. etwas ~ *als Ersatz für jmdn. od. etwas dienen, jmdn. od. etwas vertreten* ▸ er kann sich die Kosten von der Firma ~ lassen; der Schaden ist nicht zu ~; alte Möbel durch neue ~; Abl *Ersetzung*

er|sicht|lich ⟨Adj.⟩ *sichtbar, deutlich, klar, offenbar* ▸ hieraus ist ~, dass er die Unwahrheit gesagt hat

er|sin|nen ⟨V. trans.; er|sinnt, er|sann, hat er|son|nen⟩ Böses, Lügen, einen Plan ~ *ausdenken, erfinden*

er|spä|hen ⟨V. trans.; er|späht, er|späh|te, hat erspäht⟩ etwas od. jmdn. ~ *durch scharfes Hinschauen erblicken* ▸ er hat sie schon erspäht

er|spa|ren ⟨V. trans.; er|spart, er|spar|te, hat erspart⟩ **1** (sich) Geld ~ *durch Sparen zusammenbringen, zurücklegen, nicht ausgeben;* Abl *Ersparte(s)* **2** jmdm. od. sich etwas ~ *jmdn. od. sich mit etwas verschonen* ▸ ihm bleibt aber auch nichts erspart!; der Anblick soll dir erspart bleiben; ~ Sie sich die Mühe; du kannst dir jedes weitere Wort ~; er hat 10.000 Euro erspartes Geld auf der Bank

Er|spar|nis ⟨die; -, -nis|se od. österr. a. das; -nis|ses, -nis|se⟩ **1** *Minderverbrauch* **2** ⟨meist Pl.⟩ *erspartes Geld* ▸ eine erhebliche ~ an Arbeit, Gas, Kosten; meine ganzen ~se

er|sprieß|lich ⟨Adj.; geh.⟩ *vorteilhaft, günstig, nutzbringend* ▸ eine ~e Beschäftigung; dieser Anblick ist nicht ~

erst[1] ⟨Adv.⟩ **1** *als Erstes, zuerst, vor allem andern, vorher* **2** *nur, nicht länger als, nicht mehr als, nicht eher als* ▸ ~ die Arbeit und dann das Vergnügen ⟨Sprichw.⟩; wir haben ~ die Hälfte der Strecke hinter uns; er ist ~ 10 Jahre alt; er kommt ~ am Sonntag; ich bin ~ eine Stunde hier; es ist ~ 7 Uhr ▸ das braucht nicht ~ bewiesen zu werden; du musst ihn ~ einmal richtig kennenlernen; ~ komme ich an die Reihe, dann du; er kam ~, als sein Vater bereits tot war ▸ ich erfuhr es ~ spät ▸ ich komme ~ dann, wenn ihr euch einig seid; ich bin eben ~ zurückgekommen; wenn du ~ einmal selbst Kinder hast …; ~ gestern habe ich ihn getroffen; ~ jetzt verstehe ich es richtig; ich habe mich ~ kürzlich dazu entschlossen; ~ mal = *erstmal;* ich kann ~ morgen kommen

e̲rst[2] ⟨Abtönungspartikel⟩ *gar, nun gar* ▸ und ich ~! ⟨zustimmend⟩ ▸ wenn er ~ abgereist ist, dann wird es wieder ruhiger; und wenn du das ~ hörst! ▸ nun ~ recht!; nun ging es ~ richtig los ▸ wenn er nur ~ fort wäre!

erst/nur/schon

Im Sinne von zuerst ist *erst* ein Adverb des Grades, das einen Zeitpunkt bezeichnet: *Erst die Arbeit, dann das Vergnügen. Ich muss erst die Fenster schließen, bevor wir das Haus verlassen.*
Es kann daneben auch bedeuten, dass etwas „später als erwartet oder erhofft" eintritt: *Sie kam erst am Abend. Warum kommst du erst jetzt? Der Fall konnte erst nach Wochen aufgeklärt werden.*
Auch wenn ein Zeitpunkt als relativ früh empfunden wird, gebraucht man *erst: Du willst schon gehen? Es ist erst 10 Uhr.*
Nur ist zwar ebenfalls ein Adverb des Grades, es bezeichnet jedoch im Vergleich zu *erst* keinen Zeitpunkt, sondern eine Menge und bezieht sich deshalb häufig auf Zahlen: *Ich habe heute Nacht nur zwei Stunden geschlafen. Er besitzt nur fünf Bücher.*
Darüber hinaus kann es auch einschränkend im Sinne von „bloß" verwendet werden: *Er wollte nur ein wenig Spaß haben. Das T-Shirt hat nur fünf Euro gekostet.*
Im Gegensatz dazu wird das Adverb *schon* im Sinne von „bereits, früher als erwartet" verwendet: *Es ist schon 10 Uhr, wir müssen gehen. Warst du schon beim Arbeitsamt?*

erst..., Erst... ⟨in Zus.⟩ *zuerst, als Erstes, zum ersten Mal,* z. B. erstgenannt, erstrangig; Erstausgabe, Erstbesteigung, Erstdruck, Erstwähler, Erstzulassung

er|sta̩r|ren ⟨V. intr.; er|starrt, er|starr|te, ist er|starrt⟩ **1** ⟨a. übertr.⟩ *starr werden* **2** *dickflüssig, fest werden* ▸ das Blut erstarrte ihm in den Adern vor Angst ⟨übertr.⟩; vor Entsetzen, Furcht, Kälte, Schreck ~; der See war zu Eis erstarrt; zu Stein ~ ⟨übertr.⟩; er stand da wie erstarrt

er|sta̩t|ten ⟨V. trans.; er|stat|tet, er|stat|te|te, hat er|stat|tet⟩ **1** (jmdm.) etwas ~ *zurückgeben, ersetzen, bezahlen* **2** (jmdm.) Bericht (über etwas) ~ *(über etwas) berichten* ▸ jmdm. die Auslagen, den Betrag, die Fahrtkosten ~

Er|sta̩t|tung ⟨die; -; unz.⟩ *das Erstatten* ▸ ~ der Unkosten, der Kosten; Zus *Berichterstattung, Kostenerstattung*

E̲rst|auf|füh|rung ⟨die; -, -en⟩ *erste Aufführung eines Theaterstücks od. Films in einem Land od. einer Stadt (nach der Uraufführung)* ▸ die deutsche ~ eines amerikanischen Schauspiels

er|sta̲u̲|nen ⟨V.⟩ **I** ⟨V. trans.; er|staunt, er|staun|te, hat er|staunt⟩ jmdn. ~ *in Erstaunen, Verwunderung versetzen* ▸ er erstaunte mich durch seine Kenntnisse **II** ⟨V. intr.; er|staunt, er|staun|te, ist er|staunt⟩ (über etwas) ~ *sich (über etwas) wundern, verwundern* ▸ ich erstaunte über ihre Gewandtheit

Er|sta̲u̲|nen ⟨das; -s; unz.⟩ *Verwunderung, Befremden* ▸ seinem ~ Ausdruck geben, verleihen; das wird ~ hervorrufen; zu meinem großen ~ haben die Kinder ihre Zimmer aufgeräumt

er|sta̲u̲n|lich ⟨Adj.⟩ *staunenerregend, verwunderlich, merkwürdig, bewundernswert* ▸ ~ viele waren gekommen; eine ~e Leistung; ein ~er Vorfall; das Zimmer wirkt ~ groß; Erstaunliches leisten, vollbringen; es ist ~, wie er das geschafft hat; Abl *erstaunlicherweise*

er|sta̲u̲nt **I** ⟨Part. Perf. von⟩ *erstaunen* **II** ⟨Adj.⟩ *verwundert, überrascht* ▸ ich bin ~ über seine Fähigkeiten

e̲rst|be̩s|te(r, -s) ⟨Adj.⟩ *der, die, das Erste, das einem in die Hände fällt, über den Weg läuft* ▸ die ~ Gelegenheit nutzen; wenn du dir etwas kaufst, nimm nicht gleich das Erstbeste

e̲rs|te(r, -s) ⟨Adj.; Ordinalzahl zu „eins"; Zeichen: 1.⟩ **1** *jmd., der ohne Vorgänger ist* **2** *etwas, das es bisher noch nicht gegeben hat* **3** *jmd. od. etwas, der od. das den Anfang einer Reihe od. die Spitze eines Ranges bildet* ▸ der, die, das Erste (in der Reihenfolge); das Erste, was ihm einfiel; der, die Erste (dem Rang nach); das Erste und das Letzte *Anfang u. Ende;* die Ersten werden die Letzten sein ⟨bibl.⟩; er ist der (sie ist die) Erste in unserer Klasse ▸ sein ~s Auftreten; das ~ Bild wurde später übermalt *das ursprüngliche Bild;* die ~ Fassung (eines Werkes) *die ursprüngliche;* die ~ beste, ⟨od.⟩ die erstbeste Gelegenheit benützen, um zu gehen; eine Ware von ~r Güte, Qualität; es ist das ~ Haus am Platze *das beste Haus (Geschäft, Hotel usw.) hier;* erste/Erste Hilfe *sofortige behelfsmäßige Maßnahmen bei Unglücksfällen;* erster Klasse fahren ⟨Eisenb.⟩; das erste Mal; der Erste des Monats; du musst den ~n Schritt (zur Versöhnung) tun *du musst zuerst die Bereitschaft zur Versöhnung erkennen lassen;* wir wohnen im ~n Stock; die Miete ist in den ~n Tagen des Monats zu bezahlen; der Erste Weltkrieg *der W. von 1914-1918;* Wilhelm der Erste (als Titel) ▸ der ~ Beste, ⟨od.⟩ der Erstbeste *irgendeiner;* →a. *erstbeste(r, -s)* ▸ er muss als Erstes die Abrechnung machen; ich hörte als Erster davon; sie ist als Erste durchs Ziel gegangen; am Ersten (des Monats) die Miete zahlen; wir kommen am ~n Juni; beim ~n Mal; fürs Erste sollte das genügen *für den Anfang, zunächst;* vom nächsten Ersten an die Miete erhöhen; zum ~n Mal

er|ste̩|chen ⟨V. trans.; er|sticht, er|stach, hat er|sto|chen⟩ jmdn. ~ *durch Stich töten*

er|ste̩|hen ⟨V. trans.; er|steht, er|stand, hat er|stan|den⟩ etwas ~ *kaufen, erwerben* ▸ ich habe ein paar Schuhe erstanden; sich zwei Theaterkarten ~ ⟨a. umg.; scherzh.⟩ *nach langem Stehen an der Kasse erhalten*

Ers|te-Hi̩l|fe-Lehr|gang ⟨der; -(e)s, -gän|ge⟩ *Kurs, Seminar zum Erlernen der Ersten Hilfe;* →a. *erste(r, -s)*

er|stei|gern ⟨V. trans.; er|stei|gert, er|stei|ger|te, hat er|stei|gert⟩ (sich) etwas ~ *auf einer Versteigerung erwerben;* Abl *Ersteigerung*

er|stel|len ⟨V. trans.; er|stellt, er|stell|te, hat erstellt⟩ etwas ~ **1** *bauen* **2** *anfertigen, erzeugen, herstellen* **3** *bereitstellen*

ers|tens ⟨Adv.⟩ *als Erstes, zum Ersten* ▸ ~ möchte ich mich ausruhen und zweitens interessiert mich die Veranstaltung nicht

E

ers|te|re(r, -s) ⟨Adj.⟩ *der, die, das von zweien zuerst Erwähnte* ▸ Ersterer - Letzterer *dieser - jener, der eine - der andere;* Ersteres sagt mir mehr zu als Letzteres; das ~ der beiden Bücher ist erfolgreicher gewesen

Erst|ge|bo|re|ne(r) ⟨die; -n, -n (der; -n, -n)⟩ der, die, das ~ *das zuerst geborene Kind, Älteste(r)*

er|sti|cken ⟨V.⟩ **I** ⟨V. trans.; er|stickt, er|stick|te, hat er|stickt⟩ jmdn. od. eine Sache ~ **1** *jmdm. od. einer S. Luft, Sauerstoff entziehen (zum Atmen, Brennen)* **2** ⟨übertr.⟩ *unterdrücken* ▸ einen Aufruhr, eine Gefahr im Keim ~; das Feuer ~; eine Klage, einen Seufzer ~; die Tränen erstickten seine Stimme ▸ einen Zimmerbrand mit Decken ~ ▸ eine von Tränen erstickte Stimme **II** ⟨V. intr.; er|stickt, er|stick|te, ist er|stickt⟩ **1** *durch Luftmangel, Sauerstoffmangel sterben* **2** ⟨übertr.⟩ *vergehen, untergehen, aufhören* ▸ er ist fast an einem Stück Wurst erstickt; er erstickt noch in der Arbeit ⟨übertr.; umg.⟩ *er ist überlastet;* ich bin vor Lachen fast erstickt;

Er|sti|ckung ⟨die; -, -en⟩ **1** *das Ersticken* **2** *Tod durch Ersticken;* Zus *Erstickungstod* ▸ an ~ sterben; den Tod durch ~ herbeiführen

erst|klas|sig ⟨Adj.⟩ *von erster Güte, ausgezeichnet* ▸ ~es Hotel

Erst|kläss|ler ⟨der; -s, -⟩ *Schüler der ersten Klasse*

Erst|kom|mu|ni|on ⟨die; -, -en⟩ *erstmaliger Empfang der Kommunion*

erst|mal *auch:* **erst mal** ⟨Adv.; umg.⟩ *zuerst einmal*

erst|ma|lig ⟨Adj.⟩ *zum ersten Mal stattfindend*

erst|mals ⟨Adv.⟩ *zum ersten Mal*

er|strah|len ⟨V. intr.; er|strahlt, er|strahl|te, ist erstrahlt⟩ *anfangen zu strahlen* ▸ das Zimmer erstrahlt in neuem Glanz

er|stre|ben ⟨V. trans.; er|strebt, er|streb|te, hat erstrebt⟩ etwas ~ *nach etwas streben, es zu erlangen, erreichen suchen;* Abl *erstrebenswert*

er|stre|cken ⟨V. refl.; er|streckt sich, er|streck|te sich, hat sich er|streckt⟩ **1** sich (von etwas) bis zu etwas ~ *sich räumlich ausdehnen* **2** sich auf od. über etwas ~ *sich zeitlich ausdehnen* **3** ⟨übertr.⟩ sich auf etwas od. jmdn. ~ *etwas od. jmdn. betreffen, umfassen* ▸ das Handelsgebiet der Firma erstreckt sich auf ganz Europa; die Untersuchungen ~ sich auf einen Zeitraum von fünf Jahren, über fünf Jahre; das Weideland erstreckt sich bis zum Flussufer, über die Ortsgrenze hinaus; Abl *Erstreckung*

er|strei|ten ⟨V. trans.; er|strei|tet, er|stritt, hat erstrit|ten⟩ (sich) etwas ~ *durch Kampf, Prozess erringen, erkämpfen*

Erst|se|mes|ter ⟨das od. der; -s, -⟩ *Student od. Studentin im ersten Semester*

er|stun|ken ⟨Adj.; umg.; in der Wendung⟩ das ist ~ und erlogen *vollständig gelogen*

er|stür|men ⟨V. trans.; er|stürmt, er|stürm|te, hat er|stürmt⟩ **1** eine Festung, Stadt ~ *im Sturm nehmen* **2** einen Gipfel ~ *rasch ersteigen;* Abl *Erstürmung*

er|su|chen ⟨V. trans.; er|sucht, er|such|te, hat ersucht⟩ jmdn. um etwas ~, jmdn. ~, etwas zu tun *förmlich bitten, auffordern* ▸ ich ersuche Sie dringend, zu gehen; jmdn. um Antwort, eine Auskunft, Geduld, Ruhe ~

er|tap|pen ⟨V. trans.; er|tappt, er|tapp|te, hat ertappt⟩ jmdn. (bei etwas) ~ *erwischen, bei heimlichem, unrechtem Tun überraschen* ▸ jmdn. auf frischer Tat ~; jmdn. beim Lügen, bei einer Nachlässigkeit, beim Stehlen ~; hat man dich dabei ertappt?; lass dich nicht ~

er|tas|ten ⟨V. trans.; er|tas|tet, er|tas|te|te, hat er|tastet⟩ etwas ~ *mit der Hand fühlend suchen u. finden* ▸ die Blindenschrift ~

er|tei|len ⟨V. trans.; er|teilt, er|teil|te, hat er|teilt⟩ jmdm. etwas ~ *zuteilen, zuweisen, geben, gewähren* ▸ der Papst erteilte der Pilgergruppe eine Audienz; jmdm. einen Auftrag, einen Befehl, eine Vollmacht ~; eine Auskunft, einen Rat ~; den Kindern die Erlaubnis zum Schwimmen ~; jmdm. ein Lob, eine Rüge, einen Tadel, Verweis ~; sie erteilt Unterricht in Deutsch *unterrichtet Deutsch;* jmdm. in einer Diskussion das Wort ~ *ihn bitten, zu reden, Stellung zu nehmen;* Abl *Erteilung*

er|tö|nen ⟨V. intr.; er|tönt, er|tön|te, ist er|tönt⟩ *plötzlich tönen, zu tönen beginnen, erklingen, erschallen* ▸ die Glocken der Kirche ertönten

Er|trag ⟨der; -(e)s, -trä|ge⟩ *Gewinn, Nutzen, Ausbeute, Ergebnis* ▸ der ~ seiner Arbeit; die Erträge des Bodens, der Felder ▸ ~ abwerfen, bringen, geben, liefern, erzielen ▸ geringer, guter, hoher, ungenügender ~; er hat sein Kapital gut angelegt, so dass es reichen ~ abwirft ▸ er lebt gut vom ~ seiner Bücher; Abl *ertragsfähig, ertragreich*

er|tra|gen ⟨V. trans.; er|trägt, er|trug, hat er|tragen⟩ etwas ~ *aushalten, erdulden, erleiden* ▸ das ist kaum zu ~!; dieser Anblick ist nicht zu ~; sein Leiden, seine Schmerzen geduldig ~; ich kann deine schlechte Laune nicht länger ~

er|träg|lich ⟨Adj.⟩ *so beschaffen, dass es sich noch ertragen, aushalten lässt;* Ggs *unerträglich* ▸ die Schmerzen sind noch ~; einen Abschied ~ gestalten; diese Fernsehsendung ist nur schwer ~

er|trän|ken ⟨V.; er|tränkt, er|tränk|te, hat er|tränkt⟩ **I** ⟨V. trans.⟩ **1** jmdn. ~ *zum Ertrinken bringen, durch Tauchen ins Wasser töten* **2** ⟨übertr.⟩ etwas ~ *betäuben* ▸ er ertränkt seine Sorgen im Alkohol ⟨übertr.⟩ **II** ⟨V. refl.⟩ sich ~ *sich durch Ertrinken das Leben nehmen*

er|träu|men ⟨V. refl.; er|träumt sich, er|träum|te sich, hat sich er|träumt⟩ sich etwas ~ *sich etwas in Träumen herbeiwünschen, sehnsüchtig wün-*

schen ▸ das habe ich mir schon seit langem erträumt

er|trin|ken ⟨V. intr.; er|trinkt, er|trank, ist er|trunken⟩ *im Wasser ums Leben kommen, durch Eindringen von Wasser in die Lunge ersticken*

er|üb|ri|gen ⟨V.; er|übrigt, er|übrig|te, hat er|übrigt; hat⟩ **I** ⟨V. trans.⟩ Zeit (für jmdn. od. etwas) ~ (können), Zeit ~ (können), um etwas zu tun *Z. für etwas od. jmdn. freihalten, einsetzen (können)* **II** ⟨V. refl.⟩ sich ~ *unnötig, überflüssig sein* ▸ es erübrigt sich, dass du kommst; das erübrigt sich von selbst; jedes weitere Wort erübrigte sich; es erübrigt sich, näher darauf einzugehen

eru|ie|ren ⟨V. trans.; eru|iert, eru|ier|te, hat eru|iert; geh.⟩ etwas ~ *ermitteln, ergründen, erforschen*

Erup|ti|on ⟨die; -, -en⟩ *Ausbruch von Magma aus Vulkanen, von Gas auf der Sonne*

er|wa|chen ⟨V. intr.; er|wacht, er|wach|te, ist erwacht⟩ **1** *aufwachen, wach werden* **2** ⟨übertr.⟩ **2.1** *plötzlich entstehen, geweckt werden* (Gefühle) **2.2** *sich des Lebens u. seiner Forderungen bewusst werden* ▸ sein Argwohn, Misstrauen erwachte ⟨übertr.⟩; Erinnerungen erwachten in mir ⟨übertr.⟩; ▸ aus der Narkose, einer Ohnmacht ~; vom Schlaf ~

er|wach|sen[1] ⟨[-ks-] V. intr.; er|wächst, er|wuchs, ist er|wach|sen; a. übertr.⟩ aus etwas ~ *aus etwas hervorwachsen, hervorgehen, entstehen* ▸ daraus ~der Segen; es werden uns nur Unannehmlichkeiten daraus ~; die daraus ~den Unkosten; daraus kann kein Vorteil ~

er|wach|sen[2] ⟨[-ks-]⟩ **I** ⟨Part. Perf. von⟩ *erwachsen*[1] **II** ⟨Adj.⟩ *der Kindheit, dem Jugendalter entwachsen, volljährig* ▸ ein ~er Mensch; du bist nun ~; er wird allmählich ~

Er|wach|se|ne(r) ⟨[-ks-] die; -n, -n (der; -n, -n)⟩ *erwachsener, volljähriger Mensch* ▸ das Kind redet wie ein ~r; das wissen auch die ~n nicht; Zutritt nur für ~; Zus *Erwachsenenalter*

Er|wach|se|nen|bil|dung ⟨[-ks-] die; -; unz.⟩ *Vermittlung von Bildung u. Wissen an Erwachsene (in Abendkursen o. Ä.)* ▸ einen Kurs im Rahmen der ~ besuchen; Angebote für ~; eine Schule für ~ besuchen

er|wä|gen ⟨V. trans.; er|wägt, er|wog/er|wäg|te, hat er|wo|gen/er|wägt⟩ etwas ~ *überlegen, bedenken, prüfen, in Betracht ziehen* ▸ das könnte man ~; alle Möglichkeiten ~

Er|wä|gung ⟨die; -, -en⟩ *Überlegung, Prüfung* ▸ ~en darüber anstellen, ob … *erwägen, ob …;* aus folgenden ~en (heraus) habe ich mich dazu entschlossen; nach reiflicher ~ gab er seinen Entschluss bekannt; etwas in ~ ziehen *etwas erwägen*

er|wäh|nen ⟨V. trans.; er|wähnt, er|wähn|te, hat er|wähnt⟩ etwas od. jmdn. ~ *kurz von etwas od. jmdm. sprechen, etwas od. jmdn. gesprächsweise streifen, nennen* ▸ davon ist nichts erwähnt worden; er hat es nur nebenbei erwähnt; jmdn. namentlich ~; ich vergaß zu ~, dass das Schreiben bereits eingetroffen ist; wie oben erwähnt; Abl *Erwähnung; erwähnenswert*

er|wär|men ⟨V.; er|wärmt, er|wärm|te, hat erwärmt⟩ **I** ⟨V. trans.⟩ etwas ~ *warmmachen* ▸ die Heizung, der Ofen erwärmt das Zimmer; die Sonne erwärmt die Erde, die Luft, das Wasser **II** ⟨V. refl.⟩ **1** sich ~ *warm werden* **2** ⟨übertr.; umg.⟩ sich für etwas ~ *sich für etwas begeistern, Anteil an etwas nehmen, Neigung, Interesse für etwas fassen* ▸ das Meer erwärmt sich nur langsam; die Luft hat sich auf 25 °C erwärmt; ich kann mich für diesen Gedanken, diese Idee, diesen Plan nicht recht ~

Er|wär|mung ⟨die; -, -en⟩ **1** *das Warmmachen* **2** *das Warmwerden;* Zus *Erderwärmung, Klimaerwärmung* ▸ die ~ der Erde lässt den Meeresspiegel ansteigen

er|war|ten ⟨V. trans.; er|war|tet, er|war|te|te, hat er|war|tet⟩ jmdn. od. etwas ~ *auf jmdn. od. etwas warten, mit jmdm. od. etwas rechnen* ▸ er erwartete sie am Bahnhof; es wird allgemein erwartet, dass die Benzinpreise steigen werden; das habe ich allerdings nicht erwartet! *das kommt mir überraschend!* ▸ ein Baby, ein Kind ~ *schwanger sein;* wir ~ heute Abend Besuch, Gäste; ich kann die Ferien kaum ~; von ihm ist nicht viel Gutes zu ~ ▸ von ihm kann man noch viel ~ *seine Begabung verspricht noch viel;* ich kann es kaum ~, ihn zu sehen ▸ ich habe es nicht anders erwartet *ich wusste, dass es so kommen würde;* wir ~ dich sehnsüchtig ▸ ich erwarte von dir, dass du dich mehr am Unterricht beteiligst; es steht zu ~, dass die Verhandlungen scheitern werden *vermutlich werden sie scheitern* ▸ der erwartete Brief kam nicht an; wider (alles) Erwarten bestand sie die Prüfung

Er|war|tung ⟨die; -, -en⟩ **1** *das hoffnungsvolle Warten auf etwas;* Abl *erwartungsvoll* **2** *etwas, das man (von jmdm. od. etwas) erwartet;* Abl *erwartungsgemäß* ▸ der ~ Ausdruck geben, verleihen ▸ die ~en befriedigen, enttäuschen, erfüllen, übertreffen; der ~ entsprechen ▸ bestimmte ~en an etwas knüpfen; erregte, freudige, gespannte, bange ~; er hat die in ihn gesetzten ~en enttäuscht; alle sind voller ~ ▸ in freudiger ~ eines Ereignisses; die Mannschaft berechtigt zu großen ~en

Er|war|tungs|hal|tung ⟨die; -; unz.⟩ *innere Haltung, Einstellung, die von einer bestimmten Erwartung geprägt ist* ▸ jmdm. mit einer bestimmten ~ gegenübertreten; mit einer falschen ~ zu einer Veranstaltung gehen

er|we|cken ⟨V. trans.; er|weckt, er|weck|te, hat erweckt⟩ etwas (in jmdm.) ~ *erregen, hervorrufen* ▸ den Anschein ~, als ob man Interesse an einer Sache hat; seine Bemerkung erweckte Zweifel in ihr; Abl *Erweckung*

er|wei|chen ⟨V. trans.; er|weicht, er|weich|te, hat er|weicht⟩ **1** Wachs ~ *weich machen* **2** ⟨übertr.⟩ jmdn. ~ *rühren, überreden, nachgiebig machen* ▸ jmds. Herz ~ ⟨übertr.⟩; sich ~ lassen ⟨übertr.⟩ *sich überreden, rühren lassen, nachgeben;* durch sein vieles Bitten habe ich mich schließlich ~ lassen

er|wei|sen ⟨V.; er|weist, er|wies, hat er|wie|sen⟩ **I** ⟨V. trans.⟩ jmdm. etwas ~ *zeigen, leisten, zukommen lassen* ▸ jmdm. einen Dienst, eine Gunst ~; jmdm. Gutes, Wohltaten ~; jmdm. eine Gnade ~; es ist erwiesen *es hat sich gezeigt;* für die erwiesene Anteilnahme danken **II** ⟨V. refl.⟩ sich (als etwas od. jmd.) ~ *zeigen, offenbar werden, sich herausstellen* ▸ es hat sich erwiesen, dass diese Methode zum Erfolg führt; sein Vorgehen erwies sich als (ein) Fehler, Irrtum; sie hat sich als (eine) zuverlässige Freundin erwiesen; die Nachricht hat sich als falsch, wahr erwiesen

er|wei|terbar ⟨Adj.⟩ *so beschaffen, dass man es erweitern kann;* Abl *Erweiterbarkeit*

er|wei|tern ⟨V.; er|wei|tert, er|wei|ter|te, hat er|wei|tert⟩ **I** ⟨V. trans.⟩ **1** Blutgefäße, ein Gebäude ~ *weiter, größer machen* **2** ⟨übertr.⟩ **2.1** einen Geschäftsbereich ~ *auf neue Gebiete ausdehnen* **2.2** Kenntnisse ~ *vermehren* ▸ seinen Horizont ~ ⟨übertr.⟩ *sein geistiges Blickfeld, sein Wissen vergrößern* **II** ⟨V. refl.⟩ sich ~ *weiter werden, sich ausdehnen;* Abl *Erweiterung*

Er|werb ⟨der; -(e)s, -e⟩ **1** *Erwerbung, Anschaffung, Kauf* **2** *Lohn, Verdienst;* Zus *Erwerbsquelle* **3** *Gewerbe, Beruf;* Abl *erwerbsfähig;* Zus *Erwerbsleben, Erwerbszweig* **4** *Aneignung;* Zus *Spracherwerb* ▸ der ~ einer Fremdsprache; der ~ eines Grundstückes, Hauses; einem ~ nachgehen; auf ~ gerichtetes Unternehmen; von seinem ~ leben

er|wer|ben ⟨V. trans.; er|wirbt, er|warb, hat er|wor|ben⟩ etwas ~ **1** *durch Bemühung, Verdienst, Kauf erlangen* **2** *kaufen, anschaffen* **3** *verdienen, erringen, gewinnen* **4** *erlernen* ▸ sich das Vertrauen seines Vorgesetzten ~; er hat sich große Fertigkeiten auf diesem Gebiet erworben; etwas käuflich ~; erworbene Eigenschaften *nicht angeborene E.;* Abl *Erwerbung*

Er|wer|ber ⟨der; -s, -⟩ *jmd., der etwas erwirbt* ▸ ~ eines Gebäudes; Abl *Erwerberin*

Er|werbs|ar|beit ⟨die; -, -en⟩ *Arbeit, die jmd. als Beruf zu Erwerbszwecken ausübt*

er|werbs|los ⟨Adj.⟩ *arbeitslos, ohne Verdienst;* Abl *Erwerbslose(r), Erwerbslosigkeit*

er|werbs|tä|tig ⟨Adj.⟩ *berufstätig, in Arbeit stehend;* Abl *Erwerbstätige(r), Erwerbstätigkeit*

er|werbs|un|fä|hig ⟨Adj.⟩ *durch geistige od. körperliche Beeinträchtigungen nicht imstande, sich seinen Lebensunterhalt selbst zu verdienen;* Abl *Erwerbsunfähigkeit*

er|wi|dern ⟨V. trans.; er|wi|dert, er|wi|der|te, hat er|wi|dert⟩ **1** etwas (auf etwas) ~ *antworten, entgegnen* **2** etwas (mit etwas) ~ *vergelten, etwas für etwas geben, in gleicher Weise zurückgeben* ▸ „Ja", erwiderte er; er erwiderte, dass er sich bereits mehrfach gemeldet hätte; einen Besuch, eine Gefälligkeit, jmds. Gefühle, Grüße, Wohltaten ~; ihre Liebe wurde nicht erwidert; auf seine Frage erwiderte sie ausweichend, freundlich, höflich, kurz, ungeduldig Abl *Erwiderung*

er|wie|sen → *erweisen*

er|wie|se|ner|ma|ßen ⟨Adv.⟩ *wie bereits erwiesen ist, nachweislich* ▸ er ist ~ dort gewesen; →a. *erweisen*

er|wir|ken ⟨V. trans.; er|wirkt, er|wirk|te, hat erwirkt⟩ etwas ~ *erreichen, durch Bemühung, Bitten erlangen, herbeiführen, veranlassen* ▸ die Erlaubnis, eine Zahlung ~

er|wirt|schaf|ten ⟨V. trans.; er|wirt|schaf|tet, erwirt|schaf|te|te, hat er|wirt|schaf|tet⟩ Gewinn ~ *durch (gutes) Wirtschaften erzielen* ▸ das Unternehmen konnte in diesem Jahr keinen Gewinn ~; Abl *Erwirtschaftung*

er|wi|schen ⟨V. trans.; er|wischt, er|wisch|te, hat er|wischt; umg.⟩ **1** jmdn. (bei etwas) ~ *ertappen, überführen, bei heimlichem Tun überraschen* **2** jmdn. ~ *gerade noch zu fassen bekommen, packen, greifen* **3** ⟨übertr.⟩ etwas ~ *durch Zufall bekommen, erlangen* ▸ ihn hat's erwischt ⟨umg.⟩ *er ist erkrankt, verletzt, tot, ruiniert, mit etwas Unangenehmem betraut; er hat sich verliebt;* du darfst dich nicht ~ lassen!; ich erwischte ihn, als er gerade über den Zaun klettern wollte; den Bus, Zug gerade noch ~ *erreichen*

er|wünscht ⟨Adj.; -er, am -es|ten⟩ **1** *willkommen* **2** *angenehm* ▸ wir erzielten die ~en Ergebnisse; Ihre Anwesenheit ist ~; er, sein Besuch ist (mir) nicht ~

er|wür|gen ⟨V. trans.; er|würgt, er|würg|te, hat erwürgt⟩ jmdn. ~ *durch Zuschnüren der Kehle töten, erdrosseln*

Erz ⟨das; -es, -e⟩ *Metall enthaltendes Mineral* ▸ ~e aufbereiten, gewinnen, gießen, schmelzen, waschen; Zus *Erzabbau; Eisenerz*

erz…, Erz… ⟨Vorsilbe; zur Bildung von Subst. u. Adj.; verstärkend⟩ *sehr, äußerst groß,* z. B. erzkatholisch, erzkonservativ; Erzfeind, Erzrivale

er|zäh|len ⟨V. trans.; er|zählt, er|zähl|te, hat erzählt⟩ (jmdm.) etwas ~ **1** *berichten, schildern, in Worten wiedergeben* **2** ⟨umg.⟩ *weismachen, vorreden, vorschwindeln* ▸ man erzählt sich, dass er geheiratet hat *es geht das Gerücht, dass er geheiratet hat* ▸ ein Erlebnis, Märchen, einen Traum ~; den Hergang, Verlauf von etwas ~; erzähl mir doch keine Märchen! ⟨umg.⟩ *das ist eine Lüge* ▸ sie kann anschaulich, gut, spannend ~ ▸ mir kannst du nichts, viel erzählen ⟨umg.⟩ *ich lasse mich nicht von dir belügen, ich glaube dir nicht;* kannst du mir etwas über ihn ~?; er hat von seiner Reise erzählt; erzähl mir, was du gesehen hast, wie das gekommen ist, wo du warst

Er|zäh|ler ⟨der; -s, -⟩ **1** *jmd., der etwas erzählt* **2** *erzählender Schriftsteller* ▸ Storm ist Lyriker und ~; er ist ein guter, schlechter ~; Abl *Erzählerin*

Er|zähl|kunst ⟨die; -; unz.; Lit.⟩ = *Epik*

Er|zäh|lung ⟨die; -, -en⟩ **1** ⟨i. w. S.⟩ *Bericht, Beschreibung, Schilderung von wirklichen od. erdachten Begebenheiten* **2** ⟨i. e. S.; Lit.⟩ *Form der Dichtung, kürzere Geschichte* ▸ die Kinder lauschten den ~en des Großvaters; ~en herausgeben, lesen, schreiben, verfassen, veröffentlichen; jmds. ~ mit Interesse zuhören; die ~ ist frei erfunden; er hat eine historische ~ geschrieben; eine interessante, langweilige, spannende, rührende, unterhaltsame ~

Erz|bi|schof ⟨der; -(e)s, -schö|fe; kath. Kirche⟩ *der erste Bischof einer Kirchenprovinz (Erzdiözese), dem die anderen Bischöfe unterstehen;* Abl *erzbischöflich*

Erz|en|gel ⟨der; -s, -⟩ *jeder der vier höchsten Engel*

er|zeu|gen ⟨V. trans.; er|zeugt, er|zeug|te, hat erzeugt⟩ **1** Waren, Gas, Kraft ~ *hervorbringen, schaffen, herstellen, produzieren* **2** Angst ~ *verursachen, hervorrufen*

Er|zeu|ger ⟨der; -s, -⟩ **1** *Hersteller, Fabrikant;* Zus *Erzeugerland* **2** ⟨umg.; meist abwertend⟩ *Vater* ▸ der Weg einer Ware vom ~ zum Verbraucher

Er|zeug|nis ⟨das; -nis|ses, -nis|se⟩ **1** *das, was erzeugt worden ist, Ergebnis einer Tätigkeit, Produkt, Fabrikat* **2** ⟨übertr.⟩ *Frucht der Arbeit* ▸ künstlerisches ~

er|zie|hen ⟨V. trans.; er|zieht, er|zog, hat er|zo|gen⟩ jmdn. ~ *in einer bestimmten Weise auf jmdn. einwirken, ihn zu lenken versuchen, jmds. Fähigkeiten u. Eigenschaften ausbilden* ▸ ein Kind gut, schlecht ~; durch Güte, Strenge, gutes Vorbild ~; ein Kind zu Selbstständigkeit, Toleranz ~; ein gut, schlecht erzogenes Kind

Er|zie|her ⟨der; -s, -⟩ **1** *Lehrer, Pädagoge* **2** *ausgebildeter Betreuer von Kindern in Kindergärten, -horten u. Ä.* (Berufsbez.) ▸ ein guter, schlechter, der geborene ~ sein; als ~ arbeiten; Abl *Erzieherin*

er|zie|he|risch ⟨Adj.⟩ *die Erziehung betreffend, zur Erziehung geeignet, auf Erziehung beruhend, mit ihrer Hilfe* ▸ ~e Maßnahmen; ~ auf jmdn. einwirken

Er|zie|hung ⟨die; -; unz.⟩ *planmäßige u. zielgerichtete Einwirkung auf junge Menschen, um sie mit all ihren Fähigkeiten u. Eigenschaften zu formen u. auszubilden* ▸ ihm fehlt jede ~; eine gute, mangelhafte, schlechte, strenge ~ genießen, haben, erhalten; sie vernachlässigt die ~ ihrer Kinder; ihm fehlt es an der nötigen ~ ▸ sich auf seine gute ~ besinnen ⟨scherzh.⟩ *sich zu gutem Betragen aufraffen;* ~ zur Höflichkeit und zur Rücksicht auf andere; Zus *Erziehungsberatung, Erziehungsmaßnahme, Erziehungsmethode; Kindererziehung*

Er|zie|hungs|be|rech|tig|te(r) ⟨die; -n, -n (der; -n, -n)⟩ *jeder, der elterliche Gewalt ausübt, Eltern, Vormund* ▸ das Formular ist von einem Erziehungsberechtigten zu unterschreiben

Er|zie|hungs|geld ⟨das; -(e)s, -er⟩ *finanzielle staatliche Unterstützung, die für einen bestimmten Zeitraum nach der Geburt dem Elternteil gewährt wird, der nicht od. nur halbtags berufstätig ist u. sich der Betreuung u. Erziehung des Kindes widmet;* Syn *Elterngeld*

er|zie|len ⟨V. trans.; er|zielt, er|ziel|te, hat er|zielt⟩ **1** einen Erfolg, Gewinn, Preis, ein Ergebnis ~ *erlangen, erreichen;* Abl *erzielbar* **2** ein Tor ~ *schießen;* Abl *Erzielung*

er|zür|nen ⟨V.; er|zürnt, er|zürn|te, hat er|zürnt⟩ **I** ⟨V. trans.⟩ jmdn. ~ *zornig machen, reizen* **II** ⟨V. refl.⟩ sich (über jmdn. od. etwas) ~ *(wegen jmdm. od. etwas) zornig werden*

er|zwin|gen ⟨V. trans.; er|zwingt, er|zwang, hat erzwun|gen⟩ etwas (von jmdm.) ~ *durch Zwang, Drohung, Gewalt erreichen* ▸ ein erzwungenes Geständnis

es[1] ⟨persönl. Pron. für die 3. Pers. Sing. Neutrum⟩ **I** ⟨persönlich⟩ **1** ⟨als Subj.⟩ **1.1** ⟨für ein einzelnes Wort⟩ ~ (das Kind) spielt; ~ (das Geschäft) ist geschlossen **1.2** ⟨für einen Satzinhalt⟩ er sagte mir gestern, dass der Streit beigelegt sei, doch ~ war mir nicht neu; erzähl doch, was passiert ist! ja, ~ war so: …; so war ~ nicht! **2** ⟨als Ersatz für das Prädikativ⟩ du bist gesund, ich bin ~ nicht; ist er da? er ist ~; wer ist ~? ich bin ~ (ich bin's/bins) **3** ⟨als Akkusativobj.⟩ **3.1** ⟨für ein einzelnes Wort⟩ sie nimmt ~ (z. B. das Bild, das Buch, das Zimmer); er prüft ~ noch (das Angebot) **3.2** ⟨für einen Satzinhalt⟩ schade, dass er nicht gekommen ist, er wird ~ bestimmt bereuen **II** ⟨unpersönlich⟩ **1** ⟨als unbest. Subj.⟩ **1.1** ⟨für ein einzelnes Wort⟩ ~ drängt, wir müssen uns beeilen; ~ klopft an der Tür; ~ ist draußen schon dunkel **1.2** ⟨für einen Satzinhalt⟩ ~ ist (nicht) ausgeschlossen, dass sie kommt; ~ entspricht den Tatsachen, dass er gekündigt hat; ~ freut mich, dass sie glücklich sind; ~ kann sein; ~ scheint, als ob alle zufrieden sind; ~ sei denn, dass er verreist ist; ~ ist nicht so; ~ ist wahrscheinlich, möglich; ~ ist wirklich so, dass sie bald heiraten werden; ~ ist (nicht) wahr; ~ ist (nicht) an dem ⟨österr.⟩; ~ ist 8 Tage her, seit ich ihn das letzte Mal gesehen habe; ~ ist Zeit (z. B. zu gehen); ~ überrascht mich (nicht), dass sie die Stelle bekommen hat **2** ⟨als unbest. Obj.⟩ ich halte ~ nicht mehr aus!; er wird ~ gut bei ihr haben; sie meint ~ gut mit ihm; ich kann ~ mir denken; er kann ~ (kann's/kanns) nicht **3** ⟨verstärkend bei nachgestelltem Subj.⟩ ~ geschah etwas Merkwürdiges; ~ lebe die Republik!; ~ ist genügend Arbeit, zu essen da; ~ ist Tag, Nacht **4** ⟨bei unpersönl. Verben⟩ ~ blitzt, donnert, hagelt, regnet, schneit **5** ⟨bei persönl. Verben⟩ ~ dürstet, friert, hungert mich; ~ gelüstet, verlangt mich nach … **6** ~ wird Englisch gesprochen *man spricht E.;* ~ wird getanzt; auf diesem Weg geht ~ sich besser

es[2] **I** ⟨das; -, -; Mus.⟩ *Tonbezeichnung, das um einen halben Ton erniedrigte e* **II** ⟨Mus.; Abk. für⟩ *es-Moll (Tonartbez.)*

Es **I** ⟨das; -, -; Mus.⟩ *Tonbezeichnung, das um einen halben Ton erniedrigte E;* Zus *Es Dur, es-Moll* **II** ⟨ohne Artikel; Mus.; Abk. für⟩ *Es-Dur*

Esche ⟨die; -, -n; Bot.⟩ *ein Laubbaum*

Esel ⟨der; -s, -⟩ **1** ⟨Zool.⟩ *graues Tier mit Quastenschwanz u. langen Ohren, das bes. früher zum Tragen von Lasten eingesetzt wurde;* Abl *Eselin* **2** ⟨übertr.; umg.⟩ *Dummkopf, Tölpel* ▸ er ist störrisch wie ein ~ *dickköpfig, stur*

Esels|brü|cke ⟨die; -, -n; übertr.⟩ *einfache Denkhilfe für schwer merkbare Dinge* ▸ ich muss mir eine ~ bauen, sonst vergesse ich das wieder

E

E

...esk ⟨Nachsilbe; zur Bildung von Adj.⟩ *in der Art von jmdm. od. etwas, wie jmd. od. etwas,* z. B. clownesk, kafkaesk

es|ka|lie|ren ⟨V. intr.; es|ka|liert, es|ka|lier|te, hat/ist es|ka|liert⟩ *sich schrittweise steigern, stufenweise zunehmen, anwachsen (u. schließlich außer Kontrolle geraten);* Ggs *deeskalieren* ▸ die Gewalt eskalierte in den letzten Tagen; Abl *Eskalation*

Es|ka|pa|de ⟨die; -, -n⟩ *gewagte, exzentrische Handlung, insbesondere mutwilliger Streich od. Seitensprung* ▸ ich werde deine ~n nicht länger dulden!

Es|ki|mo I ⟨der; - od. -s, - od. -s; z. T. als diskriminierend empfundene Bez. für⟩ *Inuit* II ⟨das; -; unz.⟩ *die Sprache der Inuit;* Syn *Eskimosprache*

Es|kor|te ⟨die; -, -n⟩ *Begleitmannschaft, Geleit, Bedeckung* ▸ mit einer ~ zum Flughafen fahren; von einer ~ begleitet werden

es|kor|tie|ren ⟨V. trans.; es|kor|tiert, es|kor|tier|te, hat es|kor|tiert⟩ jmdn. ~ *jmdm. das Geleit geben, jmdn. durch Geleit sichern, bewachen*

Eso|te|rik ⟨die; -; unz.⟩ **1** *(mystische, religiöse, philosophische) Geheimlehre, die nur Eingeweihten zugänglich ist* **2** *Lehre von den nicht rational zu erfassenden (außersinnlichen, okkulten) Phänomenen* **3** *esoterische Geisteshaltung, esoterische Beschaffenheit;* Abl *Esoteriker(in)*

eso|te|risch ⟨Adj.⟩ **1** *in der Art der Esoterik, nur Eingeweihten zugänglich* **2** *außersinnlich erfassbar, okkult*

Es|pe ⟨die; -, -n; Bot.⟩ = *Zitterpappel*

Es|pen|laub ⟨das; -s; unz.⟩ *Blätter der Espe* ▸ zittern wie ~ ⟨übertr.⟩ *heftig zittern*

Es|pres|so ⟨der; -s, -s od. -pres|si⟩ *starker Kaffee nach italienischer Art*

Es|p|rit ⟨[-priː] der; -s; unz.⟩ *geistreicher Witz, beschwingte Geistigkeit* ▸ er hat ~

Es|say ⟨[ɛseː] der od. das; -s, -s; Lit.⟩ *literarische Kunstform, Abhandlung in knapper, geistvoller, allgemein verständlicher Form* ▸ einen ~ über moderne Musik schreiben; Abl *Essayist(in), Essayistik; essayistisch*

ess|bar ⟨Adj.⟩ *so beschaffen, dass man es essen kann, genießbar;* Abl *Essbarkeit*

es|sen ⟨V. trans. u. V. intr.; isst, aß, hat ge|ges|sen⟩ (etwas) ~ *(als) Nahrung zu sich nehmen* ▸ täglich einen Apfel ~; Brot, Kuchen, Obst, Süßigkeiten, Torte ~; ich möchte nur eine Kleinigkeit ~ ▸ ~ gehen *zum Essen in eine Gaststätte gehen* ▸ der Patient darf wieder alles ~; etwas (nicht) gern ~; gut ~ und trinken; es wird nichts so heiß gegessen, wie es gekocht wird ⟨Sprichw.⟩ *es ist nichts so schlimm, wie es anfangs aussieht;* hast du dich auch satt gegessen?; dreimal täglich ~; viel, wenig ~ ▸ aus der Schüssel, vom Teller ~; ich bin gerade beim Essen; ich esse gerade; hast du schon gegessen?; jmdm. etwas zu ~ geben; zu Abend, zu Mittag ~; wir sind zum Essen eingeladen; ein Ei zum Frühstück ~ ▸ was wollen wir denn ~?; was gibt's denn heute zu ~?; Abl *Esserei;* Zus *Essbesteck, Essgeschirr, Esstisch* ⓘ S. 360, *Esszimmer*

Es|sen ⟨das; -s, -⟩ **1** *Nahrung, Gericht, Speise* **2** *Mahlzeit;* Zus *Abendessen, Mittagessen* **3** *Vorgang, bei dem man Nahrung zu sich nimmt* ▸ das ~ auftragen (auf den Tisch); das ~ bestellen (beim Kellner); ein festliches ~ geben, veranstalten; das ~ kochen, machen ⟨umg.⟩; die Kinder zum ~ rufen; sein: das ~ ist angebrannt; das ~ ist in diesem Restaurant sehr gut und preiswert; das ~ ist fertig; das ~ steht bereits auf dem Tisch; das ~ wird kalt ▸ ein gutes, leichtes, nahrhaftes, pikantes, schmackhaftes ~; wir kochen jeden Tag ein warmes ~ ▸ das ~ auf den Tisch bringen, stellen; ein ~ für zwanzig Personen; nach dem ~ lege ich mich ein Stündchen hin; vor dem ~ einen Aperitif trinken; bitte zum ~! *zu Tisch;* bleiben Sie bitte zum ~!; jmdn. zum ~ einladen

Es|sens|mar|ke ⟨die; -, -n⟩ *Wertmarke für Angestellte od. Studenten, die in der Kantine, in der Mensa od. in Gaststätten eingelöst wird*

Es|sens|zeit ⟨die; -, -en⟩ *Zeit zum Einnehmen der Mahlzeit* ▸ es ist ~

es|sen|ti|ell ⟨[-tsjɛl] Adj.⟩ = *essenziell*

Es|senz ⟨die; -, -en⟩ I ⟨unz.⟩ *Wesen, Wesenheit* ▸ die ~ einer Lehre II ⟨zählb.⟩ *konzentrierte Lösung von Geschmacks- od. Duftstoffen zur Aromatisierung von Nahrungs- u. Genussmitteln* ▸ wohlriechende ~en; Zus *Essigessenz*

es|sen|zi|ell ⟨Adj.⟩ *wesentlich, wesenhaft;* oV *essentiell;* ▸ ~e Fettsäuren, Aminosäuren *für den menschlichen Körper lebensnotwendige Bestandteile, die mit der Nahrung aufgenommen werden*

Es|ser ⟨der; -s, -⟩ *jmd., der etwas isst, Nahrung zu sich nimmt* ▸ er ist ein guter ~; Abl *Esserin*

Es|sig ⟨der; -(e)s, -e⟩ *saures Würz- u. Konservierungsmittel, das hauptsächlich aus verdünnter Essigsäure besteht* ▸ es ist ~ damit ⟨übertr.; umg.⟩ *es ist aus damit, es wird nichts;* Früchte, Gurken in ~ einlegen; den Salat mit ~ und Öl anmachen; Zus *Apfelessig, Kräuteressig, Weinessig*

Es|sig|gur|ke ⟨die; -, -n⟩ *in Essig eingelegte Gurke*

Es|sig|säu|re ⟨die; -; unz.; Chem.⟩ *Säure mit stechendem Geruch, die in vielen pflanzl. u. tierischen Produkten vorkommt u. der größte Bestandteil von Speiseessig ist*

Ess|kas|ta|nie ⟨[-njə] die; -, -n⟩ *essbare Frucht der Kastanie, Marone*

Ess|löf|fel ⟨der; -s, -⟩ *großer Löffel, Suppenlöffel* ▸ ⟨a. als Mengenbez.⟩ ein ~ voll; Abl *esslöffelweise*

Ess|stö|rung ⟨die; -, -en⟩ *Störung, psychosomatische Erkrankung o. Ä. bezüglich der Nahrungsaufnahme* ▸ Bulimie wird häufig nicht als ~ erkannt

Es|ta|b|lish|ment ⟨[ɪstæblɪʃ-] das; -s; unz.⟩ *Gesamtheit der Personen, die in einer modernen Gesellschaftsordnung einflussreiche Stellen innehaben u. die Erhaltung der bestehenden Ordnung anstreben*

Es|te ⟨der; -n, -n⟩ *Einwohner von Estland;* Syn *Estländer;* Abl *Estin*

est|nisch ⟨Adj.⟩ *Estland betreffend, zu Estland gehörig, von dort stammend;* Syn *estländisch* ▸ ~e

Sprache *zur finn.-ugr. Sprachfamilie gehörende Sprache der Esten*

Es|t|ra|gon ⟨der; -s; unz.; Bot.⟩ *eine Pflanze, die als Zusatz zu Essig u. als Gewürz benutzt wird*

Est|rich ⟨der; -s, -e⟩ **1** *Fußboden, der aus Lehm, Zement u. a. besteht u. auf den Parkett, Fliesen, Teppichboden usw. gelegt wird* **2** ⟨schweiz.⟩ *Dachboden*

Es|zett ⟨das; -, -⟩ *der Buchstabe „ß"*

eta|b|lie|ren ⟨V.; eta|b|liert, eta|b|lier|te, hat eta|b-liert⟩ **I** ⟨V. trans.⟩ etwas ~ *gründen, errichten* **II** ⟨V. refl.⟩ sich ~ **1** *sich niederlassen (als Geschäftsmann), ein Geschäft eröffnen* **2** *eine gesicherte Position erlangen* ▸ es ist fraglich, ob sich das neue Produkt auf dem Markt ~ kann; er konnte sich in seinem Job inzwischen ~; er hat sich als Schauspieler etabliert; sie ist mittlerweile eine etablierte Designerin

Eta|b|lis|se|ment ⟨[-blıs(ə)mãː] das; -s, -s⟩ **1** *Geschäft, Unternehmen, Niederlassung* **2** *Vergnügungsstätte* **3** ⟨verhüllend⟩ *Bordell*

Eta|ge ⟨[etaːʒə] die; -, -n⟩ *Stockwerk, Obergeschoss* ▸ wir wohnen in der ersten ~; die Wohnung liegt in der zweiten ~

Eta|gen|bett ⟨[etaːʒən-] das; -(e)s, -en⟩ *auf einem anderen stehendes Bett (bes. als Kinderbett)*

Etap|pe ⟨die; -, -n⟩ *Teilstrecke, Abschnitt, Stufe, Zeitspanne* ▸ eine wichtige ~ seines Lebens hinter sich bringen ⟨übertr.⟩; Zus *Etappensieg*

Etat ⟨[etaː] der; -s, -s⟩ **1** *Voranschlag, Haushaltsplan, Staatshaushalt* **2** *Vermögensstand, Bestand* **3** ⟨schweiz.⟩ *Mitglieder-, Funktionärverzeichnis (eines Verbandes)* **4** ⟨umg.⟩ *Summe, mit der man eine bestimmte Zeit auskommen muss* ▸ einen ~ aufstellen; den ~ über-, unterschreiten; der ~ für die sozialen Institutionen wurde gekürzt; das ist im ~ nicht vorgesehen

etc. ⟨Abk. für lat.⟩ *et cetera*

et ce|te|ra ⟨Abk.: etc.⟩ *und so weiter*

ete|pe|te|te ⟨Adj.; umg.; abwertend⟩ *zimperlich, geziert, übertrieben wählerisch* ▸ seine Frau ist immer so ~

Ethik ⟨die; -; unz.⟩ **1** *Lehre vom moralischen Verhalten des Menschen* **2** *ethische (2) Anschauung* ▸ eine menschenfreundliche ~ vertreten

ethisch ⟨Adj.⟩ **1** *die Ethik betreffend, hinsichtlich der Ethik, zu ihr gehörend* **2** *sittlich, moralisch* **3** *sittlich gut*

Eth|nie ⟨die; -, -n⟩ *Stamm, Volk od. Volksgruppe*

eth|nisch ⟨Adj.⟩ *zur Ethnologie gehörig, auf ihr beruhend, volkseigentümlich*

Eth|no|lo|gie ⟨die; -; unz.⟩ = *Völkerkunde;* Abl *Ethnologe, Ethnologin; ethnologisch*

Ethos ⟨das; -; unz.⟩ *moralisches Verhalten, sittliche Einstellung;* Zus *Arbeitsethos, Berufsethos*

Eti|kett ⟨das; -(e)s, -e od. -s⟩ *Warenkennzeichen, Aufschrift, Preiszettel, Preisschild* ▸ neue Waren mit einem ~ versehen

Eti|ket|te ⟨die; -; unz.⟩ *feine Sitte, gesellschaftl. Umgangsformen* ▸ sich ganz nach der ~ richten; gegen die ~ verstoßen

Eti|ket|ten|schwin|del ⟨der; -s; unz.; umg.; abwertend⟩ *Schwindel, bei dem in betrügerischer Absicht eine bekannte Bezeichnung für eine minderwertige Ware verwendet wird* ▸ ~ betreiben

eti|ket|tie|ren ⟨V. trans.; eti|ket|tiert, eti|ket|tier|te, hat eti|ket|tiert⟩ etwas ~ *mit einem Etikett versehen;* Abl *Etikettierung*

et|li|che ⟨Indefinitpron.⟩ *einige, viele* ▸ ~ dieser Beispiele; ~ Mal(e) *viele Male;* ~ Neue kamen hinzu; mit ~n Neuen; es liegt nun schon ~ Tage zurück; ~ der Teilnehmer; nach ~n Stunden ▸ nur ~ stimmten zu; ~ unter, von den Zuschauern

et|li|ches ⟨Indefinitpron.⟩ *einiges, manches, etwas* ▸ in der Garage hat sich ~ angesammelt; ich habe hierbei ~ zu beanstanden

Etü|de ⟨die; -, -n; Mus.⟩ *Musikstück zum Üben der Fingerfertigkeit* ▸ ~n von Chopin

Etui ⟨[etviː] od. [etyiː] das; -s, -s⟩ *Futteral, Behälter;* Zus *Brillenetui, Füllhalteretui, Zigarettenetui*

et|wa[1] ⟨Adv.⟩ *ungefähr, annähernd* ▸ es sind jetzt ~ acht Tage, vier Wochen vergangen; es dauerte ~ fünf Minuten; es sind ~ 35 Schüler in einer Klasse; ~ um zwölf Uhr; man könnte ~ sagen … ⟨umg.⟩ *beispielsweise;* in ~ ⟨umg.⟩ *etwa, ungefähr;* es waren in ~ 500 Personen

et|wa[2] ⟨Abtönungspartikel⟩ *vielleicht, am Ende, wohl gar* ▸ ~ nicht? *ist es nicht so?;* nicht ~, dass du meinst, ich hätte keine Lust; willst du ~ schon gehen?; hast du das ~ vergessen?

et|wa|ig ⟨Adj.⟩ *möglich, möglicherweise, eventuell, unvorhergesehen* ▸ ~e Ausgaben, Zwischenfälle

etwas/nichts

Etwas ist ein unbestimmtes Pronomen, mit der Bedeutung „ein bisschen" oder „irgendeine Sache": *Kannst du mir den Vorfall etwas genauer schildern? Wir haben zu Hause schon etwas gegessen. Hast du nicht etwas vergessen?*
In der Umgangssprache wird *etwas* häufig zu *was* verkürzt: *Wir haben zu Hause schon was gegessen. Hast du was vergessen?*
Für die Verneinung von *etwas* oder *was* verwendet man das unbestimmte Pronomen *nichts: Wir haben zu Hause nichts gegessen. Hast du nichts vergessen?* Wird das verneinte *etwas* von einem Relativsatz gefolgt, so ist es meistens stilistisch besser, die Verneinung mit *nicht etwas* statt mit *nichts* auszudrücken: *Er kann doch nicht etwas wollen, was ihm schadet.* (Anstelle von: *Er kann doch nichts wollen, was ihm schadet.*)

et|was ⟨Indefinitpron.; umg. verkürzt zu „was"⟩ **1** *ein wenig, ein bisschen* **2** *irgendeine Sache* **3** *Besonderes, Gewichtiges* ▸ ~, was unangenehme Folgen haben kann; das ist ~ (ganz) anderes/Anderes; ~ anderes/Anderes wäre es, wenn sie krank wäre ▸ ~ Ähnliches habe ich schon einmal gesehen; ihm fehlt ~ Ausdauer, Geduld; ~ Brot, Butter, Geld, Salz; ~ Englisch, Französisch, Spanisch sprechen; ~ Gutes essen; ich habe ~ Neues kennengelernt; ~ Ordentliches lernen 〈umg.〉 *einen ordentlichen Beruf;* haben Sie ~ Passendes gefunden?; ~ Schönes erleben ▸ wenn du ~ erfahren solltest, ruf mich an; du musst ~ essen *eine Kleinigkeit;* es will schon ~ heißen, wenn sie so wütend ist; hast du ~ gehört? (über diese Angelegenheit); dort muss ~ passiert sein; ich will Ihnen einmal ~ sagen 〈umg.〉 *meine Meinung;* hast du ~ dazu zu sagen?; sein: das ist doch wenigstens ~! *besser als nichts;* er versteht ~ davon; ich möchte noch ~ warten; weißt du ~ darüber?; aus ihm kann noch ~ werden; daraus kann ~ werden ▸ ~ besser, mehr, schöner, weniger; ich bin ~ müde; das kommt (mir) ~ plötzlich, ungelegen, überraschend *einigermaßen;* darf es ~ mehr sein? *(Frage des Verkäufers beim Abwiegen);* auf ~ mehr oder weniger kommt es nicht an ▸ an ~ denken, glauben; sich auf ~ vorbereiten; gib mir ~ davon; das wäre ~ für mich; noch ~ mehr, bitte!; nur ~; ~ oberhalb, unterhalb davon liegt unser Urlaubsort; so ~ habe ich noch nicht erlebt, gehört, gesehen; so ~ möchte ich haben; er hat ~ von einem Künstler an sich *er wirkt wie ein K.;* ich brauche ~ zum Lesen

Et|was 〈das; -, -〉 *nicht näher zu bezeichnende, unbestimmte Sache od. Eigenschaft* ▸ sie hat so ein gewisses ~ *einen Reiz, den man nicht näher beschreiben kann*

Ety|mo|lo|gie 〈die; -, -n; Sprachw.〉 **I** 〈unz.〉 *Lehre von der Herkunft der Wörter, Wortforschung* **II** 〈zählb.〉 *Herkunft, Geschichte eines Wortes;* Abl *etymologisch*

EU

Mit der Abkürzung *EU* wird der große europäische Staatenbund, die *Europäische Union,* bezeichnet. Hervorgegangen ist diese aus der im Jahr 1952 gegründeten Europäischen Wirtschaftsgemeinschaft (EWG), zu deren Gründungsmitgliedern – neben Belgien, Frankreich, Italien, Luxemburg und den Niederlanden – die Bundesrepublik Deutschland zählte. Im Zuge mehrerer Erweiterungen vergrößerte sich die Mitgliederzahl bis zum Jahr 2007 auf 27. Während Österreich seit 1995 EU-Mitglied ist, hat die Schweiz 1992 ein von der Bevölkerung bislang abgelehntes Beitrittsgesuch eingereicht. In erster Linie soll die *EU* die wirtschaftliche Stärke, die politische Stabilität sowie den inneren Zusammenhalt der Mitgliedsstaaten fördern. Außerdem ist sie zuständig für die Wahrung der Bürgerrechte, die Gewährleistung von Freiheit, Sicherheit und Recht und die Wahrnehmung einer gemeinsamen europäischen Außen- und Sicherheitspolitik.

Die bekanntesten Organe der *Europäischen Union* sind das in Brüssel und Straßburg tagende Europäische Parlament (EP), die Europäische Kommission als ausführendes Organ und der Rat der Europäischen Union (oder EU-Ministerrat) als zentrales Entscheidungsorgan. Da die beiden letzteren in der belgischen Hauptstadt Brüssel ansässig sind, wird dies oft als Synonym für *EU* gebraucht. Daneben gibt es zwei Institutionen mit Sitz in Luxemburg, nämlich den Europäischen Gerichtshof, zuständig für die Erarbeitung einer gemeinsamen europäischen Rechtsgrundlage und die Einhaltung und Rechtmäßigkeit der in der EU gültigen Gesetze, sowie den Europäischen Rechnungshof, der die Haushaltsführung der EU und der einzelnen Mitgliedstaaten prüft. In Frankfurt am Main sitzt die Europäische Zentralbank (EZB), die die gemeinsame Währungspolitik der EU-Staaten gestaltet.

EU 〈Abk. für〉 *Europäische Union;* →a. *europäisch*

euch 〈Dat. u. Akk. des Personalpron. 2. Pers. Pl.〉 ich will es ~ sagen; ich habe ~ gern; ich grüße ~ alle herzlich; 〈in Briefen Groß- od. Kleinschreibung〉 wir grüßen euch/Euch herzlich

Eu|cha|ris|tie 〈[-ça-] die; -, -n〉 **1** *Dankgebet vor dem Abendmahl* **2** *das Abendmahl selbst*

eu|er[1] 〈Gen. des Possessivpron. 2. Pers. Pl.〉 ist dies ~ Ball? *gehört er euch?;* ist das ~ Haus?; ~ Lehrer hat mir das gesagt; ich kenne eure Mutter gut; das haben eure Söhne getan ▸ 〈in Briefen Groß- od. Kleinschreibung〉 euer/Euer; viele Grüße sendet euch/Euch euer/Euer Thomas ▸ 〈in Titeln Großschreibung〉 Euer, Eure Exzellenz; Euer, Eure Majestät; Bes *bei der Flektion von „euer" entfällt das zweite „e": „eure, eures, euren, eurem"*

eu|er[2] 〈Gen. des Personalpron. „ihr"; Pl.〉 ~ sind drei; ~ sind nur wenige; wir gedenken euer

eu|ers|glei|chen 〈Pron.; undekl.〉 = *euresgleichen*

eu|ert|we|gen 〈Adv.〉 = *euretwegen*

eu|ert|wil|len 〈Adv.〉 = *euretwillen*

Eu|ka|lyp|tus 〈der; -, - od. -lyp|ten; Bot.〉 *ein bis zu 150 m hoher Baum, dessen Blätter ein ätherisches Öl enthalten, das u. a. gegen Erkältungen wirkt;* Zus *Eukalyptusbonbon*

Eu|le 〈die; -, -n; Zool.〉 *nächtlich jagender Raubvogel mit krummem, kurzem Schnabel u. großen Augen, die zum Sehen in der Dämmerung geeignet sind* ▸ ~n nach Athen tragen 〈übertr.〉 *etwas Überflüssiges tun*

Eu|nuch 〈der; -en, -en〉 *Kastrat als Haremswächter*

Eu|phe|mis|mus 〈der; -, -mis|men〉 *beschönigende Bezeichnung, sprachliche Verhüllung,* z. B. „einschlafen" für „sterben"; Abl *euphemistisch*

Eu|pho|rie 〈die; -; unz.〉 *Gefühl gesteigerten Wohlbefindens, z. B. nach dem Genuss von Rauschmitteln od. (bei Kranken) unmittelbar vor dem Tode, abnorme Heiterkeit;* Abl *euphorisch*

eu|re 〈Possessivpron.; 2. Pers. Pl.〉 → *euer*[1] ▸ der, die, das ~ 〈geh.〉 *das, was (von mehreren Dingen) euch gehört;* das Eure/eure 〈geh.〉 *das, was euch gehört, zusteht, zukommt, euer Besitz*

eu|res|glei|chen 〈Pron.; undekl.; meist etwas abfällig〉 *Leute wie ihr, Leute, die euch gleich sind;* oV *euersgleichen* ▸ 〈in Briefen Groß- od. Kleinschreibung〉 euresgleichen/Euresgleichen

eu|ret|we|gen 〈Adv.〉 *euch zuliebe;* oV *euertwegen;* Syn *eurethalben* ▸ 〈in Briefen Groß- od. Kleinschreibung〉 euretwegen/Euretwegen

eu|ret|wil|len 〈Adv.〉 um ~ *euch zuliebe;* oV *euertwillen* ▸ 〈in Briefen Groß- od. Kleinschreibung〉 euretwillen/Euretwillen

eu|ri|ge 〈Possessivpron.〉 = *eure* ▸ die Eurigen/eurigen *die Euren, eure Angehörigen*

Euro

Als gemeinsame europäische Währungseinheit wurde der *Euro* (Zeichen: €) am 1.1.1999 eingeführt. Seit dem 1.1.2002 ist er in der Europäischen Wirtschafts- und Währungsunion (EWWU) auch als Bargeld in Umlauf und löste in damals 12 Staaten (zu denen auch Deutschland und Österreich gehörten) die jeweiligen nationalen Währungen ab. Mit dem Beitritt Maltas und Zyperns zur Währungsunion ist der *Euro* vom 1.1.2008 an die offizielle Währung in 15 der 27 EU-Staaten.
Ein *Euro* ist in 100 Cent unterteilt. Während seine Münzwerte eine einheitliche Vorderseite und eine je nach Land verschieden gestaltete Rückseite haben, sehen die Banknoten in allen Ländern gleich aus. Die vom Dollar abgesehen zweitwichtigste Währungseinheit der Welt wird von der Europäischen Zentralbank mit Sitz in Frankfurt am Main verwaltet.

Eu|ro 〈der; - od. -s, -s od. (bei Zahlenangaben) -; Zeichen: €〉 *europäische Währungseinheit* ▸ der Kaffee kostet hier zwei ~; hast du einen ~ für den Einkaufswagen?; kannst du mir fünf ~ borgen?

Eu|ro|land 〈das; -(e)s; unz.; umg.〉 *Gesamtheit der europäischen Ländern, in denen die europäische Währungseinheit gilt*

Eu|ro|pä|er 〈der; -s, -〉 *Bewohner des europäischen Kontinents;* Zus *Mitteleuropäer, Nordeuropäer, Osteuropäer, Südeuropäer, Westeuropäer*

Eu|ro|pä|e|rin 〈die; -, -rin|nen〉 *weibl. Europäer*

eu|ro|pä|isch 〈Adj.〉 *Europa betreffend, zu ihm gehörig, aus ihm stammend* ▸ das ~e Ausland *A. innerhalb Europas;* Europäische Gemeinschaft 〈Abk.: EG; 1973-1993 Bez. für〉 *Europäische Wirtschaftsgemeinschaft;* Europäische Kommission *zentrales Steuerungsorgan der Europäischen Union mit alleinigem Initiativrecht für europäische Gesetzgebungsvorschläge an Rat u. Europäisches Parlament;* Europäisches Parlament *Parlament der EU;* Europäischer Rat *Gremium, in dem die Staats- u. Regierungschefs der EU sowie der Präsident der EU-Kommission mindestens zweimal jährlich im jeweiligen Land der EU-Präsidentschaft zusammenkommen;* Europäische Union 〈Abk.: EU; seit 1.11.1993〉 *Nachfolgeorganisation der Europäischen Gemeinschaft (am 7.2.1992 im Vertrag von Maastricht gegründet);* Europäische Währungsunion 〈Abk.: EWU〉 *(seit 1991) Vereinheitlichung der europäischen Geldpolitik u. ihrer Währungen, die im Jahr 2002 zur Einführung der Währungseinheit des Euro führte;* →a. *Europäische Gemeinschaft;* Europäische Zentralbank 〈Abk.: EZB〉 *Organ der EU zur Durchführung der gemeinsamen europäischen Geldpolitik*

Eu|ro|pa|meis|ter 〈der; -s, -; Sp.〉 *Sieger bei der Europameisterschaft;* Abl *Europameisterin*

Eu|ro|pa|meis|ter|schaft 〈die; -, -en; Sp.〉 *Wettbewerb unter allen europäischen Sportlern, Mannschaften od. Vereinen in einer Sportart;* →a. *Meisterschaft*

Eu|ro|pa|par|la|ment 〈das; -(e)s; unz.; Pol.; kurz für〉 *Europäisches Parlament*

Eu|ro|pa|po|kal 〈der; -(e)s, -e; Sp.〉 **1** *für europäische Mannschaften ausgeschriebener Wettbewerb* **2** *Siegestrophäe eines Europapokals (1)*

Eu|ro|pa|rat 〈der; -(e)s, -e; Pol.; seit 1949〉 *Zusammenschluss von ca. 40 europäischen Staaten zur Förderung des sozialen u. wirtschaftlichen Fortschrittes u. zur Wahrung der Menschenrechte in den Mitgliedstaaten u. a.*

eu|ro|pa|weit 〈Adj.〉 *ganz Europa betreffend, umfassend, in ganz Europa verbreitet* ▸ ~e Verordnungen; ~ verbreitet, anerkannt sein

Eu|ro|scheck|kar|te 〈die; -, -n; Abk.: EC-Karte〉 *Scheckkarte für bargeldlosen Zahlungsverkehr*

EU-Staat 〈[e:u:-] der; -(e)s, -en〉 *Staat, der Mitglied der Europäischen Union ist*

Eu|ter 〈das; -s, -〉 *Milchdrüse beim weibl. Säugetier, z. B. bei der Kuh;* ⓘ S. 1111

Eu|tha|na|sie 〈die; -; unz.〉 *Erleichterung des Todeskampfes durch Medikamente (strafbar, wenn damit eine Verkürzung des Lebens verbunden ist);* Syn *Sterbehilfe*

ev. 〈Abk. für〉 *evangelisch*

e. V. 〈Abk. für〉 *eingetragener Verein*

eva|ku|ie|ren 〈[-va-] V. trans.; eva|ku|iert, eva|ku|ier|te, hat eva|ku|iert〉 **1** ein Gebiet ~ *von Bewohnern räumen* **2** Personen ~ *aus einem Gebiet entfernen, aussiedeln;* Abl *Evakuierung*

eva|lu|ie|ren 〈[-va-] V. trans.; eva|lu|iert, eva|lu|ier|te, hat eva|lu|iert〉 **1** etwas ~ *schätzen, den Wert von etwas bestimmen* **2** jmdn. od. etwas ~ *beurteilen;* Abl *Evaluation, Evaluierung*

evan|ge|lisch 〈[-vaŋ-] Adj.〉 **1** *zum Evangelium gehörend, auf ihm beruhend* **2** *zu den durch die Reformation entstandenen Kirchen gehörend, auf ihnen beruhend, protestantisch* ▸ ~-lutherisch 〈Abk.: ev.-luth.〉 *zur lutherischen Reformationskirche gehörend;* ~-reformiert 〈Abk.: ev.-ref.〉 *zur Reformationskirche Zwinglis u. Calvins gehörend*

Evan|ge|list 〈[-vaŋ-] der; -en, -en〉 *Verfasser eines der vier Evangelien;* →a. *Evangelium*

Evan|ge|li|um 〈[-vaŋ-] das; -s, -li|en〉 **1** *die Botschaft Jesu* **2** *die vier Schriften des NT über das Leben Jesu von Matthäus, Markus, Lukas u. Johannes* **3** *jede der vier Schriften* ▸ das ~ des Matthäus; das ~ predigen, verkünden

Event 〈[ivɛnt] der od. das; -s, -s〉 *(bes.) Ereignis, Veranstaltung, Wettkampf*

E

even|tu|ẹll ‹[-vɛn] Adj.› **I** ‹nur attr.› *möglicherweise eintretend* ▸ auf einen ~en Überfall vorbereitet sein **II** ‹nur adv.; Abk.: evtl.› *möglicherweise, vielleicht, unter Umständen* ▸ dieses Medikament kann ~ helfen; ~ komme ich später

Ever|green ‹[ɛvərgri:n] der od. das; -s, -s; Mus.› *Schlager, der Jahre hindurch immer wieder gespielt wird*

evi|dẹnt ‹[-vi-] Adj.› *augenscheinlich, offenkundig, unmittelbar einleuchtend* ▸ der Verstoß gegen das Gesetz ist ~; Abl *Evidenz*

E

Evo|lu|ti|on ‹[-vo-] die; -, -en› *allmähliche Entwicklung, besonders die der Lebewesen von niederen zu höheren Formen;* Abl *evolutionär*

evtl. ‹Abk. für› *eventuell*

ewig ‹Adj.› **1** *nie endend, zeitlos, endlos;* Ggs *endlich²* (1) **2** *unveränderlich, unvergänglich* **3** *unsterblich* **4** ‹übertr.; umg.› *sehr lange dauernd, sehr häufig wiederholt u. daher lästig* ▸ das ~e Einerlei des Alltags ist ermüdend; der ~e Frieden; die ~en Jagdgründe ‹umg.; meist scherzh.› *Reich der Toten, Tod;* ich habe diese ~en Klagen satt! ‹umg.›; an das ~e Leben glauben; das ~e Licht, die ~e Lampe *immer brennendes Licht in katholischen Kirchen;* ~er Schnee *nie ganz schmelzender Schnee im Hochgebirge;* die Ewige Stadt *Rom* ▸ das dauert ja ~! ‹umg.›; ich warte schon ~ ‹umg.› ▸ für immer und ~ zusammenbleiben; in den ~en Frieden, in die ~e Ruhe eingehen ‹poet.› *sterben;*

Ewig|ges|tri|ge(r) ‹der; -n, -n; meist Pl.› *jmd., der rückständig ist, der veraltete Ansichten vertritt* ▸ die Ewiggestrigen; er ist ein Ewiggestriger

Ewig|keit ‹die; -, -en› **1** *das Unvergängliche, Unwandelbare* **2** *das ewige Leben nach dem Tode* **3** ‹übertr.; umg.› *sehr lange Dauer* ▸ das dauert ja eine ~ ‹umg.› *sehr lange;* ich habe schon eine ~ gewartet ‹umg.›; (bis) in alle ~ *von nun an immer*

EWU ‹Abk. für› *Europäische Währungsunion*

ẹx ‹Adv.; in der Wendung› etwas (auf) ~ trinken *das Glas (mit einem Zug) leertrinken*

Ex ‹der od. die; -, -; umg.; salopp; kurz für› *Exmann, Exfrau, Exfreund, Exfreundin* ▸ sie hat zu ihrem ~ keinen Kontakt mehr

Ex... ‹Vorsilbe› *ehemalig,* z. B. Exminister

ex|akt ‹Adj.; -er, am -es|ten› **1** *genau, sorgfältig, pünktlich* **2** *streng wissenschaftlich* ▸ die ~en Wissenschaften *Mathematik u. Naturwissenschaften;* er kann sehr ~ arbeiten; sie kam ~ um 5 Uhr; er konnte keine ~en Angaben machen; sich nicht ~ ausdrücken; Abl *Exaktheit*

Ex|a|men ‹das; -s, - od. -mi|na› *Prüfung (bes. als Abschlussprüfung eines Hochschulstudiums)* ▸ das ~ bestehen; ~ machen; mündliches, schriftliches ~; sich auf ‹od.› für das ~ vorbereiten; er ist durchs ~ gefallen; im ~ durchfallen; im ~ stehen; er hat das ~ mit Eins gemacht; Zus *Examensarbeit*

ex|e|ku|tie|ren ‹V. trans.; ex|e|ku|tiert, ex|e|ku|tier|te, hat ex|e|ku|tiert› jmdn. ~ *hinrichten, töten;* Abl *Exekution*

Ex|e|ku|ti|ve ‹die; -; unz.› *die vollziehende Staatsgewalt;* Syn *ausübende Gewalt, Exekutivgewalt;* →a. *Judikative, Legislative*

Exempel/Beispiel

Obwohl die Wörter ***Exempel*** und ***Beispiel*** gleichbedeutend sind, kann man sie nur selten austauschen. Das Wort ***Exempel*** wird im modernen Deutsch überwiegend in den festen Wendungen „ein Exempel statuieren" und „die Probe aufs Exempel machen" gebraucht. Selten wird heute noch ***Exempel*** anstelle von ***Beispiel*** verwendet. Man sagt mitunter in gehobenem oder veraltetem Sprachstil: *Das war ein Exempel/Beispiel für seine Lieblosigkeit. Die Kommission nannte ein Exempel/Beispiel für die Missachtung der Menschenrechte.*
In den folgenden Sätzen ist die Verwendung von ***Exempel*** anstelle von ***Beispiel*** im Deutschen nicht möglich: *Der Redner zählte weitere Beispiele auf. Hierfür konnte er uns kein Beispiel geben. In vielen Behörden, zum Beispiel im Finanzamt, muss man häufig lange warten.*

Ex|ẹm|pel ‹das; -s, -; geh.› *(warnendes) Beispiel* ▸ ein ~ statuieren *ein abschreckendes Beispiel geben;* die Probe aufs ~ machen *die Richtigkeit einer Behauptung durch Probieren nachweisen*

Ex|em|pl|ar ‹das; -s, -e; Abk.: Expl.› *Einzelstück, Muster* ▸ zehn ~e der ersten Auflage bekommen; ein besonders schönes ~; ein seltenes ~ eines Zierfisches; Zus *Belegexemplar, Freiexemplar*

ex|em|pl|a|risch ‹Adj.› **1** *beispielhaft, musterhaft, vorbildlich* **2** *nachdrücklich* ▸ eine ~e Lösung einer Aufgabe vorführen; jmdn. ~ bestrafen

ex|er|zie|ren ‹V. intr.; ex|er|ziert, ex|er|zier|te, hat ex|er|ziert; Mil.› *militärische Übungen ausführen* ▸ während des Wehrdienstes muss man häufig ~; Zus *Exerzierplatz*

Ẹx|frau ‹die; -, -en› *von einem Mann geschiedene Ehefrau, frühere Ehefrau*

Ẹx|freund ‹der; -(e)s, -e› *früherer, ehemaliger Freund;* Abl *Exfreundin*

Ex|hi|bi|ti|o|nịs|mus ‹der; -; unz.› **1** ‹Psych.› *krankhafte Neigung zum öffentl. Entblößen der Geschlechtsteile* **2** ‹allg.› *auffälliges Verhalten mit dem Ziel, Aufmerksamkeit zu erregen;* Abl *exhibitionistisch*

Ex|hi|bi|ti|o|nịst ‹der; -en, -en› *jmd., der an Exhibitionismus (1) leidet;* Abl *Exhibitionistin*

ex|hu|mie|ren ‹V. trans.; ex|hu|miert, ex|hu|mier|te, hat ex|hu|miert› eine Leiche ~ *(zu gerichtl. Untersuchungen) wieder ausgraben;* Abl *Exhumierung*

Ex|il ‹das; -s, -e› **1** *Verbannung* **2** *Verbannungsort* **3** *Zufluchtsstätte* ▸ freiwilliges ~; im ~ leben, sterben; ins ~ gehen; jmdn. ins ~ schicken

Exi|lant ‹der; -en, -en› *im Exil lebende Person;* Abl *Exilantin*

Ex|il|li|te|ra|tur ‹die; -, -en› *die von den während*

des Nationalsozialismus im Exil lebenden Schriftstellern geschriebenen Werke

exis|tẹnt ⟨Adj.⟩ *existierend, vorhanden, wirklich*

Exis|ten|ti|a|lịs|mus ⟨der; -; unz.; Philos.⟩ = *Existenzialismus;* Abl *existentialistisch*

exis|ten|ti|ẹll ⟨Adj.⟩ = *existenziell*

Exis|tẹnz ⟨die; -, -en⟩ **1** *Dasein, Vorhandensein, Vorkommen, Wirklichkeit* **2** ⟨übertr.⟩ *Lebensunterhalt, Auskommen;* Zus *Existenzangst, Existenzkampf, Existenznot* **3** ⟨umg.⟩ *Mensch, Person* ▸ sich eine ~ als Schreiner aufbauen; sie führt eine sorglose ~; dunkle ~, fragwürdige ~ ⟨umg.⟩; gescheiterte ~ ⟨umg.⟩; eine (keine) sichere ~ haben; die ~ dieser Schriften war mir nicht bekannt; glaubst du an die ~ von Außerirdischen?

Exis|tẹnz|grün|dung ⟨die; -, -en⟩ *Gründung einer selbstständigen beruflichen Lebensgrundlage, z. B. in Form einer Firmengründung* ▸ staatliche Fördermittel für ~en

Exis|ten|zi|a|lịs|mus ⟨der; -; unz.; Philos.⟩ *Strömung der Philosophie, die den Menschen im Hinblick auf seine Existenz betrachtet;* oV *Existentialismus;* Syn *Existenzialphilosophie, Existenzphilosophie;* Abl *existenzialistisch*

exis|ten|zi|ẹll ⟨Adj.⟩ *die Existenz, das Dasein betreffend;* oV *existentiell*

Exis|tẹnz|mi|ni|mum ⟨das; -s; unz.⟩ *Mindestmaß des Einkommens, mit dem der Mensch noch leben kann* ▸ mit einem solchen Gehalt kann er nur noch am ~ leben

exis|tie|ren ⟨V. intr.; exis|tiert, exis|tier|te, hat exis|tiert⟩ **1** *vorhanden sein, bestehen, leben* **2** *auskommen, zurechtkommen* ▸ für seine Behauptungen ~ keine Beweise; hier existiert nicht einmal ein Krankenhaus; von dem Geld kann niemand ~

ex|klu|siv ⟨Adj.⟩ **1** *ausschließend* **2** *(gesellschaftl.) abgeschlossen, abgesondert* **3** *unnahbar* **4** *sehr vornehm* ▸ eine ~e Gesellschaft; ein ~er Kreis; ein ~es Restaurant; Abl *Exklusivität;* Zus *Exklusivvertrag*

ex|klu|si|ve ⟨[-və] Präp. m. Gen.; Abk.: exkl.⟩ *ausschließlich, mit Ausschluss von …, ausgenommen;* Ggs *inklusive* ▸ ~ Spesen

Ex|kre|mẹnt ⟨das; -(e)s, -e; meist Pl.⟩ *Ausscheidung, Kot, Harn*

Ex|kụrs ⟨der; -es, -e⟩ **1** *Abschweifung* **2** *Erörterung* **3** *Anhang*

Ex|kur|si|on ⟨die; -, -en⟩ *Ausflug, besonders unter wissenschaftlicher Leitung* ▸ eine botanische ~ unternehmen

Ẹx|mann ⟨der; -(e)s, -män|ner⟩ *von einer Frau geschiedener Mann, früherer Ehemann*

ex|ma|t|ri|ku|lie|ren ⟨V.; ex|ma|t|ri|ku|liert, ex|ma|t|ri|ku|lier|te, hat ex|ma|t|ri|ku|liert⟩ **I** ⟨V. trans.⟩ jmdn. ~ *aus der Matrikel streichen* **II** ⟨V. refl.⟩ sich ~ *sich aus der Matrikel streichen lassen* ▸ sich nach dem 12. Semester ~ lassen; Abl *Exmatrikulation*

Ex|ot ⟨der; -en, -en⟩ *Mensch, Tier od. Pflanze aus einem fernen, bes. tropischen Land;* oV *Exote;* Abl *Exotin*

ex|o|tisch ⟨Adj.⟩ *fremd, fremdländisch, (bes.) aus den Tropen stammend* ▸ ~e Früchte; die Musik klingt sehr ~

ex|pan|die|ren ⟨V. intr.; ex|pan|diert, ex|pan|dier|te, hat ex|pan|diert⟩ **1** *sich ausdehnen, sich ausbreiten* **2** ⟨Pol.⟩ *den staatlichen Machtbereich ausdehnen* **3** ⟨Wirtsch.⟩ *Umsätze steigern, Marktanteile vermehren u. den Einflussbereich ausweiten*

Ex|pan|si|on ⟨die; -, -en⟩ **1** ⟨Pol.⟩ *Ausdehnung des staatlichen Machtbereichs;* Zus *Expanisonspolitik* **2** ⟨Wirtsch.⟩ *Ausweitung des Einflussbereichs durch Umsatzsteigerung u. Erwerb weiterer Marktanteile* ▸ sie streben eine ~ ihres Unternehmens ins Ausland an; Abl *expansiv;* Zus *Expansionskurs*

Ex|pe|di|ti|on ⟨die; -, -en⟩ **1** *Forschungsreise* **2** *Gruppe von Forschungsreisenden;* Zus *Forschungsexpedition*

Ex|pe|ri|mẹnt ⟨das; -(e)s, -e⟩ **1** *wissenschaftlicher Versuch* **2** ⟨übertr.⟩ *(gewagtes) Unternehmen* ▸ ~e machen; chemisches, physikalisches, technisches ~; die Umstrukturierung der Firma ist ein ~

ex|pe|ri|men|tẹll ⟨Adj.⟩ **1** *auf einem Experiment beruhend, mit Hilfe eines Experimentes;* oV *experimental* **2** *mit ungewöhnlichen, vom Traditionellen abweichenden Mitteln experimentierend* ▸ ~e Kunst, Musik; eine Theorie, einen theoretisch ermittelten Vorgang ~ erproben

ex|pe|ri|men|tie|ren ⟨V. intr.; ex|pe|ri|men|tiert, ex|pe|ri|men|tier|te, hat ex|pe|ri|men|tiert⟩ *Experimente durchführen, Versuche machen;* Abl *experimentierfreudig*

Ex|pẹr|te ⟨der; -n, -n; häufig in Zus.⟩ *Sachverständiger, Fachmann;* Abl *Expertin;* Zus *Expertengruppe, Expertenkommission; Wirtschaftsexperte*

Ex|per|ti|se ⟨die; -, -n⟩ *sachverständige Begutachtung, z. B. durch einen Experten* ▸ eine ~ in Auftrag geben

ex|pli|zit ⟨Adj.⟩ *ausdrücklich, deutlich, bestimmt, ausführlich*

ex|plo|die|ren ⟨V. intr.; ex|plo|diert, ex|plo|dier|te, ist ex|plo|diert⟩ **1** *in der Art einer Explosion verlaufen;* Ggs *implodieren* **2** *lärmend bersten, platzen* **3** ⟨übertr.; umg.; scherzh.⟩ *in Zorn ausbrechen*

Ex|plo|si|on ⟨die; -, -en⟩ **1** *sehr plötzlich u. schnell verlaufendes Bersten od. Platzen durch Druck von innen od. mit Hilfe von Sprengstoffen;* →a. *Detonation;* Ggs *Implosion;* Zus *Explosionsgefahr, Explosionskraft; Bombenexplosion, Gasexplosion* **2** ⟨übertr.; umg.⟩ *plötzlicher Wutausbruch* ▸ die defekte Maschine verursachte eine ~; die ~ war weithin zu hören; bei der ~ der Anlage wurden viele Menschen verletzt

ex|plo|si|ons|ar|tig ⟨Adj.⟩ **1** *in der Art einer Explosion, wie eine Explosion* **2** ⟨übertr.⟩ *sehr rasch u. heftig* ▸ eine ~e Kostensteigerung

ex|plo|siv ⟨Adj.⟩ **1** *leicht explodierend* **2** *leicht erregbar, leicht aufbrausend, zu Zornausbrüchen neigend* ▸ ~e Stoffe; er besitzt ein ~es Temperament ⟨übertr.; umg.⟩

E

Ex|po|nat ⟨das; -(e)s, -e⟩ *Ausstellungs-, Museumsstück*

Ex|po|nent ⟨der; -en, -en⟩ **1** ⟨Math.⟩ *Hochzahl einer Potenz, die angibt, wie oft eine Zahl mit sich selbst multipliziert werden soll,* z. B. $4^3 = 4 \cdot 4 \cdot 4$ (lies: vier hoch drei …) **2** ⟨übertr.⟩ *herausgehobener Vertreter einer Sache, z. B. einer Partei*

ex|po|niert ⟨Adj.⟩ *hervorgehoben u. dadurch gefährdet* ▸ an ~er Stelle stehen

Ex|port ⟨der; -(e)s, -e⟩ *Verkauf von Waren ins Ausland, Ausfuhr;* Ggs *Import* ▸ der ~ von Autos konnte im vergangenen Jahr um 10% gesteigert werden; den ~ von inländischen Produkten fördern; Zus *Exportbier, Exporthandel, Exportverbot*

ex|por|tie|ren ⟨V. trans.; ex|por|tiert, ex|por|tier|te, hat ex|por|tiert⟩ Waren ~ *ins Ausland verkaufen, ausführen;* Ggs *importieren*

Ex|po|sé ⟨das; -s, -s⟩ oV *Exposee* **1** *Erläuterung, Bericht* **2** *ausgearbeiteter Plan zu einem literarischen od. wissenschaftlichen Werk* **3** *Handlungsskizze für einen Film*

Ex|press **I** ⟨der; -es; unz.⟩ eine Sendung per ~ senden *durch Eilboten;* Zus *Expressbrief* **II** ⟨der; -es, -zü|ge⟩ *Fernschnellzug, Expresszug*

Ex|pres|si|o|nis|mus ⟨der; -; unz.⟩ *Kunstrichtung Anfang des 20. Jh., gekennzeichnet in der Malerei, bildenden Kunst, Musik durch Streben nach Vergeistigung u. Objektivierung unter Verzicht auf sachlich getreue Wiedergabe der Wirklichkeit, in der Literatur durch Ausdruck von Leidenschaft, Gefühl mit sparsamsten Mitteln bzw. in der Musik durch Dissonanzen, scharfe Rhythmen usw.;* Abl *Expressionist(in); expressionistisch*

ex|pres|siv ⟨Adj.⟩ *ausdrucksvoll, ausdrucksstark* ▸ ~e Musik; Abl *Expressivität*

ex|qui|sit ⟨Adj.⟩ *auserlesen, vorzüglich* ▸ ein ~es Restaurant; das Essen war ~

ex|tern ⟨Adj.⟩ Ggs *intern* **1** *draußen befindlich* **2** *auswärtig, fremd* ▸ ~er Mitarbeiter *außerhalb eines Unternehmens für dieses tätiger, freier Mitarbeiter;* ~er Schüler *Schüler, der nicht im Schülerheim od. Internat wohnt;* ~er Speicher ⟨EDV⟩ *mit einer EDV-Anlage verbundener Speicher, der seine Daten bei Bedarf an deren Arbeitsspeicher abgibt, Außenspeicher;* Syn *Externspeicher*

ex|t|ra ⟨Adj.⟩ **I** ⟨attr.; undekl.; umg.⟩ *besonder(e, -er, -es), über das Übliche hinausgehend* ▸ eine ~ Belohnung **II** ⟨adv.⟩ **1** *besonders* **2** *gesondert, für sich* **3** *eigens, ausschließlich* **4** ⟨umg.⟩ *absichtlich, um jmdn. zu ärgern* ▸ das ist ~ zu bezahlen; legen Sie es ~; der Kaffee ist ~ fein, mild, stark; er hat es ~ für dich getan

Ex|t|ra ⟨das; -s, -s⟩ **1** *Zubehör, das gesondert zu bezahlen ist* **2** *Sonderleistung, die nicht in einer Pauschalsumme enthalten ist*

ex|t|ra…, Ex|t|ra… ⟨Vorsilbe⟩ **1** *außer…, außerhalb* **2** *Sonder…, außerordentlich, besonders;* Zus *extrabreit, extrafein*

ex|tra|hie|ren ⟨V. trans.; ex|tra|hiert, ex|tra|hier|te, hat ex|tra|hiert⟩ etwas ~ **1** *(operativ) herausziehen* **2** ⟨Chem.⟩ *herauslösen* ▸ einen Zahn ~; einen Bestandteil aus einem flüssigen od. festen Stoff durch Lösungsmittel ~; einen Fremdkörper aus dem Körper ~; Abl *Extraktion*

Ex|t|ra|klas|se ⟨die; -, -n; Pl. selten; umg.⟩ *besonders gute Klasse, Spitzenklasse, außerordentliche Qualität* ▸ ein Sportwagen der ~

Ex|trakt ⟨der; -(e)s, -e⟩ *Auszug (aus Büchern od. Pflanzen);* Zus *Fleischextrakt, Pflanzenextrakt*

ex|t|ra|va|gant ⟨[-va-] od. ['----] Adj.; -er, am -es|ten; häufig abwertend⟩ **1** *ungewöhnlich* **2** *ausgefallen, überspannt* ▸ ein ~es Aussehen; sie ist eine ~e Frau; er trägt ~e Kleidung; sein Benehmen ist ~; Abl *Extravaganz*

Ex|t|ra|wurst ⟨die; -, -würs|te; übertr.; umg.; scherzh.⟩ *etwas Besonderes, eine Ausnahme* ▸ er will immer eine ~ (gebraten) haben *er beansprucht für sich immer eine Ausnahme*

ex|t|rem ⟨Adj.⟩ **1** *äußerst, maßlos, übertrieben* **2** *radikal* ▸ die ~e Linke; eine ~e Partei; eine ~e Ansicht vertreten; heute ist es ~ heiß

Ex|t|rem ⟨das; -s, -e⟩ **1** *äußerste Grenze* **2** *Übertreibung* ▸ von einem ~ ins andere fallen *eine Behauptung durch eine übertriebene Gegenbehauptung zu widerlegen suchen, einem Übelstand durch übertriebene Gegenmaßnahmen zu begegnen suchen*

Ex|t|rem|fall ⟨der; -(e)s, -fäl|le⟩ *extremer, außergewöhnlicher Fall* ▸ der ~ wird hoffentlich nicht eintreten; einen ~ konstruieren; im ~

Ex|t|re|mist ⟨der; -en, -en⟩ *Anhänger, Vertreter einer extremen Richtung, übersteigert, radikal eingestellter Mensch;* Abl *Extremismus, Extremistin; extremistisch*

Ex|t|re|mi|tät ⟨die; -, -en; meist Pl.⟩ *Arme u. Beine* ▸ die unteren, oberen ~en

Ex|t|rem|si|tu|a|ti|on ⟨die; -, -en⟩ **1** *extreme, außergewöhnliche Situation* **2** *bes. gefährliche Situation* ▸ richtiges Verhalten in ~en

Ex|t|rem|sport ⟨der; -(e)s, -e⟩ *(meist gefahrvolle) Sportart, die körperlich sehr anstrengend ist, z. B. Bungeejumping, Freeclimbing;* Abl *Extremsportler(in)*

ex|t|ro|ver|tiert ⟨[-vɛr-] Adj.⟩ Ggs *introvertiert* **1** *nach außen gewandt, weltoffen* **2** *allen äußeren Einflüssen zugänglich;* Abl *Extrovertiertheit*

ex|zel|lent ⟨Adj.; -er, am -es|ten⟩ *hervorragend, ausgezeichnet;* Abl *Exzellenz*

Ex|zen|t|rik ⟨die; -; unz.⟩ *Überspanntheit, extreme Eigenwilligkeit;* Abl *Exzentriker(in); exzentrisch*

ex|zer|pie|ren ⟨V. trans.; ex|zer|piert, ex|zer|pier|te, hat ex|zer|piert⟩ Aufsätze, ein Buch, Texte ~ *Textstellen daraus herausschreiben*

Ex|zerpt ⟨das; -(e)s, -e⟩ *aus herausgeschriebenen Textstellen bestehende Kurzfassung eines Textes* ▸ ein ~ anfertigen

Ex|zess ⟨der; -es, -e⟩ *Ausschreitung, Ausschweifung, Überschreitung gebotener Grenzen* ▸ ~e begehen; alkoholische ~e; bis zum ~;

ex|zes|siv ⟨Adj.⟩ *übertrieben, übermäßig, maßlos* ▸ ~ essen, trinken; sie feierten zwei Tage ~

EZB ⟨die; -; unz.; Abk. für⟩ *Europäische Zentralbank;* →a. *europäisch*

F f

f I ‹das; -, - od. -s; Mus.› *Tonbez., Grundton der f-Moll-Tonleiter* II ‹ohne Artikel; Mus., Abk. für› *f-Moll (Tonartbez.)*

F I ‹das; -, - od. -s; Mus.› *Tonbez., Grundton der F-Dur-Tonleiter* II ‹ohne Artikel› **1** ‹Mus.; Abk. für› *F-Dur (Tonartbez.)* **2** ‹chem. Zeichen für› *Fluor* ▸ eine Arbeit, einen Auftrag nach Schema ~ erledigen ‹umg.› *in der übl., althergebrachten Weise, lieblos*

Fa|bel ‹die; -, -n› *moralisch-lehrhafte, oft witzig-satir. Erzählung, in der die Tiere so wie Menschen handeln* ▸ das gehört ins Reich der ~ *das ist erfunden*

fa|bel|haft ‹Adj.› *großartig, wunderbar* ▸ wie war es auf der Urlaubsreise? ~!; ein ~er Film; das ist ja ~!

Fa|bel|we|sen ‹das; -s, -› *Fantasiegeschöpf, erfundenes Tier, z. B. Drache, Einhorn;* Syn *Fabeltier*

Fa|b|rik ‹a. [-ri:k] die; -, -en› *Betrieb zur maschinellen Herstellung von Waren in großer Menge* ▸ sie leitet die ~; er arbeitet in einer ~; Zus *Fabrikanlage, Fabrikarbeiter(in), Fabrikhalle, Fabrikware; Möbelfabrik, Textilfabrik*

Fa|b|ri|kat ‹das; -(e)s, -e› *in einer Fabrik hergestelltes Erzeugnis*

Fa|b|ri|ka|ti|on ‹die; -, -en› *das Fabrizieren, Herstellung von Waren in einer Fabrik*

fa|b|rik|neu ‹a. [-ri:k-] Adj.› *ungebraucht*

fa|b|ri|zie|ren ‹V. trans.; fa|b|ri|ziert, fa|b|ri|zier|te, hat fa|b|ri|ziert› etwas ~ **1** *in einer Fabrik herstellen* **2** ‹übertr.; umg.; scherzh.› *(laienhaft) herstellen, zurechtbasteln* ▸ Werkstoffe ~

fa|bu|lie|ren ‹V. trans. u. V. intr.; fa|bu|liert, fa|bu|lier|te, hat fa|bu|liert› (etwas) ~ *Geschichten erfinden, fantasievoll u. wortgewandt erzählen*

Fa|cet|te ‹[-sɛtə] die; -, -n› oV *Fassette* **1** *geschliffene Fläche an Edelsteinen od. Glas;* Zus *Facettenschliff* **2** ‹übertr.› *Aspekt, Gesichtspunkt, Ausdrucksmöglichkeit*

Fach ‹das; -(e)s, Fä|cher› **1** *Teil in einem Schrank, Regal od. Kasten, das häufig mit einem Brett abgegrenzt ist;* Zus *Bankfach, Regalfach, Schrankfach, Wäschefach* **2** *Wissensgebiet, Berufszweig, Branche;* Zus *Fachbuch, Fachkenntnis, Fachlehrer(in), Fachliteratur, Fachzeitschrift; Lehrfach, Studienfach, Unterrichtsfach* **3** ‹Bauwesen› *innerhalb der Rahmen liegender Teil;* Zus *Fensterfach, Türfach* ▸ ein **Meister** seines ~es sein ▸ das **mittlere,** obere, rechte ~ (im Schrank) ▸ sich **auf** ein ~ spezialisieren; er weiß **in** seinem ~ hervorragend Bescheid; das Buch steht im oberen ~ des Regals; **vom** ~ sein *Fachmann sein, etwas von einer Sache verstehen* ▸ **welche** Fächer hast du studiert?

...fach ‹Nachsilbe; zur Bildung von Adj.› *um eine bestimmte Menge mehr, sovielmal mehr,* z. B. achtfach ‹in Ziffern: 8fach/8-fach›

Fach|ab|i|tur ‹das; -s, -e; Pl. selten; umg.› *Abitur an einer Fachoberschule*

Fach|ar|bei|ter ‹der; -s, -› *Arbeiter mit abgeschlossener Lehre (in einem anerkannten Lehrberuf);* Abl *Facharbeiterin*

Fach|arzt ‹der; -es, -ärz|te› *auf ein Gebiet der Medizin spezialisierter Arzt;* Ggs *praktischer → Arzt;* Abl *Fachärztin; fachärztlich*

Fach|aus|druck ‹der; -(e)s, -drü|cke› *Fachwort, festgelegter Ausdruck aus einem bestimmten Berufsfach*

Fach|be|reich ‹der; -(e)s, -e› **1** *Organisationseinheit an Hochschulen* **2** *Wissenschaftsgebiet, Fachgebiet*

fä|cheln ‹V. trans.; fä|chelt, fä|chel|te, hat ge|fä|chelt› jmdm. etwas ~ *jmdm. mit dem Fächer o. Ä. (kühlende) Luft zuwehen*

Fä|cher ‹der; -s, -› *meist faltbares, halbrundes Gerät aus festem, leicht federndem Stoff, Papier od. Seide, mit dem durch rasches Hinundherbewegen ein kühlender Luftstrom erzeugt wird;* Abl *fächerförmig;* Bes *zu unterscheiden von „Fach", Pl. „Fächer"*

fä|chern ‹V. trans.; fä|chert, fä|cher|te, hat ge|fä|chert› etwas ~ **1** *in Fächer unterteilen* **2** *Abschnitte wie bei einem Fächer machen*

Fach|frau ‹die; -, -en› *Frau, die über ein bestimmtes Fachwissen verfügt*

Fach|ge|biet ‹das; -(e)s, -e› *Fach, Berufszweig, Wissensgebiet*

fach|ge|recht ‹Adj.; -er, am -es|ten› *sorgsam, angemessen* ▸ die Wunde wurde ~ versorgt

Fach|ge|schäft ‹das; -(e)s, -e› *Geschäft für bestimmte Warenarten*

Fach|hoch|schu|le ‹die; -, -n› *der Universität ähnliche, aber stärker praxisbetonte Hochschule mit speziellem Studienangebot* ▸ er studiert an der ~

Fach|hoch|schul|rei|fe ‹die; -; unz.› *Schulabschluss, der zum Studium an einer Fachhochschule berechtigt* ▸ die ~ erlangen, erwerben

Fach|idi|ot ‹der; -en, -en; umg.; abwertend› *jmd., der ausschließlich Kenntnisse in seinem Fachgebiet besitzt u. sonst nicht viel weiß*

Fach|kraft ‹die; -, -kräf|te› *jmd., der in einem bestimmten Fachgebiet ausgebildet u. erfahren ist*

fach|kun|dig ‹Adj.› *in einem bestimmten Fachgebiet Bescheid wissend*

fach|lich ‹Adj.› *ein best. Fachgebiet betreffend*

Fach|mann ‹der; -(e)s, -leu|te› *jmd., der in einem best. Fachgebiet bes. ausgebildet u. erfahren ist*

fach|män|nisch ‹Adj.› *als Fachmann, wie ein Fachmann, sachkundig* ▸ ein ~er Rat; einen Schaden ~ beheben

Fach|ober|schu|le ‹die; -, -n› *auf bestimmte Fachgebiete ausgerichtete Schule mit 11. u. 12. Klasse, die zur Fachhochschulreife führt*

fach|sim|peln ‹V. intr.; fach|sim|pelt, fach|sim|pelte, hat ge|fach|sim|pelt; umg.〉 *sich mit anderen über das gemeinsame Fachgebiet unterhalten*

Fach|spra|che 〈die; -, -n〉 *mit Fachausdrücken eines Berufszweiges durchsetzte Sprache;* Abl *fachsprachlich*

Fach|welt 〈die; -; unz.〉 *Gesamtheit der Fachleute eines Fachgebietes*

Fach|werk 〈das; -(e)s; unz.〉 *bes. im 16./17. Jh. beliebte Art des Hausbaues, bei der die Balkenzwischenräume (Fächer) mit Lehm od. Ziegeln ausgefüllt wurden;* Zus *Fachwerkhaus*

Fach|wis|sen 〈das; -s; unz.〉 *Wissen auf einem Fachgebiet*

F

Fa|ckel 〈die; -, -n〉 *Stock, der so beschichtet ist, dass er angezündet werden kann u. hell brennt* ▸ die ~n anzünden; die ~ loderte hell; Zus *Fackelträger(in); Gartenfackel*

fa|ckeln 〈V. intr.; fa|ckelt, fa|ckel|te, hat ge|fa|ckelt; umg.〉 *unentschlossen warten, zögern* ▸ ich fackle nicht lange *ich mache schnell Ernst;* los, vorwärts, nicht lange gefackelt!

fad 〈Adj.〉 oV *fade* **1** *geschmacklos, schal* **2** 〈übertr.〉 *reizlos, langweilig, geistlos* ▸ einen ~en Geschmack im Munde haben; ein ~er Kerl; ein ~er Witz; das Bier, der Kaffee, die Suppe schmeckt ~

fä|deln 〈V. trans.; fä|delt, fä|del|te, hat ge|fä|delt〉 **1** einen Faden durchs Öhr ~ *durch die enge Öffnung an einer Nadel ziehen* **2** Perlen auf eine Schnur ~ *auf einen Faden ziehen, reihen*

Fa|den 〈der; -s, Fä|den〉 **1** *gesponnene Fasern;* Zus *Baumwollfaden, Seidenfaden, Wollfaden* **2** *zusammengedrehte Fasern;* Zus *Bindfaden, Zwirnsfaden* ▸ den ~ des **Gesprächs** wieder aufnehmen ▸ **abbeißen:** da beißt die Maus keinen ~ ab, da beißt keine Maus einen ~ ab 〈umg.; übertr.〉 *das ist ganz sicher, daran ist nicht zu rütteln;* alle Fäden **laufen** hier zusammen 〈übertr.〉 *von hier aus wird alles geleitet;* den ~ **verlieren** 〈übertr.〉 *nicht weiterwissen (beim Sprechen, Schreiben);* Fäden **ziehen** *so zähflüssig sein, dass beim Schöpfen lange Fäden entstehen* ▸ **roter** ~ *Leitlinie, Leitgedanke, Verbindungslinie;* das Motto zieht sich wie ein roter ~ durch die ganze Erzählung ▸ sein Leben hängt **an** einem (seidenen) ~ *sein Leben ist sehr bedroht;* das Unternehmen hing an einem (seidenen) ~ *es war sehr unsicher, ob es gut ausgehen würde;* keinen guten ~ an jmdm. lassen *schlecht über ihn sprechen;* keinen trockenen ~ am Leibe haben *ganz durchnässt sein;* die Fäden (eines Unternehmens, der Unterhaltung) **in** der Hand behalten, haben

fa|den|schei|nig 〈Adj.〉 *leicht durchschaubar* ▸ ein ~er Vorwand; das war eine ~e Ausrede

Fa|gott 〈das; -(e)s, -e; Mus.〉 *tiefstes Holzblasinstrument mit geknicktem Blasrohr in Basslage* ▸ er kann ~ spielen; Abl *Fagottist(in)*

fä|hig 〈Adj.〉 *befähigt, begabt, tüchtig, in der Lage, imstande* ▸ ein ~er Kopf, Mensch; er ist nicht einmal ~, die einfachste Aufgabe zu lösen; glaubst du, dass er dazu ~ ist?; einer solchen Tat, einer solchen Bosheit ist er nicht ~; ich halte ihn für sehr ~; er ist zu allem ~ *zu allem Schlimmen;* Abl *Fähigkeit*

fahl 〈Adj.〉 *blass, bleich, farblos* ▸ das ~e Licht des Mondes; er wurde (vor Schreck usw.) ~ im Gesicht; Abl *Fahlheit*

fahn|den 〈V. intr.; fahn|det, fahn|de|te, hat gefahn|det〉 nach etwas od. jmdm. ~ *jmdn. zu finden, etwas herauszufinden suchen* ▸ nach einem verschollenen historischen Dokument ~; nach einem gestohlenen Gegenstand ~; die Polizei fahndet schon seit Wochen nach dem Täter; Abl *Fahndung*

Fahn|der 〈der; -s, -〉 **1** *jmd., der nach jmdm. od. etwas fahndet* **2** *Polizei-, Zollbeamter o. Ä., der im Zuge einer Ermittlung nach jmdm. od. etwas fahndet* ▸ die ~ machten mehrere Munitionslager ausfindig; Abl *Fahnderin*

Fah|ne 〈die; -, -n〉 **1** *farbiges, meist rechteckiges, an einer Stange befestigtes Tuch als Hoheitszeichen (eines Staates), Flagge;* Zus *Fahnenstange; Nationalfahne, Vereinsfahne* **2** 〈übertr.; umg.〉 *nach Alkohol riechender Atem* ▸ die ~ der **Freiheit** vorantragen 〈übertr.〉 *für die F. kämpfen* ▸ die ~ **einholen,** einziehen, hissen; eine ~ **haben** 〈umg.〉 *nach Alkohol riechenden Atem haben;* die ~ **hoch halten** 〈übertr.; umg.〉 *unbeirrt bei etwas ausharren* ▸ **weiße** ~ *Zeichen für erbetene Waffenruhe, Zeichen für unkriegerische Absicht* ▸ sie hatten die Freiheit **auf** ihre ~n geschrieben 〈übertr.〉 *sie kämpften für die F.;* den Eid auf die ~ schwören; die ~n wehen auf halbmast *Zeichen der Trauer;* **mit** fliegenden ~n zu etwas od. jmdm. übergehen 〈übertr.; umg.〉 *von heute auf morgen sich einem anderen Standpunkt anschließen;* die ~ **nach** dem Winde drehen 〈übertr.〉 *je nach Bedarf seine Anschauung wechseln*

Fah|nen|flucht 〈die; -; unz.〉 *unerlaubtes Sichentfernen od. Fernbleiben von der Truppe in der Absicht, sich dem Wehrdienst dauerhaft zu entziehen;* Syn *Desertion;* Abl *fahnenflüchtig; Fahnenflüchtige(r)* ▸ ~ begehen

Fahr|aus|weis 〈der; -es, -e〉 = *Fahrkarte*

Fahr|bahn 〈die; -, -en〉 *für Fahrzeuge bestimmter Straßenteil;* Syn *Fahrdamm*

fahr|bar 〈Adj.〉 *so beschaffen, dass (man) es fahren kann;* Abl *Fahrbarkeit*

Fäh|re 〈die; -, -n〉 *Wasserfahrzeug zum Übersetzen über Flüsse u. Seen;* Syn *Fährboot*

fah|ren 〈V.〉 **I** 〈V. intr. u. V. trans.; fährt, fuhr, ist ge|fah|ren〉 **1** (etwas) ~ *ein Fahrzeug benutzen, sich mit einem Fahrzeug fortbewegen* **2** 〈übertr.〉 *sich schnell (fort)bewegen* ▸ **Auto** ~; Auto od. Rad ~; **Karussell** ~; erster **Klasse** ~ (im Schiff, Zug); **Ski,** Schlittschuh ~ ▸ **können** Sie ~? (mit dem Auto); jmdn. mit dem Auto ~ **lassen** *es erlauben;* lass mich mal ~!; 〈aber〉 ~ lassen 〈übertr.〉 = *fahrenlassen;* ~ **lernen** (mit dem Auto) ▸ er fährt **ausgezeichnet,** gut, schlecht, sicher; die Straßenbahn fährt **elektrisch;** ich mache es immer so und bin immer **gut** damit gefahren 〈übertr.; umg.〉 *es ist immer gutgegangen, hat sich immer bewährt;* **langsam,** schnell, vorsichtig ~; wir wollen lieber ~ (anstatt zu gehen); zehn Jahre unfallfrei ~ (mit dem Auto); vierspännig Kutsche ~ ▸ ans Meer ~; auf und ab ~; auf Grund ~ *auf Grund stoßen* (Schiff); aufs Land ~ *aufs L. reisen;* aus dem Bett ~ *emporschrecken;* jmdm. durchs Haar ~ *(mit der Hand) durchs Haar streichen;* ein Gedanke fuhr mir durch den Kopf ⟨übertr.⟩ *kam mir plötzlich, fiel mir ein;* durch die Stadt, durch einen Tunnel ~; gegen einen Baum ~; hin und her ~; was ist bloß in ihn gefahren? ⟨übertr.⟩ *was ist nur auf einmal mit ihm los?;* in die Ferien, in Urlaub ~ *verreisen;* ins Gebirge ~; der Schreck ist mir in die Glieder gefahren ⟨übertr.⟩ *ich bin sehr erschrocken;* in die Höhe ~ ⟨übertr.⟩ *sich plötzlich aufrichten, aufschrecken;* in die Kleider ~ *sich schnell anziehen;* mit dem Auto, der Bahn, dem Fahrrad, Schiff ~; mit Benzin, Diesel ~; nach Berlin ~; rechts, links ~; sich mit der Hand über die Augen ~ *Tränen wegwischen;* ~ Sie über Frankfurt? *kommen Sie bei Ihrer Fahrt durch Frankfurt?;* jmdm. über das Haar, über den Kopf ~ *(mit der Hand) leicht übers H., über den K. streichen;* mit dem Staubtuch über die Möbel ~ *leicht streichen, wischen;* um die Ecke, Kurve ~; fahr zur Hölle! ⟨übertr., derb⟩ *lass mich in Ruhe!, mach, dass du wegkommst!;* zur See ~ *Seemann sein;* zu Tal ~ ▸ wie fahre ich am kürzesten, schnellsten nach München? ⟨umg.⟩; wie lange ~ wir bis Berlin? ▸ ~des Gut *bewegliches Vermögen;* ~de Leute, ~des Volk *umherziehende Musikanten* **II** ⟨V. trans.; fährt, fuhr, hat ge|fah|ren⟩ **1** ein Fahrzeug ~ *führen, lenken, steuern* **2** jmdn. od. etwas (irgendwohin) ~ *mit einem Fahrzeug von einem Ort zum andern bringen, befördern, transportieren* ▸ die Kamera ~ ⟨Film, Fernsehen⟩ *die K. bedienen;* Mist, Steine ~ ▸ den Wagen in die Garage ~; jmdn. nach Hause ~ **III** ⟨V. refl.; fährt, fuhr, hat ge|fah|ren; umg.⟩ das neue Auto fährt sich gut, schlecht *man kann gut, schlecht damit fahren;* auf dieser Straße fährt es sich gut *hier kann man gut fahren*

Fah|ren|heit ⟨das; -s, -; Zeichen: °F⟩ *Maßeinheit einer 180-teiligen Temperaturskala, deren Nullpunkt bei -17,78 °C liegt, 0 °C = + 32 °F, 100 °C = 212 °F*

fah|ren|las|sen *auch:* **fah|ren las|sen** ⟨V. trans.; lässt fah|ren, ließ fah|ren, hat fah|ren|las|sen, fah|ren|zu|las|sen; übertr.⟩ **1** etwas ~ *loslassen* **2** eine Sache ~ *auf sie verzichten* ▸ einen Griff, das Seil ~; einen Plan, ein Vorhaben ~; einen, (od.) einen Wind ~ ⟨derb⟩ *eine Blähung abgehen lassen;* →a. *fahren*

Fah|rer ⟨der; -s, -⟩ *Führer eines Fahrzeuges* ▸ er ist ein guter, schlechter, waghalsiger ~; Zus *Autofahrer, Bootsfahrer, Busfahrer, Fahrradfahrer, Motorradfahrer*

Fah|rer|flucht ⟨die; -; unz.⟩ *Flucht eines Fahrers, um der Strafe für einen von ihm verschuldeten Unfall zu entgehen* ▸ er hat ~ begangen

Fah|re|rin ⟨die; -, -rin|nen⟩ *weibl. Fahrer*

Fahr|er|laub|nis ⟨die; -, -nis|se⟩ *Genehmigung zum Fahren (eines Kraftrades od. Kraftwagens)* ▸ jmdm. die ~ erteilen, entziehen

Fah|rer|sitz ⟨der; -es, -e⟩ *Sitz des Fahrers eines Fahrzeuges;* ⓘ S. 896

Fahr|gast ⟨der; -(e)s, -gäs|te⟩ **1** *jmd., der ein öffentliches Verkehrsmittel (außer Flugzeug) benutzt, Passagier* **2** *Mitfahrender in einem Fahrzeug*

Fahr|geld ⟨das; -(e)s, -er⟩ *Geld für das Fahren mit einem öffentl. Verkehrsmittel* ▸ die Eltern müssen das ~ für die Schüler bezahlen

Fahr|ge|mein|schaft ⟨die; -, -en⟩ *Zusammenschluss mehrerer Personen, die in einem Fahrzeug gemeinsam zur Arbeit o. Ä. fahren* ▸ eine ~ gründen, bilden

Fahr|ge|stell ⟨das; -(e)s, -e⟩ *Gestell eines Fahr- od. Flugzeuges, an dem die Räder befestigt sind* ▸ das ~ einziehen, ausfahren (beim Flugzeug)

fah|rig ⟨Adj.⟩ **1** *unausgeglichen, heftig* (Geste, Bewegung) **2** ⟨übertr.⟩ *zerstreut, zerfahren* ▸ ein ~es Wesen besitzen; Abl *Fahrigkeit*

Fahr|kar|te ⟨die; -, -n⟩ *Ausweis über bezahltes Fahrgeld;* Syn *Fahrschein, Fahrausweis, Fahrtausweis* ▸ du musst noch eine ~ für den Zug lösen; bitte zeigen Sie Ihre ~; im Bus muss die ~ entwertet werden; Zus *Fahrkartenautomat, Fahrkartenschalter*

Fahr|kos|ten ⟨Pl.⟩ *Kosten für eine Fahrt mit einem Verkehrsmittel;* oV *Fahrtkosten* ▸ die ~ wurden ihm erstattet

fahr|läs|sig ⟨Adj.⟩ **1** *sorglos, unachtsam, nachlässig (bei der Verrichtung von Pflichten)* **2** *die Sorgfalts-, Aufsichtspflicht verletzend* ▸ jmdn. wegen ~er Tötung verurteilen; Abl *Fahrlässigkeit*

Fahr|leh|rer ⟨der; -s, -⟩ *jmd., der berufl. das Fahren eines Fahrzeugs lehrt;* Abl *Fahrlehrerin*

Fahr|plan ⟨der; -(e)s, -plä|ne⟩ *Plan über die Fahrzeiten (von Verkehrsmitteln)* ▸ die Busse fahren nach ~; dieser ~ gilt von Mitte Dezember an; ⓘ S. 897; Zus *Fahrplanänderung; Busfahrplan, Zugfahrplan*

fahr|plan|mä|ßig ⟨Adj.; umg.⟩ *fahrplangemäß, nach Fahrplan, mit dem Fahrplan übereinstimmend* ▸ die ~e Ankunft des Zuges ist 20:20 Uhr

Fahr|pra|xis ⟨die; -; unz.⟩ *Erfahrung im Führen eines Fahrzeugs* ▸ er hat noch keine große ~

Fahr|preis ⟨der; -es, -e⟩ *Preis für das Fahren mit einem öffentl. Verkehrsmittel (außer Flugzeug);* Zus *Fahrpreisermäßigung*

Fahr|prü|fung ⟨die; -, -en⟩ *Prüfung zum Erlangen des Führerscheins, Führerscheinprüfung*

Fahr|rad ⟨das; -(e)s, -rä|der⟩ *einspuriges Tretfahrzeug mit zwei Rädern* ▸ ~ fahren; das Kind kann noch nicht ~ fahren; heute wollen wir mit den Fahrrädern in den Wald fahren; das ~ muss repariert werden; Zus *Fahrradfahrer(in), Fahrradkette, Fahrradklingel, Fahrradtour, Fahrradweg; Damenfahrrad, Herrenfahrrad*

Fahr|schein ⟨der; -(e)s, -e⟩ = *Fahrkarte*

Fahr|schu|le ⟨die; -, -n⟩ *gewerbl. Betrieb, in dem man das Fahren eines Kraftfahrzeugs erlernen kann;* Abl *Fahrschüler(in)*

Fahr|stuhl ⟨der; -(e)s, -stüh|le⟩ **1** *Aufzug, Lift* **2** *Korb, Kabine eines Aufzuges* ▸ mit dem ~ in den 10. Stock fahren

Fahr|stun|de ⟨die; -, -n⟩ *Unterrichtsstunde bei einem Fahrlehrer zum Erlernen des Fahrens von Kraftfahrzeugen* ▸ nach 20 ~n bestand sie ihre Führerscheinprüfung

Fahrt ⟨die; -, -en⟩ **1** *das Fahren;* Zus *Fahrtrichtung* **2** *Reise;* Zus *Autofahrt, Bahnfahrt, Hinfahrt, Rückfahrt, Rundfahrt* **3** *Ausflug, Trip* **4** *Wanderung;* Zus *Wanderfahrt* **5** *Geschwindigkeit des Fahrzeugs* ▸ die ~ unterbrechen; gute, wenig ~ machen (bes. vom Schiff) *schnell, langsam fahren* ▸ einstündige, mehrstündige ~; endlose, flotte, kurze, lange, rasche, schnelle ~; (ich wünsche Ihnen eine) gute ~! ▸ auf der ~ nach Berlin sein; eine ~ durch die Stadt machen; in rasender ~ ging es mit dem Schlitten den Berg hinunter; in voller ~ *mit hoher Geschwindigkeit;* jmdn. in ~ bringen ⟨übertr.; umg.⟩ *zornig machen;* in ~ kommen *zu fahren beginnen;* ⟨umg.; übertr.⟩ *in Eifer, Schwung kommen;* der Zug ist in ~ *er fährt;* er ist in ~ ⟨übertr.⟩ *in Schwung; er ist zornig;* nach drei Stunden ~ kamen wir am Ziel an; das ist wenigstens eine ~ von drei Stunden

Fähr|te ⟨die; -, -n⟩ *Spur* ▸ eine ~ verfolgen ⟨übertr.⟩ *einer Sache nachgehen;* auf der falschen, richtigen ~ sein ⟨übertr.⟩; jmdn. auf die richtige ~ bringen ⟨übertr.⟩ *jmdm. einen Hinweis geben*

Fahr|ten|schrei|ber ⟨der; -s, -⟩ *bes. in Lastkraftwagen eingebautes Gerät zur Aufzeichnung von Geschwindigkeit, Fahrt- u. Haltezeiten*

Fahrt|kos|ten ⟨Pl.⟩ = *Fahrkosten*

fahr|tüch|tig ⟨Adj.⟩ **1** *fähig, ein Kraftfahrzeug ordnungsgemäß zu führen* **2** *so beschaffen, dass man damit ordnungsgemäß fahren kann* (Fahrzeug) ▸ das Fahrrad ist nicht ~; Abl *Fahrtüchtigkeit*

Fahrt|zeit ⟨die; -, -en⟩ = *Fahrzeit*

fahr|un|tüch|tig ⟨Adj.⟩ *nicht mehr fahrtüchtig;* Abl *Fahruntüchtigkeit*

Fahr|ver|bot ⟨das; -(e)s, -e⟩ *Verbot, mit einem Kraftfahrzeug zu fahren*

Fahr|was|ser ⟨das; -s, -⟩ *ausgezeichnete und in Seekarten eingetragene Fahrstraße für Schiffe;* Syn *Fahrrinne* ▸ er brachte die Firma wieder in ruhiges ~ ⟨übertr.⟩ *er konnte ihre Schwierigkeiten beheben*

Fahr|zeit ⟨die; -, -en⟩ *Dauer einer Fahrt*

Fahr|zeug ⟨das; -(e)s, -e⟩ *Maschine zum Fahren, zum Befördern von Personen od. Lasten, z. B. Wagen od. Schiff*

Fahr|zeug|brief ⟨der; -(e)s, -e⟩ *Urkunde über den Besitz eines Kraftfahrzeugs*

Fahr|zeug|hal|ter ⟨der; -s, -⟩ *Besitzer, Halter eines Kraftfahrzeuges;* Abl *Fahrzeughalterin*

Fahr|zeug|park ⟨der; -s, -s⟩ *Gesamtheit von organisatorisch zusammengehörigen Fahrzeugen*

Fai|b|le ⟨[fɛːbl] das; -s, -s⟩ *Vorliebe, Neigung, Schwäche (für etwas)* ▸ sie hat ein ~ für britische Gitarrenmusik

fair ⟨[fɛːr] Adj.⟩ *ehrlich, anständig, sich an die Spielregeln haltend (bes. im Sport)* ▸ das war ein ~es Spiel; ~ spielen

Fair|ness ⟨[fɛːr-] die; -; unz.⟩ *faires Verhalten, Ehrlichkeit, Anständigkeit (bes. im Sport)*

Fair|play ⟨[fɛːrplɛɪ]⟩ *auch:* **Fair Play** ⟨das; (-) -; unz.; Sp.⟩ *anständiges, den Regeln entsprechendes Spiel*

Fä|ka|li|en ⟨Pl.⟩ *menschliche Ausscheidungen, Kot, Harn*

Fa|kir ⟨der; -s, -ki|re[-kiːrə]⟩ *indischer Asket, Gaukler*

Fakt ⟨der; -(e)s, -en⟩ *Tatsache* ▸ ~ ist, dass er nicht erschienen ist; es ist (ein) ~

Fak|ten ⟨Pl. von⟩ *Fakt, Faktum;* oV *Fakta*

fak|tisch ⟨Adj.; meist adv.⟩ **1** *tatsächlich, wirklich* **2** *im Hinblick auf die Fakten, in Wirklichkeit* ▸ das bedeutet ~ den Zusammenbruch des Unternehmens; es ist ~ unmöglich

Fak|tor ⟨der; -s, -en⟩ **1** *Zahl, die mit einer anderen multipliziert wird, Multiplikator* **2** ⟨übertr.⟩ *maßgebender Umstand, Triebfeder, bestimmendes Element* ▸ dabei müssen wir alle wichtigen ~en berücksichtigen

Fak|tum ⟨das; -s, Fak|ta od. Fak|ten⟩ *Tatsache* ▸ die Fakten sprechen gegen ihn, gegen seine Behauptung

Fa|kul|tät ⟨die; -, -en⟩ *Hochschulabteilung, heute durch anders strukturierte „Fachbereiche" ersetzt* ▸ die ~ wechseln; juristische, medizinische, naturwissenschaftliche, philosophische ~

fa|kul|ta|tiv ⟨Adj.⟩ = *optional;* Ggs *obligatorisch* ▸ ~e Fächer an der Universität belegen

Fal|ke ⟨der; -n, -n; Zool.⟩ *ein Raubvogel mit einer zahnartigen Spitze an der Seite des Schnabels*

Falk|ner ⟨der; -s, -⟩ *jmd., der Falken für die Jagd abrichtet;* Abl *Falknerin*

Fall ⟨der; -(e)s, Fäl|le⟩ **1** *das Fallen, Sturz* **2** *das Sinken, Abnehmen* (Wasserstand) **3** *Niedergang, Untergang* **4** *Vorkommnis, Ereignis, Angelegenheit;* Zus *Krankheitsfall, Kriminalfall, Mordfall, Notfall, Rechtsfall* **5** *Umstand;* Zus *Einzelfall, Glücksfall, Sonderfall* **6** ⟨Gramm.⟩ = *Kasus;* Zus *Beugungsfall, Werfall* ▸ Aufstieg und ~ einer Familie, eines Geschlechtes; der ~ Schulze gegen Müller ⟨Rechtsw.⟩ ▸ die vier Fälle eines Substantivs bilden; wenn dieser ~ eintreten sollte, dann möchte ich benachrichtigt werden; ich habe folgenden ~ erlebt; es gibt Fälle, in denen man selbst entscheiden muss; man hörte einen (schweren) ~; der ~ liegt so: …; sein: das ist (nicht) der ~ *das stimmt (nicht); das ist (nicht) geschehen;* das ist (nicht) mein ~ ⟨umg.⟩ *das sagt mir (nicht) zu, das gefällt mir (nicht)* ▸ ein einmaliger, heikler, hoffnungsloser, interessanter, schwieriger, trauriger ~; erster, zweiter ~ ⟨Gramm.⟩; der freie ~ ⟨Phys.⟩ *die gleichmäßig beschleunigte Bewegung eines Körpers infolge der Anziehungskraft der Erde auf den Erdmittelpunkt zu, d. h. nach unten;* er ist ein hoffnungsloser ~ *mit ihm ist nichts mehr anzufangen; er ist nicht zu überzeugen, nicht zu belehren;* klarer ~! ⟨umg.⟩ *klar, selbstverständlich (ist es so), das sieht* *jeder ein* ▸ auf alle Fälle, auf jeden ~ *ganz bestimmt, unbedingt, unter allen Umständen;* dieses Angebot möchte ich auf jeden ~ annehmen; auf keinen ~ *bestimmt nicht;* für den ~ eines Gewitters *falls es ein G. geben sollte;* für den ~, dass es regnet *falls es regnet, wenn es regnen sollte;* nimm für alle Fälle etwas Geld mit *vorsichtshalber;* im ~e, dass ich nicht kommen kann *falls;* dieses Substantiv steht im dritten ~; im besten ~ *wenn es sehr gut geht, bestenfalls;* in diesem ~ muss ich leider nein sagen; in (ganz) dringenden Fällen kommt er; im schlimmsten ~ *wenn es ganz schlimm wird, notfalls;* das muss man von ~ zu ~ entscheiden *jedes Mal einzeln;* wir haben sechs Fälle von Masern gehabt; ein Vorhaben zu ~ bringen *zunichtemachen, verhindern, vereiteln;* jmdn. zu ~ bringen *zugrunde richten, stürzen, ihm seine Existenz, seine Wirksamkeit nehmen (besonders durch Intrigen)*

Fall|beil ⟨das; -(e)s, -e⟩ *Beil, das mechanisch durch Hebeldruck herunterfällt, Guillotine*

Fal|le ⟨die; -, -n⟩ **1** *Vorrichtung zum Tierfang;* Zus *Mausefalle, Tierfalle* **2** ⟨übertr.⟩ *Hinterhalt* **3** ⟨übertr.; umg.; scherzh.⟩ *Bett* ▸ eine ~ aufstellen, bauen; jmdm. eine ~ stellen ⟨übertr.⟩ *jmdn. in einen Hinterhalt locken, ihn durch geschickte Fragen überlisten;* (jmdm.) in die ~ gehen *einem Hinterhalt, einer Intrige zum Opfer fallen;* in die ~ gehen ⟨übertr.; umg.; scherzh.⟩ *schlafen gehen;* er liegt noch in der ~ ⟨übertr.; umg.; scherzh.⟩; jmdn. in eine ~ locken ⟨übertr.⟩

fallen/gefallen

Zwar stimmt das Partizip Perfekt der Verben *fallen* und *gefallen* überein („gefallen"), doch bildet *fallen* das Perfekt mit „sein", *gefallen* hingegen mit „haben". Zudem haben die beiden Wörter sehr verschiedene Bedeutungen. *Fallen* heißt so viel wie „sich nach unten bewegen, stürzen" oder „niedriger werden, abnehmen": *Jetzt fallen die Preise für Bekleidung. Sie fiel die Treppe hinunter. Der junge Vogel ist aus dem Nest gefallen. Die Aktienkurse sind gefallen.* Dagegen bedeutet *gefallen* „schön finden, anziehend sein, mögen": *Der Katze gefällt es, wenn man sie streichelt. Sein Aussehen gefällt mir gar nicht. Das Theaterstück hat uns nicht gefallen.* *Gefallen* wird auch als Substantiv verwendet, häufig in der Wendung „Gefallen an etwas finden", was so viel heißt wie „etwas mögen, es schön finden".

fal|len ⟨V. intr.; fällt, fiel, ist ge|fal|len⟩ **1** *sich durch die eigene Schwere nach unten bewegen, stürzen* **2** *niedriger werden, sinken* (Kurse, Preise, Temperatur, Wasserspiegel) **3** *als Soldat im Kriegs- od. Kriseneinsatz sterben* **4** *sich ergeben, erobert werden* (Festung, Stadt) ▸ Vorsicht, fall nicht!; pass auf, dass du nicht fällst! ▸ das Barometer, das Fieber, der Fluss ist gefallen; die Entscheidung ist (noch nicht) gefallen *es wurde noch nichts entschieden;* der Kurs fällt ⟨Bankw.⟩ *verschlechtert sich;* es fällt Regen, Schnee; ein Schuss fällt *wird abgefeuert, ertönt;* der Vorhang (im Theater) fällt; es fielen böse Worte *böse Worte wurden gesagt;* der Würfel ist gefallen *die Entscheidung wurde getroffen* ▸ sich in jmds. Arme ~ lassen; einen Gegenstand ~ lassen; ~ lassen ⟨übertr.⟩ = *fallenlassen* ▸ Ostern fällt dieses Jahr früh, spät; ein Kleid, ein Stoff fällt gut *bauscht nicht, wirft keine Falten* ▸ das Haus fällt nach ihrem Tod an ihre Kinder *die K. erhalten das H.;* der Verdacht fällt auf ihn *trifft ihn;* die Wahl fiel auf ihn *er wurde gewählt;* auf mich fällt ein Drittel der Kosten *ich zahle ein Drittel;* auf den Boden, auf die Erde ~; sein Blick fiel auf das weinende Kind; Weihnachten fällt dieses Jahr auf einen Montag *trifft auf einen M.;* das Haar fiel ihm bis auf die Schultern *reichte ihm bis zu den Sch.;* Ostern fällt dieses Jahr in den März; sich in einen Sessel ~ lassen; die Tür fällt ins Schloss *schlägt zu;* über einen Stein ~; der Fluss ist um einen Meter gefallen; das fällt unter dieselbe Kategorie, Rubrik *das gehört in dieselbe K., R.;* vom Pferd ~; ich bin bei dem Lärm vor Schreck fast vom Stuhl gefallen; einem Mordanschlag zum Opfer ~ *das Opfer eines Mordanschlags werden;* →a. *gefallen*[2]

fäl|len ⟨V. trans.; fällt, fäll|te, hat ge|fällt⟩ **1** Bäume ~ *zum Fallen bringen* **2** eine Entscheidung ~ *eine E. treffen, etwas entscheiden* **3** ein Lot (auf eine Gerade) ~ *eine senkrechte Linie ziehen* **4** einen Schiedsspruch, ein Urteil ~ *aussprechen*

fal|len|las|sen *auch:* **fal|len las|sen** ⟨V.; lässt fallen, ließ fal|len, hat fal|len|ge|las|sen, fal|len|zu|lassen; übertr.⟩ **I** ⟨V. trans.⟩ **1** etwas ~ *aufgeben, verzichten auf* (Absicht, Plan, Vorhaben) **2** jmdn. ~ *nicht mehr unterstützen* **3** eine Bemerkung ~ *nebenbei, beiläufig äußern* **4** ein Thema ~ *nicht weiter erörtern* **II** ⟨V. refl.⟩ sich ~ *sich entspannen;* →a. *fallen*

fäl|lig ⟨Adj.⟩ *(zu einem bestimmten Zeitpunkt) zu geschehen habend, (bes.) zu bezahlen* ▸ die Arbeit ist schon lange ~; bei ihm ist wohl wieder einmal eine Ermahnung ~ ⟨übertr.; umg.⟩; die Zinsen sind am Ende des Monats ~; Abl *Fälligkeit*

Fall|obst ⟨das; -es; unz.⟩ *von selbst vom Baum herabgefallenes Obst*

falls ⟨Konj.⟩ **1** *wenn* **2** *für den Fall, dass ...* ▸ ~ er kommen sollte, sag mir Bescheid; ~ es regnet, musst du die Wäsche abnehmen

Fall|schirm ⟨der; -(e)s, -e⟩ *Gerät zum Absprung od. Abwurf aus Luftfahrzeugen*

Fall|schirm|sprin|gen ⟨das; -s; unz.⟩ *das Abspringen mit dem Fallschirm als sportliche Übung;* Abl *Fallschirmspringer(in)*

Fall|strick ⟨der; -(e)s, -e; übertr.⟩ *Hinterhalt, Falle* ▸ jmdm. einen ~, ⟨od.⟩ ~e legen *ihn in einen Hinterhalt locken, ihm eine Falle stellen, um ihm zu schaden*

Fall|stu|die ⟨[-djə] die; -, -n⟩ *genaue Untersuchung u. Beschreibung eines typischen Falles, z. B. für*

menschliches Verhalten, Auswirkungen von Experimenten usw.

Fall|tür ⟨die; -, -en⟩ *in den Fußboden eingelassene Tür*

falsch ⟨Adj.⟩ **1** *nicht richtig, unrichtig, unwahr, fehlerhaft;* Zus *Falscheid, Falschmeldung* **2** *irrig* (Meinung) **3** *gefälscht, nachgeahmt;* Zus *Falschgeld* **4** *künstlich* (Haar, Zähne) **5** ⟨übertr.⟩ *verschlagen, hinterhältig, hinterlistig, verlogen* (Person); Abl *Falsch* ▸ ~e Anzeige, ~e Anschuldigung *wider besseres Wissen erstattete Anzeige (strafbar);* ~e Bescheidenheit *übertriebene, unangebrachte B.;* du bist zu einem ~en Ergebnis gekommen; ein ~er Freund; ~er/Falscher Hase = *Hackbraten;* (ein) ~es Spiel mit jmdm. treiben *ihn hintergehen, betrügen, reinlegen* ▸ ein Wort ~ schreiben; ~ schwören; sein: ich glaube, wir sind hier ~ ⟨umg.⟩ *wir haben uns verirrt;* ~ singen; ~ spielen ⟨Mus.⟩ *einen falschen Ton spielen;* ⟨aber⟩ →a. *falschspielen;* ~ verbunden *am Telefon nicht den richtigen Gesprächspartner bekommen (weil man nicht die richtige Nummer gewählt hat);* etwas ~ verstehen ▸ die Stellungnahme war sachlich ~; das hast du völlig ~ verstanden ▸ er ist an den Falschen geraten *er hat bei ihm nichts erreicht, hat sich eine Abfuhr geholt;* bei jmdm. an die ~e Adresse geraten ⟨übertr.⟩ *bei ihm nichts erreichen, abgewiesen werden;* in der ~en Richtung fahren, gehen; in den ~en Zug steigen; unter einem ~en Namen leben

Falsch|aus|sa|ge ⟨die; -, -n⟩ *wissentlich falsche Aussage (strafbar)*

fäl|schen ⟨V. trans.; fälscht, fälsch|te, hat gefälscht⟩ etwas ~ *in betrüger. Absicht täuschend ähnlich nachmachen* ▸ Geld ~; eine Unterschrift, einen Wechsel ~; Abl *Fälscher(in)*

Falsch|fah|rer ⟨der; -s, -⟩ *Autofahrer, der auf der falschen Fahrbahnseite fährt (bes. auf Autobahnen);* Syn ⟨umg.⟩ *Geisterfahrer;* Abl *Falschfahrerin*

Falsch|heit ⟨die; -; unz.⟩ **1** *Unrichtigkeit, Unechtheit* **2** ⟨übertr.⟩ *Unaufrichtigkeit, Unehrlichkeit, Doppelzüngigkeit*

fälsch|lich ⟨Adv.⟩ *irrtümlich, auf einem Fehler beruhend;* Abl *fälschlicherweise*

falsch|spie|len ⟨V. intr.; spielt falsch, spiel|te falsch, hat falsch|ge|spielt, falsch|zu|spie|len⟩ *beim Spiel betrügen, betrügerisch spielen;* →a. *falsch*

Falsch|spie|ler ⟨der; -s, -⟩ *jmd., der beim Spiel betrügt, sich nicht an die Regeln hält;* Abl *Falschspielerin*

Fäl|schung ⟨die; -, -en⟩ **1** *das Fälschen, betrügerische Nachahmung* **2** *gefälschter Gegenstand* ▸ eine ~ begehen *etwas fälschen, betrügerisch nachahmen;* das Bild ist eine gelungene ~

fäl|schungs|si|cher ⟨Adj.⟩ *so beschaffen, dass man es nicht fälschen kann* ▸ ~e Geldscheine; Personalausweise sind noch nicht ~

Falt|blatt ⟨das; -(e)s, -blät|ter⟩ *bedrucktes, gefaltetes Blatt als Hinweis- od. Merkblatt, Zeitungsbeilage, Werbeschrift, Prospekt o. Ä.*

Fal|te ⟨die; -, -n⟩ **1** *Knick, Bruch (in Papier od. Stoff)* **2** *Runzel (im Gesicht);* Abl *faltenlos, faltig* **3** *übereinandergelegter Stoffteil;* Zus *Faltenrock* ▸ ~n bügeln; ~n glätten; die Hose schlägt, wirft ~n; die Stirn in ~n ziehen *die Stirn runzeln*

fal|ten ⟨V. trans.; fal|tet, fal|te|te, hat ge|fal|tet⟩ etwas ~ *in Falten legen, zusammenlegen, -knicken* ▸ die Hände ~ *ineinanderlegen, miteinander verschränken;* aus Papier ein Flugzeug ~; die Stirn ~ *krausziehen, runzeln;* Abl *Faltung;* Zus *Faltkarton*

Fal|ter ⟨der; -s, -; Zool.⟩ = *Schmetterling;* Zus *Nachtfalter, Tagfalter*

fa|mi|li|är ⟨Adj.⟩ **1** *die Familie betreffend* **2** *vertraut, zwanglos* ▸ ~e Angelegenheiten, Sorgen; im ~en Umgang zeigt er ganz andere Seiten

Fa|mi|lie ⟨[-ljə] die; -, -n⟩ **1** ⟨i. e. S.⟩ *Eltern u. Kinder;* Zus *Familienvater* **2** ⟨i. w. S.⟩ *Geschlecht, Sippe, alle Verwandten;* Zus *Familienangehörige(r), Familienfeier, Familienfoto, Familienmitglied* **3** ⟨Biol.⟩ *Kategorie zw. Gattung u. Ordnung* ▸ ~ Schulze; einen Todesfall in der ~ haben ▸ damit kannst du keine ~ ernähren; eine ~ gründen *heiraten u. Kinder bekommen;* ~ haben *verheiratet sein u. Kinder haben;* keine ~ haben *unverheiratet sein* ▸ eine fünfköpfige, glückliche, große, kleine ~; die heilige ~ *Maria, Josef u. das Jesuskind;* eine kinderreiche ~ ▸ aus guter ~ sein *von guter Abstammung;* im Schoß der ~ ⟨übertr.⟩; der Besitz befindet sich schon seit Jahrhunderten in der ~; es bleibt in der ~ ⟨umg.⟩ *es bleibt unter uns;* die musikalische Begabung liegt bei uns in der ~ *kommt bei uns häufig vor, vererbt sich immer weiter;* das kommt in den besten ~n vor ⟨umg.; scherzh.⟩ *das kann jedem passieren, das ist nicht so schlimm;* eine ~ mit drei Kindern; unser Freund gehört zur ~ *geht bei uns aus und ein, ist ganz vertraut mit uns*

Fa|mi|li|en|an|schluss ⟨der; -es; unz.⟩ *Teilnahme (eines Angestellten o. Ä.) am Familienleben* ▸ eine Stellung mit ~

Fa|mi|li|en|be|sitz ⟨der; -es, -e⟩ *Besitz, Eigentum einer Familie* ▸ das Schloss ist noch immer in ~; aus ~ stammen

Fa|mi|li|en|be|trieb ⟨der; -(e)s, -e⟩ *Betrieb, der sich im Besitz einer Familie befindet u. von ihr geleitet wird;* Syn *Familienunternehmen*

fa|mi|li|en|feind|lich ⟨Adj.⟩ *die Familie (als Institution) benachteiligend, ihren Interessen zuwiderlaufend* ▸ ~e Politik

fa|mi|li|en|freund|lich ⟨Adj.⟩ *die Familie (als Institution) unterstützend, die Interessen von Familien berücksichtigend u. fördernd* ▸ sie bewohnen ein ~es Hotel

Fa|mi|li|en|kreis ⟨der; -es; unz.⟩ *Kreis der (nächsten) Angehörigen* ▸ im (engsten) ~

Fa|mi|li|en|na|me ⟨der; -ns, -n⟩ *vererbl. Sippenname, Zuname;* Syn *Nachname*

Fa|mi|li|en|pla|nung ⟨die; -; unz.⟩ *sinnvolles Begrenzen der Anzahl der Kinder durch Geburtenregelung*

Fa|mi|li|en|stand ⟨der; -(e)s; unz.⟩ *persönliches Verhältnis in Bezug auf einen Ehepartner (ledig,* *verheiratet, geschieden, verwitwet);* Syn *Personenstand*

Fa|mi|li|en|ver|hält|nis|se ⟨Pl.⟩ *die in einer Familie herrschenden Lebensumstände, Zustand des Familienlebens* ▸ in guten, schlechten, zerrütteten ~n aufwachsen

fa|mos ⟨Adj.; umg.⟩ *großartig, herrlich*

Fan ⟨[fæn] der; -s, -s⟩ *begeisterter Anhänger;* Zus *Fanclub, Fangemeinde; Filmfan, Jazzfan, Sportfan*

Fa|na|ti|ker ⟨der; -s, -⟩ *Eiferer, unduldsamer Verfechter einer Überzeugung, der andere Meinungen nicht duldet;* Abl *Fanatikerin*

fa|na|tisch ⟨Adj.⟩ *sich blind-leidenschaftlich einsetzend u. keine anderen Meinungen duldend* ▸ er kämpft ~ für seinen Glauben

Fa|na|tis|mus ⟨der; -; unz.⟩ *blind-übertriebener u. unduldsamer Eifer (für eine Überzeugung)* ▸ religiöser ~

fand → *finden*

Fan|fa|re ⟨die; -, -n; Mus.⟩ *Trompetensignal*

Fang ⟨der; -(e)s, Fän|ge⟩ **1** *das Fangen, Jagd;* Zus *Fischfang, Walfang* **2** *das Gefangene, Beute* ▸ einem Tier den ~ geben *den Todesstoß, Fangstoß;* einen guten ~ machen, tun *viel fangen, erfolgreich Beute machen;* ⟨übertr.⟩ *etwas Gutes, Günstiges erwerben;* auf ~ ausgehen

Fang|arm ⟨der; -(e)s, -e⟩ *Arm der Polypen* ▸ in die ~e von jmdm. od. etwas geraten ⟨übertr.⟩

fan|gen ⟨V.; fängt, fing, hat ge|fan|gen⟩ **I** ⟨V. trans.⟩ **1** jmdn. od. etwas ~ *nach etwas od. jmdm. jagen u. es od. ihn erfassen, ergreifen, packen* **2** Tiere ~ *erbeuten* ▸ fang mich!; du wirst dir gleich eine ~! ⟨umg.⟩ *eine Ohrfeige bekommen* ▸ einen Ball ~; einen Dieb, Verbrecher ~ *festnehmen;* Feuer ~ *zu brennen beginnen;* ⟨übertr.⟩ *sich für etwas zu begeistern beginnen;* ⟨übertr.⟩ *sich verlieben;* Fische, Vögel ~; die Katze fängt Mäuse ▸ Fangen spielen *ein Spiel spielen, bei dem einer davonläuft u. die andern ihn zu greifen versuchen* ▸ gefangen (kriegsgefangen) *(im Krieg) festgenommen u. entwaffnet;* ⟨übertr.⟩ *in den Bann gezogen;* von jmds. Reizen gefangen sein; sich gefangen geben *sich festnehmen (u. entwaffnen) lassen;* Abl *Fänger(in)* **II** ⟨V. refl.⟩ sich ~ *sich zusammennehmen, einen Misserfolg, einen Schock überwinden u. sein seelisches Gleichgewicht wiederfinden* ▸ er hat sich noch nicht gefangen

Fan|ta|sie ⟨die; -, -n⟩ oV *Phantasie* **I** ⟨unz.⟩ *Fähigkeit, sich etwas auszudenken, schöpfer. Denken, Einbildungskraft* ▸ Produkt, Spiel der ~; blühende ⟨iron.⟩, reiche, schmutzige ~; dichterische ~; er hat viel, wenig, keine ~; Abl *fantasielos, fantasievoll* **II** ⟨zählb.⟩ **1** *Trugbild, Wahngebilde* **2** *Träumerei, vorgestelltes Bild*

Fan|ta|sie... ⟨in Zus. mit Subst.⟩ *erfunden, frei gestaltet,* z. B. Fantasiegebilde; oV *Phantasie...*

fan|ta|sie|ren ⟨V. intr.; fan|ta|siert, fan|ta|sier|te, hat fan|ta|siert⟩ oV *phantasieren* **1** *sich den wechselnden Bildern der Fantasie hingeben, wach träumen* **2** *im Fieber wirre Dinge reden*

Fan|tast ⟨der; -en, -en⟩ *Träumer, Schwärmer, Mensch mit überspannten Vorstellungen;* oV *Phantast;* Abl *Fantastin*

fan|tas|tisch ⟨Adj.⟩ oV *phantastisch* **1** ⟨eigtl.⟩ *nur in der Fantasie bestehend, unwirklich, irreal* **2** ⟨umg.⟩ *wunderbar, herrlich* ▸ wie war es gestern? ~! ⟨übertr.; umg.⟩; ein ~es Buch, ~er Film ⟨übertr.; umg.⟩; ~e Literatur *Literaturgattung, in der übernatürliche, märchenhafte od. mythologische Elemente Bestandteil der Handlung sind;* sie besitzen ein ~es Haus ⟨übertr.; umg.⟩; die Preise sind ~ ⟨übertr.; umg.⟩ *ungeheuer hoch*

Far|be ⟨die; -, -n⟩ **1** *optische Wahrnehmung, dass etwas in einer bestimmten Weise bunt, schwarz od. weiß ist* **2** *Farbstoff, Mittel zum Färben, zum Malen;* Zus *Aquarellfarbe, Deckfarbe, Malfarbe, Ölfarbe, Pastellfarbe, Wandfarbe, Wasserfarbe* **3** *Färbung;* Zus *Gesichtsfarbe, Hautfarbe* **4** *Buntheit, Farbigkeit* **5** ⟨Kart.⟩ *Spielkartenklasse, z. B. Herz, Karo, Kreuz, Pik* ▸ die ~n eines Landes ▸ abblättern: die ~ blättert ab (vom Bild, von der Wand); ~n aufeinander abstimmen; die ~ dick auftragen; eine ~ bedienen ⟨Kart.⟩ *bekennen, Trumpf ausspielen;* ~ bekennen ⟨übertr.⟩ *seine Überzeugung, die Wahrheit eingestehen;* ~ bekommen *ein gesundes, frisches Aussehen bekommen;* einem Gegenstand auf einem Bild mehr ~ geben *ihn dunkler, kräftiger tönen;* einer Sache mehr ~ geben *sie betonen, anschaulicher schildern;* die ~ hält (nicht); ~en mischen; eine ~ spielen, ausspielen ⟨Kart.⟩; die ~ ist verblichen, verschossen; die ~ verlieren *verblassen, verschießen* (Stoff) ▸ dunkle, grelle, helle, harte, kräftige, lebhafte, leuchtende, matte, satte, schreiende, stumpfe, warme ~; frische ~ haben *frisch, blühend, gesund aussehen;* die ~ ist noch frisch; grüne, gelbe, rote, blaue ~ ▸ in allen, verschiedenen ~n schildern; etwas in den dunkelsten ~n schildern *schlecht davon sprechen;* eine Sache in leuchtenden ~n schildern *begeistert davon sprechen;* du redest wie der Blinde von der ~ *ohne Sachkenntnis*

farb|echt ⟨Adj.⟩ *die Farbe (be)haltend, nicht abfärbend, nicht verblassend* ▸ ~e Stoffe; Abl *Farbechtheit*

fär|ben ⟨V.; färbt, färb|te, hat ge|färbt⟩ **I** ⟨V. trans.⟩ etwas ~ *farbig machen, Farbe geben, Farbe auftragen auf* ▸ sich die Augenbrauen, die Lippen ~ *schminken;* sich das Haar ~; einen Bericht ~ *ihn in bestimmter Absicht umformen, verfälschen;* Stoff, Wolle ~; ein grün gefärbtes Tuch **II** ⟨V. refl.⟩ sich ~ *farbig werden, Farbe bekommen* ▸ die Blätter ~ sich, das Laub färbt sich *die B. werden herbstlich gelb u. rot;* der Himmel färbte sich rot

far|ben|blind ⟨Adj.⟩ *Farben nur teilweise od. überhaupt nicht unterscheiden könnend;* Abl *Farbenblindheit*

far|ben|froh ⟨Adj.⟩ *bunt, lebhaft in den Farben;* Syn *farbenfreudig*

Far|ben|pracht ⟨die; -; unz.⟩ *leuchtend bunte Farben;* Abl *farbenprächtig*

F

far|big ‹Adj.› **1** *mit einer od. mehreren Farben versehen, bunt, gefärbt;* Zus *einfarbig, mehrfarbig, verschiedenfarbig, zweifarbig* **2** ‹übertr.› *lebendig, anschaulich* ▸ sie trägt ein ~es Kleid; das war eine ~e Schilderung; Abl *Farbigkeit*

farbig/farblich

Da im Falle dieser Adjektive häufig Verwechslungen auftreten, sollten sie gut unterschieden werden. Die Bedeutung von *farbig* ist „bunt, mit einer oder mehreren Farben versehen“: *Das ist eine farbige Fotografie. Kinder mögen gern farbige Kleidung.* Im übertragenen Sinne kann man auch sagen: *Die farbige* (= lebendige, anschauliche) *Schilderung des Vorfalls war nicht glaubwürdig.*
Im Unterschied hierzu meint das Adjektiv *farblich* „die Farbe betreffend“: *Die farbliche Gestaltung des Raumes ist gelungen. Die Kleidungsstücke sind farblich aufeinander abgestimmt.*
Vor allem in Zusammensetzungen mit undeklinierbaren Farbadjektiven verwendet man -farbig oder -farben häufig als zweiten (deklinierbaren) Wortbestandteil: *Ein orangefarbenes/orangefarbiges Kleid, ein lilafarbener/lilafarbiger Umschlag.*

Far|bi|ge(r) ‹die; -n, -n (der; -n, -n); umg.; fälschl. für› *Schwarze(r)*
Farb|kas|ten ‹der; -s, -käs|ten› *Kasten mit Töpfchen, in denen verschiedene Farben zum Malen befestigt sind;* Syn *Malkasten*
farb|lich ‹Adj.› *die Farbe betreffend, bezüglich der Farbgebung* ▸ die ~e Gestaltung eines Bildes
farb|los ‹Adj.; -er, am -es|ten; Steigerung nur übertr.› **1** *ohne Farbe, blass* **2** *durchsichtig* (Lack) **3** ‹übertr.› *fade, eintönig, ausdruckslos, unanschaulich* (Schilderung, Stil); Abl *Farblosigkeit*
Farb|stift ‹der; -(e)s, -e› *Stift aus farbiger Kreide od. mit farbiger Mine, Buntstift*
Farb|stoff ‹der; -(e)s, -e› *anorganischer od. organischer Stoff, der unbelebter u. belebter Materie Farbe verleiht*
Farb|ton ‹der; -(e)s, -tö|ne› *Farbstufung, Farbtönung, Grad der Farbgebung* ▸ heller, dunkler, gelblicher, rötlicher ~
Fär|bung ‹die; -, -en› **1** *das Färben* **2** *das Farbigsein* **3** *Farbgebung, Schattierung, Farbstufe* **4** ‹übertr.› *Tendenz, Richtung, Neigung* ▸ die politische ~ einer Zeitung ‹übertr.›; die Blätter zeigten schon eine rötliche ~
Far|ce ‹[fa:rs(ə)] die; -, -n› **1** *als wichtig hingestellte, im Grunde aber eher belanglose Angelegenheit* **2** ‹Theat.; früher› *kurzes, possenhaftes Spiel in Versen, in dem menschliche Schwächen verspottet wurden* ▸ sein Auftritt war eine ~; der ganze Prozess ist eine ~
Farm ‹die; -, -en› *Landgut, bes. mit Tierzucht;* Abl *Farmer(in);* Zus *Geflügelfarm, Pelztierfarm*
Farn ‹der; -(e)s, -e; Bot.› *krautige od. baumförmige Pflanze mit gefächerten Blättern*

Fa|san ‹der; -s, -e od. -en; Zool.› *ein Hühnervogel (die Männchen haben oft prächtiges Gefieder)*
Fa|schier|te(s) ‹das; -n, -n; österr.› *Hackfleisch*
Fa|sching ‹der; -s, -e od. -s; bes. bair.-österr.› = *Fastnacht;* Zus *Faschingszeit*
Fa|schings|diens|tag ‹der; -(e)s, -e› *Dienstag vor Aschermittwoch*
Fa|schings|zug ‹der; -(e)s, -zü|ge› *Festzug am Faschingsdienstag, an Fastnacht*
Fa|schis|mus ‹der; -; unz.; Pol.› *zentralist. u. autoritäre polit. Bewegung mit äußerst nationalist. Zielsetzung, mit den Mitteln der Gewaltanwendung u. strenger Zensur gegen die Opposition;* Abl *Faschist(in); faschistisch*
fa|seln ‹V. intr. u. V. trans.; fa|selt, fa|sel|te, hat ge|fa|selt; umg.› (etwas) ~ *Unsinn, belangloses, dummes Zeug reden*
Fa|ser ‹die; -, -n› **1** *Bestandteil menschlichen, tierischen u. pflanzlichen Gewebes;* Zus *Fleischfaser, Muskelfaser* **2** *feines, dünnes, längliches Gebilde, das aus Pflanzen, Tieren, Mineralien od. synthetischen Stoffen gewonnen u. zu Fäden versponnen wird;* Zus *Faserschreiber; Chemiefaser, Mineralfaser, Pflanzenfaser* ▸ keine trockene ~ mehr am Leibe haben ‹übertr.; umg.› *völlig durchnässt sein;* alle ~n im Körper anspannen
fa|se|rig ‹Adj.› oV *fasrig* **1** *voller Fasern, wie Fasern* **2** *in Fasern, zerfasert*
Fas|nacht ‹die; -; unz.› = *Fastnacht*
Fass ‹das; -es, Fäs|ser› *großes bauchiges Gefäß aus Holz od. Metall mit rundem Boden u. Deckel* ▸ ein ~ anstechen, anzapfen; das schlägt dem ~ den Boden aus! ‹übertr.› *das ist die Höhe!* ▸ der Wein schmeckt nach ~; ein ~ ohne Boden ‹übertr.› *endloses Bemühen, nutzloses Unterfangen* ▸ voll wie ein ~ ‹übertr., derb› *völlig betrunken;* Zus *Fassgärung; Bierfass, Weinfass, Whiskeyfass*
Fas|sa|de ‹die; -, -n› **1** *Außenansicht, Vorderfront, Schauseite* **2** ‹übertr.; häufig abwertend› *äußeres Erscheinungsbild* ▸ nichts als eine hübsche ~ ‹übertr.; umg.› *ein hübsches Gesicht u. nichts dahinter*
fass|bar ‹Adj.› *so beschaffen, dass man es erfassen, begreifen, verstehen kann, begreiflich, verständlich*
Fass|bier ‹das; -(e)s, -e› *Bier vom Fass;* Ggs *Flaschenbier*
fas|sen ‹V.; fasst, fass|te, hat ge|fasst› **I** ‹V. trans.› **1** jmdn. od. etwas ~ *ergreifen, packen, nehmen* **2** einen Dieb ~ *erwischen, fangen* **3** Edelsteine ~ *einrahmen, mit einer Fassung versehen* **4** etwas ~ *in sich aufnehmen, enthalten können, Raum geben* **5** etwas ~ *verstehen, begreifen* **6** etwas irgendwie ~ *ausdrücken, formulieren* **7** ‹bes. Mil.› Essen ~ *in Empfang nehmen* ▸ fass! (Befehl an den Hund) ▸ Abneigung, Hass, Misstrauen gegen jmdn. ~; Angst, Ekel, Entsetzen fasste uns bei diesem Anblick; ein Bild (in einen Rahmen) ~; einen Entschluss ~ *sich zu etwas entschließen;* ich kann vor Aufregung keinen klaren Gedanken ~ *zustande bringen;* die Flasche fasst einen Liter; das Stadion fasst 70 000 Menschen;

Mut, Selbstvertrauen ~; hat man den Täter schon gefasst?; Vertrauen, Zuneigung (zu jmdm.) ~; einen Vorsatz ~ *sich etwas vornehmen;* der Saal konnte die Zuhörer kaum ~ ▸ jmdn. an, bei der Hand ~; jmdn. am, beim Arm ~; etwas mit beiden Händen, mit der Zange ~; jmdn. gerade noch zu ~ kriegen *ihn noch erwischen;* es ist nicht zu ~! *es ist unbegreiflich* ▸ ein schön gefasster Brillant **II** ⟨V. refl.⟩ **1** sich ~ *sich (wieder) beruhigen, beherrschen* **2** sich kurz ~ *nicht lange über etwas reden* ▸ sie hat sich nach dem Unfall schnell wieder gefasst; er kann sich vor Freude kaum ~; er nahm sein Urteil gefasst entgegen; er kann sich auf etwas gefasst machen, wenn er nach Hause kommt! ⟨umg.⟩ *ich werde ihn zurechtweisen;* sie war beim Tode ihres Mannes sehr gefasst; auf etwas gefasst sein *mit etwas rechnen;* ich bin auf alles, auf das Schlimmste gefasst **III** ⟨V. intr.⟩ *ineinandergreifen, sich einhaken* ▸ das Zahnrad, Gewinde fasst nicht

Fas|se̩t|te ⟨die; -, -n⟩ = *Facette*

fa̩ss|lich ⟨Adj.⟩ *so beschaffen, dass man es fassen kann, begreiflich* ▸ eine leicht ~e Abhandlung

Fas|son ⟨[-sõ:] od. [-sɔŋ] die; -, -s od. österr. a. [-so:n] die; -, -en⟩ **1** *Art u. Weise, Form, Muster* **2** *Schnitt, Zuschnitt, Sitz, Form* (Anzug, Haarschnitt) **3** ⟨übertr.⟩ *Lebensart* ▸ jeder soll nach seiner ~ glücklich werden; aus der ~ geraten ⟨umg.⟩ *dick werden*

Fa̩s|sung ⟨die; -, -en⟩ **I** ⟨zählb.⟩ **1** *Umrahmung (bes. aus Edelmetall für Edelsteine)* **2** *Rahmen der Brillengläser* **3** ⟨El.⟩ *Haltevorrichtung für Glühlampen, Leuchtstoffröhren o. Ä., die auch die elektrische Verbindung herstellt* **4** *Form, Wortlaut (bes. von Schriftstücken od. Dichtwerken)* ▸ die erste, ursprüngliche ~; die zweite ~ weicht nur wenig, stark von der ersten ab; von diesem Drama sind zwei ~en bekannt; im Alter hat er dem Roman eine andere ~ gegeben; der Film wurde in der deutschen ~ gezeigt; der Film läuft in französischer ~; die verschiedenen ~en eines Gedichtes miteinander vergleichen **II** ⟨unz.⟩ *Beherrschung, Selbstbeherrschung, Gemütsruhe* ▸ er konnte nur mit Mühe die ~ bewahren; sie hat die ~ nicht verloren; mit Mühe die ~ wiedergewinnen; er lässt sich nicht so leicht aus der ~ bringen; aus der ~ geraten, kommen; etwas mit ~ ertragen

fa̩s|sungs|los ⟨Adj.⟩ *außer sich, bestürzt, sprachlos, aufs Höchste erstaunt;* Abl *Fassungslosigkeit*

Fa̩s|sungs|ver|mö|gen ⟨das; -s; unz.⟩ *Größe eines Hohlraumes, Fähigkeit, etwas aufzunehmen*

Fa̩ss|wein ⟨der; -(e)s, -e⟩ *Wein unmittelbar aus dem Fass;* Ggs *Flaschenwein*

fa̩st ⟨Adv.⟩ *beinahe, nicht ganz* ▸ wir hatten die Hoffnung ~ aufgegeben; ich habe ~ geglaubt, dass alles umsonst war; sein: ~ wäre er gestürzt; ~ hätte ich den Fehler übersehen; das Werk ist ~ vollendet ▸ in ~ allen Fällen hat sich gezeigt, dass das Medikament hilft; ich konnte ~ nichts davon sehen

fa̩s|ten ⟨V. intr.; fas|tet, fas|te|te, hat ge|fas|tet⟩ *nichts essen (um das Körpergewicht zu reduzieren u. den Körper von Giftstoffen zu reinigen, in der kath. Kirche auch als Mittel zur Buße u. inneren Einkehr)*

Fa̩s|ten|zeit ⟨die; -; unz.⟩ *die 40 Tage vor Ostern*

Fastnacht/Fasching/Karneval

Mit *Fastnacht* war früher nur der Abend vor dem Beginn der vorösterlichen Fastenzeit gemeint, an dem der Fastentrunk ausgeschenkt wurde, der als Abschied von üppigen Mahlzeiten und Festen mit Musik und Spielen gefeiert wurde. Später wurde der Begriff auf die ganze närrische Zeit übertragen. Während im Rheinland, in Baden-Württemberg, im Elsass und in der Schweiz von *Fastnacht* gesprochen wird, sagt man in Bayern und Österreich *Fasching.* Der auch in anderen Sprachen zu findende Ausdruck *Karneval* kam erst im Spätmittelalter über das Italienische nach Deutschland.

In Deutschland beginnt die Fastnachtszeit jedes Jahr offiziell am 11.11. um 11 Uhr 11 und geht mit dem karnevalistischen Treiben am Fastnachtsdienstag zu Ende. Eingeläutet wird der Höhepunkt der närrischen Zeit mit der donnerstäglichen Altweiberfastnacht, ausgelassen gefeiert wird an den darauffolgenden Tagen, am Fastnachtssamstag, Fastnachtssonntag, am sogenannten Rosenmontag und am Fastnachtsdienstag. In dieser Zeit gibt es Sitzungen der vielen Karnevalsvereine mit närrischen Reden, Musik-, Tanzvorführungen u. Ä.. Außerdem finden in dieser Zeit Karnevalsumzüge statt, die beliebtesten sind die Rosenmontagsumzüge in den Städten Köln und Mainz. Man unterscheidet zwischen dem rheinischen *Karneval,* bes. in Köln und Mainz, und der schwäbisch-alemannischen *Fastnacht,* bei der traditionelle Masken verwendet werden.

Fa̩st|nacht ⟨die; -; unz.⟩ *Tag od. Tage, (i. e. S.) Abend u. Nacht vor Aschermittwoch, Beginn der Fastenzeit, an zahlreichen Orten mit bestimmten heiteren Bräuchen verbunden;* oV *Fasnacht;* Syn ⟨bair.-österr.⟩ *Fasching* ▸ ausgelassen ~ feiern; die rheinische ~ lockte wieder viele Besucher an; an diesem Wochenende wird ~ gefeiert

Fas|zi|na|ti|o̲n ⟨die; -, -en⟩ *Bezauberung, Bann* ▸ etwas mit einer Mischung aus ~ und Entsetzen betrachten

fas|zi|ni̲e̲|ren ⟨V. trans.; fas|zi|niert, fas|zi|nier|te, hat fas|zi|niert⟩ jmdn. ~ *bezaubern, blenden, fesseln* ▸ ein ~des Schauspiel

fa|ta̲l ⟨Adj.⟩ *verhängnisvoll, widrig, unangenehm, peinlich* ▸ die Sache nahm eine ~e Wendung

Fa|ta|li̩s|mus ⟨der; -; unz.⟩ *Glaube, dass das Schicksal des Menschen unentrinnbar vorherbestimmt ist*

fa|ta|li̩s|tisch ⟨Adj.⟩ *schicksalsgläubig, blind ergeben*

Fa̲|ta Mor|ga̲|na ⟨die; - -, - -s od. - -ga̲|nen⟩

1 *durch Luftspiegelung hervorgerufenes Bild, bes. über Wüsten* 2 ⟨übertr.⟩ *Sinnestäuschung, Wahnbild, Traumbild*

fau|chen ⟨V.; faucht, fauch|te, hat ge|faucht⟩ oV ⟨süddt., österr.⟩ *pfauchen* **I** ⟨V. intr.⟩ **1** *drohend zischen* (Katze) **2** *zischend schnauben, prusten, blasen* (Katze, Dampf, Wind) **II** ⟨V. trans.; übertr.; umg.⟩ etwas ~ *wütend herausstoßen, beißend schimpfen* ▸ „Raus hier!", fauchte er

faul ⟨Adj.⟩ **1** *verfault, moderig, verdorben* (Eier, Fisch, Laub, Obst) **2** ⟨übertr.⟩ *moralisch schlecht, sittlich verdorben* **3** *träge, arbeitsunlustig;* Ggs *fleißig;* Abl *Faulheit* **4** ⟨umg.⟩ *bedenklich, verdächtig* (Angelegenheit) ▸ das sind doch ~e Ausreden! ⟨übertr.; umg.⟩ *dumme, unglaubwürdige A.;* ein ~er Geruch; ~e Geschäfte machen ⟨übertr.; umg.⟩ *bedenkliche, unsaubere G.;* sie liegt den ganzen Tag über auf der ~en Haut ⟨übertr.; umg.⟩ *sie tut nichts;* ~es Holz, Wasser; ein ~er Kunde ⟨übertr.; umg.⟩ *ein verdächtiger Kerl;* eine ~e Sache ⟨übertr.; umg.⟩ *eine verdächtige S.;* ein ~er Schüler; ~e Witze machen ⟨übertr.; umg.⟩ *schlechte W.;* alles nur ~er Zauber! ⟨übertr.; umg.⟩ *Schwindel* ▸ ~ riechen, schmecken; sein: an der Sache ist etwas ~ ⟨übertr.; umg.⟩ *nicht in Ordnung*

Fäu|le ⟨die; -; unz.⟩ *das Faulen, Fäulnis* ▸ die ~ des Obstes war schon weit fortgeschritten

fau|len ⟨V. intr.; fault, faul|te, hat ge|fault⟩ *faul, modrig werden, in Verwesung übergehen* (Fleisch, Obst, Zahn)

fau|len|zen ⟨V. intr.; fau|lenzt, fau|lenz|te, hat ge|fau|lenzt⟩ *faul sein, nichts tun, müßiggehen;* Abl *Faulenzer(in)*

fau|lig ⟨Adj.⟩ *faul werdend, angefault* ▸ das Wasser roch bereits ~

Fäul|nis ⟨die; -; unz.⟩ *Zersetzung organischer Stoffe durch Bakterien* ▸ in ~ übergehen *faulen*

Faul|pelz ⟨der; -es, -e; übertr.; umg.⟩ *fauler Mensch*

Faul|tier ⟨das; -(e)s, -e; Zool.⟩ *ein südamerikanisches Tier, das hangelnd u. kletternd lebt u. sich wenig bewegt, es kann im hängenden Zustand schlafen, ohne die Muskeln anzustrengen*

Fau|na ⟨die; -, Fau|nen⟩ *Tierwelt (eines bestimmten Gebietes)* ▸ die ~ Afrikas

Faust ⟨die; -, Fäus|te⟩ *geballte Hand* ▸ die ~ ballen, öffnen; jmdm. eine ~ machen *ihm drohen;* jmdm. die ~ zeigen *ihm drohen* ▸ auf eigene ~ handeln ⟨übertr.⟩ *selbstständig, eigenmächtig, auf eigene Verantwortung;* mit dem Messer, Schwert in der ~ auf jmdn. losgehen; die ~ in der Tasche ballen *seinen Zorn verbergen, insgeheim grollen;* mit geballten Fäusten dabeistehen, zusehen müssen *notgedrungen untätig;* etwas mit eiserner ~ durchsetzen ⟨übertr.⟩ *mit aller Gewalt;* mit geballten Fäusten auf jmdn. losgehen, einschlagen; mit der ~ auf den Tisch schlagen ⟨übertr.; umg.⟩ *deutlich reden, zornig werden, energisch vorgehen;* jmdm. die ~ unter die Nase halten *ihm drohen;* das passt wie die ~ aufs Auge ⟨umg.⟩ *passt gar nicht zueinander;* ⟨scherzh. auch⟩ *passt genau zueinander;* die Hand zur ~ ballen, schließen; Zus *Faustschlag*

Faust|ball ⟨der; -(e)s, -bäl|le⟩ *Ballspiel zw. zwei Mannschaften, bei dem der Ball mit der Faust od. dem Unterarm über eine gespannte Schnur geschlagen wird*

Fäust|chen ⟨das; -s, -⟩ *kleine Faust* ▸ sich (eins) ins ~ lachen ⟨übertr.; umg.⟩ *schadenfroh lachen*

faust|dick ⟨Adj.; übertr.; umg.; nur in bestimmten Wendungen⟩ **1** eine ~e Lüge *eine sehr plumpe Lüge* **2** er hat bei seiner Schilderung ~ aufgetragen *tüchtig übertrieben* **3** ~ lügen *plump lügen* **4** er hat es ~ hinter den Ohren *er ist pfiffig, durchtrieben*

Faust|hand|schuh ⟨der; -(e)s, -e⟩ *Handschuh, bei dem nur der Daumen ein eigenes Fingerfach hat;* Syn *Fäustel, Fäustling*

Fäust|ling ⟨der; -s, -e⟩ = *Fausthandschuh*

Faust|pfand ⟨das; -(e)s, -pfän|der⟩ *bewegliche Sache als Pfand*

Faust|re|gel ⟨die; -, -n⟩ *einfache, grobe Grundregel*

Fau|teuil ⟨[fotø:j] der; -s, -s; österr.; schweiz.⟩ *Arm-, Lehnsessel*

Faux|pas ⟨[fopa:] der; -, - [-pa:s]⟩ *Verstoß gegen die gute Sitte, Taktlosigkeit* ▸ einen ~ begehen

fa|vo|ri|sie|ren ⟨[-vo-] V. trans.; fa|vo|ri|siert, fa|vo|ri|sier|te, hat fa|vo|ri|siert⟩ **1** jmdn. od. etwas ~ *begünstigen, bevorzugen* **2** ⟨Sp.⟩ jmdn. ~ *als voraussichtlichen Sieger im Wettkampf nennen* ▸ ein klar favorisierter Sportler

Fa|vo|rit ⟨[-vo-] der; -en, -en⟩ **1** *Günstling, Schützling, Liebling* **2** ⟨Sp.⟩ *voraussichtlicher Sieger im Wettkampf* ▸ ~ in diesem Rennen ist …; Abl *Favoritin*

Fax ⟨das; -, - od. -e; kurz für⟩ *Telefax* ▸ ein ~ schicken, senden; eine Bestellung per ~ aufgeben; Zus *Faxgerät, Faxnummer*

fa|xen ⟨V. intr. u. V. trans.; hat; faxt, fax|te, hat gefaxt⟩ etwas ~ *als (Tele-)Fax senden* ▸ ich habe ihm alle Unterlagen gefaxt

Fa|xen ⟨Pl.; Sg. selten; umg.⟩ *Späße, Narrenpossen, Grimassen* ▸ ~ machen *Grimassen schneiden, sich albern benehmen;* mach bloß keine ~! *keine Scherereien!*

Fa|zit ⟨das; -s, -e od. -s⟩ *Endsumme, Ergebnis* ▸ das ~ ziehen; sein bitteres ~ lautet: …

FCKW ⟨Abk. für⟩ *Fluorchlorkohlenwasserstoffe, Treibgase, die zum Abbau der Ozonschicht beitragen*

FDP, F. D. P. ⟨Pol.; Abk. für⟩ *Freie Demokratische Partei*

F-Dur ⟨[ɛf-] das; -; unz.; Mus.; Abk.: F⟩ *auf dem Grundton F beruhende Dur-Tonart;* Zus *F-Dur-Tonleiter*

Fea|ture ⟨[fi:tʃə(r)] das; -s, -s od. die; -, -s⟩ **1** ⟨Zeitungsw.⟩ *durch die Aufmachung hervorgehobener Bericht* **2** ⟨Radio; TV⟩ **2.1** *Bericht, Reportage zu einem aktuellen (politischen) Thema* **2.2** *Dokumentarsendung, Dokumentarspiel*

Fe|ber ⟨der; -s, -; österr.⟩ *Februar*

Fe|b|ru|ar ⟨der; -(e)s, -e; Abk.: Febr.⟩ *zweiter Monat des Jahres*

fech|ten ⟨V. intr.; ficht, focht, hat ge|foch|ten⟩ *mit Stoß- od. Hiebwaffe kämpfen (auch als sportliche Disziplin)* ▸ auf Hieb, Stoß ~; ~ gehen; gegen jmdn. ~; mit jmdm. ~; mit dem Degen, Säbel ~; er wurde erstmals Olympiasieger im Fechten; Abl *Fechter(in);* Zus *Fechtkampf, Fechtkunst*

Fe|der ⟨die; -, -n⟩ **1** *Haargebilde der Vögel aus Horn;* Zus *Federhut, Federkiel; Bettfeder, Hühnerfeder, Gänsefeder, Vogelfeder* **2** *kleines, spitzes Instrument zum Schreiben;* Zus *Federzeichnung; Füllfeder, Schreibfeder, Stahlfeder* **3** ⟨Tech.⟩ *Maschinenteil aus einem elastischen, meist gebogenen od. gedrehten Metallstab;* Zus *Spiralfeder* ▸ seiner ~ freien Lauf lassen *seinen Gedanken schriftl. freien Lauf lassen;* ein Mann der ~ *Schriftsteller, Journalist* ▸ die ~ aufziehen, entspannen, spannen, zusammenpressen; die ~ ist gebrochen, gesprungen; er weiß die ~ zu führen *er kann sehr gut, gewandt schreiben;* ~n lassen ⟨übertr.; umg.⟩ *Nachteil, Schaden erleiden* ▸ sich mit fremden ~n schmücken ⟨übertr.⟩ *Gedanken od. Verdienste eines anderen als seine eigenen ausgeben;* eine scharfe, spitze ~ führen ⟨übertr.⟩ *satirisch schreiben* ▸ er muss sie erst aus den ~n holen ⟨übertr.; umg.⟩ *aus dem Bett;* er liegt, steckt noch in den ~n ⟨übertr.; umg.⟩ *im Bett;* sie ist leicht wie eine ~

Fe|der|ball ⟨der; -(e)s, -bäl|le⟩ **I** ⟨zählb.⟩ *mit Federn besetzter, kleiner Spielball;* ⓘ S. 789 **II** ⟨unz.⟩ *Spiel mit dem Federball (I), der mit einem Schläger zwischen den Spielern hin- u. zurückgeschlagen wird;* Syn *Badminton;* Zus *Federballschläger* ⓘ S. 789

Fe|der|ge|wicht ⟨das; -(e)s; unz.; Sp.⟩ *niedrigste Gewichtsklasse beim Boxen, Ringen u. a.*

Fe|der|hal|ter ⟨der; -s, -⟩ *Schreibgerät mit aufsteckbarer Feder;* Zus *Füllfederhalter*

fe|der|leicht ⟨Adj.⟩ *leicht wie eine Feder*

Fe|der|le|sen ⟨das; nur noch in den Wendungen⟩ nicht viel ~s machen *nicht mit unwichtigen Dingen die Zeit vergeuden;* ohne viel ~s *ohne Umstände*

Fe|der|mäpp|chen ⟨das; -s, -⟩ *längliches od. viereckiges Mäppchen aus Kunststoff od. Leder zum Aufbewahren von Stiften (bes. für die Schule);* ⓘ S. 575

fe|dern ⟨V. intr.; fe|dert, fe|der|te, hat ge|fe|dert⟩ *bei Druck nachgeben u. dann in die alte Lage zurückschnellen* ▸ einen ~den Gang haben *einen straffen, elastischen Gang*

Fe|de|rung ⟨die; -, -en⟩ *Ausstattung mit Federn* (Wagen) ▸ harte, weiche ~

Fe|der|vieh ⟨das; -s; unz.⟩ *Geflügel*

Fe|der|wei|ße(r) ⟨der; -n, -n⟩ *junger, in Gärung befindlicher Wein, wenn sich die Hefe abzusetzen beginnt;* Syn ⟨oberdt.⟩ *Sauser*

Fee ⟨die; -, -n⟩ *zarte, anmutige, freundliche od. düstere weibl. Märchengestalt* ▸ die böse und die gute ~; Abl *feenhaft;* Zus *Feenreich*

Feed-back *auch:* **Feed|back** ⟨[fi:dbæk] das; -s, -s; Psych.⟩ *Reaktion der anderen auf das eigene Verhalten;* Syn *Rückmeldung*

Fe|ge|feu|er ⟨das; -s; unz.; kath. Lehre⟩ *Ort zur Läuterung der „armen Seelen" vor Eintritt in den Himmel*

fe|gen ⟨V.⟩ **I** ⟨V. trans.; fegt, feg|te, hat ge|fegt⟩ **1** das Zimmer, die Straße, den Schornstein ~ *mit dem Besen reinigen, kehren* **2** ⟨veraltet⟩ Stahl, ein Schwert ~ *putzen, blankmachen* ▸ der Wind fegt die Blätter von Bäumen und Sträuchern; den Schmutz aus dem Zimmer ~; hast du die Straße schon gefegt?; die Treppe ~; Vorschläge, Argumente, Einwände vom Tisch ~ ⟨übertr.⟩ *ablehnen, ohne näher darauf einzugehen* **II** ⟨V. intr.; fegt, feg|te, ist ge|fegt⟩ **1** *stürmen* (Wind) **2** ⟨übertr.; umg.⟩ *eilig laufen* ▸ der Wind fegt durch die Felder, Straßen; der Sturm fegt über das Land

Feh|de ⟨die; -, -n; altertüml.⟩ *Streit, Feindseligkeit, Feindschaft, Unfriede* ▸ eine literarische ~ ausfechten; mit jmdm. in ~ liegen; Zus *Familienfehde, Privatfehde*

Feh|de|hand|schuh ⟨der; -(e)s, -e⟩ **1** jmdm. den ~ hinwerfen *ihn herausfordern* **2** den ~ aufheben *die Herausforderung annehmen*

fehl ⟨Adj.; nur adv.⟩ *falsch* ▸ übertriebene Strenge ist hier völlig ~ am Ort, am Platz *unangebracht*

Fehl... ⟨in Zus. mit Subst.⟩ *etwas, das fehlerhaft oder falsch ist;* Zus *Fehlbesetzung, Fehldiagnose, Fehleinschätzung, Fehlentwicklung, Fehlinformation, Fehlinterpretation, Fehlinvestition, Fehlurteil, Fehlverhalten*

Fehl|an|zei|ge ⟨die; -, -n⟩ **1** *falsche, irrtümlich aufgegebene Anzeige* **2** *Meldung, dass etwas nicht vorhanden od. nicht geschehen ist*

Fehl|be|trag ⟨der; -(e)s, -trä|ge; Kaufmannsspr.⟩ *fehlender Betrag, ungedeckter Betrag, Verlust*

Fehl|bil|dung ⟨die; -, -en; Med.⟩ *fehlerhafte Ausbildung eines Körperteils od. Organs*

feh|len ⟨V. intr.; fehlt, fehl|te, hat ge|fehlt⟩ **1** *abwesend sein, nicht da sein* **2** (jmdm.) ~ *mangeln, nicht vorhanden, zu wenig sein* **3** jmdm. ~ *von jmdm. sehr vermisst werden* ▸ fehlt dir etwas? *vermisst du etwas?, brauchst du etwas?;* ⟨übertr.⟩ *bist du krank?, hast du Beschwerden, Kummer?;* du hast mir sehr gefehlt *ich habe dich sehr vermisst* ▸ es ~ noch einige Gäste; der Schüler hat zwei Tage unentschuldigt gefehlt ▸ unerlaubt ~; es fehlte nicht viel, und er wäre abgestürzt *fast wäre er abgestürzt* ▸ es fehlt am Notwendigsten; es fehlt ihm an Ausdauer, Mut, Unternehmungsgeist, Zielstrebigkeit; es fehlte nicht an warnenden Stimmen; es soll ihm bei uns an nichts ~; auf einem Fest ~; bei einem Wettkampf ~; daran soll es nicht ~; in der Schule ~; mir fehlt nichts; der hat uns gerade noch gefehlt! ⟨iron.⟩ *den können wir jetzt nicht gebrauchen* ▸ jmdn. als ~d melden

Feh|ler ⟨der; -s, -⟩ **1** *Abweichung vom Richtigen, Unrichtigkeit, Verstoß gegen Regeln;* Abl *fehlerfrei, fehlerhaft, fehlerlos;* Zus *Schreibfehler* **2** *Abweichung eines Messergebnisses von dem „wahren" Wert der gemessenen Größe;* Zus *Rechenfehler* **3** *charakterlicher Mangel, Schwäche, Unzu-*

F

länglichkeit; Zus *Charakterfehler* ▸ seine ~ **ablegen,** bekämpfen, kennen, einsehen, wiedergutmachen; einen ~ **beheben;** in die Rechnung hat sich ein ~ **eingeschlichen;** einen ~ **einräumen;** einen ~ im Satz **finden,** korrigieren, übersehen, verbessern; jeder **hat** seine ~; ihr **unterlief** ein ~ ▸ ein **angeborener,** organischer ~ ‹Med.›; du machst immer wieder **denselben** ~; ein **grammatischer** ~; ein **dummer,** grober, kleiner, leichter, schwerer, verhängnisvoller ~; das ist nicht **mein** ~ *daran bin ich nicht schuld;* dieser ~ ist **unverzeihlich;** ein **verbreiteter,** häufiger ~ ▸ **in** einen ~ verfallen; ein ~ im Material; kein Mensch ist **ohne** ~

F

Feh|ler|quel|le ‹die; -, -n› *Ursprung eines Fehlers*

Fehl|funk|ti|on ‹die; -, -en› *fehlerhafte Funktion (bes. von Organen)*

Fehl|ge|burt ‹die; -, -en; Med.› *Geburt eines unreifen, nicht lebensfähigen Embryos mit einem Gewicht von weniger als 1000 g*

fehl|ge|hen ‹V. intr.; geht fehl, ging fehl, ist fehl|ge|gan|gen, fehl|zu|ge|hen› **1** *in falscher Richtung gehen, sich verlaufen* **2** ‹übertr.› *sich irren* ▸ der Schuss ging fehl; auf diesem Weg kannst du nicht ~

Fehl|griff ‹der; -(e)s, -e› *falsche Maßnahme, Auswahl* ▸ einen ~ tun; die Entscheidung erwies sich als (ein) ~

Fehl|leis|tung ‹die; -, -en› *fehlerhafte Leistung, z. B. das Sichversprechen, Verlesen, Verschreiben, Vergessen;* Syn *Fehlhandlung*

fehl|schla|gen ‹V. intr.; schlägt fehl, schlug fehl, ist fehl|ge|schla|gen, fehl|zu|schla|gen; meist übertr.› *misslingen* ▸ das Vorhaben ist fehlgeschlagen; Abl *Fehlschlag*

Fehl|start ‹der; -s, -s› **1** ‹Sp.› *ungültiger Start, bei dem der Sportler die Startlinie vorzeitig überquert* **2** *missglückter Start (eines Flugzeugs)*

Fehl|tritt ‹der; -(e)s, -e› **1** *falscher Tritt, Tritt vorbei, daneben* **2** ‹übertr.› *Vergehen, Verfehlung, Verstoß gegen moralische Gebote* ▸ einen ~ begehen, tun

Fehl|zün|dung ‹die; -, -en; beim Verbrennungsmotor› *Zündung zum falschen Zeitpunkt*

Fei|er ‹die; -, -n› **1** *festliche Begehung eines Gedenktages, eines Jubiläums od. besonderen Ereignisses;* Zus *Abiturfeier, Geburtstagsfeier, Jubiläumsfeier, Weihnachtsfeier* **2** *Fest, Festlichkeit* ▸ eine ~ veranstalten; zu einer ~ einladen, eingeladen sein, gehen; zur ~ des Tages gebe ich eine Runde Sekt aus

Fei|er|abend ‹der; -(e)s, -e› *Arbeitsschluss* ▸ ~ haben, machen *das Geschäft schließen, mit der Arbeit aufhören;* nun ist aber ~! ‹umg.› *jetzt aber Schluss damit!;* den wohlverdienten ~ genießen; nach ~ *nach Dienst-, Arbeitsschluss*

fei|er|lich ‹Adj.› *festlich, ernst, würde-, weihevoll* ▸ es war ein ~er Augenblick; ~e Stille; in ~er Stimmung; eine Rede mit ~en Worten beginnen; ein Ereignis, einen Tag ~ begehen; ~ etwas geloben, versprechen; das ist ja nicht mehr ~! ‹umg.› *das ist unerträglich*

Fei|er|lich|keit ‹die; -, -en› **I** ‹unz.› *feierl. Stimmung, feierl. Benehmen* **II** ‹zählb.› *Fest, Feier*

fei|ern ‹V.; fei|ert, fei|er|te, hat ge|fei|ert› **I** ‹V. trans.› **1** etwas ~ *ein Fest zu Ehren von jmdm. od. etwas begehen* **2** jmdn. ~ *ehren, bejubeln, durch ein Fest ehren* ▸ einen Gast, das Geburtstagskind, eine hohe Persönlichkeit ~; einen Geburtstag, ein Jubiläum ~; dieses Jahr ~ wir Weihnachten zu Hause; sie feierten ausgelassen ihren Sieg; eine gefeierte Sängerin, Schauspielerin *berühmte u. sehr beliebte S., Sch.* **II** ‹V. intr. u. V. trans.› (ein Fest) ~ *ein Fest veranstalten, in fröhlicher Runde zusammenkommen* ▸ sie haben gestern ausgiebig gefeiert; lasst uns ~!

Feiertage in Deutschland

Da Deutschland ein Bundesstaat ist, steht es den jeweiligen Bundesländern frei, die gesetzlichen ***Feiertage*** unterschiedlich festzulegen. Deutschlandweit gelten nur die folgenden ***Feiertage:*** **Neujahrstag** (1. Januar), **Karfreitag, Ostermontag, 1. Mai** (Tag der Arbeit), **Pfingstmontag, Christi Himmelfahrt, Tag der deutschen Einheit** (3. Oktober), **1. Weihnachtstag** (25.12.), **2. Weihnachtstag** (26.12.).
Als gesetzliche ***Feiertage*** gelten außerdem: **Dreikönigstag** (6. Januar) in Baden-Württemberg, Bayern und Sachsen-Anhalt; **Fronleichnam** in Baden-Württemberg, Bayern, Hessen, Nordrhein-Westfalen, Rheinland-Pfalz, dem Saarland und in Teilen Sachsens und Thüringens; **Mariä Himmelfahrt** (15.8.) im Saarland und in Teilen Bayerns; **Reformationstag** (31.10.) in Brandenburg, Mecklenburg-Vorpommern, Sachsen, Sachsen-Anhalt, Thüringen; **Allerheiligen** (1.11.) in Baden-Württemberg, Bayern, Nordrhein-Westfalen, Rheinland-Pfalz und dem Saarland. Nur in Sachsen gilt der **Buß- und Bettag** im November.

Fei|er|tag ‹der; -(e)s, -e› *Festtag, (meist) arbeitsfreier Tag;* Ggs *Werktag* ▸ gesetzlicher, kirchlicher, staatlicher ~; frohe, vergnügte ~e (wünschen); dieser Zug verkehrt nur an Sonn- und ~en

fei|er|tags ‹Adv.› *an Feiertagen* ▸ der Bus verkehrt nicht ~; sonn- und ~

fei|ge ‹Adj.; -er, am -s|ten; abwertend› oV *feig* **1** *ängstlich, furchtsam, kleinmütig bei Gefahr;* Abl *Feigheit* **2** *hinterhältig, heimtückisch* (Verbrecher, Verbrechen) ▸ einem ~n Anschlag zum Opfer fallen

Fei|ge ‹die; -, -n› *Frucht des Feigenbaumes*

Fei|gen|baum ‹der; -(e)s, -bäu|me; Bot.› *ein Baum, der bes. in den Tropen verbreitet ist u. in zahlreichen Arten vorkommt*

Fei|gen|blatt ‹das; -(e)s, -blät|ter› **1** *fächerförmiges Blatt eines Feigenbaumes* **2** ‹übertr.› *spärliche, schamhafte Verhüllung*

Feig|ling ‹der; -s, -e› *feiger Mensch*

feil|bie|ten ‹V. trans.; bie|tet feil, bot feil, hat feil|ge|bo|ten, feil|zu|bie|ten; geh.› etwas ~ *zum*

Verkauf ausstellen, anbieten; Syn ⟨veraltet⟩ *feilhalten*

Fei|le ⟨die; -, -n⟩ *Stahlwerkzeug mit vielen kleinen Zähnen zur glättenden Bearbeitung von Oberflächen aus Metall, Holz, Kunststoff*

fei|len ⟨V. trans. u. V. intr.; feilt, feil|te, hat gefeilt⟩ **1** (etwas) ~ *mit der Feile bearbeiten, glätten* **2** ⟨übertr.⟩ an etwas ~ *glätten, verbessern* ▸ ein Werkstück ~; an einem Werkstück ~; an einem Aufsatz, einem Roman ~ ⟨übertr.⟩

feil|schen ⟨V. intr.; feilscht, feilsch|te, hat gefeilscht⟩ *um den Preis handeln, den Preis herabzusetzen suchen* ▸ um den Preis ~

fein ⟨Adj.⟩ **1** *zart, zierlich, dünn* **2** *klein zerteilt, zerkleinert;* Zus *fein gemahlen / feingemahlen, fein geschnitten / feingeschnitten* **3** *sorgfältig* (Arbeit) **4** *sehr gut, erlesen, vorzüglich* (Speisen) **5** *elegant, vornehm* (Kleid) **6** ⟨umg.⟩ *schlau, geschickt, listig* (Plan) **7** *sehr erfreulich* **8** *genau, scharf, empfindlich* (Gehör) ▸ ~!, o ~! ⟨umg.⟩ *(Ausruf der Freude)* ▸ bei dieser Stickerei handelt es sich um eine besonders ~e Arbeit; eine ~e Dame; ich habe ein ~es Empfinden, Gefühl dafür; ~e Fäden, Handarbeiten, Stoffe; ~es Garn, Gewebe, Papier; er hat ein ~es Gehör; sie entwickelt einen ~en Geschmack; die ~e Gesellschaft; ein ~er Herr; er ist ein ~er Kerl; er liebt die ~e Küche ⟨übertr.⟩ *delikate Speisen;* das sind ~e Leute; ~e Linien ziehen; keine ~en Manieren haben; eine ~e Nase haben ⟨umg.⟩ *einen guten Geruchssinn;* ein ~er Regen fiel; ~er Sand; ~e Scheiben Wurst schneiden; ein ~es Sieb *ein engmaschiges S.;* die ~ste Sorte Mehl; die ~ste Sorte einer Ware *beste Qualität;* ~e Speisen, Weine servieren; die ~en Unterschiede erkennen; er verkauft eine besonders ~e Ware ▸ sich zum Ausgehen ~ anziehen ⟨umg.⟩ *sorgfältig, gut kleiden;* das habt ihr euch ~ ausgedacht ⟨iron.⟩ *schlau ausgeklügelt;* das Fotoapparat ~ einstellen *genau, scharf;* ~ machen = *feinmachen;* sein: das ist aber ~ ⟨umg.⟩ *erfreulich;* er ist jetzt ~ heraus ⟨umg.⟩ *er hat es geschafft, es geht ihm gut; er hat es erreicht, dass ein anderer den Verlust tragen muss* ▸ das Feinste vom Feinen *das Allerbeste*

Feind ⟨der; -(e)s, -e⟩ *jmd., der einen anderen mit bösen Absichten verfolgt, Widersacher, Gegner, Gegenspieler* ▸ Freund und ~ *alle;* ein ~ des Militarismus, aller Beschönigung ⟨übertr.⟩; er ist mein ärgster, größter, schlimmster ~; er hat keine, viele ~e; sich jmdn. zum ~ machen

Feind|bild ⟨das; -(e)s, -er⟩ *Bild vom Feind, vom Gegner, Vorstellung vom Feind (die jmd. hat)* ▸ ein ~ aufbauen

Fein|din ⟨die; -, -din|nen⟩ *weibl. Feind*

feind|lich ⟨Adj.⟩ **1** *in der Art eines Feindes od. von Feinden, als Feind(e), gegnerisch* **2** *böse gesinnt;* Abl *Feindlichkeit* ▸ das ~e Heer, ich kenne seine ~e Einstellung gegen mich; sie standen sich ~ gegenüber, er ist mir ~ gesinnt

Feind|schaft ⟨die; -, -en⟩ *Gegnerschaft, böse Gesinnung, Hass* ▸ wir wollen keine ~ aufkommen lassen; zwischen ihnen besteht, herrscht ~; sich jmds. ~ zuziehen; eine alte, erbitterte, unversöhnliche ~; ~ auf Leben und Tod; mit jmdm. in ~ leben, liegen

feind|se|lig ⟨Adj.⟩ *feindlich gesinnt, böse, gehässig* ▸ ~e Blicke; eine ~e Haltung einnehmen; Abl *Feindseligkeit*

fein|füh|lig ⟨Adj.⟩ *mit feinem Gefühl, mit Takt u. Fingerspitzengefühl begabt, zartfühlend, taktvoll;* Abl *Feinfühligkeit*

Fein|ge|fühl ⟨das; -(e)s; unz.⟩ *Zartgefühl, Fingerspitzengefühl, Fähigkeit, Stimmungen zu erspüren u. demnach entsprechend zu handeln;* Syn *Feinfühligkeit*

fein|glied|rig ⟨Adj.⟩ *von zartem, schlankem Körperbau;* oV *feingliederig*

Fein|heit ⟨die; -, -en⟩ **1** *feine Beschaffenheit, Dünne, Kleinheit, Genauigkeit* **2** *Zartheit, Erlesenheit* **3** *Einzelheit, Schattierung, Nuance* ▸ die ~ eines Gerätes, des Mehls, des Siebes; die ~en beachten, herausarbeiten, hervorheben; das Gedicht, die Rede ist voller ~en

Fein|kost ⟨die; -; unz.⟩ *die feineren Lebensmittel, Genussmittel, Delikatessen;* Zus *Feinkostladen*

fein|ma|chen *auch:* **fein ma|chen** ⟨V. refl.; macht sich fein, mach|te sich fein, hat sich fein|gemacht, sich fein|zu|ma|chen⟩ sich ~ *sich feine Kleidung anziehen, sich zurechtmachen* ▸ ich muss mich noch ~

fein|ma|schig ⟨Adj.⟩ *mit feinen Maschen versehen* ▸ ein ~es Netz

Fein|me|cha|nik ⟨die; -; unz.⟩ *Herstellung von feinen messtechnischen, elektr., akust. u. ä. Geräten;* Syn *Feinwerktechnik;* Abl *feinmechanisch*

Fein|schme|cker ⟨der; -s, -⟩ *jmd., der gern u. mit Verständnis gut isst u. trinkt;* Abl *Feinschmeckerin;* Zus *Feinschmeckerlokal*

Fein|staub ⟨der; -(e)s; unz.⟩ *feine Staubpartikel, die als Immissionen von Schadstoffen gesundheitsschädlich sind u. die Atemwege stark belasten* ▸ neue Grenzwerte für ~ festlegen

Fein|strumpf|ho|se ⟨die; -, -n⟩ *aus sehr feinem Faden, meist Nylon, gewirkte Strumpfhose*

Fein|wä|sche ⟨die; -, -n⟩ *schonende Wäsche feiner Textilien bei niedriger Temperatur*

feist ⟨Adj.; -er, am -es|ten⟩ *dick u. dabei fest, prall, wohlgenährt* ▸ er hat ein ~es Gesicht; Abl *Feistheit*

Feld ⟨das; -(e)s, -er⟩ **1** *abgegrenztes Stück Acker, Ackerland;* Zus *Feldarbeit, Feldblume, Feldhüter, Feldmaus; Maisfeld, Tulpenfeld, Weizenfeld* **2** *umgrenztes, abgegrenztes Gebiet;* Zus *Spielfeld* **3** *Teil einer Fläche;* Zus *Wappenfeld* **4** ⟨Phys.⟩ *der ein Objekt umgebende Raum, in dem Kräfte wirksam sind, die von dem Objekt ausgehen;* Zus *Gravitationsfeld, Magnetfeld* **5** ⟨übertr.⟩ *Abteilung, Arbeitsgebiet* **6** ⟨Sp.⟩ *geschlossene Gruppe, Zusammenballung von Teilnehmern eines Wettkampfes (beim Langlauf, Radrennen usw.)* **7** ⟨Mil.⟩ *Kriegsschauplatz, Front;* Zus *Schlachtfeld* ▸ die Früchte des ~es ernten; nach fünf Runden war das ~ der Läufer weit auseinander-

F

gezogen ⟨Sp.⟩; die ~er des Schachbrettes ▸ das ~ bestellen, düngen, pflügen; das ~ behaupten ⟨übertr.⟩ *seine Stellung, seine Meinung mit Erfolg verteidigen, seinen Willen durchsetzen;* er musste das ~ räumen ⟨übertr.⟩ *er wurde aus seiner Stellung gedrängt, konnte sich dort nicht durchsetzen;* jmdm. kampflos das ~ überlassen ⟨a. übertr.⟩ *sich zugunsten eines anderen ohne Kampf zurückziehen* ▸ ein elektrisches, magnetisches ~; freies ~ *das weite Land;* freies ~ haben *ungestört einer Tätigkeit nachgehen können;* auf freiem ~ übernachten, zelten; jmdm. das ~ streitig machen *mit jmdm. um etwas kämpfen;* die weißen, schwarzen ~er (des Spielbrettes); das ist ein weites ~ ⟨übertr.⟩ *darüber ließe sich viel sagen;* das ist noch ein weites ~ für Entdeckungen ⟨übertr.⟩ *noch viele Möglichkeiten stehen offen* ▸ zur Ernte aufs ~ gehen, fahren; jmdn. aus dem ~e schlagen *besiegen;* ⟨übertr.⟩ *übertreffen, überholen, aus einer Stellung verdrängen;* durch Wald und ~; Gründe ins ~ führen ⟨übertr.⟩ *Gründe anführen, angeben;* die Stadt hat im Wappen einen Adler im blauen ~; ein ~ mit Getreide, Kartoffeln, Rüben; übers ~ gehen; der Rennfahrer löste sich vom ~ und übernahm die Führung; gegen jmdn. zu ~e ziehen ⟨übertr.⟩ *jmdn. mit Worten bekämpfen*

Feld|frucht ⟨die; -, -früch|te⟩ *landwirtschaftliche Nutzpflanze;* Syn *Feldpflanze*

Feld|herr ⟨der; -en, -en⟩ *Oberbefehlshaber, Heerführer*

Feld|jä|ger ⟨der; -s, -; Mil.⟩ *Angehöriger der Bundeswehr*

Feld|sa|lat ⟨der; -(e)s; unz.; Bot.⟩ *eine Salatpflanze mit sehr kleinen Blättern, die besonders im Winter geerntet wird;* Syn *Rapunzel,* ⟨schweiz.⟩ *Nüsslisalat,* ⟨österr.⟩ *Vogerlsalat*

Feld|ste|cher ⟨der; -s, -⟩ *kleines, handliches Doppelfernrohr*

Feld-Wald-und-Wiesen... ⟨in Zus.; umg. Bez. für⟩ *etwas Durchschnittliches, allgemein Übliches, Durchschnitts..., Allerwelts...* ▸ Feld-Wald-und-Wiesen-Doktor *durchschnittlich begabter, nicht besonders tüchtiger Arzt*

Feld|we|bel ⟨der; -s, -; Mil.⟩ *höchste Rangstufe der Unteroffiziere*

Feld|weg ⟨der; -(e)s, -e⟩ *schmaler, nicht asphaltierter Weg zw. Feldern* ▸ auf dem ~ fahren

Feld|zug ⟨der; -(e)s, -zü|ge⟩ **1** *kriegerisches Unternehmen (zu Lande);* Syn *Kriegszug* **2** ⟨übertr.⟩ *Unternehmung (um etwas zu bekämpfen), Kampagne* ▸ einen ~ gegen das Rauchen führen ⟨übertr.⟩

Fel|ge ⟨die; -, -n⟩ *der ganze Radkranz, der die Bereifung trägt;* ⓘ S. 789

Fell ⟨das; -(e)s, -e⟩ *behaarte Tierhaut* ▸ dem Hasen das ~ abziehen; er sieht seine ~e davonschwimmen, fortschwimmen, wegschwimmen ⟨übertr.; umg.⟩ *seine Hoffnungen enttäuscht;* jmdm. das ~ gerben ⟨übertr.; umg.⟩ *ihn durchprügeln;* ihm juckt das ~ ⟨übertr.; umg.⟩ *er ist übermütig, provoziert andere;* der Katze das ~ kraulen, streicheln ▸ ein dickes ~ haben ⟨übertr.; umg.⟩ *unempfindlich sein, sich von Kritik nicht beeinflussen lassen;* ein glänzendes, glattes, kurzhaariges, langhaariges, struppiges, weiches, zottiges ~ ▸ jmdm. das ~ über die Ohren ziehen ⟨übertr.; umg.⟩ *ihn betrügen, übervorteilen;* ⓘ S. 1110

Fels ⟨der; -en, -en⟩ oV *Felsen* **1** *großes Gesteinsgebilde, Gesteinsmasse;* Zus *Felsblock, Felsbrocken, Felsmassiv* **2** *Sinnbild der Härte, Unerschütterlichkeit* ▸ er ist fest wie ein ~ ⟨übertr.⟩ *hart, unerbittlich; fest, zuverlässig;* er stand wie ein ~ inmitten der erregten Menge

fel|sen|fest ⟨Adj.; übertr.⟩ *unerschütterlich* ▸ sie ist ~ davon überzeugt

fe|mi|nin ⟨Adj.⟩ **1** *charakteristisch für eine Frau, weiblich* **2** ⟨beim Mann; oft abwertend⟩ *weibliche Eigenschaften aufweisend* **3** ⟨Gramm.⟩ *im Femininum;* →a. *maskulin, neutral* ▸ ein ~er Mann; er hat ~e Züge; dieses Substantiv ist ~

Fe|mi|ni|num ⟨a. [--'--] das; -s, -ni|na; Gramm.; Abk.: f.⟩ *weibliches Geschlecht, weibliches Substantiv;* Bes *im Deutschen gibt es drei grammatische Geschlechter: Femininum, Maskulinum und Neutrum*

Fe|mi|nis|tin ⟨die; -, -tin|nen⟩ *Frau, die für die Aufhebung der Herrschaft des Mannes über die Frau u. Gleichberechtigung im gesellschaftl. u. privaten Bereich kämpft;* Abl *Feminist; feministisch*

Fen|chel ⟨der; -s; unz.; Bot.⟩ *eine Gemüse- u. Gewürzpflanze mit weißen, knollenförmigen Früchten;* Zus *Fenchelhonig, Fencheltee*

Fens|ter ⟨das; -s, -⟩ **1** *Licht- u. Lüftungsöffnung in Gebäuden, Wagen usw.;* Zus *Fenstergriff, Fensterrahmen; Kellerfenster, Küchenfenster, Zimmerfenster* **2** *Fensterscheibe, Schaufenster* **3** *(viereckige) Öffnung, bes. durchsichtiger Teil eines Geschäftsbriefumschlags, durch den die Adresse zu sehen ist* **4** ⟨EDV⟩ *separater Bereich auf dem Bildschirm, der bei gleichzeitiger Nutzung mehrerer Anwenderprogramme einem Programm zugeordnet ist* ▸ ein ~ einschlagen, einwerfen; die ~ des Zimmers gehen auf die Straße; die ~ liegen auf der Straßenseite; das ~ öffnen, schließen, zuschlagen; die ~ putzen ▸ ein hohes, rundes, vergittertes, zweiflügeliges, zerbrochenes ~ ▸ aus dem ~ schauen; sich aus dem ~ stürzen; sich weit aus dem ~ lehnen ⟨übertr.⟩ *sich weit vorwagen;* Blumen ins ~ stellen; ein Briefumschlag mit ~; weg vom ~ sein ⟨übertr.; umg.⟩ *nichts mehr zu bestimmen haben, nicht mehr gefragt sein;* sich zum ~ hinauslehnen; Geld zum ~ hinauswerfen ⟨übertr.; umg.⟩ *es vergeuden, unnötig ausgeben*

Fens|ter|bank ⟨die; -, -bän|ke⟩ *breites Fensterbrett* ▸ auf der ~ steht ein Hibiskus

Fens|ter|brett ⟨das; -(e)s, -er⟩ *Brett über der Fensterbrüstung an der Innenwand*

Fens|ter|flü|gel ⟨der; -s, -⟩ *beweglicher Teil des Fensters, Scheibe u. Rahmen*

Fens|ter|glas ⟨das; -es; unz.⟩ **1** *Glas für, im Fenster* **2** *nicht geschliffenes Glas*

Fens|ter|la|den ⟨der; -s, -lä|den⟩ *Klappe aus Holz, Kunststoff o. Ä. außen vor dem Fenster zum Schutz u. Verdunkeln*

Fens|ter|platz ⟨der; -es, -plät|ze⟩ *Sitzplatz am Fenster (in Eisenbahn, Omnibus, Flugzeug)*

Fens|ter|schei|be ⟨die; -, -n⟩ *Glas des Fensters*

Fe|ri|en ⟨nur Pl.⟩ *mehrtägige od. mehrwöchige Arbeitspause, Urlaub;* Zus *Schulferien, Semesterferien, Sommerferien, Weihnachtsferien* ▸ ~ bekommen, erhalten, haben, machen, nehmen; die großen ~ ⟨Schule⟩ *Sommerferien;* in die ~ gehen; in den ~ wollen wir nach Italien fahren; einmal ~ vom Ich machen *vom Alltag völlig ausspannen;* ~ vom Alltag, vom Stadtleben; Zus *Ferienhaus, Ferienjob, Ferienort, Ferienwohnung, Ferienzeit*

Fer|kel ⟨das; -s, -⟩ **1** *junges Schwein* **2** ⟨übertr.; derb⟩ *unsauberer Mensch*

fer|men|tie|ren ⟨V. trans.; fer|men|tiert, fer|men|tier|te, hat fer|men|tiert⟩ Tee, Tabak ~ *mit Hilfe von Enzymen aufbereiten u. genussfähig machen;* Abl *Fermentation*

fern[1] ⟨Adj.⟩ *weit weg, weit entfernt, abgelegen* ▸ ~e **Gegenden,** Länder; der Ferne **Osten** *Ostasien;* Geschichten aus ~en **Tagen,** Zeiten; die ~ere **Umgebung** erkunden; in ~er **Vergangenheit;** in nicht mehr ~er **Zeit** *bald;* das liegt noch in ~er **Zukunft** ▸ jmdm. ~ **sein** *weit weg von ihm; geistig fremd;* das sei ~ von mir! *ich denke nicht daran!;* der Tag ist nicht mehr ~ ▸ **aus** nah und ~, von nah und ~ waren die Zuschauer herbeigeströmt; **von** ~(e) her; ~ von hier, von uns, von der Stadt; etwas von ~ beobachten, miterleben, sehen

fern[2] ⟨Präp. m. Dat.⟩ *entfernt von* ▸ ~ dem hastigen Treiben der Großstadt

Fern|be|die|nung ⟨die; -; unz.⟩ *Gerät zur Bedienung aus der Ferne* ▸ ~ eines Fernsehers

fern|blei|ben ⟨V. intr.; bleibt fern, blieb fern, ist fern|ge|blie|ben, fern|zu|blei|ben⟩ einer Sache ~ *nicht an einer S. teilnehmen* ▸ der Arbeit, der Schule, dem Unterricht, einer Veranstaltung ~; entschuldigt, unentschuldigt ~; aus Zeitmangel ~; er ist wegen Krankheit ferngeblieben

fer|ne ⟨Adj.; -r, am ferns|ten⟩ = *fern*[1]

Fer|ne ⟨die; -, -n⟩ *weite Entfernung, räumlicher od. zeitlicher Abstand* ▸ etwas aus der ~ beobachten, betrachten, miterleben; in die ~ blicken; in der ~ sieht man schon das Meer; in weiter ~ erkennt man schon die Hochhäuser der Stadt; der Plan liegt noch in weiter ~ *weit in der Zukunft*

fer|ner[1] ⟨Adv.⟩ *weiterhin, länger, noch längere Zeit* ▸ ich wünsche dir auch ~ viel Erfolg!

fer|ner[2] ⟨Konj.⟩ *außerdem, weiter, und noch (in der Aufzählung fortfahrend)* ▸ seine Aufgaben bestehen in Botengängen sowie im Abholen und Wegbringen der Post, ~ muss er auch häufig das Telefon bedienen; ~ gehören dazu …; ~ liefen … (beim Pferderennen); er war unter ~ liefen (beim Wettkampf o. Ä.) ⟨übertr.⟩ *nicht erwähnenswert, kaum von Bedeutung*

Fern|fah|rer ⟨der; -s, -⟩ *Fahrer eines Lastwagens, der häufig weite Strecken zurücklegt;* Syn *Fernlastfahrer;* Abl *Fernfahrerin*

Fern|ge|spräch ⟨das; -(e)s, -e⟩ *Telefongespräch mit einem Teilnehmer außerhalb des eigenen Ortsnetzes;* Ggs *Ortsgespräch (2)* ▸ ein ~ führen

fern|ge|steu|ert **I** ⟨Part. Perf. von⟩ *fernsteuern* **II** ⟨Adj.⟩ *durch Fernsteuerung gelenkt* ▸ ~e Autos (als Kinderspielzeug)

Fern|glas ⟨das; -es, -glä|ser⟩ *optisches. Instrument zur Beobachtung weitentfernter Objekte, Doppelfernrohr* ▸ er hat den Hirsch mit einem ~ aufgespürt; er guckte angestrengt durch sein ~

fern|hal|ten ⟨V. trans.; hält fern, hielt fern, hat fern|ge|hal|ten, fern|zu|hal|ten⟩ **1** jmdn. von einer Sache ~ *ihn nicht herankommen lassen, ihn nicht daran teilnehmen lassen* **2** eine Sache von jmdm. ~ *sie verhindern*

Fern|hei|zung ⟨die; -, -en⟩ *Heizung durch eine entfernt gelegene Verteilungsstelle*

Fern|lei|he ⟨die; -; unz.⟩ *Leihverkehr (einer Bibliothek) mit einer auswärtigen Bibliothek* ▸ ein Buch über die ~ bestellen

fern|len|ken ⟨V. trans.; lenkt fern, lenk|te fern, hat fern|ge|lenkt, fern|zu|len|ken⟩ = *fernsteuern;* Abl *Fernlenkung*

Fern|licht ⟨das; -(e)s; unz.⟩ *nicht abgeblendetes, starkes Licht von Kraftfahrzeugen*

fern|lie|gen ⟨V. intr.; liegt fern, lag fern, hat fern|ge|le|gen, fern|zu|lie|gen⟩ (jmdm.) ~ *weit weg, abseitsliegen* ▸ es lag mir völlig fern, dich zu beleidigen *ich habe es nicht beabsichtigt;* nichts liegt uns ferner als das *wir wollen das wirklich nicht*

Fern|mel|de|amt ⟨das; -(e)s, -äm|ter; veraltet⟩ *Dienststelle der Telekom, die das gesamte Fernmeldewesen für ein größeres Gebiet zusammenfassend bearbeitet*

fern|münd|lich ⟨Adj.⟩ = *telefonisch*

Fern|ost ⟨ohne Artikel⟩ *der Ferne Osten, Ostasien* ▸ in, aus ~; eine Reise nach ~; Abl *fernöstlich*

Fern|rohr ⟨das; -(e)s, -e⟩ *optisches Gerät, mit dem man entfernte Gegenstände unter einem größeren Gesichtswinkel als mit dem bloßen Auge u. dadurch scheinbar näher sieht;* Syn *Teleskop*

Fern|seh|ap|pa|rat ⟨der; -(e)s, -e⟩ = *Fernsehgerät*

fern|se|hen ⟨V. intr.; sieht fern, sah fern, hat fern|ge|se|hen, fern|zu|se|hen⟩ *eine Sendung im Fernsehen anschauen* ▸ ich möchte gern ~; die Kinder sehen zu viel fern; der Junge sollte nicht stundenlang ~

Fern|se|hen ⟨das; -s; unz.⟩ *Technik zur Übertragung bewegter Bilder mit Ton;* Syn *Television* ▸ für das ~ Aufnahmen machen; was bringt das ~ denn heute Abend?; im ~ läuft morgen eine neue Serie an; das ~ überträgt das Fußballspiel live; →a. *Rundfunk;* Zus *Fernsehanstalt, Fernsehantenne, Fernsehbild, Fernsehfilm, Fernsehinterview, Fernsehkamera, Fernsehprogramm, Fernsehsendung, Fernsehserie, Fernsehshow, Fernsehübertragung, Fernsehzeitschrift, Fernsehzuschauer(in)*

Fern|se|her ⟨der; -s, -⟩ = *Fernsehgerät;* ⓘ S. 360

Fern|seh|ge|rät ⟨das; -(e)s, -e⟩ *Gerät zum Empfang*

F G H I J K L M N O P Q R S T U V W X Y Z

von Fernsehsendungen; Syn *Fernsehapparat, Fernsehempfänger,* ⟨umg.⟩ *Fernseher*

Fern|sicht ⟨die; -; unz.⟩ Syn *Weitsicht (1)* **1** *weiter Blick, weite Aussicht, weiter Ausblick* **2** *klare (nicht dunstige) Sicht ins Weite* ▸ von diesem Aussichtspunkt aus hat man eine gute ~; heute hat man keine ~

Fern|sprech... ⟨in Zus.⟩ **1** *zum Fernsprechen gehörend, darauf beruhend* **2** *Telefon...;* Zus *Fernsprechanschluss, Fernsprechapparat*

Fern|spre|cher ⟨der; -s, -⟩ = *Telefon*

fern|steu|ern ⟨V. trans.; steu|ert fern, steu|er|te fern, hat fern|ge|steu|ert, fern|zu|steu|ern⟩ etwas ~ *drahtlos steuern;* Abl *Fernsteuerung*

Fern|stu|di|um ⟨das; -s; unz.⟩ *Studium mit Hilfe von Unterrichtsbriefen ohne Besuch von Hochschulvorlesungen, meist nebenberuflich betrieben*

Fern|ver|kehr ⟨der; -s; unz.⟩ *Eisenbahn- od. Straßenverkehr zw. weit voneinander entfernten Orten*

Fern|weh ⟨das; -s; unz.⟩ *unbestimmte Sehnsucht nach der Ferne, nach fernen Ländern*

Fer|se ⟨die; -, -n⟩ **1** *hinterer Teil des Fußes, Schuhs, Strumpfes;* ⓘ S. 146 **2** *Hacke* ▸ ich habe mir die ~ wundgelaufen; jmdm. (hart) auf den ~n folgen, sein ⟨übertr.⟩ *ihn verfolgen u. ihm schon ganz nahe sein, ihm sofort nachfolgen*

fer|tig ⟨Adj.⟩ **1** *vollendet, beendet, zu Ende, am Ende* **2** *bereit (zu), gebrauchsbereit* **3** *erfahren, ausgereift, erwachsen* **4** ⟨übertr.; umg.⟩ *abgearbeitet, erschöpft, körperlich u. (od.) geistig ausgelaugt* ▸ Achtung, ~, los! ⟨Sp.⟩ *(Befehl zum Start)* ▸ er ist bereits ein ~er Künstler; ein ~es Produkt vorlegen ▸ ~ bekommen = *fertigbekommen (I);* ~ bringen = *fertigbringen (I);* ~ kriegen = *fertigkriegen (I);* ~ machen = *fertigmachen (I.I, II);* ~ sein: das Essen ist ~; ich bin ~ (mit meiner Arbeit); ich bin ~ (angezogen, bereit zum Ausgehen); ich bin ~ (mit dem, was ich sagen wollte); ich bin (vollkommen) ~ ⟨übertr.; umg.⟩ *abgearbeitet, erschöpft;* die Arbeit ist ~; ~ stellen = *fertigstellen;* ~ werden = *fertigwerden* ▸ ich bin mit ihr ~ ⟨umg.⟩ *ich will nichts mehr mit ihr zu tun haben;* ich bin mit meinen Nerven ~ ⟨übertr.; umg.⟩ *nervlich überbeansprucht;* →a. *fix*

Fer|tig|bau|wei|se ⟨die; -; unz.⟩ *Bauweise, bei der die Bauteile (Decken, Wände) in der Fabrik fertiggestellt u. auf dem Bauplatz nur zusammengefügt werden*

fer|tig|be|kom|men *auch:* **fer|tig be|kom|men** ⟨V. trans.; be|kommt fer|tig, be|kam fer|tig, hat fer|tig|be|kom|men, fer|tig|zu|be|kom|men; umg.⟩ **I** ⟨Zusammen- u. Getrenntschreibung⟩ = *fertigbringen (I)* **II** ⟨nur Zusammenschreibung⟩ = *fertigbringen (II)*

fer|tig|brin|gen *auch:* **fer|tig brin|gen** ⟨V. trans.; bringt fer|tig, brach|te fer|tig, hat fer|tig|gebracht, fer|tig|zu|brin|gen⟩ **I** ⟨Zusammen- u. Getrenntschreibung⟩ etwas ~ *in fertigen Zustand versetzen* ▸ er will die Arbeit endlich ~ **II** ⟨nur Zusammenschreibung⟩ etwas ~ **1** *zustande bringen, können* **2** ⟨übertr.⟩ *übers Herz bringen* ▸ es ihm zu sagen, kann ich einfach nicht fertigbringen

fer|ti|gen ⟨V. trans.; fer|tigt, fer|tig|te, hat ge|fer|tigt⟩ etwas ~ *herstellen, erzeugen* ▸ mit der Hand gefertigt; Abl *Fertigung*

Fer|tig|ge|richt ⟨das; -(e)s, -e⟩ *konservierte Speise, die so weit vorbereitet ist, dass sie vor dem Essen nur noch erwärmt zu werden braucht*

Fer|tig|haus ⟨das; -es, -häu|ser⟩ *in Fertigbauweise errichtetes Haus*

Fer|tig|keit ⟨die; -, -en⟩ *Gewandtheit, Geschicklichkeit, Können, Übung* ▸ hierzu sind keine besonderen ~en erforderlich; gewisse ~en in dieser Arbeit sind Voraussetzung; große ~en im Maschinenschreiben, Geigenspiel, Zeichnen haben; er hat darin (eine) große ~ erlangt

fer|tig|krie|gen *auch:* **fer|tig krie|gen** ⟨V. trans.; kriegt fer|tig, krieg|te fer|tig, hat fer|tig|ge|kriegt, fer|tig|zu|krie|gen; umg.⟩ **I** ⟨Zusammen- u. Getrenntschreibung⟩ = *fertigbringen (I)* **II** ⟨nur Zusammenschreibung⟩ = *fertigbringen (II)* ▸ das kriegt er fertig! ⟨umg.⟩ *diese Schlauheit, Kühnheit, Frechheit traue ich ihm zu!*

fer|tig|ma|chen *auch:* **fer|tig ma|chen** ⟨V.; macht fer|tig, mach|te fer|tig, hat fer|tig|ge|macht, fer|tig|zu|ma|chen⟩ **I** ⟨V. trans.⟩ **I.I** ⟨Zusammen- u. Getrenntschreibung⟩ etwas ~ **1** *zu Ende bearbeiten, beenden* **2** *bereitmachen, vorbereiten* ▸ lass mich das erst noch ~ **I.II** ⟨nur Zusammenschreibung; fig; umg.⟩ jmdn. ~ **1** *physisch erledigen, umbringen* **2** *psychisch peinigen, quälen, zermürben* **3** *aufs Schärfste zurechtweisen* ▸ der Gangster wollte ihn ~ **II** ⟨V. refl.; Zusammen- u. Getrenntschreibung⟩ sich ~ *sich bereitmachen, für, zu etwas, sich (festlich) ankleiden* ▸ sich fürs Theater ~; sie hat sich zum Ausgehen fertiggemacht / fertig gemacht

fer|tig|stel|len *auch:* **fer|tig stel|len** ⟨V. trans.; stellt fer|tig, stell|te fer|tig, hat fer|tig|ge|stellt, fer|tig|zu|stel|len⟩ etwas ~ *beenden, abschließen, fertig machen;* Abl *Fertigstellung*

Fer|ti|gung ⟨die; -, -en⟩ *Herstellung, Anfertigung* ▸ fließende ~ *Herstellung am Fließband*

fer|tig|wer|den *auch:* **fer|tig wer|den** ⟨V. intr.; wird fer|tig, wur|de fer|tig, ist fer|tig|ge|wor|den, fer|tig|zu|wer|den⟩ **1** (mit etwas) ~ *zu einem Ende kommen* **2** ⟨umg.⟩ mit jmdm. od. etwas ~ *umgehen können* ▸ sie kann nie pünktlich, rechtzeitig ~; ich werde schon allein damit fertig *ich werde es allein bewältigen;* mit dem werde ich schon fertig! *den kann ich allein überwältigen; den werde ich schon überzeugen*

Fes ⟨das; -, -; Mus.⟩ *Tonbezeichnung, das um einen halben Ton erniedrigte F*

fesch ⟨[fɛʃ], österr. [feːʃ] Adj.; -er, am -es|ten; umg.⟩ **1** *flott, elegant, schick* (Kleid, Bursche) **2** ⟨österr. a.⟩ **2.1** *munter, frisch, tüchtig* **2.2** *lieb, brav* ▸ sei ~!

Fes|sel[1] ⟨die; -, -n⟩ *Kette od. Strick um Hände od. Füße, um jmdn. gefangen zu halten* ▸ dem Gefangenen die ~ abnehmen, abstreifen, lösen; einem Gefangenen ~n anlegen ▸ einen Gefangen in ~n legen; den Gefangenen von seinen ~n befreien; sich von jmds. ~n lösen ⟨übertr.⟩

Fẹs|sel[2] ⟨die; -, -n⟩ **1** ⟨bei Huftieren⟩ *die Zehe vom Huf bis zum Mittelfußknochen* **2** ⟨beim Menschen⟩ *Abschnitt des Unterschenkels über dem Knöchel*

fẹs|seln ⟨V. trans.; fes|selt, fes|sel|te, hat ge|fes|selt⟩ jmdn. ~ **1** *jmdm. mit Ketten, Schnüren od. mit Stricken die Hände u./od. die Füße zusammenbinden* **2** *jmdn. binden, anketten* (Gefangene) **3** ⟨übertr.⟩ *bei jmdm. lebhafte u. anhaltende Aufmerksamkeit erregen, jmdn. in seinen Bann ziehen, faszinieren* ▸ jmds. Aufmerksamkeit, Blicke ~; der Roman hat mich sehr gefesselt; er versteht es immer wieder, seine Zuhörer zu ~ ▸ jmdn. an einen Baum ~; sie ist schon seit Wochen ans Bett gefesselt ⟨übertr.⟩ *bettlägerig;* an den Rollstuhl gefesselt sein; jmdn. an Händen und Füßen ~; sie fesselte ihn durch ihre Schönheit; den Gefangenen mit Ketten ~; er war von ihr gefesselt ▸ ein ~des Buch *ein spannendes, packendes B.;* er kann ~d erzählen

fẹst ⟨Adj.; -er, am -es|ten⟩ **I** ⟨attr.; präd.; adv.⟩ **1** *starr, steif* **2** *hart, unzerbrechlich* (Holz) **3** *dicht zusammenhängend, dicht verbunden, derb* (Gewebe) **4** *stabil, haltbar, dauerhaft* (Material) **5** *unzerreißbar* (Strick) **6** *straff* **7** *kräftig, widerstandsfähig, stark* (Gesundheit) **8** *tüchtig, alle Kraft anwendend* (Schlag) **9** *nicht flüssig* (Nahrung) **10** *zäh, schwerlöslich, fest verbunden* **11** *sicher, gesichert* (Anstellung, Einkommen) **12** *unveränderlich, gleichbleibend* (Preise) **13** *dauernd, ständig* (Wohnsitz) **14** ⟨übertr.⟩ **14.1** *unabänderlich, unwiderruflich* (Bedingungen) **14.2** *unerschütterlich* (Vertrauen) **14.3** *unzertrennlich, untrennbar, unverbrüchlich* (Freundschaft) **14.4** *eingewurzelt* (Gewohnheit) **14.5** *nachdrücklich* (Stimme) ▸ der ~en Ansicht, Meinung, Überzeugung sein; eine ~e Arbeitszeit *geregelte A.;* einen ~en Charakter besitzen; das Eis ist noch nicht ~ *tragfähig;* allmählich nehmen meine Vorstellungen ~e Gestalt an; mit einem ~en Griff zupacken; ist sie schon in ~en Händen? ⟨übertr.; umg.⟩ *hat sie einen Freund, ist sie verlobt od. verheiratet?;* der Patient kann keine ~e Nahrung zu sich nehmen; ~e Preise; er hat einen ~en Schlaf *einen tiefen Schlaf;* ein Laden mit ~er Kundschaft; mit ~em Schritt, ~en Schrittes daherkommen; er hat endlich wieder eine ~e Stellung (Anstellung) ▸ ich glaube ~ daran; jmdn. oder etwas (ganz) ~ halten *besonders stark packen und nicht loslassen;* ein Kind ~ in den Armen halten ⟨aber⟩ →a. *festhalten;* Sie können sich ~ darauf verlassen; die Tür war ~ verschlossen; er hat es mir ~ versprochen; wir haben es uns ~ vorgenommen; der Pudding wird ~ *dickflüssig, steif;* er kann ~ zupacken; lasst uns ~ zusammenhalten! ▸ ~ angestellt = *festangestellt;* er ist ~ dazu entschlossen ▸ sie bleibt ~ bei ihrer Behauptung; die Vorbereitungen ~ im Griff haben ⟨übertr.⟩ *sie energisch leiten* **II** ⟨nur adv.; umg.⟩ *sehr, gebührend, tüchtig* ▸ immer ~e drauflos! ⟨umg.⟩ *tüchtig drauflos (anfeuernder Zuruf)*

Fẹst ⟨das; -(e)s, -e⟩ **1** *Feier;* Zus *Festessen, Festkleid, Festmahl, Festrede, Festsaal, Festtafel; Familienfest, Gartenfest, Geburtstagsfest, Hochzeitsfest, Sommerfest* **2** *Feiertag bzw. zwei od. mehrere Feiertage nacheinander;* Zus *Osterfest, Weihnachtsfest* ▸ das war der Höhepunkt des ~es; als Krönung des ~es wurde eine brennende Geburtstagstorte hereingetragen ▸ ein ~ feiern, geben, veranstalten; sein: der Film ist ein ~ für die Augen ▸ frohes ~! *(Wunschformel, bes. an Weihnachten);* man muss die ~e feiern, wie sie fallen *man sollte sich keine Gelegenheit zum Feiern entgehen lassen;* ein fröhliches, prächtiges, rauschendes ~; die drei hohen ~e *Weihnachten, Ostern, Pfingsten* ▸ an einem ~ teilnehmen; nach dem ~ nach Hause gehen; zu einem ~ (ein)geladen sein; zu einem ~ gehen

fẹst|an|ge|stellt *auch:* **fẹst an|ge|stellt** ⟨Adj.⟩ *mit einem festen Gehalt angestellt* ▸ die ~en Mitarbeiter

fẹst|bei|ßen ⟨V. refl.; beißt sich fest, biss sich fest, hat sich fest|ge|bis|sen, sich fest|zu|bei|ßen⟩ sich an etwas ~ **1** *so fest in etwas beißen, dass man es nicht mehr loslassen kann* **2** ⟨übertr.⟩ *sich in etwas so vertiefen, dass man nicht mehr davon loskommt* ▸ der Hund hat sich an der Hose des Postboten festgebissen; immer wieder biss er sich an dem Problem fest ⟨übertr.⟩

fẹst|bin|den ⟨V. trans.; bin|det fest, band fest, hat fest|ge|bun|den, fest|zu|bin|den⟩ etwas od. jmdn. ~ *anbinden* ▸ ein Boot am Ufer ~

fẹst|fah|ren ⟨V.⟩ **I** ⟨V. intr.; fährt fest, fuhr fest, ist fest|ge|fah|ren, fest|zu|fah|ren⟩ **1** *auf Grund stoßen u. nicht weiterfahren können* (Schiff) **2** *einklemmen, stecken bleiben, nicht vor- u. nicht rückwärtsfahren können* (Fahrzeug) **3** ⟨übertr.⟩ *nicht weiterkommen* ▸ die Sache ist festgefahren **II** ⟨V. refl.; fährt fest, fuhr fest, hat fest|ge|fah|ren, fest|zu|fah|ren⟩ sich ~ ⟨übertr.⟩ *gedanklich keinen Ausweg wissen, steckenbleiben* ▸ er hat sich mit seinen Plänen festgefahren

fẹst|fres|sen ⟨V. refl.; frisst sich fest, fraß sich fest, hat sich fest|ge|fres|sen, sich fest|zu|fres|sen⟩ sich ~ *sich verklemmen* ▸ die Welle hat sich im Lager festgefressen

Fẹst|geld ⟨das; -(e)s, -er; Bankw.⟩ *Spareinlage mit fester Laufzeit, die Zinssätze unterliegen der Vereinbarung mit der Bank, in der Regel erhöhen sich die Zinsen bei längerer Laufzeit*

fẹst|ha|ken ⟨V. trans.; hakt fest, hak|te fest, hat fest|ge|hakt, fest|zu|ha|ken⟩ etwas ~ *mit Haken u. Ösen befestigen*

fẹst|hal|ten ⟨V.; hält fest, hielt fest, hat fest|ge|hal|ten, fest|zu|hal|ten⟩ **I** ⟨V. trans.⟩ **1** eine Tasche, einen Stock ~ *in der Hand halten, gepackt halten* **2** jmdn. ~ *ergreifen u. nicht loslassen* **3** etwas ~ *aufzeichnen, feststellen, konstatieren* ▸ eine Aussage ~; einen Dieb ~; er hat den kleinen Jungen am Arm festgehalten, als er über die Straße rennen wollte; ein Ereignis im Bild ~ ⟨übertr.⟩ *es*

F

1 die Wandleuchte / der Strahler 2 das Bild 3 die Vitrine / der Glasschrank 4 die Stereoanlage 5 die Lautsprecherbox / die Box 6 der Fernseher (hier: der Flachbildschirm) 7 das Regal 8 der Wohnzimmerschrank 9 die Schrankwand 10 die Deckenlampe

11 der Couchtisch / der Wohnzimmertisch **12** die Couch / das Sofa **13** die Sitzecke **14** das Kissen **15** der Hocker **16** der Teppich **17** der Beistelltisch **18** der Sessel **19** der Stuhl **20** die Hängelampe **21** der Esstisch

malen, fotografieren **II** ⟨V. intr.; übertr.⟩ an etwas ~ *bei etwas bleiben, auf etwas beharren, nicht von etwas abgehen* ▸ an einem Glauben, einer Meinung, Überzeugung ~ **III** ⟨V. refl.⟩ sich ~ *sich anklammern* ▸ sie hielt sich am Geländer fest; →a. *fest*

fẹs|ti|gen ⟨V.; fes|tigt, fes|tig|te, hat ge|fes|tigt⟩ **I** ⟨V. trans.⟩ Beziehungen, die Gesundheit, eine Währung ~ *fest, beständig, widerstandsfähig machen, stärken* **II** ⟨V. refl.⟩ sich ~ **1** *fest, stark werden* (Glauben) **2** *sich kräftigen* (Gesundheit); Abl *Festigung*

Fẹs|ti|ger ⟨der; -s, -; kurz für⟩ *Haarfestiger, Flüssigkeit, die nach dem Waschen im Haar verteilt wird u. die Frisur festigt*

Fẹs|tig|keit ⟨die; -; unz.⟩ **1** *das Festsein, Dichte, Härte* **2** *Widerstand eines Stoffes gegen äußere Beanspruchung* **3** ⟨übertr.⟩ *Standhaftigkeit, Beharrungsvermögen, Widerstandskraft*

Fẹs|ti|val ⟨[-vəl] od. [-val] das; -s, -s⟩ *große festliche Veranstaltung, Festspiel;* Zus *Filmfestival, Rockfestival, Theaterfestival*

fẹst|klam|mern ⟨V.; klam|mert fest, klam|mer|te fest, hat fest|ge|klam|mert, fest|zu|klam|mern⟩ **I** ⟨V. trans.⟩ etwas ~ *mit Klammern befestigen, anklammern* **II** ⟨V. refl.⟩ sich (an jmdm. od. etwas) ~ *sich mit aller Kraft festhalten* ▸ das Kind klammerte sich an der Mutter fest

fẹst|kle|ben ⟨V.⟩ **I** ⟨V. intr.; klebt fest, kleb|te fest, ist fest|ge|klebt, fest|zu|kle|ben⟩ *haften (an)* **II** ⟨V. trans.; klebt fest, kleb|te fest, hat fest|ge|klebt, fest|zu|kle|ben⟩ etwas ~ *mit Leim befestigen, ankleben*

fẹst|klem|men ⟨V. trans.; klemmt fest, klemm|te fest, hat fest|ge|klemmt, fest|zu|klem|men⟩ etwas ~ *mit Klammern, Spangen befestigen*

fẹst|klop|fen ⟨V. trans.; klopft fest, klopf|te fest, hat fest|ge|klopft, fest|zu|klop|fen⟩ etwas ~ *durch Klopfen befestigen, verbinden* ▸ einen Termin ~ ⟨übertr.; salopp⟩ *verbindlich vereinbaren*

Fẹst|land ⟨das; -(e)s; unz.⟩ **1** *fester Teil der Erdoberfläche* **2** *Erdteil, größere Landmasse*

fẹst|le|gen ⟨V.; legt fest, leg|te fest, hat fest|ge|legt, fest|zu|le|gen⟩ **I** ⟨V. trans.⟩ **1** etwas ~ *endgültig bestimmen* (Anordnung, Termin) **2** jmdn. auf etwas ~ *jmdn. in Bezug auf etwas verpflichten* ▸ die Reihenfolge, die Tagesordnung ~; nach dem Filmerfolg war er endgültig auf die Rolle des Bösewichts festgelegt **II** ⟨V. refl.⟩ sich ~ *sich binden, sich endgültig äußern, etwas bestimmen, versprechen* ▸ ich kann, möchte mich noch nicht ~ *nicht binden, ich möchte mir die Entscheidung noch vorbehalten;* ich habe mich durch meine Absage bereits festgelegt; Abl *Festlegung*

fẹst|lich ⟨Adj.⟩ *feierlich* ▸ einen Tag ~ begehen; der Tisch war ~ gedeckt; wir haben uns bereits für den ~ Anlass umgezogen; Braut und Bräutigam waren ~ gekleidet; jmdn. ~ bewirten *üppig, mit erlesenen Dingen*

Fẹst|lich|keit ⟨die; -, -en⟩ **I** ⟨unz.⟩ *festliche Beschaffenheit* ▸ die ~ des Raumes, der Stimmung **II** ⟨zählb.⟩ *Fest* ▸ bei großen ~en

fẹst|ma|chen ⟨V. trans.; macht fest, mach|te fest, hat fest|ge|macht, fest|zu|ma|chen⟩ **1** ⟨Mar.⟩ ein Schiff ~ *befestigen, anbinden* **2** ⟨umg.⟩ **2.1** Bretter ~ *befestigen* **2.2** etwas ~ *festlegen, vereinbaren* ▸ wollen wir's gleich ~? (den Termin); das Boot am Ufer ~

fẹst|na|geln ⟨V. trans.; na|gelt fest, na|gel|te fest, hat fest|ge|na|gelt, fest|zu|na|geln⟩ **1** etwas ~ *mit Nägeln befestigen, annageln* (Bretter) **2** ⟨übertr.; umg.⟩ jmdn. (auf etwas) ~ *jmdn. auf eine Aussage festlegen u. zur Verantwortung ziehen* ▸ er sitzt da wie festgenagelt ⟨umg.⟩ *starr, unbeweglich*

Fẹst|nah|me ⟨die; -, -n⟩ *vorläufige Gefangennahme* ▸ die ~ eines gesuchten Täters

fẹst|neh|men ⟨V. trans.; nimmt fest, nahm fest, hat fest|ge|nom|men, fest|zu|neh|men⟩ jmdn. ~ *gefangen nehmen, verhaften*

Fẹst|netz ⟨das; -es, -e; Tech.⟩ *aus festverlegten Leitungen bestehendes Netz für die Telekommunikation;* Zus *Festnetzanschluss*

Fẹst|plat|te ⟨die; -, -n; EDV⟩ *Speichermedium für große Datenmengen, bei dem mehrere magnetisch beschichtete Platten fest installiert sind;* Syn *Festplattenspeicher, Magnetplattenspeicher* ▸ Daten auf die ~ kopieren; meine Dateien sind auf der ~ gespeichert

Fẹst|preis ⟨der; -es, -e⟩ *festgelegter Preis* ▸ etwas zu einem ~ anbieten, anfertigen

fẹst|schrau|ben ⟨V. trans.; schraubt fest, schraub|te fest, hat fest|ge|schraubt, fest|zu|schrau|ben⟩ etwas ~ *mit Schraube(n) befestigen, anschrauben*

fẹst|schrei|ben ⟨V. trans.; schreibt fest, schrieb fest, hat fest|ge|schrie|ben, fest|zu|schrei|ben⟩ etwas ~ *schriftlich (dauerhaft) festlegen* ▸ etwas in einem Gesetz ~

Fẹst|schrift ⟨die; -, -en⟩ *Sammlung von Aufsätzen od. Einzeldarstellungen zu Ehren einer Persönlichkeit od. eines Ereignisses* ▸ eine ~ zum 750-jährigen Stadtjubiläum vorlegen

fẹst|set|zen ⟨V.; setzt fest, setz|te fest, hat fest|gesetzt, fest|zu|set|zen⟩ **I** ⟨V. trans.⟩ einen Preis, eine Frist, ein Ziel ~ *bestimmen, anordnen, festlegen* ▸ vertraglich ~; die Versicherungssumme auf 5.000 Euro ~; behördlich festgesetzter Preis; zur festgesetzten Zeit kommen; Abl *Festsetzung* **II** ⟨V. refl.⟩ sich ~ *dauerhaft haften bleiben, sich ansetzen* ▸ in den Ritzen hat sich Schmutz, Staub festgesetzt; die Erkältung hat sich in der Stirnhöhle festgesetzt

fẹst|sit|zen ⟨V. intr.; sitzt fest, saß fest, hat fest|geses|sen, fest|zu|sit|zen; süddt., österr., schweiz.: ist⟩ **1** *fest an etwas haften, kleben* (Schmutz) **2** *festgefahren, stecken geblieben sein* **3** ⟨übertr.⟩ *nicht mehr weiterkönnen* ▸ der Wagen sitzt im Schnee fest; sie werden irgendwo ~ ⟨umg.⟩ *eine Panne haben, nicht weiterfahren können*

Fẹst|spiel ⟨das; -(e)s, -e; meist im Pl.⟩ *periodisch wiederkehrende Aufführungen von Bühnenstücken od. Filmen, die in einem festlichen Rahmen stattfinden;* Zus *Festspielhaus; Filmfestspiele, Musikfestspiele*

fest|ste|cken ⟨V.; steckt fest, steck|te fest, hat fest|ge|steckt, fest|zu|stecken⟩ **I** ⟨V. trans.⟩ etwas ~ *mit Nadeln befestigen, fest in eine Öffnung stecken* ▸ eine Blume im Knopfloch ~; einen gerissenen Saum mit Nadeln ~ **II** ⟨V. intr.⟩ *stecken geblieben sein, festsitzen*

fest|ste|hen ⟨V. intr.; steht fest, stand fest, hat festge|stan|den, fest|zu|ste|hen⟩ **1** *bestimmt, festgelegt, ausgearbeitet sein* (Fahrplan, Programm) **2** *beschlossen, angeordnet sein* (Vorhaben) **3** *gewiss, sicher sein* ▸ es steht fest, dass wir morgen abreisen; so viel, eines steht fest; fest steht, dass er die Arbeit allein bewältigen muss

fest|stel|len ⟨V. trans.; stellt fest, stell|te fest, hat fest|ge|stellt, fest|zu|stel|len⟩ **1** etwas ~ *durch Haken, Riegel o. Ä. unbeweglich machen* **2** ⟨übertr.⟩ **2.1** einen Tatbestand ~ *ermitteln, erforschen, eruieren* **2.2** etwas ~ *wahrnehmen, eine Wahrnehmung bestätigen* ▸ das muss ich erst noch ~; kannst du das ~?; das wird sich ~ lassen; es wurde festgestellt, dass der Motor nicht zu reparieren ist; die Höhe des Schadens ~; jmds. Personalien, Schuld, Unschuld ~; es wurden einige Fälle von Typhus festgestellt; Abl *feststellbar*

Fest|stel|lung ⟨die; -, -en⟩ **1** *Ermittlung* **2** *Bemerkung*

Fest|tag ⟨der; -(e)s, -e⟩ **1** *festlich begangener Tag, z. B. Jubiläum, Geburtstag* **2** *Feiertag*

fest|tre|ten ⟨V.; tritt fest, trat fest, hat fest|ge|treten, fest|zu|tre|ten⟩ **I** ⟨V. trans.⟩ etwas ~ *durch Treten festmachen* ▸ Erde ~ **II** ⟨V. refl.⟩ sich ~ *durch Treten fest werden*

Fes|tung ⟨die; -, -en⟩ *befestigter Ort, starkbefestigte, weiträumige Burg;* Zus *Festungsgraben*

fest|zur|ren ⟨V. trans.; zurrt fest, zurr|te fest, hat fest|ge|zurrt, fest|zu|zur|ren⟩ etwas ~ **1** *durch starkes, ruckartiges Ziehen festbinden* **2** ⟨übertr.⟩ *endgültig festlegen* ▸ die Leinen wurden festgezurrt; einen Vertrag ~ ⟨übertr.⟩

Fe|te ⟨die; -, -n; umg.⟩ *Fest, Feier* ▸ eine ~ veranstalten; wir wollen eine ~ feiern

Fe|tisch ⟨der; -(e)s, -e⟩ **1** ⟨bei traditionellen Völkern⟩ *Gegenstand religiöser Verehrung, dem übernatürliche Kräfte zugeschrieben werden* **2** ⟨allg.⟩ *Kultobjekt, Gegenstand od. Begriff, dem eine übermächtige Bedeutung zugemessen wird* ▸ Luxus zum ~ erheben; der ~ Macht

fett ⟨Adj.; -er, am -es|ten⟩ **1** *fetthaltig, fettreich* (Speisen) **2** *dick, sehr beleibt* (Mensch, Tier); Zus *fettleibig* **3** *fruchtbar* (Boden) **4** *kräftig, saftig* (von Nutzpflanzen) **5** *einträglich, lohnend, gewinnbringend* (Beute, Gewinn) **6** *dick, stark* (Druckschrift); Zus *Fettdruck; fett gedruckt / fettgedruckt* **7** ⟨österr.⟩ *betrunken* ▸ einen ~en **Bissen,** Braten, Brocken erwischen ⟨übertr.; umg.⟩ *ein lohnendes Geschäft machen, großen Gewinn erzielen;* ~er **Boden,** Klee, Weizen; ~e **Brühe,** Kost; eine ~e **Ente,** Gans; ~es **Essen,** Fleisch ▸ die Überschriften ~ **drucken;** er **frisst** sich dick und ~ ⟨derb⟩; das **macht** den Kohl, das Kraut auch nicht ~! ⟨umg.⟩ *das nützt auch nicht viel;* (dick und) ~ **sein,** werden

Fett ⟨das; -(e)s, -e⟩ **1** *festes od. halbfestes Tier- od. Pflanzenprodukt, das hauptsächlich aus Fettsäuren besteht;* Abl *fettarm, fettfrei, fetthaltig;* Zus *Fetttropfen; Pflanzenfett, Tierfett* **2** *Anhäufung von Fettgewebe im Körper;* Zus *Fettsucht* **3** *fettige Substanz zum Schmieren von Maschinen;* Zus *Schmierfett* ▸ das ~ **abschöpfen** *das auf der Suppe od. der Soße schwimmende Fett abschöpfen;* ⟨übertr.⟩ *sich das Beste auswählen, seinen Vorteil suchen;* Fleisch mit ~ **anbraten;** ~ **ansetzen** *dick werden;* ~ **auslassen** ⟨Kochk.⟩ *durch Erhitzen ausbraten;* Butter **enthält** viel ~; jmdm. sein ~ **geben** ⟨übertr.; umg.⟩ *ihn schelten, rügen, kritisieren;* er **hat** sein ~ weg ⟨umg.; übertr.⟩ *er ist bestraft worden;* sein ~ **(ab)kriegen** ⟨übertr.; umg.⟩ *seine Strafe erhalten* ▸ **im** ~ schwimmen, sitzen ⟨übertr.; umg.⟩ *in sehr guten Verhältnissen, im Überfluss leben;* ein Rad **mit** ~ schmieren

fet|ten ⟨V.; fet|tet, fet|te|te, hat ge|fet|tet⟩ **I** ⟨V. trans.⟩ etwas ~ *mit Fett bestreichen* **II** ⟨V. intr.⟩ *Fett absondern, Fettflecken machen* (Salbe)

Fett|fleck ⟨der; -(e)s, -e⟩ *durch Fett entstandener Fleck*

Fett|ge|we|be ⟨das; -s; unz.⟩ *Gruppen von Zellen, deren Inneres von Fetttröpfchen mehr od. weniger ausgefüllt ist u. die in den meisten Fällen in Bindegewebe eingelagert sind*

fet|tig ⟨Adj.⟩ **1** *Fett enthaltend* **2** *mit Fett bestrichen, beschmutzt, eingerieben, ölig, schmierig* (Papier, Pfanne, Salbe)

Fett|näpf|chen ⟨das; -s, -; nur in der Wendung⟩ (bei jmdm.) ins ~ treten ⟨übertr.; umg.⟩ *Anstoß erregen, etwas sagen od. tun, was von den anderen als peinlich empfunden wird*

Fett|pols|ter ⟨das; -s, -⟩ *Fettgewebe, das in der Unterhaut sitzt*

Fett|sack ⟨der; -(e)s, -sä|cke; umg.; abwertend⟩ *sehr dicker Mensch*

Fett|säu|re ⟨die; -, -n; Biochem.⟩ *Säure, die ein wesentlicher Bestandteil von Fett ist*

Fet|zen ⟨der; -s, -⟩ **1** *abgerissenes Stück;* Zus *Hautfetzen, Papierfetzen* **2** *Lumpen, zerrissenes Kleidungsstück* **3** ⟨österr.⟩ *Rausch* ▸ sie prügelten sich, dass die ~ flogen ⟨umg.⟩ *heftig, rücksichtslos;* in ~ gekleidet gehen ⟨übertr.; umg.⟩ *zerlumpt, abgerissen;* etwas in ~ reißen

feucht ⟨Adj.; -er, am -es|ten⟩ **1** *leicht nass, benetzt* **2** *mit Wasserdampf durchsetzt* (Luft) ▸ ein ~er Abend ⟨übertr.; umg.⟩ *Abend, an dem viel getrunken wurde;* sie hatte ~e Augen vor Rührung *vor Rührung kamen ihr die Tränen;* er hat eine ~e Aussprache ⟨übertr.; umg.⟩ *beim Sprechen versprüht er Speichel;* das Gras ist vom Tau ~; ein ~es Vergnügen ⟨scherzh.⟩ *Unternehmung, bei der man nass wird;* ~es Wetter *regnerisches Wetter;* den Fußboden ~ wischen

feucht|fröh|lich ⟨Adj.⟩ *fröhlich zechend od. durchzecht* ▸ ein ~er Abend; ~e Gesellschaft

Feuch|tig|keit ⟨die; -; unz.⟩ **1** *das Feuchtsein, Feuchte* **2** *leichte Nässe* **3** *Gehalt an Wasser od. Wasserdampf* ▸ ~ der Luft; ~ absondern

F

feu|dal ⟨Adj.⟩ **1** *das Lehnsrecht betreffend* **2** ⟨übertr.; umg.⟩ *reich (ausgestattet), prunkvoll, vornehm* ▸ ~e Oberschicht; sie haben ein ~es Haus

Feu|da|lis|mus ⟨der; -; unz.⟩ *gesellschaftliches System, in dem adligen Familien das Land gehörte u. sie besondere Rechte hatten;* Syn *Feudalsystem;* Abl *feudalistisch;* Zus *Feudalherrschaft*

Feu|er ⟨das; -s, -⟩ **1** *Verbrennung, bei der helle Flammen u. Wärme entstehen, Brand;* Zus *Feueralarm; Feuer speiend / feuerspeiend; Herdfeuer* **2** *Schießen, Beschuss aus Feuerwaffen;* Zus *Feuergefecht* **3** *Glanz, Funkeln* **4** ⟨Mar.⟩ *Leuchtfeuer* **5** ⟨übertr.⟩ *innerer Schwung, Temperament, Glut, Begeisterung* ▸ ~! *(Ruf bei Ausbruch eines Brandes);* ⟨Mil.⟩ *(Befehl zum Schießen)* ▸ das ~ ihrer Augen; das ~ der Begeisterung, der Leidenschaft, der Liebe; ~ und Flamme für etwas sein *hell begeistert sein* ▸ ein ~ anbrennen, anfachen, entzünden, entfachen; in einem Kaufhaus ist (ein) ~ ausgebrochen; das ~ ist ausgegangen, erloschen; das ~ auslöschen, ausmachen, ersticken, löschen; das ~ eröffnen ⟨Mil.⟩; ~ fangen *anfangen zu brennen;* ⟨übertr.⟩ *in leidenschaftliche Erregung geraten;* ⟨übertr.⟩ *sich verlieben;* ~ geben *schießen;* jmdm. ~ geben (für die Zigarette); unter der Asche glimmt, schwelt noch ~; ~ (an ein Gebäude) legen *ein G. in Brand stecken;* ~ machen ⟨umg.⟩ *den Ofen heizen;* „~!" rufen; das ~ schüren ⟨a. übertr.⟩ *eine Leidenschaft anfachen, unterstützen;* der Vulkan, Drache speit ~ ▸ ein loderndes ~; auf, über offenem ~ kochen; etwas bei schwachem, starkem ~ kochen ▸ etwas zum Trocknen ans ~ stellen; die Pfanne, den Topf aufs ~ stellen; für jmdn. durchs ~ gehen ⟨übertr.⟩ *alles, auch das Schwerste für ihn tun;* Öl ins ~ gießen ⟨übertr.⟩ *ein Übel noch verschlimmern;* die Hand für jmdn., für etwas ins ~ legen *vorbehaltlos für ihn od. etwas eintreten;* mit dem ~ spielen ⟨übertr.⟩ *leichtsinnig handeln;* etwas mit ~ vortragen *temperamentvoll;* um ~ bitten (zum Anzünden der Zigarette); wie ~ und Wasser sein ⟨übertr.⟩ *völlig anders, gegensätzlich*

Feu|er|be|stat|tung ⟨die; -, -en⟩ *Bestattung durch Verbrennen der Leiche;* Syn *Einäscherung*

Feu|er|ei|fer ⟨der; -s; unz.⟩ *freudiger, stürmischer Eifer* ▸ mit ~ an eine Arbeit gehen

feu|er|fest ⟨Adj.⟩ *gegen Feuer unempfindlich* (Geldschrank, Glas, Geschirr)*;* Abl *Feuerfestigkeit*

feu|er|ge|fähr|lich ⟨Adj.⟩ *leicht entzündlich*

Feu|er|holz ⟨das; -es; unz.⟩ *trockenes Kleinholz zum Heizen*

Feu|er|lei|ter ⟨die; -, -n⟩ *an sehr hohen Häusern außen angebrachte Leiter, über die sich die Bewohner im Falle eines Brandes retten können;* Syn *Brandleiter*

Feu|er|lö|scher ⟨der; -s, -⟩ *mit Wasser, Pulver od. Schaum gefülltes Druckgerät zum Bekämpfen von Bränden;* Syn *Feuerlöschapparat*

Feu|er|mel|der ⟨der; -s, -⟩ *Gerät zum schnellen Herbeirufen der Feuerwehr*

feu|ern ⟨V.; feu|ert, feu|er|te, hat ge|feu|ert⟩ **I** ⟨V. intr.⟩ **1** mit etwas ~ *Feuer machen, heizen* **2** auf jmdn. od. etwas ~ *auf jmdn. od. etwas schießen* ▸ die Artillerie feuerte auf die feindl. Stellungen; mit Gas od. Öl ~ **II** ⟨V. trans.; umg.⟩ **1** etwas ~ *schleudern* **2** jmdn. ~ *jmdn. (fristlos) entlassen* ▸ etwas wütend in die Ecke ~; jmdm. eine ~ ⟨umg.⟩ *jmdm. eine Ohrfeige geben*

Feu|er|pau|se ⟨die; -, -n; Mil.⟩ *vorübergehende Einstellung des Beschusses mit Feuerwaffen*

feu|er|rot ⟨Adj.⟩ *rot wie Feuer, brand-, brennend rot* ▸ ~ werden (vor Verlegenheit)

Feu|er|tau|fe ⟨die; -, -n; übertr.⟩ *erstmalige Teilnahme an etwas, Bewährungsprobe* ▸ die ~ bestehen

Feu|er|wa|che ⟨die; -, -n⟩ *Gebäude der Feuerwehr, in dem die Mannschaften u. Geräte ständig in Bereitschaft stehen*

Feu|er|waf|fe ⟨die; -, -n⟩ *Schusswaffe, Geschütz*

Feu|er|wehr ⟨die; -, -en⟩ *Mannschaften u. Geräte zur Brandbekämpfung* ▸ im Brandfall die ~ holen, rufen; wir hörten die Sirenen der ~; er kam wie die ~ ⟨übertr.; umg.⟩ *sehr schnell, eiligst;* Zus *Feuerwehrleiter*

Feu|er|wehr|frau ⟨die; -, -en od. -leu|te⟩ *Angehörige der Feuerwehr*

Feu|er|wehr|mann ⟨der; -(e)s, -män|ner od. -leu|te⟩ *Angehöriger der Feuerwehr*

Feu|er|werk ⟨das; -(e)s, -e⟩ *Erzeugung von farbigen Lichtfunken u. Knall durch das Abbrennen von Raketen u. bunten Leuchtkörpern* ▸ er brannte ein ~ geistreicher Gedanken ab ⟨übertr.⟩

Feu|er|werks|kör|per ⟨der; -s, -⟩ *mit leicht entzündlichen Stoffen gefüllter Pappkörper, z. B. Rakete*

Feu|er|zeug ⟨das; -(e)s, -e⟩ *Gerät zum Entzünden von Feuer;* Zus *Benzinfeuerzeug, Taschenfeuerzeug*

Feuil|le|ton ⟨[fœjətõ:] das; -s, -s⟩ *kultureller Teil der Zeitung (Aufsätze, Rezensionen, Kritiken usw.);* Abl *Feuilletonist(in); feuilletonistisch*

feu|rig ⟨Adj.⟩ **1** *brennend, glühend* (Kohlen) **2** *(farbig) funkelnd* (Edelstein) **3** ⟨übertr.⟩ *leidenschaftlich, temperamentvoll, glühend, lebhaft* (musikal. Vortrag, Rede) ▸ das war eine ~e Rede

Fi|a|ker ⟨der; -s, -; österr.⟩ *Mietkutsche, Pferdedroschke*

Fi|as|ko ⟨das; -s, -s⟩ *Misserfolg, Zusammenbruch* ▸ ein ~ erleben, erleiden *scheitern;* die Vertragsverhandlungen endeten in, mit einem ~

Fi|bel ⟨die; -, -n⟩ **1** *Lehrbuch für Anfänger;* Zus *Gartenfibel* **2** *Lesebuch für Schulanfänger*

Fich|te ⟨die; -, -n; Bot.⟩ *ein Nadelbaum mit spitzen Nadeln u. hängenden Zapfen;* Syn *Rottanne;* Zus *Fichtenholz*

fi|cken ⟨V. trans. u. V. intr.; fickt, fick|te, hat gefickt; derb⟩ (jmdn.) ~ *(mit jmdm.) Geschlechtsverkehr haben*

fi|del ⟨Adj.⟩ *vergnügt, fröhlich, lustig, heiter* ▸ ein ~es Fest; das ist eine ~e Gesellschaft

Fie|ber ⟨das; -s, -⟩ **1** *krankhaft erhöhte Eigenwärme des Körpers* **2** ⟨übertr.⟩ *Eifer, Betriebsamkeit;*

Zus *Arbeitsfieber* ▸ 39° ~ ▸ das ~ des **Ehrgeizes,** der Leidenschaft, der Liebe ▸ das ~ ist **angestiegen;** ~ **bekommen,** haben; das ~ **fällt,** sinkt, steigt ▸ **hohes,** niedriges ~ haben ▸ **mit** ~ im Bett liegen

fie|ber|frei ⟨Adj.⟩ *frei von Fieber*

fie|ber|haft ⟨Adj.; -er, am -es|ten; übertr.⟩ *angespannt, hektisch, übertrieben eifrig* ▸ ~e Betriebsamkeit; ~ an einem Auftrag arbeiten

fie|bern ⟨V. intr.; fie|bert, fie|ber|te, hat ge|fie|bert⟩ **1** *Fieber haben* **2** ⟨übertr.⟩ *erregt, gespannt sein* **3** ⟨übertr.⟩ nach etwas od. jmdm. ~ *heftig nach jmdm. od. etwas verlangen* ▸ der Patient fieberte stark; er fieberte vor Aufregung ⟨übertr.⟩

fie|ber|sen|kend ⟨Adj.⟩ *das Fallen des Fiebers bewirkend* ▸ ~e Medikamente verschreiben

Fie|ber|ther|mo|me|ter ⟨das; -s, -⟩ *Gerät zum Messen der Körperwärme*

fieb|rig ⟨Adj.⟩ oV *fieberig* **1** *Fieber, Temperatur habend* **2** ⟨übertr.⟩ *aufgeregt*

Fie|del ⟨die; -, -n; volkstüml.⟩ = *Geige*

fiel → *fallen*

fies ⟨Adj.; -er, am -es|ten; umg.⟩ *gemein* ▸ ein ~er Kerl; ein ~er Charakterzug; ~ aussehen

fif|ty-fif|ty ⟨[fɪftɪfɪftɪ] umg.⟩ *halb u. halb, zu gleichen Teilen, halbpart* ▸ ~ machen *redlich teilen*

Fi|gur ⟨die; -, -en⟩ **1** *Abbildung, Darstellung, Umriss, Umrissbild, Zeichnung* **2** ⟨Geom.⟩ *Gebilde aus Linien od. Flächen* **3** *Körperwuchs, -form, Gestalt* **4** ⟨umg.⟩ *Person, Erscheinung* **5** *gestaltete Form, Bildwerk* **6** *Spielstein;* Zus *Schachfigur* **7** *Bewegungsablauf beim Tanz, Eiskunstlauf* **8** ⟨Mus.⟩ *kleine, melodisch od. rhythmisch zusammengehörige Tonfolge* **9** ⟨Rhet.⟩ *grammatische od. rednerische Wendung;* Zus *Redefigur* ▸ eine lächerliche ~ **abgeben** ⟨umg.⟩ *lächerlich wirken;* wir haben in der Rumba eine neue ~ **gelernt;** sie **zeigte** beim Eiskunstlaufen schwierige ~en ▸ eine in Metall **gegossene** ~; eine **geschnitzte** ~ aus Holz; sie hat eine **gute,** hübsche, schlanke, zierliche ~; sie ist eine **komische** ~ ⟨übertr.; umg.⟩ ▸ eine ~ **aus** Bronze, Holz, Metall, Stein; **mit** einer ~ aufs weiße Feld vorrücken ⟨beim Schachspiel⟩

fi|gu|ra|tiv ⟨Adj.⟩ **1** *figürlich, gegenständlich, in Form einer Figur* (Darstellung) **2** *durch einen bildl. Ausdruck* ▸ einen Begriff ~ wiedergeben

fi|gür|lich ⟨Adj.⟩ **1** *bildlich, im übertragenen Sinn gebraucht* **2** *anschaulich, mit Hilfe einer Figur* **3** *bezüglich der Körperformen* ▸ etwas ~ darstellen; die ~e Bedeutung eines Wortes beschreiben; sie ist ~ nicht sehr gut dran

Fik|ti|on ⟨die; -, -en⟩ **1** *Erdichtung* **2** *etwas, das nur in der Fantasie, Vorstellung existiert* **3** *Annahme, Unterstellung (eines nicht wirklichen Falles, um daraus Erkenntnisse abzuleiten)*

fik|tiv ⟨Adj.⟩ *erdichtet, nur angenommen, auf einer Fiktion beruhend*

Fi|let ⟨[file:] das; -s, -s⟩ **1** *Lendenstück* (vom Schlachtvieh u. Wild) **2** *entgrätetes Rückenstück* (vom Fisch) **3** *abgelöstes Bruststück* (vom Geflügel)

Fi|li|a|le ⟨die; -, -n⟩ *Zweigstelle, -niederlassung, -geschäft;* Zus *Filialleiter(in); Bankfiliale*

Film ⟨der; -(e)s, -e⟩ **1** *dünnes Häutchen, hauchzarte Schicht;* Zus *Fettfilm, Ölfilm* **2** *mit einer lichtempfindl. Schicht überzogener, durchsichtiger Streifen für fotograf. Zwecke;* Zus *Negativfilm, Positivfilm, Umkehrfilm* **3** *auf Film (2) aufgenommene Geschichte, die im Fernsehen od. Kino gezeigt wird;* Zus *Filmbranche, Filmfestival, Filmfestspiele, Filmindustrie, Filmemacher(in), Filmmusik, Filmschauspieler(in), Filmstar; Dokumentarfilm, Kinofilm, Kurzfilm, Spielfilm, Stummfilm, Tonfilm* ▸ die **Handlung** des ~s spielt in Madrid; der **Hauptdarsteller,** Produzent, Regisseur dieses ~s ist … ▸ einen ~ **abdrehen** ⟨umg.⟩ *die Filmaufnahmen beenden;* einen ~ **drehen,** inszenieren, produzieren, spielen, vorführen; den ~ **entwickeln** ⟨Fot.⟩; dieser ~ **läuft** jetzt in vielen Kinos; mir ist der ~ **gerissen** ⟨übertr.; umg.⟩ *ich habe den gedanklichen Zusammenhang verloren;* der ~ ist gerissen, über-, unterbelichtet ▸ ein **interessanter,** lehrreicher, schlechter, spannender ~ ▸ das Drehbuch **zu** einem ~ liefern, schreiben

fil|men ⟨V.; filmt, film|te, hat ge|filmt⟩ **I** ⟨V. trans.⟩ jmdn. od. etwas ~ *mit der Filmkamera aufnehmen* ▸ einen Autounfall ~ **II** ⟨V. intr.⟩ **1** *einen Film aufnehmen, drehen* **2** *in einem Film spielen* ▸ Kinder beim Spielen ~

Fil|mer ⟨der; -s, -⟩ *jmd., der (beruflich) Filme dreht;* Abl *Filmerin*

film|reif ⟨Adj.⟩ *so komisch od. spektakulär, dass man es für einen Film verwenden könnte* ▸ die Szene war geradezu ~

Film|the|a|ter ⟨das; -s, -⟩ = *Kino*

Fil|ter ⟨der; -s, -⟩ **1** ⟨Tech. meist das; -s, -⟩ *Vorrichtung od. Material zum Trennen fester Stoffe von Flüssigkeiten od. Gasen;* Zus *Filterpapier* **2** ⟨Fot.⟩ *gefärbte Glasscheibe zum Aufsetzen auf das Objektiv, so dass bestimmte Farben zurückgehalten werden;* Zus *Gelbfilter, Rotfilter*

Fil|ter|kaf|fee ⟨der; -s; unz.⟩ *mit einem Filter bereiteter Kaffee*

fil|tern ⟨V. trans.; fil|tert, fil|ter|te, hat ge|fil|tert⟩ eine Flüssigkeit, Lichtstrahlen ~ *mit einem Filter trennen od. klären* ▸ den Kaffee ~

Filz ⟨der; -es, -e⟩ *Stoff aus gepressten, verschlungenen, nicht gewebten Fasern;* Zus *Filzhut*

Filz|stift ⟨der; -(e)s, -e⟩ *farbiger Schreibstift mit einer Spitze aus Filz;* Syn *Faserschreiber*

Fim|mel ⟨der; -s, -; umg.⟩ *kleine Verrücktheit, Verschrobenheit, Schrulle* ▸ er hat einen ~; Zus *Filmfimmel, Theaterfimmel*

Fi|na|le ⟨das; -s, - od. -s⟩ **1** ⟨Sp.⟩ *Schlussrunde, Endkampf;* Abl *Finalist(in);* Zus *Finalspiel* **2** ⟨Mus.⟩ *Schlusssatz (einer Sinfonie), Schlussteil (einer Oper od. Sinfonie)* ▸ die Mannschaft spielt im ~; sie ist ins ~ gekommen

Fi|nanz ⟨die; -, -en⟩ **1** *Geldwesen;* Zus *Finanzlage, Finanzmarkt, Finanzministerium, Finanzwesen* **2** *Geldgeschäft* **3** *Gesamtheit der Geldleute;* Zus *Hochfinanz;* →a. *Finanzen*

Fi|nanz|amt ⟨das; -(e)s, -äm|ter⟩ *die unterste Be-*

hörde der Finanzverwaltung, Steuerbehörde; Syn ⟨schweiz.⟩ *Steueramt*

Fi|nan|zen ⟨nur Pl.⟩ **1** *öffentl. Geldwesen, Staatsgelder, Staatshaushalt* **2** *Vermögen, Kapitallage, Vermögenslage* ▸ meine ~ ⟨umg.⟩ *meine Geldmittel*

fi|nan|zi|ell ⟨Adj.⟩ *die Finanzen, das Vermögen betreffend, geldlich* ▸ die ~e Lage des Staates ist schlecht; es geht ihnen ~ gut

fi|nan|zie|ren ⟨V. trans.; fi|nan|ziert, fi|nan|zier|te, hat fi|nan|ziert⟩ jmdn. od. etwas ~ *mit Geldmitteln ausstatten, durch Geld ermöglichen;* Abl *Finanzierung*

fi|nanz|kräf|tig ⟨Adj.⟩ *über reichliche Geldmittel, gute Finanzen verfügend* ▸ ein ~er Betrieb

Fi|nanz|sprit|ze ⟨die; -, -n; übertr.⟩ *finanzielle Unterstützung, Zahlung zusätzlicher (öffentlicher) Geldmittel* ▸ eine ~ von einer Million Euro; ein bankrottes Unternehmen mit einer ~ retten

Fin|del|kind ⟨das; -(e)s, -er⟩ *von den Eltern ausgesetztes Kind*

finden/suchen

Wenn man etwas *sucht,* so bemüht man sich, es zu *finden.* Die Verben *finden* und *suchen* gehören zusammen, denn das Verb *finden* bezeichnet das Ergebnis des Suchens: *Endlich hatte er das vermisste Buch gefunden. Obwohl sie lange suchte, fand sie den Schlüssel nicht. Ich habe zwei Euro auf der Straße gefunden* (= entdeckt).
Auch in der Bedeutung „meinen, der Ansicht sein" wird das Verb *finden* sehr häufig gebraucht: *Ich finde sein Verhalten unmöglich. Viele Menschen finden das neue Gesetz gut. Er findet, dass er Recht hat.*

fin|den ⟨V.; fin|det, fand, hat ge|fun|den⟩ **I** ⟨V. trans.⟩ **1** jmdn od. etwas ~ *zufällig, durch Suchen od. Nachdenken entdecken, treffen* **2** etwas ~ *erhalten, erwerben* **3** jmdn od. etwas irgendwie ~ *der Meinung, Ansicht sein, erachten, halten für, erkennen als* ▸ ich finde, dass wir ihm zuhören sollten; das finde ich auch; ich kann ihn nirgends ~ ▸ Anklang ~; gute Aufnahme ~ *gut aufgenommen werden;* wir müssen einen Ausweg, Mittel und Wege ~; keine Beachtung ~ *nicht beachtet werden;* ich finde meine Brille nicht; seine Freude, sein Vergnügen an etwas ~; in ihm habe ich einen zuverlässigen Freund gefunden; (keinen) Gefallen, Geschmack an etwas ~; sie hat im Geschäft eine schöne Hose gefunden; einen Kompromiss ~; man findet immer wieder Leute, die zufrieden sind; ich habe die Lösung gefunden; wir konnten keinen Platz mehr ~; ich kann das Richtige nicht ~; sie kann keine Ruhe ~; bei einem Unfall den Tod ~ ⟨übertr.⟩ *umkommen;* er versucht, Trost in der Kunst zu ~; er konnte vor Überraschung keine Worte ~ *er war sprachlos;* die richtigen, passenden Worte ~ ▸ etwas falsch, gut, praktisch, richtig, schön, unpassend ~; ich finde es nicht ratsam, länger zu bleiben ▸ er kann morgens nicht aus dem Bett ~ *ihm fällt das Aufstehen schwer;* ich finde nichts Schlimmes dabei; ich finde nichts daran *es gefällt mir nicht, es reizt mich nicht;* nach Hause ~; er fand schon in jungen Jahren zur Musik ▸ wie ~ Sie das? *wie ist Ihre Meinung, wie gefällt es Ihnen?* **II** ⟨V. refl.⟩ sich ~ **1** *aufgefunden werden* **2** *seinen Weg finden, zur Selbstbesinnung kommen* **3** *Freunde werden* **4** *sich ergeben, sich regeln* ▸ ich finde mich schon! *ich kenne den Weg;* er hat sich (wieder) gefunden *ist zur Selbstbesinnung gekommen;* das wird sich (alles) ~ *das wird sich ergeben, regeln;* das Übrige findet sich schon; sie haben sich gesucht und gefunden ⟨umg.⟩ *sie passen gut zueinander;* da haben sich zwei gefunden! *zwei Gleichgesinnte, Lausbuben, Gauner* ▸ der Schlüssel wird sich schon wieder ~ *wird wieder auftauchen* ▸ er kann sich nicht in sein Schicksal ~ *sich damit abfinden*

Fin|der ⟨der; -s, -⟩ *jmd., der etwas findet* ▸ der ehrliche ~ wird gebeten …; Abl *Finderin*

Fin|der|lohn ⟨der; -(e)s, -löh|ne⟩ *gesetzlich vorgeschriebene Belohnung für jmdn., der etwas Verlorenes gefunden u. abgeliefert hat*

fin|dig ⟨Adj.⟩ *klug, schlau, pfiffig, einfallsreich* ▸ er ist ein ~er Kopf; Abl *Findigkeit*

Fi|nes|se ⟨die; -, -n⟩ *Feinheit, Schlauheit, Kniff, Trick* ▸ mit allen erdenklichen ~n

fing → *fangen*

Fin|ger ⟨der; -s, -⟩ *jedes der fünf beweglichen einzelnen Glieder der Hand* ▸ sich die ~ nach etwas lecken *begierig auf etwas sein;* den ~ auf den Mund legen (zum Zeichen des Schweigens); den ~ auf eine Wunde legen ⟨übertr.⟩ *eine peinliche, schmerzliche Sache ansprechen;* er rührt keinen ~, macht keinen ~ krumm für Vater ⟨übertr., umg.⟩ *er tut nichts für ihn;* an dieser Sache kannst du dir leicht die ~ verbrennen ⟨übertr.; umg.⟩ *das kann unangenehm für dich werden;* sich die ~ wundschreiben wegen einer Sache ⟨übertr.⟩ *wiederholt vergeblich Briefe, Bittschriften usw. schreiben* ▸ ~ breit = *Fingerbreit;* dicke, kurze, lange, schlanke, zarte ~; das Kind hat klebrige ~; wenn man ihm den kleinen ~ gibt, so nimmt er die ganze Hand ⟨sprichwörtl.⟩ *wenn man ihm eine Kleinigkeit zugesteht, so verlangt er sofort alles;* krumme, lange ~ machen ⟨übertr.; umg.⟩ *stehlen;* etwas mit spitzen ~n anfassen *vorsichtig, um es möglichst wenig zu berühren (vor Ekel)* ▸ etwas an den ~n abzählen; das kann man sich an den (fünf) ~n abzählen ⟨übertr.⟩ *sich denken, leicht ausmalen;* einen Ring am ~ tragen; jmdm. (scharf) auf die ~ sehen ⟨übertr.; umg.⟩ *ihn genau beobachten, beaufsichtigen;* er gibt das Buch nicht aus den ~n ⟨übertr.; umg.⟩ *er gibt es nicht her;* das hat er sich aus den ~n gesogen ⟨übertr.; umg.⟩ *das ist nicht wahr, das hat er erfunden;* lass die ~ davon! ⟨übertr.; umg.⟩ *kümmere dich nicht darum, befasse dich nicht damit;* er hat überall seine ~ dazwischen ⟨übertr.; umg.⟩ *er ist überall beteiligt;*

jmdm. mit dem ~ drohen; mit dem ~ auf jmdn. zeigen ‹übertr.› *ihn verspotten, abfällig über ihn reden;* da hat er sich aber in den ~ geschnitten ‹übertr.; umg.› *sich selbst geschadet;* er hat dabei die ~ im Spiel ‹übertr.; umg.› *ist heimlich beteiligt;* man kann sie um den (kleinen) ~ wickeln ‹übertr.; umg.› *sie ist nachgiebig, leicht lenkbar;* das Geld zerrinnt ihm unter den ~n *er kann nicht sparsam leben;* ⓘ S. 146; Zus *Fingernagel* ⓘ S. 146; *Mittelfinger, Ringfinger, Zeigefinger*

Fin|ger|ab|druck ‹der; -(e)s, -drü|cke› *Abdruck der Hautlinien an den Fingerbeeren (zur Feststellung der Identität);* Syn *Daktylogramm*

fin|ger|breit ‹Adj.› *so breit wie ein Finger* ▸ ein ~er Riss, Spalt

Fin|ger|breit *auch:* **Fin|ger breit** ‹der; (-) -, (-) -› *Breite von einem Finger* ▸ drei ~; um keinen ~ von etwas abgehen ‹übertr.› *unverändert bei etwas bleiben*

fin|ger|fer|tig ‹Adj.› *geläufig, geschickt, flink mit den Fingern;* Abl *Fingerfertigkeit*

Fin|ger|hut ‹der; -(e)s, -hü|te› *kleine Metall- od. Plastikkappe zum Schutz des Mittelfingers beim Nähen* ▸ einen ~ voll *so viel wie in einen F. geht;* ‹übertr.› *eine geringe Menge*

Fin|ger|kup|pe ‹die; -, -n› *Spitze, Ende des Fingers*

fin|gern ‹V. intr.; fin|gert, fin|ger|te, hat ge|fingert› an etwas ~ *etwas mit den Fingern berühren, ohne Sinn u. Erfolg daran arbeiten*

Fin|ger|spit|ze ‹die; -, -n› *Kuppe, Ende des Fingers* ▸ er ist musikalisch bis in die ~n ‹übertr.› *ganz außerordentlich musikalisch (begabt);* etwas bis in die ~n fühlen

Fin|ger|spit|zen|ge|fühl ‹das; -(e)s; unz.; übertr.› *Feingefühl, Ahnungsvermögen* ▸ hierfür braucht man, hierzu gehört ~; dafür fehlt ihm das nötige ~; eine Angelegenheit mit ~ behandeln

Fin|ger|zeig ‹der; -(e)s, -e; übertr.› *Wink, Hinweis* ▸ einen ~ erhalten, geben; das soll als ~ dienen

fin|gie|ren ‹V. trans.; fin|giert, fin|gier|te, hat fingiert› etwas ~ *vortäuschen, erdichten, unterstellen* ▸ eine fingierte Rechnung; ein fingierter Brief, Name

Fink ‹der; -en, -en; Zool.› *ein Singvogel mit kräftigem Schnabel;* Zus *Buchfink, Grünfink*

Fin|ne[1] ‹die; -, -n› *Rückenflosse der Haie u. Wale*

Fin|ne[2] ‹der; -n, -n› *Einwohner von Finnland;* Abl *Finnin; finnisch*

fins|ter ‹Adj.› **1** *dunkel, lichtlos* (Nacht)*;* Abl *Finsterkeit* **2** ‹übertr.› **2.1** *drohend, ernst, düster, verdrossen* (Blick, Gesicht) **2.2** *unheilschwer, böse* (Tat, Zukunft) **2.3** *unheimlich, wenig vertrauenerweckend* (Gegend) ▸ das scheint eine ~e Angelegenheit zu sein ‹übertr.› *unkorrekte, nicht saubere A.;* jmdm. ~e Blicke zuwerfen; ein ~er Bursche, Kerl *ein unheimlicher Mensch, dem man nichts Gutes zutraut;* eine ~e Kneipe, ein ~es Lokal *Gastwirtschaft mit schlechtem Ruf;* ~e Wege gehen ‹übertr.› *Unrecht tun, dunkle Geschäfte machen* ▸ aussehen: die Angelegenheit sieht ~ für uns aus ‹übertr., umg.› *ungünstig;* es wird jetzt schon früh, zeitig ~ ▸ im Finsteren *in der Dunkelheit;* im Finsteren tappen *suchend, tastend im Dunkeln umhergehen;* im Finstern tappen ‹übertr.› *nicht Bescheid wissen, im Ungewissen sein;* Bes *bei der Beugung kann das „e" entfallen: „finstere/finstre Nacht"*

Fins|ter|nis ‹die; -, -se› **1** *tiefe Dunkelheit* **2** ‹Astron.› *(von der Erde aus gesehene) Verdeckung eines Himmelskörpers durch einen anderen;* Zus *Mondfinsternis, Sonnenfinsternis* ▸ eine Gestalt tauchte plötzlich aus der ~ auf

Fin|te ‹die; -, -n› **1** *Scheinangriff* **2** *Täuschung* **3** ‹übertr.› *Vorwand, Ausflucht, List* ▸ jmdn. durch eine ~ ablenken, täuschen

Fir|le|fanz ‹der; -es, -e; umg.› **1** *unwichtiger, nichtiger Kram* **2** *Albernheit, Torheit, Kinderei*

firm ‹Adj.› *fest, sicher, bewandert, beschlagen (in einem Fachgebiet)*

Fir|ma ‹die; -, Fir|men; Abk.: Fa.› *Geschäft, Betrieb* ▸ er hat eine eigene ~ gegründet; sie arbeitet in der ~ ihres Bruders; Zus *Firmenchef(in), Firmengründer(in), Firmenleitung; Baufirma, Handelsfirma*

Fir|ma|ment ‹das; -(e)s; unz.› = *Himmel (1)*

Fir|men ‹Pl. von› *Firma*

fir|mie|ren ‹V. intr.; fir|miert, fir|mier|te, hat firmiert› als, mit, unter etwas ~ **1** *einen Geschäftsnamen führen, mit diesem unterzeichnen* **2** *unter einem bestimmten Namen, Titel erscheinen* ▸ das Geschäft firmiert unter dem Namen Schmidt & Söhne

Fir|mung ‹die; -, -en; kath. Kirche› *vom Bischof durch Salbung u. Handauflegen vollzogenes katholisches Sakrament, dient der Kräftigung im Glauben u. verleiht die Gnade der Standhaftigkeit*

Fis ‹Mus.› **I** ‹das; -, -› *Tonbezeichnung, das um einen halben Ton erhöhte F* **II** ‹ohne Artikel; Abk. für› *Fis-Dur (Tonartbez.)*

Fisch ‹der; -(e)s, -e› **1** *im Wasser lebendes Wirbeltier mit Brust- u. Bauchflossen sowie Rücken- u. Schwanzflossen, es atmet mit Kiemen u. die Haut ist mit Schuppen bedeckt;* Zus *Fischgericht, Fischgeschäft, Fischgräte, Fischsuppe, Fischteich, Fischzucht* **2** ‹Pl.; Astron.› *zwei Sternbilder des südlichen Himmels, ein Tierkreiszeichen* ▸ ~e angeln, fangen; (der) ~ will schwimmen ‹übertr.; umg.› *zum Fischessen gehört Wein* ▸ gebratener, gekochter, gepökelter, marinierter, panierter, überbackener ~ (als Speise); das ist nur ein kleiner ~ für ihn ‹übertr.; umg.› *eine unbedeutende Sache* ▸ das ist weder ~ noch Fleisch ‹übertr.; umg.› *nichts Rechtes, Entschiedenes, nur eine halbe Sache;* sich wohlfühlen, gesund und munter sein wie ein ~ im Wasser ‹übertr.; umg.›; er war stumm wie ein ~ ‹übertr.; umg.› *hat nichts gesagt, sich nicht geäußert*

fi|schen ‹V. trans. u. V. intr.; fischt, fisch|te, hat ge|fischt› (etwas) ~ *Fische fangen (mit Angel, Netz), angeln* ▸ etwas od. jmdn. aus dem Wasser ~ ‹umg.› *herausziehen;* er fischt sich die besten

Brocken, Stücke (aus der Suppe) ‹übertr.; umg.› *nimmt sich selbst das Beste;* nach Komplimenten ~ ‹übertr.; umg.› *Komplimente herausfordern*

Fi|scher ‹der; -s, -› **1** *jmd., der Fische fängt, Angler;* Abl *Fischerin;* Zus *Fischerboot, Fischerdorf, Fischernetz* **2** *Handwerker der See-, Hochsee-, Küsten-, Binnenfischerei*

Fi|sche|rei ‹die; -; unz.› **1** *das Fischen* **2** *Fang u. Hege von Nutzfischen;* Zus *Fischereirecht*

Fisch|fang ‹der; -(e)s, -fän|ge› *das Fangen von Fischen*

F

Fis-Dur ‹das; -; unz.; Mus.; Abk.: Fis› *auf dem Grundton Fis beruhende Dur-Tonart;* Zus *Fis-Dur-Tonleiter*

Fis|kus ‹der; -; unz.› **1** *Staatsvermögen* **2** *der Staat als Besitzer von Vermögen* **3** *Finanzverwaltungsabteilung;* Zus *Steuerfiskus*

fis-Moll ‹das; -; unz.; Mus.; Abk.: fis› *auf dem Grundton fis beruhende Moll-Tonart;* Zus *fis-Moll-Tonleiter*

Fi|so|le ‹die; -, -n; österr.› = *Bohne;* ⓘ S. 1002

Fis|tel|stim|me ‹die; -, -n; umg.› *hohe, feine Stimme*

fit ‹Adj.; nur präd.; bes. Sp.› *leistungsfähig, gesund, gut in Form* ▸ er ist noch total ~; bist du schon wieder ~ (nach der Krankheit)?; ~ wie ein Turnschuh ‹übertr.; umg.; scherzh.› *sehr fit*

Fit|ness ‹die; -; unz.; Sp.› *das Fitsein, Leistungsfähigkeit;* ⓘ S. 789; Zus *Fitnesscenter, Fitnessstudio, Fitnesstraining*

Fit|tich ‹der; -(e)s, -e; poet.› *Flügel, Schwinge* ▸ jmdn. unter seine ~e nehmen ‹übertr.; umg.› *in Obhut nehmen, beaufsichtigen, betreuen*

fix ‹Adj.; nur umg.; -er, am -es|ten› **1** *fest, feststehend, unverändert;* Zus *Fixkosten, Fixpunkt* **2** ‹umg.› *flink, schnell* ▸ ~! ‹umg.› *schnell!;* er ist ein ~er Bursche, Junge ‹umg.›; als Vertreter bekommt er ein ~es Gehalt und Provision; mach ~! ‹umg.› *beeile dich!;* ich bin ~ und fertig mit meiner Arbeit *ganz fertig damit, habe sie vollendet;* ich bin nach dieser Arbeit, von den Anstrengungen des Tages ~ und fertig ‹umg.› *völlig erschöpft, abgearbeitet;* →a. *Idee*

fi|xie|ren ‹V. trans.; fi|xiert, fi|xier|te, hat fi|xiert› **1** etwas ~ *mit einem (chemischen) Mittel härten, festigen;* Abl *Fixativ* **2** etwas ~ *festsetzen, festschreiben* **3** jmdn. ~ *starr ansehen, anstarren* **4** auf jmdn. od. etwas fixiert sein *starr auf jmdn. od. etwas ausgerichtet sein* ▸ etwas gesetzlich ~; der Hund ist nur auf sein Herrchen fixiert

Fix|stern ‹der; -s, -e; Astron.› *sehr weit entfernter, selbstleuchtender Himmelskörper, der scheinbar feststeht, in Wirklichkeit aber seinen Ort sehr langsam ändert*

FKK ‹Abk. für› *Freikörperkultur*

flach ‹Adj.› **1** *eben, ohne Erhebungen u. Tiefen* (Gelände, Teig); Zus *flach drücken / flachdrücken* **2** *seicht, nicht tief* (Gewässer) **3** ‹übertr.› *platt, uninteressant, oberflächlich, geistlos* ▸ ein ~es Buch, Gespräch, Urteil ‹übertr.›; ein ~es Dach; ~es Land; auf dem ~en Land wohnen *außerhalb der Stadt;* eine ~e Nase, Stirn haben; den Fluss an einer ~e Stelle überqueren; ~e Teller; eine ~e Unterhaltung führen ‹übertr.› ▸ auf der ~en Hand *auf der gestreckten, nicht gekrümmten Hand;* Abl *Flachheit*

Flach|bild|schirm ‹der; -(e)s, -e› *Bildschirm mit einer Tiefe von unter 20 cm, der mit einer speziellen Technik betrieben wird* ▸ ein PC mit ~; ⓘ S. 360

Flach|dach ‹das; -(e)s, -dä|cher› *Dach mit geringer Neigung* ▸ ein Bunglow mit ~

Flä|che ‹die; -, -n› **1** ‹Math.› **1.1** *zweidimensionales Gebilde* **1.2** *Begrenzung eines Körpers;* Zus *Flächeninhalt, Flächenmaß; Grundfläche, Oberfläche, Schnittfläche, Seitenfläche* **2** ‹allg.› *größere freie Strecke, Ebene, Gebiet, Platz;* Zus *Flächenbrand; Bodenfläche, Spielfläche*

flach|fal|len ‹V. intr.; fällt flach, fiel flach, ist flachge|fal|len, flach|zu|fal|len; umg.› *aus-, wegfallen, nicht mehr in Betracht kommen* ▸ das fällt jetzt flach; das Treffen ist flachgefallen

flä|chig ‹Adj.› *flächenhaft, zweidimensional*

Flach|land ‹das; -(e)s; unz.› *Ebene*

Flach|mann ‹der; -(e)s, -män|ner; umg.› *kleine, flache Schnapsflasche zum Einstecken*

Flachs ‹[-ks] der; -es; unz.› **1** *eine Pflanze, deren Stängel zu Bast verarbeitet werden;* Syn *Lein* **2** *Fasern aus den Stängeln dieser Pflanze*

fla|ckern ‹V. intr.; fla|ckert, fla|cker|te, hat ge|flackert› *unruhig, zuckend brennen od. leuchten* ▸ das Feuer flackert im Kamin

Fla|den ‹der; -s, -› **1** *dünne, flache, in der Pfanne gebackene Süßspeise;* Zus *Eierfladen, Mehlfladen* **2** *sehr flaches, rundes Brot;* Zus *Fladenbrot* **3** *flacher, runder Haufen Kuhmist;* Zus *Kuhfladen*

Flag|ge ‹die; -, -n› *viereckige Fahne* ▸ die ~ einholen, einziehen, hissen, streichen; ~ zeigen ‹übertr.› *seine Überzeugung darlegen, eingestehen*

Flagg|schiff ‹das; -(e)s, -e› **1** ‹Mil.› *Kriegsschiff mit Admiralsflagge* **2** ‹übertr.› *bes. gutes, meist luxuriöses Produkt, das als Werbung (für eine Firma od. für weiter Produkte) dient*

flam|bie|ren ‹V. trans.; flam|biert, flam|bier|te, hat flam|biert› eine Speise ~ *mit Alkohol übergießen u. brennend servieren*

Fla|min|go ‹der; -s, -s; Zool.› *ein Vogel mit langen Beinen u. einem langen Hals, einem stark gebogenen Schnabel u. rosa bis leuchtend rotem Gefieder*

flä|misch ‹Adj.› *zu den Flamen gehörend, sie betreffend;* oV *vlämisch* ▸ ~e Sprache *westgerman. Sprache, u. a. in West- u. Ostflandern (Belgien) gesprochene Form der niederländ. Sprache*

Flam|me ‹die; -, -n› **1** *brennende, leuchtende Erscheinung, unruhig zuckendes Feuer* **2** ‹übertr.; umg.› *Angebetete, Geliebte* ▸ ~ der Begeisterung, der Leidenschaft, des Zorns ‹übertr.›; ein Raub der ~n werden *verbrennen* ▸ die ~n flackern, lodern, zucken, züngeln; der Drache (im Märchen) speit ~n ▸ meine alte ~ ‹übertr.; umg.› *frühere Geliebte, Jugendliebe;* eine bläuliche, gelbe, helle ~ ▸ in ~n aufgehen *verbrennen;*

in ~n geraten *zu brennen beginnen;* den Wald in ~n legen; in ~n stehen *lichterloh brennen*

fland|risch ⟨Adj.⟩ *Flandern betreffend, dazu gehörig, aus Flandern stammend*

Fla|nell ⟨der; -s, -e; Textilwesen⟩ *weicher, gerauter Baumwollstoff* ▸ ein Schlafanzug aus ~

fla|nie|ren ⟨V. intr.; fla|niert, fla|nier|te, ist fla|niert⟩ *müßig umher-, auf u. ab schlendern, bummeln* ▸ durch die Straßen ~; Abl *Flaneur*

Flan|ke ⟨die; -, -n⟩ **1** ⟨Zool.⟩ *seitl. Weichteile am Rumpf* **2** ⟨Turnen⟩ *seitl. Sprung mit Handstütz über ein Gerät* **3** ⟨Fußb., Hockey u. a. Ballspiele⟩ *das Zuspielen des Balles (im Sturm) quer über das Spielfeld* **4** ⟨Mil.⟩ *die Seite einer Truppe (bes. bei größeren Verbänden), die eine Abteilung zu ihrer Sicherung herausschieben kann* ▸ die ~n des Pferdes zitterten ▸ der Linksaußen gab eine weite ~ herein ⟨Fußb.⟩ ▸ der gegnerischen Truppe in die ~ fallen ⟨Mil.⟩; eine ~ über den Barren, den Kasten, das Pferd, das Reck machen; von der ~ her angegriffen werden

Fla|sche ⟨die; -, -n⟩ **1** *bauchiges Gefäß mit Hals zum Aufbewahren von Flüssigkeiten u. Gasen;* Zus *Flaschengärung, Flaschenöffner* **2** ⟨umg.; abwertend⟩ *untauglicher, unsportlicher Mensch, Versager* ▸ so eine ~! ⟨umg.⟩ ▸ eine ~ austrinken, leeren; dem Säugling die ~ geben; eine ~ entkorken, öffnen ▸ große, kleine, bauchige ~ ▸ Bier, Wein auf ~n füllen, ziehen; er trinkt das Bier gleich aus der ~; Wein, Milch in ~n; ein Kind, ein Tier mit der ~ großziehen; oft zur ~ greifen *(zu) viel Alkohol trinken*

Fla|schen|bier ⟨das; -(e)s, -e⟩ *Bier in Flaschen;* Ggs *Fassbier*

Fla|schen|hals ⟨der; -es, -häl|se⟩ *schmaler Teil der Flasche zw. Öffnung u. Bauch*

Fla|schen|pfand ⟨das; -(e)s; unz.⟩ *für Mehrwegflaschen u. -gläser gezahltes Pfand*

Fla|schen|post ⟨die; -; unz.⟩ *Beförderung von Nachrichten in luftdicht verschlossener Flasche im Meer (bes. von Schiffbrüchigen, auch zur Erforschung von Meeresströmungen)*

Fla|schen|wein ⟨der; -(e)s, -e⟩ *Wein in Flaschen;* Ggs *Fasswein*

Fla|schen|zug ⟨der; -(e)s, -zü|ge⟩ *Vorrichtung zum Heben schwerer Lasten bei geringem Kraftaufwand mit einem Seil, das über feste u. lose Rollen läuft*

flat|ter|haft ⟨Adj.; -er, am -es|ten⟩ *unstet, oberflächlich, wankelmütig;* Abl *Flatterhaftigkeit*

flat|tern ⟨V. intr.; flat|tert, flat|ter|te, hat/ist ge|flat|tert⟩ **1** *unsicher mit raschen Flügelschlägen fliegen* **2** *die Flügel rasch bewegen* **3** *rasch im Winde bewegt werden* (Fahne, Haar, Segel) ▸ die Fahnen im Winde ~ lassen; der Kanarienvogel ist/hat unruhig im Käfig geflattert; die Wäsche flattert an, auf der Leine

flau ⟨Adj.; -er, am -(e)s|ten⟩ **1** *schwach, matt, kraftlos* **2** ⟨Kaufmannsspr.⟩ *durch geringe Nachfrage od. fallenden Preis gekennzeichnet, lustlos* (Börse) ▸ mir ist, wird ~ (vor Hunger) ⟨umg.⟩; die Geschäfte gehen ~

Flaum ⟨der; -(e)s; unz.⟩ **1** *zarte, feine Federn der Vögel unter dem äußeren Gefieder;* Zus *Flaumfeder* **2** *erster Bartwuchs* **3** *feines Haar (z. B. auf dem Kopf des Säuglings);* Syn *Flaumhaar* **4** *samtige, pelzige Haut (z. B. des Pfirsichs);* Abl *flaumig*

Flausch ⟨der; -(e)s, -e⟩ *dicker, weicher, haariger Wollstoff;* oV *Flaus;* Abl *flauschig*

Flau|sen ⟨Pl.⟩ *dumme Gedanken* ▸ mach keine ~!; ich werde dir die ~ schon austreiben!; sie hat nur ~ im Kopf *Unsinn, dumme Gedanken*

Flau|te ⟨die; -, -n⟩ **1** ⟨Mar.⟩ *Windstille* **2** ⟨Kaufmannsspr.⟩ *Geschäftsstille, geringe wirtschaftliche Nachfrage* **3** ⟨allg.⟩ *niedergedrückte Stimmung, momentane Leistungsschwäche*

Flech|te ⟨die; -, -n; Biol.⟩ *krautige Pflanze, die auf Steinen wächst*

flech|ten ⟨V. trans.; flicht/flech|tet, flocht, hat gefloch|ten⟩ etwas ~ *durch regelmäßiges Verschränken verknüpfen* ▸ Blumen zu Kränzen ~; das Haar zu Zöpfen ~; Körbe ~

Fleck ⟨der; -(e)s, -e od. -en⟩ oV *Flecken (1)* **1** *Stelle, Punkt, Platz* **2** *kleine Fläche, kleines Stück Land(schaft)* **3** *verschmutzte, andersfarbige Stelle, Klecks, Tupfen;* Zus *Blutfleck, Fettfleck, Ölfleck, Tintenfleck* **4** ⟨übertr.⟩ *Makel* **5** ⟨österr.⟩ *die Schulnote „fünf“* ▸ ~e(n) bekommen; ~e(n) entfernen (aus einem Kleidungsstück) ▸ ich habe mich an der Tischkante gestoßen und davon einen blauen ~ bekommen; ein weißer ~ auf der Landkarte *unerforschtes Gebiet* ▸ er hat das Herz auf dem rechten ~ ⟨übertr.; umg.⟩ *er ist mutig, beherzt;* er hat einen ~ auf seiner weißen Weste ⟨übertr.; umg.⟩ *er hat etwas Unredliches, Gesetzwidriges getan;* er kommt mit seiner Arbeit nicht vom ~ ⟨übertr.; umg.⟩ *nicht voran;* rühren Sie sich nicht vom ~! *bleiben Sie stehen!;* vom ~ weg ⟨übertr.; umg.⟩ *auf der Stelle, sofort*

Fle|cken ⟨der; -s, -⟩ **1** = Fleck **2** *größeres Dorf mit gewissen städtischen Rechten, z. B. Marktrecht*

Fle|cken|ent|fer|ner ⟨der; -s, -⟩ *Mittel zum Entfernen von Flecken;* Syn *Fleckenreiniger*

fle|cken|los ⟨Adj.⟩ *keine Flecken (mehr) aufweisend, sauber;* Abl *Fleckenlosigkeit*

fle|ckig ⟨Adj.⟩ **1** *mit Flecken versehen, beschmutzt, unsauber* **2** *gesprenkelt, gescheckt* (Tierfell)

Fle|der|maus ⟨die; -, -mäu|se; Zool.⟩ *ein Säugetier, das zw. den starkverlängerten Fingern u. den Hintergliedmaßen eine Flughaut hat u. nachts fliegt*

Fle|gel ⟨der; -s, -; übertr.⟩ *grober, unerzogener Mensch, Lümmel* ▸ er ist ein ~

fle|gel|haft ⟨Adj.; -er, am -es|ten⟩ *in der Art eines Flegels, ungezogen, unhöflich;* Syn *flegelig* ▸ er hat sich ~ benommen; Abl *Flegelhaftigkeit*

fle|geln ⟨V. refl.; fle|gelt sich, fle|gel|te sich, hat sich ge|fle|gelt; umg.⟩ sich ~ *sich aufreizend nachlässig hinsetzen, sich lümmeln* ▸ sich auf od. in einen Sessel ~

fle|hen ⟨V. intr.; fleht, fleh|te, hat ge|fleht⟩ (um etwas) ~ *eindringl. u. demütig bitten* ▸ um Gnade, Hilfe ~; zu Gott ~; Gott erhörte sein Flehen

fle|hent|lich ⟨Adj.⟩ *eindringlich, inständig* ▸ jmdn. ~ bitten

Fleisch ⟨das; -(e)s; unz.⟩ **1** *die Weichteile des menschlichen u. tierischen Körpers, besonders das Muskelgewebe;* Zus *Fleischwunde* **2** ⟨i. e. S.⟩ *die essbaren Teile des tierischen Körpers;* Zus *fleischfarben; Kochfleisch, Lammfleisch, Rindfleisch, Schweinefleisch* **3** *weiche Bestandteile von Pflanzen, bes. ihrer Früchte, Fruchtmasse, Fruchtfleisch* ▸ mein eigen ~ und Blut *mein Blutsverwandter, bes. mein Kind;* ein Mensch aus, von ~ und Blut *ein lebendiger Mensch (kein Gespenst)* ▸ ~ essen; das ~ beim Metzger kaufen; ~ werden *menschl. Gestalt annehmen, Mensch werden* (Gott, Christus) ▸ ~ fressend = *fleischfressend;* gebratenes, gehacktes, gekochtes, gepökeltes, geschabtes, fettes, mageres, rohes, zartes, zähes ~; auf den Fotos ist viel ~ zu sehen ⟨umg.⟩ *viel nackter Körper;* wildes ~ ⟨Med.⟩ *Fleischwucherung* ▸ dieser Handgriff muss in ~ und Blut übergehen *muss ganz sicher beherrscht werden;* sich ins eigene ~ schneiden ⟨übertr.⟩ *sich selbst schaden;* vom ~(e) fallen *abmagern, sehr dünn werden;* ~ zum Kochen, zur Suppe

Fleisch|brü|he ⟨die; -, -n⟩ *durch das Auskochen von Fleisch od. Knochen entstandene Brühe;* Syn *Bouillon*

Flei|scher ⟨der; -s, -⟩ *Handwerker, der Vieh schlachtet u. für die menschliche Ernährung verarbeitet;* Syn ⟨österr.⟩ *Fleischhauer,* ⟨süddt., westdt., schweiz.⟩ *Metzger,* ⟨norddt.⟩ *Schlachter, Schlächter;* Abl *Fleischerin*

Flei|sche|rei ⟨die; -, -en⟩ Syn ⟨süddt., westdt., schweiz.⟩ *Metzgerei,* ⟨norddt.⟩ *Schlachterei,* ⟨österr.⟩ *Fleischhauerei* **1** *handwerklicher Betrieb des Fleischers* **2** *Ladengeschäft für Fleischwaren u. Wurstwaren*

fleisch|fres|send *auch:* **Fleisch fres|send** ⟨Adj.⟩ *sich von Fleisch ernährend* ▸ ~e Tiere; ~e Pflanze *P. verschiedener Familien, die sich überwiegend von gefangenen Insekten ernährt*

Fleisch|hau|er ⟨der; -s, -; österr.⟩ = *Fleischer;* Abl *Fleischhauerin*

Fleisch|hau|e|rei ⟨die; -, -en; österr.⟩ = *Fleischerei*

flei|schig ⟨Adj.⟩ **1** *viel Fleisch enthaltend* **2** *reich an Fruchtfleisch* **3** *üppig, dick* (Gesicht, Nase)

Fleisch|la|berl ⟨das; -s, -n; österr.⟩ = *Frikadelle*

fleisch|lich ⟨Adj.⟩ *sinnlich (bes. hinsichtl. des Geschlechtstriebes)* ▸ ~e Begierden, Genüsse

Fleisch|wolf ⟨der; -(e)s, -wöl|fe⟩ *Maschine zum Zerkleinern von Fleisch*

Fleiß ⟨der; -es; unz.⟩ *beharrliches Streben nach einem Ziel, Eifer u. Sorgfalt* ▸ eiserner, unermüdlicher ~; ~ auf etwas verwenden; etwas mit großem ~ tun *sorgfältig, eifrig;* ohne ~ kein Preis ⟨Sprichw.⟩ *jedes Ziel muss erarbeitet werden*

flei|ßig ⟨Adj.⟩ *arbeitsam, zielstrebig, eifrig;* Ggs *faul* ▸ Fleißiges Lieschen ⟨Bot.⟩ *Zierpflanze für den Garten;* sie ist in der Schule sehr ~; ~ Gebrauch von etwas machen *etwas oft gebrauchen*

flek|tie|ren ⟨V. trans.; flek|tiert, flek|tier|te, hat flek|tiert; Gramm.⟩ **1** ein Wort ~ *beugen* **2** ein Verb ~ *konjugieren* **3** ein Substantiv ~ *deklinieren;* Abl *flektierbar*

flen|nen ⟨V. intr.; flennt, flenn|te, hat ge|flennt; umg.; abwertend⟩ *weinen, heulen*

flet|schen ⟨V. trans.; fletscht, fletsch|te, hat gefletscht⟩ die Zähne ~ *entblößen, blecken, zeigen* ▸ der Hund fletschte die Zähne

fle|xi|bel ⟨Adj.; -xi|bler od. -xib|ler, am -s|ten⟩ **1** *biegsam, nachgiebig, veränderlich* (Bucheinband, Schuhsohle) **2** ⟨übertr.⟩ *veränderlich, anpassungsfähig* ▸ er ist sehr ~ ⟨übertr.⟩; flexible Arbeitszeit *gleitende A.*

Fle|xi|on ⟨die; -, -en; Gramm.⟩ *Abwandlung der Verben, Bildung der Fälle bei den Substantiven, Deklination u. Konjugation;* Syn *Beugung;* Zus *Flexionsendung*

fli|cken ⟨V. trans.; flickt, flick|te, hat ge|flickt⟩ einen Fahrradreifen, ein Kleidungsstück ~ *mit einem Flicken versehen, ausbessern*

Fli|cken ⟨der; -s, -⟩ *Stück (Stoff, Leder u. Ä.) zum Ausbessern* ▸ einen ~ aufsetzen, einsetzen

Fli|cken|tep|pich ⟨der; -(e)s, -e⟩ *Teppich aus farbigen Flicken;* Syn ⟨oberdt.⟩ *Fleckerlteppich*

Flick|werk ⟨das; -(e)s; unz.; übertr.⟩ *stümperhafte Arbeit, Pfuscherei;* Syn *Flickschusterei*

Flick|zeug ⟨das; -(e)s; unz.⟩ *alle Gegenstände, die man zum Flicken (des Fahrradreifens, der Wäsche usw.) braucht*

Flie|der ⟨der; -s; unz.; Bot.⟩ *ein Strauch mit violetten, rosa od. weißen Blüten, die sehr stark duften*

Flie|ge ⟨die; -, -n⟩ **1** ⟨Zool.⟩ *ein graues Insekt mit zwei Flügeln u. meist kurzen Fühlern;* Abl *Fliegenfalle, Fliegenklatsche, Fliegenfenster, Fliegengitter* **2** ⟨übertr.⟩ *zur Querschleife gebundene Krawatte* ▸ er trägt zu einem Anzug immer eine ~ ⟨übertr.⟩; in der Küche sind zu viele ~n; er tut keiner ~ etwas zuleide ⟨übertr.⟩ *er ist ein sehr gutmütiger Mensch;* zwei ~n mit einer Klappe schlagen ⟨übertr.⟩ *durch eine Bemühung gleich zwei Ziele erreichen;* künstliche ~ (als Köder an der Angel); sie fielen wie die ~n um ⟨umg.⟩ *sie wurden massenweise ohnmächtig;* sie starben wie die ~n ⟨umg.⟩ *massenweise*

flie|gen ⟨V.⟩ **I** ⟨V. intr.; fliegt, flog, ist ge|flo|gen⟩ **1** *durch die Luft schweben* **2** (irgendwohin) ~ *sich mit dem Flugzeug fortbewegen, mit dem Flugzeug reisen* **3** ⟨übertr.⟩ irgendwohin ~ *sich schnell bewegen, eilen* **4** ⟨umg.⟩ *(aus der Schule, aus einer Stellung) hinausgeworfen werden, fristlos entlassen werden* ▸ ich komme schon, ich fliege! ▸ der junge Vogel muss das Fliegen lernen ▸ auf jmdn. od. etwas ~ *von jmdm. od. etwas stark angezogen werden;* auf ihn ~ alle Mädchen; aus seiner Stellung ~ *gekündigt werden;* bis Berlin fliegt man etwa eine Stunde; durchs Examen ~ *durchfallen, das E. nicht bestehen;* ein Stein flog durchs Fenster; in die Höhe ~; in die Luft ~ *fliegend aufsteigen;* ⟨übertr.⟩ *explodieren;* alles flog in Stücke *zerbarst, explodierte;* die Tür flog ins Schloss *fiel heftig zu;* in Stücke ~ *in Stücke zerfallen, zerbersten, heftig entzweigehen;* mit dem Flugzeug ~; nach Rom ~; jmdm. um den Hals

~ *ihn rasch, heftig umarmen;* von der Schule ~ ▸ ~der Händler *H. ohne festen Stand, H. auf Messen u. Märkten;* ~des Personal *P. an Bord eines Flugzeugs;* ~de Untertassen *angeblich gesichtete Flugkörper von einem anderen Planeten* **II** ⟨V. trans.; fliegt, flog, hat ge|flo|gen⟩ jmdn. od. etwas irgendwohin ~ *mit dem Flugzeug befördern* ▸ eine Maschine ~ *ein Flugzeug führen, lenken;* die Verwundeten wurden in die Heimat geflogen

Flie|gen|ge|wicht ⟨das; -(e)s; unz.; Sp.⟩ *die leichteste Gewichtsklasse in der Schwerathletik;* →a. *Schwergewicht*

Flie|gen|pilz ⟨der; -es, -e; Bot.⟩ *giftiger Blätterpilz mit meist leuchtend rotem Hut, der weiße Flecken hat;* Syn *Fliegenschwamm*

Flie|ger ⟨der; -s, -; umg.⟩ *Flugzeug*

flie|hen ⟨V. intr.; flieht, floh, ist ge|flo|hen⟩ *sich aus Furcht od. Drang nach Freiheit schnell od. heimlich entfernen, ausreißen* ▸ der Gefangene ist geflohen; die Zeit flieht ⟨übertr.⟩ *vergeht rasch;* er ist ins Ausland geflohen; vor etwas od. jmdm. ~; zu jmdm. ~ *bei jmdm. Schutz suchen*

Flieh|kraft ⟨die; -; unz.⟩ = *Zentrifugalkraft*

Flie|se ⟨die; -, -n⟩ *Wand- od. Fußbodenplatte aus Stein, Steingut, Porzellan, Kunststoff* ▸ ~n legen; einen Raum mit ~n auslegen; Zus *Fliesenleger(in)*

flie|sen ⟨V. trans.; fliest, flies|te, hat ge|fliest⟩ den Boden, das Bad, die Küche ~ *mit Fliesen belegen* ▸ ein gefliester Boden

Fließ|band ⟨das; -(e)s, -bän|der⟩ *laufendes Band, auf dem Werkstücke von einem Arbeitsgang zum andern befördert werden*

flie|ßen ⟨V. intr.; fließt, floss, ist ge|flos|sen⟩ *sich fortbewegen, rinnen, rieseln, strömen* ▸ bei dem Aufstand ist viel Blut geflossen *es gab viele Tote;* der Verkehr ~ *stockt nicht* ▸ der Bach fließt langsam, rasch, träge; die Spenden flossen reichlich ⟨übertr.⟩ *es wurde viel gespendet* ▸ aus der Wunde floss Blut; der Fluss fließt durch mehrere Länder; der Fluss fließt ins Meer; der Wein floss in Strömen *es gab sehr viel zu trinken;* der Schweiß floss mir übers Gesicht; das Haar fließt ihr weich über die Schultern; die Tränen flossen ihr über die Wangen ▸ die Grenze zwischen Stolz und Hochmut ist ~d *ist nicht genau festzulegen, festzustellen;* eine Sprache ~d sprechen *leicht, flüssig*

flim|mern ⟨V. intr.; flim|mert, flim|mer|te, hat ge|flim|mert⟩ **1** *unruhig glänzen, funkeln, glitzern* **2** *sich rasch, fein, zitternd bewegen* ▸ der Film flimmert *ist abgespielt u. nicht mehr ganz klar;* die Luft flimmert (vor Hitze); die Sterne ~; der Monitor, der Bildschirm ~; das Wasser flimmert in den Sonnenstrahlen; es flimmert mir vor den Augen; ein Flimmern vor den Augen haben; im Fernsehen ~ viele Sportveranstaltungen *im Fernsehen werden viele S. übertragen*

flink ⟨Adj.⟩ **1** *rasch, geschwind* **2** *geschickt, gewandt, behände* ▸ ein ~er Junge; ein ~es Mädchen; ~e Hände haben; eine ~e Zunge, ein ~es Mundwerk haben; ~ arbeiten; sie ist immer ~ bei der Hand *greift rasch zu, ist hilfsbereit;* ein bisschen ~! ⟨umg.⟩ *schnell!, beeil dich!*

Flin|te ⟨die; -, -n⟩ *Jagdgewehr mit glattem Lauf zum Schießen mit Schrot;* Zus *Jagdflinte* ▸ die ~ ins Korn werfen ⟨übertr.⟩ *aufgeben, den Mut verlieren*

Flip|per ⟨der; -s, -s⟩ *Spielautomat, bei dem eine rollende Kugel Hindernisse passieren muss* ▸ (am) ~ spielen; Abl *flippern*

flip|pig ⟨Adj.; umg.⟩ *ausgeflippt, locker, ausgefallen* ▸ sich ~ benehmen; ein ~es Geschenk

Flirt ⟨[flœ:t] eindeutschend [flırt] der; -s, -s⟩ *Tändelei, Liebelei, erotische Kontaktaufnahme*

flir|ten ⟨[flœ:tən], eindeutschend [flırtən] V. intr.; flir|tet, flir|te|te, hat ge|flir|tet⟩ *einem (od. einer) möglichen Liebespartner(in) gegenüber mit Worten u. Blicken spielen* ▸ mit jmdm. ~

Flitt|chen ⟨das; -s, -; abwertend⟩ *leichtlebige junge Frau, die häufig Männerbekanntschaften macht*

Flit|ter ⟨der; -s, -⟩ Syn *Glitter* **1** *kleine, glänzende Metallstückchen (zum Aufnähen auf Kleider)* **2** *glitzernder Schmuck* **3** ⟨abwertend⟩ *wertloser, unechter Glanz*

Flit|ter|wo|chen ⟨Pl.⟩ *die ersten Wochen der Ehe* ▸ in die ~ fahren; die ~ am Meer verbringen

flit|zen ⟨V. intr.; flitzt, flitz|te, ist ge|flitzt; umg.⟩ *rennen, sausen* ▸ der Junge flitzte um die Ecke

Flit|zer ⟨der; -s, -; umg.⟩ *kleines Fahrzeug, das schnell fährt, Sportwagen*

Flo|cke ⟨die; -, -n⟩ **1** *lockere kleine Masse aus Eiskristallen od. Fasern;* Zus *Schneeflocke, Wollflocke* **2** ⟨meist Pl.⟩ *Getreide, Kartoffeln o. Ä. in Blättchenform;* Zus *Haferflocke, Weizenflocke*

flo|ckig ⟨Adj.⟩ **1** *in Flocken* **2** *flockenartig, wie Flocken* **3** ⟨übertr.⟩ *leicht, unbeschwert*

flog → *fliegen*

floh → *fliehen*

Floh ⟨der; -(e)s, Flö|he⟩ **1** ⟨Zool.⟩ *flügelloses Insekt mit kräftigen Sprungbeinen u. stechend-saugenden Mundwerkzeugen, das als Parasit blutsaugend auf Vögeln u. Säugetieren lebt* **2** ⟨Pl.; übertr.; umg.⟩ Flöhe *Geld* ▸ lieber einen Sack Flöhe hüten(,) als das (tun)!; Flöhe fangen, knacken (töten); jmdm. einen ~ ins Ohr setzen ⟨übertr.⟩ *jmdm. etwas sagen, was dem Betreffenden danach keine Ruhe mehr lässt*

Floh|markt ⟨der; -(e)s, -märk|te⟩ *Markt für gebrauchte Waren* ▸ altes Geschirr auf dem ~ verkaufen

Flop ⟨der; -s, -s; umg.⟩ *Misserfolg, Fehlschlag, Reinfall* ▸ das war ein ~

Flo|ra ⟨die; -, Flo|ren⟩ = *Pflanzenreich* ▸ ~ und Fauna

Flo|rett ⟨das; -(e)s, -e.; Sp.⟩ **1** *Stoßdegen, Rapier* **2** ⟨Fechten⟩ *Stichwaffe mit im Querschnitt rechteckiger od. quadratischer Klinge;* Zus *Florettfechten*

Flo|rist ⟨der; -en, -en; Berufsbez. für⟩ *Blumenbinder, Blumenhändler;* Abl *Floristin; floristisch*

Flos|kel ⟨die; -, -n⟩ *leere Redensart, Formel* ▸ in ~n reden; Abl *floskelhaft;* Zus *Höflichkeitsfloskel*

F

floss → *fließen*

Floß ⟨das; -es, Flö|ße⟩ *flaches Wasserfahrzeug aus zusammengebundenen Baumstämmen;* Abl *flößen*

Flos|se ⟨die; -, -n⟩ **1** *abgeplattetes, breites Bewegungs- u. Steuerorgan der Fische, Wale u. Robben* **2** ⟨kurz für⟩ *Schwimmflosse* **3** ⟨übertr.; umg.; scherzh.⟩ **3.1** *Hand* **3.2** *Fuß*

Flö|te ⟨die; -, -n; Mus.⟩ **1** *Blasinstrument aus Holz od. Metall mit einem Rohr, das längs od. seitlich angeblasen wird;* Zus *Altflöte, Bassflöte, Blockflöte, Querflöte, Sopranflöte, Tenorflöte* **2** *Blasinstrument aus Holz aus einem od. mehreren nebeneinanderliegenden Rohren;* Zus *Hirtenflöte, Panflöte* ▸ das Spielen der ~ lernen; Abl *Flötist(in)*

flö|ten ⟨V. intr.; flö|tet, flö|te|te, hat ge|flö|tet⟩ **1** ⟨Mus.⟩ *Flöte spielen* **2** *in hohen Tönen singen, pfeifen* (Amsel) **3** ⟨umg.⟩ *mit süßer Stimme sprechen* ▸ „…!“, flötete sie; ~ gehen ⟨umg.⟩ *verlorengehen, entzweigehen*

flott ⟨Adj.; -er, am -es|ten⟩ **1** *flink, rasch, ohne Unterbrechung* **2** *schick, elegant* (Person, Kleidungsstück) ▸ eine ~e **Helferin;** ein ~er **Hut** ▸ ~ **arbeiten,** bedienen, lesen, marschieren, spielen; ~ **gehen** *schnell gehen;* **mach** ein bisschen ~!; er hat seine Arbeit ~ gemacht *rasch erledigt;* →a. *flottmachen* ▸ aber bitte **etwas** ~!

flott|be|kom|men ⟨V. trans.; be|kommt flott, bekam flott, hat flott|be|kom|men, flott|zu|be|kommen⟩ = *flottkriegen*

Flot|te ⟨die; -, -n⟩ **1** ⟨Mil.⟩ *alle Schiffe eines Staates;* Zus *Handelsflotte, Kriegsflotte* **2** *größerer Verband von Schiffen od. Flugzeugen;* Zus *Flottenstützpunkt, Flottenverband; Fischereiflotte, Handelsflotte*

flott|krie|gen ⟨V. trans.; kriegt flott, krieg|te flott, hat flott|ge|kriegt, flott|zu|krie|gen; umg.⟩ ein Boot ~ *fahrbereit machen, reparieren;* Syn *flottbekommen* ▸ wir müssen das Boot heute noch ~

flott|ma|chen ⟨V. trans.; macht flott, mach|te flott, hat flott|ge|macht, flott|zu|ma|chen⟩ **1** ein Schiff ~ *wieder schwimmfähig machen* **2** ⟨übertr.⟩ **2.1** ein Gerät, eine Angelegenheit ~ *wieder in Gang bringen* **2.2** ein Unternehmen ~ *wieder wettbewerbsfähig machen*

Fluch ⟨der; -(e)s, Flü|che⟩ **1** *Verwünschung, Wunsch für Unheil* **2** *im Zorn gesprochenes Kraftwort* ▸ es liegt ein ~ auf der Familie; das eben ist der ~ der bösen Tat, dass sie fortzeugend immer Böses muss gebären (Schiller, Die Piccolomini 5,1); einen ~ ausstoßen; ~ über dich!

flu|chen ⟨V. intr.; flucht, fluch|te, hat ge|flucht⟩ **1** *einen Fluch od. Flüche ausstoßen* **2** *derb, unflätig schimpfen* ▸ „…!“, fluchte er

Flucht[1] ⟨die; -; unz.⟩ **1** *das Fliehen, schnelles (heimliches) Davonlaufen;* Zus *Fluchtgefahr, Fluchtversuch* **2** *das Vermeiden von unangenehmen Situationen od. Tätigkeiten* ▸ die ~ **ergreifen** ▸ **auf** der ~ sein; sich der Bestrafung **durch** die ~ entziehen; er jagte, rannte, stürmte **in** wilder ~ davon; jmdn. in die ~ jagen, schlagen; die ~ **nach** vorn antreten ⟨übertr.⟩ *statt einer erwarteten Verteidigung einen Angriff führen*

Flucht[2] ⟨die; -, -en⟩ **1** *gerade Reihe nebeneinanderstehender Häuser;* Zus *Häuserflucht* **2** *gerade Reihe, Aufeinanderfolge;* Zus *Zimmerflucht* ▸ die Häuser stehen in einer ~; eine ~ von Zimmern

flucht|ar|tig ⟨Adj.⟩ *sehr schnell, hastig, überstürzt* ▸ ~ den Raum verlassen

flüch|ten ⟨V. intr. u. V. refl.; flüch|tet (sich), flüch-te|te (sich), ist/hat (sich) ge|flüch|tet⟩ (sich) (vor jmdm. od. etwas) (irgendwohin) ~ **1** *fliehen, sich retten, Schutz, Zuflucht suchen* **2** *unangenehme Situationen od. Tätigkeiten zu vermeiden suchen* ▸ die Katze ist auf einen Baum, hat sich auf einen Baum geflüchtet; das Kind flüchtet (sich) in die Arme der Mutter, des Vaters; in die Wälder ~; sich in den Alkohol ~; sich in Sarkasmus ~

Flucht|hel|fer ⟨der; -s, -⟩ *jmd., der einem anderen bei der Flucht (aus dem Gefängnis, über eine Staatsgrenze) behilflich ist;* Abl *Fluchthelferin*

flüch|tig ⟨Adj.⟩ **1** *auf der Flucht befindlich, entflohen* (Häftling) **2** *von kurzer Dauer* (Bekanntschaft) **3** *oberflächlich, nachlässig, ungenau* (Bericht) ▸ eine ~e **Arbeit;** der ~e **Augenblick;** das ist nur eine ~e **Bekanntschaft;** jmdm. einen ~en **Besuch** abstatten; einen ~en **Eindruck** von einer Stadt bekommen; jmdm. einen ~en **Kuss** geben; einen ~en **Verbrecher** wieder festnehmen ▸ sich eine Sache ~ **ansehen;** ~ **arbeiten,** schreiben, lesen; jmdn. od. etwas nur ~ **kennen;** du **machst** alles viel zu ~ ▸ **nach** einer ~en Prüfung

Flüch|tig|keits|feh|ler ⟨der; -s, -⟩ *durch Flüchtigkeit, Unaufmerksamkeit entstandener Fehler*

Flücht|ling ⟨der; -s, -e⟩ *jmd., der flieht, flüchtet od. geflohen, geflüchtet ist* ▸ politischer ~ *jmd., der aus politischen Gründen außer Landes geht;* Zus *Flüchtlingslager, Flüchtlingspolitik*

Flucht|weg ⟨der; -(e)s, -e⟩ **1** *Weg, den jmd. bei der Flucht nimmt* **2** *Weg, auf dem man sich bei Feuer retten kann* ▸ jmdm. den ~ abschneiden

Flug ⟨der; -(e)s, Flü|ge⟩ **1** *das Fliegen, Fortbewegung in der Luft* **2** *Reise im Flugzeug;* Zus *Fluggast, Flugreise, Flugticket, Flugverkehr* ▸ hast du einen **guten** ~ gehabt?; es war ein **ruhiger,** unruhiger, stürmischer ~ ▸ **auf** dem ~ nach Rom sein; **im** ~e ⟨übertr.⟩ *in großer Eile, sehr schnell;* etwas im ~e auffangen *in der Luft;* die Zeit verging (wie) im ~e *sehr schnell;* ~ **von** Berlin nach Rom; der Vogel setzt **zum** ~ an

Flug|angst ⟨die; -; unz.⟩ *Angst vor dem Fliegen od. während des Fluges*

Flug|bahn ⟨die; -, -en⟩ *Bahn eines Geschosses od. geworfenen Körpers durch die Luft;* Syn *Fluglinie*

Flug|be|glei|ter ⟨der; -s, -; Flugw.; neue Bez. für⟩ *Steward;* Abl *Flugbegleiterin*

Flug|blatt ⟨das; -(e)s, -blät|ter⟩ *Mitteilungsblatt (Einblattdruck) mit großer Auflage u. Verbreitung, Werbeblatt*

Flü|gel ⟨der; -s, -⟩ **1** *zum Fliegen dienender Körperteil der Vögel, Insekten u. a. Tiere* **2** *wie ein Flügel (1) gestaltetes Tragwerk des Flugzeugs* **3** *läng-*

licher Anbau, Seitenbau eines Gebäudes **4** *Außenteil eines mehrteiligen Ganzen;* Zus *Flügelaltar, Flügeltür; Altarflügel, Fensterflügel, Lungenflügel, Türflügel* **5** *treibende Fläche eines Windrades o. Ä.* **6** ‹Mil.; Sp.› *äußere Einheit einer Mannschaft* **7** *in Form eines Vogelflügels gebautes Klavier mit waagerecht liegenden Saiten;* ⓘ S. 788; Zus *Konzertflügel* **8** ‹kurz für› *Parteiflügel* ▸ einem Vogel die ~ beschneiden, stutzen; die ~ hängen lassen ‹übertr.› *mutlos sein;* der Gedanke verleiht mir ~ ‹übertr.› *gibt mir Mut u. Schwung* ▸ der rechte, linke ~ einer Partei ▸ die Sängerin wurde am ~ begleitet von …; der Vogel hat mit den ~n geschlagen

flü|gel|lahm ‹Adj.› **1** *infolge eines gebrochenen od. angeschossenen Flügels flugunfähig* **2** ‹übertr.› *mutlos, schwunglos*

Flü|gel|schlag ‹der; -(e)s, -schlä|ge› *Bewegung mit dem Flügel* ▸ den ~ der Zeit verspüren ‹übertr.; geh.› *den Ablauf einer bewegten Zeit erleben*

flüg|ge ‹Adj.› **1** *flugfähig* (Vogel) **2** ‹übertr.› *selbstständig, eigenständig* (von jungen Leuten, Halbwüchsigen)

Flug|ge|sell|schaft ‹die; -, -en› *Unternehmen zur Beförderung von Personen (u. Gütern) mit Flugzeugen*

Flug|ha|fen ‹der; -s, -hä|fen› *Start- u. Landeplatz für Flugzeuge des öffentl. Verkehrs* ▸ ich bringe dich an den ~; wir müssen um 6 Uhr zum ~ fahren; er holt sie am ~ ab; →a. *Flugplatz;* Zus *Flughafengebäude*

Flug|lärm ‹der; -s; unz.› *durch Flugzeuge verursachter Lärm*

Flug|lot|se ‹der; -n, -n› *Beamter od. Angestellter der Flugsicherung, der vom Kontrollturm eines Flughafens aus Flugzeuge zum Start u. zur Landung anweist u. dabei überwacht;* Abl *Fluglotsin*

Flug|platz ‹der; -es, -plät|ze› *Start- u. Landeplatz für Flugzeuge, die nicht dem öffentlichen Verkehr dienen;* →a. *Flughafen*

flugs ‹Adv.› *eilends, schnell, geschwind*

Flug|schrei|ber ‹der; -s, -› *Gerät an Bord eines Flugzeugs zum Aufzeichnen von Daten während des Fluges;* Syn *Flugdatenschreiber*

Flug|zeug ‹das; -(e)s, -e› *Luftfahrzeug mit breiten Tragflächen an beiden Seiten, das sich in die Luft erheben u. weite Strecken zurücklegen kann* ▸ mit dem ~ von Frankfurt nach London fliegen; das ~ hat Verspätung; ~e werden regelmäßig gewartet; Zus *Flugzeugabsturz, Flugzeughalle*

Flug|zeug|trä|ger ‹der; -s, -› *Kriegsschiff mit Start- u. Landefläche für Flugzeuge*

fluk|tu|ie|ren ‹V. intr.; fluk|tu|iert, fluk|tu|ier|ten, hat fluk|tu|iert› *schwanken, hin u. her fließen, schnell wechseln;* Abl *Fluktuation*

Flun|der ‹die; -, -n; Zool.› *ein platter Fisch*

flun|kern ‹V. intr.; flun|kert, flun|ker|te, hat geflun|kert; umg.› *schwindeln, übertreiben, Lügengeschichten erzählen*

Flu|or ‹das; -s; unz.; chem. Zeichen: F› *nur in Verbindungen vorkommendes, gasförmiges, grünlich gelbes Halogen, chem. Element*

Flur **I** ‹der; -(e)s, -e› *Vorraum in Haus od. Wohnung, Korridor;* Zus *Hausflur* **II** ‹die; -, -en› *Nutzland, Äcker u. Wiesen* ▸ Feld, Wald und ~

Fluss ‹der; -es, Flüs|se› **1** *größerer Wasserlauf, Strom;* Zus *Flussfisch, Flusslauf, Flussmündung, Flussschifffahrt* **2** *das Fließen, Lauf, Strömung;* Zus *Redefluss, Schreibfluss* ▸ den ~ der Rede unterbrechen ▸ den ~ abwärtsfahren, aufwärtsfahren; im ~ angeln, fischen; einen ~ begradigen, regulieren; einen ~ überqueren ▸ ein breiter, schmaler, großer, kleiner, reißender, tiefer ~; der ~ ist nicht schiffbar *kann nicht mit Schiffen befahren werden* ▸ eine Sache in ~ bringen *in Bewegung setzen, in Gang bringen;* in ~ kommen *schmelzen, flüssig werden;* ‹übertr.› *in Bewegung, in Gang kommen;* die Sache ist (noch) im ~ *die S. läuft, entwickelt sich (noch)*

fluss|ab|wärts ‹Adv.› *mit der Strömung, zur Mündung hin;* Syn *flussab*

Fluss|arm ‹der; -(e)s, -e› *Seitenlauf eines Flusses*

fluss|auf|wärts ‹Adv.› *gegen die Strömung, zur Quelle hin;* Syn *flussauf*

Fluss|bett ‹das; -(e)s, -en› *Bodenrinne, in der der Fluss fließt*

flüs|sig ‹Adj.› **1** *wässrig, fließend* **2** *geläufig, glatt* (Rede, Stil) **3** ‹umg.› *zahlungsfähig, über Geld verfügend* ▸ ~e Gelder *verfügbare G., Bargeld;* ~e Körper *Flüssigkeiten;* ~e Nahrung *Flüssigkeiten, z. B. Suppen u. Breie* ▸ kein Geld ~ haben *kein Bargeld haben;* ~ lesen, schreiben; das Buch liest sich sehr ~; ~ machen = *flüssigmachen (I);* das Buch ist ~ geschrieben; sein: ich bin gerade nicht ~ *habe kein Geld*

Flüs|sig|keit ‹die; -, -en› **I** ‹zählb.› *flüssiger Körper, Stoff in flüssigem Zustand* **II** ‹unz.; übertr.› *das Flüssigsein, flüssige Beschaffenheit, Gewandtheit (im Ausdruck)*

flüs|sig|ma|chen *auch:* **flüs|sig ma|chen** ‹V. trans.; macht flüs|sig, mach|te flüs|sig, hat flüs|sigge|macht, flüs|sig|zu|ma|chen› **I** ‹Zusammen- und Getrenntschreibung› etwas ~ *in flüssigen Zustand überführen* ▸ Wachs ~ **II** ‹nur Zusammenschreibung› **1** Geld ~ *bereitstellen, zur Verfügung stellen, aufbringen* **2** Kapital, Sachwerte ~ *in Bargeld umwandeln* ▸ für den Barkauf muss ich mein Kapital erstmal flüssigmachen

Fluss|pferd ‹das; -(e)s, -e; Zool.› *großes, plumpes (bes. in afrikan. Flüssen lebendes) Tier mit breitem Maul;* Syn *Nilpferd*

flüs|tern ‹V. trans. u. V. intr.; flüs|tert, flüs|ter|te, hat ge|flüs|tert› (etwas) ~ *leise, ohne Stimme, ohne Ton reden* ▸ jmdm. etwas ins Ohr ~; dem werde ich etwas ~! *dem werde ich die Meinung sagen!;* sich ~d unterhalten, verständigen; Zus *Flüsterstimme, Flüsterton*

Flut ‹die; -, -en› **1** *Steigen, Hochstand des Meerwassers im Wechsel der Gezeiten;* Ggs *Ebbe (1)* **2** *bewegte Wassermasse* **3** ‹übertr.› *große, strömende, fließende Menge* ▸ das Einsetzen der ~; die ~en des Meeres ▸ die ~ fällt, steigt; sein: es ist ~ (im Gezeitenwechsel) ▸ ein Bad in den kühlen ~en (des Flusses, Meeres, Sees); eine ~

von Briefen, Licht(ern), Protesten ‹übertr.›; eine ~ von Schimpfwörtern ergoss sich über ihn ‹übertr.› *er wurde heftig beschimpft*

flu|ten ‹V.› I ‹V. intr.; flu|tet, flu|te|te, ist ge|flu|tet; a. übertr.› irgendwohin ~ *fließen, strömen, wogen* ▸ die Menge flutete in den Saal; das Wasser flutete über die Deiche II ‹V. trans.; flu|tet, flu|te|te, hat ge|flu|tet› ein U-Boot ~ *unter Wasser setzen, Wasser schnell einströmen lassen in*

Flut|licht ‹das; -(e)s; unz.› *Licht aus großen Scheinwerfern zum Beleuchten von Gebäuden od. Plätzen* ▸ die Mannschaft spielte im Stadion bei ~

F

f-Moll ‹[ɛf-] das; -; unz.; Mus.; Abk.: f› *auf dem Grundton f beruhende Moll-Tonart;* Zus *f-Moll-Tonleiter*

focht → *fechten*

Fö|de|ra|lis|mus ‹der; -; unz.› *Streben nach einem Staatenbund od. Bundesstaat mit weitgehender Selbstständigkeit der Einzelstaaten;* Ggs *Zentralismus;* Abl *föderalistisch*

Fö|de|ra|ti|on ‹die; -, -en› *Bündnis, Staatenbund, Bundesstaat*

Foh|len ‹das; -s, -› *neugeborenes od. noch sehr junges Pferd;* Syn *Füllen;* Abl *fohlen*

Föhn[1] ‹der; -(e)s, -e› *warmer, trockener Fallwind, bes. nördl. der Alpen;* Zus *Föhnwind*

Föhn[2] ‹der; -(e)s, -e› *elektrischer Haartrockner;* →a. *Fön®*

föh|nen ‹V. trans.; föhnt, föhn|te, hat ge|föhnt› (jmdm. od. sich) die Haare ~ *mit Hilfe eines Föhns*[2] *trocknen*

Fo|kus ‹der; -, -kus|se; Opt.› 1 *Brennpunkt (von Linsen, Spiegeln u. Linsensystemen)* 2 ‹übertr.› *das auf etwas od. jmdn. gerichtete Interesse, Mittelpunkt der Aufmerksamkeit* ▸ das Thema steht im ~ der Diskussion ‹übertr.›; der ~ der Regierung hat sich auf die Außenpolitik verschoben ‹übertr.›

fo|kus|sie|ren ‹V. trans.; fo|kus|siert, fo|kus|sier|te, hat fo|kus|siert› 1 Lichtstrahlen, Teilchenstrahlen ~ *in einem Punkt vereinigen* 2 ‹übertr.› etwas ~ *zum Fokus (2) machen, in den Mittelpunkt stellen* ▸ eine Idee, ein Thema ~; Abl *Fokussierung*

Fol|ge ‹die; -, -n› I ‹zählb.› 1 *Ergebnis, Wirkung, Folgeerscheinung* 2 *Reihe, Nacheinander, Aufeinanderfolge;* Zus *Reihenfolge, Vortragsfolge* 3 *Reihe zusammengehöriger Dinge, Sequenz;* Zus *Tonfolge* 4 *Fortsetzung (einer Arbeit, eines Romans, einer Fernsehserie)* ▸ die ~n eines Unfalls ▸ sein: die ~ (davon) ist, dass ich alles selbst mache; du musst die ~n deiner Handlungsweise selbst tragen ▸ die Sache hatte böse, schlimme, üble, unangenehme, unerwartete ~n; neue ~ *(als Untertitel einer Heft-, Zeitschriftenreihe)* ▸ in absteigender, bunter, wilder ~; in rascher, schneller ~ *rasch, schnell, nach-, hintereinander;* in ununterbrochener ~; die Sache wird ihre ~n nach sich ziehen; die Sache blieb nicht ohne ~n *bewirkte etwas;* eine ~ von Tönen; zur ~ haben *bewirken, veranlassen;* dein Verhalten wird noch zur ~ haben, dass du deine Stellung verlierst II ‹unz.› 1 *einem Ereignis folgende Zeit, Zukunft* 2 *Befolgen, Gehorsam, Nachgeben* ▸ einer Aufforderung ~ leisten *einer A. nachkommen;* einem Befehl ~ leisten *einem B. gehorchen;* einer Einladung ~ leisten *eine E. annehmen* ▸ in der ~ werden wir noch sehen, dass ... *im Folgenden;* in der ~ wird sich zeigen, dass ..., ob ... *in der Zukunft*

fol|gen ‹V. intr.› I ‹folgt, folg|te, ist ge|folgt› 1 jmdm. od. einer Sache ~ *hinterhergehen, hinterherkommen, nachfolgen, der, die, das Nächste sein* 2 einer Sache od. auf eine Sache ~ *sich zeitlich an etwas anschließen* 3 *zur Folge haben, sich daraus ergeben* 4 jmdm. od. einer Sache ~ *etwas geistig nachvollziehen können, verstehen* 5 einer Sache ~ *sich danach richten* ▸ ~ Sie mir! *gehen Sie mir nach* ▸ jmds. Beispiel ~ *nacheifern;* Fortsetzung folgt *(am Ende eines Romanabschnitts in der Zeitung);* seinem gesunden Menschenverstand ~; der Mode ~; jmds. Rat(schlägen) ~; der Rest folgt so schnell wie möglich; jmds. Spuren ~; einer inneren Stimme ~ ▸ kannst du mir ~? *kannst du meine Worte begreifen?;* jmds. Ausführungen, jmds. Rede (nicht) ~ können *geistig (nicht) erfassen, (nicht) verstehen* ▸ jmdm. heimlich, unauffällig ~ ▸ auf Friedrich Wilhelm I. folgte Friedrich II.; aus etwas ~ *klarwerden, sich ergeben;* daraus folgt, dass ...; er folgte ihr bis vor die Haustür; jmdm. in den Tod ~ *bald nach ihm sterben;* jmdm. mit den Augen, Blicken ~; nach der Eröffnungsrede folgte ein Musikstück; wie folgt *wie anschließend ausgeführt wird* ▸ Folgendes *das, was noch folgt;* ich möchte dazu Folgendes sagen; er berichtete ihm das Folgende; die ~den Ereignisse schildern; er sprach die ~den Worte; am ~den Tag; im Folgenden wird erklärt werden, wie das Gerät funktioniert; im ~den Monat, Jahr II ‹folgt, folg|te, hat ge|folgt› jmdm. ~ *gehorchen, sich jmds. Weisungen fügen* ▸ das Tier folgt ihm aufs Wort

fol|gen|der|ma|ßen ‹Adv.› *auf folgende Weise, wie es jetzt folgt* ▸ die Sache hat sich ~ zugetragen

fol|gen|schwer ‹Adj.› *mit schweren Folgen, von großer (meist verhängnisvoller) Wirkung* ▸ eine ~e Entscheidung

fol|ge|rich|tig ‹Adj.› *planmäßig, konsequent, logisch;* Abl *Folgerichtigkeit* ▸ ~es Denken; eine ~e Entscheidung; ~ handeln

fol|gern ‹V. trans.; fol|gert, fol|ger|te, hat ge|folgert› etwas aus etwas ~ *die Schlussfolgerung aus etwas ziehen, etwas aus etwas logisch schließen* ▸ daraus können wir ~, dass ...

Fol|ge|rung ‹die; -, -en› *Ergebnis des Denkens, Ableitung, Schluss* ▸ logische ~; die ~en aus etwas ziehen

Fol|ge|zeit ‹die; -, -en› *die unmittelbar auf ein Ereignis folgende Zeit* ▸ in der ~ geschah wenig

folg|lich ‹Konj.› *demzufolge, daher, infolgedessen* ▸ ich habe ihn nicht angetroffen, ~ konnte ich den Gruß nicht ausrichten

folg|sam ‹Adj.› *gut folgend, gehorsam, fügsam, gefügig* (fast nur von Kindern u. Tieren); Abl *Folgsamkeit*

Fo|li|ant ⟨der; -en, -en; Buchwesen⟩ *großformatiges, dickes Buch*

Fo|lie ⟨[-ljə] die; -, -n⟩ *dünnes Blättchen, dünne Haut aus Metall od. Kunststoff;* Zus *Aluminiumfolie, Metallfolie, Plastikfolie*

Fol|k|lo|re ⟨die; -; unz.; Sammelbez. für⟩ *Volkslieder, -tänze, -musik;* Abl *folkloristisch*

Fol|ter ⟨die; -, -n⟩ **1** *Peinigung, Misshandlung zum Erzwingen von Geständnissen* **2** ⟨übertr.⟩ *körperliche (auch seelische) Qual* ▸ im Mittelalter wurde die ~ häufig angewendet; es war eine wahre ~ für mich; jmdn. auf die ~ spannen ⟨übertr.⟩ *jmdn. auf etwas gespannt machen, jmds. Neugierde absichtlich nicht befriedigen*

fol|tern ⟨V. trans.; fol|tert, fol|ter|te, hat ge|fol|tert⟩ jmdn. ~ *quälen, peinigen, misshandeln (auch seelisch), um Geständnisse zu erzwingen*

Fon[1] ⟨das; -s, -; Zeichen: phon⟩ *Maßeinheit des Lautstärkepegels;* oV *Phon*

Fon[2] ⟨das; -s, -e; umg.; kurz für⟩ *Telefonnummer*

Fön® ⟨der; -(e)s, -e⟩ *Föhn, elektr. Haartrockner*

Fonds ⟨[fɔ̃:] der; -, - [fɔ̃:s]⟩ *Geldmittel, Geldvorrat (für einen bestimmten Zweck);* Zus *Hilfsfond, Rentenfonds*

Fon|due ⟨[fɔ̃dy:] das; -s, -s⟩ **1** Käse~ *Käsegericht aus geschmolzenem Käse, Weißwein u. Gewürzen mit Weißbrot, kochend auf einem Spirituskocher serviert* **2** Fleisch~ *Fleischstückchen, die auf einem Spirituskocher in heißem Fett schwimmend gegart werden*

Fon|tä|ne ⟨die; -, -n⟩ **1** *Springbrunnen* **2** *senkrecht in die Höhe steigender Strahl*

fop|pen ⟨V. trans.; foppt, fopp|te, hat ge|foppt⟩ jmdn. ~ *necken, veralbern*

for|cie|ren ⟨[fɔrsi:-] V.; for|ciert, for|cier|te, hat forciert⟩ **I** ⟨V. trans.⟩ etwas ~ *erzwingen, gewaltsam durchsetzen wollen, mit großem Nachdruck vorantreiben* ▸ eine Entwicklung ~; wir wollen es nicht ~ **II** ⟨V. intr.⟩ *mit zu großer Anstrengung singen* ▸ der Sänger forciert

För|de|rer ⟨der; -s, -⟩ *jmd., der jmdn. od. etwas fördert;* Abl *Förderin;* Zus *Kunstförderer, Musikförderer*

För|der|mit|tel ⟨Pl.⟩ *öffentliche Geldmittel, staatlicher Zuschuss* ▸ ~ aus dem Bundesbildungsministerium erhalten; die Vergabe von ~n bewilligen

for|dern ⟨V. trans.; for|dert, for|der|te, hat ge|fordert⟩ **1** etwas ~ *verlangen, haben wollen, erfordern* **2** jmdn. ~ **2.1** *herausfordern* **2.2** *stark beanspruchen* ▸ jmdn. (zum Zweikampf) ~; diese Aufgabe fordert mich sehr; Gehorsam ~; der Unfall forderte viele Opfer; einen (hohen) Preis für ein Auto ~; Rechenschaft über fehlendes Geld (von jmdm.) ~

för|dern ⟨V. trans.; för|dert, för|der|te, hat ge|fördert⟩ **1** jmdn. ~ *jmdm. helfen, jmdn. unterstützen, begünstigen;* Zus *Förderunterricht, Förderverein* **2** etwas ~ *beschleunigen, vorantreiben* **3** ⟨Bgb.⟩ etwas ~ *emporheben, ans Tageslicht bringen;* Zus *Förderanlage, Fördermenge* ▸ eine Angelegenheit, Entwicklung ~; jmds. Bestrebungen ~; Erze, Kohlen ~; den Handel, die Künste ~; zutage / zu Tage ~ *ans Licht bringen, hervorbringen;* die Verdauung ~des Mittel

För|der|pro|gramm ⟨das; -s, -e⟩ *Programm, Vorhaben, das eine bestimmte Sache finanziell unterstützt* ▸ staatliche ~e zum Abbau der Arbeitslosigkeit

For|de|rung ⟨die; -, -en⟩ **1** *ausdrücklicher, strenger Wunsch, Verlangen* **2** *Anspruch (eines Gläubigers)* ▸ eine ~ **anerkennen,** anmelden, zurückweisen; ~en **eintreiben,** einziehen *Außenstände eintreiben;* ~en **stellen** ▸ das sind sehr **hohe** ~(en); er hat **übertriebene** ~en gestellt ▸ **an** uns ist die eindeutige ~ ergangen, uns an dem Werk zu beteiligen; er hat die ~ **zu** helfen nicht beachtet

För|de|rung ⟨die; -, -en⟩ **1** *Unterstützung, Hilfe* **2** *das Emporbringen (von Bergwerksprodukten)*

Fo|rel|le ⟨die; -, -n; Zool.⟩ *ein sehr schmackhafter Raubfisch, der in Bächen u. kleineren Gewässern lebt*

Fo|ren ⟨Pl. von⟩ *Forum*

For|ke ⟨die; -, -n⟩ *Heu-, Mistgabel*

Form ⟨die; -, -en⟩ **1** *Gestalt, Umriss, Äußeres;* Zus *Blattform, Gesichtsform, Kopfform, Vasenform* **2** *Werkzeug od. Gehäuse zur Gestaltgebung;* Zus *Gussform, Kuchenform, Metallform* **3** *Machart, Modell* **4** *Art, Erscheinungsweise* **5** *körperlicher Zustand* **6** *Lösung, Möglichkeit* **7** ⟨meist Pl.⟩ *Benehmen, Manieren, guter Ton, Anstand* ▸ die Pralinenschachtel hat die ~ eines **Buches;** die ~en eines **Substantivs,** Verbs ▸ ~ **annehmen;** die Sache nimmt beunruhigende ~en an; wir müssen eine ~ **finden,** wie wir ihm das schonend beibringen; einem Gegenstand eine andere, die richtige ~ **geben;** er **hat** keine ~en *kein gutes Benehmen;* die gesellschaftlichen ~en **verletzen;** der Schuhe haben allmählich die ~ **verloren;** die (äußere) ~ **wahren** *den Anstand* ▸ der Plan nimmt allmählich eine **feste** ~ an; die **gesellschaftlichen** ~en erkennt er nicht an; eine **schöne,** hässliche, moderne, altmodische, plumpe, zierliche ~; **weibliche** ~en *Rundungen* ▸ etwas **aus** der ~ bringen; der ~ **halber,** der ~ wegen *weil es so üblich ist;* mehrere Handtaschen, **in** ~ und Farbe verschieden; ein kleiner Dank in ~ eines Blumenstraußes; die Krankheit tritt in sehr verschiedenen ~en auf; durch ständiges Training in ~ bleiben; glänzend, gut, schlecht in ~ sein; ich bin heute nicht (ganz) in ~; jmdn. in aller ~ um Entschuldigung bitten *förmlich, höflich;* etwas in die richtige ~ bringen; eine Medizin in ~ von Tabletten; sich **über** alle ~en des (Anstands) hinwegsetzen

for|mal ⟨Adj.⟩ *die Form betreffend, auf einer Form beruhend* ▸ die beiden Wörter sind ~ ganz verschieden, bedeuten aber fast das Gleiche

For|ma|li|en ⟨nur Pl.⟩ *Formalitäten, Förmlichkeiten* ▸ die ~ klären

For|ma|li|tät ⟨die; -, -en⟩ **1** *Förmlichkeit, Formsache, Äußerlichkeit* **2** *Formvorschrift;* Zus *Zollformalität* ▸ die notwendigen ~en (im Hotel usw.)

F G H I J K L M N O P Q R S T U V W X Y Z

erledigen; die Sache ist eine reine ~ *hat keine besondere Bedeutung;* nach Erledigung der ~en

For|mat ‹das; -(e)s, -e› **1** *Gestalt, Größe, Maß, Ausmaß, Normgröße;* Zus *Buchformat, Breitformat, Papierformat* **2** ‹übertr.› *überdurchschnittlich hohes Niveau, Bedeutung* **3** *Charakterfestigkeit* ▸ er hat kein ~; eine Frau, ein Mann von ~; im ~ von 100 x 28 Zentimetern

for|ma|tie|ren ‹V. trans.; for|ma|tiert, for|ma|tier|te, hat for|ma|tiert; EDV› Daten, einen Datenträger ~ *mit einer Formatierung versehen*

For|ma|tie|rung ‹die; -, -en; EDV› **1** *Strukturierung der Daten für die Verarbeitung durch eine EDV-Anlage* **2** *die Einteilung eines Datenträgers (Diskette, Festplatte), bevor man ihn in Betrieb nimmt*

For|ma|ti|on ‹die; -, -en› **1** *Gestaltung, Bildung* **2** ‹Mil.; Sp.› *Aufstellung, Besetzung, Formierung, Gliederung* **3** ‹Geol.› *größerer Zeitabschnitt der Erdgeschichte, der sich durch eine besonders charakteristische Schichtenfolge, die während eines langen Zeitraumes im Erdboden abgelagert wurde, auszeichnet* ▸ in geschlossener ~ ‹Mil.›; der Trainer setzt auf eine offensiv ausgerichtete ~; in einer ~ tanzen

form|bar ‹Adj.› *so beschaffen, dass man es formen kann, zum Formen geeignet* ▸ ein ~er Charakter; ~er Ton; ~es Wachs; Abl *Formbarkeit*

Form|blatt ‹das; -(e)s, -blät|ter› *vorgedrucktes Blatt mit Raum für Eintragungen, Formular*

For|mel ‹die; -, -n› **1** *feststehender Ausdruck, Redensart;* Zus *Grußformel, Zauberformel* **2** *kurze, treffende Begriffsbestimmung* **3** *Rechensatz, Buchstabengleichung* **4** *kurze Schreibweise eines mathemat. od. physikal. Zusammenhanges durch Verwendung von Gleichungen u. speziellen Zeichen* **5** ‹Chem.; kurz für› *chemische Formel* **6** ‹Motorsp.› *Rennwagen einer bestimmten Klasse* ▸ ein Rennen der ~ 1; mathematische ~; eine Sache auf eine (kurze) ~ bringen *sie mit einem (kurzen) Satz treffend erläutern;* eine gemeinsame ~ für mehrere Dinge finden

for|mel|haft ‹Adj.› **1** *starr, starren Regeln folgend* **2** *allgemein üblich* ▸ das ist nur eine ~e Wendung

for|mell ‹Adj.› Ggs *informell* **1** *förmlich, die äußeren Formen, die Umgangsformen (genau) beachtend* **2** *gesetzmäßig, offiziell* **3** *zum Schein* ▸ jmdm. einen ~en Besuch machen

for|men ‹V. trans.; formt, form|te, hat ge|formt› **1** eine Sache ~ *einer Sache Form, Gestalt geben, sie bilden, gestalten* **2** jmdn. ~ *jmds. Charakter Form geben, jmdn. erziehen* ▸ Laute, Sätze, Wörter ~; Knete, Ton, Wachs zu Figuren ~; ein schön geformter Gegenstand

Form|feh|ler ‹der; -s, -› **1** *Fehler im gesellschaftl. Umgang od. bei Gerichtsverhandlungen* **2** *Verletzung der äußeren Form* ▸ einen ~ begehen

for|mie|ren ‹V.; for|miert, for|mier|te, hat formiert› **I** ‹V. refl.› sich ~ *sich formen, bilden* **II** ‹V. trans.› Truppen ~ *aufstellen;* Abl *Formierung*

...för|mig ‹in Zus.; zur Bildung von Adj.› *mit einer bestimmten Form versehen,* z. B. kugelförmig, säulenförmig

förm|lich ‹Adj.› **I** ‹attr.; präd.; adv.› **1** *in festgelegter Form bindend, formell* **2** *steif, ungewandt, in äußeren Formen erstarrt* ▸ eine ~e Einladung überbringen; er benimmt sich sehr ~; er verneigte sich ~; es geht dort sehr ~ zu; Abl *Förmlichkeit* **II** ‹nur adv.› *buchstäblich, geradezu* ▸ er hat sie ~ auf den Knien darum gebeten, ihn zu heiraten

form|los ‹Adj.› **1** *ohne Form* **2** ‹übertr.› *sehr zwanglos, ungezwungen, auf alle Umgangsformen verzichtend* ▸ ~er Antrag *ein frei formulierter Antrag (ohne Formular);* eine ~e Masse; sich ~ benehmen; es geht dort sehr ~ zu; Abl *Formlosigkeit*

Form|sa|che ‹die; -, -n› *Handlung, die der bloßen Form wegen geschieht u. keine besondere Bedeutung hat* ▸ der Vorgang ist eine bloße, reine ~

For|mu|lar ‹das; -s, -e› *vorgedrucktes Formblatt, gedruckter Fragebogen, Vordruck* ▸ ein ~ richtig ausfüllen; das ausgefüllte ~ unterschreiben; Zus *Anmeldeformular, Überweisungsformular*

for|mu|lie|ren ‹V. trans.; for|mu|liert, for|mu|lier|te, hat for|mu|liert› **1** einen Begriff, eine Vorstellung ~ *in eine endgültige sprachl. Form bringen, in Worte fassen* **2** einen Antrag, Aufsatz, Brief ~ *abfassen* ▸ genau, geschickt, gut, knapp, präzise, schlecht, ungeschickt ~; mündlich, schriftlich ~; ich weiß nicht, wie ich es ~ soll; eine gut formulierte Argumentation

For|mu|lie|rung ‹die; -, -en› **1** *das Formulieren* **2** *sprachliche Fassung, sprachl. Ausdruck* ▸ eine gute, bessere ~ für etwas finden

forsch ‹Adj.; -er, am -(e)s|ten; umg.› **1** *wagemutig, draufgängerisch* **2** *schneidig, frisch u. lebhaft* ▸ eine Sache ~ anpacken; ~ auftreten

for|schen ‹V. intr.; forscht, forsch|te, hat geforscht› **1** *festzustellen suchen, fragen* **2** nach etwas ~ *wissenschaftl. erkunden, untersuchen* **3** nach jmdm. ~ *jmds. Aufenthaltsort zu entdecken suchen* ▸ ein ~der Blick *prüfender Blick;* jmdn. ~d ansehen

For|scher ‹der; -s, -› *jmd., der etwas (wissenschaftlich) untersucht, nach etwas forscht, Forschungsreisender;* Abl *Forscherin;* Zus *Forschergruppe, Forscherteam; Naturforscher*

For|schung ‹die; -, -en› *das Forschen, das wissenschaftl. Ergründen, Untersuchen, Streben nach neuen Erkenntnissen, Methoden, Ursachen* ▸ er ist in der ~ tätig; sie möchte gern in die ~ gehen; seine ~en haben gezeigt, dass die Krankheit durch Bakterien verursacht wird; Zus *Forschungsarbeit, Forschungsergebnis, Forschungsprojekt; Krebsforschung, Marktforschung*

Forst ‹der; -(e)s, -e› *abgegrenztes, bewirtschaftetes Waldgebiet;* Zus *Forstamt, Forstbeamter, Forstrevier, Forstverwaltung, Forstwirtschaft; Staatsforst*

Förs|ter ‹der; -s, -› *Forstbeamter nach Lehrzeit, Fachschul- u. praktischer Ausbildung;* Abl *Försterin*

Förs|te|rei 〈die; -, -en〉 *Dienststelle u. Wohnung des Revierförsters;* Syn *Forsthaus*

fort 〈Adv.〉 **1** *abwesend, nicht da, nicht hier* **2** *weg, weg von, entfernt von* **3** *verschwunden, beseitigt* **4** *vorwärts, weiter* ▸ sein: sie sind beide ~; als ich heimkam, war er schon ~; meine Tasche ist ~ ▸ schnell ~ von hier!; weit ~ ▸ so geht das in einem ~ *immerzu;* nur ~ (von hier)!; nur immer so ~!; und so ~ 〈Abk.: usf.〉 *und so weiter;* bist du schon lange von zu Hause ~?

Fort 〈[foːr] das; -s, -s〉 *Teil einer Befestigungsanlage, kleines Festungswerk*

fort... 〈in Zus.〉 **1** *weg von, an einem anderen Ort, weg...,* z. B. fortbegeben, fortblasen, fortbringen, fortfliegen, fortjagen, fortkönnen, fortlocken, fortmüssen, fortnehmen, fortrennen, fortschaffen, fortscheuchen, fortschicken, fortschleichen, fortschleppen, fortspülen, forttragen, fortwerfen, fortwollen **2** *weiter ...,* z. B. fortbestehen, fortdauern, fortführen

fort|be|ste|hen 〈V. intr.; be|steht fort, be|stand fort, hat fort|be|stan|den, fort|zu|be|ste|hen〉 *weiterbestehen, andauern;* Abl *Fortbestand*

fort|be|we|gen 〈V.; be|wegt fort, be|weg|te fort, hat fort|be|wegt, fort|zu|be|we|gen〉 **I** 〈V. trans.〉 etwas ~ *an eine andere Stelle bewegen, bringen, wegbringen* ▸ die Maschine lässt sich nicht ~ **II** 〈V. refl.〉 sich ~ *(weg)gehen, (weg)fahren* ▸ das kranke Tier konnte sich nicht mehr ~; Abl *Fortbewegung*

fort|bil|den 〈V. trans. u. V. refl.; bil|det fort, bil|dete fort, hat fort|ge|bil|det, fort|zu|bil|den〉 jmdn. od. sich ~ *weiterbilden, die Bildung vervollkommnen;* Abl *Fortbildung*

fort|blei|ben 〈V. intr.; bleibt fort, blieb fort, ist fort|ge|blie|ben, fort|zu|blei|ben〉 *wegbleiben, nicht kommen* ▸ bleib nicht so lange fort!

fort|dau|ern 〈V. intr.; dau|ert fort, dau|er|te fort, hat fort|ge|dau|ert, fort|zu|dau|ern〉 *weiterbestehen, anhalten, andauern;* Abl *Fortdauer*

fort|fah|ren 〈V.〉 **I** 〈V. trans.; fährt fort, fuhr fort, hat fort|ge|fah|ren, fort|zu|fah|ren〉 jmdn. od. etwas ~ *im Fahrzeug wegbringen, wegschaffen* **II** 〈V. intr.; fährt fort, fuhr fort, ist/hat fort|gefah|ren, fort|zu|fah|ren〉 **1** *im Fahrzeug wegfahren* **2** ~, etwas zu tun *etwas weiterhin tun, wieder damit beginnen* ▸ er ist eben fortgefahren; fahren Sie fort zu reden! *reden Sie weiter!;* er ist/hat im Lesen fortgefahren *hat weitergelesen;* ~ zu schreiben *weiterschreiben*

fort|fal|len 〈V. intr.; fällt fort, fiel fort, ist fort|gefal|len, fort|zu|fal|len〉 *wegfallen, entfallen, nicht gebraucht werden*

fort|füh|ren 〈V. trans.; führt fort, führ|te fort, hat fort|ge|führt, fort|zu|füh|ren〉 etwas ~ *fortsetzen, weiterführen, -machen* ▸ eine Arbeit ~; ein Geschäft unter einem anderen Namen ~; Abl *Fortführung*

Fort|gang 〈der; -(e)s; unz.〉 **1** *das Fortgehen, Weggang* **2** *Fortschreiten, Fortsetzung, Entwicklung* ▸ die Sache nahm ihren ~ *ging weiter, nahm ihren Lauf;* bei seinem ~ *als er wegging*

fort|ge|hen 〈V. intr.; geht fort, ging fort, ist fortge|gan|gen, fort|zu|ge|hen〉 **1** *weggehen, sich entfernen* **2** 〈übertr.〉 *andauern, weitergehen* ▸ geh fort! *verschwinde!;* geh nicht fort! *bleib bei mir!;* er ging grußlos fort; von jmdm. ~

Fort|ge|schrit|te|ne(r) 〈die; -n, -n (der; -n, -n)〉 *jmd., der in einem Fach schon Fortschritte gemacht hat, kein Anfänger mehr ist* ▸ Französisch für ~; Zus *Fortgeschrittenenkurs*

fort|ge|setzt **I** 〈Part. Perf. von〉 *fortsetzen* **II** 〈Adj.〉 *unaufhörlich, dauernd, immerzu* ▸ ~e Bemühungen; jmdn. ~ belästigen

fort|las|sen 〈V. trans.; lässt fort, ließ fort, hat fortge|las|sen, fort|zu|las|sen〉 **1** jmdn. ~ *weggehen lassen* **2** etwas ~ *weglassen, auslassen* ▸ er lässt dich nicht fort; einen Satz, ein Wort ~

fort|lau|fen 〈V. intr.; läuft fort, lief fort, ist fort|gelau|fen, fort|zu|lau|fen〉 *weglaufen, ausreißen* ▸ er ist ihr fortgelaufen *er hat sie verlassen;* lauf mir nicht fort; der Hund ist (uns) schon wieder fortgelaufen

fort|lau|fend 〈Adj.〉 *aufeinanderfolgend, fortgesetzt, fortwährend* ▸ die Anzeigen erscheinen ~ in jeder Nummer der Zeitschrift; die Seiten sind ~ nummeriert; es trafen ~ Besucher ein

fort|le|ben 〈V. intr.; lebt fort, leb|te fort, hat fortge|lebt, fort|zu|le|ben〉 *weiterleben* ▸ er lebt in seinen Kindern, in seinen Werken fort; an ein Fortleben nach dem Tode glauben

fort|pflan|zen 〈V.; pflanzt fort, pflanz|te fort, hat fort|ge|pflanzt, fort|zu|pflan|zen〉 **I** 〈V. trans.〉 etwas ~ *für das Weiterleben von etwas sorgen* ▸ die eigene Art ~; sein Geschlecht ~ **II** 〈V. refl.〉 sich ~ **1** *Nachkommen erzeugen, sich vermehren* (Lebewesen); Abl *Fortpflanzung; fortpflanzungsfähig* **2** *sich ausbreiten* (Licht, Schall) **3** *weiterleben, sich übertragen* ▸ Pflanzen können sich geschlechtlich oder ungeschlechtlich ~

fort|rei|ßen 〈V. trans.; reißt fort, riss fort, hat fortge|ris|sen, fort|zu|rei|ßen〉 **1** jmdn. od. etwas ~ *wegreißen, heftig, schnell wegnehmen, wegziehen* **2** jmdm. etwas ~ *heftig, gewaltsam wegnehmen* **3** 〈übertr.〉 jmdn. ~ *mitreißen, in leidenschaftliche Anteilnahme versetzen* (Leser, Zuhörer) ▸ die Strömung (des Flusses) riss ihn (mit sich) fort; ich riss ihm das Messer fort; sich zu etwas ~ lassen *sich zu etwas hinreißen lassen*

Fort|satz 〈der; -es, -sät|ze〉 *Verlängerung;* Zus *Knochenfortsatz*

fort|schrei|ten 〈V. intr.; schrei|tet fort, schritt fort, ist fort|ge|schrit|ten, fort|zu|schrei|ten〉 **1** *Fortschritte machen, vorangehen* (Arbeiten) **2** *vergehen, verrinnen* (Zeit) **3** *zunehmen, weitergehen* (Krankheit) ▸ die Ausbreitung der Epidemie schreitet fort; bei ~der Erkrankung; im fortgeschrittenen Alter; →a. *Fortgeschrittene(r)*

Fort|schritt 〈der; -(e)s, -e〉 Ggs *Rückschritt* **1** *Entwicklung vom Einfachen zum Höheren* **2** *das Vorwärtskommen, Besserwerden, Weiterentwicklung* ▸ ein ~ in der Entwicklung der Medizin; den technischen ~ beschleunigen; in der Schule ~e machen *besser werden, bessere Leistungen zeigen;*

F

seine Arbeit macht gute ~e *geht voran;* seine Genesung macht ~e; ein gewaltiger, großer, überraschender ~; Zus *fortschrittsfeindlich, fortschrittsgläubig*

fort|schritt|lich ⟨Adj.⟩ **1** *an den Fortschritt glaubend, ihn unterstützend, modern denkend* **2** *die neuesten Errungenschaften nutzend;* Abl *Fortschrittlichkeit*

fort|set|zen ⟨V.; setzt fort, setz|te fort, hat fort|gesetzt, fort|zu|set|zen⟩ **I** ⟨V. trans.⟩ etwas ~ **1** *wegsetzen, beiseitesetzen, beiseitestellen, beiseitelegen* **2** ⟨übertr.⟩ *fortfahren mit, weitermachen* (Arbeit, Reise, Spiel, Gedanken) **II** ⟨V. refl.⟩ sich ~ *sich weiter ausdehnen, weitergehen* ▸ das Muster setzt sich auf der anderen Seite fort

Fort|set|zung ⟨die; -, -en⟩ **1** *Weiterführung nach Unterbrechung* **2** *das Fortgesetzte* **3** *der sich jeweils anschließende Teil einer mehrteiligen Rundfunk-, Fernsehserie, eines in Teilen veröffentlichten Romans* ▸ ~ eines Gesprächs, eines Romans, einer Reise; ~ folgt (am Ende eines Romankapitels); in der nächsten ~ lesen Sie, wie es weitergeht

fort|steh|len ⟨V. refl.; stiehlt sich fort, stahl sich fort, hat sich fort|ge|stoh|len, sich fort|zu|steh|len⟩ sich ~ *sich wegschleichen, leise u. unbemerkt weggehen*

fort|wäh|rend ⟨Adj.⟩ *dauernd, anhaltend, ununterbrochen, immerzu* ▸ sie dachte ~ an das Kind

fort|wün|schen ⟨V. trans.; wünscht fort, wünschte fort, hat fort|ge|wünscht, fort|zu|wün|schen⟩ jmdn. od. sich ~ *woandershin wünschen*

Fort|zah|lung ⟨die; -, -en⟩ *weiterlaufende Zahlung (z. B. des Lohns bei Krankheit)* ▸ ~ im Krankheitsfall

Fo|rum ⟨das; -s, Fo|ren⟩ **1** *Einrichtung, die eine Gelegenheit zur Diskussion u. zum Meinungsaustausch über bestimmte Themen bietet;* Zus *Internetforum* **2** *Personengruppe, die über bestimmte Themen diskutiert;* Zus *Expertenforum* ▸ diese wichtige Angelegenheit gehört vor ein öffentliches ~; jmdm. ein ~ bieten *jmdm. Gelegenheit geben, sich an die Öffentlichkeit zu wenden*

fos|sil ⟨Adj.⟩ *urweltlich, urzeitlich, versteinert* ▸ ~er Brennstoff *B., der sich in vorgeschichtlicher Zeit aus der Ablagerung von pflanzlichen od. tierischen Substanzen gebildet hat (z. B. Erdöl u. Kohle)*

Fos|sil ⟨das; -s, -li|en⟩ *versteinerter Rest eines urweltl. Lebewesens*

Fo|to **I** ⟨das; -s, -s, schweiz. die; -, -s; umg.; kurz für⟩ *Fotografie (II)* ▸ das ~ ist unscharf; er hat im Urlaub sehr schöne ~s gemacht; könnten Sie ein ~ von uns machen?; Zus *Fotoalbum, Fotoapparat, Fotomodell, Fototermin; Familienfoto, Hochzeitsfoto, Urlaubsfoto* **II** ⟨der; -s, -s; kurz für⟩ *Fotoapparat* ▸ gibst du mir bitte den ~?

fo|to..., Fo|to... ⟨in Zus.⟩ *licht..., Licht..., Fotografie...;* oV *photo..., Photo...*

fo|to|gen ⟨Adj.⟩ *bildwirksam, geeignet, fotografiert zu werden;* oV *photogen*

Fo|to|graf ⟨der; -en, -en⟩ *jmd., der gewerbsmäßig fotografiert;* oV *Photograph;* Syn ⟨veraltet⟩ *Lichtbildner;* Abl *Fotografin*

Fo|to|gra|fie ⟨die; -, -n⟩ oV *Photographie* **I** ⟨zählb.⟩ *mit Hilfe von Kamera u. lichtempfindlichem Film erzeugtes Abbild eines Gegenstandes od. einer Person* **II** ⟨unz.⟩ *das Verfahren zur Erzeugung von Fotografien (I)*

fo|to|gra|fie|ren ⟨V. trans. u. V. intr.; fo|to|gra|fiert, fo|to|gra|fier|te, hat fo|to|gra|fiert⟩ (jmdn. od. etwas) ~ *mit dem Fotoapparat eine Fotografie aufnehmen* ▸ er möchte uns alle ~; kannst du bei der Feier ~?; sie hat bei der Hochzeit fotografiert; er fotografiert sehr viel; Fotografieren ist sein Hobby

Fo|to|han|dy ⟨[-hændi] das; -s, -s⟩ *Handy mit eingebauter Fotokamera, mit dem man telefonieren u. Fotos übermitteln kann*

Fo|to|ko|pie ⟨die; -, -n⟩ *fotografische Wiedergabe von Schriftstücken od. Bildern;* oV *Photokopie;* Syn *Ablichtung*

fo|to|ko|pie|ren ⟨V. trans.; fo|to|ko|piert, fo|to|kopier|te, hat fo|to|ko|piert⟩ ein Dokument ~ *von einem D. eine Fotokopie herstellen*

Fo|to|mo|dell ⟨das; -s, -e⟩ *jmd., der sich beruflich für fotograf. Aufnahmen (bes. zur Werbung) zur Verfügung stellt;* Syn *Model* ▸ sie arbeitet als ~

Fo|to|mon|ta|ge ⟨[-ʒə] die; -, -n⟩ **I** ⟨unz.⟩ *Zusammensetzung von Bildausschnitten zu einem neuen Gesamtbild* **II** ⟨zählb.⟩ *das dadurch entstehende Bild*

Foul ⟨[faʊl] das; -s, -s; Sp.⟩ *Verstoß gegen die (allgemein anerkannten) Spielregeln*

fou|len ⟨[faʊlən] V.; foult, foul|te, hat ge|foult; Sp.⟩ **I** ⟨V. intr.⟩ *regelwidrig, unfair spielen* **II** ⟨V. trans.⟩ jmdn. ~ *durch Foul angreifen od. behindern*

Fo|y|er ⟨[foaje:] das; -s, -s; Theat.⟩ *Halle, Raum zum Auf- u. Abgehen (in der Pause);* Zus *Theaterfoyer*

FPÖ ⟨Abk. für⟩ *Freiheitliche Partei Österreichs*

Fracht ⟨die; -, -en⟩ **1** *Ladung* **2** *zu befördernde Ware, Frachtgut;* Zus *Frachtraum, Frachtschiff* **3** *Beförderung von Ware;* Zus *Bahnfracht, Eilfracht, Luftfracht, Seefracht* ▸ per ~ schicken

Frach|ter ⟨der; -s, -⟩ *Schiff zur Beförderung von Waren*

Fracht|gut ⟨das; -(e)s, -gü|ter⟩ *die zu befördernde Ware* ▸ als ~ schicken

Frack ⟨der; -(e)s, -e od. -s⟩ *knielanger Herrenschoßrock mit rechtwinklig abgeschnittenen Vorderecken*

Fra|ge ⟨die; -, -n⟩ **1** *Äußerung, die eine Antwort od. Klärung verlangt, Aufforderung zur Antwort;* Zus *Fragesatz* **2** *Problem, Zweifel, unsichere Angelegenheit* ▸ das ist alles eine ~ der Geschicklichkeit; es ist nur eine ~ der Zeit ▸ eine ~ anschneiden, aufrollen, aufwerfen; er versuchte meiner ~ auszuweichen; eine ~ beantworten, stellen, vorlegen; eine ~ bejahen, verneinen; diese ~ muss heute noch geklärt werden; sein: das eben ist die ~; es ist noch die ~, ob ... *es ist noch nicht klar;* das ist gar keine ~ *das ist gewiss* ▸ das ist eine andere ~ *etwas anderes;* bohrende ~n stellen; das war eine dumme, peinliche, verfängliche ~; die entscheidende ~ ist doch, ob das Ganze überhaupt sinnvoll ist; eine gesellschaftliche, politische, wirtschaftliche ~; alle strittigen ~n konnten geklärt werden ▸ eine ~ an jmdn. richten; eine Antwort auf eine ~ geben; das ist, steht außer ~ / außerfrage! *ist absolut gewiss;* das könnte vielleicht in ~ / infrage kommen *das wäre vielleicht geeignet, das könnte man in Erwägung ziehen;* das kommt absolut nicht in ~ / infrage *ausgeschlossen!, auf keinen Fall!;* etwas in ~ / infrage stellen *bezweifeln;* in ~ / infrage stehen *ungewiss, zweifelhaft sein;* das ist ohne ~ richtig *zweifellos;* eine ~ von allgemeiner Bedeutung; ein Quiz in Form von ~ und Antwort

Fra|ge|bo|gen ⟨der; -s, - od. süddt. der; -s, -bögen⟩ *Vordruck zum Ausfüllen für bestimmte, bes. amtliche Feststellungen*

fra|gen ⟨V.; fragt, frag|te, hat ge|fragt⟩ **I** ⟨V. intr. u. V. trans.⟩ (jmdn.) (etwas) ~ *um Antwort, Auskunft, Erlaubnis bitten, sich erkundigen* ▸ jmdn. etwas ~; da fragst du noch? *das ist doch selbstverständlich!* ▸ er hat mir ein Loch in den Bauch gefragt ⟨übertr.; umg.⟩ *er war mir durch ständiges Fragen lästig* ▸ Fragen kostet nichts ⟨sprichwörtl.⟩ *es ist einfacher, vorher zu fragen* ▸ frag nicht so dumm! ⟨umg.; abweisend⟩ ▸ danach frage ich nicht *das interessiert mich nicht;* durch Fragen zum Ziel kommen; hat jmd. nach mir gefragt? *wollte mich jmd. sprechen?;* ich habe vergeblich nach ihm gefragt (um ihn zu sprechen); jmdn. nach seinem Befinden, dem Preis, seinem Namen, dem Weg, der Zeit ~; kein Mensch fragt nach ihr ⟨übertr.⟩ *kümmert sich um sie;* ich habe ihn nach seiner Meinung gefragt; in einem Geschäft nach einer Ware ~ *sie verlangen;* „Hat es dir gefallen?" „Frag lieber nicht!" ⟨umg.⟩ *es war so unerfreulich, dass ich lieber nicht darüber sprechen möchte;* ich kann nicht zusagen, ohne ihn vorher zu ~; frag ihn um Rat; ich muss dich wegen des Urlaubs ~ ▸ was frage ich nach ihm? *was kümmert er mich?;* wer fragt heute schon danach? ⟨übertr.⟩ *wen bekümmert, sorgt das heutzutage schon?* ▸ ~d sah er mich an; ich warf ihm einen ~den Blick zu; in ~dem Ton wandte er sich an mich; es handelt sich um einen besonders gefragten Artikel *um eine Ware, die oft verlangt, gekauft wird;* Abl *Frager(in), Fragerei;* Zus *Fragesteller(in)* **II** ⟨V. refl.⟩ sich ~ *überlegen* ▸ ich frage mich, ob …; das habe ich mich auch schon oft gefragt *ich bin mir darüber auch nicht im Klaren;* man fragt sich, wie das endet

Fra|ge|stel|lung ⟨die; -, -en⟩ **1** *richtiges, genaues Formulieren einer Frage* **2** *Problem* ▸ das ist eine falsche ~ *die Frage ist falsch gestellt;* die Wissenschaft steht vor neuen ethischen ~en

Fra|ge|stun|de ⟨die; -, -n; Pol.⟩ *festgelegte Zeit, in der den Parlamentsmitgliedern die Möglichkeit zu direkten Fragen an die Regierung gegeben wird*

Fra|ge|wort ⟨das; -(e)s, -wör|ter; Gramm.⟩ = *Interrogativpronomen*

Fra|ge|zei|chen ⟨das; -s, -; Zeichen: ?⟩ *Satzzeichen nach direkten Fragesätzen* ▸ diese Behauptung muss man mit einem dicken, großen ~ versehen ⟨übertr.⟩ *sie ist unglaubwürdig;* er steht da wie ein ~ ⟨übertr.; umg.⟩ *in schlechter Körperhaltung*

Fragezeichen

Sprachliche Ausdrücke werden durch das ? geschriebene *Fragezeichen* als Fragen gekennzeichnet, z.B. nach

- direkten Fragesätzen: *Wohin gehst du? Weißt du, ob sie bleibt?*
- Überschriften: *Ende der kriegerischen Auseinandersetzung in Sicht?*
- Fragen in Zitaten oder direkter Rede: *Das Thema „Tagesmutter oder Kindergarten?" wurde in der Volkshochschule referiert. „Wann ist das Buch erschienen?", fragte er. Nach der Frage „wessen?" steht der Genitiv.*
- Sätzen, die als Fragen gemeint sind: *Du gehst nach Berlin?*

Daneben können *Fragezeichen* auch zur Kennzeichnung fragwürdiger Aussagen verwendet werden: *Der Schauspieler hat große (?) Erfolge errungen.*

frag|lich ⟨Adj.⟩ **1** *zweifelhaft, ungewiss, unsicher* **2** *strittig, umstritten* (Problem) **3** *betreffend, erwähnt* ▸ es ist ~, ob er die Wahrheit sagt; die ~e Person *die Person, um die es sich handelt*

frag|los ⟨Adv.⟩ *ohne Frage, zweifellos*

Frag|ment ⟨das; -(e)s, -e⟩ *Bruchstück, übriggebliebener Teil eines (unvollendeten) Ganzen;* Zus *Opernfragment, Romanfragment*

frag|wür|dig ⟨Adj.⟩ *zweifelhaft, bedenklich, verdächtig;* Abl *Fragwürdigkeit*

Frak|ti|on ⟨die; -, -en⟩ *die Vertreter einer Partei innerhalb der Volks-, Gemeindevertretung;* Zus *Fraktionschef(in), Fraktionssitzung*

Frak|tur ⟨die; -, -en⟩ **I** ⟨unz.⟩ *deutsche, sog. „gotische" Druckschrift mit „gebrochenen" Linien;* →a. *Antiqua* ▸ mit jmdm. ~ reden ⟨übertr.; umg.⟩ *ihm deutlich die Meinung sagen* **II** ⟨zählb.; Med.⟩ = *Knochenbruch*

frank ⟨Adj.⟩ *frei, offen, aufrichtig* ▸ ~ und frei etwas aussprechen, erklären

Fran|ke ⟨der; -n, -n⟩ *Bewohner von Franken*

Fran|ken ⟨der; -s, -; Abk.: Fr, sfr; Pl.: sfrs, schweiz.: sFr⟩ *Währungseinheit in der Schweiz, 100 Rappen*

Frank|fur|ter **I** ⟨der; -s, -⟩ *Einwohner der Stadt Frankfurt (am Main bzw. an der Oder)* **II** ⟨das; -s, -; kurz für⟩ ~ Würstchen *leicht geräuchertes Brühwürstchen*

fran|kie|ren ⟨V. trans.; fran|kiert, fran|kier|te, hat fran|kiert⟩ eine Postsendung ~ *freimachen, mit Briefmarke bekleben od. Frankiermaschine stempeln* ▸ dieser Brief war ungenügend frankiert; Abl *Frankierung*

Frän|kin ⟨die; -, -kin|nen⟩ *weibl. Franke*

frän|kisch ⟨Adj.⟩ *den Stamm der Franken od. die*

Landschaft Franken betreffend, dazu gehörig ▸~e Mundarten *westmitteldt. M.*

Fran|se ⟨die; -, -n⟩ *frei herabhängender Faden od. eine Strähne aus Fäden als Ziersaum von Tüchern, Decken, Teppichen o. Ä.*

Fran|zo|se ⟨der; -n, -n⟩ *Einwohner von Frankreich;* Abl *Französin*

fran|zö|sisch ⟨Adj.⟩ *zu Frankreich gehörig, Frankreich betreffend, aus Frankreich stammend* ▸die ~e Schweiz *der französischsprachige Teil der Schweiz;* ~e Sprache *eine romanische Sprache;* die Französische Revolution (1789)

F

frap|pie|ren ⟨V. trans.; frap|piert, frap|pier|te, hat frap|piert⟩ jmdn. ~ *überraschen, stutzig machen* ▸das hat mich frappiert; eine ~de Lösung; die Ähnlichkeit zwischen euch beiden ist ~d

Frä|se ⟨die; -, -n⟩ *Werkzeug zur Formung von Holz, Metall usw., indem es in Schichten Späne davon entfernt;* Zus *Bodenfräse;* Abl *fräsen*

fraß → *fressen*

Fraß ⟨der; -es; unz.; derb⟩ *schlechtes od. schlecht zubereitetes Essen*

Frat|ze ⟨die; -, -n⟩ **1** *verzerrtes Gesicht, Grimasse* **2** *Zerrbild, hässliches, abstoßendes Gesicht* ▸~n schneiden, ziehen; das Gesicht zu einer ~ verzerren, verziehen; Abl *fratzenhaft*

Frau ⟨die; -, -en; Abk.: Fr.⟩ **1** *weiblicher erwachsener Mensch;* Zus *Frauenleiden, Frauenzeitschrift* **2** *Ehefrau, Gattin* **3** ⟨Anrede (vor Namen) für⟩ *erwachsene weibl. Person* ▸~ Doktor, Professor; Ihre ~ Gemahlin; für die Gleichberechtigung der ~ kämpfen; die ~ des Hauses; Mann und ~; in ~ Müllers Wohnung; Ihre ~ Mutter ⟨geh.⟩ ▸eine ~ haben *verheiratet sein;* er sucht eine ~ ⟨umg.⟩ *er möchte gern heiraten* ▸eine alte, ältere, ehrwürdige, junge, jüngere ~; die berufstätige, moderne ~; gnädige ~ *(höfl. Anrede);* liebe, sehr geehrte ~ X *(Anrede in Briefen);* meine ~ *meine Ehefrau* ▸darf ich Sie mit meiner ~ bekanntmachen?

Frau|en|arzt ⟨der; -es, -ärz|te⟩ *Facharzt für Frauenkrankheiten u. Geburtshilfe;* Syn *Gynäkologe* ▸zum ~ gehen

Frau|en|ärz|tin ⟨die; -, -tin|nen⟩ *Fachärztin für Frauenkrankheiten u. Geburtshilfe;* Syn *Gynäkologin*

frau|en|feind|lich ⟨Adj.⟩ *den Interessen von Frauen schadend, die Gleichberechtigung von Frauen ablehnend, ihre Benachteiligung hinnehmend;* Ggs *frauenfreundlich* ▸~e Arbeitszeiten

frau|en|freund|lich ⟨Adj.⟩ *die Interessen von Frauen berücksichtigend, die Gleichstellung von Frauen fördernd;* Ggs *frauenfeindlich* ▸~e Beschäftigungsprogramme

Frau|en|haus ⟨das; -es, -häu|ser⟩ *Haus, in dem von ihren Männern misshandelte Frauen Schutz u. Beratung finden*

Frau|en|sa|che ⟨die; -, -n; Pl. selten⟩ *Angelegenheit, die Frauen angeht* ▸das ist ~ !; Hausarbeit sollte nicht nur ~ sein

Frau|en|zim|mer ⟨das; -s, -; scherzh. od. abwertend⟩ *Frau*

Fräu|lein ⟨das; -s, - od. umg. -s, österr. a.: die; -, -; Abk.: Frl.⟩ **1** ⟨urspr.⟩ *unverheiratetes, adliges Mädchen* **2** ⟨heute veraltet für⟩ *unverheiratete Frau* **3** ⟨umg.; veraltet als Anrede⟩ *Kellnerin, Verkäuferin, Kindermädchen u. a.* ▸~, bitte einen Kaffee! *(Anrede an die Kellnerin)* ▸~ Doktor; ~ Fichtner; Ihr ~ Schwester, Tochter ⟨österr.⟩ ▸ein älteres ~; gnädiges ~ ⟨veraltet⟩ *(höfl. Anrede);* liebes, sehr geehrtes ~ Lehmann! *(Anrede, bes. in Briefen)*

Fräulein

Als Anrede für ein junges Mädchen oder eine unverheiratete Frau ist ***„Fräulein"*** heute sowohl schriftsprachlich als auch in der mündlichen Kommunikation veraltet. Auch Kellnerinnen ruft man heute nicht mehr mit ***„Fräulein"*** an den Tisch. Im modernen Deutsch wird das Wort nur noch scherzhaft oder abwertend verwendet: *Du bist mir ja ein schönes Fräulein! Sie spielt in dem Film ein edles Fräulein Doktor.*

frau|lich ⟨Adj.⟩ *in der Art einer Frau, einer Frau zukommend, weiblich*

Freak ⟨[fri:k] der; -s, -s; umg.⟩ **1** *unangepasster, verrückter Mensch* **2** *jmd., der eine bestimmte Sache intensiv, fanatisch betreibt;* Zus *Motorradfreak, Musikfreak*

frech ⟨Adj.⟩ **1** *übermütig, keck* **2** *dreist, vorlaut, unverschämt, anmaßend* **3** *trotzig, kühn, verwegen* **4** *schamlos, zynisch* ▸eine ~e Antwort geben; du bist ganz schön ~; er ist ein ~er Kerl; er war ~ zu seinem Lehrer; „Das kannst du selber machen!", sagte sie ~; er ist ~ wie Oskar *sehr frech*

Frech|dachs ⟨[-ks] der; -es, -e; übertr.⟩ *übermütiges, freches Kind* ▸du bist ein (kleiner) ~!

frei ⟨Adj.; -er, am -(e)s|ten⟩ **1** *nicht gefangen, ungebunden* **2** ⟨übertr.⟩ *unabhängig, uneingeschränkt, unbehindert, unbelastet* **3** *nicht besetzt, zur Verfügung stehend* (Sitzplatz) **4** *nicht mit Arbeit od. Pflichten belastet;* Zus *arbeitsfrei, dienstfrei* **5** *ohne Hilfsmittel, ohne Stütze* **6** *freimütig, offen* **7** *sehr ungezwungen, gewagt, die Regeln des Anstandes nicht achtend* (Benehmen, Darstellung) **8** *nicht wörtlich, ungenau* (Übersetzung) **9** *offen, offen daliegend, ungeschützt* **10** *kostenlos, unentgeltlich* **11** *unbekleidet* ▸sie hat sehr ~e Ansichten *sehr unabhängige A.;* aus ~em Antrieb kommen *freiwillig, von selbst, unaufgefordert;* ~e Arztwahl haben; ich hatte gestern keinen ~en Augenblick, keine ~e Minute; hier hat man ~e Aussicht über den See; Eintritt ~!; ~e Fahrt; ~er Fall ⟨Phys.⟩ →a. *Fall*[1]; auf ~em Feld; eine ~e Gegend, Landschaft *mit weiter Aussicht;* Freie und Hansestadt Hamburg; Lieferung ~ Haus ⟨Kaufmannsspr.⟩ *kostenlose L.;* er ist ~er Journalist, Schriftsteller *J., S., der freiberuflich tätig ist;* Kost und Logis sind ~ *Unterkunft u. Verpflegung müssen nicht bezahlt werden;* sie führt ein sehr ~es Leben; ~e Liebe *an kein Gesetz gebundene Liebe;* er ist ~er Mitarbeiter *nicht-*

angestellter M.; mit ~em Oberkörper *mit nacktem O.;* Freie Demokratische Partei ⟨Abk.: FDP, F.D.P.⟩ *liberale deutsche Partei;* ein ~er Platz (z. B. Marktplatz); ich konnte keinen ~en Platz mehr finden (Sitzplatz); er kann keine ~e Rede halten *er muss sie ablesen;* jetzt hat er ~es Spiel *kann er tun, was er will;* jmdm. ~en Spielraum geben, gewähren ⟨übertr.⟩ *Handlungsfreiheit;* der Zug hielt auf ~er Strecke; ich habe heute einen ~en Tag; bei ihnen herrscht ein sehr ~er Ton; eine ~e Übersetzung, Übertragung aus dem Englischen; er hat den Dienstwagen zur ~en Verfügung; ~e Wahl haben; ~e Wahlen *unbehinderte Wahlen;* Tiere in ~er Wildbahn; es war mein ~er Wille; ihm bleibt nicht viel ~e Zeit; Zimmer ~! *(an Pensionen angebrachtes Schild);* alle haben ~en Zutritt ▸ diesmal wird er nicht ~ ausgehen *straflos;* ~ bekommen = *freibekommen;* kann man sich dort ~ bewegen? *unbeaufsichtigt gehen, wohin man will?;* das ist ~ erfunden; ~ geben = *freigeben (I);* alles ~ haben *nichts dafür zu bezahlen brauchen;* haben Sie noch ein Zimmer ~? (im Hotel); ⟨aber⟩ ~ haben = *freihaben;* ~ halten = *freihalten (I);* einen Platz, eine Seite ~ lassen *unbesetzt, unbeschrieben lassen;* ⟨aber⟩ ~ lassen = *freilassen;* ~ legen = *freilegen;* ~ machen = *freimachen (I);* ~ nehmen = *freinehmen;* können wir hier ~ reden? *kann uns niemand hören?;* sein: die Stelle des Personalchefs ist ~ *unbesetzt;* der Weg ist ~! (bes. von Hindernissen); ~ sprechen *ohne abzulesen;* →a. *freisprechen;* unser Haus steht ~ *ungeschützt;* der Linksaußen steht ~ ⟨Fußb.⟩ *wird vom Gegner nicht gedeckt;* hierbei werden Dämpfe ~ ⟨Chem.⟩; die Wohnung wird nächstes Jahr ~ ▸ ~ lebend = *freilebend* ▸ der Weg ist ~ für unseren Plan ⟨übertr.⟩ *es steht ihm nichts mehr entgegen;* sich gern im Freien aufhalten *in der Natur, Landschaft, Luft;* im Freien schlafen; ein Film ~ nach einer Novelle von Theodor Storm

Frei|bad ⟨das; -(e)s, -bä|der⟩ *Schwimmbad unter freiem Himmel;* Ggs *Hallenbad*

frei|be|kom|men *auch:* **frei be|kom|men** ⟨V.; bekommt frei, be|kam frei, hat frei|be|kom|men, feri|zu|be|kom|men⟩ **I** ⟨V. trans.⟩ Gefangene ~ *durch Verhandlungen, Geld o. Ä. befreien* **II** ⟨V. intr.⟩ *arbeitsfreie Zeit gewährt bekommen* ▸ kann ich heute eine Stunde ~?

frei|be|ruf|lich ⟨Adj.⟩ *nicht festangestellt, in einem freien Beruf (tätig)* ▸ er ist ~ tätig

Frei|be|trag ⟨der; -(e)s, -trä|ge⟩ *Betrag, der nicht der Besteuerung unterliegt;* Zus *Kinderfreibetrag*

Frei|bier ⟨das; -(e)s; unz.⟩ *gestiftetes, kostenloses, (od. auch) steuerfreies Bier*

Frei|brief ⟨der; -(e)s, -e; übertr.⟩ *Erlaubnis*

Frei|e(r) ⟨die; -n, -n (der; -n, -n)⟩ *freier Mensch, freie(r) Bürger(in)*

Frei|er ⟨der; -s, -⟩ **1** ⟨veraltet⟩ *Werber (um ein Mädchen), Verehrer* **2** ⟨heute⟩ *Kunde einer Prostituierten*

Frei|gän|ger ⟨der; -s, -⟩ *Strafgefangener, der tagsüber in einem Betrieb außerhalb der Strafvollzugsanstalt arbeiten darf;* Abl *Freigängerin*

frei|ge|ben *auch:* **frei ge|ben** ⟨V.; gibt frei, gab frei, hat frei|ge|ge|ben, frei|zu|ge|ben⟩ **I** ⟨Zusammen- u. Getrenntschreibung⟩ **I.I** ⟨V. trans.⟩ **1** Sklaven ~ *in Freiheit setzen* **2** einen Weg ~ *zugänglich machen, wieder öffnen* ▸ die gesperrte Straße (wieder) für den Verkehr ~ **I.II** ⟨V. intr.⟩ jmdm. ~ *jmdn. beurlauben* ▸ ich habe mir heute von meinem Chef eine Stunde ~ lassen **II** ⟨V. trans.; nur Zusammenschreibung⟩ Akten, beschlagnahmtes Vermögen ~ *die Beschränkung, Sperre für etwas aufheben* ▸ der Film wurde für Jugendliche nicht freigegeben; ein Buch zum Druck freigeben; ein neues Arzneimittel für den Verkauf freigeben

frei|ge|big ⟨Adj.⟩ *gern schenkend, großzügig;* oV *freigiebig* ▸ er ist ~; mit Geld nicht ~ sein

frei|ha|ben *auch:* **frei ha|ben** ⟨V. intr.; hat frei, hat|te frei, hat frei|ge|habt, frei|zu|ha|ben⟩ *Ferien, Urlaub, arbeitsfreie Zeit haben* ▸ ich möchte morgen ~

frei|hal|ten *auch:* **frei hal|ten** ⟨V. trans.; hält frei, hielt frei, hat frei|ge|hal|ten, frei|zu|hal|ten⟩ **I** ⟨Zusammen- u. Getrenntschreibung⟩ **1** jmdm. einen Platz, Stuhl ~ *bereit, unbesetzt halten, nicht besetzen lassen* **2** einen Platz, Raum von Schmutz, Schnee ~ *davor schützen* **II** ⟨nur Zusammenschreibung⟩ jmdn. ~ *für jmdn. den Eintritt, die Rechnung bezahlen*

frei|hän|dig ⟨Adj.⟩ *ohne sich mit den Händen festzuhalten od. aufzustützen* ▸ ~ Rad fahren

Freiheit/Freispruch

Zwar sind diese beiden Wörter eng miteinander verwandt, doch sie unterscheiden sich in Bedeutung und Gebrauch. Das Wort *Freiheit* benennt allgemein den „Zustand des Freiseins, die Unabhängigkeit von Zwang oder Bevormundung“: *Er hat die Freiheit, allein zu entscheiden. Nach Jahren der Gefangenschaft erlangte er die Freiheit wieder.*
Dagegen wird *Freispruch* überwiegend im juristischen Zusammenhang verwendet und meint den „Schiedsspruch eines Gerichtes, das einen Angeklagten als unschuldig befindet“. Häufig ist das Substantiv *Freispruch* in dem Satzmuster „auf Freispruch plädieren (= einen Freispruch unterstützen)“ zu finden: *Sie tritt für den Freispruch des Angeklagten ein. Das Gericht plädierte auf Freispruch.*

Frei|heit ⟨die; -, -en⟩ **1** *Unabhängigkeit von Zwang, keine Bevormundung od. Behinderung;* Zus *Freiheitskampf* **2** ⟨Rechtsw.⟩ *Vorrecht, Privileg;* Zus *Abgabenfreiheit* **3** *Zustand des Nichtgefangenseins, Möglichkeit, sich ungehindert zu bewegen* ▸ ~ von Forschung und Lehre *Unabhängigkeit von F. u. L.;* die ~ des Gewissens, der Presse, Rede; ~, Gleichheit, Brüderlichkeit *(Formel für die Ziele der Französ. Revolution)*

F

F

▸ dichterische ~ ⟨Lit.⟩ *Möglichkeit des Schriftstellers, ein Geschehen od. einen Stoff nach seinen Vorstellungen umzugestalten* ▸ jmdn. der ~ berauben *ihn gefangen setzen;* seine ~ erlangen, wiedererlangen, verlieren; sich manche ~en erlauben, herausnehmen *die Konventionen nicht beachten;* jmdm. die ~ geben, schenken; jmdm. bei der Berufswahl volle ~ lassen; diese ~ nehme ich mir *das erlaube ich mir* ▸ für, um die ~ kämpfen; der Weg eines Staates in die ~ *Unabhängigkeit;* du hast volle ~ in dieser Angelegenheit ⟨übertr.⟩ *du kannst ganz nach eigenem Ermessen entscheiden;* jmdn. od. ein Tier in ~ setzen; mit großer ~ reden *sehr offen*

frei|heit|lich ⟨Adj.⟩ *freiheitsliebend, die Freiheit erstrebend* ▸ Freiheitliche Partei Österreichs ⟨Abk.: FPÖ⟩ *rechtspopulistische Partei in Österreich*

Frei|heits|ent|zug ⟨der; -(e)s; unz.⟩ *Entzug der Freiheit, Haftstrafe, Arrest*

Frei|heits|stra|fe ⟨die; -, -n⟩ *Bestrafung durch Entzug der persönl. Freiheit im Gefängnis*

frei|he|r|aus ⟨Adv.⟩ *geradeheraus, offen, ohne Umschweife* ▸ etwas ~ sagen; ~ gesagt; ~ reden

Frei|herr ⟨der; -en, -en; Abk.: Frhr.⟩ **1** *auf den Grafen folgender unterster Adelstitel* **2** *Träger dieses Titels*

Frei|kar|te ⟨die; -, -n⟩ *kostenlose Eintrittskarte (für Konzert, Theater u. a. Veranstaltungen)*

frei|kau|fen ⟨V. trans.; kauft frei, kauf|te frei, hat frei|ge|kauft, frei|zu|kau|fen⟩ jmdn. od. sich ~ *durch Zahlung einer Geldsumme befreien*

frei|kom|men ⟨V. intr.; kommt frei, kam frei, ist frei|ge|kom|men, frei|zu|kom|men⟩ *sich befreien können (von Fesseln, Hindernissen), loskommen, befreit werden*

Frei|kör|per|kul|tur ⟨die; -; unz.; Abk.: FKK⟩ *Bewegung, die die Rückkehr zum natürl. Zustand des Nackten anstrebt;* Syn *Nacktkultur, Naturismus, Nudismus* ▸ Verband für ~

Frei|land|hal|tung ⟨die; -; unz.⟩ Ggs *Stallhaltung* **1** ⟨i. w. S.⟩ *ganztägiger Weidegang* (von Tieren) **2** ⟨i. e. S.⟩ *Haltung von Hühnern im Freien* ▸ Eier aus ~

frei|las|sen *auch:* **frei las|sen** ⟨V. trans.; lässt frei, ließ frei, hat frei|ge|las|sen, frei|zu|las|sen⟩ eine Person od. ein Tier ~ *auf freien Fuß setzen, aus der Haft, Gefangenschaft, Sklaverei usw. entlassen* ▸ lass den Hund frei!; Abl *Freilassung*

frei|le|bend *auch:* **frei le|bend** ⟨Adj.⟩ *in der Freiheit, Wildnis lebend* (Tiere)

frei|le|gen *auch:* **frei le|gen** ⟨V. trans.; legt frei, leg|te frei, hat frei|ge|legt, frei|zu|le|gen⟩ etwas ~ *bloßlegen, von Hüllen od. deckenden Schichten befreien* ▸ bei der Ausgrabung wurde ein antikes Theater freigelegt / frei gelegt

frei|lich ⟨Adv.⟩ **1** *allerdings, wie zugegeben werden muss* **2** ⟨betonend⟩ *selbstverständlich, gewiss, ja* ▸ ~!, ja ~!; ~ muss ich einschränkend feststellen, mitteilen, sagen …; ~ hat er Recht!; es ist ~ (nicht) einfach, eine Entscheidung zu treffen

Frei|licht|the|a|ter ⟨das; -s, -⟩ *Theater unter freiem Himmel*

frei|lie|gen ⟨V. intr.; liegt frei, lag frei, hat frei|ge|le|gen, frei|zu|lie|gen; süddt., österr., schweiz.: ist⟩ *frei von bedeckenden Schichten sein, unbedeckt sein* ▸ die Ohren sollen ~

frei|ma|chen *auch:* **frei ma|chen** ⟨V.; macht frei, mach|te frei, hat frei|ge|macht, frei|zu|ma|chen⟩ **I** ⟨Zusammen- und Getrenntschreibung⟩ **I.I** ⟨V. trans. u. V. refl.⟩ **1** sich ~, einen Tag ~ *die Arbeit ruhen lassen* **2** sich ~, den Oberkörper ~ *die Kleidung ablegen (zur ärztl. Untersuchung)* ▸ kannst du dich (für) morgen ~? **I.II** ⟨V. refl.⟩ sich von etwas ~ *befreien* ▸ sich von seinen Vorurteilen ~ **II** ⟨V. trans.; nur Zusammenschreibung⟩ einen Brief, ein Paket ~ *frankieren, mit Briefmarke(n) bekleben, Porto, Zoll bezahlen für*

frei|mü|tig ⟨Adj.⟩ *arglos-offen, unbekümmert-frei, aufrichtig, geradlinig* ▸ etwas ~ bekennen, zugeben; Abl *Freimütigkeit*

frei|neh|men *auch:* **frei neh|men** ⟨V. intr.; nimmt frei, nahm frei, hat frei|ge|nom|men, frei|zu|neh|men⟩ (sich) ~ *Urlaub nehmen, nicht arbeiten* ▸ sie würde gern einen Monat ~

frei|pres|sen ⟨V. trans.; presst frei, press|te frei, hat frei|ge|presst, frei|zu|pres|sen⟩ jmdn. ~ *durch Erpressung, Geiselnahme jmds. Freigabe erzwingen* ▸ der Terrorist wurde freigepresst

Frei|raum ⟨der; -(e)s, -räu|me⟩ *Möglichkeit, sich frei zu bewegen u. seine eigenen Ideen zu verwirklichen* ▸ ich brauche einen gewissen ~ um mich; jmdm. nicht genügend ~ lassen

frei|schaf|fend ⟨Adj.⟩ *freiberuflich arbeitend* ▸ ein ~er Künstler, Musiker

frei|set|zen ⟨V. trans.; setzt frei, setz|te frei, hat frei|ge|setzt, frei|zu|set|zen⟩ **1** etwas ~ *aus einer Bindung lösen* **2** ⟨beschönigend⟩ Arbeitskräfte ~ *entlassen* ▸ Energie ~; Abl *Freisetzung*

Frei|sprech|an|la|ge ⟨die; -, -n; Tel.; Kfz⟩ *Telefonanlage in Autos, die ohne Einsatz der Hände betätigt werden kann;* Syn *Freisprecheinrichtung* ▸ über die ~ telefonieren

frei|spre|chen ⟨V. trans.; spricht frei, sprach frei, hat frei|ge|spro|chen, frei|zu|spre|chen⟩ **1** den Angeklagten ~ *durch Urteilsspruch von einer Anklage, Schuld befreien* **2** einen Lehrling ~ *ihm den Gesellenbrief überreichen* ▸ er wurde mangels Beweises vom Gericht freigesprochen

Frei|spruch ⟨der; -(e)s, -sprü|che⟩ *gerichtliche Feststellung der Unschuld des Angeklagten*

Frei|staat ⟨der; -(e)s, -en⟩ *Republik*

frei|ste|hen ⟨V. intr.; steht frei, stand frei, hat frei|ge|stan|den, frei|zu|ste|hen⟩ *erlaubt, gestattet sein* ▸ das steht Ihnen völlig frei

frei|stel|len ⟨V. trans.; stellt frei, stell|te frei, hat frei|ge|stellt, frei|zu|stel|len⟩ **1** jmdm. etwas ~ *zur Wahl stellen, jmdm. die Entscheidung über etwas überlassen* **2** jmdn. ~ *befreien (von einer Arbeit od. vom Wehrdienst)* ▸ es wurde uns freigestellt, daran teilzunehmen; Abl *Freistellung*

Frei|stil ⟨der; -(e)s; unz.; Sp.; meist in Zus.⟩ *Methode in einem Wettkampf nach eigener Wahl, jedoch nicht ohne Regeln;* Zus *Freistilringen, Freistilschwimmen*

Frei|stoß ⟨der; -es, -stö|ße; Fußb.⟩ *bei Verstoß gegen die Regeln unbehinderter Schuss des Gegners*

Frei|tag ⟨der; -(e)s, -e; Abk.: Fr⟩ *fünfter Tag der Woche;* Schreibung u. Zusammensetzungen: →a. *Dienstag;* Zus *Karfreitag*

frei|tags ⟨Adv.⟩ *an jedem Freitag;* →a. *Dienstag* ▸ ~ gehen wir schwimmen

Frei|tod ⟨der; -(e)s; unz.⟩ = *Selbstmord*

frei|wil|lig ⟨Adj.⟩ *ungezwungen, von selbst, aus eigenem Antrieb* ▸ ~e Feuerwehr; ein ~es soziales Jahr machen; sich ~ für eine Aufgabe melden

Frei|wil|li|ge(r) ⟨die; -n, -n (der; -n, -n)⟩ *jmd., der sich aus freiem Willen zu etwas, bes. zur Armee od. zum Kriegsdienst, meldet*

Frei|zei|chen ⟨das; -s, -⟩ *kontinuierlicher od. anhaltender Summton im Telefon zum Zeichen, dass die Leitung frei ist*

Frei|zeit ⟨die; -, -en⟩ **I** ⟨unz.⟩ *arbeitsfreie Zeit, Zeit zum Ausruhen u. Erholen;* Zus *Freizeitbeschäftigung, Freizeitgestaltung, Freizeitsport, Freizeitvergnügen* **II** ⟨zählb.⟩ *mehrtägige Zusammenkunft einer Personengruppe mit bestimmten Interessen;* Zus *Chorfreizeit, Ferienfreizeit, Schülerfreizeit*

frei|zü|gig ⟨Adj.⟩ **1** *großzügig, freigebig* **2** *anderen viel Freiheit lassend* ▸ ~ mit Geld umgehen; eine ~e Erziehung

fremd ⟨Adj.; -er, am -es|ten⟩ **1** *aus einem anderen Land, einer anderen Stadt, aus einer anderen Familie, ausländisch* **2** *andern gehörig* **3** *andersartig, fremdartig, seltsam* **4** *unbekannt, ungewohnt, unvertraut* ▸ misch dich nicht in ~e **Angelegenheiten!**; er hat sich an ~em **Eigentum** vergriffen *gestohlen;* ~e **Länder,** Sitten, Sprachen; ~e **Menschen;** unter ~em **Namen** leben, reisen *unter falschem Namen;* das war nicht für ~e **Ohren** bestimmt *das sollte niemand sonst hören* ▸ er **fühlt** sich in diesem Land noch ~; **sein:** ich bin hier ~ *wohne nicht hier, ich kenne mich hier nicht aus;* seine Art, sein Wesen ist mir völlig ~; **vorkommen:** dieser Ausdruck, dieser Begriff, dieses Wort kommt mir ~ vor

fremd|ar|tig ⟨Adj.⟩ *fremd, anders, ungewohnt;* Abl *Fremdartigkeit*

Frem|de ⟨die; -; unz.⟩ *unbekanntes, nicht heimisches Land, Ausland* ▸ in der ~ leben, sterben; in die ~ ziehen

Frem|de(r) ⟨die; -n, -n (der; -n, -n)⟩ Syn *Fremdling* **1** *Auswärtige(r)* **2** *Ausländer(in)*

frem|deln ⟨V. intr.; frem|delt, frem|del|te, hat gefrem|delt⟩ *in fremder Umgebung, Fremden gegenüber schüchtern sein* (Kind)

frem|den|feind|lich ⟨Adj.⟩ *Fremden gegenüber feindlich eingestellt, Fremde (generell) ablehnend;* Abl *Fremdenfeindlichkeit*

Frem|den|füh|rer ⟨der; -s, -⟩ **1** *jmd., der gewerbsmäßig Fremde (in einer Stadt, einem Land) umherführt, Reiseführer;* Abl *Fremdenführerin* **2** *Buch als Anleitung für Fremde zum Besichtigen einer Sehenswürdigkeit, einer Stadt usw.*

Frem|den|le|gi|on ⟨die; -; unz.; in Frankreich⟩ *aus angeworbenen Ausländern bestehende Truppe von Berufssoldaten*

Frem|den|ver|kehr ⟨der; -s; unz.⟩ *der besuchsweise Aufenthalt von Urlaubsreisenden;* Syn *Reiseverkehr*

Frem|den|zim|mer ⟨das; -s, -⟩ = *Gästezimmer*

fremd|ge|hen ⟨V. intr.; geht fremd, ging fremd, ist fremd|ge|gan|gen, fremd|zu|ge|hen; umg.⟩ *Ehebruch begehen, einen Seitensprung machen*

Fremd|herr|schaft ⟨die; -; unz.⟩ *vom Feind ausgeübte Herrschaft*

Fremd|kör|per ⟨der; -s, -⟩ **1** *fester, von außen in den Organismus (z. B. ins Auge) eingedrungener Körper* **2** ⟨übertr.⟩ *jmd., der nicht in eine Gemeinschaft passt bzw. von dieser nicht akzeptiert wird*

Fremd|spra|che ⟨die; -, -n⟩ *Sprache, die nicht die Muttersprache ist* ▸ mehrere ~n beherrschen; die Schüler lernen in der Regel zwei ~n in der Schule; Zus *Fremdsprachenunterricht*

Fremd|spra|chen|kor|re|s|pon|den|tin ⟨die; -, -tin|nen; Berufsbez.⟩ *Angestellte, Sekretärin, die Korrespondenzen u. Gespräche in mehreren Sprachen führen kann*

fremd|spra|chig ⟨Adj.⟩ *eine fremde Sprache sprechend, schreibend* ▸ ~e Bücher *Bücher in fremden Sprachen;* ~er Unterricht *in einer fremden Sprache gehaltener Unterricht*

fremd|sprach|lich ⟨Adj.⟩ *auf eine fremde Sprache bezüglich* ▸ ein ~es Buch *ein Buch über eine fremde Sprache (z. B. Lehrbuch);* ~er Unterricht *Unterricht über eine fremde Sprache*

Fremd|wort ⟨das; -(e)s, -wör|ter⟩ *aus einer anderen Sprache mehr od. weniger unverändert übernommenes Wort;* →a. *Lehnwort*

fre|ne|tisch ⟨Adj.⟩ *leidenschaftlich, heftig, rasend* ▸ ~er Beifall

fre|quen|tie|ren ⟨V. trans.; fre|quen|tiert, fre|quen|tier|te, hat fre|quen|tiert; geh.⟩ etwas ~ *häufig besuchen, benutzen*

Fre|quenz ⟨die; -, -en⟩ **1** *Häufigkeit* **2** *Verkehrsdichte* **3** ⟨Phys.⟩ *Anzahl der Schwingungen pro Zeiteinheit (bei Schwingungs- od. Wellenvorgängen);* Syn *Schwingungszahl*

Fres|ko ⟨das; -s, Fres|ken⟩ *auf frischen, noch feuchten Kalkuntergrund gemaltes Bild, wobei sich die Farben unlösbar mit diesem verbinden;* oV ⟨selten⟩ *Freske*

fres|sen ⟨V. intr. u. V. trans.; frisst, fraß, hat gefres|sen⟩ **1** (etwas) ~ *Nahrung aufnehmen* (von Tieren) **2** ⟨derb⟩ (etwas) ~ *viel essen, schlingen, gierig u. unfein essen* (von Menschen); Abl *Fresser, Fresserei;* Zus *Fressgier; fressgierig* **3** ⟨übertr.; umg.⟩ **3.1** *erfordern, verbrauchen* (Brennmaterial, Treibstoff, Kapital) **3.2** *weiter um sich greifen* (Feuer) **3.3** *zersetzen* (Rost) **3.4** *ätzen* (Säuren) **3.5** *nagen, zehren* (Kummer) ▸ jetzt habe ich es endlich gefressen! ⟨übertr.; umg.⟩ *begriffen;* er wird mich schon nicht ~ ⟨übertr.; umg.⟩ *er wird mir nichts tun;* er sah mich an, als wollte er mich ~ ⟨übertr.; umg.⟩ *furchterregend* ▸ dieser Wagen frisst viel **Benzin;** die Motten haben **Löcher** in den Polsterbezug gefressen; sein Hobby frisst **Zeit** und Geld ⟨übertr.⟩ ▸ er frisst sich **dick** und rund ⟨umg.⟩ *isst übermäßig viel;* gierig, hastig ~ ▸ dem Hund etwas zu ~ geben

Fres|sen ⟨das; -s; unz.⟩ **1** *Futter (für Tiere)* **2** ⟨derb⟩ *Essen* ▸ den Katzen ihr ~ geben; das ist ein gefundenes ~ für ihn ⟨übertr.; umg.⟩ *gerade das Richtige, ihm sehr willkommen*

Fress|napf ⟨der; -(e)s, -näp|fe⟩ *kleines Gefäß für Futter (für Vögel, Hunde)*

Freu|de ⟨die; -, -n⟩ **1** *Beglückung, (innere) Befriedigung* **2** *Gefühl des Frohseins, Fröhlichkeit* ▸ sie ist die ~ seines Alters; Freud und Leid mit jmdm. teilen ▸ jmdm. eine ~ bereiten, machen; jmdm. die ~ nehmen, rauben; sein: ist das eine ~!; er singt, dass es eine ~ ist; es ist eine ~, zu beobachten, wie die Katzen miteinander spielen; jmds. ~, jmdm. die ~ stören, trüben, verderben; ~ spenden (durch, mit etwas) ▸ es ist mir eine besondere ~, Ihnen meine Tochter vorzustellen *(Höflichkeitsfloskel);* seine einzige ~; das war eine große, riesige, unerwartete ~; sein Beruf macht ihm keine ~ mehr; die kleinen ~n des Lebens genießen; laute ~ äußern ▸ er hat an seinen Kindern viel ~; herrlich und in ~n leben; mit ~n! *gern! (freudige Zusage);* er kann sich vor ~ kaum fassen; er ist außer sich vor ~; ich könnte vor ~ an die Decke springen ⟨umg.⟩; zu meiner ~ ist alles gutgegangen ▸ welche ~!; Zus *Freudenfest, Freudentränen*

Freu|den|haus ⟨das; -es, -häu|ser⟩ = *Bordell*

Freu|den|tag ⟨der; -(e)s, -e⟩ *Tag, der Anlass zu bes. Freude gibt* ▸ heute ist ein ~!

Freu|den|tanz ⟨der; -es, -tän|ze⟩ *Tanz als Ausdruck sehr großer Freude* ▸ einen wahren ~ aufführen

freu|de|strah|lend ⟨Adj.⟩ *strahlend vor Freude, sehr glücklich aussehend* ▸ sie kam ~ nach Hause

freu|dig ⟨Adj.⟩ **1** *froh-, wohlgemut, fröhlich, heiter gestimmt* **2** *freude- od. glückbringend, beglückend* ▸ ein ~es Ereignis *Geburt eines Kindes;* ein ~es Gesicht machen; eine ~e Nachricht erhalten

freud|los ⟨Adj.⟩ *jeder Freude entbehrend, traurig, öde;* Abl *Freudlosigkeit*

freu|en ⟨V.; freut, freu|te, hat ge|freut⟩ **I** ⟨V. trans.⟩ jmdn. ~ *eine Freude bereiten, frohmachen* ▸ es freut mich, ihn, sie; es hat mich sehr gefreut Sie kennenzulernen *Höflichkeitsfloskel beim Abschied;* es würde mich ~, wenn du kommen könntest; es freut mich sehr, dass es dir gutgeht; es freut mich, zu beobachten, zu hören, zu sehen … **II** ⟨V. refl.⟩ sich ~ *Freude, Glück empfinden* ▸ sich an jmdm. od. etwas ~; sich auf, über jmdn. od. etwas ~; sich über eine Sache ~; er freut sich seines Lebens; ich freue mich, dass du schon kommst; sie kann sich so schön ~ *sie kann ihrer Freude so nett u. gut Ausdruck geben;* sie freut sich am Glück anderer; wir ~ uns schon auf die Ferien; ich habe mich sehr über seinen Besuch gefreut; er kann sich über jede Kleinigkeit ~

Freund ⟨der; -(e)s, -e⟩ **1** *jmd., zu dem man ein herzliches, enges od. vertrauliches Verhältnis hat* **2** *(guter, freundschaftlich verbundener) Kamerad, Partner;* Zus *Geschäftsfreund, Schulfreund, Sportfreund, Studienfreund* **3** ⟨umg.⟩ *Liebhaber* ▸ ~ und Feind *alle;* ein ~ der Kunst, Musik, Wissenschaften; ein ~ des Weines ▸ keine ~e besitzen; viele ~e finden, gewinnen, haben; jmds. ~ bleiben, sein, werden; hat sie schon einen ~? ⟨umg.⟩ *Liebhaber;* sein: er ist nicht mehr unser ~; mein ~ war er nie *ich konnte ihn nie leiden;* gut ~ werden mit *sich anfreunden mit;* wieder gut ~ werden *sich wieder vertragen, versöhnen* ▸ wie geht's, alter ~?; sie sind alte ~e; ein bewährter, falscher, guter, treuer, uneigennütziger, väterlicher ~; die beiden sind dicke ~e ⟨umg.⟩ *eng miteinander befreundet;* das ist ja ein feiner, schöner ~! ⟨umg.; iron.⟩ *alles andere als ein F.;* ein fester ~; mein lieber ~! *(als warnende od. besorgte Anrede);* ist das ihr neuer ~? ⟨umg.⟩ *Liebhaber* ▸ als ~ möchte ich dir sagen … *ich meine es gut, wenn ich es dir sage …;* jmdn. als, zum ~ gewinnen; unter ~en *unter uns, billig;* er ist ein guter ~ von mir; er ist kein ~ von großen Worten *er liebt es nicht, große Worte zu machen;* jmdn. zum ~ haben

Freund|chen ⟨das; -s, -⟩ *(leicht warnende Anrede)* ▸ ~, ~!; wart nur, ~, dir werd ich helfen!

Freun|des|kreis ⟨der; -es, -e⟩ *Kreis von vertrauten Menschen* ▸ einen großen ~ besitzen; im ~ beisammen sein

Freun|din ⟨die; -, -din|nen⟩ *weibl. Freund*

freund|lich ⟨Adj.⟩ **1** *wohlwollend, aufmerksam herzlich, liebenswürdig* **2** *gut gemeint* **3** *heiter, licht, ansprechend, heimelig* ▸ auf Ihr ~es Angebot werde ich gern zurückkommen; jmdm. eine ~e Aufnahme bereiten; ~e Farben wählen; eine ~e Gegend, Landschaft, Stadt, Umgebung, Wohnung; er macht ein ~es Gesicht; jmdm. ~e Grüße senden, überbringen, übermitteln; ~es Klima, Wetter; sie hat ein ~es Wesen; Sie hat ~e Worte gesprochen ▸ jmdn. ~ aufnehmen, empfangen; einem Plan ~ gegenüberstehen *ihn unterstützen* ▸ gegen jmdn. ~ sein; bitte recht ~! *(Aufforderung des Fotografen);* sehr ~!, vielen Dank!; das ist sehr ~ von Ihnen; seien Sie so ~, Bescheid zu geben; ~ zu jmdm. sein

Freund|lich|keit ⟨die; -, -en⟩ **I** ⟨unz.⟩ *freundliches Wesen od. Verhalten* **II** ⟨zählb.⟩ *freundliche Handlung*

Freund|schaft ⟨die; -, -en⟩ *auf Zuneigung, Vertrauen, Treue gegründetes Verhältnis* ▸ Beweise der ~ geben ▸ aufhören: in Geldsachen hört die ~ auf; ~ halten, schließen; jmdm. die ~ kündigen ▸ enge, herzliche, innige, langjährige, wahre ~ ▸ ~ auf Leben und Tod; etwas aus ~ tun; in ~ verbunden sein; jmdm. in aller ~ etwas raten; mit jedermann in ~ leben *in friedl., gutem Einvernehmen;* mit jmdm. gute ~ halten; ~ unter den Staaten, Völkern; ~ zwischen Nachbarn

freund|schaft|lich ⟨Adj.⟩ *in Freundschaft verbunden, darauf gegründet* ▸ ~e Beziehungen haben, unterhalten; jmdm. ~e Gefühle entgegenbringen; jmdm. einen ~en Rat geben; in ~em Verhältnis zu jmdm. stehen

F

Freund|schafts|dienst ⟨der; -(e)s, -e⟩ *Dienstleistung, Hilfe aus Freundschaft* ▸ jmdm. eine ~ erweisen

Freund|schafts|spiel ⟨das; -(e)s, -e; Sp.⟩ *Spiel außerhalb der Punktspiele*

Fre|vel ⟨der; -s, -⟩ **1** *Entheiligung, schwerer Verstoß gegen göttl. od. menschl. Gesetze* **2** *Verbrechen, Missetat;* Syn *Freveltat;* Abl *freveln*

fre|vel|haft ⟨Adj.⟩ *in der Art eines Frevels, auf einem Frevel beruhend, sündhaft, verbrecherisch;* Syn *frevlerisch* ▸ eine ~e Tat

Frie|de ⟨der; -ns, -n; älter für⟩ *Frieden* ▸ ~, Freude, Eierkuchen *Eintracht u. Harmonie, die vorhandene Unstimmigkeiten nach einer vorangegangenen Auseinandersetzung o. Ä. überdecken*

Frie|den ⟨der; -s, -⟩ **1** *politisch u. rechtlich geordneter Zustand innerhalb eines Staates od. Gemeinwesens bzw. zw. mehreren von ihnen;* Zus *Friedensbruch, Friedensnobelpreis, Friedensverhandlung, Friedenswille* **2** *Zustand ungestörter Ordnung u. Harmonie, innerer Ruhe u. Ausgeglichenheit;* Zus *Friedensstifter(in); Ehefrieden* **3** *Friedensschluss, -vertrag* ▸ den ~ einer **Landschaft,** der Natur genießen ▸ den ~ **aufrechterhalten,** erhalten, ersehnen, sichern; den ~ **brechen,** gefährden, stören; er kann keinen ~ **finden** *die innere Ruhe;* das Kind **gab** keinen ~, bis es seinen Kopf durchgesetzt hatte ⟨übertr.; umg.⟩ *es gab keine Ruhe, quengelte unaufhörlich;* es **herrscht** (kein) ~; ~ **schließen;** ~ **stiften** *zw. streitenden Parteien vermitteln;* ich kann dem ~ nicht recht **trauen** ⟨umg.⟩ *dem äußeren Schein der Ruhe* ▸ ein **dauerhafter,** jahrzehntelanger, ungestörter ~; der **ewige** ~ *Ruhe nach dem Tode, Ewigkeit;* **häuslicher** ~ ▸ **für** den ~ kämpfen; lass mich **in** ~! *lass mich in Ruhe, belästige mich nicht (damit);* **mit** jmdm. wieder ~ schließen *sich versöhnen;* **über** Krieg und ~ entscheiden; den Gegner **um** ~ bitten; um des lieben ~s willen ⟨umg.⟩ *um Streit zu vermeiden;* ~ **zwischen** den Völkern fördern

Frie|dens|be|we|gung ⟨die; -, -en⟩ *Bestrebung zur Erhaltung des Weltfriedens* ▸ der Zusammenschluss von polit. Vereinigungen zu einer ~

Frie|dens|pfei|fe ⟨die; -, -n⟩ **1** ⟨urspr.⟩ *Tabakspfeife der nordamerikanischen Indianer, die beim Friedensschluss reihum geraucht wurde* **2** ⟨heute; umg.; übertr.⟩ die ~ rauchen *Frieden schließen*

Frie|dens|schluss ⟨der; -es, -schlüs|se⟩ *Abschluss des Friedensvertrages*

Frie|dens|tau|be ⟨die; -, -n⟩ *Taube mit Ölzweig als Symbol des Friedens*

fried|fer|tig ⟨Adj.⟩ *friedenswillig, verträglich, nicht zu Streit geneigt* ▸ er ist ein sehr ~er Mensch; Abl *Friedfertigkeit*

Fried|hof ⟨der; -(e)s, -hö|fe⟩ *(bes. christl.) Begräbnisplatz, Ort, an dem Tote bestattet werden*

fried|lich ⟨Adj.⟩ **1** *ohne Krieg, ohne Kampf, ohne Streit, gütlich* **2** *ungestört, ruhig* **3** *friedfertig, verträglich* **4** *still u. wohltuend ruhig, harmonisch* **5** ⟨umg.⟩ *zufrieden, still* ▸ die ~e Koexistenz von Moslems und Christen fördern; ein ~er Charakter; eine ~e Gegend, Landschaft; ~e Leute, Zeiten; eine ~e Lösung anstreben; einen Konflikt auf ~em Wege bereinigen; ~ leben

fried|lie|bend ⟨Adj.⟩ **1** *den Frieden liebend* **2** *Streit vermeidend* ▸ diese Menschen sind ~

fried|voll ⟨Adj.⟩ *friedlich, frei von Gewalt* ▸ ~ miteinander umgehen; ~ zusammenleben

frie|ren ⟨V. intr.; friert, fror, hat ge|fro|ren⟩ *kalt sein, sich kalt fühlen, Kälte empfinden* ▸ ich friere, es friert mich, mich friert; mich friert an den Füßen, Händen; ich friere an den Füßen; mir ~ die Füße, Hände; es friert *es herrscht Frost, die Temperatur liegt unter dem Gefrierpunkt;* es friert heute Stein und Bein ⟨umg.⟩ *es herrscht strenger Frost;* der Boden ist gefroren *hart vom Frost*

Frie|se ⟨der; -n, -n⟩ *Einwohner von Friesland;* Syn *Friesländer;* Abl *Friesin*

frie|sisch ⟨Adj.⟩ *zu Friesland gehörig, es betreffend, aus Friesland stammend;* Syn *friesländisch* ▸ ~e Sprache *eine westgerm. Sprache*

fri|gi|de ⟨Adj.⟩ *geschlechtlich nicht erregbar* (bes. von der Frau)*;* oV *frigid*

Fri|ka|del|le ⟨die; -, -n⟩ *gebratenes Fleischklößchen;* Syn ⟨österr.⟩ *Fleischlaberl*

Fri|kas|see ⟨das; -s, -s; Kochk.⟩ *klein geschnittenes Fleisch in heller, säuerlicher Soße;* Zus *Hühnerfrikassee, Kalbsfrikassee*

frisch ⟨Adj.; -er, am -(e)s|ten⟩ **1** *unverbraucht, nicht abgelagert, nicht alt* (Lebensmittel) **2** *neu, jung* (Gemüse) **3** *erneuert, unermüdet* (Kräfte) **4** *sauber, rein, unbenutzt* (Wäsche) **5** *vor kurzem geschehen, eben erst getan* **6** *munter, lebhaft, gesund* (Person) **7** *kühl* (Wetter) **8** *deutlich, leuchtend, gut erhalten* (Farben) ▸ ein ~es **Aussehen** haben *eine gesunde Gesichtsfarbe;* ~es **Brot** kaufen; ~e **Brötchen,** Eier; eine ~e **Fährte,** Spur; die **Farben** sind noch ganz ~; ~es **Gemüse,** Obst essen; ein ~es **Hemd** anziehen; mit ~en **Kräften** an die Arbeit gehen; ~e **Luft** schöpfen; ~en **Mut** fassen; jmdn. auf ~er **Tat** ertappen; ~e **Wäsche** anziehen; ein ~er **Wind** kommt auf *ein kühler W.;* die **Wunde** ist ganz ~ ▸ ~ (und gesund) **aussehen;** die Betten ~ **beziehen; sein:** es ist ~ draußen ▸ ~ **gebacken** = *frischgebacken (I);* ~ **gestrichen** = *frischgestrichen;* ~ **gewaschen** = *frischgewaschen;* ~ und **munter** sein ▸ ~ **auf!** *(ermunternder Zuruf);* es ist mir noch ~ **in** der Erinnerung; etwas ~ im Gedächtnis haben

Fri|sche ⟨die; -; unz.⟩ **1** *Munterkeit, Lebhaftigkeit, Rüstigkeit* **2** *Kühle* ▸ seine alte ~ wiedererlangen; in alter ~

frisch|ge|ba|cken *auch:* **frisch ge|ba|cken** ⟨Adj.⟩ **I** ⟨Zusammen- u. Getrenntschreibung⟩ *soeben fertiggebacken* ▸ ein ~er Kuchen **II** ⟨nur Zusammenschreibung; übertr.⟩ *soeben, vor kurzer Zeit geworden* ▸ frischgebackener Ehemann *jung verheirateter E.*

frisch|ge|stri|chen *auch:* **frisch ge|stri|chen** ⟨Adj.⟩ *soeben gestrichen* ▸ eine ~e Wand

frisch|ge|wa|schen *auch:* **frisch ge|wa|schen** ⟨Adj.⟩ *soeben, vor kurzer Zeit gewaschen* ▸ ~e Wäsche

Frisch|hal|te|beu|tel 〈der; -s, -〉 *Beutel aus Plastik zum Frischhalten von Lebensmitteln*
Frisch|kä|se 〈der; -s, -〉 *ein cremiger Quark*
Frisch|ling 〈der; -s, -e〉 *junges Wildschwein im 1. Jahr*
Fri|seur 〈[-zøːr] der; -s, -e〉 *jmd., der anderen das Haar frisiert, es pflegt, färbt, schneidet u. in Form bringt;* Syn *Haarschneider* ▸ morgen gehe ich zum ~; mein Sohn lernt ~; Zus *Friseursalon; Damenfriseur, Herrenfriseur*
Fri|seu|rin 〈[-zøː-] die; -, -rin|nen〉 *weibl. Friseur*
fri|sie|ren 〈V. trans.; fri|siert, fri|sier|te, hat fri|siert〉 **1** jmdn. ~, jmdm. das Haar ~ *jmdm. das Haar kämmen, formen;* Zus *Frisiersalon* **2** 〈übertr.〉 etwas ~ *beschönigend überarbeiten, verfälschen* (Bericht usw.) **3** 〈Kfz〉 einen Motor ~ *die Leistung eines Motors durch nicht erlaubte Veränderungen steigern* ▸ sie ist stets gut frisiert; sie frisiert sich gerade; die Meldung ist frisiert 〈übertr.〉
Fri|sör 〈der; -(e)s, -e; eindeutschend〉 = *Friseur;* Abl *Frisörin*
Frist 〈die; -, -en〉 *festgesetzter Zeitraum, Wartezeit* ▸ **ablaufen:** die ~ läuft heute ab; eine ~ **bestimmen,** festsetzen; eine ~ **bewilligen,** geben, gewähren; die ~ **einhalten,** versäumen, verstreichen lassen; nur noch wenige Tage ~ **haben;** eine ~ um zwei Tage **verlängern;** eine längere ~ **verweigern** ▸ eine **dreitägige,** kurze, längere ~; die **gesetzliche** ~ ▸ das Geliehene **in** kürzester ~ zurückgeben; jmdm. eine ~ **von** drei Jahren, Monaten, Tagen, Wochen einräumen
fris|ten 〈V. trans.; fris|tet, fris|te|te, hat ge|fris|tet〉 ein ärmliches, trostloses Leben ~ *sich mühsam erhalten* ▸ ein Schattendasein ~ *eine kümmerliche Existenz leben*
Fris|ten|re|ge|lung 〈die; -; unz.〉 *gesetzl. Regelung, nach der ein Schwangerschaftsabbruch innerhalb einer festgelegten Frist straffrei bleibt*
frist|ge|mäß 〈Adj.〉 *der (vertraglich) vereinbarten Frist entsprechend* ▸ eine Wohnung ~ kündigen
frist|ge|recht 〈Adj.〉 *zu vereinbarter Frist* ▸ eine Arbeit ~ abliefern
frist|los 〈Adj.〉 *keine Frist gewährend, unverzüglich* ▸ ~e Entlassung; jmdn. ~ entlassen
Fri|sur 〈die; -, -en〉 *Haartracht, Art u. Weise des Frisierens, Zurechtmachens des Haares* ▸ hast du eine neue ~?; meine ~ gefällt mir nicht mehr
frit|tie|ren 〈V. trans.; frit|tiert, frit|tier|te, hat frittiert〉 Essen ~ *in Fett schwimmend braten*
fri|vol 〈[-voːl] Adj.〉 *schlüpfrig, anstößig, zweideutig* ▸ er machte ~e Bemerkungen
Frl. 〈Abk. für〉 *Fräulein*
froh 〈Adj.; -er, am -(e)s|ten〉 **1** *heiter, innerlich fröhlich, ausgeglichen* (Mensch) **2** *erleichtert, erfreut, beglückt* **3** *erfreulich, freudig* (Nachricht) ▸ die Frohe **Botschaft** *das Evangelium;* ein ~es **Ereignis,** Fest feiern; ~e **Feiertage,** Ferien verleben; ~es **Fest!** *(Glückwunsch zu Feiertagen);* ~en **Mutes** sein; eine ~e **Nachricht** erhalten ▸ **sein:** ich bin ~, dass du gekommen bist; er kann seines Lebens nicht ~ **werden** ▸ **darüber** sind wir alle ~; ich bin über diese Lösung sehr ~
froh|ge|mut 〈Adj.; geh.〉 *frohen Mut besitzend, wohlgemut, zuversichtlich*

froh/fröhlich/lustig

Da die Adjektive *froh* und *fröhlich* einander ähneln, können sie trotz unterschiedlicher Bedeutung leicht verwechselt werden. *Froh* zu sein meint „heiter, ausgeglichen, beglückt" zu sein: *Er war froh, sie wiederzusehen. Sie ist froh, dass alles so gut ging.* Eher im Sinne von „lustig, gut gelaunt" wird *fröhlich* verwendet: *Die Kinder spielen fröhlich im Garten. Es war ein fröhliches Fest.* Um den Unterschied deutlich zu machen, kann man sagen, dass *froh* einen Gemüts- oder Gefühlszustand beschreibt, während *fröhlich* eher für eine Charaktereigenschaft oder eine Stimmung steht.
Mitunter werden auch die Adjektive *fröhlich* und *lustig* verwechselt. *Lustig* bedeutet häufig „komisch, witzig oder amüsant". In vielen Fällen ist die Verwendung beider Adjektive möglich, jedoch bestehen auch dann Bedeutungsunterschiede: *Sie kam fröhlich zur Tür herein. Er ist oft so lustig, dass alle lachen müssen. Er ist ein fröhlicher* (= gut gelaunter) / *lustiger* (= witziger) *Mensch.*

fröh|lich 〈Adj.〉 *heiter, unbeschwert, mit Freude erfüllt, vergnügt* ▸ er kam ~ von der Arbeit; du machst heute ein ~es Gesicht; die Kinder spielen ~ im Garten; Abl *Fröhlichkeit*
froh|lo|cken 〈V. intr.; froh|lockt, froh|lock|te, hat froh|lockt〉 *jubeln, sich freuen* ▸ frohlocket dem Herrn! 〈veraltet; poet.〉 *preist den Herrn;* über jmds. Missgeschick ~ *sich schadenfroh freuen*
Froh|na|tur 〈die; -, -en〉 *jmd., der eine frohe, heitere Wesensart besitzt* ▸ das Kind ist eine ~
Froh|sinn 〈der; -(e)s, -e〉 *heitere Ausgeglichenheit, innere Fröhlichkeit, frohes Wesen*
fromm 〈Adj.; -er, am -s|ten, auch: fröm|mer, am frömms|ten〉 **1** *gottesfürchtig, gläubig, religiös* (Christ, Mensch) **2** *gottgefällig* (Werke) ▸ ein ~er Wunsch *W., von dem man weiß, dass er wahrscheinlich nicht erfüllt werden wird;* Abl *Frömmigkeit*
Fron 〈die; -, -en〉 **1** 〈früher〉 *dem Lehnsherrn zu leistende Arbeit, Arbeit der Leibeigenen;* Zus *Fronarbeit* **2** 〈übertr.〉 *unbeliebte, erzwungene, harte, mühsame Arbeit*
frö|nen 〈V. intr.; frönt, frön|te, hat ge|frönt〉 einem Laster, einer Leidenschaft ~ *sich ihm, ihr rückhaltslos hingeben, nicht dagegen ankämpfen*
Fron|leich|nam 〈der; -s; unz.〉 *kath. Festtag, der am Donnerstag nach Pfingsten gefeiert wird*
fron|tal 〈Adj.〉 *von der Stirnseite kommend, von vorn;* Zus *Frontalangriff, Frontalzusammenstoß*
fror → *frieren*
Frosch 〈der; -(e)s, Frö|sche; Zool.〉 *ein kleines, meist grünes Tier mit langen Beinen, mit denen es schnell u. weit springen u. gut schwimmen kann;* →a. *Kröte* ▸ die Frösche quakten im Teich; aus

Kaulquappen werden Frösche; sei kein ~! ⟨umg.⟩ *kein Spielverderber, zier dich nicht u. mach mit!;* ich habe einen ~ im Hals ⟨übertr.; umg.⟩ *ich bin heiser, ich muss mich räuspern;* Zus *Froschkonzert, Froschschenkel*

Frosch|laich ⟨der; -(e)s, -e⟩ *die abgelegten Eier der Frösche*

Frosch|per|s|pek|ti|ve ⟨die; -; unz.⟩ *Ansicht von tiefgelegenem Blickpunkt aus, von unten her* ▸ etwas aus der ~ betrachten *von unten her*

Frost ⟨der; -(e)s, Frös|te⟩ *Temperatur unter dem Gefrierpunkt sowie die dabei auftretenden Vorgänge, z. B. Frostschäden* ▸ heute Nacht hatten wir den ersten ~ in diesem Jahr; anhaltender, heftiger, klirrender, strenger ~; die Pflanzen haben durch den ~ gelitten; der ~ steckt noch im Boden *der Boden ist noch gefroren;* Zus *Frostschutz, Frostschutzmittel*

Frost|beu|le ⟨die; -, -n⟩ *Entzündung von Körpergewebe durch zu starke Kälte* ▸ du bist aber eine ~! *du frierst aber leicht!*

frös|teln ⟨V. intr.; frös|telt, frös|tel|te, hat ge|frös|telt⟩ **I** ⟨persönl.⟩ jmd. fröstelt *friert mit einem leichtem Schauer* ▸ ich fröstele, mich fröstelt **II** ⟨unpersönl.⟩ es fröstelt *es ist leichter Frost, es wird kalt*

fros|tig ⟨Adj.⟩ **1** *kalt, zu Frost neigend* (Wetter) **2** ⟨übertr.⟩ *betont zurückhaltend, unfreundlich, kühl* (Begrüßung, Empfang)

Frot|tee ⟨a. [-teː] das od. der; -s, -s; Textilwesen⟩ *ein Gewebe mit gekräuselter, saugfähiger Oberfläche;* oV ⟨schweiz.⟩ *Frotté*

frot|zeln ⟨V. intr.; frot|zelt, frot|zel|te, hat ge|frot|zelt; umg.⟩ (über jmdn. od. etwas) ~ *spöttische Bemerkungen machen;* Abl *Frotzelei*

Frucht ⟨die; -, Früch|te⟩ **1** *ein Nahrungsmittel, das an Bäumen od. Sträuchern reift u. wächst u. das meistens saftig u. süß ist, Obst;* Zus *Fruchteis, Fruchtjoghurt* **2** ⟨übertr.⟩ *aus einer Anstrengung entstehener Erfolg* ▸ Äpfel, Bananen, Birnen, Erdbeeren und Pflaumen sind sehr schmackhafte Früchte; die Früchte der Arbeit, des Fleißes ernten ⟨übertr.⟩; die Früchte des Feldes, unseres Gartens, des Landes ▸ die Bäume, Sträucher bringen, tragen reiche ~ *reichen Ertrag, viele Früchte;* Früchte einfrieren, einkochen, einmachen, einwecken; mehrere Kilo Früchte ernten ▸ eine große, saftige, reife, süße, wohlschmeckende ~ ▸ als ~ langer Verhandlungen kam der Vertrag zustande; Früchte aus dem eigenen Garten ernten

frucht|bar ⟨Adj.⟩ **1** *reiche Frucht bringend, ertragreich* (Boden) **2** *fähig, Frucht zu tragen, Kinder zur Welt zu bringen* **3** ⟨übertr.⟩ *erfolgreich, nützlich* (Arbeit)*;* Abl *Fruchtbarkeit*

fruch|ten ⟨V. intr.; fruch|tet, fruch|te|te, hat ge|fruch|tet⟩ *etwas nützen, bewirken* ▸ die Mahnungen haben nicht gefruchtet

Frucht|fleisch ⟨das; -(e)s; unz.⟩ *der den Samen umgebende, essbare Teil einer Frucht*

fruch|tig ⟨Adj.⟩ *stark nach der Frucht schmeckend (eine Geschmacksrichtung beim Wein)*

frucht|los ⟨Adj.; übertr.⟩ *nutzlos, keinen Erfolg bringend* (Anstrengung, Bemühung)

Frucht|was|ser ⟨das; -s; unz.; Biol.; Med.⟩ *die in der Gebärmutter zw. Eihäuten u. Frucht eingeschlossene Flüssigkeit, die beim vor der Geburt ausfließt*

Frucht|zu|cker ⟨der; -s, -⟩ *Zucker im Saft süßer Früchte u. im Honig;* Syn *Lävulose, Fruktose*

fru|gal ⟨Adj.⟩ *einfach, bescheiden, genügsam;* Ggs *opulent* ▸ ein ~es Mahl

früh ⟨Adj.; -er, am -(e)s|ten⟩ **I** ⟨attr.⟩ **1** *am Beginn eines Zeitabschnitts liegend, zeitig;* Zus *Frühgeschichte, Frühgotik, Frühmittelalter, Frühschicht, Frühsommer, Frühsport, Frühstadium, Frühzeit* **2** *vorzeitig, vor der gewöhnlichen Zeit (stattfindend, eintretend);* Zus *Frühapfel, Frühkartoffel, Frühreife* ▸ meine ~esten Erinnerungen *meine ersten E.;* der ~e Morgen; ein ~er Tod; dieses Drama ist ein ~es Werk des Dichters ▸ am ~en Morgen; im ~en Altertum; in ~er, ~ester Jugend; seit ~ester Jugend; von ~er Kindheit an; zu ~er Stunde **II** ⟨adv.⟩ **1** *zeitig, (sehr) bald* **2** *am Anfang* **3** *am Morgen* ▸ um vier Uhr ~ ▸ ~ aufstehen; ich habe es schon ~ erfahren ▸ es ist noch ~ am Tage; er kam gestern ~/Früh hier an; wir kommen noch ~ genug *wir haben noch Zeit;* heute ~/Früh; ~ im Jahr; könnt ihr möglichst ~ kommen?; morgen ~/Früh gehe ich einkaufen; es ist noch sehr ~; so ~ wie möglich; er arbeitet von ~ bis spät; zu ~ kommen; es ist noch zu ~, das Geschäft ist noch nicht offen; →a. *früher*

Früh ⟨die; -; unz.⟩ = *Frühe*

Früh|auf|ste|her ⟨der; -s, -⟩ *jmd., der stets früh am Morgen aufsteht;* Abl *Frühaufsteherin*

Früh|bu|cher ⟨der; -s, -⟩ *Person, die eine Reise, eine Bahnfahrt od. einen Flug zu einem frühen Zeitpunkt bucht* ▸ günstige Tarife für ~ anbieten; Zus *Frühbucherrabatt*

Frü|he ⟨die; -; unz.⟩ **1** ⟨geh.⟩ *Frühzeit* **2** *erster Teil eines Zeitabschnitts, bes. des Morgens* **3** *Tagesanbruch* ▸ in der ~ aufstehen; sie sind in aller ~ abgefahren

frü|her[1] ⟨Adj.; Komp. von „früh"; nur attr.⟩ *ehemalig, vorherig, einstig* ▸ ein ~er Freund von mir; der ~e Kaiser, Minister; in ~en Fällen wurden die Eltern benachrichtigt; in ~en Zeiten war ein Handkuss üblich *in vergangenen Zeiten*

frü|her[2] ⟨Adv.⟩ **1** *eher, zeitiger* **2** *in der Vergangenheit, damals, ehemals, einst* ▸ da musst du ~ aufstehen! ⟨umg.⟩ *da musst du besser aufpassen, schneller sein;* er besaß ~ mehrere Häuser; ich war ~ oft dort; er ist viel ~ gekommen, als ich dachte; je ~, desto besser; wir kennen uns von ~ (her); es ist alles noch wie ~

Früh|er|ken|nung ⟨die; -; unz.⟩ *rechtzeitiges Erkennen (einer Krankheit, bes. von Krebs)*

frü|hes|tens ⟨Adv.⟩ *nicht eher als* ▸ ~ morgen kann ich bei dir vorbeikommen

frü|hest|mög|lich ⟨Adj.⟩ *so früh wie möglich* ▸ zum ~en Zeitpunkt

Früh|ge|burt ⟨die; -, -en⟩ **1** *Geburt eines lebensfä-*

higen Kindes vor Ablauf der neun Schwangerschaftsmonate **2** *das (zu) früh geborene Kind selbst;* Syn *Frühgeborene(s)*

Früh|jahr ⟨das; -(e)s; unz.⟩ = *Frühling (1);* Zus *Frühjahrsmüdigkeit, Frühjahrsputz*

Früh|ling ⟨der; -s, -e⟩ **1** *eine der vier Jahreszeiten, 21. März bis 21. Juni (auf der nördl. Halbkugel);* Syn *Frühjahr;* Zus *Frühlingsanfang, Frühlingsblume, Frühlingstag* **2** ⟨übertr.⟩ *Zeit der Jugend, des Wachsens, Aufschwung, Blüte* ▸ im ~ blühen Krokusse, Narzissen und Tulpen; endlich wird es nach dem langen Winter wieder ~; einen zweiten ~ erleben *sich im Alter nochmals verlieben*

F

früh|lings|haft ⟨Adj.⟩ *wie im Frühling, dem Frühling entsprechend* ▸ ~e Temperaturen

früh|mor|gens ⟨Adv.⟩ *am frühen Morgen*

Früh|pen|si|o|nie|rung ⟨[-pã-] od. [-paŋ-], bair.-österr. [-pɛn-] die; -, -en⟩ *vorzeitige Pensionierung, Frührente*

früh|reif ⟨Adj.⟩ *körperlich u. seelisch reif (bes. in geschlechtlicher Hinsicht), vor der üblichen Zeit entwickelt* (Kind)

Früh|ren|te ⟨die; -, -n⟩ *Rente, die vorzeitig gezahlt wird* ▸ in ~ gehen ⟨umg.⟩; Abl *Frührentner(in)*

Früh|schop|pen ⟨der; -s, -⟩ *kleiner (meist geselliger) Trunk im Gasthaus am Vormittag*

Früh|start ⟨der; -s, -s; Sp.⟩ *vorzeitiger (u. dadurch ungültiger) Start, Fehlstart (bei einem Wettkampf)*

Früh|stück ⟨das; -s, -e⟩ *Morgenmahlzeit* ▸ erstes ~ *erste Mahlzeit am Tag;* zweites ~ *Zwischenmahlzeit am Vormittag zw. erstem Frühstück u. Mittagessen;* das ~ machen; zum ~ essen wir gerne Brötchen mit Butter und Marmelade und weichgekochte Eier; was möchtest du zum ~?; Zus *Frühstückstisch; Sonntagsfrühstück*

früh|stü|cken ⟨V. intr. u. V. trans.; früh|stückt, früh|stück|te, hat ge|früh|stückt⟩ (etwas) ~ *das Frühstück zu sich nehmen* ▸ hast du schon gefrühstückt?; wir ~ am Wochenende erst um 10 Uhr; wollen wir ~ frühstücken?; ich frühstücke gern Müsli; sie hat meistens keine Zeit zum Frühstücken

früh|zei|tig ⟨Adj.⟩ *früh, zeitig* ▸ ~ da sein, kommen

Frust ⟨der; -(e)s, -e; umg., kurz für⟩ *Frustration* ▸ ~ haben

Frus|tra|ti|on ⟨die; -, -en⟩ *Enttäuschung durch unfreiwilligen Verzicht*

frus|t|rie|ren ⟨V. trans.; frus|t|riert, frus|t|rier|te, hat frus|t|riert; Psych.⟩ jmdn. ~ *jmds. Erwartung enttäuschen* ▸ sein Verhalten frustriert mich; frustriert *enttäuscht, entmutigt, ohne inneren Antrieb;* er sieht sehr frustriert aus

Fuchs ⟨[-ks] der; -es, Füch|se⟩ **1** ⟨Zool.⟩ *ein hundeartiges Raubtier, das in einem Bau lebt u. kleinere Tiere, bes. Mäuse, aber auch Insekten u. Früchte frisst;* Abl *Füchsin;* Zus *Fuchsbau, Fuchsjagd, Fuchsschwanz* **2** *Pferd mit rotbraunem Fell, Schweif u. Mähnenhaar* **3** ⟨übertr.⟩ *schlauer, listiger Mensch* ▸ er ist ein (alter) ~ ⟨übertr.⟩; ein schlauer ~ ⟨übertr.⟩; wo die Füchse (Fuchs und Hase) sich gute Nacht sagen ⟨übertr.⟩ *an einem einsamen, weit entfernten Ort*

fuch|sen ⟨[-ks-] V. trans.; fuchst, fuchs|te, hat gefuchst; umg.⟩ jmdn. ~ *ärgern, keine Ruhe lassen* ▸ es fuchst mich, dass er die Arbeit nicht gemacht hat

fuch|sig ⟨[-ks-] Adj.⟩ **1** *rothaarig* **2** ⟨umg.⟩ *wütend, ärgerlich, ungeduldig* ▸ er war ganz ~

fuchs|teu|fels|wild ⟨Adj.; umg.; verstärkend⟩ *sehr zornig, sehr wütend*

Fuch|tel ⟨die; -, -n⟩ *Degen mit breiter Klinge* ▸ unter jmds. ~ stehen ⟨umg.⟩ *unter jmds. strenger Aufsicht, unter seinem Einfluss*

fuch|teln ⟨V. intr.; fuch|telt, fuch|tel|te, hat gefuch|telt⟩ mit den Armen ~ *sie heftig in der Luft herum bewegen, (meist) herumfuchteln*

fuff|zig ⟨Adj.; Kardinalzahl; bes. berlin.⟩ *fünfzig*

Fug ⟨der; veraltet⟩ *Zuständigkeit, Recht* ▸ ⟨nur in der Wendung⟩ etwas mit ~ und Recht behaupten, beanspruchen, sagen, tun

Fu|ge[1] ⟨die; -, -n⟩ *Öffnung zw. benachbarten Bauteilen (Mauersteinen, Holzbalken usw.), Ritze, Spalt* ▸ aus den ~n gehen, ⟨od.⟩ geraten *auseinander- od. entzweigehen* (von Teilen, die zusammengehören); die Welt ist aus den ~n ⟨übertr.⟩ *ist gestört, durcheinander;* Abl *fugenlos*

Fu|ge[2] ⟨die; -, -n; Mus.⟩ *nach strengen Regeln aufgebautes Musikstück, bei dem ein Thema nacheinander durch alle Stimmen geführt wird* ▸ die Kunst der ~ von Bach

fü|gen ⟨V.; fügt, füg|te, hat ge|fügt⟩ **I** ⟨V. trans.⟩ **1** etwas an etwas ~ *zusammensetzen, aneinanderpassen, passend aneinandersetzen, durch Nägel, Schrauben usw. verbinden* **2** etwas ~ *geschehen machen, bewirken* ▸ das Schicksal hat es so gefügt; der Zufall fügte es, dass ich ihn auf dem Bahnhof traf; ein Wort an ein anderes ~; einen Stein auf einen anderen ~ **II** ⟨V. refl.⟩ **1** sich ~ (von Personen) *tun, was befohlen wird, nachgeben, gehorchen* **2** sich ~ (von Ereignissen) *(zufällig od. beabsichtigt) geschehen* ▸ es fügte sich, dass ...; sich jmdm. ~; sich jmds. Willen ~; sich in etwas ~ *etwas klaglos hinnehmen;* sich ins Unvermeidliche ~; es hat sich so gefügt

füg|sam ⟨Adj.⟩ *gefügig, sich leicht fügend, gehorsam, artig, anpassungsfähig* ▸ er ist ein ~es Kind

Fü|gung ⟨die; -, -en⟩ **1** *das Sichfügen* **2** *Walten des Schicksals* ▸ eine ~ des Schicksals; durch eine glückliche ~ trafen wir uns wieder

fühl|bar ⟨Adj.⟩ *so beschaffen, dass man es fühlen kann, spürbar, merklich* ▸ eine ~e Erleichterung

füh|len ⟨V.; fühlt, fühl|te, hat ge|fühlt⟩ **I** ⟨V. trans.⟩ **1** etwas ~ *mit dem Tastsinn wahrnehmen* **2** Freude, Schmerz ~ *körperlich od. seelisch empfinden, spüren* ▸ ich fühle, dass er mir nicht vertraut ▸ eine Berührung ~; Hunger, Durst ~; Kälte, Hitze ~; jmdm. den Puls ~; einen bohrenden Schmerz im Knie ~; fühlst du nicht den Unterschied? ▸ er ließ es mich ~, dass er sich über mich geärgert hat; sie ließ ihn ihre ganze Enttäuschung ~ ▸ ich fühlte die kalte Bank durch die Kleider hindurch; ich fühle (den Schmerz) mit dir ▸ ein ~des Herz haben **II** ⟨V. intr.⟩ **1** *körperliche Empfindungen, seelische Regungen haben* **2** *tasten, tastend greifen (nach)* ▸ jedes Lebewesen fühlt ▸ er fühlte nach dem Geld in seiner Tasche **III** ⟨V. refl.⟩ sich ~ **1** *ein Gefühl von etwas haben* **2** ⟨umg.⟩ *stolz sein, sich wichtig vorkommen* ▸ er fühlt sich (gut) ⟨umg.⟩ *kommt sich wichtig vor* ▸ sich **angesprochen,** getroffen ~; sich **beleidigt,** verletzt ~; sich zum Künstler **berufen** ~ *glauben, dass man dafür geboren ist;* sich **besser,** schlechter ~; sich **fremd** (in einer neuen Umgebung) ~; sich **glücklich** ~; sich in einer neuen Stadt schon **heimisch** ~; sich **krank** ~; sich **schuldig** ~; sich **stark** genug ~, etwas zu tun; sich **verpflichtet** ~, etwas zu tun; sich für etwas, für jmdn. **verantwortlich** ~; sich **wohl** ~ ▸ **wie** ~ Sie sich?; sich wie zu Hause ~

fühlen/füllen

Besonders von Deutschlernenden werden die Verben *fühlen* und *füllen* häufig verwechselt, da sie sich nur durch die Länge des Stammvokals unterscheiden. Doch auch von der Bedeutung her sind sie verschieden. *Fühlen* meint „wahrnehmen, empfinden": *Ich fühle mich heute nicht wohl. Das Tier fühlt den Schmerz.*
Hingegen bedeutet *füllen* „vollmachen": *Er füllte das Glas erneut. Einen Eimer mit Wasser füllen.*

Füh|ler ⟨Pl.; Zool.⟩ *paarige Anhänge am Kopf, die Insekten, Würmer u. Schnecken haben u. mit denen sie tasten, riechen u./od. schmecken können* ▸ seine ~ ausstrecken ⟨übertr.⟩ *etwas vorsichtig erkunden, zu erfahren suchen*

Füh|lung ⟨die; -; unz.⟩ *Berührung, Verbindung* ▸ mit jmdm. ~ behalten; mit jmdm. in ~ bleiben; Zus *Fühlungnahme*

fuhr → *fahren*

Fuh|re ⟨die; -, -n⟩ **1** *Bestellung, Transport durch Wagen* **2** *Wagenlast, Ladung* ▸ die erste ~; zwei ~n Holz, Kohlen, Sand

füh|ren ⟨V.; führt, führ|te, hat ge|führt⟩ **I** ⟨V. trans.⟩ **1** jmdn. ~ **1.1** *jmdm. den Weg weisen* **1.2** *jmdn. leiten, geleiten, stützen* **2** *befehligen, leiten* **3** etwas ~ **3.1** *tragen, dauernd haben* (Namen, Wappen) **3.2** *ständig zum Verkauf haben* (Ware) **3.3** *lenken, steuern, bewegen* (Fahrzeug, Flugzeug) **3.4** *über etwas regelmäßig Aufzeichnungen machen* (Tagebuch, Protokoll) ▸ eine **Armee,** ein Regiment ~; diesen **Artikel** ~ wir nicht; über Einnahmen und Ausgaben **Buch** ~ *ständig alle E. u. A. aufschreiben u. miteinander vergleichen;* eine glückliche, harmonische, unglückliche **Ehe** ~; ein **Geschäft** ~ *es leiten, verwalten;* einem Kind (beim Malen, Schreiben) die **Hand** ~; jmdm. den **Haushalt** ~ *den H. für ihn versorgen;* **Klage** ~ (gegen jmdn. über etwas) *sich beklagen;* das Schiff führt **Kohle,** Öl (als Ladung mit sich); **Krieg** ~; ein solides, unsolides, ausschweifendes, zurückgezogenes **Leben** ~ *solide usw. leben;* als Schriftsteller einen anderen **Namen** ~; **Protokoll** ~ *das P. schreiben;* einen **Prozess** ~; **Regie** ~ ⟨Theat.⟩ *die R. haben;* ein **Schiff** ~; er führt den **Titel** „Regierungsrat"; eine **Verhandlung** ~ *eine V. leiten;* das **Wort** ~ *führend sprechen* ▸ er führt **gut,** sicher (beim Tanzen); den Bogen **weich,** sicher ~ (beim Spielen eines Streichinstruments) ▸ jmdn. **am** Arm, an der Hand ~; Pferde **auf** die Weide ~; etwas **bei** od. mit sich ~ *bei sich haben, bei sich tragen;* einen Ausweis bei sich ~; einen Fremden **durch** die Stadt ~; jmdn. **ins** Café ~ *einladen;* jmdn. ins Verderben ~; einen Briefwechsel **mit** jmdm. ~; ein Gespräch, eine Unterhaltung mit jmdm. ~ *mit jmdm. sprechen, sich unterhalten;* eine Verhandlung mit jmdm. ~ *mit jmdm. verhandeln;* der Fluss führt Geröll, Schlamm, Steine mit sich; die Aufsicht **über** eine Schulklasse ~; eine Mauer **um** den Garten ~ *bauen;* eine Frau **zum** Altar ~ *sie heiraten;* eine Arbeit zu Ende ~ *abschließen, beenden;* ein Unternehmen zum Erfolg ~; den Löffel zum Mund ~ *heben;* eine Dame zu Tisch ~ ▸ **was** führt dich zu mir? *was möchtest du von mir?, weshalb bist du gekommen?* ▸ ~d *leitend, maßgebend;* eine ~de Persönlichkeit; eine ~de Rolle (in der Öffentlichkeit, bei einem Unternehmen) spielen; ein ~der deutscher Schriftsteller; die ~de Stelle einnehmen **II** ⟨V. intr.⟩ **1** *der Erste sein, an der Spitze liegen* **2** irgendwohin ~ *gerichtet sein, bringen nach, leiten* (Weg) ▸ er **will** immer ~ ▸ die Tür führt **auf** den Hof, auf die Straße; er führt **mit** großem Abstand auf seine Verfolger ⟨Sp.⟩; **beim** Rennen ~; **über** den Bach führt ein schmaler Steg; das führt **zu** nichts *das hat keinen Zweck, daraus wird nichts;* das würde (uns) zu weit ~ *das würde (uns) zu weit vom Thema abbringen;* dieser Weg führt (nicht) zum Ziel ▸ **wohin** soll das ~? *was soll daraus werden?;* wohin führt dieser Weg? **III** ⟨V. refl.⟩ sich irgendwie ~ *sich benehmen, sich betragen* ▸ sich gut, schlecht, tadellos ~

Füh|rer ⟨der; -s, -⟩ **1** *jmd., der jmdn. od. andere od. eine Sache führt, Anführer, Leiter;* Abl *Führerin;* Zus *Fahrstuhlführer, Geschäftsführer, Kompanieführer, Oppositionsführer, Zugführer* **2** *Reisehandbuch, Buch mit Erklärungen einer Stadt, von Sehenswürdigkeiten usw.;* Zus *Reiseführer, Stadtführer* ▸ der ~ *(Selbstbezeichnung Hitlers);* sich für eine Bergbesteigung einen ~ nehmen; er arbeitet als ~; er leitet sie als ~ durch das Museum, durch die Stadt Hamburg; einen ~ von Rom, Venedig kaufen

Füh|rer|aus|weis ⟨der; -es, -e; schweiz.⟩ = *Führerschein*

Füh|rer|schein ⟨der; -(e)s, -e⟩ *Ausweis, der zum Führen eines Kraftfahrzeugs berechtigt;* Syn ⟨schweiz.⟩ *Führerausweis* ▸ den ~ machen *Unterricht im Fahren u. in der Theorie nehmen, um die Führerscheinprüfung abzulegen;* zeigen Sie bitte Ihren ~!; ich habe meinen ~ mit 18

Jahren gemacht; Zus *Führerscheinentzug, Führerscheinkontrolle, Führerscheinprüfung*

Fuhr|park ⟨der; -s, -s⟩ *Gesamtheit der Fahrzeuge (einer Spedition, Firma, Behörde o. Ä.)*

Füh|rung ⟨die; -, -en⟩ **I** ⟨unz.⟩ **1** *das Führen, Leitung, Oberbefehl;* Zus *Führungsgremium, Führungsposition, Führungsstil* **2** *Betragen* **3** *Führer, Gesamtheit der Führer* ▸ die Führung eines Unternehmens; die ~ haben; die ~ übernehmen; jmdm. die ~ überlassen, -tragen; gute, schlechte ~; in ~ gehen *beim Rennen die anderen überholen;* in ~ liegen *beim Rennen der Erste sein;* unter (der) ~ von ...; einen Sträfling wegen guter ~ vorzeitig entlassen **II** ⟨zählb.⟩ **1** *Besichtigung einer Sehenswürdigkeit mit erklärendem Führer* **2** *Maschinenteil, das anderen Teilen ihre Bewegungen vorgibt* ▸ sich einer ~ anschließen; eine ~ durchs Museum leiten; an einer ~ teilnehmen

F

Füh|rungs|ebe|ne ⟨die; -, -n⟩ *Gruppe von Personen, die leitende Funktionen ausüben* ▸ erste, zweite, mittlere ~; etwas auf höchster ~ entscheiden

Füh|rungs|spit|ze ⟨die; -, -n⟩ *Gruppe von Personen, die die Führung innehat*

Füh|rungs|zeug|nis ⟨das; -nis|ses, -nis|se⟩ *polizeiliche Bescheinigung über (evtl.) begangene Strafen*

Fuhr|werk ⟨das; -(e)s, -e⟩ *von Pferden gezogener Wagen*

Fül|le ⟨die; -, -n; unz.⟩ **1** *das Vollsein* **2** *Menge, Überfluss* **3** *Umfang, Dicksein;* Zus *Körperfülle*

fül|len ⟨V.; füllt, füll|te, hat ge|füllt⟩ **I** ⟨V. trans.⟩ etwas ~ *vollmachen, etwas hineintun, bis nichts mehr hineingeht* ▸ einen Becher, ein Glas, einen Krug, eine Flasche, Tasse ~; Geflügel ~ *mit einer Füllung versehen;* der Brief füllte fünf große Seiten; einen Zahn ~ *mit einer Zahnfüllung ausbessern* ▸ ein Gefäß bis an den Rand ~; eine Flüssigkeit in ein Gefäß ~; ein Gefäß mit etwas ~ ▸ eine gefüllte Brieftasche haben *(viel) Geld haben;* gefüllte Nelken, gefüllter Flieder; gefüllte Tomaten; eine Dose, gefüllt mit Pralinen **II** ⟨V. refl.⟩ sich mit etwas ~ *von etwas voll werden* ▸ der Saal füllte sich mit Gästen; ihre Augen füllten sich mit Tränen

Fül|len ⟨das; -s, -; poet.⟩ = *Fohlen*

Fül|ler ⟨der; -s, -⟩ *Füllfederhalter;* ⓘ S. 575

Füll|fe|der|hal|ter ⟨der; -s, -⟩ *Federhalter mit eingebautem Tintenbehälter, aus dem die Tinte beim Schreiben selbsttätig nachfließt*

fül|lig ⟨Adj.⟩ *zur Fülle neigend, vollschlank, dicklich* ▸ er ist etwas ~ geworden

Fül|lung ⟨die; -, -en⟩ **1** ⟨Kochk.; Med.⟩ *Stoff, mit dem etwas gefüllt ist od. wird;* Zus *Fleischfüllung, Gemüsefüllung, Zahnfüllung* **2** *Bretter, die z. B. bei einer Tür, den Rahmen ausfüllen*

Fum|mel ⟨der; -s, -; umg.; meist abwertend⟩ *billiges (geschmackloses) Kleidungsstück* ▸ wo hast du denn diesen ~ erstanden?

fum|meln ⟨V. intr.; fum|melt, fum|mel|te, hat gefum|melt⟩ (an od. mit etwas) ~ **1** *herumbasteln* **2** *befühlen, betasten, abtasten (meist: herumfummeln)*

Fund ⟨der; -(e)s, -e⟩ **1** *das Finden, Entdecken von etwas Verlorenem;* Zus *Fundort* **2** *Entdeckung bei Ausgrabungen;* Zus *Fundort* **3** *gefundener Gegenstand, der einem nicht gehört;* Zus *Fundsache* **4** *bei Ausgrabungen entdeckter Gegenstand;* Zus *Knochenfund* ▸ einen ~ machen; historische ~e; ein kostbarer ~

Fun|da|ment ⟨das; -(e)s, -e⟩ **1** *Grundmauer* **2** *Basis, Grundlage (auch geistig)* ▸ das ~ eines Hauses; das ~ (zu etwas) legen; seine Ausbildung als Schlosser ist ein gutes ~ für seinen Beruf

fun|da|men|tal ⟨Adj.⟩ *grundlegend, schwerwiegend*

Fun|da|men|ta|lis|mus ⟨der; -; unz.⟩ *kompromissloses Beharren auf polit. od. religiösen Grundüberzeugungen* ▸ der islamische ~; Abl *Fundamentalist(in), fundamentalistisch*

Fund|bü|ro ⟨das; -s, -s⟩ *Büro, in dem Fundsachen abgeliefert werden u. abgeholt werden können* ▸ ein gefundenes Portemonnaie im ~ abgeben; ich habe im ~ gefragt, ob mein Ring dort abgegeben wurde

Fund|gru|be ⟨die; -, -n; übertr.⟩ *etwas, das großen Reichtum an ungehobenen Schätzen bietet* ▸ dieses Buch ist eine wahre ~ für Historiker

fün|dig ⟨Adj.⟩ ~ werden **1** ⟨Bgb.⟩ *eine Lagerstätte finden* **2** ⟨allg.⟩ *etwas (Wichtiges, lange Gesuchtes) finden*

Fun|dus ⟨der; -, - [-du:s]⟩ **1** *Bestand, Grundlage, Grundstock, Mittel* **2** *Bestand der Ausstattungsstücke eines Theaters;* Zus *Kostümfundus*

fünf ⟨Adj.; Kardinalzahl; als Ziffer: 5⟩ →a. *acht* ▸ alle ~ Finger der Hand sind angeschwollen; das kannst du dir an deinen ~ Fingern abzählen, dass das nicht stimmt! *das kannst du dir doch selbst ausrechnen, das musst du doch sehen!;* sie hat ~ Freundinnen eingeladen; die Familie hat ~ Kinder; seine ~ Sinne (nicht) beisammenhaben *(nicht) bei Verstand sein* ▸ ~(e) gerade sein lassen ⟨übertr.⟩ *etwas nicht allzu genau nehmen*

Fünf ⟨die; -, -en⟩ **1** *die Zahl, Ziffer 5;* →a. *Acht*[1] **2** *mangelhaft (als Schulnote, Zensur);* →a. *Drei* **3** die ~ *Straßenbahn, Bus mit der Nummer 5* ▸ er hat eine ~ in der Mathearbeit geschrieben

Fün|fer ⟨der; -s, -⟩ **1** *Fünfcentstück* **2** *Fünfeuroschein* **3** *Omnibus mit der Nummer 5* **4** ⟨oberdt.⟩ *die Zahl 5* **5** *Schulnote Fünf;* →a. *Achter*

fünf|fach ⟨Adj.; in Ziffern: 5fach/5-fach⟩ *fünfmal(ig)* ▸ eine Hausarbeit in ~er Ausfertigung

fünf|hun|dert ⟨Adj.; Kardinalzahl; als Ziffer: 500⟩ *fünf mal einhundert* ▸ die Miete kostet ~ Euro im Monat; →a. *achthundert*

fünft ⟨nur in der Wendung⟩ zu ~ *in einer Gruppe von fünf Personen* ▸ sie kamen zu ~

fünft... ⟨Adj.; in Zus.⟩ *an fünfter Stelle stehend,* z. B. das fünftbeste Zeugnis

Fünf|ta|ge|wo|che ⟨die; -; unz.⟩ *Woche mit fünf Arbeitstagen*

fünf|tau|send ⟨Adj.; Kardinalzahl; als Ziffer: 5000⟩ *fünf mal eintausend;* →a. *achttausend*

fünf|te(r, -s) ⟨Adj.; Ordinalzahl zu „fünf"; Zeichen: 5.⟩ → *achte(r, -s)* ▸ bei dem Wettbewerb konnte sie sich an fünfter Stelle platzieren

fụnf|tel ⟨Adj.; Bruchzahl zu „fünf"; Zeichen: /5⟩ *den fünften Teil vom Ganzen umfassend* ▸ ein ~ Liter Sahne

fụ̈nf|tens ⟨Adv.⟩ *an fünfter Stelle*

fụ̈nf|zehn ⟨Adj.; Kardinalzahl; als Ziffer: 15⟩ sie ist ~ Jahre alt; Bes *Ableitungen* →a. *acht*

fụ̈nf|zig ⟨Adj.; Kardinalzahl; als Ziffer: 50⟩ →a. *achtzig* ▸ die ~er Jahre = *Fünfzigerjahre*

Fụ̈nf|zi|ger **I** ⟨der; -s, -⟩ **1** *Fünfzigcentstück* **2** *Fünfzigeuroschein* **3** ⟨schweiz.⟩ *Fünfzigrappenstück* **4** *Mann zw. 50 u. 60 Jahren* **II** ⟨Pl.⟩ **1** *die Lebensjahre zwischen 50 u. 60* **2** *die Jahre zwischen 1950 u. 1960* ▸ das ist in den ~n passiert *in den Fünfzigerjahren*

Fụ̈nf|zi|ger|jah|re *auch:* **fụ̈nf|zi|ger Jah|re** ⟨Pl.⟩ **1** ⟨in Ziffern: 50er Jahre / 50er-Jahre⟩ die ~ des 20. Jhs. *die Jahre zwischen 1950 u. 1960* **2** *die Lebensjahre zwischen 50 u. 60*

fun|gie|ren ⟨V. intr.; fun|giert, fun|gier|te, hat fun|giert⟩ als etwas ~ *ein Amt verrichten, als etwas wirksam sein* ▸ er fungiert dort als Babysitter

Fụnk ⟨der; -(e)s; unz.⟩ **1** *drahtlose Übermittlung von Informationen durch elektromagnetische Wellen;* Zus *Funkgerät* **2** ⟨kurz für⟩ *Rundfunk*

Fụn|ke ⟨der; -n, -n⟩ **1** *kleine, blitzartige Feuererscheinung* **2** *kleiner, fliegender, brennender Körper;* Zus *Funken sprühend / funkensprühend* **3** *Aufleuchten, Aufglimmen* **4** *Kleinigkeit, Winzigkeit, winzige Spur* ▸ das war der ~, der das Pulverfass zum Explodieren brachte ⟨übertr.⟩ *der Anlass für die folgenden Geschehnisse* ▸ er hat keinen ~n Anstand; keinen ~n Hoffnung mehr haben; es war kein ~(n) Leben mehr in ihm; keinen ~n Verstand haben ▸ ~n sprühen; überspringen: zwischen beiden sprang ein ~ über *begann plötzlich eine innere Beziehung* ▸ göttlicher, zündender ~; kleine ~n, große Feuer *kleine Dinge erzeugen große Ereignisse* ▸ ~n schlugen aus der Asche

fụn|keln ⟨V. intr.; fun|kelt, fun|kel|te, hat ge|fun|kelt⟩ *hell aufleuchten u. glänzen* ▸ ihre Augen funkelten zornig; Sterne ~

fụn|kel|na|gel|neu ⟨Adj.; umg.; verstärkend⟩ *ganz neu*

fụn|ken ⟨V.; funkt, funk|te, hat ge|funkt⟩ **I** ⟨V. intr.⟩ *Funken geben* ▸ endlich hat es bei ihm gefunkt ⟨umg.⟩ *endlich hat er verstanden, begriffen;* es hat zwischen ihnen gefunkt ⟨umg.⟩ *sie haben sich ineinander verliebt* **II** ⟨V. trans.⟩ einen Mitteilung, einen Notruf ~ *drahtlos senden, durch Funk übermitteln*

Fụn|ken ⟨der; -s, -⟩ = *Funke*

Fụn|ker ⟨der; -s, -⟩ *jmd., der drahtlos Nachrichten sendet;* Abl *Funkerin*

Fụnk|spruch ⟨der; -(e)s, -sprü|che⟩ *durch Funk übermittelte Nachricht*

Fụnk|stil|le ⟨die; -; unz.⟩ *Aussetzen, Ruhen des Funkverkehrs* ▸ zwischen uns herrscht ~ ⟨übertr.; umg.⟩ *wir stehen nicht mehr in Kontakt*

Funk|ti|on ⟨die; -, -en⟩ **1** *Tätigkeit, Wirksamkeit;* Abl *funktionsfähig, funktionslos;* Zus *Funktionsstörung* **2** *Amt, Aufgabe* **3** *Zweck* **4** ⟨Math.⟩ *gesetzmäßige u. eindeutige Zuordnung der (unabhängig veränderlichen) Elemente zweier verschiedener Mengen zueinander* ▸ die ~ der Leber, der Schilddrüse; eine ~ ausüben, erfüllen; in ~ treten *wirksam werden, zu wirken, zu arbeiten beginnen;* was hat er in dem Betrieb für eine ~?

funk|ti|o|nal ⟨Adj.; selten⟩ = *funktionell*

Funk|ti|o|när ⟨der; -s, -e⟩ *Beauftragter eines Verbandes, einer Partei od. Gewerkschaft*

funk|ti|o|nẹll ⟨Adj.⟩ *die Funktion betreffend, eine bestimmte Funktion erfüllend;* oV *funktional* ▸ das Computerprogramm ist sehr ~

funk|ti|o|nie|ren ⟨V. intr.; funk|ti|o|niert, funk|ti|o|nier|te, hat funk|ti|o|niert⟩ **1** *ordnungsgemäß, richtig arbeiten, der Funktion entsprechen* **2** *ohne Probleme ablaufen, reibungslos verlaufen* ▸ die Kaffeemaschine funktioniert nicht richtig; das Herz funktioniert nicht schlecht

funk|ti|ons|fä|hig ⟨Adj.⟩ *fähig, eine Funktion zu erfüllen;* Syn *funktionstüchtig* ▸ das Gerät ist nicht mehr, ist wieder ~; Abl *Funktionsfähigkeit*

Fụnk|turm ⟨der; -(e)s, -tür|me⟩ *hoher Turm, von dem aus Radio- u. Fernsehprogramme übermittelt werden*

Fụn|zel ⟨die; -, -n; umg.⟩ *wenig Licht gebende Lampe;* oV *Funsel* ▸ traurige, trübe ~

für ⟨Präp. m. Akk.⟩ **I** ⟨Vertretung, Ersatz⟩ *anstelle des, der, von, statt des, der* ▸ ~ meinen erkrankten Freund bin ich gekommen; ich gab ihm ~ seine verlorene Uhr eine andere ▸ ~ jmdn. einspringen, eintreten; sag mir ein anderes Wort ~ „springen"! **II** ⟨Zweck, Bestimmung, Hilfe⟩ *zugunsten von, (jmdm.) zuliebe* ▸ sein Leben ~ jmdn. opfern; das ist ~ mich (bestimmt); ihre Zuneigung ~ ihn ▸ ein Mittel ~ den Husten ⟨eigtl.⟩ *gegen den H.;* ein Geschenk ~ die Mutter; das Für und Wider einer Sache abwägen *die Gründe u. Gegengründe* ▸ ~ seine Familie arbeiten; sich ~ etwas od. jmdn. entscheiden; er schwärmt ~ Musik; sein: das ist gut ~ den Magen; alles dies spricht ~ ihn; ~ einen Kandidaten stimmen; kann ich noch etwas ~ Sie tun? **III** ⟨Bezahlung, Dank, Ausgleich⟩ er bekam fünf Euro ~ seine Arbeit; ich habe ~ das Kleid 100 Euro bezahlt; er wird ~ seine Mühe reichlich entschädigt **IV** ⟨Angemessenheit, Vergleich, Verhältnis, Entsprechung⟩ **1** *wenn man … betrachtet, in Anbetracht des…, der…* **2** das ist nichts ~ mich *das mag ich nicht, das interessiert mich nicht* ▸ er ist sehr groß ~ sein Alter; ~ seine zehn Jahre ist er sehr vernünftig; der Korb ist ~ das Kind viel zu schwer **V** ⟨Meinung, Ansicht, Betrachtung⟩ *als* ▸ annehmen: ich nehme es ~ gegeben an; etwas ~ gut, richtig befinden; ich halte es ~ besser, noch zu warten; etwas ~ gut, richtig halten; ich halte ihn ~ klug **VI** ⟨Einteilung⟩ *jede(r), (jedes) (allein) betrachtet, gesondert* ▸ ~ sich ⟨als Regieanweisung⟩ *leise, zu sich selbst gesprochen;* das ist eine Sache ~ sich; er lebt ganz ~ sich (allein); er ist gern ~ sich *allein;* die Sache hat etwas ~ sich *sie hat manche Vorteile, günstige Seiten;* an und ~ sich habe ich dagegen

F

nichts einzuwenden ▸ sie zogen Mann ~ Mann vorbei; sich Schritt ~ Schritt vorwärtstasten; Stück ~ Stück abzählen; Tag ~ Tag; Wort ~ Wort übersetzen **VII** ‹Preis-, Zahlen-, Mengenangabe› ich habe nicht genug Kaugummis ~ alle; es gibt ~ jeden nur ein Stück Torte; er isst ~ drei *so viel wie drei Personen* ▸ Sie können das Bild ~ zehn Euro haben; was, wie viel verlangt er ~ das Grundstück?; die Menge reicht ~ vier Personen; ~ diesen Preis nehme ich das Hemd nicht **VIII** ‹Zeitangabe› *zu einem bestimmten, künftigen Zeitpunkt (gedacht)* ▸ ich sage es dir ein ~ alle Mal ▸ er hat das Haus ~ zehn Jahre gemietet; den Bund ~s Leben schließen *heiraten;* wir wollen ~ mehrere Wochen hierbleiben; er hat ~ alle Zeit(en) genug ▸ genug ~ heute!; hast du ~ heute Nachmittag schon etwas vor?; ~ immer; ich bereite heute schon das Mittagessen ~ morgen vor **IX** ‹was … betrifft› ich ~ meine Person; ich ~ meinen Teil glaube, dass er es tut ▸ ~s Erste *zunächst* **X** ‹Möglichkeit› ~ alle Fälle; ~ den Fall, dass … ▸ was ~ ein, was ~ welche *von welcher Art;* hast du Schmerzen? Und was ~ welche! *sehr starke;* sie besitzt eine Menge Kleider, aber was ~ welche! ‹iron.› *aber nur hässliche, altmodische, abgetragene o. Ä.;* was ~ ein Haus haben sich die beiden gekauft?; was ist er ~ eine Person?; was ist das ~ ein Tier?; was ~ eine Überraschung! *(als Ausruf)*

Für|bit|te ‹die; -, -n› *Gebet od. Bitte für andere* ▸ eine ~ einlegen; Abl *fürbitten*

Fur|che ‹die; -, -n› **1** *lange, schmale Vertiefung, Rinne, Rille (im Acker durch Pflügen, in Säulen)* **2** *Falte, Runzel (im Gesicht, auf der Stirn, im Gehirn)* ▸ auf dem Feld ~n ziehen; Boote ziehen ~n im Wasser; sein Gesicht, seine Stirn ist von (tiefen) ~n durchzogen; Abl *furchig; furchen*

Furcht ‹die; -; unz.› *Gefühl des Bedrohtseins durch etwas Bestimmtes (im Unterschied zur unbestimmten Angst), das den Wunsch hervorruft, es abzuwehren od. zu fliehen* ▸ jmdm. ~ einjagen; ~ empfinden, haben; ~ ergriff mich; keine ~ kennen *unerschrocken sein;* ~ (und Schrecken) verbreiten ▸ ~ erregend = *furchterregend* ▸ aus ~ vor Strafe lügen; jmdn. in ~ versetzen; ohne ~ sein; von ~ ergriffen, gepackt werden; ~ vor dem Tode; vor ~ zittern

furcht|bar ‹Adj.› **1** *so beschaffen, dass man sich davor fürchten muss;* Abl *Furchtbarkeit* **2** ‹übertr.› *sehr, überaus, schrecklich, gewaltig* ▸ es war ein ~er Anblick; es war eine ~e Arbeit; die Frau machte ein ~es Geschrei; auf der Straße war ein ~er Krach; ein ~es Unglück ist geschehen; er (es) sieht ~ aus; wir haben ~ lachen müssen; das ist ja ~!; er sah ~ elend aus; er ist ~ hässlich; das ist ~ nett von dir!; es ist etwas Furchtbares geschehen

fürch|ten ‹V.; fürch|tet, fürch|te|te, hat ge|fürch|tet› **I** ‹V. trans.› jmdn. od. etwas ~ *vor jmdm. od. etwas Furcht empfinden, haben* ▸ er fürchtet ihn nicht; Gott ~ *Ehrfurcht vor G. haben;* er fürchtet weder Gefahr noch Tod; ich fürchte, dass du ihn geweckt hast; fürchte dich nicht! *hab keine Furcht!* **II** ‹V. intr.› **1** (für jmdn. od. etwas) ~ *Furcht, Angst (um jmdn. od. etwas) haben* **2** *besorgt sein* ▸ wir ~ für seine Gesundheit; ich fürchte, er kommt nicht mehr; ~, etwas zu tun *sich scheuen, es aus Furcht nicht tun wollen;* **III** ‹V. refl.› sich ~ *Furcht haben* ▸ ich fürchte mich!; ich fürchte mich, allein zu gehen; das Kind fürchtet sich im Dunkeln; er fürchtet sich vor dem Hund; er fürchtet sich vor nichts

fürch|ter|lich ‹Adj.› *furchtbar, furchterregend, sehr* ▸ es regnete ~

furcht|er|re|gend *auch:* **Furcht er|re|gend** ‹Adj.› *das Gefühl der Furcht hervorrufend, Angst erzeugend* ▸ der Löwe ließ ein sehr ~es Gebrüll hören

furcht|los ‹Adj.› *ohne Furcht, mutig, unerschrocken;* Abl *Furchtlosigkeit*

furcht|sam ‹Adj.› *oft, leicht Furcht empfindend, ängstlich, zaghaft;* Abl *Furchtsamkeit*

für|ei|n|an|der ‹Adv.› *einer für den andern, zum gegenseitigen Nutzen, Vorteil* ▸ ~ arbeiten; ~ da sein

Fu|rie ‹[-riə] die; -, -n› **1** ‹grch. Myth.› *Göttin der Rache* **2** *wütende, rasende Frau* ▸ sie stürzte wie eine ~ auf ihn zu

fu|ri|os ‹Adj.› *mit begeisterndem Schwung, packend*

Fur|nier ‹das; -s, -e› *dünnes Deckblatt aus edlem Holz, das auf weniger wertvollem Holz befestigt wird (z. B. bei Möbeln);* Zus *Furnierholz*

Fu|ro|re ‹das; - od. -s; unz. od. die; -; unz.; meist in der Wendung› ~ machen *Aufsehen erregen, großen Erfolg haben* ▸ für ~ sorgen

fürs ‹Verschmelzungsform aus Präp. u. Art.› *für das*

Für|sor|ge ‹die; -; unz.› **1** *(staatl. od. private) organisierte Hilfstätigkeit für Bedürftige;* Zus *Altersfürsorge, Krankenfürsorge* **2** ‹allg.› *Sorge für das Wohl des anderen* ▸ liebevolle, zärtliche ~

für|sorg|lich ‹Adj.› *auf das Wohl der anderen bedacht, vorsorgend, pfleglich u. liebevoll;* Syn *fürsorgend;* Abl *Fürsorglichkeit*

Für|spra|che ‹die; -, -n› *Rede zugunsten eines anderen, Empfehlung, Fürbitte* ▸ ~ bei jmdm. für jmdn. einlegen

Für|spre|cher ‹der; -s, -› *jmd., der für einen anderen Fürsprache einlegt, der für einen andern (bittend) spricht* ▸ einen mächtigen ~ haben; Abl *Fürsprecherin*

Fürst ‹der; -en, -en› **1** *Adelstitel zw. Herzog u. Graf* **2** *Träger eines dieser Titel;* Abl *Fürstin*

Fürs|ten|tum ‹das; -(e)s, -tü|mer› *Herrschaftsbereich eines Fürsten*

fürst|lich ‹Adj.› **1** *den Fürsten betreffend, zu ihm gehörig, ihm zustehend* **2** ‹übertr.› *üppig, sehr reichlich, verschwenderisch* ▸ ein ~es Gehalt, Mittagessen, Trinkgeld; jmdn. ~ bewirten

Furt ‹die; -, -en› *(für eine Überquerung geeignete) flache Stelle in einem Fluss*

Fu|run|kel ‹der od. das; -s, -; Med.› *eitrige Entzündung eines Haarbalgs u. seiner Talgdrüse;* Syn *Eiterbeule*

Für|wort ⟨das; -(e)s, -wör|ter; Sprachw.⟩ = *Pronomen*

Furz ⟨der; -es, Für|ze; derb⟩ *abgehende Blähung* ▸ einen ~ fahrenlassen

fur|zen ⟨V. intr.; furzt, furz|te, hat ge|furzt; derb⟩ *einen Furz abgehen lassen* ▸ du hast gefurzt!

Fu|sel ⟨der; -s, -⟩ *schlechter Branntwein*

Fu|si|on ⟨die; -, -en⟩ *Verschmelzung (z. B. von zwei od. mehreren Firmen, von Zellen od. Chromosomen od. der zwei mit beiden Augen wahrgenommenen Bilder zu einem, von mehreren Atomkernen);* Zus *Fusionsverhandlungen*

fu|si|o|nie|ren ⟨V.; fu|si|o|niert, fu|si|o|nier|te, hat fu|si|o|niert⟩ **I** ⟨V. trans.⟩ Atomkerne ~ *verschmelzen* **II** ⟨V. intr.⟩ *sich vereinigen* (Unternehmen, Kapitalgesellschaften) ▸ die Konzerne haben fusioniert; Abl *Fusionierung*

Fuß ⟨der; -es, Fü|ße⟩ **I** ⟨zählb.⟩ **1** *unterster Teil des Beines vom Knöchel bis zu den Zehen beim Menschen;* ⓘ S. 146 **2** *unterer, tragender Teil eines Bauelementes, Sockel* **3** *Fortbewegungsorgan der Tiere;* ⓘ S. 1111 **4** *Ständer, Träger, Stütze (von Möbeln, Gefäßen)* **5** *Hebung, betonte Silbe im Vers;* Zus *Versfuß* ▸ ~! *(Kommando für den Hund, dicht bei der Person zu bleiben, zu der er gehört)* ▸ sich den ~ **brechen,** verstauchen; mein ~ ist **eingeschlafen;** ~ **fassen** ⟨übertr.⟩ *seine Stellung festigen, heimisch werden;* laufen, so weit einen die Füße **tragen** *so weit man kann;* sich die Füße **vertreten** *ein wenig hin u. her gehen (nach langem Sitzen);* sich die Füße **wundlaufen** ▸ ~ **breit** = *Fußbreit;* **kalte** Füße bekommen ⟨übertr.; umg.⟩ *Bedenken bekommen; in eine unangenehme Lage geraten;* **trockenen** ~es heimkommen *ohne nass zu werden* ▸ **am** ~ des Berges *unten am Berg;* jmdm. wieder **auf** die Füße helfen *einen Gestürzten wieder aufrichten;* ⟨übertr.⟩ *jmdm. helfen, neu anzufangen;* jmdm. auf die Füße treten ⟨a. übertr.⟩ *jmdn. verletzen, kränken;* auf eigenen Füßen stehen ⟨übertr.⟩ *selbstständig, unabhängig sein;* er ist wieder auf freiem ~ *wieder frei;* jmdn. auf freien ~ setzen *freilassen (aus Gefangenschaft);* auf großem ~(e) leben ⟨übertr.⟩ *verschwenderisch leben;* mit jmdm. auf gutem ~e stehen *sich mit jmdm. gut vertragen;* das Unternehmen steht auf schwachen Füßen *ist unsicher;* auf vertrautem ~ mit jmdm. stehen *vertraut, befreundet sein;* Gewehr **bei** ~ stehen *in militär. Haltung mit dem Gewehrkolben neben dem Fuß;* etwas od. jmdn. **mit** Füßen treten; sich mit Händen und Füßen sträuben, wehren ⟨übertr.⟩ *energisch;* mit beiden Füßen auf der Erde stehen ⟨übertr.⟩ *das Leben richtig anpacken;* mit bloßen Füßen *ohne Schuhe u. Strümpfe, barfuß;* du bist heute wohl mit dem linken ~ zuerst aufgestanden? ⟨übertr.; umg.; scherzh.⟩ *schlechter Laune;* er stolpert **über** seine eigenen Füße *er geht ungeschickt,* ⟨allg.⟩ *er ist ungeschickt;* ich habe heute noch keinen ~ **vor** die Tür gesetzt *ich bin den ganzen Tag im Haus geblieben;* jmdm. etwas (Arbeit, Geld o. Ä.) vor die Füße werfen ⟨übertr.⟩ *es ihm verächtlich zurückgeben;* **zu** ~ gehen, kommen *(nicht fahren);* gut, schlecht zu ~ sein *gut, schlecht gehen können* **II** ⟨unz.; früher⟩ *ein Längenmaß, 25-40 cm* ▸ drei ~ lang, breit, hoch

Fuß|ab|tre|ter ⟨der; -s, -⟩ *Matte zum Säubern der Schuhe vor der Tür;* Syn ⟨schweiz.⟩ *Fußabstreicher, Fußabstreifer*

Fußball

Von allen **Sportarten** ist ***Fußball*** in Deutschland mit Abstand am beliebtesten. War er in der Vergangenheit ein ausschließlich von Jungen und Männern betriebener Sport, so gibt es mittlerweile auch zahlreiche Mädchen- oder Frauenmannschaften.

Organisiert ist der deutsche ***Fußball*** in zahlreichen **Ligen,** und zwar regional in der Kreis-, Bezirks-, Landes-, Verbands-, Ober- und Regionalliga und auf nationaler Ebene in der 1., 2. und – von der Saison 2008/2009 an – der 3. Bundesliga. Dachverband der Fußball-Landesverbände ist der im Jahr 1900 gegründete **Deutsche Fußball-Bund** (DFB), der jährlich auf nationaler Ebene die beiden wichtigsten Wettbewerbe, die **Meisterschaft** und der **DFB-Pokal,** veranstaltet.

Die alle vier Jahre stattfindende **Fußballweltmeisterschaft,** für die sich derzeit 32 Mannschaften im Vorfeld qualifizieren, wurde 1974 und 2006 von Deutschland ausgerichtet. Als Gastgeber im Jahr 1974 sowie 1954 in der Schweiz und 1990 in Italien wurde die deutsche Mannschaft bisher dreimal **Fußballweltmeister.**

Auch die **Fußballeuropameisterschaft** findet vierjährlich statt (jeweils zwei Jahre nach der Weltmeisterschaft). Deutschland, das 1988 Ausrichter war, gewann auch dieses **Turnier** dreimal: 1972, 1980 und 1996. Im Jahr 2008 sind Österreich und die Schweiz gemeinsam Gastgeber.

Fuß|ball ⟨der; -(e)s, -bäl|le⟩ **I** ⟨unz.⟩ *Kampfspiel zw. zwei Mannschaften zu je 11 Spielern mit einem Ball von etwa 70 cm Umfang, der nur mit dem Fuß od. dem Kopf berührt werden darf u. ins gegnerische Tor geschossen werden muss;* Zus *Fußballbundesliga, Fußballer(in), Fußballclub, Fußballfan, Fußballfeld, Fußballmannschaft, Fußballnationalmannschaft, Fußballplatz, Fußballspiel, Fußballspieler(in), Fußballstadion, Fußballtrainer(in), Fußballverein, Fußballweltmeisterschaft* ▸ alle Jungen in seiner Klasse spielen ~; sie möchte auch gern ~ spielen; treffen wir uns heute zum Fußballspielen? **II** ⟨zählb.⟩ *Ball, der beim Fußball (I) gebraucht wird;* ⓘ S. 789

Fuß|bank ⟨die; -, -bän|ke⟩ *Schemel, Stütze für die Füße beim Sitzen;* Syn *Fußschemel*

Fuß|bo|den ⟨der; -s, -bö|den⟩ *untere Fläche eines Raumes;* Zus *Fußbodenbelag, Fußbodenleiste; Parkettfußboden, Steinfußboden*

Fuß|breit *auch:* **Fuß breit** ⟨der; (-) -(e)s; unz.⟩ *das Maß von der Breite (richtiger: Länge) eines Fußes (II)* ▸ um jeden ~ Boden, Landes kämpfen ⟨übertr.⟩; keinen ~ zurückweichen

Fus|sel ⟨die; -, -n⟩ *Faser, kleines, leichtes Gebilde, besonders aus Wolle od. Baumwolle;* oV *Fuzel* ▸ eine ~ am Oberhemd haben

fus|se|lig ⟨Adj.⟩ *voller Fusseln, ausgefranst* ▸ der Pullover ist schon ganz ~; man kann sich bei dir den Mund ~ reden, und du hörst doch nicht darauf *immer wieder (vergeblich) mahnen, etwas erklären*

fus|seln ⟨V. intr.; fus|selt, fus|sel|te, hat ge|fus|selt⟩ *Fusseln verlieren* (Stoff) ▸ die Jacke fusselt

fu|ßen ⟨V. intr.; fußt, fuß|te, hat ge|fußt; übertr.⟩ auf etwas ~ *sich auf etwas stützen, gründen, von etwas herleiten, auf etwas beruhen*

Fuß|en|de ⟨das; -s, -n⟩ *unteres Ende eines Gegenstandes (z. B. des Bettes)* ▸ sie setzte sich ans ~

Fuß|gän|ger ⟨der; -s, -⟩ *jmd., der zu Fuß geht, einen Weg zu Fuß zurücklegt* ▸ ~ sollten stark befahrene Straßen an Ampeln überqueren; der Autofahrer übersah den ~; der ~ wurde von einem Radfahrer angefahren

Fuß|gän|ge|rin ⟨die; -, -rin|nen⟩ *weibl. Fußgänger*

Fuß|gän|ger|über|weg ⟨der; -(e)s, -e⟩ *durch parallele weiße od. gelbe Streifen („Zebrastreifen") gekennzeichneter Weg über die Fahrstraße, auf dem die Fußgänger Vortritt vor dem Kraftverkehr haben;* Syn *Fußgängerstreifen, Zebrastreifen*

Fuß|gän|ger|zo|ne ⟨die; -, -n⟩ *Gebiet im Stadtzentrum, das für Fahrzeuge gesperrt ist* ▸ wir trafen uns beim Einkaufen in der ~; die ~ ist samstags sehr belebt; die besten Geschäfte gibt es in der ~

Fuß|mat|te ⟨die; -, -n⟩ = *Fußabtreter*

Fuß|no|te ⟨die; -, -n⟩ *Anmerkung zum Text am Ende (Fuß) der Seite*

Fuß|pfle|ge ⟨die; -; unz.⟩ *das Pflegen der Füße, bes. der Zehennägel;* Syn *Pediküre*

Fuß|pilz ⟨der; -es, -e⟩ *ansteckende Hauterkrankung am Fuß, bes. zwischen den Fußzehen*

Fuß|soh|le ⟨die; -, -n⟩ *untere Fläche des Fußes*

Fuß|spur ⟨die; -, -en⟩ *Eindruck des Fußes in weichem Boden, Abdruck des nassen od. staubigen Fußes auf glattem Boden*

Fuß|stap|fen ⟨der; -s, -⟩ *Fußabdruck in weichem Boden, besonders im Schnee;* oV *Fußstapfe* ▸ in jmds. ~ treten ⟨übertr.⟩ *jmdm. genau folgen, ihm nacheifern*

Fuß|tritt ⟨der; -(e)s, -e⟩ *heftiger Stoß mit dem Fuß* ▸ jmdm. einen ~ versetzen

Fuß|volk ⟨das; -(e)s; unz.⟩ **1** ⟨volkstüml.⟩ *Infanterie* **2** ⟨übertr.; scherzh.⟩ *unbedeutende Leute*

Fuß|weg ⟨der; -(e)s, -e⟩ **1** *Weg nur für Fußgänger;* Syn *Gehweg (2)* **2** = *Bürgersteig*

futsch ⟨Adj.; nur präd. u. adv.; umg.⟩ **1** *kaputt, entzwei, zerstört* **2** *verloren, vorbei* ▸ all mein Geld ist ~; die Uhr ist ~

Fut|ter[1] ⟨das; -s; unz.⟩ *Nahrung der Tiere, bes. der Haustiere* ▸ dem Vieh ~ geben; die Katzen betteln um ~; der Hund bettelt um ~; den Vögeln ~ streuen; Zus *Grünfutter, Hundefutter*

Fut|ter[2] ⟨das; -s, -⟩ **1** *dünne Stoffeinlage, innere Stoffschicht in Kleidungsstücken;* Zus *Mantelfutter, Pelzfutter, Seidenfutter* **2** *innere Schicht, Auskleidung eines Behälters*

Fut|te|ral ⟨das; -s, -e⟩ *Behältnis aus Leder od. Kunststoff, das in der Form einem Gegenstand angepasst ist, Etui;* Zus *Brillenfutteral*

Fut|ter|krip|pe ⟨die; -, -n⟩ *länglicher, oben offener Behälter, aus dem das Vieh sein Futter frisst*

fut|tern ⟨V. trans. u. V. intr.; fut|tert, fut|ter|te, hat ge|fut|tert; umg.; scherzh.⟩ (etwas) ~ *(viel) essen*

füt|tern[1] ⟨V. trans.; füt|tert, füt|ter|te, hat ge|füt|tert⟩ **1** ein Tier ~ *ihm zu fressen geben, Futter geben* **2** ein Kind, einen Kranken ~ *ihm Nahrung eingeben* **3** einen Computer ~ *ihm Daten eingeben* ▸ Füttern verboten! *(als Warnungsschild im Tierpark);* das Kind muss vor dem Schlafengehen noch gefüttert werden; Abl *Fütterung*

füt|tern[2] ⟨V. trans.; füt|tert, füt|ter|te, hat ge|füt|tert⟩ ein Kleidungsstück ~ *Stoff an die Innenseite nähen* ▸ ein Kleid mit Seide, einen Mantel mit Pelz, mit Watte ~; ein gefütterter Mantel

Fu|tur ⟨das; -s, -e; Sprachw.; meist für⟩ *Zukunftsform des Verbs;* oV *Futurum* ▸ erstes, zweites ~

G g

g **I** ⟨das; -, - od. -s; Mus.⟩ *Tonbezeichnung, Grundton der g-Moll-Tonleiter* **II** ⟨ohne Artikel⟩ **1** ⟨Mus.; Abk. für⟩ *g-Moll (Tonartbez.)* **2** ⟨Zeichen für⟩ *Gramm*

G **I** ⟨das; -, - od. -s; Mus.⟩ *Tonbezeichnung, Grundton der G-Dur-Tonleiter* **II** ⟨ohne Artikel⟩ **1** ⟨Mus.; Abk. für⟩ *G-Dur (Tonartbez.)* **2** ⟨Phys.; Zeichen für⟩ *Giga...*

Ga|be ⟨die; -, -n⟩ **1** *etwas, das gegeben wird, Geschenk;* Zus *Opfergabe, Weihnachtsgabe* **2** *Dosis eines Medikaments* **3** ⟨übertr.⟩ *Fähigkeit, Anlage, Veranlagung, Begabung* ▸ er hat (nicht) die ~, sich beliebt zu machen; die ~ der Rede besitzen; um eine milde ~ bitten

gä|be → *gang*

Ga|bel ⟨die; -, -n⟩ **1** *Essgerät mit vier od. zwei Zinken zum Anspießen od. Aufnehmen von festen od. breiigen Speisen;* Zus *Küchengabel, Fleischgabel, Vorlegegabel* **2** *landwirtschaftl. Gerät mit drei od. vier Zinken u. langem Stiel zum Heben von Heu, Mist u. Ä.;* Zus *Heugabel, Mistgabel* ▸ mit Messer und ~ essen; Abl *gabelförmig*

ga|beln ⟨V. refl.; ga|belt sich, ga|bel|te sich, hat sich ge|ga|belt⟩ sich ~ *abzweigen, sich verzweigen, sich in zwei Arme spalten* ▸ der Ast, der Weg gabelt sich

Ga|bel|stap|ler ⟨der; -s, -⟩ *motorisiertes Fahrzeug mit zwei in ihrer Höhe verstellbaren Stahlschienen („Gabel") zum Heben von Lasten, bes. von Stapelwaren auf Paletten*

Ga|be|lung ⟨die; -, -en⟩ *Abzweigung, Verzweigung in zwei Arme;* Zus *Weggabelung*

ga|ckern ⟨V. intr.; ga|ckert, ga|cker|te, hat ge|ga|ckert⟩ *schreien, Laut geben* (von Hühnern)

gaf|fen ⟨V. intr.; gafft, gaff|te, hat ge|gafft; umg.; abwertend⟩ *neugierig, staunend, bes. mit offenem Mund schauen, starren;* Abl *Gaffer(in)*

Gag ⟨[gæg] der; -s, -s; Film, Komödie, Kabarett⟩ *witziger, effektvoller, dramaturgisch aber nicht notwendiger Einfall* ▸ die Show war voller ~s

Ga|ge ⟨[ga:ʒə] die; -, -n⟩ *Gehalt (besonders von Künstlern)* ▸ sie erhält eine hohe ~ für den Film

gäh|nen ⟨V. intr.; gähnt, gähn|te, hat ge|gähnt⟩ *langsam u. tief durch den weit offenen Mund einatmen (vor Müdigkeit od. Langeweile)* ▸ ein Gähnen unterdrücken; herzhaft, laut ~; ein ~der Abgrund *weiter u. tiefer A.;* ~de Leere *fast völlige Leere (eines Saals, Zuschauerraumes)*

Ga|la ⟨die; -, -s⟩ **I** ⟨unz.⟩ *Festkleidung, Festuniform* ▸ in prachtvoller ~ erscheinen; sich in ~ werfen **II** ⟨zählb.⟩ *festliche Veranstaltung;* Zus *Galaabend, Galavorstellung*

ga|lant ⟨Adj.; -er, am -es|ten⟩ *höflich, ritterlich, rücksichtsvoll, zuvorkommend (gegenüber Damen);* Abl *Galanterie*

Ga|la|xie ⟨die; -, -n⟩ oV *Galaxis* **I** ⟨unz.⟩ *die Milchstraße* **II** ⟨zählb.⟩ *jedes der selbstständigen Sternsysteme im Weltall;* Abl *galaktisch*

Ga|lee|re ⟨die; -, -n⟩ *mittelalterliches langes Kriegs-Ruderfahrzeug, meist mit mehreren Ruderbänken übereinander;* Zus *Galeerensklave*

Ga|le|rie ⟨die; -, -n⟩ **1** *langer, an einer Seite offener od. verglaster Gang (in Kirchen, alten Schlössern od. über einem Saal), Empore* **2** ⟨Theat.⟩ *oberster Rang* **3** *Bilder-, Gemäldesammlung;* Zus *Bildergalerie, Gemäldegalerie* **4** *Kunsthandlung mit Ausstellungsräumen*

Gal|gen ⟨der; -s, -; früher⟩ *Gerüst aus einem od. mehreren senkrechten Balken u. einem Querbalken zur Hinrichtung durch den Strang* ▸ er wird noch einmal am ~ enden *mit ihm wird es noch ein schlechtes Ende nehmen*

Gal|gen|frist ⟨die; -, -en; übertr.⟩ *Zeitraum bis zu einem bestimmten (unangenehmen) Geschehen*

Gal|gen|hu|mor ⟨der; -s; unz.⟩ *bittere Heiterkeit vor einem gefürchteten Ereignis*

Ga|li|ons|fi|gur ⟨die; -, -en⟩ **1** ⟨Mar.⟩ *geschnitzte, meist weibliche Figur am Galion, einem erkerartiger Vorbau am Bug eines Holzschiffes* **2** ⟨übertr.; umg.⟩ *allgemein bekannte, in den Vordergrund gerückte Person* ▸ die ~ einer Partei

Gal|le ⟨die; -, -n⟩ **1** *flüssige Absonderung der Leber bei Wirbeltieren;* Syn *Gallenflüssigkeit;* →a. *Gallenblase;* Zus *Gallenstein* **2** ⟨übertr.; Sinnbild für⟩ *Ärger, schlechte Laune, Bosheit* ▸ Gift und ~ speien ⟨übertr.⟩ *seine Wut, Bosheit austoben;* jmdm. kommt die ~ hoch *jmd. wird zornig*

Gal|len|bla|se ⟨die; -, -n; Anat.⟩ *Blase an der Leber zur Aufnahme der Galle (1)*

Gal|lert ⟨a. [-'-] das; -(e)s, -e⟩ *zähe, durchsichtige Masse wie Gelatine, die beim Erkalten erstarrt;* Abl *gallertartig*

Gal|li|ons|fi|gur ⟨die; -, -en⟩ = *Galionsfigur*

Ga|lopp ⟨der; -s, -s od. -e⟩ **1** *schnellste Gangart des Pferdes;* Zus *Galopprennen* **2** ⟨übertr.⟩ *rascher Lauf, Geschwindigkeit, Schnelligkeit* ▸ ~ reiten; im gestreckten ~ *(sehr) schnell*

ga|lop|pie|ren ⟨V. intr.; ga|lop|piert, ga|lop|pier|te, ist/hat ga|lop|piert⟩ **1** *im Galopp laufen* (Pferd) **2** *im Galopp reiten* (Person)

galt → *gelten*

Ga|ma|sche ⟨die; -, -n⟩ *Beinbekleidung vom Fuß bis zum Knie aus Stoff od. Leder, durch einen Steg unter der Schuhsohle gehalten*

Gam|ma ⟨das; -s, -s; Zeichen: γ, Γ⟩ *dritter Buchstabe des griech. Alphabets*

Gam|mel|fleisch ⟨das; -(e)s; unz.; umg.⟩ *verdorbenes Fleisch, das nach Ablauf des Verfallsdatums umetikettiert u. verkauft wird*

gam|me|lig ⟨Adj.; umg.⟩ *verdorben, alt, nicht mehr brauchbar, zu dünn od. zu schwach zum Verwenden;* oV *gammlig*

gam|meln ⟨V. intr.; gam|melt, gam|mel|te, hat ge|gam|melt; umg.⟩ **1** *nichts arbeiten, faul sein;*

Abl *Gammler(in)* **2** *verderben, ungenießbar werden* (Lebensmittel) **3** *übel riechen*

Gäm|se ⟨die; -, -n; Zool.⟩ *Art der Antilopen von ziegenähnlicher Gestalt, die in den höheren Bergregionen;* Syn *Grattier*

gang ⟨Adj.; nur noch in der Wendung⟩ das ist ~ und gäbe *das ist so üblich*

Gang[1] ⟨der; -(e)s, Gän|ge⟩ **I** ⟨zählb.⟩ **1** *das Gehen, Fortbewegung zu Fuß;* Zus *Spaziergang* **2** *Weggehen, um etwas zu besorgen od. zu erledigen;* Zus *Bittgang, Botengang, Kirchgang* **3** *Abschnitt, Ablauf, Verlauf;* Zus *Arbeitsgang, Ausbildungsgang* **4** *Schaltung in einem Fahrzeug, die die Kraft des Antriebes (Motors) auf die Räder überträgt;* Zus *Gangschaltung* ⓘ S. 789, 896; *Vorwärtsgang, Rückwärtsgang* **5** *Gericht in der Speisenfolge;* Zus *Hauptgang* **6** *schmaler, überdachter od. umschlossener Weg;* Zus *Durchgang, Verbindungsgang, Wandelgang* **7** *schmaler, langer Vorraum einer Wohnung, Korridor, Flur* **8** *länglicher Hohlraum als Verbindung zw. Organen;* Zus *Gehörgang* ▸ den ersten, zweiten, dritten ~ einlegen (im Auto); in den dritten ~ schalten (im Auto); ich muss noch einen ~ tun ▸ der Wagen hat fünf Gänge; die Mahlzeit hatte vier Gänge; erster, zweiter ~ (bei der Mahlzeit); mein erster ~ nach meiner Ankunft war (der) zu dir; ein enger, langer, schmaler, unterirdischer ~; ich muss einen schweren ~ tun *jmdn. aufsuchen, was mir sehr schwerfällt* ▸ als ersten ~ gab es eine Vorspeise; einen ~ in die Stadt machen; aus dem Zugabteil in den ~ hinaustreten; das Regal können wir in den ~ stellen **II** ⟨unz.⟩ **1** *die Art zu gehen* **2** *Bewegung, Betrieb (einer Maschine)* **3** *Fortschreiten, Lauf, Verlauf, Ablauf;* Zus *Ausbildungsgang, Entwicklungsgang, Geschäftsgang* ▸ der ~ der Ereignisse ▸ die Sache geht ihren ~ ▸ einen anmutigen, schwerfälligen, trippelnden ~ haben; der Motor hat einen gleichmäßigen, lauten, leisen, ruhigen ~; alles geht seinen gewohnten ~ ▸ jmdn. am ~ erkennen; ein Gespräch in ~ bringen; in ~ kommen; der Prozess, die Vorstellung ist im ~e; die Maschine, der Motor ist in ~; hier ist etwas im ~e *hier geht etwas vor;* die Sache ist in vollem ~e

Gang[2] ⟨[gæŋ] die; -, -s⟩ *organisierte Bande (von Verbrechern)*

Gang|art ⟨die; -, -en⟩ *die Art des Gehens bei Pferden, Schritt, Trab, Galopp*

gang|bar ⟨Adj.⟩ *so beschaffen, dass man ihn, sie, es begehen kann* (Brücke, Weg)

gän|geln ⟨V. trans.; gän|gelt, gän|gel|te, hat ge|gängelt⟩ jmdn. ~ *bevormunden*

gän|gig ⟨Adj.⟩ **1** *gebräuchlich, geläufig* (Wort) **2** *gern gekauft, gut gehend* (Ware) ▸ eine ~e Ausdrucksweise; sie hat eine ~e Kleidergröße

Gangs|ter ⟨[gæŋs-] der; -s, -⟩ *Verbrecher, Ganove, Mitglied einer kriminellen Bande;* Abl *Gangsterin;* Zus *Gangsterbande, Gangsterboss, Gangsterfilm*

Gang|way ⟨[gæŋweɪ] die; -, -s⟩ *Laufsteg zum Schiff od. Flugzeug*

Ga|no|ve ⟨[-və] der; -n, -n⟩ *Dieb, Gauner, Krimineller*

Gans ⟨die; -, Gän|se⟩ **1** ⟨Zool.⟩ *ein meist weißer Schwimmvogel mit langem Hals;* ⓘ S. 1111; Zus *Gänsebraten* **2** ⟨übertr.; umg.; Schimpfwort⟩ *einfältiges weibliches Wesen* ▸ eine ~ ausnehmen, braten; eine ~ rupfen, schlachten; die Gänse hüten; (so eine) dumme ~!

Gän|se|blüm|chen ⟨das; -s, -; Bot.⟩ *eine kleine Blume mit weißen Blütenblättern, die bes. auf Wiesen wächst u. das ganze Jahr hindurch blüht*

Gän|se|füß|chen ⟨Pl.; übertr.; umg.⟩ *Anführungszeichen* ▸ ein Wort in ~ setzen

Gän|se|haut ⟨die; -; unz.; übertr.⟩ *Hervortreten der Talgdrüsen in der Haut durch Kälte od. Angst;* Syn ⟨schweiz.⟩ *Hühnerhaut* ▸ eine ~ bekommen; eine ~ lief ihr über den Rücken

Gän|se|rich ⟨der; -s, -e⟩ *männliche Gans*

Gan|ter ⟨der; -s, -; nddt.⟩ *Gänserich*

ganz ⟨Adj.⟩ **I** ⟨attr.; präd.; adv.⟩ **1** *unversehrt, heil, unbeschädigt* **2** *ungeteilt, all, gesamt* **3** *voll, völlig, vollkommen* **4** ⟨umg.⟩ *nur, nicht mehr als* ▸ ~ Berlin; ein ~es Brot; ich besitze noch ~e drei Euro; das Kind ist seine ~e Freude; ich habe mein ~es Geld ausgegeben; ein ~es Jahr; eine ~e Menge *ziemlich viel;* die Reparatur hat ~e zwei Minuten gedauert; der ~e Platz war voller Menschen ⟨umg.⟩; du hast ~ Recht; ich habe ~e zwei Stunden warten müssen; den ~en Tag hat es geregnet; er ist ~ der Vater *dem Vater sehr ähnlich;* sie haben ihr ~es Vermögen verloren; die ~e Wahrheit sagen; die ~e Welt weiß Bescheid; ~e Zahl ⟨Math.⟩ *ungeteilte Zahl;* die ~e Zeit (über) ▸ er hat den Kuchen ~ aufgegessen; etwas wieder ~ machen = *ganzmachen;* ~ sein *in Ordnung sein, heil sein, vollständig sein;* das Glas, der Schuh ist noch ~ ▸ im (Großen und) Ganzen *im Allgemeinen, alles in allem;* mit ~er Kraft; ich hoffe, wünsche es von ~em Herzen; während der ~en Zeit sagte er kein Wort **II** ⟨nur adv.⟩ **1** *sehr, gänzlich, völlig* **2** *ziemlich, einigermaßen, leidlich* ▸ es hat ~ den Anschein, als ob ... *es sieht genauso aus, als ob* ▸ das ist etwas ~ anderes!; ein ~ armer Mann; ich war ~ begeistert; er sah ~ blass aus; ~ gewiss! ⟨verstärkend⟩; das ist mir ~ gleich; geht es dir wieder ~ gut? *ziemlich gut;* ~ recht, richtig!; das ist ~ schön; da hat er dich aber ~ schön betrogen ⟨iron.⟩ *ziemlich stark betrogen;* ein ~ klein wenig ▸ ~ allein; er steht ~ auf meiner Seite; das gefällt mir ~ besonders gut; es ist ~ dasselbe; ~ und gar; ~ und gar nicht ⟨verstärkend⟩; bist du fertig? (noch) nicht ~!; ich bin (noch) nicht ~ zufrieden; ich verstehe es nicht ~; voll und ~ ⟨verstärkend⟩ *völlig*

Gan|ze(s) ⟨das; -n; unz.⟩ *Einheit, Gesamtheit, alles* ▸ sie bilden ein einheitliches ~ *Einheit;* das Ganze gefällt mir nicht *es gefällt mir alles nicht;* das große Ganze betrachten, im Auge haben; aufs Ganze gehen *energisch vorgehen, eine Entscheidung erzwingen;* jetzt geht es ums Ganze *um alles, jetzt muss die Entscheidung fallen*

Gän|ze ‹die; -; unz.; geh.› *Ganzheit, Gesamtheit* ▸ in der ~e, zur ~ ‹besser› *ganz, völlig*

Ganz|heit ‹die; -; unz.› *Vollständigkeit, Geschlossenheit, umfassende Einheit* ▸ eine Erscheinung nicht in ihren Einzelerscheinungen, sondern in ihrer ~ betrachten; Zus *Ganzheitsmedizin*

ganz|heit|lich ‹Adj.› *das Ganze betreffend, alles umfassend* ▸ eine ~e Betrachtungsweise

ganz|jäh|rig ‹Adj.› *das ganze Jahr über*

gänz|lich ‹Adj.; meist adv.› *vollständig, völlig* ▸ unser Vorrat ist ~ verbraucht; ich habe es ~ vergessen

ganz|ma|chen *auch:* **ganz ma|chen** ‹V. trans.; macht ganz, mach|te ganz, hat ganz|ge|macht, ganz|zu|ma|chen; umg.› etwas ~ *reparieren, wieder in Ordnung bringen* ▸ einen beschädigten Gegenstand wieder ~

ganz|tä|gig ‹Adj.› *den ganzen Tag über*

Ganz|tags|schu|le ‹die; -, -n; Päd.› *Schule, in der die Schüler den ganzen Tag über unterrichtet u. bei den Schularbeiten sowie beim Spielen betreut werden*

gar[1] ‹Adv.; verstärkend› **1** ‹bei Verneinungen› *überhaupt, durchaus* **2** ‹bes. süddt., a. poet.› *sehr, recht, ziemlich* ▸ das ist ~ keine schlechte Idee; ~ nicht; ~ nicht übel!; ~ nichts; es ist ~ so schön; ich habe es ~ zu gern; du isst ~ zu wenig

gar[2] ‹Abtönungspartikel› **1** *etwa, vielleicht, am Ende* **2** *sogar, erst* ▸ der Vorfall war mir peinlich genug, und nun ~ noch vor allen Leuten!; bist du ~ selbst schon dort gewesen?; hast du es ~ vergessen?; du wirst es doch nicht ~ vergessen haben?

gar[3] ‹Adj.› *fertig gekocht od. gebraten* (Fleisch, Kartoffeln) ▸ das Gemüse ist noch nicht ~

Ga|ra|ge ‹[-ʒə] die; -, -n› *Raum zum Unterstellen von Kraftwagen* ▸ er fährt das Auto in die ~; ich hole das Auto aus der ~; Zus *Garageneinfahrt, Garagentor; Tiefgarage*

Ga|rant ‹der; -en, -en› *Person, Instiution, die für etwas Gewähr leistet, Sicherheit bietet* ▸ der ~ des Friedens; die ~en der Zukunft; Abl *Garantin*

Ga|ran|tie ‹die; -, -n› *Gewähr, Haftung, Bürgschaft* ▸ der Apparat hat ein Jahr ~ *er muss ein Jahr lang reibungslos funktionieren (andernfalls wird er innerhalb dieser Frist von der Herstellerfirma kostenlos repariert);* dafür kann ich keine ~ übernehmen; dafür übernehme ich die volle ~; die Uhr hat keine ~ mehr; die ~ für das Gerät ist abgelaufen

ga|ran|tie|ren ‹V. trans. u. V. intr.; ga|ran|tiert, ga|ran|tier|te, hat ga|ran|tiert› **1** (für) etwas ~ *für etwas bürgen, haften, Gewähr leisten* **2** ‹umg.› (jmdm.) etwas ~ *zusichern, versprechen* ▸ ich garantiere dir, dass so etwas nicht wieder vorkommt! ‹umg.›; die Firma garantiert die Qualität des Produktes; dafür garantiere ich; das kann ich nicht ~

ga|ran|tiert **I** ‹Part. Perf. von› *garantieren* **II** ‹Adj.; umg.› *mit Sicherheit, unbedingt, bestimmt* ▸ das hat er ~ vergessen

Ga|r|aus ‹der; -; unz.; nur noch in der Wendung› jmdm. od. einem Tier den ~ machen *jmdn. od. ein Tier töten, vernichten*

Gar|be ‹die; -, -n› *Bündel, bes. von Getreide, Stroh* ▸ Getreide in, zu ~n binden

Gar|de ‹die; -, -n› **1** ‹urspr.› *Leibwache;* Zus *Leibgarde* **2** ‹dann› *Elitetruppe, meist mit prächtiger Uniform* **3** *Karnevalverein mit prächtigen Militäruniformen;* Zus *Prinzengarde* **4** ‹übertr.› *Gruppe von Personen, die durch gleiche Gesinnung od. gemeinschaftliche Ziele miteinander verbunden sind* ▸ das ist noch einer von der alten ~ *langjähriger Freund od. Kamerad, langjähriges bekanntes Mitglied eines Betriebes, Kreises o. Ä.;* der Kanzler umgab sich mit einer ~ junger Politiker

Gar|de|ro|be ‹die; -, -n› **1** *jmds. gesamte Kleidung* **2** *Vorrat an Kleidung* **3** *Umkleideraum, insbes. von Schauspielern* **4** *Vorraum mit Kleiderablage;* Zus *Garderobenfrau* **5** *die zur Kleiderablage geeigneten Einrichtungsgegenstände (Haken, Ständer usw.)* ▸ bitte geben Sie Ihre Mäntel und Taschen an der ~ ab

Gar|de|ro|ben|mar|ke ‹die; -, -n› *Kontrollmarke für abgelegte Kleidung (im Theater u. a.)*

Gar|di|ne ‹die; -, -n› *Vorhang, (besonders) Fenstervorhang* ▸ ~n abnehmen, aufhängen; ~n auf-, zuziehen; hinter schwedischen ~n sitzen ‹übertr.› *im Gefängnis;* Zus *Gardinenstange*

Gar|di|nen|leis|te ‹die; -, -n› *an der Decke befestigte Leiste mit Schienen od. Rillen für kleine Rollen od. Halterungen von Gardinen*

ga|ren ‹V.; gart, gar|te, hat ge|gart› **I** ‹V. intr.› *gar werden* **II** ‹V. trans.› etwas ~ *gar kochen, gar werden lassen;* Zus *Garzeit*

gä|ren ‹V. intr.; gärt, gär|te, hat/ist ge|go|ren / hat ge|gärt› *in Gärung übergehen, schäumen, schäumend aufbrausen* (Bier, Früchte, Most) ▸ ‹übertr.; meist unpersönlich› es gärt im Volk *das Volk ist bedrohlich unruhig;* Abl *Gärung*

Garn ‹das; -(e)s, -e› *aus Fasern gesponnener Faden, Zwirn* ▸ jmdm. ins ~ gehen ‹übertr.› *sich von jmdm. überlisten lassen;* Zus *Garnrolle; Baumwollgarn, Nähgarn*

Gar|ne|le ‹die; -, -n; Zool.› *kleiner Krebs, Krabbe, eine beliebte Delikatesse*

gar|nie|ren ‹V. trans.; gar|niert, gar|nier|te, hat garniert› etwas (mit etwas) ~ *verzieren, schmücken* ▸ eine Gemüseplatte, eine Torte ~; belegte Brötchen mit Petersilie ~; Abl *Garnierung*

Gar|ni|son ‹die; -, -en› **1** *Quartier, Standort einer Truppe* **2** *die Truppe selbst* ▸ in einer Stadt in ~ liegen; mit ~ belegen

Gar|ni|tur ‹die; -, -en› *Reihe, Anzahl zusammengehöriger Gegenstände, Satz (von Geschirr u. Ä.)* ▸ eine ~ Unterwäsche; sie gehört zur ersten ~ *zu den Besten;* Zus *Couchgarnitur*

gars|tig ‹Adj.› **1** *hässlich, abstoßend* (Gesicht) **2** *ekelhaft* (Tier) **3** *bösartig, ungezogen* (Kind) ▸ ~ aussehen; sei nicht so ~ (zu mir)!

Gar|ten ‹der; -s, Gär|ten› *abgegrenztes Gelände zum Anbau von Nutz- od. Zierpflanzen* ▸ einen ~ anlegen, einzäunen; den ~ gießen, sprengen, umgraben ▸ botanischer ~ *weiträumige*

Blumenanlage für wissenschaftliche od. belehrende Zwecke; ein gepflegter, verwilderter ~; einen großen, kleinen, schönen ~ haben; zoologischer ~ *weiträumige Anlage zum Halten u. Züchten von einheim. u. exot. Tieren für wissenschaftliche Zwecke od. belehrende Schaustellung;* Syn *Tiergarten* ▸ ein ~ hinter dem Haus; die Kinder spielen im ~; wir setzen uns in den ~; wir wollen im ~ frühstücken; Zus *Gartenarbeit, Gartenfest, Gartengerät, Gartenhaus, Gartenlaube, Gartenmöbel, Gartenzaun; Blumengarten, Gemüsegarten, Obstgarten, Ziergarten*

Gar|ten|bau ‹der; -(e)s; unz.› *Haltung u. Züchtung von Pflanzen sowie die dazugehörige Bodenbearbeitung im Garten*

G

Gar|ten|lo|kal ‹das; -(e)s, -e› *Lokal, bei dem man im Freien sitzt u. bewirtet wird, Biergarten;* Syn ‹österr.› *Gastgarten*

Gar|ten|schlauch ‹der; -(e)s, -schläu|che› *langer Schlauch mit Spritze zum Bewässern des Gartens*

Gar|ten|zwerg ‹der; -(e)s, -e› *Zwergenfigur als Schmuck für den Garten*

Gärt|ner ‹der; -s, -› **1** *jmd., der berufsmäßig Gartenbau ausübt* **2** *jmd., der aus Liebhaberei viel im Garten arbeitet* ▸ er war schon immer ein begeisterter ~; Abl *Gärtnerin*

Gärt|ne|rei ‹die; -, -en› *Unternehmen mit gewerbsmäßigem Anbau von Gartenpflanzen*

gärt|nern ‹V. intr.; gärt|nert, gärt|ner|te, hat gegärt|nert› *aus Liebhaberei im Garten arbeiten*

Gas ‹das; -es, -e› **1** *nicht sichtbare Substanz, die brennbar od. explosiv sein kann;* Zus *Gasgemisch* **2** *brennbares Gas, z. B. Stadtgas, Erdgas, Propan;* Zus *Gasflamme, Gasheizung, Gasherd, Gaskocher, Gasvergiftung* **3** ‹umg.; kurz für› *Gaspedal* ▸ ausströmen: aus dem Herd strömt ~ aus; ~ geben *die Geschwindigkeit beschleunigen (beim Autofahren);* ~ wegnehmen *die Geschwindigkeit verringern (beim Autofahren)* ▸ ein explosives, giftiges ~ ▸ aufs ~ treten *die Geschwindigkeit beschleunigen (beim Autofahren);* mit ~ heizen, kochen

Gas|fla|sche ‹die; -, -n› *Stahlgefäß zum Aufbewahren von Gas*

gas|för|mig ‹Adj.› *im Zustand eines Gases*

Gas|hahn ‹der; -(e)s, -häh|ne› *Hahn an der Gasleitung* ▸ den ~ aufdrehen ‹übertr.› *Selbstmord durch Gasvergiftung begehen*

Gas|kam|mer ‹die; -, -n› *(im Konzentrationslager) Raum zur Tötung von Menschen durch Giftgas*

Gas|mas|ke ‹die; -, -n› *Schutzmaske mit Luftfilter gegen giftige Gase, Rauch usw.*

Gas|pe|dal ‹das; -(e)s, -e› *Pedal in Kraftfahrzeugen, welches die Kraftstoffzufuhr regelt*

Gas|se ‹die; -, -n› **1** *kleine, enge Straße* **2** *schmaler Durchgang* **3** *langer, enger, trennender Raum* ▸ eine ~ bilden *etwas zur Seite treten, so dass (in einer Menschenmenge) ein schmaler Raum zum Durchgehen entsteht;* dunkle, krumme, enge, schmale, steile, winklige ~

Gas|si ‹das; umg.; in der Wendung› mit dem Hund ~ gehen *den Hund spazieren führen*

Gast ‹der; -(e)s, Gäs|te› **1** *jmd., der von jmdm. eingeladen ist (bes. zu einer Mahlzeit), Besucher;* Zus *Tischgast* **2** *jmd., der ein Restaurant besucht od. in einem Hotel absteigt;* Zus *Hotelgast, Stammgast* **3** *jmd., der vorübergehend anwesend ist;* Zus *Gastprofessor(in)* **4** *auf fremder Bühne spielender Schauspieler* ▸ die Gäste begrüßen; sie empfangen die Gäste; wir haben Gäste ▸ ein gerngesehener, häufiger, lieber, ständiger ~; ungebetener ~ *nicht eingeladener, lästiger, unangenehmer Besucher* ▸ die Rolle des Tristan singt ein italienischer Tenor als ~; eine Vorstellung für geladene Gäste; sie sang vor geladenen Gästen; bei jmdm. zu ~ sein

Gast|ar|bei|ter ‹der; -s, -› *ausländischer, nicht eingebürgerter Arbeiter;* Abl *Gastarbeiterin*

Gäs|te|buch ‹das; -(e)s, -bü|cher› *Buch, in das sich die Gäste eintragen*

Gäs|te|zim|mer ‹das; -s, -› *Zimmer (in einer Wohnung od. einem Hotel) zur Unterbringung von Gästen;* oV *Gastzimmer;* Syn *Fremdenzimmer*

Gast|fa|mi|lie ‹[-ljə] die; -, -n› *Familie, die einen ausländischen Gast (bes. einen Austauschschüler od. ein Aupairmädchen) für die Dauer seines Aufenthalts bei sich aufnimmt*

gast|freund|lich ‹Adj.› *gerne Gäste habend, jederzeit bereit, Gäste aufzunehmen;* Abl *Gastfreundlichkeit*

Gast|freund|schaft ‹die; -; unz.› *freundliche Bereitschaft, Gäste im eigenen Haus aufzunehmen u. zu bewirten* ▸ ich möchte mich für Ihre ~ bedanken; sie legen Wert auf eine großzügige ~

Gast|gar|ten ‹der; -s, -gär|ten; österr.› = *Gartenlokal*

Gast|ge|ber ‹der; -s, -› *jmd., der einen anderen als Gast einlädt, Einladender;* Abl *Gastgeberin*

Gast|haus ‹das; -es, -häu|ser› **1** *Haus, in dem Fremde gegen Entgelt Unterkunft u. Verpflegung haben können* **2** *Wirtshaus, Gaststätte* ▸ wir gehen heute ins ~; sie essen mittags im ~; wollen wir in dieses ~ einkehren?

Gast|hof ‹der; -(e)s, -hö|fe› *einfaches Gasthaus, meist auf dem Lande*

Gast|hö|rer ‹der; -s, -› *Hörer einer Vorlesung an einer Hochschule od. Universität, der nicht immatrikuliert ist;* Abl *Gasthörerin*

gas|tie|ren ‹V. intr.; gas|tiert, gas|tier|te, hat gastiert; Theat.› *als Gast auf einer fremden Bühne spielen* ▸ sie hat schon in München gastiert

Gast|land ‹das; -(e)s, -län|der› *Land, in dem jmd. zu Gast ist* ▸ im ~ eintreffen, ankommen

gast|lich ‹Adj.› *gastfrei, gastfreundlich*

Gast|red|ner ‹der; -s, -› *jmd., der als Gast bei einer Veranstaltung über ein bestimmtes Thema spricht* ▸ als ~ auftreten; Abl *Gastrednerin*

Gas|t|ri|tis ‹die; -, -ti|den; Med.› *entzündliche Erkrankung der Magenschleimhaut, die häufig mit einer Entzündung des Darms verbunden ist;* Syn *Magenentzündung, Magenschleimhautentzündung*

Gas|t|ro|no|mie ‹die; -; unz.› *das gewerbliche Betreiben von Gaststätten, das Bewirten von Gäs-*

ten; Syn *Gaststättengewerbe* ▸ die Kölner Innenstadt verfügt über eine sehr gute ~; Abl *Gastronom(in); gastronomisch*

Gạst|spiel ⟨das; -(e)s, -e⟩ *Auftreten eines Schauspielers od. eines Ensembles auf einer fremden Bühne als Gast* ▸ ein ~ in Hamburg geben

Gaststätten

In *Gaststätten* werden im deutschsprachigen Raum vor allem mittags und abends warme Mahlzeiten serviert. Fast alle Speiselokale bieten eine Vielzahl von kalten und warmen Getränken an. Neben alkoholfreien Getränken steht meistens auch eine Auswahl an Biersorten und Weinen auf der Speisekarte. In den süddeutschen Weingegenden bekommt man in Weinlokalen oder Straußwirtschaften häufig hauseigene Weine und eine kleine Auswahl an heimischen Speisen. In vielen Gegenden des deutschen, besonders des süddeutschen Sprachgebiets, werden Speisen und Getränke auch im Freien in Gartenlokalen oder Biergärten serviert.

In Cafés kann man in der Regel ein Frühstück bekommen, mittags und nachmittags werden kleinere Mahlzeiten, Kuchen und häufig auch Eisspezialitäten angeboten.

Sehr verbreitet und beliebt sind auch Restaurants mit ausländischer Küche wie Pizzerien, griechische oder chinesische Lokale sowie Kebab-Imbisse.

In Restaurants der gehobenen Kategorie ist es üblich, sich einen Sitzplatz zuweisen zu lassen, in vielen Lokalen kann man jedoch selbst einen Tisch auswählen. Es empfiehlt sich, der Kellnerin oder dem Kellner beim Begleichen der Rechnung ein Trinkgeld in Höhe von 5-10% des Rechnungsbetrages zu geben.

Gạst|stät|te ⟨die; -, -n⟩ *Haus, in dem man gegen Entgelt Mahlzeiten einnehmen kann, Restaurant, Lokal* ▸ in eine ~ gehen; in der ~ zu Mittag essen; eine ~ betreiben; Zus *Gaststättengewerbe*

Gạst|stu|be ⟨die; -, -n⟩ *Raum für Bewirtung der Gäste im Wirtshaus*

Gạst|wirt ⟨der; -(e)s, -e⟩ *Eigentümer od. Pächter einer Gaststätte;* Abl *Gastwirtin*

Gạst|wirt|schaft ⟨die; -, -en⟩ *einfache Gaststätte*

Gạtsch ⟨der; -(e)s; unz.; österr., umg.⟩ *aufgeweichte Erde, Schlamm* ▸ im ~ hängen bleiben

Gạt|te ⟨der; -n, -n; geh.⟩ *Ehemann* ▸ die ~n *das Ehepaar;* Abl *Gattin*

Gạt|ter ⟨das; -s, -⟩ *Gitter, Zaun;* Zus *Eisengatter, Holzgatter, Weidegatter*

Gạt|tung ⟨die; -, -en⟩ **1** ⟨Biol.⟩ **1.1** *Gesamtheit nächstverwandter Arten* **1.2** ⟨Biol.⟩ *Kategorie zwischen Art (Spezies) u. Familie* **2** *Gesamtheit von Dingen, die in wesentlichen Eigenschaften übereinstimmen, im Einzelnen jedoch voneinander abweichen* **3** ⟨Lit.⟩ *Kategorie zur Klassifikation von Dichtung u. Literatur in der Literaturwissenschaft* ▸ die Iris gehört zur ~ der Iridazeen; Roman, Novelle und Kurzgeschichte gehören zur ~ der Epik, der epischen Dichtung

Gau ⟨der; -(e)s, -e⟩ *Bezirk, zusammengehöriges Gebiet;* Syn ⟨süddt., schweiz.⟩ *Gäu*

GAU *auch:* **Gau** ⟨der; -s, -s; Abk. für⟩ **1** *größter anzunehmender Unfall (in einem Atomkraftwerk)* **2** ⟨übertr.; umg.⟩ *Katastrophe, völliger Zusammenbruch, Desaster* ▸ die Atomkraftwerke sind vor einem ~ nicht sicher; einen wirtschaftlichen ~ heraufziehen sehen ⟨übertr.⟩

Gau|di ⟨das; -s; unz. od. die; -; unz.; süddt.⟩ *Spaß, Vergnügen* ▸ das gibt eine, war eine ~; wir haben eine große, viel ~ gehabt

Gauk|ler ⟨der; -s, -⟩ **1** *Jahrmarktskünstler (Seiltänzer, Akrobat)* **2** *Zauberkünstler;* Abl *Gauklerin*

Gaul ⟨der; -(e)s, Gäu|le; abwertend⟩ *Pferd* ▸ ein alter ~; einem geschenkten ~ schaut man nicht ins Maul ⟨sprichwörtl.⟩ *Geschenke muss man hinnehmen, ohne zu fragen, was sie wert sind*

Gau|men ⟨der; -s, -⟩ **1** ⟨Anat.⟩ *Scheidewand zw. Mund- u. Nasenhöhle beim Menschen u. bei Wirbeltieren;* Syn *Palatum* **2** ⟨übertr.⟩ *Geschmack, Sinn für gutes Essen u. Trinken* ▸ das kitzelt den ~ *das ist etwas für Feinschmecker;* einen feinen ~ haben *ein Feinschmecker sein*

Gau|men|freu|de ⟨die; -, -n; geh.⟩ *wohlschmeckendes Essen od. Getränk, das man genießerisch zu sich nimmt, Leckerbissen, Schlemmerei;* Syn *Gaumenkitzel* ▸ jmdn. mit ~n verwöhnen

Gau|men|zäpf|chen ⟨das; -s, -; Anat.⟩ *zäpfchenförmiger Ausläufer des weichen Gaumens: Uvula*

Gau|ner ⟨der; -s, -⟩ **1** *Betrüger, Dieb, Ganove;* Abl *Gaunerei;* Zus *Gaunersprache* **2** *schlauer, gerissener Mensch* ▸ so ein ~!; Abl *Gaunerin*

Ga|ze ⟨[-zə] die; -; unz.; Textilwesen⟩ *sehr dünner, durchsichtiger, schleierartiger Stoff*

Ga|zel|le ⟨die; -, -n; Zool.⟩ *eine zierliche Art der Antilopen, die in Herden in afrikan. u. asiat. Steppen lebt*

ge..., Ge... ⟨Vorsilbe⟩ **I** ⟨vor Subst.⟩ **1** *das Zusammengehörige,* z. B. Geäst **2** *das Ergebnis des im zugehörigen Verb ausgedrückten Vorgangs,* z. B. Gefüge **3** *das Andauern, Wiederholen eines Vorgangs od. einer Tätigkeit,* z. B. Gejammer **II** ⟨vor Verben⟩ *Eintritt od. Abschluss einer Handlung, oft nur Verstärkung,* z. B. gewähren **III** ⟨vor Adj.⟩ *die Zugehörigkeit zu einem Substantiv od. Verb ausdrückend,* z. B. gewitzt

Ge|äst ⟨das; -(e)s; unz.⟩ *Astwerk*

geb. ⟨Abk. für⟩ **1** *geboren, geborene* **2** ⟨bei Preisangaben von Büchern⟩ *gebunden*

Ge|bäck ⟨das; -(e)s, -e; Pl. selten⟩ *kleines Backwerk, kleine Kuchenstücke, Kekse u. Plätzchen* ▸ ich werde beim Bäcker Brot und ~ kaufen; zum Kaffee servieren wir ~

Ge|bälk ⟨das; -(e)s, -e; Pl. selten⟩ *Gesamtheit der Balken eines Gebäudes, bes. des Dachstuhls* ▸ es knistert, kracht im ~ ⟨übertr.; umg.⟩ *die bestehende Ordnung beginnt sich aufzulösen*

ge|bar → *gebären*

Ge|bär|de ⟨die; -, -n⟩ *Bewegung, um etwas (Emp-*

G

findung, Willen) auszudrücken; →a. Geste ▸ eine beruhigende, drohende, heftige ~ machen; sich durch ~n verständlich machen; Zus *Gebärdensprache*

ge|bär|den ⟨V. refl.; ge|bär|det sich, ge|bär|de|te sich, hat sich ge|bär|det⟩ sich auf bestimmte Weise ~ *sich betragen, sich verhalten* ▸ sich wie ein Verrückter ~; er hat sich wie toll gebärdet

Ge|ba|ren ⟨das; -s; unz.⟩ *Benehmen, Betragen, Verhalten* ▸ geschäftliches ~

ge|bä|ren ⟨V. trans.; ge|bärt, ge|bar, hat ge|bo|ren⟩ ein Kind ~ *zur Welt bringen* ▸ sie hat einen Jungen geboren; geboren sein *zur Welt gekommen sein;* geboren werden *zur Welt gebracht werden;* Hans Müller, geboren am 12. 6. 1968; ich kenne die Stadt gut, ich bin dort geboren; in diesem Haus bin ich geboren (worden); ich bin am 28. Juni 1975 geboren (worden); unter einem glücklichen, unglücklichen Stern geboren sein *von Kindheit an viel Glück, Unglück im Leben gehabt haben; →a. geboren;* Abl *gebärfähig*

Ge|bär|mut|ter ⟨die; -, -müt|ter; Biol.; Med.⟩ *Hohlorgan der Säugetiere u. des Menschen, in dem sich das befruchtete Ei entwickelt;* Syn *Uterus*

Ge|bäu|de ⟨das; -s, -⟩ **1** *Bauwerk, Haus;* Zus *Gebäudekomplex; Fabrikgebäude, Hauptgebäude, Nebengebäude, Schulgebäude, Universitätsgebäude, Wohngebäude* **2** ⟨übertr.⟩ *Gefüge;* Zus *Gedankengebäude, Lehrgebäude, Lügengebäude* ▸ das ~ einer Wissenschaft ⟨übertr.⟩; der Bahnhof ist ein öffentliches ~; was ist das für ein ~?; das ist das älteste ~ der Stadt

Ge|bei|ne ⟨Pl.⟩ *Knochen, Skelett eines Toten*

Ge|bell ⟨das; -s; unz.⟩ *anhaltendes Bellen;* Zus *Hundegebell*

ge|ben ⟨V.; gibt, gab, hat ge|ge|ben⟩ **I** ⟨V. trans.⟩ **I.I** ⟨persönl.⟩ **1** (jmdm.) etwas ~ *hergeben, zugestehen* **2** etwas ~ *ergeben, zum Ergebnis haben* **3** etwas ~ *bezahlen* **4** ein Konzert, Theaterstück, eine Vorstellung ~ *aufführen, veranstalten, stattfinden lassen* **5** jmdm. etwas ~ *reichen, anbieten, überlassen, übergeben, schenken* **6** ⟨Kart.; meist V. intr.⟩ (die Karten) ~ *austeilen* ▸ ein Wort gab das andere *aus dem Wortwechsel wurde ein Streit;* gib's ihm! *hau ihn!, sag ihm die Meinung!* ▸ (keine) Antwort ~ *(nicht) antworten;* jmdm. einen Auftrag ~; einem Gedanken Ausdruck ~ *einen Gedanken in Worte fassen;* Auskunft ~; einer Sache ein anderes Aussehen ~; jmdm. Bedenkzeit ~; der Lehrer gibt Biologie und Chemie *unterrichtet in B. u. Ch.;* jmdm. das Brot ~ *reichen;* seine Einwilligung (zu etwas) ~ *(in etwas) einwilligen;* ein Essen ~ *(offiziell veranstalten);* einem Kind die Flasche ~ *es aus der F. trinken lassen;* ich gebe Ihnen eine Frist von zwei Tagen; ein Gastspiel ~; das Geld (zu einem Unternehmen) ~; jmdm. Gelegenheit ~, sein Können zu zeigen; eine Gesellschaft ~; gestern wurde im Theater „Hamlet" gegeben; jmdm. die Hand ~ (zum Gruß); jmdm. beim Geräteturnen Hilfe ~; jmdm. einen Kuss ~ *jmdn. küssen;* die Lampe gibt gutes Licht; die Kuh gibt täglich zehn Liter Milch; sich Mühe ~ *sich bemühen;* du musst deinen Worten mehr Nachdruck ~; jmdm. Nachricht ~ *jmdn. benachrichtigen;* jmdm. eine Ohrfeige ~; jmdm. Recht/recht ~ *jmdm. zustimmen;* gib doch endlich Ruhe! *sei endlich still;* bitte gib mir das Salz!; jmdm. die Schuld (an etwas) ~; jmdm. seinen Segen ~ *jmdn. segnen;* das gibt Spaß *macht Spaß;* dem Pferd die Sporen ~ *das Pferd mit den S. antreiben;* jmdm. einen Stoß, einen Tritt ~; jmdm. Stunden ~ *jmdn. stundenweise unterrichten;* jmdm. Unrecht/unrecht ~ *jmdm. nicht zustimmen;* jmdm. das Versprechen ~, etwas zu tun *versprechen;* jmdm. einen Wink ~ *jmdn. verstohlen auf etwas hinweisen;* ich gebe dir mein Wort, dass ich es tue *ich verspreche es dir;* jmdm. ein Zeichen ~ ▸ dieser Vorfall gibt mir zu denken *stimmt mich nachdenklich;* jmdm. zu essen ~; sich jmdm. zu erkennen ~ *ihm sagen, wer man ist;* sich die Speisekarte ~ lassen *erbitten, verlangen;* jmdm. etwas zu verstehen ~ *andeuten* ▸ 12 geteilt durch 3 gibt 4; ich kann ihnen die Ware nicht billiger ~ *überlassen, verkaufen;* er gibt nicht gern *er ist geizig;* es jmdm. tüchtig ~ ⟨umg.⟩ *jmdm. gründl. die Meinung sagen* ▸ viel, wenig auf etwas ~ *viel, wenig von etwas halten;* ich gäbe etwas darum, wenn ich wüsste, ob sie erfolgreich war; was hast du für den Fernseher gegeben? *bezahlt;* ein Manuskript in Druck ~ *drucken lassen;* den Teig in eine Form ~ *einfüllen, eingießen;* jmdm. etwas in Verwahrung ~ *jmdn. etwas verwahren lassen;* keinen Laut od. Ton von sich ~ *nichts sagen, sich ganz still verhalten;* kein Lebenszeichen von sich ~ *leblos scheinen, leblos sein;* eine Meinung von sich ~ *äußern* ▸ was wird das ~? *was wird daraus werden?;* was gibst du mir dafür? ▸ es ist das Gegebene *es ist das Beste, Nächstliegende;* etwas als gegeben ansehen *so tun, als ob es so wäre;* etwas für gegeben nehmen *so tun, als habe man es bekommen;* im gegebenen Fall *in diesem Fall, falls dieser Fall eintritt;* zur gegebenen Zeit, zu gegebener Zeit *wenn die Zeit dafür gekommen ist* **I.II** ⟨unpersönl.⟩ **1** *bestehen, vorhanden sein* **2** *geschehen, vorkommen* ▸ gibt es jmdn., der mir helfen kann? ▸ gleich gibt es Ärger!; es gibt Fälle, in denen man anders handeln muss; es gibt einen Gott; es wird heute noch Regen ~ *es wird noch regnen;* wenn du das tust, wird es ein Unglück ~; hier gibt es keine Wölfe mehr *hier sind die Wölfe ausgestorben* ▸ gibt es denn heute so etwas noch?; das gibt es nicht! *das kommt nicht in Frage!;* das gibt es doch nicht! *das ist doch unmöglich!;* das hast er gut gemacht, da gibt's nichts! ⟨umg.⟩ *dagegen ist nichts einzuwenden* ▸ was gibt's? *was ist los?;* was gibt es Neues?; was gibt es heute Abend im Theater?; was gibt es heute zu Mittag? **II** ⟨V. refl.⟩ sich ~ **1** *aufhören, sich bessern* (Krankheit, Zustand) **2** *sich verhalten, sich benehmen* ▸ das wird sich schon ~; meine Schmerzen haben sich mit der Zeit gegeben ▸ sie gibt sich ganz unbefangen

Ge|ber ⟨der; -s, -⟩ *jmd., der anderen etwas gibt, etwas schenkt;* Abl *Geberin;* Zus *Arbeitgeber, Geldgeber*

Ge|ber|lau|ne ⟨die; -; unz.⟩ *freigebige Laune* ▸ in ~ sein

Ge|bet ⟨das; -(e)s, -e⟩ *Anrufung Gottes, Bitte zu Gott* ▸ ein ~ sprechen, verrichten, zum Himmel schicken; jmdn. ins ~ nehmen ⟨übertr.⟩ *jmdn. eindringlich ermahnen, befragen, jmdm. zureden;* Zus *Gebetbuch, Gebetsteppich*

ge|be|ten → *bitten*

ge|bets|müh|len|ar|tig ⟨Adj.; abwertend⟩ *sich ständig wiederholend* ▸ die Sicherheit der Renten ~ beschwören

ge|beu|telt ⟨Adj.⟩ *sehr mitgenommen, in arger Bedrängnis, in großen Schwierigkeiten* ▸ eine vom Schicksal schwer ~e Familie

Ge|biet ⟨das; -(e)s, -e⟩ **1** *Landschaftsbereich, Region;* Zus *Bergbaugebiet, Ruhrgebiet* **2** *staatliches Territorium, Machtbereich;* Zus *Staatsgebiet* **3** ⟨übertr.⟩ *Sachbereich, Fach* ▸ große ~e des **Landes** sind noch nicht bebaut; das ~ der **Naturwissenschaften;** das ~ einer **Stadt** ▸ einem anderen Staat ~e **abtreten;** ein ~ **beherrschen** ⟨übertr.⟩ ▸ ein **fruchtbares,** waldreiches, weites ~ ▸ **auf** diesem ~ bin ich nicht bewandert; er weiß auf seinem ~ hervorragend Bescheid; auf politischem ~ verhält es sich anders

ge|bie|ten ⟨V.; ge|bie|tet, ge|bot, hat ge|bo|ten⟩ **I** ⟨V. trans.⟩ (jmdm.) etwas ~ *befehlen, von jmdm. etwas verlangen* ▸ der Ernst der Lage gebietet, dass wir uns ruhig verhalten; jmdm. od. einer Sache Einhalt ~ *weiteres Wirken verhindern;* geboten sein *ratsam, notwendig, angebracht, zweckmäßig sein;* es erscheint geboten, sich zu beeilen; hier ist Vorsicht geboten; es ist dringend geboten, etwas zu tun **II** ⟨V. intr.⟩ **1** *herrschen* **2** *bestimmen, die Gewalt haben* ▸ hier gebiete ich!; über ein Land ~

Ge|bie|ter ⟨der; -s, -⟩ *jmd., der über ein Land od. über Menschen gebietet, Herr, Herrscher* ▸ mein Herr und ~; Abl *Gebieterin*

ge|bie|te|risch ⟨Adj.⟩ *in der Art eines Gebieters, befehlend, herrisch, keinen Widerspruch duldend* ▸ etwas ~ verlangen; in ~em Ton sprechen

Ge|bil|de ⟨das; -s, -⟩ **1** *etwas Geformtes, Gestaltetes* **2** *Gegenstand von unbestimmter, nicht näher zu bezeichnender Form* ▸ ein seltsames ~; eine Flocke ist ein ~ aus Eiskristallen

ge|bil|det **I** ⟨Part. Perf. von⟩ *bilden* **II** ⟨Adj.⟩ *kenntnisreich u. wohlerzogen, kultiviert* ▸ die ~e Oberschicht; ein ~er Mensch; er ist sehr ~

Ge|bin|de ⟨das; -s, -⟩ **1** *etwas Zusammengebundenes* **2** *Kranz, Strauß* ▸ ein ~ von Blumen

Ge|bir|ge ⟨das; -s, -⟩ *zusammenhängende Gruppe von Bergen u. Tälern* ▸ ins ~ fahren, reisen; im ~ leben; den Urlaub im ~ verbringen; Zus *Gebirgsbach, Gebirgssee; Hochgebirge, Mittelgebirge*

ge|bir|gig ⟨Adj.⟩ *wie im Gebirge, bergig* ▸ die Landschaft wird hier schon ~

Ge|birgs|ket|te ⟨die; -, -n⟩ *ununterbrochene Reihe von Berggipfeln;* Syn *Gebirgszug*

Ge|biss ⟨das; -es, -e⟩ **1** *Gesamtheit der Zähne* **2** *künstliche Zahnreihe, Zahnersatz;* Zus *Gebissträger(in)* **3** *Mundstück am Pferdezaum* ▸ ein ~ einsetzen *künstliche Zähne;* der Hund hat ein sehr scharfes ~; ein gesundes, prächtiges ~ haben

ge|bis|sen → *beißen*

Ge|blä|se ⟨das; -s, -⟩ *Apparat, der einen Luftstrom erzeugt* ▸ im Auto das ~ anstellen

ge|blie|ben → *bleiben*

ge|blümt ⟨Adj.⟩ *mit Blumenmuster verziert* (Kleid, Porzellan, Stoff)

ge|bo|gen → *biegen*

ge|bo|ren **I** ⟨Part. Perf. von⟩ *gebären* **II** ⟨Adj.; Abk.: geb.; Zeichen: *⟩ *zur Welt gekommen* ▸ ~er Deutscher *jmd., der als Deutscher zur Welt gekommen ist;* er ist der ~e Erzähler ⟨übertr.⟩ *er hat eine besondere Begabung zum Erzählen;* ~er Hamburger *jmd., der in H. zur Welt gekommen ist;* Frau Martina Müller(,) geb. Zeies *mit Mädchennamen Zeies;* ~ am 04.05.1991; sie ist eine ~e Zeies *ihr Mädchenname ist Zeies;* ein blind, zu früh ~es Kind

ge|bor|gen **I** ⟨Part. Perf. von⟩ *bergen* **II** ⟨Adj.⟩ *in Sicherheit, behütet, beschützt* ▸ bei ihm fühle ich mich ~; hier bist du ~; Abl *Geborgenheit*

ge|bors|ten → *bersten*

Ge|bot ⟨das; -(e)s, -e⟩ **1** *Befehl, Anordnung, Verordnung* **2** *(moralisches) Grundgesetz* **3** *Preisangebot* ▸ es ist ein ~ der **Menschlichkeit,** dies zu tun; das ~ der **Stunde** *die augenblickl. Notwendigkeit* ▸ ein ~ **beachten,** missachten, übertreten ▸ ein **göttliches** ~; die **Zehn** ~e ⟨bibl.⟩ *Moses' Gesetzestafeln*

ge|bo|ten[1] → *bieten*

ge|bo|ten[2] → *gebieten*

Gebr. ⟨Abk. für⟩ *Gebrüder*

ge|bracht → *bringen*

ge|brannt → *brennen*

Ge|bräu ⟨das; -(e)s, -e⟩ *schlechtes Getränk*

Ge|brauch ⟨der; -(e)s, -bräu|che⟩ **1** *das Gebrauchen, Benutzung, Anwendung;* Abl *gebrauchsfähig, gebrauchsfertig* **2** *Brauch, Sitte, Gewohnheit* ▸ **Sitten** und Gebräuche; die alten Gebräuche eines **Volkes** ▸ **außer** ~ kommen *nicht mehr üblich sein;* die Maschine ist außer ~; **für** den eigenen ~; einen Gegenstand lange, noch nicht lange **in** ~ haben; in ~ kommen *üblich werden;* einen Gegenstand in ~ nehmen; im ~ sein *benutzt werden, üblich sein;* die Flasche **nach** ~ gut verschließen; **von** etwas ~ machen *etwas benutzen, anwenden;* **vor** ~ schütteln! *(Aufschrift auf Flaschen mit Medikamenten o. Ä.)*

ge|brau|chen ⟨V. trans.; ge|braucht, ge|brauch|te, hat ge|braucht⟩ etwas (für od. zu etwas) ~ *von etwas Gebrauch machen, es benutzen, verwenden* ▸ Schimpfwörter ~; kannst du noch Papier ~?; das kann ich gut, nicht ~; das ist nicht zu ~; du bist auch zu nichts zu ~! *zu nichts nütze;* das Glas ist schon gebraucht *wurde bereits benutzt;* gebrauchte Bücher *schon benutzte Bücher, Bücher aus zweiter Hand;* →a. *brauchen*

G

ge|bräuch|lich <Adj.> *üblich, herkömmlich, allgemein verbreitet* ▸ eine ~e Redensart; das ist hier nicht ~; Abl *Gebräuchlichkeit*

Ge|brauchs|an|lei|tung <die; -, -en> = *Gebrauchsanweisung*

Ge|brauchs|an|wei|sung <die; -, -en> *Anweisung für den Gebrauch (einer Arznei, eines Gerätes);* Syn *Gebrauchsanleitung* ▸ vor der ersten Benutzung musst du die ~ lesen; lies erst die ~ durch!

Ge|brauchs|ge|gen|stand <der; -(e)s, -stän|de> *Gegenstand für den täglichen Gebrauch, z. B. Hausgerät, Schreibzeug*

Ge|brauchs|wert <der; -(e)s; unz.> *Wert, den eine Ware hinsichtlich ihres Gebrauchs hat*

G

Ge|braucht|wa|gen <der; -s, -> *Kraftwagen aus zweiter Hand* ▸ einen ~ kaufen; er handelt mit ~

ge|bre|chen <V. intr.; ge|bricht, ge|brach, hat gebro|chen; unpersönl.; geh.> es gebricht jmdm. an etwas ~ *fehlen, mangeln* ▸ dem Unternehmen gebricht es an einer straffen Führung

Ge|bre|chen <das; -s, -> *körperl. Fehler, Schaden* ▸ ein ~ haben, mit einem ~ behaftet sein

ge|brech|lich <Adj.> **1** *hinfällig, altersschwach, kränklich* **2** <übertr.> *unvollkommen, mangelhaft, labil* ▸ alt und ~ sein; Abl *Gebrechlichkeit*

ge|bro|chen → *brechen*

Ge|brü|der <nur Pl.; Abk.: Gebr.> *zwei od. mehrere Brüder in gemeinsamer (meist geschäftl.) Aktion* ▸ ~ Maier *(als Firmenbezeichnung)*

Ge|brüll <das; -s; unz.> *anhaltendes Brüllen*

Ge|bühr <die; -, -en> **I** <zählb.> *Vergütung für geleistete (öffentliche) Dienste* ▸ eine ~ entrichten, bezahlen; jmdm. die ~(en) erlassen; die ~ für eine notarielle, amtliche Bestätigung bezahlen; eine ~ von zwanzig Euro erheben; Abl *gebührenfrei;* Zus *Gebührenerhöhung, Gebührenerlass, Gebührenordnung; Aufnahmegebühr, Anwaltsgebühr, Telefongebühr* **II** <unz.> *Angemessenheit* ▸ <in den Wendungen> jmdn. nach ~ bestrafen, belohnen *wie es sich gehört;* jmdn. über ~ beanspruchen *mehr, als sich gehört*

ge|büh|ren <V.; ge|bührt, ge|bühr|te, hat ge|bührt> **I** <V. intr.> jmdm. ~ *(nach Recht, Verdienst) zukommen, zustehen* ▸ es gebührt mir nicht, ihm Vorschriften zu machen; ihm gebührt höchstes Lob; dem Alter gebührt Rücksicht **II** <V. refl.; unpersönl.> sich ~ *sich gehören, angemessen, schicklich sein* ▸ es gebührt sich, alten Leuten Platz zu machen; sich benehmen, wie es sich gebührt

Ge|büh|ren|ein|heit <die; -, -en> *(Zeit-)Einheit zur Errechnung der Fernsprechgebühren, je nach Entfernung von unterschiedlicher Dauer*

ge|büh|ren|pflich|tig <Adj.> *mit der Verpflichtung verbunden, eine Gebühr zu zahlen, nicht kostenlos* ▸ ~e Verwarnung

ge|bühr|lich <Adj.> *so, wie es sich gebührt*

ge|bun|den → *binden*

Ge|burt <die; -, -en> **1** *das Geborenwerden;* Zus *Geburtsdatum, Geburtsjahr, Geburtsland, Geburtsstadt* **2** *das Gebären eines Kindes, Entbindung;* Zus *Geburtenrate, Geburtenzahl* **3** <übertr.> *das Hervorbringen, Erzeugung, Entstehung* **4** *Herkunft, Abstammung* ▸ die ~ einer Idee; die ~ eines Kindes bekanntgeben; die Zahl der ~en steigt, sinkt ▸ die glückliche ~ einer Tochter anzeigen; eine leichte, schwere ~; das war eine schwere ~ <übertr.; umg.> *eine harte Arbeit, eine große Anstrengung, Mühe* ▸ seine Mutter starb bei seiner ~; im Jahr 1800 nach Christi ~; er ist von ~ Deutscher; von hoher, niedriger ~ sein; von ~ an blind sein; im Jahre 200 vor Christi ~; während der ~ traten Komplikationen auf

ge|bur|ten|schwach <Adj.> *eine niedrige Anzahl von Geburten aufweisend;* Ggs *geburtenstark* ▸ die ~en Jahrgänge

ge|bur|ten|stark <Adj.> *eine hohe Anzahl von Geburten aufweisend;* Ggs *geburtenschwach* ▸ ein ~er Jahrgang

ge|bür|tig <Adj.> *geboren* ▸ er ist ~er Berliner; ich bin aus Hamburg ~ *bin in Hamburg geboren, stamme aus Hamburg*

Ge|burts|feh|ler <der; -s, -> *angeborener körperlicher Fehler*

Ge|burts|hel|fer <der; -s, -> **1** *jmd., der in der Geburtshilfe, der Lehre von Schwangerschaft u. Geburt, ausgebildet ist* (Berufsbez.); →a. *Hebamme* **2** *bei der Geburt Hilfe leistender Arzt;* Abl *Geburtshelferin*

Ge|burts|ort <der; -(e)s, -e> *Ort, in dem jmd. geboren worden ist* ▸ ihr ~ ist Hannover; den ~ angeben

Ge|burts|tag <der; -(e)s, -e> *Jahrestag der Geburt* ▸ er hat seinen 90. ~ noch, nicht mehr erlebt; er feiert heute ~; zur Feier meines ~es möchte ich euch einladen; alles Gute, herzlichen Glückwunsch zum ~!; etwas zum ~ (geschenkt) bekommen; jmdm. zum ~ gratulieren; sich etwas zum ~ wünschen; Zus *Geburtstagsfeier, Geburtstagsfest, Geburtstagsgeschenk, Geburtstagskarte; Kindergeburtstag*

Ge|burts|tags|kind <das; -(e)s, -er> *jmd., der Geburtstag hat*

Ge|burts|ur|kun|de <die; -, -n> *vom Standesamt ausgestellte Urkunde über Vor- u. Familiennamen des Neugeborenen u. seiner Eltern, Tag u. Ort der Geburt sowie Wohnort u. Religion der Eltern*

Ge|büsch <das; -(e)s; unz.> *mehrere dicht zusammenstehende Büsche* ▸ sich im ~ verstecken

Geck <der; -en, -en> *Mann, der übertriebenen Wert auf modische Kleidung legt, übertrieben eitler Mensch*

Ge|cko <der; -s, -s; Zool.> *kleine, gedrungene Echse mit großem Kopf, großen Augen u. anhaftenden Zehen*

Ge|dächt|nis <das; -nis|ses, -nis|se> **1** *Fähigkeit, sich Gesehenes, Gehörtes, Gelesenes, Erlebtes zu merken u. sich später daran zu erinnern, Erinnerungsvermögen;* Zus *Gedächtnisleistung, Gedächtnislücke, Gedächtnisstörung* **2** *Andenken, Erinnerung;* Zus *Gedächtnisfeier* ▸ ich will mein ~ damit nicht belasten; wenn mich mein ~

nicht trügt ▸ ein gutes, schlechtes, ‹umg.› kurzes ~ haben ▸ ein Gedicht aus dem ~ hersagen *auswendig;* jmdn. od. etwas aus seinem ~ löschen, streichen *vergessen wollen;* jmdn. od. etwas aus dem ~ verlieren *vergessen;* ein gutes, schlechtes, kein ~ für Gesichter, Namen, Zahlen besitzen; jmdn. od. etwas im ~ behalten; sich jmdn. od. etwas ins ~ (zurück)rufen; ich habe leider ein ~ wie ein Sieb ‹umg.; scherzh.› *ich kann mir vieles nicht merken;* ein Mahnmal zum ~ an die Gefallenen

Ge|dạcht|nis|schwund ‹der; -(e)s; unz.› *völliger Verlust des Gedächtnisses durch Erkrankung* ▸ unter ~ leiden

Ge|dạn|ke ‹der; -ns, -n› **1** *Vorgang, Inhalt od. Ergebnis des Denkens* **2** *geistige Vorstellung* **3** *Einfall, Idee* **4** *Plan, Absicht* ▸ abschweifen: ihre ~n schweiften ab; aufblitzen: ein ~ blitzte in ihm auf; einen ~n aufgreifen; mit jmdm. ~n austauschen; ein ~ fuhr mir durch den Kopf; ich kann bei dem Krach keinen klaren ~n fassen; da kam mir ein ~; kannst du ~n lesen? *woher weißt du, was ich eben gedacht habe?;* sich (über etwas) ~n machen *sich (um etwas) sorgen, besorgt sein;* mach dir nicht so viele (unnötige) ~n! *sorge dich nicht so sehr;* einem ~n nachgehen *sich etwas überlegen;* seine ~n auf ein Thema, einen Plan richten; ein ~ schoss mir durch den Kopf; sein: das ist ein (guter) ~!; meine ~n sind immer bei euch; mich verfolgt der ~ (bis in den Schlaf), dass … ▸ eigene ~n haben, entwickeln; ein kluger, neuer, vernünftiger, verrückter ~; das ist ein komischer ~! ‹umg.›; er hat manchmal merkwürdige, seltsame, wunderliche ~n; quälende, schwere ~n plagten ihn; da kam mir ein rettender ~ ▸ jmdn. auf den ~n bringen, etwas zu tun; du bringst mich auf einen ~n; jmdn. auf andere ~n bringen *jmdn. von einem Kummer o. Ä. ablenken;* auf den ~n kommen, etwas zu tun; auf den ~n wäre ich nie gekommen; ins Kino gehen, um auf andere ~n zu kommen; hoffentlich kommt er nicht auf dumme ~n *hoffentlich stellt er nichts Dummes an;* bei dem ~n wird mir angst; allein schon der ~ daran lässt mich schaudern; ich bin in ~n alles noch einmal durchgegangen *im Geist;* ich habe es ganz in ~n getan *aus Zerstreutheit, unbeabsichtigt;* ich war ganz in ~n *war unaufmerksam, habe nicht aufgepasst;* in ~n vertieft; sich mit einem ~n anfreunden; er ist mit seinen ~n immer woanders *er hört nicht zu, passt nicht auf;* mit dem ~n spielen, etwas zu tun; sich mit einem ~n tragen *einen Plan haben, etwas beabsichtigen;* über diese Sache habe ich meine eigenen ~n *meine eigene Meinung*

Ge|dạn|ken|aus|tausch ‹der; -(e)s; unz.› *Austausch von Gedanken, Meinungsaustausch*

Ge|dạn|ken|blitz ‹der; -es, -e; meist iron.› *plötzlicher Einfall*

Ge|dạn|ken|frei|heit ‹die; -; unz.› *Freiheit des Denkens*

Ge|dạn|ken|le|sen ‹das; -s; unz.› *angebliche, okkulte Fähigkeit, die Gedanken eines anderen festzustellen*

ge|dạn|ken|los ‹Adj.› *zerstreut, unachtsam, unaufmerksam;* Abl Gedankenlosikeit

Ge|dạn|ken|sprung ‹der; -(e)s, -sprün|ge› *plötzlicher, unvermittelter Übergang zu einem anderen, neuen Gedanken* ▸ Gedankensprünge machen

Ge|dạn|ken|strich ‹der; -(e)s, -e; Zeichen: -; Gramm.› *Satzzeichen für Unterbrechung, Pause, auch anstelle von Klammern, um die Einschaltung eines Gedankens zu kennzeichnen*

Ge|dạn|ken|über|tra|gung ‹die; -, -en› *Übertragung der eigenen Gedanken auf einen anderen Menschen* ▸ das ist ~! ‹umg.› *ich habe eben dasselbe gedacht!*

ge|dạnk|lich ‹Adj.› **1** *das Denken betreffend, auf ihm beruhend* **2** *begrifflich, unwirklich, nur vorgestellt, nur in Gedanken existierend* ▸ eine ~e Leistung

Ge|dạ̈rm ‹das; -(e)s, -e› *Eingeweide*

Ge|dẹck ‹das; -(e)s, -e› *Essbesteck u. Serviette für die Mahlzeit einer Person* ▸ ein zusätzliches ~ auflegen

Ge|deih ‹der; -s; unz.› *das Gedeihen* ▸ ‹nur noch in der Wendung› auf ~ und Verderb *für gute u. schlechte Zeiten, bedingungslos;* jmdm. auf ~ und Verderb ausgeliefert sein

ge|dei|hen ‹V. intr.; ge|deiht, ge|dieh, ist ge|diehen› **1** *sich gut entwickeln, wachsen u. knospen* (Pflanzen) **2** *wachsen u. zunehmen* (Kind, Tier) **3** *vorwärtsgehen, vorankommen, fortschreiten* (Unternehmen) ▸ gut, prächtig ~; die Pflanze will nicht recht ~; die Sache ist so weit gediehen, dass wir einen Vertrag schließen können

ge|dẹn|ken ‹V.; ge|denkt, ge|dach|te, hat ge|dacht› **I** ‹V. intr.; mit Gen.› jmds. od. einer Sache ~ *sich an jmdn. od. eine Sache erinnern, an ihn, an sie denken;* Zus *Gedenkbuch, Gedenkfeier, Gedenkstätte, Gedenkstunde, Gedenktafel* **II** ‹V. trans.› etwas zu tun ~ *vorhaben, beabsichtigen* ▸ ich gedenke morgen abzureisen

Ge|dẹnk|mi|nu|te ‹die; -, -n› *Minute des Schweigens zum Gedenken an eine tote Person od. ein Ereignis* ▸ eine ~ für die Opfer eines Unglücks einlegen

Ge|dẹnk|stein ‹der; -(e)s, -e› *bildhauerisch gestalteter Steinblock zur Erinnerung an eine Person od. ein Ereignis*

Ge|dịcht ‹das; -(e)s, -e› **1** *durch Metrum u./od. Reim gegliederte Dichtung;* Zus *Gedichtband* **2** ‹umg.› *etwas besonders Schönes, Gutes* ▸ ein ~ aufsagen, lernen, vortragen; der Kuchen ist ein ~! ‹umg.› *hervorragend;* dramatisches, episches, lyrisches ~; ~ in Reimen, in acht Strophen; ein ~ von Eichendorff

ge|die|gen ‹Adj.› **1** *rein, echt, unvermischt* (Metall, bes. Gold) **2** *haltbar, dauerhaft, sorgfältig* (handwerkl. Arbeit) **3** ‹übertr.› **3.1** *zuverlässig, solide, rechtschaffen* (Charakter) **3.2** *fundiert, stichhaltig* (Kenntnisse, Wissen)

ge|dieh → *gedeihen*

ge|die|hen → *gedeihen*

G

ge|di̱ent I ‹Part. Perf. von› *dienen* II ‹Adj.› *im Wehrdienst ausgebildet* ▸ er ist ein ~er Soldat

Ge|drä̱n|ge ‹das; -s; unz.› 1 *Drängen, Gedrängtwerden* 2 *dichte Menschenmasse;* Zus *Menschengedränge* ▸ es herrschte ein großes, furchtbares ~; im ~ ist mir mein Schirm abhandengekommen; jmdn. im ~ aus den Augen verlieren; wir wollen uns beeilen, damit wir nicht ins ~ kommen; ins ~ kommen ‹übertr.› *in Schwierigkeiten geraten*

ge|dro̱|schen → *dreschen*

ge|drụ̈ckt I ‹Part. Perf. von› *drücken* II ‹Adj.; übertr.› *niedergeschlagen* ▸ es herrschte eine ~e Stimmung; Abl *Gedrücktheit*

ge|drụn|gen I ‹Part. Perf. von› *dringen* II ‹Adj.› *untersetzt, klein u. stämmig* (Gestalt, Wuchs)

Ge|du̱|del ‹das; -s; unz.; umg.› *lästige, eintönige Klänge, Musik* ▸ stell doch endlich das ~ ab!

Ge|dụld ‹die; -; unz.› Ggs *Ungeduld* 1 *die Fähigkeit, warten zu können, Ausdauer* 2 *Nachsicht, ruhige Beherrschung* ▸ ausgehen: mir geht die ~ aus; bitte haben Sie noch etwas ~!; die ~ verlieren und zornig werden ▸ viel, wenig, keine ~ haben ▸ jmds. ~ auf eine harte Probe stellen *ihn sehr lange warten lassen;* sich in ~ fassen, üben *geduldig sein, geduldig abwarten;* eine Krankheit, ein Leiden mit ~ ertragen; mit jmdm. ~ haben; nur ~!; jmdn. um (noch etwas) ~ bitten; zu dieser Tätigkeit gehört sehr viel ~; dazu habe ich keine ~

ge|dụl|den ‹V. refl.; ge|dul|det sich, ge|dul|de|te sich, hat sich ge|dul|det› sich ~ *Geduld haben, ruhig (ab)warten* ▸ sich noch ein paar Tage ~; können Sie sich bitte noch etwas ~?

ge|dụl|dig ‹Adj.› *Geduld habend, ausdauernd, gleichbleibend ruhig u. nachsichtig* ▸ eine Krankheit ~ ertragen; Papier ist ~ ‹übertr.; umg.› *mancher schreibt eine Menge Unsinn zusammen;* ~ warten; etwas ~ über sich ergehen lassen

Ge|dụlds|pro|be ‹die; -, -n› *Bewährungsprobe für die Geduld* ▸ es war eine harte ~ für mich *ich musste fast unerträglich lange warten;* jmdn. auf eine (harte) ~ stellen *jmdn. (sehr) lange warten lassen*

ge|dụrft → *dürfen*

ge|eig|net I ‹Part. Perf. von› *eignen* II ‹Adj.› *passend, in Frage kommend, verwertbar* ▸ ~e Maßnahmen ergreifen; für etwas gut, schlecht, nicht ~ sein; er ist für diese Arbeit nicht ~; er ist zum Abteilungsleiter vorzüglich ~

Geest ‹die; -, -en; Geogr.› *hoch gelegenes, trockenes Küstenland;* Syn *Geestland;* Ggs *Marsch*[2]

Ge|fa̱hr ‹die; -, -en› *drohender Schaden, drohendes Unheil* ▸ eine ~ abwehren, abwenden, bekämpfen, heraufbeschwören, herausfordern; jmdn. od. sich einer ~ aussetzen; es besteht die ~, dass du dich erkältest; ihm droht keine ~; einer ~ entgehen; du läufst ~, einzubrechen, wenn du auf die wacklige Brücke gehst *du musst damit rechnen;* er scheut keine ~en ▸ die augenblickliche ~ war vorüber; drohende, große, furchtbare, schreckliche ~; diese Baustelle ist eine öffentliche ~ ▸ ich muss noch einmal umkehren, auf die ~ hin, dass wir zu spät kommen *auch wenn;* Benutzung der Seilbahn auf eigene ~ *bei einem Unfall muss der Schaden selbst getragen werden;* Lieferung auf eigene Rechnung und ~ *der Käufer haftet für mögl. Schaden;* der Kranke ist außer ~; Betätigung der Notbremse nur bei ~; sich in ~ begeben; jmdn. od. sich in ~ bringen *gefährden;* in ~ schweben, sein; ohne jede ~; Abl *gefahrvoll* Zus *Gefahrenherd, Gefahrenquelle, Gefahrenzone*

ge|fä̱hr|den ‹V. trans.; ge|fähr|det, ge|fähr|de|te, hat ge|fähr|det› jmdn. od. etwas ~ *in Gefahr bringen, aufs Spiel setzen* ▸ sein Leben ~; gefährdet sein *bedroht sein (bes. in sozialer od. moralischer Hinsicht);* ein Heim für gefährdete Jugendliche; die Arbeitsplätze sind gefährdet; Abl *Gefährdung*

ge|fä̱hr|lich ‹Adj.› 1 *gefahrbringend, gefahrvoll* 2 *gewagt, bedenklich* (Abenteuer, Unternehmen) 3 *das Leben bedrohend* ▸ ein ~er Gegner; eine ~e Krankheit haben; die Straße ist ~ glatt; das Messer ist ~ scharf; das ist nicht, sehr, ziemlich ~; das ist mir zu ~; wenn du das Tier reizt, kann es ~ werden; Abl *Gefährlichkeit*

ge|fa̱hr|los ‹Adj.› *ohne Gefahr* ▸ die Brücke kann ~ beschritten werden; Abl *Gefahrlosigkeit*

Ge|fä̱hrt ‹das; -(e)s, -e; geh.› *Fahrzeug* ▸ mit einem auffälligen ~ unterwegs sein

Ge|fä̱hr|te ‹der; -n, -n› *jmd., mit dem man viel Zeit verbringt, Freund, Kamerad;* Abl *Gefährtin;* Zus *Spielgefährte, Lebensgefährte*

Ge|fạ̈l|le ‹das; -s; unz.› 1 *Höhenunterschied, Senkung innerhalb einer bestimmten Entfernung* 2 *qualitativer od. quantitativer Unterschied zw. einem hohen u. einem niedrigen Wert* ▸ die Straße hat ein ~ von 3% *von 3 m auf einer Strecke von 100 m;* wirtschaftliches und soziales ~ ‹übertr.›

ge|fạl|len[1] ‹V. intr.; ge|fällt, ge|fiel, hat ge|fal|len› jmdm. ~ *angenehm sein, zusagen, Freude bereiten* ▸ gefällt dir das Geschenk?; das Theaterstück, der Kinofilm hat (den Zuschauern) ~; er, sie, es gefällt mir; hier gefällt es mir; sein Aussehen gefällt mir nicht *er sieht schlecht aus, u. das macht mir Sorgen* ▸ sich etwas ~ lassen *etwas geduldig ertragen, widerspruchslos hinnehmen;* das lasse ich mir nicht ~! *das werde ich nicht dulden;* das brauchst du dir nicht ~ zu lassen; er lässt sich alles, nichts ~; er will allen ~ ▸ das gefällt mir ausgezeichnet, besser, gut, nicht ▸ mir gefällt an ihm sein Frohsinn ▸ was gefällt dir am besten?; wie gefällt dir das Bild?; wie hat dir das Buch ~?

ge|fạl|len[2] I ‹Part. Perf. von› *fallen* II ‹Part. Perf. von› *gefallen*[1] III ‹Adj.; übertr.› *(als Soldat) im Krieg umgekommen* ▸ der ~en Soldaten gedenken; Abl *Gefallene(r)*

Ge|fạl|len I ‹das; -s; unz.› *Freude, Wohlgefallen* ▸ ~ erregen; an etwas od. jmdm. ~ finden *etwas od. jmdn. mögen;* ich kann am Golfspielen einfach keinen ~ finden II ‹der; -s, -› *Gefälligkeit, Freundschaftsdienst* ▸ jmdm. einen ~ tun; bitte tu mir den ~ und bring den Brief zur Post; du würdest mir einen großen ~ tun, wenn du noch einmal mit ihm sprechen würdest

ge|fäl|lig ⟨Adj.⟩ **1** *gern eine Gefälligkeit erweisend, zuvorkommend, hilfsbereit, stets bereit, anderen einen Gefallen zu tun* **2** *angenehm, ansprechend, erfreulich* (von Sachen) ▸ eine ~e Form haben; so sieht es doch wesentlich ~er aus; jmdm. ~ sein; →a. *gefälligst*

Ge|fäl|lig|keit ⟨die; -, -en⟩ **I** ⟨unz.⟩ *das Gefälligsein, Entgegenkommen, Hilfsbereitschaft* ▸ jmdm. seine ~ beweisen; etwas nur aus ~ tun (nicht für jeden und nicht gegen Bezahlung) **II** ⟨zählb.⟩ *Gefallen, Freundschaftsdienst, Hilfeleistung* ▸ jmdm. eine ~ erweisen

ge|fäl|ligst ⟨Adv.; umg.⟩ *(Ausdruck des unwilligen, dringenden, ungeduldigen Verlangens, Forderns)* ▸ benimm dich ~ anständig; hör ~ zu, wenn ich mit dir rede

ge|fan|gen ⟨Part. Perf. von⟩ *fangen* ▸ ~ halten *in Gefangenschaft festhalten;* ~ nehmen *festnehmen, verhaften;* ⟨Mil.⟩ *besiegen, in Gewahrsam nehmen u. entwaffnen;* ⟨aber⟩ →a. *gefangennehmen;* ~ setzen *gefangen nehmen u. einsperren*

Ge|fan|ge|ne(r) ⟨die; -n, -n (der; -n, -n)⟩ **1** *jmd., der gefangen genommen worden ist;* Zus *Gefangenenlager; Kriegsgefangene(r)* **2** *Festgenommener, Häftling, Sträfling;* Zus *Strafgefangene(r), Untersuchungsgefangene(r)* ▸ Gefangene austauschen

ge|fan|gen|neh|men ⟨V. trans.; nimmt ge|fan|gen, nahm ge|fan|gen, hat ge|fan|gen|ge|nom|men, ge|fan|gen|zu|neh|men; übertr.⟩ jmdn. ~ *tief beeindrucken, in seinen Bann ziehen* ▸ die Musik nimmt mich wieder ganz gefangen; →a. *gefangen;* Abl *Gefangennahme*

Ge|fan|gen|schaft ⟨die; -; unz.⟩ *Zustand der äußeren Unfreiheit, Haft* ▸ in ~, während der ~; in ~ geraten ⟨Mil.⟩; Zus *Kriegsgefangenschaft, Strafgefangenschaft*

Ge|fäng|nis ⟨das; -nis|ses, -nis|se⟩ **1** *Anstalt für Häftlinge;* Zus *Gefängniswärter(in)* **2** ⟨kurz für⟩ *Gefängnisstrafe* ▸ fünf Jahre ~ bekommen; jmdn. ins ~ bringen; ins ~ kommen; ins ~ eingeliefert werden; im ~ sitzen

Ge|fäng|nis|stra|fe ⟨die; -, -n⟩ *zeitlich begrenzte Freiheitsstrafe* ▸ jmdn. zu einer ~ verurteilen

Ge|fa|sel ⟨das; -s; unz.; umg.; abwertend⟩ *zusammenhangloses Gerede*

Ge|fäß ⟨das; -es, -e⟩ **1** *Behälter zum Aufbewahren (bes. von Flüssigkeiten od. körnigem Material), Eimer, Glas, Topf, Vase usw.* **2** ⟨Anat.⟩ *Ader, Lymphgefäß;* Zus *Gefäßverengung* ▸ Blumen in ein ~ mit Wasser stellen

ge|fasst → *fassen*

Ge|fecht ⟨das; -(e)s, -e; Mil.⟩ *Kampf kleiner feindl. Truppen* ▸ jmdn. außer ~ setzen *kampfunfähig machen;* ⟨übertr.⟩ *unwirksam machen;* im Eifer, in der Hitze des ~s ⟨übertr.⟩ *im Übereifer, in der Erregung*

ge|feit ⟨Adj.; geh.⟩ *geschützt, bewahrt, sicher* ▸ gegen eine Versuchung ~ sein ⟨übertr.⟩; vor Überraschungen ist niemand ~

Ge|fie|der ⟨das; -s; unz.⟩ *Federkleid (der Vögel)*

ge|fie|dert ⟨Adj.⟩ **1** *mit Federn versehen* **2** *eine federartige Form aufweisend* (Blatt)

Ge|fil|de ⟨das; -s, -; poet.⟩ *Land, Landschaft* ▸ sich den heimatlichen ~n nähern

Ge|flecht ⟨das; -(e)s, -e⟩ *Flechtwerk (aus Draht, Garn, Rohr u. Ä.)*

ge|fleckt ⟨Adj.⟩ *mit Flecken versehen od. gemustert* (Fell) ▸ eine ~e Kuh; ein ~es Pferd

ge|flis|sent|lich ⟨Adj.⟩ *absichtlich* ▸ jmdn. ~ übersehen; er ignoriert mich ~

ge|floch|ten → *flechten*

ge|flo|gen → *fliegen*

ge|flo|hen → *fliehen*

ge|flos|sen → *fließen*

Ge|flü|gel ⟨das; -s; unz.⟩ **1** *Federvieh, Nutzvögel (als Haustiere);* Zus *Geflügelhof, Geflügelzucht* **2** *deren Fleisch*

ge|flü|gelt ⟨Adj.⟩ *mit Flügeln versehen* ▸ ~e Insekten; ~es Wort ⟨übertr.⟩ *weitverbreiteter Ausspruch eines Dichters, Zitat*

Ge|flüs|ter ⟨das; -s; unz.⟩ *anhaltendes, störendes Flüstern*

ge|foch|ten → *fechten*

Ge|fol|ge ⟨das; -s, -⟩ *Begleitung (einer hohen Persönlichkeit)* ▸ das ~ des russischen Präsidenten; etwas im ~ haben ⟨übertr.⟩ *nach sich ziehen, mit sich bringen, zur Folge haben;* zu jmds. ~ gehören

Ge|folg|schaft ⟨die; -; unz.⟩ **1** ⟨früher⟩ *die Verpflichtung, jmdm. zu folgen u. für ihn zu kämpfen* **2** *Gesamtheit der Anhänger, Anhängerschaft* ▸ jmdm. ~ leisten

Ge|folgs|mann ⟨der; -(e)s, -män|ner od. -leu|te⟩ *treuer Anhänger* ▸ er ist ein ~ des Kanzlers

ge|frä|ßig ⟨Adj.⟩ *im Essen unmäßig;* Abl *Gefräßigkeit*

Ge|frei|te(r) ⟨der; -n, -n; Mil.⟩ *zweiter Dienstgrad bei den Mannschaften*

ge|frie|ren ⟨V. intr.; ge|friert, ge|fror, ist ge|fro|ren⟩ *zu Eis erstarren* ▸ der See ist gefroren

Ge|frier|fach ⟨das; -(e)s, -fä|cher⟩ *abgetrenntes Fach im Kühlschrank mit Temperatur unter dem Gefrierpunkt;* ⓘ S. 254; →a. *Tiefkühlfach*

ge|frier|ge|trock|net ⟨Adj.⟩ *durch durch schonendes Gefrieren u. Trocknen konserviert*

Ge|frier|punkt ⟨der; -(e)s; unz.⟩ *Temperatur, bei der ein Stoff (bes. Wasser) zu Eis wird* ▸ den ~ erreichen; das Thermometer steht auf dem ~ *zeigt 0 °C an;* die Stimmung erreichte den ~ ⟨übertr.⟩ *die S. wurde sehr kühl u. unfreundlich*

Ge|frier|schrank ⟨der; -(e)s, -schrän|ke⟩ *Gefrieranlage in Form eines Schrankes*

Ge|frier|tru|he ⟨die; -, -n⟩ *Gefrieranlage in Form einer Truhe*

ge|fro|ren[1] → *frieren*

ge|fro|ren[2] → *gefrieren*

Ge|fü|ge ⟨das; -s, -⟩ *Aufbau aus vielen Einzelteilen, innere Ordnung, Struktur* ▸ das politische ~ eines Staates; ein kunstvolles ~; ein ~ aus Balken und Ziegeln

ge|fü|gig ⟨Adj.⟩ *nachgiebig, gehorsam, lenksam* ▸ jmdn. mit Geld, Gewalt, Versprechungen ~ machen; Abl *Gefügigkeit*

Ge|fühl ⟨das; -(e)s, -e⟩ **1** *körperliche od. seelische*

Empfindung **2** *Ahnung, Vorahnung* **3** *Befähigung, Gespür;* Zus *Ballgefühl* **4** *Mitleid* ▸ ein ~ der Freude, der Enttäuschung, des Hasses, der Reue, der Scham empfinden ▸ jmdm. freundschaftliche ~e entgegenbringen; jmds. ~e (nicht) erwidern; hast du denn kein ~?; ein ~ haben, als ob *eine Ahnung;* seinen ~en freien Lauf lassen; loswerden: ich werde das ~ nicht los, dass …; ein ~ der Angst überkam mich; seine ~e unterdrücken, verbergen, verraten; jmds. ~e verletzen; er kann seine ~ nicht zeigen ▸ ein flaues ~ (im Magen) haben *Angst vor etwas empfinden, eine böse Vorahnung haben;* ein heißes, warmes ~ der Dankbarkeit; das ist für mich das höchste der ~e *das Schönste, was es gibt;* inniges, tiefes ~; er hat viel musikalisches ~; zärtliche ~e (für jmdn.) hegen ▸ ~ für etwas *Sinn, Aufgeschlossenheit, Verständnis;* ~ für jmdn. *Zuneigung;* meine ~e für ihn sind erloschen; ein feines ~ für etwas haben; er hat kein ~ für den Wert des Geldes; das richtige ~ für etwas haben; ein sicheres ~ für guten Stil haben; das habe ich so im ~ ⟨umg.⟩ *das kann ich nicht genauer bezeichnen, angeben;* ich habe in den Füßen gar kein ~ mehr; mit ~ singen, (ein Instrument) spielen; etwas mit gemischten ~en betrachten *leicht misstrauisch;* ein Mensch ohne ~ ⟨übertr.⟩; sich von seinen ~en hinreißen lassen

ge|fühl|los ⟨Adj.⟩ **1** *ohne Gefühl, ohne Sinnesempfindung* (Glieder) **2** *ohne inneres Gefühl, mitleidlos, grausam, roh* (Mensch); Abl *Gefühllosigkeit*

ge|fühls|be|tont ⟨Adj.; -er, am -es|ten⟩ *dem Gefühl den Vorrang gebend (vor dem Verstand)* ▸ ein ~er Mensch; ~ handeln

Ge|fühls|du|se|lei ⟨die; -; unz.; umg.⟩ *übertriebenes Gefühl, übertriebene Gefühlsäußerung, Sentimentalität*

ge|fühls|kalt ⟨Adj.⟩ *keines warmen Gefühls fähig, verständnislos, ungerührt gegenüber den Gefühlen anderer;* Abl *Gefühlskälte*

Ge|fühls|le|ben ⟨das; -s; unz.⟩ *das gesamte seelische Empfinden, alle Eindrücke u. Äußerungen des Gefühls*

Ge|fühls|re|gung ⟨die; -, -en⟩ *Regung, Empfindung von Gefühl(en)* ▸ keine ~ zeigen; ohne jegliche ~ zuhören

Ge|fühls|sa|che ⟨die; -, -n⟩ *Angelegenheit des Gefühls* ▸ das ist ~ *hier muss man nach seinem Gefühl handeln, das kann man nicht vom Verstand her beurteilen*

ge|fühls|se|lig ⟨Adj.⟩ *in Gefühlen schwelgend, ganz dem Gefühl hingegeben*

ge|fühl|voll ⟨Adj.⟩ *voller Gefühl, voll seelischer Empfindung, sehr empfindsam* ▸ ein ~er Mensch; ~ singen, spielen

ge|fun|den → *finden*

ge|ge|ben **I** ⟨Part. Perf. von⟩ *geben* **II** ⟨Adj.⟩ **1** *vorhanden, feststehend, bekannt;* Abl *Gegebenheit* **2** *geeignet, passend* ▸ etwas als ~ hinnehmen; im ~en Fall; sich an das Gegebene halten; zu ~er Zeit werden wir handeln

ge|ge|be|nen|falls ⟨Adv.; Abk.: ggf.⟩ *wenn es passt, wenn es sich so ergibt, möglicherweise*

ge|gen ⟨Präp. m. Akk.⟩ **1** *in Richtung auf, hin zu* **2** *in Beziehung auf, zu, in der Haltung zu, gegenüber* **3** *dagegen, wider* **4** ⟨ungefähre Zeit-, Maß- u. Ortsbestimmung⟩ *annähernd, beinahe, fast* **5** *verglichen mit, im Austausch für* ▸ drei ~ einen; ich wette 19 ~ 1, dass er es vergessen hat; ~ ihn kann ich gar nichts machen *ihm gegenüber bin ich machtlos;* ~ dich bin ich noch ein Anfänger; ~ ihn erscheint sie klein ▸ ~ Abend, Mittag, Morgen; seine Abneigung ~ mich; das ist ~ die Abmachung; ~ jmds. Befehl handeln; ~ Bezahlung arbeiten; ~ Ende der Aufführung; das Mittel ist gut ~ Husten; der Kampf ~ den Krebs; etwas ~ das Licht halten; das ist ~ die Natur, ~ alle Regel; es kommen ~ fünfzehn Personen *etwa fünfzehn P.;* jmdm. eine Sache ~ Quittung aushändigen; ~ drei Uhr; ~ solch eine Unverschämtheit bin ich leider machtlos; ~ meinen Willen; ~ den Wind segeln ▸ ~ den Sturm, die Wellen, den Tod ankämpfen; etwas ~ jmdn. haben *jmdm. feindlich gesinnt, ihm böse sein;* ~ eine feindliche Übermacht kämpfen; ~ etwas sein *etwas anderes tun wollen, einer Sache nicht zustimmen;* ~ jmdn. sein *ihm feindlich gegenüberstehen, anderer Meinung sein als er;* bist du für oder ~ uns?; alle sind ~ mich; aufmerksam, grausam, hart, herzlich, höflich, zuvorkommend ~ jmdn. sein *ihn aufmerksam usw. behandeln* ▸ Lieferung nur ~ bar; er ist sehr freundlich ~ mich

ge|gen…, Ge|gen… ⟨in Zus.⟩ **1** *bekämpfend, entkräftend, feindlich, Antwort, Wirkung auf,* z. B. gegeneinander; Gegenangriff, Gegenargument, Gegenaussage, Gegenbehauptung, Gegenbeweis, Gegendarstellung, Gegenentwurf, Gegengift, Gegenleistung, Gegenmaßnahme, Gegenreformation, Gegenvorschlag **2** *doppelt, bestätigend,* z. B. gegenlesen, gegenrechnen, gegenzeichnen

Ge|gen|be|such ⟨der; -(e)s, -e⟩ *Erwiderung eines Besuches* ▸ jmdm. einen ~ machen

Ge|gen|be|we|gung ⟨die; -, -en⟩ **1** *einer Bewegung entgegengesetzte Bewegung* **2** ⟨Mus.⟩ *der Bewegung einer Stimme entgegengesetzter Verlauf einer anderen Stimme, Umkehrung eines Themas od. Motivs* ▸ die Gegenreformation war die ~ gegen die Reformation

Ge|gend ⟨die; -, -en⟩ **1** *Landschaft, Gebiet* **2** ⟨umg.⟩ *Stadtviertel, Umgebung, Nähe* ▸ eine einsame, freundliche, hübsche, bekannte, unbekannte ~; wir wollen nur etwas durch die ~ laufen *ohne Ziel spazieren gehen;* Schmerzen in der ~ des Magens haben; etwas in die ~ werfen *ziellos umherwerfen;* ungefähr in dieser ~ muss sein Haus stehen; in unserer ~ gibt es viele hübsche Geschäfte; kommst du nicht einmal in unsere ~?; in der ~ von Berlin; in welcher ~ liegt dein Heimatort?

ge|gen|ei|n|an|der ⟨Adv.⟩ *einer gegen den anderen* ▸ ~ antreten; ~ kämpfen; ~ spielen

ge|gen|ei|n|an|der|hal|ten ⟨V. trans.; hält ge|gen|ei|n|an|der, hielt ge|gen|ei|n|an|der, hat ge|gen|ei|n|an|der|ge|hal|ten, ge|gen|ei|n|an|der|zu|hal|ten⟩ zwei Dinge ~ *(vergleichend) nebeneinanderhalten*

ge|gen|ei|n|an|der|stel|len ⟨V. trans.; stellt ge|gen|ei|n|an|der, stell|te ge|gen|ei|n|an|der, hat ge|gen|ei|n|an|der|ge|stellt, ge|gen|ei|n|an|der|zu|stel|len⟩ zwei Dinge ~ *(vergleichend) nebeneinanderstellen, gegenüberstellen*

Ge|gen|fahr|bahn ⟨die; -, -en⟩ *Fahrbahn für die in entgegengesetzter Richtung fahrenden Fahrzeuge*

Ge|gen|fi|nan|zie|rung ⟨die; -, -en⟩ *Finanzierung einer Sache durch ausgleichende Einsparungen oder Einnahmen an anderer Stelle* ▸ die ~ der Kindergelderhöhung muss sichergestellt sein

Ge|gen|ge|wicht ⟨das; -(e)s, -e⟩ **1** *gegen ein anderes Gewicht als Ausgleich wirkendes Gewicht;* Syn *Gegenlast* **2** ⟨übertr.⟩ *Ausgleich*

Ge|gen|gift ⟨das; -(e)s, -e; a. übertr.⟩ *giftiges Mittel, das die Wirkung eines anderen Giftes aufhebt*

Ge|gen|kan|di|dat ⟨der; -en, -en⟩ *einem Kandidaten als Gegner entgegengestellter Kandidat* ▸ einen ~en aufstellen; Abl *Gegenkandidatin*

Ge|gen|leis|tung ⟨die; -, -en⟩ *Gegendienst, Leistung als Ausgleich od. Dank für eine andere Leistung* ▸ darf ich das als ~ für Ihre Hilfe tun?

Ge|gen|licht ⟨das; -(e)s, -er⟩ *von vorn in die Kamera od. auf den Maler fallendes Licht* ▸ jmdn. od. etwas bei ~ od. im ~ aufnehmen, malen *dem Lichteinfall entgegen;* Zus *Gegenlichtaufnahme*

Ge|gen|lie|be ⟨die; -; unz.⟩ **1** *wechselseitige Liebe* **2** ⟨übertr.⟩ *Anklang, Anerkennung, freudige Annahme* ▸ Liebe erweckt ~; der Plan fand keine ~; der Vorschlag stieß auf keine ~

Ge|gen|mit|tel ⟨das; -s, -⟩ *die Wirkung eines anderen Mittels aufhebendes Mittel;* Syn *Antidot*

Ge|gen|pro|be ⟨die; -, -n⟩ *Überprüfung einer Rechnung in anderer Rechnungsart* ▸ die ~ machen

Ge|gen|re|de ⟨die; -, -n⟩ *Antwort, Entgegnung, Widerrede, Einwand* ▸ ein Meinungsaustausch in lebendiger Rede und ~

Ge|gen|satz ⟨der; -es, -sät|ze⟩ *Gegenteil, Kontrast, Unterschied, Widerspruch* ▸ **anziehen:** Gegensätze ziehen sich/einander an; hier **berühren** sich die Gegensätze; zwischen dem einen und dem anderen Begriff **besteht** ein (scharfer) ~ ▸ **auffallender,** krasser, scharfer, unüberbrückbarer, unversöhnlicher ~ ▸ **im** ~ zu ihrem Bruder ist sie sehr still; im ~ dazu ist sein Verhalten wirklich anständig; sich zu jmdm. im, in ~ befinden; in ~ zu jmdm. stehen *entgegengesetzter Meinung sein;* „schwarz" ist der ~ **von** „weiß"; er bildet den (genauen) ~ **zu** seinem Bruder

ge|gen|sätz|lich ⟨Adj.⟩ *im Gegensatz stehend (zu etwas od. jmdm.), nicht miteinander vereinbar, widersprüchlich, gegenteilig* ▸ „gut" und „böse" sind ~e Begriffe; beide Kinder sind ~ veranlagt; diese beiden Dinge sind von ~er Beschaffenheit; Abl *Gegensätzlichkeit*

Ge|gen|schlag ⟨der; -(e)s, -schlä|ge⟩ *Schlag gegen einen bereits geführten Schlag* ▸ einen ~ führen; zum ~ ausholen

Ge|gen|sei|te ⟨die; -, -n⟩ **1** *entgegengesetzte, gegenüberliegende Seite* **2** *Rückseite* **3** *Gegenpartei*

ge|gen|sei|tig ⟨Adj.⟩ *wechselseitig, beiderseitig* ▸ ~e Abhängigkeit; sich ~ helfen *einander helfen;* im ~en, ⟨od.⟩ in ~em Einvernehmen

Ge|gen|sei|tig|keit ⟨die; -; unz.⟩ *gegenseitiges Verhältnis* ▸ meine Zuneigung zu ihm beruht auf ~ *er hat mich ebenso gern wie ich ihn*

Ge|gen|spie|ler ⟨der; -s, -⟩ *Gegner, Widersacher;* →a. *Kontrahent;* Abl *Gegenspielerin*

Ge|gen|sprech|an|la|ge ⟨die; -, -n⟩ *Haustelefonanlage, bei der die Verständigung über Lautsprecher erfolgt u. immer nur in einer Richtung möglich ist (man kann nicht gleichzeitig, sondern nur wechselweise sprechen u. hören)*

Ge|gen|stand ⟨der; -(e)s, -stän|de⟩ **1** *körperliche Sache, Ding;* Zus *Gebrauchsgegenstand, Glasgegenstand* **2** ⟨übertr.⟩ *Thema, Stoff, Angelegenheit;* Zus *Diskussionsgegenstand, Gesprächsgegenstand* ▸ der ~ seiner **Betrachtungen;** ▸ **großer,** kleiner, harter, weicher, leichter ~; auf der Straße liegt ein **schwerer** ~ ▸ **auf** einen ~ zurückkommen; ein ~ **von** besonderer Bedeutung; das Buch hat die Französ. Revolution **zum** ~; der Vorfall wurde zum ~ heftiger Diskussionen

ge|gen|ständ|lich ⟨Adj.⟩ Ggs *begrifflich* **1** *in der Art eines Gegenstandes, körperlich* **2** *sachlich, anschaulich;* Abl *Gegenständlichkeit*

ge|gen|stands|los ⟨Adj.⟩ **1** *unbegründet* **2** *überflüssig, hinfällig* ▸ Ihre Vorwürfe sind ~; unsere Bemühungen sind inzwischen ~ geworden; Abl *Gegenstandslosigkeit*

ge|gen|steu|ern ⟨V. intr.; steu|ert ge|gen, steu|er|te ge|gen, hat ge|gen|ge|steu|ert, ge|gen|zu|steu|ern⟩ *(bei Straßenglätte o. Ä.) entgegengesetzt zur Fahrtrichtung lenken, um eine Abweichung des Fahrzeugs zu vermeiden*

Ge|gen|stim|me ⟨die; -, -n⟩ *Entscheidung gegen einen zur Abstimmung stehenden Kandidaten, Antrag* ▸ der Vorschlag wurde mit 350 Stimmen gegen 50 ~n angenommen

Ge|gen|stoß ⟨der; -es, -stö|ße⟩ **1** *gegen einen Stoß od. Angriff geführter Stoß* **2** ⟨Mil.⟩ *Maßnahme der unteren Führung (z. B. einer Kompanie) gegen einen feindlichen Einbruch in die Front* ▸ einen ~ führen; einen Stoß mit einem ~ abwehren, parieren; zum ~ ansetzen, ausholen

Ge|gen|stück ⟨das; -(e)s, -e⟩ **1** *zu einem Gegenstand den Gegensatz bildendes Stück* **2** *zu einem Gegenstand passendes, ähnliches Stück, Pendant* ▸ diese Figur bildet das ~ zu jener

Ge|gen|teil ⟨das; -(e)s, -e⟩ *das Umgekehrte, Entgegengesetzte, Gegensatz* ▸ er ist das (genaue) ~ seines **Vaters** ▸ diese Maßnahme würde gerade das ~ **bewirken;** mit deiner übertriebenen Strenge **erreichst** du nur das ~ ▸ **im** ~! ⟨umg.⟩ *ganz u. gar nicht, auf keinen Fall!;* sein Besuch störte mich gar nicht, er hat mich im ~ sogar sehr gefreut ⟨umg.⟩; eine Aussage, Behauptung ins ~ verkehren; sich **vom** ~ überzeugen

ge|gen|tei|lig ⟨Adj.⟩ *das Gegenteil von etwas bil-*

dend, entgegengesetzt ▸ ~er Meinung sein; im ~en Fall; die Maßnahme war von ~er Wirkung; die Sache wurde von ihm genau ~ beurteilt

Ge|gen|tor ⟨das; -(e)s, -e; Sp.⟩ *Torschuss nach einem vorher erfolgten Tor des Gegners* ▸ ein ~ erzielen

ge|gen|über ⟨Präp. m. Dat.⟩ **1** *auf der anderen Seite;* Zus *gegenüberliegen, gegenübersitzen* **2** *im Hinblick auf, gegen* ▸ das darfst du nicht tun, das wäre ihm ~ nicht gerecht; er wohnt mir ~; das Haus ~ ist nicht bewohnt; ~ seinem Wissen ist deines größer; das Rathaus liegt der Kirche schräg ~; die Leute von ~ ⟨umg.⟩

G

Ge|gen|über ⟨das; -s, -⟩ **1** *Haus auf der anderen Straßenseite* **2** *jmd., der dort wohnt* **3** *jmd., der mit dem Gesicht zum Gesicht eines anderen sitzt* ▸ wir haben kein ~; mein ~ am Tisch

ge|gen|über|se|hen ⟨V. refl.; sieht sich ge|gen|über, sah sich ge|gen|über, hat sich ge|gen|über|ge|se|hen, sich ge|gen|über|zu|se|hen⟩ sich jmdm. od. etwas ~ *mit jmdm. od. etwas konfrontiert werden* ▸ sich auf einmal starker Konkurrenz ~

ge|gen|über|ste|hen ⟨V. intr.; steht ge|gen|über, stand ge|gen|über, hat (süddt., österr., schweiz.: ist) ge|gen|über|ge|stan|den, ge|gen|über|zu|ste|hen⟩ **1** jmdm. od. einem Gegenstand ~ *so stehen, dass man jmdm. ins Gesicht sieht bzw. den G. vor sich hat* **2** einer Sache irgendwie ~ *eine S. auf bestimmte Weise betrachten* ▸ wir standen dem Haus gegenüber; er stand meiner Bitte, Forderung verständnislos gegenüber; sich/einander feindlich, freundlich, gleichgültig ~; ich stehe dem Plan noch etwas skeptisch gegenüber

ge|gen|über|stel|len ⟨V. trans.; stellt ge|gen|über, stell|te ge|gen|über, hat ge|gen|über|ge|stellt, ge|gen|über|zu|stel|len⟩ **1** jmdn. jmdm. ~ *jmdn. so stellen, dass er dem anderen ins Gesicht sehen kann* **2** sich od. etwas einem Gegenstand ~ *so stellen, dass man (od. etwas) den G. vor sich hat* **3** ⟨übertr.⟩ zwei Dinge einander ~ *vergleichen* ▸ dem Angeklagten einen Zeugen ~; zwei Möbelstücke einander ~; stell dich mir gegenüber!; Abl *Gegenüberstellung*

ge|gen|über|tre|ten ⟨V. intr.; tritt ge|gen|über, trat ge|gen|über, ist ge|gen|über|ge|tre|ten, ge|gen|über|zu|tre|ten⟩ **1** jmdm. ~ *vor jmdn. hintreten* **2** ⟨übertr.⟩ einer Sache ~ *sich näher mit ihr befassen;* ▸ ich weiß nicht, wie ich ihm nach diesem peinlichen Vorfall ~ soll

Ge|gen|ver|kehr ⟨der; -s; unz.⟩ *Verkehr aus der entgegengesetzten Richtung* ▸ er hatte den ~ nicht beachtet; eine zweispurige Straße ohne ~

Ge|gen|wart ⟨die; -; unz.⟩ **1** *Jetztzeit, die Zeit, in der man gerade lebt;* Zus *Gegenwartskunst, Gegenwartsliteratur, Gegenwartssprache; gegenwartsbezogen, gegenwartsnah* **2** *Anwesenheit, Nähe, Dabeisein* **3** ⟨Gramm.⟩ = *Präsens;* Zus *Gegenwartsform* ▸ die Literatur der ~; seine ~ wirkte beruhigend auf sie; in ~ des Künstlers; die Feier fand in ~ des Bundespräsidenten statt; bitte sprich in seiner ~ nicht davon

ge|gen|wär|tig ⟨a. [--'--] Adj.⟩ **1** *in der Gegenwart lebend, stattfindend, jetzig, augenblicklich* **2** *anwesend, zugegen* ▸ der ~e Präsident; in seiner ~en Verfassung ist er dazu nicht in der Lage; ich bin ~ sehr beschäftigt; wir sind ~ nicht in der Lage dazu

Ge|gen|wehr ⟨die; -; unz.⟩ *Abwehr eines Angriffs, Verteidigung* ▸ zur ~ aufrufen

Ge|gen|wert ⟨der; -(e)s, -e⟩ *einem anderen Wert entsprechender Wert, Ausgleich*

Ge|gen|wind ⟨der; -(e)s; unz.; a. übertr.⟩ *Wind aus entgegengesetzter Richtung (als man fährt od. geht)* ▸ er bekommt derzeit viel ~ aus den eigenen Reihen ⟨übertr.⟩ *viel Widerstand, Widerspruch*

ge|gen|zeich|nen ⟨V. trans.; zeich|net ge|gen, zeich|ne|te ge|gen, hat ge|gen|ge|zeich|net, ge|gen|zu|zeich|nen⟩ etwas ~ *(zur Kontrolle) mitunterschreiben*

Ge|gen|zug ⟨der; -(e)s, -zü|ge⟩ **1** *Luftzug aus zwei Richtungen zugleich, Durchzug* **2** ⟨Eisenb.⟩ *etwa zugleich mit einem andern Zug aus entgegengesetzter Richtung ankommender Zug* **3** ⟨Brettspiel⟩ *Zug als Erwiderung auf einen Zug des Gegners* **4** ⟨übertr.⟩ *Versuch, die gegner. Absicht zu vereiteln* ▸ den ~ abwarten, vorüberlassen; im ~ *als Gegenleistung, Ausgleich*

ge|gerbt → *gerben*

ge|ges|sen → *essen*

ge|gli|chen → *gleichen*

ge|glit|ten → *gleiten*

ge|glom|men → *glimmen*

Geg|ner ⟨der; -s, -⟩ **1** *jmd., der jmdm. im Kampf gegenübersteht, Feind, Widersacher, Angehöriger der feindlichen Partei* **2** *Gegenspieler, Vertreter der feindlichen Mannschaft* **3** *Vertreter einer anderen Meinung* ▸ ein ~ der Todesstrafe sein; ~ einer Partei sein; den ~ angreifen, besiegen, vernichtend schlagen; ebenbürtiger, gefährlicher, politischer ~; Abl *Gegnerin*

geg|ne|risch ⟨Adj.⟩ *den Gegner betreffend, von ihm ausgehend* ▸ die ~e Mannschaft

Geg|ner|schaft ⟨die; -; unz.⟩ *Haltung, Stellung als Gegner*

ge|gol|ten → *gelten*

ge|go|ren → *gären*

ge|gos|sen → *gießen*

gegr. ⟨Abk. für⟩ *gegründet;* → *gründen (I)*

ge|grif|fen → *greifen*

Ge|grö|le ⟨das; -s; unz.⟩ *anhaltendes Grölen*

Ge|ha|be ⟨das; -s; unz.⟩ *Getue, Ziererei, gespreiztes Benehmen* ▸ ein wichtigtuerisches ~

Ge|hack|te(s) ⟨das; -n, -n⟩ *Hackfleisch*

Ge|halt[1] ⟨der; -(e)s; unz.⟩ **1** *Anteil (eines Stoffes in einer Mischung);* Zus *Alkoholgehalt, Fettgehalt, Feuchtigkeitsgehalt* **2** *stofflicher u. geistiger Inhalt (eines Kunstwerkes);* Abl *gehaltlos, gehaltvoll* ▸ der kulturelle ~ der Aufführung war gering; der ~ an Alkohol, an Fett ist hoch, niedrig

Ge|halt[2] ⟨das; -(e)s, -häl|ter⟩ *festes, geregeltes Einkommen für Beamte u. Angestellte* ▸ Gehälter auszahlen; ~ beziehen; jmds. ~ erhöhen; festes

~ bekommen; ein ~ von 3000 Euro; wie hoch ist Ihr ~?; er bekommt jetzt weniger ~ als früher; Zus *Gehaltsempfänger(in), Gehaltserhöhung, Gehaltsforderung, Gehaltsgruppe, Gehaltszulage; Jahresgehalt, Monatsgehalt*

ge|hal|ten **I** ⟨Part. Perf. von⟩ *halten* **II** ⟨Adj.; präd.; geh.⟩ ~ sein, etwas zu tun *(stillschweigend) verpflichtet sein* ▸ er ist ~, darüber Bericht zu erstatten

ge|han|di|kapt ⟨[gəhændıkɛpt] Adj.⟩ *behindert*

ge|han|gen → *hängen*

ge|häs|sig ⟨Adj.⟩ *hasserfüllt, feindselig, bösartig* ▸ eine ~e Antwort geben; er ist sehr ~ zu ihr; Abl *Gehässigkeit*

Ge|häu|se ⟨das; -s, -⟩ **1** *feste Hülle;* Zus *Schneckengehäuse, Uhrgehäuse* **2** *Kernhaus des Apfels u. der Birne;* Zus *Kerngehäuse*

geh|be|hin|dert ⟨Adj.⟩ *(durch Verletzung od. Gebrechen) im Gehen behindert*

ge|heim ⟨Adj.⟩ **1** *nicht für Außenstehende bestimmt, verborgen, heimlich;* Zus *Geheimakte, Geheimdokument, Geheimfach, Geheimnummer, Geheimsprache, Geheimtür* **2** *ohne Namensnennung* (Abstimmung) ▸ ~er **Befehl;** ~e **Sitzung;** ~es **Wahlrecht;** ~e **Zusammenkunft** ▸ etwas (vor jmdm.) ~ **halten** *verschweigen, nicht mitteilen, nicht veröffentlichen;* eine neue Information ~ halten ▸ **streng** ~! *(als Aufschrift auf Briefen)* ▸ **im** Geheimen *heimlich, unbemerkt;* jmdm. etwas im Geheimen mitteilen *vertraulich*

Ge|heim|agent ⟨der; -en, -en⟩ *für einen (staatlichen) Geheimdienst tätiger Agent;* Abl *Geheimagentin*

Ge|heim|bund ⟨der; -(e)s, -bün|de⟩ *Bund, dessen Ziele, Zwecke, Mitglieder, Satzungen, Gebräuche nicht für die Öffentlichkeit bestimmt u. nur den Eingeweihten bekannt sind*

Ge|heim|dienst ⟨der; -(e)s, -e⟩ *staatliche Organisation, die in anderen Ländern Spionage betreibt;* Abl *geheimdienstlich*

Ge|heim|hal|tung ⟨die; -; unz.⟩ *das Geheimhalten* ▸ sich unter ~ treffen

Ge|heim|nis ⟨das; -nis|ses, -nis|se⟩ **1** *etwas, was innerhalb eines kleinen Personenkreises geheim bleiben soll;* Zus *Amtsgeheimnis, Beichtgeheimnis, Berufsgeheimnis, Postgeheimnis* **2** *etwas, was nicht erkennbar od. erklärbar ist* ▸ jmdm. ein ~ **anvertrauen;** ein ~ **ausplaudern,** preisgeben, verraten; **hüten:** ein sorgfältig gehütetes ~ ▸ **militärische** ~se; **öffentliches** ~ ⟨umg.⟩ *etwas, was geheim bleiben sollte u. doch allgemein bekannt wurde* ▸ **dahinter** steckt ein ~; er macht gar kein ~ **daraus,** dass er krank ist *er spricht offen darüber;* **in** ein ~ eingeweiht sein; ein ~ **mit** jmdm. teilen; ein ~ **vor** jmdm. haben

Ge|heim|nis|krä|me|rei ⟨die; -; unz.; umg.⟩ *geheimnisvolles Getue;* Syn *Geheimnistuerei*

Ge|heim|nis|trä|ger ⟨der; -s, -⟩ *jmd., der im Dienst militär. u. a. Geheimnisse erfährt, über die er zum Stillschweigen verpflichtet ist*

Ge|heim|nis|tu|e|rei ⟨die; -; unz.; umg.⟩ = *Geheimniskrämerei*

ge|heim|nis|um|wit|tert ⟨Adj.; geh.⟩ *von einem Geheimnis umgeben, mit einem Geheimnis behaftet;* Syn *geheimnisumwoben*

ge|heim|nis|voll ⟨Adj.⟩ **1** *unerkennbar, rätselhaft, unerklärlich, vieldeutig* **2** *übersinnlich* **3** *unheimlich* **4** *so, als ob man ein Geheimnis hätte* (Benehmen) ▸ ~ sprechen; ~ tun; ~ mit den Augen zwinkern

Ge|heim|rats|ecken ⟨Pl.; umg.; scherzh.⟩ *zurückweichender Haaransatz über den Schläfen*

Ge|heim|re|zept ⟨das; -(e)s, -e⟩ **1** *geheimgehaltene Anweisung zur Herstellung von etwas* **2** ⟨übertr.⟩ *rätselhaftes, geheimes Mittel, um etwas zu erreichen* ▸ ~ für einen Kräuterlikör; niemand kennt das ~ für ihre Attraktivität ⟨übertr.⟩

Ge|heim|tipp ⟨der; -s, -s⟩ **1** *nur unter Eingeweihten weitergegebener Hinweis* **2** *Empfehlung der besonderen Qualität* ▸ jmdm. einen ~ geben; jmdn. als ~ handeln

Ge|heim|zahl ⟨die; -, -en; Bankw.⟩ *geheimgehaltene Zahlenkombination, geheime Nummer (für ein Bankkonto o. Ä.);* Syn *Geheimnummer*

Ge|heiß ⟨das; -es; unz.⟩ *mündlicher Befehl, Anordnung* ▸ etwas auf jmds. ~ tun; auf ~ von Herrn Pohl; auf wessen ~ sind Sie hierhergekommen?

ge|hen ⟨V.; geht, ging, ist ge|gan|gen⟩ **I** ⟨V. intr.⟩ **I.I** ⟨von Lebewesen⟩ **1** *sich zu Fuß fortbewegen, laufen, nicht fahren* **2** *weggehen, sich entfernen, abreisen, wegfahren, auswandern* **3** *aus dem Amt, dem Dienst scheiden* ▸ man muss zwei **Stunden** ~ *man braucht zu Fuß zwei Stunden;* ruhig seines **Weges** ~ *sich nicht beirren lassen* ▸ **baden,** schlafen, schwimmen, spielen, tanzen ~; es war ein lebhaftes **Kommen** und Gehen *lebhafter Betrieb;* ich **möchte** jetzt (nach Hause) ~; ich **muss** ~; **schwerfallen:** das Gehen fällt ihm schwer; **spazieren** ~ ▸ **barfuß** ~; **langsam,** leise, schnell, vorsichtig ~; er ging so **weit,** zu behaupten *er behauptete sogar, ...;* zu weit ~ *die Grenze (des Schicklichen) überschreiten, zu viel wagen* ▸ **an** die Arbeit ~ *mit der Arbeit beginnen;* an Bord, an Land ~; an die Decke ~ ⟨übertr.; umg.⟩ *wütend werden, sich sehr über etwas ärgern;* am Stock, an Krücken ~; **aufs** Gymnasium ~ *das G. besuchen;* aufs Land ~; auf Reisen ~; bei jmdm. **aus** und ein ~ *bei jmdm. oft zu Gast sein;* aus dem Haus ~; **durch** die Straßen ~; **geradeaus,** links, rechts, reihum ~; **hinter,** neben, vor jmdm. ~; **ins** Einzelne ~ *Einzelheiten erörtern, eine Sache genau erläutern;* in sich ~ *über die eigene Handlungsweise nachdenken;* ins Ausland ~; in Halbschuhen, in Strümpfen ~; in die fünfte Klasse ~ *Schüler der fünften K. sein;* in die Lehre ~ *Lehrling sein;* im Schritt ~ *langsam, nicht im Trab od. schnellen Lauf;* in die Schule ~ *die Sch. besuchen;* in Schwarz ~ *schwarz gekleidet sein;* in die Stadt ~ (zum Einkaufen); in (den) Urlaub ~; in den Wald ~; bitte geh in dein Zimmer!; **mit** jmdm. ~ *jmdn. begleiten;* ⟨Jugendspr.⟩ *mit jmdm. zusammen sein (als Paar);* mit der Zeit ~ *moderne Ansichten haben, die Zeit verstehen;* sie ~ **miteinander** ⟨übertr.⟩ *sie haben ein Verhält-*

nis; nach Hause ~; man soll nicht nur nach dem Äußeren ~ *urteilen;* danach kann man nicht ~ *danach kann man die Sache od. jmdn. nicht beurteilen;* nach Amerika ~; über Bord ~ *über B. stürzen;* über eine Brücke, einen Platz, eine Straße ~; über Leichen ~ ⟨übertr.⟩ *rücksichtslos sein od. handeln;* wir ~ nicht viel unter Menschen *wir haben nicht viel Umgang mit anderen M.;* unter die Musiker ~ *musizieren, Musiker werden;* er ist ohne Abschied von ihr gegangen *er hat sie ohne A. verlassen;* er ist von uns gegangen *er ist gestorben;* zum Arzt, zum Bäcker, zum Friseur ~; ins od. zu Bett ~; zu Fuß ~ *laufen, nicht fahren;* jmdm. zur Hand ~ *helfen;* zur Schule ~ *die Sch. besuchen;* geh zum Teufel! *(Fluch);* zum Theater ~ *Schauspieler werden* ▸ wann ist er gegangen?; wie geht man dorthin? ⟨umg.⟩ *welcher Weg führt dorthin?;* wie lange geht man bis dorthin? ⟨umg.⟩ *wie viel Zeit braucht man …?;* wohin gehst du? ▸ er ist gegangen worden ⟨umg.; iron.⟩ *man hat ihm nahegelegt, zu kündigen* **I.II** ⟨von Sachen⟩ **1** *in Bewegung, in Ordnung sein* (Maschine) **2** *(ab)fahren, verkehren* (Zug) ▸ es geht das Gerücht, dass … *man erzählt sich das G., dass …;* der Teig geht *wird durch das Treibmittel aufgetrieben;* es geht ein starker Wind ▸ er lässt die Dinge ~ *er lässt den Dingen (eher gleichgültig) ihren Lauf, ohne einzugreifen* ▸ das geht einfach, leicht, schwer *ist einfach, leicht, schwer zu bewerkstelligen;* die Uhr geht falsch, richtig *stimmt (nicht) mit der richtigen Zeit überein;* die See geht hoch; der Schmerz geht tief ⟨übertr.⟩; das geht zu weit *das ist zu viel* ▸ das Wasser ging ihm bis an die Knie *reichte ihm bis zu den Knien;* der Wald geht bis an die Stadt *reicht bis an die Stadt;* das Fenster geht auf den Garten *liegt an der Gartenseite;* es geht auf Mittag *es ist bald Mittag;* sein lauter Schrei ging mir durch und durch *erregte, erschreckte mich bis ins Innerste;* alles geht durch seine Hände *er bekommt alles zu sehen;* die Kugel ging durch die Schulter *durchschlug die Schulter;* das geht gegen meine Überzeugung *ich bin dagegen, ich kann nicht zustimmen;* der Teig geht in die Höhe *wird aufgetrieben;* die Gewinne ~ in die Millionen *die G. erreichen Millionenhöhe;* in diesen Saal ~ 500 Menschen *in diesem S. ist Platz für 500 M.;* das Erbe geht in drei Teile *wird in drei Teile geteilt;* alles geht nach Wunsch; das geht nicht! *man kann es (so) nicht machen; das kommt nicht in Frage;* die Klingel geht nicht *ist defekt;* das Gedicht geht so *das Gedicht hat folgenden Wortlaut;* seine Arbeit geht ihm über alles *ist für ihn das Höchste;* mir geht nichts über Beethoven *B.s Musik ist für mich die schönste;* der Zug geht über Frankfurt; das geht über meine Kräfte *es ist zu viel, zu schwer für mich;* vor sich ~ *geschehen;* und wie soll das (vor sich) ~?; der Vorrat geht zu Ende, zur Neige *ist fast verbraucht* ▸ wann geht der nächste Zug nach München?; wie geht das Geschäft? **I.III** ⟨unpersönl.⟩ wie hat dir der Film gefallen? es geht! *mittelmäßig;* am Dienstag geht es nicht *passt es mir nicht;* es mag ~, wie es will, wir müssen eine Lösung finden; es wird schon ~ *möglich sein* ▸ so gut es eben geht *so gut wie möglich* ▸ es ist anders gegangen, als er dachte *es wurde anders;* mir ist es ebenso gegangen *mir ist das Gleiche geschehen; ich habe das Gleiche empfunden;* wenn es nach mir ginge, dann … *wenn ich bestimmen könnte, dann …;* so geht es nicht! *das muss geändert werden;* hier geht es ums Ganze *hier steht alles auf dem Spiel;* es geht ihm (dabei) nur ums Geld *er hat nur für das Geld Interesse (das er dabei verdient);* es geht um seinen Kopf *er schwebt in Gefahr (seine Stellung zu verlieren);* es geht mit ihm zu Ende *er wird bald sterben* ▸ wie geht's? ⟨umg.⟩; wie geht es Ihnen? *wie befinden Sie sich?;* wie geht's, wie steht's?; wo geht es hierhin? ⟨umg.⟩ *wohin führt dieser Weg?* **II** ⟨V. trans.⟩ die Sache geht ihren Gang *verläuft ruhig, normal;* einen Kilometer (weit) ~; einen Weg ~ *einen Weg zu Fuß benutzen; eine Besorgung machen* ▸ du kannst ihn doch nicht so (ohne Abschied) ~ lassen *fortgehen lassen;* ⟨aber⟩ ~ lassen ⟨übertr.⟩ = *gehenlassen (I)* **III** ⟨V. refl.⟩ er hat sich Blasen gegangen *an seinen Füßen haben sich durch vieles Gehen Blasen gebildet* ▸ sich ~ lassen = *gehenlassen (II)* ▸ sich müde ~ *so lange gehen, bis man müde ist* ▸ es geht sich gut in diesen Schuhen *diese Schuhe sind bequem*

ge|hen|las|sen *auch:* **ge|hen las|sen** ⟨V.; lässt gehen, ließ ge|hen, hat ge|hen|las|sen, ge|hen|zu|lassen; übertr.⟩ **I** ⟨V. trans.⟩ jmdn. ~ **1** *in Ruhe lassen* **2** *sich von ihm trennen* **II** ⟨V. refl.⟩ sich ~ *sich zu lässig benehmen;* →a. *gehen*

Ge|her ⟨der; -s, -; Sp.⟩ *Vertreter der Sportart Gehen;* Abl *Geherin*

ge|heu|er ⟨Adj.; nur verneinend gebraucht⟩ nicht ~ *unheimlich* ▸ mir ist das nicht ~

Geh|hil|fe ⟨die; -, -n⟩ *orthopädisches Hilfsmittel für Gehschwächen, z. B. Krücke*

Ge|hil|fe ⟨der; -n, -n⟩ **1** *jmd., der einem andern (bei der Arbeit) hilft, Mitarbeiter, Helfer;* Zus *Anwaltsgehilfe, Steuergehilfe* **2** ⟨Rechtsw.⟩ *jmd., der einen anderen bei einer rechtswidrigen Tat unterstützt;* Abl *Gehilfin*

Ge|hirn ⟨das; -(e)s, -e; Anat.⟩ *Organ im Kopf höher entwickelter Tiere u. des Menschen, Sitz der Sinneszentren u. verantwortlich für die Koordination von Handlungen u. für das Denken* ▸ streng dein ~ an! *denk nach!* der Schädel schützt das ~ vor Schlägen; Zus *Gehirnblutung, Gehirntumor, Gehirnzelle*

Ge|hirn|er|schüt|te|rung ⟨die; -, -en; Med.⟩ *durch stärkere Gewalteinwirkungen auf den Schädel entstandene Störung der Gehirntätigkeit, die meist mit Bewusstlosigkeit, Erinnerungsschwund für die Zeit des Unfalls sowie mit Erbrechen verbunden ist*

Ge|hirn|haut ⟨die; -, -häu|te; Anat.⟩ *aus drei Schichten bestehende Haut, die Gehirn u. Rückenmark umhüllt;* Zus *Gehirnhautentzündung*

Ge|hirn|wä|sche ⟨die; -, -n; übertr.⟩ *Brechung des*

menschl. Willens u. Zerstörung der Persönlichkeit durch physische u. psychische Foltern

ge|ho|ben **I** ⟨Part. Perf. von⟩ *heben* **II** ⟨Adj.⟩ **1** *hochstehend* **2** *feierlich, nicht alltäglich* **3** *fröhlich, ausgelassen* ▸ er ist in einer ~en Position, Stellung; in ~er Rede, in ~em Stil schreiben; wir waren in ~er Stimmung

Ge|höft ⟨das; -(e)s, -e⟩ *Bauernhof*

ge|hol|fen → *helfen*

Ge|hölz ⟨das; -es, -e⟩ **1** *kleiner Wald* **2** *Bäume u. Sträucher*

Ge|hör ⟨das; -(e)s; unz.⟩ **1** *Sinn für das Wahrnehmen von Lauten;* Zus *Gehörfehler* **2** ⟨Mus.⟩ *Empfinden für Tonstufen;* Zus *Gehörbildung;* →a. *absolut* **3** ⟨übertr.⟩ *Aufmerksamkeit, Beachtung* ▸ (kein) ~ finden *(nicht) vorgelassen, angehört werden;* kein (musikalisches) ~ haben; sein ~ hat im Alter nachgelassen; jmdm. ~ schenken *jmdn. anhören;* sich ~ verschaffen; ein gutes, feines, schlechtes ~ haben; nach dem ~ singen, spielen *ohne Noten od. Text;* um ~ bitten

ge|hor|chen ⟨V. intr.; ge|horcht, ge|horch|te, hat ge|horcht⟩ (jmdm.) ~ **1** *einem Befehl nachkommen, einen Wunsch erfüllen* **2** *sich lenken lassen* (Maschine, Motor) ▸ das Steuer gehorcht dem leisesten Druck; der Hund muss endlich ~ lernen; einer inneren Stimme ~

ge|hö|ren ⟨V.; ge|hört, ge|hör|te, hat ge|hört⟩ **I** ⟨V. intr.⟩ **1** jmdm. ~ *jmds. Besitz sein* **2** jmdm. ~ *zukommen, gebühren* **3** zu jmdm. od. etwas ~ *Teil einer Gruppe sein, in ein größeres Ganzes einbezogen sein* **4** zu etwas ~ *zu etwas passen, sich sinnvoll einfügen* **5** zu etwas ~ *notwendig, erforderlich sein* ▸ das Buch gehört mir ▸ seine freien Stunden ~ seiner **Familie;** dem **Kind** gehört ihre ganze Liebe ▸ dies gehört nicht **hierher** *das passt nicht hierher;* der Kranke gehört **ins** Bett *muss od. müsste unbedingt ins Bett;* er gehört mit **zur** Familie; der Wald gehört zu unserem Grundstück; dazu gehört viel Mut; die Gartenarbeit gehört zu meinen Aufgaben; das gehört nicht zur Sache; zu diesem Kleid ~ weiße Schuhe; dieses Bild gehört zu seinen besten Werken ▸ **wohin** gehört dieses Buch? *wo ist dafür der Platz?* **II** ⟨V. refl.⟩ sich (für jmdn.) ~ *sich (ge)ziemen, sich schicken* ▸ wie es sich gehört

Ge|hör|gang ⟨der; -(e)s, -gän|ge; Anat.⟩ *knöcherner Gang, der von außen zum Trommelfell führt*

ge|hö|rig ⟨Adj.⟩ **1** *gehörend* **2** *gebührend, verdient* **3** ⟨umg.⟩ *tüchtig, gründlich, energisch* ▸ die zu ihm ~en Kinder; jmdm. ~ die Meinung sagen; jmdn. ~ verprügeln; zu etwas ~ *einen Teil von etwas bildend;* die zu seinem Hof ~en Felder

ge|hör|los ⟨Adj.⟩ *unfähig zu hören, ohne Gehör*

Ge|hör|lo|se(r) ⟨die; -n, -n (der; -n, -n)⟩ *jmd., der gehörlos ist;* Zus *Gehörlosensprache*

ge|hörnt ⟨Adj.⟩ *mit Hörnern versehen* ▸ ~er Ehemann ⟨übertr.; umg.⟩ *betrogener E.;* →a. *Horn*

ge|hor|sam ⟨Adj.⟩ *willig gehorchend, folgsam* ▸ den Eltern gegenüber ~ sein; Abl *Gehorsamkeit*

Ge|hor|sam ⟨der; -s; unz.⟩ *das Gehorchen, Gehorsamsein, Befolgung von Befehlen* ▸ jmdm. ~ den ~ verweigern; blinder ~ *Ausführen von Befehlen, ohne darüber nachzudenken*

Geh|steig ⟨der; -(e)s, -e⟩ = *Bürgersteig*

Geh|weg ⟨der; -(e)s, -e⟩ **1** = *Bürgersteig* **2** = *Fußweg (1)*

Gei|er ⟨der; -s, -⟩ **1** ⟨Zool.⟩ *großer Raubvogel;* Zus *Aasgeier* **2** ⟨übertr.; umg.⟩ *habgierige, raffgierige Person* ▸ sie stürzten sich auf die Sachen wie die ~; hol dich der ~! *(Fluch);* weiß der ~, wo das ist! ⟨umg.; ungeduldig⟩ *ich habe keine Ahnung, wo das ist*

Gei|fer ⟨der; -s; unz.⟩ *einem Tier aus dem Maul fließender Speichel*

gei|fern ⟨V. intr.; gei|fert, gei|fer|te, hat ge|gei|fert⟩ **1** *Geifer spucken* **2** ⟨übertr.⟩ *keifen, zornig wüten*

Gei|ge ⟨die; -, -n; Mus.⟩ *viersaitiges Streichinstrument;* ⓘ S. 788; Syn *Violine* ▸ erste, zweite ~ spielen (im Orchester); die erste ~ spielen ⟨übertr.⟩ *tonangebend sein, viel zu sagen haben*

gei|gen ⟨V. intr.; geigt, geig|te, hat ge|geigt; Mus.⟩ *Geige spielen* ▸ jmdm. die Meinung ~ ⟨übertr.; umg.⟩ *gründlich die M. sagen*

Gei|ger ⟨der; -s, -; Mus.⟩ *Geigenspieler* ▸ Erster ~ *Musiker, der im Orchester die erste Geige spielt;* Abl *Geigerin*

Gei|ger|zäh|ler ⟨der; -s, -⟩ *Gerät, das radioaktive Strahlung misst*

geil ⟨Adj.⟩ **1** *lüstern, geschlechtlich erregt;* Abl *Geilheit* **2** ⟨Jugendspr.⟩ *prima, hervorragend, wunderbar* ▸ ein ~er Typ; ~e Musik; auf etwas ~ sein *etwas haben, machen wollen*

...geil ⟨in Zus.; zur Bildung von Adj.; abwertend⟩ *begierig nach, versessen auf,* z. B. karrieregeil, geldgeil, sensationsgeil

Gei|sel ⟨die; -, -n⟩ *Person, deren Freilassung od. körperliche Unversehrtheit davon abhängt, dass Lösegeld gezahlt wird, politische Forderungen o. Ä. erfüllt werden;* Zus *Geiseldrama*

Gei|sel|nah|me ⟨die; -, -n⟩ *Gefangennahme von Personen als Geiseln, um Forderungen durchzusetzen;* Abl *Geiselnehmer(in)*

Gei|sir ⟨der; -s, -e⟩ = *Geysir*

Geiß ⟨die; -, -en⟩ *weibl. Ziege;* Abl *Geißlein*

Gei|ßel ⟨die; -, -n⟩ **1** *Stab mit einem od. mehreren Riemen zur Selbstzüchtigung* **2** ⟨übertr.⟩ *Heimsuchung, Plage* ▸ die Pest war eine ~ der Menschheit ⟨übertr.⟩

gei|ßeln ⟨V. trans.;gei|ßelt, gei|ßel|te, hat ge|gei|ßelt⟩ **1** jmdn. ~ *mit der Geißel schlagen, peitschen, züchtigen* **2** ⟨übertr.⟩ Übelstände ~ *scharf tadeln, anprangern*

Geist[1] ⟨der; -(e)s; unz.⟩ **1** *das denkende, erkennende Bewusstsein des Menschen* **2** ⟨übertr.⟩ *feine, kluge Witzigkeit, Esprit* **3** *Vorstellung* **4** *Art, Beschaffenheit (z. B. einer Person, einer Dichtung, einer Epoche)* ▸ der ~ der **Goethezeit** ▸ seinen ~ **anstrengen;** seinen ~ **aufgeben** *kaputtgehen;* ~ **haben** ▸ der **Heilige** ~; **viel,** wenig ~ haben ▸ **im** ~ etwas od. jmdn. vor sich sehen; in jmds. ~e handeln; sie führt das Werk ihres Vater in seinem ~e weiter; ein Mensch **mit** (viel) ~; ein Mensch **ohne** (jeden) ~; ein Mann **von** ~

G

Geist² 〈der; -(e)s, -er〉 **1** *menschenähnliches überirdisches Wesen, z. B. Dämon, Elf;* Zus *Geisterbeschwörung; Erdgeist, Luftgeist, Wassergeist* **2** *scheinbar wiederkehrender Verstorbener, Gespenst* **3** *Mensch im Hinblick auf seine geistigen Fähigkeiten, sein inneres Wesen* ▸ die Stunde der ~er *Mitternacht bis 1 Uhr* ▸ ~er beschwören; umgehen: hier gehen ~er um ▸ böse, gute ~er; ein dienstbarer edler, führender, großer, überlegener ~; sie ist der gute ~ unseres Hauses; ein unruhiger ~ 〈umg.; scherzh.〉 ▸ von ~ern besessen sein; du bist wohl von allen guten ~ern verlassen? *du bist wohl nicht ganz bei Verstand?*

Geis|ter|bahn 〈die; -, -en; auf Jahrmärkten〉 *Schienenbahn, die in einem dunklen Raum an zahlreichen gruseligen Erscheinungen vorüberfährt, durch die die Mitfahrenden erschreckt werden*

Geis|ter|fah|rer 〈der; -s, -; umg.〉 = *Falschfahrer*

Geis|ter|hand 〈die; -, -hän|de; in der Wendung〉 wie von ~ *wie von einer unsichtbaren Hand bewegt* ▸ die Tür öffnete sich wie von ~

geis|tern 〈V. intr.; geis|tert, geis|ter|te, hat/ist gegeis|tert〉 **1** irgendwo ~ *als Geist umgehen, spuken* **2** 〈umg.〉 irgendwohin ~ *schleichen, (nachts) ziellos umhergehen* **3** 〈übertr.〉 *immer wieder in Erscheinung treten* ▸ durch die Wohnung ~; Berichte von seinem Verschwinden geisterten durch die Presse 〈übertr.〉

Geis|ter|stadt 〈die; -, -städ|te〉 *von Menschen verlassene, geisterhaft wirkende Stadt* ▸ nach dem Anschlag wirkt die Siedlung wie eine ~

Geis|ter|stun|de 〈die; -, -n〉 *die Stunde von Mitternacht bis 1 Uhr*

geis|tes|ab|we|send 〈Adj.〉 *unaufmerksam, im Geist mit anderen Dingen als den vorliegenden beschäftigt;* Abl *Geistesabwesenheit*

Geis|tes|blitz 〈der; -es, -e〉 *plötzlicher (geistreicher) Einfall* ▸ einen ~ haben

Geis|tes|ge|gen|wart 〈die; -; unz.〉 *Fähigkeit, schnell u. doch besonnen zu handeln;* Abl *geistesgegenwärtig*

Geis|tes|ge|schich|te 〈die; -; unz.〉 *Geschichte der geistigen Zusammenhänge von Ereignissen, Dichtungen usw.;* Abl *geistesgeschichtlich*

geis|tes|ge|stört 〈Adj.〉 *geistig umnachtet, geisteskrank;* Abl *Geistesgestörtheit*

Gei|stes|hal|tung 〈die; -, -en〉 *geistige Einstellung*

geis|tes|krank 〈Adj.〉 *an einer Geisteskrankheit leidend;* Abl *Geisteskrankheit*

Geis|tes|wis|sen|schaft 〈die; -, -en〉 *jede Wissenschaft, die sich mit einem Gebiet der Kultur befasst, z. B. Sprachwissenschaft;* Ggs *Naturwissenschaft;* Abl *Geisteswissenschaftler(in); geisteswissenschaftlich*

Geis|tes|zu|stand 〈der; -(e)s, -stän|de〉 *Zustand im Hinblick auf Gesundheit od. Krankheit des Geistes* ▸ jmdn. auf seinen ~ untersuchen

geis|tig 〈Adj.〉 **1** *den Geist betreffend, zu ihm gehörig, auf ihm beruhend* **2** *innerlich, gedanklich* (Arbeit, Leistung) **3** 〈übertr.〉 *klug, gebildet, an allem Kulturellen interessiert* (Person) ▸ ~e Anstrengung; ~es Eigentum *urheberrechtlich geschütztes Erzeugnis gedanklicher Arbeit;* ~e Fähigkeiten; er ist nicht mehr im vollen Besitz seiner ~en Kräfte; ~e Nahrung *Lektüre, Malerei, Musik usw.* ▸ ~ beschränkt sein; er ist ~ umnachtet ▸ das Bild stand deutlich vor meinem ~en Auge

geistig/geistlich

Die Adjektive *geistig* und *geistlich* stammen zwar beide vom Substantiv *Geist,* besitzen jedoch eine unterschiedliche Bedeutung. *Geistig* bezieht sich auf den Geist im Sinne von „menschlicher Verstand“: *Die alte Dame ist geistig noch sehr rege. Seine geistigen Fähigkeiten sind beschränkt. Geistlich* nimmt dagegen auf Kirche und Religion sowie ihre Würdenträger Bezug und bedeutet „kirchlich, religiös“: *Die geistlichen Werte werden im Alltag häufig vernachlässigt. Sie liebt geistliche Musik. Er ist als Geistlicher* (= Pfarrer, Priester) *tätig.*

geist|lich 〈Adj.〉 **1** *auf die Gottesverehrung bezüglich, religiös, fromm* (Buch, Lied) **2** *zur Kirche gehörig, kirchlich*

Geist|li|che(r) 〈der; -n, -n〉 *Priester, Pfarrer*

Geist|lich|keit 〈die; -; unz.〉 = *Klerus*

geist|los 〈Adj.; -er, am -es|ten〉 *dumm, nichtssagend, langweilig, fad;* Abl *Geistlosigkeit*

geist|reich 〈Adj.〉 *mit Geist ausgestattet, klug, einfallsreich, klug u. witzig;* Syn *geistvoll* ▸ ~er Mensch; ~e Bemerkung

Geiz 〈der; -es; unz.〉 *abstoßend übertriebene Sparsamkeit;* Syn *Knauserigkeit, Knickerigkeit*

gei|zen 〈V. intr.; geizt, geiz|te, hat ge|geizt〉 mit etwas ~ *auf übertriebene Weise sparen, knausern* ▸ mit Worten ~ *wenig reden;* er geizt mit Lob

Geiz|hals 〈der; -es, -häl|se; umg.〉 *geiziger Mensch;* Syn *Geizkragen*

gei|zig 〈Adj.〉 *übertrieben sparsam;* Syn *knauserig, knickerig*

Ge|jam|mer 〈das; -s; unz.; umg.〉 *anhaltendes, lästiges Jammern* ▸ hör endlich auf mit dem ~!

ge|kannt → *kennen*

Ge|ki|cher 〈das; -s; unz.〉 *anhaltendes Kichern*

ge|klun|gen → *klingen*

ge|knickt I 〈Part. Perf. von〉 *knicken* II 〈Adj.〉 *niedergeschlagen, mutlos* ▸ er ist ganz ~; einen ~en Eindruck hinterlassen

ge|knif|fen → *kneifen*

ge|konnt I 〈Part. Perf. von〉 *können* II 〈Adj.; umg.〉 *mit großem Können vollbracht* ▸ eine ~e Leistung; das Bild ist sehr ~ gemalt

Ge|krit|zel 〈das; -s; unz.; umg.〉 **1** *sehr kleine, unleserliche Schrift* **2** *anhaltendes Kritzeln*

ge|kro|chen → *kriechen*

Gel 〈das; -s, -e; Chem.〉 *gallertartige Lösung, z. B. Gelatine;* Zus *Haargel*

Ge|läch|ter 〈das; -s, -〉 *lautes Lachen, Heiterkeitsausbruch* ▸ herzliches, schallendes ~; etwas od. jmdn. dem ~ der anderen preisgeben; in ~ ausbrechen

ge|lack|mei|ert ⟨Adj.; umg.⟩ *hereingelegt, betrogen* ▸ der Gelackmeierte sein; wenn du das tust, bist du ~!

Ge|la|ge ⟨das; -s, -⟩ *üppiges, ausgedehntes Gastmahl, Schwelgen in Essen u. Trinken;* Zus *Saufgelage, Zechgelage*

ge|lähmt **I** ⟨Part. Perf. von⟩ *lähmen* **II** ⟨Adj.⟩ *von einer Lähmung befallen, bewegungsunfähig* ▸ ein ~es Bein; er saß da wie ~ *bewegungslos, starr vor Überraschung od. Schock;* Abl *Gelähmtheit*

Ge|län|de ⟨das; -s, -⟩ **1** *größeres Landschaftsgebiet, das noch nicht erschlossen, verbaut ist;* Zus *Geländefahrzeug, Geländewagen* **2** *begrenztes, für bestimmte Zwecke genutztes Areal;* Zus *Baugelände, Sportgelände, Übungsgelände* ▸ das ~ erkunden; ein ~ erschließen; ebenes, freies, hügeliges, offenes, übersichtliches ~; ins ~ reiten

ge|län|de|gän|gig ⟨Adj.⟩ *im unebenen Gelände benutzbar, nicht an Straßen gebunden* ▸ ~es Fahrzeug

Ge|län|der ⟨das; -s, -⟩ *niedriger Zaun zum Festhalten u. als Schutz an Treppen, Balkonen usw.;* Zus *Brückengeländer, Treppengeländer*

ge|lang → *gelingen*

gelangen/gelingen

Die Verben *gelangen* und *gelingen* bedeuten zwar etwas anderes, sie unterscheiden sich jedoch in vielen Formen vom Schriftbild her nur geringfügig oder gar nicht. *Gelingen* ist ein starkes Verb, das im Präteritum (und Partizip) den Stammvokal wechselt: *gelingen – gelang – gelungen.* Im Präteritum kann *gelang* folglich leicht mit dem schwach flektierten Verb *gelangen* verwechselt werden.

Gelingen bedeutet so viel wie „glücken, zustande bringen": *Es gelingt/gelang mir nicht, ihn zu überzeugen. Die Bilder gelangen ihm gut/sind ihm gut gelungen.*

Hingegen bedeutet *(an, in, zu etwas oder jemandem) gelangen* „etwas oder jemanden erreichen, bis zu jemandem oder etwas kommen": *Wir gelangen/gelangten ans andere Ufer. Die Information ist nicht bis zu uns gelangt.*

ge|lan|gen ⟨V. intr.; ge|langt, ge|lang|te, ist gelangt⟩ **1** an, in, zu etwas ~, zu jmdm. ~ *bis zu etwas od. jmdm. kommen, etwas od. jmdn. erreichen* **2** ⟨schweiz.⟩ an jmdn. ~ *bei jmdm. anfragen* ▸ (bis) ans andere Ufer ~; an das Obergericht ~ ⟨schweiz.⟩ *appellieren;* das Haus ist in seinen Besitz gelangt *ist sein B. geworden;* der Brief gelangte erst gestern in meine Hände; die Nachricht ist nicht bis zu uns gelangt; zu Reichtum ~ *reich werden;* zu der festen Überzeugung ~, dass …; zum Ziele ~

ge|las|sen **I** ⟨Part. Perf. von⟩ *lassen* **II** ⟨Adj.⟩ *beherrscht, gefasst, ruhig, unerschüttert, leidenschaftslos, gleichmütig* ▸ eine Nachricht ~ aufnehmen; „Das stört mich nicht", bemerkte er ~; (ruhig und) ~ bleiben; Abl *Gelassenheit*

Ge|la|ti|ne ⟨[ʒe-] die; -; unz.⟩ *durch Kochen od. Dämpfen von tierischen Knorpeln, Knochen u. Häuten gewonnener Eiweißstoff (Kollagen), der gereinigt zur Herstellung von Geleespeisen u. Sülzen u. a. verwendet wird*

ge|läu|fig ⟨Adj.⟩ **1** *wohlbekannt, vertraut, üblich* **2** *fließend* ▸ ~e Redensart *oft gebrauchte R.;* dieses Wort ist mir (nicht) ~; ein Musikstück ~ spielen; Abl *Geläufigkeit*

ge|launt ⟨Adj.⟩ *in Stimmung, gestimmt, aufgelegt* ▸ sie ist heute gut ~

gelb ⟨Adj.⟩ *von der Farbe einer Zitrone od. Banane* ▸ ~e Blätter bekommen (Baum, Blume); sie trägt heute ein ~ Kleid; das Kind hat eine ~e Sonne gemalt; beim Fußball die ~e/Gelbe Karte ⟨Fußb.⟩ zeigen

Gelb ⟨das; -s, -s⟩ **1** *gelbe Farbe;* Zus *gelbbraun, gelbgrün, gelbrot* **2** das ~e vom Ei **2.1** *Eidotter* **2.2** ⟨a. übertr.⟩ *das Ideale* ▸ das ist nicht das ~e vom Ei ⟨übertr.⟩

Gelb|fie|ber ⟨das; -s; unz.; Med.⟩ *mit Gelbsucht, Leber- u. Nierenschädigung, Erbrechen u. hohem Fieber einhergehende, schwere Infektionskrankheit der warmen Länder, bes. Mittel- u. Südamerikas u. Westafrikas, wird durch Stechfliegen übertragen*

gelb|lich ⟨Adj.⟩ *fast gelb, leicht gelb* ▸ ~e Haut

Gelb|sucht ⟨die; -; unz.; Med.⟩ *Gelbfärbung der Haut, der Schleimhäute, des Harns u. anderer Körperflüssigkeiten durch Übertreten von Gallenfarbstoff in das Blut;* Syn *Ikterus*

Geld ⟨das; -(e)s, -er⟩ **I** ⟨unz.⟩ **1** *Zahlungsmittel, Münzen, Banknoten;* Zus *Geldbuße, Geldgier, Geldgeschenk, Geldmangel, Geldquelle, Geldstrafe, Geldsumme; Hartgeld, Papiergeld* **2** *Vermögen* ▸ eine **Menge** ~ besitzen ▸ ~ (vom Konto) **abheben;** ~ in Aktien **anlegen;** ~ für Kleidung **ausgeben;** ~ (auf ein Konto) **einzahlen;** ~ **kassieren,** sparen, unterschlagen, verdienen, verlieren, zurücklegen; jmdm. ~ **auszahlen;** sich ~ **borgen,** leihen, ⟨umg.⟩ pumpen; wenig, viel, kein ~ **haben;** der hat ~! ⟨umg.⟩ *der ist reich;* sich etwas viel ~ **kosten** lassen *viel bezahlen für etwas;* ~ **machen** ⟨umg.⟩ *(leicht) verdienen;* ~ **waschen** *illegal erworbenes Geld auf Umwegen legalisieren;* ~ **wechseln** (gegen kleinere Münzen od. Scheine od. gegen eine andere Währung); (sein) ~ **zählen** ▸ **bares** ~; **falsches** ~; **großes** ~ *Banknoten;* das ist **hinausgeworfenes** ~ *eine unnötige Ausgabe;* **kleines** ~ *Kleingeld, Münzen;* **schmutziges** ~ *unredlich erworbenes Geld;* das Sofa ist wirklich sein ~ **wert** *bewährt sich gut, ist praktisch u. gut* ▸ ~ **auf** der Bank (liegen) haben; hier liegt das ~ auf der Straße *hier kann man leicht u. gut verdienen;* ich habe kein ~ **bei** mir; das ist nicht **für** ~ zu haben *das ist so kostbar, dass man es nicht kaufen kann;* ~ **in** Papieren, Schmuck usw. anlegen; das geht (läuft) (allmählich) ins ~ *das wird (allmählich) kostspielig;* im ~ schwimmen ⟨übertr.; umg.⟩ *sehr reich sein;* jmdm. **mit** ~ aushelfen; das ist nicht mit ~ zu bezahlen *das ist sehr wertvoll, kostbar, das ist ein rein ideeller Wert;* mit ~ gut, nicht, schlecht umgehen können *gut, nicht, schlecht sparen können;* schade ums ~! *der Kauf war unnötig;* um ~ spielen; ~ wie Heu haben ⟨umg.; scherzh.⟩ *sehr reich sein;* ich muss sehen, wie ich wieder zu ~ komme *wie ich meine Außenstände eintreibe* **II** ⟨zählb.; Pl.⟩ *Kapital* ▸ flüssige ~er; öffentliche, staatliche ~er

Geld|adel ⟨der; -s; unz.⟩ *Adel durch Reichtum*

Geld|an|la|ge ⟨die; -, -n⟩ **1** *das Anlegen von Geld (z. B. in Immobilien od. Wertpapieren)* **2** *Objekt, Gegenstand der Geldanlage (1)* ▸ Diamanten als ~; Autos sind keine gute ~

Geld|au|to|mat ⟨der; -en, -en⟩ *Automat, an dem man mit einer Scheck- od. Kreditkarte Geld vom Konto abheben kann*

G

Geld|beu|tel ⟨der; -s, -⟩ = *Geldbörse* ▸ tief in den ~ greifen ⟨übertr.; umg.⟩ *viel Geld ausgeben;* einen dicken, großen ~ haben *reich sein*

Geld|bör|se ⟨die; -, -n⟩ *Behältnis (aus Leder, Kunstleder o. Ä.) zur Geldaufbewahrung;* Syn *Geldbeutel, Portemonnaie* ▸ tief in die ~ greifen müssen *viel Geld ausgeben müssen*

Geld|ge|ber ⟨der; -s, -⟩ *jmd., der Geld (für ein Unternehmen) gibt, der etwas finanziert;* Abl *Geldgeberin*

Geld|hahn ⟨der; -(e)s; unz.; in der Wendung⟩ (jmdm.) den ~ zudrehen *(jmdm.) keine finanzielle Unterstützung mehr gewähren*

Geld|in|s|ti|tut ⟨das; -(e)s, -e⟩ *Bank, Sparkasse*

Geld|mit|tel ⟨Pl.⟩ *Geld, Kapital*

Geld|not ⟨die; -, -nö|te⟩ *Geldknappheit, Mangel an Geld* ▸ in ~ geraten, sein

Geld|schein ⟨der; -(e)s, -e⟩ *einzelnes Stück Papiergeld, Banknote*

Geld|schrank ⟨der; -(e)s, -schrän|ke⟩ = *Tresor (1)*

Geld|se|gen ⟨der; -s; unz.; umg.⟩ *hilfreiche, als ein Segen empfundene größere Geldzuwendung* ▸ einen unerwarteten ~ erhalten

Geld|stück ⟨das; -(e)s, -e⟩ *Münze*

Geld|wech|sel ⟨[-ks-] der; -s, -⟩ *Umtausch in andere (ausländ.) Zahlungsmittel*

Geld|wert ⟨der; -(e)s, -e⟩ **1** *in Geld umgerechneter Wert (eines Gegenstandes)* **2** *Kaufkraft des Geldes* ▸ eine Gedenkmünze hat keinen ~; der ~ steigt, sinkt; Papieren ~ verleihen

Ge|lee ⟨[ʒə-] der od. das; -s, -s⟩ **1** *mit Zucker eingekochter Fruchtsaft;* Zus *Apfelgelee, Himbeergelee* **2** *eingedickte Fleischbrühe* ▸ Schweinefleisch in ~

Ge|le|ge ⟨das; -s, -⟩ *von einem Vogel abgelegte Eier*

ge|le|gen **I** ⟨Part. Perf. von⟩ *liegen* **II** ⟨Adj.⟩ **1** *(an einer Stelle, einem Ort) liegend, befindlich* **2** *passend, angenehm* ▸ Ihr Angebot kommt mir sehr ~; das Haus ist einsam, schön ~; mir ist nicht, viel daran ~ *ich lege keinen, viel Wert darauf*

Ge|le|gen|heit ⟨die; -, -en⟩ **1** *(günstiger) Zeitpunkt* **2** *Ort, an dem man die Möglichkeit hat, etwas Bestimmtes zu tun;* Zus *Schlafgelegenheit, Waschgelegenheit* **3** *Möglichkeit, etwas zu tun;* Zus *Kaufgelegenheit* **4** *Anlass* ▸ eine ~ abwarten; wenn sich eine ~ bietet, ergibt, werde ich ihn fragen; es hat sich noch keine ~ dazu ergeben; jmdm. ~ geben, etwas zu tun; ich habe noch keine ~ gehabt, ihn zu fragen; sein: das ist, wäre eine ~, es zu tun; eine gute ~ verpassen ▸ eine bessere ~ abwarten; eine feierliche, festliche ~; eine einmalige, günstige, gute, passende, verpasste ~ ▸ ich werde es bei ~ tun; bei dieser ~ kannst du ihn sprechen; bei erster (bester), bei der ersten (besten) ~; bei früheren ~en hat er stets eine Rede gehalten; bei günstiger ~; er versucht bei jeder ~, einen Vorteil für sich herauszuschlagen; bei passender ~ werde ich sie ansprechen; ein Anzug, Kleid für alle ~en

Ge|le|gen|heits|ar|beit ⟨die; -, -en⟩ *nur vorübergehende Arbeit;* Abl *Gelegenheitsarbeiter(in)*

ge|le|gent|lich ⟨Adj.⟩ **1** *bei Gelegenheit, wenn sich eine Gelegenheit bietet* **2** *manchmal, ab u. zu* ▸ ein ~es Wiedersehen; kommen Sie doch ~ wieder einmal vorbei; wir sehen uns (nur) ~; es kommt ~ vor, dass er Fehler macht

ge|leh|rig ⟨Adj.⟩ *leicht lernend, lernwillig* ▸ ein ~er Hund; ein ~er Schüler; er ist sehr ~; Abl *Gelehrigkeit*

ge|lehrt **I** ⟨Part. Perf. von⟩ *lehren* **II** ⟨Adj.; -er, am -es|ten⟩ *gründlich wissenschaftlich gebildet* ▸ eine ~e Abhandlung verfassen; Abl *Gelehrtheit*

Ge|lehr|te(r) ⟨die; -n, -n (der; -n, -n)⟩ *Wissenschaftler(in), Forscher(in)*

Ge|leit ⟨das; -(e)s; unz.⟩ **1** *Gesamtheit der begleitenden Personen u. Fahrzeuge* **2** *das Begleiten, Eskortieren, zum Schutz od. als Ehrung;* Zus *Geleitschutz* **3** ⟨übertr.⟩ *Einführung;* Zus *Geleitwort* ▸ jmdm. (z. B. einem freigelassenen Gefangenen) freies ~ geben *freien Abzug mit Begleitung;* letztes ~ *Beerdigung;* zum ~ *(als Titel eines Vorworts)*

ge|lei|ten ⟨V. trans.; ge|lei|tet, ge|lei|te|te, hat ge|lei|tet⟩ jmdn. ~ *jmdn. (schützend) begleiten, jmdm. Geleitschutz gewähren* ▸ jmdn. sicher über die Straße ~

Ge|lenk ⟨das; -(e)s, -e⟩ **1** ⟨Anat.⟩ *bewegliche Verbindung zw. Knochen;* Zus *Gelenkentzündung; Kniegelenk* **2** ⟨Tech.⟩ *Bauteil zur Verbindung zweier gegeneinander beweglicher Teile einer Maschine* ▸ aus dem ~ springen

ge|len|kig ⟨Adj.⟩ **1** *biegsam, leicht beweglich* **2** *behände, gewandt* ▸ einen ~en Körper haben; er, sie ist sehr ~; der Fuß soll durch Gymnastik wieder ~ werden; Abl *Gelenkigkeit*

Ge|lieb|te ⟨die; -n, -n⟩ *geliebte Frau, geliebtes Mädchen* ▸ eine ~ haben *ein Liebesverhältnis mit einer Frau haben;* jmds. ~ werden *ein Liebesverhältnis mit einem Mann eingehen*

Ge|lieb|te(r) ⟨der; -n, -n⟩ **1** *geliebter Mann* **2** *Liebhaber* ▸ mein ~!; einen Geliebten haben

ge|lie|hen → *leihen*

ge|lie|ren ⟨[ʒə-] V. intr.; ge|liert, ge|lier|te, ist ge|liert⟩ *zu Gelee erstarren, halbfest werden* (Fruchtsaft, Fleischbrühe)

ge|lin|de ⟨Adj.⟩ *sanft, leicht, mild, weich* ▸ ~ gesagt *vorsichtig ausgedrückt, um härtere Ausdrücke zu vermeiden*

ge|lin|gen ⟨V. intr.; ge|lingt, ge|lang, ist ge|lungen⟩ jmdm. ~ *geraten, glücken, zustande kom-*

men ▸ es ist mir gelungen, ihn davon zu überzeugen; es will mir nicht ~; das Bild ist mir gut, nicht, schlecht gelungen; ihm gelingt alles, was er anfängt; auf gutes Gelingen (eines Planes) anstoßen; das ist eine gelungene Arbeit; die Überraschung war ihm gelungen

ge|lit|ten → *leiden*

gel|len ⟨V. intr.; gellt, gell|te, hat ge|gellt⟩ *durchdringend tönen* ▸ ein Schrei gellte durch die Stille; ein ~der Hilferuf, Schrei; ~d schreien

ge|lo|ben ⟨V. trans.; ge|lobt, ge|lob|te, hat ge|lobt⟩ (jmdm.) etwas ~ *feierlich versprechen, ein Gelübde ablegen, etwas zu tun* ▸ jmdm. ewige Treue ~; ich habe gelobt, es nie zu verraten; das Gelobte Land ⟨bibl.⟩ *Palästina*

Ge|löb|nis ⟨das; -nis|ses, -nis|se⟩ *feierliches Versprechen, Gelübde*

ge|lo|gen → *lügen*

ge|löst **I** ⟨Part. Perf. von⟩ *lösen* **II** ⟨Adj.⟩ *locker, entspannt, ungezwungen* ▸ ~e Haltung, Bewegungen; sie war heute Abend sehr ~

gel|ten ⟨V. intr.; gilt, galt, hat ge|gol|ten⟩ **1** (für jmdn.) ~ *in Geltung, in Kraft sein* (Gesetz) **2** (für etwas) ~ *gültig sein* (Fahrkarte) **3** *erlaubt sein, den Spielregeln entsprechen* **4** jmdm. ~ *an jmdn. gerichtet sein* (Bemerkung, Vorwurf) **5** als od. für etwas ~ *als etwas angesehen werden, für etwas gehalten werden* ▸ es gilt! *abgemacht!;* das gilt (nicht)! (beim Spiel); hier gilt es, Mut zu zeigen *hier kommt es darauf an, dass man Mut hat;* das gilt dir! *damit bist du gemeint!* ▸ da gilt keine Ausrede, Entschuldigung *da wird keine A., E. anerkannt;* der Ausweis gilt nicht mehr *ist ungültig;* es gilt das Leben! *es geht um das Leben* ▸ das lasse ich ~! *dem stimme ich zu;* ich will es (ausnahmsweise) ~ lassen *annehmen, hinnehmen;* die Meinung des andern ~ lassen *anerkennen* ▸ seine Meinung gilt mir viel *ist mir viel wert* ▸ als dumm, klug ~; es gilt als sicher, dass …; bei jmdm. etwas ~ *auf jmdn. Einfluss haben, bei jmdm. in Ansehen stehen;* diese Bestimmung gilt für alle; diese Regel gilt auch für ähnliche Fälle *soll auch in ähnl. F. angewendet werden;* das Gleiche gilt von ihm *das Gleiche ist über ihn zu sagen* ▸ die ~de Meinung *die herrschende Meinung;* nach ~dem Recht; Ansprüche ~d machen *vorbringen, durchsetzen wollen*

Gel|tung ⟨die; -; unz.⟩ **1** *Gültigkeit;* Zus *Geltungsbereich* **2** *Einfluss, Ansehen;* Zus *Weltgeltung* ▸ ~ haben *gelten;* einer Sache od. sich ~ verschaffen; das Bild kommt hier besser zur ~ *das B. hat hier eine bessere Wirkung*

Gel|tungs|be|dürf|nis ⟨das; -nis|ses; unz.⟩ *Bedürfnis, geachtet u. geschätzt zu werden;* Abl *geltungsbedürftig*

Ge|lüb|de ⟨das; -s, -⟩ *feierliches Versprechen (an Gott)* ▸ ein ~ ablegen, erfüllen

ge|lun|gen → *gelingen*

ge|lüs|ten ⟨V. trans.; ge|lüs|tet, ge|lüs|te|te, hat ge|lüs|tet; unpersönl.; geh.⟩ es gelüstet jmdn. nach etwas *jmd. hat ein Verlangen nach etwas* ▸ es gelüstet mich nach Pralinen

Ge|mach ⟨das; -(e)s, -mä|cher; poet.⟩ *Zimmer, Raum* ▸ sich in seine Gemächer zurückziehen ⟨umg.; scherzh.⟩ *sich zurückziehen, zu Bett gehen;* Zus *Schlafgemach, Wohngemach*

ge|mäch|lich ⟨Adj.⟩ *langsam, ruhig* ▸ ein ~es Leben führen; ~ daherkommen; ~ seines Weges gehen; Abl *Gemächlichkeit*

Ge|mahl ⟨der; -(e)s, -e⟩ *Ehemann* ▸ grüßen Sie bitte Ihren Herrn ~ ⟨förml.⟩; Abl *Gemahlin*

ge|mah|nen ⟨V. trans.; ge|mahnt, ge|mahn|te, hat ge|mahnt; geh.⟩ jmdn. an etwas ~ *erinnern* ▸ das gemahnt mich an mein Versprechen

Ge|mäl|de ⟨das; -s, -⟩ *gemaltes Bild;* Zus *Gemäldegalerie* ▸ ein ~ restaurieren; ein ~ in Auftrag geben

ge|mäß[1] ⟨Präp. m. Dat.⟩ *entsprechend, in Übereinstimmung mit* ▸ Ihren Anordnungen, Ihrem Befehl, Wunsch ~; seinem Stande ~

ge|mäß[2] ⟨Adj.⟩ *angemessen, passend, würdig* ▸ dem festlichen Anlass ~e Kleidung

-gemäß/-mäßig

Die Wortbestandteile *-gemäß* und *-mäßig* sind im heutigen Deutsch zwei für die Bildung von Adjektiven recht häufige Suffixe, deren Unterscheidung Schwierigkeiten bereitet. Das Suffix *-gemäß* bedeutet so viel wie „(einer bestimmten Sache) entsprechend, sie betreffend": *Er handelte befehlsgemäß* (= seinem Befehl entsprechend). *Gewohnheitsgemäß verließ er um 17 Uhr das Büro.* (= seiner Gewohnheit entsprechend). Im Sinne von „in der Art einer Sache, hinsichtlich" wird dagegen *-mäßig* verwendet: *Er wies uns in befehlsmäßigem Ton zurecht* (= in der Art eines Befehls). *Er ist ein gewohnheitsmäßiger Trinker* (= das Trinken ist seine Gewohnheit).

…ge|mäß ⟨in Zus.; zur Bildung von Adj.⟩ *(einer bestimmten Sache) entsprechend,* z. B. gewohnheitsgemäß, ordnungsgemäß, standesgemäß; →a. *…mäßig*

ge|mä|ßigt **I** ⟨Part. Perf. von⟩ *mäßigen* **II** ⟨Adj.⟩ *maßvoll, ausgeglichen* ▸ ein ~es Klima

Ge|mäu|er ⟨das; -s, -⟩ *Mauerwerk, Ruine* ▸ altes ~

Ge|me|cker ⟨das; -s; unz.; umg.⟩ **1** *anhaltendes Meckern* **2** ⟨übertr.⟩ *anhaltende Kritik, Nörgelei*

ge|mein ⟨Adj.⟩ **1** *niedrig(gesinnt), hinterhältig, niederträchtig, verabscheuenswert, roh, böse* (Mensch, Tat) **2** *verletzend, vulgär, ordinär* (Ausdruck, Bemerkung, Schimpfwort) **3** *gemeinsam* ▸ ein ~er Kerl, Verbrecher; das ~e Volk ⟨veraltet⟩ *das einfache V., die breite Masse;* du bist ~! ⟨umg.⟩ *das ist wenig nett von dir;* der Humor ist beiden ~ *den H. besitzen sie beide;* Eigenschaften, Interessen mit jmdm. ~ haben; wir haben nichts miteinander ~ *uns verbindet nichts*

Ge|mein|de ⟨die; -, -n⟩ **1** *Kommune, dem Staat untergeordneter, kleinster Verwaltungsbezirk;* Zus *Gemeindeverwaltung; Landgemeinde, Stadtgemeinde* **2** *Einwohnerschaft;* Zus *Dorfgemeinde* **3** *Angehörige eines Bezirks;* Zus *Pfarrgemeinde*

G H I J K L M N O P Q R S T U V W X Y Z

4 *Gesamtheit der in der Kirche versammelten Gläubigen* **5** *Gemeinschaft, Gruppe von Menschen, die sich unter einer Idee od. mit bestimmten Interessen zusammengefunden haben;* Zus *Fangemeinde, Theatergemeinde* ▸ eine kleine, große ~; der Künstler hat eine ~ um sich gesammelt; die andächtig lauschende ~ der Musikfans; Mitteilungen für die ~ verlesen; eine ~ von 300 Einwohnern; diese Häuser gehören noch, nicht mehr zu unserer ~; Zus *Gemeindemitglied*

Ge|mein|de|prä|si|dent ⟨der; -en, -en; schweiz.⟩ *Bürgermeister;* Abl *Gemeindepräsidentin*

Ge|mein|de|rat ⟨der; -(e)s, -rä|te⟩ **1** *von der Gemeinde gewählte Gruppe von Gemeindemitgliedern für die Regelung aller Angelegenheiten u. die Verwaltung der Gemeinde* **2** *deren Mitglied;* Abl *Gemeinderätin*

G

Ge|mein|ei|gen|tum ⟨das; -(e)s; unz.⟩ *Eigentum einer Gemeinde od. Gemeinschaft zur allgemeinen Bearbeitung u. Nutzung*

ge|mein|ge|fähr|lich ⟨Adj.⟩ *gefährlich für die Allgemeinheit* ▸ ein ~er Verbrecher

Ge|mein|gut ⟨das; -(e)s, -gü|ter⟩ **1** *Gut, das vielen gemeinsam gehört* **2** ⟨übertr.⟩ *allgemeiner geistiger Besitz* ▸ eine Dichtung ist das ~ eines Volkes

Ge|mein|heit ⟨die; -, -en⟩ **I** ⟨unz.⟩ *gemeines Wesen od. Verhalten, gemeine Beschaffenheit, Niedertracht, Hinterhältigkeit* ▸ die ~ eines Menschen, einer Handlung; seine Ausdrücke sind an ~ nicht zu überbieten; so eine (bodenlose) ~! ⟨umg.⟩ **II** ⟨zählb.⟩ *gemeine Tat, gemeine Bemerkung* ▸ jmdm. ~en sagen

ge|mein|nüt|zig ⟨Adj.⟩ *zum Wohl der Allgemeinheit, dem Nutzen der Allgemeinheit dienend, sozial* ▸ ~e Einrichtung, Stiftung; für ~e Zwecke; Abl *Gemeinnützigkeit*

Ge|mein|platz ⟨der; -es, -plät|ze⟩ *allgemein bekannte u. daher nichtssagende Redensart,* z. B. „das Leben ist ein Kampf" ▸ jmdn. mit Gemeinplätzen abspeisen (anstatt ihm zu helfen)

ge|mein|sam ⟨Adj.⟩ **I** ⟨attr.⟩ *gemeinschaftlich, mehreren gehörend, mehreren zu eigen* ▸ ~er Besitz; unser ~er Freund; ~e Interessen haben; ~e Sache mit jmdm. machen *sich mit jmdm. verbünden (meist in negativem Sinne);* eine Sache auf einen ~en Nenner bringen *so zusammenfassen, dass alle zu ihrem Recht kommen;* etwas (mit jmdm.) ~ haben *jmdm. in etwas ähneln, die gleichen Eigenschaften, Ansichten besitzen* **II** ⟨adv.⟩ *zusammen, miteinander, zur gleichen Zeit* ▸ ein Haus ~ bewohnen; ~ gehen, handeln, kommen, vorgehen; ~ lesen, singen, sprechen

Ge|mein|sam|keit ⟨die; -, -en⟩ **I** ⟨unz.⟩ *Zusammengehörigkeit, Verbundenheit* **II** ⟨zählb.⟩ *gemeinsames Merkmal, gemeinsames Interesse, Erleben* ▸ sie haben viele ~en

Ge|mein|schaft ⟨die; -, -en⟩ **1** *durch etwas Gemeinsames (Denken, Ziele, Beruf usw.) verbundene Menschengruppe;* Zus *Gemeinschaftsarbeit; Arbeitsgemeinschaft, Christengemeinschaft, Familiengemeinschaft, Klassengemeinschaft* **2** *Verbindung, Zusammensein* **3** *Beziehung* ▸ ~ der Gläubigen *alle durch den christl. Glauben miteinander Verbundenen* ▸ eine ~ bilden ▸ eheliche ~ *Ehe;* enge, feste, innige ~; ~Unabhängiger Staaten ⟨Abk.: GUS⟩ ▸ in ~ mit jmdm. eine Arbeit ausführen; in einer ~ leben

ge|mein|schaft|lich **I** ⟨Adj.⟩ *zu einer Gemeinschaft gehörig* ▸ ~er Besitz **II** ⟨adv.⟩ *zusammen, miteinander, in Gemeinschaft, gemeinsam* ▸ einen Besitz ~ verwalten; etwas ~ mit jmdm. tun

Ge|mein|schafts|ge|fühl ⟨das; -(e)s, -e⟩ *Solidaritätsgefühl, Gefühl der Verbundenheit mit den Mitmenschen;* Syn *Solidaritätsgefühl*

Ge|mein|schafts|kun|de ⟨die; -; unz.⟩ = *Sozialkunde*

ge|mein|ver|ständ|lich ⟨Adj.⟩ *für jeden leicht verständlich* ▸ einen Text in ~e Worte fassen

Ge|mein|wohl ⟨das; -(e)s; unz.⟩ *Nutzen für die Allgemeinheit, der Allgemeinheit* ▸ sich um das ~ bemühen; für das ~ sorgen; dem ~ dienen

Ge|men|ge ⟨das; -s, -⟩ **1** *lockere Mischung* **2** *Gewühl, Kampfgewühl;* Zus *Handgemenge* ▸ ins ~ kommen; ein ~ aus Sand und Steinen

ge|mes|sen **I** ⟨Part. Perf. von⟩ *messen* **II** ⟨Adj.⟩ *zurückhaltend, würdig, gelassen* ▸ ~en Schrittes daherkommen; in ~er Haltung auftreten; in ~en Worten sprechen; Abl *Gemessenheit*

Ge|met|zel ⟨das; -s, -⟩ *grausame Massentötung, mörder. Kampf, Blutbad* ▸ ein ~ anrichten

ge|mie|den → *meiden*

Ge|misch ⟨das; -(e)s, -e⟩ *Mischung, Gemenge von zwei od. mehr Bestandteilen*

ge|mischt **I** ⟨Part. Perf. von⟩ *mischen* **II** ⟨Adj.⟩ **1** *aus verschiedenen Bestandteilen zusammengesetzt* **2** *aus Frauen u. Männern bestehend* ▸ ~er Chor ⟨übertr.⟩ *Chor aus Männer- u. Frauenstimmen;* eine bunt ~e Gesellschaft *G. aus sehr verschiedenartigen Personen (z. B. aus verschiedenen gesellschaftlichen Schichten);* ~e Mannschaft ⟨Sp.⟩; ~es Doppel ⟨Sp.⟩; einer Sache mit ~en Gefühlen entgegensehen ⟨umg.⟩ *unbehaglich*

ge|mocht → *mögen*

ge|mol|ken → *melken*

Ge|mur|mel ⟨das; -s; unz.; umg.⟩ *anhaltendes Murmeln, halblautes Reden*

Ge|mü|se ⟨das; -s, -⟩ **1** *verschiedene essbare Pflanzen;* Zus *Gemüseanbau, Gemüsegarten, Gemüsesuppe* **2** *Gericht daraus* ▸ ~ (an)bauen; ~ dünsten, kochen, putzen, raspeln, schneiden, waschen; frisches, tiefgefrorenes, junges, rohes ~; die Kinder mögen kein ~; ich esse sehr gern ~; kannst du noch frisches ~ kaufen?; ⓘ S. 1002

ge|musst → *müssen*

Ge|müt[1] ⟨das; -(e)s; unz.⟩ *Empfindungsvermögens, fühlendes Herz* ▸ ein fröhliches, heiteres, kindliches ~ haben; das schlechte Wetter schlägt sich mir aufs ~ *macht mich traurig;* sich ein Stück Kuchen zu ~e führen ⟨übertr.; umg.; scherzh.⟩ *(genussvoll) essen;* Zus *Gemütsregung, Gemütsverfassung, Gemütszustand; gemütskrank*

Ge|müt[2] ⟨das; -(e)s, -er⟩ *Mensch im Hinblick auf sein Seelen- u. Gefühlsleben* ▸ der Vorfall erregte die ~er; die erregten ~er beruhigen

ge|müt|lich <Adj.> **1** *behaglich, anheimelnd* (Raum, Sessel) **2** *zwanglos-heiter, familiär* (Abend, Zusammensein) **3** *ungezwungen, freundschaftlich-herzlich u. nicht steif* (Person) **4** *gemächlich, langsam* ▸ einen ~en Abend verbringen; ein ~er alter Herr; er lachte ~; mach es dir ~! *leg ab u. setz dich bequem;* „Schon gut", sagte er ~; hier ist es ~; einen Nachmittag ~ mit Lesen verbringen; der Abend war richtig ~!; Abl *Gemütlichkeit*

Ge|müts|mensch <der; -en, -en; umg.> *jmd., der sich durch nichts aus der Ruhe bringen lässt* ▸ du bist wirklich ein ~

Ge|müts|ru|he <die; -; unz.> *unerschütterliche Ruhe, Phlegma* ▸ sich in aller ~ anziehen

gen <Präp. m. Akk.; veraltet; noch poet.; Kurzform von> *gegen* ▸ ~ Süden

Gen <das; -s, -e> *kleinste Erbanlage, der eigtl. Träger der Vererbung, unter dessen Einfluss sich die Merkmale entwickeln, die die körperliche u. geistige Ausprägung der Organismen formen u. sich auf den Chromosomen befinden;* Zus *Genforschung, Genmanipulation, Genmutation*

ge|nannt → *nennen*

ge|nas → *genesen*

ge|nau <Adj.; -er, am -(e)s|ten> **1** *einem Vorbild od. Muster entsprechend, übereinstimmend, getreu* **2** *präzise abgemessen* **3** *pünktlich* **4** *ausführlich in allen Einzelheiten, gewissenhaft, sorgfältig* **5** *streng* **6** *völlig, vollkommen, zweifelsfrei* **7** <umg.; als Antwort> ~! *ja, jawohl, gewiss* ▸ ~e **Angaben** machen; die ~e **Bedeutung** des Wortes erklären; ~ das **Gegenteil** meinen; es sind ~ zwei **Meter;** ~ (um) ein **Uhr;** wie ist die ~e **Zeit?** ▸ etwas ~ **abwiegen;** ein Kennzeichen, einen Zeitpunkt o. Ä. ~ **angeben;** im Unterricht ~ **aufpassen;** etwas ~ **bestimmen;** etwas od. jmdn. ~ **erkennen,** kennen; einen Vorfall ~ **erzählen;** meine Uhr **geht** (auf die Minute) ~; etwas (nicht) sehr ~ **nehmen** *(nicht) sehr korrekt u. gründlich sein;* er hat seine Arbeit immer sehr ~ genommen; man darf nicht alles so ~ nehmen *man darf Gründlichkeit nicht übertreiben;* der Schlüssel **passt** ~; etwas ~ **prüfen; sein:** er ist sehr ~, was seine Arbeit betrifft; ~ **übereinstimmen;** etwas ~ **wissen** ▸ ~ **entgegengesetzt;** <nur adv.> ~ **genommen** verhält es sich anders *wenn man es genau nimmt;* <aber; nur attr.> ~ genommen = *genaugenommen;* beide Stücke sind ~ **gleich;** er arbeitet **peinlich** ~ ▸ sich ~ **an** die Bestimmungen halten; der Zug kam ~ **auf** die Minute *ganz pünktlich;* etwas auf das / aufs ~ste/Genaueste überprüfen *sehr genau;* ~ **im** Augenblick, als wir gehen wollten ...; ~ **nach** Maß; ich weiß über den Unfall **nichts** Genaues; ~ **zur** festgesetzten Zeit erscheinen

ge|nau|ge|nom|men *auch:* **ge|nau ge|nom|men** <Adj.; nur attr.> *exakt befolgt, genau betrachtet, strenggenommen* ▸ eine ~e Anweisung; →a. *genau*

Ge|nau|ig|keit <die; -; unz.> *Gewissenhaftigkeit, Sorgfalt, Korrektheit, Exaktheit*

ge|nau|so <Adv.> *ebenso, geradeso* ▸ er macht es (ganz) ~; das eine Hemd passt ~ gut wie das andere; das rote Band ist ~ lang wie das blaue; dieses Bild ist ~ schön wie das andere; er hat ~ viel wie du bekommen

Gen|darm <[ʒã-] od. [ʒan-] der; -en, -en; österr.> *Polizist auf dem Land;* Abl *Gendarmerie*

ge|nehm <Adj.> *angenehm, willkommen* ▸ jmdm. ~ sein *zusagen, passen;* das ist mir sehr, nicht ~; wenn es Ihnen (so) ~ ist

ge|neh|mi|gen <V. trans.; ge|neh|migt, ge|neh|migte, hat ge|neh|migt> (jmdm.) etwas ~ *erlauben, bewilligen, in etwas einwilligen* ▸ sich einen ~ <übertr.; umg.; scherzh.> *einen Schnaps trinken;* sich etwas ~ *sich etwas erlauben, gestatten;* eine Bitte, ein Gesuch (nicht) ~; der Vorschlag muss erst vom Gemeinderat genehmigt werden

Ge|neh|mi|gung <die; -, -en> *Einwilligung, Erlaubnis, Zustimmung* ▸ jmdm. eine ~ erteilen; er hat die ~ für die Ausreise bekommen; die ~ für den Aufenthalt wurde verweigert; eine behördliche, polizeiliche ~ einholen

ge|neigt **I** <Part. Perf. von> *neigen* **II** <Adj.; -er, am -es|ten; übertr.; geh.> *günstig gesinnt, wohlwollend, freundlich* ▸ jmdm. ~ sein *jmdm. zugetan sein, jmdm. in Sympathie verbunden sein*

Ge|ne|ra <Pl. von> *Genus*

Ge|ne|ral <der; -s, -e od. -rä|le; Mil.> **1** *höchster Offiziersrang* **2** *Offizier in diesem Rang*

general/generell

Das Adjektiv *generell* bedeutet „allgemein", als Adverb hat es die Bedeutung „grundsätzlich": *Die Angelegenheit ist von generellem* (= allgemeinem) *Interesse. Wir führen generell* (= grundsätzlich) *keine abgelaufene Ware.*
Im Gegensatz dazu meint die Form *general..., General...,* die zur Bildung von Komposita verwendet wird, „haupt..., Haupt..., alles umfassend" (z. B. Generalamnestie, Generalvollmacht): *Er lässt sein Auto generalüberholen. Die Regierung hat eine Generalamnestie erlassen. Die Angestellten sind in einen Generalstreik getreten.*

Ge|ne|ral... <in Zus.> **1** *Allgemein...,* z. B. Generalversammlung, Generalvollmacht, Generalstreik **2** *Haupt...,* z. B. Generaldirektor(in)

Ge|ne|ral|bun|des|an|walt <der; -(e)s, -wäl|te> *oberster Staatsanwalt beim Bundesgerichtshof;* Abl *Generalbundesanwältin*

ge|ne|ra|li|sie|ren <V. trans.; ge|ne|ra|li|siert, ge|ne|ra|li|sier|te, hat ge|ne|ra|li|siert> etwas ~ *verallgemeinern;* Abl *Generalisierung*

Ge|ne|ral|pro|be <die; -, -n> *letzte Probe vor der Aufführung* ▸ öffentliche ~ im Theater

Ge|ne|ral|se|kre|tär <der; -s, -e> *Geschäftsführer einer großen Partei, Organisation o. Ä.* ▸ der ~ der Regierungspartei; Abl *Generalsekretärin*

Ge|ne|ral|stab <der; -(e)s, -stä|be; Mil.> *Gruppe von hohen Offizieren zur Unterstützung der Heeresleitung*

ge|ne|ral|über|ho|len ⟨V. trans.; hat ge|ne|ral|über-holt; nur im Inf. u. Part. Perf.⟩ etwas ~ *gründlich überholen* ▸ ein Auto ~ lassen; der Wagen ist generalüberholt

Ge|ne|ra|ti|on ⟨die; -, -en⟩ **1** *Zeitraum, der ungefähr die Lebenszeit eines Menschen umfasst, Menschenalter* **2** *einzelne Stufe der Geschlechterfolge* **3** *Gesamtheit der zu einer Altersstufe gehörenden Personen;* Zus *Generationenkonflikt* **4** ⟨Tech.⟩ *Zeitabschnitt in der Entwicklung techn. Geräte* ▸ die ~ unserer Eltern; meine, deine ~; die ältere ~ *die Eltern;* die junge ~ *die Kinder od. Enkel;* eine Entwicklung durch ~en hindurch; erste ~ von Computern

G

Ge|ne|ra|ti|o|nen|ver|trag ⟨der; -(e)s, -trä|ge; Pol.⟩ *System der Altersversorgung, das die Verantwortung der jüngeren, arbeitsfähigen Generation für die Sicherung der Renten der älteren Generation beinhaltet*

Ge|ne|ra|tor ⟨der; -s, -en; Pl.: -to|ren⟩ *rotierende Maschine, die mechanische in elektrische Energie umformt;* Syn *Dynamo*

ge|ne|rell ⟨Adj.⟩ *allgemein(gültig), im Allgemeinen* ▸ keine ~e Erlaubnis erteilen

ge|ne|rie|ren ⟨V. trans.; ge|ne|riert, ge|ne|rier|te, hat ge|ne|riert⟩ etwas ~ *erzeugen, hervorbringen, bilden* ▸ eine neue Software ~; Sätze ~

ge|ne|rös ⟨Adj.; -er, am -es|ten⟩ *freigebig, großzügig, edelmütig;* Abl *Generosität*

Ge|ne|se ⟨die; -; unz.⟩ *Entstehung, Entwicklung, Werden, Bildung (des Lebens)*

ge|ne|sen ⟨V. intr.; ge|nest, ge|nas, ist ge|ne|sen⟩ *gesunden* ▸ von einer Krankheit noch nicht ganz, völlig, wieder ~ sein; Abl *Genesung*

Ge|ne|sis ⟨die; -; unz.⟩ *Schöpfungsgeschichte, Titel des 1. Buches Mose*

Ge|ne|tik ⟨die; -; unz.⟩ *Lehre von der Vererbung;* Syn *Vererbungslehre*

ge|ne|tisch ⟨Adj.⟩ *die Genetik betreffend, auf ihr beruhend, erblich bedingt* ▸ ~er Fingerabdruck = *DNA-Fingerabdruck;* ~e Information *I. über genetische Codes;* ~er Code *in Form besonderer Strukturen der Eiweißmoleküle festgelegter Bau der Gene*

ge|ni|al ⟨Adj.⟩ **1** *im höchsten Maße begabt u. dabei schöpferisch* **2** *großartig, überragend* ▸ eine ~e Idee; das ist einfach ~!; Abl *Genialität*

Ge|nick ⟨das; -(e)s, -e⟩ *die hintere Halsgegend* ▸ sich das ~ brechen ⟨übertr.; umg.⟩ *(durch eigene Schuld) scheitern;* sein Leichtsinn wird ihm noch das ~ brechen; Zus *Genickstarre*

Ge|nie ⟨[ʒə-] das; -s, -s⟩ **I** ⟨unz.⟩ *höchste schöpferische Begabung* **II** ⟨zählb.⟩ *Mensch von höchster schöpferischer Begabung* ▸ er ist ein musikalisches ~; ein verkanntes ~ *nicht zur Geltung kommender begabter Mensch;* ⟨umg.; iron.⟩ *jmd., der sich für ein Genie hält*

ge|nie|ren ⟨[ʒə-] V. refl.; ge|niert sich, ge|nier|te sich, hat sich ge|niert⟩ sich ~ *sich schämen, sich vor den anderen Leuten unsicher fühlen, schüchtern, gehemmt sein* ▸ ~ dich nicht! *keine Hemmungen!*

ge|nieß|bar ⟨Adj.⟩ Ggs *ungenießbar* **1** *so beschaffen, dass man es genießen kann, essbar u. trinkbar* **2** ⟨übertr.; umg.; scherzh.⟩ *verträglich, gut gelaunt* ▸ das Essen ist kaum ~ *schmeckt sehr schlecht;* er ist heute nicht ~ ⟨übertr.; umg.; scherzh.⟩ *er hat sehr schlechte Laune;* Abl *Genießbarkeit*

ge|nie|ßen ⟨V. trans.; ge|nießt, ge|noss, hat ge|nossen⟩ **1** etwas ~ *mit Wohlbehagen zu sich nehmen, essen, trinken* **2** etwas ~ *auskosten, Freude daran haben* **3** Ausbildung, Erziehung, Zuwendung ~ *erhalten* ▸ ich habe meinen Urlaub sehr genossen; sie genoss eine hervorragende Erziehung; das Essen ist nicht zu ~ *ist sehr schlecht;* du bist ja heute nicht zu ~! ⟨übertr.; umg.; scherzh.⟩ *du bist sehr schlechter Laune*

Ge|nie|ßer ⟨der; -s, -⟩ *jmd., der Schönes u. Gutes bewusst genießen kann;* Abl *Genießerin*

ge|nie|ße|risch ⟨Adj.⟩ *nach Art eines Genießers, mit Genuss* ▸ Wein ~ schlürfen; ~ schmatzen

Ge|nie|streich ⟨[ʒə-] der; -(e)s, -e⟩ **1** *außerordentlich gelungenes Werk* **2** *brillante Idee*

Ge|ni|tal ⟨das; -s, -li|en; Anat.⟩ *Geschlechtsteil, Geschlechtsorgan;* Zus *Genitalbereich*

Ge|ni|tiv ⟨der; -s, -e; Gramm.⟩ *2. Fall der Deklination;* Syn *Wesfall;* Zus *Genitivattribut, Genitivobjekt*

Ge|ni|us ⟨der; -; unz.⟩ *schöpferischer Geist, schöpferische Kraft*

gen|ma|ni|pu|liert ⟨Adj.⟩ *durch die Umwandlung von Genen mit physikalischen od. chemischen Methoden verändert* ▸ ~e Lebensmittel

ge|nom|men → *nehmen*

ge|noppt ⟨Adj.⟩ *mit Noppen versehen*

ge|noss → *genießen*

Ge|nos|se ⟨der; -n, -n⟩ **1** *Parteifreund, besonders Mitglied einer sozialistischen Partei;* Zus *Parteigenosse* **2** ⟨veraltet⟩ *Gefährte, Kamerad;* Zus *Jugendgenosse, Kampfgenosse;* Abl *Genossin*

ge|nos|sen → *genießen*

Ge|nos|sen|schaft ⟨die; -, -en⟩ *Zusammenschluss mehrerer Personen zur Förderung gleicher wirtschaftlicher Interessen mittels gemeinschaftlichen Geschäftsbetriebes;* Abl *Genossenschaft(l)er(in); genossenschaftlich;* Zus *Landwirtschaftsgenossenschaft, Berufsgenossenschaft, Handwerkergenossenschaft*

Gen|re ⟨[ʒãːrə] das; -s, -s⟩ *Gattung, Art;* Zus *Filmgenre, Literaturgenre*

Gen|tech|nik ⟨die; -, -en⟩ = *Gentechnologie*

gen|tech|nisch ⟨Adj.⟩ *die Gentechnologie betreffend, auf ihr beruhend* ▸ ~ veränderter Mais

Gen|tech|no|lo|gie ⟨die; -; unz.⟩ *Technologie zur Manipulation u. Übertragung von Genen;* Abl *gentechnologisch*

Gen|test ⟨der; -(e)s, -e od. -s⟩ *genetischer Test, genetische Analyse* ▸ einen Beschuldigten mit Hilfe eines ~s überführen

Gen|the|ra|pie ⟨die; -, -n; Med.⟩ *Behandlung von Krankheiten mit Hilfe der Veränderung od. Übertragung von Genen*

Gen|t|le|man ⟨[dʒɛntlmæn] der; -s, -men [-mən]⟩

Mann von vornehmer Gesinnung u. Lebensart ▸ er ist ein richtiger ~

gen|t|le|man|like ⟨[dʒɛntlmænlaɪk] Adj.⟩ *vornehm, sehr anständig*

ge|nug ⟨Adv.⟩ **1** *ausreichend, befriedigend viel* **2** *die Grenze des Erträglichen, Erlaubten erreichend* ▸ ~ Brot, Geld; hast du ~ Platz?; es wurden schon ~ Worte gemacht, jetzt muss gehandelt werden ▸ er kann nie ~ bekommen, kriegen; (nicht) ~ zu essen haben; ~ haben *satt sein;* ⟨übertr.⟩ *es satthaben;* er hat nie ~ *er ist immer unzufrieden;* ~ sein *ausreichen;* danke, es ist ~! *(beim Austeilen, Einschenken);* jetzt ist's aber ~! *jetzt ist aber Schluss!, jetzt reißt mir die Geduld!* ▸ das ist (nicht) groß, schön ~; das Beste ist für ihn gerade gut ~ *er will immer nur das Beste haben;* mach ihm jetzt nicht auch noch Vorwürfe, es ist (schon) schlimm ~, dass er sich verletzt hat ▸ ich habe davon mehr als ~ *schon zu viel;* ich habe ~ davon *es genügt mir, ich bin es überdrüssig;* ich habe ~ von ihren ewigen Klagen

Ge|nü|ge ⟨die; -; unz.⟩ *genügend großes Maß, genügende Menge* ▸ jmds. Forderungen ~ leisten od. tun *jmds. F. erfüllen;* zur ~ *bis zum Überdruss;* mir ist sein Leichtsinn zur ~ bekannt *ich kenne ihn sehr genau*

ge|nü|gen ⟨V. intr.; ge|nügt, ge|nüg|te, hat genügt⟩ **1** einer Person ~ *für eine P. ausreichen, genug sein* **2** einer Sache ~ *ihr gerecht werden, sie in ausreichender Weise erfüllen* ▸ danke, das genügt (mir); mir genügt das kleiner Stück Kuchen; für mich genügt die Hälfte; diese Wohnung genügt seinen Ansprüchen (nicht); er genügt den Anforderungen der Schule (nicht); es genügt, es zu sehen *man braucht nichts weiter davon zu wissen*

ge|nüg|sam ⟨Adj.⟩ *leicht befriedigt, bescheiden, anspruchslos* ▸ ~ im Essen und Trinken sein; sie ist sehr ~; Abl *Genügsamkeit*

Ge|nug|tu|ung ⟨die; -; unz.⟩ **1** *Befriedigung* **2** *Wiedergutmachung, Buße* ▸ ~ fordern, geben, leisten; ich höre mit ~; dass er auch gescheitert ist

ge|nu|in ⟨Adj.⟩ *angeboren, echt, natürlich*

Ge|nus ⟨das; -, Ge|ne|ra; Gramm.⟩ *grammatisches Unterscheidungs- u. Klassifikationsprinzip für Nomina mit den Kategorien Maskulinum (männlich), Femininum (weiblich) u. Neutrum (sächlich);* Syn *grammatisches Geschlecht*

Ge|nuss ⟨der; -es, -nüs|se⟩ **1** *das Genießen, Zusichnehmen (von Speisen)* **2** *Behagen, beglückendes Erleben* **3** *Nutzen, Nutznießung* ▸ die Genüsse des Lebens auskosten; der ~ eines Glases Wein ▸ sein: es war mir ein ~!; es ist ein ~, sie singen und spielen zu hören; sich einen ~ versagen ▸ ästhetischer, geistiger ~; ausgiebiger, erlesener, großer, hoher, seltener ~ ▸ an, nach dem ~ von verdorbenen Pilzen erkranken; beim ~ von Rauschmitteln; in den ~ eines Stipendiums kommen; etwas mit ~ betrachten, hören, lesen, sehen; der ~ von Alkohol, von Tabak

ge|nüss|lich ⟨Adj.⟩ *genießend, genießerisch*

Ge|nuss|mensch ⟨der; -en, -en⟩ *den Genuss liebender Mensch*

Ge|nuss|mit|tel ⟨das; -s, -⟩ *Lebensmittel, das in erster Linie dem Genuss dient* ▸ Nahrungs- und ~

ge|nuss|voll ⟨Adj.⟩ *voller Genuss, genüsslich, genießerisch* ▸ ~ in ein Brötchen beißen; Schokolade ~ auf der Zunge zergehen lassen; eine Situation ~ auskosten

Geo|drei|eck ⟨das; -(e)s, -e⟩ *Lineal in der Form eines rechtwinkligen Dreiecks mit Winkelmaß zur Anfertigung von geometrischen Zeichnungen;* ⓘ S. 575

Geo|graf ⟨der; -en, -en⟩ *Wissenschaftler der Geografie;* oV *Geograph;* Abl *Geografin*

Geo|gra|fie ⟨die; -; unz.⟩ *Lehre von der Erde, bes. der Erdoberfläche, den Ländern, Meeren der Erde;* oV *Geographie;* Syn *Erdkunde*

geo|gra|fisch ⟨Adj.⟩ *zur Geografie gehörend, auf ihr beruhend;* oV *geographisch;* Syn *erdkundlich* ▸ ~e Breite *in Grad gemessener Winkelabstand eines Punktes der Erdoberfläche vom Äquator;* ~e Länge *in Grad gemessener Winkelabstand eines Punktes der Erdoberfläche vom Nullmeridian*

Geo|lo|gie ⟨die; -; unz.⟩ *Lehre vom Aufbau u. von der Entwicklung der Erde;* Syn *Erdgeschichte;* Abl *Geologe, Geologin; geologisch*

Geo|me|t|rie ⟨die; -; unz.; Math.⟩ *Gebiet der Mathematik, behandelt die gestaltlichen Gesetzmäßigkeiten u. Größenbeziehungen an u. zw. Linien, Flächen u. Körpern;* Abl *geometrisch*

Ge|päck ⟨das; -(e)s; unz.⟩ *Reiseausrüstung* ▸ 3 Stück ~; großes, kleines, schweres ~; Zus *Gebäckaufbewahrung, Gepäckkontrolle, Gepäckstück, Gepäckversicherung, Gepäckwagen* ⓘ S. 897; *Fluggepäck, Handgepäck, Reisegepäck*

Genus

Das *Genus* ist eine grammatische Kategorie der **Substantive,** die auch den **Artikel,** das **Pronomen** und das **Adjektiv** betrifft. Man unterscheidet im Deutschen drei Genera: **Femininum, Maskulinum, Neutrum.**

Das *Genus* als grammatisches Geschlecht stimmt mit dem natürlichen Geschlecht von Lebewesen nicht immer überein, z. B. gibt es einige Neutra, die weibliche Lebewesen bezeichnen: *das Weib, das Mädchen.*

Personen- oder Berufsbezeichnungen, die Maskulina sind, werden durch Anfügen der Endung **-in** zu Feminina moviert: *Arzt – Ärztin, Arbeiter – Arbeiterin, Graf – Gräfin, Elektriker – Elektrikerin.*

Bei den **Tiernamen** sind alle Genera vertreten: *der Adler, das Pferd, die Meise.* Bei einigen Tiernamen gibt es eigene Bezeichnungen für Männchen und Weibchen: *der Hund – die Hündin, der Kater – die Katze, der Hengst – die Stute.*

Ge|päck|ab|la|ge ⟨die; -, -n⟩ *Vorrichtung zum Ablegen, Verstauen von Gepäck (in Omnibussen, Eisenbahnen, Flugzeugen u. Ä.)*

Ge|päck|an|nah|me ⟨die; -, -n⟩ *Schalter zur Annahme von Reisegepäck, das aufgegeben wird*

G

Ge|päck|aus|ga|be ⟨die; -, -n⟩ *Schalter zur Ausgabe von aufgegebenem Reisegepäck*

Ge|päck|trä|ger ⟨der; -s, -⟩ *Stütze, Halter am Fahrrad für kleines Gepäck;* ⓘ S. 789

Ge|pard ⟨der; -(e)s, -e; Zool.⟩ *zu den Katzen gehörendes schnellstes (über 100 km/h) Raubtier mit braunrotem, schwarz getüpfeltem Fell*

ge|pfef|fert I ⟨Part. Perf. von⟩ *pfeffern* II ⟨Adj.; übertr.; umg.⟩ **1** *sehr hoch* (Preis, Rechnung) **2** *derb, unanständig* (Anekdote, Witz)

ge|pfif|fen → *pfeifen*

ge|pflegt I ⟨Part. Perf. von⟩ *pflegen* II ⟨Adj.⟩ **1** *schön anzusehen, ordentlich u. sauber* **2** *von hohem Niveau, mit großer Sorgfalt gestaltet* ▸ eine ~e Erscheinung; ein ~er Garten; ~ essen gehen; Abl *Gepflegtheit*

Ge|pflo|gen|heit ⟨die; -, -en⟩ *Gewohnheit, Brauch* ▸ entgegen der sonstigen ~en

Ge|plän|kel ⟨das; -s, -⟩ *leichtes, heiteres Wortgefecht, Neckerei, Plänkelei;* Zus *Wortgeplänkel*

ge|prie|sen → *preisen*

ge|punk|tet I ⟨Part. Perf. von⟩ *punkten* II ⟨Adj.⟩ *mit Punkten versehen* (Kleid, Stoff) ▸ roter, weißer Stoff; eine ~e Linie

Ge|quat|sche ⟨das; -s; unz.; umg.⟩ *anhaltendes Quatschen, dummes Gerede*

ge|quol|len → *quellen*

ge|ra|de[1] ⟨Adj.⟩ **1** *in gleicher Richtung weiterverlaufend, ohne Krümmung, ohne Ecken verlaufend* (Linie, Strecke, Weg) **2** *aufrecht* (Haltung); Ggs *krumm (1)* **3** *unmittelbar, ohne Umweg* **4** *senkrecht, waagerecht, eben* **5** ⟨umg.⟩ *genau* **6** *freimütig, aufrichtig, offen* ▸ ein ~r Charakter; das ~ Gegenteil ⟨umg.⟩ *genau das G.;* ~ Glieder haben ▸ ~ biegen = *geradebiegen (I);* ~ gehen, sitzen; etwas ~ halten *aufrecht bzw. waagerecht halten;* sich ~ halten *aufrecht gehen, sitzen, stehen;* fünf ~ sein lassen ⟨übertr.; umg.⟩ *es nicht so genau nehmen, etwas durchgehen lassen;* ~ sitzen *aufrecht sitzen;* ~ stehen *aufrecht stehen;* ⟨aber⟩ →a. *geradestehen* ▸ ~ gewachsen sein ▸ auf ~r Straße; jmdm. ~ in die Augen sehen; in ~r Linie von jmdm. abstammen; in ~r Richtung

ge|ra|de[2] ⟨Adv.⟩ **1** *zufällig* **2** *soeben, in diesem Augenblick* **3** *genau, richtig (passend)* **4** *eben (als Verstärkung)* **5** *ausgerechnet, niemand bzw. nichts anderes als* ▸ warum ~ ich?; muss es denn ~ dieses Buch sein? ▸ es war ~ 2 Uhr, als wir gingen ▸ er ist ~ angekommen, weggegangen; ich wollte ~ ausgehen; einfallen: da fällt mir ~ ein, dass ich noch telefonieren wollte; das fehlte ~ noch! (zu allem Übel); sein: das ist es ja ~! *darauf kommt es ja an!;* du stehst ~, mach bitte die Tür zu! ▸ das ist mir nicht ~ angenehm *ziemlich unangenehm;* ~ entgegengesetzt; das kommt mir ~ recht *das passt mir sehr gut;* so ist es ~ richtig!; es ist, verhält sich ~ umgekehrt ▸ der Stein traf ihn ~ am Kopf; ich bin ~ beim Lesen, Schreiben; ~ damals hätte ich deine Hilfe gebraucht; ~ darauf hatte ich mich so gefreut!; ~ darum; ~ deshalb; das Geschäft ist ~ gegenüber; ~ heute habe ich leider schon etwas vor; ~ in dem Augenblick, als …; ~ jetzt; darauf habe ich ~ noch gewartet *das fehlte noch zu allem Übel;* nun ~ (nicht)! *nun erst recht (nicht)!;* ~ weil er sie gern hat, müsste er es tun; er kam ~ (noch) zur rechten Zeit

ge|ra|de[3] ⟨Adj.⟩ *durch 2 ohne Rest teilbar* (von Zahlen); Ggs *ungerade* ▸ ~ und ungerade Zahlen; alle ~n Zahlen bis 20 aufschreiben

Ge|ra|de ⟨die; -n, -n⟩ **1** ⟨Geom.⟩ *gerade Linie, die durch unbegrenzte Verlängerung der Verbindungsstrecke zweier Punkte nach beiden Seiten entsteht* **2** ⟨Sp.⟩ *gerade Teilstrecke einer Rennbahn* ▸ in die ~ einbiegen

ge|ra|de|aus ⟨Adv.⟩ *in gerader Linie, gerader Richtung* ▸ ~ gehen, fahren; wie komme ich bitte zum Deutschen Museum? - Immer ~!

ge|ra|de|bie|gen *auch:* **ge|ra|de bie|gen** ⟨V. trans.; biegt ge|ra|de, bog ge|ra|de, hat ge|ra|de|ge|bogen, ge|ra|de|zu|bie|gen⟩ I ⟨Zusammen- u. Getrenntschreibung⟩ einen Draht ~ *durch Biegen Krümmungen entfernen aus* II ⟨nur Zusammenschreibung; übertr.; umg.⟩ eine Sache (wieder) geradebiegen *aufklären, in Ordnung bringen*

ge|ra|de|he|r|aus ⟨Adv.⟩ *freimütig, offen, ohne Umschweife* ▸ ~ gesagt, ich bin dagegen

ge|ra|de|so ⟨Adv.⟩ *ebenso, genauso* ▸ ~ gut *ebenso gut, genauso gut;* ~ viel *ebenso viel, genauso viel*

ge|ra|de|ste|hen ⟨V. intr.; steht ge|ra|de, stand ge|ra|de, hat ge|ra|de|ge|stan|den, ge|ra|de|zu|ste|hen; übertr.⟩ für eine Sache, für jmdn. ~ *für eine Sache, für jmdn. einstehen, die Verantwortung übernehmen;* →a. *gerade*[1]

ge|ra|de|wegs ⟨Adv.⟩ oV *geradenwegs,* ⟨selten⟩ *geradeswegs* **1** *ohne Umwege* **2** *ohne Umschweife* ▸ ~ aufs Ziel losgehen; ich komme ~ von dort

ge|ra|de|zu ⟨Adv.⟩ **1** *ohne Umschweife, offen u. etwas derb* **2** ⟨[-'---]⟩ *durchaus, beinahe* ▸ er ist sehr ~; es ist ~ ein Wunder; ~ erstaunlich

ge|rad|li|nig ⟨Adj.⟩ **1** *in gerader Linie, in gerader Richtung (verlaufend)* **2** ⟨übertr.⟩ *ehrlich, aufrichtig* ▸ ein ~er Mensch; Abl *Geradlinigkeit*

ge|ram|melt ⟨Adv.; nur in umg. der Fügung⟩ ~ voll *gepresst voll, überfüllt* ▸ der Saal war ~ voll

Ge|ran|gel ⟨das; -s; unz.; umg.⟩ *Wetteifer, Kampf, Rauferei* ▸ das ~ um die besten Plätze, um ein Amt

Ge|ra|nie ⟨[-njə] die; -, -n; Bot.⟩ *Balkon- od. Gartenpflanze mit leuchtenden Blüten*

ge|rann → *gerinnen*

ge|rannt → *rennen*

Ge|rät ⟨das; -(e)s, -e⟩ **1** *Werkzeug, z. B. Hammer, Zange, Ausrüstungsgegenstand, Gebrauchsgegenstand, Instrument;* Zus *Geräteschuppen; Arbeitsgerät, Gartengerät, Handwerksgerät, Hausgerät, Küchengerät* **2** *Maschine, Apparat;* Zus *Elektrogerät, Fernsehgerät, Radiogerät* **3** *Vorrichtung;* Zus *Turngerät* **4** *mehrere zusammengehörige Gebrauchsgegenstände, Zubehör;* Zus *Schreibgerät* ▸ wie wird dieses ~ betätigt?; ein ~ anstellen, ausstellen; elektrisches, mechanisches, kompliziertes, praktisches ~

ge|ra|ten[1] ⟨V. intr.; ge|rät, ge|riet, ist ge|ra|ten⟩ **1** (jmdm.) gut, schlecht ~ *gelingen, werden* (Arbeit, Kuchen) **2** gut, schlecht ~ *sich entwickeln* (Kind) **3** an einen Ort ~ *zufällig an einen Ort gelangen, kommen* **4** an jmdn. ~ *an jmdn. gelangen, zufällig auf jmdn. treffen* ▸ die Torte ist ausgezeichnet, gut, nicht ~; seine Kinder sind gut ~ ▸ auf meiner Suche nach dem zuständigen Bearbeiter geriet ich an den Chef; an den Falschen ~ *energisch zurückgewiesen werden;* auf Abwege ~; auf einen falschen Weg ~; außer sich ~ vor Freude *sich unbändig freuen;* außer sich ~ vor Zorn *die Beherrschung verlieren;* in eine Angelegenheit ~ *unversehens in eine A. verwickelt werden;* in Angst, Furcht ~ *Angst, Furcht bekommen;* in Bewegung ~ *sich zu bewegen beginnen;* in Brand ~ (Gebäude) *zu brennen beginnen;* in Gefangenschaft ~ *gefangen genommen werden;* mit dem Finger in die Maschine ~; in schlechten Ruf ~ *einen schlechten Ruf bekommen;* in Schulden ~; in Schwierigkeiten ~; ins Schwitzen ~ *zu schwitzen beginnen;* ins Stocken ~ *steckenbleiben, nicht weiterkönnen;* miteinander in Streit ~; in Vergessenheit ~ *allmählich vergessen werden;* (mit der Zahlung usw.) in Verzug ~ *sich verspäten;* der Junge ist ganz nach seinem Vater ~ *ist dem V. sehr ähnlich* ▸ wohin bin ich denn hier ~?

ge|ra|ten[2] **I** ⟨Part. Perf. von⟩ *geraten*[1] **II** ⟨Part. Perf. von⟩ *raten* **III** ⟨Adj.; meist präd.⟩ *ratsam, empfehlenswert* ▸ ich halte es (nicht) für ~, an diesem Ort zu bleiben; es scheint mir ~, das sofort zu tun

Ge|rä|te|tur|nen ⟨das; -s; unz.; Sp.⟩ *turnerische Übungen an u. auf den Geräten Reck, Barren, Bock, Pferd, Tisch, Ringe, Kasten, Schwebebalken, Bank, Stangen, Taue, Leitern;* oV *Gerätturnen*

Ge|ra|te|wohl ⟨das; nur in der Wendung⟩ aufs ~ *auf gut Glück, ohne es genau zu wissen* ▸ aufs ~ einen Weg einschlagen

Ge|rät|schaf|ten ⟨Pl.⟩ *mehrere (meist zusammengehörige) Geräte*

ge|raum ⟨Adj.; nur noch in den Wendungen⟩ ~e Weile, ~e Zeit *eine längere W., längere Z.* ▸ es dauerte eine ~e Weile, bis er zurückkam; nach ~er Zeit konnte das Buch beendet werden; seit ~er Zeit; vor ~er Zeit

ge|räu|mig ⟨Adj.⟩ *viel Raum bietend, so groß, dass man viel unterbringen kann* (Zimmer, Büro); Abl *Geräumigkeit*

Ge|räusch ⟨das; -(e)s, -e⟩ *Ton, Laut, Schall, Klang* ▸ die ~e des Verkehrs; ein ~ machen, verursachen; ein dumpfes, leichtes, leises, starkes, verdächtiges ~; ein knisterndes, rasselndes, scharrendes ~; ein ~ von leisen Schritten; ein ~ wie von zerbrechendem Glas; Abl *geräuscharm, geräuschlos* Zus *Geräuschpegel*

Ge|räusch|ku|lis|se ⟨die; -, -n⟩ *ständige Geräusche im Hintergrund*

ger|ben ⟨V. trans.; gerbt, gerb|te, hat ge|gerbt⟩ Häute ~ *zu Leder verarbeiten* ▸ gegerbtes Leder, Tierfell; ein vom Wetter gegerbtes Gesicht *zerfurchtes Gesicht;* Abl *Gerber(in), Gerbung*

Ger|be|ra ⟨die; -, -; Bot.⟩ *Pflanze mit dicken, blattlosen Stielen u. großen, meist hellroten Blüten*

ge|recht ⟨Adj.; -er, am -es|ten⟩ **1** *dem Rechtsgefühl gemäß, dem Gesetz entsprechend* (Handlung, Strafe, Urteil) **2** *rechtlich denkend, unparteiisch* (Person) **3** *verdient* (Lohn) **4** *richtig, passend, den Regeln entsprechend;* Zus *formgerecht* **5** *bestimmte Ansprüche, Anforderungen erfüllend, bestimmten Vorstellungen entsprechend* ▸ jmdm. einen ~en Preis machen; ein ~er Richter ▸ sein: er ist sehr ~; ~ urteilen; jmdm. od. einer Sache (nicht) ~ werden *jmdn. od. etwas (nicht) richtig beurteilen u. behandeln* ▸ gegen jmdn. ~, ungerecht sein

ge|recht|fer|tigt **I** ⟨Part. Perf. von⟩ *rechtfertigen* **II** ⟨Adj.⟩ *rechtlich, vernunftmäßig wohlbegründet* ▸ dieses Vorgehen ist nicht ~

Ge|rech|tig|keit ⟨die; -; unz.⟩ **1** *gerechte Beschaffenheit (eines Sachverhalts)* **2** *gerechtes Verhalten, Rechtsgefühl* **3** ⟨übertr.⟩ *Gerichtsbarkeit, Gericht, Rechtsprechung* ▸ die ~ eines Urteils anzweifeln; ~ walten lassen; strafende ~ ⟨übertr.⟩

Ge|rech|tig|keits|sinn ⟨der; -(e)s; unz.⟩ *Sinn, Gefühl für Gerechtigkeit;* Syn *Gerechtigkeitsgefühl*

Ge|re|de ⟨das; -s; unz.⟩ **1** *nichtssagendes, lästiges Reden, Geschwätz* **2** *unwahres Reden, Nachrede, Klatsch* ▸ sich nicht um das ~ der Leute kümmern; das ist alles nur ~; das ist nur dummes, leeres ~; jmdn. ins ~ bringen *Ursache zu Klatsch über jmdn. geben;* ins ~ kommen

ge|reizt **I** ⟨Part. Perf.von⟩ *reizen* **II** ⟨Adj.⟩ *empfindlich, erregt, nervlich angespannt* ▸ heute herrscht hier eine ~e Stimmung; in ~em Ton antworten, sprechen; Abl *Gereiztheit*

Ge|richt[1] ⟨das; -(e)s, -e⟩ **1** *Speise, zubereitetes Essen, (warme) Mahlzeit;* Zus *Fleischgericht, Nudelgericht* **2** *Gang einer Speisenfolge;* Zus *Hauptgericht* ▸ ein ~ mit Fisch; ein ~ auftragen, bestellen; ein traditionelles ~ zubereiten; ein ausgezeichnetes, erlesenes, gutes, leckeres, schmackhaftes ~ kochen; ein ~ auf den Tisch bringen; ein ~ aus frischem Gemüse

Ge|richt[2] ⟨das; -(e)s, -e⟩ **1** *Recht sprechende Behörde;* Zus *Gerichtsurteil, Gerichtsverfahren, Gerichtsverhandlung; Amtsgericht, Bundesgericht, Landesgericht* **2** *Gerichtsgebäude, Gerichtshof* **3** ⟨übertr.⟩ *Rechtsprechung, Rechtspflege, Gerechtigkeit* ▸ ~ halten *eine Gerichtsverhandlung abhalten;* sich dem ~ stellen; sich dem ~, jmds. ~ unterwerfen; zurückziehen: das ~ zieht sich zur Beratung zurück ▸ das Jüngste ~ ⟨nach christl. Auffassung⟩ *entscheidendes letztes Gericht beim Weltuntergang;* das oberste ~ ▸ er ist noch auf dem ~; jmdn. bei ~ verklagen; er ist Staatsanwalt beim ~; mit jmdm. hart, scharf, streng ins ~ gehen ⟨übertr.; umg.⟩ *jmdn. scharf zurechtweisen, hart bestrafen;* über jmdn. ~ halten *über jmdn. Recht sprechen;* vor ~ aussagen, vor ~ etwas bezeugen; eine Sache, jmdn. vor das ~ bringen; vor ~ erscheinen; jmdn. vor das ~ laden *vorladen;* vor ~ stehen

G

ge|rịcht|lich ⟨Adj.⟩ *das Gericht betreffend, zu ihm gehörig, auf ihm beruhend, mit seiner Hilfe* ▸ ~e Anordnung, Bestimmung, Verfügung; ~er Beschluss; eine ~e Entscheidung treffen; eine ~e Klage einreichen; ~e Medizin = *Gerichtsmedizin;* ~es Urteil; ein ~es Verfahren einleiten; eine ~e Vorladung erhalten *Aufforderung zum Erscheinen vor Gericht* ▸ jmdn. ~ belangen od. verfolgen; jmdn. ~ verklagen ▸ auf ~em Wege; gegen jmdn. ~ vorgehen

Ge|rịchts|bar|keit ⟨die; -; unz.⟩ *Befugnis zur Rechtsprechung* ▸ die ~ ausüben

Ge|rịchts|hof ⟨der; -(e)s, -hö|fe; Rechtsw.⟩ *aus mehreren Mitgliedern bestehendes Gericht* ▸ oberster ~ *höchste Berufungsinstanz*

Ge|rịchts|me|di|zin ⟨die; -; unz.; Rechtsw.⟩ *Wissenschaft von der Verwendung medizin. Erkenntnisse zur Aufklärung von Verbrechen;* Syn *forensische Medizin;* Abl *Gerichtsmediziner(in); gerichtsmedizinisch*

Ge|rịchts|stand ⟨der; -(e)s, -stän|de; Rechtsw.⟩ *Ort, dessen Gericht bei einer Rechtssache zuständig ist od. sein soll, meist der Wohnort des Beklagten* ▸ ~ ist Bonn; vertraglich vereinbarter ~

Ge|rịchts|voll|zie|her ⟨der; -s, -; Rechtsw.⟩ *Beamter des Gerichts, der Vorladungen zustellt u. Pfändungen vornimmt;* Abl *Gerichtsvollzieherin*

ge|rịng ⟨Adj.⟩ **1** *klein* (Menge) **2** *wenig* (Aussicht, Fähigkeiten) **3** *knapp* (Vorrat) **4** *unbedeutend, belanglos* (Unterschied, Wert) **5** *niedrig* (Preis) **6** *kurz* (Zeit) **7** *nicht sehr gut* (Meinung, Qualität) ▸ ~e Aussichten (auf Erfolg) haben; ~e Begabung; ~es Gewicht; die ~ste Kleinigkeit regt ihn auf; von jmdm. eine ~e Meinung haben; dazu verspüre ich nur ~e Lust; das macht ihm nicht die ~sten Schwierigkeiten *gar keine;* das ist meine ~ste Sorge; darauf lege ich nur ~en Wert ▸ ~ achten = *geringachten;* ihr entgeht nicht das Geringste; ~ schätzen = *geringschätzen;* sein: die Anforderungen, die hier an jeden gestellt werden, sind (nicht) ~; die Abweichungen sind nur ~; unsere Vorräte werden immer ~er ▸ kein Geringerer als … *niemand anders als;* es handelt sich um nichts Geringeres als den Bau einer neuen Fabrik *nicht weniger als, sogar;* er erschrak beim ~sten Geräusch *beim leisesten G.;* nicht im Geringsten *ganz u. gar nicht, überhaupt nicht;* das interessiert mich nicht im Geringsten; er ließ sich nicht im Geringsten stören; in ~er Entfernung ist ein Café; von ~er Herkunft sein; das ist nur von sehr ~em Wert

ge|rịng|ach|ten *auch:* **ge|rịng ach|ten** ⟨V. trans.; ach|tet ge|ring, ach|te|te ge|ring, hat ge|ring|ge-ach|tet, ge|ring|zu|ach|ten⟩ jmdn. od. etwas ~ = *geringschätzen;* Abl *Geringachtung*

ge|rịng|fü|gig ⟨Adj.⟩ *unbedeutend, unwesentlich* ▸ ~e Unterschiede; Abl *Geringfügigkeit*

ge|rịng|schät|zen *auch:* **ge|rịng schät|zen** ⟨V. trans.; schätzt ge|ring, schätz|te ge|ring, hat ge|ring|ge|schätzt, ge|ring|zu|schät|zen⟩ jmdn. od. etwas ~ *wenig schätzen, nicht viel von jmdm. od. etwas halten;* Abl *Geringschätzung*

ge|rịng|schät|zig ⟨Adj.⟩ *missachtend, verächtlich* ▸ er machte eine ~e Bemerkung; „Das ist minderwertig.", sagte er ~; Abl *Geringschätzigkeit*

ge|rịn|nen ⟨V. intr.; ge|rinnt, ge|rann, ist ge|ronnen⟩ *Gerinnsel od. Flocken bilden, flockig, klumpig werden, sich zusammenballen* (Blut, Milch) ▸ Blut zum Gerinnen bringen; die Milch ist sauer, sie ist bereits geronnen; Abl *Gerinnung*

Ge|rịnn|sel ⟨das; -s, -⟩ *kleine Menge festgewordener Flüssigkeit, Klümpchen;* Zus *Blutgerinnsel*

Ge|rịp|pe ⟨das; -s, -⟩ **1** *Skelett, Knochengerüst* **2** *Gestell, Gerüst (von Flugzeug, Schirm, Gebäuden);* Zus *Stahlgerippe* ▸ zum ~ abmagern *bis auf Haut u. Knochen, sehr mager werden*

ge|rịppt ⟨Adj.⟩ *mit Rippen versehen* (Stoff)

ge|rịs|sen I ⟨Part. Perf. von⟩ *reißen* **II** ⟨Adj.; umg.; übertr.⟩ **1** *schlau, durchtrieben* **2** *übermäßig geschäftstüchtig, ausschließlich auf den eigenen Vorteil bedacht* ▸ ein ~er Geschäftsmann; er ist ein ~er Kerl

ge|rịt|ten → *reiten*

Ger|ma̲|ne ⟨der; -n, -n⟩ *Angehöriger einer indogerman. Völkergruppe seit etwa 750 v. Chr. in Skandinavien u. an der Ost- u. Nordseeküste;* Abl *Germanin*

ger|ma̲|nisch ⟨Adj.⟩ *die Germanen betreffend, zu ihnen gehörig, von ihnen stammend* ▸ ~e Sprachen *zur indogermanischen Sprachfamilie gehörende, seit 500 v. Chr. entstandene Sprachengruppe*

Ger|ma|nịst ⟨der; -en, -en⟩ *Wissenschaftler, Student der Germanistik;* Abl *Germanistin*

Ger|ma|nịs|tik ⟨die; -; unz.⟩ **1** ⟨i. w. S.⟩ *Wissenschaft von den german. Sprachen* **2** ⟨i. e. S.⟩ *Wissenschaft von der dt. Sprache u. Literatur;* Abl *germanistisch*

gẹr|ne ⟨Adv.⟩ oV *gern* **1** *bereitwillig, freudig* **2** ⟨umg.⟩ *häufig, leicht* ▸ ~!, ja ~! *(als Antwort auf eine Bitte, Frage)* ▸ annehmen: ich nehme Ihr Angebot ~ an; bitte, ~ geschehen! *(als Antwort auf Dank);* das glaube ich ~ *das glaube ich ohne weiteres;* ich habe od. sehe es ~, wenn …; ~ lesen, singen, tanzen; er ist bei uns (nicht) ~ gesehen *(nicht) beliebt;* es wird (nicht) ~ gesehen wenn …; sein: ich bin ~ dort; ich hätte ~ Herrn Müller gesprochen *ich möchte bitte Herrn Müller sprechen;* etwas (nicht) ~ tun; bitte, das habe ich sehr ~ getan! *(als Antwort auf Dank);* diese Ampel wird ~ übersehen *leicht;* dieser Umstand wird ~ vergessen; ich möchte ~ wissen, ob er die Stelle bekommen hat ▸ gut und ~ fünftausend Euro *bestimmt, wenn nicht mehr;* herzlich ~! *(als Antwort auf eine Bitte);* das tue ich schrecklich ~ ⟨umg.⟩ ▸ aber ~!, sehr ~! *(als Antwort auf eine Bitte);* ich möchte zu ~ mitkommen

ge|rọ|chen → *riechen*

Ge|rọ̈ll ⟨das; -(e)s, -e⟩ *durch Wasser abgerundete Gesteins- u. Mineralbruchstücke*

ge|rọn|nen[1] → *gerinnen*

ge|rọn|nen[2] → *rinnen*

Gẹrs|te ⟨die; -; unz.; Bot.⟩ *eine Getreideart*

Gẹr|te ⟨die; -, -n⟩ *Rute, biegsamer, entblätterter Zweig;* Zus *gertenschlank; Reitgerte*

Ge|rụch ⟨der; -(e)s, -rụ̈|che⟩ *Duft, Ausdünstung* ▸ der ~ des frischen Kuchens; einen ~ beseitigen; beißender, durchdringender, feiner, guter, herber, kräftiger, lieblicher, scharfer, schlechter, schwacher, starker, strenger, süßer, würziger ~; übler ~ *Gestank;* ein ~ von Kaffee, frischem Kuchen; Abl *geruchlos*

Ge|rụchs|sinn ⟨der; -(e)s; unz.⟩ *Fähigkeit, mit den Geruchsorganen verschiedenartige Düfte zu unterscheiden u. zu beurteilen*

Ge|rụ̈cht ⟨das; -(e)s, -e⟩ *umlaufende, aber unsicher Nachricht, verbreitetes Gerede* ▸ es geht das ~, dass sie ihn verlassen hat; ~e in Umlauf setzen

Ge|rụ̈ch|te|kụ̈|che ⟨die; -, -n; Pl. selten; umg.; übertr.⟩ *Entstehung u. Verbreitung von Gerüchten, Umlauf von Klatschgeschichten* ▸ die ~ brodelt

ge|ru̱|hen ⟨V. intr.; ge|ruht, ge|ruh|te, hat ge|ruht; geh.; oft iron.⟩ ~, etwas zu tun *sich huldvoll (zu etwas) herablassen* ▸ er geruhte, sich von seinem Platz zu erheben ⟨iron.⟩

ge|ru̱h|sam ⟨Adj.⟩ *ruhig, behaglich, ohne Eile, ohne Aufregungen* ▸ ein ~es Leben führen; ich wünsche eine ~e Nacht!; ~ frühstücken; Abl *Geruhsamkeit*

Ge|rụ̈m|pel ⟨das; -s; unz.; umg.⟩ *alter Kram, abgenutzte Gegenstände (bes. Möbel u. Hausrat)*

Ge|rụn|di|um ⟨das; -s, -di|en; Gramm.⟩ *Deklinationsform des Infinitivs,* z. B. die Kunst „des Schreibens"

ge|rụn|gen → *ringen*

Ge|rụ̈st ⟨das; -(e)s, -e⟩ **1** *Gefüge aus Holz, Metall od. Knochen als tragendes od. stützendes Gestell;* Zus *Brettergerüst, Knochengerüst* **2** ⟨übertr.⟩ *Grundplan, Entwurf* ▸ die Maler haben das ~ aufgestellt; das ~ meines Vortrags ist fertig, es fehlt noch die Ausarbeitung

gẹs ⟨das; -, -; Mus.⟩ *Tonbezeichnung, das um einen halben Ton erniedrigte g*

Gẹs ⟨das; -, -; Mus.⟩ *Tonbezeichnung, das um einen halben Ton erniedrigte G*

ge|sạl|zen I ⟨Part. Perf. von⟩ *salzen* II ⟨Adj.; übertr.; umg.⟩ **1** *derb, kräftig* (Witz) **2** *sehr hoch* (Preis, Rechnung)

ge|sạmt ⟨Adj.⟩ **1** *ganz* **2** *völlig, vollständig, alle(s) zusammen* ▸ die ~e Bevölkerung, Familie; im ~en Land war gestern schulfrei; die ~en Räume wurden frisch gestrichen; das ~ Stadtgebiet wurde von der Polizei abgeriegelt; er hat sein ~es Vermögen verloren

Ge|samt... ⟨in Zus.; zur Bildung von Subst.⟩ *alles zusammen, ganz, vollständig,* z. B. Gesamtbetrag, Gesamtergebnis, Gesamtsumme, Gesamtwert, Gesamtzahl

Ge|sạmt|aus|ga|be ⟨die; -, -n⟩ *Ausgabe aller Werke (eines Dichters)*

Ge|sạmt|ein|druck ⟨der; -(e)s, -drü|cke⟩ **1** *Eindruck vom Ganzen* **2** *Gesamtheit, Zusammenfassung aller Eindrücke* ▸ die Klasse machte einen guten ~

Ge|sạmt|heit ⟨die; -; unz.⟩ **1** *das Ganze, alles zusammen, Einheit* **2** *die ganze Gemeinschaft* ▸ ein Gefühl der ~ aller Menschen; Abl *gesamtheitlich*

Ge|sạmt|schuld ⟨die; -, -en⟩ **1** ⟨allg.⟩ *gesamte Schuld* **2** ⟨Rechtsw.⟩ *Verpflichtung, dass ein einzelner von mehreren Schuldnern einem Gläubiger gegenüber die gesamte geschuldete Leistung zu erbringen hat, wenn der Gläubiger dies verlangt*

Ge|sạmt|schu|le ⟨die; -, -n⟩ *eine Schule, die die Schulformen Hauptschule, Realschule u. Gymnasium miteinander verbindet* ▸ eine ~ besuchen; auf die ~ gehen

Ge|sạmt|si|tu|a|ti|on ⟨die; -, -en⟩ *alle Aspekte einer Situation* ▸ eine kritische ~; die ~ erläutern

Ge|sạmt|werk ⟨das; -(e)s, -e⟩ *alle Werke (eines Künstlers)* ▸ ihr lyrisches ~ umfasst 5 Bände

ge|sạndt → *senden*

Ge|sạnd|te(r) ⟨die; -n, -n (der; -n, -n)⟩ *diplomat. Vertreter eines Staates bei einem anderen Staat;* Abl *Gesandtin*

Ge|sạndt|schaft ⟨die; -, -en⟩ **1** *ständige Auslandsvertretung eines Staates* **2** *die dazu gehörenden Beamten* **3** *Gebäude dafür*

Ge|sạng ⟨der; -(e)s, -sän|ge⟩ I ⟨unz.⟩ **1** *das Singen;* Zus *Gesang(s)verein* **2** *Singen als Unterrichtsfach;* Zus *Gesangsunterricht* ▸ ~ der Vögel; ~ studieren; Unterricht in ~ nehmen II ⟨zählb.⟩ *Gedicht, Lied, Preislied;* ▸ die Gesänge der Afroamerikaner; geistliche Gesänge; Zus *Heldengesang, Lobgesang, Preisgesang*

Ge|sạng|buch ⟨das; -(e)s, -bü|cher⟩ *Sammlung geistlicher Lieder;* →a. *Liederbuch*

Ge|sä̱ß ⟨das; -es, -e; Anat.⟩ *Sitzfläche des Menschen;* ⓘ S. 146; Syn *Hintern, Hinterteil, Popo;* Zus *Gesäßmuskel*

ge|sạ̈t|tigt I ⟨Part. Perf. von⟩ *sättigen* II ⟨Adj.; Chem.; bei Lösungen⟩ *den zu lösenden Stoff in der größtmöglichen lösbaren Menge enthaltend*

ge|schạfft I ⟨Part. Perf. von⟩ *schaffen* II ⟨Adj.; umg.⟩ *erschöpft, sehr müde* ▸ er sieht sehr ~ aus; einen ~en Eindruck machen

Ge|schạ̈ft ⟨das; -(e)s, -e⟩ **1** *Verkaufsstelle, Laden;* Zus *Geschäftsaufgabe, Geschäftsauflösung, Geschäftsführer(in), Geschäftsleitung* **2** *Tätigkeit, Arbeit, Gewerbe, Beruf* **3** *ein mit Geld verbundener Handel;* Zus *Geschäftsabschluss, Geschäftsessen; geschäftsschädigend; Geldgeschäft, Tauschgeschäft* **4** *Aufgabe, Auftrag* **5** ⟨übertr.; umg.⟩ *Notdurft, Entleerung von Kot od. Harn* ▸ ein ~ abschließen, abwickeln, betreiben; ein ~ aufgeben, auflösen; das ~ blüht; ein ~ eröffnen, gründen, übernehmen; ein ~ führen; die ~e für jmdn. führen; das ~ geht gut, schlecht, mit jmdm. ein gutes ~ machen; aus der Not der andern ein ~ machen *daran verdienen;* seinen ~en nachgehen; die ~e schließen um 19 Uhr; jmdm. ein ~ übertragen; ein ~ verrichten ⟨übertr.; umg.⟩ ▸ ein bekanntes, solides ~; ein einträgliches ~; gute, schlechte ~e machen; unsaubere, zweifelhafte ~e machen ▸ er ist am ~ des Vaters beteiligt; abends aus dem ~ kommen; er hat ein ~ für Computerzubehör; mor-

G

gens ins ~ gehen; mit jmdm. ins ~ kommen *mit jmdm. geschäftlich verhandeln;* ein ~ mit jmdm. machen ▸ wie geht das ~?

Ge|schäf|te|ma|che|rei ‹die; -; unz.› *Versuch, überall u. aus allem ein Geschäft zu machen;* →a. *Abkassiererei* ▸ das ist ja reine ~

geschäftig/geschäftlich

Die vom Substantiv *Geschäft* abgeleiteten Adjektive *geschäftig/geschäftlich* besitzen trotz gemeinsamer Herkunft unterschiedliche Bedeutungen. *Geschäftig* meint „eifrig, sehr beschäftigt, ununterbrochen tätig“: *In der Stadt herrschte geschäftiges Treiben. Sie ist heute sehr geschäftig.*
Das Adjektiv *geschäftlich* bezieht sich noch eindeutiger auf das zugrundeliegende Substantiv und bedeutet „das Geschäft betreffend, dienstlich, beruflich“: *Das Gespräch betraf ausschließlich geschäftliche Dinge. Ich bin oft geschäftlich unterwegs.*

G

ge|schä̱f|tig ‹Adj.› *eifrig, sehr beschäftigt, in Eile* ▸ auf dem Markt herrschte ~es Treiben; ~ hin und her eilen; er tat sehr ~

ge|schä̱ft|lich ‹Adj.› **1** *das Geschäft, die Geschäfte betreffend, beruflich, dienstlich* (Angelegenheit, Beziehungen, Erfolg) **2** *der Geschäfte wegen* ▸ ~er Ärger; ich bin ~ hier; ich habe ~ hier zu tun; die Sache ist rein ~er Natur; er ist ~ verhindert zu kommen; nach dieser persönlichen Zwischenbemerkung wurde er wieder ~

Ge|schä̱fts|be|din|gung ‹die; -, -en› *Bedingung, zu der ein Geschäft abgeschlossen wird* ▸ allgemeine ~ *vertragl. o. Ä. Bedingung, zu der eine od. mehrere gleichartige Firmen Handelsgeschäfte abschließen*

ge|schä̱fts|fä|hig ‹Adj.› *fähig, Rechtsgeschäfte vorzunehmen;* Ggs *geschäftsunfähig;* Abl *Geschäftsfähigkeit*

Ge|schä̱fts|frau ‹die; -, -en› *Kauffrau, Unternehmerin*

Ge|schä̱fts|ge|heim|nis ‹das; -nis|ses, -nis|se› *Betriebsgeheimnis, Berufsgeheimnis*

Ge|schä̱fts|idee ‹die; -, -n› *Idee, Konzeption für die Neugründung eines gewerbl. Betriebes* ▸ sich mit einer ~ selbstständig machen

Ge|schä̱fts|jahr ‹das; -(e)s, -e› *Rechnungsjahr, Wirtschaftsjahr* ▸ im ~ 2006

Ge|schä̱fts|leu|te **1** ‹Pl. von› *Geschäftsmann* **2** ‹Pl.› = *Kaufleute*

Ge|schä̱fts|mann ‹der; -(e)s, -leu|te› *Kaufmann* ▸ er ist ein guter ~ *geschickt beim Abschluss von Geschäften sein*

Ge|schä̱fts|ord|nung ‹die; -, -en› *alle Regeln u. Vorschriften, nach denen eine Behörde, ein Parlament, ein Verein o. Ä. die Geschäfte führt*

Ge|schä̱fts|rei|se ‹die; -, -n› *geschäftliche Reise, Dienstreise*

Ge|schä̱fts|schluss ‹der; -es; unz.› *Ladenschluss, Büro-, Dienstschluss*

Ge|schä̱fts|stel|le ‹die; -, -n› *Stelle, Raum, in der bzw. dem die Geschäfte einer Behörde, eines Vereins o. Ä. abgewickelt werden, Büro, Dienststelle*

ge|schä̱fts|tüch|tig ‹Adj.› *geschickt beim Abschluss von Geschäften, kaufmännisch tüchtig, geschäftl. viel leistend;* Abl *Geschäftstüchtigkeit*

ge|schä̱fts|un|fä|hig ‹Adj.› *nicht fähig, Rechtsgeschäfte vorzunehmen;* Ggs *geschäftsfähig;* Abl *Geschäftsunfähigkeit*

Ge|schä̱fts|ver|bin|dung ‹die; -, -en› *geschäftl. Beziehung* ▸ ~en anknüpfen

Ge|schä̱fts|vier|tel ‹das; -s, -› *Teil der Stadt, in dem sich hauptsächlich Geschäfte befinden;* Ggs *Wohnviertel*

Ge|schä̱fts|welt ‹die; -; unz.› **1** *Gesamtheit der Geschäftsleute* **2** *alle Vorgänge u. Einrichtungen, die mit Geschäften zusammenhängen*

ge|scha̲h → *geschehen*

ge|sche̱ckt ‹Adj.› *gefleckt, scheckig* ▸ ein ~es Pferd

ge|sche̲|hen ‹V. intr.; ge|schieht, ge|schah, ist ge|sche|hen› **1** *sich ereignen, passieren* **2** *sich verwirklichen* **3** jmdm. ~ *zustoßen, widerfahren* ▸ es wird dir nichts ~ *niemand wird dir etwas tun* ▸ etwas Schreckliches ist ~; ihm ist ein Unglück ~ ▸ es kann ~, dass der Zug Verspätung hat *es ist möglich, dass ...;* etwas ~ lassen *etwas erlauben, dulden, nicht verhindern;* Geschehenes kann man nicht ungeschehen machen; es muss doch etwas ~! *getan werden, man muss doch etwas tun!;* sein: es ist nun einmal ~ *man muss sich damit abfinden* ▸ das geschieht ihm recht ‹umg.› *das hat er verdient* ▸ was soll mit den übrig gebliebenen Speisen ~?; es ist um ihn, sie ~ *er, sie hat sich verliebt* ▸ was ist ~?; was soll jetzt ~? *was soll getan werden?, was soll man jetzt tun?*

Ge|sche̲|hen ‹das; -s, -› **1** *Ablauf von Geschehnissen;* Zus *Weltgeschehen* **2** *Ereignis, Vorfall* ▸ das damalige, gegenwärtige, momentane ~

Ge|sche̲h|nis ‹das; -nis|ses, -nis|se› *Ereignis, Vorfall*

ge|sche̲it ‹Adj.; -er, am -es|ten› **1** *klug, urteilsfähig, vernünftig, intelligent* **2** ‹süddt.› *tüchtig, kräftig, ordentlich* ▸ ~er Einfall; er ist ein ~er Kopf; etwas ~ anfangen, machen *geschickt;* sei ~! *sei vernünftig!;* er ist sehr ~; du bist wohl nicht (ganz) ~? ‹übertr.› *was fällt dir ein, was denkst du dir eigentlich (dabei)?;* ich werde daraus nicht ~ *ich verstehe es nicht*

Ge|sche̱nk ‹das; -(e)s, -e› *Gabe, um jmdm. eine Freude zu bereiten* ▸ das ist ein ~ (von) meiner Mutter ▸ keine ~e annehmen; ich möchte dir ein ~ geben; gefällt ihm das ~?; jmdm. ein ~ machen *jmdm. etwas schenken;* jmdm. ein ~ mitbringen; sie hat den Kindern ~e mitgebracht; sein: dieser schöne Tag war ein ~ (des Himmels) ▸ ein großes, kleines, nützliches, praktisches, schönes, wertvolles, persönliches ~ ▸ das Buch war als ~ gedacht ▸ welche ~e hast du zum Geburtstag bekommen?; Zus *Geburtstagsgeschenk, Weihnachtsgeschenk*

Ge|sche̱nk|ar|ti|kel ‹der; -s, -› *zum Schenken geeigneter Gegenstand*

ge|schenkt → *schenken*

Ge|schich|te ⟨die; -, -n⟩ **I** ⟨unz.⟩ **1** *Werdegang, Entwicklung;* Zus *Erdgeschichte, Kunstgeschichte* **2** *alles Geschehene, die Vergangenheit;* Zus *Geschichtsforschung, Geschichtswissenschaft* **3** *Lehre, Wissenschaft von der Vergangenheit, Geschichtswissenschaft, Geschichtsschreibung;* Zus *Geschichtsbuch, Geschichtslehrer(in), Geschichtsunterricht* ▸ ~ des **Altertums,** des Mittelalters, der Neuzeit; ~ der **Technik,** des Theaters ▸ er **gibt** ~ und Deutsch (als Unterrichtsfächer); wir **haben** dreimal in der Woche ~; ~e **machen** *für die Zukunft Bedeutungsvolles, Entscheidendes leisten;* ~ **studieren** (an der Universität) ▸ **Alte,** Mittlere, Neuere, Neueste ~ (als Wissenschaftszweig); die **deutsche,** englische usw. ~ ▸ **in** der ~ ist es oftmals vorgekommen, dass …; er hat in ~ eine Eins **II** ⟨zählb.⟩ **1** *Erzählung, Schilderung;* Zus *Geschichtenerzähler(in)* **2** *Angelegenheit, Sache* ▸ der **Held** dieser ~ ▸ alte ~n wieder **aufwärmen** *(unangenehmes) Vergangenes u. Vergessenes wieder hervorholen;* eine ~ **erzählen,** schreiben, vorlesen; da **haben** wir die ~! ⟨umg.⟩ *so ein Ärgernis;* Kinder **hören** gern ~n; **mach** keine ~n! *benimm dich ordentlich!; mach keine Dummheiten!;* mir ist neulich eine ~ **passiert,** die ich dir erzählen muss *eine Sache, etwas;* das **sind** doch alles nur ~n! ⟨umg.⟩ *Lügen, Redereien* ▸ es ist die **alte** ~ ⟨übertr.⟩ *es ist immer wieder dasselbe;* eine **aufregende,** langweilige, schöne, spannende, traurige ~; das ist eine **böse,** dumme, ⟨iron.⟩ schöne ~!; das sind ja **nette** ~n! ⟨umg.; iron.⟩ *das ist eine unerfreuliche Überraschung!;* das ist eine **peinliche,** unangenehme ~ ▸ die ~ **von** König Barbarossa

ge|schicht|lich ⟨Adj.⟩ Syn *historisch (1)* **1** *die Geschichte betreffend, zu ihr gehörig, auf ihr beruhend* **2** *nach, aufgrund von Geschichtsquellen (bezeugt), schriftlich überliefert* **3** *für die Zukunft bedeutungsvoll* ▸ dieses Ereignis ist ~ belegt; eine ~ bedeutende Tatsache

Ge|schichts|schrei|bung ⟨die; -; unz.⟩ *Aufzeichnung von geschichtlichen Gegebenheiten aufgrund von Urkunden od./u. eigenen Beobachtungen u. Erlebnissen;* Syn *Historiografie*

ge|schichts|träch|tig ⟨Adj.⟩ *von historischer Bedeutung* ▸ ein ~er Ort; dies ist ein ~es Bauwerk; Abl *Geschichtsträchtigkeit*

Ge|schick[1] ⟨das; -(e)s; unz.⟩ **1** *Eignung, besondere Fähigkeit, etwas ganz Bestimmtes zu tun* **2** *Fähigkeit, eine Sache richtig anzufassen u. durchzuführen* ▸ er hat das ~, mit Menschen umzugehen; er hat ein besonderes ~, sich unbeliebt zu machen; sie hat kein ~ zum Basteln

Ge|schick[2] ⟨das; -(e)s, -e⟩ **1** *Schicksal, Fügung* **2** *Entwicklung* ▸ sein ~ selbst in die Hand nehmen; die ~e eines Landes lenken

Ge|schick|lich|keit ⟨die; -; unz.⟩ *Gewandtheit, Wendigkeit, Beweglichkeit, Geübtheit, Finger-, Kunstfertigkeit* ▸ er hat große ~ darin erworben, schwierige Kinder zu behandeln; einen Mechanismus mit großer ~ handhaben

ge|schickt **I** ⟨Part. Perf. von⟩ *schicken* **II** ⟨Adj.; -er, am -es|ten⟩ **1** *gewandt, wendig* **2** *fingerfertig* **3** ⟨übertr.⟩ *umsichtig, schlau, durchtrieben* ▸ er ist ein ~er **Arbeiter,** Handwerker, Lehrer; ~e **Finger,** Hände haben; etwas durch ~e **Fragen** herausbekommen ▸ eine Sache ~ **anfassen;** sich (bei einer Tätigkeit) ~ **anstellen;** wir müssen ~ **vorgehen** ▸ er ist **in** allen handwerklichen Arbeiten sehr ~

ge|schie|den → *scheiden*

ge|schie|nen → *scheinen*

Ge|schirr ⟨das; -(e)s, -e⟩ **1** *Gerät zum Essen u. Kochen, besonders Teller, Gläser, Tassen, Töpfe, Krüge;* ⓘ S. 254; Zus *Geschirrschrank, Geschirrspülmittel; Essgeschirr, Kaffeegeschirr, Küchengeschirr, Teegeschirr, Porzellangeschirr* **2** *Halterungen u. Riemen zum Anspannen von Pferden vor einen Wagen* ▸ den Pferden das ~ **abnehmen,** anlegen; das ~ vom Tisch **abräumen;** das ~ **abtrocknen,** spülen; ~ **zerschlagen** ▸ altes, **kostbares** ~; **feuerfestes** ~; **sauberes,** schmutziges ~ ▸ das Pferd geht **im** ~; das ~ in die Spülmaschine räumen; sich ordentlich ins ~ legen ⟨übertr.⟩ *kräftig arbeiten, sich anstrengen*

Ge|schirr|rei|ni|ger ⟨der; -s, -⟩ *dem Wasser zugefügtes Mittel zum Reinigen von Geschirr*

Ge|schirr|spül|ma|schi|ne ⟨die; -, -n⟩ *elektrische Maschine, die das Abwaschen vollautomatisch erledigt;* ⓘ S. 254

Ge|schirr|tuch ⟨das; -(e)s, -tü|cher⟩ *Tuch zum Abtrocknen des Geschirrs;* Syn *Küchentuch*

ge|schis|sen → *scheißen*

ge|schlaucht ⟨Adj.; umg.⟩ *abgekämpft, gestresst*

Ge|schlecht ⟨das; -(e)s, -er⟩ **I** ⟨zählb.⟩ **1** *jede der beiden verschiedenen Formen (weibliche u. männliche), in denen Menschen, Tiere u. Pflanzen als Einzelwesen vorkommen;* Abl *geschlechtslos;* Zus *geschlechts(un)abhängig, geschlechtsspezifisch* **2** *Art, Gattung;* Zus *Menschengeschlecht* **3** *Familie;* Zus *Adelsgeschlecht, Bauerngeschlecht* **4** ⟨Gramm.⟩ grammatisches ~ *Genus* ▸ das ~ der **Hohenzollern** ▸ ein **altes,** alteingesessenes, weit verbreitetes ~; das **andere** ~ *die Männer bzw. die Frauen;* die **folgenden,** kommenden ~er; **männliches,** weibliches, sächliches ~ ⟨Gramm.⟩; das **schöne,** schwache ~ ⟨umg.; scherzh.⟩ *die Frauen;* das **starke** ~ ⟨umg.; scherzh.⟩ *die Männer* ▸ **aus** altem, edlem ~ stammen; Menschen **beiderlei** ~s *Männer u. Frauen;* **von** ~ zu ~ **II** ⟨unz.⟩ *Geschlechtsteil*

Ge|schlechts|akt ⟨der; -(e)s, -e⟩ = *Koitus*

Ge|schlechts|krank|heit ⟨die; -, -en; Med.⟩ *überwiegend durch den Geschlechtsverkehr übertragene Infektionskrankheit*

Ge|schlechts|or|gan ⟨das; -s, -e; Biol.; Med.⟩ *der geschlechtlichen Vereinigung u. Fortpflanzung dienendes Organ der Tiere u. des Menschen;* Syn *Fortpflanzungsorgan*

ge|schlechts|reif ⟨Adj.⟩ *fortpflanzungsfähig;* Abl *Geschlechtsreife*

Ge|schlechts|trieb ⟨der; -(e)s; unz.⟩ *Trieb zur sexuellen Vereinigung, Fortpflanzungstrieb*

Ge|schlechts|um|wand|lung ⟨die; -, -en⟩ *Umwandlung in das jeweils andere Geschlecht (durch operative Eingriffe)*

Ge|schlechts|ver|kehr ⟨der; -s; unz.⟩ *sexuelle Vereinigung von Mann u. Frau, Beischlaf, Koitus* ▸ regelmäßigen, keinen ~ haben

ge|schli|chen → *schleichen*

ge|schlif|fen I ⟨Part. Perf. von⟩ *schleifen* II ⟨Adj.; übertr.⟩ *gekonnt, formvollendet* ▸ ~er Stil; ~e Sprache; ~e Formulierung; Abl *Geschliffenheit*

ge|schlos|sen → *schließen*

ge|schlun|gen → *schlingen*

Ge|schmack ⟨der; -(e)s, -schmä|cke od. umg. der; -(e)s, -schmä|cker⟩ **1** *Geschmackssinn* **2** *Eigenart eines Stoffes, den man beim Schmecken feststellt;* Zus *geschmacksneutral* **3** *Urteilsfähigkeit in ästhetischen Fragen, Sinn für Schönes, für Kultur, Stil;* Zus *Geschmacksverirrung* **4** ⟨übertr.⟩ *Gefallen, Vorliebe* ▸ das ist der ~ unserer **Zeit** ▸ seinen ~ **bilden,** entwickeln; (keinen) ~ **haben** ▸ **bitterer,** herber, kräftiger, saurer, süßer ~; einen **guten** ~ haben *gut schmecken* (Speise); sie hat einen guten ~ ⟨übertr.⟩ *ein sicheres Empfinden für Schönes;* einen **schlechten** ~ haben; die Geschmäcker sind **verschieden** ⟨umg.⟩ ▸ **an** etwas ~ finden od. gewinnen; **auf** den ~ kommen *das Angenehme an einer Sache entdecken;* **für** meinen ~ ist das Haus zu protzig; einen ekligen ~ **im** Mund haben; sich **mit** ~ kleiden; je **nach** ~ *nach Belieben;* nach heutigem, neuestem ~; das ist (nicht) nach meinem ~; die Suppe hat einen ~ nach Pilzen; **über** ~ lässt sich (nicht) streiten ⟨sprichwörtl.⟩

ge|schmack|lich ⟨Adj.⟩ *den Geschmack betreffend, hinsichtlich des Geschmacks*

ge|schmack|los ⟨Adj.; -er, am -es|ten⟩ **1** *ohne Geschmack, schal, fade* (Speise) **2** ⟨übertr.⟩ *hässlich, kitschig* (Gebäude, Kleid, Schmuck) **3** *taktlos, ohne Anstand, unvornehm* (Benehmen) ▸ sich ~ kleiden; ich finde diesen Witz ~; Abl *Geschmacklosigkeit*

Ge|schmacks|rich|tung ⟨die; -, -en⟩ *Art des Geschmacks* ▸ Limonade in drei ~en

Ge|schmacks|sa|che ⟨die; -, -n⟩ *Angelegenheit (nur) des Geschmacks;* oV *Geschmacksache* ▸ das ist ~ *darüber denkt jeder, je nach seinem Geschmack, anders*

Ge|schmacks|sinn ⟨der; -(e)s; unz.⟩ *die Fähigkeit, verschiedenartige wasserlösliche Stoffe auseinanderzuhalten u. zu beurteilen*

Ge|schmacks|stoff ⟨der; -(e)s, -e⟩ *Stoff, der durch den Geschmackssinn wahrgenommen wird*

Ge|schmacks|ver|stär|ker ⟨der; -s, -⟩ *Substanz, die den Geschmack anderer Substanzen verstärkt (z. B. Glutamat)*

ge|schmack|voll ⟨Adj.⟩ *harmonisch, stilvoll, schön, mit Geschmack* ▸ sie kleidet sich ~; ein ~ eingerichtetes Zimmer

Ge|schmei|de ⟨das; -s, -; geh.⟩ *kostbarer Schmuck*

ge|schmei|dig ⟨Adj.⟩ **1** *biegsam, gelenkig* (Körper) **2** *elastisch, formbar* (Teig, Wachs) **3** *weich* (Leder, Teig) **4** *gewandt, katzenhaft* (Bewegung) **5** ⟨übertr.⟩ *diplomatisch, schlau, geschickt* ▸ die Katze sprang ~ von der Mauer; einen Stoff ~ machen; sich ~ durch eine Lücke im Zaun winden

Ge|schmie|re ⟨das; -s; unz.; umg.⟩ oV *Geschmier* **1** *Schmiererei, unappetitl. Schmieren* **2** *schlechte, klecksige Schrift* **3** *schlechte Malerei*

ge|schmis|sen → *schmeißen*

ge|schmol|zen → *schmelzen*

ge|schnie|gelt ⟨Adj.⟩ *fein zurechtgemacht, übertrieben gepflegt* ▸ ein ~er Kerl; ~ und gebügelt

ge|schnit|ten → *schneiden*

ge|scho|ben → *schieben*

ge|schol|len → *schallen*

Ge|schöpf ⟨das; -(e)s, -e⟩ **1** *etwas Geschaffenes, materielles od. geistiges Erzeugnis* **2** *Lebewesen, Mensch, Tier, Pflanze, Kreatur* ▸ ein ~ seiner Fantasie; das arme ~!; sie ist ein reizendes ~

ge|scho|ren → *scheren*[1]

Ge|schoss[1] ⟨das; -es, -e⟩ *nicht angetriebener Körper, der aus einem Rohr, Lauf, Waffe o. Ä. geschleudert, abgefeuert wird;* oV ⟨österr.⟩ *Geschoß;* Zus *Artilleriegeschoss, Gewehrgeschoss*

Ge|schoss[2] ⟨das; -es, -e⟩ *Stockwerk;* oV ⟨österr.⟩ *Geschoß* ▸ im ersten ~ wohnen; Zus *Dachgeschoss, Erdgeschoss, Obergeschoss, Zwischengeschoss*

ge|schos|sen → *schießen*

...ge|schos|sig ⟨Adj.⟩ *mit einer bestimmten Zahl von Geschossen (Stockwerken) versehen,* z. B. dreigeschossig (in Ziffern: 3-geschossig)

ge|schraubt I ⟨Part. Perf. von⟩ *schrauben* II ⟨Adj.; -er, am -es|ten; übertr.⟩ *geziert, unnatürlich, gekünstelt* (Wesen, Benehmen, Stil)

Ge|schrei ⟨das; -s; unz.⟩ **1** *anhaltendes Schreien;* Zus *Kindergeschrei, Wehgeschrei* **2** ⟨übertr.⟩ *aufgeregtes Getue* ▸ viel ~ um etwas machen

ge|schrie|ben → *schreiben*

ge|schrien → *schreien*

ge|schrit|ten → *schreiten*

ge|schun|den → *schinden*

Ge|schütz ⟨das; -es, -e⟩ *Gerät zum Abfeuern von großen Geschossen* ▸ ein ~ bedienen, laden; leichtes, schweres ~; schweres ~ auffahren ⟨übertr.; umg.⟩ *jmdm. etwas sehr deutlich zu verstehen geben;* ein ~ in Stellung bringen

Ge|schwa|der ⟨das; -s, -; Mil.⟩ *größerer Verband von Kriegsschiffen oder Flugzeugen*

Ge|schwätz ⟨das; -es; unz.; umg.; abwertend⟩ *anhaltendes Schwatzen, inhaltloses Gerede*

ge|schwät|zig ⟨Adj.⟩ **1** *gerne, oft u. viel redend, schwatzhaft* **2** *alles verratend, ausplaudernd* ▸ sie ist sehr ~; Abl *Geschwätzigkeit*

ge|schwei|ge ⟨Konj.; in der Wendung⟩ ~ denn *noch viel weniger* ▸ er hat nicht einmal das Geld für eine Wohnung, ~ (denn) für ein Haus

ge|schwie|gen → *schweigen*

ge|schwind ⟨Adj.; -er, am -es|ten; regional⟩ *schnell, flink, rasch* ▸ das geht ganz ~

Ge|schwin|dig|keit ⟨die; -, -en⟩ **1** *Verhältnis von zurückgelegtem Weg zu der dazu gebrauchten Zeit, Tempo, Schnelligkeit* **2** *Verhältnis von ge-*

G

leisteter Arbeit zu der dazu gebrauchten Zeit ▸ zu große ~ draufhaben ⟨umg.⟩ *zu schnell fahren;* die ~ drosseln, steigern, verringern; mit großer, rasender ~ fahren; er fuhr mit einer ~ von 120 Kilometern in der Stunde; der Computer bearbeitet die daten mit großer ~

Ge|schwin|dig|keits|be|schrän|kung ⟨die; -, -en⟩ *vorgeschriebene Beschränkung der Höchstgeschwindigkeit (von Kraftfahrzeugen) auf bestimmten Straßen*

Ge|schwis|ter ⟨Pl.⟩ *Bruder u. Schwester, Brüder u. Schwestern* ▸ meine ~ und ich; ich habe noch drei ~; wir sind zu Hause fünf ~; wie viele ~ hast du?; er hat keine ~

ge|schwol|len I ⟨Part. Perf. von⟩ *schwellen* II ⟨Adj.; übertr.; umg.⟩ *prahlerisch, wichtigtuerisch* ▸ so ein ~er Kerl; ~ daherreden

ge|schwom|men → *schwimmen*

ge|schwo|ren → *schwören*

Ge|schwo|re|ne(r) ⟨die; -n, -n (der; -n, -n)⟩ *Laienrichter(in) des Schwurgerichts*

Ge|schwulst ⟨die; -s, -schwüls|te; Med.⟩ *krankhafte Gewebszunahme, Tumor* ▸ gutartige, bösartige ~

ge|schwun|den → *schwinden*

ge|schwun|gen → *schwingen*

Ge|schwür ⟨das; -(e)s, -e; Med.⟩ *entzündete Geschwulst an der Haut od. den Schleimhäuten;* Zus *Magengeschwür*

Ge|sel|le ⟨der; -n, -n⟩ 1 ⟨Handwerk⟩ *Gehilfe nach Abschluss der Lehrzeit u. erfolgreich abgelegter Gesellenprüfung* 2 ⟨allg.⟩ *Bursche, junger Mann* ▸ ein fröhlicher, lustiger, wüster ~

ge|sel|len ⟨V. refl.; ge|sellt sich, ge|sell|te sich, hat sich ge|sellt⟩ sich zu jmdm. ~ *sich jmdm. anschließen*

ge|sel|lig ⟨Adj.⟩ 1 *die Gesellschaft liebend, suchend, sich gern unter Menschen aufhaltend* (Person) 2 *unterhaltsam, angeregt, zwanglos* (Abend, Beisammensein) ▸ ein ~es Leben führen; er ist (nicht) sehr ~; jmdn. zu einem ~en Beisammensein einladen; Abl *Geselligkeit*

Ge|sell|schaft ⟨die; -, -en⟩ 1 *Gruppe von Menschen, die in einem Verbund od. einem Staat zusammen leben u. arbeiten;* Zus *Gesellschaftsform, Gesellschaftsschicht, Gesellschaftspolitik; Klassengesellschaft, Urgesellschaft* 2 *Vereinigung mehrerer Personen zu einem bestimmten Zweck u. mit speziellen Satzungen, Verein;* Zus *Handelsgesellschaft, Sprachgesellschaft* 3 *geselliger Kreis;* Zus *Abendgesellschaft, Damengesellschaft, Herrengesellschaft, Reisegesellschaft, Tischgesellschaft* 4 *die in der Öffentlichkeit maßgebende, führende Schicht eines Landes od. einer Stadt;* Zus *Gesellschaftskritik* 5 *Begleitung, Beisammensein* ▸ einer ~ beitreten; ~en besuchen; eine ~ geben; eine ~ gründen; jmdm. ~ leisten *jmdn. unterhalten, ihm die Zeit vertreiben* ▸ die bürgerliche ~ *das Bürgertum;* die feine, gute, vornehme ~; die ganze ~ *alle miteinander;* gelehrte ~; geschlossene ~ *Kreis nur für geladene Gäste;* ihr seid aber eine langweilige ~! ⟨umg.⟩; die menschliche ~; schlechte ~ *schlechter Umgang* ▸ jmdn. auf einer ~ treffen; ~ für deutsche Sprache; sich in ~ benehmen, bewegen können; neu in die ~ eingeführt werden; in eine ~ eintreten; viel in ~en gehen; ich bin sehr gern in deiner ~; in schlechte ~ geraten; in schlechter ~ verkehren; ~ mit beschränkter Haftung ⟨Abk.: GmbH⟩ *Kapitalgesellschaft, bei der die Gesellschafter nur mit ihrem Einlagekapital haften*

Ge|sell|schaf|ter ⟨der; -s, -⟩ *Teilhaber einer Handelsgesellschaft;* Abl *Gesellschafterin*

ge|sell|schaft|lich ⟨Adj.⟩ 1 *die Gesellschaft betreffend* 2 *zur (guten, höheren) Gesellschaft gehörend, ihr entsprechend, ihr gemäß* ▸ ~e Entwicklung; ~es Leben *Leben in der guten Gesellschaft;* ~e Stellung; die ~e Struktur eines Volkes; die ~en Verhältnisse gut kennen

ge|sell|schafts|fä|hig ⟨Adj.⟩ *den Maßstäben, Normen der Gesellschaft entsprechend* ▸ ein ~es Verhalten; sich (nicht) ~ benehmen

Ge|sell|schafts|leh|re ⟨die; -; unz.⟩ 1 = *Soziologie* 2 *Unterrichtsfach, das Geografie, Geschichte u. Sozialkunde umfasst*

Ge|sell|schafts|ord|nung ⟨die; -, -en⟩ *Struktur einer Gesellschaft* ▸ die ~ kritisieren

Ge|sell|schafts|spiel ⟨das; -(e)s, -e⟩ *Unterhaltungsspiel für mehrere Personen*

ge|ses|sen → *sitzen*

Ge|setz ⟨das; -es, -e⟩ 1 *ordnende Regel, aufgrund deren etwas ist od. geschieht od. die vorschreibt, wie etwas sein soll;* Zus *Naturgesetz, Staatsgesetz* 2 *Rechtsvorschrift;* Zus *Strafgesetz* 3 *Verfassung, Satzung;* Zus *Grundgesetz* 4 *Regel, Richtschnur, Grundsatz* ▸ die ~e der Dichtkunst; das ~ des freien Falls ▸ ein ~ abschaffen, aufheben, befolgen, brechen, verletzen; ein ~ auslegen; ein neues ~ erlassen; das ~ tritt am 1.4.2007 in Kraft; das ~ übertreten ▸ harte, strenge ~e; das ist ein ungeschriebenes ~ ▸ auf dem Boden des ~es stehen; das ist gegen das ~; gegen ein ~ verstoßen; eine Lücke im ~ finden, durch die man schlüpfen kann; im Namen des ~es erkläre ich Sie für verhaftet; mit dem ~ in Konflikt geraten; sich selbst etwas zum ~ machen

Ge|setz|buch ⟨das; -(e)s, -bü|cher⟩ *Buch mit den gesamten, in einem Staat gültigen Gesetzen od. mit einem Teil derselben* ▸ Bürgerliches ~ ⟨Abk.: BGB⟩ *seit 1896 für das Deutsche Reich u. seine Rechtsnachfolger verbindlich gültige Sammlung von Gesetzen;* Zus *Strafgesetzbuch*

Ge|set|zes|lü|cke ⟨die; -, -n⟩ *Lücke, fehlender Teil in der Gesetzgebung* ▸ eine ~ entdecken, nutzen

Ge|set|zes|samm|lung ⟨die; -, -en⟩ *Sammlung von Gesetzen*

Ge|set|zes|text ⟨der; -(e)s, -e⟩ *Text eines Gesetzes*

ge|setz|ge|bend ⟨Adj.⟩ *Gesetze vorschlagend u. erlassend* ▸ ~e Gewalt *Befugnis (des Staates), Gesetze zu erlassen;* ~e Versammlung *Volksvertretung, Parlament*

ge|setz|lich ⟨Adj.⟩ *auf einem Gesetz, auf den Gesetzen beruhend, dem Gesetz entsprechend, ihm gemäß* ▸ die ~en Bestimmungen missachten; der

~e Vertreter eines Kindes *Elternteil od. Vormund;* ~ anerkannt, begründet, festgelegt; ~ geschützt ⟨Abk.: ges. gesch.⟩ *(Vermerk auf Geräten zum Schutz vor Nachbildung);* auf ~em Wege etwas erreichen; zu etwas ~ verpflichtet sein

ge|setz|mä|ßig ⟨Adj.⟩ *einem Gesetz entsprechend od. folgend, nach einem Gesetz (verlaufend), regelmäßig* ▸ ~ ablaufen, auftreten, wiederkehren; Abl *Gesetzmäßigkeit*

ge|setzt I ⟨Part. Perf. von⟩ *setzen* II ⟨Adj.; -er, am -es|ten⟩ *ernst u. ruhig, besonnen, gemessen, würdevoll;* Abl *Gesetztheit*

ge|setz|wid|rig ⟨Adj.⟩ *dem Gesetz zuwiderlaufend, ungesetzlich;* oV *gesetzeswidrig* ▸ ~e Handlung; Abl *Gesetzwidrigkeit*

G

Ge|sicht ⟨das; -(e)s, -er⟩ **1** *vordere Kopffläche, Antlitz;* Zus *Gesichtsfarbe, Gesichtshaut, Gesichtsmuskel, Gesichtsnerv* **2** *Miene(nspiel);* Zus *Gesichtsausdruck* **3** ⟨übertr.⟩ *äußerer Schein, Ansehen* ▸ das ~ einer Stadt *Aussehen, Atmosphäre einer S.* ▸ das ~ abwenden; ein (un)freundliches ~ aufsetzen, machen; mach ein fröhlicheres ~!; sein ~ verlieren *sein Ansehen verlieren;* das ~ verzerren; das ~ wahren *den äußeren Schein aufrechterhalten, die Beherrschung behalten;* er zeigt immer ein heiteres ~; jmdm. das ~ zuwenden ▸ ein altes, faltiges, junges, runzliges ~ haben; das gibt der Sache ein anderes ~ *Aussehen;* wir gehen gern aus, um einmal andere ~er zu sehen *andere Menschen;* ein hässliches, hübsches, schönes ~ haben; ich habe dort viele bekannte ~er gesehen *viele mir bekannte Personen;* blasses, bleiches ~; ein breites, langes, schmales ~; mach nicht so ein dummes ~!; ein erschrockenes, erstauntes, fröhliches, grimmiges, heiteres, mürrisches, strenges, trauriges, wütendes ~ machen; ein langes ~ machen *enttäuscht, unangenehm überrascht dreinblicken;* einer Sache das richtige ~ geben *die richtige Form, das richtige Aussehen;* sein wahres ~ zeigen *zeigen, wie man wirklich ist, sich nicht mehr verstellen* ▸ das sieht man dir am ~ an; er ist seiner Mutter wie aus dem ~ geschnitten *er sieht ihr sehr ähnlich;* jmdm. etwas ins ~ sagen *jmdm. ohne Scheu etwas Unangenehmes sagen;* jmdm. nicht ins ~ schauen können (weil man ein schlechtes Gewissen hat); die Sonne scheint mir ins ~; jmdn. ins ~ schlagen; einer Gefahr ins ~ sehen *sich mit ihr auseinandersetzen, ihr nicht ausweichen;* jmdm. fest, voll ins ~ sehen; ich hätte ihm vor Wut ins ~ springen können; jmdm. ins ~ spucken; das Blut stieg ihr ins ~ (vor Scham, Zorn); das ~ in den Händen verbergen; mit dem ~ nach vorn, nach hinten auf den Boden fallen; ich konnte ihm seine Gedanken vom ~ ablesen; ein ~ wie 14 Tage Regenwetter machen *mürrisch aussehen;* ich habe es noch nicht zu ~ bekommen *noch nicht zu sehen bekommen* ▸ was machst du denn für ein ~?

Ge|sichts|feld ⟨das; -(e)s, -er⟩ **1** *bei unbewegtem Auge überschaubarer Raum;* →a. *Blickfeld* **2** *optisch erfassbarer Raum, Bildausschnitt*

Ge|sichts|kreis ⟨der; -es, -e⟩ **1** = *Horizont (1)* **2** ⟨übertr.⟩ *Raum, den man geistig überblicken kann, Lebenserfahrungen u. Kenntnisse* ▸ seinen ~ erweitern; einen großen, weiten, begrenzten ~ haben

ge|sichts|los ⟨Adj.; übertr.⟩ *ohne Charakter, ohne Ausdruck, fad* ▸ ~e Neubauten

Ge|sichts|mas|ke ⟨die; -, -n⟩ **1** *vor das Gesicht zu bindende Maske, Larve* **2** *kosmetisches Präparat, das auf das Gesicht aufgetragen, nach einiger Zeit wieder entfernt wird u. die Haut frisch u. straff machen soll;* Syn *Gesichtspackung*

Ge|sichts|punkt ⟨der; -(e)s, -e; übertr.⟩ **1** *Betrachtungsweise, Blickwinkel* **2** *Gedanke, wesentl. Einzelheit* ▸ noch einige ~e hinzufügen; ein neuer, wesentlicher ~; von diesem ~ aus betrachtet …

Ge|sichts|ver|lust ⟨der; -(e)s; unz.; übertr.⟩ *Verlust an Ansehen, Persönlichkeit, Autorität, Wertschätzung*

Ge|sichts|zü|ge ⟨Pl.⟩ **1** *Schnitt, Ausprägung des Gesichts* **2** *durch den Ausdruck geprägte Gestalt des Gesichts* ▸ harte, strenge, weiche ~

Ge|sin|del ⟨das; -s; unz.; abwertend⟩ *betrügerische, verachtenswerte Menschen, Pack*

ge|sinnt ⟨Adj.⟩ *eingestellt, eine bestimmte Gesinnung habend* ▸ (jmdm.) feindlich, freundlich, übel ~ sein; wie ist er politisch ~?

Ge|sin|nung ⟨die; -, -en⟩ *sittliche Haltung, Einstellung, Meinung, Denkart* ▸ seine ~ wechseln; anständige, aufrichtige, ehrliche, liberale ~; politische ~; seine wahre ~ zeigen; Zus *Gesinnungswechsel*

Ge|sin|nungs|ge|nos|se ⟨der; -n, -n⟩ *Mensch der gleichen (bes. polit.) Gesinnung;* Abl *Gesinnungsgenossin*

ge|sit|tet ⟨Adj.⟩ *wie es der Sitte u. Anstand entspricht, sittsam, wohlerzogen, brav* ▸ ein ~es Benehmen; ~ neben den Eltern hergehen

Ge|socks ⟨das; -; unz.; nord-, mitteldt.; abwertend⟩ *fragwürdige Leute, Gesindel*

Ge|söff ⟨das; -(e)s, -e; umg.⟩ *schlecht schmeckendes Getränk*

ge|sof|fen → *saufen*

ge|so|gen → *saugen*

ge|son|nen I ⟨Part. Perf. von⟩ *sinnen* II ⟨Adj.⟩ *bereit, gewillt* ▸ ich bin nicht ~, das zu tun; er ist ihm schlecht ~ *er mag ihn nicht, er ist ihm gegenüber feindlich eingestellt*

ge|sot|ten → *sieden*

Ge|spann ⟨das; -(e)s, -e⟩ **1** *zusammengespannte Zugtiere* **2** *Zugtier(e) u. Wagen;* Zus *Ochsengespann, Pferdegespann* **3** ⟨übertr.; umg.⟩ *zwei zusammengehörige od. zusammenarbeitende Personen* ▸ ein seltsames ~!; die beiden geben ein gutes ~ ab

ge|spannt I ⟨Part. Perf. von⟩ *spannen* II ⟨Adj.; -er, am -es|ten⟩ **1** *neugierig, erwartungsvoll* **2** *interessiert* **3** *unfreundlich, leicht feindselig* (Beziehungen) **4** *kritisch, bedenklich* (Situation) ▸ ~ zuhören, zuschauen; ich bin ~, was er berichten wird; auf etwas od. jmdn. ~ sein *etwas od. jmdn.*

neugierig, mit Spannung erwarten; ich bin ~ wie ein Flitzebogen ⟨umg.⟩ *sehr neugierig*
Ge|spẹnst ⟨das; -(e)s, -er⟩ **1** *Geist, Spukgestalt, Erscheinung eines Toten;* Abl *gespensterhaft* **2** ⟨übertr.⟩ *drohende Gefahr* ▸ das ~ des Krieges ⟨übertr.⟩; du siehst ~er! *du siehst Dinge, die nicht existieren;* aussehen wie ein ~ *bleich*
ge|spẹns|tisch ⟨Adj.⟩ *unheimlich, gruselig*
ge|spi̱en → *speien*
Ge|spịnst ⟨das; -(e)s, -e⟩ *zartes Gewebe aus gesponnenen Fäden*
ge|spọn|nen → *spinnen*
Ge|spọ̈tt ⟨das; -(e)s; unz.⟩ **1** *Spott, Hohn* **2** *Gegenstand des Spottes* ▸ jmdn. od. sich zum ~ der Leute machen *lächerlich machen*
Ge|sprä̱ch ⟨das; -(e)s, -e⟩ **1** *längerer Wechsel von Rede u. Gegenrede, Unterhaltung, Dialog;* Zus *Gesprächsgegenstand, Gesprächspartner(in), Gesprächsthema; Zwiegespräch* **2** *öffentlich Besprochenes, Gegenstand des öffentlichen Geredes;* Zus *Stadtgespräch, Tagesgespräch* **3** *telefonische Unterhaltung;* Zus *Ferngespräch, Ortsgespräch, Telefongespräch* ▸ den Faden des ~s wieder aufnehmen; Gegenstand unseres ~s war der neue Film; der Vorfall von gestern ist das ~ des Tages ▸ das ~ abbrechen; ein (Telefon-)~ abhören; das ~ wieder aufnehmen; ein ~ belauschen; mit jmdm. ein ~ führen; das ~ (nach New York) kostete 20 Euro; ein ~ unterbrechen ▸ dienstliches, fachliches, freundschaftliches, politisches ~; ein dringendes (Telefon-)~; ernstes, heiteres, interessantes, zwangloses ~; kurzes, langes ~ ▸ das ~ auf etwas bringen *zu einem bestimmten Thema hinlenken;* sich in ein ~ einlassen; sich ins ~ bringen ⟨übertr.⟩ *durch best. Handlungen allgemeine Aufmerksamkeit erregen;* mit jmdm. ins ~ kommen; im ~ sein *(öffentl.) besprochen, diskutiert werden;* im ~ bleiben *den Kontakt nicht abreißen lassen;* ins ~ vertieft sein; ein ~ mit jmdm. anknüpfen; ~ unter vier Augen; ein ~ von einigen Minuten; zum öffentlichen ~ werden; ein ~ zwischen Lehrer und Schülern
ge|sprä̱|chig ⟨Adj.⟩ *gerne redend, mitteilsam* ▸ du bist heute nicht sehr ~
Ge|sprä̱chs|ein|heit ⟨die; -, -en⟩ = *Gebühreneinheit*
Ge|sprä̱chs|run|de ⟨die; -, -n⟩ *Gruppe von Menschen, die zu einem (meist öffentlichen) Gespräch zusammengekommen sind, Diskussionsrunde*
Ge|sprä̱chs|stoff ⟨der; -(e)s, -e⟩ *etwas, worüber man ein Gespräch führen kann, Stoff zur Unterhaltung* ▸ den beiden war der ~ ausgegangen; wir haben immer ~
ge|sprei̱zt I ⟨Part. Perf. von⟩ *spreizen* II ⟨Adj.; abwertend⟩ *geziert, unnatürlich, schwülstig* ▸ ein ~es Hochdeutsch sprechen
ge|sprọ|chen → *sprechen*
ge|sprọs|sen → *sprießen*[2]
ge|sprụn|gen → *springen*
Ge|spü̱r ⟨das; -(e)s; unz.⟩ *Gefühl* ▸ er hat kein ~ für Anstand

Ge|stạlt ⟨die; -, -en⟩ **1** *äußere Form, Erscheinung, die Umrisse, Aussehen;* Abl *gestaltlos* **2** *Wuchs, Körperbeschaffenheit* **3** *Person (im Drama, Roman)* **4** *Wesen;* Zus *Lichtgestalt, Traumgestalt* ▸ die ~ des Ritters in einem Roman; der Zauberer nahm die ~ einer Schlange an ▸ annehmen: der Plan nimmt allmählich (feste) ~ an *formt sich, entwickelt sich;* einer Sache ~ geben *sie formen;* einem Gedanken ~ geben *ihn formulieren, in Worte fassen;* der Plan gewinnt langsam ~ *formt sich, entwickelt sich* ▸ eine andere ~ annehmen (im Märchen); eine dunkle ~ näherte sich uns langsam; große, hagere, kräftige, schöne, untersetzte, zierliche ~ ▸ jmdn. an seiner ~ erkennen; sich in seiner wahren ~ zeigen *sich zeigen, wie man wirklich ist, seine wahren Absichten erkennen lassen;* von hübscher ~
ge|stạl|ten ⟨V.; ge|stal|tet, ge|stal|te|te, hat ge|stal|tet⟩ **I** ⟨V. trans.⟩ **1** eine Sache ~ *einer Sache Gestalt geben, sie entwickeln, verwirklichen, organisieren* **2** ein Programm ~ *sich ausdenken u. festlegen* ▸ einen Abend, eine Feier ~; ein Buch künstlerisch ~ **II** ⟨V. refl.⟩ sich ~ *werden, sich entwickeln* ▸ die Sache hat sich ganz anders gestaltet, als wir dachten; sich günstig, ungünstig ~; sich zu einem Erfolg ~; Abl *Gestaltung*
ge|stạl|te|risch ⟨Adj.⟩ *künstlerisch*
ge|stạn|den[1] **I** ⟨Part. Perf. von⟩ *stehen* **II** ⟨Adj.⟩ *reif, erfahren, im Charakter gefestigt* ▸ eine ~e Persönlichkeit sein; sie ist eine ~e Frau
ge|stạn|den[2] → *gestehen*
ge|stạ̈n|dig ⟨Adj.⟩ *ein Geständnis abgelegt, seine Schuld zugegeben habend* ▸ der Angeklagte ist ~ *hat (die Tat) gestanden*
Ge|stạ̈nd|nis ⟨das; -nis|ses, -nis|se⟩ *das Gestehen, Mitteilen einer Schuld, einer Neigung o. Ä.* ▸ das ~ des Gefangenen; ein ~ ablegen *etwas eingestehen, etwas bekennen;* jmdm. ein ~ machen *etwas gestehen*
Ge|stạnk ⟨der; -(e)s; unz.⟩ *schlechter, übler Geruch*
Ge|sta̱|po ⟨die; -; unz.; 1935-45 Kurzw. für⟩ *Geheime Staatspolizei*
ge|stạt|ten ⟨V. trans.; ge|stat|tet, ge|stat|te|te, hat ge|stat|tet⟩ (jmdm.) etwas ~ *erlauben, bewilligen, einwilligen in* ▸ ~ Sie? *(Höflichkeitsformel) darf ich bitte …?;* ~ Sie, dass ich die Zeitung nehme?; ~ Sie eine Frage; ist es gestattet, einzutreten?
Gẹs|te ⟨a. [ge:s-] die; -, -n⟩ **1** *Bewegung, die etwas ausdrücken soll (konventioneller als die Gebärde)* **2** *unverbindliche Höflichkeitsformel* ▸ die Einladung ist eine höfliche ~ von ihm; jmdm. etwas mit lebhaften ~n erklären
Ge|stẹck ⟨das; -(e)s, -e⟩ *Gebinde aus Blumen*
ge|ste̱|hen ⟨V. trans.; ge|steht, ge|stand, hat ge|stan|den⟩ (jmdm.) etwas ~ *(eine Tat, Schuld, Liebe o. Ä.) mitteilen, zugeben, bekennen* ▸ hat der Verbrecher gestanden?; er hat mir gestanden, dass er das Geld genommen hat; jmdm. seine Liebe ~; ein Verbrechen ~; die (volle) Wahrheit ~; ich muss ~, dass ich ihn nicht mag; offen gestanden, ist es mir lieber, wenn du jetzt gehst

G

Ge|stein ⟨das; -(e)s, -e⟩ **1** *aus Mineralien bestehender Bestandteil der festen Erdkruste* **2** *Masse von fest verbundenen od. losen Steinen, Fels*

Ge|stell ⟨das; -(e)s, -e⟩ **1** *Gefüge aus Brettern od. Stangen zum Stützen, Tragen* **2** *Rahmen, an dem andere Teile befestigt od. auf den andere Teile gelegt werden, Unterbau, Regal;* Zus *Bettgestell, Büchergestell, Gläsergestell*

ges|tern ⟨Adv.⟩ *von heute aus einen Tag zurück, am Tag vor dem heutigen* ▸ das Gestern und das Heute *Vergangenheit u. Gegenwart;* ~ war ich bei ihm; ~ Abend; ~ Morgen; ~ Nachmittag; ~ früh/Früh; wir haben bis ~ noch nicht gewusst, ob sie kommt; das Brötchen ist von ~ *nicht mehr frisch;* er ist nicht von ~ ⟨umg.⟩ *er weiß Bescheid, er ist aufgeweckt;* Ansichten von ~ haben *altmodische A.;* ~ vor acht Tagen; zwischen ~/Gestern und morgen/Morgen

ge|stie|felt **I** ⟨Part. Perf. von⟩ *stiefeln* **II** ⟨Adj.⟩ *mit Stiefeln versehen* ▸ ~ und gespornt ⟨übertr.; umg.⟩ *fertig angezogen*

ge|stie|gen → *steigen*

Ges|tik ⟨a. [ge:s-] die; -; unz.⟩ *Gesamtheit der Gesten, Gebärdenspiel* ▸ Mimik und ~ eines Schauspielers

ges|ti|ku|lie|ren ⟨V. intr.; ges|ti|ku|liert, ges|ti|ku|lier|te, hat ges|ti|ku|liert⟩ *Gesten, Gebärden machen, durch Bewegungen Zeichen geben, sich verständlich machen* ▸ heftig, (wie) wild ~; mit den Händen ~; Abl *Gestikulation*

Ge|stirn ⟨das; -(e)s, -e; poet.⟩ = *Stern (1)*

ge|sto|ben → *stieben*

ge|sto|chen → *stechen*

ge|stoh|len → *stehlen*

ge|stor|ben → *sterben*

Ge|stot|ter ⟨das; -s; unz.; umg.⟩ *anhaltendes Stottern, stockende Redeweise*

ge|streift **I** ⟨Part. Perf. von⟩ *streifen* **II** ⟨Adj.⟩ *mit Streifen versehen, ausgestattet* ▸ ein ~er Pullover

ge|stri|chen → *streichen*

ges|trig ⟨Adj.⟩ *von gestern, gestern gewesen* ▸ unsere ~e Vereinbarung hat er vergessen; am ~en Tage

ge|strit|ten → *streiten*

Ge|strüpp ⟨das; -(e)s; unz.⟩ *dichtes, schwer durchdringliches Buschwerk*

ge|stun|ken → *stinken*

Ge|stüt ⟨das; -(e)s, -e⟩ **1** *Pferdezuchtanstalt* **2** *alle Pferde eines Gestüts (1)*

Ge|such ⟨das; -(e)s, -e⟩ *schriftliche Bitte, Eingabe (besonders an eine Behörde)* ▸ ein ~ einreichen, stellen; ein ~ ablehnen, befürworten, bewilligen

ge|sucht **I** ⟨Part. Perf. von⟩ *suchen* **II** ⟨Adj.; -er, am -es|ten⟩ *selten, begehrt* (Antiquität)

ge|sund ⟨Adj.; ge|sün|der, am ge|sün|des|ten, selten auch: -er, am -es|ten⟩ **1** *frei von Krankheit, leistungsfähig, kräftig* (Mensch, Organ) **2** *zuträglich, Gesundheit bringend od. erhaltend* (Klima, Nahrungsmittel) **3** *heilsam, förderlich* (Lehre, Strafe) **4** *blühend, frisch* (Aussehen) **5** *richtig, natürlich* (Entwicklung, Zustand) ▸ einen ~en Appetit haben *kräftigen A.;* dies ist keine ~e Entwicklung *eine schlechte E.;* ~e Gesichtsfarbe; ein ~es Herz haben; uns wurde ein ~er Junge geboren; die ~e Luft im Gebirge genießen; der ~e Menschenverstand *Vernunft, Wirklichkeitssinn, vernünftiges, reales Denken;* ~er Schlaf *tiefer u. ausreichender Schlaf;* ein ~es Unternehmen *ein wirtschaftl. gut fundiertes U.;* ein ~es Urteil haben *richtig u. maßvoll urteilen können* ▸ ~ aussehen; bleiben Sie ~!; sich ~ fühlen; jmdn. ~ machen = *gesundmachen;* jmdn. ~ pflegen = *gesundpflegen;* ~ sein; Obst ist ~; er ist nicht ganz ~ ▸ frisch und ~ sein; ~ und munter ▸ jmdn. als ~ aus dem Krankenhaus entlassen

ge|sund|be|ten ⟨V. trans.; be|tet ge|sund, be|te|te ge|sund, hat ge|sund|ge|be|tet, ge|sund|zu|be|ten⟩ jmdn. ~ *durch Gebete u. a. religiöse Verrichtungen von Krankheit zu heilen suchen*

ge|sun|den ⟨V. intr.; ge|sun|det, ge|sun|de|te, ist ge|sun|det⟩ **1** *gesund werden, genesen* **2** ⟨übertr.⟩ *sich wieder erholen, sich kräftigen, wieder normal werden* (Wirtschaft); Abl *Gesundung*

Ge|sund|heit ⟨die; -; unz.⟩ *Zustand des Gesundseins, Wohlbefindens, der Leistungsfähigkeit* ▸ ~! *(Zuruf, wenn jmd. niest)* ▸ seine ~ ist angegriffen; er hat seinem Beruf seine ~ geopfert; Rauchen schadet der ~ ▸ eine eiserne, robuste ~ haben *sehr widerstandsfähig sein;* körperliche, geistige, seelische ~; das ist der ~ nicht zuträglich ▸ auf ihre ~! *(beim Zutrinken);* auf jmds. ~ trinken; bei guter ~ sein; mit seiner ~ Raubbau treiben; wie geht, steht es mit Ihrer ~?; vor ~ strotzen *kerngesund sein;* Zus *Gesundheitszustand; gesundheitsgefährdend, gesundheitsschädlich*

ge|sund|heit|lich ⟨Adj.⟩ *die Gesundheit betreffend, hinsichtlich der G.* ▸ wie geht es Ihnen ~?; er ist ~ vorläufig nicht in der Lage, die Reise zu machen; aus ~en Gründen von einem Amt zurücktreten

Ge|sund|heits|amt ⟨das; -(e)s, -äm|ter⟩ *Amt, das die Aufsicht über die Einhaltung hygienischer Vorschriften führt;* Syn *Gesundheitsbehörde, Sanitätsbehörde*

Ge|sund|heits|po|li|tik ⟨die; -; unz.⟩ *Gesamtheit aller politischen Maßnahmen, die die Regelung des öffentlichen Gesundheitswesen betreffen;* Abl *gesundheitspolitisch*

Ge|sund|heits|we|sen ⟨das; -s; unz.⟩ *alle die öffentliche Gesundheit betreffenden Einrichtungen u. Vorgänge;* Syn *Gesundheitsdienst*

ge|sund|ma|chen *auch:* **ge|sund ma|chen** ⟨V. trans.; macht ge|sund, mach|te ge|sund, hat ge|sund|ge|macht, ge|sund|zu|ma|chen⟩ jmdn. ~ *von einer Krankheit befreien*

ge|sund|pfle|gen *auch:* **ge|sund pfle|gen** ⟨V. trans.; pflegt ge|sund, pfleg|te ge|sund, hat ge|sund|ge|pflegt, ge|sund|zu|pfle|gen⟩ jmdn. ~ *ihn pflegen, bis er gesund ist*

ge|sund|schrump|fen ⟨V.; schrumpft ge|sund, schrumpf|te ge|sund, hat ge|sund|ge|schrumpft, ge|sund|zu|schrump|fen; übertr.> **I** ⟨V. trans.⟩ **1** eine Wirtschaft ~ *in Teilbereichen der Wirtschaft die Produktion einschränken, um die Rentabilität eines andern zu sichern* **2** ⟨allg.⟩ *auf eine rentable Größe verkleinern* **II** ⟨V. intr. u. V. refl.⟩ (sich) ~ *sich auf eine rentable Größe verkleinern*

ge|sun|gen → *singen*

ge|sun|ken → *sinken*

ge|tan → *tun*

ge|ti|gert **I** ⟨Part. Perf. von⟩ *tigern* **II** ⟨Adj.⟩ *gestreift wie das Fell des Tigers* ▸ eine ~e Decke

Ge|tö|se ⟨das; -s; unz.; umg.⟩ *anhaltender Lärm, anhaltender, klirrender Krach*

ge|tra|gen **I** ⟨Part. Perf. von⟩ *tragen* **II** ⟨Adj.⟩ *gemessen, langsam, ruhig-ernst, schreitend* (Melodie, Tempo)

Ge|tränk ⟨das; -(e)s, -e⟩ *Flüssigkeit zum Trinken* ▸ erfrischendes, heißes, kaltes, warmes ~; ein exotisches ~ mischen; in einer Bar bekommt man nur alkoholische ~e; habt ihr (bei dem Kellner) schon ~e bestellt; Zus *Getränkeautomat, Getränkesteuer; Mixgetränk*

Ge|trän|ke|kis|te ⟨die; -, -n⟩ *Kasten aus Kunststoff mit vorgegebenen Halterungen für Flaschen*

ge|trau|en ⟨V. refl.; ge|traut sich, ge|trau|te sich, hat sich ge|traut⟩ sich etwas ~ *etwas wagen, riskieren, sich etwas zutrauen* ▸ das getraue ich mich/mir nicht

Ge|trei|de ⟨das; -s; unz.; Sammelbez. für⟩ *Kulturpflanzen, die in Ähren od. Rispen angeordnete, mehlreiche u. trockene Körner tragen: Zerealien;* Syn *Halmfrüchte, Getreidepflanze* ▸ ~ anbauen; das ~ in einer Mühle mahlen; das ~ wird im Sommer gemäht; Zus *Getreidefeld, Getreidekorn, Getreidespeicher*

ge|trennt → *trennen*

Ge|trennt|schrei|bung ⟨die; -; unz.⟩ *getrennte Schreibung, Schreibung in zwei Wörtern*

ge|treu[1] ⟨Adj.; -er, am -(e)s|ten⟩ **1** *genau entsprechend* **2** ⟨veraltet⟩ *treu, zuverlässig* ▸ ein ~es Abbild; ein ~er Diener; ~e Wiedergabe

ge|treu[2] ⟨Präp. m. Gen.⟩ *entsprechend, gemäß* ▸ er handelte ~ seinem Entschluss; etwas der Wahrheit ~ berichten

ge|treu|lich ⟨Adv.⟩ *treu, getreu* ▸ ~ ausharren; jmdm. ~ zur Seite stehen

Ge|trie|be ⟨das; -s, -⟩ **1** *Gefüge von Maschinenteilen zur Übertragung od. Veränderung von (meist rotierenden) Bewegungen, z. B. in Kraftfahrzeugen* **2** *lebhafte Bewegung einer Menge, lebhaftes Kommen u. Gehen* ▸ aus dem ~ der Stadt herauskommen; eine Störung im ~

ge|trie|ben → *treiben*

ge|trof|fen[1] → *treffen*

ge|trof|fen[2] → *triefen*

ge|tro|gen → *trügen*

ge|trost ⟨Adj.⟩ *vertrauend, zuversichtlich, guten Mutes, ohne Sorge* ▸ man kann ~ sagen, dass …; ~ sterben; sich ~ auf den langen Weg machen

ge|trun|ken → *trinken*

Get|to ⟨das; -s, -s⟩ = *Ghetto*

Ge|tue ⟨das; -s; unz.; umg.⟩ **1** *geziertes, unechtes Verhalten* **2** *Wichtigtuerei, Aufhebens* ▸ albernes ~; viel ~ um etwas machen

Ge|tüm|mel ⟨das; -s; unz.⟩ *lärmende, durcheinanderwirbelnde Menge, besonders von Kämpfenden* ▸ es herrschte ein wildes ~; sich ins ~ stürzen; Zus *Kampfgetümmel, Schlachtgetümmel*

Ge|wächs ⟨[-ks] das; -es, -e⟩ **1** *Pflanze, pflanzl. Erzeugnis* **2** ⟨Med.⟩ *Auswuchs, Geschwulst, Wucherung* ▸ Wein ist ein edles ~; einheimische, exotische, tropische ~e

Ge|wächs|haus ⟨[-ks-] das; -es, -häu|ser⟩ *Schutzhaus für Pflanzen, Treibhaus*

ge|wagt **I** ⟨Part. Perf. von⟩ *wagen* **II** ⟨Adj.; -er, am -es|ten⟩ **1** *gefährlich, bedenklich* (Unternehmen) **2** *anstößig* (Witz)

ge|wählt **I** ⟨Part. Perf. von⟩ *wählen* **II** ⟨Adj.⟩ **1** *überlegt, (stilistisch) einwandfrei* **2** *elegant u. geschmackvoll* ▸ ~e Kleidung; sich ~ ausdrücken

ge|wahr ⟨Adj.; nur präd.; mit Gen. od. Akk.⟩ einer od. eine Sache ~ werden *sie entdecken, erblicken, bemerken, gewahren* ▸ wir wurden der, die Gefahr zu spät ~

Ge|währ ⟨die; -; unz.⟩ *Sicherheit, Bürgschaft, Garantie* ▸ die Angabe der Lottozahlen erfolgt ohne ~; ~ bieten für jmdn. od. etwas; ~ leisten = *gewährleisten*

ge|wäh|ren ⟨V. trans.; ge|währt, ge|währ|te, hat ge|währt⟩ (jmdm.) etwas ~ *bewilligen, zugestehen, erlauben* ▸ jmdm. ein Anliegen, eine Bitte, ein Gesuch, einen Wunsch ~; Aufschub, Frist, einen Kredit, Preisnachlass ~; Hilfe, Obdach, Schutz, Unterhalt, Unterstützung ~; der Vertrag gewährt ihm gewisse Vergünstigungen, Vorteile, Freiheiten ▸ jmdn. ~ lassen *tun lassen, was er will, ihn nicht hindern;* Abl *Gewährung*

ge|währ|leis|ten *auch:* **Ge|währ leis|ten** ⟨V. trans.; ge|währ|leis|tet / leis|tet Ge|währ, ge|währ|leis|te|te / leis|te|te Ge|währ, hat ge|währ|leis|tet / Ge|währ ge|leis|tet⟩ (jmdm.) etwas ~ *garantieren, für etwas sorgen* ▸ der Erfolg, die Sicherheit ist gewährleistet

Ge|währ|leis|tung ⟨die; -, -en⟩ *Haftung des Verkäufers dem Käufer gegenüber, dass der verkaufte Gegenstand frei ist von Rechten, die ein Dritter gegen den Käufer geltend machen könnte, u. frei von Sachmängeln, die den Wert wesentlich mindern*

Ge|währs|mann ⟨der; -(e)s, -män|ner od. -leu|te⟩ *jmd., auf dessen Aussage man sich berufen kann, ein zuverlässiger Übermittler von Nachrichten* ▸ nach Aussage unseres ~es

Ge|walt ⟨die; -, -en⟩ **1** *Zwang, (rohe) Kraft, unrechtmäßiges Vorgehen;* Zus *Gewaltanwendung, Gewaltverzicht* **2** *Macht, Befugnis zu herrschen* **3** *Machtbereich* **4** *Heftigkeit, Wucht, Ungestüm* ▸ die ~ der Explosion war weithin zu hören; die ~ der Leidenschaft, des Schicksals ▸ jmdm. ~ antun *ihn gewalttätig behandeln;* sich ~ antun *sich das Leben nehmen;* ~ anwenden, brauchen, üben; die ~ ausüben, besitzen, erteilen, haben ▸ die ausübende, gesetzgebende, öffentliche, richterliche, staatliche ~; die elterliche ~; geistliche und weltliche ~; ein Fall von höherer ~ *ein unvorhergesehenes Ereignis, auf das man keinen Einfluss hat;* rohe ~ anwenden; jmdn. mit sanfter ~ zum Gehen bewegen ⟨umg.⟩ ▸ jmdn., etwas in seine ~ bringen; in, unter jmds. ~ geraten; jmdn. od. etwas in seiner ~ haben; seine Stimme nicht in der ~ haben; das steht nicht in meiner ~; mit aller ~ *um jeden Preis;* mit ~ etwas erzwingen wollen; mit ~ wirst du nichts erreichen; das Unwetter brach mit elementarer ~ herein; die Tür ließ sich nur mit ~ öffnen; unumschränkte ~ über etwas haben; er verlor die ~ über seinen Wagen

G

Ge|wạlt|akt ⟨der; -(e)s, -e⟩ **1** *Anwendung von Gewalt* **2** ⟨übertr.⟩ *große Kraftanstrengung*

Ge|wạlt|be|reit|schaft ⟨die; -; unz.⟩ *Bereitschaft zur Gewaltanwendung, Gewalttätigkeit*

Ge|wạl|ten|tei|lung ⟨die; -, -en; Rechtsw.⟩ *Gliederung der staatl. Obrigkeit in Gesetzgebung, Rechtsprechung u. Verwaltung;* Syn ⟨schweiz.⟩ *Gewaltentrennung*

ge|wạlt|frei ⟨Adj.⟩ *frei von Gewalt, ohne Anwendung von Gewalt od. Zwang* ▸ ~e Erziehung

Ge|wạlt|herr|schaft ⟨die; -; unz.⟩ *durch Gewalt ausgeübte Herrschaft eines Einzelnen;* Syn *Tyrannei, Despotie*

ge|wạl|tig ⟨Adj.⟩ **I** ⟨attr.; präd.⟩ *mächtig, heftig, riesig, sehr groß* ▸ eine Naturkatastrophe ~en Ausmaßes; es hinterließ einen ~en Eindruck; die Wellen schlugen mit ~er Kraft gegen das Schiff; ~e Vorräte lagern **II** ⟨adv.; umg.⟩ *sehr* ▸ da musst du ~ aufpassen; sich ~ irren

Ge|wạlt|marsch ⟨der; -(e)s, -mär|sche⟩ *sehr schneller, anstrengender Marsch über eine große Strecke*

ge|wạlt|sam ⟨Adj.⟩ *mit Gewalteinsatz (erzwungen), durch Gewalt (herbeigeführt)* ▸ eines ~en Todes sterben *ermordet werden;* eine Tür ~ aufbrechen; ~ in eine Wohnung eindringen

Ge|wạlt|tat ⟨die; -, -en⟩ *mit Gewalt durchgeführte Handlung, Tätlichkeit, Attentat* ▸ eine ~ verüben; einer ~ zum Opfer fallen; Abl *Gewalttäter(in)*

ge|wạlt|tä|tig ⟨Adj.⟩ *mit Gewalt vorgehend* ▸ ~e Straftäter; er ist ~; Abl *Gewalttätigkeit*

ge|wạndt **I** ⟨Part. Perf. von⟩ *wenden* **II** ⟨Adj.⟩ **1** *geschickt u. flink, beweglich* **2** *erfahren, geübt* **3** *weltmännisch, verbindlich* ▸ ein ~es Auftreten; ~es Benehmen; ~e Umgangsformen haben; er ist ein ~er Gesellschafter, Redner, Tänzer, Unterhalter; einen ~en Stil schreiben; in vielen Dingen ~ sein; Abl *Gewandtheit*

ge|wạnn → *gewinnen*

ge|wär|tig ⟨Adj.; nur präd.; mit Gen.; geh.⟩ einer Sache ~ sein *sie erwarten, darauf gefasst sein*

Ge|wạ̈sch ⟨das; -s; unz.; umg.; abwertend⟩ *dummes, leeres Gerede, Geschwätz*

Ge|wạ̈s|ser ⟨das; -s, -⟩ *natürliche Ansammlung von Wasser* ▸ fließendes ~ *Bach, Fluss, Strom;* stehendes ~ *Teich, See;* Zus *Gewässerschutz*

Ge|we̱|be ⟨das; -s, -⟩ **1** ⟨Textilwesen⟩ *Stoff, der aus einer Verbindung sich kreuzender Fäden besteht* **2** ⟨Biol.⟩ *Gefüge von gleichartigen Zellen;* Zus *Muskelgewebe, Zellgewebe* ▸ ~ der Drüsen, Knochen, Muskeln, Nerven; ~ verpflanzen; seidenes, synthetisches, wollenes ~; bedrucktes, buntes, einfarbiges, gemustertes ~; dichtes, dünnes, grobes, leichtes, lockeres, weiches ~

Ge|we̱hr ⟨das; -(e)s, -e⟩ *Handfeuerwaffe mit langem Lauf* ▸ das ~ anlegen, entsichern, laden; ~ bei Fuß stehen ⟨übertr.⟩ *angriffsbereit stehen*

Ge|we̱hr|feu|er ⟨das; -s; unz.⟩ *Schießen mit dem Gewehr*

Ge|we̱hr|lauf ⟨der; -(e)s, -läu|fe⟩ *Rohr des Gewehrs*

Ge|we̱ih ⟨das; -(e)s, -e⟩ *Auswüchse in der Art von Knochen am Kopf von männlichen Hirschen* ▸ das ~ abwerfen

ge|wẹn|det → *wenden*

Ge|wẹr|be ⟨das; -s, -⟩ **I** ⟨zählb⟩ *selbstständige berufliche Tätigkeit in den Bereichen Produktion, Handel, Handwerk, Dienstleistung* ▸ ein ~ ausüben, betreiben, erlernen, treiben; Zus *Gewerbebetrieb, Gewerbetreibende(r)* ▸ ein dunkles, ehrliches, mühsames, schmutziges, unsauberes ~ **II** ⟨unz.⟩ *Gesamtheit der produzierenden Betriebe, Handwerksbetriebe, Handelsunternehmen, Dienstleistungsbetriebe* ▸ in einem ~ tätig sein; Handel und ~

Ge|wẹr|be|flä|che ⟨die; -, -n⟩ *Baugrundstück, das gemäß dem öffentlichen Bebauungsplan für die Ansiedlung eines Gewerbebetriebes vorgesehen ist* ▸ Baugrundstücke als ~n ausweisen

Ge|wẹr|be|ge|biet ⟨das; -(e)s, -e⟩ *Gebiet, Areal, in dem Gewerbebetriebe u. Unternehmen angesiedelt sind* ▸ die Stadt plant schon lange die Errichtung eines neuen ~es

ge|wẹrb|lich ⟨Adj.⟩ *zu einem Gewerbe gehörig, auf einem Gewerbe beruhend, aus einem Gewerbe stammend*

ge|wẹrbs|mä|ßig ⟨Adj.⟩ *als Gewerbe (betrieben), berufsmäßig* ▸ eine Arbeit ~ betreiben

Gewerkschaft

Eine *Gewerkschaft* ist eine Vereinigung von Arbeitnehmern, die deren Interessen gegenüber den Arbeitgebern (den Unternehmern) und dem Staat vertritt. *Gewerkschaften* schließen u. a. Tarifverträge ab und setzen sich für eine Verbesserung der Arbeitsbedingungen ein. Die Mitgliedschaft der Arbeitnehmer in einer Gewerkschaft kann freiwillig oder auch gesetzlich verpflichtend sein. In Deutschland sind die größten Gewerkschaften im DGB (Deutscher Gewerkschaftsbund) zusammengeschlossen, der ein weitreichendes politisches Mitspracherecht hat. Mitgliederstarke Gewerkschaften sind u. a. die IG Metall, IG Bergbau, Chemie, Energie, Ver.di (Vereinte Dienstleistungsgewerkschaft) und der DBB (Deutscher Beamtenbund). In Österreich ist der Dachverband der Gewerkschaften der ÖGB (Österreichischer Gewerkschaftsbund) und in der Schweiz der SGB (Schweizerischer Gewerkschaftsbund).

Erste Arbeitnehmervereinigungen im Sinne der heutigen Gewerkschaften kamen mit der Industrialisierung im 19. Jahrhundert auf. In den 60er Jahren des 19. Jahrhunderts entstanden in Deutschland, wie zuvor schon in England, erste Gewerkschaften für einzelne Berufsgruppen, die allerdings vom deutschen Staat erstmals 1916 anerkannt wurden. Im Jahr 1918 erfolgte die Anerkennung seitens der Arbeitgeber, die dazu führte, dass die zentrale Forderung der Arbeitnehmer – die Einführung des Achtstundentages – umgesetzt wurde.

Ge|werk|schaft ⟨die; -, -en⟩ *Vereinigung von Arbeitnehmern, um ihre Interessen (gegenüber dem Arbeitgeber, der Regierung usw.) zu wahren* ▸ er ist in die ~ eingetreten; das Unternehmen verhandelt mit dem Betriebsrat und der ~; Abl *Gewerkschaft(l)er(in);* Zus *Gewerkschaftsbund, Gewerkschaftsführer(in), Gewerkschaftsmitglied*

ge|werk|schaft|lich ⟨Adj.⟩ *zur Gewerkschaft gehörig, in, mittels einer Gewerkschaft* ▸ ~ organisiert sein

ge|we|sen → *sein²*

ge|wi|chen → *weichen²*

Ge|wicht ⟨das; -(e)s, -e⟩ **1** ⟨Phys.⟩ *Schwere eines Körpers* **2** *Kraft, Druck eines Körpers auf seine Unterlage* **3** *Körper von einer genau bestimmten Masse, der als Maßeinheit zum Wiegen eines anderen dient;* Zus *Kilogewicht, 100-Gramm-Gewicht* **4** *schweres, an einer Kette hängendes Metallstück bei Pendeluhren* **5** ⟨Sp.⟩ *schweres Metallstück an einer Eisenstange beim Gewichtheben* **6** ⟨übertr.⟩ *Wichtigkeit, Bedeutung, Einfluss* ▸ zwei Kilo ~ ▸ einer Sache kein, viel, wenig ~ beilegen, beimessen, geben ⟨übertr.⟩; das hat aber ein ~! ⟨umg.⟩ *das ist aber schwer* ▸ sein ganzes ~ in die Waagschale werfen ⟨übertr.⟩ *allen Einfluss geltend machen;* leichtes, schweres, spezifisches ~; das zulässige ~ ▸ dieser Umstand fällt nicht ins ~ ⟨übertr.⟩ *hat keine Bedeutung, ist unwesentlich;* etwas nach ~ verkaufen

ge|wich|ten ⟨V. trans.; ge|wich|tet, ge|wich|te|te, hat ge|wich|tet⟩ etwas ~ *einer Sache eine bestimmte Bedeutung, Wichtigkeit zumessen* ▸ etwas stärker ~; Abl *Gewichtung*

Ge|wicht|he|ben ⟨das; -s; unz.; Sp.⟩ *Sportart der Schwerathletik, das Heben schwerer Gewichte (Hanteln) als Wettkampf;* Abl *Gewichtheber(in)*

ge|wich|tig ⟨Adj.; übertr.⟩ **1** *bedeutend, schwer wiegend* (Entscheidung, Gründe) **2** *einflussreich* (Persönlichkeit) ▸ das ist eine ~e Frage

Ge|wichts|ein|heit ⟨die; -, -en⟩ *Maßeinheit (zur Bestimmung) des Gewichts, der Schwere eines Körpers*

Ge|wichts|klas|se ⟨die; -, -n; in der Schwerathletik (Boxen, Ringen, Gewichtheben, Judo)⟩ *Gruppe der Kämpfer mit etwa gleichem Gewicht*

Ge|wichts|ver|lust ⟨der; -(e)s, -e⟩ *Einbuße an Körpergewicht (z. B. durch Krankheit)*

ge|wieft ⟨Adj.; -er, am -es|ten; umg.⟩ *schlau, gerissen, durchtrieben* ▸ er ist ein ~er Betrüger

ge|wie|sen → *weisen*

ge|willt ⟨Adj.; nur präd.⟩ ~ sein, etwas zu tun *willens, bereit sein, die Absicht haben*

Ge|wim|mel ⟨das; -s; unz.; umg.⟩ *lebhaftes Durcheinander von Lebewesen, Gewühl;* Zus *Menschengewimmel*

Ge|win|de ⟨das; -s, -⟩ *Rille um einen zylindrischen Mantel od. im Inneren eines zylindr. Hohlraumes* ▸ ein ~ schneiden; Zus *Schraubengewinde*

Ge|winn ⟨der; -(e)s, -e⟩ **1** *das Erwerben, Gewinnen, Nutzen, Erträge, Ausbeute* **2** ⟨Wirtsch.⟩ *Geld, das jmd. od. ein Unternehmen erwirtschaftet hat (Einnahmen abzüglich Kosten, Überschuss);* Zus *Gewinnbeteiligung, Gewinnsteigerung; gewinnmindernd, gewinnorientiert* **3** *Treffer, Preis;* Zus *Gewinnnummer; Lotteriegewinn* ▸ (keinen) ~ abwerfen, bringen, einbringen, erzielen; den ~ berechnen, schätzen, überschlagen; (großen) ~ bringen; den ~ einheimsen, einstreichen ⟨umg.⟩; ich habe davon keinen ~; aus etwas seinen ~ schlagen, ziehen; er sucht bei allem seinen ~ ▸ ~ bringend = *gewinnbringend* ▸ diese Bekanntschaft war kein ~ für uns; ein ~ in der Lotterie; ich habe dieses Buch mit großem ~ gelesen; er konnte sein Haus mit ~ verkaufen; ~ und Verlust

Ge|winn|an|teil ⟨der; -(e)s, -e⟩ *Anteil am Gewinn, Dividende, Tantieme* ▸ ein ~ von 8 %

Ge|winn|aus|schüt|tung ⟨die; -, -en⟩ *Auszahlung von Gewinnanteilen* ▸ ~ eines Unternehmens

ge|winn|brin|gend *auch:* **Ge|winn brin|gend** ⟨Adj.⟩ *erheblichen Gewinn erzielend* ▸ ein ~es Unternehmen

ge|win|nen ⟨V.; ge|winnt, ge|wann, hat ge|wonnen⟩ **I** ⟨V. trans.⟩ **1** einen Wettkampf, eine Auseinandersetzung ~ *als Sieger, Gewinner daraus hervorgehen* **2** Erfahrung, Macht ~ *durch eigene Anstrengung erreichen, erwerben* **3** Geld, einen Pokal, Preis ~ *durch Sieg od. Glück erwerben* **4** Erdöl, Kohle ~ *fördern, abbauen* **5** etwas aus etwas ~ *hervorbringen, herstellen* **6** jmdn. für sich od. für etwas ~ *jmdn. für sich, für seine Überzeugungen einnehmen* ▸ dabei kannst du nichts, nicht viel ~ ▸ Ansehen, Ehre, Macht, Ruhm ~; jmds. Aufmerksamkeit, Freundschaft ~; ich konnte keinen Einfluss auf seine Entscheidung ~; Erz, Gold, Kohle ~; er hat im Lotto 99 Euro gewonnen; die Angelegenheit gewinnt durch seine Schilderung ein ganz anderes Gesicht; die Herrschaft, Oberhand über jmdn. od. etwas ~; sie gewann die Herzen des Publikums im Sturm; einen Kampf, den Krieg, eine Schlacht ~; das Land, das rettende Ufer zu ~ suchen; er hat das große Los gewonnen (in der Lotterie); den Pokal ~ ⟨Sp.⟩; einen Prozess, eine Wette ~; ein Spiel, einen Wettbewerb, einen Wettkampf ~; ich habe die Überzeugung gewonnen, dass …; einen Vorsprung ~; ich muss Zeit ~ ▸ jmdn. als Abonnenten, Kunden, Mitglied, Mitarbeiter ~; sie hat großen Einfluss auf ihn gewonnen; aus diesen Trauben wird ein edler Wein gewonnen; jmdn. durch Freundlichkeit,

G

Hilfsbereitschaft od. Versprechungen für sich ~; jmdn. für eine Idee, Partei, einen Plan, einen Verein ~; die Konzertdirektion konnte die Künstlerin für ein Gastspiel ~; ich konnte einen Einblick in die dortigen Verhältnisse ~; die Mannschaft gewann das Endspiel mit 3:2; jmdn. zum Freund, Helfer, Verbündeten ~ ▸ damit ist nichts, viel, wenig gewonnen **II** ⟨V. intr.⟩ **1** *Sieger werden, im Wettkampf, im Spiel der Erste sein, siegen* **2** *erfreulicher, angenehmer, wirkungsvoller werden* ▸ wer die meisten Punkte hat, hat gewonnen; sie hat sehr gewonnen *sich zu ihrem Vorteil verändert;* jedes zweite Los gewinnt ▸ an Schönheit ~ *schöner werden;* die Sache gewinnt an Klarheit *wird klarer;* er gewinnt bei längerer Bekanntschaft; beim Spiel, bei einem Preisausschreiben ~; im Lotto ~

G

ge|wịn|nend **I** ⟨Part. Präs. von⟩ *gewinnen* **II** ⟨Adj.⟩ *einnehmend, ansprechend* ▸ er hat eine ~e Art; sie hat ein ~es Lächeln, Wesen

Ge|wịn|ner ⟨der; -s, -⟩ *jmd., der ein Spiel, eine Wette gewonnen, einen Treffer in der Lotterie gemacht hat, Sieger;* Abl *Gewinnerin*

Ge|wịnn|span|ne ⟨die; -, -n⟩ *Unterschied zw. Herstellungskosten u. Verkaufserlös bzw. zw. Fabrik- u. Ladenpreis*

Ge|wịn|nung ⟨die; -; unz.⟩ **1** *das Gewinnen* **2** *Erwerb, Förderung, Erzeugung* ▸ die ~ von Strom, Sonnenenergie

Ge|wịnn|zahl ⟨die; -, -en⟩ *Zahl od. Losnummer, auf die ein Gewinn entfällt;* Syn *Gewinnnummer*

Ge|wịrr ⟨das; -(e)s; unz.⟩ **1** *verwirrtes Knäuel (z. B. von Fäden)* **2** ⟨übertr.⟩ *schwer durchschaubares Durcheinander;* Zus *Straßengewirr*

ge|wịss ⟨Adj.; -er, am -es|ten⟩ **1** *sicher, fest, bestimmt, unbezweifelbar, unbestreitbar* **2** *nicht genau ausdrückbar od. feststellbar, schwer beschreibbar* **3** ⟨als Antwort⟩ *jawohl, zweifellos, bestimmt* ▸ ~!; ~ nicht!; aber ~!; ein ~er anderer ▸ eine ~e Ähnlichkeit ist unverkennbar; in ~er Beziehung muss ich dir Recht geben; über ~e Dinge spricht man nicht gern; sie hat so ein ~es Etwas, das ~e Etwas *eine Anziehungskraft, die man nicht näher beschreiben kann;* ein ~er Herr Sundern möchte dich sprechen; ein ~er Jemand; in ~em Maße kann ich sie verstehen; einen ~en Ort aufsuchen ⟨umg.⟩ *die Toilette;* ich habe einen ~en Verdacht; ein ~es Verständnis kann ich dafür aufbringen ▸ ich werde ~ kommen; sein: so viel ist ~, dass er gelogen hat; ist das schon ~?; du kannst meiner Hilfe, Unterstützung, Zustimmung ~ sein; ich weiß es ganz ~ ▸ etwas als ~ annehmen, behaupten, hinstellen; etwas für ~ halten; ich weiß nichts Gewisses *nichts Genaues*

Ge|wịs|sen ⟨das; -s; unz.⟩ *das Bewusstsein des Menschen von Gut u. Böse im eigenen Verhalten* ▸ auf die Stimme des ~s hören ▸ jmds. ~ beruhigen; um mein Gewissen zu entlasten, bekenne ich meine Schuld; sein ~ erleichtern *ein Unrecht bekennen;* sein ~ lässt ihm keine Ruhe; sein ~ plagt, quält ihn, regt sich; jmds. ~ wachrütteln ▸ sein ärztliches ~ lässt das nicht zu; ein gutes, reines, ruhiges, schlechtes ~ haben; hast du denn gar kein ~? ▸ etwas auf dem ~ haben *schuld an etwas sein;* jmdn. auf dem ~ haben *an seinem Unglück od. Tod schuld sein;* er hat einen Mord auf dem ~ *ihn begangen;* jmdm. ins ~ reden *ihm ernst u. eindringlich etwas vorhalten;* mit gutem ~ antworten; gegen Recht und ~ handeln; nach bestem Wissen und ~ antworten *wahrheitsgemäß, ohne etwas zu verschweigen;* das musst du vor deinem ~ verantworten

ge|wịs|sen|haft ⟨Adj.; -er, am -es|ten⟩ *sorgfältig, genau, zuverlässig* ▸ ein ~er Arbeiter, Kollege, Mensch; wir werden die Angelegenheit ~ prüfen; Abl *Gewissenhaftigkeit*

ge|wịs|sen|los ⟨Adj.⟩ *verantwortungslos, rücksichtslos* ▸ er hat ~ gehandelt; Abl *Gewissenlosigkeit*

Ge|wịs|sens|bis|se ⟨Pl.; Sg. nur selten⟩ *schlechtes Gewissen, Bewusstsein unrechten Handelns, Schuldgefühl* ▸ ~ bekommen, fühlen, haben

Ge|wịs|sens|fra|ge ⟨die; -, -n⟩ *Frage, die ein persönl. Bekenntnis od. eine persönl. Entscheidung verlangt* ▸ das ist eine ~!; eine ~ stellen

Ge|wịs|sens|kon|flikt ⟨der; -(e)s, -e⟩ *Widerstreit zwischen zwei Forderungen des Gewissens* ▸ in einen ~ geraten

ge|wịs|ser|ma|ßen ⟨a. [---'--] Adv.⟩ *sozusagen, man könnte fast sagen, gleichsam, beinahe*

Ge|wịss|heit ⟨die; -; unz.⟩ *Sicherheit, Bestimmtheit, Bewusstsein der Wahrheit* ▸ die ~ haben, dass die Kinder gut versorgt sind; er versuchte, sich ~ darüber zu verschaffen; man kann das mit ~ annehmen, sagen

Ge|wịt|ter ⟨das; -s, -⟩ **1** *Wetter mit Blitz, Donner u. Regen* **2** ⟨übertr.; umg.⟩ *heftige Auseinandersetzung, Zornesausbruch* ▸ ein ~ droht, kommt näher, naht; ein nächtliches ~ zieht herauf; das ~ zieht sich zusammen; ein ~ entlädt sich; ein ~ ist im Anzug; das ~ zieht vorüber; das ~ ist gerade über uns; am Abend gab es ein heftiges ~; seine Wut entlud sich in einem ~ ⟨übertr.⟩; Zus *Gewitterluft, Gewitterschauer, Gewitterwolke*

ge|wịt|tern ⟨V. intr.; ge|wit|tert, ge|wit|ter|te, hat ge|wit|tert; unpersönl.⟩ es gewittert *ein Gewitter geht nieder*

ge|wịtt|rig ⟨Adj.⟩ *einem Gewitter ähnlich, wie vor einem Gewitter;* oV *gewitterig* ▸ ~e Schauer; es sieht ~ aus *ein Gewitter scheint zu kommen*

ge|wịtzt ⟨Adj.⟩ *schlau u. geschickt* ▸ ein ~er Bursche; das Kind ist sehr ~

ge|wo|ben → *weben*

ge|wöh|nen ⟨V.; ge|wöhnt, ge|wöhn|te, hat gewöhnt⟩ **I** ⟨V. trans.⟩ jmdn. an etwas ~ *es ihm zur Gewohnheit machen, ihn vertraut damit machen* ▸ Kinder an Pünktlichkeit ~; wir mussten den Hund erst an Sauberkeit ~ **II** ⟨V. refl.⟩ sich an jmdn. od. etwas ~ *mit jmdm. od. etwas vertraut werden* ▸ man gewöhnt sich an alles; ich habe mich so an den Hund gewöhnt; allmählich gewöhne ich mich an seine Eigenarten; ich konnte mich noch nicht an dieses Klima ~

Ge|wohn|heit ⟨die; -, -en⟩ *Verhaltensweise, die durch häufiges Wiederholen zum festen Bestandteil des eigenen Verhaltens geworden ist* ▸ die Macht der ~ ▸ eine ~ ablegen, abstreifen *sich etwas abgewöhnen;* eine ~ annehmen *sich etwas angewöhnen;* die ~ haben zu ...; das geht, ist ganz gegen meine ~en ▸ eine böse, gute, schlechte, üble ~ ▸ etwas aus (bloßer, reiner) ~ tun *weil man es schon immer so getan hat;* der tägliche Spaziergang ist ihm zur ~ geworden

ge|wohn|heits|mä|ßig ⟨Adj.⟩ *aus Gewohnheit, ohne nachzudenken* ▸ ~er Verbrecher; etwas ganz ~ tun; ~ rauchen

Ge|wohn|heits|mensch ⟨der; -en, -en⟩ *jmd., der im Tagesablauf stets nach bestimmten Gewohnheiten handelt*

ge|wöhn|lich ⟨Adj.⟩ **I** ⟨attr.; präd.⟩ **1** *alltäglich, normal, nicht besonders, üblich* **2** *unfein, ordinär* ▸ ~e Ausdrücke; es war ein ganz ~er Tag; im ~en Leben ist das unwahrscheinlich; Abl *Gewöhnlichkeit* **II** ⟨adv.⟩ *im Allgemeinen, in der Regel, meist* ▸ ~ kommt er sehr spät; ich halte für ~ eine kurze Mittagsruhe; er kam wie ~ zu spät

ge|wohnt ⟨Adj.⟩ *durch zufällige Gewohnheit vertraut, zur Gewohnheit geworden, üblich, herkömmlich* ▸ wir mussten heute unseren ~en Abendspaziergang ausfallen lassen; die Dinge gehen ihren ~en Gang; eine Angelegenheit, die aus dem ~en Rahmen fällt; morgens zur ~en Stunde aufwachen; das ist mein ~er Weg zur Arbeit; etwas in ~er Weise, in der ~en Weise erledigen; etwas ~ sein; ich bin es ~, viel allein zu sein; er ist harte Arbeit von Kindheit an ~

ge|wöhnt **I** ⟨Part. Perf. von⟩ *gewöhnen* **II** ⟨Adj.⟩ an etwas ~ sein *durch bewusste Übung mit etwas vertraut geworden sein, sich angepasst haben* ▸ ich bin an diese Arbeit ~

Ge|wöh|nung ⟨die; -; unz.⟩ *das Vertrautwerden, Anpassung* ▸ durch langsame ~

ge|wöh|nungs|be|dürf|tig ⟨Adj.⟩ *so beschaffen, dass man sich erst daran gewöhnen muss, etwas befremdlich* ▸ sein Humor ist ~

Ge|wöl|be ⟨das; -s, -⟩ **1** *gekrümmte Steindecke eines Raumes;* Zus *Kreuzgewölbe* **2** *Raum mit einer gewölbten Decke;* Zus *Kellergewölbe* **3** ⟨übertr.⟩ *rundliche Überdachung;* Zus *Himmelsgewölbe*

ge|wollt **I** ⟨Part. Perf. von⟩ *wollen*[1] **II** ⟨Adj.⟩ *gezwungen, unnatürlich* ▸ mit ~er Heiterkeit

ge|won|nen → *gewinnen*

ge|wor|ben → *werben*

ge|wor|den → *werden*

ge|wor|fen → *werfen*

Ge|wühl ⟨das; -(e)s; unz.⟩ *dichtes Durcheinander;* Zus *Menschengewühl, Verkehrsgewühl*

ge|wun|den **I** ⟨Part. Perf. von⟩ *winden*[1] **II** ⟨Adj.⟩ **1** *gedreht, gewickelt* **2** *in Windungen verlaufend* ▸ ein vielfach ~er Bachlauf, Weg

Ge|würz ⟨das; -es, -e⟩ *Zutat, die Speisen einen besonderen Geschmack gibt, z. B. Muskat, Pfeffer* ▸ ein exotisches, mildes, pikantes, scharfes ~; Zus *Gewürzmischung, Gewürznelke, Gewürzregal* ⓘ S. 255

Ge|würz|gur|ke ⟨die; -, -n⟩ *Gurke, die in einen mit Gewürzen versetzten Essig eingelegt ist*

ge|wusst → *wissen*

Gey|sir ⟨der; -s, -e⟩ *in regelmäßigen Zeitabständen aufspringende heiße Quelle;* oV *Geisir*

gez. ⟨Abk. für⟩ *gezeichnet*

ge|zackt ⟨Adj.⟩ *mit Zacken versehen, zackig* ▸ ~er Rand

ge|zahnt **I** ⟨Part. Perf. von⟩ *zahnen* **II** ⟨Adj.⟩ *mit kleinen, spitzen Vorsprüngen (Zähnen) versehen* ▸ ein ~es Blatt; ~er Rand der Briefmarke

ge|zeich|net **I** ⟨Part. Perf. von⟩ *zeichnen* **II** ⟨Adj.⟩ **1** *mit einem Zeichen od. Mal versehen* **2** ⟨Abk.: gez.⟩ *eigenhändig unterschrieben (auf Abschriften von Schriftstücken vor der Unterschrift)* ▸ er ist vom Tode ~ sein ⟨übertr.⟩ *die Zeichen des nahen Todes tragen, dem Tode sichtlich nahe sein*

Ge|zei|ten ⟨nur Pl.⟩ *regelmäßige Schwankungen des Meeresspiegels, verursacht durch Anziehungskraft des Mondes u. der Sonne, Wechsel von Ebbe u. Flut*

Ge|ze|ter ⟨das; -s; unz.; umg.⟩ *Jammergeschrei*

ge|zie|men ⟨V.; ge|ziemt, ge|ziem|te, hat ge|ziemt⟩ **I** ⟨V. intr.; veraltet⟩ jmdm. ~ *gebühren* ▸ ihm geziemt es, die Ansprache zu halten **II** ⟨V. refl.; geh.⟩ sich ~ *sich schicken, schicklich sein, sich gehören* ▸ dieses Benehmen geziemt sich nicht; du solltest allmählich gelernt haben, was sich geziemt; ganz so, wie es sich geziemt

ge|ziert **I** ⟨Part. Perf. von⟩ *zieren* **II** ⟨Adj.; -er, am -es|ten⟩ *gespreizt, unnatürlich* (Benehmen, Bewegungen, Stil); Abl *Geziertheit*

ge|zo|gen → *ziehen*

Ge|zwit|scher ⟨das; -s; unz.⟩ *das Zwitschern (der Vögel)* ▸ das ~ der Meisen

ge|zwun|gen **I** ⟨Part. Perf. von⟩ *zwingen* **II** ⟨Adj.⟩ *unnatürlich, steif, gekünstelt* ▸ ein ~es Benehmen; ~ lachen *mit Anstrengung, Überwindung lachen;* Abl *Gezwungenheit*

ge|zwun|ge|ner|ma|ßen ⟨Adv.⟩ *infolge von Zwang, nicht freiwillig* ▸ das wird sich ~ ändern müssen

ggf. ⟨Abk. für⟩ *gegebenenfalls*

Ghet|to ⟨das; -s, -s⟩ oV *Getto* **1** ⟨früher⟩ *abgeschlossenes Stadtviertel, bes. für Juden* **2** *Wohnviertel für Angehörige bestimmter sozialer Schichten* ▸ in einem ~ aufwachsen

Ghost|wri|ter ⟨[goustraitə(r)] der; -s, -⟩ *ungenannter Verfasser von Reden, Aufsätzen od. Büchern für einen anderen, meist für eine bekannte (politische) Persönlichkeit*

Gicht ⟨die; -; unz.; Med.⟩ *Stoffwechselstörung mit vermehrter Harnsäurebildung u. verminderter Harnsäureausscheidung;* Zus *Gichtknoten*

Gie|bel ⟨der; -s, -⟩ *dreieckige Abschlusswand an den Schmalseiten eines Daches;* Zus *Fachwerkgiebel*

Gier ⟨die; -; unz.⟩ *maßloses Begehren, heftiges Verlangen* ▸ ~ nach Macht, Reichtum; von einer ~ nach Schokolade befallen sein; eine heftige ~ auf, nach etwas Essbarem haben

gie|ren ⟨V. intr.; giert, gier|te, hat ge|giert⟩ nach etwas ~ *etwas heftig begehren, verlangen*

gie|rig ⟨Adj.⟩ **1** *voll heftigen Begehrens, Verlangens* **2** *unbeherrscht, hemmungslos, unersättlich* ▸ ~e Blicke auf jmdn. od. etwas werfen; ~ essen, trinken; etwas ~ verschlingen; ~ zugreifen

gie|ßen ⟨V.; gießt, goss, hat ge|gos|sen⟩ **I** ⟨V. trans.⟩ **1** eine Flüssigkeit in, über od. aus etwas ~ *in, über schütten od. aus etwas herausschütten* **2** die Pflanzen ~ *mit Wasser begießen, tränken* **3** Metall, Wachs ~ *schmelzen u. in Formen füllen* ▸ die Blumen im Garten ~; Eisen, Metall, Zinn in eine Form ~; Kaffee in die Tassen ~; Wasser, Wein ins Glas ~ **II** ⟨V. intr.; unpersönl.; umg.⟩ es gießt (in Strömen) *es regnet stark*

Gie|ße|rei ⟨die; -, -en⟩ *Werkstatt od. Fabrik, in der Metall gegossen wird;* Zus *Eisengießerei*

Gieß|kan|ne ⟨die; -, -n⟩ *Gefäß zum Begießen von Pflanzen*

Gieß|kan|nen|prin|zip ⟨das; -s; unz.⟩ etwas nach dem ~ verteilen *gleichmäßig, ohne Unterschiede zu machen*

Gift ⟨das; -(e)s, -e⟩ *das Leben zerstörender od. gesundheitsschädlicher Stoff, der fest, gasförmig od. flüssig sein kann* ▸ jmdm ~ **geben** *ihn vergiften;* ~ **nehmen** *sich vergiften;* er hat wieder einmal sein ~ **verspritzt** ⟨übertr.; umg.⟩ *boshafte Bemerkungen gemacht* ▸ ein **chemisches,** mineralisches, pflanzliches, tierisches ~; **gefährliche,** schleichende, schnell wirkende, tödliche ~e; das ist das **reinste** ~ für die Haut *schadet der H.* ▸ **darauf** kannst du ~ nehmen ⟨übertr.; umg.⟩ *das ist ganz sicher;* **durch** ~ sterben, getötet werden; dieses Gesetz ist ~ **für** die Wirtschaft ⟨übertr.⟩ *es schadet ihr;* ~ **und** Galle spucken ⟨übertr.; umg.⟩ *seiner Wut, Enttäuschung freien Lauf lassen;* Zus *Giftpflanze, Giftpilz,* ⟨übertr.⟩ *Giftspritze*

gif|ten ⟨V. intr.; gif|tet, gif|te|te, hat ge|gif|tet; umg.⟩ *mit gehässigen, bösartigen Worten schimpfen* ▸ er giftet ständig gegen seine Kollegen

Gift|gas ⟨das; -es, -e⟩ *lebenszerstörendes od. gesundheitsschädl. Gas*

gift|grün ⟨Adj.⟩ *schreiend grün*

gif|tig ⟨Adj.⟩ **1** *Gifte enthaltend* **2** ⟨übertr.⟩ *missgünstig, wütend u. boshaft, hasserfüllt* ▸ eine ~e Anwort geben ⟨übertr.⟩; ~e Beeren, Pflanzen, Pilze; eine ~e Bemerkung machen ⟨übertr.⟩; ~e Chemikalien, Dämpfe, Gase; ~e Insekten, Kröten, Schlangen, Spinnen; etwas ~ bemerken ⟨übertr.⟩; als er das hörte, wurde er ausgesprochen ~ ⟨übertr.⟩

Gift|mi|scher ⟨der; -s, -⟩ **1** *Giftmörder* **2** ⟨scherzh.⟩ *jmd., der berufl. mit Giften zu tun hat (z. B. Apotheker);* Abl *Giftmischerin*

Gift|mord ⟨der; -(e)s, -e⟩ *Mord durch Vergiften* ▸ einem ~ zum Opfer fallen; Abl *Giftmörder(in)*

Gift|müll ⟨der; -s; unz.⟩ *giftiger, die Umwelt schädigender Abfall*

Gift|pfeil ⟨der; -(e)s, -e⟩ **1** *Pfeil mit einer vergifteten Spitze* **2** ⟨übertr.⟩ *boshafte Bemerkung* ▸ seine ~e abschießen ⟨übertr.⟩

Gift|schlan|ge ⟨die; -, -n⟩ *Schlange mit Giftzähnen im Oberkiefer*

Gift|sprit|ze ⟨die; -, -n; übertr.; umg.⟩ *boshafter, missgünstiger Mensch*

Gift|stoff ⟨der; -(e)s, -e⟩ = *Gift*

Gift|zahn ⟨der; -(e)s, -zäh|ne; bei Giftschlangen⟩ *Zahn mit einer Röhre zum Ausspritzen von Gift*

Gi|ga... ⟨Zeichen: G.; vor Maßeinheiten⟩ *das 10^9fache der betreffenden Grundeinheit, z. B.* 1 GW = 10^9 Watt = 1 Milliarde Watt

Gi|ga|byte ⟨[-baɪt] EDV; Zeichen: Gbyte⟩ *Maßeinheit für 10^9 Byte*

Gi|gant ⟨der; -en, -en⟩ **1** *Riese* **2** ⟨übertr.⟩ **2.1** *Person, die außergewöhnliche Leistungen vollbringt u. auf diese Weise beeindruckt* **2.2** *etwas, das an Macht u. Größe anderen überlegen ist* ▸ ein ~ des Fußballs; die ~en der Industrie; Kampf der ~en

gi|gan|tisch ⟨Adj.⟩ *riesenhaft, gewaltig* ▸ ~e Summen

Gi|go|lo ⟨[ʒiː-] der; -s, -s⟩ *Frauenheld, Schönling*

Gil|de ⟨die; -, -n⟩ *Zusammenschluss von mehreren Berufsgenossen zur Wahrung ihrer Interessen;* Zus *Kaufmannsgilde, Handwerksgilde*

Gin ⟨[dʒɪn] der; -s, -s⟩ *klarer Wacholderbranntwein*

Gins|ter ⟨der; -s, -; Bot.⟩ *ein Strauch mit gelben Blüten*

Gip|fel ⟨der; -s, -⟩ **1** *höchste Spitze (eines Berges, Baumes)* **2** ⟨übertr.⟩ *Höhepunkt (auch im negativen Sinn)* **3** ⟨kurz für⟩ *Gipfelkonferenz* ▸ den ~ eines Berges bezwingen, ersteigen; den ~ des Glückes, der Macht, des Ruhms (noch nicht) erreicht haben ⟨übertr.⟩; das ist doch der ~! ⟨übertr.; umg.⟩ *eine Unverschämtheit*

Gip|fe|li ⟨das; -(s), -; schweiz.; umg.⟩ *süßes Gebäck in der Form eines Hörnchens*

Gip|fel|kon|fe|renz ⟨die; -, -en; übertr.⟩ *Konferenz führender Staatsmänner;* Syn *Gipfeltreffen*

gip|feln ⟨V. intr.; gip|felt, gip|fel|te, hat ge|gip|felt⟩ in etwas ~ *seinen Höhepunkt in etwas haben*

Gip|fel|stür|mer ⟨der; -s, -; übertr.⟩ *ehrgeiziger, energischer Mensch, jmd., der mit großem Schwung sein Ziel verfolgt*

Gip|fel|tref|fen ⟨das; -s, -; übertr.⟩ = *Gipfelkonferenz*

Gips ⟨der; -es, -e⟩ **1** *wasserhaltiger, schwefelsaurer Kalk;* Syn *Kalziumsulfat, Selenit* **2** gebrannter ~ *Gips, der durch Erhitzen sein Kristallwasser verloren hat u. beim Anmachen mit Wasser rasch wieder fest wird;* Zus *Gipsabdruck, Gipsmaske* **3** ⟨kurz für⟩ *Gipsverband* ▸ ein Loch in der Wand mit ~ ausfüllen, verschmieren, zustreichen; eine Statue in ~ abgießen; den gebrochenen Arm, das Bein in ~ legen *durch Gipsverband ruhigstellen*

Gips|bein ⟨das; -(e)s, -e; umg.⟩ *Bein im Gipsverband* ▸ ein ~ haben

gip|sen ⟨V. trans.; gipst, gips|te, hat ge|gipst⟩ etwas ~ *mit Gips überziehen, mischen*

Gips|ver|band ⟨der; -(e)s, -bän|de⟩ *starrer Verband aus mit Gips bestrichenen Mullbinden zur Ruhigstellung eines kranken Gliedes*

Gi|raf|fe ⟨schweiz. ['---] die; -, -n; Zool.⟩ *ein pflanzenfressendes Herdentier mit sehr langem Hals*

Gir|lan|de ⟨die; -, -n⟩ 1 *Blumen-, Blättergewinde* 2 *bunte Papierkette*

Gi|ro ⟨[ʒiː-] das; -s, -s od. österr. a.: Gi|ri; Bankw.⟩ *bargeldloser Zahlungsverkehr durch Verrechnung von einem Konto auf ein anderes*

Gi|ro|kon|to ⟨[ʒiː-] das; -s, -s od. -kon|ten; Bankw.⟩ *Konto, das besonders dem bargeldlosen Zahlungsverkehr dient*

gis ⟨Mus.⟩ I ⟨das; -, -⟩ *Tonbezeichnung, das um einen halben Ton erhöhte g* II ⟨ohne Artikel; Abk. für⟩ *gis-Moll (Tonartbez.)*

Gis ⟨Mus.⟩ I ⟨das; -, -⟩ *Tonbezeichnung, das um einen halben Ton erhöhte G* II ⟨ohne Artikel; Abk. für⟩ *Gis-Dur (Tonartbez.)*

Gischt ⟨der; -(e)s, -e od. die; -, -en; Pl. selten⟩ *Schaum u. aufsprühendes Wasser der Wellen*

Gi|tar|re ⟨die; -, -n; Mus.⟩ *sechssaitiges Zupfinstrument mit einem gerundeten Klangkörper* ▸ sie kann gut ~ spielen; er saß am Lagerfeuer und spielte ~; akustische, elektrische ~; Zus *Gitarrenspieler(in); Akustikgitarre* ⓘ S. 788, *Bassgitarre, Elektrogitarre* ⟨Abk.: E-Gitarre⟩ ⓘ S. 788

Gi|tar|rist ⟨der; -en, -en; Mus.⟩ *Gitarrenspieler;* Abl *Gitarristin*

Git|ter ⟨das; -s, -⟩ 1 *Einfriedung, Zaun, Absperrung, Abdeckung aus gekreuzt od. parallel verlaufenden Stäben;* Zus *Gitterzaun; Drahtgitter, Eisengitter, Fenstergitter* 2 *feines Netz aus sich kreuzenden Linien*

Git|ter|bett ⟨das; -(e)s, -en⟩ *Kinderbett mit Schutzgitter*

Glace ⟨[glaːs] die; -, -s [glaːs]; schweiz.⟩ *Speiseeis*

Gla|cee|hand|schuh ⟨[-seː-] der; -(e)s, -e⟩ *Handschuh aus Glaceeleder, einem sehr weichen Leder aus Ziegenfell od. Lammfell* ▸ jmdn. mit ~en anfassen ⟨übertr.⟩ *sehr vorsichtig, behutsam mit ihm umgehen*

Gla|di|a|tor ⟨der; -s, -en⟩ *Schwertfechter, der bei den altröm. Kampfspielen auf Leben u. Tod kämpfen musste*

Gla|di|o|le ⟨die; -, -n; Bot.⟩ *Zwiebelpflanze, eine Art der Lilie mit leuchtenden Blüten*

gla|mou|rös ⟨[-mu-] Adj.⟩ *betörend aufgemacht, blendend herausgeputzt* ▸ das Abendkleid machte sie zu einer ~en Erscheinung

Glanz ⟨der; -es; unz.⟩ 1 *das Glänzen, Leuchten, Strahlen an glatter Oberfläche od. auf Geweben;* Zus *Glanzleder, Glanzpapier; Fettglanz, Metallglanz, Seidenglanz, Sonnenglanz* 2 ⟨übertr.⟩ *Pracht, Herrlichkeit* ▸ der ~ des Goldes, der Kerzen, des Schmuckes, der Sterne; der ~ der Jugend, der Schönheit ⟨übertr.⟩; vom ~ des Reichtums geblendet sein ⟨übertr.⟩ ▸ einer Sache ~ geben, den ~ nehmen; ~ verbreiten, verlieren ⟨a. übertr.⟩ ▸ blendender, heller, leuchtender, matter, schimmernder, seidiger, strahlender ~ ▸ die Schuhe auf ~ polieren; in neuem ~ erscheinen; in vollem ~ erstrahlen (lassen)

glän|zen ⟨V. intr.; glänzt, glänz|te, hat ge|glänzt⟩ 1 *Glanz ausstrahlen, leuchten, strahlen* (Sonne, Sterne) 2 ⟨übertr.⟩ *Bewunderung hervorrufen, auffallen, hervorragen, hervorstechen, sich auszeichnen* ▸ sein Wissen ~ lassen ⟨übertr.⟩ ▸ durch Abwesenheit ~ ⟨übertr.; umg.⟩ *nicht da sein;* die Wasseroberfläche glänzt im Mondschein; sie glänzte mit einem fehlerfreien Vortrag ⟨übertr.⟩; am Abend glänzt die Stadt von Lichtern; sein Gesicht glänzt vor Freude

glän|zend I ⟨Part. Präs. von⟩ *glänzen* II ⟨Adj.⟩ 1 *leuchtend, strahlend, blendend* 2 ⟨übertr.⟩ *ausgezeichnet, hervorragend* ▸ wie geht es dir? ~ ▸ etwas mit ~en Augen betrachten; ~es Fotopapier; das ist eine ~e Idee!; er ist ein ~er Redner, Sänger, Schauspieler; ein Abendkleid aus ~em Stoff; eine ~e Zukunft liegt vor ihm ▸ ich fühle mich heute ~ in Form; es geht ihm ~; die Überraschung ist dir ~ gelungen; er macht seine Sache ~; er kann ~ mit Menschen umgehen; die beiden verstehen sich ~

Glanz|leis|tung ⟨die; -, -en⟩ *hervorragende Leistung* ▸ das war eine ~!

glanz|los ⟨Adj.⟩ 1 *keinen Glanz aufweisend, matt, stumpf* 2 ⟨übertr.⟩ *eintönig, durch nichts Besonderes sich auszeichnend* ▸ es war ein ~es Fest ⟨übertr.⟩

Glanz|punkt ⟨der; -(e)s, -e⟩ *Höhepunkt*

Glanz|stück ⟨das; -(e)s, -e⟩ *besonders gute Arbeit* ▸ damit hat er sein ~ geliefert

glanz|voll ⟨Adj.⟩ 1 *hervorragend* 2 *prunkvoll, eindrucksvoll*

Glas ⟨das; -(e)s, Glä|ser⟩ I ⟨unz.⟩ *Stoff, der geschmolzen wird u. beim Abkühlen zu einer lichtdurchlässigen, zerbrechlichen Masse erstarrt, die für Gefäße, Scheiben etc. verwendet wird* ▸ Vorsicht ~! *(Aufschrift auf Kisten für den Transport von Glas u. a. zerbrechlichen Dingen)* ▸ buntes, farbiges, milchiges, trübes ~; dickes, dünnes, geschliffenes, kugelsicheres ~ ▸ ~ blasen, brennen, gießen, pressen, schleifen, ziehen ▸ ein Teeservice aus ~; ein Bild unter ~ *hinter einer schützenden Glasscheibe;* Zus *Glasdach, Glaskugel, Glasfenster, Glasscheibe, Glasscherbe, Glasschrank* ⓘ S. 360, *Glastür* II ⟨zählb.⟩ 1 *Gefäß aus Glas;* Zus *Bierglas, Kristallglas, Schnapsglas, Sektglas, Wasserglas, Weinglas* 2 ⟨kurz für⟩ *Fernglas, Opernglas* 3 *Inhalt eines Glases (1)* ▸ ein ~ Bier, Orangensaft, Wein; ⟨als Mengenbez. nur Sg.⟩ bitte zwei ~ Wein!; ein ~ Marmelade kaufen ▸ ein ~ austrinken, füllen, leeren; dem Gast ein ~ Bier, Wein eingießen, einschenken; sein ~ in einem Zuge leeren ▸ ein leeres, halb gefülltes, volles ~ ▸ aus einem ~ trinken; er hat ein bisschen zu tief ins ~ geguckt ⟨umg.⟩ *er ist leicht beschwipst;* ein ~ mit, voll Milch; er hat ein ~ über den Durst getrunken ⟨umg.⟩ *er ist leicht beschwipst*

Glas|blä|ser ⟨der; -s, -⟩ *Hersteller von Glasgegenständen;* Abl *Gläsbläserin*

Gla|ser ⟨der; -s, -⟩ *Handwerker, der Glasscheiben schneidet u. einsetzt u. Ä.;* Abl *Glaserin*

glä|sern ⟨Adj.⟩ 1 *aus Glas bestehend* (Auge, Gerät, Gefäß) 2 ⟨übertr.⟩ *fein, zerbrechlich wie Glas* (Klang)

G

Glas|fa|ser|ka|bel <das; -s, -> *Kabel, das aus sehr dünnen Glasfäden aufgebaut ist u. in dem Daten in Form optischer Impulse übermittelt werden*

Glas|haus <das; -es, -häu|ser> *Gewächshaus aus Glas*

gla|sie|ren <V. trans.; gla|siert, gla|sier|te, hat glasiert> Tongegenstände, Kuchen ~ *mit einer Glasur versehen*

gla|sig <Adj.> **1** *starr* (Blick) **2** *durchsichtig wie Glas* (Zwiebel) ▸ Zwiebeln ~ dünsten

glas|klar <Adj.> **1** *klar, durchsichtig wie Glas* **2** <übertr.> *eindeutig, sehr klar* ▸ die Sache ist ~

Glas|ma|le|rei <die; -, -en> *künstler. Bemalung von Kirchenfenstern*

Glas|nu|del <die; -, -n; asiat. Kochk.> *durchscheinende Nudel aus Reismehl*

Gla|sur <die; -, -en> **1** *durchsichtiger, glasähnlicher Überzug auf Töpferwaren* **2** *glänzender Überzug auf Gebäck, Zuckerguss*

Glas|wol|le <die; -; unz.> *Vlies aus Glasfasern zur elektrischen Isolierung;* Syn *Glaswatte*

glatt <Adj.; -er, am -es|ten; umg.: glät|ter, am glättes|ten> **1** *frei von Unebenheiten, keine Reibung bietend* (Straße, Eisfläche) **2** *nicht haftend, leicht gleitend* **3** *ohne Hindernisse, mühe-, reibungslos* **4** <übertr.> **4.1** <abwertend> *allzu verbindlich, einschmeichelnd* **4.2** *offen, offensichtlich, direkt* ▸ ich erhielt eine ~e Absage; seine ~e Art, sein ~es Benehmen gefällt mir nicht; das ist ~er Betrug!; das ist ein ~er Beweis für seine Schuld; wir hatten eine ~e Fahrt, Landung, Reise; eine ~e Fassade *ohne Verzierungen;* ~e Flächen, Straßen, Wände, Wege; ~es Haar *ohne Locken;* sie trägt ihr Haar ~; sie hat noch eine ~e Haut *ohne Falten;* das ist eine ~e Lüge!; ~er Stoff *ohne Muster;* eine ~e Wasseroberfläche *ohne Wellen* ▸ ~ ablaufen *problemlos funktionieren;* er hat es ~ abgelehnt; er hat es mir ~ abgeschlagen; die Geschäfte wurden ~ abgewickelt; der Badeanzug soll ~ anliegen; die Rechnung ist ~ aufgegangen *ohne Rest;* das ist ~ erfunden; ~ hobeln = *glatthobeln;* das kostet ~ 500 Euro! <umg.>; es liegt ~ auf der Hand, dass ...; ich habe es ihm ~ ins Gesicht gesagt <umg.>; sein: Vorsicht, hier ist es ~!; ~ streichen = *glattstreichen;* das habe ich ~ vergessen!

Glät|te <die; -; unz.> *glatte Beschaffenheit, Struktur;* Syn *Glattheit;* Zus *Eisglätte, Straßenglätte*

Glatt|eis <das; -es; unz.> *gefrorene Niederschläge auf festen Körpern (Boden, Straßen)* ▸ heute Nacht gibt es ~; jmdn. aufs ~ führen <übertr.; umg.> *jmdn. neckend zu täuschen versuchen*

glät|ten <V. trans.; glät|tet, glät|te|te, hat ge|glät|tet> **1** Bretter, Falten, Papier, Stoff ~ *eben machen, glatt machen, Unebenheiten davon beseitigen* **2** <schweiz.> etwas ~ *bügeln* **3** <übertr.> etwas ~ *beschwichtigen* ▸ die Wogen der Empörung ~ <übertr.>

glatt|ge|hen <V. intr.; geht glatt, ging glatt, ist glatt|ge|gan|gen, glatt|zu|ge|hen> *ohne Hindernis ablaufen* ▸ es ist alles glattgegangen

glatt|ho|beln *auch:* **glatt ho|beln** <V. trans.; hobelt glatt, ho|bel|te glatt, hat glatt|ge|ho|belt, glatt|zu|ho|beln> etwas ~ *mit dem Hobel glätten*

glatt|strei|chen *auch:* **glatt strei|chen** <V. trans.; streicht glatt, strich glatt, hat glatt|ge|stri|chen, glatt|zu|strei|chen> etwas ~ *durch Streichen glätten*

glatt|weg <Adv.> *ohne weiteres* ▸ das hat er mir ~ abgeschlagen

Glat|ze <die; -, -n> *haarlose Fläche auf dem Kopf* ▸ eine ~ bekommen, haben

Glatz|kopf <der; -(e)s, -köp|fe> **1** *kahler, haarloser Kopf* **2** *Mensch (bes. Mann) mit Glatze* ▸ einen ~ haben; Syn *Kahlkopf;* Abl *glatzköpfig*

Glau|be <der; -ns; unz.> **1** *innere Gewissheit, die von Beweisen unabhängig ist, gefühlsmäßige Überzeugung* **2** <Rel.> *die innere Gewissheit über das persönliche Verhältnis zu Gott* **3** *Bekenntnis, Heilslehre;* Zus *Glaubensfreiheit, Glaubensgemeinschaft* ▸ der ~ der Massen, des Menschen, einer Sekte ▸ den ~n (an etwas) behalten, haben, verlieren; er ließ sich seinen ~n nicht nehmen; ich kann ihm keinen ~n schenken; seinen ~n wechseln ▸ der christliche, evangelische, jüdische, katholische, lutherische ~; fester, starker, tiefer, unerschütterlicher ~ ▸ der ~ an Gott; der ~ an jmds. Aufrichtigkeit, Ehrlichkeit, Treue, Fähigkeiten; an seinem ~n festhalten; für seinen ~n sterben *den Märtyrertod erleiden;* im guten ~n handeln *in der Meinung, richtig zu handeln;* jmdn. in dem ~n lassen, dass ...; jmdn. in seinem ~n erschüttern; vom ~n abfallen *nicht mehr an jmdn. od. etwas glauben;* zum evangelischen, katholischen ~n übertreten

glau|ben <V.; glaubt, glaub|te, hat ge|glaubt> **I** <V. trans.> **1** etwas ~ *etwas annehmen, vermuten, meinen, etwas für zutreffend, wahr, richtig halten* **2** jmdm. (etwas) ~ *für wahr annehmen, was er sagt, ihm Glauben schenken* ▸ ich glaube, ja; ich glaube, nein *(als Antwort);* ist er schon verreist? ich glaube nicht; das glaube ich (dir) wohl *(als Antwort, verstärkend) aber sicher!;* das glaubst du doch selbst nicht!; ich glaubte mich verraten; ich glaubte, ihn zu kennen, und doch ...; ich glaube ihm (nicht); ich glaube es ihm (nicht); ich glaube nicht, dass er schon verreist ist; ich glaube, ich muss mich mehr um sie kümmern; ich glaubte, das schöne Wetter würde noch anhalten; ich hatte geglaubt, noch Aufschub zu bekommen; ~ Sie ja nicht, was er Ihnen erzählt hat ▸ wie kannst du dem Gerede der Leute ~; du kannst seinen Worten ~ ▸ ich kann es nicht ~; sein: es ist nicht zu ~ ▸ etwas fest, blindlings ~ ▸ ich glaube dir aufs Wort; erst sehen, dann ~; ich glaubte ihn schon im Urlaub; es ist kaum zu ~, dass er das getan hat; sie glaubt sofort, was man ihr erzählt; das glaube ich nicht von ihr ▸ wer hätte das geglaubt! **II** <V. intr.> **1** an etwas ~ *etwas für wahr halten, von etwas überzeugt sein* **2** an jmdn. ~ *jmdm. u. seinen Fähigkeiten vertrauen* ▸ an jmds. Aufrichtigkeit, Ehrlichkeit, Treue, Vertrauenswürdigkeit, Zuverlässigkeit ~; an jmds. Fähigkeiten ~; an das Gelingen einer Sache ~; an Gerechtigkeit ~; an das Gute im Menschen ~; du wirst doch nicht an Gespenster ~; an Gott ~; ich glaube (nicht) daran; er hat dran ~ müssen ⟨umg.⟩ *er musste die unvermeidl. Folgen tragen;* jeder muss einmal dran ~ ⟨umg.⟩ *sterben*

Glau|ben ⟨der; -s; unz.; Nebenform von⟩ *Glaube*

Glau|bens|be|kennt|nis ⟨das; -nis|ses, -nis|se⟩ **1** ⟨Theol.⟩ *Zusammenfassung der Glaubensartikel* **2** ⟨übertr.⟩ *das öffentliche Bekenntnis zu einem bestimmten Glauben, die Erklärung einer (polit.) Überzeugung* ▸ sein politisches ~ ablegen; das (christl.) ~ sprechen; das Apostolische ~ *das dreigliedrige Bekenntnis, das von den meisten christl. Kirchen anerkannt u. als Taufbekenntnis wie in der Liturgie verwendet wird*

Glau|bens|krieg ⟨der; -(e)s, -e⟩ *Krieg um die Durchsetzung eines bestimmten Glaubens;* →a. *Religionskrieg*

Glau|bens|streit ⟨der; -(e)s, -e⟩ *Auseinandersetzung zw. Anhängern verschiedener Konfessionen, Religionsstreit*

glaub|haft ⟨Adj.; -er, am -es|ten⟩ *so geartet, dass man es glauben kann, wahrscheinlich* ▸ eine ~e Mitteilung; etwas ~ machen; etwas ~ nachweisen können; Abl *Glaubhaftigkeit*

gläu|big ⟨Adj.⟩ **1** *von der Wahrheit einer Glaubenslehre überzeugt* **2** *an Gott glaubend, fromm* **3** *vertrauensvoll* ▸ ein ~er Christ, Mensch; jmdn. ~ ansehen; ~ alles hinnehmen

Gläu|bi|ge(r) ⟨die; -n, -n (der; -n, -n)⟩ *gläubiger Mensch, Anhänger(in) einer Glaubenslehre* ▸ die ~n versammelten sich vor dem Petersdom in Rom

Gläu|bi|ger ⟨der; -s, -⟩ *jmd., der eine berechtigte Schuldforderung an jmdn. hat;* Abl *Gläubigerin*

glaub|wür|dig ⟨Adj.⟩ *so geartet, dass man es glauben kann* ▸ ~e Aussage; Abl *Glaubwürdigkeit*

das gleiche/dasselbe

Das Demonstrativpronomen ***dasselbe*** wird oft fälschlich für ***das gleiche*** verwendet, obwohl es hier einen Bedeutungsunterschied gibt. ***Dasselbe*** bezeichnet „genau das, eben das", also „etwas Identisches": *Das ist dasselbe Geschirr, das wir gestern zum Frühstück benutzt haben.*
Hingegen meint ***das gleiche*** „ähnlich beschaffen, gleichwertig (aber nicht genau das Ebengenannte)": *Sie besitzt das gleiche Geschirr wie wir.*
Mitunter ist es schwierig, eine Entscheidung zu treffen, ob etwas als identisch oder gleich(wertig) aufzufassen ist: *Sie fährt jeden Tag mit demselben/dem gleichen Bus. Er verfolgt dieselben/die gleichen Absichten wie ich.*

gleich[1] ⟨Adj.⟩ **1** *in allen Merkmalen präzise übereinstimmend, ebenso beschaffen* **2** *gleichwertig, gleichrangig, gleichmäßig* **3** ⟨kurz für⟩ *gleichgültig* ▸ der, die, das Gleiche *Gegenstand, der ebenso aussieht (wie ein anderer), aber nicht ein u. derselbe ist* ▸ er verfolgt die ~en Absichten, Ziele, Zwecke wie wir; er ist im ~en Alter; von ~er Art, Beschaffenheit, Farbe, Größe, Wirkung; im ~en Augenblick; unter ~en Bedingungen arbeiten wie die anderen (Mitbewerber); zwei ~e Körper ⟨Phys.⟩; mit ~er Post erhalten Sie ein Paket; ich verlange die ~en Rechte wie er, die ~en Pflichten habe ich schon; sie sind am ~en Tag geboren; auf die ~e Weise versuchte er auch mich zu täuschen; zur ~en Zeit ankommen ▸ von mir kann ich Gleiches berichten; sich ~ bleiben *unverändert bleiben;* das bleibt sich völlig ~ *das ändert nichts, spielt keine Rolle;* etwas wieder ins Gleiche bringen ⟨umg.⟩ *in Ordnung;* ~ machen = *gleichmachen (I);* sein: zwei mal zwei ist ~ vier ⟨in Ziffern⟩ 2 x 2 = 4; das ist mir ganz, absolut ~ ▸ wir sind ~ alt; ~ bleibend = *gleichbleibend;* ~ breit, groß, lang, schwer sein; ~ gesinnt = *gleichgesinnt;* ~ gut, langsam, schnell, wirksam sein; ~ lautend = *gleichlautend;* seine Fortschritte sind ~ null; ~ viel bedeuten, gelten, davon halten, wissen; ~ weit entfernt liegen, sein ▸ das kommt, läuft aufs Gleiche hinaus *ist dasselbe;* Gleiches mit Gleichem vergelten *Böses mit Bösem, Gutes mit Gutem vergelten*

gleich[2] ⟨Adv.⟩ **1** *sofort, unverzüglich, auf der Stelle* **2** *schon, bereits, schon zu Anfang* ▸ ~! *(als Antwort)* ▸ ~ beginnt die Vorstellung; ich werde es dir ~ beweisen, erklären, sagen; das habe ich mir ~ gedacht; die Angelegenheit muss ~ erledigt werden; er wird ~ gehen, kommen; ich komme ~ wieder; der Kollege kommt ~!; das habe ich (doch) ~ gesagt!; es muss nicht ~ sein *es hat noch Zeit;* ich bin ~ wieder da ▸ ~ anfangs, danach, daraufhin, nachher; ~ heute werde ich zu ihr gehen; das kannst du ~ hier tun; ~ nach Bekanntgabe der Nachricht gab es Proteste; ~ nachdem ich davon erfuhr, bin ich losgegangen

gleich[3] ⟨umg. als Abtönungspartikel⟩ *nur* ▸ wie hieß doch ~ das Stück?; wo habe ich ihn doch ~ das letzte Mal gesehen?

gleich[4] ⟨Präp. mit Dativ⟩ *jemand od. etwas anderem gleichend* ▸ ~ einer Lawine brach das Unglück über sie herein

gleich|alt|rig ⟨Adj.⟩ *im Alter übereinstimmend;* oV *gleichalterig* ▸ die Freunde sind ~

gleich|ar|tig ⟨Adj.⟩ *die gleiche Art aufweisend, sehr ähnlich;* Abl *Gleichartigkeit*

gleich|be|deu|tend ⟨Adj.⟩ *die gleiche Bedeutung habend* ▸ das ist ~ mit einer Absage

gleich|be|rech|tigt ⟨Adj.⟩ *gleiche Rechte habend, mit gleichen Rechten ausgestattet* ▸ sie sind in der Firma ~e Partner; Frauen und Männer sind ~; Abl *Gleichberechtigung*

gleich|blei|bend *auch:* **gleich blei|bend** ⟨Adj.⟩ *ohne Veränderung, stetig, regelmäßig* ▸ eine ~e Wärmezufuhr

glei|chen ⟨V. intr.; gleicht, glich, hat ge|gli|chen⟩ jmdm. od. einer Sache ~ *gleich sein, gleich aussehen, stark ähneln* ▸ jmdm. an Gestalt, Größe,

Wuchs ~; jmdm. im Aussehen, Charakter ~; in allen Stücken ~ *völlig übereinstimmen;* sie ~ einander wie ein Ei dem anderen *sie sind sich zum Verwechseln ähnlich*

glei|cher|ma|ßen ⟨a. [--'--] Adv.⟩ *auch, ebenso, genauso;* Syn *gleicherweise*

gleich|falls ⟨Adv.⟩ *ebenfalls, auch* ▸ alles Gute! danke ~! *(Antwort auf gute Wünsche);* wir möchten sie ~ darüber informieren, dass die Veranstaltung um 19 Uhr beginnt

gleich|för|mig ⟨Adj.⟩ **1** *in Form, Gestalt übereinstimmend, ähnlich* **2** ⟨übertr.⟩ *einförmig, eintönig;* Abl *Gleichförmigkeit*

gleich|ge|sinnt *auch:* **gleich ge|sinnt** ⟨Adj.⟩ *in der Gesinnung übereinstimmend*

gleich|ge|stellt ⟨Adj.⟩ *auf gleicher Rang-, Ordnungsstufe stehend* ▸ gehaltlich, rechtlich ~ sein

Gleich|ge|wicht ⟨das; -(e)s; unz.⟩ **1** *Zustand eines Körpers, in dem sich zwei od. mehr einander entgegengesetzt gerichtete Wirkungen (Kräfte) aufheben* **2** ⟨übertr.⟩ **2.1** *allgemeiner Ausgleich von Kräften, Machtverhältnissen usw.* **2.2** *innere Harmonie, seelische Ruhe, Ausgeglichenheit* ▸ das ~ der Kräfte ▸ das ~ halten, stören, verlieren ⟨a. übertr.⟩ ▸ das innere, seelische ~ wiederfinden; das ökologische ~ ist gestört; das politische ~ herstellen ▸ mich kann so leicht nichts aus dem ~ bringen; aus dem ~ geraten ⟨a. übertr.⟩; sich im ~ halten

Gleich|ge|wichts|sinn ⟨der; -(e)s; unz.⟩ *Fähigkeit von Menschen u. Tieren, aufgrund der Schwerkraft eine bestimmte Lage od. Haltung im Raum einzunehmen u. beizubehalten;* Syn *statischer Sinn, Schweresinn*

Gleich|ge|wichts|stö|rung ⟨die; -, -en⟩ *Störung des Körpergleichgewichts* ▸ er leidet an ~en

gleich|gül|tig ⟨Adj.⟩ **1** *teilnahmslos, uninteressiert* (Person) **2** *bedeutungslos, unwesentlich* (Sache) ▸ er ist ihr (völlig) ~; es ist mir ~ *es interessiert mich nicht;* es ist mir nicht ganz ~, ob sie kommt; ihm ist alles ~; er ist ein ~er Mensch; Abl *Gleichgültigkeit*

Gleich|heit ⟨die; -; unz.⟩ *völlige Übereinstimmung* ▸ die ~ aller vor dem Gesetz; →a. *Freiheit*

Gleich|heits|zei|chen ⟨das; -s, -; Zeichen: =⟩ *Zeichen zur Kennzeichnung der absoluten Gleichheit zweier Zahlen od. Größen,* z. B. in 14 + 6 = 20

Gleich|klang ⟨der; -(e)s, -klän|ge⟩ **1** *gleicher Klang, Übereinstimmung von Tönen, Vokalen usw. im Klang* **2** ⟨übertr.⟩ *Übereinstimmung* ▸ im ~ der Bewegung atmen

gleich|kom|men ⟨V. intr.; kommt gleich, kam gleich, ist gleich|ge|kom|men, gleich|zu|kom|men⟩ jmdm. ~ *ihm gleichwertig sein* ▸ ihm kommt an Fleiß und Ausdauer keiner gleich

gleich|lau|tend *auch:* **gleich lau|tend** ⟨Adj.⟩ *im Wortlaut übereinstimmend* ▸ ~de Texte

gleich|ma|chen *auch:* **gleich ma|chen** ⟨V. trans.; macht gleich, mach|te gleich, hat gleich|gemacht, gleich|zu|ma|chen⟩ **I** ⟨Zusammen- u. Getrenntschreibung⟩ etwas ~ *angleichen, anpassen, ausgleichen* **II** ⟨nur Zusammenschreibung⟩ etwas dem Erdboden gleichmachen *völlig zerstören, niederreißen*

gleich|mä|ßig ⟨Adj.⟩ **1** *eben-, regelmäßig, unterschiedslos* **2** *ruhig, ohne Schwankung* **3** *ausgeglichen* ▸ im ~en Tempo laufen; etwas ~ unter den Anwesenden verteilen; das Obst ~ auf dem Teig verteilen; Abl *Gleichmäßigkeit*

Gleich|mut ⟨der; -(e)s; unz.⟩ *Gelassenheit, Beherrschtheit, Leidenschaftslosigkeit, Unerschütterlichkeit* ▸ etwas mit (stoischem) ~ hinnehmen; eine Prozedur mit ~ über sich ergehen lassen; Abl *gleichmütig*

gleich|na|mig ⟨Adj.⟩ *im Namen übereinstimmend*

Gleich|nis ⟨das; -nis|ses, -nis|se⟩ *vergleichende Nebeneinanderstellung zweier in wesentlichen Punkten ähnlicher Geschehen, Parabel* ▸ etwas durch ein ~ anschaulich machen; in ~sen reden; das ~ vom verlorenen Schaf

gleich|ran|gig ⟨Adj.⟩ *im Rang gleich*

gleich|sam ⟨Adv.⟩ *sozusagen, gewissermaßen* ▸ die Mannschaft schoss das entscheidende Tor ~ in letzter Minute

gleich|schenk|lig ⟨Adj.⟩ *mit zwei gleich langen Schenkeln versehen* (Dreieck); oV *gleichschenkelig*

Gleich|schritt ⟨der; -(e)s; unz.⟩ *Marsch mit gleicher Schrittlänge u. gleichzeitigem Aufheben u. Niedersetzen des gleichen Fußes* ▸ im ~ marschieren

gleich|sei|tig ⟨Adj.⟩ *mit drei gleich langen Seiten versehen* (Dreieck)

gleich|set|zen ⟨V. trans.; setzt gleich, setz|te gleich, hat gleich|ge|setzt, gleich|zu|set|zen⟩ etwas mit etwas anderem ~ *als gleich annehmen, auf die gleiche Stufe setzen;* Abl *Gleichsetzung*

Gleich|stand ⟨der; -(e)s; unz.; Sp.⟩ *gleicher Punktstand* ▸ das Spiel wurde bei ~ 5:5 beendet

gleich|stel|len ⟨V. trans.; stellt gleich, stell|te gleich, hat gleich|ge|stellt, gleich|zu|stel|len⟩ jmdn. (mit jmdm.) ~ *auf die gleiche Stufe stellen, angleichen* ▸ einen Angestellten gehaltlich mit einem anderen ~; Abl *Gleichstellung*

Gleich|strom ⟨der; -(e)s; unz.; El.⟩ *elektr. Strom, dessen Polarität unverändert bleibt*

gleich|tun ⟨V. trans.; tut gleich, tat gleich, hat gleich|ge|tan, gleich|zu|tun⟩ es jmdm. ~ *jmdm. in etwas (z. B. Leistungen) gleichkommen, ihn darin erreichen*

Glei|chung ⟨die; -, -en; Math.⟩ *die durch das Gleichheitszeichen (=) symbolisierte Gleichheitsbeziehung (Relation) zw. mathematischen Größen* ▸ eine ~ auflösen, aufstellen, ausrechnen

gleich|wer|tig ⟨Adj.⟩ *im Wert übereinstimmend, ebenso viel wert;* Abl *Gleichwertigkeit*

gleich|wink|lig ⟨Adj.⟩ *in den Winkeln übereinstimmend* (Dreieck); oV *gleichwinkelig*

gleich|wohl ⟨a. ['--] Konj.⟩ *doch, dennoch, aber auch, trotzdem* ▸ ~ war er optimistisch

gleich|zei|tig ⟨Adj.⟩ *zur gleichen Zeit* ▸ wir sind ~ in Frankfurt eingetroffen; die beiden Veranstaltungen finden ~ statt; ich kann doch nicht alles ~ machen; Abl *Gleichzeitigkeit*

gleich|zie|hen ⟨V. intr.; zieht gleich, zog gleich,

hat gleich|ge|zo|gen, gleich|zu|zie|hen; umg.> mit jmdm. ~ **1** *die gleiche Leistung erzielen* **2** *einen Rückstand aufholen*

Gleis <das; -es, -e> **1** *stählerne Fahrbahn der Eisen- u. Straßenbahn;* ⓘ S. 897 **2** *erhöhter Bahnsteig zwischen den Gleisen (1) im Bahnhof* ▸ der Zug aus Berlin fährt auf ~ 4 ein; bitte Vorsicht auf den ~en!; eine Sache aufs tote ~ stellen <übertr.> *zurückstellen, nicht mehr beachten;* ausgefahrene ~e <übertr.> *längst Bekanntes*

...glei|sig <in Zus.; zur Bildung von Adj.> *mit einer bestimmten od. unbestimmten Zahl von Gleisen versehen,* z. B. eingleisig, zweigleisig, mehrgleisig ▸ eine zweigleisige Strecke; der Zug fährt hier nur eingleisig

glei|ßen <V. intr.; gleißt, gleiß|te/gliss, hat gegleißt/ge|glis|sen; poet.> *schimmern, glänzen*

glei|ten <V. intr.; glei|tet, glitt, ist ge|glit|ten> **1** über etwas ~ *rutschen, sich ohne eigene Arbeit fortbewegen* **2** irgendwohin ~ *sich rasch, gewandt u. ohne Geräusch bewegen* **3** irgendwohin ~ *sich ohne eigenen Antrieb in der Luft fortbewegen* ▸ der Vogel, das Segelflugzeug gleitet durch die Luft; mit Schlittschuhen übers Eis ~; er ließ die Augen über die Felder ~ *schweifen;* leichtfüßig glitten die Tänzer übers Parkett; das Boot gleitet über das Wasser; zu Boden, zur Erde ~; ~de Arbeitszeit *A., deren Beginn u. Ende (bei unveränderter Gesamtdauer) von den Arbeitnehmern bis zu einer festgesetzten Grenze selbst bestimmt werden darf*

Gleit|flug <der; -(e)s; unz.> *abwärtsgerichteter Flug ohne Flügelschlag (beim Vogel) bzw. ohne od. mit gedrosseltem Motor (beim Flugzeug)* ▸ im ~ landen, niedergehen

Gleit|zeit <die; -; unz.> **1** <kurz für> *gleitende Arbeitszeit* **2** <bei gleitender Arbeitszeit> *die Zeitspanne der nicht festgelegten Arbeitsstunden* ▸ die ~ zum Einkaufen nutzen

Glet|scher <der; -s, -> *sich sehr langsam bewegender Eisstrom im Hochgebirge;* Zus *Gletscherspalte*

glib|be|rig <Adj.; norddt.> *wie Gallert od. Pudding wackelnd, glitschig, schmierig;* oV *glibbrig* ▸ ein ~er Frosch; eine ~e Straße; meine Finger sind ganz ~

glich → *gleichen*

Glied <das; -(e)s, -er> **1** *einzelner Teil eines Ganzen, einer Kette, einer Reihe, einer Gemeinschaft;* Zus *Kettenglied, Mitglied, Satzglied* **2** *(beweglicher) Teil des menschl. u. tier. Körpers* **3** *männl. Geschlechtsteil, Penis* **4** <Mil.> *Reihe, Linie Nebeneinanderstehender* ▸ ~er der Finger, der Zehen; die ~er der Kette sind aus Silber ▸ ein ~ fehlt noch in der Kette der Beweise <übertr.>; die ~er recken, strecken (beim Aufstehen) ▸ gelenkige, geschmeidige, schlanke, steife ~er; künstliche ~er *Prothesen;* das männliche ~ *männl. Geschlechtsteil, Penis* ▸ der Schreck saß mir noch in den ~ern; das Wetter steckt mir in allen ~ern *bereitet mir Beschwerden;* mit gesunden ~ern aus dem Skiurlaub heimkommen; in Reih und ~ antreten, marschieren <Mil.>

...glie|de|rig <in Zus.; zur Bildung von Adj.> = *...gliedrig*

glie|dern <V.; glie|dert, glie|der|te, hat ge|glie|dert> **I** <V. trans.> etwas (in etwas) ~ *einteilen, unterteilen, ordnen* ▸ einen Aufsatz ~; die Arbeit ist gegliedert in Einleitung, Hauptteil und Zusammenfassung **II** <V. refl.> sich in etwas ~ *in verschiedene Abschnitte unterteilt sein* ▸ die Dienststelle gliedert sich in vier Abteilungen

Glie|der|schmerz <der; -es, -en> *Schmerzen in Gliedern, Muskeln, Sehnen u. Gelenken (bei Grippe, Hexenschuss, Ischias, Muskelrheuma u. a.)*

Glie|de|rung <die; -, -en> *Einteilung, Unterteilung, Ordnung, Aufbau, Plan, Disposition* ▸ ~ eines Aufsatzes; ~ in einzelne Fächer, Gebiete, Teile, Zweige

Glied|ma|ße <die; -, -n; meist Pl.> *bewegliche Körperteile (Arme u. Beine) von Mensch u. Tier, Extremität*

...glied|rig <in Zus.; zur Bildung von Adj.> *aus einer bestimmten Zahl od. Art von Gliedern bestehend,* z. B. feingliedrig, mehrgliedrig, zweigliedrig (in Ziffern: 2-gliedrig)

Glied|satz <der; -es, -sät|ze; Gramm.> *Nebensatz, der ein Satzglied vertritt*

glim|men <V. intr.; glimmt, glimm|te, hat geglom|men/ge|glimmt> *glühen, ohne Flamme brennen* ▸ die Kohlen ~ unter der Asche; in seinen Augen glomm leidenschaftlicher Hass <übertr.>; im Dunkeln sah man ihre Zigarre ~

Glimm|stän|gel <der; -s, -; abwertend> *Zigarette*

glimpf|lich <Adj.> **1** *schonend, nachsichtig* **2** *gemäßigt, mild* ▸ eine ~e Strafe bekommen; das ist noch einmal ~ verlaufen; die Strafe, das Urteil ist ~ ausgefallen; jmdn. ~ behandeln; wir sind noch ~ davongekommen *ohne großen Schaden*

glit|schig <Adj.; umg.> *feucht u. glatt, schlüpfrig* ▸ ~er Boden, Frosch

glitt → *gleiten*

Glit|ter <der; -s, -> = *Flitter*

glit|zern <V. intr.; glit|zert, glit|zer|te, hat ge|glitzert> *funkeln* ▸ die Sterne ~ hell am Himmel

glo|bal <Adj.> **1** *weltweit, welt-, erdumfassend* **2** *gesamt, umfassend, allgemein* ▸ einen ~en Überblick geben; etwas ~ beurteilen

glo|ba|li|sie|ren <V. trans.; glo|ba|li|siert, glo|ba|li|sier|te, hat glo|ba|li|siert> etwas ~ **1** *weltweit, weltumfassend beurteilen, verbreiten* **2** *im Ganzen, umfassend betrachten, allgemein u. nicht im Einzelnen beurteilen* **3** <Wirtsch.> *Geschäfts- u. Produktionsvorgänge auf internationale Märkte bzw. Unternehmen ausrichten, um die Wettbewerbschancen zu optimieren* ▸ diese Beobachtung kann man nicht ~; die Produktpolitik eines Unternehmens strategisch ~; Abl *Globalisierung*

Glo|ben <Pl. von> *Globus*

Glo|be|trot|ter <engl. [gloub-] der; -s, -> *Weltenbummler*

Glo|bus <der; - od. -bus|ses, Glo|ben od. -bus|se> *(Nachbildung der) Erdkugel od. der Himmelskugel*

Glọ|cke <die; -, -n> **1** *unten offener u. nach außen gebogener Schallkörper mit einem Klöppel im Innern, dessen Anschlag einen Ton verursacht;* Zus *Glockenläuten, Glockenturm; Kirchenglocke* **2** *glockenförmiger Gegenstand, z. B. Lampenschirm, Schutzdeckel über Käse;* Zus *Käseglocke, Taucherglocke* ▸ einläuten: die ~n läuten den Sonntag ein; eine ~ gießen; die ~ klingt, läutet, schlägt an, schwingt, tönt; die ~n schlagen 12 Uhr; er wird dir schon sagen, was die ~ geschlagen hat <übertr.; umg.> *dir den Ernst der Lage begreiflich machen* ▸ eine Sache an die große ~ hängen <übertr.> *sie überall erzählen;* eine ~ aus Bronze, Glas, Porzellan; die ~ über die Käse stülpen

Glọ|cken|blu|me <die; -, -n; Bot.> *eine Blume mit glockenförmigen, meist blauen Blüten*

glọ|cken|hell <Adj.> *wie eine helle Glocke klingend* ▸ ~es Lachen

Glọ|cken|schlag <der; -(e)s, -schlä|ge> *Anschlag des Klöppels an die Glockenwand, Schlag der Kirchen-, Turmglocke zum Anzeigen der Zeit* ▸ auf den ~ *pünktlich*

Glọ|cken|spiel <das; -(e)s, -e> **1** *in Türmen angebrachtes Instrument aus mehreren, aufeinander abgestimmten Glocken, die durch eine Klaviatur od. durch Hämmer angeschlagen werden* **2** *in verkleinerter Form an Ladentüren, durch das Öffnen u. Schließen ausgelöst* **3** <Mus.> *ein Musikinstrument aus abgestimmten Metallstäben od. -platten, durch Hämmer angeschlagen*

Glọ|cken|stuhl <der; -(e)s, -stüh|le> *Gerüst, in dem die Glocke (im Kirchturm) aufgehängt ist*

Glọ̈ck|ner <der; -s, -> *Kirchendiener, dem u. a. das Glockenläuten obliegt*

glọmm → *glimmen*

Glo|ria <das; -s, -s> **I** <unz.> *Ehre, Ruhm* ▸ mit Glanz und ~ einziehen **II** <zählb.> *Lobgesang, Teil der kath. Messe*

Glo|ri|en|schein <der; -(e)s, -e> **1** *Heiligenschein* **2** <allg.> *Lichterscheinung, Strahlenkranz* ▸ von einem ~ umgeben

glo|ri|fi|zie|ren <V. trans.; glo|ri|fi|ziert, glo|ri|fi|zier|te, hat glo|ri|fi|ziert> jmdn. od. etwas ~ *verherrlichen, vergöttern;* Abl *Glorifikation, Glorifizierung*

glor|reich <Adj.> **1** *herrlich, ruhmreich, glanzvoll* **2** <umg.; scherzh.> *herrlich, großartig* (Idee)

Glos|sar <das; -s, -e od. -ri|en> *Wörterverzeichnis mit Erklärungen*

Glọs|se <die; -, -n> **1** <Zeitungsw.> *kurzer, pointiert geschriebener Meinungsbeitrag in Zeitungen u. Zeitschriften* **2** <umg.> *spött. Bemerkung* ▸ seine ~n über etwas od. jmdn. machen <umg.>

Glọt|ze <die; -, -n; umg.; abwertend> *Fernsehapparat* ▸ mach die ~ aus!

glọt|zen <V. intr.; glotzt, glotz|te, hat ge|glotzt> *starr u. dumm blicken, erstaunt starren*

Glụ̈ck <das; -(e)s; unz.> **1** *günstiger Zufall, freudiger Umstand, den man nicht selbst beeinflusst hat;* Ggs *Pech, Unglück* **2** *Gemütszustand einer inneren Hochstimmung besonders nach Erfüllung ersehnter Wünsche* ▸ der Talisman soll dir ~ bringen; ~ muss man haben!; er will in Amerika sein ~ machen; jeder kann hier sein ~ probieren; sein: es war ein, sein ~, dass du so früh gekommen bist; jmdm. ~ wünschen (zum Geburtstag) ▸ ~ bringend = *glückbringend;* das Kind ist ihr ganzes ~; das war ein großes ~ für ihn; er hat mehr ~ als Verstand <umg.>; viel ~!; es ist ein wahres ~, dass du hier bist ▸ ich habe es auf gut ~ versucht *ohne Gewissheit des Erfolges;* ~ bei einer Unternehmung haben; damit hast du bei mir kein ~ *keinen Erfolg;* in ~ und Unglück zusammenhalten; ~ im Leben, in der Liebe, im Spiel; ~ im Unglück haben; jmds. ~ im Wege stehen; mit etwas ~ müsste er es schaffen; die Suche nach dem ~; er kann von ~ reden, sagen, dass ihm nichts Ernstes passiert ist; zum ~ kam sofort Hilfe; zu seinem ~ hat es niemand gesehen ▸ welch ein ~!

glụ̈ck|brin|gend *auch:* **Glụ̈ck brin|gend** <Adj.> *Erfolg, Zufriedenheit bewirkend, günstige Umstände befördernd* ▸ ein ~es Talisman

Glụ|cke <die; -, -n> **1** *Henne, die brütet od. Küken führt* **2** <übertr.; umg.; abwertend> *Mutter, die ihre Kinder übermäßig bewacht u. umsorgt;* Abl *glucken*

glụ̈|cken <V. intr.; glückt, glück|te, ist ge|glückt> jmdm. ~ *gelingen, nach Wunsch geschehen, verlaufen* ▸ das Kunststück ist (nicht) geglückt; es glückte ihm, noch einen Platz zu bekommen

glụ|ckern <V. intr.; glu|ckert, glu|cker|te, hat ge|glu|ckert> *sich mit dumpfen, kurzen Geräuschen bewegen* (Flüssigkeit); Syn *glucksen (1)* ▸ das Bier gluckert aus der Flasche; das Wasser gluckert im Bach

glụ̈ck|lich <Adj.> **1** *vom Glück begünstigt, erfolgreich* **2** *ohne Störung, ohne Schaden* **3** *froh, innerlich zufrieden, hochgestimmt* **4** *günstig, vorteilhaft, erfreulich* ▸ diese Auswahl, Zusammenstellung ist nicht ~; das war ein ~er Einfall, Gedanke; eine ~e Familie, Frau; die ~e Geburt eines Kindes anzeigen; er hat in solchen Dingen eine ~e Hand *viel Geschick;* ~e Jahre, Tage, Wochen verleben; ein ~es Kind, ~es Paar; sie führen ein ~es und harmonisches Leben; ~e Reise!; heute war ein ~er Tag für mich; es war ein ~er Zufall, dass wir uns trafen ▸ der Film, die Geschichte, das Theaterstück endet ~; jmdn. ~ machen; ~ sein über etwas; bist du ~?; wir sind ~, dass alles so gut verlaufen ist; ~ verheiratet sein

glück|li|cher|wei|se <Adv.> *zum Glück, durch einen glücklichen Zufall*

glụ̈ck|los <Adj.> *wenig erfolgreich, erfolglos;* Abl *Glücklosigkeit*

Glụ̈cks|brin|ger <der; -s, -> *etwas, das angeblich Glück bringt (z. B. Talisman, Amulett)*

glück|se|lig <Adj.> *überglücklich, glückstrahlend, tief innerlich glücklich;* Abl *Glückseligkeit*

glụck|sen <V. intr.; gluckst, glucks|te, hat gegluckst> **1** = *gluckern* **2** <übertr.> *unterdrückt, kehlig lachen* ▸ das Baby gluckste vor Vergnügen

Glụ̈cks|fall ‹der; -(e)s, -fäl|le› *glücklicher Zufall, glückliches Geschehen* ▸ ein seltener ~; im ~ können wir in diesem Jahr zwei Wochen verreisen
Glụ̈cks|ge|fühl ‹das; -(e)s, -e› *Gefühl des Glücklichseins, Hochgefühl* ▸ tiefe ~e empfinden
Glụ̈cks|hor|mon ‹das; -s, -e› *Hormon, dessen Ausschüttung im Körper Gefühle des Wohlbefindens u. Glücks freisetzt u. zerstörend auf Krebszellen wirken kann,* z. B. Serotonin
Glụ̈cks|kind ‹das; -(e)s, -er› *junger Mensch, der immer Glück hat, dem alles gelingt*
Glụ̈cks|pilz ‹der; -es, -e; übertr.; umg.› *jmd., der vom Glück begünstigt ist, dem alles gelingt*
Glụ̈cks|sa|che ‹die; -, -n› *Angelegenheit, die nicht durch vernünftiges Denken od. Handeln, sondern nur vom glücklichen Zufall entschieden wird* ▸ das ist ~; der Sieg war eine reine ~
Glụ̈cks|spiel ‹das; -(e)s, -e› *Spiel, bei dem der Erfolg vom Zufall abhängt, z. B. Poker, Roulette, Lotto u. a. Lotterien*
Glụ̈cks|sträh|ne ‹die; -, -n; umg.› *kurzer Zeitabschnitt, in dem einem alles glückt, gelingt;* Ggs *Pechsträhne*
Glụ̈cks|tag ‹der; -(e)s, -e› *besonders glücklicher, glückbringender Tag* ▸ heute ist ein ~
Glụ̈ck|wunsch ‹der; -(e)s, -wün|sche› **1** *Ausdruck der Anerkennung od. Mitfreude, Gratulation* **2** *Wunsch für eine glückliche Zukunft* ▸ Glückwünsche der **Freunde,** Kollegen, Verwandten entgegennehmen ▸ seinen ~ **aussprechen,** darbringen, senden, übermitteln ▸ **herzliche** Glückwünsche! ▸ Blumen, ein Geschenk **mit** herzlichen Glückwünschen überreichen; Glückwünsche **zum** Geburtstag, zum neuen Lebensjahr; herzlichen ~ zur Eheschließung, zur Geburt des Kindes; herzliche Glückwünsche zur Hochzeit, Verlobung, Vermählung; Glückwünsche zur bestandenen Prüfung, zur Verleihung einer Würde senden; Zus *Glückwunschkarte, Glückwunschschreiben*
Glu|cọ|se ‹die; -; unz.; fachsprachl.› = *Glukose*
Glüh|bir|ne ‹die; -, -n› *Lichtquelle, mit einem Hohlkörper aus Glas, die in die Fassung einer Lampe eingeschraubt wird u. durch den hindurchfließenden Strom zum Glühen gebracht wird;* Syn *Glühlampe*
glü̲|hen ‹V. intr.; glüht, glüh|te, hat ge|glüht› **1** *leuchten infolge starker Erhitzung* **2** *ohne Flamme brennen, rot, rötlich leuchten* **3** ‹übertr.› *sehr heiß, rot sein (vor Aufregung, Freude), erregt, begeistert* ▸ das **Feuer,** die Kohle, die Kochplatte glüht; in der Ferne glüht ein **Licht** ▸ die Gipfel der Berge glühten **in** der Abendsonne; in Leidenschaft und Liebe ~ ‹übertr.›; ihr Gesicht, ihr Körper glühte **vor** Fieber; die Kinder glühten vor Begeisterung ▸ er ist ein ~der Anhänger dieses Gedankens; er verfolgt sie mit ~den Blicken; wir wanderten bei ~der Hitze; ich saß wie auf ~den Kohlen (vor Angst, Ungeduld); er ist ein ~der Verehrer ihrer Kunst ‹übertr.›; mit (vor Begeisterung) ~den Wangen zuhören; es war mittags ~d heiß
Glüh|lam|pe ‹die; -, -n› = *Glühbirne*
Glü̲h|wein ‹der; -(e)s, -e› *erhitzter, gesüßter u. gewürzter Rotwein*
Glü̲h|würm|chen ‹das; -s, -› *kleiner, im Dunklen leuchtender, fliegender Käfer;* Syn *Leuchtkäfer*
Glu|ko̲|se ‹die; -; unz.; Biochem.› *weißer, kristalliner Zucker, der als Blutzucker im menschl. u. tierischen Organismus enthalten ist u. in grünen Pflanzen gebildet wird;* oV ‹fachsprachl.› *Glucose;* Syn *Traubenzucker, Dextrose*
Glu̲t ‹die; -, -en› **1** *Feuer ohne Flamme, glühender Brennstoff* **2** *sengende Hitze;* Zus *Gluthitze* **3** ‹übertr.› *sehr starkes Gefühl, Leidenschaft, Liebe, Begeisterung* ▸ die ~ des Abendhimmels; die ~ des Hasses, der Leidenschaft, der Liebe, des Verlangens; die ~ der Sonne war unerträglich; die ~ im Kamin anblasen, anfachen
Glu|t|a|ma̲t ‹das; -(e)s; unz.; Biochem.› *Ester od. Salz der Glutaminsäure, wird als Kochsalzersatz u. Geschmacksverstärker in der Lebensmittelindustrie verwendet*
glu̲t|ro̲t ‹Adj.› *rot wie Glut, glühend rot* ▸ ~er Himmel; ~ vor Scham; Abl *Glutröte*
Gly|ze|ri̲n ‹das; -s; unz.; Chem.› *dreiwertiger aliphatischer Alkohol, sirupartige, wasseranziehende, farblose Flüssigkeit (für Cremes, Salben, Sprengstoffe);* oV ‹fachsprachl.› *Glycerin*
GmbH ‹Abk. für› *Gesellschaft mit beschränkter Haftung*
Gna̲|de ‹die; -, -n; Pl. selten› **1** *verzeihende Güte, Barmherzigkeit Gottes* **2** *Barmherzigkeit, Mitleid, Milde, Nachsicht, Schonung, Verzeihung* ▸ Euer ~n ‹früher› *(Anrede an Höherstehende)* ▸ eine ~ **erbitten,** erweisen, erzeigen; er **fand** bei seinen Richtern keine ~; er hat keine ~ **verdient** ▸ **aus** ~ und Barmherzigkeit jmdn. aufnehmen; **durch** die ~ Gottes; ~ **für** Recht ergehen lassen *Nachsicht statt gerechter, verdienter Strafe;* jmdn. **in** ~n entlassen; **um** ~ bitten, flehen; **von** jmds. ~ abhängen
Gna̲|den|akt ‹der; -(e)s, -e› *Tat der Gnade* ▸ jmdm. durch einen ~ die Strafe erlassen
Gna̲|den|brot ‹das; -(e)s; unz.; übertr.› *Versorgung (von Tieren) im Alter aus Dankbarkeit für geleistete Dienste* ▸ einem Pferd das ~ geben
Gna̲|den|frist ‹die; -, -en› *letzte Frist* ▸ noch eine ~ bekommen, geben
Gna̲|den|ge|such ‹das; -(e)s, -e› *Bittschrift um Begnadigung*
gna̲|den|los ‹Adj.› *ohne Gnade, hart, hartherzig* ▸ jmdn. ~ verurteilen; Abl *Gnadenlosigkeit*
Gna̲|den|stoß ‹der; -es, -stö|ße› *Stich, um die Todesqual (eines verwundeten Tieres) zu beenden* ▸ den ~ geben, erhalten
gnä̲|dig ‹Adj.› **1** *voller Gnade, barmherzig* **2** *günstig, nachsichtig* **3** *herablassend-wohlwollend, leutselig* **4** ‹umg.› *kaum geschädigt, glimpflich* ▸ ~er Herr! *(höfl. Anrede);* ~e Frau; eine ~e Strafe erhalten; er war so ~, uns zu empfangen ‹iron.›; Gott sei uns ~!
Gno̲m ‹der; -en, -en› *kleiner Erdgeist, Zwerg, Kobold*

G

Goa|lie ‹[goʊli] der; -s, -s; Sp.› *Torhüter;* oV *Goali*
Go|be|lin ‹[gɔbəlɛ̃:] der; -s, -s› *kunstvoll gewirkter od. gestickter Wandteppich mit bildl. Darstellung*
Go|ckel ‹der; -s, -; bes. süddt.› *Hahn*
Go|kart ‹der; -s, -s› *kleiner Rennwagen ohne Federung u. ohne Karosserie mit Motoren bis zu 200 cm³ Hubraum;* oV *Gocart;* Zus *Gokartbahn*
Gold ‹das; -(e)s; unz.; chem. Zeichen: Au› **1** *gelb glänzendes Edelmetall, chemisches Element, Ordnungszahl 79;* Abl *goldfarben, goldfarbig;* Zus *Goldader, Goldbarren, Goldbrokat, Goldkrone, Goldmine, Goldmünze, Goldzahn; goldblond, goldgelb, goldglänzend, goldschimmernd* **2** ‹übertr.› *Reichtum, etwas Kostbares* **3** *goldene, goldgelbe Farbe* ▸ vom Glanz des ~es geblendet ‹übertr.› *vom Reichtum;* das ~ ihrer Locken ▸ dieser Fluss führt ~; ~ mit Kupfer, Silber u. a. legieren; sein: es ist nicht alles ~, was glänzt ‹Sprichw.› *oft trügt der Schein;* diese Nachricht ist ~ wert! ‹übertr.› ▸ feines, legiertes, reines, 24-karätiges ~ ▸ Ketten, Ringe, Schmuck aus ~; einen Edelstein in ~ fassen; das ist nicht mit ~ aufzuwiegen, zu bezahlen!
gol|den ‹Adj.› **1** *aus Gold bestehend* **2** *vergoldet* **3** *goldglänzend, von der Farbe des Goldes* **4** ‹übertr.› *echt, treu, herrlich* ▸ ein ~er Anhänger, Becher; ein ~es Armband; eine ~e Brosche, Kette, Uhr; der Präsident trug sich in das Goldene Buch der Stadt ein *Gästebuch;* ~es Haar; ~e Hochzeit *50. Jahrestag der Hochzeit;* das Goldene Kalb *israelit. Kultbild;* ‹sinnbildl. für› *Geld, Reichtum;* ~e Locken *blonde L.;* im Sport eine ~e Medaille gewinnen; die ~e Mitte, den ~en Mittelweg wählen *das rechte Maß halten;* ~er Sonnenschein glänzte auf dem Wasser; ein ~es Zeitalter *eine besonders fruchtbare Zeit (der Kunst, Literatur usw.);* ~en Zeiten entgegengehen *einer vielversprechenden Zukunft*
Gold|esel ‹der; -s, -› **1** ‹im Märchen› *Esel, der Gold spuckt u. ausscheidet* **2** ‹übertr.; umg.› *unerschöpfliche Geldquelle, Quelle großen Reichtums;* Syn *Dukatenesel* ▸ die Erfindung hat sich zu einem ~ entwickelt
Gold|fisch ‹der; -(e)s, -e;Zool.› *ein orangefarbener Zierfisch;* Syn *Goldkarausche, Schleierschwanz*
Gold|grä|ber ‹der; -s, -› *jmd., der im Erdboden nach Gold gräbt;* Abl *Goldgräberin*
Gold|gru|be ‹die; -, -n› **1** *Goldlagerstätte, Goldbergwerk* **2** ‹übertr.; umg.› *sehr ergiebiges Geschäft* ▸ sein Laden ist eine ~
Gold|hams|ter ‹der; -s, -; Zool.› *eine Hamsterart, die oft als Haustier gehalten wird*
gol|dig ‹Adj.; umg.› **1** *wie Gold glänzend* **2** ‹übertr.› *reizend, entzückend, lieb* ▸ ein ~es Kind, Baby
Gold|me|dail|le ‹[-daljə] die; -, -n› *goldene Medaille, höchste Auszeichnung bei Wettbewerben*
Gold|rausch ‹der; -(e)s; unz.; übertr.› *übersteigertes Bedürfnis nach Gold u. Goldgewinnung;* Syn *Goldfieber*
Gold|re|gen ‹der; -s, -; Bot.› **1** *Strauch od. kleiner Baum mit dreifingerigen Blättern u. hängenden, gelben Blütentrauben* **2** ‹übertr.; umg.› *unvermuteter Reichtum*
gold|rich|tig ‹Adj.; umg.› *völlig richtig, genau passend* ▸ mit deiner Vermutung liegst du ~
Gold|schmied ‹der; -(e)s, -e› *Kunsthandwerker, der Schmuck u. feine Gebrauchsgegenstände aus Edelmetall, bes. Gold, herstellt;* Abl *Goldschmiedin;* Zus *Goldschmiedearbeit, Goldschmiedekunst*
Gold|staub ‹der; -s; unz.› *staubförmiges Gold*
Gold|stück ‹das; -(e)s, -e› **1** ‹früher› *Münze aus Gold* **2** ‹übertr.; umg.; scherzh.› *tüchtiger, hilfreicher, liebenswürdiger Mensch*
Gold|waa|ge ‹die; -, -n› *Feinwaage für Edelmetall* ▸ jedes Wort auf die ~ legen ‹übertr.› *übertrieben genau sein, alles wörtlich nehmen*
Golf[1] ‹der; -(e)s, -e› *Einschnitt des Meeres ins Festland* ▸ der ~ von Mexiko
Golf[2] ‹das; -(e)s; unz.; Sp.› *Rasenspiel, bei dem ein Hartgummiball mit möglichst wenig Schlägen mit Hilfe verschieden geformter Schläger in ein Loch getrieben wird;* Zus *Golfplatz, Golfschläger, Golfsport*
gol|fen ‹V. intr.; golft, golf|te, hat ge|golft; Sp.› *Golf spielen* ▸ unsere Freunde ~ jetzt auch
Gol|fer ‹der; -s, -; Sp.› *Golfspieler;* Abl *Golferin*
Golf|spiel ‹das; -(e)s; unz.; Sp.› = *Golf*[2]*;* Abl *Golfspieler(in)*
Gon|del ‹die; -, -n› **1** *Kabine an der Seilbahn* **2** *Korb am Freiballon* **3** *leichtes, langes, schmales Boot, das in den Kanälen von Venedig im Stehen gerudert wird*
gon|deln ‹V. intr.; gon|delt, gon|del|te, ist ge|gondelt; scherzh.; umg.› *ziellos umherreisen* ▸ nur so durch die Welt ~ ‹umg.›
Gong ‹der od. selten a. das; -s, -s; Mus.› *ein Schlaginstrument aus einer freihängenden Bronzescheibe, die mit einem Schlägel angeschlagen wird*
gön|nen ‹V. trans.; gönnt, gönn|te, hat ge|gönnt› jmdm. od. sich etwas ~ **1** *neidlos zugestehen* **2** *zukommen lassen* ▸ diese Enttäuschung gönne ich ihm! ‹iron.›; ich gönne ihm sein Glück von Herzen; er gönnt sich selten eine Ruhepause; ich habe mir heute ein Eis gegönnt
Gön|ner ‹der; -s, -› *Schutzherr, Wohltäter, freundl. Förderer* ▸ einen reichen ~ finden (für einen Künstler); →a. *Mäzen;* Abl *Gönnerin*
gön|ner|haft ‹Adj.; -er, am -es|ten› *herablassend, überheblich-freundlich* ▸ er ist sehr ~ zu ihr
gor → *gären*
Gör ‹das; -s, -en; norddt.› **1** *(ungezogenes) kleines Kind* **2** *freches Mädchen*
gor|disch ‹Adj.› ein ~er Knoten *eine unlösbar scheinende Aufgabe, große Schwierigkeit*
Gö|re ‹die; -, -n; norddt.› = *Gör (2)*
Gor|gon|zo|la ‹der; -s; unz.› *vollfetter Edelschimmelkäse*
Go|ril|la ‹der; -s, -s; Zool.› *bis 2 m großer Menschenaffe, der in Familien od. Herden in den Wäldern Afrikas lebt*
Gos|pel ‹das; -s, -s; Mus.› *christl.-relig. Lied der*

nordamerikan. Schwarzen, moderne Form des Spirituals; Zus *Gospelsänger(in)*

goss → *gießen*

Gos|se ⟨die; -, -n⟩ **1** *Abflussrinne u. ihre Öffnung in den Kanal am Rand des Fußweges* **2** ⟨abwertend⟩ *Lebensumstände, die von Verwahrlosung u. materieller Not geprägt sind* ▸ die ~ ist verstopft; jmdn. aus der ~ auflesen, ziehen ⟨übertr.; umg.⟩ *aus elenden u. menschenunwürdigen Verhältnissen herausholen;* er wird noch in der ~ enden ⟨übertr.; umg.⟩ *völlig verkommen*

Go|te ⟨der; -n, -n⟩ *Angehöriger eines germanischen Volksstammes;* Abl *Gotin*

Go|tik ⟨die; -; unz.⟩ *Stilepoche der europäischen Kunst, seit ca. 1140 von Frankreich ausgehend, Mitte des 12. bis Anfang des 16. Jh. in Italien, danach im übrigen Europa*

go|tisch ⟨Adj.⟩ *von den Goten bzw. aus der Gotik stammend, zu ihnen bzw. zu ihr gehörig*

Gott ⟨der; -es, Göt|ter⟩ **I** ⟨zählb.; Myth.⟩ *übermenschliches, meist unsterbliches, mit Willen u. Macht ausgestattetes, kultisch verehrtes Wesen, Gegenstand des religiösen Glaubens;* Syn *Gottheit* ▸ die griechischen, römischen Götter; das wissen die Götter ⟨umg.⟩ *ich habe keine Ahnung;* ein Anblick für die Götter ⟨umg.⟩ *ein sehr komischer A.;* er spielt Klavier wie ein junger ~; Abl *Göttin;* Zus *Donnergott, Schutzgott* **II** ⟨unz.; meist ohne Artikel⟩ *im Christentum u. anderen Religionen erstes, höchstes Wesen, Schöpfer der Welt* ▸ o ~!, mein ~! *(Ausrufe des Erstaunens, Erschreckens)* ▸ ~ der Allmächtige; mit ~es Beistand, Hilfe, Unterstützung; es liegt, steht in ~es Hand, ob er es überlebt; ~ der Herr; die Mutter ~es *Maria;* im Namen ~es! *(Segensformel);* in ~es Namen! ⟨umg.⟩ *meinetwegen;* ~es Sohn *Jesus;* ~ (der) Vater; das Wort ~es *die Bibel;* ~es Wort hören ▸ ~ anbeten, anrufen, fürchten, loben, preisen; ~ behüte, beschütze euch! *(Abschiedswunsch);* ~ behüte! ⟨umg.⟩ *aber nein, keinesfalls!;* beistehen: ~ steh uns bei *(Ausruf des Schreckens);* man muss ~ danken, dass nichts Schlimmeres passiert ist; grüß ~! *(Grußformel);* ~ hab ihn selig *er sei selig bei Gott (beiläufiger Wunsch für einen Verstorbenen);* so wahr mir ~ helfe! *(Eidesformel);* gelobt sei ~; ~ segne dich!; ~ sei Dank! ⟨umg.⟩ *glücklicherweise;* das weiß ~ allein; das habe ich weiß ~ nicht gewollt! ⟨umg.⟩ *wahrhaftig nicht;* so ~ will, sehen wir uns bald wieder; ~ hat es so gewollt! ▸ allmächtiger, großer ~! ⟨umg.⟩ *(Ausruf des Schreckens);* der liebe ~; ach du lieber ~! ⟨umg.⟩ *(Ausruf der Bestürzung)* ▸ an ~ glauben; auf ~ bauen, vertrauen; bei ~! ⟨umg.⟩ *(als Bekräftigung);* bei ~ schwören; leider ~es mussten wir absagen ⟨umg.⟩ *leider, bedauerlicherweise;* ~ mit dir! *(Abschiedswunsch);* seinen Frieden mit ~ machen *sich vor dem Sterben in Gottes Willen fügen;* um ~es willen! *(Ausruf des Schreckens);* sich ganz von ~ verlassen fühlen; du bist wohl ganz und gar von ~ verlassen! ⟨umg.⟩ *(Ausruf des Unwillens);* vor ~ und den Menschen seine Pflicht tun; leben wie ~ in Frankreich ⟨umg.⟩ *sorglos, gut, üppig leben;* zu ~ beten; Zus *Gottesglaube, Gottvertrauen*

Got|ter|bar|men ⟨das; undekl.⟩ *so, dass es Gott erbarmen möge* ▸ er sieht zum ~ aus ⟨umg.⟩; er spielt zum ~ ⟨umg.⟩ *jämmerlich, schlecht;* Abl *gott(s)erbärmlich*

gott|er|ge|ben ⟨Adj.⟩ *in sein Schicksal ergeben, demütig;* Abl *Gottergebenheit*

göt|ter|gleich ⟨Adj.⟩ *einem Gott, Göttern ähnlich*

Göt|ter|spei|se ⟨die; -; unz.⟩ *Süßspeise mit Gelatine;* Syn *Wackelpeter, Wackelpudding*

Got|tes|dienst ⟨der; -(e)s, -e⟩ *gemeinsame Verehrung Gottes durch die Gemeinde in der Kirche* ▸ ~ abhalten, verrichten; am ~ teilnehmen; sonntags in den ~ gehen

got|tes|fürch|tig ⟨Adj.⟩ *ehrfürchtig vor Gott;* Abl *Gottesfürchtigkeit*

Got|tes|haus ⟨das; -es, -häu|ser⟩ *für den Gottesdienst bestimmtes Gebäude, Kirche*

Got|tes|läs|te|rung ⟨die; -, -en⟩ *(öffentliche) Beschimpfung, Herabwürdigung Gottes;* →a. *Blasphemie*

Got|tes|mut|ter ⟨die; -; unz.⟩ *die Jungfrau Maria, die Mutter von Gottes Sohn*

Got|tes|sohn ⟨der; -(e)s; unz.⟩ *Sohn Gottes* ▸ Jesus Christus, der ~

Got|tes|staat ⟨der; -(e)s; unz.⟩ *Herrschaft der Priester als Vertreter Gottes;* Syn *Theokratie*

gott|ge|fäl|lig ⟨Adj.⟩ *Gott wohlgefällig* ▸ ~es Leben; ~e Werke; Abl *Gottgefälligkeit*

gött|lich ⟨Adj.⟩ **1** *zu Gott gehörig, ihm zukommend, von ihm herrührend* **2** *gottgleich, gottähnlich* **3** ⟨übertr.; umg.⟩ *herrlich, wunderbar* ▸ ~e Gnade, Vorsehung, Weisheit; das Essen war ~ ⟨übertr.⟩ *äußerst schmackhaft, delikat*

gott|lob ⟨Kurzw. für⟩ *Gott sei Lob u. Dank (als Ausdruck der Erleichterung)* ▸ es ist ~ nichts passiert

gott|los ⟨Adj.⟩ **1** *Gott leugnend, Gott nicht achtend* **2** *ruchlos* ▸ ~e Reden führen; Abl *Gottlosigkeit*

Gott|va|ter ⟨der; -s; unz.; meist ohne Artikel⟩ *Gott als Vater Jesu u. aller Menschen*

gott|ver|las|sen ⟨Adj.⟩ **1** *von Gott verlassen, verflucht* **2** ⟨umg.⟩ *sehr einsam, öde, trostlos* (Dorf, Gegend) ▸ ein ~es Nest

Göt|ze ⟨der; -n, -n⟩ **1** *als Gottheit verehrtes Wesen;* Zus *Götzenbild* **2** *falscher Gott, Abgott*

Gou|da ⟨[xaʊ-], eindeutschend [gaʊ-] der; -s, -s⟩ *fester Schnittkäse mit 20-45 % Fettgehalt*

Gour|met ⟨[gurmeː] od. [gurmɛː] der; -s, -s⟩ *Feinschmecker, (bes.) Weinkenner*

gou|tie|ren ⟨[gu-] V. trans.; gou|tiert, gou|tier|te, hat gou|tiert; geh.⟩ etwas ~ *genießend erleben, kosten*

Gou|ver|nan|te ⟨[guvɛr-] die; -, -n; früher⟩ *Erzieherin (der Kinder in der Familie)*

Gou|ver|ne|ment ⟨[guvɛrnəmãː] das; -s, -s⟩ **1** *Regierung* **2** *Regierungsbezirk, Provinz*

Gou|ver|neur ⟨[guvɛrnøːr] der; -s, -e⟩ *Statthalter, oberster Beamter eines Gouvernements, einer Kolonie;* Abl *Gouverneurin*

G

G

Grab ⟨das; -(e)s, Grä|ber⟩ *letzte Ruhestätte für Tote, Begräbnisstätte;* Syn *Grabstätte* ▸ die Gräber der Angehörigen ▸ ein ~ ausheben, bepflanzen, schmücken, zuschaufeln, zuschütten; ein ~ besuchen; du gräbst dir noch dein eigenes ~! *trägst zu deinem Untergang bei* ▸ ein frisches, noch leeres ~; ein gepflegtes, geschmücktes, vergessenes, verwildertes ~ ▸ Blumen auf ein ~ legen, pflanzen; jmdn. in ein ~ betten, legen; das bringt mich noch ins ~ *peinigt mich tödlich;* er hat das Geheimnis mit ins ~ genommen *hat es nie verraten;* er würde sich im ~ umdrehen, wenn er das wüsste *es würde ihm Kummer bereiten, er wäre nicht damit einverstanden;* im ~ liegen, ruhen; mit einem Bein, Fuß im ~ stehen ⟨übertr.⟩ *dem Tode nahe, schwer erkrankt sein;* still, verschwiegen wie ein ~ sein *nichts weitererzählen;* jmdn. zu ~e tragen *beerdigen;* seine Hoffnungen zu ~e tragen ⟨übertr.⟩ *aufgeben, auf sie verzichten;* Zus *Einzelgrab, Familiengrab, Urnengrab*

gra|ben ⟨V.; gräbt, grub, hat ge|gra|ben⟩ **I** ⟨V. trans. u. V. intr.⟩ **1** (etwas) ~ *eine Vertiefung machen, ausheben* **2** nach etwas ~ *schürfen, etwas unter der Erde suchen* ▸ der Dachs gräbt sich einen Bau; einen Brunnen, ein Grab, eine Grube, einen Schacht ~; ein Loch (in die Erde) ~; die Kinder ~ im Sand; mit dem Spaten ~; nach Erz, Gold, Kohle ~; nach verborgenen Schätzen ~ **II** ⟨V. refl.⟩ sich in etwas ~ *bohrend eindringen, sich einwühlen* ▸ seine Fingernägel gruben sich tief ins Fleisch; dieses Erlebnis hat sich mir tief ins Gedächtnis gegraben ⟨übertr.⟩ *ich werde es nie mehr vergessen*

Gra|ben ⟨der; -s, Grä|ben⟩ *lange und schmale Vertiefung im Boden, z. B. als Wasserrinne od. als Schutz* ▸ einen ~ ausheben; einen ~ ziehen; ein breiter, flacher, langer, schmaler, tiefer ~; der Wagen fuhr in den ~; in einen ~ fallen, stürzen; er landete im ~ ⟨umg.⟩ *stürzte hinein;* mit dem Pferd über einen ~ springen; Zus *Straßengraben, Festungsgraben, Schützengraben, Wassergraben*

Gra|bes|stil|le ⟨die; -; unz.⟩ *tiefe Stille wie im Grabe*

Gra|bes|stim|me ⟨die; -; unz.⟩ *tiefe, unheiml. Stimme* ▸ mit ~ sprechen

Grab|in|schrift ⟨die; -, -en⟩ *Beschriftung auf dem Grabstein*

Grab|le|gung ⟨die; -, -en⟩ *Bestattung, Beerdigung*

Grab|mal ⟨das; -(e)s, -mä|ler od. -e⟩ *großes, meist künstler. gestaltetes Erinnerungszeichen auf dem Grab*

Grab|plat|te ⟨die; -, -n⟩ *auf dem Grab liegender od. an der Kirchenwand angebrachter Gedenkstein für einen Toten*

Grab|re|de ⟨die; -, -n⟩ *Rede bei der Bestattung eines Toten*

grab|schen ⟨V. trans. u. V. intr.; grabscht, grabsch|te, hat ge|grabscht⟩ = *grapschen*

Grab|stät|te ⟨die; -, -n⟩ = *Grab*

Grab|stein ⟨der; -(e)s, -e⟩ *Gedenkstein auf dem Grab*

Gra|bung ⟨die; -, -en⟩ **1** *das Graben in der Erde* **2** *Suchen nach Resten vergangener Kulturen, Ausgrabung*

Gracht ⟨die; -, -en⟩ *schiffbarer Kanal in niederländischen Städten*

Grad/Rang

Die Substantive *der Grad* und *der Rang* drücken zwar beide eine Abstufung aus, sie bedeuten jedoch im Deutschen etwas Unterschiedliches und treten in unterschiedlichen Kontexten auf. Der *Grad* ist zum einen eine „Maßeinheit für Temperatur und für Winkel“: *Es ist heute 22 Grad warm. Die Stadt liegt auf dem 50. Breitengrad.*
Zum anderen bezeichnet der *Grad* die „Stufe, Stärke oder das Maß von etwas“: *Bis zu einem gewissen Grad kann man das verstehen. Der Grad der Steuerbelastung ist nicht mehr erträglich.*
Im Vergleich dazu bezeichnet der *Rang* eine „Stellung oder Stufe innerhalb einer Ordnung bzw. Hierarchie“: *Der Verein steht in der aktuellen Tabelle auf dem ersten Rang. Er hat den Rang* (= Dienstgrad) *eines Offiziers. Das ist eine Unverschämtheit ersten Ranges. Einem Mann von Rang und Namen begegnen.*

Grad ⟨der; -(e)s, -e od. (bei Zahlenangaben) -; Zeichen: °⟩ **1** *Abstufung, Stufe, Stärke, Maß;* Zus *Wirkungsgrad* **2** *Maßeinheit von Winkeln od. Skalen auf Messgeräten, bes. für die Temperatur* **3** ⟨Math.⟩ *der 360. Teil des Kreisumfangs* **4** ⟨Geogr.⟩ *Breiten- od. Längengrad* **5** *Enge, Nähe der Verwandtschaft* **6** ⟨Hochschule⟩ *Würde, Titel* **7** ⟨Mil.⟩ *Rang, Rangstufe;* Zus *Dienstgrad* ▸ der 60. ~ nördlicher (südlicher) Breite; er erwarb den ~ eines Doktors; es sind 2° C Kälte, Wärme ⟨umg.⟩; der ~ einer Konzentration, einer chem. Lösung; der 20. ~ östlicher Länge ▸ Cousine, Vetter zweiten ~es; Verbrennungen zweiten, dritten ~es; einen akademischen ~ erlangen, erwerben; die Farbe könnte um einige ~e dunkler, heller sein; diese Schrift ist um einen ~ größer als jene; es war gestern um einige ~(e) wärmer ▸ die Quecksilbersäule kletterte auf 32° (Celsius); das Thermometer steht auf, zeigt 5 ~ minus, plus; bis zu einem gewissen ~(e) kam man uns entgegen; in ~e einteilen; das ist im höchsten ~e ärgerlich *sehr, außerordentlich ärgerlich;* 5° über, unter Null; Winkel von 90° *rechter Winkel* ▸ wie viel ~ sind heute? *wie ist die Temperatur?*

gra|du|ell ⟨Adj.⟩ **1** *grad-, stufenweise* **2** *abgestuft* **3** *allmählich* ▸ beide Vorschläge unterscheiden sich nur ~

gra|du|ie|ren ⟨V. trans.; gra|du|iert, gra|du|ier|te, hat gra|du|iert⟩ **1** etwas ~ *in Grade einteilen* **2** jmdn. ~ *jmdm. akademische Würde u. Titel verleihen;* →a. *graduiert;* Abl *Graduierung*

gra|du|iert **I** ⟨Part. Perf. von⟩ *graduieren* **II** ⟨Adj.; Abk.: grad.⟩ *über einen akademischen Grad, über*

ein Abschlusszeugnis verfügend ▸ ~er Ingenieur; Abl *Graduierte(r)*
Grae|cum ⟨[grɛ:kum] das; -s, -s⟩ *Prüfung im Altgriechischen*
Graf[1] ⟨der; -en, -en⟩ **1** *Adelstitel zw. Fürst u. Freiherr* **2** *Träger dieses Titels;* Abl *Gräfin; gräflich*
Graf[2] ⟨der; -en, -en; Math.⟩ *abstrahierende zeichnerische Darstellung von Größen u. den zw. ihnen bestehenden Relationen als wissenschaftliche Hilfsmittel*
Graf|fi|ti ⟨das; -s, -s⟩ *Malerei od. Parole, die mittels Sprühdose auf eine Wand gespritzt wurde*
Gra|fik ⟨die; -, -en⟩ **I** ⟨unz.⟩ **1** *Vervielfältigung von Schrift u. Druck* **2** ⟨Sammelbez. für⟩ *die Kunst des Zeichnens, des Kupfer- u. Stahlstichs, des Holzstichs u. Holzschnitts* **II** ⟨zählb.⟩ *einzelnes Blatt mit einer Darstellung aus einer dieser Künste* ▸ ~en sammeln
Gra|fi|ker ⟨der; -s, -⟩ **1** *in der Grafik arbeitender Künstler* **2** *Zeichner, der Vorlagen zum Vervielfältigen herstellt;* Abl *Grafikerin*
Gra|fik|kar|te ⟨die; -, -n; EDV⟩ *Erweiterung im Computer, die die Signale zur Steuerung des Monitors liefert u. Möglichkeiten zur Gestaltung von Text u. Grafik bietet*
gra|fisch ⟨Adj.⟩ *die Grafik betreffend, auf ihr beruhend* ▸ ~e Darstellung *zeichnerische schemat. Darstellung, Schaubild*
Gra|fit ⟨der; -(e)s, -e; Min.⟩ = *Graphit*
Gra|fo|lo|gie ⟨die; -; unz.⟩ = *Graphologie*
Graf|schaft ⟨die; -, -en⟩ *Herrschafts-, Verwaltungsbezirk eines Grafen*
gram ⟨Adj.; nur präd.⟩ jmdm. ~ sein *ihm grollen, zürnen* ▸ man kann ihr deshalb nicht ~ sein
Gram ⟨der; -(e)s; unz.; geh.⟩ *nagender Kummer, tiefe Traurigkeit* ▸ der ~ zehrt an ihm; aus ~ über ein Unglück verzweifeln; von ~ erfüllt sein; Zus *gramerfüllt, gramgebeugt*
grä|men ⟨V.; grämt, gräm|te, hat ge|grämt⟩ **I** ⟨V. trans.⟩ jmdn. ~ *jmdm. Kummer, Sorgen bereiten* ▸ das grämt ihn wenig; das grämt mich sehr **II** ⟨V. refl.⟩ sich (über etwas) ~ *sich bittere Gedanken machen, sich bitterlich sorgen* ▸ sie grämt sich über ihn; sie wird sich noch zu Tode ~
Gramm ⟨das; -s, -e; bei Zahlenangaben Pl.: -; Zeichen: g⟩ **1** ⟨Phys.⟩ *Maßeinheit der Masse* **2** ⟨allg.⟩ *Maßeinheit des Gewichts* ▸ ich hätte gern 200 ~ Salami; wie viel ~ dürfen es sein? das Päckchen wiegt ca. 800 ~; es können auch ein paar ~ mehr oder weniger sein; für den Kuchen brauchst du 100 ~ Butter, 50 ~ Zucker und 200 ~ Mehl
Gram|ma|tik ⟨die; -, -en⟩ **1** *Lehre vom Bau u. von den Regeln einer Sprache;* Syn *Sprachlehre;* Abl *Grammatiker(in)* **2** *(wissenschaftliches) Lehrbuch der Sprachlehre*
gram|ma|ti|ka|lisch ⟨Adj.⟩ *die Grammatik betreffend, auf ihr beruhend;* Syn *grammatisch*
Gram|mo|phon® ⟨das; -s, -e⟩ *altertümlicher mechanischer Plattenspieler;* oV *Grammofon*
Gra|nat ⟨der; -(e)s, -e od. österr. der; -en, -en; Min.⟩ *ein Mineral, dunkelroter Edelstein*
Gra|nat|ap|fel ⟨der; -s, -äp|fel⟩ *Frucht des Granatapfelbaums*
Gra|na|te ⟨die; -, -n; Mil.⟩ *mit Sprengladung gefülltes Geschoss;* Zus *Granatfeuer, Granatsplitter*
Grand|ho|tel ⟨[grã:-] das; -s, -s⟩ *großes, vornehmes Hotel*
gran|di|os ⟨Adj.; -er, am -es|ten⟩ *großartig, überwältigend* ▸ das war eine ~e Darbietung
Gra|nit ⟨a. [-nɪt] der; -(e)s, -e; Min.⟩ *ein hartes, graues Gestein* ▸ auf ~ beißen ⟨übertr.; umg.⟩ *auf energischen Widerstand stoßen;* da beißt er bei mir auf ~
Gran|ne ⟨die; -, -n⟩ *steife, widerhaarige Borste an Gräsern u. Getreide* ▸ Gerste hat lange ~n
gran|tig ⟨Adj.; süddt.⟩ *verdrießlich, mürrisch, übellaunig* ▸ ein ~er Mensch
Gra|nu|lat ⟨das; -(e)s, -e⟩ *eine Substanz in Körnerform*
Grape|fruit ⟨[grɛɪpfru:t] die; -, -s⟩ *eine große Frucht mit gelber Schale u. leicht bitterem Fruchtfleisch, Pampelmuse*
Graph ⟨der; -en, -en; Math.⟩ = *Graf*[2]
Gra|phik ⟨die; -, -en⟩ = *Grafik*
Gra|phi|ker ⟨der; -s, -⟩ = *Grafiker;* Abl *Graphikerin*
Gra|phik|kar|te ⟨die; -, -n; EDV⟩ = *Grafikkarte*
gra|phisch ⟨Adj.⟩ = *grafisch*
Gra|phit ⟨der; -(e)s, -e⟩ *kristalliner reiner Kohlenstoff*
Gra|pho|lo|gie ⟨die; -; unz.⟩ *Lehre, aus der Handschrift den Charakter zu deuten;* Syn *Handschriftendeutung*
Grap|pa ⟨der; -s, -s⟩ *italienischer Branntwein aus Trester*
grap|schen ⟨V. trans. u. V. intr.; grapscht, grapsch|te, hat ge|grapscht; norddt.; umg.⟩ (sich) etwas ~ od. nach etwas ~ *schnell u. begierig nach etwas greifen, etwas an sich raffen*
Gras ⟨das; -es, Grä|ser; Bot.⟩ **1** *den Boden bedeckende Pflanze mit grünen Halmen u. unscheinbaren Blüten, die auf Wiesen, am Straßenrand usw. wächst* **2** *Rasen, Wiese;* Zus *Grasfläche, Grasland* **3** ⟨Drogenszene⟩ *Marihuana* ▸ Kühe mit ~ **füttern;** sich auf einer Wiese ins ~ **legen;** ~ **mähen,** säen, verfüttern; **wachsen:** über die Sache ist längst ~ gewachsen ⟨übertr.⟩ *sie ist längst vergessen* ▸ **dürres,** hohes, niedriges, saftiges, verdorrtes, welkes ~ ▸ **im** ~ liegen; ins ~ beißen ⟨übertr.; umg.⟩ *sterben;* **mit** ~ bewachsener Hügel; **über** das ~ laufen
gra|sen ⟨V. intr.; grast, gras|te, hat ge|grast⟩ *Gras fressen, weiden* (Vieh)
gras|grün ⟨Adj.⟩ *hellgrün wie Gras*
Gras|halm ⟨der; -(e)s, -e⟩ *Stängel des Grases*
Gras|hüp|fer ⟨der; -s, -; umg.⟩ = *Heuschrecke*
Gras|nar|be ⟨die; -, -n⟩ *dicht über dem Boden geschlossene Grasdecke*
gras|sie|ren ⟨V. intr.; gras|siert, gras|sier|te, hat gras|siert⟩ *um sich greifen, wüten* ▸ eine Seuche grassiert in der Stadt
gräss|lich ⟨Adj.⟩ **1** *entsetzlich, fürchterlich, grauenerregend* **2** *scheußlich, schauderhaft, ekelhaft*

G

3 〈umg.〉 *sehr, sehr groß* ▸ ein ~er Anblick, Unfall, Vorfall; ein ~es Unglück, Verbrechen ist geschehen; ein ~es Wetter 〈umg.〉; die Leiche des Verunglückten war ~ entstellt, zugerichtet; es war ~ langweilig 〈umg.〉 *sehr langweilig*

Grat 〈der; -(e)s, -e〉 *Bergkamm, Felsspitze*

Grä|te 〈die; -, -n〉 *Verknöcherung zw. den Muskeln der Fische*

Gra|ti|fi|ka|ti|on 〈die; -, -en〉 *(freiwillige, meist finanzielle) Sonderzuwendung;* Zus *Weihnachtsgratifikation*

Gra|tin 〈[gratɛ̃ː] das; -s, -s; frz. Kochk.〉 *überbackenes Gericht;* Zus *Kartoffelgratin*

gra|tis 〈Adv.〉 *kostenlos, unentgeltlich, frei* ▸ Eintritt ~; den Stadtführer bekommen sie ~; Zus *Gratisprobe, Gratisvorstellung*

G

Grät|sche 〈die; -, -n; Turnen〉 *Stellung mit gespreizten Beinen* ▸ eine ~ machen

grät|schen 〈V. trans.; grätscht, grätsch|te, hat gegrätscht〉 die Beine ~ *spreizen*

Gra|tu|lant 〈der; -en, -en〉 *jmd., der jmdm. gratuliert;* Abl *Gratulantin*

Gra|tu|la|ti|on 〈die; -, -en〉 *Glückwunsch, Beglückwünschung* ▸ ~ zum bestandenen Examen!; ~ zu deinem Geburtstag!

gra|tu|lie|ren 〈V. intr.; gra|tu|liert, gra|tu|lier|te, hat gra|tu|liert〉 jmdm. ~ *jmdn. beglückwünschen* ▸ ich gratuliere!; jmdm. mündlich, schriftlich, telefonisch ~; darf man schon ~? (z. B. zur Geburt eines Kindes); wir wollen ihm noch zum Geburtstag ~; jmdm. zum bestandenen Examen, zur Verlobung, zur Hochzeit ~

Grat|wan|de|rung 〈die; -, -en〉 **1** *Wanderung auf dem Grat eines Berges* **2** 〈übertr.〉 *Vorgehen, gut durchdachtes Handeln in einer schwierigen Lage, Handeln, das zum Vor- u. zum Nachteil ausschlagen kann*

grau 〈Adj.; -er, am -(e)s|ten〉 **1** *von der Farbe zwischen schwarz u. weiß;* Zus *Graugans, Grauschimmel; graublau, graugrün, grauhaarig, grauschwarz, grauweiß* **2** 〈übertr.〉 *trostlos, öde, eintönig* (Stimmung) **3** 〈übertr.〉 *unbestimmt* (Vorstellung) **4** 〈übertr.; Wirtsch.; Pol.〉 *nicht genau (gesetzlich) geregelt, im Grenzbereich zw. Legalität u. Illegalität* ▸ der ~e Alltag; das ~e Einerlei des Alltags; das ~e Elend hat ihn überfallen *er ist pessimistischer Stimmung;* unser Wiedersehen liegt in ~er Ferne 〈übertr.〉 *in unbestimmter Zukunft;* der Himmel ist heute ganz ~ *mit dunklen Wolken bedeckt, regenverhangen;* ~er Markt *nicht ganz legaler, aber auch nicht verbotener Markt;* Syn *Graumarkt;* ein ~er Pullover, Mantel, Rock; seine Schläfen werden langsam ~; ~er Star →a. *Star*[3]; ich habe nur eine ~e Vorstellung davon *eine unbestimmte V.;* in ~er Vorzeit; vor ~en Zeiten *vor längst vergangener Zeit* ▸ ihr Leben erscheint ihr ~ und farblos; ~ und grau werden *altern u. graues Haar bekommen* ▸ ~ meliert = *graumeliert* ▸ es sieht ~ in ~ aus *es ist trübes Wetter;* alles ~ in ~ malen 〈übertr.〉 *alles pessimistisch sehen*

Grau 〈das; -s, -s〉 *graue Farbe*

Grau|brot 〈das; -(e)s, -e〉 *aus Roggen- u. Weizenmehl gemischtes, wenig ausgemahlenes Brot*

Gräu|el 〈der; -s, -〉 **1** *Gegenstand des Abscheus, Ärgernis* **2** *grässliche Tat, grässliches Geschehen;* Zus *Gräuelmärchen* ▸ sie kann die ~ des Krieges nicht vergessen; ~ begehen, verüben; diese Aufgabe ist mir ein echtes ~

Gräu|el|tat 〈die; -, -en〉 *grauenvolle, entsetzliche Tat* ▸ der Journalist berichtete von den ~en

grau|en[1] 〈V. intr.; graut, grau|te, ist/hat ge|graut〉 **1** der Morgen, der Tag graut *es wird Tag* **2** 〈schweiz. a.〉 *schimmeln*

grau|en[2] 〈V. intr. u. V. refl.; graut, grau|te, hat gegraut〉 jmdm. graut (es) vor jmdm. od. etwas, sich vor jmdm. od. etwas ~ *Furcht, Entsetzen vor jmdm. od. etwas empfinden* ▸ mir graut schon jetzt vor der Entscheidung; ihm graute vor der Trennung; ich habe mich davor gegraut

Grau|en 〈das; -s; unz.〉 *Furcht, Schauder, Entsetzen* ▸ er hat das ~ des Krieges erlebt; mich erfasste ein ~; ~ erregend = *grauenerregend;* etwas mit ~ kommen sehen

grau|en|er|re|gend *auch:* **Grau|en er|re|gend** 〈Adj.〉 *Entsetzen, Furcht hervorrufend* ▸ der Anblick war ~ *erregte Grauen*

grau|en|haft 〈Adj.; -er, am -es|ten〉 *fürchterlich, entsetzlich* ▸ ein ~es Verbrechen; eine ~e Tat

grau|en|voll 〈Adj.〉 = *grauenhaft*

gräu|lich 〈Adj.〉 *etwas grau, leicht ins Graue spielend* ▸ ~es Haar; sie trug ein ~es Kostüm

grau|me|liert *auch:* **grau me|liert** 〈Adj.〉 *von grauen Haaren durchzogen* ▸ ~es Haar

Grau|pe 〈die; -, -n; meist Pl.〉 *enthülstes Gerstenkorn, als Suppeneinlage u. als Brei gekocht*

Grau|pel 〈die; -, -n; meist Pl.〉 *kleines Hagelkorn;* Zus *Graupelschauer*

Graus 〈der; -(e)s; unz.〉 *Schrecken, Entsetzen, Grauen* ▸ o ~!; es war ein ~

grau|sam 〈Adj.〉 **1** *sehr hart, rücksichtslos, gefühllos* (Maßnahmen) **2** *unmenschlich, roh, andere quälend* (Person) **3** 〈umg.〉 *sehr stark (in unangenehmer Weise)* ▸ ein ~er Feind, Mensch, Verbrecher; eine ~e Handlung, Tat; eine ~e Kälte 〈umg.〉; ein ~es Spiel mit jmdm. treiben; ein ~er Winter 〈umg.〉; jmdn. ~ behandeln, quälen; ~ gegen einen Gefangenen sein, vorgehen

Grau|sam|keit 〈die; -, -en〉 **I** 〈unz.〉 *grausames Wesen od. Verhalten, Unmenschlichkeit, Rohheit* ▸ die ~ des Verbrechens war erschreckend **II** 〈zählb.〉 *grausame Tat* ▸ es kam zu ~en

grau|sen 〈V. intr. u. V. refl.; graust, graus|te, hat ge|graust〉 jmdm. graust (es) vor jmdm. od. etwas, sich vor jmdm. od. etwas ~ *Furcht, Entsetzen vor jmdm. od. etwas empfinden* ▸ mir graust (es) vor Spinnen; ich habe mich davor gegraust

Grau|sen 〈das; -s; unz.〉 *Entsetzen, lähmende Furcht* ▸ plötzlich packte mich das (kalte) ~

grau|sig 〈Adj.〉 *Grausen hervorrufend, entsetzlich, fürchterlich, grauenvoll* ▸ die Unfallstelle bot einen ~en Anblick; die Fahrt fand ein ~es Ende; die Polizei machte eine ~e Entdeckung

Grau|zo|ne 〈die; -, -n〉 *gesetzlich nicht eindeutig*

definierter u. geregelter Bereich ▸ dieses Geschäft spielte sich in einer ~ zwischen Legalität und Illegalität ab

gra|vie|ren ⟨[-viː-] V. trans.; gra|viert, gra|vier|te, hat gra|viert⟩ Metall, Stein, Glas ~ *Verzierungen, Schrift od. Zeichen hineinritzen, -stechen*

gra|vie|rend ⟨[-viː-]⟩ **I** ⟨Part. Präs. von⟩ *gravieren* **II** ⟨Adj.⟩ *belastend, erschwerend* ▸ ein ~er Umstand; der Fehler ist nicht ~

Gra|vi|ta|ti|on ⟨[-vi-] die; -; unz.⟩ *Eigenschaft von Massen, sich gegenseitig anzuziehen, z. B. die Erdanziehung;* Syn *Massenanziehung*

Gra|vur ⟨[-vuːr] die; -, -en⟩ *das Gravierte, gravierte Verzierung od. Schrift*

Gra|zie ⟨[-tsjə] die; -, -n⟩ **I** ⟨unz.⟩ *Anmut* ▸ sie bewegte sich mit ~ **II** ⟨zählb.⟩ *anmutige junge Frau*

gra|zil ⟨Adj.⟩ *schlank, zierlich, feingliedrig, geschmeidig* ▸ ein ~es Mädchen

gra|zi|ös ⟨Adj.; -er, am -es|ten⟩ *anmutig, zierlich, gewandt* ▸ die Tänzer bewegten sich ~

Green|peace ⟨[griːnpiːs] die; -; unz.⟩ *durch spektakuläre Aktionen bekanntgewordene, internationale Umweltschutzorganisation*

Greif|arm ⟨der; -(e)s, -e⟩ *beweglicher Maschinenteil zum Aufnehmen von Gegenständen*

greif|bar ⟨Adj.⟩ **1** *mit der Hand erreichbar, in der Nähe befindlich* **2** ⟨Kaufmannsspr.⟩ *auf Lager, vorrätig, sofort lieferbar* **3** ⟨übertr.⟩ *offenkundig, handgreiflich* ▸ ein ~er Beweis des wirtschaftlichen Aufschwungs; es liegen keine ~en Ergebnisse vor; der Plan nimmt jetzt ~e Formen, Gestalt an; der Erfolg liegt in ~er Nähe; die Ware ist momentan nicht ~

grei|fen ⟨V.; greift, griff, hat ge|grif|fen⟩ **I** ⟨V. trans.⟩ **1** etwas ~ *mit der Hand od. einem Werkzeug nehmen, fassen, erfassen, packen* **2** jmdn. ~ *gefangen nehmen* ▸ die Polizei hat den **Dieb** schon gegriffen ▸ die Handlung des Stückes ist **aus** dem Leben gegriffen *lebensecht;* etwas **mit** der Hand, einer Zange ~ **II** ⟨V. intr.⟩ **1** ⟨Tech.⟩ *einrasten, Halt finden* **2** ⟨übertr.⟩ *Erfolg haben, Wirkung zeigen* (Maßnahme, Therapie) **3** (sich od. jmdm.) irgendwohin ~ *an eine bestimmte Stelle des Körpers fassen* **4** nach etwas ~ *nach etwas langen, es mit den Händen zu erreichen suchen* **5** um sich ~ *sich rasch ausbreiten* **6** zu etwas ~ **6.1** *etwas zur Hand nehmen* **6.2** ⟨übertr.⟩ *etwas zu Hilfe nehmen, verwenden* ▸ die **Räder** des Wagens **greifen** nicht (z. B. bei Glatteis) *sie haben keine Reibung;* die **Reformen** beginnen zu ~ ⟨übertr.⟩ *zeigen Wirkung* ▸ das ist zu **hoch** gegriffen ⟨übertr.⟩ *in der Größe, im Wert zu hoch geschätzt;* mit dieser Zahl hast du zu **niedrig** gegriffen *zu wenig geschätzt* ▸ sich **an** den Kopf, an die Stirn ~ (weil man etwas nicht begreifen kann); das Lied greift ans Herz ⟨übertr.⟩ *es rührt mich;* seine Hände griffen **ins** Leere, in die Luft *er fand keinen Halt;* in die Tasten ~ *Klavier spielen;* er greift gern **nach,** zu einem guten Buch *er liest es gern;* nach der Waffe ~; das Feuer, die Seuche griff rasch **um** sich; ich musste **zum** Äußersten ~ *die schärfsten Maßnahmen treffen;* schließlich musste ich zu einer List ~ *eine List anwenden* **III** ⟨V. refl.; umg.⟩ **1** sich etwas ~ *etwas rasch od. wahllos an sich nehmen* **2** sich jmdn. ~ *jmdn. abfangen od. zu sich bestellen, um ihn zurechtzuweisen* ▸ ich werde ihn mir schon ~!

Greif|vo|gel ⟨der; -s, -vö|gel; Zool.⟩ *ein großer Raubvogel*

Greif|zan|ge ⟨die; -, -n⟩ *Zange zum Greifen*

greis ⟨Adj.⟩ *sehr alt, hochbetagt* ▸ ein ~es Haupt

Greis ⟨der; -es, -e⟩ *alter, gebrechlicher Mensch;* Abl *Greisin; greisenhaft* Zus *Greisenalter*

grell ⟨Adj.⟩ **1** *blendend hell* (Licht) **2** *auffallend kräftig, allzu leuchtend* (Farben); Zus *grellblau, grellbunt, grellgelb, grellgrün, grellrot* **3** *durchdringend, schrill* (Töne) **4** ⟨übertr.⟩ *heftig, deutlich, scharf* ▸ ein ~er Gegensatz ⟨übertr.⟩; ein ~es Rot; im ~en Scheinwerferlicht stehen; wir standen im ~en Sonnenlicht

Gre|mi|um ⟨das; -s, -mi|en⟩ *Ausschuss, Kommission* ▸ ein ~ einberufen; in einem ~ mitarbeiten; Zus *Führungsgremium, Parteigremium*

Gre|na|dier ⟨der; -s, -e⟩ *Infanteriesoldat*

Grenz|be|fes|ti|gung ⟨die; -, -en⟩ *Befestigungsanlage an der, zum Schutz der Grenze*

Grenz|be|reich ⟨der; -(e)s, -e⟩ **1** *Bereich, in dem eine Grenze verläuft, Grenzgebiet* **2** *Bereich, der die äußerste Grenze von etwas kennzeichnet* **3** *Bereich, in dem sich zwei Fachgebiete, Disziplinen od. Stilrichtungen berühren* ▸ die Züge fahren bis in den nahen ~; das Fahrverhalten des Lastkraftwagens im ~ testen; Musik im ~ zwischen Jazz und Rock

Gren|ze ⟨die; -, -n⟩ **1** *(gedachte) Linie, die zwei Grundstücke, Staaten, Länder od. Bereiche (z. B. Klimazonen) voneinander trennt;* Zus *Grenzgebiet, Grenzkontrolle, Grenzland, Grenzregion, Grenzstadt, Grenzverkehr; Grundstücksgrenze, Hoheitsgrenze, Landesgrenze, Zonengrenze* **2** ⟨übertr.⟩ *Schranke, Beschränkung* ▸ die ~n des **Erlaubten,** Erträglichen überschreiten ⟨übertr.⟩; die ~n **Frankreichs,** der Schweiz; du hast bald die ~n meiner **Geduld** erreicht ⟨übertr.⟩; die ~n des guten **Geschmacks** verletzen ⟨übertr.⟩; die ~n des **Möglichen** erkennen ⟨übertr.⟩ ▸ eine ~ **abstecken,** anerkennen, berichtigen, festsetzen, ziehen; alles **hat** seine ~(n) ⟨übertr.⟩; man muss seine ~n **kennen,** wahren ⟨übertr.⟩ *Zurückhaltung wahren;* sein Eifer kennt keine ~n ⟨übertr.⟩; die ~ eines Landes **passieren,** überqueren, überschreiten; die ~n eines Landes **schließen;** man muss Kindern auch ~n **setzen;** auch seiner Macht sind ~n gesetzt ⟨übertr.⟩; mit diesem Projekt hat er seine ~n **überschritten** ⟨übertr.⟩ *sich zu viel zugemutet;* die ~ **verläuft** quer durch diesen Wald ▸ eine **befestigte,** berichtigte, unübersichtliche ~; Flüsse, Gebirge können **natürliche** ~n sein ▸ **an** der ~ wohnen; die Darbietung liegt hart an der ~ des guten Geschmacks ⟨übertr.⟩ *sie ist fast geschmacklos;* **bis** zur äußersten ~ gehen ⟨übertr.⟩

bis zum Äußersten; diesseits, jenseits der ~; der Schmerz hält sich in ~n ‹übertr.› *ist noch zu ertragen;* jmdn. in seine ~n verweisen ‹übertr.› *zurechtweisen;* nahe der ~ leben; jmdn. über die ~ abschieben; über die ~ gehen; die ~ zwischen Frankreich und Spanien

gren|zen ‹V. intr.; grenzt, grenz|te, hat ge|grenzt› an etwas ~ **1** *von etwas der nächste Nachbar sein, sich mit etwas berühren* **2** ‹übertr.› *einer Sache sehr nahe kommen* ▸ mein Zimmer grenzt an seines; diese Leistung grenzt ans Unmögliche, Unglaubliche; dein Benehmen grenzt an Unverschämtheit; das grenzt an Wahnsinn

gren|zen|los ‹Adj.› *keine Grenzen aufweisend, unbegrenzt, unendlich, unermesslich* ▸ Australien ist ein Land ~er Weite; Abl *Grenzenlosigkeit*

Grenz|fall ‹der; -(e)s, -fäl|le› *am Rande des Normalen liegender Fall*

Grenz|gän|ger ‹der; -s, -› **1** *im Grenzgebiet wohnender Arbeiter od. Angestellter, der seine Arbeitsstätte im Nachbarland hat* **2** *Grenzbewohner, der andere heimlich über die Grenze bringt;* Abl *Grenzgängerin*

Grenz|pos|ten ‹der; -s, -› *Wachposten, Wachsoldat an der Grenze*

Grenz|schutz ‹der; -es; unz.› **1** *Sicherung der Grenze durch bewaffnete Militärverbände* **2** *die Verbände selbst;* Syn *Grenzwache*

Grenz|über|gang ‹der; -(e)s, -gän|ge› *Stelle, an der man die Grenze offiziell überschreiten kann*

grenz|über|grei|fend ‹Adj.› = *grenzüberschreitend*

grenz|über|schrei|tend ‹Adj.› *die Grenze (eines Landes) überschreitend* ▸ ~er Verkehr, Handel

Grenz|über|tritt ‹der; -(e)s, -e› *Überschreiten der Grenze*

Grenz|ver|let|zung ‹die; -, -en› *widerrechtlicher (bewaffneter) Übertritt über die Grenze, Angriff auf ausländisches Grenzgebiet*

Grenz|wert ‹der; -(e)s, -e› **1** *äußerster (Richt-) Wert, der nicht überschritten od. unterschritten werden darf* **2** ‹Math.› Syn *Limes* **2.1** *Wert, dem ein von einer kontinuierlichen Veränderlichen abhängiger Ausdruck beliebig nahe kommt, wenn diese nach einem best. Wert strebt* **2.2** ‹höhere Math.› *Wert, dem eine gesetzmäßige Folge von Größen beliebig nahe kommt*

grenz|wer|tig ‹Adj.› *einen Grenzwert darstellend, sich an der Grenze zu etwas befindend od. bewegend* ▸ die Angelegenheit ist ~

Gret|chen|fra|ge ‹die; -; unz.› *Gewissensfrage, entscheidende Frage* ▸ die ~ stellen

Grie|be ‹die; -, -n› *knuspriger Rückstand beim Ausschmelzen von Speck;* Zus *Griebenschmalz*

Grie|che ‹der; -n, -n› *Einwohner von Griechenland;* Abl *Griechin*

grie|chisch ‹Adj.› *Griechenland betreffend, dazu gehörig, aus Griechenland stammend* ▸ ~es Alphabet; ~e Sprache *indogerman. Sprache, die vom 2. Jahrtausend v. Chr. an bis heute in Griechenland gesprochen wird*

Gries|gram ‹der; -(e)s, -e› *mürrischer, grämlicher Mensch;* Abl *griesgrämig*

Grieß ‹der; -es; unz.› *geschälte, geschrotete Getreidekörner;* Zus *Grießbrei*

griff → *greifen*

Griff ‹der; -(e)s, -e› **1** *Vorrichtung zum Anfassen, wie Stiel, Kurbel, Henkel, Knopf, Knauf, Klinke;* Zus *Koffergriff, Messergriff, Türgriff* **2** *das Greifen, Zupacken, Art des Greifens* ▸ ein paar ~e machen (auf dem Klavier); einen guten ~ tun ‹übertr.› *eine gute Wahl treffen;* auf einem Musikinstrument ~e üben ▸ sich am ~ festhalten; etwas im ~ haben ‹übertr.› *etwas beherrschen, unter Kontrolle haben;* die Kosten (nicht) in den ~ bekommen *die Kosten (nicht) kontrollieren, (nicht) eindämmen können;* einen ~ in die Ladenkasse tun ‹übertr.› *Geld aus der Kasse stehlen;* mit einem einzigen ~ hatte er ihn am Boden; das ist mit einem ~ getan *schnell, leicht fertig zu machen;* etwas mit ein paar raschen ~en erledigen

griff|be|reit ‹Adj.› *zum raschen Greifen bereitliegend* ▸ einen Stift ~ haben

Griff|brett ‹das; -(e)s, -er; Mus.› *Brett unter den Saiten von Streich- u. Zupfinstrumenten, auf das die Saiten gedrückt werden*

Grif|fel ‹der; -s, -› **1** *Schreibstift aus Schiefer (für Schiefertafeln), Zeichenstift* **2** ‹umg.› *Finger*

grif|fig ‹Adj.› **1** *einfach, anschaulich, gut verständlich* **2** *nicht rutschend od. gleitend, gut greifend* **3** *handlich, fest, stabil* ▸ eine ~e Formulierung finden; die neuen Winterreifen sind ~

Grill ‹der; -s, -s› *Einrichtung zum Grillen, Bratrost* ▸ den ~ anzünden; Fleisch, Würstchen auf den ~ legen; Zus *Elektrogrill, Holzkohle(n)grill*

Gril|le ‹die; -, -n› **1** ‹Zool.› *eine Art der Heuschrecken* **2** ‹übertr.› *wunderlicher Einfall* ▸ ich höre eine ~ zirpen; ~n im Kopf haben ‹übertr.; umg.› *wunderliche, seltsame Gedanken od. Ideen haben*

gril|len ‹V. intr. u. V. trans.; grillt, grill|te, hat gegrillt› (etwas) ~ *auf dem (bzw. im) Grill bei hoher Temperatur braten* ▸ wollen wir heute ~?; im Sommer haben wir häufig gegrillt; Fleisch, Steaks, Würstchen ~; Zus *Grillfleisch, Grillkohle, Grillparty*

Gri|mas|se ‹die; -, -n› *Verzerrung des Gesichts auf spaßige od. abstoßende Weise, Fratze* ▸ ~n schneiden; das Gesicht zu einer ~ verziehen; eine spaßige ~ machen

Grimm ‹der; -(e)s; unz.; veraltet› *tiefer, unterdrückter Zorn, verhaltene Wut*

grim|mig ‹Adj.› **1** *wütend, zornig, wild, empört* **2** ‹übertr.› *sehr stark, sehr groß, sehr* ▸ eine ~e Antwort geben; ~e Schmerzen haben; er sieht ~ aus; es ist ~ kalt

grin|sen ‹V. intr.; grinst, grins|te, hat ge|grinst› **1** *breit lächeln* **2** *boshaft, höhnisch, schadenfroh lächeln* ▸ warum grinst du?

grip|pal ‹Adj.; Med.› **1** *auf Grippe beruhend* **2** *der Grippe ähnlich* ▸ ~er Infekt = *Grippe (2)*

Grip|pe ‹die; -, -n; Med.› **1** *ansteckende, fiebrige Viruskrankheit, die sich häufig im Frühjahr u. Herbst epidemieartig verbreitet;* Syn *Virusgrippe,*

Influenza; Zus *Grippeimpfung* **2** *leichtere akute Infektion, Erkältungskrankheit;* Syn *grippaler Infekt* ▸ ich habe eine ~ bekommen; er muss wegen einer ~ zu Hause bleiben; sie liegt mit einer ~ im Bett

Grips ‹der; -es, -e; umg.› *Verstand, Auffassungsgabe* ▸ er hat keinen ~

grob ‹Adj.; grö|ber, am gröbs|ten› **1** *nicht fein bearbeitet, wenig zerkleinert, aus großen Körnern* (Sand, Mehl) **2** *in großen Zügen, ohne Einzelheiten* **3** *stark, dick, derb* (Tuch, Stock) **4** *plump* (Gesichtszüge) **5** *unhöflich, unwirsch, ungebildet* (Person, Reden) **6** *schwer, beschwerlich, mit Schmutz verbunden* (Arbeit) **7** *stark, schlimm* (Fehler) ▸ dazu kann ich nur ~e **Angaben** machen *ungefähre Angaben;* die ~en **Arbeiten** im Haushalt; ~e **Ausdrücke,** Reden, Wörter gebrauchen; er hat ein ~es **Benehmen,** Betragen; das ist ~er **Betrug;** ~e **Fahrlässigkeit;** ein ~er **Irrtum;** er ist ein ~er **Kerl;** einen Plan in ~en **Linien,** Umrissen festlegen *ohne Einzelheiten;* das ist eine ~e **Lüge,** Unwahrheit; ein **Mann** fürs Grobe ‹a. übertr.› *jmd., der undankbare od. moralisch zweifelhafte Arbeiten erledigt;* das ist ein ~er **Missbrauch** meines Vertrauens; ~es **Schuhwerk** zum Wandern; ein ~es **Sieb** *ein weitmaschiges;* ein ~er **Stoff;** in ~em **Ton** herrschte er mich an; ~er **Unfug;** durch ~es **Verschulden;** →a. *Keil* ▸ jmdn. ~ **anfahren,** behandeln; einen Gegenstand nur ~ **bearbeiten;** einen Stein ~ **behauen** *mit kräftigem Gerät;* etwas ~ **sein** gegen jmdn. ▸ jmdn. **aufs** gröbste/Gröbste beschimpfen; die Kinder sind **aus** dem Gröbsten heraus ‹umg.› *sie brauchen nicht mehr ständig beaufsichtigt zu werden*

Grob|heit ‹die; -, -en› **I** ‹unz.› *grobe Beschaffenheit, grobes Verhalten, grobes Wesen* **II** ‹zählb.› *Beschimpfung, Schimpfwort* ▸ einander ~en an den Kopf werfen

Gro|bi|an ‹der; -s, -e› *grober, unfreundlicher, unhöflicher Mensch* ▸ er ist ein ~

grob|kör|nig ‹Adj.› *aus groben Körnern bestehend*

grob|schläch|tig ‹Adj.› *derb, ungeschlacht, plump* ▸ ein ~er Mensch; ~ gebaut sein

Grog ‹der; -s, -s› *Getränk aus Rum od. Weinbrand, heißem Wasser u. Zucker*

grog|gy ‹[grɔgi] Adj.› **1** ‹Boxsp.› *hart angeschlagen, halb betäubt* **2** ‹umg.› *erschöpft* ▸ nach dem Spiel war er zwei Tage lang ~

grö|len ‹V. intr.; grölt, gröl|te, hat ge|grölt; norddt.; umg.› *unflätig schreien, lärmen, laut u. unschön singen* ▸ die Schüler begannen zu ~

Groll ‹der; -(e)s; unz.› *unterdrückter Zorn, Ärger* ▸ gegen jmdn. ~ hegen; ohne ~ an etwas, jmdn. denken; voller ~ sein

grol|len ‹V. intr.; grollt, groll|te, hat ge|grollt› **1** *dumpf dröhnen* (Donner) **2** ‹übertr.› (jmdm. od. mit jmdm.) ~ *schmollen, Groll gegen jmdn. hegen* ▸ in der Ferne hörte man das Grollen des Donners

Groove ‹[gruːv] der; -s; unz.; Mus.› *gefühlsbetonte Art des Musikspiels, durch die sich die in der Melodie zum Ausdruck kommende Gefühlslage auf die Zuhörerschaft überträgt;* Abl *grooven; groovig*

Gros ‹[groː] das; -, - [groː] od. [groːs]› *Hauptmasse, Hauptmenge* ▸ das ~ des Heeres

Gro|schen ‹der; -s, -› **1** ‹früher; österr.; Abk.: g› *kleinste Münze,* $^1/_{100}$ *Schilling* **2** ‹früher; umg.› *Zehnpfennigstück* **3** ‹Pl.; umg.› *Geld, Ersparnisse* ▸ endlich ist der ~ bei ihm gefallen ‹übertr.; umg.› *endlich hat er es begriffen*

groß/tief

Die Adjektive *groß* und *tief* sind sowohl in ihrer eigentlichen als auch in ihrer übertragenen Bedeutung grundsätzlich zu unterscheiden.
Groß meint „räumlich ausgedehnt, umfangreich, umfassend": *ein großes Grundstück, ein großer Hund, ein großes Vorhaben.*
Tief bedeutet „weit nach unten reichend, weit unten oder hinten liegend": *ein tiefer Fluss, eine tiefe Bühne, ein tiefer Ton.*
Bei übertragener Bedeutung entscheidet häufig das zugehörige Substantiv über die Verwendung von *groß* oder *tief.* So sagt man: *große Freude empfinden, große Angst vor etwas haben;* aber: *tief empfundenes Mitleid, tiefen Schmerz empfinden, tiefe Bewusstlosigkeit, tief nachdenken, ein tief verschneiter Waldweg.*
In einigen Fällen können beide Adjektive verwendet werden: *eine tiefe/große Not, tiefer/großer Kummer.*

groß ‹Adj.; grö|ßer, am grö|ß|ten› **I** ‹attr.; präd.; adv.› **1** *räuml. ausgedehnt, ein beträchtliches Ausmaß aufweisend;* Ggs *klein (1);* Zus *Großbaustelle, Großbrand* **2** *hoch, lang, breit, geräumig, umfangreich, massig* **3** *zahlenmäßig stark, überwiegend, in beträchtl. Mengen vorhanden* **4** *erwachsen* **5** *stark, heftig, in hohem Grade* (Hunger, Kälte) **6** ‹übertr.› *bedeutend, berühmt, hervorragend* (Persönlichkeit) ▸ unsere Große studiert jetzt ‹umg.› *unsere älteste Tochter* ▸ ~e **Achtung** vor jmdm. haben; **Alexander** der Große; ~e **Augen** machen *erstaunt blicken;* ~es **Aufsehen** erregen; der ~e **Augenblick** ist gekommen *der entscheidende;* etwas mit ~er **Ausdauer,** Energie, Kraft betreiben; eine ~e **Auswahl** an Waren *ein reichhaltiges Warenangebot;* ~er **Beifall,** Jubel, Lärm; ein größerer **Betrag** *eine Summe von mittlerer Höhe;* mein ~er **Bruder,** meine größeren Geschwister, meine ~e Schwester; ein ~er **Denker,** Dichter, Künstler, Maler, Politiker; da hast du eine ~e **Dummheit** begangen, gemacht; wir sind eine ~ **Familie;** die ~en **Ferien** *die Sommerferien;* du darfst das ~e **Ganze** nicht aus den Augen verlieren; ich habe nur ~es **Geld** bei mir *Scheine von höherem Wert, kein Kleingeld zum Wechseln;* ~es **Geschäft** machen, verrichten *Kot ausscheiden;* ein ~es **Glas** Bier; ~es **Glück;** die größere **Hälfte** ‹umg.; fälschl. für› *der größere Teil;* ein ~es **Haus** besitzen; ~e **Hitze,** Kälte, Trockenheit; ~e/Große **Koaliton** ‹Pol.› *Koali-*

G

tion der stärksten Parteien; ich habe keine ~e Lust hinzugehen *nicht viel Lust;* die ~e Masse ⟨übertr.⟩ *das Volk;* nur mit ~er Mühe hat er es geschafft; die ~e Pause (in der Schule, Theater); in ~en Scheinen zahlen *in Geldscheinen von hohem Wert;* jmdm. einen ~en Schrecken einjagen; die Schuhe sind ihm zu ~; heute hat er seinen ~en Tag *heute ist ein für ihn bedeutungsvoller Tag;* der ~e Unbekannte *unbekannte, einflussreiche Person;* ein ~es Vermögen erwerben; mit dem größten Vergnügen *(als Antwort); ~e Vorräte anhäufen; eine ~e Wanderung machen; dieses ~e Werk der Bildhauerei, Dichtkunst, Malerei; darauf legt er ~en Wert* ▸ jmdn. ~ anblicken, anschauen ⟨übertr.⟩ *(sehr) erstaunt;* von jmdm. ~ denken *eine hohe Meinung von ihm haben;* er hat Großes geleistet; Kleidung größer machen *vergrößern, erweitern;* einen Aushang ~ schreiben *in (bes.) großer Schrift schreiben;* ⟨aber⟩ →a. *großschreiben;* sein: wenn du einmal ~ bist; du bist groß geworden (seit ich dich zum letzten Mal gesehen habe); unsere Kinder sind alle schon ~ *schon erwachsen;* wie ~ ist er jetzt?; als Unterhalter ist er ganz ~ *hervorragend;* im Rechnen ist er ~ *hat er sehr gute Fähigkeiten;* größer werden *wachsen* ▸ dort steht es ~ und breit zu lesen *deutlich sichtbar;* Groß und Klein *alle, jedermann;* die Großen und die Kleinen *Erwachsene u. Kinder* ▸ das war das Große an ihm *das Bedeutende;* vom Kleinen auf das Große schließen ⟨übertr.⟩; die Brüder sind gleich ~; im Großen betrachtet *im Allgemeinen;* im Großen und Ganzen *im Allgemeinen;* eine Ware nur im Großen abgeben, verkaufen *in größerer Menge;* er ist so ~ wie du **II** ⟨adv.; umg.⟩ *besonders, sonderlich, viel* ▸ wen soll ich hier schon ~ kennen *ich kenne hier doch kaum jmdn.;* was kann es ~ kosten? *schon;* er kümmert sich nicht ~ darum *nicht sonderlich;* es lohnt nicht ~ *es ist nicht allzu lohnend;* was ist dabei schon ~ zu tun! *dabei ist doch nicht viel zu tun*

Groß|ab|neh|mer ⟨der; -s, -; Kaufmannsspr.⟩ *jmd., der Waren für den Zwischenhandel lediglich in größeren Mengen abnimmt*

groß|ar|tig ⟨Adj.⟩ *herrlich, bedeutend, eindrucksvoll* ▸ eine ~e Leistung; Abl *Großartigkeit*

Groß|auf|nah|me ⟨die; -, -n; Fot.⟩ *Aufnahme in großem Format, in starker Vergrößerung*

Groß|auf|trag ⟨der; -(e)s, -trä|ge⟩ *großer Auftrag* ▸ das Unternehmen rechnet mit einigen Großaufträgen aus dem Ausland

Groß|be|trieb ⟨der; -(e)s, -e⟩ **1** *gewerbliches Unternehmen mit mehr als 1000 Beschäftigten* **2** *landwirtschaftlicher Betrieb mit mehr als 100 ha*

Groß|buch|sta|be ⟨der; -ns, -n⟩ *großgeschriebener bzw. -gedruckter Buchstabe;* Syn *Majuskel, Versal, Kapitalbuchstabe*

Groß|bür|ger|tum ⟨das; -s; unz.⟩ *Bürgertum mit beträchtlichem Besitz*

Grö|ße ⟨die; -, -n⟩ **1** *Ausdehnung, Umfang, Format* **2** *Weite, Rauminhalt, Aufnahmefähigkeit* **3** *Körperhöhe;* Zus *Körpergröße* **4** ⟨übertr.⟩ **4.1** *Ausmaß, Tragweite, Bedeutung, Wichtigkeit* **4.2** *Erhabenheit, sittlicher Wert* **4.3** *jmd., der Großes leistet, bedeutende, anerkannte Persönlichkeit* **5** ⟨Math.⟩ *Wert, Zahl* ▸ die ~ des Augenblicks, der Stunde, der Zeit; die ~ eines Grundstücks, eines Hauses, einer Stadt ▸ ~ besitzen, haben ▸ sie sind von gleicher ~; imaginäre, konstante ~ ⟨Math.⟩; sein Handeln zeigt seine innere ~; sie ist von mittlerer ~; unbekannte ~ ⟨Math.⟩; die wahre ~ eines Menschen erkennen ▸ er ist eine ~ auf seinem Gebiet, in seinem Fach ⟨umg.⟩; wir haben diesen Schuh in jeder (gewünschten) ~ vorrätig; ich brauche Handschuhe in einer kleinen ~; Gegenstände nach der ~ aufstellen, ordnen

Groß|ein|kauf ⟨der; -(e)s, -käu|fe⟩ *Einkauf von umfassenden, großen Mengen* ▸ einen ~ machen

Groß|el|tern ⟨nur Pl.⟩ *die Eltern von Vater od. Mutter, Großvater u. Großmutter*

Groß|en|kel ⟨der; -s, -⟩ *Urenkel;* Abl *Großenkelin*

Grö|ßen|ord|nung ⟨die; -, -en⟩ *Vergleichsmaß* ▸ Schäden in ~en *Sch. von beträchtl. Ausmaß*

gro|ßen|teils ⟨Adv.⟩ *zum großen Teil*

Grö|ßen|wahn ⟨der; -(e)s; unz.; Psych.⟩ *krankhafte Überschätzung u. Überbewertung der eigenen Persönlichkeit;* Syn *Megalomanie* ▸ an ~ leiden ⟨umg.⟩ *sich selbst überschätzen;* Abl *größenwahnsinnig*

Groß|fahn|dung ⟨die; -, -en⟩ *Fahndung mit großem Polizeiaufgebot* ▸ eine ~ einleiten

Groß|fa|mi|lie ⟨[-ljə] die; -, -n⟩ *Familienverband, der außer den Frauen u. ihren Kindern auch die verheirateten Kinder u. Kindeskinder umschließt (auch als eine wirtschaftl. Einheit)*

groß|flä|chig ⟨Adj.⟩ *eine große Fläche umfassend, große Flächen aufweisend* ▸ ein ~er Brand; ein ~es Gebiet absperren

groß|for|ma|tig ⟨Adj.⟩ *in großem Format* ▸ ~e Bildbände

Groß|grund|be|sitz ⟨a. [-'---] der; -es; unz.⟩ *Grundbesitz, dessen Ausdehnung über die Größe eines durchschnittlichen Bauernhofes hinausgeht, in Deutschland über 100 ha;* Abl *Großgrundbesitzer(in)*

Groß|han|del ⟨der; -s; unz.⟩ **1** *Verkauf von Waren zur Weiterverarbeitung (z. B. von Rohstoffen)* **2** *Handel mit Waren in großen Mengen, Verkauf an Wiederverkäufer;* Syn *Engroshandel;* Ggs *Einzelhandel;* Abl *Großhändler(in)*

groß|her|zig ⟨Adj.⟩ *großzügig, edel(mütig), freigebig;* Abl *Großherzigkeit*

Groß|hirn ⟨das; -(e)s, -e; Anat.⟩ *vorderster Abschnitt des Gehirns der Wirbeltiere u. des Menschen: Cerebrum, Telencephalon*

Groß|in|dus|t|rie ⟨die; -, -n⟩ **I** ⟨zählb.⟩ *(Betrieb zur) Herstellung von Massengütern in großem Umfang;* Abl *Großindustrielle(r)* **II** ⟨unz.⟩ *die Gesamtheit dieser Betriebe*

Groß|kon|zern ⟨der; -(e)s, -e⟩ *großer, international tätiger Konzern*

groß|kot|zig ⟨Adj.; umg.⟩ *prahlerisch, anmaßend, angeberisch* ▸ er redet immer so ~

Groß|macht ⟨die; -, -mäch|te⟩ *Staat von entscheidendem Einfluss auf die internationale Politik*

Groß|markt ⟨der; -(e)s, -märk|te⟩ **1** *Markt, auf dem Waren (bes. frische Lebensmittel wie Obst, Gemüse u. Fleisch) an Großabnehmer verkauft werden;* Zus *Großmarkthalle* **2** *großer Supermarkt*

Groß|maul ⟨das; -(e)s, -mäu|ler; umg.; abwertend⟩ *jmd., der sich auf anmaßende, plumpe Weise wichtigtut;* Abl *großmäulig*

Groß|mut ⟨die; -; unz.⟩ *überlegene Nachsicht, Großzügigkeit;* Abl *großmütig*

Groß|mut|ter ⟨die; -, -müt|ter⟩ *Mutter von Vater od. Mutter;* Syn *Großmama* ▸ das kannst du deiner ~ erzählen! ⟨umg.⟩ *das kannst du mir nicht weismachen;* Abl *großmütterlich*

Groß|nef|fe ⟨der; -n, -n⟩ *Sohn des Neffen od. der Nichte*

Groß|nich|te ⟨die; -, -n⟩ *Tochter des Neffen od. der Nichte*

Groß|on|kel ⟨der; -s, -⟩ *Bruder des Großvaters od. der Großmutter*

Groß|raum ⟨der; -(e)s, -räu|me⟩ *großes Gebiet, großer Raum (meist rings um eine Großstadt)* ▸ die Polizei bittet, den ~ Köln weiträumig zu umfahren; ein wirtschaftlicher ~; im ~ Hamburg gibt es zahlreiche Staus

Groß|raum|ab|teil ⟨das; -(e)s, -e; Eisenb.⟩ = *Großraumwagen*

Groß|raum|bü|ro ⟨das; -s, -s⟩ *großer Raum mit mehreren Arbeitsplätzen von Mitarbeitern eines Büros*

groß|räu|mig ⟨Adj.⟩ **1** *aus großen Räumen bestehend* (Wohnung) **2** *über ein großes Gebiet ausgedehnt* (Absperrung, Suche) ▸ Paris ~ umfahren

Groß|raum|wa|gen ⟨der; -s, -⟩ *Eisenbahnwagen, in dem die Fahrgäste in einem großen Raum (u. nicht in abgeschlossenen Abteilen) reisen*

Groß|rei|ne|ma|chen ⟨das; -s; unz.; umg.⟩ *gründl. Säuberung einer Wohnung*

groß|schrei|ben ⟨V. trans.; schreibt groß, schrieb groß, hat groß|ge|schrie|ben, groß|zu|schrei|ben⟩ Ggs *kleinschreiben* **1** ein Wort großschreiben *mit großem Anfangsbuchstaben schreiben* **2** eine Sache ~ *ihr große Bedeutung beimessen, sie mit Hingabe betreiben, sie schätzen;* →a. *groß;* Abl *Großschreibung*

groß|spu|rig ⟨Adj.⟩ *mit großen Gesten wichtig redend, überheblich, selbstzufrieden* ▸ ~e Reden führen; ~ auftreten; Abl *Großspurigkeit*

Groß|stadt ⟨die; -, -städ|te⟩ *Stadt mit mehr als 100 000 Einwohnern;* Abl *Großstädter(in); großstädtisch;* Zus *Großstadtverkehr*

Groß|tan|te ⟨die; -, -n⟩ *Schwester des Großvaters od. der Großmutter*

Groß|teil ⟨der; -(e)s, -e⟩ *großer Teil*

größ|ten|teils ⟨Adv.⟩ *zum größten Teil*

größt|mög|lich ⟨Adj.⟩ *möglichst groß, so groß wie möglich* ▸ etwas mit ~er Genauigkeit tun

groß|tun ⟨V.; tut groß, tat groß, hat groß|ge|tan, groß|zu|tun⟩ **I** ⟨V. intr.⟩ (mit etwas) ~*wichtigtun, prahlen* **II** ⟨V. refl.⟩ sich (mit etwas) ~ *wichtigmachen*

Groß|un|ter|neh|men ⟨das; -s, -⟩ *Großbetrieb mit mehr als 1000 Beschäftigten;* Abl *Großunternehmer(in)*

Groß|va|ter ⟨der; -s, -vä|ter⟩ *Vater von Mutter od. Vater;* Syn *Großpapa;* Abl *großväterlich*

Groß|wet|ter|la|ge ⟨die; -; unz.⟩ **1** *die Wetterlage in einem größeren Gebiet* **2** ⟨übertr.⟩ *allgemeine Lage, Situation* ▸ die politische ~

Groß|wild ⟨das; -(e)s; unz.⟩ *große Tiere, die gejagt werden, bes. in Afrika;* Zus *Großwildjagd*

groß|zie|hen ⟨V. trans.; zieht groß, zog groß, hat groß|ge|zo|gen, groß|zu|zie|hen⟩ Kinder, Tiere ~ *aufziehen u. ernähren bis zur Selbstständigkeit*

groß|zü|gig ⟨Adj.⟩ **1** *sich über Kleinigkeiten hinwegsetzend, nachsichtig, tolerant* **2** *freigebig, Kosten nicht scheuend* **3** *weittragend, großen Umfang habend, weiträumig* ▸ er hat ihr ~ verziehen; der Verein wurde mit einer ~en Spende unterstützt; sie war so ~ und hat alle eingeladen; die neue Wohnung ist sehr ~; Abl *Großzügigkeit*

gro|tesk ⟨Adj.; -er, am -es|ten⟩ *komisch verzerrt, lächerlich, überzogen* ▸ sein Auftritt war ~

Gro|tes|ke ⟨die; -, -n⟩ **1** *komisch verzerrte, überzogene Dichtung* **2** *Verzerrung der Wirklichkeit*

Grot|te ⟨die; -, -n⟩ *Felsenhöhle von geringer Tiefe, auch künstler. nachgebildet in Gärten*

grot|ten... ⟨Vorsilbe; zur Bildung von Adj.; verstärkend⟩ *sehr, äußerst,* z. B. grottenhässlich, grottenschlecht

grub → *graben*

Grüb|chen ⟨das; -s, -⟩ *kleine Vertiefung in der Wange, besonders beim Lachen, od. im Kinn*

Gru|be ⟨die; -, -n⟩ **1** *Vertiefung (in der Erde), Aushöhlung, Loch, auch ausgebaut für Asche, Dung u. Ä.;* Zus *Jauchegrube, Sickergrube* **2** ⟨Bgb.⟩ *Bergwerk, (unterirdische) Abbauanlage;* Zus *Grubenarbeiter, Grubenlampe* ▸ eine ~ ausheben, graben; wer andern eine ~ gräbt, fällt selbst hinein ⟨Sprichw.⟩; in die ~ (ein)fahren ⟨Bgb.⟩

grü|beln ⟨V. intr.; hat⟩ (über eine Sache) ~ *lange u. genau über etwas nachdenken, sich mit quälenden Gedanken herumschlagen* ▸ er grübelt zu viel; ~d starrte er vor sich hin; Abl *Grübler(in); grüblerisch*

grü|e|zi! ⟨schweiz.⟩ *Sei, seien Sie gegrüßt!*

Gruft ⟨die; -, Grüf|te⟩ *unterirdischer Grabbau für eine od. mehrere Personen;* Zus *Familiengruft*

grum|meln ⟨V. trans. u. V. intr.; grum|melt, grum|mel|te, hat ge|grum|melt⟩ **1** (etwas) ~ *schmollend murmeln* **2** *leise grollen, dröhnen* ▸ was grummelst du da?; in der Ferne grummelt's (von einem Gewitter)

grün ⟨Adj.⟩ **1** *wie frische Pflanzen gefärbt, farbig zwischen gelb u. blau;* Zus *grünblau, grüngelb; grün färben / grünfärben; dunkelgrün, hellgrün* **2** *frisch, jung, unreif* **3** ⟨übertr.⟩ **3.1** *unerfahren* **3.2** *den Umweltschutz betreffend* **4** ⟨übertr.; Pol.⟩ **4.1** ⟨allg.⟩ *zu einer besonders dem Umweltschutz verpflichteten, politischen Partei gehörend, diese betreffend* **4.2** ⟨in Dtschld.⟩ *zur Partei Bündnis 90 / Die Grünen gehörend, diese betreffend;* →a. *Grüne(r)* ▸ ~e **Äpfel,** Birnen; alles im ~en

Bereich! ‹übertr.; umg.› *es ist alles in Ordnung, die Entwicklung ist positiv;* ~e Bohnen; einen ~en Daumen haben *Geschick bei der Aufzucht von Pflanzen besitzen;* ~es Gemüse, Obst; sie trug eine ~es Kleid; ~es Licht haben (an Verkehrsampeln) *freie Durchfahrt;* ~es Licht haben für Pläne, Vorhaben u. Ä. ‹übertr.; umg.› *Handlungsfreiheit dafür;* ~er Salat *Kopfsalat;* ~er Star →a. *Star*[3]*;* ~e Weihnachten ‹umg.› *Weihnachten ohne Schnee;* ~e Welle *zentrale Regelung des Verkehrs in Großstädten auf die Weise, dass Autofahrer auf einigen Hauptstraßen bei bestimmter Geschwindigkeit grünes Licht vorfinden u. so ohne Halten durchfahren können;* die Grüne Woche *jährlich in Berlin stattfindende landwirtschaftliche Ausstellung* ▸ einen Zaun ~ anstreichen; sein: dazu bist du noch viel zu ~ (hinter den Ohren) ‹übertr.; umg.› *zu jung u. unerfahren;* er ist mir nicht ~ ‹übertr.› *nicht gewogen, nicht wohlgesinnt;* ~ und gelb werden vor Ärger, Neid; in der Natur wird alles wieder ~ *wird es Frühling* ▸ er wurde ~ und blau geschlagen ‹umg.› *heftig;* ich habe mich ~ und blau geärgert ‹umg.› *heftig*

Grün ‹das; -s, -s› **1** *grüne Farbe* **2** *junge Triebe, frischer Rasen* **3** ‹Golf› *mit Rasen bedeckter Teil der Spielbahn, in dem sich das Loch befindet* ▸ sie trägt gern ~ *grüne Kleidung* ▸ das erste ~ *im Frühjahr sprießende Blätter;* ein dunkles, grelles, helles, mattes, sattes, tiefes ~; das frische, junge ~ der Bäume, Hänge, Wiesen, Sträucher ▸ viel ~es essen *Gemüse, grüne Salate* ▸ die Ampel springt auf ~; bei ~ über die Straße gehen; eine Dame in ~ *in grüner Kleidung;* eine Fahrt ins ~e *in die Natur, in den Wald, in ländl. Umgebung;* das ist dasselbe in ~ ‹übertr.; umg.› *das Gleiche, nur ein wenig abgewandelt*

Grün|an|la|ge ‹die; -, -n› *Rasenstück mit Blumenbeeten, bes. in Städten, parkähnliche Anlage*

Grund ‹der; -(e)s, Grün|de› **1** *Erdboden, Boden, Fundament* **2** *Boden eines Gewässers, Meeresboden* **3** *Grundbesitz* **4** ‹Mal.› *Hintergrund, Untergrund* **5** *Grundlage, Voraussetzung eines Gedankens, einer Aussage od. Handlung, Beweggrund, Veranlassung, Ursache* ▸ ohne Angabe des ~es; Taucher suchten den ~ des Sees ab; aus Gründen der Vorsicht ▸ ~ haben (im Wasser) *noch stehen können;* das hat schon seine Gründe (aber ich möchte nicht darüber sprechen); ich habe meine Gründe dafür; ich habe berechtigten ~ zu glauben, dass er mich betrogen hat; du hast keinen ~ zum Klagen; den ~ zu einem Bau legen; dieser ~ überzeugt mich nicht; den ~ unter den Füßen verlieren (im Wasser) *nicht mehr stehen können* ▸ auf ebenem, festem, felsigem ~ stehen; einleuchtende, schwerwiegende, stichhaltige, triftige, zwingende Gründe anführen; feuchter, nasser, trockener ~; zwingende Gründe hielten mich davon ab ▸ einer Sache auf den ~ gehen ‹übertr.› *sie genau erforschen;* ein Schiff gerät, stößt auf ~; bis auf den ~ tauchen; etwas bis auf den ~ zerstören *völlig;* der Stoff zeigt rote Rosen auf weißem ~; auf ~ = *aufgrund;* aus diesem ~(e) ist es mir leider nicht möglich zu kommen; aus guten Gründen habe ich abgelehnt; aus welchem ~ tut er das?; der ~ für diese Maßnahme wurde nicht angegeben; Gründe für etwas anführen, geltend machen; im ~e (genommen) *letztlich, schließlich, eigentlich;* im ~e meines Herzens bin ich froh, dass es so gekommen ist; ohne jeden ~ sagte er plötzlich ab; das hat er doch nicht ohne ~ getan!; ~ und Boden *Grundbesitz;* auf eigenem ~ und Boden stehen; sich in ~ und Boden schämen *sehr;* jmdn. in ~ und Boden reden *so auf jmdn. einreden, dass ihm keine Zeit zum Überlegen bleibt;* Gründe und Gegengründe erörtern; ein von ~ auf anständiger Mensch *durch u. durch anständiger M.;* der im Krieg zerstörte Stadtkern wurde von ~ auf neu gebaut *völlig neu;* das ist ein ~ zum Feiern, Fröhlichsein; →a. *zugrunde*

grund..., Grund... ‹in Zus.› **1** *von Grund auf, ganz u. gar, völlig,* z. B. grundehrlich, grundfalsch **2** *einer Sache zugrundeliegend, wesentlich,* z. B. Grundannahme, Grundbedingung, Grundbedürfnis, Grundfrage, Grundgedanke, Grundhaltung, Grundregel, Grundursache, Grundvoraussetzung **3** *die Basis, Grundlage von etwas bildend,* z. B. Grundausbildung, Grundausstattung, Grundlohn, Grundstimmung

Grund|aus|bil|dung ‹die; -, -en› *erste, grundlegende Ausbildung* ▸ eine ~ in den Fächern Gesang und Schauspiel; die ~ dauert zwei Jahre; die ~ der Rekruten dauert drei Monate

Grund|be|griff ‹der; -(e)s, -e› *Voraussetzung zum Denken, einfachster, erster Begriff* ▸ die ~e einer Sprache, eines Wissensgebietes erlernen

Grund|be|sitz ‹der; -es; unz.; umg.; nicht jurist. Bez. für› *Grundeigentum;* Syn *Landbesitz;* Abl *Grundbesitzer(in)*

Grund|buch ‹das; -(e)s, -bü|cher› *amtl. Verzeichnis über alle Grundstücke, ihre Eigentümer u. Belastungen* ▸ ins ~ eintragen (lassen); Zus *Grundbuchamt*

Grund|ei|gen|tum ‹das; -s; unz.› *Eigentum von Grundstücken (u. Gebäuden);* Syn *Grundbesitz;* Abl *Grundeigentümer(in)*

Grund|ein|stel|lung ‹die; -, -en› *grundsätzliche Einstellung, persönliche Meinung, Überzeugung*

grün|den ‹V.; grün|det, grün|de|te, hat ge|gründet› **I** ‹V. trans.› **1** ein Unternehmen, einen Verein ~ *ins Leben rufen;* Abl *Gründer(in)* **2** eine Familie ~ *heiraten (u. Kinder bekommen)* **3** etwas auf etwas ~ *etwas als Grundlage, Voraussetzung, Stütze für etwas benutzen* ▸ ein Heim ~; eine Partei, eine Selbsthilfegruppe ~; Firma Hartmann & Söhne, gegründet ‹Abk.: gegr.› 1885 **II** ‹V. refl.› sich auf etwas ~ *auf etwas beruhen, sich auf etwas stützen* ▸ mein Verdacht gründet sich auf eigene Beobachtungen; worauf ~ sich seine Ansprüche?

Grün|der|zeit ‹die; -; unz.› *Zeit scheinbaren wirtschaftl. Aufschwungs in Deutschland 1871 bis ca. 1895;* Syn *Gründerjahre*

Grụnd|fes|te ⟨die; -, -n⟩ *fester, tragender Unterbau, Grundmauern* ▸ in seinen ~ erschüttert sein ⟨übertr.⟩ *in seinen tiefsten Überzeugungen*

Grụnd|flä|che ⟨die; -, -n⟩ *unterste ebene Fläche eines Körpers, auf der er ruht*

Grụnd|ge|bühr ⟨die; -, -en⟩ *in jedem Fall zu zahlende Mindestgebühr* ▸ die ~ für einen Telefonanschluss

Grundgesetz

Am 23. Mai 1949 wurde das „Grundgesetz für die Bundesrepublik Deutschland" verkündet. Mit der Bezeichnung *Grundgesetz* (statt „Verfassung") sollte der provisorische Charakter des westdeutschen Teilstaats betont werden. Am Ende des Gesetzes ist festgelegt, dass dieses bis zu dem Tag gelten solle, „an dem eine Verfassung in Kraft tritt, die von dem deutschen Volke in freier Entscheidung beschlossen worden ist". Das *Grundgesetz* beinhaltet die grundlegenden, im deutschen Staat gültigen Rechtsvorschriften. Es ist in einzelne Artikel gegliedert und umfasst sowohl die Grundrechte der Bürger (Menschenrechte) als auch die Aufgaben und Rechte, die die Organisation des föderal aufgebauten deutschen Staates betreffen. Auch die Regelung des Verhältnisses zwischen dem Bund (Staat) und den 16 Bundesländern und die Kompetenzen der Bundesorgane sind Teil des *Grundgesetzes,* welches zugleich das wichtigste Bundesgesetz ist.

Das Bundesverfassungsgericht in Karlsruhe ist das höchste Gericht der Bundesrepublik Deutschland, das über die Einhaltung des Grundgesetzes wacht.

Grụnd|ge|setz ⟨das; -es, -e⟩ **1** ⟨Abk.: GG⟩ *Verfassung der BRD;* Zus *grundgesetzwidrig* **2** *fundamentale physikalische Gesetzmäßigkeit* ▸ es ist ein ~ in der Natur, dass man Hunger hat

grun|di̲e̲|ren ⟨V. trans.; grun|diert, grun|dier|te, hat grun|diert⟩ etwas ~ *die Grundfarbe auf etwas auftragen;* Abl *Grundierung*

Grụnd|kurs ⟨der; -es, -e⟩ *Kurs, der grundlegende Kenntnisse in einem (Schul-)Fach vermittelt;* →a. *Leistungskurs* ▸ einen ~ in Mathematik belegen

Grụnd|la|ge ⟨die; -, -n⟩ **1** *Unterlage, Unterbau* **2** *Basis, Grundstock* ▸ die ~ einer Lehre, eines Konzepts, einer Wissenschaft; dafür müssen erst einmal die ~n geschaffen werden; diese Behauptung hat keine ~; die Verdächtigung entbehrt jeder ~; Ihre Erfahrungen dienen uns als ~ für einen neuen Plan; wir müssen unsere Werbung auf eine völlig neue ~ stellen

Grụnd|la|gen|for|schung ⟨die; -; unz.⟩ *Erforschung der Grundlagen einer Wissenschaft, nicht zweckgerichtete Forschung* ▸ ~ betreiben

grụnd|le|gend ⟨Adj.⟩ **1** *als Grundlage, Voraussetzung dienend* (Buch, Werk) **2** *entscheidend wichtig* (Unterschied)

grụ̈nd|lich ⟨Adj.⟩ **I** ⟨attr.; präd.; adv.⟩ *den Dingen auf den Grund gehend, sorgfältig, gewissenhaft, peinlich genau* ▸ er ist (nicht) sehr ~; ein ~er Arbeiter; etwas ~ bearbeiten, kennen, lernen, studieren; eine ~ ausgeführte Arbeit; der Arzt hat ihn ~ untersucht; ich habe mich ~ auf den Test vorbereitet; Abl *Gründlichkeit* **II** ⟨adv.; umg.⟩ *sehr* ▸ damit hat er sich ~ blamiert; jmdm. ~ die Meinung sagen; wir haben uns in ihm ~ getäuscht

Grụnd|li|nie ⟨[-njə] die; -, -n⟩ **1** *unterste Linie (bes. eines Vielecks)* **2** ⟨Sp.⟩ *die hinterste Linie eines Spielfeldes*

grụnd|los ⟨Adj.⟩ *keine Ursache habend, unbegründet* (Verdacht) ▸ sein Argwohn, seine Eifersucht, sein Misstrauen ist völlig ~; das kann er doch nicht ~ abgelehnt haben; jmdn. ~ beschuldigen, verdächtigen; Abl *Grundlosigkeit*

Grụnd|mau|er ⟨die; -, -n; a. übertr.⟩ *die unter der Erde liegenden, tragenden Teile der Mauern eines Gebäudes* ▸ die ~n eines gemeinsamen Europa stärken ⟨übertr.⟩

Grụnd|nah|rungs|mit|tel ⟨das; -s, -⟩ *einfaches, wichtiges Nahrungsmittel, z. B. Brot, Kartoffeln*

Grün|dọn|ners|tag ⟨der; -(e)s, -e⟩ *der Donnerstag vor Ostern*

Grụnd|pfei|ler ⟨der; -s, -⟩ **1** ⟨Arch.⟩ *tragender, stützender Pfeiler* **2** ⟨übertr.⟩ *starke Stütze, Unterstützung (z. B. des Staatswesens, der Wissenschaften)*

Grụnd|re|chen|art ⟨die; -, -en; Math.⟩ die vier ~en *die wichtigsten, grundlegenden Rechnungsarten: Addition, Subtraktion, Multiplikation u. Division;* Syn *Hauptrechnungsart*

Grụnd|recht ⟨das; -(e)s, -e; meist Pl.⟩ **1** *unantastbares Recht des Einzelnen gegenüber dem Staat* **2** ⟨Völkerrecht⟩ *Recht der Staaten auf Gleichberechtigung, Selbstständigkeit, Exterritorialität u. gegenseitigen Verkehr*

Grụnd|riss ⟨der; -es, -e⟩ **1** *senkrechte Projektion eines Gegenstandes auf eine waagerechte Ebene* **2** *geometrische Zeichnung des waagerechten Durchschnitts eines Gebäudes, Übersichtsplan (z. B. einer Stadt)* **3** *Auszug, Abriss, Übersicht* ▸ ~ der französischen Grammatik *(Buchtitel);* das Haus hat einen übersichtlichen ~; die finnische Literatur im ~

Grụnd|satz ⟨der; -es, -sät|ze⟩ **1** *feste Regel, Richtlinie des Handelns* **2** *unbestreitbare Wahrheit od. Tatsache als Grundlage der Betrachtung od. Erörterung* ▸ Grundsätze befolgen, haben, vertreten; ich habe meine Grundsätze; mein ~ heißt: …; sein: das ist mein ~ ▸ bestimmte, feste, starre, strenge Grundsätze vertreten; ethische, moralische Grundsätze ▸ an seinen Grundsätzen festhalten; bei seinen Grundsätzen bleiben; nach bestimmten Grundsätzen handeln; von seinen Grundsätzen nicht abgehen, abweichen; von einem bestimmten ~ ausgehen

Grụnd|satz|ent|schei|dung ⟨die; -, -en⟩ *auf bestimmten Grundsätzen beruhende Entscheidung*

Grụnd|satz|fra|ge ⟨die; -, -n⟩ *Frage, bei der be-*

G

stimmte Grundsätze, grundlegende Prinzipien zu berücksichtigen sind

grụnd|sätz|lich ⟨Adj.⟩ **1** *von einem Grundsatz abgeleitet, auf ihm beruhend* **2** *als Regel gedacht, Ausnahmen zulassend* ▸ es handelt sich um eine Frage von ~er Bedeutung; es handelt sich um eine ~e Frage; ~ muss ich dazu bemerken, feststellen, sagen; ~ bin ich damit einverstanden, aber …; etwas ~ feststellen, verbieten; ich rauche ~ nicht; das ist ~ etwas anderes; ~ bin ich dafür; ich bin ~ dagegen

Grụnd|schu|le ⟨die; -, -n⟩ *Pflichtschule vom 1. bis zum 4. Schuljahr* ▸ sie besucht die 2. Klasse der ~; in unserem Ort gibt es vier ~n; sie ist Lehrerin an einer ~; in der ~ lernen die Kinder Lesen, Schreiben und Rechnen; →a. *Primarstufe*

Grụnd|schü|ler ⟨der; -s, -⟩ *Schüler, der die Grundschule besucht;* Abl *Grundschülerin*

Grụnd|schul|leh|rer ⟨der; -s, -⟩ *Lehrer, der an einer Grundschule unterrichtet;* Abl *Grundschullehrerin*

Grụnd|stein ⟨der; -(e)s, -e⟩ **1** *erster Stein beim Beginn eines Baues, oft feierlich gelegt* **2** ⟨übertr.⟩ *Beginn, Anfang* ▸ den ~ zu einem Gebäude legen; damit wurde der ~ für eine neue Forschung gelegt ⟨übertr.⟩; Zus *Grundsteinlegung*

Grụnd|stock ⟨der; -(e)s, -stö|cke⟩ *Grundlage, Anfangsbestand* ▸ ein bestimmter Betrag als ~ für eine Anschaffung

Grụnd|stück ⟨das; -(e)s, -e⟩ *abgegrenztes, in jmds. Eigentum befindlich Stück Boden;* Zus *Grundstückseigentümer(in), Grundstücksmakler(in); Baugrundstück*

Grụnd|stu|di|um ⟨das; -s; unz.⟩ *erster, grundlegender Teil eines Studiums (oft mit anschließender Zwischenprüfung)*

Grụnd|stu|fe ⟨die; -, -n⟩ **1** *unterste Stufe* **2** ⟨Gramm.⟩ = *Positiv (I)*

Grụnd|ton ⟨der; -(e)s, -tö|ne; Mus.⟩ **1** *erster Ton einer Tonleiter* **2** *tiefster Ton eines Akkords in der Grundstellung*

Grụnd|übel ⟨das; -s, -⟩ *Hauptübel, entscheidendes Übel* ▸ das ~ bei der Sache ist der Mangel an Geld

Grün|dung ⟨die; -, -en⟩ *Errichtung, Schaffung* ▸ ~ eines Unternehmens, einer Familie, eines Vereins; Zus *Gründungsmitglied*

grụnd|ver|kehrt ⟨Adj.⟩ *völlig verkehrt, völlig falsch* ▸ diese Einstellung ist ~

grụnd|ver|schie|den ⟨Adj.⟩ *völlig verschieden* ▸ die Geschwister sind ~

Grụnd|ver|sor|gung ⟨die; -, -en⟩ *grundlegende, wichtigste Versorgung* ▸ die ~ mit Lebensmitteln gewährleisten

Grụnd|was|ser ⟨das; -s; unz.⟩ *Wasseransammlung im Boden, Sickerwasser* ▸ beim Bohren auf ~ stoßen; Zus *Grundwasserspiegel*

Grụnd|wehr|dienst ⟨der; -(e)s; unz.⟩ *der erste Wehrdienst, den ein bisher ungedienter Wehrpflichtiger aufgrund der Wehrpflicht zu leisten hat*

Grụnd|wert ⟨der; -(e)s, -e; meist Pl; bes. Ethik; Philos.⟩ *grundlegender, wichtiger Wert, sittliche Grundeinstellung* ▸ in der Schule (keine) ~e vermitteln; die humanen ~e bewahren; die ~e sozialdemokratischer Politik aufgeben

Grụnd|wort|schatz ⟨der; -es, -schät|ze; Sprachw.⟩ *zur Verständigung notwendiger, grundlegender Wortschatz (einer Sprache)*

Grụnd|zug ⟨der; -(e)s, -zü|ge⟩ *kennzeichnendes Merkmal, Hauptmerkmal* ▸ das ist ein ~ seines Charakters, seines Wesens; die Grundzüge einer Lehre, einer Wissenschaft

Grụnd|zahl ⟨die; -, -en; Sprachw.⟩ = *Kardinalzahl;* Ggs *Ordnungszahl (1)*

Grü|ne(r) ⟨die; -n, -n (der; -n, -n)⟩ *Angehörige(r) einer Partei, die besonders umweltpolitische Interessen vertritt*

grü|nen ⟨V. intr.; grünt, grün|te, hat ge|grünt⟩ *grün werden, grüne Triebe zeigen* ▸ ~de Bäume, Sträucher; wie im Mai alles grünt und blüht

Grün|fink ⟨der; -en, -en; Zool.⟩ *ein einheimischer olivgrüner, körnerfressender Singvogel;* Syn *Grünling*

Grün|flä|che ⟨die; -, -n⟩ **1** *mit Gras bewachsene Fläche, Rasen, Wiese, Grünanlage* **2** ⟨Pl.⟩ *Gesamtheit aller begrünten Flächen (Grünanlagen, Parks, Wälder usw.) in einer Stadt;* Zus *Grünflächenamt*

Grün|fut|ter ⟨das; -s; unz.⟩ *frisches Gras als Viehfutter* ▸ die Pferde bekommen Hafer und ~

Grün|kern ⟨der; -(e)s, -e⟩ *unreifes Korn einer Weizenart (Dinkel, Spelz), z. B. als Suppeneinlage*

Grün|kohl ⟨der; -(e)s; unz.; Bot.⟩ *eine Kohlart, die im Spätherbst (nach frostigen Temperaturen) geerntet u. als Gemüse gegessen wird;* Syn *Braunkohl,* ⟨schweiz.⟩ *Federkohl, Krauskohl, Winterkohl*

grün|lich ⟨Adj.⟩ *leicht grün* ▸ ~ gelb; ~ blau

Grün|schna|bel ⟨der; -s, -schnä|bel; übertr.; umg.⟩ *vorlautes Kind, junger Besserwisser*

Grün|span ⟨der; -(e)s; unz.⟩ *giftiges Gemisch, das sich auf Gegenständen aus Kupfer u. Messing bildet;* Syn *Kupfergrün* ▸ ~ ansetzen

Grün|specht ⟨der; -(e)s, -e; Zool.⟩ *ein Specht mit grünen Federn u. rotem Abzeichen am Kopf*

Grün|strei|fen ⟨der; -s, -⟩ *(die beiden Fahrbahnen der Autobahn trennender) schmaler, bepflanzter Rasenstreifen*

grụn|zen ⟨V. intr.; grunzt, grunz|te, hat ge|grunzt⟩ **1** *raue Kehllaute ausstoßen (wie ein Schwein)* **2** ⟨übertr.; umg.⟩ *knurren, undeutlich reden*

Grün|zeug ⟨das; -(e)s; unz.⟩ *rohes Gemüse u. Salate* ▸ sie isst nur ~ und Obst

Grụp|pe ⟨die; -, -n⟩ **1** *kleine, zwanglose Anzahl von Menschen od. Dingen;* Zus *Personengruppe, Tiergruppe* **2** *kleine Schar von Menschen od. Dingen, die etwas gemeinsam tun;* Zus *Gruppentherapie, Gruppenunterricht; Baumgruppe, Jugendgruppe, Sportgruppe, Theatergruppe, Wortgruppe* **3** ⟨Mil.⟩ *kleinste militär. Teileinheit in allen Waffengattungen unter Leitung eines Gruppenführers* ▸ eine ~ Kinder, Politiker, Studenten, Schauspieler, Touristen; ~n bilden, zusammenstellen; in ~n beisammenstehen, lernen, reisen, spazieren gehen, wandern; eine ~ von Kindern,

Politikern, Schauspielern, Studenten, Touristen; eine ~ von Beispielen darlegen

Grup|pen|bild ⟨das; -(e)s, -er⟩ *bildliche Darstellung einer Gruppe*

Grup|pen|dy|na|mik ⟨die; -; unz.⟩ *Lehre von den Wechselbeziehungen zw. den Angehörigen sozialer Gruppen u. ihrer Verhaltensweisen*

Grup|pen|sex ⟨der; -es; unz.⟩ *sexuelle Betätigung zw. mehr als zwei Partnern*

grup|pie|ren ⟨V.; grup|piert, grup|pier|te, hat gruppiert⟩ **I** ⟨V. trans.⟩ jmdn. od. etwas (um jmdn. od. etwas) ~ *nach, in Gruppen ordnen, anordnen, wirkungsvoll zusammenstellen* **II** ⟨V. refl.⟩ sich (um etwas od. jmdn.) ~ *sich zu Gruppen ordnen, sammeln, aufstellen*

Grup|pie|rung ⟨die; -, -en⟩ **1** *das Gruppieren* **2** *Gruppe von Personen, die eine bestimmte Zielsetzung verfolgt* ▸ linke ~ innerhalb einer Partei

Gru|sel|film ⟨der; -(e)s, -e⟩ *auf gruselige Wirkung ausgerichteter Film*

gru|se|lig ⟨Adj.⟩ *zum Gruseln, unheimlich;* oV *gruslig* ▸ eine ~e Geschichte

gru|seln ⟨V.; gru|selt, gru|sel|te, hat ge|gru|selt⟩ **I** ⟨V. trans. u. V. intr.; unpersönl.⟩ jmdm. od. jmdn. gruselt (es) vor etwas od. jmdm *etwas od. jmd. löst ein ängstliches Unbehagen in jmdm. aus* ▸ hier kann man das Gruseln lernen **II** ⟨V. refl.⟩ sich ~ *leichte Furcht empfinden*

Gruß ⟨der; -es, Grü|ße⟩ **1** *Worte od. Gebärden bei Begegnungen od. Abschied;* Zus *Abschiedsgruß, Willkommensgruß* **2** *Formel am Schluss von Briefen* ▸ noch einen ~ **anfügen,** dazuschreiben, hinzufügen; jmdm. einen ~ **ausrichten,** bestellen, sagen, schicken, schreiben, übermitteln; jmdm. einen ~ **zurufen,** zuwinken ▸ ein **höflicher,** militärischer, stummer ~; **freundliche,** herzliche, verbindliche, viele Grüße … *(Briefschluss)* ▸ richten Sie bitte einen ~ **an** Ihre Frau aus; einen ~ an jmdn. schreiben; ein ~ **aus** Paris, aus dem Urlaub ~; **mit** besten Grüßen *(Briefschluss);* einen ~ **nach** Hause schicken; ~ **und** Kuss! *(Briefschluss);* einen ~ **unter** einen Brief schreiben; ich soll dir Grüße **von** XY bestellen; einen ~ von der Nordsee schicken; er hob die Hand **zum**

Gruß|ad|res|se ⟨die; -, -n⟩ *offizielles Schreiben als Grußwort*

grü|ßen ⟨V. trans. u. V. intr.; grüßt, grüß|te, hat grüßt⟩ (jmdn.) ~ **1** *(jmdm.) einen Gruß entgegenbringen* **2** *(jmdm.) einen Gruß übermitteln, ausrichten* ▸ grüß dich! ▸ grüß deine **Eltern** (von mir)!; grüß **Gott!** *(Grußformel)* ▸ **kannst** du nicht ~? *(bes. als Mahnung an Kinder);* jmdn. ~ **lassen** *ihm Grüße übermitteln;* er lässt herzlich, vielmals ~ ▸ **freundlich,** höflich, militärisch ~ ▸ **mit** einem Lächeln, Nicken, Winken ~; ~ Sie ihn **von** mir!

Gruß|for|mel ⟨die; -, -n⟩ *feststehende Redewendung als Gruß,* z. B. guten Tag, herzliche Grüße (im Brief)

gruß|los ⟨Adj.⟩ *ohne zu grüßen* ▸ ~ davongehen

Gruß|wort **I** ⟨das; -(e)s, -wör|ter⟩ *Wort, mit dem man jmdn. begrüßt od. mit dem man sich von jmdm. verabschiedet,* z. B. Hallo; →a. *Grußformel* **II** ⟨das; -(e)s, -e⟩ *begrüßende, einleitende Ansprache* ▸ ein kurzes ~ sprechen

Grüt|ze ⟨die; -, -n⟩ **1** *grob gemahlene, geschälte Getreidekörner (besonders Hafer, Gerste, Hirse, Buchweizen)* **2** *Brei od. erstarrte Süßspeise aus diesen Körnern sowie aus Sago, Kartoffelmehl u. Ä. mit Fruchtsaft* ▸ rote ~ als Nachspeise

gu|cken ⟨V. intr.; guckt, guck|te, hat ge|guckt; umg.⟩ *schauen, blicken* ▸ er guckt sehr intelligent, ziemlich dumm; guck (ein)mal!; aus dem Fenster ~; sich die Augen aus dem Kopf ~ ⟨umg.⟩ *angestrengt Ausschau halten;* durch ein Fernglas ~; jmdm. über die Schulter ~

Guck|loch ⟨das; -(e)s, -lö|cher⟩ *kleines Loch in der Wand od. Tür zum Durchschauen*

Gue|ril|la ⟨[gerɪlja] der; -s, -s; meist Pl.⟩ *Angehöriger einer bewaffneten Widerstandsgruppe, Partisan;* Zus *Guerillakampf, Guerillakrieg*

Gu|gel|hupf ⟨der; -(e)s, -e; oberdt.⟩ *runder Rührkuchen, Napf-, Königskuchen;* oV *Gugelhopf*

Guil|lo|ti|ne ⟨[gɪ(l)jɔtiːn(ə)] die; -, -n; in der Französ. Revolution⟩ *Fallbeil*

Gu|lasch ⟨a. [guː-] der; -(e)s, -e od. (österr. nur so:) das; -(e)s, -e⟩ *aus Ungarn stammendes Gericht aus Rindfleischwürfeln mit einer würzigen Soße;* oV ⟨österr.⟩ *Gulyás;* Zus *Gulaschsuppe*

Gu|lasch|ka|no|ne ⟨a. [guː-] die; -, -n; scherzh.⟩ *fahrbare Feldküche*

Gul|den ⟨der; -s, -⟩ **1** *seit dem 14. Jh. Goldmünze* **2** ⟨1500 bis ins 19. Jh.; Abk.: fl., Fl. (= Florin)⟩ *Silbermünze in Deutschland u. a. Staaten* **3** ⟨Abk.: fl., hfl. (= (holländ.) Florin)⟩ *frühere Währungseinheit in den Niederlanden, 100 Cents*

Gül|le ⟨die; -, -n⟩ *flüssiges, vergorenes Kot-Harn-Gemisch ohne Streu;* →a. *Jauche*

Gul|ly ⟨der od. das; -s, -s⟩ *Abzugskanal, Einlaufschacht für Straßenabwässer*

gül|tig ⟨Adj.⟩ **1** *geltend, in Kraft, in (allgemeinem) Gebrauch befindlich, amtlich anerkannt, wirksam* (Bestimmung, Eintrittskarte, Fahrkarte, Geldschein, Gesetz, Pass); Ggs *ungültig* **2** *allgemein anerkannt, verbindlich* (Grundsatz, Maßstab) ▸ ein weltweit ~er Lehrsatz; dieser Ausweis ist nicht mehr ~; ~ werden *in Kraft treten;* der neue Fahrplan ist ab 31. Mai ~; etwas für ~ erklären

Gül|tig|keit ⟨die; -; unz.⟩ *Rechtskraft, amtl. Anerkennung, Wirksamkeit* ▸ keine ~ mehr haben *nicht mehr gelten*

Gum|mi **I** ⟨das od. der; -s, - od. -s⟩ **1** *in Pflanzensäften enthaltener, in Wasser quellfähiger, nicht kristallisierender Stoff* **2** *Kautschuk;* Zus *Gummiball, Gummihandschuh, Gummistiefel* **II** ⟨der; -s, -s; umg.⟩ **1** = *Kondom* **2** ⟨kurz für⟩ **2.1** *Gummiring* **2.2** *Radiergummi* **III** ⟨das; -s, -s; kurz für⟩ *Gummiband*

Gum|mi|band ⟨das; -(e)s, -bän|der⟩ *Stoffband mit einem eingewebten Gummifaden;* Syn ⟨kurz⟩ *Gummi (III)*

Gụm|mi|bär|chen ⟨das; -s, -⟩ *Süßigkeit aus gummiartiger Gelatine in verschiedenen Farben*

Gụm|mi|baum ⟨der; -(e)s, -bäu|me; Bot.⟩ *ein Maulbeergewächs, beliebte Zimmerpflanze*

gum|mie|ren ⟨V. trans.; gum|miert, gum|mier|te, hat gum|miert⟩ etwas ~ *mit Gummi-, Klebmasse bestreichen, überziehen* ▸ gummiertes Papier; Abl *Gummierung*

Gụm|mi|knüp|pel ⟨der; -s, -⟩ *kurzer Stock aus Hartgummi als Schlagwaffe (bes. der Polizei)*

Gụm|mi|ring ⟨der; -s, -e⟩ **1** *ringförmige Gummidichtung* **2** *flacher Ring aus Gummi zum Abdichten von Konservengläsern* **3** *dünner Ring aus Gummi zum raschen Verpacken*

Gụm|mi|zel|le ⟨die; -, -n⟩ *mit Gummi ausgekleidete Zelle für stark erregte, psychisch Kranke in einer Heilanstalt*

Gụm|mi|zug ⟨der; -(e)s, -zü|ge⟩ *dehnbares, eingesetztes Stoffstück mit Gummifäden (z. B. am oberen Rand der Strümpfe)*

Gụnst ⟨die; -; unz.⟩ **1** *Wohlwollen, freundliche, gnädige Gesinnung, Gönnerschaft;* Zus *Gunstbeweis* **2** *Zeichen des Wohlwollens, Gunstbezeigung, Gnade, Bevorzugung* **3** *Vorteil* ▸ jmdm. seine ~ **entziehen;** sich jmds. ~ **erfreuen;** jmds. ~ **erlangen,** erwerben, genießen; jmdm. eine ~ **erweisen,** gewähren, versagen; die ~ des Augenblicks **nutzen** ▸ sich **um** jmds. ~ bemühen, bewerben; er hat sich **zu** meinen ~en verrechnet *zu meinem Vorteil;* zu ~en = *zugunsten*

gụ̈ns|tig ⟨Adj.⟩ **1** *preiswert* **2** *vorteilhaft, förderlich* ▸ ich mache Ihnen ein ~es **Angebot;** ich konnte den Vertrag unter ~en **Bedingungen** abschließen; dafür will ich eine ~e **Gelegenheit** abwarten; ein ~er **Krankheitsverlauf;** sich in ein ~es **Licht** setzen ⟨übertr.⟩ *einen guten Eindruck machen;* ein ~es **Urteil;** die Angelegenheit hat eine ~e **Wendung** für uns genommen; auf ~en **Wind** warten (zum Segeln) ▸ er hat dabei ~ **abgeschnitten** *vorteilhaft;* ich hoffe, er wird meine Vorschläge ~ **aufnehmen;** die Angelegenheit hat sich ~ für dich **entwickelt;** etwas ~ **erwerben** *zu einem niedrigen Preis kaufen;* der Ort **liegt** für mich sehr ~; **sein:** die Hose war ~; die Tischdecke ist sehr ~; es **steht** ~ für dich ▸ jmdm. ~ **gesinnt** sein

Gụ̈nst|ling ⟨der; -s, -e⟩ *jmd., der in Gunst steht, bevorzugt wird*

Gụ̈nst|lings|wirt|schaft ⟨die; -; unz.⟩ *ungerechte Personalpolitik, die nicht nach Verdienst, sondern ausschließlich nach Gunst die Ämter verteilt*

Gụr|gel ⟨die; -, -n⟩ = *Kehle* ▸ jmdm. die ~ abschnüren, zudrücken, zuschnüren (damit er erstickt); jmdm. an die ~ gehen, springen *ihn erwürgen wollen*

gụr|geln ⟨V. intr.; gur|gelt, gur|gel|te, hat ge|gurgelt⟩ **1** *mit dumpfem Geräusch sprudeln, gluckern* (Wasser, Strudel, Wirbel) **2** *den Hals mit Flüssigkeit sprudelnd ausspülen (bei Erkältungen)* ▸ morgens und abends, zweimal täglich ~

Gụr|ke ⟨die; -, -n⟩ **1** *Salat- u. Gemüsepflanze mit warzigen, längl. Früchten;* ⓘ S. 1002 **2** ⟨umg.; scherzh.⟩ *Nase* ▸ grüne, eingelegte, saure ~n; ~n in Essig einlegen

Gụr|ken|trup|pe ⟨die; -, -n; umg.; abwertend⟩ *Gruppe unfähiger Menschen, bes. eine Mannschaft schlecht spielender Sportler* ▸ eine ~ aufs Feld schicken; auf eine ~ treffen

gụr|ren ⟨V. intr.; gurrt, gurr|te, hat ge|gurrt⟩ *wie die Taube rufen*

Gụrt ⟨der; -(e)s, -e⟩ **1** *festes, breites Band aus Stoff od. Leder, breiter Riemen;* Zus *Gitarrengurt, Sattelgurt* **2** *Gürtel* **3** ⟨Mil.⟩ *Band mit Fächern für Patronen (beim Maschinengewehr), Ladestreifen;* Zus *Patronengurt* **4** ⟨kurz für⟩ *Sicherheitsgurt (im Auto)* ▸ den ~ im Auto festschnallen; den ~ anlegen

Gụ̈r|tel ⟨der; -s, -⟩ **1** *breites Band aus Stoff od. Leder zum Festhalten der Kleidung;* Zus *Kleidergürtel, Ledergürtel* **2** *einen Körper, bes. die Erdkugel, ein Gebiet umschließender Streifen, Zone;* Zus *Tropengürtel, Festungsgürtel* ▸ den ~ ablegen, abnehmen, lockern, lösen, schließen; den ~ fester binden; den ~ enger schnallen ⟨übertr.; umg.⟩ *sich einschränken;* den ~ umbinden, umlegen, umschnallen; ein breiter, lederner, schmaler ~; ein ~ von Grünanlagen, Hochhäusern umschließt den Stadtkern

Gụ̈r|tel|li|nie ⟨[-njə] die; -, -n⟩ *gedachte Linie um den Rumpf in Höhe des Gürtels* ▸ ein Schlag unter die ~ ⟨umg.⟩ *Gemeinheit, unfaires, beleidigendes Vorgehen*

Gụ̈r|tel|ro|se ⟨die; -; unz.; Med.⟩ *durch Virus hervorgerufene, akute Infektionskrankheit mit Nervenentzündung sowie Rötung, Schwellung u. Bläschenbildung auf einer Hautstelle*

Gụ̈r|tel|tier ⟨das; -(e)s, -e; Zool.⟩ *ein Tier mit einem Panzer aus hornigen, gürtelartig angeordneten Hautschilden*

Gụrt|pflicht ⟨die; -; unz.⟩ *gesetzliche Vorschrift, beim Autofahren den Gurt anzulegen* ▸ ein Verstoß gegen die ~

Gu|ru ⟨der; -s, -s⟩ **1** ⟨im Hinduismus⟩ *geistlicher Lehrer* **2** ⟨übertr.; scherzh.⟩ *jmd., der in einem Bereich den Ton angibt u. als Vorbild verehrt wird* ▸ ein ~ der Computerbranche

GUS ⟨Abk. für⟩ *Gemeinschaft Unabhängiger Staaten (als Staatenbund der Länder der ehem. Sowjetunion)*

Gụss ⟨der; -es, Güs|se⟩ **1** *das Gießen von flüssigem Metall in Formen, in denen es dann erhärtet* **2** *das gegossene Metall, Erzeugnis der Gießerei* **3** *Flüssigkeitsmenge, die gegossen wird* **4** *glänzender Überzug über Kuchen, Kleingebäck u. a. Süßspeisen;* Zus *Schokoladenguss, Zuckerguss* ▸ der ~ einer **Büste,** eines Denkmals, einer Glocke ▸ diese Arbeit, das Gedicht, der Roman, das Theaterstück ist **aus** einem ~ ⟨übertr.; umg.⟩ *einheitlich gestaltet, vollständig, ohne Bruch, ohne störende Elemente;* ein ~ aus Bronze; den Kuchen **mit** einem ~ aus Schokolade überziehen

Gụss|ei|sen ⟨das; -s; unz.⟩ *nicht od. nur schlecht schmiedbares Eisen, das nur durch Gießen geformt werden kann*

guss|ei|sern ⟨Adj.⟩ *aus Gusseisen* ▸ ein ~es Tor

Gus|to ⟨der; -s; unz.⟩ *Geschmack* ▸ das ist (gar nicht) nach ihrem, meinem ~

gut ⟨Adj.; bes|ser, am bes|ten⟩ **1** *moralisch einwandfrei, edel, hilfreich, liebevoll, selbstlos* (Mensch, Mutter, Tat) **2** *gutmütig* **3** *brav, folgsam* (Kind, Hund) **4** *tüchtig* (Arzt, Schüler) **5** *sachlich einwandfrei, wertvoll, gehaltvoll* (Buch, Ware) **6** *ohne Tadel, ohne Fehler* (Ergebnis, Leistung) **7** *überdurchschnittlich (auch als Schulnote)* **8** *ertragreich, Ertrag versprechend* (Jahr, Geschäft, Ernte) **9** *heil, gesund, leistungsfähig, ohne Schaden* (Gesundheit, Herz) **10** *brauchbar* (Werkzeug) **11** *recht, in Ordnung, ausreichend, genügend* **12** *nützlich, vorteilhaft, heilsam* (Medizin, Lehre) **13** *günstig, erfreulich* (Nachricht) **14** *lieb, herzlich* (Freund, Freundschaft, Einvernehmen) **15** *vornehm, fein, angesehen* (Gesellschaft) **16** *angenehm, schön* (Geruch, Geschmack, Wetter) **17** *fröhlich, zuversichtlich* (Stimmung, Laune) **18** *festtäglich, für Festtage bestimmt* (Anzug, Kleid) **19** ⟨bei Mengen-, Zeitangaben⟩ *reichlich gerechnet, reichlich bemessen* **20** *leicht, mühelos* **21** ⟨als Bestandteil von Grußformeln⟩ *erfreulich, angenehm* ▸ ~! *okay!, abgemacht!;* der ~e Paul! ▸ ~en/Guten Abend, ~en/Guten Morgen, ~en/Guten Tag, ~e/Gute Nacht sagen; ~e Arbeit leisten, tun; ~e Augen haben *scharf sehen können;* ich wünsche ~e Besserung!; ein ~es Buch lesen; ein ~er Christ sein *ein gläubiger, echter Christ;* ~er Dinge sein *fröhlich;* ~e Fahrt!; ein ~er Film; ein ~es Herz haben *ein gesundes, leistungsfähiges H.;* ⟨übertr.⟩ *ein mitleidiges, warmes H.;* er ist ein ~er Kerl; das war eine ~e Lehre für dich! *das ist dir recht geschehen, hoffentlich lernst du etwas daraus!;* ein ~er Mathematiker sein; ~e Musik hören; ~e Reise!; dies ist eine ~e Sorte; ein ~es Stück Weg; wir sind zwei ~e Stunden gegangen; ein ~er Teil *großer T.;* es wird noch eine ~e Weile dauern; es ist ~es Wetter; das war kein ~er Witz ▸ ich ahne nichts Gutes; wir sind ~ angekommen (am Ziel); das Geld ist bei ihm ~ aufgehoben *wohl verwahrt;* auskommen: er kommt mit seinem Geld (nicht) ~ aus; ~ aussehen; sich ~ benehmen; er eignet sich ~ zum, als Lehrer; festhalten: halt dich ~ fest! *richtig, ordentlich;* ich kann in diesen Schuhen ~ gehen; ⟨aber⟩ ~ gehen = *gutgehen;* der Kuchen ist dir ~ geraten; du sollst es bei uns ~ haben; ⟨aber⟩ →a. *guthaben;* es hat alles sein Gutes; sich ~ halten (von Lebensmitteln) *nicht leicht verderben, haltbar sein;* er hat sich ~ gehalten *er sieht jünger aus, als er ist;* etwas, jmdn. ~ kennen; können: das kann ich ~!; er kann von seinem Geld ~ leben; machen: das hast du ~ gemacht!; mach's ~! ⟨umg.⟩ *(als Abschiedsgruß);* ⟨aber⟩ →a. *gutmachen;* es ~ (mit jmdm.) meinen; das kann man sich ~ merken *leicht;* das Kleid passt, sitzt ~; du hast gut ~ reden *leicht, leichthin;* ~ riechen; sagen: das hast du ~ gesagt *treffend, hübsch;* ~ schmecken; mit diesem Stift kann ich ~ schreiben; ⟨aber⟩ →a. *gutschreiben;* ~ sehen, hören, laufen können; sein: er ist (so) ~; na, du bist ~! ⟨umg.⟩ *was du dir so denkst!;* es ist ~ (so) *es genügt;* es ist ~, dass du kommst; es ist nur ~, dass nichts Ernsteres passiert ist; es wäre ~, wenn wir das täten; seien Sie so ~ und warten Sie! *so freundlich, liebenswürdig;* lass ~ sein! *sprich nicht mehr davon!;* sitzt du ~? *bequem;* er spielt ~ (Geige, Klavier); das Getreide steht ~; der Hut steht dir ~; das Kleid wird ihr ~ stehen; Gutes tun; du hast ~ daran getan, sofort zu kommen *es war richtig, dass du sofort gekommen bist;* etwas ~ verstehen; das kann ich ~ verstehen; die beiden verstehen sich sehr ~; das kann ich mir (sehr) ~ vorstellen *leicht, ohne Mühe;* ~ vorwärtskommen; pass auf, es wird alles noch ~ werden; das kann ja ~ werden! ⟨umg.; iron.⟩ *unangenehm;* zudecken: deck dich ~ zu *ordentlich, um warm zu bleiben;* jmdm. ~ zureden ▸ ich habe ~ zwei Stunden warten müssen; ~ 20 Meter; ~ 200 Euro; jmdm. alles Gute wünschen; Gute und Böse; jenseits von Gut und Böse; Gut und Böse unterscheiden können; ~ gelaunt = *gutgelaunt;* ~ gemeint = *gutgemeint;* das ist ~, sehr ~ möglich *wohl möglich;* das ist ja alles (ganz) ~ und schön, aber …; ~ situiert = *gutsituiert;* das ist zu viel des Guten! ⟨meist iron.⟩; des Guten zu viel tun *übertreiben* ▸ also ~! *einverstanden (wenn es sein muss)!;* das Gute an der Sache ist, dass wir es rechtzeitig erfahren haben; aus ~em Hause, aus ~er Familie stammen; bei ~er Gesundheit sein *gesund, wohlauf sein;* heute Mittag gibt es etwas Gutes (zu essen); etwas für ~, für nicht ~ halten; sich für eine ~e Sache einsetzen; dazu braucht man ~ und gern zwei Stunden *wenigstens;* das ist ~ genug; im Guten *freundschaftlich, ohne Streit;* im Guten auseinandergehen; jmdm. etwas im Guten sagen; in ~em Glauben handeln *im Glauben handeln, dass es richtig sei;* das Examen mit „~", mit „sehr ~" bestanden haben; das ist nicht ~ möglich *kaum, schwer, nicht möglich;* das bedeutet nichts Gutes; nun ~! *einverstanden!, schön!;* schon ~! *(als Antwort auf Dank od. Entschuldigung) es ist nicht der Rede wert;* so ~ er kann; der eine ist so ~ wie der andere; etwas so ~ wie möglich machen; das ist so ~ wie sicher *fast sicher;* wie ~, dass ich noch daran gedacht habe!; er ist viel zu ~ *man nutzt ihn (gerne) aus;* dafür bin ich mir zu ~! *das ist unter meiner Würde, das tue ich nicht;* das führt zu nichts Gutem; es wird sich noch alles zum Guten wenden; diese Hose ist noch ~ (genug) zur Gartenarbeit ▸ wer weiß, wozu es ~ ist (was geschehen ist)

Gut ⟨das; -(e)s, Gü|ter⟩ **1** *Besitz, Eigentum, Habseligkeiten* **2** *Gegenstand des Besitzes* **3** *Ware;* Zus *Güterverkehr; Verbrauchsgüter* **4** *landwirtschaftlicher Betrieb;* Zus *Erbgut, Landgut, Weingut* **5** ⟨übertr.⟩ *etwas von großem Wert* ▸ Güter aufgeben, befördern, verzollen ▸ bewegliche Güter *Möbel, Geräte usw.;* fremdes, gestohlenes ~; Gesundheit ist das höchste ~ ⟨übertr.⟩

Gut|ach|ten ⟨das; -s, -⟩ *fachmännisches Urteil* ▸ ärztliches, juristisches, schriftliches ~; ein ~ abgeben (über); (von jmdm.) ein ~ einholen; Abl *Gutachter(in); gutachterlich*

gut|ar|tig ⟨Adj.⟩ **1** *ungefährlich, nicht lebensbedrohend* (Geschwulst) **2** *lenkbar, freundlich* (Kind, Tier); Abl *Gutartigkeit*

gut|bür|ger|lich ⟨Adj.⟩ *auskömmlich, ausreichend, doch ohne höhere Ansprüche* ▸ ~ leben, essen

Gut|dün|ken ⟨a. [-'--] das; -s; unz.⟩ *Belieben, Ermessen;* Syn ⟨schweiz.⟩ *Gutfinden* ▸ nach ~; nach eigenem ~; nach Ihrem ~

Gü|te ⟨die; -; unz.⟩ **1** *edle, hilfreiche, großherzige Gesinnung, Selbstlosigkeit;* Zus *Herzensgüte* **2** *Nachsicht, Freundlichkeit, Hilfsbereitschaft* **3** *Wert, Beschaffenheit, Qualität (einer Ware);* Zus *Güteklasse, Gütesiegel* ▸ würden Sie die ~ haben, mir meinen Koffer herunterzugeben?; eine Ware erster, zweiter, letzter ~; du liebe ~, meine ~!; ich danke Ihnen für Ihre ~; sich in ~ einigen *ohne Streit;* jmdm. etwas in (aller) ~ sagen; in seiner grenzenlosen ~

Gute|nacht|kuss ⟨der; -es, -küs|se⟩ *Kuss beim Gutenachtsagen*

Gü|ter|ge|mein|schaft ⟨die; -, -en⟩ *vertraglich vereinbartes, gemeinschaftl. Besitzen der Güter beider Ehepartner bzw. mehrerer zusammenlebender od. -arbeitender Personen* ▸ in ~ leben

Gü|ter|tren|nung ⟨die; -; unz.⟩ *vertraglich vereinbartes Getrennthalten des Eigentums der beiden Ehepartner* ▸ in ~ leben

Gü|ter|zug ⟨der; -(e)s, -zü|ge⟩ *Zug, der nur dem Transport von Gütern dient*

gut|ge|hen *auch:* **gut ge|hen** ⟨V. intr.; geht gut, ging gut, ist gut|ge|gan|gen, gut|zu|ge|hen⟩ **1** *gut verlaufen, gelingen* **2** *guten Gewinn bringen* **3** es sich ~ lassen *ein angenehmes Leben führen* ▸ es wird alles gutgehen / gut gehen; es ist noch einmal gutgegangen / gut gegangen; wir hoffen, dass die Geschäfte gutgehen / gut gehen; lass es dir gutgehen / gut gehen! *bleib gesund u. fröhlich!;* →a. *gut*

gut|ge|launt *auch:* **gut ge|launt** ⟨Adj.; besser gelaunt, der bestgelaunte⟩ *in guter Stimmung* ▸ ein ~er Freund, Gast

gut|ge|meint *auch:* **gut ge|meint** ⟨Adj.; ohne Komp.; Superl.: der bestgemeinte⟩ *in guter Absicht* ▸ ein ~er Rat, eine ~e Tat

gut|gläu|big ⟨Adj.⟩ *nichts Böses vermutend, in gutem Glauben handelnd, vertrauensvoll* ▸ er war immer zu ~; Abl *Gutgläubigkeit*

gut|ha|ben ⟨V. trans.; hat gut, hat|te gut, hat gutge|habt, gut|zu|ha|ben⟩ etwas bei jmdm. ~ *von jmdm. zu fordern haben* ▸ einen Betrag von 9.000 Euro bei jmdm. ~; ich habe noch ein Geburtstagsgeschenk bei dir gut; →a. *gut*

Gut|ha|ben ⟨das; -s, -⟩ *Differenz zw. der Summe der Gutschriften u. der Lastschriften auf einem Konto, wobei die Gutschriften die Lastschriften übersteigen, gespartes Geld, Kapital* ▸ ein ~ auf der Bank besitzen, haben; Sie haben ein ~ von 9.000 Euro bei uns

gut|hei|ßen ⟨V. trans.; heißt gut, hieß gut, hat gut|ge|hei|ßen, gut|zu|hei|ßen⟩ etwas ~ *billigen, genehmigen, für richtig halten, für gut befinden* ▸ dieses Vorgehen heißt du gut?

gut|her|zig ⟨Adj.⟩ *ein gutes Herz habend, gutmütig;* Abl *Gutherzigkeit*

gütig/gütlich

Die ähnlich lautenden Adjektive *gütig* und *gütlich* leiten sich beide vom Adjektiv gut her, haben aber eine unterschiedliche Bedeutung: *Gütig* meint „voller Güte, freundlich, hilfreich, gefällig“: *Sie ist eine gütige Großmutter. Er hat ein gütiges Herz.*
Gütlich bedeutet dagegen „ohne Streit, friedlich“: *Wir haben uns gütlich geeinigt. Der Streit wurde gütlich beigelegt.*

gü|tig ⟨Adj.⟩ **1** *hilfreich u. liebreich, edel, großherzig* **2** *freundlich, gefällig* ▸ ein ~es Herz haben; ein ~er Mensch; würden Sie so ~ sein, mir zu helfen?; zu ~! *vielen Dank!, das war doch nicht nötig!*

güt|lich ⟨Adj.⟩ *ohne Streit, friedlich, ohne gerichtliches Urteil* ▸ eine ~e Einigung; eine Sache ~ beilegen; sich ~ einigen; sich an etwas ~ tun *etwas (Speise) genießen, sich mit Genuss an etwas satt essen;* eine Angelegenheit auf ~em Wege regeln

gut|ma|chen ⟨V. trans.; macht gut, mach|te gut, hat gut|ge|macht, gut|zu|ma|chen⟩ etwas ~ *etwas tun, um für Unrecht od. Schaden Ersatz zu schaffen (durch Leistung od. Entschuldigung)* ▸ wie kann ich mein Unrecht jemals (wieder) ~?; das ist nicht wieder gutzumachen; →a. *gut*

gut|mü|tig ⟨Adj.⟩ *gutherzig, leicht nachgebend, andern gern gefällig, hilfsbereit, nicht leicht böse* (Mensch, Tier) ▸ ein ~er Kerl; sie ist sehr ~ zu ihren Enkeln; Abl *Gutmütigkeit*

gut|nach|bar|lich ⟨Adj.⟩ *wie es zw. guten Nachbarn üblich ist* ▸ ~e Beziehungen pflegen

Gut|schein ⟨der; -(e)s, -e⟩ *Dokument, das einen Anspruch auf Geld od. Ware bescheinigt, Bon* ▸ einen ~ einlösen

gut|schrei|ben ⟨V. trans.; schreibt gut, schrieb gut, hat gut|ge|schrie|ben, gut|zu|schrei|ben⟩ (jmdm.) etwas ~ *als Guthaben aufschreiben od. eintragen, auf die Habenseite setzen* ▸ jmdm. od. einem Konto einen Betrag ~; eine Ware gegen eine billigere umtauschen und sich den Differenzbetrag ~ lassen (zum Verrechnen beim nächsten Kauf); →a. *gut*

Gut|schrift ⟨die; -, -en⟩ **1** *Eintragung eines Guthabens auf ein Konto od. eine Rechnung;* Ggs *Lastschrift* **2** *Bescheinigung über einen gutgeschriebenen Betrag* ▸ sie erhielt eine ~ über 40 €

Guts|herr ⟨der; -en, -en⟩ *Gutsbesitzer (im Verhältnis zu den von ihm abhängigen Bauern u. der Dienerschaft)*

Guts|hof ⟨der; -(e)s, -hö|fe⟩ *großes landwirtschaftl. Besitztum, Landgut*

G

gut|si|tu|iert *auch:* **gut si|tu|iert** ‹Adj.; besser situiert, der bestsituierte› *in guten Vermögens- u. od. Einkommensverhältnissen* ▸ sie sind ~

gut|tun ‹V. intr.; tut gut, tat gut, hat gut|ge|tan, gut|zu|tun› jmdm. ~ *gute, lindernde Wirkung auf jmdn. od. etwas haben* ▸ das tut gut!; die frische Luft wird dir ~; der Schlaf hat ihm gutgetan

gut|wil|lig ‹Adj.› **1** *im Guten, freiwillig, aus eigenem Antrieb* **2** *gehorsam, sich große Mühe gebend, voll guten Willens* ▸ ~ mitkommen, mitgehen; ein ~es Pferd; seine Rechnung ~ zahlen; Abl *Gutwilligkeit*

gym|na|si|al ‹Adj.› *das Gymnasium betreffend, zu ihm gehörig* ▸ ~e Oberstufe; Zus *Gymnasiallehrer(in)*

Gym|na|si|ast ‹der; -en, -en› *Schüler eines Gymnasiums;* Abl *Gymnasiastin*

Gym|na|si|um ‹das; -s, -si|en› *höhere Schule vom 5. bis zum 12. od. 13. Schuljahr mit dem Abitur als möglichem Abschluss;* Syn *Kantonsschule* ▸ altsprachliches, neusprachliches, naturwissenschaftliches ~; sie besucht das ~; unser Sohn geht aufs ~; auf ein ~ wechseln; ich bin im ~ in der 10. Klasse

Gym|nas|tik ‹die; -; unz.› *Körperübung, Körperschulungsübungen durch Bewegung;* Zus *Heilgymnastik, Krankengymnastik* ▸ morgendliche ~ treiben; Abl *gymnastisch*

Gy|nä|ko|lo|ge ‹der; -n, -n› = *Frauenarzt;* Abl *Gynäkologin*

Gy|nä|ko|lo|gie ‹die; -; unz.› *Erkennung u. Behandlung der Frauenkrankheiten;* Syn *Frauenheilkunde;* Abl *gynäkologisch*

Gy|ros ‹das; -, -; grch. Kochk.› *griechisches Gericht aus Schweine-, Rind- u. Hammelfleisch, das von einem am Drehspieß gegrillten Fleischstück abgeschnitten wird*

H *h*

h **I** ⟨das; -, - od. -s; Mus.⟩ *Tonbez., Grundton der h-Moll-Tonleiter* **II** ⟨ohne Artikel; Mus.; Abk. für⟩ *h-Moll (Tonartbez.)*

H **I** ⟨das; -, -; Mus.⟩ *Tonbez., Grundton der H-Dur-Tonleiter* **II** ⟨ohne Artikel⟩ **1** ⟨Mus.; Abk. für⟩ *H-Dur (Tonartbez.)* **2** ⟨chem. Zeichen für⟩ *Wasserstoff (Hydrogenium)*

H

ha! ⟨Int.⟩ *(Ausruf des Triumphes, des Erstaunens)*

Haar ⟨das; -(e)s, -e⟩ **I** ⟨zählb.⟩ *sehr feines, fadenförmiges Gebilde, das aus der Haut von Tieren u. Menschen wächst* ▸ ausfallen: die ~e fallen ihm aus; er kann niemandem ein ~ krümmen ⟨übertr.⟩ *niemandem etwas Böses tun;* wir wollen hier keine ~e spalten ⟨übertr.⟩ *wir wollen uns nicht über unwesentl. Kleinigkeiten streiten;* die ~e stehen einem zu Berge *man ist entsetzt;* die ~e sträubten sich ihm vor Schreck ⟨übertr.⟩ ▸ blonde, graue ~e, ⟨besser⟩ blondes, graues ~; darüber lasse ich mir keine grauen ~e wachsen *darüber mache ich mir keine Sorgen;* kein gutes ~ an jmdm. lassen ⟨übertr.⟩ *über jmdn. schlecht sprechen* ▸ dieser Vergleich ist sehr, etwas an den ~en herbeigezogen ⟨übertr.⟩ *gezwungen, gewaltsam, nicht ganz einleuchtend;* jmdn. an den ~en reißen, ziehen; sie gleichen einander aufs ~ *ganz genau;* viele ~e auf den Beinen, auf der Brust haben; er hat nicht mehr viele ~e auf dem Kopf; sie hat ~e auf den Zähnen ⟨übertr.⟩ *sie kann scharf antworten;* einander in die ~e geraten ⟨übertr.⟩ *heftigen Streit miteinander anfangen;* sich in den ~en liegen ⟨übertr.⟩ *sich streiten;* ein ~ in der Suppe finden ⟨übertr.⟩ *etwas an einer Sache entdecken, was einem nicht passt;* das Kind wäre um ein ~ überfahren worden ⟨übertr.⟩ *beinahe;* der eine ist um kein ~ besser als der andere *in keiner Weise;* sich die ~e unter den Armen ausrasieren; ⓘ S. 146; Zus *Haarausfall, Haarwurzel; Körperhaar* **II** ⟨unz.⟩ *Gesamtheit der Kopfhaare od. Barthaare* ▸ sich das ~ bleichen, färben, schneiden, tönen lassen; sich das ~ bürsten, föhnen, kämmen, waschen, trocknen; das ~ fiel ihr bis auf die Schultern; das ~ hing ihr unordentlich in die Stirn; sich das ~ machen *sich kämmen, sich frisieren;* sie trägt ihr ~ jetzt anders als früher ▸ blondes, dunkles, graues, helles, rotes, schwarzes, weißes ~ haben; dichtes, dünnes, fettiges, glänzendes, glattes, krauses, lockeres, lockiges, schönes, schütteres, seidiges, starkes, strähniges, welliges, widerspenstiges ~; falsches, künstliches ~ *Perücke;* das ~ links, rechts, in der Mitte gescheitelt tragen; kurzes, langes ~; das ~ lang, kurz tragen *lang-, kurzgeschnitten;* wirres, zerzaustes ~ haben ▸ sich das ~ aus der Stirn kämmen; ein Band im ~ tragen; sich das ~ in Zöpfe flechten; mit aufgelöstem, flatterndem ~ ankommen; jmdm. (leicht, zärtlich) übers ~ streichen; Zus *Haaransatz, Haarbürste* ⓘ S. 147, *Haarfarbe, Haarteil, Haarnetz, Haarpflege, Haarschere, Haarschmuck, Haarspange, Haarspray, Haarsträhne; Barthaar, Haupthaar, Kopfhaar;* Abl *haarlos*

haa|ren ⟨V. intr.; haart, haar|te, hat ge|haart⟩ ein Tier haart *verliert Haare, wechselt das Haarkleid*

Haa|res|brei|te ⟨die; -; unz.⟩ *ganz wenig, winzige Kleinigkeit, Spur* ▸ nicht um ~ (vor jmdm.) zurückweichen

haar|ge|nau ⟨Adj.; umg.⟩ *sehr genau, ganz genau* ▸ einen Gegenstand ~ abzeichnen; einen Vorgang ~ berichten

haa|rig ⟨Adj.⟩ **1** *voller Haare od. feiner Härchen* **2** *mit Haaren od. Härchen bewachsen, dicht behaart* (Körperteil) **3** *wie mit Haaren besetzt, faserig* (Gewebe) **4** ⟨übertr.; umg.⟩ *brenzlig, gefährlich, schlimm, peinlich* (Angelegenheit) ▸ dort ging es ~ her od. zu

...haa|rig ⟨in Zus.; zur Bildung von Adj.⟩ *mit einer bestimmten Art von Haaren versehen,* z. B. hellhaarig, rothaarig, glatthaarig

haar|klein ⟨Adv.⟩ = *haargenau*

Haar|kur ⟨die; -, -en⟩ *(nach dem Waschen aufzutragendes) Mittel zur Pflege der Haare*

Haar|na|del ⟨die; -, -n⟩ *U- od. V-förmig gebogenes Metallstäbchen zum Feststecken des Haares*

Haar|na|del|kur|ve ⟨[-və] die; -, -n⟩ *spitze Kurve (der Straße)*

Haar|riss ⟨der; -es, -e⟩ *(oft kaum sichtbarer) sehr feiner Riss im Knochen od. in einer Oberfläche* ▸ sich einen ~ im Knöchel zuziehen; die Glasur weist zahlreiche ~e auf

haar|scharf ⟨Adj.⟩ **1** *sehr scharf, genau* **2** ⟨umg.⟩ *ganz nahe* ▸ etwas ~ beobachten, erkennen; das Auto fuhr ~ an mir vorbei

Haar|schnitt ⟨der; -(e)s, -e⟩ **1** *das Schneiden des Kopfhaares* **2** *Art u. Weise, in der das Haar geschnitten ist;* Zus *Bürstenhaarschnitt*

Haar|spal|te|rei ⟨die; -, -en; übertr.⟩ **1** *Streit um unwesentl. Kleinigkeiten* **2** *Streben nach allzu genauer, nicht wesentlicher Erklärung* ▸ ~ treiben

haar|sträu|bend ⟨Adj.⟩ *so, dass sich einem die Haare sträuben (vor Entsetzen), grauenhaft, unerhört* ▸ die Geschichte ist wirklich ~

Haar|wuchs ⟨[-ks] der; -es; unz.⟩ **1** *das Wachsen des Haares* **2** *Dichte, Bestand des Haares* ▸ geringen, schwachen, starken ~ haben

Hab ⟨das; nur in der Wendung⟩ ~ und Gut *Habe, Besitz*

Ha|be ⟨die; -; unz.⟩ *Besitz, Eigentum, Vermögen* ▸ bewegliche, unbewegliche ~; ihre gesamte ~

ha|ben ⟨V.; hat, hat|te, hat ge|habt⟩ **I** ⟨Hilfsverb zur Bildung des Perfekts, des Plusquamperfekts u. in Verbindung mit „werden" zur Bildung des Futur II⟩ **I.1** ⟨Perfekt⟩ ich habe gegessen, gelesen, geschrieben; hast du mich nicht gesehen?; das hättest du gleich sagen können; er will ihn gesehen ~ *er behauptet, ihn gesehen zu haben;* er hat es schon getan; ich habe es von ihm gehört; die musikalische Begabung hat er von seinem Vater geerbt **I.II** ‹Plusquamperfekt› ich hatte kaum die Tür zugemacht, als es schon klingelte **I.III** ‹Futur II› wir werden das Reiseziel bald erreicht ~ **II** ‹Vollverb› **II.I** ‹V. trans.› **1** eine Fähigkeit, Geld, ein Haus, Kind, Mut, Fieber, Zeit ~ *besitzen* **2** etwas ~ *erhalten, bekommen* **3** Angst, Durst, Hunger, Kummer, Lust ~ *verspüren* ▸ ich hab's! *ich weiß es!, ich habe es erraten;* wir ~ ihn! *wir haben ihn gefunden, erwischt;* wir ~'s ja! ‹umg.; iron.› *wir können es uns ja leisten;* das ~ wir schon, noch nicht gehabt *im Unterricht besprochen;* da hast du's! *da siehst du die Folgen deiner Handlung;* da ~ wir's! *jetzt gibt es Probleme* ▸ habt acht/Acht! *(österr. militär. Kommando) stillgestanden!;* kann ich einen Apfel ~ ?; viel Arbeit ~; hab vielen Dank!; es hat Eile *es ist eilig, es muss rasch geschehen;* er hat keine Eltern mehr; wir ~ Ferien *es sind (gerade) F.;* wir ~ jetzt Frühling *es ist F.;* wir ~ heute den 10. Mai *heute ist der 10. Mai;* recht/Recht, unrecht/Unrecht ~ *im Recht, Unrecht sein;* hier hat's viel Schnee ‹oberdt.› *hier gibt es, hier liegt viel Sch.;* wir ~ heute keine Schule *es ist heute keine Sch.;* wann hast du wieder Unterricht? *wann findet dein nächster U. statt?;* die Sache hat Zeit *es ist nicht schlimm, wenn sie lange dauert* ▸ ich habe noch zu arbeiten; was habe ich zu bezahlen?; (nicht) genug zu essen ~; was hast du hier zu suchen? *was machst du hier?;* etwas zu tun ~ *etwas tun müssen;* ich habe mit der Sache nichts zu tun *die S. geht mich nichts an;* etwas ~ wollen ▸ es eilig ~ *in Eile sein;* etwas fertig ~ *mit etwas fertig sein;* er hat es gut, schlecht *es geht ihm gut, schlecht;* er hat es nicht leicht mit ihr *sie macht ihm das Leben schwer;* Gott hab ihn selig! *Gott gebe ihm Frieden;* Ware vorrätig ~ *bereithalten;* wir ~ (es) noch weit bis nach Hause *unser Weg ist weit* ▸ er hat es so an sich, immer erst zu widersprechen *es ist seine Gewohnheit;* ich habe ein Anliegen an Sie; damit hat es nichts auf sich *das bedeutet nichts Besonderes;* er hat es auf der Lunge *er ist lungenkrank;* etwas bei sich ~ *führen, tragen;* ich habe kein Geld bei mir; jmdn. (als Begleitung) bei sich ~; er hat seinen Bruder bei sich wohnen ‹umg.› *sein B. wohnt bei ihm;* du hast doch etwas! *es bekümmert dich doch etwas!;* etwas gegen jmdn. od. etwas ~ *etwas od. jmdn. nicht leiden können;* diese Arbeit hat es in sich *ist schwerer, als es scheint;* dieser Wein hat es in sich *ist stärker od. schwerer, als man zuerst glaubt;* ich habe es im Hals *mein Hals ist entzündet;* ich habe etwas im Hals *mir ist ein Krümchen im H. stecken geblieben;* einen Gegenstand in der Hand ~ *halten;* er hat es mit der Leber *er ist leberkrank;* er hat etwas mit der Chefin *er hat ein Verhältnis mit der Chefin;* die beiden ~ etwas miteinander *sind durch ein Liebesverhältnis verbunden;* sie ~ alle beide nichts *sie sind beide arm;* jmdn. über sich ~ (als Vorgesetzten); eine Abteilung, ein Sachgebiet unter sich ~ *dafür verantwortlich sein;* das hat er von seinem Leichtsinn *so weit hat ihn sein L. gebracht;* einen Nachteil, Vorteil von einer Sache ~; von meiner Reise habe ich gar nichts gehabt *keinen Nutzen, keine Erholung;* danke, davon habe ich schon gehabt *schon gekostet, mir schon genommen;* das hat er davon! *das ist die Folge;* jmdn. vor sich ~ *jmdm. gegenübersitzen, -stehen; hinter jmdm. sitzen, stehen;* etwas (noch) vor sich ~ *erwarten, noch nicht erlebt h.;* zu ~ sein *zu kaufen sein, verfügbar sein;* es sind keine Kinokarten mehr zu ~; er, sie ist noch zu ~ ‹umg.› *ist noch frei, noch nicht verlobt od. verheiratet;* er ist gut (schlecht) zu ~ ‹schweiz.› *zu erziehen;* ‹umg.› *mit ihm kann man gut (schlecht) auskommen;* dafür bin ich nicht zu ~ *das gefällt mir nicht, dabei mache ich nicht mit;* dafür bin ich sehr zu ~ *das gefällt mir, das tue ich gern* ▸ was hast du? *was fehlt dir?;* was will er dafür ~?; und was hast du davon? *was für einen Vorteil bringt es dir?;* wie weit ~ wir noch bis Frankfurt? *wie weit ist es noch bis F.?;* das machen wir wie gehabt *ebenso (wie das letzte Mal);* woher hast du das? *wo / von wem hast du das gehört od. bekommen?* **II.II** ‹V. refl.; umg.› sich ~ *sich zieren* ▸ hab dich doch nicht so!; und damit hat sich's auch *und weiter ist davon nichts zu berichten*

Ha|ben ‹das; -s; unz.; Buchführung› *Gesamtheit der Einnahmen, Guthaben (auf einem Bankkonto)* ▸ Soll und ~ *Ausgaben u. Einnahmen*

Ha|be|nichts ‹der; -, -e; umg.; abwertend› *jmd., der mittellos ist*

Hab|gier ‹die; -; unz.› *Gier, rücksichtsloses Streben nach Besitz;* Abl *habgierig*

hab|haft ‹Adv.; geh.› **1** einer Person ~ werden *sie erwischen, festnehmen* **2** einer Sache ~ werden *sie in seinen Besitz bringen, (mit Mühe) bekommen* ▸ die Polizei konnte der Diebesbande nicht ~ werden

Ha|bicht ‹der; -(e)s, -e; Zool.› *ein kräftiger Raubvogel mit gesperberter Brust, jagt niedrig fliegend Kleinsäuger u. Hühner*

ha|bi|li|tie|ren ‹V.; ha|bi|li|tiert, ha|bi|li|tier|te, hat ha|bi|li|tiert› **I** ‹V. intr. u. V. refl.› (sich) ~ *einer Habilitation unterziehen, die Lehrbefugnis erwerben* **II** ‹V. trans.› jmdn. ~ *jmdm. die akademische Lehrbefugnis erteilen;* Abl *Habilitation*

Ha|bi|tus ‹der; -; unz.› *äußere Erscheinung, Beschaffenheit, Art des Auftretens* ▸ er trifft mit dem ~ eines Gelehrten auf

Hab|se|lig|keit ‹die; -, -en; meist Pl.› *Besitztum (das nicht viel wert ist)* ▸ seine ~en retten

Hab|sucht ‹die; -; unz.› = *Habgier;* Abl *habsüchtig*

Hach|se ‹[-ks-] die; -, -n› *das untere Bein von Kalb od. Schwein;* oV ‹oberdt.› *Haxe*

Hack|bra|ten ‹der; -s, -› *Braten aus gehacktem Fleisch, Weißbrot, Ei u. Gewürzen*

Ha|cke[1] ‹die; -, -n› *Werkzeug mit schmalem, drei- od. viereckigem, senkrecht zum Stiel stehendem Blatt zum Lockern von harter Erde*

Ha|cke[2] ‹die; -, -n› oV *Hacken* **1** *Ferse* **2** *Teil des*

Strumpfes u. Schuhes, der die Ferse bedeckt, Schuhabsatz ▸ sich die ~n nach etwas ablaufen ‹umg.› *viele Wege gehen, sich viel Mühe machen, um etwas zu bekommen;* abgetretene, schiefe ~n haben (am Schuh); →a. *Ferse*

ha|cken ‹V.; hackt, hack|te, hat ge|hackt› **I** ‹V. intr.› **1** *mit einem spitzen, scharfen Werkzeug heftig stechen od. schlagen* **2** *mit dem Schnabel heftig picken* (Vogel) ▸ der Vogel hackte nach mir **II** ‹V. trans.› **1** Erde, Fleisch, Holz ~ *mit der Hacke lockern, zerkleinern, spalten* **2** jmdn. od. sich in den Finger ~ *mit Werkzeug in den F. hauen*

Ha|cker ‹[hækə(r)] der; -s, -› *jmd., der sich über das Telefonnetz od. ein anderes Datenfernübertragungsnetz unerlaubt in ein fremdes Rechnersystem einschaltet;* Abl *Hackerin*

H

Hack|fleisch ‹das; -(e)s; unz.› *klein gehacktes, rohes Fleisch, Gehacktes* ▸ ein Pfund ~ kaufen; gemischtes ~ *halb Rindfleisch, halb Schweinefleisch;* aus ~ macht man Frikadellen; ~ aus jmdm. machen ‹übertr.; umg.› *jmdn. bestrafen od. verprügeln;* Zus *Rinderhackfleisch, Schweinehackfleisch*

Hack|ord|nung ‹die; -, -en› *soziale Rangordnung in Vogelgruppen u. a. Tiergesellschaften*

häck|seln ‹V. trans.; häck|selt, häck|sel|te, hat gehäck|selt› Stroh ~ *zu Häcksel verarbeiten, mithilfe einer Maschine zerkleinern*

ha|dern ‹V. intr.; ha|dert, ha|der|te, hat ge|ha|dert› mit etwas ~ *mit etwas sehr unzufrieden sein* ▸ mit seinem Schicksal ~

Ha|fen ‹der; -s, Hä|fen› **1** *geschützter, oft in einer Bucht gelegener Landeplatz für Schiffe;* Zus *Hafenarbeiter, Hafenbecken, Hafengelände, Hafenrundfahrt, Hafenstadt, Hafenviertel; Binnenhafen, Flusshafen, Handelshafen, Jachthafen, Kriegshafen, Seehafen* **2** ‹übertr.› **2.1** *Geborgenheit* **2.2** *geborgener Ort, Ziel, Ende eines Weges* ▸ der ~ der Ehe ‹übertr.; scherzh.›; einen ~ anlaufen; fremder, heimatlicher, sicherer ~; künstlicher, natürlicher ~; aus dem ~ auslaufen; in einen ~ einlaufen; das Schiff ankert, liegt im ~

Ha|fer ‹der; -s; unz.; Bot.› *eine Getreideart* ▸ gequetschter ~; ihn sticht der ~ ‹übertr.› *er ist übermütig;* Pferde werden mit ~, Heu und Stroh gefüttert; Zus *Haferbrei, Haferfeld, Hafergrütze, Hafermehl, Haferkorn, Haferschleim*

Ha|fer|flo|cken ‹Pl.› *von Spelzen befreite, in Blättchenform gepresste Haferkörner als Nahrungsmittel* ▸ Müsli mit ~

Hä|ferl ‹das; -s, -n; österr.› *große Tasse, Kaffeebecher*

Haff ‹das; -s, -s› *durch eine Nehrung vom offenen Meer getrennter Küstensee*

Haf|lin|ger ‹der; -s, -› *gedrungenes, braunes Pferd mit hellem Schweif u. heller Mähne*

Haft ‹die; -; unz.› **1** *Zustand des Verhaftetseins, polizeilicher Gewahrsam* **2** *leichte Freiheitsstrafe, einzeln od. mit anderen Gefangenen;* Zus *Einzelhaft, Gemeinschaftshaft, Strafhaft, Untersuchungshaft* ▸ milde, strenge ~; jmdn. aus der ~ entlassen; sich in ~ befinden; jmdn. (noch) in ~ behalten; jmdn. in ~ nehmen; in ~ genommen werden; in ~ sein; Zus *Haftanstalt, Haftbedingungen, Haftentlassung, Haftverschonung*

...haft ‹Nachsilbe; zur Bildung von Adj.› *...artig, ...ähnlich, wie ein ..., ...verursachend, eine bestimmte Eigenschaft aufweisend,* z. B. romanhaft, schalkhaft, grauenhaft, ekelhaft, tugendhaft

haft|bar ‹Adj.› für etwas ~ sein *für etwas haften, für etwas verantwortlich sein* ▸ jmdn. für etwas ~ machen; für einen Schaden ~ sein; Abl *Haftbarkeit*

Haft|be|fehl ‹der; -(e)s, -e› *schriftlicher richterlicher Befehl, jmdn. zu verhaften* ▸ gegen jmdn. ~ erlassen

haf|ten ‹V. intr.; haf|tet, haf|te|te, hat ge|haf|tet› **1** irgendwo ~ *festhängen, festsitzen, kleben* **2** für jmdn. od. etwas ~ *bürgen, verantwortlich sein, bei Verlust dafür aufkommen* ▸ ~ bleiben *hängen bleiben, kleben bleiben;* ‹aber› ~ bleiben ‹übertr.› = *haftenbleiben;* das Pflaster haftet gut, schlecht, nicht; das Pflaster haftet an der Haut; an den Schuhen haftet Schmutz; im Gedächtnis ~ *eingeprägt bleiben;* Sie ~ mir dafür, dass nichts passiert; für einen Betrag, einen Schaden, eine Summe ~; ~der Gesellschafter *G., der für Schulden mit seinem Vermögen aufkommt;* beschränkt ~der Gesellschafter *G., der für Schulden nur in Höhe seines Anteils aufzukommen hat*

haf|ten|blei|ben *auch:* **haf|ten blei|ben** ‹V. intr.; bleibt haf|ten, blieb haf|ten, ist haf|ten|ge|blieben, haf|ten|zu|blei|ben; übertr.› im Gedächtnis ~ *eingeprägt bleiben;* →a. *haften*

Häft|ling ‹der; -s, -e› *jmd., der sich in Haft befindet, Gefangener* ▸ alle politischen ~e wurden freigelassen

Haft|pflicht ‹die; -; unz.› *Pflicht, für bestimmte Schulden od. Schäden aufzukommen, die man selbst od. jmd., für den man gesetzlich verantwortlich ist (z. B. Kinder), verursacht hat;* Abl *haftpflichtig;* Zus *Haftpflichtversicherung*

Haft|rich|ter ‹der; -s, -; Rechtsw.› *Richter beim Amtsgericht, der Haftbefehle gegen Straftäter erlässt u. prüft* ▸ einen Verhafteten dem ~ vorführen; Abl *Haftrichterin*

Haft|scha|len ‹Pl.› = *Kontaktlinsen*

Haft|stra|fe ‹die; -, -n› *Strafe in Form einer Haft, z. B. Gefängnisstrafe*

haft|un|fä|hig ‹Adj.› *aufgrund der seelischen od. körperlichen Verfassung nicht in der Lage, inhaftiert zu sein od. zu werden;* Abl *Haftunfähigkeit*

Haf|tung ‹die; -; unz.› **1** *das Haften (an, auf etwas)* **2** *das Haften, Verpflichtung, für etwas zu haften, Garantie;* Zus *Haftungsschaden* ▸ ~ der Reifen (des Fahrzeugs) auf dem Boden; (keine) ~ für etwas übernehmen; für Garderobe wird keine ~ übernommen *(Aufschrift auf Schildern in Gaststätten, Wartezimmern usw.);* →a. *Gesellschaft*

Ha|ge|but|te ‹die; -, -n› *rote Frucht der Rosen;* Zus *Hagebuttentee*

Ha|gel ‹der; -s; unz.› **1** *Niederschlag in Form von etwa erbsengroßen Eisstückchen;* Zus *Hagelkorn,*

Hagelschauer, Hagelschlag **2** ⟨übertr.⟩ *dichte Menge von niederprasselnden, harten Gegenständen* ▸ ein ~ von Geschossen, Steinen; ein ~ von Protesten prasselte auf sie nieder ⟨übertr.⟩

ha|geln ⟨V.; ha|gelt, ha|gel|te, hat ge|ha|gelt; unpersönl.⟩ **I** ⟨V. intr.⟩ es hagelt *Hagel fällt, Niederschlag fällt in Form von Hagel* **II** ⟨V. trans.; a. übertr.⟩ es hagelt etwas *etwas prasselt nieder* ▸ es hagelte Steine; es hagelte Flüche ⟨übertr.⟩

ha|ger ⟨Adj.⟩ *groß od. lang u. mager, dürr, abgezehrt, schmal u. knochig* (Gesicht, Gestalt, Mensch) ▸ ein ~er Mann; Abl *Hagerkeit*

Hahn ⟨der; -(e)s, Häh|ne⟩ **1** ⟨Zool.⟩ *das männliche Tier mehrerer Vogelgruppen;* Zus *Hahnenfeder, Hahnenkamm, Hahnenkampf, Hahnenschrei; Auerhahn, Birkhahn, Truthahn* **2** *Vorrichtung zum Versperren u. Öffnen von Rohrleitungen;* Zus *Gashahn, Wasserhahn* ▸ den ~ aufdrehen, öffnen, schließen, zudrehen; früh, wenn die Hähne krähen; es wird kein ~ danach krähen ⟨übertr.⟩ *niemand wird sich darum kümmern;* jmdm. den ~ zudrehen, abdrehen ⟨übertr.; umg.⟩ *jmdm. keine Unterstützung mehr zukommen lassen* ▸ ~ im Korbe sein *der einzige Mann unter Frauen in einer Gesellschaft*

Hähn|chen ⟨das; -s, -⟩ *junger Hahn (als Speise)* ▸ ein ~ braten, rupfen, schlachten; ~ am Spieß (gebraten); Zus *Hähnchenbrust, Hähnchenfilet; Backhähnchen, Brathähnchen, Grillhähnchen*

Hah|nen|fuß ⟨der; -es; unz.; Bot.⟩ *Kraut od. kleine Staude mit gelben od. weißen Blüten, die auf Wiesen od. am Wegesrand wächst*

Hai ⟨der; -(e)s, -e; Zool.⟩ *Raubfisch mit scharfen Zähnen, der in wärmeren Meeren lebt u. auch Menschen angreift;* Zus *Haifisch*

Hain ⟨der; -(e)s, -e; poet.⟩ *kleiner, lichter Wald*

hä|keln ⟨V. trans. u. V. intr.; hä|kelt, hä|kel|te, hat ge|hä|kelt⟩ (etwas) ~ *mit der Häkelnadel einen Faden zu Maschen verschlingen, die locker od. fest in Reihen od. Mustern aneinandergefügt werden* ▸ eine Decke, einen Topflappen ~

ha|ken ⟨V.; hakt, hak|te, hat ge|hakt⟩ **I** ⟨V. trans.⟩ etwas ~ *mit einem Haken anhängen, befestigen, mit einem Haken fassen* **II** ⟨V. intr.⟩ *wie an einem Haken festhängen, verklemmt sein* ▸ der Schlüssel hakt *lässt sich nicht weiterdrehen*

Ha|ken ⟨der; -s, -⟩ **1** *Gegenstand mit gebogener Spitze zum Festhalten, Aufhängen, Heran- od. Wegziehen;* Zus *Angelhaken, Bilderhaken, Kleiderhaken, Schürhaken* **2** *gewinkeltes Schriftzeichen mit der Bedeutung, dass etwas richtig od. erledigt ist;* Abl *Häkchen;* →a. *abhaken* **3** *Teil eines Schriftzeichens;* Abl *Häkchen;* Zus *U-Haken* **4** *auf den ersten Blick nicht sichtbarer Nachteil, Schwierigkeit* **5** ⟨Boxsp.⟩ *Schlag mit hakenartig gewinkeltem Arm;* Zus *Kinnhaken* ▸ ~ und Öse; der Lehrer machte einen ~ unter die gelösten Aufgaben; die Namen der bereits eingetroffenen Personen wurden auf der Liste mit einem ~ versehen; einen ~ schlagen *plötzlich die Richtung ändern, bes. auf der Flucht;* die Sache hat einen ~ ⟨übertr.⟩ *einen nicht sofort, auf den ersten Blick erkennbaren Nachteil;* linker, rechter ~ ⟨Boxsp.⟩; ein Bild hängt am ~; den Mantel an den ~ hängen; die Jacke wird mit ~ geschlossen; den Hut vom ~ nehmen

Ha|ken|kreuz ⟨das; -es, -e⟩ *Kreuz mit vier gleich langen Balken, deren Enden rechtwinklig abgebogen sind (Symbol des Nationalsozialismus)*

Ha|ken|na|se ⟨die; -, -n⟩ *im oberen Drittel wie ein Haken gebogene Nase*

halb ⟨Adj.⟩ **1** *in zwei gleiche Teile geteilt, nur einen von zwei gleichen Teilen eines Ganzen umfassend, die Hälfte von etwas;* Zus *Halbkreis, Halbkugel, Halbrund* **2** *zur Hälfte;* Zus *halbstaatlich, halbseitig, halbstündig, halbstündlich* **3** ⟨übertr.; umg.⟩ *nicht ganz, nicht richtig, nicht ordentlich, nicht gründlich;* Zus *Halbbildung, Halbheiten, Halbwissen; halb gar / halbgar, halbgebildet, halb reif / halbreif* **4** *fast, beinahe;* Zus *Halbschlaf; halbrund, halb wach / halbwach* ▸ eine Halbe *ein halbes Maß Bier* ▸ wenn du es so machst, hast du nur die ~e Arbeit *viel weniger A.;* ein ~es Brot, eine ~e Kartoffel; der Junge ist schon ein ~er Elektriker *versteht schon eine Menge von der Elektrizität;* ein ~es Jahr *sechs Monate;* ein ~es Kilo, ein ~er Meter; er ist ja noch ein ~es Kind *fast noch ein Kind, noch nicht erwachsen;* er war sein ~es Leben lang auf Reisen; eine ~e Maßnahme *ungenügende M.;* wenn er sein Auto, sein Radio nicht hat, ist er nur ein ~er Mensch ⟨umg.; scherzh.⟩ *ist er nicht zufrieden;* Kinder zahlen nur den ~en Preis; ein Pfund Gehacktes, ~ Rind, ~ Schwein *von beidem gleich viel;* die ~e Stadt war auf den Beinen ⟨übertr.⟩ *viele (eigtl. die Hälfte) der Einwohner;* eine und eine ~e Stunde *90 Minuten;* alle ~e Stunde *in Abständen von 30 Minuten;* nur ~e Tage arbeiten *nur vier Stunden täglich;* ein ~er Ton *kleinste Tonstufe der diaton. Tonleiter;* ~ Wein, ~ Wasser ▸ du hast wieder nur ~ aufgegessen ⟨umg.⟩; damit ist die Sache schon ~ gewonnen; er macht alles nur ~ ⟨umg.⟩; die Uhr hat ~ geschlagen *die halbe Stunde, 30 Minuten nach der vollen Stunde;* er schlief noch ~ ⟨umg.⟩ *er war noch nicht richtig munter;* sich ~ totlachen; jmdn. ~ totschlagen; er hat die Sache nur ~ verstanden ⟨umg.⟩; nur ~ zuhören ⟨umg.⟩ ▸ es ist ~ drei (Uhr) *die Hälfte der dritten Stunde ist vorbei;* ~ automatisch = *halbautomatisch;* ~ blind = *halbblind;* wie viel von beiden Flüssigkeiten soll ich nehmen? ~ und halb! *von beiden gleich viel;* ~ …, ~ … *teils …, teils …;* ~e-~e machen ⟨umg.⟩ *(den Gewinn) zu zweit teilen;* der Lärm macht mich ~ krank ⟨umg.⟩; ~ lachend, ~ weinend *beides zugleich, zw. beidem schwankend;* ~ leer = *halbleer;* ~ links = *halblinks;* ~ nackt = *halbnackt;* ~ rechts = *halbrechts;* ~ tot = *halbtot;* ~ verhungert = *halbverhungert;* ~ voll = *halbvoll* ▸ auf ~er Höhe des Berges *etwa in der Mitte;* auf ~em Wege anhalten *in der Mitte des Weges;* mit ~er Geschwindigkeit, mit ~er Kraft fahren; nur mit ~em Ohr zuhören *nicht bes. aufmerksam;* diese Arbeit ist nichts Halbes und nichts Ganzes *nicht ordentlich; nicht gründlich gemacht;* (nicht) ~ so groß; (nicht) ~ so viel; es ist fünf Minuten vor ~ (drei); die Unterricht ist schon ~ vorbei, ‹umg.› ~ um

halb... ‹in Zus.› **1** *zur Hälfte* **2** ‹umg.› *nicht ganz, zum Teil*

Halb|af|fe ‹der; -n, -n; Zool.› *zu den Primaten gehörendes Säugetier mit wollig dichtem Pelz, großen Augen u. affenartigen Gliedmaßen*

halb|amt|lich ‹Adj.› **1** *nicht amtlich, aber unter Mitwirkung von Angehörigen eines Amtes herausgegeben* (Presse) **2** *von ihnen verlautbart, in Umlauf gesetzt* (Nachricht)

halb|au|to|ma|tisch *auch:* **halb au|to|ma|tisch** ‹Adj.; Tech.› *teilweise automatisch, teilweise mechanisch* ▸ ~e Fertigung von Fahrzeugen in der Automobilindustrie

halb|blind *auch:* **halb blind** ‹Adj.› *fast erblindet, schlecht sehend* ▸ ein ~er Mann; auf einem Auge ~ sein

Halb|blut ‹das; -(e)s; unz.› **1** *aus der Kreuzung von Warmblut u. Vollblut hervorgegangenes Pferd;* oV *Halbblüter* **2** ‹zumeist als abwertend empfundene Bez. für› *jmd., der von Eltern verschiedener Menschentypen abstammt*

Halb|bru|der ‹der; -s, -brü|der› *Bruder, mit dem man einen Elternteil gemeinsam hat*

Halb|dun|kel ‹das; -s; unz.› *Dämmerlicht, Zwielicht* ▸ wir saßen im ~

hal|ber ‹Präp.› *wegen, um … willen* ▸ der Bequemlichkeit ~; Geschäfte ~

...hal|ber ‹in Zus.; zur Bildung von Adv.› *wegen, um … willen,* z. B. krankheitshalber

halb|fett ‹Adj.› **1** *kräftiger, dicker (gedruckt) als die normale, magere Textschrift, aber nicht fett (gedruckt)* **2** *20-25 % Fett in der Trockenmasse enthaltend* ▸ ~e Buchstaben, Wörter; ~er Käse

Halb|fi|na|le ‹das; -s, -; Sp.› *Ausscheidungskampf um den Eintritt in die Schlussrunde, das Finale eines Wettkampfes;* oV ‹schweiz.› *Halbfinal*

Halb|gott ‹der; -es, -göt|ter› **1** *unter die Götter versetzter Mensch* **2** *Heros, der von einem Gott u. einer Sterblichen (od. umgekehrt) abstammt* ▸ Halbgötter in Weiß ‹umg.; abwertend› *selbstherrliche Ärzte in weißen Kitteln*

halb|her|zig ‹Adj.› **1** *nicht mit voller Überzeugung* (Entschluss) **2** *ohne besondere Gemütsbewegung, ohne Begeisterung* (Zustimmung)

halb|hoch ‹Adj.› *von, in, auf halber Höhe, nicht sehr hoch* ▸ halbhohe Schuhe tragen

hal|bie|ren ‹V. trans.; hal|biert, hal|bier|te, hat halbiert› etwas ~ *in gleiche Hälften teilen* ▸ der Minister muss Vorschläge unterbreiten, um die Kosten zu ~; die Zahl der Arbeitslosen konnte halbiert werden

Halb|in|sel ‹die; -, -n› *ins Wasser vorspringender Teil eines Landes, der auf drei Seiten von Wasser umgeben ist*

Halb|jahr ‹das; -(e)s, -e› *ein halbes Jahr, sechs Monate;* Abl *halbjährig, halbjährlich;* Zus *Halbjahreszeugnis*

halb|lang ‹Adj.› *nur die Hälfte der normalen od. üblichen Länge erreichend* ▸ ~er Ärmel *Ärmel, der nur über den Ellbogen reicht;* nun (mach es) mal ~! ‹übertr.; umg.› *übertreibe nicht!*

halb|laut ‹Adj.› *nicht mit voller Stimme, leise, gedämpft*

halb|leer *auch:* **halb leer** ‹Adj.› *nur zur Hälfte geleert* ▸ ein ~es Glas; die Flasche, der Eimer ist ~

Halb|lei|ter ‹der; -s, -; Phys.› *fester Stoff, der bei sehr tiefen Temperaturen den Strom nicht leitet, bei Erwärmung jedoch eine (oft schnell) mit der Temperatur anwachsende Leitfähigkeit zeigt*

halb|links *auch:* **halb links** ‹Adv.› *zw. links u. geradeaus* ▸ erst geradeaus, dann ~ einbiegen

halb|mast ‹Adv.› *bis auf halbe Höhe des Mastes hochgezogen* (Fahne zum Zeichen der Trauer) ▸ (auf) ~ flaggen; die Flagge (auf) ~ setzen

Halb|mond ‹der; -(e)s, -e› **1** *Mond in der Mitte zw. Neu- u. Vollmond* **2** *Mondsichel (als Wappenzeichen)* ▸ türkischer ~ *Mondsichel in der türkischen Fahne*

halb|nackt *auch:* **halb nackt** ‹Adj.› **1** *mit nacktem Oberkörper* **2** ‹übertr.; scherzh.› *mit wenig Kleidung* ▸ die ~en Models

Halb|pen|si|on ‹[-pã-], [-paŋ-] od. [-pɛn-] die; -; unz.› *Unterkunft mit Verpflegung nur morgens u. abends* ▸ Zimmer mit ~

halb|rechts *auch:* **halb rechts** ‹Adv.› *zw. rechts u. geradeaus* ▸ erst geradeaus, dann ~ einbiegen

Halb|schuh ‹der; -(e)s, -e› *Schuh, der nur bis zum Knöchel reicht* ▸ Schnürsenkel für ~e kaufen

Halb|schwes|ter ‹; -, -n› *Schwester, mit der man einen Elternteil gemeinsam hat*

halb|sei|den ‹Adj.; übertr.; umg.› *kein Vertrauen erweckend, von zweifelhaftem Ruf* ▸ ein ~er Vorschlag

Halb|star|ke(r) ‹der; -n, -n› *undisziplinierter, rüder Halbwüchsiger*

halb|tags ‹Adv.› *den halben Tag über* ▸ nur ~ arbeiten; das Geschäft ist ~ geöffnet; Zus *Halbtagsarbeit, Halbtagskraft, Halbtagsstelle*

Halb|ton ‹der; -(e)s, -tö|ne; Mus.› *kleinste Tonstufe der diatonischen Tonleiter, halber Ton*

halb|tot *auch:* **halb tot** ‹Adj.› *fast tot, zu Tode erschöpft, unfähig, sich zu bewegen* ▸ ein ~es Tier; er war schon ~; ich war ~ vor Angst; wir haben uns ~ gelacht ‹übertr.›

halb|ver|hun|gert *auch:* **halb ver|hun|gert** ‹Adj.› **1** *aufgrund von Nahrungsmangel fast tot, völlig abgemagert* **2** ‹übertr.› *sehr hungrig* ▸ ein ~er Hund; ich bin ~

halb|voll *auch:* **halb voll** ‹Adj.› *nur zur Hälfte gefüllt* ▸ ein ~er Teller; das Glas ist ~; das Theater war nur ~

Halb|wahr|heit ‹die; -, -en› *Aussage, die nicht ganz wahr, aber auch nicht falsch ist* ▸ er gibt sich nicht mit ~en zufrieden

Halb|wai|se ‹die; -, -n› *Kind, dessen Vater od. Mutter gestorben ist;* →a. *Vollwaise*

halb|wegs ‹Adv.; übertr.; umg.› *ungefähr, einigermaßen, mittel* ▸ bist du fertig?; ~! *halb, nicht ganz;* ~ gutes Wetter; etwas ~ ordentlich machen

Hạlb|welt ⟨die; -; unz.⟩ *elegante, aber moral. nicht einwandfreie Gesellschaftsschicht*
Hạlb|werts|zeit ⟨die; -, -en; Atomphys.⟩ *Zeitspanne, in der die Hälfte der Atome od. Teilchen einer radioaktiven Substanz zerfallen ist*
hạlb|wüch|sig ⟨[-ks-] Adj.⟩ *noch nicht erwachsen* ▸ ~er Junge; ~es Mädchen
Hạlb|zeit ⟨die; -, -en; Sp.⟩ *Hälfte der Spielzeit (bei sportl. Wettkämpfen, bes. bei Mannschaftsspielen)* ▸ erste, zweite ~; zur ~ *in der Pause zw. der ersten u. der zweiten Halbzeit;* zur ~ stand es noch 0:0
Hạl|de ⟨die; -, -n⟩ **1** *Abhang* **2** *Hügel aus Schutt od. Schlacken, taubem Gestein u. a.;* Zus *Müllhalde, Schutthalde*
hạlf → *helfen*
Hälf|te ⟨die; -, -n⟩ **1** *jeder der zwei gleichen Teile eines Ganzen* **2** ⟨umg.⟩ *Mitte (einer Strecke od. Fläche)* ▸ meine bessere ~ ⟨übertr.; umg.; scherzh.⟩ *meine Frau bzw. mein Mann;* die größere ~ ⟨umg.; fälschl. für⟩ *etwas mehr als die H.;* die kleinere ~ ⟨umg.; fälschl. für⟩ *etwas weniger als die H.;* auf der ~ des Weges umkehren; einen Apfel in zwei ~en teilen; um die ~ kleiner *halb so groß;* ich habe nur die ~ von dem verstanden, was er gesagt hat; zur ~ *halb;* er hat den Apfel zur ~ gegessen
Hạlf|ter[1] ⟨das od. der; -s, -⟩ *Zaum ohne Gebiss* ▸ ein Pferd am ~ führen
Hạlf|ter[2] ⟨das; -s, -⟩ *Tasche für Pistolen*
Hạll ⟨der; -(e)s; unz.⟩ *das Hallen, (bes.) dröhnender Ton, Klang;* Zus *Donnerhall, Nachhall, Widerhall* ▸ der ~ seiner Stimme; dumpfer ~; der ~ von Schritten
Hạl|le ⟨die; -, -n⟩ **1** *großer, hoher Raum, Saal;* Zus *Hallenfußball, Hallenhandball, Hallenhockey, Hallensport; Ausstellungshalle, Bahnhofshalle, Fabrikhalle, Flugzeughalle, Markthalle, Messehalle, Sporthalle, Turnhalle, Verkaufshalle, Werkshalle* **2** *weiträumiger Säulengang;* Zus *Säulenhalle* **3** ⟨in Wohnhäusern⟩ *großer Vorraum, geräumige Diele;* Zus *Vorhalle* **4** *Empfangs- u. Aufenthaltsraum;* Zus *Empfangshalle, Hotelhalle* ▸ jmdn. in der ~ empfangen, erwarten; bitte warten Sie in der ~; in diesen heiligen ~n ⟨poet.⟩ *an dieser geweihten Stätte*
Hal|le|lu|ja ⟨das; -s, -s⟩ *jubelnder Gebetsruf;* oV *Alleluja* ▸ ein ~ singen
hạl|len ⟨V. intr.; hallt, hall|te, hat ge|hallt⟩ *dröhnend od. hohl tönen, schallen, klingen* ▸ seine Stimme hallte in dem Gewölbe
Hạl|len|bad ⟨das; -(e)s, -bä|der⟩ *Badeanstalt in einem Gebäude;* Ggs *Freibad* ▸ wir gehen ins ~; heute waren die Kinder im ~
Hạl|lig ⟨die; -, -en⟩ *flache, meist nicht eingedeichte Insel aus Marschland an der Westküste von Schleswig-Holstein*
Hal|lo ⟨das; -s, -s⟩ *Lärm, Aufregung, freudiges od. überraschtes Durcheinander, Stimmengewirr* ▸ es gab ein großes ~, als er kam; er wurde mit lautem ~ begrüßt
hal|lo! ⟨Int.⟩ **I** ⟨Betonung ['- -]⟩ **1** *(Ruf, um jmdn. auf sich aufmerksam zu machen, dessen Namen man nicht weiß)* **2** *(Ruf od. Frage am Telefon, wenn man sich meldet, zum Zeichen der Anwesenheit od. wenn man wissen will, ob der andere Teilnehmer (noch) hört)* **3** *(Ruf, um Aufmerksamkeit zu erregen, wenn niemand in der Nähe ist, beim Eintritt in einen leeren Raum usw.)* ▸ ~, Sie! ⟨umg.⟩; ~! Ist jemand dort?; ~? Bist du noch am Apparat? **II** ⟨Betonung ['- -] od. [-'-]⟩ *(Ausruf der Begrüßung)* ▸ ~! Wie geht's? **III** ⟨Betonung [-'-]⟩ *(Ausruf der freudigen Überraschung, meist bei einem unerwarteten Wiedersehen)* ▸ ~! Was machst du denn hier?
Hal|lo|d|ri ⟨der; -s, -s; umg.⟩ *fröhlicher, ausgelassener u. leichtsinniger Mensch*
Hal|lu|zi|na|ti|on ⟨die; -, -en⟩ *Sinnestäuschung ohne äußeren Reiz;* Abl *halluzinieren*
Hạlm ⟨der; -(e)s, -e⟩ *hohler Stängel von Gräsern u. von Getreide* ▸ es wächst kaum ein ~; Getreide *(ver)kaufen, ehe es geerntet ist* Zus *Grashalm*
Ha|lo|gen ⟨das; -(e)s, -e; Chem.⟩ *chem. Element, das die Fähigkeit hat, mit Metallen unmittelbar Salz zu bilden (Fluor, Chlor, Brom, Jod, Astat)*
Ha|lo|gen|lam|pe ⟨die; -, -n⟩ *sehr leistungsfähige Glühlampe mit Füllung aus Edelgas u. wenig Halogen (Brom od. Jod)*
Hạls ⟨der; -es, Häl|se⟩ **1** *Verbindungsstück von Rumpf u. Kopf bei Mensch u. Tier;* ⓘ S. 146; Zus *Halsbinde, Halskette, Halsschmerzen, Halsschmuck, Halsweh* **2** *sich verjüngender Teil des Körpers od. der Organe, der meist die Verbindung zu anderen Teilen bildet;* Zus *Gebärmutterhals* **3** ⟨übertr.⟩ *enger, schmaler, oberer Teil an Flaschen, Musikinstrumenten, Säulen u. a.;* Zus *Flaschenhals, Lautenhals* ▸ sich den ~ brechen; →a. *Genick;* ⟨übertr.⟩ jmdm. den ~ umdrehen *ihn töten;* sich nach etwas od. jmdm. den ~ verrenken *angestrengt od. neugierig nach etwas od. jmdm. ausschauen;* wehtun: mir tut der ~ (beim Schlucken) weh ▸ etwas in den falschen ~ bekommen, kriegen ⟨übertr.; umg.⟩ *etwas falsch deuten, missverstehen;* einen langen ~ machen *neugierig etwas sehen wollen;* einen steifen ~ haben *durch Schmerzen unbewegliches Genick;* er kann den ~ nicht voll genug kriegen ⟨umg.⟩ *er kann nicht genug kriegen, ist unersättlich* ▸ sich jmdm. an den ~ werfen ⟨umg.⟩ *ihm nachlaufen, sich ihm aufdrängen;* das Wasser reicht, steht ihm bis an den, zum ~ ⟨übertr.⟩ *er hat große (bes. finanzielle) Schwierigkeiten;* bis an den, zum ~ in Schulden stecken ⟨übertr.; umg.⟩ *überschuldet sein;* jmdn. od. etwas am od. auf dem ~(e) haben ⟨übertr.; umg.⟩ *sich um jmdn. od. etwas kümmern müssen;* sich nach jmdm. die Lunge aus dem ~ schreien ⟨übertr.; umg.⟩ *sehr lange nach jmdm. schreien;* aus vollem ~e lachen, schreien *sehr laut, hemmungslos;* den ~ gerade noch aus der Schlinge ziehen ⟨übertr.⟩ *sich gerade noch aus einer unangenehmen Lage befreien;* der Bissen, die Gräte blieb ihm im ~(e) stecken; ~ über Kopf *überstürzt, zu eilig;* jmdm. um den ~ fallen *jmdn. umarmen;* bleib mir (damit) vom

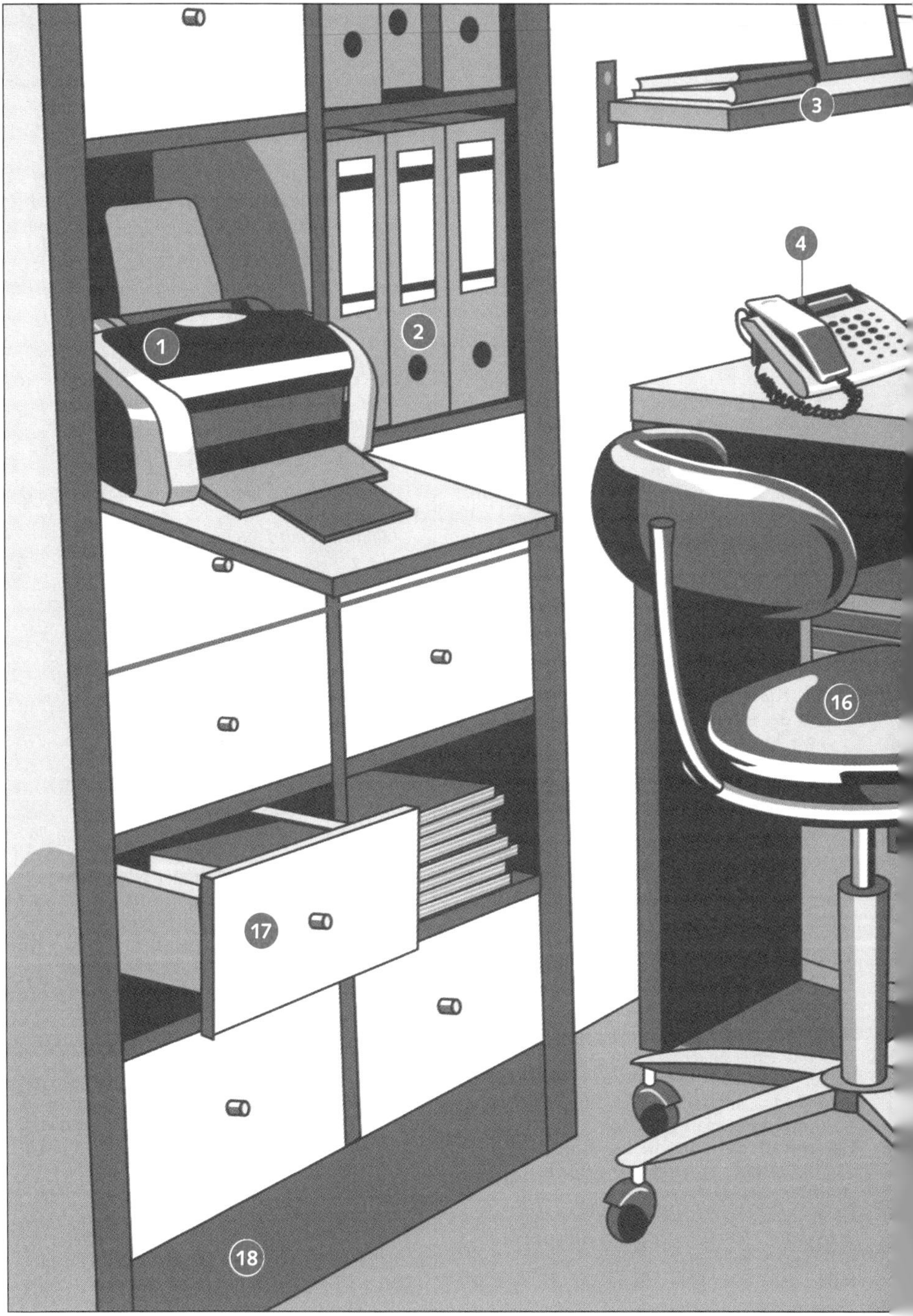

1 der Drucker 2 der Ordner 3 das Wandregal 4 das Telefon 5 das Handy 6 der Schreibtisch 7 der Monitor / der Computerbildschirm 8 die Tastatur 9 die Maus 10 die Schreib-

tischlampe 11 der Laptop / das Notebook 12 der Hefter 13 der Locher 14 der Rollcontainer 15 der Computer 16 der Schreibtischstuhl 17 die Schublade 18 der Büroschrank

~(e)! ‹übertr.; umg.› *lass mich in Ruhe, ich will davon nichts wissen;* sich etwas od. jmdn. vom ~(e) schaffen *sorgen, dass man etwas od. jmdn. los wird;* das Herz schlug mir bis zum ~ (herauf); es hängt, wächst mir zum ~(e) heraus ‹übertr.; umg.› *ich habe es satt*

Hals|band ‹das; -(e)s, -bän|der› **1** *Riemen, den Tiere (bes. Hunde) um den Hals tragen u. an dem Leine u. Erkennungsmarke befestigt werden* **2** *Schmuck für den Hals, (oft besticktes) am Hals anliegendes Band, auch enge, breite Halskette* ▸ einen Hund am ~ führen, festhalten

hals|bre|che|risch ‹Adj.› **1** *so beschaffen, dass man sich den Hals dabei brechen kann* **2** ‹allg.; übertr.› *gefährlich, riskant* ▸ eine ~e Kletterpartie

Hals|krau|se ‹die; -, -n› *breiter, gekräuselter od. gefältelter Kragen an gewissen alten Trachten u. über dem Talar protestant. Geistlicher*

Hals-Na|sen-Oh|ren-Heil|kun|de ‹die; -; unz.; Kurzw.: HNO-Heilkunde; Med.› *Lehre von den Erkrankungen von Hals, Nase u. Ohren*

Hals|schlag|ader ‹die; -, -n; Anat.› *jede der zwei vom Aortenbogen ausgehenden Schlagadern, die den Kopf mit Blut versorgen;* Syn *Kopfschlagader, Karotide, Karotis*

hals|star|rig ‹Adj.› *eigensinnig, dickköpfig* ▸ er ist im Alter unglaublich ~ geworden; Abl *Halsstarrigkeit*

Hals|tuch ‹das; -(e)s, -tü|cher› *um den Hals getragenes Tuch zum Wärmen od. als Schmuck*

Hals- und Bein|bruch! *(Wunsch für gutes Gelingen, bes. einer Prüfung)*

Hals|wir|bel ‹der; -s, -; Anat.› *jeder der zw. Brustwirbelsäule u. Kopf liegenden Wirbel*

halt ‹Abtönungspartikel› *einfach, eben, nun einmal* ▸ wenn es nicht geht, musst du es ~ sein lassen; wir müssen es ~ versuchen

Halt ‹der; -(e)s, -s; Pl. selten› **1** *das Anhalten, Stillstand* **2** ‹a. übertr.› *Stütze, Rückhalt* **3** *Festigkeit, Standhaftigkeit* ▸ (mit den Händen od. Füßen beim Klettern) keinen ~ finden; jmdm. ~ geben ‹übertr.› *ihm Sicherheit geben;* das Regal hat so gar keinen ~; ~ machen = *haltmachen;* den ~ verlieren *zu schwanken, zu stürzen beginnen* ▸ er ist ihr einziger ~ (im Leben) gewesen ‹übertr.›; sie hat den inneren ~ verloren ‹übertr.› *die innere Standfestigkeit* ▸ bei jmdm. ~ suchen, finden ‹übertr.›

halt! ‹Imperativ zu „halten", „anhalten", „haltmachen"› **1** *nicht weiter!, anhalten!* **2** *still!, genug!, aufhören!* ▸ ~! wer da? *(Ruf u. Frage des Postens);* ~/Halt rufen!

halt|bar ‹Adj.› **1** *so beschaffen, dass es lange hält, dauerhaft, fest* **2** *frisch, ess- od. nutzbar* (verderbliche Waren); Zus *Haltbarkeitsdatum; Mindesthaltbarkeit* **3** ‹übertr.; meist negativ› *aufrechtzuerhalten* (Behauptung, Theorie) ▸ besonders ~e Materialien; der Joghurt ist ~ bis zum 10.7.; wie lange ist die Milch noch ~?; frisches Fleisch ist nicht lange ~; die Schuhe sind schon kaputt, sie waren nicht sehr ~; seine Thesen waren nicht ~ ‹übertr.›; Abl *Haltbarkeit*

Hal|te|bucht ‹die; -, -en› *verbreiterte Stelle der Fahrbahn, in der Busse halten können*

halten/anhalten

Die Verben ***halten*** und ***anhalten*** haben die gleiche Bedeutung, wenn sie intransitiv (ohne Akkusativobjekt) im Sinne von „stehen bleiben" verwendet werden: *Das Auto hält / Das Auto hält an.*
Bei transitivem Gebrauch besitzen die beiden Verben eine unterschiedliche Bedeutung: *Kannst du den Regenschirm halten* (= festhalten)? *Der Arbeiter hat das Förderband angehalten* (= gestoppt).

hal|ten ‹V.; hält, hielt, hat ge|hal|ten› **I** ‹V. trans.› **1** jmdn. od. etwas ~ *Halt geben, stützen* **2** jmdn. od. etwas ~ *ergreifen, festhalten, nicht loslassen (bes. zur Hilfe für jmdn.)* **3** eine Stadt, die Stellung ~ *mit Erfolg verteidigen, behaupten* **4** Tiere ~ *als Nutz- od. Haustiere aufziehen, pflegen* **5** Diät, Fastentage, ein Gebot, den Takt ~ *erfüllen, einhalten, sich richten nach, beobachten* **6** einen Kurs, eine Richtung, einen Rekord ~ *einhalten, bewahren* ▸ haltet den Dieb!; Frieden ~ (mit) *den F. bewahren, in F. leben (mit);* der Ofen hält die Glut, die Wärme lange *bewahrt sie lange, bleibt lange warm;* Hochzeit ~ *H. feiern;* ich kann den Hund, das Pferd nicht mehr ~ *fest-, zurückhalten;* sich einen Hund, ein Pferd ~; kein Maß ~ *unmäßig sein;* ‹aber› →a. *maßhalten;* Mittagsschlaf ~ *nach dem Mittagessen schlafen;* Ordnung ~ *haben, bewahren;* eine Predigt ~ *predigen;* eine Rede, einen Vortrag ~ *vortragen;* Ruhe ~ *ruhig sein;* den Ton ~ *die richtige Tonhöhe bewahren, einhalten (beim Singen);* jmdm. die Treue ~ *ihm treu bleiben;* Unterricht ~ *unterrichten;* sein Versprechen, sein Wort ~; Wache ~ *wachen* ▸ es gab kein Halten mehr *alle liefen vorwärts, davon, man konnte keinen zurückhalten;* das kannst du ~, wie du willst *machen;* sein: er war nicht mehr zu ~ *er war ungeduldig u. wollte nicht länger bleiben* ▸ die Fenster geschlossen ~ *geschlossen lassen, dafür sorgen, dass sie geschlossen bleiben;* Butter, Medikamente kühl ~ *kühl aufbewahren;* das Steuer richtig, falsch ~; jmdn. streng ~ *streng behandeln;* das Essen warm ~ *auf dem warmen Herd od. im Ofen stehen lassen;* →a. *warmhalten* ▸ sich an jmdn. ~ *sich an jmdn. wenden; jmdn. haftbar, verantwortlich machen;* jmdn. an od. bei der Hand ~; jmdn. od etwas für jmdn. od. etwas ~ *denken, dass es sich um eine bestimmte Sache od. Person handelt;* ich habe dich immer für meinen Freund gehalten *ich habe immer geglaubt, du seist mein F.;* ich halte das für falsch, gut, richtig *ich glaube, dass es so falsch usw. ist;* ich halte es für gefährlich; für wie alt hältst du ihn? *wie alt mag er sein?;* wofür ~ Sie mich? *was denken Sie von mir? (bes. als empörte Ablehnung);* ein Blatt Papier gegen das Licht ~; ein Kind im Arm ~; der

Raum ist in Gelb gehalten; einen Gegenstand in der Hand ~; einen Gegenstand in die Höhe ~; er hält es mit den Mädchen *er verkehrt viel mit M.;* ~ Sie es damit, wie Sie wollen *machen Sie es, wie Sie wollen;* ich habe es immer so gehalten, dass ... *ich habe es immer so gemacht, dass ...;* die Hand vor die Augen, vor den Mund ~ ▸ was ~ Sie davon? *wie denken Sie darüber?* **II** ⟨V. intr.⟩ **1** *Bestand haben, dauerhaft sein, widerstandsfähig sein, fest sein* (Brücke, Knoten, Schnur, Stoff) **2** *anhalten, stillstehen, stehen bleiben, verweilen, rasten* (Zug, Auto) ▸ wir wollen einen Augenblick ~; so, das wird jetzt ~ ▸ das Eis hält (nicht); der Stuhl, Tisch hält jetzt; der Zug hält hier eine halbe Stunde, hält hier nicht ▸ an dieser Kreuzung muss man ~ ▸ Halten verboten ▸ an sich ~ *sich beherrschen, ruhig bleiben;* er konnte nicht mehr an sich ~ *er hat sich eingemischt;* etwas auf sich ~ *sich pflegen, sich ordentlich kleiden;* er hält gar nichts, viel auf sich; große Stücke auf jmdn. ~ *jmdn. hochschätzen, bewundern;* auf freier Strecke ~ ⟨Eisenb.⟩; den Zug zum Halten bringen; zu jmdm. ~ *jmds. Partei ergreifen, jmdm. beistehen* **III** ⟨V. refl.⟩ sich ~ **1** *frisch bleiben, nicht leicht verderben* (Blumen, Lebensmittel) **2** *Widerstand leisten, sich verteidigen* (Truppe) **3** *sich behaupten, bleiben* ▸ das Wetter hält sich *bleibt so, bleibt beständig* ▸ sich aufrecht ~ *gerade gehen, sitzen;* er hat sich im Wettkampf sehr gut gehalten; sie hat sich gut gehalten ⟨übertr.; umg.⟩ *sie ist jung geblieben;* die Rosen haben sich sehr lange gehalten; sich rechts, links ~ *immer die Richtung nach rechts, links einhalten; immer rechts, links abbiegen;* sich tapfer ~ ▸ er wird sich auf diesem Posten nicht mehr lange ~ können

Hạl|ter ⟨der; -s, -⟩ **1** *Teil eines Gegenstandes, an dem man diesen anfassen u. festhalten kann, Griff, Stiel* **2** *stützender Gegenstand, an dem man einen anderen befestigen kann;* Zus *Federhalter, Kleiderhalter, Strumpfhalter, Werkzeughalter* **3** *Besitzer, Verfügungsberechtigter, z. B. von Kraftfahrzeugen, Haustieren;* Abl *Halterin;* Zus *Fahrzeughalter(in), Hundehalter(in), Tierhalter(in)*

Hạl|te|rung ⟨die; -, -en⟩ *Vorrichtung zum sicheren Verwahren od. Transportieren von Gegenständen* ▸ etwas aus der ~ nehmen, reißen

Hạl|te|stel|le ⟨die; -, -n⟩ *Station, an der Busse u. Straßenbahnen stehen bleiben, damit die mitfahrenden Personen ein- u. aussteigen können* ▸ an welcher ~ muss ich aussteigen?; hält dieser Bus an der ~ Ostpark?; die nächste ~ ist Bahnhofstraße; die ~ ist verlegt worden; Zus *Bushaltestelle, Endhaltestelle, Straßenhaltestelle*

Hạl|te|ver|bot ⟨das; -(e)s, -e⟩ **I** ⟨unz.⟩ *Verbot des Haltens (von Kraftfahrzeugen)* **II** ⟨zählb.⟩ *Bereich, in dem das Halten verboten ist* ▸ hier ist ~; sein Auto steht im ~

...hal|tig ⟨in Zus.; zur Bildung von Adj.⟩ *einen bestimmten Stoff enthaltend,* z. B. eisenhaltig, fetthaltig

hạlt|los ⟨Adj.⟩ **1** *ohne inneren, moral. Halt, unbeständig, wankelmütig* **2** *ohne feste Grundlage od. Begründung, unhaltbar* (Behauptung, Gerücht); Abl *Haltlosigkeit*

hạlt|ma|chen *auch:* **Hạlt ma|chen** ⟨V. intr.; macht halt/Halt, mach|te halt/Halt, hat halt|ge|macht / Halt ge|macht, halt|zu|ma|chen / Halt zu machen⟩ **1** *stehen bleiben, anhalten* **2** ⟨übertr.⟩ vor nichts, vor niemandem ~ *vor nichts, niemandem zurückschrecken*

Hạl|tung ⟨die; -, -en⟩ **1** *das Halten (von Tieren);* Zus *Tierhaltung, Viehhaltung* **2** *Stellung des Körpers od. eines Körperteils im Sitzen, Stehen, Gehen, bei Bewegung;* Zus *Körperhaltung, Kopfhaltung* **3** ⟨übertr.⟩ **3.1** *Benehmen, Verhalten* **3.2** *geistige Einstellung, Gesinnung* **3.3** *Selbstbeherrschung* ▸ ~ annehmen *sich geraderichten, strammstehen;* seine ~ bewahren; die ~ verlieren; eine klare, vernünftige, vorbildliche ~; eine aufrechte, gute, schlechte ~ haben; bequeme ~; feste, sichere ~; geistige ~; in gebückter ~ gehen

Ha|lụn|ke ⟨der; -n, -n; abwertend⟩ **1** *Gauner, Betrüger, Schwindler* **2** ⟨scherzh.⟩ *Schlingel*

Hạm|bur|ger ⟨der; -s, -⟩ **1** *Einwohner von Hamburg;* Abl *Hamburgerin* **2** ⟨engl. [hæmbœ:gə(r)]⟩ *gebratener Hackfleischklops (mit Ketchup, Tomate u. Zwiebeln) in einem weichen Brötchen*

Hä̲|me ⟨die; -; unz.⟩ *Missgunst, Bosheit*

hä̲|misch ⟨Adj.⟩ *hinterhältig, schadenfroh, bösartig-triumphierend* ▸ ~ grinsen, lachen; er kommentierte den Vorfall mit ~en Worten

Hạm|mel ⟨der; -s, -⟩ **1** *kastrierter Schafbock* **2** ⟨übertr.⟩ *Dumm-, Schwachkopf*

Hạm|mer ⟨der; -s, Häm|mer⟩ **1** *Werkzeug mit einem eisernen Bolzen, der quer zum Stiel steht u. mit dem man Nägel o. Ä. einschlägt;* Zus *Eisenhammer* **2** ⟨Sp.⟩ *Wurfgerät, eiserne Kugel mit Draht u. Griff zum Schleudern;* Zus *Hammerwerfen, Hammerwerfer* ▸ einen Nagel mit dem ~ in die Wand schlagen; das ist der ~! ⟨übertr.; umg.⟩ *das ist unglaublich;* die letzte Telefonrechnung war ein ~ ⟨übertr.; umg.⟩ *erschreckend hoch;* eine Firma, ein Gut, Haus unter den ~ bringen *zwangsweise versteigern lassen;* unter den ~ kommen *zwangsweise versteigert werden*

hạm|mern ⟨V.; häm|mert, häm|mer|te, hat gehäm|mert⟩ **I** ⟨V. intr.⟩ **1** *mit dem Hammer klopfen, schlagen* **2** *wie ein Hammer (sehr rasch) klopfen* (Herz, Puls, Schläfen) ▸ (mit den Fäusten) wütend an die Tür ~; auf die Tasten (des Klaviers) ~; das Blut hämmerte ihm in den Adern, im Schädel **II** ⟨V. trans.⟩ Metall ~ *mit dem Hammer bearbeiten;* Abl *Gehämmer*

Hä|mor|rho|i̲|de ⟨die; -, -n; meist Pl.; Med.⟩ *Krampfader im Mastdarm, die als knotenförmige Erweiterung am after auftritt;* oV *Hämorride*

Hạm|pel|mann ⟨der; -(e)s, -män|ner⟩ **1** *durch Ziehen an einem Faden bewegl., flache Gliederpuppe* **2** ⟨übertr.⟩ *lächerlich wirkender, leicht zu beeinflussender, nicht ernstzunehmender Mensch* ▸ er lässt sich nicht mehr zum ~ machen

H

ham|peln ⟨V. intr.; ham|pelt, ham|pel|te, hat ge|ham|pelt⟩ *zappeln, Faxen machen*

Hams|ter ⟨der; -s, -; Zool.⟩ *ein Nagetier mit großen Backentaschen für den Transport von Nahrungsvorräten, wird auch als Haustier in Käfigen gehalten;* ⓘ S. 1110; Zus *Hamsterlaufrad*

Hams|ter|kauf ⟨der; -(e)s, -käu|fe; umg.⟩ *Kauf von knapp gewordenen Lebensmitteln od. Bedarfsartikeln zum Speichern*

hams|tern ⟨V. trans. u. V. intr.; hams|tert, hams|ter|te, hat ge|hams|tert; umg.⟩ (etwas) ~ *ähnlich dem Hamster Vorräte aufhäufen;* Abl *Hamsterer*

Hand ⟨die; -, Hän|de⟩ *das mit dem unteren Teil des Armes verbundene Glied zum Greifen u. Tasten bei Menschen u. Affen* ▸ die Sache hat ~ und **Fuß** *ist gut durchdacht;* (mit) ~ **anlegen** (bei) *(mit)helfen (bei);* mir ist die ~ **ausgerutscht** ⟨umg.⟩ *ich habe ihm, ihr eine Ohrfeige gegeben;* jmdm. die ~ (zur Versöhnung) **bieten; binden:** mir sind die Hände gebunden *ich kann in dieser Sache nichts tun;* jmdm. die ~ **drücken,** schütteln (zur Begrüßung, zum Abschied o. Ä); die Hände **falten;** jmdm. die ~ **geben,** reichen; es ist nicht mehr üblich, einer Frau die ~ **küssen;** (ich) küss die ~! *(österr. Grußformel Frauen gegenüber);* sich die Hände **reiben** (vor Kälte, vor Vergnügen od. Schadenfreude); auf der linken/rechten ~ **reiten** *(in der Reitbahn) linksherum/rechtsherum reiten;* die Hände **ringen** (vor Verzweiflung) ⟨übertr.⟩ *sehr verzweifelt sein;* sich die Hände **waschen,** bürsten; eine ~ wäscht die andere ⟨übertr.⟩ *man hilft sich gegenseitig, ist einander gefällig* ▸ ~ **breit** = *Handbreit;* breite, schmale, große, kleine, kräftige, zarte, schöne, harte, weiche Hände; er muss eine **feste** ~ spüren *feste, strenge Führung haben;* die **flache** ~ *die mit der Innenfläche nach oben ausgestreckte Hand;* keine ~ **frei** haben *viel Gepäck tragen;* jmdm. freie ~ lassen *jmdn. nach seinen Vorstellungen handeln lassen;* **gepflegte** Hände haben; eine **glückliche** ~ haben *erfolgreich in einer Unternehmung sein;* **heiße,** warme, kalte, feuchte Hände haben; Hände **hoch!** *(Aufforderung an den Gegner, damit man vor Angriff sicher ist);* er hat zwei **linke** Hände *er ist ungeschickt;* eine **lockere** ~ haben ⟨umg.⟩ *leicht Ohrfeigen austeilen;* die **öffentliche** ~ *Behörde, Regierung, Verwaltung;* **rechter,** linker ~ (liegt eine Wiese) *rechts, links;* jmds. rechte ~ sein ⟨übertr.⟩ *jmds. Stütze, Helfer, wichtigster Mitarbeiter sein;* **reine,** saubere Hände haben ⟨übertr.⟩ *ehrenhaft, unschuldig sein;* eine **ruhige** ~ haben *nicht zittern;* **schmutzige** Hände haben ⟨übertr.⟩ *unehrenhaft gehandelt haben;* sich die Hände nicht schmutzig machen wollen *praktische Arbeit meiden;* Politik der **starken** ~ *Politik, die sich auf überlegene Macht stützt;* ~ **voll** = *Handvoll;* ich habe gerade die Hände voll *viel zu tragen;* alle Hände voll zu tun haben *sehr viel zu tun haben* ▸ ein Kind **an** der ~ führen; jmdm. die Mittel an die ~ geben, etwas zu tun; jmdm. an die ~ gehen ⟨übertr.⟩ *helfen;* ein Kind an die ~ nehmen; ~ an sich legen *Selbstmord begehen;* die letzte ~ an etwas legen, die letzte ~ anlegen *etwas zu Ende bringen, die letzten Kleinigkeiten an etwas anbringen;* die ~ an jmdn. legen *jmdn. tätlich angreifen;* jmdm. hundert Euro **auf** die (flache) ~ zahlen *bar, sofort u. ohne Abzug;* das liegt auf der ~! ⟨übertr.⟩ *das ist klar erkennbar;* jmdn. auf Händen tragen ⟨übertr.⟩ *für jmdn. mit großer Zuvorkommenheit u. Liebe sorgen;* ~ aufs Herz! *gib es ehrlich zu, sei ehrlich!;* jmdm. **aus** der ~ fressen ⟨übertr.⟩ *sehr fügsam sein* (von Menschen); etwas aus der ~ geben *weggeben;* einen Gegenstand aus der ~ legen *weglegen;* aus freier ~, aus der freien ~ zeichnen *ohne Vorlage;* Wasser aus der hohlen ~ trinken; etwas aus zweiter ~ kaufen *gebraucht, antiquarisch;* jmdn. **bei** der ~ fassen; er ist mit einer Ausrede rasch bei der ~ *er hat immer eine A. bereit;* die Briefe gehen alle **durch** seine Hände *er prüft sie alle u. leitet sie weiter;* das Auto ist durch viele Hände gegangen *hat oft den Eigentümer gewechselt;* jmdm. die ~ **fürs** Leben reichen ⟨übertr.⟩ *jmdn. heiraten;* die ~ **gegen** jmdn. erheben *tätlich werden, ihn schlagen (wollen);* ~ **in** ~ (mit) *zusammen (mit);* mit jmdm. ~ in ~ arbeiten *einander beim Arbeiten gut ergänzen;* mit etwas ~ in ~ gehen *zur gleichen Zeit geschehen;* jmdm. in die Hände arbeiten *jmdm. einen (unberechtigten) Vorteil zukommen lassen;* jmdm. ein Geldstück o. Ä. in die ~ drücken *geben;* er ist in die Hände von Erpressern gefallen *in ihre Gewalt geraten;* ein Tier, einen wertvollen Gegenstand in jmds. Hände geben *jmdm. zum Versorgen, Verwahren geben;* jmdm. in die Hände geraten *in jmds. Gewalt geraten;* sich in der ~ haben *sich beherrschen können;* er hat es in der ~, ob ... *er kann darüber entscheiden;* in die Hände klatschen; einen Gegenstand in die ~ nehmen; eine Sache (selbst) in die ~ nehmen *(selbst) für die (rasche) Erledigung sorgen;* jmdm. einen Gegenstand in die Hände spielen *ihm geschickt u. unbemerkt zukommen lassen;* in die Hände spucken (um zupacken zu können); alle Fäden laufen in seiner ~ zusammen *er hat die Leitung, er überblickt das Ganze;* er nahm sein Herz in beide Hände ⟨übertr.⟩ *er nahm all seinen Mut zusammen;* in festen Händen sein *im festen Besitz sein, unverkäuflich sein;* ⟨übertr.⟩ *verlobt, gebunden sein;* einen Hund in gute Hände geben *jmdm. geben, der ihn gut versorgt;* das Geld ist bei ihm in guten Händen *er verwahrt es treulich;* für ihn lege ich die ~ ins Feuer ⟨übertr.⟩ *von seiner Anständigkeit bin ich überzeugt;* die Hände in den Schoß legen *müßig sein, untätig sein;* die ~ im Spiel haben (bei etwas) *beteiligt sein (bes. bei unehrenhaften Angelegenheiten);* die Hände in Unschuld waschen *vorgeben, mit etwas nichts zu tun zu haben;* das ist doch **mit** Händen zu greifen *deutlich erkennbar, offensichtlich;* mit den Händen reden *seine Worte mit lebhaften Handbewegungen unterstreichen, gestikulieren;* einen Brief mit der ~ schreiben; einen heißen Topf mit bloßen Händen anfassen;

mit eigener ~ *selbst;* mit eiserner, harter ~ durchgreifen *energisch, rücksichtslos;* mit leeren Händen *ohne etwas dabeizuhaben, mitzubringen; ohne Besitz;* das mache ich mit der linken ~ *mühelos;* mit vollen Händen Geld ausgeben *reichlich, übermäßig;* sich mit Händen und Füßen (gegen etwas) sträuben, wehren; die Hände **über** jmdn. od. etwas halten *ihn beschützen, es gut hüten;* die Hände überm Kopf zusammenschlagen ⟨übertr.⟩ *sehr erstaunt, überrascht, entsetzt sein;* er hielt **um** ihre ~ an *fragte sie, ob sie ihn heiraten möchte;* etwas **unter** der ~ verkaufen *heimlich, ohne Aufhebens;* **von** ~ (gearbeitet) *mit der H.;* die Arbeit geht ihr gut, leicht von der ~ *sie macht sie schnell u. gut;* das ist nicht von der ~ zu weisen *das ist wohl möglich, nicht ausgeschlossen;* von langer ~ vorbereitet *lange Zeit vorbereitet;* von der ~ in den Mund leben *sofort verbrauchen, was man verdient;* davon möchte ich lieber die Hände lassen *damit möchte ich nichts zu tun haben;* von seiner Hände Arbeit leben *sich selbst erhalten, ohne fremde Hilfe;* das Bild ging von ~ zu ~ *wurde von einem zum andern weitergereicht;* man sieht die ~ nicht **vor** den Augen, ⟨umg. a.⟩ man sieht die ~ vor Augen nicht *es ist so dichter Nebel od. so dunkel, dass man nichts sehen kann;* jmdm. **zur** ~ gehen *helfen;* etwas zur ~ haben *griffbereit haben;* ein Buch zur ~ nehmen *in die Hand nehmen (um zu lesen);* jmdm. einen Brief zu eigenen Händen übergeben *dem Betreffenden persönlich;* jmdm. etwas zu treuen Händen übergeben *vertrauensvoll in Verwahrung geben;* Firma X, zu Händen von Herrn Y *(in Adressen) für Herrn Y in der Firma X bestimmt;* ⓘ S. 146; Zus *Handballen, Handbewegung, Handbohrer, Händeklatschen, Handfessel, Handpflege, Handsäge*

Hand|ar|beit ⟨die; -, -en⟩ **1** *(nicht maschinelle) Arbeit mit der Hand* **2** *mit der Hand gearbeiteter Gegenstand, besonders etwas, das gehäkelt, gestrickt od. gestickt wurde* ▸ meine Mutter machte schon immer gern ~en; diese Schuhe sind echte ~; der Krug ist in ~ bemalt; Zus *Handarbeitsgeschäft*

Hand|ball ⟨der; -(e)s; unz.; Sp.⟩ *Kampfspiel zw. zwei Mannschaften, bei dem ein Hohlball durch Zuwerfen ins gegnerische Tor gebracht werden muss;* Abl *Handballer(in);* Zus *Handballspiel, Handballspieler(in), Hallenhandball*

hand|breit ⟨Adj.; meist adv.⟩ *so breit wie eine Hand* ▸ ~ davon entfernt

Hand|breit *auch:* **Hand breit** ⟨die; (-) -, (-) -⟩ *Spanne, Abstand von der Breite einer Hand* ▸ jmdm. jede ~ Boden streitig machen; zwei ~ über dem Tisch

Hand|brem|se ⟨die; -, -n⟩ *durch einen Hebel von der Hand zu betätigende Fahrzeugbremse* ▸ die ~ anziehen

Hand|buch ⟨das; -(e)s, -bü|cher⟩ *handliches, aber umfassendes Lehrbuch über ein Wissensgebiet*

Händ|chen ⟨das; -s, -⟩ *kleine Hand* ▸ mit jmdm. ~ halten *gegenseitig die Hand des anderen halten (als Zeichen der Zuneigung, der Verliebtheit);* ein glückliches ~ haben ⟨übertr.⟩ *in einer Unternehmung erfolgreich sein*

Hän|de|druck ⟨der; -(e)s, -drü|cke⟩ *das Reichen der Hände (als Grußgebärde)* ▸ fester, herzlicher ~; eine Abmachung mit einem ~ bekräftigen

Han|del ⟨der; -s; unz.⟩ **1** *gewerbsmäßiger Ein- u. Verkauf von Waren;* Zus *Handelsabkommen, Handelsbeziehung, Handelsbilanz, Handelsembargo, Handelspartner, Handelsregister, Handelsschiff, Handelsstadt, Handelsware; Großhandel, Kleinhandel* **2** *Vertrag über Ein- od. Verkauf, Geschäft* ▸ einen ~ **abschließen,** rückgängig machen; ~ **treiben** ▸ **ambulanter,** internationaler, privater ~; **blühender,** lebhafter, reger ~ ▸ **im** ~ erhältlich sein; ~ **mit** Getreide, Rohstoffen; ~ mit den benachbarten Staaten

han|deln[1] ⟨V.; han|delt, han|del|te, hat ge|han|delt⟩ **I** ⟨V. intr.⟩ **1** *etwas tun, vorgehen, verfahren, einen Entschluss ausführen* **2** *Handel treiben, Waren ein- u. verkaufen* **3** *feilschen, über den Preis verhandeln* ▸ die ~den **Personen** (eines Dramas) *die auftretenden, mitwirkenden Personen;* an der Börse werden **Wertpapiere** gehandelt ▸ **eigenmächtig,** überlegen, vorausschauend ~ ▸ **auf** eigene Faust ~ ⟨übertr.⟩ *eigenmächtig, ohne Absprache;* **im** Großen, im Kleinen ~ *Groß-, Kleinhandel treiben;* er lässt **mit** sich ~ *wird mit dem Preis noch heruntergehen;* genau **nach** Anweisung ~; **um** den Preis, um eine Ware ~; **von** etwas ~ *etwas zum Gegenstand haben, von etwas berichten;* das Buch, der Film handelt von Napoleon; jetzt ist es Zeit **zu** ~, zum Handeln **II** ⟨V. refl.⟩ sich um jmdn. od. etwas ~ *von jmdm. od. etwas die Rede sein* ▸ es handelt sich um meine Arbeit; darum handelt es sich ja gar nicht; worum handelt es sich?

han|deln[2] ⟨[hæ:ndəln] V. trans.; han|delt, han|del|te, hat ge|han|delt; umg.⟩ jmdn. od. etwas ~ *mit jmdm. od. etwas umgehen können, etwas regeln, koordinieren* ▸ sie hat die komplizierte Technik souverän gehandelt

han|dels|ei|nig ⟨Adj.; nur präd.⟩ *mit dem Partner über den Abschluss eines Geschäftes einig* ▸ die beiden Parteien wurden schnell ~

Han|dels|ge|sell|schaft ⟨die; -, -en⟩ *Vereinigung von Personen zum gemeinsamen Betrieb einer Firma* ▸ offene ~ ⟨Abk.: oHG, OHG⟩ *H., bei der jeder Gesellschafter unbeschränkt haftet*

Han|dels|kam|mer ⟨die; -, -n⟩ = *Industrie- und Handelskammer*

Han|dels|nie|der|las|sung ⟨die; -, -en⟩ *örtlicher Mittelpunkt des kaufmännischen Geschäftsbetriebes*

Han|dels|schu|le ⟨die; -, -n⟩ *Ausbildungsstätte für Kaufleute u. kaufmänn. Angestellte* ▸ höhere ~ *H. nach Abschluss der mittleren Reife*

hän|de|rin|gend ⟨Adj.⟩ *flehentlich, verzweifelt* ▸ jmdn. ~ um etwas bitten, anflehen

Hand|fe|ger ⟨der; -s, -⟩ *kleiner Besen mit kurzem Stiel;* Syn *Handbesen*

hand|fest ⟨Adj.; -er, am -es|ten⟩ **1** ⟨a. übertr.⟩ *kräftig, derb* **2** ⟨übertr.⟩ *einleuchtend, überzeu-*

gend ▸ ~e Beweise; sie lieferten sich einen ~en Streit ⟨übertr.⟩

Hand|flä|che ⟨die; -, -n⟩ *Innen-, Unterseite der Hand;* Syn *Handteller*

hand|ge|ar|bei|tet ⟨Adj.⟩ *mit der Hand hergestellt (nicht maschinell);* Syn *handgefertigt*

Hand|ge|lenk ⟨das; -(e)s, -e; Anat.⟩ *Gelenk, das die Hand mit dem Unterarm verbindet* ▸ etwas aus dem ~ machen, schütteln, tun ⟨übertr.⟩ *mühelos zustande bringen*

Hand|ge|men|ge ⟨das; -s, -⟩ *Schlägerei, Rauferei* ▸ er wurde bei einem ~ verletzt; bei dem Streit kam es zu einem ~

Hand|ge|päck ⟨das; -(e)s; unz.⟩ *kleineres Gepäckstück (Tasche o. Ä) bei Reisen*

hand|ge|schrie|ben ⟨Adj.⟩ *mit der Hand (nicht mit der Maschine od. dem Computer) geschrieben* ▸ ein ~er Brief

Hand|gra|na|te ⟨die; -, -n; Mil.⟩ *mit explosivem Pulver gefülltes Wurfgeschoss*

hand|greif|lich ⟨Adj.; übertr.⟩ **1** *tätlich, handgemein* **2** *greifbar, sehr deutlich, einleuchtend* ▸ ein ~er Beweis; ~ werden; Abl *Handgreiflichkeit*

Hand|griff ⟨der; -(e)s, -e⟩ **1** *Griff, Stiel, Hebel, Henkel, Kurbel (an Werkzeugen, zum Festhalten u. Ä.)* **2** *kurze Tätigkeit (mit der Hand)* **3** *kleine, unbedeutende Mühe* ▸ der Koffer hat keinen ~ mehr; die notwendigen, richtigen ~e lernen, üben; er hat die Sache mit ein paar ~en erledigt

Hand|ha|be ⟨die; -, -n; übertr.⟩ *Veranlassung, Möglichkeit* ▸ ich besitze keine ~, einschreiten zu können; damit gibt er mir eine ~ einzugreifen

hand|ha|ben ⟨V. trans.; hand|habt, hand|hab|te, hat ge|hand|habt⟩ etwas ~ **1** *gebrauchen, anwenden* **2** *auf bestimmte Weise umgehen mit, vorgehen bei* ▸ wir wollen die Angelegenheit so ~, dass …; ein Gerät zu ~ verstehen; Gesetze, Vorschriften ohne Ansehen der Person ~ ⟨übertr.⟩; etwas mit großer Geschicklichkeit ~; Abl *Handhabung*

Han|di|cap ⟨[hændıkæp] das; -s, -s⟩ oV *Handikap* **1** ⟨bei Wettkämpfen⟩ *Gewichts-, Distanz-, Punktausgleich, Vorgabe für benachteiligte Teilnehmer* **2** ⟨allg.⟩ *Nachteil, Benachteiligung*

Hand|kuss ⟨der; -es, -küs|se⟩ *Kuss auf den Handrücken (als Zeichen der Verehrung, als Gruß)*

Hand|lan|ger ⟨der; -s, -⟩ **1** *ungelernter Arbeiter, zumeist zum Herbeitragen von Arbeitsmaterial* **2** ⟨abwertend⟩ **2.1** *untergeordneter Helfer* **2.2** *jmd., der Hilfsdienste bei kriminellen Machenschaften leistet* ▸ als ~ benutzt werden; Zus *Handlangerdienst*

Händ|ler ⟨der; -s, -⟩ *Kaufmann, Ein- u. Verkäufer;* Abl *Händlerin;* Zus *Kleinhändler, Großhändler, Viehhändler*

hand|lich ⟨Adj.⟩ **1** *leicht, gut, bequem zu handhaben, für den Handgebrauch bes. geeignet* (Gerät); Abl *Handlichkeit* **2** ⟨schweiz. a.⟩ *behände* **3** *leicht greifbar, gleich zur Hand* ▸ in ~er Nähe

Hand|lung ⟨die; -, -en⟩ **1** *Tat, Tun;* Abl *handlungsfähig, handlungsunfähig;* Zus *Handlungsbedarf, Handlungsfreiheit, Handlungsweise* **2** *Vorgang, Geschehen;* Abl *handlungsarm, handlungsreich* **3** *Geschäft, Laden, kaufmännisches Unternehmen;* Zus *Buchhandlung, Lebensmittelhandlung* ▸ die Beweggründe für eine ~; die ~ des Dramas, Romans; eine ~ ausführen; gute, schlechte ~en

Hand|rü|cken ⟨der; -s, -⟩ *Oberseite der Hand*

Hand|schlag ⟨der; -(e)s, -schlä|ge⟩ *Händedruck, Händeschütteln (bes. als alter Brauch zwischen Partnern von Geschäftsabschlüssen)* ▸ ein Versprechen durch ~ bekräftigen; sie tut zu Hause keinen ~ *sie hilft überhaupt nicht;* jmdn. mit ~ begrüßen; sich mit ~ verabschieden; einen Geschäftsabschluss mit einem ~ besiegeln

Hand|schrift ⟨die; -, -en⟩ **1** *die Schriftzüge eines Schreibenden* **2** *Art dieser Schriftzüge* **3** ⟨Abk.: Hs., Pl.: Hss.⟩ *handgeschriebenes, häufig verziertes Buch des MA* ▸ ich kann deine ~ kaum lesen; eine gute, schöne, unleserliche ~ haben

hand|schrift|lich ⟨Adj.⟩ *mit der Hand geschrieben* ▸ ein ~es Dokument

Hand|schuh ⟨der; -(e)s, -e⟩ *Bekleidung für die Hand* ▸ ein Paar ~e; die ~e anziehen, ausziehen, überziehen; jmdm. den (Fehde-)~ hinwerfen ⟨übertr.⟩ *jmdn. zu einem Kampf herausfordern;* die ~e passen, sitzen (nicht); gefütterte, gestrickte ~e; ~e aus Gummi, Leder; man muss sie mit Samthandschuhen anfassen ⟨übertr.; umg.⟩ *sehr vorsichtig behandeln;* ⓘ S. 683; Zus *Handschuhfach* ⓘ S. 896

hand|si|g|niert ⟨Adj.⟩ *vom Künstler od. Autor eigenhändig unterschrieben* ▸ das Buch ist ~

Hand|stand ⟨der; -(e)s, -stän|de; Sp.⟩ *das Stehen auf den Händen, auf dem Boden od. auf Turngeräten* ▸ einen ~ machen; im ~

Hand|streich ⟨der; -(e)s, -e⟩ *geschickter Überfall mit wenigen Leuten* ▸ er kam durch einen ~ an die Macht

Hand|ta|sche ⟨die; -, -n⟩ *kleine tragbare Tasche, in der man Schlüssel, Geldbörse, Ausweise u. Ä. mitnimmt;* Zus *Damenhandtasche, Herrenhandtasche, Lederhandtasche*

Hand|tuch ⟨das; -(e)s, -tü|cher⟩ *Tuch zum Abtrocknen des Körpers nach dem Waschen* ▸ das ~ werfen (zum Zeichen der Aufgabe) ⟨Boxsp.; allg.⟩ *aufgeben;* Zus *Handtuchhalter; Badehandtuch, Frotteehandtuch, Geschirrhandtuch*

Hand|um|dre|hen ⟨das; nur in der Wendung⟩ im ~ *sehr schnell, sofort* ▸ das kann man im ~ erledigen, machen; er war im ~ zurück

hand|ver|le|sen ⟨Adj.⟩ **1** *mit der Hand verlesen* **2** ⟨übertr.⟩ **2.1** *nach bes. Kriterien ausgewählt* **2.2** *hochrangig* ▸ ~e Kirschen; ein ~es Publikum

Hand|voll *auch:* **Hand voll** ⟨die; (-) -, (-) -⟩ **1** *kleine Menge, so viel, wie man in eine hohle Hand nehmen kann* **2** ⟨übertr.⟩ *einige, wenige* ▸ eine, einige, ein paar, zwei ~ Körner streuen; nur eine ~ Menschen schauten zu ⟨übertr.⟩

Hand|werk ⟨das; -(e)s, -e⟩ **1** *gewerbliche Tätigkeit, bei der hauptsächlich mit der Hand u. einfachen*

Werkzeugen gearbeitet wird; Zus *Handwerksberuf, Handwerksbetrieb, Handwerksmeister; Bäckerhandwerk, Schreinerhandwerk* **2** *Stand, Zunft der Handwerker* **3** *handwerkliches, berufl. Können* ▸ ~ hat goldenen Boden ⟨Sprichw.⟩ *H. ist eine rechtschaffene Sache, die auch etwas einbringt* ▸ ein ~ ausüben, betreiben, erlernen; man muss ihm das ~ legen ⟨übertr.⟩ *ihn daran hindern, weitere Verbrechen zu begehen;* er versteht sein ~ *er leistet etwas in seinem Beruf* ▸ jmdm. ins ~ pfuschen ⟨übertr.⟩ *sich ungefragt einmischen*

Hand|wer|ker ⟨der; -s, -⟩ **1** *jmd., der beruflich ein Handwerk betreibt* **2** *jmd., der über handwerkliches Können verfügt* ▸ ein guter ~ sein ⟨übertr.⟩ *technisch einwandfrei arbeiten;* er ist selbstständiger ~; Abl *Handwerkerin*

hand|werk|lich ⟨Adj.⟩ **1** *das Handwerk betreffend, auf ihm beruhend* **2** *mit der Hand hergestellt* **3** *fachgemäß*

Handwerksberuf

Als *Handwerk* bezeichnet man eine berufliche Tätigkeit, die überwiegend mit der Hand und mit zugehörigen Werkzeugen ausgeführt wird. Handwerker stellen Produkte her oder erbringen Dienstleistungen, die meistens dem Verbraucher unmittelbar zukommen. In der Handwerksordnung ist festgelegt, welche Berufe als *Handwerk* bezeichnet werden. In Deutschland muss jeder zugelassene Handwerksbetrieb Mitglied in einer Handwerkskammer und in der entsprechenden Berufsgenossenschaft sein. Welche beruflichen Tätigkeiten als Handwerke gelten, ist in dem Gesetz zur Handwerksordnung festgelegt.

Ein *Handwerk* wird in der Regel in einer dreijährigen Lehrzeit erlernt. Voraussetzung hierfür ist ein Abschlusszeugnis der Haupt- oder Realschule. Die Lehrlinge werden auch Auszubildende (kurz: Azubis) genannt. Den Abschluss der Lehrzeit bildet eine Gesellenprüfung, danach kann eine Meisterprüfung abgelegt werden. Voraussetzung dafür war früher eine mindestens dreijährige Berufspraxis des Gesellen. Dies ist heute nicht mehr zwingend, die Meisterprüfung kann auch direkt im Anschluss an die Gesellenprüfung absolviert werden. In einigen Handwerksberufen ist das Ablegen der Meisterprüfung die Voraussetzung, um eine Zulassung als selbstständiger Handwerksbetrieb und die Genehmigung für die Ausbildung von Lehrlingen zu erhalten.

Zulassungspflichtige Handwerksberufe sind z. B. Bäcker, Friseur, Klempner, Konditor, zulassungsfreie dagegen sind u. a. Fliesenleger, Schuhmacher, Uhrmacher.

Hand|werks|kam|mer ⟨die; -, -n⟩ *Körperschaft zur Vertretung der Interessen der Handwerker*

Han|dy ⟨[hændi] das; -s, -s⟩ *kleines, tragbares drahtloses Telefon, Mobiltelefon* ▸ kannst du mich später bitte auf dem ~ anrufen?; sie telefoniert momentan mit dem ~; per ~ eine SMS schicken; ⓘ S. 468; Zus *Handynetz, Handynummer*

Hand|zei|chen ⟨das; -s, -⟩ **1** *Zeichen mit der Hand* **2** *Erheben der Hand als Zeichen der Zustimmung (bei einer Abstimmung)*

Hand|zet|tel ⟨der; -s, -⟩ *Flugblatt, Reklamezettel* ▸ ~ verteilen

ha|ne|bü|chen ⟨Adj.⟩ *unerhört, unglaublich* ▸ ~er Unsinn

Hanf ⟨der; -(e)s; unz.; Bot.⟩ *eine krautige Pflanze, die 2-3 m hoch werden kann, liefert Fasern für Seilerwaren u. Haschisch, Cannabis*

Hang ⟨der; -(e)s, Hän|ge⟩ **I** ⟨zählb.⟩ *geneigte Fläche, Abhang;* ▸ den ~ hinaufsteigen, hinunterrollen; das Haus liegt direkt am ~; Zus *Berghang* **II** ⟨unz.; übertr.⟩ *Neigung, Vorliebe (zu etwas)* ▸ einen ~ zum Spiel, zur Übertreibung, zur Verschwendung haben

Hän|ge|brü|cke ⟨die; -, -n⟩ *Brücke, deren Tragwerk u. Fahrbahn an Kabeln od. Ketten aufgehängt ist, die über Türme laufen*

han|geln ⟨V. intr. u. V. refl.; han|gelt, han|gel|te, hat ge|han|gelt⟩ (sich) ~ *sich im Hängen durch Weitergreifen der Hände fortbewegen* ▸ die Affen hangelten sich von Ast zu Ast

Hän|ge|mat|te ⟨die; -, -n⟩ *ein aus Schnüren geknüpftes, rechteckiges Netz od. eine Plane, das bzw. die als Schlafgelegenheit zw. zwei Bäume od. Pfosten gespannt wird*

hän|gen ⟨V.; hat⟩ **I** ⟨V. intr.; hängt, hing, hat (süddt., österr., schweiz.: ist) ge|han|gen⟩ **1** irgendwo ~ *an einem Punkt befestigt sein u. schweben;* Zus *Hängelampe* ⓘ S. 360 **2** *schräg abfallen, geneigt sein, sich neigen* **3** ⟨übertr.⟩ *nicht vorwärtskommen, noch unentschieden sein* (Angelegenheit, Prozess) ▸ der Artist hing am Trapez; der Baum hängt voller Früchte; bisher hat das Bild über dem Schreibtisch gehangen; nach meiner Krankheit ~ mir die Kleider nur so am Leib ⟨übertr.; umg.⟩ *ich habe stark abgenommen;* ~ bleiben *stecken bleiben, kleben bleiben, haften bleiben, sich festhaken;* er ist mit der Hose an einem Ast, Haken, Nagel ~ geblieben; ⟨aber⟩ ~ bleiben ⟨übertr.; umg.⟩ = *hängenbleiben;* die Wäsche ~ lassen; den Kopf, die Ohren ~ lassen ⟨übertr.⟩ *den Mut verlieren;* der Vogel lässt die Flügel ~; lass den Kopf nicht gleich ~! ⟨übertr.⟩ *verlier nicht gleich den Mut;* der Hund ließ den Schwanz ~; ⟨aber⟩ ~ lassen ⟨übertr.⟩ = *hängenlassen* ▸ an jmdm. ~ *jmdm. zugetan sein, sich jmdm. herzlich verbunden fühlen;* es hing an einem Faden, Haar ⟨übertr.⟩ *wäre beinahe nicht zustande gekommen;* er hängt sehr an den Kindern; die Zuhörer hingen an seinen Lippen ⟨übertr.⟩ *hörten mit großer Aufmerksamkeit zu;* sie hat sehr an ihrer Schwester gehangen ⟨übertr.⟩ *sie hat sie sehr geliebt;* sie hängt wieder stundenlang am Telefon ⟨übertr.; umg.⟩ *sie telefoniert wieder sehr lange;* dichte Regenwolken ~ über den Bergen ▸ woran hängt's denn noch? ⟨umg.⟩ *woran fehlt es denn noch?* **II** ⟨V. trans.;

H

hängt, häng|te, hat ge|hängt⟩ **1** etwas irgendwohin ~ *so befestigen, dass es schwebt* **2** jmdn. ~ *durch den Strang töten, durch Erhängen (am Galgen) hinrichten* ▸ der Verbrecher wurde gehängt ▸ sein Herz an etwas od. jmdn. ~ ⟨übertr.⟩ *eine starke emotionale Bindung zu etwas od. jmdm. entwickeln;* ein Bild an die Wand ~; Wäsche auf die Leine ~; mit Hängen und Würgen hat er die Prüfung bestanden ⟨umg.⟩ *mit großer Mühe, mit knapper Not* **III** ⟨V. refl.; hängt, häng|te, hat ge|hängt⟩ sich an jmdn. ~ *jmdm. nicht von der Seite weichen, sich jmdm. aufdringlich anschließen* ▸ als sie das erfuhr, hat sie sich gleich ans Telefon gehängt ⟨übertr.; umg.⟩ *sofort telefoniert*

hän|gen|blei|ben *auch:* **hän|gen blei|ben** ⟨V. intr.; bleibt hän|gen, blieb hän|gen, ist hän|gen-ge|blie|ben, hän|gen|zu|blei|ben; übertr.; umg.⟩ **1** *in der Schule nicht versetzt werden* **2** *im Gedächtnis haften bleiben* **3** an jmdm. ~ **3.1** *von jmdm. (unfreiwillig) erledigt werden müssen* **3.2** *jmdn. brandmarken* **4** bei jmdm. ~ *einen Besuch bei jmdm. nicht abbrechen können* ▸ von diesem Vortrag ist bei mir wenig hängengeblieben / hängen geblieben; immer bleibt alles an mir hängen *immer muss ich mich um alles kümmern;* ich blieb gestern Abend wieder bei ihnen hängen *konnte mich nicht trennen;* etwas bleibt von einer Verleumdung immer an einem hängen; wenn er so faul bleibt, wird er wohl dieses Jahr ~ *nicht versetzt werden;* →a. *hängen*

hän|gen|las|sen *auch:* **hän|gen las|sen** ⟨V.; lässt hän|gen, ließ hän|gen, hat hän|gen|ge|las|sen, hän|gen|zu|las|sen; übertr.⟩ **I** ⟨V. trans.⟩ **1** jmdn. ~ *jmdn. im Stich lassen* **2** etwas ~ *etwas Hängendes vergessen mitzunehmen* ▸ er hat seinen Mantel im Restaurant ~ **II** ⟨V. refl.⟩ sich ~ *der eigenen Unlust nachgeben u. nichts tun;* →a. *hängen*

Hän|ger ⟨der; -s, -; umg.⟩ *Anhänger (eines Fahrzeuges)* ▸ einen ~ haben ⟨Jugendspr.⟩ *lustlos sein*

Hän|ge|schrank ⟨der; -(e)s, -schrän|ke⟩ *an der Wand aufgehängter kleiner Schrank;* ⓘ S. 254

Han|no|ve|ra|ner ⟨[-və-] der; -s, -⟩ **1** *Einwohner von Hannover;* Abl *Hannoveranerin* **2** *eine Pferderasse*

Hans|dampf ⟨der; - od. -s; unz.; in der Wendung⟩ ~ in allen Gassen *überbetriebsamer Mensch, der den Anschein erweckt, überall Bescheid zu wissen*

Han|se ⟨die; -; unz.; vom 12. Jh. bis etwa 1600⟩ *Vereinigung von Kaufleuten aus nordeuropäischen Städten, z. B. Bremen, Hamburg, Lübeck, Rostock, Talinn;* Zus *Hansestadt*

Han|se|at ⟨der; -en, -en⟩ **1** *Angehöriger der Hanse* **2** *Einwohner einer Hansestadt;* Abl *Hanseatin; hanseatisch*

hän|seln ⟨V. trans.; hän|selt, hän|sel|te, hat ge|hän-selt⟩ jmdn. ~ *necken, verspotten* ▸ er wird von allen in der Klasse gehänselt

Hans|wurst ⟨der; -(e)s, -e od. umg., scherzh. a.: -würs|te⟩ *etwas einfältiger Mensch, Spaßmacher, Narr*

Han|tel ⟨die; -, -n; Sp.⟩ *zwei durch einen Griff verbundene kugel- od. scheibenförmige Gewichte als Handturngerät u. zum Gewichtheben*

han|tie|ren ⟨V. intr.; han|tiert, han|tier|te, hat hantiert⟩ mit etwas ~ *etwas gebrauchen, damit arbeiten, beschäftigt sein, damit umgehen;* Abl *Hantierung*

ha|pern ⟨V. intr.; ha|pert, ha|per|te, hat ge|ha|pert; unpersönl.; umg.⟩ es hapert an, bei, mit etwas *es fehlt, mangelt an etwas, es geht mit etwas nicht recht voran* ▸ im Rechnen hapert es bei ihm

Häpp|chen ⟨das; -s, -⟩ *kleiner Happen, Kleinigkeit;* Zus *Appetithäppchen*

häpp|chen|wei|se ⟨Adv.⟩ **1** *in, mit Häppchen, mit kleinen Bissen* **2** ⟨übertr.⟩ *stückweise, nach u. nach* ▸ von einem Brot ~ abbeißen; die Informationen wurden nur ~ herausgegeben ⟨übertr.⟩

Hap|pen ⟨der; -s, -; umg.⟩ *Bissen, Kleinigkeit (zu essen)* ▸ ich möchte noch schnell einen ~ essen; diesen fetten ~ will er sich nicht entgehen lassen ⟨übertr.⟩ *dieses einträgliche Geschäft*

Hap|pe|ning ⟨[hæpə-] das; -s, -s⟩ *künstlerische Veranstaltung, oft grotesker od. provozierender Art, unter Mitwirkung der Zuschauer*

hap|pig ⟨Adj.; übertr.; umg.⟩ *stark, derb, übertrieben* ▸ das ist ein bisschen ~ *eine Zumutung;* der Preis ist mir zu ~ *zu hoch*

Hap|py|end ⟨[hæpıɛnd]⟩ *auch:* **Hap|py End** ⟨das; (-) -s, (-) -s⟩ *guter Ausgang (einer Film-, Bühnen-, Romanhandlung)* ▸ der Film hatte ein ~

Ha|ra|ki|ri ⟨das; - od. -s, -s; beim altjapan. Adel⟩ *(zeremonieller) Selbstmord durch Bauchaufschlitzen* ▸ das ist politisches ~ ⟨übertr.⟩ *so fügt man sich selbst auf polit. Ebene großen Schaden zu*

Ha|rass ⟨der; -es, -e⟩ **1** *Kiste aus Latten zum Verpacken von Glas od. Porzellan* **2** ⟨schweiz.⟩ *Getränkekiste*

Här|chen ⟨das; -s, -⟩ *dünnes, kleines Haar* ▸ ihm wurde kein ~ gekrümmt ⟨übertr.; umg.⟩ *nichts zuleide getan*

Hard|li|ner ⟨[ha:dlaınə(r)] der; -s, -⟩ *kompromissloser Politiker*

Hard|ware ⟨[ha:dwɛ:r] die; -; unz.; EDV⟩ *Gesamtheit aller materiellen Bauteile einer EDV-Anlage;* Ggs *Software*

Ha|rem ⟨der; -s, -s⟩ **1** ⟨früher⟩ *die streng abgeschlossenen Frauenräume im Palast eines muslim. Herrschers* **2** ⟨früher⟩ *die in einem Harem (1) wohnenden Frauen* **3** ⟨scherzh.⟩ *Gesamtheit der Frauen, mit denen sich ein Mann umgibt*

Har|fe ⟨die; -, -n; Mus.⟩ *großes Zupfinstrument, das die Form eines Dreiecks hat;* Abl *Harfenist(in)*

Har|ke ⟨die; -, -n⟩ **1** ⟨norddt.⟩ *kammartiges Gerät mit langem Stiel zum Zerkrümeln u. Glätten von Erde* **2** ⟨süddt.⟩ *Rechen* ▸ ich werde ihm zeigen, was eine ~ ist ⟨fig; umg.⟩ *ich werde ihm energisch meinen Standpunkt klarmachen*

har|ken ⟨V. trans.; harkt, hark|te, hat ge|harkt; norddt.⟩ etwas ~ **1** *mit der Harke zerkrümeln u. glätten* **2** ⟨süddt.⟩ **2.1** *rechen* **2.2** *mit der Harke säubern* ▸ ein Beet, Erde ~; Gartenwege ~

harm|los ⟨Adj.; -er, am -es|ten⟩ **1** *arglos, unschuldig, naiv, friedlich* (Mensch) **2** *unschädlich, unge-*

fährlich (Krankheit) ▸ es war nur ein ~er Scherz; dieses Tier ist (nicht) ~; er versuchte, die Sache als ~ darzustellen; Abl *Harmlosigkeit*

Har|mo|nie ⟨die; -, -n⟩ Ggs *Disharmonie* **1** *angenehme Übereinstimmung der Teile eines Ganzen;* Zus *Klangharmonie, Farbharmonie* **2** *friedliches Zusammenleben, gutes Verständnis, Eintracht;* Zus *Harmoniestreben; harmoniebedürftig, harmoniesüchtig* ▸ er störte die ~ in der Familie; die innere ~ wiedergewinnen; in ~ mit jmdm. leben

har|mo|nie|ren ⟨V. intr.; har|mo|niert, har|mo|nier|te, hat har|mo|niert⟩ **1** Farben, Menschen, Töne ~ (miteinander) *passen zusammen* **2** Familie, Freunde ~ (miteinander) *leben friedlich zusammen* ▸ die Farbe des Teppichs harmoniert nicht mit den Farben der Möbel; die Geschwister ~ (nicht) gut miteinander

har|mo|nisch ⟨Adj.⟩ **1** *dem Auge od. Ohr angenehm, wohlklingend, zusammenstimmend* (Ton, Musik) **2** *ausgeglichen* (Charakter) **3** *friedlich zusammenlebend, sich gut verstehend, einträchtig* ▸ sie leben sehr ~ miteinander

har|mo|ni|sie|ren ⟨V. trans.; har|mo|ni|siert, har|mo|ni|sier|te, hat har|mo|ni|siert⟩ **1** ⟨Mus.⟩ eine Melodie ~ *mit passenden Begleitakkorden versehen* **2** ⟨übertr.⟩ mehrere Dinge ~ *in Übereinstimmung, in Einklang bringen, aufeinander abstimmen;* Abl *Harmonisierung*

Harn ⟨der; -(e)s; unz.⟩ *flüssiges Ausscheidungsprodukt des Körpers;* Syn *Urin* ▸ ~ lassen

Harn|bla|se ⟨die; -, -n; Anat.⟩ *Hohlorgan, in dem der Harn gesammelt wird;* Syn ⟨kurz⟩ *Blase (2)*

Har|nisch ⟨der; -(e)s, -e; früher⟩ *Rüstung, Panzer, Brustpanzer* ▸ jmdn. in ~ bringen ⟨übertr.⟩ *wütend, zornig machen*

Harn|lei|ter ⟨der; -s, -; Anat.⟩ *jeder der beiden dünnen Schläuche, die beiderseits vom Nierenbecken ausgehen u. in die Harnblase führen*

Harn|röh|re ⟨die; -, -n; Anat.⟩ *Ausführungsgang der Harnblase*

Har|pu|ne ⟨die; -, -n⟩ *speerartiges, eisernes Wurfgeschoss mit Widerhaken an der Spitze u. Fangleine, bes. für den Walfang;* Abl *harpunieren*

har|ren ⟨V. intr.; harrt, harr|te, hat ge|harrt; geh.⟩ jmds. od. einer Sache ~, auf jmdn. od. etwas ~ *geduldig, sehnsüchtig (über längere Zeit) auf jmdn. od. etwas warten* ▸ er harrte der Dinge, die da kommen sollten

harsch ⟨Adj.⟩ *hart, rau, unfreundlich, barsch* ▸ er wies sie mit ~en Worten zurecht

hart ⟨Adj.; här|ter, am här|tes|ten⟩ **1** *fest, nicht weich* **2** *Fremdkörper nicht eindringen lassend* **3** *widerstandsfähig gegen äußere Einflüsse* **4** ⟨übertr.⟩ **4.1** *streng, gefühllos, grausam* **4.2** *unbeugsam, standhaft* **5** *angespannt, angestrengt* (Muskeln) **6** *schwer, schwierig, mühevoll, schmerzlich, anstrengend* (Arbeit) **7** *rau, unmelodisch, holprig* (Aussprache, Verse) **8** *stimmlos* (Laut) **9** *kalkreich* (Wasser) **10** *kontrastreich, Kontraste aufweisend* (Farben, Negativ) ▸ ~e Arbeit; eine ~e Aussprache haben; ein ~er Bleistift; ~es Brot an Tiere verfüttern; es ist (ein) ~es Brot ⟨übertr.; umg.⟩ *es ist außerordentlich anstrengend;* ~e Droge *D., die süchtig macht (Heroin, Opium, Morphium);* Ggs *weiche Droge;* ein ~es Ei *ein 8–10 Minuten gekochtes Ei, so dass das Dotter fest wurde;* ~e Getränke ⟨umg.⟩ *stark alkoholhaltige Getränke, Schnäpse;* ein ~es Herz haben ⟨übertr.⟩ *kein Mitleid haben;* ein ~er Kampf; sie hat ein ~es Los, Schicksal; die Strafe, das Urteil war ~; ~e Währung ⟨umg.⟩ *sichere, stabile Währung;* ein ~er Winter *langer u. kalter Winter;* ~e Zeiten stehen uns bevor ▸ jmdn. ~ anfassen *streng behandeln;* die Mannschaft spielte zu ~ *mit zu starkem körperl. Einsatz;* der Tod seines Vaters hat ihn ~ getroffen; jmdm. ~ zusetzen ⟨übertr.⟩ *ihn bedrängen, unter Druck setzen* ▸ das ist ~ an der Grenze des Erträglichen ⟨übertr.⟩ *kaum noch erträglich, kaum zumutbar;* jmdm. ~ auf den Fersen sein ⟨übertr.⟩ *ihn verfolgen u. fast eingeholt haben;* es ging ~ auf ~ *es ging rücksichtslos zu;* es war ~ für ihn, dass seine Frau ihn verlassen hat; er ist zu ~ gegen seinen Sohn; sie ist ~ im Nehmen *in hohem Maße unempfindlich gegen Kritik, Schicksalsschläge o. Ä.;* ~ wie Stein

Här|te ⟨die; -, -n⟩ **I** ⟨unz.⟩ **1** *harte Beschaffenheit, Festigkeit, Widerstand* **2** ⟨übertr.⟩ **2.1** *Strenge, Unbeugsamkeit* **2.2** *Anstrengung, Mühe* **2.3** *Unausgeglichenheit, starker Kontrast* ▸ die ~ des Eisens; die ~ des Gesetzes zu spüren bekommen ⟨übertr.⟩; die ~ des Wassers bestimmen *den Gehalt an Kalk;* das ist die ~! ⟨übertr.; umg.⟩ *das ist nicht zu fassen, eine Unverschämtheit;* eine Fußballmannschaft ist für ihre ~ bekannt ⟨übertr.⟩; er setzt sich mit rücksichtsloser ~ durch ⟨übertr.⟩ **II** ⟨zählb.⟩ *Ungerechtigkeit* ▸ wir wollen (unnötige) ~n vermeiden

Här|te|fall ⟨der; -(e)s, -fäl|le⟩ *Fall, bei dem die genaue Einhaltung eines Gesetzes od. einer Vorschrift eine bes. Härte für den Betroffenen bedeuten würde* ▸ er ist als ~ anerkannt worden

här|ten ⟨V. trans.; här|tet, här|te|te, hat ge|här|tet⟩ Stahl ~ *hart-, widerstandsfähig machen;* Abl *Härtung*

hart|ge|sot|ten ⟨Adj.⟩ **1** *hartherzig* **2** *unbelehrbar* ▸ ein ~er Geschäftsmann; ~er Betrüger

hart|her|zig ⟨Adj.⟩ *mitleidlos, unbarmherzig* ▸ er ist sehr ~ zu seinem Sohn; ein ~er Vorgesetzter; Abl *Hartherzigkeit*

hart|nä|ckig ⟨Adj.⟩ *beharrlich, eigensinnig, starr* ▸ ~ hielt sich das Gerücht, dass …; eine ~e Krankheit; er bestand ~ darauf; er leugnete ~; er widersetzte sich ~; Abl *Hartnäckigkeit*

Harz ⟨das; -es, -e⟩ *Ausscheidungsprodukt von Pflanzen, bes. der Nadelhölzer, das stark riecht u. meistens an der Rinde klebt;* Abl *harzig*

Hasch ⟨das; -; unz.; umg.; kurz für⟩ *Haschisch*

ha|schen[1] ⟨V.; hascht, hasch|te, hat ge|hascht⟩ **I** ⟨V. trans.⟩ jmdn. od. etwas ~ *fangen, zu fangen versuchen* **II** ⟨V. intr.⟩ nach etwas ~ **1** *danach greifen, es zu fassen suchen* **2** ⟨übertr.⟩ *zu erlangen suchen, danach streben* ▸ nach Anerkennung, Erfolg, Zustimmung ~ ⟨übertr.⟩

H

ha|schen[2] ⟨V. intr.; hascht, hasch|te, hat ge|hascht; umg.⟩ *Haschisch rauchen*

Ha|schisch ⟨das; -; unz.⟩ *aus einer indischen Hanfart (Cannabis indica) gewonnenes Rauschmittel*

Ha|se ⟨der; -n, -n; Zool.⟩ *ein braunes Nagetier mit gestrecktem Körper, großen Ohren, kurzem Schwanz u. langen Hinterbeinen, das auf Feldern lebt* ▸ einen ~n braten, essen, spicken; einen ~n erlegen, hetzen, jagen, schießen; der ~ hoppelt, schlägt Haken; wissen, wie der ~ läuft ⟨umg.⟩ *Bescheid wissen* ▸ ein alter ~ ⟨übertr.; umg.⟩ *ein erfahrener Fachmann, der sich gut auskennt;* falscher/Falscher ~ = *Hackbraten* ▸ da liegt der ~ im Pfeffer ⟨übertr.; umg.⟩ *darin liegt die Schwierigkeit;* ängstlich wie ein ~ sein; dort, wo sich Fuchs und ~ Gute Nacht sagen ⟨übertr.; umg.⟩ *an einem abgelegenen Ort auf dem Lande;* Abl *Häsin;* Zus *Hasenbraten, Hasenjagd; Feldhase, Osterhase*

H

Ha|sel|nuss ⟨die; -, -nüs|se⟩ *kleine, braune, runde Nuss mit sehr harter Schale, Frucht des Haselnussstrauchs*

Ha|sen|fuß ⟨der; -es, -fü|ße; übertr.; umg.; abwertend⟩ *Angsthase, Feigling* ▸ sei doch kein ~!

Ha|sen|schar|te ⟨die; -, -n; Med.; umg.⟩ *angeborene Spalte in der Oberlippe*

Hass ⟨der; -es; unz.⟩ *feindl. Gesinnung, heftige, leidenschaftl. Abneigung;* Ggs *Liebe (I. 1)* ▸ mit dieser Bosheit wird er ~ ernten; damit erweckst du nur seinen ~ ▸ blinder, ohnmächtiger, tödlicher, unversöhnlicher ~ ▸ ~ auf jmdn. haben; das hat er nur aus ~ gegen mich getan; ~ gegen jmdn. empfinden, hegen; jmdn. mit blindem ~ verfolgen; Zus *Fremdenhass, Selbsthass*

has|sen ⟨V. trans.; hasst, hass|te, hat ge|hasst⟩ jmdn. ~ *gegen jmdn. Hass empfinden* ▸ jmdn. bis in den Tod ~; sie hassten sich (gegenseitig)/einander tödlich

hass|er|füllt ⟨Adj.⟩ *voller Hass* ▸ sein ~er Blick traf mich

häss|lich ⟨Adj.⟩ **1** *äußerlich unschön, abstoßend, entstellt, unangenehm* **2** ⟨übertr.⟩ *garstig, sehr unfreundlich, gemein* (Verhalten) ▸ eine ~e Angelegenheit, Geschichte, Sache; ~e Ausdrücke, Angewohnheiten, Gedanken, Träume, Worte; ein ~es Bild, Gesicht, Wetter; er hat sich von seiner ~sten Seite gezeigt ⟨übertr.⟩ ▸ aussehen: er sieht sehr ~ aus; sein: dieses Sofa ist wirklich sehr ~; man soll nicht ~ über andere sprechen; er hat sich ihr gegenüber ~ verhalten ▸ sie ist sehr ~ zu ihrer Mutter; Abl *Hässlichkeit*

Hass|lie|be ⟨die; -; unz.⟩ *Gefühl für jmdn., das rasch zw. Liebe u. Hass wechselt*

Hast ⟨die; -; unz.⟩ *überstürzte Eile* ▸ in großer, überstürzter, wilder ~; sich ohne ~ auf den Weg begeben

has|te ⟨umg.⟩ = *hast du (→ haben)*

has|ten ⟨V. intr.; has|tet, has|te|te, ist ge|has|tet⟩ irgendwohin ~ *hastig laufen* ▸ zum Bahnhof ~

has|tig ⟨Adj.⟩ *sehr eilig, überstürzt, unruhig* ▸ ~e Bewegungen, Schritte machen; ~ aufbrechen, essen, sprechen; noch ~ ein paar Zeilen schreiben; sich ~ verabschieden; Abl *Hastigkeit*

hät|scheln ⟨V. trans.; hät|schelt, hät|schel|te, hat ge|hät|schelt; umg.⟩ jmdn. ~ *liebkosen, bevorzugen, verwöhnen* ▸ der Jüngste wird von allen gehätschelt

hat|schi! ⟨Int.⟩ *(das Niesen nachahmend)*

hat|te → *haben*

Hatz ⟨die; -, -en⟩ *Verfolgung, Nachstellung* ▸ eine ~ auf jmdn. machen; eine wilde ~

Hau|be ⟨die; -, -n⟩ **1** ⟨früher⟩ *weibliche Kopfbedeckung, meist von verheirateten Frauen getragen* **2** *Teil einer bestimmten Tracht;* Zus *Nonnenhaube, Schwesternhaube* **3** ⟨allg.; bes. in Zus.⟩ *Kappe, Mütze;* Zus *Badehaube* **4** *rundliche Bedeckung zum Schutz der verschiedensten Gegenstände;* Zus *Kaffeehaube, Motorhaube, Trockenhaube* ▸ die ~ abnehmen, aufsetzen, umbinden; er will seine Töchter gern unter die ~ bringen ⟨umg.; scherzh.⟩ *verheiraten;* unter die ~ kommen ⟨umg.; scherzh.⟩ *sich verheiraten;* beim Friseur unter der ~ sitzen (zum Haartrocknen)

Hauch ⟨der; -(e)s, -e⟩ **1** *Atemstrom beim Ausatmen* **2** *feiner Luftzug, leichtes Wehen;* Zus *Lufthauch, Windhauch* **3** *leichter, kaum wahrnehmbarer Duft* **4** *feiner Dunst, Schleier, feuchter Niederschlag;* Zus *Nebelhauch* **5** *geringe, kaum sichtbare od. spürbare Menge* ▸ einen ~ Puder auftragen; einen ~ Zimt untermengen ▸ er zeigte nicht den leisesten ~ von Nervosität ▸ einen ~ dunkler, heller tönen ▸ ein ~ von Farbe, Parfüm; ein ~ von Schwermut umgibt die Gruppe

hauch|dünn ⟨Adj.⟩ *sehr dünn* ▸ eine ~e Schicht

hau|chen ⟨V.; haucht, hauch|te, hat ge|haucht⟩ **I** ⟨V. intr.⟩ **1** *Atem hör- od. sichtbar ausstoßen* **2** *ohne Stimme sprechen, leise, schmachtend od. angstvoll flüstern, wispern* ▸ „Ja", hauchte sie ihm ins Ohr; an die gefrorenen Fensterscheiben, auf den Spiegel ~ **II** ⟨V. trans.⟩ etwas ~ *mit einem od. wie einen Hauchlaut aussprechen*

hauch|fein ⟨Adj.⟩ *sehr fein*

hauch|zart ⟨Adj.⟩ *sehr zart*

Hau|de|gen ⟨der; -s, -; übertr.⟩ **1** *angriffslustiger Kämpfer* **2** *erfahrener Mann*

hau|en ⟨V.; haut, hau|te, hat ge|hau|en⟩ **I** ⟨V. trans.⟩ **1** Holz ~ *schlagen* **2** Bäume ~ *fällen* **3** Fleisch ~ *zerhacken* **4** Stein ~ *bearbeiten (auch künstlerisch)* **5** ⟨umg.⟩ jmdn. od. sich gegenseitig ~ *prügeln, schlagen* ▸ die beiden haben sich/einander grün und blau gehauen; alles kurz und klein ~ ⟨umg.⟩ *zerschlagen* ▸ das Geld auf den Kopf ~ ⟨übertr.; umg.⟩ *leichtsinnig ausgeben;* in den Felsen gehauene Stufen; etwas in Stücke ~ ⟨umg.⟩ *zerschlagen;* das hat mich fast vom Stuhl gehauen ⟨umg.⟩ *sehr überrascht, verblüfft* **II** ⟨V. intr.; umg.⟩ irgendwohin ~ *schlagen* ▸ jmdm. (jmdn.) auf die Finger, ins Gesicht ~ (kräftig) in die Tasten ~ ⟨umg.⟩ (auf dem Klavier); wild um sich ~

Hau|er ⟨der; -s, -; Jägerspr.⟩ *unterer Eckzahn des männlichen Wildschweins*

Häuf|chen ⟨das; -s, -⟩ *kleiner Haufen* ▸ wie ein ~

Elend dasitzen ⟨übertr.; umg.⟩ *sehr niedergeschlagen*

Hau|fen ⟨der; -s, -⟩ **1** *Menge von neben- u. übereinanderliegenden Dingen* **2** ⟨umg.⟩ *große Menge, viel, viele, vieles* ▸ ein ~ Arbeit liegt vor mir ⟨umg.⟩; ein ~ Blätter, Getreide, Papier, Steine; wir haben in diesem Monat einen ~ Geld ausgegeben ⟨umg.⟩; sie haben einen ~ Kinder ⟨umg.⟩; sie hat einen ~ Sachen mit auf die Reise genommen ⟨umg.⟩ *viel Gepäck;* er hat einen ~ Schulden gemacht; es wurde wieder ein ~ dummes Zeug geredet ⟨umg.⟩ ▸ es liegt alles an einem ~ ⟨schweiz.⟩; etwas auf einen ~ fegen, kehren, legen, werfen, schichten; jmdn. über den ~ fahren *überfahren;* das wirft alle Berechnungen über den ~ *macht sie zunichte;* er wird seinen Plan, sein Vorhaben wohl wieder über den ~ stoßen, werfen *von Grund auf ändern*

häu|fen ⟨V.; häuft, häuf|te, hat ge|häuft⟩ **I** ⟨V. trans.⟩ **1** Getreide, Reichtum, Schätze ~ *in Haufen, Mengen sammeln, aufstapeln* **2** ⟨übertr.⟩ etwas ~ *sammeln, ansammeln* ▸ ein gehäufter Löffel voll ⟨umg.; eigtl.⟩ *ein Löffel, gehäuft voll* **II** ⟨V. refl.⟩ sich ~ **1** *sich zu Haufen auftürmen* **2** ⟨übertr.⟩ *zunehmen, mehr werden* ▸ in letzter Zeit häuften sich die Beschwerden, Klagen ⟨übertr.⟩; →a. *anhäufen;* Abl *Häufung*

hau|fen|wei|se ⟨Adv.⟩ **1** *in Haufen* **2** *in Mengen, in Scharen, massenhaft, sehr viel*

häu|fig ⟨Adj.⟩ *oft vorkommend, sich oft wiederholend, zahlreich* ▸ es gab ~e Auseinandersetzungen; dieser Fehler wird ~ gemacht; das ist eine ~ gestellte Frage; er hat uns ~ besucht; wir sehen uns ~ im Schwimmbad; früher hat sie mich ~ angerufen; das ist ~ der Fall; Abl *Häufigkeit*

Häuf|lein ⟨das; -s, -; poet.⟩ *kleiner Haufen, kleine Schar* ▸ ein ~ Überlebender, Übriggebliebener

Haupt ⟨das; -(e)s, Häup|ter; geh.⟩ **1** *Kopf* **2** ⟨umg.; übertr.⟩ *Führer, Leiter* **3** *oberster, hervorragender Teil* ▸ von Ferne sah man die Häupter der Berge; das ~ der kath. Christenheit *der Papst;* das ~ der Familie, des Staates, einer Verschwörung ▸ sich das ~ bedecken; das ~ würdevoll neigen;; missbilligend, verzweifelt sein ~ schütteln ▸ erhobenen ~es ⟨übertr.⟩ *in freier, stolzer Haltung;* ein gekröntes ~ *regierender Fürst;* gesenkten ~es ⟨übertr.⟩ *kleinlaut, schuldbewusst;* graues, greises ~ ⟨übertr.⟩ *alter Mensch* ▸ er setzte sich einen Zylinder aufs ~; mit erhobenem ~ ⟨übertr.⟩ *in freier, stolzer Haltung;* mit gesenktem ~ ⟨übertr.⟩ *kleinlaut, schuldbewusst;* zu Häupten des Bettes ⟨poet.⟩ *an der Kopfseite*

Haupt... ⟨in Zus.⟩ *der, die, das führende, größte, umfassendste, wichtigste ...,* z. B. Hauptaktionär, Hauptarbeit, Haupteingang, Hauptgedanke, Hauptregel, Hauptvertreter, Hauptwerk (eines Künstlers); Ggs *Neben... (6)*

haupt|amt|lich ⟨Adj.⟩ *in der Art eines als Hauptberuf ausgeübten Amtes;* Ggs *nebenamtlich*

Haupt|bahn|hof ⟨der; -(e)s, -hö|fe; Abk.: Hbf.⟩ *größter Bahnhof einer Stadt*

Haupt|be|ruf ⟨der; -(e)s; unz.⟩ *der eigentliche, ständig ausgeübte Beruf eines Menschen;* Ggs *Nebenberuf;* Abl *hauptberuflich* ▸ er ist im ~ Taxifahrer

Haupt|dar|stel|ler ⟨der; -s, -⟩ *Darsteller der Hauptrolle, wichtigster Darsteller;* Abl *Hauptdarstellerin*

Haupt|fach ⟨das; -(e)s, -fä|cher⟩ Ggs *Nebenfach (1)* **1** *eines der übergeordneten Unterrichtsfächer in der Schule* **2** *wichtigstes Studienfach eines Studierenden* ▸ als Hauptfächer Mathematik und Physik wählen; im ~ Germanistik studieren

Haupt|fi|gur ⟨die; -, -en⟩ *die wichtigste, den Mittelpunkt bildende Person eines Schauspiels, Films, eines Romans usw.;* Ggs *Nebenfigur*

Haupt|form ⟨die; -, -en⟩ *häufig gebrauchte od. auftretende Form von etwas, z. B. eines Wortes;* Syn *Hauptvariante*

Haupt|ge|richt ⟨das; -(e)s, -e⟩ *umfangreichstes Gericht (meist das Fisch- od. Fleischgericht) einer aus mehreren Gängen bestehenden Mahlzeit;* Syn *Hauptgang* ▸ im Restaurant aßen wir Vorspeise, ~ und Dessert

Haupt|ge|schäfts|zeit ⟨die; -, -en⟩ *Zeit, in der der meiste Zustrom an Käufern herrscht* ▸ in der Innenstadt kann man zur ~ keinen Parkplatz bekommen

Haupt|ge|winn ⟨der; -(e)s, -e⟩ *größter Gewinn (einer Auslosung in der Lotterie, eines Preisausschreibens u. Ä.);* Syn *Haupttreffer*

Haupt|leh|rer ⟨; -s, -; schweiz.⟩ *Lehrer, der verbeamtet ist;* Abl *Hauptlehrerin*

Häupt|ling ⟨der; -s, -e⟩ **1** ⟨bei traditionellen Völkern⟩ *Anführer eines Dorfes od. Stammes* **2** ⟨umg.; scherzh.⟩ *Anführer*

Haupt|mahl|zeit ⟨die; -, -en⟩ *umfangreichste Mahlzeit des Tages*

Haupt|mann ⟨der; -(e)s, -leu|te⟩ **1** *Offiziersrang zw. Major u. Oberleutnant* **2** ⟨allg.; veraltet⟩ *Anführer einer Bande;* Zus *Räuberhauptmann*

Haupt|per|son ⟨die; -, -en⟩ *die wichtigste, den Mittelpunkt bildende Person* ▸ sie will immer die ~ sein *im Mittelpunkt stehen*

Haupt|quar|tier ⟨das; -s, -e⟩ **1** ⟨Abk.: HQ, HQu; Mil.⟩ **1.1** *Sitz des Befehlshabers einer Armee od. eines selbstständigen Armeekorps im Krieg* **1.2** *Gesamtheit der dort beschäftigten Personen* **2** *Hauptsitz eines Unternehmens*

Haupt|rol|le ⟨die; -, -n⟩ Ggs *Nebenrolle* **1** *wichtigste Rolle (in einem Schauspiel, Spielfilm usw.)* **2** ⟨übertr.⟩ *wichtigste Rolle (innerhalb eines Kreises, bei einem Fest usw.)* ▸ sie hat heute Abend die ~ gespielt ⟨a. übertr.⟩

Haupt|sa|che ⟨die; -, -n⟩ *das Wichtigste;* Ggs *Nebensache* ▸ die ~ ist, dass du gesund bleibst; und nun zur ~!; in der ~ *im Wesentlichen*

haupt|säch|lich ⟨Adj.⟩ **I** ⟨attr.⟩ *wesentlich, wichtigste(r, -s);* Ggs *nebensächlich* ▸ ihr ~es Interesse gilt der Musik **II** ⟨adv.⟩ *vor allem, besonders, in erster Linie* ▸ du musst ~ darauf achten, dass du zu allen freundlich bist; sie interessiert sich ~ für Popmusik

Haupt|sai|son ⟨[-zɛzɔ̃] od. [-zɛzɔŋ] die; -, -s od. österr. [-zɛzo:n] die; -, -en⟩ *Zeit des stärksten*

Andrangs in den Urlaubsorten, Hauptreisezeit, Jahreszeit des größten Betriebes ▸ Familien mit schulpflichtigen Kindern können nur in der ~ verreisen

Haupt|satz ‹der; -es, -sät|ze; Gramm.› *selbstständiger Satz, Satz, der unabhängig von anderen Sätzen sinnvoll bestehen kann;* Ggs *Nebensatz*

Haupt|schlüs|sel ‹der; -s, -› *Schlüssel, der zu allen Türschlössern eines Gebäudes passt*

Haupt|schu|le ‹die; -, -n› *nach der Grundschule weiterführende Pflichtschule (sofern nicht ein Gymnasium od. eine ähnliche weiterführende Schule besucht wird) vom 5. bis zum 9. Schuljahr* ▸ mein Sohn besucht die ~; sie ist in der 6. Klasse in der ~; diese Schüler gehen alle in die ~; Zus *Hauptschulabschluss, Hauptschullehrer(in)*

Haupt|sitz ‹der; -es, -e; Wirtsch.› *wichtigster Ort od. wichtigstes Gebäude einer Firma, Zentrale eines Unternehmens* ▸ den ~ nach Asien verlegen

Hauptstadt/Kapital

Als *Hauptstadt* bezeichnet man eine Stadt, die Sitz einer Regierung ist. Die Hauptstadt Deutschlands ist **Berlin,** in Österreich ist **Wien** die Hauptstadt, in der Schweiz die Stadt **Bern:** *Ein Besuch der deutschen Hauptstadt ist lohnenswert. Er kennt alle Hauptstädte Europas.*
Die Hauptstädte der einzelnen Bundesländer nennt man **Landeshauptstadt.**
Eine völlig andere Bedeutung hat das Wort **Kapital,** es bezeichnet „Geldmittel“, im übertragenen Sinn kann es auch einen Wert benennen: *Er hat sein Kapital in Wertpapieren angelegt. Seine künstlerischen Fähigkeiten sind sein Kapital.*
Das Adjektiv **kapital** wird in der Bedeutung „grundlegend, hauptsächlich“ oder „stark, groß“ verwendet: *Das war leider ein kapitaler* (= grundlegender) *Irrtum. Er hat einen kapitalen* (= sehr großen) *Hirsch geschossen.*

Haupt|stadt ‹die; -, -städ|te› *Stadt mit dem Sitz der Regierung (eines Staates);* Abl *hauptstädtisch*

Haupt|stra|ße ‹die; -, -n› *breite, verkehrsreiche Straße in einer Stadt mit Geschäften*

Haupt|ver|hand|lung ‹die; -, -en; Rechtsw.› *wichtigster Abschnitt des gerichtlichen Hauptverfahrens, in dem die Entscheidung über die öffentliche Klage gefällt wird*

Haupt|ver|kehrs|stra|ße ‹die; -, -n› *wichtigste, größte Verkehrsstraße einer Stadt*

Haupt|ver|kehrs|zeit ‹die; -, -en› *Zeit des größten Straßenverkehrs in einer Stadt, Zeit des Berufsverkehrs*

Haupt|ver|samm|lung ‹die; -, -en› *Versammlung aller Mitglieder (von Vereinen, Genossenschaften, Gesellschaften usw.) bzw. aller Aktionäre (einer Aktiengesellschaft), mindestens einmal jährlich*

Haupt|wort ‹das; -(e)s, -wör|ter; Gramm.› = *Substantiv*

hau ruck! ‹Int.› *(Ruf beim gemeinsamen Anheben od. Ziehen schwerer Lasten)*

Haus ‹das; -es, Häu|ser› **1** *Gebäude, in dem man wohnt od. arbeitet;* Zus *Hausbau, Hausbewohner(in), Hausnummer, Hausschlüssel, Haustor, Haustür, Hausverwalter(in), Hauswand; Geschäftshaus, Hochhaus, Mietshaus, Wohnhaus* **2** ‹übertr.› **2.1** *Heim, Wohnung* **2.2** *Bewohner einer Wohnung, Familie* **2.3** *wirtschaftliche Gestaltung, geselliges Leben einer Familie* **2.4** *Fürstengeschlecht, Dynastie* **3** ‹Kaufmannsspr.› *Unternehmen, Firma;* Zus *Handelshaus* **4** ‹Theat.› *Theater-, Konzertsaal, alle anwesenden Zuschauer, Zuhörer* **5** *Parlament, das Gebäude sowie die Parlamentsmitglieder* **6** ‹Zool.› *Gehäuse, Schale;* Zus *Schneckenhaus* ▸ die **Dame,** der Herr, der Sohn, die Tochter des ~es; er ist ein **Freund** des ~es *der Familie;* das ~ **Habsburg,** Hohenzollern ▸ ein ~ **abbrechen,** abreißen, aufstocken, bauen, errichten, modernisieren, renovieren, umbauen, verputzen; auf ihn kannst du Häuser **bauen** ‹übertr.› *du kannst ihm fest vertrauen, er ist absolut zuverlässig;* ein ~ **besitzen,** beziehen, erben, kaufen, mieten, verkaufen, vermieten, verwalten; jmdm. das ~ **einrennen** ‹übertr.; umg.› *ihn mit häufigen Bitten u. Besuchen belästigen;* sie **führt** ihm das ~ *besorgt den Haushalt;* ~ **halten** = *haushalten;* das ~ **hüten** ‹übertr.› *zu Hause bleiben, nicht ausgehen;* das ~ **steht** seit 1930; jmdm. das ~ **verbieten** *jmdm. verbieten, wiederzukommen* ▸ ein **altes,** baufälliges, neues, schönes ~; hallo, altes ~! ‹umg.› *alter Freund;* die **beiden** Häuser (des Parlamentes) *Oberhaus u. Unterhaus;* ein **dreistöckiges,** ein-, mehrstöckiges ~; ein **eigenes** ~ besitzen; das **erste** ~ am Platze ‹übertr.› *das beste, größte Café, Geschäft, Hotel u. Ä. dieser Stadt;* das **Hohe** ~ ‹Pol.› *das Parlament;* ein **offenes** ~ haben ‹übertr.› *gastfreundlich sein;* das **väterliche** ~ erben; dieses Stück bringt immer **volle** Häuser ‹Theat.›; das **Weiße** ~ *(Regierungsgebäude in Washington)* ▸ mit jmdm. ~ **an** ~ wohnen *im Nachbarhaus von jmdm. wohnen;* der Hund hat sich noch nicht ans ~ gewöhnt; **aus** gutem, reichem, vornehmem ~e stammen; wir essen heute **außer** ~ *außerhalb, in einer Gastwirtschaft;* etwas steht **ins** ~ *etwas steht bevor;* uns steht Besuch ins ~; jmdn. **nach** ~e / nachhause begleiten, bringen, geleiten; nach ~e / nachhause eilen, fahren, gehen, kommen; nach ~e / nachhause schreiben *an die Familie;* **von** ~ aus *eigentlich, ursprünglich;* er ist von ~ aus Tischler *hat ursprüngl. das Tischlerhandwerk gelernt;* herzliche Grüße von ~ zu ~ *von allen an alle (Briefschluss);* von ~ zu ~ gehen; ich habe heute noch keinen Schritt **vor** das ~ getan; vor ausverkauftem, leerem, vollem ~ spielen ‹Theat.›; er ist nirgends **zu** ~e / zuhause *nirgends beheimatet;* es ist niemand zu ~e / zuhause; ich bin heute für niemanden zu ~e / zuhause *zu sprechen;* ich habe mich bei ihm wie zu ~e / zuhause gefühlt; hier bin ich zu ~e / zuhause *hier wohne ich;* tu, als ob du zu ~e / zuhause wärst *mach es dir hier bei uns so bequem wie da-*

heim; in einem Fach, auf einem Gebiet zu ~e / zuhause sein ⟨übertr.⟩ *bewandert sein, gut Bescheid wissen, sich auskennen;* →a. *Zuhause*

Haus|an|ge|stell|te ⟨die; -n, -n⟩ *Helferin im Haushalt;* Abl *Hausangestellter*

Haus|apo|the|ke ⟨die; -, -n⟩ *kleiner Vorrat von Arznei- u. Verbandmitteln für den Hausgebrauch*

Haus|ar|beit ⟨die; -, -en⟩ **1** *Putzarbeit in der Wohnung* **2** *schriftliche, vom Schüler od. Studenten zu Hause herzustellende, größere Arbeit;* Ggs *Klassenarbeit* ▸ die täglichen ~en erledigen; sie muss eine ~ in Deutsch schreiben; ich schreibe gerade an meiner ~

Haus|ar|rest ⟨der; -(e)s, -e⟩ *Verbot, auszugehen (als Strafe)*

Haus|arzt ⟨der; -es, -ärz|te⟩ *allgemeinmedizinischer Arzt (der bei Notfällen auch ins Haus kommt);* Abl *Hausärztin*

Haus|auf|ga|be ⟨die; -, -n; meist Pl.⟩ = *Schularbeit (1)*

Haus|auf|ga|ben|hil|fe ⟨; -, -n⟩ *Hilfestellung u. Betreuung bei der Anfertigung von Hausaufgaben* ▸ eine ~ für Schulkinder anbieten

Haus|bank ⟨die; -, -en⟩ *Bank, die alle Bankgeschäfte für ein Unternehmen tätigt*

Haus|bar ⟨die; -, -s⟩ **1** *kleiner Vorrat an alkoholischen Getränken für häusliche Geselligkeit* **2** *das dafür bestimmte Möbelstück*

Haus|be|set|zer ⟨der; -s, -⟩ *jmd., der ohne Genehmigung ein leerstehendes od. zum Abbruch bestimmtes Haus für Wohnzwecke in Besitz nimmt;* Abl *Hausbesetzerin*

Haus|be|sit|zer ⟨der; -s, -⟩ *jmd., der ein Haus besitzt;* Syn *Hauseigentümer;* Abl *Hausbesitzerin*

Haus|be|such ⟨der; -(e)s, -e⟩ *Besuch des Arztes in der Wohnung eines Kranken* ▸ nach der Sprechstunde ~e machen

Haus|boot ⟨das; -(e)s, -e⟩ *kleines Schiff, das als Wohnung dient u. in Flüssen od. Seen verankert wird* ▸ sie leben auf einem ~

Häus|chen ⟨das; -s, - od. Häu|ser|chen⟩ *kleines Haus* ▸ ganz aus dem ~ sein (vor Freude) ⟨übertr.; umg.⟩ *aufgeregt sein*

Haus|durch|su|chung ⟨die; -, -en⟩ *polizeiliche Durchsuchung des Hauses od. der Wohnung* ▸ eine ~ machen

hau|sen ⟨V. intr.; haust, haus|te, hat ge|haust⟩ **1** irgendwo ~ *unzureichend untergebracht sein, wohnen* **2** ⟨übertr.⟩ irgendwie ~ *Unordnung schaffen, Zerstörungen anrichten, wüten* **3** ⟨schweiz. a.⟩ *sparen* ▸ sie müssen in einer Baracke ~; das Unwetter hat schlimm gehaust; die Truppen haben in der Stadt übel gehaust

Häu|ser|block ⟨der; -s, -s⟩ *mehrere aneinandergebaute große Mietshäuser* ▸ einen ~ sanieren

Häu|ser|meer ⟨das; -(e)s, -e; übertr.⟩ *riesige Menge von dicht beieinanderstehenden Häusern* ▸ das ~ einer Großstadt

Haus|flur ⟨der; -(e)s, -e⟩ *Gang zw. Haustür u. Treppe bzw. Zimmern, Vorplatz*

Haus|frau ⟨die; -, -en⟩ Syn *Hausherrin* **1** *(Ehe-)Frau, die den mit Abstand größten Teil der wirtschaftlichen Tätigkeiten (besonders Kochen, Wäschewaschen u. Putzen) in einem Haushalt ausführt u. häufig nicht berufstätig ist* **2** *Gastgeberin* ▸ ich bin Mutter und ~; sie ist eine gute, schlechte ~; →a. *Hausmann;* Abl *hausfraulich*

Haus|freund ⟨der; -(e)s, -e⟩ **1** *häufiger Gast einer Familie* **2** *Liebhaber der Ehefrau*

Haus|frie|den ⟨der; -s, -⟩ *friedvoller Umgang der Hausbewohner od. Familienmitglieder miteinander* ▸ der ~ war nachhaltig gestört

Haus|frie|dens|bruch ⟨der; -(e)s, -brü|che⟩ *widerrechtl. Eindringen od. Verweilen in Wohnung, Haus u. Grundstück eines anderen*

Haus|ge|brauch ⟨der; -s; unz.⟩ **1** *Benutzung im Haus, in der Wohnung* **2** *Ausübung im Familien- od. Freundeskreis* ▸ Gegenstände für den ~; ein Instrument für den ~ spielen

haus|ge|macht ⟨Adj.⟩ *daheim, selbst hergestellt* ▸ ~e Wurst

Haus|halt ⟨der; -(e)s, -e⟩ **1** *die Wirtschaftsführung einer zusammenwohnenden Familie od. Lebensgemeinschaft sowie alle dabei nötigen Arbeiten (Kochen, Putzen, Waschen usw.)* **2** *alle Mitglieder einer solchen Familie od. Gemeinschaft* **3** ⟨Pol.⟩ *alle Einnahmen u. Ausgaben eines Staates od. einer Körperschaft;* Zus *Haushaltsdebatte, Haushaltsdefizit, Haushaltsloch, Haushaltsplan, Haushaltspolitik; Bundeshaushalt, Staatshaushalt* ▸ den ~ beraten, beschließen; seinen eigenen ~ einrichten, führen, gründen; jmdm. den ~ führen

haus|hal|ten *auch:* **Haus hal|ten** ⟨V. intr.; haushält / hält Haus, haus|hielt / hielt Haus, hat gehaus|hal|tet / Haus ge|hal|ten⟩ **1** *einen eigenen Haushalt führen* **2** mit etwas ~ *sparsam wirtschaften, sparen, einteilen* ▸ sie kann nicht ~; gut, schlecht ~; du musst mit deinem Geld besser ~; ich muss mit meinen Kräften jetzt ~ *sie schonen, Anstrengungen vermeiden*

Haus|häl|te|rin ⟨die; -, -rin|nen⟩ *den Haushalt führende Angestellte;* Syn *Wirtschafterin*

Haus|halts|geld ⟨das; -(e)s, -er⟩ *Geld, das für die Führung eines Haushalts (1) zur Verfügung steht* ▸ ein monatliches ~ festlegen; das ~ ist knapp

Haus|halts|ge|rät ⟨das; -(e)s, -e⟩ *Gerät, das im Haushalt (1) verwendet wird*

Haus|halts|hil|fe ⟨die; -, -n⟩ *Person (meist Frau), die gegen Entgelt stundenweise Arbeiten in einem fremden Haushalt (1) erledigt;* →a. *Haushälterin* ▸ bei jmdm. als ~ arbeiten

Haus|halts|sper|re ⟨die; -, -n; Pol.⟩ *Sperre, Verbot, weiterhin Geldmittel aus dem öffentlichen Haushalt auszugeben, für die keine vertraglichen, tariflichen od. gesetzlichen Verpflichtungen bestehen* ▸ eine ~ verhängen, aufheben

Haus|halts|wa|ren ⟨Pl.⟩ *im Haushalt benötigte Waren u. Artikel*

Haus|herr ⟨der; -en, -en⟩ **1** *Familienoberhaupt* **2** *Gastgeber* **3** ⟨oberdt.⟩ *Inhaber eines Hauses;* Abl *Hausherrin*

haus|hoch ⟨Adj.⟩ **1** *so hoch wie ein Haus* **2** ⟨umg.; übertr.⟩ *sehr hoch* ▸ jmdm. ~ überlegen sein

hau|sie|ren ‹V. intr.; hau|siert, hau|sier|te, hat hausiert› (mit etwas) ~ (gehen) *von Haus zu Haus gehen u. Waren zum Verkauf anbieten* ▸ Betteln u. Hausieren verboten!; er geht mit dieser Geschichte ~ ‹übertr.; umg.› *er erzählt sie überall;* Abl *Hausierer*

Häus|le|bau|er ‹der; -s, -; umg.; meist scherzh.› *jmd., der ein Haus baut*

Haus|leh|rer ‹der; -s, -› *bei einer Familie angestellter Lehrer, der die Kinder zu Hause unterrichtet;* Abl *Hauslehrerin*

häus|lich ‹Adj.› **1** *das Haus betreffend, im Haus, zu Hause geschehend, zur Hauswirtschaft gehörend* **2** *gern zu Hause bleibend, nicht gern ausgehend, zurückgezogen lebend;* Abl *Häuslichkeit* ▸ ~e Arbeiten verrichten; ein sehr ~es Leben führen; er hat sich ~ bei uns eingerichtet, niedergelassen *anscheinend für längere Zeit*

Haus|macht ‹die; -; unz.› **1** *die auf Landbesitz gegründete Macht einer Dynastie, Territorialmacht* **2** *innerhalb einer Institution od. Behörde ausgeübte Macht*

Haus|mann ‹der; -(e)s, -män|ner› *(Ehe-)Mann, der den mit Abstand größten Teil der wirtschaftlichen Tätigkeiten in einem Haushalt ausführt*

Haus|manns|kost ‹die; -; unz.› *einfaches, aber schmackhaftes u. kräftiges Essen*

Haus|meis|ter ‹der; -s, -› **1** *jmd., der in einem größeren Mietshaus, einem Geschäftshaus od. einer Behörde od. Schule für Ordnung u. Sauberkeit sorgt u. kleine Reparaturen ausführt;* Syn ‹österr.› *Hausbesorger* **2** ‹schweiz.› *Hauseigentümer* ▸ er arbeitet als ~; bei einem Wasserschaden den ~ benachrichtigen; Abl *Hausmeisterin*

Haus|mit|tel ‹das; -s, -› *einfaches Arzneimittel, das ohne ärztliche Anordnung verabreicht werden kann, z. B. Tees, Wickel*

Haus|müll ‹der; -s; unz.› *in Haushaltungen entstehender Müll*

Haus|ord|nung ‹die; -, -en› *Vorschriften über das Verhalten im Haus u. die Benutzung dazugehörender Gegenstände (bes. in Heimen usw.)* ▸ die ~ befolgen

Haus|putz ‹der; -es; unz.› *gründl. Reinigung des Hauses od. der Wohnung, Großreinemachen*

Haus|rat ‹der; -(e)s; unz.› *Gesamtheit der Dinge, die zu einem Haushalt gehören* ▸ sie besitzen sehr viel ~; ~ und Gerümpel für den Sperrmüll vor die Tür stellen

Haus|rat|ver|si|che|rung ‹die; -, -en› *kombinierte Versicherung gegen Feuer, Einbruchdiebstahl, Beraubung u. Leitungswasserschäden für alle Sachen, die in einem Haushalt zur Einrichtung gehören od. dem Gebrauch u. Verbrauch dienen, sowie für Bargeld, Wertpapiere u. Sammlungen*

Haus|recht ‹das; -(e)s; unz.› *Recht, innerhalb bestimmter geschützter Räume zu bestimmen, wer sich darin aufhalten darf u. wer nicht* ▸ vom ~ Gebrauch machen *jmdm. die Tür weisen*

Haus|schuh ‹der; -(e)s, -e› *leichter, bequemer Schuh für daheim, Pantoffel*

Haus|se|gen ‹der; -s; unz.; nur in der Wendung› der ~ hängt schief ‹übertr.; umg.› *in der Familie herrscht Uneinigkeit*

Haus|stand ‹der; -(e)s; unz.› *Haushalt u. Familie* ▸ einen eigenen ~ gründen

Haus|su|chung ‹die; -, -en› = *Hausdurchsuchung*

Haus|tier ‹das; -(e)s, -e› *vom Menschen zum Nutzen od. aus Liebhaberei in Haus od. Hof gehaltenes Tier* ▸ Katzen und Hunde sind beliebte ~e; unsere Tochter möchte gern einen ~ haben; ⓘ S. 1110

Haus|ver|bot ‹das; -(e)s; unz.› *Verbot, ein bestimmtes Haus, eine Wohnung o. Ä. zu betreten* ▸ jmdm. ~ erteilen; vom Wirt ~ bekommen

Haus|wart ‹der; -(e)s, -e; bes. österr. u. schweiz.› *Pförtner, Hausmeister*

Haus|wirt ‹der; -(e)s, -e› *Hauseigentümer;* Abl *Hauswirtin*

Haut ‹die; -, Häu|te› **1** *Schicht, die die gesamte Körperoberfläche überzieht;* Zus *Hautabschürfung, Hautarzt, Hautausschlag, Hautcreme, Hautfarbe, Hautkrankheit, Hautkrebs, Hautpflege, Hautpilz, Hautreaktion, Hautrötung, Hautsalbe, Hauttyp; Gesichtshaut, Oberhaut* **2** *Fell als Rohstoff für Leder;* Zus *Ziegenhaut* **3** *dünne, biegsame Schicht, Bedeckung von Oberflächen, bes. auf Flüssigkeiten;* Zus *Milchhaut* **4** *Hülle, Umschließung von Hohlräumen, (bes.) Schiffsbekleidung;* Zus *Schiffshaut* **5** ‹umg.› *dünnes, wie eine Haut schützendes Kleidungsstück, (bes.) wasserdichter Mantel;* Zus *Regenhaut* **6** *die weicheren Teile einer pflanzlichen Frucht überziehende dünne Schale* **7** ‹übertr.; umg.› *Mensch* ▸ er ist nur noch ~ und **Knochen** ‹übertr.; umg.› *(bis zum Skelett) abgemagert* ▸ einer Frucht die ~ **abziehen;** auf der abgekochten Milch hat sich eine ~ **gebildet;** die ~ **brennt,** rötet sich, schält sich wegen der starken Sonne; die ~ **eincremen,** frottieren, massieren, pflegen, reinigen; Häute **gerben; rette** deine eigene ~! ‹übertr.› *rette dich selbst!;* du musst dich deiner ~ **wehren** ‹übertr.› *dich verteidigen;* viel nackte ~ **zeigen** *nur leicht bekleidet sein* ▸ **alternde,** gut (schlecht) durchblutete, empfindliche, fettige, jugendliche, rissige, runzlige, weiche, straffe, trockene, welke, zarte ~; **blasse,** braune, fleckige, gebräunte, gerötete, rosige, schwarze, sommersprossige ~; er ist eine **ehrliche** ~ ‹übertr.; umg.› *er ist ein ehrlicher Mensch;* auf der **faulen** ~ liegen ‹übertr.; umg.› *faulenzen* ▸ er war bis **auf** die ~ durchnässt; **aus** der ~ fahren ‹übertr.; umg.› *ungeduldig, zornig werden;* es ist, um aus der ~ zu fahren; niemand kann aus seiner ~ heraus ‹übertr.; umg.› *niemand kann seinen Charakter ändern;* mir ist nicht wohl **in** meiner ~ ‹übertr.; umg.› *ich fühle mich unbehaglich, befürchte etwas für mich;* ich möchte nicht in seiner ~ stecken ‹übertr.; umg.› *nicht mit ihm tauschen;* **mit** ~ und Haar(en) ‹übertr.; umg.› *ganz u. gar, bedingungslos;* er ist noch einmal mit heiler ~ davongekommen ‹übertr.› *unbeschadet, unbeschädigt, unbestraft;* dieses Buch, dieser Film, dieses Stück, dieses Thema geht **unter** die

~ ⟨übertr.; umg.⟩ *berührt einen im Innersten;* seine ~ zu Markte tragen ⟨übertr.; umg.⟩ *sich für jmd. anderen Gefahren aussetzen*

häu|ten ⟨V.; häu|tet, häu|te|te, hat ge|häu|tet⟩ **I** ⟨V. trans.⟩ **1** ein Tier ~ *einem Tier die Haut, das Fell abziehen* **2** Tomaten, Paprika ~ *die Haut abziehen, nachdem man sie erhitzt hat* **II** ⟨V. refl.⟩ sich ~ *die Haut abstreifen, abstoßen* ▸ die Schlange häutet sich

haut|eng ⟨Adj.⟩ *dicht am Körper anliegend, ihn wie eine Haut umschließend* ▸ ein ~es Kleid; sie trägt nur ~e Jeans

haut|far|ben ⟨Adj.⟩ *in der Farbe der Haut* ▸ ein ~es Unterhemd, Trikot

haut|freund|lich ⟨Adj.⟩ *angenehm für die Haut, die Haut nicht schädigend* ▸ ~e Waschmittel

haut|nah ⟨Adj.; umg.⟩ *sehr nah* ▸ ein Unglück ~ miterleben

Ha|va|rie ⟨[-va-] die; -, -n⟩ **1** ⟨Mar. u. Flugw.⟩ *Unfall, Bruch (eines Schiffes od. Flugzeugs)* **2** ⟨österr.; Kfz⟩ *Unfall, Beschädigung eines Kraftfahrzeugs* ▸ ~ erleiden, haben; ~ in einem Kernreaktor; Abl *havarieren*

Ha|xe ⟨die; -, -n; oberdt.⟩ = *Hachse*

Hbf. ⟨Abk. für⟩ *Hauptbahnhof*

he! ⟨Int.⟩ **1** *(Ruf, um jmds. Aufmerksamkeit zu erregen)* **2** *(Ausruf der Empörung, der Abwehr)*

Head|hun|ter ⟨[hẹdhʌntə(r)] der; -s, -⟩ *Personalberater, der Führungskräfte für Unternehmen vermittelt;* Syn *Kopfjäger*

Hea|ring ⟨[hiːrɪŋ] das; -s, -s⟩ = *Anhörung*

Heb|am|me ⟨die; -, -n⟩ *ausgebildete, geprüfte Geburtshelferin;* →a. *Geburtshelfer*

He|be|büh|ne ⟨die; -, -n⟩ *hydraulische od. elektrische Einrichtung zum Heben von Lasten*

He|bel ⟨der; -s, -⟩ **1** *um eine feststehende Achse drehbarer Körper (Stange, Brett) zum Heben od. Verschieben von Lasten* **2** ⟨übertr.⟩ *bewegende Kraft* ▸ an diesem Punkt musst du den ~ ansetzen ⟨übertr.⟩ *die Sache anpacken, beginnen;* einen ~ betätigen; ich werde alle ~ in Bewegung setzen, damit … ⟨übertr.⟩ *mit allen Mitteln versuchen, zu …;* ein ein-, zweiarmiger ~; am längeren ~ sitzen ⟨übertr.⟩ *sich in einer besseren Position befinden, mehr Macht haben (als jmd. anders)*

he|ben ⟨V.; hebt, hob, hat ge|ho|ben⟩ **I** ⟨V. trans.⟩ **1** jmdn. od. etwas ~ *in die Höhe bewegen, hochnehmen, nach oben führen* **2** einen Schatz, ein Schiff, ein Wrack ~ *zutage fördern* **3** ⟨übertr.⟩ jmds. Ansehen, das Niveau, die Stimmung ~ *erhöhen, steigern, verbessern* **4** ⟨umg.⟩ einen ~ *Alkohol trinken* ▸ er hebt gern, oft einen ⟨umg.⟩ *er trinkt gern einen Schnaps* ▸ den Arm, die Hand ~ (um sich zu Wort zu melden, bei Abstimmungen); die Augen, den Kopf ~ (voller Interesse); er hat sich einen Bruch gehoben ⟨umg.⟩ *bei schwerem Heben zugezogen;* den Ertrag, Fremdenverkehr, Umsatz ~ ⟨übertr.⟩; ein Gewicht, eine Last, schwere Säcke ~; die Hand zum Schwur ~; den Lebensstandard, den allgemeinen Wohlstand ~ ⟨übertr.⟩; er versucht, das geistige Niveau zu ~; jmds. Stimmung ~ ⟨übertr.⟩ *verbessern;* ein gesunkenes Schiff ~ *bergen;* die Stimme ~ ⟨übertr.⟩ *lauter sprechen* ▸ einen Sieger auf die Schultern ~ **II** ⟨V. refl.⟩ sich ~ **1** *steigen, sich nach oben bewegen* (Wasserspiegel, Stimmung) **2** *aufblühen, sich beleben* (Handel, Verkehr) ▸ ihre Brust hob und senkte sich (vor Erregung, nach einer Anstrengung)

he|brä|isch ⟨Adj.⟩ *die Hebräer betreffend, zu ihnen gehörig, von ihnen stammend* ▸ ~e Sprache *in Israel gesprochene Sprache (urspr. Sprache des AT)*

he|cheln ⟨V. intr.; he|chelt, he|chel|te, hat ge|hechelt⟩ *rasch, heftig, mit heraushängender Zunge atmen* ▸ der Hund hechelt mit heraushängender Zunge

Hecht ⟨der; -(e)s, -e⟩ **1** ⟨Zool.⟩ *räuberisch lebender Fisch des Süßwassers* **2** ⟨kurz für⟩ *Hechtsprung* ▸ einen ~ fangen; ein toller ~! ⟨übertr.; umg.⟩ *ein attraktiver, mutiger Mann!;* der ~ im Karpfenteich sein ⟨übertr.; umg.⟩ *die führende Rolle spielen;* ein ~ vom Dreimeterbrett

hech|ten ⟨V. intr.; hech|tet, hech|te|te, ist ge|hechtet⟩ **1** *einen Hechtsprung machen* **2** ⟨a. übertr.⟩ irgendwohin ~ *eilig springen, rennen* ▸ der Torwart hechtete nach dem Ball; nach dem Essen hechteten sie ins Büro ⟨übertr.; umg.⟩

Hecht|sprung ⟨der; -(e)s, -sprün|ge; Sp.⟩ *Sprung mit gestrecktem Körper ins Wasser (od. über ein Turngerät) mit dem Kopf zuerst*

Heck ⟨das; -s, -s od. -e⟩ *hinterer Teil eines Schiffes, Flugzeugs od. Autos;* Zus *Heckantrieb, Heckfenster, Heckklappe, Heckscheibe* ⓘ S. 896; *Autoheck, Flugzeugheck, Schiffsheck*

He|cke ⟨die; -, -n⟩ *Umzäunung aus Büschen u. Sträuchern;* Zus *Heckenschere; Buchenhecke, Buchsbaumhecke, Dornenhecke*

He|cken|ro|se ⟨die; -, -n⟩ *in Hecken wachsende wilde Rose*

He|cken|schüt|ze ⟨der; -n, -n⟩ *aus einem Hinterhalt Schießender;* Abl *Heckenschützin*

Heck|meck ⟨der od. das; -s; unz.; umg.⟩ **1** *unnötige Umstände* **2** *Geschwätz*

Heer ⟨das; -(e)s, -e⟩ **1** ⟨Mil.⟩ *Gesamtheit der Landstreitkräfte eines Staates;* Zus *Heerführer, Heerlager* **2** ⟨übertr.⟩ *Unmenge, große Zahl* ▸ ein ~ von Angestellten, Besuchern ⟨übertr.⟩

Heer|schar ⟨die; -, -en⟩ *große Menge, Schar* ▸ die himmlischen ~en *die Engel*

He|fe ⟨die; -; unz.⟩ *Gärung erregende einzellige Organismen, die sich durch Zellsprossung vermehren;* Zus *Hefekuchen, Hefeteig, Hefezopf; Bierhefe, Trockenhefe, Weinhefe*

He|fe|kranz ⟨der; -es, -krän|ze⟩ *mit Hefe gebackener Kuchen in Kranzform*

Heft[1] ⟨das; -(e)s, -e⟩ **1** *gefaltete, geheftete od. geklebte, meist mit dünnem Umschlag versehene Papierbogen od. -blätter;* Zus *Deutschheft, Matheheft, Notenheft, Schreibheft* **2** ⟨schweiz.⟩ *Illustrierte* ▸ einen Aufsatz ins ~ schreiben; holt bitte eure ~e heraus; die Lehrerin legte die ~e auf das Pult; linierte, unlinierte, karierte ~e; ein ~ mit oder ohne Rand; (nach einer Klassenarbeit) die

~e einsammeln; das Buch, Werk erscheint in einzelnen, in 20 ~en *Lieferungen*

Heft[2] ⟨das; -(e)s, -e⟩ *Griff, Handgriff (an Werkzeugen u. Waffen)* ▸ das ~ nicht aus der Hand geben ⟨übertr.⟩ *die Leitung;* jmdm. das ~ aus der Hand nehmen ⟨übertr.⟩ *jmdn. aus der Führung verdrängen*

hef|ten ⟨V. trans.; hef|tet, hef|te|te, hat ge|hef|tet⟩ **1** ⟨Schneiderei⟩ etwas ~ *mit großen Stichen od. Nadeln lose befestigen* **2** ⟨Buchbinderei⟩ ein Blatt, einen Bogen ~ *mit Faden od. Draht zum Buchblock zusammenfügen* **3** ⟨allg.⟩ etwas irgendwohin ~ *mit Klebstoff, Nadeln, Reißnägeln befestigen, ankleben, anstecken* ▸ Akten, ein Buch ~; die Nähte erst ~, dann nähen; jmdm. einen Orden an die Brust ~; er heftete sich an ihre Fersen, Sohlen ⟨übertr.⟩ *folgte ihr überallhin;* ein Plakat an die Wand ~; den Blick auf jmdn. od. etwas ~ ⟨übertr.⟩ *unverwandt hinsehen*

H

Hef|ter ⟨der; -s, -⟩ *kleines Bürogerät zum Zusammenklammern von Papier;* ⓘ S. 469

hef|tig ⟨Adj.⟩ **1** *stark, wild, ungestüm, gewaltig* **2** *aufbrausend, jähzornig, leidenschaftlich, ungeduldig* ▸ ~er Ärger, Hass packte ihn; ein ~es Gewitter, Unwetter zog heran; von einer ~en Leidenschaft, Liebe ergriffen; er ist ein ~er Mensch; ~er Regen, Sturm; ~e Schmerzen verspüren; jmdn. mit ~en Worten zurechtweisen ▸ jmdn. ~ anfahren, beschimpfen; ~ debattieren, fluchen, schimpfen, toben, widersprechen; du hast wieder viel zu ~ reagiert; sei doch nicht gleich so ~!; Abl *Heftigkeit*

Heft|klam|mer ⟨die; -, -n⟩ **1** ⟨Buchbinderei⟩ *Klammer zum Heften der Druckbogen* **2** = *Büroklammer*

Heft|pflas|ter ⟨das; -s, -⟩ *mit einem Klebstoff bestrichener Gewebestreifen als schützende Auflage für Wunden u. zur Befestigung von Verbänden*

He|ge|mo|nie ⟨die; -, -n⟩ *Vormachtstellung, Vorherrschaft, führende Rolle (eines Staates)*

he|gen ⟨V. trans.; hegt, heg|te, hat ge|hegt⟩ **1** einen Forst, Wald, das Wild ~ *schützen, bewahren, pflegen* **2** jmdn. ~ (und pflegen) *gut behandeln, hätscheln* **3** einen Verdacht, Zweifel ~ *in sich bewahren, tragen, haben*

Hehl ⟨das od. der; -(e)s; unz.; nur in bestimmten Wendungen erhalten⟩ *Geheimnis* ▸ ich mache kein, keinen ~ daraus *ich verheimliche das nicht*

Heh|ler ⟨der; -s, -⟩ *Person, die wissentlich mit Diebesgut handelt* ▸ der ~ ist schlimmer als der Stehler ⟨Sprichw.⟩; Abl *Hehlerin; hehlen*

Heh|le|rei ⟨die; -, -en; Rechtsw.⟩ *Begünstigung einer Straftat zum eigenen Vorteil durch wissentlichen Erwerb von u./od. Handel mit gestohlenen Gütern*

hehr ⟨Adj.; poet.⟩ *erhaben, verehrungswürdig*

Hei|de[1] ⟨der; -n, -n⟩ **1** *Nichtchrist, Nichtjude, Nichtmuslim* **2** *Ungläubiger;* Abl *Heidin; heidnisch*

Hei|de[2] ⟨die; -, -n; Bot.⟩ *flache, baumlose, sandige, mit Gräsern u. kleinen Sträuchern bewachsene Landschaft;* Syn *Heideland*

Hei|de|kraut ⟨das; -(e)s; unz.; Bot.⟩ *ein niedriger, kleiner Strauch mit meist immergrünen, nadel- od. schuppenartigen kleinen Blättern u. weißen bis roten kleinen Blütenständen*

Hei|del|bee|re ⟨die; -, -n; Bot.⟩ Syn *Bickbeere, Blaubeere* **1** *Strauch mit blau-schwarzen Beeren, der im Wald wächst od. kultiviert wird* **2** *schmackhafte Frucht der Heidelbeere (1);* Zus *Heidelbeerkompott, Heidelbeermarmelade*

Hei|den... ⟨in Zus.; umg.; verstärkend⟩ *groß, sehr viel,* z. B. Heidenangst, Heidenarbeit, Heidengeld, Heidenlärm, Heidenspaß, Heidenspektakel

hei|kel ⟨Adj.; heik|ler, am -s|ten⟩ **1** *schwierig, peinlich, unangenehm* **2** *wählerisch, schwer zufriedenzustellen (beim Essen)* ▸ eine heikle Angelegenheit, Frage, Sache, Situation, Geschichte; das Thema ist äußerst ~; er ist in Bezug auf das Essen sehr ~

heil ⟨Adj.⟩ *gesund, unverletzt, unbeschädigt, ganz* ▸ mit ~er Haut davonkommen *unverletzt;* ⟨übertr.⟩ *ungestraft;* die Tasse, der Teller ist ~ geblieben; mein Finger ist wieder ~

Heil ⟨das; -(e)s; unz.⟩ **1** *die Glückseligkeit od. Erlösung, die der Mensch in der Religion sucht, Gnade, Gnadengeschenk Gottes;* Zus *Seelenheil* **2** *Glück, Wohlergehen, Segen* **3** *Nutzen, Hilfe, Besserung* ▸ Ski ~! *(Grußformel der Skiläufer);* ~ und Segen wünschen; sein ~ in der Flucht suchen *fliehen*

Hei|land ⟨der; -(e)s, -e⟩ **1** *Erlöser, Retter, Heilbringer* **2** ⟨Beiname für⟩ *Jesus Christus*

Heil|an|stalt ⟨die; -, -en; veraltet⟩ *Pflegeheim für Kranke bei länger andauernden Krankheiten;* Zus *Lungenheilanstalt*

Heil|butt ⟨der; -(e)s, -e; Zool.⟩ *bis 200 kg schwerer, 2 m langer Speisefisch der nördlichen Meere*

hei|len ⟨V.⟩ **I** ⟨V. trans.; heilt, heil|te, hat ge|heilt⟩ **1** jmdn. (von etwas) ~ *gesundmachen;* Abl *Heiler(in)* **2** etwas ~ *zum Abklingen, Verschwinden bringen* **3** ⟨übertr.⟩ jmdn. von etwas ~ *von etwas Schädlichem befreien* ▸ der Schaden kann geheilt werden ⟨übertr.⟩ *die Sache kann wieder in Ordnung gebracht werden;* die Zeit heilt alle Wunden ⟨Sprichw.⟩; jmdn. mit einem neuen Medikament ~; jmdn. von einer Angst, einem Wahn ~ ⟨übertr.⟩ *ihn davon abbringen;* jmdn. von seinen Beschwerden, einer Krankheit, seinen Schmerzen ~; das Quellwasser hat ~de Wirkung; jetzt bin ich für immer geheilt! ⟨übertr.⟩ *das passiert mir nicht noch einmal, ich bin durch Schaden klug geworden;* sie ist (als) geheilt aus dem Krankenhaus entlassen worden; Abl *heilbar* **II** ⟨V. intr.; heilt, heil|te, ist ge|heilt⟩ **1** *gesund werden, heil werden* (Gliedmaße) **2** *sich schließen, verschwinden* (Verletzung) ▸ der Bruch ist gut geheilt; die Wunde heilt von selbst; Abl *Heilung*

heil|froh ⟨Adj.; nur präd.; umg.⟩ *sehr froh* ▸ ich war ~, dass ihm nichts passiert war; sie ist ~, dass sie ihre Prüfungen bestanden hat

hei|lig ⟨Adj.; Abk.: hl., Pl.: hll.⟩ **1** *erhaben über alles Irdische (als Eigenschaft Gottes)* **2** *fromm, von*

Gottes Geist erfüllt **3** *geheiligt, von der Kirche heiliggesprochen* **4** *ernst, unverletzlich, unantastbar* **5** ‹übertr.› *sehr groß, sehr heftig* ▸ der Heilige **Abend** *der Abend vor dem ersten Weihnachtstag, der 24. Dezember;* das ~e **Abendmahl;** ein ~er Eifer, **Zorn** packte ihn; das ist mein ~er **Ernst** *es ist mir ernst, u. nichts kann mich davon abbringen;* die Heilige **Familie** *Maria, Joseph u. das Jesuskind;* der Heilige **Geist;** ~er **Himmel!** *(als Ausruf der Bestürzung);* die Heilige **Jungfrau** *Maria, Mutter Jesu;* die Heiligen Drei **Könige;** der heilige/Heilige **Krieg** (der Muslime); das Heilige **Land** ‹bibl. Bez. für› *Palästina;* die Heilige **Nacht** *die Nacht zum ersten Weihnachtsfeiertag;* die Heilige **Schrift** *die Bibel;* eine ~e **Stille** breitete sich aus; der Heilige **Stuhl** *Thron des Papstes, die päpstliche Regierung;* der Heilige **Vater** *der Papst* ▸ **sein:** das ist mir ~; seine Mittagsruhe ist ihm ~; bei allem, was mir ~ ist! *(Ausruf der Bekräftigung);* ihm ist nichts ~ *er hat vor nichts Ehrfurcht* ▸ etwas **hoch** und ~ versichern, versprechen *eindringlich;* Abl *Heiligkeit*

Hei|lig|a|bend ‹der; -(e)s, -e› = *Heiliger Abend*

Hei|li|ge(r) ‹die; -n, -n (der; -n, -n)› **1** ‹kath. Kirche› *heiliggesprochene(r) Verstorbene(r), der/die verehrt u. um Fürbitte angerufen werden kann;* Zus *Heiligenbild, Heiligenverehrung* **2** ‹übertr.; umg.› *sehr frommer Mensch* ▸ ein komischer Heiliger ‹übertr.; umg.› *ein komischer Kerl, ein Sonderling*

Hei|li|gen|schein ‹der; -(e)s, -e› *Lichtschein, Strahlenkranz um Kopf od. Körper einer göttl. od. heiligen Person* ▸ jmdn. mit einem ~ umgeben ‹übertr.› *ihn übertrieben verherrlichen*

hei|lig|spre|chen ‹V. trans.; spricht hei|lig, sprach hei|lig, hat hei|lig|ge|spro|chen, hei|lig|zu|spre|chen› jmdn. ~ *zum Heiligen erklären;* Abl *Heiligsprechung*

Hei|lig|tum ‹das; -(e)s, -tü|mer› *heiliger, verehrungswürdiger Ort od. Gegenstand*

Heil|kraft ‹die; -, -kräf|te› *heilende, gesundmachende Kraft* ▸ die ~ eines Mittels, einer Quelle; Abl *heilkräftig*

Heil|kraut ‹das; -(e)s, -kräu|ter› = *Heilpflanze*

Heil|kun|de ‹die; -; unz.› = *Medizin (I);* Abl *Heilkundige(r)*

Heil|kunst ‹die; -, -küns|te› **1** *Kunst, Fähigkeit, Krankheiten zu heilen* **2** *Anwendung von medizinischen Erkenntnissen zur Heilung von Kranken* ▸ der Begründer der antiken ~; sich der chinesischen ~ widmen

heil|los ‹Adj.› *sehr groß, sehr schlimm, ungeheuer* ▸ es herrschte ein ~es Durcheinander; sie sind ~ zerstritten

Heil|mit|tel ‹das; -s, -› **1** *Stoffe od. Maßnahme mit heilender Wirkung zur Behandlung von Krankheiten* **2** ‹übertr.› *Gegenmittel* ▸ ein gutes ~ gegen Magenbeschwerden

Heil|pflan|ze ‹die; -, -n; Bot.› *Pflanze, die aufgrund ihres Gehaltes an Wirkstoffen gegen bestimmte Krankheiten verwendet wird*

Heil|prak|ti|ker ‹der; -s, -; Berufsbez.› *auf Naturheilverfahren spezialisierter Heilkundiger ohne ärztliche Approbation, der staatl. geprüft u. zur Behandlung von Kranken zugelassen ist;* Abl *Heilpraktikerin*

Heil|quel|le ‹die; -, -n› *natürliches Quellwasser, das Salze od. Gase gelöst enthält u. dadurch bei bestimmten Krankheiten heilsame Wirkungen ausübt;* Syn *Gesundbrunnen*

heil|sam ‹Adj.› **1** *heilend* **2** ‹übertr.› *nützlich* ▸ das war für ihn eine ~e Lehre

Heils|brin|ger ‹der; -s, -› oV *Heilbringer* **1** ‹Rel.› *Gestalt, die den Menschen ewiges, göttliches Heil u. Erlösung bringt* **2** ‹übertr.› *Person, die jmdn. od. etwas aus einer Krise führt* ▸ als ~ der ganzen Menschheit auftreten; er wird als ~ des deutschen Fußballs gefeiert

Heils|leh|re ‹die; -; unz.› *Lehre vom Heil, von der Erlösung des Menschen*

Heil|ver|fah|ren ‹das; -s, -› *Verfahren zur Heilung*

Heim ‹das; -(e)s, -e› **1** *Wohnung, Haushalt (bes. einer Familie)* **2** *Wohnstätte für einen bestimmten Personenkreis;* Zus *Heimbewohner(in), Heimleiter(in); Altersheim, Kinderheim, Obdachlosenheim* **3** *Klub-, Vereinshaus;* Zus *Sportlerheim, Vereinsheim* ▸ ein eigenes, gemütliches, geschmackvoll eingerichtetes ~ besitzen; aus einem ~ entlassen werden; in ein ~ kommen, eingewiesen werden; in einem ~ aufwachsen

heim... ‹in Zus.› *nach Hause,* z. B. heimbegleiten, heimbringen, heimfahren, heimfinden, heimlaufen, heimnehmen, heimreisen, heimschicken

Heim|ar|beit ‹die; -, -en› **1** *gewerbliche Arbeit in der eigenen Wohnung* **2** *das so entstandene Erzeugnis* ▸ etwas in ~ anfertigen, herstellen; einen Auftrag in ~ erledigen

Hei|mat ‹die; -; unz.› **1** *Ort, an dem man zu Hause ist, Geburts-, Wohnort* **2** *Vaterland* **3** *Herkunftsland, -ort* ▸ die ~ dieser Pflanze, dieses Tiers ist Südamerika; die alte ~ wieder einmal besuchen; zurück in die ~ gehen; keine ~ mehr haben; diese Stadt ist meine zweite ~ geworden; in meiner ~ ist es nicht üblich, Fasching zu feiern; Zus *Heimatdichter, Heimathafen, Heimatland, Heimatstadt*

Hei|mat|film ‹der; -(e)s, -e› *im ländlichen Milieu spielender, dessen Sitten u. Bräuche schildernder Film*

Hei|mat|kun|de ‹die; -; unz.› *Lehre von der Geschichte, der Erd- u. Naturkunde der engeren Heimat (bes. als Unterrichtsfach an Grundschulen);* Abl *heimatkundlich*

hei|mat|lich ‹Adj.› *zur Heimat gehörig, aus ihr stammend, an die Heimat erinnernd, so ähnlich wie zu Hause* ▸ wieder ~en Boden betreten; ~e Bräuche, Sitten; sie konnte hier keine ~en Gefühle entwickeln

hei|mat|los ‹Adj.› **1** ‹i. w. S.› *keine Heimat besitzend* **2** ‹i. e. S.› **2.1** *staatenlos* **2.2** *aus der Heimat vertrieben;* Abl *Heimatlosigkeit*

hei|mat|ver|bun|den ‹Adj.› *der eigenen Heimat verbunden* ▸ ein ~er Künstler; Abl *Heimatverbundenheit*

H I J K L M N O P Q R S T U V W X Y Z

H

Hei|mat|ver|trie|be|ne(r) ⟨die; -n, -n (der; -n, -n)⟩ **1** *jmd., der durch Gewalt, Krieg u. Repression zum Verlassen seiner Heimat gezwungen wird* **2** *jmd., der 1945 seinen Wohnsitz in einem der heute nicht mehr zu Deutschland gehörenden Gebiete hatte u. daraus vertrieben wurde*

hei|me|lig ⟨Adj.⟩ *anheimelnd, gemütlich wie daheim* ▸ ein Zimmer ~ machen; am Kamin ist es warm und ~; eine ~e Atmosphäre verbreiten

Heim|fahrt ⟨die; -, -en⟩ *Fahrt nach Hause, in den Heimatort*

Heim|gang ⟨der; -(e)s; unz.; übertr.⟩ *Tod* ▸ nach dem ~ unseres lieben …

heim|ge|hen ⟨V. intr.; geht heim, ging heim, ist heim|ge|gan|gen, heim|zu|ge|hen⟩ **1** *nach Hause gehen* **2** ⟨übertr.⟩ *sterben* ▸ nach schwerer Krankheit ist er gestern heimgegangen

hei|misch ⟨Adj.⟩ **1** *heimatlich, zur Heimat gehörend* **2** *häuslich, vertraut, gewohnt* **3** ⟨Bot. u. Zool.⟩ *inländisch* ▸ die ~e Industrie fördern; die ~e Pflanzen- und Tierwelt; ich habe mich hier schnell ~ gefühlt; ich bin in meiner Arbeit, in der neuen Stellung noch nicht ganz ~

Heim|kehr ⟨die; -; unz.⟩ *Rückkehr nach Hause*

heim|keh|ren ⟨V. intr.; kehrt heim, kehrte heim, ist heim|ge|kehrt, heim|zu|keh|ren⟩ *(zurück) nach Hause kommen*

Heim|keh|rer ⟨der; -s, -⟩ **1** *jmd., der (nach längerer Zeit) nach Hause zurückkehrt;* Abl *Heimkehrerin* **2** *zurückgekehrter Soldat od. Kriegsgefangener*

Heim|kind ⟨das; -(e)s, -er⟩ *Kind, das in einem Heim (nicht in einer Familie) aufwächst*

heim|lich ⟨Adj.⟩ **1** *unauffällig, verborgen, versteckt, (ins)geheim, unerlaubt;* Abl *Heimlichkeit* **2** ⟨österr.⟩ *heimelig* ▸ ein ~es Flüstern, Lächeln, Lachen, Zeichen; ~en Kummer haben; ~e Liebe; ~e Wege gehen ⟨übertr.⟩ *etwas Verbotenes tun;* er hat sich still und ~ davongeschlichen, aus dem Staube gemacht; ~ gehen, kommen, sich treffen, verabreden; etwas ~ mitteilen, sagen; etwas ~ tun *im Geheimen;* ⟨aber⟩ →a. *heimlichtun*

heim|lich|tun ⟨V. intr.; tut heim|lich, tat heim|lich, hat heim|lich|ge|tan, heim|lich|zu|tun⟩ *geheimnisvoll tun;* →a. *heimlich;* Abl *Heimlichtuer(in), Heimlichtuerei; heimlichtuerisch*

Heim|rei|se ⟨die; -, -n⟩ *Reise nach Hause, Rückreise* ▸ die ~ antreten

Heim|sieg ⟨der; -(e)s, -e; Sp.⟩ *Sieg bei einem Heimspiel;* Syn *Heimerfolg*

Heim|spiel ⟨das; -(e)s, -e; Sp.⟩ *Spiel, das auf dem eigenen Platz vor heimischem Publikum stattfindet;* Ggs *Auswärtsspiel*

heim|su|chen ⟨V. trans.; sucht heim, such|te heim, hat heim|ge|sucht, heim|zu|su|chen⟩ **1** jmdn. ~ *besuchen, aufsuchen, bes. auf lästige, aufdringliche Art* **2** ⟨übertr.⟩ jmdn. od. etwas ~ *befallen, über jmdn. od. etwas hereinbrechen* ▸ die Krankheit suchte sie sehr plötzlich heim; sie wurden mehrmals vom Blitzschlag heimgesucht; die Stadt wurde von einer schrecklichen Seuche heimgesucht

Heim|su|chung ⟨die; -, -en⟩ *schweres, großes Unglück, Plage*

Heim|tü|cke ⟨die; -; unz.⟩ *Hinterhältigkeit, Arglist, Hinterlist, Bosheit*

heim|tü|ckisch ⟨Adj.⟩ **1** *hinterlistig, hinterhältig, arglistig* (Blick, Mensch, Verbrechen) **2** *gefährlich, unberechenbar, schleichend* (Krankheit)

heim|wärts ⟨Adj.⟩ *nach Hause, in Richtung zur Heimat* ▸ ~ ziehen; durch den Wald ~ wandern

Heim|weg ⟨der; -(e)s, -e⟩ *Weg nach Hause* ▸ sich auf den ~ machen

Heim|weh ⟨das; -(e)s; unz.⟩ *Sehnsucht nach daheim, nach der Heimat* ▸ sie hatte im Ausland großes ~; das Kind hat ~ nach seiner Mutter; er ist vor ~ krank; Zus *heimwehkrank*

Heim|wer|ker ⟨der; -s, -⟩ *jmd., der handwerkl. Arbeiten daheim selbst verrichtet;* Abl *Heimwerkerin*

Heim|we|sen ⟨das; -s, -; schweiz.⟩ **1** *Anwesen* **2** *Hausstand*

heim|zah|len ⟨V. trans.; zahlt heim, zahl|te heim, hat heim|ge|zahlt, heim|zu|zah|len; übertr.⟩ jmdm. etwas ~ *jmdm. etwas vergelten, jmdn. für etwas büßen lassen* ▸ das werde ich ihm ~!; jmdm. etwas mit gleicher Münze ~ *auf die gleiche Weise*

Hein|zel|männ|chen ⟨das; -s, -; im Volksglauben⟩ *zwergenhafter, guter Hausgeist, der im Verborgenen bei der Arbeit hilft* ▸ die ~ von Köln

Hei|rat ⟨die; -, -en⟩ *Eheschließung, Vermählung;* Abl *heiratswillig;* Zus *Heiratsanzeige, Heiratsurkunde*

hei|ra|ten ⟨V. intr. u. V. trans.; hei|ra|tet, hei|ra|tete, hat ge|hei|ra|tet⟩ (jmdn.) ~ *(mit jmdm.) die Ehe schließen* ▸ sie wollen nächstes Jahr ~; früh, jung, spät ~; wir haben erst standesamtlich und dann kirchlich geheiratet; aufs Land, in die Stadt, nach Frankreich ~ *durch Heirat aufs Land usw. ziehen;* aus Liebe, Vernunft ~; zum zweiten Mal ~; er hat seine Jugendliebe geheiratet

Hei|rats|an|trag ⟨der; -(e)s, -trä|ge⟩ *von jmdm. an jmd. anderen gerichteter Vorschlag, einander zu heiraten* ▸ jmdm. einen ~ machen

hei|schen ⟨V. trans. u. V. intr.; heischt, heisch|te, hat ge|heischt⟩ (nach) etwas ~ *etwas fordern, verlangen, erbitten* ▸ er wollte Beifall und Bewunderung ~; nach Mitleid ~

hei|ser ⟨Adj.⟩ *rau, klanglos* (Stimme) ▸ ~ sein *eine raue Stimme haben (durch Erkältung, Überanstrengung o. Ä.);* ich bin ~; sich ~ schreien *so lange schreien, bis man heiser ist;* Abl *Heiserkeit*

heiß ⟨Adj.; -er, am -es|ten⟩ **I** ⟨attr., präd.⟩ **1** *sehr warm* **2** ⟨übertr.⟩ **2.1** *heftig, anstrengend* (Kampf) **2.2** *leidenschaftlich, leicht erregbar* (Temperament) **2.3** *inbrünstig, innig* (Wunsch, Liebe) **3** ⟨übertr.; umg.⟩ **3.1** *erfolgversprechend* (Spur, Tipp) **3.2** *brisant, gefährlich* (Gegend, Thema) **4** ⟨übertr.; Jugendspr.⟩ *toll, großartig* **5** ⟨übertr.; umg.⟩ *sexuell erregt* ▸ ein ~es Bad nehmen; ~es Blut haben ⟨übertr.⟩ *sehr leidenschaftlich sein;* der Boden, das Pflaster wurde ihm zu ~ unter den Füßen ⟨übertr.⟩ *die Lage wurde zu gefährlich für ihn;* ~en Dank! ⟨übertr.; umg.⟩ *vielen Dank;*

~er Draht *Telefonleitung zw. den Regierungen zweier Staaten zur raschen Verständigung in Krisenzeiten* ein ~er Juli, Tag, Wind; er gilt als ~er Kandidat für den diesjährigen Nobelpreis; ~e Luft, Sonne; dieser Ort ist ein ~es Pflaster ‹übertr.; umg.› *ein gefährlicher Ort, der viel Kriminalität aufweist;* der Kurort hat mehrere ~e Quellen; die Polizei ist auf einer ~en Spur ‹übertr.; umg.›; du hast eine ganz ~e Stirn *du hast vermutlich Fieber;* ~e Tränen vergießen; ~e Ware ‹übertr.; umg.› *Diebesgut, geschmuggelte Ware;* ~es Wasser für Kaffee, Tee bereiten; ~e Zone *Klimazone beiderseits des Äquators innerhalb der beiden Wendekreise* ▸ dich haben sie wohl zu ~ gebadet? ‹umg.› *du bist wohl verrückt?;* etwas ~ ersehnen, herbeiwünschen; der Motor hat sich, ist ~ gelaufen *ist durch lange Bewegung, Reibung heiß geworden;* es lief mir ~ und kalt den Rücken hinunter *mir schauderte;* sein: ich bin ganz ~; mir ist ~; es ist sehr ~ heute; mir wird ganz ~ ▸ es ist heute drückend, glühend ~; die Brühe ist noch kochend ~ ▸ auf etwas ~ sein ‹umg.› *etwas unbedingt (haben, machen) wollen;* auf jmdn. ~ sein ‹umg.› *jmdn. sexuell begehren* **II** ‹adv.› *innig, sehr stark* ▸ ~ ersehnt = *heißersehnt;* ~ geliebt = *heißgeliebt;* ~ umkämpft = *heißumkämpft*

heiß/scharf

Das Adjektiv *heiß* wird meistens in Bezug auf die Temperatur gebraucht und bedeutet „sehr warm", im übertragenen Sinn u. a. auch „leidenschaftlich, innig": *Heute ist es sehr heiß. Das Wasser in der Badewanne ist zu heiß. Das war eine heiße* (= leidenschaftliche) *Liebe. Es wurde heiß* (= erregt) *diskutiert. Sie sprechen eine heißes* (= brisantes) *Thema an.*
Der Satz „Die Suppe ist heiß" bedeutet, dass die Suppe sehr warm ist. Ist sie dagegen stark gewürzt, so sagt man *scharf: Das Essen, die Suppe ist zu scharf* (= zu stark gewürzt). Eine Verwechslung der Adjektive *heiß* und *scharf* ist bei Deutschlernenden leicht möglich, da das Adjektiv *hot* im Englischen sowohl „sehr warm" als auch „scharf" bedeuten kann: *It is hot outside. He likes hot pepper.*

heiß|blü|tig ‹Adj.; übertr.› *leicht erregbar, entflammbar, leidenschaftlich, außerordentlich temperamentvoll;* Abl *Heißblütigkeit*

hei|ßen ‹V.; heißt, hieß, hat ge|hei|ßen› **I** ‹V. intr.› **1** irgendwie ~ *sich nennen, einen bestimmten Namen haben* **2** es heißt irgendwo *lautet irgendwo, hat dort den Wortlaut* **3** *bedeuten, besagen* ▸ ich heiße Bernhard, Andrea, Müller; es heißt dort folgendermaßen …; die Pluralform war nicht korrekt, richtig heißt es: „Schüler"; bei Schiller heißt es …; in dem Abkommen heißt es ausdrücklich; wenn du nicht von mir hörst, das heißt ‹Abk.: d. h.›, wenn ich nicht komme, dann sehen wir uns morgen; das will schon etwas ~, wenn sie nicht mit uns feiert ▸ das will viel, wenig ~!; das will nicht viel, nichts ~ ▸ was soll das ~?; das soll was ~ ‹umg.› *soll großen Eindruck machen;* wie ~ Sie?; wie heißt dieses Wort auf Französisch?; wie heißt diese Straße? **II** ‹unpersönl.› es heißt *es wird behauptet, man sagt* ▸ es heißt, dass er zurücktreten will; die Steuersenkung steht unmittelbar bevor, heißt es; hier heißt es aufpassen, schnell handeln, klug sein *hier muss man aufpassen usw.* **III** ‹V. trans.; geh.› **1** jmdn. od. etwas … ~ … *nennen, als … bezeichnen* **2** jmdn. ~, etwas zu tun *jmdm. etwas befehlen, zu etwas auffordern* ▸ er hieß ihn einen Betrüger, Lügner ▸ ich hieß ihn eintreten, schweigen; wer hat dich kommen, das tun ~?; wer hat dich geheißen, das zu tun?; das heiße ich singen, spielen! ‹anerkennend› *das ist gut gesungen usw.*

heiß|er|sehnt *auch:* **heiß er|sehnt** ‹Adj.› *innig ersehnt* ▸ die ~en Ferien haben begonnen

heiß|ge|liebt *auch:* **heiß ge|liebt** ‹Adj.› *innig, leidenschaftlich geliebt* ▸ ihr ~er Freund; der, die Heißgeliebte / heiß Geliebte

Heiß|hun|ger ‹der; -s; unz.› *plötzlich auftretender, unbezwinglicher Hunger;* Abl *heißhungrig*

heiß|um|kämpft *auch:* **heiß um|kämpft** ‹Adj.› *heftig umkämpft* ▸ eine ~e Stellung

…heit ‹Nachsilbe; zur Bildung von Subst. aus Adj.› *(die Art u. Weise, Beschaffenheit bezeichnend),* z. B. Dummheit, Frechheit, Geborgenheit

hei|ter ‹Adj.; hei|te|rer od. heit|rer, am -s|ten› **1** *hell, klar, sonnig, unbewölkt* (Wetter) **2** *lebensfroh, innerlich fröhlich, ausgeglichen, glücklich* (Gemüt) **3** *gut gelaunt, vergnügt, ausgelassen, froh* (Stimmung) **4** ‹umg.; iron.› *unangenehm* ▸ das ist ja eine ~e Angelegenheit, Geschichte! ‹umg.; iron.› *eine dumme Sache;* ein ~er Film, Roman; ein ~es Gemüt haben; ein ~es Gesicht machen; die Nachricht kam wie ein Blitz aus ~em Himmel ‹übertr.› *völlig unerwartet;* ein ~er Tag im Sommer ▸ er kam sehr spät und recht ~ nach Hause *angetrunken* ▸ sein: das ist ja ~! ‹umg.; iron.›; die Sache stimmt mich ~; das kann ja ~ werden ‹umg.; iron.› *wer weiß, welche Unannehmlichkeiten noch bevorstehen*

Hei|ter|keit ‹die; -; unz.› **1** *stete Fröhlichkeit, Zufriedenheit, Ausgeglichenheit* **2** *Gelächter, gute Stimmung* ▸ er sorgte für große ~; es herrschte ausgelassene ~ im Saal

Heiz|de|cke ‹die; -, -n› *elektrisch heizbare Bettdecke*

hei|zen ‹V.; heizt, heiz|te, hat ge|heizt› **I** ‹V. trans.› **1** einen Raum ~ *einem Raum Wärme zuführen;* Abl *heizbar;* Zus *Heizkosten* **2** einen Ofen ~ *in einem O. Feuer anmachen;* Zus *Heizöl* ▸ das Zimmer, die Wohnung ~; das Zimmer lässt sich gut, schwer ~ **II** ‹V. intr.› **1** *Wärme spenden, Hitze ausstrahlen* **2** *einen Ofen, eine Heizung zur Anwendung bringen* **3** ‹umg.› *sehr schnell fahren (mit dem Auto, Motorrad)* ▸ der Ofen heizt gut; sparsam ~; mit dem Auto durch enge Gassen ~ ⟨umg.⟩; mit Gas, Öl, Kohle ~; im Winter müssen wir viel ~

Hei|zer ⟨der; -s, -⟩ **1** ⟨i. e. S.⟩ *Mechaniker, der Heizungs- u. Kesselanlagen in größeren Betrieben, Kraftwerken usw. bedient* **2** ⟨i. w. S.⟩ *jeder, der eine Heizung bedient*

Heiz|kör|per ⟨der; -s, -⟩ *Gerät, das in einem Raum steht u. Teil einer Heizung (2) ist u. die Wärme in den Raum abgibt*

Heiz|lüf|ter ⟨der; -s, -⟩ *elektr. Heizgerät, das die erzeugte Wärme durch einen Lüfter od. ein mit Schaufeln besetztes Rad im Raum verteilt*

Heiz|strah|ler ⟨der; -s, -⟩ *kleines Elektrogerät, bei dem der Stromfluss durch Glühdrähte zur Wärmeerzeugung genutzt wird;* Syn *Heizsonne*

Hei|zung ⟨die; -, -en⟩ **1** *das Heizen, Erwärmen von Räumen* **2** *die dafür benötigte Anlage;* Zus *Heizungsbauer, Heizungsmonteur*

H

Hek|t|ar ⟨a. ['--] das; -s, -; Zeichen: ha⟩ *Flächenmaß, 100 Ar, 10 000 m^2*

Hek|tik ⟨die; -; unz.⟩ *übersteigerte Betriebsamkeit, übertriebene, fieberhafte Geschäftigkeit* ▸ ihre ~ war ansteckend; in seiner ~ übersah er den abbiegenden Wagen; Abl *Hektiker(in); hektisch*

Hek|to|li|ter ⟨a. ['----] das; -s, - od. umg. (u. schweiz. nur) der; -s, -; Zeichen: hl⟩ *Flüssigkeitsmaß, 100 Liter*

he|lau! ⟨Int.⟩ *(Ruf der rheinischen, besonders der Mainzer Karnevalisten)*

Held ⟨der; -en, -en⟩ **1** *jmd., der sich vorbildlich für das Wohl anderer einsetzt u. dabei sein Leben riskiert od. große persönliche Nachteile in Kauf nimmt;* Abl *heldenhaft;* Zus *Heldenmut, Heldentat, Heldentum; heldenmütig* **2** *ausgezeichneter Soldat, tapferer Kämpfer;* Zus *Heldentod; Kriegsheld* **3** ⟨Lit.⟩ *Hauptgestalt eines Dramas od. einer epischen Dichtung* **4** ⟨umg.; iron.⟩ *ungeschickter, wenig heldenhafter Mensch* ▸ der ~ des Romans, des Theaterstücks; ein ~ der Sage, der Vorzeit; der ~ des Tages ⟨übertr.⟩ *wichtigste Person bei einer Begebenheit* ▸ sein: er ist kein ~ *nicht tapfer;* im Rechnen bin ich kein ~ *bin ich nicht sehr gut;* den ~en spielen ⟨übertr.; umg.⟩ *(unnötig) mutig sein* ▸ du bist mir ein schöner ~! ⟨umg.; iron.⟩ *ein Feigling;* Abl *Heldin*

hel|fen ⟨V.; hilft, half, hat ge|hol|fen⟩ **I** ⟨V. intr.⟩ **I.I** ⟨persönl.⟩ jmdm. ~ **1** *Hilfe leisten, behilflich sein, unterstützen, beistehen;* Abl *Helfer(in)* **2** *hilfreich sein, nützen* **3** *heilen, lindern* (Arznei) ▸ ich werd dir ~! ⟨umg.⟩ *das könnte dir so passen!;* sie hilft, wo immer sie kann; sie half ihm, sich zu verstecken; hierbei hat mir niemand geholfen *das habe ich allein, selbstständig gemacht* ▸ der Arzt, die Kur hat ihm geholfen; hier hilft kein Bitten und kein Flehen; so wahr mir Gott helfe! *(Schwurformel)* ▸ jmdm. suchen ~ ▸ dieser Hinweis half der Polizei auf die Spur der Verbrecher; jmdm. aus der Patsche ~ ⟨umg.⟩; jmdm. bei der Arbeit, bei den Schulaufgaben ~; das Mittel hilft gegen Kopfschmerzen; er half ihr in den Mantel; er hilft ihr in den Wagen *ist ihr beim Einsteigen behilflich;* der Sohn hilft im Haushalt; jmdm. über den Berg ~ ⟨übertr.; umg.⟩ *jmdm. helfen, die größten Schwierigkeiten zu überwinden;* ihm ist nicht zu ~ *man kann nichts für ihn tun* **I.II** ⟨unpersönl.; meist in negativen Wendungen⟩ *nützen* ▸ was kann das schon ~!; es hilft nichts, du wirst es nicht ändern *du musst dich damit abfinden, dass du es nicht ändern kannst;* da hilft nun alles nichts mehr **II** ⟨V. refl.⟩ sich ~ *mit etwas fertigwerden* ▸ ich kann mir schon allein ~; ich kann mir nicht ~, aber ich bin da misstrauisch *ich kann nicht anders, ich muss da misstrauisch sein;* sich zu ~ wissen *Rat, einen Ausweg wissen;* man muss sich nur zu ~ wissen; ich wusste mir nicht anders zu ~

Hel|fers|hel|fer ⟨der; -s, -⟩ *Helfer bei einer Straftat, Mitschuldiger;* Abl *Helfershelferin*

He|li|ko|p|ter ⟨der; -s, -⟩ = *Hubschrauber*

He|li|um ⟨das; -s; unz.; chem. Zeichen: He⟩ *zu den Edelgasen gehörendes chem. Element* ▸ ein mit ~ gefüllter Ballon

hell ⟨Adj.⟩ **1** *reich an Licht, leuchtend;* Abl *Helle, Helligkeit* **2** *reich an Weiß* (Farben)*;* Zus *hellblau, hellblond, hellbraun, hellgelb, hellgrau, hellgrün, hellrot* **3** ⟨übertr.⟩ *schlau, klug, aufgeweckt, von sehr schneller Auffassungsgabe* **4** *rein, hoch, klar* (Klang); Zus *glockenhell* ▸ bitte ein Helles! ⟨umg.⟩ *helles Bier* ▸ in einem ~en Augenblick erkannte der Kranke ihn *in einem A. des Bewusstseins;* in ~e Begeisterung ausbrechen *in große, jauchzende B.;* ein Kleid in ~em Blau; sie bevorzugt ~e Farben; er hat seine ~e Freude an dem jungen Hund *große F.;* ~es Haar; ~e Haut; ein ~er Kopf, Verstand ⟨übertr.⟩; diese Lampe gibt ein ~es Licht; eine ~e Stimme; es geschah am ~en Tage; ein ~er Ton; das ist ja ~er Wahnsinn! ⟨umg.; verstärkend⟩ *das ist wirklich W.!* ▸ ~ auflachen; die Flamme brennt ~; ~ klingen, tönen; ~ leuchten; der Mond scheint ~; sein: sie ist recht ~ ⟨umg.⟩ *schlau;* wach auf, es ist schon ~

hell|auf ⟨Adv.; verstärkend⟩ *sehr, besonders* ▸ jmdn. ~ begeistern; wir waren ~ begeistert von der Musik

Hell|dun|kel ⟨das; -s; unz.⟩ *Gegensatz, Zusammenspiel von Licht u. Schatten, hellen u. dunklen Farben (bes. in der Malerei)*

hel|le ⟨Adj.; nur präd.; mittel-, norddt.⟩ *aufgeweckt, gescheit* ▸ er ist sehr, nicht sehr ~

Hel|le(s) ⟨das; -n, -n; umg.⟩ *ein Glas helles Bier* ▸ Herr Ober, bitte zwei Helle

Hel|ler ⟨der; -s, -; übertr.⟩ *kleines Geldstück* ▸ keinen ~ wert sein *gar nichts;* auf ~ und Pfennig *ganz genau*

hell|hö|rig ⟨Adj.⟩ **1** *schalldurchlässig* (Türen, Wände) **2** ⟨übertr.⟩ *aufmerksam* ▸ Neubauwohnungen sind oft sehr ~; als er das sagte, wurde ich ~

hell|licht ⟨Adj.⟩ am ~en Tage *während des Tages, tagsüber* ▸ bei uns wurde am ~en Tage eingebrochen

hell|se|hen ⟨V. intr.; nur im Inf. gebräuchl.⟩ *in die Zukunft sehen können, wissen, was in der Zukunft geschehen wird* ▸ woher soll ich das wissen, ich kann ja auch nicht ~ ⟨umg.⟩; Abl *Hellseher(in); hellseherisch*

hell|wach ⟨Adj.⟩ *völlig wach* ▸ ich lag ~ im Bett

Helm ⟨der; -(e)s, -e⟩ *schützende Kopfbedeckung aus Leder, Metall, Kunststoff o. Ä.;* Zus *Fahrradhelm, Reithelm, Sturzhelm, Tropenhelm*

Hemd ⟨das; -(e)s, -en⟩ **1** *an der Vorderseite mit Knöpfen versehenes Kleidungsstück für den Oberkörper aus leichterem Stoff;* ⓘ S. 683; Zus *Hemdenknopf, Hemdenkragen, Hemdkragen, Hemdsärmel; Herrenhemd, Oberhemd* **2** *am bloßen Körper getragenes Wäschestück;* Zus *Nachthemd, Unterhemd* **3** ⟨übertr.⟩ *gerade geschnittenes Kleidungsstück;* Zus *Chorhemd* ▸ ~en **bügeln,** färben, stärken, waschen; seine Meinung wie sein ~ **wechseln** *seine Gesinnung oft ändern* ▸ ein **frisches** ~ anziehen; ein **gestärktes,** gestreiftes, kurz-, langärmeliges, buntes, weißes ~; er würde sein **letztes** ~ hergeben, verschenken ⟨übertr.⟩ *er ist völlig selbstlos, sehr gutmütig, freigiebig* ▸ er hat kein ganzes ~ mehr **am** Leib ⟨übertr.⟩ *er ist völlig heruntergekommen;* jmdn. bis **aufs** ~ ausplündern, ausziehen ⟨übertr.⟩ *jmdn. völlig ausplündern;* nass bis aufs ~ sein ⟨umg.⟩ *sehr nass;* ein ~ **aus** Baumwolle, Leinen; sich **ins** ~ machen ⟨übertr.; umg.⟩ *feige sein, Angst haben, sich zieren*

Hemd|blu|se ⟨die; -, -n⟩ *oberhemdartig geschnittene Bluse;* Zus *Hemdblusenkleid*

hemds|är|me|lig ⟨Adj.⟩ oV *hemdsärmlig* **1** *in Hemdsärmeln, ohne Jacke* **2** ⟨übertr.⟩ **2.1** *einfach u. direkt, salopp* **2.2** ⟨abwertend⟩ *ohne diplomatisches Geschick, taktlos* ▸ ~ am Tisch sitzen; ~ zupacken; seine Rede war ein wenig ~ ⟨übertr.⟩; ein ~ agierender Politiker ⟨übertr.⟩

He|mi|sphä|re ⟨die; -, -n⟩ **1** *Halbkugel, insbes. die Erd- od. Himmelshalbkugel* **2** ⟨Anat.⟩ *Großhirnhälfte* ▸ nördliche, südliche ~ der Erde

hem|men ⟨V. trans.; hemmt, hemm|te, hat gehemmt⟩ **1** etwas ~ *bremsen, Bewegung od. Fortgang verlangsamen von, verzögern, behindern, erschweren* **2** ⟨übertr.⟩ jmdn. ~ *jmdm. Hemmungen verursachen, ihn unfrei machen* ▸ die Entwicklung, den Fortschritt ~ ⟨übertr.⟩; ein Rad am Fahren, einen Wagen ~; ~d auf etwas einwirken; gehemmt sein *schüchtern*

Hemm|nis ⟨das; -nis|ses, -nis|se⟩ *Hindernis, Erschwernis* ▸ das ist ein großes ~ für den wirtschaftlichen Fortschritt; er sieht darin kein grundsätzliches ~ für eine Koalition der beiden Parteien

Hemm|schuh ⟨der; -(e)s, -e⟩ **1** *Vorrichtung, mit der Schienenfahrzeuge am Wegrollen gehindert werden;* Syn *Bremsklotz, Bremsschuh, Hemmklotz* **2** ⟨übertr.⟩ *Hemmnis* ▸ jmdm. einen ~ in den Weg legen ⟨übertr.⟩; ein ~ für jmdn. sein ⟨übertr.⟩

Hemm|schwel|le ⟨die; -, -n⟩ *Grad, Stufe, bis zu dem bzw. der Hemmungen wirksam sind* ▸ eine hohe, niedrige ~ haben

Hem|mung ⟨die; -, -en⟩ **1** *Verlangsamung, Behinderung, Störung od. Unterbrechung von regelmäßigen Abläufen od. Funktionen;* Zus *Wachstumshemmung, Willenshemmung* **2** *Vorrichtung an Uhren, die den Gang des Räderwerkes in bestimmten Abständen unterbricht* ▸ nur keine ~en! ⟨umg.⟩ *(ermunternder Zuruf);* er hat, leidet an ~en; seine ~en überwinden; ~ des technischen Fortschritts

hem|mungs|los ⟨Adj.⟩ *keinerlei Hemmungen kennend, zügellos* ▸ ein ~er Mensch; ~ schreien, weinen; Abl *Hemmungslosigkeit*

Hen|del ⟨das; -s, -n; österr.⟩ *Hähnchen;* Zus *Backhendl, Brathendl*

Hengst ⟨der; -(e)s, -e⟩ *männliches Huftier, besonders männliches Pferd;* Ggs *Stute;* →a. *Wallach;* Zus *Kamelhengst, Eselhengst, Zuchthengst*

Hen|kel ⟨der; -s, -⟩ *Griff, gebogene Handhabe zum Anfassen an Körben, Töpfen usw.;* Zus *Henkelkorb, Henkelkrug, Henkeltopf*

...hen|ke|lig ⟨in Zus.; zur Bildung von Adj.⟩ *mit einer bestimmten Zahl von Henkeln versehen,* z. B. zweihenkelig; oV *...henklig*

Hen|ker ⟨der; -s, -⟩ *Vollstrecker der entehrenden Todesstrafen (Henken, Rädern usw.), meist im Dienst eines Scharfrichters* ▸ zum ~!, geh zum ~!, scher dich zum ~! *(Flüche);* Abl *Henkerin*

Hen|kers|mahl|zeit ⟨die; -; unz.⟩ **1** *letzte Mahlzeit vor der Hinrichtung* **2** ⟨übertr.⟩ *letzte Mahlzeit vor der Abreise* ▸ die ~ einnehmen

Hen|na ⟨die; -; unz.⟩ *von einem Strauch gewonnenes rotes Pulver zum Färben von Haaren, Haut u. Nägeln*

Hen|ne ⟨die; -, -n⟩ *Weibchen mancher Vögel;* Zus *Fasanenhenne*

her ⟨Adv.⟩ **I** ⟨örtlich⟩ *(von dort) auf den Sprechenden zu* ▸ **Geld** ~! ▸ ~ **sein** *geboren sein, herstammen, seinen Ursprung haben;* wo ist er ~?; ich weiß nicht, wo das ~ ist ▸ ~ **mit** dem Geld, Schmuck!, ~ damit! *(grobe Aufforderung);* rings **um** ihn ~ war es finster; **vom** Fenster, von der Tür ~ zieht es; von Norden ~ weht ein kalter Wind; von außen, von dort ~; er kam von weit ~; ~ **zu** mir! **II** ⟨zeitlich⟩ *bis jetzt, bis heute, seit ...* ▸ ~ **sein** *geschehen sein, stattgefunden haben, zurückliegen;* es ist schon eine Ewigkeit ~ ⟨umg.⟩, ein halbes Jahr, lange Zeit ~, dass wir uns nicht gesehen haben ▸ **von** (irgendwann) ~ *seit einem bestimmten Zeitpunkt;* →a. *jeher;* von alters ~; das ist mir schon von früher, von meiner Jugend ~ bekannt; von seinem Verhalten ~ ist er mir eher unsympathisch **III** ⟨übertr.⟩ es ist nicht weit ~ **damit** ⟨umg.⟩ *es taugt nicht viel;* **mit** seinem Wissen ist es nicht weit ~ *es ist mangelhaft;* **hinter** jmdm. ~ sein *jmdn. verfolgen u. versuchen, ihn zu fangen; sich bemühen, jmdn. für sich einzunehmen, den man begehrt;* hinter etwas ~ sein *es gern besitzen wollen;* er ist hinter dem Geld ~; die Polizei ist hinter dem Täter ~ *verfolgt ihn;* →a. *hin*

he|r|ab ⟨Adv.; geh.⟩ *herunter, von (dort) oben nach (hier) unten* ▸ hinauf und ~; jmdn. von oben ~ behandeln ⟨umg.⟩ *hochmütig, herablassend*

he|r|ab|bli|cken ⟨V. intr.; blickt he|r|ab, blick|te

he|r|ab, hat he|r|ab|ge|blickt, he|r|ab|zu|bli|cken⟩ **1** *von (dort) oben nach (hier) unten blicken* **2** ⟨übertr.⟩ auf jmdn. ~ *jmdn. geringschätzen* ▸ sie blickten von der Brücke zu uns herab; hochmütig blickte er auf mich herab ⟨übertr.⟩; Syn *herabschauen, herabsehen*

he|r|ạb|kom|men ⟨V. intr.; kommt he|r|ab, kam he|r|ab, ist he|r|ab|ge|kom|men, her|ab|zu|kom|men⟩ *von (dort) oben nach (hier) unten kommen* ▸ vom Himmel ~

he|r|ạb|las|sen ⟨V.; lässt he|r|ab, ließ he|r|ab, hat he|r|ab|ge|las|sen, he|r|ab|zu|las|sen⟩ **I** ⟨V. trans.⟩ jmdn. od. etwas ~ *von (dort) oben nach (hier) unten sinken lassen* ▸ den Vorhang, die Rollläden ~; einen Eimer an einer Kette ~; einen Korb an einem Strick in den Brunnen ~; sie lässt den Korb herab **II** ⟨V. refl.; übertr.⟩ **1** sich zu etwas ~ od. sich ~, etwas zu tun *etwas tun, obwohl man sich dafür zu schade ist* **2** sich zu jmdm. ~ *jmdm. gegenüber gönnerhaft sein;* Abl *Herablassung*

he|r|ạb|las|send **I** ⟨Part. Präs. von⟩ *herablassen* **II** ⟨Adj.; übertr.⟩ *gönnerhaft, hochmütig, betont gnädig* ▸ er verhielt sich uns gegenüber ausnehmend ~

he|r|ạb|set|zen ⟨V. trans.; setzt he|r|ab, setz|te he|r|ab, hat he|r|ab|ge|setzt, he|r|ab|zu|set|zen⟩ **1** einen Preis, eine Strafe ~ *heruntersetzen, niedriger machen, vermindern* **2** ⟨übertr.⟩ jmdn. ~ *geringschätzig, kränkend behandeln, herabwürdigen* ▸ in ~der Weise von jmdm. sprechen; Verkauf zu herabgesetzten Preisen; Abl *Herabsetzung*

he|r|ạb|sin|ken ⟨V. intr.; sinkt he|r|ab, sank he|r|ab, ist he|r|ab|ge|sun|ken, he|r|ab|zu|sin|ken⟩ *von (dort) oben nach (hier) unten sinken* ▸ die Nacht sank herab ⟨übertr.⟩ *es wurde Nacht*

he|r|ạb|stür|zen ⟨V.⟩ **I** ⟨V. intr.; stürzt he|r|ab, stürz|te he|r|ab, ist he|r|ab|ge|stürzt, he|r|ab|zu|stür|zen⟩ *von (dort) oben nach (hier) unten stürzen* ▸ das Wasser ist herabgestürzt **II** ⟨V. refl.; stürzt he|r|ab, stürz|te he|r|ab, hat he|r|ab|ge|stürzt, he|r|ab|zu|stür|zen⟩ sich ~ *sich von (dort) oben nach (hier) unten stürzen* ▸ sie stürzte sich von einer Brücke herab

he|r|ạb|wür|di|gen ⟨V. trans.; wür|digt he|r|ab, wür|dig|te he|r|ab, hat he|r|ab|ge|wür|digt, he|r|ab|zu|wür|di|gen; übertr.⟩ jmdn. ~ *geringschätzig, kränkend behandeln;* Abl *Herabwürdigung*

He|rạl|dik ⟨die; -; unz.⟩ **1** *die Kunst, Wappen zu entwerfen u. zu zeichnen* **2** *Wappenkunde, Lehre von den Wappen*

he|r|ạn ⟨Adv.⟩ *hierher, auf den Sprechenden zu, in die Nähe von, herbei* ▸ näher ~; nur ~!

he|r|ạn... → *ran...*

he|r|ạn|bil|den ⟨V. trans.; bil|det he|r|an, bil|de|te he|r|an, hat he|r|an|ge|bil|det, her|an|zu|bil|den⟩ Nachwuchs ~ *zu einem bestimmten Zweck, auf ein bestimmtes Ziel hin ausbilden* ▸ junge Ärzte, Techniker ~

he|r|ạn|füh|ren ⟨V. trans.; führt he|r|an, führ|te he|r|an, hat he|r|an|ge|führt, he|r|an|zu|füh|ren⟩ **1** jmdn. od. ein Tier an etwas ~ *nahe an etwas führen* **2** ⟨übertr.⟩ jmdn. an eine Sache ~ *jmdn. mit einer Sache vertraut machen, ihn einführen*

he|r|ạn|ge|hen ⟨V. intr.; geht he|r|an, ging he|r|an, ist he|r|an|ge|gan|gen, he|r|an|zu|ge|hen⟩ an etwas ~ **1** *näher kommen, sich nähern* **2** ⟨übertr.⟩ *etwas sehr entschlossen beginnen, anpacken, etwas energisch betreiben* ▸ mit Eifer an eine Sache ~

he|r|ạn|kom|men ⟨V. intr.; kommt he|r|an, kam he|r|an, ist he|r|an|ge|kom|men, he|r|an|zu|kom|men⟩ **1** (an etwas od. jmdn.) ~ *sich nähern, näher kommen* **2** an etwas ~ **2.1** *etwas mit den Händen greifen können, daran heranreichen können* **2.2** ⟨übertr.⟩ *etwas bekommen, besorgen können* **3** ⟨übertr.⟩ an jmdn. ~ **3.1** *jmdn. erreichen können, um ihn zu sprechen* **3.2** *sich jmdm. nähern, eine persönlichere Beziehung zu jmdm. aufbauen (können)* ▸ ich mag ihn, aber ich komme nicht an ihn heran (weil er so verschlossen ist); an die Original-CD ist nicht mehr heranzukommen; ich komme nicht an das oberste Regal heran; lass die Sache erst einmal an dich ~ ⟨übertr.⟩ *unternimm nichts, warte ab;* man kann nicht, nur schwer an ihn ~ ⟨übertr.⟩ *er ist sehr unzugänglich*

he|r|ạn|las|sen ⟨V. trans.; lässt he|r|an, ließ he|r|an, hat he|r|an|ge|las|sen, he|r|an|zu|las|sen⟩ **1** jmdn. (an etwas) ~ *jmdm. gestatten, einen Gegenstand zu benutzen, an einer Sache arbeiten od. sich einer Sache nähern zu dürfen* **2** jmdn. (nicht) an sich ~ lassen **2.1** *sich von jmdm. (nicht) berühren lassen* **2.2** ⟨übertr.⟩ *sich jmdm. gegenüber (nicht) öffnen* ▸ das Kind nicht an die Stereoanlage ~; sie lässt niemanden an sich heran ⟨übertr.⟩

he|r|ạn|ma|chen ⟨V. refl.; macht sich he|r|an, mach|te sich he|r|an, hat sich he|r|an|ge|macht, sich he|r|an|zu|ma|chen; umg.⟩ **1** sich an jmdn. ~ *sich jmdm. in einer bestimmten Absicht nähern* **2** sich an eine Arbeit, Aufgabe ~ *damit beginnen*

he|r|ạn|rei|chen ⟨V. intr.; reicht he|r|an, reich|te he|r|an, hat he|r|an|ge|reicht, he|r|an|zu|rei|chen⟩ **1** an etwas ~ *an etwas reichen, etwas greifen können* **2** ⟨übertr.⟩ an jmdn. ~ *jmdm. ebenbürtig sein* ▸ das Kind kann noch nicht an die Türklinke ~; du reichst längst nicht an ihn heran ⟨übertr.⟩; das reicht schon ans Illegale heran *grenzt daran*

he|r|ạn|rei|fen ⟨V. intr.; reift he|r|an, reif|te he|r|an, ist he|r|an|ge|reift, he|r|an|zu|rei|fen⟩ **1** *reif werden* (Frucht) **2** *sich entwickeln* (Plan) **3** *sich entwickeln, erwachsen werden* ▸ sie reifte zu einer hübschen Frau heran

he|r|ạn|rü|cken ⟨V.⟩ **I** ⟨V. trans.; rückt he|r|an, rück|te he|r|an, hat he|r|an|ge|rückt, he|r|an|zu|rü|cken⟩ etwas (an jmdn. od. etwas) ~ *näher rücken* ▸ den Stuhl noch etwas ~ **II** ⟨V. intr.; rückt her|an, rück|te her|an, ist her|an|ge|rückt, her|an|zu|rü|cken⟩ an jmdn. od. etwas ~ *jmdm. od. etwas näher kommen* ▸ dicht an jmdn. ~

he|r|ạn|schlei|chen ⟨V. intr. u. V. refl.; schleicht he|r|an, schlich he|r|an, ist/hat he|r|an|ge|schli|chen, he|r|an|zu|schlei|chen⟩ (sich) ~ *sich unbemerkt nähern* ▸ er hat sich, ⟨od.⟩ ist herangeschlichen

he|r|ạn|tas|ten ⟨V. refl.; tas|tet sich he|r|an, tas|te|te sich he|r|an, hat sich he|r|an|ge|tas|tet, sich he|r|an|zu|tas|ten⟩ sich an etwas ~ **1** *sich tastend einer Sache nähern* **2** ⟨übertr.⟩ *vorsichtig versuchen, etwas herauszubekommen*

he|r|ạn|tra|gen ⟨V. trans.; trägt he|r|an, trug he|r|an, hat he|r|an|ge|tra|gen, he|r|an|zu|tra|gen⟩ **1** etwas ~ *bis zu einem Ort tragen* **2** ⟨übertr.⟩ eine Angelegenheit an jmdn. ~ *ihm gegenüber vorbringen, zum Ausdruck bringen* ▸ an die Betriebsleitung wurde der Wunsch herangetragen, die gleitende Arbeitszeit einzuführen

he|r|ạn|tre|ten ⟨V. intr.; tritt he|r|an, trat he|r|an, ist he|r|an|ge|tre|ten, he|r|an|zu|tre|ten⟩ **1** (an jmdn. od. etwas) ~ *näher treten* **2** ⟨übertr.⟩ an jmdn. mit einem Angebot, Vorschlag ~ *ihm etwas anbieten, vorschlagen* **3** ⟨übertr.⟩ an jmdn. mit einer Bitte, Frage ~ *ihn bitten, fragen* ▸ bitte, treten Sie näher heran!; er war dicht an die Brüstung herangetreten

he|r|ạn|wach|sen ⟨[-ks-] V. intr.; wächst he|r|an, wuchs he|r|an, ist he|r|an|ge|wach|sen, he|r|an|zu|wach|sen⟩ *erwachsen, groß werden* ▸ die ~de Jugend; als das Mädchen herangewachsen war, sah sie aus wie ihre Mutter

he|r|ạn|wa|gen ⟨V. refl.; wagt sich he|r|an, wag|te sich he|r|an, hat sich he|r|an|ge|wagt, sich he|r|an|zu|wa|gen⟩ sich an jmdn. od. etwas ~ **1** *sich jmdm. od. einer Sache zu nähern wagen* **2** ⟨umg.; übertr.⟩ *mit einer schwierigen Tätigkeit beginnen, sie sich zutrauen*

he|r|ạn|zie|hen ⟨V.⟩ **I** ⟨V. trans.; zieht he|r|an, zog he|r|an, hat he|r|an|ge|zo|gen, he|r|an|zu|zie|hen⟩ **1** jmdn. od. etwas (zu sich) ~ *näher zu sich ziehen* **2** jmdn. od. etwas ~ *großziehen, aufziehen, zum Gedeihen bringen, pflegen* **3** ⟨übertr.⟩ jmdn. ~ **3.1** *ausbilden* **3.2** *einsetzen, hinzuziehen* **4** ⟨übertr.⟩ jmdn. od. etwas ~ *mitberücksichtigen, einbeziehen* ▸ sich rechtzeitig einen Nachfolger ~; der Staat will Arbeitslose verstärkt zu Aushilfstätigkeiten ~; die Fußbank zu sich ~; die Pflanzen habe ich mir selbst herangezogen; zum Vergleich wurden die Aussagen weiterer Personen herangezogen **II** ⟨V. intr.; zieht he|r|an, zog he|r|an, ist he|r|an|ge|zo|gen, he|r|an|zu|zie|hen⟩ *näher kommen, sich nähern* ▸ das Unwetter zog schnell heran

he|r|ạn|züch|ten ⟨V. trans.; züch|tet he|r|an, züch|te|te he|r|an, hat he|r|an|ge|züch|tet, he|r|an|zu|züch|ten⟩ etwas ~ *durch Züchtung hervorbringen, erzeugen* ▸ eine neue Rasse von Haushühnern ~; eine neue Elite ~ ⟨übertr.⟩

he|r|auf ⟨Adv.⟩ **1** *von (dort) unten nach (hier) oben* **2** ⟨umg. oft fälschl.⟩ *hinauf* ▸ ~ und herunter ⟨umg.⟩; da ~!, hier ~!; von dort ~; von unten ~ dienen *vom untersten Dienstgrad an*

he|r|auf|ar|bei|ten ⟨V. refl.; ar|bei|tet sich he|r|auf, ar|bei|te|te sich he|r|auf, hat sich he|r|auf|ge|ar|bei|tet, sich he|r|auf|zu|ar|bei|ten⟩ sich ~ *durch Arbeit u. Anstrengung, einen Platz od. eine höhere Stellung erreichen* ▸ ich habe mich langsam (bis hierher) heraufgearbeitet

he|r|auf|be|schwö|ren ⟨V. trans.; be|schwört he|r|auf, be|schwor he|r|auf, hat he|r|auf|be|schwo|ren, he|r|auf|zu|be|schwö|ren⟩ **1** Streit, ein Unglück ~ *verursachen* **2** ein Bild, eine Erinnerung ~ *sich vorstellen, sich ausmalen* **3** einen Geist, Toten ~ *beschwören zu erscheinen*

he|r|auf|füh|ren ⟨V.; führt he|r|auf, führ|te he|r|auf, hat he|r|auf|ge|führt, he|r|auf|zu|füh|ren⟩ **I** ⟨V. trans.⟩ jmdn. ~ *von (dort) unten nach (hier) oben führen* ▸ bitte führen Sie den Herrn zu uns herauf **II** ⟨V. intr.⟩ *von (dort) unten bis nach (hier) oben verlaufen* (Weg)

he|r|auf|kom|men ⟨V. intr.; kommt he|r|auf, kam he|r|auf, ist he|r|auf|ge|kom|men, he|r|auf|zu|kom|men⟩ *von (dort) unten nach (hier) oben kommen* ▸ komm (doch) herauf!; darf ich raufkommen? ⟨umg.; eigtl.⟩ *hinauf*

he|r|auf|zie|hen ⟨V.⟩ **I** ⟨V. trans.; zieht he|r|auf, zog he|r|auf, hat he|r|auf|ge|zo|gen, he|r|auf|zu|zie|hen⟩ jmdn. od. etwas ~ *von (dort) unten nach (hier) oben ziehen* ▸ ihr müsst das Boot noch weiter auf den Strand ~ **II** ⟨V. intr.; zieht he|r|auf, zog he|r|auf, ist he|r|auf|ge|zo|gen, he|r|auf|zu|zie|hen⟩ *sich ankündigen, näher kommen* ▸ ein Gewitter zieht von Osten herauf

he|r|aus ⟨Adv.⟩ **1** *von (dort) innen, drinnen nach (hier) außen, draußen* **2** ⟨umg.; fälschl.⟩ *hinaus* ▸ raus! ⟨umg.⟩ *hinaus (mit dir, mit Ihnen)!;* ~ damit, ~ mit der Sprache! *nur Mut, sprich!;* raus oder rein! ⟨umg.; eigtl.⟩ *hinaus od. herein!, komm herein od. geh hinaus, auf jeden Fall schließ die Tür!;* von innen ~ ⟨übertr.⟩ *aus einem inneren Erlebnis, aus dem Gefühl;* ~ sein *ausgesprochen sein; herausgekommen, herausgenommen usw. sein;* so, jetzt ist es ~ *jetzt ist es gesagt worden;* es ist noch nicht ~, ob ich mitkommen kann; ihr neues Album ist noch nicht ~ *noch nicht veröffentlicht;* du bist fein raus, dass du dort nicht hinzugehen brauchst *du hast es gut;* aus einer Sache ~ sein ⟨übertr.⟩ *einer Sache entkommen sein*

he|r|aus|be|kom|men ⟨V. trans.; be|kommt he|r|aus, be|kam he|r|aus, hat he|r|aus|be|kom|men, he|r|aus|zu|be|kom|men⟩ Syn ⟨umg.⟩ *herauskriegen* **1** etwas (aus jmdm.) ~ *erfahren, (mit Mühe) ergründen, erforschen* **2** Flecken (aus etwas) ~ *beseitigen, aus etwas entfernen können* ▸ ich konnte nicht ~, ob er wirklich dort gewesen ist; ein Geheimnis ~; ich bekomme noch einen Euro heraus *ich erhalte einen Euro Wechselgeld zurück;* Rätsel, Rechenaufgaben ~ *lösen;* jmdn. aus der Gefangenschaft ~ *befreien;* ich bekomme den Schlüssel nicht aus dem Schloss heraus

he|r|aus|bil|den ⟨V. refl.; bil|det sich he|r|aus, bil|de|te sich he|r|aus, hat sich he|r|aus|ge|bil|det, sich he|r|aus|zu|bil|den⟩ sich ~ *nach und nach aus etwas entstehen, sich aus etwas entwickeln* ▸ eine Gewohnheit bildet sich heraus; Abl *Herausbildung*

he|r|aus|bre|chen ⟨V.⟩ **I** ⟨V. trans.; bricht he|r|aus, brach he|r|aus, hat he|r|aus|ge|bro|chen, he|r|aus|zu|bre|chen⟩ etwas aus etwas ~ *aus einer festen*

Masse lösen, brechen ▸ aus einer Mauer einen Stein ~ **II** ⟨V. intr.; bricht he|r|aus, brach he|r|aus, ist he|r|aus|ge|bro|chen, he|r|aus|zu|bre|chen⟩ aus etwas ~ *brechen u. sich aus einer Masse lösen* ▸ aus der Füllung ist ein Stück herausgebrochen

he|r|aus|brin|gen ⟨V. trans.; bringt he|r|aus, brachte he|r|aus, hat he|r|aus|ge|bracht, he|r|aus|zu|brin|gen⟩ **1** jmdn. od. etwas ~ *von (dort) drinnen nach (hier) draußen bringen* **2** ein Fabrikat, Modell ~ *entwickeln u. auf den Markt bringen* **3** ein Buch, einen Roman ~ *veröffentlichen* **4** ein Geheimnis (aus jmdm.) ~ *herausbekommen* ▸ die Band hat eine neue CD herausgebracht; bring uns bitte Tisch und Stühle heraus!; er brachte (vor Angst) kein Wort heraus *konnte vor Angst nicht sprechen;* es ist nichts aus ihm herauszubringen *er sagt, verrät nichts*

H

he|r|aus|dür|fen ⟨V. intr.; darf he|r|aus, durf|te he|r|aus, hat he|r|aus|ge|durft, he|r|aus|zu|dür|fen; umg.⟩ *herauskommen dürfen* ▸ darf ich raus? ⟨umg.; eigtl.⟩ *hinaus*

he|r|aus|fah|ren ⟨V.⟩ **I** ⟨V. intr.; fährt he|r|aus, fuhr he|r|aus, ist he|r|aus|ge|fah|ren, he|r|aus|zu|fah|ren⟩ **1** *von (dort) drinnen nach (hier) draußen fahren* **2** ⟨umg.⟩ jmdm. ~ *unbeabsichtigt von jmdm. ausgesprochen werden* (Wort, Antwort, Bemerkung) ▸ es fuhr mir so heraus, es war nicht böse gemeint ⟨umg.⟩ *ich habe es eigentlich nicht sagen wollen;* er kam aus der Garage herausgefahren **II** ⟨V. trans.; fährt he|r|aus, fuhr he|r|aus, hat he|r|aus|ge|fah|ren, he|r|aus|zu|fah|ren⟩ jmdn. od. etwas ~ *mit dem Wagen herausbringen*

he|r|aus|fil|tern ⟨V. trans.; fil|tert he|r|aus, fil|ter|te he|r|aus, hat he|r|aus|ge|fil|ert, he|r|aus|zu|fil|tern⟩ **1** etwas (aus etwas) ~ *durch Filtern aussondern, herauslösen* **2** ⟨übertr.⟩ jmdn. od. etwas ~ *anhand bestimmter Kriterien aus einer größeren Menge heraussuchen, aussondern* ▸ Schadstoffe aus dem Wasser ~; die wichtigsten Aspekte ~ ⟨übertr.⟩

he|r|aus|fin|den ⟨V.; fin|det he|r|aus, fand he|r|aus, hat he|r|aus|ge|fun|den, he|r|aus|zu|fin|den⟩ **I** ⟨V. intr.⟩ (aus etwas) ~ **1** *den Weg von (dort) drinnen nach (hier) draußen finden* **2** ⟨übertr.⟩ *den Ausweg aus Schwierigkeiten, aus einer Notlage finden* ▸ er findet nicht aus dieser Angelegenheit heraus ⟨übertr.⟩; er hat aus dem Waldstück nicht ~ können **II** ⟨V. trans.⟩ etwas ~ *ausfindig machen, herausbekommen* ▸ ich muss ~, ob die Angaben richtig sind; wie kann ich seine Adresse ~?

he|r|aus|for|dern ⟨V. trans.; for|dert he|r|aus, forder|te he|r|aus, hat he|r|aus|ge|for|dert, he|r|aus|zu|for|dern⟩ **1** jmdn. ~ **1.1** *jmdn. auffordern zu kämpfen* **1.2** *jmdn. durch Worte od. Taten dazu bringen, eine bestimmten Reaktion zu zeigen* **1.3** ⟨Sp.; Pol.⟩ *den Titelinhaber bzw. einen an der Macht Befindlichen zu einem Zweikampf auffordern;* Abl *Herausforderer* **2** etwas ~ *aus Risikofreudigkeit bestimmte Reaktionen, Geschehnisse heraufbeschwören, die sich vielleicht negativ auf das eigene Leben auswirken können* ▸ Kritik, Widerspruch ~; das Schicksal ~

he|r|aus|for|dernd **I** ⟨Part. Präs. von⟩ *herausfordern* **II** ⟨Adj.⟩ *aufreizend, anmaßend, angriffslustig* ▸ jmdm. einen ~en Blick zuwerfen; jmdn. ~ ansehen

He|r|aus|for|de|rung ⟨die; -, -en⟩ **1** *Äußerung, Verhaltensweise, die jmdn. herausfordert* **2** *Aufgabe, deren Bewältigung schwierig, aber auch vielversprechend erscheint* ▸ sie ist auf der Suche nach neuen beruflichen ~en; ich betrachte sein Benehmen, seine Bemerkung als eine ~ (an mich)

he|r|aus|ge|ben ⟨V. trans.; gibt he|r|aus, gab he|r|aus, hat he|r|aus|ge|ge|ben, he|r|aus|zu|ge|ben⟩ **1** (jmdm.) etwas ~ *von (dort) drinnen nach (hier) draußen geben, von einem anderen Raum in diesen Raum geben* **2** die Garderobe, einen Schlüssel ~ *aus der Verwahrung geben, hergeben* **3** (jmdm.) Wechselgeld ~ *zurückgeben, wiedergeben* **4** Gefangene ~ *ausliefern* **5** ein Buch ~ *veröffentlichen;* Abl *Herausgeber(in)* ⟨Abk.: Hrsg., Hg.⟩ ▸ geben Sie mir bitte zwei Euro heraus, der Rest ist für Sie; können Sie ~? *haben Sie passendes Wechselgeld?;* haben Sie das Geld nicht passend, ich kann nicht ~; Goethes Werke, herausgegeben von XY ⟨Abk.: hrsg., hg.⟩; Abl *Herausgabe*

he|r|aus|ge|hen ⟨V. intr.; geht he|r|aus, ging he|r|aus, ist he|r|aus|ge|gan|gen, he|r|aus|zu|ge|hen⟩ **1** (aus etwas) ~ *sich (aus etwas) beseitigen, entfernen lassen* **2** ⟨übertr.⟩ aus sich ~ *seine Schüchternheit überwinden, lebhaft, lustig werden* ▸ die Flecken gehen schwer (aus dem Stoff) heraus; geh raus! ⟨umg.; eigtl.⟩ *hinaus*

he|r|aus|grei|fen ⟨V. trans.; greift he|r|aus, griff he|r|aus, hat he|r|aus|ge|grif|fen, he|r|aus|zu|grei|fen⟩ **1** jmdn. od. etwas ~ *auswählen, probeweise entnehmen* **2** etwas ~ *erläuternd erwähnen* ▸ um nur ein Beispiel herauszugreifen

he|r|aus|ha|ben ⟨V. trans.; hat he|r|aus, hat|te he|r|aus, hat he|r|aus|ge|habt, he|r|aus|zu|ha|ben; umg.⟩ etwas ~ *herausbekommen haben* ▸ ich hab's heraus! *jetzt weiß ich Bescheid!, ich weiß jetzt, was zu tun ist!;* jmdn. ~ wollen *nicht dabeihaben wollen, ausschließen wollen*

he|r|aus|hal|ten ⟨V.; hält he|r|aus, hielt he|r|aus, hat he|r|aus|ge|hal|ten, he|r|aus|zu|hal|ten⟩ **I** ⟨V. trans.⟩ etwas ~ *von (dort) drinnen nach (hier) draußen halten* **II** ⟨V. refl.⟩ sich (aus etwas) ~ *nichts mit einer Sache zu tun haben wollen* ▸ ich möchte mich (aus dieser Angelegenheit) möglichst ~

he|r|aus|hän|gen ⟨V. intr.; hängt he|r|aus, hing he|r|aus, hat he|r|aus|ge|han|gen, he|r|aus|zu|hän|gen⟩ **1** (aus etwas) ~ *von (dort) drinnen nach (hier) draußen hängen, von außen zu sehen sein* **2** ⟨übertr.; umg.; abwertend⟩ etwas ~ lassen *mit etwas protzen, etwas allzu deutlich zeigen;* Syn *herauskehren* ▸ das Hemd hängt dir aus der Hose heraus; er lässt wieder den Chef ~ ⟨umg.; übertr.; abwertend⟩; der Hund saß mit ~der Zunge da *stark abgehetzt;* die Sache hängt mir zum Hals(e) heraus ⟨übertr.; umg.⟩ *ich habe die Sache gründlich satt*

he|r|aus|hel|fen ⟨V. intr.; hilft he|r|aus, half he|raus, hat he|r|aus|ge|hol|fen, he|r|aus|zu|hel|fen⟩ jmdm. (aus etwas) ~ **1** *jmdm. helfen, aus etwas herauszukommen* **2** ⟨übertr.⟩ *aus einer unangenehmen Situation helfen* ▸ jmdm. aus dem Schnee, aus der Straßenbahn ~

he|r|aus|ho|len ⟨V. trans.; holt he|r|aus, hol|te he|r|aus, hat he|r|aus|ge|holt, he|r|aus|zu|ho|len⟩ **1** jmdn. od. etwas (aus etwas) ~ *von (dort) drinnen nach (hier) draußen holen* **2** ⟨übertr.⟩ **2.1** jmdn. aus etwas ~ *aus einer Notlage befreien* **2.2** etwas (aus etwas) ~ *einen Vorteil erreichen, einen Gewinn erzielen* ▸ wir müssen versuchen, ihn da herauszuholen; bitte hol mir den Mantel (aus Schrank) heraus; man muss jede Antwort mühsam aus ihm ~ *mühsam erfragen;* wir könnten da noch mehr ~ *Profit machen;* bitte hol doch Tisch und Stühle in den Garten heraus!

he|r|aus|hö|ren ⟨V. trans.; hört he|r|aus, hör|te he|r|aus, hat he|r|aus|ge|hört, he|r|aus|zu|hö|ren⟩ etwas (aus etwas) ~ **1** *beim Hören erkennen* **2** *(gefühlsmäßig) wahrnehmen* ▸ ich konnte ihre Stimme ganz deutlich ~; aus seinen Worten war seine Enttäuschung herauszuhören

he|r|aus|kit|zeln ⟨V. trans.; kit|zelt he|r|aus, kit|zel|te he|r|aus, hat he|r|aus|ge|kit|zelt, he|r|aus|zu|kit|zeln; übertr.; umg.⟩ etwas aus jmdm. od. etwas ~ *durch mühevolle Anstrengungen zusätzlich erreichen, herausholen* ▸ noch mehr Geld, Leistung aus jmdm. ~

he|r|aus|kom|men ⟨V. intr.; kommt he|r|aus, kam he|r|aus, ist he|r|aus|ge|kom|men, he|r|aus|zu|kom|men⟩ **1** (aus etwas) ~ *von (dort) drinnen nach (hier) draußen kommen, hervorkommen* **2** (aus etwas) ~ *erscheinen, sichtbar werden* **3** *veröffentlicht werden* (Buch) **4** *entwickelt u. auf den Markt gebracht werden* (Modell, Fabrikat) **5** (bei etwas) ~ *sich als Lösung ergeben* **6** *entdeckt werden, bekanntwerden* (Geheimnis, Tat, Verbrechen) **7** *aus der Übung kommen* **8** ⟨umg.⟩ *aus dem Rhythmus, aus dem Takt kommen* **9** ⟨Kart.⟩ *die erste Karte aufdecken, ausspielen* ▸ komm raus! ⟨umg.⟩; wenn das herauskommt, geht es dir schlecht; weil ich so lange nicht mehr Klavier gespielt habe, bin ich ein wenig herausgekommen; es ist bis jetzt nicht herausgekommen, wer der Täter war ▸ ich habe ihn (aus dem Haus) ~ **sehen** ▸ ich komme **gleich** raus ⟨umg.; eigtl.⟩ *hinaus;* das Buch, das Modell ist ganz **neu,** ist eben herausgekommen ▸ das kommt **auf** dasselbe, auf eins, auf das Gleiche heraus *das macht keinen Unterschied, das ist das Gleiche, es ist gleich, wie man es macht;* wir kamen **aus** dem Staunen nicht heraus *wir staunten sehr;* was kommt **bei** der Rechenaufgabe heraus?; was ist eigentlich bei der Sache noch herausgekommen? *wie ist sie weiter- od. zu Ende gegangen?;* dabei kommt nichts heraus ⟨übertr.; umg.⟩ *das führt zu nichts, es ist zwecklos;* das kommt nun dabei heraus, wenn man … ⟨übertr.; umg.⟩ *das kommt nun davon, das ist die Folge;* ich komme beim Tanzen, beim Spielen immer wieder, sehr schnell heraus *aus dem Takt;* **mit** etwas ~ ⟨übertr.; umg.⟩ *etwas gestehen;* der Verlag ist mit einem neuen Werk von XY herausgekommen *hat ein Werk von XY veröffentlicht*

he|r|aus|kris|tal|li|sie|ren ⟨V. refl., kris|tal|li|siert sich he|r|aus, kris|tal|li|sier|te sich he|r|aus, hat sich he|r|aus|kris|tal|li|siert, sich he|r|aus|zu|kris|tal|li|sie|ren⟩ sich ~ *sich im Laufe der Zeit zeigen, sich nach u. nach herausbilden, sich herausstellen* ▸ es wird sich bald ~, wer ernsthafte Chancen hat

he|r|aus|las|sen ⟨V. trans.; lässt he|r|aus, ließ he|r|aus, hat he|r|aus|ge|las|sen, he|r|aus|zu|las|sen; umg.⟩ jmdn. od. etwas ~ **1** *herauskommen lassen* **2** ⟨a. übertr.⟩ *entweichen lassen, ins Freie lassen* (Luft, Dampf) ▸ lass mich raus! ⟨umg.; eigtl.⟩ *hinaus;* lass den Vogel nicht (aus dem Käfig) heraus!

he|r|aus|le|sen ⟨V. trans.; liest he|r|aus, las he|r|aus, hat he|r|aus|ge|le|sen, he|r|aus|zu|le|sen⟩ etwas aus etwas ~ **1** *heraussuchen* **2** *durch Lesen erfahren, erraten, sich deuten* ▸ aus seinem Brief konnte man seine Sorgen ~

her|aus|lo|cken ⟨V. trans.; lockt he|r|aus, lock|te he|r|aus, hat he|r|aus|ge|lockt, he|r|aus|zu|lo|cken⟩ **1** jmdn. od. ein Tier ~ *hervorlocken, durch Locken zum Herauskommen veranlassen* **2** etwas aus jmdm. ~ *durch geschicktes Fragen erfahren, was man wissen will, jmdn. auf geschickte Weise zum Reden bringen* ▸ ein Tier aus seinem Bau ~; jmdn. aus seiner Zurückhaltung ~ *zum Sprechen bringen, anregen, lebhafter machen*

he|r|aus|neh|men ⟨V.nimmt he|r|aus, nahm he|r|aus, hat he|r|aus|ge|nom|men, he|r|aus|zu|neh|men⟩ **I** ⟨V. trans.⟩ **1** jmdn. od. etwas (aus etwas) ~ *aus etwas nehmen, entfernen* **2** (jmdm.) etwas ~ *operativ entfernen* ▸ ein Buch (aus dem Regal, Schrank) ~; jmdm. die Mandeln ~; wir wollen den Jungen aus dieser Schulklasse ~; Abl *herausnehmbar* **II** ⟨V. refl.; übertr.⟩ sich etwas ~ *sich etwas anmaßen* ▸ sich (große) Freiheiten ~; sich das Recht ~, etwas zu tun; sich (zu) viel ~ *Freiheiten missbrauchen, Rechte überschreiten*

he|r|aus|pi|cken ⟨V. trans.; pickt he|r|aus, pick|te he|r|aus, hat he|r|aus|ge|pickt, he|r|aus|zu|pi|cken⟩ **I** ⟨V. trans.⟩ etwas (aus etwas) ~ *durch Picken herausholen* (von Vögeln) ▸ die Rosinen aus dem Kuchen ~ ⟨übertr.⟩ *sich das Beste einer Sache heraussuchen* **II** ⟨V. refl.; übertr.⟩ sich etwas, das Beste ~ *sich etwas, das Beste heraussuchen*

he|r|aus|put|zen ⟨V. trans. u. V. refl.; putzt he|r|aus, putz|te he|r|aus, hat he|r|aus|ge|putzt, he|r|aus|zu|put|zen⟩ jmdn., etwas od. sich ~ *festlich zurechtmachen, schmücken* ▸ für den Ball müssen wir uns ~

he|r|aus|ra|gen ⟨V. intr.; ragt he|r|aus, rag|te he|r|aus, hat he|r|aus|ge|ragt, he|r|aus|zu|ra|gen⟩ **1** *größer gewachsen sein als die in der Umgebung Befindlichen* **2** ⟨übertr.⟩ *besser sein als die anderen* ▸ er ragte aus der Menge heraus

he|r|aus|ra|gend **I** ⟨Part. Präs. von⟩ *herausragen* **II** ⟨Adj.⟩ *auffallend, besonders gut* ▸ sie zeigt seit langem ~e Leistungen

he|r|aus|re|den ⟨V. refl.; re|det sich he|r|aus, re|de-

H
I
J
K
L
M
N
O
P
Q
R
S
T
U
V
W
X
Y
Z

te sich he|r|aus, hat sich he|r|aus|ge|re|det, sich he|r|aus|zu|re|den⟩ sich (aus etwas) ~ *sich durch Reden von einem Verdacht zu befreien suchen, Ausflüchte machen, Ausreden gebrauchen*

he|r|aus|rei|ßen ⟨V. trans.; reißt he|r|aus, riss he|r|aus, hat he|r|aus|ge|ris|sen, he|r|aus|zu|rei|ßen⟩ **1** etwas aus etwas ~ od. jmdm. etwas ~ *durch Reißen gewaltsam entfernen;* Syn *herausziehen* **2** ⟨übertr.; umg.⟩ **2.1** jmdn. ~ *(aus Schwierigkeiten) befreien* **2.2** etwas ~ *ausgleichen, wettmachen* ▸ in der ersten Prüfung hat er nicht gut abgeschnitten, aber eine Eins in der zweiten kann ihn wieder ~; ich reiße mir deshalb kein Bein heraus ⟨übertr.⟩ *ich mache mir deshalb keine Arbeit od. Mühe;* Unkraut ~; jmdm. einen Zahn ~ *ziehen*

he|r|aus|rü|cken ⟨V.⟩ **I** ⟨V. trans.; rückt he|r|aus, rück|te he|r|aus, hat he|r|aus|ge|rückt, he|r|aus|zu|rü|cken⟩ etwas ~ **1** *aus einer Reihe, einem Raum nach (hier) draußen rücken* **2** ⟨übertr.; umg.⟩ *hergeben, herausgeben* ▸ Geld ~; können Sie bitte Ihren Stuhl etwas ~? **II** ⟨V. intr.; rückt he|r|aus, rück|te he|r|aus, ist he|r|aus|ge|rückt, he|r|aus|zu|rü|cken; übertr.; umg.⟩ mit etwas ~ *etwas ungern u. nur zögerlich mitteilen, preisgeben* ▸ mit einer Neuigkeit ~; nicht mit der Sprache ~ (wollen) *etwas nicht deutlich sagen wollen;* willst du nicht endlich mit der Wahrheit ~?

he|r|aus|rut|schen ⟨V. intr.; rutscht he|r|aus, rutsch|te he|r|aus, ist he|r|aus|ge|rutscht, he|r|aus|zu|rut|schen⟩ **1** (aus etwas) ~ *von (dort) drinnen nach (hier) draußen rutschen* **2** ⟨übertr.⟩ jmdm. ~ *ungewollt von jmdm. ausgesprochen werden* ▸ das Wort ist mir so herausgerutscht *ich wollte es eigentlich nicht sagen;* das Hemd ist ihm aus der Hose herausgerutscht

he|r|aus|schä|len ⟨V.; schält he|r|aus, schäl|te he|r|aus, hat he|r|aus|ge|schält, he|r|aus|zu|schä|len⟩ **I** ⟨V. trans.⟩ eine Frucht, das Kerngehäuse ~ *durch Schälen zum Vorschein bringen od. entfernen* **II** ⟨V. refl.⟩ **1** ⟨übertr.⟩ sich ~ *allmählich deutlich werden, allmählich erkennbar werden, hervortreten* **2** sich aus seinen Sachen ~ *seine Kleider nacheinander ausziehen*

he|r|aus|schau|en ⟨V. intr.; schaut he|r|aus, schau|te he|r|aus, hat he|r|aus|ge|schaut, he|r|aus|zu|schau|en⟩ **1** *von (dort) drinnen nach (hier) draußen schauen* **2** ⟨übertr.⟩ bei etwas ~ *sich als Gewinn ergeben;* Syn *herausspringen* ▸ er schaute durchs Fenster zu mir in den Garten heraus

he|r|aus|schin|den ⟨V. trans.; schin|det he|r|aus, schund he|r|aus, hat he|r|aus|ge|schun|den, he|r|aus|zu|schin|den⟩ etwas (bei etwas) ~ *durch Mühe (bei etwas) einen Gewinn erreichen;* →a. *herausschlagen (2)*

he|r|aus|schla|gen ⟨V. trans.; schlägt he|r|aus, schlug he|r|aus, hat he|r|aus|ge|schla|gen, he|r|aus|zu|schla|gen⟩ **1** etwas (aus etwas) ~ *durch Schlagen herausbringen, entfernen* **2** ⟨übertr.; umg.⟩ etwas (bei jmdm. od. etwas) ~ *durch Geschicklichkeit erringen* ▸ Staub aus dem Teppich ~; er versucht, bei allem etwas für sich herauszuschlagen; er hat bei dem Geschäft eine große Summe für sich herausgeschlagen

he|r|aus|schme|cken ⟨V. trans.; schmeckt he|r|aus, schmeck|te he|r|aus, hat he|r|aus|ge|schmeckt, he|r|aus|zu|schme|cken⟩ ein Gewürz (aus etwas) ~ *mit dem Geschmackssinn beim Essen wahrnehmen*

he|r|aus|schmug|geln ⟨V. trans.; schmug|gelt he|r|aus, schmug|gel|te he|r|aus, hat he|r|aus|geschmug|gelt, he|r|aus|zu|schmug|geln⟩ jmdn. od. etwas (aus etwas) ~ *aus einem Raum od. Land nach (hier) draußen schmuggeln*

he|r|aus|schnei|den ⟨V. trans.; schnei|det he|r|aus, schnitt he|r|aus, hat he|r|aus|ge|schnit|ten, he|r|aus|zu|schnei|den⟩ etwas (aus etwas) ~ od. (jmdm.) etwas ~ *durch Schneiden entfernen, entnehmen* ▸ ein Geschwür ~; Artikel aus der Zeitung ~

he|r|aus|schrei|en ⟨V. trans.; schreit he|r|aus, schrie he|r|aus, hat he|r|aus|ge|schrien, he|r|aus|zu|schrei|en⟩ etwas ~ *schreiend mitteilen, was einen bedrückt* ▸ seinen Kummer ~

he|r|aus|spru|deln ⟨V. intr.; spru|delt he|r|aus, spru|del|te he|r|aus, ist he|r|aus|ge|spru|delt, he|r|aus|zu|spru|deln⟩ **1** aus etwas ~ *nach draußen sprudeln, hervorsprudeln, sprudelnd herausquellen, herausspritzen* **2** aus jmdm. ~ *überstürzt, ungeduldig aus jmdm. herausbrechen* ▸ aus dem Felsen sprudelte eine Quelle heraus; die Worte sprudelten nur so aus ihm heraus

he|r|aus|stel|len ⟨V.; stellt he|r|aus, stell|te he|r|aus, hat he|r|aus|ge|stellt, he|r|aus|zu|stel|len⟩ **I** ⟨V. trans.⟩ etwas ~ **1** *von (dort) drinnen nach (hier) draußen stellen* **2** ⟨übertr.⟩ *betonen, hervorheben* ▸ besondere Merkmale einer Person, eines Werkes ~; stell die Blumen hier auf den Balkon heraus **II** ⟨V. refl.⟩ sich ~ *sich ergeben, sich zeigen, sich erweisen als* ▸ es hat sich herausgestellt, dass das Hotel ausgebucht ist; er hat sich als Betrüger herausgestellt; es hat sich schließlich doch als falsch herausgestellt

he|r|aus|stre|cken ⟨V. trans.; streckt he|r|aus, streck|te he|r|aus, hat he|r|aus|ge|streckt, he|r|aus|zu|stre|cken⟩ etwas ~ *aus einem Raum, Körper nach (hier) draußen strecken;* Syn *herausstecken* ▸ er hat mir die Zunge herausgestreckt; er streckte den Kopf weit zum Fenster heraus

he|r|aus|strei|chen ⟨V. trans.; streicht he|r|aus, strich he|r|aus, hat he|r|aus|ge|stri|chen, he|r|aus|zu|strei|chen⟩ **1** etwas (aus etwas) ~ *streichen, tilgen, durch Streichen entfernen* **2** ⟨übertr.⟩ jmdn. od. etwas ~ *lobend hervorheben* ▸ jmds. Verdienste ~ ⟨übertr.⟩; bestimmte Stellen aus einem Text ~

he|r|aus|strö|men ⟨V. intr.; strömt he|r|aus, ström|te he|r|aus, ist he|r|aus|ge|strömt, he|r|aus|zu|strö|men⟩ (aus etwas) ~ *aus einem Raum, Behälter o. Ä. nach (hier) draußen strömen, quellen, fließen* ▸ die Menschenmenge strömte aus dem Saal heraus ⟨übertr.⟩

he|r|aus|su|chen ⟨V. trans.; sucht he|r|aus, such|te he|r|aus, hat he|r|aus|ge|sucht, he|r|aus|zu|suchen› etwas (aus etwas) ~ *aus einer Menge suchen, auswählen, aussortieren* ▸ such dir das heraus, was dir am besten gefällt; ich habe das Buch für dich herausgesucht

he|r|aus|wach|sen ‹[-ks-] V. intr.; wächst he|r|aus, wuchs he|r|aus, ist he|r|aus|ge|wach|sen, he|r|aus-zu|wach|sen› aus etwas ~ *aus der Erde wachsen, aus einem Behälter nach draußen wachsen, hervorkommen, emporschießen* (Pflanzen) ▸ er ist aus der Hose herausgewachsen ‹übertr.; umg.› *die Hose ist ihm zu klein geworden;* die Wurzeln sind unten aus dem Topf herausgewachsen; sie ist aus dieser Rolle herausgewachsen ‹übertr.; umg.› *zu alt für diese R.*

he|r|aus|wa|schen ‹V. trans.; wäscht he|r|aus, wusch he|r|aus, hat he|r|aus|ge|wa|schen, he|r|aus-zu|wa|schen› Flecken (aus etwas) ~ *durch Waschen entfernen, reinigen*

herb ‹Adj.› **1** *kräftig (im Geschmack), leicht bitter, leicht säuerlich* (Obst, Saft), *trocken* (Sekt, Wein) **2** ‹übertr.› **2.1** *verschlossen, abweisend* (Mensch) **2.2** *bitter* (Enttäuschung, Verlust) **2.3** *hart, schwer treffend* (Kritik); Abl *Herbheit*

her|bei ‹Adv.› *hierher* ▸ ~! *hierherkommen!, zu Hilfe!*

her|bei|ei|len ‹V. intr.; eilt her|bei, eil|te her|bei, ist her|bei|ge|eilt, her|bei|zu|ei|len› *so schnell wie möglich herkommen*

her|bei|füh|ren ‹V. trans.; führt her|bei, führte her|bei, hat her|bei|ge|führt, her|bei|zu|füh|ren; übertr.› etwas ~ *bewirken* ▸ wir müssen eine Entscheidung ~

her|bei|re|den ‹V. trans.; re|det her|bei, re|de|te her|bei, hat her|bei|ge|re|det, her|bei|zu|re|den› etwas ~ *so lange reden, bis etwas Gewünschtes Wirklichkeit wird* ▸ einen Erfolg ~; die Partei versucht, den Aufschwung herbeizureden

her|bei|schaf|fen ‹V. trans.; schafft her|bei, schaffte her|bei, hat her|bei|ge|schafft, her|bei|zu|schaffen› **1** jmdn. od. etwas ~ *hierher-, heranschaffen, holen, besorgen* **2** Beweise ~ *beibringen*

her|bei|seh|nen ‹V. trans.; sehnt her|bei, sehn|te her|bei, hat her|bei|ge|sehnt, her|bei|zu|seh|nen› jmdn. od. etwas ~ *innig wünschen, dass etwas od. jmd. da sei, sehnlich herbeiwünschen*

her|bei|wün|schen ‹V. trans.; wünscht her|bei, wünsch|te her|bei, hat her|bei|ge|wünscht, her-bei|zu|wün|schen› jmdn. od. etwas ~ *wünschen, dass etwas od. jmd. da sei*

her|bei|zie|hen ‹V. trans.; zieht her|bei, zog herbei, hat her|bei|ge|zo|gen, her|bei|zu|zie|hen› etwas ~ *durch Ziehen herbeischaffen* ▸ das ist an den Haaren herbeigezogen ‹übertr.› *das erscheint wenig glaubwürdig, ist nicht einleuchtend*

her|be|kom|men ‹V. trans.; be|kommt her, be|kam her, hat her|be|kom|men, her|zu|be|kom|men; umg.; meist in Fragesätzen› etwas ~ *von jmdm. erhalten* ▸ wo soll ich das ~? *woher, von wem soll ich das bekommen?*

her|be|mü|hen ‹V. trans. u. V. refl.; be|müht her, be|müh|te her, hat her|be|müht, her|zu|be|mühen› jmdn. od. sich ~ *hierherkommen, an diesen Ort kommen (lassen)* ▸ wenn du ihn heute treffen möchtest, musst du dich schon selbst ~

Her|ber|ge ‹die; -, -n› **1** *Wirtshaus, Gasthaus, in dem man übernachten kann* **2** *Unterkunftsheim für die Jugend;* Zus *Jugendherberge*

Her|bergs|mut|ter ‹die; -, -mütter› *Verwalterin einer Jugendherberge*

Her|bergs|va|ter ‹der; -s, -vä|ter› *Verwalter einer Jugendherberge*

her|be|stel|len ‹V. trans.; be|stellt her, be|stell|te her, hat her|be|stellt, her|zu|be|stel|len; umg.› *auffordern zu kommen, kommen lassen;* Syn *herbeordern, herzitieren*

her|bit|ten ‹V. trans.; bit|tet her, bat her, hat herge|be|ten, her|zu|bit|ten› jmdn. ~ *bitten, herzukommen, einladen* ▸ ich habe Sie hergebeten, um etwas mit Ihnen zu besprechen

her|brin|gen ‹V. trans.; bringt her, brach|te her, hat her|ge|bracht, her|zu|brin|gen› jmdn. od. etwas ~ *hierher-, heran-, herbeibringen*

Herbst ‹der; -(e)s, -e› **1** *Jahreszeit zw. Sommer u. Winter, beginnt zw. 20.-23.9. u. endet zw. 20.-23.12. (auf der nördlichen Erdhalbkugel);* Abl *herbstlich;* Zus *Herbstanfang, Herbstbeginn, Herbstblume, Herbstfarben, Herbstferien, Herbstsonne, Herbststurm, Herbsttag; Frühherbst, Spätherbst* **2** ‹übertr.› *Zeit des Welkens, Alterns* ▸ der ~ des Lebens ‹übertr.› *das beginnende Alter;* ein früher, später, kalter, warmer, schöner ~; im ~ färbt sich das Laub bunt; im ~ dieses, nächsten, vorigen Jahres

Herbst|zeit|lo|se ‹die; -, -n; Bot.› *von August bis Oktober blühende Pflanze mit hellen lilafarbenen Blüten, die auf Wiesen wächst*

Herd ‹der; -(e)s, -e› **1** *Gerät, das elektrisch od. mit Gas betrieben wird u. auf dem man kochen kann, meist mit einem Backofen;* ⓘ S. 255; Zus *Herdplatte; Elektroherd, Gasherd, Heißluftherd, Küchenherd* **2** *Ausgangspunkt für Krankheiten od. unangenehme Ereignisse;* Zus *Ansteckungsherd, Entzündungsherd, Erdbebenherd, Krankheitsherd, Unruheherd* **3** ‹Sinnbild für› *Heim u. Gemütlichkeit* ▸ Haus und ~ haben *einen eigenen Haushalt führen* ▸ elektrischer, offener ~ ▸ ein Essen, einen Topf auf den ~ stellen; das Essen, einen Topf vom ~ nehmen

Her|de ‹die; -, -n› **1** *Verband von Haus- od. wilden Tieren;* Zus *Elefantenherde, Rinderherde, Schafherde* **2** ‹übertr.› *Haufen, Masse, Schar von Menschen, bes. solcher, die sich willenlos führen od. treiben lassen* ▸ eine ~ Ziegen hüten; eine ~ von Kindern, von Touristen; Zus *Herdentier*

he|r|ein ‹Adv.› *von (dort) draußen nach (hier) drinnen* ▸ ~! *(Aufforderung zum Eintreten ins Zimmer) bitte eintreten!;* von draußen ~; →a. *hinein*

he|r|ein... → *rein...*

he|r|ein|be|kom|men ‹V. trans.; be|kommt he|r-ein, be|kam he|r|ein, hat he|r|ein|be|kom|men, he|r|ein|zu|be|kom|men› **1** neue Ware ~ *erhalten* **2** Geld ~ *einnehmen* ▸ wir bekommen diese Stoffe nächste Woche wieder herein; wir werden unsere Kosten dreifach wieder ~

H

he|r|ein|bit|ten 〈V. trans.; bit|tet he|r|ein, bat he|r|ein, hat he|r|ein|ge|be|ten, he|r|ein|zu|bit|ten〉 jmdn. ~ *bitten, hereinzukommen* ▸ ich kann Sie leider nicht ~, da ich Besuch habe

he|r|ein|bre|chen 〈V. intr.; bricht he|r|ein, brach he|r|ein, ist he|r|ein|ge|bro|chen, he|r|ein|zu|bre|chen〉 **1** *plötzlich anbrechen, schnell beginnen* **2** über jmdn. ~ *gewaltsam zu ihm hereindringen, ihn überfallen* ▸ die Dunkelheit, die Nacht brach herein *es wurde schnell dunkel, schnell Nacht;* bei ~der Nacht; das Unglück brach über ihn herein *geschah ihm plötzlich*

he|r|ein|drän|gen 〈V. intr. u. V. refl.; drängt he|r|ein, dräng|te he|r|ein, hat he|r|ein|ge|drängt, he|r|ein|zu|drän|gen〉 *von (dort) draußen nach (hier) drinnen drängen* ▸ die Menge drängte (sich) ins Haus, zur Tür herein

H

he|r|ein|fal|len 〈V. intr.; fällt he|r|ein, fiel he|r|ein, ist he|r|ein|ge|fal|len, he|r|ein|zu|fal|len; übertr.〉 **1** mit etwas ~ *von etwas enttäuscht, unangenehm überrascht werden* **2** auf etwas od. jmdn. ~ *sich von etwas od. jmdm. täuschen lassen* ▸ er fällt auf alles herein, was man ihm sagt *er glaubt alles;* sie ist auf einen Betrüger hereingefallen; hereingefallen! *du hast dich von mir täuschen lassen!;* mit dem neuen Rasierapparat bin ich ganz schön hereingefallen

he|r|ein|ho|len 〈V. trans.; holt he|r|ein, hol|te he|r|ein, hat he|r|ein|ge|holt, he|r|ein|zu|ho|len〉 **1** jmdn. od. etwas ~ *von (dort) draußen nach (hier) drinnen holen* **2** 〈übertr.〉 etwas ~ *aufholen, nacharbeiten, nachholen* ▸ wir müssen die versäumte Arbeit wieder ~ 〈übertr.〉

he|r|ein|kom|men 〈V. intr.; kommt he|r|ein, kam he|r|ein, ist he|r|ein|ge|kom|men, he|r|ein|zu|kom|men〉 **1** *von (dort) draußen nach (hier) drinnen kommen, eintreten* **2** *geliefert werden* (Ware) **3** *aufs Konto kommen* (Geld) ▸ bitte, kommen Sie doch herein!; darf ich reinkommen? 〈umg.; eigtl.〉 *hineinkommen;* nein danke, ich kann nicht ~ 〈eigtl.〉 *hineinkommen, ich habe keine Zeit;* die neuen Stoffe kommen erst nächste Woche herein

he|r|ein|las|sen 〈V. trans.; lässt he|r|ein, ließ he|r|ein, hat he|r|ein|ge|las|sen, he|r|ein|zu|las|sen; umg.〉 jmdn. ~ *hereinkommen lassen, eintreten lassen* ▸ lass niemanden herein!; lass mich rein! 〈umg.; eigtl.〉 *hinein*

he|r|ein|le|gen 〈V. trans.; legt he|r|ein, leg|te he|r|ein, hat he|r|ein|ge|legt, he|r|ein|zu|le|gen〉 **1** jmdn. od. etwas ~ *von (dort) draußen od. von einem anderen Raum nach (hier) drinnen od. in diesen Raum legen* **2** 〈übertr.〉 jmdn. ~ *jmdm. einen Streich spielen* ▸ bitte legen sie mir die Akten über den Fall X herein; er hat dich schön hereingelegt

he|r|ein|plat|zen 〈V. intr.; platzt he|r|ein, platz|te he|r|ein, ist he|r|ein|ge|platzt, he|r|ein|zu|plat|zen; umg.〉 *plötzl. herein-, hinzukommen, unerwartet (bei jmdm. od. in einer Gesellschaft) erscheinen* ▸ wir saßen gerade beim Essen, da platzten sie mit lautem Geschrei herein

he|r|ein|ru|fen 〈V. trans.; ruft he|r|ein, rief he|r|ein, hat he|r|ein|ge|ru|fen, he|r|ein|zu|ru|fen〉 **1** etwas ~ *von (dort) draußen nach (hier) drinnen rufen* **2** jmdn. ~ *zum Hereinkommen rufen, hereinbitten* ▸ sie rief „Hallo" zu uns herein; bitte ruf die Kinder herein; rufen Sie den nächsten Patienten aus dem Wartezimmer herein

he|r|ein|schau|en 〈V. intr.; schaut he|r|ein, schau|te he|r|ein, hat he|r|ein|ge|schaut, he|r|ein|zu|schau|en〉 **1** *von (dort) draußen nach (hier) drinnen schauen* **2** 〈übertr.〉 *einen kurzen Besuch machen* ▸ schauen Sie bitte nächste Woche noch einmal herein; mach das Fenster zu, es kann jeder ~

he|r|ein|schnei|en 〈V. intr.〉 **I** 〈schneit he|r|ein, schnei|te he|r|ein, hat he|r|ein|ge|schneit, he|r|ein|zu|schnei|en; unpersönl.〉 es schneit (zum Fenster) herein *der Schnee dringt (durchs Fenster) ein* **II** 〈schneit he|r|ein, schnei|te he|r|ein, ist he|r|ein|ge|schneit, he|r|ein|zu|schnei|en; persönl.; übertr.; umg.〉 *unerwartet zu Besuch kommen* ▸ gestern kamen unsere Nachbarn (zu uns) hereingeschneit

her|fah|ren 〈V.〉 **I** 〈V. intr.; fährt her, fuhr her, ist her|ge|fah|ren, her|zu|fah|ren〉 **1** *hierherfahren* **2** neben jmdm. ~ *Seite an Seite mit jmdm. fahren* **3** hinter jmdm. ~ *jmdm. fahrend folgen* **4** vor jmdm. ~ *längere Zeit vor jmdm. fahren* **II** 〈V. trans.; fährt her, fuhr her, hat her|ge|fah|ren, her|zu|fah|ren〉 jmdn. od. etwas ~ *hierherfahren, mit dem Wagen herbringen*

Her|fahrt 〈die; -; unz.〉 *Fahrt von einem anderen Ort hierher, Herreise*

her|fal|len 〈V. intr.; fällt her, fiel her, ist her|ge|fal|len, her|zu|fal|len〉 **1** über jmdn. ~ **1.1** *jmdn. überfallen* **1.2** 〈umg.〉 *über jmdn. Ungünstiges reden, jmdn. schlechtmachen* **2** über etwas ~ *gierig von etwas Besitz ergreifen, an sich raffen, es gierig zu essen beginnen*

her|fin|den 〈V. intr.; fin|det her, fand her, hat her|ge|fun|den, her|zu|fin|den; umg.〉 *den Weg hierher finden* ▸ hast du gleich hergefunden?

her|füh|ren 〈V. trans.; führt her, führ|te her, hat her|ge|führt, her|zu|füh|ren〉 jmdn. ~ *hierherführen* ▸ was führt Sie her? *weshalb sind Sie gekommen?, was wünschen Sie?*

Her|gang 〈der; -(e)s; unz.〉 *Vorgang, Verlauf eines Ereignisses* ▸ den ~ schildern *schildern, wie alles geschah*

her|ge|ben 〈V.; gibt her, gab her, hat her|ge|ge|ben, her|zu|ge|ben〉 **I** 〈V. trans.〉 **1** etwas ~ *hierhergeben* **2** etwas ~ *weggeben, verkaufen* **3** etwas ~ *heraus-, zurückgeben* ▸ gib her! *gib es mir!;* gib das Buch bitte her!; er gibt nichts her *er verschenkt nichts;* das Buch gibt nichts, zu wenig her 〈übertr.〉 *ist von geringem Nutzen* **II** 〈V. refl.〉 sich (nicht) für, zu etwas ~ *sich (nicht) bereitfinden zu etwas* ▸ dafür, dazu gebe ich mich nicht her *dazu bin ich mir zu schade*

her|ge|bracht **I** 〈Part. Perf. von〉 *herbringen* **II** 〈Adj.〉 *herkömmlich, seit jeher üblich* ▸ am Hergebrachten hängen *am Alten, an der Tradition hängen;* in ~er Weise; ~e Vorstellungen

her|ge|hen 〈V. intr.; geht her, ging her, ist her|ge|gan|gen, her|zu|ge|hen〉 **I** 〈persönl.〉 **1** neben jmdm. ~ *an der Seite von jmdm. gehen* **2** hinter jmdm. ~ *jmdm. folgen* **3** vor jmdm. ~ *längere Zeit vor jmdm. gehen* **4** 〈süddt.〉 *hierhergehen, herkommen* ▸ geh her! 〈süddt.〉; ich habe es lange versucht, aber er geht her und bringt es in fünf Minuten in Ordnung 〈süddt.〉 *bringt es mühelos in Ordnung* **II** 〈unpersönl.〉 es geht irgendwie her *es geht irgendwie vor sich, zu, geschieht irgendwie* ▸ es ging heiß her *es wurde hart gekämpft, heftig gestritten*

her|ge|lau|fen **I** 〈Part. Perf. von〉 *herlaufen* **II** 〈Adj.; abwertend〉 *von zweifelhafter Herkunft u. deshalb Misstrauen erregend* ▸ ein ~er Kerl

her|hal|ten 〈V.; hält her, hielt her, hat her|ge|hal|ten, her|zu|hal|ten〉 **I** 〈V. intr.〉 als od. für etwas ~ müssen *als od. für etwas dienen müssen, etwas spielen müssen* ▸ als Sündenbock ~ müssen; als Zielscheibe der Kritik ~ müssen **II** 〈V. trans.〉 etwas ~ *hierherhalten* ▸ wenn du mir dein Glas herhältst, schenke ich dir gerne noch etwas Wein ein

her|ho|len 〈V. trans.; holt her, hol|te her, hat her|ge|holt, her|zu|ho|len; umg.〉 jmdn. od. etwas ~ *hierherholen* ▸ soll ich die andern noch ~?; deine Gründe sind sehr weit hergeholt 〈übertr.〉 *nicht überzeugend*

her|hö|ren 〈V. intr.; hört her, hör|te her, hat her|ge|hört, her|zu|hö|ren; umg.〉 *zuhören, aufpassen* ▸ alles mal ~! 〈umg.〉 *hört alle zu!*

He|ring 〈der; -s, -e〉 **1** 〈Zool.〉 *in allen Meeren vorkommender, schmackhafter Speisefisch;* Zus *Heringsfilet, Heringssalat, Heringsschwarm; Brathering* **2** *Zeltpflock* ▸ geräucherter, grüner, marinierter ~; das Zelt mit den ~en im Boden befestigen

her|kom|men 〈V. intr.; kommt her, kam her, ist her|ge|kom|men, her|zu|kom|men; umg.〉 *hierherkommen* ▸ komm (einmal) her (zu mir)!; ~ von *herrühren von, verursacht werden durch;* das kommt von etwas anderem her *das hat eine andere Ursache, einen anderen Ursprung;* wo kommen Sie her? 〈übertr.〉 *woher stammen Sie?;* wo soll das Geld denn auch ~?

her|kömm|lich 〈Adj.〉 *gebräuchlich, üblich* ▸ ~e Methoden einsetzen; ~es Verfahren

Her|kunft 〈die; -; unz.〉 *Ursprung, Abstammung, Herkommen* ▸ ~ eines Wortes *Etymologie;* deutscher, afrikanischer, amerikanischer ~ sein; von adliger ~; von niedriger, vornehmer ~; Zus *Herkunftsangabe, Herkunftsbezeichnung, Herkunftsland, Herkunftsort*

her|lau|fen 〈V. intr.; macht her, mach|te her, ist her|ge|lau|fen, her|zu|lau|fen; umg.〉 **1** *hierherlaufen* **2** neben jmdm. ~ *an der Seite von jmdm. laufen* **3** hinter jmdm. ~ **3.1** *jmdm. folgen* **3.2** 〈übertr.〉 *jmdn. nicht in Ruhe lassen, in jmdn. einseitig verliebt sein* **4** vor jmdm. ~ *längere Zeit vor jmdm. laufen;* →a. *hergelaufen*

her|lei|ten 〈V.; lei|tet her, lei|te|te her, hat her|ge|lei|tet, her|zu|lei|ten〉 **I** 〈V. trans.〉 etwas (aus etwas) ~ *daraus folgern, schließen, darauf zurückführen* ▸ der wirkliche Ablauf des Geschehens lässt sich aus ihrer Aussage nicht sicher ~ **II** 〈V. refl.〉 sich aus od. von etwas ~ *von etwas herrühren, abstammen* ▸ das Wort „Fenster" leitet sich von lat. „fenestra" her

her|ma|chen 〈V.; macht her, mach|te her, hat her|ge|macht, her|zu|ma|chen; umg.〉 **I** 〈V. refl.〉 sich über etwas ~ **1** *über etwas herfallen, gierig von etwas Besitz ergreifen* **2** *etwas gierig zu essen beginnen* ▸ die Kinder machen sich über den Kuchen her **II** 〈V. trans.〉 etwas ~ *Eindruck machen, ansprechend wirken* ▸ das Kleid macht nicht viel her *das K. ist unscheinbar*

Her|m|a|ph|ro|dit 〈der; -en, -en〉 = *Zwitter*

Her|me|lin 〈das; -s, -e〉 **1** = *Großes* → *Wiesel* **2** 〈bes.〉 *dessen Pelz*

Her|me|neu|tik 〈die; -; unz.〉 *Kunst der Auslegung, Deutung von Schriften, Kunstwerken usw.;* Abl *hermeneutisch*

her|me|tisch 〈Adj.〉 *luft- u. wasserdicht* ▸ einen Ort ~ abriegeln; ~ verschlossen

her|nach 〈Adv.; bes. süddt.〉 *nachher, hinterher, später* ▸ gleich ~; das kannst du ~ noch tun

her|neh|men 〈V. trans.; nimmt her, nahm her, hat her|ge|nom|men, her|zu|neh|men〉 **1** etwas ~ *von einem anderen Platz nehmen* **2** (sich) jmdn. ~ *mit jmdm. ein ernstes Wort sprechen* ▸ wo soll ich das Geld denn ~?; wo nimmt er nur den Mut dazu her? *woher hat er den Mut?*

He|ro|in 〈das; -s; unz.〉 *ein süchtig machendes Rauschgift;* Zus *Heroinsucht; heroinabhängig, heroinsüchtig*

he|ro|isch 〈Adj.〉 *heldenhaft* ▸ eine ~e Tat

Her|pes 〈die od. der; -; unz.; Med.〉 *einfacher, harmloser, aber störender u. zu Rückfällen neigender Bläschenausschlag, meist an den Lippen*

Herr 〈der; -en, -en〉 **1** *Besitzer, Gebieter, Herrscher;* Zus *Gutsherr, Landesherr, Lehnherr* **2** *respektvolle Anrede für Männer, vor den Namen gesetzt wird* **3** *Mann (im gesellschaftl. Umgang);* Zus *Herrenanzug, Herrenhemd, Herrenmode, Herrenrad, Herrenschuh* ⓘ S. 683 **4** 〈Sp.; meist Pl.〉 *männlicher Sportler;* Zus *Herrendoppel, Herreneinzel, Herrenmannschaft* **5** der ~ *Gott* ▸ ein ~ möchte Sie sprechen und wartet draußen; er war nicht mehr ~ seiner selbst *er konnte sich nicht mehr beherrschen* ▸ meine (sehr geehrten) Damen und ~en! *(Anrede an eine Versammlung);* ~ Direktor; ~ Doktor, ~ Professor; Gott, der ~; der ~ des Hauses *Hausherr, Hauseigentümer; Gastgeber;* der ~ Jesus; ~ der Lage, Situation sein *eine L., S. beherrschen;* ~ Meier, Schmitter; die ~en der Schöpfung 〈umg.; scherzh.〉 *die Männer* ▸ einer Sache ~ werden *eine S. bewältigen* ▸ meine ~en! *(Anrede an eine Versammlung von Männern);* ein alter, älterer ~; mein alter ~ 〈umg.〉 *mein Vater;* sein eigener ~ sein *frei sein, selbst bestimmen können;* sehr geehrter ~ X *(förml. Anrede im Brief);* den großen ~n spielen *verschwenderisch leben;* der junge ~ *Sohn des Hausherrn;* lieber ~ X! *(vertraute*

Anrede im Brief); ein vornehmer ~ ▸ aus aller ~en Ländern *von überall her;* ~ im Hause sein *derjenige sein, nach dem sich zu Hause alle richten müssen;* ~ über etwas sein *etwas besitzen, über etwas gebieten;* ~ über seine Gefühle, Leidenschaften sein ‹übertr.› *sie beherrschen;* ~ über Leben und Tod *Gerichtsherr, Gott;* sich zum ~n machen über etwas od. jmdn. *sich die Befehlsgewalt anmaßen über etwas od. jmdn.*

Herr|chen ‹das; -s, -; umg.› *Besitzer eines Hundes* ▸ wo ist denn dein ~? *(an den Hund gerichtete Frage)*

Her|ren|abend ‹; -(e)s, -e› *abendliches Treffen, an dem nur (verheiratete) Männer teilnehmen*

Her|ren|be|kannt|schaft ‹; -, -en› *Bekanntschaft (einer Frau) mit einem Mann* ▸ viele ~en haben; ~en suchen

H

her|ren|los ‹Adj.› *niemandem gehörend, ohne Besitzer* (Gepäck, Hund)

Herr|gott ‹der; -es; unz.› *Gott* ▸ ~ (noch mal)! *(Fluch bei Ärger u./od. Ungeduld);* unser ~; der liebe ~; zum ~ beten

Herr|gotts|frü|he ‹die; -; unz.; umg.› *sehr früher Morgen* ▸ in aller ~ aufstehen müssen

her|rich|ten ‹V. trans.; rich|tet her, rich|te|te her, hat her|ge|rich|tet, her|zu|rich|ten› **1** etwas ~ *zurechtmachen, vorbereiten, passend machen, ausbessern, instand setzen* **2** jmdn. od. sich (für den Abend, fürs Theater) ~ *sich gut anziehen, frisieren usw.* ▸ das Bett für einen Gast ~; den Tisch ~ *festlich decken*

Her|rin ‹die; -, -rin|nen› **1** *Gebieterin, Besitzerin* **2** ‹früher› *(Anrede für die Gebieterin)* ▸ ~ des Hauses *Gastgeberin, Hausherrin*

her|risch ‹Adj.› *gebieterisch, rechthaberisch, barsch, schroff* ▸ ~ sein; in ~em Ton sprechen

herr|je! ‹Int.; umg.› *(Ausruf des Erstaunens od. Entsetzens);* oV *herrjemine!*

herr|lich ‹Adj.› *wunderschön, wunderbar, vortrefflich, großartig, köstlich* ▸ das ist ein ~er Anblick; heute ist ~es Wetter; hier ist es ~; das Essen hat ~ geschmeckt; wir hatten einen ~en Urlaub; Abl *Herrlichkeit*

Herr|schaft ‹die; -, -en› **I** ‹unz.› *Befehlsgewalt, Regierungsgewalt, Macht* ▸ die ~ antreten; die (unbestrittene) ~ ausüben ▸ die ~ an sich reißen; die ~ über eine Maschine, ein Auto verlieren; unter seiner ~ *während seiner Regierungszeit;* unter deutscher ~; Zus *Herrschaftsbereich* **II** ‹zählb.› **1** die ~en *Herr u. Dame des Hauses (gegenüber den Dienstboten)* **2** ‹Pl.› ~en *Herr(en) u. Dame(n) in Gesellschaft* ▸ darf ich die ~en zum Essen bitten?; wünschen die ~en etwas zu trinken?; meine ~en!

herr|schaft|lich ‹Adj.› **1** *(zu) einer Herrschaft gehörig, grundherrlich* **2** *einer Herrschaft gemäß, vornehm, großzügig* (Wohnung)

herr|schen ‹V. intr.; herrscht, herrsch|te, hat geherrscht› **1** (über jmdn. od. etwas) ~ *Herr sein, gebieten, regieren* **2** *deutlich spürbar sein, vorhanden sein, walten* **3** *vorherrschend, gegenwärtig sein* ▸ hier herrscht (Zucht und) Ordnung; in dem Zimmer herrschte eine große Unordnung; es herrschte tiefes Schweigen; im ganzen Saal herrschte Totenstille; draußen herrscht eine klirrende Kälte; in London herrscht gutes Wetter; eine Seuche herrscht in der Stadt; die ~de Macht im Staat

Herr|scher ‹der; -s, -› *jmd., der über ein Land, ein Volk herrscht, Herr (bes. Fürst), Monarch, Gebieter, Regierender, Regent* ▸ gerechter, grausame, ~; als ~ über ein Land gebieten; Abl *Herrscherin*

Herrsch|sucht ‹die; -; unz.› *übersteigerte Herrschbegierde, Sucht, andere (bes. die engere Umgebung) zu beherrschen;* Abl *herrschsüchtig*

her|rüh|ren ‹V. intr.; rührt her, rühr|te her, hat her|ge|rührt, her|zu|rüh|ren› von etwas ~ *sich von etwas herleiten, seine darin Ursache haben* ▸ das alles rührt nur von deinem Leichtsinn her

her|sa|gen ‹V. trans.; sagt her, sag|te her, hat her|ge|sagt, her|zu|sa|gen› etwas ~ *auswendig aufsagen* ▸ ein Gedicht aus dem Kopf ~

her|schaf|fen ‹V. trans.; schafft her, schaff|te her, hat her|ge|schafft, her|zu|schaf|fen; umg.› jmdn. od. etwas ~ *hierherschaffen, herbeischaffen* ▸ das verschwundene Buch muss wieder hergeschafft werden

her|schau|en ‹V. intr.; schaut her, schau|te her, hat her|ge|schaut, her|zu|schau|en› **1** *hierherschauen* **2** *hierherkommen u. etwas anschauen* ▸ schaut her, wie er das macht; da schau her! *(Ausruf des Erstaunens, der Anerkennung)*

her|schi|cken ‹V. trans.; schickt her, schick|te her, hat her|ge|schickt, her|zu|schi|cken; umg.› jmdn. od. etwas ~ *hierherschicken* ▸ könnten Sie bitte ein Taxi ~?

her|schlep|pen ‹V. trans.; schleppt her, schlepp|te her, hat her|ge|schleppt, her|zu|schlep|pen; umg.› **1** etwas ~ *hierherschleppen* **2** ‹übertr.; umg.› jmdn. ~ *fast mit Gewalt herbringen, mit Mühe zum Kommen bewegen* ▸ er hat seine Freunde einfach mit hergeschleppt; jetzt habe ich die Sachen umsonst hergeschleppt!

her|stel|len ‹V. trans.; stellt her, stell|te her, hat her|ge|stellt, her|zu|stel|len› etwas ~ **1** *anfertigen, (neu)machen, produzieren, erzeugen* **2** ‹übertr.› *entstehen lassen, ins Leben rufen* **3** ‹umg.› *hierherstellen, an diesen Platz stellen* ▸ diese Firma stellt Autoreifen her; wie werden diese Backwaren hergestellt?; Waren, Geräte ~; eine Verbindung zu etwas od. jmdm. ~ ‹übertr.›; kannst du die Vase auf den Tisch ~?

Her|stel|ler ‹der; -s, -› **1** *jmd., der etwas (bes. Industriewaren) herstellt, Produzent* **2** *Angestellter eines Verlages, der für die Herstellung eines Buches vom fertigen Manuskript bis zur Auslieferung sorgt;* Abl *Herstellerin*

Her|stel|lung ‹die; -; unz.› **1** *Anfertigung, Erzeugung, Produktion;* Zus *Herstellungskosten; Lebensmittelherstellung, Papierherstellung* **2** *Abteilung eines Verlages, der die typograph. Gestaltung u. Kalkulation der Bücher obliegt*

her|tra|gen ‹V. trans.; trägt her, trug her, hat herge|tra|gen, her|zu|tra|gen; umg.⟩ jmdn. od. etwas ~ *hierhertragen, herbringen*

her|trei|ben ⟨V. trans.; treibt her, trieb her, hat her|ge|trie|ben, her|zu|trei|ben⟩ **1** jmdn. od. ein Tier ~ *hierhertreiben* **2** jmdn. od. ein Tier vor sich ~ *treiben, dass er od. es stets vor einem läuft* ▸ treib die Hühner zu mir her!

Hẹrtz ⟨das; -, -; Phys.; Zeichen: Hz⟩ *Schwingung pro Sekunde*

he|r|ü|ber ⟨Adv.⟩ *von der anderen Seite auf diese Seite;* Zus *herüberblicken, herüberbringen, herüberklettern, herüberreichen, herüberrufen, herüberschauen, herübersehen, herübertragen, herüberwerfen, herüberwinken*

he|r|ü|ber|bit|ten ⟨V. trans.; bit|tet he|r|ü|ber, bat he|r|ü|ber, hat he|r|ü|ber|ge|be|ten, he|r|ü|ber|zu|bit|ten⟩ jmdn. ~ *bitten, herüberzukommen (ins andere Zimmer)* ▸ darf ich Sie einen Augenblick zu mir ~?

he|r|ü|ber|hel|fen ⟨V. intr.; hilft he|r|ü|ber, half he|r|ü|ber, hat he|r|ü|ber|ge|hol|fen, he|r|ü|ber|zu|hel|fen; umg.⟩ jmdm. ~ *helfen, herüberzukommen* ▸ hab keine Angst, ich helf dir (über den Bach, den Zaun) zu mir herüber

he|r|ü|ber|kom|men ⟨V. intr.; kommt he|r|ü|ber, kam he|r|ü|ber, ist he|r|ü|ber|ge|kom|men, he|r|ü|ber|zu|kom|men⟩ *von der anderen Seite auf diese Seite, von einem anderen Raum in diesen Raum kommen* ▸ kommen Sie doch heute Abend zu uns herüber *besuchen Sie uns heute Abend*

he|r|ü|ber|las|sen ⟨V. trans.; lässt he|r|ü|ber, ließ he|r|ü|ber, hat he|r|ü|ber|ge|las|sen, he|r|ü|ber|zu|las|sen; umg.⟩ jmdn. ~ *herüberkommen lassen* ▸ lass mich mal herüber

he|r|ụm ⟨Adv.⟩ **1** *umher* **2** *rundum, ringsum* **3** *nach dieser od. jener Seite* ▸ ~ sein *zu Ende sein, abgelaufen sein, verstrichen sein* (Zeit, Frist); *verbreitet (worden) sein, in aller Munde sein, sich herumgesprochen haben* (Gerücht, Nachricht); die Ferien sind immer so schnell ~; die Neuigkeit ist bereits überall, in der ganzen Stadt ~; um München ~ ⟨örtl.⟩ *in der Umgebung von München;* um 11 Uhr ~ ⟨zeitl.⟩ *etwa um 11 Uhr;* immer um jmdn. ~ sein ⟨umg.⟩ *jmdm. durch seine ständige Anwesenheit lästigfallen;* die Gegend um Berlin ~ *die Gegend rings um Berlin;* um 1930 ~ *in den Jahren um 1930;* es war um Ostern ~ *ungefähr in der Osterzeit;* →a. *umher...*

he|r|ụm... ⟨in Zus. mit Verben; umg.; oft nur verstärkend⟩ **1** *um einen Mittelpunkt sich bewegend, befindlich* **2** *ständig, längere Zeit (u. sinnlos) etwas tun,* z. B. sich herumbalgen, sich mit jmdm. herumärgern, herumstehen

he|r|ụm|al|bern ⟨V. intr.; al|bert he|r|um, al|ber|te he|r|um, hat he|r|um|ge|al|bert, he|r|um|zu|al|bern; umg.⟩ *Albernheiten, Kindereien treiben*

he|r|ụm|är|gern ⟨V. refl.; är|gert sich he|r|um, är|ger|te sich he|r|um, hat sich he|r|um|ge|är|gert, sich he|r|um|zu|är|gern; umg.⟩ sich mit jmdm. od. etwas ~ *sich ständig über jmdn. od. etwas ärgern*

he|r|ụm|be|kom|men ⟨V. trans.; be|kommt he|r|um, be|kam he|r|um, hat he|r|um|be|kom|men, he|r|um|zu|be|kom|men; umg.⟩ jmdn. od. etwas ~ = *herumkriegen*

he|r|ụm|dok|tern ⟨V. intr.; dok|tert he|r|um, dok|ter|te he|r|um, hat he|r|um|ge|dok|tert, he|r|um|zu|dok|tern; umg.⟩ **1** an sich od. an jmdm. ~ *dilettantische Heilversuche unternehmen* **2** an etwas ~ *alles Mögliche versuchen, um etwas instand zu setzen od. in Gang zu bringen*

he|r|ụm|dre|hen ⟨V.; dreht he|r|um, dreh|te he|r|um, hat he|r|um|ge|dreht, he|r|um|zu|dre|hen⟩ **I** ⟨V. trans.⟩ jmdn. od. etwas ~ *einmal um die Achse drehen* ▸ den Schlüssel im Schloss ~; jmdm. die Worte im Munde ~ ⟨übertr.; umg.⟩ *jmds. Worte bewusst missdeuten* **II** ⟨V. refl.; umg.⟩ sich ~ *sich umdrehen, umwenden, zur Seite wenden* ▸ der Magen drehte sich mir herum ⟨umg.⟩ *ich musste mich übergeben, musste erbrechen;* sich im Kreise ~

he|r|ụm|ex|pe|ri|men|tie|ren ⟨V. intr.; ex|pe|ri|men|tiert he|r|um, ex|pe|ri|men|tier|te he|r|um, hat he|r|um|ex|pe|ri|men|tiert, he|r|um|zu|ex|pe|ri|men|tie|ren⟩ (an od. mit etwas) ~ *lange ohne den erwünschten Erfolg experimentieren, mit großer Mühe versuchen, etwas zustande zu bringen* ▸ sie hat lange daran herumexperimentiert

he|r|ụm|fah|ren ⟨V.⟩ **I** ⟨V. intr.; fährt he|r|um, fuhr he|r|um, ist he|r|um|ge|fah|ren, he|r|um|zu|fah|ren⟩ **1** ⟨umg.⟩ *umherfahren, spazieren fahren* **2** um etwas ~ *um etwas rundherum fahren, im Kreis um etwas fahren* ▸ wir sind ein wenig in der Stadt herumgefahren; Sie müssen um die Stadt ~ *die S. umgehen* **II** ⟨V. trans.; fährt he|r|um, fuhr he|r|um, hat he|r|um|ge|fah|ren, he|r|um|zu|fah|ren⟩ jmdn. ~ *im Wagen hierhin u. dorthin bringen* ▸ wir haben unseren Gast stundenlang herumgefahren

he|r|ụm|füh|ren ⟨V.; führt he|r|um, führ|te he|r|um, hat he|r|um|ge|führt, he|r|um|zu|füh|ren⟩ **I** ⟨V. trans.⟩ jmdn. ~ **1** *umherführen, führend, erklärend begleiten* **2** *ringsum, rundherum führen, begleiten* ▸ jmdn. im Haus, im Museum ~; jmdn. um ein Gebäude ~ **II** ⟨V. intr.⟩ um etwas ~ *rings um etwas verlaufen, etwas umgehen* ▸ der Weg führt um den See herum

he|r|ụm|ge|hen ⟨V. intr.; geht he|r|um, ging he|r|um, ist he|r|um|ge|gan|gen, he|r|um|zu|ge|hen; umg.⟩ **1** *umhergehen, spazieren gehen (in)* **2** *von einem zum andern gehen* (Person) **3** *weitergereicht werden* (Sache) **4** *verstreichen, vergehen* (Zeit) **5** um etwas ~ *um etwas ringsum gehen, im Kreis um etwas gehen* ▸ die Tage, Wochen sind schnell herumgegangen; bitte lassen Sie die Bilder ~ *reichen Sie die B. weiter;* er ist im ganzen Haus herumgegangen und hat überall gefragt; wir sind ein wenig in der Stadt herumgegangen; ich bin um den See herumgegangen

he|r|ụm|hän|gen ⟨V. intr.; hängt he|r|um, hing he|r|um, hat he|r|um|ge|han|gen, he|r|um|zu|hän|gen⟩ **1** irgendwo ~ *unordentlich, hier u. dort hängen* **2** ⟨übertr.⟩ **2.1** *ohne sinnvolle Tätigkeit dastehen od. dasitzen* **2.2** *schlapp sein, sich krank* *fühlen u. daher zu keiner Beschäftigung fähig sein* ▸ hier hängt überall Wäsche herum; abends in der Kneipe, der Disko ~; sie hängt müde zu Hause herum

he|r|ụm|hüp|fen ⟨V. intr.; hüpft he|r|um, hüpf|te he|r|um, ist he|r|um|ge|hüpft, he|r|um|zu|hüp|fen⟩ **1** *hierhin u. dorthin hüpfen, hin u. her hüpfen* **2** um etwas ~ *im Kreis um etwas hüpfen* ▸ die Kinder hüpfen mir vor den Füßen herum

he|r|ụm|ir|ren ⟨V. intr.; irrt he|r|um, irr|te he|r|um, ist he|r|um|ge|irrt, he|r|um|zu|ir|ren; umg.⟩ *den Weg suchend umhergehen, umherirren*

he|r|ụm|kom|man|die|ren ⟨V. trans.; kom|man|diert he|r|um, kom|man|dier|te he|r|um, hat he|r|um|kom|man|diert, he|r|um|zu|kom|man|die|ren⟩ jmdn. ~ *jmdm. ständig Anweisungen geben u. Befehle erteilen* ▸ ich lasse mich von dir nicht ~!

he|r|ụm|kom|men ⟨V. intr.; kommt he|r|um, kam he|r|um, ist he|r|um|ge|kom|men, he|r|um|zu|kom|men⟩ **1** *reisen, etwas von der Welt sehen, etwas erleben* **2** um etwas ~ *etwas vermeiden, sich um etwas drücken, etwas nicht zu tun brauchen* ▸ er ist viel, wenig, kaum herumgekommen; wir kommen nicht darum herum, das zu tun *wir können es nicht vermeiden*

he|r|ụm|krie|gen ⟨V. trans.; kriegt he|r|um, krieg|te he|r|um, hat he|r|um|ge|kriegt, he|r|um|zu|krie|gen; umg.⟩ **1** etwas ~ *mit Mühe umdrehen können* **2** die Zeit (mit etwas) ~ *verbringen, hinter sich bringen* **3** ⟨übertr.⟩ jmdn. ~ *jmdn. umstimmen, überreden (zu etwas)* ▸ ich habe ihn nach langem Zureden herumgekriegt, dass er mitkommt

he|r|ụm|lau|fen ⟨V. intr.; läuft he|r|um, lief he|r|um, ist he|r|um|ge|lau|fen, he|r|um|zu|lau|fen⟩ **1** ⟨umg.⟩ *ziellos hierhin u. dahin laufen* **2** um ein Feld, ein Grundstück, um den See ~ *im Kreis um ein Feld usw. laufen* ▸ der Hund darf hier nicht frei ~ *der Hund muss hier an die Leine genommen werden;* ich bin in der ganzen Stadt herumgelaufen; so kannst du nicht ~ *so unordentlich angezogen*

he|r|ụm|lie|gen ⟨V. intr.; liegt he|r|um, lag he|r|um, hat he|r|um|ge|le|gen, he|r|um|zu|lie|gen⟩ **1** ⟨umg.⟩ irgendwo ~ *umherliegen, unordentlich, verstreut daliegen* **2** um etwas ~ *ringsum liegen, im Kreis (angeordnet) um etwas liegen* ▸ lass bitte deine Sachen nicht so ~!; die Felder liegen rings um jedes Gehöft herum

he|r|ụm|lun|gern ⟨V. intr.; lun|gert he|r|um, lun|ger|te he|r|um, hat he|r|um|ge|lun|gert, he|r|um|zu|lun|gern; umg.⟩ *müßig umhergehen od. dastehen* ▸ was lungerst du hier herum, hilf mir lieber!

her|ụm|mä|keln ⟨V. intr.; mä|kelt he|r|um, mä|kel|te he|r|um, hat he|r|um|ge|mä|kelt, he|r|um|zu|mä|keln; umg.⟩ an jmdm. od. etwas ~ *ständig mäkeln u. meckern* ▸ er mäkelt ständig an allem herum

he|r|ụm|pla|gen ⟨V. refl.; plagt sich he|r|um, plag|te sich he|r|um, hat sich he|r|um|ge|plagt, sich he|r|um|zu|pla|gen; umg.⟩ sich mit jmdm. od. etwas ~ *sich lange od. ständig mit jmdm. od. etwas plagen*

he|r|ụm|re|den ⟨V. intr.; re|det he|r|um, re|de|te he|r|um, hat he|r|um|ge|re|det, he|r|um|zu|re|den; umg.⟩ um eine Sache ~ *die entscheidenden Gesichtspunkte einer Sache nicht nennen, die mündliche Auseinandersetzung über eine Sache vermeiden* ▸ nicht lange um den heißen Brei ~ *die entscheidenden, kritischen Punkte direkt ansprechen*

he|r|ụm|rei|chen ⟨V.; reicht he|r|um, reich|te he|r|um, hat he|r|um|ge|reicht, he|r|um|zu|rei|chen⟩ **I** ⟨V. trans.⟩ etwas ~ *rundum von einem zum anderen reichen* ▸ den Teller mit Gebäck ~; Bilder ~ **II** ⟨V. intr.⟩ um etwas ~ *etwas umfassen (können)* ▸ ich kann um den Baumstamm nicht ~

he|r|ụm|rei|sen ⟨V. intr.; reist he|r|um, reis|te he|r|um, ist he|r|um|ge|reist, he|r|um|zu|rei|sen; umg.⟩ *umherreisen, hierhin u. dahin reisen* ▸ viel in der Welt ~

he|r|ụm|ren|nen ⟨V. intr.; rennt he|r|um, rann|te he|r|um, ist he|r|um|ge|rannt, he|r|um|zu|ren|nen⟩ **1** ⟨umg.⟩ *umherlaufen, hin u. her rennen* **2** um etwas ~ *ringsherum rennen, im Kreis um etwas rennen* ▸ sie rannte aufgeregt im Haus herum; sie rannten um den Teich herum

he|r|ụm|rut|schen ⟨V. intr.; rutscht he|r|um, rutsch|te he|r|um, ist he|r|um|ge|rutscht, he|r|um|zu|rut|schen; umg.⟩ *hin u. her rutschen* ▸ ungeduldig auf dem Stuhl ~ *aufstehen wollen*

he|r|ụm|schla|gen ⟨V.; schlägt he|r|um, schlug he|r|um, hat he|r|um|ge|schla|gen, he|r|um|zu|schla|gen⟩ **I** ⟨V. refl.; umg.; übertr.⟩ sich mit jmdm. od. etwas ~ *sich mit jmdm. od. etwas abmühen, sich angestrengt damit beschäftigen* **II** ⟨V. trans.⟩ Papier, Tuch o. Ä. um einen Gegenstand ~ *einen G. mit P., mit einem T. einhüllen*

he|r|ụm|schlei|chen ⟨V. intr.; schleicht he|r|um, schlich he|r|um, ist he|r|um|ge|schli|chen, he|r|um|zu|schlei|chen⟩ **1** ⟨umg.⟩ *vorsichtig, neugierig hin u. her schleichen* **2** um jmdn. od. etwas ~ *jmdn. od. etwas schleichend umkreisen* ▸ was schleichst du hier herum?; die Katze schlich immer wieder um den Busch herum

he|r|ụm|schnüf|feln ⟨V. intr.; schnüf|felt he|r|um, schnüf|fel|te he|r|um, hat he|r|um|ge|schnüf|felt, he|r|um|zu|schnüf|feln; umg.⟩ *neugierig alles untersuchen u. sich ansehen, spionieren* ▸ was schnüffelst du hier herum?

he|r|ụm|schwir|ren ⟨V. intr.; schwirrt he|r|um, schwirr|te he|r|um, ist he|r|um|ge|schwirrt, he|r|um|zu|schwir|ren⟩ *schwirrend in der Luft herumfliegen* ▸ Mücken schwirrten um das Licht herum

he|r|ụm|sit|zen ⟨V. intr.; sitzt he|r|um, saß he|r|um, hat (süddt., österr., schweiz.: ist) he|r|um|ge|ses|sen, he|r|um|zu|sit|zen⟩ **1** ⟨umg.⟩ *müßig dasitzen* **2** um jmdn. od. etwas ~ *im Kreis um jmdn. od. etwas sitzen* ▸ sitz nicht so herum, tu lieber etwas!; sie saßen alle um das Lagerfeuer herum

he|r|ụm|spa|zie|ren ⟨V. intr.; spa|ziert he|r|um, spa|zier|te he|r|um, ist he|r|um|spa|ziert, he|r|um|zu|spa|zie|ren⟩ **1** ⟨umg.⟩ *hin u. her, umherspazie-*

ren, genießerisch umhergehen **2** um etwas ~ *rundherum, im Kreis spazieren* ▸ in der Stadt, in der neuen Wohnung ~; wir sind um den See herumspaziert

he|r|ụm|spie|len ⟨V. intr.; spielt he|r|um, spiel|te he|r|um, hat he|r|um|ge|spielt, he|r|um|zu|spie|len⟩ *ständig mit etwas spielen, was nicht zum Spielen da ist* ▸ spiel nicht mit dem Messer herum!

he|r|ụm|spre|chen ⟨V. refl.; spricht sich he|r|um, sprach sich he|r|um, hat sich he|r|um|ge|spro|chen, sich he|r|um|zu|spre|chen; umg.⟩ sich ~ *sich verbreiten, von einem zum anderen weitergesagt werden* (Neuigkeit) ▸ so etwas spricht sich immer sehr schnell (überall, unter den Leuten) herum

he|r|ụm|ste|hen ⟨V. intr.; steht he|r|um, stand he|r|um, hat (süddt., österr., schweiz.: ist) he|r|um|ge|stan|den, he|r|um|zu|ste|hen⟩ **1** ⟨umg.⟩ **1.1** *müßig dastehen* (Person) **1.2** *umherstehen, ungeordnet dastehen* (Gegenstand) **2** um jmdn. od. etwas ~ *ringsum, im Kreis um etwas od. jmdn. stehen* ▸ steh nicht so herum, sondern hilf mir lieber; es standen überall eine Menge Grünpflanzen herum; um das Beet stehen kleine Büsche herum

he|r|ụm|stö|bern ⟨V. intr.; stö|bert he|r|um, stö|ber|te he|r|um, hat he|r|um|ge|stö|bert, he|r|um|zu|stö|bern⟩ **1** in etwas ~ *in etwas wühlen, etwas durchsuchen* **2** in fremden Angelegenheiten ~ *herumschnüffeln, fremde A. auszukundschaften versuchen*

he|r|ụm|sto|chern ⟨V. intr.; sto|chert he|r|um, sto|cher|te he|r|um, hat he|r|um|ge|sto|chert, he|r|um|zu|sto|chern; umg.⟩ **1** in etwas ~ *mit einem spitzen Gegenstand (suchend) bohren* **2** im Essen ~ *das E. ohne Appetit, gelangweilt essen* ▸ in einem Loch ~; sich in den Zähnen ~

he|r|ụm|streu|nen ⟨V. intr.; streunt he|r|um, streun|te he|r|um, ist he|r|um|ge|streunt, he|r|um|zu|streu|nen; umg.⟩ = *streunen*

he|r|ụm|te|le|fo|nie|ren ⟨V. intr.; te|le|fo|niert he|r|um, te|le|fo|nier|te he|r|um, hat he|r|um|ge|te|le|fo|niert, he|r|um|zu|te|le|fo|nie|ren; umg.⟩ *Telefongespräche mit vielen verschiedenen Leuten führen (um etwas in Erfahrung zu bringen)*

he|r|ụm|to|ben ⟨V. intr.; tobt he|r|um, tob|te he|r|um, ist/hat he|r|um|ge|tobt, he|r|um|zu|to|ben; umg.⟩ **1** *lärmend u. schreiend herumlaufen u. herumspringen* **2** *wütend, unbeherrscht schreien, schimpfen* ▸ die Kinder sind, haben draußen herumgetobt; er hat nach dem Spiel wie verrückt herumgetobt

he|r|ụm|tra|gen ⟨V. trans.; trägt he|r|um, trug he|r|um, hat he|r|um|ge|tra|gen, he|r|um|zu|tra|gen; umg.⟩ etwas od. ein Kind (mit sich) ~ *umhertragen, hin u. her tragen* ▸ ich habe die schwere Tasche umsonst mit mir herumgetragen *überall dabeigehabt, getragen*

he|r|ụm|tram|peln ⟨V. intr.; tram|pelt he|r|um, tram|pel|te he|r|um, ist he|r|um|ge|tram|pelt, he|r|um|zu|tram|peln⟩ **1** auf jmdm. od. etwas ~ *trampelnd herumtreten, fortwährend trampeln* **2** ⟨übertr.⟩ auf jmdm. ~ *jmdn. schlecht behandeln* ▸ auf jmds. Gefühlen ~ ⟨übertr.⟩ *jmds. Gefühle missachten, verletzen;* auf jmds. Nerven ~ ⟨übertr.⟩ *jmdm. auf die Nerven gehen*

he|r|ụm|trei|ben ⟨V. refl.; treibt sich he|r|um, trieb sich he|r|um, hat sich he|r|um|ge|trie|ben, sich he|r|um|zu|trei|ben⟩ sich ~ **1** *ziellos umhergehen* **2** *bummeln, müßig herumlaufen, herumsitzen, vagabundieren* **3** ⟨übertr.⟩ *ein unsolides Leben führen* ▸ sich bei andern Leuten ~ *andere Leute ständig besuchen;* sich in Diskotheken, Lokalen, Kneipen ~

he|r|ụm|tur|nen ⟨V. intr.; turnt he|r|um, turn|te he|r|um, hat/ist he|r|um|ge|turnt, he|r|um|zu|tur|nen; umg.⟩ **1** *spielerisch Turnübungen machen* **2** irgendwo ~ *auf etwas herumsteigen, -klettern* ▸ die Kinder turnen draußen irgendwo herum; am Treppengeländer ~

he|r|ụm|wer|fen ⟨V.; wirft he|r|um, warf he|r|um, hat he|r|um|ge|wor|fen, he|r|um|zu|wer|fen⟩ **I** ⟨V. trans.⟩ etwas ~ **1** *heftig, mit raschem Schwung zur Seite drehen od. lenken* **2** ⟨umg.⟩ *hierhin u. dorthin werfen* ▸ seine Sachen, Kleidungsstücke ~ *unordentlich hinwerfen;* das Steuer ~ **II** ⟨V. refl.⟩ sich ~ *sich im Liegen heftig umdrehen* ▸ sich ruhelos im Bett ~ *sehr unruhig schlafen, sich oft umdrehen*

he|r|ụm|zie|hen ⟨V.⟩ **I** ⟨V. intr.; zieht he|r|um, zog he|r|um, ist he|r|um|ge|zo|gen, he|r|um|zu|zie|hen; umg.⟩ *umherziehen, von Ort zu Ort ziehen* ▸ ruhelos in der Welt ~; um den Ort ~ *(rund) um den Ort wandern, marschieren, ihn umgehen* **II** ⟨V. trans.; zieht he|r|um, zog he|r|um, hat he|r|um|ge|zo|gen, he|r|um|zu|zie|hen⟩ **1** etwas ~ *umherziehen, hin u. her ziehen* **2** etwas um etwas ~ *etwas fest mit etwas verschnüren* **III** ⟨V. refl.; zieht he|r|um, zog he|r|um, hat he|r|um|ge|zo|gen, he|r|um|zu|zie|hen⟩ sich um etwas ~ *umgeben, umschließen* ▸ die Hecke zieht sich um den ganzen Garten herum

he|r|ụn|ter ⟨Adv.⟩ *von (dort) oben nach (hier) unten* ▸ ~ mit ihm!; ~ sein *gesundheitlich geschwächt sein, elend, abgespannt sein;* das Fieber ist ~ *ist heruntergegangen, gefallen;* er ist mit den Nerven ~ *übernervös, einem Zusammenbruch nahe;* er ist durch seine viele Arbeit, durch seine schwere Krankheit sehr ~; →a. *herab*

he|r|ụn|ter|bren|nen ⟨V. intr.; brennt he|r|un|ter, brann|te he|r|un|ter, ist he|r|un|ter|ge|brannt, he|r|un|ter|zu|bren|nen⟩ *ganz abbrennen, völlig verbrennen* ▸ die Kerzen sind heruntergebrannt; das Haus ist bis auf die Grundmauern heruntergebrannt

he|r|ụn|ter|fal|len ⟨V. intr.; fällt he|r|un|ter, fiel he|r|un|ter, ist he|r|un|ter|ge|fal|len, he|r|un|ter|zu|fal|len⟩ *von (dort) oben nach (hier) unten fallen* ▸ Vorsicht, fall nicht runter!; vom Baum, von der Leiter ~

he|r|ụn|ter|ge|hen ⟨V. intr.; geht he|r|un|ter, ging he|r|un|ter, ist he|r|un|ter|ge|gan|gen, he|r|un|ter|zu|ge|hen⟩ **1** *von (dort) oben nach (hier) unten ge-*

hen **2** *sinken, fallen* (Temperatur, Fieber) **3** mit dem Preis ~ *den Preis senken, etwas vom Preis nachlassen (beim Handeln)*

he|r|ụn|ter|han|deln ⟨V. trans.; han|delt he|r|un|ter, han|del|te he|r|un|ter, hat he|r|un|ter|ge|han|delt, he|r|un|ter|zu|han|deln⟩ einen Preis ~ *durch Handeln senken* ▸ er hat den Preis für das Bild heruntergehandelt

he|r|ụn|ter|ho|len ⟨V. trans.; holt he|r|un|ter, hol|te he|r|un|ter, hat he|r|un|ter|ge|holt, he|r|un|ter|zu|ho|len⟩ jmdn. od. etwas ~ *nach unten holen, nehmen u. nach unten bringen* ▸ kannst du mir bitte mein Gepäck (von oben) ~?; Daten aus dem Internet auf die Festplatte ~ ⟨umg.⟩ *herunterladen*

he|r|ụn|ter|klap|pen ⟨V. trans.; klappt he|r|un|ter, klapp|te he|r|un|ter, hat he|r|un|ter|ge|klappt, he|r|un|ter|zu|klap|pen⟩ etwas ~ *nach unten klappen, nach unten umschlagen* ▸ den Kragen, das Wagenverdeck ~

he|r|ụn|ter|kom|men ⟨V. intr.; kommt he|r|un|ter, kam he|r|un|ter, ist he|r|un|ter|ge|kom|men, he|r|un|ter|zu|kom|men⟩ **1** *von (dort) oben nach (hier) unten kommen* **2** *nicht mehr rentabel sein, keinen od. weniger Gewinn bringen* (Firma, Geschäft) **3** *(äußerlich) verwahrlosen* **4** *(gesundheitlich) schwach, elend werden* **5** von etwas ~ *von etwas loskommen* ▸ er kam die Treppe herunter; du musst von deiner Alkoholsucht ~; er sieht sehr heruntergekommen aus; der Betrieb, die Firma ist völlig heruntergekommen

he|r|ụn|ter|la|den ⟨V. trans.; lädt he|r|un|ter, lud he|r|un|ter, hat he|r|un|ter|ge|la|den, he|r|un|ter|zu|la|den; EDV⟩ eine Datei, ein Programm ~ *von einem anderen Computer, einem Server im Internet od. einem anderen fremden Speicher auf den eigenen Computer übertragen, kopieren;* Syn *downloaden*

he|r|ụn|ter|lau|fen ⟨V. intr.; läuft he|r|un|ter, lief he|r|un|ter, ist he|r|un|ter|ge|lau|fen, he|r|un|ter|zu|lau|fen⟩ *von (dort) oben nach (hier) unten laufen* ▸ er kam die Treppe heruntergelaufen

he|r|ụn|ter|lei|ern ⟨V. trans.; lei|ert he|r|un|ter, lei|er|te he|r|un|ter, hat he|r|un|ter|ge|lei|ert, he|r|un|ter|zu|lei|ern; umg.⟩ ein Gedicht ~ *ausdruckslos aufsagen, herleiern*

he|r|ụn|ter|neh|men ⟨V. trans.; nimmt he|r|un|ter, nahm he|r|un|ter, hat he|r|un|ter|ge|nom|men, he|r|un|ter|zu|neh|men⟩ etwas (von etwas) ~ **1** *nehmen u. unten hinstellen, hinsetzen* **2** *von oben wegnehmen* ▸ würden Sie mir bitte helfen, meinen Koffer (aus dem Gepäcknetz) herunterzunehmen?

he|r|ụn|ter|rei|ßen ⟨V. trans.; reißt he|r|un|ter, riss he|r|un|ter, hat he|r|un|ter|ge|ris|sen, he|r|un|ter|zu|rei|ßen; umg.⟩ etwas (von etwas) ~ **1** *von oben abreißen* (Plakat) **2** *heftig stoßen, so dass es herunterfällt* ▸ mit einer unvorsichtigen Handbewegung riss er die Vase vom Tisch herunter

he|r|ụn|ter|schlu|cken ⟨V. trans.; schluckt he|r|un|ter, schluck|te he|r|un|ter, hat he|r|un|ter|ge|schluckt, he|r|un|ter|zu|schlu|cken⟩ etwas ~ *hinunterschlucken* ▸ seinen Ärger, Frust ~ ⟨übertr.⟩ *hinnehmen, ohne sich zu beschweren*

he|r|ụn|ter|spie|len ⟨V. trans.; spielt he|r|un|ter, spiel|te he|r|un|ter, hat he|r|un|ter|ge|spielt, he|r|un|ter|zu|spie|len⟩ etwas ~ **1** ⟨Mus.⟩ *ausdruckslos u. schnell spielen* **2** ⟨übertr.⟩ *etwas als weniger wichtig darstellen, als es in Wirklichkeit ist;* Ggs *hochspielen (2)* ▸ eine wichtige Angelegenheit ~ ⟨übertr.⟩; ein Stück ~

he|r|ụn|ter|stei|gen ⟨V. intr.; steigt he|r|un|ter, stieg he|r|un|ter, ist he|r|un|ter|ge|stie|gen, he|r|un|ter|zu|stei|gen⟩ (von etwas) ~ *von (dort) oben nach (hier) unten steigen* ▸ vorsichtig kam er die Leiter heruntergestiegen →a. *Ross*

he|r|ụn|ter|stür|zen ⟨V. intr.; stürzt he|r|un|ter, stürz|te he|r|un|ter, ist he|r|un|ter|ge|stürzt, he|r|un|ter|zu|stür|zen⟩ *von (dort) oben nach (hier) unten stürzen* ▸ er kam aufgeregt die Treppe heruntergestürzt

he|r|ụn|ter|wirt|schaf|ten ⟨V. trans.; wirt|schaf|tet he|r|un|ter, wirt|schaf|te|te he|r|un|ter, hat he|r|un|ter|ge|wirt|schaf|tet, he|r|un|ter|zu|wirt|schaf|ten⟩ etwas ~ *durch schlechte Verwaltung bewirken, dass sich etwas in einem schlechten Zustand befindet od. keinen Gewinn mehr bringt* ▸ einen Betrieb ~ und ruinieren; der Vorstand hat den Verein heruntergewirtschaftet

he|r|ụn|ter|zie|hen ⟨V. trans.; zieht he|r|un|ter, zog he|r|un|ter, hat he|r|un|ter|ge|zo|gen, he|r|un|ter|zu|zie|hen⟩ **1** etwas od. jmdn. ~ *von (dort) oben nach (hier) unten ziehen* **2** ⟨übertr.; umg.⟩ jmdn. ~ *jmdm. die Laune verderben, jmdn. deprimieren* ▸ das Kind hat die Tischdecke vom Tisch heruntergezogen; er ließ sich durch diese Niederlage nicht ~ ⟨übertr.; umg.⟩

her|vo̲r ⟨Adv.⟩ **1** *von (dort) unten od. drinnen nach (hier) oben od. draußen* **2** *nach vorn*

her|vo̲r|bre|chen ⟨V. intr.; bricht her|vor, brach her|vor, ist her|vor|ge|bro|chen, her|vor|zu|bre|chen⟩ *herausbrechen, plötzlich hervorkommen* ▸ die Sonne brach aus den Wolken hervor

her|vo̲r|brin|gen ⟨V. trans.; bringt her|vor, brach|te her|vor, hat her|vor|ge|bracht, her|vor|zu|brin|gen⟩ **1** etwas ~ *erzeugen, schaffen, produzieren* **2** einen Eindruck ~ *verursachen, erwecken* ▸ die Erde bringt Pflanzen hervor; mit einem Instrument Töne ~; er brachte vor Schreck kein Wort hervor

her|vo̲r|ge|hen ⟨V. intr.; geht her|vor, ging her|vor, ist her|vor|ge|gan|gen, her|vor|zu|ge|hen; übertr.⟩ aus etwas ~ **1** *die Folge von etwas sein* **2** *aus etwas zu schlussfolgern sein* **3** *am Ende eines Prozesses in bestimmter Weise in Erscheinung treten* ▸ aus der Ehe gingen drei Kinder hervor; er ging als Sieger aus dem Kampf hervor *er wurde Sieger*

her|vo̲r|he|ben ⟨V. trans.; hebt her|vor, hob her|vor, hat her|vor|ge|ho|ben, her|vor|zu|he|ben⟩ jmdn. od. etwas ~ *herausheben, betonen* ▸ der Redner hob die Verdienste des Minister hervor

her|vo̲r|ho|len ⟨V. trans.; holt her|vor, hol|te her|vor, hat her|vor|ge|holt, her|vor|zu|ho|len⟩ etwas

H

(aus etwas) ~ *aus etwas herausholen, hervor-, heraussuchen* ▸ einen Brief aus der Schublade ~

her|vor|keh|ren ⟨V. trans.; kehrt her|vor, kehr|te her|vor, hat her|vor|ge|kehrt, her|vor|zu|keh|ren, übertr.⟩ etwas ~ *hervorheben, betonen* ▸ die Ergebnisse eines Gespräches ~; er kehrt den Präsidenten hervor *zeigt sehr stark, dass er P. ist*

her|vor|kom|men ⟨V. intr.; kommt her|vor, kam her|vor, ist her|vor|ge|kom|men, her|vor|zu-kom|men⟩ *von (dort) unten, drinnen nach (hier) oben, draußen kommen, zum Vorschein kommen* ▸ der Hund kam unter dem Tisch hervor

her|vor|lo|cken ⟨V. trans.; lockt her|vor, lock|te her|vor, hat her|vor|ge|lockt, her|vor|zu|lo|cken⟩ jmdn. od. ein Tier (aus, hinter, unter etwas) ~ *durch Locken nach draußen holen, herauslocken* ▸ einen Fuchs aus seinem Bau ~

her|vor|ra|gen ⟨V. intr.; ragt her|vor, rag|te hervor, hat her|vor|ge|ragt, her|vor|zu|ra|gen⟩ **1** *von (dort) unten, drinnen nach (hier) oben, draußen ragen, herausragen, länger als der Rest sein* **2** *hervorstehen, hervortreten* **3** ⟨übertr.⟩ *auffallen, sich vor anderen auszeichnen* ▸ aus dem Wasser ragte ein langer Ast hervor; er ragt durch seinen Fleiß hervor

her|vor|ra|gend **I** ⟨Part. Präs. von⟩ *hervorragen* **II** ⟨Adj.⟩ *ausgezeichnet, bedeutend, außerordentlich* ▸ ein ~er Schauspieler; eine ~e Leistung; er hat ~ gesprochen; von ~er Qualität

her|vor|ru|fen ⟨V. trans.; ruft her|vor, rief her|vor, hat her|vor|ge|ru|fen, her|vor|zu|ru|fen⟩ etwas ~ *verursachen, bewirken, ins Leben rufen* ▸ seine Bemerkung rief große Heiterkeit hervor

her|vor|schau|en ⟨V. intr.; schaut her|vor, schau|te her|vor, hat her|vor|ge|schaut, her|vor|zu|schau-en⟩ *von (dort) unten, drinnen nach (hier) oben, draußen schauen, herausschauen* ▸ sie schaute hinter den Gardinen hervor

her|vor|ste|chen ⟨V. intr.; sticht her|vor, stach her|vor, hat her|vor|ge|sto|chen, her|vor|zu|ste-chen⟩ **1** *spitz hervorragen, -treten* **2** ⟨übertr.⟩ *stark herausheben* ▸ das grelle Rot sticht zu sehr aus den übrigen Farben hervor ⟨übertr.⟩; ein ~des Merkmal *stark auffallend, sich heraushebend*

her|vor|tun ⟨V. refl.; tut sich her|vor, tat sich hervor, hat sich her|vor|ge|tan, sich her|vor|zu|tun; umg.⟩ sich ~ **1** *sich auszeichnen* **2** *sich wichtigtun, sich hervordrängen* ▸ er tut sich sehr mit seinem Wissen hervor

her|vor|zau|bern ⟨V. trans.; zau|bert her|vor, zauber|te her|vor, hat her|vor|ge|zau|bert, her|vor-zu|zau|been⟩ **1** jmdn. od. etwas ~ *durch Zaubertrick erscheinen lassen* **2** ⟨übertr.⟩ etwas ~ *unerwartet zum Vorschein bringen*

Herz ⟨das; -ens, -en⟩ **1** *beim Menschen u. bei verschiedenen Tiergruppen das Organ, das den Blutkreislauf antreibt;* Zus *Herzbeschwerden, Herzgegend, Herzklappe, Herzstillstand, Herztransplantation, Herzverpflanzung, Herzversagen; herzkrank* **2** ⟨übertr.⟩ **2.1** *Sitz der Seele, der Gefühle (bes. von Mitgefühl u. Mut)* **2.2** *Innerstes, Mittelpunkt* **3** ⟨Kart.⟩ *Farbe des dt. u. frz. Kartenspiels* **4** *Gegenstand in einer dem Herzen ähnlichen Form;* Abl *herzförmig;* Zus *Lebkuchenherz* ▸ ich muss meinem ~en **Luft** machen ⟨übertr.⟩ *ich muss darüber sprechen, mich aussprechen;* sie sind ein ~ und eine **Seele** *sie sind unzertrennlich, verstehen sich sehr gut;* seinem ~en einen **Stoß** geben ⟨übertr.⟩ *sich überwinden, etwas zu tun* ▸ sein ~ **ausschütten** ⟨übertr.⟩ *sich aussprechen (über seine Gefühle, über Kummer usw.);* alles, was das ~ **begehrt** *was man sich nur wünscht;* er hat schon viele ~en **gebrochen** *er hat schon viele Frauen unglücklich gemacht;* jmds. ~ **erobern** *jmds. Zuneigung, Liebe gewinnen;* sich ein ~ **fassen** *seinen ganzen Mut zusammennehmen;* sie **hat** ~ *sie kann mit anderen fühlen;* kein ~ haben *kalt u. gefühllos sein;* das ~ **hämmert,** klopft, pocht, schlägt; das ~ **hüpfte** ihm vor Freude ⟨übertr.⟩; jmds. ~ **rühren** *jmds. Mitleid erregen;* jmdm. sein ~ **schenken** *jmdn. liebgewinnen;* **stillstehen:** mir stand beinahe das ~ still (vor Schreck); es **zerreißt** mir das ~, wenn ich sehe, wie sie leidet ⟨übertr.⟩ *es tut mir unendlich weh;* **zusammenkrampfen:** das ~ krampft, schnürt sich einem bei diesem Anblick zusammen *es tut einem weh* ▸ ein **gesundes,** schwaches ~ haben; ein **gutes,** warmes ~ haben ⟨übertr.⟩ *gut, hilfsbereit, mitleidig sein;* ein **reines** ~ haben *ohne Schuld sein;* ich habe es **schweren** ~ens getan, zugelassen *obwohl ich es nicht gern wollte;* das ~ war ihm schwer ⟨übertr.⟩ *er war traurig, bekümmert* ▸ jmdn. **ans** ~ drücken *umarmen;* sein ~ an jmdn. hängen ⟨übertr.⟩ *sich in jmdn. verlieben;* sein Herz hängt nun einmal daran *er hat es nun einmal so gern, liebt es so;* ich lege es Ihnen ans ~ *ich bitte Sie dringend, darauf zu achten, sich dieser Sache anzunehmen;* es liegt mir sehr am ~en *es ist mir sehr wichtig;* sie ist mir ans ~ gewachsen ⟨übertr.⟩ *ich habe sie liebgewonnen;* Hand **aufs** ~! *sei, seien wir ehrlich!;* er hat etwas auf dem ~en ⟨übertr.⟩ *ihn bedrückt etwas, er will etwas gestehen;* jmdn. od. etwas auf ~ und Nieren prüfen ⟨übertr.⟩ *sehr gründlich prüfen;* das ~ auf dem rechten Fleck haben ⟨übertr.⟩ *sich zw. Gefühl u. Vernunft stets richtig entscheiden;* das ~ auf der Zunge haben, tragen ⟨übertr.⟩ *seine Gefühle gleich aussprechen;* jmdn. **aus** tiefstem ~en verabscheuen *stark, heftig, sehr;* jmdm. aus tiefstem ~en danken *tief bewegt, sehr herzlich;* das ~ schlug ihm **bis** zum Halse ⟨übertr.⟩ *er hatte große Angst, war sehr aufgeregt;* sein ~ **für** etwas od. jmdn. entdecken *Gefallen an etwas finden od. sich seiner Liebe für jmdn. bewusstwerden;* ein ~ für andere haben *mit anderen mitfühlen;* **im** ~en Deutschlands *etwa im Mittelpunkt;* das gibt mir einen Stich ins ~ ⟨übertr.⟩ *das tut mir weh;* jmdn. in sein ~ geschlossen haben *jmdn. liebgewonnen haben;* im tiefsten ~en *ganz im Geheimen;* ihm fiel, rutschte das ~ in die Hosen ⟨übertr.⟩ *er bekam große Angst;* ich kann es nicht **übers** ~ bringen, das zu tun *ich kann mich nicht überwinden, bringe es nicht fertig (aus Mitleid);*

H

mir ist bang ums ~; jetzt war ihm wieder leicht ums ~ *er war erleichtert;* es wird einem warm ums ~, wenn man die beiden sieht; ein Kind unter dem ~en tragen ⟨poet.⟩ *schwanger sein;* ich bedaure es von ~en *es tut mir sehr leid;* seine Freude, sein Glückwunsch kommt von ~en *ist ehrlich, entspringt einem echten Gefühl;* ich wünsche es dir von (ganzem) ~en *sehr, herzlich;* von ~en gern *sehr gern, herzlich gern;* das geht mir (sehr) zu ~en *das geht mir nahe, es bewegt mich stark;* sich jmds. Worte, Vorwürfe usw. zu ~en nehmen *über sie nachdenken u. sich nach ihnen richten*

Hẹrz|an|fall ⟨der; -(e)s, -fäl|le⟩ *plötzliche heftige Unregelmäßigkeit in der Tätigkeit des Herzens;* Syn *Herzattacke*

H

Hẹrz|blut ⟨das; -(e)s; unz.; übertr.; poet.⟩ **1** *Leben* **2** *tiefes Gefühl* ▸ sein ~ hingeben (für etwas od. jmdn.); er hat dieses Buch mit seinem ~ geschrieben

her|zei|gen ⟨V. trans.; zeigt her, zeig|te her, hat her|ge|zeigt, her|zu|zei|gen⟩ (jmdm.) etwas ~ *vorzeigen, sehen lassen*

hẹr|zen ⟨V. trans.; herzt, herz|te, hat ge|herzt⟩ jmdn. ~ *liebkosen, umarmen u. küssen*

Hẹr|zens|an|ge|le|gen|heit ⟨die; -, -en⟩ **1** *inniger Wunsch* **2** *Gefühlssache, Gefühlsangelegenheit* ▸ es ist mir eine ~, das für dich zu tun; es handelt sich um eine ~

Hẹr|zens|bre|cher ⟨der; -s, -; übertr.; umg.⟩ *jmd., der viele Frauenherzen gebrochen hat, Mann mit (angeblich) vielen Liebschaften;* Abl *Herzensbrecherin*

Hẹr|zens|lust ⟨die; -; unz.⟩ nach ~ *ganz, wie man es sich wünscht* ▸ nach ~ im Wasser herumplanschen; hier können die Kinder sich nach ~ austoben

Hẹr|zens|wunsch ⟨der; -(e)s, -wün|sche⟩ *inniger Wunsch* ▸ es ist mein ~, das zu tun

hẹrz|er|fri|schend ⟨Adj.⟩ *innerlich, seelisch erfrischend, fröhlich machend* ▸ er ist von einer ~en Offenheit, Natürlichkeit

hẹrz|er|grei|fend ⟨Adj.⟩ *sehr ergreifend, zutiefst bewegend, rührend* ▸ sie schluchzte ~

hẹrz|haft ⟨Adj.; -er, am -es|ten⟩ **1** *kräftig, tüchtig, ordentlich* **2** *würzig* (Geschmack) ▸ jmdm. einen ~en Kuss geben; ~ lachen; etwas Herzhaftes essen wollen *etwas Salziges, nichts Süßes*

her|zie|hen ⟨V.⟩ **I** ⟨V. trans.; zieht her, zog her, hat her|ge|zo|gen, her|zu|zie|hen⟩ **1** etwas ~ *hierherziehen, heranziehen* **2** etwas od. jmdn. hinter sich ~ *mit sich ziehen, nachziehen* **II** ⟨V. intr.; zieht her, zog her, ist her|ge|zo|gen, her|zu|ziehen; umg.⟩ über jmdn. od. etwas ~ *über jmdn. od. etwas ungünstig, hässlich sprechen, klatschen*

hẹr|zig ⟨Adj.⟩ *reizend, lieb, wonnig* ▸ ein ~es Kind; ~ aussehen

Hẹrz|in|farkt ⟨der; -(e)s, -e; Med.⟩ *Zerstörung von Herzmuskelgewebe durch Unterbrechung der Blutversorgung im den Adern, Verschluss der Blutgefäße durch Embolie od. Verkalkung* ▸ einen ~ erleiden

Hẹrz|klop|fen ⟨das; -s; unz.⟩ *pochendes Herzgeräusch* ▸ ~ haben (vor Erregung, Angst)

Hẹrz|kranz|ge|fäß ⟨das; -es, -e⟩ *Blutgefäß des Herzens*

hẹrz|lich ⟨Adj.⟩ **I** ⟨attr., präd., adv.⟩ **1** *innig, liebenswürdig, freundlich, liebevoll* (Mensch, Gefühl) **2** *von Herzen kommend, aufrichtig* (Dank, Grüße, Wünsche) ▸ mein ~stes Beileid; ~e Glückwünsche zum Geburtstag; ~e Grüße an Ihre Frau; ein paar ~e Worte sprechen ▸ jmdn. ~ begrüßen, empfangen, willkommen heißen; ich gratuliere (recht) ~!; er lässt dich ~(st) grüßen; ~ lachen ▸ jmdn. auf das / aufs ~ste/Herzlichste grüßen; mit ~en Grüße *(als Briefschluss);* Abl *Herzlichkeit* **II** ⟨adv.⟩ **1** *von ganzem Herzen* **2** ⟨oft iron.⟩ *sehr, recht* ▸ ~ gern; das ist mir ~ gleichgültig *das interessiert mich nicht;* ich kann damit ~ wenig anfangen; ~ willkommen!

hẹrz|los ⟨Adj.; -er, am -es|ten; übertr.⟩ *gefühllos, mitleidlos, lieblos* ▸ ein ~er Mensch; Abl *Herzlosigkeit*

Hẹrz|mus|kel ⟨der; -s, -; Anat.⟩ *zw. dem Herzbeutel u. der Herzinnenhaut liegender Muskel*

Hẹr|zog ⟨der; -(e)s, -zö|ge⟩ **1** *Adelstitel zwischen Großherzog u. Fürst;* Abl *Herzogtum; herzoglich* **2** *Träger dieses Titels*

Hẹr|zo|gin ⟨die; -, -gin|nen⟩ **1** *dem Titel Herzog entsprechender weiblicher Titel* **2** *weiblicher Herzog* **3** *Frau eines Herzogs*

Hẹrz|schlag ⟨der; -(e)s, -schlä|ge⟩ **1** *Zusammenziehung des Herzens, Systole* **2** *das schlagartige Aufhören der Herztätigkeit, Herzstillstand, Tod durch Herzlähmung* ▸ einen Augenblick setzte (vor Schreck) mein ~ aus

Hẹrz|schritt|ma|cher ⟨der; -s, -; Med.⟩ *elektrisch betriebenes Gerät, das die Herztätigkeit unterstützt*

Hẹrz|tä|tig|keit ⟨die; -; unz.⟩ *die Arbeit des Herzens* ▸ gute ~, schlechte ~ haben

Hẹrz|tö|ne ⟨Pl.⟩ *die durch die Herztätigkeit entstehenden regelmäßigen Töne*

hẹrz|zer|rei|ßend ⟨Adj.⟩ *jammervoll, tiefstes Mitleid erregend* ▸ es war ein ~er Anblick; das Kind weinte ~

He|te|ro ⟨a. [hɛ-] der; -s, -s; umg.; kurz für⟩ *Heterosexuelle(r)*

he|te|ro|gen ⟨Adj.⟩ Syn *inhomogen;* Ggs *homogen* **1** *ungleichartig, verschiedenartig, andersartig* **2** *nicht gleichartig zusammengesetzt* ▸ ~e Systeme ⟨Chem.⟩ *durch sichtbare Grenzflächen voneinander getrennte Bestandteile eines Gemisches*

he|te|ro|se|xu|ẹll ⟨Adj.⟩ *andersgeschlechtlich, sexuell auf das andere Geschlecht bezogen, für das andere Geschlecht empfindend;* Ggs *homosexuell;* Abl *Heterosexualität*

He|te|ro|se|xu|ẹl|le(r) ⟨die; -n, -n (der; -n, -n)⟩ *Person, die heterosexuell ist*

Hẹt|ze ⟨die; -, -n⟩ **1** *Verunglimpfung, Verbreitung von u. Aufreizung zum Hass;* Zus *Zeitungshetze* **2** *Verfolgung* **3** ⟨übertr.⟩ *große Eile, Hast* ▸ ich möchte nicht wieder in einer solchen ~ ins Theater kommen

het|zen ⟨V.; hetzt, hetz|te, hat ge|hetzt⟩ **I** ⟨V. trans.⟩ **1** jmdn. od. ein Tier ~ *mit Hunden jagen* **2** jmdn. ~ **2.1** *hitzig verfolgen* **2.2** ⟨übertr.⟩ *energisch dazu anhalten, sich zu beeilen* **3** einen Hund, die Polizei auf jmdn. ~ *dazu antreiben, jmdn. zu verfolgen* ▸ jmdn. od. ein Tier zu Tode ~ **II** ⟨V. intr.⟩ **1** *sich sehr beeilen* **2** gegen jmdn. ~ *andere zum Hass gegen jmdn. aufstacheln; Böses über jmdn. reden* ▸ hetz doch nicht so! **III** ⟨V. refl.⟩ sich ~ *sich sehr beeilen*

Hetz|jagd ⟨die; -, -en⟩ **1** *Jagd, bei der Hunde das Wild hetzen (I. 1)* **2** ⟨übertr.⟩ *Verfolgungsjagd, Hetzkampagne* ▸ eine ~ auf einen Politiker veranstalten ⟨übertr.⟩

Hetz|kam|pa|g|ne ⟨[-panjə] die; -, -n⟩ *Kampagne, Aktion zur (polit.) Hetze, zur Verleumdung*

Hetz|schrift ⟨die; -, -en⟩ *der politischen Hetze dienendes Schriftstück (Flugblatt, Broschüre)*

Heu ⟨das; -(e)s; unz.⟩ *getrocknetes Wiesengras* ▸ den Pferden ~ füttern; ~ machen *Gras zum Trocknen mähen;* ~ wenden *ausgebreitetes Heu mit dem Rechen umwenden, damit es schneller trocknet;* im ~ schlafen; Geld wie ~ haben ⟨übertr.; umg.⟩ *außerordentlich viel G. besitzen;* Zus *Heugabel, Heuhaufen*

Heu|che|lei ⟨die; -, -en⟩ *ständiges Heucheln, Verstellung, Vortäuschung nicht vorhandener guter Eigenschaften od. von Gefühlen*

heu|cheln ⟨V.; heu|chelt, heu|chel|te, hat ge|heuchelt⟩ **I** ⟨V. intr.⟩ *sich verstellen* **II** ⟨V. trans.⟩ etwas ~ *nicht vorhandene Gefühle od. gute Eigenschaften vortäuschen* ▸ Liebe, Mitleid, Verständnis ~; sein Zorn war nur geheuchelt

Heuch|ler ⟨der; -s, -⟩ *jmd., der ständig heuchelt;* Abl *Heuchlerin; heuchlerisch*

heu|er ⟨Adv.; oberdt.⟩ *in diesem Jahr* ▸ wir wollen ~ im Sommer an die See fahren

heu|len ⟨V. intr.; heult, heul|te, hat ge|heult; umg.⟩ **1** *weinen* (Person) **2** *klagend brüllen* (Tier, bes. Hund, Wolf) **3** *langgezogene Töne hervorbringen, in langgezogenen Tönen pfeifen* (Sirene) **4** *brausen, hörbar wehen* (Wind) ▸ Heulen und Zähneklappern *große Angst, Furcht;* hör auf zu ~, ⟨od.⟩ mit Heulen!; der Sturm heulte ums Haus; es ist zum Heulen ⟨umg.⟩ *es ist zum Verzweifeln;* wie das ~de Elend aussehen *sehr bekümmert, verzweifelt;* →a. *Wolf*

Heu|ri|ge(r) ⟨der; -n, -n; oberdt., bes. österr.⟩ **1** *junger Wein im ersten Jahr* **2** *Lokal, in dem Wein, bes. Heuriger (1), getrunken wird*

Heu|schnup|fen ⟨der; -s; unz.⟩ *allergische Erkrankung der Bindehaut u. der Nasenschleimhaut, die durch Überempfindlichkeit gegen Blütenstaub von Blumen, Gräsern, Bäumen u. Sträuchern hervorgerufen wird*

Heu|schre|cke ⟨die; -, -n; Zool.⟩ *ein Insekt mit kräftigen Sprungbeinen;* Syn ⟨umg.⟩ *Grashüpfer* ▸ die ~n fielen über die Felder her und fraßen sie kahl; die Menschenmenge fiel wie ~ über die Sonderangebote her

heu|te ⟨Adv.⟩ **1** *an diesem Tag* **2** *heutzutage, gegenwärtig, zurzeit* ▸ ~ Abend, ~ früh/Früh, ~ Morgen, ~ Nachmittag ▸ was du ~ kannst besorgen, das verschiebe nicht auf morgen ⟨Sprichw.⟩; kommst du ~ zum Essen?; ich komme ~ erst spät nach Hause; sein: ~ ist Donnerstag; ~ ist der 10. Mai; welches Datum ist, haben wir ~?; ~ ist das alles ja ganz anders; vorhaben: was hast du ~ vor? ▸ ich erledige es lieber ~ als morgen ⟨übertr.⟩ *so bald wie möglich, möglichst gleich, am liebsten sofort;* Schluss für ~; ~ in vier Wochen *von heute, von diesem Tage an vier Wochen später;* die Zeitung von ~ *von diesem Tage;* von ~ an; von ~ auf morgen *bis morgen;* ~ vor acht Tagen *acht Tage, eine Woche vor heute, vor diesem Tage*

heu|tig ⟨Adj.⟩ **1** *an diesem Tage, von diesem Tage, heute stattfindend* **2** *gegenwärtig, momentan* ▸ der ~e Tag hat schlecht begonnen; die ~e Zeitung habe ich noch nicht gelesen; am ~en Tag ist der Unterricht ausgefallen; das Bild habe ich bis auf den ~en Tag bewahrt; wie ist das ~e Datum?

heut|zu|ta|ge ⟨Adj.⟩ *heute, in der Gegenwart, in unserer Zeit* ▸ ~ ist alles anders

He|xe ⟨die; -, -n⟩ **1** ⟨im Märchen⟩ *böse gesinnte, meist hässliche alte Zauberin* **2** ⟨im Volksglauben⟩ *Frau, die über Zauberkräfte verfügt u. mit dem Teufel im Bunde steht* **3** ⟨übertr.; umg.; abwertend⟩ *böse Frau*

he|xen ⟨V. intr.; hext, hex|te, hat ge|hext⟩ *zaubern* ▸ ich kann doch nicht ~! ⟨umg.⟩ *lass mir doch etwas Zeit!; so schnell kann ich das nicht!;* es geht wie gehext ⟨umg.⟩ *sehr schnell*

He|xen|kes|sel ⟨der; -s, -⟩ *lärmende Zusammenkunft, tosendes, brausendes Durcheinander* ▸ es ging zu wie in einem ~

He|xen|meis|ter ⟨der; -s, -⟩ *jmd., der hexen kann, Zauberer*

He|xen|schuss ⟨der; -es; unz.⟩ *plötzlicher, die Bewegung einschränkender, stechender Schmerz in der Lendengegend*

He|xe|rei ⟨die; -, -en⟩ *Hexenkunst, Zauberei der Hexen*

hg. ⟨Abk. für⟩ *herausgegeben*

Hg. ⟨Abk. für⟩ *Herausgeber*

Hi|bis|kus ⟨der; -, -bis|ken⟩ *Zierpflanze mit großen, leuchtenden Blüten, die wie Kelche geformt sind*

Hick|hack ⟨der od. das; -s, -s; umg.⟩ **1** *nutzlose, unsinnige Streiterei* **2** *überflüssiges Hin und Her*

hieb → *hauen*

Hieb ⟨der; -(e)s, -e⟩ **1** *Schlag;* Zus *Hiebwaffe; Peitschenhieb, Säbelhieb, Stockhieb* **2** ⟨übertr.⟩ *Stichelei, boshafte Anspielung;* Zus *Seitenhieb* **3** ⟨Pl.⟩ ~e *Prügel* ▸ einen ~ abwehren, auffangen, parieren; ~e austeilen ⟨umg.⟩; der ~ hat gesessen ⟨a. übertr.⟩; ein ~ mit der Peitsche

hielt → *halten*

hier ⟨Adv.⟩ **1** *an diesem Ort, an dieser Stelle;* Ggs *dort* **2** *in dieser Richtung* **3** *in diesem Augenblick* ▸ ~! *(bei Namensaufruf) ich bin da, zur Stelle!;* ~, nimm!; du ~? ▸ der Mann ~ ▸ ~ hast du das Geld; du hast ~ nichts zu sagen *in diesem Kreise;* ~ kann ich nicht bleiben; ~ muss ich dir

H

Recht geben *bei, in dieser Sache;* sein: ~ bin ich!; ~ ist das Kind; ich warte (so lange) ~ ▸ ~ und da ⟨örtlich⟩ *an manchen Stellen;* ⟨zeitlich⟩ *manchmal, ab und zu;* ~ draußen, drinnen; ~ entlang; ~ in der Nähe; ~ oben; ~ unten; ich bin nicht von ~ *ich bin kein Einheimischer;* von ~ sind es noch zwei Stunden, zwanzig Kilometer bis zur Grenze; es ist nicht weit von ~; ~ zu Lande = *hierzulande*

hier/hierher

Die Adverbien *hier* und *hierher* können leicht verwechselt werden, da sie beide verwendet werden, um eine Aussage über die räumliche Einordnung einer Handlung zu machen. Doch während *hier* eine Position bezeichnet, gibt *hierher* eine Richtung an.
Das Adverb *hier* benennt „diesen Ort, diese Stelle" (im Gegensatz zu dort): *Ich bleibe jetzt hier stehen. Das Geschäft ist hier. Das wird hier und jetzt* (= sofort) *erledigt.*
Demgegenüber meint *hierher* „eine Bewegung von dort nach hier, von dort an diese Stelle".
Verbindungen von *hierher + Verb* werden in der Regel zusammengeschrieben: *Er ist ganz allein hierhergefahren. Ich habe sie gebeten, sofort hierherzukommen. Würdest du dich bitte hierhersetzen?*

H

hie|r|an ⟨Adv.⟩ *an diese Sache, daran* ▸ ~ knüpfte er die Bemerkung …; ~ schließt sich ein weiteres Zimmer; →a. *daran*

Hi|e|r|ar|chie ⟨[-çiː] die; -, -n⟩ *Rang-, Stufenfolge, Rangordnung, Aufbau in verschiedenen Stufen*

hi|e|r|ar|chisch ⟨[-çɪʃ] Adj.⟩ *in der Art einer Hierarchie, zu ihr gehörig, auf ihr beruhend*

hie|r|auf ⟨Adv.⟩ *darauf* ▸ ~ folgte Beifall; ~ habe ich keinen Einfluss

hier|be|hal|ten ⟨V. trans.; be|hält hier, be|hielt hier, hat hier|be|hal|ten, hier|zu|be|hal|ten⟩ **1** etwas ~ *bei sich, dabehalten, zurückbehalten* **2** jmdn. od. etwas ~ *nicht weggeben, nicht fortlassen* ▸ ich behalte das Buch solange hier; wir möchten unseren Enkel noch ein paar Tage ~

hier|bei ⟨Adv.⟩ *bei dieser Gelegenheit, gleichzeitig* ▸ ~ kam zur Sprache …

hier|blei|ben ⟨V. intr.; bleibt hier, blieb hier, ist hier|ge|blie|ben, hier|zu|blei|ben⟩ *an diesem Ort bleiben, nicht fortgehen* ▸ ich möchte noch ein wenig ~

hier|durch ⟨Adv.⟩ *auf diese Weise, hiermit* ▸ ~ teilen wir Ihnen mit …

hier|für ⟨Adv.⟩ *dafür, für diese Sache* ▸ dieses Gerät ist ~ nicht zu gebrauchen; ~ habe ich kein Verständnis

hier|her ⟨Betonung a. [-'-] Adv.; meist in Zus.⟩ *von dort nach hier, an diesen Ort, an diese Stelle (u. nicht dorthin)* ▸ ~! *(Aufforderung an den Hund);* bis ~ ['--] und nicht weiter

hier|her|brin|gen ⟨V. trans.; bringt hier|her, brachte hier|her, hat hier|her|ge|bracht, hier|her|zu|brin|gen⟩ jmdn. od. etwas ~ *(von dort) an diese Stelle bringen* ▸ bitte bring mir den Stuhl hierher

hier|her|fah|ren ⟨V.⟩ **I** ⟨V. intr.; fährt hier|her, fuhr hier|her, ist hier|her|ge|fah|ren, hier|her|zu|fah|ren⟩ *an diesen Ort, an diese Stelle fahren* ▸ wir sind mit dem Wagen, mit dem Zug hierhergefahren **II** ⟨V. trans.; fährt hier|her, fuhr hier|her, hat hier|her|ge|fah|ren, hier|her|zu|fah|ren⟩ jmdn. od. etwas ~ *mit dem Fahrzeug hierherbringen*

hier|her|ge|hö|ren ⟨V. intr.; ge|hört hier|her, ge|hör|te hier|her, hat hier|her|ge|hört, hier|her|zu|ge|hö|ren⟩ **1** *an diese Stelle, in diesen Zusammenhang gehören* (Sache) **2** *in diese Familie, in dieses Land gehören* (Person) ▸ du gehörst hierher; das gehört nicht hierher *das ist etwas anderes*

hier|her|kom|men ⟨V. intr.; kommt hier|her, kam hier|her, ist hier|her|ge|kom|men, hier|her|zu|kom|men⟩ *an diesen Ort, an diese Stelle kommen* ▸ kommt alle hierher!

hier|her|schaf|fen ⟨V. trans.; schafft hier|her, schaff|te hier|her, hat hier|her|ge|schafft, hier|her|zu|schaf|fen⟩ jmdn. od. etwas ~ *an diese Stelle, an diesen Ort schaffen*

hier|her|schau|en ⟨V. intr.; schaut hier|her, schau|te hier|her, hat hier|her|ge|schaut, hier|her|zu|schau|en⟩ *in diese Richtung schauen* ▸ bitte einen Augenblick ~ (Aufforderung des Fotografen)

hier|her|schi|cken ⟨V. trans.; schickt hier|her, schick|te hier|her, hat hier|her|ge|schickt, hier|her|zu|schi|cken⟩ jmdn. od. etwas ~ *von einem anderen Ort an diesen Ort schicken* ▸ schicken Sie das Paket bitte hierher

hier|her|set|zen ⟨V. trans.; setzt hier|her, setz|te hier|her, hat hier|her|ge|setzt, hier|her|zu|set|zen⟩ jmdn. od. sich ~ *an diesen Platz, an diese Stelle setzen* ▸ komm, setz dich hierher!

hier|her|stel|len ⟨V. trans.; stellt hier|her, stell|te hier|her, hat hier|her|ge|stellt, hier|her|zu|stel|len⟩ etwas od. sich ~ *an diesen Platz stellen* ▸ bitte stell die Blumen hierher

hie|r|in ⟨Adv.⟩ *in dieser Sache, in dieser Hinsicht* ▸ ~ muss ich dir Recht geben

hier|mit ⟨Adv.⟩ *auf diesem Wege auf diese Weise, hierdurch* ▸ ~ bestätige ich, dass …

hier|nach ⟨Adv.⟩ *nach dieser Sache, danach, sodann* ▸ ~ ist ein schriftlicher Antrag zu stellen; ~ melde ich mich krank

Hi|e|ro|gly|phe ⟨die; -, -n⟩ **1** *altägyptisches Schriftzeichen* **2** ⟨Pl.⟩ ~n **2.1** *altägyptische Bilderschrift* **2.2** ⟨umg.; scherzh.⟩ *schwer lesbare Schrift*

hie|r|über ⟨Adv.⟩ *über diese Angelegenheit* ▸ wir sollten ~ noch sprechen

hie|r|un|ter ⟨Adv.⟩ *darunter, unter diese(r) Rubrik* ▸ ~ fallen auch folgende Beispiele

hier|von ⟨Adv.⟩ *davon, von dieser Sache* ▸ ~ muss man einen Löffel voll nehmen; ~ verstehe ich nichts

hier|zu ⟨Adv.⟩ **1** *zu dieser Angelegenheit* **2** *zu dieser Sache, dieser Gruppe* ▸ ~ gehören auch die folgenden Arten; ~ möchte ich bemerken, dass wir die Entscheidung gemeinsam treffen sollten

hier|zu|lan|de *auch:* **hier zu Lan|de** ⟨Adv.⟩ *in diesem Lande, hier bei uns* ▸ ~ ist das so üblich

hie|sig ⟨Adj.⟩ *von hier, aus diesem Ort, diesem Lande (stammend), einheimisch* ▸ er ist kein Hiesiger *kein Einheimischer;* dies ist ein ~es Gewächs, ein ~er Wein; die ~en Verhältnisse

hieß → *heißen*

hie|ven ⟨V. trans.; hievt, hiev|te, hat ge|hievt; Seemannsspr.⟩ etwas (irgendwohin) ~ *hochziehen, hinaufziehen*

High|light ⟨[haɪlaɪt] das; -s, -s⟩ *Höhepunkt (z. B. bei Veranstaltungen)*

High So|ci|e|ty ⟨[haɪ səsaɪətɪ] die; - -; unz.⟩ *die hohe, d. h. vermeintlich gute Gesellschaft, die oberen Zehntausend*

hilf!

Hilf ist die Imperativform Singular des Verbs *helfen.* Besonders im mündlichen Sprachgebrauch wird (auch von deutschen Muttersprachlern!) häufig die grammatisch falsche Form „helf!" gebraucht. Dies liegt daran, dass das Verb *helfen* ein starkes Verb mit e/i-Wechsel ist, das den Imperativ Singular grundsätzlich mit einem i (und nicht e) im Wortstamm bildet: *Bitte hilf mir doch! Hilf den Kindern! Hilf Menschen in Not!*
Im Plural lautet der Imperativ *helft: Bitte helft mir doch! Helft Kindern in Not! Helft Menschen in Not!*
Gleiches gilt für die Verben **sehen, geben, lesen, sprechen, essen** usw. Auch bei ihnen wird der Imperativ Singular mit i gebildet: *sieh!, gib!, lies!, sprich!, iss!*

Hil|fe ⟨die; -, -n⟩ **1** *Beistand, Unterstützung, Mitwirkung, Förderung;* Zus *Hilfeleistung, Hilferuf, Hilfsaktion, Hilfsgüter, Hilfsorganisation, Hilfsprogramm; Hilfe suchend / hilfesuchend, hilfsbedürftig* **2** *Hilfsmittel* **3** *Hilfskraft;* Zus *Haushaltshilfe, Schülerhilfe* ▸ darf ich Ihnen meine ~ **anbieten?**; ich **brauche** deine ~!; jmdm. ~ **leisten** *helfen;* **sein:** der Junge ist mir schon eine große ~; seine ~ **verweigern** ▸ **ärztliche** ~; **erste/Erste** ~ *sofortiger Beistand bei Verletzungen, Unfällen;* erste/Erste ~ leisten; **gegenseitige** ~ ▸ **bei** jmdm. ~ suchen; **mit** Gottes ~; mit ~ / mithilfe einer Schnur usw.; mit fremder ~ *nicht allein;* der Kranke kann jetzt **ohne** fremde ~ gehen; jmdn. **um** ~ bitten; um ~ rufen, schreien; **zu** ~!; jmdm. zu ~ eilen od. kommen; einen Stock usw. zu ~ nehmen; jmdn. zu ~ rufen

hilf|los ⟨Adj.⟩ **1** *ohne Hilfe* **2** *ratlos, schutzlos* ▸ ein ~er Blick; ein ~es Geschöpf; ganz ~ dastehen; sie zuckte vollkommen ~ die Achseln; Abl *Hilflosigkeit*

hilf|reich ⟨Adj.⟩ **1** *(in größerem Umfang) hilfsbereit, gern u. viel helfend, wohltätig* **2** *nützlich* ▸ seine Ratschläge waren sehr ~

Hilfs|ar|bei|ter ⟨der; -s, -⟩ *ungelernter Arbeiter;* Abl *Hilfsarbeiterin*

hilfs|be|reit ⟨Adj.⟩ *rasch u. gern helfend;* Abl *Hilfsbereitschaft*

Hilfs|kraft ⟨die; -, -kräf|te⟩ *Person zur Unterstützung, Mithilfe bei einer Arbeit, Assistent(in)* ▸ Hilfskräfte anfordern; Hilfskräfte einstellen; wissenschaftliche ~ *an einer Hochschule od. einem Forschungsinstitut arbeitende Hilfskraft mit entsprechender wissenschaftl. Ausbildung;* →a. *Hiwi*

Hilfs|mit|tel ⟨das; -s, -⟩ **1** *Werkzeug, Gerät* **2** *Einrichtung zur Arbeitserleichterung* **3** *Geld zur Unterstützung, Zuschuss*

Hilfs|verb ⟨[-vɛrb] das; -(e)s, -en; Gramm.⟩ *Verb, das zur Bildung der Zeitformen der übrigen Verben gebraucht wird:* haben, sein, werden

Him|bee|re ⟨die; -, -n⟩ *süße rote Frucht, die an dornigen Sträuchern wächst;* ⓘ S. 1003; Zus *Himbeereis, Himbeermarmelade, Himbeerstrauch*

Him|mel ⟨der; -s, -⟩ **1** *scheinbare Halbkugel über der Erde mit den Gestirnen;* Syn *Firmament,* ⟨geh.⟩ *Himmelsgewölbe;* Zus *himmelblau* **2** *Tragedach, Baldachin;* Zus *Himmelbett; Betthimmel, Thronhimmel* **3** *Sitz Gottes, Aufenthaltsort der Verstorbenen, Paradies, Jenseits, Ort der ewigen Seligkeit;* Zus *Himmelreich* ▸ ~ und Hölle in Bewegung setzen ⟨übertr.⟩ *alles nur Erdenkliche versuchen;* es war eine **Fügung,** ein Geschenk des ~s ⟨übertr.⟩; ~ und Hölle *Kinderspiel, bei dem auf einem Bein durch eine aufgezeichnete Figur aus Vierecken u. einem Halbkreis gehüpft werden muss* ▸ der ~ **bewölkt,** bezieht sich; dem ~ **sei** Dank! *(Ausruf der Erleichterung)* ▸ **bewölkter,** strahlend blauer, wolkenloser ~; du **lieber** ~! ⟨umg.⟩ *(Ausruf des Erstaunens, des Schreckens)* ▸ die Sterne leuchten **am** ~; den ~ **auf** Erden haben *vollkommen glücklich sein, sehr gut u. ohne Sorgen leben;* die Nachricht kam wie ein Blitz **aus** heiterem ~ *überraschend;* Großvater ist nun **im** ~ *ist gestorben;* sich wie im ~ fühlen; in den ~ kommen *die ewige Seligkeit erlangen;* im siebten ~ schweben ⟨übertr.⟩ *überglücklich sein, glücklich verliebt sein;* **um** ~s willen! ⟨umg.⟩ *(Ausruf des Erschreckens);* **unter** freiem ~ nächtigen *im Freien, ohne Dach über dem Kopf;* nicht einfach **vom** ~ fallen ⟨übertr.; umg.⟩ *nicht von selbst, ohne das eigene Zutun geschehen, zustande kommen;* →a. *Meister;* er lügt das Blaue vom ~ herunter *er lügt unverschämt;* es schreit, ⟨umg.⟩ stinkt **zum** ~ *es ist unerhört, empörend;* das Flugzeug stieg zum ~ empor

Him|mel|fahrt ⟨die; -; unz.⟩ **1** Christi ~ **1.1** ⟨nach bibl. Überlieferung⟩ *die Auffahrt Christi gen Himmel* **1.2** *Festtag zum Gedenken daran am 40. Tag nach Ostern;* Syn *Himmelfahrtstag* **2** ⟨nach kath. Glauben⟩ Mariä ~ *Auffahrt Mariä gen Himmel, kath. Festtag am 15. August*

Him|mel|fahrts|kom|man|do ⟨das; -s, -s; Mil.; scherzh.⟩ *Kommando, Auftrag, bei dem man wahrscheinlich ums Leben kommen wird*

him|mel|hoch ⟨Adj.⟩ *hoch wie der Himmel, sehr hoch* ▸ ~ jauchzend ⟨übertr.⟩ *seiner Freude überschwänglichen Ausdruck verleihend*

hịm|mel|schrei|end ⟨Adj.⟩ *empörend, unerhört skandalös* ▸ ein ~es Elend; eine ~e Ungerechtigkeit; es ist ~

Hịm|mels|kör|per ⟨der; -s, -; Astron.⟩ *jeder außerirdische, von der Astronomie untersuchte Körper*

Hịm|mels|rich|tung ⟨die; -, -en⟩ *Teil des Horizontes (Osten, Süden, Westen, Norden)*

Hịm|mels|zelt ⟨das; -(e)s; unz.; poet.⟩ *Himmel, Firmament*

hịm|mel|weit ⟨Adj.⟩ *sehr weit, unendlich groß* ▸ ein ~er Unterschied; ~ entfernt

hịmm|lisch ⟨Adj.⟩ **1** *vom Himmel stammend, zu ihm gehörig, göttlich* **2** ⟨übertr.⟩ *wunderbar, köstlich, herrlich* ▸ ~e Musik; das ~e Reich *das Reich Gottes;* unser ~er Vater *Gott;* das Essen war (einfach) ~! ⟨übertr.⟩ *köstlich*

H

hin/her

Die Adverbien *hin* und *her* werden gebraucht, um die Richtung anzuzeigen. *Hin* gibt die Richtung vom Sprecher weg an, *her* dagegen die Richtung zum Sprecher: *Wir gingen zu ihm hin. Alle Leute kamen zu uns her.*
Dies betrifft auch zusammengesetzte Formen wie *hinauf/herauf,* wobei *hinauf* eine Bewegung vom Sprecher oder den Sprechern weg bezeichnet, während *herauf* eine Bewegung in Richtung des Sprechers meint: *Sie stieg die Treppe hinauf. Komm doch zu uns herauf!*
Auch *hinaus* bezeichnet eine Bewegung oder Richtung vom Sprecher weg, *heraus* weist in Richtung des Sprechers: *Wir gingen zur Tür hinaus. Unser Freund kam aus dem Haus heraus.*
Die Adverbien *hinein/herein, hinüber/herüber, hinunter/herunter* verhalten sich genauso: *Gehst du zu ihm hinein? Komm doch herein! Wollen wir zu den Nachbarn hinübergehen? Sie könnten ja auch einmal zu uns herüberkommen. Wir fuhren mit den Schlitten den Berg hinunter. Warum willst du nicht zu uns herunterkommen?*
Bei den umgangssprachlichen Kurzformen *rauf, raus, rüber, runter* kann diese Unterscheidung nicht gemacht werden. In der Schriftsprache sollte man den Gebrauch dieser Formen jedoch vermeiden: *Wir fuhren den Berg runter* (= hinunter). *Willst du nicht zu uns runterkommen* (= herunterkommen)? *Gehst du rein* (= hinein)? *Komm doch bitte schon rein* (= herein)!
Hin und her ist eine Paarformel, ähnlich wie auf und ab, rauf und runter usw. *Hin und her gehen* schreibt man nicht mit Bindestrich, aber *hinüber- und herüberfahren, hinauf- und hinunterrennen.* Substantivierte Adverbien schreibt man groß: *das Hin und Her, das Auf und Ab* usw.

hịn ⟨Adv.⟩ **I** ⟨örtlich⟩ *von hier weg nach dort, auf etwas zu* ▸ ich habe es auf seinen Rat ~ getan; ~ und her *hierhin u. dorthin, nach der einen u. nach der anderen Seite;* es gab ein langes, ewiges Hin und Her, bis man sich einigte ⟨übertr.; umg.⟩; ~ und her gehen, laufen; (etwas) ~ und her überlegen ⟨übertr.⟩ *gründlich überlegen, alle Seiten, Möglichkeiten bedenken;* nach Süden ~; leise vor sich ~ lachen, reden, weinen ⟨übertr.⟩; wir sind ~ und zurück gelaufen ▸ wo ist er ~? ⟨umg.⟩ *wohin ist er gegangen?;* wo willst du ~? ⟨übertr.⟩ *wohin willst du gehen?* **II** ⟨zeitlich; umg.⟩ es ist noch lange ~ *es wird noch lange dauern;* ~ und wieder *ab und zu, manchmal* **III** ⟨übertr.; umg.⟩ ~ sein **1** ⟨von Sachen⟩ *verloren, kaputt sein* **2** ⟨von Personen⟩ *hingerissen, begeistert, sehr verliebt sein* ▸ ich bin ganz ~ *ich bin völlig erschöpft;* ich bin ganz ~ und weg *ich bin sehr begeistert;* das Auto ist ~ *kaputt;* →a. *her*

hi|n|ạb... ⟨in Zus.; geh.⟩ *hinunter...*

hi|n|ạb|stei|gen ⟨V. intr.; steigt hi|n|ab, stieg hi|n|ab, ist hi|n|ab|ge|stie|gen, hi|n|ab|zu|stei|gen; geh.⟩ *ins Tal steigen, in die Tiefe steigen*

hi|n|ạb|stür|zen ⟨V. trans. u. V. intr.; stürzt hi|n|ab, stürz|te hi|n|ab, hat/ist hi|n|ab|ge|stürzt, hi|n|ab|zu|stür|zen; geh.⟩ *in die Tiefe stürzen*

hịn|ar|bei|ten ⟨V. intr.; ar|bei|tet hin, ar|bei|te|te hin, hat hin|ge|ar|bei|tet, hin|zu|ar|bei|ten⟩ auf etwas ~ *auf ein Ziel zuarbeiten, durch Arbeit etwas anstreben*

hi|n|auf ⟨Adv.⟩ *von (hier) unten nach (dort) oben* ▸ ~ und hinunter; →a. *herauf*

hi|n|auf... ⟨in Zus.; umg. a.⟩ *rauf...*

hi|n|auf|brin|gen ⟨V. trans.; bringt hi|n|auf, brachte hi|n|auf, hat hi|n|auf|ge|bracht, hi|n|auf|zu|brin|gen⟩ jmdn. od. etwas ~ *von (hier) unten nach (dort) oben bringen* ▸ bring ihm bitte den Koffer hinauf

hi|n|auf|fah|ren ⟨V.⟩ **I** ⟨V. intr.; fährt hi|n|auf, fuhr hi|n|auf, ist hi|n|auf|ge|fah|ren, hi|n|auf|zu|fah|ren⟩ *von (hier) unten nach (dort) oben fahren* ▸ fahr doch mit dem Lift hinauf **II** ⟨V. trans.; fährt hi|n|auf, fuhr hi|n|auf, hat hi|n|auf|ge|fah|ren, hi|n|auf|zu|fah|ren⟩ jmdn. od. etwas ~ *mit einem Fahrzeug von (hier) unten nach (dort) oben bringen, transportieren* ▸ ich fahre Sie bis zur Burg hinauf

hi|n|auf|füh|ren ⟨V.; führt hi|n|auf, führ|te hi|n|auf, hat hi|n|auf|ge|führt, hi|n|auf|zu|füh|ren⟩ **I** ⟨V. intr.⟩ *von (hier) unten nach (dort) oben verlaufen* ▸ führt dieser Weg zum Gipfel hinauf? **II** ⟨V. trans.⟩ jmdn. ~ *von (hier) unten nach (dort) oben führen, geleiten* ▸ ich werde Sie in den ersten Stock ~

hi|n|auf|klet|tern ⟨V. intr.; klet|tert hi|n|auf, klet|ter|te hi|n|auf, ist hi|n|auf|ge|klet|ert, hi|n|auf|zu|klet|tern⟩ *von (hier) unten nach (dort) oben klettern* ▸ einen Berg ~, auf das Dach ~

hi|n|auf|kom|men ⟨V. intr.; kommt hi|n|auf, kam hi|n|auf, ist hi|n|auf|ge|kom|men, hi|n|auf|zu|kom|men⟩ *von (hier) unten nach (dort) oben kommen, hinaufgelangen* ▸ soll ich zu dir ~?

hi|n|auf|set|zen ⟨V. trans.; setzt hi|n|auf, setz|te hi|n|auf, hat hi|n|auf|ge|setzt, hi|n|auf|zu|set|zen⟩ **1** etwas ~ *(weiter) nach oben setzen* **2** eine Ware im Preis ~ *den P. erhöhen*

hi|n|auf|stei|gen ⟨V. intr.; steigt hi|n|auf, stieg hi|n|auf, ist hi|n|auf|ge|stie|gen, hi|n|auf|zu|stei|gen⟩ *von (hier) unten nach (dort) oben steigen, auf etwas steigen* ▸ die Treppe zur Wohnung ~

hi|n|auf|zie|hen ⟨V. trans.; zieht hi|n|auf, zog hi|n|auf, hat hi|n|auf|ge|zo|gen, hi|n|auf|zu|zie|hen⟩ **1** jmdn. od. etwas ~ *von (hier) unten nach (dort) oben ziehen* **2** die Rollläden ~ *durch Ziehen hinaufbefördern, hochziehen* ▸ den Schlitten den Berg ~

hi|n|aus ⟨Adv.⟩ *von (hier) innen nach (dort) draußen* ▸ ~! *verlass, verlassen Sie sofort den Raum!;* über etwas ~ ⟨räumlich⟩ *etwas überschreitend, weiter als etwas;* ⟨zeitlich⟩ *länger dauernd als, einen gewissen Zeitraum überschreitend;* über etwas ~ sein *einen bestimmten Zeitpunkt, Zeitraum überschritten haben; eine Entwicklungsstufe hinter sich gelassen haben;* über solche Kindereien bin ich ~; über die 60 ~ sein *älter als 60 Jahre sein*

hi|n|aus... ⟨in Zus. umg. a.⟩ *raus...*

hi|n|aus|bli|cken ⟨V. intr.; blickt hi|n|aus, blick|te hi|n|aus, hat hi|n|aus|ge|blickt, hi|n|aus|zu|bli|cken⟩ *hinausschauen*

hi|n|aus|ekeln ⟨V. trans.; ekelt hi|n|aus, ekel|te hi|n|aus, hat hi|n|aus|ge|ekelt, hi|n|aus|zu|ekeln; umg.⟩ jmdn. ~ *jmdn. durch ständige schlechte Behandlung, durch Schikanen zum Weggehen veranlassen* ▸ jmdn. aus einem Betrieb, aus einer Gemeinschaft ~

hi|n|aus|fah|ren ⟨V.⟩ **I** ⟨V. trans.; fährt hi|n|aus, fuhr hi|n|aus, hat hi|n|aus|ge|fah|ren, hi|n|aus|zu|fah|ren⟩ jmdn. od. etwas ~ *von (hier) drinnen nach (dort) draußen fahren, mit dem Fahrzeug hinausbringen* **II** ⟨V. intr.; fährt hi|n|aus, fuhr hi|n|aus, ist hi|n|aus|ge|fah|ren, hi|n|aus|zu|fah|ren⟩ *aus der Stadt ins Grüne, aufs Land fahren* ▸ sonntags wollen wir ein wenig ~

hi|n|aus|füh|ren ⟨V.; führt hi|n|aus, führ|te hi|n|aus, hat hi|n|aus|ge|führt, hi|n|aus|zu|füh|ren⟩ **I** ⟨V. trans.⟩ jmdn. ~ *von (hier) drinnen nach (dort) draußen führen, begleiten* **II** ⟨V. intr.⟩ **1** *von (hier) drinnen nach (dort) draußen verlaufen* (Weg) **2** *den Weg nach draußen öffnen, freigeben* (Tür) ▸ führt dieser Weg aus dem Wald hinaus?

hi|n|aus|ge|hen ⟨V. intr.; geht hi|n|aus, ging hi|n|aus, ist hi|n|aus|ge|gan|gen, hi|n|aus|zu|ge|hen⟩ **1** *von (hier) drinnen nach (dort) draußen gehen, ein Zimmer, ein Gebäude u. Ä. verlassen* **2** irgendwohin ~ **2.1** *nach draußen führen, den Weg nach draußen öffnen* (Tür) **2.2** *in einer bestimmten Richtung gelegen sein* (Fenster) **3** ⟨übertr.⟩ über etwas ~ *etwas übertreffen, überschreiten* ▸ diese Tür geht in den Garten hinaus; die Fenster gehen nach Süden hinaus; seine Forderungen gehen weit über unsere Möglichkeiten hinaus

hi|n|aus|kom|men ⟨V. intr.; kommt hi|n|aus, kam hi|n|aus, ist hi|n|aus|ge|kom|men, hi|n|aus|zu|kom|men⟩ *von (hier) drinnen nach (dort) draußen kommen* ▸ ich bin heute den ganzen Tag nicht hinausgekommen *nicht an die Luft gekommen, ich habe die Wohnung nicht verlassen;* das kommt auf dasselbe hinaus *das bleibt sich gleich*

hi|n|aus|kom|pli|men|tie|ren ⟨V. trans.; kom|pli|men|tiert hi|n|aus, kom|pli|men|tier|te hi|n|aus, hat hi|n|aus|kom|pli|men|tiert, hi|n|aus|zu|kom|pli|men|tie|ren; umg.⟩ jmdn. ~ *höflich, aber mit sanfter Gewalt zum Gehen veranlassen*

hi|n|aus|lau|fen ⟨V. intr.; läuft hi|n|aus, lief hi|n|aus, ist hi|n|aus|ge|lau|fen, hi|n|aus|zu|lau|fen⟩ **1** *von (hier) drinnen nach (dort) draußen laufen, hinauseilen* **2** ⟨übertr.⟩ auf etwas ~ **2.1** *mit etwas enden, auf bestimmte Weise enden* **2.2** *ein Ziel anstreben, etwas bezwecken* (Plan) ▸ die Kinder liefen zum Spielen hinaus; das Ganze wird wohl darauf ~, dass wir alles selbst bezahlen müssen ⟨übertr.⟩

hi|n|aus|rei|chen ⟨V.; reicht hi|n|aus, reich|te hi|n|aus, hat hi|n|aus|ge|reicht, hi|n|aus|zu|rei|chen⟩ **I** ⟨V. trans.⟩ (jmdm.) etwas ~ *von (hier) drinnen nach (dort) draußen geben* **II** ⟨V. intr.⟩ bis zu etwas ~ *eine Länge haben bis dort draußen* ▸ die Schnur reicht (nicht) bis zum Gartentor hinaus

hi|n|aus|schau|en ⟨V. intr.; schaut hi|n|aus, schau|te hi|n|aus, hat hi|n|aus|ge|schaut, hi|n|aus|zu|schau|en⟩ *von (hier) drinnen nach (dort) draußen schauen* ▸ zum Fenster ~

hi|n|aus|schi|cken ⟨V. trans.; schickt hi|n|aus, schick|te hi|n|aus, hat hi|n|aus|ge|schickt, hi|n|aus|zu|schi|cken⟩ jmdn. ~ *von (hier) drinnen nach (dort) draußen schicken* ▸ schick doch den Jungen hinaus, wenn er damit fertig ist

hi|n|aus|schie|ben ⟨V. trans.; schiebt hi|n|aus, schob hi|n|aus, hat hi|n|aus|ge|scho|ben, hi|n|aus|zu|schie|ben⟩ **1** etwas ~ *von (hier) drinnen nach (dort) draußen schieben* **2** ⟨übertr.⟩ einen Termin, ein Vorhaben ~ *auf später verschieben* ▸ seinen Urlaub um eine Woche ~ ⟨übertr.⟩

hi|n|aus|schie|ßen ⟨V.⟩ **I** ⟨V. trans.; schießt hi|n|aus, schoss hi|n|aus, hat hi|n|aus|ge|schos|sen, hi|n|aus|zu|schie|ßen⟩ etwas ~ *von (hier) drinnen nach (dort) draußen schießen* **II** ⟨V. intr.; schießt hi|n|aus, schoss hi|n|aus, ist hi|n|aus|ge|schos|sen, hi|n|aus|zu|schie|ßen; übertr.⟩ *rasch hinauslaufen* ▸ er schoss (wie der Blitz) zur Tür hinaus

hi|n|aus|schmei|ßen ⟨V. trans.; schmeißt hi|n|aus, schmiss hi|n|aus, hat hi|n|aus|ge|schmis|sen, hi|n|aus|zu|schmei|ßen⟩ jmdn. od. etwas ~ *hinauswerfen* (fast nur in der Form: *rausschmeißen*) ▸ wenn er unverschämt wird, schmeiße ich ihn hinaus

hin|aus|tra|gen ⟨V. trans.; trägt hin|aus, trug hin|aus, hat hin|aus|ge|tra|gen, hin|aus|zu|tra|gen⟩ jmdn. od. etwas ~ *von (hier) drinnen nach (dort) draußen tragen*

hi|n|aus|tre|ten ⟨V. intr.; tritt hi|n|aus, trat hi|n|aus, ist hi|n|aus|ge|tre|ten, hi|n|aus|zu|tre|ten⟩ *von (hier) drinnen nach (dort) draußen treten, ins Freie treten* ▸ auf den Balkon ~

hi|n|aus|wach|sen ⟨[-ks-] V. intr.; wächst hi|n|aus, wuchs hi|n|aus, ist hi|n|aus|ge|wach|sen, hi|n|aus|zu|wach|sen⟩ über etwas ~ **1** *größer, höher werden als etwas* **2** ⟨übertr.⟩ *einer Sache überlegen werden* ▸ die Bäume sind über das Haus hinausgewachsen; er wuchs über sich selbst hinaus

⟨übertr.⟩ *wurde besser, leistete mehr, als zu erwarten war*

hi|n|aus|wa|gen ⟨V. refl.; wagt sich hi|n|aus, wag|te sich hi|n|aus, hat sich hi|n|aus|ge|wagt, sich hi|n|aus|zu|wa|gen⟩ sich ~ *es wagen, hinauszugehen*

hi|n|aus|wer|fen ⟨V. trans.; wirft hi|n|aus, warf hi|n|aus, hat hi|n|aus|ge|wor|fen, hi|n|aus|zu|wer|fen⟩ **1** etwas ~ *von (hier) drinnen nach (dort) draußen werfen* **2** ⟨übertr.⟩ jmdn. ~ *zum Gehen zwingen, entlassen* ▸ einen Gegenstand zum Fenster ~; er hat ihn hinausgeworfen

hi|n|aus|zö|gern ⟨V. trans.; zö|gert hi|n|aus, zö|ger|te hi|n|aus, hat hi|n|aus|ge|zö|gert, hi|n|aus|zu|zö|gern; umg.⟩ etwas ~ *hinausschieben, verzögern* ▸ er hat sein Kommen ständig hinausgezögert

hin|be|kom|men ⟨V. trans.; be|kommt hin, be|kam hin, hat hin|be|kom|men, hin|zu|be|kom|men; umg.⟩ etwas ~ = *hinkriegen*

hin|bie|gen ⟨V. trans.; biegt hin, bog hin, hat hin|ge|bo|gen, hin|zu|bie|gen; umg.⟩ etwas ~ = *hinkriegen*

Hin|blick ⟨der; nur in der Wendung⟩ im ~ auf *unter dem Gesichtspunkt des, der … betrachtet* ▸ im ~ auf seinen Gesundheitszustand

hin|brin|gen ⟨V. trans.; bringt hin, brach|te hin, hat hin|ge|bracht, hin|zu|brin|gen⟩ **1** jmdn. irgendwo ~ *hinbegleiten* **2** etwas irgendwo ~ *an einen bestimmten Ort tragen* **3** ⟨umg.⟩ etwas ~ *zustande bringen* ▸ würdest du mich bitte mit dem Auto ~?

hin|der|lich ⟨Adj.; meist präd.⟩ *störend, hemmend* ▸ das ist mir sehr ~ *stört, behindert, hemmt mich sehr*

hin|dern ⟨V. trans.; hin|dert, hin|der|te, hat ge|hin|dert⟩ jmdn. (an etwas) ~ *bei etwas stören, hemmen, es ihm unmöglich machen* ▸ jmdn. am Gehen, Schreiben ~; er wollte mich daran ~, zu dir zu kommen; der Verband hindert sie am Essen; das Glatteis hindert sie nicht, nach Hamburg zu fahren; der Regen hindert mich beim Fahren

Hin|der|nis ⟨das; -nis|ses, -nis|se⟩ **1** *Behinderung, Hemmung, Störung, Schwierigkeit* **2** *Sperre;* Zus *Drahthindernis* **3** ⟨Sp.⟩ *Hürde;* Zus *Hindernislauf* ▸ ein ~ beseitigen, wegräumen; alle ~se überwinden; auf ein ~ stoßen; jmdm. ~se in den Weg legen; es war eine Fahrt mit ~sen; sich über alle ~se hinwegsetzen

Hin|der|nis|ren|nen ⟨das; -s, -⟩ *Pferderennen über Hindernisse (Gräben, Barrieren, Hecken) hinweg*

Hin|de|rungs|grund ⟨der; -(e)s, -grün|de⟩ *Ursache für ein Hindern od. Verhindertsein* ▸ es gibt dafür wirklich keinen ~

hin|deu|ten ⟨V. intr.; deu|tet hin, deu|te|te hin, hat hin|ge|deu|tet, hin|zu|deu|ten⟩ **1** auf jmdn. od. etwas ~ *auf jmdn. od. etwas zeigen, hinweisen* **2** ⟨übertr.⟩ auf etwas ~ *etwas ankündigen, anzeigen, es denkbar erscheinen lassen* ▸ sämtliche Spuren deuten darauf hin, dass sie verschwunden ist

Hin|du ⟨der; -s, -s⟩ *Anhänger, Vertreter des Hinduismus*

Hin|du|is|mus ⟨der; -; unz.⟩ *aus Vedismus u. Brahmanismus entstandene ind. Religionsform;* Abl *Hinduist(in); hinduistisch*

hin|durch ⟨Adv.⟩ **1** ⟨örtl.⟩ *durch etwas durch, querdurch, mittendurch* **2** ⟨zeitl.⟩ *während, innerhalb eines bestimmten Zeitraumes* ▸ Jahre ~; quer durch den Wald ~

hin|durch… ⟨in Zus.⟩ → *durch…*

hin|durch|ge|hen ⟨V. intr.; geht hin|durch, ging hin|durch, ist hin|durch|ge|gan|gen, hin|durch|zu|ge|hen⟩ *durch etwas gehen, zwischen, unter etwas auf die andere Seite gehen* ▸ durch eine Menschenmenge, einen Wald ~; unter einer Brücke ~; zwischen Bäumen ~

hi|n|ein ⟨Adv.⟩ *von (hier) draußen nach (dort) drinnen, ins Innere* ▸ mitten ~ *in die Mitte (einer Gruppe, Masse);* ich habe bis tief in die Nacht ~ gelesen ⟨übertr.⟩

hi|n|ein… ⟨in Zus. umg. a.⟩ *rein…*

hi|n|ein|bei|ßen ⟨V. intr.; beißt hi|n|ein, biss hi|n|ein, hat hi|n|ein|ge|bis|sen, hi|n|ein|zu|bei|ßen⟩ (in etwas) ~ *in etwas beißen* ▸ er biss kräftig in den Apfel hinein

hi|n|ein|bli|cken ⟨V. intr.; blickt hi|n|ein, blick|te hi|n|ein, hat hi|n|ein|ge|blickt, hi|n|ein|zu|bli|cken⟩ (in etwas) ~ *hineinschauen*

hi|n|ein|den|ken ⟨V. refl.; denkt sich hi|n|ein, dach|te sich hi|n|ein, hat sich hi|n|ein|ge|dacht, sich hi|n|ein|zu|den|ken⟩ **1** sich in jmds. Lage ~ *sich an jmds. Stelle versetzen, jmdm. etwas nachfühlen* **2** sich in eine Sache ~ *sich gedanklich mit ihr vertraut machen* ▸ das liegt schon so lange zurück, ich muss mich erst wieder ~

hi|n|ein|drän|gen ⟨V. trans. u. V. intr.; drängt hi|n|ein, dräng|te hi|n|ein, hat hi|n|ein|ge|drängt, hi|n|ein|zu|drän|gen⟩ jmdn., sich od. etwas (in etwas) ~ *von (hier) draußen nach (dort) drinnen drängen* ▸ die Menschen drängten (sich) in den Saal hinein

hi|n|ein|drü|cken ⟨V. trans.; drückt hi|n|ein, drück|te hi|n|ein, hat hi|n|ein|ge|drückt, hi|n|ein|zu|drü|cken⟩ etwas (in etwas) ~ *in etwas (ein-) drücken* ▸ seine Sachen in den Koffer ~

hi|n|ein|fah|ren ⟨V. intr.; fährt hi|n|ein, fuhr hi|n|ein, ist hi|n|ein|ge|fah|ren, hi|n|ein|zu|fah|ren⟩ (in etwas) ~ *von (hier) draußen nach (dort) drinnen fahren, sich in einem Fahrzeug hineinbewegen* ▸ in die Garage, in die Schleuse ~

hi|n|ein|fal|len ⟨V. intr.; fällt hi|n|ein, fiel hi|n|ein, ist hi|n|ein|ge|fal|len, hi|n|ein|zu|fal|len⟩ (in etwas) ~ *in etwas fallen* ▸ das Kind in den Teich hineingefallen

hi|n|ein|fin|den ⟨V. refl.; fin|det sich hi|n|ein, fand sich hi|n|ein, hat sich hi|n|ein|ge|fun|den, sich hi|n|ein|zu|fin|den; übertr.⟩ sich in eine Sache ~ *sich mit einer S. vertraut machen* ▸ er hat sich in die neue Arbeit schnell hineingefunden

hi|n|ein|fres|sen ⟨V.; frisst hi|n|ein, fraß hi|n|ein, hat hi|n|ein|ge|fres|sen, hi|n|ein|zu|fres|sen; umg.⟩ **I** ⟨V. trans.⟩ etwas in sich ~ *etwas ertragen, ohne darüber zu sprechen* ▸ er frisst allen Ärger, seinen Kummer, Frust in sich hinein **II** ⟨V. refl.⟩ sich in etwas ~ *fressend in etwas eindringen* ▸ die Zecke hat sich in die Haut hineingefressen

hi|n|ein|füh|ren 〈V.; führt hi|n|ein, führ|te hi|n|ein, hat hi|n|ein|ge|führt, hi|n|ein|zu|füh|ren〉 **I** 〈V. trans.〉 jmdn. (in etwas) ~ *von (hier) draußen nach (dort) drinnen führen, bringen* ▸ kommen Sie, ich führe Sie zu ihm hinein **II** 〈V. intr.〉 *von (hier) draußen nach (dort) drinnen verlaufen* ▸ führt diese Straße in die Stadt hinein?

hi|n|ein|ge|hen 〈V. intr.; geht hi|n|ein, ging hi|n|ein, ist hi|n|ein|ge|gan|gen, hi|n|ein|zu|ge|hen〉 **1** *von (hier) draußen nach (dort) drinnen gehen, ins Innere gehen, eintreten* **2** *hineinpassen, Platz haben in* ▸ es wird kühl, wir wollen ~; in diesen Saal gehen 2000 Menschen hinein

hi|n|ein|ge|ra|ten 〈V. intr.; ge|rät hi|n|ein, ge|riet hi|n|ein, ist hi|n|ein|ge|ra|ten, hi|n|ein|zu|ge|ra|ten〉 (in etwas) ~ **1** *ohne es zu wollen, ins Innere od. in eine Gesellschaft gelangen* **2** *unfreiwillig in eine Angelegenheit verwickelt werden* ▸ er geriet immer tiefer in den Sumpf hinein; ich weiß selbst nicht mehr, wie ich hier ~ bin

hi|n|ein|in|ter|pre|tie|ren 〈V. trans.; in|ter|pre|tiert hi|n|ein, in|ter|pre|tier|te hi|n|ein, hat hi|n|ein|in|ter|pre|tiert, hi|n|ein|zu|in|ter|pre|tie|ren〉 etwas (in etwas) ~ *etwas in einer Sache, Angelegenheit o. Ä. zu erkennen glauben, was in Wirklichkeit nicht darin vorhanden ist* ▸ er interpretierte eine Aussage in das Gedicht hinein, die so nicht im Text stand

hi|n|ein|las|sen 〈V. trans.; lässt hi|n|ein, ließ hi|n|ein, hat hi|n|ein|ge|las|sen, hi|n|ein|zu|las|sen〉 jmdn. ~ *hineingehen, -fahren lassen* ▸ lass mich hinein!; ich darf niemanden zu dem Kranken ~

hi|n|ein|lau|fen 〈V. intr.; läuft hi|n|ein, lief hi|n|ein, ist hi|n|ein|ge|lau|fen, hi|n|ein|zu|lau|fen〉 (in etwas) ~ *von (hier) draußen nach (dort) drinnen laufen* ▸ das Kind ist in das Auto hineingelaufen 〈übertr.; umg.〉 *ist über die Straße gelaufen, als gerade ein Auto kam, u. ist überfahren worden*

hi|n|ein|le|gen 〈V. trans.; legt hi|n|ein, leg|te hi|n|ein, hat hi|n|ein|ge|legt, hi|n|ein|zu|le|gen〉 jmdn. od. etwas (in etwas) ~ *von (hier) draußen nach (dort) drinnen legen* ▸ wenn du dir etwas aus dem Fach nimmst, dann leg es auch bitte wieder hinein; →a. *hereinlegen*

hi|n|ein|pas|sen 〈V. intr.; passt hi|n|ein, pass|te hi|n|ein, hat hi|n|ein|ge|passt, hi|n|ein|zu|pas|sen〉 (in etwas) ~ *für etwas passend sein, mit etwas harmonisieren* ▸ der Schlüssel passt nicht in das Schloss hinein

hi|n|ein|re|den 〈V. intr.; re|det hi|n|ein, re|de|te hi|n|ein, hat hi|n|ein|ge|re|det, hi|n|ein|zu|re|den〉 **1** (in etwas) ~ *unbefugt dazwischenreden, sich in etwas einmischen* **2** jmdm. ~ *auf jmdn. einreden, jmdm. heftig zureden, jmdn. zu beeinflussen suchen* ▸ ich lasse mir (in meine Angelegenheiten, Pläne) nicht ~

hi|n|ein|ru|fen 〈V. trans.; ruft hi|n|ein, rief hi|n|ein, hat hi|n|ein|ge|ru|fen, hi|n|ein|zu|ru|fen〉 etwas (in etwas) ~ *von (hier) draußen nach (dort) drinnen rufen* ▸ etwas ins Zimmer, Haus ~

hi|n|ein|schau|en 〈V. intr.; schaut hi|n|ein, schau|te hi|n|ein, hat hi|n|ein|ge|schaut, hi|n|ein|zu|schau|en〉 (in etwas) ~ *von (hier) draußen nach (dort) drinnen schauen* ▸ lass ihn mit (ins Buch) ~

hi|n|ein|schie|ben 〈V. trans.; schiebt hi|n|ein, schob hi|n|ein, hat hi|n|ein|ge|scho|ben, hi|n|ein|zu|schie|ben〉 etwas (in etwas) ~ *von (hier) draußen nach (dort) drinnen schieben*

hi|n|ein|schlüp|fen 〈V. intr.; schlüpft hi|n|ein, schlüpf|te hi|n|ein, ist hi|n|ein|ge|schlüpft, hi|n|ein|zu|schlüp|fen〉 (in etwas) ~ *von (hier) draußen nach (dort) drinnen schlüpfen, rasch u. unbemerkt hineingehen*

hi|n|ein|schüt|ten 〈V. trans.; schüt|tet hi|n|ein, schüt|te|te hi|n|ein, hat hi|n|ein|ge|schüt|tet, hi|n|ein|zu|schüt|ten〉 etwas (in etwas) ~ *von (hier) draußen nach (dort) drinnen schütten, etwas in etwas schütten* ▸ das schmutzige Wasser kannst du hier ~

hi|n|ein|se|hen 〈V. intr.; sieht hi|n|ein, sah hi|n|ein, hat hi|n|ein|ge|se|hen, hi|n|ein|zu|se|hen〉 (in etwas) ~ = *hineinschauen*

hi|n|ein|sprin|gen 〈V. intr.; springt hi|n|ein, sprang hi|n|ein, ist hi|n|ein|ge|sprun|gen, hi|n|ein|zu|sprin|gen〉 (in etwas) ~ *von (hier) draußen nach (dort) drinnen springen, mit einem Sprung hineingelangen* ▸ traust du dich, hier hineinzuspringen?

hi|n|ein|ste|cken 〈V. trans.; steckt hi|n|ein, steck|te hi|n|ein, hat hi|n|ein|ge|steckt, hi|n|ein|zu|ste|cken〉 jmdn. od. etwas (in etwas) ~ *von (hier) draußen nach (dort) drinnen stecken, in etwas stecken*

hi|n|ein|stop|fen 〈V. trans.; stopft hi|n|ein, stopf|te hi|n|ein, hat hi|n|ein|ge|stopft, hi|n|ein|zu|stop|fen〉 etwas (in etwas) ~ *von (hier) draußen nach (dort) drinnen stopfen, in etwas stopfen* ▸ er nahm einen Koffer und stopfte hastig ein paar Kleidungsstücke hinein; er stopfte Unmengen von Kuchen in sich hinein 〈umg.〉 *er aß sehr viel Kuchen*

hi|n|ein|sto|ßen 〈V. trans.; stößt hi|n|ein, stieß hi|n|ein, hat hi|n|ein|ge|sto|ßen, hi|n|ein|zu|sto|ßen〉 jmdn. od. etwas (in etwas) ~ *von (hier) draußen nach (dort) drinnen stoßen, durch Stoß ins Innere befördern* ▸ ich bin nicht von selbst ins Wasser gesprungen, er hat mich hineingestoßen

hi|n|ein|tra|gen 〈V. trans.; trägt hi|n|ein, trug hi|n|ein, hat hi|n|ein|ge|tra|gen, hi|n|ein|zu|tra|gen〉 jmdn. od. etwas (in etwas) ~ *von (hier) draußen nach (dort) drinnen tragen, hineinschaffen, -bringen* ▸ einen Kranken (ins Haus) ~

hi|n|ein|ver|set|zen 〈V. refl.; ver|setzt sich hi|n|ein, ver|setz|te sich hi|n|ein, hat sich hi|n|ein|ver|setzt, sich hi|n|ein|zu|ver|set|zen〉 sich in etwas od. jmdn. ~ *sich vorstellen, man befinde sich in einer bestimmten Lage od. in jmds. Lage*

hi|n|ein|wach|sen 〈[-ks-] V. intr.; wächst hi|n|ein, wuchs hi|n|ein, ist hi|n|ein|ge|wach|sen, hi|n|ein|zu|wach|sen〉 (in etwas) ~ **1** *durch Wachsen allmählich hineinpassen* **2** 〈übertr.〉 *allmählich mit etwas vertraut werden, es liebgewinnen* ▸ die Hosen sind ihm jetzt noch zu groß, er muss erst ~;

er hat seine neue Tätigkeit zuerst nicht geliebt, ist aber mit der Zeit (gut) hineingewachsen

hi|n|ein|zie|hen 〈V. trans.; zieht hi|n|ein, zog hi|n|ein, hat hi|n|ein|ge|zo|gen, hi|n|ein|zu|zie|hen〉 **1** jmdn. od. etwas (in etwas) ~ *von (hier) draußen nach (dort) drinnen ziehen* **2** 〈übertr.; umg.〉 jmdn. in eine Angelegenheit (mit) ~ *jmdn. (mit) in eine A. verwickeln, ihn zwingen, sich damit zu befassen* ▸ ich möchte mich keinesfalls in die Sache ~ lassen 〈übertr.; umg.〉; sie zog ihn mit sich (ins Haus, ins Zimmer) hinein

hi|n|ein|zwän|gen 〈V. trans.; zwängt hi|n|ein, zwäng|te hi|n|ein, hat hi|n|ein|ge|zwängt, hi|n|ein|zu|zwän|gen〉 jmdn., sich od. etwas (in etwas) ~ *von (hier) draußen nach (dort) drinnen zwängen, gewaltsam hineintun* ▸ der Wagen war schon voll, aber er zwängte sich noch mit hinein

H

hin|fah|ren 〈V.〉 **I** 〈V. intr.; fährt hin, fuhr hin, ist hin|ge|fah|ren, hin|zu|fah|ren〉 *an einen bestimmten Ort, zu einem Ziel fahren* ▸ wir wollen mit dem Auto, mit dem Zug ~; ich bin sofort zu ihm hingefahren **II** 〈V. trans.; fährt hin, fuhr hin, hat hin|ge|fah|ren, hin|zu|fah|ren〉 jmdn. od. etwas ~ *mit einem Fahrzeug hinbringen* ▸ kannst du mich nicht ~?

Hin|fahrt 〈die; -; unz.〉 *Fahrt an einen bestimmten Ort, an ein Ziel, Hinreise* ▸ Hin- und Rückfahrt; auf der ~

hin|fal|len 〈V. intr.; fällt hin, fiel hin, ist hin|ge|fal|len, hin|zu|fal|len〉 *zu Boden fallen, stürzen* ▸ der Länge nach ~

hin|fäl|lig 〈Adj.〉 **1** *gebrechlich, kraftlos, altersschwach* **2** *gegenstandslos, ungültig* ▸ ein ~er alter Mann; unsere Verabredung ist durch deinen Brief ~ geworden; Abl *Hinfälligkeit*

hin|flie|gen 〈V. intr.; fliegt hin, flog hin, ist hin|ge|flo|gen, hin|zu|flie|gen〉 **1** *an einen bestimmten Ort, an ein Ziel fliegen* **2** 〈umg.〉 *hinfallen* ▸ ich bin am Dienstag hingeflogen und am Donnerstag zurückgeflogen

hin|füh|ren 〈V.; führt hin, führ|te hin, hat hin|geführt, hin|zu|füh|ren〉 **I** 〈V. trans.〉 jmdn. ~ *führend hinbegleiten, hinbringen* ▸ der Junge wird Sie ~ **II** 〈V. intr.〉 *an einen bestimmten Ort führen, bis zu einem Ort verlaufen* ▸ der Weg führt bis zum See hin; wo soll das ~? 〈übertr.〉 *wo soll das enden?, was soll daraus werden?*

hing → *hängen*

Hin|ga|be 〈die; -; unz.〉 **1** *Opferfreudigkeit, Opferbereitschaft, Selbstaufopferung* **2** *das Sichhingeben* ▸ einen Kranken mit großer ~ pflegen; mit ~ Klavier spielen

hin|ge|ben 〈V.; gibt hin, gab hin, hat hin|ge|geben, hin|zu|ge|ben〉 **I** 〈V. trans.〉 (jmdm. od. einer Sache) etwas ~ od. etwas (für jmdn. od. etwas) ~ *weggeben, verschenken, opfern* ▸ er gibt sein letztes Geld für andere hin **II** 〈V. refl.〉 **1** sich einer Sache (ganz) ~ *sich für eine Sache aufopfern, sich ihr ausschließlich widmen* **2** 〈veraltet〉 sich jmdm. ~ *mit jmdm. Geschlechtsverkehr haben*

Hin|ge|bung 〈die; -; unz.〉 = *Hingabe*

hin|ge|bungs|voll 〈Adj.〉 *voller Hingabe, mit großer Hingabe*

hin|ge|gen 〈Konj.〉 *dagegen* ▸ er ist sehr sparsam, seine Schwester ~ gibt gern Geld aus

hin|ge|hen 〈V. intr.; geht hin, ging hin, ist hin|gegan|gen, hin|zu|ge|hen〉 **1** *an einen bestimmten Ort, an ein Ziel gehen* **2** *vergehen, verstreichen* (Zeit) ▸ ich habe gar keine Lust, hinzugehen; zu jmdm. ~ *jmdn. besuchen, jmdn. aufsuchen;* wo geht es hier hin? *wohin führt dieser Weg?*

hin|ge|hö|ren 〈V. intr.; ge|hört hin, ge|hör|te hin, hat hin|ge|hört, hin|zu|ge|hö|ren〉 irgendwo ~ *seinen bestimmten Platz haben, dorthin gehören* ▸ leg es dahin, wo es hingehört

hin|ge|ris|sen **I** 〈Part. Perf. von〉 *hinreißen* **II** 〈Adj.〉 *begeistert, entzückt* ▸ er war von ihr ganz ~

hin|gu|cken 〈V. intr.; guckt hin, guck|te hin, hat hin|ge|guckt, hin|zu|gu|cken; umg.〉 = *hinschauen*

hin|hal|ten 〈V. trans.; hält hin, hielt hin, hat hinge|hal|ten, hin|zu|hal|ten〉 **1** jmdm. etwas ~ *entgegenstrecken, -halten, anbieten* **2** jmdn. ~ *warten lassen, vertrösten* ▸ jmdm. die Hand ~; jmdm. eine Schachtel Pralinen ~; sie haben ihn wochenlang hingehalten; seinen Kopf für etwas ~ *für etwas einstehen, die Verantwortung für etwas übernehmen*

hin|ken 〈V. intr.; hinkt, hink|te, hat/ist ge|hinkt〉 *wegen ungleicher Länge der Beine od. wegen eines verletzten Beines od. Fußes schwankend gehen, lahmen* ▸ der Fußballspieler ging hinkend vom Platz; der Vergleich hinkt 〈übertr.〉 *der Vergleich stimmt nicht;* er hat/ist eine Zeit lang auf dem rechten Fuß gehinkt

hin|knien 〈V. refl.; kniet sich hin, knie|te sich hin, hat sich hin|ge|kniet, sich hin|zu|knien〉 sich ~ *niederknien*

hin|kom|men 〈V. intr.; kommt hin, kam hin, ist hin|ge|kom|men, hin|zu|kom|men〉 **1** *an einen bestimmten Ort kommen* **2** 〈umg.〉 **2.1** *(ungefähr) stimmen, passen* **2.2** mit etwas ~ *auskommen, (aus)reichen* ▸ als ich hinkam, war er schon weg; ich komme mit meinem Geld gut hin

hin|krie|gen 〈V. trans.; kriegt hin, krieg|te hin, hat hin|ge|kriegt, hin|zu|krie|gen; umg.〉 etwas ~ *zustande bringen, fertigbringen* ▸ das werden wir schon ~; das hast du prima hingekriegt

hin|lan|gen 〈V. intr.; langt hin, lang|te hin, hat hin|ge|langt, hin|zu|lan|gen〉 irgendwo ~ *bis an eine bestimmte Stelle langen, reichen, hingreifen* ▸ wo man hinlangt, ist alles schmutzig

hin|läng|lich 〈Adv.〉 *genügend, ausreichend* ▸ das ist mir ~ bekannt

hin|lau|fen 〈V. intr.; läuft hin, lief hin, ist hin|gelau|fen, hin|zu|lau|fen〉 *an einen bestimmten Ort, eine bestimmte Stelle laufen* ▸ bitte lauf rasch einmal hin und sag ihnen, dass wir später kommen

hin|le|gen 〈V.; legt hin, leg|te hin, hat hin|ge|legt, hin|zu|le|gen〉 **I** 〈V. trans.〉 **1** jmdn. od. etwas ~ *an eine bestimmte Stelle legen* **2** etwas ~ *wegle-*

gen, aus der Hand legen **3** ⟨übertr.; salopp⟩ etwas ~ *mit Leichtigkeit vollbringen* ▸ leg das Messer sofort hin! *(Aufforderung an ein Kind);* ich habe ihm einen Zettel hingelegt, damit er weiß, wo ich bin; sie hat eine sensationelle Karriere hingelegt ⟨übertr.⟩ **II** ⟨V. refl.⟩ sich ~ **1** *sich auf einem Bett o. Ä. lang ausstrecken (zum Ausruhen, zum Schlafen)* **2** *hinfallen* ▸ er hat sich eine Weile hingelegt

hịn|nehm|bar ⟨Adj.⟩ *so beschaffen, dass man es hinnehmen, damit zurechtkommen kann* ▸ dieser Zustand ist für mich nicht länger ~

hịn|neh|men ⟨V. trans.; nimmt hin, nahm hin, hat hin|ge|nom|men, hin|zu|neh|men⟩ etwas ~ *dulden, ertragen, sich gefallen lassen* ▸ man kann dagegen nichts machen, man muss es eben ~

hịn|rei|chen ⟨V.; reicht hin, reich|te hin, hat hin|ge|reicht, hin|zu|rei|chen⟩ **I** ⟨V. trans.⟩ jmdm. etwas ~ *reichen, geben, hinübergeben, -reichen, hinhalten* **II** ⟨V. intr.⟩ *genügen, ausreichen, langen* ▸ das Geld reicht nicht hin *wir kommen damit nicht aus*

hịn|rei|chend **I** ⟨Part. Präs. von⟩ *hinreichen* **II** ⟨Adj.⟩ *ausreichend, genügend* ▸ er hat unsere Forderungen ~ erfüllt; sie konnte keine ~en Gründe angeben

Hịn|rei|se ⟨die; -; unz.⟩ *Reise an einen Ort, zu einem Ziel* ▸ Hin- und Rückreise; wir sind auf der ~ nach Venedig

hịn|rei|ßen ⟨V. trans.; reißt hin, riss hin, hat hin|ge|ris|sen, hin|zu|rei|ßen⟩ **1** jmdn. zu etwas ~ *jmdn. veranlassen, etwas zu tun* **2** sich zu etwas ~ lassen *sich von seinen negativen Gefühlen überwältigen lassen, etwas zu tun* ▸ sein virtuoses Spiel riss das Publikum zu begeistertem Applaus hin; er ließ sich zu unbedachten Äußerungen ~; →a. *hingerissen*

hịn|rei|ßend **I** ⟨Part. Präs. von⟩ *hinreißen* **II** ⟨Adj.⟩ *entzückend, überwältigend schön, begeisternd* ▸ sie hat ~ gespielt, gesungen

hịn|rich|ten ⟨V. trans.; rich|tet hin, rich|te|te hin, hat hin|ge|rich|tet, hin|zu|rich|ten⟩ jmdn. ~ *die Todesstrafe an jmdm. vollstrecken* ▸ jmdn. durch den elektrischen Stuhl, durch den Strang ~; Abl *Hinrichtung*

Hịn|run|de ⟨die; -, -n; Sp.⟩ *erster Teil eines Wettbewerbes, in dem jede Mannschaft einmal gegen jede andere Mannschaft ihrer Gruppe spielt;* Ggs *Rückrunde*

hịn|schau|en ⟨V. intr.; schaut hin, schau|te hin, hat hin|ge|schaut, hin|zu|schau|en⟩ *in eine bestimmte Richtung, an eine bestimmte Stelle schauen* ▸ du musst schon richtig ~ *du musst es genau ansehen, betrachten*

hịn|schi|cken ⟨V. trans.; schickt hin, schick|te hin, hat hin|ge|schickt, hin|zu|schi|cken⟩ jmdn. od. etwas ~ *an einen bestimmten Ort, zu jmdm. schicken* ▸ ich schicke Ihnen den Fahrer hin

hịn|schmei|ßen ⟨V. trans.; schmeißt hin, schmiss hin, hat hin|ge|schmis|sen, hin|zu|schmei|ßen; umg.⟩ etwas ~ **1** *hinwerfen* **2** ⟨übertr.⟩ *(von heute auf morgen) aufgeben* ▸ wütend schmiss er das Werkzeug hin; er würde am liebsten den ganzen Kram ~ ⟨übertr.⟩

hịn|schrei|ben ⟨V.; schreibt hin, schrieb hin, hat hin|ge|schrie|ben, hin|zu|schrei|ben⟩ **I** ⟨V. trans.⟩ etwas ~ *niederschreiben, an eine bestimmte Stelle schreiben* ▸ schreiben Sie bitte hier Ihren Namen hin **II** ⟨V. intr.; umg.⟩ *an eine Behörde o. Ä. schreiben* ▸ ich habe noch keine Nachricht erhalten und werde morgen noch einmal ~

hịn|se|hen ⟨V. intr.; sieht hin, sah hin, hat hin|ge|se|hen⟩ *etwas Bestimmtes ansehen, bei etwas zusehen* ▸ ich kann nicht länger ~

hịn|sẹt|zen ⟨V.; setzt hin, setz|te hin, hat hin|ge|setzt, hin|zu|set|zen⟩ **I** ⟨V. trans.⟩ jmdn. od. etwas ~ *an eine bestimmte Stelle setzen* ▸ wir haben die Kinder nach vorne hingesetzt **II** ⟨V. refl.⟩ sich ~ *Platz nehmen* ▸ wo möchtest du dich ~?; ich kann nicht mehr stehen, ich muss mich ~; setzen Sie sich bitte auf den Stuhl!

Hịn|sicht ⟨die; -; unz.⟩ *Beziehung* ▸ in dieser ~ habe ich gar keine Sorgen; in gewisser, mancher ~ hat er ja Recht, aber ...

hịn|sicht|lich ⟨Präp. m. Gen.⟩ *was ... betrifft* ▸ ich habe ~ seines Gesundheitszustandes noch einige Bedenken

Hịn|spiel ⟨das; -(e)s, -e; Sp.⟩ *erstes Spiel von zwei vereinbarten Spielen zweier Mannschaften;* Ggs *Rückspiel*

hịn|stel|len ⟨V. trans.; stellt hin, stell|te hin, hat hin|ge|stellt, hin|zu|stel|len⟩ **1** jmdn., sich od. etwas ~ *an einen bestimmten Platz stellen, niederstellen* **2** ⟨übertr.⟩ etwas od. jmdn. ~ als *bezeichnen als, bewerten als, so schildern, als ob ...* ▸ ich stell mich doch nicht zwei Stunden hin und warte! ⟨umg.⟩; hier möchte ich den Tisch und dort den Sessel ~; jmdn. als Betrüger ~; jmdn. als dumm, faul ~

hint|ạn|stel|len ⟨V. trans.; stellt hint|an, stell|te hint|an, hat hint|an|ge|stellt, hint|an|zu|stel|len; geh.⟩ jmdn. od. etwas ~ *an den letzten Platz stellen, zurückstellen, unberücksichtigt lassen*

hịn|ten ⟨Adv.⟩ Ggs *vorn* **1** *auf der Rückseite* **2** *am Ende, an letzter Stelle* ▸ sich ~ **anschließen**, anstellen (vor Schaltern usw.) *am Ende der Reihe Wartender anstellen;* ~ **bleiben** *am Ende bleiben, zurückbleiben;* ~ **runterfallen** (eigtl.: hinunterfallen) ⟨übertr.; umg.⟩ *benachteiligt werden, nicht berücksichtigt werden;* **sein:** die Toiletten sind ~ im Restaurant; das Kleid ist ~ länger als vorne; der Pullover ist ~ im Schrank; ganz ~ **sitzen**, stehen ▸ ich habe die Zeitung von vorn(e) **bis** ~ gelesen *sehr gründlich gelesen;* diese Geschichte ist von vorn(e) bis ~ erlogen ⟨übertr.; umg.⟩ *vollständig erlogen;* **im** Auto ~ sitzen *auf dem Rücksitz;* die Kinder sind **nach** ~ gelaufen; **von** ~ *von der Rückseite her; vom Ende her;* mein Einkommen reicht **vorn(e)** und ~ nicht ⟨übertr.; umg.⟩ *reicht überhaupt nicht;* es stimmt ~ und vorn(e) nicht ⟨übertr.; umg.⟩ *es stimmt überhaupt nicht*

hịn|ten|ü̲ber ⟨Adv.⟩ *nach hinten, rückwärts*

hịn|ten|ü̲ber|fal|len ⟨V. intr.; fällt hin|ten|über, fiel hin|ten|über, ist hin|ten|über|ge|fal|len, hin|ten|über|zu|fal|len⟩ *nach rückwärts umfallen* ▸ beim Streichen der Küche ist er hintenübergefallen

hin|ten|über|kip|pen ⟨V. intr.; kippt hin|ten|über, kipp|te hin|ten|über, ist hin|ten|über|ge|kippt, hin|ten|über|zu|kip|pen⟩ *nach hinten kippen, nach rückwärts umkippen*

hin|ter[1] ⟨Präp.⟩ **I** ⟨mit Dat. auf die Frage wo?⟩ *auf der Rückseite, im Rücken von* ▸ ich habe ein paar anstrengende Tage ~ mir *erlebt, verbracht;* er steht ~ ihm ⟨übertr.⟩ *er unterstützt ihn;* vor und ~ uns war niemand zu sehen; er hat ein Jahr Ausbildung ~ sich *vollendet;* zwei Kilometer ~ sich haben *bereits zwei Kilometer gegangen sein;* jmdn. ~ sich lassen *jmdn. überholen;* ⟨übertr.⟩ *im Hinblick auf seine Leistungen besser sein;* einer ~ dem anderen *hintereinander, einer nach dem anderen, der Reihe nach* ▸ sich ~ einem Baum verstecken; ~ dem Haus liegt eine Wiese ▸ ich bin ~ ihm hergelaufen *ihm nachgelaufen;* ~ jmdm. her sein *jmdn. für sich gewinnen wollen; jmdn. verfolgen, nach ihm suchen, fahnden;* er sitzt in der Schule ~ mir **II** ⟨mit Akk. auf die Frage wohin?⟩ *auf die Rückseite von* ▸ sich ~ eine Tür stellen

hin|ter[2] ⟨Adj.⟩ **1** *letzt, rückwärtig* **2** *hinten, am Ende, auf der Rückseite befindlich* ▸ wir sitzen in der ~sten Reihe; geht bitte in das ~e Zimmer; Abl *Hintere(r);* Zus *Hintereingang, Hinterlauf, Hinterpfote, Hinterrad* ⓘ S. 896, *Hintertreppe, Hintertür, Hinterzimmer*

Hin|ter|bänk|ler ⟨der; -s, -; abwertend⟩ *wenig einflussreiches Parlamentsmitglied;* Abl *Hinterbänklerin*

Hin|ter|bein ⟨das; -(e)s, -e⟩ *hinteres Bein (von Vierfüßern);* Ggs *Vorderbein* ▸ sich auf die ~e stellen (Tier); sich auf die ~e stellen ⟨übertr.⟩ *Widerstand leisten, sich widersetzen*

Hin|ter|blie|be|ne(r) ⟨die; -n, -n (der; -n, -n)⟩ *Angehörige(r) eines Verstorbenen;* Zus *Hinterbliebenenrente*

hin|ter|brin|gen ⟨V. trans.; hin|ter|bringt, hin|ter|brach|te, hat hin|ter|bracht⟩ jmdm. etwas ~ *heimlich mitteilen, zutragen*

hin|ter|ei|n|an|der ⟨Adv.⟩ *einer hinter dem anderen, nacheinander, der Reihe nach* ▸ vierzehn Tage ~ *14 Tage lang ununterbrochen;* ~ hergehen; sich ~ aufstellen

hin|ter|fot|zig ⟨Adj.; derb⟩ *heimtückisch, hinterlistig* ▸ das war eine ~e Gemeinheit

hin|ter|fra|gen ⟨V. trans.; hin|ter|fragt, hin|ter|frag|te, hat hin|ter|fragt⟩ etwas ~ *nach der Entstehungsursache, den Hintergründen von etwas fragen, es im Hinblick darauf untersuchen*

Hin|ter|fuß ⟨der; -es, -fü|ße⟩ *Fuß des Hinterbeins (bei Vierfüßern)*

Hin|ter|ge|dan|ke ⟨der; -ns, -n⟩ *heimliche, verborgene Absicht* ▸ ohne ~n *rückhaltlos, ganz offen*

hin|ter|ge|hen ⟨V. trans.; hin|ter|geht, hin|ter|ging, hat hin|ter|gan|gen⟩ jmdn. ~ *betrügen, täuschen* ▸ er hat sie hintergangen

Hin|ter|grund ⟨der; -(e)s, -grün|de⟩ **1** *der am weitesten entfernte Teil dessen, was man sehen kann* **2** ⟨übertr.⟩ *verborgener od. wenig hervortretender Zusammenhang* ▸ der Roman hat einen historischen ~ ▸ den ~ für das Drama bildet die Reformation(szeit); im ~ des Bildes sieht man ...; jmdn. in den ~ drängen *der allgemeinen Beachtung entziehen;* sich im ~ halten *sich nicht bemerkbar machen, nicht in Erscheinung treten* (Person); im ~ stehen ⟨übertr.⟩ *unbeachtet, wenig beachtet sein;* in den ~ treten *an Bedeutung verlieren, verblassen, abnehmen, schwinden;* der Roman spielt vor dem ~ der Bauernkriege

hin|ter|grün|dig ⟨Adj.⟩ *schwer durchschaubar* ▸ ~e Absichten; ein ~er Mensch; ein ~es Schweigen; ~ lächeln

Hin|ter|halt ⟨der; -(e)s, -e⟩ **1** *Versteck, um jmdn. zu überfallen* **2** *Falle für den Gegner* ▸ aus dem ~ hervorstürzen; in einen ~ fallen od. geraten

hin|ter|häl|tig ⟨Adj.⟩ **1** *tückisch, lauernd, hinterlistig* **2** *boshaft;* Abl *Hinterhältigkeit*

Hin|ter|hand ⟨die; -, -hän|de⟩ *Hinterbein mit Hinterbacke (besonders beim Pferd, Hund)*

Hin|ter|haus ⟨das; -es, -häu|ser⟩ *Haus hinter dem an der Straße gelegenen Haus, Hofgebäude, Gartenhaus, von der Straße abgelegener Gebäudeteil*

hin|ter|her ⟨Adv.⟩ **I** ⟨a. ['---] zeitl.⟩ *danach, später, nachträglich* ▸ ~ sieht alles oft ganz anders aus; ~ hat er sich bei ihr entschuldigt **II** ⟨übertr.⟩ ~ sein **1** *zurück(geblieben) sein* **2** *auf etwas sorgsam bedacht sein, achten, sich darum bemühen* ▸ ich bin sehr ~, dass das Kind rechtzeitig schlafen geht; sie ist mit ihren Aufgaben, Leistungen weit ~

hin|ter|her|hin|ken ⟨V. intr.; hinkt hin|ter|her, hink|te hin|ter|her, ist hin|ter|her|ge|hinkt, hin|ter|her|zu|hin|ken⟩ **1** jmdm. od. einer Sache ~ *hinkend folgen* **2** ⟨übertr.; umg.⟩ *zurückbleiben, nicht mitkommen* ▸ in der Schule hinkt er hinterher

hin|ter|her|kom|men ⟨V. intr.; kommt hin|ter|her, kam hin|ter|her, ist hin|ter|her|ge|kom|men, hin|ter|her|zu|kom|men⟩ *nachkommen, später kommen, als Letzter kommen*

hin|ter|her|lau|fen ⟨V. intr.; läuft hin|ter|her, lief hin|ter|her, ist hin|ter|her|ge|lau|fen, hin|ter|her|zu|lau|fen⟩ **1** jmdm. ~ **1.1** *eilends folgen* **1.2** *in aufdringlicher Weise für sich zu gewinnen versuchen* **2** einer Sache ~ *sich zu eifrig darum bemühen* **3** jmdm. od. einer Sache ~ *sich mehrmals bemühen, etwas (von jmdm.) zu bekommen od. etwas (von jmdm.) erledigen zu lassen*

hin|ter|her|ren|nen ⟨V. intr.; rennt hin|ter|her, rann|te hin|ter|her, ist hin|ter|her|ge|rannt, hin|ter|her|zu|ren|nen⟩ (jmdm. od. etwas) ~ *rasch hinterherlaufen*

hin|ter|her|schi|cken ⟨V. trans.; schickt hin|ter|her, schick|te hin|ter|her, hat hin|ter|her|ge|schickt, hin|ter|her|zu|schi|cken⟩ jmdn. od. etwas ~ *nachschicken* ▸ ein weiteres Paket ~

Hin|ter|hof ⟨der; -(e)s, -hö|fe⟩ *von Hinterhäusern eingeengter, sonnenarmer Hof*

Hin|ter|kopf ⟨der; -(e)s, -köp|fe⟩ *hinterer Teil des*

Kopfes ▸ eine Wunde am ~ haben; auf den ~ stürzen

Hin|ter|land ⟨das; -(e)s; unz.⟩ *Land hinter einer Stadt, Grenze Küste od. Flussmündung* ▸ ins ~ flüchten

hin|ter|las|sen ⟨V. trans.; hin|ter|lässt, hin|ter|ließ, hat hin|ter|las|sen⟩ (jmdm.) etwas ~ **1** *(einem anderen) zurücklassen* **2** *vererben* ▸ Schulden ~; er hinterlässt ein großes Durcheinander; so unordentlich kannst du doch das Zimmer nicht ~!; Abl *Hinterlassung*

Hin|ter|las|sen|schaft ⟨die; -, -en⟩ **1** *Nachlass, Erbschaft* **2** *alles, was zurückgelassen worden ist* ▸ jmds. ~ antreten *jmds. Erbschaft antreten;* ⟨übertr.⟩ *jmds. (unvollendete) Arbeit übernehmen*

hin|ter|le|gen ⟨V. trans.; hin|ter|legt, hin|ter|leg|te, hat hin|ter|legt⟩ **1** Handgepäck, Schmuck ~ *sicherstellen, verwahren lassen* **2** Geld, eine Kaution ~ *als Pfand zurücklassen;* Abl *Hinterlegung*

Hin|ter|leib ⟨der; -(e)s, -er⟩ *hinterer Teil (des Tierleibes, bes. der Insekten)*

Hin|ter|list ⟨die; -, -en⟩ **I** ⟨unz.⟩ *hinterlistiges Wesen od. Verhalten* **II** ⟨zählb.⟩ *hinterlistige Handlung*

hin|ter|lis|tig ⟨Adj.⟩ *tückisch, falsch, unaufrichtig, hinterhältig, lauernd;* Abl *Hinterlistigkeit*

hin|term ⟨Verschmelzungsform aus Präp. u. Art.⟩ *hinter dem*

Hin|ter|mann ⟨der; -(e)s, -män|ner⟩ **1** *jmd., der hinter einem sitzt od. steht* **2** ⟨übertr.⟩ **2.1** *geheimer Ratgeber, jmd., der einen anderen heimlich unterstützt, lenkt* **2.2** *heimlicher Gewährsmann* ▸ mein ~ (in der Schulklasse, im Glied)

hin|tern ⟨Verschmelzungsform aus Präp. u. Art.⟩ *hinter den*

Hin|tern ⟨der; -s, -; umg.⟩ = *Gesäß* ▸ jmdm. den ~ verhauen; einem Kind einen Klaps auf den ~ geben; sich auf den ~ setzen *hinfallen; energisch arbeiten;* ich könnte mich in den ~ beißen, weil ich das (nicht) getan habe *ich ärgere mich sehr, bereue es heftig*

hin|ter|rücks ⟨Adv.⟩ *von hinten* ▸ jmdn. ~ erstechen; jmdn. ~ überfallen

Hin|ter|sinn ⟨der; -(e)s; unz.⟩ *Nebensinn, geheime Nebenbedeutung;* Abl *hintersinnig*

Hin|ter|teil ⟨das; -(e)s, -e; umg.⟩ = *Gesäß*

Hin|ter|tref|fen ⟨das; -s; unz.; nur in den Wendungen⟩ ins ~ geraten, kommen, im ~ sein *Nachteile haben*

hin|ter|trei|ben ⟨V. trans.; hin|ter|treibt, hin|ter|trieb, hat hin|ter|trie|ben⟩ etwas ~ *vereiteln, verhindern* ▸ er hat den Plan hintertrieben; Abl *Hintertreibung*

Hin|ter|wäld|ler ⟨der; -s, -; abwertend⟩ *ungeschliffener, bäurischer, weltfremder, einfältiger Mensch;* Abl *Hinterwäldlerin; hinterwäldlerisch*

hin|ter|zie|hen ⟨V. trans.; hin|ter|zieht, hin|ter|zog, hat hin|ter|zo|gen⟩ Steuern ~ *unterschlagen, nicht angeben, nicht melden;* Abl *Hinterziehung*

hin|tre|ten ⟨V. intr.; tritt hin, trat hin, ist hin|ge|tre|ten, hin|zu|tre|ten⟩ vor jmdn. ~ *sich vor jmdn. stellen*

hi|n|ü|ber ⟨Adv.⟩ **I** ⟨örtl.⟩ *von hier nach drüben, von dieser Seite auf die andere Seite, von diesem Raum in den anderen Raum* **II** ⟨übertr.⟩ ~ sein **1** *verbraucht, abgetragen, abgenutzt sein* **2** *tot sein* ▸ er ist ~ *gestorben;* die Schuhe sind (völlig) ~

hi|n|ü|ber... ⟨in Zus.; umg. a.⟩ *rüber...*

hi|n|ü|ber|ge|hen ⟨V. intr.; geht hi|n|ü|ber, ging hi|n|ü|ber, ist hi|n|ü|ber|ge|gan|gen, hi|n|ü|ber|zu|ge|hen⟩ *auf die andere Seite, in den anderen Raum gehen* ▸ bitte geh einmal hinüber und sieh nach den Kindern

hi|n|ü|ber|schau|en ⟨V. intr.; schaut hi|n|ü|ber, schau|te hi|n|ü|ber, hat hi|n|ü|ber|ge|schaut, hi|n|ü|ber|zu|schau|en⟩ *auf die andere Seite, in den anderen Raum schauen* ▸ man kann von hier aus nicht (in den anderen Garten) ~

hi|n|ü|ber|wech|seln ⟨[-ks-] V. intr.; wechselt hi|n|ü|ber, wechsel|te hi|n|ü|ber, ist/hat hi|n|ü|ber|ge|wech|selt, hi|n|ü|ber|zu|wech|seln⟩ *auf die andere Seite wechseln* ▸ auf die rechte Fahrspur ~; in eine andere Partei, zum Gegner ~

hin und her → *hin*

hi|n|un|ter ⟨Adv.⟩ *von (hier) oben nach (dort) unten* ▸ hinauf und ~

hi|n|un|ter... ⟨in Zus.; umg. a.⟩ *runter...*

hi|n|un|ter|fah|ren ⟨V.⟩ **I** ⟨V. intr.; fährt hi|n|un|ter, fuhr hi|n|un|ter, ist hi|n|un|ter|ge|fah|ren, hi|n|un|ter|zu|fah|ren⟩ *von (hier) oben nach (dort) unten fahren* ▸ vom Berg in die Stadt ~ **II** ⟨V. trans.; fährt hi|n|un|ter, fuhr hi|n|un|ter, hat hi|n|un|ter|ge|fah|ren, hi|n|un|ter|zu|fah|ren⟩ jmdn. od. etwas ~ *mit einem Fahrzeug hinunterbringen*

hi|n|un|ter|fal|len ⟨V. intr.; fällt hi|n|un|ter, fiel hi|n|un|ter, ist hi|n|un|ter|ge|fal|len, hi|n|un|ter|zu|fal|len⟩ *von (hier) oben nach (dort) unten fallen* ▸ bitte heb mir das Buch auf, es ist mir hinuntergefallen; sie ist die Treppe hinuntergefallen

hi|n|un|ter|füh|ren ⟨V.; führt hi|n|un|ter, führ|te hi|n|un|ter, hat hi|n|un|ter|ge|führt, hi|n|un|ter|zu|füh|ren⟩ **I** ⟨V. intr.⟩ *von (hier) oben nach (dort) unten verlaufen* ▸ führt dieser Weg zum See hinunter? **II** ⟨V. trans.⟩ jmdn. ~ *von (hier) oben nach (dort) unten führen, geleiten*

hi|n|un|ter|ge|hen ⟨V. intr.; geht hi|n|un|ter, ging hi|n|un|ter, ist hi|n|un|ter|ge|gan|gen, hi|n|un|ter|zu|ge|hen⟩ *von (hier) oben nach (dort) unten gehen, hinabgehen* ▸ die Treppe ~

hi|n|un|ter|las|sen ⟨V. trans.; lässt hi|n|un|ter, ließ hi|n|un|ter, hat hi|n|un|ter|ge|las|sen, hi|n|un|ter|zu|las|sen⟩ **1** jmdn. od. etwas ~ *von (hier) oben nach (dort) unten gleiten lassen* **2** ⟨umg.⟩ jmdn. ~ *hinuntergehen, -springen, -steigen lassen* ▸ bitte lass mich hinunter!

hi|n|un|ter|lau|fen ⟨V. intr.; läuft hi|n|un|ter, lief hi|n|un|ter, ist hi|n|un|ter|ge|lau|fen, hi|n|un|ter|zu|lau|fen⟩ *von (hier) oben nach (dort) unten laufen* ▸ die Treppe ~

hi|n|un|ter|schau|en ⟨V. intr.; schaut hi|n|un|ter, schau|te hi|n|un|ter, hat hi|n|un|ter|ge|schaut, hi|n|un|ter|zu|schau|en⟩ *von (hier) oben nach (dort) unten schauen* ▸ vom Berg auf die Stadt ~

hi|n|un|ter|schlu|cken ⟨V. trans.; schluckt hi|n|unter, schluck|te hi|n|un|ter, hat hi|n|un|ter|geschluckt, hi|n|un|ter|zu|schlu|cken⟩ **1** etwas ~ *in den Magen befördern, schlucken* **2** ⟨übertr.⟩ seinen Ärger ~ *überwinden, für sich behalten, nicht merken lassen* **3** ⟨übertr.⟩ eine Beleidigung ~ *widerspruchslos hinnehmen*

hi|n|ụn|ter|stei|gen ⟨V. intr.; steigt hi|n|un|ter, stieg hi|n|un|ter, ist hi|n|un|ter|ge|stie|gen, hi|nun|ter|zu|stei|gen⟩ *von (hier) oben nach (dort) unten steigen* ▸ sie stiegen den Berg hinunter

hi|n|ụn|ter|stür|zen ⟨V.⟩ **I** ⟨V. intr.; stürzt hi|n|unter, stürz|te hi|n|un|ter, ist hi|n|un|ter|ge|stürzt, hi|n|un|ter|zu|stür|zen⟩ *von (hier) oben nach (dort) unten stürzen* ▸ die Treppe ~ **II** ⟨V. trans.; stürzt hi|n|un|ter, stürz|te hi|n|un|ter, hat hi|n|un|ter|gestürzt, hi|n|un|ter|zu|stür|zen⟩ **1** jmdn. od. etwas ~ *so stoßen, dass jmd. od. etwas in die Tiefe stürzt* **2** ein Glas Wein ~ *hastig, gierig trinken, in einem Zuge leeren* **III** ⟨V. refl.; stürzt hi|n|un|ter, stürz|te hi|n|un|ter, hat hi|n|un|ter|ge|stürzt, hi|nun|ter|zu|stür|zen⟩ sich ~ *hinunterspringen, um Selbstmord zu begehen*

hi|n|ụn|ter|zie|hen ⟨V. trans.; zieht hi|n|un|ter, zog hi|n|un|ter, hat hi|n|un|ter|ge|zo|gen, hi|n|un|terzu|zie|hen⟩ jmdn. od. etwas ~ *von (hier) oben nach (dort) unten ziehen* ▸ er zog sie mit sich die Treppe hinunter

hin|wẹg ⟨Adv.⟩ *weg, fort von hier* ▸ über etwas ~ sein *etwas überwunden haben;* ich bin über die Enttäuschung hinweg

Hịn|weg ⟨der; -(e)s, -e⟩ *Weg zum Ziel, Hinreise;* Ggs *Rückweg* ▸ auf dem ~; Hin- und Rückweg

hin|wẹg... ⟨in Zus.⟩→ *fort..., weg...*

hin|wẹg|ge|hen ⟨V. intr.; geht hin|weg, ging hinweg, ist hin|weg|ge|gan|gen, hin|weg|zu|ge|hen; übertr.⟩ über etwas ~ *etwas nicht beachten, absichtlich überhören od. übersehen* ▸ sie ging schweigend über seine Bemerkung hinweg

hin|wẹg|kom|men ⟨V. intr.; kommt hin|weg, kam hin|weg, ist hin|weg|ge|kom|men, hin|weg|zukom|men⟩ über etwas ~ *etwas überwinden* ▸ sie ist nicht über den Verlust hinweggekommen

hin|wẹg|se|hen ⟨V. intr.; sieht hin|weg, sah hinweg, hat hin|weg|ge|se|hen, hin|weg|zu|se|hen⟩ über etwas ~ **1** *über etwas sehen, schauen* **2** ⟨übertr.⟩ *etwas absichtlich nicht beachten, kein Wort darüber verlieren* ▸ er konnte über die Köpfe der anderen ~; über einen Fehler ~

hin|wẹg|set|zen ⟨V. refl.; setzt sich hin|weg, setz|te sich hin|weg, hat sich hin|weg|ge|setzt, sich hinweg|zu|set|zen; übertr.⟩ sich über etwas ~ *etwas übergehen, bewusst außer Acht lassen* ▸ er hat sich über die Anordnung einfach hinweggesetzt

hin|wẹg|täu|schen ⟨V. trans.; täuscht hin|weg, täusch|te hin|weg, hat hin|weg|ge|täuscht, hinweg|zu|täu|schen⟩ jmdn. od. sich über etwas ~ *jmdm. od. sich etwas vorspiegeln, damit eine Sache besser erscheint, als sie wirklich ist* ▸ du darfst dich nicht darüber ~, dass es nicht leicht werden wird

hin|wẹg|trös|ten ⟨V. trans.; trös|tet hin|weg, tröste|te hin|weg, hat hin|weg|ge|trös|tet, hin|wegzu|trös|ten⟩ jmdn. od. sich über etwas ~ *trösten, damit er od. man etwas überwindet*

Hịn|weis ⟨der; -es, -e⟩ **1** *Wink, Fingerzeig, Andeutung, Angabe* **2** *Warnung* ▸ könnten Sie mir einen ~ geben, an wen ich mich wenden muss?; gib mir einen ~, was ich tun soll; bitte achten Sie auf die ~e am Ausgang; ~e für die Bedienung eines Gerätes durchlesen; die Polizei erhielt zahlreiche ~e, die zur Ergreifung des Täters führten; ein brauchbarer, guter, wertvoller ~; Zus *Hinweisschild, Hinweistafel*

hịn|wei|sen ⟨V.; weist hin, wies hin, hat hin|gewie|sen, hin|zu|wei|sen⟩ **I** ⟨V. intr.⟩ auf etwas ~ **1** *auf etwas zeigen* **2** ⟨übertr.⟩ *auf etwas anspielen, verweisen, etwas zu verstehen geben* ▸ es wird immer wieder auf die Gefahren hingewiesen; ich möchte nachdrücklich darauf ~, dass ...; ~des Fürwort ⟨Gramm.⟩ *Demonstrativpronomen* **II** ⟨V. trans.⟩ jmdn. auf etwas ~ *jmdn. auf etwas aufmerksam machen* ▸ ich möchte Sie darauf ~, dass das Geschäft um 19 Uhr schließt

hịn|wen|den ⟨V. trans. u. V. refl.; wen|det sich hin, wand|te/wen|de|te sich hin, hat sich hin|gewandt/hin|ge|wen|det, sich hin|zu|wen|den⟩ jmdn., sich od. etwas zu jmdm. od. etwas ~ *in eine bestimmte Richtung wenden, zu jmdm. od. etwas wenden, drehen* ▸ den Kopf zu jmdm. ~; ich weiß nicht, wo ich mich ~ muss, um Hilfe zu bekommen *wohin, an wen ich mich wenden soll;* Abl *Hinwendung*

hịn|wer|fen ⟨V. trans.; wirft hin, warf hin, hat hinge|wor|fen, hin|zu|wer|fen⟩ **1** etwas ~ *an einen bestimmten Platz werfen* **2** jmdn., sich od. etwas ~ *fallen lassen, zu Boden werfen* **3** ⟨übertr.; umg.⟩ etwas ~ *vorzeitig beenden, gelangweilt od. verärgert aufgeben* ▸ manchmal möchte ich alles ~ ⟨übertr.; umg.⟩; pass auf, wirf die Vase nicht hin! *lass sie nicht fallen;* sich vor jmdm. ~ *flehend vor ihm auf die Knie fallen*

hịn|wir|ken ⟨V. intr.; wirkt hin, wirk|te hin, hat hin|ge|wirkt, hin|zu|wir|ken⟩ auf etwas ~ *so auf etwas Einfluss nehmen, dass es sich in die gewünschte Richtung entwickelt* ▸ sie wollen darauf ~, dass die Schulen besser ausgestattet werden

Hinz → *Hinz und Kunz*

hịn|zau|bern ⟨V. trans.; zau|bert hin, zau|ber|te hin, hat hin|ge|zau|bert, hin|zu|zau|bern⟩ etwas ~ *mit wenig Mitteln etwas sehr Gutes od. Schönes zustande bringen* ▸ ein Bild, ein Essen ~

hịn|zie|hen ⟨V.⟩ **I** ⟨V. trans.; zieht hin, zog hin, hat hin|ge|zo|gen, hin|zu|zieh|hen⟩ **1** jmdn. od. etwas zu etwas ~ *an einen bestimmten Ort, Platz, zu einem Ziel ziehen* **2** ⟨übertr.⟩ etwas ~ *in die Länge ziehen, verzögern* ▸ es zieht mich immer wieder zu diesem alten Haus hin *ich möchte immer wieder dort hingehen;* das Verfahren zieht sich hin **II** ⟨V. refl.; zieht hin, zog hin, hat hin|ge|zo|gen, hin|zu|zieh|hen⟩ sich ~ bis **1** ⟨örtl.⟩ *sich erstrecken bis* **2** ⟨zeitl.⟩ *lange dauern, länger dauern als geplant* ▸ das Grundstück zieht sich bis zum Wald hin; der Prozess hat sich noch wochenlang hingezogen **III** ⟨V. intr.; zieht hin, zog hin, ist hin|ge|zo|gen, hin|zu|zieh|hen⟩ *an einen bestimmten Ort, in eine andere Stadt umziehen* ▸ Martina wohnt jetzt in Berlin, sie ist vor zwei Monaten hingezogen

hin|zie|len ⟨V. intr.; zielt hin, ziel|te hin, hat hin|ge|zielt, hin|zu|zie|len; übertr.⟩ **1** auf etwas ~ *nach etwas (hin)streben* **2** auf etwas od. jmdn. ~ *auf etwas od. jmdn. anspielen* ▸ alle seine Pläne zielen nur darauf hin, sich bald selbstständig machen zu können

hin|zu ⟨Adv.⟩ *(noch) dazu, obendrein*

hin|zu... ⟨in Zus.⟩ → *dazu...*

hin|zu|fü|gen ⟨V. trans.; fügt hin|zu, füg|te hin|zu, hat hin|zu|ge|fügt, hin|zu|zu|fü|gen⟩ etwas ~ **1** *ergänzend beifügen, beimischen* **2** *ergänzend dazu bemerken, dazusagen* ▸ etwas erklärend ~

hin|zu|ge|sel|len ⟨V. refl.; ge|sellt sich hin|zu, ge|sell|te sich hin|zu, hat sich hin|zu|ge|sellt, sich hin|zu|zu|ge|sel|len⟩ sich jmdm. ~ *sich jmdm. anschließen, sich mit versammeln* ▸ bald gesellten sich dem kleinen Kreis noch andere Gäste hinzu

hin|zu|ge|win|nen ⟨V. trans.; ge|winnt hin|zu, ge|wann hin|zu, hat hin|zu|ge|won|nen, hin|zu|zu|ge|win|nen⟩ jmdn. od. etwas ~ *zusätzlich gewinnen, erhalten* ▸ die Partei konnte viele Wählerstimmen ~

hin|zu|kom|men ⟨V. intr.; kommt hin|zu, kam hin|zu, ist hin|zu|ge|kom|men, hin|zu|zu|kom|men⟩ **1** *dazu-, herankommen, zu den andern kommen* **2** *außerdem vorhanden sein, erwähnt werden müssen* ▸ es sind noch viele Teilnehmer hinzugekommen; ein Umstand kommt noch erschwerend hinzu

Hinz und Kunz ⟨undekl.; übertr.; umg.; abwertend⟩ *jeder, alle Leute* ▸ dort trifft sich ~

hin|zu|neh|men ⟨V. trans.; nimmt hin|zu, nahm hin|zu, hat hin|zu|ge|nom|men, hin|zu|zu|neh|men⟩ jmdn. od. etwas ~ *(noch mit) dazunehmen, mit aufnehmen* ▸ wir können noch einige Personen (zu dem Kreis, dem Ausflug) ~

hin|zu|set|zen ⟨V. trans.; setzt hin|zu, setz|te hin|zu, hat hin|zu|ge|setzt, hin|zu|zu|set|zen⟩ etwas ~ *hinzufügen*

hin|zu|tre|ten ⟨V. intr.; tritt hin|zu, trat hin|zu, ist hin|zu|ge|tre|ten, hin|zu|zu|tre|ten⟩ *hinzukommen, zu den anderen gehen*

hin|zu|ver|die|nen ⟨V. trans.; ver|dient hin|zu, ver|dien|te hin|zu, hat hin|zu|ver|dient, hin|zu|zu|ver|die|nen⟩ (sich) etwas ~ *zusätzlich verdienen, erhalten, dazuverdienen*

hin|zu|zäh|len ⟨V. trans.; zählt hin|zu, zähl|te hin|zu, hat hin|zu|ge|zählt, hin|zu|zu|zäh|len⟩ jmdn. od. etwas ~ *zu den anderen addieren, dazuzählen* ▸ wir müssen noch alle die ~, die nicht gekommen sind

hin|zu|zie|hen ⟨V. trans.; zieht hin|zu, zog hin|zu, hat hin|zu|ge|zo|gen, hin|zu|zu|zie|hen⟩ einen Arzt, Fachmann ~ *zurate ziehen, konsultieren;* Abl *Hinzuziehung*

Hi|obs|bot|schaft ⟨die; -, -en⟩ *Schreckensnachricht*

Hip|pie ⟨der; -s, -s; bes. in den 1960er Jahren⟩ *Angehörige(r) einer Gruppe, die durch einfaches Leben, gewaltlosen Widerstand u. zum Teil durch Einnahme psychedelischer Drogen gegen die bürgerl. Gesellschaft protestiert*

Hirn ⟨das; -(e)s, -e⟩ **1** = *Gehirn;* Zus *Hirnforschung, Hirntumor; hirngeschädigt* **2** ⟨übertr.; umg.⟩ *Verstand, Kopf;* Abl *hirnlos* ▸ sein ~ anstrengen, sich sein ~ zermartern (über) *scharf nachdenken, grübeln (über);* er hat kein, wenig ~ *er ist (ziemlich) dumm*

Hirn|ge|spinst ⟨das; -(e)s, -e⟩ *Fantasiegebilde, eingebildete Sache* ▸ das sind doch alles ~e

Hirn|haut ⟨die; -, -häu|te⟩ = *Gehirnhaut;* Zus *Hirnhautentzündung*

hirn|ris|sig ⟨Adj.; umg.; abwertend⟩ *völlig abwegig, unsinnig* ▸ eine ~e Idee

Hirn|tod ⟨der; -(e)s; unz.; Med.⟩ *Ausfall der Gehirnfunktionen, organischer Tod des Gehirns;* Abl *hirntot*

Hirsch ⟨der; -(e)s, -e; Zool.⟩ *vierbeiniges, großes Wildtier, das in Wäldern lebt u. deren Männchen zumeist Geweih tragen* ▸ der ~ schreit, röhrt; Zus *Hirschgulasch, Hirschkalb, Hirschkuh, Hirschleder*

Hir|se ⟨die; -; unz.⟩ *eine Getreideart, die kleine, runde Körner bildet u. auch in Dürregebieten angebaut wird;* Zus *Hirsebrei, Hirsekorn*

Hir|te ⟨der; -n, -n⟩ **1** *Hüter, Bewacher einer Tierherde;* Abl *Hirtin;* Zus *Hirtenhund, Hirtenstab; Rinderhirte, Schafhirte, Schweinehirte, Ziegenhirte* **2** ⟨übertr.⟩ *Geistlicher als Betreuer seiner Gemeinde* ▸ der gute ~ *Christus*

Hir|ten|brief ⟨der; -(e)s, -e⟩ *bischöfliches Rundschreiben*

his ⟨das; -, -; Mus.⟩ *Tonbez., das um einen halben Ton erhöhte h*

his|sen ⟨V. trans.; hisst, hiss|te, hat ge|hisst gehisst⟩ eine Flagge, ein Segel ~ *hochziehen*

His|to|rie ⟨[-riə] die; -, -n⟩ **I** ⟨unz.⟩ *Geschichte* **II** ⟨zählb.⟩ *(erfundene, abenteuerliche) Erzählung*

His|to|ri|ker ⟨der; -s, -⟩ *Wissenschaftler, Student der Geschichtswissenschaft;* Abl *Historikerin*

his|to|risch ⟨Adj.⟩ **1** = *geschichtlich* **2** *schriftlich überliefert, verbürgt* **3** *Geschichte machend, epochal* ▸ ~es Drama, ~er Roman *D. bzw. R., in dem ein überliefertes Ereignis gestaltet ist;* ~e Stätten *S., an denen sich überlieferte Ereignisse abgespielt haben*

Hit ⟨der; -s, -s; umg.⟩ **1** ⟨Mus.⟩ *erfolgreiches Musikstück;* Zus *Hitliste* **2** ⟨allg.⟩ *erfolgreiche Sache;* Zus *Modehit, Verkaufshit* **3** ⟨Snowboarden⟩ *Sprunghügel* ▸ dieser Musiktitel ist ein ~; er hat schon mehrere ~s komponiert; hohe Schuhe sind in diesem Sommer der ~

Hit|ler|deutsch|land ⟨das; -s; unz.⟩ *Deutschland von 1933 bis 1945*

Hit|pa|ra|de ⟨die; -, -n⟩ **1** *Verzeichnis, Liste der erfolgreichsten (neuen) Hits (1);* Syn *Hitliste* **2** *Sendung, in der Hits (1) vorgestellt werden*

hit|ver|däch|tig ⟨Adj.⟩ *den Anschein erweckend, als würde es ein Hit, ein Schlager werden* ▸ ihr neuer Song ist ~; die bunten Taschen dieses Sommers sind ~

Hit|ze ⟨die; -; unz.⟩ **1** *hohe Temperatur, große Wärme;* Zus *Hitzeeinwirkung, Hitzewelle; hitzeabweisend, hitzebeständig, hitzeempfindlich; Mittagshitze, Sommerhitze* **2** ⟨übertr.⟩ *Leidenschaft, starke, (bes.) zornige Erregung, Heftigkeit* ▸ ist das eine ~!; draußen herrscht eine drückende, tropische ~; bei glühender ~ arbeiten; einen Kuchen bei schwacher, starker ~ backen; vor ~ umkommen, vor ~ vergehen *heftig schwitzen;* ältere Menschen vertragen oft die ~ schlecht; →a. *fliegen, Gefecht*

hit|ze|frei ⟨Adj.⟩ *arbeits-, schulfrei wegen großer Hitze* ▸ wir haben heute ~

Hit|ze|wal|lung ⟨die; -, -en⟩ *Gefühl plötzlich aufwallender Hitze (bei Frauen während der Wechseljahre)* ▸ unter ~en leiden

Hit|ze|wel|le ⟨die; -, -n⟩ *mehrere Tage od. Wochen anhaltendes sehr heißes Wetter*

hit|zig ⟨Adj.; übertr.⟩ *leidenschaftlich, ungestüm, heftig, jähzornig, aufbrausend* ▸ ~e Auseinandersetzung; ~er Streit

Hitz|kopf ⟨der; -(e)s, -köp|fe⟩ *rasch aufbrausender, unbesonnener Mensch;* Abl *hitzköpfig*

Hitz|schlag ⟨der; -(e)s, -schlä|ge⟩ *Übelkeit, Kopfschmerzen, Störungen von Atmung u. Kreislauf, Erbrechen, Reizerscheinungen im Gehirn, die sich bis hin zu Krämpfen steigern können, infolge großer Hitzeeinwirkung auf den menschlichen Körper*

HIV ⟨[ha:ifau] der od. das; - od. -s; unz.; Abk. für engl.⟩ *Human Immunodeficiency Virus (menschliches Immunschwächevirus), verantwortlicher Erreger der AIDS-Krankheit;* Syn *HI-Virus*

HIV-po|si|tiv ⟨[ha:ifau-] Adj.⟩ *mit HIV infiziert*

Hi|wi ⟨der; -s, -s⟩ **1** ⟨umg.; Kurzw. für⟩ *Hilfswilliger* **2** ⟨Kurzw. für⟩ *wissenschaftliche Hilfskraft* **3** ⟨umg.; abwertend⟩ *jmd., der Hilfsarbeiten verrichtet* ▸ eine Stelle als ~ bekommen

hl. ⟨Abk. für⟩ *heilig*

Hl. ⟨Abk. für⟩ *Heilige(r)*

hm! ⟨Int.⟩ **1** *(Geräusch des Räusperns, Hüstelns)* **2** *(Ausdruck der Gleichgültigkeit, der zögernden Zustimmung)*

H-Milch ⟨[ha:-] die; -; unz.⟩ *durch Hocherhitzen haltbar gemachte Milch*

h-Moll ⟨[ha:-] das; -; unz.; Mus.; Abk.: h⟩ *auf dem Grundton h beruhende Moll-Tonart*

hob → *heben*

Hob|by ⟨das; -s, -s⟩ *Tätigkeit, die man gern in der Freizeit macht, Liebhaberei, Steckenpferd* ▸ was sind deine ~s?; meine ~s sind Lesen und Tennisspielen; er langweilt sich, weil er keine ~s hat; Fotografieren ist sein ~

Hob|by|raum ⟨der; -(e)s, -räu|me⟩ *Bastelzimmer, Werkraum*

Ho|bel ⟨der; -s, -⟩ **1** *spanabhebendes Werkzeug mit einem Schneidemesser zum Glätten von Holzflächen, Metall, Steinen, Kunststoffen;* Zus *Hobelmaschine* **2** *Küchengerät zum Kleinschneiden, bes. von Kohl u. Gurken*

ho|beln ⟨V. trans.; ho|belt, ho|bel|te, hat ge|ho|belt⟩ etwas ~ *mit dem Hobel glatt machen* ▸ Gurken in dünne Scheiben ~; Holz glatt hobeln / glatthobeln

hoch ⟨Adj.; hö|her, am höchs|ten⟩ **1** *von unten bis oben gemessen, sich in der Abmessung, Ausdehnung nach oben erstreckend* **2** *in einer bestimmten Höhe (befindlich);* Zus *Hochebene, Hochlage; hochgelegen / hoch gelegen* **3** ⟨Mus.⟩ *von hoher Schwingungszahl* (Ton) **4** ⟨Math.⟩ *zur Potenz erhoben* **5** *in der Rangordnung weit oben stehend* (Beamter, Offizier) **6** ⟨übertr.⟩ **6.1** *hervorragend, bedeutend* (Ansehen) **6.2** *groß* (Gewinn, Verdienst) **7** ⟨nur adv.⟩ *sehr;* Zus *hoch begabt / hochbegabt, hoch geachtet / hochgeachtet, hoch gelobt / hochgelobt, hoch konzentriert / hochkonzentriert, hoch motiviert / hochmotiviert, hoch qualifiziert / hochqualifiziert, hoch spezialisiert / hochspezialisiert* ▸ (er lebe) ~! *(Hochruf)* ▸ hohes Alter *fortgeschrittenes A.;* dort werden hohe Anforderungen gestellt; ein hoher Baum, Berg; hoher Besuch ⟨umg.; scherzh.⟩ *vornehmer B.;* Karfreitag ist ein hoher Feiertag; er hat hohes Fieber, hohe Temperatur; höhere Gewalt *Naturgewalt(en), Geschehen, das man nicht verhindern kann;* das Hohe Haus *das Parlament;* die höheren Klassen *die oberen K. der Schule; die oberen gesellschaftlichen Schichten;* höheres Lehramt *L. für die höhere Schule;* eine hohe Meinung von etwas od. jmdm. haben *von etwas od. jmdm. viel halten;* einen hohen Rang bekleiden; es liegt hoher Schnee; hohe Schuhe *Stiefel;* die hohe/Hohe Schule ⟨Reitsp.⟩ *bestimmte Art der Dressur des Reitpferdes;* höhere Schule *Sch., auf der man das Abitur ablegen kann, Oberschule, Gymnasium;* hohe See *bewegtes, aufgewühltes Meer;* eine hohe Stellung bekleiden, einnehmen, innehaben; eine hohe Stimme haben; das Haus ist fünf Stockwerke ~ *das Haus hat fünf S.;* eine hohe Strafe erhalten *schwere S.;* ~e Töne singen, spielen; es ist höchste Zeit *es ist dringend (notwendig);* er muss hohe Zinsen zahlen ▸ anrechnen: ich rechne es Ihnen ~ an, dass Sie das getan haben *ich erkenne es sehr an;* höher bieten (auf Versteigerungen) *das letzte Angebot überbieten, mehr bieten;* das Flugzeug fliegt sehr ~; die See geht ~ *das Meer ist bewegt, aufgewühlt;* die Fahne ~ halten *in einer bestimmten Höhe halten;* ⟨übertr.⟩ *die Ziele einer Gemeinschaft nicht aufgeben;* ⟨aber⟩ →a. *hochhalten;* hergehen: dort ging es ~ her *dort wurde sehr fröhlich gefeiert;* wenn es ~ kommt, muss er 20 Euro zahlen *höchstens, sicher nicht mehr als 20 Euro;* der Schnee liegt ~; ~ schätzen = *hochschätzen;* die Herzen schlugen höher *alle waren freudig erregt;* sein: das ist mir zu ~ ⟨übertr.; umg.⟩ *das verstehe ich nicht;* ~ spielen *mit großem Einsatz spielen;* ⟨aber⟩ →a. *hochspielen;* die Sonne steht ~ (im Mittag, am Himmel); ein Instrument höher stimmen *die Tonhöhe steigern;* die Nase ~ tragen *eingebildet sein;* ⟨aber⟩ →a. *hochtragen* ▸ 2 ~ 4 (2^4) *2 zur 4. Potenz erhoben, die 2 viermal als Faktor genommen, 2 x 2 x 2 x 2;* ~ entwickelt = *hochentwickelt;* etwas ~ und heilig versprechen *ganz fest versprechen;* ~ verschuldet = *hochverschuldet* ▸ dies Haus ist höher als jenes; auf höheren Befehl (hin) handeln *auf B. von oben, von vorgesetzter Stelle;* auf hoher See *auf offener S., auf dem Meer;* ist dir der Stuhl ~ genug?; in hohem Grade, Maße *sehr, beträchtlich;* im hohen Norden *sehr weit im N.* Schuhe mit hohen Absätzen; ~ oben am Himmel, in den Bergen *sehr weit oben;* dieser Tisch ist (nicht) so ~ wie der andere; das Schloss liegt ~ über der Stadt *auf einem Berg bei der S.;* von hohem Rang ▸ wie ~ ist der Preis?; wie ~ stehen die Aktien? *zu welchem Preis kann man A. kaufen bzw. verkaufen?;* →a. *höchst*[1]

Hoch ‹das; -s, -s› **1** *Hochruf, Trinkspruch* **2** ‹Meteor.› *Hochdruckgebiet* **3** *sehr guter, hoher Stand, herausragende Form* **4** *erfolgreiche u./od. von guter Stimmung geprägte Phase* ▸ ein (dreifaches) ~ auf jmdn. ausbringen; die Mannschaft befindet sich im ~

hoch... **I** ‹in Zus.; übertr.› *sehr,* z. B. hochaktuell, hochanständig, hochbetagt, hochbrisant, hochempfindlich, hocherfreut, hochexplosiv, hochgefährlich, hochgeschätzt, hochgiftig, hochintelligent, hochinteressant, hochkompliziert, hochmodern, hochoffiziell, hochsensibel **II** ‹in Zus. mit Verben› → *empor..., hinauf...*

Hoch|ach|tung ‹die; -; unz.› *große Achtung, Wertschätzung* ▸ ~ für jmdn. empfinden, vor jmdm. haben

hoch|ach|tungs|voll ‹Adj.› *mit (dem Ausdruck der) Hochachtung (nur als Schlussformel im Brief)*

hoch|ar|bei|ten ‹V. refl.; ar|bei|tet sich hoch, ar|bei|te|te sich hoch, hat sich hoch|ge|ar|bei|tet, sich hoch|zu|ar|bei|ten; übertr.› sich ~ *durch entsprechenden Arbeitseinsatz eine höhere berufliche Stellung erwerben, beruflich vorankommen;* Syn *emporarbeiten, hinaufarbeiten* ▸ er hat sich schnell zum Abteilungsleiter hochgearbeitet

hoch|auf|lö|send ‹Adj.; Opt.› *Einzelheiten in großer Schärfe wiedergebend* ▸ die neuen Monitore sind ~

Hoch|bau ‹der; -(e)s; unz.› *Bautechnik, mit der (vielgeschossige) Bauten über der Erde ausgeführt werden;* Ggs *Tiefbau*

Hoch|be|trieb ‹der; -(e)s; unz.› *sehr starker Betrieb, lebhaftes Treiben* ▸ es herrschte ~

Hoch|bett ‹das; -(e)s, -en› *Bett auf Pfosten in Dreiviertelhöhe des Raumes*

hoch|brin|gen ‹V. trans.; bringt hoch, brach|te hoch, hat hoch|ge|bracht, hoch|zu|brin|gen; umg.› jmdn. od. etwas ~ **1** *hinaufbringen* **2** *wieder gesund u. leistungsfähig machen* ▸ bringst du bitte die Koffer hoch?; einen Kranken wieder ~; ein Unternehmen ~ *Leistung u. Ansehen eines U. steigern*

Hoch|burg ‹die; -, -en; übertr.› *den Mittelpunkt, Brennpunkt bestimmter Bestrebungen bildender Ort* ▸ ~ einer politischen Partei *Gebiet mit dem größten Stimmenanteil bei einer Wahl*

hoch|deutsch ‹Adj.› *ober- u. mitteldeutsch* ▸ ~e Sprache *die ober- u. mitteldeutschen Mundarten, die sich durch die hochdeutsche Lautverschiebung von den niederdeutschen trennten; auf der Sprache der sächsischen Kanzleien beruhende deutsche Schriftsprache;* ~ sprechen; auf Hochdeutsch; Zus *althochdeutsch, mittelhochdeutsch, neuhochdeutsch*

hoch|do|siert *auch:* **hoch do|siert** ‹Adj.› *in hoher Dosierung* (Medikament)

hoch|do|tiert *auch:* **hoch do|tiert** ‹Adj.› *sehr gut bezahlt* ▸ ein ~er Job

Hoch|druck ‹der; -(e)s; unz.› **1** ‹Meteor.› *hoher Luftdruck* **2** ‹Tech.› *Druck von Gasen u. Dämpfen über 100 bar bzw. 10 Pa* **3** ‹übertr.; umg.› **3.1** *große Eile, viel Arbeit* **3.2** *Anspannung, Anstrengung aller Kräfte* ▸ mit ~ arbeiten

hoch|ent|wi|ckelt *auch:* **hoch ent|wi|ckelt** ‹Adj.› *in der Entwicklung weit fortgeschritten, fein ausgeprägt* ▸ ~er Tastsinn

hoch|fah|ren ‹V.; umg.› **I** ‹V. intr.; fährt hoch, fuhr hoch, ist hoch|ge|fah|ren, hoch|zu|fah|ren› **1** *hinauffahren (I)* **2** *aufbrausen* **3** ‹EDV› *sich (durch Laden der erforderlichen Programme) in Betrieb setzen, einsatzbereit machen* (Computer) **II** ‹V. trans.; fährt hoch, fuhr hoch, hat hoch|ge|fah|ren, hoch|zu|fah|ren› **1** jmdn. od. etwas ~ *hinauffahren (II)* **2** ‹EDV› einen Rechner ~ *starten, in Betrieb nehmen*

hoch|fah|rend **I** ‹Part. Präs. von› *hochfahren* **II** ‹Adj.› *stolz u. aufbrausend*

Hoch|fi|nanz ‹die; -; unz.› *Gesamtheit der führenden Geldleute eines Landes (Bankbesitzer usw.)*

hoch|flie|gend ‹Adj.› *ehrgeizig, nach hohen Zielen strebend* ▸ ~e Pläne

Hoch|form ‹die; -; unz.› in ~ sein *sehr gut in Form sein, auf dem Höhepunkt der Leistungsfähigkeit*

Hoch|for|mat ‹das; -(e)s, -e› *Format, bei dem die Höhe größer ist als die Breite* ▸ ein Bild in ~

Hoch|ge|bir|ge ‹das; -s, -› *Gebirge von großer Höhe (über 1500 m)*

Hoch|ge|fühl ‹das; -(e)s; unz.› *Gefühl von Glück u. Stolz* ▸ er war im ~ der Macht

hoch|ge|hen ‹V. intr.; geht hoch, ging hoch, ist hoch|ge|gan|gen, hoch|zu|ge|hen› **1** *hinaufgehen* **2** *in die Höhe schweben, aufsteigen* (Ballon) **3** *explodieren* **4** ‹übertr.; umg.› **4.1** *aufbegehren, auffahren, seinem Zorn, Ärger laut Ausdruck verleihen, wütend werden* **4.2** *auffliegen, entdeckt, aufgedeckt werden* ▸ als ich es ihm sagte, ging er hoch; der Schwindel ist hochgegangen ‹übertr.; umg.›; etwas ~ lassen ‹umg.› *etwas (durch Attentat) zerstören;* jmdn. ~ lassen ‹umg.› *jmdn. (durch Verrat) der Verhaftung preisgeben*

Hoch|ge|nuss ‹der; -es, -nüs|se› *ganz besonderer Genuss* ▸ es ist (mir) ein ~

hoch|ge|schlos|sen ‹Adj.› *bis zum Hals geschlossen* (Kleid)

hoch|ge|steckt **I** ‹Part. Perf. von› *hochstecken* **II** ‹Adj.› **1** *nach oben gesteckt* **2** ‹übertr.› *fast unerreichbar scheinend* ▸ ~e Haare; ~e Ziele ‹übertr.›

hoch|ge|stellt **I** ‹Part. Perf. von› *hochstellen* **II** ‹Adj.› **1** *nach oben gestellt, eine halbe Zeile* *höher gesetzt* (Buchstabe, Zahl) **2** ‹übertr.› *von hohem Rang, von hohem Ansehen, bedeutend, wichtig* ▸ ~e Persönlichkeit ‹übertr.›

hoch|ge|sto|chen ‹Adj.› **1** *geistig sehr anspruchsvoll* (Gesellschaft, Buch, Zeitschrift) **2** *hochtrabend, geschraubt* (Stil)

hoch|ge|wach|sen ‹[-ks-]› **I** ‹Part. Perf. von› *hochwachsen* **II** ‹Adj.› *groß von Wuchs, groß u. schlank* ▸ ein ~er Junge

hoch|ge|zo|gen → *hochziehen*

Hoch|glanz ‹der; -es; unz.› *funkelnder Glanz* ▸ einen Gegenstand auf ~ polieren

hoch|gra|dig ‹Adj.› *in hohem Grade, sehr, stark, heftig, besonders* ▸ sie ist ~ nervös

hoch|ha|ckig ‹Adj.› *mit hohen Absätzen versehen* ▸ ~e Schuhe

hoch|hal|ten ‹V. trans.; hält hoch, hielt hoch, hat hoch|ge|hal|ten, hoch|zu|hal|ten› jmdn. od. etwas ~ **1** *in die Höhe, nach oben halten* **2** ‹übertr.› *in Ehren halten, achten* ▸ er musste das Bild ~, damit alle es sehen konnten; jmds. Andenken ~; →a. *hoch*

Hoch|haus ‹das; -es, -häu|ser› *Haus mit vielen (mehr als sechs) Stockwerken*

hoch|he|ben ‹V. trans.; hebt hoch, hob hoch, hat hoch|ge|ho|ben, hoch|zu|he|ben› jmdn. od. etwas ~ *in die Höhe, nach oben heben*

hoch|kant ‹Adv.› *auf die, auf der Schmalseite;* oV *hochkantig* ▸ eine Kiste ~ stellen; jmdn. ~ rauswerfen ‹übertr.; umg.› *kurzfristig u. energisch hinauswerfen*

hoch|ka|rä|tig ‹Adj.› **1** *von hohem Karat* (Edelstein) **2** *von hohem Gehalt an Edelmetall* (Goldlegierung) **3** ‹übertr.› *hochqualifiziert, wertvoll, sehr bedeutungsvoll* ▸ ein ~er Diamant; er ist ein ~er Politiker, Experte ‹übertr.›

hoch|klap|pen ‹V. trans.; klappt hoch, klapp|te hoch, hat hoch|ge|klappt, hoch|zu|klap|pen› etwas ~ *nach oben klappen* ▸ den Mantelkragen ~

hoch|klet|tern ‹V. intr.; klet|tert hoch, klet|ter|te hoch, ist hoch|ge|klet|tert, hoch|zu|klet|tern› *nach oben, in die Höhe klettern* ▸ auf dem Weg zur Berghütte mussten sie eine Felswand ~

hoch|ko|chen ‹V. intr.; kocht hoch, koch|te hoch, ist hoch|ge|kocht, hoch|zu|ko|chen; umg.; übertr.› *plötzlich u. heftig geäußert werden, mit großer Heftigkeit entstehen* ▸ ein Konflikt kocht hoch; Emotionen nicht ~ lassen

hoch|kom|men ‹V. intr.; kommt hoch, kam hoch, ist hoch|ge|kom|men, hoch|zu|kom|men› **1** *nach oben kommen, nach oben gelangen* (Bestrebung) **2** *aus einer Flüssigkeit auftauchen* **3** *wieder gesund werden* **4** ‹nord-, mitteldt.› *hinauf-, heraufkommen* **5** ‹übertr.› *sich aufraffen, sich moralisch aufrichten, Not überwinden* ▸ er ist nach der Krankheit einfach nicht mehr hochgekommen; deine Mutter hat gerufen, du sollst ~!; es kommt mir hoch ‹übertr.; umg.› *mir wird übel im Magen;* es kommt mir hoch, wenn ich das sehe ‹übertr.; umg.› *es ärgert mich sehr;* er lässt niemanden (neben sich) ~ *duldet niemanden neben sich*

Hoch|kon|junk|tur ‹die; -; unz.› **1** ‹Wirtsch.› *Aufschwung der Konjunktur, Prosperität* **2** ‹übertr.› ~ haben *(im Moment) sehr beliebt od. begehrt sein*

hoch|krem|peln ‹V. trans.; krem|pelt hoch, krem|pel|te hoch, hat hoch|ge|krem|pelt, hoch|zu|krem|peln› die Ärmel, Hosenbeine ~ *nach oben krempeln*

hoch|krie|chen ‹V. intr.; kriecht hoch, kroch hoch, ist hoch|ge|kro|chen, hoch|zu|krie|chen› *(von unten) nach oben kriechen* ▸ die Kinder krochen den Abhang hoch

hoch|krie|gen ‹V. trans.; kriegt hoch, krieg|te hoch, hat hoch|ge|kriegt, hoch|zu|krie|gen; umg.› **1** etwas ~ *hochziehen, hochheben können, nach oben bekommen* **2** ‹salopp› keinen ~ *keine Erektion bekommen*

Hoch|kul|tur ‹die; -, -en› **1** *sehr hohe Kultur* **2** *Volk mit hoher Kultur* ▸ die antiken ~en

hoch|lau|fen ‹V. intr.; läuft hoch, lief hoch, ist hoch|ge|lau|fen, hoch|zu|lau|fen› *(von unten) nach oben laufen* ▸ er ist den Berg hochgelaufen

hoch|le|ben ‹V. intr.; nur im Inf. u. Konjunktiv› *durch Hochrufe gefeiert werden* ▸ er lebe hoch! er soll ~; jmdn. ~ lassen *durch Hochrufe feiern*

hoch|le|gen ‹V. trans.; legt hoch, leg|te hoch, hat hoch|ge|legt, hoch|zu|le|gen› etwas ~ *nach oben legen* ▸ sie muss die Beine abends ~

Hoch|leis|tung ‹die; -, -en› *hohe Leistung(sfähigkeit);* Zus *Hochleistungssport, Hochleistungssportler(in)*

Hoch|mut ‹der; -(e)s; unz.› *übertriebener od. unberechtigter Stolz, Überheblichkeit* ▸ ~ kommt vor dem Fall ‹Sprichw.› *wer überheblich ist, wird selbst einmal gedemütigt;* Zus *hochmütig*

hoch|nä|sig ‹Adj.; abwertend› *unberechtigt stolz, eingebildet (u. dabei dumm)* ▸ sie ist sehr ~

hoch|neh|men ‹V. trans.; nimmt hoch, nahm hoch, hat hoch|ge|nom|men, hoch|zu|neh|men› **1** ein Kind ~ *auf den Arm nehmen* **2** ‹übertr.; umg.› jmdn. ~ **2.1** *ausbeuten, übervorteilen* **2.2** *aufziehen, necken* **2.3** *stellen u. verhaften* ▸ von der Polizei hochgenommen werden ‹übertr.; umg.›

Hoch|ofen ‹der; -s, -öfen› *20-30 m hoher Ofen zur Erzeugung von Roheisen*

hoch|päp|peln ‹V. trans.; päp|pelt hoch, päp|pel|te hoch, hat hoch|ge|päp|pelt, hoch|zu|päp|peln› jmdn. od. ein Tier ~ = *aufpäppeln*

Hoch|par|terre ‹[-tɛr] das; -s, -s› *eine halbe Treppe hoch gelegenes Parterre, über einem Kellergeschoss liegendes Erdgeschoss*

hoch|po|li|tisch ‹Adj.› *politisch äußerst bedeutsam*

hoch|prei|sig ‹Adj.› *teuer* ▸ ~e Kleidungsstücke

hoch|pro|zen|tig ‹Adj.› *von hohem prozentualem Gehalt, bes. Alkoholgehalt* ▸ ~er Schnaps

Hoch|rad ‹das; -(e)s, -rä|der› *alte Form des Fahrrades mit übermäßig großem Vorder- u. sehr kleinem Hinterrad*

hoch|ran|gig ‹Adj.› *von hohem Rang, hochklassig* ▸ ~e Politiker; eine ~ besetzte Jury

hoch|rap|peln ‹V. refl.; rap|pelt sich hoch, rap|pel|te sich hoch, hat sich hoch|ge|rap|pelt, sich

H

hoch|zu|rap|peln; umg.⟩ sich (wieder) ~ *sich aufrappeln*

hoch|rech|nen ⟨V. trans.; rech|net hoch, rech|ne|te hoch, hat hoch|ge|rech|net, hoch|zu|rech|nen⟩ etwas ~ *aus einer repräsentativen Menge statistischer Daten errechnen, meist zur Vorhersage eines Wahlergebnisses;* Abl *Hochrechnung*

hoch|rot ⟨Adj.⟩ **1** *sehr rot, feuerrot* **2** *stark gerötet* ▸ sein Gesicht war ~ vor Anstrengung; sein Hals war ~ entzündet

Hoch|ruf ⟨der; -(e)s, -e⟩ **1** *der Ruf „Hoch!"* **2** *jubelnder Zuruf*

hoch|rüs|ten ⟨V.; rüs|tet hoch, rüs|te|te hoch, hat hoch|ge|rüs|tet, hoch|zu|rüs|ten⟩ **I** ⟨V. intr.; Mil.⟩ *aufrüsten, die Rüstung verstärken* ▸ beide Staaten wollen ~ **II** ⟨V. trans.⟩ etwas ~ *technisch besser ausstatten, bezüglich der Technik verbessern* ▸ einen Computer ~; die Standards für die Datensicherung wurden hochgerüstet; Abl *Hochrüstung*

Hoch|sai|son ⟨[-zɛzɔ̃] od. [-zɛzɔŋ] die; -, -s od. österr. [-zɛzo:n] die; -, -en⟩ = *Hauptsaison*

hoch|schal|ten ⟨V. intr.; schal|tet hoch, schal|te|te hoch, hat hoch|ge|schal|tet, hoch|zu|schal|ten; Kfz⟩ *in einen höheren Gang schalten, einen höheren Gang einlegen*

hoch|schät|zen *auch:* **hoch schät|zen** ⟨V. trans.; schätzt hoch, schätz|te hoch, hat hoch|ge|schätzt, hoch|zu|schät|zen⟩ jmdn. od. etwas ~ *sehr schätzen* ▸ ich schätze ihn sehr hoch

hoch|schau|en ⟨V. intr.; schaut hoch, schau|te hoch, hat hoch|ge|schaut, hoch|zu|schau|en⟩ **1** *(von unten) nach oben schauen, aufschauen* **2** ⟨übertr.⟩ zu jmdm. ~ *jmdn. bewundern*

hoch|schau|keln ⟨V.; schau|kelt hoch, schau|kel|te hoch, hat hoch|ge|schau|kelt, hoch|zu|schaukeln; umg.⟩ **I** ⟨V. trans.⟩ etwas ~ **1** *übertrieben wichtig nehmen, übertrieben darstellen* **2** *unangemessen steigern* **II** ⟨V. refl.⟩ sich (gegenseitig) ~ *sich (gegenseitig) immer stärker erregen;* Syn *aufschaukeln*

hoch|scheu|chen ⟨V. trans.; scheucht hoch, scheuch|te hoch, hat hoch|ge|scheucht, hoch|zu|scheu|chen⟩ jmdn. od. ein Tier ~ *aufscheuchen, aufjagen*

hoch|schie|ben ⟨V. trans.; schiebt hoch, schob hoch, hat hoch|ge|scho|ben, hoch|zu|schie|ben⟩ jmdn. od. etwas ~ *nach oben schieben* ▸ ein Fenster ~; sie haben ihn den Berg hochgeschoben

hoch|schie|ßen ⟨V.⟩ **I** ⟨V. intr.schießt hoch, schoss hoch, ist hoch|ge|scho|ssen, hoch|zu|schie|ßen⟩ **1** *rasch wachsen, aufschießen* **2** ⟨umg.⟩ **2.1** *rasch auffahren, aufspringen* **2.2** *sich rasch nach oben bewegen* **II** ⟨V. trans.; schießt hoch, schoss hoch, hat hoch|ge|scho|ssen, hoch|zu|schie|ßen⟩ jmdn. od. etwas ~ *nach oben, in die Luft, das Weltall o. Ä. schießen*

hoch|schla|gen ⟨V.⟩ **I** ⟨V. trans.; schlägt hoch, schlug hoch, hat hoch|ge|schla|gen, hoch|zu|schla|gen⟩ die Ärmel, den Kragen ~ *nach oben (um)schlagen* **II** ⟨V. intr.; schlägt hoch, schlug hoch, ist hoch|ge|schla|gen, hoch|zu|schla|gen⟩ **1** *aufbranden* (Wellen) **2** *auflodern* (Flammen) **3** ⟨übertr.⟩ *hervorbrechen* (Emotionen)

hoch|schleu|dern ⟨V. trans.; schleu|dert hoch, schleu|der|te hoch, hat hoch|ge|schleu|dert, hoch|zu|schleu|dern⟩ jmdn. od. etwas ~ *(von unten) nach oben, in die Höhe schleudern*

hoch|schnel|len ⟨V. intr.; schnellt hoch, schnell|te hoch, ist hoch|ge|schnellt, hoch|zu|schnel|len⟩ *nach oben schnellen, plötzlich aufspringen* ▸ er war plötzlich hochgeschnellt

hoch|schrau|ben ⟨V. trans.; schraubt hoch, schraub|te hoch, hat hoch|ge|schraubt, hoch|zu|schrau|ben⟩ etwas ~ *nach oben schrauben* ▸ einen Klavierstuhl ~; Preise ~ ⟨übertr.⟩ *in die Höhe treiben;* hochgeschraubte Erwartungen haben ⟨übertr.⟩ *sehr hohe, überhöhte Erwartungen*

hoch|schre|cken ⟨V.⟩ **I** ⟨V. intr.; schreckt hoch, schreck|te hoch, ist hoch|ge|schreckt, hoch|zu|schre|cken⟩ *aufschrecken, vor Schreck auffahren* ▸ aus einem Alptraum ~ **II** ⟨V. trans.; schreckt hoch, schreck|te hoch, hat hoch|ge|schreckt, hoch|zu|schre|cken⟩ jmdn. od. ein Tier ~ *erschrecken, hochscheuchen* ▸ ein Reh ~

Hoch|schu|le ⟨die; -, -n⟩ *wissenschaftliche Lehr- u. Forschungsanstalt, an der man studieren kann, wenn man vorher das Abitur gemacht hat, bietet auch die Möglichkeit zur Promotion (z. B. Universität)* ▸ landwirtschaftliche ~; technische ~ ⟨Abk.: TH⟩; an einer ~ studieren; sich an einer ~ als Student(in) einschreiben; ~ für Musik; Abl *Hochschüler(in);* Zus *Hochschulabschluss, Hochschulbildung, Hochschulgesetz, Hochschullehrer(in), Hochschulpolitik, Hochschulstudium; hochschulpolitisch; Fachhochschule*

Hoch|schul|rei|fe ⟨die; -; unz.⟩ *Schulabschluss (Abitur), der zum Studium an einer Hochschule berechtigt* ▸ die ~ erwerben, erlangen

hoch|schwan|ger ⟨Adj.⟩ *schwanger im letzten Stadium der Schwangerschaft* ▸ sie ist ~

hoch|schwin|gen ⟨V. trans.; schwingt hoch, schwang hoch, hat hoch|ge|schwun|gen, hoch|zu|schwin|gen⟩ etwas, jmdn. od. sich ~ *nach oben schwingen, mit einem Schwung nach oben schwingen* ▸ schwing dich hoch!

Hoch|see ⟨die; -; unz.⟩ *vom Land u. der Küste weit entferntes Meer;* Zus *Hochseefischerei, Hochseeschifffahrt*

Hoch|sitz ⟨der; -es, -e⟩ = *Hochstand*

Hoch|som|mer ⟨der; -s; unz.⟩ *Mitte des Sommers, heißeste Zeit des Jahres;* Abl *hochsommerlich*

Hoch|span|nung ⟨die; -; unz.⟩ **1** *elektrische Spannung, die über 250 V gegen Erde bzw. über 1000 V Transformatorspannung hat;* Zus *Hochspannungskabel, Hochspannungsleitung, Hochspannungsmast, Hochspannungsnetz* **2** *Überdruck* **3** ⟨übertr.⟩ *große Spannung, gespannte Erwartung* ▸ Vorsicht, ~! *(Aufschrift auf Warnschildern);* sich in ~ befinden ⟨übertr.⟩ *kurz vor einem heftigen Gefühlsausbruch stehen;* wochenlang in ~ leben ⟨übertr.⟩

hoch|spie|len ⟨V. trans.; spielt hoch, spiel|te hoch, hat hoch|ge|spielt, hoch|zu|spie|len⟩ **1** jmdn. ~

durch geschicktes Verhalten jmdn. in den Vordergrund, an die Öffentlichkeit bringen **2** eine Angelegenheit (künstlich) ~ *als wichtiger darstellen als sie ist;* Ggs *herunterspielen (2);* →a. *hoch*

Hoch|spra|che ⟨die; -; unz.⟩ *Schriftsprache, mundartfreie Sprache;* Abl *hochsprachlich*

hoch|sprin|gen ⟨V. intr.; springt hoch, sprang hoch, ist hoch|ge|sprun|gen, hoch|zu|sprin|gen⟩ **1** *nach oben, in die Höhe springen* **2** ⟨Sp.⟩ *Hochsprung betreiben* ▸ sie ist vor Freude hochgesprungen; auf ein Pferd ~; der Hund ist an ihm hochgesprungen

Hoch|sprung ⟨der; -(e)s, -sprün|ge; Sp.⟩ *Leichtathletikdisziplin, bei der mit Anlauf über eine Latte gesprungen wird;* Abl *Hochspringer(in)*

hoch|spü|len ⟨V. trans.; spült hoch, spül|te hoch, hat hoch|ge|spült, hoch|zu|spü|len; umg.; meist im Pass. gebraucht⟩ hochgespült werden *durch äußere Ereignisse in den Vordergrund treten, an die Oberfläche kommen*

höchst[1] ⟨Adj.; Superl. von⟩ *hoch* ▸ der Höchste Gott ▸ der ~e **Baum,** Preis, Turm; das Leben ist der **Güter** ~es nicht (Schiller, Die Braut von Messina, 4,7); es ist ~e **Zeit** (etwas zu tun, für …) *es ist dringend notwendig, die Zeit drängt* ▸ **an** ~er Stelle vorsprechen *bei der obersten, verantwortl. Behörde;* ich bin **aufs** ~e/Höchste überrascht *sehr überrascht;* **in** ~em Grade *ganz besonders, sehr, außerordentlich;* Hilfe in der ~en Not; das Kind schrie in den ~en Tönen *schrill, sehr laut, angstvoll;* er hat sie in den ~en Tönen gelobt *sehr gelobt;* er hat den Auftrag **zur** ~en Zufriedenheit ausgeführt

höchst[2] ⟨Adv.⟩ *sehr* ▸ ich war ~ erstaunt, erfreut, überrascht; Ihr Vorschlag ist mir ~ willkommen

Hoch|stand ⟨der; -(e)s, -stän|de⟩ *erhöhter Jagdsitz;* Syn *Hochsitz*

hoch|sta|peln ⟨V. intr.; sta|pelt hoch, sta|pel|te hoch, hat hoch|ge|sta|pelt, hoch|zu|sta|peln⟩ *etwas vortäuschen (Leistung, Geldvermögen, Wissen usw.), was der Wirklichkeit nicht entspricht;* Ggs *tiefstapeln;* Abl *Hochstapelei, Hochstapler(in)*

hoch|ste|cken ⟨V. trans.; steckt hoch, steck|te hoch, hat hoch|ge|steckt, hoch|zu|ste|cken⟩ etwas ~ **1** *nach oben stecken, aufstecken* **2** ⟨übertr.⟩ *sehr hoch ansetzen* ▸ die Hosenbeine ~; sie hat sich die Haare hochgesteckt; hochgesteckte Ärmel; seine Pläne höherstecken ⟨übertr.⟩

hoch|ste|hend ⟨Adj.⟩ *eine hohe gesellschaftliche od. berufliche Stellung besitzend, bedeutend, wichtig* (Person, Persönlichkeit) ▸ geistig ~ *gebildet, kenntnisreich*

hoch|stei|gen ⟨V. intr.; steigt hoch, stieg hoch, ist hoch|ge|stie|gen, hoch|zu|stei|gen⟩ **1** *hinaufsteigen, nach oben steigen* **2** ⟨übertr.⟩ *sich langsam steigernd aufkommen* ▸ Angst stieg in ihr hoch ⟨übertr.⟩; die Treppe ~; →a. *hoch*

hoch|stel|len ⟨V. trans.; stellt hoch, stell|te hoch, hat hoch|ge|stellt, hoch|zu|stel|len⟩ **1** etwas ~ *nach oben stellen* **2** etwas ~ *aufrichten, auf die schmale Seite stellen* **3** einen Buchstaben, eine Zahl ~ *eine halbe Zeile höher setzen*

höchs|tens ⟨Adv.⟩ **1** *nicht mehr als, nicht länger, weiter als* **2** *im äußersten Falle* ▸ ich brauche ~ zehn Minuten für den Weg; es waren ~ 20 Zuschauer in dem Saal; ich kann dich ~ noch einmal anrufen (zu einem Besuch fehlt mir die Zeit); ~ wenn *nur wenn* …

Höchst|fall ⟨der; nur in der Fügung⟩ im ~ *höchstens, im äußersten Fall*

Höchst|ge|schwin|dig|keit ⟨die; -; unz.⟩ *höchste Geschwindigkeit* ▸ zulässige ~ 70 km/h

Höchst|gren|ze ⟨die; -, -n⟩ *äußerste, oberste Grenze*

Hoch|stim|mung ⟨die; -, -en; Pl. selten⟩ *frohe, festliche Stimmung, frohe, zuversichtliche Stimmung* ▸ in ~ sein

Höchst|leis|tung ⟨die; -, -en⟩ **1** *beste Leistung, (bes.) beste sportl. Leistung* **2** *bestes Arbeitsergebnis (einer Maschine)*

Höchst|maß ⟨das; -es, -e⟩ *das höchste Maß, sehr hohes Maß, großer Umfang* ▸ er bewies ein ~ an Geduld

höchst|per|sön|lich ⟨Adj.⟩ *in eigener Person, selbst*

Höchst|satz ⟨der; -es, -sät|ze⟩ *höchster Einsatz, höchste Beitragsklasse*

Höchst|stand ⟨der; -(e)s; unz.⟩ *höchster Stand*

Höchst|stra|fe ⟨die; -; unz.⟩ *höchste Strafe*

höchst|wahr|schein|lich ⟨Adv.⟩ *sehr wahrscheinlich* ▸ er meldet sich ~ morgen; ⟨aber⟩ es ist höchst wahrscheinlich, dass er sich morgen meldet

Höchst|wert ⟨der; -(e)s, -e⟩ *höchster Wert*

Hoch|tech|no|lo|gie ⟨die; -, -n⟩ *modernste, anspruchsvolle Technik, Technik auf moderner wissenschaftlicher Grundlage*

hoch|tou|rig ⟨[-tu:-] Adj.⟩ *mit hoher Drehzahl laufend* (Maschine); Ggs *niedertourig*

hoch|tra|bend ⟨Adj.⟩ *übertrieben, zu großartig, schwülstig* (Redensart, Stil, Wort)

hoch|tra|gen ⟨V. trans.; trägt hoch, trug hoch, hat hoch|ge|tra|gen, hoch|zu|tra|gen⟩ *hinauftragen;* →a. *hoch*

hoch|ver|dient ⟨Adj.⟩ **1** *viele Verdienste besitzend, sich durch anerkannte Leistungen auszeichnend, sehr verdient* **2** ⟨bes. Sp.⟩ *sehr verdient, verdientermaßen* ▸ ein ~er Politiker; die Mannschaft hat das Spiel ~ gewonnen

hoch|ver|ehrt ⟨Adj.⟩ *sehr verehrt* ▸ ~es Publikum!

Hoch|ver|rat ⟨der; -(e)s; unz.⟩ *Angriff auf Staatsverfassung, Staatsoberhaupt od. die innere Ordnung eines Staates;* →a. *Landesverrat;* Abl *Hochverräter(in)*

hoch|ver|schul|det *auch:* **hoch ver|schul|det** ⟨Adj.⟩ *mit hohen Schulden belastet* ▸ eine ~e Firma

hoch|wach|sen ⟨[-ks-] V. intr.; wächst hoch, wuchs hoch, ist hoch|ge|wach|sen, hoch|zu|wach|sen⟩ *in die Höhe wachsen* ▸ Efeu ist am Baum hochgewachsen; →a. *hochgewachsen*

Hoch|was|ser ⟨das; -s, -⟩ **1** *höchster Wasserstand eines Flusses od. eines Sees;* Zus *Hochwasserstand* **2** *Überschwemmung;* Zus *Hochwassergefahr, Hochwasserschaden, Hochwasserschutz*

hoch|wer|fen ⟨V. trans.; wirft hoch, warf hoch, hat hoch|ge|wor|fen, hoch|zu|wer|fen⟩ jmdn. od. etwas ~ *nach oben, in die Höhe werfen* ▸ einen Ball ~

hoch|wer|tig ⟨Adj.⟩ *von großem Wert, sehr wertvoll, gehaltvoll* ▸ ~e Nahrungsmittel

Hoch|wür|den ⟨die; -; unz.⟩ *(Anrede für kath. Geistliche u. leitende evang. Geistliche)*

Hoch|zahl ⟨die; -, -en; Math.⟩ *hochgestellte Zahl, z. B. Exponent*

Hochzeit

Das Wort *Hochzeit* hat im Lauf der Jahrhunderte eine Bedeutungsverengung erfahren. Im Mittelhochdeutschen bedeutete *hoch(ge)zit* allgemein „hohes Fest". Wörtlich war damit die „hohe Zeit" im Gegensatz zum Alltag gemeint. So galten beispielsweise die kirchlichen Feste Weihnachten, Ostern, Pfingsten und Allerheiligen als die vier *Hochzeiten* des Jahres. Heute wird *Hochzeit* dagegen nur noch in der Bedeutung von „Heirat" verwendet, wobei das Wort dann mit kurzem „o" gesprochen wird.

Eine Eheschließung muss in Deutschland beim Standesamt angemeldet werden, wo sie in der Regel auch stattfindet. Häufig folgt anschließend eine kirchliche Trauung, bei der die Braut traditionell ein langes weißes Brautkleid trägt. Am Tag vor der Hochzeit wird ein sogenannter Polterabend gefeiert, bei dem es üblich ist, altes Geschirr vor der Tür des noch unverheirateten Brautpaares zu zerwerfen. Nach der standesamtlichen und/oder kirchlichen Trauung wird ein Fest mit Essen und Tanz gefeiert. Es gibt verschiedene Bräuche bei der Hochzeitsfeier, zum Beispiel das Zersägen eines Baumstammes oder die „Entführung" der Braut während des Festes. Die Dauer einer Ehe wird mit Begriffen wie „silberne Hochzeit" (25 Jahre) oder „goldene Hochzeit" (50 Jahre) angegeben.

Die ursprüngliche Bedeutung des Wortes „hohes Fest" findet sich manchmal noch in dem mit langem „o" gesprochenen *Hochzeit* (selten in der verdeutlichenden Schreibweise „Hoch-Zeit"). Mit einer solchen *Hochzeit* ist „Glanzzeit" oder „Blütezeit" gemeint, zum Beispiel die Hochzeit des Barock um 1700 oder der Karneval als Hochzeit des Frohsinns.

Hoch|zeit[1] ⟨die; -, -en⟩ *Heirat, Eheschließung* ▸ Rosen~ *10. Jahrestag der H.* ▸ ~ feiern, halten *heiraten;* diamantene ~ *60. Jahrestag der H.;* eiserne ~ *65. Jahrestag der H.;* goldene ~ *50. Jahrestag der H.;* grüne ~ *Tag der Heirat;* kupferne ~ *7. Jahrestag der H.;* silberne ~ *25. Jahrestag der H.;* steinerne ~ *70. Jahrestag der H.* ▸ wir sind am Sonntag auf einer ~; du kannst nicht auf zwei, allen ~en (gleichzeitig) tanzen ⟨übertr.; umg.⟩ *du kannst nicht alles gleichzeitig machen;* unsere Nachbarn haben uns zur ~ ihrer Kinder eingeladen; Abl *hochzeitlich;* Zus *Hochzeitsfeier, Hochzeitsfest, Hochzeitsgeschenk, Hochzeitskleid, Hochzeitsreise*

Hoch|zeit[2] ⟨die; -, -en⟩ *Glanzzeit, Höhepunkt (einer Entwicklung)* ▸ eine ~ des Opernschaffens

Hoch|zeits|nacht ⟨die; -, -näch|te⟩ *erste gemeinsame Nacht des neuvermählten Paares*

Hoch|zeits|tag ⟨der; -(e)s, -e⟩ *Tag, Jahrestag der Eheschließung* ▸ 50. ~ feiern

hoch|zie|hen ⟨V.; zieht hoch, zog hoch, hat hoch|ge|zo|gen, hoch|zu|zie|hen⟩ **I** ⟨V. trans.⟩ **1** jmdn. od. etwas ~ *nach oben ziehen, hinauf-, in die Höhe ziehen* **2** ⟨umg.⟩ etwas ~ *sehr schnell erbauen* ▸ die Augenbrauen ~ (zum Zeichen der Missbilligung, des Erstaunens); die Nase ~ ⟨eigtl.⟩ *den Nasenschleim;* die Rollos ~ **II** ⟨V. refl.⟩ sich an etwas ~ **1** *sich an etwas festhalten u. nach oben ziehen* **2** ⟨übertr.⟩ *sich wegen einer Nichtigkeit stark aufregen* ▸ sich an einem Ausdruck ~ ⟨übertr.⟩; ich habe mich am Geländer wieder ~ können

Ho|cke ⟨die; -, -n⟩ **1** *Körperhaltung in tiefer Kniebeuge* **2** *Turnübung, Sprung mit angezogenen Beinen über Bock, Kasten usw.* ▸ in die ~ gehen

ho|cken ⟨V.⟩ **I** ⟨V. intr.; hockt, hock|te, hat (süddt., schweiz., österr.: ist) ge|hockt⟩ irgendwo ~ **1** *auf den Fersen sitzen* **2** *sich in tiefer Kniebeuge halten* **3** ⟨übertr.⟩ **3.1** *lange untätig sitzen (bleiben)* **3.2** *unglücklich zusammengesunken dasitzen* ▸ die Hühner hockten nebeneinander auf der Stange; sie hocken immer noch in der Gastwirtschaft; immer zu Hause ~ ⟨umg.⟩ *viel zu Hause sein* **II** ⟨V. refl.; hockt, hock|te, hat gehockt⟩ sich irgendwohin ~ *Stellung in der Hocke einnehmen, sich kauern* ▸ sich auf den Boden ~

Ho|cker ⟨der; -s, -⟩ **1** *Stuhl ohne Lehne;* ⓘ S. 361; Zus *Barhocker, Küchenhocker* **2** ⟨nur in Zus.⟩ *jmd., der lange irgendwo hockt,* z. B. Nesthocker, Stubenhocker ▸ das haut mich nicht vom ~ ⟨übertr.; umg.⟩ *das beeindruckt mich nicht sehr*

Hö|cker ⟨der; -s, -⟩ **1** *knöcherner Auswuchs* **2** *hohes Fettpolster auf dem Rücken von Kamel u. Dromedar*

Ho|ckey ⟨[hɔkeː] engl. [hɔkɪ] das; -s; unz.; Sp.⟩ *Spiel zw. zwei Mannschaften, die einen kleinen Ball mit Schlägern ins gegnerische Tor zu treiben versuchen;* Zus *Hockeyschläger, Hockeyspieler(in); Feldhockey, Hallenhockey, Rasenhockey*

Ho|den ⟨der; -s, -; Anat.⟩ *die männl. Keimdrüse, Bildungsstätte männl. Keimzellen;* Zus *Hodenentzündung*

Ho|den|sack ⟨der; -(e)s, -sä|cke; Anat.⟩ *die Hoden einhüllende Haut*

Hof ⟨der; -(e)s, Hö|fe⟩ **1** *zum Haus gehörender, umschlossener Platz;* Zus *Hoftor; Hinterhof, Kasernenhof, Schlosshof, Schulhof* **2** *landwirtschaftlicher Betrieb, meist Wohnhaus mit Ställen u. Feldern;* Zus *Hofhund; Bauernhof, Pachthof* **3** *Gebäude mit dem dazugehörigen Betriebsgelände;* Zus *Bahnhof, Schlachthof* **4** *Wohnsitz od. Haushalt eines Fürsten;* Zus *Hofdame, Hofhaltung,*

Hofnarr **5** *fürstl. Gefolge, Hofstaat;* Zus *Kaiserhof, Königshof* **6** *oft Name von Hotels u. Gasthöfen* **7** ‹Meteor.; Astron.› *leicht farbiger Ring um Mond od. Sonne* ▸ einen ~ bewirtschaften; der Mond hat heute einen ~; auf einem ~ leben, wohnen; einer Frau den ~ machen *sich um die Gunst einer F. bemühen* ▸ Bayrischer ~ ▸ am ~ König Ludwigs; auf dem ~ sitzen; bei ~e *in einem fürstl. Haushalt;* das war bei ~e so üblich; die Kinder spielen im ~; du kannst das Auto im ~ parken; der König erschien mit seinem ganzen ~; →a. *Haus*

hof|fen ‹V. trans.; hofft, hoff|te, hat ge|hofft› etwas ~ *für die Zukunft wünschen* ▸ er hofft, schon bald abreisen zu können; er hofft, dass er die Stelle bekommt; ich hoffe, dass du bald wieder gesund bist ▸ ~ wir das Beste! ▸ das ist ja besser, als ich zu ~ gewagt hatte!; ich will nicht ~, dass du krank wirst ▸ ich hoffe stark, dass er übermorgen kommen wird ▸ alles Hoffen war vergebens; auf etwas ~ *die Verwirklichung von etwas wünschen;* wir ~ auf Besserung der wirtschaftlichen Lage; auf jmdn. ~ *jmds. Kommen, jmds. Hilfe wünschen*

hof|fent|lich ‹Adv.› *es ist zu hoffen, dass …, ich hoffe, wünsche, dass …* ▸ ob morgen wohl schönes Wetter wird? ~!; ob der Zug wohl Verspätung hat? ~ nicht!; ~ hast du dich nicht erkältet!; ~ kommt er bald

Hoff|nung ‹die; -, -en› **1** *Wunsch für die Zukunft, Wunsch, dass in der Zukunft etwas geschehen möge* **2** *Zuversicht, Glaube, dass etwas gut wird* ▸ er gab seiner ~ Ausdruck, dass der Frieden dauerhaft sei ▸ wir haben jede ~ aufgegeben; eine ~ begraben *vernichtet sehen;* es besteht keine ~ mehr, kaum noch ~, dass …; ihre ~(en) wurde(n) enttäuscht; meine ~ hat sich (nicht) erfüllt; eine ~ hegen; jmdm. ~en machen *jmdn. glauben lassen, dass man ihn gernhat;* sich keine ~en machen, dass etwas geschieht *gar nicht erst zu hoffen beginnen;* jmdm. jede ~ nehmen; (neue) ~ schöpfen *(wieder) zu hoffen beginnen;* das übertrifft all unsere ~en ▸ sich falsche ~en machen; er ist meine letzte ~ *nur er kann noch helfen;* es besteht noch eine schwache ~, dass die Firma die Krise übersteht; sich vergebliche ~(en) machen ▸ sie klammert sich noch an die ~, dass er wiederkommt; sich od. jmdm. ~ auf etwas machen; seine ~ auf jmdn. od. etwas setzen *hoffen, dass jmd. od. etwas allein helfen kann;* der Junge berechtigt zu großen ~en *er hat eine aussichtsreiche Zukunft vor sich*

hoff|nungs|froh ‹Adj.› *voller Hoffnung u. Freude* ▸ ~ in die Zukunft blicken

hoff|nungs|los ‹Adj.› **1** *ohne (jede) Hoffnung* (Person) **2** *aussichtslos, nicht zu verwirklichen, nicht zu bessern* (Sache, Zustand) ▸ er ist ein ~er Fall ‹übertr.› *er ist nicht belehrbar;* der Zustand des Kranken ist ~; Abl *Hoffnungslosigkeit*

Hoff|nungs|schim|mer ‹der; -s, -› *Anlass für ein wenig Hoffnung;* Syn *Hoffnungsstrahl*

Hoff|nungs|trä|ger ‹der; -s, -› *Person, auf der große Hoffnungen u. Erwartungen ruhen* ▸ er ist der neue ~ der Partei

hoff|nungs|voll ‹Adj.› **1** *voller Hoffnung, zuversichtlich* **2** ‹übertr.; meist scherzh.› *verheißungsvoll, vielversprechend* ▸ ein ~er junger Mann; ~ in die Zukunft blicken

Hof|herr ‹der; -en, -en› **1** *Höfling höheren Ranges* **2** *Herr eines Gutshofes*

ho|fie|ren ‹V. trans.; ho|fiert, ho|fier|te, hat hofiert› jmdn. ~ *jmdm. Schmeicheleien sagen, sich um seine Gunst bewerben*

hö|fisch ‹Adj.› **1** ‹MA› **1.1** *dem Leben, den Sitten bei Hofe entsprechend, gemäß* **1.2** *der ritterlichen Gesellschaft entsprechend* **2** ‹allg.› *fein, edel*

höf|lich ‹Adj.› *wohlerzogen, verbindlich, takt-, rücksichtsvoll, zuvorkommend* ▸ jmdm. ~ seinen Platz anbieten; er fragte ~, ob der Stuhl frei sei; er verbeugte sich ~ vor dem Künstler; etwas in ~em Ton sagen; so ~ sein, etwas zu tun; er ist ein sehr ~er junger Mann; sie grüßte ihn ~ zurück

Höf|lich|keit ‹die; -, -en› **I** ‹unz.› *höfliches Betragen* ▸ etwas nur aus ~ tun **II** ‹zählb.› *unverbindlich-freundliche Worte, Kompliment* ▸ ~en austauschen; Zus *Höflichkeitsfloskel, Höflichkeitsformel*

Höf|lich|keits|form ‹die; -, -en› *förmliche Anrede mit „Sie"*

Höf|ling ‹der; -s, -e› **1** *Mitglied des Hofstaats* **2** *Fürstendiener*

Hof|staat ‹der; -(e)s, -en› *Gefolge od. Haushalt eines Fürsten*

ho|he(r, -s) → *hoch*

Hö|he ‹die; -, -n› **1** *Ausdehnung, Erhebung, Erstreckung, Abmessung nach oben;* Zus *Höhenunterschied* **2** *Erhebung über den Meeresspiegel, Bodenerhebung* **3** *geografische Breite* **4** ‹Math.› *senkrechter Abstand eines Eckpunktes von der gegenüberliegenden Seite* **5** *Schwingungszahl in einer Sekunde;* Zus *Tonhöhe* **6** *Anzahl, Ausmaß* (Summe, Betrag) **7** *Höhepunkt, höchste Stufe (einer Entwicklung)* ▸ die ~ eines Berges, Hauses, Turmes; die ~ eines Betrages, Preises, einer Summe; die ~ des Schadens ist noch nicht festgestellt; die ~n des Taunus; die ~ der Temperatur ▸ die ~ dieses Turmes beträgt 100 Meter; die Höhe eines Gegenstandes messen; sein: das ist doch, ja die ~! ‹umg.› *das ist ja unverschämt!* ▸ an ~ gewinnen *(mit Anstrengung) hörsteigen, -fliegen;* zwei Gegenstände, Linien o. Ä. auf gleiche ~ bringen; Oslo liegt ungefähr auf der gleichen ~ wie St. Petersburg *auf dem gleichen geograf. Breitenkreis;* die beiden Läufer lagen auf gleicher ~ *liefen nebeneinander;* ich bin heute nicht ganz, wieder auf der ~ *fühle mich nicht ganz, wieder wohl;* er steht auf der ~ seines Ruhmes; Ehre sei Gott in der ~ *im Himmel;* ein Geschenk in ~ von zwanzig Euro; die Stadt liegt in 300 Meter ~ (über dem Meeresspiegel); in die ~ fahren ‹übertr.› *aufspringen, sich schnell aufrichten;* der Teig ist stark in die ~ gegangen *(auf)gegangen;* etwas in die ~ heben *nach oben* *heben;* Preise in die ~ treiben *stark erhöhen;* einen Beitrag in voller ~ bezahlen *den ganzen B. ohne Abzug;* die Straße erreicht hier eine ~ von 1000 Metern

Ho|heit ⟨die; -, -en⟩ **I** ⟨unz.⟩ **1** ⟨geh.⟩ *Erhabenheit, Vornehmheit, Würde* **2** *oberste Staatsgewalt u. ihre Rechte;* Zus *Hoheitsgebiet, Hoheitsgewässer, Hoheitsrecht; Finanzhoheit, Gerichtshoheit* ▸ die ~ seiner Erscheinung **II** ⟨zählb.; Titel für⟩ *fürstl. Person* ▸ die ~en begaben sich zu Tisch; Eure ~; Königliche ~ *(Titel für Angehörige eines regierenden od. großherzoglichen Hauses)*

ho|heit|lich ⟨Adj.⟩ **1** *der Hoheit entsprechend, gemäß* **2** *fürstlich, vornehm* **3** *auf Staatshoheit beruhend, ihr unterstellt*

Hö|hen|angst ⟨die; -, -ängs|te; Pl. selten; Psych.⟩ *(auf Bergen, Türmen, Brücken usw. auftretende) Angst vor der Höhe* ▸ sie hat keine ~

Hö|hen|flug ⟨der; -(e)s, -flü|ge⟩ **1** *Flug in großer Höhe (über 4000 m)* **2** ⟨übertr.⟩ **2.1** *abschweifende, fantastische Gedanken* **2.2** *Phase großen Erfolgs* ▸ der ~ seiner Gedanken ⟨übertr.⟩; zu einem ~ ansetzen ⟨übertr.⟩; jmds. ~ stoppen ⟨übertr.⟩

Hö|hen|krank|heit ⟨die; -; unz.⟩ *Krankheit infolge Sauerstoffmangels in großer Höhe*

Hö|hen|luft ⟨die; -; unz.⟩ *Gebirgsluft;* Zus *Höhenluftkurort*

Hö|hen|son|ne ⟨die; -, -n⟩ **I** ⟨unz.⟩ *die Sonne im Hochgebirge* **II** ⟨zählb.⟩ *Quarzlampe mit an ultravioletten Strahlen reichem Licht (zu Heilzwecken)*

Hö|he|punkt ⟨der; -(e)s, -e⟩ **1** *höchstgelegener Punkt, Gipfel* **2** ⟨übertr.⟩ **2.1** *wichtigster, bedeutendster, schönster Augenblick* **2.2** *Orgasmus* ▸ der ~ des Abends war ein großes Feuerwerk; der ~ einer Entwicklung, eines Spiels, eines Wettkampfes; auf dem ~ seines Ruhms sein

hö|her → *hoch*

hö|her|wer|tig ⟨Adj.; Komparativ von⟩ *hochwertig*

ho|hes → *hoch*

hohl ⟨Adj.⟩ **1** *innen leer, ausgehöhlt* (Raum, Nuss, Zahn)*;* Zus *Hohlnadel* **2** *konkav, nach innen gekrümmt* (Linse)*;* Zus *Hohlspiegel* **3** *eingefallen* (Wangen) **4** ⟨übertr.⟩ *dumpf* (Husten, Stimme) **5** ⟨übertr.; umg.⟩ *inhaltsleer, ohne inneren Gehalt* ▸ ~e Gasse *Hohlweg;* die ~e Hand *die gekrümmte Handfläche;* ein ~er Kopf ⟨übertr.; umg.⟩ *geistloser Mensch;* er ist ziemlich ~ ⟨übertr.; umg.⟩

Höh|le ⟨die; -, -n⟩ **1** *Hohlraum in Gestein od. Baum mit einem verhältnismäßig kleinem Zugang* **2** *Loch;* Zus *Felsenhöhle, Mundhöhle* **3** *Bau, Behausung wilder Tiere (bes. unterirdisch)* **4** ⟨umg.; übertr.⟩ **4.1** *elende Behausung, schlechte Wohnung* **4.2** *Unterschlupf für Diebe;* Zus *Diebeshöhle* ▸ sich in die ~ des Löwen begeben ⟨übertr.⟩ *zu jmdm. gehen, der einem wohl gefährlich wird*

Höh|len|ma|le|rei ⟨die; -, -en⟩ *alt- u. mittelsteinzeitl. Felsmalerei in Höhlen*

Hohl|kopf ⟨der; -(e)s, -köp|fe; umg.; abwertend⟩ *geistloser Mensch*

Hohl|kreuz ⟨das; -es, -e⟩ *bes. im Lendenbereich verstärkt nach vorn gebogene Wirbelsäule*

Hohl|raum ⟨der; -(e)s, -räu|me⟩ *geschlossener, leerer Raum*

Höh|lung ⟨die; -, -en⟩ *ausgehöhlte Stelle, Vertiefung, Rundung nach innen, Einbuchtung*

hohl|wan|gig ⟨Adj.⟩ *mit eingefallenen, mageren Wangen*

Hohl|weg ⟨der; -(e)s, -e⟩ *Weg durch einen Geländeeinschnitt, z. B. eine Schlucht*

Hohn ⟨der; -(e)s; unz.⟩ *scharfer, böser Spott* ▸ ~ lachen = *hohnlachen;* beißender, bitterer ~; es ist der reinste ~ *es widerspricht jedem Gefühl für Takt, Rücksicht, Achtung;* nichts als, ⟨od.⟩ nur ~ und Spott ernten; Abl *höhnisch;* Zus *Hohngelächter*

höh|nen ⟨V. intr.; höhnt, höhn|te, hat ge|höhnt; geh.⟩ *höhnisch sprechen, etwas höhnisch sagen, böse, bitter spotten* ▸ „Das hast du davon!" höhnte er

hohn|la|chen *auch:* **Hohn la|chen** ⟨V. intr.; hohnlacht / lacht Hohn, hohn|lach|te / lach|te Hohn, hat ge|hohn|lacht / Hohn ge|lacht; geh.⟩ *höhnisch, böse u. schadenfroh lachen*

Ho|kus|po|kus ⟨der; -; unz.⟩ **1** *(Formel bei Zauberkunststücken)* **2** *Taschenspielerei, Zauberkunststück* **3** ⟨übertr.⟩ **3.1** *Täuschung, Blendwerk* **3.2** *Unfug, Spaß* ▸ das ist doch alles nur ~!; die Kinder treiben allen möglichen ~

hold ⟨Adj., -er, am -es|ten; veraltet; poet.⟩ **1** *wohlgesinnt, zugetan* **2** *bezaubernd, anmutig u. zierlich* ▸ ein ~es Mädchen; das Glück ist ihm (nicht) ~ *er hat (kein) Glück*

ho|len ⟨V. trans.; holt, hol|te, hat ge|holt⟩ **1** jmdn. od. etwas ~ *hingehen u. herbeibringen* **2** jmdn. ~ *veranlassen, bitten zu kommen* **3** ⟨Sp.; umg.⟩ die Meisterschaft ~ *erreichen, erringen* ▸ sich eine Abfuhr ~ *(barsch, kurz) abgewiesen werden;* den Arzt, Doktor ~; Atem ~ *einatmen;* morgens Brötchen ~; tief Luft ~ *einatmen;* sich (bei jmdm.) Rat ~ *sich von jmdm. beraten lassen;* sich einen Schnupfen ~ *bekommen, sich zuziehen;* der Teufel soll ihn ~! ⟨Fluch⟩ *es ist mir jetzt ganz gleichgültig, was er tut, was mit ihm geschieht!;* einen, den Titel ~ ⟨Sp.⟩ *eine, die Meisterschaft gewinnen;* bitte hol den Vater, er wird am Telefon verlangt ▸ sein: dabei ist nichts zu ~ ⟨umg.⟩ *nichts zu gewinnen* ▸ Wein aus dem Keller ~; ein Kind (bei der Geburt) mit der Zange ~; ein Päckchen von der Post ~

Hol|län|der ⟨der; -s, -⟩ *Einwohner Hollands* ▸ der Fliegende ~ *auf dem Meer umherfahrende gespenstische Sagengestalt;* Abl *Holländerin; holländisch*

Höl|le ⟨die; -; unz.⟩ **1** *Ort der Qual u. des Leidens für Sünder* **2** ⟨übertr.⟩ **2.1** *Ort großer Qualen* **2.2** *die Qual selbst* ▸ eine Ausgeburt der ~ *ein furchteinflößendes Wesen* ▸ jmdm. die ~ heißmachen *jmdn. einschüchtern, jmdm. eindringl. ins Gewissen reden;* sein: dort ist die ~ los *dort gibt es ein großes Durcheinander, es ist viel los;* das Leben dort war die ~ (für mich) ▸ durch die

~ gehen ‹übertr.› *eine schwere Zeit durchleben;* jmdm. das Leben zur ~ machen

Höl|len... ‹in Zus.; umg.; verstärkend› *groß, sehr viel,* z.B. Höllenangst, Höllenlärm, Höllenqual, Höllenschmerzen, Höllenspektakel, Höllentempo

höl|lisch ‹Adj.› **1** *zur Hölle gehörig* **2** *der Hölle, dem Höllenfeuer gleichend* **3** *teuflisch* **4** ‹übertr.; umg.› *sehr groß, sehr stark* ▸ das ~e Feuer; eine ~e Hitze; ein ~er Plan; ~e Schmerzen; die Wunde brennt ~; es tut ~ weh; sie legten ein ~es Tempo vor

Hol|ly|wood|schau|kel ‹[-wud-] die; -, -n› *wie eine Schaukel an einem Gerüst hängende Gartensitzbank*

Holm ‹der; -(e)s, -e› **1** *jede der beiden Längsstangen an Leiter u. Barren* **2** *Griff des Ruders*

Ho|lo|caust ‹der; -s; unz.› *Vernichtung durch Verbrennung, (bes.) die Judenvernichtung während des Nationalsozialismus;* Syn *Shoa*

Ho|lo|gra|phie ‹die; -, -n› oV *Holografie* **I** ‹unz.› *fotograf. Verfahren zum Erzeugen räumlicher Bilder;* Abl *holographisch/holografisch* **II** ‹zählb.› *auf diese Weise erzeugtes Bild;* Syn *Hologramm*

hol|pern ‹V. intr.› **I** ‹hol|pert, hol|per|te, hat/ist ge|hol|pert› *auf unebenem Weg rüttelnd fahren* ▸ der Wagen ist über die Brücke geholpert **II** ‹hol|pert, hol|per|te, hat ge|hol|pert; übertr.› *stockend lesen, sprechen* ▸ er holpert beim Lesen ‹übertr.› *er liest nicht fließend*

hol|prig ‹Adj.› oV *holperig* **1** *uneben, voller Löcher u. Steine* (Weg), *sehr grob gepflastert* (Straße) **2** ‹übertr.› *ungeschliffen, ungewandt* (Brief, Stil)

Hol|stei|ner ‹der; -s, -› **1** *Einwohner von Holstein* **2** *eine Pferderasse*

Hols|ter ‹das; -s, -› **1** *offene Ledertasche als Halterung für eine am Körper getragene Handfeuerwaffe* **2** *Jagdtasche*

Ho|lun|der ‹der; -s, -; Bot.› *bis 6 m hoher Strauch mit essbaren, schwarzen Früchten;* Zus *Holunderbeere, Holundersaft, Holundersirup, Holunderstrauch, Holundertee*

Holz ‹das; -es, Höl|zer› **I** ‹unz.› **1** *Material, aus dem die Stämme u. Äste von Bäumen u. Sträuchern bestehen* **2** *von Rinde u. Bast befreiter Stamm der Bäume u. Sträucher als Werkstoff (bes. für Möbel);* Zus *Holzbank, Holzbrett, Holzleim, Holzmöbel, Holzscheit, Holzschnitzer(in), Holzschnitzerei, Holzzaun; Holz verarbeitend / holzverarbeitend; Brennholz* **3** *Wald* **4** *Gesamtheit der Holzblasinstrumente im Orchester* ▸ ein **Stück** ~ ▸ ~ **auflegen,** nachlegen *Brennholz aufs Feuer legen;* ~ **fällen** *Bäume fällen;* ~ **hacken,** sägen, spalten ▸ **dürres,** grünes, hartes, trockenes, weiches ~; **edles,** gemasertes, helles, dunkles, poliertes ~; **gut** ~! *(Gruß der Kegler)* ▸ **auf** ~ klopfen *das Fortdauern eines guten Zustands mit einer klopfenden Geste beschwören;* ein Gegenstand **aus** ~; er ist aus anderem ~ geschnitzt als du *anders geartet;* der Baum ist **ins** ~ geschossen *hat viele Äste u. Zweige, aber wenig Früchte;* einen Ofen **mit** ~ heizen; eine Wand, ein Zimmer mit ~ verkleiden; dasitzen **wie** ein Stück ~ *steif u. wortlos;* **II** ‹zählb.› **1** *Holzart;* Zus *Edelholz, Eichenholz, Fichtenholz, Hartholz, Laubholz, Massivholz, Nadelholz, Tropenholz, Weichholz* **2** *aus Holz gearbeiteter, länglich-runder Gegenstand;* Zus *Nudelholz, Schlagholz* ▸ **edle,** einheimische, hochwertige Hölzer

Holz|bein ‹das; -(e)s, -e› *künstl. (Stück) Bein als Ersatz für amputierte Beine od. Beinstücke*

Holz|blas|in|s|t|ru|ment ‹das; -(e)s, -e; Mus.› *aus Holz bestehendes od. mit einem Holzblättchen zur Tonerzeugung versehenes Blasinstrument, z. B. Oboe, Fagott, Klarinette, Flöte*

hol|zen ‹V. intr.; holzt, holz|te, hat ge|holzt› **1** *Bäume schlagen* **2** ‹übertr.; umg.› *ohne Sorgfalt arbeiten* **3** ‹Sp., bes. Fußb.› *roh od. regelwidrig spielen*

höl|zern ‹Adj.› **1** *aus Holz* **2** ‹übertr.› *steif, linkisch, unbeholfen* (Mensch, Manieren, Stil)

Holz|fäl|ler ‹der; -s, -› *jmd., der berufl. Bäume fällt, Waldarbeiter*

Holz|ham|mer ‹der; -s, -häm|mer› *aus Holz gefertigter Hammer* ▸ jmdm. etwas mit dem ~ beibringen ‹übertr.; umg.› *grob, schonungslos*

Holz|ham|mer|me|tho|de ‹die; -, -n; umg.; scherzh.› *grobe Methode (dort, wo eigtl. Feingefühl nötig wäre)* ▸ mit der ~ unterrichten

hol|zig ‹Adj.› **1** *mit Holzfasern durchsetzt* **2** *mit festen Fasern durchsetzt* (Spargel, Kohlrabi)

Holz|koh|le ‹die; -, -n› *durch Verkohlung von Holz gewonnene Kohle;* Zus *Holzkohle(n)grill*

Holz|schnitt ‹der; -(e)s, -e› **I** ‹unz.› *die Kunst, mit dem Messer aus einer Holzplatte eine bildl. Darstellung herauszuschneiden, so dass sie erhaben stehen bleibt, eingefärbt u. auf Papier abgedruckt werden kann;* Syn *Holzschneidekunst* **II** ‹zählb.› *Abzug von einer so bearbeiteten Holzplatte*

Holz|schutz ‹der; -es; unz.› *bauliche u. chemische Schutzmaßnahmen zur Erhaltung des Holzes, Schutz gegen Feuchtigkeit, Schwammbildung u. Insektenbefall;* Zus *Holzschutzmittel*

Holz|weg ‹der; -(e)s, -e; übertr.› *falsche Fährte* ▸ da bist du auf dem ~ *da irrst du dich*

Home|page ‹[hoʊmpeɪdʒ] die; -, -s [-dʒɪz]; EDV› *Webseite, die nach Aufrufen einer Internetadresse als erste angezeigt wird, meist mit Adressen u. Informationen einer Privatperson, einer Firma, eines Instituts o. Ä. versehen*

Home|trai|ner ‹[hoʊmtre:nə(r)] der; -s, -› *Gerät für sportl. Training daheim;* Syn *Heimtrainer*

Hom|mage ‹[ɔma:ʒ] die; -, -n; Pl. selten› *Huldigung, Würdigung* ▸ eine ~ an einen Künstler

Ho|mo ‹der; -s, -s; umg.; kurz für› *Homosexueller*

ho|mo|gen ‹Adj.› *gleichartig, übereinstimmend;* Ggs *inhomogen, heterogen;* Abl *Homogenität; homognisieren*

ho|mo|nym ‹Adj.; Sprachw.› *mit einem anderen Wort lautlich u. orthografisch übereinstimmend, aber in Bedeutung (u. Herkunft) verschieden;* →a. *polysem;* Abl *Homonym, Homonymie*

Ho|möo|pa|thie ⟨die; -; unz.⟩ *Heilverfahren, bei dem der Kranke mit kleinsten Dosen von Mitteln behandelt wird, die beim Gesunden die gleichen Krankheitserscheinungen hervorrufen würden, nach dem Grundsatz: Ähnliches durch Ähnliches heilen;* Abl *Homöopath(in); homöopathisch*

ho|mo|se|xu|ell ⟨Adj.⟩ *sexuell zum eigenen Geschlecht hinneigend;* Ggs *heterosexuell;* Abl *Homosexualität*

Ho|mo|se|xu|el|le(r) ⟨die; -n, -n (der; -n, -n)⟩ *homosexuell veranlagter Mensch*

Ho|nig ⟨der; -s; unz.⟩ **1** *gelblicher, dünner bis zähflüssiger, süßer Stoff, der von Bienen aus Blüten gesammelt u. in den Waben im Bienenstock gespeichert wird;* Zus *Honigbiene, Honigbrot, Honigkuchen, Honigschleuder, Honigwabe, Honigwein; honiggelb; Akazienhonig, Bienenhonig, Blütenhonig, Kleehonig, Linden(blüten)honig, Rapshonig, Waldhonig* **2** ⟨sinnbildl. für⟩ *Süßes, schöne Worte, Schmeicheleien, Komplimente* ▸ den ~ aufs Brot streichen; morgens esse ich gern Brötchen mit ~; Speisen mit ~ süßen; jmdm. ~ um den Bart, ums Maul schmieren ⟨übertr.; umg.⟩ *jmdm. schmeicheln*

Ho|nig|ku|chen|pferd ⟨das; -(e)s, -e; übertr.; umg.; scherzh.⟩ *etwas einfältiger Mensch* ▸ strahlen wie ein ~ *übers ganze Gesicht strahlen*

Ho|nig|me|lo|ne ⟨die; -, -n⟩ *Melone mit gelber Schale u. gelbem, süß schmeckendem Fruchtfleisch*

Ho|nig|schle|cken ⟨das; umg.; nur in der Wendung⟩ das ist kein ~ *das ist nicht leicht, das ist schwierig, unangenehm;* Syn *Honiglecken*

ho|nig|süß ⟨Adj.⟩ **1** *süß wie Honig, sehr süß* **2** ⟨übertr.⟩ *übertrieben freundlich, falschfreundlich* (Lächeln, Worte)

Ho|no|rar ⟨das; -s, -e; bei freien Berufen⟩ *Vergütung von Leistungen;* Zus *Honorarforderung, Honorarkraft, Honorarvertrag; Autorenhonorar, Stundenhonorar*

Ho|no|ra|ti|o|ren ⟨nur Pl.; heute scherzh.⟩ *die angesehensten Einwohner einer (kleinen) Stadt*

ho|no|rie|ren ⟨V. trans.; ho|no|riert, ho|no|rier|te, hat ho|no|riert⟩ **1** jmdn. od. etwas ~ *bezahlen, vergüten (bes. freiberufliche Arbeit)* **2** ⟨umg. a.⟩ etwas ~ *ausdrücklich anerkennen* ▸ eine Arbeit gut, schlecht ~; jmds. Verhalten, Einsatz ~; Abl *Honorierung*

Hoo|li|gan ⟨[hu:lıgən] der; -s, -s⟩ **1** *gewalttätiger, randalierender Fußballfan* **2** ⟨allg.⟩ *Rowdy*

Hop|fen ⟨der; -s; unz.; Bot.⟩ *ein Hanfgewächs, Rohstoff bei der Bierbereitung* ▸ bei ihm ist ~ und Malz verloren ⟨übertr.; umg.⟩ *ihm kann man nicht helfen*

hopp! ⟨Int.⟩ *(Aufforderung zum raschen Aufstehen, zum Beeilen, zum Springen)* ▸ ~! *los!;* aber nun ein bisschen ~! *ein bisschen schnell*

hopp|la! ⟨Int.; umg.⟩ *(Ausruf, wenn man selbst od. ein anderer stolpert) Vorsicht!, hast du dir wehgetan?* ▸ ~, ich wäre beinahe gefallen!

hop|sen ⟨V. intr.; hopst, hops|te, ist ge|hopst; umg.⟩ **1** *hüpfen* (bes. von Kindern) **2** ⟨übertr.⟩ *mehr hüpfen als tanzen* ▸ sie ~ durch den Garten

hör|bar ⟨Adj.⟩ *so beschaffen, dass man es hören kann* ▸ etwas kaum ~ sagen; Abl *Hörbarkeit*

Hör|buch ⟨das; -(e)s, -bü|cher⟩ *Kassette od. CD, die mit Text bespielt ist, der (von einem od. mehreren Erzählern bzw. Sprechern) aus einem Buch vorgelesen wurde*

hor|chen ⟨V. intr.; horcht, horch|te, hat ge|horcht⟩ **1** *aufmerksam zuhören* **2** *etwas zu hören versuchen, auf ein Geräusch warten* **3** ⟨umg.⟩ *lauschen, heimlich mithören* ▸ an der Tür ~

Hor|de ⟨die; -, -n⟩ **1** *wilde Menge, ungeordnete Schar* **2** ⟨bei traditionellen Völkern⟩ *eine kleine Gruppe miteinander verwandter, gleichgestellter, nicht dauernd zusammenwohnender Familien in einem fest umgrenzten Gebiet* ▸ eine ~ von Kindern, Soldaten

hören/zuhören/anhören/gehören

Das Verb *hören* ändert sowohl seine Bedeutung als auch seine grammatische Wertigkeit, wenn es mit Präfixen wie *an-* oder *zu-* gebraucht wird. Das Grundverb *hören* bedeutet „mit dem Ohr wahrnehmen". Es kann zum einen mit Akkusativobjekt, d. h. transitiv gebraucht werden: *Ich höre den Zug kommen. Sie hörte es klingeln. Wir haben einen interessanten Vortrag gehört.*
Intransitiv, d. h. ohne Akkusativobjekt, kann man es aber auch verwenden: *Er kann noch gut hören. Das Kind hört nicht* (= gehorcht nicht).
Das Verb *zuhören* wird dagegen immer intransitiv, meistens mit Dativobjekt, gebraucht und bedeutet „aufmerksam hören, lauschen": *Sie kann (ihm) nicht zuhören. Die Kinder haben dem Lehrer nicht zugehört.*
Anhören im Sinne von „prüfend, aufmerksam zuhören" ist wiederum ein transitives Verb: *Er hat ihn nicht angehört. Ich möchte mir seinen Vortrag heute anhören.*
Das im Deutschen häufig gebrauchte Verb *gehören* hat dagegen nichts mit der akustischen Wahrnehmung zu tun, sondern bedeutet „in jemandes Besitz sein": *Das Buch gehört mir. Der Ring hat ihr gehört.*
Das gehört sich nicht bedeutet „das entspricht nicht der guten Sitte".

hö|ren ⟨V.; hört, hör|te, hat ge|hört⟩ **I** ⟨V. trans.⟩ **1** Laute ~ *mit dem Ohr wahrnehmen* **2** etwas ~ *erfahren, vernehmen* **3** eine Messe, Vorlesung ~ *besuchen* ▸ hör mal! *pass auf!;* aber hör mal!, na ~ Sie mal! *das geht wirklich nicht!, das kann nicht stimmen!;* ich habe gehört, dass der Unterricht heute ausfällt; hast du schon gehört, die Autobahn ist wegen eines Unfalls gesperrt ▸ eine Oper, ein Konzert ~ *die Aufführung einer O., eines Konzerts besuchen, erleben;* ihm verging Hören und Sehen *ihm wurde fast schwindlig* ▸ ich kann es nicht mehr ~! *nicht mehr ertragen;* jmdn. lachen, singen, sprechen ~; er hat nichts (von sich) ~ lassen *er hat nicht geschrieben, angerufen od. uns besucht;* das lässt sich ~ *das klingt* *vernünftig;* wir müssen auch ihn ~ *anhören, zu Wort kommen lassen;* er hört sich gern reden *er spricht viel u. hält das, was er sagt, für schlau;* ich habe sagen ~, dass er kommt *zufällig erfahren* ▸ ich höre (es) an seiner Stimme, dass er ärgerlich ist *erkenne (es) an seiner S.;* Vorlesungen bei Professor X ~; ein Konzert im Radio ~; Sie ~ wieder von mir *ich melde mich bei Ihnen;* ich habe von ihm, über ihn viel, nichts Gutes gehört; von dir hört man ja schöne Dinge ⟨iron.⟩; ich habe davon gehört; ich will davon nichts ~ *nichts wissen;* wie ich hörte, ist er gestern angekommen **II** ⟨V. intr.; umg.⟩ **1** *mit dem Gehörsinn Töne, Klänge, Laute wahrnehmen können;* Zus *Hörbehinderte(r); hörbehindert* **2** *gehorchen, folgen* **3** auf jmdn. ~ *jmds. Rat annehmen* ▸ ich kann sagen, was ich will, der Junge hört einfach nicht ▸ gut, schlecht ~ *ein gutes, schlechtes Gehör haben;* er hört schwer *er ist schwerhörig* ▸ der Hund hört auf den Namen Tasso *der Hund heißt T.;* auf jmds. Rat ~ *jmds. Rat befolgen;* er hört nur auf einem Ohr

Hö|ren|sa|gen ⟨das; unz.; nur in der Wendung⟩ etwas nur vom ~ kennen *gerüchteweise, nur von anderen, nicht aus eigener Erfahrung*

hö|rens|wert ⟨Adj.⟩ *wert, dass man es sich anhört*

Hö|rer ⟨der; -s, -⟩ **1** *jmd., der etwas anhört, einer Sache zuhört, Zuhörer;* Abl *Hörerin, Hörerschaft;* Zus *Hörerwunsch; Radiohörer(in), Rundfunkhörer(in)* **2** *Teilnehmer eines Kollegs, einer Vorlesung;* Abl *Hörerin;* Zus *Gasthörer(in), Zweithörer(in)* **3** *Schallwellen übertragendes Gerät;* Zus *Hörerkabel; Telefonhörer* ▸ den (Telefon-)~ abnehmen, auflegen; sich als ~ (an der Universität, für eine Vorlesung) einschreiben; eine Vorlesung für ~ aller Fakultäten

Hör|funk ⟨der; -s; unz.⟩ *Rundfunk*

Hör|ge|rät ⟨das; -(e)s, -e⟩ *Hilfsmittel für Schwerhörige, das diesen das Hören erleichtert;* Syn *Hörapparat*

hö|rig ⟨Adj.; übertr.⟩ *an einen Menschen bis zur Selbstaufgabe innerlich gebunden, bes. durch sexuellen Reiz* ▸ jmdm. (sexuell) ~ sein; Abl *Hörigkeit*

Ho|ri|zont ⟨der; -(e)s, -e⟩ **1** *scheinbare Trennungslinie zw. Erdoberfläche u. Himmel* **2** ⟨übertr.⟩ *Umfang der geistigen Interessen u. der Bildung* ▸ seinen ~ erweitern ⟨übertr.⟩ ▸ einen beschränkten, engen ~ haben ⟨übertr.⟩; geistiger ~ ⟨übertr.⟩; einen weiten ~ haben ⟨übertr.⟩ ▸ bis zum ~ sehen können, das geht über seinen ~ ⟨übertr.; umg.⟩ *das ist zu kompliziert für ihn, er versteht es nicht;* die Sonne sank unter den ~

ho|ri|zon|tal ⟨Adj.⟩ *wie der Horizont verlaufend, waagerecht;* Ggs *vertikal* ▸ ~es Gewerbe ⟨umg.⟩ *Prostitution*

Ho|ri|zon|ta|le ⟨die; -n, -n⟩ *Waagerechte, waagerechte Linie, waagerechte Lage;* Ggs *Vertikale*

Hor|mon ⟨das; -(e)s, -e⟩ *vom Körper gebildeter Wirkstoff, der eine bestimmte Körperfunktion reguliert;* Abl *hormonal/hormonell;* Zus *Hormonbehandlung, Hormonhaushalt, Hormonpräparat, Hormonspiegel, Hormontherapie; Sexualhormon, Wachstumshormon*

Horn ⟨das; -(e)s, Hör|ner⟩ **1** *Stirnauswuchs bei Huftieren;* Zus *Horntier, Hornträger* **2** *Material, aus dem Nägel, Haare, Hufe usw. bestehen;* Zus *Hornbrille* **3** *altes hornartiges Trinkgefäß;* Zus *Trinkhorn* **4** ⟨Mus.⟩ *mehrmals kreisförmig gewundenes Blechblasinstrument mit drei Ventilen;* Syn *Waldhorn;* Abl *Hornist(in)* ▸ sich die Hörner abstoßen ⟨übertr.⟩ *in der Jugend (sexuelle) Erfahrungen sammeln u. dadurch reifen;* seinem Ehemann Hörner aufsetzen *ihn betrügen* ▸ der Stier nahm den Mann auf die Hörner; den Stier bei den Hörnern nehmen, packen ⟨übertr.⟩ *eine unangenehme Angelegenheit energisch angreifen;* in dasselbe ~ blasen, tuten wie jmd. ⟨übertr.; umg.⟩ *jmdn. in seiner Meinung unterstützen;* ins ~ stoßen *ein Hornsignal geben*

Hörn|chen ⟨das; -s, -⟩ **1** *kleines Horn* **2** *hornartiges, leicht süßes Gebäck* **3** *ein Nagetier, meist mit langem, behaartem Schwanz;* Zus *Eichhörnchen, Flughörnchen* ▸ ich habe beim Bäcker zwei ~ gekauft

Horn|haut ⟨die; -, -häu|te⟩ **1** *Schwiele, verhornte Hautstelle* **2** ⟨Anat.⟩ *der durchsichtige Teil der Lederhaut im Vorderteil des Augapfels;* Zus *Hornhautentzündung, Hornhauttrübung, Hornhautübertragung, Hornhautverkrümmung*

Hor|nis|se ⟨a. ['---] die; -, -n; Zool.⟩ *größte mitteleuropäische Wespe*

Ho|ro|s|kop ⟨das; -s, -e⟩ *Voraussage des Schicksals, die ein Astrologe aufgrund der Position der Gestirne macht* ▸ jmdm. das ~ stellen

hor|rend ⟨Adj.⟩ *übermäßig, ungeheuer* ▸ ~e Preise

Hor|ror ⟨der; -s; unz.⟩ **1** *Grauen, Schauder, Abscheu;* Zus *Horrorfilm, Horrorgeschichte, Horrorroman* **2** ⟨umg.⟩ *Angst;* Zus *Horrorvorstellung* ▸ einen ~ vor etwas haben ⟨umg.⟩

Hor|ror|trip ⟨der; -s, -s; umg.⟩ **1** ⟨Drogenszene⟩ *mit Angst- u. Schreckensgefühlen verbundener Drogenrausch* **2** ⟨allg.⟩ *furchtbares Erlebnis (bes. Reise)* ▸ unser letzter Urlaub war ein ~

Hör|saal ⟨der; -(e)s, -sä|le; in Universitäten⟩ *großer Unterrichtsraum für Vorlesungen, häufig mit ansteigenden Sitzreihen*

Hör|spiel ⟨das; -(e)s, -e; Rundfunk⟩ *für den Rundfunk entwickelte Literaturgattung, die auf das Hören zugeschnitten ist* ▸ im Radio wird ein ~ gesendet

Horst ⟨der; -(e)s, -e⟩ *großes Vogelnest aus Reisig, Greifvogelnest;* Zus *Adlerhorst*

Hort ⟨der; -(e)s, -e⟩ **1** *Tagesheim für Kinder, Kindertagesstätte;* Zus *Hortkind; Kinderhort* **2** ⟨geh.⟩ *Schutz, Zuflucht* **3** *Schatz* ▸ ein ~ der Gelehrsamkeit, des guten Geschmacks, der Ruhe ⟨geh.⟩; ein Kind in den ~ geben; unsere Tochter geht nach der Schule in den ~

hor|ten ⟨V. trans.; hor|tet, hor|te|te, hat ge|hor|tet⟩ etwas ~ *aufspeichern, ansammeln, anhäufen*

Hös|chen ⟨das; -s, -⟩ *kleine Hose (bes. für Kinder)*

Ho|se ⟨die; -, -n; oft Pl. statt des Sing. gebraucht⟩ *Bekleidung für den unteren Teil des Rumpfes u.*

H

die Beine, Beinkleid ▸ ein Paar ~n *eine Hose* ▸ anhaben: sie hat die ~n an ⟨übertr.; umg.⟩ *sie sagt in der Ehe od. Beziehung, was zu tun ist;* du musst noch deine ~ anziehen; ich möchte mir eine neue ~ kaufen; was kostet die ~?; er trägt nur ~n mit Gürtel ▸ kurze, lange, enge, weite ~(n); hier ist tote ~ ⟨übertr.; umg.⟩ *hier ist nichts los;* die ~(n) (gestrichen) voll haben ⟨derb⟩ *große Angst haben* ▸ das Herz fiel, rutschte ihm in die ~ ⟨übertr.; umg.⟩ *der Mut verließ ihn;* das geht in die ~ ⟨übertr.; umg.⟩ *gelingt nicht;* in die ~(n) machen (Kind); sich in die ~(n) machen ⟨übertr.; umg.⟩ *Angst haben;* das ist Jacke wie ~ ⟨umg.⟩ *das ist egal;* ⓘ S. 682; Zus *Hosenbein, Hosenbund, Hosenknopf, Hosenlatz, Hosenschlitz, Hosentasche; Cordhose/Kordhose, Damenhose, Herrenhose, Jeanshose, Lederhose, Sporthose, Trainingshose, Unterhose*

Ho|sen|an|zug ⟨der; -(e)s, -zü|ge⟩ *lange Hose u. Jacke aus demselben Stoff für Damen*

Ho|sen|bo|den ⟨der; -s, -bö|den⟩ *Sitzfläche der Hose* ▸ sich auf den ~ setzen ⟨übertr.; umg.⟩ *fleißig lernen*

Ho|sen|matz ⟨der; -es, -mät|ze; umg.⟩ *kleines Kind*

Ho|sen|trä|ger ⟨der; -s, -; meist Pl.⟩ *über die Schultern gezogene Gummibänder zum Befestigen der Hose*

Hos|pi|tal ⟨das; -s, -e od -tä|ler⟩ **1** *Krankenhaus* **2** ⟨i. e. S.⟩ *Anstalt zur längeren od. dauernden Aufnahme chronisch Kranker*

hos|pi|tie|ren ⟨V. intr.; hos|pi|tiert, hos|pi|tier|te, hat hos|pi|tiert⟩ **1** *als Gast am Unterricht teilnehmen (bes. als Studienreferendar)* **2** *als Gast Vorlesungen hören;* Abl *Hospitant(in)*

Hos|piz ⟨das; -es, -e⟩ **1** *christl. Fremden-, Übernachtungsheim* **2** *Klinik für Todkranke*

Hos|tess ⟨a. [-'-] die; -, -en⟩ **1** *Betreuerin, Begleiterin, Führerin in Ausstellungen* **2** ⟨verhüllend⟩ *Prostituierte*

Hos|tie ⟨[-tjə] die; -, -n⟩ *das beim Abendmahl in Form einer kleinen Oblate gereichte, ungesäuerte Brot;* Zus *Hostienkelch, Hostienschrein*

Ho|tel ⟨das; -s, -s⟩ *Betrieb für Unterkunft u. Verpflegung für gehobene Ansprüche* ▸ ~ garni *Betrieb, der nur Unterkunft u. Frühstück gewährt;* wir müssen noch ein ~ für die Reise buchen; ein Doppelzimmer in einem ~ reservieren; ein ~ in Rom suchen; im ~ absteigen, übernachten; Zus *Hotelbar, Hotelbetrieb, Hotelbett, Hotelgewerbe, Hotelkauffrau, Hotelkaufmann, Hotelkette, Hotelzimmer; Dreisternehotel, Luxushotel*

ho|tel|ei|gen ⟨Adj.⟩ *zu einem Hotel gehörend, in einem Hotel gelegen, sich im Besitz eines Hotels befindend* ▸ ein ~es Schwimmbad

Ho|te|li|er ⟨[-lje:] der; -s, -s⟩ *Eigentümer, Pächter od. Leiter eines Hotels*

Hot|line ⟨[hɔtlaɪn] die; -, -s; bes. TV⟩ *schnelle, direkte Telefonverbindung, heißer Draht* ▸ ~ zu einer Fernsehsendung

hrsg. ⟨Abk. für⟩ *herausgegeben*

Hrsg. ⟨Abk. für⟩ *Herausgeber*

Hub ⟨der; -(e)s, Hü|be⟩ **1** *Heben, Hebebewegung* **2** *Teil des Zylinders von Verbrennungsmotoren, der vom Hin- u. Hergehen des Kolbens ausgefüllt wird;* Syn *Hubraum, Hubvolumen* **3** ⟨Med.⟩ *Dosis für die Inhalation eines Arzneimittels*

hübsch[1] ⟨Adj.; -er, am -es|ten⟩ **1** *angenehm, nett anzusehen, geschmackvoll* **2** ⟨umg.⟩ *ziemlich groß, ziemlich viel* ▸ sie ist eine ~e junge Frau; ein ~es Kind, Kleid, Mädchen; das ist noch ein ~es Stück Arbeit ⟨umg.⟩; dafür musst du eine ~e Summe ausgeben ⟨umg.⟩ ▸ ~ aussehen; sich ~ machen; sein: das ist aber ~!; er ist nicht sehr ~; sie spielt schon recht ~ Klavier *ganz gut, ganz ordentlich* ▸ das ist aber nicht ~ von dir! ⟨umg.⟩ *nicht nett*

hübsch[2] ⟨Partikel; umg.⟩ *recht* ▸ das wirst du ~ bleibenlassen!; sei ~ artig, brav

Hub|schrau|ber ⟨der; -s, -⟩ *Flugzeug, das seinen Auftrieb durch umlaufende Drehflügel erhält;* Zus *Hubschrauberpilot(in); Rettungshubschrauber*

huch! ⟨Int.; mdt., norddt.⟩ *(Ausruf des leichten Schreckens, scherzhaften Erstaunens)*

Hu|cke ⟨die; -, -n; nddt. u. mdt.⟩ **1** *Kiepe* **2** *Rücken* ▸ ich hau dir die ~ voll! ⟨umg.⟩; jmdm. die ~ volllügen ⟨umg.⟩ *jmdn. frech belügen*

hu|cke|pack ⟨Adv.⟩ *auf dem od. den Rücken* ▸ wir machen ~ *ich trage dich auf dem Rücken;* ein Kind ~ nehmen; jmdn. od. etwas ~ tragen

hu|deln ⟨V. intr.; hu|delt, hu|del|te, hat ge|hu|delt; umg.; regional⟩ *unsorgfältig arbeiten, pfuschen, nachlässig sein* ▸ nur nicht ~!; Abl *Hudelei*

Huf ⟨der; -(e)s, -e⟩ *mit Horn überzogenes Zehenende der Huftiere;* ⓘ S. 1111; Zus *Hufbeschlag; Pferdehuf*

Huf|ei|sen ⟨das; -s, -⟩ **1** *gebogenes Eisen zum Aufschlagen auf die Hufe von Pferden;* Abl *hufeisenförmig* **2** *Sinnbild von Glück u. Wohlergehen*

Huf|lat|tich ⟨der; -(e)s, -e; Bot.⟩ *Pflanze mit gelben Blüten u. rundlich-herzförmigen Blättern*

Huf|schlag ⟨der; -(e)s, -schlä|ge⟩ **1** *Geräusch des Pferdetrittes* **2** *Schlag mit dem Huf* ▸ auf dem ~ reiten *(innerhalb der Reitbahn) entlang der äußeren Begrenzung reiten*

Huf|schmied ⟨der; -(e)s, -e⟩ *Schmied, der Pferde beschlägt*

Hüf|te ⟨die; -, -n; Anat.⟩ *unterer Bereich des menschlichen Oberkörpers mit dem Gelenk für die Knochen des Oberschenkels* ▸ eine breite, schmale ~ haben; aus der ~ schießen *das Gewehr od. die Pistole an der Hüfte anlegen u. schießen;* ⟨übertr.⟩ *vorschnell handeln;* sich in den ~n wiegen; ⓘ S. 146; Zus *Hüftgelenk, Hüfthöhe, Hüftknochen, Hüftnerv, Hüftoperation, Hüftschwung*

Hüft|gold ⟨das; -(e)s; unz.; übertr.; umg.⟩ **1** *Fettansatz an den Hüften* **2** *kalorienreiches Nahrungsmittel, das den Fettansatz an den Hüften fördert, Dickmacher* ▸ Pommes frites u. Torten sind reines ~

hüft|hoch ⟨Adj.⟩ *so hoch wie die Hüfte, in Höhe der Hüfte, vom Boden bis zur Hüfte reichend* ▸ durch hüfthohes Wasser waten

H

Huf|tier ⟨das; -(e)s, -e; Zool.⟩ *Säugetier mit je einem Huf an den Gliedmaßen*

Hü|gel ⟨der; -s, -⟩ **1** *Bodenerhebung, kleiner Berg* **2** *aufgeschütteter Erdhaufen;* Zus *Grabhügel, Maulwurfshügel* ▸ bewaldete, grüne, sanfte ~

Hü|gel|grab ⟨das; -(e)s, -grä|ber⟩ *vor- u. frühgeschichtliches Grab mit Aufschüttung von Erde u. Steinen*

hü|ge|lig ⟨Adj.⟩ *mit Hügeln versehen, wellig* (Landschaft); oV *hüglig*

Hu|ge|not|te ⟨der; -n, -n⟩ *Angehöriger der im alten Frankreich (seit 1560) verfolgten und z. T. nach Deutschland geflohenen Protestanten*

hüg|lig ⟨Adj.⟩ = *hügelig*

Huhn ⟨das; -(e)s, Hüh|ner⟩ **1** ⟨Zool.⟩ *großer Vogel, der in zahlreichen Rassen über die Erde verbreitet ist u. als Nutztier gehalten wird;* ⓘ S. 1111; Syn *Haushuhn;* Zus *Hühnerbrühe, Hühnerei, Hühnerfarm, Hühnerfleisch, Hühnerfrikassee, Hühnerhof, Hühnerstall* **2** = *Henne* **3** ⟨übertr., umg.⟩ *Kauz, Kerl* ▸ ein ~ **gackert,** gluckt; **geben:** bei uns gibt es heute ~ *wir essen heute Hühnerfleisch;* (sich) Hühner **halten;** da **lachen** ja die Hühner! ⟨übertr.; umg.⟩ *das ist albern, unsinnig!;* **legen:** das ~ hat ein Ei gelegt; ein ~ **schlachten,** rupfen, ausnehmen ▸ **dummes** ~ *dumme Person;* ein **fideles,** lustiges, verrücktes ~ ⟨übertr.; umg.⟩; **gebratenes,** gefülltes ~ ▸ **mit** den Hühnern aufstehen, zu Bett gehen ⟨übertr.; umg.⟩ *sehr früh aufstehen bzw. schlafen gehen*

Hühn|chen ⟨das; -s, -⟩ *junges (zum Verzehr bestimmtes) Huhn* ▸ mit jmdm. (noch) ein ~ zu rupfen haben ⟨übertr.; umg.⟩ *jmdn. (noch) zurechtweisen müssen*

Hüh|ner|au|ge ⟨das; -s, -n; Med.⟩ *an Druckstellen des Fußes entstehende schmerzhafte Hornhautverdickung;* Zus *Hühneraugenpflaster*

Hüh|ner|lei|ter ⟨die; -, -n⟩ **1** *Leiter für die Hühner zum Stall* **2** ⟨umg.⟩ *enge, schmale Stiege*

Huld ⟨die; -; unz.; geh. od. iron.⟩ *herablassendes Wohlwollen, Gnade, gnädige Geneigtheit* ▸ er gestattete in seiner ~, dass …; in jmds. ~ stehen; Zus *huldvoll*

hul|di|gen ⟨V. intr.; hul|digt, hul|dig|te, hat ge|hul|digt; geh. od. iron.⟩ **1** jmdm. ~ *jmdm. seine tiefe Verehrung ausdrücken* **2** einer Sache ~ *eine Sache gern tun, oft genießen* ▸ dem Fortschritt, den Künsten ~; einer schönen Frau ~; dem Spiel, dem Wein ~; Abl *Huldigung*

Hül|le ⟨die; -, -n⟩ **1** *das, was etwas anderes umhüllt, einhüllt, z. B. Kleidung, Decke, Schleier, Briefumschlag;* Zus *Papierhülle, Plastikhülle, Plattenhülle, Schutzhülle* **2** *Hülse, Schale* ▸ das Zeugnis in eine ~ legen; eine undurchdringliche ~ des Schweigens ⟨übertr.⟩; die ~n fallen lassen *seine Kleidung;* irdische, sterbliche ~ *Leib des Toten;* wärmende ~n *warme Kleidung;* in ~ und Fülle vorhanden sein, etwas in ~ und Fülle haben *in großer Menge*

hül|len ⟨V. trans.; hüllt, hüll|te, hat ge|hüllt⟩ etwas in etwas ~ *in etwas einpacken, mit etwas rundum bedecken* ▸ ein Geschenk in Papier ~; sich in seinen Mantel ~; sich in Schweigen ~ ⟨übertr.⟩ *nichts verraten, schweigen*

hül|len|los ⟨Adj.; scherzh.⟩ *unbedeckt, nackt*

Hül|se ⟨die; -, -n⟩ **1** *steife Hülle, Behälter aus festem Papier, Pappe, Blech u. Ä., Futteral, Kapsel, Röhre;* Zus *Patronenhülse* **2** *Schale um Samen (z. B. Korn)*

Hül|sen|frucht ⟨die; -, -früch|te; in der Bot. nicht übl. Bez. für⟩ *Samen von Erbsen, Bohnen u. Linsen*

hu|man ⟨Adj.⟩ *menschlich, menschenfreundlich, menschenwürdig;* Ggs *inhuman* ▸ jmdn. ~ behandeln

Hu|man|bio|lo|gie ⟨die; -; unz.⟩ *Lehre von der Entstehung u. der Lebensweise des Menschen*

Hu|man|ge|ne|tik ⟨die; -; unz.⟩ *Wissenschaft von der Vererbung des Menschen*

Hu|ma|nis|mus ⟨der; -; unz.⟩ **1** ⟨13.–16. Jh.⟩ *geistige Strömung in Europa, die nach Erneuerung des von der Kultur des Altertums beeinflussten Bildungsideals strebte* **2** ⟨allg.⟩ *Streben nach echter Menschlichkeit, nach Erhaltung u. Förderung der geistigen Fähigkeiten jedes Menschen*

Hu|ma|nist ⟨der; -en, -en⟩ **1** *Vertreter, Anhänger des Humanismus* **2** *Kenner der lateinischen u. griechischen Sprachen* **3** *jmd., der ein humanist. Gymnasium besucht hat;* Abl *Humanistin*

hu|ma|nis|tisch ⟨Adj.⟩ *zum Humanismus gehörig, aus ihm stammend, auf ihm beruhend* ▸ ~e Bildung *auf einem humanist. Gymnasium erworbene B.;* ~es Gymnasium *Gymnasium mit Unterricht in Griechisch u. Latein*

hu|ma|ni|tär ⟨Adj.⟩ *menschenfreundlich, wohl-, mildtätig*

Hu|man|me|di|zin ⟨die; -; unz.⟩ *Medizin für den Menschen;* Ggs *Veterinärmedizin*

Hum|bug ⟨der; -s; unz.⟩ *Schwindel, Unsinn, Unfug* ▸ das ist doch alles ~!

Hum|mel ⟨die; -, -n; Zool.⟩ *ein Insekt, das wie eine Biene aussieht, aber dicker ist u. ein pelziges Haarkleid hat;* ▸ ~n im, unterm Hintern haben ⟨umg.⟩ *nicht stillsitzen können, unruhig sein*

Hum|mer ⟨der; -s, -; Zool.⟩ *großer Speisekrebs mit stark entwickeltem erstem Scherenpaar;* Zus *Hummercocktail, Hummersuppe*

Hu|mor ⟨der; -s; unz.⟩ **1** *Heiterkeit, heitere seelische Grundhaltung* **2** *Fähigkeit, alle Ereignisse des Lebens, auch die schlechten Dinge, heiter u. gelassen hinzunehmen* **3** *Spaß, Witz* ▸ ~ ist, wenn man trotzdem lacht *wenn man lacht, obwohl man eher Grund hat zu verzweifeln;* (keinen) ~ haben; jmdm. den ~ verderben *die gute Laune;* er hat einen goldenen, unverwüstlichen ~; (keinen) Sinn für ~ haben *keinen Spaß verstehen, immer ernst bleiben;* sie hat die Sache mit ~ genommen; Abl *humorig;* Zus *humorlos, humorvoll*

hum|peln ⟨V. intr.; hum|pelt, hum|pel|te, ist gehum|pelt, (selten) hat⟩ *hinken* ▸ er ist/hat lange Zeit gehumpelt; er ist durchs Zimmer gehumpelt

Hum|pen ⟨der; -s, -⟩ *großes, meist zylinderförmiges Trinkgefäß;* Zus *Bierhumpen*

Hu|mus ⟨der; -; unz.⟩ *oberste, aus organischen Resten gebildete, fruchtbare Bodenschicht von bräunlicher Farbe*

Hund ⟨der; -(e)s, -e; Zool.⟩ *ein Tier verschiedener Rasse mit gut ausgebildetem Geruchs- u. Gehörsinn, das vom Menschen als Haustier gehalten wird u. gut geeignet ist für die Bewachung von Häusern, den Schutz von Menschen u. die Jagd* ▸ so ein ~! *gemeiner Kerl* ▸ anschlagen: der ~ schlägt an, gibt Laut; den Letzten beißen die ~e ⟨Sprichw.⟩ *der Letzte muss für alle einstehen, hat das Nachsehen;* da liegt der ~ begraben! *das ist die Quelle des Übels;* wir dürfen in der Wohnung keinen ~ halten; der ~ heult, kläfft, winselt; hinausjagen: bei dem Wetter jagt man keinen ~ hinaus, vor die Tür *das Wetter ist so schlecht, dass man nicht ausgehen mag;* mit dem ~ spazieren gehen; schlafende ~e wecken ⟨übertr.⟩ *versehentlich Vorgänge auslösen, die unangenehme Folgen haben können* ▸ er ist ein armer ~; Vorsicht, bissiger ~! *(Warnungstafel);* das ist ein dicker ~! ⟨übertr.; umg.⟩ *ein grober Fehler; eine Unverschämtheit;* der ~ ist auf den Mann dressiert *greift Eindringlinge auf Zuruf an;* er ist ein falscher, fauler ~; er ist ein gerissener ~ *ein schlauer, durchtriebener Kerl;* der Große ~, der Kleine ~ *zwei Sternbilder;* scharfer, wachsamer ~ ▸ jmdn. auf den ~ bringen ⟨übertr.; umg.⟩ *jmdn. zugrunde richten;* vor die ~e gehen ⟨übertr.; umg.⟩ *zugrunde gehen;* jmdn. wie einen ~ behandeln *jmdn. schlecht, menschenunwürdig behandeln;* frieren wie ein (junger) ~ *sehr frieren;* sie leben wie ~ und Katze miteinander *sie vertragen sich nicht, können sich nicht ausstehen;* ⓘ S. 1110; Zus *Hundebesitzer(in), Hundehalter(in), Hundehütte, Hundesteuer; Blindenhund, Haushund, Hirtenhund, Hofhund, Jagdhund, Schäferhund, Schlittenhund, Wachhund*

Hünd|chen ⟨das; -s, -⟩ *kleiner od. junger Hund*

hun|de|elend ⟨Adj.; meist präd.; umg.; verstärkend⟩ mir ist ~ *mir ist sehr übel*

Hun|de|le|ben ⟨das; -s; unz.⟩ *elendes Dasein* ▸ ein ~ führen

hun|de|mü|de ⟨Adj.; meist präd.; umg.; verstärkend⟩ *sehr müde;* oV *hundsmüde*

hun|dert ⟨Adj.; Kardinalzahl; als Ziffer: 100⟩ ein paar, einige hundert/Hundert Menschen; mehrere hundert/Hundert Stück bestellen; an die ~ Menschen; da war ich auf ~ ⟨übertr.; umg.⟩ *sehr wütend, böse, aufgebracht, erbost;* in, nach, seit, vor ~ Jahren; →a. *Hundert, hundertmal*

Hun|dert ⟨das; -(e)s, -e⟩ *Menge von 100 Dingen, Stück, Lebewesen* ▸ ein halbes ~; der Schaden geht in die ~e/hunderte (von Euro); unter ~en/hunderten ist nur einer, ⟨od.⟩ nicht einer zu finden, der das kann; 2 vom ~ *2 Prozent, 2 %;* er kam vom ~sten ins Tausendste *er hörte nicht auf mit Erzählen, wusste immer wieder etwas Neues;* ~e und Tausende/hunderte und tausende von Menschen, Tieren; ~e und Aberhunderte/hunderte und aberhunderte von Menschen; sie kamen zu ~en/hunderten; →a. *hundert*

Hun|der|ter ⟨der; -s, -⟩ **1** *eine der durch 100 teilbaren Zahlen von 100 bis 900* **2** *in einer mehrstelligen Zahl die drittletzte Ziffer (vor dem Komma)* **3** ⟨umg.⟩ *Hunderteuroschein* ▸ dafür musst du schon einen ~ herausrücken

hun|dert|fach ⟨Adj.; in Ziffern: 100fach/100-fach⟩ *hundertmal so viel* ▸ eine ~e Vergrößerung; er hat seine Qualitäten ~ bewiesen ⟨übertr.⟩ *unzählige Male*

hun|dert|jäh|rig ⟨Adj.; in Ziffern: 100-jährig⟩ *hundert Jahre alt, hundert Jahre dauernd* ▸ hundertjähriger Kalender *(Gattungsbez. für) Kalender mit einer auf Volksüberlieferungen fußenden Wettervoraussage über 100 Jahre;* ⟨aber⟩ der Hundertjährige Kalender *(als Werktitel)*

hun|dert|mal *auch:* **hun|dert Mal** ⟨Adv.; in Ziffern: 100-mal / 100 Mal⟩ **I** ⟨Zusammen- u. Getrenntschreibung⟩ *hundertfach wiederholt* ▸ ich habe dieses Stück ~ gespielt; ⟨aber nur⟩ viele hundert/Hundert Mal(e) **II** ⟨nur Zusammenschreibung⟩ *mit 100 malgenommen* ▸ unser Angebot wird inzwischen hundertmal so häufig genutzt wie zu Anfang; →a. *…mal, Mal (II)*

Hun|dert|me|ter|lauf *auch:* **Hun|dert-Me|ter-Lauf** ⟨der; -(e)s, -läu|fe.; in Ziffern: 100-Meter-Lauf, 100-m-Lauf; Sp.⟩ *Kurzstreckenlauf über eine Distanz von 100 m*

hun|dert|pro|zen|tig ⟨Adj.; in Ziffern: 100-prozentig/100%ig⟩ **1** *mit, zu hundert Prozent* **2** ⟨übertr.⟩ **2.1** *vollständig, völlig* **2.2** *ausschließlich* ▸ sich ~ für etwas einsetzen

Hun|dert|schaft ⟨die; -, -en⟩ *aus 100 Mann bestehende militärische Einheit*

hun|derts|te(r, -s) ⟨Adj.; Ordinalzahl zu „hundert"; Zeichen: 100.⟩ **1** *der/die/das dem neunundneunzigsten Folgende* **2** *hundertmal stattgefunden, sich wiederholt habend* **3** *ständig, immerzu* ▸ der Hundertste hatte die Probe bestanden; der ~ Besucher erhält eine Flasche Wein; diese Geschichte höre ich bereits zum ~n Mal; jeder ~ Patient bekommt bei diesem Medikament Nebenwirkungen; vom Hundertsten ins Tausendste kommen ⟨übertr.⟩ *sehr ausführlich erzählen u. dabei immer weiter vom eigentlichen Thema abschweifen*

hun|derts|tel ⟨Adj.; Bruchzahl zu „hundert"; Zeichen: /100⟩ *den hundertsten Teil vom Ganzen umfassend* ▸ eine ~ Sekunde/Hundertstelsekunde, ⟨in Ziffern⟩ 100stel-Sekunde

Hun|derts|tel ⟨das; -s, -⟩ *hundertster Teil*

hun|dert|tau|send ⟨a. [--'--] Adj.; Kardinalzahl; als Ziffer: 100.000⟩ hunderttausende/Hunderttausende von Menschen

Hun|de|schlit|ten ⟨der; -s, -⟩ *von Hunden gezogener Schlitten*

Hun|de|schnau|ze ⟨die; -, -n⟩ *Schnauze eines Hundes* ▸ kalt wie eine ~ sein ⟨übertr.; umg.⟩ *gefühllos, gleichgültig sein*

Hun|de|wet|ter ⟨das; -s; unz.; umg.⟩ *sehr schlechtes Wetter*

Hün|din ⟨die; -, -din|nen⟩ *weibl. Hund*

hün|disch ⟨Adj.; übertr.⟩ **1** *blind, bedingungslos* **2** *kriecherisch, knechtisch* ▸ ~er Gehorsam; ~e Treue; jmdm. ~ ergeben sein

hunds|mi|se|ra|bel ⟨Adj.; umg.; verstärkend⟩ *sehr schlecht, sehr elend* ▸ mir geht es ~

Hunds|ta|ge ⟨Pl.⟩ *die im alten Ägypten vom Sternbild des Großen Hundes beherrschte, heißeste Zeit des Jahres, 23. Juli bis 23. August*

Hü|ne ⟨der; -n, -n⟩ **1** *Riese* **2** *großer u. starker Mann;* Abl *hünenhaft* ▸ ein ~ von Gestalt

Hü|nen|grab ⟨das; -(e)s, -grä|ber⟩ *vorgeschichtl. Grabbau aus unbehauenen Blöcken*

Hun|ger ⟨der; -s; unz.⟩ **1** *Verlangen nach Nahrung* **2** ⟨übertr.⟩ *Gier, starkes Bedürfnis* ▸ wir haben ~ und Durst; in Afrika leiden Millionen von Menschen ~ *hungern, haben nichts zu essen;* hungers sterben *verhungern;* seinen ~ stillen *essen;* er hat ~ nach frischer Luft, nach Sonne ⟨übertr.⟩; ich habe ~ wie ein Wolf *großen Hunger*

H

Hun|ger|ge|fühl ⟨das; -(e)s; unz.⟩ **1** *Fähigkeit, Vermögen, Hunger zu verspüren* **2** *Hunger*

Hun|ger|lei|der ⟨der; -s, -; umg.⟩ *Mensch mit einem Beruf, der nichts einbringt, Mensch in ärml. Verhältnissen, armer Schlucker*

Hun|ger|lohn ⟨der; -(e)s; unz.⟩ *sehr geringer Lohn, Lohn, mit dem man kaum leben kann* ▸ für einen ~ arbeiten

hun|gern ⟨V. intr.; hun|gert, hun|ger|te, hat gehun|gert⟩ **I** ⟨persönl.⟩ **1** *(stets) nicht genügend zu essen haben, Hunger leiden* **2** *fasten, keine od. sehr wenig Nahrung zu sich nehmen* **3** ⟨übertr.⟩ nach etwas ~ *sich nach etwas heftig sehnen, verlangen* ▸ jmdn. od. ein Tier ~ lassen; nach Liebe, nach einem freundlichen Wort ~ **II** ⟨unpersönl.; geh.⟩ mich hungert, es hungert mich *ich habe Hunger*

Hun|gers|not ⟨die; -, -nö|te⟩ *Zeit allgemeiner starker Lebensmittelknappheit*

Hun|ger|streik ⟨der; -s, -s od. -e⟩ *Verweigerung der Nahrungsaufnahme, um etwas zu erzwingen (bes. aus polit. Gründen)* ▸ in den ~ treten

Hun|ger|tod ⟨der; -(e)s; unz.⟩ *Tod durch Verhungern, durch Unterernährung* ▸ den ~ sterben

Hun|ger|tuch ⟨das; -(e)s, -tü|cher; bis zum 18. Jh.⟩ *Fastentuch, Tuch mit bibl. Szenen, bes. aus der Passion Christi, das in der Fastenzeit vor den Altar od. Chor gehängt wurde* ▸ am ~ nagen ⟨übertr.⟩ *Hunger leiden, nichts zu essen haben*

hung|rig ⟨Adj.⟩ **1** *Hunger habend* **2** ⟨übertr.⟩ *ein starkes Bedürfnis habend (nach), etwas verlangend* ▸ bist du ~?; die Kinder sind sehr ~; die ~en Tiere stürzten sich auf das Fressen

Hu|pe ⟨die; -, -n⟩ *akustisches Warnsignal der Kraftfahrzeuge;* ⓘ S. 896; Zus *Autohupe*

hu|pen ⟨V. intr.; hupt, hup|te, hat ge|hupt⟩ *mit der Hupe Signal geben*

Hüpf|burg ⟨die; -, -en⟩ *(wie eine Burg gestaltetes) großes aufblasbares Spielgerät, in dem Kinder wie auf einem Trampolin hüpfen können*

hüp|fen ⟨V. intr.; hüpft, hüpf|te, ist ge|hüpft⟩ **1** *kleine Luftsprünge machen* **2** *in kleinen Sprüngen laufen* ▸ über etwas ~ *leicht über etwas springen;* das Herz hüpfte ihm vor Freude ⟨übertr.⟩

Hüp|fer ⟨der; -s, -⟩ *kleiner Luftsprung, Hopser;* oV ⟨oberdt.⟩ *Hupfer*

Hup|kon|zert ⟨das; -(e)s, -e⟩ *anhaltendes Hupen mehrerer Autos zugleich*

Hür|de ⟨die; -, -n⟩ **1** *Hindernis (bes. bei Laufwettbewerben);* Zus *Hürdenlauf* **2** *tragbarer Zaun aus Flechtwerk für Viehwiesen* ▸ eine ~ nehmen ⟨übertr.⟩ *etwas Schwieriges bewältigen*

Hu|re ⟨die; -, -n⟩ **1** ⟨abwertend⟩ *Prostituierte, Callgirl* **2** ⟨Schimpfw.⟩ *weibl. Person, die ihre Männerbekanntschaften sehr rasch wechselt*

hu|ren ⟨V. intr.; hurt, hur|te, hat ge|hurt; derb⟩ *mit ständig wechselnden Partnern sexuell verkehren*

Hur|ra ⟨a. ['--] das; -s, -s⟩ *der Ruf „hurra!"* ▸ ein dreifaches ~; jmdn. mit einem ~ begrüßen; →a. *hurra!;* Zus *Hurraruf*

hur|ra! ⟨a. ['--]; Int.⟩ **1** *(Hochruf)* **2** *(Angriffsruf)* **3** *(Jagdruf)* ▸ ~/Hurra schreien

Hur|ra|pa|t|ri|o|tis|mus ⟨der; -; unz.⟩ *übertrieben begeisterter Patriotismus*

hur|tig ⟨Adj.⟩ *eifrig u. schnell, flink, geschwind, behände;* Abl *Hurtigkeit*

Hu|sar ⟨der; -en, -en⟩ *Angehöriger einer leichten Reitertruppe (in ungar. Uniform)*

Hu|sa|ren|streich ⟨der; -(e)s, -e⟩ *tollkühner Handstreich, wagemutige u. geschickt zum Erfolg gebrachte Tat;* Syn *Husarenstück*

husch! ⟨Int.⟩ **1** *(Ruf, um kleine Tiere zu verscheuchen)* **2** *(Ruf, um Kinder anzutreiben)* **3** *(Ausdruck der schnellen u. lautlosen Bewegung)* ▸ ~, hinaus mit dir!; und ~, weg war er; ~, ~, ins Bett, ins Körbchen! *rasch, schnell ins Bett!*

Hus|ky ⟨[hʌs-] der; -s, -s⟩ *Schlittenhund der Eskimos*

hüs|teln ⟨V. intr.; hüs|telt, hüs|tel|te, hat ge|hüs|telt⟩ *oft ein wenig husten, sich räuspern, leicht husten* ▸ er hüstelte verlegen

hus|ten ⟨V. intr.; hus|tet, hus|te|te, hat ge|hus|tet⟩ *kräftig u. geräuschvoll Luft ausstoßen* ▸ das Kind hat die ganze Nacht gehustet; er hustete laut; während eines Konzertes sollte man nicht ~; Blut ~ *beim Husten Blut in den Mund bekommen;* er hört die Flöhe ~ ⟨übertr.; umg.⟩ *er denkt, er weiß über alles genau Bescheid, er kommt sich sehr klug, erfahren vor*

Hus|ten ⟨der; -s; unz.⟩ *durch Reize auf die Atemwege ausgelöste, krampfhaftes Ausstoßen von Luft* ▸ (den) ~ haben; er hat starken ~; trockener ~; Zus *Hustenanfall, Hustenbonbon, Hustenreiz, Hustensaft*

Hut[1] ⟨der; -(e)s, Hü|te⟩ **1** *Kopfbedeckung mit Krempe für Männer u. Frauen;* Zus *Hutschachtel, Hutträger(in); Damenhut, Filzhut, Herrenhut, Sonnenhut, Strohhut* **2** *Oberteil des Pilzes* **3** *runder, hohler Gegenstand als Deckel, Gegenstand in Kegel- od. Kegelstumpfform;* Zus *Fingerhut, Zuckerhut* ▸ den ~ (vor jmdm.) **abnehmen,** ziehen (als Gruß); **hochgehen:** da geht einem ja der ~ hoch! *da verliert man die Geduld, das ist ja empörend!* ▸ das ist ein **alter** ~ ⟨übertr.⟩ *eine längst be-*

kannte Sache, eine alte Geschichte ▸ ~ ab vor dieser Leistung! *davor muss man Respekt haben!;* damit hab ich nichts am ~ ⟨übertr.; umg.⟩ *das interessiert mich nicht;* mehrere Leute unter einen ~ bringen ⟨übertr.⟩ *zu gemeinsamer Ansicht, gemeinsamem Handeln bringen;* mehrere Dinge (Pläne, Vorhaben, Programmpunkte) unter einen ~ bringen *miteinander harmonisch vereinigen;* vor jmdm. den ~ ziehen ⟨übertr.⟩ *ihm Anerkennung zollen*

Hut[2] ⟨die; -; unz.⟩ **1** *Vorsicht* **2** ⟨geh.⟩ *Obhut, Schutz, Geborgenheit* ▸ (vor etwas od. jmdm.) auf der ~ sein *sich in Acht nehmen*

hü|ten ⟨V.; hü|tet, hü|te|te, hat ge|hü|tet⟩ **I** ⟨V. trans.⟩ **1** jmdn. od. etwas ~ *bewahren, bewachen, sorgen für, beschützen* **2** ⟨übertr.⟩ das Bett ~ *wegen Krankheit im Bett bleiben müssen* ▸ Kinder ~; Vieh ~; hüte deine Zunge! ⟨übertr.⟩ *sei nicht unverschämt, boshaft!* **II** ⟨V. refl.⟩ **1** sich vor jmdm. od. etwas ~ *sich vor jmdm. od. etwas in Acht nehmen* **2** sich ~, etwas zu tun *etwas (aufgrund von bestimmten Bedenken) nicht tun* ▸ ich werde mich ~, es zu tun! *ich denke nicht daran, es zu tun!;* hüte dich vor ihm!

Hü|ter ⟨der; -s, -⟩ *jmd., der etwas od. jmdn. hütet, Hirt, Wächter, Schützer;* Abl *Hüterin;* Zus *Ordnungshüter, Wildhüter*

Hut|schnur ⟨die; -, -schnü|re⟩ *Schnur um den Hut* ▸ das geht mir über die ~! ⟨übertr.; umg.⟩ *das geht zu weit!*

Hüt|te ⟨die; -, -n⟩ **1** *einfaches, kleines Haus mit meist nur einem Raum;* Zus *Gartenhütte, Holzhütte, Lehmhütte, Strandhütte* **2** ⟨Tech.⟩ *Anlage zur Metallgewinnung od. zur Herstellung keramischer Produkte;* Syn *Hüttenwerk* **3** ⟨kurz für⟩ **3.1** *Schutzhütte, gegen Unwetter schützende Hütte (1) in den Bergen* **3.2** *Skihütte, Hütte (1) zum Aufenthalt in Skisportgebieten* ▸ Silvester auf einer ~ feiern; auf, in einer ~ übernachten

Hüt|ten|kä|se ⟨der; -s, -⟩ *in körniger Form gemachter Quark*

hut|ze|lig ⟨Adj.⟩ oV *hutzlig* **1** *runzlig, verhutzelt* (Gesicht) **2** *zusammengeschrumpft* (Birne, Apfel)

Hy|ä|ne ⟨die; -, -n; Zool.⟩ *ein hundeähnliches Raubtiere, das in der Nacht aktiv ist u. überwiegend Aas frisst* ▸ sich wie eine ~ auf etwas stürzen *hemmungslos, gierig*

Hy|a|zin|the ⟨die; -, -n; Bot.⟩ *ein Liliengewächs mit weißen, rosa- od. lilafarbenen kleinen Blüten in dichten Trauben*

hy|b|rid ⟨Adj.⟩ *in der Art eines Bastards, dessen elterliche Geschlechtszellen sich in einer od. mehreren Eigenschaften unterscheiden;* Syn *hybridisch*

Hy|b|rid|an|trieb ⟨der; -(e)s, -e⟩ *Antrieb durch zwei verschiedene Motorenarten*

Hy|b|ris ⟨die; -; unz.⟩ *Übermut, frevelhafte Selbstüberhebung, bes. über die Götter*

hy|d|r…, Hy|d|r… ⟨in Zus.⟩ = *hydro…, Hydro…*

Hy|d|rant ⟨der; -en, -en⟩ *Wasserzapfstelle auf der Straße für die Feuerwehr*

Hy|d|rau|lik ⟨die; -; unz.⟩ *technische Anwendung der Lehre von ruhenden u. bewegten Flüssigkeiten*

hy|d|rau|lisch ⟨Adj.⟩ *durch Flüssigkeiten (betrieben)* ▸ ~e Bremse *B., der mittels einer Flüssigkeit Energie zugeführt wird*

hy|d|ro…, Hy|d|ro… ⟨vor Vokalen⟩ hydr…, Hydr… ⟨in Zus.⟩ *wasser…, Wasser…*

Hy|d|ro|kul|tur ⟨a. ['----] die; -; unz.⟩ *Pflanzenaufzucht in Nährlösungen ohne Erde;* Syn *Hydroponik*

Hy|gi|e|ne ⟨die; -; unz.⟩ **1** *Gesamtheit aller Maßnahmen zur Verhütung von Krankheiten u. Gesundheitsschäden durch Sauberkeit, Körperpflege, Desinfektion u. Ä.;* Syn *Gesundheitslehre;* Zus *Hygienevorschrift(en)* **2** *Gesundheitspflege;* Abl *Hygieniker(in);* Zus *Hygieneartikel; Körperhygiene, Mundhygiene*

hy|gi|e|nisch ⟨Adj.⟩ **1** *die Hygiene betreffend, auf ihr beruhend, ihr entsprechend* **2** *der Gesundheit dienend, sauber* ▸ der Raum ist ~ einwandfrei

Hym|ne ⟨die; -, -n⟩ **1** *Lobgesang, feierliches Gesangsstück* **2** ⟨kurz für⟩ *Nationalhymne*

hym|nisch ⟨Adj.⟩ **1** *in der Art einer Hymne* **2** ⟨übertr.⟩ *überschwänglich*

Hype ⟨[haɪp] der od. das; -s, -s; Pl. selten; umg.⟩ **1** *künstliche Aufwertung bzw. übertriebene Präsentation einer Sache od. eines Ereignisses in der Werbung, z. B. eines Modetrends;* Zus *Medienhype* **2** *bewusst inszenierte Täuschung, Betrug* ▸ das war nichts als ein großer ~

hy|per…, Hy|per… ⟨in Zus.⟩ *über…, Über…;* Ggs *hypo…, Hypo…*

hy|per|ak|tiv ⟨a. ['----] Adj.; Med.; Psych.⟩ *einen übersteigerten motorischen Drang bei gleichzeitiger psychischer Unruhe zeigend* ▸ ~es Kind

Hy|per|bel ⟨die; -, -n⟩ **1** ⟨Geom.⟩ *unendliche ebene Kurve aus zwei getrennten Ästen, sie besteht aus allen Punkten, deren Abstände von zwei bestimmten Punkten eine konstante Differenz haben;* Zus *Hyperbelfunktion* **2** ⟨Rhet.⟩ *sprachliche, dichterische Übertreibung,* z. B. der „Balken im Auge"; Abl *hyperbolisch*

hy|per|kor|rekt ⟨Adj.⟩ *in übertriebener Weise korrekt, pedantisch*

hy|per|kri|tisch ⟨Adj.⟩ *übertrieben kritisch*

Hy|per|link ⟨[haɪ-] der; -s, -s; EDV⟩ *erläuternder od. zu weiteren Informationen führender Hinweis, meist in Form eines beim Anklicken aufleuchtenden Feldes*

hy|per|sen|si|bel ⟨Adj.⟩ *übermäßig empfindlich*

Hy|per|text ⟨[haɪ-] der; -(e)s, -e; EDV⟩ *Form der nichtlinearen Textdarbietung, die mit Hilfe von Hyperlinks auf weiterführende Informations- u. Beschreibungsebenen führt;* →a. *Internet*

hy|per|ven|ti|lie|ren ⟨[-vɛn-] V. intr.; hy|per|ven|ti|liert, hy|per|ven|ti|lier|te, hat hy|per|ven|ti|liert; Med.⟩ *erhöht atmen, die Lunge übermäßig beatmen;* Abl *Hyperventilation*

Hyp|no|se ⟨die; -, -n⟩ *durch Suggestion herbeigeführter Schlaf, in dem der Schlafende auf Befehl des Hypnotiseurs Handlungen ausführen kann*

hyp|no|tisch ⟨Adj.⟩ **1** *auf Hypnose beruhend, mit ihrer Hilfe* **2** ⟨übertr.⟩ *in seinen Bann ziehend, faszinierend* ▸ ein ~er Rhythmus

Hyp|no|ti|seur ⟨[-zøːr] der; -s, -e⟩ *jmd., der einen anderen in Hypnose versetzt;* Abl *Hypnotiseurin*

hyp|no|ti|sie|ren ⟨V. trans.; hyp|no|ti|siert, hyp|no|ti|sier|te, hat hyp|no|ti|siert⟩ jmdn. ~ **1** *in Hypnose versetzen* **2** ⟨übertr.⟩ *(durch Blick od. Bewegung) willenlos machen, widerstandslos machen* ▸ jmdn. wie hypnotisiert anstarren *bewegungslos, wie gebannt;* Abl *Hypnotisierung*

hy|po..., Hy|po... ⟨vor Vokalen⟩ hyp..., Hyp... ⟨in Zus.⟩ *unter..., darunter befindlich, Unter...;* Ggs *hyper..., Hyper...*

Hy|po|chon|der ⟨[-xɔn-] der; -s, -⟩ *jmd., der sich (ständig) einbildet, krank zu sein;* Abl *Hypochonderin, Hypochondrie; hypochondrisch*

Hy|po|te|nu|se ⟨die; -, -n; Geom.⟩ *die dem rechten Winkel gegenüberliegende Seite eines Dreiecks;* →a. *Kathete*

H

Hy|po|tha|la|mus ⟨der; -, -la|mi; Anat.⟩ *unter dem Thalamus liegender Teil des Zwischenhirns*

Hy|po|thek ⟨die; -, -en⟩ **1** *im Grundbuch eingetragenes, durch eine Zahlung erworbenes Recht an einem Grundstück in Form einer Forderung auf regelmäßige Zinszahlungen;* Abl *hypothekarisch;* Zus *Hypothekenzinsen* **2** ⟨übertr.⟩ *in der Vergangenheit ausgeführte Handlung mit spürbaren negativen Auswirkungen auf die Gegenwart* ▸ eine ~ auf ein Haus aufnehmen; ein Grundstück mit ~en belasten; eine schwere ~ mit sich herumschleppen

Hy|po|the|se ⟨die; -, -n⟩ **1** *unbewiesene Voraussetzung, Unterstellung* **2** *noch unbewiesene Annahme als Hilfsmittel für wissenschaftl. Erkenntnisse (bes. in den Naturwissenschaften)*

hy|po|the|tisch ⟨Adj.⟩ **1** *auf einer Hypothese, einer bloßen Annahme beruhend* **2** *bedingt*

Hys|te|rie ⟨die; -; unz.; Med.; Psych.⟩ **1** *Zustand, in dem sich seelische Erregung durch körperliche Veränderungen od. Funktionsstörungen äußert;* Abl *Hysteriker(in)* **2** *übertrieben leichte Erregbarkeit, Nervosität*

hys|te|risch ⟨Adj.; Med.; Psych.⟩ **1** *auf Hysterie beruhend* **2** *übertrieben leicht erregbar, übertrieben erregt* ▸ ~e Anfälle; du bist ja ~!; er hat überaus ~ reagiert

I i

i ⟨das; -, -; in der Wendung⟩ der Punkt, das Tüpfelchen auf dem ~ ⟨übertr.⟩ *die letzte Feinheit, Vollendung*

I ⟨röm. Zahlzeichen für⟩ *1* ▸ Ia ⟨umg.⟩ *prima;* Ia ⟨od.⟩ eins a Qualität

i! ⟨Int.⟩ *(Ausruf des Abscheus, Ekels)* ▸ ~, das stinkt!; ~, wie eklig!

i. A., I. A. ⟨vor der Unterschrift in Geschäftsbriefen Abk. für⟩ *im Auftrag* (Kleinschreibung, wenn die Abk. der Bez. für eine Behörde, Firma u. Ä. folgt, Großschreibung, wenn sie nach einem abgeschlossenen Text od. allein vor einer Unterschrift steht)

Ibis ⟨der; Ibis|ses, Ibis|se; Zool.⟩ *kleiner Schreitvogel mit sichelförmig abwärtsgebogenem Schnabel*

IC® ⟨[i:tse:] der; -s, -s; Abk. für⟩ *Intercity®*

ICE® ⟨[i:tse:e:] der; -s, -s; Abk. für⟩ *Intercityexpress®;* ⓘ S. 897

ich ⟨Personalpron., 1. Person Sing.⟩ *meine Person, der Sprecher selbst* ▸ kannst du die Frage beantworten? ~ bin nicht sicher; ~ möchte das nicht machen; ~ komme; ~ bin es; hier bin ~! *(als Antwort auf einen Ruf);* ~ weiß es nicht; immer ~! *immer gibt man mir die Schuld; immer soll ich es, alles tun;* ~ nicht!; ~ Dummkopf, warum habe ~ nicht daran gedacht!

Ich ⟨das; -s, -s⟩ *die eigene Person, das eigene Wesen, das eigene Innere u. Äußere* ▸ mein anderes, besseres, zweites ~ *das Gewissen;* sein eigenes ~ erforschen

Ich-AG ⟨die; -, -s⟩ *Form der Selbstständigkeit einer einzelnen Person* ▸ er hat eine ~ gegründet

ich|be|zo|gen ⟨Adj.⟩ *nur an sich selbst denkend;* Abl *Ichbezogenheit*

Ich|er|zäh|ler *auch:* **Ich-Er|zäh|ler** ⟨der; -s, -; Lit.⟩ *Erzähler im Roman, der in der Ichform schreibt*

Ich|form *auch:* **Ich-Form** ⟨die; -; unz.; Lit.⟩ *Erzählform in der 1. Person* ▸ der Roman ist in der ~ geschrieben

Icon ⟨[aɪkən] das; -s, -s; EDV⟩ *Bildsymbol (auf dem Bildschirm), Piktogramm (dessen Funktion durch Anklicken ausgelöst wird)*

ide|al ⟨Adj.⟩ **1** *nur gedacht, nur in der Vorstellung existierend* **2** *vollkommen, vollendet, mustergültig;* Zus *Idealfall, Idealgewicht, Ideallösung* **3** ⟨umg.⟩ *traumhaft schön, herrlich, wunderbar* ▸ eine ~e Ehe; er ist ein ~er Reisegefährte; ~ denken; das Gerät ist nicht ~, aber es genügt für meinen Zweck; dieser Bergsee ist ~ zum Baden ⟨umg.⟩

Ide|al ⟨das; -s, -e⟩ **1** *Inbegriff höchster Vollkommenheit, Mustergültiges* **2** *Wunschbild, erstrebenswertes Vorbild, Leitgedanke* ▸ er hat sich seine ~e noch erhalten; einem ~ nachstreben; ein ~ von einem Lehrer

ide|a|li|sie|ren ⟨V. trans.; ide|a|li|siert, ide|a|li|sier|te, hat ide|a|li|siert⟩ jmdn. od. etwas ~ **1** *veredeln, verschönern, vollkommener sehen, als es in Wirklichkeit ist* **2** *einem Ideal angleichen* ▸ er idealisiert gern die Vergangenheit; Abl *Idealisierung*

Ide|a|lis|mus ⟨der; -; unz.⟩ **1** *durch ethische, nichtmaterielle Ziele bestimmte Anschauung u. Verhaltensweise, nach Idealen ausgerichtete Lebensführung* **2** ⟨Philos.⟩ *Auffassung, dass es die Wirklichkeit nur als rein geistiges Sein gibt u. die Materie dessen Erscheinungsform ist* **3** ⟨übertr.⟩ *opferfreudige Begeisterung;* Abl *idealistisch* ▸ er hat die Sache mit großem ~ in Angriff genommen

Ide|a|list ⟨der; -en, -en⟩ **1** *Vertreter, Anhänger des Idealismus* **2** *jmd., der sein Leben nach Idealen ausrichtet* **3** ⟨übertr.; umg.⟩ *Schwärmer, wirklichkeitsfremder Mensch;* Abl *Idealistin*

Idee ⟨die; -, -n⟩ **1** *leitender Gedanke, Einfall;* Abl *ideenlos, ideenreich* **2** *Vorstellung, Ahnung* **3** ⟨umg.⟩ *Kleinigkeit, Spur, ein klein wenig* ▸ die ~ einer Dichtung beschreiben; dem Essen eine ~ Salz zugeben ⟨umg.⟩ ▸ ich habe eine ~!; hast du eine ~, wie wir den Raum gestalten können?; ich habe keine ~, was ich heute kochen soll; sein: das ist eine gute ~! ▸ fixe ~ *Zwangsvorstellung, hartnäckig festgehaltene Einbildung;* eine glänzende, komische, gute, verrückte ~; die ~ ist gut, aber die Ausführung wird schwierig sein; seine politischen ~n äußern; das ist gar keine schlechte ~ ▸ auf eine ~ verfallen; für eine ~ eintreten, kämpfen; der Plan ist nach seiner ~ entworfen worden; das Drehbuch schrieb N.N. nach einer ~ von XY

ide|ell ⟨Adj.⟩ **1** *eine Idee betreffend, auf ihr beruhend* **2** *nur gedacht, nur in der Vorstellung vorhanden* ▸ der ~e Gehalt eines Werkes

iden|ti|fi|zie|ren ⟨V.; iden|ti|fi|ziert, iden|ti|fi|zier|te, hat iden|ti|fi|ziert⟩ **I** ⟨V. trans.⟩ **1** jmdn. ~ *jmds. Identität feststellen* **2** jmdn. od. etwas ~ als *erkennen* **3** jmdn. od. etwas ~ (mit) *gleichsetzen (mit)* ▸ jmdn. als den gesuchten Täter ~; ein Bild als Werk Dürers ~ **II** ⟨V. refl.⟩ **1** sich mit etwas ~ **1.1** *fremde Angelegenheiten, Bestrebungen zu den eigenen machen* **1.2** *grundlegend mit etwas übereinstimmen* **2** sich mit jmdm. ~ *sich mit jmdm. gleichsetzen u. dessen Eigenheiten übernehmen wollen;* Abl *Identifikation, Identifizierung*

iden|tisch ⟨Adj.⟩ *übereinstimmend, völlig gleich, ein u. dasselbe* ▸ es stellte sich heraus, dass Herr Hase und Herr Meier ~ sind *dieselbe Person*

Iden|ti|tät ⟨die; -, -en⟩ **1** *völlige Übereinstimmung, Gleichheit* **2** *Übereinstimmung einer Person mit den amtlichen Ausweisen* **3** ⟨Psych.⟩ *das Bild, das man von der eigenen Persönlichkeit hat* ▸ die ~ von jmdm. feststellen; die eigene ~ bewahren

Iden|ti|täts|kri|se ⟨die; -, -n; Psych.⟩ *Krise im Gefühl der eigenen Identität, im Selbstwertgefühl*

iden|ti|täts|stif|tend ⟨Adj.⟩ *eine Identität vermittelnd, Individualität ausdrückend, unverwechselbar* ▸ ein ~er Architekturstil

Ideo|lo|ge 〈der; -n, -n〉 **1** *Vertreter einer Ideologie* **2** *polit. Theoretiker* **3** *weltfremder Theoretiker;* Abl *Ideologin*

Ideo|lo|gie 〈die; -, -n〉 **1** *Gesamtheit der Anschauungen u. des Denkens einer bestimmten gesellschaftl. Schicht* **2** *politische Theorie, politische Anschauung* ▸ die ~ des Bürgertums, des Kapitalismus, des Kommunismus; Abl *ideologisch*

Idi|om 〈das; -s, -e; Sprachw.〉 **1** *feststehende Redewendung, deren Gesamtbedeutung nicht aus den Einzelelementen ableitbar ist,* z. B. auf den Hund kommen; Syn *Phraseologismus* **2** *Spracheigentümlichkeit eines Menschen, einer sozialen od. regionalen Gruppe od. eines Landes*

Idio|ma|tik 〈die; -; unz.; Sprachw.〉 **1** *Gesamtheit der Idiome (1) einer Sprache* **2** *Zweig der Sprachwiss., der sich mit Idiomen (1) befasst, Phraseologie* **3** *Zweig der Sprachwiss., der Idiome (2) untersucht*

Idi|ot 〈der; -en, -en; umg.〉 *Dummkopf* ▸ du bist ein ~!; Abl *Idiotin*

idio|ten|si|cher 〈Adj.; umg.〉 *leicht zu begreifen, einfach zu bedienen* ▸ dieses Programm ist ~

Idio|tie 〈die; -, -n〉 **I** 〈unz.; umg.〉 *Unsinnigkeit;* Abl *idiotisch* **II** 〈zählb.; übertr.; umg.〉 *sehr große Dummheit, unsinniger Einfall*

Idol 〈das; -s, -e〉 *Abgott, Gegenstand der Verehrung*

Idyll 〈das; -s, -e〉 **1** *Zustand eines beschaulichen einfachen Lebens* **2** 〈übertr.; umg.〉 *friedliche Szene, harmonisches Bild*

Idyl|le 〈die; -, -n〉 **1** = *Idyll* **2** 〈Lit.〉 *lyrische Dichtung, die den ländlichen Frieden, das beschauliche Leben einfacher, natürlicher Menschen schildert, Hirten-, Schäferdichtung*

idyl|lisch 〈Adj.〉 **1** *wie ein Idyll, ländlich-friedlich, beschaulich* **2** *in der Art einer Idylle (2), wie eine Idylle (2) beschaffen* ▸ ein ~es Leben führen

IG 〈Abk. für〉 **1** *Industriegewerkschaft* **2** 〈in Firmennamen〉 *Interessengemeinschaft*

...ig 〈Nachsilbe; zur Bildung von Adj.〉 z. B. nötig, ruhig, nörgelig, zittrig

-ig/-lich

Die Suffixe (Nachsilben) *-ig* und *-lich* werden häufig zur Bildung von Adjektiven gebraucht. Meistens drücken Adjektive auf *-ig* eine Eigenschaft aus, während die Endung *-lich* einen Bezug zu etwas herstellt: *sonnig, mutig, giftig – misslich, befremdlich, künstlich.*

Es gibt auch einige Adjektive, die in beiden Formen abgeleitet sind. Hier bestehen meistens grundlegende Bedeutungsunterschiede:
geistig „den Geist betreffend" – *geistlich* „religiös, zur Kirche gehörig";
gütig „hilfreich, gefällig" – *gütlich* „friedlich, ohne Streit";
verständig „einsichtig, vernünftig" – *verständlich* „gut zu verstehen, begreiflich".

Bei den Zeitangaben geben Adjektive auf *-ig* die Dauer an, während sich *-lich* auf die Wiederholung einer Sache bezieht:
vierstündig „vier Stunden dauernd" – *vierstündlich* „alle vier Stunden (stattfindend)";
zehnminütig „zehn Minuten dauernd" – *zehnminütlich* „alle zehn Minuten (stattfindend)";
dreijährig „drei Jahre alt" – *dreijährlich* „alle drei Jahre (stattfindend)";
zweitägig „zwei Tage dauernd" – *zweitäglich* „alle zwei Tage (stattfindend)".

Igel 〈der; -s, -; Zool.〉 *Tier mit kurzem, gedrungenem Körper u. aufrichtbaren Stacheln auf dem Rücken, das sich bei Gefahr zusammenrollt*

Ig|lu 〈das od. der; -s, -s〉 *Schneehütte der Eskimos*

Ig|no|rant 〈der; -en, -en; abwertend〉 *Nichtwisser, Unwissender aus Borniertheit;* Abl *Ignorantin*

Ig|no|ranz 〈die; -; unz.; abwertend〉 *Unwissenheit aus Borniertheit*

ig|no|rie|ren 〈V. trans.; ig|no|riert, ig|no|rier|te, hat ig|no|riert〉 jmdn. od. etwas ~ *absichtlich übersehen, unbeachtet lassen, keine Kenntnis von jmdm. od. etwas nehmen* ▸ er hat sie völlig ignoriert

ihm 〈Dat. von〉 *er, es*

ihn 〈Akk. von〉 *er*

ih|nen 〈Dat. Pl. von〉 *er, sie, es*

Ih|nen 〈Dat. von〉 *Sie* (Sing. u. Pl., in der Anrede) ▸ ich danke ~!; kann ich ~ helfen?

ihr/Ihr

Das Pronomen *ihr* kann sowohl **Personal-** als auch **Possessivpronomen** sein. Es ist die Form der 2. Person Plural Nominativ des Personalpronomens (in allen Genera): *Was habt ihr in den Ferien gemacht? Habt ihr alles erledigt?*
In Briefen kann hier auch großgeschrieben werden: *Was habt ihr/Ihr in den Ferien gemacht? Habt ihr/Ihr alles erledigt?* Dies gilt in Briefen u. a. auch für die deklinierten Formen *euer/Euer* und *euch/Euch: Wir haben euch/Euch sehr vermisst. Wie geht es euren/Euren Kindern?*
Die Form *ihr* bezeichnet auch die 3. Person Singular Femininum des Personalpronomens im Dativ: *Es hat ihr viel Spaß gemacht. Hast du es ihr schon gesagt? Gib es ihr!*
Als **Possessivpronomen** benennt *ihr* zweierlei. Zum einen ist es die 3. Person Singular Femininum: *Das ist ihr Mantel/Rad.* (= Der Mantel/Das Rrad gehört ihr.) *Das ist ihre Puppe. Das ist ihre Angelegenheit.* Zum anderen ist es die 3. Person Plural: *Der Junge hat das Spiel weggeräumt. Der Gast haben seinen Schirm vergessen.*
In der höflichen Anrede verwendet man die Anredepronomen *Sie* und *Ihr,* die immer großgeschrieben werden: *Ist das Ihr Hund? Ich möchte Ihnen gern ein Angebot unterbreiten. Herzliche Grüße, Ihre …*

ihr[1] 〈Personalpron.〉 **I** 〈Dat. von〉 *sie* (3. Person Sg. f.) ▸ wem soll ich das Buch geben? Bitte gib es ~!; richten Sie ~ bitte herzliche Grüße aus! **II** 〈2. Person Pl.〉 habt ihr mich nicht gesehen?;

⟨in Briefen Groß- od. Kleinschreibung⟩ ihr/Ihr seid hier jederzeit willkommen

ihr[2] ⟨Possessivpron.; 3. Person Sg. f. und 3. Person Pl.⟩ sie hat ~ neues Kleid an; die Kinder haben ~e Spielsachen aufgeräumt

Ihr ⟨Possessivpron., 3. Person Sg. u. Pl., in der Anrede⟩ ist das ~ Hund?; besten Gruß, ~ XY

ih|re ⟨substantiviertes Possessivpron.⟩ = *ihrige*

Ih|re ⟨substantiviertes Possessivpron.⟩ = *Ihrige*

ih|rer ⟨Gen. von⟩ *sie* (3. Person Sing. f. und Pl. m., f., n.) ▸ wir gedenken ~; es waren ~ drei *sie waren zu dritt*

Ih|rer ⟨Gen. von⟩ *Sie*

ih|rer|seits ⟨Adv.⟩ **1** *von ihr aus* **2** *von ihnen aus* ▸ die Schwester(n) machte(n) ~ den Vorschlag, dass …; sie hatte(n) ~ nichts einzuwenden

Ih|rer|seits ⟨Adv.⟩ *von Ihnen aus* ▸ wenn Sie ~ nichts einzuwenden haben …

ih|res|glei|chen ⟨Pron.; undekl.⟩ **1** *eine Frau, eine Angelegenheit wie diese* **2** *Leute (Dinge) wie diese* ▸ das ist eine Unverschämtheit, die ~ sucht *die man mit nichts vergleichen kann, die einmalig ist;* sie bleibt lieber unter ~ *unter Frauen ihres Standes, ihres Gesellschaftskreises*

ih|ret|we|gen ⟨Adv.⟩ *ihr od. ihnen zuliebe* ▸ er tat es nur ~

ih|ret|wil|len ⟨Adv.⟩ um ~ *ihretwegen*

ih|ri|ge ⟨substantiviertes Possessivpron.; Kleinschreibung, wenn es sich auf ein vorangegangenes Substantiv bezieht⟩ der, die, das ~ **1** *ihr zu eigen* **2** *ihnen zu eigen* ▸ er und seine Frau haben beide einen Wagen, der ~ ist ein Volkswagen; ich habe getan, was ich konnte, nun möge(n) sie auch das ihrige/Ihrige tun; →a. *Ihrige*

Ih|ri|ge ⟨substantiviertes Possessivpron.; in der Anrede⟩ *das Ihnen Zukommende, das, was Ihre Schuldigkeit ist* ▸ welcher der beiden Mäntel ist der ~?; grüßen Sie die ~n! *Ihre Familie*

…ik ⟨Nachsilbe; zur Bildung weibl. Subst.; die; -, -en; Pl. selten⟩ **1** *(Sammelbezeichnung),* z. B. Thematik, Lyrik **2** *(die Gesamtheit, den ganzen Umfang eines Fachgebietes bezeichnend),* z. B. Symphonik, Bionik, Genetik **3** *(eine Wesensart, Beschaffenheit, eine Eigenschaft od. ein Verhalten bezeichnend),* z. B. Exzentrik, Chaotik, Charakteristik

Iko|ne ⟨die; -, -n⟩ *Heiligenbild der Ostkirche*

il|le|gal ⟨Adj.⟩ *gesetzwidrig, ungesetzlich* (Organisation, Handlung); Ggs *legal;* Abl *Illegalität*

il|le|gi|tim ⟨Adj.⟩ Ggs *legitim* **1** *unrechtmäßig, gesetzlich nicht anerkannt, unzulässig* **2** *ungerechtfertigt, unvertretbar*

il|lo|y|al ⟨[ɪloaja:l], umg. [ɪlɔɪja:l] Adj.⟩ *falsch, untreu, verräterisch;* Ggs *loyal;* Abl *Illoyalität*

il|lu|mi|nie|ren ⟨V. trans.; il|lu|mi|niert, il|lu|mi|nier|te, hat il|lu|mi|niert⟩ etwas ~ *(außen od. im Freien) festlich erleuchten* ▸ das Gebäude, der Garten war für die Hochzeitsfeier mit bunten Lämpchen illuminiert; Abl *Illumination, Illuminierung*

Il|lu|si|on ⟨die; -, -en⟩ **1** *trügerische Hoffnung, Selbsttäuschung, idealisierte, falsche Vorstellung von der Wirklichkeit;* Abl *illusionär* **2** *Vortäuschung von Raum od. Tiefe auf Bildern, im Theater od. Film mit den Mitteln der Perspektive;* Abl *illusionistisch;* Zus *Raumillusion, Tiefenillusion* **3** *Täuschung durch ein Zauberkunststück* ▸ jmdm. die ~en rauben *jmdm. die Wirklichkeit unbeschönigt schildern;* seine ~en verlieren; sich keinen ~en über jmdn. od. eine Sache hingeben; darüber mache ich mir schon lange keine ~en mehr

il|lu|si|ons|los ⟨Adj.⟩ *ohne Illusionen, nüchtern, realistisch* ▸ ~ in die Zukunft sehen; Abl *Illusionslosigkeit*

il|lu|so|risch ⟨Adj.⟩ **1** *nur in der Illusion bestehend, eingebildet, trügerisch* **2** *hinfällig, vergeblich* ▸ unsere Verabredung morgen Abend ist ~ geworden *erübrigt sich*

Il|lus|t|ra|ti|on ⟨die; -, -en⟩ **I** ⟨zählb.⟩ *Abbildung zu einem Text* **II** ⟨unz.⟩ *das Illustrieren, Illustrierung;* Abl *Illustrator(in);* Zus *Buchillustration, Zeitschriftenillustration*

il|lus|t|rie|ren ⟨V. trans.; il|lus|t|riert, il|lus|t|rier|te, hat il|lus|t|riert⟩ etwas ~ **1** *mit Illustrationen versehen, bebildern* **2** *veranschaulichen, erläutern* ▸ ein Buch ~; Sachverhalte durch Beispiele ~; illustrierte Zeitschrift; Abl *Illustrierung*

Il|lus|t|rier|te ⟨die; -n, -n⟩ *mit bunten Bildern illustrierte Zeitschrift* ▸ sie blätterte in einer ~n; am Kiosk eine ~ kaufen; Klatschgeschichten in einer ~n lesen

Il|tis ⟨der; -tis|ses, -tis|se; Zool.⟩ *meist dunkelgefärbter Marder von 40 cm Körperlänge*

im ⟨Verschmelzungsform aus Präp. u. Art.⟩ *in dem*

IM ⟨Abk. für⟩ *Inoffizieller Mitarbeiter (der Staatssicherheit der DDR)*

im…, Im… ⟨Vorsilbe⟩ *in…, In…*

Image ⟨[ɪmɪdʒ] das; - od. -s [ɪmɪdʒs], -s [ɪmɪdʒs] od. [ɪmɪdʒɪz]⟩ *Darstellung, Bild von etwas od. jmdm. in der Öffentlichkeit* ▸ ein angeschlagenes, gutes, schlechtes ~ besitzen

Image|pfle|ge ⟨[ɪmɪdʒ-] die; -; unz.⟩ *ständiges Bemühen, sich sein Image zu erhalten*

Image|ver|lust ⟨[ɪmɪdʒ-] der; -(e)s, -e⟩ *Rückgang des Ansehens in der Öffentlichkeit, Schädigung des guten Rufes* ▸ der Umweltskandal war für das Unternehmen mit einem ~ verbunden

ima|gi|när ⟨Adj.⟩ *nur in der Vorstellung bestehend, scheinbar, eingebildet* ▸ ein ~er Dialog

Ima|gi|na|ti|on ⟨die; -, -en⟩ **1** *Einbildung* **2** *Einbildungskraft, Vorstellungskraft;* Abl *imaginativ*

Imam ⟨der; -s, -s od. -e; islam. Rel.⟩ **1** *Vorbeter in einer Moschee* **2** *geistliches, auf Mohammed zurückgeführtes Oberhaupt der Schiiten* **3** *Ehrentitel für islam. Gelehrte*

Im|biss ⟨der; -es, -e⟩ **1** *kleine Mahlzeit* **2** *Verkaufsraum, -stand dafür;* Zus *Imbissbude* ▸ einen ~ einnehmen, kalter ~

Imi|tat ⟨das; -(e)s, -e⟩ *Nachbildung, Fälschung;* Zus *Lederimitat*

Imi|ta|ti|on ⟨die; -, -en⟩ **1** *Nachahmung* **2** *Nachbildung, Kopie, Fälschung*

Imi|ta|tor ⟨der; -s, -en⟩ *jmd., der etwas imitieren*

kann, Nachahmer; Abl *Imitatorin;* Zus *Tierstimmenimitator*

imi|tie|ren ⟨V. trans.; imi|tiert, imi|tier|te, hat imitiert⟩ jmdn. od. etwas ~ *nachahmen*

Im|ker ⟨der; -s, -⟩ *jmd., der Bienen züchtet;* Abl *Imkerin*

Im|ke|rei ⟨die; -, -en⟩ **I** ⟨unz.⟩ *das Züchten von Bienenvölkern zur Honig- u. Wachsgewinnung* **II** ⟨zählb.⟩ *Betrieb dafür*

im|ma|nent ⟨Adj.⟩ *enthalten in, innewohnend, inbegriffen;* Abl *Immanenz*

im|ma|te|ri|ell ⟨Adj.⟩ **1** *nicht stofflich, unkörperlich* **2** *geistig*

im|ma|t|ri|ku|lie|ren ⟨V.; im|ma|t|ri|ku|liert, im|ma|t|ri|ku|lier|te, hat im|ma|t|ri|ku|liert⟩ **I** ⟨V. trans.⟩ jmdn. ~ *in die Matrikel der Hochschule aufnehmen* ▸ sich (an einer Hochschule) ~ lassen **II** ⟨V. refl.⟩ sich ~ *sich an einer Hochschule anmelden, sich einschreiben* ▸ sich für Jura ~; Abl *Immatrikulation*

I

im|mens ⟨Adj.⟩ *unermesslich (groß), unendlich* ▸ ~e Summen; der Schaden ist ~

im|mer ⟨Adv.⟩ *ständig, stets, jedes Mal* ▸ es ist ~ (wieder) dasselbe; ~ ich (soll es gewesen sein, soll ich alles machen)! ▸ anfangen: fangen Sie (nur) ~ an! *fangen Sie nur schon an!;* er fängt ~ an (Streit usw.); das sagst du ~, und dann tust du es doch nicht ▸ nimm ~ zwei auf einmal, zwei zusammen; ~ besser, schlechter, höher, tiefer; seine Leistungen werden ~ besser; sie ist ~ fröhlich; es wurde ~ kälter; ~ langsam! *nur l., nicht so schnell!;* ~ mehr, weniger; eines ist ~ schöner als das andere ▸ für, ⟨umg.⟩ auf ~ *für ewig, für alle Zeit, endgültig;* er hat die Augen für ~ geschlossen *er ist gestorben;* er kommt ~ montags *jeden Montag;* ~ mit der Ruhe! *nur ruhig!;* hast du ~ so viel zu tun? Nein, nicht ~!; ~ noch, noch ~ *bis jetzt, bisher ohne Unterbrechung;* ~ während = *immerwährend;* ~ wenn ...; wie ~ *wie sonst, wie bisher, wie üblich;* nur ~ zu! *nur weiter (so)!* ▸ ⟨verstärkend⟩ du kannst kommen, wann ~ du willst; was ~ er auch sagen mag, glaub ihm nicht!; es ist uns jeder willkommen, wer ~ es auch sein mag; lass niemanden herein, wer (auch) ~ es sein mag; ich halte zu dir, wie ~ es auch gehen mag; er denkt an sie, wo ~ er auch ist

im|mer|grün ⟨Adj.; Bot.⟩ *ständig grün bleibend, nicht abfallend, nicht die Blätter, Nadeln abwerfend* ▸ ~e Bäume, Pflanzen

im|mer|hin ⟨Adv.⟩ *wenigstens, jedenfalls* ▸ ~! *besser als nichts;* ~ hat er doch einmal angerufen; es ist doch ~ ein Versuch

im|mer|wäh|rend *auch:* **im|mer wäh|rend** ⟨Adj.⟩ *ununterbrochen, fortwährend, dauernd, ständig* ▸ ~er Kalender

im|mer|zu ⟨a. ['---] Adv.; umg.⟩ *immerfort, dauernd, ständig* ▸ sie streiten ~

Im|mi|g|rant ⟨der; -en, -en⟩ = *Einwanderer;* Ggs *Emigrant;* Abl *Immigrantin*

Im|mi|g|ra|ti|on ⟨die; -, -en⟩ = *Einwanderung;* Ggs *Emigration*

im|mi|g|rie|ren ⟨V. intr.; im|mi|g|riert, im|mi|g|rier|te, ist im|mi|g|riert⟩ = *einwandern;* Ggs *emigrieren*

Im|mis|si|on ⟨die; -, -en; Ökol.⟩ *Einwirkung von Schadstoffen auf die Umwelt (als Folge von Emissionen)*

Im|mo|bi|lie ⟨[-jə] die; -, -n; meist Pl.⟩ *unbeweglicher Besitz, Grundbesitz, Grundeigentum, Liegenschaft* ▸ er besitzt viele ~n; mit ~n handeln; Zus *Immobilienhandel, Immobilienmakler(in), Immobilienmarkt*

im|mun ⟨Adj.⟩ **1** *unempfänglich für Krankheitserreger* **2** ⟨übertr.⟩ *unempfindlich gegen etwas sein* ▸ dagegen bin ich ~ ⟨übertr.⟩ *das berührt, beeindruckt mich nicht, das kann mich nicht beeinflussen*

im|mu|ni|sie|ren ⟨V. trans.; im|mu|ni|siert, im|mu|ni|sier|te, hat im|mu|ni|siert⟩ jmdn. ~ *immun machen;* Abl *Immunisierung*

Im|mu|ni|tät ⟨die; -; unz.⟩ **1** *Unempfänglichkeit für Krankheitserreger* **2** *gesetzlicher Schutz für Parlamentsmitglieder u. Diplomaten vor Strafverfolgung*

Im|mun|schwä|che ⟨die; -; unz.; Med.⟩ *Schwäche des körpereigenen Immunsystems, Antigene (körperfremde Substanzen) abzuwehren;* Zus *Immunschwächekrankheit*

Im|mun|sys|tem ⟨das; -s, -e; Med.⟩ *Abwehrsystem des Körpers*

Im|pe|ra|tiv ⟨der; -s, -e; Gramm.⟩ *Verbform, die einen Befehl ausdrückt,* z. B. „geh!", „bleiben Sie!"; Syn *Befehlsform*

Im|pe|ra|tiv|satz ⟨der; -es, -sät|ze; Gramm.⟩ *Satz, in dem das Verb im Imperativ steht,* z. B. „Komm doch mit!"; Syn *Befehlssatz*

Im|pe|ra|tor ⟨der; -s, -en; Abk.: Imp.; röm. Titel für⟩ *Feldherr u. Kaiser*

Im|per|fekt ⟨das; -(e)s, -e⟩ **1** ⟨Gramm.⟩ *erste od. unvollendete Vergangenheit, eine Zeitform des Verbs* **2** ⟨dt. Gramm.⟩ = *Präteritum*

Im|pe|ri|a|lis|mus ⟨der; -; unz.; Pol.⟩ *Streben (eines Staates) nach Macht u. Besitzerweiterung;* Abl *imperialistisch*

Im|pe|ri|a|list ⟨der; -en, -en; Pol.⟩ *Vertreter, Anhänger des Imperialismus;* Abl *Imperialistin*

Im|pe|ri|um ⟨das; -s, -ri|en⟩ **1** *Weltmacht, Weltreich* **2** *starker Verbund, mächtiger Zusammenschluss* ▸ das römische ~; Zus *Firmenimperium*

im|per|ti|nent ⟨Adj.; -er, am -es|ten⟩ *frech, ungehörig unverschämt* ▸ ein ~er Anrufer; er ist ein ~er Kerl; Abl *Impertinenz*

Impf|aus|weis ⟨der; -es, -e⟩ = *Impfpass*

imp|fen ⟨V. trans.; impft, impf|te, hat ge|impft⟩ jmdn. ~ *bei jmdm. eine Impfung vornehmen, jmdm. einen Impfstoff zuführen*

Impf|pass ⟨der; -es, -päs|se⟩ *Ausweis, in dem alle bereits getätigten Impfungen des Inhabers bescheinigt sind*

Impf|stoff ⟨der; -(e)s, -e; Pharm.⟩ *abgetötete od. in ihrer Wirkung abgeschwächte Krankheitserreger, die die Bildung von Abwehrstoffen im Körper des Impflings bewirken;* Syn *Vakzine*

Impfung ⟨die; -, -en⟩ *das Einbringen von Impfstoff in den Körper eines Menschen, um Immunität gegen eine od. mehrere Krankheiten zu erzielen, Schutzimpfung* ▸ eine ~ gegen Hepatitis wird heutzutage angeraten; diese ~ schützt vor Tetanus; die ~en müssen aufgefrischt werden; man sollte nicht zur ~ gehen, wenn man erkältet ist; die Ärzte raten zur ~ gegen Röteln

Im|plan|tat ⟨das; -(e)s, -e; Med.⟩ *künstliches Ersatzteil od. -stoff, das bzw. der in den menschl. Körper eingesetzt wird, z. B. Zahn, Herzschrittmacher*

im|plan|tie|ren ⟨V. trans.; im|plan|tiert, im|plan|tier|te, hat im|plan|tiert⟩ (jmdm.) etwas ~ *ein Implantat einpflanzen*

im|pli|zie|ren ⟨V. trans.; im|pli|ziert, im|pli|zier|te, hat im|pli|ziert⟩ etwas ~ *miteinschließen, miteinbeziehen, mitmeinen*

im|pli|zit ⟨Adj.⟩ *einbegriffen, miteinbezogen*

im|plo|die|ren ⟨V. intr.; im|plo|diert, im|plo|dier|te, ist im|plo|diert⟩ *durch Druck von außen eingedrückt werden;* Ggs *explodieren (1)* ▸ ein luftleeres Gefäß implodiert

Im|plo|si|on ⟨die; -, -en⟩ *Zerstörung eines Hohlkörpers, in dem verringerter Luftdruck herrscht, durch Druck von außen;* Ggs *Explosion (1)*

im|po|nie|ren ⟨V. intr.; im|po|niert, im|po|nier|te, hat im|po|niert⟩ (jmdm.) ~ *großen Eindruck machen, Achtung od. Bewunderung einflößen* ▸ sie hat ihm sehr imponiert; sein Auftreten war ~d

Im|po|nier|ge|ha|be ⟨das; -s; unz.⟩ *selbstbewusstes Gehabe, das dem Gegner od. dem Geschlechtspartner imponieren soll* (bes. bei männl. Tieren)

Im|port ⟨der; -(e)s, -e⟩ *das Hereinbringen ausländischer Waren ins Inland;* Syn *Einfuhr;* Ggs *Export;* Zus *Importgeschäft, Importhandel, Importland, Importverbot, Importware*

Im|por|teur ⟨[-tøːr] der; -s, -e⟩ *Kaufmann im Importhandel;* Abl *Importeurin*

im|por|tie|ren ⟨V. trans.; im|por|tiert, im|por|tier|te, hat im|por|tiert⟩ Waren ~ *aus dem Ausland hereinbringen;* Syn *einführen (1);* Ggs *exportieren*

im|po|sant ⟨Adj.; -er, am -es|ten⟩ *mächtig, stattlich, groß u. eindrucksvoll* (Gebäude, Gestalt)

im|po|tent ⟨Adj.⟩ Ggs *potent* **1** *unfähig zum Geschlechtsverkehr* (Mann) **2** *unfruchtbar, zeugungsunfähig;* Abl *Impotenz*

im|prä|g|nie|ren ⟨V. trans.; im|prä|gniert, im|prä|gnier|te, hat im|prä|gniert⟩ etwas ~ *mit Chemikalien als Schutzmittel tränken, z. B. Holz gegen Fäulnis, Gewebe, um sie wasserundurchlässig zu machen* ▸ ein Zelt ~; imprägnierter Mantel; Abl *Imprägnierung*

Im|pres|si|on ⟨die; -, -en⟩ *Eindruck, Empfindung, Sinneswahrnehmung*

Im|pres|si|o|nis|mus ⟨der; -; unz.⟩ **1** *Ende des 19. Jh. in Frankreich entstandene Richtung der Malerei, die die Wirklichkeit so wiedergeben will, wie sie dem Künstler im Augenblick erscheint, gekennzeichnet durch feine Farbabstufungen, verwischte Konturen* **2** ⟨Lit.⟩ *die Wiedergabe von subjektiven Eindrücken, Seelenregungen u. Stimmungen durch feinste Abstufungen des Ausdrucks u. verfeinerte Ausdrucksmittel* (Lautmalerei, Bilder, Vergleiche usw.) **3** ⟨Mus.⟩ *Wiedergabe von Stimmungen durch differenzierte, von der ostasiat. Musik beeinflusste Harmonik;* Abl *Impressionist(in); impressionistisch*

Im|pres|sum ⟨das; -s, -pres|sen⟩ **1** *für Zeitungen u. Zeitschriften vorgeschriebener Vermerk mit dem Namen des verantwortlichen Herausgebers, des Schriftleiters u. der Druckerei sowie Angaben über Erscheinungsweise, Verlagsort usw.* **2** *in Büchern Vermerk mit dem Copyright, Verlagsort u. meist Erscheinungsjahr, der Auflagenhöhe u. dem Namen der Druckerei*

im|pro|vi|sie|ren ⟨[-vi-] V. trans. u. V. intr.; im|pro|vi|siert, im|pro|vi|sier|te, hat im|pro|vi|siert⟩ (etwas) ~ **1** *ohne Vorbereitung tun* **2** *aus dem Stegreif vortragen* **3** ⟨Mus.⟩ *während des Spiels Melodien entwickeln u. variieren* **4** ⟨Theat.⟩ *sprechen, einfügen, was nicht in der Rolle steht* ▸ einen Ausflug, eine Unternehmung ~; jetzt müssen wir ~; er improvisiert am Klavier; die Band begann frei zu ~; Abl *Improvisation, Improvisierung*

Im|puls ⟨der; -es, -e⟩ **1** *Anstoß, Anregung, Antrieb* **2** *innere Regung, Augenblicksentschluss* **3** ⟨El.⟩ *kurzer elektrischer Stromstoß* ▸ einem ~ folgen; die Wirtschaft braucht neue ~e; etwas aus einem ~ heraus tun

im|pul|siv ⟨Adj.⟩ **1** *durch einen Impuls veranlasst* **2** *einem Impuls folgend, rasch handelnd* ▸ ~es Handeln, Verhalten; ein ~er Mensch; etwas ~ sagen; Abl *Impulsivität*

im|stan|de *auch:* **im Stan|de** ⟨Adv.⟩ ⟨meist in der Wendung⟩ ~ sein, etwas zu tun **1** *fähig sein, etwas zu tun* **2** *etwas vermögen, können* ▸ er ist ~ und erzählt es noch allen weiter *er bringt es fertig;* er ist nicht ~, diese einfache Aufgabe zu lösen; dazu bin ich nicht ~

in[1] ⟨Präp.; mit Dat. auf die Frage: wo?, mit Akk. auf die Frage: wohin?⟩ **I** ⟨örtl.; a. übertr.⟩ *an einer bestimmten Stelle, in Richtung auf* ▸ du wirst ~ ihm einen guten Freund finden ⟨übertr.⟩; Vertrauen ~ jmdn. setzen ⟨übertr.⟩ ▸ tief ~ **Arbeit** stecken; wir sind ~ **Berlin;** ich bin ~ diesem **Buch** auf Seite 90; ~ **Deutschland;** ~ der **Ferne;** etwas ~ die **Hand** nehmen; Nachhilfestunden ~ **Mathematik** geben; ich bleibe ~ eurer **Mitte;** ~ der **Nähe** sein; ~s **Theater** gehen; im **Wald,** im Wasser; jmdm. ~s **Wort** fallen ⟨übertr.⟩; ~s **Zimmer** kommen ▸ ~ Wahnsinn **verfallen** ⟨übertr.⟩ **II** ⟨zeitl.⟩ *während eines Zeitraums, auf einen Zeitraum zu* ▸ ~ den **Ferien;** im **Frühling;** im **Jahre** 1962; ~s sechzigste Jahr gehen; im vorigen Jahr; ~ der **Nacht;** ~ zwei **Stunden;** ~ acht **Tagen;** ~ kurzer **Zeit** ▸ **bis** ~ den Sommer hinein **III** ⟨modal⟩ **1** *auf bestimmte Weise* **2** *in bestimmtem Zustand, bei bestimmtem Verhalten* ▸ im **Begriff** stehen zu; ~ aller **Eile;** die Zeit vergeht wie im **Fluge;** ~ **Gold** bezahlen; jmdm. ~ aller **Güte** etwas sagen; ~ **Liebe** Deine X *(als Briefschluss);* im **Mantel;**

~ eigener Person *selbst;* im Schritt, Trab reiten; ~ Schweiß geraten; ~ tiefer Trauer, Verzweiflung; im Traum **IV** ⟨in festen präpositionalen Wendungen⟩ ~ Anbetracht dessen; ~ Betreff ihres Schreibens ⟨Amtsdt.⟩ *betreffs, hinsichtl. ihres Schreibens;* ~ Bezug auf *bezüglich, betreffend;* etwas ~ Erwägung ziehen; ~ Frage / infrage kommen; im Hinblick auf; ~ dieser Hinsicht; ~ Stand = *instand;* im Stande = *imstande*

in/im/ins

Die Präposition *in* kann mit dem bestimmten Artikel zu *ins* (= in das) oder *im* (= in dem) verschmelzen, sofern der Artikel unbetont ist: *Ich gehe ins* (= in das) *Kino.* (Ist ein bestimmtes Kino gemeint, so sagt man: *Ich gehe nur in das Kino am Bahnhof, nicht in ein anderes.*) *Wir kamen ins Gespräch.* (Hier ist *ins* Bestandteil einer festen Wendung und kann nicht unverschmolzen stehen. Nicht möglich ist also: **Wir kamen in das Gespräch.*) *Sie badeten im Mittelmeer. Wir treffen uns im* (= in dem) *Café.* Wenn jedoch ein bestimmtes Café benannt werden soll, heißt es: *Wir treffen uns in dem Café, in dem wir immer sitzen.*

Ländernamen werden meistens ohne Artikel gebraucht, Ausnahmen sind z. B. der Libanon, der Sudan, der Irak, die Schweiz, die Niederlande, die USA. Bei den Maskulina muss hier der Artikel verschmolzen werden: *die politischen Verhältnisse im Libanon, im Sudan, im Irak.* Im Akkusativ heißt es: *Sie fuhren in den Libanon, in den Sudan, in den Irak.*

Auch bei Feminina und im Plural stehen Präposition und Artikel unverschmolzen nebeneinander: *in der Schweiz, in den Niederlanden, in den USA.*

Viele Fügungen werden ganz ohne Artikel verwendet: *In erster Linie muss man die Kosten berücksichtigen. In Wirklichkeit ist alles ganz anders. In Zukunft wollen wir es besser machen.*

in[2] ⟨Adj.; nur präd.⟩ ~ sein *modern sein;* Ggs *out* ▸ das ist nicht mehr ~

in..., In... ⟨vor b, m, p⟩ im..., Im..., ⟨vor l⟩ il..., Il..., ⟨vor r⟩ ir..., Ir..., ⟨in Zus. mit Fremdwörtern⟩ *un..., nicht,* z. B. inhuman, inkonsequent

...in ⟨Nachsilbe; zur Bildung weibl. Subst.⟩ *(oft bei Berufsbez.),* z. B. Lehrerin, Malerin

in|ad|äquat ⟨Adj.⟩ *unpassend, unangemessen, nicht entsprechend;* Ggs *adäquat* ▸ sein Verhalten war absolut ~

in|ak|tiv ⟨Adj.⟩ *untätig, unwirksam*

in|ak|zep|ta|bel ⟨Adj.⟩ *unannehmbar;* Ggs *akzeptabel* ▸ eine inakzeptable Bedingung

In|an|spruch|nah|me ⟨die; -; unz.⟩ *das Inanspruchnehmen, (hohe) Beanspruchung, Anforderung*

In|be|griff ⟨der; -(e)s; unz.⟩ *reinste Ausprägung, vollkommene Verkörperung von etwas, Musterbeispiel, Sinnbild* ▸ der ~ alles Schönen, der Weisheit; der Teufel als ~ des Bösen

in|be|grif|fen ⟨Adj.⟩ *(mit) eingeschlossen, mitgerechnet, mitgezählt* ▸ alles ~; Bedienung, Trinkgeld ist ~; Nebenkosten sind nicht ~

In|be|trieb|nah|me ⟨die; -, -n⟩ *das Inbetriebnehmen* ▸ bei ~ des Gerätes *als man es in Betrieb nahm*

In|brunst ⟨die; -; unz.⟩ *innere Leidenschaft* ▸ mit ~ beten; jmdn. mit ~ anflehen; sie sang voller ~; Abl *inbrünstig*

in|de|fi|nit ⟨a. [---'-] Adj.; Sprachw.⟩ *unbestimmt* ▸ ~er Artikel

In|de|fi|nit|pro|no|men ⟨das; -s, - od. -mi|na; Gramm.⟩ *unbestimmtes Fürwort,* z. B. jeder, viele

in|dem ⟨Konj.⟩ *dadurch, dass* ▸ du kannst ihm eine Freude bereiten, ~ du ihn auch einmal besuchst

In|der ⟨der; -s, -⟩ *Einwohner von Indien;* Abl *Inderin*

in|des ⟨Konj.⟩ = *indessen*[1, 2]

in|des|sen[1] ⟨Adv.⟩ *währenddessen, unterdessen, in der Zwischenzeit* ▸ ~ hatten sich alle erhoben; ich habe noch einiges zu erledigen, du kannst ~ schon das Essen vorbereiten

in|des|sen[2] ⟨Konj.⟩ *immerhin, allerdings, aber, doch* ▸ etwas muss man ihm ~ zugutehalten

In|dex ⟨der; - od. -es, -e od. -di|zes od. -di|ces⟩ **1** *Namen-, Sachverzeichnis, Register* **2** *statistische Wertzahl, Messziffer;* Syn *Indexziffer* **3** ⟨kurz für⟩ *Verzeichnis der von amtlicher od. kirchlicher Seite verbotenen Schriften u. Ä.* ▸ ~ der Lebenshaltungskosten; ein Buch auf den ~ setzen

In|di|a|ner ⟨der; -s, -⟩ *Ureinwohner von Amerika (außer den Eskimos);* →a. *Indio;* Abl *Indianerin; indianisch;* Zus *Indianerhäuptling, Indianerschmuck, Indianersprache, Indianerzelt*

In|di|ces ⟨Pl. von⟩ *Index*

in|dif|fe|rent ⟨Adj.; -er, am -es|ten⟩ *gleichgültig, teilnahmslos;* Abl *Indifferenz*

In|di|go ⟨das od. der; -s; unz.⟩ *ältester blauer, lichtechter Farbstoff, der in verschiedenen tropischen Pflanzen enthalten ist;* Zus *indigoblau*

In|di|ka|ti|on ⟨die; -, -en⟩ **1** *Anzeichen, Merkmal* **2** ⟨Med.⟩ *Heilanzeige, aus der Diagnose sich ergebende Veranlassung, ein bestimmtes Heilverfahren anzuwenden* **3** *(gesetzlicher) Grund, einen Schwangerschaftsabbruch durchzuführen* ▸ soziale, medizinische, ethische ~

In|di|ka|tiv ⟨der; -s, -e; Gramm.; Abk.: Ind.⟩ *eine der drei Aussageformen des Verbs,* z. B. ich gehe, er schlief, sie hat geredet; Syn *Wirklichkeitsform*

In|di|ka|tor ⟨der; -s, -en⟩ **1** ⟨allg.⟩ *Anzeichen* **2** ⟨Chem.⟩ *Stoff, der durch Farbänderung anzeigt, ob eine Lösung alkalisch, neutral od. sauer reagiert* **3** ⟨Tech.⟩ *Instrument zum Messen des Druckverlaufs von Dampf, Gas od. Flüssigkeiten in einem Zylinder*

In|dio ⟨der; -s, -s; span. Bez. für⟩ *mittel- u. südamerikan. Indianer*

in|di|rekt ⟨Adj.⟩ Ggs *direkt (I. 1)* **1** *nicht direkt, auf Umwegen* **2** *abhängig* ▸ ~e Beleuchtung *Beleuchtung mit unsichtbarer (verdeckter) Lichtquelle;* ~er Fragesatz ⟨Gramm.⟩ *durch „ob" oder ein Fragewort eingeleiteter, einem Hauptsatz unterge-*

ordneter Nebensatz, z. B. wir wissen noch nicht genau, ob wir kommen werden; ~es Objekt ⟨Gramm.⟩ *Dativobjekt;* ~e Rede ⟨Gramm.⟩ *nicht (unbedingt) wörtliche, nur dem Sinn nach wiedergegebene Rede;* Ggs *direkte Rede;* ~e Steuer *vom Staat erhobener Aufschlag auf bestimmte Waren* (z. B. Getränke-, Tabak-, Umsatz-, Vergnügungssteuer, Zölle); ~e Wahl *Wahl des Abgeordneten durch Mittelspersonen*

in|disch ⟨Adj.⟩ *Indien betreffend, dazu gehörig, aus Indien stammend* ▸ ~e Sprachen

in|dis|kret ⟨Adj.; -er, am -es|ten⟩ Ggs *diskret* **1** *nicht verschwiegen* **2** *neugierig, taktlos*

In|dis|kre|ti|on ⟨die; -, -en⟩ Ggs *Diskretion* **1** *Mangel an Verschwiegenheit* **2** *Neugierde, Taktlosigkeit* ▸ eine ~ begehen

in|dis|ku|ta|bel ⟨Adj.⟩ *keiner Erörterung wert, nicht infrage kommend;* Ggs *diskutabel* ▸ das ist ein indiskutabler Vorschlag

in|dis|po|niert ⟨Adj.⟩ *unpässlich, nicht gut aufgelegt, in schlechter Verfassung (bes. stimmlich)* ▸ der Sänger ist ~

In|di|vi|du|a|lis|mus ⟨[-vi-] der; -; unz.⟩ *Lehre, die dem Einzelwesen in der Gemeinschaft den Vorrang gibt*

In|di|vi|du|a|list ⟨[-vi-] der; -en, -en⟩ **1** *Anhänger des Individualismus* **2** *Einzelgänger;* Abl *Individualistin; individualistisch*

In|di|vi|du|a|li|tät ⟨[-vi-] die; -; unz.⟩ *Gesamtheit der Eigenarten des Einzelwesens* ▸ seine ~ unter Beweis stellen; Erziehung sollte auf ~ ausgerichtet sein; die ~ der Kundenbedürfnisse berücksichtigen

in|di|vi|du|ell ⟨[-vi-] Adj.⟩ **1** *das Individuum betreffend, zu ihm gehörig* **2** *eigentümlich, der Eigenart des Einzelnen entsprechend* ▸ ~e Bedienung, Behandlung; das ist ~ verschieden

In|di|vi|du|um ⟨[-viː-] das; -s, -du|en⟩ **1** *ein Wesen für sich allein, Einzelwesen* **2** ⟨umg.; abwertend⟩ *unbekannte Person, Kerl, Lump* ▸ ein verdächtiges ~

In|diz ⟨das; -es, -zi|en⟩ **1** ⟨Rechtsw.⟩ *Tatsache, die eine Straftat nicht direkt beweist, aber auf diese schließen lässt;* Zus *Indizienbeweis* **2** ⟨allg.⟩ *Tatsache, die auf das Vorhandensein einer anderen schließen lässt* ▸ für eine Verurteilung reichten die ~ien nicht aus

In|di|zes ⟨Pl. von⟩ *Index*

in|di|zie|ren ⟨V. trans.; in|di|ziert, in|di|zier|te, hat in|di|ziert⟩ etwas ~ **1** *anzeigen, auf etwas hinweisen* **2** *ratsam erscheinen lassen* **3** *auf den Index setzen* ▸ ein Krankheitssymptom indiziert eine bestimmte Therapie

in|di|ziert **I** ⟨Part. Perf. von⟩ *indizieren* **II** ⟨Adj.⟩ **1** *angezeigt, Veranlassung gebend* **2** ⟨Med.⟩ *eine bestimmte Heilbehandlung veranlassend* **3** *auf dem Index (3) der verbotenen Werke stehend* ▸ die Ausstrahlung ~er Filme verbieten

in|do|eu|ro|pä|isch ⟨Adj.⟩ *von den Indoeuropäern stammend, zu ihnen gehörend* ▸ ~e Sprachen *indogerman. Sprachen*

in|do|ger|ma|nisch ⟨Adj.; Abk.: idg.; Sprachw.⟩ *zu den Indogermanen gehörig, von ihnen stammend*

in|dok|t|ri|nie|ren ⟨V. trans.; in|dok|t|ri|niert, in|dok|t|ri|nier|te, hat in|dok|t|ri|niert⟩ jmdn. ~ *ideologisch durchdringen, beeinflussen;* Abl *Indoktrination, Indoktrinierung*

In|duk|ti|on ⟨die; -, -en⟩ **1** ⟨Philos.⟩ *Schlussfolgerung vom Besonderen, vom Einzelfall, auf das Allgemeine;* Syn *Epagoge;* Ggs *Deduktion* **2** ⟨El.⟩ *die Verknüpfung zeitlich veränderlicher elektrischer u. magnet. Felder, die durch die relative Bewegung eines elektrischen Leiters in einem Magnetfeld od. durch die zeitliche Änderung des Magnetfeldes entstehen;* Zus *Induktionselektrizität, Induktionsstrom*

in|dus|t|ri|a|li|sie|ren ⟨V. trans.; in|dus|t|ri|a|li|siert, in|dus|t|ri|a|li|sier|te, hat in|dus|t|ri|a|li|siert⟩ ein Land ~ *die Industrie in einem Land entwickeln, industrielle Herstellungsmethoden dort einführen;* Abl *Industrialisierung*

In|dus|t|rie ⟨die; -, -n⟩ *die Gesamtheit der Betriebe zur Massenherstellung von Waren mit technischen Mitteln u. aufgrund von Arbeitsteilung* ▸ die chemische, einheimische, keramische, weiterverarbeitende ~; er arbeitet in leitender Stellung in der ~; die Löhne in der ~ sind gesunken; die ~ investiert zunehmend im Ausland; im Süden der Stadt soll ~ angesiedelt werden; Zus *Industrieanlage, Industriearbeiter(in), Industriebetrieb, Industriegebiet, Industriegewerkschaft* ⟨Abk.: IG⟩, *Industriekonzern, Industriemüll, Industrienorm, Industrieprodukt; Autoindustrie, Computerindustrie, Elektroindustrie, Metallindustrie, Stahlindustrie, Textilindustrie*

In|dus|t|rie|kauf|frau ⟨die; -, -en; Wirtsch.⟩ *weibl. Industriekaufmann*

In|dus|t|rie|kauf|mann ⟨der; -(e)s, -leu|te; Wirtsch.⟩ **1** *kaufmännischer Lehrberuf mit dreijähriger Ausbildung* **2** *jmd., der nach abgeschlossener Ausbildung zum Industriekaufmann (1) in einem Industriebetrieb tätig ist*

in|dus|t|ri|ell ⟨Adj.⟩ *die Industrie betreffend, zu ihr gehörig, mit Hilfe der Industrie (hergestellt)* ▸ ~e Fertigung

In|dus|t|ri|el|le(r) ⟨die; -n, -n (der; -n, -n)⟩ *Inhaber bzw. Inhaberin eines Industriebetriebes*

In|dus|t|rie|staat ⟨der; -(e)s, -en⟩ *Land, dessen Wirtschaft in erster Linie von der Industrie getragen wird;* Syn *Industrieland, Industrienation;* Ggs *Agrarstaat*

In|dus|t|rie|stadt ⟨die; -, -städ|te⟩ *Stadt mit bes. vielen Industriebetrieben*

In|dus|t|rie- und Han|dels|kam|mer ⟨die; -, -n; Abk.: IHK⟩ *Dienststelle, Interessenvertretung der Industrie u. des Handels*

In|dus|t|rie|zweig ⟨der; -(e)s, -e⟩ *Teil der Industrie, z. B. die Textilindustrie*

in|ef|fek|tiv ⟨Adj.⟩ *unwirksam, frucht-, nutzlos;* Ggs *effektiv (2);* Abl *Ineffektivität*

in|ef|fi|zi|ent ⟨a. [----'-] Adj.; geh.⟩ Ggs *effizient* **1** *nicht wirksam, nicht wirkungsvoll* **2** *unwirtschaftlich;* Abl *Ineffizienz* ▸ eine ~e Methode

in|ei|n|an|der ⟨Adv.⟩ *eins in das andere (hinein), eins im anderen* ▸ ~ übergehen; sich hoffnungslos ~ verlieben

in|ei|n|an|der|fü|gen ⟨V. trans.; fügt in|ei|n|an|der, füg|te in|ei|n|an|der, hat in|ei|n|an|der|ge|fügt, in|ei|n|an|der|zu|fü|gen⟩ mehrere Dinge ~ *miteinander verbinden*

in|ei|n|an|der|grei|fen ⟨V. intr.; greift in|ei|n|an|der, griff in|ei|n|an|der, hat in|ei|n|an|der|ge|griffen, in|ei|n|an|der|zu|grei|fen⟩ *sich einpassen, einfügen in*

in|fam ⟨Adj.⟩ *niederträchtig, abscheulich, gemein* ▸ eine ~e Lüge; Abl *Infamie*

In|fan|te|rie ⟨die; -; unz.; umg. a. ['----] Abk.: Inf.; Mil.⟩ **1** ⟨früher⟩ *Gesamtheit der zu Fuß kämpfenden Soldaten;* Syn *Fußtruppe* **2** ⟨heute⟩ *Gesamtheit der Nahkampftruppen (Jäger, Panzergrenadiere u. Ä.);* Zus *Infanterieregiment*

in|fan|til ⟨Adj.⟩ **1** *kindlich* **2** *kindisch, zurückgeblieben, unentwickelt* ▸ er ist trotz seiner 20 Jahre noch ziemlich ~; Abl *Infantilität*

In|farkt ⟨der; -(e)s, -e; Med.⟩ *Absterben des Gewebes eines begrenzten Organteils durch Unterbrechung der Blutversorgung;* Zus *Herzinfarkt*

In|fekt ⟨der; -(e)s, -e; Med.⟩ **1** *Infektion* **2** *Infektionskrankheit* ▸ einen ~ in sich haben, tragen; ein grippaler ~

In|fek|ti|on ⟨die; -, -en; Med.⟩ = *Ansteckung;* Zus *Infektionskrankheit*

in|fek|ti|ös ⟨Adj.; Med.⟩ *ansteckend, mit Krankheitserregern behaftet*

in|fer|na|lisch ⟨Adj.⟩ oV *infernal* **1** *höllisch, teuflisch* **2** ⟨umg.⟩ *unerträglich* ▸ ~er Gestank

In|fer|no ⟨das; -s; unz.⟩ *schreckliches, entsetzliches Ereignis, das große Zerstörungen u./od. den Tod vieler Menschen verursacht* ▸ ein flammendes ~ aus Bomben und Feuerblitzen; einem grausamen ~ entkommen

In|fil|t|ra|ti|on ⟨die; -, -en⟩ **1** ⟨Med.⟩ *das Eindringen von Gewebeteilen, Zellen od. Flüssigkeiten in anderes Gewebe, wo es normalerweise nicht hingehört* **2** *(ideolog.) Unterwanderung;* Abl *infiltrieren*

in|fi|nit ⟨Adj.; Gramm.⟩ *unbestimmt* ▸ ⟨Gramm.⟩ ~es Verb *nicht konjugierte Verbform,* z. B. der Infinitiv

In|fi|ni|tiv ⟨der; -s, -e; Gramm.⟩ *Ausgangsform des Verbs, aus der sich dann weitere ableiten lassen,* z. B. gehen, sitzen, lachen; Syn *Grundform;* Zus *Infinitivsatz*

in|fi|zie|ren ⟨V. trans.; in|fi|ziert, in|fi|zier|te, hat in|fi|ziert⟩ **1** jmdn. ~ *jmdn. anstecken, eine Infektion bei jmdm. hervorrufen* **2** etwas ~ *mit Krankheitserregern verseuchen* ▸ von Cholerabakterien infiziertes Wasser; sich (bei jmdm.) ~; Abl *Infizierung*

in fla|g|ran|ti ⟨Adv.⟩ *auf frischer Tat* ▸ jmdn. ~ ertappen

In|fla|ti|on ⟨die; -, -en; Wirtsch.⟩ *Entwertung des Geldes u. starker Preisanstieg;* Syn *Geldentwertung* ▸ die ~ nicht bremsen können; die Importe haben die ~ gedämpft; die ~ liegt bei 11 %

in|fla|ti|o|när ⟨Adj.⟩ **1** ⟨Wirtsch.⟩ *auf Inflation beruhend* **2** ⟨übertr.⟩ *übermäßig, übertrieben*

In|fla|ti|ons|ra|te ⟨die; -, -n; Wirtsch.⟩ *Prozentsatz, um den eine Währung durch Inflation entwertet wird*

In|flu|en|za ⟨die; -; unz.; Med.⟩ = *Grippe (1)*

In|fo **I** ⟨die; -, -s; umg.; kurz für⟩ *Information (1)* ▸ kannst du mir weitere ~s geben? **II** ⟨das; -s, -s; umg.⟩ *Blatt mit Informationen*

In|fo|kas|ten ⟨der; -s, -käs|ten⟩ *grafisch hervorgehobene Information zu einem bestimmten Thema, Stichwort o. Ä. in viereckigem Format*

in|fol|ge ⟨Präp. m. Gen.⟩ *als Folge, Folgerung, Wirkung von, wegen* ▸ ~ eines Unfalls war die Straße gesperrt; ~ menschlichen Versagens; ⟨ohne Genitiv-s, wenn das folgende Substantiv ohne Artikel steht⟩ ~ Vertragsabschluss; ~ von Straßenglätte kam es zu zahlreichen Unfällen

in|fol|ge|des|sen ⟨Konj.⟩ *als Folge davon, daher, deshalb, deswegen* ▸ die Straße war gesperrt, ~ mussten wir einen Umweg machen

In|for|mand ⟨der; -en, -en⟩ *jmd., der von einem anderen informiert werden soll od. worden ist;* Abl *Informandin*

In|for|mant ⟨der; -en, -en⟩ *jmd., der einen anderen informiert;* Abl *Informantin*

In|for|ma|tik ⟨die; -; unz.⟩ *Wissenschaft von der Informationsverarbeitung, die sich bes. mit den Grundlagen u. der Verwendung elektron. Datenverarbeitungsanlagen befasst;* Abl *Informatiker(in)*

In|for|ma|ti|on ⟨die; -, -en⟩ **1** *Auskunft (1), Nachricht, Aufklärung;* Zus *Informationsbüro, Informationsdienst, Informationsschalter* ⓘ S. 897, *Informationsveranstaltung* **2** *Auskunfts-, Informationsstand* ▸ ~en ausgeben, austeilen, erteilen, weitergeben; ~en einholen, empfangen, erhalten, sammeln ▸ nützliche ~en bietet eine neue Publikation zu dem Thema ▸ etwas an der ~ erfragen; ~en für eine Reise erfragen; ~en für Interessenten sind unter der Telefonnummer 4314 erhältlich; jmdm. eine ~ über jmdn. od. etwas geben; können Sie mir dazu nähere ~en geben?

In|for|ma|ti|ons|ge|sell|schaft ⟨die; -; unz.; Soziol.⟩ *Gesellschaft, die durch die Vermittlung von Wissen u. Informationen in multimedialer Form geprägt ist* ▸ der Weg in die moderne ~

In|for|ma|ti|ons|stand ⟨der; -(e)s, -stän|de⟩ *Stand, an dem man Informationen, Informationsblätter erhält*

In|for|ma|ti|ons|vor|sprung ⟨der; -(e)s, -sprün|ge⟩ *Vorteil durch den Besitz von Informationen, über die andere nicht verfügen, Wissensvorsprung*

In|for|ma|ti|ons|wert ⟨der; -(e)s; unz.⟩ *Gehalt an Informationen, Brauchbarkeit von Fakten* ▸ diese Äußerung beinhaltet keinen ~

in|for|ma|tiv ⟨Adj.⟩ *Informationen vermittelnd, Auskunft gebend* ▸ das Gespräch war sehr ~

in|for|mell ⟨Adj.⟩ *nicht formell, ohne Formalitäten;* Ggs *formell*

in|for|mie|ren ⟨V.; in|for|miert, in|for|mier|te, hat in|for|miert⟩ **I** ⟨V. trans.⟩ **1** jmdn. ~ *jmdm. Auskunft erteilen, jmdn. benachrichtigen* **2** *aufklären,* *belehren* ▸ der Chef wurde über den Vorgang informiert; die Eltern der Schüler wurden nicht rechtzeitig informiert; ~ Sie mich bitte, wenn die Ware eingetroffen ist **II** ⟨V. refl.⟩ sich (über etwas) ~ *sich unterrichten, Erkundigungen über etwas einziehen* ▸ du musst dich über die Arbeitsbedingungen ~; wenn er sich vorher informiert hätte, wäre der Fehler nicht passiert

In|fo|stand ⟨der; -(e)s, -stän|de; umg.; kurz für⟩ *Informationsstand*

in|fra|ge ⟨Adv.⟩ = *in* → *Frage*

In|f|ra|rot ⟨das; -s; unz.; Phys.⟩ *die nichtsichtbaren Wärmestrahlen unterhalb des Bereiches der roten Strahlen im Spektrum;* Syn *Ultrarot*

In|f|ra|struk|tur ⟨die; -, -en⟩ *alle für die Wirtschaft u. Daseinsfürsorge eines Landes notwendigen Einrichtungen u. Anlagen, die nur mittelbar der Produktion dienen, z. B. Straßen, Anlagen zur Energieversorgung, Kanalisation;* Abl *infrastrukturell*

In|fu|si|on ⟨die; -, -en; Med.⟩ *das Einführen größerer Flüssigkeitsmengen in den Körper mit Hohlnadeln* ▸ der Patient bekommt eine ~

Ing. ⟨Abk. für⟩ *Ingenieur*

In|ge|ni|eur ⟨[ɪnʒənjø:r] der; -s, -e; Abk.: Ing.⟩ *Techniker mit Ausbildung an einer Hochschule* (Diplom-Ing. (TH)) *od. Fachhochschule* (Diplom-Ing. (FH))

In|ge|ni|eu|rin ⟨[ɪnʒənjø:-] die; -, -rin|nen⟩ *weibl. Ingenieur*

In|ge|ni|eur|wis|sen|schaft ⟨[ɪnʒənjø:r-] die; -, -en; meist Pl.⟩ *Wissenschaft, die sich mit den techn. Problemstellungen innerhalb eines bestimmten Bereiches auseinandersetzt, z. B. Elektrotechnik, Maschinenbau, Verfahrenstechnik*

In|gre|di|enz ⟨die; -, -en; meist Pl.⟩ oV *Ingrediens* **1** *Zutat* **2** *Bestandteil (einer Mischung, bes. Arznei)*

Ing|wer ⟨der; -s; unz.; Bot.⟩ *ein südasiatisches Gewächs, dessen Wurzel als Gewürz verwendet wird*

Inh. ⟨Abk. für⟩ *Inhaber*

In|ha|ber ⟨der; -s, -; Abk.: Inh.⟩ *jmd., der die Gewalt über eine Sache hat, ohne ihr Eigentümer sein zu müssen* ▸ er ist der ~ des Geschäftes; jeder ~ einer Auszeichnung, eines Ordens, eines Rekordes; Abl *Inhaberin;* Zus *Firmeninhaber(in), Geschäftsinhaber(in)*

in|haf|tie|ren ⟨V. trans.; in|haf|tiert, in|haf|tier|te, hat in|haf|tiert⟩ jmdn. ~ *in Haft nehmen, verhaften, einsperren;* Abl *Inhaftierung*

in|ha|lie|ren ⟨V. trans.; in|ha|liert, in|ha|lier|te, hat in|ha|liert⟩ Dämpfe, Gase ~ *(zu Heilzwecken) einatmen;* Abl *Inhalierung*

In|halt ⟨der; -(e)s, -e⟩ **1** *etwas, das in einem Behälter ist od. von einer Form umschlossen wird* **2** *etwas, das in einem Behälter, einer Form, einem Raum Platz hat, Volumen* **3** ⟨Math.⟩ *in Flächen- od. Raummaßen ausgedrückte Größe* **4** ⟨übertr.⟩ *Gehalt, Mitgeteiltes, Dargebotenes, Dargestelltes, Summe der Merkmale* ▸ der ~ eines Begriffes, Briefes, Vortrags; den ~ eines Buches, eines Films, eines Theaterstückes erzählen; der ~ einer Flasche, Konservendose, Tasche; den ~ eines Gefäßes, Körpers berechnen; der ~ eines Glases, Kastens, Paketes; bitte zeigen Sie den ~ Ihrer Tasche! ▸ den ~ ausgießen, ausschütten, herausnehmen, wegwerfen; der ~ beträgt nur fünf Liter ▸ ein Leben ohne ~ ⟨übertr.⟩ *ohne Sinn, ohne Ziel*

in|halt|lich ⟨Adj.⟩ *den Inhalt betreffend* ▸ ~ ist der Roman gut, aber die Form befriedigt nicht

In|halts|an|ga|be ⟨die; -, -n⟩ *Wiedergabe des Inhalts* ▸ ~ eines Paketes, eines Theaterstückes; eine kurze ~ geben, machen

in|halts|reich ⟨Adj.⟩ **1** *reichen, guten Inhalt aufweisend* **2** ⟨übertr.⟩ *viele Neuigkeiten, viel Wissenswertes enthaltend*

in|halts|schwer ⟨Adj.; übertr.⟩ *von gewichtigem, bedeutungsvollem Inhalt*

In|halts|stoff ⟨der; -(e)s, -e; meist Pl.⟩ *Stoff, der in etwas enthalten ist* ▸ die ~e auf dem Etikett angeben; das Abwasser enthält nicht abbaubare ~e

In|halts|ver|zeich|nis ⟨das; -nis|ses, -nis|se⟩ *Verzeichnis der einzelnen Abschnitte od. Kapitel eines Buches mit Seitenangabe*

in|hä|rent ⟨Adj.⟩ *innewohnend, anhaftend*

in|ho|mo|gen ⟨[-ge:n] Adj.⟩ = *heterogen;* Ggs *homogen;* Abl *Inhomogenität*

in|hu|man ⟨Adj.⟩ Ggs *human* **1** *unmenschlich, menschenunwürdig* **2** *rücksichtslos, hartherzig;* Abl *Inhumanität*

In|i|ti|a|le ⟨[-tsja:lə] die; -, -n⟩ *seit der Spätantike in Handschriften der kunstvoll gestaltete, meist durch besondere Größe gekennzeichnete Anfangsbuchstabe eines Textes od. Textteils;* oV *Initial* ▸ sie ließ seine ~n auf das Etui gravieren *die Anfangsbuchstaben seines Vor- u. Nachnamens*

In|i|ti|a|ti|on ⟨[-tsja-] die; -, -en; bei traditionellen Völkern⟩ *bei Eintritt in die Pubertät erfolgende feierl. Aufnahme der Jungen, bei manchen Völkern auch der Mädchen, in die Gemeinschaft der Erwachsenen;* Zus *Initiationsritus*

In|i|ti|a|ti|ve ⟨[-tsja-] die; -, -n⟩ **I** ⟨unz.⟩ **1** *Entschlusskraft, Unternehmungsgeist* **2** *der erste Schritt zu einer Handlung, Fähigkeit, aus eigenem Antrieb zu handeln* ▸ die ~ ergreifen; er hat (keine) ~; auf ~ des Vorstandes tätig werden; aus eigener ~ handeln; durch die ~ des Abteilungsleiters gab es eine Gehaltserhöhung **II** ⟨zählb.⟩ **1** *lockere (private) Vereinigung zur Durchsetzung bestimmter (politischer) Forderungen;* Zus *Bürgerinitiative* **2** ⟨schweiz.⟩ *Volksbegehren*

In|i|ti|a|tor ⟨[-tsja:-] der; -s, -to|ren⟩ *Urheber, Anstifter (einer Handlung);* Abl *Initiatorin*

in|i|ti|ie|ren ⟨[-tsii:-] V. trans.; in|i|ti|iert, in|i|ti|ier|te, hat in|i|ti|iert⟩ **1** etwas ~ *den Anstoß zu etwas geben, es in die Wege leiten, anregen* **2** jmdn. ~ *in eine Gemeinschaft aufnehmen*

In|jek|ti|on ⟨die; -, -en; Med.⟩ *Einführung einer Flüssigkeit, bes. eines Medikamentes, mit Hilfe einer Spritze in einen Körper;* Zus *Injektionsspritze*

In|ka ⟨der; - od. -s, - od. -s⟩ *Angehöriger eines altperuanischen Volksstammes;* Zus *Inkareich*

In|kar|na|ti|on ⟨die; -, -en⟩ **1** *Fleischwerdung, Menschwerdung (z. B. Christi)* **2** *Verkörperung (von etwas Geistigem)*

In|kas|so ⟨das; -s, -kas|si; österr.⟩ *das Einziehen von Außenständen*

inkl. ⟨Abk. für⟩ *inklusive*

in|klu|si|ve ⟨Präp. m. Gen.; Abk.: inkl.⟩ *einschließlich, eingeschlossen;* Ggs *exklusive* ▸ ~ des Bearbeitungshonorars; ⟨das Subst. kann im Sg. u. ohne Art. auch undekliniert stehen⟩ ~ Trinkgeld; ⟨auch nachgestellt⟩ Vorspeise und Dessert ~; ⟨das Subst. kann im Pl. u. ohne Art. auch mit Dativ stehen⟩ ~ Trinkgeldern

in|ko|g|ni|to ⟨Adv.⟩ *unerkannt, unter anderem Namen* ▸ ~ reisen

In|ko|g|ni|to ⟨das; -s, -s⟩ *Verheimlichung des Namens, Gebrauch eines fremden Namens, Unerkanntsein* ▸ sein ~ enthüllen; das ~ wahren

in|ko|hä|rent ⟨Adj.⟩ *unzusammenhängend;* Ggs *kohärent;* Abl *Inkohärenz*

in|kom|pa|ti|bel ⟨Adj.⟩ *unvereinbar, nicht zusammenpassend;* Ggs *kompatibel* ▸ inkompatible Vorschläge; Abl *Inkompatibilität*

in|kom|pe|tent ⟨a. [---'-] Adj.⟩ **1** *nicht zuständig, unbefugt* **2** *nicht urteilsfähig* **3** *unfähig;* Abl *Inkompetenz*

in|kon|se|quent ⟨Adj.; -er, am -es|ten⟩ *nicht folgerichtig, unbeständig;* Ggs *konsequent* ▸ er verhält sich ~; Abl *Inkonsequenz*

in|kon|sis|tent ⟨Adj.⟩ **1** *nicht dauernd, unbeständig, unhaltbar* **2** *widersprüchlich;* Abl *Inkonsistenz*

In|kon|ti|nenz ⟨die; -; unz.; Med.⟩ *Unfähigkeit, den Harn od. Stuhl zurückzuhalten*

in|kor|rekt ⟨Adj.⟩ Ggs *korrekt* **1** *ungenau* **2** *nicht einwandfrei;* Abl *Inkorrektheit*

In|kraft|set|zung ⟨die; -; unz.⟩ *das Inkraftsetzen;* →a. *Kraft* ▸ bei ~ *als … in Kraft gesetzt wurde*

In|kraft|tre|ten ⟨das; -s; unz.⟩ *das Gültigwerden, Beginn der Rechtswirksamkeit einer Sache (bes. von Gesetzen);* →a. *Kraft*

In|ku|ba|ti|ons|zeit ⟨die; -, -en; Med.⟩ *Zeitspanne zwischen Ansteckung mit einer Infektionskrankheit u. ihrem Ausbruch*

In|land ⟨das; -(e)s; unz.⟩ *das Innere eines Landes, Staatsgebiet innerhalb der Grenzen;* Ggs *Ausland (1);* Zus *Inland(s)markt*

in|län|disch ⟨Adj.⟩ *das Inland betreffend, daraus stammend, dazu gehörig, einheimisch* ▸ ~e Erzeugnisse, Waren; ~er Bedarf, Markt

In|lands|nach|fra|ge ⟨die; -, -n; Wirtsch.⟩ *Nachfrage (2) nach einem Produkt innerhalb eines Landes;* oV *Inlandnachfrage* ▸ die ~ ist gestiegen

In|lay ⟨[-lɛı] das; -s, -s; Zahnmed.⟩ *Goldfüllung (in Zähnen)*

In|lett ⟨das; -s, -s od. -e⟩ *Bezugsstoff für Federbetten od. Daunendecken*

In|line|skates ⟨[-laınskɛıts] Pl.⟩ *Rollschuhe mit (meist vier) hintereinander angeordneten Rollen, die Schnelligkeit ermöglichen;* ⓘ S. 789; Syn *Inliner*

In|line|ska|ting ⟨[-laınskɛıtıŋ] das; -s; unz.⟩ *das Laufen (Fahren) mit Inlineskates (als Sportart)*

in me|di|as res *(unmittelbar) zur Sache*

in me|mo|ri|am *zum Andenken, zur Erinnerung an, zum Gedächtnis* ▸ ⟨mit ungebeugtem Namen⟩ ~ J. F. Kennedy

in|mit|ten ⟨Präp. mit. Gen.⟩ *mitten in, in der Mitte von* ▸ ~ dieses Gebietes; ~ von Blumen

in|ne|ha|ben ⟨V. trans.; hat in|ne, hat|te in|ne, hat in|ne|ge|habt, in|ne|zu|ha|ben⟩ ein Amt, eine Stellung ~ *bekleiden, ausüben*

in|ne|hal|ten ⟨V. intr.; hält in|ne, hielt in|ne, hat in|ne|ge|hal|ten, in|ne|zu|hal|ten⟩ *aufhören, stocken (beim Sprechen, Singen, Spielen usw.)*

in|nen ⟨Adv.⟩ *in einem Raum, drinnen;* Ggs *außen* ▸ die Nuss war ~ faul, hohl; ~ und außen; nach ~ (hinein od. zu); das Fenster geht nach ~ auf; wir wollen uns die Kirche von ~ ansehen; der Staat muss von ~ her(aus) reformiert werden

In|nen|ar|chi|tekt ⟨[-çi-] der; -en, -en⟩ *Architekt, der Innenräume gestaltet;* Abl *Innenarchitektin*

In|nen|dienst ⟨der; -(e)s; unz.⟩ *Dienst innerhalb des Hauses, der Dienststelle;* Ggs *Außendienst* ▸ im ~ arbeiten

In|nen|ein|rich|tung ⟨die; -, -en⟩ *Einrichtung, Ausstattung eines Innenraumes;* Syn *Innenausstattung*

In|nen|flä|che ⟨die; -, -n⟩ *die der Mitte, der Achse zugewendete Fläche eines Körpers od. Gefäßes* ▸ ~ der Hand

In|nen|hof ⟨der; -(e)s, -hö|fe⟩ *vom Haus umschlossener Hof, Atrium* ▸ die Kinder spielen im ~

In|nen|le|ben ⟨das; -s; unz.⟩ *das geistige u. seelische Leben des Menschen, seine Gedanken u. Gefühle, Seelenleben* ▸ ein reiches ~ besitzen, haben

In|nen|mi|nis|ter ⟨der; -s, -⟩ *Leiter des Innenministeriums;* Abl *Innenministerin*

In|nen|mi|nis|te|ri|um ⟨das; -s, -ri|en⟩ *Ministerium für die Angelegenheiten innerhalb des Staates, Bundeslandes o. Ä.*

In|nen|ohr ⟨das; -(e)s, -en; Anat.⟩ *innerer Teil des menschlichen Ohres, Labyrinth*

In|nen|po|li|tik ⟨die; -; unz.⟩ *Regelung der Verhältnisse u. Angelegenheiten innerhalb eines Staates, Bundeslandes o. Ä.;* Abl *innenpolitisch*

In|nen|raum ⟨der; -(e)s, -räu|me⟩ **1** *von Wänden umschlossener Raum* **2** ⟨Kfz⟩ *das Innere eines Autos* ▸ das neue Modell bietet viel Platz im ~

In|nen|sei|te ⟨die; -, -n⟩ *der Mitte, der Achse zugewendete Seite (eines Körpers, Gefäßes)* ▸ auf der ~; die ~ nach außen kehren

In|nen|stadt ⟨die; -; unz.⟩ *Zentrum einer Stadt, Stadtkern* ▸ wir wohnen in der ~; sie bummelten ziellos durch die Kölner ~; mit dem Auto in die ~ fahren

In|nen|ta|sche ⟨die; -, -n⟩ **1** *innerhalb einer Tasche angebrachte kleine Tasche* **2** *an der Innenseite von Kleidungsstücken (bes. Jacken od. Mäntel) angebrachte Tasche*

In|nen|welt ⟨die; -; unz.⟩ *die geistige, seel. Welt des Menschen, die Gesamtheit seiner Gedanken u. Gefühle;* Ggs *Außenwelt (1)*

in|ner(e, -er, -es) ⟨Adj.⟩ **1** *innen befindlich, innen stattfindend* **2** ⟨Med.⟩ *im Innern des Körpers (gelegen, stattfindend)* **3** ⟨übertr.⟩ *geistig, seelisch, im Wesen begründet* ▸ die ~en Angelegenheiten eines Staates; vor meinem ~en Auge tauchten Erinnerungen auf ⟨übertr.⟩ *im Geiste sah ich Vergangenes;* sie hat eine ~e Blutung; es fehlt ihm an ~em Halt; im ~sten Herzen *ganz tief im H., heimlich;* einen ~en Konflikt, Zwiespalt haben; ~e Krankheiten *alle Erkrankungen, die den ganzen Organismus in Mitleidenschaft ziehen u. deren Behandlung im Allg. nicht chirurgisch ist;* ~e Medizin *Erkennung u. Behandlung der inneren Krankheiten;* die ~en Organe *Eingeweide;* ⟨Sammelbez. für⟩ *alle Organe, die nicht der Stützung u. Fortbewegung des Körpers dienen;* ~e Reserven *haben seelisch widerstandsfähig sein;* die ~e Stadt *das Zentrum der Stadt;* eine ~e Stimme warnte mich ⟨übertr.⟩ *mein Instinkt;* seiner ~sten Überzeugung entsprechend; er hatte schwere ~e Verletzungen

in|ner|be|trieb|lich ⟨Adj.⟩ **1** *innerhalb eines Betriebes* **2** *für die Angehörigen eines Betriebes bestimmt, nur sie betreffend* ▸ eine ~e Angelegenheit, Mitteilung

in|ner|deutsch ⟨Adj.⟩ *innerhalb Deutschlands befindlich, stattfindend, die inneren Angelegenheiten Deutschlands betreffend*

In|ne|re(s) ⟨das; -n, -n⟩ **1** *etwas, was umschlossen, nach außen abgeschlossen, in der Mitte ist* **2** *Inhalt, Kern (einer Sache)* **3** *Innenseite* **4** ⟨übertr.⟩ *Seele u. Geist des Menschen, Gesamtheit seiner Gedanken u. seel. Regungen* ▸ das Innere des Hauses; Minister, Ministerium des Inner(e)n; jmdm. sein ~ öffnen; jmdn. einen Blick in sein ~ tun lassen ⟨übertr.⟩ *ihm seine geheimsten Gedanken offenbaren;* ins Innere des Landes vordringen; im Inneren ist er anderer Ansicht

In|ne|rei|en ⟨Pl.⟩ *die Gedärme u. inneren Organe (bes. von Schlachtvieh u. Geflügel)*

in|ner|halb ⟨Präp. m. Gen.⟩ **1** ⟨örtl.⟩ *eingeschlossen, umschlossen, begrenzt von* **2** ⟨zeitl.⟩ *binnen* ▸ bitte bleibt ~ des Gartens, des Hauses; die Arbeit muss ~ eines Jahres abgeschlossen sein; die Fortschritte ~ eines Wissensgebietes; ~ dreier Jahre waren wir zweimal umgezogen; Bes *kann auch mit „von" + Dativ verwendet werden: „innerhalb von drei Jahren"*

in|ner|lich ⟨Adj.⟩ **1** *im Inneren (befindlich), innen, ins Innere (gelangend)* **2** ⟨übertr.⟩ *nach innen gerichtet, mit reichem Seelenleben* ▸ ~e Anwendung (einer Arznei); sie ist ein sehr ~er Mensch; ~ betroffen, erregt sein; er lachte ~ *heimlich, für sich;* ein ~ hohler Mensch

in|ner|orts ⟨Adv.; schweiz.; österr.⟩ *innerhalb des Ortes, innerhalb der Ortschaft*

in|ner|par|tei|lich ⟨Adj.⟩ *innerhalb einer Partei stattfindend, die internen Verhältnisse einer Partei (u. ihrer Mitglieder) betreffend* ▸ ~e Auseinandersetzungen

In|ners|te(s) ⟨das; -n, -n⟩ **1** *der ganz innen gelegene Teil* **2** ⟨übertr.⟩ *das tiefste Wesen* ▸ bis ins Innerste eines Gebietes eindringen; im Innersten getroffen, verletzt, gekränkt sein

in|ne|wer|den ⟨V. intr.; wird in|ne, wur|de in|ne, ist in|ne|ge|wor|den, in|ne|zu|wer|den; mit Gen.; veraltet⟩ einer Sache ~ *eine S. erkennen, sie sich bewusstmachen, sie begreifen*

in|ne|woh|nen ⟨V. intr.; wohnt in|ne, wohn|te in|ne, hat in|ne|ge|wohnt, in|ne|zu|woh|nen⟩ einer Sache ~ *darin enthalten sein*

in|nig ⟨Adj.⟩ *herzlich, voller Zuneigung, liebreich, liebevoll, tief empfunden;* Syn *inniglich* ▸ ~e Anteilnahme, Freude, Freundschaft, Liebe, Verehrung; mein ~es Beileid; jmdm. ~sten Dank sagen; es ist sein ~er Wunsch; etwas aufs ~ste/Innigste erhoffen, wünschen; Abl *Innigkeit*

In|no|va|ti|on ⟨[-va-] die; -, -en⟩ *Erneuerung, Neuerung, Neugestaltung*

in|no|va|ti|ons|freu|dig ⟨[-va-] Adj.⟩ *Innovationen begrüßend, Neuerungen, Verbesserungen gegenüber aufgeschlossen*

in|no|va|tiv ⟨[-va-] Adj.⟩ *in der Art einer Innovation, erneuernd* ▸ ~e Maßnahmen

In|nung ⟨die; -, -en⟩ *freiwillige Vereinigung selbstständiger Handwerker;* Zus *Tischlerinnung*

in|of|fi|zi|ell ⟨Adj.⟩ *nicht amtlich, vertraulich;* Ggs *offiziell* ▸ ein ~es Schreiben; jmdm. etwas ~ mitteilen

in|ope|ra|bel ⟨Adj.; Med.⟩ *nicht operierbar, durch Operation nicht heilbar;* Ggs *operabel* ▸ eine inoperable Geschwulst

In|put ⟨der; - od. -s; unz.; EDV⟩ *die Daten, die in eine elektron. Datenverarbeitungsanlage hineingegeben werden, Eingabe;* Ggs *Output*

In|qui|si|ti|on ⟨die; -; unz.; vom 12.-18. Jh.⟩ *Organisation der kath. Kirche (bes. in Spanien), die im Namen des Glaubens viele Menschen verfolgte u. tötete* ▸ die Gräueltaten der ~

In|qui|si|tor ⟨der; -s, -en⟩ *Richter der Inquisition*

in|qui|si|to|risch ⟨Adj.⟩ *streng forschend, unerbittlich* ▸ ~e Fragen, ~er Blick

ins ⟨Verschmelzungsform aus Präp. u. Gen.⟩ *in das*

In|sas|se ⟨der; -n, -n⟩ *Bewohner, jeder, der sich mit anderen gemeinsam in einem Gebäude, Verkehrsmittel u. Ä. aufhält* ▸ die ~n eines Gefängnisses, eines Autos; Abl *Insassin*

ins|be|son|de|re ⟨Adv.⟩ *ganz besonders, vor allem, speziell;* oV *insbesondre* ▸ das gilt ~ dann, wenn man bedenkt, dass …

In|schrift ⟨die; -, -en⟩ *in Stein, Metall od. Holz gegrabene od. aus diesen herausgearbeitete Schrift, z. B. auf Denkmälern, Grabsteinen, über Haustüren, auf Münzen*

In|sekt ⟨das; -(e)s, -en; Zool.⟩ *kleines Tier, das häufig fliegen kann, mit scharfer Einkerbung zw. Kopf, Brust u. Hinterleib,* z. B. Ameise, Fliege, Biene; Syn *Kerbtier, Kerf*

In|sek|ten|stich ⟨der; -(e)s, -e⟩ *durch Insekt hervorgerufene, meist harmlose Verwundung*

In|sek|ti|zid ⟨das; -(e)s, -e⟩ *Substanz, die für Insekten tödlich ist*

In|sel ⟨die; -, -n⟩ *von Wasser umgebenes Landstück*

▸ eine ~ der Ruhe inmitten des allgemeinen Lärms ⟨übertr.⟩; im Rhein gibt es viele kleine ~n; auf einer ~ leben; auf einer ~ im Mittelmeer Urlaub machen; nach langen Jahren der Arbeit hat es ihn auf eine ~ verschlagen; ich bin reif für die ~ ⟨übertr.; umg.⟩ *ich brauche Urlaub;* Zus *Inselbewohner(in) Inselgruppe, Inselstaat*

In|sel|welt ⟨die; -; unz.⟩ *Gesamtheit von geografisch zusammengehörigen Inseln od. Inselgruppen* ▸ die ~ des Stillen Ozeans

In|se|rat ⟨das; -(e)s, -e⟩ *Anzeige (in einer Zeitung od. Zeitschrift);* Syn *Annonce* ▸ ein ~ aufgeben; Zus *Inseratenteil*

In|se|rent ⟨der; -en, -en⟩ *jmd., der ein Inserat aufgibt;* Abl *Inserentin*

in|se|rie|ren ⟨V. intr. u. V. trans.; in|se|riert, in|se|rier|te, hat in|se|riert⟩ (etwas) ~ *ein Inserat aufgeben, durch ein Inserat bekanntgeben* ▸ in einer Zeitung ~

ins|ge|heim ⟨Adv.⟩ *im Geheimen, heimlich*

ins|ge|samt ⟨a. ['---] Adv.⟩ *im Ganzen, alle(s) zusammen* ▸ ich habe ~ vier Geschwister; es kamen ~ 36 Gäste; wir werden ~ acht Konzerte geben; er hat ~ 98 Euro ausgegeben

In|si|der ⟨[-saɪ-] der; -s, -⟩ *jmd., der einen Bereich od. bestimmte Verhältnisse aus eigener Anschauung kennt, Eingeweihter;* Ggs *Outsider;* Abl *Insiderin*

In|si|g|ni|en ⟨nur Pl.⟩ *Abzeichen, Kennzeichen eines Herrschers od. hohen Würdenträgers (Zepter, Krone usw.)*

in|sis|tie|ren ⟨V. intr.; in|sis|tiert, in|sis|tier|te, hat in|sis|tiert⟩ auf etwas ~ *bestehen, beharren* ▸ auf die Erfüllung dieser Forderung muss ich ~

in|so|fern[1] ⟨Adv.⟩ *was dies betrifft, in diesem Punkt* ▸ er hatte ~ Glück, als er sich bei dem Sturz nur leicht am Knie verletzt hatte

in|so|fern[2] ⟨Konj.⟩ *wenn, soweit* ▸ er wird kommen, ~ es seine Zeit erlaubt; er hat Recht, ~ er die Lage beurteilen kann

in|sol|vent ⟨a. [-vɛnt] Adj.⟩ = *zahlungsunfähig;* Ggs *solvent;* Abl *Insolvenz*

in|so|weit[1] ⟨Adv.⟩ = *insofern*[1]

in|so|weit[2] ⟨Konj.⟩ = *insofern*[2]

In|s|pek|teur ⟨[-tøːr] der; -s, -e⟩ **1** *Leiter einer Inspektion* **2** ⟨Bundeswehr⟩ *ranghöchster aufsichtsführender Offizier von Heer, Marine od. Luftwaffe od. der Inspektion des Sanitäts- u. Gesundheitswesens* ▸ ~ der Bundeswehr

In|s|pek|ti|on ⟨die; -, -en⟩ **1** *prüfende Besichtigung* **2** *Aufsicht, Überwachung* **3** *Prüf-, Aufsichtsstelle* **4** ⟨Kfz⟩ *regelmäßig erfolgende Prüfung u. Wartung* ▸ wann war das Fahrzeug zuletzt in der ~?; das Auto muss alle 20 000 Kilometer in die ~

In|s|pek|tor ⟨der; -s, -en⟩ **1** *Aufsichtsführender* **2** *Verwaltungsbeamter;* Abl *Inspektorin*

In|s|pi|ra|ti|on ⟨die; -, -en⟩ *Anregung, Einfall, Eingebung, Idee*

in|s|pi|rie|ren ⟨V. trans.; in|s|pi|riert, in|s|pi|rier|te, hat in|s|pi|riert⟩ jmdn. (zu etwas) ~ *jmdn. (zu etwas) anregen, (für etwas) begeistern, anfeuern* ▸ jmdn. zu einer Tat, einem Gedanken ~

in|s|pi|zie|ren ⟨V. trans.; in|s|pi|ziert, in|s|pi|zier|te, hat in|s|pi|ziert⟩ **1** etwas ~ *prüfen, prüfend besichtigen* **2** jmdn. ~ *überwachen, beaufsichtigen*

in|sta|bil ⟨Adj.⟩ *nicht stabil, schwankend, unbeständig;* Ggs *stabil;* Abl *Instabilität*

In|s|tal|la|teur ⟨[-tøːr] der; -s, -e⟩ *Handwerker für Installationen (1);* Abl *Installateurin;* Zus *Heizungsinstallateur*

In|s|tal|la|ti|on ⟨die; -, -en⟩ **1** ⟨Tech.⟩ *das Einrichten von technischen Anlagen in Gebäuden (Wasser, Heizung, Gas, Elektrizität, Lüftung usw.)* **2** ⟨EDV⟩ *das Einrichten eines Programms auf der Festplatte eines Computers* **3** ⟨bildende Kunst⟩ *Anordnung von Gegenständen als Kunstwerk (im Raum eines Museums)* **4** ⟨Kirchenrecht⟩ *Amtseinweisung von Geistlichen* ▸ die ~ sanitärer Anlagen; die ~ neuer Software

in|s|tal|lie|ren ⟨V. trans.; in|s|tal|liert, in|s|tal|lier|te, hat in|s|tal|liert⟩ **1** ⟨Tech.⟩ eine techn. Anlage ~ *einrichten, einbauen* **2** ⟨EDV⟩ ein Computerprogramm ~ *auf die Festplatte eines Computers kopieren u. dort einrichten* **3** ⟨Kirchenrecht⟩ einen Geistlichen ~ *in ein kirchl. Amt einweisen;* Abl *Installierung*

in|stand *auch:* **in Stand** ⟨Adv.⟩ ⟨in den Wendungen⟩ **1** etwas ~ halten *in gutem Zustand erhalten, pflegen* (Gebäude, Geräte, Grundstücke u. Ä.); Abl *Instandhaltung* **2** etwas ~ setzen *ausbessern, wiederherstellen;* Abl *Instandsetzung* ▸ sie hat ihre Kleidung schlecht ~ gehalten; er muss die Wohnung auf eigene Kosten ~ setzen lassen

in|stän|dig ⟨Adj.⟩ *eindringlich, flehentlich* ▸ auf sein ~es Bitten hin; jmdn. ~ um etwas bitten

In|s|tant... ⟨a. [ɪnstənt] in Zus.⟩ *pulverisiert u. sofort gebrauchsfertig,* z. B. Instantgetränk, Instantkaffee

In|s|tanz ⟨die; -, -en; Abk.: Inst.⟩ **1** *zuständige Behörde* **2** ⟨Rechtsw.⟩ *zuständige Stufe des gerichtl. Verfahrens* ▸ eine Sache in erster, zweiter ~ entscheiden, verhandeln ⟨Rechtsw.⟩; er will sich an die höhere, letzte, nächste ~ wenden

In|s|tinkt ⟨der; -(e)s, -e⟩ **1** *Trieb zu bestimmten Verhaltensweisen bei Mensch u. Tier;* Syn *Naturtrieb* **2** *Ahnungsvermögen, sicheres Gefühl* ▸ für etwas ~ besitzen, beweisen; ihr ~ bewahrte sie davor, einen Fehler zu begehen; seinem ~ folgen, gehorchen; sie hat dafür einen feinen ~; damit werden die niedersten ~e wachgerufen, geweckt ▸ mit mütterlichem, weiblichem ~ fühlte sie es; einen sicheren, untrüglichen ~ für etwas besitzen ▸ sich auf seinen ~ verlassen können; etwas aus ~ tun; sich von seinem ~ leiten lassen; Abl *instinktlos*

in|s|tink|tiv ⟨Adj.⟩ *einem Instinkt folgend, gefühlsmäßig, unwillkürlich* ▸ ~es Handeln; sie rief ~ um Hilfe rufen

In|s|ti|tut ⟨das; -(e)s, -e⟩ *Anstalt, Einrichtung, die bes. der Ausbildung, Erziehung u. wissenschaftl. Arbeit dient* ▸ das Germanistische, Historische, Mathematische, Physikalische ~ der Universität; ein öffentliches, privates ~; ~ für Zeitgeschichte; Zus *Forschungsinstitut*

In|s|ti|tu|ti|on ⟨die; -, -en⟩ **1** *(staatl.) Einrichtung, z. B. Parlament, Behörde* **2** *Stiftung, Gesellschaft* **3** ⟨Soziol.⟩ *ein Komplex sozialer Regelungen, denen im Gesamtsystem der Gesellschaft grundlegende Bedeutung zukommt (z. B. Ehe, Eigentum, Beruf)*

in|s|t|ru|ie|ren ⟨V. trans.; in|s|t|ru|iert, in|s|t|ru|ier|te, hat in|s|t|ru|iert⟩ **1** jmdn. ~ *jmdm. Anweisungen, Verhaltensmaßregeln geben* **2** jmdn. (über etwas) ~ *(von etwas) in Kenntnis setzen, unterrichten*

In|s|t|ruk|ti|on ⟨die; -, -en⟩ *Anweisung, Verhaltensmaßregel* ▸ ~en erhalten; jmdm. ~en erteilen

in|s|t|ruk|tiv ⟨Adj.⟩ *lehrreich, einprägsam, aufschlussreich*

In|s|t|ru|ment ⟨das; -(e)s, -e⟩ **1** *Gerät, Werkzeug (bes. für wissenschaftliche Untersuchungen);* Zus *Messinstrument* **2** *Musikgerät;* Zus *Blasinstrument, Musikinstrument, Saiteninstrument, Streichinstrument, Tasteninstrument* ▸ ein ~ beherrschen, erlernen, spielen; chirurgische ~e desinfizieren; dieses Amt ist ein ~ der Macht ⟨übertr.⟩; welches ~ würdest du gern spielen können?

in|s|t|ru|men|tal ⟨Adj.⟩ *mit Instrumenten versehen, mit Hilfe von Instrumenten (2);* Zus *Instrumentalmusik, Instrumentalkonzert*

in|s|t|ru|men|ta|li|sie|ren ⟨V. trans.; in|s|t|ru|men|ta|li|siert, in|s|t|ru|men|ta|li|sier|te, hat in|s|t|ru|men|ta|li|siert⟩ **1** ⟨Mus.⟩ eine Komposition ~ *mit Instrumentstimmen versehen u. daraus ein Instrumentalstück machen;* Syn *instrumentieren* **2** ⟨übertr.⟩ jmdn. od. etwas ~ *bewusst als Instrument, Mittel zum Zweck benutzen* ▸ einen Freund ~ ⟨übertr.⟩; ein Gesangs-, Klavierstück ~; Abl *Instrumentalisierung*

In|s|t|ru|men|ta|ri|um ⟨das; -s, -ri|en⟩ *alle zu einem bestimmten Zweck od. einer bestimmten (wissenschaftlichen) Tätigkeit benötigten Instrumente;* Syn *Instrumentar*

in|s|t|ru|men|tell ⟨Adj.⟩ *mit Hilfe von Instrumenten (1)* ▸ mit ~en Hilfsmitteln

In|suf|fi|zi|enz ⟨die; -; unz.⟩ **1** *Unzulänglichkeit, Unvermögen* **2** ⟨Rechtsw.⟩ *Unfähigkeit, Gläubiger zu befriedigen* **3** ⟨Med.⟩ *unzureichende Leistungsfähigkeit (eines Organs);* Zus *Herzinsuffizienz*

In|su|la|ner ⟨der; -s, -⟩ *Bewohner einer Insel;* Abl *Insulanerin*

In|su|lin ⟨das; -s; unz.⟩ *vom Inselorgan der Bauchspeicheldrüse gebildetes Hormon, das den Blutzuckerspiegel senkt;* Zus *Insulinschock*

in|sze|nie|ren ⟨V. trans.; in|sze|niert, in|sze|nier|te, hat in|sze|niert⟩ **1** ein Bühnenwerk ~ *in Szene setzen, seine Aufführung technisch u. künstlerisch vorbereiten u. leiten* **2** ⟨übertr.; umg.⟩ einen Skandal ~ *hervorrufen;* Abl *Inszenierung*

in|takt ⟨Adj.⟩ **1** *unbeschädigt, unversehrt, unberührt* **2** *funktionsfähig, störungsfrei funktionierend* ▸ eine ~e Beziehung; der Motor ist ~ geblieben

in|te|ger ⟨Adj.⟩ *rein, makellos, rechtschaffen, redlich* ▸ ein integrer Charakter

In|te|g|ral ⟨das; -s, -e; Zeichen: ∫; Math.⟩ ~ von x_0 bis x über f(x)dx *die Summe aller durch f(x) gegebenen Differenziale im Bereich von x_0 bis x*

In|te|g|ral|glei|chung ⟨die; -, -en; Math.⟩ *Gleichung, bei der sich die variable Größe (Größen) innerhalb eines Integrals befindet* ▸ lineare ~

In|te|g|ral|rech|nung ⟨die; -, -en; Math.⟩ *Umkehrung der Differenzialrechnung*

In|te|g|ra|ti|on ⟨die; -, -en⟩ *Einbeziehung, Herstellung eines Ganzen, Zusammenschluss*

In|te|g|ra|ti|ons|pro|zess ⟨der; -es, -e⟩ *Prozess der Integration, Vorgang der Einbeziehung* ▸ den ~ befördernde Maßnahmen

in|te|g|ra|ti|ons|wil|lig ⟨Adj.⟩ *den Willen zur Integration besitzend* ▸ ~e Ausländer

in|te|g|ra|tiv ⟨Adj.⟩ *eine Integration bewirkend, einer Integration förderlich* ▸ ~e Maßnahmen

in|te|g|rie|ren ⟨V. trans.; in|te|g|riert, in|te|g|rier|te, hat in|te|g|riert⟩ jmdn. od. etwas (in etwas) ~ *einbeziehen, zu einem Ganzen bilden, ergänzen, vervollständigen*

In|te|g|ri|tät ⟨die; -; unz.⟩ *Reinheit, Makellosigkeit, Rechtschaffenheit, Redlichkeit*

In|tel|lekt ⟨der; -(e)s; unz.⟩ *Verstand, Denkvermögen* ▸ einen scharfen ~ haben

in|tel|lek|tu|ell ⟨Adj.⟩ **1** *auf dem Intellekt beruhend* **2** *den Verstand, das Verstandesmäßige betonend, betont geistig;* Abl *Intellektuelle(r)* ▸ eine ~e Begabung; er ist sehr ~

in|tel|li|gent ⟨Adj.; -er, am -es|ten⟩ *schnell auffassend, klug, geistig begabt* ▸ das war keine sehr ~e Antwort; das Problem hast du sehr ~ gelöst; das Kind ist sehr ~; dieser Hund ist ziemlich ~

In|tel|li|genz ⟨die; -; unz.⟩ **1** *rasche Auffassungsgabe, Klugheit, geistige Begabung, enorme Verstandeskraft;* Zus *Intelligenztest* **2** *Gesamtheit der geistig Schaffenden*

In|tel|li|genz|bes|tie ⟨[-stiə] die; -, -n; umg.; oft iron.⟩ *besonders intelligenter Mensch* ▸ sie ist eine richtige ~

In|tel|li|genz|quo|ti|ent ⟨der; -en, -en; Abk.: IQ⟩ *aus dem Verhältnis zw. Intelligenzalter u. Lebensalter errechnetes Maß für den Grad der Intelligenz*

In|ten|dant ⟨der; -en, -en⟩ *Leiter eines Theaters, eines Rundfunk- od. Fernsehsenders;* Abl *Intendantin*

In|ten|danz ⟨die; -, -en⟩ **1** *Leitung eines Theaters, Rundfunk- od. Fernsehsenders* **2** *Amtsräume eines Intendanten*

in|ten|die|ren ⟨V. trans.; in|ten|diert, in|ten|dier|te, hat in|ten|diert⟩ etwas ~ *beabsichtigen, erstreben, dazu neigen;* Abl *Intendierung*

In|ten|si|tät ⟨die; -; unz.⟩ **1** *Ausmaß, Wirkungsstärke (einer Kraft)* **2** *Stärke, Leuchtkraft (von Farben, Tönen)*

in|ten|siv ⟨Adj.⟩ **1** *angespannt, angestrengt* (Arbeit) **2** *stark, kräftig* (Wirkung) **3** *tief, leuchtkräftig* (Farben); Abl *Intensivität*

...in|ten|siv ⟨in Zus.; zur Bildung von Adj.⟩ *viel ... erfordernd, in Anspruch nehmend,* z. B. lohnintensiv, kostenintensiv, personalintensiv

in|ten|si|vie|ren ⟨[-vi:-] V. trans.; in|ten|si|viert, inten|si|vier|te, hat in|ten|si|viert⟩ etwas ~ *erhöhen, steigern, verstärken;* Abl *Intensivierung*

In|ten|si̱v|sta|ti|o̱n ⟨die; -, -en; Med.⟩ *Krankenhausstation zur Betreuung u. Überwachung lebensgefährlich erkrankter Personen unter Anwendung entsprechender Sofortmaßnahmen*

In|ten|ti|o̱n ⟨die; -, -en⟩ *Absicht, Bestreben, Vorhaben, Plan* ▸ mir ist nicht klar, welche ~en er verfolgt; Abl *intentional*

in|ter..., In|ter... ⟨in Zus.⟩ *zwischen..., Zwischen...*

in|ter|agi̱e|ren ⟨V. intr.; in|ter|agiert, in|ter|agier|te, hat in|ter|agiert⟩ *Interaktionen betreiben, aufeinander bezogen handeln* ▸ die Studierenden müssen besser ~

In|ter|ak|ti|o̱n ⟨die; -, -en⟩ **1** *Wechselwirkung, wechselseitige Beeinflussung von Individuen od. Gruppen* **2** *wechselweises Vorgehen*

in|ter|ak|ti̱v ⟨Adj.⟩ *in der Art einer Interaktion, sie betreffend, auf ihr beruhend* ▸ ~es Handeln; Abl *Interaktivität*

In|ter|ci|ty® ⟨[-sı-] der; -s, -s; Abk.: IC®⟩ *zw. bestimmten Großstädten verkehrender Schnellzug*

In|ter|ci|ty|ex|pre̥ss® ⟨[-sı-] der; - od. -es, -e; Pl. selten; Abk.: ICE®⟩ *Eisenbahnzug der Deutschen Bahn, der mit einer Höchstgeschwindigkeit von 300 km/h gefahren wird*

in|ter|dis|zi|p|li|nä̱r ⟨Adj.⟩ *mehrere Disziplinen umfassend* ▸ ~e Forschung; Abl *Interdisziplinarität*

in|te|r|es|sa̱nt ⟨Adj.; -er, am -es|ten⟩ **1** *Interesse, Beachtung weckend, beachtenswert, lehrreich, anregend* **2** *fesselnd, spannend, unterhaltend* **3** *außergewöhnlich, eigenartig, auffällig* **4** ⟨Kaufmannsspr.⟩ *vorteilhaft* ▸ das dürfte ein ~es Angebot für Sie sein ⟨Kaufmannsspr.⟩; ein ~es Buch, Fernseh-, Hörspiel, Theaterstück; das ist ein ~er Fall; er ist ein ~er Mensch; sie hat einen ~en Vortrag gehalten ▸ er kann ~ erzählen, plaudern; du willst dich nur ~ machen *Aufmerksamkeit erregen;* sein: das ist (mir) ja sehr ~!; Ihr Hinweis war sehr ~ ▸ dieses Angebot ist nicht ~ für uns ⟨Kaufmannsspr.⟩; Ihre Mitteilung war sehr ~ für mich

In|te|r|e̦s|se ⟨das; -s, -n⟩ **1** *Aufmerksamkeit, Beachtung, Anteilnahme, Wissbegierde, Neigung;* Ggs *Desinteresse;* Abl *interesselos;* Zus *Interessengebiet* **2** *Vorteil, Nutzen, Sache, für die man eintritt;* Zus *Interessengruppe, Interessenvertretung* **3** *Belang, Wichtigkeit* **4** ⟨Kaufmannsspr.⟩ *Nachfrage* ▸ das ~ der Allgemeinheit, der breiten Masse, des Volkes, des Wählers; im ~ der Konsumenten, Kunden, des Verbrauchers ▸ auseinandergehen: unsere ~n gehen auf diesem Gebiet weit auseinander; unsere ~n berühren sich; jmds. ~n entsprechen; ~ erregen, erwecken, gewinnen, zeigen; ich habe das ~ daran verloren; jmds. ~n vernachlässigen; jmds. ~n vertreten, wahren, wahrnehmen; jmds. ~n zuwiderlaufen ▸ außerordentliches, großes, geringes, lebhaftes, offenkundiges, reges, wachsendes ~; ihr besonderes ~ gilt der modernen Malerei; gegensätzliche ~n haben; geistige, literarische, naturwissenschaftliche, sportliche ~n; wir haben viele gemeinsame ~n; ich habe nicht das geringste, leiseste ~ daran; für diesen Artikel besteht kein, starkes, wenig ~; es geht hier um persönliche ~n ▸ ich habe kein ~ an diesem Konzert; etwas aus ~ tun; bei ihr überwiegt das ~ für Musik; er hat gegen das ~ seiner Firma gehandelt, verstoßen; in jmds. ~ handeln; es liegt in unser aller ~; es ist auch in deinem ~, dass du ...; im ~ der Sache etwas tun; etwas mit ~ verfolgen; das ist für mich nicht von ~

in|te|r|e̦s|se|hal|ber ⟨Adv.⟩ *aus Interesse* ▸ ich frage nur ~

In|te|r|e̦s|sen|ge|mein|schaft ⟨die; -, -en; Abk.: IG⟩ *vertraglicher Zusammenschluss mehrerer rechtlich selbstständiger Unternehmungen zu einer Gewinngemeinschaft*

In|te|r|e̦s|sen|kon|flikt ⟨der; -(e)s, -e⟩ *Konflikt, der sich aus dem Vorhandensein gegensätzlicher od. unvereinbarer Interessen ergibt;* oV *Interessenskonflikt* ▸ sich in einem ~ befinden; in einen ~ geraten

In|te|r|es|se̦nt ⟨der; -en, -en⟩ **1** *jmd., der Interesse an etwas hat* **2** *Bewerber* **3** *Kauflustiger* ▸ auf die Anzeige hin meldeten sich viele ~en; Abl *Interessentin*

in|te|r|es|si̱e|ren ⟨V.; in|te|r|es|siert, in|te|r|es|sier|te, hat in|te|r|es|siert⟩ **I** ⟨V. trans.⟩ **1** jmdn ~ *jmds. Interesse erregen, Anteilnahme wecken, jmdn. fesseln, reizen* **2** jmdn. für etwas ~ *jmds. Interesse für etwas wecken* ▸ so etwas interessiert ihn nicht; das würde ihn (lebhaft) ~; wir versuchen, den Bürgermeister für unser soziales Projekt zu ~ **II** ⟨V. refl.⟩ sich für jmdn. od. etwas ~ *sich mit jmdm. od. etwas beschäftigen, an ihm od. daran regen Anteil nehmen* ▸ ich interessiere mich für dieses Buch, Theaterstück; ich interessiere mich für dieses Fahrrad *ich möchte es kaufen;* interessierst du dich für Musik?; er interessiert sich für alles; sich für einen Dichter, einen Komponisten ~; →a. *interessiert*

in|te|r|es|si̱ert **I** ⟨Part. Perf. von⟩ *interessieren* **II** ⟨Adj.⟩ (an jmdm. od. etwas) ~ sein *(für jmdn. od. etwas) Interesse, Anteilnahme zeigend* ▸ ein ~er junger Mann; daran bin ich nicht ~

In|te|ri|eur ⟨[ɛ̃terio̱:r] das; -s, -e od. -s⟩ **1** *Inneres, Innenraum* **2** *Ausstattung eines Innenraums* **3** ⟨Mal.⟩ *Darstellung eines Innenraums*

I̱n|te|rim ⟨das; -s, -s⟩ *Zwischenzeit, vorläufiger Zustand;* Zus *Interimslösung, Interimsregierung*

In|ter|jek|ti|o̱n ⟨die; -, -en; Sprachw.⟩ *Ausruf zum Ausdruck von Freude, Schreck, Schmerz, Erstaunen, Bedauern usw.,* z. B. ach!, oh!; Syn *Ausrufewort, Empfindungswort*

in|ter|kon|ti|nen|ta̱l ⟨Adj.⟩ *mehrere Kontinente (Erdteile) betreffend, ihnen gemeinsam, sie verbindend;* Zus *Interkontinentalflug, Interkontinentalrakete*

in|ter|kul|tu|re̦ll ⟨Adj.⟩ *mehrere Kulturen betreffend, ihnen gemeinsam, sie verbindend* ▸ ein ~er Austausch; gestern hat bei uns eine ~e Veranstaltung stattgefunden

In|ter|mez|zo ⟨das; -s, -s od. -mez|zi⟩ **1** ⟨Mus.⟩ **1.1** ⟨im 17./18. Jh.⟩ *heiteres Zwischenspiel in Dramen od. Opern* **1.2** *kurzes, stimmungsvolles Musikstück* **2** *heiterer Zwischenfall*

in|tern ⟨Adj.⟩ *die Angelegenheit innerhalb einer Gemeinschaft betreffend, nicht für Außenstehende bestimmt, vertraulich* (Angelegenheit, Besprechung); Ggs *extern*

in|ter|na|li|sie|ren ⟨V. trans.; in|ter|na|li|siert, in|ter|na|li|sier|te, hat in|ter|na|li|siert; Psych.⟩ etwas ~ *sich innerlich aneignen, als richtig erkennen u. in sich verarbeiten;* Abl *Internalisierung*

In|ter|nat ⟨das; -(e)s, -e⟩ *meist einer höheren Lehranstalt angegliedertes Gebäude, in dem die Schüler bzw. Schülerinnen wohnen u. verpflegt werden* ▸ ein ~ besuchen; auf ein ~ gehen

in|ter|na|ti|o|nal ⟨Adj.⟩ *zwischen-, überstaatlich, nicht national begrenzt, mehrere Staaten bzw. Völker betreffend* ▸ ~e Handelsbeziehungen, Vereinbarungen; Internationales Olympisches Komitee ⟨Abk.: IOK⟩; einen neuen ~en Studiengang begründen ▸ der Ausweis ist ~ gültig; dieser Konzern ist ~ tätig

in|ter|na|ti|o|na|li|sie|ren ⟨V. trans.; in|ter|na|ti|o|na|li|siert, in|ter|na|ti|o|na|li|sier|te, hat in|ter|na|ti|o|na|li|siert⟩ etwas ~ *international gestalten;* Abl *Internationalisierung*

In|ter|net ⟨das; -s; unz.; EDV⟩ *internationales Computernetz, Verband von Netzwerken mit mehreren Millionen Benutzern;* →a. *Intranet* ▸ im ~ chatten; im ~ surfen *gezielt od. wahllos im Internet durch das Anklicken von Links u. Aufrufen von Webseiten nach Informationen suchen* ▸ sich Informationen aus dem ~ holen; ich bin gerade im ~; er bekommt einen Zugang zum ~; Zus *Internetadresse, Internetanbieter, Internetangebot, Internetanschluss, Internetfirma, Internethandel, Internetnutzer(in), Internetportal, Internetseite, Internetzugang; internetgestützt*

In|ter|net|auf|tritt ⟨der; -(e)s, -e; EDV⟩ *Präsentation, Gestaltung von Webseiten im Internet* ▸ den ~ einer neuen Firma präsentieren

In|ter|net|ca|fé ⟨[-fe:] das; -s, -s⟩ *Café, Restaurant mit einer bestimmten Anzahl von Computern, an denen die Gäste gegen eine Gebühr im Internet surfen können*

In|ter|net|pro|vi|der ⟨[-vaɪ-] der; -s, -; EDV⟩ *Dienstleister, der Firmen u. Privatkunden einen Internetzugang bereitstellt, Browser;* Syn *Internetdienst*

in|ter|nie|ren ⟨V. trans.; in|ter|niert, in|ter|nier|te, hat in|ter|niert⟩ jmdn. ~ *in staatlichen Gewahrsam, in Haft nehmen (bes. im Krieg);* Abl *Internierung*

In|ter|nist ⟨der; -en, -en; Med.⟩ *Facharzt für innere Krankheiten;* Abl *Internistin; internistisch*

In|ter|pol ⟨ohne Artikel; Kurzw. für⟩ *Internationale Kriminalpolizeiliche Organisation*

In|ter|pret ⟨der; -en, -en⟩ **1** *Erklärer, Ausleger, Deuter* **2** ⟨Mus.⟩ *Künstler, der ein (musikal.) Kunstwerk in einer bestimmten Weise darstellt bzw. spielt;* Abl *Interpretin*

In|ter|pre|ta|ti|on ⟨die; -, -en⟩ **1** *Erklärung, Auslegung, Deutung* **2** *künstlerische Wiedergabe (eines Musikstückes)*

in|ter|pre|tie|ren ⟨V. trans.; in|ter|pre|tiert, in|ter|pre|tier|te, hat in|ter|pre|tiert⟩ etwas ~ *(sprachlich, sachlich, künstlerisch) erklären, auslegen, deuten* ▸ einen Text, ein Musikstück ~

In|ter|punk|ti|on ⟨die; -, -en; Gramm.⟩ *Anwendung von Satzzeichen nach bestimmten Regeln;* Syn *Zeichensetzung;* Zus *Interpunktionszeichen*

In|ter|re|g|num ⟨das; -s, -re|g|nen od. -re|g|na⟩ **1** *Zwischenregierung, vorläufig eingesetzte Regierung* **2** *Zeitraum, während dessen eine solche Regierung herrscht*

In|ter|ro|ga|tiv|pro|no|men ⟨das; -s, - od. -mi|na; Gramm.⟩ *Pronomen, das der Einleitung einer Frage dient,* z. B. was?, wer?, wie?; Syn *Fragefürwort, Fragewort, Interrogativum*

In|ter|ro|ga|tiv|satz ⟨der; -es, -sät|ze; Gramm.⟩ *Fragesatz*

In|ter|vall ⟨[-val] das; -(e)s, -e⟩ **1** *Zwischenraum, Zwischenzeit, Abstand, Pause* **2** ⟨Mus.⟩ *Höhenunterschied zw. zwei Tönen, die gleichzeitig od. nacheinander klingen*

in|ter|ve|nie|ren ⟨[-ve-] V. intr.; in|ter|ve|niert, in|ter|ve|nier|te, hat in|ter|ve|niert⟩ *dazwischentreten, einschreiten, sich einmischen, (zwischen zwei Personen od. Parteien) vermitteln*

In|ter|ven|ti|on ⟨[-vɛn-] die; -, -en⟩ **1** ⟨allg.⟩ *Dazwischentreten, Einmischung, Eingreifen, Vermittlung* **2** ⟨Pol.⟩ *Einmischung eines Staates in die Angelegenheiten eines anderen Staates*

In|ter|view ⟨[-vju:] od. ['---] das; -s, -s⟩ **1** *Befragung (zumeist bekannter Persönlichkeiten) durch Presse-, Rundfunk- od. Fernsehvertreter* **2** *Befragung ausgewählter Personen zu statistischen o. ä. Zwecken* ▸ im Fernsehen wird ein ~ mit dem Bundeskanzler gesendet; das ~ wurde in der Zeitung gedruckt; der Reporter möchte mit ihm ein ~ machen

in|ter|vie|wen ⟨[-vju:ən] V. trans.; in|ter|viewt, in|ter|view|te, hat in|ter|viewt⟩ jmdn. ~ *ein Interview mit jmdm. abhalten, jmdn. befragen* ▸ die Teilnehmer einer Diskussionsrunde ~; zu diesem Thema wurden mehrere Personen interviewt; Abl *Interviewer(in)*

in|thro|ni|sie|ren ⟨V. trans.; in|thro|ni|siert, in|thro|ni|sier|te, hat in|thro|ni|siert⟩ *feierlich einsetzen* (Fürsten, König, Papst); Abl *Inthronisierung*

In|ti|fa|da ⟨die; -; unz.; seit 1987⟩ *Aufstand der Palästinenser in den von Israel besetzten Gebieten*

in|tim ⟨Adj.⟩ **1** *vertraut, innig, eng* **2** *vertraulich, nicht für andere bestimmt* **3** *anheimelnd, gemütlich, lauschig* **4** *geschlechtlich, sexuell* ▸ ~e Beleuchtung; ein ~es Lokal; ein ~er Freund, Kreis; eine ~e Mitteilung, Zusammenkunft; ~er Verkehr *Geschlechtsverkehr;* mit jmdm. ~ werden *sich mit jmdm. eng befreunden; Geschlechtsverkehr beginnen*

In|tim|be|reich ⟨der; -(e)s, -e⟩ **1** *Körpergegend der Geschlechtsorgane* **2** = *Intimsphäre*

I

In|tim|feind ⟨der; -(e)s, -e; scherzh.⟩ *jmd., den man sehr gut kennt u. dem man feindlich gegenübersteht*

In|ti|mi|tät ⟨die; -, -en⟩ **I** ⟨unz.⟩ **1** *Vertrautheit, Innigkeit* **2** *Vertraulichkeit* **3** *Gemütlichkeit* ▸ die ~ einer Freundschaft, eines Gesprächs, eines Raumes **II** ⟨zählb.⟩ **1** *persönliche, vertrauliche Angelegenheit* **2** *sexuelle Handlung* ▸ ~en austauschen; über ~en sprechen; es kam zu ~en

In|tim|sphä|re ⟨die; -; unz.⟩ *(meist sorgfältig gehüteter) Bereich des persönl. Lebens;* Syn *Intimbereich (2)* ▸ jmds. ~ wahren

in|to|le|rant ⟨Adj.⟩ *unduldsam gegen andere;* Ggs *tolerant;* Abl *Intoleranz*

In|to|na|ti|on ⟨die; -; unz.⟩ **1** ⟨Mus.⟩ **1.1** *Art der Tongebung, Tonansatz beim Singen od. beim Spielen eines Instrumentes* **1.2** *Tonanschlag zum Stimmen der Instrumente* **2** ⟨Phon.⟩ **2.1** *Tonansatz beim Erzeugen eines silbenbildenden Lautes* **2.2** *Satzmelodie einer Sprache*

in|t|ra..., In|t|ra... ⟨in Zus.⟩ *zwischen, innen, innerhalb*

In|t|ra|net ⟨das; -s, -s; EDV⟩ *internes, mittels Internet aufgebautes Netzwerk in Unternehmen*

in|tran|si|tiv ⟨Adj.; Gramm.⟩ *nicht zielend;* Ggs *transitiv* ▸ ~e Verben *Verben, die kein Akkusativobjekt nach sich ziehen u. von denen man nur ein unpersönliches Passiv bilden kann,* z. B. schlafen, helfen, laufen

in|t|ra|ve|nös ⟨[-ve-] Adj.; Med.⟩ *in eine Vene hinein* ▸ eine ~e Injektion

in|t|ri|gant ⟨Adj.; -er, am -es|ten⟩ *gern Intrigen spinnend, hinterlistig* ▸ sie hat Angst vor ihrer ~en Kollegin; er ist sehr ~; Abl *Intrigant(in)*

In|t|ri|ge ⟨die; -, -n⟩ *hinterlistige Handlung, Machenschaft* ▸ ~n spinnen

in|t|ri|gie|ren ⟨V. intr.; in|t|ri|giert, in|t|ri|gier|te, hat in|t|ri|giert⟩ (gegen jmdn.) ~ *Intrigen spinnen, hinterlistig handeln*

In|t|ro|s|pek|ti|on ⟨die; -, -en⟩ *Selbstbeobachtung;* Abl *introspektiv*

in|t|ro|ver|tiert ⟨[-vɛr-] Adj.⟩ *nach innen gekehrt;* Ggs *extrovertiert;* Abl *Introvertiertheit*

In|tu|i|ti|on ⟨die; -, -en⟩ **1** *Eingebung, unmittelbare Anschauung ohne wissenschaftl. Erkenntnis* **2** *Fähigkeit, verwickelte Vorgänge sofort richtig zu erfassen*

in|tu|i|tiv ⟨Adj.⟩ *auf Intuition beruhend, durch Intuition erfasst* ▸ sie hat ~ die Situation, die Wahrheit erkannt

in|tus ⟨Adj.; in der Wendung⟩ etwas ~ haben **1** *gegessen, getrunken haben* **2** *verstanden, im Gedächtnis haben* ▸ Vokabeln ~ haben

Inu|it ⟨Pl.; Selbstbez.⟩ *Polarvolk, dessen Lebensraum sich von der asiatischen Tschuktschenhalbinsel über Alaska entlang der kanadischen Eismeerküste bis nach Grönland erstreckt*

in|va|li|de ⟨[-va-] Adj.⟩ *durch Krankheit, Unfall od. Verwundung arbeitsunfähig od. -behindert;* oV *invalid;* Abl *Invalide, Invalidin; Invalidität*

In|va|si|on ⟨[-va-] die; -, -en⟩ **1** ⟨Pol.⟩ *(feindlicher) Einfall, widerrechtl. Einbruch in fremdes Staatsgebiet* **2** ⟨Med.⟩ *Eindringen von Krankheitserregern, deren Nachkommenschaft den Organismus des Wirtes verlässt* **3** ⟨Zool.⟩ *das Eindringen von Lebewesen in großer Zahl in Gebiete, in denen sie sonst nicht leben* **4** ⟨übertr.; iron.⟩ *Eintreffen unerwünscht vieler Personen* ▸ eine ~ von Mücken

In|ven|tar ⟨[-vɛn-] das; -s, -e⟩ **1** *Verzeichnis der zu einem Raum, Haus, Grundstück gehörenden Gegenstände od. zu einem Betrieb, einer Vermögensmasse (z. B. Erbe) gehörenden Gegenstände, Vermögenswerte u. Schulden* **2** *die Gegenstände selbst* **3** *Einrichtung, Bestand* ▸ ~ aufnehmen; lebendes ~ *Tiere;* totes ~ *Möbel, Geräte, Vermögenswerte*

In|ven|tur ⟨[-vɛn-] die; -, -en⟩ *Bestandsaufnahme, Aufstellung eines Inventars* ▸ ~ machen

in|ves|tie|ren ⟨[-vɛs-] V. trans.; in|ves|tiert, in|ves|tier|te, hat in|ves|tiert⟩ **1** etwas (in etwas) ~ *zum Zweck der Investition anlegen, schaffen* **2** etwas (in jmdn. od. etwas) ~ *etwas zur Förderung von jmdm. od. etwas einbringen, einsetzen* ▸ er hat viel in die Firma investiert; Abl *Investierung*

In|ves|ti|ti|on ⟨[-vɛs-] die; -, -en⟩ **1** ⟨Wirtsch.⟩ **1.1** *Beschaffung von Produktionsmitteln* **1.2** *Kapitalanlage zur Investition (1.1)* **2** ⟨allg.⟩ *planmäßig auf zukünftigen Nutzen gerichtete Tätigkeit* ▸ der Anbau war eine große ~

In|vest|ment ⟨[-vɛst-] das; -s, -s⟩ *Investition*

In|vest|ment|bank ⟨[-vɛst-] die; -, -en; Wirtsch.⟩ *Bank zur Anlage von Kapital (in Wertpapieren, Grundstücken o. Ä.), Investmentgesellschaft*

In|vest|ment|fonds ⟨[-vɛstməntfɔ̃] der; - [-fɔ̃s], - [-fɔ̃s]⟩ *Bestand an Wertpapieren (von Kapitalgesellschaften)*

In|ves|tor ⟨[-vɛs-] der; -s, -en⟩ *jmd., der etwas (Kapital) investiert;* Abl *Investorin*

in|vol|vie|ren ⟨[-vɔlviː-] V. trans.; in|vol|viert, in|vol|vier|te, hat in|vol|viert⟩ jmdn. (in etwas) ~ *verwickeln, mit hineinziehen* ▸ (in etwas) involviert sein *(in etwas) verwickelt, (an etwas) beteiligt sein;* der Minister ist in die Affäre involviert

in|wen|dig ⟨Adj.⟩ *im Innern, an der Innenseite befindlich* ▸ etwas in- und auswendig kennen ⟨umg.⟩ *gründlich*

in|wie|fern ⟨a. [-'--] Konj.⟩ *in welcher Weise, wieso* ▸ ich kann nicht sagen, ~ das eine besser sein soll als das andere

in|wie|weit ⟨a. [-'--] Konj.⟩ *in welchem Maße* ▸ ich weiß nicht, ~ er Recht hat

In|zest ⟨der; -(e)s, -e⟩ *(verbotener) Geschlechtsverkehr zw. eng verwandten Personen*

In|zucht ⟨die; -; unz.⟩ **1** ⟨beim Menschen⟩ *Fortpflanzung unter engen Blutsverwandten* **2** ⟨bei Pflanzen u. Tieren⟩ *Vermehrung innerhalb der Nachkommenschaft eines Ausgangselternpaares*

in|zwi|schen ⟨Adv.⟩ *mittlerweile, unterdessen, in der Zwischenzeit* ▸ ~ habe ich mich bei der Auskunft erkundigt; was hast du ~ gemacht?; macht eure Hausaufgaben, ich gehe ~ einkaufen; sie lernt seit drei Jahren in der Schule Englisch, ~ kann sie englische Bücher lesen; ~ war Folgendes geschehen

IOK ⟨Abk. für⟩ *Internationales Olympisches Komitee*

Ion ⟨das; -s, -en; Phys.; Chem.⟩ *elektr. geladenes Atom, Atomgruppe od. Molekül*

Io|ta ⟨das; -s, -s⟩ = *Jota*

iPod® ⟨[aɪpɔd] der; -s, -s; EDV⟩ *mobiles Abspielgerät im Taschenformat (MP3-Player) der Firma Apple für die Wiedergabe von Musikdaten, Videos u. Texten*

i-Punkt ⟨der; -(e)s, -e⟩ *der Punkt auf dem i* ▸ etwas bis auf den (letzten) ~ (genau) ausarbeiten, ausrechnen, erledigen, klären, regeln ⟨übertr.⟩ *mit äußerster Sorgfalt u. Genauigkeit*

IQ ⟨Abk. für⟩ *Intelligenzquotient*

Ira|ker ⟨der; -s, -⟩ *Einwohner des Iraks;* Abl *Irakerin; irakisch*

Ira|ner ⟨der; -s, -⟩ *Einwohner des Irans;* Abl *Iranerin; iranisch*

ir|disch ⟨Adj.⟩ **1** *die Erde betreffend, zu ihr gehörig, auf ihr lebend* **2** ⟨übertr.⟩ *zeitlich, weltlich, diesseitig, erdgebunden* **3** *sterblich* ▸ das ~e Dasein; das ~e Leben; die ~en Dinge; die ~en Freuden genießen; die ~e Hülle des Verstorbenen *sein Leib;* den Weg alles Irdischen gehen ⟨übertr.⟩ *sterben, vergehen*

Ire ⟨der; -n, -n⟩ *Einwohner von Irland;* Syn *Irländer;* Abl *Irin*

ir|gend[1] ⟨Pron.⟩ *etwas bzw. jmd., das bzw. der nicht näher zu bezeichnen ist* ▸ ~ so ein Kerl ⟨umg.⟩; →a. *irgend…*

ir|gend[2] ⟨Adv.⟩ *auf eine Weise, überhaupt* ▸ wenn ich ~ kann, dann werde ich dir helfen; bitte komm, wenn es ~ geht

ir|gend… ⟨in Zus.; zur Bildung unbestimmter Adv. od. Pron.⟩ irgendein, -eine, -einer; irgendeinmal; irgendetwas; irgendjemand; irgendwann; irgendwas; irgendwelcher, -welche, -welches; irgendwer; irgendwie; irgendwo; irgendwoher; irgendwohin

Iris ⟨die; -, -⟩ **1** ⟨Anat.⟩ = *Regenbogenhaut* **2** ⟨Bot.⟩ = *Schwertlilie*

irisch ⟨Adj.⟩ *Irland betreffend, dazu gehörig, daraus stammend;* Syn *irländisch*

Iro|ke|se ⟨der; -n, -n⟩ *Angehöriger eines nordamerikanischen Indianerstammes*

Iro|nie ⟨die; -; unz.⟩ *hinter Ernst versteckter Spott, mit dem man das Gegenteil von dem ausdrückt, was man meint, seine wirkliche Meinung aber durchblicken lässt* ▸ ~ des Schicksals ⟨übertr.⟩ *zufälliges Ereignis, das dem erwarteten Verlauf überraschend widerspricht*

iro|nisch ⟨Adj.⟩ **1** *auf Ironie beruhend* **2** *versteckt spöttisch* ▸ er macht ständig ~e Bemerkungen; sie lächelte ~

ir|ra|ti|o|nal ⟨Adj.⟩ *vernunftwidrig;* Ggs *rational* ▸ ~e Zahl *Z., die weder ganze Zahl noch ein Quotient zweier ganzer Zahlen ist,* z. B. $\sqrt{2}$; sie hat völlig ~ gehandelt

ir|re ⟨Adj.⟩ **I** ⟨attr.; präd.⟩ **1** oV *irr* **1.1** *unsicher, zweifelnd, verwirrt* **1.2** *irrsinnig, geistesgestört* **2** ⟨umg.⟩ *sehr ungewöhnlich, toll, großartig* ▸ ein ~r Blick; eine ~ Idee; ~ sein *irrsinnig, geistesgestört;* das ist ja ~ ⟨umg.⟩ *toll;* das Tier war irr, ~ vor Angst **II** ⟨adv.; verstärkend; umg.⟩ *ungemein, sehr* ▸ das schmeckt ~ gut

Ir|re ⟨die; -; unz.; in den Wendungen⟩ in die ~ fahren, führen, gehen *in die falsche Richtung*

Ir|re(r) ⟨die; -n, -n (der; -n, -n)⟩ *Verrückte(r), Wahnsinnige(r), Geisteskranke(r)* ▸ ein armer Irrer ⟨umg.⟩ *ein Verrückter;* wie ein Irrer fahren, laufen ⟨umg.⟩ *übermäßig schnell*

ir|re|al ⟨Adj.⟩ *nicht real, nicht wirklich, unwirklich, nicht der Wirklichkeit entsprechend;* Ggs *real (2)* ▸ ~e Vorschläge machen; sie hat ~e Vorstellungen; Abl *Irrealität*

ir|re|füh|ren ⟨V. trans.; führt ir|re, führ|te ir|re, hat ir|re|ge|führt, ir|re|zu|füh|ren⟩ jmdn. ~ *täuschen, in die Irre führen* ▸ sie ließ sich leicht ~; er wurde gezielt irregeführt; eine ~de Angabe, Auskunft, Darstellung; Abl *Irreführung*

ir|re|ge|hen ⟨V. intr.; geht ir|re, ging ir|re, ist ir|re|ge|gan|gen, ir|re|zu|ge|hen⟩ *sich irren, täuschen* ▸ ihr geht irre in der Annahme, dass … ⟨übertr.⟩

ir|re|gu|lär ⟨Adj.⟩ *von der Regel abweichend, ungesetzmäßig;* Ggs *regulär;* Abl *Irregularität*

ir|re|lei|ten ⟨V. trans.; lei|tet ir|re, lei|te|te ir|re, hat ir|re|ge|lei|tet, ir|re|zu|lei|ten⟩ **1** jmdn. od. etwas ~ *an einen anderen als den Bestimmungsort leiten* **2** ⟨übertr.⟩ jmdn. ~ *zu falschem Handeln leiten* ▸ ein irregeleiteter Brief

ir|re|le|vant ⟨[-vant] Adj.⟩ *unerheblich, unbedeutend, geringfügig;* Ggs *relevant* ▸ seine Einwände sind ~; Abl *Irrelevanz*

ir|re|ma|chen ⟨V. trans.; macht ir|re, mach|te|te irre, hat ir|re|ge|macht, ir|re|zu|ma|chen⟩ jmdn. ~ *beirren, verwirren, ablenken, aus der Fassung, aus dem Konzept bringen* ▸ du hast mich völlig irregemacht; lass dich nicht ~!

ir|ren ⟨V.⟩ **I** ⟨V. intr.; irrt, irr|te, ist ge|irrt⟩ **1** *planlos, ohne Kenntnis der Richtung umherlaufen, -fahren* **2** *vom rechten Weg abkommen, auf dem falschen Weg sein* ▸ ich bin durch den Wald geirrt; wir sind zwei Stunden durch die Stadt geirrt **II** ⟨V. intr.; irrt, irr|te, hat ge|irrt; übertr.⟩ *falscher Meinung sein, von der rechten Überzeugung abkommen* ▸ du irrst, wenn du das glaubst; Irren ist menschlich ⟨Sprichw.⟩ **III** ⟨V. refl.; irrt, irr|te, hat ge|irrt⟩ sich ~ *sich täuschen* ▸ ich kann mich auch ~ *ich weiß es nicht genau;* du musst dich ~ *das kann nicht stimmen;* wenn ich mich nicht irre, so kennen wir uns bereits; ich habe mich gründlich in ihm geirrt *ihn falsch beurteilt;* sich im Datum, in der Zeit ~; ich habe mich in der Hausnummer, Telefonnummer geirrt; er hat sich in ihr geirrt *er hat sie falsch beurteilt, anders eingeschätzt, als sie wirklich ist*

Ir|ren|an|stalt ⟨die; -, -en; umg.; abwertend⟩ *psychiatrische Klinik*

Ir|ren|haus ⟨das; -es, -häu|ser; abwertend⟩ = *Irrenanstalt* ▸ hier geht es zu wie im ~ ⟨übertr.; umg.⟩ *hier geht alles drunter u. drüber*

ir|re|pa|ra|bel ⟨Adj.⟩ *nicht zu reparieren, nicht wiederherstellbar, nicht heilbar;* Ggs *reparabel* ▸ irreparable Schäden verursachen

ir|re|ver|si|bel ‹[-vɛr-] Adj.› *nicht umkehrbar, nur in einer Richtung verlaufend;* Ggs *reversibel*

ir|re|wer|den ‹V.; wird ir|re, wur|de ir|re, ist ir|re|ge|wor|den, ir|re|zu|wer|den› oV *irrwerden* **1** an jmdm. ~ *an jmdm. zweifeln, verzweifeln* **2** *den Verstand verlieren, verrückt werden*

Irr|fahrt ‹die; -, -en› *Fahrt in die Irre, vergebliches Suchen nach dem richtigen Weg*

Irr|gar|ten ‹der; -s, -gär|ten› *Garten od. große Höhle mit vielfach ineinander verschlungenen, unübersichtl. Wegen*

Irr|glau|be ‹der; -ns; unz.› *falscher Glaube;* oV *Irrglauben*

ir|rig ‹Adj.› *auf einem Irrtum beruhend, nicht zutreffend, falsch* ▸ sein Plan beruht auf der ~en Annahme, dass alle Beteiligten seinem Vorhaben zustimmen werden

Ir|ri|ta|ti|on ‹die; -, -en› **1** *Reiz, Reizung, Erregung* **2** *Verwirrung, Beunruhigung* ▸ ~en stiften

ir|ri|tie|ren ‹V. trans.; ir|ri|tiert, ir|ri|tier|te, hat ir|ri|tiert› jmdn. ~ **1** *stören, ablenken* **2** *verunsichern, verwirren* ▸ sein Blick hat mich irritiert

Irr|sinn ‹der; -s; unz.› *Wahnsinn, geistige Umnachtung* ▸ das ist doch ~! ‹umg.› *völlig unvernünftig;* in ~ verfallen

irr|sin|nig ‹Adj.› **1** *geistesgestört, verrückt, wahnsinnig* **2** ‹adv.; verstärkend; umg.› *ungemein, sehr* ▸ er ist ~ geworden; er fährt ~ schnell ‹umg.› *rasend, viel zu schnell;* es ist ~ teuer ‹umg.› *viel zu teuer*

Irr|tum ‹der; -s, -tü|mer› **1** *Fehlurteil, Fehlschluss, falsche Denkweise* **2** *Täuschung, Versehen, unbeabsichtigter Fehler* ▸ einen ~ begehen, einsehen, herausfinden, richtigstellen; diesen ~ musste er teuer bezahlen; sein: es war ein ~ von mir; einem ~ unterliegen; ▸ ein großer, kleiner, schwerer, verhängnisvoller, verzeihlicher ~ ▸ es hat sich als ~ herausgestellt, dass die beiden zusammenpassen; das muss auf einem ~ beruhen; das Ganze lief auf einen ~ hinaus; da sind Sie im ~!; Sie befinden sich leider im ~, wenn Sie annehmen …

irr|tüm|lich ‹Adj.› *aufgrund eines Irrtums, einen Irrtum darstellend* ▸ ich war ~ der Meinung, dass …; eine ~ geleistete Zahlung; Abl *irrtümlicherweise*

irr|wit|zig ‹Adj.› *wahnwitzig, höchst ungewöhnlich, gefährlich töricht* ▸ eine ~e Idee; in ~em Tempo fahren

...isch ‹Nachsilbe; zur Bildung von Adj.› z. B. heldisch, stürmisch, mürrisch

Is|chi|as ‹[ɪʃias] od. [ɪsçias] die, umg. das od. der; -; unz.; Med.› *anhaltende od. vorübergehende Schmerzhaftigkeit des Hüftnervs;* Syn *Ischialgie;* Zus *Ischiasnerv*

ISDN ‹Abk. für engl.› *Integrated Services Digital Network (dienstintegrierendes digitales Fernmeldenetz), weltweites Nachrichtensystem der Deutschen Telekom, das per Telefon Texte, Daten u. Bilder übermittelt*

Is|lam ‹a. ['--] der; - od. -s; unz.› *von Mohammed Anfang des 7. Jh. begründete monotheist. Religion, bes. in Asien u. Afrika verbreitet;* Abl *islamisch*

is|la|mi|sie|ren ‹V. trans.; is|la|mi|siert, is|la|mi|sier|te, hat is|la|mi|siert› jmdn. od. etwas ~ **1** *zum Islam bekehren, nach den Regeln des Islams gestalten* **2** *dem Machtbereich des Islams unterordnen*

Is|la|mis|mus ‹der; -; unz.› *radikale Geisteshaltung, die auf den Islam gründet;* Abl *islamistisch*

Is|la|mist ‹der; -en, -en› *Anhänger des Islamismus;* Abl *Islamistin*

Is|län|der ‹der; -s, -› *Einwohner von Island;* Abl *Isländerin; isländisch*

Iso|la|ti|on ‹die; -, -en› **1** *Absonderung, Trennung* **2** *Vereinsamung, Vereinzelung* **3** *Abdichtung gegen Luft, Schall, Wärme, Kälte, Feuchtigkeit, Elektrizität* **4** *Gegenstand, Vorrichtung zur Isolation (3)*

Iso|la|ti|ons|haft ‹die; -; unz.› *Einzelhaft mit Einschränkung der Verbindungen zur Außenwelt u. zu anderen Häftlingen*

Iso|lier|band ‹das; -(e)s, -bän|der› *Band zum Isolieren von elektr. Leitungen*

iso|lie|ren ‹V. trans.; iso|liert, iso|lier|te, hat isoliert› **1** jmdn. ~ *von anderen Menschen trennen, abseitshalten, absondern* **2** etwas ~ *gegen Feuchtigkeit, Luft, Schall, Wärme, Kälte od. Elektrizität abdichten, undurchlässig machen* ▸ Kranke, Häftlinge ~; jmd. ist politisch isoliert; Abl *Isolierung*

Iso|mat|te ‹die; -, -n› *Schaumstoffmatte als schützende u. isolierende Unterlage zum Übernachten im Freien*

Is|ra|e|li ‹der; - od. -s, - od. -s› *Staatsbürger von Israel;* Abl *israelisch*

Is|ra|e|lit ‹der; -en, -en› = *Jude*

is|ra|e|li|tisch ‹Adj.› *zum Volk Israel gehörend, von ihm stammend, jüdisch*

Ist|be|stand *auch:* **Ist-Be|stand** ‹der; -(e)s, -stände› **1** *tatsächlicher Kassenbestand* **2** *greifbarer Bestand*

IT ‹Abk. für› *Informationstechnologie, Elektrotechnik u. Informatik betreffende Technologie der Gewinnung, Verarbeitung, Speicherung von Information*

Ita|li|e|ner ‹der; -s, -› *Einwohner des heutigen Italiens;* Abl *Italienerin; italienisch*

...i|tis ‹Nachsilbe; zur Bildung von Subst.; die; -, -i|ti|den› *Entzündung,* z. B. Bronchitis

i-Tüp|fel|chen ‹das; -s, -› **1** *Punkt auf dem i* **2** ‹übertr.› *letzter Schliff, Vollendung* ▸ bis aufs ~ *bis zur kleinsten Kleinigkeit, ganz genau, haargenau*

J *j*

ja[1] ⟨Adv.⟩ **I** ⟨betont⟩ **1** *(zustimmende Antwort);* Ggs *nein* **2** *unbedingt, auf jeden Fall* **3** *aber, doch* ▸ gefällt dir das? ~!; ich glaube, ~!; er kommt nicht, ich ~ *ich hingegen schon;* ~, es gibt sogar Leute, die ihn mögen; ~, wenn ich das gewusst hätte! ▸ besuchen Sie mich ~, wenn Sie wieder hier sind; er sagt „vielleicht" und meint doch „~"!; ~/Ja sagen; damit es nur ~ alle sehen; tu das ~ nicht! *keinesfalls* ▸ sei ~ still! *(als Drohung);* seien Sie ~ vorsichtig! ▸ aber ~!; ach ~!; zu allem ~ und amen / Ja und Amen sagen *sich mit allem einverstanden erklären;* ~ doch!; ~ gern!; na ~! *meinetwegen!, ich will nichts dagegen sagen!;* ist das nicht herrlich? Na ~, so besonders gefällt es mir eigentlich nicht!; warst du dabei? ~ oder nein?; ~ und nein! *es stimmt u. stimmt auch nicht;* nun ~, es ist eben nicht zu ändern!; o ~! **II** ⟨unbetont⟩ *sogar, geradezu* ▸ er hat sie sehr gemocht, ~ bewundert

ja[2] ⟨Abtönungspartikel; unbetont; meist verstärkend⟩ ▸ ich habe ~ gar nichts gesagt!; ich sag's ~! *also doch!, ich wusste es doch!;* sein: da ist er ~!; du weißt ~, dass wir um 18 Uhr losfahren müssen ▸ das ist ~ großartig!; das ist ~ nicht schlimm; das ist ~ gar nicht wahr!

Ja ⟨das; - od. -s, - od. -s⟩ *bejahende, zustimmende Antwort* ▸ (bei der Trauung) das ~ sprechen; ein einstimmiges, lautes, leises ~ war die Antwort; eine Frage mit ~ beantworten; nur mit ~ oder Nein antworten; mit ~ stimmen

Jacht ⟨die; -, -en⟩ *leichtes, schnelles (Segel-)Schiff für Sport- u. Vergnügungszwecke;* oV *Yacht*

Ja|cke ⟨die; -, -n⟩ *Oberbekleidungsstück für Männer, Frauen u. Kinder* ▸ es ist kalt, zieh eine ~ an!; ich habe meine ~ vergessen; er hängt die ~ an den Haken; das ist ~ wie Hose ⟨umg.⟩ *das ist ganz gleich;* ⓘ S. 683; Zus *Jackentasche; Kostümjacke, Regenjacke, Strickjacke, Winterjacke, Wolljacke*

Ja|ckett ⟨[ʒakẹt] das; -s, -s⟩ *Jacke zum Herrenanzug;* ⓘ S. 683

Jagd ⟨die; -, -en⟩ **1** *Erlegen von Wild nach dem Jagdrecht u. -brauch;* Zus *Jagdgewehr, Jagdhund, Jagdhütte, Jagdmesser; Hetzjagd, Treibjagd* **2** ⟨kurz für⟩ *begrenztes Gebiet für die Jagd;* Zus *Jagdgebiet, Jagdrevier* **3** ⟨übertr.⟩ *Nacheilen, Verfolgung* ▸ auf die ~ gehen; auf jmdn. ~ machen *jmdn. verfolgen;* auf etwas ~ machen ⟨übertr.⟩ *mit allen Mitteln zu erlangen suchen;* die ~ nach Geld, nach dem Glück

ja|gen ⟨V.⟩ **I** ⟨V. trans.; jagt, jag|te, hat ge|jagt⟩ **1** Wild ~ *zu fangen od. zu erlegen versuchen, hetzen* **2** Flüchtlinge, Verbrecher ~ *schnell verfolgen, hetzen* **3** ⟨übertr.⟩ etwas ~ *auf etwas schnell folgen* ▸ Kinder, Hunde ~ sich (gegenseitig)/einander ▸ ein Unglück jagte das andere ⟨übertr.⟩; Hasen, Enten ~; ein Termin jagt den nächsten ⟨übertr.⟩ ▸ jmdn. aus dem Haus ~ *vertreiben;* sich eine Kugel durch den Kopf ~ *sich erschießen;* jmdn. in die Flucht ~; jmdn. in den Tod ~ *an jmds. Tod (durch Unglücksfall od. Kampf) schuld sein;* damit kannst du mich ~! *das esse, tue ich gar nicht gern;* der Wind jagt die Wolken über den Himmel; jmdn. od. ein Tier zu Tode ~ **II** ⟨V. intr.⟩ **II.I** ⟨jagt, jag|te, hat gejagt⟩ *auf die Jagd gehen, auf der Jagd sein* ▸ nach etwas ~ ⟨übertr.⟩ *etwas unbedingt zu erlangen suchen;* nach Geld, Genuss, Ruhm ~ **II.II** ⟨jagt, jag|te, ist ge|jagt⟩ *gehetzt laufen, sich eilig fortbewegen* ▸ durch die Stadt ~; die Wolken jagten über den Himmel ▸ wie gejagt davonrennen

Jä|ger ⟨der; -s, -⟩ **1** *jmd., der die Jagd rechtmäßig ausübt;* Abl *Jägerin* **2** *Jagdflieger, Jagdflugzeug* ▸ ein guter, passionierter, schlechter ~

Jä|ger|la|tein ⟨das; -s; unz.⟩ *Erzählung von angeblichen, oft stark od. scherzhaft übertriebenen Jagderlebnissen* ▸ jmdm. ~ auftischen

Ja|gu|ar ⟨der; -s, -e; Zool.⟩ *amerikan. Raubkatze, gelbbraun mit schwarzen Ringen u. Flecken*

jäh ⟨Adj.; -er, am -(e)s|ten; geh.⟩ Syn *jählings* **1** *hastig, rasch* (Bewegung) **2** *plötzlich, überraschend, unerwartet* **3** *überstürzt* **4** *steil, abschüssig* (Abhang) ▸ ein ~er Abgrund; ~er Aufbruch; ein ~er Schmerz im Rücken; ein ~er Sturz in die Tiefe ▸ abfallen: das Gelände fällt hier ~ ab; ~ aufspringen, davonstürzen; wir wurden ~ unterbrochen

Jahr ⟨das; -(e)s, -e⟩ **1** *Zeitdauer eines Umlaufs der Erde um die Sonne;* Zus *Sonnenjahr* **2** *1. Januar bis 31. Dezember, Zeitraum von 365 Tagen, auch im Hinblick auf bestimmte Leistungen od. Abläufe;* Zus *Jahresanfang, Jahresbeginn, Jahresbilanz, Jahreseinkommen, Jahresende, Jahresgehalt; Geschäftsjahr, Kalenderjahr, Lebensjahr, Schuljahr, Studienjahr* ▸ die Bürde seiner ~e spüren *das Alter* ▸ dahingehen: die ~e gehen, fliegen dahin; zuneigen: das ~ neigte sich seinem Ende zu ▸ alle ~e wieder *aufs Neue;* das alte ~ geht zu Ende; 40 ~e alt sein; dieses, nächstes, voriges ~; ein dürres, fruchtbares, gutes, nasses, schlechtes, sonnen- od. regenreiches, trockenes ~; jmdm. ein gesundes, glückliches, gutes neues ~ wünschen; ein halbes ~ *sechs Monate;* das neue und das alte ~ ▸ hoch an ~en *alt;* er ist noch jung an ~en; auf ~e hinaus *für lange Zeit;* ~ für ~ *alljährlich;* einmal im ~; im ~e 1600; in die ~e kommen *allmählich alt werden;* ein Mann in den besten ~en ⟨umg.⟩ *im besten Alter, zwischen 45 u. 55;* in jungen ~en *in der Jugend;* er starb in der Blüte seiner ~e *jung;* im Laufe des ~es; mit den ~en *mit der Zeit, allmählich;* noch nach ~en, noch nach ~ und Tag *noch lange danach;* wir fahren seit ~en im Sommer an die See; seit ~ und Tag *schon seit langer*

Zeit; sie sind seit drei ~en verheiratet; übers ~ *ein Jahr danach, ein Jahr später;* Kinder unter 14 ~en zahlen die Hälfte; ein Kind von zehn ~en; es wird von ~ zu ~ schöner; vor ~en, vor einigen, vielen ~n; →a. *Kirchenjahr, Neujahr*

jahr|aus ‹Adv.› ~, jahrein *immer wieder, lange Zeit hindurch*

Jahr|buch ‹das; -(e)s, -bü|cher› **1** *von Gesellschaften, Instituten u. Ä. meist jährlich herausgegebenes Buch mit Forschungsberichten, Aufsätzen usw. zu einem Thema* **2** *statistischer Kalender*

jah|re|lang ‹Adj.› *ein ganzes Jahr od. mehrere Jahre dauernd* ▸ sie haben ~ für das Haus gespart

jäh|ren ‹V. refl.; jährt sich, jähr|te sich, hat sich gejährt› sich ~ **1** *vor einem Jahr geschehen sein* (Ereignis) **2** *seine jährliche Wiederkehr haben* (Tag eines Ereignisses) ▸ bald jährt sich der Tag, an dem das Unglück geschah; sich zum fünften Male ~ *vor genau fünf Jahren geschehen sein*

Jah|res|frist ‹die; -; unz.› *Ablauf eines ganzen Jahres* ▸ binnen ~; nach ~; vor ~

J

Jah|res|kar|te ‹die; -, -n› *Karte (Eintrittskarte, Fahrkarte u. Ä.) mit einjähriger Gültigkeit* ▸ eine ~ für die Bücherei kostet 10 Euro

Jah|res|tag ‹der; -(e)s, -e› *jährlich wiederkehrender Gedenktag*

Jah|res|wech|sel ‹[-ks-] der; -s, -› *Beginn eines neuen Kalenderjahres, Wechsel vom 31. Dezember zum 1. Januar;* Syn *Jahreswende* ▸ herzliche Glückwünsche zum ~; →a. *Silvester*

Jah|res|zahl ‹die; -, -en› *Nummer des Jahres in der Zeitrechnung, bes. eines Jahres mit histor. Ereignissen* ▸ sich ~en gut merken können

Jahreszeiten

Die vier *Jahreszeiten* werden im Deutschen Frühling, Sommer, Herbst und Winter genannt, sie unterscheiden sich insbesondere durch das Wetter. Die vier Zeitabschnitte umfassen jeweils drei Monate, und beginnen um den 21. März (Frühlingsanfang), 21. Juni (Sommeranfang), 23. September (Herbstanfang) und 21. Dezember (Winteranfang). Da die *Jahreszeiten* kalendarisch bzw. astronomisch von der Erd- und Sonnenbahn abhängen, wird ihr Anfang bzw. Ende jährlich neu berechnet. Man spricht auch vom Sommerhalbjahr bzw. den warmen *Jahreszeiten* Frühling und Sommer, und dem Winterhalbjahr, den kalten *Jahreszeiten* Herbst und Winter.

Der „kürzeste" Tag des Jahres ist der Winteranfang (21. Dezember) mit der geringsten Sonnenscheindauer, der „längste" Tag der Jahres ist der Sommeranfang (21. Juni), an dem es am längsten hell ist. Tag-und-Nacht-Gleiche herrscht am 21. März und am 23. September.

Jah|res|zeit ‹die; -, -en› *jeder der vier Zeitabschnitte des Jahres: Frühling, Sommer, Herbst u. Winter* ▸ die kalte, warme ~; im Wechsel der ~en; Abl *jahreszeitlich*

Jahr|gang ‹der; -(e)s, -gän|ge; Abk.: Jg.› **1** *alles im gleichen Jahr Hervorgebrachte, Geerntete* **2** *alle im gleichen Jahr Geborenen* **3** *Person im Hinblick auf ihr Geburtsjahr* ▸ zehn Jahrgänge einer Zeitung; der ~ 1963 (einer Zeitschrift); ich bin, wir sind beide ~ 1970; ein guter, schlechter ~ (Wein)

Jahr|hun|dert ‹das; -(e)s, -e; Abk.: Jh.› *Zeitraum von 100 Jahren* ▸ er ist der Mann des ~s *der bedeutendste Mann der letzten hundert Jahre;* drei ~e; 19. ~ *Zeitraum von 1801 bis 1900;* 20. ~ *Zeitraum von 1901 bis 2000;* nach ~en *mehrere hundert Jahre später;* im 5. ~ vor/nach Christi Geburt, ‹verkürzt› 5. Jh. v./n. Chr.

jahr|hun|der|te|alt ‹Adj.› *mehrere Hundert Jahre alt*

jahr|hun|der|te|lang ‹Adj.› *mehrere Hundert Jahre lang andauernd*

Jahr|hun|dert|wen|de ‹die; -, -n› *Übergang eines Jahrhunderts in das nachfolgende, Beginn eines neuen Jahrhunderts*

Jahr|hun|dert|werk ‹das; -(e)s, -e› *unter großer Anstrengung vollbrachte, einmalige, großartige Arbeit od. Leistung* ▸ ein ~ vollbringen

...jäh|rig ‹in Zus.; zur Bildung von Adj.› *eine bestimmte od. unbestimmte Zahl von Jahren alt od. dauernd,* z. B. dreijährig, mehrjährig

jähr|lich ‹Adj.› **1** *jedes Jahr (sich wiederholend)* **2** *im Abstand von jeweils einem Jahr* **3** *für den Zeitraum eines Jahres bestimmt, nötig* **4** *im Zeitraum eines Jahres* ▸ ~er Beitrag; ~e Kosten; ~er Urlaub; in dieser Buchreihe kommen ~ drei neue Bände heraus; einmal, zweimal ~

...jähr|lich ‹in Zus.; zur Bildung von Adj.› *nach einer bestimmten Anzahl von Jahren regelmäßig wiederkehrend* ▸ in zweijährlichem Wechsel; die Festspiele finden vierjährlich statt

Jahr|markt ‹der; -(e)s, -märk|te› *jährlich stattfindender Markt mit Karussells, Schaustellern usw.*

Jahr|tau|send ‹das; -(e)s, -e› *Zeitraum von 1000 Jahren;* Zus *Jahrtausendfeier; jahrtausendealt*

Jahr|zehnt ‹das; -(e)s, -e› *Zeitraum von zehn Jahren, Dekade* ▸ Voraussagen für das kommende ~ machen; die Hits der letzten zwei ~e spielen

jahr|zehn|te|alt ‹Adj.› *mehrere Jahrzehnte alt*

jahr|zehn|te|lang ‹Adj.› *mehrere Jahrzehnte lang*

Jäh|zorn ‹der; -(e)s; unz.› *heftige Erregbarkeit, plötzlich auftretende Wut;* Abl *jähzornig*

ja|ja ‹Partikel; umg.› **1** *(zum Ausdruck der Zustimmung od. des Bedauerns)* **2** *(zum Ausdruck einer als lästig od. überflüssig empfundenen Frage od. Aufforderung)* ▸ ~, das finde ich auch; ~, das musste schlecht ausgehen; ~, ich komme schon

Ja|lou|sie ‹[ʒaluziː] die; -, -n› *Vorrichtung aus beweglichen, durch Schnüre verbundenen, horizontal od. vertikal ausgerichteten Lamellen als Sonnenschutz od. zur Raumabdunkelung, Rollo*

Jam|mer ‹der; -s; unz.› **1** *schmerzlicher, bedauerlicher Zustand, Elend, Unglück;* Zus *Jammergestalt* **2** *Kummer, Verzweiflung;* Zus *Jammergeschrei* ▸ er bot ein Bild des ~s; es ist ein ~!; es wäre ein ~, wenn du das nicht tätest *jammerschade, sehr schade;* es ist ein ~, zu sehen, wie …

Jam|mer|lap|pen ⟨der; -s, -; umg.; abwertend⟩ *weichlicher, feiger Mensch* ▸ sei kein ~!

jäm|mer|lich ⟨Adj.⟩ **1** *elend, erbärmlich, abgemagert, zerlumpt* (Person, Gestalt) **2** *kläglich* (Geschrei, Weinen) **3** *kümmerlich, sehr arm* (Leben, Behausung) ▸ die Mannschaft ist ~ gescheitert; er hat ~ versagt; ~ weinen

jam|mern ⟨V. intr.; jam|mert, jam|mer|te, hat gejam|mert⟩ *laut klagen, wehklagen, kläglich schreien* ▸ sie muss immer ~ *sie ist nie zufrieden u. klagt immerzu (über irgendetwas);* es erhob sich ein großes Jammern; nach etwas od. jmdm. ~ *nach etwas od. jmdm. kläglich verlangen;* über etwas ~ *sich laut, anhaltend od. übertrieben über etwas beklagen*

jam|mer|scha|de ⟨Adv.⟩ *sehr schade, sehr bedauerlich* ▸ es ist ~, dass ihr nicht kommt

Jan|ker ⟨der; -s, -⟩ *bayerische Trachtenjacke*

Jän|ner ⟨der; -s, -; österr.⟩ *Januar*

Ja|nu|ar ⟨der; - od. -s, -e; Abk.: Jan.⟩ *erster Monat des Jahres* ▸ wir wollen uns Anfang ~ treffen; Ende ~ habe ich einen Vortrag in Wien; im ~ fahren wir in den Skiurlaub

Ja|pa|ner ⟨der; -s, -⟩ *Einwohner von Japan;* Abl *Japanerin; japanisch*

jap|sen ⟨V. intr.; japst, japs|te, hat ge|japst; umg.⟩ *schnell, heftig mit offenem Mund atmen (bes. nach schnellem Laufen)* ▸ er japste vor Anstrengung nach Luft

Jar|gon ⟨[ʒargõ:] der; -s, -s⟩ *(oft derbe od. saloppe) Ausdrucksweise bestimmter sozialer od. auch beruflicher Gesellschaftskreise innerhalb einer Sprache;* Syn *Slang (2);* Zus *Fußballjargon, Polizeijargon, Schülerjargon*

Ja|sa|ger ⟨der; -s, -⟩ *jmd., der zu allem „ja" sagt, allem beipflichtet, Mensch ohne eigene Meinung*

Jas|min ⟨der; -s, -e; Bot.⟩ *ein Strauch mit gelben od. weißen, meist wohlriechenden Blüten*

jä|ten ⟨V. trans.; jä|tet, jä|te|te, hat ge|jä|tet⟩ Unkraut ~ *herausreißen, entfernen*

Jau|che ⟨die; -, -n⟩ *bei der Stallhaltung von Tieren aus dem Mist abgeflossenes Düngergemisch aus Harn, Streu u. Kot;* →a. *Gülle*

jauch|zen ⟨V. intr.; jauchzt, jauchz|te, hat gejauchzt⟩ *jubeln, einen Jubelruf ausstoßen*

Jauch|zer ⟨der; -s, -⟩ *Jubelruf*

jau|len ⟨V. intr.; jault, jaul|te, hat ge|jault⟩ **1** *laut winseln, heulen* (Hund) **2** *klagen*

ja|wohl ⟨Konj.; verstärkend⟩ *ja*

Ja|wort ⟨das; -(e)s, -e⟩ *Zustimmung (der Frau) zur Heirat* ▸ einem Mann das ~ geben; von einer Frau das ~ erhalten

Jazz ⟨[dʒæz] der; -; unz.; Mus.⟩ *aus geistlichen Gesängen, Arbeits- u. Tanzliedern nordamerikan. Schwarzer hervorgegangener Musikstil, gekennzeichnet durch starke Synkopierung u. Improvisation;* Zus *Jazzband, Jazzrock*

Jazz|dance ⟨[dʒæzda:ns] od. amerikan. [-dæns] der; -; unz.; Mus.⟩ *in den USA entstandener moderner (ballettartiger) Tanzstil zu Jazzmusik*

Jazz|gym|nas|tik ⟨[dʒæz-] die; -; unz.⟩ *tänzerische Gymnastik zu Jazzmusik*

Jazz|mu|sik ⟨[dʒæz-] die; -; unz.; Mus.⟩ *Musik in der Art des Jazz;* Abl *Jazzmusiker(in)*

je[1] ⟨Präp.⟩ *pro, auf bzw. für den, die, das* ▸ ~ Kopf der Bevölkerung, Einwohner; ~ Person rechne ich 16 Stück; das kostet ~ Person 5 Euro Eintritt; Eltern zahlen ~ Kind 250 Euro pro Woche

je[2] ⟨Konj.⟩ **1** ⟨beim Komp.⟩ *im selben Maße wie …* **2** *entsprechend, gemessen an …* ▸ ~ eher, desto besser; ~ eher, umso besser; ~ älter er wird, umso vernünftiger wird er; man weiß Geld umso mehr zu schätzen, ~ weniger man davon hat; ~ nachdem! *(als Antwort) das kommt darauf an;* wann kommst du? ~ nachdem, wann ich fertig werde; ~ nach Größe; ~ nach den Umständen

je[3] ⟨Adv.⟩ **1** *jemals, irgendwann (einmal)* **2** *immer* **3** ⟨vor Zahlen⟩ **3.1** *jedes Mal* **3.2** *für jede, jeden, jedes* ▸ wer hätte das ~ gedacht!; hast du ~ davon gehört, dass …?; dies ist die schönste Stadt, die ich ~ gesehen habe; ~ einer *einzeln;* ~ zwei, ~ drei *zwei, drei zugleich, zu zweit, zu dritt;* er gab ihnen ~ fünfundzwanzig Euro *jedem Einzelnen fünfundzwanzig Euro;* mehr als ~ zuvor; es ist schlimmer denn ~; seit eh und ~ *schon immer, seit sehr langer Zeit*

je[4] ⟨Int.⟩ ach ~! *ach!, wie schade!; das tut mir aber leid!;* o ~! *(Schreckensruf)*

Jeans ⟨[dʒi:nz] Pl. od. a. Sg.: die; -, -⟩ *lange Hose aus widerstandsfähigem, meist blauem Baumwollstoff;* Syn *Jeanshose* →a. *Bluejeans* ▸ ich habe mir eine neue ~ gekauft; diese ~ hat keinen Reißverschluss, sondern Knöpfe; Zus *Jeansjacke, Jeansstoff; jeansfarben*

jede(r, -s)/alle

Jede(r, -s) ist ein indefinites Pronomen, das „jegliche(r, -s) Einzelne" bedeutet und als Adjektiv nur im Singular gebraucht wird: *Jede Klasse hat das Schreiben erhalten. Die Filmfestspiele finden jedes Jahr statt.* Im Plural sagt man dagegen *alle: Alle Klassen haben das Schreiben erhalten. Die Filmfestspiele finden alle zwei Jahre statt.*
Beim Gebrauch von *jede(r, -s)* und *alle* können leicht fehlerhafte Sätze gebildet werden, da *jede(r, -s)* substantivisch auch im Sinn von „jedermann, alle" verwendet wird. Aber auch hier ist nach Singular und Plural der Verbform zu unterscheiden, im Singular heißt es *jeder soll etwas beitragen,* im Plural dagegen *alle sollen etwas beitragen.*

je|de(r, -s) ⟨Indefinitpron.⟩ **I** ⟨substantiv. gebraucht⟩ Syn *jegliche(r, -s);* Ggs *keine(r, -s)* **1** *jede(r, -s) Einzelne* **2** ⟨umg.⟩ *jedermann, alle* ▸ jeder, der kommt, ist willkommen ▸ jede der Frauen; jedes der Kinder hat sein eigenes Zimmer ▸ hier darf jeder herein; ich habe jeden gefragt, der vorbeiging; das kann jeder machen, wie er will ▸ ein jeder; jedem das Seine; alles und jedes ⟨verstärkend⟩ *alles;* ~ für sich; ~ von uns; er gab jedem der Enkelkinder fünf Euro

II ⟨adjektiv. gebraucht⟩ *jede(r, -s) Einzelne* ▸ er kann jeden Augenblick kommen ⟨umg.⟩ *im nächsten A., gleich;* jeder Beliebige; jeder Fehler kann hier gefährlich werden; er war jedes Mal verreist, wenn ich kam ⟨umg.⟩ *immer;* es ist jedes Mal dasselbe *immer wieder, bei jedem Mal;* jeder Mann, jede Frau, jedes Kind; er kommt jeden Monat, jede Woche ⟨umg.⟩ *einmal im Monat, in der Woche;* jeden Sonntag; ~ Zweite, Dritte ▸ ich komme auf jeden Fall; in jeder Hinsicht; ohne jede Anstrengung ⟨umg.⟩ *mühelos;* zu jeder Zeit

je|den|falls ⟨Abtönungspartikel⟩ **1** *also, wie vereinbart, wie dem auch sei* **2** *zumindest, wenigstens* ▸ ich rufe ~ morgen an, dann besprechen wir das Weitere; das weiß ich nicht, ~ hat er nichts davon gesagt; ob er kommt oder nicht, ich bleibe ~ zu Hause; er hat gute Noten in der Schule, ~ in den Hauptfächern

je|der|mann ⟨Indefinitpron.⟩ **1** *jeder* **2** ⟨umg.⟩ *alle Leute* ▸ man kann nicht ~s Freund sein; er ist höflich gegen ~

je|der|zeit ⟨Adv.⟩ *immer, zu jedem Zeitpunkt* ▸ du bist mir ~ willkommen

je|doch ⟨Konj.⟩ **1** *doch* **2** *aber, indessen* ▸ er ist nicht gut in Mathematik, ~ in Sprachen ist er allen anderen voraus; ich habe ihm zweimal geschrieben, er hat ~ nicht geantwortet

Jeep® ⟨[dʒiːp] der; -s, -s; Kfz⟩ *amerikanischer Geländekraftwagen*

jeg|li|che(r, -s) ⟨Indefinitpron.⟩ = *jede(r, -s)*

je|her ⟨Adv.⟩ seit, von ~ *schon immer*

jein ⟨Adv.; umg.; scherzh.⟩ *ja und nein, halb ja, halb nein* ▸ freust du dich darauf? ~!

je|mals ⟨Adv.⟩ *irgendwann* ▸ ob ich das ~ erreichen werde, weiß ich nicht; hast du schon ~ so etwas gesehen?

je|mand ⟨Indefinitpron.⟩ *eine Person, ein Mensch, irgendeiner* ▸ wenn ich ~es Freund sein will, muss ich auch für ihn eintreten; ist ~ gekommen?; hast du ~en gesehen?; er ist (so) ~, der sich nur schwer anderen anschließt; ich meine ~ anderen; das ist ~ Unbekanntes; es ist ~ draußen; ist sonst noch ~ hier, der eine Frage hat?; ~ anders, anderer; wenn Sie weggehen wollen, sagen Sie vorher ~em Bescheid

je|ne(r, -s) ⟨Demonstrativpron.⟩ **I** ⟨substantiv. gebraucht⟩ *der, die, das vorher, zuerst Erwähnte, der, die, das weiter abseits Befindliche* ▸ dies und jenes *alles Mögliche, Verschiedenes, einiges;* dieser und jener *einige, etliche, hin u. wieder einer;* er war mit seiner Frau und seiner Tochter gekommen: während diese sich sofort mit den andern unterhielt, war jene sehr still; bald dieser, bald jener; dieses hier und jenes dort; wir haben von diesem und jenem gesprochen *von allem Möglichen* **II** ⟨adjektiv. gebraucht⟩ **1** *der, die, das zuerst, vorher erwähnte …, der, die, das weiter abseits befindliche …* **2** ⟨oft nur zur stärkeren Hervorhebung⟩ *der, die, das* ▸ was ist wohl in jener Nacht geschehen?; in jener Zeit hat er noch geraucht; ich möchte diesen Strauß Astern, und was kosten jene Dahlien dort?; das sind jene Leute, die es immer schon vorher gewusst haben wollen; an jenem Tage *damals an dem Tage (von dem wir eben sprachen)*

jen|seits ⟨a. [jẹn-] Präp. m. Gen.⟩ *auf der anderen Seite;* Ggs *diesseits* ▸ ~ des Flusses; ~ der deutschen Grenze; das ist ~ von Gut und Böse *das überschreitet alle Grenzen*

Jen|seits ⟨a. [jẹn-] das; -; unz.⟩ *überirdisches, außerirdisches Reich, Reich der Toten, Himmelreich;* Ggs *Diesseits* ▸ jmdn. ins ~ befördern ⟨umg.⟩ *jmdn. beseitigen, töten*

Jet ⟨[dʒẹt] der; -s, -s⟩ *Flugzeug mit Strahlantrieb*

Jet|set ⟨[dʒẹt-] der; -s, -s⟩ *Angehörige reicher Gesellschaftsschichten, die in der Welt herumreisen;* Abl *Jetsetter(in)*

jet|ten ⟨[dʒẹtən] V. intr.; jet|tet, jet|te|te, ist ge|jettet; umg.⟩ *mit dem Jet fliegen* ▸ er ist gestern schnell nach New York gejettet

jẹt|zig ⟨Adj.⟩ **1** *augenblicklich, heute* **2** *derzeitig, gegenwärtig* ▸ der ~e Leiter der Schule; im ~en Zustand; unter den ~en Verhältnissen

jẹtzt ⟨Adv.⟩ *in diesem Augenblick, zum gegenwärtigen Zeitpunkt* ▸ ich habe ~ keine Zeit; wo habe ich denn ~ wieder meine Brille hingetan?; ~ hebt er die Hand und winkt; ~ kommt gleich die Stelle, an der ich immer lachen muss; ich muss ~ gehen; sein: ~ ist es aber genug!; das ist ~ ja alles ganz anders als früher; was ist denn ~ schon wieder los? ▸ bis ~; eben ~; erst ~ ist mir klargeworden, dass …; gerade ~ musste das passieren; komm doch gleich ~; ~ und hier *sofort, an diesem Ort;* das Jetzt und Hier; ~ oder nie!; noch ~ muss ich lachen, wenn ich daran denke; von ~ an

Jẹtzt ⟨das; -; unz.⟩ das ~ *das Heute, Jetztzeit* ▸ das Einst und das ~

je|wei|lig ⟨Adj.⟩ *zur Zeit vorkommend, vorhanden, augenblicklich amtierend* ▸ die Bezahlung erfolgt entsprechend dem ~en Arbeitsaufwand; die ~ erwirtschafteten Gewinne

je|weils ⟨Adv.⟩ *jedes Mal in einem bestimmten Fall, zu einem bestimmten Zeitpunkt* ▸ die Zeitschrift erscheint am Ersten jeden Monats, wir bekommen ~ ein Exemplar zugeschickt; die Sendungen werden ~ dienstags um 18 Uhr gesendet; unsere Töchter haben ~ zwei Kinder; wir beteiligen uns zu ~ gleichen Teilen an den Kosten

Jg. ⟨Abk. für⟩ *Jahrgang*

Jh. ⟨Abk. für⟩ *Jahrhundert*

jịd|disch ⟨Adj.⟩ *in jiddischer Sprache* ▸ ~e Sprache *aus (zum größten Teil) mittelhochdeutschen, hebräischen u. romanischen, später aus slawischen Elementen gemischte Sprache der Juden in Deutschland u. bes. Osteuropa*

Ji|had ⟨[dʒiː-] der; -s; unz.⟩ = *Dschihad*

Job ⟨[dʒɔ̣b] der; -s, -s; umg.⟩ *(bes. vorübergehende) Beschäftigung, Stellung, Gelegenheit zum Geldverdienen;* Zus *Jobsuche* ▸ er ist auf der Suche nach einem neuen ~

job|ben ⟨[dʒɔ̣bən] V. intr.; jobbt, jobb|te, hat gejobbt; umg.⟩ **1** *Gelegenheitsarbeiten verrichten* **2** ⟨allg.⟩ *arbeiten* ▸ er muss in den Ferien ~; sie jobbt abends in einer Kneipe; Abl *Jobber*

Job|sha|ring ⟨[dʒɔbʃɛ:rıŋ] das; -s; unz.⟩ *Aufteilung eines Arbeitsplatzes für eine Ganztagskraft auf zwei halbtags tätige Arbeitskräfte*

Joch ⟨das; -(e)s, -e⟩ **1** *Teil des Geschirrs für Ochsen, der über Stirn od. Nacken liegt* **2** ⟨übertr.⟩ *schwere, drückende (Arbeits-)Last* ▸ das ~ der Ehe ⟨scherzh.⟩; das ~ (der Sklaverei o. Ä.) abschütteln; unter dem ~ der Besatzung leiden

Joch|bein ⟨das; -(e)s, -e; Anat.⟩ *paariger Gesichtsknochen der Säugetiere u. des Menschen, der fest mit Schläfenbein, Oberkiefer u. Felsenbein verbunden ist, Jugale;* Syn *Backenknochen, Wangenbein*

Jo|cket|te ⟨[dʒɔkɛt(ə)] die; -, -n; Sp.⟩ *berufsmäßige Rennreiterin*

Jo|ckey ⟨[dʒɔkı] der; -s, -s; Sp.⟩ *berufsmäßiger Rennreiter;* oV *Jockei*

Jod ⟨das; -s; unz.; chem. Zeichen: I (+ J)⟩ *dunkelgraues, fast blauschwarzes, metallisch glänzendes chem. Element aus der Gruppe der Halogene*

jo|deln ⟨V. intr.; jo|delt, jo|del|te, hat ge|jo|delt; Schweiz; Tirol; Oberbayern⟩ *mit schnellem Wechsel zwischen Kopf- u. Bruststimme ohne Worte singen;* Abl *Jodler(in)*

Jo|ga ⟨der od. das; -s; unz.; in der altind. Philosophie u. im Buddhismus⟩ **1** *Meditation u. Askese zur Selbsterlösung* **2** *danach entwickeltes Verfahren der körperlichen Übung u. geistigen Konzentration*

jog|gen ⟨[dʒɔgən] V. intr.; joggt, jogg|te, hat/ist ge|joggt⟩ **1** *Jogging betreiben;* Abl *Jogger(in)* **2** *im Tempo des Joggings laufen* ▸ er joggt neuerdings; er hat eine halbe Stunde gejoggt; ich bin heute durch den Park, den Wald gejoggt

Jog|ging ⟨[dʒɔgıŋ] das; -s; unz.⟩ *sportliches Laufen vom schnellen Gehen bis zum langsamen Dauerlauf;* Zus *Joggingschuh* ⓘ S. 789

Jog|ging|ho|se ⟨[dʒɔgıŋ-] die; -, -n⟩ *bequeme Sporthose (für das Jogging od. für andere sportliche Betätigungen), Trainingshose;* ⓘ S. 789

Jo|ghurt ⟨der od. das; -s, -s⟩ *unter Einwirkung von Bakterien hergestelltes, eingedicktes Sauermilchprodukt;* Zus *Erdbeerjoghurt, Fruchtjoghurt, Sahnejoghurt*

Jo|gi ⟨der; -s, -s⟩ *indischer Asket, Anhänger des Joga*

Jo|gurt ⟨der od. das; -s, -s⟩ = *Joghurt*

Jo|han|nis|bee|re ⟨die; -, -n⟩ *kleine rote, säuerlich schmeckende Beere, die in Dolden an Sträuchern wächst* ▸ Rote ~; Schwarze ~; ⓘ S. 1003; Zus *Johannisbeermarmelade, Johannisbeersaft, Johannisbeerstrauch*

joh|len ⟨V. intr.; johlt, johl|te, hat ge|johlt⟩ *laut u. unartikuliert rufen, ungezügelt schreien*

Joint ⟨[dʒɔınt] der; -s, -s⟩ *mit Rauschmitteln versetzte Zigarette*

Jo-Jo ⟨das; -s, -s⟩ *Geschicklichkeitsspiel mit einer Spule u. einem langen Faden;* oV *Yo-Yo*

Jo|ker ⟨[dʒo:-] od. [jo:-] der; -s, -⟩ **1** ⟨Kart.⟩ *spezielle Spielkarte, die für jede beliebige Karte eingesetzt werden kann* **2** ⟨übertr.; Fußb.⟩ *eingewechselter Spieler, der das Spiel entscheidend wendet*

Jol|le ⟨die; -, -n⟩ **1** *leichtes Segelboot* **2** *kleines Ruderboot, bes. als Beiboot*

Jon|g|leur ⟨[ʒɔ̃glø:r] od. [ʒɔŋlø:r] der; -s, -e⟩ *Artist, der Geschicklichkeitsübungen im Spiel mit Bällen, Tellern u. a. vorführt;* Abl *Jongleurin*

jon|g|lie|ren ⟨[ʒɔ̃-] od. [ʒɔŋ-] V. intr.; jon|g|liert, jon|g|lier|te, hat jon|g|liert⟩ **1** *mit artistischem Geschick spielen, werfen u. fangen* **2** ⟨umg.⟩ *geschickt verfahren* ▸ mit Bällen, Tellern ~; mit Worten ~ *geschickt formulieren*

Jop|pe ⟨die; -, -n⟩ *taillenlose Männerjacke;* Zus *Hausjoppe, Lederjoppe*

Jo|ta ⟨das; -s, -s; übertr., geh.⟩ *Kleinigkeit, Spur* ▸ das ist um kein ~ anders; (um) kein ~ von einer Meinung abweichen

Joule ⟨[dʒaul] od. [ʒu:l] das; -s, -; Zeichen: J⟩ *Maßeinheit, SI-Einheit der Energie, Arbeit u. Wärmemenge, 1 J = 1 Nm*

Jour|nal ⟨[ʒur-] das; -s, -e⟩ *Zeitschrift;* Zus *Modejournal*

Jour|na|lis|mus ⟨[ʒur-] der; -s; unz.⟩ *schriftstellerische Tätigkeit für Presse, Fernsehen u. Rundfunk* ▸ aufgeklärter, freier, gut recherchierter ~

Jour|na|list ⟨[ʒur-] der; -en, -en⟩ *jmd., der Berichte für die Presse, für das Fernsehen od. den Rundfunk schreibt* ▸ er arbeitet als freiberuflicher ~ in Berlin; die Bundeskanzlerin war von ~ umlagert

Jour|na|lis|tik ⟨[ʒur-] die; -; unz.⟩ = *Publizistik*

Jour|na|lis|tin ⟨[ʒur-] die; -, -tin|nen⟩ *weibl. Journalist*

jour|na|lis|tisch ⟨[ʒur-] Adj.⟩ *zum Journalismus gehörig, auf Journalistik beruhend*

jo|vi|al ⟨[-vi-] Adj.⟩ *wohlwollend, gutmütig-herablassend* ▸ jmdm. ~ auf die Schulter klopfen; Abl *Jovialität*

Joy|stick ⟨[dʒɔı-] der; -s, -s; EDV⟩ *mit einem zentralen Stab und meist mehreren Tasten versehenes Eingabegerät für Computerspiele*

jr. ⟨Abk. für⟩ *junior*

Ju|bel ⟨der; -s; unz.⟩ *lauter Freudenausbruch, laute Freude* ▸ es herrschte ~, Trubel, Heiterkeit; das war ein ~!; der ~ sprang auch auf die Umstehenden über; Zus *Jubelfest, Jubelschrei, Jubelruf*

Ju|bel|jahr ⟨das; -(e)s, -e; in der Wendung⟩ das kommt nur alle ~e vor ⟨umg.⟩ *sehr selten*

ju|beln ⟨V. intr.; ju|belt, ju|bel|te, hat ge|ju|belt⟩ *seiner Freude laut Ausdruck verleihen* ▸ „Ich habe gewonnen!" jubelte sie; wir wollen nicht zu früh ~; die Menge begrüßte ihn ~d

Ju|bi|lar ⟨der; -s, -e⟩ *jmd., zu dessen Ehren ein Jubiläum gefeiert od. eine Gedenkfeier veranstaltet wird* ▸ er wird aufgrund seiner langjährigen Betriebszugehörigkeit als ~ gefeiert; einen ~ empfangen; Abl *Jubilarin*

Ju|bi|lä|um ⟨das; -s, -lä|en⟩ *Gedenkfeier, Jahrestag, bes. nach einer runden Zahl von Jahren;* Syn *Jubelfest* ▸ das 10., 25., 50., 100. ~ feiern; Zus *Jubiläumsfeier, Jubiläumsjahr*

ju|bi|lie|ren 〈V. intr.; ju|bi|liert, ju|bi|lier|te, hat ju|bi|liert〉 **1** *singen, trillern* (Vögel) **2** 〈übertr.; poet.〉 *jubeln*

jụ|cken 〈V. trans. u. V. intr.; juckt, juck|te, hat ge|juckt〉 jmdn. ~ **1** *von einer prickelnd brennenden Empfindung auf der Haut betroffen sein;* Zus *Juckreiz* **2** 〈übertr.; umg.〉 *einen verlockenden Reiz ausüben* ▸ es juckt mich *ich spüre ein Kribbeln od. kribbelndes Brennen auf der Haut;* es juckt mich, etwas Bestimmtes zu tun 〈übertr.〉 *ich möchte es zu gern tun;* ihn juckte das Abenteuer 〈übertr.; umg.〉; die Nase, der Rücken juckt (mich); der Pullover, die Wolle juckt (mich); es juckt mich am Rücken, in der Nase; mir juckt es in den Fingern! 〈umg.〉 *ich möchte es zu gern tun;* das juckt mich nicht 〈übertr.; umg.〉 *das interessiert mich nicht, ist mir egal;* ein ~der Mückenstich

Ju|das 〈der; -, -das|se; Pl. selten〉 *hinterhältiger Verräter;* Zus *Judaskuss, Judaslohn*

Ju|de 〈der; -n, -n〉 *Angehöriger eines über die ganze Welt verstreuten semit. Volkes* ▸ die grausame Verfolgung der ~n im Nationalsozialismus durch die Deutschen; die ~n im Staat Israel; russische, europäische ~n

Ju|den|stern 〈der; -(e)s, -e〉 *Davidsstern, jüdisches Glaubenssymbol, während des Nationalsozialismus diffamierendes Abzeichen für Juden*

Ju|den|tum 〈das; -s; unz.〉 **1** *Religion der Juden, Judaismus* **2** *die Gesamtheit der Juden* ▸ das Verhältnis zwischen ~ und Christentum untersuchen; er hat sich zum ~ bekannt

Ju|den|ver|fol|gung 〈die; -, -en〉 *grausame, gewalttätige Verfolgung von Juden, besonders im Nationalsozialismus*

Ju|di|ka|ti|ve 〈[-və] die; -, -n〉 *richterliche Gewalt;* →a. *Exekutive, Legislative*

Jü|din 〈die; -, -din|nen〉 *weibl. Jude*

jü|disch 〈Adj.〉 *die Juden betreffend, zu ihnen gehörig, von ihnen stammend*

Ju|do 〈das; -s; unz.; Sp.〉 *Form der Selbstverteidigung, bei der der Gegner mit speziellen Griffen angefasst u. zu Boden geworfen wird*

Ju|gend 〈die; -; unz.〉 **1** *Wachstums- u. Entwicklungszeit des Menschen* **2** *jugendliches Wesen, Jugendlichkeit* **3** *junge Leute;* Zus *Jugendalter, Jugendamt, Jugendarbeitslosigkeit, Jugendbuch, Jugendgruppe, Jugendkriminalität, Jugendorganisation, Jugendstrafe, Jugendstrafrecht, Jugendzentrum; Dorfjugend, Landjugend* ▸ Kindheit und ~ ▸ in früher ~; die reifere ~ *nicht mehr junge, aber auch noch nicht alte Leute;* eine schöne, sorglose, schwere, tragische ~ gehabt haben ▸ ich habe meine ~ in Nordirland verbracht; jung mit der ~ sein *sich auch noch als älterer Mensch mit jungen Leuten gut verstehen;* wir haben viel, wir sehen gern ~ um uns; ~ will unter sich sein; von ~ an, auf; die ~ von heute

ju|gend|frei 〈Adj.〉 *für Jugendliche geeignet u. zugelassen* (Film) ▸ dieser Film ist nicht ~

Ju|gend|freund 〈der; -(e)s, -e〉 *Freund aus der Jugendzeit;* Abl *Jugendfreundin*

Ju|gend|her|ber|ge 〈die; -, -n〉 *Unterkunftsstätte für Jugendliche auf Wanderungen od. Reisen*

ju|gend|lich 〈Adj.〉 **1** *zur Jugend gehörig, der Jugend gemäß, ihr entsprechend, ihr eigen* **2** *jung* ▸ ~e Begeisterung; sie ist eine (noch) ~e Erscheinung; ~es Feuer 〈übertr.〉; ~e Frische; ~e Naive, Sentimentale *Rollenfächer für Schauspielerinnen;* ~er Verbrecher; ~ aussehen; sich ~ kleiden; er ist gerade erst im ~en Alter von 16 Jahren; Abl *Jugendlichkeit*

Ju|gend|li|che(r) 〈die; -n, -n (der; -n, -n)〉 *junger Mensch vom 14. bis 18. Lebensjahr*

Ju|gend|schutz 〈der; -es; unz.〉 **1** *Schutz der Jugend vor moral. u. körperl. Gefahren* **2** *alle rechtl. Vorschriften dafür*

Ju|gend|stil 〈der; -(e)s; unz.〉 *Kunstrichtung um 1900, bes. in Kunstgewerbe, Buchgestaltung u. Malerei, u. a. gekennzeichnet durch stilisierte pflanzliche Ornamente*

Ju|gend|sün|de 〈die; -, -n; umg.〉 *unüberlegte Handlung od. Unterlassung in jugendlichem Alter, deren Folgen sich oft erst später zeigen*

Ju|gend|wei|he 〈die; -, -n〉 **1** 〈in freireligiösen Gemeinden〉 *Feier für Jugendliche an Stelle der Konfirmation bzw. Kommunion* **2** 〈DDR〉 *atheistisch ausgerichteter Festakt, der staatlich gefördert wurde*

Ju|go|s|la|we 〈der; -n, -n; früher〉 *Einwohner von Jugoslawien;* Abl *Jugoslawin*

ju|go|s|la|wisch 〈Adj.; früher〉 *Jugoslawien betreffend, von dort stammend*

Ju|li 〈der; - od. -s, -s〉 *siebter Monat des Jahres*

Jụm|bo|jet 〈[-dʒɛt] der; -s, -s〉 *Großraumflugzeug mit Strahlantrieb;* Syn 〈kurz〉 *Jumbo*

jun. 〈Abk. für〉 *junior*

jụng 〈Adj.〉 **1** *in jugendlichem Alter* (Lebewesen); Zus *Jungtier* **2** *neu, ganz frisch* (Gemüse, Obst) **3** 〈übertr.〉 *jugendlich, frisch, mit der Jugend fühlend* ▸ der Abend, Tag ist noch ~ *der Abend, Tag hat gerade erst begonnen;* die Jungen und die Alten; ein ~er Dichter; sie ist bereits eine ~e Frau; die ~e Generation; dort sitzen ~e Leute; ein ~es Mädchen; ein ~er Mann; das ~e Paar *erst kurze Zeit verheiratetes Paar;* Junge Union *Organisation der CDU für Mitglieder von 16 bis 25 Jahren;* ~es Volk *Jugendliche u. junge Leute bis etwa 25 Jahre;* ~er Wein *Wein der letzten Ernte* ▸ aussehen: sie sieht noch sehr ~ aus; er ist ~ geblieben; ~ heiraten; sein: er ist nicht mehr ganz ~; er ist mit seinen Enkeln wieder ~ geworden *er hat wieder jugendlichen Schwung bekommen* ▸ (für) Jung und Alt *(für) alle, jedermann* ▸ er ist noch ~ an Jahren; von ~ auf *von Kindheit an*

Jụn|ge 〈der; -n, -n〉 **1** *männliches Kind, Jugendlicher;* Ggs *Mädchen* **2** 〈veraltet〉 *Gehilfe, Lehrling;* Zus *Bäckerjunge, Schiffsjunge* **3** 〈regional〉 *Spielkarte, Unter, Bube, Wenzel* ▸ ~, ~! *(Ausruf des Staunens, des leichten Schreckens)* ▸ alter ~! *(freundschaftliche Anrede);* armer ~!; die beiden ~n sind Zwillinge; die blauen Jungs 〈umg.〉 *die Matrosen;* der ~ ist groß geworden; (mein) lieber ~, das hätte leicht schiefgehen können!; die meisten ~n spielen gern Fußball; in meiner Klasse sind neun ~n und acht Mädchen; er ist ein ungezogener ~; sie haben vier Kinder, zwei ~n und zwei Mädchen ▸ als ~ war ich oft dort

Jụn|ge(s) ⟨das; -n, -n⟩ *Tierkind* ▸ die Katze hat Junge geworfen

Jụn|gen ⟨Pl.; schweiz.⟩ *Jugendliche* ▸ das Konzert wird hauptsächlich von ~ besucht

jụn|gen|haft ⟨Adj.; -er, am -es|ten⟩ **1** *wie ein Junge, in der Art eines Jungen* **2** *jugendlich unbekümmert* ▸ das Mädchen benimmt sich ~; er wirkt trotz seines Alters noch ~; Abl *Jungenhaftigkeit*

Jün|ger ⟨der; -s, -⟩ **1** *jeder der zwölf Apostel Christi* **2** ⟨geh.; a. iron.⟩ *Anhänger;* Abl *Jüngerin*

Jụng|fer ⟨die; -, -n⟩ alte ~ *alte, altmodische, nicht verheiratete Frau*

Jụng|fern|fahrt ⟨die; -, -en⟩ *erste Fahrt (meist eines Schiffes)*

Jụng|fern|häut|chen ⟨das; -s, -; Anat.⟩ *dünnes, ringförmiges Häutchen am Eingang zur Scheide, das beim ersten Geschlechtsverkehr zerreißt;* Syn *Hymen*[1]

Jụng|frau ⟨die; -, -en⟩ **1** *Frau, die noch keinen Geschlechtsverkehr gehabt hat* **2** *ein Sternbild* ▸ die ~ Maria *die Mutter Jesu;* sie ist schon lange keine ~ mehr; die heilige ~ *Maria, Mutter Jesu*

jụng|fräu|lich ⟨Adj.; a. übertr.⟩ *unberührt, rein, unverletzt* ▸ die ~e Unschuld verlieren, ~e Landschaften durchwandern ⟨übertr.⟩

Jụng|ge|sel|le ⟨der; -n, -n⟩ *unverheirateter Mann;* Abl *Junggesellin*

Jüng|ling ⟨der; -s, -e⟩ **1** ⟨a. iron.⟩ *Jugendlicher zwischen Pubertät u. Reife* **2** ⟨poet.⟩ *junger Mann*

jüngst[1] ⟨Adj.; Superl. von „jung"⟩ **1** *die wenigsten Jahre zählend, am spätesten geboren* **2** *eben erst vergangen* (Zeit) **3** *eben erst entstanden, letzte(r, -s)* (Werk) ▸ der Jüngste (in der Familie) ▸ die ~en Ereignisse, Nachrichten; das Jüngste Gericht ⟨nach christl. Auffassung⟩ *Weltgericht am Jüngsten Tag;* der Jüngste Tag ⟨nach christl. Auffassung⟩ *der letzte Tag der Welt;* die ~e Vergangenheit ▸ sein: er ist nicht mehr der Jüngste *er ist schon in mittlerem Alter;* er ist mein Jüngster ▸ in ~er Zeit habe ich ihn selten gesehen; er ist der Jüngste von uns

jüngst[2] ⟨Adv.; poet.⟩ *vor kurzem, neulich, kürzlich* ▸ als ich ~ im Wald spazieren ging

Ju|ni ⟨der; - od. -s, -s⟩ *sechster Monat des Jahres*

ju|ni|or ⟨Abk.: jr. od. jun.; hinter Personennamen⟩ *der Jüngere;* Ggs *senior* ▸ Herr Marquardt ~ leitet jetzt die Firma

Ju|ni|or ⟨der; -s, -en⟩ Ggs *Senior (1)* **1** *der Jüngere von zwei Verwandten (meist Vater u. Sohn) gleichen Namens* **2** ⟨Sp.⟩ *Jugendlicher;* Abl *Juniorin* ▸ sind Sie der ~? ⟨umg.⟩; der ~ ist nun in die Firma eingestiegen; Meisterschaft der ~en

Ju|ni|or|chef ⟨[-ʃɛf] der; -s, -s⟩ *(der in der Firma mitarbeitende) Sohn des Inhabers;* Abl *Juniorchefin*

Ju|ni|or|pro|fes|sur ⟨die; -, -en⟩ *zeitlich befristete Professur zur Förderung junger promovierter Wissenschaftler*

Jụn|ker ⟨der; -s, -; früher⟩ **1** *adliger Gutsbesitzer* **2** *junger Adliger*

Jun|kie ⟨[dʒʌŋki] der; -s, -s⟩ *Drogensüchtiger*

Jun|ta ⟨[xụn-] od. [jụn-] die; -, Jụn|ten; in Spanien u. bes. Lateinamerika⟩ *(Machthaber einer) Militärdiktatur*

Jupe ⟨[ʒyːp] der; -s, -s od. das; -s, -s; schweiz.⟩ *Rock (für Damen od. Mädchen)*

Ju|ra ⟨Pl.; Sing.: Jus⟩ *Rechtswissenschaften (als Studienfach);* Zus *Jurastudent(in), Jurastudium*

Ju|rist ⟨der; -en, -en⟩ *jmd., der Jura studiert hat, Rechtsanwalt;* Abl *Juristin*

Ju|ris|te|rei ⟨die; -; unz.; umg.; scherzh.⟩ *Rechtswissenschaft u. Rechtsprechung, Jura*

ju|ris|tisch ⟨Adj.⟩ **1** *zur Rechtswissenschaft gehörig, auf ihr beruhend, mit ihrer Hilfe* **2** *rechtlich, rechtswissenschaftlich* **3** *vom gesetzlichen Standpunkt aus* ▸ an der ~en Fakultät studieren; ~e Person *mehrere Personen od. Institutionen, die vom Staat als ein einziger Gegenstand des Rechts anerkannt werden;* Ggs *natürliche Person;* etwas vom ~en Standpunkt aus beurteilen; ein ~es Verfahren eröffnen; ~ einwandfrei

Ju|ror ⟨der; -s, -en⟩ *Mitglied einer Jury;* Abl *Jurorin;* Zus *Jurorenkomitee*

Ju|ry ⟨[ʒyriː] od. [ʒyːri] die; -, -s⟩ *Ausschuss von Sachverständigen als Preisrichter bei Kunstausstellungen, sportl. Veranstaltungen u. Ä.;* Syn *Preisgericht, Preisrichterkollegium,* ⟨österr.⟩ *Jurorenkomitee*

Jus ⟨das; -, Ju|ra⟩ *Recht* ▸ ~ studieren ⟨bes. oberdt., schweiz.⟩

Ju|so ⟨der; -s, -s; Kurzw. für⟩ *Jungsozialist*

jụst ⟨Adv.⟩ *eben, gerade* ▸ ~ als er ankam; ~ am gleichen Tag; ich war ~ dabei, wegzugehen

jus|tie|ren ⟨V. trans.; jus|tiert, jus|tier|te, hat justiert⟩ ein Messgerät, eine Waage ~ *genau einstellen, eichen;* Abl *Justierung*

Jus|ti|tia ⟨die; -; unz.; Rechtsw.⟩ *Personifizierung, Symbol der Gerechtigkeit (weibliche Figur mit verbundenen Augen u. Waage in der Hand)*

Jus|tiz ⟨die; -; unz.⟩ *Rechtswesen, Rechtspflege;* Zus *Justizbehörde; Justizminister(in)*

Jus|ti|zi|ar ⟨der; -, -e⟩ *Rechtsbeistand eines Betriebes od. einer Behörde;* oV *Justitiar;* Abl *Justiziarin*

Jus|tiz|irr|tum ⟨der; -s, -tü|mer⟩ *falsche Gerichtsentscheidung*

Ju|te ⟨die; -; unz.⟩ *grober Stoff aus den Bastfasern tropischer Pflanzen;* Zus *Jutesack*

ju|ve|nil ⟨[-və-] Adj.; geh.⟩ *jugendlich;* Ggs *senil;* Abl *Juvenilität*

Ju|wel ⟨das; -s, -en⟩ **1** *Kleinod, Schmuckstück, geschliffener Edelstein* **2** ⟨übertr., umg.⟩ *wertvoller Mensch, Mensch, der alle Arbeiten hervorragend erledigt* ▸ sie ist ein ~! ⟨übertr.; umg.⟩

Ju|we|lier ⟨der; -s, -e⟩ **1** *Goldschmied* **2** *Schmuckhändler;* Abl *Juwelierin;* Zus *Juweliergeschäft*

Jux ⟨der; -es, -e; umg.⟩ *Scherz, Spaß, Ulk* ▸ sich einen ~ machen; etwas (nur) aus ~ tun

jwd, j. w. d. ⟨[jɔtveːdeː] Adv.; umg.; scherzh.⟩ *weit entfernt u. abgelegen, weit außerhalb, am Ende der Welt* ▸ sie wohnen jetzt ~

K k

Ka|ba|rett ⟨a. [ka-] das; -s, -s od. -e⟩ *Bühne für kurze, meist humoristische Darbietungen;* oV *Cabaret;* Syn *Brettl, Kleinkunstbühne;* Abl *Kabarettist(in); kabarettistisch*

kab|beln ⟨V. refl.; kab|belt sich, kab|bel|te sich, hat sich ge|kab|belt; umg.; bes. norddt.⟩ sich ~ *sich harmlos streiten;* Abl *Kabbelei*

Ka|bel ⟨das; -s, -⟩ **1** *starkes Tau;* Syn *Kabeltau* **2** *mehrere zusammengefasste u. isolierte Leitungsdrähte*

Ka|bel|an|schluss ⟨der; -es, -schlüs|se⟩ *Verbindung mit dem Kabelnetz für die Übertragung von Fernseh- u. Rundfunkprogrammen*

Ka|bel|fern|se|hen ⟨das; -s; unz.⟩ *Fernsehsendungen, die von einer zentralen Sendestelle über Kabel zum Empfänger geleitet werden*

Ka|bel|jau ⟨der; -s, -e od. -s; Zool.⟩ *1,5 m langer u. bis 50 kg schwerer Speisefisch*

Ka|bi|ne ⟨die; -, -n⟩ **1** *kleiner, abgeschlossener Raum;* Zus *Badekabine, Duschkabine, Umkleidekabine* **2** *Wohn- u. Schlafraum an Bord eines Schiffes* **3** *Gondel einer Seilbahn;* Zus *Kabinenbahn*

Ka|bi|nett ⟨das; -(e)s, -e⟩ **1** *kleines Zimmer, Nebenraum* **2** ⟨übertr.; Pol.⟩ **2.1** *die Berater eines Staatsoberhauptes* **2.2** *aus Regierungschef, Ministern u. Staatssekretären bestehendes Regierungskollegium;* Zus *Kabinettsmitglied, Kabinettssitzung; Bundeskabinett* ▸ ein ~ bilden, stürzen, umbilden; der Kanzler berief allmorgendlich sein ~ ein

Ka|bi|nett|stück ⟨das; -(e)s, -e; übertr.⟩ *bes. geschicktes, kluges Vorgehen od. Verhalten, Meisterstück* ▸ ein ~ der Verhandlungskunst, der Diplomatie

Ka|b|rio ⟨das; -s, -s⟩ = *Cabrio*

Ka|b|ri|o|lett ⟨a. [-le:] das; -s, -s⟩ = *Cabriolet*

Ka|buff ⟨das; -s, -s; umg.⟩ *kleiner, enger, meist auch dunkler Raum*

Ka|chel ⟨die; -, -n⟩ *gebrannte, meist glasierte, oft bemalte Tonplatte für Öfen, als Wandverkleidung u. Untersetzer, Fliese*

ka|cheln ⟨V. trans.; ka|chelt, ka|chel|te, hat ge|kachelt⟩ etwas ~ *mit Kacheln auslegen, belegen, fliesen* ▸ gekacheltes Bad

Ka|chel|ofen ⟨der; -s, -öfen⟩ *Ofen aus Kacheln*

Ka|cke ⟨die; -; unz.; derb⟩ *Kot*

ka|cken ⟨V. intr.; kackt, kack|te, hat ge|kackt; derb⟩ *seine Notdurft verrichten*

Ka|da|ver ⟨[-vər] der; -s, -⟩ *toter Körper, Tierleiche, Aas*

Ka|da|ver|ge|hor|sam ⟨[-vər-] der; -s; unz.⟩ *blinder Gehorsam, Befehlsbefolgung unter Ausschalten der eigenen Urteilskraft*

Ka|denz ⟨die; -, -en; Mus.⟩ *zu einem Abschluss führende Akkordfolge;* Abl *kadenzieren*

Ka|der ⟨der; -s, - od. schweiz. das; -s, -⟩ **1** *für besondere Aufgaben ausgebildete Gruppe von Fach- u. Führungskräften sowie Funktionären* **2** *Funktionär, bes. in kommunist. Parteiorganisationen;* Zus *Kaderschmiede; Führungskader, Leitungskader*

Ka|dett ⟨der; -en, -en; bis 1918⟩ *Zögling einer militärischen Erziehungsanstalt, der die Offizierslaufbahn ergreifen will;* Zus *Kadettenanstalt*

Ka|di ⟨der; -s, -s; in islam. Ländern⟩ *nach den Gesetzen des Korans Recht sprechender Richter* ▸ jmdn. vor den ~ ziehen, zerren ⟨übertr.; umg.⟩ *jmdn. vor Gericht bringen*

Kä|fer ⟨der; -s, -⟩ **1** ⟨Zool.⟩ *ein Insekt mit hartem Hautpanzer u. harten Deckflügeln, das in zahlreichen Arten vorkommt;* Syn *Deckflügler, Koleoptere;* Zus *Maikäfer, Marienkäfer, Mistkäfer* **2** ⟨umg.⟩ *Volkswagen* **3** ⟨umg.; scherzh.⟩ *junges Mädchen* ▸ ein hübscher, flotter ~

Kaff ⟨das; -s, -s; umg.⟩ *elender Ort, langweiliges Dorf*

Kaf|fee **I** ⟨Betonung a. [-'-] der; -s; unz.⟩ **1** *Samen des Kaffeebaumes* **2** *Kaffeebohnen* **3** *bitter schmeckendes, anregendes Getränk aus gerösteten Kaffeebohnen;* Zus *Kaffeekanne, Kaffeelöffel, Kaffeemaschine* ⓘ S. 254, *Kaffeemühle, Kaffeetasse* **4** *Zwischenmahlzeit, meist mit süßem Gebäck* ▸ ein **Kännchen** ~ bitte!; heute gibt es ~ und **Kuchen;** ein **Pfund** ~; bitte noch eine **Tasse** ~! ▸ ~ **aufbrühen,** filtern, kochen, mahlen; ~ **trinken** *frühstücken, vespern;* einen ~ trinken ▸ ~ **crème** ⟨schweiz.⟩ *Kaffee mit Sahne;* **gemahlener,** gerösteter, grüner ~; das ist ja **kalter** ~ ⟨übertr.; umg.⟩ *das ist völlig uninteressant, eine längst bekannte Angelegenheit;* **schwarzer,** starker ~; ~ **verkehrt** ⟨umg.⟩ *Kaffee mit viel Milch od. mehr Milch als Kaffee* ▸ morgens **beim** ~ die Zeitung lesen; dir haben sie wohl was **in** den ~ getan? ⟨umg.⟩ *du bist wohl nicht gescheit?;* ~ **mit** Milch, Sahne, Zucker; jmdn. **zum** ~ (zu sich) einladen; jmdn. zu einem ~ (im Kaffeehaus) einladen **II** ⟨zählb.; eindeutschend für⟩ *Café, Konditorei* ▸ ins ~ gehen; im ~ sitzen

Kaf|fee|boh|ne ⟨die; -, -n⟩ *Samen des Kaffeebaumes*

Kaf|fee|fahrt ⟨die; -, -en⟩ *(von Firmen organisierte) Fahrt zum Kaffeetrinken, bei der den Teilnehmern Waren verkauft werden sollen*

Kaf|fee|haus ⟨das; -es, -häu|ser⟩ *Gaststätte mit Kaffee- u. Teeausschank, Konditorei u. Café*

Kaf|fee|klatsch ⟨der; -(e)s, -e; umg.⟩ *kleine Nachmittagsgesellschaft für Damen*

Kaf|fee|satz ⟨der; -es; unz.⟩ *nach dem Aufbrühen od. Filtern von Kaffee zurückbleibender Bodensatz* ▸ aus dem ~ wahrsagen ⟨abwertend⟩ *plumpe Wahrsagerei treiben*

Kaf|fee|ta|fel ⟨die; -, -n⟩ *festlich gedeckter Kaffeetisch*

Kaf|fee|tisch ⟨der; -(e)s, -e⟩ *für die Kaffeemahlzeit gedeckter Tisch* ▸ am ~ sitzen *gerade eine Mahlzeit mit Kaffee (morgens od. nachmittags) einnehmen;* vom ~ aufstehen

Kä|fig ⟨der; -(e)s, -e⟩ *von Gittern umschlossener Raum für Tiere* ▸ ein Tier in einen ~ sperren; Zus *Käfighaltung; Affenkäfig, Vogelkäfig*

kaf|ka|esk ⟨Adj.⟩ *unheimlich, beängstigend, absurd (wie in Erzählungen von Franz Kafka)* ▸ eine ~e Situation

Kaf|tan ⟨der; -s, -e⟩ *aus dem Orient stammendes, langes, mantelartiges Obergewand*

kahl ⟨Adj.⟩ **1** *ohne Haar, glatzköpfig* **2** *leer, entblößt, schmucklos* (Wand, Mauer) **3** *ohne Pflanzenwuchs, nackt* (Berg, Felsen) **4** *ohne Blätter* (Baum, Stängel) ▸ die Birke ist ~ geblieben; ~e Stelle ▸ ~ fressen = *kahlfressen;* ~ scheren = *kahlscheren;* sein: er ist schon vollkommen ~

kahl|fres|sen *auch:* **kahl fres|sen** ⟨V. trans.; frisst kahl, fraß kahl, hat kahl|ge|fres|sen, kahl|zu|fres|sen⟩ einen Baum ~ *die Blätter vom Baum abfressen*

kahl|köp|fig ⟨Adj.⟩ *mit einem kahlen Kopf versehen;* Syn *glatzköpfig*

kahl|sche|ren *auch:* **kahl sche|ren** ⟨V. trans.; schert kahl, scher|te/schor kahl, hat kahl|ge|scho|ren, kahlzuscheren⟩ etwas ~ *alle Haare von etwas bis auf die Wurzel abschneiden*

Kahl|schlag ⟨der; -(e)s, -schlä|ge⟩ **1** *Stelle im Wald, wo alle Bäume auf einmal abgeschlagen worden sind* **2** ⟨übertr.; abwertend⟩ *Zerstörung, Vernichtung, Abbau* ▸ der wirtschaftliche ~ steht bevor ⟨übertr.⟩

Kahn ⟨der; -(e)s, Käh|ne⟩ **1** *kleines Boot* **2** *Lastschiff auf Flüssen;* Zus *Elbkahn, Schleppkahn* ▸ ~ fahren; ein alter ~ ⟨scherzh.⟩ *ein altes Schiff*

Kai ⟨der; -s, -e od. -s⟩ *befestigte Anlegestelle für Schiffe am Ufer* ▸ das Schiff legte am ~ an; das Boot schaukelte am ~

Kai|ser ⟨der; -s, -⟩ **1** *höchster Adelstitel in der weltl. Hierarchie* **2** *Träger dieses Titels, höchster Herrscher* ▸ jmdn. zum ~ krönen; Abl *Kaiserin, Kaisertum; kaiserlich;* Zus *Kaiserkrone, Kaiserreich*

Kai|ser|schmar|ren ⟨der; -s, -; österr. Kochk.⟩ *Mehlspeise, in kleine Stückchen zerteilter Pfannkuchen*

Kai|ser|schnitt ⟨der; -(e)s, -e; Med.⟩ *Operation, bei der die Gebärmutter zur Geburt des Kindes aufgeschnitten wird*

Ka|jak ⟨der; -s, -s⟩ **1** *leichtes, bis auf den Sitz des Fahrers völlig geschlossenes Paddelboot der Eskimos* **2** ⟨allg.⟩ *Sportpaddelboot*

Ka|jü|te ⟨die; -, -n⟩ *Wohnraum auf dem Schiff*

Ka|ka|du ⟨der; -s, -s; Zool.⟩ *ein großer Papagei von meist weißer, auch schwarzer Färbung mit gelben od. roten Abzeichen*

Ka|kao ⟨a. [-kau] der; -s; unz.⟩ **1** *Samen des Kakaobaumes* **2** *Pulver aus den Kakaobohnen* **3** *Getränk daraus mit Milch u. Zucker* ▸ eine Tasse ~; ~ trinken; warmen ~ kochen; jmdn. durch den ~ ziehen ⟨übertr.; umg.⟩ *boshaft über jmdn. reden, jmdn. lächerlich machen*

Ka|ker|lak ⟨der; -s od. -en, -en⟩ *schwarzbraune Schabe mit kurzen Flügeln;* Syn *Küchenschabe*

Ka|ki ⟨das; -s; unz.⟩ = *Khaki*

Kak|tee ⟨[-teːə] die; -, -n⟩ = *Kaktus*

Kak|tus ⟨der; -, -te|en; Bot.⟩ *Pflanze mit einem säulenförmigen od. kugeligen Stamm mit vielen Dornen, die bes. in der Wüste wächst;* Syn *Kaktee;* Zus *Kaktusfeige, Kaktusgewächs*

Ka|la|mi|tät ⟨die; -, -en⟩ *arge Verlegenheit, Übelstand, Notlage* ▸ jmdn. in ~en bringen

Ka|lau|er ⟨der; -s, -⟩ *einfaches, nicht sehr geistreiches Wortspiel, fauler Witz*

ka|lau|ern ⟨V. intr.; ka|lau|ert, ka|lau|er|te, hat ka|lau|ert⟩ *Kalauer machen* ▸ er hat wieder den ganzen Abend gekalauert

Kalb ⟨das; -(e)s, Käl|ber⟩ **1** *junges Rind;* Zus *Kalbfleisch, Kalbsbraten, Kalbsleder, Kalbsschnitzel* **2** *Junges vom Hirsch u. anderen Säugetieren* ▸ das Goldene ~ ⟨Theol.⟩ *Sinnbild des Reichtums*

kal|ben ⟨V. intr.; kalbt, kalb|te, hat ge|kalbt⟩ die Kuh kalbt *wirft ein Kalb*

Ka|lei|do|s|kop ⟨das; -s, -e⟩ **1** *Guckkasten mit bunten Glasstückchen, die sich beim Bewegen zu immer neuen Mustern ordnen* **2** ⟨übertr.⟩ *wechselnde Bilderfolge, buntes Allerlei* ▸ ein ~ von Farben und Klängen; Abl *kaleidoskopisch*

ka|len|da|risch ⟨Adj.⟩ *gemäß dem Kalender, auf ein im Kalender festgeschriebenes Datum bezogen* ▸ Ostersonntag fällt in diesem Jahr ~ auf den 16. April

Ka|len|der ⟨der; -s, -⟩ **1** *Verzeichnis der Tage, Wochen u. Monate des Jahres in zeitlicher Folge mit Angaben über Sonnen- u. Mondaufgänge u. -untergänge usw.;* Zus *Abreißkalender, Taschenkalender, Terminkalender* **2** *Zeitrechnung* ▸ diesen Tag muss man rot im ~ anstreichen *diesen Tag muss man sich bes. merken;* →a. *hundertjährig*

Ka|len|der|jahr ⟨das; -(e)s, -e⟩ *das Jahr vom 1. Januar bis zum 31. Dezember, im Unterschied zum Kirchen-, Schul-, Studienjahr u. a.*

Ka|li|ber ⟨das; -s, -⟩ **1** *lichte Weite von Röhren u. Bohrungen* **2** *Durchmesser von Geschossen* ▸ ein Revolver vom ~ 38; sie sind vom gleichen ~ *von der gleichen (schlechten) Art*

Ka|li|um ⟨das; -s; unz.; chem. Zeichen: K⟩ *chemisches Element, ein Alkalimetall, Ordnungszahl 19*

Kalk ⟨der; -(e)s, -e⟩ *weißer pulvriger Stoff aus Kalkstein zur Herstellung von Zement u. a.* ▸ ~ brennen, löschen; Abl *kalkhaltig, kalkig*

Kalk|ab|la|ge|rung ⟨die; -, -en; Med.⟩ *Ablagerung von Kalzium im Körpergewebe u. in Hohlräumen, Verkalkung*

kal|ken ⟨V. trans.; kalkt, kalk|te, hat ge|kalkt⟩ eine Wand ~ *mit Kalk streichen, tünchen*

Kalk|stein ⟨der; -s; unz.⟩ *weißes Gestein, das als Rohstoff v. a. in der chemischen u. in der Bauindustrie verwendet wird*

Kal|kül ⟨der od. das; -s, -e⟩ *Berechnung, Überlegung* ▸ aus politischem ~ handeln

Kal|ku|la|ti|on ⟨die; -, -en⟩ **1** *das Kalkulieren, Berechnung, Ermittlung (von Kosten)* **2** *Schätzung*

▸ nach seiner ~ brauchen wir zwei Tage für die Arbeiten

kal|ku|lie|ren ‹V. trans. u. V. intr.; kal|ku|liert, kal|ku|lier|te, hat kal|ku|liert› (etwas) ~ **1** *berechnen, ermitteln, veranschlagen* **2** ‹übertr.› *überlegen, erwägen, rechnen mit* ▸ Kosten ~; er kann schlecht ~; der geschickt, klug kalkulierte Plan hatte Erfolg; Abl *kalkulierbar*

kalk|weiß ‹Adj.› **1** *weiß wie Kalk* **2** ‹übertr.› *blass vor Angst od. Entsetzen* ▸ ~e Häuser; sie war ~ geschminkt; er wurde ~ im Gesicht ‹übertr.›

Ka|lo|rie ‹die; -, -n; Zeichen: cal› **1** ‹Phys.; veraltet› *Maßeinheit für die Wärmemenge, die 1 Gramm Wasser von 14,5 auf 15,5 °C erwärmt;* Syn *Wärmeeinheit* **2** ‹veraltet, aber umg. immer noch gebräuchlich› *Maßeinheit für den Energiewert der Nahrungsmittel, ersetzt durch Joule;* Abl *kalorienarm, kalorienreduziert*

ka|lo|ri|en|be|wusst ‹Adj.; -er, am -es|ten› *vorsichtig, zurückhaltend bezüglich aufzunehmender Kalorien* ▸ sich ~ ernähren

kalt ‹Adj.; käl|ter, am käl|tes|ten› **1** *fühlbar arm an Wärme* **2** *abgekühlt, nicht mehr warm* (Speisen) **3** ‹übertr.› **3.1** *gefühllos, gefühlsarm, gleichgültig, frostig;* Zus *gefühlskalt, gemütskalt* **3.2** *ein eisiges Gefühl erzeugend* (Wut) ▸ ~es Blut bewahren *sich nicht aufregen, gelassen, ruhig bleiben;* ~er Braten; eine ~e Dusche ‹übertr.› *Ernüchterung, Dämpfer;* ~e Farben *F. mit bläul. od. weißl. Schimmer;* ~e Füße bekommen ‹übertr.; umg.› *in eine schwierige Lage geraten, Unannehmlichkeiten bekommen;* ~e Getränke servieren; ~e Hände, Füße haben; ein ~es Herz haben ‹übertr.›; die ~e Jahreszeit *der Winter;* Kalter Krieg *Epoche polit. Spannungen zw. den USA u. der UdSSR nach dem 2. Weltkrieg ohne eine direkte militärische Konfrontation;* ~e Küche *nicht gekochte bzw. abgekühlte Speisen;* ~es Licht *L., das ohne gleichzeitige Wärmeentwicklung entsteht, z. B. in Leuchtstoffröhren, bei Glühwürmchen;* ~e Miete ‹umg.› *Kaltmiete;* jmdm. die ~e Schulter zeigen ‹übertr.› *jmdn. gleichgültig behandeln, nicht beachten;* ~er Schweiß *Angstschweiß;* ~e Umschläge bei Erkältungen machen; ~es Wasser; ein ~er Wind ▸ ~ baden; stell die Milch in den Kühlschrank, damit sie ~ bleibt *damit sie die niedrige Temperatur behält;* abends essen wir immer ~; „Das interessiert mich nicht", sagte er ~; ~ sein; es ist ~ draußen; mir ist ~ *ich friere;* ist dir ~?; ~ stellen = *kaltstellen (I);* es überlief ihn ~ *ein Schauer überlief ihn;* das Wetter wird kälter; das Essen wird ~, wenn wir jetzt nicht anfangen ▸ ~ gepresst = *kaltgepresst* ▸ es lief mir ~ über den Rücken *ein Schauer überlief mich;* ~ wie Eis; →a. *Ente, Hundeschnauze, Kaffee*

Kalt|blü|ter ‹der; -s, -; nicht ganz zutreffende Bez. für› *Wechselwarmblüter*

kalt|blü|tig ‹Adj.› **1** ‹Zool.› *wechselwarm* **2** ‹übertr.› **2.1** *nicht leicht erregbar* **2.2** *ruhig, unerschrocken, gelassen;* Abl *Kaltblütigkeit* ▸ ~ verwandelte er den Elfmeter

Käl|te ‹die; -; unz.› **1** *das Kaltsein, Mangel an, Fehlen von Wärme* **2** ‹übertr.› *Gleichgültigkeit, Gefühlsarmut, Empfindungslosigkeit;* Zus *Gefühlskälte, Gemütskälte, Herzenskälte* ▸ zweiundzwanzig Grad ~ ‹umg.› *unter dem Gefrierpunkt, minus zweiundzwanzig Grad, -22 °C;* draußen herrscht eine beißende, klirrende, schneidende ~ ‹a. übertr.›; bittere, eisige, grimmige, strenge ~; vor ~ zittern

Käl|te|ein|bruch ‹der; -(e)s, -brü|che› *(plötzliches) starkes Sinken der Außentemperaturen;* Syn *Kaltlufteinbruch*

Käl|te|grad ‹der; -(e)s, -e; umg.› *Maßgröße der Temperatur unter dem Gefrierpunkt*

Käl|te|wel|le ‹die; -, -n› *langandauerndes, sehr kaltes Wetter*

Kalt|front ‹die; -, -en; Meteor.› *Linie, die vordringende Kaltluft begrenzt*

kalt|ge|presst *auch:* **kalt ge|presst** ‹Adj.› *kalt aus dem Fruchtfleisch gepresst (Qualitätsbezeichnung von Olivenöl)*

kalt|her|zig ‹Adj.› *ohne menschliche Wärme, gefühllos, hartherzig;* Abl *Kaltherzigkeit*

kalt|las|sen ‹V. trans.; lässt kalt, ließ kalt, hat kaltge|las|sen, kalt|zu|las|sen; umg.› jmdn. ~ *gefühlsmäßig nicht berühren, nicht beeindrucken* ▸ das Gerede lässt ihn vollkommen kalt

Kalt|luft ‹die; -; unz.› *kalte Luft;* Zus *Kaltlufteinbruch*

kalt|ma|chen ‹V. trans.; macht kalt, mach|te kalt, hat kalt|ge|macht, kalt|zu|ma|chen; umg.› jmdn. ~ *töten, ermorden, umbringen*

Kalt|mie|te ‹die; -, -n› *Mietpreis ohne Nebenkosten für Heizung, Wasser, Strom;* Ggs *Warmmiete*

kalt|schnäu|zig ‹Adj.; umg.› *ohne Gefühl, ohne Mitleid od. Mitempfinden, kalt, ungerührt* ▸ er hat eine total ~e Art; Abl *Kaltschnäuzigkeit*

kalt|stel|len *auch:* **kalt stel|len** ‹V. trans.; stellt kalt, stell|te kalt, hat kalt|ge|stellt, kalt|zu|stel|len; übertr.› **I** ‹Zusammen- u. Getrenntschreibung› Getränke ~ *an einen Ort stellen, an dem sie kalt bleiben bzw. werden* **II** ‹nur Zusammenschreibung; übertr.› jmdn. kaltstellen *jmdm. die Wirkungsmöglichkeit nehmen, jmdn. seines Einflusses berauben* ▸ seinen Gegner kaltstellen

Kal|zi|um ‹das; -s; unz.; chem. Zeichen: Ca› *chemisches Element, silberweißes, sehr weiches Metall, das ein wesentlicher Bestandteil von Knochen ist*

kam → *kommen*

Ka|mel ‹das; -s, -e› **1** ‹Zool.› *ein großes Tier mit Fetthöcker auf dem Rücken, das in trockenen Gebieten gehalten wird u. Lasten trägt* **2** ‹übertr.; umg.› *Dummkopf* ▸ auf einem ~ reiten; in einer Karawane mit ~en durch die Wüste ziehen

Ka|mel|haar ‹das; -(e)s; unz.› *vom Dromedar od. Trampeltier stammende Wolle für Mantelstoffe, Decken, Hüte*

Ka|me|ra ‹die; -, -s› *Aufnahmegerät für fotografische Bilder u. Filme;* Zus *Digitalkamera, Filmkamera, Spiegelreflexkamera, Videokamera*

Ka|me|rad ‹der; -en, -en› **1** *jmd., der die gleiche*

K

Tätigkeit ausübt, der einen Teil des Lebens, des Tages mit einem verbringt **2** *Gefährte, Genosse, bes. innerhalb einer Gemeinschaft;* Zus *Berufskamerad, Kriegskamerad, Lebenskamerad, Schulkamerad, Spielkamerad, Wanderkamerad* ▸ ein guter, schlechter, treuer ~ sein; die beiden sind immer gute ~en gewesen; Abl *Kameradin*

Ka|me|rad|schaft ⟨die; -; unz.⟩ *Freundschaft, Hilfsbereitschaft zw. Kameraden;* Abl *kameradschaftlich*

Ka|me|ra|füh|rung ⟨die; -, -en; Fot.⟩ *Art u. Weise, beim Filmen die Kamera zu führen*

Ka|me|ra|mann ⟨der; -(e)s, -män|ner od. -leu|te⟩ *Mitarbeiter bei Film u. Fernsehen, der die Kamera führt*

Ka|mil|le ⟨die; -, -n; Bot.⟩ *eine Pflanze mit kleinen weißen Blüten, die in der Mitte gelb sind, wächst auch am Wegesrand, wird getrocknet als Heilmittel verwendet;* Zus *Kamillentee*

Ka|min ⟨der; -s, -e⟩ **1** = *Schornstein* **2** *offene Feuerstelle mit Rauchfang im Zimmer;* Zus *Kaminfeuer* ▸ den ~ kehren; am, ⟨od.⟩ vor dem ~ sitzen

Ka|min|fe|ger ⟨der; -s, -⟩ = *Schornsteinfeger*

Ka|min|keh|rer ⟨der; -s, -⟩ = *Schornsteinfeger*

Kamm ⟨der; -(e)s, Käm|me⟩ **1** *Gerät zum Ordnen, Reinigen od. zum Halten des Haares, auch als Schmuck;* ⓘ S. 147; Zus *Zierkamm, Staubkamm* **2** *Bergrücken, wenig unterbrochener, gerader Gebirgszug;* Zus *Bergkamm, Gebirgskamm* **3** *Schaumkrone der Welle;* Zus *Wellenkamm* **4** *häutiger Anhang auf dem Kopf od. Schnabel von Hühnervögeln;* Zus *Hahnenkamm* ▸ ihm schwillt der ~ ⟨übertr.⟩ *er wird übermütig; er wird zornig;* enger, feiner, grober, weiter ~; man kann nicht alles über einen ~ scheren ⟨übertr.⟩ *man kann verschiedenartige Dinge nicht in derselben Weise behandeln*

käm|men ⟨V. trans.; kämmt, kämm|te, hat gekämmt⟩ (jmdm. od. sich) das Haar ~ *mit dem Kamm ordnen, glätten*

Kam|mer ⟨die; -, -n⟩ **1** *kleiner, häufig nicht heizbarer Raum als Schlafstelle od. zum Aufbewahren von Gebrauchsgegenständen u. Ä.;* Zus *Dachkammer, Kleiderkammer, Rumpelkammer, Schlafkammer* **2** ⟨Anat.⟩ *Hohlraum im Herzen;* Zus *Herzkammer* **3** ⟨Pol.⟩ *Volksvertretung im Parlament, Haus;* Zus *Abgeordnetenkammer, Deputiertenkammer* **4** ⟨Wirtsch.⟩ *Vereinigung von Vertretern bestimmter Berufe;* Zus *Anwaltskammer, Ärztekammer, Handwerkskammer* ▸ Erste ~ *Oberhaus, Senat;* Zweite ~ *Unterhaus*

Kam|mer|chor ⟨[-ko:r] der; -(e)s, -chö|re; Mus.⟩ *kleiner Chor, häufig mit solistischer Besetzung der Stimmen*

Kam|mer|die|ner ⟨der; -s, -; früher⟩ *Diener eines Fürsten od. einer hochgestellten Persönlichkeit für persönliche Dienste u. Aufgaben*

Kam|mer|jä|ger ⟨der; -s, -⟩ *jmd., der beruflich Räume von Schädlingen befreit;* Abl *Kammerjägerin*

Kam|mer|kon|zert ⟨das; -(e)s, -e; Mus.⟩ *Konzert für kleines, solistisch besetztes Orchester*

Käm|mer|lein ⟨das; -s, -⟩ *kleine Kammer* ▸ im stillen ~ über etwas nachdenken *in der Stille, für sich, allein*

Kam|mer|mu|sik ⟨die; -, -en; Mus.⟩ *Musik für wenige Instrumente, Duos, Trios, Quartette, Quintette bis zu kleinen Orchesterstücken*

Kam|mer|or|ches|ter ⟨[-kɛs-] das; -s, -, Mus.⟩ *kleines, häufig solistisch besetztes Orchester*

Kam|pa|gne ⟨[-panjə] die; -, -n; übertr.⟩ *Unternehmungen zu einem bestimmten Zweck* ▸ eine ~ gegen etwas od. jmdn. einleiten; Zus *Wahlkampagne*

Kampf ⟨der; -(e)s, Kämp|fe⟩ **1** *Streit, Ringen um etwas* **2** *Wettkampf zu zweit, Mann gegen Mann;* Zus *Kampfrichter, Kampfsport; Boxkampf, Nahkampf, Ringkampf* **3** *Schlacht;* Zus *Kampfflugzeug, Kampfhandlung, Kampfplatz; Straßenkampf* ▸ jmdm. od. einer Sache den ~ ansagen *entschieden damit beginnen, gegen jmdn. od. etwas vorzugehen;* den ~ aufnehmen, aufgeben; der ~ tobte; blutiger, erbitterter, harter, heißer, wilder ~; ~ auf Leben und Tod; ~ bis aufs Messer; ~ mit dem Tode; der ~ um die Macht; Abl *kampfbereit;* Zus *Kampfansage*

Kampf|ab|stim|mung ⟨die; -, -en⟩ *Entscheidung, die nicht einvernehmlich, sondern durch Mehrheitsfindung herbeigeführt wird* ▸ eine ~ herbeiführen; sie konnte sich bei der ~ um den Parteivorsitz durchsetzen

kämp|fen ⟨V.; kämpft, kämpf|te, hat ge|kämpft⟩ **I** ⟨V. intr.⟩ **1** *einen Kampf, eine kriegerische Auseinandersetzung, Krieg führen* **2** *sich schlagen, handgreiflich werden* **3** *eine Auseinandersetzung führen* **4** *einen sportlichen Wettkampf austragen* **5** *sich mit ganzer Kraft einsetzen* **6** mit etwas ~ **6.1** *unter starkem innerem Druck um eine Entscheidung ringen* **6.2** *eine Begierde od. Neigung zu unterdrücken suchen* ▸ für etwas od. jmdn. ~; für seine Überzeugung ~; gegen einen Feind, gegen die Unterdrückung ~; gegen, ⟨od.⟩ mit Schwierigkeiten ~; mit den Fluten, Wellen ~; mit dem Tode ~; mit den Tränen ~ *die T. zu unterdrücken suchen;* um etwas od. jmdn. ~ *zu gewinnen, zu schützen suchen;* er kämpft um sein Kind; um sein Leben, seine Freiheit ~; um den Sieg ~; wie ein Löwe ~ **II** ⟨V. refl.⟩ sich durch etwas ~ *mit viel Mühe einen beschwerlichen Weg zurücklegen* ▸ er kämpfte sich durch den Berg von Akten ⟨übertr.⟩

Kamp|fer ⟨der; -s; unz.; Chem.⟩ *urspr. aus dem Kampferbaum hergestellte grauweiße Masse mit stechendem Geruch, als Desinfektionsmittel u. in der chemischen Industrie verwendet*

Kämp|fer ⟨der; -s, -⟩ **1** *jmd., der kämpft* **2** *Soldat in der Schlacht* **3** *Sportler in einem Wettkampf Mann gegen Mann;* Zus *Boxkämpfer, Ringkämpfer* ▸ er ist ein siegreicher ~; Abl *Kämpferin*

kämp|fe|risch ⟨Adj.⟩ *mit dem Geist des Kämpfers, in der Art eines Kämpfers, draufgängerisch* ▸ er hielt eine ~e Rede

Kämp|fer|na|tur ⟨die; -, -en⟩ *jmd., der am Kämpfen Freude hat, der sich durchsetzen kann u. durchhält* ▸ er ist keine ~

Kạmp|fes|lust 〈die; -; unz.〉 *Begierde, Verlangen nach kämpferischer Auseinandersetzung* ▸ seine ~ ist ungebrochen; Abl *kampfeslustig*

Kạmpf|geist 〈der; -(e)s; unz.〉 **1** *Wille zu kämpferischem Einsatz* **2** *Entschlossenheit, durch Einsatz aller Kräfte ein gestecktes Ziel unter allen Umständen zu erreichen* ▸ sein Widerstand gegen den Vorschlag weckte ihren ~; der Trainer tadelte den fehlenden ~ seiner Mannschaft

Kạmpf|hund 〈der; -(e)s, -e〉 *zu Kampfzwecken besonders scharf abgerichteter Hund*

Kạmpf|stoff 〈der; -(e)s, -e〉 *chem., biolog. od. radioaktiver Stoff zur Massenvernichtung des Gegners im Krieg*

kam|pie|ren 〈V. intr.; kam|piert, kam|pier|te, hat kam|piert〉 irgendwo ~ **1** *(über Nacht) im Freien lagern, campen* **2** *(auf einem improvisierten Lager) übernachten, schlafen* ▸ auf dem Sofa, dem Heuboden, im Zelt ~

Ka|nal 〈der; -(e)s, -nä|le〉 **1** *künstlicher Wasserlauf als Schifffahrtsweg od. zur Be- od. Entwässerung sowie für Abwässer* **2** *Rohr, Leitung;* Zus *Abwasserkanal* **3** 〈Rundf.; TV〉 *Frequenzen eines Senders* **4** 〈übertr.〉 *geheime od. unbekannte Verbindung od. Verbindungslinie* ▸ den ~ voll haben 〈übertr.; derb〉 *es satthaben;* zwei Flüsse durch einen ~ verbinden; der ~ ist verstopft; die Gelder fließen ihm durch dunkle Kanäle zu; was läuft im, auf dem anderen ~? 〈umg.〉

Ka|na|li|sa|ti|on 〈die; -, -en〉 *System von unterirdischen Rohren zum Ableiten der Abwässer* ▸ städtische ~

ka|na|li|sie|ren 〈V. trans.; ka|na|li|siert, ka|na|li|sier|te, hat ka|na|li|siert〉 **1** eine Stadt ~ *in einer Stadt eine Kanalisation anlegen, ausbauen* **2** einen Fluss ~ *schiffbar machen* **3** 〈übertr.〉 etwas ~ *in bestimmte Bahnen lenken* ▸ Aggressionen von Kindern ~ 〈übertr.〉

Ka|nal|tun|nel 〈der; -s, - od. der; -s; unz.〉 *Eisenbahntunnel unter dem Ärmelkanal (als Verkehrsverbindung zw. Großbritannien u. Frankreich)* ▸ Zugverkehr durch den ~

Kạ|na|pee 〈das; -s, -s; veraltet〉 = *Sofa*

Ka|na|ri|en|vo|gel 〈der; -s, -vö|gel〉 *ein kleiner Singvogel, der in verschiedenen Arten u. Farben gezüchtet u. in Käfigen gehalten wird;* ⓘ S. 1110

Kan|da|re 〈die; -, -n〉 *Art des Zaums für Pferde, der aus Gebissstange mit Kinnkette, Genick-, Stirn-, Nasen-, Kehlriemen u. Zügeln besteht* ▸ jmdn. an die ~ nehmen 〈übertr.〉 *ihn strenger behandeln*

Kan|de|la|ber 〈der; -s, -〉 *Armleuchter, mehrarmiger Kerzenständer*

Kan|di|dat 〈der; -en, -en〉 **1** *jmd., der sich um ein Amt od. eine Position bewirbt;* Zus *Kanzlerkandidat* **2** *jmd., der sich einer Universitätsprüfung unterzieht;* Zus *Prüfungskandidat* ▸ jmdn. als ~en (für eine Wahl) aufstellen; Abl *Kandidatin*

Kan|di|da|tur 〈die; -, -en〉 *Bewerbung eines Kandidaten (um ein Amt usw.)*

kan|di|die|ren 〈V. intr.; kan|di|diert, kan|di|dier|te, hat kan|di|diert〉 *sich als Kandidat bewerben* ▸ für ein Amt, einen Vorsitz ~; gegen einen anderen Mitbewerber ~

kan|die|ren 〈V. trans.; kan|diert, kan|dier|te, hat kan|diert〉 Früchte ~ *mit Zucker überziehen u. dadurch haltbar machen* ▸ kandierte Früchte

Kạn|dis|zu|cker 〈der; -s; unz.〉 *Zuckerkristalle aus Rohrzucker;* Syn 〈kurz〉 *Kandis*

Kạ̈n|gu|ru 〈das; -s, -s; Zool.〉 *ein Tier mit kurzen Vorder- u. sehr langen Hinterbeinen sowie muskulösem Stützschwanz, das sehr gut u. weit springen kann u. deren Junge sich rd. 7 Monate lang in einem Beutel am Bauch des Muttertieres entwickeln, bes. in Australien verbreitet*

Ka|nin|chen 〈das; -s, -; Zool.〉 *gesellig lebendes, hasenartiges Nagetier* ▸ sich wie die ~ vermehren *sich sehr stark vermehren;* ⓘ S. 1110; Zus *Kaninchenbau, Kaninchenfleisch*

Ka|nis|ter 〈der; -s, -〉 *großer, meist viereckiger Behälter aus Metall od. Kunststoff für Flüssigkeiten;* Zus *Benzinkanister, Blechkanister, Ölkanister*

Kạ̈nn|chen 〈das; -s, -〉 *kleine Kanne*

Kạn|ne 〈die; -, -n〉 *bauchiges Gefäß mit Ausguss u. Henkel zum Ausschenken von Flüssigkeiten* ▸ es gießt wie aus ~n *es regnet sehr stark;* Zus *Kaffeekanne, Milchkanne, Teekanne*

Kan|ni|ba|le 〈der; -n, -n〉 *jmd., der Menschenfleisch verzehrt;* Syn 〈volkstüml.〉 *Menschenfresser;* Abl *Kannibalismus; kannibalisch*

kạnn|te → *kennen*

Ka|non 〈der; -s, -s〉 **I** 〈zählb.〉 **1** *Gesamtheit der für ein Gebiet geltenden Regeln od. Vorschriften* **2** 〈Mus.〉 *mehrstimmiges Tonstück, in dem die Stimmen nacheinander mit gleicher Melodie einsetzen;* Syn *Rundgesang* ▸ einen ~ singen **II** 〈unz.〉 *als echt anerkannte Bücher der Bibel*

Ka|no|ne 〈die; -, -n〉 **1** *Geschütz mit einem breiten Rohr, aus dem man früher große Kugeln schoss* **2** 〈umg.; salopp〉 *Pistole, Waffe* **3** 〈übertr.; umg.〉 *Könner, fähiger Mensch (auf einem Gebiet)* ▸ eine ~ abfeuern; gib die ~ her!; er ist im Fußball eine ~; mit ~n nach Spatzen schießen 〈übertr.〉 *zu viel Aufhebens wegen Kleinigkeiten machen;* das ist unter aller ~ 〈übertr.〉 *unter aller Kritik, sehr schlecht*

Ka|no|nen|fut|ter 〈das; -s; unz.; übertr.〉 *Truppen, die sinnlos geopfert werden*

Ka|no|nen|ku|gel 〈die; -, -n〉 *Kugel, die aus der Kanone geschossen wird*

Ka|no|nier 〈der; -s, -e; Mil.〉 *Soldat, der ein Geschütz, bes. eine Kanone, bedient*

Kan|ta|te 〈die; -, -n; Mus.〉 *mehrsätziges Gesangsstück für Solo u. (od.) Chor mit Instrumentalbegleitung*

Kạn|te 〈die; -, -n〉 **1** *durch zwei aneinanderstoßende Flächen gebildete Linie* **2** *Rand (eines Stuhls, eines Tisches)* ▸ es fehlt an allen Ecken und ~n *es fehlt an allem;* Geld auf die hohe ~ legen 〈übertr.〉 *sparen, beiseitelegen*

Kạn|ten 〈der; -s, -〉 *Anschnitt od. letztes Stück des Brotlaibs;* Syn *Knust*

Kạnt|holz 〈das; -es, -höl|zer〉 *zugerichtetes Holzstück mit rechteckigem od. quadrat. Querschnitt*

kan|tig ⟨Adj.⟩ **1** *mit Kanten od. einer Kante versehen* **2** ⟨übertr.⟩ *eckig* (Gesicht)

...kan|tig ⟨in Zus.; zur Bildung von Adj.⟩ *mit einer bestimmten Anzahl von Kanten versehen,* z. B. dreikantig, vierkantig

Kan|ti|ne ⟨die; -, -n⟩ *Küche u. Speiseraum in Betrieben, Theatern, Kasernen u. Ä., in dem oft auch Lebensmittel verkauft werden* ▸ wir essen mittags immer in der ~; das Personal isst stets in der ~

Kanton

In der Schweiz gibt es heute 26 *Kantone.* Die sogenannten Urkantone, die 1291 die Schweizerische Eidgenossenschaft begründeten, sind die Kantone Uri, Schwyz und Unterwalden. Früher waren die Kantone lediglich Verwaltungsbezirke und besaßen keine autonomen Rechte. Heute sind die Kantone Regierungsbezirke bzw. Bundesländer der Schweizerischen Eidgenossenschaft mit jeweils eigener Verfassung, Parlament und Regierung.
Die Kantonsregierungen werden vom Volk für eine Amtsperiode von vier Jahren gewählt, sie bestehen aus fünf bis sieben Mitgliedern. Die Mitglieder der Kantonsregierungen werden Regierungsrat (weibliche Form: Regierungsrätin) genannt. Aus den Mitgliedern der Kantonsregierung wird für jeweils ein Jahr der Regierungspräsident – in einigen Kantonen auch Landammann genannt – gewählt. Die Kompetenz der Kantone steht mitunter im Konflikt mit der Kompetenz der Bundesregierung der Schweiz.

Kan|ton ⟨der; -s, -e⟩ **1** *Bundesland in der Schweiz;* Abl *kantonal* **2** *Verwaltungsbezirk in Frankreich u. Belgien*

Kan|tons|rat ⟨der; -(e)s, -rä|te; schweiz.⟩ **1** *von der Bevölkerung eines Kantons gewählte Regierung;* Syn *Kantonsregierung* **2** *gewähltes Mitglied eines Kantonsrates (1)*

Kan|tons|rä|tin ⟨die; -, -tin|nen; schweiz.⟩ *weibl. Kantonsrat (2)*

Kan|tons|re|gie|rung ⟨die; -, -en; schweiz.⟩ = *Kantonsrat (1)*

Kan|tons|schu|le ⟨die; -, -n; schweiz.⟩ = *Gymnasium*

Kan|tor ⟨der; -s, -en⟩ *Leiter des Kirchenchores u. Organist;* Abl *Kantorin*

Ka|nu ⟨das; -s, -s⟩ **1** ⟨bei traditionellen Völkern⟩ *Einbaum* **2** ⟨danach⟩ *Paddelboot*

Ka|nü|le ⟨die; -, -n; Med.⟩ *Hohlnadel an einer Injektionsspritze*

Ka|nu|te ⟨der; -n, -n; Sp.⟩ *Kanufahrer;* Abl *Kanutin*

Kan|zel ⟨die; -, -n⟩ **1** *erhöhter Predigerstand in der Kirche* **2** ⟨Flugw.⟩ *Führersitz im Flugzeug*

Kanz|lei ⟨die; -, -en⟩ *Büro, Dienststelle, Ausfertigungsbehörde;* Zus *Notariatskanzlei, Rechtsanwaltskanzlei*

Kanz|ler ⟨der; -s, -⟩ **1** *Regierungschef;* Zus *Bundeskanzler, Reichskanzler* **2** *Kurator einer Universität* ▸ der Eiserne ~ *(Beiname von Otto v. Bismarck);* Abl *Kanzlerin;* Zus *Kanzleramt, Kanzlerkandidat(in)*

Kap ⟨das; -s, -s⟩ *vorspringender Teil einer Felsenküste* ▸ ~ der Guten Hoffnung

Kap. ⟨Abk. für⟩ *Kapitel*

Ka|pa|zi|tät ⟨die; -, -en⟩ **1** *(geistige od. räuml.) Aufnahmefähigkeit, Fassungskraft* **2** ⟨Phys.⟩ *Messgröße für die Fassungskraft eines Kondensators, definiert als das Verhältnis von elektr. Ladung zur angelegten Spannung, gemessen in der Einheit Farad* **3** *Ausmaß, Umfang der Produktion (eines Betriebes, Werkes, einer Maschine)* **4** *hervorragender Könner (auf einem Gebiet)* ▸ die ~ des Stausees beträgt 300 000 m^3; es waren lauter ~en anwesend; er ist eine medizinische ~

Ka|pel|le[1] ⟨die; -, -n⟩ **1** *kleiner gottesdienstlicher Raum;* Zus *Schlosskapelle, Wallfahrtskapelle* **2** *abgeteilter Raum für gottesdienstliche Handlungen;* Zus *Grabkapelle, Taufkapelle*

Ka|pel|le[2] ⟨die; -, -n; Mus.⟩ *Gruppe von Musikern, kleines Orchester;* Zus *Musikkapelle, Tanzkapelle, Militärkapelle*

Ka|pell|meis|ter ⟨der; -s, -; Mus.⟩ *Dirigent eines Orchesters* ▸ Erster ~

Ka|per ⟨die; -, -n⟩ *in Essig eingelegte Blütenknospe des Kapernstrauches als Gewürz*

ka|pern ⟨V. trans.; ka|pert, ka|per|te, hat ge|ka|pert⟩ **1** ein Handelsschiff ~ *als Kaper wegnehmen, erbeuten* **2** ⟨umg.⟩ sich etwas ~ *sich etwas aneignen, sich einer Sache bemächtigen*

ka|pie|ren ⟨V. trans.; ka|piert, ka|pier|te, hat kapiert; umg.⟩ etwas ~ *begreifen, verstehen* ▸ das habe ich noch nicht kapiert

Ka|pil|la|re ⟨die; -, -n⟩ *feinstes, dünnwandiges Blutgefäß;* Syn *Haargefäß*

ka|pi|tal ⟨Adj.⟩ **1** *besonders, hauptsächlich, groß, gewaltig* **2** ⟨Jägerspr.⟩ *stark, groß, mit bes. schönem Geweih versehen* ▸ ein ~er Bock, Hirsch; ein ~er Irrtum *grundlegender I.*

Ka|pi|tal ⟨das; -s, -li|en od. -e⟩ **1** *Geld- u. Sachvermögen zu Investitionszwecken* **2** *Vermögen an Bargeld u. Wertpapieren* **3** ⟨übertr.⟩ *Können, das wertvoll (u. einträglich) ist* ▸ er hat sein ~ gut, schlecht, gewinnbringend angelegt; mit seiner herrlichen Stimme besitzt er ein gutes ~ ⟨übertr.⟩; das ~ bringt jährlich 10 000 Euro Zinsen; das ~ erhöhen ▸ fixes, bewegliches, flüssiges, totes, verfügbares ~; seine Arbeitskraft ist sein größtes ~ ⟨übertr.⟩ ▸ aus etwas ~ schlagen *aus etwas Nutzen ziehen;* ~ in ein Unternehmen stecken; über kein, wenig ~ verfügen; Abl *kapitalschwach, kapitalstark;* Zus *Kapitalanlage, Kapitalsteuer, Kapitalvermögen; Anfangskapital, Grundkapital*

Ka|pi|tal|er|trags|steu|er ⟨die; -, -n⟩ *Steuer, die auf Zinsen aus Sparguthaben u. Wertpapieren erhoben wird*

Ka|pi|tal|flucht ⟨die; -; unz.⟩ *Verlagerung von Kapital, um die Zahlung von Steuern od. andere*

Auflagen zu vermeiden; Syn *Kapitalabwanderung*

Ka|pi|ta|lis|mus ⟨der; -; unz.⟩ *volkswirtschaftliches System, dem das Gewinnstreben des Einzelnen u. das freie Unternehmertum zugrunde liegen u. in dem die Arbeiter in der Regel nicht Besitzer der Produktionsmittel sind;* Abl *kapitalistisch*

Ka|pi|ta|list ⟨der; -en, -en⟩ **1** *Vertreter des Kapitalismus* **2** ⟨umg.; abwertend⟩ *reicher Mann, jmd., der viel Kapital besitzt;* Abl *Kapitalistin*

Ka|pi|tal|markt ⟨der; -(e)s, -märk|te⟩ *Markt für Geldkapital*

Ka|pi|tal|ver|bre|chen ⟨das; -s, -⟩ *großes, schweres Verbrechen*

Ka|pi|tän ⟨der; -s, -e⟩ **1** *Kommandant eines Schiffes* **2** *Kommandant eines Flugzeugs;* Zus *Flugkapitän* **3** *Anführer einer Sportmannschaft* ▸ ~ zur See *Seeoffizier im Range eines Obersten*

Ka|pi|tel ⟨das; -s, -; Abk.: Kap.⟩ *(durch Zahl od. Überschrift gekennzeichneter) Abschnitt eines Schriftwerkes* ▸ dieses ~ können wir abschließen, als erledigt betrachten ⟨übertr.⟩; ein ~ verlesen; zweites, drittes ~; das ist ein schwieriges ~ ⟨übertr.⟩; das ist ein ~ für sich ⟨übertr.⟩ *eine besondere Sache, die man genauer erklären muss*

Ka|pi|tell ⟨das; -(e)s, -e⟩ *oberster, plastisch verschieden geformter Teil einer Säule od. eines Pfeilers;* Zus *Blattkapitell, Würfelkapitell*

Ka|pi|tu|la|ti|on ⟨die; -, -en⟩ **1** *Vertrag, durch den sich ein Staat, eine Stadt od. Festung dem siegreichen Feind unterwirft* **2** *Bereitschaft zur Aufgabe od. zum (bedingungslosen) Ergeben* ▸ bedingungslose, unbedingte, völlige ~

ka|pi|tu|lie|ren ⟨V. intr.; ka|pi|tu|liert, ka|pi|tu|lierte, hat ka|pi|tu|liert⟩ **1** *zur Kapitulation (2) bereit sein, sich (bedingungslos) ergeben* **2** ⟨übertr.⟩ *(in einer Auseinandersetzung) aufgeben, nachgeben* ▸ vor diesen schlagkräftigen Argumenten musste er ~ ⟨übertr.⟩

Ka|p|lan ⟨der; -s, -plä|ne⟩ *kath. Hilfsgeistlicher*

Kap|pe ⟨die; -, -n⟩ **1** *eng anliegende Mütze mit od. ohne Schild;* Zus *Reitkappe* **2** *fest aufsitzender, über den Rand des zu bedeckenden Gefäßes reichender Deckel* **3** *Versteifung an Ferse u. Spitze des Schuhs* ▸ das geht auf seine ~ ⟨übertr.⟩ *das bezahlt er;* das nehme ich auf meine ~ ⟨übertr.⟩ *dafür übernehme ich die volle Verantwortung*

kap|pen ⟨V. trans.; kappt, kapp|te, hat ge|kappt⟩ einen Mast, Zweig, ein Tau ~ *abschneiden, abhauen, verkürzen*

Käp|pi ⟨das; -s, -s⟩ **1** *militärische Kopfbedeckung, schmale, zweispitzige Mütze* **2** *kleine Kappe* ▸ sie trägt ein grünes ~

Ka|p|ri|o|le ⟨die; -, -n⟩ **1** *Luftsprung* **2** *übermütiger, verrückter Streich* ▸ ~n machen

ka|p|ri|zi|ös ⟨Adj.; -er, am -es|ten⟩ *launisch, eigensinnig* ▸ sie ist eine ~e Person

Kap|sel ⟨die; -, -n⟩ **1** *runder od. ovaler Behälter aus dünnem, aber festem Material, Etui* **2** ⟨Bot.⟩ *Hülle, die den Fruchtsamen enthält* **3** ⟨Pharm.⟩ *Umhüllung für Medikamente, die sich erst im Magen od. im Darm auflöst*

ka|putt ⟨Adj.⟩ **1** *zerbrochen, zerstört, entzwei, nicht mehr funktionsfähig* **2** ⟨übertr.; umg.⟩ *müde, erschöpft* ▸ ein ~er Typ *ein geistig u. körperlich heruntergekommener Mensch;* ~ machen = *kaputtmachen (I);* die Tasse ist mir heruntergefallen, leider ist sie jetzt ~; das Auto ist ~; unsere Ehe ist ~ *zerrüttet;* ich bin ganz ~ ⟨übertr.⟩ *erschöpft*

ka|putt|ge|hen ⟨V. intr.; geht ka|putt, ging ka|putt, ist ka|putt|ge|gan|gen, ka|putt|zu|ge|hen⟩ **1** *entzweigehen* **2** ⟨umg.⟩ *sterben, eingehen* (Tier, Pflanze)

ka|putt|la|chen ⟨V. refl.; lacht sich ka|putt, lach|te sich ka|putt, hat sich ka|putt|ge|lacht, sich ka|putt|zu|la|chen⟩ sich ~ *sehr lachen, sich totlachen*

ka|putt|ma|chen *auch:* **ka|putt ma|chen** ⟨V. trans.; macht ka|putt, mach|te ka|putt, hat ka|putt|ge|macht, ka|putt|zu|ma|chen⟩ **I** ⟨Zusammen- u. Getrenntschreibung⟩ etwas ~ *zerstören, entzweimachen* ▸ ein Gerät, Spielzeug ~ **II** ⟨nur Zusammenschreibung; übertr.; umg.⟩ jmdn. ~ *erschöpft machen, sehr anstrengen* ▸ die viele Arbeit wird mich noch kaputtmachen

Ka|pu|ze ⟨die; -, -n⟩ *am Mantel befestigte, meist spitze Kopfbedeckung* ▸ es regnet, setz die ~ auf!; ein Mantel mit ~; Zus *Kapuzenjacke*

Ka|ra|bi|ner ⟨der; -s, -⟩ *Gewehr mit kurzem Lauf u. geringer Schussweite, früher bes. zur Bewaffnung der Kavallerie*

Ka|ra|bi|ner|ha|ken ⟨der; -s, -⟩ *Haken mit federndem Verschluss, z. B. an Rucksäcken*

Ka|ra|cho ⟨[-xo] das; -s; unz.; umg.⟩ *Schwung, Geschwindigkeit* ▸ ⟨meist in der Wendung⟩ mit ~; mit ~ an einen Baum fahren; mit ~ in die Kurve gehen

Ka|raf|fe ⟨die; -, -n⟩ *geschliffene Glasflasche mit Glasstöpsel;* Zus *Wasserkaraffe, Weinkaraffe*

Ka|ram|bo|la|ge ⟨[-ʒə] die; -, -n⟩ *Zusammenstoß (bes. von Fahrzeugen)* ▸ eine ~ (mit jmdm.) haben

Ka|ra|mell ⟨der; -s; unz.; schweiz. a. n.⟩ *dunkelbrauner, etwas bitter schmeckender Stoff, der beim Erhitzen von Zucker entsteht, zum Färben von Likör, Rum, Bier, Bonbons, Essig verwendet;* Zus *Karamellbonbon*

Ka|rat ⟨das; -s, -; Abk.: k⟩ **1** *Gewichtsmaß für Edelsteine, 0,2 g* **2** *Angabe der Qualität von Goldlegierungen in Vierundzwanzigstel reinen Goldes*

Ka|ra|te ⟨das; - od. -s; unz.⟩ *aus Ostasien stammender, harter, waffenloser Nahkampf u. Sport zur Selbstverteidigung*

Ka|ra|wa|ne ⟨die; -, -n⟩ **1** *Reise- od. Kaufmannsgesellschaft im Orient (besonders mit Kamelen durch Wüstengebiete)* **2** ⟨übertr.⟩ *größere Kolonne von Fahrzeugen, Personen od. Tieren*

Kar|dan|wel|le ⟨die; -, -n; Tech.⟩ *Antriebswelle für Kraftfahrzeuge mit vornliegendem Motor u. angetriebener Hinterachse über ein Kardangelenk;* Syn *Gelenkwelle*

Kar|di|nal ⟨der; -s, -nä|le; kath. Kirche⟩ *höchster Würdenträger nach dem Papst, mit dem Recht, den Papst zu wählen u. zum Papst gewählt zu werden*

kar|di|nal..., Kar|di|nal... ⟨in Zus.⟩ *Haupt..., Grund...,* z. B. Kardinalfehler, Kardinalfrage

Kar|di|nal|zahl ⟨die; -, -en; Math.⟩ *ganze Zahl, z. B. eins, zehn;* Syn *Grundzahl;* →a. *Ordinalzahl*

Kar|dio|lo|gie ⟨die; -; unz.; Med.⟩ *Lehre, Wissenschaft vom Herzen u. seinen Krankheiten;* Abl *Kardiologe, Kardiologin; kardiologisch*

Ka|renz|tag ⟨der; -(e)s, -e⟩ *erster Krankheitstag, für den man keine Lohnfortzahlung erhält*

Kar|frei|tag ⟨der; -(e)s, -e⟩ *Tag der Kreuzigung Christi, Freitag vor Ostern*

karg ⟨Adj.; -er, am -s|ten od. (selten) kär|ger, am kärgs|ten⟩ *spärlich, dürftig, ärmlich, armselig* ▸ eine ~e Mahlzeit; ~ mit Worten sein *wenig Worte machen, schweigsam sein;* ein ~er Boden *(landwirtschaftlich) wenig ergiebiger Boden;* eine ~e Existenz fristen *ärmlich leben;* Abl *Kargheit*

kärg|lich ⟨Adj.⟩ **1** *karg, kümmerlich* **2** *knapp (bemessen)* ▸ ~ leben; das Essen war ~

ka|riert ⟨Adj.⟩ *mit Quadraten, Karos, Rhomben od. in diesen Formen sich kreuzenden Streifen versehen, gekästelt, gewürfelt* ▸ ~e Hefte für Mathematik; ~es Kleid, ~er Stoff; guck nicht so ~! ⟨umg.⟩ *so dumm, dumm-erstaunt, verständnislos*

Ka|ri|es ⟨[-ɛs] die; -; unz.; Zahnmed.⟩ *Verfall der harten Zahnsubstanz;* Syn *Zahnfäule*

Ka|ri|ka|tur ⟨die; -, -en⟩ *bildliche Darstellung, die eine Eigenschaft od. ein Merkmal stark übertreibt u. dadurch lächerlich macht, Zerrbild;* Syn *Spottbild;* Abl *Karikaturist(in)*

ka|ri|kie|ren ⟨V. trans.; ka|ri|kiert, ka|ri|kier|te, hat ka|ri|kiert⟩ jmdn. od. etwas ~ *von jmdm. od. etwas eine Karikatur anfertigen, jmdn. od. etwas in einer K. lächerlich machen*

ka|ri|ta|tiv ⟨Adj.⟩ *wohltätig, im Sinne der Nächstenliebe handelnd*

Kar|ne|val ⟨[-val] der; -s, -e od. -s⟩ *Fastnacht, Fastnachtsfest u. -zeit;* Abl *karnevalistisch* ▸ ~ feiern; sich für den ~ verkleiden; Zus *Karnevalszug*

Kar|ni|ckel ⟨das; -s, -⟩ = *Kaninchen*

Ka|ro ⟨das; -s, -s⟩ **1** *Viereck, Rhombus, Quadrat* **2** *viereckiges, rhombisches od. quadratisches Muster* **3** *Farbe der frz. Spielkarte*

Ka|ros|se|rie ⟨die; -, -n⟩ *Oberteil des Kraftwagens (über dem Fahrgestell)*

Ka|ro|tin ⟨das; -s; unz.; Biochem.⟩ *gelber Farbstoff, meist pflanzlicher Herkunft, Vorstufe des Vitamins A* ▸ Karotten enthalten ~

Ka|rot|te ⟨die; -, -n; Bot.⟩ *früh reifende, gelbe bis rote, kurze Mohrrübe;* ⓘ S. 1002

Karp|fen ⟨der; -s, -; Zool.⟩ *Süßwasserfisch mit weichen Flossen, der als Speisefisch gezüchtet wird;* Zus *Karpfenteich*

Kar|re ⟨die; -, -n⟩ **1** = *Karren;* Zus *Schiebkarre, Schubkarre* **2** ⟨umg.⟩ *altes, klappriges Fahrzeug* ▸ die ~ in den Dreck fahren ⟨übertr.; umg.⟩ *sich od. andere Beteiligte in Schwierigkeiten bringen;* die ~ aus dem Dreck ziehen ⟨übertr.; umg.⟩ *in einer schwierigen Lage helfen;* er fährt immer noch die alte ~

Kar|ree ⟨das; -s, -s⟩ *Viereck, Rhombus, Quadrat*

kar|ren ⟨V. trans.; karrt, karr|te, hat ge|karrt⟩ Mist, Sand ~ *im Karren fahren, transportieren*

Kar|ren ⟨der; -s, -⟩ *ein- od. zweirädriges, kleines Gefährt, das an zwei Griffen geschoben werden kann;* oV *Karre (1)* ▸ jmdm. an den ~ fahren ⟨übertr.; umg.⟩ *jmdm. zu nahe treten, jmdn. grob beleidigen;* sich vor den, jmds. ~ spannen lassen ⟨übertr.; umg.⟩ *sich von jmdm. für eine Sache vereinnahmen lassen;* Zus *Schiebkarre, Schubkarre*

Kar|ri|e|re ⟨die; -, -n⟩ *(rascher) Aufstieg in Leben u. Beruf, (glänzende) Laufbahn* ▸ ~ machen *großen beruflichen Erfolg haben;* eine glänzende ~ vor sich haben

Kar|ri|e|re|frau ⟨die; -, -en; häufig abwertend⟩ *Frau, die (rücksichtslos) eine schnelle Karriere macht*

Kar|ri|e|rist ⟨der; -en, -en⟩ *jmd., der unbedingt u. schnell Karriere machen will* ▸ er ist ein reiner ~; Abl *Karrieristin*

Kar|sams|tag ⟨der; -(e)s, -e⟩ *Samstag vor Ostern, Ostersonnabend*

kart. ⟨bei bibliograf. Angaben Abk. für⟩ *kartoniert*

Kar|te ⟨die; -, -n⟩ **1** *steifes Blatt Papier in verschiedenen Größen u. zu verschiedenen Zwecken* **1.1** *im Format 15 x 10,5 cm für Mitteilungen per Post, mit od. ohne Bild;* Zus *Ansichtskarte, Briefkarte, Postkarte* **1.2** *in kleinem Format als Bescheinigung für bezahlte Gebühr;* Zus *Kartenvorverkauf; Eintrittskarte, Fahrkarte, Kinokarte, Theaterkarte* **1.3** *mit aufgedrucktem Namen des Besitzers;* Zus *Besuchskarte, Visitenkarte* **1.4** *in größerem Format als Liste von Speisen u. Getränken in Gasthäusern;* Zus *Speisekarte, Weinkarte* **1.5** *mit aufgedruckten Zahlen u. Bildern für Kartenspiele;* Zus *Spielkarte* **1.6** *für Vermerke, Notizen, Namen in bestimmter Ordnung;* Zus *Karteikarte* **2** *zeichner. Darstellung eines Teils der von oben betrachteten Erdoberfläche;* Zus *Kartenständer* ⓘ S. 574; *Landkarte* ⓘ S. 574, *Seekarte* ▸ Herr Ober, können wir bitte die ~ haben? ▸ ein Spiel ~n *alle zu einem Spiel gehörigen Karten* ▸ seine ~ abgeben *Visitenkarte;* eine ~ abwerfen ⟨Kart.⟩; seine ~n aufdecken ⟨übertr.⟩ *die wahre Sachlage bekanntgeben;* die ~ aufschlagen *Landkarte;* eine ~ ausspielen ⟨Kart.⟩; eine ~ bekommen *Ansichts-, Postkarte;* ich habe (fürs Theater) keine ~n bekommen; sich eine ~ für ein Konzert besorgen; jmdm. die ~n legen *Spielkarten auflegen u. daraus (angeblich) Charakter u. Zukunft deuten;* die ~n mischen ⟨Kart.⟩; jmdm. eine ~ aus dem Urlaub schreiben; ~n spielen; zur Hochzeit ~n verschicken (mit der Anzeige) ▸ die gelbe/Gelbe ~ ⟨Fußb.⟩; gute, schlechte ~n haben ⟨Kart.⟩; ⟨übertr.⟩ *gute, schlechte Aussichten auf Erfolg haben;* die rote/Rote ~ ⟨Fußb.⟩ ▸ alles auf eine ~ setzen ⟨übertr.⟩ *ein großes Risiko eingehen, sämtl. Reserven für eine Sache einsetzen;* bei jmdm. gute, schlechte ~n haben ⟨übertr.⟩ *jmds. Wohlwollen, Sympathien genießen bzw. nicht genießen;* sich (nicht) in die ~n gucken lassen <übertr.> *seine Pläne (nicht) preisgeben;* mit offenen ~n spielen <übertr.> *seine Pläne aufdecken, aufrichtig sein;* nach der ~ essen *sich ein Gericht auf der Speisekarte aussuchen;* eine ~ von Belgien

Kar|tei <die; -, -en> *Sammlung von Aufzeichnungen auf Zetteln od. Karten gleichen Formats u. in bestimmter Ordnung;* Syn *Kartothek;* Zus *Karteikarte, Karteikasten; Krankenkartei*

Kar|tei|lei|che <die; -, -n; umg.; übertr.; scherzh.> *jmd., der nur noch der Form halber Mitglied bei einer Organisation ist, aber nicht mehr aktiv ist*

Kar|tell <das; -(e)s, -e> *Zusammenschluss von Firmen des gleichen Wirtschaftszweiges, die jedoch selbstständig unter ihrem Namen weiterbestehen;* Zus *Kartellamt, Kartellgesetz, Kartellrecht*

Kar|ten|haus <das; -es, -häu|ser> *aus Spielkarten erbautes Haus* ▸ seine Pläne stürzten zusammen wie ein ~

Kar|ten|kunst|stück <das; -(e)s, -e> *Geschicklichkeitskunststück mit Spielkarten*

Kar|ten|spiel <das; -(e)s, -e> *Spiel mit Spielkarten nach bestimmten Regeln,* z. B. Skat, Bridge

Kar|ten|te|le|fon <das; -s, -e> *öffentlicher Telefonapparat, bei dem zum Telefonieren nicht Geld, sondern eine Telefonkarte verwendet wird*

K

Kar|tof|fel <die; -, -n> **1** <Bot.> *Gewächs, dessen Wurzelknollen als Nahrung dienen* **2** *die Wurzelknolle dieser Pflanze, die vielfältig zubereitet werden kann;* ⓘ S. 1002; Zus *Kartoffelbrei, Kartoffelpüree, Kartoffelstärke; Bratkartoffeln, Pellkartoffeln, Salzkartoffeln* **3** <übertr.; umg.; scherzh.> *plumpe, dicke Nase* ▸ ~n kann man braten, dämpfen, kochen, rösten; wir essen gern ~n ▸ gebratene, gekochte, rohe ~n; es gibt schon neue ~n auf dem Markt ▸ rin in die ~n, raus aus den ~n! <mdt., berlin.> *bald so, bald so (bei einander widersprechenden Anweisungen)*

Kar|tof|fel|kä|fer <der; -s, -; Zool.> *der gefährlichste Kartoffelschädling, ein etwa 1 cm langer Blattkäfer mit schwarzgelben Flügeln;* Syn *Koloradokäfer*

Kar|tof|fel|kloß <der; -es, -klö|ße> *Kloß aus rohen od. gekochten Kartoffeln*

Kar|tof|fel|puf|fer <der; -s, -> *in der Pfanne in Fett gebackener Fladen aus geriebenen rohen Kartoffeln;* Syn <nddt., rhein.> *Reibekuchen,* <westfäl.> *Reibeplätzchen*

Kar|tof|fel|sa|lat <der; -(e)s, -e> *Salat aus gekochten Kartoffeln mit Essig, Öl u. Gewürzen od. mit Mayonnaise*

Kar|to|gra|phie <die; -; unz.> *Anfertigung von Landkarten u. Plänen;* oV *Kartografie*

Kar|ton <[-tɔŋ] der; -s, -s od. selten [-to:n] der; -s, -e> **1** *dünne Pappe, steifes, dickes Papier* **2** *aus Pappe bestehende Schachtel*

kar|to|nie|ren <V. trans.; kar|to|niert, kar|to|nier|te, hat kar|to|niert> ein Buch ~ *in Karton einbinden* ▸ kartoniert <Abk.: kart.>

Ka|rus|sell <das; -s, -s od. -e> *auf Jahrmärkten ein um eine vertikale Achse drehbares Gestell, durch das z. B. Wagen, Holzpferde, an Ketten aufgehängte Sitze mittels elektrischer Kraft im Kreis gedreht werden* ▸ die Kinder möchten gern ~ fahren

Kar|wo|che <die; -, -n> *Woche vor Ostern*

Kar|zi|nom <das; -s, -e; Med.> *Krebsgeschwulst*

Ka|sa|che <der; -n, -n> *Angehöriger eines mongolischen Turkvolkes in Kasachstan;* Abl *Kasachin*

Ka|schem|me <die; -, -n; abwertend> *schlechte Kneipe, verwahrlostes Lokal*

ka|schie|ren <V. trans.; ka|schiert, ka|schier|te, hat ka|schiert> etwas (Unangenehmes) ~ *unter einer Hülle verbergen, verstecken;* Abl *Kaschierung*

Kasch|mir <der; -s, -e; Textilwesen> **1** *aus dem feinen, glänzenden Flaumhaar der Kaschmirziege hergestellte Wolle (für Pullover, Strickjacken);* Syn *Kaschmirwolle* **2** *daraus hergestellter, fester Kammgarnkleiderstoff*

Kä|se <der; -s, -> **1** *ein weißliches od. gelbes Milchprodukt, das bes. gern zu Brot gegessen wird u. das man aus Kuh-, Schafs- od. Ziegenmilch in zahlreichen Sorten herstellt, z. B. Camembert, Edamer, Emmentaler, Gouda;* Zus *Käsebrett, Käsefondue, Käseherstellung, Käsestange; Hartkäse, Schnittkäse, Weichkäse* **2** <übertr.; umg.> *Unsinn, dummes Zeug, dummes Gerede* ▸ abends essen wir Wurst und ~ zum Brot; ich hätte gern ein Stück ~; eine Scheibe ~ aufs Brot legen; einen Auflauf mit ~ überbacken; das ist doch alles ~, was du da erzählst <übertr.; umg.>

Kä|se|blatt <das; -(e)s, -blät|ter; umg.; abwertend> **1** *Provinzzeitung* **2** *minderwertige (Boulevard-) Zeitung* ▸ was liest du denn da für ein ~?

Kä|se|glo|cke <die; -, -n> *Teller mit glockenförmigem Glas- od. Porzellandeckel für Käse*

Kä|se|ku|chen <der; -s, -> = *Quarkkuchen*

Kä|se|mes|ser <das; -s, -> *Messer zum Abschneiden von Käse*

Ka|ser|ne <die; -, -n; Mil.> *Gebäude(komplex) zum dauernden Unterbringen von Truppen;* Zus *Kasernenhof*

ka|ser|nie|ren <V. trans.; ka|ser|niert, ka|ser|nier|te, hat ka|ser|niert> Truppen ~ *in Kasernen unterbringen;* Abl *Kasernierung*

kä|se|weiß <Adj.; umg.> *sehr blass, bleich (im Gesicht)* ▸ er wurde ~

kä|sig <Adj.; übertr.> *sehr blass, farblos* ▸ ~ aussehen

Ka|si|no <das; -s, -s> = *Casino*

Kas|ka|de <die; -, -n> *künstlicher, stufenförmiger Wasserfall;* Abl *kaskadenartig*

Kas|ko|ver|si|che|rung <die; -, -en> *Versicherung gegen Schäden an Fahrzeugen, Schiffen u. Flugzeugen*

Kas|per <der; -s, -> **1** *lustige Gestalt im Puppenspiel;* oV <bair.-österr.> *Kasperl, Kasperle;* Zus *Kaspertheater* **2** <übertr.; umg.> *alberne Person*

kas|pern <V. intr.; kas|pert, kas|per|te, hat ge|kas|pert> **1** *lustige, auch alberne Reden führen, komische Bewegungen machen wie ein Kasper* **2** *sich albern benehmen, herumzappeln*

Kas|sa <die; -, Kas|sen; süddt.; österr. für> *Kasse*

Kas|se <die; -, -n> **1** *Geldkasten* **2** *Geldvorrat*

3 *Zahlraum, Zahlschalter;* Zus *Abendkasse, Kinokasse, Theaterkasse, Tageskasse* **4** ⟨kurz für⟩ *Krankenkasse, Sparkasse* ▸ die ~ **führen** *für die Abrechnung verantwortlich sein;* ~ **machen** *abrechnen* ▸ **getrennte** ~ führen, haben *einzeln (jeder für sich) bezahlen;* der Film sorgte für **volle** ~n *hat viel Geld eingebracht* ▸ sich **an** der ~ (nach Theaterkarten) anstellen; gut, schlecht, nicht **bei** ~ sein *viel, wenig, kein Geld zur Verfügung haben;* ich habe kein Wechselgeld mehr **in** der ~; in einer ~ sein *Krankenkasse;* einen Griff in die ~ tun *Geld stehlen (in Betrieb od. Behörde);* er ist **mit** der ~ durchgebrannt; **per** ~ *bar;* die Operation wird **von** der ~ bezahlt *Krankenkasse;* Geld von der ~ holen *Sparkasse;* jmdn. **zur** ~ bitten ⟨umg.⟩ *jmdn. zum Zahlen veranlassen*

Kas|sen|arzt ⟨der; -es, -ärz|te⟩ *Arzt für die Mitglieder der gesetzlichen Krankenkassen;* Abl *Kassenärztin; kassenärztlich*

Kas|sen|bon ⟨[-bɔ̃] od. [-bɔŋ] der; -s, -s⟩ = *Kassenzettel*

Kas|sen|er|folg ⟨der; -(e)s, -e⟩ *Film od. Theaterstück, der od. das gute Einnahmen bringt*

Kas|sen|pa|ti|ent ⟨[-patsjɛnt] der; -en, -en⟩ *Patient, der in einer gesetzlichen Krankenkasse versichert ist;* Abl *Kassenpatientin*

Kas|sen|schla|ger ⟨der; -s, -⟩ *etwas, das sich sehr gut verkauft*

Kas|sen|sturz ⟨der; -es; unz.⟩ ~ machen *den Kassenbestand feststellen, abrechnen*

Kas|sen|wart ⟨der; -(e)s, -e⟩ *jmd., der ehrenamtlich die Kasse bzw. die Finanzen eines Vereins od. einer Organisation verwaltet*

Kas|sen|zet|tel ⟨der; -s, -⟩ *von einer Registrierkasse ausgedruckte Quittung*

Kas|se|rol|le ⟨die; -, -n⟩ *runder od. längl. Topf mit Deckel zum Kochen u. Schmoren;* oV *Kasserol*

Kas|set|te ⟨die; -, -n⟩ **1** *Holz- od. Metallkasten für Geld od. Juwelen;* Zus *Geldkassette, Schmuckkassette* **2** *kastenförmig vertieftes Feld in der Decke eines Raumes;* Zus *Kassettendecke* **3** ⟨Foto⟩ *flacher Metallbehälter zum Einlegen in die Kamera* **4** *Tonband im Kunststoffbehälter für Kassettenrekorder* **5** *mehrere zusammengehörige Bücher in gemeinsamem, die Rücken offen lassendem Schmuckkarton* ▸ drei Bände Erzählungen je 3 Euro, als ~ 10 Euro

Kas|set|ten|re|cor|der ⟨der; -s, -⟩ = *Kassettenrekorder*

Kas|set|ten|re|kor|der ⟨der; -s, -⟩ *Tonbandgerät zur Aufnahme u. Wiedergabe von Kassetten;* oV *Kassettenrecorder*

Kas|sier ⟨der; -, -e; süddt.⟩ = *Kassierer;* Abl *Kassierin*

kas|sie|ren ⟨V. trans.; kas|siert, kas|sier|te, hat kassiert⟩ **1** Geld ~ *annehmen, einnehmen, in Empfang nehmen* **2** etwas ~ *sich aneignen, entwenden*

Kas|sie|rer ⟨der; -s, -⟩ *Angestellter, der Zahlungen annimmt u. Geld auszahlt, der die Kasse führt, Kassenwart;* Abl *Kassiererin*

Kas|ta|g|net|te ⟨[-njɛtə] die; -, -n⟩ *bes. in Spanien übliche Handklapper aus zwei miteinander verbundenen, beweglichen, am Daumen befestigten Hartholzschalen, die mit den Fingern rhythmisch gegeneinandergeschlagen werden*

Kas|ta|nie ⟨[-njə] die; -, -n⟩ *rundliche, braun glänzende Frucht eines großen Laubbaumes, der Edelkastanie od. der Rosskastanie* ▸ die Kinder sammeln im Herbst gern ~n zum Basteln; geröstete ~n *Maronen, Esskastanien;* für jmdn. die ~n aus dem Feuer holen ⟨übertr.⟩ *für jmdn. etwas Unangenehmes od. Gefährliches tun;* Zus *Kastanienbaum*

Kas|te ⟨die; -, -n⟩ *von anderen Ständen abgeschlossener gesellschaftl. Stand mit strengen gesellschaftl., relig. u. wirtschaftl. Normen, bes. im Hinduismus;* Zus *Kriegerkaste, Priesterkaste*

kas|tei|en ⟨V. refl.; kas|teit sich, kas|tei|te sich, hat sich kas|teit⟩ sich ~ *sich Entbehrungen od. Bußübungen auferlegen, streng, enthaltsam leben;* Abl *Kasteiung*

Kas|tell ⟨das; -(e)s, -e⟩ *Burg, Festung;* Zus *Römerkastell*

Kas|ten ⟨der; -s, Käs|ten⟩ **1** *rechtwinkliger Behälter mit od. ohne Deckel, Kiste, Truhe;* Abl *Kästchen; kastenförmig;* Zus *Briefkasten, Geldkasten, Kohlenkasten, Schmuckkasten, Schubkasten* **2** *Kommode, Schrank* **3** *Turngerät aus einem Rahmen von 150 cm Länge, 50 cm Breite u. verstellbarer Höhe (etwa 1 m) mit Lederpolster* **4** *Teil des Wagens über dem Fahrgestell* **5** ⟨übertr.; umg.⟩ *Haus, Wagen, Schiff* ▸ in allen Kisten und Kästen suchen; ein riesiger ~ ⟨übertr.; umg.⟩; er hat (nicht) viel auf dem ~ ⟨übertr.; umg.⟩ *er ist (nicht) klug, weiß (nicht) viel;* einen Brief in den ~ werfen, zum ~ bringen *Briefkasten*

kas|t|rie|ren ⟨V. trans.; kas|t|riert, kas|t|rier|te, hat kas|t|riert⟩ einen Mann, ein männl. Tier ~ *seine Keimdrüsen entfernen;* →a. *sterilisieren (2);* Abl *Kastration, Kastrierung*

Kasus

Der im Deutschen auch **Fall** genannte *Kasus* ist eine grammatische Kategorie der **Substantive, Adjektive, Artikel** und **Pronomen,** also der nominalen Wortarten, die der Deklination unterliegen. Er bezeichnet neben **Numerus** und **Genus** die Funktion deklinierbarer Wörter im Satz.
Im Deutschen gibt es vier Kasus: **Nominativ** (Wer-Fall), **Genitiv** (Wes-Fall), **Dativ** (Wem-Fall) und **Akkusativ** (Wen-Fall). Während der Nominativ grundsätzlich endungslos ist, weisen die anderen Kasus teilweise Endungen auf.

Ka|sus ⟨der; -, -; Gramm.⟩ *Form, die ein Substantiv od. Pronomen annehmen kann, um seine Beziehung zu anderen Satzteilen usw. auszudrücken;* Syn *Fall (6)*

Kat ⟨der; -s, -s; Kfz; kurz für⟩ *Katalysator (2)*

Ka|ta|log ⟨der; -(e)s, -e⟩ *Verzeichnis (von Büchern, Waren, Gegenständen einer Ausstellung u. a.)*

ka|ta|lo|gi|sie|ren ⟨V. trans.; ka|ta|lo|gi|siert, ka|ta|lo|gi|sier|te, hat ka|ta|lo|gi|siert⟩ etwas ~ *in einem Katalog zusammenfassen, in einen K. aufnehmen;* Abl *Katalogisierung*

Ka|ta|ly|sa|tor ⟨der; -s, -en⟩ **1** ⟨Chem.⟩ *Stoff, der durch seine Gegenwart eine Katalyse bewirkt* **2** ⟨bei Kfz⟩ *Vorrichtung zur Verminderung der Kohlenmonoxid- u. Stickstoffanteile im Auspuffgas;* Zus *Katalysatorauto*

Ka|ta|ma|ran ⟨der; -s, -e⟩ *schnelles, aus zwei Schwimmkörpern bestehendes Segelboot*

Ka|ta|pult ⟨das od. der; -(e)s, -e; im Altertum⟩ *Wurf-, Schleudermaschine, die der Armbrust ähnelt*

ka|ta|pul|tie|ren ⟨V. trans.; ka|ta|pul|tiert, ka|ta|pul|tier|te, hat ka|ta|pul|tiert⟩ jmdn. od. etwas irgendwohin ~ *mit einem Katapult wegschleudern* ▸ mit ihrem neuen Hit katapultierte sie sich an die Spitze der Charts ⟨übertr.⟩

Ka|ta|rakt ⟨der; -(e)s, -e⟩ *Stromschnelle, niedriger Wasserfall*

Ka|tarrh ⟨der; -(e)s, -e; Med.⟩ oV *Katarr* **1** *entzündliche Reizung der Schleimhäute mit vermehrter Flüssigkeitsabsonderung;* Zus *Blasenkatarrh, Magen-Darm-Katarrh* **2** ⟨umg.⟩ *Schnupfen, Erkältung* ▸ einen ~ haben

Ka|tas|ter ⟨der od. das; -s, -⟩ *amtliches Verzeichnis der Grundstücke eines Bezirks, Grundbuch, Flurbuch;* Zus *Katasteramt*

ka|ta|s|t|ro|phal ⟨Adj.⟩ *in der Art einer Katastrophe, verhängnisvoll, entsetzlich, fürchterlich* ▸ sein Sturz hatte ~e Folgen; der Unterricht war ~ (schlecht)

Ka|ta|s|t|ro|phe ⟨die; -, -n⟩ **1** *Unheil, Verhängnis, großes Unglück;* Zus *Katastrophenalarm, Katastrophengebiet; Naturkatastrophe* **2** ⟨Drama⟩ *entscheidende Wendung, die den Untergang des Helden u. die Lösung des Konflikts herbeiführt* ▸ es ist eine ~! ⟨übertr.; umg.⟩ *es ist schrecklich;* die Aufführung war eine ~ *sehr schlecht;* ich wusste, dass alles in einer ~ enden würde; die ~ bahnte sich bereits längere Zeit vorher an

Ka|ta|s|t|ro|phen|schutz ⟨der; -es; unz.⟩ **1** *Organisation, die im Fall einer Katastrophe Hilfe leistet* **2** *vorbeugende Maßnahmen zur Verhinderung von Katastrophen*

Ka|te|chis|mus ⟨[-çɪs-] der; -, -chis|men; Rel.⟩ *kurzes Lehrbuch (bes. für den Religionsunterricht) in Frage u. Antwort*

Ka|te|go|rie ⟨die; -, -n⟩ *Begriffsklasse, Begriffsart, Begriffsgattung, Sorte, Art*

ka|te|go|risch ⟨Adj.; übertr.⟩ *energisch, mit Nachdruck, keinen Widerspruch duldend* ▸ ~er Imperativ ⟨nach Kant⟩ *unbedingtes ethisches Pflichtgebot für jeden Einzelnen;* sich ~ weigern ⟨übertr.⟩; er hat die Sache ~ abgelehnt

ka|te|go|ri|sie|ren ⟨V. trans.; ka|te|go|ri|siert, ka|te|go|ri|sier|te, hat ka|te|go|ri|siert⟩ etwas ~ *nach Kategorien ordnen;* Abl *Kategorisierung*

Ka|ter[1] ⟨der; -s, -⟩ *männl. Katze* ▸ der ~ schnurrt; ein entlaufener ~; der gestiefelte ~ *(Märchengestalt);* Hokuspokus fidibus, dreimal schwarzer ~ *(scherzh. Zauberformel);* er ist verliebt wie ein ~ ⟨umg.; scherzh.⟩

Ka|ter[2] ⟨der; -s; unz.⟩ *Gefühl des Übernächtigtseins, Nachwirkung einer durchzechten Nacht*

kath. ⟨Abk. für⟩ *katholisch*

Ka|the|der ⟨das; -s, -⟩ *Podium, Lehrerpult*

Ka|the|d|ra|le ⟨die; -, -n; bes. in Frankreich, Spanien, England⟩ *bischöfliche od. erzbischöfliche Kirche*

Ka|the|te ⟨die; -, -n; Geom.; im rechtwinkligen Dreieck⟩ *jede der beiden Seiten, die die Schenkel des rechten Winkels bilden;* →a. *Hypotenuse*

Ka|the|ter ⟨der; -s, -; Med.⟩ *Röhrchen zum Einführen in Körperhöhlen, bes. in die Harnblase*

Ka|tho|de ⟨die; -, -n; El., Phys.⟩ *negative Elektrode;* Ggs *Anode*

Ka|tho|lik ⟨der; -en, -en⟩ *Angehöriger der (röm.-kath.) Kirche;* Abl *Katholikin*

ka|tho|lisch ⟨Adj.⟩ **1** ⟨urspr.⟩ *allgemein, die Erde umfassend* **2** ⟨allg.⟩ *zur (röm.-)kath. Kirche gehörend* ▸ der ~e Glaube; ~e Kirche, ⟨seit der Reformation a.⟩ römisch-~e Kirche *die dem Papst unterstehende christliche Kirche;* ~er Religionsunterricht

Ka|tho|li|zis|mus ⟨der; -; unz.⟩ *Lehre der katholischen Kirche*

Ka|to|de ⟨die; -, -n; El.; Phys.⟩ = *Kathode*

Kätz|chen ⟨das; -s, -⟩ **1** *kleine, junge Katze* **2** *Ähren od. ährenähnliche Blütenstände der Birke, Erle, Haselnuss, Weide u. a.;* Syn *Maikätzchen*

Kat|ze ⟨die; -, -n; Zool.⟩ *ein Haustier mit weichem Fell u. scharfen Zähnen, das sich sehr geschmeidig bewegen kann u. nachts häufig Mäuse fängt* ▸ wie Hund und ~ leben *in ständigem Streit leben;* Katz und Maus mit jmdm. spielen ⟨übertr.⟩ *ihm wiederholt etwas versprechen u. es nie halten, jmdn. hinhalten* ▸ der ~ die Schelle anhängen ⟨übertr.⟩ *ein Geheimnis, eine Sache öffentlich ausplaudern;* die ~ faucht, miaut, schnurrt, spinnt; die ~ lässt das Mausen nicht ⟨sprichwörtl.⟩ *eine angeborene Eigenschaft kann man sich nicht abgewöhnen* ▸ bei Nacht sind alle ~n grau *in der Dunkelheit kann man Farben nicht unterscheiden, kann man niemanden od. nichts deutlich erkennen* ▸ das klingt ja, wie wenn man einer ~ auf den Schwanz tritt ⟨scherzh.⟩ *misstönend;* wenn die ~ aus dem Hause ist, tanzen die Mäuse (auf dem Tisch) ⟨sprichwörtl.⟩ *ohne Aufsicht wird Verbotenes getan;* die ~ aus dem Sack lassen ⟨übertr.⟩ *eine bisher verheimlichte Absicht od. Sache aussprechen, verraten;* das ist für die Katz ⟨übertr.; umg.⟩ *umsonst, vergeblich;* die ~ im Sack kaufen ⟨übertr.⟩ *etwas kaufen, ohne es vorher gesehen od. geprüft zu haben;* ⓘ S. 1110; Abl *katzenhaft*

Kat|zen|au|ge ⟨das; -s, -n; umg.⟩ *Rückstrahler am Fahrrad*

Kat|zen|jam|mer ⟨der; -s; unz.; umg.⟩ *schlechte, miese Stimmung als Nachwirkung eines Rausches* ▸ er hat einen ~

Kat|zen|mu|sik ⟨die; -; unz.; umg.⟩ *misstönende Musik*

K

Kat|zen|sprung ⟨der; -(e)s, -sprün|ge; umg.⟩ *kurzer Weg, geringe Entfernung* ▸ es ist nur ein ~ bis dorthin

Kat|zen|tisch ⟨der; -(e)s, -e; umg.⟩ *kleiner Esstisch für Kinder* ▸ am ~ essen (müssen) *nicht mit am Tisch der Erwachsenen essen (dürfen)*

Kat|zen|wä|sche ⟨die; -, -n; umg.⟩ *oberflächliche Körperwäsche* ▸ die Kinder machen heute ~

Kau|der|welsch ⟨das; -(e)s; unz.⟩ *unverständliche Sprache* ▸ ~ reden

kau|en ⟨V.; kaut, kau|te, hat ge|kaut⟩ **I** ⟨V. trans.⟩ etwas ~ *mit den Zähnen zerkleinern* ▸ Nägel ~ *die Fingernägel abbeißen (als Angewohnheit);* Kaugummi ~; Tabak ~ ▸ Speisen gut, gründlich, schlecht, schnell ~; gut gekaut ist halb verdaut ⟨sprichwörtl.⟩; Zus *Kaumuskel* **II** ⟨V. intr.⟩ **1** an den Nägeln ~ *die Nägel abbeißen (vor Langeweile, Spannung o. Ä.)* **2** ⟨übertr.⟩ an etwas ~ *sich mit etwas abplagen, eine Aufgabe mühsam zu lösen suchen*

kau|ern ⟨V.; kau|ert, kau|er|te, hat ge|kau|ert⟩ **I** ⟨V. intr.⟩ *auf den Fersen sitzen, in tiefer Kniebeuge hocken* ▸ auf dem Boden ~ **II** ⟨V. refl.⟩ sich irgendwohin ~ *sich niederhocken, in tiefe Kniebeuge gehen, sich auf die Fersen setzen*

Kauf ⟨der; -(e)s, Käu|fe⟩ **1** *Erwerb (einer Sache) durch Hingabe von Geld* **2** *die durch Kauf (1) erworbene Sache* **3** ⟨umg.⟩ *Bestechung* ▸ ~ und Verkauf ▸ einen ~ abschließen ▸ einen guten, schlechten ~ machen, ⟨od.⟩ tun *etwas zu günstigem od. ungünstigem Preis bzw. in bes. guter od. schlechter Qualität kaufen;* ein teurer (= ungünstiger) ~ ▸ ~ auf Kredit, auf Teilzahlung, in Raten; etwas in ~ nehmen ⟨übertr.⟩ *sich mit etwas abfinden;* etwas zum ~ anbieten; Zus *Kaufangebot, Kaufpreis, Kaufvertrag, Kaufwert*

kau|fen ⟨V. trans.; kauft, kauf|te, hat ge|kauft⟩ **1** (sich) etwas ~ *etwas gegen Geld od. Geldwert erwerben* **2** jmdn. ~ *bestechen* **3** sich jmdn. ~ *jmdn. zur Rechenschaft ziehen* ▸ den Kerl werde ich mir ~! ⟨übertr.; umg.⟩ *dem Kerl werde ich meine Meinung sagen!* ▸ sich od. jmdm. ein Auto ~; eine Hose ~ ▸ ~ und verkaufen ▸ etwas auf Raten ~; bei wem ~ Sie Obst und Gemüse? *in welchem Geschäft?;* etwas für teures Geld ~ ⟨umg.⟩; dafür kann ich mir auch nichts ~ *das hat für mich keinen Wert, keinen Zweck* ▸ wo hast du den schönen Pullover gekauft? ▸ dieser Kaffee wird viel, gern gekauft; ein gekaufter Zeuge *bestochener Z.*

Käu|fer ⟨der; -s, -⟩ **1** *jmd., der etwas kauft od. kaufen will* **2** *Kunde* ▸ ~ anlocken; ich habe einen, keinen ~ dafür; einen ~ für etwas suchen; Abl *Käuferin*

Kauf|frau ⟨die; -, -en⟩ *weibl. Person, die eine kaufmänn. Lehre abgeschlossen hat*

Kauf|haus ⟨das; -es, -häu|ser⟩ *großes Geschäft für Waren aller Art, Warenhaus* ▸ in der Stadt hat ein neues ~ eröffnet; ich kaufe gern im ~ ein; bekomme ich Knöpfe im ~?; wir treffen uns um 15 Uhr vor dem ~

Kauf|kraft ⟨die; -; unz.⟩ *von den Lebenshaltungskosten abhängige Fähigkeit des Geldes, Waren u. Dienstleistungen zu bezahlen;* Abl *kaufkräftig*

Kauf|leu|te ⟨Pl. von⟩ *Kaufmann*

käuf|lich ⟨Adj.⟩ **1** *für Geld od. Geldeswert (zu erwerben)* **2** *durch Kauf (zu erwerben)* **3** ⟨übertr.⟩ *bestechlich;* Abl *Käuflichkeit* ▸ ein ~er Beamter, Richter; ~e Liebe *Prostitution;* eine Sache ~ erwerben *kaufen;* sind diese Bilder ~? *kann man sie kaufen?*

Kauf|lust ⟨die; -; unz.⟩ *Lust, Neigung zum Kaufen;* Syn *Kauffreude* ▸ trotz der Wirtschaftsflaute ist die ~ ungebrochen; Abl *kauflustig*

Kauf|mann ⟨der; -(e)s, -leu|te⟩ **1** *jmd., der die kaufmänn. Lehre abgeschlossen hat;* Zus *Bankkaufmann, Industriekaufmann* **2** *jmd., der beruflich Kauf u. Verkauf betreibt, der Handel betreibt* ▸ er ist gelernter ~; ein guter, schlechter ~ sein

kauf|män|nisch ⟨Adj.⟩ **1** *zum Kaufmannsberuf gehörig* **2** *in der Art eines Kaufmanns* ▸ ~er Angestellter *jmd., der die kaufmännische Lehre abgeschlossen hat u. in einem Handelsbetrieb angestellt ist;* eine ~e Lehre machen; ~ denken; ~ tätig sein

Kau|gum|mi ⟨der od. das; -s, -s⟩ *weiche, gummiartige Masse, die man kauen kann u. die in verschiedenen Geschmacksrichtungen erhältlich ist, häufig mit Zusätzen von Zucker* ▸ ~ kauen; er sprach ~ kauend mit dem Lehrer

Kaul|quap|pe ⟨die; -, -n; Zool.⟩ *Larve der Amphibien* ▸ aus diesen ~en werden Frösche

kaum ⟨Adv.⟩ **1** *schwerlich, sicher nicht* **2** *nur mit Mühe, fast nicht* **3** ⟨bei Maß- u. Zeitangaben⟩ **3.1** *fast, noch nicht ganz* **3.2** *etwas weniger als …* **3.3** *selten* ▸ ~ zwei Meter hoch; es dauerte ~ drei Stunden ▸ er kann es ~ erwarten, dass, ⟨od.⟩ bis …; ich kann vor Müdigkeit ~ noch gehen; es ist ~ zu glauben; er wird ~ noch kommen ▸ er ist ~ größer als ich ▸ ~ …, als … *sehr bald, nachdem …;* er war ~ angekommen, als er auch schon wieder weggerufen wurde; ~ hatte ich mich hingelegt, als auch schon das Telefon klingelte; ~ dass wir uns gesetzt hatten, mussten wir bereits wieder aufstehen; er hat ~ etwas gegessen; er besucht sie ~ noch *nur noch selten;* ob sie heute noch kommt? wohl ~!

kau|sal ⟨Adj.⟩ *ursächlich, auf dem Verhältnis zw. Ursache u. Wirkung beruhend, mit der Ursache verbunden;* Syn *begründend* ▸ ~e Konjunktion ⟨Gramm.⟩ *K. des Grundes,* z. B. weil; zwischen beiden Ereignissen besteht offensichtlich ein ~er Zusammenhang; Zus *Kausalsatz, Kausalzusammenhang*

Kau|ti|on ⟨die; -, -en⟩ *Bürgschaft, Sicherheit(sleistung) durch Hinterlegung einer Geldsumme od. von Wertpapieren* ▸ eine ~ hinterlegen, leisten, zahlen; einen Gefangenen gegen ~ freilassen

Kau|t|schuk ⟨der; -s; unz.⟩ **1** *geronnener Milchsaft einiger tropischer Pflanzenfamilien;* Zus *Rohkautschuk* **2** *durch Vulkanisation daraus gewonnene feste, zähe, elastische Masse (meist als Gummi bezeichnet)*

Kauz ⟨der; -es, Käu|ze⟩ **1** ⟨Zool.⟩ *ein Vogel,*

der wie eine kräftige, gedrungene Eule aussieht **2** ⟨übertr.⟩ *wunderlicher Mensch, Sonderling;* Abl *kauzig* ▸ im Wald schreien nachts die Käuze; er war schon immer ein ~; er ist ein komischer, ulkiger ~

Ka|va|lier ⟨[-va-] der; -s, -e⟩ *(bes. gegen Frauen) höflicher, hilfsbereiter u. taktvoller Mann* ▸ er ist ganz ~ der alten Schule

Ka|va|liers|de|likt ⟨[-va-] das; -(e)s, -e⟩ *Delikt, das nicht als ehrenrührig od. schwerwiegend angesehen wird*

Ka|va|lier|start ⟨[-va-] der; -s, -s; umg.; iron.⟩ *schnelles Anfahren (mit dem Auto)*

Ka|val|le|rie ⟨[-val-] die; -; unz.; Mil.⟩ *Reiterei, Reitertruppe* ▸ leichte, schwere ~

Ka|vi|ar ⟨[-vi-] der; -s, -e⟩ *mit Salz konservierter Rogen einiger russischer Störarten*

kcal ⟨Abk. für⟩ *Kilokalorie*

keck ⟨Adj.⟩ *munter, unbefangen, frisch* ▸ eine ~e Antwort, Frage; ein ~er Bursche; er trat ~ vor und sagte …; Abl *Keckheit*

Ke|fir ⟨der; -s; unz.⟩ *durch Zusatz von Bakterien u. Hefe vergorene Milch, urspr. Stutenmilch*

Ke|gel ⟨der; -s, -⟩ **1** *spitz zulaufender Körper mit runder od. ovaler Grundfläche, Konus;* Abl *kegelförmig* **2** *Holzfigur zum Kegelspiel;* Zus *Kegelbruder, Kegelklub, Kegelspiel* ▸ die ~ aufstellen (zum Spiel); ~ schieben *das Kegelspiel spielen;* ~ spielen; gerader, schiefer, stumpfer ~

Ke|gel|bahn ⟨die; -, -en⟩ **1** *Bahn, auf der man beim Kegelspiel die Kugel auf die Kegel zurollt* **2** *die gesamte Anlage zum Kegeln* ▸ Hotel mit ~

ke|geln ⟨V. intr.; ke|gelt, ke|gel|te, hat ge|ke|gelt⟩ *Kegel spielen, Kegel schieben*

Keh|le ⟨die; -, -n⟩ *vorderer Teil des Halses mit dem Kehlkopf;* Syn *Gurgel* ▸ jmdm. die ~ durchschneiden ⟨umg.⟩ *jmdn. töten;* zuschnüren: die Angst schnürte mir die ~ zu ⟨übertr.⟩ *ich konnte vor A. kein Wort sprechen* ▸ er ist eine durstige ~ ⟨übertr.⟩ *jmd., der gern trinkt;* eine raue ~ haben *heiser sein;* eine trockene ~ haben (vor Durst) ▸ jmdn. an od. bei der ~ packen; das Wasser geht, reicht ihm bis an die ~ ⟨übertr.⟩ *er ist in großer (bes. finanzieller) Bedrängnis;* jmdm. das Messer an die ~ setzen ⟨übertr.⟩ *jmdm. mit etwas drohen;* jmdm. an die ~ springen *jmdn. tätlich angreifen;* ⟨übertr.⟩ *sehr wütend auf jmdn. sein;* aus voller ~ schreien, singen *sehr laut, mit aller Kraft;* ich habe mir fast die ~ aus dem Hals geschrien ⟨übertr.; umg.⟩; mir ist etwas in die falsche ~ geraten *ich habe mich verschluckt;* er hat meine Bemerkung in die falsche ~ bekommen ⟨übertr.⟩ *er hat sie übelgenommen;* ein Bissen, eine Gräte blieb ihm in der ~ stecken; das Lachen, Wort blieb ihm in der ~ stecken ⟨übertr.⟩

keh|lig ⟨Adj.⟩ *tief in der Kehle, tief aus der Kehle kommend, guttural* ▸ eine ~e Stimme, ein ~es Lachen haben; ~e Laute; ~ sprechen, singen

Kehl|kopf ⟨der; -(e)s, -köp|fe; Anat.⟩ *knorpeliges Eingangsteil der Luftröhre u. Organ der Stimmbildung;* Zus *Kehlkopfentzündung, Kehlkopfkrebs*

Keh|re ⟨die; -, -n⟩ **1** *scharfe Biegung (des Weges), scharfe Kurve* **2** ⟨Sp.⟩ *Absprung mit dem Rücken zum Turngerät*

keh|ren[1] ⟨V. trans.; kehrt, kehr|te, hat ge|kehrt⟩ etwas ~ *fegen, mit dem Besen säubern* ▸ den Ofen, Schornstein ~; den Hof, die Straße, Treppe, das Zimmer ~; den Schnee vom Dach, vom Fenstersims, vom Gehweg ~; jeder kehre vor seiner eigenen Tür! ⟨übertr.⟩ *jeder kümmere sich um seine eigenen Angelegenheiten u. mische sich nicht in die von anderen ein;* →a. *Besen;* Zus *Kehrschaufel*

keh|ren[2] ⟨V.; kehrt, kehr|te, hat ge|kehrt⟩ **I** ⟨V. trans.⟩ etwas ~ *drehen, wenden, richten auf od. zu etwas (hin)* ▸ jmdm. den Rücken ~ *zuwenden* ▸ die Waffe gegen jmdn. ~; in sich gekehrt ⟨übertr.⟩ *still, nicht geneigt, sich mitzuteilen, verschlossen;* die Innenseite nach außen ~; die Augen zum Himmel ~; das Unterste zuoberst ~ *alles durcheinanderbringen, vermengen* **II** ⟨V. refl.⟩ sich nicht an etwas ~ *sich nicht um etwas kümmern, etwas nicht beachten* **III** ⟨V. intr.; kehrt, kehr|te, hat ge|kehrt; schweiz.⟩ der Wind hat gekehrt *kommt jetzt aus einer anderen Richtung*

Kehr|icht ⟨der od. das; -s; unz.⟩ *zusammengekehrter Unrat, Abfall, Müll* ▸ das geht dich einen feuchten ~ an ⟨derb, verhüllend⟩ *das geht dich einen Dreck an, das geht dich nichts an*

Kehr|reim ⟨der; -(e)s, -e; Lit.⟩ *am Schluss jeder Strophe eines Liedes od. Gedichts regelmäßig wiederkehrende Worte od. Sätze;* Syn *Refrain*

Kehr|sei|te ⟨die; -, -n⟩ **1** *die Rückseite* **2** ⟨übertr.⟩ *die ungünstige, problematische Seite (einer Sache)* **3** ⟨übertr.; umg.; scherzh.⟩ *Rücken* ▸ die ~ der Medaille ⟨übertr.⟩ *die unangenehme Seite einer Angelegenheit;* jmdm. seine ~ zuwenden ⟨umg.; übertr.⟩

kehrt|ma|chen ⟨V. intr.; macht kehrt, mach|te kehrt, hat kehrt|ge|macht, kehrt|zu|ma|chen⟩ *eine halbe Drehung vollführen, umkehren, sich umdrehen (um wegzugehen)* ▸ nach einer halben Stunde Weges machten sie kehrt; als er sie sah, machte er sofort kehrt und verschwand

Kehrt|wen|dung ⟨die; -, -en⟩ oV *Kehrtwende* **1** *Wendung um 180°, halbe Drehung, Umkehr* **2** ⟨übertr.⟩ *plötzliche Änderung der bisherigen Haltung od. Strategie* ▸ das Pferd machte eine plötzliche ~ und galoppierte zurück; die Regierung machte eine überraschende ~ in der Sozialpolitik ⟨übertr.⟩

kei|fen ⟨V. intr.; keift, keif|te, hat ge|keift⟩ *in schrillen Tönen schelten, giftig zanken*

Keil ⟨der; -(e)s, -e⟩ *Körper, der von zwei Seiten spitzwinklig in einer Kante zusammenstößt (zum Spalten od. als Hemmvorrichtung)* ▸ einen ~ in einen Spalt treiben; einen ~ unter die Räder legen, damit ein Fahrzeug nicht wegrollt; einen ~ zwischen zwei Menschen treiben ⟨übertr.⟩ *das gute Einvernehmen zw. zwei Menschen zu stören suchen;* Abl *keilförmig*

kei|len ⟨V.; keilt, keil|te, hat ge|keilt⟩ **I** ⟨V. trans.⟩

etwas ~ *mit einem Keil spalten* **II** ⟨V. refl.; umg.⟩ sich ~ *einander prügeln*

Kei|ler ⟨der; -s, -⟩ *männliches Wildschwein, Eber*

Keil|rie|men ⟨der; -s, -⟩ *Riemen aus gummiertem Gewebe mit trapezförmigem Querschnitt zum Übertragen großer Kräfte*

Keim ⟨der; -(e)s, -e⟩ **1** *einfaches Ausgangsgebilde eines Lebewesens, Embryo* **2** *Krankheitserreger;* Zus *Krankheitskeim* **3** ⟨übertr.⟩ *Anfang, Beginn, Ausgangspunkt* ▸ ~ der Ansteckung; der ~ der Liebe, des Hasses; der junge, zarte ~ (einer Pflanze u. a.) *der erste Trieb;* einen Aufstand, eine Revolution im ~ ersticken *vor dem Ausbruch, im Entstehen*

Keim|drü|se ⟨die; -, -n; Biol.; Med.⟩ *jede der Drüsen, die die Keimzellen u. Sexualhormone erzeugen (Hoden u. Eierstöcke)*

kei|men ⟨V. intr.; keimt, keim|te, hat ge|keimt⟩ **1** *aus einem Keim zu wachsen beginnen, Triebe hervorbringen* **2** ⟨übertr.⟩ *sich zu entwickeln beginnen* ▸ die Samen ~ nach 2 Wochen; in ihr keimte neue Hoffnung ⟨übertr.⟩

keim|frei ⟨Adj.⟩ *frei von Krankheitskeimen, steril, aseptisch* ▸ medizinische Instrumente durch Erhitzen ~ machen

kein/nicht

Mit dem Indefinitpronomen *kein* werden Substantive verneint, die entweder von einem unbestimmten Artikel begleitet werden oder ohne Artikel auftreten: *Er besitzt einen Computer/ Er besitzt keinen Computer. Die Katze hat Flöhe/ Die Katze hat keine Flöhe. Hast du Hunger? Nein, ich habe keinen Hunger.*
In einigen Fällen, besonders im Plural, kann die Verneinung auch mit *nicht* erfolgen: *Er schreibt nicht Romane, sondern Gedichte.*
Das gilt auch, wenn die Verneinung besonders nachdrücklich ist. In den folgenden Fällen sind sowohl *nicht* als auch *einen* betont: *Wir haben nicht einen Storch gesehen. Wir sind nicht einen Abend allein gewesen.*
Wird *kein* als Stellvertreter eines Substantivs gebraucht, steht *keine(r, -s)* für „niemand“: *Keiner/Niemand hat ihn gesehen. Keiner/Niemand will es gewesen sein.*

kein ⟨Indefinitpron.⟩ *nicht ein* ▸ ~ anderer als er war es; ich habe ~e (blasse) Ahnung! *ich weiß es nicht!* (nur) ~e Angst!; er ist ~ Deutscher; ich habe ~ Geld; ich habe ~e Lust, heute wegzugehen; ~ Mal = *keinmal;* ~ einziges Mal; ~ Mensch war da ⟨umg.⟩ *niemand;* ~e Spur! *ganz und gar nicht, wirklich nicht;* ~e Ursache! *bitte, gern geschehen (als Antwort auf Dank);* du machst dir ~e Vorstellung, wie toll das Konzert war; ich habe (gar) ~e Zeit ▸ ~ bisschen *überhaupt nicht(s)* ▸ an ~er Stelle *nirgends;* auf ~en Fall *ganz bestimmt nicht;* in ~er Weise *überhaupt nicht, gar nicht;* ~er von beiden

kei|ne(r, -s) ⟨Indefinitpron.⟩ Ggs *jede(r, -s)* **1** *nicht eine(r, -s) (aus einer Menge)* **2** ⟨umg.⟩ *niemand* ▸ keines der Kinder; und wenn man dann fragt, will es (wieder) keiner gewesen sein; das weiß keiner ⟨umg.⟩; keiner von ihnen, von uns war dabei

kei|ner|lei ⟨Adj.; undekl.⟩ *nicht das bzw. die geringste, nicht den geringsten, nicht die geringsten* ▸ er hat auf sie ~ Einfluss (mehr); ich mache mir darüber ~ Gedanken; auf ~ Weise

kei|nes|falls ⟨Adv.⟩ *auf keinen Fall* ▸ ich komme ~; er darf mich ~ hier sehen

kei|nes|wegs ⟨a. [--'-] Adv.⟩ *durchaus nicht, ganz u. gar nicht* ▸ möchtest du gern mitkommen? ~!; er ist ~ so klug, wie er scheint

kein|mal *auch:* **kein Mal** ⟨Adv.⟩ *nicht ein einziges Mal* ▸ er ist ~ mitgekommen

...keit ⟨Nachsilbe; zur Bildung von Subst. aus Adj. mit den Endungen ...bar, ...er (außer, sicher), ...ig, ...lich, ...sam; die; -, -en⟩ = *...heit,* z. B. Heilbarkeit, Innigkeit, Fröhlichkeit, Einsamkeit

Keks ⟨der od. das; - od. -es, - od. -e⟩ *trockenes Kleingebäck;* Zus *Butterkeks, Schokoladenkeks*

Kelch ⟨der; -(e)s, -e⟩ *(meist kostbares, geschliffenes) Trinkglas mit Fuß, bes. das Gefäß für den Wein beim Abendmahl* ▸ den ~ bis zur Neige leeren ⟨übertr.⟩ *eine schwierige Situation bis zu Ende ertragen;* möge dieser ~ an mir vorübergehen ⟨übertr.⟩ *möge mir dieser Kummer, diese Qual erspart bleiben*

Kel|le ⟨die; -, -n⟩ **1** *runder, tiefer Schöpflöffel;* Zus *Schöpfkelle* **2** *Gerät aus dreieckiger Platte u. geschwungenem Griff zum Anwerfen des Putzes an die Mauer;* Zus *Maurerkelle* **3** ⟨Eisenb.; früher⟩ *Stab, mit dem das Abfahrtszeichen gegeben wird*

Kel|ler ⟨der; -s, -⟩ **1** *Geschoss des Hauses unter Straßenhöhe;* Zus *Kellergeschoss* **2** *unterirdischer Aufbewahrungsraum;* Zus *Kartoffelkeller, Weinkeller* **3** *(urspr. im Keller liegende) Bierwirtschaft, Gaststätte, hervorgegangen aus den Bierkellern der Brauereien, die dort oft auch einen kleinen Ausschank betrieben, bzw. aus der Gaststätte im Rathaus;* Zus *Löwenbräukeller, Ratskeller* **4** ⟨übertr.⟩ *Tiefpunkt* (Stimmung, Preis) ▸ Wein und Bier aus dem ~ holen; ich gehe in den ~, um dort Schuhe zu putzen; abgelegte Sachen im ~ aufbewahren; die Heizung und der Öltank sind im ~; die Stimmung ist im ~ ⟨übertr.⟩ *auf dem Tiefpunkt*

Kel|ler|meis|ter ⟨der; -s, -⟩ *jmd., der die Aufsicht über einen Weinkeller hat u. den Wein sachgemäß behandelt;* Syn *Küfer, Küper*

Kell|ner ⟨der; -s, -⟩ **1** *Angestellter in einer Gaststätte zum Bedienen der Gäste* **2** *Lehrberuf mit dreijähriger Lehrzeit* ▸ der ~ bringt die Speisekarte; wir müssen die Getränke beim ~ bestellen

Kell|ne|rin ⟨die; -, -rin|nen⟩ *weibl. Kellner*

kell|nern ⟨V. intr.; kell|nert, kell|ner|te, hat ge|kellnert; umg.⟩ *als Kellner(in) aushelfen*

kel|tern ⟨V. trans.; kel|tert, kel|ter|te, hat ge|keltert⟩ Früchte ~ *in der Kelter, einer bes. für Trauben verwendeten Fruchtpresse, auspressen*

1 das Klassenzimmer 2 der Lehrer 3 der Zeigestock 4 der Schüler 5 die Schulbank 6 der Stuhl 7 die Schultasche 8 der Stundenplan 9 das Schulbuch / das Lehrbuch 10 das Pult 11 das Klassenbuch 12 der Tageslichtprojektor / der Overheadprojektor 13 die Tafel / die Schultafel 14 die Landkarte 15 der Kartenständer

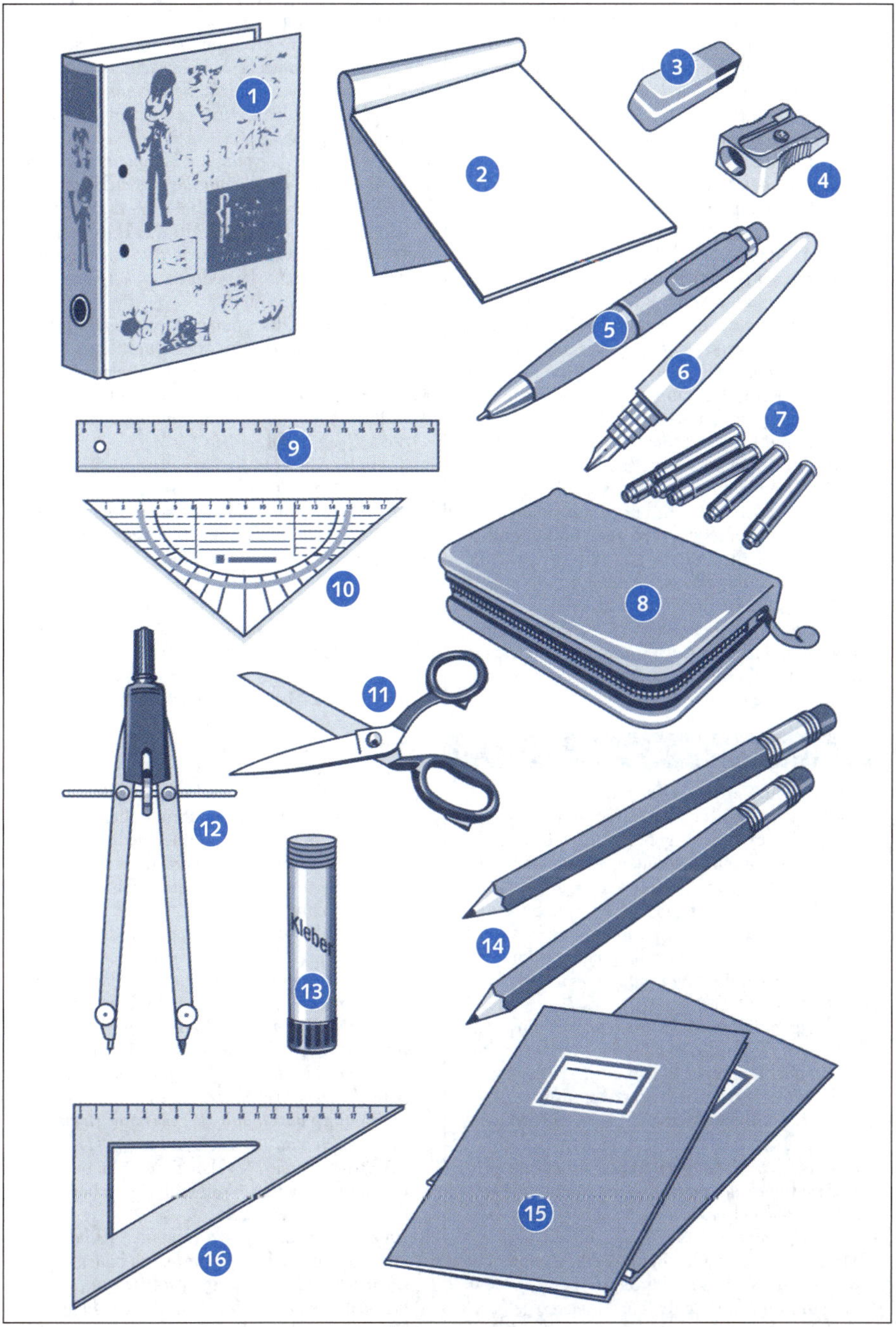

1 der Ordner 2 der Block 3 der/das Radiergummi 4 der Anspitzer / der Bleistiftanspitzer 5 der Kugelschreiber 6 der Füller 7 die Patrone / die Tintenpatrone 8 das Federmäppchen 9 das Lineal 10 das Geodreieck 11 die Schere 12 der Zirkel 13 der Klebestift 14 der Bleistift 15 das Schulheft 16 das Zeichendreieck

ken|nen ⟨V. trans.; kennt, kann|te, hat ge|kannt⟩ **1** jmdn. ~ **1.1** *mit jmdm. bekannt sein* **1.2** *jmdn. beurteilen, ihn einschätzen können* **2** jmdn. od. etwas ~ *wissen, nennen können, schon einmal gesehen, gehört, gelesen haben* **3** seine Aufgaben, Pflichten ~ *sich seiner A., P. bewusst sein* ▸ ja, das kenne ich! *das habe ich schon oft gehört od. erlebt;* er kennt mich nicht mehr *er beachtet mich nicht, verleugnet unsere Bekanntschaft;* kennst du mich (überhaupt) noch? *erinnerst du dich noch an mich?* ▸ diese Blumen kennt man hier nicht; ~ Sie Frau Kramer?; der Jubel kannte keine Grenzen *der J. war sehr groß;* kennst du Rom (schon)?; er kennt keine Rücksicht *er nimmt nie R.;* kennst du hier ein gutes Schuhgeschäft? ▸ ~ lernen = *kennenlernen* ▸ etwas od. jmdn. flüchtig, genau, gut ~; ich habe Ihren (verstorbenen) Vater gut gekannt; wir ~ uns schon länger; jmdn. persönlich ~ *jmdn. schon einmal gesehen u. mit ihm gesprochen haben;* da kennst du mich aber schlecht (wenn du sowas von mir denkst!) ▸ ich kenne ihn nur als anständig und bescheiden; ich kenne ihn noch aus meiner Studienzeit; ich kenne das Lied auswendig; jmdn. (nur) dem Namen nach ~; da kenne ich nichts! ⟨umg.⟩ *da ist mir alles gleichgültig, ich tue es doch!;* er kennt nichts anderes als seine Arbeit *er beschäftigt sich nur mit seiner A.;* kennst du ein Werk von Hemingway?; ich kenne von Mozart nur die „Zauberflöte"; jmdn. (nur) vom Sehen ~; ich kenne ihn von früher

kennen/wissen

Obwohl die Verben *kennen* und *wissen* beide „Kenntnisse besitzen" bedeuten und transitiv (mit Akkusativobjekt) gebraucht werden, sind sie nicht synonym. *Jemanden oder etwas kennen* kann mit Bezug auf Gegenstände, Sachverhalte oder Personen gebraucht werden und bedeutet „mit jemandem oder etwas bekannt sein, es/ihn bereits gesehen oder getroffen haben": *Ich kenne ihn seit einem Jahr. Kennst du seine Mutter? Er kennt den Weg nicht.*
Demgegenüber wird das Verb *wissen* nur bezogen auf Gegenstände oder Sachverhalte verwendet, jedoch nicht, wenn es um Personen geht. *Etwas wissen* bedeutet „Kenntnisse, Bewusstsein von etwas haben". *Wissen* wird häufig mit einem dass-Satz als Objekt gebraucht: *Er weiß, dass ich kommen werde. Ich wusste nicht, dass sie verheiratet sind. Ich wüsste gern, was er vorhat. In der Arbeit wusste er die Vokabeln nicht. Soll ich weiterreden? Nein, ich weiß jetzt genug.*
Mitunter können auch beide Verben gebraucht werden, die sich dann allerdings in der Bedeutung minimal unterscheiden: *Ich kenne* (= habe Kenntnis davon, weiß Bescheid) *das Ergebnis. Ich weiß* (= besitze das Wissen) *das Ergebnis.*

ken|nen|ler|nen *auch:* **ken|nen ler|nen** ⟨V. trans.; lernt ken|nen, lern|te ken|nen, hat ken|nen|gelernt, ken|nen|zu|ler|nen⟩ jmdn. od. etwas ~ *zum ersten Mal sehen, hören, lesen* ▸ es freut mich, Sie kennenzulernen / kennen zu lernen *(Begrüßungsformel beim Vorstellen);* der soll mich ~! ⟨umg.⟩ *dem werde ich die Meinung sagen!;* wir haben uns im Urlaub kennengelernt / kennen gelernt

Ken|ner ⟨der; -s, -⟩ *erfahrener Fachmann auf einem Gebiet, jmd., der sehr gut über etwas Bescheid weiß* ▸ er ist ein ausgezeichneter ~ der modernen Literatur; Abl *Kennerin;* Zus *Weinkenner*

Ken|ner|blick ⟨der; -(e)s; unz.⟩ *Blick eines Kenners, der sofort das Wesentliche erfasst* ▸ etwas mit ~ betrachten, mustern

Ken|ner|mie|ne ⟨die; -; unz.⟩ *Gesichtsausdruck eines Kenners (beim Betrachten eines Gegenstandes)* ▸ etwas mit ~ ansehen; eine ~ aufsetzen

Kenn|kar|te ⟨die; -, -n⟩ *Ausweis(karte)*

Kenn|num|mer ⟨die; -, -n⟩ *Nummer als Kennzeichen, Erkennungszeichen*

kennt|lich ⟨Adj.⟩ *(an gewissen Anzeichen) zu erkennen, erkennbar* ▸ seine Absichten ~ machen *zu verstehen geben;* Gift durch ein rotes Etikett auf der Flasche ~ machen *kennzeichnen*

Kennt|nis ⟨die; -, -nis|se⟩ **I** ⟨unz.⟩ *Wissen (von etwas)* ▸ das entzieht sich meiner ~ *das weiß ich nicht, darüber bin ich nicht informiert* ▸ jmdn. von etwas in ~ setzen *jmdm. etwas mitteilen;* ohne ~ der Umstände; ~ von etwas haben; jmdm. etwas zur ~ bringen, geben *mitteilen;* etwas zur ~ nehmen *die Mitteilung von etwas bestätigen;* ich habe es zur ~ genommen *ich habe es mir angehört,* ⟨od.⟩ *angesehen u. kenne es nun, aber ich will nicht darüber urteilen* **II** ⟨zählb.⟩ *Erfahrung, erlerntes Wissen* ▸ ausreichen: seine ~se reichen dazu nicht aus ▸ ausgezeichnete, hervorragende, große, reiche, umfassende ~se haben; in einer Sprache (gute) ~se besitzen ▸ ein Unternehmen mit ~ und Verstand leiten; Zus *Fachkenntnis, Sachkenntnis*

Kennt|nis|nah|me ⟨die; -; unz.; Amtsdt.; in Wendungen wie⟩ nach ~ *nachdem man etwas zur Kenntnis genommen hat* ▸ die Unterlagen erbitten wir nach ~ zurück; ein Schreiben zur ~ beilegen *damit man es zur Kenntnis nehmen kann*

Kenn|wort ⟨das; -(e)s, -wör|ter⟩ **1** *Wort als Kennzeichen od. Kode statt des Namens od. statt ausführlicher Angaben* **2** *nur Eingeweihten bekanntes Wort, durch das sie sich als zugehörig zu einem Personenkreis ausweisen;* Syn *Losung (1), Losungswort, Parole (1)* ▸ den Zugang zu einem Computerprogramm mit einem ~ sichern; ich habe mein ~ vergessen

Kenn|zei|chen ⟨das; -s, -⟩ **1** *charakteristisches Merkmal, das eine Person od. Sache von anderen unterscheidet* **2** *Ziffer(n) od. (u.) Buchstabe(n), an denen man die Herkunft eines Fahr- od. Flugzeugs erkennt;* Zus *Kraftfahrzeugkennzeichen*

kenn|zeich|nen ⟨V. trans.; kenn|zeich|net, kenn|zeich|ne|te, hat ge|kenn|zeich|net⟩ **1** etwas ~ *ein Zeichen an etwas anbringen* **2** jmdn. od. etwas ~ *(durch ein bes. Merkmal) erkennen lassen* ▸ diese

Tat kennzeichnet seinen Mut, seine Anständigkeit; einen Weg (durch Schilder, Steine, Zweige usw.) ~; eine Flasche durch ein Etikett, eine Kiste durch eine Aufschrift ~; Namen in einer Liste durch Kreuze ~; Abl *Kennzeichung*

Kenn|zif|fer ⟨die; -, -n⟩ *eine Ziffer als Kennzeichen statt des Namens od. anderer ausführlicher Angaben;* Syn *Kennzahl*

ken|tern ⟨V. intr.; ken|tert, ken|ter|te, ist ge|ken|tert⟩ *umschlagen, umkippen* (Boot)

Ke|ra|mik ⟨die; -, -en⟩ **I** ⟨unz.⟩ *Gesamtheit der Erzeugnisse aus gebranntem Ton;* Zus *Feinkeramik, Grobkeramik* **II** ⟨zählb.⟩ *einzelnes Erzeugnis aus gebranntem Ton* ▸ in der Ausstellung waren hübsche ~en zu sehen

Ker|be ⟨die; -, -n⟩ *Einschnitt, scharfkantige Vertiefung (auch als Zeichen gebraucht)* ▸ in die gleiche ~ hauen ⟨übertr.⟩ *das gleiche Ziel verfolgen, jmds. Meinung unterstützen;* eine ~ in einen Stock schneiden

Ker|bel ⟨das; -(e)s; unz.⟩ *Pflanze, die als Suppenkraut u. als Gewürz für Gemüse u. Salate verwendet wird*

Kerb|holz ⟨das; -es, -höl|zer; MA⟩ *längs gespaltener Stock, von dem jeder der beiden Geschäftspartner eine Hälfte bekam, in die Kerben als Merkzeichen für Zahlungen usw. geschnitten wurden* ▸ etwas auf dem ~ haben ⟨übertr.⟩ *etwas Unrechtes getan haben*

Kerb|tier ⟨das; -(e)s, -e⟩ = *Insekt*

Ker|ker ⟨der; -s, -; veraltet⟩ **1** *(unterirdisches) Gefängnis;* Zus *Kerkermeister* **2** ⟨noch österr.⟩ *schwere Form der Freiheitsstrafe* ▸ zwanzig Jahre ~ bekommen; im ~ schmachten

Kerl ⟨der; -s, -e od. -s; umg.; häufig abwertend⟩ *Mensch, Mann, Bursche, Junge* ▸ sie **hat** einen ~ ⟨derb⟩ *einen Freund, Geliebten;* ich kann den ~ nicht **leiden** ▸ er, sie ist ein **anständiger,** feiner, gutmütiger, lieber ~; der **arme** ~!; **braver,** ganzer (= tüchtiger), tapferer ~; **dummer,** blöder, grober ~; **gemeiner,** schlechter, übler ~; **großer,** junger, kräftiger, strammer ~; er, sie ist ein **hübscher** ~; **kleiner** ~ *(meist liebevoll von kleinem Jungen);* er, sie ist ein **komischer** ~

Kerl|chen ⟨das; -s, -⟩ *kleiner, lieber Kerl, kleines, niedliches Kind* ▸ ein reizendes ~

Kern ⟨der; -(e)s, -e⟩ **1** *innerer, mittlerer Teil* **2** ⟨Biol.⟩ *Zellkern* **3** *harter innerer Teil von einer Frucht;* Zus *Apfelkern, Apfelsinenkern, Nusskern* **4** ⟨beim Steinobst⟩ *Stein;* Zus *Aprikosenkern* **5** ⟨Phys.⟩ *Atomkern* **6** ⟨übertr.⟩ *das Innerste, das Zugrundeliegende, Wesentliche, Wesen (einer Sache)* **7** *Mittelpunkt, Zentrum;* Zus *Stadtkern* ▸ da hast du den ~ des **Problems** getroffen ▸ die ~e musst du **ausspucken** ▸ der **harte** ~ einer Gruppe ⟨übertr.; umg.⟩ *die aktivsten, aggressivsten, wichtigsten Mitglieder einer G.;* harte Schale, **weicher** ~ *nach außen hin grob, aber innerlich empfindsam* ▸ ich habe **auf** einen ~ gebissen; **zum** ~ der Frage, Sache vorstoßen; →a. *Pudel*

Kern... ⟨in Zus. mit Subst.; Phys.⟩ *auf Spaltung od. Fusion von Atomkernen bezogen;* Zus *Kernbrennstoff, Kernexplosion, Kernforschung, Kernfusion, Kernphysik, Kernspaltung*

Kern|be|reich ⟨der; -(e)s, -e⟩ *Hauptgebiet od. Hauptzone, in dem etwas existiert od. sich ereignet;* Syn *Kerngebiet* ▸ der ~ unternehmerischer Aktivitäten; der ~ der Waldbrände

Kern|ener|gie ⟨die; -; unz.⟩ *durch Kernspaltung od. Kernfusion gewonnene Energie;* Syn *Atomenergie, Atomkraft*

kern|ge|sund ⟨Adj.⟩ *völlig gesund* ▸ er ist ~

ker|nig ⟨Adj.⟩ *kräftig u. gesund, fest u. stark, kraftvoll, markig* ▸ ~er Ausspruch; ~er Junge

Kern|kraft ⟨die; -, -kräf|te⟩ *Kraft, die den Zusammenhalt der Protonen u. Neutronen im Atomkern bewirkt;* →a. *Kernenergie*

Kern|kraft|werk ⟨das; -(e)s, -e⟩ *Kraftwerk, in dem Kernspaltung zur Energiegewinnung eingesetzt wird;* Syn *Atomkraftwerk, Kernreaktor*

Kern|obst ⟨das; -es; unz.⟩ **1** *Unterfamilie der Rosengewächse, zu denen z. B. Apfel, Birne, Eberesche u. Weißdorn gehören* **2** ⟨i. w. S.⟩ *jedes Obst mit Kernen als Samen*

Kern|sei|fe ⟨die; -, -n⟩ *einfache Seife ohne Zusatz von Farb- u. Riechstoffen*

Kern|waf|fe ⟨die; -, -n; Mil.⟩ *Waffe, deren Wirkung auf der explosiv verlaufenden Spaltung od. Verschmelzung von Atomkernen beruht;* Syn *Nuklearwaffe*

Ke|ro|sin ⟨das; -s; unz.⟩ *Treibstoff für Flugzeuge*

Ker|ze ⟨die; -, -n⟩ **1** *Gegenstand aus Wachs, meist in der Form eines Stabes, mit einem Docht, der angezündet wird u. Licht gibt;* Zus *Kerzenhalter, Kerzenleuchter, Kerzenlicht, Kerzenschein, Kerzenständer, Kerzenwachs; Altarkerze, Wachskerze, Weihnachtskerze* **2** ⟨kurz für⟩ *Zündkerze* **3** *Pflanzenblüte in der Form einer Kerze (1);* Zus *Kastanienkerze* **4** *Turnübung, bei der Beine u. Rumpf aus der Rückenlage gerade nach oben gestreckt werden, so dass nur noch Kopf, Nacken, Schultern u. Arme den Boden berühren;* Syn *Nackenstand* ▸ die ~n **anzünden,** auslöschen, ausbrennen lassen; die ~n **auswechseln,** reinigen *Zündkerzen;* ~n **gießen,** ziehen; die ~ **machen** ⟨Turnen⟩ ▸ **gegossene,** gezogene ~

ker|zen|ge|ra|de ⟨Adj.⟩ *ganz gerade* ▸ er stand bei der Zeremonie ~ vor dem Altar

Ke|scher ⟨der; -s, -⟩ *Fangnetz (für Fische) mit Rahmen u. Griff;* oV *Käscher, Ketscher*

kess ⟨Adj.; -er, am -es|ten⟩ **1** *hübsch u. dazu etwas frech, dreist od. vorlaut* **2** *flott* ▸ sie trägt ein ~es Hütchen; das Kind ist ziemlich ~

Kes|sel ⟨der; -s, -⟩ **1** *größeres, bauchiges Metallgefäß zum Erhitzen od. Verdampfen von Flüssigkeiten;* Zus *Dampfkessel, Wasserkessel* **2** *weites, gerundetes Tal;* Zus *Talkessel* **3** *umstelltes, umzingeltes, kreisförmiges Stück Land, in dem sich der Feind, Flüchtling o. Ä. befindet* **4** ⟨Jägerspr.⟩ *kreisförmiges Stück Feld, in dem das Wild (bes. Hasen) bei der Kesseljagd zusammengetrieben wird* ▸ den ~ aufs Feuer setzen; die feindlichen Truppen in einem ~ einschließen

Kes|sel|pau|ke ⟨die; -, -n⟩ = *Pauke*

Kes|sel|trei|ben ⟨das; -s, -⟩ **1** *Treibjagd (bes. auf Hasen), bei der die Treiber, von einem Punkt nach zwei Seiten ausgehend, einen Ring bilden, in dem das Wild wie in einem Kessel eingeschlossen ist;* Syn *Kesseljagd* **2** ⟨übertr.⟩ *von mehreren Personen od. Institutionen gezielt betriebene Verleumdung, Hetze gegen jmdn.* ▸ ein ~ gegen einen Politiker veranstalten ⟨übertr.⟩ *gegen ihn von allen Seiten hetzen*

Ket|ch|up ⟨[kɛtʃʌp], [kɛtʃəp] od. [kɛtʃup] der od. das; -s, -s⟩ *pikante, dickflüssige Soße zum Würzen;* oV *Ketschup* ▸ Pommes frites mit ~ essen; Zus *Tomatenketchup/Tomatenketschup*

Kett|car® ⟨das; -s, -s⟩ *vierrädriges Kinderfahrzeug mit Kettenantrieb (ähnlich dem Fahrrad)*

Ket|te ⟨die; -, -n⟩ **1** *Band aus mehreren (meist metallenen) Gliedern, die ineinandergreifen od. durch Gelenke miteinander verbunden sind* **1.1** *für Zug u. Antrieb;* ⓘ S. 789; Zus *Kettenschutz* ⓘ S. 789; *Ankerkette, Fahrradkette* **1.2** *als Schmuck;* Zus *Bernsteinkette, Goldkette, Halskette, Perlenkette, Silberkette* **1.3** *zum Befestigen eines Anhängers;* Zus *Uhrkette* **2** ⟨Wirtsch.⟩ *eine Reihe von gleichartigen Geschäften od. Firmen, die zu demselben Unternehmen gehören u. an verschiedenen Orten tätig sind;* Zus *Ladenkette, Hotelkette* **3** *eine Reihe miteinander verbundener Gegenstände;* Zus *Bergkette, Blumenkette, Seenkette* **4** *Folge von Vorgängen, Ereignissen od. Handlungen;* Zus *Gedankenkette* **5** *zu einem best. Zweck aufgestellte Reihe von Personen;* Zus *Postenkette, Menschenkette* **6** ⟨Pl.⟩ *Eisenfesseln* ▸ eine ~ bilden (um Gegenstände weiterzureichen); die ~ am Fahrrad ölen; sie trägt gern ~n; welche ~ soll ich umbinden?; die ~ (an der Tür) vorlegen ▸ goldene, silberne ~ ▸ einen Hund an die ~ legen; einen Gefangenen in ~n legen; ein Glied in einer ~ sein ⟨übertr.⟩; zwei Gefangene mit ~n aneinanderschmieden; eine ~ um den Hals tragen; das war eine ~ von Ereignissen

ket|ten ⟨V. trans.; ket|tet, ket|te|te, hat ge|ket|tet⟩ **1** jmdn. od. etwas an jmdn. od. etwas ~ *mit Kette(n) anbinden, fesseln* **2** ⟨übertr.⟩ jmdn. an sich ~ *jmdn. nicht mehr freigeben*

Ket|ten|hemd ⟨das; -(e)s, -en⟩ *Hemd aus schuppenförmigen Eisenplättchen als Teil einer Rüstung;* Syn *Panzerhemd*

Ket|ten|rau|cher ⟨der; -s, -⟩ *jmd., der ununterbrochen Zigaretten raucht;* Abl *Kettenraucherin*

Ket|ten|re|ak|ti|on ⟨die; -, -en⟩ **1** ⟨Chem.; Kernphys.⟩ *chemische od. Kernreaktion, die einmal ausgelöst wird u. ihrerseits weitere Reaktionen derselben Art bewirkt* **2** ⟨übertr.⟩ *Folge von Reaktionen od. Ereignissen, die durch eine Reaktion bzw. ein Ereignis ausgelöst wurden* ▸ eine atomare, unkontrollierte ~ auslösen; eine ~ der Gewalt in Gang setzen; die ~ unterbrechen

Ket|zer ⟨der; -s, -⟩ **1** ⟨kath. Kirche⟩ *jmd., der eine vom kirchlichen Dogma abweichende Lehre vertritt;* Syn *Häretiker* **2** ⟨allg.⟩ *jmd., der offen von der herrschenden Meinung abweicht;* Abl *Ketzerin; ketzerisch*

keu|chen ⟨V. intr.; keucht, keuch|te, hat gekeucht⟩ **1** *hörbar u. mit Mühe atmen, schnaufen* **2** *schwer atmend sprechen* ▸ „Nicht so schnell!", keuchte er; unter einer schweren Last ~; vom schnellen Laufen ~; ~d die Worte hervorstoßen

Keuch|hus|ten ⟨der; -s; unz.; Med.⟩ *Infektionskrankheit der Schleimhäute in den Luftwegen, bes. im Kindesalter, mit krampfhaften, anstrengenden Hustenstößen u. Zurückziehen der Luft durch die verengte Stimmritze;* Syn *Pertussis*

Keu|le ⟨die; -, -n⟩ **1** *nach unten dicker werdender, starker Stock als Schlag- u. Wurfgerät* **2** ⟨Sp.⟩ *Turngerät von ähnlicher Form zum Schwingen* **3** *Oberschenkel des Schlachtviehs u. Haarwildes;* Zus *Hammelkeule, Kalbskeule, Rehkeule* ▸ chemische ~ ⟨übertr.⟩ *Sprühgerät der Polizei, mit dem (bei Demonstrationen) chem. Substanzen (z. B. Tränengas) versprüht werden*

keusch ⟨Adj.; -er, am -es|ten⟩ **1** *rein, unberührt, jungfräulich* **2** *enthaltsam* ▸ ~ leben; die Augen ~ niederschlagen; Abl *Keuschheit*

Key|board ⟨[kiːbɔːd] das; -s, -s; Mus.⟩ *elektronisches Tasteninstrument*

Kffr. ⟨Abk. für⟩ *Kauffrau*

Kfm. ⟨Abk. für⟩ *Kaufmann*

Kfz ⟨Abk. für⟩ *Kraftfahrzeug* ▸ ~-Mechaniker; ~-Steuer

kg ⟨Abk. für⟩ *Kilogramm*

kgl., Kgl. ⟨in Titeln Abk. für⟩ *königlich, Königlich*

Kha|ki ⟨das; -s; unz.⟩ *Erdfarbe, erdbraune Farbe;* Abl *khakifarben, khakifarbig*

kHz ⟨Abk. für⟩ *Kilohertz*

Ki|cher|erb|se ⟨die; -, -n; Zool.⟩ *eine Pflanze mit weißlichen od. violetten Blüten, die heute im Mittelmeergebiet, im Orient, in Indien u. China angebaut wird u. deren trockene Früchte wie Erbsen aussehen*

ki|chern ⟨V. intr.; ki|chert, ki|cher|te, hat ge|ki|chert⟩ *leise in kurzen Tönen u. mit hoher Stimme lachen* ▸ warum kichert ihr?

ki|cken ⟨V. trans.; kickt, kick|te, hat ge|kickt; umg.⟩ etwas (irgendwohin) ~ *mit dem Fuß treten, stoßen* ▸ den Ball ins Tor ~ ⟨Fußb.⟩

Ki|cker ⟨der; -s, -; umg.; oft abwertend⟩ *Fußballer;* Abl *Kickerin*

Kid ⟨das; -s, -s; salopp⟩ *Kind, Jugendlicher* ▸ die brandneue Mode für ~s;

kid|nap|pen ⟨[-næpən] V. trans.; kid|nappt, kid|napp|te, hat ge|kid|nappt⟩ jmdn. ~ *entführen, rauben*

Kid|nap|per ⟨[-næpər] der; -s, -⟩ *Menschen-, Kindesräuber;* Abl *Kidnapperin*

Kie|bitz ⟨der; -(e)s, -e; Zool.⟩ *ein mittelgroßer, schwarzweißer Watvogel mit aufrichtbarem Federschopf am Hinterkopf*

Kie|fer[1] ⟨der; -s, -; Anat.⟩ *bewegliches, meist zangenförmiges Werkzeug (mit Zähnen) für das Zerkleinern der Nahrung;* Zus *Kieferknochen, Kieferorthopäde*

Kie|fer[2] ⟨die; -, -n; Bot.⟩ *ein Nadelbaum mit langen Nadeln, die in Büscheln wachsen;* Zus *Kiefernholz, Kiefernzapfen*

Kiel[1] ⟨der; -(e)s, -e⟩ *harter Teil der Vogelfeder, früher als Schreibgerät verwendet;* Zus *Federkiel, Gänsekiel*

Kiel[2] ⟨der; -(e)s, -e⟩ *unterster, mittlerer Längsteil (aus Holz od. Stahl) mancher Schiffe* ▸ ein Schiff auf ~ legen *zu bauen beginnen*

kiel|oben ⟨Adv.⟩ *mit dem Kiel nach oben (gekentertes Schiff)* ▸ ~ auf dem Wasser treiben

Kiel|was|ser ⟨das; -s; unz.⟩ *Spur hinter dem fahrenden Schiff* ▸ in jmds. ~ segeln *ihm unmittelbar folgen,* ⟨a. übertr.⟩ *ihm geistig folgen*

Kie|me ⟨die; -, -n; Zool.⟩ *Atmungsorgan der Fische u. anderer Tiere, die im Wasser leben;* Syn *Branchie*

Kie|pe ⟨die; -, -n⟩ *viereckiger Tragkorb mit Gurten zum Tragen auf dem Rücken* ▸ eine ~ voll Holz

Kies[1] ⟨der; -es, -e⟩ *lose Anhäufung von zerkleinerten, durch Wassereinwirkung abgerundeten Gesteinsstücken bis rd. 3 cm Durchmesser*

Kies[2] ⟨der; -es; unz.; umg.⟩ *Geld*

Kie|sel ⟨der; -s, -⟩ *kleiner, durch strömendes Wasser rundgeschliffener Stein;* Syn *Kieselstein*

Kies|gru|be ⟨die; -, -n⟩ *Grube, aus der Kies gewonnen wird*

kif|fen ⟨V. intr.; kifft, kiff|te, hat ge|kifft; umg.⟩ *Haschisch rauchen;* Abl *Kiffer(in)*

ki|ke|ri|ki ⟨Int.⟩ *(Nachahmung eines Hahnenschreis)*

kil|le|kil|le ⟨Int.; Kinderspr.⟩ *(scherzender Ausruf, wenn man ein Kind kitzelt)* ▸ ~ machen

kil|len ⟨V. trans.; killt, kill|te, hat ge|killt; umg.⟩ jmdn. ~ *töten, umbringen, ermorden*

Kil|ler ⟨der; -s, -⟩ *jmd., der im Auftrag u. gegen Bezahlung Menschen tötet;* Abl *Killerin*

Ki|lo ⟨das; -s, -; umg.; Kurzw. für⟩ *Kilogramm*

Ki|lo... ⟨in Zus.; Zeichen: k; vor Maßeinheiten⟩ *das Tausendfache der betreffenden Grundeinheit,* z. B. 1 Kilogramm (= 1000 Gramm), Kilohertz, Kilojoule, Kilokalorie, Kilovolt, Kilowatt

Ki|lo|gramm ⟨a. ['---] das; -s, -; Zeichen: kg⟩ **1** *Maßeinheit, SI-Basiseinheit der Masse* **2** ⟨allg.; umg.⟩ *Maßeinheit des Gewichts* ▸ ein ~ Erdbeeren kaufen; ich hätte gern drei ~ Kartoffeln; wir haben 15 ~ Äpfel geerntet

Ki|lo|me|ter ⟨der; -s, -; Zeichen: km⟩ **1** *Längenmaß, 1000 Meter;* Zus *kilometerweit* **2** ⟨kurz für⟩ *Kilometer (1) pro Stunde (als Geschwindigkeit beim Fahren);* Zus *Kilometerpauschale, Kilometerstand* ▸ wie viele ~ sind es noch bis München?; wie viele ~ ist das Auto schon gefahren?; das Kind muss einen ~ in die Schule laufen; in der Stadt darf man nur 50 ~ (pro Stunde) fahren; du bist 20 ~ zu schnell gefahren

ki|lo|me|ter|lang ⟨Adj.⟩ *ein od. mehrere Kilometer lang* ▸ ~e Autoschlange

Ki|lo|me|ter|stein ⟨der; -(e)s, -e⟩ *Stein am Straßenrand zur Markierung der Entfernung*

Ki|lo|me|ter|zäh|ler ⟨der; -s, -⟩ *Apparat, der die gefahrenen Kilometer, den Kilometerstand, anzeigt*

Ki|lo|watt|stun|de ⟨a. ['-----] die; -, -n; Zeichen: kWh⟩ *1000 Wattstunden*

Kind ⟨das; -(e)s, -er⟩ **1** *Mensch von der Geburt bis zum Erwachsenwerden;* Abl *kindgemäß, kindgerecht;* Zus *Kinderarzt, Kinderärztin, Kinderbetreuung, Kinderbuch, Kinderermäßigung, Kindergottesdienst, Kinderlied, Kinderschreck, Kinderzimmer* **2** *(Kosewort u. Anrede für Kinder u. junge Leute)* **3** *Nachkomme, Abkömmling;* Abl *kinderlos, kinderreich* **4** ⟨Sammelbez. für⟩ *Junge u. Mädchen, Sohn u. Tochter* ▸ ~er, hört mal zu!; aber ~! (das geht doch nicht) ▸ er hat **Frau** und ~; sie ist bei der **Geburt** des ~es gestorben; da sieht man, wes **Geistes** ~ er ist *was für eine Bildung od. Gesinnung er hat;* die ~er **Gottes** ⟨poet.⟩ *die Menschen;* mit ~ und **Kegel** *mit der ganzen Familie;* ein ~ der **Liebe;** das ~ im **Manne** ⟨übertr.⟩ *das Spielerische im Charakter eines Mannes;* das ~ muss doch einen **Namen** haben ⟨übertr.⟩ *die Sache muss irgendwie bezeichnet werden, braucht eine Begründung;* ~er und **Narren** sagen die Wahrheit ⟨Sprichw.⟩; er ist ein ~ des **Todes** ⟨übertr.⟩ *er wird sterben;* er ist ein ~ seiner **Zeit** *er ist durch seine Zeit geprägt worden* ▸ ein ~ **bekommen,** ⟨umg.⟩ kriegen, empfangen, gebären, zeugen; ein ~ **erwarten** *schwanger sein;* ~er **haben;** wie viele ~er haben Sie?; sie möchte später zwei ~er haben; **heranwachsen:** die ~er wachsen heran; wie **sag** ich's meinem ~e? ⟨eigtl.⟩ *wie kläre ich es am besten über sexuelle Dinge auf?; wie bringe ich ihm (einem Erwachsenen) die Sache schonend bei?;* wir werden das ~ schon **schaukeln** *die Sache zuwege bringen, die Angelegenheit gut erledigen;* **sein:** er ist doch noch ein ~!; bitte benimm dich, du bist kein (kleines) ~ mehr!; ein ~ **stillen,** entwöhnen; das **weiß** jedes ~ *jeder* ▸ mein (liebes) ~!; unsere ~er; sie haben fünf ~er; **artiges,** braves, gutes, kluges, liebes, schwieriges, ungezogenes, verwöhntes ~; **gebranntes** ~ scheut das Feuer ⟨Sprichw.⟩ *wer einmal eine schlechte Erfahrung gemacht hat, ist später vorsichtig;* er ist ein **großes** ~ *er ist zwar erwachsen, aber in mancher Hinsicht kindlich, unreif;* sie haben schon große, erwachsene ~er; **hübsches,** niedliches, reizendes ~; **kleine** ~er, kleine Sorgen, große ~er, große Sorgen ⟨Sprichw.⟩; sein **leibliches** ~; sich (bei jmdm.) **lieb** ~ machen *sich (bei jmdm.) beliebt machen, sich einschmeicheln;* **neugeborenes** ~; das ist ein **totgeborenes** ~ ⟨übertr.⟩ *eine Sache, die von vornherein zum Scheitern verurteilt ist, die nicht gutgehen kann;* **uneheliches** ~ ▸ **als** ~ war ich oft dort; das hat er schon als (kleines) ~ getan; **an** ~es statt annehmen *adoptieren;* das ~ **beim** (richtigen) Namen nennen ⟨übertr.⟩ *etwas ohne Umschweife aussprechen;* der Eintritt **für** ~er ist frei; ein ~ **in** Pflege geben, haben, nehmen; ~er **unter** 14 Jahren haben keinen Zutritt in dieser Diskothek; **von** ~ an, ⟨od.⟩ auf *von den ersten Lebensjahren an*

Kin|der|ar|beit ⟨die; -; unz.⟩ *durch Kinder verrichtete Berufsarbeit (gesetzlich verboten)*

Kin|der|er|zie|hung ⟨die; -; unz.⟩ *Erziehung, Anleitung u. Unterweisung von Kindern durch die Eltern*

Kin|der|gar|ten ⟨der; -s, -gär|ten⟩ *Einrichtung zur Betreuung u. Erziehung noch nicht schulpflichtiger Kinder;* →a. *Kinderhort;* Zus *Kindergartenplatz*

Kindergarten, Kinderkrippe, Kinderhort

In Deutschland – wie auch in Österreich und der Schweiz – gibt es ein Fülle von altersgerechten Einrichtungen zur Betreuung von Kleinkindern. Kindern im Alter von 0-3 Jahren stehen die sogenannten *Kinderkrippen* offen. Die Eltern haben jedoch keinen gesetzlichen Anspruch auf diese Krippenbetreuung, die in Ostdeutschland flächendeckend angeboten wird, während es in Westdeutschland noch eine Unterversorgung an Krippenplätzen gibt. Viele berufstätige Eltern, die eine Betreuung für Kleinkinder benötigen, organisieren diese deshalb privat. Häufig kümmern sich die Großeltern um die Kinder, oder es wird gegen Entgelt eine Tagesmutter verpflichtet, die das Kind meistens zu Hause versorgt.
Ab dem Alter von drei Jahren hat jedes Kind einen gesetzlichen Anspruch auf einen Kindergartenplatz. Im *Kindergarten* (offizielle Bezeichnung: Kindertagesstätte, abgekürzt: Kita) werden die Kinder halbtags oder ganztags (bis 17 Uhr) von ausgebildeten Erzieherinnen betreut. Meistens sind hier unterschiedliche Betreuungszeiten wählbar (Vormittagsbetreuung, Betreuung bis 14 Uhr mit Mittagessen oder Ganztagsbetreuung). Kindergärten sind ist in der Regel kostenpflichtig, in einigen deutschen Bundesländern ist das dritte Kindergartenjahr aber mittlerweile kostenfrei. Der Besuch des Kindergartens endet mit der Einschulung der Kinder, d. h. meist im Alter von sechs Jahren.
Die Betreuung von Schulkindern während der unterrichtsfreien Zeit erfolgt in sogenannten *Kinderhorten,* die in der Regel den Kindertagesstätten angeschlossen sind, in der Zeit von ca. 7-17 Uhr. Viele Grundschulen haben mittlerweile eigene Versorgungseinrichtungen gegründet, die sich um Schulkinder zu festen Zeiten außerhalb der Schulstunden kümmern.

Kin|der|gärt|ne|rin ⟨die; -, -rin|nen⟩ *staatl. ausgebildete Erzieherin für kleine Kinder im Kindergarten*

Kin|der|geld ⟨das; -(e)s; unz.⟩ *vom Staat gezahlter Geldbetrag zur Unterstützung von Familien mit Kindern;* Syn ⟨österr.⟩ *Karenzgeld*

Kin|der|heim ⟨das; -(e)s, -e⟩ **1** *Heim, in dem Kinder vorübergehend (zur Erholung od. während längerer Abwesenheit der Eltern) untergebracht werden können* **2** *Heim für Waisenkinder od. Kinder in Fürsorgeerziehung*

Kin|der|hort ⟨der; -(e)s, -e⟩ *Einrichtung, in der schulpflichtige Kinder den größten Teil des Tages untergebracht werden können*

Kin|der|krank|heit ⟨die; -, -en⟩ **1** ⟨Med.⟩ *Infektionskrankheit, die meist im Kindesalter auftritt* **2** ⟨übertr.⟩ *Schwierigkeit bei der Eingewöhnung in etwas Neues, am Anfang einer Entwicklung*

Kin|der|krie|gen ⟨das; -s; unz.⟩ *das Zur-Welt-Bringen von Kindern, das Kinderbekommen, das Gebären von Kindern*

Kin|der|krip|pe ⟨die; -, -n⟩ *Einrichtung zur halb- od. ganztägigen Betreuung von Säuglingen u. Kleinkindern*

Kin|der|läh|mung ⟨die; -; unz.; Med.⟩ spinale ~ *lebensgefährliche, durch Viren verursachte Infektionskrankheit, die auch Erwachsene befallen u. schwere Lähmungen verursachen kann;* Syn *Poliomyelitis, Polio*

kin|der|leicht ⟨Adj.⟩ *sehr leicht, sehr einfach, ganz simpel* ▸ das ist doch ~!

kin|der|lieb ⟨Adj.⟩ *kinderliebend, sich gern mit Kindern beschäftigend* ▸ sie ist sehr ~

Kin|der|mäd|chen ⟨das; -s, -⟩ *Angestellte zur Pflege der Kinder (in der Familie)*

Kin|der|schuh ⟨der; -(e)s, -e⟩ *Schuh für Kinder* ▸ den ~en entwachsen sein, die ~e ausgetreten haben ⟨übertr.⟩ *erwachsen geworden sein, die Kindheit, Jugend hinter sich haben;* er steckt noch in den ~en ⟨übertr.⟩ *er ist noch nicht erwachsen;* eine Sache steckt noch in den ~en ⟨übertr.⟩ *steht noch am Beginn, ist noch in der Entwicklung begriffen;* die Herzchirurgie steckte zur damaligen Zeit noch in den ~en

Kin|der|se|gen ⟨der; -s; unz.; veraltet; nur noch scherzh.⟩ *das Vorhandensein von (zahlreichen) Kindern (in der Familie), das Bekommen von Kindern* ▸ es war ihnen kein ~ beschert *sie bekamen keine Kinder;* reicher ~

kin|der|si|cher ⟨Adj.⟩ *für Kinder sicher, ungefährlich;* Syn *kindergesichert* ▸ Medikamente ~ aufbewahren

Kin|der|sitz ⟨der; -es, -e⟩ *spezieller Sitz für Kinder in Autos u. auf Fahrrädern* ▸ ein Kind in, auf dem ~ angurten

Kin|der|spiel ⟨das; -(e)s, -e⟩ **1** *Spiel für Kinder* **2** ⟨übertr.⟩ *etwas sehr Leichtes, sehr Einfaches, etwas, das einem sehr leichtfällt* ▸ das ist ein ~ für ihn; den mächtigen Baum zu fällen war kein ~

Kin|der|stu|be ⟨die; -, -n; veraltet⟩ *Kinderzimmer* ▸ ⟨übertr.⟩ eine gute ~ haben *eine gute Erziehung genossen haben, gute Umgangsformen haben, sehr aufmerksam u. höflich sein;* seine gute ~ verleugnen ⟨übertr.⟩ *sich (trotz guter Erziehung) schlecht benehmen*

Kin|der|ta|ges|stät|te ⟨die; -, -n; Kurzw.: Kita⟩ *Kinderhort, in dem Kinder tagsüber betreut u. beaufsichtigt werden*

Kin|der|wa|gen ⟨der; -s, -⟩ *Wagen zum Spazierenfahren von Kleinkindern*

Kin|des|al|ter ⟨das; -s; unz.⟩ im ~ *Zeit, in der jmd. Kind ist* ▸ sie hat schon im ~ viel gesungen; Hörschäden im ~ vorbeugen

Kin|des|bei|ne ⟨Pl.; nur in der Wendung⟩ von ~n an *von den ersten Kinderjahren an*

Kin|des|miss|brauch ⟨der; -(e)s, -bräu|che⟩ *sexueller Missbrauch, Vergewaltigung von Kindern*

K

Kind|heit ⟨die; -; unz.⟩ *Lebensjahre des Menschen von der Geburt bis zur Geschlechtsreife* ▸ eine glückliche, sorglose ~ haben; ich habe meine ~ in England verbracht; in früher ~; von ~ an; Zus *Kindheitstraum*

kin|disch ⟨Adj.⟩ *wie ein Kind* (Erwachsener), *albern, lächerlich* ▸ sich ~ benehmen; sei nicht so ~!; alte Leute werden oft ~; →a. *kindlich*

kind|lich ⟨Adj.⟩ *einem Kinde entsprechend, gemäß, in der Art eines Kindes, unschuldig, naiv* ▸ eine ~e Freude an etwas haben; er besitzt ein ~es Gemüt *ist ein wenig einfältig;* ~e Liebe; ~e Spiele; sein Gesicht ist noch sehr ~; →a. *kindisch;* Abl *Kindlichkeit*

Kinds|kopf ⟨der; -(e)s, -köp|fe; umg.⟩ *kindischer, alberner Mensch* ▸ du bist ein ~!

Ki|ne|tik ⟨die; -; unz.; Phys.⟩ *Lehre von den Bewegungen der Körper;* Zus *kinetisch*

Kin|ker|litz|chen ⟨Pl.; umg.⟩ **1** *Nichtigkeit, Krimskrams* **2** *Albernheiten, Flausen, Unfug* ▸ was sollen diese ~?

Kinn ⟨das; -(e)s, -e⟩ *rundlicher Vorsprung am unteren Ende des Unterkieferknochens des Menschen* ▸ sich (bedächtig, nachdenklich) das ~ reiben, streichen; energisches, fliehendes, kräftiges, rundes, spitzes, vorspringendes ~; das ~ in die Hand stützen; ⓘ S. 146; Zus *Kinnbart*

Kinn|ha|ken ⟨der; -s, -; Boxen⟩ *Schlag gegen das Kinn* ▸ er hat ihm einen ~ verpasst

Kinn|la|de ⟨die; -, -n⟩ = *Unterkiefer*

Ki|no ⟨das; -s, -s⟩ *Raum od. Gebäude zur Vorführung von Filmen;* Syn *Filmtheater, Lichtspielhaus* ▸ ins ~ gehen; was läuft heute im ~?; das ~ beginnt um 20 Uhr; Zus *Kinobesucher(in), Kinocenter, Kinofilm*

Ki|osk ⟨der; -(e)s, -e⟩ *kleines Verkaufshäuschen od. Stand für Zeitungen, Zigaretten, Süßigkeiten u. Getränke usw.* ▸ ich habe mir am ~ eine Zeitung gekauft; Zus *Zeitungskiosk*

Kip|ferl ⟨das; -s, -n; österr.⟩ *längliches, an den Enden spitz zulaufendes, hornförmiges Weizengebäck;* Zus *Vanillekipferl*

Kip|pe[1] ⟨die; -, -n⟩ **1** *gekippte Stellung* **2** ⟨kurz für⟩ *Müllkippe, Ort, auf den Müll gekippt wird, Deponie* ▸ auf der ~ stehen *nach einer Seite zu fallen drohen;* ⟨übertr.⟩ *unsicher sein;* das Unternehmen steht auf der ~ ⟨übertr.⟩ *droht zusammenzubrechen;* es stand auf der ~, ob wir unseren Ausflug machen konnten oder nicht ⟨übertr.⟩; er steht im Rechnen auf der ~ zwischen 1 und 2 ⟨übertr.⟩

Kip|pe[2] ⟨die; -, -n; umg.⟩ *Zigarettenstummel*

kip|pen ⟨V.⟩ **I** ⟨V. intr.; kippt, kipp|te, ist ge|kippt⟩ *aus dem Gleichgewicht in eine Schräge geraten (u. umstürzen, herunterfallen)* ▸ der Schrank kippt ▸ das Auto kippte bei der Testfahrt auf die linke Seite; aus den Latschen ~ (vor Überraschung) ⟨übertr.; umg.⟩ *(fast) die Fassung verlieren;* vom Stuhl ~ ⟨umg.⟩ **II** ⟨V. trans.; kippt, kipp|te, hat ge|kippt⟩ **1** eine Kiste, einen Schrank ~ *auf eine Kante stellen, in eine schräge Stellung bringen;* Zus *Kippfenster, Kippschalter* **2** ⟨umg.⟩ etwas irgendwohin ~ *ausschütten* ▸ einen ~ ⟨übertr.⟩ *ein Glas Schnaps trinken* ▸ Gift ins Meer ~; (einen Eimer) Wasser vor die Tür ~

Kir|che ⟨die; -, -n⟩ **1** *christliches Gotteshaus;* Zus *Kirchenchor, Kirchengemeinde, Kirchturm* **2** *(meistens christliche) Glaubensgemeinschaft;* Zus *Kirchengeschichte* **3** *Gottesdienst;* Zus *Kirchenlied, Kirchenmusik, Kirchgang, Kirchgänger(in)* ▸ in der ~ Hochzeit, Konfirmation, Taufe feiern ▸ aus sein: die ~ ist aus; sein: heute ist (keine) ~ ▸ die christliche, evangelische, katholische, lutherische, reformierte ~; gotische, romanische, moderne ~ ▸ das ist so sicher wie das Amen in der ~ ⟨sprichwörtl.⟩ *das ist sehr sicher;* sonntags in die ~ gehen; unsere Tochter ist in der ~ getauft worden; wir wollen die ~ im Dorf lassen *wir wollen die Sache nicht übertreiben;* zur ~ gehen; zu einer ~ gehören; zur ~ läuten

Kir|chen|aus|tritt ⟨der; -(e)s, -e⟩ *Austritt aus der Kirche*

Kir|chen|buch ⟨das; -(e)s, -bü|cher⟩ *(vom Geistlichen geführtes) Buch, Register, in dem Geburten, Taufen, Eheschließungen, Sterbefälle usw. eingetragen werden;* Syn *Kirchenregister*

Kir|chen|jahr ⟨das; -(e)s, -e⟩ *das am ersten Advent beginnende Jahr mit den regelmäßig wiederkehrenden Sonn- u. Feiertagen u. kirchlichen Festen*

Kir|chen|maus ⟨die; -, -mäu|se; nur in der Wendung⟩ arm wie eine ~ sein *sehr arm (da es in der Kirche keine Nahrung für Mäuse gibt)*

Kir|chen|steu|er ⟨die; -, -n⟩ *von der Kirche erhobene Steuer der Gemeindemitglieder*

kirch|lich ⟨Adj.⟩ **1** *zur Kirche gehörend, von ihr ausgehend, ihr gemäß, ihr zukommend* **2** *im Sinne der Kirche (denkend, handelnd)* ▸ ~er Feiertag; ~e Trauung *Trauung durch einen Geistlichen in der Kirche;* ~er Würdenträger; sie wollen ~ heiraten

Kirch|wei|he ⟨die; -, -n⟩ *feierliche Einweihung einer Kirche*

Kir|mes ⟨die; -, -mes|sen⟩ = *Kirchweihe*

Kirsch|baum ⟨der; -(e)s, -bäu|me⟩ *eine Laubbaum, der kleine rote Früchte trägt*

Kir|sche ⟨die; -, -n⟩ *süße, rote Frucht mit einem Stein, die an kleinen Stielen wächst, ein Steinobst* ▸ ~n vom Baum pflücken; Kinder essen gern ~n und spucken die Kerne aus; mit ihm, ihr ist nicht gut ~n essen *mit ihm, ihr kann man nicht gut auskommen;* ⓘ S. 1003; Zus *Kirschkern; Süßkirsche, Sauerkirsche*

Kirsch|was|ser ⟨das; -s, -⟩ *aus Kirschen hergestellter, wasserklarer Branntwein;* Syn *Kirschgeist*

Kis|sen ⟨das; -s, -⟩ **1** *weiches Polster, viereckiger od. runder Beutel mit weicher Füllung;* ⓘ S. 361; Zus *Kopfkissen, Nadelkissen, Sofakissen* **2** ⟨Pl.⟩ *Bett, Bettzeug* ▸ einem Kranken das, ⟨od.⟩ die ~ aufschütteln; sich in den ~ aufrichten; in die ~ zurücksinken; jmdm. ein ~ unter den Kopf legen; das ~ ist mit Gänsefedern gefüllt

Kis|sen|schlacht ⟨die; -, -en; scherzh.⟩ *Hinundherwerfen von Kissen, mit denen man sich gegenseitig zu treffen sucht*

Kis|te ⟨die; -, -n⟩ **1** *rechtwinkliger Holz- od. Metallbehälter, Truhe;* Abl *kistenweise;* Zus *Blechkiste, Holzkiste, Bücherkiste, Porzellankiste, Zigarrenkiste* **2** ⟨übertr.⟩ **2.1** ⟨umg.; abwertend⟩ *Fahrzeug, Auto* **2.2** ⟨Fliegerspr.⟩ *Flugzeug* **2.3** ⟨umg.⟩ *Bett* **3** ⟨übertr., umg.⟩ *Sache, Angelegenheit* **4** ⟨Fußb.; scherzh.⟩ *Tor* ▸ eine ~ Wein, Zigarren ▸ alle ~n und Kästen durchsuchen; eine alte ~ ⟨übertr.; umg.⟩ *altes Fahrzeug;* die ganze ~ kostet nur zehn Euro ⟨umg.; übertr.⟩; und fertig ist die ~! ⟨übertr.; umg.⟩ *Sache, Arbeit;* eine faule ~ ⟨übertr.; umg.⟩ *eine bedenkliche, anrüchige Angelegenheit;* eine heikle ~ ⟨übertr.; umg.⟩ *eine schwierige Angelegenheit* ▸ in der ~ liegen ⟨übertr.; umg.⟩ *im Bett liegen;* ab in die ~! ⟨übertr.; umg.⟩ *ab ins Bett!* in die ~ steigen ⟨übertr.; umg.⟩ *sterben*

Ki|ta ⟨die; -, -s; Kurzw. für⟩ *Kindertagesstätte*

Kitsch ⟨der; -(e)s; unz.⟩ *dem Geschmack der breiten Masse angepasste, meist süßlich-sentimentale, der Wirklichkeit nicht entsprechende Kunst* ▸ das Buch, Theaterstück, Bild ist (großer) ~; Abl *kitschig*

Kitt ⟨der; -(e)s, -e⟩ *flüssiger od. plastischer Stoff, der an der Luft erhärtet, zum Kleben u. Dichten von Gegenständen od. zum Ausfüllen von Fugen* ▸ der ganze ~ ⟨übertr., umg.⟩ *das ganze Zeug, die ganze Sache;* Zus *Glaserkitt, Holzkitt, Porzellankitt, Steinkitt*

Kitt|chen ⟨das; -s, -; umg.⟩ *Gefängnis* ▸ ins ~ wandern; er sitzt im ~

Kit|tel ⟨der; -s, -⟩ *Arbeitsmantel;* Zus *Arbeitskittel, Arztkittel, Malerkittel*

kit|ten ⟨V. trans.; kit|tet, kit|te|te, hat ge|kit|tet⟩ etwas ~ *mit Kitt zusammenkleben* ▸ einen zerbrochenen Krug ~; ihre Ehe lässt sich nicht wieder ~ ⟨übertr.⟩

Kitz ⟨das; -es, -e⟩ oV *Kitze* **1** *Junges der Ziege, Zicklein* **2** *Junges von Reh-, Gams- u. Steinwild im 1. Lebensjahr;* Zus *Geißkitz, Rehkitz*

Kit|zel ⟨der; -s; unz.⟩ **1** *durch Berühren od. leichtes Zwicken des Körpers verursachter Juckreiz, der oft Lachen hervorruft* **2** ⟨übertr.⟩ *Lust, Reiz, Antrieb, etwas zu tun, was man eigentlich nicht tun sollte* ▸ einen ~ (nach etwas) verspüren ⟨übertr.⟩

kit|zeln ⟨V. trans. u. V. intr.; kit|zelt, kit|zel|te, hat ge|kit|zelt⟩ **1** jmdn. ~ *durch streichelndes Berühren od. leichtes Zwicken einen mit krampfhaftem Lachen verbundenen Juckreiz bei jmdm. auslösen* **2** (jmdn.) ~ *durch Berührung einen leichten Juckreiz bei jmdm. hervorrufen* **3** ⟨übertr.⟩ jmdn. ~ **3.1** *Spannung u. Erregung in jmdm. hervorrufen* **3.2** *jmdn. in angenehmer Weise reizen* ▸ hör auf, das kitzelt! ⟨umg.⟩; es kitzelt mich, ihn zu ärgern; es kitzelt mich, das zu probieren ▸ jmds. Eitelkeit ~ ⟨übertr.⟩ *jmdm. schmeicheln;* den Gaumen ~ *den Gaumen reizen, den Appetit anregen;* die Wolle des Pullovers kitzelt mich unangenehm ▸ jmdn. an den Fußsohlen, unterm Kinn ~; jmdn. mit einem Grashalm ~

Kitz|ler ⟨der; -s, -; Anat.⟩ *aufrichtbarer, dem Penis entsprechender Teil der weiblichen Geschlechtsorgane am oberen Zusammenstoß der kleinen Schamlippen;* Syn *Klitoris*

kitz|lig ⟨Adj.⟩ oV *kitzelig* **1** *empfindlich gegen das Kitzeln;* Syn ⟨umg.⟩ *krabbelig* **2** ⟨übertr.⟩ *peinlich, heikel, schwer zu lösen* (Angelegenheit, Problem) ▸ (sehr, nicht) ~ sein; diese ~e Angelegenheit überlasse ich lieber dir

Ki|wi ⟨die; -, -s; Bot.⟩ **1** *bes. in Neuseeland kultivierte Liane mit beerenförmigen Früchten* **2** *grünliche, behaarte Frucht der Kiwi (1) mit saftigem, säuerlichem Fruchtfleisch u. kleinen, dunklen Kernen (besonders reich an Vitamin C)*

kJ ⟨Zeichen für⟩ *Kilojoule*

k. k. ⟨Abk. für⟩ *kaiserlich-königlich, zum österr. Teil von Österreich-Ungarn gehörig* ⟨bis 1918⟩

kl ⟨Zeichen für⟩ *Kiloliter*

Klacks ⟨der; -es, -e⟩ **1** *kleine Menge von etwas Breiigem od. Dickflüssigem, ein Löffel voll* **2** ⟨übertr.⟩ *etwas leicht zu Erfüllendes* ▸ einen ~ Schlagsahne auf den Kuchen tun; für ihn ist das doch ein ~ ⟨übertr.⟩ *sehr leicht zu erfüllen*

Klad|de ⟨die; -, -n; umg.⟩ *Buch für tägliche Eintragungen, für geschäftliche Notizen*

klaf|fen ⟨V. intr.; klafft, klaff|te, hat ge|klafft⟩ *einen Spalt bilden, offen sein* ▸ ein Abgrund klaffte vor ihnen; hier klafft ein (tiefer) Widerspruch; ein ~der Spalt tat sich vor ihm auf; er hat am Bein eine ~de Wunde

kläf|fen ⟨V. intr.; kläfft, kläff|te, hat ge|kläfft⟩ *laut, schrill bellen* (Hund)*;* Abl *Kläffer*

Kla|ge ⟨die; -, -n⟩ **1** *Äußerung von Schmerz od. Trauer, Jammern* **2** *Beschwerde (über)* **3** *Vorbringen eines Anspruchs vor Gericht* ▸ laute ~n anstimmen über ein Unglück; eine gerichtliche ~ einreichen, abweisen, zurückziehen; ~ erheben; ~ führen (über jmdn. od. etwas); dass mir keine ~n kommen! *benehmt euch anständig!* ▸ eine ~ anhängig machen ⟨Rechtsw.⟩; bittere, laute ~n ▸ in ~n ausbrechen; sich in (ständigen) ~n ergehen (über) *sich (wiederholt) über eine Sache od. Person beschweren;* sein Verhalten gibt (keinen) Anlass zur ~; (keinen) Grund zur ~ haben

kla|gen ⟨V.; klagt, klag|te, hat ge|klagt⟩ **I** ⟨V. intr.⟩ **1** *Schmerz od. Trauer äußern* **2** ⟨Rechtsw.⟩ *Klage (3) erheben, einen Anspruch geltend machen (vor Gericht)* ▸ „Ich habe zu viel Arbeit!" klagte sie; sie ist ein Mensch, der immer klagt, immer ~ muss ▸ weinen und ~ ▸ auf Entschädigung, Schadenersatz ~ ⟨Rechtsw.⟩; über jmdn. ~ *jmds. Verhalten bemängeln, tadeln, kritisieren;* über Schmerzen ~ ▸ der ~de Teil, die ~de Partei (im Prozess); er berichtete mit ~der Stimme **II** ⟨V. trans.⟩ (jmdm.) etwas ~ *Teilnahme, Mitleid heischend darstellen, erzählen* ▸ jmdm. sein Leid, seine Not ~ ▸ Sie sollen, werden nichts zu ~ haben

Klä|ger ⟨der; -s, -⟩ *jmd., der (vor Gericht) klagt, Klage erhebt;* Ggs *Beklagter* ▸ als ~ vor Gericht auftreten; Abl *Klägerin;* Zus *Hauptkläger, Nebenkläger*

kläg|lich ⟨Adj.⟩ **1** *klagend, jammernd* **2** *mitleiderre-*

gend, jämmerlich (Geschrei) **3** *geringwertig, dürftig* (Ergebnis) **4** *enttäuschend* (Ende) **5** *verächtlich, schäbig, nicht achtenswert* (Verhalten) ▸ der Ausflug nahm ein ~es Ende; es gab ein ~es Geschrei, Weinen, Wimmern; er spielte eine ~e Rolle bei der Sache; das Tier befindet sich in einem ~en Zustand; ~ miauen, weinen; der Plan, Versuch ist ~ misslungen; er hat ~ versagt

Klammern

Die *Klammer* ist ein paariges Sonderzeichen, das Zusätze oder Nachträge einschließt und grafisch aus dem Satz heraushebt.
Am häufigsten werden *runde Klammern* ( ) verwendet, in besonderen Fällen auch eckige [ ], spitze < > oder geschweifte Klammern { }. Im Einzelnen finden runde – mitunter auch eckige – Klammern Verwendung bei

- Schaltsätzen oder einzelnen Ganzsätzen: *Heute gab es (was bisher niemals der Fall war) ein Lob von höchster Stelle. Plötzlich nahm die Sache (wer hätte das gedacht?) eine völlig andere Wendung. Frau Müller verließ ohne Gruß den Raum. (Ein derartiges Benehmen war den anderen Gästen fremd.)*
- substantivischen Attributen: *Meine Tante (eine passionierte Reiterin) läuft immer in Reitstiefeln herum. Goethe (der große deutsche Schriftsteller) wurde in Frankfurt geboren.*
- mit also, besonders, d. h., z. B., nämlich usw. eingeleiteten nachgestellten Erläuterungen: *Nahrungsmittel (besonders Obst) sind deutlich teurer geworden. Sie bezahlte 500 Euro (in Worten: fünfhundert Euro) für das Abendkleid. Eine Reihe von Pflanzen (z. B. Oleander) haben giftige Blätter.*
- geografischen, biografischen u. ä. Worterläuterungen: *Frankfurt (Main); Halle (Saale); Gustav Mahler (1860-1911)*
- Ausrufe- oder Fragezeichen: *Jetzt ist wirklich (?) das Ende erreicht. Er hat einen ganzen (!) Becher Sahne an den Braten gegeben.*
- zusätzlichen oder alternativen Wortbestandteilen: *Lehrer(in), Einkommen(s)steuer, Dopp(e)lung*
- chemischen und mathematischen Formeln: *Ni(H2O)6; 4·8·(11 + 3)*

Eckige Klammern werden häufig verwendet bei

- Ausspracheangaben bzw. Lautzeichen: [o:] langes geschlossenes *o* wie in Lohn, Lob
- Formeln: Cu[S–CS–N(C2H5)3]2

Spitze und *geschweifte Klammern* kommen bei bestimmten Schreibkonventionen zum Einsatz, die nicht amtlichen Vorschriften unterliegen, vor allem bei Regelanwendungen oder Programmierungsangaben: {kursiv}, <das; -, ->.

kla̲g|los ⟨Adj.⟩ *ohne Klage* ▸ sie kann heftige Schmerzen ~ ertragen; sich ~ in sein Schicksal fügen

Kla|ma̲u̲k ⟨der; -s; unz.; umg.⟩ *lebhafte, hektische Komik, sinnlose Blödelei* ▸ was für ein entsetzlicher ~!

klạmm ⟨Adj.⟩ **1** *feuchtkalt* **2** *erstarrt (vor Kälte)* ▸ ~e Bettwäsche; meine Finger sind ganz ~; ~ an Geld ⟨übertr.; umg.⟩ *knapp*

Klạmm ⟨die; -, -en⟩ *Felsenschlucht mit Gebirgsbach* ▸ in einer steilen ~ klettern

Klạm|mer ⟨die; -, -n⟩ **1** *kleines Gerät aus Draht, Eisen od. Holz in verschiedenen Formen,das zum Zusammenhalten benutzt wird;* Zus *Büroklammer, Wäscheklammer, Wundklammer* **2** *Schriftzeichen zum Kennzeichnen eines eingeschalteten Wortes od. Satzes;* Syn *Parenthese (2)* ▸ eckige ~n ⟨Zeichen: [ ]⟩; geschweifte ~n ⟨Zeichen: { }⟩; runde ~n ⟨Zeichen: ()⟩; spitze ~n ⟨Zeichen: < >⟩ ▸ ~ auf, ~ zu *(Angabe beim Diktieren);* den Gegner in die ~ nehmen; einen Satz, ein Wort in ~n setzen; eine Wunde mit ~n verschließen

Klạm|mer|af|fe ⟨der; -n, -n; EDV; umg.⟩ = *at*

klạm|mern ⟨V.; klam|mert, klam|mer|te, hat geklam|mert⟩ **I** ⟨V. trans.⟩ **1** etwas ~ *mit Klammern verschließen* **2** einen Gegenstand an etwas ~ *mit Klammern befestigen* **II** ⟨V. refl.⟩ sich an jmdn. od. etwas ~ **1** *sich so fest wie möglich an jmdm. od. etwas festhalten* **2** ⟨übertr.⟩ *auf jmdn. od. etwas beharren, all seine Hoffnung auf jmdn. od. etwas setzen* ▸ sich an jmds. Arm ~; sich an ein Geländer ~; sich an eine Hoffnung ~ *eine H. nicht aufgeben;* →a. *Strohhalm*

klạmm|he̲i̲m|lich ⟨Adj.; meist adv.⟩ *ganz heimlich* ▸ ~ verschwand er

Kla|mọt|te ⟨die; -, -n⟩ **1** ⟨umg.⟩ *(älterer) anspruchsloser, rein unterhaltsamer Film, anspruchsloses Lustspiel* **2** ⟨Pl.; übertr.; umg.⟩ ~n *Kleider, Hausrat, Siebensachen* ▸ ich suche noch meine ~n; alte ~n *altes Zeug, alter Kram*

Klạmp|fe ⟨die; -, -n; umg.⟩ = *Gitarre*

Kla̲n ⟨der; -s, -s⟩ = *Clan*

klạng → *klingen*

Klạng ⟨der; -(e)s, Klän|ge⟩ **1** *Schall, Ton* **2** *Zusammentönen von mehreren einfachen Tönen* ▸ der ~ der Gläser, Instrumente ▸ ein dumpfer, hoher, klarer, reiner, tiefer, voller ~; das Instrument hat einen guten ~ *klingt gut;* seine Stimme hat einen metallischen ~ ▸ beim ~ der Musik; beim ~ ihrer Stimme horchte er auf; unter den Klängen des Hochzeitsmarsches vor den Altar treten *bei der Musik des H.;* der ~ von Glocken, Geigen, Hörnern, Trompeten; zum ~ der Geige tanzen; Abl *klanglich*

Klạng|far|be ⟨die; -, -n; Mus.⟩ *durch Grund- u. Obertöne bestimmte Charakteristik eines Klanges*

klạng|voll ⟨Adj.⟩ *mit vollem Klang versehen, volltönend, angenehm klingend* (Name, Stimme, Wort)

Klạpp|bett ⟨das; -(e)s, -en⟩ *Bett mit beweglichen Beinen, das zusammengeklappt werden kann*

Klạp|pe ⟨die; -, -n⟩ **1** *an einer Seite befestigter, dreh- od. aufklappbarer Verschluss od. Deckel;* Zus *Herzklappe, Ofenklappe, Ventilklappe* **2** ⟨übertr.; umg.⟩ **2.1** ⟨derb⟩ *Mund* **2.2** *Bett*

K

▸ die ~ aufreißen ⟨übertr.; umg.⟩ *prahlen;* die ~ halten ⟨übertr.; umg.⟩ *schweigen;* halt endlich deine, die ~! ⟨übertr.; umg.⟩ ▸ eine große ~ haben ⟨übertr.; umg.⟩ *gern prahlen, großsprecherisch reden, viel u. laut reden;* die große ~ schwingen ⟨übertr.; umg.⟩ *großsprecherisch daherreden* ▸ die ~ am Briefkasten, an der Jackentasche, Manteltasche; in die ~ gehen, kriechen, steigen ⟨übertr.; umg.⟩

klap|pen ⟨V.; klappt, klapp|te, hat ge|klappt⟩ **I** ⟨V. trans.⟩ etwas irgendwohin ~ *umschlagen, drehen, umdrehen* ▸ nach oben, nach hinten ~; den Deckel vom Klavier in die Höhe ~ **II** ⟨V. intr.⟩ **1** *einen leisen Knall geben, ein leichtes, hartes Geräusch machen* **2** *gelingen, reibungslos funktionieren* ▸ hat es geklappt?; es hat nichts geklappt!; wenn es heute nicht geht, dann klappt es eben ein anderes Mal ▸ die Sache klappt nicht recht; die Tür klappte *fiel ins Schloss* ▸ es hat alles gut geklappt ▸ seine Schritte klappten auf dem Flur; es klappt alles wie am Schnürchen *es geht ausgezeichnet (voran)*

Klap|per ⟨die; -, -n⟩ *Instrument, das durch Aneinanderschlagen von zwei od. mehreren Teilen Lärm verursacht, z. B. als Kinderspielzeug*

klap|per|dürr ⟨Adj.; übertr.; umg.⟩ *sehr dürr, (eigtl.) so dürr, dass die Knochen klappern* ▸ er war hochgewachsen und ~

klap|pe|rig ⟨Adj.⟩ **1** *alt u. leicht zerbrechlich* (Sache) **2** *alt u. schwächlich* (Person, Haustier) ▸ ein ~es Auto; ein alter, ~er Gaul; er ist mit seinen achtzig Jahren schon etwas ~

klap|pern ⟨V. intr.; klap|pert, klap|per|te, hat ge-klap|pert⟩ *durch rasches, häufiges Aneinanderschlagen zweier harter Gegenstände Geräusche machen* ▸ ein Fensterladen, eine Tür klappert; die Schreibmaschine klappert; der Storch klappert (mit dem Schnabel); vor Kälte mit den Zähnen klappern ▸ ihre Holzschuhe ~ auf dem Pflaster; auf der Schreibmaschine ~; die Hufe der Pferde ~ auf der Straße; mit den Augen ~ ⟨übertr.; umg.; scherzh.⟩ *Augenaufschläge machen, kokettieren;* mit dem Geschirr, den Tellern (in der Küche) ~

Klap|per|schlan|ge ⟨die; -, -n; Zool.⟩ *eine Schlange mit einer Rassel am Schwanzende, gefährliche Giftschlange*

Klap|per|storch ⟨der; -(e)s, -stör|che⟩ *Storch, von dem man früher den Kindern erzählte, dass er die kleinen Kinder bringe* ▸ zu Müllers ist der ~ gekommen *Müllers haben ein Baby bekommen*

Klapp|mes|ser ⟨das; -s, -⟩ *Taschenmesser, dessen Klinge eingeklappt werden kann*

klapp|rig ⟨Adj.⟩ = *klapperig*

Klapp|stuhl ⟨der; -(e)s, -stüh|le⟩ *Stuhl mit Klappsitz, zusammenklappbarer Stuhl*

Klapp|tisch ⟨der; -(e)s, -e⟩ *beweglicher Tisch, der zusammengeklappt werden kann*

Klaps ⟨der; -es, -e⟩ **1** *leichter Schlag, leichte Ohrfeige* **2** ⟨umg.⟩ *Verschrobenheit, Schrulle, Fimmel* ▸ einem Kind, Hund einen ~ geben; er hat einen ~ *er ist leicht verrückt*

Klaps|müh|le ⟨die; -, -n; umg.; derb⟩ *psychiatrische Klinik* ▸ in die ~ kommen

klar ⟨Adj.⟩ **1** *durchsichtig, ungetrübt, rein* (Augen, Fenster, Flüssigkeit, Luft) **2** *deutlich, verständlich, unmissverständlich* (Satz, Wort, Aussage) **3** *deutlich erkennbar, deutlich unterscheidbar* (Unterschied, Abstand) **4** *rein, wohlklingend* (Ton, Stimme) **5** *nüchtern denkend, scharfsinnig* (Kopf, Verstand) **6** ⟨umg.; als Antwort⟩ *sicher, gewiss, natürlich, selbstverständlich* ▸ ~!; ~, ich helfe dir!; na ~! ▸ ich möchte eine ~e Antwort haben; der Kranke hatte heute ein paar ~e Augenblicke *Augenblicke, in denen er bei Bewusstsein war;* sich ein ~es Bild von etwas machen; das ist ein ~er Fall! ⟨umg.⟩ *eine eindeutige Sachlage;* ~e Farben *F., die frei von Grau sind;* ~er Himmel *wolkenloser H.;* einen ~en Kopf behalten *sein nüchternes, vernünftiges Denkvermögen behalten;* eine ~e Schrift haben *leicht lesbare S.;* ~e Sicht auf die Berge haben; einen ~en Stil schreiben; ~e Verhältnisse *sehr leicht durchschaubare, geordnete V.;* eine ~e Vorstellung von etwas haben ▸ ~ denken (können) *richtig, folgerichtig, vernünftig denken (können);* durch diese Brille kann ich nicht ~ sehen; ⟨aber⟩ →a. *klarsehen;* sein: das ist doch ~! *selbstverständlich;* es ist ~, dass …; das ist mir (noch nicht ganz) ~ *das habe ich (noch nicht ganz) verstanden;* er ist nicht ganz ~ *nicht ganz bei Bewusstsein, etwas betrunken;* die Flüssigkeit wird wieder ~; ⟨aber⟩ ~ werden = *klarwerden* ▸ ~ denkend = *klardenkend* ▸ ich habe es ihm ~ und deutlich gesagt; jmdm. etwas kurz und ~ mitteilen; etwas ~ und offen sagen ▸ der Kranke ist bei ~em Bewusstsein; mit einer Sache ins Klare kommen *eine S. verstehen u. sie richtig erledigen können;* sich über etwas im Klaren sein *etwas eingesehen haben, etwas genau wissen;* er ist nicht ganz ~ im Kopf *er kann nicht vernünftig denken;* mit ~er Stimme sprechen; etwas mit ~en Worten sagen; sich über etwas ~ sein *etwas eingesehen haben, etwas genau wissen;* man muss sich darüber ~ sein, welche Folgen die Sache haben kann; ~ zum Einsatz, zum Gefecht, zum Start

Klär|an|la|ge ⟨die; -, -n⟩ *Becken- u. Filteranlage zum Reinigen von Schmutzwasser*

Kla|re(r) ⟨der; -n, -n; umg.⟩ *klarer Schnaps, Korn*

klä|ren ⟨V.; klärt, klär|te, hat ge|klärt⟩ **I** ⟨V. trans.⟩ **1** eine Flüssigkeit ~ *durchsichtig machen* **2** Fragen ~ *deutlich machen, Zweifel darüber beseitigen* ▸ die Schuldfrage ~ **II** ⟨V. refl.⟩ sich ~ *klarwerden* ▸ die Frage hat sich geklärt; Abl *Klärung*

klar|ge|hen ⟨V. intr.; geht klar, ging klar, ist klar-ge|gan|gen, klar|zu|ge|hen; umg.⟩ **1** *in Ordnung sein, klappen, funktionieren* **2** *erledigt werden* ▸ die Sache geht klar

Kla|ri|net|te ⟨die; -, -n; Mus.⟩ *Holzblasinstrument mit einfachem Rohrblatt am schnabelförmigen Mundstück;* ⓘ S. 788; Abl *Klarinettist(in)*

klar|kom|men ⟨V. intr.; kommt klar, kam klar, ist klar|ge|kom|men, klar|zu|kom|men; umg.⟩ **1** mit etwas ~ *etwas verstehen, begreifen* **2** (mit jmdm.

od. etwas) ~ *fertigwerden* ▸ damit komme ich noch nicht ganz klar; kommst du klar?

klar|le|gen ‹V. trans.; legt klar, leg|te klar, hat klar|ge|legt, klar|zu|le|gen› eine Angelegenheit, ein Problem ~ *erklären, deutlich machen*

klar|ma|chen ‹V. trans.; macht klar, mach|te klar, hat klar|ge|macht, klar|zu|ma|chen› **1** jmdm. od. sich etwas ~ *verständlich, begreifbar, deutlich machen* **2** ein Geschütz, Schiff ~ *fertig machen, bereitmachen* ▸ man muss sich ~, dass dort andere Verhältnisse herrschen; ein Schiff zur Abreise ~

Klär|schlamm ‹der; -(e)s; unz.› *in Kläranlagen bei der Abwasserreinigung entstehender Schlamm*

klar|se|hen ‹V. intr.; sieht klar, sah klar, hat klar|ge|se|hen, klar|zu|se|hen› *etwas verstanden haben, erkannt haben;* →a. *klar*

Klar|sicht|fo|lie ‹[-ljə] die; -, -n› *durchsichtige Folie*

klar|stel|len ‹V. trans.; stellt klar, stell|te klar, hat klar|ge|stellt, klar|zu|stel|len› etwas ~ *einen Irrtum, eine falsche Vorstellung beseitigen* ▸ ich muss noch etwas ~; Abl *Klarstellung*

Klar|text ‹der; -(e)s, -e› *normaler, ohne Schlüssel lesbarer, nicht chiffrierter Text* ▸ im ~ heißt das … ‹umg.› *in verständlicher Sprache, in verständlichem Deutsch heißt das …;* ~ reden ‹umg.› *ohne Umschweife über etwas sprechen*

klar|wer|den *auch:* **klar wer|den** ‹V. intr.; wird klar, wur|de klar, ist klar|ge|wor|den, klar|zu|wer|den› *verständlich werden* ▸ mir ist inzwischen klargeworden / klar geworden, dass …; jetzt wird mir manches klar!; →a. *klar*

klas|se ‹Adj.; undekl.; umg.› *großartig, hervorragend, toll* ▸ das ist ein ~ Auto; sie sieht ~ aus; das ist ~! ‹umg.› *großartig;* das Geschenk ist ~

Klas|se ‹die; -, -n› **1** *Gruppe von Lebewesen, Dingen od. Begriffen mit gemeinsamen Merkmalen;* Zus *Begriffsklasse, Gewichtsklasse* ‹Sp.› **2** ‹Biol.› *eine Kategorie zw. Ordnung u. Stamm* **3** ‹Soziol.› *durch die wirtschaftliche Lage bestimmte Schicht in einer Gesellschaft;* Zus *Arbeiterklasse, Gesellschaftsklasse* **4** *Abteilung, Stufe, Jahrgang;* Zus *Altersklasse, Eisenbahnklasse, Rangklasse* **5** *Gruppe gleichaltriger Kinder, die gemeinsam unterrichtet werden;* Zus *Schulklasse* **6** ‹kurz für› *Klassenzimmer* ▸ **Führerschein** ~ 3; die ~ der **Säugetiere** ▸ in unserer Schule sind 50 ~n *Klassenzimmer;* Abteil, Fahrkarte erster, zweiter ~; erster ~ reisen; ein Künstler erster ~ *ein hervorragender K.;* ein Restaurant mittlerer ~ *ein mittelmäßiges R.;* der Junge geht in die dritte ~; unsere ~ fährt drei Tage ins Gebirge, die **besitzende,** die besitzlose ~ *Gesellschaftsklasse;* der Geiger ist **große** ~ *hervorragend;* eine **gute,** schlechte ~ *Schulklasse;* die **höheren** ~n; die **oberen,** unteren ~n (der Gesellschaft, der Schule) ▸ Lebewesen, Dinge **in** ~n einteilen; in unserer ~ sind 25 Schüler; in ihrer ~ sind 13 Mädchen und 15 Jungen

Klas|sen|ar|beit ‹die; -, -en› *Arbeit, die in der Schule (Klasse) geschrieben u. vom Lehrer benotet wird;* Syn ‹österr.› *Schularbeit (2);* Ggs *Hausarbeit* ▸ eine ~ in Deutsch schreiben; wir schreiben in dieser Woche drei ~en

Klas|sen|bes|te(r) ‹die; -n, -n (der; -n, -n)› *Schülerin, Schüler einer Klasse mit den besten Noten*

Klas|sen|buch ‹das; -(e)s, -bü|cher› *von den Lehrern geführtes Tagebuch für eine Klasse, in dem die Unterrichtsstunden, fehlenden Schüler u. Auffälligkeiten eingetragen werden;* ⓘ S. 574

Klas|sen|fahrt ‹die; -, -en› *mit gemeinsamen Unternehmungen wie Wandern, Besichtigungen, Spielen usw. verbundene Reise einer Schulklasse* ▸ eine ~ in die Berge machen; sie fahren auf (eine) ~ nach London

Klas|sen|feind ‹der; -(e)s, -e; im kommunist. Sprachgebrauch› *Gegner der Arbeiterklasse;* Syn *Klassengegner*

Klas|sen|ka|me|rad ‹der; -en, -en› *Mitschüler, Schüler in der gleichen Klasse;* Abl *Klassenkameradin*

Klas|sen|kampf ‹der; -(e)s; unz.; Marxismus› *Kampf zwischen den besitzlosen u. den besitzenden Klassen*

Klas|sen|leh|rer ‹der; -s, -› *Lehrer, der eine Schulklasse in einem der Hauptfächer unterrichtet u. hauptsächlich betreut;* Syn ‹österr.› *Klassenvorstand;* Abl *Klassenlehrerin*

Klas|sen|spre|cher ‹der; -s, -› *Schüler einer Klasse, der diese gegenüber dem Lehrer vertritt u. zudem bestimmte Aufgaben hat, Klassenvertreter;* Abl *Klassensprecherin*

Klas|sen|tref|fen ‹das; -s, -› *Treffen der Angehörigen einer Schulklasse in späteren Jahren*

Klas|sen|vor|stand ‹der; -(e)s, -stän|de; österr.› = *Klassenlehrer*

Klas|sen|ziel ‹das; -(e)s, -e› *für eine Klasse in einem Schuljahr angestrebtes Lernziel* ▸ der Schüler hat das ~ (nicht) erreicht; die Mannschaft ist von ihrem ~ noch weit entfernt

Klas|sen|zim|mer ‹das; -s, -› *Zimmer, in dem eine Schulklasse unterrichtet wird;* ⓘ S. 574; Syn *Schulzimmer*

klas|si|fi|zie|ren ‹V. trans.; klas|si|fi|ziert, klas|si|fi|zier|te, hat klas|si|fi|ziert› etwas ~ *nach Klassen einteilen, gliedern, ordnen;* Abl *Klassifikation, Klassifizierung*

Klas|sik ‹die; -; unz.› **1** ‹i. w. S.› *Zeitabschnitt (bes. künstlerisch) bedeutender Leistungen eines Volkes* **2** ‹i. e. S.› *Blütezeit der altgriechischen u. altrömischen Kultur, Antike* **3** *dt. literar. Bewegung von etwa 1786 (Goethes ital. Reise) bis 1805 (Schillers Tod), die durch harmon. Ausgewogenheit, Maß u. Reife sowie durch die Orientierung an der Antike gekennzeichnet ist* **4** ‹Mus.› Wiener ~ *Zeitabschnitt von etwa 1770-1825 mit dem von Haydn, Mozart u. Beethoven geschaffenen einfachen, natürl. Stil, der die Sonatenform bevorzugte u. zur Vollendung führte*

Klas|si|ker ‹der; -s, -› **1** *Vertreter der Klassik* **2** *Künstler od. Wissenschaftler, dessen Werke über seine Zeit hinaus als mustergültig u. als von bleibendem Wert anerkannt worden sind* **3** *die Werke selbst* ▸ die ~ der deutschen Literatur

K

klas|sisch ⟨Adj.⟩ **1** *zur Klassik gehörig, aus ihr stammend, in der Art der Klassik, nach dem Vorbild der K. strebend* **2** *mustergültig, Dauerwert habend, vorbildlich ausgewogen, zeitlos modern* ▸ das ~e Altertum *die Blütezeit der altgriechischen u. altrömischen Kultur;* ein ~es Beispiel, ~er Beweis; ~e Musik *M. aus der Zeit der Klassik; ernste M. (im Gegensatz zur Unterhaltungsmusik);* ich hören gern ~e Musik; ein Werk von ~er Schönheit; die ~en Sprachen *die alten Sprachen, Altgriechisch u. Latein*

Klas|si|zis|mus ⟨der; -; unz.; Bez. für⟩ *zwei europäische Kunstrichtungen, im 16./17. Jh. in der Baukunst, von Palladio ausgehend, u. 1770-1830 in Baukunst, Plastik, Malerei u. Kunstgewerbe (Neu- od. Neoklassizismus), die sich die klaren, strengen Formen des klass. Altertums zum Vorbild nahmen*

klas|si|zis|tisch ⟨Adj.⟩ *zum Klassizismus gehörig, aus ihm stammend*

Klatsch ⟨der; -(e)s, -e; unz.⟩ **1** *Geschwätz, Gerede, bes. über abwesende Personen, üble Nachrede* **2** *Neuigkeiten über persönliche Angelegenheiten anderer, meist negativ* Syn *Klatschgeschichte* ▸ sie erzählt immer den neuesten ~; Zus *Klatschtante, Klatschweib; Stadtklatsch*

klat|schen ⟨V.; klatscht, klatsch|te, hat ge|klatscht⟩ **I** ⟨V. intr.⟩ **1** *die Hände zusammenschlagen (als Beifallskundgebung od. um den Rhythmus anzugeben)* **2** *mit einem Klatsch auf etwas fallen, gegen etwas prallen, schlagen* **3** ⟨übertr.; umg.⟩ *über Abwesende reden (bes. negative Dinge);* Abl *klatschhaft* ▸ der Regen klatscht gegen die Fenster; in die Hände ~; über andere ~; die Eier klatschten zu Boden **II** ⟨V. intr. u. V. trans.⟩ jmdm. Beifall ~ *durch Händeklatschen seinen Beifall bezeigen*

Klatsch|maul ⟨das; -(e)s, -mäu|ler; umg.⟩ *jmd., der Schlechtes über andere redet*

Klatsch|mohn ⟨der; -(e)s; unz.; Bot.⟩ *wild wachsende Mohnblume mit leuchtend roten Blüten;* Syn *Klatschrose, Kornrose*

klatsch|nass ⟨Adj.⟩ *völlig, komplett nass, durchnässt;* Syn *klitschnass* ▸ die Kinder kamen ~ nach Hause

Klatsch|spal|te ⟨die; -, -n⟩ *Teil einer Zeitung, in dem gesellschaftlicher Klatsch berichtet wird;* Syn *Klatschkolumne* ▸ die Nachricht füllte die ~n der Zeitungen

Klau ⟨der; -s; unz.⟩ *das Klauen, Stehlen* ▸ der ~ von Autos; Zus *Autoklau, Datenklau*

klau|ben ⟨V. trans.; klaubt, klaub|te, hat ge|klaubt⟩ etwas ~ *mühsam (einzeln) zusammenlesen, zusammensuchen, aufheben* ▸ Worte ~ *kleinlich im wörtlichsten Sinne benutzen;* Weintrauben aus einer Schüssel ~; Blätter vom Boden, von der Wiese ~

Klaue ⟨die; -, -n⟩ **1** *verhornte Zehe der Wiederkäuer u. Schweine;* ⓘ S. 1111 **2** *Kralle der Raubvögel* **3** *Nagel des Haarraubwildes* **4** ⟨umg.⟩ *(schlechte) Handschrift* ▸ eine (fürchterliche) ~ haben ⟨umg.⟩ *eine schlechte Handschrift schreiben;* ich kann seine ~ nicht lesen ⟨umg.⟩; etwas od. jmdn. in seinen ~n haben, halten ⟨übertr.⟩

klau|en ⟨V. trans.; klaut, klau|te, hat ge|klaut; umg.⟩ (jmdm.) etwas ~ *stehlen, rauben*

Klau|se ⟨die; -, -n⟩ **1** *Zelle, Einsiedelei;* Zus *Einsiedlerklause* **2** *Talenge, Engpass* **3** *Schlucht*

Klau|sel ⟨die; -, -n⟩ *Vorbehalt, beschränkende od. erweiternde Nebenbestimmung in Verträgen*

Klaus|t|ro|pho|bie ⟨die; -; unz.; Psych.⟩ *Furcht vor dem Aufenthalt in geschlossenen Räumen*

Klau|sur ⟨die; -, -en⟩ **I** ⟨unz.⟩ **1** *Abgeschlossenheit, Einsamkeit;* Zus *Klausurtagung* **2** *Verbot für Fremde, die privaten Räume eines Klosters zu betreten* **3** *Verbot für Ordensangehörige, bestimmte Räume ohne Erlaubnis zu verlassen* ▸ jmdm. ~ auferlegen; in strenger ~ leben **II** ⟨zählb.⟩ **1** *die Räume, deren Betreten Fremden streng verboten ist* **2** *schriftliche Prüfung* ▸ eine ~ schreiben; eine schriftliche ~ in Englisch

Kla|vi|a|tur ⟨[-vi-] die; -, -en; Mus.; bei Tasteninstrumenten⟩ *Gesamtheit der Tasten*

Kla|vier ⟨[-viːr] das; -s, -e; Mus.⟩ *Tasteninstrument, bei dem die senkrecht stehenden Saiten durch Filzhämmerchen angeschlagen werden* ▸ mechanisches ~ *K., das automatisch durch Lochstreifen gesteuert wird;* ~ spielen, üben; das ~ stimmen; gut, schlecht, hervorragend ~ spielen; jmdn. (zu seinem Gesang, Geigenspiel o. Ä.) auf dem ~ begleiten; wo steht das ~? *(scherzh. Frage, wenn man um eine kleine Hilfeleistung gebeten wird);* ⓘ S. 788; Zus *Klavierkonzert, Klavierlehrer(in), Klaviernoten*

Kla|vier|stun|de ⟨[-viːr-] die; -, -n; Mus.⟩ *Unterrichtsstunde im Klavierspiel*

Kle|be|band ⟨das; -(e)s, -bän|der⟩ *mit Klebstoff beschichteter Papier-, Stoff- od. Kunststoffstreifen*

kle|ben ⟨V.; klebt, kleb|te, hat ge|klebt⟩ **I** ⟨V. trans.⟩ **1** etwas ~ *etwas Zerbrochenes mit Klebstoff wieder zusammenfügen, fest miteinander verbinden* **2** etwas irgendwohin ~ *(mit Klebstoff u. Feuchtigkeit) haften machen;* Zus *Klebestift* ⓘ S. 575 **3** jmdm. eine ~ *eine Ohrfeige geben* ▸ Plakate, Zettel an eine Mauer ~; eine Marke auf einen Brief ~; Fotos in ein Album ~ **II** ⟨V. intr.⟩ (an etwas) ~ **1** *festhaften* **2** *(infolge Feuchtigkeit) an etwas haften* (Kleider) **3** ⟨übertr.⟩ *an etwas unbedingt festhalten wollen, etwas nicht aufgeben können* (Posten, Amt) **4** ⟨übertr.⟩ *mit etwas verbunden sein, einer Sache anhaften* ▸ ich klebe! ⟨umg.⟩ *ich schwitze u. bin schmutzig;* Vorsicht, meine Hände ~ ⟨umg.⟩ *meine Hände sind klebrig* ▸ die Tapeten sind nicht an der Wand ~ geblieben *haften geblieben;* ⟨aber⟩ ~ bleiben = *klebenbleiben* ▸ diese Briefmarke klebt gut, schlecht, nicht ▸ er klebt zu sehr am Alten *er hängt zu sehr am Alten, kann sich davon nicht lösen;* an seinen Händen klebt Blut *er hat gemordet;* an diesem Geld klebt Blut *es hat Menschenleben gekostet;* das T-Shirt klebte ihm am Körper; die Haare klebten ihm an der Stirn; das Kleidungsstück klebt vor Dreck ⟨umg.⟩

kle|ben|blei|ben *auch:* **kle|ben blei|ben** ⟨V. intr.:

bleibt kle|ben, blieb kle|ben, ist kle|ben|ge|blieben, kle|ben|zu|blei|ben⟩ **1** ⟨Schülerspr.⟩ *nicht versetzt werden, sitzenbleiben* **2** ⟨umg.; scherzh.⟩ *sich lange bei jmdm. aufhalten, nicht fortgehen* ▸ er wird dieses Jahr ~; er bleibt immer stundenlang bei uns kleben

Kle|ber ⟨der; -s, -; umg.⟩ *Klebstoff*

kleb|rig ⟨Adj.⟩ oV *kleberig* **1** *voller Klebstoff, klebend, haften bleibend* **2** *mit etwas Zähflüssigem od. Feuchtem u. Schmutzigem behaftet* (Finger) ▸ meine Hände sind ~ (vom Honig)

Kleb|stoff ⟨der; -(e)s, -e⟩ *Paste od. Flüssigkeit zum Aneinanderkleben von Werkstoffen*

kle|ckern ⟨V.; kle|ckert, kle|cker|te, hat ge|kle|ckert⟩ **I** ⟨V. intr.⟩ **1** *(mit etwas Flüssigem od. Breiigem) Flecken machen* **2** ⟨übertr.⟩ *langsam, mühsam vorwärtsgehen, vorankommen* (Angelegenheit) ▸ pass auf, dass du nicht kleckerst! (bei Tisch); aufs Tischtuch ~; die Aufträge kleckern *gehen nur nach u. nach, langsam ein;* nicht ~, sondern klotzen ⟨übertr.⟩ *nicht sparen, sondern verschwenderisch Geld ausgeben* **II** ⟨V. trans.⟩ etwas auf etwas anderes ~ *Flüssiges tropfenweise auf etwas schütten, etwas mit Flüssigem tropfenweise beschmutzen* ▸ Farbe auf den Boden ~; Suppe, Soße aufs Kleid ~

Klecks ⟨der; -es, -e⟩ **1** *Fleck;* Zus *Tintenklecks* **2** ⟨umg.⟩ *eine kleine Menge* ▸ ein ~ Senf

kleck|sen ⟨V.; kleckst, klecks|te, hat ge|kleckst⟩ **I** ⟨V. intr.⟩ *Kleckse, Flecken machen* ▸ pass auf, dass du nicht kleckst!; der Füller kleckst **II** ⟨V. trans.⟩ etwas irgendwohin ~ *in Form von Klecksen, Tropfen über etwas verteilen*

Klee ⟨der; -s; unz.; Bot.⟩ *ein aufrechtes od. niederliegendes, häufig kriechendes Kraut mit gefingerten Blättern, das auf Wiesen wächst* ▸ jmdn. über den grünen ~ loben ⟨übertr.⟩ *jmdn. außerordentlich, übertrieben loben*

Klee|blatt ⟨das; -(e)s, -blät|ter⟩ **1** *Blatt des Klees* **2** *Kreuzung von Autobahnen (u. ihren Zubringerstraßen) in Form eines vierblättrigen Kleeblatts* ▸ vierblättriges ~ *Kleeblatt, das statt drei Blättern vier hat (was Glück für den bedeutet, der es findet)*

Klee|nex® ⟨[kli:nɛks] das; -, -⟩ *sehr dünnes Papiertaschentuch in einer Pappschachtel*

Kleid ⟨das; -(e)s, -er⟩ **1** *Oberbekleidungsstück für Frauen;* Zus *Abendkleid, Nachmittagskleid, Seidenkleid, Sommerkleid, Winterkleid, Wollkleid* **2** ⟨nur Pl.⟩ ~er *Gesamtheit der auf dem Körper getragenen Kleidungsstücke;* Zus *Kleiderbürste* ▸ die ~er ablegen, abstreifen, ausziehen; ein hübsches, neues ~ anhaben; ein ~ bügeln, nähen, zuschneiden; sie hat sich ein neues ~ gekauft; ~er machen Leute ⟨Sprichw.⟩ *gute Kleidung erhöht die Wirkung des Menschen;* sich ein ~ für den Ball machen lassen; sie trägt lieber Hosen als ~er ▸ altes, altmodisches, modernes, neues ~; ausgeschnittenes, kurz-, langärmeliges, hochgeschlossenes ~; buntes, helles, dunkles ~; einfaches, festliches, praktisches ~; kurzes, langes ~; zweiteiliges ~ ▸ ein ~ auf den Bügel hängen; ein ~ in den Schrank hängen

klei|den ⟨V. trans.; klei|det, klei|de|te, hat ge|kleidet⟩ **1** jmdn. od. sich ~ *mit (einer bestimmten Art von) Kleidung versehen* **2** jmdn. ~ *zu jmdm. passen, jmdm. stehen* ▸ der Mantel, die Bluse, der Hut kleidet dich gut ▸ sie kleidet ihre Kinder nicht sehr ordentlich ▸ sich auffallend, elegant, geschmacklos, geschmackvoll, gut, jugendlich, schlicht ~ ▸ eine Sache in eine Form ~ *einer S. eine bestimmte Form geben;* (ganz) in Rot, Schwarz gekleidet sein; sich in Samt und Seide ~ ⟨poet.⟩; einen Gedanken in Worte ~ ⟨übertr.⟩ *in Worten ausdrücken;* sich nach der neuesten Mode ~ ▸ er ist, ⟨umg.⟩ geht immer anständig, gut gekleidet; hell, dunkel, leicht, schwarz gekleidet; warm gekleidet

Klei|der|bü|gel ⟨der; -s, -⟩ *Bügel mit Haken, über den man ein Kleidungsstück hängen kann*

Klei|der|ha|ken ⟨der; -s, -⟩ *Haken zum Aufhängen von Kleidungsstücken, bes. Mänteln, an der Wand*

Klei|der|schrank ⟨der; -(e)s, -schrän|ke⟩ *Schrank zum Aufhängen, Aufbewahren von Kleidungsstücken*

kleid|sam ⟨Adj.⟩ *so beschaffen, dass es (den Betreffenden) gut kleidet* ▸ ~e Frisur; ~e Tracht

Klei|dung ⟨die; -, -en; Pl. selten⟩ *Gesamtheit der Kleidungsstücke, die man auf dem Körper trägt, besitzt od. braucht, Bekleidung* ▸ seine ~ ablegen; leichte, warme ~; für jmds. Nahrung und ~ sorgen; wir brauchen neue ~ für den Winter

Klei|dungs|stück ⟨das; -(e)s, -e⟩ *einzelner Teil der Kleidung, z. B. Rock, Mantel* ▸ leichtes, warmes ~

Kleie ⟨die; -; unz.⟩ *Schalen u. Hüllen des Getreides, die beim Mahlen abfallen, mehr od. weniger mit Mehl gemischt als Viehfutter verwendet;* Zus *Weizenkleie*

klein ⟨Adj.⟩ **1** *von geringem Ausmaß, von geringer Größe;* Ggs *groß (I. 1)* **2** ⟨zeitlich⟩ *kurz* (Ausflug, Weile) **3** *jung* (Kind, Tier, Pflanze) **4** *niedrig* (Preis, Zahl) **5** *gering an Zahl* (Menge) **6** *gering an Wert* (Gewinn, Münze) **7** *unbedeutend, geringfügig* (Ausgabe, Fehler, Irrtum, Leiden) **8** *unbedeutend, einfach* (Mann, Angestellter) **9** *bescheiden, beschränkt, eng* (Geist, Verhältnisse) ▸ mein ~er Bruder *mein jüngerer B.;* der ~e Finger *der fünfte, kleinste Finger;* jmdm. eine ~e Freude machen; ~ Gedruckte(s) = *Kleingedruckte(s);* ein ~er Geist; ~es Geld *Hartgeld, Münzen;* das ~ste Geräusch ließ ihn zusammenfahren *das geringste G.;* sie hat ein ~es Kind; der ~e Mann *der einfache Mensch, der M. aus dem Volk;* es dauert nur einen ~en Moment; ich brauche die Schuhe eine Nummer ~er; du bist ein ~er Schelm!; das ~ere Übel (von beiden Übeln) ▸ ~ anfangen (im Beruf) *auf der untersten Stufe, mit wenig Geld;* ~ beigeben *sich fügen, nachgeben, die Überlegenheit des anderen anerkennen;* ~ hacken = *kleinhacken;* alles kurz und ~ schlagen *kaputtmachen, zerstören;* ~ schneiden = *kleinschneiden;* ein Wort, einen Namen ~ schreiben *in (bes.) klei-*

ner Schrift schreiben; ⟨aber⟩ →a. *kleinschreiben;* den Herd (auf) ~ stellen, drehen *auf geringe Hitze, Stärke einstellen;* ganz ~ werden ⟨umg.; scherzh.⟩ *kleinlaut werden, den Mund halten, nichts mehr sagen, weil man Unrecht hat* ▸ ~ gedruckt = *kleingedruckt;* Groß und Klein *jedermann, alle;* er war, wurde (ganz) ~ und hässlich ⟨umg.; scherzh.⟩ *kleinlaut, verlegen;* ~ kariert = *kleinkariert (I);* winzig ~ ▸ ein ~ bisschen, ein ~ wenig *ein bisschen, sehr wenig;* im Kleinen *in verkleinertem Maßstab;* Waren im Kleinen verkaufen *in geringen Mengen, einzeln;* bis ins Kleinste *bis in jede Einzelheit;* von ~ an, auf *von Kindheit an;* ~ von Wuchs, Gestalt ▸ es wäre ihm ein Kleines (das zu tun) *es wäre keine Mühe für ihn*

Klein|ar|beit ⟨die; -, -en⟩ *mühevolle Arbeit mit zahlreichen Einzelheiten* ▸ Möbel in ~ restaurieren

Klein|be|trieb ⟨der; -(e)s, -e⟩ *gewerblicher od. landwirtschaftlicher Betrieb mit wenig Arbeitskräften*

Klein|bür|ger ⟨der; -s, -⟩ **1** *Bürger des unteren Mittelstandes* **2** *Spießer;* Abl *Kleinbürgertum; kleinbürgerlich*

K

Klein|bus ⟨der; -bus|ses, -bus|se⟩ *sechs bis acht Personen fassendes Kraftfahrzeug*

Klei|ne(r) ⟨die; -n, -n (der; -n, -n)⟩ = *Kleine(s)*

Klei|ne(s) ⟨das; -n, -n⟩ *Kind, Baby (auch als Kosewort u. Anrede)* ▸ hallo, du, Kleiner! *(Anrede für einen Jungen, dessen Namen man nicht weiß);* die Kleinen *die Kinder;* der Kleine kann noch nicht gut laufen; die Kleine schreit *das kleine Mädchen;* meine Kleine!, mein Kleiner!, mein Kleines! ⟨Kosewörter⟩; eine hübsche Kleine *ein hübsches junges Mädchen;* die lieben Kleinen ⟨iron.⟩ *die Kinder (die einem manchmal Ärger machen);* der Kleine von Schapers ⟨umg.⟩ *der kleine Sohn*

Klein|fa|mi|lie ⟨[-ljə] die; -, -n⟩ *aus Vater, Mutter u. wenigen Kindern bestehende Familie*

Klein|gar|ten ⟨der; -s, -gär|ten⟩ *Schrebergarten, kleiner Garten eines Stadtbewohners abseits von seiner Wohnung (meist in einer Gartenkolonie), den er aus Liebhaberei bearbeitet*

klein|ge|druckt *auch:* **klein ge|druckt** ⟨Adj.⟩ *in kleiner Schrift gedruckt* ▸ ~e Anzeigen; ~e Paragrafen übersehen

Klein|ge|druck|te(s) *auch:* **klein Ge|druck|te(s)** ⟨das; -n, -n⟩ *kleingedruckte, unverständlich formulierte Klauseln, die für den Unterzeichneten eines Vertrages häufig ungünstig sind* ▸ auch das ~ lesen

Klein|geld ⟨das; -(e)s; unz.⟩ *Hartgeld, Münzen, Wechselgeld* ▸ nicht das nötige ~ haben ⟨umg.; scherzh.⟩ *nicht genug Geld*

klein|ha|cken *auch:* **klein ha|cken** ⟨V. trans.; hackt klein, hack|te klein, hat klein|ge|hackt, klein|zu|ha|cken⟩ Holz ~ *durch Hacken zerkleinern*

Klein|holz ⟨das; -es; unz.⟩ *gespaltenes Holz, kleingehacktes Holz* ▸ ich mache ~ aus dir! *(Drohung);* etwas in ~ verwandeln, zu ~ machen ⟨übertr.; umg.; scherzh.⟩ *zertrümmern, kaputtmachen*

Klei|nig|keit ⟨die; -, -en⟩ *Sache von geringer Bedeutung, geringem Wert* ▸ eine ~ essen *ein wenig;* allerhand (hübsche) ~en kaufen; es kostet (aber) eine ~! ⟨umg.; iron.⟩ *ziemlich viel;* jmdm. eine ~ mitbringen *ein kleines Geschenk;* die Kommode (um) eine ~ nach vorn rücken *einige Zentimeter;* sein: das ist keine ~! ⟨umg.⟩ *das ist wichtig; das ist nicht so einfach;* das ist für ihn eine ~ *das macht ihm keine Mühe* ▸ sich an ~en stoßen *Unwesentliches übelnehmen od. als störend empfinden;* er braust bei jeder ~ auf *beim geringsten Anlass;* ich kann mich nicht bei ~en aufhalten; sich nicht mit ~en abgeben; es kostet die ~ von 50.000 Euro ⟨iron.⟩

Klein|ka|li|ber ⟨das; -s, -⟩ *Kaliber (von Gewehren u. Pistolen) von 5,6 bis 6 mm*

klein|ka|riert *auch:* **klein ka|riert** ⟨Adj.⟩ **I** ⟨Zusammen- u. Getrenntschreibung⟩ *mit kleinem, kariertem Muster versehen* (Stoff) **II** ⟨nur Zusammenschreibung; übertr.; umg.⟩ *spießig, provinziell, mit einem kleinen geistigen Horizont* ▸ ein kleinkarierter Mensch

Klein|kind ⟨das; -(e)s, -er⟩ *Kind vom 3. bis zum 6. Lebensjahr*

Klein|kram ⟨der; -s; unz.⟩ **1** *Kleinigkeiten, kleine Dinge, kleine Arbeiten* **2** *unwichtiges Zeug*

Klein|krieg ⟨der; -(e)s; unz.; übertr.⟩ *dauernder Streit um Kleinigkeiten, ständige Reibereien*

klein|krie|gen ⟨V. trans.; kriegt klein, krieg|te klein, hat klein|ge|kriegt, klein|zu|krie|gen⟩ **1** jmdn. ~ *jmdn. unterkriegen, seinen Willen unterwerfen, seinen Widerstand brechen* **2** ⟨scherzh.⟩ etwas ~ *kaputtmachen* ▸ hast du den Apparat jetzt endlich kleingekriegt? ⟨scherzh.⟩; Geld, Vermögen ~ ⟨scherzh.⟩ *ausgeben*

Klein|kunst ⟨die; -; unz.⟩ *kabarettistische Darbietungen, z. B. Rezitationen, Chansons, Akrobatik;* Zus *Kleinkunstbühne*

klein|laut ⟨Adj.⟩ *verlegen (nachdem man vorher angegeben hat)* ▸ ~ werden *verlegen verstummen*

klein|lich ⟨Adj.⟩ **1** *Kleinigkeiten übertrieben wichtig nehmend, pedantisch* **2** *jeden Cent übertrieben genau berechnend, knauserig* ▸ ein ~er Mensch; er ist mit Geld sehr ~

klein|mü|tig ⟨Adj.⟩ *verzagt, mutlos*

Klein|od ⟨das; -(e)s, -e od. -odi|en⟩ **1** *kostbares Schmuckstück, Juwel* **2** ⟨übertr.⟩ *etwas sehr Wertvolles, Kostbarkeit* ▸ etwas hüten wie ein ~

klein|re|den ⟨V. trans.; re|det klein, re|de|te klein, hat klein|ge|re|det, klein|zu|re|den⟩ etwas ~ *verharmlosen, herunterspielen* ▸ ein Problem ~; das Unternehmen hat die Krise kleingeredet; sich den Erfolg nicht ~ lassen

klein|schnei|den *auch:* **klein schnei|den** ⟨V. trans.; schnei|det klein, schnitt klein, hat klein|ge|schnit|ten, klein|zu|schnei|den⟩ Kartoffeln, Gemüse, Obst ~ *in kleine Stücke schneiden, zerkleinern*

klein|schrei|ben ⟨V. trans.; schreibt klein, schrieb klein, hat klein|ge|schrie|ben, klein|zu|schreiben> Ggs *großschreiben* **1** das Wort wird kleingeschrieben *mit kleinem Anfangsbuchstaben geschrieben* **2** <übertr.> eine Sache ~ *ihr keine große Bedeutung beimessen, sie vernachlässigen* ▸ Höflichkeit wird dort kleingeschrieben *sie sind dort nicht höflich;* →a. *klein;* Abl *Kleinschreibung*

Klein|staat <der; -(e)s, -en> *Staat von kleinem Ausmaß, souverän, aber meist politisch von einer Großmacht abhängig u. ohne weltgeschichtlichen Einfluss*

Klein|stadt <die; -, -städ|te> *Stadt mit 5000 bis 20 000 Einwohnern;* Abl *Kleinstädter(in)*

Klein|tier <das; -(e)s, -e> *kleines Haustier, z. B. Hund, Katze, Vogel*

Klein|vieh <das; -s; unz.; Sammelbez. für> *kleinere Nutztiere wie Schafe, Ziegen, Schweine, Kaninchen, Geflügel* ▸ ~ macht auch Mist <Sprichw.> *auch kleine Dinge verursachen Kosten*

Klein|wa|gen <der; -s, -> *kleines Auto*

Kleis|ter <der; -s, -> *Klebstoff aus Stärke od. Mehl u. Wasser;* Zus *Tapetenkleister*

kleis|tern <V. trans.; kleis|tert, kleis|ter|te, hat ge|kleis|tert> etwas irgendwohin ~ *mit Kleister kleben* ▸ Plakate an die Wände ~

Kle|men|ti|ne <die; -, -n> = *Clementine*

Klem|me <die; -, -n> **1** *kleines Gerät mit zwei beweglichen od. federnden Armen zum Zusammendrücken, Befestigen;* Zus *Nasenklemme, Haarklemme* **2** <Med.> = *Klammer* **3** <übertr.; umg.> *Verlegenheit, Notlage* ▸ jmdm. aus der ~ helfen <übertr.>; in der ~ sitzen <übertr.>

klem|men <V.; klemmt, klemm|te, hat ge|klemmt> **I** <V. trans.> etwas irgendwohin ~ *festdrücken, einzwängen u. dadurch befestigen, fixieren* ▸ ein Stück Holz in einen Spalt ~; sich ein Buch unter den Arm ~ **II** <V. refl.> **1** sich etwas ~ *mit etwas zw. zwei aufeinanderschlagenden Gegenständen steckenbleiben, sich etwas quetschen* **2** <übertr.> sich hinter etwas ~ *etwas eifrig betreiben* ▸ sich den Finger in der Autotür ~; ich werde mich mal hinter ihn ~ *bei ihm etwas zu erreichen suchen;* sich hinter eine Arbeit ~ *fleißig arbeiten* **III** <V. intr.> *haften, hängen bleiben* ▸ die Tür klemmt *hängt fest, geht nicht auf*

Klemp|ner <der; -s, -> *Handwerker, der Gas- u. Wasserinstallationen ausführt;* Abl *Klempnerin*

Klep|per <der; -s, -; umg.; abwertend> *altes, dürres, verbrauchtes Pferd*

Klep|to|ma|nie <die; -; unz.> *krankhafter Trieb zum Stehlen;* Abl *Kleptomane, Kleptomanin; kleptomanisch*

kle|ri|kal <Adj.> *kirchlich, auf kirchl. Grundlage beruhend, die Kirche, die Geistlichen betreffend*

Kle|ri|ka|lis|mus <der; -; unz.> *Bestreben, der (kath.) Kirche weitgehenden Einfluss auf das staatliche u. öffentliche Leben zu verschaffen*

Kle|ri|ker <der; -s, -> *Angehöriger des Klerus, (kath.) Geistlicher*

Kle|rus <der; -; unz.> *Gesamtheit der (kath.) Geistlichen;* Syn *Geistlichkeit*

Klet|te <die; -, -n> **1** <Bot.> *eine Pflanze mit Blütenköpfen, die mit Haken versehen sind u. an Tieren, an der Kleidung u. Ä. haften bleiben;* Zus *Klettenwurzel(öl)* **2** <übertr.; umg.> *übermäßig anhänglicher, lästiger Mensch* ▸ sich wie eine ~ an jmdn. hängen

Klet|ter|ge|rüst <das; -(e)s, -e> *Verbindung von Stangen, Tauen, Bäumen u. Masten zum Klettern, Steigen u. Klimmen auf Kinderspielplätzen*

klet|tern <V. intr.; klet|tert, klet|ter|te, ist ge|klet|tert> **1** *mit Hilfe der Hände hinauf-, hinab-, hinaussteigen* **2** *hohe, schwierig zu erreichende Berggipfel besteigen* **3** <übertr.> *in die Höhe steigen* (Preise, Barometer, Thermometer, Aktienkurse) ▸ auf einen Baum, Berg, eine Leiter ~; er kletterte verschlafen aus dem Bett ~; die Kinder kletterten in den Wagen; du musst über den Zaun ~; er kann ~ wie ein Affe

Klet|ter|pflan|ze <die; -, -n> *Pflanze, die an Wänden, Zäunen, Bäumen usw. hochwächst*

Klet|ter|seil <das; -(e)s, -e> *Seil als Hilfsmittel des Bergsteigers zum Klettern od. zum Hinaufklettern als Turnübung*

Klet|ter|stan|ge <die; -, -n> *Stahlstange zum Hinaufklettern als Turnübung*

Klett|ver|schluss <der; -es, -schlüs|se; allg. Bez. für die Markenzeichen „Kletten, Klettostar, Klettogrip" u. a.> *textiler Flächenhaftverschluss;* Syn *Klettenverschluss*

Klick <der; -s, -s> **1** *kurzes klickendes Geräusch, Klicks* **2** <EDV> *kurzes Betätigen der Maustaste, um eine Funktion zu aktivieren* ▸ ein ~ auf diese Adresse öffnet die Homepage

kli|cken <V. intr.; klickt, klick|te, hat ge|klickt> **1** *kurz, hell, metallisch erklingen* **2** <EDV> *die Maustaste kurz betätigen, um eine Funktion zu aktivieren* ▸ man hörte ein Feuerzeug ~; Kameras ~; eine Pistole klickt; er klickt auf ein Symbol auf dem Bildschirm

Kli|ent <der; -en, -en> *Kunde (bes. eines Rechtsanwalts);* Abl *Klientin*

Kli|en|tel <die; -, -en> *Gesamtheit der Klienten (bes. eines Rechtsanwalts)*

Kliff <das; -(e)s, -e> *felsiger Steilhang einer Küste, Klippe*

Kli|ma <das; -s, -s od. -ma|ta od. -ma|te> **1** *für ein bestimmtes Gebiet charakteristische Witterung;* Zus *Seeklima* **2** *in einem abgeschlossenen Raum künstlich aufrechterhaltene Temperatur u. Luftfeuchtigkeit;* Zus *Raumklima* **3** <übertr.> *Atmosphäre;* Zus *Betriebsklima* ▸ feuchtes, heißes, kaltes, mildes, raues, trockenes, tropisches ~; maritimes, ozeanisches ~

Kli|ma|an|la|ge <die; -, -n> *Anlage zur Regulierung des Raumklimas durch Erwärmung, Kühlung, Be- od. Entlüftung u. Reinigung der Luft* ▸ eine ~ einbauen, einschalten, ausschalten; die ~ im Auto anstellen, ausstellen

Kli|ma|ka|ta|s|t|ro|phe <die; -, -n> *(von Wissenschaftlern prognostizierte) weltweite Klimaveränderung mit schwerwiegenden Konsequenzen (z. B. Anstieg des Meeresspiegels, Zunahme der Sturmhäufigkeit) infolge des Anstiegs von Kohlendioxid in der Atmosphäre*

Kli|ma|schutz ⟨der; -es; unz.; Ökol.⟩ **1** *Schutz des Klimas, bes. vor der Verunreinigung mit Schadstoffen* **2** *Gesamtheit der Maßnahmen zum Schutz des Klimas, z. B. durch Begrenzung des Schadstoffausstoßes von Kraftfahrzeugen*

kli|ma|tisch ⟨Adj.⟩ *das Klima betreffend, auf dem Klima beruhend* ▸ ~e Einflüsse, Lage, Verhältnisse; ~er Kurort = *Luftkurort;* der Ort liegt ~ günstig, ungünstig

kli|ma|ti|sie|ren ⟨V. trans.; kli|ma|ti|siert, kli|ma|ti|sier|te, hat kli|ma|ti|siert⟩ einen Raum ~ *mit Hilfe einer Klimaanlage angenehme Luft- u. Wärmeverhältnisse schaffen*

Kli|ma|wan|del ⟨der; -s; unz.⟩ *Wandel, Veränderung des Klimas;* Syn *Klimaveränderung* ▸ die Produktion von Treibhausgasen führt zu einem weltweiten ~

Kli|max ⟨die; -, -e⟩ *Steigerung, Höhepunkt*

Klim|bim ⟨der; -s; unz.; umg.⟩ **1** *das Drum u. Dran, (unnützes) Beiwerk* **2** *(überflüssiges) Getue* ▸ mach doch nicht solchen ~!

Klimm|zug ⟨der; -(e)s, -zü|ge⟩ *Turnübung, Hochziehen des frei an den Händen hängenden Körpers nur mit der Muskelkraft der Arme*

klim|pern ⟨V. intr.; klim|pert, klim|per|te, hat ge|klim|pert; umg.⟩ **1** (auf etwas) ~ *schlecht od. gedankenlos, spielerisch auf einem Tasten- od. Zupfinstrument spielen* **2** mit etwas ~ *metallische Gegenstände wiederholt rasch aneinanderschlagen lassen u. dadurch Geräusche erzeugen* ▸ auf dem Klavier, auf der Gitarre ~; mit dem Geld in der Tasche ~; mit den Wimpern ~ *kokett blinzeln*

Klin|ge ⟨die; -, -n⟩ **1** *der schneidende, stechende Teil eines Werkzeuges, einer Waffe;* Zus *Degenklinge, Messerklinge, Rasierklinge* **2** *die Waffe selbst, Degen, Säbel, Schwert* ▸ die ~n (miteinander) kreuzen *einen Zweikampf mit blanker Waffe austragen;* jmdn. mit der flachen ~ schlagen; jmdn. über die ~ springen lassen ⟨übertr.⟩ *töten, vernichten*

Klin|gel ⟨die; -, -n⟩ *kleines Gerät, das mit einer Taste od. einem Hebel betätigt wird u. einen hellen Ton erzeugt, zum Läuten an der Haustür od. am Fahrrad* ▸ elektrische ~; die ~ am Fahrrad betätigen; die ~ an der Haustür drücken; auf die ~ drücken; ⓘ S. 789; Zus *Klingelknopf; Fahrradklingel, Türklingel*

Klin|gel|beu|tel ⟨der; -s, -⟩ *offener Beutel (an einem langen Stab) für das Einsammeln der Kollekte während des Gottesdienstes*

klin|geln ⟨V.; klin|gelt, klin|gel|te, hat ge|klin|gelt⟩ **I** ⟨V. intr.⟩ **1** (irgendwo) ~ *die Klingel in Bewegung setzen, läuten, schellen* **2** *schnell aufeinanderfolgende Töne od. eine Melodie als Rufsignal von sich geben* (Handy, Wecker) ▸ (nach) jmdm. ~ *jmdn. durch Klingeln herbeirufen;* es klingelt an der Tür *die Klingel ertönt;* das Telefon klingelt; es klingelt zum Unterricht, zur Pause, zum Beginn der Vorstellung; da hat's bei mir geklingelt ⟨übertr.; umg.⟩ *da habe ich es begriffen, da wurde ich hellhörig, aufmerksam* **II** ⟨V. trans.⟩ jmdn. aus dem Bett, aus dem Schlaf ~ *jmdn. durch Klingeln dazu bringen, etwas Bestimmtes zu tun (z. B. aufzustehen od. herbeizukommen)*

Klin|gel|zei|chen ⟨das; -s, -⟩ *Ton einer Klingel als Zeichen (meist des Beginns od. Endes)* ▸ ein neues ~ am Handy einstellen

klin|gen ⟨V. intr.; klingt, klang, hat ge|klun|gen⟩ **1** *einen (hellen) Ton von sich geben, tönen* **2** auf bestimmte Weise ~ *einen bestimmten Klang von sich geben* **3** ⟨übertr.⟩ auf bestimmte Weise ~ *sich anhören, wirken, einen bestimmten Unterton haben* ▸ das klingt ja, als ob du schon dort gewesen wärst ⟨übertr.⟩ ▸ dieser **Ausdruck,** Satz klingt nicht gut; das **Instrument** klingt gut, schlecht; das **Lied** klingt schön ▸ die Gläser ~ **lassen** *anstoßen* ▸ das klingt jetzt schon ganz **anders!**; **dumpf,** heiser, hell, schrill ~; der Ton klingt **falsch;** das klingt mir **fremd;** es klingt zwar **grob,** aber ich muss es doch sagen; **gut,** hässlich, schlecht, schön ~ ▸ der Lärm klang **bis** zu uns; seine Worte klangen mir noch **in** den Ohren; das klingt ganz **nach** großer Liebe *als ob es eine große Liebe wäre;* sein Instrument **zum** Klingen bringen ▸ sie besitzt eine sehr weich ~de Stimme

Kli|nik ⟨die; -, -en⟩ *Krankenhaus* ▸ chirurgische ~; in der ~ liegen; Zus *Frauenklinik, Kinderklinik, Poliklinik*

Kli|ni|kum ⟨das; -s, -ni|ka od. -ni|ken⟩ **1** *zweiter Teil der medizinischen Ausbildung, Ausbildung im Krankenhaus* **2** *Zusammenschluss mehrerer Fachkliniken*

kli|nisch ⟨Adj.⟩ *in der Klinik (stattfindend)* ▸ ~e Ausbildung; ~e Behandlung; ~er Unterricht; erstes ~es Semester

Klin|ke ⟨die; -, -n⟩ *Griff an der Tür zum Öffnen u. Schließen* ▸ ~n putzen ⟨umg.; übertr.⟩ *um (finanzielle) Unterstützung bitten, betteln;* die Interessenten geben sich dort die ~ in die Hand ⟨übertr.; umg.⟩ *diese Arztpraxis, dieser Laden ist stark frequentiert*

Klin|ker ⟨der; -s, -⟩ *scharf gebrannter, sehr harter Ziegel;* Zus *Klinkerbau*

klipp ⟨nur in der Wendung⟩ ~ und klar *deutlich, eindeutig* ▸ jmdm. etwas ~ und klar sagen; jmdm. etwas ~ und klar zu verstehen geben

Klipp ⟨der; -s, -s⟩ **1** *modischer festklemmbarer Ohrschmuck;* oV *Klips, Clip (1);* Syn *Ohrklipp* **2** *Klammer, z. B. am Füllfederhalter od. zum Feststecken der Krawatte*

Klip|pe ⟨die; -, -n⟩ **1** *Felsen im Meer, Riff* **2** ⟨übertr.⟩ *Hindernis, gefährliche, heikle Stelle* ▸ in einer Prüfung, Unterhaltung alle ~n vermeiden, umschiffen; das Schiff ist auf eine ~ aufgelaufen

Klips ⟨der; -es, -e⟩ = *Klipp*

klir|ren ⟨V. intr.; klirrt, klirr|te, hat ge|klirrt⟩ *ein helles, hartes Geräusch (wie von angeschlagenem Metall, Glas, Porzellan) von sich geben* ▸ die Fenster ~; er schlug auf den Tisch, dass die Gläser klirrten; die Ketten, Sporen, Waffen klirrten; eine alte Kassette, Schallplatte klirrt; ~des Eis; es herrschte ~der Frost, ~de Kälte *es war sehr kalt;* die Gläser fielen ~d auf den Boden

Knal|le|rei ⟨die; -, -en; Pl. selten⟩ *anhaltendes, lästiges Knallen*

Knall|frosch ⟨der; -(e)s, -frö|sche⟩ *kleiner Feuerwerkskörper*

knall|hart ⟨Adj.; umg.⟩ *rücksichtslos, brutal* ▸ ~e Forderungen; ein ~er Krimi; da muss man ~ durchgreifen

knal|lig ⟨Adj.; umg.⟩ *grell, aufdringlich* (Farbe)

Knall|kopf ⟨der; -(e)s, -köp|fe; umg.; derb⟩ *dummer, verrückter Mensch;* oV *Knallkopp*

knapp ⟨Adj.⟩ **1** *wenig, gering, beschränkt, dürftig* (Lebensmittel, Mahlzeit, Taschengeld) **2** ⟨bei Zeit- u. Maßangaben⟩ *kurz, gerade noch ausreichend, nicht ganz* **3** *kurzgefasst, gedrängt, bündig* (Ausdrucksweise, Stil) **4** *eng anliegend* (Kleidungsstück, Schuhe) **5** *auf das Notwendigste beschränkt* (Geste, Verbeugung) ▸ und nicht zu ~! ⟨umg.⟩ *ziemlich viel* ▸ ~e **Mehrheit;** ~ zwei **Meter;** das war ein ~er **Sieg** ⟨Sp.⟩; eine ~e **Stunde;** ~ vier **Wochen** ▸ meine Zeit ist ~ **bemessen; sein:** die Schuhe sind etwas ~; die Zeit ist ~; das war aber ~! *das haben wir gerade noch geschafft;* das Kleid **sitzt** ~; **werden:** das Geld ist ~ geworden ▸ das Auto fuhr (ganz) ~ **an** mir vorbei; ~ **bei** Kasse sein ⟨umg.⟩ *(augenblicklich) wenig Geld haben;* **in** ~en Worten; er kam ~ **vor** ihm durchs Ziel *gerade noch;* Abl *Knappheit*

knapp|hal|ten ⟨V. trans.; hält knapp, hielt knapp, hat knapp|ge|hal|ten, knapp|zu|hal|ten⟩ jmdn. ~ *jmdn. kurzhalten, jmdm. wenig geben* ▸ jmdn. im Essen, mit Geld ~

knap|sen ⟨V. intr.; knapst, knaps|te, hat ge|knapst; umg.⟩ = *knausern*

Knar|re ⟨die; -, -n; umg.⟩ *Gewehr*

knar|ren ⟨V. intr.; knarrt, knarr|te, hat ge|knarrt⟩ *ein raues Reibegeräusch von sich geben* ▸ alte Bäume, Dielen, Treppen ~; Holz knarrt; eine Tür, ein alter Wagen knarrt; eine ~de Stimme haben

Knast ⟨der; -(e)s; unz.; umg.⟩ **1** *Freiheitsstrafe* **2** *Gefängnis* ▸ er sitzt im ~; wenn du das tust, kommst du in den ~

Knatsch ⟨der; -(e)s; unz.; bes. mdt.⟩ *Streit, Ärger, Auseinandersetzung* ▸ ~ haben

knat|schig ⟨Adj.; mdt.⟩ *weinerlich, nörgelig* (Kind)

knat|tern ⟨V. intr.; knat|tert, knat|ter|te, hat geknat|tert⟩ *kurze, helle, schnell aufeinanderfolgende knallende Geräusche von sich geben* ▸ ein Motorrad knattert auf der Straße; Schüsse ~; eine Fahne knattert im Wind

Knäu|el ⟨das od. der; -s, -⟩ *zu einer Kugel gewickelter Faden;* Zus *Garnknäuel, Wollknäuel* ▸ ein ~ sich beißender Hunde; das ist ein unentwirrbares ~; sich zu einem ~ ballen

Knauf ⟨der; -(e)s, Knäu|fe⟩ **1** *kugel- od. knopfartiger Griff;* Zus *Schwertknauf, Stockknauf* **2** = *Kapitell*

knau|se|rig ⟨Adj.; umg.⟩ = *geizig;* oV *knausrig;* Abl *Knaus(e)rigkeit*

knau|sern ⟨V. intr.; knau|sert, knau|ser|te, hat geknau|sert; umg.⟩ (mit etwas) ~ *übertrieben sparen, geizen* ▸ mit seinem Geld ~; er knauserte nicht mit Lob und Anerkennung

knaut|schen ⟨V.; knautscht, knautsch|te, hat geknautscht; umg.⟩ **I** ⟨V. trans.⟩ etwas ~ *zerdrücken, zerknüllen* ▸ bitte knautsche das Kleid nicht zu sehr **II** ⟨V. intr.⟩ *Druckfalten bilden* ▸ der Stoff knautscht (nicht); Abl *knautschig*

Knautsch|zo|ne ⟨die; -, -n⟩ *Zone minderer Festigkeit in Kraftwagen, die sich im Fall eines Aufpralls zusammenschiebt*

Kne|bel ⟨der; -s, -⟩ *zusammengeballtes Stück Stoff, das jmdm. in den Mund gesteckt wird, um ihn am Schreien zu hindern;* Zus *Mundknebel*

kne|beln ⟨V. trans.; kne|belt, kne|bel|te, hat gekne|belt⟩ jmdn. ~ *jmdm. mit einem Knebel den Mund verstopfen* ▸ jmdn. gefesselt und geknebelt liegen lassen; Abl *Knebelung*

Kne|bel|ver|trag ⟨der; -(e)s, -trä|ge⟩ *Vertrag, der einen der Vertragspartner in unrechtmäßiger Weise in seiner persönlichen od. wirtschaftlichen Freiheit einschränkt;* oV *Knebelungsvertrag*

knech|ten ⟨V. trans.; knech|tet, knech|te|te, hat ge|knech|tet⟩ jmdn. ~ *unterdrücken, in Abhängigkeit u. Sklaverei halten* ▸ ein geknechtetes Volk; Abl *Knechtung*

Knecht|schaft ⟨die; -; unz.⟩ *Unfreiheit, Hörigkeit, demütigende Abhängigkeit, Unterdrückung* ▸ in der ~ leben; zur ~ verurteilt sein

knei|fen ⟨V.; kneift, kniff, hat ge|knif|fen⟩ **I** ⟨V. trans.⟩ jmdn. irgendwohin ~ *jmds. Haut (meist schmerzhaft) zw. zwei Fingern zusammendrücken* ▸ jmds. Arm ~; jmdn. in den Arm, in die Wange ~ **II** ⟨V. intr.⟩ **1** *zu eng sein, so dass es schmerzt* **2** ⟨übertr.⟩ (vor etwas) ~ *sich vor etwas drücken, feige zurück-, ausweichen* ▸ das Gummiband kneift; Kneifen gibt's nicht!

Kneif|zan|ge ⟨die; -, -n⟩ *Zange mit zwei scharfen, gegeneinandergebogenen Schneiden;* Syn *Beißzange*

Knei|pe ⟨die; -, -n⟩ **1** *sehr einfaches Gasthaus, Wirtshaus;* Zus *Bierkneipe, Hafenkneipe, Weinkneipe* **2** ⟨allg.⟩ *Wirtshaus;* Syn ⟨süddt.⟩ *Beisel,* ⟨schweiz.⟩ *Beiz* ▸ heute Abend gehen wir in die ~; wir wollen noch in der ~ ein Bier trinken; er sitzt jeden Abend in der ~

Kneipp|kur ⟨die; -, -en⟩ *Ganzheitsbehandlung mit naturgemäßer Diät, kaltem Wasser u. Bewegung an der frischen Luft;* Syn *Kaltwasserbehandlung, Kaltwasserkur*

Kne|te ⟨die; -; unz.⟩ **1** *(oft gefärbte) zähe Masse zum Modellieren von kleinen Figuren* **2** ⟨salopp⟩ *Geld* ▸ hast du noch ~? ⟨salopp⟩

kne|ten ⟨V. trans.; kne|tet, kne|te|te, hat ge|kne|tet⟩ **1** Teig ~ *mit den Händen drückend bearbeiten* **2** Lehm ~ *mit den Händen drückend formen;* Zus *Knetgummi, Knetmasse; knetbar* **3** jmds. Körper ~ *massieren* ▸ aus Ton Figuren ~

Knick ⟨der; -(e)s, -e⟩ **1** *scharfe Biegung, Kurve* **2** *scharf umgebogene Stelle, Falte* ▸ das Ei hat einen ~ *einen Riss;* die Straße macht hier einen ~; ein ~ in der Buchseite; einen ~ in der Optik haben ⟨umg.; scherzh.⟩ *nicht richtig sehen können, schielen*

kni|cken ⟨V.⟩ **I** ⟨V. intr.; knickt, knick|te, ist geknickt〉 **1** *einen Riss, einen Sprung bekommen* (Ei) **2** *brechen* (Zweig) ▸ in die Knie ~; →a. *geknickt* **II** 〈V. trans.; knickt, knick|te, hat geknickt〉 **1** Papier, eine Buchseite ~ *scharf umbiegen, falten* **2** einen Zweig ~ *fast ganz abbrechen* **3** das Bein ~ *beugen* ▸ der Sturm hat die Bäume geknickt

kni|cke|rig 〈Adj.; umg.〉 = *geizig;* oV *knickrig;* Abl *Knick(e)rigkeit*

Knicks 〈der; -es, -e〉 *Beugung der Knie (als ehrerbietiger Gruß)* ▸ Hof~; einen (tiefen) ~ vor der Herrscherin machen

knick|sen 〈V. intr.; knickst, knicks|te, hat geknickst〉 *einen Knicks machen*

Knie 〈das; -s, - [kniːə], a. [kniː]〉 **1** 〈Anat.〉 *Gelenk zw. Oberschenkelknochen u. Schienbein;* ⓘ S. 146; Syn *Kniegelenk;* Zus *Knieverletzung* **2** *Stelle des Knies im Hosenbein* **3** 〈übertr.〉 *Biegung, Krümmung, gekrümmte Stelle, gebogenes Teil* ▸ das ~ beugen; die ~ durchdrücken; der Fluss macht hier ein ~; die ~ schlotterten ihm vor Angst ▸ die Hose hat schon ausgebeulte, abgewetzte ~; runde, schmale, spitze ~; ein steifes ~ haben; die ~ wurden ihm weich (vor Angst) 〈übertr.〉 ▸ ich habe ihn auf ~n darum gebeten 〈übertr.〉 *inständig, flehentlich;* jmdm. auf ~n danken 〈übertr.〉 *herzlichst danken;* auf die ~ fallen; vor jmdm. auf den ~n liegen *allzu demütig, ehrfürchtig sein;* sich auf ein ~ niederlassen; das Kind sitzt auf dem ~ des Vaters; sich vor jmdm. auf die ~ werfen; er zog das Kind auf seine ~; in die ~ gehen 〈übertr.〉 *sich (der Gewalt) fügen, (der Gewalt) nachgeben; sich als unterlegen erklären; infolge von Überlastung versagen* (Computer); in die ~ sinken; jmdn. in die ~ zwingen 〈übertr.〉 *ihn besiegen, unterwerfen;* ein ~ im Ofenrohr, Wasserrohr einsetzen; etwas übers ~ brechen 〈übertr.〉 *überstürzen;* jmdn. übers ~ legen *ihn verhauen*

Knie|beu|ge 〈die; -, -n〉 *Beugen der Knie (als Turnübung od. als ehrerbietiger Gruß, z. B. vor dem Kruzifix)* ▸ zehn ~n machen

Knie|bund|ho|se 〈die; -, -n〉 *Hose, die unterhalb des Knies mit einem Bund abschließt*

Knie|fall 〈der; -(e)s, -fäl|le〉 *Niederlassen auf die Knie (als Zeichen der Ehrerbietung od. des flehentlichen Bittens)* ▸ einen ~ (vor jmdn.) tun 〈übertr.〉 *sich (vor jmdm.) demütigen (um etwas zu erreichen)*

knie|frei 〈Adj.〉 *die Knie unbekleidet lassend* (Rock)

knie|hoch 〈Adj.〉 *so hoch wie die Knie über dem Boden* ▸ kniehohes Gras; der Schnee liegt ~

Knie|keh|le 〈die; -, -n〉 *hinterer Teil des Knies (1);* ⓘ S. 146

knie|lang 〈Adj.〉 *vom Oberkörper od. von der Hüfte bis zum Knie reichend* ▸ ein ~er Rock

knien 〈[kniːn] a. [kniːən] V. intr.; kniet, knie|te, hat ge|kniet〉 *auf den Knien liegen* ▸ auf dem Boden ~; vor dem Altar, vor jmdm. ~

Knie|schei|be 〈die; -, -n〉 *Knochenscheibe an der Vorderseite des Kniegelenks;* Syn *Patella*

Knie|schüt|zer 〈der; -s, -〉 *Bandage od. Polster zum Schutz des Kniegelenks, z. B. beim Fußballspielen;* Syn *Knieschoner*

Knie|strumpf 〈der; -(e)s, -strümp|fe〉 *bis zum Knie reichender Strumpf*

knie|tief 〈Adj.〉 *so tief, dass man bis zum Knie einsinkt* ▸ ~er Schlamm, Schnee

kniff → *kneifen*

Kniff 〈der; -(e)s, -e〉 **1** *das Kneifen* **2** *scharfe Falte, umgebogene Stelle* **3** 〈übertr.〉 *Kunstgriff, Trick* ▸ jmdn. die ~e des Zauberns lehren; es ist ein ~ dabei; sie gab ihm einen ~ in die Seite

kniff|lig 〈Adj.〉 **1** *schwierig, mühsam, Geduld u. Geschicklichkeit erfordernd* (Arbeit) **2** *heikel* (Angelegenheit)

Knig|ge 〈der; - od. -s; unz.〉 *Buch mit Regeln über richtiges gesellschaftl. Verhalten, über korrekte Umgangsformen*

knip|sen 〈V. trans. u. V. intr.; knipst, knips|te, hat ge|knipst〉 **1** *mit den Fingern einen kurzen, hellen Laut erzeugen* **2** *einen Schalter betätigen* **3** einen Fahrschein ~ *lochen* **4** *den Auslöser am Fotoapparat betätigen* **5** (jmdn., ein Tier, einen Gegenstand) ~ *(dilettantisch) fotografieren* ▸ hast du schon geknipst?; der Schaffner hat die Fahrkarte geknipst; ich habe im Urlaub viel geknipst

Knirps 〈der; -es, -e〉 *kleiner Junge*

knir|schen 〈V. intr.; knirscht, knirsch|te, hat geknirscht〉 *ein hartes, reibendes Geräusch von sich geben* ▸ „Warte doch!", knirschte er 〈übertr.〉 *stieß er wütend zw. den Zähnen hervor;* die Räder knirschten auf dem Schnee; mit den Zähnen ~ *die Zähne (vor Wut) aufeinanderreiben;* der Kies, Sand, Schnee knirschte unter seinen Schritten

knis|tern 〈V. intr.; knis|tert, knis|ter|te, hat ge|knistert〉 *bei Bewegung feine, leise u. hell knackende, raschelnde Laute von sich geben* ▸ Papier knistert; trockene od. brennende Zweige ~; man glaubt, die Atmosphäre ~ zu hören *die in der Luft liegende Spannung, Erregung zu spüren;* es knistert im Gebälk 〈übertr.〉 *Gefahr droht (urspr. wie von Feuer od. nicht mehr tragfähigen Balken);* das Feuer knistert im Ofen; ~de Stoffe

knit|tern 〈V.; knit|tert, knit|ter|te, hat ge|knit|tert〉 **I** 〈V. intr.〉 *kleine Druckfalten bilden* (Bluse, Kleid, Stoff) **II** 〈V. trans.; umg.〉 Stoff, Papier ~ *zerknittern, kleine Falten in etwas machen* ▸ pass auf, dass du den Stoff nicht knitterst

knitt|rig 〈Adj.〉 oV *knitterig* **1** *leicht knitternd* **2** *zerknittert*

kno|beln 〈V. intr.; kno|belt, kno|bel|te, hat geknobelt〉 **1** *würfeln* **2** an od. über etwas ~ *denken, nachdenken* ▸ Knobeln *Methode, eine Entscheidung zu treffen, wer von beiden etwas Bestimmtes tun soll, indem man mit der Hand das Zeichen „Stein", „Schere" od. „Papier" macht: Stein gegen Papier verliert (wird eingewickelt), Papier gegen Schere verliert (wird zerschnitten), Schere gegen Stein verliert (wird stumpf)*

Knob|lauch 〈der; -s; unz.〉 **1** 〈Bot.〉 *eine Pflanze mit zwiebeltragenden Dolden von scharfem Ge-*

K

ruch **2** *als Gewürz u. Heilmittel verwendete Zwiebel des Knoblauchs (1);* ⓘ S. 1002

Knö|chel ⟨der; -s, -⟩ **1** *vorspringendes Ende der Unterschenkelknochen;* ⓘ S. 146; Zus *Fußknöchel* **2** *Fingerknöchel* ▸ sich bei einem Sturz den ~ brechen, verstauchen

knö|chel|lang ⟨Adj.⟩ *vom Oberkörper od. der Hüfte bis zum Knöchel reichend* ▸ ~e Röcke

knö|chel|tief ⟨Adj.⟩ *so tief, dass man bis zum Knöchel einsinkt* ▸ ~er Schlamm

Kno|chen ⟨der; -s, -⟩ **1** *Teil des Skeletts;* Zus *Beckenknochen, Fußknochen, Handknochen, Oberschenkelknochen* **2** ⟨nur Pl.⟩ *Glieder* **3** ⟨umg.⟩ *Person, Kerl* ▸ sich beim Skifahren die ~ **brechen;** seine ~ **hinhalten** *sich für etwas opfern;* **wehtun:** mir tun alle ~ weh *ich bin zerschlagen, erschöpft* ▸ **feste,** schwere, starke, weiche, zarte ~ haben; ein **müder** ~ ⟨übertr.; umg.⟩ *schlapper, energieloser Mensch;* seine müden ~ ausruhen ⟨umg.⟩ ▸ der Hund nagt **an** einem ~; bis **auf** die ~ abmagern; sich bis auf die ~ blamieren ⟨umg.⟩ *sehr blamieren;* die Wunde geht bis auf den ~; er ist konservativ bis **in** die ~ ⟨umg.⟩ *sehr, zutiefst, bis ins Innerste konservativ;* der Schreck fuhr mir in die ~ ⟨umg.⟩; er hat keinen Mumm in den ~ ⟨umg.⟩ *er hat keine Kraft;* ⟨übertr.⟩ *er hat keinen Mut;* der Schreck sitzt mir noch in den ~ ⟨umg.⟩; Fleisch **mit,** ohne ~ kochen

Kno|chen|ar|beit ⟨die; -; unz.; umg.⟩ *sehr harte körperliche Arbeit*

Kno|chen|bruch ⟨der; -(e)s, -brü|che⟩ *Bruch eines Knochens;* Syn *Fraktur (II)*

Kno|chen|ge|rüst ⟨das; -(e)s, -e⟩ *Gerippe, Skelett, Gesamtheit der Knochen (im Körper)*

kno|chen|hart ⟨Adj.; umg.⟩ *sehr hart* ▸ das Brot ist ~

Kno|chen|mark ⟨das; -(e)s; unz.; Anat.⟩ *in den langen Röhrenknochen enthaltenes Zellgewebe;* Zus *Knochenmarktransplantation*

kno|chen|tro|cken ⟨Adj.; umg.⟩ **1** *extrem trocken* **2** ⟨übertr.; umg.⟩ *unanschaulich, langweilig* ▸ der Kuchen ist ~; der Vortrag, Artikel ist ~

knö|chern ⟨Adj.⟩ *aus Knochen (bestehend);* →a. *verknöchert*

kno|chig ⟨Adj.⟩ *mit starken od. stark hervortretenden Knochen versehen* (Gesicht, Körper)

Knö|del ⟨der; -s, -; oberdt.⟩ = *Kloß (2);* Zus *Kartoffelknödel, Semmelknödel*

Kno|fel ⟨der; -s; unz.; umg.⟩ *Knoblauch* ▸ du riechst nach ~

Knol|le ⟨die; -, -n⟩ *fleischig verdicktes pflanzliches Organ, das der Speicherung von Nährstoffen u. zum Teil auch der vegetativen Vermehrung dient;* Zus *Wurzelknolle*

knol|lig ⟨Adj.⟩ **1** *mit Knollen versehen* **2** *wie eine Knolle* ▸ ~e Nase

Knopf ⟨der; -(e)s, Knöp|fe⟩ **1** *kleiner, meist runder, scheiben- od. kugelförmiger Gegenstand, der an der Kleidung angenäht wird u. mit dem Knopfloch einen Verschluss bildet;* Zus *Druckknopf, Glasknopf, Hemdknopf, Hosenknopf, Holzknopf, Jackenknopf, Perlmuttknopf* **2** *runde Drückvorrichtung;* Zus *Klingelknopf, Schaltknopf* **3** *Griff, Knauf;* Zus *Türknopf* ▸ der ~ ist **abgerissen;** einen ~ wieder **annähen;** ich habe an der Jacke einen ~ **verloren;** die Knöpfe (am Mantel usw.) **zuknöpfen** ▸ **auf** den ~ drücken

Knopf|druck ⟨der; -(e)s; unz.⟩ *Drücken eines Knopfes* ▸ die Tür öffnet sich auf ~ (hin)

knöp|fen ⟨V. trans.; knöpft, knöpf|te, hat geknöpft⟩ etwas ~ **1** *mit Knöpfen schließen od. öffnen* **2** *mit Knöpfen befestigen* ▸ das Hemd wird links geknöpft

Knopf|loch ⟨das; -(e)s, -lö|cher⟩ *Loch zum Zuknöpfen* ▸ eine Nelke im ~ tragen

Knor|pel ⟨der; -s, -; Anat.⟩ *bes. festes, aber im Gegensatz zum Knochen schneidbares u. elastisches, als Stützsubstanz dienendes Bindegewebe*

knor|pe|lig ⟨Adj.⟩ oV *knorplig* **1** *mit Knorpeln versehen od. durchsetzt* (Fleisch) **2** *wie (ein) Knorpel* ▸ eine ~e Masse

knor|rig ⟨Adj.⟩ **1** *astreich* **2** *krumm gewachsen* (Baum) **3** *groß, unbehauen* (Klotz) **4** *ausgemergelt, aber kräftig, zäh, sehnig* ▸ ~er alter Mann

Knos|pe ⟨die; -, -n; Bot.⟩ *junger Pflanzenspross mit Anlage eines Blattes od. einer Blüte* ▸ ~n ansetzen, treiben; die Sträucher haben schon ~n; Zus *Blattknospe, Blütenknospe*

knos|pen ⟨V. intr.; knospt, knosp|te, hat geknospt⟩ *sprießen, Knospen treiben, zu wachsen beginnen* ▸ ~de Bäume, Blumen, Blätter

kno|ten ⟨V. trans.; kno|tet, kno|te|te, hat ge|knotet⟩ die Schnürsenkel ~ *zu einem Knoten verschlingen, verknüpfen*

Kno|ten ⟨der; -s, -⟩ **1** *fest verschlungene Fäden, Stricke* **2** *Anschwellung, Auswuchs, Verdickung, z. B. am Holz, an Gliedern;* Zus *Gichtknoten* **3** ⟨Mar.; Zeichen: kn⟩ *Maß für die Geschwindigkeit eines Schiffes, 1 kn = eine Seemeile pro Stunde (nach den als Knoten in die Logleine eingeknüpften Marken)* **4** *(am Hinterkopf) aufgestecktes Haar;* Zus *Haarknoten* **5** ⟨kurz für⟩ *Knotenpunkt* ▸ einen ~ **aufknüpfen,** lösen; den ~ **durchhauen,** zerschlagen ⟨übertr.⟩ *ein Problem energisch lösen;* einen ~ **machen;** bei ihm ist der ~ endlich **geplatzt** ⟨übertr.; umg.⟩ *endlich hat er begriffen;* da **steckt** der ~ ⟨übertr.⟩; einen ~ (im Nacken) **tragen** ▸ **fester,** lockerer ~ ▸ Zubringer **für** den ~ Berlin; einen ~ **in** der Brust tasten; sich einen ~ ins Taschentuch machen (als Gedächtnisstütze); **mit** 18 ~ fahren ⟨Mar.⟩; das Haar **zu** einem ~ stecken; →a. *gordisch*

Kno|ten|punkt ⟨der; -(e)s, -e⟩ *Ort, an dem sich mehrere Verkehrslinien kreuzen;* Zus *Eisenbahnknotenpunkt, Verkehrsknotenpunkt*

kno|tig ⟨Adj.⟩ **1** *mit Knoten versehen* (Finger) **2** *wie Knoten, knotenartig*

Know-how *auch:* **Know|how** ⟨[no:hau] das; - od. -s; unz.⟩ *das Wissen, wie etwas gemacht wird* ▸ er verfügt noch nicht über das notwendige ~

Knub|bel ⟨der; -s, -; umg.⟩ *Verdickung, kleine Erhebung* ▸ ein kleiner ~ an der Stirn

knud|de|lig ⟨Adj.; umg.⟩ *herzig, niedlich, drollig,*

zum Knuddeln, zu Liebkosungen verführend; oV *knuddlig* ▸ ein ~es Kind

knud|deln ⟨V. trans.; knud|delt, knud|del|te, hat ge|knud|delt; umg.⟩ jmdn. od. ein Tier ~ *liebkosen, schmusen, streicheln*

Knuff ⟨der; -(e)s, -e⟩ *leichter Schlag od. Stoß mit der Faust od. mit dem Ellenbogen* ▸ jmdm. einen ~ versetzen

knuf|fen ⟨V. trans.; knufft, knuff|te, hat ge|knufft⟩ jmdn. ~ *jmdm. einen Knuff versetzen, jmdn. mit der Faust od. mit dem Ellenbogen stoßen* ▸ jmdn. in die Seite, in den Arm, Rücken ~

knül|len ⟨V.; knüllt, knüll|te, hat ge|knüllt⟩ **I** ⟨V. intr.⟩ *knittern, Druckfalten bilden* (Stoff) ▸ der Stoff knüllt leicht **II** ⟨V. trans.⟩ Papier ~ *zusammendrücken, zerknüllen, zerknittern* ▸ knüll das Papier nicht so!

Knül|ler ⟨der; -s, -; umg.⟩ *eine Sache, die einschlägt, Erfolg* ▸ das Lied, der Film, das Buch, die Ware ist ein ~

knüp|fen ⟨V. trans.; knüpft, knüpf|te, hat geknüpft⟩ **1** einen Teppich ~ *Fäden miteinander verschlingen, bes. zu kunstvollen Mustern* **2** etwas an etwas ~ *durch Knoten befestigen* **3** ⟨übertr.⟩ etwas an etwas ~ *anschließen, mit etwas verbinden, einen gedanklichen Zusammenhang herstellen* **4** ⟨übertr.⟩ Kontakte ~ *persönliche od. geschäftliche Verbindungen zu anderen aufbauen* ▸ an die alte Stadt ~ sich für mich viele schöne Erinnerungen ⟨übertr.⟩; er knüpfte daran die Bedingung, dass … ⟨übertr.⟩; eine Frage an ein Gespräch ~ ⟨übertr.⟩

Knüp|pel ⟨der; -s, -⟩ **1** *kurzer, dicker, harter Stock;* Zus *Gummiknüppel* **2** ⟨im Flugzeug⟩ *Steuerhebel* **3** ⟨im Kfz⟩ *Gangschalthebel (bei Knüppelschaltung)* ▸ jmdm. einen ~ zwischen die Beine werfen ⟨übertr.⟩ *ihm Hindernisse in den Weg stellen, Schwierigkeiten machen*

knüp|pel|dick ⟨Adj.; umg.⟩ *dick wie ein Knüppel* ▸ es kam plötzlich ~ ⟨übertr.⟩ *es passierten viele unangenehme Sachen zur gleichen Zeit*

knur|ren ⟨V. intr.; knurrt, knurr|te, hat ge|knurrt⟩ **1** *drohende, dunkle Kehllaute ausstoßen* (Hund) **2** ⟨übertr.⟩ **2.1** *übelgelaunt vor sich hin reden* **2.2** *kollernde Töne von sich geben* (Darm, Magen) ▸ der Hund knurrte, als er wieder ins Haus ging; „Geht weg!“, knurrte er; mir knurrt der Magen ⟨übertr.⟩ *ich habe Hunger;* über das schlechte Essen, das Wetter ~

knur|rig ⟨Adj.⟩ *murrend, mürrisch, verdrießlich* ▸ ein ~er Typ; Abl *Knurrigkeit*

Knus|per|häus|chen ⟨das; -s, -⟩ *mit Lebkuchen bedecktes Märchenhäuschen;* Syn *Hexenhäuschen*

knus|pern ⟨V. trans.; knus|pert, knus|per|te, hat ge|knus|pert⟩ Plätzchen ~ *knabbern (hartes Gebäck o. Ä.), in kleinen Bissen hörbar essen*

knusp|rig ⟨Adj.⟩ *hart gebacken, angenehm zum Knabbern* (Gebäck) ▸ das Brot ist noch ganz ~

Knu|te ⟨die; -, -n⟩ **1** *Peitsche* **2** ⟨übertr.⟩ *Gewalt(herrschaft)* ▸ einem Tier die ~ geben; die ~ zu spüren bekommen; unter jmds. ~ stehen ⟨übertr.⟩ *nichts zu sagen haben, unterdrückt sein*

knut|schen ⟨V. intr. u. V. trans.; knutscht, knutsch|te, hat ge|knutscht; umg.⟩ (jmdn. od. sich od. mit jmdm.) ~ *(jmdn. od. einander) heftig u. lange drücken u. küssen*

Knutsch|fleck ⟨der; -(e)s, -e; umg.⟩ *blauer Fleck, der durch heftiges, saugendes Küssen auf der Haut entsteht* ▸ jmdm. einen ~ machen; einen ~ am Hals haben

k. o. ⟨Adj.; nur präd. u. adv.⟩ *niedergeschlagen, kampfunfähig* ▸ ich bin vollkommen ~ ⟨umg.⟩ *ich bin völlig erschöpft*

K. o. ⟨der; -, -; Boxsport⟩ *Niederschlag, völlige Besiegung;* Zus *K.-o.-Sieg*

Ko|a|la ⟨der; -s, -s⟩ *aus Südaustralien stammendes Tier mit plumpem Körper u. bräunlichem, dichtem Fell, das auf Bäumen lebt u. dessen Weibchen seine Jungen in einem Beutel tragen;* Syn *Beutelbär*

ko|a|lie|ren ⟨V. intr.; ko|a|liert, ko|a|lier|te, hat ko-a|liert; Pol.⟩ (mit jmdm.) ~ *eine Koalition bilden, sich vereinigen, verbünden;* oV *koalisieren*

Ko|a|li|ti|on ⟨die; -, -en⟩ *Vereinigung, Bündnis, zweckbestimmte Verbindung (von Parteien od. Staaten)* ▸ große/Große ~; kleine/Kleine ~; Zus *Koalitionspartner, Koalitionsregierung, Koalitionsverhandlung*

Ko|au|tor ⟨der; -s, -en⟩ *Mitverfasser, -autor;* oV *Konautor;* Abl *Koautorin*

Ko|balt ⟨das; -(e)s; unz.; chem. Zeichen: Co⟩ *graues, glänzendes, magnetisches Metall, Ordnungszahl 27, wird in Legierungen u. als Katalysator verwendet;* oV ⟨fachsprachl.⟩ *Cobalt*

Ko|bold ⟨der; -(e)s, -e⟩ *Erdgeist, zwergenhafter (guter) Hausgeist*

Ko|b|ra ⟨die; -, -s; Zool.⟩ *gefährlichste Giftschlange Indiens mit einer Zeichnung auf dem Nacken, die einer Brille ähnelt*

Koch ⟨der; -(e)s, Kö|che⟩ *jmd., der berufsmäßig Speisen zubereitet, Lehrberuf mit dreijähriger Lehrzeit* ▸ er arbeitet als ~; viele Köche verderben den Brei ⟨übertr.⟩ *wenn allzu viele mit einer Sache zu tun haben, gelingt sie nicht;* Abl *Köchin;* Zus *Kochmütze; Chefkoch, Diätkoch, Hotelkoch, Meisterkoch*

Koch|beu|tel ⟨der; -s, -⟩ *Beutel aus kochfestem Material, in dem körnige Nahrungsmittel gekocht werden können* ▸ eine Packung Reis im ~

Koch|buch ⟨das; -(e)s, -bü|cher⟩ *Buch mit Kochrezepten*

kö|cheln ⟨V. intr.; kö|chelt, kö|chel|te, hat ge|köchelt⟩ *leicht brodelnd kochen* ▸ die Suppe köchelt auf dem Herd

ko|chen ⟨V.; kocht, koch|te, hat ge|kocht⟩ **I** ⟨V. intr.⟩ **1** *sieden, wallen* (Wasser) **2** *Speisen durch Erhitzen zubereiten;* Zus *Kochherd, Kochlöffel, Kochtopf* ⓘ S. 255 **3** ⟨übertr.; umg.⟩ *stark erregt, wütend sein (ohne es zu zeigen)* ▸ die Kartoffeln ~ schon; das Mittagessen ~ ▸ ~ können; sie kann sehr gut ~; den Pudding langsam ~ lassen; ~ lernen; der Reis muss 20 Minuten ~ ▸ gern, gut, schlecht ~; ~d heiß *fast 100 °C heiß, fast kochend;* ~d heißes Wasser ▸ in ihm kochte es 〈übertr.〉; er kochte vor Zorn 〈übertr.〉; es wird nichts so heiß gegessen, wie es gekocht wird 〈Sprichw.〉 *am Anfang sieht manches schlimmer aus, als es dann ist;* Milch zum Kochen bringen ▸ ~des Wasser **II** 〈V. trans.〉 Speisen ~ *durch Erhitzen mit einer Flüssigkeit zubereiten od. garen* ▸ Essen ~; Fleisch, Gemüse, Kartoffeln, Milch, Nudeln, Suppe ~; Kaffee, Tee ~; gekochte Karotten

Ko|cher 〈der; -s, -〉 *kleines Gerät zum Kochen* ▸ einen elektrischen ~ benutzen; Zus *Gaskocher, Spirituskocher*

Koch|ni|sche 〈die; -, -n〉 *vom Wohnzimmer od. Flur abgetrennte Nische mit Herd statt der Küche*

Koch|plat|te 〈die; -, -n〉 **1** *kleines Kochgerät mit nur einer elektr. Heizplatte* **2** *Herdplatte*

Koch|re|zept 〈das; -(e)s, -e〉 *Vorschrift, Anleitung zum Kochen einer Speise*

Koch|salz 〈das; -es; unz.〉 *im Wesentlichen aus Natriumchlorid, NaCl, bestehendes, essbares Salzgemisch;* Zus *Kochsalzlösung*

Koch|schin|ken 〈der; -s, -〉 *gepökelter u. gekochter Schinken aus den Hinterschenkeln (vom Schwein)*

Koch|wä|sche 〈die; -; unz.〉 **1** *Wäsche, die bei einer Temperatur von 95° C gewaschen werden kann* **2** *Waschvorgang für Kochwäsche (1)* ▸ Unterhemden in die ~ geben

Kode 〈[ko:d] der; -s, -s〉 = *Code*

Kö|der 〈der; -s, -〉 **1** *Lockspeise zum Fangen von Tieren;* Zus *Fischköder* **2** 〈übertr.〉 *Lockmittel* ▸ einen ~ auslegen, auswerfen; eine Anzeige als ~ benutzen

kö|dern 〈V. trans.; kö|dert, kö|der|te, hat ge|kö|dert; a. übertr.〉 ein Tier od. jmdn. (mit etwas) ~ *mittels Köders anlocken* ▸ jmdn. mit Geld ~ 〈übertr.〉

Ko|dex 〈der; -es, -e od. -di|zes〉 **1** *Gesetzbuch, Gesetzessammlung* **2** *Gesamtheit der Regeln, die in einer Gesellschaft od. Gesellschaftsgruppe maßgebend sind;* Zus *Ehrenkodex, Verhaltenskodex*

ko|die|ren 〈V. trans.; ko|diert, ko|dier|te, hat ko|diert〉 etwas ~ = *codieren;* Abl *Kodierung*

Ko|edu|ka|ti|on 〈die; -; unz.〉 *gemeinschaftliche Erziehung von Mädchen u. Jungen (in der Schule);* Abl *koedukativ*

Ko|ef|fi|zi|ent 〈der; -en, -en; Math.〉 *Faktor, der durch eine allgemeine od. bestimmte Zahl bezeichnet wird*

Ko|exis|tenz 〈a. ['----] die; -; unz.〉 *das Nebeneinanderexistieren, gleichzeitiges Vorhandensein (bes. von Staaten mit verschiedenen Regierungsformen)* ▸ friedliche ~

ko|exis|tie|ren 〈a. ['-----] V. intr.; ko|exis|tiert, ko|exis|tier|te, hat ko|exis|tiert〉 *nebeneinander existieren, gleichzeitig vorhanden sein*

Kof|fe|in 〈das; -s; unz.〉 *besonders in Kaffee u. Tee enthaltener, anregender Stoff;* oV 〈fachsprachl.〉 *Coffein;* Syn *Tein;* Abl *koffeinfrei, koffeinhaltig*

Kof|fer 〈der; -s, -〉 *viereckiger, tragbarer Behälter für Kleider u. kleine Utensilien, die man auf der Reise braucht* ▸ den ~ aufgeben *als Reisegepäck durch die Eisenbahn schicken lassen;* am Urlaubsort den ~ auspacken; wir müssen noch die ~ für die Reise packen; wie schwer ist der ~?; aus dem ~ leben *ständig unterwegs sein, nur in Hotels o. Ä. leben;* pro Fluggast ist ein ~ erlaubt; ⓘ S. 897; Zus *Kofferkuli* ⓘ S. 897; *Autokoffer, Handkoffer, Musterkoffer (eines Vertreters), Reisekoffer, Schrankkoffer*

Kof|fer|raum 〈der; -(e)s, -räu|me〉 *Raum für Gepäck im Kraftwagen* ▸ dieses Auto hat einen großen ~; das Gepäck im ~ verstauen; ist noch Platz im ~?; öffnen Sie bitte Ihren ~!; ⓘ S. 896

Ko|gnak 〈[-njak] der; -s, -s〉 *Weinbrand;* →a. *Cognac®*

Ko|gni|ti|on 〈die; -, -en〉 *Erkenntnis*

ko|gni|tiv 〈Adj.〉 *auf der Erkenntnis beruhend*

ko|hä|rent 〈Adj.〉 *zusammenhängend;* Ggs *inkohärent;* Abl *Kohärenz*

Kohl 〈der; -(e)s, -e; Bot.〉 *eine Gemüsepflanze, die in zahlreichen Arten vorkommt* ▸ heute Mittag gibt es ~ und Würstchen; das macht den ~ auch nicht fett 〈übertr.〉 *das nützt nun auch nichts (mehr);* Zus *Blattkohl, Blumenkohl* ⓘ S. 1002, *Grünkohl, Kopfkohl, Rosenkohl* ⓘ S. 1002, *Rotkohl, Sauerkohl, Weißkohl* ⓘ S. 1002

Kohl|dampf 〈der; -s; unz.; umg.〉 *großer Hunger* ▸ ~ schieben *Hunger haben*

Koh|le 〈die; -, -n〉 **1** *Brennstoff, der im Lauf langer Zeiträume aus Holz, Farnen od. anderen pflanzlichen Stoffen unter Luftabschluss entstanden ist;* Zus *Kohlekraftwerk; Braunkohle, Glanzkohle, Steinkohle* **2** *Holzkohle* **3** *Holzkohle zum Zeichnen;* Zus *Kohlestift; Zeichenkohle* **4** 〈übertr.; umg.〉 *Geld* ▸ ~ abbauen, fördern; die ~n verdienen 〈übertr.; umg.〉 ▸ über glühende ~n laufen; ich habe keine ~ mehr 〈übertr.; umg.〉 ▸ wie auf (glühenden) ~n sitzen 〈übertr.〉 *sich in einer peinlichen Lage befinden; sehr ungeduldig warten;* mit ~n heizen; mit ~ zeichnen; zu ~ verbrennen

Koh|len|di|oxid 〈das; -(e)s; unz.; Chem.〉 *schwach säuerlich schmeckendes, farbloses, nichtbrennbares Gas;* Syn *Kohlenstoffdioxid*

Koh|len|hy|d|rat 〈das; -(e)s, -e; Biochem.〉 *organisch-chemische Verbindung, die neben Kohlenstoff noch Wasserstoff u. Sauerstoff enthält u. den Körper mit Energie versorgt;* Syn *Saccharid*

Koh|len|mon|oxid 〈das; -(e)s; unz.〉 *ein farb- u. geruchloses giftiges Gas, das bei der Verbrennung von Kohlenstoff entsteht;* Syn *Kohlenstoffmonoxid*

Koh|len|säu|re 〈die; -; unz.; Chem.〉 **1** *durch Lösen von Kohlendioxid in Wasser entstehende schwache Säure* **2** 〈fälschlich〉 = *Kohlendioxid*

Koh|len|stoff 〈der; -(e)s; unz.; chem. Zeichen: C〉 *nicht metallisches, chemisches Element, Ordnungszahl 6;* Abl *kohlenstoffhaltig*

Koh|le|pa|pier 〈das; -(e)s; unz.〉 *dünnes, einseitig gefärbtes Papier (für Durchschläge)*

Kohl|kopf 〈der; -(e)s, -köp|fe〉 *einzelne Kohlpflanze*

Kohl|mei|se 〈die; -, -n; Zool.〉 *eine der häufigsten einheim. Meisen mit schwarzem Käppchen*

K

kohl|ra|ben|schwarz ⟨Adj.⟩ *tiefschwarz*

Kohl|ra|bi ⟨der; -s, -s; Bot.⟩ *eine Form des Gemüsekohls mit einer Knolle mit Stängeln*

Kohl|rou|la|de ⟨[-ru-] die; -, -n; Kochk.⟩ *gedünstete, in Weißkohlblätter eingewickelte u. gewürzte Hackfleischrolle*

Kohl|spros|sen ⟨Pl.; österr.⟩ *Rosenkohl*

Ko|hor|te ⟨die; -, -n; übertr.⟩ *ausgewählte Gruppe (von Personen)*

Ko|in|zi|denz ⟨die; -; unz.⟩ *Zusammentreffen (zweier Ereignisse);* Abl *koinzident*

Ko|i|tus ⟨der; -, -⟩ *Geschlechtsverkehr;* oV *Coitus;* Syn *Beischlaf, Geschlechtsakt, Kohabitation*

Ko|je ⟨die; -, -n⟩ **1** ⟨auf Schiffen⟩ *eingebautes, schmales Bett* **2** ⟨umg.⟩ *Bett*

Ko|jo|te ⟨der; -n, -n; Zool.⟩ *in der Lebensweise dem Wolf ähnelnder Präriehund, der im westlichen Nordamerika vorkommt;* oV *Coyote;* Syn *Präriewolf*

Ko|ka ⟨die; -, -; Bot.⟩ *in Bolivien heimische Pflanze, deren Blätter Kokain enthalten u. in Südamerika als Anregungsmittel gekaut werden;* oV *Coca*

Ko|ka|in ⟨das; -s; unz.⟩ *in den Blättern des Kokastrauches enthaltenes Alkaloid, ein Betäubungs- u. Rauschmittel, das die Erregungsleitung in den Nerven unterbindet;* oV *Cocain;* Syn ⟨umg.⟩ *Koks[2];* Zus *Kokainsucht*

ko|keln ⟨V. intr.; ko|kelt, ko|kel|te, hat ge|ko|kelt; umg.⟩ *mit Feuer spielen, z. B. kleine Tannenzweige anzünden*

ko|kett ⟨Adj.; -er, am -es|ten⟩ *in spielerischer Art darauf bedacht, anderen (bes. Männern) zu gefallen* ▸ ~er Blick; ~es Lächeln; ~es Mädchen; ~ lächeln; sie ist sehr ~

ko|ket|tie|ren ⟨V. intr.; ko|ket|tiert, ko|ket|tier|te, hat ko|ket|tiert⟩ **1** *sich kokett benehmen, seine Reize spielenlassen* **2** mit jmdm. ~ *jmds. Gefallen zu erregen suchen, jmdn. erotisch zu reizen suchen* **3** ⟨übertr.⟩ mit etwas ~ *mit dem Gedanken an etwas spielen, liebäugeln* ▸ sie kokettiert mit ihrer angeblichen Ahnungslosigkeit

Ko|ko|lo|res ⟨der; -; unz.; umg.⟩ **1** *überflüssige Umstände* **2** *unnützes Geschwätz* ▸ mach nicht solchen ~

Ko|kon ⟨[-kɔ̃:] od. [-kɔŋ] der; -s, -s; Zool.⟩ *von den Larven verschiedener Insekten angefertigtes Gehäuse*

Ko|kos|fett ⟨das; -(e)s; unz.⟩ *Pflanzenfett aus dem Fleisch der Kokosnuss;* Syn *Kokosbutter*

Ko|kos|milch ⟨die; -; unz.⟩ *wässrige, süßliche Flüssigkeit im Inneren der Kokosnuss*

Ko|kos|nuss ⟨die; -, -nüs|se⟩ *Frucht der Kokospalme*

Ko|kos|pal|me ⟨die; -, -n; Bot.⟩ *20-30 m hohe Palme mit 4-6 m langen, steifen federartigen Blättern an der Spitze*

Koks[1] ⟨der; -es, -e⟩ *bei der Verschwelung von Stein- od. Braunkohle entstehender, fast reiner Kohlenstoff*

Koks[2] ⟨der; -es; unz.; umg.⟩ = *Kokain*

kok|sen ⟨V. intr.; kokst, koks|te, hat ge|kokst; umg.⟩ *Kokain nehmen*

Kol|ben ⟨der; -s, -⟩ **1** ⟨Tech.⟩ *in einem Zylinder hin- u. hergehendes Teil in Kraftmaschinen* **2** *das hintere, breite Ende des Gewehrschaftes;* Zus *Gewehrkolben* **3** *Art des Blütenstandes, eine Ähre mit verdickter Hauptachse;* Zus *Maiskolben* **4** ⟨Chem.⟩ *flaschenförmiges, bauchiges, enghalsiges Glasgefäß;* Zus *Destillierkolben*

Kol|cho|se ⟨[-ço:-] die; -, -n; UdSSR bzw. Russland⟩ *landwirtschaftliche Produktionsgenossenschaft;* oV *Kolchos*

Ko|li|bak|te|ri|um ⟨das; -s, -ri|en; Med.⟩ *Bakterium, das ein wichtiger Bestandteil der normalen Darmflora ist, aber auch als Krankheitserreger auftreten kann*

Ko|li|b|ri ⟨der; -s, -s; Zool.⟩ *ein kleiner, bunter tropischer Vogel, der sehr schnell mit den Flügeln schlägt u. mit seinem spitzen Schnabel die Nahrung aus Blüten saugt*

Ko|lik ⟨a. [-'-] die; -, -en; Med.⟩ *schmerzhafte, krampfartige Zusammenziehung eines inneren Organs;* Zus *Darmkolik, Gallenkolik, Magenkolik, Nierenkolik*

kol|la|bie|ren ⟨V. intr.; kol|la|biert, kol|la|bier|te, hat/ist kol|la|biert⟩ *einen Kollaps erleiden, zusammenbrechen, ohnmächtig werden*

kol|la|bo|rie|ren ⟨V. intr.; kol|la|bo|riert, kol|la|bo|rier|te, hat kol|la|bo|riert⟩ mit jmdm. ~ **1** *zusammenarbeiten* **2** *mit dem Feind od. der Besatzungsmacht zusammenarbeiten;* Abl *Kollaborateur(in), Kollaboration*

Kol|la|gen ⟨das; -s, -e; Biol.; Med.⟩ = *Collagen*

Kol|laps ⟨a. [-'-] der; -es, -e⟩ **1** ⟨Med.⟩ *durch mangelhafte Durchblutung des Gehirns verursachter, meist auf einen Schock folgender Kreislaufzusammenbruch;* Syn *Kreislaufkollaps* **2** ⟨übertr.; allg.⟩ *Zusammenbruch* ▸ wirtschaftlicher ~

Kol|la|te|ral|scha|den ⟨der; -s, -schä|den; Mil.; beschönigend⟩ *Tötung von Zivilisten bei kriegerischen Angriffen*

Kol|leg ⟨das; -s, -s⟩ **1** ⟨veraltet⟩ = *Vorlesung* **2** *Gebäude, in dem eine Vorlesung gehalten wird* **3** *katholische Studienanstalt;* Zus *Jesuitenkolleg* ▸ ein ~ belegen; ein ~ besuchen, hören; ein ~ halten, lesen; dreistündiges ~; ins ~ gehen; ein ~ über Goethes „Faust"

Kol|le|ge ⟨der; -n, -n⟩ *jmd., der die gleiche Tätigkeit ausübt, in der gleichen Firma arbeitet, Mitarbeiter* ▸ er kommt gut mit seinen ~n aus; ich verstehe mich nicht gut mit meinen ~n; sie wird von den ~n gemobbt; Zus *Arbeitskollege, Berufskollege, Studienkollege*

kol|le|gi|al ⟨Adj.⟩ *wie ein Kollege, wie (unter) Kollegen, berufsgenössisch, amtsbrüderlich* ▸ ~es Verhältnis; ~ handeln

Kol|le|gin ⟨die; -, -gin|nen⟩ *weibl. Kollege*

Kol|le|gi|um ⟨das; -s, -gi|en⟩ *Körperschaft, Ausschuss, Gemeinschaft von Personen gleichen Amtes od. Berufs* Zus *Ärztekollegium, Lehrerkollegium, Richterkollegium*

Kol|leg|stu|fe ⟨die; -, -n⟩ *Kurssystem für das 11. bis 13. Schuljahr mit allgemeinbildendem Unterricht, Oberstufe*

Kol|lek|te ‹die; -, -n› *Sammlung freiwilliger Geldspenden (in der Kirche)*

Kol|lek|ti|on ‹die; -, -en› **1** *Zusammenstellung, Auswahl von Warenmustern, bes. von Modellen eines Modeherstellers;* Zus *Damenkollektion, Frühjahrskollektion, Herrenkollektion, Modekollektion, Sommerkollektion* **2** *Sammlung, Auswahl, meist wertvoller Gegenstände (die für einen bestimmten Zweck zusammengestellt wurden);* Zus *Briefmarkenkollektion, Kunstkollektion* ▸ die neueste ~ vorstellen; das Gemälde ist ein Teil aus der ~ von …

kol|lek|tiv ‹Adj.› **1** *gemeinsam, gemeinschaftlich, geschlossen* **2** *umfassend*

Kol|lek|tiv ‹das; -s, -e› **1** ‹bes. in sozialist. Ländern› *Arbeits-, Produktionsgemeinschaft* **2** *gemeinsam funktionierende Gruppe, Gemeinschaft* ▸ im ~ arbeiten; ~ der sozialistischen Arbeit

Kol|lek|tiv|schuld ‹die; -; unz.› *Schuld, die einer Gemeinschaft für das von einem (od. einigen) ihrer Glieder begangene Unrecht beigemessen wird*

Kol|ler ‹der; -s, -; umg.› *Tobsuchtsanfall, Wutanfall* ▸ einen ~ bekommen; seinen ~ haben

kol|li|die|ren ‹V. intr.› **I** ‹kol|li|diert, kol|li|dier|te, hat kol|li|diert› **1** (mit etwas) ~ *(zeitlich) zusammenfallen, sich überschneiden* **2** (mit jmdm.) ~ *(im Streit) aneinandergeraten* **3** (miteinander) ~ *in Konflikt geraten, widerstreiten, in Kollision(en) kommen (miteinander)* ▸ unsere Meinungen, Auffassungen kollidierten miteinander; die Vorlesungen ~ (miteinander) **II** ‹kol|li|diert, kol|li|dier|te, ist kol|li|diert› *zusammenstoßen* (Fahrzeuge) ▸ die beiden Autos sind kollidiert

Kol|li|er ‹[kɔlje:] das; -s, -s› = *Collier*

Kol|li|si|on ‹die; -, -en› **1** *(zeitl.) Überschneidung, Zusammenfallen* **2** *Zusammenstoß* **3** *Widerstreit, Zwiespalt* ▸ mit jmdm., mit etwas, mit dem Gesetz in ~(en) geraten, kommen

Kol|li|si|ons|kurs ‹der; -es, -e› **1** *Kurs eines Fahrzeugs od. beweglichen Objektes, der zur Kollision mit einem anderen Objekt führen wird* **2** ‹übertr.› *Verhaltensweise od. Strategie, die zum Konflikt od. Disput mit anderen Beteiligten führen wird* ▸ das Schiff fuhr auf ~ mit dem gesichteten Eisberg; sie ging auf ~ mit ihrem Chef

Kol|lo|qui|um ‹a. [-lɔ-] das; -s, -qui|en› *wissenschaftl. Gespräch (bes. zu Lehrzwecken)*

köl|nisch ‹Adj.› *zu Köln gehörig, aus ihm stammend* ▸ kölnisch Wasser, kölnisches Wasser, Kölnischwasser *Eau de Cologne, ein leichtes Parfüm*

Ko|lo|ni|al|macht ‹die; -, -mäch|te› *Staat, der viele od. große Kolonien besitzt*

Ko|lo|ni|al|stil ‹der; -(e)s; unz.› *ein von der Kolonialmacht in den Kolonien eingeführter Baustil, bes. Abart des engl. Klassizismus*

Ko|lo|ni|al|wa|ren ‹Pl.; veraltet› *aus den Kolonien eingeführte Lebensmittel*

Ko|lo|nie ‹die; -, -n› **1** *Ansiedlung von Ausländern in einem Staat* **2** *die Ausländergruppe selbst* **3** *unselbstständiges, oft überseeisches Gebiet, in dem eine Kolonialmacht die direkte Herrschaft über die Bevölkerung ausübt* **4** *am Stadtrand gelegene Wohnsiedlung;* Zus *Laubenkolonie* **5** ‹Zool.› *Tierverband, Vereinigung gesellig lebender Tiere;* Zus *Pinguinkolonie*

Ko|lon|na|de ‹die; -, -n› *Säulengang ohne Bögen*

Ko|lon|ne ‹die; -, -n› **1** *geordnete, gegliederte Schar, Zug;* Zus *Marschkolonne* **2** *Transporttruppe;* Zus *Rettungskolonne, Sanitätskolonne* **3** *Arbeitsgruppe;* Zus *Arbeitskolonne* **4** *Druckspalte, Spalte innerhalb einer Tabelle* ▸ in ~n marschieren

ko|lo|rie|ren ‹V. trans.; ko|lo|riert, ko|lo|rier|te, hat ko|lo|riert› etwas ~ *mit Farbe ausmalen* ▸ kolorierter Stich, koloriertes Foto; Abl *Kolorierung*

Ko|lo|rit ‹das; -(e)s, -e› **1** ‹Mal.› *Farbgebung, Farbwirkung* **2** ‹Mus.› *Klangfarbe, -eigenart* **3** ‹Lit.› *die bes. Stimmung, Atmosphäre einer Schilderung;* Zus *Lokalkolorit*

Ko|loss ‹der; -es, -e› **1** *Riesenstandbild* **2** ‹allg.› *riesiges Gebilde;* Zus *Felskoloss* **3** ‹übertr.; umg.› *sehr großer, dicker, schwerer Mensch* ▸ der ~ von Rhodos

ko|los|sal ‹Adj.› **1** *riesig, riesenhaft* **2** *gewaltig* **3** ‹übertr.; umg.› *sehr, ungeheuer* ▸ ein ~es Gebäude; ~ groß, dick, schwer; von ~en Ausmaßen

Kol|por|ta|ge ‹[-ʒə] die; -; unz.› **1** *Billiges, Minderwertiges;* Zus *Kolportageroman* **2** *Verbreitung von Gerüchten* ▸ dieses Bericht ist reine ~

kol|por|tie|ren ‹V. trans.; kol|por|tiert, kol|por|tier|te, hat kol|por|tiert› Nachrichten ~ *als Gerücht verbreiten* ▸ in der Presse wird kolportiert, dass der Bundeskanzler erkrankt ist

Kölsch ‹das; - od. -s; unz.› **1** *obergäriges, in Köln gebrautes Weißbier* **2** *Kölner Dialekt*

Ko|lum|ne ‹die; -, -n› **1** *Säule, senkrechte Reihe* **2** *in einer Zeitung od. Zeitschrift regelmäßig an gleicher Stelle erscheinender, meist von demselben Autor verfasster Meinungsbeitrag*

Ko|lum|nist ‹der; -en, -en› *jmd., der regelmäßig Artikel für eine bestimmte Spalte einer Zeitung schreibt;* Abl *Kolumnistin*

Ko|ma ‹das; -s, -s; Med.› *tiefe Bewusstlosigkeit, die durch äußere Reize nicht unterbrochen werden kann* ▸ im ~ liegen; aus dem ~ erwachen

Kom|bi ‹der; -s, -s; kurz für› *Kombiwagen*

Kom|bi|lohn ‹der; -(e)s, -löh|ne; Pol.› *Koppelung von Arbeitslohn u. staatlichem Zuschuss, bes. bei niedrigen Löhnen, die kaum höher als das Arbeitslosengeld liegen, zur Förderung versicherungspflichtiger Arbeitsstellen u. zum Abbau der Arbeitslosigkeit*

Kom|bi|na|ti|on ‹die; -, -en› **1** *Verknüpfung, Zusammenfügung* **2** *Herstellung von Beziehungen, die gedanklich zusammenhängen* **3** ‹Math.› *Zusammenstellung endlich vieler beliebiger Objekte* **4** ‹Sp.› *planmäßiges Zusammenspiel* **5** *Herrenanzug aus Hose u. Jacke von verschiedener Farbe od. aus verschiedenen Stoffen* ▸ die Band schuf eine ~ aus Jazz und Soul; Rauchen in ~ mit Übergewicht erhöht das Herzinfarktrisiko

kom|bi|nie|ren ‹V. intr. u. V. trans.; kom|bi|niert, kom|bi|nier|te, hat kom|bi|niert› **1** (etwas) ~ *zw.*

etwas gedankliche Zusammenhänge finden, zw. etwas Beziehungen herstellen **2** etwas mit etwas ~ *verbinden, verknüpfen* ▸ die Farben Blau und Weiß lassen sich gut miteinander ~; die kombinierten Eintrittskarten sind für mehrere Museen gültig; die Wörter müssen richtig kombiniert werden, damit sie Sinn ergeben

Kom|bi|wa|gen ⟨der; -s, -⟩ *kombinierter Personen- u. Lieferwagen mit großer Ladefläche u. Heckklappe*

Kom|bi|zan|ge ⟨die; -, -n⟩ *Zange für verschiedene Zwecke, z. B. als Beiß- u. Flachzange*

Kom|bü|se ⟨die; -, -n⟩ *Schiffsküche*

Ko|met ⟨der; -en, -en; Astron.⟩ *Himmelskörper, der sich auf einer Ellipsenbahn um die Sonne bewegt u. in deren Nähe einen Schweif besitzt*

ko|me|ten|haft ⟨Adj.⟩ *sehr schnell u. dadurch aufsehenerregend* ▸ ein ~er Aufstieg; ~ die Hitliste erobern

Kom|fort ⟨[-fo:r] der; -s; unz.⟩ **1** *Bequemlichkeit, Behaglichkeit* **2** *bequeme, praktische Einrichtung* ▸ Wohnung, Zimmer mit allem ~

kom|for|ta|bel ⟨Adj.; -ta|bler od. -tab|ler, am -s|ten⟩ **1** *bequem, praktisch, mit allen modernen praktischen Errungenschaften ausgestattet* **2** *praktisch, benutzerfreundlich* (Computerprogramm); **3** ⟨übertr.; bes. Sp.⟩ *ausreichend groß, (fast) nicht mehr aufzuholen* (Vorsprung, Führung) ▸ eine komfortable Wohnung

K

Ko|mik ⟨die; -; unz.⟩ **1** *das Komische* **2** *komische, erheiternde Wirkung* ▸ die ~ einer Situation; Sinn für ~ haben; eine Szene von unwiderstehlicher, unfreiwilliger ~

Ko|mi|ker ⟨der; -s, -⟩ **1** *Darsteller komischer Rollen* **2** *Vortragskünstler, der mit seinen Darbietungen Heiterkeit erregt;* Abl *Komikerin*

ko|misch ⟨Adj.⟩ **1** *Lachen, Heiterkeit erregend, spaßig* **2** *drollig, ulkig, possenhaft* **3** ⟨übertr.; umg.⟩ *merkwürdig, sonderbar, seltsam* ▸ er machte in dem Anzug eine ~e **Figur;** ich habe so ein ~es **Gefühl,** als ob … *eine Ahnung;* er ist ein ~er **Kerl,** ~er Kauz; ~e **Oper;** die ~e **Person** ⟨früher im Theat.⟩ *der Hanswurst;* ~e **Rollen** spielen ⟨Theat.⟩ ▸ **sein:** der Clown im Zirkus war sehr ~; du bist (aber) ~!; das ist doch ~! *merkwürdig;* er ist seit einiger Zeit so ~; mir ist, wird so ~ ⟨umg.⟩ *mir ist, wird übel;* **vorkommen:** das kommt mir ~ vor *verdächtig*

Ko|mi|tee ⟨das; -s, -s⟩ *im Namen einer Organisation handelnder Ausschuss;* Zus *Festkomitee, Jurorenkomitee*

Kom|ma ⟨das; -s, -s od. -ma|ta; Zeichen: ,⟩ **1** *Satzzeichen, das den Satz in Sinnesabschnitte teilt;* Zus *Kommafehler, Kommasetzung* **2** ⟨bei Dezimalbrüchen⟩ *Trennungszeichen zwischen ganzen Zahlen u. Bruchzahlen* ▸ drei ~ vier (3,4); drei ~ null vier (3,04)

Kom|man|dant ⟨der; -en, -en; Mil.⟩ *Befehlshaber eines Kriegsschiffes, Flugplatzes od. einer Festung;* →a. *Kommandeur;* Abl *Kommandantin*

Kom|man|deur ⟨[-dø:r] der; -s, -e; Mil.⟩ *Befehlshaber einer Truppeneinheit;* Abl *Kommandeurin*

kom|man|die|ren ⟨V.; kom|man|diert, kom|man|dier|te, hat kom|man|diert⟩ **I** ⟨V. trans.⟩ **1** ⟨Mil.⟩ Truppen ~ *befehligen, den Befehl über T. führen* **2** jmdn. ~ *jmdm. Befehle erteilen* **3** jmdn. irgendwohin ~ *beordern, versetzen* ▸ ich lasse mich von dir doch nicht so ~ ⟨umg.⟩; zu einer anderen Einheit kommandiert werden ⟨Mil.⟩; ~der General *Kommandeur eines Korps des Heeres od. einer Luftwaffengruppe* **II** ⟨V. intr.⟩ **1** *etwas anordnen, befehlen* **2** ⟨umg.⟩ *in barschem Befehlston sprechen* ▸ „Komm her!", kommandierte er

Kom|man|do ⟨das; -s, -s⟩ **1** *Befehl, Befehlsgewalt, Oberbefehl* **2** *Befehlswort(e)* **3** *zu bestimmtem Zweck zusammengestellte Truppenabteilung;* Zus *Wachkommando* **4** *Sonderauftrag, vorübergehender Dienst;* Zus *Sonderkommando* **5** *(hohe) Befehlsstelle;* Zus *Generalkommando* ▸ das ~ führen (über); ein ~ geben; wer hat das ~?; Sie übernehmen das ~; auf das ~ „Los!" lauft ihr nach vorn; alles hört auf mein ~!; sie drehten sich beide wie auf ~ um

Kom|man|do|brü|cke ⟨die; -, -n⟩ *brückenartiger Aufbau auf dem Schiffsoberdeck für den Kommandanten, Lotsen u. Wachoffizier*

Kom|man|do|zen|t|ra|le ⟨die; -, -n⟩ *Raum od. Gebäude, in dem die zentrale Kontroll- u. Befehlsinstanz einer strategisch operierenden Organisation, z. B. des Militärs, untergebracht ist* ▸ die ~ der Partisanen lag versteckt in den Bergen

kommen/ankommen

Bei den Verben ***kommen*** und ***ankommen*** kann es leicht zu Verwechslungen kommen, da ***ankommen*** ein Verb mit abtrennbarer Vorsilbe ist. ***Ankommen*** im Sinne von „eintreffen, an einen Ort gelangen" wird häufig mit den Präpositionen **an** oder **in** und dem Dativ gebraucht. Es antwortet also auf die Frage „wo?": *Ich komme um 16 Uhr am Bahnhof in Hamburg an. Er ist noch nicht in Berlin angekommen.*
Das Verb ***kommen*** ist ebenfalls intransitiv, antwortet jedoch auf die Fragen „woher?" und „wohin?". Als Antwort auf „woher?" steht es mit der Präposition **aus** oder **von:** *Ich komme gern. Er ist nicht gekommen. Sie kommt aus München. Die Kinder sind von der Schule gekommen.*
Als Antwort auf „wohin?" steht es mit der Präposition **nach** oder **zu:** *Wir kommen gleich nach Hause. Komm zu mir.*

kom|men ⟨V. intr.; kommt, kam, ist ge|kom|men⟩ **1** *sich einem Ort nähern, einen Ort erreichen, eintreffen* **2** *erscheinen* **3** *sich von einem Ort hierherbegeben* **4** *geschehen* ▸ ich komme!; ich komme, die Bücher abzuholen; gut, dass du kommst!; komm, komm! ⟨übertr.; umg.⟩ *sei vernünftig!, reg dich nicht auf;* kommt, seid friedlich!; komm, wir wollen gehen!; er kam und setzte sich an den Tisch; er ist (bis jetzt) nicht gekommen; ich freue mich, dass Sie ~, gekommen sind ▸ der

Abend, Morgen, die Nacht kam; jetzt ist der Augenblick, die Stunde gekommen, da ...; da kommt mir ein Gedanke; es kam ein Gewitter; Achtung, es kommt eine Kurve!; ist Post (für mich) gekommen?; die Zeitung kommt zweimal die Woche *wird zweimal in der Woche gebracht* ▸ sein Kommen mit einem Anruf ankündigen; schnell angelaufen ~; so darfst du mir nicht ~! *das lasse ich mir nicht gefallen;* ~ und gehen; das dauernde Kommen und Gehen der vielen Leute macht mich nervös; gegangen, sich etwas ~ lassen *schicken lassen* (Waren); sich jmdn. ~ lassen *jmdn. zu sich bitten, nach ihm schicken;* wir dürfen es nicht so weit ~ lassen, dass ... *wir müssen verhindern, dass ...;* das musste ja (so) ~! *das musste geschehen;* ich habe es ~ sehen *ich habe es geahnt, (dass es so geschehen würde);* das kommt mich teuer zu stehen *wird teuer für mich* ▸ jmdm. dumm ~ ⟨umg.⟩ *jmdn. dumm anreden, ungeschickt behandeln;* jmdm. frech, grob ~ ⟨umg.⟩ *frech, grob zu jmdm. sein;* sein Vorschlag kommt mir sehr gelegen *ist mir in diesem Augenblick sehr willkommen, angenehm;* wenn es hoch kommt ⟨umg.⟩ *wenn es viel wird;* rechtzeitig, zu spät ~; das kommt ziemlich teuer ⟨umg.⟩ *ist, wird ziemlich teuer;* das kommt sehr überraschend; wir dürfen es nicht so weit ~ lassen, dass ... *nicht geschehen lassen* ▸ an einen Fluss ~; ich komme am Montag; an den Tag ~, ans Licht ~ *bekanntwerden;* auf etwas (zu sprechen) ~ *von etwas zu sprechen anfangen;* es ~ auf jeden 5 Euro *jeder muss 5 Euro bezahlen;* auf einen Gedanken ~; ich komme nicht auf seinen Namen *sein Name fällt mir nicht ein;* wie kommst du darauf? *was bringt dich auf diesen Gedanken?;* auf die Welt ~ *geboren werden;* ich komme nicht darauf *es fällt mir nicht ein;* ich bin drei Tage nicht aus dem Haus gekommen *ich bin drei Tage nicht ausgegangen;* aus der Mode ~ *unmodern werden;* unser Gespräch kommt mir nicht aus dem Sinn *ich muss immer daran denken;* aus dem Takt ~; durch eine Stadt ~ *reisen;* es ist heute ein Brief für dich gekommen; ich komme gleich, morgen; hierzu kommt noch ... *hierzu gehört noch, muss man rechnen, hinzufügen;* hinter ein Geheimnis ~ *es herausbekommen;* eine neue Entwicklung ist im Kommen; in Bewegung ~ *sich in Bewegung setzen;* ins Gefängnis ~ *ins G. gebracht werden;* das Fahrrad kommt in die Garage *gehört in die G.;* er kommt nach den Sommerferien in die Schule *er wird nach den S. in die Schule aufgenommen;* in Stimmung ~ *in S. geraten, fröhlich werden;* der Brief kommt in einen Umschlag *gehört in einen Umschlag, wird in einen Umschlag gesteckt;* er ist mit dem Flugzeug, mit dem Zug gekommen; komm mir nicht immer wieder mit den alten Geschichten ⟨umg.⟩ *fang nicht immer wieder mit den alten G. an;* nach Hause ~; nun komm schon! ⟨übertr.; umg.⟩ *sei doch vernünftig!;* wenn du mir so kommst ... ⟨umg.⟩ *wenn du so unverschämt mit mir redest ...;* ein schweres Unglück ist über ihn gekommen *hat ihn getroffen;* er ist um all sein Geld gekommen *er hat all sein Geld verloren;* ums Leben ~ *sein Leben verlieren;* ich bin um meinen Schlaf gekommen *ich habe nicht schlafen, ausruhen können;* er kommt erst um fünf Uhr; um ein Vergnügen ~ *auf ein V. verzichten müssen;* wir ~ wenig unter Menschen *wir gehen wenig aus, sehen wenig M.;* das kommt von ... *das rührt her von ...;* ich komme gerade von ihm, von dort, von daheim; von der Arbeit ~; sein Husten kommt vom vielen Rauchen *rührt vom vielen R. her;* das kommt davon! ⟨umg.⟩ *(Ausdruck der Schadenfreude);* ich komme wegen der Reparatur; man muss es nehmen, wie es gerade kommt; er kommt wie gerufen *ich brauche ihn gerade;* kannst du zu mir ~?; wieder zu sich ~ *die Besinnung, das Bewusstsein wiedererlangen;* ich will mit meinem Vortrag zum Ende ~ *Schluss machen, ihn beenden;* ~ Sie doch zum Essen, zum Kaffee, zum Tee zu uns!; zu Geld ~ *Geld erlangen, verdienen;* jmdm. zu Hilfe ~ *helfen;* (wieder) zu Kräften ~ *Kräfte (wieder)gewinnen;* es kam zum Krieg *der K. begann;* zur Ruhe ~ *sich beruhigen, entspannen;* zur Sache ~ *sachlich werden, die (eigentliche, wichtige) Sache besprechen;* zu Schaden ~ *geschädigt, beschädigt werden;* zu der Überzeugung ~, dass ... *die Ü. gewinnen;* zum Vorschein ~ *auftauchen, erscheinen;* er kommt zu nichts *er erreicht nichts, aus ihm wird nichts;* er ist nicht dazu gekommen, es zu tun *er hat keine Zeit dazu gehabt;* wie bist du dazu gekommen? *woher hast du das?;* wie ~ Sie dazu, das zu tun? *was fällt Ihnen ein, das zu tun?;* wie komme ich dazu, ihm Geld zu geben? *warum sollte gerade ich ihm Geld geben?;* Sie ~ zuerst an die Reihe; wenn Sie hier weiterfahren, kommt zuerst ein Sportplatz und dann das Museum *sehen Sie zuerst, fahren Sie zuerst vorbei an ...* ▸ wann kommst du?; warum kommt er (nur) nicht?; wie kommt denn das? *wie ist das möglich?;* woher kommst du?; woher kommt das? *wie ist das geschehen?* ▸ er ist der ~de Mann im Skisport *er wird wahrscheinlich große Erfolge im S. haben;* am ~den Sonntag *am nächsten S.;* im ~den Jahr *im nächsten J.;* das Kommende abwarten

Kom|men|tar ⟨der; -s, -e⟩ **1** *nähere Erklärung, Bemerkung;* Abl *kommentarlos* **2** ⟨Zeitungsw.; TV⟩ *Meinungsbeitrag zu einem öffent. Ereignis od. Thema* **3** *wissenschaftl. Erläuterung, z. B. zu einem Gesetzeswerk, zu einer wissenschaftliche Ausgabe* ▸ ~ überflüssig! ⟨umg.⟩ *dazu braucht man nichts zu sagen, die Sache spricht für sich selbst, ist offensichtlich;* deine ~e kannst du dir sparen *deine Bemerkungen;* kein ~! *dazu werde ich mich keinesfalls äußern!;* einen ~ zu etwas geben

Kom|men|ta|tor ⟨der; -s, -to|ren⟩ **1** *jmd., der einen Kommentar gibt, etwas erklärt, erläutert* **2** ⟨Radio; TV⟩ *Sportreporter;* Abl *Kommentatorin*

kom|men|tie|ren ⟨V. trans.; kom|men|tiert, kommen|tier|te, hat kom|men|tiert⟩ **1** etwas ~ *(wissenschaftlich) erläutern, erklären* **2** ⟨Radio; TV⟩ ein Spiel ~ *darüber (live) berichten* ▸ eine kommentierte Ausgabe von Goethes „Faust"; Abl *Kommentierung*

Kom|merz ⟨der; -es; unz.⟩ *Handel*

kom|mer|zi|a|li|sie|ren ⟨V. trans.; kom|mer|zi|a|li|siert, kom|mer|zi|a|li|sier|te, hat kom|mer|zi|a|li|siert⟩ etwas ~ *so gestalten, dass es geschäftlichen Nutzen bringt;* Abl *Kommerzialisierung*

kom|mer|zi|ell ⟨Adj.⟩ **1** *den Handel betreffend, auf ihm beruhend* **2** *kaufmännisch* ▸ dieses Institut verfolgt keine ~en Interessen

Kom|mi|li|to|ne ⟨der; -n, -n⟩ *Mitstudent, Studienkollege;* Abl *Kommilitonin*

Kom|miss ⟨der; -es; unz.; umg., veraltet⟩ *Militär, Militärdienst*

Kom|mis|sar ⟨der; -s, -e⟩ Syn ⟨oberdt.⟩ *Kommissär* **1** *im Auftrag des Staates arbeitende, mit diversen speziellen Vollmachten ausgerüstete Person;* Zus *Staatskommissar* **2** *Dienstrang im Polizeidienst;* Zus *Kriminalkommissar, Polizeikommissar;* Abl *Kommissarin*

Kom|mis|sär ⟨der; -(e)s, -e; oberdt.⟩ = *Kommissar;* Abl *Kommissärin*

K

Kom|mis|sa|ri|at ⟨das; -(e)s, -e⟩ **1** *Dienstbereich, Stellung eines Kommissars* **2** *Amt, Dienststelle;* Zus *Polizeikommissariat*

kom|mis|sa|risch ⟨Adj.⟩ **1** *vertretungsweise ausgeführt* **2** *einstweilig* ▸ ~er Leiter eines Betriebes

Kom|mis|si|on ⟨die; -, -en⟩ **1** *Gremium von Sachverständigen, Ausschuss;* Zus *Ärztekommission, Findungskommission, Kontrollkommission, Prüfungskommission, Regierungskommission* **2** *Auftrag zum Besorgen eines Geschäfts* ▸ eine ~ bilden, wählen; ~en machen ⟨schweiz.⟩ *einkaufen;* eine Ware in ~ geben; in ~ nehmen

kom|mod ⟨Adj.; österr.⟩ *bequem, angenehm*

Kom|mo|de ⟨die; -, -n⟩ *Kastenmöbel mit mehreren Schubfächern;* Zus *Wäschekommode*

kom|mu|nal ⟨Adj.⟩ *eine Gemeinde od. einen Landkreis betreffend, zu ihnen gehörig, von ihnen ausgehend;* Zus *Kommunalpolitik, Kommunalwahl*

Kom|mu|ne ⟨die; -, -n⟩ **1** ⟨MA⟩ *Stadtstaat mit einer republikanischen Verfassung (bes. in Italien)* **2** ⟨allg.⟩ *Gemeinde* **3** *Wohn-, Arbeits- u. mitunter auch sexuelle Gemeinschaft mehrerer Personen* ▸ Pariser ~ [kɔmyːn] *die revolutionären Gegenregierungen in Paris 1792-1794 u. von März bis Mai 1871*

Kom|mu|ni|ka|ti|on ⟨die; -, -en⟩ **1** *Beziehung, Umgang, Verständigung (zw. Menschen) unter Verwendung von Sprache u. Zeichen;* Zus *Kommunikationswissenschaft* **2** *Gespräch, Unterhaltung* **3** ⟨kurz für⟩ *Telekommunikation;* Zus *Kommunikationstechnik* ▸ es kam keine ~ zustande; aufgeregte, langweilige, zwanglose ~; in reger ~ mit jmdm. stehen; interaktive ~ im Internet; die ~ zwischen Mensch und Tier

Kom|mu|ni|ka|ti|ons|sys|tem ⟨das; -s, -e⟩ **1** *System der Kommunikation* **2** *System, das an ein Netzwerk der Telekommunikation angeschlossen ist, Informationssystem* ▸ das ~ eines Unternehmens aufbauen; ein ~ mit drei Telefonen, Videorekorder und Computer

kom|mu|ni|ka|tiv ⟨Adj.⟩ **1** *die Kommunikation betreffend, auf ihr beruhend* **2** *gesprächig* ▸ ~e Kompetenz ⟨Sprachw.⟩ *Sprachfähigkeit eines Sprechers/Hörers*

Kom|mu|ni|on ⟨die; -, -en; kath. Kirche⟩ **1** *Abendmahlsfeier* **2** *Empfang des Abendmahls*

Kom|mu|ni|qué ⟨[kɔmynikeː] das; -s, -s⟩ *amtl. Verlautbarung, Bekanntmachung (bes. einer Regierung);* oV *Kommunikee*

Kom|mu|nis|mus ⟨der; -; unz.⟩ **1** *Wirtschafts- u. Gesellschaftsordnung mit Gütergemeinschaft, sozialer Gleichstellung der Individuen u. deren Aufgehen in der Gemeinschaft* **2** *ökonomische u. politische Lehre von einer solchen Gesellschaftsform* **3** *von den kommunistischen Parteien vertretene politische Bewegung, die diese Gesellschaftsform anstrebt*

Kom|mu|nist ⟨der; -en, -en⟩ **1** *Vertreter, Anhänger des Kommunismus* **2** *Mitglied einer kommunistischen Partei;* Abl *Kommunistin*

kom|mu|nis|tisch ⟨Adj.⟩ *auf dem Kommunismus beruhend, ihn betreffend, ihn vertretend, zu ihm gehörig* ▸ Kommunistisches Manifest *Manifest der Kommunist. Partei, von K. Marx u. Fr. Engels 1847/48 verfasstes Programm des Kommunismus*

kom|mu|ni|zie|ren ⟨V.; kom|mu|ni|ziert, kom|mu|ni|zier|te, hat kom|mu|ni|ziert⟩ **I** ⟨V. intr.⟩ **1** mit jmdm., miteinander ~ *sich mit jmdm. verständigen, unterhalten, miteinander reden* **2** ⟨kath. Kirche⟩ *das Abendmahl empfangen* ▸ sie ~ via Internet miteinander; mit Gesten ~; viele Menschen ~ nicht mehr miteinander; Wale ~ mit Hilfe bestimmter Laute miteinander **II** ⟨V. trans.⟩ (jmdm.) etwas ~ *einen Sachverhalt mitteilen, verständlich machen, erläutern* ▸ Gefühle ~; ein Vorhaben ~

Ko|mö|di|ant ⟨der; -en, -en⟩ **1** *Schauspieler, der lustige Rollen spielt* **2** ⟨übertr.⟩ *jmd., der anderen etwas vortäuscht, vormacht, vorspielt;* Abl *Komödiantin; komödiantisch*

Ko|mö|die ⟨[-djə] die; -, -n⟩ **1** *heiteres Drama, Lustspiel* **2** ⟨übertr.⟩ *erheiterndes, lustiges Ereignis* **3** *Theater, in dem (nur) Komödien gespielt werden* ▸ sich eine ~ ansehen; eine ~ aufführen; eine ~ schreiben; das war ja alles nur ~ ⟨übertr.; umg.⟩ *Täuschung;* jmdm. eine ~ vorspielen ⟨übertr.⟩ *jmdn. durch geschicktes Verhalten zu täuschen suchen;* in die ~ gehen

Kom|pa|gnon ⟨[-njɔ̃ː] a. ['---] der; -s, -s⟩ *Teilhaber, Mitinhaber (einer Firma)*

kom|pakt ⟨Adj.; -er, am -es|ten⟩ **1** *dicht, festgefügt, massiv* **2** *gedrungen, stämmig* ▸ ein ~es Auto; die Leser werden ~ informiert; Abl *Kompaktheit*

Kom|pa|nie ⟨die; -, -n⟩ **1** ⟨Wirtsch.; Abk.: Cie., Co.⟩ *Handelsgesellschaft* **2** ⟨Mil.; Abk.: Komp.⟩ *kleinste ständige Infanterieeinheit, 100 bis 250 Mann;* Zus *Kompaniechef, Kompanieführer*

Kom|pa|ra|tiv ⟨der; -s, -e; Gramm.⟩ *erste Steige-*

rungsstufe (bei der Komparation), z. B. höher, schneller; Syn *Vergleichsstufe*

Kom|par|se ⟨der; -n, -n; Theat.⟩ *Darsteller einer kleinen Rolle, stummer Mitspieler, Statist;* Abl *Komparsin;* Zus *Komparsenrolle*

Kom|pass ⟨der; -es, -e⟩ *Gerät zum Bestimmen der Himmelsrichtung mit Hilfe eines Magneten;* Zus *Kompassnadel*

kom|pa|ti|bel ⟨Adj.⟩ Ggs *inkompatibel* **1** *zusammenstimmend, zusammenpassend* **2** *vereinbar* ▸ kompatible Geräte; Abl *Kompatibilität*

Kom|pen|di|um ⟨das; -s, -di|en⟩ *Abriss, Handbuch, kurzes Lehrbuch*

Kom|pen|sa|ti|on ⟨die; -, -en⟩ **1** *Ausgleich, Aufhebung (von Wirkungen)* **2** *Erstattung, Ausgleich, Vergütung, Verrechnung*

kom|pen|sie|ren ⟨V. trans.; kom|pen|siert, kom|pen|sier|te, hat kom|pen|siert⟩ etwas (durch od. mit etwas) ~ **1** *ausgleichen, aufheben* **2** *vergüten, verrechnen* ▸ eine Niederlage, einen Misserfolg ~ müssen; Lohnerhöhungen mit Verzicht auf Urlaubstage ~

Kom|pe|tenz ⟨die; -, -en⟩ **1** *Zuständigkeit, Befugnis* **2** *Urteilsfähigkeit, Sachkenntnis, Sachverstand* **3** *Befähigung;* →a. *kommunikativ* ▸ ~ eines Richters, einer Behörde, eines Beamten

Kom|pi|la|ti|on ⟨die; -, -en; geh.⟩ **1** *Sammlung, Zusammentragung* **2** *aus anderen Büchern zusammengetragenes Werk*

kom|pi|lie|ren ⟨V. trans.; kom|pi|liert, kom|pi|lier|te, hat kom|pi|liert; geh.⟩ etwas ~ *zusammentragen, -stellen*

Kom|ple|ment ⟨das; -(e)s, -e⟩ *Ergänzungsstück*

kom|ple|men|tär ⟨Adj.⟩ *ergänzend*

kom|plett ⟨Adj.⟩ *vollkommen, vollständig, vollzählig* ▸ ein ~es Mittagessen; unsere Wohnung ist jetzt ~ eingerichtet; du bist doch ~ verrückt ⟨umg.⟩

kom|plet|tie|ren ⟨V. trans.; kom|plet|tiert, kom|plet|tier|te, hat kom|plet|tiert⟩ etwas ~ *vervollständigen, ergänzen, auffüllen* ▸ eine Mannschaft, eine Sammlung ~

kom|plex ⟨Adj.; -er, am -es|ten⟩ *zusammengesetzt, vielfältig u. doch einheitlich* ▸ ~e Prozesse

Kom|plex ⟨der; -es, -e⟩ **1** *Gesamtheit, Gesamtumfang, Inbegriff* **2** *zusammenhängende Gruppe;* Zus *Häuserkomplex* **3** ⟨Psych.⟩ *ins Unterbewusstsein verdrängte Gruppe von Vorstellungen od. unverarbeiteten Erlebnissen, die zu dauernder Beunruhigung führen;* Zus *Minderwertigkeitskomplex* ▸ an verdrängten ~en leiden

Kom|ple|xi|tät ⟨die; -; unz.⟩ *komplexe Beschaffenheit, vielfältige Gesamtheit*

Kom|pli|ka|ti|on ⟨die; -, -en⟩ **1** *Verwicklung, Schwierigkeit* **2** *ungünstige Beeinflussung od. Verschlimmerung einer schon bestehenden Krankheit, eines biologischen Prozesses od. chirurgischen Eingriffs durch einen unvorhergesehenen Umstand* ▸ es wird, könnte ~en geben; bei der Operation sind ~en eingetreten

Kom|pli|ment ⟨das; -(e)s, -e⟩ *lobende beifällige Äußerung, Schmeichelei* ▸ jmdm. ein ~, ⟨od.⟩ ~e machen; mein ~! *alle Achtung!;* nach ~en fischen, angeln ⟨umg.; scherzh.⟩ *durch Betonen einer Schwäche od. schwachen Seite Widerspruch herausfordern;* nicht mit ~en geizen; ein schöneres ~ hätte sie ihm kaum machen können

Kom|pli|ze ⟨der; -n, -n⟩ *Mitschuldiger, Mittäter, Helfershelfer;* oV ⟨österr., schweiz.⟩ *Komplice;* Abl *Komplizin*

kom|pli|zie|ren ⟨V.; hat⟩ ⟨V. trans.; kom|pli|ziert, kom|pli|zier|te, hat kom|pli|ziert⟩ etwas ~ *verwickeln, erschweren, schwierig machen* ▸ wir wollen diese Sache nicht unnötig ~; →a. *kompliziert*

kom|pli|ziert **I** ⟨Part. Perf. von⟩ *komplizieren* **II** ⟨Adj.; -er, am -es|ten⟩ *verwickelt, schwierig, schwer durchschaubar* ▸ er muss eine ~e **Aufgabe** lösen; eine ~e **Beziehung** zu jmdm. haben; ein ~er **Beinbruch;** ein ~er **Charakter,** Mensch; eine ~e **Maschine;** ~e **Vorgänge** verständlich machen ▸ es **klingt** ~, ist aber einfach; eine Sache unnötig ~ **machen;** Abl *Kompliziertheit*

Kom|plott ⟨das; -(e)s, -e⟩ *Verschwörung, Verabredung zu Straftaten, Anschlägen, heimlichen Handlungen* ▸ ein ~ schmieden (gegen)

Kom|po|nen|te ⟨die; -, -n⟩ *Teil eines Ganzen, einer Kraft, Mischung usw.*

kom|po|nie|ren ⟨V. trans.; kom|po|niert, kom|po|nier|te, hat kom|po|niert⟩ **1** etwas ~ *zusammensetzen, zusammenstellen, kunstvoll anordnen, aufbauen* **2** ein Musikstück ~ *in Töne setzen* ▸ ein Konzert, eine Oper, Sinfonie ~

Kom|po|nist ⟨der; -en, -en⟩ *Schöpfer von Musikstücken;* Syn *Tondichter, Tonsetzer;* Abl *Komponistin;* Zus *Opernkomponist*

Kom|po|si|ti|on ⟨die; -, -en⟩ **1** *Zusammensetzung, -stellung, künstlerische Anordnung* **2** ⟨Mus.⟩ *Musikstück, -werk;* Syn *Tondichtung;* Abl *kompositorisch;* Zus *Klavierkomposition*

Kom|po|si|tum ⟨das; -s, -si|ta; Sprachw.⟩ *aus zwei selbstständigen, sinnvollen Teilen zusammengesetztes Wort,* z. B. „Schreibtisch"; Ggs *Simplex*

Kom|post ⟨der; -(e)s, -e⟩ *natürlicher Dünger aus Erde, Gartenabfällen u. Essensresten;* Zus *Komposthaufen*

kom|pos|tie|ren ⟨V. trans.; kom|pos|tiert, kom|pos|tier|te, hat kom|pos|tiert⟩ Gartenabfälle ~ *Kompost gewinnen aus, zu Kompost verarbeiten;* Abl *kompostierbar*

Kom|pott ⟨das; -(e)s, -e⟩ *mit Zucker gekochtes Obst (als Nachspeise);* Zus *Apfelkompott*

Kom|pres|se ⟨die; -, -n⟩ *feuchter Umschlag* ▸ heiße, kalte ~; jmdm. eine ~ auf die Stirn, um die Brust machen; Zus *Gesichtskompresse*

Kom|pres|si|on ⟨die; -, -en⟩ *Zusammendrückung, Verdichtung (von Adern, Stoffen, Gasen);* Zus *Kompressionsverband*

Kom|pres|sor ⟨der; -s, -en⟩ *Vorrichtung zum Zusammendrücken von Gasen o. Ä.;* Syn *Verdichter*

kom|pri|mie|ren ⟨V. trans.; kom|pri|miert, kom|pri|mier|te, hat kom|pri|miert⟩ **1** etwas ~ *zusammendrücken, -drängen, verdichten* **2** ⟨EDV⟩ Daten ~ *so verdichten, dass sie weniger Speicherplatz* *benötigen* ▸ einen komprimierten Stil schreiben; Abl *Komprimierung*

Kom|pro|miss ⟨der; -es, -e od. selten das; -es, -e⟩ **1** *Ausgleich, Übereinkunft durch beiderseitiges Nachgeben, Verständigung* **2** *Zugeständnis* ▸ man muss im Leben ~e machen; einen ~ schließen; das ist ein fauler ~ *eine schlechte, ungünstige Übereinkunft;* durch ~e eine Einigung erzielen; Abl *kompromissbereit, kompromissfähig, kompromisslos;* Zus *Kompromisslösung, Kompromissvorschlag*

kom|pro|mit|tie|ren ⟨V. trans.; kom|pro|mit|tiert, kom|pro|mit|tier|te, hat kom|pro|mit|tiert⟩ jmdn. ~ *bloßstellen, in Verlegenheit bringen;* Abl *Kompromittierung*

Kon|den|sa|ti|on ⟨die; -, -en⟩ **1** *Verflüssigung, Verdichtung* **2** ⟨Phys.⟩ *Übergang eines Stoffes vom gas- od. dampfförmigen in den flüssigen (od. festen) Zustand;* Zus *Kondensationspunkt*

kon|den|sie|ren ⟨V.⟩ **I** ⟨V. trans.; kon|den|siert, kon|den|sier|te, hat kon|den|siert⟩ etwas ~ **1** *verflüssigen, verdichten* **2** *einer Kondensation unterwerfen* **II** ⟨V. intr.; kon|den|siert, kon|den|sier|te, ist kon|den|siert⟩ *flüssig, dicht werden* ▸ Wasserdampf kondensiert

K

Kon|dens|milch ⟨die; -; unz.⟩ *M., der Wasser entzogen worden ist, um sie haltbar zu machen*

Kon|dens|strei|fen ⟨der; -s, -⟩ *Streifen von Kondenswasser, die durch Abgase von Flugzeugen am Himmel entstehen*

Kon|dens|was|ser ⟨das; -s; unz.⟩ *Wasser, das durch Kondensation entsteht;* Syn *Schwitzwasser*

Kon|di|ti|on ⟨die; -, -en⟩ **1** *Bedingung* **2** *Beschaffenheit, Zustand* **3** *körperliche Leistungsfähigkeit (bes. eines Sportlers)* ▸ der Läufer hat eine gute ~; Zus *Konditionstraining*

kon|di|ti|o|nal ⟨Adj.⟩ *bedingend, bedingungsweise (geltend)* ▸ ~e Konjunktion ⟨Gramm.⟩ *eine Bedingung einleitende K.,* z. B. wenn, falls

Kon|di|ti|o|nal ⟨der; -s, -e; Gramm.⟩ *Bedingungsform des Verbs (im Dt. durch den Konjunktiv ersetzt),* z. B. ich würde kommen

Kon|di|ti|o|nal|satz ⟨der; -es, -sät|ze; Gramm.⟩ *durch eine konditionale Konjunktion eingeleiteter Nebensatz;* Syn *Bedingungssatz*

kon|di|ti|o|nie|ren ⟨V. trans.; kon|di|ti|o|niert, kon|di|ti|o|nier|te, hat kon|di|ti|o|niert⟩ **1** jmdn. ~ *die körperliche Leistungsfähikeit festigen od. steigern* **2** ⟨Psych.⟩ einen Reflex, eine Reaktion ~ *bewirken, dass ein R., eine R. auch dann zustande kommt, wenn der auslösende Reiz durch einen anderen ersetzt wird;* Abl *Konditionierung*

Kon|di|tor ⟨der; -s, -to|ren⟩ *Hersteller feiner Backwaren, Fein-, Kuchenbäcker;* Syn ⟨österr.⟩ *Zuckerbäcker;* Abl *Konditorin*

Kon|di|to|rei ⟨die; -, -en⟩ *Fein-, Kuchenbäckerei, meist gleichzeitig kleines Kaffeehaus*

Kon|do|lenz|schrei|ben ⟨das; -s, -⟩ *Brief, in dem man jmdm. kondoliert, Beileidsbrief*

kon|do|lie|ren ⟨V. intr.; kon|do|liert, kon|do|lier|te, hat kon|do|liert⟩ jmdm. ~ *jmdm. sein Beileid aussprechen* ▸ jmdm. zum Tod des Vaters ~

Kon|dom ⟨das; -s, -e⟩ *Gummihülle für den Penis beim Geschlechtsverkehr zur Verhütung von Empfängnis u. Infektion;* Syn *Präservativ,* ⟨umg.⟩ *Gummi (II. 1), Pariser*

Kon|dor ⟨der; -s, -e; Zool.⟩ *sehr großer, schwarzer Geier der Hochgebirge Südamerikas*

Kon|duk|teur ⟨[-tø:r] der; -s, -e; schweiz. u. österr.⟩ = *Schaffner*

Kon|fekt ⟨das; -(e)s; unz.⟩ *(feine) Süßigkeiten, Zuckerwerk;* Syn ⟨österr.⟩ *Konfetti*

Kon|fek|ti|on ⟨die; -, -en⟩ **1** *industrielle Herstellung von Kleidung* **2** *die Kleidung selbst;* Zus *Konfektionsanzug; Damenkonfektion, Herrenkonfektion*

Kon|fek|ti|ons|grö|ße ⟨die; -, -n⟩ *genormte Größe für Bekleidung* ▸ ~ 38 haben

Kon|fe|renz ⟨die; -, -en⟩ **1** *Beratung, Verhandlung, Sitzung;* Zus *Klassenkonferenz, Lehrerkonferenz* **2** *Tagung, Kongress;* Zus *Konferenzraum, Konferenzteilnehmer(in)* ▸ eine ~ abhalten; eine außerordentliche ~ einberufen; Abl *konferieren*

Kon|fes|si|on ⟨die; -, -en⟩ *Glaubensbekenntnis* ▸ evangelische, katholische ~; einer ~ angehören; Abl *konfessionslos;* Zus *Konfessionsschule*

Kon|fet|ti ⟨das; - od. -s; unz.⟩ *bunte Papierschnitzel (zum Werfen beim Karneval u. an Silvester)*

Kon|fir|mand ⟨der; -en, -en; ev. Kirche⟩ *Jugendlicher, der konfirmiert werden soll u. bereits am Konfirmandenunterricht teilnimmt od. soeben konfirmiert worden ist;* Abl *Konfirmandin*

Kon|fir|ma|ti|on ⟨die; -, -en; ev. Kirche⟩ *feierliche Aufnahme der Jugendlichen in die Gemeinde durch den Geistlichen, wodurch sie zum Empfang des hl. Abendmahls u. zur Übernahme von Patenschaften berechtigt werden;* Syn *Einsegnung*

kon|fir|mie|ren ⟨V. trans.; kon|fir|miert, kon|fir|mier|te, hat kon|fir|miert; ev. Kirche⟩ jmdn. ~ *in die Gemeinde aufnehmen u. damit zum hl. Abendmahl zulassen u. zur Patenschaft berechtigen;* Syn *einsegnen*

kon|fis|zie|ren ⟨V. trans.; kon|fis|ziert, kon|fis|zier|te, hat kon|fis|ziert⟩ ein Vermögen, Waffen, Zeitungsausgaben ~ *beschlagnahmen, einziehen*

Kon|fi|tü|re ⟨die; -, -n⟩ **1** *mit Zucker eingedickter Brei aus zerkleinerten Früchten (außer Zitrusfrüchten)* **2** ⟨schweiz.⟩ *Marmelade;* Zus *Erdbeerkonfitüre, Himbeerkonfitüre, Kirschkonfitüre*

Kon|flikt ⟨der; -(e)s, -e⟩ **1** *Streit, Zerwürfnis* **2** *Widerstreit, (innerer) Zwiespalt* **3** ⟨verhüllend⟩ *Krieg, kriegerische Auseinandersetzung* ▸ bewaffneter, innerer, politischer ~; in einen ~ geraten; mit jmdm. in ~ geraten; mit dem Gesetz in ~ geraten *das Gesetz übertreten, eine strafbare Handlung begehen;* Abl *konfliktfrei;* Zus *Konfliktsituation*

kon|flikt|ge|la|den ⟨Adj.⟩ *voll von Konflikten, Problemen* ▸ ~e Partnerschaft

kon|flikt|scheu ⟨Adj.; -er, am -(e)s|ten⟩ *nicht geneigt, Konflikte auszutragen* ▸ aufgrund ihres ~en Verhaltens konnte sie sich nicht durchsetzen

Kon|fö|de|ra|ti|on ⟨die; -, -en⟩ **1** *Bündnis* **2** *Staatenbund*

Kon|fö|de|rier|te(r) ‹die; -n, -n (der; -n, -n); meist im Pl.› *durch eine Konföderation verbündete Staaten*

kon|form ‹Adj.› *gleichgestimmt, übereinstimmend* ▸ mit jmdm. ~ gehen; ~ mit einem Gesetz sein *einem Gesetz entsprechen*

kon|for|mis|tisch ‹Adj.› *sich der herrschenden Meinung anpassend;* Ggs *nonkonformistisch* ▸ sich ~ verhalten

Kon|fron|ta|ti|on ‹die; -, -en› **1** *das Konfrontieren* **2** *das Konfrontiertwerden (mit), Gegenüberstellung (von Personen, gegensätzlicher Meinungen od. unterschiedlicher Sachverhalten)* **3** *gewalttätige Auseinandersetzung zwischen gegnerischen Gruppen* ▸ eine ~ herbeiführen, provozieren; eine harte ~ mit der Opposition sollte vermieden werden

Kon|fron|ta|ti|ons|kurs ‹der; -es; unz.› *Vorgehen, das eine Konfrontation, eine Auseinandersetzung begünstigt* ▸ auf ~ (mit jmdm.) gehen; einen ~ einschlagen, fahren

kon|fron|tie|ren ‹V. trans.; kon|fron|tiert, kon|fron|tier|te, hat kon|fron|tiert› **1** jmdn. mit jmdm. ~ *jmdn. einem anderen gegenüberstellen* **2** jmdn. mit etwas ~ *jmdn. zwingen, sich mit einem bestimmten Sachverhalt auseinanderzusetzen* **3** eine Sache mit einer anderen ~ *eine S. einer anderen gegenüberstellen, sie als Kontrast vergleichen* ▸ das Opfer mit seinem Peiniger ~; jmdn. mit einem Problem, der Realität ~; er wurde mit der Wahrheit konfrontiert; man konfrontierte ihn mit einer neuen Zeugenaussage; Abl *Konfrontierung*

kon|fus ‹Adj.; -er, am -es|ten› **1** *verworren, unklar* **2** *verwirrt* ▸ ~es Gerede; er hat in seinem Brief nur ~es Zeug geschrieben; du machst mich mit deiner Aufregung ganz ~; ich bin ganz ~

Kon|fu|si|on ‹die; -, -en› *Verwirrung, Verworrenheit, Durcheinander* ▸ in der Mannschaft herrscht ~; die ~ dauerte nur kurz

Kon|glo|me|rat ‹das; -(e)s, -e› *Gemenge, ungegliedertes Gemisch aus verschiedenen Dingen*

Kon|gre|ga|ti|on ‹die; -, -en› *Vereinigung, Versammlung* ▸ ~ für die Glaubenslehre

Kon|gress ‹der; -es, -e› **1** *politische od. fachliche Tagung;* Zus *Ärztekongress* **2** *beratende u. beschließende Versammlung* **3** ‹in den USA› *Volksvertretung im Parlament (Senat u. Repräsentantenhaus)* ▸ der ~ tagt; Wiener ~

kon|gru|ent ‹Adj.› **1** *übereinstimmend* **2** ‹Math.› = *deckungsgleich (1)*

Kon|gru|enz ‹die; -; unz.› **1** *Entsprechung, Übereinstimmung* **2** ‹Math.› *Deckungsgleichheit (von Dreiecken)* **3** ‹Gramm.› *Übereinstimmung zusammengehöriger Satzteile in Genus, Numerus od. Kasus, z. B. des Subjekts mit dem Prädikat im Numerus*

Kö|nig ‹der; -(e)s, -e› **1** ‹bes. früher› *höchster Herrscher eines Staates;* Zus *Königreich, Königshof, Königskrone, Königssohn, Königstochter, Königtum* **2** *Titel des Königs (1), zweithöchster Adelstitel nach dem Kaiser* **3** ‹Kart.› *zweithöchste Spielkarte* **4** ‹Schach› *Hauptfigur* **5** *Sieger beim Preisschießen;* Zus *Schützenkönig* **6** ‹übertr.› *der Oberste an sich, schlechthin* ▸ Schach dem ~!; der ~ der Tiere *der Löwe;* der ~ der Vögel *der Adler;* die Heiligen Drei ~e; die preußischen ~e; einen Fürsten zum ~ krönen, wählen

Kö|ni|gin ‹die; -, -gin|nen› **1** *dem Titel König entsprechender weiblicher Titel* **2** *weiblicher König* **3** *Frau eines Königs* **4** ‹Zool.› *das eierlegende Weibchen eines Bienen- od. Ameisenvolkes;* Zus *Ameisenkönigin, Bienenkönigin* **5** ‹übertr.› *die Oberste, Beste schlechthin;* Zus *Ballkönigin, Schönheitskönigin* ▸ die ~ der Blumen *die Rose;* die ~ eines Festes; die ~ unter den Zigarren ‹übertr.› *die beste Z.*

kö|nig|lich ‹Adj.› **1** ‹Abk. kgl., Kgl.› *zum König gehörig, ihm gehörend, ihm gemäß, ihm zustehend* **2** ‹übertr.› *wie ein König, vornehm, hoheitsvoll* **3** ‹übertr.; umg.› *herrlich, großartig* ▸ ~er Beamter; jmdm. ein (wahrhaft) ~es Geschenk machen; ~er Hofstaat; (Seine, Ihre) Königliche Hoheit *(Anrede für Prinzen u. Prinzessinnen eines königl. Hauses sowie für Großherzöge);* sich ~ amüsieren ‹übertr.; umg.›; jmdn. ~ bewirten ‹übertr.›

Kö|nigs|weg ‹der; -(e)s, -e; übertr.; geh.› *die geschickteste Methode, um ein Ziel rasch u. leicht zu erreichen* ▸ ob dies der ~ war, wird sich noch herausstellen

ko|nisch ‹Adj.› *kegelförmig, kegelstumpfförmig*

Kon|ju|ga|ti|on ‹die; -, -en; Gramm.› *Abwandlung des Verbs, das Bilden der Personal- u. Zeitformen usw.;* →a. *Flexion*

kon|ju|gie|ren ‹V. trans.; kon|ju|giert, kon|ju|gier|te, hat kon|ju|giert; Gramm.› ein Verb ~ *abwandeln, Personal-, Zeit-, Aussage- u. Aktionsformen bilden;* Syn *beugen (I.3)*

Kon|junk|ti|on ‹die; -, -en; Gramm.› *Wort, das zwei Sätze od. Satzteile verbindet,* z. B. und, weil; Syn *Bindewort* ▸ koordinierende, subordinierende ~

Kon|junk|ti|o|nal|satz ‹der; -es, -sät|ze; Gramm.› *durch eine Konjunktion an einen Hauptsatz angeschlossener Haupt- od. Nebensatz*

Kon|junk|tiv ‹der; -s, -e; Gramm.› *eine der drei Aussageformen des Verbs,* z. B. er käme, komme, sei gekommen; Syn *Möglichkeitsform;* Abl *konjunktivisch*

Kon|junk|tur ‹die; -, -en; Wirtsch.› **1** *Wirtschaftslage mit bestimmter Tendenz;* Zus *Konjunkturaufschwung, Konjunkturlage, Konjunkturschwankung* **2** *Hochkonjunktur, Prosperität* ▸ steigende, fallende ~; Hörbücher haben ~

Kon|junk|tur|sprit|ze ‹die; -, -n; umg.; Wirtsch.› *finanzielle Maßnahme zur Verbesserung, Belebung der Konjunktur*

kon|kav ‹Adj.; Opt.› *nach innen gewölbt* Ggs *konvex;* Abl *Konkavität;* Zus *Konkavlinse, Konkavspiegel*

Kon|kla|ve ‹[-və] das; -s, -n› **1** *streng abgeschlossener Versammlungsraum der Kardinäle zur Papstwahl* **2** *die Versammlung selbst*

kon|kre̲t ⟨Adj.; -er, am -es|ten⟩ Ggs *abstrakt* **1** *gegenständlich, wirklich* **2** *sinnlich wahrnehmbar* **3** *anschaulich, sachlich* ▸ ~e Angaben zu einem Vorfall machen; der Plan nimmt allmählich ~e Formen an; äußern Sie sich bitte etwas ~er; ~e Musik *aus Geräuschen des Alltags zusammengesetzte Musik*

kon|kre|ti|sie̲|ren ⟨V. trans.; kon|kre|ti|siert, kon|kre|ti|sier|te, hat kon|kre|ti|siert⟩ etwas ~ *konkret machen, gegenständlich, anschaulich machen, veranschaulichen, vergegenständlichen* ▸ einen Vorschlag ~; Abl *Konkretisierung*

Kon|ku|bi̲|ne ⟨die; -, -n⟩ *Geliebte, Mätresse*

Kon|kur|re̱nt ⟨der; -en, -en⟩ *jmd., der mit jmdm. konkurriert, im Wettstreit steht, wirtschaftl. od. sportl. Gegner;* Abl *Konkurrentin*

Kon|kur|re̱nz ⟨die; -, -en⟩ **1** *Wettstreit, (besonders wirtschaftliche) Wettbewerb;* Abl *konkurrenzfähig, konkurrenzlos;* Zus *Konkurrenzkampf, Konkurrenzprodukt, Konkurrenzunternehmen* **2** *der (wirtschaftl.) Gegner selbst, Konkurrenzunternehmen* ▸ jmdm. ~ machen *mit ihm in Wettstreit treten;* außer ~ laufen (bei Wettrennen); bei der ~ einkaufen; zur ~ gehen, übergehen

kon|kur|rie̲|ren ⟨V. intr.; kon|kur|riert, kon|kur|rier|te, hat kon|kur|riert⟩ mit jmdm. ~ *jmdm. Konkurrenz machen, mit jmdm. in Wettstreit stehen*

Kon|ku̱rs ⟨der; -es, -e⟩ **1** *Zahlungsunfähigkeit, Zahlungseinstellung* **2** *Konkursverfahren* ▸ ~ anmelden; ~ machen *zahlungsunfähig werden;* in ~ gehen

Kon|ku̱rs|mas|se ⟨die; -, -n⟩ *gesamtes Vermögen einer zahlungsunfähigen Firma*

Kon|ku̱rs|ver|fah|ren ⟨das; -s, -⟩ *Verfahren zur Befriedigung der Gläubiger eines zahlungsunfähigen Schuldners*

Kon|ku̱rs|ver|wal|ter ⟨der; -s, -⟩ *vom Konkursgericht Bevollmächtigter, der das Konkursverfahren durchführt;* Syn ⟨österr.⟩ *Masseverwalter;* Abl *Konkursverwalterin*

kö̱n|nen ⟨V.⟩ **I** ⟨V. intr.; Modalverb in Verbindung mit Inf.; kann, konn|te, hat … kön|nen⟩ **1** *fähig sein, imstande sein, in der Lage sein (etwas zu tun), etwas gelernt haben* **2** *dürfen, berechtigt sein* **3** *Grund haben (etwas zu tun)* **4** *möglich sein* ▸ mir kann keiner etwas anhaben ⟨umg.⟩; du kannst mich mal am Arsch lecken ⟨derb⟩ ▸ ich kann es (doch auch) nicht **ändern!**; so etwas kann mich **ärgern** ⟨umg.⟩ *ärgert mich jedes Mal, immer wieder;* ich kann die Schmerzen nicht mehr **aushalten;** ich kann mir nicht **denken,** dass er kommt; das kann ich nicht **erlauben,** zulassen; du kannst jetzt **kommen!**; er kann jeden Augenblick kommen; er kann nur gestern gekommen sein *es ist nur möglich, dass er gestern gekommen ist;* **laufen,** schwimmen ~; etwas, jmdn. nicht **leiden** ~; er kann weder **lesen** noch schreiben; du kannst mir doch keine Vorschriften **machen!**; ~ Sie mir bitte **sagen,** wo die nächste Bank ist; das hättest du gleich sagen ~; Vorsicht kann nichts, nie **schaden;** kann **sein!** ⟨umg.⟩ *möglich!;* es kann sein, dass sie angerufen hat; ich habe leider nie gut **singen** ~; Klavier **spielen** ~; ich kann nichts (dazu) **tun;** ich könnte mir **vorstellen,** dass … ▸ **wer** kann das gewesen sein, getan haben?; **wie** konnte das nur geschehen? **II** ⟨V. intr. u. V. trans.; Vollverb; kann, konn|te, hat ge|konnt⟩ (etwas) ~ **1** *Fähigkeiten haben, Wissen haben* **2** *die nötige Kraft haben* ▸ ich kann nicht mehr! *ich habe keine Kraft mehr, bin völlig erschöpft* ▸ seine **Aufgaben** nicht ~ *nicht gelernt haben;* **Englisch,** Spanisch ~; ich kenne das **Lied,** aber ich kann es nicht; eine **Sprache** ~ ▸ ich will es versuchen, so **gut** ich kann; er schrie so **laut** er konnte ▸ er kann nichts **dafür** *er ist nicht schuld daran;* nicht mehr ~ **vor** Lachen! ⟨umg.⟩; er hat getan, **was** er konnte ▸ **was** du alles kannst!; →a. *gekonnt*

Kö̱n|nen ⟨das; -s; unz.⟩ *Fähigkeit, Leistung, Leistungsfähigkeit, Geschicklichkeit, Kunstfertigkeit* ▸ eine Probe seines ~s geben; sein ~ zeigen; sein großes ~ beweisen; mit seinem ~ ist es nicht weit her

Kö̱n|ner ⟨der; -s, -⟩ *jmd., der viel kann, der Hervorragendes leistet* ▸ er ist ein (großer) ~ auf seinem Gebiet; Abl *Könnerin*

ko̱nn|te → *können*

Ko̱n|rek|tor ⟨der; -s, -en⟩ *Stellvertreter des Schulrektors;* Abl *Konrektorin*

Kon|se̱ns ⟨der; -es, -e⟩ **1** *Einwilligung, Genehmigung* **2** *Übereinstimmung, Vereinbarung (z. B. in Glaubensfragen)* ▸ in dieser Frage besteht ein breiter ~; einen tragfähigen ~ erzielen; Abl *konsensfähig*

kon|se|que̱nt ⟨Adj.; -er, am -es|ten⟩ Ggs *inkonsequent* **1** *folgerichtig* **2** *beharrlich, beständig, grundsatztreu* ▸ ~ handeln, sein; darum ist es nur ~, wenn wir darauf bestehen *eigentlich zwingend*

Kon|se|que̱nz ⟨die; -, -en⟩ **I** ⟨unz.⟩ **1** *Beharrlichkeit* **2** *Folgerichtigkeit, Schlüssigkeit* ▸ mit äußerster ~ seinen Weg gehen, ein Ziel verfolgen; sie folgerte in logischer ~, dass er nicht die Wahrheit gesagt hatte **II** ⟨zählb.⟩ *Folge, Wirkung, Ergebnis* ▸ daraus ergeben sich die folgenden ~en: …; die ~en (seiner Handlungsweise) ziehen *die Folgen (seiner H.) tragen*

kon|ser|va|ti̱v ⟨[-va-] Adj.⟩ **1** *am Hergebrachten hängend, das Bestehende bejahend, erhaltend, bewahrend* **2** ⟨Pol.⟩ *politisch rechts stehend* ▸ er ist sehr ~; ~e Behandlung ⟨Med.⟩ *nicht operative B.;* eine ~e Partei

Kon|ser|va|ti̱|ve(r) ⟨die; -n, -n (der; -n, -n)⟩ *Angehörige(r) einer konservativen Partei*

Kon|ser|va|tor ⟨[-va̱:-] der; -s, -en⟩ *Beamter, der Kunstwerke od. Kulturdenkmäler pflegt u. erhält;* Abl *Konservatorin*

Kon|ser|va|to̱|ri|um ⟨[-va-] das; -s, -ri|en⟩ *hochschulartige Musikschule*

Kon|se̱r|ve ⟨[-və] die; -, -n⟩ **1** *Blechdose od. Glas mit eingekochtem Obst, Gemüse, Fleisch usw., das sich lange Zeit hält, weil es luftdicht verschlossen ist;* Zus *Konservenbüchse, Konservendose*

2 *das eingekochte Obst, Gemüse, Fleisch usw. selbst* ▸ Musik aus der ~ ⟨umg.; scherzh.⟩ *von einem Tonträger stammend, nicht live gespielt*

kon|ser|vie|ren ⟨[-vi:-] V. trans.; kon|ser|viert, kon|ser|vier|te, hat kon|ser|viert⟩ **1** Gemüse, Obst, Fleisch ~ *haltbar machen, vor Fäulnis schützen* **2** ein Gemälde ~ *erhalten, bewahren, pflegen*

Kon|ser|vie|rung ⟨[-vi:-] die; -, -en; Pl. selten⟩ *das Konservieren;* Zus *Konservierungsmittel, Konservierungsstoff*

Kon|sis|tenz ⟨die; -, -en⟩ **1** *Beschaffenheit (eines Stoffes) hinsichtlich der Struktur* **2** *Beständigkeit (eines Stoffes) hinsichtlich Formveränderungen* ▸ teigige, spröde ~

Kon|so|le ⟨die; -, -n⟩ **1** *Wandbrett, Spiegeltischchen, Pfeilertischchen* **2** ⟨EDV⟩ *Ein- u. Ausgabegerät, bes. für elektronische Spiele, das an einen Monitor od. das Fernsehgerät angeschlossen wird;* Zus *Spielekonsole*

kon|so|li|die|ren ⟨V. trans.; kon|so|li|diert, kon|so|li|dier|te, hat kon|so|li|diert⟩ etwas ~ *festigen, sichern;* Abl *Konsolidierung* ▸ den Staatshaushalt ~

Kon|so|nant ⟨der; -en, -en; Phon.⟩ *Mitlaut, Laut, der nur mit Hilfe eines anderen ausgesprochen werden kann,* z. B. b(e), z(et); Ggs *Vokal;* Abl *konsonantisch*

Kon|sor|te ⟨der; -n, -n⟩ **1** *Mitglied eines Konsortiums* **2** ⟨abwertend⟩ *Beteiligter, Mitschuldiger, Mittäter* ▸ X und ~n

Kon|sor|ti|um ⟨das; -s, -ti|en⟩ *vorübergehender Zusammenschluss von Geschäftsleuten od. Banken für größere Finanzierungen;* Zus *Firmenkonsortium*

Kon|s|pi|ra|ti|on ⟨die; -, -en⟩ *Verschwörung*

kon|s|pi|ra|tiv ⟨Adj.⟩ **1** *eine Konspiration planend od. vorbereitend, verschwörerisch* **2** ⟨umg.⟩ *einer Konspiration dienend* ▸ eine ~e Wohnung

kon|s|pi|rie|ren ⟨V. intr.; kon|s|pi|riert, kon|s|pi|rier|te, hat kon|s|pi|riert⟩ (mit jmdm.) ~ *sich verschwören*

kon|s|tant ⟨Adj.; -er, am -es|ten⟩ Ggs *variabel* **1** *fest, beständig, unveränderlich* **2** *beharrlich* ▸ ~e Größe ⟨Math.⟩; die Temperatur, eine Bewegung ~ halten; etwas mit ~er Bosheit tun ⟨umg.; scherzh.⟩

Kon|s|tan|te ⟨die; -, -n⟩ *unveränderliche Größe*

Kon|s|tanz ⟨die; -; unz.⟩ **1** *Festigkeit, Beständigkeit, Unveränderlichkeit;* Zus *Konstanzüberprüfung* **2** *Beharrlichkeit*

kon|s|ta|tie|ren ⟨V. trans.; kon|s|ta|tiert, kon|s|ta|tier|te, hat kon|s|ta|tiert⟩ etwas ~ *feststellen* ▸ die Psychologen ~ einen Trend zur Isolation des Einzelnen; es ist zu ~, dass die Wahl entschieden ist

Kon|s|tel|la|ti|on ⟨die; -, -en⟩ **1** *Lage, Zusammentreffen best. Umstände* **2** ⟨Astron.⟩ *Stellung der Gestirne zueinander, zur Sonne u. zur Erde* ▸ günstige, ungünstige ~; Abl *konstellieren*

kon|s|ter|nie|ren ⟨V. trans.; kon|s|ter|niert, kon|s|ter|nier|te, hat kon|s|ter|niert⟩ jmdn. ~ *bestürzen, verblüffen*

kon|s|ti|tu|ie|ren ⟨V.; kon|s|ti|tu|iert, kon|s|ti|tu|ier|te, hat kon|s|ti|tu|iert⟩ **I** ⟨V. trans.⟩ etwas ~ *bilden, gründen, einrichten, zur festen Einrichtung machen* ▸ ~de Versammlung *verfassunggebende Versammlung* **II** ⟨V. refl.⟩ sich ~ *sich zu einem Organ, Gremium zusammenschließen, eine Geschäftsordnung erlassen* ▸ der Berliner Senat hat sich konstituiert

Kon|s|ti|tu|ti|on ⟨die; -, -en⟩ **1** *Körperbeschaffenheit, körperlicher od. psychischer Zustand einer Person* **2** *Verfassung, Grundgesetz (eines Staates);* Abl *konstitutionell* ▸ sich, einem Staat eine ~ geben; kräftige, schwache, zarte ~

kon|s|t|ru|ie|ren ⟨V. trans.; kon|s|t|ru|iert, kon|s|t|ru|ier|te, hat kon|s|t|ru|iert⟩ **1** eine Maschine ~ *entwerfen, bauen, zusammensetzen* **2** einen Satz ~ *nach den Regeln der Syntax zusammenfügen* **3** eine Figur, ein Dreieck ~ *nach gegebenen Größen zeichnen* **4** ⟨übertr.⟩ einen Fall, Vorgang ~ *künstlich, schematisch darstellen, erfinden* ▸ die Handlung des Buches ist allzu konstruiert; ein konstruierter Fall

Kon|s|t|rukt ⟨das; -(e)s, -e; geh.⟩ *gedanklich konstruiertes Gebilde, hypothetischer, abstrakter Entwurf* ▸ ein wissenschaftliches ~; ein Begriff als ~

Kon|s|t|ruk|ti|on ⟨die; -, -en⟩ **1** *Entwurf, Gefüge, Bau, Bauart, Aufbau;* Zus *Konstruktionsfehler* **2** *Zeichnung* ▸ ~ einer geometrischen Figur; ~ eines Gebäudes, einer Maschine, eines Satzes

kon|s|t|ruk|tiv ⟨Adj.⟩ *(folgerichtig) aufbauend, zusammenfügend, entwickelnd* ▸ ~e Kritik; ~es Misstrauensvotum ⟨in der BRD⟩ *Abwahl des Bundeskanzlers durch das Parlament bei gleichzeitiger Wahl eines Nachfolgers*

Kon|sul ⟨der; -s, -n⟩ *ständiger Vertreter eines Staates in einem anderen Staat (besonders für wirtschaftliche Aufgaben)* ▸ er ist ~ in Buenos Aires

Kon|su|lat ⟨das; -(e)s, -e⟩ *Amt, Amtsgebäude eines Konsuls*

kon|sul|tie|ren ⟨V. trans.; kon|sul|tiert, kon|sul|tier|te, hat kon|sul|tiert⟩ einen Anwalt, Arzt ~ *zurate ziehen;* Abl *Konsultation*

Kon|sum ⟨der; -s; unz.⟩ **1** *Verbrauch (von täglichen Bedarfsartikeln, bes. Lebensmitteln)* **2** ⟨Betonung meist ['- -]; DDR⟩ **2.1** *Konsumgenossenschaft* **2.2** *Verkaufsstelle der Konsumgenossenschaft*

Kon|su|ment ⟨der; -en, -en⟩ *Verbraucher;* Ggs *Produzent (1);* Abl *Konsumentin*

Kon|sum|ge|sell|schaft ⟨die; -, -en; meist abwertend⟩ *Gesellschafts- u. Wirtschaftsform, die auf Konsum u. damit auf das Wachstum der privaten u. öffentlichen Haushalte ausgerichtet ist*

Kon|sum|gü|ter ⟨Pl.⟩ *Gegenstände des täglichen Bedarfs;* Syn *Verbrauchsgüter*

kon|su|mie|ren ⟨V. trans.; kon|su|miert, kon|su|mier|te, hat kon|su|miert⟩ etwas ~ *verbrauchen* ▸ die Leute ~ immer mehr Luxusgüter; Musik und Theater ~ ⟨übertr.⟩; das Konsumieren von biologischen Lebensmitteln; Abl *konsumierbar*

Kon|sum|ter|ror ⟨der; -s; unz.; umg.; abwertend⟩ *starker Konsumzwang*

Kon|sum|zwang ⟨der; -(e)s; unz.; abwertend⟩ *von*

der Konsumgesellschaft dem Einzelnen indirekt auferlegter Zwang zu möglichst großem Verbrauch an Konsumgütern

Kon|takt ‹der; -(e)s, -e› **1** *Berührung* **2** *Beziehung, Aufnahme einer Verbindung zu jmdm.;* Zus *Kontaktaufnahme* **3** *Austausch von Neuigkeiten, Informationen* **4** *elektrisch leitende Verbindung;* Zus *Kontaktstecker* ▸ den ~ zu einem Freund **abbrechen;** mit jmdm. ~ **aufnehmen;** ~ **haben** ‹übertr.› *in Verbindung stehen;* ~ **suchen** ▸ wir haben (einen) **netten,** herzlichen ~ miteinander; ich hatte **telefonischen** ~ mit ihm ▸ wir bleiben **in** ~ *wir bleiben in Verbindung, tauschen weiterhin Neuigkeiten miteinander aus;* mit jmdm. in ~ stehen; ich bekomme **mit** ihm keinen ~ *kann mich mit ihm nicht anfreunden, werde mit ihm nicht warm;* ich habe mit ihm (schon lange) keinen ~ mehr; vermeiden Sie den ~ mit Katzen; ~e **zu** jmdm. pflegen; den ~ **zwischen** zwei Stromkreisen schließen

Kon|takt|ad|res|se ‹die; -, -n› *Adresse, über die man mit jmdm. od. etwas in Verbindung treten kann*

kon|takt|arm ‹Adj.; -är|mer, am -ärms|ten› *schwer (mit anderen Menschen) Kontakt aufnehmend, sich schwer (an andere Menschen) anschließend;* Syn *kontaktschwach;* Abl *Kontaktarmut*

kon|takt|freu|dig ‹Adj.› *leicht Kontakt (mit anderen Menschen) aufnehmend, sich leicht u. gern (an andere Menschen) anschließend;* Abl *Kontaktfreudigkeit*

kon|tak|tie|ren ‹V. trans.; kon|tak|tiert, kon|tak|tier|te, hat kon|tak|tiert; geh.› jmdn. ~ *mit jmdm. einen Kontakt knüpfen, sich mit jmdm. unterhalten;* Abl *Kontaktierung*

Kon|takt|lin|sen ‹Pl.› *dünne Glas- od. Kunststoffschalen, die (anstelle einer Brille) unter den Augenlidern direkt auf der Hornhaut getragen werden;* Syn *Haftschalen, Kontaktgläser, Kontaktschalen*

Kon|takt|per|son ‹die; -, -en› **1** *jmd., der mit einer an einer Infektionskrankheit leidenden Person Kontakt hatte u. daher ansteckungsverdächtig ist* **2** *Person, die man ansprechen kann, wenn man bestimmte Informationen benötigt, u. über die man Kontakte zu anderen Personen knüpfen kann;* Syn *Kontaktmann*

kon|takt|scheu ‹Adj.› *menschliche Kontakte scheuend;* Abl *Kontaktscheu*

Kon|takt|sper|re ‹die; -, -n; Rechtsw.› *(bei Häftlingen, bes. Terroristen) Verbot, Kontakte zur Außenwelt zu unterhalten*

kon|ta|mi|nie|ren ‹V. trans.; kon|ta|mi|niert, kon|ta|mi|nier|te, hat kon|ta|mi|niert; Kernphys.› etwas ~ *mit radioaktiven Stoffen verunreinigen, verseuchen;* Abl *Kontamination, Kontaminierung*

Kon|tem|p|la|ti|on ‹die; -; unz.› *Betrachtung, (reine) Anschauung;* Abl *kontemplativ*

Kon|ten ‹Pl. von› *Konto*

Kon|ter ‹der; -s, -; Sp.› *Gegenangriff, -schlag* ▸ ein gelungener ~ *scharfe Entgegnung, heftiger Widerspruch*

kon|ter..., Kon|ter... ‹in Zus.› *gegen..., Gegen...;* Zus *Konterrevolution*

Kon|ter|fei ‹das; -(e)s, -e; geh.› *Abbild, Bild(nis)*

kon|tern ‹V. intr. u. V. trans.; kon|tert, kon|ter|te, hat ge|kon|tert; übertr.› jmdm. (etwas) ~ *(heftig) widersprechen, dagegenhalten*

Kon|text ‹der; -(e)s, -e› *Text, der ein Wort od. eine Redewendung umgibt, durch den die Bedeutung erst klarwird, Zusammenhang;* Syn *Kotext*

Kon|ti|nent ‹der; -(e)s, -e› **1** *Festland* **2** *Erdteil* ▸ Europa und Asien sind benachbarte ~; einen ~ im Flugzeug überqueren; die Organisation umfasst die Staaten aller ~e; einen ~ bereisen; Abl *kontinental*

Kon|ti|nen|tal|drift ‹die; -, -en› = *Kontinentalverschiebung*

Kon|ti|nen|tal|ver|schie|bung ‹die; -, -en; Geol.› *kontinentweite Auf- od. Abwärtsbewegung der Erdkruste durch lange Zeiten hindurch;* Syn *Kontinentaldrift*

Kon|tin|gent ‹das; -(e)s, -e› **1** *Pflichtbeitrag, Pflichtanteil* **2** *begrenzte, festgesetzte, zugeteilte Menge;* Zus *Warenkontingent* **3** *Truppenbeitrag (eines Staates) am Gesamtheer;* Zus *Truppenkontingent*

kon|ti|nu|ier|lich ‹Adj.› *ununterbrochen, stetig, zusammenhängend*

Kon|ti|nu|i|tät ‹die; -; unz.› *Stetigkeit, Fortdauer, lückenloser Zusammenhang* ▸ politische ~; ~ in der Außenpolitik wahren

Kon|ti|nu|um ‹das; -s, -nua› *(lückenlos) Zusammenhängendes, z. B. Linie, Ebene*

Kon|to ‹das; -s, -s od. Kon|ten od. Kon|ti› *Verwaltung von Geld u. den entsprechenden Geschäftsvorgängen (Einnahmen u. Ausgaben) durch eine Bank, wobei der Zugang durch eine bestimmte Nummer u. die Bankleitzahl geregelt ist, Bankkonto* ▸ ein ~ eröffnen, löschen, schließen; einen Betrag einem ~, jmds. ~ gutschreiben; ein ~ überziehen *mehr abheben, als man besitzt;* laufendes ~ *Bankkonto für häufige Ein- u. Auszahlungen;* Syn *Kontokorrent;* Geld aufs ~ einzahlen; 1000 Euro auf dem ~ haben; das geht auf mein ~ ‹übertr.; umg.› *das übernehme, zahle ich; daran bin ich schuld;* Geld vom ~ abheben *sich G. bei der Bank auszahlen lassen;* Zus *Kontoinhaber(in), Kontostand; Geschäftskonto, Girokonto, Sparkonto*

Kon|to|aus|zug ‹der; -(e)s, -zü|ge› *Mitteilung der Bank über den Stand des Kontos*

Kon|to|num|mer ‹die; -, -n› *Nummer, unter der ein Konto bei einer Bank geführt wird*

Kon|tor ‹das; -s, -e› *Niederlassung einer Firma im Ausland* ▸ das war ein Schlag ins ~ *eine schwere Niederlage, ein Misserfolg*

kon|t|ra ‹Präp. m. Akk.› = *contra*

Kon|t|ra ‹das; -s, -s› = *Contra*

Kon|t|ra|bass ‹der; -es, -bäs|se; Mus.› *Bassgeige, größtes u. tiefstes Streichinstrument;* Syn *Violone;* Abl *Kontrabassist(in)*

Kon|tra|hent ‹der; -en, -en› **1** *Vertragspartner* **2** *Gegner im Zweikampf;* Abl *Kontrahentin*

Kon|trakt ⟨der; -(e)s, -e⟩ *Vertrag, Abmachung* ▸ einen ~ schließen; Zus *Mietkontrakt*

Kon|trak|ti|on ⟨die; -, -en⟩ *Zusammenziehung, Schrumpfung*

kon|t|ra|pro|duk|tiv ⟨Adj.⟩ *von gegensätzlicher Wirkung, bestimmten Absichten zuwiderlaufend* ▸ dieses Verhalten ist total ~

kon|t|rär ⟨Adj.⟩ *gegensätzlich, entgegengesetzt* ▸ ~e Ansichten, Meinungen, Ideen

Kon|t|rast ⟨der; -(e)s, -e⟩ **1** *Gegensatz, auffallender Unterschied;* Abl *kontrastreich* **2** ⟨Fot.⟩ *Helligkeitsunterschied* ▸ ein schreiender ~ zwischen …; ein Bild mit starken ~en ⟨Fot.⟩

Kon|t|rast|mit|tel ⟨das; -s, -; Med.⟩ *für Röntgenstrahlen undurchlässiger Stoff, der vor der Durchleuchtung od. Röntgenaufnahme von Magen, Galle od. Darm durch Tabletten o. ä. Mittel in den Körper eingeführt wird;* Syn *Kontrastbrei*

Kon|t|rast|pro|gramm ⟨das; -(e)s, -e⟩ **1** *Rundfunk- od. Fernsehprogramm, das eine Alternative zu einem anderen Programm bietet* **2** ⟨übertr.⟩ *etwas, das in einem deutlichen Gegensatz zu etwas anderem steht u. eine Wahlmöglichkeit bietet* ▸ sein Vortrag stellte ein angenehmes ~ zu den vorangegangenen Reden dar

Kon|t|ra|zep|ti|vum ⟨[-vum] das; -s, -va [-va]⟩ *Mittel zur Empfängnisverhütung*

Kon|tri|bu|ti|on ⟨die; -, -en⟩ *(gemeinsamer) Beitrag*

Kon|t|rol|le ⟨die; -, -n⟩ **1** *Überwachung, Aufsicht;* Zus *Kontrollkommission, Kontrollsystem* **2** *Prüfung;* Zus *Fahrscheinkontrolle, Passkontrolle, Zollkontrolle* ▸ die ~ über eine Arbeit, einen Arbeitsablauf, eine Arbeitsgruppe haben, führen; die ~ über eine Maschine verlieren; sie hat die Kinder nicht mehr unter ~ *die K. hören nicht mehr auf sie, gehorchen nicht;* unter (jmds.) ~ stehen; einen Apparat zur ~ noch einmal laufen lassen

Kon|t|rol|leur ⟨[-lø:r] der; -s, -e⟩ *jmd., der etwas kontrolliert, der eine Kontrolle ausübt, Aufsichtsbeamter, Aufseher, Prüfer;* Abl *Kontrolleurin;* Zus *Eisenbahnkontrolleur, Fahrkartenkontrolleur, Straßenbahnkontrolleur*

kon|t|rol|lie|ren ⟨V. trans.; kon|t|rol|liert, kon|t|rol|lier|te, hat kon|t|rol|liert⟩ **1** jmdn. od. etwas ~ *überwachen* **2** etwas ~ *nachprüfen* **3** jmdn. od. etwas ~ *beherrschen* ▸ die Fahrkarten ~; die Aufständischen ~ das ganze Gebiet; er kontrolliert immer die Hausaufgaben der Kinder; kontrolliertes Rindfleisch

Kon|t|roll|lam|pe ⟨die; -, -n⟩ *Glühlampe, die den Lauf einer Maschine anzeigt u. bei Stillstand erlischt*

kon|t|ro|vers ⟨[-vers] Adj.⟩ oV *kontroversiell* **1** *gegeneinandergerichtet* **2** *bestreitbar, strittig*

Kon|t|ro|ver|se ⟨[-ver-] die; -, -n⟩ *Streitfrage, heftige Meinungsverschiedenheit, Streit* ▸ seine Bemerkung hat eine heftige ~ ausgelöst; eine ~ unter Wissenschaftlern ist entbrannt

Kon|tur ⟨die; -, -en⟩ *Umriss, Umrisslinie* ▸ etwas gewinnt ~; der Lidstrich gibt dem Auge mehr ~; die Partei hat deutlich an ~ gewonnen ⟨übertr.⟩; etwas verliert an ~ ⟨übertr.⟩; Abl *konturlos*

Ko|nus ⟨der; -, -nus|se od. Ko|nen⟩ *Kegel, Kegelstumpf, kegelförmiger Stift, Zapfen (an einem Werkzeug)*

Kon|vent ⟨[-vent] der; -(e)s, -e⟩ *Zusammenkunft, Versammlung (bes. von Mitgliedern einer politischen Organisation od. eines Klosters)* ▸ einen ~ einberufen

Kon|ven|ti|o|nal|stra|fe ⟨[-vɛn-] die; -, -n⟩ *Strafe bei Nichteinhaltung eines Vertrages;* Syn *Vertragsstrafe*

kon|ven|ti|o|nell ⟨[-vɛn-] Adj.⟩ *auf den gesellschaftl. Konventionen beruhend, herkömmlich, förmlich* ▸ ~e Waffen *alle Waffen außer Kern-, biolog. u. chem. Waffen;* sich (sehr) ~ verhalten, benehmen *steif, kühl, förmlich*

kon|ver|gent ⟨[-vɛr-] Adj.⟩ **1** *aufeinander zulaufend* (Linie) **2** *übereinstimmend* **3** ⟨Math.⟩ *sich einem endlichen Wert annähernd* ▸ ~e Reihe

Kon|ver|genz ⟨[-vɛr-] die; -, -en⟩ Ggs *Divergenz* **1** *gegenseitige Annäherung, Übereinstimmung* **2** ⟨Math.⟩ *konvergente Eigenschaft, konvergentes Verhalten*

Kon|ver|sa|ti|on ⟨[-vɛr-] die; -, -en⟩ *geselliges, leichtes, etwas förmliches Gespräch, gepflegte Unterhaltung* ▸ ~ machen

Kon|ver|sa|ti|ons|le|xi|kon ⟨[-vɛr-] das; -s, -xi|ka⟩ *ein- od. mehrbändiges, alphabetisch geordnetes Nachschlagewerk über alle Wissensgebiete*

Kon|ver|si|on ⟨[-vɛr-] die; -, -en⟩ **1** ⟨Rel.⟩ *Glaubenswechsel* **2** *Rückführung (in einen naturnahen Zustand) von ehemals militärisch genutzten Flächen*

Kon|ver|ter ⟨[-ver-] der; -s, -; EDV⟩ *Software, die Daten von einem Format in ein anderes Format umwandelt;* Syn *Konvertierungsprogramm* ▸ dieser ~ überführt Texte aus der alten in die neue Rechtschreibung

kon|ver|tie|ren ⟨[-vɛr-]⟩ **I** ⟨V. trans.; kon|ver|tiert, kon|ver|tier|te, hat kon|ver|tiert⟩ **1** etwas ~ *umgestalten, umwandeln* **2** Dollar, Euro ~ *in eine andere Währung umtauschen* **3** ⟨EDV⟩ Daten ~ *D. umwandeln, so dass andere Programme od. Anlagen sie verarbeiten können* **II** ⟨V. intr.; konver|tiert, kon|ver|tier|te, ist kon|ver|tiert⟩ *die Konfession, die Religion wechseln* ▸ zum Christentum, zum Katholizismus ~

kon|vex ⟨[-veks] Adj.; Opt.⟩ *erhaben, nach außen gewölbt;* Ggs *konkav;* Abl *Konvexität;* Zus *Konvexlinse, Konvexspiegel*

Kon|voi ⟨[-vɔı] der; -s, -s⟩ *Geleitzug, Schiffsverband im Schutz von See- od. Luftstreitkräften* ▸ im ~ fahren

Kon|zen|t|rat ⟨das; -(e)s, -e⟩ *das beim Anreichern entstehende, gegenüber dem Ausgangsmaterial hochwertigere Produkt;* Zus *Orangensaftkonzentrat*

Kon|zen|t|ra|ti|on ⟨die; -, -en⟩ **I** ⟨unz.⟩ *Anspannung, Sammlung (aller Gedanken auf ein Problem, Ziel), angespannte Aufmerksamkeit* ▸ die ~ fördern; mit äußerster ~ arbeiten, zuhören;

Zus Konzentrationsfähigkeit, Konzentrationsschwäche **II** ⟨zählb.⟩ **1** *Zusammendrängung um einen Mittelpunkt* **2** *Zusammenfassung, Zusammenballung (von wirtschaftlichen, militärischen o. ä. Kräften)* **3** *Anreicherung, Gehalt einer Lösung an gelöstem Stoff*

Kon|zen|t|ra|ti|ons|la|ger ⟨das; -s, -; Abk.: KZ; 1933-1945⟩ *Arbeits- u. Massenvernichtungslager für Juden u. Gegner des Nationalsozialismus*

kon|zen|t|rie|ren ⟨V.; kon|zen|t|riert, kon|zen|t-rier|te, hat kon|zen|t|riert⟩ **I** ⟨V. refl.⟩ sich ~ *sich anspannen, alle Aufmerksamkeit auf einen Gedanken, ein Ziel lenken* ▸ ich kann mich gut, schlecht, schwer ~; sich auf seine Arbeit, seine Aufgaben ~ **II** ⟨V. trans.⟩ **1** Menschen, Dinge (irgendwo) ~ *(um einen Mittelpunkt) sammeln, zusammendrängen, verstärken, verdichten* **2** etwas auf etwas ~ *gesammelt auf etwas ausrichten, für etwas einsetzen* **3** eine Lösung ~ *anreichern, sättigen* ▸ alle Gedanken auf ein Problem ~; Truppen in einem Raum ~; →a. *konzentriert*

kon|zen|t|riert **I** ⟨Part. Perf. von⟩ *konzentrieren* **II** ⟨Adj.; -er, am -es|ten⟩ **1** *angespannt, aufmerksam, gesammelt* **2** ⟨Chem.⟩ *einen Stoff in großer Menge (gelöst) enthaltend* ▸ ~ zuhören; ~e Schüler; eine ~e Lösung ⟨Chem.⟩

kon|zen|t|risch ⟨Adj.⟩ **1** *einen gemeinsamen Mittelpunkt habend* (Kreise) **2** *nach einem Punkt strebend, auf einen Punkt gerichtet*

Kon|zept ⟨das; -(e)s, -e⟩ **1** *erste Niederschrift, erste Fassung* **2** *Plan, Entwurf, Programm;* Abl *konzeptlos* ▸ jmdn. aus dem ~ bringen ⟨übertr.; umg.⟩ *verwirren;* aus dem ~ kommen *verwirrt werden;* ein ~ für ein bestimmtes Vorhaben entwerfen; der Aufsatz ist im ~ fertig; das passt mir nicht in mein ~ *in meine Pläne*

Kon|zep|ti|on ⟨die; -, -en⟩ **1** = *Konzept (2);* Abl *konzeptionslos* **2** *Gesamtbegriff, Grundvorstellung* **3** *Auffassung, Begreifen;* Abl *konzeptionell*

Kon|zern ⟨der; -(e)s, -e⟩ *gleichartige, rechtlich selbstständige Unternehmen mit gemeinsamer Leitung u. Verwaltung;* Zus *Konzernführung, Konzernleitung, Konzernumsatz, Konzernzentrale*

Kon|zern|spit|ze ⟨die; -, -n⟩ *Gruppe von Personen, die mit der Führung eines Konzerns betraut ist*

Kon|zert ⟨das; -(e)s, -e; Mus.⟩ **1** *öffentliche Aufführung von Musikwerken;* Zus *Konzertkarte, Konzertreihe, Konzertsaal; Popkonzert, Rockkonzert* **2** *Musikstück für Soloinstrument u. Orchester;* Zus *Flötenkonzert, Klavierkonzert, Violinkonzert* ▸ ein ~ besuchen; ~ für Klavier und Streicher; gestern Abend waren wir im ~; während des ~es bitte nicht husten

kon|zer|tiert ⟨Adj.⟩ ~e Aktion **1** *aufeinander abgestimmte Aktion* **2** ⟨BRD⟩ *zw. staatlichen Organen, Gewerkschaften u. Unternehmerverbänden abgestimmtes wirtschaftliches Vorgehen*

Kon|zert|meis|ter ⟨der; -s, -; Mus.⟩ *führender Geiger (unter den ersten Geigen) im Orchester;* Abl *Konzertmeisterin*

Kon|zes|si|on ⟨die; -, -en⟩ **1** *Zugeständnis* **2** *behördliche Genehmigung, z. B. für ein Gewerbe* ▸ Inhaber einer ~; man muss im Leben ~en machen; er ist meist (nicht) zu ~en bereit

Kon|zil ⟨das; -s, -e od. -li|en; kath. Kirche⟩ *(umfassende) Versammlung kirchlicher Würdenträger*

kon|zi|li|ant ⟨Adj.; -er, am -es|ten⟩ **1** *umgänglich, verbindlich* **2** *versöhnlich, zu Zugeständnissen bereit* ▸ er ist ein ~er Mensch

kon|zi|pie|ren ⟨V. trans.; kon|zi|piert, kon|zi|pier-te, hat kon|zi|piert⟩ etwas ~ *im Konzept entwerfen, ins Konzept schreiben, ein Konzept über etwas verfassen;* Abl *Konzipierung*

Ko|ope|ra|ti|on ⟨die; -, -en⟩ *Zusammenarbeit, Zusammenwirken* ▸ zur ~ bereit sein

ko|ope|ra|ti|ons|be|reit ⟨Adj.⟩ *zur Kooperation bereit* ▸ sich ~ verhalten; Abl *Kooperationsbereitschaft*

ko|ope|ra|tiv ⟨Adj.⟩ *zusammenwirkend, zusammenarbeitend*

ko|ope|rie|ren ⟨V. intr.; ko|ope|riert, ko|ope|rier|te, hat ko|ope|riert⟩ (mit jmdm.) ~ *zusammenarbeiten, zusammenwirken*

Ko|or|di|na|te ⟨die; -, -n⟩ **1** ⟨Math.⟩ *Zahlenangabe zur Festlegung eines Punktes* **2** ⟨übertr.⟩ *Bezugspunkt, Orientierungspunkt*

Ko|or|di|na|ten|ach|se ⟨[-ks-] die; -, -n; Math.⟩ *Achse eines Koordinatensystems*

Ko|or|di|na|ten|sys|tem ⟨das; -s, -e⟩ **1** ⟨Math.⟩ *mathematisches Bezugssystem mit Achsen od. Achsen u. Winkeln zur Festlegung der Lage eines Punktes in der Ebene od. im Raum od. zur Charakterisierung des Zustandes eines Systems (auch mit mehr als drei Dimensionen)* **2** ⟨übertr.⟩ *Ordnung, Werteordnung, Bezugsrahmen*

Ko|or|di|na|ti|on ⟨die; -; unz.⟩ *das Abstimmen verschiedener Dinge, Vorgänge usw. aufeinander*

Ko|or|di|na|tor ⟨der; -s, -en⟩ **1** *jmd. der etwas koordiniert* **2** ⟨i. e. S.⟩ *jmd., der die Programme verschiedener Rundfunk- u. Fernsehanstalten aufeinander abstimmt;* Abl *Koordinatorin*

ko|or|di|nie|ren ⟨V. trans.; ko|or|di|niert, ko|or|di-nier|te, hat ko|or|di|niert⟩ Vorgänge ~ *aufeinander abstimmen* ▸ ~de Konjunktion *K., die einen Hauptsatz mit einem anderen Hauptsatz verbindet;* Syn *beiordnende Konjunktion;* Abl *Koordinierung*

Kopf ⟨der; -(e)s, Köp|fe⟩ **1** *Teil des Körpers, der vom übrigen Körper abgesetzt ist u. mit Gehirn, Augen, Nase, Mund u. Ohren ausgestattet ist, Haupt, Schädel;* ⓘ S. 146; Zus *Kopfhaar, Kopfhaut, Kopfnicken, Kopfschmerz, Kopfschmuck, Kopfschuss, Kopfschütteln, Kopfstütze* ⓘ S. 896, *Kopftuch, Kopfverletzung* **2** ⟨übertr.⟩ *(meist oberes) verdicktes Ende, Knopf;* Zus *Nagelkopf, Notenkopf, Stecknadelkopf* **3** *kugelförmige Kohl- od. Salatpflanze;* Zus *Kohlkopf, Salatkopf* **4** *oberer Teil, Anfang, Überschrift, Titel;* Zus *Briefkopf, Zeitungskopf* **5** ⟨übertr.⟩ **5.1** *Anführer, Leiter* **5.2** *Person, Mensch* ▸ der ~ einer **Bande,** Verschwörung; drei Köpfe **Salat** kaufen ▸ er wird dir doch nicht gleich den ~ **abreißen** ⟨übertr.; umg.; scherzh.⟩; mir **brummt** der ~ ⟨übertr.⟩

K

ich habe Kopfschmerzen; ich bin (von dem Lärm, von der vielen Arbeit) ganz verwirrt; seinen ~ durchsetzen wollen *seinen Willen durchsetzen wollen;* den ~ einziehen; den ~ hängen lassen ⟨übertr.⟩ *niedergeschlagen, mutlos sein;* den ~ (zur Tür) hereinstecken; den ~ für jmdn. hinhalten *für jmdn. einstehen, dessen Strafe auf sich nehmen;* das wird ihm politisch den ~ kosten ⟨übertr.; umg.⟩ *das wird seine politische Karriere beenden;* den, einen ~ machen ⟨schweiz.; umg.⟩ *mürrisch sein, widerspenstig sein;* den ~ neigen, senken, wenden; mir raucht der ~ ⟨übertr.; umg.⟩ *ich habe sehr viel (geistig) gearbeitet;* den ~ schütteln *(als Verneinung);* ich weiß kaum mehr, wo mir der ~ steht ⟨übertr.; umg.⟩ *ich weiß vor lauter Arbeit nicht mehr, wo ich anfangen soll;* jmdm. den ~ verdrehen ⟨übertr.; umg.⟩ *jmdn. in sich verliebt machen;* den ~ verlieren ⟨übertr.⟩ *die Geistesgegenwart verlieren, unüberlegt handeln;* jmdm. den ~ waschen ⟨übertr.; umg.⟩ *jmdn. energisch zurechtweisen;* sich den ~ (über etwas) zerbrechen ⟨übertr.⟩ *angestrengt (über etwas) nachdenken, sich mit Mühe (an etwas) zu erinnern suchen;* jmdm. den ~ zurechtrücken, zurechtsetzen ⟨übertr.; umg.⟩ *jmdm. energisch die Meinung sagen;* die Köpfe zusammenstecken *miteinander tuscheln* ▸ die besten Köpfe des Landes, der Universität; großer, kahler, kleiner, runder, schmaler ~; er ist einen ~ größer als ich *so viel, wie ein Kopf hoch ist;* einen heißen ~ haben *Fieber haben;* den ~ hoch tragen ⟨übertr.⟩ *stolz sein;* ein kluger ~ ⟨übertr.⟩; kühlen ~ bewahren *die Besonnenheit bewahren;* jmdn. (um) einen ~ kürzer machen ⟨übertr.⟩ *jmdn. scharf zurechtweisen;* einen roten ~ bekommen *erröten;* einen schweren ~ haben *Kopfschmerzen haben (bes. als Nachwirkung eines Rausches);* die Besatzung des Schiffes war 100 Köpfe stark *bestand aus 100 Personen;* den ~ voll haben ⟨übertr.; umg.⟩ *viel zu bedenken haben; Sorgen haben* ▸ man greift sich an den ~, wenn man das hört, sieht *es ist einem unbegreiflich;* jmdm. eine Beleidigung, Unfreundlichkeit an den ~ werfen ⟨übertr.; umg.⟩ *ihm etwas Beleidigendes, Unfreundliches sagen;* er ist nicht auf den ~ gefallen ⟨übertr.; umg.⟩ *er ist nicht dumm;* wenn der Junge größer ist, trampelt er ihr auf dem ~ herum ⟨übertr.; umg.⟩ *gehorcht er ihr nicht mehr;* einen Preis auf jmds. ~ aussetzen *einen Preis versprechen, wenn man jmdn. (Verbrecher o. Ä.) fängt u. ausliefert;* auf dem ~ stehen können; und wenn du dich auf den ~ stellst, ich gehe doch nicht hin ⟨übertr.; umg.⟩ *ganz gleich, was du tust;* alles auf den ~ stellen ⟨übertr.; umg.⟩ *alles durcheinanderbringen;* jmdm. etwas auf den ~ zusagen *etwas mit Sicherheit feststellen, so dass er nicht leugnen kann;* ein Gedicht aus dem ~ aufsagen *auswendig, aus dem Gedächtnis;* sich die Augen nach etwas od. jmdm. aus dem ~ gucken *angestrengt (mit den Augen) suchen;* sich etwas aus dem ~ schlagen ⟨übertr.⟩ *etwas (Plan, Hoffnung, Vorhaben) aufgeben, auf etwas verzichten;* es will mir nicht mehr aus dem ~ ⟨übertr.; umg.⟩ *ich muss immer daran denken;* sich etwas durch den ~ gehen lassen ⟨übertr.⟩ *sich etwas überlegen, über etwas nachdenken;* sich eine Kugel durch den ~ schießen, jagen *Selbstmord begehen;* etwas im ~ behalten *sich etwas merken;* was man nicht im ~ hat, das hat man in den Beinen ⟨übertr.; umg.; scherzh.⟩ *wenn man etwas vergessen hat, muss man noch einmal gehen;* sie hat nichts anderes als Vergnügen im ~ ⟨übertr.; umg.⟩ *sie denkt an nichts anderes als an V.;* er hat nur Blödsinn im ~ *macht nur B.;* eine Aufgabe im ~ rechnen *ohne Papier u. Bleistift;* er ist nicht ganz richtig im ~ ⟨übertr.; umg.⟩ *er ist leicht schwachsinnig;* sich etwas in den ~ setzen ⟨übertr.; umg.⟩ *sich etwas vornehmen u. eigensinnig darauf beharren;* das will mir nicht in den ~ ⟨übertr.; umg.⟩ *das sehe ich nicht ein, das kann ich nicht begreifen;* den ~ in den Sand stecken ⟨übertr.⟩ *sich gegenüber Gefahren blind stellen, Gefahren nicht sehen wollen;* eine Tat mit seinem ~ bezahlen ⟨übertr.⟩ *dafür sterben;* mit dem ~ nicken *(als Zeichen der Zustimmung);* mit bloßem ~ *ohne Hut, Mütze od. Tuch;* er will immer mit dem ~ durch die Wand ⟨übertr.; umg.⟩ *er will das, was er sich vorgenommen hat, unbedingt u. sofort durchsetzen;* mit dem ~ voran, zuerst *kopfüber;* es muss immer nach seinem ~ gehen ⟨übertr.; umg.⟩ *es muss immer alles so gemacht werden, wie er es will;* den ~ oben behalten *zuversichtlich bleiben;* pro ~ zwei Stück *für jeden;* ein Dach über dem ~ haben ⟨übertr.⟩ *Obdach, Unterkunft haben;* den ~ über etwas od. jmdn. schütteln *etwas od. jmdn. nicht begreifen, über etwas od. jmdn. erstaunt sein;* die Sache ist ihm über den ~ gewachsen *er ist der Sache nicht mehr gewachsen;* von ~ bis Fuß *von oben bis unten, die ganze Person;* jmdn. von ~ bis Fuß mustern *von oben bis unten abschätzend, prüfend betrachten;* jmdn. von ~ bis Fuß neu einkleiden *völlig;* ich bin wie vor den ~ geschlagen! *ich kann es nicht fassen;* jmdn. vor den ~ stoßen ⟨übertr.; umg.⟩ *jmdn. verletzen, kränken;* der Alkohol ist ihm zu ~ gestiegen *er ist berauscht;* sein Erfolg ist ihm zu ~ gestiegen ⟨übertr.⟩ *er ist durch seinen E. eingebildet, anmaßend geworden*

Kopf|ball ⟨der; -(e)s, -bäl|le; Fußb.⟩ *Weitergeben des Balles durch Kopfstoß*

Kopf|be|de|ckung ⟨die; -, -en⟩ *Hut, Mütze, Kopftuch u. Ä.*

Köpf|chen ⟨das; -s, -⟩ **1** *kleiner Kopf* **2** ⟨übertr.; umg.⟩ *Verstand, Schlauheit* ▸ ~ muss man haben! ⟨übertr.; umg.⟩ *schlau muss man sein!*

köp|fen ⟨V.; trans.; köpft, köpf|te, hat ge|köpft⟩ **1** jmdn. ~ *jmdm. den Kopf abschlagen, jmdn. enthaupten* **2** Blumen, Bäume ~ *das obere Ende abschlagen, verschneiden, kappen* **3** ⟨Fußb.⟩ den Ball ~ *den Ball mit dem Kopf stoßen*

Kopf|en|de ⟨das; -s, -n⟩ *oberes Ende (des Bettes)*

Kopf|geld ⟨das; -(e)s, -er⟩ *Prämie für die Ergreifung von Verbrechern, Deserteuren, Flüchtlingen*

Kopf|hö|rer ⟨der; -s, -⟩ *auf den Ohren zu befestigendes od. in die Ohren zu steckendes Paar kleiner Lautsprecher* ▸ die ~ aufsetzen

...köp|fig ⟨in Zus.; zur Bildung von Adj.⟩ **1** *mit einer bestimmten Anzahl von Köpfen versehen,* z. B. neunköpfig **2** *mit einer bestimmten Kopfform versehen,* z. B. langköpfig, kurzköpfig, rundköpfig

Kopf|kis|sen ⟨das; -s, -⟩ *Bettkissen als Unterlage für den Kopf;* Zus *Kopfkissenbezug*

kopf|las|tig ⟨Adj.⟩ **1** *vorn zu stark belastet* (Flugzeug) **2** ⟨übertr.; umg.; meist abwertend⟩ *zu stark vom Verstand, vom Intellekt her bestimmt* ▸ eine ~e Interpretation

kopf|los ⟨Adj.; übertr.⟩ *überstürzt, unüberlegt (infolge Schrecks od. Verwirrung)* ▸ ~ handeln

Kopf|nuss ⟨die; -, -nüs|se; umg.⟩ **1** *leichter Schlag mit den Fingerknöcheln an den Kopf* **2** *schwierige Denkaufgabe, Rätsel*

Kopf|rech|nen ⟨das; -s; unz.⟩ *Rechnen ohne Niederschrift*

Kopf|sa|lat ⟨der; -(e)s; unz.; Bot.⟩ *eine Gemüsepflanze mit glatten grünen Blättern*

Kopf|sprung ⟨der; -(e)s, -sprün|ge⟩ *Sprung mit dem Kopf voran (ins Wasser)*

Kopf|stand ⟨der; -(e)s; unz.⟩ *das Stehen auf dem Kopf (mit Hilfe der aufgestützten Hände, als Turnübung)*

kopf|ste|hen ⟨V. intr.; steht kopf, stand kopf, hat kopf|ge|stan|den, kopf|zu|ste|hen⟩ **1** *auf dem Kopf stehen* **2** ⟨übertr.⟩ *verwirrt u. ratlos sein* ▸ das ganze Haus steht kopf *alle im Haus sind aufgeregt u. laufen durcheinander*

Kopf|stein|pflas|ter ⟨das; -s; unz.⟩ *Pflaster aus viereckigen, abgerundeten od. kleinen unregelmäßigen Steinen*

Kopf|stim|me ⟨die; -; unz.⟩ *Stimme mit dem Kopf als Resonanzraum* ▸ männliche ~ *Falsett*

Kopf|stoß ⟨der; -es, -stö|ße; Fußb.⟩ *Stoß gegen den Ball mit dem Kopf*

kopf|über ⟨Adv.⟩ *mit dem Kopf voran* ▸ ~ ins Wasser springen; sich ~ in die Arbeit stürzen ⟨übertr.; scherzh.⟩

Kopf|weh ⟨das; -s; unz.; umg.⟩ *Kopfschmerzen*

Kopf|zer|bre|chen ⟨das; -s; unz.⟩ *angestrengtes Nachdenken* ▸ die Sache hat mir viel ~ bereitet, gemacht, verursacht

Ko|pie ⟨österr. [ko:pjə] die; -, -n⟩ **1** *Abschrift* **2** *Durchschrift, Durchschlag* **3** ⟨kurz für⟩ *Fotokopie;* Zus *Farbkopie* **4** ⟨Fot.⟩ *Abzug (eines Negativs)* **5** *Reproduktion, Vervielfältigung (einer Datei, eines Gegenstandes);* Zus *Sicherungskopie* **6** *Nachbildung (bes. eines Kunstwerkes);* →a. *Replik* ▸ können Sie mir eine ~ des Auftrags schicken?; eine ~ unseres Briefes legen wir Ihnen bei; ist das Gemälde ein Original oder eine ~? ▸ das ist nur eine billige ~ *schlechte Nachbildung* ▸ ~n herstellen, machen ▸ das Schreiben ging in ~ an die Behörde; eine ~ von Michelangelos „David"

ko|pie|ren ⟨V. trans.; ko|piert, ko|pier|te, hat ko|piert⟩ **1** etwas ~ *eine Kopie herstellen* **2** einen Brief ~ *abschreiben* **3** ein Kunstwerk ~ *nachbilden* **4** ein Negativ ~ *einen Abzug davon herstellen* **5** etwas ~ *durch elektrostat. Übertragung der Originalvorlage auf Kopierpapier vervielfältigen;* Zus *Kopiergerät, Kopierpapier* **6** ⟨übertr.⟩ jmdn. ~ *nachahmen* ▸ jmds. Gang, Stil, Sprechweise ~ ⟨übertr.⟩

Ko|pie|rer ⟨der; -s, -⟩ *Gerät zum Kopieren, Vervielfältigen;* Syn *Kopiergerät*

Ko|pi|lot ⟨der; -en, -en⟩ = *Copilot;* Abl *Kopilotin*

Kop|pel ⟨die; -, -n⟩ *eingezäuntes Stück Land, Weide* ▸ Pferde auf die ~ bringen

kop|peln ⟨V. trans.; kop|pelt, kop|pel|te, hat gekop|pelt⟩ etwas (an od. mit etwas) ~ *verbinden, beweglich aneinanderbinden* ▸ den Anhänger ans Auto ~; eine Zusage an bestimmte Bedingungen ~ ⟨übertr.⟩; Abl *Kopp(e)lung*

Ko|pro|duk|ti|on ⟨die; -, -en⟩ *gemeinsame Produktion (bes. eines Films durch Filmgesellschaften verschiedener Länder);* Abl *koproduzieren*

Ko|pro|du|zent ⟨der; -en, -en⟩ *jmd., der mit jmdm. zusammen etwas produziert (bes. einen Film);* Abl *Koproduzentin*

ko|pu|lie|ren ⟨V.; intr.; ko|pu|liert, ko|pu|lier|te, hat ko|pu|liert⟩ *den Geschlechtsakt ausführen;* Abl *Kopulation*

Ko|ral|le ⟨die; -, -n⟩ **1** ⟨Zool.⟩ *ein Meerestier, dessen Grundsubstanz aus Kalk u. das in Kolonien lebt u. im Meer große Gebilde erzeugt;* Zus *Korallenbank, Koralleninsel, Korallenriff* **2** *Schmuckstein aus abgestorbenen Korallen (1);* Zus *Korallenkette*

Ko|ran ⟨der; -(e)s, -e; Theol.⟩ *heilige Schrift des Islam, die die Zusammenstellung der Offenbarungen Mohammeds enthält;* Zus *Koranschule*

Korb ⟨der; -(e)s, Kör|be⟩ **I** ⟨zählb.⟩ **1** *(meist geflochtenes) Behältnis zu verschiedenen Zwecken* **1.1** *zum Tragen von Einkäufen;* Abl *körbeweise;* Zus *Einkaufskorb* **1.2** *zum Fortbewegen von Lasten;* Zus *Förderkorb* **1.3** *zum Aufbewahren von kleinen Gegenständen;* Zus *Handarbeitskorb, Nähkorb* **2** ⟨übertr.⟩ *Abweisung, Abfuhr, Absage, (bes.) Ablehnung eines Heiratsantrages* **3** ⟨Sp.; Korb-, Basketball⟩ **3.1** *aufgehängter Eisenring mit Netz* **3.2** *Wurf in diesen Ring* ▸ einen ~ bekommen *abgewiesen werden;* jmdm. einen ~ geben *jmdn. ab-, zurückweisen;* ein ~ voll Beeren, Holz **II** ⟨unz.⟩ *Geflecht aus biegsamen Pflanzen;* Zus *Korbmöbel, Korbsessel, Korbstuhl*

Körb|chen ⟨das; -s, -⟩ **1** *kleiner Korb* **2** *kleiner Korb als Schlafplatz für kleine Haustiere* **3** *Schale des Büstenhalters;* Zus *Körbchengröße* ▸ geh ins ~! *(Aufforderung an den Hund)*

Kord ⟨der; -(e)s, -e⟩ = *Cord;* Zus *Kordhose, Kordjacke*

Kor|del ⟨die; -, -n⟩ *Schnur aus mehreren gedrehten Seidenfäden;* oV *Korde*

Ko|ri|an|der ⟨der; -s, -; Bot.⟩ *eine Pflanze, die als Küchengewürz verwendet wird*

Kork ⟨der; -(e)s, -e⟩ **1** *die elastische, leichte Rinde der Korkeiche;* Zus *Korkfußboden, Korkplatte* **2** = *Korken*

Kork|ei|che ⟨die; -, -n; Bot.⟩ *bis 20 m hohe Eiche in Spanien, Portugal u. Algerien, liefert Flaschenkork u. Gerberrinde*

Kor|ken ⟨der; -s, -⟩ *Flaschenverschluss aus Kork*

Kor|ken|zie|her ⟨der; -s, -⟩ *Gerät zum Herausziehen des Korkens aus der Flasche*

Kor|mo|ran ⟨der; -(e)s, -e; Zool.⟩ *großer, dunkler, langschnäbliger Vogel, der an Gewässern jeder Art lebt, wo er unter Wasser schwimmend Fische fängt*

Korn ⟨das; -(e)s, Kör|ner⟩ **I** ⟨unz.⟩ **1** *Getreide, bes. eine als Brotgetreide verwendete Getreidesorte (Gerste, Hafer, Roggen, Weizen);* Zus *Kornfeld, Kornspeicher* **2** ⟨umg.⟩ *Kornbranntwein* ▸ das ~ dreschen, einfahren, mähen, schneiden; das ~ steht gut, steht hoch; einen ~ trinken *ein Glas Kornbranntwein* ▸ bitte einen doppelten ~!; der Wind streicht über das wogende ~ ▸ jmdn. aufs ~ nehmen ⟨übertr.⟩ *jmdn. ganz genau beobachten u. sich (vor anderen) über ihn lustig machen* **II** ⟨zählb.⟩ **1** *Samen, bes. von Gräsern, Getreide;* Zus *Gerstenkorn, Haferkorn, Maiskorn, Roggenkorn, Samenkorn, Weizenkorn* **2** *kleines Bröckchen, Stückchen, Krümchen;* Zus *Hagelkorn, Salzkorn, Sandkorn, Staubkorn* ▸ den Hühnern, Vögeln Körner streuen (als Futter)

Korn|blu|me ⟨die; -, -n; Bot.⟩ *eine Blume mit leuchtend blauen Blüten, häufig in Getreidefeldern*

kör|nig ⟨Adj.⟩ **1** *aus Körnern bestehend* (Futter, Material) **2** *geraut* (Schale, Oberfläche) **3** *voll kleiner Körner* ▸ ~es Salz

Korn|kam|mer ⟨die; -, -n⟩ **1** *Speicher, Lagerraum für Getreide* **2** ⟨übertr.⟩ *Gebiet, in dem viel Getreide angebaut wird*

Ko|ro|na ⟨die; -, -ro|nen⟩ **1** *Strahlenkranz der Sonne;* Zus *Koronaentladung* **2** ⟨umg.⟩ *Teilnehmerkreis, Zuhörerschaft, fröhliche Runde*

Kör|per ⟨der; -s, -⟩ **1** *Leib, (besonders) Rumpf;* Abl *körperlich, körperlos;* Zus *Körperbau, Körperform, Körperfülle, Körpergewicht, Körpergröße, Körperhaltung, Körperkontakt, Körpermaße, Körperöffnung, Körperpflege, Körperwärme* **2** ⟨Phys.⟩ *von ebenen od. gekrümmten Flächen begrenzter Teil des dreidimensionalen Raumes* **3** *Hauptmasse, Hauptteil;* Zus *Schiffskörper* **4** *Körperschaft;* Zus *Lehrkörper* **5** ⟨beim Wein⟩ *voller Geschmack, Fülle* ▸ seinen ~ abhärten, pflegen, stählen, trainieren; Fieberschauer schüttelten seinen ~; der Wein hat ~; er stellt seinen ~ zur Schau; ein eckiger, harter, runder, weicher ~; fester ~, flüssiger ~, gasförmiger ~ ⟨Phys.⟩; gesunder, kräftiger, kranker, lebloser, schwacher, starker, trainierter ~; regelmäßiger ~ ⟨Math.⟩ *Vielflächner;* sie hat einen schönen ~; er zitterte am ganzen ~ vor Kälte

kör|per|be|hin|dert ⟨Adj.⟩ *durch angeborene Missbildung, Unfallverletzung od. Krankheit dauerhaft körperlich geschädigt u. in Bewegungsfähigkeit u. Berufsausübung beeinträchtigt;* Abl *Körperbehinderte(r)*

Kör|per|schaft ⟨die; -, -en⟩ **1** *Gemeinschaft, Gruppe* **2** *Vereinigung von Personen zu einem bestimmten Zweck mit den Rechten einer jurist. Person* ▸ ~ des öffentlichen Rechts; Abl *körperschaftlich*

Kör|per|spra|che ⟨die; -; unz.⟩ *Körperhaltung, Mimik, Gestik usw. als Ausdrucks- u. Verständigungsmittel* ▸ seine ~ verrät mehr über seinen Charakter als seine Worte

Kör|per|teil ⟨der; -(e)s, -e⟩ *Teil des (menschlichen od. tierischen) Körpers, z. B. Arm, Bein*

Kör|per|tem|pe|ra|tur ⟨die; -, -en⟩ *Temperatur des Körperinneren*

Kör|per|ver|let|zung ⟨die; -, -en⟩ *vorsätzl. u. widerrechtl. Verletzung des Körpers (eines anderen) durch äußere Einwirkung*

Kor|po|ra|ti|on ⟨die; -, -en⟩ = *Körperschaft (2)*

Korps ⟨[ko:r] das; - [ko:rs], - [ko:rs]⟩ oV *Corps* **1** *Armeekorps, größerer Truppenverband aus mehreren Waffengattungen* **2** *studentische Verbindung;* Zus *Korpsstudent* **3** *Gemeinschaft von Personen gleichen Standes od. Berufes;* Zus *Offizierskorps* ▸ diplomatisches ~ *Gesamtheit der bei einem Staat akkreditierten Diplomaten*

kor|pu|lent ⟨Adj.; -er, am -es|ten⟩ *beleibt, füllig, dick* ▸ er ist sehr ~

Kor|pus **I** ⟨der; -, -pus|se⟩ **1** ⟨Anat.; umg.⟩ *Körper, Leib* **2** ⟨Mus.⟩ *Resonanzkörper (bes. der Saiteninstrumente)* **II** ⟨das; -, Kor|po|ra⟩ *Sammlung, Auswahl von Texten, Äußerungen (als Grundlage für sprachliche Untersuchungen)*

kor|rekt ⟨Adj.; -er, am -es|ten⟩ Ggs *inkorrekt* **1** *richtig, fehlerfrei* **2** *einwandfrei, tadellos* **3** *genau, gewissenhaft* ▸ ~es Betragen, Verhalten; ein Wort ~ aussprechen; sich ~ benehmen; er ist immer sehr ~; Abl *Korrektheit*

Kor|rek|tiv ⟨das; -s, -e; geh.⟩ *ausgleichendes Mittel, Besserungsmittel*

Kor|rek|tor ⟨der; -s, -en⟩ *Angestellter einer Druckerei od. eines Verlages, der ein Manuskript od. eine Druckvorlage auf Fehler überprüft;* Abl *Korrektorin*

Kor|rek|tur ⟨die; -, -en⟩ **1** *Berichtigung, Verbesserung* **2** ⟨Typ.⟩ *Prüfung u. Berichtigung des Manuskriptes od. der Druckvorlage* ▸ eine ~ anbringen; ~ lesen ⟨Typ.⟩ *den Satz auf Fehler überprüfen;* die aktuelle Gesetzeslage bedarf einer ~

Kor|re|la|ti|on ⟨die; -, -en⟩ *wechselseitige Beziehung, Wechselbeziehung*

kor|re|lie|ren ⟨V. intr.; kor|re|liert, kor|re|lier|te, hat kor|re|liert⟩ (mit einer Sache) ~ *in wechselseitiger Beziehung (zueinander) stehen*

Kor|re|s|pon|dent ⟨der; -en, -en⟩ *Berichterstatter (einer Zeitung);* Abl *Korrespondentin;* Zus *Auslandskorrespondent, Zeitungskorrespondent*

Kor|re|s|pon|denz ⟨die; -, -en⟩ *Briefverkehr, Briefwechsel* ▸ die umfangreiche ~ eines Dichters

kor|re|s|pon|die|ren ⟨V. intr.; kor|re|s|pon|diert, kor|re|s|pon|dier|te, hat kor|re|s|pon|diert⟩ **1** mit jmdm. ~ *mit jmdm. einen Briefwechsel führen* **2** ⟨geh.⟩ mit jmdm. od. einer Sache ~ *mit jmdm. od. einer Sache übereinstimmen* ▸ englisch mit jmdm. ~ *mit jmdm. einen Briefwechsel in engl. Sprache führen*

Kor|ri|dor ⟨der; -s, -e⟩ **1** *Wohnungsflur, Gang* **2** *schmaler Landstreifen*

kor|ri|gie|ren ⟨V. trans.; kor|ri|giert, kor|ri|gier|te, hat kor|ri|giert⟩ **1** jmdn. od. etwas ~ *berichtigen, verbessern* **2** etwas ~ *regeln, ausgleichen* ▸ bitte ~ Sie mich, wenn ich etwas Falsches sage; einen Fehler, einen Aufsatz ~; seine od. jmds. Meinung ~; das lässt sich leicht ~; Abl *korrigierbar*

Kor|ro|si|on ⟨die; -, -en⟩ *chem. Veränderung od. Zerstörung metallischer Werkstoffe durch Wasser u. Chemikalien;* Abl *korrosiv*

kor|ro|si|ons|be|stän|dig ⟨Adj.⟩ *widerstandsfähig gegen Korrosion, nicht korrosiv* ▸ ~e Materialien

kor|rum|pie|ren ⟨V. trans.; kor|rum|piert, kor|rum-pier|te, hat kor|rum|piert; geh.⟩ jmdn. ~ *durch Bestechung moralisch verderben;* Abl *korrumpierbar*

kor|rupt ⟨Adj.; -er, am -es|ten⟩ *bestechlich* ▸ das ganze System ist vollkommen ~; ~e Beamte

Kor|rup|ti|on ⟨die; -; unz.⟩ **1** *Bestechung;* Zus *Korruptionsskandal* **2** *Bestechlichkeit* ▸ die ~ innerhalb der Partei

Kor|sett ⟨das; -s, -s od. -e⟩ **1** *Mieder, die Figur formender Hüftgürtel* **2** ⟨übertr.⟩ *etwas, das die Handlungs- u. Entfaltungsmöglichkeiten einengt* ▸ das ~ der Konventionen ⟨übertr.⟩; jmdn. in ein ~ zwängen ⟨übertr.⟩

Kor|so ⟨der; -s, -s⟩ *festliche Auffahrt geschmückter Wagen, Prachtaufzug;* Zus *Blumenkorso*

Ko|ry|phäe **I** ⟨der; -n, -n; im altgrch. Drama⟩ *Chorführer* **II** ⟨der; -n, -n od. die; -, -n⟩ *jmd., der besondere Fähigkeiten, hervorragende Sachkenntnisse (auf wissenschaftl. Gebiet) besitzt* ▸ er ist eine ~ in seinem Fach

Ko|sak ⟨der; -en, -en⟩ *Angehöriger der seit dem 15. Jh. im südl. u. südöstl. russ. Grenzgebiet lebenden, urspr. leibeigenen, berittenen Bauernkrieger*

ko|scher ⟨Adj.⟩ **1** *rein (nach den jüdischen religiösen Speisevorschriften)* **2** ⟨umg.⟩ *sauber, tauglich, unbedenklich* ▸ ~es Restaurant *R., in dem koschere Speisen gereicht werden;* die Sache scheint mir nicht ganz ~ ⟨umg.⟩ *die Sache scheint mir bedenklich, nicht ganz geheuer*

K.-o.-Schlag ⟨der; -(e)s, -Schlä|ge; Boxsport⟩ *Schlag, der zur Kampfunfähigkeit führt*

ko|sen ⟨V. intr. u. V. trans.; kost, kos|te, hat gekost⟩ mit jmdm. ~ od. jmdn. ~ *Zärtlichkeiten austauschen, sich streicheln*

Ko|se|na|me ⟨der; -ns, -n⟩ *liebevolle, vertrauliche Bezeichnung (als Anrede), Spitzname*

Ko|si|nus ⟨der; -, -; Abk.: cos; Geom.⟩ *Sinus des Komplementwinkels*

Kos|me|tik ⟨die; -; unz.⟩ *Schönheitspflege*

Kos|me|ti|ke|rin ⟨die; -, -rin|nen⟩ *weibl. Person, die beruflich auf dem Gebiet der Kosmetik tätig ist*

kos|me|tisch ⟨Adj.⟩ **1** *zur Kosmetik gehörig, auf ihr beruhend, mit ihrer Hilfe* **2** ⟨übertr.⟩ *oberflächlich* ▸ ~e Chirurgie *chirurgische Beseitigung von Schönheitsfehlern, Missbildungen, Narben u. Alterserscheinungen;* seine Korrekturen sind nur ~er Natur ⟨übertr.⟩ *die K. sind nur oberflächlich;* ~e Produkte

kos|misch ⟨Adj.⟩ *zum Kosmos gehörig, aus ihm stammend* ▸ ~e Strahlung; ~er Urknall

Kos|mo|naut ⟨der; -en, -en⟩ *Raumfahrer;* Abl *Kosmonautin; kosmonautisch*

Kos|mo|po|lit ⟨der; -en, -en⟩ *Weltbürger;* Abl *Kosmopolitin; kosmopolitisch*

Kos|mos ⟨der; -; unz.⟩ *Weltraum*

Kost ⟨die; -; unz.⟩ **1** *Nahrung, Essen* **2** *Ernährung, Beköstigung, Verpflegung* ▸ ~ und Logis *Unterkunft u. Verpflegung;* einfache, gesunde, kräftige, leichte, schwere ~; er hat bei ihnen freie ~ und Wohnung; geistige ~ ⟨übertr.⟩; leichte, schwere ~ ⟨übertr.⟩ *etwas, was geistig leicht bzw. schwer zu verarbeiten, zu begreifen ist;* das neue Buch von X ist ziemlich schwere ~

kost|bar ⟨Adj.⟩ *sehr wertvoll, sehr teuer* ▸ ~er Schmuck, ~e Teppiche; meine Zeit ist mir zu ~, um sie mit unnützen Dingen zu vergeuden; ein ~ eingerichtetes Haus

Kost|bar|keit ⟨die; -, -en⟩ **I** ⟨unz.⟩ *kostbare Beschaffenheit, sehr großer Wert* **II** ⟨zählb.⟩ *kostbarer Gegenstand, Wertstück*

kosten/wert sein + kosten/schmecken

Kosten kann zum einen „einen Kaufwert, Preis haben" meinen, zum anderen kommt es in der Bedeutung „probieren, schmeckend prüfen" vor. Da jedoch die Herkunft dieser beiden gleich geschriebenen Wörter unterschiedlich ist, werden hier zwei Verben angesetzt.

Kosten in der ersten Bedeutung kann mit *wert sein* verwechselt werden, es besteht jedoch ein Bedeutungsunterschied, da *kosten* meistens in Verbindung mit einem konkreten Preis gebraucht wird: *Der Fernsehapparat kostet 1000 Euro. Das hat mich gar nichts gekostet. Ein neues Auto kostet viel Geld.*

Wert sein hingegen bezeichnet den ideellen oder materiellen Wert von etwas: *Wie viel ist das alte Auto noch wert? Dieser Fernsehapparat ist nichts mehr wert. Die gemeinsamen Abende sind mir viel wert* (= bedeuten mir viel).

Das zweite Verb *kosten* im Sinne von „probieren, schmeckend prüfen" steht häufig mit der Präposition von: *Darf ich mal kosten? Sie hat schon vom Nachtisch gekostet.*

Im Gegensatz dazu bedeutet *schmecken* so viel wie „einen (bestimmten) Geschmack empfinden oder haben": *Die Apfelsine schmeckt sauer. Die Suppe schmeckt zu sehr nach Muskat. Ich kann die verschiedenen Gewürze in dem Essen nicht schmecken.*

kos|ten[1] ⟨V. trans.; kos|tet, kos|te|te, hat ge|kos|tet⟩ **1** etwas ~ *Kosten verursachen, einen Kaufwert, einen Preis haben* **2** jmdn. etwas ~ *nachteilige Konsequenzen, Folgen nach sich ziehen* ▸ koste es, was es wolle *ganz gleich, was ich dafür aufwenden muss (an Kosten, Mühe)* ▸ der Mantel kostet 300 Euro; das kostet ihn den Kopf, das Leben ⟨übertr.⟩ *er wird seinen K., sein L. verlie-*

ren; es hat mich viel **Mühe,** viel Schweiß, viel Anstrengung gekostet *es hat mir viel Mühe, viel Arbeit verursacht;* die Arbeit hat mich zwei ganze **Tage** gekostet *hat mich zwei Tage beschäftigt;* es kostet mich einige **Überwindung,** das zu tun *ich muss mich überwinden;* das kostet nicht die **Welt** ⟨übertr.; umg.⟩ *das ist nicht allzu teuer* ▸ sich eine Sache etwas ~ **lassen** *bei einer Sache nicht sparen* ▸ **wie viel** kostet es?

kos|ten[2] ⟨V. trans.; kos|tet, kos|te|te, hat ge|kos|tet⟩ etwas ~ *den Geschmack von etwas prüfen, etwas schmecken, probieren, versuchen* ▸ eine Speise, ein Getränk ~; koste bitte einmal, ob die Soße scharf genug ist!; darf ich von dem Kuchen ~?

Kos|ten ⟨nur Pl.⟩ *Aufwand an Geld, Ausgaben, Gebühren* ▸ er kann die ~ dafür nicht **aufbringen** *er kann es nicht bezahlen;* die ~ (für eine Sache) **bestreiten;** die ~ **decken** *die Ausgaben durch Einnahmen ausgleichen;* wir werden keine ~ **scheuen;** die ~ (für etwas) **tragen** *(etwas) bezahlen* ▸ ~ **deckend** = *kostendeckend;* die **entstehenden** ~ übernehme ich; **geringe,** hohe ~; ~ **senkend** = *kostensenkend;* ~ **sparend** = *kostensparend* ▸ **auf** ~ anderer leben *andere für seinen Lebensunterhalt bezahlen lassen;* das geht auf ~ deiner Gesundheit *damit schadest du deiner G.;* auf eigene ~ *man muss es selbst bezahlen;* das geht auf meine ~ *das bezahle ich;* ich bin heute Abend auf meine ~ gekommen ⟨übertr.; umg.⟩ *ich habe mich sehr amüsiert, es hat mir sehr gut gefallen;* die Sache ist **mit** (großen) ~ verbunden; Abl *kostenpflichtig;* Zus *Kostenaufwand, Kostenexplosion, Kostensenkung; Benzinkosten, Gerichtskosten*

kos|ten|de|ckend *auch:* **Kos|ten de|ckend** ⟨Adj.⟩ *Kosten durch Einnahmen ausgleichend* ▸ ~e Beiträge

Kos|ten|fra|ge ⟨die; -, -n⟩ *Frage der Kosten, des Preises, der Bezahlung* ▸ es geht nicht darum, ob ich Lust habe, mitzukommen, sondern es ist für mich eine (reine) ~

Kos|ten|grün|de ⟨Pl.; in der Wendung⟩ aus ~n *aufgrund der (hohen) Kosten* ▸ einen Antrag aus ~n ablehnen

kos|ten|güns|tig ⟨Adj.⟩ *günstig hinsichtlich der Kosten, geringe Kosten verursachend* ▸ jmdm. ein ~es Angebot unterbreiten

kos|ten|in|ten|siv ⟨Adj.⟩ *hohe Kosten verursachend* ▸ ein ~es Verfahren

kos|ten|los ⟨Adj.⟩ *ohne Kosten, unentgeltlich, umsonst;* Syn *kostenfrei* ▸ der Eintritt zu diesem Konzert ist ~

kos|ten|neu|t|ral ⟨Adj.⟩ *hinsichtlich der Kosten unverändert, keine zusätzlichen Kosten verursachend* ▸ ein Vorhaben ~ verwirklichen

Kos|ten|punkt ⟨der; -(e)s, -e; umg.⟩ *die Kosten als Punkt des Programms, der Erörterung* ▸ wie steht es mit dem ~? *mit den Kosten?, was ist über die Kosten zu sagen?;* jetzt wäre nur noch über den ~ zu sprechen

kos|ten|sen|kend *auch:* **Kos|ten sen|kend** ⟨Adj.⟩ *Kosten reduzierend, Ausgaben vermindernd*

kos|ten|spa|rend *auch:* **Kos|ten spa|rend** ⟨Adj.⟩ *Kosten einsparend, Ausgaben vermindernd* ▸ ein ~es Verfahren

Kos|ten|vor|an|schlag ⟨der; -(e)s, -schlä|ge⟩ *Vorberechnung von Kosten* ▸ ~ für Reparaturarbeiten

köst|lich ⟨Adj.⟩ **1** *fein, edel von Geschmack* (Speise, Wein)*;* Abl *Köstlichkeit* **2** ⟨übertr.; umg.⟩ *sehr komisch, erheiternd* ▸ ein ~es Getränk; es hat ~ geschmeckt; sich ~ amüsieren *sich sehr amüsieren;* das ist ja ~!

Kost|pro|be ⟨die; -, -n⟩ **1** *kleines Stück als Probe zum Kosten, zum Prüfen des Geschmacks od. der Fähigkeiten* **2** *Beispiel* ▸ eine ~ seines Könnens geben; eine ~ von meiner Erdbeermarmelade

kost|spie|lig ⟨Adj.⟩ *teuer, mit großen Kosten verbunden* ▸ eine ~e Reise; das ist mir viel zu ~; Abl *Kostspieligkeit*

Kos|tüm ⟨das; -s, -e⟩ **1** *modische, für einen bestimmten Beruf, ein Land, eine Zeit charakteristische Kleidung, historische Kleidung (auch Verkleidung im Karneval);* Zus *Kostümball, Kostümfest; Rokokokostüm, Biedermeierkostüm* **2** *Bühnenkleidung;* Zus *Kostümprobe; Clownskostüm, Faschingskostüm* **3** *Damenbekleidung aus Rock u. Jacke;* ⓘ S. 682; Zus *Damenkostüm, Leinenkostüm, Sommerkostüm* ▸ Theaterprobe im ~; im ~ eines Harlekins auftreten; auf dem Maskenball im ~ erscheinen

kos|tü|mie|ren ⟨V. trans.; kos|tü|miert, kos|tü|mier|te, hat kos|tü|miert⟩ jmdn. od. sich (als etwas) ~ *mit einem Kostüm verkleiden, maskieren* ▸ jmdn. od. sich als Bäuerin, Spanier, Katze ~; Abl *Kostümierung*

Kot ⟨der; -(e)s; unz.⟩ *Darmausscheidung, Exkrement(e)* ▸ mit ~ bespritzen

Ko|te|lett ⟨a. [kɔt-] das; -s, -s⟩ *in einer Scheibe abgeschnittenes Rippenstück (von Schwein, Kalb, Hammel) mit Knochen*

Ko|te|let|ten ⟨a. [kɔt-] Pl.⟩ *sehr kleiner, kurzer Backenbart*

Kö|ter ⟨der; -s, -; abwertend⟩ *Hund*

Kot|flü|gel ⟨der; -s, -; Kfz⟩ *Schutzblech (über den Rädern an Kraftwagen);* ⓘ S. 896

Kot|ze ⟨die; -; unz.; derb⟩ *Erbrochenes*

kot|zen ⟨V. intr.; kotzt, kotz|te, hat ge|kotzt⟩ *sich übergeben, erbrechen* ▸ es ist zum Kotzen ⟨übertr.; derb⟩ *es ist abscheulich; ich habe es gründlich satt*

kotz|übel ⟨Adj.; derb; häufig übertr.⟩ *sehr übel, übel zum Erbrechen* ▸ mir wurde ~

Kr. ⟨Abk. für⟩ *Kreis*

Krab|be ⟨die; -, -n; Zool.⟩ *ein Krebs mit zehn Füßen u. einem runden Panzer;* Syn *Shrimp*

Krab|bel|grup|pe ⟨die; -, -n⟩ *Gruppe von Kleinkindern (bis drei Jahre)*

krab|beln ⟨V. intr.; krab|belt, krab|bel|te, ist gekrab|belt⟩ *mit raschen Bewegungen kriechen* (Käfer, Kind) ▸ der Käfer krabbelte mir über die Hand; das Kind krabbelte durchs Zimmer

Krach ⟨der; -(e)s, Krä|che⟩ **1** *heftiger, lauter Schlag, lautes Klirren* **2** *Knall, Lärm* **3** ⟨fig; umg.⟩ *Zerwürfnis, Zank, Streit* ▸ mit Ach und ~ etwas

K

schaffen *mit Mühe u. Not, gerade noch;* ~ machen od. schlagen ⟨umg.⟩ *seine Missbilligung laut äußern;* mach nicht solchen ~!; die Maschinen machen einen ohrenbetäubenden ~; mit einem ~ fiel die Tür ins Schloss; ich habe mit ihm ~ bekommen; die beiden haben ~ *haben sich gestritten u. noch nicht versöhnt*

krạ|chen ⟨V. intr.; kracht, krach|te, hat ge|kracht⟩ **1** *ein dunkel klirrendes od. polterndes Geräusch machen* **2** *plötzlich u. kurz lauten Lärm machen* **3** *knallen* (Schuss) ▸ der Donner krachte laut; die Tür krachte ins Schloss *fiel mit lautem Krach ins Schloss;* das Eis krachte unter seinen Füßen, Schritten; der Hund biss den Knochen ~d entzwei; das Haus, die Brücke brach ~d zusammen

krạ̈ch|zen ⟨V. intr.; krächzt, krächz|te, hat gekrächzt⟩ **1** *heiser schreien* **2** ⟨übertr.⟩ *heiser sprechen* (Person) ▸ Krähen krächzten über dem Feld; wegen seiner Erkältung konnte er nur ~

Krạ̈|cker ⟨der; -s, -⟩ *hartes, sprödes, salziges Kleingebäck;* Syn *Cracker*

Kra̲d ⟨das; -s, -s; Kurzw. für⟩ *Kraftrad*

krạft ⟨Präp. m. Gen.⟩ *aufgrund, durch, durch Kraft von …* ▸ ~ seines Amtes; ~ seines großen Wissens konnte er überzeugen

Krạft ⟨die; -, Kräf|te⟩ **1** *Stärke, Fähigkeit, etwas Anstrengendes zu machen;* Zus *Kräfteverfall, Kräfteverhältnis; Geisteskraft, Körperkraft, Muskelkraft, Nervenkraft, Tatkraft, Willenskraft* **2** ⟨Phys.⟩ *den Bewegungszustand eines Körpers ändernde Größe* **3** *Heftigkeit, Gewalt (bes. von Naturgewalten)* **4** *Wirksamkeit;* Zus *Heilkraft* **5** *Gültigkeit;* Zus *Gesetzeskraft, Rechtskraft* **6** *Arbeitskraft, Angestellter, Mitarbeiter;* Zus *Bürokraft, Hilfskraft, Lehrkraft, Putzkraft, Schreibkraft* ▸ das Gleichgewicht der Kräfte; das freie Spiel der Kräfte ▸ wir brauchen für unsere Abteilung noch eine ~; wir müssen noch einige Kräfte einstellen; Kräfte sammeln *sich erholen, sich ausruhen;* Kräfte sparen *sich nicht anstrengen;* alle ~ darauf verwenden, etwas zu tun ▸ er, sie ist eine ausgezeichnete ~; die heilende ~ einer Arznei; körperliche ~; ~ raubend = *kraftraubend;* Kräfte raubend = *kräfteraubend;* die treibende ~ ⟨übertr.⟩ *jmd., von dem ein Antrieb ausgeht, der etwas veranlasst, vorwärtstreibt* ▸ aus eigener ~ etwas erreichen *ohne Hilfe;* ein Gesetz, eine Verordnung außer ~ setzen *ungültig machen;* außer ~ treten *ungültig werden;* bei Kräften sein *kräftig u. gesund sein;* das Gesetz ist noch in ~ *noch gültig;* das Gesetz tritt am 1.10. in ~ *wird am 1.10. gültig, gilt ab dem 1.10.;* ich werde tun, was in meinen Kräften steht *was ich vermag;* mit seinen Kräften sparsam umgehen; mit aller, ⟨od.⟩ voller ~ schreien; der Sturm blies mit solcher ~, dass er Bäume entwurzelte; mit vereinten Kräften; jmdm. nach Kräften helfen; er strotzt vor ~ (und Gesundheit); langsam wieder zu Kräften kommen *wieder gesund werden, sich wieder erholen*

Krạft|akt ⟨der; -(e)s, -e⟩ *mit großem Kraftaufwand verbundene Leistung*

Krạft|an|stren|gung ⟨die; -, -en⟩ *große (körperliche) Anstrengung* ▸ die Erledigung dieser Arbeit war nur mit großer ~ möglich

Krạft|auf|wand ⟨der; -(e)s; unz.⟩ *Aufwand an körperlicher Kraft, körperl. Anstrengung*

Krạft|aus|druck ⟨der; -(e)s, -drü|cke⟩ *derber, vulgärer Ausdruck*

krạ̈f|te|rau|bend *auch:* **Krạ̈f|te rau|bend** ⟨Adj.⟩ = *kraftraubend*

Krạ̈f|te|spiel ⟨das; -(e)s, -e⟩ *Wirkung u. Gegenwirkung* ▸ das ~ der Großmächte

Krạft|fah|rer ⟨der; -s, -⟩ *Lenker, Führer eines Kraftwagens (bes. Berufsfahrer);* Abl *Kraftfahrerin*

Krạft|fahr|zeug ⟨das; -(e)s, -e; Abk.: Kfz⟩ *mit eigener Maschinenkraft bewegtes, nicht an Schienen gebundenes Landfahrzeug;* Zus *Kraftfahrzeughalter(in), Kraftfahrzeugkennzeichen, Kraftfahrzeugmechaniker(in), Kraftfahrzeugsteuer*

Krạft|fahr|zeug|brief ⟨der; -(e)s, -e⟩ *Urkunde über den Eigentümer u. die technischen Daten eines Kraftfahrzeugs*

Krạft|fut|ter ⟨das; -s; unz.⟩ *bes. gehaltvolles Futter, z. B. Hafer*

krạ̈f|tig ⟨Adj.⟩ **1** *viel Kraft besitzend, stark* **2** *gehaltvoll* (Mahlzeit) **3** ⟨übertr.⟩ *fest, handfest* (Gegenstand) **4** ⟨übertr.⟩ *heftig, tüchtig* **5** ⟨übertr.⟩ *intensiv, leuchtend* (Farben) ▸ ~e Arme; ein ~es Essen; er ist ein ~er Mensch; jmdm. eine ~e Ohrfeige geben ⟨übertr.⟩; sie hat eine ~e Stimme *laute S.;* ein ~er Stock ▸ jmds. Gehalt ~ aufbessern; ~ Beifall klatschen; jmdm. ~ die Meinung sagen ⟨übertr.⟩; jmdn. ~ unterstützen; jmdn. ~ verprügeln

krạ̈f|ti|gen ⟨V.; kräftigt, kräftig|te, hat ge|kräftigt⟩ **I** ⟨V. trans.⟩ jmdn. ~ *jmdm. Kraft geben, jmdn. stärken* ▸ Sport im Alter kräftigt das Herz; ~der Schlaf; ein ~des Training **II** ⟨V. refl.⟩ sich ~ *sich erholen (nach einer Krankheit)*

krạft|los ⟨Adj.⟩ **1** *ohne Kraft, schwächlich* **2** ⟨Rechtsw.⟩ *ungültig* ▸ der Kranke ist ~; ~ die Arme sinken lassen; mit ~er Stimme sprechen; Abl *Kraftlosigkeit*

Krạft|pa|ket ⟨das; -(e)s, -e; umg.⟩ *sehr kräftiger, kraftvoller, muskulöser Mensch*

Krạft|pro|be ⟨die; -, -n⟩ *Probe zum Zeichen der Kraft, der Stärke* ▸ es auf eine ~ ankommen lassen; ~ zwischen Regierung und Gewerkschaft

Krạft|protz ⟨der; -es, -e; umg.⟩ *jmd., der mit seiner Körperkraft protzt*

Krạft|rad ⟨das; -(e)s, -rä|der; Kurzwort: Krad⟩ = *Motorrad*

krạft|rau|bend *auch:* **Krạft rau|bend** ⟨Adj.⟩ *körperlich anstrengend, ermüdend;* Syn *kräfteraubend* ▸ ein ~es Training; eine ~e Partie singen

Krạft|stoff ⟨der; -(e)s, -e⟩ *meist flüssiger Brennstoff für Kraftfahrzeuge;* Syn *Treibstoff;* Zus *Kraftstoffverbrauch*

krạft|strot|zend ⟨Adj.⟩ *sichtbar voller Kraft*

Krạft|trai|ning ⟨[-tre:-] das; -s, -s; Sp.⟩ *Training zur Stärkung der Muskelkraft*

Krạft|ver|kehr ⟨der; -s; unz.⟩ *Verkehr von, mit Kraftwagen*

K

kraft|voll ⟨Adj.⟩ *kräftig, voller Kraft*

Kraft|wa|gen ⟨der; -s, -⟩ *Kraftfahrzeug mit mehr als zwei Rädern, Auto;* Zus *Lastkraftwagen, Personenkraftwagen*

Kraft|werk ⟨das; -(e)s, -e⟩ *Anlage zum Umwandeln, Erzeugen u. Verteilen von Elektrizität, Elektrizitätswerk;* Zus *Kernkraftwerk, Windkraftwerk*

Kra|gen ⟨der; -s, -⟩ *den Hals umschließender Teil der Kleidung* ▸ den ~ **hochschlagen;** jetzt **platzt** mir aber der ~ ⟨übertr.; umg.⟩ *jetzt wird es mir zu viel, jetzt verliere ich die Geduld!* ▸ **eckiger,** runder ~; **steifer,** weicher ~ ▸ es geht ihm **an** den ~ ⟨übertr.⟩ *es geht ihm ans Leben, um seinen Kopf;* es geht bei ihm **um** Kopf und ~ *sein Leben steht auf dem Spiel;* Zus *Hemdkragen, Mantelkragen, Pelzkragen*

Kra|gen|wei|te ⟨die; -, -n⟩ *Weite des Kragens (vom Herrenoberhemd)* ▸ der ist nicht meine ~ ⟨übertr.; umg.⟩ *der gefällt mir nicht*

Krä|he ⟨die; -, -n; Zool.⟩ *ein schwarzer, mittelgroßer Rabenvogel* ▸ eine ~ hackt der anderen kein Auge aus ⟨übertr.; umg.⟩ *Leute gleichen Berufes od. Standes schaden einander nicht;* Zus *Nebelkrähe, Rabenkrähe, Saatkrähe*

krä|hen ⟨V. intr.; kräht, kräh|te, hat ge|kräht⟩ **1** der Hahn kräht *schreit* **2** ⟨übertr.⟩ ein kleines Kind, ein Baby kräht *schreit vergnügt mit heller Stimme*

Krä|hen|fü|ße ⟨Pl.; übertr.⟩ *Fältchen an den äußeren Augenwinkeln (als Zeichen des Alterns)*

Kra|kau|er ⟨die; -, -⟩ *eine würzige Fleischwurst*

Kra|ke ⟨die; -, -n od. der; -n, -n; Zool.⟩ *ein Meerestier mit gedrungenem, sackförmigem Körper u. acht Fangarmen, die mit Saugnäpfen besetzt sind, Tintenfisch*

kra|kee|len ⟨V. intr.; kra|keelt, kra|keel|te, hat krakeelt; umg.⟩ *lärmen, laut streiten* ▸ die Kinder krakeelten laut

kra|keln ⟨V. intr.; kra|kelt, kra|kel|te, hat ge|krakelt; umg.⟩ *unsicher u. eckig, zitterig schreiben*

Kral|le ⟨die; -, -n⟩ *scharfer, gebogener Zehennagel von Vögeln sowie manchen Säugetieren u. Kriechtieren* ▸ die Katze zieht ihre ~n ein; einem Vogel die ~n verschneiden; die Katze zeigt ihre ~n; die ~n zeigen ⟨übertr.; umg.⟩ *zeigen, dass man gefährlich, böse, boshaft werden kann;* etwas nicht aus den ~n lassen ⟨übertr.; umg.⟩ *nicht hergeben;* der Adler hat eine Maus in den ~n; ⓘ S. 1110

kral|len ⟨V.; krallt, krall|te, hat ge|krallt⟩ **I** ⟨V. refl.⟩ **1** sich an etwas ~ **1.1** *sich mit den Krallen an etwas festhalten* **1.2** ⟨übertr.⟩ *sich mit den Fingern krampfhaft an etwas festhalten* **2** ⟨umg.⟩ sich in etwas ~ *krampfhaft in etwas bohren (um Halt zu finden)* ▸ er krallte sich ans Geländer ⟨übertr.⟩; die Katze krallte sich an den Stamm des Baumes **II** ⟨V. trans.⟩ **1** die Finger in etwas ~ *die F. in etwas hineinbohren* **2** ⟨umg.; a. übertr.⟩ (sich) etwas ~ *(sich) etwas greifen, etwas schnell wegnehmen* ▸ sie krallte die Finger in seinen Ärmel; (sich) ein paar Stück Kuchen ~

Kram ⟨der; -s; unz.⟩ **1** *Gerümpel, Plunder, nutzloses Zeug* **2** ⟨umg.⟩ *Habseligkeiten, Sachen* **3** ⟨übertr.; umg.⟩ *(unwichtige) Angelegenheit, Sache;* Zus *Kleinkram* ▸ was hast du denn noch zu tun? Ach, nur so ~! ⟨übertr.⟩; lass deinen ~ bitte nicht überall herumliegen ⟨umg.⟩ ▸ am liebsten würde er den ganzen ~ **hinwerfen,** hinschmeißen ⟨übertr.; umg.⟩ *mit dieser Arbeit aufhören, von dieser Verpflichtung zurücktreten;* was soll der ganze ~ **kosten?**; ich will den ganzen ~ **verkaufen; zusammenpacken:** pack deinen ~ zusammen und komm mit! ⟨umg.⟩ ▸ das ist alles **alter** ~; ich habe den ~ **satt** ⟨übertr.; umg.⟩ *ich habe die Sache, die Arbeit, die Angelegenheit satt* ▸ das passt ihm nicht **in** den ~ ⟨umg.; übertr.⟩ *das passt ihm nicht, stört seine Pläne;* seinen ~ in Ordnung halten ⟨übertr.⟩; wohin soll ich **mit** all dem ~, mit dem ganzen ~?

kra|men ⟨V.; kramt, kram|te, hat ge|kramt⟩ **I** ⟨V. intr.⟩ in etwas ~ *herumsuchen, stöbern* ▸ in alten Papieren, alten Sachen ~ **II** ⟨V. trans.⟩ etwas aus etwas ~ *nach einigem Herumsuchen hervorholen* ▸ er kramte alte Bücher aus der Kiste

Krä|mer ⟨der; -s, -; früher⟩ *Kleinhändler, Lebensmittelhändler mit sehr kleinem Laden;* Abl *Krämerin*

Kram|la|den ⟨der; -s, -lä|den; umg.⟩ *kleiner Lebensmittel- od. Kurzwarenladen*

Krampf ⟨der; -(e)s, Krämp|fe⟩ *unwillkürliche, zuweilen schmerzhafte Zusammenziehung der Muskeln;* Abl *krampfartig;* Zus *krampflösend; Magenkrampf, Muskelkrampf, Wadenkrampf*

Krampf|ader ⟨die; -, -n; Med.; meist Pl.⟩ *krankhaft erweiterte u. erschlaffte Blutader, zeigt sich durch bläuliche Schlängelung, Knotenbildung u. Heraustreten an die Oberfläche;* Syn *Varize*

kramp|fen ⟨V. trans.; krampft, krampf|te, hat gekrampft⟩ **1** die Finger in etwas ~ *die F. in etwas hineinbohren u. sich daran anklammern* **2** die Finger, Hände um etwas ~ *fest, heftig um etwas schließen u. sich daran festhalten* ▸ sie krampfte die Finger in seinen Ärmel; er krampfte die Finger um das Seil; →a. *verkrampfen*

krampf|haft ⟨Adj.; -er, am -es|ten⟩ **1** *wie im Krampf* **2** ⟨übertr.⟩ *mit großer Mühe, heftig, verbissen, angestrengt* ▸ ~e Zuckungen; er bemühte sich ~, ernst zu bleiben ⟨übertr.⟩; er versuchte ~, sich an dem Ast hochzuziehen ⟨übertr.⟩; sich ~ an ein Amt klammern ⟨übertr.⟩

Kram|pus ⟨der; -pus|ses, -pus|se; bair.-österr.⟩ *Begleiter des hl. Nikolaus in Gestalt eines Teufels*

Kran ⟨der; -s, -e od. Krä|ne⟩ *Maschine zum Heben, Versetzen u. Senken von Lasten;* Zus *Kranführer*

Kra|nich ⟨der; -s, -e; Zool.⟩ *ein großer, langbeiniger Vogel, der sich in Sumpfgebieten von Pflanzen ernährt*

krank ⟨Adj.; krän|ker, am kränks|ten⟩ **1** *körperlich, seelisch od. geistig nicht gesund, in der Gesundheit beeinträchtigt;* Zus *geisteskrank, gemütskrank, herzkrank, lungenkrank* **2** ⟨übertr.⟩ *seelisch leidend;* Zus *heimwehkrank* **3** ⟨übertr.; umg.⟩ *absurd, widersinnig, gestört* ▸ ~e Kinder sollten nicht in den Kindergarten gehen; sein Verhalten finde ich ~ ⟨übertr.; umg.⟩ *schlimm, absurd;*

~ machen = *krankmachen (I);* ich fühle mich ~; er kann heute nicht arbeiten, er ist ~; sie ist ~ aus der Schule gekommen; wie lange ist er schon ~?; sich ~ stellen; auf den Tod ~ sein; ~ vor Sehnsucht sein ‹übertr.›

Kran|ke(r) ‹die od. der; -n, -n› *jemand, der krank ist;* Zus *Krankenbesuch, Krankenbett, Krankengeschichte, Krankenpflege*

krän|keln ‹V. intr.; krän|kelt, krän|kel|te, hat gekrän|kelt› *häufig od. ständig leicht krank sein*

kran|ken ‹V. intr.; krankt, krank|te, hat ge|krankt; übertr.› an etwas ~ *an etwas leiden, beeinträchtigt sein* ▸ diese Übersetzung krankt an Sorgfalt

krän|ken ‹V. trans.; kränkt, kränk|te, hat gekränkt› jmdn. ~ *jmdn. demütigen, jmds. Gefühle verletzen* ▸ es kränkt mich, dass du nie zu mir gekommen bist; verzeihen Sie, ich wollte Sie nicht ~!

Kran|ken|geld ‹das; -(e)s; unz.› *Geld, das die Krankenkasse zahlt, wenn jmd. wegen Krankheit nicht arbeiten kann*

Kran|ken|gym|nas|tik ‹die; -; unz.› *körperliche Übungen zu Heilzwecken (bei Beeinträchtigung der Bewegungsorgane);* Abl *Krankengymnast(in); krankengymnastisch*

K

Kran|ken|haus ‹das; -es, -häu|ser› *Gebäude zur Aufnahme u. ärztlichen Betreuung von Kranken* ▸ einen Kranken im ~ besuchen; jmdn. ins ~ bringen; im ~ liegen; er muss sofort ins ~; wann ist Besuchszeit im ~?; er ist Arzt in einem ~; Zus *Krankenhausaufenthalt; Kreiskrankenhaus*

kran|ken|haus|reif ‹Adj.; bes. in der Wendung› jmdn. ~ schlagen *jmdn. so schlagen, dass er in einem Krankenhaus behandelt werden muss;* Syn ‹schweiz.› *spitalreif*

Kran|ken|kas|sa ‹die; -, -kas|sen; österr. für› *Krankenkasse*

Kran|ken|kas|se ‹die; -, -n› *Anstalt der Krankenversicherung* ▸ die Kosten für die ärztliche Behandlung werden von der ~ übernommen; gesetzliche ~

Kran|ken|pfle|ger ‹der; -s, -› *jmd., der die Krankenpflege beruflich ausübt;* →a. *Krankenschwester*

Kran|ken|schein ‹der; -(e)s, -e› **1** *(für kassenärztliche Behandlung) Bescheinigung von Krankenkassen für ihre Mitglieder* **2** ‹österr.› *Versichertenkarte*

Kran|ken|schwes|ter ‹die; -, -n› *weibl. Person, die nach Ausbildung u. staatlicher Prüfung Kranke (in Krankenhaus od. Wohnung) beruflich betreut;* Syn *Krankenpflegerin*

Krankenversicherung

In Deutschland besteht eine Versicherungspflicht hinsichtlich der *Krankenversicherung.* Eine solche Versicherung erstattet die Kosten im Krankheitsfall, bei Unfällen oder im Mutterschutz. Es gibt in Deutschland zwei Arten von Krankenversicherungen: die gesetzliche Krankenversicherung (GKV), bei der der Beitragssatz einkommensabhängig ist, und die private Krankenversicherung (PKV) mit einem festen Beitragssatz, der unabhängig vom jeweiligen Einkommen ist.

Die Beiträge zur gesetzlichen Krankenversicherung, die im Grundgesetz als Bestandteil des Sozialstaates verankert ist, werden in der Regel zur Hälfte von Arbeitgeber und Arbeitnehmer bezahlt. Ihr gehören u. a. an: Arbeitnehmer, Empfänger von Sozialleistungen (Arbeitslose, Rentner) und Studenten. Mitglied in einer privaten Krankenversicherung können alle nicht gesetzlich Versicherungspflichtigen sein, insbesondere Selbstständige, Angestellte mit höherem Einkommen oder Beamte.

Auf der auch „Gesundheitskarte“ genannten Krankenversicherungskarte sind die jeweiligen Daten der Versicherten angegeben. Sie muss bei Arztbesuchen mitgeführt werden.

In der Schweiz und in Österreich gibt es eine gesetzlich festgelegte Grundversicherung, die durch Zusatz- bzw. Privatversicherungen für bestimmte Leistungen erweitert werden kann.

Kran|ken|ver|si|che|rung ‹die; -, -en› **1** *Versicherung für den Fall einer Krankheit u. den damit verbundenen Arbeitsausfall u. Geldverlust* **2** *Unternehmen für diese Versicherung* ▸ gesetzliche ~; eine private ~ abschließen

Kran|ken|wa|gen ‹der; -s, -› *bes. eingerichteter Kraftwagen für den Krankentransport* ▸ den ~ rufen; auf der Straße fuhr ein ~; er fährt als Sanitäter im ~

krank|fei|ern ‹V. intr.; fei|ert krank, fei|er|te krank, hat krank|ge|fei|ert, krank|zu|fei|ern; umg.› *sich krankmelden u. Krankengeld beziehen, ohne ernstlich krank zu sein;* Syn *krankmachen (II)* ▸ er hat krankgefeiert

krank|haft ‹Adj.; -er, am -es|ten› **1** *durch Krankheit verursacht* **2** ‹übertr.› *übertrieben heftig* ▸ eine ~e Sucht nach Abwechslung ‹übertr.›; ein ~er Trieb ‹übertr.›; ~e Vergrößerung eines Organs; seine Erregbarkeit ist ja (schon) ~

Krank|heit ‹die; -, -en› *Störung der Gesundheit* ▸ ~en der inneren Organe; das ist eine ~ der Zeit ‹übertr.› *Übel, Missstand der Zeit* ▸ eine ~ bekämpfen, heilen; eine ~ durchmachen; ~ vorschützen, um nicht arbeiten zu müssen; eine ~ vortäuschen ▸ ansteckende ~; gefährliche, leichte, schwere, tödliche ~; Facharzt für innere ~en ▸ an einer ~ leiden; er ist nach langer ~ gestorben; von einer ~ befallen werden; von einer ~ genesen, gesunden ▸ welche ~en haben Sie als Kind durchgemacht?; Zus *Berufskrankheit, Herzkrankheit, Infektionskrankheit, Kinderkrankheit*

Krank|heits|bild ‹das; -(e)s, -er› *Gesamtheit aller Symptome einer Krankheit, Verlauf einer Krankheit* ▸ sein Zustand zeigt ein typisches ~, das typische ~ für Gehirnerschütterung sind Kopfschmerzen

Krank|heits|er|re|ger ‹der; -s, -› *Krankheiten verursachendes Lebewesen (z. B. Bakterien, Viren)*

Krank|heits|fall ⟨der; -(e)s, -fäl|le⟩ *Vorkommen, Auftreten einer (bestimmten) Krankheit* ▸ das Auftreten einer Reihe von unerklärlichen Krankheitsfällen; im ~ *bei Krankheit;* die Lohnfortzahlung im ~ reduzieren

krank|heits|hal|ber ⟨Adv.⟩ *wegen Krankheit* ▸ ich kann ~ nicht an der heutigen Veranstaltung teilnehmen

kränk|lich ⟨Adj.⟩ *ständig leicht krank, kränkelnd* ▸ er ist oft ~; Abl *Kränklichkeit*

krank|ma|chen *auch:* **krank ma|chen** ⟨V. intr.; macht krank, mach|te krank, hat krank|gemacht, krank|zu|ma|chen⟩ **I** ⟨Zusammen- u. Getrenntschreibung⟩ jmdn. ~ *eine Krankheit verursachen, bewirken, auslösen* ▸ der Lärm wird mich ~; das macht mich krank! ⟨übertr.; umg.⟩ *das macht mich nervös, verrückt* **II** ⟨nur Zusammenschreibung; umg.⟩ = *krankfeiern* ▸ sie hat gestern krankgemacht

krank|mel|den ⟨V. refl.; mel|det sich krank, mel|de|te sich krank, hat sich krank|ge|mel|det, sich krank|zu|mel|den⟩ sich ~ *dem Arbeitgeber per ärztlicher Bescheinigung anzeigen, dass man erkrankt ist u. daher nicht zur Arbeit erscheinen kann* ▸ sich für zwei Wochen ~; Abl *Krankmeldung*

krank|schrei|ben ⟨V. trans.; schreibt krank, schrieb krank, hat krank|ge|schrie|ben, krank|zu|schrei|ben⟩ jmdn. ~ *jmdm. die Krankheit u. Arbeitsunfähigkeit bestätigen (für eine bestimmte Zeit)* ▸ der Arzt hat ihn zwei Wochen krankgeschrieben

Krän|kung ⟨die; -, -en⟩ *das Kränken, Demütigung, Verletzung von jmds. Gefühlen*

Kranz ⟨der; -es, Krän|ze⟩ *kreisförmiges Gewinde aus Blüten od. Laub, z. B. als Grabschmuck, Siegerpreis, Kopfschmuck* ▸ einem Mädchen einen ~ aufsetzen, aufs Haar setzen; einen ~ binden, winden; den Hinterbliebenen einen ~ schicken (als Zeichen des Beileids); dem Sieger den ~ überreichen ▸ einen ~ auf dem Kopf tragen; Zus *Blumenkranz, Efeukranz, Lorbeerkranz, Siegerkranz*

Krap|fen ⟨der; -s, -⟩ *kugelförmiges Schmalzgebäck;* Syn *Berliner²* *(Pfannkuchen);* Zus *Fastnachtskrapfen*

krass ⟨Adj.; -er, am -es|ten⟩ **1** *unerhört, sehr stark, augenfällig* (Gegensatz, Missverhältnis) **2** *(zu) weit gehend, extrem* (Haltung, Standpunkt) **3** *schlimm, schrecklich, entsetzlich* (Fall, Schauspiel) **4** ⟨Jugendspr.⟩ *gut* ▸ er ist ein ~er Egoist; ein besonders ~er Fall von Misshandlung; ein ~er Unterschied; das ist voll ~ ⟨umg.⟩

Kra|ter ⟨der; -s, -⟩ *trichterförmige Öffnung (eines Vulkans);* Zus *Kraterlandschaft, Kratersee*

kratz|bürs|tig ⟨Adj.; übertr.; umg.; scherzh.⟩ *widerspenstig*

Krät|ze ⟨die; -; unz.⟩ *durch die Krätzmilbe, die sich in die Haut einbohrt, hervorgerufene, juckende Hauterkrankung;* Syn *Räude (1), Skabies*

krat|zen ⟨V. trans. u. V. intr.; kratzt, kratz|te, hat ge|kratzt⟩ **1** an etwas ~, etwas aus, von, in etwas ~ *mit rauem, spitzem od. scharfem Gegenstand, Kralle od. Fingernagel reiben, schaben od. ritzen* **2** jmdn. od. sich (irgendwo) ~ *einen Juckreiz (bes. mit den Fingernägeln) befriedigen* **3** Eis ~ *durch Schaben od. Reiben entfernen* ▸ sie kratzte und biss, um sich von ihm zu befreien ▸ die Katze hat mich gekratzt; die Kurve ~ ⟨übertr.⟩ *sich schnell u. unauffällig entfernen; es gerade noch einmal schaffen;* an jmds. Ruhm ~ ⟨übertr.⟩ *jmds. R. teilweise infrage stellen* ▸ der Hund kratzt an der Tür (weil er hereinwill); kannst du mich mal am Rücken ~; die Wolle kratzt auf der Haut; sich hinter den Ohren ~; der Rauch kratzt (mich) im Hals *reizt die Schleimhäute;* Zeichen in Holz ~; Schmutz von den Schuhen ~; einen Fleck von der Jacke ~; das kratzt mich nicht *das kümmert mich nicht*

Krat|zer ⟨der; -s, -⟩ *Kratzwunde, Schramme*

kratz|fest ⟨Adj.⟩ *so beschaffen, dass es nicht verkratzt werden kann* ▸ eine ~e Beschichtung, Oberfläche

krat|zig ⟨Adj.; umg.⟩ *kratzend, rau* ▸ die Wolle, der Pullover ist ~

krau|len¹ ⟨V. intr.; krault, kraul|te, hat ge|krault⟩ *im Kraulstil schwimmen;* oV *crawlen*

krau|len² ⟨V. trans.; krault, kraul|te, hat ge|krault⟩ jmdn. od. ein Tier ~ *mit gekrümmten Fingern, mit weichen Kratzbewegungen streicheln* ▸ ein Tier hinter den Ohren ~

Kraul|stil ⟨der; -(e)s; unz.; Sp.⟩ *Schwimmart, bei der die Arme abwechselnd kreisförmig von hinten über den Kopf nach vorn u. unter Wasser wieder zurückgezogen u. die Beine aus dem Hüftgelenk rhythmisch leicht auf u. nieder bewegt werden;* oV *Crawlstil*

kraus ⟨Adj.; -er, am -es|ten⟩ **1** *sehr eng gelockt, eng geringelt* (Haar)*;* Zus *Kraushaar, Krauskopf* **2** *faltig, runzelig* (Stirn) **3** ⟨übertr.⟩ *wirr, ungeordnet, absonderlich* (Gedanken, Reden)

kräu|seln ⟨V.; kräu|selt, kräu|sel|te, hat ge|kräu|selt⟩ **I** ⟨V. trans.⟩ **1** Haare ~ *in enge Locken drehen* **2** Stoff ~ *in kleine Falten legen* ▸ die Lippen (zu einem spöttischen Lächeln) ~ *verziehen, hochziehen;* die Stirn ~ *verziehen, runzeln;* der Wind kräuselt das Wasser *bewegt es zu kleinen Wellen* **II** ⟨V. refl.⟩ sich ~ *sich eng locken, sich ringeln* ▸ ihr Haar kräuselt sich von Natur aus

krau|sen ⟨V. trans. u. V. refl.; kraust, kraus|te, hat ge|kraust⟩ etwas od. sich ~ = *kräuseln*

Kraut ⟨das; -(e)s, Kräu|ter⟩ **I** ⟨zählb.⟩ **1** ⟨i. e. S.⟩ *die oberirdischen, nicht holzigen Teile von Kräutern u. Halbsträuchern, die im Herbst u. Winter absterben* **2** *Kraut (I. 1) zu Heilzwecken od. als Speisewürze;* Zus *Kräuterbutter, Kräuteressig, Kräuterlikör, Kräutertee; Heilkraut, Würzkraut* ▸ Kräuter sammeln; dagegen ist kein ~ gewachsen *dagegen gibt es kein Heilmittel* **II** ⟨unz.⟩ **1** *Kohl;* Zus *Krauthobel; Rotkraut, Sauerkraut, Weißkraut* **2** *die nicht essbaren Teile mancher Nutzpflanzen;* Zus *Kartoffelkraut, Spargelkraut* ▸ ins ~ schießen *zu viel Kraut treiben u. zu wenig Früchte entwickeln* (Kartoffeln); ⟨übertr.⟩ *un-*

kontrolliert wachsen, sich ungehemmt u. zu stark entwickeln (Missbräuche, Unarten); Bratwürste mit ~; es liegt alles wie ~ und Rüben durcheinander ‹übertr.; umg.› *bunt durcheinander*

Kra|wall ‹der; -(e)s, -e› **1** *Aufruhr* **2** ‹umg.› *Lärm, Streit, Unruhe* ▸ es gab abends einen heftigen ~; Zus *Krawallmacher*

Kra|wat|te ‹die; -, -n› *Halsbinde, Schlips* ▸ sich eine ~ umbinden; ⓘ S. 683; Zus *Krawattennadel*

kra|xeln ‹V. intr.; kra|xelt, kra|xel|te, ist ge|kra|xelt; oberdt.› *(mühsam) klettern*

Kre|a|ti|on ‹die; -, -en› *Schöpfung, Schaffung, (bes.) Modeschöpfung, Modell* ▸ die neuesten ~en für die Wintermode vorführen; dieses Dessert ist ihre neueste ~

kre|a|tiv ‹Adj.› **1** *schöpferisch, erfinderisch* **2** *einfallsreich* ▸ sie ist eine ~e Künstlerin; beim Finden von Ausreden ist er sehr ~; Abl *Kreativität*

Kre|a|tur ‹die; -, -en› **1** *Geschöpf, Lebewesen, Wesen der Natur (gegenüber Gott)* **2** ‹übertr.› *verachtenswerter Mensch, willenloses Werkzeug anderer*

Krebs[1] ‹der; -es, -e› **1** ‹Zool.› *ein Tier mit Beinen u. Panzer, das im Wasser lebt u. krabbeln kann;* Syn *Krebstier, Krustazee, Krustentier;* Zus *krebsrot* **2** ‹Astron.› *Sternbild des nördlichen Himmels (22. Juni bis 22. Juli)*

K

Krebs[2] ‹der; -(e)s, -e; Med.› *wuchernde, bösartige Geschwulstbildung des menschlichen u. tierischen Gewebes;* Syn *Cancer, Karzinom* ▸ ~ erregend = *krebserregend;* Zus *Krebsleiden, Krebsrisiko, Krebsvorsorge*

kreb|sen ‹V. intr.; krebst, krebs|te, hat ge|krebst› *sich abmühen, finanzielle Schwierigkeiten haben*

krebs|er|re|gend *auch:* **Krebs er|re|gend** ‹Adj.› *Krebs*[2] *hervorrufend, Krebserkrankungen auslösend;* Syn *krebsauslösend* ▸ ~e Chemikalien

kre|den|zen ‹V. trans.; kre|denzt, kre|denz|te, hat kre|denzt; poet.› (jmdm.) etwas ~ *darreichen*

Kre|dit ‹a. [-dɪt] der; -(e)s, -e› **1** *Geldmittel, die jmdm. vorübergehend überlassen werden, Darlehen;* Zus *Kreditgeber(in), Kreditnehmer(in)* **2** *Vertrauenswürdigkeit (eines Schuldners)* ▸ bei der Bank einen ~ aufnehmen; einem Käufer od. Kunden ~ geben *ihm ohne sofortige Bezahlung Waren überlassen;* Sie haben bei mir (unbeschränkten) ~; auf ~ kaufen *ohne sofortige Bezahlung, auf Borg kaufen;* er hat seinen ~ bei ihr aufgebraucht ‹übertr.› *sie hat kein Vertrauen mehr zu ihm*

Kre|dit|in|s|ti|tut ‹das; -(e)s, -e; Bankw.› *Unternehmen, das Bankgeschäfte betreibt u. langfristige Kredite für Investitionen gewährt, Bank, Sparkasse;* Syn *Kreditanstalt*

Kre|dit|kar|te ‹die; -, -n› *Karte, die den Inhaber eines Kontos ausweist u. genutzt werden kann, um ohne Bargeld zu bezahlen* ▸ ich möchte mit ~ bezahlen; die Nummer der ~ angeben; Zus *Kreditkartennummer*

kre|dit|wür|dig ‹Adj.› *würdig, einen Kredit zu erhalten, vertrauenswürdig;* Abl *Kreditwürdigkeit*

Kre|do ‹das; -s, -s› = *Credo*

Krei|de ‹die; -, -n› **1** *aus den Schalen fossiler Tiere entstandener, feinerdiger, weiß färbender Kalkstein;* Zus *Kreidefelsen, Kreidezeit; kreidebleich, kreideweiß* **2** *Kreidestift;* Zus *Kreidezeichnung* ▸ etwas mit ~ an die Tafel schreiben; tief in der ~ sitzen, stehen ‹übertr.› *stark verschuldet sein*

kre|ie|ren ‹V. trans.; kre|iert, kre|ier|te, hat kre|iert› etwas ~ *schaffen, gestalten* ▸ eine Mode ~

Kreis ‹der; -es, -e› **1** *geschlossene runde Kurve, deren Punkte alle den gleichen Abstand vom Mittelpunkt haben;* Syn *Kreislinie;* Abl *kreisförmig;* Zus *Kreisbahn; kreisrund* **2** *Stromkreis* **3** *das vom Kreis (1) Eingeschlossene, Kreisfläche* **4** *Bereich, Bezirk;* Zus *Lichtkreis, Wirkungskreis* **5** ‹Abk.: Kr.› *der Gemeinde übergeordnete Verwaltungseinheit;* Zus *Kreisstadt; Landkreis, Stadtkreis* **6** *durch gemeinsame Interessen verbundene Gruppe;* Zus *Freundeskreis, Singkreis* **7** ‹nur Pl.› ~e *Teile der Gesellschaft* ▸ mit dem Arm einen ~ beschreiben; die Kinder fassten sich an den Händen und bildeten einen ~; einen ~ (um einen Punkt) ziehen; am Himmel zog ein Raubvogel seine ~e ▸ die besseren ~e *die bessere Gesellschaft;* ein fröhlicher ~ junger Leute; etwas weiten ~en zugänglich machen *der Öffentlichkeit, der Allgemeinheit;* weite ~e der Bevölkerung *ein großer Teil der B.;* die Sache zog weite ~e *hatte viele Folgen* ▸ wie aus unterrichteten ~en bekanntwurde …; im ~ der Freunde, der Familie; sich im ~e drehen; mir dreht sich alles im ~ *mir ist schwindlig, alles dreht sich vor meinen Augen;* wir sind im ~ gegangen *wieder dort angekommen, wo wir weggegangen sind;* die Kinder liefen, tanzten im ~ herum; alle standen im ~ um ihn her; in meinen ~en *bei den Menschen, mit denen ich verkehre;* im engsten ~e *nur unter Vertrauten;* in politischen ~en *unter Politikern;* einen ~ um jmdn. od. etwas schließen

krei|schen ‹V. intr.; kreischt, kreisch|te, hat gekreischt› **1** *schrill, misstönend schreien* (Vogel, bes. Papagei, Häher) **2** *quietschen* (Räder) **3** *wütend, mit sich überschlagender Stimme schreien od. schimpfen* (Person) ▸ sie kreischte laut

Krei|sel ‹der; -s, -› **1** ‹umg.› *Kreisverkehr* **2** *gleichmäßig um eine Achse gebauter u. um diese drehbarer Körper (als technische Vorrichtung od. als Spielzeug)*

krei|sen ‹V. intr.; kreist, kreis|te, hat/ist ge|kreist› **1** *sich im Kreise bewegen* **2** mit den Armen ~ *kreisförmige Bewegungen ausführen* ▸ den Becher ~ lassen *den Becher in der Runde herumgehen lassen;* ein Flugzeug kreist über der Stadt; die Erde kreist um die Sonne; seine Gedanken ~ ständig um sie ‹übertr.› *er denkt ständig an sie;* die Geier kreisten um das verwundete Tier

Kreis|flä|che ‹die; -, -n› *von einem Kreis eingeschlossene Fläche*

Kreis|lauf ‹der; -(e)s, -läu|fe› **1** *Kreisbewegung, zum Ausgangspunkt zurückkehrende Bewegung* **2** ‹kurz für› *Blutkreislauf;* Zus *Kreislaufkollaps* ▸ der ~ der Natur ‹übertr.›; Laufen trainiert den ~

Kreis|sä|ge <die; -, -n> *Säge mit kreisförmigem Sägeblatt;* Syn *Rundsäge*

Kreiß|saal <der; -(e)s, -sä|le; Med.> *Entbindungsraum (im Krankenhaus)*

Kreis|tag <der; -(e)s, -e> *die von einem Landkreis gewählten Volksvertreter*

Kreis|ver|kehr <der; -s; unz.> *kreisförmiger Verkehr auf großen Plätzen mit bestimmten Verkehrsregeln;* Syn *Rundverkehr*

Kreis|wehr|er|satz|amt <das; -(e)s, -äm|ter; Abk.: KWEA> *unterste Dienststelle der Wehrersatzbehörden in einem Kreis*

Kre|ma|to|ri|um <das; -s, -ri|en> *Anlage zur Feuerbestattung*

Kre|me <die; -, -s> = *Creme;* Abl *kremig*

Kreml <der; -s, unz.; nur mit best. Art.> **1** <früher> **1.1** *sowjetischer Regierungssitz* **1.2** <Bez. für> *die sowjetische Regierung* **2** <heute> *Sitz des Kongresses der Volksdeputierten Russlands*

Krem|pe <die; -, -n> *im rechten Winkel abgebogener Rand des Hutes* ▸ die ~ aufschlagen, herunterschlagen

krem|peln <V. trans.; krem|pelt, krem|pel|te, hat ge|krem|pelt> einen Teil eines Kleidungsstückes irgendwohin ~ *umschlagen, hochschlagen*

kre|pie|ren <V. intr.; kre|piert, kre|pier|te, ist krepiert> **1** <umg.> *verenden* (Tiere) **2** <derb> *sterben* (Menschen)

Krepp **I** <der; -s, -s od. -e> = *Crêpe (I)* **II** <der; -s, -s od. die; -, -s> = *Crêpe (II)*

Krepp|pa|pier <das; -s; unz.> *in enge, unregelmäßige Querfalten gelegtes Papier*

Kres|se <die; -, -n; Bot.> *eine Salat- u. Gewürzpflanze;* Zus *Kressesamen*

kreuz <Adv.; nur in der Wendung> ~ und quer *planlos hin u. her*

Kreuz <das; -es, -e> **1** *zwei sich (rechtwinklig od. schräg) schneidende Balken, Striche;* Abl *kreuzförmig* **2** *Kreuzung zweier Autobahnen* **3** <Zeichen: #> *Notenschriftzeichen für die Erhöhung eines Tones um einen halben Ton* **4** *Zeichen vieler Orden u. Auszeichnungen* **5** *Spielkartenfarbe, Treff* **6** <Zeichen: †> *Zeichen für „gestorben" od. „veraltet"* **7** *kreuzähnliches Gebilde;* Zus *Fadenkreuz, Fensterkreuz* **8** *Teil des Rückens um das Kreuzbein;* Zus *Kreuzschmerz(en)* **9** *Sinnbild des christlichen Glaubens* **10** <übertr.> **10.1** *Kummer, Leid, Plage* **10.2** <umg.> *Unglück, Mühsal, Last* **11** <kurz für> *Autobahnkreuz* ▸ das ~ der **Ehrenlegion** verleihen; das ~ des **Südens** *ein Sternbild;* in der Kirche das **Zeichen** des ~es machen ▸ ein ~ **schlagen; sein:** es ist ein ~ (mit ihm)! <übertr.; umg.> *es ist wirklich eine Last (mit ihm)!* ▸ **drei** ~e machen <übertr.; umg.> *froh sein, dass jmd. fort od. eine Sache vorüber ist;* unter ein Schriftstück drei ~e machen (als Zeichen der Unterschrift, wenn man nicht schreiben kann); das **Eiserne** ~ → *eisern;* **griechisches** ~ *Kreuz, bei dem sich beide Balken rechtwinklig in der Mitte schneiden;* **Rotes** ~ *Sanitätsorganisation, deren Einrichtungen u. Uniformen ein solches Zeichen tragen* (Deutsches Rotes ~) ▸ jmdn. **ans** ~ schlagen *am Kreuz sterben lassen;* **aufs** ~ fallen <umg.> *aufs Hinterteil fallen, stürzen;* jmdn. aufs ~ legen <umg.> *rücklings umwerfen;* <übertr.; umg.> *überlisten, betrügen;* ein ~ **hinter** jmds. Namen setzen (zum Zeichen, dass er gestorben ist); Schmerzen **im** ~ haben; zwei Gegenstände **über** ~ legen *rechtwinklig od. schräg übereinanderlegen;* **zu** ~e kriechen <übertr.; umg.> *demütig u. schuldbewusst um Verzeihung bitten*

Kreuz|band <das; -(e)s, -bän|der; Anat.> *das Kniegelenk stabilisierendes, im Gelenkinnern verlaufendes Band*

Kreuz|bein <das; -(e)s, -e; Anat.> *beim Menschen aus fünf Wirbelkörpern verschmolzener Teil der Wirbelsäule, der als einheitlicher Knochen mit den beiden Darmbeinen den Beckengürtel bildet*

kreu|zen <V.; kreuzt, kreuz|te, hat ge|kreuzt> **I** <V. trans.> **1** die Arme, Beine ~ *über Kreuz legen, kreuzförmig legen* **2** eine Straße, einen Weg ~ *durchschneiden, überqueren* **3** zwei unterschiedl. Pflanzen od. Tiere ~ *vereinigen u. Nachkommen hervorbringen lassen;* Syn *hybridisieren* ▸ die Degen, Klingen ~ *gegeneinander fechten;* er hat meinen Weg mehrmals gekreuzt <übertr.> *er ist mir im Leben mehrmals begegnet;* mit gekreuzten Armen dastehen; mit gekreuzten Beinen sitzen **II** <V. refl.> sich ~ **1** *etwa im rechten Winkel aneinander vorbeifahren* (Züge) **2** *sich durchschneiden, sich überschneiden* (Linien, Bahnlinien, Straßen) ▸ unsere Briefe haben sich gekreuzt *wir haben einander zur gleichen Zeit geschrieben u. den Brief des andern zur gleichen Zeit erhalten;* die beiden Wege ~ sich hier

Kreu|zer <der; -s, -> **1** *gut ausgestattetes (Segel-)Schiff od. Jacht für größere Schiffsreisen;* Zus *Luxuskreuzer* **2** <Mil.> *gepanzertes, schnelles Kriegsschiff*

Kreuz|fahrt <die; -, -en> *Schiffsreise kreuz u. quer über ein Meer od. ein großes Binnengewässer* ▸ eine ~ im Mittelmeer machen; Zus *Kreuzfahrtschiff*

Kreuz|feu|er <das; -s, -> *Beschuss von mehreren Seiten* ▸ im ~ der öffentlichen Kritik stehen <übertr.> *von allen Seiten, z. B. in der Presse, angegriffen werden, die Öffentlichkeit gegen sich haben*

Kreuz|gang <der; -(e)s, -gän|ge> *im Viereck um den Klosterhof führender u. gegen diesen offener Bogengang mit Brüstung*

kreu|zi|gen <V. trans.; kreu|zigt, kreu|zig|te, hat ge|kreu|zigt> jmdn. ~ *ans Kreuz schlagen, am Kreuz hinrichten*

Kreu|zi|gung <die; -, -en> *das Kreuzigen, Hinrichtung am Kreuz* ▸ die ~ Christi

Kreuz|ot|ter <die; -, -n; Zool.> *giftige Viper, die in moorigen Wiesen Europas lebt, grau bis schwarzbraun mit Zickzackband auf dem Rücken*

Kreuz|rit|ter <der; -s, -> *an einem Kreuzzug teilnehmender Ritter*

Kreuz|schlüs|sel <der; -s, -> *Schraubenschlüssel mit zwei in Form eines Kreuzes zueinanderstehenden*

K

Achsen (dient bes. zum Festdrehen u. Lösen der Radschrauben von Kfz)

Kreu|zung ⟨die; -, -en⟩ **1** *Schnittpunkt zweier sich kreuzender Straßen;* Zus *Straßenkreuzung* **2** *das Kreuzen (von Tieren od. Pflanzen), Mischung verschiedener Rassen, Gattungen od. Arten* **3** *Produkt einer Kreuzung (2)* ▸ an der ~ halten, rechts abbiegen; fahren Sie bis zur nächsten ~ und dann rechts; die ~ sollte man an der Fußgängerampel überqueren; eine stark befahrene ~

kreuz|un|glück|lich ⟨Adj.; umg.⟩ *sehr unglücklich*

Kreuz|ver|hör ⟨das; -(e)s, -e⟩ **1** ⟨Rechtsw.⟩ *Vernehmung eines Zeugen durch beide Parteien* **2** ⟨allg.⟩ *Verhör einer Person durch mehrere andere mit oft scheinbar unzusammenhängenden Fragen*

Kreuz|weg ⟨der; -(e)s, -e⟩ **1** *Kreuzungsstelle von Wegen, Weggabelung* **2** *Weg Christi nach Golgatha* ▸ am ~ stehen ⟨übertr.⟩ *vor einer (schweren) Entscheidung stehen*

kreuz|wei|se ⟨Adv.⟩ *über(s) Kreuz, verschränkt, gekreuzt* ▸ du kannst mich mal ~ (am Arsch lecken)! ⟨derb⟩ *lass mich in Ruhe;* zwei Dinge ~ übereinanderlegen; ⟨vor Subst. a. attr.⟩ ~s Verleimen von Holzbrettern

Kreuz|wort|rät|sel ⟨das; -s, -⟩ *Rätsel, bei dem die zu erratenden Wörter buchstaben- od. silbenweise in senkrecht u. waagerecht sich kreuzende Reihen von Vierecken eingetragen werden müssen, wobei meistens einzelne Buchstaben ein Lösungswort ergeben*

Kreuz|zei|chen ⟨das; -s, -⟩ *das (mit den Händen gemachte) Zeichen des Kreuzes (beim Segnen od. Sichbekreuzigen);* oV *Kreuzeszeichen*

Kreuz|zug ⟨der; -(e)s, -zü|ge⟩ **1** ⟨12./13. Jh.⟩ *Kriegszug der Christen zur Eroberung muslimischer Völker am Mittelmeer* **2** ⟨übertr.⟩ *Unternehmung für eine als gut erachtete Sache*

krib|be|lig ⟨Adj.; umg.⟩ *ungeduldig, gereizt;* oV *kribblig* ▸ das macht mich ganz ~

krib|beln ⟨V. intr.; krib|belt, krib|bel|te, hat gekrib|belt⟩ **1** *ein Gefühl wie von vielen winzigen Stichen verursachen* **2** *viele winzige Bewegungen zeigen, wimmeln* ▸ die Wolle kribbelt auf der Haut; es kribbelt mir in den Fingern, es zu tun ⟨übertr.; umg.⟩ *ich möchte es zu gern tun;* es kribbelt mir in der Nase *ich muss gleich niesen;* es kribbelt nur so von Ameisen

Kri|cket ⟨das; -s; unz.; Sp.⟩ *Ballspiel zw. zwei Mannschaften, von denen die „Werfer" den Ball ins gegnerische Tor zu bringen suchen, während die „Schläger" den Ball abwehren u. mit dem Schlagholz möglichst weit wegschlagen*

krie|chen ⟨V. intr.; kriecht, kroch, ist ge|kro|chen⟩ **1** *sich dicht am Boden fortbewegen;* Zus *Kriechtier* **2** *sich auf allen vieren, auf Händen u. Füßen bzw. Knien fortbewegen* **3** ⟨übertr.⟩ *sich außerordentlich langsam fortbewegen;* Zus *Kriechtempo* **4** ⟨übertr.⟩ vor jmdm. ~ *jmdm. demütig schmeicheln;* Abl *Kriecher(in)* ▸ die Zeit kriecht dahin ⟨übertr.⟩ *vergeht langsam;* die Autos krochen im Schneckentempo durch die Innenstadt; der Vogel kriecht aus dem Ei *schlüpft aus dem Ei;* du musst durch eine Zaunlücke ~; ins Bett ~ ⟨umg.⟩ *ins Bett gehen, schlüpfen;* die Schlange, Schnecke kriecht über den Boden; der Hund kroch unters Sofa

krie|che|risch ⟨Adj.; übertr.; abwertend⟩ *unterwürfig-schmeichlerisch*

Kriech|spur ⟨die; -, -en; auf Autobahnen⟩ *Spur für langsames Fahren (bes. für Lastkraftwagen)*

Krieg ⟨der; -(e)s, -e⟩ **1** *bewaffnete Auseinandersetzung zw. Staaten, Stämmen od. Völkern;* Zus *Kriegsberichterstatter(in), Kriegsende, Kriegserklärung, Kriegsflüchtling, Kriegsführung, Kriegsgebiet, Kriegsgefangene(r), Kriegsgefangenschaft, Kriegsschauplatz, Kriegsverbrechen, Kriegsverbrecher, Kriegsverletzung* **2** ⟨übertr.⟩ *ständiger Kampf, lang andauernde Feindschaft;* Zus *Kleinkrieg* ▸ einer Partei, Bewegung den ~ ansagen; der ~ ist ausgebrochen; einem Staat den ~ erklären *förmlich den Kampf ansagen;* einen ~ gewinnen, verlieren, vom Zaun brechen ▸ ~ führend = *kriegführend;* häuslicher ~ ⟨übertr.⟩ *dauernder Streit in der Familie;* kalter ~ *Konflikt ohne Waffen;* der Kalte ~ *Epoche polit. Spannungen zwischen den USA u. der UdSSR* ▸ ~ auf Leben und Tod; aus dem ~ heimkehren; im ~ fallen *im Kampf getötet werden;* in den ~ ziehen; mit jmdm. ~ anfangen; mit jmdm. ~ führen; zum ~ hetzen, rüsten

krie|gen ⟨V. trans.; kriegt, krieg|te, hat ge|kriegt; umg.⟩ **1** jmdn. ~ *erwischen, ergreifen, packen* **2** etwas ~ *bekommen, erhalten* ▸ na warte, wenn ich dich kriege!; ich werde dich schon noch ~; er hat sie doch noch gekriegt ⟨umg.⟩ *zur Freundin, Frau bekommen* ▸ es ist so dunkel, ich kriege Angst; sie kriegt ein Kind *sie bekommt/erwartet ein K.;* er kriegt Nachhilfe in Deutsch; Post ~; einen Schrecken ~; die Polizei hat den Täter nicht gekriegt *nicht gefangen* ▸ jmdn. zu fassen ~; du wirst noch etwas zu hören ~; etwas geschenkt ~ ▸ ich kann ihn nicht dazu ~, das zu tun *nicht von der Notwendigkeit überzeugen;* was kriege ich zum Geburtstag?

Krie|ger ⟨der; -s, -⟩ **1** *Soldat, Kämpfer;* Abl *Kriegerin;* Zus *Kriegerdenkmal* **2** ⟨in manchen Ländern früher⟩ *Stand der berufsmäßigen Kämpfer, z. B. Samurai* ▸ ein tapferer ~

krie|ge|risch ⟨Adj.⟩ **1** *den Krieg betreffend, zu ihm gehörig* **2** *angriffslustig, kampflustig, streitlustig* (Mensch) **3** *oft kriegführend* (Volk) **4** *wie ein Krieger* (Aussehen, Benehmen) ▸ ~e Auseinandersetzungen führen

krieg|füh|rend *auch:* **Krieg füh|rend** ⟨Adj.⟩ *einen Krieg führend, an einem Krieg beteiligt* ▸ die ~en Staaten

Kriegs|beil ⟨das; -(e)s, -e; bei traditionellen Völkern Sinnbild für⟩ *Krieg(szustand)* ▸ das ~ ausgraben *Krieg beginnen;* das ~ begraben *Frieden schließen;* ⟨übertr.⟩ *sich versöhnen*

Kriegs|dienst ⟨der; -(e)s, -e⟩ *Dienst als Soldat im Krieg;* Zus *Kriegsdienstverweigerer, Kriegsdienstverweigerung*

Kriegs|fuß ⟨der; übertr.; nur in der Wendung⟩

mit jmdm., etwas auf ~ stehen **1** *in ständigem leichtem Streit, in ständiger Spannung mit jmdm. od. etwas leben* **2** *etwas nicht können, nur unzureichend beherrschen* ▸ er steht mit der Mathematik, der Rechtschreibung auf ~

Kriegs|ge|richt ⟨das; -(e)s, -e⟩ *Organ der Militärgerichtsbarkeit*

Kriegs|grä|ber|für|sor|ge ⟨die; -; unz.⟩ *(1919 gegr.) Organisation zur Förderung der Pflege von Gräbern in den beiden Weltkriegen gefallener dt. Soldaten im In- u. Ausland*

Kriegs|list ⟨die; -, -en⟩ **1** *im Krieg angewendete List* **2** ⟨allg.⟩ *List*

Kriegs|rat ⟨der; -(e)s, -rä|te⟩ **1** *zur Beratung von Entschlüssen für die Kriegführung zusammengerufener Personenkreis* **2** *Mitglied dieses Kreises* ▸ ~ halten ⟨übertr.; umg.⟩ *einen Plan gemeinsam besprechen, das gemeinsame Vorgehen beraten*

kriegs|ver|sehrt ⟨Adj.⟩ *dauernd gesundheitlich geschädigt durch Kriegsverletzung;* Abl *Kriegsversehrte(r)*

Krill ⟨das; -s; unz.⟩ *überwiegend aus kleinen Krebsen bestehendes Plankton, Hauptnahrungsmittel vieler Wale u. Fische*

Kri|mi ⟨der; -s, -s; umg.; Kurzw. für⟩ **1** *Kriminalroman* **2** *Kriminalstück* **3** *Kriminalfilm* **4** *Kriminalhörspiel* ▸ sich einen ~ ansehen; ich lese gern englische ~s; der ~ war sehr spannend

kri|mi|nal..., Kri|mi|nal... ⟨in Zus.⟩ *die Kriminalität betreffend, Strafrecht, Strafverfahren, Verbrechen u. Täter betreffend;* Zus *Kriminalbeamte(r), Kriminalfall, Kriminalfilm, Kriminalhörspiel, Kriminalkommissar(in), Kriminalroman, Kriminalstück*

kri|mi|na|li|sie|ren ⟨V. trans.; kri|mi|na|li|siert, kri|mi|na|li|sier|te, hat kri|mi|na|li|siert⟩ **1** jmdn. ~ *in die Kriminalität treiben* **2** ein Verhalten ~ *als kriminell hinstellen;* Abl *Kriminalisierung*

Kri|mi|na|lis|tik ⟨die; -; unz.⟩ *Wissenschaft, die sich mit der Aufklärung u. der Verhinderung von Verbrechen beschäftigt*

kri|mi|na|lis|tisch ⟨Adj.⟩ *zur Kriminalistik gehörig, mit ihrer Hilfe* ▸ mit ~em Gespür

Kri|mi|na|li|tät ⟨die; -; unz.⟩ *Straffälligkeit, Umfang, in dem Menschen eines Volkes, Standes, einer Gruppe straffällig werden;* Zus *Jugendkriminalität*

Kri|mi|nal|po|li|zei ⟨die; -; unz.⟩ *Teil der Polizei zur Aufdeckung u. Verhinderung von Straftaten;* Abl *kriminalpolizeilich*

kri|mi|nell ⟨Adj.⟩ **1** *verbrecherisch, straffällig* (Person) **2** *strafbar* (Tat); Abl *Kriminelle(r)*

Kri|mi|no|lo|gie ⟨die; -; unz.⟩ = *Kriminalistik;* Abl *Kriminologe, Kriminologin; kriminologisch*

Krims|krams ⟨der; -; unz.; umg.⟩ *Kram, wertlose Kleinigkeiten* ▸ was willst du mit diesem ~?

Krin|gel ⟨der; -s, -⟩ **1** *kleiner Kreis, kleiner Bogen, Schnörkel* **2** *ringförmiges Gebäck, Brezel;* Zus *Zuckerkringel*

krin|ge|lig ⟨Adj.⟩ *wie ein Kringel, sich kringelnd;* oV *kringlig* ▸ sich ~ lachen ⟨übertr.; umg.⟩ *sehr lachen*

krin|geln ⟨V.; krin|gelt, krin|gel|te, hat ge|krin|gelt⟩ **I** ⟨V. trans.⟩ etwas ~ *zu einem Kringel formen* **II** ⟨V. refl.⟩ sich ~ *sich zu einem Kringel formen, sich ringeln* ▸ ihr Haar kringelt sich; sich ~ vor Lachen ⟨übertr.; umg.⟩ *sehr lachen*

Kri|po ⟨die; -; unz.; Kurzw. für⟩ *Kriminalpolizei*

Krip|pe ⟨die; -, -n⟩ **1** *an der Wand od. auf einem Gestell befestigter Futtertrog für größere Tiere, Futterraufe* **2** *Darstellung der Heiligen Familie mit dem Jesuskind in der Krippe (1);* Zus *Krippenfigur, Krippenspiel; Weihnachtskrippe* **3** ⟨kurz für⟩ *Kinderkrippe*

Kri|se ⟨die; -, -n⟩ **1** *Störung im Wirtschaftsleben;* Zus *krisenanfällig, krisensicher; Wirtschaftskrise* **2** *schwierige Zeit, Schwierigkeit;* Zus *Ehekrise* **3** ⟨Med.⟩ *Krisis, Höhepunkt (einer Krankheit)* ▸ eine ~ durchmachen; politische, wirtschaftliche ~; sich in einer ~ befinden

kri|seln ⟨V. intr.; kri|selt, kri|sel|te, hat ge|kri|selt; unpersönl.⟩ es kriselt *eine Krise kündigt sich an*

kri|sen|fest ⟨Adj.⟩ *ungefährdet, widerstandsfähig gegen Krisen* ▸ eine ~e Region

Kri|sen|ge|biet ⟨das; -(e)s, -e⟩ **1** *Gebiet, das anfällig für politische od. wirtschaftliche Krisen ist* **2** *Gebiet, in dem ein Krieg od. kriegerische Handlungen ausgetragen werden* ▸ Nahrungsmittel in ein ~ bringen

Kri|sen|gip|fel ⟨der; -s, -⟩ *Gipfelkonferenz von hochrangigen Politikern od. Sachverständigen zur Beilegung einer Krise* ▸ einen ~ einberufen; zu einem ~ zusammenkommen

Kri|sen|herd ⟨der; -(e)s, -e⟩ **1** *Gebiet, in dem es häufig zu politischen (u. wirtschaftlichen) Krisen kommt* **2** *Situation, Zustand, der häufig zu Krisen führt*

Kri|sen|re|gi|on ⟨die; -, -en⟩ = *Krisengebiet*

Kri|sen|stab ⟨der; -(e)s, -stä|be⟩ *in einer Notsituation gebildetes Gremium von Sachverständigen*

Krish|na ⟨[kriʃna]; ohne Art.; im Hinduismus⟩ *wundertätiger Gott, der unter Hirten aufgewachsen ist*

Kris|tall **I** ⟨der; -(e)s, -e⟩ *von gleichmäßig angeordneten, ebenen Flächen begrenzter, fester Körper, in dem die Atome, Moleküle od. Ionen gitterartig angeordnet sind* ▸ ~e bilden; klar, rein wie ~; Zus *Kristallchemie* **II** ⟨das; -(e)s, -e⟩ = *Kristallglas;* Zus *Kristallleuchter*

Kris|tall|glas ⟨das; -es, -glä|ser⟩ *stark glänzendes Glas von hoher Dichte*

kris|tall|klar ⟨Adj.⟩ *klar wie Kristall, durchsichtig, glasklar* ▸ ~es Wasser

kris|tal|lisch ⟨Adj.⟩ *wie Kristall(glas);* Ggs *amorph (2)*

Kris|tall|nacht ⟨die; -; unz.⟩ = *Novemberpogrom*

Kri|te|ri|um ⟨das; -s, -ri|en⟩ **1** *Kennzeichen, unterscheidendes Merkmal* **2** *Prüfstein, Gradmesser* ▸ um zugelassen zu werden, müssen die Bewerber zahlreiche Kriterien erfüllen; jmdn. nach strengen Kriterien beurteilen

Kri|tik ⟨a. [-tiːk] die; -, -en⟩ **I** ⟨zählb.⟩ **1** *wissenschaftliche od. künstlerische Beurteilung;* Zus *Literaturkritik, Kunstkritik, Musikkritik* **2** *wertende*

K

Besprechung von Büchern, Filmen, Theaterstücken, Kunstwerken u. Konzerten (in der Zeitung), Rezension; Zus *Buchkritik, Filmkritik* ▸ eine ~ über ein Buch, Stück schreiben ▸ der Film hat eine ausgezeichnete, gute, schlechte ~ bekommen; eine lobende, tadelnde, scharfe, erbarmungslose ~ **II** ‹unz.› *Beanstandung, Tadel, Äußerung des Missfallens* ▸ ich verbitte mir jede ~! ▸ ~ an etwas od. jmdm. üben; das Gesetz ist in die ~ geraten; die Anwesenden stimmten in die geäußerte ~ ein; das Buch ist unter aller ~ *sehr schlecht*

Kri|ti|ker ‹der; -s, -› **1** *jmd., der (beruflich) ein Kunstwerk kritisiert, Beurteiler;* Zus *Theaterkritiker, Zeitungskritiker* **2** ‹allg.› *jmd., der etwas kritisiert;* Abl *Kritikerin*

kri|tik|los ‹Adj.› **1** *ohne Kritik, widerspruchslos, ohne Einwände* **2** ‹abwertend› *unkritisch, leichtgläubig, ohne eigenes Urteil, ohne Problembewusstsein* ▸ sie nahm den Vorschlag ~ an; die Zuhörer nahmen die Thesen des Referenten erschreckend ~ auf; Abl *Kritiklosigkeit*

Kri|tik|punkt ‹der; -(e)s, -e› *einzelner Aspekt einer Kritik, Anknüpfungspunkt eines kritischen Einwandes* ▸ der Rezensent führte zahlreiche ~e auf, um sein negatives Urteil über den Roman zu begründen

kri|tik|wür|dig ‹Adj.› *so beschaffen, dass man es kritisieren sollte* ▸ ein ~es Verhalten

kri|tisch ‹Adj.› **1** *gewissenhaft prüfend, streng urteilend* **2** *bedrohlich, gefährlich* **3** *entscheidend, eine Wende ankündigend* ▸ das ~e Alter erreichen; ~er Augenblick; ~e Ausgabe *nach den Methoden der Textkritik bearbeitete, authentische Ausgabe (eines Literaturwerkes);* ~e Masse ‹Phys.› *zum Ablauf einer Kettenreaktion notwendige Masse an spaltbarem Material;* das ist der ~e Punkt!; die Krankheit tritt in ihr ~es Stadium ein; ~er Zustand *Z. eines Systems zweier Phasen, in dem diese sich im Gleichgewicht befinden* ▸ etwas od. jmdn. ~ betrachten; einer Sache od. jmdm. ~ gegenüberstehen; sein: er ist sehr ~ *er übt stets strenge Kritik*

kri|ti|sie|ren ‹V. trans.; kri|ti|siert, kri|ti|sier|te, hat kri|ti|siert› **1** ein Buch, Theaterstück, einen Film ~ *beurteilen, bewerten, begutachten* **2** jmdn. od. etwas ~ *an jmdm. od. etwas Kritik üben, jmdn. tadeln* ▸ er hat an allem etwas zu ~; das Verhalten der Schüler wurde von dem Lehrer kritisiert

krit|teln ‹V. intr.; krit|telt, krit|tel|te, hat ge|krit|telt; umg.; abwertend› *kleinliche Kritik üben, kleinlich tadeln*

Krit|ze|lei ‹die; -, -en› *Gekritzel, klein u. schlecht leserlich Geschriebenes*

krit|zeln ‹V. intr. u. V. trans.; krit|zelt, krit|zel|te, hat ge|krit|zelt› (etwas) (irgendwohin) ~ **1** *klein u. schlecht leserlich schreiben* **2** *sinnlose Striche u. Schnörkel machen*

kroch → *kriechen*

Kro|cket ‹a. [-'-] das; -s; unz.; Sp.› *Rasenspiel, bei dem die Spieler mit einem Holzhammer abwechselnd die Holzbälle durch zehn Tore bis zu einem Zielstab schlagen, wobei nach Zusammenstoß mit einem gegnerischen Ball dieser weggeschlagen (krockiert) werden kann*

Kro|kant ‹der; -s; unz.› *Karamellzucker mit Mandel- od. Nussstückchen*

Kro|ket|te ‹die; -, -n; Kochk.› *in Fett gebackenes Klößchen aus Kartoffeln, Fleisch, Fisch o. Ä.*

Kro|ko|dil ‹das; -s, -e; Zool.› *ein großes, stark gepanzertes Reptil mit einem langen Maul u. spitzen Zähnen, das räuberisch im Wasser lebt;* Syn *Panzerechse*

Kro|ko|dils|trä|nen ‹Pl.; übertr.› **1** *geheuchelte Tränen* **2** *geheucheltes Mitleid* **3** *besonders große Tränen* ▸ ~ vergießen, weinen

Kro|kus ‹der; -, - od. -s|se; Bot.› *eine Pflanze, die im Frühling aus einer Zwiebel wächst u. kelchförmige gelbe, weiße od. lila Blüten hat*

Kro|ne ‹die; -, -n› **1** *verzierter Goldreif mit Zacken, der als Zeichen der Würde u. Macht des Herrschers auf dem Kopf getragen wird;* Zus *Kaiserkrone, Königskrone* **2** *oberer od. oben aufgesetzter Teil;* Zus *Mauerkrone, Schaumkrone, Zahnkrone* **3** *Wipfel des Baumes;* Zus *Baumkrone* **4** *dänische (Abk.: dkr), norwegische (Abk.: nkr), schwedische (Abk.: skr) u. isländische (Abk.: ikr) Währungseinheit* **5** ‹Sinnbild für› *das Beste, Schönste* ▸ Ansprüche auf die ~ geltend machen; die ~ des Ganzen war die Sahnetorte ‹übertr.›; die Haltung, Zustimmung der ~; die ~ der Schöpfung ‹übertr.› *der Mensch* ▸ die ~ niederlegen *als Herrscher abdanken* ▸ es wird ihm dadurch kein Stein, keine Perle, kein Zacken aus der ~ fallen ‹übertr.; umg.› *er wird sich dabei nichts vergeben;* einen in der ~ haben ‹übertr.; umg.› *angetrunken sein*

krö|nen ‹V. trans.; krönt, krön|te, hat ge|krönt› **1** jmdn. ~ *jmdm. die Krone aufsetzen, jmdn. zum Herrscher machen* **2** ‹übertr.› etwas ~ *erfolgreich abschließen, beenden* ▸ einen Dichter mit dem Lorbeerkranz ~; seine Bemühungen waren von Erfolg gekrönt *er hatte Erfolg mit seinen B.;* jmdn. zum Kaiser, zum König ~; gekröntes Haupt ‹übertr.› *Herrscher*

Kron|kor|ken ‹der; -s, -› *kleiner Flaschenverschluss aus Metall mit gewelltem Rand (an Bierflaschen);* oV *Kronenkorken*

Kron|leuch|ter ‹der; -s, -› *von der Decke hängender, vielarmiger Leuchter;* Syn *Lüster*

Kron|prinz ‹der; -en, -en› **1** *Sohn od. Enkel eines Monarchen als Thronfolger, Thronerbe;* Abl *Kronprinzessin* **2** *Nachfolger (bes. eines Politikers)*

Krö|nung ‹die; -, -en› **1** *das Krönen, feierliche Einsetzung als Herrscher* **2** *schmückender oberer Abschluss;* Zus *Giebelkrönung* **3** ‹übertr.› *letzte Vollendung, erfolgreicher Abschluss* ▸ eine Tanzvorführung bildete die ~ des Abends; die Wahl zum Bürgermeister war die ~ seiner Laufbahn

Kron|zeu|ge ‹der; -n, -n› **1** *Hauptzeuge* **2** ‹auch› *Mittäter als Belastungszeuge gegen Zusicherung der Straflosigkeit od. -minderung* ▸ als ~ vor Gericht erscheinen; Abl *Kronzeugin*

Kropf 〈der; -(e)s, Kröp|fe〉 *Vergrößerung der Schilddrüse; Syn Struma*

kross 〈Adj.; -er, am -es|ten〉 *knusprig* ▸ ~e Brötchen

Krö|sus 〈der; -, -sus|se; übertr.〉 *steinreicher Mann* ▸ er ist ein ~; ich bin doch kein ~!

Krö|te 〈die; -, -n〉 **1** 〈Zool.〉 *kleines Tier mit plumpem Körper, kurzen Beinen u. warziger Haut, das auf dem Land lebt, aber seinen Laich im Wasser ablegt; Zus Krötenwanderung* **2** 〈übertr.; umg.〉 *freches kleines Mädchen* ▸ so eine kleine, freche ~!

Krö|ten 〈Pl.; übertr.; umg.〉 *Geld* ▸ meine letzten ~; behalt deine paar ~ nur für dich

Krs. 〈Abk. für〉 *Kreis*

Krü|cke 〈die; -, -n〉 **1** *Stock mit Gummizwinge am unteren Ende u. Querholz zur Stütze in den Achselhöhlen od. mit Unterarmstützen (für Gehbehinderte)* **2** *Griff (des Stocks od. Schirms)* ▸ an ~n gehen

Krug[1] 〈der; -(e)s, Krü|ge〉 *zylindrisches od. bauchiges, kannenartiges Gefäß mit einem od. zwei Henkeln* ▸ ein ~ Bier, Milch, Wasser; Blumen in einen ~ stellen; *Zus Bierkrug*

Krug[2] 〈der; -(e)s, Krü|ge; norddt.〉 *Schenke, Wirtshaus; Zus Dorfkrug*

Kru|me 〈die; -, -n〉 **1** *abgebröckeltes, kleines Stückchen; Zus Brotkrume* **2** *oberste Schicht des Bodens, Ackerkrume*

Krü|mel 〈der; -s, -〉 *kleine Krume*

krü|me|lig 〈Adj.〉 *oV krümlig* **1** *aus Krümeln bestehend* (Masse) **2** *leicht krümelnd, locker*

krü|meln 〈V.; krü|melt, krü|mel|te, hat ge|krümelt〉 **I** 〈V. intr.〉 *in Krümel zerfallen* ▸ das Brot, der Kuchen krümelt **II** 〈V. trans.〉 etwas ~ *zu Krümeln zerreiben* ▸ beim Essen ~; bitte krümle nicht alles auf den Boden!; →a. *zerkrümeln*

krumm 〈Adj.〉 **1** *bogenförmig, gekrümmt, verbogen* (Linie, Rücken); *Ggs gerade[1] (2)* **2** 〈übertr.〉 *unehrlich, unehrenhaft* (Sache) ▸ ~e Beine haben; ~e Finger machen 〈übertr.; umg.〉 *etwas entwenden, stehlen;* ~e Geschäfte, Sachen 〈übertr.; umg.〉; ~er Hund! *(Schimpfwort);* ein ~er Nagel; eine ~e Nase; einen ~en Rücken haben; ~e Wege gehen 〈übertr.; umg.〉 *unehrlich, betrügerisch handeln* ▸ die Buchstaben sind alle ~ und schief; ein ~ gewachsener Ast, Baum ▸ etwas auf die ganz ~e Tour machen 〈übertr.; umg.〉 *etwas betrügerisch erledigen, erreichen*

krüm|men 〈V.; krümmt, krümm|te, hat gekrümmt〉 **I** 〈V. trans.〉 etwas ~ *krumm machen, biegen, wölben* ▸ den Rücken ~ **II** 〈V. refl.〉 sich ~ **1** *den Leib zusammenbiegen, zusammenziehen, sich winden* **2** *sich verbiegen, sich wellen* (Balken, Holz) **3** *eine Biegung machen* (Fluss, Straße) ▸ sich vor Lachen ~ 〈übertr.; umg.〉 *so heftig lachen, dass man dabei nicht mehr gerade sitzen kann;* sich vor Schmerzen ~

Krüm|mung 〈die; -, -en〉 **1** *das Krümmen, das Krummmachen* **2** *gekrümmte Linie, Biegung, Kurve; Zus Wegkrümmung* **3** *gekrümmte Fläche, Wölbung*

Krüp|pel 〈der; -s, -; abwertend〉 *Körperbehinderter, in seinen Bewegungsmöglichkeiten od. in der Körperhaltung schwer beeinträchtigter Mensch* ▸ jmdn. zum ~ schlagen *so verprügeln, dass er einen bleibenden Schaden davon behält;* zum ~ werden

Krus|te 〈die; -, -n〉 **1** *trocken u. hart gewordene Oberfläche, Rinde; Zus Brotkruste* **2** *harter Überzug über etwas Weichem; Zus Käsekruste, Zuckerkruste*

Krux 〈die; -; unz.〉 = *Crux*

Kru|zi|fix 〈a. ['---] das; -es, -e〉 *plastische Darstellung von Christus am Kreuz*

Kryp|ta 〈die; -, Kryp|ten〉 *unterirdischer Kirchenraum, bes. mit Grabkammern od. zum Aufbewahren von Särgen*

kryp|tisch 〈Adj.; geh.〉 *versteckt, verborgen, unklar u. deshalb schwerverständlich*

Kryp|to|gra|phie 〈die; -, -n〉 *Geheimschrift, die durch abweichenden Gebrauch der Buchstaben entsteht; oV Kryptografie*

Kt. 〈Abk. für〉 *Kanton*

Kü|bel 〈der; -s, -〉 **1** *größeres, eimerähnl. Gefäß, Bottich; Zus Waschkübel* **2** *größeres Holz- od. Tongefäß zum Einpflanzen von Blumen; Zus Blumenkübel*

Ku|ben 〈Pl. von〉 *Kubus*

ku|bik..., Ku|bik... 〈in Zus.〉 *dritte Potenz von ..., Raum...,* z.B. Kubikdezimeter 〈Abk.: dm^3〉, Kubikinhalt, Kubikmeter 〈Abk.: m^3〉, Kubikmillimeter 〈Abk.: mm^3〉, Kubikwurzel, Kubikzahl, Kubikzentimeter 〈Abk.: cm^3〉

ku|bisch 〈Adj.〉 **1** *würfelförmig* **2** *in die dritte Potenz erhoben*

Ku|bis|mus 〈der; -; unz.; Mal.〉 *Richtung des Expressionismus in Malerei u. Plastik, die die kubischen Formen der Natur besonders hervorhob*

Ku|bus 〈der; -, Ku|ben〉 **1** *Würfel* **2** 〈Math.〉 *dritte Potenz*

Kü|che 〈die; -, -n〉 **1** *Raum zum Zubereiten von Speisen;* ⓘ S. 254; *Zus Küchengerät, Küchenmesser, Küchenpersonal, Küchenschürze, Küchentisch, Küchenwaage* **2** *die Speisen selbst, Ernährung, Kost* **3** *Kochkunst, die Art zu kochen* ▸ die ~ hat schon geschlossen; die ~ machen *die K. aufräumen u. säubern (nachdem man gekocht hat);* kannst du heute die ~ machen?; dieses Hotel ist berühmt für seine feine, gute ~; französische, italienische ~; kalte, warme ~ *Speisen, die man kalt bzw. warm genießt;* den ganzen Tag in der ~ stehen 〈übertr.; umg.〉 *Hausarbeit leisten;* Wohnung mit zwei Zimmern, Bad und ~

Ku|chen 〈der; -s, -〉 *größeres Gebäck aus Mehl, Fett, Eiern, Zucker u. a.* ▸ einen ~ in den Ofen schieben; die Zutaten für einen ~ kaufen ▸ ich werde für den Geburtstag einen ~ backen; wie wird dieser ~ gebacken?; einen ~ in zwölf Stücke teilen; der ~ ist bereits verteilt 〈übertr.〉 *das Beste, Wichtigste ist bereits vergeben* ▸ trockener ~ ▸ ein ~ mit Nüssen, Obst, Quark; sich ein Stück vom ~ abschneiden 〈a. übertr.〉 *an einem guten Geschäft teilhaben; Zus Kuchenblech, Kuchenform, Kuchengabel; Apfelkuchen, Erdbeerku-*

chen, Hefekuchen, Kirschkuchen, Obstkuchen, Streuselkuchen

Kü|chen|chef ⟨[-ʃɛf] der; -s, -s⟩ *Vorsteher, Leiter des Küchenpersonals;* Abl *Küchenchefin*

Kü|chen|ma|schi|ne ⟨die; -, -n⟩ *elektr. Gerät zum Zerkleinern, Rühren, Schlagen, Mischen u. a.*

Kü|chen|zei|le ⟨die; -, -n⟩ *mehrere nebeneinander angeordnete, eingebaute Küchengeräte (meist Herd, Spüle, Kühlschrank, Spülmaschine)*

Ku|ckuck ⟨der; -s, -e⟩ **1** ⟨Zool.⟩ *ein langschwänziger, schlanker Vogel, der seine Eier in fremde Nester legt;* Zus *Kuckucksnest* **2** ⟨übertr.; scherzh.⟩ *Siegel des Gerichtsvollziehers (zum Zeichen der Pfändung)* ▸ bei ihm klebt der ~ an den Möbeln ⟨übertr.; scherzh.⟩; weiß der ~, wo mein Schirm geblieben ist ⟨umg.⟩; zum ~! ⟨umg.⟩ *(Ausruf der Ungeduld)*

ku|ckuck! ⟨Int.⟩ *(Ruf beim Versteckspiel mit kleinen Kindern, um den andern zum Suchen aufzufordern od. ihm das Suchen zu erleichtern)*

Ku|ckucks|ei ⟨das; -(e)s, -er; umg.⟩ *etwas Untergeschobenes, für das ein anderer sorgen soll, zweifelhaftes Geschenk*

Ku|ckucks|uhr ⟨die; -, -en⟩ *Uhr mit einer kleinen Nachbildung eines Kuckucks, der zur halben u. (od.) vollen Stunde aus einem Kästchen springt u. die Stundenzahl ruft*

Kud|del|mud|del ⟨der; -s; unz.; umg.⟩ *Durcheinander, Wirrwarr*

Ku|fe ⟨die; -, -n⟩ **1** *Laufschiene des Schlittens;* Zus *Schlittenkufe* **2** *gebogenes Holzbrett, auf dem Segelflugzeuge landen, od. an Motorflugzeugen, die auf Schnee od. Eis landen*

Ku|gel ⟨die; -, -n⟩ **1** ⟨Geom.⟩ *runder Körper, dessen Oberfläche von sämtlichen Punkten gebildet wird, die von einem Mittelpunkt den gleichen Abstand haben;* Abl *kugelförmig, kugelig;* Zus *kugelrund* **2** *Geschoss der Feuerwaffen;* Zus *Gewehrkugel, Kanonenkugel* **3** *Gebilde in Form einer Kugel;* Zus *Erdkugel* ▸ eine ruhige ~ schieben ⟨übertr.; umg.⟩ *sich (bei der Arbeit) nicht anstrengen, faulenzen;* da traf ihn die tödliche ~; sich eine ~ durch den Kopf schießen, jagen *sich erschießen;* er wurde von einer ~ getroffen

Ku|gel|la|ger ⟨das; -s, -; Tech.⟩ *Lager von Wellen u. Achsen auf einem Kranz von Kugeln*

ku|geln ⟨V.⟩ **I** ⟨V. trans.; ku|gelt, ku|gel|te, hat ge|ku|gelt⟩ etwas irgendwo(hin) ~ *rollen, wälzen* ▸ Murmeln über den Boden ~ **II** ⟨V. refl.; ku|gelt, ku|gel|te, hat ge|ku|gelt⟩ sich ~ *sich (über den Boden) rollen, (auf dem Boden) wälzen* ▸ sich vor Lachen ~ ⟨übertr.; umg.⟩ *sehr lachen;* es war zum Kugeln ⟨übertr.; umg.⟩ *es war zum Totlachen, sehr komisch* **III** ⟨V. intr.; ku|gelt, ku|gel|te, ist ge|ku|gelt⟩ irgendwo(hin) ~ *sich rollend fortbewegen* ▸ der Ball kugelte unter den Schrank

Ku|gel|schrei|ber ⟨der; -s, -⟩ *Schreibstift mit einer kleinen Kugel als Schreibspitze, die von einem Röhrchen mit schnell trocknender Flüssigkeit gespeist wird;* ⓘ S. 575; Syn *Kuli (2)*

ku|gel|si|cher ⟨Adj.⟩ *gesichert gegen Gewehrkugeln* ▸ ~e Weste; ~es Auto

Ku|gel|sto|ßen ⟨das; -s; unz.; Sp.⟩ *Stoßen (flacher Wurf) einer Eisenkugel (4 kg bzw. 7,2 kg Gewicht) aus einem Kreis (2,15 m Durchmesser), der nicht übertreten werden darf*

Kuh ⟨die; -, Kü|he⟩ **1** *das Muttertier von Rind, Büffel, Elch, Elefant, Flusspferd, Hirsch u. Nashorn;* ⓘ S. 1111; Zus *Kuhmilch* **2** ⟨umg.; derb⟩ *Schimpfwort für eine weibliche Person* ▸ die ~ hat gekalbt; eine ~ melken; du blöde, dumme ~! ⟨umg.; derb⟩; die ~ vom Eis holen, kriegen ⟨übertr.⟩ *eine schwierige Situation meistern, eine lästige Panne beheben, deren Folgen abmildern*

Kuh|fla|den ⟨der; -s, -⟩ *flacher, breiter Haufen Kot vom Rind*

Kuh|glo|cke ⟨die; -, -n⟩ *Blechglocke, die man im Gebirge den Kühen umhängt (um sie leichter finden zu können, wenn sie sich verstiegen haben)*

Kuh|han|del ⟨der; -s; unz.; übertr.; umg.⟩ *übles Tauschgeschäft, gegenseitiges Aushandeln von Vorteilen*

kühl ⟨Adj.⟩ **1** *mäßig kalt, frisch* (Wetter, Wind) **2** ⟨übertr.⟩ **2.1** *sehr zurückhaltend, unpersönlich, steif* (Antwort, Atmosphäre, Empfang) **2.2** *besonnen, frei von Gefühlen, nüchtern, überlegt* **2.3** *gefühlsarm, lebhafter Empfindungen unfähig* (Person) ▸ einen ~en Kopf behalten, bewahren ⟨übertr.⟩ *besonnen bleiben, nüchtern überlegen;* es ist ~es Wetter heute ▸ Speisen sollte man im Kühlschrank ~ aufbewahren; jmdn. ~ empfangen ⟨übertr.⟩; „Guten Abend!", sagte er ~ ⟨übertr.⟩; am Abend wird es ~; mir wird ~ ⟨umg.⟩ *ich beginne zu frieren;* Abl *Kühle*

Kuh|le ⟨die; -, -n; nddt.⟩ *Grube, Mulde;* Zus *Sandkuhle*

küh|len ⟨V. trans.; kühlt, kühl|te, hat ge|kühlt⟩ etwas ~ *kühl werden lassen* ▸ sich die brennenden Augen (mit Wasser) ~; Bier, Sekt, Wein ~; die heiße Stirn mit einem kalten Lappen ~; Getränke mit Eis ~; ~de Getränke; jmdm. einen ~den Umschlag machen; Abl *Kühlung*

Küh|ler ⟨der; -s, -⟩ *Kühleinrichtung an Verbrennungsmotoren*

Küh|ler|grill ⟨der; -(e)s, -e; Kfz⟩ *Blechgitter vor dem Kühler;* ⓘ S. 896

Küh|ler|hau|be ⟨die; -, -n; Kfz⟩ *Schutzhaube auf dem Kühler (bzw. dem Motor) von Kraftwagen;* ⓘ S. 896

Kühl|raum ⟨der; -(e)s, -räu|me⟩ *künstlich gekühlter Raum (bes. zum Lagern verderblicher Lebensmittel)* ▸ Obst und Gemüse im ~ lagern

Kühl|schrank ⟨der; -(e)s, -schrän|ke⟩ *mit einer Kältemaschine ausgerüsteter, schrankartiger Behälter (zum Frischhalten von Lebensmitteln);* Syn ⟨österr.⟩ *Eiskasten* ▸ die Milch im ~ aufbewahren; kannst du die Butter wieder in den ~ stellen?; ⓘ S. 254

Kühl|ta|sche ⟨die; -, -n⟩ *gegen Wärme isolierte Tasche zum Aufbewahren von Lebensmitteln (für Camping usw.)*

Kühl|tru|he ⟨die; -, -n⟩ *Kühlschrank in Form einer Truhe für tiefgefrorene Lebensmittel*

Kühl|was|ser ⟨das; -s; unz.⟩ *Wasser, das zum*

Kühlen von Verbrennungsmotoren verwendet wird

kühn ⟨Adj.⟩ **1** *wagemutig, beherzt, verwegen* (Person) **2** *Mut erfordernd* (Abenteuer, Plan, Wagnis) ▸ eine ~e Behauptung; ein ~er Sprung ins Wasser; eine ~e Tat vollbringen; das hätte ich in meinen ~sten Träumen nicht für möglich gehalten; Abl *Kühnheit*

k. u. k. ⟨Abk. für⟩ *kaiserlich u. königlich, zu Österreich-Ungarn gehörig* ⟨bis 1918⟩

Kü|ken ⟨das; -s, -⟩ **1** *das Junge vom Hausgeflügel, bes. vom Huhn* **2** ⟨fig; umg.⟩ *jüngstes Kind (in der Familie)* ▸ die ~ laufen der Henne nach; so ein niedliches ~!

ku|lant ⟨Adj.; -er, am -es|ten⟩ *entgegenkommend, großzügig (im Geschäftsverkehr);* Abl *Kulanz*

Ku|li ⟨der; -s, -s⟩ **1** *ostasiatischer Tagelöhner, Lastträger* **2** = *Kugelschreiber* ▸ arbeiten wie ein ~ *sehr schwer (bes. körperlich) arbeiten;* hast du einen ~ zum Schreiben dabei?

ku|li|na|risch ⟨Adj.⟩ **1** *auf feiner Küche u. Kochkunst beruhend* **2** *fein, erlesen* ▸ ~e Genüsse

Ku|lis|se ⟨die; -, -n⟩ **1** *jedes Dekorationsstück auf der Bühne* **2** *Hintergrund, Umgebung (einer Landschaft)* ▸ die Berge bieten eine schöne ~ für den Film; sich hinter den ~n abspielen ⟨übertr.⟩ *heimlich, nicht vor der Öffentlichkeit geschehen;* einen Blick hinter die ~n tun ⟨übertr.⟩ *Dinge sehen, die nicht für die Öffentlichkeit bestimmt sind*

Kul|ler|au|gen ⟨Pl.; umg.; scherzh.⟩ *große, runde Augen mit etwas naivem Blick* ▸ ~ machen *erstaunt, naiv dreinschauen, große Augen machen*

kul|lern ⟨V. intr.; kul|lert, kul|ler|te, ist ge|kul|lert⟩ irgendwo(hin) ~ *sich um die eigene Achse drehend fortbewegen, rollen, sich wälzen* ▸ der Apfel kullerte über den Boden, unter den Tisch

kul|mi|nie|ren ⟨V. intr.; kul|mi|niert, kul|mi|nier|te, hat kul|mi|niert; übertr.⟩ in etwas ~ *den Gipfelpunkt erreichen*

Kult ⟨der; -(e)s, -e; übertr.⟩ **1** *übertriebene Verehrung;* Zus *Kultfigur* **2** *Trend, Mode, nahezu kultisch gepflegte aktuelle Stilrichtung;* Abl *kultig;* Zus *Kultfilm, Kultstatus* ▸ der ~ hat jetzt auch die Deutschen erfasst; dieser Film ist ~ *sehr beliebt, ist in, liegt im Trend;* daraus ist ein richtiger ~ geworden; einen ~ pflegen; einen ~ mit etwas treiben

kul|ti|vie|ren ⟨[-vi:-] V. trans.; kul|ti|viert, kul|ti|vier|te, hat kul|ti|viert⟩ **1** das Land, den Boden ~ *urbar machen, anbaufähig machen;* Abl *kultivierbar* **2** ⟨übertr.⟩ jmdn. ~ *menschlicher Gesittung angleichen, annähern* **3** ⟨übertr.⟩ ein Hobby ~ *pflegen, verfeinern, veredeln;* →a. *kultiviert;* Abl *Kultivierung*

kul|ti|viert ⟨[-vi:rt]⟩ **I** ⟨Part. Perf. von⟩ *kultivieren* **II** ⟨Adj.; -er, am -es|ten⟩ **1** *gebildet, gut erzogen, mit guten Umgangsformen* **2** *gepflegt, verfeinert* ▸ ein ~er Mensch; eine ~e Sprechweise; der Sänger hat eine ~e Stimme; er ist sehr ~

Kul|tur ⟨die; -, -en⟩ **I** ⟨zählb.⟩ **1** *Gesamtheit der geistigen, sozialen u. künstlerischen Ausdrucksformen u. Leistungen einer menschlichen Gemeinschaft (Sprache, Ethik, Religion, Erziehung, Wissenschaft, Politik, Gesellschaft, Technik, Wirtschaft, Kunst, Musik usw.)* **2** *Kultur (1) einer menschlichen Gemeinschaft während einer bestimmten Epoche;* Zus *Kulturaustausch, Kulturgeschichte, Kulturpolitik, Kulturwissenschaft* **3** *Urbarmachung des Bodens, Anbau von Pflanzen;* Zus *Kulturlandschaft* **4** *auf kultiviertem Boden gezüchtete Pflanzen;* Zus *Kulturpflanze* **5** *auf bes. Nährboden gezüchtete Bakterien od. andere Lebewesen;* Zus *Bakterienkultur, Pilzkultur* ▸ **Förderung,** Pflege der ~; ~ **Schaffende(r)** = *Kulturschaffende(r)* ▸ die **antiken,** orientalischen ~en; eine **hoch entwickelte** ~; **klösterliche** ~ **II** ⟨unz.⟩ *geistige u. seelische Bildung, verfeinerte Lebensweise, Lebensart* ▸ er hat ~

Kul|tur|ab|kom|men ⟨das; -s, -⟩ *Vereinbarung zwischen Staaten über Austausch von Errungenschaften der Kultur (Organisation von Reisen, Schüler- u. Professorenaustausch u. a.)*

Kul|tur|beu|tel ⟨der; -s, -⟩ *Beutel, Täschchen für Toilettenartikel (für Reisen)*

Kul|tur|denk|mal ⟨das; -(e)s, -mä|ler od. selten das; -(e)s, -e⟩ *wertvolles Werk der Kultur*

kul|tu|rell ⟨Adj.⟩ *die Kultur betreffend, zu ihr gehörig, auf ihr beruhend* ▸ ~e Errungenschaften

Kul|tur|er|be ⟨das; -s; unz.⟩ *die überlieferte Kultur (eines Volkes)*

Kul|tur|gut ⟨das; -(e)s, -gü|ter⟩ *Werk der Kultur*

Kul|tur|haupt|stadt ⟨die; -, -städ|te⟩ **1** *Stadt, die in Bezug auf kulturelle Veranstaltungen wie Konzerte, Theater, Oper, Ausstellungen usw. führend (innerhalb eines Landes) ist* **2** *(von der EU ernannte) europäische Stadt, die während eines Jahres zum kulturellen Mittelpunkt Europas werden soll* ▸ Weimar wurde zur ~ Europas erwählt

Kul|tur|kampf ⟨der; -(e)s; unz.⟩ *Auseinandersetzung zwischen den Vertretern unterschiedlicher kultureller od. religiöser Ansichten* ▸ die beiden Staaten sind in einen ~ verwickelt

Kul|tur|kreis ⟨der; -es, -e⟩ *Anfang des 20. Jh. entstandener, philosoph.-völkerkundl. Begriff für ein Gebiet mit bestimmten gleichen kulturellen Errungenschaften*

Kul|tur|kri|tik ⟨die; -; unz.; Philos.⟩ *Kritik, Analyse der Kultur einer Nation*

kul|tur|los ⟨Adj.⟩ *ohne Kultur, unkultiviert* (Person); Abl *Kulturlosigkeit*

Kul|tur|re|vo|lu|ti|on ⟨[-vo-] die; -, -en⟩ **1** ⟨i. w. S.; Marxismus⟩ *sozialistische Revolution auf kulturellem Gebiet* **2** ⟨i. e. S.; China⟩ *1966 von einer Führungsgruppe der Kommunistischen Partei Chinas eingeleitete Bewegung gegen Funktionäre, Intellektuelle u. Künstler*

Kul|tur|schaf|fen|de(r) *auch:* **Kul|tur Schaf|fen|de(r)** ⟨die; -n, -n (der; -n, -n)⟩ *Person, die auf kulturellem Gebiet produktiv ist, z. B. Künstler, Musiker, Schauspieler, Intellektueller*

Kul|tur|schock ⟨der; -s, -s⟩ *(durch ein Übermaß an Eindrücken hervorgerufenes) Erschrecken vor einer fremden, andersartigen Kultur*

Kul|tur|zen|t|rum ⟨das; -s, -tren⟩ *Örtlichkeit für die Veranstaltung von kulturellen Ereignissen*

Kul|tus|mi|nis|ter ⟨der; -s, -⟩ *Fachminister, der dem Kultusministerium vorsteht;* Abl *Kultusministerin*

Kul|tus|mi|nis|te|ri|um ⟨das; -s, -ri|en⟩ *Ministerium für kulturelle Angelegenheiten;* Syn *Kulturministerium*

Küm|mel ⟨der; -s; unz.; Bot.⟩ *eine Pflanze, deren Früchte als Gewürz dienen;* Zus *Kümmelöl*

Kum|mer ⟨der; -s; unz.⟩ *Sorge, Gram, seelische Bedrängnis* ▸ jmdm. ~ bereiten; sie hat ~; du machst mir ~; einen geheimen ~ haben; das ist mein geringster ~ ⟨übertr.⟩ *das ist am wenigsten schwierig;* wir sind ~ gewohnt! ⟨übertr.; umg.⟩ *das ist nicht so schlimm;* aus, vor ~ sterben

küm|mer|lich ⟨Adj.⟩ **1** *armselig, spärlich, kärglich* **2** *unentwickelt, unansehnlich, zurückgeblieben* ▸ ~er Lohn; ~e Reste; das war ein ~er Versuch ⟨übertr.; umg.⟩ *ein schwacher, schüchterner Versuch;* sich ~ ernähren von …; ~ leben

küm|mern ⟨V.; küm|mert, küm|mer|te, hat gekküm|mert⟩ **I** ⟨V. refl.⟩ **1** sich um etwas ~ *sich sorgsam, hilfreich mit etwas beschäftigen, sorgen, dass etwas geschieht* **2** sich um jmdn. ~ *jmdm. helfen, für jmdn. sorgen, jmdn. beaufsichtigen* ▸ mach dir keine Sorgen, ich kümmere mich um ihn; darum kann er sich selbst ~; ich muss mich um alles ~; darum kümmere ich mich nicht; kümmere dich um deine eigenen Angelegenheiten!; kümmere dich nicht um Dinge, die dich nichts angehen!; bitte kümmere dich (solange) um die Kinder **II** ⟨V. trans.; meist negativ⟩ jmdn. (nicht) ~ *jmdn. (nichts) angehen, jmdm. (keine) Sorge bereiten* ▸ das kümmert mich nicht **III** ⟨V. intr.⟩ *in der Entwicklung zurückbleiben, schlecht gedeihen* ▸ die Pflanzen ~

Kum|mer|speck ⟨der; -s; unz.; umg.⟩ *Gewichtszunahme infolge häufigen u. kalorienreichen Essens als Trostmittel gegen einen unglücklichen Gemütszustand*

Kum|pan ⟨der; -s, -e⟩ **1** *Geselle, Genosse;* Zus *Saufkumpan, Zechkumpan* **2** *Komplize*

Kum|pa|nei ⟨die; -, -en; Pl. selten⟩ *Komplizenschaft, Vetternwirtschaft*

Kum|pel ⟨der; -s, -s⟩ **1** ⟨umg.⟩ *Freund, Kamerad;* Abl *kumpelhaft* **2** *Bergmann*

ku|mu|lie|ren ⟨V. refl.; ku|mu|liert sich, ku|mu|lier|te sich, hat sich ku|mu|liert; geh.⟩ sich ~ *ansammeln, anhäufen;* Abl *Kumulation*

künd|bar ⟨Adj.⟩ *so beschaffen, dass man es kündigen kann* (Anleihe, Rente, Vertrag) ▸ vierteljährlich ~; ~ nach drei Jahren; Abl *Kündbarkeit*

Kun|de[1] ⟨der; -n, -n⟩ **1** *Käufer, Kauflustiger, (bes.) regelmäßiger Käufer;* Zus *kundenfreundlich; Stammkunde* **2** ⟨umg.; abwertend⟩ *Mensch, Kerl* ▸ ~n anlocken; ~n bedienen; (neue) ~n werben ▸ ein alter, guter, langjähriger ~; ein gerissener, schlauer, übler ~ ⟨umg.⟩; Sonderangebote für treue ~n ▸ Dienst am ~n *kleine, unentgeltliche Gefälligkeiten des Geschäftsmannes gegenüber dem Kunden;* einen festen Kreis, Stamm von ~n haben

Kun|de[2] ⟨die; -, -n; poet⟩ *Nachricht, Kenntnis* ▸ ~ haben (von etwas); eine gute, schlimme, traurige ~; jmdm. von etwas ~ geben

…kun|de ⟨in Zus.; zur Bildung von Subst.; die; -; unz.⟩ *Wissenschaft, Lehre (von etwas),* z. B. Erdkunde, Heilkunde, Naturkunde

kün|den ⟨V. trans. u. V. intr.; kün|det, kün|de|te, hat ge|kün|det; geh.⟩ etwas od. von etwas ~ *auf etwas hinweisen, von etwas Zeugnis, Nachricht, Kunde geben* ▸ diese Ereignisse ~ bevorstehende Not; diese prächtigen Fassaden ~ vom Reichtum der Stadt im Mittelalter

Kun|den|dienst ⟨der; -(e)s, -e⟩ *Betreuung technischer Geräte durch den Hersteller od. Verkäufer gegen Entgelt* ▸ den ~ (an)rufen

Kun|den|kar|te ⟨die; -, -n⟩ *von Kaufhäusern u. Ladenketten an ihre Kunden ausgegebene Rabatt- od. Kreditkarte* ▸ Goldene ~

kun|den|ori|en|tiert ⟨Adj.⟩ *auf die Bedürfnisse des Kunden ausgerichtet* ▸ eine ~e Verwaltung; ~e Werbung; ~ handeln

Kund|ge|bung ⟨die; -, -en⟩ **1** *(öffentliche) Äußerung;* Zus *Sympathiekundgebung* **2** *öffentliche politische Versammlung, bes. auf freien Straßen u. Plätzen;* Zus *Friedenskundgebung, Massenkundgebung*

kun|dig ⟨Adj.⟩ *wissend, erfahren, (sach)verständig, eine Sache genau kennend* ▸ eine ~e Führung; einer Sache ~ sein; des Englischen ~ sein *Englisch sprechen können;* Zus *fachkundig, sachkundig*

kün|di|gen ⟨V.; kün|digt, kün|dig|te, hat ge|kün|digt⟩ **I** ⟨V. trans. u. V. intr.⟩ (etwas) ~ *das Ende eines Vertrages, eines Arbeits- od. Mietverhältnisses ansagen* ▸ ich habe gestern gekündigt *(an zuständiger Stelle) erklärt, dass ich die Stellung aufgeben will* ▸ das Abonnement kann einen Monat vor Jahresende gekündigt werden; jmdm. die Freundschaft ~ ⟨übertr.⟩; eine Hypothek ~; wann können wir den Mietvertrag ~?; eine Wohnung ~ ▸ der Vertrag kann nur schriftlich gekündigt werden **II** ⟨V. intr.⟩ **1** einem Angestellten ~ *jmdn. aus seiner Stellung entlassen* **2** einem Mieter ~ *den Mietvertrag mit einem M. lösen* ▸ ihm ist zum 1. 4. gekündigt worden

Kün|di|gung ⟨die; -, -en⟩ *das Kündigen* ▸ Vertrag mit monatlicher ~; Zus *Kündigungsfrist, Kündigungsschutz*

Kun|din ⟨die; -, -din|nen⟩ *weibl. Kunde*[1]

Kund|schaft[1] ⟨die; -; unz.⟩ **1** *Gesamtheit der Kunden, mehrere Kunden* **2** ⟨umg.⟩ *Kunde, (bes.) Kundin* ▸ alte, langjährige ~; es ist ~ im Laden

Kund|schaft[2] ⟨die; -, -en; veraltet⟩ **1** *Erkundung* **2** *Nachricht* ▸ jmdn. auf ~ aussenden

Kund|schaf|ter ⟨der; -s, -⟩ *jmd., der etwas auskundschaftet* ▸ ~ aussenden; Abl *Kundschafterin*

kund|tun ⟨V. trans.; tut kund, tat kund, hat kund|ge|tan, kund|zu|tun⟩ (jmdm.) etwas ~ *mitteilen, bekanntmachen* ▸ er hat sein Missfallen kundgetan

künf|tig ⟨Adj.⟩ **I** ⟨attr.⟩ *in der Zukunft eintretend od. kommend* ▸ ein ~er Dichter; ~e Geschlechter **II** ⟨adv.⟩ *in Zukunft, von jetzt an* ▸ ich bitte darum, dass es ~ so gemacht wird; ich werde mich ~ mehr in Acht nehmen

Kun|ge|lei ⟨die; -, -en⟩ *das Kungeln, heimliche Absprache* ▸ eine ~ aufdecken

kun|geln ⟨V. intr.; kun|gelt, kun|gel|te, hat ge|kun|gelt⟩ *heimlich unsaubere Geschäfte abschließen od. Absprachen treffen* ▸ die Politik kungelt mit den Unternehmen

Kunst ⟨die; -, Küns|te⟩ **1** *schöpferisch gestaltende Tätigkeit des Menschen;* Zus *Baukunst, Dichtkunst, Indianerkunst, Volkskunst* **2** *Gesamtheit der Erzeugnisse dieser Tätigkeit* **3** *das künstlich Geschaffene* **4** *Können, Fertigkeit, Geschicklichkeit;* Zus *Kletterkunst, Taschenspielerkunst* **5** *bildende Kunst, Malerei, Bildhauerei;* Zus *Kunstakademie, Kunstausstellung, Kunsterziehung, Kunstgeschichte, Kunsthandel, Kunsthändler(in), Kunsthistoriker(in), Kunsthochschule, Kunstkritik, Kunstkritiker(in), Kunstliebhaber(in), Kunstmuseum, Kunstsammlung, Kunststudent(in), Kunstverein* ▸ die ~ der Antike, des Barocks, des alten Orients; nach allen Regeln der ~ ⟨übertr.⟩ *mit aller Geschicklichkeit;* ~ Schaffende(r) = *Kunstschaffende(r);* die ~ des Schreibens, Singens ▸ was macht die ~? ⟨umg.⟩ *wie geht es?;* sein: das ist keine ~ ⟨übertr.⟩ *das ist leicht;* ~ studieren; er möchte gern seine ~ zeigen *zeigen, was er kann* ▸ abstrakte, realistische ~; alte, neuere, neue ~; die antike, mittelalterliche, moderne ~; ärztliche ~; bildende ~ ⟨Sammelbez. für⟩ *Baukunst, Plastik, Malerei, Grafik, Kunstgewerbe;* die schönen Künste *alle Kunstformen* ▸ jetzt bin ich mit meiner ~ am Ende ⟨übertr.⟩ *jetzt weiß ich nicht mehr weiter*

Kunst|druck ⟨der; -(e)s, -e⟩ *Abbildung eines Kunstwerkes (bes. der Malerei u. Grafik) auf Kunstdruckpapier*

Kunst|dün|ger ⟨der; -s, -⟩ *chemisch hergestellter Dünger* ▸ auf einem Feld ~ streuen

Kunst|feh|ler ⟨der; -s, -; bes. Med.⟩ *falsche Maßnahme eines Arztes, Apothekers od. einer Hebamme in Ausübung ihres Berufes*

kunst|fer|tig ⟨Adj.⟩ *geschickt;* Abl *Kunstfertigkeit*

Kunst|füh|rer ⟨der; -s, -⟩ *(Reise-)Handbuch mit detaillierten Beschreibungen u. Abbildungen sehenswerter Kunstwerke in einer bestimmten Stadt od. Landschaft*

Kunst|ge|gen|stand ⟨der; -(e)s, -stän|de⟩ *künstlerisch gestalteter Gegenstand*

Kunst|ge|wer|be ⟨das; -s; unz.⟩ *Zweig der bildenden Kunst, in dem künstlerisch gestaltete Gegenstände hergestellt werden*

Kunst|griff ⟨der; -(e)s, -e⟩ *Handgriff, den nicht jeder kann, Kniff, Trick* ▸ einen ~ anwenden

Kunst|hand|werk ⟨das; -(e)s; unz.⟩ **1** = *Kunstgewerbe* **2** *Handwerk zur künstler. Gestaltung von Gebrauchsgegenständen*

Kunst|le|der ⟨das; -s, -⟩ *chemisches Erzeugnis, das dem natürlichen Leder in Aussehen u. Eigenschaften ähnlich ist u. es vielfach ersetzt*

Künst|ler ⟨der; -s, -⟩ **1** *jmd., der Kunstwerke schafft* **2** *jmd., der ein Werk der Literatur od. Musik künstlerisch darstellt, Sänger, Musiker, Schauspieler usw.;* Zus *Bühnenkünstler, Filmkünstler* ▸ bildender ~; freischaffender ~; er ist ein wahrer ~ im Geigenspiel

Künst|le|rin ⟨die; -, -rin|nen⟩ *weibl. Künstler* ▸ sie ist eine bedeutende ~

künstlerisch/künstlich

Aufgrund ihrer äußeren Ähnlichkeit können die Adjektive *künstlerisch* und *künstlich* leicht verwechselt werden. *Künstlerisch* bedeutet „die Kunst, einen Künstler betreffend": *Sie ist künstlerisch veranlagt. Das war ein künstlerisch gelungener Vortrag.*
Die hauptsächliche Bedeutung von *künstlich* ist jedoch eine andere, nämlich „unnatürlich, unecht, nachgemacht": *Die Blumen dort in der Vase sind künstlich* (= unecht). *Ihre Begeisterung war künstlich* (= gespielt, unecht). *Wir meiden Speisen mit künstlichen* (= unnatürlichen) *Farbstoffen.*

künst|le|risch ⟨Adj.⟩ **1** *die Kunst betreffend, zu ihr gehörig, auf ihr beruhend, nach ihren Regeln* **2** *einem Künstler gemäß, entsprechend, wie ein Künstler, schöpferisch* ▸ der ~e Wert eines Buches; etwas ~ gestalten

Künst|ler|na|me ⟨der; -ns, -n⟩ *angenommener Name eines Künstlers, Pseudonym*

Künst|ler|pech ⟨das; -(e)s; unz.; umg.; scherzh.⟩ *Missgeschick, Fehlschlag* ▸ das war ~

künst|lich ⟨Adj.⟩ **1** *von Menschen gemacht, nicht natürlich* **2** *nachgemacht, unecht* **3** ⟨übertr.⟩ *gezwungen, unnatürlich, gewollt* ▸ ~e Atmung *Anregung der Atmung durch medizinische Geräte;* ~e Befruchtung ⟨umg.⟩; ~e Blumen *Blumen aus Papier od. Stoff;* ~e Ernährung *E. durch eine dünne Magensonde über die Speiseröhre;* ~es Gebiss *Zahnersatz;* ~e Heiterkeit, Lustigkeit ⟨übertr.⟩; ~e Intelligenz *Gebiet der Informatik, das menschliche Denkstrukturen untersucht u. versucht, diese auf Computer zu übertragen;* ~es Licht *elektrisches Licht, Neon-, Gaslicht, Kerzenlicht;* ~e Niere *Apparatur zur Entfernung auszuscheidender Stoffe aus dem Blut, wird bes. bei akutem Nierenversagen benutzt* ▸ aufregen: reg dich nicht ~ auf ⟨umg.; scherzh.⟩ *nicht unnötig;* einen Kranken ~ ernähren *durch eine Magensonde;* er kann nur ~ lachen; Abl *Künstlichkeit*

Kunst|pau|se ⟨die; -, -n⟩ *beabsichtigte, wirkungsvolle Pause* ▸ eine ~ machen, eintreten lassen

Kunst|ra|sen ⟨der; -s, -⟩ *Rasen aus Kunststoff*

Kunst|schaf|fen|de(r) *auch:* **Kunst Schaf|fen|de(r)** ⟨die; -n, -n (der; -n, -n); meist Pl.⟩ *künstlerisch Tätige(r)*

Kunst|schnee ⟨der; -s; unz.⟩ *künstlich erzeugter Schnee, der in Wintersportgebieten mittels Schneekanonen auf die Pisten aufgetragen wird, um auch bei dünner Schneedecke od. höheren Temperaturen das Skilaufen zu ermöglichen*

K

Kunst|stoff ⟨der; -(e)s, -e⟩ *Material, das durch Veränderung von Naturstoffen od. aus synthetischen Stoffen künstlich hergestellt wird* ▸ Polyacryl und Nylon sind ~e; ein hitzebeständiger, reißfester ~; die Tasche ist aus ~; eine Verpackung aus ~; Zus *Kunststofffenster, Kunststofffolie*

Kunst|stück ⟨das; -(e)s, -e⟩ *Leistung, zu der bes. Können gehört, (bes.) Vorführung der Akrobaten, Zauberkünstler usw.* ▸ das ist doch kein ~ ⟨übertr.⟩ *das ist einfach;* ein ~ vormachen, zeigen; Zus *Kartenkunststück, Zauberkunststück*

Kunst|tur|nen ⟨das; -s; unz.; Sp.⟩ *tänzerische Form des Geräte- od. Bodenturnens mit streng vorgeschriebener Haltung u. oft schwierigen Übungen*

kunst|voll ⟨Adj.⟩ *mit großer Kunst, von großer Kunst zeugend* ▸ eine ~ verzierte Torte

Kunst|werk ⟨das; -(e)s, -e⟩ **1** *schöpferisch gestaltetes Werk der Kunst* **2** *kunst- u. sinnvolles Gebilde, geschickt hergestelltes, kompliziertes mechanisches Erzeugnis* ▸ dieses Türschloss, diese Uhr ist (wirklich) ein ~; diese Hochzeitstorte ist ja ein wahres ~!

kun|ter|bunt ⟨Adj.; übertr.; umg.⟩ *sehr bunt, durcheinander* ▸ ⟨meist in Wendungen wie⟩ ~es Durcheinander *großes D.;* hier sieht es ja ~ aus!; ~ durcheinanderliegen *sehr durcheinanderliegen*

Kup|fer ⟨das; -s; unz.; chem. Zeichen: Cu⟩ *hellrotes, ziemlich weiches Metall, chem. Element, Ordnungszahl 29* ▸ das Dach der Kirche ist aus ~; Abl *kupferfarben, kupferfarbig;* Zus *Kupferblech, Kupferdraht, Kupfermünze, Kupferstich*

ku|pie|ren ⟨V. trans.; ku|piert, ku|pier|te, hat ku|piert⟩ Schwanz, Ohren eines Hundes ~ *stutzen, kürzen* ▸ Hunde dürfen nicht mehr kupiert werden

Ku|pon ⟨[-pɔ̃:] der; -s, -s⟩ = *Coupon*

Kup|pe ⟨die; -, -n⟩ **1** *runder Berggipfel;* Zus *Bergkuppe* **2** *rundliches oberes Ende;* Zus *Fingerkuppe, Nagelkuppe*

Kup|pel ⟨die; -, -n⟩ *Wölbung über einem Raum, bes. Kirchenraum, meist in Form einer Halbkugel;* Abl *kuppelförmig;* Zus *Kuppelsaal*

kup|peln ⟨V. intr.; kup|pelt, kup|pel|te, hat ge|kup|pelt⟩ *die Kupplung (II.2.3) betätigen*

Kupp|lung ⟨die; -, -en⟩ **I** ⟨unz.⟩ *das Kuppeln* **II** ⟨zählb.⟩ **1** *Maschinenteil zur Verbindung zweier anderer Teile* **2** ⟨i. e. S.⟩ **2.1** *Vorrichtung zum Verbinden eines ziehenden u. eines gezogenen Fahrzeugs* **2.2** *Vorrichtung zur trennbaren Verbindung von Rohren u. Schläuchen* **2.3** ⟨am Kfz⟩ *Vorrichtung zur Herstellung od. zum Trennen der Verbindung zw. Motor u. Getriebe* ▸ die ~ treten; die ~ kommenlassen

Kur ⟨die; -, -en⟩ **1** *Heilverfahren;* Zus *Badekur, Traubenkur, Trinkkur* **2** *Aufenthalt in einem Kurort zu Heilzwecken;* Zus *Kurarzt, Kurärztin, Kurgast, Kurhaus, Kurhotel, Kurklinik, Kurort, Kurpark* ▸ eine ~ anwenden, machen; zur ~ (in ein Bad) fahren

Kür ⟨die; -, -en; bei sportl. Wettkämpfen⟩ *Wahl, Zusammenstellung von frei gewählten Übungen* ▸ ~ laufen; eine erstklassige ~ zeigen

Ku|ra|tor ⟨der; -s, -en⟩ **1** *Verwalter (einer Stiftung)* **2** ⟨im Museum⟩ *wissenschaftlicher Leiter einer Sammlung;* Abl *Kuratorin*

Kur|bel ⟨die; -, -n⟩ *Hebel, der gedreht wird, um etwas mechanisch zu bewegen* ▸ die Markise mit einer ~ herunterlassen

kur|beln ⟨V.; kur|belt, kur|bel|te, hat ge|kur|belt⟩ **I** ⟨V. intr.⟩ *an einer Kurbel drehen* **II** ⟨V. trans.⟩ etwas in eine best. Richtung ~ *mit einer Kurbel bewegen*

Kür|bis ⟨der; -bis|ses, -bis|se⟩ **1** ⟨Bot.⟩ *eine Pflanze, die am Boden wächst, sehr große Blätter u. große, glockenförmige Blüten hat* **2** *sehr große, rundliche, meist orangefarbene Frucht dieser Pflanze, die als Gemüse zubereitet wird;* ⓘ S. 1002; Zus *Kürbissuppe*

kü|ren ⟨V. trans.; kürt, kür|te, hat ge|kürt⟩ jmdn. (zu etwas) ~ *jmdn. wählen, jmdm. eine Auszeichnung, einen Preis od. Ehrentitel verleihen* ▸ Sieger, Gewinner ~; einen Bewerber zum Bürgermeister ~

Ku|rie ⟨[-riə] die; -, -n⟩ *die päpstlichen Behörden*

Ku|rier ⟨der; -s, -e⟩ *Bote, Eilbote* ▸ einen Brief durch, mit ~ schicken

Ku|rier|dienst ⟨der; -(e)s, -e⟩ *Transport u. Überbringung von Nachrichten, Waren, Geld o. Ä. durch einen Kurier*

ku|rie|ren ⟨V. trans.; ku|riert, ku|rier|te, hat ku|riert⟩ jmdn. (von etwas) od. etwas ~ *heilen, gesund machen, erfolgreich (gegen etwas) behandeln* ▸ jmdn. von einer Krankheit ~; davon bin ich kuriert ⟨umg.⟩ *ich weiß jetzt, dass es falsch war, ich habe genug davon*

ku|ri|os ⟨Adj.; -er, am -es|ten⟩ *merkwürdig, sonderbar, wunderlich* ▸ eine ~e Idee; Abl *Kuriosität*

Ku|ri|o|sum ⟨das; -s, -o|sa⟩ *etwas Kurioses*

Kurs ⟨der; -es, -e⟩ **1** ⟨Flugw.; Mar.⟩ *Fahrtrichtung* **2** ⟨allg.⟩ *Kursus, Lehrgang;* Zus *Kochkurs, Skikurs* **3** *Gesamtheit der Teilnehmer eines Kurses* **4** *Preis der an der Börse gehandelten Wertpapiere;* Zus *Kursgewinn, Kursverlust* **5** *Handelspreis einer Währung;* Zus *Wechselkurs* **6** ⟨übertr.⟩ *Richtung, Art einer Politik;* Zus *Kurskorrektur, Kurswechsel* ▸ einen ~ abhalten, leiten; den ~ ändern, wechseln ⟨a. übertr.⟩; die ~e (an der Börse) fallen, sinken, steigen; den ~ halten (Fahrzeug, Flugzeug, Schiff); ~ auf ein Ziel nehmen; wie steht der ~ der Aktie?; an einem ~ für Literatur teilnehmen ▸ einen geraden ~ steuern; harter, weicher ~ ⟨übertr.⟩ ▸ ~ auf ein Ziel, eine Hafenstadt halten; ein ~ für Erste Hilfe; sich für einen ~ in Geschichte anmelden; bei jmdm. hoch im ~ stehen ⟨übertr.⟩ *angesehen, beliebt sein;* vom ~ abweichen

Kurs|buch ⟨das; -(e)s, -bü|cher⟩ *Buch mit den Fahrplänen der Eisenbahn u. Bahnbusse, eingeteilt nach Streckennummern* ▸ das neue ~ gilt ab dem 2. Mai

Kürsch|ner ⟨der; -s, -⟩ *Handwerker, der Pelzbekleidung herstellt od. Kleidung mit Pelz füttert od. verziert;* Abl *Kürschnerin*

kur|sie|ren ⟨V. intr.; kur|siert, kur|sier|te, ist/hat

kur|siert; a. übertr.⟩ *die Runde machen, in Umlauf sein* ▸ es ~ Gerüchte, dass …

kur|si̲v ⟨Adj.⟩ *schräg verlaufend* (Druckschrift) ▸ Buchstaben ~ schreiben; Zus *Kursivschrift*

Kụrs|lei|ter ⟨der; -s, -⟩ *jmd., der einen Kurs (2) leitet, Lehrgangsleiter* ▸ der ~ begrüßte die Teilnehmer; bitte wenden Sie sich an den ~

Kụrs|lei|te|rin ⟨die; -, -rin|nen⟩ *weibl. Kursleiter*

Kụrs|teil|neh|mer ⟨der; -s, -⟩ *jmd., der an einem Kurs teilnimmt;* Abl *Kursteilnehmerin*

Kụr|sus ⟨der; -, Kụr|se⟩ *Lehrgang;* →a. *Kurs*

Ku̲r|ta|xe ⟨die; -, -n⟩ *Steuer für Kurgäste*

Kur|ti|sa̲|ne ⟨die; -, -n⟩ *vornehme, von der aristokratischen Gesellschaft anerkannte Prostituierte*

Kụr|ve ⟨[-və] od. [-fə] die; -, -n⟩ **1** *gekrümmte Linie, Bogen, Krümmung;* Abl *kurvig* **2** *Wendung, Biegung (der Straße)* **3** ⟨Math.⟩ *gekrümmte Linie, häufig als grafische Darstellung einer Größe o. Ä.* ▸ das Flugzeug beschrieb eine ~; eine ~ fahren, nehmen; die ~ kratzen ⟨übertr.; umg.⟩ *sich schnell u. unauffällig entfernen;* die ~ kriegen ⟨übertr.; umg.⟩ *es gerade noch einmal schaffen, etwas doch noch erreichen;* beim Autofahren eine ~ schneiden *am Innenrand der Kurve fahren* ▸ eine enge, scharfe, steile, weite ~; weibliche ~n ⟨übertr.; umg.⟩ *stark ausgeprägte weibliche Körperformen (großer Busen u. schmale Taille)* ▸ das Fahrzeug, der Schlitten wurde aus der ~ geschleudert; in die ~ gehen (Fahrzeug)

kụr|ven ⟨V. intr.; kurvt, kurv|te, ist ge|kurvt; umg.⟩ irgendwohin ~ *ziellos umherfahren*

kụr|ven|reich ⟨Adj.⟩ **1** *reich an Kurven, sehr viele Kurven aufweisend* **2** ⟨übertr.; umg.⟩ *mit einem großen Busen u. einer schmalen Taille ausgestattet (von Frauen)* ▸ eine ~e Straße; ~e Figur

kụrz ⟨Adj.; kụ̈r|zer, am kụ̈r|zes|ten⟩ **I** ⟨attr.; präd.; adv.⟩ **1** *von geringer Längenausdehnung* (Gegenstand, Straße, Strecke)*;* Zus *Kurzhaarschnitt; kurzhaarig* **2** *eine geringe Zeitspanne dauernd, vorübergehend;* Zus *Kurzfilm, Kurzgeschichte, Kurzurlaub* **3** ⟨übertr.⟩ *knapp, gedrängt, bündig* (Bericht, Rede)*;* Zus *Kurzmeldung, Kurzmitteilung, Kurznachricht* ▸ ein Kleid mit ~en Ärmeln; einen ~en Atem haben *kurzatmig sein;* ein ~er Aufenthalt, Besuch; einen ~en Blick auf etwas werfen; es bleibt uns nur noch eine ~e Frist; ~es Haar haben; es dauert noch (eine) ~e Zeit ▸ jmdn. ~ abfertigen ⟨übertr.⟩ *barsch, ungeduldig behandeln u. stehenlassen;* ~ angebunden ⟨übertr.⟩ *barsch, unfreundlich;* sich ~ entschließen ⟨übertr.⟩ *sich schnell entschließen;* ~ fassen = *kurzfassen (I);* das Kleid kürzer machen; den Kürzeren ziehen ⟨übertr.⟩ *benachteiligt werden, nachgeben müssen, verlieren, unterliegen* ▸ etwas ~ und bündig erklären; ~ gefasst = *kurzgefasst;* ~ und gut *um das Gesagte rasch zusammenzufassen* ▸ etwas auf dem kürzesten Wege erledigen *möglichst schnell;* in kürzester Zeit *so schnell wie möglich;* etwas in, mit ~en Worten erklären; nach, vor ~er Zeit; die Freude war nur von ~er Dauer; zu ~ kommen ⟨übertr.⟩ *weniger bekommen als andere* **II** ⟨nur adv.⟩ **1** *bald, kurze Zeit, eine kleine Zeitspanne* **2** *mit nur geringem räumlichem Abstand zu etwas* ▸ ~ bevor ich kam; binnen ~em/Kurzem *bald;* ~ darauf; ~ nach fünf Uhr; ~ nach diesem Vorfall; ~ nachdem er gegangen war; seit ~em/Kurzem; über ~ oder lang *bald od. später;* ~ vor seinem Geburtstag; ~ vor dem Ziel stürzte sie; ~ vor acht Uhr; ~ vor Berlin geriet ich in einen Stau; vor ~em/Kurzem; bis vor ~em/Kurzem; ~ vorher, zuvor

Kụrz|ar|beit ⟨die; -; unz.⟩ *vorübergehende Herabsetzung der Arbeitszeit u. Kürzung des Lohns bei schlechter Auftragslage eines Unternehmens*

kụrz|är|me|lig ⟨Adj.⟩ *mit kurzen Ärmeln versehen;* oV *kurzärmlig* ▸ ein ~es Hemd; eine ~e Bluse

kụrz|at|mig ⟨Adj.⟩ *mit Atembeschwerden behaftet, asthmatisch;* Abl *Kurzatmigkeit*

Kụr|ze(r) ⟨der; -n, -n; umg.⟩ **1** *Kurzschluss* **2** *Gläschen Schnaps* ▸ es hat einen Kurzen gegeben *einen Kurzschluss;* einen Kurzen bitte!

Kụ̈r|ze ⟨die; -, -n; Pl. selten⟩ **1** *räumlich kleine Ausdehnung* **2** *Zeitspanne von geringer Dauer* **3** ⟨übertr.⟩ *Bündigkeit, Knappheit* ▸ ~ des Ausdrucks, des Stils; die ~ der Strecke; in ~ *bald;* etwas in aller ~ erzählen *schnell, mit wenigen Worten;* in der ~ liegt die Würze ⟨sprichwörtl.⟩

Kụ̈r|zel ⟨das; -s, -; Stenografie⟩ *bestimmtes, stark gekürztes Schriftzeichen* ▸ das ~ „www" steht für „World Wide Web"

kụ̈r|zen ⟨V. trans.; kürzt, kürz|te, hat ge|kürzt⟩ **1** (jmdm.) das Haar, ein Kleid ~ *kürzer machen* **2** (jmdm.) das Gehalt, die Rente ~ *vermindern, herabsetzen* **3** einen Text, Film, eine Rede, ein Buch ~ *den Umfang verringern* **4** ⟨Math.⟩ *einen Bruch vereinfachen, indem Zähler u. Nenner durch dieselbe Zahl geteilt werden* ▸ ein Manuskript ~; jmdm. das Taschengeld ~ *ihm weniger bezahlen;* der Film kommt in einer gekürzten Fassung in die Kinos; öffentliche Mittel sollen pauschal um 20 % gekürzt werden; Abl *Kürzung*

kụr|zer|hạnd ⟨Adv.⟩ *kurz entschlossen, ohne langes Überlegen;* Syn *kurzweg* ▸ um langes Hinundherreden zu vermeiden, ging ich ~ selbst mit

kụ̈r|zer|tre|ten ⟨V. intr.; tritt kür|zer, trat kür|zer, hat/ist kür|zer|ge|tre|ten, kür|zer|zu|tre|ten⟩ **1** *sich einschränken, sparen, haushalten* **2** *auf seine Gesundheit Rücksicht nehmen, sich weniger anstrengen als bisher* ▸ im Beruf sollte er ~

kụrz|fas|sen *auch:* **kụrz fas|sen** ⟨V.; fasst kurz, fass|te kurz, hat kurz|ge|fasst, kurz|zu|fas|sen⟩ **I** ⟨V. trans.; Zusammen- u. Getrenntschreibung⟩ etwas ~ *in einem kurzen Text zusammenfassen* **II** ⟨V. refl.; nur Zusammenschreibung⟩ sich kurzfassen *etwas mit wenigen Worten sagen*

Kụrz|form ⟨die; -, -en⟩ *verkürzte Form (eines Wortes), z. B. Auto statt Automobil*

kụrz|fris|tig ⟨Adj.⟩ *nicht lange dauernd, von kurzer Frist* ▸ ~er Vertrag; wir werden es ~ erledigen *sehr bald, in kurzer Zeit*

kụrz|ge|fasst *auch:* **kụrz ge|fasst** ⟨Adj.⟩ *in kurzer Form, knapp zusammengefasst* ▸ ein ~er Bericht

kụrz|le|big ⟨Adj.⟩ Ggs *langlebig* **1** *nicht alt werdend* (Pflanze, Tier, chem. Stoff) **2** ⟨übertr.⟩ *von kurzer Dauer od. Wirksamkeit, vorübergehend* ▸ eine ~e Erscheinung, Mode; Abl *Kurzlebigkeit*

kürz|lich ⟨Adj.; meist adv.⟩ *neulich, vor kurzer Zeit* ▸ ich habe erst ~ davon erfahren; wir haben uns ~ in der Stadt getroffen

Kụrz|schluss ⟨der; -es, -schlüs|se⟩ *(unerwünschte) leitende Verbindung zweier betriebsmäßig unter Spannung stehender Leiter so miteinander, dass ein Schaltungselement nicht mehr von Strom durchflossen wird* ▸ es ist ein ~ in der Leitung

Kụrz|schluss|hand|lung ⟨die; -, -en; übertr.; umg.⟩ *sehr unüberlegte Handlung*

kụrz|sich|tig ⟨Adj.⟩ Ggs *weitsichtig* **1** *an Kurzsichtigkeit leidend* **2** ⟨übertr.⟩ *nicht vorausdenkend, nicht weitblickend, nur ans Nächstliegende denkend;* Abl *Kurzsichtigkeit*

kurz|ụm ⟨Adv.⟩ *um zum Ende zu kommen* ▸ also ~, er hat es nicht geschafft

Kụrz|wa|ren ⟨Pl.⟩ *zum Verkauf stehende kleine Gegenstände für den Nähbedarf, z. B. Knöpfe, Zwirn, Band, Schnallen, Nadeln*

Kụrz|weil ⟨die; -; unz.⟩ *leichte Unterhaltung, Zeitvertreib* ▸ allerlei ~ treiben

kụrz|wei|lig ⟨Adj.⟩ *unterhaltsam, unterhaltend;* Ggs *langweilig* ▸ ein ~es Programm; der Abend war sehr ~; Abl *Kurzweiligkeit*

Kụrz|zeit|ge|dächt|nis ⟨das; -nis|ses; unz.⟩ *Fähigkeit des Gehirns, eine Information für kurze Zeit zu speichern;* Ggs *Langzeitgedächtnis*

kụrz|zei|tig ⟨Adj.⟩ *für kurze Zeit* ▸ ein ~er Stromausfall

kụ|sche|lig ⟨Adj.⟩ *zum Kuscheln einladend, flauschig, behaglich, gemütlich;* oV *kuschlig* ▸ ein ~es Stofftier; ein ~ weicher Pullover; ein gemütliches, ~es Bett; eine ~e kleine Wohnung

kụ|scheln ⟨V.; ku|schelt, ku|schel|te, hat ge|kuschelt⟩ **I** ⟨V. refl.⟩ sich an jmdn. od. in etwas ~ *sich behaglich an jmdn. od. in etwas schmiegen* ▸ sich in jmds. Arme ~; sich in eine Decke, die Kissen, in einen Sessel ~ **II** ⟨V. intr.⟩ (mit jmdm.) ~ *sich gegenseitig streicheln u. liebkosen*

Kụ|schel|tier ⟨das; -(e)s, -e⟩ *Plüschtier aus flauschigem Stoff zum Kuscheln, bes. für Kinder*

kụ|schen ⟨V. intr.; kuscht, kusch|te, hat ge|kuscht⟩ **1** *sich niederlegen* (Hund) **2** ⟨übertr.⟩ *sich fügen, nachgeben, schweigen*

Ku|si|ne ⟨die; -, -n⟩ = *Cousine*

Kụss ⟨der; -es, Küs|se⟩ *Aufdrücken der Lippen auf den Körper (bes. Wange, Stirn, Mund od. Hand) eines anderen Menschen als Zeichen der Begrüßung od. Liebe* ▸ **Gruß** und ~ Dein Hans *(als Briefschluss);* tausend Grüße und Küsse Dein Hans *(als Briefschluss)* ▸ jmdm. einen ~ **geben;** das Kind gab dem Vater einen ~; gibst du mir noch einen ~? ▸ ein **flüchtiger,** glühender, heimlicher, heißer, herzlicher, inniger, langer, leidenschaftlicher, scheuer, zärtlicher ~ ▸ jmdn. **mit** einem ~ begrüßen, wecken

kụ̈s|sen ⟨V. trans.; küsst, küss|te, hat ge|küsst⟩ jmdn. ~ *jmdm. einen Kuss od. Küsse geben* ▸ ich möchte dich ~; sie küssten sich leidenschaftlich ▸ er küsst seine **Frau;** die **Freunde** küssten sich; einer Dame die **Hand** ~ (früher als Zeichen der Höflichkeit, Verehrung); Küss die Hand! *(österr., bes. wiener. Verabschiedungsformel an Frauen)* ▸ jmdn. **herzen** und ~ ▸ jmdn. **heiß,** heftig, wild, zärtlich ~ ▸ jmdn. **auf** den Mund, die Wange ~; Abl *Küsserei*

Kụ̈s|te ⟨die; -, -n⟩ *Gestade, Meeresufer, Teil des Landes, der unmittelbar am Meer liegt* ▸ die deutsche, französische ~; felsige, flache, steile ~; an der ~ entlangfahren; die Tiere wurden vom Sturm an die ~ getrieben; an der ~ wohnen; Zus *Küstengewässer, Küstenschifffahrt, Küstenschutz, Küstenstraße; küstennah*

Kụ̈s|ter ⟨der; -s, -⟩ *Angestellter, der die Kirche u. ihre Einrichtungen beaufsichtigt u. Glöckner- u. Helferdienste während des Gottesdienstes leistet;* Syn ⟨schweiz.⟩ *Sigrist;* Abl *Küsterin*

Kụs|tos ⟨der; -, -to|den⟩ *Vorsteher u. wissenschaftlicher Betreuer einer Sammlung, bes. eines Museums od. einer Bibliothek;* Syn *Kustode*

Kụt|sche ⟨die; -, -n⟩ **1** *gefederter, ein- od. mehrspänniger von Personen gelenkter Pferdewagen, meist mit Verdeck;* Zus *Kutschbock, Kutschpferd; Postkutsche, Staatskutsche* **2** ⟨umg.; abwertend⟩ *Auto* ▸ in die alte ~ steige ich nicht ein!

Kụt|scher ⟨der; -s, -⟩ *Lenker eines Pferdewagens;* Abl *Kutscherin*

kut|schie|ren ⟨V.; umg.⟩ **I** ⟨V. trans.; kut|schiert, kut|schier|te, hat kut|schiert⟩ jmdn. od. etwas irgendwohin ~ *fahren* **II** ⟨V. intr.; kut|schiert, kut|schier|te, ist kut|schiert⟩ irgendwohin ~ *fahren* ▸ durch die Gegend, durchs Land ~

Kụt|te ⟨die; -, -n⟩ *bis zu den Füßen reichender, weiter, wollener, mit Strick gegürteter Überrock der Mönche, mit Kapuze;* Zus *Mönchskutte*

Kụt|ter ⟨der; -s, -⟩ **1** *einmastiges, hochseetüchtiges, äußerst wendiges Schiff mit mehreren Segeln;* Zus *Fischkutter* **2** *Küstenfahrzeug mit Motor o. Ä. bis 150 t ohne Segel*

Ku|vert ⟨[-vẹrt] od. [-vɛːr] das; -s, -s⟩ oV ⟨schweiz.⟩ *Couvert* **1** *Briefumschlag* **2** *Gedeck für eine Person* ▸ ein weiteres ~ auflegen; den Brief, die Einladung in ein ~ stecken

Ku|ver|tü|re ⟨[-vɛr-] die; -, -n⟩ *Überzugsmasse (für Kuchen) aus Kakao, Kakaobutter u. Zucker*

kV ⟨Zeichen für⟩ *Kilovolt*

kW ⟨Zeichen für⟩ *Kilowatt*

kWh ⟨Zeichen für⟩ *Kilowattstunde*

Ky|ber|ne|tik ⟨die; -; unz.⟩ *Wissenschaft, die sich mit Steuerungs- u. Regelungsvorgängen verschiedenster Systeme befasst, bes. mit Aufnahme, Verarbeitung u. Übertragung von Informationen;* Abl *kybernetisch*

Ky|k|lon ⟨der; -s, -e⟩ = *Zyklon*

Ky|k|lop ⟨der; -en, -en⟩ = *Zyklop*

ky|ri|l|lisch ⟨Adj.⟩ ~e Schrift, ~e Buchstaben *z. B. im Russischen verwendete Schrift der griechisch-orthodoxen Slawen*

KZ ⟨Abk. für⟩ *Konzentrationslager;* Zus *KZ-Häftling*

K

L l

l ⟨Zeichen für⟩ *Liter*

L ⟨röm. Zahlzeichen für⟩ *50*

lab|be|rig ⟨Adj.⟩ *unangenehm weichlich, wässerig, gehalt- u. geschmacklos;* oV *labbrig* ▸ ~e Suppe

La|bel ⟨[lɛɪb(ə)l] das; -s, -⟩ **1** *Aufklebeschild, Etikett* **2** *Marken-, Firmenbezeichnung auf einem Etikett (bes. bei Schallplatten u. CDs)* **3** *die Plattenfirma selbst*

la|ben ⟨V.; labt, lab|te, hat ge|labt; geh.⟩ **I** ⟨V. trans.⟩ jmdn. (mit etwas) ~ *erfrischen, erquicken, beleben* **II** ⟨V. refl.⟩ sich (an od. mit etwas) ~ *etwas mit Genuss u. Appetit essen od. trinken*

la|bern ⟨V. trans. u. V. intr.; la|bert, la|ber|te, hat ge|la|bert; umg.; abwertend⟩ (etwas) ~ *unaufhörlich (dummes Zeug) reden, schwafeln* ▸ er labert nur Unsinn

la|bil ⟨Adj.⟩ **1** Ggs *stabil (2)* **1.1** *schwankend, leicht störbar* (Gleichgewicht, politische Situation); →a. *Gleichgewicht* **1.2** ⟨Med.⟩ *schwankend, nicht stabil* (Gesundheit) **1.3** *nicht widerstandsfähig, oft krank* (Person) **2** *zu Stimmungsschwankungen neigend* (Person); Abl *Labilität*

La|bor ⟨schweiz. ['--] das; -s, -s od. -e; kurz für⟩ *Laboratorium;* Zus *Laborbefund, Laborversuch*

La|bo|rant ⟨der; -en, -en; Berufsbez.⟩ *Fachkraft für Laborarbeiten;* Abl *Laborantin;* Zus *Chemielaborant, Fotolaborant*

La|bo|ra|to|ri|um ⟨das; -s, -ri|en⟩ *Arbeitsraum od. Forschungsstätte für biologische, chemische, bakteriologische, technische u. a. Arbeiten;* Zus *Versuchslaboratorium*

La|b|ra|dor ⟨a. ['---] der; -s, -e⟩ *große Hunderasse, schwarz od. hellbeige*

Lab|sal ⟨das; -s, -e, österr. a. die; -, -en; geh.⟩ Syn *Labe* **1** *Erfrischung, Erquickung* **2** *Erholung* ▸ diese Stille ist nach dem Lärm der Großstadt ein ~

La|by|rinth ⟨das; -(e)s, -e⟩ *Gebäude od. Höhle mit vielen verschlungenen Gängen, Irrgarten*

La|che ⟨die; -, -n⟩ *Pfütze, verschüttete Flüssigkeit;* Zus *Blutlache, Wasserlache*

lä|cheln ⟨V. intr.; lä|chelt, lä|chel|te, hat ge|lä|chelt⟩ *lautlos lachen, die Lippen als Zeichen der Freude od. Heiterkeit verziehen* ▸ mit einem Lächeln auf den Lippen ging er davon; mit seinem charmanten Lächeln überzeugt er alle; freundlich, herablassend, spöttisch ~; sie dankte ihm mit einem Lächeln; sie zeigte ihr strahlendstes Lächeln; darüber kann ich nur ~ ⟨übertr.⟩ *das kann ich nicht ernst nehmen;* warum lächelst du?; „Das ist schön", sagte sie ~d

la|chen ⟨V. intr.; lacht, lach|te, hat ge|lacht⟩ *durch Stimme u. Verziehen des Gesichts Heiterkeit, Freude od. Spott äußern* ▸ dass ich nicht lache! *das ist ja lächerlich, unglaubhaft, unsinnig;* er lachte sich eins ⟨umg.⟩ *er triumphierte heimlich;* das wäre ja gelacht, wenn wir das nicht könnten! ⟨umg.⟩ *das wäre eine Schande, wenn …; aber sicher können wir das!* ▸ da ~ ja die Hühner! ⟨umg.⟩ *das ist ja lächerlich;* Tränen ~ *so lachen, dass die Tränen kommen* ▸ da gibt es nichts zu ~! *das ist sehr ernst;* er hat bei ihr nichts zu ~ ⟨übertr.; umg.⟩ *sie behandelt ihn schlecht od. streng;* bei seinem Anblick musste sie ~; sich das Lachen verbeißen, verkneifen ▸ freundlich, herzhaft, herzlich, laut ~; es war so komisch, wir haben furchtbar gelacht; du hast gut ~! ⟨umg.⟩ *für dich ist es leicht zu lachen, weil du nicht das zu tun brauchst, was ich tun muss;* schallend, dröhnend ~ ▸ aus vollem Halse ~; lauthals ~; über jmdn. od. etwas ~ *sich über jmdn., etwas lustig machen;* wer zuletzt lacht, lacht am besten ⟨Sprichw.⟩ *auch für den, der anfangs Pech hat, kann sich noch alles zum Guten wenden;* jmdn. zum Lachen bringen; es ist zum Lachen *es ist ja lächerlich;* mir ist nicht zum Lachen (zumute) *ich fühle mich traurig, bin ernst gestimmt* ▸ der ~de Dritte *der, der den Vorteil von einer Angelegenheit zwischen zweien hat*

La|cher ⟨der; -s, -⟩ *jmd., der über etwas lacht* ▸ die ~ auf seiner Seite haben *die Zuhörer bei einem Streit, einer Auseinandersetzung durch einen Witz für sich gewonnen haben*

lächerlich/lächeln

Obwohl die Wörter *lächerlich* und *lächeln* auf den gleichen Wortstamm lachen zurückgehen, ist ihre Bedeutung sehr unterschiedlich. Das Adjektiv *lächerlich* wird abwertend gebraucht und bedeutet „töricht, nicht ernstzunehmend": *Sein Verhalten war wirklich lächerlich. Die Sache wurde ins Lächerliche gezogen.*
Das Verb *lächeln* und das zugehörige, auch als Adjektiv gebrauchte Partizip *lächelnd* meinen dagegen „lautlos lachen, den Mund verziehen, weil man etwas lustig findet":
Ihre Eltern sahen ihr lächelnd zu.

lä|cher|lich ⟨Adj.⟩ *so beschaffen, dass man darüber (spöttisch) lachen muss, töricht, nicht ernstzunehmend* ▸ er macht eine ~e Figur; wegen dieser ~en Kleinigkeit brauchst du dich nicht so aufzuregen ▸ sich ~ machen *sich so benehmen, dass andere darüber lachen, spotten;* jmdn. ~ machen *so über jmdn. reden, dass die anderen über ihn lachen;* sein: das ist ja (einfach) ~! ▸ ein ~ niedriger Preis ▸ etwas ins Lächerliche ziehen *eine ernste Sache als komisch behandeln;* Abl *Lächerlichkeit*

lach|haft ⟨Adj.; -er, am -es|ten; meist präd.; umg.⟩ = *lächerlich* ▸ das ist ja ~

Lachs ⟨[-ks] der; -es, -e; Zool.⟩ *Raubfisch der nordeurop. Meere, wandert zur Laichzeit in be-*

stimmte Flüsse empor, sehr schmackhafter Speisefisch; Abl *Lachsfilet; lachsfarben*

Lack ⟨der; -(e)s, -e⟩ *zur Oberflächenveredelung od. zum Oberflächenschutz verwendete Lösung, die farblos od. mit Farbstoffen versetzt auf die zu lackierenden Gegenstände aufgebracht wird;* Zus *Lackfarbe*

Lack|af|fe ⟨der; -n, -n; übertr.; umg.; abwertend⟩ *eitler, geckenhafter Mann*

la|ckie|ren ⟨V. trans.; la|ckiert, la|ckier|te, hat lackiert⟩ etwas ~ *mit Lack überziehen;* Syn *lacken* ▸ sich die Fingernägel rot ~; die Möbel ~

La|ckie|rer ⟨der; -s, -⟩ *Handwerker, der Möbel, Fahrzeuge od. Metallgegenstände lackiert;* Abl *Lackiererin*

Lack|schuh ⟨der; -(e)s, -e⟩ *Schuh aus glänzendem, mit Lack überzogenem Leder*

La|de ⟨die; -, -n⟩ **1** *hölzerner, eckiger, breiter Behälter mit Deckel, Truhe, Kasten* **2** *Schublade*

La|de|hem|mung ⟨die; -, -en⟩ *Unfähigkeit einer Feuerwaffe, geladen zu werden* ▸ ~ haben ⟨übertr.; umg.⟩ *vorübergehend begriffsstutzig sein, nicht wissen, was man jetzt gerade tun müsste*

la|den[1] ⟨V. trans.; lädt, lud/la|de|te, hat ge|la|den⟩ **1** Waren (auf od. in etwas) ~ *auf einen Wagen od. ein Schiff (zum Transport) bringen;* Zus *Ladefläche, Laderaum* **2** eine Waffe (mit etwas) ~ *mit Munition versehen* **3** einen Akkumulator ~ *mit einer elektrischen Ladung versehen;* Zus *Ladegerät* **4** ⟨EDV⟩ Daten ~ *von einem Speicher auf einen anderen übertragen* **5** etwas auf sich ~ *auf sich nehmen, sich mit etwas belasten* ▸ der Wagen hat zu schwer geladen; eine Schuld, die Verantwortung auf sich ~; Waren auf einen Wagen ~; ein Gewehr mit Kugeln, mit Schrot ~; ich bin geladen ⟨übertr.; umg.⟩ *ich bin wütend;* Vorsicht, die Pistole ist geladen!; die Atmosphäre war geladen ⟨übertr.⟩ *die A. war gespannt*

la|den[2] ⟨V. trans.; lädt, lud/la|de|te, hat ge|la|den⟩ jmdn. ~ *einladen, bitten od. auffordern zu kommen* ▸ jmdn. als Zeugen ~; jmdn. vor Gericht ~; jmdn. zu einer Feier, Versammlung ~; Aufführung nur für geladene Gäste

La|den ⟨der; -s, Lä|den⟩ **1** *Raum (mit Schaufenster), in dem verschiedene Waren verkauft werden, Geschäft;* Zus *Ladendieb(in), Ladeninhaber(in), Ladenkasse, Ladenkette, Ladenöffnungszeit; Bäckerladen, Buchladen, Krämerladen, Schreibwarenladen, Schuhladen* **2** ⟨Jugendspr.⟩ *Lokal* ▸ wenn es so weitergeht, kann er seinen ~ (bald) dichtmachen, zumachen ⟨übertr.; umg.⟩ *ist er ruiniert, erledigt, am Ende;* einen neuen ~ eröffnen, ⟨umg.⟩ aufmachen; er würde am liebsten den ~ hinschmeißen ⟨übertr.; umg.⟩ *die Sache aufgeben;* der ~ läuft ⟨übertr.; umg.⟩ *die Sache ist in Ordnung;* der ~ ist wochentags von 8 bis 20 Uhr geöffnet; den ~ um acht Uhr schließen; wir werden den ~ schon schmeißen ⟨übertr.; umg.⟩ *die Sache erledigen, zustande bringen* ▸ den ganzen Tag im ~ stehen *Kunden im Geschäft bedienen*

La|den|dieb|stahl ⟨der; -(e)s, -stäh|le⟩ *Diebstahl in einem Ladengeschäft während der Öffnungszeiten*

La|den|hü|ter ⟨der; -s, -; übertr.; abwertend⟩ *Ware, die lange nicht verkauft wird*

La|den|preis ⟨der; -es, -e⟩ *Verkaufspreis im Einzelhandel* ▸ verbindlicher ~

Ladenschluss

In Deutschland gibt es das sogenannte Ladenschlussgesetz, das die Öffnungszeiten von Geschäften regelt. Geschäfte dürfen generell montags bis samstags ab 6 Uhr morgens bis 20 Uhr abends geöffnet sein. Die meisten öffnen jedoch erst um 9 Uhr und schließen um 18 oder 19 Uhr, in größeren Städten oft erst um 20 Uhr. Für Bäckereien gilt eine Ausnahme, sie dürfen ab 5.30 Uhr ihre Waren verkaufen.

An Sonn- und Feiertagen sind Geschäfte generell geschlossen. Ausnahmen bestehen hier für Verkaufsstellen von Backwaren, Kioske und Tankstellen sowie für Verkaufsstellen auf Bahnhöfen oder Flughäfen.

Einige Bundesländer erlauben mittlerweile (außer an Sonn- und Feiertagen) unbeschränkte Öffnungszeiten, also eine Öffnung „rund um die Uhr". Auf besonderen Antrag dürfen Städte mehrmals im Jahr einen verkaufsoffenen Sonntag veranstalten. Dieser findet meist zur gleichen Zeit statt wie Autosalons, Jahrmärkte, Weinfeste, Messen o. Ä.

In der Schweiz und in Österreich gelten ähnliche Vorschriften.

La|den|schluss ⟨der; -es; unz.⟩ *Zeit, zu der der Laden geschlossen wird* ▸ kurz vor ~; Zus *Ladenschlussgesetz*

La|den|tisch ⟨der; -(e)s, -e⟩ *Tisch, auf dem Waren im Laden gezeigt werden* ▸ den ganzen Tag hinter dem ~ stehen *Kunden im Laden bedienen*

lä|die|ren ⟨V. trans.; lä|diert, lä|dier|te, hat lä|diert⟩ **1** etwas ~ *beschädigen* **2** jmdn. ~ *verwunden;* Abl *Lädierung*

La|dung[1] ⟨die; -, -en⟩ **1** *die geladenen Güter, Fracht* **2** *Sprengstoff, der ein Geschoss treibt* **3** *Elektrizitätsmenge, die auf einem Körper vorhanden ist* ▸ die ~ eines Lastwagens, eines Schiffes; und ich bekam eine ~ voll Sand ins Gesicht ⟨umg.⟩ *eine gehörige Menge*

La|dung[2] ⟨die; -, -en⟩ *Aufforderung zu erscheinen* ▸ eine ~ vor Gericht erhalten

lag → *liegen*

La|ge ⟨die; -, -n⟩ **1** *räumliches Verhältnis, Stellung, Anordnung* **2** *Situation, gegenwärtiger Zustand;* Zus *Lagebericht; Finanzlage, Lebenslage, Wirtschaftslage* **3** *Schicht, Reihe, Serie* **4** *Tonhöhe, Höhe, Umfang der Stimme;* Zus *Stimmlage, Tonlage* ▸ abwechselnd eine ~ Fleisch und eine ~ Kartoffelscheiben schichten; die ~ des Hauses, des Grundstücks ▸ die ~ hat sich gebessert, verschlechtert ▸ die allgemeine, politische, wirtschaftliche ~; sich in einer bedauernswerten, schwierigen, unangenehmen ~ befinden; die ~ ist ernst, hoffnungslos; er befindet sich in der glücklichen ~, dass er sich das leisten kann; günstige, ungünstige, schöne ~; hohe, tiefe ~ *Stimmlage;* schräge, senkrechte, waagerechte ~ ▸ jmdn. aus einer schwierigen ~ befreien; sich in einer unangenehmen ~ befinden; jmdn. in eine schwierige ~ bringen; in eine schwierige ~ geraten; ich möchte nicht in seiner ~ sein; ich bin nicht in der ~ zu kommen *ich bin nicht imstande, nicht fähig, ich kann nicht;* jmdn. in die ~ versetzen, etwas zu tun *jmdm. dazu verhelfen;* nach ~ der Dinge können wir das nicht tun

La|gen|schwim|men ⟨das; -s, -; Sp.⟩ *Einzel- od. Staffelwettbewerb im Schwimmen, bei dem über 200 bzw. 400 m zw. den Schwimmarten Delfin, Rücken, Brust u. Kraul gewechselt wird*

La|ge|plan ⟨der; -(e)s, -plä|ne⟩ *Plan der Lage einer Stadt, eines Geländes, Hauses, Raumes*

La|ger ⟨das; -s, -⟩ **1** *Platz für Übernachtung od. längerer Aufenthalt einer Gruppe von Personen, bes. im Freien, Camp;* Zus *Feldlager, Jugendlager, Zeltlager* **2** *Bett, Schlaf-, Ruhestätte;* Zus *Krankenlager, Nachtlager, Strohlager* **3** *Speicher, Vorratsraum;* Zus *Lagerbestand, Lagerhalle, Lagerhaus, Lagerverwalter(in); Warenlager* **4** *Gelände mit Wohn- u. sanitären Anlagen sowie Küche u. Verwaltungsräumen zum vorübergehenden Unterbringen von Personen;* Zus *Ferienlager, Flüchtlingslager, Gefangenenlager, Internierungslager* **5** ⟨Geol.⟩ *Schicht von Gesteinen u. Mineralien* **6** ⟨übertr.⟩ *Partei, Gesamtheit von Gleichgesinnten* ▸ das ~ abbrechen; ein ~ aufschlagen; das ~ räumen *alle Vorräte, Waren verkaufen* ▸ einfaches, hartes, weiches ~ ▸ etwas auf ~ haben *vorrätig, verfügbar haben;* eine Überraschung, Vorschläge auf ~ haben ⟨übertr.⟩ *bereithalten;* die Partei spaltete sich in mehrere ~; ins gegnerische ~ überlaufen *zum Gegner überlaufen*

La|ger|feu|er ⟨das; -s, -⟩ *offenes Feuer in einem Zeltlager* ▸ am, um das ~ sitzen

la|gern ⟨V.; la|gert, la|ger|te, hat ge|la|gert⟩ **I** ⟨V. trans.⟩ **1** Ware, Nahrungsmittel ~ *längere Zeit aufbewahren* **2** den Kopf, ein Glied irgendwie ~ *bequem hinlegen, betten* ▸ Kartoffeln im Keller ~; den Kopf eines Ohnmächtigen hoch, tief ~; ein verletztes Glied ruhig ~; dieser Fall ist anders gelagert *beruht auf anderen Voraussetzungen* **II** ⟨V. intr.⟩ **1** *längere Zeit auf Lager liegen, aufbewahrt werden* (Waren) **2** *ein Lager im Freien aufschlagen, im Freien ausruhen, rasten;* Zus *Lagerplatz* ▸ die neue Ware lagert im Keller

La|ger|stät|te ⟨die; -, -n⟩ **1** *Lager(platz)* **2** ⟨Geol.⟩ *Ansammlung nutzbarer Bodenschätze*

La|ge|rung ⟨die; -, -en⟩ **1** *das Lagern* **2** *Art des Lagerns* **3** ⟨Tech.⟩ *Anordnung in einem Lager* **4** ⟨Geol.⟩ *räumliche Anordnung der Gesteine* ▸ die ~ radioaktiver Abfälle; kühle, trockene ~

La|gu|ne ⟨die; -, -n⟩ *flacher Strandsee, vom offenen Meer durch Landstreifen od. Riffe getrennt*

lahm ⟨Adj.⟩ **1** *bewegungsunfähig, gelähmt* (Glied) **2** *unfähig zu gehen* (Person, Tier) **3** ⟨übertr.⟩ *müde, ausgelaugt, erschöpft* **4** ⟨übertr.; umg.⟩ **4.1** *schlapp, schwach* **4.2** *langweilig* ▸ das Pferd geht ~; auf einem ~en Pferd reiten; das ist ein ~er Kerl ⟨übertr.; umg.⟩

lah|men ⟨V. intr.; lahmt, lahm|te, hat ge|lahmt⟩ *lahm gehen, hinken* ▸ auf dem linken Bein ~

läh|men ⟨V. trans.; lähmt, lähm|te, hat ge|lähmt⟩ **1** jmdn. od. ein Tier ~ *lahm machen, der Bewegungskraft berauben* **2** ⟨übertr.⟩ jmdn. od. etwas ~ *der Tatkraft berauben, unwirksam machen* ▸ die Angst lähmte sie; ~de Angst, ~des Entsetzen befiel, ergriff sie; gelähmt sein *unbeweglich sein, nicht gehen können;* (durch einen Schlaganfall) einseitig, linksseitig gelähmt sein; er war wie gelähmt vor Schreck; Abl *Lähmung*

lahm|le|gen ⟨V. trans.; legt lahm, leg|te lahm, hat lahm|ge|legt, lahm|zu|le|gen; übertr.⟩ etwas ~ *unwirksam machen* ▸ ein Projekt ~

Läh|mungs|er|schei|nung ⟨die; -, -en; meist Pl.⟩ *das Auftreten von Lähmungen an einzelnen Gliedmaßen bzw. Körperstellen* ▸ infolge des Schlaganfalls traten ~en im rechten Bein auf

Laib ⟨der; -(e)s, -e⟩ *rundgeformte, feste Masse* ▸ ein ~ Käse; Zus *Brotlaib*

Laich ⟨der; -(e)s, -e; Zool.⟩ *die ins Wasser abgelegten, von einer Schleim- od. Gallerthülle umgebenen Eier der Weichtiere, Fische u. Amphibien*

lai|chen ⟨V. intr.; laicht, laich|te, hat ge|laicht⟩ *Laich ablegen* ▸ Kröten wandern zum Laichen

Laie ⟨der; -n, -n⟩ **1** *Nichtfachmann, jmd., der von einem Fach nichts versteht;* Abl *laienhaft;* Zus *Laienschauspieler(in), Laientheater* **2** *Nichtgeistlicher* ▸ als ~ kann ich das nicht kompetent beurteilen

La|kai ⟨der; -en, -en⟩ **1** ⟨urspr.⟩ *fürstlicher Diener* **2** ⟨heute; übertr.; abwertend⟩ *unterwürfiger, kriecherischer Mensch;* Abl *lakaienhaft*

La|ken ⟨das; -s, -⟩ **1** *Betttuch;* Zus *Bettlaken* **2** *großes Tuch;* Zus *Badelaken*

la|ko|nisch ⟨Adj.⟩ **1** *wortkarg, einsilbig* **2** *kurz u. treffend (im Ausdruck)* ▸ ~e Bemerkung

La|k|ritz ⟨der od. das; -es, -e⟩ *schwarze, süße Masse aus Süßholzsaft;* oV *Lakritze*

la|la ⟨Adv.; in der Wendung⟩ so ~ ⟨umg.⟩ *einigermaßen, mäßig gut* ▸ mir geht es so ~

lal|len ⟨V. trans. u. V. intr.; lallt, lall|te, hat ge|lallt⟩ (etwas) ~ *mit gehemmter Zunge unartikuliert sprechen*

La|ma¹ ⟨das; -s, -s; Zool.⟩ *ein Kamel, das in Südamerika als Lasttier u. als Lieferant von Fleisch u. Wolle gehalten wird*

La|ma² ⟨der; -s, -s⟩ *tibetanischer buddhistischer Priester*

La|mel|le ⟨die; -, -n⟩ **1** *dünnes Blättchen, dünne Scheibe* **2** *einzelnes Glied eines Heizkörpers, einzelne Rippe*

la|men|tie|ren ⟨V. intr.; la|men|tiert, la|men|tier|te, hat la|men|tiert; abwertend⟩ (über etwas) ~ *wehklagen, jammern*

La|men|to ⟨das; -s, -s⟩ *Klage, Gejammer* ▸ ein großes ~ (über etwas) anstimmen, erheben

La|met|ta ⟨das; -s; unz. od. österr. a. die; -; unz.⟩

dünner, schmaler Silberpapierstreifen (als Christbaumschmuck)

La|mi|nat ⟨das; -(e)s, -e⟩ *Fußbodenbelag aus Kunststoffen für Innenräume*

Lamm ⟨das; -(e)s, Läm|mer⟩ *junges Schaf;* Zus *Lammfell, Lammfleisch* ▸ unschuldig wie ein ~

lamm|fromm ⟨Adj.⟩ *sehr gehorsam, geduldig, ruhig, folgsam* ▸ das Pferd ist ~

Lam|pe ⟨die; -, -n⟩ **1** *Gerät zum Erzeugen von Licht;* Syn *Beleuchtungskörper;* Zus *Bogenlampe, Gaslampe, Glühlampe, Halogenlampe, Neonlampe, Öllampe, Petroleumlampe* **2** *Gerät, das eine solche Lichtquelle enthält, Leuchte;* Zus *Fahrradlampe* ⓘ S. 789, *Hängelampe* ⓘ S. 360, *Nachttischlampe, Schreibtischlampe* ⓘ S. 469, *Stehlampe, Taschenlampe* ▸ die ~ einschalten, ausschalten; eine neue ~ für die Küche kaufen

Lam|pen|fie|ber ⟨das; -s; unz.⟩ *Erregung, Angst (des Künstlers) vor dem Auftreten* ▸ ~ haben

Lam|pen|schirm ⟨der; -(e)s, -e⟩ *Schirm über der od. um die Lampe (zum Abblenden des Lichts)*

Lam|pi|on ⟨[lãpjɔ̃ː] od. [lampjɔŋ], österr. [-joːn] der od. das; -s, -s⟩ *Laterne aus buntem Papier od. bunter Seide mit einer Kerze im Innern*

lan|cie|ren ⟨[lãsiː-] V. trans.; lan|ciert, lan|cier|te, hat lan|ciert⟩ **1** etwas ~ *in Gang bringen, fördern* **2** ⟨übertr.⟩ jmdn. od. etwas ~ *geschickt an eine vorteilhafte Stellung bringen* ▸ die Zeitungsmeldung war geschickt lanciert; Abl *Lancierung*

Land ⟨das; -(e)s, Län|der⟩ **I** ⟨unz.⟩ **1** *abgegrenztes Stück Erdboden, Grundstück;* Zus *Ackerland, Grünland, Waldland, Weideland* **2** *Festland* **3** *Wald, Wiese u. Feld (im Gegensatz zum städtischen Lebensraum);* Zus *Landbevölkerung, Landleben, Landluft* **4** *freie Gegend* ▸ 50 Hektar ~; Stadt und ~; ein Stück ~ besitzen ▸ das ~ bebauen, bestellen; ich sehe bei meiner Arbeit noch kein ~ ⟨übertr.⟩ *kein Ende* ▸ ebenes, flaches, hügeliges, offenes, weites ~; fruchtbares, unfruchtbares ~ ▸ an ~ gehen od. steigen (vom Schiff aus); an od. ans ~ schwimmen; (sich) jmdn. od. etwas an ~ ziehen ⟨übertr.; umg.⟩ *jmdn. od. etwas für sich gewinnen;* auf dem ~ leben; zehn Jahre gingen ins ~ *zehn Jahre vergingen;* Streitkräfte zu Wasser, zu ~e und in der Luft **II** ⟨zählb.⟩ **1** *von Grenzen umgebenes Gebiet, Staat, Staatsgebiet;* Zus *Landessprache, Landesteil, Landeswährung; landesüblich* **2** *Teil des Staates, Provinz;* Zus *Landesamt, Landesgeschichte, Landesinnere(s), Landeskriminalamt, Landesparteitag, Landespolitik, Landesverband; Bundesland* ▸ ~ und Leute kennenlernen; die Vertreter aller Länder ▸ jmdn. des ~es verweisen *jmdm. den Aufenthalt im Staat verbieten* ▸ andere Länder, andere Sitten; ferne, fremde Länder ▸ aus welchem ~ kommen Sie?; außer ~es gehen *einen Staat verlassen;* von ~ zu ~ fahren, reisen; hier zu ~e = *hierzulande*

land|ab ⟨Adv.⟩ → *landauf*

land|auf ⟨Adv.; nur in der Fügung⟩ ~, landab *im ganzen Land, überall*

Land|be|sitz ⟨der; -es; unz.⟩ = *Grundbesitz*

land|ein|wärts ⟨Adv.⟩ *in das Land hinein, weg vom Meer bzw. weg von der Grenze*

lan|den ⟨V.⟩ **I** ⟨V. intr.; lan|det, lan|de|te, ist gelan|det⟩ **1** *am Festland, am Ufer anlegen* (Schiff); Abl *Landung* **2** *auf den Boden niedergehen* (Flugzeug); Abl *Landung;* Zus *Landeanflug, Landebahn, Landeerlaubnis, Landemanöver, Landeverbot* **3** ⟨umg.⟩ an einem Ort ~ *an einen Ort geraten, an einem Ort (endlich) ankommen* ▸ der Wagen landete im Straßengraben; er konnte bei ihr nicht ~ ⟨umg.⟩ *er hatte bei ihr keinen Erfolg (mit seiner Werbung);* schließlich landete ich im Kino ⟨umg.⟩; wir sind wieder gut zu Hause gelandet ⟨umg.⟩ *angekommen* **II** ⟨V. trans.; lan|det, lande|te, hat ge|lan|det⟩ **1** Truppen ~ *(vom Schiff od. Flugzeug) an Land od. auf den Erdboden bringen* **2** ⟨umg.⟩ einen Hit ~ *erzielen*

Land|en|ge ⟨die; -, -n⟩ *schmaler Landstreifen zw. zwei Meeren als Verbindung zw. zwei größeren Festlandsmassen*

Län|de|rei ⟨die; -, -en; meist Pl.⟩ *Äcker, Wiesen u. Wald, sehr großer Grundbesitz*

Län|der|spiel ⟨das; -(e)s, -e; Sp.⟩ *Wettkampf zw. Mannschaften verschiedener Länder*

län|der|über|grei|fend ⟨Adj.⟩ *auch andere Länder betreffend, auf andere Länder übergreifend*

Lan|des|bank ⟨die; -, -en; Bankw.⟩ *öffentlich-rechtliches Kreditinstitut, das vom Staat od. einer anderen öffentlichen Körperschaft mit dem Ziel gegründet wurde, unter Garantie des Staates öffentliche Kredite langfristig den Gemeinden u. Grundbesitzern zur Verfügung zu stellen*

Lan|des|ebe|ne ⟨die; -; unz.⟩ auf ~ *in der Zuständigkeit der Regierung eines deutschen Bundeslandes* ▸ etwas auf ~, nicht auf Bundesebene entscheiden, regeln

Lan|des|grup|pe ⟨die; -, -n⟩ *Gruppe, Verband von Bundestagsabgeordneten einer Partei aus demselben Bundesland*

Lan|des|haupt|frau ⟨die; -, -en; österr.⟩ *weibl. Landeshauptmann*

Lan|des|haupt|mann ⟨der; -(e)s, -leu|te od. -männer; österr.⟩ *Regierungspräsident eines Bundeslandes*

Lan|des|haupt|stadt ⟨die; -, -städ|te⟩ **1** *Hauptstadt eines Staates* **2** *Hauptstadt eines Bundeslandes, in dem die Landesregierung ihren Sitz hat* ▸ Düsseldorf ist die ~ von Nordrhein-Westfalen

Lan|des|kun|de ⟨die; -; unz.⟩ *Wissenschaft von einem (bestimmten) Land*

Lan|des|meis|ter ⟨der; -s, -; Sp.⟩ *Sieger einer Landesmeisterschaft;* Abl *Landesmeisterin*

Lan|des|recht ⟨das; -(e)s; unz.; BRD u. Österreich⟩ *das dem Recht des Bundes untergeordnete Recht eines Landes*

Lan|des|re|gie|rung ⟨die; -, -en⟩ **1** ⟨i. w. S.⟩ *Regierung eines Landes* **2** ⟨i. e. S.⟩ *Regierung eines Landes innerhalb der BRD bzw. Österreichs* ▸ Mitglied der ~ ⟨Abk.: MdL, MDL⟩; Neuwahl der ~; Kontakte zur ~ besitzen

Lan|des|teil ⟨der; -(e)s, -e⟩ *Teilgebiet eines Landes,*

Staates ▸ in einzelnen ~en kam es zu heftigen Ausschreitungen

Lạn|des|va|ter ‹der; -s, -vä|ter› **1** ‹poet.› *Herrscher eines Landes, Landesherr* **2** ‹scherzh.› *Ministerpräsident eines Bundeslandes*

Lạn|des|ver|rat ‹der; -(e)s; unz.› *Angriff gegen die äußere Sicherheit des Staates, z. B. durch Verrat von Staatsgeheimnissen od. Unterstützung eines fremden Staates;* →a. *Hochverrat*

lạn|des|weit ‹Adj.› *das gesamte (Bundes-)Land umfassend, betreffend* ▸ ein ~er Streik

Lạnd|flucht ‹die; -; unz.› *Streben der bäuerlichen Bevölkerung, in die Stadt zu ziehen u. dort Arbeit zu finden*

Lạnd|frie|dens|bruch ‹der; -(e)s, -brü|che› *öffentliche Gewalttätigkeit mehrerer Personen gegen andere Personen od. Sachen*

Lạnd|ge|richt ‹das; -(e)s, -e; Abk.: LG› *dem Amtsgericht übergeordnetes Gericht;* Syn ‹österr.› *Landesgericht*

Lạnd|kar|te ‹die; -, -n› *(meist handlich gefaltetes) Blatt Papier mit der in verkleinertem Maßstab zeichnerischen Darstellung der Erdoberfläche od. eines ihrer Teile;* ⓘ S. 574

Lạnd|kreis ‹der; -es, -e› *kleinster staatl. Verwaltungsbezirk* ▸ ~ Nienburg

lạnd|läu|fig ‹Adj.› **1** *gewöhnlich, allgemein bekannt* (Meinung) **2** *üblich, verbreitet* (Redensart) ▸ das ist eine ~e Auffassung

lạ̈nd|lich ‹Adj.› **1** *zum freien Land gehörig, auf dem Land üblich;* Ggs *städtisch (4)* **2** *bäuerlich-einfach* ▸ ~e Gegend; ~e Idylle

Lạnd|nah|me ‹die; -, -n› *das Inbesitznehmen von Land durch Besiedlung*

Lạnd|pla|ge ‹die; -, -n› *Bedrängnis, die ein ganzes Land betrifft, z. B. eine Seuche od. Schädlinge*

Lạnd|rat ‹der; -(e)s, -rä|te› *oberster Beamter eines Landkreises;* Abl *Landrätin*

Lạnd|rats|amt ‹das; -(e)s, -äm|ter› **1** *Behörde der Landkreisverwaltung* **2** *Gebäude, in dem ein Landratsamt (1) untergebracht ist*

Lạnd|schaft ‹die; -, -en› **1** *geografisches Gebiet, das von einer bestimmten Natur geprägt ist;* Zus *Landschaftsschutzgebiet; Gebirgslandschaft, Küstenlandschaft* **2** *freies Land, freies Gegend;* Zus *Landschaftsgärtner(in), Landschaftspflege* **3** ‹Mal.› *Darstellung einer Landschaft;* Zus *Landschaftsbild, Landschaftsmaler(in)* ▸ hügelige, waldige ~; öde, karge ~; Abl *landschaftlich*

Lạnd|schul|heim ‹das; -(e)s, -e› *Erholungsheim für Schulklassen auf dem Land*

Lạnd|sitz ‹der; -es, -e› *größeres, herrschaftliches Gut auf dem Land* ▸ der prunkvolle ~ eines Grafen

Lạnds|mann ‹der; -(e)s, -leu|te› **1** *Einwohner des gleichen Landes od. der gleichen Landschaft* **2** *Einwohner eines bestimmten Landes* ▸ er ist ein ~ von mir *er stammt aus dem gleichen Land wie ich;* was ist er für ein ~? *woher stammt er?;* Abl *Landsmännin*

Lạnd|stra|ße ‹die; -, -n› *Überlandweg mit befestigter Fahrbahn*

Lạnd|strei|cher ‹der; -s, -› *jmd., der obdachlos ist u. im Land umherzieht, Wohnungslose(r)*

Lạnd|streit|kräf|te ‹Pl.; Mil.› *die Streitkräfte zu Lande, das Heer*

Lạnd|strich ‹der; -(e)s, -e› *schmaler Teil einer Landschaft, kleines Gebiet*

Lạnd|tag ‹der; -(e)s; unz.; Pol.› *Volksvertretung der Bundesländer* ▸ die Partei hat den Einzug in den ~ geschafft; Mitglied des ~es ‹Abk.: MdL›; das neue Gesetz wurde vom ~ verabschiedet Zus *Landtagsabgeordnete(r), Landtagswahl*

Lạnd|tier ‹das; -(e)s, -e; Biol.› *auf dem Land lebendes Tier*

Lạnd|weg ‹der; -(e)s; unz.› *Weg zu Lande;* Ggs *Seeweg* ▸ Waren auf dem ~ befördern, transportieren; auf dem ~ reisen

Lạnd|wirt ‹der; -(e)s, -e› **1** *Eigentümer od. Pächter eines landwirtschaftlichen Betriebes, Bauer* **2** *jmd., der eine Lehre in einem landwirtschaftlichen Betrieb sowie ein Studium an einer landwirtschaftlichen Hochschule absolviert hat;* Abl *Landwirtin*

Lạnd|wirt|schaft ‹die; -, -en› **I** ‹unz.› *planmäßiger Betrieb von Ackerbau u. Viehzucht* ▸ ~ betreiben; in der ~ arbeiten; die Kinder helfen in der ~ mit; Abl *landwirtschaftlich;* Zus *Landwirtschaftsminister(in), Landwirtschaftsministerium* **II** ‹zählb.; umg.› = *Bauernhof* ▸ er hat die ~ von seinem Vater übernommen

Lạnd|zun|ge ‹die; -, -n› *schmaler, ins Wasser ragender Landstreifen, schmale Halbinsel*

lạng ‹Adj.; län|ger, am längs|ten› →a. *lange* **1** *von großer räumlicher Ausdehnung in einer Richtung* (Schnur, Strecke, Weg) **2** *(eine bestimmte) Ausdehnung besitzend* **3** *groß u. schlank* (Mensch, Tier) **4** *hoch* (Mast, Pfahl) **5** *von großer zeitlicher Ausdehnung;* Zus *lang andauernd / langandauernd, lang anhaltend / langanhaltend* ▸ jmdm. einen ~en Brief schreiben; ~e Finger machen ‹übertr.; umg.› *stehlen;* ein ~es Gesicht machen ‹übertr.; umg.› *ein enttäuschtes G.;* ~e Haare haben; fünf Jahre ~ studieren; ein ~es Leben; der Tisch ist fünf Meter ~; eine ~e Rede halten; nächstes Jahr machen wir eine ~e Reise; einen Sommer ~; er tut den lieben ~en Tag nichts anderes als abwarten *den ganzen Tag (über);* es hat die längste Zeit gedauert ‹umg.› *es wird bald enden* ▸ die Haare ~ tragen; die Zeit wird mir ~ *es ist mir langweilig* ▸ eine Sache ~ und breit erzählen, schildern *sehr, zu ausführlich* ▸ auf, für ~e Zeit; nach ~em Nachdenken, Überlegen; seit ~er Zeit; vor noch nicht ~er Zeit *vor ziemlich kurzer Zeit* ▸ wie ~ ist das Seil?

lạng|är|me|lig ‹Adj.› *mit langen Ärmeln versehen;* oV *langärmlig*

lạng|at|mig ‹Adj.› *zu ausführlich, weitschweifig* ▸ ~er Stil; etwas ~ beschreiben, erzählen

lạng|bei|nig ‹Adj.› *mit langen Beinen versehen*

lạn|ge ‹Adv.› →a. *lang* **1** *lange Zeit anhaltend, während eines größeren Zeitraums* **2** ‹übertr.; umg.› *bei weitem, völlig* ▸ ich kann es nicht länger aushalten, ertragen, mit ansehen; bleib nicht so ~ weg!; er hat sehr ~ gebraucht, bis er

L

das verstanden hat; es wird noch, nicht mehr ~ dauern; morgen kann ich ~ schlafen; da kann er ~ warten! ⟨umg.⟩ *seine Hoffnung ist vergeblich* ▸ es ist länger als ein Jahr her; ~ bevor er kam; das geschah erst ~ danach; es ist ~ her, dass er mir geschrieben hat; dieser Pullover ist ~ nicht so schön wie der andere; ich habe schon ~ nichts mehr von ihm gehört; seit ~m/Langem *seit langer Zeit;* seit längerem/Längerem ▸ wie ~ soll ich noch warten?

Län|ge ⟨die; -, -n⟩ **I** ⟨unz.⟩ **1** *räumliche Ausdehnung in einer Richtung, in der Hauptrichtung* **2** *zeitliche Ausdehnung, Dauer* **3** *Längengrad* ▸ eine Strecke von dreizehn Meter ~; 20° westlicher ~ *20° westlich des Nullmeridians von Greenwich;* der Tisch misst 2 m in der ~ *ist zwei Meter lang;* die Angelegenheit zieht sich in die ~ *dauert länger als gedacht* **II** ⟨zählb.; meist Pl.⟩ *langweilige, spannungslose Stelle (im Buch, Film, Theaterstück)* ▸ der Roman hat ~n

lan|gen ⟨V.; langt, lang|te, hat ge|langt⟩ **I** ⟨V. intr.⟩ **1** *genügen, ausreichen* **2** irgendwohin ~ *eine bestimmte Länge haben* **3** irgendwohin ~ *greifen (nach, bis zu)* ▸ langt das?; danke, es langt! *es genügt;* jetzt langt's mir aber! ⟨umg.⟩ *jetzt habe ich genug, jetzt reißt mir die Geduld!;* die Wolle langt (gerade) noch für den Pullover; es langt hinten und vorne nicht *es ist nicht genug;* mit dem Geld ~ ⟨umg.⟩ *auskommen;* er langte nach der Zuckerdose **II** ⟨V. trans.; umg.⟩ jmdm. eine ~ *jmdm. eine Ohrfeige geben*

Län|gen|grad ⟨der; -(e)s, -e; Geogr.⟩ *von zwei um 1° auseinanderliegenden Längenkreisen bedeckter Teil der Erdoberfläche*

län|ger|fris|tig ⟨Adj.⟩ *eine längere Zeit dauernd od. geltend, für längere Zeit* ▸ eine ~e Planung

Lan|ge|wei|le ⟨die; Gen.: der Lan|gen|wei|le od. der Lan|ge|wei|le; unz.⟩ *Mangel an Abwechslung;* oV *Langweile* ▸ ~ haben *nicht wissen, womit man die Zeit verbringen, sich die Zeit vertreiben soll;* sich mit Spielen, Lesen die ~ vertreiben; ich tue das nur aus ~

lang|fris|tig ⟨Adj.⟩ *eine lange Frist dauernd od. geltend* (Lieferung, Vertrag)

lang|ge|hen ⟨V.; geht lang, ging lang, ist lang|ge|gan|gen, lang|zu|ge|hen⟩ **I** ⟨V. trans. u. intr.; umg.⟩ etwas od. an etwas ~ *an etwas entlanggehen* ▸ einen Weg ~; am Flussufer ~ **II** ⟨V. intr.; übertr.⟩ wissen, wo es langgeht *wissen, was zu tun ist, welche Entscheidung getroffen werden muss*

lang|haa|rig ⟨Adj.⟩ *mit langem Haar versehen*

lang|jäh|rig ⟨Adj.⟩ *viele Jahre alt* ▸ ~e Erfahrung, Freundschaft

Lang|lauf ⟨der; -(e)s; unz.; a. Sp.⟩ *Skilauf auf ebenem Gelände in Loipen;* Abl *Langläufer(in);* Zus *Langlaufski*

lang|le|big ⟨Adj.⟩ Ggs *kurzlebig* **1** *lange Zeit lebend, alt werdend* **2** *lange anhaltend* (Entwicklung, Erscheinung); Abl *Langlebigkeit*

läng|lich ⟨Adj.⟩ *mehr lang als breit, etwas lang* ▸ ~ rund *nicht ganz rund;* Syn *oval*

längs ⟨Präp. m. Gen.⟩ **1** *entlang* **2** *in der Längsachse;* Ggs *quer (1)* ▸ ~ des Flusses; ~ der Straße; einen Gegenstand ~ durchschneiden; Zus *längsgestreift / längs gestreift*

längs/längst

Bei der Verwendung dieser beiden Wörter werden oft Fehler gemacht. *Längs* ist eine Präposition, die mit dem Genitiv verwendet wird und „entlang" bedeutet: *Wir liefen längs des Flusses* (= am Fluss entlang). *Die Bäume längs der Autobahn sind verdorrt.*

Nicht verwechselt werden sollte *längs* mit dem Adverb *längst* in der Bedeutung „schon lange, seit langer Zeit": *Wann kommst du? Ich bin schon längst fertig. Sie hat längst* (= bei weitem) *nicht so viel gegessen wie er.*

Längs|ach|se ⟨[-ks-] die; -, -n⟩ *Achse in der Längenausdehnung*

lang|sam ⟨Adj.⟩ **I** ⟨attr.; adv.; präd.⟩ Ggs *schnell* **1** *lange Zeit brauchend* **2** *träge, schwerfällig* (Bewegung) **3** *säumig, zögernd* **4** *gemächlich, gemessen* (Schritt) ▸ ~! *nicht so schnell!, vorsichtig!; nur Geduld!;* ~, aber sicher kommt Bewegung in die Sache; auf dem Klavier ein ~es Stück spielen; einen ~en Walzer tanzen; ~ arbeiten; ~ fahren, gehen, laufen; das geht mir zu ~ *nicht schnell genug;* ~ Fortschritte machen; ~ näher kommen; die Zeit vergeht ~; Abl *Langsamkeit* **II** ⟨adv.⟩ *allmählich* ▸ es wird ~ Zeit zu gehen; es wird mir ~ zu viel

Lang|schlä|fer ⟨der; -s, -⟩ *jmd., der morgens gern lange schläft;* Abl *Langschläferin*

Längs|rich|tung ⟨die; -; unz.⟩ *Richtung der längsten Ausdehnung*

Längs|schnitt ⟨der; -(e)s, -e⟩ Ggs *Querschnitt (1)* **1** *Schnitt der Länge nach durch einen Körper* **2** *Zeichnung, die diesen Schnitt darstellt*

längst ⟨Adv.⟩ *schon lange, (schon) seit langer Zeit* ▸ ich weiß es ~; er ist (schon) ~ wieder gesund; ~ nicht *bei weitem nicht;* ich habe ~ nicht so viele Beeren gepflückt wie du

längs|tens ⟨Adv.; umg.; zeitl.⟩ **1** *höchstens* **2** *spätestens* ▸ er ist ~ eine halbe Stunde dort gewesen; in ~ zwei Stunden, zwei Wochen

Lang|stre|cken|flug ⟨der; -(e)s, -flü|ge; Flugw.⟩ *Flug über große Strecken, bes. über Meere u. Kontinente*

Lang|stre|cken|lauf ⟨der; -(e)s, -läu|fe; Sp.⟩ *sportlicher Lauf über lange Strecken (ab 3000 m);* Abl *Langstreckenläufer(in)*

Lang|stre|cken|ra|ke|te ⟨die; -, -n; Mil.⟩ *Rakete zum Überwinden großer Entfernungen*

Lan|gus|te ⟨die; -, -n; Zool.⟩ *ein Speisekrebs ohne Scheren mit stacheligem, rötlich violettem Panzer*

lang|wei|len ⟨V.; lang|weilt, lang|weil|te, hat ge|lang|weilt⟩ **I** ⟨V. trans.⟩ jmdn. ~ *jmdm. Langeweile verursachen, jmdm. eintönig vorkommen* ▸ jmdn. mit Einzelheiten, mit langen Erklärungen ~ **II** ⟨V. refl.⟩ sich ~ *Langeweile haben, un-*

beschäftigt sein u. nicht wissen, womit man die Zeit verbringen soll ▸ ich habe mich (bei dem Vortrag o. Ä.) schrecklich gelangweilt

Lang|wei|ler ⟨der; -s, -; umg.; abwertend⟩ *langweiliger Mensch;* Abl *Langweilerin*

lang|wei|lig ⟨Adj.⟩ Ggs *kurzweilig* **1** *Langeweile bereitend, eintönig, ermüdend einförmig* **2** *übermäßig lange dauernd* **3** *wenig abwechslungsreich, eintönig, öde* (Landschaft) ▸ mir ist ~, was soll ich machen?; eine ~e Geschichte erzählen; der Film war ~; er ist mir zu ~ *er weiß nicht viel zu sagen u. zu tun;* er ist ein ~er Mensch; Abl *Langweiligkeit*

lang|wie|rig ⟨Adj.⟩ *lange dauernd u. (meist auch) schwierig, schleppend* ▸ ~e Arbeit; ~e Krankheit; Abl *Langwierigkeit*

lang|zeit|ar|beits|los ⟨Adj.⟩ *über lange Zeit arbeitslos;* Abl *Langzeitarbeitslose(r), Langzeitarbeitslosigkeit*

Lang|zeit|ge|dächt|nis ⟨das; -nis|ses; unz.⟩ *Fähigkeit des Gehirns, eine Information für lange Zeit zu speichern;* Ggs *Kurzzeitgedächtnis*

La Ola ⟨die; -, -s; Sp.⟩ *koordiniertes Aufstehen u. Setzen der Zuschauer in einem Sportstadion, das wie eine Wellenbewegung aussieht*

la|pi|dar ⟨Adj.⟩ **1** *kurz u. bündig* **2** *beiläufig, nebenbei (gesagt)* ▸ etwas ~ erwähnen; in dem Artikel heißt es ~: …

Lap|pa|lie ⟨[-ljə] die; -, -n⟩ *lächerliche Kleinigkeit, Nichtigkeit* ▸ sich wegen einer ~ streiten

Lap|pe ⟨der; -n, -n; veraltet; abwertend⟩ *Einwohner von Lappland;* Syn *Same;* Abl *Lappin*

Lap|pen ⟨der; -s, -⟩ **1** *Stück Stoff, wertloses Tuch zum Gebrauch im Haushalt, zum Putzen usw.;* Zus *Putzlappen, Waschlappen, Wischlappen* **2** ⟨übertr.; umg.⟩ **2.1** *Geldschein (von hohem Wert)* **2.2** *Führerschein* ▸ jmdm. durch die ~ gehen ⟨übertr.⟩ *ihm entgehen, entweichen, entwischen*

läp|pern ⟨V. refl.; läp|pert sich, läp|per|te sich, hat sich ge|läp|pert; umg.⟩ sich ~ *sich allmählich anhäufen* ▸ mit der Zeit ~ sich die Kosten

läp|pisch ⟨Adj.; abwertend⟩ **1** *sehr töricht, kindisch, albern, lächerlich, abgeschmackt* **2** *lächerlich (gering), unbedeutend* ▸ ~es Spiel; er hat ihm ~e 100 Euro gegeben *nur, nicht mehr als 100 Euro*

Lap|sus ⟨der; -, -⟩ *nicht wesentlicher, verzeihlicher Fehler, Schnitzer, Versehen* ▸ es ist mir ein ~ passiert, unterlaufen

Lap|top ⟨[læptɔp] der; -s, -s; EDV⟩ *tragbarer Personal Computer mit einem sehr flachen Bildschirm, der auch ohne Netzanschluss läuft;* ⓘ S. 469

Lär|che ⟨die; -, -n; Bot.⟩ *ein Nadelbaum, der seine Nadeln im Herbst abwirft u. im nächsten Frühjahr wieder neue bildet;* →a. *Lerche*

La|ri|fa|ri ⟨das; -s; unz.; umg.⟩ *Gerede, Geschwätz, Unsinn* ▸ das ist alles ~

Lärm ⟨der; -(e)s; unz.⟩ **1** *sehr lautes Geräusch, Krach, Getöse;* Zus *Motorenlärm, Straßenlärm* **2** *Geschrei* ▸ der ~ der Maschinen; macht nicht solchen ~!; ein ohrenbetäubender ~; viel ~ um nichts *viel Gerede um eine geringfügige Sache;* Zus *Lärmbelästigung, Lärmbelastung, Lärmschutz; lärmempfindlich*

lär|men ⟨V. intr.; lärmt, lärm|te, hat ge|lärmt⟩ *Lärm machen, durcheinanderschreien* ▸ die Kinder ~ auf dem Schulhof, auf der Straße

lar|mo|y|ant ⟨[-moajant] Adj.; -er, am -es|ten; geh.⟩ *weinerlich, rührselig* (Theater-, Musikstück); Abl *Larmoyanz*

Lärm|pe|gel ⟨der; -s, -⟩ *Grad der Geräuschentwicklung bzw. Lärmbelastung* ▸ in der Nähe des Flughafens ist der ~ sehr hoch

Lar|ve ⟨[-fə] die; -, -n⟩ **1** ⟨Zool.⟩ *kleines wurmähnliches Tier, aus dem sich ein Schmetterling, Käfer o. Ä. entwickelt* **2** *Gesichtsmaske* ▸ jmdm. die ~ vom Gesicht reißen ⟨übertr.⟩ *jmds. wahres Wesen öffentlich zeigen*

las → *lesen*

La|sa|g|ne ⟨[lazanjə] Pl.; im Dt. a.: die; -; unz.; ital. Kochk.⟩ *Gericht aus abwechselnd mit Hackfleisch geschichteten Bandnudeln, die mit Käse überbacken werden*

lasch ⟨Adj.; -er, am -(e)s|ten⟩ **1** *schlaff, träge, energielos* **2** *fade* ▸ ein ~es Spiel; die Polizei reagierte zu ~; du bist heute so ~

La|sche ⟨die; -, -n⟩ **1** *metallenes Verbindungsstück zweier Teile, z. B. von Eisenbahnschienen* **2** *ein ovales Leder-, Stoff- od. Papierstück, z. B. unter den Schnürsenkeln des Schuhs, das als Verschluss durch eine Öffnung gezogen wird*

La|ser ⟨[le:zə(r)] der; -s, -; Phys.⟩ *eine von außen angeregte, gleichzeitige Strahlungsemission vieler Atome, wobei die höchsten bekannten Energiedichten je Flächeneinheit erreicht werden;* Zus *Laserchirurgie, Laserstrahl*

La|ser|dru|cker ⟨[le:zə(r)-] der; -s, -; EDV⟩ *Druckgerät für Computer, bei dem das Druckbild mithilfe von Laserstrahlen angefertigt wird*

la|sie|ren ⟨V. trans.; la|siert, la|sier|te, hat la|siert⟩ etwas ~ *mit durchsichtiger Farbe od. durchsichtigem Lack überziehen;* Abl *Lasierung*

las|sen ⟨V.; lässt, ließ, hat ge|las|sen⟩ **I** ⟨V. trans.⟩ **1** jmdn. etwas machen ~ *zulassen, dulden, erlauben, dass jmd. etwas macht* **2** (jmdn.) etwas machen ~ *bitten, fordern, machen, veranlassen, dass etwas geschieht bzw. jmd. etwas macht* **3** etwas ~ *unterlassen, bleibenlassen, mit etwas aufhören* **4** etwas irgendwie ~ *erlauben od. machen, dass alles bleibt, wie od. wo es ist* **5** jmdn. etwas ~ *überlassen, nicht wegnehmen, erlauben, dass jmd. etwas erhält, behält od. tut* ▸ lass das!; ~ wir das! *reden wir von etwas anderem!;* klug ist er, das muss man ihm ~ *das kann man nicht bestreiten* ▸ er lässt den Kindern ihre Freiheit; sein Leben ~ *sterben;* ~ Sie das nur meine Sorge sein!; lass ihm doch das Vergnügen!; jmdm. den Vortritt ~; Wasser ~ *urinieren, harnen;* jmdn. seinen Willen ~; lass dir nur Zeit! ▸ sich seine Enttäuschung (nicht) anmerken ~; das lasse ich mir nicht bieten, gefallen; ich lasse bitten! *führen Sie den Besucher herein!;* jmdn. entkommen, entwischen ~; lass dich nur nicht erwischen!; einen Gegenstand fallen ~; jmdn. fühlen ~, dass man ihn nicht mag; lasst uns gehen! *wir wollen gehen;* das dürfen wir nicht geschehen ~; er lässt dich vielmals grüßen; ~ Sie mich Ihnen helfen!; lass doch endlich das Heulen!; jmdn. holen, kommen, rufen ~; lass bald (etwas) von dir hören!; tu, was du nicht ~ kannst! *mach, was du willst (obgleich ich nicht einverstanden bin);* lass mich den Brief lesen; lass mich (das) nur machen! *ich bringe es schon in Ordnung;* sich ein Kleid machen ~; das Rauchen ~; er lässt nicht mit sich reden; jmdn. schlafen ~; es sich gut schmecken ~; ich habe mir sagen ~, dass ... *ich habe erfahren, dass ...;* er lässt sich nichts sagen *er duldet keine Zurechtweisung;* lass dir das ein für allemal gesagt sein! *ich will es dir nicht noch einmal sagen müssen!;* lass (einmal) sehen! *zeig (einmal) her!;* lass dich bald einmal (bei uns) sehen! *besuch uns bald einmal;* in dem neuen Anzug kann er sich sehen ~ / sehenlassen *braucht er sich nicht zu schämen;* alles stehen und liegen ~; ~ Sie sich nicht stören!; lass dich nicht unterkriegen!; jmdn. warten ~; ich werde es dich wissen ~ / wissenlassen, was daraus geworden ist ▸ ein Tier am Leben lassen; etwas nicht aus den Augen ~; alles beim Alten ~; wir wollen es dabei ~; die Stadt, den Wald hinter sich ~ *sich davon entfernen;* lass niemanden in die Wohnung; jmdn. in Frieden, in Ruhe ~; lass die Teller im Schrank; bitte lasst alles so (stehen, liegen), wie es ist; der Kranke lässt niemanden zu sich ▸ wo habe ich nur meinen Schirm gelassen? **II** ⟨V. intr.⟩ von etwas od. jmdm. ~ *etwas od. jmdn. aufgeben, verlassen* ▸ er kann von seiner Spielleidenschaft nicht ~; er kann nicht von ihr ~ **III** ⟨V. refl.⟩ sich machen ~ *möglich, ausführbar sein* ▸ das lässt sich nicht, leicht, schwer beweisen; dagegen lässt sich nichts einwenden, nichts machen; das Fenster lässt sich leicht, schwer öffnen; der Wein lässt sich trinken ⟨umg.⟩ *der W. ist gut;* ich will sehen, was sich tun lässt; das lässt sich nicht vermeiden

läs|sig ⟨Adj.⟩ **1** *zwanglos* **2** *träge u. auf herablassende Art gleichgültig* **3** *nachlässig, unachtsam* ▸ ~ die Achseln zucken; ~ im Sessel sitzen; ~ mit der Hand winken; Abl *Lässigkeit*

Last ⟨die; -, -en⟩ **1** *Gewicht, Gewichtsdruck, etwas Schweres, Bürde;* Zus *Traglast* **2** *Fracht, Frachtgut* **3** ⟨Wirtsch.; meist Pl.⟩ ~en *Verbindlichkeiten, Schulden, Hypotheken, Steuern, Zinsen;* Zus *Steuerlast* **4** ⟨übertr.⟩ *etwas Bedrückendes, Schweres, drückende Sorge;* Zus *Schuldenlast, Sorgenlast* ▸ jmdm. eine ~ abnehmen, aufbürden; ~en befördern, schleppen ▸ schwere ~; soziale, steuerliche ~en ▸ eine ~ auf jmdn. abwälzen; er brach unter der ~ zusammen; frei von jeder ~; zu ~en = *zulasten;* jmdm. zur ~ fallen ⟨übertr.⟩ *lästig werden;* jmdm. etwas zur ~ legen ⟨übertr.⟩ *jmdn. einer Sache beschuldigen;* das Einkaufen wird ihm zur ~ ⟨übertr.⟩

Last|au|to ⟨das; -s, -s; umg.⟩ = *Lastkraftwagen*

las|ten ⟨V. intr.; las|tet, las|te|te, hat ge|las|tet⟩ auf jmdm. od. etwas ~ *auf jmdn. od. etwas als Last liegen, schwer drücken* ▸ alle Arbeit lastet auf ihm; auf dem Grundstück ~ hohe Schulden

Las|ten|aus|gleich ⟨der; -(e)s; unz.; Abk.: LA⟩ *Steuer zum Ausgleich von Schäden, die während der Zeit des Nationalsozialismus entstanden sind*

Las|ter[1] ⟨das; -s, -⟩ *sittlich nicht einwandfreie Gewohnheit, starke Untugend* ▸ Rauchen ist ein weitverbreitetes ~; Abl *lasterhaft*

Las|ter[2] ⟨der; -s, -; umg.; kurz für⟩ *Lastkraftwagen*

läs|tern ⟨V. intr.; läs|tert, läs|ter|te, hat ge|läs|tert; umg.⟩ (über jmdn. od. etwas) ~ *nachteilig od. boshaft über jmdn. od. etwas reden* ▸ kaum hatte er den Raum verlassen, begannen sie (über ihn) zu ~; sie lästert gern

läs|tig ⟨Adj.⟩ **1** *Überdruss, Abneigung u. Ungeduld hervorrufend* **2** *aufdringlich u. dadurch störend* **3** *unangenehm, beschwerlich, unbequem* ▸ ein ~er Schnupfen; ein ~er Mensch; eine ~e Pflicht; jmdm. ~ werden; jmdm. ~ sein *jmdn. stören;* seine Besuche werden mir allmählich ~

Last|kraft|wa|gen ⟨der; -s, -; Abk.: Lkw, LKW⟩ *Kraftwagen zur Güterbeförderung;* Syn ⟨umg.⟩ *Lastauto, Lastwagen;* Ggs *Personenkraftwagen* ▸ auf Autobahnen wird für ~ eine Mautgebühr erhoben; ein schwer beladener ~; der Fahrer des ~s wurde von der Polizei vernommen; keine Durchfahrt für ~

Last-Minute-Flug ⟨[la:stmɪnɪt-] der; -(e)s, -Flü|ge⟩ *sehr kurzfristig u. gegen Preisnachlass angebotene Flugreise*

Last|schrift ⟨die; -, -en; Bankw.⟩ *Eintragung einer Schuld od. eines vom Guthaben abzuziehenden Betrages auf einem Konto;* Ggs *Gutschrift (1)*

Last|tier ⟨das; -(e)s, -e⟩ *Tier, das zum Befördern von Lasten verwendet wird, z. B. Kamel, Esel;* Syn *Tragtier*

Last|wa|gen ⟨der; -s, -; kurz für⟩ *Lastkraftwagen;* Zus *Lastwagenfahrer(in)*

Last|zug ⟨der; -(e)s, -zü|ge⟩ *Lastkraftwagen mit mehreren gekoppelten Anhängern*

las|ziv ⟨Adj.; geh.⟩ *zweideutig, schlüpfrig, unanständig* (Bemerkung, Witz); Abl *Laszivität*

La|tein ⟨das; -s; unz.⟩ *Sprache der alten Römer, lateinische Sprache* ▸ ich bin mit meinem ~ am Ende ⟨übertr.⟩ *ich weiß nicht mehr weiter*

La|tein|ame|ri|ka|ner ⟨der; -s, -⟩ *Einwohner Lateinamerikas, d. h. des von den Spaniern u. Portugiesen kolonisierten Teils Amerikas (Süd-, Mittelamerika, Mexiko);* Syn *Iberoamerikaner;* Abl *Lateinamerikanerin*

la|tein|ame|ri|ka|nisch ⟨Adj.⟩ *Lateinamerika betreffend, zu ihm gehörig, aus ihm stammend;* Syn *iberoamerikanisch*

la|tei|nisch ⟨Adj.⟩ **1** ~e Sprache *urspr. Sprache des indogermanischen Volksstammes der Latiner, später der römischen Kirche, Grundlage der romanischen Sprachen* **2** ~e Schrift *die moderne Schulschrift*

la|tent ⟨Adj.⟩ **1** *(unterschwellig) vorhanden, aber nicht in Erscheinung tretend* **2** *ohne typische Merkmale* (Krankheit) ▸ eine ~e Gefahr; ~ vorhanden sein

La|ter|ne <die; -, -n> *durch Glas- od. Papiergehäuse geschützte Lichtquelle* ▸ am Martinstag laufen die Kinder singend mit ~n durch die Straßen; Zus *Laternenpfahl; Papierlaterne, Gartenlaterne, Straßenlaterne*

La|tex <der; -, -ti|zes> *Milchsaft der Kautschuk liefernden Pflanzen, Emulsion aus Kautschuk u. Wasser;* Zus *Latexfarbe*

La|ti|no <der; -s, -s> *Einwanderer aus Lateinamerika in die USA*

La|ti|num <das; -s; unz.> *Schulprüfung in der latein. Sprache bzw. Ergänzungsprüfung für Studenten, die in der Schule kein Latein gelernt haben* ▸ großes ~ *Latinum nach mindestens fünf Jahren Lateinunterricht in der Schule;* kleines ~ *Latinum nach dreijährigem Lateinunterricht in der Schule*

La|tri|ne <die; -, -n; veraltet> *Toilette, Klosett im Freien*

lat|schen <V. intr.; latscht, latsch|te, ist ge|latscht; umg.> irgendwohin ~ *schlürfend, schleppend od. achtlos gehen* ▸ durch die Geschäfte ~

Lat|te <die; -, -n> **1** *schmales, dünnes Brett, schwaches, oft halbrundes Bauholz;* Zus *Lattenzaun; Zaunlatte* **2** <übertr.; umg.; scherzh.> *langer, dünner Mensch* ▸ eine lange ~ von Wünschen <übertr.; umg.> *eine lange Liste von W.*

Lat|ten|rost <der; -(e)s, -e> *Rost aus Holzlatten (in Betten od. als Fußbodenbelag in Duschräumen o. Ä.)*

Lätz|chen <das; -s, -> *kleines Tuch, das Kindern beim Essen um den Hals gebunden wird*

Latz|ho|se <die; -, -n> *Hose mit Brustlatz*

lau <Adj.; -er, am -(e)s|ten> **1** *ein wenig warm* (Wasser) **2** *angenehm warm, nicht heiß, mild* (Wind, Wetter)

Laub <das; -(e)s; unz.> **1** *Blätterkleid von Bäumen u. Sträuchern* **2** *abgefallene, trockene Blätter* ▸ buntes, herbstliches, raschelndes ~

Laub|baum <der; -(e)s, -bäu|me; Bot.> *zu den Laubhölzern gehörender Baum;* Ggs *Nadelbaum*

Lau|be <die; -, -n> *Gartenhäuschen;* Zus *Gartenlaube*

Laub|höl|zer <Pl.; Bot.> *Holzpflanzen mit meist flächig ausgebildeten Blättern*

Laub|wald <der; -(e)s, -wäl|der> *Wald aus Laubbäumen;* Ggs *Nadelwald*

Lauch <der; -(e)s; unz.; Bot.> **1** *eine Gemüsegattung, zu der z. B. Zwiebel, Knoblauch u. Porree gehören* **2** <umg.> *Porree;* ⓘ S. 1002

Lau|da|tio <die; -, -ti|o|nes> *Lobrede (für Preisträger, auf Verstorbene u. a.)* ▸ eine ~ halten

Lau|er <die; -; unz.> *das Lauern, Hinterhalt* ▸ <nur in den Wendungen> auf der ~ liegen; sich auf die ~ legen

lau|ern <V. intr.; lau|ert, lau|er|te, hat lau|ert> **1** irgendwo od. auf jmdn. od. etwas ~ *auf der Lauer liegen, im Versteck warten* **2** <übertr.; umg.> auf jmdn. od. etwas ~ *sehnsüchtig, ungeduldig warten, wartend horchen* ▸ überall ~ Gefahren; ein ~der Blick

Lauf <der; -(e)s, Läu|fe> **1** *das Laufen* **2** *schnelle Gangart* **3** *sportlich betriebenes Laufen, bes. im Wettkampf;* Zus *Eislauf, Skilauf, Hindernislauf, Kurzlauf, Langstreckenlauf, Querfeldeinlauf, Waldlauf, Wettlauf* **4** *Verlauf, Entwicklung, Bewegung* **5** *Bahn, Strecke;* Zus *Flusslauf, Kreislauf* **6** *Rohr von Handfeuerwaffen;* Zus *Gewehrlauf* **7** *Bein (vom Hund, Hasen)* ▸ das ist der ~ der Dinge, <od.> der Welt *so ist es, so geht es nun einmal* ▸ wir müssen den Dingen ihren ~ lassen *wir müssen abwarten;* einer Sache (ihren) freien ~ lassen *sie nicht behindern;* die Sache nimmt nun ihren ~ *entwickelt sich selbsttätig* ▸ der obere, untere ~ eines Flusses *Teil* ▸ im ~ des Gesprächs; im ~e der Jahre, der Zeit *nach u. nach, allmählich*

Lauf|bahn <die; -, -en> *beruflicher Werdegang, Karriere* ▸ eine glänzende ~ vor sich haben

Lauf|bur|sche <der; -n, -n> *jmd., der Botengänge besorgt*

lau|fen <V.> **I** <V. intr.; läuft, lief, ist ge|lau|fen> **1** *sich mit schnellen Schritten leicht springend fortbewegen* (Person, Tier) **2** *zu Fuß gehen* **3** <übertr.> *in Gang sein, arbeiten* (Maschine) **4** <umg.> *sich entwickeln, vorwärtsgehen, funktionieren* (Angelegenheit) **5** *strömen, fließen, rinnen, tropfen* (Wasserhahn) ▸ ich bin gelaufen (nicht gefahren); er weiß, wie so etwas läuft <umg.> ▸ das Abonnement läuft noch zwei Monate <übertr.>; mein Antrag, meine Bewerbung läuft noch <übertr.> *wird noch bearbeitet;* das Blut lief aus der Wunde <übertr.>; in unserem Kino läuft ein neuer Film <übertr.> *wird ein neuer F. gezeigt;* der Motor läuft <übertr.>; die Nase läuft <übertr.> *an der Nase zeigt sich Schleim;* die Sache ist gut, schlecht gelaufen <umg.>; ein Schauer lief mir über den Rücken <übertr.>; der Schweiß lief ihm übers Gesicht <übertr.>; die Tränen liefen ihr über die Wangen <übertr.> ▸ das Kind kann schon ~; Wasser in die Wanne ~ lassen; das Kind soll ~ lernen ▸ ich kann in diesen Schuhen gut, schlecht ~; es lief mir kalt über den Rücken <übertr.>; langsam, schnell ~; die Linien ~ parallel <übertr.>; die Vorlesung läuft parallel mit der anderen <übertr.> *findet zur selben Zeit statt wie die andere* ▸ das Schiff ist auf Grund gelaufen <übertr.> *auf Grund gefahren* **II** <V. refl.; läuft, lief, hat ge|lau|fen; umg.> auf diesem Weg läuft es sich gut, schlecht *man kann auf diesem Weg gut, schlecht laufen;* sich eine Blase ~; sich die Füße wund ~ / wundlaufen **III** <V. trans.; läuft, lief, hat/ist ge|lau|fen> **1** eine Strecke ~ *erzielen, zurücklegen* **2** Rollschuh, Schlittschuh, Ski ~ *sich mittels R., Sch., S. fortbewegen* **3** <übertr.> Gefahr ~, etwas zu erleiden *sich dem Risiko aussetzen, etwas zu erleiden* ▸ du läufst Gefahr, dich lächerlich zu machen

lau|fend **I** <Part. Präs. von> *laufen* **II** <Adj.> **1** *dauernd, immer wieder neu, regelmäßig* **2** <übertr.> *ununterbrochen, ständig, immerzu* ▸ die ~en Arbeiten *die täglich zu erledigenden A.;* ~e Ausgaben, Unkosten; der ~e Monat *der jetzige M.;* ~e Nummer <Abk.: lfd. Nr.> *die Nummer in ei-*

ner Reihe ▸ das Telefon klingelte ~; ~ zu tun haben ⟨umg.⟩ *ständig* ▸ am ~en Band *am Fließband;* jmdn. auf dem Laufenden halten *ihm die sich ereignenden Dinge regelmäßig mitteilen;* auf dem Laufenden sein *Bescheid wissen über das, was geschieht*

Läu|fer ⟨der; -s, -⟩ **1** *jmd., der läuft;* Abl *Läuferin* **2** *jmd., der das Laufen sportlich betreibt;* Abl *Läuferin;* Zus *Kurzstreckenläufer, Langstreckenläufer, Schlittschuhläufer, Skiläufer* **3** ⟨Sp.; Fußb., Hockey u. a.⟩ *links bzw. rechts neben od. hinter dem Stürmer kämpfender Spieler* **4** *Schachfigur, Offizier, der diagonal ziehen u. schlagen kann* **5** *langer, schmaler Teppich;* Zus *Treppenläufer* **6** *lange, schmale Zierdecke auf der Tischdecke;* Zus *Tischläufer* ▸ ein ausdauernder, guter, schlechter, schneller ~ sein

Lauf|feu|er ⟨das; -s, -⟩ *Bodenfeuer, das sich im Gras weiterfrisst* ▸ die Nachricht verbreitete sich wie ein ~ ⟨übertr.⟩ *sehr schnell*

Lauf|git|ter ⟨das; -s, -⟩ *im Viereck aufstellbares Gitter für Kleinkinder;* Syn *Laufstall*

läu|fig ⟨Adj.⟩ *brünstig* (Hündin); Abl *Läufigkeit*

Lauf|kund|schaft ⟨die; -; unz.⟩ *Kundschaft, die nicht regelmäßig, sondern nur gelegentlich in einem Geschäft kauft*

L

Lauf|ma|sche ⟨die; -, -n⟩ *Masche, die sich gelöst hat u. die Reihen abwärtsgleitet (an Strumpfhosen)*

Lauf|pass ⟨der; -es; unz.⟩ **1** ⟨urspr.⟩ *Entlassungsbescheinigung* **2** ⟨übertr.⟩ *Abschied, Verabschiedung* ▸ sie hat ihm den ~ gegeben *sie hat die Beziehung mit ihm beendet, sich von ihm getrennt*

Lauf|rich|tung ⟨die; -, -en⟩ *Richtung, in die jmd. läuft od. in die etwas verläuft bzw. geführt wird*

Lauf|schritt ⟨der; -(e)s; unz.⟩ *Lauf, leicht springender Schritt, rasche Gangart* ▸ sich im ~ entfernen, nähern

Lauf|steg ⟨der; -(e)s, -e⟩ *erhöhter Steg, auf dem die Mannequins bei der Modenschau hin und her gehend die Modelle vorführen*

Lauf|werk ⟨das; -(e)s, -e⟩ **1** ⟨EDV⟩ *Bestandteile eines Rechners, in denen die auf entsprechenden Datenträgern befindlichen Daten gelesen werden od. in denen Datenträger mit Daten beschrieben werden;* Zus *Diskettenlaufwerk, DVD-Laufwerk, CD-ROM-Laufwerk* **2** ⟨allg.⟩ *Mechanismus zum Antrieb (einer Maschine)*

Lauf|zeit ⟨die; -, -en; Wirtsch.⟩ *Zeit bis zur Fälligkeit (einer Anleihe od. eines Wechsels)* ▸ ein Vertrag mit dreijähriger ~

Lau|ge ⟨die; -, -n⟩ **1** *technische Lösung der verschiedensten Stoffe* **2** *wässrige Lösung von Basen;* Zus *Seifenlauge*

Lau|gen|bre|zel ⟨die; -, -n⟩ *in Natronlauge getauchte, mit Salz bestreute Brezel*

Lau|ne ⟨die; -, -n⟩ **1** *augenblickliche Gemütsstimmung* **2** *einer momentanen Stimmung entspringender Einfall* ▸ die ~n des Wetters ⟨übertr.⟩ *rascher Wechsel des W.* ▸ ~n haben *Stimmungen unterworfen sein;* er hat seine ~n *ist launenhaft, unbeständig in der Gemütsstimmung;* jmdm. die ~ verderben ▸ gute, schlechte ~ haben; warum hast du heute schlechte ~?; guter, glänzender, schlechter ~ sein ▸ etwas aus einer ~ heraus tun; jmdn. bei (guter) ~ halten; er ist heute nicht bei ~ ⟨umg.⟩ *er hat heute schlechte Laune;* je nach (Lust und) ~ ▸ was hat er heute für eine ~?

lau|nen|haft ⟨Adj.; -er, am -es|ten⟩ *Launen unterworfen, rasch, grundlos die Stimmung wechselnd;* Abl *Launenhaftigkeit*

lau|nisch ⟨Adj.⟩ = *launenhaft*

Laus ⟨die; -, Läu|se; Zool.⟩ *ein kleines Insekt mit einem Saugrüssel, das Pflanzen, Menschen u. Tiere befällt* ▸ Läuse haben; ihm ist eine ~ über die Leber gelaufen ⟨übertr.; umg.⟩ *er hat schlechte Laune;* Zus *Blattlaus, Filzlaus, Kleiderlaus, Kopflaus*

Laus|bub ⟨der; -en, -en; oberdt.⟩ *frecher kleiner Bursche, Schlingel;* oV *Lausbube*

Lausch|an|griff ⟨der; -(e)s, -e; umg.⟩ *Abhören privater Räume u. Telefone durch Verfassungsschutz u. Polizei, bes. zur Bekämpfung des organisierten Verbrechens*

lau|schen ⟨V. intr.; lauscht, lausch|te, hat gelauscht⟩ **1** (irgendwo) ~ *horchen, unbemerkt zuhören* **2** jmdm. od. einer Sache ~ *jmdm. od. einer S. aufmerksam zuhören* ▸ der Musik ~; jmds. Worten ~; andächtig ~; an der Tür ~; Abl *Lauscher(in)*

lau|schig ⟨Adj.⟩ *einsam u. dabei gemütlich, traulich* ▸ ein ~es Plätzchen

lau|sen ⟨V. trans.; laust, laus|te, hat ge|laust⟩ jmdn. od. ein Tier ~ *an jmds. Körper od. im Fell eines Tieres Läuse suchen;* →a. *Affe*

lau|sig ⟨Adj.⟩ **I** ⟨attr.; präd.; adv.⟩ *schlecht, arm, armselig* ▸ ~e Zeiten **II** ⟨adv.; umg.⟩ *sehr* ▸ es ist ~ kalt

laut[1] ⟨Adj.; -er, am -es|ten⟩ **1** *deutlich vernehmbar, gut od. weithin hörbar;* Ggs *leise (1)* **2** ⟨übertr.⟩ *geräuschvoll* ▸ ~es Gelächter; ein ~er Schrei; eine ~e Straße *S. mit sehr viel Verkehr* ▸ auflachen: er lachte ~ auf; ~ aufschreien; ~ bellen; ~ lachen, singen, sprechen, weinen; ~ lesen *vorlesen, den Text beim Lesen sprechen;* so etwas darf man nicht ~ sagen *nicht öffentlich, nicht zu Außenstehenden;* ~ sein *Lärm machen;* seid nicht so ~!; im Klassenraum war es sehr ~

laut[2] ⟨Präp. m. Gen.; Abk.: lt.⟩ *gemäß dem Wortlaut, entsprechend, aufgrund von* ▸ ~ ärztlicher Verordnung; ~ meines Vertrages; ⟨ohne Endung -(e)s, wenn das Subst. ohne Art., Pron. od. Adj. steht⟩ ~ Bericht, ~ Vertrag; ~ Fahrplan kommt der Bus in zehn Minuten

Laut ⟨der; -(e)s, -e⟩ **1** *Schall, Ton, etwas Hörbares;* Abl *lautlos* **2** *durch die Sprechwerkzeuge hervorgebrachter Schall* **3** ⟨Phon.⟩ *kleinste akustische Einheit der menschlichen Sprache;* Abl *lautlich* ▸ einen ~ der Überraschung ausstoßen; der Hund gibt ~ *bellt kurz;* kein ~ war zu hören; keinen ~ von sich geben

lau|ten ⟨V. intr.; lau|tet, lau|te|te, hat ge|lau|tet⟩ **1** *(einen bestimmten) Wortlaut haben* (Antwort) **2** auf etwas ~ *etwas besagen* ▸ der Brief lautet wörtlich ...; das Urteil lautet auf fünf Jahre Gefängnis

läu|ten ⟨V.; läu|tet, läu|te|te, hat ge|läu|tet⟩ **I** ⟨V. intr.⟩ **1** *ertönen, klingen, Klang geben* (Glocke) **2** ⟨oberdt.⟩ irgendwo, bei jmdm. ~ *klingeln* **3** es läutet **3.1** *die Glocke läutet zum Gottesdienst* **3.2** ⟨oberdt.⟩ *es klingelt (an der Tür, zur Schulpause u. Ä.)* ▸ es läutet zur Kirche **II** ⟨V. trans.⟩ etwas ~ *ertönen lassen* ▸ der Küster läutet die Glocken; →a. *Glocke*

lau|ter ⟨Adj.⟩ **I** ⟨dekl.; geh.⟩ **1** ⟨a. übertr.⟩ *rein, echt, gediegen, unvermischt, ungetrübt* (Flüssigkeit) **2** ⟨übertr.⟩ *aufrichtig, ehrlich* (Absichten, Charakter, Mensch) ▸ ~es Gold; die ~e Wahrheit **II** ⟨undekl.⟩ *nichts als, nur* ▸ das sind ~ Lügen; aus, vor ~ Angst

läu|tern ⟨V. trans.; läu|tert, läu|ter|te, hat ge|läu|tert; geh.⟩ jmdn. ~ *zum Ablegen von Fehlern veranlassen, bessern* ▸ aus einem Unglück, Unheil geläutert hervorgehen; Abl *Läuterung*

laut|hals ⟨Adv.⟩ *laut, aus voller Kehle* ▸ er lachte ~ los; ~ schreien

Laut|ma|le|rei ⟨die; -, -en⟩ *Nachahmung von Naturlauten, Geräuschen od. Klängen durch ähnliche Sprachlaute, durch Häufung von Vokalen od. Konsonanten, z. B. in* knattern, rasseln, zirpen; Abl *lautmalerisch*

Laut|schrift ⟨die; -, -en; Phon.⟩ *phonetische Umschrift, Schriftzeichen zur Wiedergabe der Aussprache*

Laut|spre|cher ⟨der; -s, -⟩ **1** *Gerät, das Laute u. Musik (eines Radios, Fernsehers, einer Stereoanlage usw.) ausstrahlt* **2** ⟨kurz für⟩ *Lautsprecherbox* ▸ bitte achten Sie auf die Durchsage aus dem ~!; die Ansage des Moderators tönt aus dem ~

Laut|spre|cher|box ⟨die; -, -en⟩ *Gerät, das aus Lautsprecher u. Gehäuse besteht;* ⓘ S. 360

laut|stark ⟨Adj.⟩ **1** *sehr laut, geräuschvoll, lärmend* **2** ⟨übertr.⟩ *mit besonderem Nachdruck* ▸ ~ protestieren

Laut|stär|ke ⟨die; -, -n⟩ *Stärke des Schalls;* Syn *Lautstärkepegel* ▸ das Radio spielt wieder mit äußerster ~

lau|warm ⟨Adj.⟩ *lau, mäßig warm* ▸ ~es Bier servieren; das Essen ist nur ~

La|va ⟨[-va] die; -, La|ven⟩ *bei Vulkanausbrüchen ausgeworfenes, geschmolzenes Gestein (Magma);* Zus *Lavagestein, Lavastrom*

La|ven|del ⟨[-vɛn] der; -s; unz.; Bot.⟩ *eine Pflanze, deren Blüten zur Gewinnung eines in Parfümen gebrauchten ätherischen Öles benutzt werden;* Zus *Lavendelöl, Lavendelwasser*

la|vie|ren ⟨[-viː-] V. intr.; la|viert, la|vier|te, hat la|viert; übertr.⟩ sich durch etwas ~ *sich sehr geschickt durch Schwierigkeiten hindurchwinden;* →a. *durchlavieren*

La|wi|ne ⟨die; -, -n⟩ **1** *herabstürzende Schnee-, Eis- od. Steinmasse im Hochgebirge;* Zus *Lawinengefahr* **2** ⟨übertr.⟩ *Unmenge* ▸ eine ~ auslösen ⟨a. übertr.⟩; sie wurden von einer ~ verschüttet; eine ~ von Zuschriften ⟨übertr.⟩

lax ⟨Adj.; -er, am -es|ten; häufig abwertend⟩ **1** *locker, nicht straff* (Disziplin) **2** *lässig* (Benehmen); Abl *Laxheit*

Lay-out *auch:* **Lay|out** ⟨[lɛɪaʊt] das; -s, -s⟩ *Entwurf für Text- u. Bildgestaltung;* Abl *Layouter(in)*

La|za|rett ⟨das; -(e)s, -e; Mil.⟩ *Krankenhaus, -lager für verwundete Soldaten, Militärkrankenhaus*

...le ⟨Verkleinerungssilbe zur Bildung sächl. Substantive; das; -s, -; schwäb.⟩ z. B. Brüderle, Häusle, Ländle, Mädle

lea|sen ⟨[liːzən] V. trans.; least, leas|te, hat ge|least⟩ ein Auto ~ *mieten*

Lea|sing ⟨[liː-] das; -s, -s⟩ *Mieten od. Vermieten von Investitions- u. langlebigen Gebrauchsgütern* ▸ ~ von Industrieanlagen; Zus *Leasingrate*

Le|be|mann ⟨der; -(e)s, -män|ner⟩ *Mann, der genießerisch u. ausschweifend lebt;* Abl *lebemännisch*

leben/wohnen

Die Verben *leben* und *wohnen* sind zwar bedeutungsverwandt, stimmen aber im Sinn nicht überein. *Leben* meint „am Leben sein, sein Leben verbringen, sein Leben führen“: *Wir leben seit drei Jahren in Deutschland. Sie leben sehr bescheiden.*
Hingegen bezieht sich *wohnen* ganz konkret auf die Wohnung, d. h die Unterkunft. Man sagt also: *Ich wohne in Hamburg. Meine Eltern wohnen in der Wagnerstraße. Er wohnt zur Miete. Sie wohnt vorübergehend im Hotel.*

le|ben ⟨V.; lebt, leb|te, hat ge|lebt⟩ **I** ⟨V. intr.⟩ **1** *am Leben sein* **2** (irgendwie) ~ *sein Leben verbringen, sein Leben führen* **3** (irgendwo) ~ *ständig wohnen* ▸ er lebe hoch! *(Trinkspruch);* er lebt nicht mehr *er ist tot;* so wahr ich lebe! *(Beteuerung der Wahrheit)* ▸ für seine Arbeit ~ *sich ganz seiner Arbeit widmen;* das Kind hat nur zwei Tage gelebt ▸ (nicht) genug zu ~ haben *einen (nicht) ausreichenden Lebensunterhalt haben;* er hat nicht mehr lange zu ~ *er ist todkrank, er wird bald sterben;* jmdn. ~ lassen *jmdn. nicht töten;* ~ und ~ lassen *sein eigenes Leben führen, wie es einem gefällt, u. auch den anderen nicht in ihre Lebensweise hineinreden;* das Bild scheint zu ~ *ist lebensecht gemalt* ▸ allein ~; bescheiden ~; gesund, vegetarisch ~; getrennt ~ (Ehepaar); leb wohl, ~ Sie wohl! *(Abschiedsgruß)* ▸ er lebt bei seinen Eltern; er lebt ganz für seine Kinder ~ *er widmet sich ganz seinen K.;* in Bochum, in Amerika ~; in der Stadt, auf dem Land ~; im Wasser, auf Bäumen ~ (Tiere); über seine Verhältnisse ~ *mehr Geld ausgeben, als man eigentlich dürfte;* von Brot, Milch und Eiern ~ *sich von Brot usw. ernähren;* er lebt (nur) von seiner Rente ▸ die Lebenden und die Toten; ein noch ~der Schriftsteller; ~de Sprachen *S., die noch gesprochen werden;* Ggs *tote Sprachen;* er weilt nicht mehr unter den Lebenden **II** ⟨V. refl.; unpersönl.⟩ hier lebt es sich gut, angenehm, schön *hier kann man gut usw. leben* **III** ⟨V. trans.; nur in bestimmten Wendungen⟩ er lebt ein behagliches, trauriges Leben; jeder muss sein eigenes Leben ~ *sein Leben so einrichten, wie es ihm entspricht*

Le|ben ⟨das; -s, -⟩ **1** *Daseinsform von Menschen, Tieren, Pflanzen;* Zus *Lebensretter(in), Lebenszeit; lebensbedrohend, lebensbedrohlich, lebensbejahend, lebenserhaltend, lebensnotwendig, lebensrettend, lebenswichtig* **2** *Zeit des Daseins, Lebensdauer (eines Lebewesens);* Zus *Lebenserfahrung, Lebensjahr; lebensverlängernd* **3** *Lebenskraft, Unternehmungsgeist* **4** *Wirken, Wirksamkeit* **5** *Tätigkeit, Geschäftigkeit* **6** *Lebensweise* ▸ der Ernst des ~s; das ~ Goethes, Schillers; Herbst des ~s ⟨übertr.⟩ *beginnendes Alter (3);* das ~ der Insekten; Gefahr für Leib und ~; er verbrachte den Rest seines ~s in Berlin; das ~ der Indianer erforschen; das ~ und Treiben auf den Straßen ▸ hier möchte ich mein ~ beschließen; sein ~ (für jmdn.) einsetzen *sich in Lebensgefahr begeben;* sein ~ hängt an einem (seidenen) Faden *er schwebt in Lebensgefahr;* sein ~ (für jmdn. od. eine Sache) hingeben; sich das ~ nehmen *Selbstmord begehen;* einem Kind das ~ schenken ⟨geh.⟩ *ein K. gebären;* einem Verurteilten das ~ schenken *einen V. begnadigen;* sein: so ist das ~!; sein ~ einer Idee, einer Sache widmen; sein ~ mit wissenschaftlichen Studien o. Ä. zubringen ▸ ein geruhsames, stilles, zurückgezogenes ~ führen; das kulturelle, politische, wirtschaftliche ~ einer Stadt, einer Zeit; ein neues ~ anfangen ⟨übertr.⟩ *neue, gute Vorsätze fürs Leben fassen, sein Leben ändern;* er steckt (noch) voller ~ ▸ am ~ bleiben *nicht sterben;* er ist nicht mehr am ~ *er ist tot;* der Stoff dieses Romans ist aus dem ~ gegriffen; sich durchs ~ schlagen *mit einiger Mühe u. unregelmäßig seinen Lebensunterhalt verdienen;* das tue ich für mein ~ gern *sehr gern;* im (wirklichen) ~ ist es ganz anders (als im Märchen, Roman, Film); nie im ~! ⟨umg.⟩ *niemals, auf gar keinen Fall;* ~ in eine Gruppe, einen Betrieb bringen *Schwung, Lebendigkeit;* eine Sache ins ~ rufen *mit einer S. beginnen, etwas gründen, einrichten;* er ist mit dem ~ davongekommen *nach Todesgefahr am Leben geblieben;* jmdm. nach dem ~ trachten *jmdn. töten wollen;* ums ~ kommen *tödlich verunglücken;* zwischen ~ und Tod schweben *in Todesgefahr, (bes.) todkrank sein*

le|ben|dig ⟨Adj.⟩ **1** *lebend, am Leben befindlich* **2** ⟨übertr.⟩ **2.1** *lebhaft, munter, rege* (Person, Geist) **2.2** *lebensecht, ausdrucksvoll* (Bild) ▸ das Buch ist sehr ~ geschrieben; er hat die Geschichte sehr ~ erzählt; die alten Zeiten wurden wieder ~; sie sind beide noch jung und ~; die Kinder waren heute sehr ~ *wild;* bei ~em Leibe verbrennen; Abl *Lebendigkeit*

Le|bens|abend ⟨der; -s; unz.⟩ *Alter (3)* ▸ seinen ~ beschaulich, still, in Ruhe verbringen

Le|bens|ab|schnitt ⟨der; -(e)s, -e⟩ *abgeschlossene Periode, Phase im Verlauf des Lebens, z. B. Kindheit, Zeit der Familiengründung, Rentenalter;* Zus *Lebensabschnittspartner(in)*

Le|bens|al|ter ⟨das; -s, -⟩ **1** *ein Lebensabschnitt, z. B. Kindheit, Jugend* **2** *Stufe der körperlichen u. seelisch-geistigen Entwicklung*

Le|bens|ar|beits|zeit ⟨die; -, -en⟩ *Gesamtzahl an Jahren zw. Berufseinstieg u. Pensionierung* ▸ die Rentenversicherungen fordern eine Verlängerung der ~

Le|bens|art ⟨die; -; unz.⟩ **1** *gute, kultivierte Umgangsformen* **2** *Fähigkeit, sich das Leben schön u. lebenswert zu machen, bes. mit kleinen Dingen*

Le|bens|auf|ga|be ⟨die; -, -n⟩ *Aufgabe, der man sein ganzes Leben widmet, Ziel des Lebens*

Le|bens|be|din|gung ⟨die; -, -en; meist Pl.⟩ *zum Leben notwendige Bedingung* ▸ gute ~en

Le|bens|dau|er ⟨die; -; unz.⟩ **1** *Lebenszeit* **2** *Zeitdauer der Arbeitsfähigkeit (einer Maschine)*

le|bens|echt ⟨Adj.; -er, am -es|ten⟩ *dem Leben entsprechend, so, wie das Leben wirklich ist*

Le|bens|en|de ⟨das; -s; unz.⟩ *Tod* ▸ bis an sein ~

Le|bens|er|in|ne|run|gen ⟨Pl.⟩ *(aufgezeichnete) Erinnerungen aus dem eigenen Leben, Memoiren*

Le|bens|er|war|tung ⟨die; -, -en⟩ *Zeitraum, den ein Mensch wahrscheinlich durchleben wird* ▸ hohe, niedrige ~

le|bens|fä|hig ⟨Adj.⟩ **1** *imstande zu leben* **2** *den Anforderungen des Lebens gewachsen* ▸ ~es neugeborenes Kind; das Kind war nicht ~; Abl *Lebensfähigkeit*

Le|bens|form ⟨die; -, -en⟩ *die Form, Art, sich sein Leben einzurichten, sein Leben zu gestalten*

Le|bens|freu|de ⟨die; -; unz.⟩ *Freude am Leben, am Dasein*

le|bens|froh ⟨Adj.; -er, am -(e)s|ten⟩ *froh, dass man lebt, frisch, froh u. glücklich, lebensbejahend* ▸ ein ~er Mensch

Le|bens|füh|rung ⟨die; -; unz.⟩ *äußere od. (u.) sittliche Gestaltung des Lebens* ▸ einwandfreie ~

Le|bens|ge|fahr ⟨die; -; unz.⟩ *Gefahr, das Leben zu verlieren, zu sterben* ▸ Achtung, ~!; das Kind ist außer ~; er schwebt in ~; Abl *lebensgefährlich*

Le|bens|ge|fähr|te ⟨der; -n, -n⟩ **1** *Ehemann* **2** *Mann, der mit einer Frau (od. einem Mann) den Lebensweg gemeinsam geht;* Abl *Lebensgefährtin*

Le|bens|geis|ter ⟨Pl.; übertr.⟩ *Leben, Lebendigkeit, Munterkeit* ▸ seine ~ wecken *wieder munter werden;* meine ~ sind wieder erwacht

Le|bens|ge|mein|schaft ⟨die; -, -en⟩ *eheliche od. eheähnliche Gemeinschaft von Mann u. Frau od. zwei gleichgeschlechtlichen Personen*

Le|bens|ge|schich|te ⟨die; -, -n⟩ *Verlauf des Lebens* ▸ seine ~ erzählen, schreiben

Le|bens|ge|wohn|heit ⟨die; -, -en; meist Pl.⟩ *Art zu leben, Gewohnheit im täglichen Leben* ▸ die ~en fremder Völker; seine ~en umstellen

le|bens|groß ⟨Adj.⟩ *in natürlicher Größe* ▸ ~es Bild; ein Tier ~ abbilden

Le|bens|hal|tungs|kos|ten ⟨Pl.⟩ *Ausgaben für Wohnung, Essen, Kleidung u. Ä.*

Le|bens|hil|fe ⟨die; -, -n⟩ **1** *Hilfe zur Bewältigung von schwierigen Situationen im Leben* **2** *im sozialen Bereich tätige Organisation*

Le|bens|in|halt ⟨der; -(e)s, -e⟩ *Sache od. Mensch, der jmds. Leben Sinn gibt* ▸ Tiere sind ihr ~

Le|bens|künst|ler ⟨der; -s, -⟩ *jmd., der das Beste aus seinem Leben zu machen versteht, der sich bes. mit kleinen Dingen das Leben schön u. froh zu gestalten versteht;* Abl *Lebenskünstlerin*

Le|bens|la|ge ⟨die; -, -n⟩ *Lage, Situation im Leben* ▸ sich in allen ~n zurechtfinden

le|bens|lang ⟨Adj.⟩ *lebenslänglich, das ganze Leben hindurch dauernd* ▸ zu ~er Haft verurteilt werden

le|bens|läng|lich ⟨Adj.⟩ *dauernd, das ganze Leben hindurch, bis zum Tode dauernd* ▸ ~e Gefangenschaft; jmdn. zu ~er Haft verurteilen

Le|bens|lauf ⟨der; -(e)s, -läu|fe⟩ *kurze Lebensbeschreibung, Schilderung des Bildungsganges (bei Bewerbungen)* ▸ Zeugnisse und handschriftlicher ~; eine Bewerbung mit ~

Le|bens|lust ⟨die; -; unz.⟩ *Lust zu leben;* Abl *lebenslustig*

Le|bens|mit|tel ⟨das; -s, -; meist Pl.⟩ *etwas, was gegessen od. getrunken wird u. der Ernährung dient;* Syn *Nahrungsmittel* ▸ in dem Flüchtlingslager sind die ~ ausgegangen; ich muss heute noch ~ einkaufen; die Preise für ~ sind im vergangenen Jahr um 5 gestiegen; Zus *Lebensmittelchemie, Lebensmittelgeschäft, Lebensmittelvergiftung*

le|bens|mü|de ⟨Adj.⟩ **1** *des Lebens müde, sich nach dem Tode sehnend* **2** ⟨iron.⟩ *sehr leichtsinnig* ▸ auf diesen Felsen willst du klettern, bist du ~?

le|bens|nah ⟨Adj.; -nä|her; ohne Superl.⟩ *lebensecht, dem wirklichen Leben entsprechend* (Roman, Drama, Film, Figur)

Le|bens|part|ner ⟨der; -s, -⟩ *Partner auf dem gemeinsamen Lebensweg, Lebensgefährte;* Abl *Lebenspartnerin*

Le|bens|qua|li|tät ⟨die; -, -en⟩ *Gesamtheit der individuellen sozialen Lebensverhältnisse in einer Gesellschaft, die über den materiellen Wohlstand hinausgehend eine Reihe von Annehmlichkeiten ermöglichen, z. B. durch Umweltschutz, verantwortlichen Umgang mit Rohstoff- u. Energiequellen, humane Gestaltung der Lebens- u. Arbeitsbedingungen u. a.*

Le|bens|raum ⟨der; -(e)s, -räu|me⟩ **1** ⟨Biol.⟩ = *Biotop* **2** *Raum, den ein Mensch od. eine (Völker-)Gemeinschaft zum Leben benötigt* ▸ eine feuchtwarme Umgebung bietet den Amphibien den idealen ~

Le|bens|si|tu|a|ti|on ⟨die; -, -en⟩ *augenblickliche Lebensbedingung bzw. Lebenslage*

Le|bens|stan|dard ⟨der; -s, -s⟩ *Qualität der Lebensumstände* ▸ ein hoher, niedriger ~

Le|bens|stil ⟨der; -(e)s, -e⟩ *Art der Lebensführung* ▸ bescheidener, großzügiger, kultivierter ~

Le|bens|traum ⟨der; -(e)s, -träu|me⟩ *etwas, das man sich vom Leben erträumt* ▸ sich einen ~ erfüllen; sein ~ ist in Erfüllung gegangen

Le|bens|um|stän|de ⟨Pl.⟩ *Umstände, die das Leben bestimmen*

Le|bens|un|ter|halt ⟨der; -(e)s; unz.⟩ **1** *die lebensnotwendigen Dinge, Nahrung, Kleidung u. Wohnung* **2** *die Kosten dafür* ▸ seinen od. jmds. ~ bestreiten; für jmds. ~ sorgen

Le|bens|ver|si|che|rung ⟨die; -, -en⟩ *Versicherung gegen einen finanziellen Verlust infolge der Unsicherheit der Lebensdauer wie auch zur Verbesserung der finanziellen Lage im Alter* ▸ eine ~ abschließen; die ~ wird in zwei Jahren fällig

Le|bens|wan|del ⟨der; -s; unz.⟩ *Art der Lebensführung, bes. in sittl. Hinsicht* ▸ einen (nicht) einwandfreien ~ führen; ein unsteter ~

Le|bens|weg ⟨der; -(e)s, -e; übertr.⟩ **1** *Leben* **2** *Laufbahn* ▸ einen gemeinsamen ~ gehen wollen *heiraten wollen;* wir wünschen Ihnen Glück für Ihren weiteren ~

Le|bens|wei|se ⟨die; -, -n⟩ *die Art u. Weise, wie man lebt, bes. in Bezug auf Gesundheit u. Ernährung* ▸ die ~ eines Tieres, eines Volkes; gesunde, vegetarische ~

Le|bens|weis|heit ⟨die; -, -en⟩ **I** ⟨unz.⟩ *aus der Lebenserfahrung erwachsene Weisheit* **II** ⟨zählb.⟩ *Weisheit, weise Aussage über das Leben*

Le|bens|werk ⟨das; -(e)s, -e⟩ *schöpferische Leistung während des gesamten Lebens* ▸ diese Bücher sind sein ~

le|bens|wert ⟨Adj.⟩ *wert, gelebt zu werden* ▸ ein ~es Leben führen

Le|bens|zei|chen ⟨das; -s, -⟩ *Zeichen des noch vorhandenen Lebens, z. B. Herzschlag, Atem* ▸ ein ~ von jmdm. erhalten *einen Brief, Gruß (bes. nach langer Zeit)*

Le|ber ⟨die; -, -n⟩ **1** ⟨Anat.⟩ *großes Organ in der Bauchhöhle der Wirbeltiere u. des Menschen, das den Eiweiß- u. Zuckerstoffwechsel regelt* **2** *Tierleber als Speise;* Zus *Gänseleber, Kalbsleber*

Le|ber|fleck ⟨der; -(e)s, -e⟩ *brauner Pigmentfleck auf der Haut*

Le|ber|kä|se ⟨der; -s; unz.⟩ *(bes. in Süddtschld. beliebtes) Fleischgericht aus sehr fein gehacktem Kalb- u. Schweinefleisch, Speck u. Gewürzen;* Syn *Fleischkäse*

Le|ber|knö|del ⟨der; -s, -⟩ *Kloß aus feingeschnittener Leber u. a. Zutaten*

Le|ber|tran ⟨der; -s; unz.⟩ *aus frischer Leber von Dorsch, Kabeljau od. Schellfisch gewonnenes Öl*

Le|ber|wurst ⟨die; -, -würs|te⟩ *mit Leber zubereitete Wurst* ▸ die beleidigte, gekränkte ~ sein, spielen ⟨übertr.; umg.⟩ *ohne wirklichen Grund beleidigt, gekränkt sein*

Le|be|we|sen ⟨das; -s, -⟩ *lebender Körper, lebende Zelle, Verband lebender Zellen*

Le|be|wohl ⟨das; -s, -s⟩ *Abschiedsgruß* ▸ jmdm. ~ sagen *Abschied nehmen, sich verabschieden*

leb|haft ⟨Adj.; -er, am -es|ten⟩ **1** *munter, rege* (Person) **2** *schwungvoll, anregend* (Gespräch) **3** *voller Leben, beweglich, bewegt* (Augen) **4** *genau, deutlich* (Erinnerung) ▸ ~er **Beifall** *kräftiger Beifall;* jmdn. od. etwas in ~er **Erinnerung** haben; eine ~e **Fantasie** haben; ~e **Farben** *kräftige F.;* ein ~es **Interesse** an etwas haben *sehr interessiert sein;* ein ~es **Kind,** ~es **Treiben** auf dem Markt, den Straßen ▸ das kann ich mir ~ **vorstellen!**; Abl *Lebhaftigkeit*

L M N O P Q R S T U V W X Y Z

Leb|ku|chen ⟨der; -s, -; bes. süddt. u. westdt.⟩ *stark gewürztes, mit Honig gesüßtes Gebäck für die Weihnachtszeit;* Syn *Pfefferkuchen;* Zus *Lebkuchenhaus, Lebkuchenherz*

leb|los ⟨Adj.⟩ *ohne Zeichen von Leben, tot;* Abl *Leblosigkeit*

Leb|tag ⟨der; -(e)s, -e; umg.; bes. süddt.⟩ *das ganze Leben* ▸ ⟨in den Wendungen⟩ mein, sein, ihr ~; das habe ich mein ~ noch nicht gesehen

Leb|zei|ten ⟨Pl.⟩ *Zeit, in der jmd. gelebt hat* ▸ ⟨in den Wendungen⟩ zu ~, bei ~; zu ~ meiner Mutter, zu ihren ~ *als meine Mutter noch lebte*

lech|zen ⟨V. intr.; lechzt, lechz|te, hat ge|lechzt⟩ nach etwas ~ *nach etwas schmachten, begierig auf etwas sein* ▸ nach Wasser ~

leck ⟨Adj.⟩ *undicht, wasserdurchlässig, mit einem Loch versehen* ▸ ein ~es Dach; das Schiff ist ~; ~ schlagen = *leckschlagen*

Leck ⟨das; -s, -s⟩ *beschädigte, undichte Stelle, Loch (eines Schiffes, Kessels, einer Vakuumanlage)* ▸ ein ~ dichten, stopfen

le|cken[1] ⟨V. intr.; leckt, leck|te, hat ge|leckt⟩ *leck sein* ▸ das Boot, der Kessel leckt

le|cken[2] ⟨V. trans. u. V. intr.; leckt, leck|te, hat geleckt⟩ an etwas od. (jmdm.) etwas ~ *mit der Zunge über etwas gleiten* ▸ leck mich (am Arsch)! ⟨derb⟩ *(grobe Abweisung);* der Hund leckte seinem Herrn die Hand; eine Wunde ~; an etwas ~; sich die Lippen, die Finger nach etwas ~ *lüstern auf etwas sein, etwas sehr gern haben wollen;* wie geleckt aussehen ⟨umg.⟩ *äußerst sauber u. fein zurechtgemacht*

le|cker ⟨Adj.⟩ *sehr wohlschmeckend, appetitlich, appetitanregend* ▸ ein ~es Eis; ~ angerichtete Speisen; das sieht sehr ~ aus; das Essen war ~

Le|cker|bis|sen ⟨der; -s, -⟩ *etwas bes. Gutes zu essen* ▸ allerlei ~ servieren

Le|cke|rei ⟨die; -, -en⟩ *etwas Gutes für Feinschmecker, (bes.) Süßigkeit*

leck|schla|gen *auch:* **leck schla|gen** ⟨V. intr.; schlägt leck, schlug leck, ist leck|ge|schla|gen, leck|zu|schla|gen⟩ ein Schiff schlägt leck *bekommt ein Leck (durch äußere Einwirkung)*

Le|der ⟨das; -s, -⟩ **1** *gegerbte Tierhaut;* Zus *Lederriemen, Ledertasche, Lederwaren; Krokodilleder, Rindsleder, Ziegenleder* **2** *Lederlappen zum Putzen;* Zus *Fensterleder* **3** *Kleidungsstück o. Ä. aus Leder (1);* Zus *Lederhose, Lederjacke, Ledermantel, Lederschuh, Ledertasche* **4** ⟨Sp.⟩ *Fuß- od. Handball* ▸ (dicht) am ~ bleiben ⟨Sp.⟩ *am Ball bleiben, den Ball eng führen;* jmdm. ans ~ wollen ⟨übertr.⟩ *jmdn. angreifen (wollen);* die Handtasche ist aus ~; Schuhe aus ~ tragen; in ~ gebundenes Buch

le|dern ⟨Adj.⟩ *aus Leder* ▸ eine ~e Handtasche

le|dig ⟨Adj.⟩ *unverheiratet* ▸ er ist noch ~; sind Sie ~ oder verheiratet?; aller Verpflichtungen, Sorgen ~ sein ⟨geh.⟩ *frei, befreit davon sein*

le|dig|lich ⟨Adv.⟩ *nur, bloß* ▸ ich habe ihm ~ die Tatsachen berichtet; es ist ~ eine Formsache

Lee ⟨die; -; unz.; Mar.⟩ *die dem Wind abgekehrte Seite;* Syn *Leeseite;* Ggs *Luv*

leer ⟨Adj.⟩ **1** *nichts enthaltend, entleert;* Zus *leer machen / leermachen* **2** *frei, unbesetzt* **3** ⟨übertr.⟩ *gehaltlos, inhaltslos, nichtssagend* ▸ ~er **Blick** ⟨übertr.⟩; ~e **Drohungen** machen *D., die man nicht wahrmacht;* das sind alles ~e **Versprechungen** *V., die nicht eingehalten werden* ▸ wir werden ~ **ausgehen** *nichts bekommen;* **sein:** mein Glas ist ~; der Kühlschrank ist ~; ist der Platz noch ~? *frei;* die Wohnung, das Haus, Zimmer **steht** ~ *ist unbewohnt, unmöbliert* ▸ **halb,** ganz ~; die Stadt, die Straße war **öd** und ~; ~ **stehend** = *leerstehend* ▸ **mit** ~en Händen kommen *ohne Geschenk, ohne Geld;* mit ~em Magen; **vor** ~em Haus spielen ⟨Theat.⟩ *vor nur wenigen Zuschauern*

Lee|re ⟨die; -; unz.⟩ *das Leersein;* Syn *Leerheit* ▸ ins ~ starren; gähnende ~ ⟨übertr.⟩

lee|ren ⟨V.; leert, leer|te, hat ge|leert⟩ **I** ⟨V. trans.⟩ etwas ~ *leermachen, den Inhalt herausnehmen aus, ausschütten* ▸ eine Flasche Wein ~ *trinken;* seine Taschen ~; den Teller ~ *aufessen, was auf dem T. liegt;* das Glas auf einen Zug ~; Abl *Leerung* **II** ⟨V. refl.⟩ sich ~ *leer werden* ▸ der Saal leerte sich *die Menschen verließen den S.*

Leer|gut ⟨das; -(e)s, -gü|ter⟩ *leere Behälter (Kisten, Flaschen, Gläser usw.)* ▸ ~ bitte zurück

Leer|lauf ⟨der; -(e)s; unz.⟩ **1** *Lauf (eines Motors) ohne Arbeitsleistung* **2** ⟨übertr.⟩ *nutzlose Bemühungen, nutzlose Arbeit*

leer|lau|fen ⟨V. intr.; läuft leer, lief leer, ist leer|gelau|fen, leer|zu|lau|fen⟩ *völlig auslaufen* ▸ das Fass ist völlig leergelaufen

Leer|schlag ⟨der; -(e)s, -schlä|ge; schweiz.⟩ = *Leerzeichen*

leer|ste|hend *auch:* **leer ste|hend** ⟨Adj.⟩ *unmöbliert, unbewohnt* ▸ eine ~e Wohnung

Leer|stel|le ⟨die; -, -n⟩ **1** *leere, nicht ausgefüllte Stelle* **2** ⟨auf Tastaturen⟩ *durch Drücken der Leertaste erzeugter Zwischenraum zwischen zwei Zeichen (Buchstaben, Zahlen)*

Leer|tas|te ⟨die; -, -n; auf Tastaturen⟩ *Taste für den Zwischenraum*

Leer|zei|chen ⟨das; -s, -⟩ *Zwischenraum zwischen zwei Buchstaben (durch den Anschlag der Leertaste);* Syn ⟨schweiz.⟩ *Leerschlag*

le|gal ⟨Adj.⟩ *gesetzlich, dem Gesetz entsprechend;* Ggs *illegal* ▸ sein Vorgehen war nicht ~

le|ga|li|sie|ren ⟨V. trans.; le|ga|li|siert, le|ga|li|sier|te, hat le|ga|li|siert⟩ etwas ~ *legal, gesetzlich machen, amtlich bestätigen;* Abl *Legalisierung*

Le|g|as|the|nie ⟨die; -, -n⟩ = *Lese-Rechtschreib-Schwäche;* Abl *Legastheniker(in)*

le|gen ⟨V.; legt, leg|te, hat ge|legt⟩ **I** ⟨V. trans.⟩ **1** jmdn. od. etwas (irgendwohin) ~ *in liegende Stellung, zum Liegen bringen* **2** etwas irgendwohin ~ *an einen Platz tun* ▸ du musst die **Flaschen** ~, nicht stellen; **Eier** ~ *Eier aus dem Körper ausstoßen* (Vogel), *laichen* (Fisch); **Feuer** ~ *ein Haus anzünden;* **Fliesen,** Parkett ~ *auf Wand od. Fußboden anbringen;* das **Fundament,** den Grundstein (zu etwas) ~ ⟨a. übertr.⟩ *für etwas die Voraussetzungen schaffen;* **Gas,** Kabel,

L

Rohre, Wasserleitung ~ *einrichten, installieren;* Karten ~ *aus K. wahrsagen* ▸ einen Hund an die Kette ~ *an der K. festmachen;* seinen Kopf an jmds. Schulter ~; Nachdruck auf etwas ~ *etwas hervorheben, bes. betonen;* ich lege Wert darauf, dass ihr kommt *es ist mir wichtig, dass ihr kommt;* jmdm. die Hand auf die Schulter ~; das Buch auf den Tisch ~; den Akzent auf ein Wort, eine Silbe ~ *ein W., eine S. betonen;* etwas aus der Hand ~ *beiseitetun;* jmdn. in Fesseln, in Ketten ~ *fesseln, anketten;* sich auf einer Decke in die Sonne ~; jmdm. den Arm um die Schultern ~ **II** ⟨V. intr.⟩ *Eier legen* (Huhn) ▸ die Hühner ~ jetzt gut **III** ⟨V. refl.⟩ **1** sich (irgendwohin) ~ *sich hinlegen, sich lang ausstrecken* **2** sich ~ *aufhören* (Wind, Zorn) **3** sich ~ *nachlassen* (Aufregung, Lärm) ▸ sich schlafen ~ ▸ sich aufs Bett, aufs Sofa ~; sich auf die Seite, auf den Rücken, Bauch ~; sich ins Bett ~; der Nebel legte sich über das Tal ⟨übertr.⟩ *hüllte es unter einer Nebeldecke ein*

legen/liegen

Ein im Deutschen häufig mit Vorsilben (wie *ab-*, *hin-* oder *vor-*) verwendetes Verb ist das Verb *legen.* Es hat die Grundbedeutung „bewirken, dass jemand oder etwas liegt", bezeichnet also eine Handlung: *Ich lege das Buch zurück ins Regal. Wer hat das Geld auf den Tisch gelegt? Er legte sich aufs Sofa.*
Demgegenüber drückt das Verb *liegen,* das stark konjugiert wird, aus, dass „jemand oder etwas sich in einer waagerechten Position befindet". Auf Personen bezogen bedeutet es häufig, dass sich jemand auf einer Unterlage (auf dem Boden, im Bett o. Ä.) ausgestreckt hat: *Das Buch liegt auf dem Tisch. Sie liegt auf dem Boden. Er lag im Bett. Wir haben zwei Stunden am Strand in der Sonne gelegen.*

le|gen|där ⟨Adj.⟩ **1** *legendenhaft, sagenhaft* **2** ⟨übertr.⟩ *unglaubhaft, unvorstellbar, unwahrscheinlich* **3** *zur Legende geworden* ▸ seine Auftritte waren ~

Le|gen|de ⟨die; -, -n⟩ **1** *Heiligenerzählung, Sage von frommen Menschen* **2** *lange vergangenes, nicht mehr nachweisbares u. oft fantasievoll ausgeschmücktes historisches Ereignis* **3** *unglaubwürdige Geschichte* **4** *erläuternder Text zu Karten, Abbildungen u. Ä.;* Zus *Bildlegende* ▸ die ~ vom versunkenen Schatz; dieses Ereignis ist längst zur ~ geworden

le|ger ⟨[leʒɛːr] Adj.⟩ *ungezwungen, zwanglos, formlos* ▸ ~es Benehmen; sich ~ kleiden

Leg|gins ⟨Pl.⟩ *modisch bunte Überziehstrümpfe, die von den Fußknöcheln bis zu den Oberschenkeln reichen;* oV *Leggings*

Le|gie|rung ⟨die; -, -en⟩ *Gemisch aus mindestens zwei Metallen, denen auch noch weitere nichtmetallische Stoffe zugesetzt werden können, um bestimmte Eigenschaften zu erzielen*

Le|gi|on ⟨die; -, -en⟩ **1** *römische Truppeneinheit* **2** *unbestimmt große Anzahl, große Menge*

Le|gi|o|när ⟨der; -s, -e⟩ **1** *römischer Soldat* **2** *Angehöriger einer Legion;* Zus *Fremdenlegionär*

Le|gis|la|ti|ve ⟨[-və] die; -, -n⟩ **1** *gesetzgebende Gewalt* **2** *gesetzgebende Versammlung;* →a. *Exekutive, Judikative*

Le|gis|la|tur|pe|ri|o|de ⟨die; -, -n; Pol.⟩ *Dauer, für die eine Regierung gewählt ist*

le|gi|tim ⟨Adj.⟩ Ggs *illegitim* **1** *rechtmäßig, gesetzlich anerkannt, gesetzlich zulässig* **2** *moralisch einwandfrei, gerechtfertigt, vertretbar* ▸ eine Sache für ~ erklären; Abl *Legitimität*

Le|gi|ti|ma|ti|on ⟨die; -, -en⟩ **1** *das Legitimieren, Anerkennung als legitim* **2** *Berechtigung* **3** *Nachweis der Berechtigung* **4** *das Sichlegitimieren* **5** *Ausweis, Pass*

le|gi|ti|mie|ren ⟨V.; le|gi|ti|miert, le|gi|ti|mier|te, hat le|gi|ti|miert⟩ **I** ⟨V. trans.⟩ **1** etwas ~ *für legitim erklären* **2** jmdn. ~, etwas zu tun *berechtigen* **II** ⟨V. refl.⟩ sich ~ *einen Ausweis, Pass vorlegen, sich ausweisen;* Abl *Legitimierung*

Le|go® ⟨ohne Artikel⟩ *(international verbreitetes) Spielzeug aus kleinen farbigen Kunststoffbausteinen zum Zusammenstecken u. Konstruieren;* Zus *Legostein*

Le|gu|an ⟨der; -s, -e; Zool.⟩ *eine Echse mit dicker, aber kaum gespaltener Zunge u. kräftigen Beinen*

Le|hen ⟨das; -s, -; früher⟩ **1** *erbliches Recht, ein Landgut zu nutzen, das an jmdn. verliehen wurde, der sich im Gegenzug zu Treue u. Kriegsdienst verpflichtete* **2** *das verliehene Gut selbst* ▸ jmdm. ein Gut zu ~ geben; Zus *Lehnsherr, Lehnsherrschaft, Lehnsrecht, Lehnswesen*

Lehm ⟨der; -(e)s, -e⟩ *sandiger Ton, der durch Brauneisenstein gelb bis braun gefärbt ist u. bes. zur Herstellung keramischer Erzeugnisse verwendet wird;* Abl *lehmig;* Zus *Lehmboden, Lehmziegel*

Leh|ne ⟨die; -, -n⟩ *Stütze (eines Sitzmöbels) für Rücken od. Arm;* Zus *Armlehne, Rückenlehne*

leh|nen ⟨V.; lehnt, lehn|te, hat ge|lehnt⟩ **I** ⟨V. trans.⟩ etwas an od. gegen etwas ~ *etwas so hinstellen, dass es gestützt wird* ▸ eine Leiter an die Wand ~ **II** ⟨V. intr.⟩ an etwas ~ *an etwas gestützt stehen* ▸ die Leiter, der Stock lehnt an der Wand **III** ⟨V. refl.⟩ sich irgendwohin ~ *sich mit dem ganzen Körper stützen* ▸ sich an jmdn., an eine Mauer ~; sich an jmds. Schulter ~; sich (weit) aus dem Fenster ~ *sich aufs Fensterbrett gestützt hinausbeugen;* sich über ein Geländer, eine Brüstung ~; →a. *anlehnen*

Lehn|wort ⟨das; -(e)s, -wör|ter; Sprachw.⟩ *aus einer fremden Sprache entlehntes Wort, das sich lautlich sowie in der Flexion der einheim. Sprache angepasst hat,* z. B. „Fenster" aus lat. *fenestra;* →a. *Fremdwort;*

Lehr|amt ⟨das; -(e)s, -äm|ter⟩ *Amt des Lehrers* ▸ ~ an Grund- und Hauptschulen, die Prüfung für das höhere ~ machen; Zus *Lehramtsanwärter(in), Lehramtskandidat(in)*

Lehr|auf|trag ⟨der; -(e)s, -trä|ge⟩ *Auftrag, Vor-*

lesungen u. Übungen an einer Hochschule zu halten

Lehr|be|auf|trag|te(r) ⟨die; -n, -n (der; -n, -n)⟩ *jmd., der einen Lehrauftrag an einer Hochschule hat* ▸ ~ im Fach Englisch

Leh|re ⟨die; -, -n⟩ **1** *Regel, Richtschnur, Ratschlag* **2** *wissenschaftliches System (eines bestimmten Fachgebietes)* **3** *Anschauung einer bedeutenden Persönlichkeit od. eines Kreises von Menschen über ein bestimmtes Thema od. Fachgebiet* **4** *Schlussfolgerung, Erfahrung, aus der man lernt* **5** *Lehrzeit, Unterricht u. Unterweisung in einem Lehrberuf* ▸ die ~ Kants, Newtons ▸ dieser Vorfall soll mir eine ~ sein ▸ eine wissenschaftlich anerkannte ~; eine bittere, heilsame ~ ▸ die ~ aus einem Misserfolg ziehen; einen Jungen (einem Meister) in die ~ geben; in der ~ sein, in die ~ gehen

leh|ren ⟨V. trans. u. V. intr.; lehrt, lehr|te, hat gelehrt⟩ **1** jmdn. ~ *jmdn. unterrichten, unterweisen* **2** jmdn. etwas ~ *jmdm. Kenntnis über etwas vermitteln* **3** (etwas) ~ *(an einer Hochschule, Universität o. Ä.) als Dozent tätig sein* ▸ ein Kind das Lesen und Schreiben ~; deutsche Literatur, Medizin an einer Universität ~ *Vorlesungen über d. L. usw. halten;* an der Universität ~; Zus *Lehrbuch* ⓘ S. 574

Leh|rer ⟨der; -s, -⟩ *jmd., der beruflich lehrt, unterrichtet, Inhaber eines Lehramtes, Pädagoge* ▸ guter, strenger ~; wir haben einen neuen ~ in Biologie bekommen; dieser ~ macht einen guten Unterricht; es gibt zu wenige gute ~; ~ an einer Schule, Universität; ~ für Deutsch, Mathematik; ⓘ S. 574; Zus *Lehrerausbildung, Lehrerkollegium, Lehrerkonferenz; Biologielehrer, Deutschlehrer, Grundschullehrer, Hochschullehrer, Privatlehrer*

Leh|re|rin ⟨die; -, -rin|nen⟩ *weibl. Lehrer*

Leh|rer|schaft ⟨die; -; unz.⟩ *Gesamtheit der Lehrer (einer Schule, eines Bezirks usw.)*

Leh|rer|se|mi|nar ⟨das; -s, -e; schweiz.⟩ *Ausbildungsstätte für Primarschullehrer*

Lehr|fach ⟨das; -(e)s, -fä|cher; Schulw.⟩ **1** *Fach, das an Schulen od. Universitäten gelehrt wird, Unterrichtszweig* **2** *Berufsfach, -zweig des Lehrers*

Lehr|gang ⟨der; -(e)s, -gän|ge⟩ *zeitlich begrenzte, schulmäßige Ausbildung in einem Fach bzw. in einer Fächergruppe* ▸ ~ für Erste Hilfe

Lehr|geld ⟨das; -(e)s, -er⟩ **1** ⟨früher⟩ *Entgelt für die Lehre, Ausbildung* **2** ⟨heute; übertr.⟩ ~ zahlen *aus Misserfolgen lernen*

Lehr|jahr ⟨das; -(e)s, -e⟩ **1** *Dauer einer Lehre, eines Abschnitts der Lehrzeit von einem Jahr* **2** ⟨nur Pl.⟩ ~e **2.1** *Lehrlingszeit* **2.2** ⟨übertr.⟩ *berufliche Anfängerjahre* ▸ er ist in seinem ersten ~

Lehr|kör|per ⟨der; -s, -⟩ *Gesamtheit der Lehrer (einer Schule)*

Lehr|kraft ⟨die; -, -kräf|te⟩ *Lehrer(in) als Arbeitskraft* ▸ es fehlen Lehrkräfte; eine sehr tüchtige ~

Lehr|ling ⟨der; -s, -e⟩ **1** *Jugendliche(r) während der Lehrzeit* **2** ⟨heute amtl. Bez.⟩ *Auszubildende(r)* ▸ als ~ arbeiten; der Maurer arbeitet mit seinem ~; viele Firmen bilden ~e aus; es fehlen noch viele Lehrstellen für ~e; Zus *Lehrlingsausbildung*

Lehr|mei|nung ⟨die; -, -en⟩ *in einem Wissensbereich anerkannte Meinung, Anschauung*

Lehr|meis|ter ⟨der; -s, -⟩ **1** *Lehrer* **2** *Sache, bei der, von der man etwas gelernt hat* ▸ er war ein guter, strenger ~; der Misserfolg war mir ein guter ~

Lehr|mit|tel ⟨das; -s, -; Schulw.⟩ *der Veranschaulichung dienender Gegenstand im Unterricht, Hilfsmittel für den Unterricht, z. B. Buch, Karte, Modell;* →a. *Lernmittel;* Zus *Lehrmittelfreiheit*

Lehr|plan ⟨der; -(e)s, -plä|ne⟩ *Unterrichtsplan, Plan für die Verteilung des Lehrstoffes auf die Jahrgänge* ▸ den ~ für das Fach Deutsch einhalten

lehr|reich ⟨Adj.⟩ *so beschaffen, dass man viel daraus lernen kann, die Erfahrung bereichernd*

Lehr|stel|le ⟨die; -, -n⟩ *Arbeitsplatz für die Ausbildung eines Lehrlings* ▸ ~n sind knapp

Lehr|stuhl ⟨die; -, -stüh|le⟩ *planmäßige Stelle eines Hochschullehrers, Professur* ▸ den ~ für neuere Geschichte innehaben; Zus *Lehrstuhlinhaber(in)*

Lehr|ver|an|stal|tung ⟨die; -, -en⟩ **1** *Unterricht, Kurs, Lehrgang* **2** ⟨i. e. S.⟩ *Seminar, Vorlesung od. Übung an einer Universität*

...lei ⟨Nachsilbe⟩ *Sachen, Dinge,* z. B. mancherlei, verschiedenerlei

Leib ⟨der; -(e)s, -er⟩ **1** *(menschlicher od. tierischer) Körper* **2** *Bauch, Magen* ▸ er hat die Folgen seiner Tat am eigenen ~ zu spüren bekommen; er zitterte am ganzen ~; er hat kaum noch ein Hemd auf dem ~(e) *er ist sehr arm;* jmdm. auf den ~ rücken ⟨übertr.⟩ *sich jmdm. aufdrängen; jmdn. zur Rede stellen;* diese Rolle ist ihm wie auf den ~ geschrieben *diese R. liegt ihm besonders gut;* bei lebendigem ~(e) verbrennen; Gefahr für ~ und Leben ⟨übertr.⟩ *für Freiheit u. Leben;* mit ~ und Seele ⟨übertr.⟩ *ganz u. gar, völlig;* bleib mir vom ~(e)! *komm mir nicht zu nahe!;* bleib mir nur damit vom ~(e)! ⟨übertr.⟩ *lass mich nur damit in Ruhe;* sich jmdn. vom ~(e) halten *Abstand halten gegenüber jmdm.;* jmdm. zu ~e gehen, rücken *jmdn. angreifen*

Leib|ei|ge|ne(r) ⟨die; -n, -n (der; -n, -n); früher⟩ *jmd., der sich in Leibeigenschaft befindet*

Leib|ei|gen|schaft ⟨die; -; unz.; bis zum 18. Jh., in Russland bis zum 19. Jh.⟩ *persönliche Abhängigkeit des Bauern vom Grundherrn*

Lei|berl ⟨das; -s, -n; österr.⟩ *Unterhemd, T-Shirt*

Lei|bes|kräf|te ⟨Pl.; nur in der Fügung⟩ aus ~n *mit aller Kraft* ▸ aus ~n schreien

Leib|gar|de ⟨die; -, -n⟩ *Truppe zum persönlichen Schutz einer berühmten od. (politisch) wichtigen Person*

leib|haf|tig ⟨a. [-'--] Adj.⟩ *wirklich u. wahrhaftig, selbst* ▸ der ~e Geiz *der gestaltgewordene Geiz;* wie der ~e Teufel; da stand er ~ vor mir

Leib|haf|ti|ge ⟨a. [-'---] der; -n; unz.; verhüllend⟩ der ~ *der Teufel*

leib|lich ⟨Adj.⟩ *blutsverwandt* ▸ ~es Kind *eigenes Kind (kein angenommenes)*

Leib|spei|se ⟨die; -, -n⟩ *Gericht, das man am liebsten isst* ▸ meine ~ ist Kartoffelsuppe

Leib|wa|che ⟨die; -, -n⟩ = *Leibgarde*

Leib|wäch|ter ⟨der; -s, -⟩ **1** *Angehöriger der Leibwache* **2** *Bodyguard;* Abl *Leibwächterin*

Lei|che ⟨die; -, -n⟩ *toter menschlicher od. tierischer Körper, Leichnam* ▸ er ist eine lebende, wandelnde ~ ⟨übertr.⟩ *er sieht sehr bleich u. krank aus;* er geht über ~n ⟨übertr.⟩ *er ist vollkommen rücksichtslos;* nur über meine ~! ⟨übertr.; umg.⟩ *nicht, solange ich lebe!; ich bin unter keinen Umständen damit einverstanden;* Zus *Leichenverbrennung, Leichenwagen, Leichenwäscher(in); leichenblass*

Lei|chen|hal|le ⟨die; -, -n⟩ *Raum zum Aufbewahren von Leichen bis zur Beerdigung;* Syn *Leichenhaus*

Lei|chen|schmaus ⟨der; -es, -schmäu|se⟩ *Festmahl nach der Bestattung*

Lei|chen|star|re ⟨die; -; unz.⟩ *sieben bis acht Stunden nach Aussetzen von Herz u. Kreislauf eintretende Starre von Leichen;* Syn *Totenstarre*

Lei|chen|zug ⟨der; -(e)s, -zü|ge⟩ *Zug der Leidtragenden bei der Bestattung, Trauergefolge*

Leich|nam ⟨der; -s, -e⟩ = *Leiche*

leicht ⟨Adj.; -er, am -es|ten⟩ **I** ⟨attr.; präd.⟩ **1** *von geringem Gewicht* (Gegenstände, Gepäck) **2** *geringfügig, unbedeutend* (Fehler, Strafe, Wunde) **3** *zart* (Berührung) **4** *bekömmlich, nicht schwer verdaulich* (Speise, Wein) **5** ⟨übertr.⟩ **5.1** *einfach, nicht schwierig* (Aufgabe); Zus *leicht machen / leichtmachen* **5.2** *oberflächlich, leichtfertig, leichtsinnig* ▸ ~en **Herzens** *unbeschwert u. fröhlich;* eine ~e **Hand** haben *eine geschickte H.;* ~e **Kleider** *sommerliche, luftige, dünne Kleider;* er hatte kein ~es **Leben;** ~e **Lektüre** ⟨übertr.⟩ *anspruchslose, unterhaltende L.;* die ~e **Muse** ⟨übertr.⟩ *die unterhaltende Kunst;* ~e **Musik** ⟨übertr.⟩ *Unterhaltungsmusik;* etwas auf die ~e **Schulter** nehmen ⟨übertr.⟩ *nicht ernst nehmen;* ~ **Verletzte(r)** = *Leichtverletzte(r);* ~ **Verwundete(r)** = *Leichtverwundete(r);* es wehte ein ~er **Wind** ▸ eine Sache ~er **machen** *das Gewicht einer S. verringern;* jmdn. um 100 Euro ~er machen ⟨fig; umg.⟩ *ihm 100 Euro abnehmen; ihm 100 Euro stehlen;* **sein:** das ist, ⟨umg.⟩ geht ganz ~ ⟨übertr.⟩ *das ist nicht schwierig;* das ist mir ein Leichtes *das macht mir keine Mühe, keine Schwierigkeiten* ▸ nichts ~er **als** das! *das kann ich schnell erledigen* **II** ⟨adv.⟩ **1** *ohne Schwierigkeiten, mühelos, schnell;* Zus *leicht entzündlich / leichtentzündlich, leicht verdaulich / leichtverdaulich, leicht verletzt / leichtverletzt, leicht verständlich / leichtverständlich* **2** *ein wenig, etwas* ▸ **aufgehen:** das Schloss geht ~ auf; das ist ~ **gesagt** *so einfach ist das (in Wirklichkeit) nicht;* das ist ~er gesagt als getan ▸ das ist ~ **möglich** *das ist gut, wohl möglich, das kann schon sein;* frisches Fleisch wird ~ **schlecht;** der Stoff wird ~ **schmutzig;** das ist ~ **übertrieben;** er ist ~ **verletzt,** gekränkt, beleidigt *schnell verletzt, gekränkt, beleidigt;* →a. *Kauf*

Leicht|ath|let ⟨der; -en, -en; Sp.⟩ *jmd., der Leichtathletik betreibt;* Abl *Leichtathletin*

Leicht|ath|le|tik ⟨die; -; unz.; Sp.; Sammelbez. für⟩ *Lauf-, Sprung- u. Wurfdisziplinen*

leicht|ath|le|tisch ⟨Adj.; Sp.⟩ *zur Leichtathletik gehörend*

leicht|fal|len ⟨V. intr.; fällt leicht, fiel leicht, ist leicht|ge|fal|len, leicht|zu|fal|len⟩ jmdm. ~ *jmdm. keine Mühe machen* ▸ das Lernen von Sprachen fällt ihm leicht

leicht|fer|tig ⟨Adj.⟩ *oberflächlich, leichtsinnig* ▸ er hat zu ~ gehandelt; Abl *Leichtfertigkeit*

leicht|fü|ßig ⟨Adj.⟩ *flink, behände;* Abl *Leichtfüßigkeit*

Leicht|ge|wicht ⟨das; -(e)s, -e; Sp.⟩ *eine Gewichtsklasse in der Schwerathletik*

leicht|gläu|big ⟨Adj.⟩ *zu sehr vertrauend* ▸ sie war naiv und ~; Abl *Leichtgläubigkeit*

leicht|hin ⟨a. [-'-] Adv.⟩ *ohne sich viel Gedanken zu machen* ▸ etwas ~ sagen; etwas ~ glauben

Leich|tig|keit ⟨die; -; unz.⟩ **1** *Leichtheit* **2** ⟨übertr.⟩ *Mühelosigkeit* ▸ mit ~ *leicht, mühelos*

leicht|le|big ⟨Adj.⟩ *unbekümmert, nicht streng moralisch u. etwas oberflächlich;* Abl *Leichtlebigkeit*

Leicht|me|tall ⟨das; -(e)s, -e⟩ *Metall, dessen Dichte unter $5\,g/cm^3$ liegt, z. B. Magnesium u. Aluminium*

leicht|neh|men ⟨V. trans.; nimmt leicht, nahm leicht, hat leicht|ge|nom|men, leicht|zu|neh|men⟩ etwas ~ *nicht ernst nehmen* ▸ eine Aufgabe, einen Vorfall ~

Leicht|sinn ⟨der; -(e)s; unz.⟩ **1** *Sorglosigkeit, Unbekümmertheit* **2** *Unvorsichtigkeit* ▸ jugendlicher ~; ihr ~ endete tödlich

leicht|sin|nig ⟨Adj.⟩ **1** *sorglos, unbekümmert* **2** *unvorsichtig* ▸ eine ~e Tat; sei nicht so ~; sein Leben ~ aufs Spiel setzen; ~ mit seiner Gesundheit umgehen

Leicht|ver|letz|te(r) *auch:* **leicht Ver|letz|te(r)** ⟨die; -n, -n (der; -n, -n)⟩ *Person, die nur geringfügig verletzt ist, z. B. infolge eines Unfalls* ▸ bei dem Brand gab es glücklicherweise nur wenige ~ / leicht Verletzte

Leicht|ver|wun|de|te(r) *auch:* **leicht Ver|wun|de|te(r)** ⟨die; -n, -n (der; -n, -n)⟩ = *Leichtverletzte(r)*

leid ⟨Adj.⟩ **1** ⟨mit Akk.⟩ *überdrüssig* **2** ⟨schweiz.⟩ *unangenehm, widerwärtig* ▸ ich bin die Sache ~; ich bin, habe es ~ *ich habe genug davon, ich habe es satt*

Leid ⟨das; -(e)s; unz.⟩ **1** *großer Kummer, seelischer Schmerz* **2** *Unglück, Übel, Schaden* ▸ **Freud** und ~ miteinander teilen ▸ sie hat in ihrem Leben viel ~ **erdulden,** ertragen müssen; jmdm. ist ein, kein ~ **geschehen;** jmdm. sein ~ **klagen** *von seinem Kummer, Ärger erzählen, sein Herz ausschütten* ▸ **bitteres,** schweres ~ ▸ jmdm. **in** seinem ~ beistehen; →a. *zuleide;* Abl *leidvoll*

lei|den ⟨V.; lei|det, litt, hat ge|lit|ten⟩ **I** ⟨V. intr.⟩ **1** *Leid erdulden, Schmerzliches erleben* **2** an od. unter etwas ~ *etwas ertragen müssen* ▸ er hat in seinem Leben viel ~ **müssen** ▸ **an** einer Krankheit ~ *eine K. haben;* die Bäume haben **durch** den Frost gelitten; er leidet sehr **unter** der

Strenge seines Vaters ▸ ein ~des Gesicht machen *ein G., als ob man sehr litte;* bei jmdm. wohl gelitten sein *bei jmdm. gern gesehen sein* **II** ⟨V. trans.⟩ Hunger, Durst, Schmerzen, Not ~ *ertragen, ausstehen müssen* ▸ die Sache leidet keinen Aufschub *die S. eilt, darf nicht aufgeschoben werden* ▸ jmdn. (nicht) ~ können, mögen *jmdm. (nicht) gut gesinnt sein, jmdn. (nicht) gernhaben;* etwas (nicht) ~ können, mögen *(keinen) Gefallen an etwas finden;* ich kann es nicht ~, wenn man mich so ansieht *ich mag es nicht* ▸ sie leidet an Asthma; leidest du an Liebeskummer?

Lei|den ⟨das; -s, -⟩ **1** *anhaltende Krankheit;* Zus *Herzleiden, Magenleiden* **2** *Kummer, Qual, Schmerz* ▸ das ~ Christi; das ist ja (eben) das ~! ⟨übertr.; umg.⟩ *darin liegt ja die Schwierigkeit;* es ist immer das alte ~! ⟨umg.⟩ *man ärgert sich immer über dieselben Dinge;* chronisches, unheilbares ~; er starb nach langem, schwerem ~

lei|dend **I** ⟨Part. Präs. von⟩ *leiden* **II** ⟨Adj.⟩ **1** *von Leid erfüllt, von (seelischem) Schmerz gezeichnet* **2** *ständig krank, kränkelnd* ▸ sie hatte einen ~en Gesichtsausdruck; er ist schon viele Jahre ~

Lei|den|schaft ⟨die; -, -en⟩ **1** *durch Vernunft nicht bezähmbarer Gefühlsdrang* **2** *heftige Zuneigung, starke Begierde* **3** *Begeisterung;* Zus *Spielleidenschaft* ▸ eine Szene voller Gefühl und ~; ihn erfasste eine heftige, starke ~ zu ihr; seine ~ für die Musik entdecken; seine größte ~ ist das Fallschirmspringen; Abl *leidenschaftlich, leidenschaftslos*

Lei|dens|ge|nos|se ⟨der; -n, -n⟩ *jmd., der das gleiche Leiden, das gleiche Schicksal ertragen muss;* Syn *Leidensgefährte;* Abl *Leidensgenossin*

Lei|dens|ge|schich|te ⟨die; -, -n⟩ *Geschichte eines langen Leidens, eines großen Kummers* ▸ die ~ Christi; jmdm. seine (ganze) ~ erzählen

Lei|dens|weg ⟨der; -(e)s, -e⟩ *Weg eines langen Leidens* ▸ der ~ Christi

lei|der ⟨Adv.⟩ *bedauerlicherweise, unglücklicherweise* ▸ ~ kann ich nicht kommen; der Unterricht fällt heute ~ aus; ich habe ihn ~ auch nicht gesehen; Ist das Paket gekommen? ~ nicht!, ⟨od.⟩ ~ nein!; ~ Gottes haben wir noch keine Nachricht von ihm ⟨verstärkend⟩

leid|ge|prüft ⟨Adj.⟩ *vom Leid geprüft, vom Schicksal geschlagen, vom Unglück verfolgt* ▸ ein ~es Volk; eine ~e Familie

lei|dig ⟨Adj.⟩ *lästig, unangenehm* ▸ ich bin froh, wenn diese ~e Sache vorbei ist

leid|lich ⟨Adj.⟩ *erträglich, annehmbar, halbwegs gut, nicht ganz gut u. nicht ganz schlecht* ▸ Wie geht's? Danke, ~!; es geht ihm ~

leid|tra|gend ⟨Adj.⟩ *trauernd* ▸ die Leidtragenden *die Hinterbliebenen, die Trauernden;* der Leidtragende ⟨übertr.; umg.⟩ *derjenige, der die größte Last zu tragen hat, das Opfer*

leid|tun ⟨V. intr. u. V. trans.; tut leid, tat leid, hat leid|ge|tan, leid|zu|tun⟩ *bedauern* ▸ es tut mir leid, dass ich zu spät komme *ich bedauere es, dass …;* der arme Junge tut mir leid! *ich bedaure ihn;* der Mann kann einem richtig ~; es tut einem leid, zu sehen, wie sie sich abmüht; es tut mir leid, dass ich ihnen nicht helfen kann

Leid|we|sen ⟨das; -s; unz.⟩ *Bedauern* ▸ zu meinem ~ muss ich absagen

Lei|er ⟨die; -, -n⟩ **1** *harfenartiges Zupfinstrument, Lyra* **2** *Drehleier* ▸ es ist (immer) die alte ~ ⟨übertr.; umg.⟩ *das habe ich schon oft gehört*

lei|ern ⟨V. trans. u. V. intr.; lei|ert, lei|er|te, hat leiert; übertr.; umg.⟩ (etwas) ~ *eintönig sprechen* ▸ du darfst das Gedicht nicht so ~

Leih|ar|bei|ter ⟨der; -s, -⟩ *Arbeiter, der vom Arbeitgeber für einen bestimmten Zeitraum ohne Lösung des Beschäftigungsverhältnisses einem anderen Unternehmen zur Erbringung einer Arbeitsleistung überlassen wird;* Abl *Leiharbeiterin*

lei|hen ⟨V. trans.; leiht, lieh, hat ge|lie|hen⟩ **1** jmdm. etwas ~ *borgen, vorübergehend zur Verfügung stellen* **2** sich etwas (von jmdm.) ~ *etwas von jmdm. ausleihen, entleihen, sich zum zeitweiligen Gebrauch erbitten* ▸ kannst du mir zehn Euro ~?; er hat sich zehn Euro von mir geliehen; ich habe ihm das Buch geliehen; die Kinder ~ häufig Bücher aus der Bücherei

Leih|ga|be ⟨die; -, -n⟩ *Gegenstand, der (zu bestimmtem Zweck) verliehen wird, z. B. Gemälde für eine Ausstellung*

Leih|ge|bühr ⟨die; -, -en⟩ *Gebühr, die für eine geliehene Sache zu bezahlen ist* ▸ die ~ für Skier beträgt 30 Euro

Leih|haus ⟨das; -(e)s, -äm|ter⟩ *städtische od. staatliche Unternehmen, in dem man gegen Pfand Geld leihen kann;* Syn *Leihamt, Pfandhaus*

Leih|mut|ter ⟨die; -, -müt|ter⟩ *Frau, die (gegen Bezahlung) für eine andere ein Kind austrägt*

Leih|wa|gen ⟨der; -s, -⟩ *Kraftwagen, den man sich für längere Zeit (z. B. Urlaub) gegen Entgelt leihen kann;* Syn *Leihauto;* →a. *Mietauto*

leih|wei|se ⟨Adv.⟩ *(nur) zum Leihen, auf Borg* ▸ können Sie mir das Buch ~ überlassen?

Leim ⟨der; -(e)s, -e⟩ *Klebstoff zum Verbinden von Werkstoffen verschiedener Art* ▸ jmdm. auf den ~ gehen ⟨übertr.; umg.⟩ *sich von jmdm. überlisten lassen;* Zus *Holzleim, Papierleim, Tischlerleim*

lei|men ⟨V. trans.; leimt, leim|te, hat ge|leimt⟩ **1** etwas ~ *(mit Leim) kleben* **2** ⟨übertr.; umg.⟩ jmdn. ~ *anführen, betrügen (bes. im Spiel)*

...lein ⟨Verkleinerungssilbe zur Bildung von sächl. Subst.; das; -s, -⟩ z. B. Männlein, Schwesterlein (meist poet. od. scherzh.)

Lei|ne ⟨die; -, -n⟩ *dicke Schnur, dünnes Tau* ▸ ~ ziehen ⟨übertr.; umg.⟩ *davonrennen;* einen Hund an der ~ führen; jmdn. an der langen ~ führen ⟨übertr.; umg.⟩ *jmdm. viele Freiheiten gewähren;* jmdn. an die ~ legen ⟨übertr.; umg.⟩ *unter seine Kontrolle bringen;* die Wäsche hängt noch auf der ~; die Wäsche von der ~ nehmen

Lei|nen ⟨das; -s, -⟩ = *Leinwand (I)*

Lei|nen|zwang ⟨der; -(e)s; unz.⟩ *behördliche Anordnung, (bissige) Hunde an bestimmten Orten an der Leine zu führen*

Lein|öl ⟨das; -(e)s; unz.⟩ *aus Leinsamen gepresstes Öl* ▸ Quark mit ~

L

Lein|sa|men ⟨der; -s, -⟩ *stark ölhaltiger Samen des Flachses* ▸ ~ fördert die Verdauung

Lein|tuch ⟨das; -(e)s, -tü|cher; oberdt.⟩ *Betttuch*

Lein|wand ⟨die; -, -wän|de⟩ **I** ⟨unz.⟩ *Gewebe aus Flachs (a. Baumwolle, Kunstfaser) in Leinwandbindung* ▸ mit Ölfarben auf ~ gemaltes Bild **II** ⟨zählb.⟩ *Bildwand, Fläche, auf die der Film projiziert wird* ▸ das Gesicht eines Schauspielers von der ~ her kennen *aus dem Kino*

Lein|wand|bin|dung ⟨die; -; unz.⟩ *einfachste Bindung beim Weben, wobei beim ersten Schuss alle geradzahligen, beim nächsten Schuss alle ungeradzahligen Kettfäden oben liegen*

lei|se ⟨Adj.⟩ **1** *nur schwach hörbar;* Ggs *laut[1] (1)* **2** *behutsam, vorsichtig, möglichst wenig Geräusch verursachend* **3** ⟨übertr.⟩ **3.1** *sanft, wenig spürbar, zart* (Berührung, Wind) **3.2** *gering, schwach* (Verdacht, Zweifel) ▸ ich habe nicht die ~ste Ahnung ⟨übertr.; verstärkend⟩; er machte nicht die ~ste Andeutung ⟨übertr.⟩ *nicht die kleinste A.;* ein ~s Geräusch; einen ~n Schlaf haben *schon durch schwache Geräusche störbaren Schlaf* ▸ ~ auftreten; ~ lachen, singen, sprechen, weinen; sei ~! *mach kein Geräusch, keinen Lärm!;* kannst du den Fernseher ~er stellen?

Lei|se|tre|ter ⟨der; -s, -; übertr.; umg.; abwertend⟩ *Schmeichler, Schleicher, Duckmäuser, Feigling;* Abl *Leisetreterin*

Leis|te ⟨die; -, -n⟩ **1** *schmale Randeinfassung aus Holz od. Metall;* Zus *Fußbodenleiste* **2** ⟨Anat.⟩ *Beugeseite des Hüftgelenks zw. Unterbauch u. Oberschenkel*

leis|ten ⟨V.; leis|tet, leis|te|te, hat ge|leis|tet⟩ **I** ⟨V. trans.⟩ **1** etwas ~ *vollbringen, schaffen, bewirken* **2** etwas ~ *ausführen, erfüllen* **3** (jmdm.) etwas ~ *gewähren, darbringen, bieten* ▸ Abbitte ~ *um Verzeihung bitten;* ordentliche Arbeit ~; er kann sich kein Auto ~; jmdm. Beistand, Hilfe ~ *beistehen, helfen;* jmdm. einen Dienst ~; einen Eid ~ *schwören;* Ersatz ~ (für) *(etwas) ersetzen;* bei einem Unfall muss man Erste Hilfe ~; einem Befehl Folge ~ *einem B. folgen;* jmdm. Gesellschaft ~ *jmdn. unterhalten, bei jmdm. sein;* Gewaltiges, Großartiges, Übermenschliches ~; Widerstand ~ *sich widersetzen;* Zahlungen ~ *zahlen* ▸ da hast du wirklich etwas geleistet; nichts ~; sie hat in ihrem Leben viel geleistet **II** ⟨V. refl.⟩ sich etwas ~ *sich etwas gönnen, sich (finanziell) etwas erlauben* ▸ sich eine gute Flasche Wein ~; da hast du dir ja etwas Schönes geleistet! ⟨übertr.; iron.⟩ *da hast du ja etwas Sch. angestellt* ▸ das kann ich mir nicht ~ *dazu habe ich nicht genügend Geld*

Leis|ten|bruch ⟨der; -(e)s, -brü|che; Med.⟩ *ein Leibesbruch oberhalb des Leistenbandes*

Leis|tung ⟨die; -, -en⟩ **1** *Ergebnis einer Anstrengung, ausgeführte Arbeit od. Tat, Gelingen;* Abl *leistungsfähig, leistungsschwach, leistungsstark;* Zus *Leistungsabfall, Leistungsdruck, Leistungsgrenze* **2** *Erfüllung, Ausführung* **3** ⟨Phys.⟩ *Arbeit pro Zeiteinheit* ▸ ~ einer Maschine; seine ~en in der Schule haben nachgelassen; das ist (wirklich) eine ~!; seine ~en steigern; die Mannschaft konnte ihre ~en deutlich verbessern; befriedigende, schlechte ~; geistige, sportliche, technische ~

leis|tungs|be|zo|gen ⟨Adj.⟩ *auf (hohe) Leistungen bezogen, ausgerichtet* ▸ eine ~e Vergütung

Leis|tungs|ge|sell|schaft ⟨die; -; unz.⟩ *vom Leistungsprinzip geprägte Gesellschaft*

Leis|tungs|kurs ⟨der; -es, -e; Schulw.⟩ *Kurs in der Oberstufe, in dem vertiefte fachliche Kenntnisse vermittelt werden;* →a. *Kurs*

leis|tungs|ori|en|tiert ⟨Adj.⟩ *auf Leistung ausgerichtet, in hohem Maße Leistung fordernd, nach Leistung strebend* ▸ ~es Denken; ~er Unterricht

Leis|tungs|prin|zip ⟨das; -s; unz.⟩ *Prinzip, nach dem materielle u. soziale Chancen nur aufgrund hoher (berufl. u. schulischer) Leistungen vergeben werden*

Leis|tungs|schau ⟨die; -, -en; Wirtsch.; Landw.⟩ *Ausstellung, Vorführung von bestimmten Leistungen od. Produkten*

Leis|tungs|sport ⟨der; -(e)s; unz.⟩ *Sport mit dem Ziel, sehr hohe Einzel- od. Mannschaftsleistungen zu vollbringen;* Abl *Leistungssportler(in)*

Leit|an|trag ⟨der; -(e)s, -trä|ge; Pol.⟩ *zur Abstimmung eingereichter Antrag od. Antrag mit richtungsweisender Wirkung* ▸ einen ~ (im Parlament od. Parteitag) einbringen

Leit|ar|ti|kel ⟨der; -s, -⟩ *kommentierender Artikel an bevorzugter Stelle einer Zeitung*

Leit|bild ⟨das; -(e)s, -er⟩ *Vorbild, Wunschbild, Ideal;* Syn *Leitstern (2)*

lei|ten ⟨V. trans.; lei|tet, lei|te|te, hat ge|lei|tet⟩ **1** jmdn. ~ *jmdn. führen, lenken, jmds. Weg bestimmen* **2** Schall, Strom, Wärme ~ *durchlassen;* Abl *leitfähig* ▸ eine Abteilung, Schule, einen Betrieb ~; eine Diskussion, Versammlung ~ ▸ sich von jmdm., von seinen Gefühlen ~ lassen ▸ Metall leitet Wärme besser als Holz ▸ Dampf, Gas, Wasser durch Rohre ~; etwas in die Wege ~ *etwas einleiten, organisieren, mit etwas beginnen* ▸ ~der Angestellter *A. mit selbstständiger u. verantwortlicher Entscheidungsbefugnis;* eine ~de Stellung innehaben

Lei|ten|de(r) ⟨die; -n, -n (der; -n, -n)⟩ *Leiter(in), Chef(in), Vorgesetzte(r), Verantwortliche(r)*

Lei|ter[1] ⟨der; -s, -⟩ **1** *jmd., der etwas leitet, verantwortl. Vorgesetzter, Chef;* Abl *Leiterin;* Zus *Bauleiter, Betriebsleiter, Filialleiter, Schulleiter, Verlagsleiter* **2** ⟨Phys.⟩ *Stoff, der elektrischen Strom, Wärme, Schall durchlässt bzw. weiterführt* ▸ ~ einer Expedition, eines Unternehmens; Metall ist ein guter ~; kaufmännischer, technischer ~

Lei|ter[2] ⟨die; -, -n⟩ *Gerät aus zwei Balken, die durch Sprossen verbunden sind, dient zum Hinaufsteigen (auch als Turngerät)* ▸ eine ~ anlegen, aufklappen, aufstellen; die ~ hinauf-, hinuntersteigen od. hinauf-, hinunterklettern; mit einer ~ aufs Dach klettern

Leit|fa|den ⟨der; -s, -; übertr.⟩ **1** *Lehrbuch, grundlegende Einführung in ein Wissensgebiet* **2** *Wegweiser, Anleitung* **3** *etwas, das bestimmend für die*

weitere Entwicklung einer Sache ist ▸ ~ zur neuen Rechtschreibung; neue Leitfäden für die Politik entwickeln

Leit|fi|gur ⟨die; -, -en⟩ *Person mit großer Ausstrahlung, die etwas in hohem Maße befördert*

Leit|ge|dan|ke ⟨der; -ns, -n⟩ *ein größeres Werk od. Vorhaben durchziehender Grundgedanke*

Leit|ham|mel ⟨der; -s, -⟩ **1** *die Herde führender Hammel* **2** ⟨übertr.; abwertend⟩ *Anführer, dem die Menge gedankenlos folgt*

Leit|kul|tur ⟨die; -; unz.⟩ **1** *leitende Zivilisation* **2** *vorbildliche Lebensweise* **3** *Leitbild der Kultur in einer multikulturellen Gesellschaft* ▸ die Forderung nach einer Anpassung von Ausländern an die deutsche ~

Leit|li|nie ⟨[-njə] die; -, -n⟩ **1** *auf der Straße aufgezeichnete, gestrichelte, gelbe od. weiße Linie, die nur überfahren werden darf, wenn der übrige Verkehr nicht gefährdet wird* **2** ⟨übertr.⟩ *etwas, das das Handeln bestimmt, zu Entscheidungen führt*

Leit|mo|tiv ⟨das; -s, -e⟩ **1** ⟨Mus.⟩ *oft wiederholte, mit einer bestimmten Gestalt, Stimmung o. Ä. verbundene Tonfolge in einer Oper* **2** ⟨Lit.⟩ *grundlegendes, bedeutungsvolles Motiv in einem literarischen Werk* **3** ⟨übertr.⟩ *Grundgedanke, leitendes Motiv, Beweggrund, Leitidee;* Abl *leitmotivisch*

L

Leit|plan|ke ⟨die; -, -n⟩ *am Straßenrand od. am Mittelstreifen von Autobahnen angebrachte Stahl- od. Betonplanke, die verhindern soll, dass Fahrzeuge von der Fahrbahn abkommen*

Leit|satz ⟨der; -es, -sät|ze⟩ *leitender Grundsatz*

Leit|spruch ⟨der; -(e)s, -sprü|che⟩ *Wahlspruch, Motto, als Richtschnur dienender Spruch*

Leit|stel|le ⟨die; -, -n⟩ *Stelle, von der aus etwas organisiert wird* ▸ ~ einer Notdienstzentrale

Leit|stern ⟨der; -(e)s; unz.⟩ **1** *Stern zur Orientierungshilfe* **2** = *Leitbild* ▸ seinem ~ folgen; Kompetenz als bildungspolitischer ~

Leit|tier ⟨das; -(e)s, -e; Jägerspr.⟩ *Alttier, das dem Rudel Wild voranzieht*

Lei|tung ⟨die; -, -en⟩ **1** *das Leiten, Führen, Führung* **2** ⟨umg.⟩ *Gesamtheit mehrerer Leiter;* Zus *Betriebsleitung, Geschäftsleitung, Verlagsleitung* **3** *Einrichtung zum Weiterleiten von Stoffen, Schall, Energie usw., Kabel;* Zus *Gasleitung, Wasserleitung, Rohrleitung, Telefonleitung* ▸ ~ eines **Betriebes** ▸ eine neue ~ **legen;** die ~ eines Betriebes **übernehmen** ▸ **elektrische** ~; die ~ ist **frei,** besetzt *Telefonleitung;* alle ~en sind besetzt; eine **lange** ~ haben ⟨übertr.; umg.; scherzh.⟩ *nur langsam begreifen;* die ~ ist **überlastet,** unterbrochen ▸ **auf** der ~ stehen ⟨übertr.; umg.; scherzh.⟩ *begriffsstutzig sein;* **unter** ~ des Dirigenten XY; unter der ~ von XY

Lei|tungs|netz ⟨das; -es, -e⟩ *Netz, System von Leitungen, bes. Gas-, Strom-, Telefon- u. Wasserleitungen* ▸ ein neues ~ verlegen

Lei|tungs|was|ser ⟨das; -s; unz.⟩ *Wasser aus der Wasserleitung*

Leit|wäh|rung ⟨die; -, -en⟩ *Währung eines Landes, zu der andere Länder mit ihrer Währung ein festes Austauschverhältnis einhalten*

Leit|werk ⟨das; -(e)s, -e; Luftfahrt⟩ *der Steuerung von Flugzeugen dienender flügelartiger Teil;* Zus *Höhenleitwerk, Seitenleitwerk*

Leit|zins ⟨der; -es, -en; meist Pl.; Wirtsch.⟩ **1** *Diskontsatz (u. Lombardsatz) der Notenbank* **2** *Zinssatz für Spareinlagen mit gesetzlicher Kündigungsfrist* ▸ die Notenbank senkte die ~en

Lek|ti|on ⟨die; -, -en⟩ **1** *Lehrbuchabschnitt, Lernaufgabe, Übungsaufgabe* **2** *Lehrstunde* **3** ⟨übertr.⟩ *nachwirkende Lehre, strenge Zurechtweisung* ▸ eine neue ~ lernen; jmdm. eine ~ erteilen ⟨übertr.⟩ *jmdn. energisch zurechtweisen*

Lek|tor ⟨der; -s, -en⟩ **1** *Hochschullehrer für bestimmte Fächer, bes. für Einführungskurse o. Ä.* **2** *Mitarbeiter eines Verlages, der Manuskripte überprüft bzw. bearbeitet;* Abl *Lektorin*

Lek|to|rat ⟨das; -(e)s, -e⟩ **1** *Amt, Stelle des Lektors* **2** *Abteilung der Lektoren im Verlag*

Lek|tü|re ⟨die; -; unz.⟩ **1** *das Lesen* **2** *Lesestoff* ▸ englische, französische ~; ernste, heitere, leichte, schwere ~; eine (un)geeignete, (un)passende ~; bei der ~ dieses Buches; ~ für den Unterricht, für den Urlaub

Len|de ⟨die; -, -n⟩ **1** ⟨Anat.⟩ *aus starker Rückenmuskulatur bestehende Gegend zw. Rippenbogen, Darmbeinkamm u. Wirbelsäule;* Zus *Lendenwirbel* **2** *Fleisch unterhalb des Rückgrats beim Schlachtvieh;* Zus *Rindslende, Schweinslende*

Len|den|schurz ⟨der; -es, -e; bei traditionellen Völkern⟩ *Scham u. Gesäß bedeckendes Kleidungsstück*

len|ken ⟨V. trans.; lenkt, lenk|te, hat ge|lenkt⟩ jmdn. od. etwas ~ *führen, leiten, steuern* ▸ ein Auto, Flugzeug ~; das Kind ist leicht, schwer zu ~; seine Aufmerksamkeit auf etwas ~; jmds. Blicke auf sich ~ *jmds. Aufmerksamkeit erregen;* den Verdacht auf jmdn. ~; ein Gespräch in eine bestimmte Richtung ~ ⟨übertr.⟩; einen Wagen nach links, rechts ~; Abl *lenkbar*

Len|ker ⟨der; -s, -⟩ **1** = *Lenkstange;* ⓘ S. 789 **2** *jmd., der etwas lenkt;* Abl *Lenkerin*

Lenk|rad ⟨das; -(e)s, -rä|der; Kfz⟩ *radförmiger Hebel zum Steuern eines Kraftfahrzeugs od. Schiffes;* ⓘ S. 896; Syn *Steuerrad;* Zus *Lenkradschaltung, Lenkradschloss*

Lenk|stan|ge ⟨die; -, -n; am Fahrrad⟩ *Stange mit zwei Griffen zum Lenken*

Len|kung ⟨die; -, -en⟩ **I** ⟨unz.⟩ **1** *das Lenken* **2** *Führung, Leitung, Steuerung* **II** ⟨zählb.⟩ *Einrichtung zum Lenken eines Fahrzeugs*

Lenz ⟨der; -es, -e; poet.⟩ **1** *Frühling, Frühjahr* **2** *Lebensjahr* ▸ ~ des Lebens *Jugend;* sich einen ~ machen ⟨übertr.; umg.⟩ *faulenzen*

Le|o|pard ⟨der; -en, -en; Zool.⟩ *Großkatze mit gelbem Fell u. braunschwarzen Punkten*

Le|p|ra ⟨die; -; unz.⟩ = *Aussatz*

LER ⟨Schulw.; Abk. für⟩ *Lebensgestaltung, Ethik, Religion (als schulisches Unterrichtsfach)*

...ler ⟨in Zus.; zur Bildung von Subst.; der; -s, -⟩ *(Kennzeichnung der Zugehörigkeit zu einer bestimmten Wesensart, Gruppe od. biologischen Gattung),* z. B. Heuchler, Gewerkschaftler

Ler|che ⟨die; -, -n; Zool.⟩ *ein sandfarbener Singvogel, der im freien Gelände lebt; →a. Lärche*

lern|be|gie|rig ⟨Adj.⟩ *begierig zu lernen, eifrig im Lernen, wissbegierig*

lern|be|hin|dert ⟨Adj.⟩ *aufgrund einer geistigen od. körperlichen Behinderung von eingeschränkter Lernfähigkeit* ▸ ~e Kinder

Lern|ef|fekt ⟨der; -(e)s, -e⟩ *Effekt, positive Auswirkung des Lernens* ▸ einen hohen ~ haben; die Methode mit dem größten ~

lernen/lehren

Aufgrund ähnlicher Bedeutung werden die transitiv und intransitiv gebrauchten Verben *lehren* und *lernen* im Deutschen häufig verwechselt, obwohl sie sich grammatisch sehr unterschiedlich verhalten.

Lehren wird häufig in der Wendung „jemanden etwas lehren" (also mit doppeltem Akkusativobjekt) verwendet und bedeutet „jemandem etwas beibringen, ihn unterrichten". Beispiele für transitiven Gebrauch sind: *Sein Vater lehrt ihn Mathematik. Sie lehrt die Schüler den Umgang mit Computern. Meine Mutter hat mich Kochen gelehrt.* Intransitiv: *Er lehrt als Professor an der Universität.*

Dagegen bedeutet *lernen* „Fähigkeiten, Kenntnisse, Wissen erwerben": *Du musst mehr für die Schule lernen. Sie lernte das Kochen bei ihrer Mutter. Er hat Schreiner gelernt* (= eine Ausbildung als Schreiner gemacht). *Die Kinder lernen bei ihr Schwimmen.*

Lernen bezieht sich eher darauf, dass man sich selbst aktiv etwas beibringt und sich selbstständig neues Wissen aneignet, während *lehren* sich im Sinn von „unterrichten" auf andere Personen bezieht. Ziel des *Lehrens* ist, dass andere etwas *lernen.*

Jemanden *unterrichten* kann neben „Unterricht abhalten" auch „jemanden informieren" bedeuten: *Der Lehrer unterrichtet die Schüler. Ich wurde darüber bereits unterrichtet* (= informiert).

ler|nen ⟨V.; lernt, lern|te, hat ge|lernt⟩ **I** ⟨V. trans. u. V. intr.⟩ **1** etwas ~ *sich etwas geistig od. körperlich aneignen* **2** (etwas) ~ *Kenntnisse, Fähigkeiten, Fertigkeiten erwerben; Abl lernfähig, lernschwach, lernstark, lernwillig; Zus Lernbegierde, Lerneifer* **3** etwas ~ *(für einen bestimmten Zweck) einüben* **4** *in der Lehre sein, in der Schulausbildung sein* ▸ er lernt noch *er ist noch Lehrling, ist noch in der Lehre* ▸ einen Beruf ~; er hat Buchhändler gelernt ⟨umg.⟩ *er hat die Buchhändlerlehre durchlaufen;* Englisch ~; ein Gedicht, Lied ~; eine Sprache ~; Vokabeln ~ ▸ Auto fahren, Klavier spielen ~; jmdn. kennen ~ / kennenlernen; kochen, tanzen ~; leichtfallen: das Lernen fällt ihm leicht, schwer; lesen, schreiben ~; etwas od. jmdn. lieben ~ *allmählich liebgewinnen;* du musst ~, vorsichtiger zu sein; jmdn. schätzen ~ ▸ eifrig, fleißig ~; bei ihm habe ich viel gelernt ▸ aus der Erfahrung, aus seinen Fehlern ~; ein Gedicht auswendig ~; bei einem Tischler ~; sie muss noch für die Schule lernen; die Mutter lernt jeden Tag mit ihm; er hat es von seinem Vater gelernt ▸ gelernter Arbeiter *A., der eine Lehre durchlaufen hat;* Ggs *ungelernter Arbeiter* **II** ⟨V. refl.; umg.⟩ sich irgendwie ~ *gelernt werden können* ▸ dieses Gedicht, Lied lernt sich schwer

Ler|ner ⟨der; -s, -⟩ *jmd., der lernt, der sich eine Fertigkeit erwirbt, sich ein Sachgebiet erarbeitet;* Abl *Lernerin*

Lern|in|halt ⟨der; -(e)s, -e⟩ *Wissen u. Fähigkeiten als Inhalt von Lernprogrammen im Unterricht*

Lern|mit|tel ⟨das; -s, -⟩ *Hilfsmittel für den Lernenden, Lehrbücher, Hefte usw.;* →a. *Lehrmittel*

Lern|mit|tel|frei|heit ⟨die; -; unz.; Schulw.⟩ *Anrecht von Schülern u. Lehrern auf kostenfreie Benutzung von Büchern u. Unterrichtsmaterialien in Schulen;* Syn *Lehrmittelfreiheit*

Lern|soft|ware ⟨[-sɔftwɛ:r] die; -, -s; EDV⟩ *Computerprogramm für spezielle Lerninhalte*

Lern|ziel ⟨das; -(e)s, -e⟩ *in einem Lernprogramm angestrebtes Ziel*

Les|art ⟨die; -, -en⟩ *Auslegung, Deutung*

Les|be ⟨die; -, -n; umg.; kurz für⟩ *Lesbierin*

Les|bi|e|rin ⟨die; -, -rin|nen⟩ *homosexuelle Frau*

les|bisch ⟨Adj.⟩ *homosexuell, zum gleichen Geschlecht neigend* (von Frauen) ▸ ~ sein; ~e Liebe

Le|se ⟨die; -, -n⟩ *Ernte, bes. Weinernte;* Zus *Traubenlese, Weinlese*

Le|se|bril|le ⟨die; -, -n⟩ *Brille nur zum Lesen (nicht für Fernsicht)*

Le|se|buch ⟨das; -(e)s, -bü|cher⟩ *Buch mit geeignetem Lesestoff (meist für die Schule)*

le|sen ⟨V.; liest, las, hat ge|le|sen⟩ **I** ⟨V. trans. u. V. intr.⟩ **1** (etwas) ~ *den Sinn von Schriftzeichen erfassen, Schrift in Sprache umsetzen;* Abl *lesbar, lesenswert* **2** irgendwo od. über etwas ~ *Vorlesungen halten* **3** Beeren, Trauben, Wein ~ *ernten, sammeln* **4** ⟨EDV⟩ Daten ~ *einen Datenträger abtasten u. die darauf befindlichen Daten erfassen;* Abl *lesbar* ▸ einen Brief, ein Buch ~; eine Gesetzesvorlage im Bundestag ~ *beraten;* Korrektur ~ *Schriftsatz auf Satzfehler prüfen;* die Messe ~ *M. halten, zelebrieren;* Zeitung ~ ▸ ~ lernen ▸ fließend, laut ~; Kinder sollten viel ~ ▸ beim Lesen deines Briefes musste ich lachen; unser Sohn liest gern; in jmds. Gesicht, Augen ~ *seinen, ihren Ausdruck deuten;* über die französische Revolution ~ ▸ dieses Buch wird gern, viel gelesen **II** ⟨V. refl.; umg.⟩ sich irgendwie ~ *gelesen werden können, geschrieben sein* ▸ das Buch liest sich leicht, schwer, gut

Le|se|pro|be ⟨die; -, -n⟩ **1** *als Werbung gedruckter Ausschnitt aus einem neuerschienenen Buch* **2** *erste Theaterprobe, bei der die Rollen noch abgelesen sowie Textänderungen, Streichungen usw. vereinbart werden*

Le|ser ⟨der; -s, -⟩ **1** *jmd., der etwas liest;* Abl *Leserin;* Zus *Zeitungsleser* **2** *jmd., der etwas sammelt od. erntet;* Abl *Leserin;* Zus *Ährenleser, Trauben-*

leser **3** 〈EDV; Sammelbez. für〉 *Lese- u. Peripheriegeräte zur Eingabe von Daten od. Programmen in einen Computer*

Le|se|rat|te 〈die; -, -n; übertr.; umg.; scherzh.〉 *jmd., der gern u. viel liest*

Le|ser|brief 〈der; -(e)s, -e〉 *Zuschrift eines Lesers an eine Zeitungsredaktion mit Kritik, Anregungen od. einer Stellungnahme zu einem veröffentlichten Artikel* ▸ einen ~ veröffentlichen, abdrucken

Le|se-Recht|schreib-Schwä|che 〈die; ; -, -en; Abk.: LRS〉 *Entwicklungsstörungen des Lesen- u. Schreibenlernens von Kindern mit normaler Gesamtintelligenz;* Syn *Legasthenie*

Le|ser|kreis 〈der; -es, -e〉 *Gesamtheit der Leser, Leserschaft* ▸ Zeitschrift mit einem großen ~

le|ser|lich 〈Adj.〉 *so beschaffen, dass man es lesen kann* ▸ (gut) ~ schreiben; Abl *Leserlichkeit*

Le|ser|schaft 〈die; -; unz.〉 *Gesamtheit der Leser (einer Zeitschrift, eines Buches, eines Autors)*

Le|se|saal 〈der; -(e)s, -sä|le〉 *öffentlicher Raum zum Lesen, bes. in Bibliotheken*

Le|se|stoff 〈der; -(e)s, -e〉 *alles, was zum Lesen dient, Geschichten, Romane, Gedichte usw. sowie Bücher, Zeitungen, Zeitschriften usw.*

Le|se|zei|chen 〈das; -s, -〉 *Hilfsmittel zur Kennzeichnung der Buchseite, bei der man mit dem Lesen aufhörte;* Syn *Buchzeichen*

Le|se|zir|kel 〈der; -s, -〉 **1** *gewerblicher Leihverkehr mit regelmäßig wechselnden Zeitschriften* **2** *Gemeinschaft der Leser dieser Zeitschriften*

Le|sung 〈die; -, -en〉 **1** *das (laute) Lesen (von Texten, bes. im Gottesdienst)* **2** *Beratung (über eine Gesetzesvorlage)* ▸ dritte ~ eines Gesetzesentwurfs

le|tal 〈Adj.; Med.〉 *tödlich;* Abl *Letalität;* Zus *Letaldosis*

Le|thar|gie 〈die; -; unz.〉 *Teilnahmslosigkeit, Abgestumpftheit*

le|thar|gisch 〈Adj.〉 *teilnahmslos, abgestumpft*

Let|te 〈der; -n, -n〉 *Einwohner von Lettland;* Abl *Lettin*

let|tisch 〈Adj.〉 *Lettland betreffend, zu ihm gehörig, aus ihm stammend* ▸ ~e Sprache *zu den baltischen Sprachen gehörende Sprache der Letten*

Letzt 〈die; -; unz.; nur in der Wendung〉 zu guter ~ *zuletzt, zum Schluss*

letz|te(r, -s) 〈Adj.〉 **1** *eine Reihe beschließend, das Ende bildend* **2** *äußerst* **3** *eben erst vergangen, vorig* ▸ der ~ Buchstabe; jmdm. die ~ Ehre erweisen *ihn zu Grabe tragen, beerdigen;* ~n Endes 〈umg.〉 *schließlich;* ~s Jahr, ~ Woche; der Letzte des Monats; die Letzte Ölung 〈kath. Kirche〉 *Salbung eines Todkranken mit geweihtem Öl;* der Weisheit ~r Schluss *die höchste W.;* seine ~ Stunde war gekommen *seine Todesstunde;* der ~ Versuch; letzter/Letzter Wille *Testament;* er will immer das ~ Wort haben *er duldet keine Widerrede;* das ist mein ~s Wort *das, was ich jetzt gesagt habe, ist endgültig* ▸ sein Letztes hergeben *alles, was man hat;* 〈übertr.〉 *tun, so viel man vermag, sich aufs Äußerste anstrengen;* die Ersten werden die Letzten und die Letzten werden die Ersten sein; das ist das Letzte 〈umg.〉 *das ist ungeheuerlich, das ist eine große Frechheit;* er wäre der Letzte, dem ich es sagen würde *ihm würde ich es auf keinen Fall sagen;* er ist in seiner Klasse der Letzte *der schlechteste Schüler* ▸ als Letzter ankommen; am ~en Sonntag; bis auf den ~n Platz besetzt; jmdn. od. etwas bis ins Letzte kennen *ganz genau kennen;* im ~n Augenblick *ganz zum Schluss, kurz vor dem Ende;* in der ~n Woche; in ~r Zeit; in den ~n Zügen liegen *im Sterben liegen; kurz vor der Vollendung stehen;* mit ~r Kraft; ich habe es zum ersten und auch zum ~n Mal getan *ich habe es einmal getan od. versucht u. werde es nie wieder tun;* jmdn. zur ~n Ruhe betten, tragen *jmdn. begraben;* →a. *Hund*[1]

letzt.../zuletzt

Als Adjektiv ist *letzte(r, -s)* deklinierbar und bedeutet u. a. „eine Reihe beschließend, das Ende bildend“: *Sie sitzt in der letzten Reihe. Er gehört immer zu den Letzten. Er hat die Arbeit als Letzter abgegeben. Wir waren bereits im letzten* (= vergangenen) *Sommer hier.*
Demgegenüber ist *zuletzt* ein undeklinierbares Adverb mit der Bedeutung „an letzter Stelle, am Ende, zum Schluss“: *Was hattest du zuletzt gegessen? Sie waren vor elf Jahren zuletzt* (= das letzte Mal). Ich habe ihn zuletzt (= das letzte Mal) *im Januar getroffen.*
Wird es auf ein Substantiv bezogen, hat *zuletzt* eine sehr ähnliche Bedeutung wie *letzte(r, -s): Er kommt immer zuletzt* (= als Letzter).

letzt|end|lich 〈Adv.〉 *schließlich, letztlich, am Ende* ▸ er hat sich ~ doch zum Bleiben entschlossen

letz|tens 〈Adv.〉 **1** *kürzlich, vor kurzem, unlängst* **2** *zum Schluss* ▸ drittens und ~

letz|te|re(r, -s) 〈Adj.〉 *der, die, das zuletzt Genannte, zuletzt Erwähnte;* →a. *erstere(r, -s)* ▸ der ~ von beiden Filmen war besser

letzt|ge|nannt 〈Adj.〉 *zuletzt genannt*

letzt|lich 〈Adv.〉 **1** *schließlich* **2** *im letzten, tiefsten Sinne, im Grunde genommen*

letzt|ma|lig 〈Adj.〉 **1** *letzte(r, -s), beim letzten Mal (stattfindend, vorkommend)* **2** *zum letzten Mal* ▸ beim ~en Anruf; eine ~e Verwarnung

letzt|mals 〈Adv.〉 *beim, zum letzten Mal*

letzt|mög|lich 〈Adj.〉 *als letzte(r, -s), späteste(r, -s) möglich* ▸ zum ~en Datum, Termin

Leuch|te 〈die; -, -n〉 **1** *Lampe, Lichtquelle;* Zus *Deckenleuchte* **2** 〈übertr.; umg.〉 *kluger Mensch* ▸ er ist keine große ~ 〈übertr.; umg.〉

leuch|ten 〈V. intr.; leuch|tet, leuch|te|te, hat geleuch|tet〉 **1** *Licht ausstrahlen, Helligkeit verbreiten* **2** *glänzen, schimmern* **3** jmdm. ~ *jmdm. den Weg erhellen* ▸ Mond und Sterne ~; ihre Augen ~ vor Glück; ein ~des Beispiel, Vorbild *hervorragendes B., V.;* ~des Rot; mit ~den Augen; ein ~d blauer Himmel *von kräftig leuchtend blauer Farbe*

Leuch|ter ⟨der; -s, -⟩ *Gestell, Halter für Kerzen od. kleine Lämpchen;* Zus *Kerzenleuchter, Kronleuchter*

Leucht|feu|er ⟨das; -s, -⟩ *leuchtendes Seezeichen, Signal für See- u. Luftfahrt*

Leucht|kraft ⟨die; -; unz.⟩ **1** *strahlende Helligkeit* **2** ⟨übertr.⟩ *hervorragende Wirkung, die von jmdm. od. etwas ausgeht* ▸ diese Farben besitzen eine große ~

Leucht|re|kla|me ⟨die; -, -n⟩ *Reklame mit Verwendung von Licht, z. B. Leuchtschrift*

Leucht|röh|re ⟨die; -, -n⟩ *Lampe in Form einer Röhre*

Leucht|schrift ⟨die; -, -en⟩ *Schrift mit Buchstaben aus Leuchtstoff (bes. für Werbezwecke)*

Leucht|turm ⟨der; -(e)s, -tür|me⟩ *vor od. an einer Küste stehender Turm mit feststehendem Licht od. Blinklicht als Seezeichen;* Zus *Leuchtturmwärter(in)*

Leucht|zif|fer ⟨die; -, -n⟩ *durch Leuchtmasse zum Leuchten gebrachte Stundenzahl auf Uhren*

leug|nen ⟨V. trans.; leug|net, leug|ne|te, hat geleug|net⟩ etwas ~ *die Wahrheit von etwas bestreiten, etwas für falsch, für nicht wahr erklären* ▸ eine Tat, ein Verbrechen ~; es ist nicht zu ~, dass ... *es steht fest, dass ...;* Abl *Leugnung*

Leu|k|ä|mie ⟨die; -, -n; Med.⟩ *durch eine außergewöhnliche Vermehrung der weißen Blutzellen gekennzeichnete Erkrankung*

Leu|mund ⟨der; -(e)s; unz.⟩ *Ruf, Nachrede* ▸ einen guten, üblen ~ haben; jmdn. in schlechten ~ bringen *jmdn. in Verruf bringen*

Leu|te ⟨nur Pl.⟩ **1** *Menschen, Menge* **2** *Publikum, Öffentlichkeit* **3** *Volk, Einwohner, Bewohner* **4** *Angestellte, Arbeitskräfte* **5** *Familie, Angehörige, Verwandte* ▸ **Land** und ~ kennenlernen; ich kümmere mich nicht um die **Meinung** der ~ ▸ wir **haben** nicht genug ~ für die viele Arbeit; ich **kenne** meine ~ ⟨umg.⟩; die ~ **reden** darüber *es wird darüber geklatscht;* es ist mir gleich, was die ~ dazu sagen ▸ die **alten** ~; **anständige,** ehrliche, gute, rechtschaffene ~; **arme,** reiche ~; wenn du das tust, dann sind wir **geschiedene** ~! ⟨übertr.⟩ *dann will ich nichts mehr mit dir zu tun haben;* die **jungen** ~ *Jugend(liche); das junge Ehepaar, im Unterschied zu den Eltern;* die **kleinen** ~ ⟨übertr.⟩ *einfache Menschen;* **meine,** deine ~ *Angehörigen, Freunde* ▸ er kann gut **mit** den ~n umgehen; etwas **unter** die ~ bringen *überall erzählen, verbreiten, in Umlauf setzen;* Geld unter die ~ bringen ⟨umg.; scherzh.⟩ *ausgeben;* viel, wenig unter die ~ kommen *viel, wenig Geselligkeit pflegen*

Leut|nant ⟨der; -s, -s od. -e⟩ **1** *unterster Rang des Offiziers* **2** *Offizier in diesem Rang* ▸ ~ zur See *Leutnant der Marine*

leut|se|lig ⟨Adj.⟩ *wohlwollend, freundlich-herablassend, umgänglich;* Abl *Leutseligkeit*

Le|vel ⟨[lɛvəl] der; -s, -s⟩ *Stufe, Ebene, Niveau* ▸ auf einem höheren ~

Le|vi|ten ⟨[-viː-] Pl.; nur in der Wendung⟩ jmdm. die ~ lesen *jmdn. energisch zurechtweisen*

Le|xi|kon ⟨das; -s, -xi|ka⟩ *alphabetisch geordnetes Nachschlagewerk, Wörterbuch;* Zus *Gesundheitslexikon, Konversationslexikon*

Le|zi|thin ⟨das; -s; unz.; Biochem.⟩ *fettähnlicher Stoff, der in allen Zellen vorkommt;* oV ⟨fachsprachl.⟩ *Lecithin*

Li|ai|son ⟨[liɛzɔ̃ː] die; -, -s⟩ *Verbindung, Liebesverhältnis* ▸ eine ~ mit jmdm. eingehen

Li|a|ne ⟨die; -, -n; Bot.⟩ *Schling-, Kletterpflanze*

Li|bel|le ⟨die; -, -n; Zool.⟩ *ein großes, farbenprächtiges Insekt mit zwei langen Flügelpaaren*

li|be|ral ⟨Adj.⟩ **1** *die Freiheit liebend, nach freier Gestaltung des Lebens strebend, freisinnig* **2** *vorurteilsfrei, großzügig* ▸ sie hat ~e Ansichten; ~e Gesinnung; ~e Partei; Abl *Liberalität*

Li|be|ra|le(r) ⟨die; -n, -n (der; -n, -n); Pol.⟩ *Angehörige(r) einer liberalen Partei*

li|be|ra|li|sie|ren ⟨V. trans.; li|be|ra|li|siert, li|be|ra|li|sier|te, hat li|be|ra|li|siert⟩ etwas ~ *freier, großzügiger gestalten* ▸ den Handel ~; Abl *Liberalisierung*

Li|be|ra|lis|mus ⟨der; -; unz.⟩ *in der Aufklärung entstandene Welt-, Staats- u. Wirtschaftsauffassung, nach der dem Einzelnen größtmögliche Freiheit gegeben werden soll;* Abl *liberalistisch*

Li|be|ro ⟨der; -s, -s; Sp.; Fußb.⟩ *Spieler ohne direkten Gegenspieler, der die Abwehr leitet u. je nach Situation im Angriff od. in der Abwehr spielt*

Li|bi|do ⟨a. ['---] die; -; unz.; Psych.⟩ *Begierde, Geschlechtstrieb*

...lich ⟨Nachsilbe; zur Bildung von Adj.⟩ z. B. lächerlich, fraglich, häuslich

licht ⟨Adj.; -er, am -es|ten⟩ **1** *hell* **2** *weitstehend, mit Zwischenräumen* (Saat, Wald) ▸ eine ~e Stelle im Wald *Stelle, wo Bäume abgeholzt wurden;* es war schon ~er Tag; der Wald wurde allmählich ~er

Licht ⟨das; -(e)s, -er⟩ **1** *Helligkeit;* Ggs *Schatten (4);* Zus *Lichtfilter, Lichtstärke, Lichtstrahl; lichtdurchflutet, licht(un)durchlässig; lichtempfindlich, lichtscheu; Sonnenlicht* **2** *Schein, Glanz* **3** *Beleuchtung, Lampe;* Zus *Lichtquelle* **4** ⟨Pl. a.: -e⟩ *Kerze;* Zus *Stearinlicht, Talglicht, Wachslicht* ▸ das ~ der **Sonne,** des Mondes, der Sterne; das ~ der **Welt** erblicken *geboren werden* ▸ ein ~ **anzünden; aufgehen:** jetzt geht mir ein ~ auf ⟨übertr.; umg.⟩ *endlich verstehe ich es;* das ~ **brennt,** flackert, geht aus; das ~ **einschalten,** ausschalten, an-, ausdrehen; du **hast** hier kein (gutes) ~ zum Schreiben; ~ **machen;** das ~ **scheuen** ⟨übertr.⟩ *etwas zu verbergen haben* ▸ **blendendes,** gedämpftes, grelles, helles, schwaches ~; **elektrisches** ~; **künstliches** ~ *Lampen-, Kerzenlicht;* **natürliches** ~ *Tages-, Sonnenlicht;* das wirft ein **neues** ~ auf die Sache ⟨übertr.⟩ *dadurch erscheint die Sache ganz anders* ▸ etwas **ans** ~ bringen *etwas entdecken, klären, aufdecken, enträtseln;* ein schlechtes ~ **auf** etwas, jmdn. werfen *etwas, jmdn. schlecht erscheinen lassen;* **bei** (künstlichem) ~ arbeiten; bei ~ besehen, betrachtet ⟨übertr.⟩ *genauer betrachtet;* **gegen** das ~ fotografieren; einen Gegenstand ge-

L

gen das ~ halten *so halten, dass das Licht darauffällt od. durchscheint;* jmdn. hinters ~ führen ⟨übertr.⟩ *jmdn. betrügen, täuschen;* ~ in eine Sache bringen ⟨übertr.⟩ *Klarheit in eine S. bringen;* etwas, sich ins rechte ~ setzen, stellen ⟨übertr.⟩ *Vorzüge bewusst zur Geltung bringen*

Licht|bild ⟨das; -(e)s, -er⟩ *Passbild* ▸ der Lebenslauf ist mit einem ~ einzureichen

Licht|blick ⟨der; -(e)s, -e; übertr.⟩ *als bes. erfreulich aus einem langweiligen Einerlei herausragender Augenblick, herausragende Person o. Ä.* ▸ du bist der einzige ~ an diesem trostlosen Ort

licht|echt ⟨Adj.⟩ *(in der Farbe) unempfindlich gegen Tageslicht;* Syn *lichtbeständig* ▸ ~e Stoffe

lich|ten[1] ⟨V.; lich|tet, lich|te|te, hat ge|lich|tet⟩ **I** ⟨V. trans.⟩ etwas ~ *licht machen, erhellen, aufhellen* ▸ Wald ~ *ausholzen, seinen Baumbestand verringern* **II** ⟨V. refl.⟩ sich ~ *dünner, weniger werden* ▸ sein Haar lichtet sich (schon); der Wald lichtet sich *die Bäume werden weniger*

lich|ten[2] ⟨V. trans.; lich|tet, lich|te|te, hat ge|lich|tet; Mar.⟩ etwas ~ *leichter machen, heben* ▸ das Schiff lichtet die Anker ⟨übertr.⟩ *legt ab*

Lich|ter|ket|te ⟨die; -, -n⟩ **1** *Kette aus elektrischen Lichtern (bes. für Schaufensterdekorationen od. für den Weihnachtsbaum)* **2** *Kette, Schlange aus Menschen, die ein brennendes Licht (Fackel, Kerze) in der Hand halten* ▸ die Demonstranten bildeten eine lange ~

lich|ter|loh ⟨Adv.⟩ *mit heller Flamme* ▸ das Haus brennt ~

Lich|ter|meer ⟨das; -(e)s, -e⟩ *Gesamtheit vieler Lichter* ▸ das ~ der nächtlichen Großstadt

Licht|ge|schwin|dig|keit ⟨die; -; unz.⟩ *Ausbreitungsgeschwindigkeit von elektromagnet. Wellen, Licht im Vakuum, 299 792 km/s*

Licht|hof ⟨der; -(e)s, -hö|fe⟩ **1** *großer Lichtschacht, enger, an allen vier Seiten von einem Häuserblock od. Mauern umgebener Hof* **2** *Lichtschein um Sonne od. Mond*

Licht|hu|pe ⟨die; -, -n; Kfz⟩ *Warnsignal durch Aufblenden der Scheinwerfer* ▸ die ~ betätigen

Licht|jahr ⟨das; -(e)s, -e; Abk.: Lj; Astron.⟩ *astronom. Entfernungsmaß, Strecke, die das Licht in einem Jahr zurücklegt, 9,5 Billionen km*

Licht|ke|gel ⟨der; -s, -⟩ *von einer Lichtquelle ausgehendes, sich kegelförmig erweiterndes Strahlenbündel* ▸ die ~ eines Scheinwerfers

Licht|ma|schi|ne ⟨die; -, -n; Kfz⟩ *elektrischer Generator für Kraftfahrzeuge*

Licht|schal|ter ⟨der; -s, -⟩ *Schalter für elektr. Beleuchtung*

Licht|schran|ke ⟨die; -, -n⟩ *mit einem Lichtstrahl arbeitende Sperr- od. Öffnungsvorrichtung*

Licht|schutz|fak|tor ⟨der; -s, -en⟩ *Zahl, die anzeigt, wie stark ein Sonnenschutzmittel die Haut vor den UV-Strahlen des Sonnenlichts schützt* ▸ Sonnenmilch mit ~ 20

Licht|si|g|nal ⟨das; -(e)s, -e⟩ *Lichtzeichen (zur Verkehrsregelung, zur Nachrichtenübermittlung u. als Notstandsanzeige)*

Licht|spiel|haus ⟨das; -es, -häu|ser⟩ = *Kino*

Lich|tung ⟨die; -, -en⟩ *von Bäumen freier Platz, ausgeholzte Stelle im Wald* ▸ Rehe äsen auf einer ~

Lid ⟨das; -(e)s, -er⟩ *zum Schutz des Auges dienende Hautfalte;* Syn *Augenlid;* Zus *Lidentzündung; Oberlid, Unterlid*

Lid|schat|ten ⟨der; -s, -⟩ *Farbe zum Schminken der Augenlider* ▸ ~ auftragen

Lid|strich ⟨der; -(e)s; unz.⟩ *mit Schminke am Rand des Lids gezogener, dunkler Strich*

lieb ⟨Adj.⟩ **1** *geliebt, teuer, wert* **2** *liebevoll, zärtlich, fürsorglich, anschmiegsam* **3** *liebenswert, anständig u. gut* **4** *angenehm, willkommen* **5** *artig, brav, folgsam* (Kind) **6** *liebenswürdig, freundlich* ▸ mein Lieber! *(Anrede; auch warnend);* meine Lieben! *(Anrede);* meine Lieben *meine Angehörigen, meine Familie;* (mein) Liebes *(zärtliche Anrede);* Liebste(r)! *(Anrede)* ▸ ein ~es Kind; um des ~en Friedens willen nachgeben; der ~e Gott; viele ~e Grüße, Dein Berthold *(Briefschluss);* mein ~er Hans! *(Anrede im Brief);* ~er Herr X, ~e Frau Y! *(Anrede im Brief);* du ~er Himmel, du ~e Zeit! *(Ausruf der Überraschung, Bestürzung);* sich bei jmdm. ~ Kind machen ⟨übertr.; umg.⟩ *sich einschmeicheln;* ich habe meine ~e Not damit *es macht mir viel Mühe;* den ~en langen Tag *den ganzen Tag über* ▸ ~ gewinnen = *liebgewinnen;* ~ haben = *liebhaben;* sein: er ist mir der Liebste (von allen); die Kinder waren heute alle ~; das war nicht ~ von dir; seid jetzt ~!; sei so ~ und steck den Brief ein ⟨umg.⟩; es ist mir sehr ~, dass Sie kommen ▸ das ist mir viel ~er ▸ am ~sten würde ich jetzt gehen; er ist sehr ~ mit, zu den Kindern

lieb|äu|geln ⟨V. intr.; lieb|äu|gelt, lieb|äu|gel|te, hat ge|lieb|äu|gelt⟩ **1** mit etwas ~ *mit dem Gedanken an etwas spielen, etwas gern haben, tun wollen* **2** mit jmdm. ~ *jmdm. zärtliche Blicke zuwerfen* ▸ mit dem Gedanken ~, etwas zu tun

Lie|be ⟨die; -, -n⟩ **I** ⟨unz.⟩ **1** Ggs *Hass* **1.1** ⟨i. w. S.⟩ *starke Zuneigung, starkes Gefühl des Hingezogenseins, opferbereite Gefühlsbindung;* Zus *Menschenliebe, Mutterliebe, Nächstenliebe, Tierliebe, Vaterlandsliebe* **1.2** ⟨i. e. S.⟩ *starke, geschlechtsgebundene, opferbereite Gefühlsbeziehung;* Zus *Liebesaffäre, Liebesbeweis, Liebesbeziehung, Liebeserklärung, Liebesfilm, Liebesgedicht, Liebesgeschichte, Liebeslied, Liebesroman* **2** *heftiger Drang, heftiges Verlangen, Streben nach etwas;* Zus *Freiheitsliebe, Gerechtigkeitsliebe, Wahrheitsliebe* **3** *Gefälligkeit, Freundlichkeit* ▸ seine ~ war erkaltet, erloschen, gestorben; jmds. ~ (nicht) erwidern; jmdm. seine ~ gestehen; ~ machen ⟨umg.⟩ *miteinander schlafen* ▸ brüderliche, kindliche, schwesterliche, mütterliche, väterliche ~; eheliche, geschlechtliche ~; große, innige, leidenschaftliche ~; heimliche, stille ~ ▸ jmdn. aus ~ heiraten; etwas aus ~ zu jmdm. tun; ~ für jmdn. empfinden, fühlen; (kein) Glück in der ~ haben; in ~ (zu jmdm.) entbrannt sein; etwas mit viel ~ tun *mit viel Geduld u. Mühe;* die ~ zu den Eltern, zu den Kindern; ~ zur Musik, Natur; ~ zwischen Mann und Frau, Eltern und Kindern **II** ‹zählb.; umg.› **1** *Liebschaft* **2** *jmd., mit dem man eine Liebschaft hat od. hatte, jmd., den man liebt od. geliebt hat* ▸ meine erste ~; sie war meine große ~; seine vielen ~n

lie|ben ‹V. trans.; liebt, lieb|te, hat ge|liebt› **1** jmdn. ~ *für jmdn. Liebe empfinden* **2** etwas ~ **2.1** *sich um etwas sehr bemühen, es gernhaben* **2.2** *etwas gern tun* ▸ ich liebe es nicht, wenn man mich beim Lesen stört *ich mag es nicht* ▸ Blumen, Tiere ~; seine Eltern, Kinder ~; seinen Mann, seine Frau ~; die Gerechtigkeit, Wahrheit ~; die Menschen, seinen Nächsten ~; die Musik, Natur ~ ▸ jmdn. ~ lernen *jmdn. nach u. nach zu lieben beginnen* ▸ jmdn. heiß, herzlich, innig, leidenschaftlich, zärtlich ~ ▸ sie liebt ihn wie einen Vater ▸ die Liebenden *das Liebespaar;* Dein Dich ~der Sohn *(Briefschluss);* etwas ~d gern tun *sehr gern, bes. gern*

lie|bens|wert ‹Adj.; -er, am -es|ten› *so geartet, dass man ihn, sie lieben muss, herzlich-freundlich, gewinnend* ▸ ein ~er Mensch

lie|bens|wür|dig ‹Adj.› **1** *gewandt u. höflich, sehr freundlich, zuvorkommend* **2** *entgegenkommend u. hilfsbereit* ▸ danke, das ist sehr ~ von Ihnen; Abl *Liebenswürdigkeit; liebenswürdigerweise*

lie|ber ‹Adv.› **I** *besser* ▸ wir wollen ~ aufhören; komm ~ gleich; das hättest du ~ nicht machen, sagen, tun sollen; tu das ~ nicht; ~ spät als nie **II** ‹Komp. von› *gern* ▸ etwas ~ tun (als ...); ich gehe ~ zu Fuß; ich mag dieses ~er als jenes; ich will es ~ gleich tun; er sieht es ~, wenn man anruft, bevor man vorbeikommt; ich trinke ~ Wein als Bier

Lie|bes|akt ‹der; -(e)s, -e; geh.› *Geschlechtsakt*

Lie|bes|brief ‹der; -(e)s, -e› *zärtlicher Brief an den Geliebten bzw. die Geliebte*

Lie|bes|dienst ‹der; -(e)s, -e› *Gefälligkeit, die man aus Liebe tut* ▸ jmdm. einen ~ erweisen

Lie|bes|hei|rat ‹die; -, -en› *Heirat aus Liebe;* Ggs *Vernunftehe*

Lie|bes|kum|mer ‹der; -s; unz.› *Kummer wegen unglücklicher Liebe*

Lie|bes|le|ben ‹das; -s; unz.› *alle Gefühle u. Handlungen, die die Liebe u. Sexualität zw. Menschen umfassen*

Lie|bes|paar ‹das; -(e)s, -e› *einander liebendes Paar*

Lie|bes|spiel ‹das; -(e)s, -e› **1** *alle von Liebenden ausgetauschten Zärtlichkeiten, Berührungen, Handlungen zur Erregung u. Steigerung der sexuellen Lust u. zur gegenseitigen sexuellen Befriedigung* **2** ‹Zool.› *Gesamtheit der Verhaltensweisen von Tieren bei der Fortpflanzung*

Lie|bes|sze|ne ‹die; -, -n› *Szene (in Roman, Film, Theater), in der zwei Liebende einander ihre Liebe gestehen od. sie bestätigen*

lie|be|voll ‹Adj.› *voller Liebe, zärtlich, zärtlich-besorgt, herzlich-zart*

lieb|ge|win|nen *auch:* **lieb ge|win|nen** ‹V. trans.; ge|winnt lieb, ge|wann lieb, hat lieb|ge|won|nen, lieb|zu|ge|win|nen› jmdn. ~ *allmählich lieben*

lieb|ha|ben *auch:* **lieb ha|ben** ‹V. trans.; hat lieb, hat|te lieb, hat lieb|ge|habt, lieb|zu|ha|ben› jmdn. ~ *lieben, sehr gernhaben*

Lieb|ha|ber ‹der; -s, -› **1** *Geliebter* **2** *jmd., der etwas bes. gernhat od. betreibt, sich bes. für etwas interessiert, Kenner, Sammler (bes. auf künstlerischem Gebiet);* Zus *Liebhaberausgabe, Liebhaberwert; Kunstliebhaber, Musikliebhaber* ▸ er ist ein ~ alter Uhren; das ist nur etwas für ~; Abl *Liebhaberin*

Lieb|ha|be|rei ‹die; -, -en› *Beschäftigung (mit einer bestimmten Sache) in der Freizeit, Hobby*

lieb|ko|sen ‹V. trans.; lieb|kost, lieb|kos|te, hat lieb|kost geliebkost› jmdn. ~ *jmdn. liebevoll streicheln, zärtlich zu jmdm. sein;* Abl *Liebkosung*

lieb|lich ‹Adj.› **1** *anmutig, liebreizend, hübsch u. zart* **2** *heiter, freundlich, hell* (Landschaft) **3** *zart u. wohlklingend* (Musik) **4** *köstlich, süß, appetitanregend* (Duft, Wein) ▸ ~es Gesicht; ~ aussehen; diese Blume duftet ~; Abl *Lieblichkeit*

Lieb|ling ‹der; -s, -e› **1** *Liebste, Liebster (als Kosewort)* **2** *von allen geliebte Person* **3** *bevorzugte Person, Günstling* ▸ das Kind ist der ~ der Familie; der ~ des Publikums; unter seinen Schülern einen besonderen ~ haben; mein ~ *(zärtliche Anrede)*

Lieb|lings... ‹in Zus.; zur Bildung von Subst.› *allem anderen vorgezogen, am meisten geliebt,* z. B. Lieblingsbeschäftigung, Lieblingsgetränk

Lieb|lings|fach ‹das; -(e)s, -fä|cher› *Fach (in der Schule), das man am liebsten hat* ▸ Biologie ist sein ~

Lieb|lings|far|be ‹die; -, -n› *Farbe, die jmd. am liebsten hat* ▸ meine ~ ist Gelb

Lieb|lings|spei|se ‹die; -, -n› = *Leibspeise*

lieb|los ‹Adj.; -er, am -es|ten› *ohne Liebe, herzlos, roh* ▸ ein ~er Mensch; ~ kochen; Abl *Lieblosigkeit*

Lieb|reiz ‹der; -es; unz.; geh.› *Anmut u. reizendes Aussehen;* Abl *liebreizend*

Lieb|schaft ‹die; -, -en› *oberflächliche, kurze Liebe, kurzes Liebesverhältnis* ▸ eine flüchtige ~; zahlreiche ~en haben

Liebs|te ‹die; -n, -n› *Geliebte, geliebtes Mädchen, Freundin* ▸ eine ~ haben

Liebs|te(r) ‹der; -n, -n› *Geliebter, geliebter Mann, Freund* ▸ einen Liebsten haben

Lied ‹das; -(e)s, -er› **1** *singbares, vertontes Gedicht mit mehreren Strophen;* Zus *Liederbuch; Kinderlied, Kirchenlied, Kunstlied, Schlaflied, Volkslied, Weihnachtslied* **2** *Melodie, Weise;* Zus *Vogellied* ▸ das ~ der Nachtigall ▸ ein ~ anstimmen, singen; davon kann ich ein ~(chen) singen ‹übertr.; umg.› *davon könnte ich viel erzählen, damit habe ich unangenehme Erfahrungen gemacht* ▸ es ist immer das alte ~! ‹übertr.› *es ist immer das Gleiche;* die Kinder lernen ein neues ~ in der Schule ▸ das ist das Ende vom ~ *so endete die Angelegenheit*

Lie|der|abend ‹der; -(e)s, -e› *Konzertabend für Liedgesang*

L

M N O P Q R S T U V W X Y Z

lie|der|lich ⟨Adj.⟩ **1** *keine Ordnung halten könnend* (Person) **2** *unordentlich, ungeordnet, nachlässig* **3** ⟨übertr.⟩ *ausschweifend, sittenlos, moralisch nicht einwandfrei* ▸ ein ~es Leben führen; ~er Mensch; Abl *Liederlichkeit*

Lie|der|ma|cher ⟨der; -s, -⟩ *jmd., der zeitkritische Lieder dichtet, vertont u. selbst vorträgt;* Abl *Liedermacherin*

lief → *laufen*

Lie|fe|rant ⟨der; -en, -en⟩ *jmd., der Waren liefert;* Abl *Lieferantin*

lie|fern ⟨V. trans.; lie|fert, lie|fer|te, hat ge|lie|fert⟩ **1** (jmdm.) etwas ~ **1.1** *besorgen, zusenden;* Abl *lieferbar;* Zus *Lieferzeit* **1.2** *(jmdn.) mit etwas ausstatten, versorgen* **2** etwas ~ *hervorbringen, bieten* ▸ Beweise ~ *B. erbringen;* den Beweis ~, dass jmd. unschuldig ist *beweisen, dass …;* seine Erlebnisse ~ uns genug Gesprächsstoff *bieten, sorgen für genügend G.;* sich erbitterte Kämpfe ~ *sich gegenseitig hartnäckig bekämpfen;* Obst und Gemüse ~ dem Körper wichtige Nährstoffe; ein hervorragendes Spiel ~ ⟨Sp.⟩ *erstklassig spielen;* Waren ins Haus, frei Haus ~; wann können Sie das Sofa ~?; wenn er es erfährt, bin ich geliefert ⟨umg.⟩ *dann wird es wirklich schlimm für mich*

Lie|fer|schein ⟨der; -(e)s, -e⟩ *Begleitschein zu einer gelieferten Ware (der vom Empfänger gegebenenfalls unterschrieben werden muss)*

Lie|fe|rung ⟨die; -, -en⟩ **1** *das Liefern* **2** *das Geliefertwerden* **3** *die gelieferte od. zu liefernde Ware* ▸ ~ frei Haus; monatliche, verspätete ~; die Ware ist bei ~ zu bezahlen; ~ von Waren

Lie|fer|wa|gen ⟨der; -s, -⟩ *kleiner Lastkraftwagen zum Transport leichter Güter*

Lie|ge ⟨die; -, -n⟩ *Möbelstück zum Liegen* ▸ auf der ~ schlafen; Zus *Klappliege, Sonnenliege*

lie|gen ⟨V. intr.; liegt, lag, hat (süddt., österr., schweiz.: ist) ge|le|gen⟩ **1** irgendwo od. irgendwie ~ *lang ausgestreckt sein, nicht stehen od. sitzen* (Person) **2** irgendwo ~ *sich auf einer Unterlage befinden, in waagerechter od. schräger Lage sein* (Sache) **3** irgendwo ~ *sich befinden, sein* (Gebäude, Stadt) ▸ ich habe/bin eine Woche gelegen *ich war eine Woche krank, bettlägerig;* das liegt mir nicht *das entspricht nicht meinen Fähigkeiten, meinem Geschmack* ▸ es liegt viel, wenig Schnee; die Ursache liegt woanders *es hat eine andere U.* ▸ ~ bleiben *in waagerechter Lage bleiben, im Bett bleiben;* ⟨aber⟩ ~ bleiben = *liegenbleiben;* ich habe 50 Flaschen Wein im Keller ~; das Buch auf dem Tisch ~ lassen *an einem bestimmten Ort belassen;* ; lass das ~!; die Kirche links ~ lassen *rechts an der K. vorbeigehen od. -fahren;* ⟨aber⟩ ~ lassen = *liegenlassen;* von hier kann man das Haus ~ sehen ▸ liegst du bequem?; das Haus liegt einsam, malerisch; das Haus liegt nicht weit vom Wald entfernt; der Teppich liegt gerade, schief; der Wagen liegt gut auf der Straße, in der Kurve *fährt sicher;* der Ort liegt 1 000 m hoch; der Neuschnee liegt meterhoch; das liegt mir schwer auf der Seele *das bedrückt mich sehr;* das Essen liegt mir schwer im Magen; der Boden lag voller Zeitungen und Bücher ▸ es liegt an ihm *es hängt von ihm ab;* es liegt mir viel daran *ich lege großen Wert darauf;* Dresden liegt an der Elbe; das Haus liegt an einem Fluss, am Waldrand; auf dem Bauch, auf dem Rücken ~; auf dem Boden, auf dem Sofa ~; ein Lächeln lag auf ihrem Gesicht; auf den Möbeln liegt Staub; das liegt ganz bei dir *das kannst du machen, wie du willst;* das Gesuch liegt noch beim Abteilungsleiter *wird noch vom A. bearbeitet;* der Ort liegt in den Alpen; im Bett ~; die Wäsche liegt im oberen Fach, im Schrank; das Schiff liegt im Hafen; es liegt nicht in meiner Macht, das zu tun *ich bin dazu außerstande;* im Sterben ~ *kurz vor dem Tode sein;* der Unterschied liegt darin, dass … *der Unterschied ist der, dass …;* dichter Nebel liegt über der Wiese; ein spöttischer Zug lag um ihren Mund; vor Anker ~ *verankert sein;* das Pferd liegt ganz vorn *läuft im Rennen an der Spitze;* so wie die Dinge ~, können wir nicht anders handeln ⟨umg.⟩; jmdm. zu Füßen ~ ▸ wo liegt Amsterdam?; woran liegt es? *was ist die Ursache?* ▸ bitte ~d aufbewahren! *(Aufschrift auf Flaschen o. Ä.)*

lie|gen|blei|ben *auch:* **lie|gen blei|ben** ⟨V. intr.; bleibt lie|gen, blieb lie|gen, ist lie|gen|ge|blie|ben, lie|gen|zu|blei|ben⟩ **1** *nicht abgesetzt, nicht verkauft werden können* (Ware) **2** *nicht erledigt werden* (Arbeit) **3** *nicht weiterkönnen, steckenbleiben, eine Panne haben* **4** *nicht abgeholt werden* **5** *vergessen werden* ▸ bei der Veranstaltung sind mehrere Schirme liegengeblieben / liegen geblieben; die Angelegenheit wird wochenlang ~; bring das Auto zur Werkstatt, ich will nicht unterwegs (mit einem Motorschaden) ~!; →a. *liegen*

lie|gen|las|sen *auch:* **lie|gen las|sen** ⟨V. intr.; lässt lie|gen, ließ lie|gen, hat lie|gen|ge|las|sen, lie|gen-zu|las|sen⟩ **1** etwas ~ *vergessen (mitzunehmen)* **2** ⟨übertr.⟩ jmdn. links ~ *jmdn. nicht beachten, sich nicht um jmdn. kümmern* ▸ ich darf meine Handschuhe nicht ~; →a. *liegen*

Lie|gen|schaft ⟨die; -, -en; meist Pl.⟩ *Grundstück, Grundbesitz*

Lie|ge|stuhl ⟨der; -(e)s, -stüh|le⟩ *zusammenklappu. verstellbarer Gartenstuhl zum Liegen*

Lie|ge|stüt|ze ⟨die; -, -n⟩ *Turnübung, Stützen des gestreckten Körpers auf Hände u. Fußspitzen;* oV *Liegestütz*

Lie|ge|wa|gen ⟨der; -s, -⟩ *Eisenbahnwagen, bei dem die Sitzplätze in Liegeplätze umgewandelt werden können*

Lie|ge|wie|se ⟨die; -, -n⟩ *Wiese (in öffentlichen Parks), auf der man sich hinlegen u. sonnen kann*

lieh → *leihen*

ließ → *lassen*

Lift ⟨der; -(e)s, -e od. -s⟩ *Aufzug, Fahrstuhl* ▸ mit dem ~ nach oben fahren; der ~ ist kaputt; den ~ benutzen, nehmen; ich habe ihn im ~ getroffen

L

lif|ten ⟨V. trans.; lif|tet, lif|te|te, hat ge|lif|tet⟩ **1** jmdn. od. jmdm. etwas ~ *durch Lifting straffen, heben* **2** Preise ~ *erhöhen, anheben*

Lift|ing ⟨das; -s, -s⟩ *kosmetisch-chirurgisches Verfahren zum Straffen erschlafften Gewebes*

Li|ga ⟨die; -, Li|gen⟩ **1** *Bund, Vereinigung* **2** ⟨Sp.⟩ *Spielklasse im Mannschaftssport;* Zus *Bundesliga*

Li|gen ⟨Pl. von⟩ *Liga*

Li|gist ⟨der; -en, -en⟩ *Angehöriger einer Liga;* Abl *Ligistin*

li|ie|ren ⟨V. trans.; li|iert, li|ier|te, hat li|iert⟩ sich mit jmdm. ~ *eine Liaison mit jmdm. eingehen, eine Liebschaft mit jmdm. beginnen* ▸ eng mit jmdm. liiert sein *ein Liebesverhältnis mit jmdm. haben;* Abl *Liierung*

Li|kör ⟨der; -s, -e⟩ *süßer Branntwein;* Zus *Likörglas; Eierlikör*

li|la ⟨Adj.; undekl.⟩ *fliederfarben, hellviolett* ▸ ein ~, ⟨umg. a.⟩ ~nes Kleid; sie hat die Wände ~ gestrichen; Abl *lilafarben*

Li|la ⟨das; -s, -s⟩ *lila Farbe*

Li|lie ⟨[-ljə] die; -, -n; Bot.⟩ *eine Blume mit großen, trichterförmigen Blüten, die im Frühling blüht*

Li|li|pu|ta|ner ⟨der; -s, -; als abwertend empfundene Bez. für⟩ *kleinwüchsiger Mensch;* Abl *Liliputanerin*

Li|mit ⟨das; -s, -s⟩ *Grenze, Äußerstes (vom Preis, Umfang)* ▸ jmdm. ein ~ setzen; das ~ überschreiten; ein ~ von 200 Seiten (für ein Manuskript)

li|mi|tie|ren ⟨V. trans.; li|mi|tiert, li|mi|tier|te, hat li|mi|tiert⟩ etwas ~ *begrenzen, beschränken, einschränken* ▸ die Anzahl ~; limitierte Auflage *A. in geringer Stückzahl, Sonderausgabe*

Li|mo ⟨die; -, -s; umg. Kurzw. für⟩ *Limonade* ▸ eine ~ trinken

Li|mo|na|de ⟨die; -, -n⟩ *Erfrischungsgetränk aus Wasser, Obstsaft od. -konzentrat, Zucker u. Kohlensäure;* Syn ⟨kurz⟩ *Limo* ▸ wir hätten gern zwei ~n; die ~ ist mir zu süß; Zus *Orangenlimonade, Zitronenlimonade*

Li|mo|ne ⟨die; -, -n⟩ *Zitronenart mit grüner Schale*

Li|mou|si|ne ⟨[-mu-] die; -, -n⟩ *geschlossener Personenkraftwagen;* Ggs *Cabriolet*

Lin|de ⟨die; -, -n; Bot.⟩ *ein großer Laubbaum mit meist schief herzförmigen, gesägten Blättern*

lin|dern ⟨V. trans.; lin|dert, lin|der|te, hat ge|lin|dert⟩ Not, Schmerz ~ *mildern, sanft verringern, bessern, erträglich machen;* Abl *Linderung*

lind|grün ⟨Adj.⟩ *zartgrün, gelbgrün wie das Blatt der Linde*

Li|ne|al ⟨das; -s, -e⟩ *schmales, rechteckiges od. gebogenes Gerät zum Ziehen von Linien;* ⓘ S. 575

li|ne|ar ⟨Adj.⟩ **1** *gradlinig, linienförmig* **2** ⟨übertr.⟩ *gleichbleibend, stetig* **3** ⟨Math.⟩ *eindimensional, nur Potenzen ersten Grades enthaltend* ▸ ~e Gleichung

...ling ⟨Nachsilbe; zur Bildung von Subst.; der; -(e)s, -e; meist abwertend⟩ *(Bezeichnung von jmd. od. etwas mit einer bestimmten Eigenschaft, Tätigkeit, eines Zustandes od. eines Geschehens),* z. B. Rohling, Wüstling

Lin|gu|ist ⟨der; -en, -en⟩ *Sprachwissenschaftler;* Abl *Linguistin*

Lin|gu|is|tik ⟨die; -; unz.⟩ *Sprachwissenschaft;* Abl *linguistisch*

Li|nie ⟨[-njə] die; -, -n⟩ ⟨zählb.⟩ **1** *Strich, Gerade* **2** *Reihe, Aufstellung nebeneinander* **3** *Verkehrsstrecke;* Zus *Eisenbahnlinie, Straßenbahnlinie* **4** *Abstammungsreihe, Folge von Nachkommen;* Zus *Hauptlinie, Seitenlinie* **5** ⟨übertr.⟩ *Richtung (bei einem Vorhaben, in der Politik);* Zus *Parteilinie* ▸ die ~ 10 fährt zum Hauptbahnhof ▸ eine Eisenbahn~ **stilllegen;** eine (klare) ~ **verfolgen;** mit dem Lineal eine ~ **ziehen** ▸ **absteigende** ~ *Sohn, Enkel, Urenkel;* **aufsteigende** ~ *Vater, Großvater, Urgroßvater usw.;* **männliche,** weibliche ~ einer Familie; auf die **schlanke** ~ achten ⟨umg.; scherzh.⟩ *auf die Schlankheit, gute Figur achten;* die **vordere** ~ *vordere Stellung, Front;* die **zarten** ~n ihres Gesichts ▸ **auf** ~n schreiben; jmdn., etwas auf eine, auf die gleiche ~ stellen mit jmd. anderem; auf der ganzen / ⟨umg.⟩ auf ganzer ~ *überall, völlig;* **in** erster ~ *vor allem;* in gerader ~ von jmdm. abstammen ▸ **welche** ~ fährt nach Kaiserswerth hinaus?

Li|ni|en|bus ⟨der; -bus|ses, -bus|se⟩ *Omnibus im Linienverkehr*

Li|ni|en|füh|rung ⟨die; -, -en⟩ **1** *eine Art des Zeichnens von Linien* **2** *Gestaltung der Umrisslinien* **3** *Fahrtroute einer Verkehrslinie, bes. einer Straßenbahn- od. Buslinie* ▸ die ~ Picassos; die neue ~ der Buslinie 8

Li|ni|en|rich|ter ⟨der; -s, -; Sp.⟩ *(am äußeren Spielfeldrand positionierte) Helfer des Schiedsrichters;* Abl *Linienrichterin*

li|ni|en|treu ⟨Adj.; -er, am -(e)s|ten; Pol.⟩ *kritiklos, streng der Ideologie einer Partei folgend*

Li|ni|en|ver|kehr ⟨der; -s; unz.⟩ *regelmäßiger Verkehr von Verkehrsmitteln zw. bestimmten Orten*

link ⟨Adj.; umg.⟩ *hinterhältig, gemein, betrügerisch* ▸ eine ~e Tour; ein ~er Typ

Link ⟨der; -s, -s; EDV; kurz für⟩ *Hyperlink*

lin|ke(r, -s) ⟨Adj.⟩ *auf der Seite befindlich, auf der (nach dem Volksmund) das Herz liegt;* Ggs *rechte(r, -s)* ▸ den ~n Arm heben; er hat sich das ~ Bein gebrochen; das Haus liegt ~r Hand *links, linkerseits;* Ggs *rechter Hand;* die ~ Seite (von Stoffen) *Innenseite;* zwei ~ Hände haben ⟨umg.⟩ *ungeschickt sein*

Lin|ke ⟨die; -, -n⟩ Ggs *Rechte* **1** *linke Seite* **2** *linke Hand* **3** ⟨Sammelbez. für⟩ *die Linksparteien* ▸ die äußerste ~ *radikale linke, kommunistische Partei;* die neue ~ *die neue politisch linke Bewegung;* jmdm. zur ~n sitzen; sich zur ~n wenden *nach links*

Lin|ke(r) ⟨die; -n, -n (der; -n, -n)⟩ *jmd., der Linksparteien nahesteht*

lin|ken ⟨V. trans.; linkt, link|te, hat ge|linkt; umg.⟩ jmdn. ~ *betrügen* ▸ er versucht, dich zu ~

lin|kisch ⟨Adj.⟩ *unbeholfen, ungeschickt*

links ⟨Adv.⟩ Ggs *rechts* **1** *die linke Seite, auf der linken Seite (befindlich)* **2** *auf der linken Straßenseite;* Zus *Linksabbieger* **3** *politisch in Richtung einer* *sozialdemokratischen, sozialistischen od. kommunistischen Partei tendierend;* Zus *Linkspartei; linksgerichtet, linksorientiert* ▸ die Wohnung ist im ersten Stock, zweite Tür ~ ▸ ~ fahren, gehen; sich ~ halten; ~ stehen ⟨übertr.⟩ *einer Linkspartei nahestehen;* rechts und ~ verwechseln ▸ ~ außen spielen; mit ~ schreiben ⟨umg.⟩ *mit der linken Hand;* das machen wir doch mit ~ ⟨übertr.; umg.⟩ *mit Leichtigkeit, ohne Probleme;* nach ~ abbiegen *zur linken Seite hin;* nach ~ gehen; von ~ kommen; weder ~ noch rechts schauen ⟨übertr.⟩ *gerade auf sein Ziel zugehen, sich nicht ablenken lassen*

Links|au|ßen ⟨der; -, -⟩ Ggs *Rechtsaußen* **1** ⟨Sp.; bes. Fußb.⟩ *linker Flügelstürmer* **2** *jmd., der politisch sehr weit links steht*

Links|bünd|nis ⟨das; -nis|ses, -nis|se; Pol.⟩ *Bündnis von Linksparteien (zur Regierungsbildung)*

links|ex|t|rem ⟨Adj.; Pol.⟩ *politisch extrem links stehend, linksradikal*

Links|hän|der ⟨der; -s, -⟩ *jmd., der linkshändig ist;* Ggs *Rechtshänder;* Abl *Linkshänderin; linkshändig*

links|her|um *auch:* **links|he|rum** ⟨Adv.⟩ *nach der linken Seite (herum);* oV *linksrum;* Ggs *rechtsherum*

links|las|tig ⟨Adj.⟩ *links mit zu viel Gewicht, zu stark belastet;* Ggs *rechtslastig* ▸ ~e Politik ⟨übertr.⟩

links|ra|di|kal ⟨Adj.⟩ *politisch extrem links stehend;* Ggs *rechtsradikal;* Abl *Linksradikale(r), Linksradikalismus*

Links|ruck ⟨der; -(e)s, -e; Pol.⟩ Ggs *Rechtsruck* **1** *plötzlicher großer Stimmengewinn einer linken Partei bei einer Wahl* **2** *plötzliche Verlagerung der politischen Orientierung nach links*

Links|ver|kehr ⟨der; -s; unz.⟩ *Vorschrift in manchen Ländern, auf der linken Straßenseite zu fahren;* Ggs *Rechtsverkehr*

Li|n|o|le|um ⟨das; -s; unz.⟩ *Fußbodenbelag aus einer Masse aus Leinöl* ▸ einen Raum mit ~ auslegen

Lin|se ⟨die; -, -n⟩ **1** ⟨Bot.⟩ *eine Pflanze mit flachen, rundlichen, gelben, roten od. schwarzen Samen, die essbar sind;* Zus *Linsensuppe* **2** ⟨Anat.⟩ *durchsichtiger, lichtbrechender Teil des Auges* **3** ⟨Opt.⟩ *durchsichtiger Körper mit zwei brechenden Flächen, von denen mindestens eine meist kugelig gekrümmt ist*

Lip|pe ⟨die; -, -n⟩ *fleischiger Rand des menschlichen Mundes* ▸ die ~n kräuseln, verziehen; eine (dicke) ~ riskieren ⟨übertr.; umg.⟩ *einen Widerspruch wagen, angeben;* sich die ~n schminken; die ~n spitzen (zum Kuss, zum Pfeifen); die ~n zusammenpressen (vor Schmerz) ▸ aufgesprungene, feuchte, rissige, trockene ~n; breite, dünne, rotgeschminkte, schmale, volle ~n ▸ an jmds. ~n hängen ⟨übertr.⟩ *jmdm. gespannt, aufmerksam zuhören;* sich auf die ~n beißen (um nicht zu lachen); kein Wort kam über seine ~n *er sagte nichts;* die Worte flossen ihm leicht von den ~n; Zus *Oberlippe, Unterlippe*

Lip|pen|be|kennt|nis ⟨das; -nis|ses, -nis|se⟩ *ausgesprochenes Bekenntnis, das nicht der inneren Einstellung entspricht*

Lip|pen|stift ⟨der; -(e)s, -e⟩ *Schminkstift zum Färben der Lippen*

li|quid ⟨Adj.⟩ oV *liquide* **1** *flüssig* **2** ⟨übertr.⟩ *im Besitz von Geldmitteln, zahlungsfähig*

li|qui|die|ren ⟨V. trans.; li|qui|diert, li|qui|dier|te, hat li|qui|diert⟩ **1** ein Geschäft ~ *auflösen* **2** jmdn. ~ *beseitigen, töten* ▸ politische Gegner, Gefangene ~; Abl *Liquidation, Liquidierung*

lis|peln ⟨V. intr.; lis|pelt, lis|pel|te, hat ge|lis|pelt⟩ *mit der Zunge anstoßen, die S-Laute zw. den Zähnen aussprechen*

List ⟨die; -, -en⟩ **I** ⟨unz.⟩ *listiges Wesen;* Abl *listig* ▸ mit ~ und Tücke ⟨umg.; verstärkend⟩ *mit durchtriebener Schlauheit* **II** ⟨zählb.⟩ *geschickte Täuschung;* Abl *listenreich* ▸ eine ~ anwenden; zu einer ~ greifen

Lis|te ⟨die; -, -n⟩ *Verzeichnis, Aufstellung, tabellarische Übersicht* ▸ eine ~ anlegen, führen; eine ~ aus dem Computer ausdrucken; Sie stehen nicht auf der ~; etwas, sich in eine ~ einschreiben; jmdn. od. etwas von der ~ streichen; →a. *rot;* Zus *Namensliste, Preisliste, Wählerliste*

Lis|ten|platz ⟨der; -es, -plät|ze; Pol.⟩ *Platzierung eines Kandidaten auf der Wahlvorschlagsliste einer Partei (z. B. auf einer Landesliste)*

Li|ta|nei ⟨die; -, -en⟩ **1** *Wechselgebet zw. Geistlichem u. Gemeinde* **2** ⟨übertr.; umg.⟩ **2.1** *lange, eintönige Aufzählung* **2.2** *eintöniges Gerede* ▸ er betet immer dieselbe ~ her ⟨übertr.; umg.⟩

Li|tau|er ⟨der; -s, -⟩ *Einwohner Litauens;* Abl *Litauerin*

li|tau|isch ⟨Adj.⟩ *Litauen betreffend, zu ihm gehörig, aus ihm stammend* ▸ ~e Sprache *zu den baltischen Sprachen gehörende Sprache*

Lit|chi ⟨[-tʃi] die; -, -s⟩ = *Litschi*

Li|ter ⟨das od. der; -s, -; Zeichen: l⟩ *Hohl-, Flüssigkeitsmaß, 1 Kubikdezimeter (1 dm^3)* ▸ kannst du bitte noch einen ~ Milch kaufen?; zwei ~ Wein; ein halber ~ Wasser; ein viertel ~ / Viertelliter Schlagsahne

li|te|ra|risch ⟨Adj.⟩ *zur Literatur gehörend, sie betreffend* ▸ er hat das Thema ~ verarbeitet

Li|te|rat ⟨der; -en, -en⟩ *Schriftsteller;* Abl *Literatin*

Li|te|ra|tur ⟨die; -, -en⟩ **1** *Gesamtheit der schriftlichen Äußerungen eines Volkes od. einer Zeit* **2** *dessen bzw. deren gesamtes schöngeistiges Schrifttum, Dichtung;* Zus *Literaturgeschichte, Literaturkritik, Literaturkritiker(in), Literaturpreis, Literaturwissenschaft, Literaturwissenschaftler(in)* **3** *Gesamtheit der über ein Wissensgebiet veröffentlichten Werke;* Zus *Fachliteratur* ▸ die ~ des Barocks; die benutzte ~ angeben (bei wissenschaftlichen Arbeiten); über dieses Gebiet gibt es noch keine, wenig ~; klassische, moderne ~; unterhaltende ~; deutsche, englische ~; juristische, medizinische ~

Li|te|ra|tur|hin|weis ⟨der; -es, -e; meist Pl.⟩ *meist mit bibliografischen Angaben versehener Hinweis auf (weiterführende) Literatur zu einem Thema*

Li|te|ra|tur|ver|zeich|nis ⟨das; -nis|ses, -nis|se⟩ **1** *Verzeichnis von Literatur zu einem bestimmten Thema* **2** *in wissenschaftlichen Arbeiten enthaltenes Verzeichnis der berücksichtigten Literatur*

Lit|faß|säu|le ⟨die; -, -n⟩ *Säule, an der Plakate befestigt sind*

Li|tho|gra|phie ⟨die; -, -n⟩ oV *Lithografie* **I** ⟨unz.⟩ *ältestes Flachdruckverfahren, bei dem die Zeichnung auf einen Kalkstein übertragen u. von diesem abgedruckt wird (später als Druck von Zinkplatten)* **II** ⟨zählb.⟩ *Erzeugnis dieses Verfahrens*

Lit|schi ⟨die; -, -s⟩ *rotbraune, hartschalige Frucht eines in Südchina beheimateten Obstbaumes*

litt → *leiden*

Li|tur|gie ⟨die; -, -n⟩ *alle ordnungsmäßig bestehenden gottesdienstlichen Handlungen*

li|tur|gisch ⟨Adj.⟩ *die Liturgie betreffend, zu ihr gehörend* ▸ ~e Gesänge

live ⟨[laɪf] Adv.⟩ **1** *direkt, unmittelbar;* Zus *Livemitschnitt, Livesendung, Liveshow, Liveübertragung* **2** *in natura, in Wirklichkeit, leibhaftig;* Zus *Livekonzert* ▸ jmdn. ~ auf der Bühne erleben; etwas ~ miterleben; ~ senden; ~ singen; ein Fußballspiel ~ übertragen

Li|v|ree ⟨[-vreː] die; -, -n⟩ *uniformartige Kleidung für Bedienstete, z. B. für Chauffeure, Portiers, Diener*

li|v|riert ⟨[-vriːrt] Adj.⟩ *in Livree gekleidet* ▸ ein ~er Portier

Li|zenz ⟨die; -, -en⟩ **1** *Befugnis, Genehmigung zur Ausübung eines Gewerbes* **2** *Erlaubnis zur Benutzung eines Patentes* **3** *Ermächtigung für eine Buchausgabe*

li|zen|zie|ren ⟨V. trans.; li|zen|ziert, li|zen|zier|te, hat li|zen|ziert⟩ etwas ~ *für etwas die Lizenz erteilen;* Abl *Lizenzierung*

Lkw *auch:* **LKW** ⟨[ɛlkaveː] der; -s, -s; Abk. für⟩ *Lastkraftwagen;* Zus *Lkw-Fahrer(in) / LKW-Fahrer(in), Lkw-Maut / LKW-Maut*

Lob ⟨das; -(e)s, -e; Pl. selten⟩ *Anerkennung, ausdrücklich günstiges Urteil* ▸ Gott sei ~ und **Dank,** dass alles gutgegangen ist ▸ ein ~ **aussprechen,** erteilen; jmdm. ~ **spenden;** ~ **verdienen** ▸ ihm gebührt **großes,** hohes ~; er war **voll** des ~es über ihren Fleiß ▸ er geizte nicht **mit** ~

Lob|by ⟨die; -, -s⟩ **1** *Vorraum eines Parlamentsgebäudes* **2** *Gesamtheit der Angehörigen von Interessenverbänden, die versuchen, die Entscheidungen von Parlamentsmitgliedern in ihrem Sinne zu beeinflussen*

Lob|by|ist ⟨der; -en, -en⟩ *Angehöriger einer Lobby (2);* Abl *Lobbyistin*

lo|ben ⟨V. trans.; lobt, lob|te, hat ge|lobt⟩ jmdn. od. etwas ~ *jmdm. od. etwas ein Lob erteilen, jmdn. od. etwas vor anderen anerkennen* ▸ das lob ich mir! *das gefällt mir;* da lob ich mir doch ein ordentliches Schnitzel *da ist mir ein ordentliches Sch. doch lieber!;* jmds. Arbeit ~; eine gute Leistung ~; die Mitarbeiter wurden für ihren Einsatz gelobt; sich über etwas od. jmdn. ~d aussprechen; etwas od. jmdn. ~d erwähnen; Abl *lobenswert*

Lo|bes|hym|ne ⟨die; -, -n⟩ *überschwängliche Lobrede auf eine Person, Loblied*

Lob|ge|sang ⟨der; -(e)s, -sän|ge⟩ *Gesang zum Lob Gottes, Danklied* ▸ einen ~ auf jmdn. anstimmen ⟨übertr.⟩ *jmdn. überschwänglich loben*

Lob|hu|de|lei ⟨die; -, -en; abwertend⟩ *übertriebenes, kritikloses Loben*

löb|lich ⟨Adj.⟩ *lobenswert, anerkennenswert* ▸ die ~e Absicht haben, etwas zu tun

Lob|lied ⟨das; -(e)s, -er⟩ *Lied zu jmds. Lob* ▸ ein ~ auf jmdn. anstimmen ⟨übertr.⟩ *jmdn. sehr loben*

lob|prei|sen ⟨V. trans.; lob|preist, lob|pries, hat lob|ge|prie|sen; geh.⟩ jmdn. ~ *jmdn. sehr, preisend loben, rühmen, jmdm. dankbar zujubeln* ▸ Gott ~; Abl *Lobpreisung*

Lob|re|de ⟨die; -, -n⟩ **1** *Rede zu jmds. Lob* **2** *hohes, überschwängl. Lob (für jmdn. od. eine Sache)* ▸ eine ~ auf jmdn. halten; sich in ~n über jmdn. od. etwas ergehen

Loch ⟨das; -(e)s, Lö|cher⟩ **1** *Vertiefung* **2** *Öffnung, Spalte, Lücke;* Zus *Knopfloch* **3** *Hohlraum, Wunde, Verletzung* **4** *Tierhöhle;* Zus *Mauseloch* **5** ⟨übertr.; umg.⟩ **5.1** *armselige Wohnung, enger Raum* **5.2** *Gefängnis* ▸ ein ~ **bohren,** graben, schaufeln; ein ~ in der Kleidung **stopfen** ▸ seinen Gürtel ein ~ **enger** schnallen ⟨übertr.; umg.⟩ *seinen Hunger bezwingen, am Essen sparen;* die Straße ist **voller** Löcher ▸ er pfeift **aus** dem letzten ~ ⟨übertr.; umg.⟩ *es geht ihm (finanziell) sehr schlecht;* das Kind fragt einem ein ~ **in** den Bauch ⟨übertr.; umg.⟩ *fragt unaufhörlich;* der neue Computer hat mir ein großes ~ in den Beutel gerissen ⟨übertr.⟩ *hat mich sehr viel gekostet;* ein ~ im Boden, Dach, in der Mauer, im Zaun; jmdm. ein ~ in den Kopf schlagen; Löcher in die Luft gucken ⟨übertr.; umg.⟩ *vor sich hin starren, untätig sein;* ein ~ im Magen haben ⟨übertr.; umg.⟩ *sehr hungrig sein; sehr viel essen;* ein ~ im Strumpf haben; er hat ein ~ im Zahn; er säuft **wie** ein ~ ⟨übertr.; umg.⟩ *er trinkt unmäßig viel*

lo|chen ⟨V. trans.; locht, loch|te, hat ge|locht⟩ etwas ~ *mit einem Loch od. Löchern versehen (zur Kontrolle, zum Entwerten), ein Loch od. Löcher in etwas knipsen* ▸ eine Karte, einen Fahrschein ~; Abl *Lochung*

Lo|cher ⟨der; -s, -⟩ *Gerät zum Lochen (von Schriftstücken, für die Ablage);* ⓘ S. 469

lö|chern ⟨V. trans.; lö|chert, lö|cher|te, hat ge|löchert; umg.⟩ jmdn. ~ *dauernd bitten, dauernd ausfragen* ▸ der Junge löchert mich seit Tagen, wann ich endlich mit ihm in den Zirkus gehe

löch|rig ⟨Adj.⟩ *voller Löcher, durchlöchert*

Lo|cke ⟨die; -, -n⟩ *geringelte, wellige Haarsträhne* ▸ ~n drehen; blonde, schwarze ~n; natürliche, künstliche ~n; Haar in ~n legen; eine ~ fiel ihr in die Stirn; sein Haar ringelt sich im Nacken zu ~n

lo|cken[1] ⟨V.; lockt, lock|te, hat ge|lockt⟩ **I** ⟨V. refl.⟩ sich ~ *sich kräuseln, sich ringeln* ▸ gelocktes Haar *in Locken fallendes, lockiges H.* **II** ⟨V. trans.⟩ Haar ~ *zu Locken machen, kräuseln*

lo|cken² ⟨V. trans.; lockt, lock|te, hat ge|lockt⟩ **1** jmdn. od. ein Tier (irgendwohin) ~ *durch Rufe od. Gebärden zum Näherkommen zu bewegen suchen* **2** ⟨übertr.⟩ jmdn. ~ (etwas zu tun) *in Versuchung führen, reizen* ▸ die Aufgabe lockt mich sehr, nicht, wenig; es lockt mich sehr, das zu versuchen; einen Hund, einen Vogel (mit Futter) ~; jmdn. in eine Falle, einen Hinterhalt ~; das schöne Wetter lockte uns ins Freie; ~d *verlockend, vielversprechend, angenehm, schön erscheinend;* ein ~des Angebot

Lo|cken|wick|ler ⟨der; -s, -⟩ *Röllchen zum Aufwickeln des Haars;* oV ⟨selten⟩ *Lockenwickel*

lo|cker ⟨Adj.⟩ **1** *mangelhaft befestigt, wackelig* (Schraube, Stuhlbein) **2** *lose, nicht straff* (Seil) **3** *weich, mit Hohlräumen durchsetzt, nicht fest zusammengeballt od. -gezogen, porös* (Boden, Brot, Gewebe) **4** ⟨umg.⟩ *zwanglos, ungezwungen, unbürokratisch* ▸ ~e Beziehungen; eine ~e Hand haben ⟨übertr.⟩ *leicht eine Ohrfeige geben, zum Prügeln neigen;* einen ~en Teig herstellen; ein ~es Treffen ⟨umg.⟩ ▸ Erde ~ aufschütten; ein Seil ~ lassen *nicht straff anziehen;* ⟨aber⟩ →a. *lockerlassen;* die Sache musst du ~ sehen, nehmen; sein: der Zahn ist ~; Abl *Lockerheit*

lo|cker|las|sen ⟨V. intr.; lässt lo|cker, ließ lo|cker, hat lo|cker|ge|las|sen, lo|cker|zu|las|sen; übertr.; umg.⟩ *nachgeben* ▸ er lässt nicht locker; du darfst nicht ~!; →a. *locker*

lo|ckern ⟨V.; lo|ckert, lo|cker|te, hat ge|lo|ckert⟩ **I** ⟨V. trans.⟩ **1** einen Nagel, eine Schraube ~ *locker machen* **2** Bindungen ~ *allmählich lösen* **3** Vorschriften, Bestimmungen ~ *nicht mehr so streng handhaben* ▸ seinen Griff ~; den Gürtel ~; den Boden mit der Hacke ~; Abl *Lockerung* **II** ⟨V. refl.⟩ sich ~ *locker werden, sich zu lösen beginnen* ▸ die Schraube hat sich gelockert

Lock|mit|tel ⟨das; -s, -⟩ **1** *Mittel zum Anlocken (von Jagdtieren),* z. B. Köder, Lockvogel **2** ⟨übertr.⟩ *Anreiz*

Lock|ruf ⟨der; -(e)s, -e⟩ *Ruf zum Anlocken (von Vögeln u. Wild od. jungen Tieren)*

Lock|stoff ⟨der; -(e)s, -e⟩ *Substanz, die auf bestimmte Organismen anlockend wirkt;* Zus *Insektenlockstoff*

Lo|ckung ⟨die; -, -en⟩ *Versuchung, Verlockung, Reiz, Anreiz* ▸ die ~en des Großstadtlebens; einer ~ nicht widerstehen können

Lock|vo|gel ⟨der; -s, -vö|gel⟩ **1** *gefangener lebender od. künstlicher Vogel zum Anlocken anderer Vögel* **2** ⟨übertr.⟩ *jmd., der andere anlocken od. ablenken soll* ▸ sie diente der Bande als ~

Lo|den ⟨der; -s, -⟩ *gewalktes Wollgewebe od. Filz mit nach unten weisendem Strich, meist in den Farben grün, braun od. grau, bes. für Jäger- u. Trachtenmode;* Zus *Lodenmantel*

lo|dern ⟨V. intr.; lo|dert, lo|der|te, hat ge|lo|dert⟩ **1** *mit heller, großer Flamme brennen, flammen* **2** ⟨übertr.⟩ *leidenschaftlich bewegt sein, brennen, glühen* ▸ ihre Augen loderten ⟨übertr.⟩; das Feuer loderte (zum Himmel); ~de Begeisterung ⟨übertr.⟩

Löf|fel ⟨der; -s, -⟩ *Essgerät, Schöpfgerät* ▸ den ~ abgeben ⟨übertr.; umg.⟩ *sterben;* könnten Sie mir bitte einen ~ bringen?; der Kaffee ist so stark, dass der ~ drin steht ⟨übertr.⟩ ▸ zwei ~ voll *(als Maßangabe)* ▸ er hat die Weisheit nicht mit ~n gegessen ⟨übertr.; umg.⟩ *er ist nicht sehr klug;* Zus *Esslöffel, Schöpflöffel, Teelöffel*

löf|feln ⟨V. trans.; löf|felt, löf|fel|te, hat ge|löf|felt⟩ etwas ~ *(achtlos, unschön) mit dem Löffel essen* ▸ schweigend seine Suppe ~

log → *lügen*

Log|buch ⟨das; -(e)s, -bü|cher⟩ *Buch, in das alle nautischen Beobachtungen u. Vorkommnisse an Bord eingetragen werden;* Syn *Schiffstagebuch*

Lo|ge ⟨[-ʒə] die; -, -n; Theat.⟩ *kleiner, abgeteilter Raum im Zuschauerraum des Theaters;* Zus *Bühnenloge, Balkonloge*

Lo|gen|platz ⟨[-ʒən-] der; -es, -plät|ze⟩ **1** *Platz in der Loge im Theater* **2** ⟨übertr.⟩ *Platz, von dem aus man etwas bes. gut verfolgen kann*

Log|gia ⟨[lɔdʒa] die; -, -gi|en [-dʒən]⟩ **1** *offene, von Säulen getragene Bogenhalle* **2** *ins Haus eingezogener, nicht vorspringender Balkon*

lo|gie|ren ⟨[-ʒiː-] V.; lo|giert, lo|gier|te, hat logiert⟩ **I** ⟨V. trans.⟩ jmdn. ~ *beherbergen* **II** ⟨V. intr.⟩ irgendwo ~ *als Gast wohnen* ▸ im Hotel ~

Lo|gik ⟨die; -; unz.⟩ **1** *Lehre von den Formen u. Gesetzen des richtigen Denkens;* Syn *Denklehre;* Abl *Logiker(in)* **2** *Folgerichtigkeit*

Log-in ⟨das; -s, -s; EDV⟩ Ggs *Log-out* **1** *das Einbuchen in ein Computersystem mittels eines Passwortes* **2** *das Herstellen einer Verbindung mit einem anderen Computer in einem Netzwerk*

lo|gisch ⟨Adj.⟩ *zur Logik gehörig, auf ihr beruhend, ihr entsprechend, den Denkgesetzen gemäß, denkrichtig, folgerichtig* ▸ ~ denken, folgern können; das ist doch ~! ⟨umg.⟩ *einleuchtend, vollkommen klar*

Lo|gis|tik ⟨die; -; unz.; Wirtsch.⟩ *Gesamtheit an Prozessen, die für die Organisation eines Unternehmens notwendig sind;* Abl *logistisch*

lo|go ⟨Adj.; nur allein stehend u. präd.; umg.⟩ **1** *klar, logisch, selbstverständlich* **2** *einverstanden, in Ordnung* ▸ ~!; das ist doch ~!

Lo|go ⟨das; -s, -s⟩ *Kürzel von Firmennamen, Rundfunk- u. Fernsehanstalten, Produkten u. Ä.;* Zus *Firmenlogo, Handylogo*

Lo|go|pä|de ⟨der; -n, -n; Med.; Psych.⟩ *Erzieher von Gehörlosen, Schwerhörigen u. Sprachbehinderten zum natürlichen Sprechen u. Artikulieren der Worte;* Abl *Logopädin*

Lo|go|pä|die ⟨die; -; unz.; Med.; Psych.⟩ *Gesamtheit der psychologischen u. medizinischen Maßnahmen zur Behandlung von Sprachfehlern;* Abl *logopädisch*

Log-out ⟨[-aut] das; -s, -s; EDV⟩ Ggs *Log-in* **1** *das Ausbuchen aus einem Computersystem* **2** *das Beenden einer Verbindung mit einem anderen Computer innerhalb eines Netzwerks*

Lohn ⟨der; -(e)s, Löh|ne⟩ **1** *Bezahlung, Vergütung, Entgelt für geleistete Arbeit;* Zus *Lohnabbau, Lohnbuchhaltung, Lohnerhöhung, Lohnverhand-*

lungen; Arbeitslohn, Stundenlohn, Tariflohn **2** ⟨allg.⟩ *Gegenwert (Belohnung od. Strafe)* ▸ die Löhne am Monatsende auszahlen; den ~ drücken, steigern ▸ hoher, niedriger, reicher, verdienter ~; die Gewerkschaft fordert höhere Löhne; das ist ein schlechter ~ für alle meine Mühe ▸ als ~ für seine Hilfe, Mühe; für, um höhere Löhne kämpfen; bei jmdm. in ~ (und Brot) stehen *bei jmdm. in festem Arbeitsverhältnis stehen;* jmdn. um seinen verdienten ~ betrügen

Lohn|ab|hän|gi|ge(r) ⟨die; -n, -n (der; -n, -n)⟩ **1** *Arbeiter(in)* **2** *jmd., der vom Arbeitgeber abhängig ist*

Lohn|ar|beit ⟨die; -, -en⟩ *Arbeit gegen Lohn*

Lohn|aus|gleich ⟨der; -(e)s, -e⟩ *Unterschied zwischen Nettolohn u. Krankengeld, der u. U. bei Krankheit des Arbeitnehmers vom Arbeitgeber zugezahlt wird*

loh|nen ⟨V. intr. u. V. refl.; lohnt, lohn|te, hat gelohnt⟩ (sich) ~ *(die Mühe) wert sein, Zweck, Sinn haben, Gewinn bringen* ▸ es lohnt (sich) nicht, den langen Weg auf sich zu nehmen; das Geschäft lohnt sich; der Besuch der Ausstellung hat sich nicht gelohnt; Abl *lohnenswert*

löh|nen ⟨V. trans. u. V. intr.; löhnt, löhn|te, hat ge|löhnt⟩ **1** ⟨umg.⟩ (etwas od. für etwas) ~ *(be)zahlen* **2** jmdn. ~ *jmdm. Lohn auszahlen* ▸ für ihr Auto hat sie viel ~ müssen ⟨umg.⟩

loh|nend **I** ⟨Part. Präs. von⟩ *lohnen* **II** ⟨Adj.⟩ **1** *nutzbringend, einträglich, vorteilhaft* **2** *hörens-, sehenswert* ▸ eine ~e Arbeit, Aufgabe; eine ~e Aufführung, Ausstellung

Lohn|fort|zah|lung ⟨die; -, -en⟩ *Fortzahlung des Lohns im Krankheitsfall*

Lohn|kos|ten ⟨Pl.⟩ *Summe der Kosten, die einem Unternehmen durch die Zahlung der Löhne u. Gehälter entstehen*

Lohnnebenkosten

Unter *Lohnnebenkosten* oder Lohnzusatzkosten versteht man in Deutschland die Beiträge, die vom Arbeitgeber und Arbeitnehmer zusätzlich bzw. abzüglich zum eigentlichen Lohn eines Angestellten gezahlt werden müssen. Sie dienen der Sozialversicherung und umfassen Arbeitslosenversicherung, Rentenversicherung, Krankenversicherung und Pflegeversicherung. Die Arbeitslosen- und Rentenversicherung werden je zur Hälfte vom Arbeitnehmer und Arbeitgeber bezahlt. Bei der Kranken- und Pflegeversicherung zahlt der Arbeitnehmer einen etwas höheren Anteil als der Arbeitgeber. Die Lohnnebenkosten betragen in Deutschland insgesamt ca. 40 % des Bruttolohnes und verteilen sich folgendermaßen auf die einzelnen Bereiche der Sozialversicherung: Rentenversicherung 19,9 %, Arbeitslosenversicherung 4,2 %, Krankenversicherung 13,3 %, Pflegeversicherung 1,7 %. Darüber hinaus werden mit diesem Begriff auch Kosten bezeichnet, die dem Arbeitgeber in Verbindung mit einem Arbeitsplatz entstehen, z. B. Weihnachtsgeld, Urlaubsgeld, Fahrtkostenzuschuss und Kosten für die Instandhaltung eines Arbeitsplatzes. Diese Aufwendungen werden auch Personalzusatzkosten genannt.

Lohn|ne|ben|kos|ten ⟨Pl.⟩ *Kosten, die der Arbeitgeber zusätzlich zum Lohn für einen Arbeitnehmer tragen muss, z. B. die Beiträge zur gesetzlichen Renten- u. Krankenversicherung*

Lohn|ni|veau ⟨[-nivo:] das; -s, -s⟩ *durchschnittliche Höhe der Löhne* ▸ ein niedriges ~

Lohn|po|li|tik ⟨die; -; unz.; Wirtsch.⟩ *Gesamtheit der von Staat, Arbeitgebern u. Gewerkschaften geplanten bzw. ergriffenen Maßnahmen zur Steuerung von Niveau u. Entwicklung der Löhne u. Gehälter;* Abl *lohnpolitisch*

Lohn|run|de ⟨die; -, -n⟩ *Gesamtheit der jährlich stattfindenden Tarifverhandlungen zw. Arbeitgebern u. Gewerkschaften*

Lohn|steu|er ⟨die; -, -n⟩ *Steuer für Einkünfte aus nicht selbstständiger Arbeit*

Lohn|steu|er|jah|res|aus|gleich ⟨der; -(e)s, -e⟩ *ausgleichende Rückerstattung od. Nachzahlung von zu viel od. zu wenig bezahlter Lohnsteuer*

Lohn|steu|er|kar|te ⟨die; -, -n⟩ *jährlich von der Gemeinde ausgestellte Karte für die Berechnung der Lohnsteuer*

Loi|pe ⟨die; -, -n; Skisp.⟩ *mit Rillen versehene Bahn für den Langlauf*

Lok ⟨die; -, -s; Kurzw. für⟩ *Lokomotive;* ⓘ S. 897

lo|kal ⟨Adj.; auch Gramm.⟩ *örtlich (beschränkt), einen Ort bezeichnend* ▸ von ~er Bedeutung *von nur örtlicher (keiner weitreichenden) Bedeutung;* Zus *Lokalnachrichten, Lokalpresse, Lokalzeitung; lokalpatriotisch*

Lo|kal ⟨das; -(e)s, -e⟩ **1** *Ort, Raum;* Zus *Wahllokal* **2** *Gaststätte, Restaurant;* Zus *Speiselokal, Weinlokal* ▸ wir waren in einem netten ~; anrüchiges, gutes, schlechtes ~; im ~ essen

Lo|ka|le(s) ⟨das; -n, -n; Presse; Rundfunk; TV⟩ *Lokalnachrichten* ▸ er ist Redakteur für ~s

lo|ka|li|sie|ren ⟨V. trans.; lo|ka|li|siert, lo|ka|li|sier|te, hat lo|ka|li|siert⟩ jmdn. od. etwas (irgendwo) ~ *die Position von jmdm. od. etwas bestimmen* ▸ die Infektion ~; Abl *Lokalisierung; lokalisierbar*

Lo|kal|po|li|tik ⟨die; -; unz.⟩ *Politik auf Gemeindeebene;* Syn *Kommunalpolitik;* Abl *Lokalpolitiker(in); lokalpolitisch*

Lo|kal|teil ⟨der; -(e)s, -e⟩ *Teil einer Tageszeitung, der die Lokalnachrichten, den lokalen Anzeigenteil u. Ä. enthält*

Lo|kal|ter|min ⟨der; -(e)s, -e⟩ *gerichtlicher Termin am Tatort*

Lok|füh|rer ⟨der; -s, -; Kurzw. für⟩ *Lokomotivführer;* Abl *Lokführerin*

Lo|ko|mo|ti|ve ⟨[-və] die; -, -n⟩ *fahrbare Kraftmaschine, die an Schienen gebunden ist u. zur Beförderung von Eisenbahnzügen auf Schienen dient;* ⓘ S. 897; Syn ⟨kurz⟩ *Lok;* Zus *Lokomotivführer(in)*

Lol|li <der; -s, -s; umg.> *Bonbon am Stiel, Lutscher;* oV *Lolly*

Long|drink <[lɔŋdrɪŋk]> *auch:* **Long Drink** <der; (-) -s, (-) -s> *alkoholhaltiges Getränk, mit Wasser, Säften u. Ä. verlängert*

Look <[luk] der; -s, -s; meist in Zus.> *Aussehen, Äußeres;* Zus *Babylook, Partnerlook*

Loo|ping <[lu:-] das; -s, -s> *Überschlag mit dem Flugzeug od. in der Achterbahn*

Lor|beer <der; -s, -en, Bot.> *eine immergrüne Pflanze, deren Blätter als Gewürz u. deren Früchte arzneilich verwendet werden* ▸ ~en ernten <übertr.> *gelobt werden, Erfolg haben;* sich auf seinen ~en ausruhen <übertr.> *nach anfänglich guten Leistungen od. großen Taten faul werden;* Zus *Lorbeerblatt*

Lor|beer|kranz <der; -es, -krän|ze> **1** *Siegeskranz aus Lorbeer* **2** *Kranz aus Lorbeer als Auszeichnung für Dichter* ▸ jmdm. den ~ aufsetzen

los <Adj.> *nicht fest, nicht befestigt, nicht angebunden, frei* ▸ ~! *vorwärts!, schnell!;* aber nun ~!; auf die Plätze - fertig - ~! *(Kommando beim Wettlaufen u. -schwimmen)* ▸ jmdn. od. eine Sache ~ sein *sich von jmdm. od. einer S. befreit haben;* ich bin mein Geld ~ *ich habe alles Geld ausgegeben;* der Hund ist ~; der Knopf ist ~; mein Geld bin ich ~ <umg.; scherzh.> *habe ich alles ausgegeben, ist mir abgenommen worden;* diese Sorge bin ich endlich ~; hier ist etwas ~ *hier ist etwas geschehen, etwas nicht in Ordnung;* <umg.> *hier herrscht fröhliche Stimmung;* was ist hier ~? *was geht hier vor?* ▸ mit dir ist doch irgendetwas ~ *mit dir stimmt doch etwas nicht, ist doch etwas nicht in Ordnung*

Los <das; -es, -e> **1** *Schicksal, Geschick* **2** *durch Zufall bestimmtes Mittel, um etwas festzustellen od. festzusetzen* **3** *Anteilschein in der Lotterie* **4** *kleines Stück Papier mit einer Nummer, mit dem man bei einer Verlosung gewinnen kann* ▸ das ~ befragen; ein ~ ziehen; bitteres, hartes, trauriges ~; das große ~ ziehen, gewinnen *den Hauptgewinn;* <übertr.> *großes Glück haben;* jmdn. durch das ~ bestimmen; einen Streit, Wettkampf durch das ~ entscheiden

los... <Vorsilbe> **1** *weg von etwas, ab...,* z. B. losschrauben, loslösen **2** *plötzlich beginnen, bes. nach Überwinden von Hemmungen,* z. B. loslaufen, losschreiben **3** *auf etwas zu,* z. B. auf etwas losmarschieren

...los <Nachsilbe; zur Bildung von Adj.> *ohne,* z. B. arbeitslos, hoffnungslos, verantwortungslos

lös|bar <Adj.> **1** *so beschaffen, dass man es lösen, zu einem Ergebnis gelangen kann* (mathematische Aufgabe, Rätsel, Problem) **2** *löslich* ▸ leicht ~; nicht ~; Abl *Lösbarkeit*

los|be|kom|men <V. trans.; be|kommt los, be|kam los, hat los|be|kom|men, los|zu|be|kom|men> jmdn. od. etwas (von etwas) ~ *loslösen können, abreißen können;* Syn *losbringen, loskriegen*

los|bin|den <V. trans.; bin|det los, band los, hat los|ge|bun|den, los|zu|bin|den> jmdn. od. etwas (von etwas) ~ *jmds. Fesseln, die Befestigung von etwas lösen* ▸ den Hund, einen Gefangenen, das Boot ~

lö|schen[1] <V. trans.; löscht, lösch|te, hat ge|löscht> **1** einen Brand, ein Feuer ~ *bekämpfen, ersticken;* Zus *Löschfahrzeug, Löschmannschaft* **2** das Licht ~ *ausschalten, ausdrehen* **3** eine Schuld ~ *tilgen, streichen, aufheben* **4** seinen Durst ~ *befriedigen* **5** eine Aufnahme (von einem Band) ~; Daten (von einem Datenträger) ~ *entfernen*

lö|schen[2] <V. trans.; löscht, lösch|te, hat ge|löscht; Seewesen> eine Ladung ~ *ausladen, entladen*

lo|se <Adj.> **1** *locker, nicht ganz fest, nicht straff befestigt, beweglich* **2** *nicht verpackt, offen* (Getreide, Schüttgut) **3** <übertr.> **3.1** *schelmisch, neckisch* **3.2** *leichtfertig* ▸ ~ Blätter *nicht gebundene B.;* ein ~s Mundwerk haben <übertr.> *gern ein wenig boshafte Reden führen, vorlaut sein;* gibt es den Tee auch ~ oder nur in Teebeuteln?; das Haar ~ tragen; es gibt hier ~ Zusammenhänge

Lö|se|geld <das; -(e)s, -er> *Summe für den Freikauf von Gefangenen, Entführten* ▸ hohes ~ fordern

los|ei|sen <V. trans.; eist los, eis|te los, hat los|geeist, los|zu|ei|sen; übertr.; umg.> **1** jmdn. od. sich (von jmdm. od. etwas) ~ *(mit etwas Mühe od. Geschick) frei machen, lösen* **2** etwas (bes. Geld) ~ *beschaffen, auftreiben* ▸ ich konnte mich erst sehr spät von zu Hause ~

lö|sen <V.; löst, lös|te, hat ge|löst> **I** <V. trans.> etwas ~ **1** einen Knoten ~ *losbinden, aufbinden* **2** einen Verschluss ~ *öffnen* **3** ein Blatt, eine Briefmarke (von etwas) ~ *abtrennen, abreißen* **4** ein Brett ~ *lockern* **5** etwas in etwas ~ *auflösen, in Flüssigkeit zergehen lassen* **6** eine Frage, ein Problem ~ *klären* **7** eine Aufgabe ~ *errechnen* **8** etwas Verwickeltes, ein Knäuel ~ *entwirren* **9** ein Rätsel ~ *enträtseln, erraten* **10** einen Vertrag, eine Verlobung ~ *rückgängig machen, aufheben, für nichtig erklären* **11** einen Konflikt, eine Schwierigkeit ~ *beseitigen* **12** eine Beziehung ~ *aufgeben, abbrechen* **II** <V. refl.> **1** sich ~ *aufgehen, locker werden* (Knoten, Verschnürung) **2** sich ~ *schmelzen, zergehen, zerfallen, flüssig werden* **3** sich ~ *sich erledigen, sich auflösen* (Problem) **4** sich ~ *zum guten Ende kommen, gut ausgehen* **5** sich (aus od. von etwas) ~ *aus etwas herausfallen, von etwas abfallen, -brechen* **6** sich von jmdm. od. etwas ~ *sich von jmdm. od. etwas trennen, befreien* ▸ ein Dachziegel hat sich gelöst; das Problem hat sich (von selbst) gelöst; eine Schraube, ein Nagel hat sich gelöst; ein Schuss hatte sich (versehentlich) gelöst *war losgegangen* ▸ Salz löst sich leicht, Zucker schwer ▸ eine Haarlocke hatte sich aus der Frisur gelöst; sie löste sich aus der Gruppe *trat aus der G. heraus;* sich von seinen Verpflichtungen ~

Los|ent|scheid <der; -(e)s, -e> *Bestimmung eines Gewinners durch Ziehung eines Loses* ▸ der Gewinner des Preises wird durch ~ ermittelt; die Praktikumsplätze werden per ~ vergeben

los|fah|ren <V. intr.; fährt los, fuhr los, ist los|gefah|ren, los|zu|fah|ren> *abfahren, zu fahren beginnen* ▸ um acht Uhr fuhren wir los

los|flie|gen 〈V. intr.; fliegt los, flog los, ist los|ge|flo|gen, los|zu|flie|gen〉 *zu fliegen beginnen, abfliegen* ▸ nach einer Verspätung kann die Maschine endlich ~

los|ge|hen 〈V. intr.; geht los, ging los, ist los|ge|gan|gen, los|zu|ge|hen〉 **1** *weggehen, abmarschieren* **2** 〈übertr.〉 *anfangen, beginnen* **3** auf jmdn. ~ *jmdn. in Wort od. Tat angreifen* ▸ nun kann's ~!; der Schuss ging los *löste sich, wurde versehentlich abgefeuert;* die Veranstaltung geht um fünf Uhr los; mit dem Messer, mit erhobenen Fäusten auf jmdn. ~; wann geht das Theater, die Vorstellung los?

los|heu|len 〈V. intr.; heult los, heul|te los, hat los|ge|heult, los|zu|heu|len; umg.〉 **1** *zu heulen anfangen, mit pfeifendem Tönen beginnen* **2** 〈umg.〉 *plötzlich heftig u. laut zu weinen anfangen, unvermittelt in Tränen ausbrechen* ▸ sie fühlte sich so getroffen, dass sie einfach losheulte

los|kom|men 〈V. intr.; kommt los, kam los, ist los|ge|kom|men, los|zu|kom|men〉 von jmdm. od. etwas ~ **1** *freikommen, sich befreien* **2** *wegkommen* ▸ beim Start gut ~ *einen guten S. haben;* sie kommt von ihm nicht los; meine Gedanken kommen nicht davon los

los|la|chen 〈V. intr.; lacht los, lach|te los, hat los|ge|lacht, los|zu|la|chen〉 *plötzlich zu lachen beginnen* ▸ laut ~

los|las|sen 〈V. trans.; lässt los, ließ los, hat los|ge|las|sen, los|zu|las|sen〉 **1** jmdn. od. etwas ~ *nicht mehr, länger festhalten* **2** jmdn. od. ein Tier ~ *freilassen, entlassen* **3** ein Tier auf jmdn. ~ *ein T. ermutigen, jmdn. anzugreifen* ▸ das Seil nicht ~!; lass mich los!; einen Spruch ~ 〈übertr.; salopp〉 *äußern, von sich geben;* jmds. Hand ~; und sowas, so jmdn. lässt man nun auf die Menschheit los! 〈umg.〉 *und so jmdn. lässt man ohne Aufsicht herumlaufen, arbeiten*

los|lau|fen 〈V. intr.; läuft los, lief los, ist los|ge|lau|fen, los|zu|lau|fen〉 *plötzlich anfangen zu laufen*

los|le|gen 〈V. intr.; legt los, leg|te los, hat los|ge|legt, los|zu|le|gen; umg.〉 *mit Eifer anfangen, etwas zu tun, zu sagen od. zu schimpfen* ▸ als er das hörte, legte er aber los; er legte gleich mit seinen Plänen los *begann gleich davon zu sprechen*

lös|lich 〈Adj.〉 *so beschaffen, dass man es (in Flüssigkeit) auflösen kann* ▸ ~er Kaffee; es ist leicht, schwer, nicht ~; Abl *Löslichkeit*

los|lö|sen 〈V. trans.; löst los, lös|te los, hat los|ge|löst, los|zu|lö|sen〉 jmdn. od. etwas (von etwas) ~ *von jmdm. od. etwas anderem lösen;* Abl *Loslösung*

los|ma|chen 〈V.; macht los, mach|te los, hat los|ge|macht, los|zu|ma|chen; umg.〉 **I** 〈V. trans.〉 etwas (von etwas) ~ *von etwas lösen, entfernen, abmachen* ▸ einen Strick, ein Brett ~ **II** 〈V. refl.〉 sich von etwas ~ *von etwas befreien* ▸ der Hund hat sich von der Kette losgemacht

los|mar|schie|ren 〈V. intr.; mar|schiert los, mar|schier|te los, ist los|mar|schiert, los|zu|mar|schie|ren〉 *anfangen zu marschieren* ▸ auf ein Ziel ~

los|rei|ßen 〈V.; reißt los, riss los, hat los|ge|ris|sen, los|zu|rei|ßen〉 **I** 〈V. trans.〉 jmdn. od. etwas (von jmdm. od. etwas) ~ *mit Gewalt von jmdm. od. etwas trennen* **II** 〈V. refl.〉 sich (von etwas) ~ *sich mit Gewalt od. Anstrengung von etwas lösen, trennen, befreien* ▸ sie konnten sich von dem schönen Anblick kaum ~; der Hund riss sich (von der Kette) los

los|ren|nen 〈V. intr.; rennt los, rann|te los, ist los|ge|rannt, los|zu|ren|nen〉 *anfangen zu rennen, loslaufen*

los|sa|gen 〈V. refl.; sagt sich los, sag|te sich los, hat sich los|ge|sagt, sich los|zu|sa|gen〉 **1** sich von etwas ~ *von etwas zurücktreten, einer Sache fernerhin nicht mehr angehören wollen* **2** sich von jmdm. ~ *sich von jmdm. trennen, mit dem man längere Zeit verbunden war* ▸ sich von seinen Eltern ~; sich von einer Überzeugung ~; Abl *Lossagung*

los|schi|cken 〈V. trans.; schickt los, schick|te los, hat los|ge|schickt, los|zu|schi|cken〉 jmdn. od. etwas ~ (etwas zu tun) *wegschicken* ▸ er hat sie losgeschickt, um Brötchen zu kaufen

los|schla|gen 〈V. intr.; schlägt los, schlug los, hat los|ge|schla|gen, los|zu|schla|gen〉 **1** *(ohne Überlegung) zu schlagen anfangen* **2** *Kampfhandlungen beginnen* ▸ aufeinander ~ *sich prügeln*

los|stür|men 〈V. intr.; stürmt los, stürm|te los, ist los|ge|stürmt, los|zu|stür|men〉 **1** *zu rennen beginnen* **2** auf jmdn. od. etwas ~ *(ohne Überlegung) schnell auf jmdn. od. etwas zurennen* ▸ und dann stürmte er los

los|tre|ten 〈V. trans.; tritt los, trat los, hat los|ge|tre|ten, los|zu|tre|ten〉 etwas ~ **1** *durch Treten lösen* **2** 〈übertr.; bes. Pol.〉 *initiieren, beginnen* ▸ eine Diskussion ~

Lo|sung 〈die; -, -en〉 **1** 〈Mil.〉 = *Kennwort* **2** *Bibelspruch für jeweils einen Tag* ▸ die ~ ausgeben

Lö|sung 〈die; -, -en〉 **1** *das Lösen, Trennung* **2** *das Sichauflösen (einer Substanz in einer Flüssigkeit)* **3** 〈Chem.; Phys.〉 *homogene Verteilung eines Stoffes in einem anderen;* Zus *Lösungsmittel* **4** *Ergebnis, Resultat (einer mathematischen Aufgabe, eines Problems, eines Rätsels);* Zus *Lösungsansatz* ▸ eine, keine ~ (für etwas) finden; das schien ihm die beste ~ zu sein; die ~ der Rechenaufgabe war falsch

Lö|sungs|wort 〈das; -(e)s, -wör|ter〉 *Wort, das sich als Lösungsbegriff eines Rätsels ergibt*

los|wer|den 〈V. trans.; wird los, wur|de los, ist los|ge|wor|den, los|zu|wer|den〉 jmdn. od. etwas ~ *sich von jmdm. od. etwas befreien* ▸ wenn ich nur wüsste, wie ich ihn ~ kann; ich werde den Gedanken nicht los, dass …; Gegenstände, Ware ~ *G., W. verkaufen können;* Geld ~ 〈umg.〉 *ausgeben, abgenommen bekommen;* er ist beim Spiel all sein Geld losgeworden; ich werde den Heuschnupfen einfach nicht los

los|zie|hen 〈V. intr.; zieht los, zog los, ist los|ge|zo|gen, los|zu|zie|hen; umg.〉 **1** *sich in Bewegung setzen, abmarschieren, weggehen (zu einem bestimmten Zweck)* **2** 〈übertr.; umg.〉 gegen jmdn.

~ *jmdn. beschimpfen* ▸ früh um acht zogen sie los; zu dritt zogen sie los

Lot ⟨das; -(e)s, -e⟩ **1** ⟨Math.⟩ *Gerade, die senkrecht auf einer anderen Geraden steht* **2** ⟨Bauwesen⟩ *mit der Spitze nach unten an einer Schnur hängendes, kegelförmiges Metallstück zum Kontrollieren od. Bestimmen einer senkrechten Fläche, Senklot* ▸ etwas (wieder) ins ~ bringen ⟨übertr.⟩ *in Ordnung bringen*

lö|ten ⟨V. trans.; löltet, lö|te|te, hat ge|lö|tet⟩ metallische Werkstücke ~ *mit Hilfe einer heißen Metalllegierung verbinden*

Lo|ti|on ⟨die; -, -en od. engl.: [loʊʃən] die; -, -s⟩ *flüssiges Kosmetikum zur Hautpflege;* Zus *Gesichtslotion, Körperlotion*

Löt|kol|ben ⟨der; -s, -⟩ *Werkzeug mit Handgriff u. einer meist elektrisch erhitzbaren Lötspitze, die beim Löten das Lot zum Schmelzen bringt*

Lot|se ⟨der; -n, -n⟩ *geprüfter Seemann mit Sonderausbildung, der Schiffe durch schwierige Gewässer leitet;* →a. *Schülerlotse;* Abl *Lotsin*

lot|sen ⟨V. trans.; lotst, lots|te, hat ge|lotst⟩ **1** ein Schiff ~ *als Lotse führen* **2** ⟨übertr.; umg.⟩ jmdn. irgendwohin ~ *jmdn. mitnehmen, mitschleppen, verführen mitzugehen* ▸ er lotste sie zum Mittagessen in ein teures Restaurant

L

Lot|te|rie ⟨die; -, -n⟩ *staatliche od. private Auslosung von Gewinnen unter den Personen, die ein Los gekauft haben;* Zus *Lotterielos; Fernsehlotterie, Geldlotterie*

Lot|ter|le|ben ⟨das; -s; unz.⟩ *liederliches Leben* ▸ ein ~ führen

Lot|to ⟨das; -s, -s⟩ *eine Art Lotterie, bei der man mit einem bestimmten Einsatz auf die Zahlen wettet, die bei der Ziehung herauskommen werden;* Zus *Mittwochslotto*

Lot|to|an|nah|me|stelle ⟨die; -, -n⟩ *Annahmestelle für Lottoscheine, meist gekoppelt mit einem Kiosk, Tabakgeschäft o. Ä.*

Lot|to|schein ⟨der; -(e)s, -e⟩ *Schein, Formular zur Teilnahme an einer Lotterie* ▸ einen ~ ausfüllen

Lot|to|zah|len ⟨Pl.⟩ *Zahlen, die beim Lotto gewinnen* ▸ die Ziehung der ~

Lö|we ⟨der; -n, -n⟩ **1** ⟨Zool.⟩ *gelbbraun bis rötlich braune Großkatze Afrikas u. Indiens, Männchen mit Mähne, jagt größere Säugetiere u. greift gelegentlich Menschen an;* Abl *Löwin;* Zus *Löwenbändiger(in)* **2** ⟨Astron.⟩ *ein Sternbild* ▸ der ~ ist der König der Tiere; in die Höhle des ~n gehen ⟨übertr.⟩ *zu jmdm., den man fürchten muss;* brullen wie ein ~

Lö|wen|an|teil ⟨der; -(e)s, -e⟩ *Hauptanteil*

Lö|wen|mäh|ne ⟨die; -, -n⟩ **1** *Mähne des Löwen* **2** ⟨übertr.; umg.⟩ *üppiger, ungepflegter Haarwuchs* ▸ mit dieser ~ solltest du nicht in die Prüfung gehen

Lö|wen|zahn ⟨der; -(e)s, -zäh|ne; Pl. nur scherzh.; Bot.⟩ *eine Pflanze mit grob gezähnten Blättern u. goldgelben Blüten, die im Wind davonfliegen, wenn sie verblüht sind* Syn *Pusteblume*

lo|y|al ⟨[loaja:l] umg. [lɔɪja:l] Adj.⟩ Ggs *illoyal* **1** *treu zu der Regierung od. dem Vorgesetzten haltend* **2** ⟨übertr.⟩ *anständig, redlich* ▸ sich ~ verhalten; Abl *Loyalität*

LSD ⟨Abk. für⟩ *Lysergsäurediäthylamid, ein synthetisch hergestelltes Rauschmittel*

Luchs ⟨[-ks] der; -es, -e; Zool.⟩ *hochbeinige Raubkatze mit Ohrbüscheln u. wertvollem Fell* ▸ Augen wie ein ~ haben *scharfe, gute Augen;* aufpassen wie ein ~ *scharf, gut aufpassen*

Lü|cke ⟨die; -, -n⟩ **1** *Zwischenraum, Loch, fehlendes Stück, Spalt, Öffnung* **2** *Auslassung* ▸ durch eine ~ des Gesetzes schlüpfen *der Strafe entgehen, da es für diesen Fall kein Gesetz gibt;* eine ~ ausfüllen, füllen, schließen; hier klafft eine ~; eine ~ (im Text, in der Reihe) lassen; sein Wissen hat große ~n *sein W. ist mangelhaft, er weiß sehr vieles nicht;* hier ist eine ~ im Zaun; Abl *lückenhaft, lückenlos;* Zus *Zahnlücke*

Lü|cken|bü|ßer ⟨der; -s, -⟩ *jmd., der die Stelle eines anderen einnehmen muss, aber weniger gern gesehen od. weniger geeignet ist* ▸ ich will nicht nur ~ sein; als ~ dienen

lud → *laden*

Lu|der ⟨das; -s, -; Schimpfw.⟩ *leichtfertige, durchtriebene u. gewissenlose Person, bes. Frau* ▸ sie ist ein ~; du kleines ~!

Luft ⟨die; -, Lüf|te; Pl. oft nur poet.⟩ **1** *Gasgemenge, das die Atmosphäre bildet;* Zus *Luftfeuchtigkeit, Luftfilter, Luftschicht, Luftstrom, Lufttemperatur, Luftverschmutzung; luftdicht, luftdurchlässig, luftleer* **2** *leichter Wind, Luftzug* **3** ⟨übertr.⟩ *freier Raum, Abstand, Zwischenraum* ▸ **abschnüren:** der Kragen schnürt mir die ~ ab; ~ **aufpumpen** (für den Fahrradreifen); keine ~ **bekommen** *nicht atmen können;* die ~ **flimmert** vor Hitze; jetzt **habe** ich endlich wieder etwas ~ ⟨übertr.⟩ *nicht mehr so viel zu arbeiten;* die ~ aus dem Reifen **herauslassen;** (frische) ~ **hereinlassen** *Fenster od. Tür öffnen;* tief ~ **holen** *tief einatmen;* zwischen Wand und Schrank etwas ~ **lassen;** seinem Ärger ~ **machen** *über seinen Ä. sprechen;* frische ~ **schnappen** ⟨umg.⟩ *spazieren gehen, ins Freie treten;* **sein:** für mich ist er ~ *ich beachte ihn überhaupt nicht;* **wegbleiben:** mir blieb vor Überraschung die ~ weg ⟨übertr.; umg.⟩ *ich war sprachlos* ▸ hier ist **dicke** ~ *verbrauchte Luft;* ⟨übertr.⟩ *eine ungemütliche Atmosphäre;* draußen in der **freien** ~ *im Freien;* die ~ ist hier **gut,** rein; **kalte,** kühle, warme ~; die ~ ist **rein** ⟨übertr.⟩ *niemand horcht, es ist niemand in der Nähe, der stören könnte;* **schlechte,** verbrauchte ~ ▸ **an** die (frische) ~ gehen *ins Freie gehen, spazieren gehen;* Betten, Kleider an die ~ hängen; du kommst zu wenig an die ~; jmdn. an die ~ setzen ⟨übertr.; umg.⟩ *jmdm. kündigen, jmdn. hinauswerfen;* der Vorwurf ist (völlig) **aus** der ~ gegriffen ⟨übertr.⟩ *(völlig) unbegründet;* das Flugzeug, der Vogel erhob sich **in** die ~; in die ~ gehen *explodieren;* ⟨übertr.; umg.⟩ *zornig, wütend werden, sich sehr aufregen;* seine Hände griffen in die ~ *fanden keinen Halt;* die Sache hängt noch in der ~ ⟨übertr.⟩ *ist noch nicht entschieden, hat noch keine Grundlage;* ich hänge augenblicklich in der ~ *ich habe augenblicklich keine feste Existenzgrundlage;* es liegt etwas in der ~ ‹übertr.› *es droht etwas;* der Vogel schwang sich in die Lüfte; vor Freude in die ~ springen; nach ~ schnappen *rasch u. mühsam Atem holen;* er lebt von ~ und Liebe ‹übertr.›

Luft|ab|wehr ‹die; -; unz.; Mil.› **1** *Abwehr von feindl. Flugzeugen durch Bodengeschütze, Flugzeuge od. Raketen* **2** *für die Luftabwehr (1) zuständige Einheit*

Luft|an|griff ‹der; -(e)s, -e; Mil.› *Angriff durch Flugzeuge*

Luft|auf|nah|me ‹die; -, -n; Fot.› *Aufnahme vom Flugzeug aus;* Syn *Luftbild*

Luft|bal|lon ‹[-lɔ̃] od. [-lɔŋ] der; -s, -s› *mit Luft od. Gas gefüllter Ballon aus dünnem Gummi als Kinderspielzeug*

Luft|be|las|tung ‹die; -, -en› *Belastung der Luft durch Schadstoffe* ▸ eine geringe, hohe ~

Luft|bla|se ‹die; -, -n› *mit Luft gefüllte Blase in Flüssigkeiten u. festen Stoffen, z. B. in Glas*

Luft|brü|cke ‹die; -, -n› *Verbindung durch Flugzeuge, wenn andere Wege gesperrt sind* ▸ eine ~ in ein Kriegsgebiet

Lüft|chen ‹das; -s, -› *schwache Luftbewegung, leichter Wind* ▸ es weht kein ~; ein frisches, kühles, angenehmes ~

Luft|druck ‹der; -(e)s; unz.› *Druck der Luft* ▸ der ~ in den Winterreifen beträgt 0,5 bar; in 20 Kilometern Höhe ist der ~ geringer

lüf|ten ‹V.; lüf|tet, lüf|te|te, hat ge|lüf|tet› **I** ‹V. intr.› *frische Luft hereinlassen* **II** ‹V. trans.› **1** etwas ~ *der Luft aussetzen, in etwas Luft eindringen lassen* **2** ‹übertr.› ein Geheimnis ~ *preisgeben, bekanntmachen* ▸ Zimmer, Betten ~

Luft|fahrt ‹die; -; unz.› *Nutzung des Luftraums zu zivilen od. militär. Zwecken mithilfe von Luftfahrzeugen;* Zus *Luftfahrtindustrie*

Luft|fracht ‹die; -, -en› *Fracht, die mit Flugzeug befördert wird*

luft|ge|trock|net ‹Adj.› *(durch Lagerung) an der Luft getrocknet* ▸ ~e Wurst

Luft|ge|wehr ‹das; -(e)s, -e› *Gewehr, bei dem das Geschoss durch Druckluft aus dem Lauf getrieben wird*

Luft|hauch ‹der; -(e)s, -e› *schwache, kurze Luftbewegung* ▸ kein ~ war zu spüren

luf|tig ‹Adj.› **1** *so beschaffen, dass von allen Seiten Luft u. Wind herankann* (Platz) **2** *groß, hell, mit großen Fenstern* (Raum) **3** *leicht, dünn, luftdurchlässig* (Gewebe, Kleid) ▸ ~ gekleidet sein; in ~er Höhe

Luf|ti|kus ‹der; -, -kus|se; umg.; scherzh.› *leichtsinniger Mensch*

Luft|kis|sen|fahr|zeug ‹das; -(e)s, -e› *Fahrzeug, das sich dicht über dem Erdboden od. dem Wasser auf einem aufblasbaren Gummikissen bewegt*

Luft|kur|ort ‹der; -(e)s, -e› *Erholungsort mit reiner Land-, Gebirgs- od. Meeresluft*

Luft|li|nie ‹[-njə] die; -, -n› *gedachte, gerade Linie als kürzeste Entfernung zw. zwei Orten der Erdoberfläche*

Luft|ma|t|rat|ze ‹die; -, -n› *aufblasbare Matratze* ▸ auf der ~ schlafen

Luft|post ‹die; -; unz.› *Post, die durch Flugzeug befördert wird (bes. nach Übersee)* ▸ einen Brief mit ~ schicken; Zus *Luftpostbrief*

Luft|pum|pe ‹die; -, -n› *Vorrichtung zum Hinzufügen von Luft* ▸ einen Fahrradreifen mit der ~ aufpumpen; ⓘ S. 789

Luft|raum ‹der; -(e)s, -räu|me› *über einem Land befindlicher Raum* ▸ den ~ verletzen *unerlaubt über ein Land fliegen*

Luft|röh|re ‹die; -, -n; Anat.› *Atmungsweg des Menschen u. der Tiere mit Lungenatmung vom Kehlkopf abwärts in die Lunge;* Zus *Luftröhrenschnitt*

Luft|schacht ‹der; -(e)s, -schäch|te› *Schacht für die Zuführung von (Frisch-)Luft, z. B. in einem Bergwerk od. einem klimatisierten Hochhaus*

Luft|schiff ‹das; -(e)s, -e› *lenkbares Luftfahrzeug, das wegen einer mitgeführten Gasfüllung leichter ist als Luft;* Syn *Zeppelin;* Zus *Luftschifffahrt*

Luft|schlan|ge ‹die; -, -n› *(bes. im Karneval verwendeter) aufgerollter, farbiger Papierstreifen, der sich beim Werfen in die Luft ringelt;* Syn *Papierschlange*

Luft|schloss ‹das; -es, -schlös|ser; übertr.› *Wunschvorstellung, Gegenstand od. Zustand, den man sich ersehnt, erträumt* ▸ Luftschlösser bauen

Luft|schutz|bun|ker ‹der; -s, -; Mil.› *Betonbunker zum Schutz gegen Fliegerangriffe*

Luft|spie|ge|lung ‹die; -, -en› *von verschieden dichten Luftschichten hervorgerufene Spiegelung, z. B. Fata Morgana*

Luft|sprung ‹der; -(e)s, -sprün|ge› *Sprung in die Luft* ▸ vor Freude einen ~ machen

Luft|streit|kräf|te ‹Pl.; Mil.› *Streitkräfte (eines Staates) für die Führung eines Luftkrieges*

Lüf|tung ‹die; -, -en› *das Zuführen von frischer u. Beseitigen von verbrauchter Luft;* ⓘ S. 896

Luft|ver|än|de|rung ‹die; -, -en› *zeitweiliger Aufenthalt an einem Ort mit anderem Klima zu Erholungs- od. Heilzwecken;* Syn *Luftwechsel*

Luft|ver|kehr ‹der; -s; unz.› *gewerbsmäßige Beförderung von Personen, Gütern u. Nachrichten durch Flugzeuge;* Syn *Flugverkehr*

Luft|waf|fe ‹die; -, -n; Mil.› *für die Luftverteidigung bestimmte Teilstreitkraft (eines Staates)*

Luft|weg ‹der; -(e)s, -e› **1** *mit dem Flugzeug zurückgelegter Weg* **2** ‹Pl.› ~e *die Atmungsorgane* ▸ auf dem ~ befördern *mit dem Flugzeug*

Luft|wi|der|stand ‹der; -(e)s; unz.; Phys.› *der Bewegung entgegengerichtete Kraftwirkung auf einen sich bewegenden Körper, die von der Geschwindigkeit abhängig ist u. durch die Verdrängung der Luft verursacht wird*

Luft|zug ‹der; -(e)s; unz.› *leichter, kurz auftretender Wind* ▸ vom Meer weht ein warmer ~ herüber

Lug ‹der; -(e)s; unz.› *Lüge, Betrug, Täuschung* ▸ ‹nur in der Wendung› ~ und Trug *Lügen u. Betrügen, betrügerisches Reden u. Handeln*

Lü|ge ⟨die; -, -n⟩ *absichtlich falsche Aussage, Aussage zur bewussten Täuschung anderer* ▸ jmdn. der ~ beschuldigen, verdächtigen; ~n haben kurze Beine ⟨Sprichw.⟩ *L. werden bald erkannt;* es ist alles ~ (was er sagt)!; das ist eine dreiste, freche, plumpe, unverschämte ~; jmdn. bei einer ~ ertappen; sich in ~n verstricken

lu|gen ⟨V. intr.; lugt, lug|te, hat ge|lugt⟩ **1** *vorsichtig, aber aufmerksam, scharf (nach etwas) schauen* **2** *vorsichtig hervorschauen, umherschauen* ▸ durch die Gardinen ~

lü|gen ⟨V. intr.; lügt, log, hat ge|lo|gen⟩ *das Gegenteil der Wahrheit sagen, absichtlich Unwahres sagen, um andere zu täuschen* ▸ das glaube ich nicht, jetzt lügst du!; er hat wieder gelogen; das ist gelogen! ⟨umg.⟩ *das ist nicht wahr!*

Lü|gen|de|tek|tor ⟨der; -s, -en⟩ *Gerät zur Feststellung unterdrückter innerer Erregung (beschleunigte Atmung, Herzklopfen, Schweißausbruch u. a.), mit dem angeblich Schlüsse auf die Wahrhaftigkeit von Aussagen gezogen werden können*

Lüg|ner ⟨der; -s, -⟩ *jmd., der lügt;* Abl *Lügnerin*

Lu|ke ⟨die; -, -n⟩ **1** *sehr kleines Fenster;* Zus *Dachluke* **2** *kleine Öffnung zum Einbringen u. Herausholen von Ladung;* Zus *Ladeluke*

lu|k|ra|tiv ⟨Adj.⟩ *gewinnbringend, einträglich* ▸ ~e Beschäftigung

lu|kul|lisch ⟨Adj.⟩ *üppig u. schmackhaft, genussreich* (Speise, Mahl) ▸ ~e Köstlichkeiten; ein Freund ~er Genüsse sein

Lu|latsch ⟨der; -(e)s, -e; umg.⟩ *langer, schlaksiger Kerl* ▸ er ist ein langer ~

Lüm|mel ⟨der; -s, -; umg.⟩ *grober, unverschämter, frecher Mensch* ▸ so ein ~!

lüm|meln ⟨V. refl.; lüm|melt sich, lüm|mel|te sich, hat sich ge|lüm|melt; umg.⟩ sich irgendwohin ~ *sich in nachlässiger, ungehöriger Haltung irgendwohin setzen, stellen, legen o. Ä.* ▸ sich auf ein Sofa, in einen Sessel ~

Lump ⟨der; -en, -en⟩ *unehrenhafter, gesinnungs-, charakterloser Mensch* ▸ du kleiner ~! ⟨umg.⟩

lum|pen ⟨V. intr.; umg.; in der Wendung⟩ sich nicht ~ lassen *reichlich bezahlen, großzügig sein*

Lum|pen **I** ⟨Pl.⟩ **1** *Fetzen, alte, zerrissene Kleidung* **2** *nicht mehr verwendbare Textilien* ▸ in ~ gehüllt sein **II** ⟨der; -s, -; oberdt.⟩ *Scheuerlappen*

lum|pig ⟨Adj.⟩ **1** *wie ein Lump, gemein* (Gesinnung, Tat) **2** ⟨umg.⟩ *geringfügig, nicht viel wert* ▸ behalt dein ~es Geld; nicht mal ~e zehn Euro hat er herausgerückt

Lun|ge ⟨die; -, -n; Biol.; Med.⟩ *Atmungsorgan des Menschen u. vieler Wirbeltiere* ▸ grüne/Grüne ~ *Grünfläche, Parkanlage (in einer Stadt);* auf ~ rauchen *den Rauch einatmen, inhalieren;* aus voller ~ schreien; sich die ~ aus dem Halse schreien ⟨übertr.; umg.⟩ *sehr laut schreien, sehr lange nach jmdm. rufen;* Zus *Lungenatmung, Lungenentzündung, Lungenflügel*

Lun|te ⟨die; -, -n⟩ *mit einer brennbaren Flüssigkeit getränkte Hanfschnur, die langsam glimmt u. eine Sprengladung entzünden soll* ▸ ~ riechen ⟨übertr.⟩ *merken, was los ist, eine Gefahr spüren*

Lu|pe ⟨die; -, -n⟩ *konvexe Linse für meist 8-25fache Vergrößerung;* Syn *Vergrößerungsglas* ▸ etwas od. jmdn. unter die ~ nehmen *genau betrachten, inspizieren, prüfen*

lu|pen|rein ⟨Adj.⟩ **1** ⟨bei Diamanten⟩ *auch in der Vergrößerung durch eine Lupe vollkommen rein* **2** ⟨übertr.⟩ *mustergültig, makellos* ▸ eine ~e Fälschung; ein ~es Exemplar

lüp|fen ⟨V. trans.; lüpft, lüpf|te, hat ge|lüpft⟩ etwas ~ *hochheben, leicht anheben;* oV ⟨oberdt.⟩ *lupfen* ▸ den Hut ~

Lurch ⟨der; -(e)s, -e⟩ = *Amphibie*

Lust ⟨die; -, Lüs|te⟩ **I** ⟨unz.⟩ Ggs *Unlust* **1** *Neigung, leichtes Verlangen, Bedürfnis* **2** *Wohlgefühl, Wohlgefallen, Freude;* Zus *Lebenslust* **3** *Befriedigung, Genuss, Gefallen* ▸ ~ **empfinden,** verspüren; ~ (zu etwas) **haben;** das kannst du machen, wie du ~ hast *wie du willst;* **sein:** er geigt, dass es eine ~ ist *dass es eine Freude ist, dabei zuzusehen;* da kann einem ja die ~ **vergehen** ▸ ich habe **große,** keine, viel, wenig ~ dazu; ich habe **keine** ~! *ich mag nicht, will nicht* ▸ ich habe ~ **auf** ein Stück Kuchen ⟨umg.⟩ *Appetit;* etwas je **nach** ~ und Laune machen; ~ **zu** etwas haben, verspüren; Abl *lustvoll* **II** ⟨zählb.; meist geh.⟩ **1** *sinnliche Begierde, geschlechtliches Empfinden* **2** *Erfüllung geschlechtlicher Begierden* ▸ die Lüste des Fleisches

lust|be|tont ⟨Adj.⟩ *von Lust, Freude, Wohlgefühl bestimmt od. darauf zielend* ▸ ~es Verhalten

Lüs|ter ⟨der; -s, -⟩ = *Kronleuchter;* oV ⟨österr.⟩ *Luster*

lüs|tern ⟨Adj.⟩ *stark sinnlich, geschlechtlich gereizt, erregt, gierig* ▸ ~ nach etwas sein *großen Appetit auf etwas haben;* er ist ein ~er Mensch; Abl *Lüsternheit*

Lust|gar|ten ⟨der; -s, -gär|ten⟩ *hübsch angelegter Garten zum Spazierengehen*

lus|tig ⟨Adj.⟩ **1** *fröhlich, vergnügt, ausgelassen, lachend* **2** *unterhaltend, heiter* (Fest, Geschichte) **3** *zum Lachen u. Fröhlichsein geneigt* (Mensch) ▸ das war ein ~er **Einfall;** eine ~e **Gesellschaft;** er ist ein ~er **Kerl; Schluss** mit ~ ⟨umg.⟩ *jetzt wird es ernst;* er macht immer ~e **Witze** ▸ **hergehen:** dort geht es ~ her; sich über etwas od. jmdn. ~ **machen** *über etwas od. jmdn. spotten, jmdn. auslachen;* mir ist gestern etwas Lustiges **passiert; sein:** das ist ~! *komisch, merkwürdig;* hier ist es ~; die Kinder waren heute sehr ~ und haben viel gelacht; das kann ja ~ **werden!** ⟨iron.⟩ *schlimm werden* ▸ ~ **drauflos** ⟨umg.⟩ *munter, ohne Bedenken drauflos;* **immer** ~! *munter, los!, vorwärts!;* Abl *Lustigkeit*

Lüst|ling ⟨der; -s, -e; abwertend⟩ *Mann, der sehr leicht lüstern wird*

lust|los ⟨Adj.⟩ **1** *ohne Lust, unlustig* **2** *gleichgültig* ▸ er macht heute einen ~en Eindruck; Abl *Lustlosigkeit*

Lust|prin|zip ⟨das; -s; unz.⟩ *vom Streben nach unmittelbarer Befriedigung von Bedürfnissen bestimmtes Verhaltensmuster* ▸ er lebt vorwiegend nach dem ~

lust|wa̱n|deln ⟨V. intr.; lust|wan|delt, lust|wan|delte, ist lust|ge|wan|delt; poet.⟩ *spazieren gehen*
Lu|the|ra̲|ner ⟨der; -s, -⟩ *Anhänger Luthers, Angehöriger der lutherischen Kirche;* Abl *Lutheranerin*
lu|the̲|risch ⟨a. ['---] Adj.⟩ **1** *auf der Lehre Luthers beruhend, auf sie gegründet* **2** *der lutherischen Kirche angehörend* ▸ ~e Kirche *auf der Lehre Luthers gegründeter Zweig der evangelischen Kirche*
lu̱t|schen ⟨V.; lutscht, lutsch|te, hat ge|lutscht⟩ **I** ⟨V. trans.⟩ etwas ~ *im Mund zergehen, schmelzen lassen* ▸ ein Bonbon ~ **II** ⟨V. intr.⟩ an etwas ~ *an etwas saugen* ▸ am Daumen ~
Lu̱t|scher ⟨der; -s, -⟩ *Bonbon am Stiel, Lolli*
Lu̲v ⟨die; -; unz.; Mar.⟩ *die dem Wind zugewandte Seite;* Syn *Luvseite;* Ggs *Lee*
Lu̱|xem|bur|ger ⟨der; -n, -n⟩ *Einwohner von Luxemburg;* Abl *Luxemburgerin*
lu̱|xem|bur|gisch ⟨Adj.⟩ *das Großherzogtum Luxemburg betreffend* ▸ ~e Sprache *in Luxemburg gesprochene Sprache*
lu|xu|ri|ö̲s ⟨Adj.; -er, am -es|ten⟩ *verschwenderisch, mit großem Luxus (versehen), prunkvoll*
Lu̱|xus ⟨der; -; unz.⟩ *den normalen Lebensstandard überschreitender Aufwand, Verschwendung, Prunk* ▸ sich den ~ einer Fahrkarte erster Klasse leisten; das ist ~ *das ist zwar schön u. angenehm, aber zum Leben nicht unbedingt notwendig;* reiner, übertriebener, totaler ~; Zus *Luxusartikel, Luxusausgabe, Luxusausstattung, Luxushotel, Luxuslimousine, Luxusvilla*
Lu̱|xus|damp|fer ⟨der; -s, -⟩ *luxuriös ausgestattetes Kreuzfahrtschiff*
Ly̱m|phe ⟨die; -, -n⟩ *eiweißhaltige Gewebsflüssigkeit, die dem Transport von Stoffen dient;* Abl *lymphatisch;* Zus *Lymphgewebe*
Ly̱mph|ge|fäß ⟨das; -es, -e; Anat.⟩ *Leitungsbahn, die Gewebsflüssigkeit im Körper sammelt u. in die Venen leitet*
Ly̱mph|kno|ten ⟨der; -s, -; Anat.⟩ *haselnussförmiges Organ innerhalb des Systems der Lymphgefäße, das die Lymphozyten produziert* ▸ geschwollene ~ haben
Lym|pho|zy̱t ⟨der; -en, -en⟩ *in den Lymphen entstehende, runde Zelle mit großem Korn*
ly̱n|chen ⟨V. trans.; lyncht, lynch|te, hat ge|lyncht⟩ jmdn. ~ *ungesetzlich richten u. töten*
Ly̱nch|jus|tiz ⟨die; -; unz.⟩ *Selbsthilfe od. gewaltsames Vorgehen durch Lynchen* ▸ ~ üben
Ly̲|rik ⟨die; -; unz.; Lit.⟩ *lyrische Dichtung, Dichtungsart im Rhythmus, oft mit Reim u. in Versen u. Strophen;* Abl *Lyriker(in);* Zus *Gedankenlyrik, Liebeslyrik*
ly̲|risch ⟨Adj.; Lit.⟩ *zur Lyrik gehörig, auf ihr beruhend, in der Art der Lyrik*

M m

m ⟨Abk. für⟩ **1** *Meter* **2** *Milli…, tausendster Teil einer Maßeinheit*

m² ⟨Abk. für⟩ *Quadratmeter*

m³ ⟨Abk. für⟩ *Kubikmeter*

M **1** ⟨röm. Zahlzeichen für⟩ *1000* **2** ⟨Abk. für⟩ *Mark*

MA ⟨Abk. für⟩ *Mittelalter*

Mä|an|der ⟨der; -s, -⟩ **1** ⟨Geogr.⟩ *regelmäßige, verschieden große Schlingen eines Flusses im Flachland* **2** ⟨Arch.⟩ *Zierform in rechtwinklig gebrochenen od. wellenförmigen Linien*

Maat ⟨der; -(e)s, -e od. -en; Mar.⟩ *Unteroffizier der Marine*

Mach|art ⟨die; -, -en⟩ *die Art, wie etwas (Kleidungsstück) gemacht (genäht, geschnitten) ist*

mach|bar ⟨Adj.⟩ *so beschaffen, dass man es machen kann;* Abl *Machbarkeit*

Ma|che ⟨die; -; unz.⟩ *Vortäuschen von Wichtigkeit* ▸ das ist doch alles (nur) ~ *es ist nichts dahinter;* etwas in der ~ haben ⟨umg.⟩ *etwas in Arbeit haben, etwas vorbereiten*

ma|chen ⟨V.; macht, mach|te, hat ge|macht⟩ **I** ⟨V. trans.⟩ etwas ~ **1** *etwas tun, mit etwas beschäftigt sein* **2** *fertigbringen, zustande bringen* **3** *schaffen, erzeugen, hervorbringen* **4** *ausführen, bilden, gestalten* **5** *verursachen, erwecken, erregen* **6** *bewirken, dass etwas wird od. geschieht* **7** *in Ordnung bringen, aufräumen* (Zimmer, Bett) **8** ⟨Math.⟩ *als Ergebnis haben, ergeben* ▸ ~ wir! *wir erledigen das!;* nun mach (aber)! *beeile dich!;* mach, dass du loskommst! *beeile dich!;* das macht man doch nicht! ⟨umg.⟩ *das gehört sich nicht!;* so macht man das!; 3 mal 3 macht 9 ▸ den Anfang ~ *der Erste sein;* jmdm. Angst, Hoffnung, Mut ~; das macht viel Arbeit, viel Mühe; das macht Appetit, Hunger, Durst; einen Ausflug, Spaziergang ~; den Clown ~ *herumalbern, Spaß machen;* einer Sache ein Ende ~ *veranlassen, dass sie beendet wird* das macht im Ganzen, zusammen 15 Euro; jmdm. eine Freude ~; Geld ~ ⟨umg.⟩ *viel u. leicht G. verdienen;* viel Geschrei um nichts ~; sich od. jmdm. das Haar ~ *frisieren, ordnen;* Licht, Feuer ~ *anzünden;* Krach, Lärm ~; Musik ~; jmdm. Platz ~; Schularbeiten, Aufgaben ~; Schulden ~; jmdm. Sorgen, Ärger ~; er hat damit ein Vermögen gemacht ⟨umg.⟩ *verdient, zusammengebracht;* das macht das Wetter *das kommt vom W.* ▸ ich kann ~, was ich will; lass mich nur ~! ⟨umg.⟩ *ich werde das schon in Ordnung bringen!;* wenn es sich ~ lässt *wenn es möglich ist;* etwas ~ lassen *zur Herstellung in Auftrag geben;* jmdm. (viel) zu schaffen ~ *Ungelegenheiten, Sorge bereiten;* sein: da ist nichts zu ~ *das kann man nicht ändern* ▸ jmdn. ärgerlich, eifersüchtig, glücklich, lächerlich, unglücklich ~; sich (bei jmdm.) beliebt, unbeliebt, verhasst ~; sich bemerkbar, verständlich ~; mach es dir bequem *setz dich bequem;* einen Platz frei ~ / freimachen; jmdn. gesund ~ / gesundmachen; etwas gut, schlecht, falsch, richtig ~; mach's gut! ⟨umg.⟩ *(Formel bei der Verabschiedung);* nun mach mal halblang! *übertreib nicht so!; bleib ruhig!;* ich will es kurz ~ / kurzmachen *mich kurzfassen;* jmdm. etwas leicht ~ / leichtmachen, schwer ~ / schwermachen; das viele Herumstehen macht müde; etwas sauber ~/saubermachen, schmutzig ~; mach dich nicht schlechter, besser, als du bist!; das macht die Sache ja nur schlimmer; schnell ~ *sich beeilen;* sich schön ~ / schönmachen; sich fein ~ / feinmachen ▸ sich an die Arbeit ~ *mit der A. beginnen;* sich auf den Weg ~ *weg-, fortgehen (zu einem bestimmten Zweck);* ich mache mir nicht viel, nichts aus ihm, ihr, einer Sache *ich kann ihn, sie, eine Sache nicht bes. gut leiden;* mach dir nichts daraus! *nimm es nicht zu schwer!;* ins Bett, in die Hose ~ ⟨umg.⟩ *ungewollt den Darm, die Blase ins Bett, in die Hose entleeren;* mach nicht so lange! ⟨umg.⟩ *bleib nicht so lange, lass mich nicht zu lange warten;* er wird es nicht mehr lange ~ ⟨umg.⟩ *er wird bald sterben;* mit mir könnt ihr's ja ~! ⟨umg.⟩ *ich lasse mir ja allerlei gefallen!;* das macht nichts *das stört nicht, ist nicht schlimm;* jmdn. zu etwas ~ *jmdn. zu etwas ernennen, ausbilden, erziehen* ▸ was macht das? *wie viel muss ich zahlen?;* was machst du heute Abend?; was soll ich denn nur ~? *ich weiß mir keinen Rat;* was soll man ~? *man kann es nicht ändern;* was wollen wir jetzt ~? *tun, spielen;* was ~ deine Eltern? ⟨umg.⟩ *wie geht es deinen E.?;* was macht dein Magen? *hast du noch Beschwerden am M.?;* wie man's macht, macht man's falsch! ⟨umg.⟩ *es ist schwer, es allen recht zu machen* ▸ ein gemachter Mann *ein Mann, der es zu etwas gebracht hat;*der Film, der Roman ist gut gemacht **II** ⟨V. refl.; umg.⟩ sich ~ **1** *Fortschritte machen, vorwärtskommen* (Person) **2** *besser werden, sich bessern* (Sache, Zustand) **3** *aussehen, passen* ▸ er macht sich jetzt (in der Schule) recht gut; die Brosche macht sich gut auf dem Kleid

Ma|chen|schaf|ten ⟨Pl.⟩ *Intrigen, Ränke, geheime Abmachungen, undurchsichtige Vorgänge*

Ma|cher ⟨der; -s, -⟩ *jmd., der als treibende Kraft wirkt, Handelnder, Antreiber;* Abl *Macherin*

Ma|cho ⟨[-tʃoː] der; -s, -s; umg.⟩ *sich betont männlich verhaltender Mann* ▸ er benimmt sich wie ein ~

Macht ⟨die; -, Mäch|te⟩ **I** ⟨unz.⟩ **1** *Herrschaft, Gewalt, Befehlsgewalt;* Abl *machtvoll;* Zus *Machtergreifung, Machtmissbrauch, Machtübernahme, Machtverteilung; machtbesessen, machtgierig* **2** *Kraft, Stärke* **3** *Möglichkeit, Befugnis, seinen Willen durchzusetzen* ▸ die ~ des Geldes, der Liebe; die ~ der Gewohnheit; die ~ des

Schicksals *die Unabwendbarkeit des Sch.;* die ~ der herabstürzenden Schneemassen, Wassermassen begrub alles unter sich; Wissen ist ~ ▸ ~ ausüben; die ~ haben, etwas zu tun, anzuordnen, zu verhindern; seine ~ (für etwas) missbrauchen; er wird alles tun, was in seiner ~ steht ▸ keine ~ der Welt kann mich dazu bewegen ▸ die Partei möchte bei der nächsten Wahl an die ~ kommen; das steht nicht in meiner ~ *das kann ich nicht tun;* mit aller ~; über etwas od. jmdn. ~ haben; zur ~ gelangen **II** ⟨zählb.⟩ **1** *einflussreicher, politisch u. wirtschaftlich kraftvoller Staat;* Zus *Großmacht* **2** *Heer, Truppen;* Zus *Streitmacht* ▸ die bewaffnete ~; mit bösen Mächten im Bunde stehen ⟨Volksglauben⟩

Macht|ha|ber ⟨der; -s, -⟩ *derjenige, der die Macht ausübt, (bes.) diktatorisch herrschendes Staatsoberhaupt;* Abl *Machthaberin*

mäch|tig ⟨Adj.⟩ **I** ⟨attr.⟩ **1** *große Macht ausübend* **2** *kraftvoll, wirksam, einflussreich* **3** *wuchtig, massig* (Gebäude) **4** *gewaltig, sehr groß* ▸ ein ~er Bau; ~en Hunger haben ⟨umg.⟩; Abl *Mächtigkeit* **II** ⟨präd.⟩ seiner Sinne nicht mehr ~ sein *sich nicht mehr unter Kontrolle haben;* einer Sprache ~ sein *eine S. sprechen können* **III** ⟨adv.⟩ *sehr, ungemein* ▸ ~ groß, stark, viel; ich bin ~ neugierig, gespannt; ~ wütend sein

Macht|kampf ⟨der; -(e)s, -kämp|fe⟩ **1** ⟨bes. Pol.⟩ *Kampf um die Macht, Wettstreit um die Vorherrschaft (in einem bestimmten Bereich)* **2** *Auseinandersetzung, Streit, bei dem es nur darum geht, seinen Willen durchzusetzen*

macht|los ⟨Adj.⟩ *ohne Macht, schwach, nicht imstande, ohne Einfluss, hilflos* ▸ gegen seine seine Argumente bin ich ~; Abl *Machtlosigkeit*

Macht|po|si|ti|on ⟨die; -, -en; Pol.⟩ *Position mit großen Machtbefugnissen* ▸ der Politiker nutzt seine ~ aus; die Kirchen besitzen eine große ~

Macht|pro|be ⟨die; -, -n⟩ *Kraftprobe, die zeigen soll, wer die größere Macht besitzt* ▸ eine ~ zwischen Arbeitgeber und Gewerkschaften

Macht|ver|hält|nis ⟨das; -nis|ses, -nis|se⟩ **1** *Relation der Machtverteilung zw. Staaten od. Personen* **2** ⟨Pl.⟩ ~se *die sich aus der bestehenden Verteilung von Machtmitteln u. -positionen ergebenden Verhältnisse im gesellschaftlichen, wirtschaftlichen u. politischen Bereich* ▸ das ~ der Geschlechter; das ~ innerhalb der Partei; die politischen ~se in Europa

Macht|wech|sel ⟨[-ks-] der; -s, -⟩ **1** *Änderung, Wechsel der Machtverhältnisse* **2** ⟨Pol.⟩ *Regierungswechsel, der mit einer grundlegenen Umverteilung der Machtverhältnisse verbunden ist* ▸ ein ~ im Management; nach dem ~ in der Republik Südafrika

Macht|wort ⟨das; -(e)s; unz.⟩ *Befehlswort, Wort, dem gehorcht werden muss* ▸ ein ~ sprechen *entscheidend eingreifen (um Ordnung zu schaffen)*

Mach|werk ⟨das; -(e)s, -e⟩ *schlechte Arbeit*

Ma|cke ⟨die; -, -n; umg.⟩ **1** *Fehler, Makel* **2** *Verrücktheit, Spleen* ▸ der Teller hat zu viele ~n; der hat doch 'ne ~! ⟨übertr.⟩ *der ist doch verrückt*

Ma|cker ⟨der; -s, -; umg.; abwertend⟩ **1** *Freund, Bekannter (bes. eines Mädchens)* **2** *Kerl* **3** *Anführer, Anstifter* ▸ ist das dein neuer ~?

Mäd|chen ⟨das; -s, -⟩ **1** *Kind weiblichen Geschlechts;* Ggs *Junge;* Abl *mädchenhaft* **2** *Jugendliche* **3** *Angestellte für Hausarbeit;* Zus *Dienstmädchen, Hausmädchen, Zimmermädchen* ▸ wir haben zwei Jungen und ein ~; Jungen und ~ werden zusammen unterrichtet; ein freches, junges, hübsches, kleines ~; ~ für alles *Hausangestellte;* ⟨übertr.; scherzh.⟩ *jmd., der alles tun muss u. auch alles kann*

Mäd|chen|na|me ⟨der; -ns, -n⟩ **1** *Vorname für Mädchen* **2** *Familienname der Frau vor ihrer Ehe*

Ma|de ⟨die; -, -n⟩ *Larve, die frei im Wasser od. in lebender od. toter Substanz lebt;* Zus *Fliegenmade*

Mä|del ⟨das; -s, - od. (umg.) -s od. (oberdt.) -n⟩ *Mädchen*

ma|dig ⟨Adj.⟩ jmdm. etwas ~ machen *jmdm. den Spaße an etwas verderben*

Ma|don|na ⟨die; -, -don|nen⟩ *die Jungfrau Maria, Muttergottes;* Zus *Madonnenbild*

Ma|fia ⟨die; -; unz.⟩ oV *Maffia* **1** *terroristischer sizilianischer Geheimbund* **2** ⟨allg.⟩ *erpresserische Organisation;* Zus *Mafiaboss*

Mag. ⟨Abk. für⟩ *Magister*

Ma|ga|zin ⟨das; -s, -e⟩ **1** *Vorratsraum, -haus, Lagerraum, -haus* **2** *Raum zum Aufbewahren der Bücher einer Bibliothek* **3** *Patronenkammer bei Handfeuerwaffen* **4** *bebilderte Unterhaltungszeitschrift;* Zus *Modemagazin* **5** *Rundfunk- od. Fernsehsendung über aktuelle Themen od. Ereignisse;* Zus *Nachrichtenmagazin,* ⟨umg.⟩ *Politmagazin*

Ma|gen ⟨der; -s, - od. Mä|gen; Anat.⟩ *Organ, in dem sich die Nahrung befindet, bevor sie im Darm weiter verdaut wird* ▸ sich den ~ auspumpen lassen; mir knurrt der ~ *ich habe Hunger;* umdrehen: es dreht sich einem der ~ um, wenn man das sieht *es wird einem übel;* sich den ~ verderben *durch nicht einwandfreie, zu schwere od. im Übermaß genossene Speisen Magenbeschwerden bekommen;* wehtun: ihm tut der ~ weh ▸ meine Augen waren größer als der ~ ⟨übertr.; umg.⟩ *ich habe mir mehr auf den Teller gelegt, als ich essen kann* ▸ jede Aufregung schlägt mir auf den ~ *verursacht mir Magenbeschwerden, nimmt mir den Appetit;* die Arznei auf nüchternen ~ einnehmen; Liebe geht durch den ~ ⟨Sprichw.⟩ *man gewinnt (erhält) sich die Liebe des Partners, wenn man ihm Gutes zu essen kocht;* nichts im ~ haben *lange nichts gegessen haben* die Sache liegt mir (schwer) im ~ ⟨übertr.⟩ *die S. bedrückt mich, macht mir Sorgen;* Zus *Magenblutung, Magengeschwür, Magensäure, Magenschleimhaut*

Ma|gen|bit|ter ⟨der; -s, -⟩ *Kräuterlikör, der ein Völlegefühl im Magen erleichtert*

Ma|gen-Darm-Trakt ⟨der; -(e)s; unz.; Med.; Sammelbez. für⟩ *Magen u. Darm mit allen seinen Abschnitten*

Ma|gen|spie|ge|lung ⟨die; -, -en; Med.⟩ *Untersuchung der Magenschleimhaut mit Hilfe des in den Magen eingeführten Magenspiegels*

M

Ma|gen|ver|stim|mung <die; -, -en> *leichte Verdauungsstörung mit Übelkeit, auch Erbrechen*

ma|ger <Adj.> **1** *dünn, abgemagert, knochig* (Person, Gesicht, Glieder) **2** *arm an Fett* (Fleisch); Zus *Magermilch, Magerquark* **3** *dürftig, kärglich* (Ernte, Mahlzeit) ▸ ich hätte gern ~es Fleisch; sie ist sehr ~; Abl *Magerkeit*

Ma|ger|sucht <die; -; unz. Med.> *übermäßige Gewichtsabnahme infolge von Unterernährung u. Fehlernährung, organischen od. psychischen Störungen;* →a. *Bulimie;* Abl *Magersüchtige(r)*

Mag|gi® <das; - od. -s; unz.> *dunkelbraune, flüssige Speisewürze*

Ma|gie <die; -; unz.> *Beschwörung von geheimnisvollen Kräften, Zauberkunst, Zauberei, Hexerei* ▸ schwarze ~ *mit dem Teufel im Bunde stehende Zauberkunst;* Abl *Magier(in)*

ma|gisch <Adj.> *zur Magie gehörig, auf ihr beruhend, mit ihrer Hilfe* ▸ von etwas ~, <od.> mit ~er Gewalt angezogen werden <übertr.> *sehr stark, unwiderstehlich*

Ma|gis|ter <der; -s, -> **1** <Abk.: M.> *akademischer Grad nach dem Bakkalaureus;* →a. *Master* **2** *Inhaber des Magisters (1)* ▸ ~ Artium *von einer philosophischen Fakultät verliehener akademischer Grad u. Titel*

Ma|gis|t|rat **I** <der; -(e)s, -e> *Stadtverwaltung* **II** <der; -en, -en; schweiz.> *Regierungsmitglied*

Mag|ma <das; -s, Mag|men> *vulkanische Gesteinsschmelze, die sich auf die Erdoberfläche ergießt*

Ma|g|nat <der; -en, -en> **1** *reicher Edelmann, Großgrundbesitzer* **2** <allg.> *Großindustrieller;* Zus *Stahlmagnat*

Ma|g|ne|si|um <das; -s; unz.; chem. Zeichen: Mg> *silberweißes, zweiwertiges Leichtmetall;* Zus *Magnesiumoxid*

Ma|g|net <der; -en, -en> **1** *natürlicher, eisenanziehender Stoff;* Zus *Magnetfeld; Dauermagnet, Permanentmagnet* **2** <übertr.> *etwas od. jmd., das/der eine große Anziehungskraft auf viele Menschen ausübt* ▸ diese Stadt zieht die Reisenden an wie ein ~; Abl *magnetisch*

Ma|g|net|strei|fen <der; -s, -> *streifenförmige Magnetschicht auf Ausweisen, Kreditkarten o. Ä. zur Speicherung von Daten*

Ma|g|no|lie <[-ljə] die; -, -n; Bot.> *ein Baum mit großen weißrosa Blüten*

Ma|ha|go|ni <das; -s; unz.> *ein Baum Zentralamerikas mit rötlichem, charakteristisch gemasertem Holz*

Ma|ha|ra|d|scha <der; -s, -s> *indischer Herrscher, Großfürst*

Mäh|dre|scher <der; -s, -> *Maschine, die Getreide mäht u. drischt* ▸ der Bauer sitzt auf dem ~

mä|hen¹ <V. trans.; mäht, mäh|te, hat ge|mäht> Gras, Getreide, Klee ~ *mit Sichel, Sense od. Maschine abschneiden;* Abl *Mäher(in)*

mä|hen² <V. intr.; mäht, mäh|te, hat ge|mäht; umg.> *mäh schreien, blöken* ▸ das Schaf mäht

Mahl <das; -(e)s, Mäh|ler od. -e> *Essen, Mahlzeit* ▸ ein bescheidenes, einfaches, reichliches, üppiges ~; Zus *Festmahl, Gastmahl, Mittagsmahl*

mah|len <V. trans.; mahlt, mahl|te, hat ge|mah|len> Getreide, Kaffee ~ *zerkleinern, zerreiben* ▸ wer zuerst kommt, mahlt zuerst <Sprichw.> *der zuerst Kommende hat das Vorrecht*

Mahlzeiten

In Deutschland ist es üblich, täglich drei bis vier *Mahlzeiten* zu sich zu nehmen. Die Morgenmahlzeit, deren Grundbestandteile Brot oder Brötchen, Butter, Marmelade und Honig sind, heißt **Frühstück.** Je nach Geschmack wird dies mit einem Frühstücksei, Wurst- und Käseaufschnitt, frischem Obst, Säften oder Müsli erweitert. Dazu trinkt man Tee oder Kaffee.

Das **Mittagessen** wird in der Zeit zwischen 12 und 14 Uhr gereicht. Es besteht aus einer warmen Mahlzeit und wird häufig durch einen **Nachtisch** (Dessert) ergänzt.

Nachmittags kann man zwischendurch eine **Kaffeemahlzeit,** bestehend aus Kaffee oder Tee und Kuchen einnehmen. Hierfür findet man eine vielseitige Auswahl an Kuchen in Bäckereien, Konditoreien oder Cafés.

Zwischen 18 Uhr und 20 Uhr wird das **Abendessen** eingenommen, zu dem meistens verschiedene mit Wurst, Käse, Quark u. a. belegte Brot- oder Brötchensorten gereicht werden. Mitunter wird auch am Abend etwas Warmes gegessen. Besonders an Wochenenden, wenn man erst später aufsteht, können Frühstück und Mittagessen zu einer Mahlzeit, dem sogenannten **Brunch** (aus englisch Breakfast + Lunch), zusammengefasst werden. Viele Restaurants bieten sonntags einen solchen Brunch an.

Mahl|zeit <die; -, -en> *Essen, (zu bestimmter Zeit eingenommene) Speise od. Speisenfolge* ▸ (gesegnete) ~! *(Wunschformel bei Beginn u. zu Ende der Mahlzeit);* ~! <umg.> *(Gruß in der Mittagszeit unter Kollegen);* prost ~! <übertr.; umg.> *das ist ja eine schöne Bescherung!, das kann ja schlimm werden;* drei ~en am Tag essen; wir essen einmal am Tag eine warme ~; die Arznei ist nach, vor der ~ einzunehmen; Zus *Abendmahlzeit, Hauptmahlzeit, Mittagsmahlzeit*

Mäh|ne <die; -, -n> **1** *langer Haarwuchs mancher Tiere an Kopf u. Hals;* ⓘ S. 1111; Zus *Löwenmähne, Pferdemähne* **2** <übertr.> *langes (u. meist ungeordnetes) Haar* ▸ er schüttelte seine lange ~

mah|nen <V. trans. u. V. intr.; mahnt, mahn|te, hat ge|mahnt> (jmdn.) ~ **1** *nachdrücklich auffordern, etwas zu tun* **2** *an eine eingegangene Verpflichtung erinnern* ▸ lass dich nicht immer ~!; ich muss ihn immer zwei-, dreimal ~; jmdn. an ein Versprechen ~; jmdn. schriftlich ~ *schriftlich an eine Zahlungsverpflichtung erinnern;* ein ~der Blick, ~d den Finger heben

Mahn|mal <das; -(e)s, -e> *Denkmal als mahnendes Erinnerungszeichen* ▸ ein ~ für die Kriegsopfer

Mah|nung <die; -, -en> **1** *das Mahnen* **2** *mahnende Worte* **3** *mahnendes Schreiben, Mahnbrief* ▸ eine

~ aussprechen; jmdm. eine ~ (ins Haus) schicken; gerichtliche ~

Mahn|wa|che ⟨die; -, -n⟩ *Wache an einem öffentlichen Ort, die mahnend (durch schweigendes Verharren) an etwas erinnern od. gegen etwas protestieren soll* ▸ eine ~ für die Kriegsopfer

Mai ⟨der; - od. -s, -e⟩ *fünfter Monat des Jahres* ▸ Erster ~ *Feiertag der Arbeiter;* Tanz in den ~

Mai|baum ⟨der; -(e)s, -bäu|me⟩ **1** *junge Birke als Symbol des Mais u. Frühlings u. als Schmuck der Häuser zum Maifest* **2** *geschmückte Tanne od. Birke, die zum Maifest auf dem Dorfplatz aufgestellt wird*

Mai|fest ⟨das; -(e)s, -e⟩ *altes Volksfest zur Feier des wiederkehrenden Frühlings, meist am 1. Mai, auch im April*

Mai|glöck|chen ⟨das; -s, -; Bot.⟩ *eine Pflanze mit zwei großen Blättern u. weißen, wohlriechenden Blüten, die in Trauben stehen*

Mai|kä|fer ⟨der; -s, -; Zool.⟩ *ein Käfer, dessen Larven (Engerlinge) sich im Boden entwickeln u. als Käfer Bäume schädigen*

Mail ⟨[mɛɪl] die; -, -s; kurz für⟩ *E-Mail*

Mail|box ⟨[mɛɪl-] die; -, -es; [-bɔksɪz]; EDV⟩ *Speicher, in dem sich die Benutzer eines Datennetzes gegenseitig Informationen in der Form von E-Mails hinterlegen können*

mai|len ⟨[mɛɪ-] V. intr. u. V. trans.; mailt, mail|te, hat ge|mailt; EDV⟩ jmdm. (etwas) ~ *jmdm. eine E-Mail zuschicken;* →a. *E-Mail*

Main|stream ⟨[mɛɪnstriːm] der; -s; unz.⟩ **1** *Durchschnitt(sware), Hauptrichtung, Hauptströmung* **2** ⟨Jazz⟩ *Form des Jazz, die keiner Stilrichtung eindeutig zugehörig ist*

Mais ⟨der; -es; unz.; Bot.⟩ *bis 3 m hohe, zu den Süßgräsern gehörende, aus Amerika stammende Getreidepflanze;* ⓘ S. 1002; Zus *Maiskorn, Maismehl*

Mais|kol|ben ⟨der; -s, -⟩ *Fruchtstand des Maises*

Ma|jes|tät ⟨die; -, -en⟩ **I** ⟨unz.⟩ **1** *Hoheit, Erhabenheit* **2** ⟨Titel für⟩ *Kaiser, König* ▸ Euer, Eure ~ ⟨Abk.: Ew. M.⟩ *(Anrede);* Ihre ~ ⟨Abk.: I. M.⟩; Seine ~ ⟨Abk.: S(e). M.⟩; Abl *majestätisch* **II** ⟨zählb.⟩ *Kaiser, König;* Abl *majestätisch*

Ma|jor ⟨der; -s, -e⟩ **1** *Offiziersdienstgrad zw. Hauptmann u. Oberstleutnant* **2** *Offizier in diesem Rang*

Ma|jo|ran ⟨a. ['---] der; -s, -e; Bot.⟩ *Gewürzpflanze aus der Familie der Lippenblütler*

Ma|jo|ri|tät ⟨die; -; unz.⟩ Ggs *Minorität* **1** *Stimmenmehrheit;* Zus *Majoritätswahl* **2** *Überzahl* ▸ die ~ haben; in der ~ sein

Ma|jo|ri|täts|prin|zip ⟨das; -s; unz.⟩ *Prinzip, dass die Mehrheit der Stimmen die Wahl od. Abstimmung entscheidet* ▸ nach dem ~ wählen

ma|ka|ber ⟨Adj.⟩ **1** *an den Tod erinnernd, totenähnlich, grausig-düster* **2** *mit dem Tod, dem Schrecklichen, Traurigen spaßend* ▸ diesen Gedanken finde ich ~; eine makabre Geschichte

Ma|kel ⟨der; -s, -⟩ *körperlicher od. moralischer Mangel, Fehler, Schandfleck* ▸ etwas als ~ empfinden; mit einem ~ behaftet sein

ma|kel|los ⟨Adj.⟩ *ohne Makel* ▸ ~er Körper; ~ rein, weiß; von ~er Reinheit, Frische, Weiße

mä|keln ⟨V. intr.; mä|kelt, mä|kel|te, hat ge|mä|kelt⟩ (an jmdm. od. etwas) ~ *an jmdm. od. etwas nörgeln, mit jmdm. od. etwas nicht zufrieden sein (bes. beim Essen)* ▸ er hat an allem etwas zu ~

Make-up ⟨[mɛɪkʌp] das; -s, -s⟩ **1** *Verschönerung mit kosmetischen Mitteln* **2** *kosmetische Creme zum leichten Bräunen, Glätten der Gesichtshaut* ▸ ein ~ auflegen, auftragen; kein ~ verwenden

Mak|ka|ro|ni ⟨Pl.; umg. a. die; -, -⟩ *lange, röhrenförmige Teigware*

Mak|ler ⟨der; -s, -⟩ *Vermittler für Kauf u. Verkauf von Waren, Effekten, Grundstücken* ▸ ein Haus über einen ~ kaufen; wir haben die Wohnung über einen ~ gefunden; einen ~ mit dem Verkauf eines Grundstücks beauftragen; Zus *Börsenmakler, Grundstücksmakler*

Mak|ler|ge|bühr ⟨die; -, -en⟩ *Vergütung, die ein Makler für eine erfolgreiche Vermittlung erhält*

Mak|le|rin ⟨die; -, -rin|nen⟩ *weibl. Makler*

Mak|ler|pro|vi|si|on ⟨[-vi-] die; -, -en⟩ = *Maklergebühr*

Ma|k|re|le ⟨die; -, -n; Zool.⟩ *ein Speisefisch mit zahlreichen blauweißen Querstreifen am Rücken;* Zus *Makrelenfilet*

Ma|k|ro ⟨das; -s, -s; EDV; kurz für⟩ *Makrobefehl, Zusammenfassung od. Kurzform von Befehlen für sich immer wiederholende, gleichartige Vorgänge innerhalb von Programmen*

ma|k|ro..., Ma|k|ro... ⟨in Zus.⟩ *lang, groß,* z. B. Makroaufnahme, Makrostruktur; Ggs *mikro..., Mikro...*

Ma|k|ro|ne ⟨die; -, -n⟩ *rundes Kleingebäck aus Mandeln, Zucker, Eiweiß u. Mehl auf Oblaten*

Ma|ku|la|tur ⟨die; -, -en; übertr.⟩ *etwas, das keine Gültigkeit mehr besitzt, etwas, das verworfen wurde* ▸ die jüngsten Parteibeschlüsse sind schon wieder zu ~ geworden ⟨übertr.⟩

mal[1] ⟨Adv.⟩ **I** ⟨Zeichen: x, ·⟩ *vervielfältigt, malgenommen, multipliziert mit* ▸ zwei ~ drei ist sechs **II** ⟨umg.; kurz für⟩ *einmal*[1] ▸ ich bin schon ~ dort gewesen; noch ~ / nochmal

mal[2] ⟨Abtönungspartikel; umg.; kurz für⟩ *einmal*[2] ▸ komm ~ her!; es ist nun ~ so

Mal **I** ⟨das; -(e)s, -e od. Mä|ler⟩ **1** *Zeichen* **2** *Fleck;* Zus *Brandmal, Muttermal* ▸ feuriges, leuchtendes, rotes ~; er hat ein ~ auf der Schulter **II** ⟨das; -(e)s, -e⟩ *ein Zeitpunkt von mehreren* ▸ das erste, zweite, letzte ~; ein ~ / einmal; das eine oder andere ~ *manchmal, hin u. wieder;* ich komme ein anderes ~; mehrere, etliche, viele ~e; das nächste ~ wird es besser gelingen; das vorige, vergangene ~; mit einem ~(e) *plötzlich;* es gefällt mir von ~ zu ~ besser

...mal ⟨in Zus.⟩ *eine bestimmte Anzahl von Malen wiederholt,* z. B. zweimal, zehnmal, ⟨in Ziffern⟩ 6-mal, 8-10-mal; →a. *Mal (II)*

Ma|lai|se ⟨[-lɛːz(ə)] die; -, -n od. schweiz., österr. das; -s, -n⟩ *Übel, (bes.) moralisches od. politisches Unbehagen, Missgeschick* ▸ wer ist für die ~ verantwortlich?

Ma|la|ria ‹die; -; unz.; Med.› *eine Infektionskrankheit, die durch einzellige Lebewesen im Blut hervorgerufen wird;* Zus *Malariaerreger, Malariamücke*

ma|len ‹V. trans. u. V. intr.; malt, mal|te, hat gemalt› **1** (ein Bild, eine Landschaft, ein Porträt) ~ *mit Pinsel u. Farbe hervorbringen, schaffen, mit Pinsel u. Farbe darstellen, ein Bild von etwas schaffen* **2** eine Tür, Wand ~ *mit Farbe bestreichen* ▸ ein Ölgemälde, ein Aquarell ~ ▸ auf Glas, Holz, Leinwand, Papier ~; das Kind hat für den Vater ein Bild gemalt; eine Landschaft, Stadt in Öl, Wasserfarben ~; die Kinder ~ gern mit Buntstiften, Wachsmalkreiden und Filzstiften; nach der Natur, nach dem Leben ~; das ist wie gemalt ▸ wer hat dieses Bild gemalt?; Abl *Maler(in);* Zus *Malkasten*

Ma|le|rei ‹die; -, -en; unz.› **1** *die Kunst, zu malen, Gemälde hervorzubringen;* Zus *Aquarellmalerei, Glasmalerei* **2** *Gesamtheit der Gemälde eines Volkes, einer Zeit* ▸ die ~ der Gotik, Renaissance; abstrakte, surrealistische ~; alte, moderne ~; deutsche, italienische ~

ma|le|risch ‹Adj.› **1** *die Malerei betreffend, zu ihr gehörig, auf ihr beruhend* **2** *so hübsch, reizvoll, dass man es malen möchte;* Syn *pittoresk* ▸ ein ~es Fleckchen Erde; das Haus, der Ort liegt sehr ~ in Berge und Wiesen eingebettet

Mal|heur ‹[malø:r] das; -s, -e od. -s› *kleines Unglück, geringfügiger Unfall, Missgeschick* ▸ mir ist ein ~ passiert

...ma|lig ‹in Zus.; zur Bildung von Adj.› *eine bestimmte od. unbestimmte Anzahl von Malen wiederholt,* z. B. mehrmalig, dreimalig

Ma|lo|che ‹selten a. [-lɔxə] die; -, -n; umg.› *(harte) Arbeit* ▸ jeden Tag die gleiche ~

ma|lo|chen ‹selten a. [-lɔxən] V. intr.; ma|locht, ma|loch|te, hat ma|locht; umg.› *schwer arbeiten, schuften*

Mal|te|ser ‹der; -s, -› *Einwohner der Insel Malta;* Abl *Malteserin*

mal|te|sisch ‹Adj.› *zur Insel Malta gehörig, von ihr stammend*

mal|t|rä|tie|ren ‹V. trans.; mal|t|rä|tiert, mal|t|rä|tier|te, hat mal|t|rä|tiert› jmdn. ~ *misshandeln*

Mal|ve ‹[-və] die; -, -n; Bot.› *eine Pflanze mit rosa od. lila Blüten, aus denen man Tee machen kann;* Zus *Malventee*

Malz ‹das; -es; unz.› *nur bis zu einem bestimmtem Grad ausgekeimtes Getreide (meist Gerste, auch Roggen u. Weizen), das erst gequollen bzw. eingeweicht u. nach einer Zeit des Keimens wieder getrocknet (gedarrt) wird*

Malz|bier ‹das; -(e)s, -e› *stark malzhaltiges, dunkles Bier mit geringem Alkoholgehalt*

Mal|zei|chen ‹das; -s, -; Zeichen: x, ·› *Zeichen zum Malnehmen*

Malz|kaf|fee ‹der; -s, -s› *Getränk aus einem Aufguss von geröstetem, gemahlenem Gerstenmalz*

Ma|ma ‹a. ['--] die; -, -s; umg.› *Mutter*

Ma|mi ‹die; -, -s; Kinderspr.› *Mutter (meist als Anrede)* ▸ ~, darf ich zur Omi?

Mam|mo|gra|phie ‹die; -, -n; Med.› *Röntgenuntersuchung der weiblichen Brust zur Früherkennung von Brustkrebs;* oV *Mammografie*

Mam|mon ‹der; -s; unz.; abwertend› *Reichtum, Geld* ▸ der schnöde ~

Mam|mut ‹das; -s, -s od. -e› *fossiler eiszeitlicher Elefant*

Mam|mut... ‹in Zus.; übertr.› *riesig, sehr groß, Riesen...,* z. B. Mammutfilm, Mammutunternehmen

mamp|fen ‹V. intr. u. V. trans.; mampft, mampf|te, hat ge|mampft; umg.› etwas ~ **1** *mit vollen Backen kauen* **2** ‹regional› *essen*

man/Mann

Das Indefinitpronomen ***man*** und das Substantiv ***Mann*** werden - bei unterschiedlicher Bedeutung - ähnlich geschrieben und gleich ausgesprochen, weshalb sie besonders in der mündlichen Kommunikation leicht verwechselt werden können.

Man steht stellvertretend für ein Subjekt und bezeichnet eine oder mehrere nicht spezifizierte Personen, also „(irgend)jemand, jedermann, die Leute (im Allgemeinen)". Dieses nicht deklinierbare Indefinitpronomen gibt es nur im Nominativ Singular, die Formen des Dativs und Akkusativs werden durch ***eine(r, -s)*** ersetzt: *Wenn man es einmal versucht hat, begeistert es einen immer wieder. Man sollte das besser nicht tun, es könnte einem schaden.* Für den Genitiv gibt es keine Ersatzform. Mitunter wird das Indefinitpronomen ***man*** aufgrund seiner eingeschränkten Wortstellung auch im Nominativ durch die Form ***einer*** ersetzt: *Das soll noch einer verstehen!* Möglich ist aber auch: *Wie soll man das verstehen?*

Dagegen ist das Substantiv ***der Mann*** ein (deklinierbares) Maskulinum, das eine „erwachsene Person männlichen Geschlechts" bezeichnet und im Plural ***Männer*** lautet: *Das gilt für Mann und Frau / Männer und Frauen gleichermaßen.*

man ‹Indefinitpron.› **1** *jedermann, jeder* **2** *die Leute, die Menschen, manche Leute* **3** *(irgend)jemand* ▸ das kann ~ wirklich nicht behaupten; wo kann ~ das bekommen?; so etwas darf ~ doch nicht machen!; ~ nehme: ... *(in alten Kochrezepten);* hier kann ~ uns gar nicht hören, ~ kann nie wissen (wozu es gut ist); ~ sagt (allgemein) ...; so etwas tut ~ nicht *tut eine wohlerzogene Person nicht*

Ma|nage|ment ‹[mænɪdʒmənt] das; -s, -s› **1** *Gesamtheit der Führungskräfte eines Unternehmens* **2** *die Führungsmethode eines Unternehmens od. Betriebes*

ma|na|gen ‹[mænɪdʒən] V. trans.; ma|nagt, ma|nag|te, hat ge|ma|nagt; umg.› **1** etwas ~ *zustande bringen, leitend organisieren* **2** jmdn. ~ **2.1** *fördern, in den Vordergrund, in die Öffentlichkeit bringen* **2.2** *geschäftlich betreuen*

M

Ma|na|ger ⟨[mænɪdʒə(r)] der; -s, -⟩ **1** *Leiter (eines Unternehmens)* **2** *Betreuer (eines Berufssportlers od. Künstlers)* **3** *jmd., der eine Sache vorbereitet u. durchführt;* Abl *Managerin*

manch ⟨Indefinitpron.⟩ **1** *der, die, das eine od. andere* **2** ⟨Pl.⟩ ~e *einige, etliche, leidlich viele* ▸ ich habe Ihnen ~es zu erzählen *einiges;* ~e sind doch so vernünftig ihre Fehler einzusehen ▸ in ~en Fällen war die Methode erfolgreich; ~e Leute glauben, sie könnten alles ▸ ~ einer denkt, er könnte die Vergangenheit wieder heraufbeschwören ▸ mit ~em ist er nicht einverstanden; ich habe so ~es Buch darüber gelesen *ziemlich viele Bücher;* so ~es Mal *oft*

man|cher|lei ⟨Adj.; undekl.⟩ *allerlei, einiges, einige Dinge* ▸ ~ Dinge; ich habe noch ~ zu tun

man|cher|orts ⟨Adv.⟩ *an manchen Orten, hier u. dort;* oV *manchenorts*

manch|mal ⟨Adv.⟩ *von Zeit zu Zeit, ab u. zu, hin u. wieder* ▸ gehst du ~ ins Schwimmbad?; ich gehe ~ zum Einkaufen in die Stadt; er kommt nur ~ zu mir; ich habe schon ~ gedacht, man müsste etwas ändern; ~ habe ich das Gefühl, hier stimmt etwas nicht

Man|dant ⟨der; -en, -en⟩ *jmd., der ein Mandat erteilt, Auftraggeber (des Rechtsanwalts), Klient;* Abl *Mandantin*

Man|da|ri|ne ⟨die; -, -n⟩ **1** ⟨Bot.⟩ *zu den Zitrusfrüchten gehörender Strauch od. kleiner Baum mit apfelsinenähnlichen Früchten* **2** *Frucht dieses Gewächses*

Man|dat ⟨das; -(e)s, -e⟩ **1** *Auftrag zur Ausführung einer Angelegenheit (z. B. für einen Rechtsanwalt)* **2** *Auftrag (der Wähler) für einen Abgeordneten* **3** *auf Wahl beruhendes Amt (eines Abgeordneten)* ▸ sein ~ zurückgeben

Man|dats|trä|ger ⟨der; -s, -; Pol.⟩ *Inhaber eines Mandats (2, 3);* Abl *Mandatsträgerin*

Man|del ⟨die; -, -n⟩ **1** ⟨Bot.⟩ *Frucht des Mandelbaums;* Zus *Mandelmilch, Mandelöl, Mandelsplitter* **2** ⟨Anat.⟩ *mandelförmiges, bindegewebiges Organ in den Nischen der Gaumenbögen u. am Dach des Rachens;* Zus *Mandelentzündung; Gaumenmandel, Rachenmandel* ▸ sich die ~n herausnehmen lassen; bittere, gebrannte, süße ~n essen; entzündete, gerötete, geschwollene, eitrige ~n; einen Belag auf den ~n haben

Man|del|baum ⟨der; -(e)s, -bäu|me; Bot.⟩ *Baum mit länglichen Blättern, weißen od. hellrosa Blüten u. bitteren u. süßen Mandeln als Früchten*

Man|do|li|ne ⟨die; -, -n; Mus.⟩ *viersaitiges Zupfinstrument mit kleinem, mandelförmigem Körper*

Ma|ne|ge ⟨[-ʒə] die; -, -n⟩ *Platz für Darbietungen im Zirkus* ▸ die Löwen laufen in die ~

Man|ga ⟨das; -s, -s⟩ *japanischer Comicstrip, der meistens handlungsreiche Geschichten um Sex u. Gewalt darstellt u. oft auch als Filmvorlage dient*

Man|gel[1] ⟨die; -, -n⟩ *Maschine zum Glätten der Wäsche;* Syn *Wäschemangel* ▸ jmdn. durch die ~ drehen; jmdn. in die ~ nehmen ⟨umg.⟩ *jmdn. heftig zurechtweisen, streng prüfen;* Zus *Mangelwäsche*

Man|gel[2] ⟨der; -s, Män|gel⟩ **1** *Knappheit (an), Fehlen (von etwas)* **2** *Fehler, Unzulänglichkeit* ▸ einem ~ abhelfen; Mängel aufweisen; Mängel beanstanden, beseitigen ▸ bauliche Mängel an einem Gebäude feststellen; charakterliche Mängel haben ▸ ~ an Arbeitsplätzen, Facharbeitern; ~ an Erfahrung, Selbstvertrauen, Verständnis; ~ an Vitaminen; der Angeklagte wurde aus ~ an Beweisen freigesprochen; über kleine Mängel hinwegsehen

Man|gel|er|schei|nung ⟨die; -, -en⟩ *krankhafte Erscheinung infolge Fehlens eines lebenswichtigen Stoffes* ▸ ~en aufgrund schlechter Ernährung

man|gel|haft ⟨Adj.; -er, am -es|ten⟩ **1** *mit Mängeln behaftet* **2** *unvollständig, unvollkommen* ▸ in der Schule die Note „~“ erhalten; ~e Leistung

man|geln ⟨V. intr.; man|gelt, man|gel|te, hat gemangelt⟩ jmdm. (an jmdm. od. etwas) ~ *fehlen* ▸ ihm mangelt der Mut; es mangelt ihm an Vernunft; ihnen mangelt es an manchem, nichts, vielem; daran hat es mir nie gemangelt

man|gels ⟨Präp. m. Gen.⟩ *aus Mangel an* ▸ ~ eines besseren Werkzeuges

Man|gel|wa|re ⟨die; -, -n⟩ *Ware, die nicht ausreichend vorhanden ist, z. B. in Kriegszeiten*

Man|go ⟨die; -, -s od. -go|nen⟩ *eine Obstsorte, längliche, kugelige Frucht des Mangobaums mit süßem, gelbem Fruchtfleisch*

Man|gold ⟨der; -(e)s, -e; Bot.⟩ *ein Gemüse aus langen grünen Blättern, die wie Spinat zubereitet werden können*

Man|gro|ve ⟨[-və] die; -, -n; Bot.⟩ *ein Baum, der in einem salzreichen, sauerstoffarmen Boden wächst;* Zus *Mangrovensümpfe*

Ma|nie ⟨die; -, -n⟩ **1** *leidenschaftliche Liebhaberei* **2** *Besessenheit, Trieb, Sucht* **3** ⟨Med.; Psych.⟩ *krankhafte Veränderung des Gemüts mit Erregung, gehobenem Selbstgefühl, Selbstüberschätzung, Ideenflucht, Rede- u. Bewegungsdrang, die oft als Phase der manisch-depressiven Erkrankung, bei Schizophrenie od. bei Drogenmissbrauch auftritt* ▸ das kann zur ~ werden; das ist bei ihm schon zur ~ geworden

Ma|nier ⟨die; -, -en⟩ **I** ⟨zählb.; meist Pl.⟩ *Benehmen, Umgangsformen* ▸ jmdm. ~en beibringen ⟨umg.⟩; er hat keine ~en; feine, schlechte, gute ~en; ein Mensch mit guten, schlechten ~en **II** ⟨unz.⟩ **1** *Art, Eigenart, Art u. Weise* **2** *Stil (eines Künstlers od. einer Kunstrichtung), Darstellungsrichtung* ▸ das ist seine ~; in der ~ Picassos, Cézannes gemalt

ma|nier|lich ⟨Adj.⟩ **1** *mit guten Manieren, wohlerzogen* **2** *hübsch anzusehen* ▸ das Kind kann schon ~ essen; das sieht ja ganz ~ aus

ma|ni|fest ⟨Adj.⟩ *deutlich, klar, handgreiflich*

Ma|ni|fest ⟨das; -(e)s, -e⟩ **1** *öffentliche Erklärung, Rechtfertigung* **2** *Darlegung eines Programms* **3** *dieses selbst* **4** *Kundgebung;* Zus *Friedensmanifest*

Ma|ni|fes|ta|ti|on ⟨die; -, -en⟩ **1** *Sichtbarmachung, Offenbarung, das Offenbarwerden* **2** *Kundgebung, (öffentliche) Erklärung*

M

ma|ni|fes|tie|ren ⟨V. refl.; ma|ni|fes|tiert sich, ma|ni|fes|tier|te sich, hat sich ma|ni|fes|tiert⟩ sich ~ *sich ausdrücken, erscheinen* ▸ seine Gedanken ~ sich in seinen Bildern

Ma|ni|kü|re ⟨die; -, -n; unz.⟩ *Handpflege, besonders der Fingernägel*

Ma|ni|pu|la|ti|on ⟨die; -, -en⟩ **1** *gezielte Beeinflussung, Steuerung der Meinungen od. des Verhaltens anderer* **2** ⟨geh.⟩ *betrügerische Machenschaft* **3** *Handhabung, Kunstgriff* **4** *das Herbeiführen einer Fehlfunktion durch einen technischen Eingriff* **5** *Zurichten, Färben u. Sortieren von Fellen* ▸ ~ der öffentlichen Meinung; ~ eines Messgeräts; durch geschickte ~en

ma|ni|pu|lie|ren ⟨V. trans.; ma|ni|pu|liert, ma|ni|pu|lier|te, hat ma|ni|pu|liert⟩ **1** jmdn. ~ *jmds. Verhalten steuern, jmdn. beeinflussen* **2** die öffentliche Meinung ~ *beeinflussen* **3** Gene ~ *verändern* **4** Wahlen ~ *(das Ergebnis) verfälschen* ▸ Zellen gentechnisch ~; er hatte seinen Fahrtenschreiber manipuliert *durch bestimmte Eingriffe in seiner Funktion beeinträchtigt;* Abl *manipulativ, manipulatorisch, manipulierbar*

Man|ko ⟨das; -s, -s⟩ **1** *Mangel, Fehler* **2** *Fehlbetrag* ▸ das ist sein großes ~

Mann ⟨der; -(e)s, Män|ner⟩ **I** ⟨als Zählmaß Pl.: -⟩ **1** *erwachsener Mensch männlichen Geschlechts;* Zus *Männerfreundschaft* **2** *Ehemann;* Abl *Exmann* **3** ⟨Sp., bes. bei Mannschaftsspielen⟩ *Spieler, Gegenspieler* ▸ ein ~ mittleren Alters; ~ und Frau; ein ~ der Tat *ein tatkräftiger Mann* ▸ einen ~ finden *einen Ehemann;* ich kenne meinen ~! ⟨übertr.; umg.⟩ *ich weiß, was ich ihm zutrauen kann;* sein: Sie sind mein ~! *Sie gefallen mir;* selbst ist der ~! *das kann man selbst tun, dazu braucht man keine Hilfe;* seinen ~ stehen *seine Aufgaben u. Pflichten gut erfüllen; tapfer sein, durchhalten* ▸ der dritte ~ (zum Kartenspielen); alle ~ an Deck! ⟨Mar.⟩; ein alter, älterer, junger, jüngerer ~; ein ganzer ~ *ein tüchtiger Kerl;* ein großer, korpulenter ~; junger ~, können Sie mir sagen, wo … ⟨umg.⟩ *(als Anrede);* mein ~ arbeitet bei der Bahn; er ist der rechte ~ am rechten Ort ⟨übertr.⟩ *er ist der Richtige für diesen Posten, diese Aufgabe;* den starken ~ spielen *sich als stark aufspielen;* er ist bald ein toter ~! ⟨übertr.⟩ *er ist (beruflich, politisch) erledigt* ▸ sich als ~ zeigen *seine Tapferkeit, seinen Mut zeigen;* ~ an ~ *dicht gedrängt;* wenn Not am ~ ist *im Notfall;* Waren an den ~ bringen *verkaufen,* sein Wissen an den ~ bringen *anwenden, zeigen;* ein ~ aus dem Volk; ~ für ~ *jeder einzeln, einer nach dem anderen;* ~ gegen ~ *einer gegen den andern (im Nahkampf);* sie lebt mit ihrem ~ in Scheidung; die Spieler sind nur Männer *ausschließlich M.;* der Unkostenbeitrag beträgt zwei Euro pro ~ *für jeden;* ~ über Bord! *(Notruf, wenn jmd. vom Schiff ins Wasser gefallen ist);* ein ~ von Charakter, Einfluss; er ist kein ~ von großen Worten *er macht keine großen Worte;* sie lebt von ihrem ~ getrennt; von ~ zu ~ *unter vier Augen, als zwei Ebenbürtige, als zwei Gleichberechtigte;* er trug es wie ein ~ *tapfer, ohne zu klagen* **II** ⟨Pl.: Leu|te⟩ *Soldat, Arbeiter, Angestellter* ▸ er hat seine Leute gut im Griff

Männ|chen ⟨das; -s, -⟩ *männliches Tier* ▸ ~ und Weibchen; der Hund macht ~ *setzt sich aufrecht auf die Hinterbeine*

Man|ne|quin ⟨[-kɛ̃], Betonung a. [-kɛ̃:] das; -s, -s⟩ = *Modell (5)*

Män|ner|sa|che ⟨die; -, -n; Pl. selten⟩ *Angelegenheit, die Männer angeht* ▸ das ist doch ~!; Fußball ist längst keine ~ mehr

Män|ner|welt ⟨die; -; unz.⟩ *Gesamtheit der Männer (z. B. auf einem Gebietes, in der Geschäftswelt)* ▸ sie hat sich gegen die ~ durchgesetzt

Man|nes|al|ter ⟨das; -s; unz.⟩ *Lebenszeit des erwachsenen Mannes* ▸ im besten ~ sein

Man|nes|kraft ⟨die; -; unz.⟩ *Körperkraft des Mannes, Zeugungskraft*

man|nig|fach ⟨Adj.⟩ *vielfach*

man|nig|fal|tig ⟨Adj.⟩ *vielfältig, vielgestaltig, vielartig, reich an Formen, facettenreich, abwechslungsreich;* Abl *Mannigfaltigkeit*

männ|lich ⟨Adj.⟩ **1** *zum zeugenden, befruchtenden Geschlecht gehörig* (Menschen, Tiere, Pflanzen) **2** *zum Mann, zu Männern gehörig, passend;* Abl *Männlichkeit* **3** ⟨Gramm.⟩ *durch den Artikel „der" zum männl. Geschlecht gehörend, maskulin* ▸ ~e Blüten, Pflanzen; das ~e Glied *Penis des Mannes;* die ~e Linie einer Familie, eines Adelsgeschlechtes; er hat eine tiefe, ~e Stimme; ~es Substantiv; ~e Vornamen; sich betont ~ verhalten

Manns|bild ⟨das; -(e)s, -er; übertr.; umg., meist abwertend⟩ *Mann* ▸ ein großes, starkes ~

Mann|schaft ⟨die; -, -en⟩ **1** ⟨Sp.⟩ *zusammengehörige Gruppe von Wettkämpfern;* Zus *Mannschaftskapitän, Mannschaftsspiel, Mannschaftssport; Fußballmannschaft* **2** *Besatzung (eines Schiffes, Flugzeugs);* Zus *Schiffsmannschaft* **3** *Gruppe von Personen, die gemeinsam eine Aufgabe bewältigt;* Zus *Regierungsmannschaft* **4** ⟨Pl.; Mil.⟩ *Gesamtheit der Soldaten unterer Dienstgrade;* Abl *mannschaftlich* ▸ die ~ hat das Spiel gewonnen; unsere ~ war bei dem Wettkampf siegreich

Mann|schafts|geist ⟨der; -(e)s; unz.⟩ *gleichgerichtetes Bestreben, guter Zusammenhalt einer Mannschaft od. Gruppe;* Syn *Teamgeist*

manns|hoch ⟨Adj.⟩ *so hoch wie ein Mann* ▸ eine mannshohe Mauer

Ma|no|me|ter ⟨das; -s, -⟩ = *Druckmesser*

Ma|nö|ver ⟨[-vər] das; -s, -⟩ **1** ⟨Mil.⟩ *Kriegs-, Truppenübung* **2** *Schwenkung, Wendung (des Schiffes)* **3** ⟨übertr.⟩ *Kunstgriff, geschicktes Vorgehen* ▸ ein ~ abhalten, veranstalten; durch ein waghalsiges, gefährliches ~ erreichte er sein Ziel; die Truppen ziehen ins ~

Ma|nö|ver|kri|tik ⟨[-vər-] die; -; unz.; übertr.⟩ *kritische Erörterung, Besprechung der (weiteren) Vorgehensweise*

ma|nö|v|rie|ren ⟨[-vri:-] V. intr.; ma|nö|v|riert, ma|nö|v|rier|te, hat ma|nö|v|riert⟩ **1** *Truppenübungen* *durchführen* **2** *Wendungen mit dem Schiff ausführen;* Abl *manövrierfähig, manövrierunfähig* **3** ⟨übertr.⟩ **3.1** *Kunstgriffe, Scheinmaßnahmen anwenden* **3.2** *etwas geschickt u. sicher lenken, geschickt zu Werke gehen*

Man|sar|de ⟨die; -, -n⟩ *Zimmer od. Wohnung im Dachstuhl;* Zus *Mansardenwohnung, Mansardenzimmer*

Man|schet|te ⟨die; -, -n⟩ **1** *(steifer) Ärmelaufschlag, -abschluss;* Zus *Manschettenknopf; Hemdmanschette* **2** *zierende Umhüllung aus Papier für Blumentöpfe od. -sträuße*

Man|tel ⟨der; -s, Män|tel⟩ **1** *längeres Kleidungsstück mit Ärmeln zum Schutz gegen Regen, Kälte od. Schmutz;* ⓘ S. 682; Zus *Arbeitsmantel, Regenmantel, Wintermantel* **2** *schützende od. verbergende Umhüllung, Bedeckung* **3** *Gummireifen zum Schutz des Radschlauchs;* Zus *Fahrradmantel* **4** ⟨Tech.⟩ *Hülle von Hohlkörpern (z. B. Kabeln, Röhren)* ▸ den ~ des **Schweigens,** der Vergessenheit über etwas breiten ⟨übertr.⟩ *bewusst in Vergessenheit geraten lassen* ▸ den ~ an der Garderobe **abgeben;** den ~ **ablegen,** ausziehen, aufhängen, über den Bügel hängen; den ~ **anziehen,** überziehen, umhängen; jmdm. den ~ **halten** (zum An- od. Ausziehen) ▸ ein **abgetragener,** eleganter, modischer, sportlicher, warmer ~; ein **dicker,** dünner, leichter, schwerer ~; mit **offenem,** wehendem ~ ▸ jmdm. **in** den ~ helfen; **ohne** ~ ist es zu kalt

Man|tel|ta|rif ⟨der; -(e)s, -e⟩ *grundsätzlicher Tarifvertrag, der die allgemeinen, über einen längeren Zeitraum hin gültigen Arbeitsbedingungen regelt (z. B. Arbeitszeit);* Syn *Rahmentarif*

Man|t|ra ⟨das; -s, -s⟩ *geheimnisvolles Wort, das als Meditationshilfe gedacht od. gesungen wird*

ma|nu|ell ⟨Adj.⟩ *mit der Hand betrieben, hergestellt, Hand…*

Ma|nu|fak|tur ⟨die; -, -en⟩ *Betrieb mit Handanfertigung der Ware, Vorläuferin der Fabrik;* Zus *Porzellanmanufaktur*

Ma|nu|skript ⟨das; -(e)s, -e; Abk.: Ms., Pl.: Mss. od. (für Sg. u. Pl.) Mskr.⟩ **1** *hand- od. maschinengeschriebene Druckvorlage* **2** *schriftliche Vorlage für eine Rede, einen Vortrag* ▸ ein ~ bei jmdm. einreichen

Map|pe ⟨die; -, -n⟩ **1** *große, flache Tasche;* Zus *Aktenmappe, Schulmappe* **2** *Aktendeckel, zwei zusammenhängende Pappen zum Aufbewahren loser Blätter, z. B. von Landkarten, Zeichnungen;* Zus *Zeichenmappe*

Mär ⟨die; -, -en; veraltet, heute noch scherzh.⟩ oV *Märe* **1** *Gerücht* **2** *Sage*

Ma|ra|cu|ja ⟨die; -, -s⟩ *Frucht der Passionsblume*

Ma|ra|thon ⟨der; -s, -s; Sp.⟩ *Langstreckenlauf (42,2 km), der auch bei den Olympischen Spielen ausgetragen wird;* Syn *Marathonlauf;* Zus *Marathonläufer(in)*

Ma|ra|thon… ⟨in Zus.; übertr.⟩ *sehr lang dauernd,* z. B. Marathonrede, Marathonsitzung, Marathonveranstaltung

Mär|chen ⟨das; -s, -⟩ **1** *fantasievolle Erzählung, in der die Naturgesetze aufgehoben sind u. das Wunder vorherrscht* **2** ⟨übertr.; umg.⟩ *unwahre, erfundene Geschichte* ▸ den Kindern ~ erzählen, vorlesen; erzähl mir doch keine ~! ⟨übertr.; umg.⟩; kennst du das ~ von Hänsel und Gretel?; ich lass mir doch von dir keine ~ erzählen! ⟨übertr.; umg.⟩ *mich kannst du nicht belügen;* ein ~ aus 1001 Nacht; Drachen, Feen, Hexen gibt es nur im ~

mär|chen|haft ⟨Adj.; -er, am -es|ten⟩ **1** *unglaublich wie ein Märchen, wunderbar wie im Märchen* **2** *zauberisch-unwirklich* ▸ eine ~e Erzählung, Geschichte; ein ~es Fest, Feuerwerk; sie hat eine ~e Karriere gemacht ⟨umg.⟩; diese Reise war ~ ⟨umg.⟩

Mär|chen|prinz ⟨der; -en, -en⟩ **1** *der Prinz im Märchen* **2** ⟨umg.; a. iron.⟩ *ersehnter Traummann* ▸ sie hat ihren ~en gefunden

Mar|der ⟨der; -s, -; Zool.⟩ *ein kleines Raubtier mit langgestrecktem Körper, kurzen Beinen u. dichtem, feinem, als Pelzwerk begehrtem Fell*

Mar|ga|ri|ne ⟨die; -, -n⟩ *aus pflanzlichen Fetten hergestelltes Speisefett* ▸ Schnitzel in ~ braten; für den Kuchen benötigt man 200 g ~; ~ lässt sich besser streichen als Butter; Zus *Pflanzenmargarine*

Mar|ge|ri|te ⟨die; -, -n; Bot.⟩ *eine Blume, die auch auf Wiesen wächst, Gänseblümchen*

mar|gi|nal ⟨Adj.⟩ **1** *am Rand stehend* **2** *nebensächlich* ▸ ein Thema ~ behandeln

Mar|gi|na|lie ⟨[-ljə] die; -, -n⟩ oV *Marginale* **1** *Randbemerkung (in Druckwerken)* **2** ⟨übertr.⟩ *Bemerkung*

mar|gi|na|li|sie|ren ⟨V. trans.; mar|gi|na|li|siert, mar|gi|na|li|sier|te, hat mar|gi|na|li|siert⟩ bestimmte Bevölkerungsgruppen ~ *an den Rand, ins Abseits drängen;* Abl *Marginalisierung*

Ma|ri|en|bild ⟨das; -(e)s, -er⟩ *Bildnis, Standbild der Muttergottes*

Ma|ri|en|kä|fer ⟨der; -s, -; Zool.⟩ *ein Käfer mit schwarzen, gelben od. rotbraunen Flügeln, die mit mehreren andersfarbigen Punkten besetzt sind*

Ma|ri|hu|a|na ⟨das; -s; unz.⟩ *Rauschmittel aus den getrockneten Blättern u. Blüten des Indischen Hanfs, das Tabak beigemischt u. rauchend inhaliert;* Syn ⟨umg.⟩ *Pot*

Ma|ril|le ⟨die; -, -n; regional; bes. österr.⟩ *Aprikose;* oV *Marelle;* Zus *Marillenknödel*

Ma|ri|na|de ⟨die; -, -n⟩ *mit Salz u. Essig gewürzte Soße zum Einlegen von Fisch u. Fleisch*

Ma|ri|ne ⟨die; -; unz.; Mil.⟩ **1** *Gesamtheit der Seeschiffe eines Staates u. der hierfür nötigen Einrichtungen* **2** *Seestreitkräfte;* Syn *Marinestreitkräfte;* Zus *Marineoffizier(in), Marinestützpunkt*

ma|ri|nie|ren ⟨V. trans.; ma|ri|niert, ma|ri|nier|te, hat ma|ri|niert⟩ Fisch, Fleisch ~ *in Marinade einlegen* ▸ marinierter Hering

Ma|ri|o|net|te ⟨die; -, -n⟩ **1** *an Fäden bewegte kleine Gliederpuppe;* Zus *Marionettentheater* **2** ⟨übertr.⟩ *willenloser, anderen als Werkzeug dienender Mensch* ▸ er ist nur eine ~ des Präsidenten

ma|ri|tim ⟨Adj.⟩ *das Meer, die Schifffahrt, das Seewesen betreffend, mit ihnen verbunden* ▸ ~es Klima *Seeklima*

Mark[1] ⟨die; -, - od. (nordostdt. a.) Mär|ker; Abk.: M; 1871-1924⟩ *Währungseinheit im Deutschen Reich, 100 Pfennig* ▸ Deutsche ~ ⟨Abk.: DM⟩ *frühere Währungseinheit der BRD, 100 Pfennig;* 125 DM, ⟨od.⟩ 125,00 DM, ⟨od.⟩ 125,- DM; ~ der DDR ⟨Abk.: M⟩ *Währungseinheit der DDR;* der Eintritt kostet fünf ~; ich habe eben meine letzte ~ ausgegeben; sie muss mit jeder ~ rechnen *sie muss sparsam sein*

Mark[2] ⟨die; -, -en⟩ **1** *Grenzgebiet, Grenzland (unter einem Markgrafen)* **2** ⟨kurz für⟩ *Mark Brandenburg* ▸ die ~en des alten Deutschen Reiches

Mark[3] ⟨das; -s; unz.⟩ **1** *die im Inneren eines Organs gelegenen Gewebe;* Zus *Knochenmark* **2** *im Zentrum der pflanzlichen Sprosse gelegenes, von den Leitungsbahnen umgebenes Gewebe* ▸ das ~ aus den Knochen lösen ⟨Kochk.⟩ ▸ der Verlust hat ihn bis ins ~ getroffen ⟨übertr.⟩ *zutiefst;* der Schrei ging mir durch ~ und Bein ⟨übertr.⟩ *durch u. durch*

mar|kant ⟨Adj.; -er, am -es|ten⟩ **1** *auffallend, hervorstechend* **2** *scharf ausgeprägt* ▸ eine ~e Erscheinung, Persönlichkeit; ~e Gesichtszüge; er hat, schreibt einen ~en Stil

Mar|ke ⟨die; -, -n⟩ **1** *Zeichen zur Erkennung od. als Ausweis;* Zus *Hundemarke* **2** *ein auf einer Skala festgelegter Punkt, der das Erreichen eines bestimmten Wertes od. einer bestimmten Zahl anzeigt;* Zus *Hochwassermarke, Höchstmarke* **3** *die unter einem bestimmten Waren-, Erkennungszeichen angebotene Warensorte* **4** *Anrechtsschein, Wertschein od. -münze;* Zus *Essensmarke, Garderobenmarke, Lebensmittelmarke, Spielmarke* **5** ⟨kurz für⟩ *Briefmarke;* Zus *55-Cent-Marke, Sondermarke* ▸ ~ Eigenbau ⟨umg.; scherzh.⟩ *selbst hergestellt* ▸ welche ~ bevorzugen Sie?; diese ~ führen wir nicht; ich möchte gern zehn ~n zu 55 Cent kaufen; eine bestimmte ~ rauchen ▸ diese Schokolade, dieses Waschmittel ist eine gute, teure, bekannte ~; haben Sie die neue ~ schon probiert? ▸ eine ~ auf den Brief kleben; die ~n für die Garderobe

Mar|ken|ar|ti|kel ⟨der; -s, -⟩ *mit einem Herkunftszeichen versehene, hochwertige Ware;* Syn *Markenfabrikat, Markenware*

Mar|ken|na|me ⟨der; -ns, -n⟩ *der im Handel gebräuchliche Name eines Markenartikels*

Mar|ken|schutz ⟨der; -es; unz.⟩ *rechtl. Schutz für bestimmte Markenartikel*

Mar|ken|zei|chen ⟨das; -s, -⟩ **1** ⟨Zeichen: ®⟩ *bestimmtes, gesetzlich geschütztes Zeichen, das alle Artikel einer Marke gleichermaßen kennzeichnet* **2** ⟨übertr.⟩ *unverkennbares, typisches Charakteristikum* ▸ die Pfeife war sein ~

mark|er|schüt|ternd ⟨Adj.⟩ *durchdringend* ▸ ein ~er Schrei

Mar|ke|ting ⟨das; -s; unz.; Wirtsch.⟩ *Gesamtheit aller Maßnahmen zur Ausrichtung wirtschaftlicher Unternehmungen auf die Erfordernisse des Absatzmarktes (Marktforschung, Absatz- u. Preispolitik u. a.);* Zus *Marketingchef(in), Marketingstrategie*

mar|kie|ren ⟨V. trans.; mar|kiert, mar|kier|te, hat mar|kiert⟩ **1** etwas ~ *mit einem Zeichen, einer Marke versehen, bezeichnen, kennzeichnen;* Abl *Markierung* **2** etwas ~ *betonen, hervorheben* **3** ⟨umg.⟩ jmdn. ~ *vorgeben, vortäuschen, so tun, als ob man jmd. (mit bestimmten Eigenschaften) wäre* ▸ den Ahnungslosen, den Dummen, den starken Mann ~ ⟨umg.⟩; die Fahrrinne ist mit Bojen markiert; der Wanderweg ist markiert

mar|kig ⟨Adj.⟩ *urwüchsig-stark, kernig, kräftig* ▸ ~e Worte sprechen

Mar|ki|se ⟨die; -, -n⟩ *aufrollbares Dach od. Vorhang aus kräftigem Stoff vor Fenstern u. Balkonen zum Schutz gegen Sonne, Jalousie* ▸ die ~ herunterlassen

Mark|stein ⟨der; -(e)s, -e; übertr.⟩ *bes. hervorstechendes Ereignis, entscheidender Punkt, Wendepunkt* ▸ ein ~ der Geschichte unseres Unternehmens

Mark|stück ⟨das; -(e)s, -e⟩ *Geldstück im Wert von einer Mark*[1]

Markt

In vielen Städten der deutschsprachigen Länder wird an einem oder mehreren Tagen in der Woche ein ***Markt,*** auch **Wochenmarkt** genannt, abgehalten. Der ***Markt*** findet immer an bestimmten **Markttagen** statt, meistens am Samstag, häufig zusätzlich noch an einem oder mehreren anderen Werktagen.
Auf dem Markt werden insbesondere regional erzeugte Produkte wie Obst, Gemüse, Fleischwaren, Käse, Brot und Kuchen, aber häufig auch nicht essbare Waren wie Kleidung, Lederwaren oder Schmuck angeboten. Früher wurden auf dem ***Markt*** auch landwirtschaftliche Nutztiere wie Kühe, Schweine, Hühner oder Gänse verkauft. Dies ist nur noch in wenigen Regionen üblich, heute werden solche Viehmärkte meist im Rahmen eines Volksfestes oder Jahrmarktes veranstaltet.
Das Wort ***Markt*** bezeichnete ursprünglich den Ort, an dem mit Waren gehandelt wurde. Dieser Handelsplatz wird auch **Markplatz** genannt. Der Markplatz ist ein zentraler Platz in einer Stadt, an dem man früher in der Regel auch das **Rathaus** errichtete. Das Recht, einen ***Markt*** abzuhalten, das sogenannte **Marktrecht,** war im Mittelalter als Voraussetzung für das Erlangen des **Stadtrechts** entscheidend für die städtische Entwicklung. In größeren Städten wurden häufig auch **Markthallen** gebaut, um den ***Markt*** nicht unter freiem Himmel abhalten zu müssen.

Markt ⟨der; -(e)s, Märk|te⟩ **1** *Warenverkehr, Angebot u. Nachfrage, Absatzgebiet;* Zus *Marktanalyse, Marktentwicklung, Marktforschung, Marktposition, Marktpreis, Marktsegment, Marktstel-*

lung, Marktwert; marktbeherrschend, marktführend, marktorientiert; Weltmarkt **2** *öffentlicher Verkauf von Waren zu bestimmten Zeiten u. an bestimmten Orten;* Zus *Getreidemarkt, Jahrmarkt, Viehmarkt, Wochenmarkt* **3** *Platz, auf dem der Ein- u. Verkauf stattfindet;* Syn *Marktplatz;* Zus *Markthalle* ▸ jeden Mittwoch wird hier ~ abgehalten, findet ~ statt, ist ~; der ~ ist für diesen Artikel erschöpft *der A. findet keinen Absatz mehr* ▸ der gemeinsame ~ der europäischen Länder; den inneren ~ beleben, stärken; neue Märkte erobern ▸ wir wohnen am ~; einen neuen Artikel auf den ~ bringen; ich gehe heute auf den ~; das Obst haben wir auf dem ~ gekauft; über den ~ gehen; etwas vom ~ mitbringen; die Bauern bringen Obst und Gemüse zum ~ in die Stadt

Mạrkt|an|teil ⟨der; -(e)s, -e; Wirtsch.⟩ *Anteil eines Unternehmens an der Gesamtmenge eines auf den Markt gebrachten Erzeugnisses* ▸ der ~ der Konzerngruppe ist sehr groß

Mạrkt|frau ⟨die; -, -en⟩ *Händlerin auf dem Markt*

Mạrkt|lü|cke ⟨die; -, -n; Wirtsch.⟩ *mangelndes Angebot einer Ware, die vermutlich guten Absatz finden würde* ▸ eine ~ entdecken

Mạrkt|schrei|er ⟨der; -s, -⟩ *Händler, der seine Ware laut u. aufdringlich anpreist*

mạrkt|schrei|e|risch ⟨Adj.⟩ *wie ein Marktschreier, laut u. aufdringlich werbend* ▸ ~e Werbung

Mạrkt|wirt|schaft ⟨die; -; unz.⟩ *Wirtschaftsform, die von Angebot u. Nachfrage auf dem Markt bestimmt wird;* Ggs *Planwirtschaft;* Abl *marktwirtschaftlich*

Mar|me|la|de ⟨die; -, -n⟩ *als Brotaufstrich verwendeter, eingedickter Fruchtbrei mit Zucker* ▸ zum Frühstück essen wir gern Brötchen mit ~; die ~ auf das Brot streichen; Zus *Erdbeermarmelade*

Mạr|mor ⟨der; -s, -e⟩ *Kalkstein, der hauptsächlich Kalkspat, ein farbloses od. weißes Mineral, enthält;* Zus *Marmorplatte, Marmorsäule, Marmortreppe*

Mạr|mor|ku|chen ⟨der; -s, -⟩ *Kuchen aus einem hellen u. einem mit Schokolade dunkel gefärbten Kuchenteig, die vermengt gebacken werden, wodurch die Kuchenstücke marmoriert aussehen*

ma|ro|de ⟨Adj.⟩ *heruntergekommen, verwahrlost, am Rande des Bankrotts* ▸ eine ~ Gesellschaft; die Bausubstanz des Gebäudes ist ~

Ma|ro|ne ⟨die; -, -n od. -ro|ni⟩ *essbare Frucht der Kastanie;* oV *Maroni, Marrone*

Ma|rọt|te ⟨die; -, -n⟩ *wunderliche Eigenart, Schrulle* ▸ das ist so eine ~ von mir

Mars ⟨der; -; unz.; Astron.⟩ *vierter Planet des Sonnensystems;* Zus *Marsbewohner*

Mạrsch[1] ⟨der; -(e)s, Mär|sche⟩ **1** ⟨allg.⟩ *lang andauerndes Gehen über größere Strecken;* Zus *Fußmarsch* **2** ⟨Mil.⟩ *Fortbewegung einer Truppe;* Zus *Marschgepäck, Marschkolonne, Marschrichtung, Marschtempo, Marschverpflegung* **3** *Musikstück in geradem Takt zur Begleitung marschierender Menschengruppen;* Zus *Marschmusik* ▸ jmdm. den ~ blasen ⟨übertr.; umg.⟩ *jmdm. energisch die Meinung sagen;* einen (großen) ~ machen; die Kapelle spielte einen ~ ▸ ein anstrengender, beschwerlicher, langer ~ ▸ wir haben einen langen ~ hinter uns; sich in ~ setzen; ein ~ von 25 Kilometern, von 3 Stunden

Mạrsch[2] ⟨die; -, -en⟩ *bei Flut oft unter dem Meeresspiegel liegendes, durch Deiche geschütztes, fruchtbares Küsten- od. Uferland;* Syn *Marschland;* Ggs *Geest*

mạrsch! ⟨Imperativ⟩ *vorwärts!, weg!* ▸ im Laufschritt ~! *(militär. Kommandos)*

mar|schie|ren ⟨V. intr.; mar|schiert, mar|schier|te, ist mar|schiert⟩ **1** *über längere Strecken zügig gehen* **2** *sich gleichmäßig in geschlossenen Reihen fortbewegen* ▸ gemeinsam durch die Stadt ~; im Gleichschritt ~

Mạr|ter ⟨die; -, -n⟩ **1** *Folter, (absichtliche) Peinigung;* Zus *Martertod, Marterwerkzeug* **2** *seelische od. körperliche Qual;* Abl *martervoll* ▸ ~n erdulden, erleiden, ertragen; jmdm. körperliche, seelische ~ zufügen; unter ~n sterben; Abl *martern*

mar|ti|a|lisch ⟨[-tsja:-] Adj.⟩ *kriegerisch, wild, furchterregend* ▸ ein ~es Aussehen haben

Mạr|tins|horn ⟨das; -(e)s, -hör|ner⟩ *akustisches Warnsignal von Krankenwagen, Kraftfahrzeugen der Polizei, Feuerwehr u. des Militärs*

Mär|ty|rer ⟨der; -s, -⟩ *jmd., der sich für seinen Glauben, für eine Idee opfert* ▸ die ~ der Christenheit; jmdn. zum ~ machen; Abl *Märtyrerin, Märtyrertum;* Zus *Märtyrertod*

Mar|ty|ri|um ⟨das; -s, -ri|en⟩ **1** *Leiden (Opfertod) für einen Glauben, eine Idee* **2** *Qual, Leiden, Pein* ▸ das ~ Christi; sie hatte ein wahres ~ zu erdulden ⟨übertr.⟩

Mar|xịs|mus ⟨der; -; unz.⟩ *die von Karl Marx (1818-1883) begründete Lehre des Sozialismus;* Abl *marxistisch*

Mar|xịst ⟨der; -en, -en⟩ *Anhänger des Marxismus;* Abl *Marxistin*

Mạ̈rz ⟨der; - od. -es, -e⟩ *dritter Monat des Jahres, Frühlingsmonat*

Mar|zi|pan ⟨a. ['---] das od. selten der; -s, -e⟩ *Konfekt aus feingeriebenen Mandeln u. Zucker;* Zus *Marzipanbrot, Marzipankugel*

Mas|ca|ra ⟨die; -, -s od. das; -s, -s⟩ = *Wimperntusche*

Mas|car|po|ne ⟨der; -s; unz.; ital. Kochk.⟩ *sehr fetthaltige käseartige Sahnezubereitung*

Mạ|sche[1] ⟨die; -, -n⟩ *Garnschlinge, Fadenschleife (bei Strick-, Häkel-, Netzarbeit sowie im Drahtgeflecht)* ▸ ~n abheben, abketten, aufnehmen, aufschlagen, fallen lassen; bei dir läuft eine ~ (am Damenstrumpf); rechte, linke ~; durch die ~n des Gesetzes schlüpfen ⟨übertr.; umg.⟩ *durch die Lücken des Gesetzes*

Mạ|sche[2] ⟨die; -, -n; umg.⟩ *Kunstgriff, erfolgversprechendes Vorgehen* ▸ er hat die ~ raus *er weiß, wie man zu etwas kommt;* das ist eine neue ~ von ihm *ein neuer Trick*

Mạ|schen|draht ⟨der; -(e)s; unz.⟩ *geflochtener Draht, Drahtgeflecht;* Zus *Maschendrahtzaun*

M

Ma|scherl ⟨das; -s, -n; österr.⟩ *zur Schleife gebundene Krawatte, Fliege*

Ma|schi|ne ⟨die; -, -n⟩ **1** *mechanische, aus beweglichen u. unbeweglichen Teilen zusammengesetzte Vorrichtung, die Arbeitsgänge selbstständig verrichtet bzw. erleichtert;* Zus *Maschinenraum, Maschinenschaden, Maschinenschlosser(in), Maschinenzeitalter; Arbeitsmaschine, Kraftmaschine* **2** ⟨kurz für⟩ **2.1** *Nähmaschine* **2.2** *Schreibmaschine* **2.3** *Waschmaschine* **2.4** *Spülmaschine* **2.5** *Kaffeemaschine* **3** ⟨allg. Bez. für⟩ *Flugzeug, Lokomotive, Motorrad, Rennwagen u. Ä.* ▸ die ~ hat voraussichtlich 20 Minuten Verspätung; das Zeitalter der ~n ▸ eine ~ bedienen, reparieren; die ~ landet, startet 12^{15} Uhr; ich habe ~ geschrieben / ⟨österr.⟩ maschingeschrieben *auf der Schreibmaschine geschrieben;* sein: die ~ ist in Betrieb ▸ landwirtschaftliche ~n; eine leichte, schwere ~ fahren *Motorrad* ▸ ich fliege mit der nächsten ~ nach Hamburg; mit der ~ schreiben

ma|schi|nell ⟨Adj.⟩ *mit Hilfe einer Maschine, auf Maschinen beruhend* ▸ das wird ~ hergestellt

Ma|schi|nen|bau ⟨der; -(e)s; unz.⟩ *Herstellung von Maschinen u. maschinellen Einrichtungen;* Zus *Maschinenbauingenieur(in)*

ma|schi|nen|ge|schrie|ben ⟨Adj.⟩ *mit der Schreibmaschine geschrieben*

Ma|schi|nen|ge|wehr ⟨das; -(e)s, -e; Abk.: MG, Mg.⟩ *automatische Schnellfeuerwaffe*

M

ma|schi|nen|les|bar ⟨Adj.⟩ *in einer Schrift geschrieben, die von einem Computer gelesen werden kann* ▸ ~er Ausweis

Ma|schi|nen|park ⟨der; -s, -s⟩ *Gesamtheit der Maschinen (eines Betriebes)*

Ma|schi|nen|pis|to|le ⟨die; -, -n; Abk.: MP, Mp.⟩ *Schnellfeuerwaffe für den Nahkampf*

Ma|schi|ne|rie ⟨die; -, -n⟩ **1** *Gruppe von verschiedenen zusammenarbeitenden Maschinen* **2** ⟨Theat.⟩ *alle maschinellen Bühneneinrichtungen* **3** ⟨übertr.⟩ *Getriebe, Räderwerk* ▸ in die ~ der Justiz geraten ⟨übertr.⟩

Ma|schi|nist ⟨der; -en, -en⟩ **1** *Facharbeiter, der Kraftmaschinen bedient u. überwacht (z. B. Lokomotivführer)* **2** ⟨Mar.⟩ *Vorgesetzter des Maschinenpersonals;* Abl *Maschinistin*

Ma|sern ⟨Pl.; Med.⟩ *akute, sehr ansteckende Infektionskrankheit mit hohem Fieber, Schleimhautentzündung u. Hautausschlag, Kinderkrankheit*

Ma|se|rung ⟨die; -, -en⟩ *Zeichnung, Musterung im Holz*

Mas|ke ⟨die; -, -n⟩ **1** *künstliche, hohle Gesichtsform, (bei den traditionellen Völkern) als Zauber- u. Beschwörungsmittel, (bei den antiken Schauspielern) zur Kennzeichnung ihrer Rolle* **2** *das durch Schminke u. Perücke veränderte Gesicht des Schauspielers* **3** *kosmetisches Präparat, das auf die Haut aufgetragen wird, Gesichtsmaske* **4** *Gipsabguss vom Gesichtsabdruck, z. B. eines Toten;* Zus *Totenmaske* **5** *Haube als Kopf- u. Gesichtsschutz;* Zus *Drahtmaske, Gasmaske, Gummimaske* ▸ eine ~ zur Reinigung der Haut auflegen; jmdm. die ~ herunterreißen ⟨übertr.⟩ *ihn entlarven, sein wahres Gesicht od. Vorhaben aufdecken;* der Schauspieler muss noch ~ machen; die schönste ~ des Balls wird prämiert; auf dem Maskenball eine ~ tragen, umbinden, vorbinden

Mas|ken|ball ⟨der; -(e)s, -bäl|le⟩ *Tanzfest, bei dem die Besucher verkleidet u. mit Masken erscheinen;* Syn *Maskenfest*

Mas|ken|bild|ner ⟨der; -s, -; Theat.⟩ *Angestellter bei Theater u. Film, der die Masken der Schauspieler entwirft;* Abl *Maskenbildnerin*

Mas|ke|ra|de ⟨die; -, -n⟩ **1** *Verkleidung* **2** *Maskenfest, Maskenzug* **3** ⟨übertr.⟩ *Täuschung, Heuchelei*

mas|kie|ren ⟨V.; mas|kiert, mas|kier|te, hat maskiert⟩ **I** ⟨V. trans.⟩ **1** jmdn. od. sich ~ *mit einem Maskenkostüm verkleiden, sich eine Maske aufsetzen* **2** ⟨übertr.⟩ etwas ~ *verbergen, verdecken, bemänteln* ▸ ich werde mich als Cowboy, als Teufel ~ **II** ⟨V. refl.⟩ sich ~ *tarnen;* Abl *Maskierung*

Mas|kott|chen ⟨das; -s, -⟩ *Anhänger, Püppchen o. Ä. als angeblich glückbringender Talisman*

mas|ku|lin ⟨a. ['---] Adj.⟩ **1** ⟨Gramm.⟩ *männlich, männl. Geschlechts* **2** ⟨allg.⟩ *sehr männlich aussehend, sich männlich gebend;* Abl *Maskulinität*

Mas|ku|li|num ⟨a. ['----] das; -s, -li|na; Gramm.; Abk.: m. od. M.⟩ *Substantiv männl. Geschlechts*

Ma|so|chis|mus ⟨[-xɪs-] der; -; unz.⟩ Ggs *Sadismus* **1** *Bestreben, die eigene geschlechtl. Erregung durch Erleiden von Misshandlungen u. Demütigungen zu steigern* **2** ⟨übertr.⟩ *selbstquälerisches Verhalten;* Abl *Masochist(in); masochistisch*

maß → *messen*

Maße und Gewichte

Die im deutschsprachigen Raum üblichen *Maße und Gewichte* sind:
der Liter; drei Liter: 3 l; ein Deziliter: 0,1 l
das Kilo(gramm); ein Kilo(gramm): 1 kg
das Gramm; ein Gramm: 1 g; in Österreich auch: das Dekagramm (10 Gramm); ein Dekagramm: 1 dag
das Pfund: 500 g oder ½ kg (in Österreich nicht verwendet)
der Zentimeter; ein Zentimeter: 1 cm
der Meter; ein Meter: 1 m; ein Meter zwanzig: 1,20 m
der Kilometer; ein Kilometer: 1 km, fünfzig Kilometer: 50 km
der Quadratmeter; ein Quadratmeter: 1 m²
der Grad; zehn Grad über Null/plus zehn Grad: + 10 °; zehn Grad unter Null/minus zehn Grad: - 10 °
das Prozent; ein Prozent: 1 %; fünfzig Prozent: 50 %

Maß I ⟨das; -es, -e⟩ **1** *durch Gegenstände verkörperte Größe zum Feststellen von Mengen, Größen, Werten,* z. B. Maßstab, Maßband **2** *die durch Messung gefundene Größe* **3** *Einheit, Ausmaß,*

Ausdehnung **4** *Umfang, Menge* **5** ⟨übertr.⟩ *die rechte Mitte zw. zu viel u. zu wenig, Mäßigung, Zurückhaltung, Selbstbeherrschung* ▸ der Mensch ist das ~ aller Dinge; das ~ seiner Strafe steht noch nicht fest; jmdm. ein hohes ~ an Vertrauen entgegenbringen *viel* ▸ das rechte, richtige ~ halten ⟨übertr.⟩ *die (rechte) Mitte zwischen zu viel u. zu wenig beachten;* ⟨aber⟩ ~ halten = *maßhalten;* die Schneiderin muss zuerst ~ nehmen; auf eine Zeichnung die ~e übertragen; meine ~e haben sich schon lange nicht verändert (Ober-, Taillen- und Hüftweite) ▸ in beschränktem ~e gilt das auch für dich; ein gewisses ~ an Mut; in gewissem ~e hat er Recht; in hohem ~e, höchstem ~e zufrieden sein ⟨übertr.⟩ *sehr, außerordentlich;* sie hat ideale ~e *eine vollkommene Figur;* das ~ ist voll! ⟨übertr.⟩ *meine Geduld ist zu Ende;* in zunehmendem ~e ⟨übertr.⟩ *immer mehr, immer stärker* ▸ man soll alles mit ~en tun; ein Anzug nach ~ *individuell nach Figur angefertigt;* über alle ~en *unsagbar, sehr;* sie freut sich über die ~en, über alle ~en **II** ⟨das; -es, - od. bair., österr. die; -, -⟩ *Flüssigkeitsmaß, 1 bis 2 l;* oV *Mass* ▸ zwei ~ Bier; ein halbes, volles ~; eine halbe, ganze ~ (Bier) ⟨bair.⟩

Mas|sa|ge ⟨[-ʒə] die; -, -n⟩ *Heilbehandlung durch mechanische Beeinflussung der Körpergewebe mit den Händen, mit Instrumenten od. Apparaten;* Zus *Massagebank, Massageöl; Ganzkörpermassage, Rückenmassage*

Mas|sa|ker ⟨das; -s, -⟩ *Gemetzel, Blutbad* ▸ ein ~ anrichten; einem ~ entkommen

mas|sa|k|rie|ren ⟨V. trans.; mas|sa|k|riert, mas|sa|k|rier|te, hat mas|sa|k|riert⟩ jmdn. ~ *niedermetzeln, brutal erschlagen*

Maß|ar|beit ⟨die; -, -en⟩ *Arbeit nach (vom Kunden gegebenen) Maß, z. B. bei Kleidung, Möbeln* ▸ das war ~! ⟨übertr.; umg.; scherzh.⟩ *das hat ja genau, gerade noch geklappt*

Mas|se ⟨die; -, -n⟩ **1** *Grundeigenschaft jeder Materie, Schwere* **2** *ungeformter, dickflüssiger Stoff, Brei;* Zus *Gussmasse, Lehmmasse* **3** ⟨übertr.⟩ *Menge, große Anzahl;* Zus *Massenarbeitslosigkeit, Massendemonstration, Massenentlassung, Massengrab, Massenkarambolage, Massenkundgebung, Massenmord, Massenmörder(in), Massenorganisation, Massenproduktion, Massensport, Massensterben, Massenstreik, Massenveranstaltung, Massenwirkun* **4** *Gesamtheit, Hauptteil* **5** *Vermögen, Vermögensbestand eines Schuldners unter der Zwangsversteigerung;* Zus *Konkursmasse* ▸ sie hat eine ~ Angebote, Glückwünsche, Zuschriften bekommen ⟨umg.⟩; es wurde(n) schon eine ~ Karten verkauft ⟨umg.⟩ ▸ die ~ muss es bringen ⟨umg.⟩ *der große Umsatz;* der Kanzlerkandidat hat die ~n hinter sich; die ~ rühren, bis sie schaumig wird (beim Kochen) ▸ die breite, große ~ *die Mehrheit (des Volkes);* eine dickflüssige, klebrige, weiche, zähe ~ ▸ sie kamen in ~n; in der ~ untergehen *als Einzelner nicht zur Geltung kommen*

Maß|ein|heit ⟨die; -, -en⟩ *Einheit, die nach wissenschaftl. od. Zweckmäßigkeitsgesichtspunkten gewählt ist u. zum Messen von Größen, Mengen u. Gewichten dient, z. B. Meter, Gramm*

...ma|ßen ⟨Nachsilbe; zur Bildung von Adv.⟩ *weil ..., da ...* ▸ anerkanntermaßen *da es (allgemein) anerkannt ist;* verdientermaßen *weil es verdient ist*

mas|sen|haft ⟨Adj.; meist umg.⟩ *in Massen, großen Mengen, ungeheuer viel* ▸ hier gibt es ~ Erdbeeren, Himbeeren ⟨umg.⟩; sie hat ~ Geld ⟨umg.⟩

Mas|sen|me|di|um ⟨das; -s, -me|di|en⟩ *Mittel zur Nachrichtenübermittlung, Meinungsbildung, Unterhaltung usw. mit großem Verbreitungsgrad, z. B. Zeitung, Rundfunk, Fernsehen;* Syn *Massenkommunikationsmittel*

Mas|sen|tier|hal|tung ⟨die; -; unz.⟩ *massenhafte Tierhaltung auf engem Raum (um größtmöglichen Ertrag zu erzielen, z. B. Schweinemast od. Hühner in Legebatterien)*

mas|sen|wei|se ⟨Adv.⟩ = *massenhaft*

Mas|seur ⟨[-sø:r] der; -s, -e⟩ *jmd., der (nach Ausbildung u. staatlicher Prüfung) Massagen ausübt;* Abl *Masseurin, Masseuse*

Maß|ga|be ⟨die; -; unz.; in der Wendung⟩ nach ~ (des, der) *entsprechend (des, der)* ▸ nach ~ seines Vermögens *seinem Vermögen entsprechend;* nach ~ der letzten Anweisungen

maß|ge|bend ⟨Adj.⟩ **1** *als Maßstab dienend* **2** *entscheidend, bestimmend, richtunggebend, von entscheidendem Einfluss* ▸ ~e Personen; ein ~es Urteil; an der Entwicklung der Maschine war er ~ beteiligt

maß|geb|lich ⟨Adj.⟩ = *maßgebend*

maß|ge|schnei|dert ⟨Adj.⟩ **1** *nach individuellen Maßen angefertigt* **2** ⟨übertr.⟩ *genau passend* ▸ ein ~er Anzug; dieses Auto ist wie ~ für eine vierköpfige Familie ⟨übertr.⟩

maß|hal|ten *auch:* **Maß hal|ten** ⟨V. intr.; hält maß/Maß, hielt maß/Maß, hat maß|ge|hal|ten / Maß ge|hal|ten, maß|zu|hal|ten / Maß zu hal|ten⟩ *das rechte Maß einhalten* ▸ im Essen und Trinken ~; →a. *Maß*

mas|sie|ren ⟨V. trans.; mas|siert, mas|sier|te, hat mas|siert⟩ jmdn. ~ od. jmdm. ein Körperteil ~ *mit Massage behandeln* ▸ jmdm. den Rücken ~

mas|sig ⟨Adj.⟩ **I** ⟨attr.; präd.⟩ *wuchtig, umfangreich, groß u. dick* (Mensch, Tier) ▸ eine ~e Eiche; eine ~e Erscheinung **II** ⟨adv.; umg.⟩ *sehr viel* ▸ er hat ~ Geld

mä|ßig ⟨Adj.⟩ **1** *das rechte Maß einhaltend, nicht übertreibend, zurückhaltend* **2** *nicht besonders groß, angemessen* **3** *nicht sehr gut* ▸ ~e Ansprüche, Preise; sie ist nur eine ~e Schülerin; ein ~es Tempo; die Verpflegung war ~; Abl *Mäßigkeit*

...mä|ßig ⟨in Zus.; zur Bildung von Adj.⟩ **1** *in der Art einer Sache,* z. B. regelmäßig, gewohnheitsmäßig; →a. *...gemäß* **2** ⟨umg.⟩ *im Hinblick auf ..., hinsichtlich des ..., der ...,* z. B. wohnungsmäßig, klimamäßig

M

1 die Hose 2 der BH / der Büstenhalter 3 die Socke, die Socken / der Socken, die Socken
4 die Sonnenbrille 5 der Slip / die Unterhose 6 das Top 7 das Hemd 8 die Weste
9 der Schal 10 der Anzug 11 das Kostüm 12 der Pullover 13 der Rock 14 der Mantel
15 das Sakko / das Jackett 16 die Krawatte 17 das Unterhemd 18 die Bluse

19 der Strumpf, die Strümpfe 20 der Turnschuh, die Turnschuhe 21 der Damenschuh, die Damenschuhe 22 die Mütze 23 die Jacke 24 der Stiefel, die Stiefel 25 der Handschuh, die Handschuhe 26 der Herrenschuh, die Herrenschuhe 27 die Sandale, die Sandalen 28 der Schlafanzug

mä|ßi|gen ⟨V.; mä|ßigt, mä|ßig|te, hat ge|mä|ßigt⟩ **I** ⟨V. trans.⟩ etwas ~ *mildern, verringern, dämpfen* ▸ mäßige deinen Zorn; die Geschwindigkeit, das Tempo ~; er sollte sein Temperament, seine Worte ~; diese Pflanze gedeiht nur in einem gemäßigten Klima **II** ⟨V. refl.⟩ sich ~ **1** *sich beherrschen* **2** *nachlassen, ruhig werden* ▸ mäßige dich!; der Sturm mäßigte sich; Abl *Mäßigung*

mas|siv ⟨Adj.⟩ **1** *ohne Hohl-, Zwischenräume, fest, dicht, geschlossen, schwer, wuchtig* **2** ⟨übertr.⟩ *derb, rücksichtslos, grob* ▸ Besteck aus ~em Silber; ~es Gold; der Redner griff die Gegenpartei ~ an

Mas|siv ⟨das; -s, -e [-və]⟩ *Bergkette;* Zus *Gebirgsmassiv*

maß|los ⟨Adj.⟩ *kein Maß einhaltend, übermäßig, sehr, sehr viel, sehr groß, sehr hoch* ▸ ~er Zorn packte ihn; da hat er wieder einmal ~ übertrieben; Abl *Maßlosigkeit*

Maß|nah|me ⟨die; -, -n⟩ *zweckbestimmte Handlung, Regelung* ▸ geeignete ~n ergreifen; einschneidende, diese ~ halte ich für verfehlt; ~n zum Schutz der Bevölkerung; Zus *Maßnahmenkatalog; Gegenmaßnahme, Vorsichtsmaßnahme*

maß|re|geln ⟨V. trans.; maß|re|gelt, maß|re|gel|te, hat ge|maß|re|gelt⟩ jmdn. ~ *tadeln, zurechtweisen, durch bestimmte Handlungen strafen, z. B. Versetzung bei Beamten* ▸ ein gemaßregelter Beamter; Abl *Maßreg(e)lung*

Maß|stab ⟨der; -(e)s, -stä|be⟩ **1** *Größenverhältnis (bes. der Linien auf einer Landkarte zu den wirklichen Strecken);* Zus *maßstabsgerecht, maßstabsgetreu* **2** ⟨übertr.⟩ *Prüfstein, Richtlinie* ▸ dieser Mensch ist für mich kein ~; etwas in vergrößertem, verkleinertem ~ darstellen, nachbilden, zeichnen; im ~ 1:10 000 *1 cm auf der Karte = 10 000 cm bzw. 100 m in Wirklichkeit*

maß|voll ⟨Adj.⟩ *gemäßigt, beherrscht, zurückhaltend* ▸ ~e Forderungen; ~ urteilen

Mast[1] ⟨der; -(e)s, -e od. -en⟩ **1** ⟨auf Schiffen⟩ *senkrecht stehendes, ein- bis dreiteiliges Rundholz od. Stahlrohr zur Befestigung der Segel, Antennen u. a.;* Syn *Mastbaum* **2** ⟨allg.⟩ *senkrechte Stange aus Holz od. Stahl für Telefonleitungen od. elektrische Leitungen, Empfangsantennen od. Fahnen;* Zus *Fahnenmast, Strommast* ▸ der ~ des Schiffes, Segelbootes; den ~ aufrichten, kappen, umlegen; ~en für eine elektrische Leitung aufstellen, setzen

Mast[2] ⟨die; -, -en⟩ *das Mästen, reichliche Fütterung von Schlachtvieh zur Steigerung des Fleisch- u. Fettansatzes;* Zus *Mastgans, Mastschwein; Schweinemast*

mäs|ten ⟨V. trans.; mäs|tet, mäs|te|te, hat ge|mästet⟩ **1** Tiere ~ *Tieren Mastfutter geben, sie reichlich füttern* **2** ⟨umg.⟩ jmdn. ~ *jmdm. reichlich zu essen geben;* Abl *Mästung*

Mas|ter ⟨der; -s, -⟩ *Inhaber eines akademischen Grades, Magister,* z. B. Master of Arts

Mas|ter|plan ⟨der; -(e)s, -plä|ne⟩ *übergeordneter Plan (eines Vorhabens, einer Absicht)* ▸ einen ~ erstellen; einem ~ folgen

mas|tur|bie|ren ⟨V. intr.; mas|tur|biert, mas|tur|bier|te, hat mas|tur|biert⟩ *sich selbst geschlechtlich befriedigen;* Syn *onanieren;* Abl *Masturbation*

Match ⟨[mætʃ] das od. der; -s, -s od. -e od. schweiz.: [matʃ] der; -s, -e; Sp.⟩ *Wettkampf, Wettspiel;* Zus *Fußballmatch, Tennismatch*

Match|ball ⟨[mætʃ-] der; -(e)s, -bäl|le; Sp.; Tennis⟩ *im entscheidenden Spiel der zum Sieg notwendige Punkt* ▸ einen ~ vergeben; im dritten Satz verwandelte er gleich den ersten ~

Ma|te|ri|al ⟨das; -s, -a|li|en⟩ **1** *für eine Arbeit benötigter Roh-, Bau-, Werkstoff;* Zus *Materialfehler* **2** *Hilfsmittel, Zutat, Gerät* **3** *schriftliche Belege, Unterlagen, Beweismittel* ▸ ~ (für einen Artikel, Bericht, eine Reportage) ordnen, sammeln, sichten, zusammenstellen; das ist ein brauchbares, minderwertiges, schlechtes ~; dieses ~ ist zu teuer; aus verschiedenem ~; ~ zum Bauen, Heizen

Ma|te|ri|a|lis|mus ⟨der; -; unz.; Philos.⟩ *Lehre, dass das Stoffliche das allein Wirkliche in der Welt u. alles Nichtstoffliche (Geist, Seele usw.) nur als seine Eigenschaft u. Wirkung aufzufassen sei;* Abl *Materialist(in); materialistisch*

Ma|te|ri|al|samm|lung ⟨die; -, -en⟩ *Sammlung von schriftlichen Unterlagen (bes. für wissenschaftliche Arbeiten);* oV *Materialiensammlung*

Ma|te|rie ⟨[-riə] die; -, -n⟩ **1** *Stoff, Masse* **2** *das Gegenständliche* **3** *Gegenstand, Thema eines Gesprächs, einer Schrift o. Ä.* ▸ ich muss mich noch mit der ~ vertraut machen

ma|te|ri|ell ⟨Adj.⟩ **1** *die Materie betreffend, auf ihr beruhend* **2** *stofflich, sachlich, gegenständlich, körperlich* ▸ in ~er Hinsicht geht es ihm gut *hat er gute Einnahmen*

Ma|the ⟨die; -; unz.; Schülerspr.⟩ **1** *Mathematik;* Zus *Mathearbeit, Mathelehrer(in), Matheunterricht* **2** *Mathematikstunde*

Ma|the|ma|tik ⟨österr. [--'--] die; -; unz.⟩ *Lehre von den Zahlen u. Formen (Mengenlehre, Arithmetik, Algebra, Geometrie usw.)* ▸ angewandte ~; höhere ~; ~ ist in der Schule sein Lieblingsfach; in ~ haben wir einen neuen Lehrer bekommen; sie möchte ~ studieren; Abl *Mathematiker(in);* Zus *Mathematikprofessor(in), Mathematikstudium, Mathematikstunde, Mathematikunterricht*

ma|the|ma|tisch ⟨Adj.⟩ *die Mathematik betreffend, auf ihr beruhend* ▸ eine ~e Aufgabe, Gleichung lösen; ~es Denken

Ma|ti|nee ⟨die; -, -n⟩ *künstlerische Veranstaltung am Vormittag;* Ggs *Soiree (2)*

Mat|jes|he|ring ⟨der; -s, -e⟩ *gesalzener junger Hering* ▸ ~e mit Bratkartoffeln

Ma|t|rat|ze ⟨die; -, -n⟩ **1** *der mit Sprungfedern versehene Teil des Bettes, auf dem man liegt;* Zus *Sprungfedermatratze* **2** *Polster als Auflage auf die Sprungfedermatratze;* Zus *Auflegematratze* **3** *aufblasbares Liegepolster aus Gummi;* Zus *Luftmatratze*

Mä|t|res|se ⟨die; -, -n⟩ *Geliebte (früher bes. eines Fürsten);* oV *Maitresse*

Ma|t|ri|ar|chat ⟨das; -(e)s, -e⟩ *Gesellschaftsform, in der die Mutter die beherrschende Stellung innehat;* Ggs *Patriarchat (1)*

Ma|t|rix ⟨die; -, -ri|zen od. -ri|zes od. -ri|ces; Math.⟩ *System von Größen, die in einem rechteckigen Schema angeordnet sind*

Ma|t|ri|ze ⟨die; -, -n⟩ **1** ⟨Typ.⟩ **1.1** *Metallform mit dem eingeprägten Schriftzeichen od. Bild* **1.2** *in Wachs, Metall od. Spezialpappe geprägtes Abbild eines Schriftsatzes;* Syn *Mater* **1.3** *gewachstes Papierblatt zum Vervielfältigen von Zeichnungen u. Schrift* **2** ⟨Math.⟩ = *Matrix;* Zus *Matrizenrechnung*

Ma|t|ro|ne ⟨die; -, -n; meist abwertend⟩ *ältere, ehrwürdige Frau;* Abl *matronenhaft*

Ma|t|ro|se ⟨der; -n, -n⟩ **1** ⟨in der Handelsmarine⟩ *Seemann nach dreijähriger Lehrzeit* **2** ⟨in der Kriegsmarine⟩ **2.1** *unterster Dienstgrad* **2.2** *Soldat in diesem Grad;* Zus *Matrosenanzug*

Matsch ⟨der; -(e)s; unz.; umg.⟩ *breiige Masse, dickflüssiger Schmutz, halbgetauter Schnee;* oV *Matsche;* Abl *matschig;* Zus *Schneematsch*

matt ⟨Adj.; -er, am -es|ten⟩ **1** *schwach, erschöpft, kraftlos, lustlos, müde* (Person) **2** *trübe, ohne Glanz, nicht spiegelnd* (Augen, Metall, Papier, Spiegel) **3** *keine Kraft besitzend* (Stimme) **4** *undurchsichtig* (Glas) **5** *gedämpft, nicht leuchtend, stumpf* (Farbe) **6** ⟨Schach⟩ *besiegt* ▸ ein ~es **Lächeln** huschte über ihre Züge; ~es **Licht** *gedämpftes Licht;* ~er **Puls; Schach** und ~!; der Kranke sprach mit ~er **Stimme** ▸ sie **fühlt** sich heute ~ ▸ ich bin ~ **von** der Anstrengung

Mat|te ⟨die; -, -n⟩ *geflochtener od. grobgewebter kleiner Teppich, Unterlage* ▸ auf der ~ stehen ⟨übertr.; umg.⟩ *zur Stelle sein, da sein;* Zus *Badematte, Fußmatte, Turnmatte*

Matt|schei|be ⟨die; -, -n⟩ *Bildschirm des Fernsehapparates*

Ma|tu|ra ⟨die; -; unz.; schweiz., österr.⟩ *Reifeprüfung, Abitur;* oV *Matur*

Ma|tu|rand ⟨der; -en, -en; schweiz., österr.⟩ *Schüler vor od. in der Reifeprüfung;* oV *Maturant;* Abl *Maturandin*

ma|tu|rie|ren ⟨V. intr.; ma|tu|riert, ma|tu|rier|te, hat ma|tu|riert; österr.⟩ *die Reifeprüfung ablegen*

Mätz|chen ⟨das; -s, -; umg.⟩ **1** *Possen, Unfug, Unsinn* **2** ⟨Pl.⟩ *Kniffe, Kunstgriffe, um Wirkung zu erreichen, Ausflüchte* ▸ mach keine ~! *mach keinen Unfug!*

mau ⟨Adj.; umg.⟩ *flau, schlecht* ▸ mir ist ~ *mir ist nicht gut;* das Geschäft geht ~

Mau|er ⟨die; -, -n⟩ **1** *Wand aus übereinandergreifenden, meist mit Mörtel verbundenen Steinen als Umgrenzung eines Grundstücks od. einer Stadt;* Zus *Gartenmauer, Stadtmauer* **2** ⟨kurz für⟩ *Berliner Mauer; von der DDR in Berlin errichtete M., die die Flucht der Bevölkerung in den Westen verhindern sollte;* Zus *Mauerbau* ▸ die Kinder wollen auf die ~ **klettern** ▸ eine **alte,** eingestürzte ~; die **Chinesische** ~; eine **dicke,** hohe, massive ~ ▸ wir sind **durch** eine ~ gegen Einsicht von der Straße geschützt; fall nicht **von** der ~!

Mau|er|bau ⟨der; -(e)s; unz.⟩ **1** *Bau einer Mauer* **2** ⟨Pol.⟩ *Bau, Errichtung der Berliner Mauer am 13.08.1961*

Mauerbau

Der *Mauerbau,* der 1961 von der damaligen DDR (Deutsche Demokratische Republik) betrieben wurde, war Folge der deutschen Teilung nach Ende des Zweiten Weltkrieges im Jahr 1945. Deutschland wurde nach dem Krieg von den **Alliierten** (England, Frankreich, den USA und der Sowjetunion) verwaltet. Auch die ehemalige deutsche Hauptstadt **Berlin** wurde in vier Sektoren geteilt.

Nach starken Auseinandersetzungen mit der Sowjetunion wurde am 23. Mai 1949 die Bundesrepublik Deutschland gegründet, die die westlichen Landesteile umfasste. Aus der **Sowjetischen Besatzungszone** (SBZ) im östlichen Teil entstand am 7. Oktober 1949 die Deutsche Demokratische Republik. Damit war Deutschland offiziell in zwei Teilstaaten zergliedert. Die politischen und wirtschaftlichen Unterschiede zwischen dem sowjetisch beeinflussten Einparteienstaat DDR und der demokratisch regierten Bundesrepublik wurden in den fünfziger Jahren immer größer. Um die starke Abwanderung aus der DDR in die Bundesrepublik zu verhindern, wurden nach 1950 überwachte Übergänge innerhalb des Landes eingerichtet. Am 13. August 1961 begann die DDR in Berlin, eine stark bewachte und militärisch gesicherte Mauer zu errichten, die ein Flüchten verhindern sollte.

Die Beziehungen zwischen der DDR und der Bundesrepublik waren während der vierzig Jahre ihres Bestehens teilweise sehr gespannt, verstärkt durch den sogenannten **Kalten Krieg** zwischen dem kommunistischen Sowjetregime und dem kapitalistischen Wirtschaftssystem der USA.

Am 9. November 1989 wurde die Mauer nach vorangegangenen friedlichen Protesten der DDR-Bürger und begünstigt von den liberaleren politischen Verhältnissen in der Sowjetunion geöffnet. Dies führte zur deutschen **Wiedervereinigung** am 3. Oktober 1990, als die DDR offiziell der Bundesrepublik Deutschland beitrat und die deutsche Teilung beendete.

Mau|er|blüm|chen ⟨das; -s, -; übertr.; umg.⟩ *unscheinbares Mädchen*

Mau|er|fall ⟨der; -(e)s; unz.; Pol.⟩ *Öffnung der Berliner Mauer (gleichzeitig die Öffnung der deutsch-deutschen Grenze) in der Nacht des 9. November 1989*

mau|ern ⟨V. intr.; mau|ert, mau|er|te, hat ge|mau|ert⟩ **1** *Steine mit Mörtel zu einer Mauer zusammenfügen* **2** ⟨Kart.⟩ *Karten zurückhalten, nicht ausspielen, ängstlich spielen, nichts wagen* **3** ⟨Sp.; bes. Fußb.⟩ *das eigene Tor mit allen Spielern (wie mit einer Mauer) verteidigen*

Mau|er|schüt|ze 〈der; -n, -n; früher; umg.〉 *Angehöriger einer Grenztruppe der DDR, der auf Flüchtlinge, die die Mauer zur Bundesrepublik zu überwinden suchten, geschossen hat*

Mau|er|werk 〈das; -(e)s; unz.〉 **1** *Gefüge aus Steinen u. Mörtel, Mauer* **2** *Gesamtheit von mehreren, einen Bau bildenden Mauern*

Maul 〈das; -(e)s, Mäu|ler〉 **1** *Mund der Tiere (mit Ausnahme der Vögel);* ⓘ S. 1111 **2** 〈derb〉 *Mund* ▸ **aufmachen:** mach doch endlich dein ~ auf! 〈derb〉 *sprich endlich!;* **aufreißen:** er reißt das ~ sehr weit auf 〈derb〉 *er prahlt (zu sehr);* **halt's** ~! 〈derb〉 *sei still!;* ich werde ihm das ~ **stopfen** 〈derb〉 *ihn zum Schweigen bringen;* sich das ~ **zerreißen** 〈derb〉 *böse Nachrede führen, klatschen* ▸ das Krokodil hat ein **großes** ~; er hat sechs **hungrige** Mäuler zu stopfen 〈umg.〉 *sechs Personen zu ernähren;* →a. *Gaul, Mund*

mau|len 〈V. intr.; mault, maul|te, hat ge|mault; umg.〉 *murren, mürrisch sein, schmollen*

Maul|esel 〈der; -s, -〉 *Kreuzung von Pferdehengst u. Eselstute;* →a. *Maultier*

maul|faul 〈Adj.; umg.〉 *wortkarg, zu träge zum Reden* ▸ er ist ein bisschen ~

Maul|korb 〈der; -(e)s, -kör|be〉 *aus Lederriemchen netzartig geflochtene Haube, die bissigen Hunden, Pferden od. Ochsen übers Maul gebunden wird* ▸ jmdm. einen ~ anlegen 〈übertr.; umg.〉 *das offene Reden verbieten, das Recht zur freien Meinungsäußerung einschränken*

Maul|ta|sche 〈die; -, -n; Kochk.〉 *kleine, mit Fleisch, Käse od. Spinat gefüllte Tasche aus Nudelteig*

Maul|tier 〈das; -(e)s, -e〉 *Kreuzung zw. Eselhengst u. Pferdestute;* →a. *Maulesel*

Maul|trom|mel 〈die; -, -n; Mus.〉 *ursprünglich asiatisches Musikinstrument aus einem hufeisenförmigen Stahlrahmen mit einer Feder, der mit dem Mund gehalten wird, der Ton wird durch die Stimme erzeugt*

Maul- und Klau|en|seu|che 〈die; -; unz.; Abk.: MKS; Veterinärmedizin〉 *durch Viren hervorgerufene Krankheit der Kühe u. Schweine mit Bläschenbildung an Maul, Klaue u. Euter*

Maul|wurf 〈der; -(e)s, -wür|fe; Zool.〉 *ein kleines schwarzes Tier, das in der Erde lebt u. dort Gänge gräbt, wodurch Erdhügel entstehen*

Maul|wurfs|hü|gel 〈der; -s, -〉 *die vom Maulwurf beim Graben aufgeworfene Erde* ▸ auf der Wiese sind viele ~

Mau|rer 〈der; -s, -〉 *Handwerker, der Mauerwerk jeglicher Art herstellt u. bearbeitet (Lehrberuf mit dreijähriger Lehrzeit)* ▸ sie sind pünktlich wie die ~ 〈umg.; scherzh.〉 *sehr, äußerst pünktlich;* Abl *Maurerin;* Zus *Maurermeister*

Maus 〈die; -, Mäu|se〉 **1** 〈Zool.〉 *ein kleines Nagetier mit langem Schwanz;* ⓘ S. 1110; Zus *Mausefalle, Mauseloch; mausgrau* **2** 〈EDV〉 *über ein Kabel, Funk od. Infrarot mit einem Computer verbundenes Eingabegerät, dessen Bewegung auf einer Arbeitsplatte direkt in Bewegung des Cursors auf dem Bildschirm umgesetzt wird;* ⓘ S. 469 **3** 〈Kosewort für〉 *Kindchen, kleines Mädchen* **4** 〈Pl.; übertr.; umg.〉 Mäuse *Geld* ▸ die Katze hat die ~ **gefangen;** Mäuse **knabbern,** nagen, piepen, rascheln ▸ wir haben Mäuse **im** Keller; wenn du **mit** der ~ auf das Symbol klickst, läuft das Programm weiter; flink, still **wie** eine ~

mau|scheln 〈V. intr.; mau|schelt, mau|schel|te, hat ge|mau|schelt; umg.〉 *sich heimlich absprechen, heimlich Vereinbarungen treffen* ▸ in der Politik wird viel gemauschelt; Abl *Mauschelei*

mäus|chen|still 〈Adj.〉 *ganz still*

mau|sern 〈V. refl.; mau|sert sich, mau|ser|te sich, hat sich ge|mau|sert〉 sich ~ **1** *die Federn wechseln* (Vögel); Abl *Mauser* **2** 〈übertr.〉 *sich zu seinem Vorteil entwickeln* ▸ er hat sich zu einem klugen Diplomaten gemausert 〈übertr.〉

mau|se|tot 〈Adj.; umg.; verstärkend〉 *tot*

Maus|klick 〈der; -s, -s; EDV〉 *kurzes Betätigen der Maustaste zur Aktivierung von Befehlsfeldern auf der Menüleiste* ▸ Daten per ~ abfragen; eine Auswahl mit einem doppelten ~ bestätigen

Mau|so|le|um 〈das; -s, -le|en〉 *monumentales Grabmal*

Maut 〈die; -, -en〉 *Gebühr für die Benutzung von Straßen u. Brücken* ▸ eine ~ für Fernstraßen und Autobahnen erheben; Syn *Mautgebühr;* Zus *Autobahnmaut, LKW-Maut*

Ma|xi... 〈in Zus.〉 *übermäßig (lang, groß, hoch usw.),* z. B. Maxikleid, Maxipackung, Maxipizza, Maxisingle

ma|xi|mal 〈Adj.〉 *größt…, höchst…*

Ma|xi|mal... 〈in Zus.〉 *Höchst…, Größt…,* z. B. Maximalgeschwindigkeit

Ma|xi|mal|do|sis 〈die; -, -do|sen; Abk.: MD; Med.; Pharm.〉 *höchste Dosis einer Arznei, die vom Arzt gegeben werden darf*

Ma|xi|mal|ge|wicht 〈das; -(e)s, -e〉 *Höchstgewicht*

Ma|xi|mal|wert 〈der; -(e)s, -e〉 *größtmöglicher Wert*

Ma|xi|me 〈die; -, -n〉 *Grundsatz, Lebensregel* ▸ die ~ seines Lebens war …

Ma|xi|mum 〈das; -s, -xi|ma〉 *größter Wert, Höchstwert;* Ggs *Minimum* ▸ das ~ erreichen

Ma|yon|nai|se 〈[majonɛ:zə] die; -, -n〉 *pikante, kalte, dickflüssige Soße aus Eigelb, Öl, Essig u. Salz;* oV *Majonäse* ▸ Pommes frites mit Ketchup und ~

Mä|zen 〈der; -s, -e〉 *Kunstfreund, Gönner, Förderer von Künstlern;* Abl *Mäzenatin*

MB 〈Zeichen für〉 *Megabyte*

MdB 〈Abk. für〉 *Mitglied des Bundestages*

MdL 〈Abk. für〉 *Mitglied des Landtages*

m. E. 〈Abk. für〉 *meines Erachtens*

Me|cha|nik 〈die; -, -en; unz.〉 **1** 〈Phys.〉 *Lehre von den Bewegungen von Körpern u. Systemen u. den Kräften, welche diese Bewegungen hervorrufen* **2** *Maschinenkunde*

Me|cha|ni|ker 〈der; -s, -〉 **1** *Facharbeiter im Metallgewerbe für feine u. schwierige Arbeiten* **2** *Facharbeiter, der Maschinen instand hält* ▸ er arbeitet als ~; die Reparaturen am Auto führt ein ~ durch; Zus *Feinmechaniker(in)*

M

Me|cha|ni|ke|rin ⟨die; -, -rin|nen⟩ *weiblicher Mechaniker*
me|cha|nisch ⟨Adj.⟩ **1** *auf der Mechanik beruhend, sie betreffend* **2** *von einer Maschine angetrieben* **3** ⟨übertr.⟩ *unwillkürlich, gedankenlos, zwangsläufig, durch Einfluss äußerer Kräfte veranlasst* ▸ ein ~es Klavier; etwas ganz ~ tun *gedankenlos, ohne darauf zu achten*
me|cha|ni|sie|ren ⟨V. trans.; me|cha|ni|siert, me|cha|ni|sier|te, hat me|cha|ni|siert⟩ einen Betrieb ~ *in einem B. menschliche Arbeitskraft durch Maschinen ersetzen*
Me|cha|nis|mus ⟨der; -, -nis|men⟩ **1** *Triebwerk, Getriebe, sich bewegende techn. Vorrichtung* **2** ⟨übertr.⟩ *selbsttätiger, zwangsläufiger, unreflektierter Ablauf*
me|ckern ⟨V. intr.; me|ckert, me|cker|te, hat ge|me|ckert⟩ **1** *helle, kurze Laute, wie sie die Ziegen von sich geben* **2** ⟨übertr.; umg.⟩ **2.1** (über jmdn. od. etwas) ~ *etwas an jmdm. od. etwas auszusetzen haben* **2.2** mit jmdm. ~ *schimpfen, jmdn. zurechtweisen*
Me|dail|le ⟨[-daljə] die; -, -n⟩ *Münze mit bildlicher Darstellung als Auszeichnung od. zum Andenken an ein Ereignis od. eine Persönlichkeit* ▸ das ist die Kehrseite der ~! ⟨übertr.⟩ *die unangenehmere Seite der Angelegenheit;* die bronzene, silberne, goldene ~; die Mannschaft konnte zwei ~n erringen; Zus *Bronzemedaille, Ehrenmedaille, Goldmedaille, Silbermedaille; Medaillengewinn*
Me|dail|lon ⟨[-daljɔ̃:] od. [-daljɔŋ] das; -s, -s⟩ **1** *runde od. ovale Kapsel für Bildchen od. Andenken als Schmuckanhänger* **2** *kleines, kreisrund od. oval geschnittenes Stück Fleisch;* Zus *Kalbsmedaillon, Schweinemedaillon*
me|di|al ⟨Adj.⟩ **1** ⟨Phys.⟩ *zur Mitte hin gerichtet* **2** ⟨Gramm.⟩ *in passivischer Form, aber in aktivischer Bedeutung stehend*
Me|di|a|ti|on ⟨die; -, -en⟩ **1** ⟨allg.⟩ *Vermittlung, vermittelndes Dazwischentreten* **2** *von Vermittlern durchgeführtes Schlichtungsverfahren (bei Konflikten verschiedener Personen, Parteien od. Interessengruppen);* Zus *Mediationsverfahren*
Me|di|a|tor ⟨der; -s, -to|ren⟩ *Schlichter, Vermittler in einer Mediation (2);* Abl *Mediatorin*
Me|di|en ⟨Pl. von⟩ *Medium* ▸ neue ~ *Internet, CD-ROM, DVD, MP3;* Zus *Medienbericht, Medienbranche, Medienpolitik, Medienunternehmen, Medienverbund, Medienvertreter(in)*
Me|di|en|ge|sell|schaft ⟨die; -, -en⟩ **I** ⟨unz.⟩ *eine von den Medien beeinflusste u. geprägte Gesellschaft* ▸ den Gesetzen der modernen ~ entsprechen **II** ⟨zählb.⟩ *Gesellschaft od. Firma, die mit der Vermarktung u. Herstellung von Produkten der Massenmedien befasst ist*
Me|di|en|kon|zern ⟨der; -s, -e⟩ *Konzern, dessen Unternehmen bzw. Produkte multimedial ausgerichtet sind, z. B. Buch- u. Zeitungsverlage, Fernsehsender, Musikindustrie*
Me|di|en|land|schaft ⟨die; -, -en; Pl. selten; umg.⟩ *Gesamtheit der multimedialen Unternehmen*
Me|di|en|pä|d|a|go|gik ⟨die; -; unz.⟩ **1** *Teil der Erziehungswissenschaften, der die pädagogische Wirkung der Massenmedien erforscht* **2** *Erziehung, Anleitung zum selbstständigen u. kritischen Umgang mit den (Massen-)Medien (im Unterricht)*
Me|di|en|rie|se ⟨der; -n, -n; umg.⟩ *sehr großes Unternehmen, Konzern im multimedialen Bereich*
Me|di|en|rum|mel ⟨der; -s; unz.; umg.⟩ *übertriebener Rummel (1), den die Medien um etwas od. jmdn. veranstalten* ▸ einen großen ~ auslösen
me|di|en|wirk|sam ⟨Adj.⟩ *so beschaffen, dass es in den Medien eine starke Wirkung ausübt* ▸ ein ~er Auftritt
Me|di|ka|ment ⟨das; -(e)s, -e⟩ *zur Verhütung u. Behandlung von Krankheiten u. Schmerzen dienender Stoff, Heilmittel;* Syn *Arzneimittel* ▸ der Arzt hat ihm ~e verschrieben; dieses ~ bekommt man nur auf Rezept; sie muss regelmäßig ~e einnehmen
me|di|ka|men|tös ⟨Adj.⟩ *mit Hilfe von Medikamenten* ▸ eine Krankheit ~ behandeln
Me|dio|thek ⟨die; -, -en⟩ **1** *Sammlung von Medien aller Art* **2** *Räume od. Gebäude, in denen eine solche Sammlung aufbewahrt wird*
Me|di|ta|ti|on ⟨die; -, -en⟩ **1** *religiöse Versenkung* **2** *tiefes Nachdenken, sinnendes Betrachten*
me|di|ta|tiv ⟨Adj.⟩ **1** *auf Meditation beruhend* **2** *in tiefes Nachdenken versunken*
me|di|ter|ran ⟨Adj.⟩ *das Mittelmeer u. die angrenzenden Länder betreffend, mittelmeerisch* ▸ ~es Klima; Zus *Mediterranflora*
me|di|tie|ren ⟨V. intr.; me|di|tiert, me|di|tier|te, hat me|di|tiert⟩ *sich in Gedanken, Betrachtungen versenken, tief nachdenken* ▸ über eine Sache ~
me|di|um ⟨a. engl. [mi:dɪəm] Adj.; undekl.; Kochk.⟩ *nicht ganz durchgebraten* (Steak)
Me|di|um ⟨das; -s, Me|di|en⟩ **1** *Mittel, Mittler, Mittelglied* **2** *Mittel, das der Vermittlung von Informationen, Unterhaltung u. Belehrung dient, z. B. Zeitung, Film, Tonband* **3** ⟨kurz für⟩ *Massenmedium* **4** ⟨Phys.⟩ *Substanz, in der sich physikalische Vorgänge abspielen* **5** ⟨Okkultismus⟩ *Person, die angeblich in der Lage ist, Botschaften aus der Geisterwelt zu übermitteln*
Me|di|zin ⟨die; -, -en⟩ **I** ⟨unz.⟩ *Wissenschaft vom kranken u. gesunden Menschen, von seiner Gesunderhaltung u. von den Krankheiten u. ihrer Heilung;* Syn *Heilkunde* ▸ gerichtliche, innere ~; Abl *Mediziner(in); medizinisch;* Zus *Medizinstudium* **II** ⟨zählb.⟩ *Heilmittel, Medikament* ▸ du musst noch deine ~ nehmen
Me|di|zin|ball ⟨der; -(e)s, -bäl|le; Sp.⟩ *großer, 2-5 kg schwerer Lederball für gymnastische Übungen*
Me|di|zin|mann ⟨der; -(e)s, -män|ner; bei traditionellen Völkern⟩ *Zauberer, Heilkundiger, Priester*
Meer ⟨das; -(e)s, -e⟩ **1** *Gesamtheit der zusammenhängenden Wassermasse auf der Erdoberfläche sowie Teile davon;* Zus *Meeresboden, Meeresoberfläche, Meeresströmung, Meerestier, Meersalz, Meerwasser; meerblau, meergrün; Mittelmeer, Weltmeer* **2** *größere Wasserfläche;* Zus *Binnen-*

meer **3** ⟨übertr.⟩ *extrem große Menge;* Zus *Häusermeer, Lichtermeer* ▸ auf dem ~ **fahren,** segeln ▸ das **aufgewühlte,** glatte, stille, stürmisch, ~; das **unendliche,** weite ~ ▸ im Sommerurlaub fahren wir immer, meistens **ans** ~; das Schiff schwimmt **auf** dem ~; die Sonne versank **im, ins** ~ ⟨übertr.⟩ *ging am Meereshorizont unter;* wir wollen im ~ schwimmen; 1000 m **über** dem ~ liegen; das Schiff fährt übers ~; in einem ~ **von** Tränen versinken ⟨übertr.⟩; ein ~ von Lichtern ⟨übertr.⟩

Meer|bu|sen ⟨der; -s, -⟩ = *Golf*[1]

Meer|en|ge ⟨die; -, -n⟩ *schmale Meeresstraße zw. zwei Festländern od. Inseln*

Mee|res|früch|te ⟨Pl.; Sammelbez. für⟩ *kleine, essbare Meerestiere (Krebse, Muscheln u. Ä.)*

Mee|res|spie|gel ⟨der; -s; unz.⟩ *der mittlere Wasserstand des Meeres als Grundlage für Höhenmessungen auf dem Festland;* Syn *Meereshöhe* ▸ über dem ~ ⟨Abk.: ü. M.⟩; unter dem ~ ⟨Abk.: u. M.⟩

Meer|jung|frau ⟨die; -, -en; Myth.⟩ *Sagengestalt, im Meer lebende Nixe;* Syn *Seejungfrau*

Meer|ret|tich ⟨der; -s, -e; Bot.⟩ *eine Pflanze, deren Wurzel Senföl enthält u. als Gewürz verwendet wird*

Meer|schwein|chen ⟨das; -s, -; Zool.⟩ *ein kleines Nagetier, das nur in gezähmter Art als Haustier gehalten wird;* ⓘ S. 1110

Mee|ting ⟨[mi:-] das; -s, -s⟩ *Zusammenkunft, Treffen, (bes.) politische, wissenschaftliche od. (mehrtägige) sportliche Veranstaltung*

meg..., Meg... ⟨vor Vokalen⟩ me|ga..., Me|ga... ⟨in Zus.⟩ **1** *groß..., Groß...* **2** ⟨Abk.: M; vor Maßeinheiten⟩ *das Millionenfache der genannten Maßeinheit* **3** ⟨umg.; salopp⟩ *super, mächtig, übermäßig, hervorragend,* z. B. Megatrend, Megakonzert

Me|ga|bit ⟨das; - od. -s, - od. -s; Zeichen: Mbit⟩ *1 048 576 Bit*

Me|ga|byte ⟨[-baıt] das; - od. -s, - od. -s; Zeichen: MB, MByte⟩ *1 048 576 Byte*

Me|ga|fon ⟨das; -s, -e⟩ *trichterförmige Blechröhre, deren kleinere Öffnung beim Sprechen an den Mund gesetzt wird u. bes. der Lautverstärkung dient;* oV *Megaphon;* Syn *Schalltrichter*

Me|ga|hertz ⟨das; -, -; Zeichen: MHz⟩ *eine Million Hertz*

Me|ga|hit ⟨der; -s, -s; umg.⟩ *besonders erfolgreiches Musikstück* ▸ er landete einen ~ in den Charts

Me|ga|star ⟨der; -s, -s; umg.⟩ *besonders erfolgreiche u. berühmte Persönlichkeit* ▸ zum ~ werden

Me|ga|watt ⟨das; -s, -; Zeichen: MW⟩ *eine Million Watt*

Mehl ⟨das; -(e)s, -e⟩ **1** *durch Zermahlen von Getreidekörnern entstehendes Pulver zur Herstellung von Brot;* Zus *Mehlsack; Roggenmehl, Weizenmehl* **2** ⟨allg.⟩ *durch Zermahlen fester Körper entstehendes Pulver;* Zus *Holzmehl, Steinmehl* ▸ zum Backen braucht man ~; kannst du zwei Packungen ~ kaufen?; das ~ ist fein gemahlen

meh|lig ⟨Adj.⟩ **1** *Mehl enthaltend, mit Mehl bestäubt* **2** *fein wie Mehl* **3** *nicht saftig, nicht fest* ▸ möchten Sie ~e oder festkochende Kartoffeln?

Mehl|spei|se ⟨die; -, -n⟩ *gekochte od. gebackene süße Speise aus Mehl, Milch, Eiern u. Zucker*

Mehl|tau ⟨der; -s; unz.; Bot.⟩ *schimmelartiger, weißer Überzug auf Blättern (bes. an Rosen)*

mehr ⟨Adv.; Komp. zu „viel"⟩ **1** *in höherem Grade, in größerer Menge (als vorher)* **2** *jmdn. od. etwas an Menge übertreffend, an Zahl übersteigend, in der Art überbietend* **3** *eher* **4** *ferner, weiter, weiterhin* ▸ es ist keiner, niemand ~ da ▸ in diesem Monat hatten wir ~ **Ausgaben** als Einnahmen; er verdient jetzt 200 **Euro** ~; es besteht keine **Hoffnung** ~; es waren ~ **Kinder** als Erwachsene da; er ist ~ **Künstler** als Geschäftsmann; ich habe keine **Lust,** keine Zeit ~ ▸ dazu **gehört** ~ *dazu muss man größere Kenntnisse haben;* ich **kann** nicht ~! *ich bin satt; ich bin erschöpft, überarbeitet;* **mitmachen:** das mache ich nicht ~ mit! *hiervon ziehe ich mich zurück;* du solltest dich ~ **schonen; sein:** von dem Vermögen ist nichts ~ da, übrig; sie **verlangt** immer ~ von mir; er **verspricht** gern ~, als er halten kann; sie **wohnt** seit einem Jahr nicht ~ bei uns ▸ er war ~ **tot** als lebendig; es kamen **viel** ~ (Personen), als ich erwartet hatte; **wenig** ~ als 20; auf ein paar ~ oder weniger kommt es nicht an ▸ ich liebe niemanden ~ **als** ihn; die Sache ist mir ~ als peinlich; demnächst erzähle ich ~ **darüber** *später berichte ich noch ausführlicher;* Löhne und Preise steigen **immer** ~; **je** ~ ich ihn kennenlerne, umso sympathischer wird er mir; das klingt ~ **nach** Stress als nach Urlaub; bitte **nicht** ~! *ich möchte aufhören, ich habe genug;* das darfst du **nie** ~ tun *nicht nochmal;* möchtest du **noch** ~ Kartoffeln?

Mehr ⟨das; -; unz.⟩ **1** *Überschuss, Gewinn* **2** *Mehrheit, größere Menge* ▸ ein ~ an Erfahrung besitzen; ein ~ an Kosten verursachen

Mehr|ar|beit ⟨die; -; unz.⟩ *über die vereinbarte Arbeitszeit hinaus geleistete Arbeit*

Mehr|auf|wand ⟨der; -(e)s; unz.⟩ *über den geplanten Aufwand hinaus nötiger Aufwand*

Mehr|aus|ga|be ⟨die; -, -n; meist Pl.⟩ *Ausgabe über die erwarteten od. bisherigen Ausgaben hinaus* ▸ aufgrund der Preisschwankungen kam es zu einer ~ von rund 2 Millionen Euro

mehr|bän|dig ⟨Adj.⟩ *aus mehreren Bänden bestehend* ▸ ein ~es Nachschlagewerk

Mehr|be|las|tung ⟨die; -, -en⟩ *größere Belastung als zuträglich*

mehr|deu|tig ⟨Adj.⟩ *mehrere Bedeutungen zulassend* ▸ ~er Begriff; Abl *Mehrdeutigkeit*

mehr|di|men|si|o|nal ⟨Adj.⟩ *mehrere Dimensionen aufweisend* ▸ ~er Raum *Raum mit mehr als drei Dimensionen;* Abl *Mehrdimensionalität*

Mehr|ein|nah|me ⟨die; -, -n⟩ *Einnahme über die erwartete Einnahme hinaus, Überschuss*

meh|ren ⟨V.; mehrt, mehr|te, hat ge|mehrt⟩ **I** ⟨V. trans.⟩ etwas ~ **1** *vergrößern* **2** *wachsen lassen, zunehmen lassen* ▸ seinen Besitz, sein Vermögen ~ **II** ⟨V. refl.⟩ sich ~ *sich vermehren* ▸ es ~ sich die Stimmen der Kritiker der Reform

meh|re|re ⟨Indefinitpron.⟩ *einige, ein paar, mehr als ein(e, -r, -s) od. zwei* ▸ ein Wort mit ~n Bedeutungen; ein Gutachten ~r Fachleute einholen; ich wurde schon von ~n danach gefragt; eine Gleichung mit ~n Unbekannten; ~ von ihnen gingen wieder

meh|re|res ⟨Indefinitpron.; Sg. von „mehrere"⟩ *manches, Verschiedenes, allerlei* ▸ hierzu habe ich noch ~ zu bemerken

meh|rer|lei ⟨Adj.; undekl.⟩ *allerlei, Verschiedenes, mehrfach* ▸ die Arbeit lohnt sich in ~ Hinsicht

Mehr|er|trag ⟨der; -(e)s, -trä|ge⟩ *überschüssiger Ertrag, größerer Ertrag als erwartet*

mehr|fach ⟨Adj.⟩ **1** *mehr als ein- od. zweifach, aus mehreren Teilen bestehend* **2** ⟨umg.; nicht ganz korrekt⟩ *mehrmals* ▸ ein Schriftstück in ~er Ausfertigung; er hat in ~er Hinsicht Unrecht; der ~e deutsche Meister im 1000-Meter-Lauf; ich bin in letzter Zeit ~ danach gefragt worden

Mehr|fa|mi|li|en|haus ⟨das; -es, -häu|ser⟩ *Haus mit mehreren Wohnungen*

mehr|far|big ⟨Adj.⟩ *mehr als einfarbig od. zweifarbig* ▸ ~e Buchillustrierung

mehr|glei|sig ⟨Adj.⟩ **1** ⟨Eisenb.⟩ *aus mehreren Gleisen bestehend* **2** ⟨übertr.⟩ *mit mehreren Mitteln, auf verschiedenen Wegen* ▸ ~ denken u. handeln ⟨übertr.⟩; eine ~e Strategie fahren, verfolgen ⟨übertr.⟩

Mehr|heit ⟨die; -, -en⟩ *die größere Anzahl od. Menge aus einer Gesamtheit* ▸ die ~ der Stimmen, des Volkes, der Wähler; die ~ besitzen, erhalten, gewinnen, verlieren (im Parlament); die ~ der Anwesenden ist dafür; die einfache ~; das Gesetz wurde im Parlament mit großer ~ angenommen; der Präsident wurde mit großer, klarer, knapper, überwältigender ~ wiedergewählt; Zus *Mehrheitsbeschluss, Mehrheitsentscheidung*

mehr|heit|lich ⟨Adj.⟩ *der Mehrheit entsprechend, auf ihr beruhend*

Mehr|heits|be|tei|li|gung ⟨die; -, -en⟩ *Beteiligung eines Unternehmens an einem anderen durch die Mehrheit der Anteile am Grundkapital*

mehr|heits|fä|hig ⟨Adj.⟩ *so beschaffen, dass dafür mit einer Mehrheit an Stimmen gerechnet werden kann* ▸ eine ~e Gesetzesvorlage

Mehr|heits|wahl|recht ⟨das; -(e)s; unz.; Pol.⟩ *Wahlrecht, bei dem der Kandidat mit den meisten Stimmen als gewählt erklärt wird*

mehr|jäh|rig ⟨Adj.⟩ *mehrere Jahre dauernd, anhaltend* ▸ ~e Pflanzen

Mehr|kos|ten ⟨Pl.⟩ *Kosten über die erwarteten od. berechneten Kosten hinaus*

mehr|ma|lig ⟨Adj.⟩ *mehr als zweimalig, wiederholt* ▸ ~e Mahnungen

mehr|mals ⟨Adv.⟩ *mehr als zweimal, wiederholt*

Mehr|preis ⟨der; -es; unz.⟩ *Preis über den vereinbarten od. erwarteten Preis hinaus*

mehr|spra|chig ⟨Adj.⟩ **1** *außer der Muttersprache noch andere Sprachen lernend od. könnend* (Person) **2** *in mehreren Sprachen abgefasst* (Text, Wörterbuch) ▸ ~ aufwachsen

mehr|spu|rig ⟨Adj.⟩ *durch mehrere Spuren geteilt, aus mehreren Spuren bestehend* ▸ ~e Fahrbahn

mehr|stel|lig ⟨Adj.⟩ *aus mehreren Ziffern bestehend* ▸ Schäden in ~er Millionenhöhe; dieses Projekt wird ~e Summen kosten

mehr|stim|mig ⟨Adj.⟩ *aus mehr als zwei Stimmen bestehend* (Chor, Lied); Abl *Mehrstimmigkeit*

mehr|stö|ckig ⟨Adj.⟩ *aus mehreren Stockwerken bestehend;* Syn *mehrgeschossig* ▸ ein ~es Wohnhaus

mehr|stu|fig ⟨Adj.⟩ **1** *aus mehreren Stufen bestehend* **2** ⟨Tech.⟩ *in mehreren Stufen erfolgend* ▸ ein ~er Antrieb; ein ~er Aufgang; eine ~e Testphase

mehr|stün|dig ⟨Adj.⟩ *mehrere Stunden dauernd od. anhaltend* ▸ eine ~e Führung

mehr|tä|gig ⟨Adj.⟩ *mehrere Tage dauernd od. anhaltend* ▸ ein ~er Kongress

Mehr|tei|ler ⟨der; -s, -; TV⟩ *aus mehreren Teilen bestehende Sendung, bes. mehrteiliger Spielfilm*

mehr|tei|lig ⟨Adj.⟩ *aus mehreren Teilen bestehend*

Mehr|weg|fla|sche ⟨die; -, -n⟩ *Flasche, für die man bei der Rückgabe das zuvor gezahlte Pfandgeld zurückerhält;* Syn *Pfandflasche;* Ggs *Einwegflasche*

Mehr|wert|steu|er ⟨die; -; unz.; Abk.: MwSt⟩ *Umsatzsteuer, die nach dem Wertzuwachs, den eine Ware in einer Firma erfährt, berechnet wird*

mehr|wö|chig ⟨Adj.⟩ *aus mehreren Wochen bestehend* ▸ ein ~er Urlaubsaufenthalt

Mehr|zahl ⟨die; -; unz.⟩ **1** *Mehrheit* **2** ⟨Gramm.⟩ = *Plural;* Ggs *Einzahl*

Mehr|zweck|hal|le ⟨die; -, -n⟩ *Halle, die zu mehreren (meist sportlichen u. kulturellen) Zwecken genutzt wird*

mei|den ⟨V. trans.; mei|det, mied, hat ge|mie|den⟩ **1** etwas ~ *sich von etwas fernhalten* **2** jmdn. ~ *ihm aus dem Wege gehen, ihn nicht zu treffen suchen* **3** etwas ~ *es nicht tun* ▸ eine Speise, ein Getränk ~ *nicht essen bzw. trinken;* die Stadt ~

Mei|le ⟨die; -, -n⟩ *Längenmaß verschiedener Größe, heute nur noch in den angelsächsischen Ländern verwendet* ▸ eine ~ entspricht 1609,34 m; Zus *Einkaufsmeile*

Mei|len|stein ⟨der; -(e)s, -e⟩ **1** *Stein zur Kennzeichnung von Wegstrecken* **2** ⟨übertr.⟩ *hervorragendes Ereignis, wichtiger Punkt* ▸ ein ~ in der Erforschung des Immunsystems

mei|len|weit ⟨Adj.⟩ **1** *eine od. mehrere Meilen weit* **2** ⟨a. übertr.⟩ *sehr weit* ▸ er ist ~ davon entfernt, Vernunft anzunehmen ⟨übertr.⟩

Mei|ler ⟨der; -s, -⟩ = *Kernkraftwerk*

mein ⟨Possessivpron., 1. Person Sg.⟩ **1** *mir od. zu mir gehörend* **2** ⟨a. übertr. bei Ausdrücken der Höflichkeit, der Zuneigung od. bei Ausrufen⟩ *von mir getan, von mir benutzt* ▸ das Meine/meine *das, was mir gehört, was mir zukommt; etwas, das ich regelmäßig benutze* ▸ das ist nicht ~e Angelegenheit, Aufgabe, Sorge; ich habe heute früh ~en Bus verpasst ⟨umg.⟩ *den Bus, mit dem ich regelmäßig fahre;* ~e Damen und Herren!; ~ Entschluss steht fest; ~es Erachtens ⟨Abk.: m. E.⟩; ~ Gott! *(Ausruf des Schreckens, Erstau-*

nens); ach, du ~e Güte!; ~e Lieben *(Anrede, bes. im Brief);* es ist ausschließlich ~e Schuld; ~ Sohn, ~e Tochter; ich muss ~e Tabletten, Tropfen noch einnehmen ⟨umg.⟩ *die T., die ich regelmäßig nehme;* ~e Uhr ist stehengeblieben; es ist nicht ~ Verdienst, sondern seines; ~es Wissens war das so ⟨Abk.: m. W.⟩ ▸ sein: sie ist ~ Ein und Alles *bedeutet alles für mich;* Mein und Dein nicht unterscheiden können, verwechseln *es mit fremdem Eigentum nicht so genau nehmen;* ⟨verhüllend für⟩ *stehlen* ▸ nach ~er Ansicht, Auffassung, Meinung

Mein|eid ⟨der; -(e)s, -e⟩ *vorsätzlich falscher Schwur od. falsche eidliche Erklärung;* Syn *Falscheid* ▸ einen ~ leisten; jmdn. wegen ~s verurteilen

mei|nen ⟨V. trans.; meint, mein|te, hat ge|meint⟩ **1** etwas ~ **1.1** *zum Ausdruck bringen (wollen)* **1.2** *äußern, sagen* **1.3** *für richtig halten* **2** ~, dass … *der Meinung sein, glauben, annehmen, vermuten* **3** jmdn. od. etwas ~ *von jmdm. od. etwas sprechen, bei einer Aussage an jmdn. od. etwas denken* ▸ „Das finde ich nicht!", meinte er; er meint, dass es damit genug sei; sie meint, dass es so nicht geht; man sollte ~, dass es damit genug sei; ich habe nicht Sie gemeint; das will ich ~! *aber ganz bestimmt!, davon bin ich überzeugt!* ▸ du meinst wohl das Richtige, du hast dich aber schlecht ausgedrückt ▸ er meint es nicht böse *er hat nichts Böses sagen od. tun wollen;* es war gut gemeint (wenn es auch nicht den Anschein hat); er meint es gut mit dir *er will dir etwas Gutes sagen od. tun;* ~ Sie das wirklich? ▸ ich meine es so *ich will damit Folgendes sagen;* ich habe es nicht so gemeint *es war keine böse Absicht;* ich meine nur so ⟨umg.⟩ *es war nur ein Vorschlag, nur eine Bemerkung* ▸ was ~ Sie damit? *was wollen Sie damit sagen?, worauf spielen Sie an?;* was ~ Sie dazu? *was halten Sie davon, welche Meinung haben Sie darüber?;* wenn Sie ~? *wenn es Ihnen recht ist, wenn Sie wollen;* wie meinst du das? *ich habe dich nicht verstanden*

mei|ner|seits ⟨Adv.⟩ **1** *von meiner Seite, von mir (aus)* **2** *auf meiner Seite* ▸ ~ ist nichts einzuwenden; „Ich freue mich, Sie kennenzulernen!" „Ganz ~!" *das Vergnügen, die Freude ist auf meiner Seite (formelhafte Wendung)*

mei|net|we|gen ⟨Adv.⟩ **1** *um meinetwillen, für mich* **2** ⟨umg.⟩ *ich habe nichts dagegen, von mir aus* ▸ ~! ⟨umg.⟩; ~ kann er es haben ⟨umg.⟩

Mei|nung ⟨die; -, -en⟩ **1** *Ansicht, Anschauung, Standpunkt* **2** *Urteil, Wertschätzung* ▸ die ~ der Allgemeinheit, der Leute, der Masse ▸ seine ~ ändern, aufgeben; sie hat ihre ~ wieder geändert; auseinandergehen: unsere ~en gehen auseinander; eine ~ äußern, haben, sagen, vertreten; wir könnten einmal unsere ~en darüber austauschen *wir könnten uns gegenseitig sagen, was wir darüber denken;* jmds. ~ beipflichten, zustimmen; ich habe ihm gehörig die, meine ~ gesagt *offen mein Missfallen ausgedrückt;* sein: ich bin der ~, dass wir anders vorgehen sollten; was ist Ihre ~? ▸ er duldet keine andere ~; ich bin anderer ~ (als du); er hat keine eigene ~ *er redet nur das nach, was die anderen sagen;* mit jmdm. einer ~ sein; eine gute, schlechte ~ von jmdm. haben; ich habe darüber keine ~ *ich kann es nicht beurteilen; es ist mir gleich;* ganz meine ~!; die öffentliche ~ *die Ansicht der Allgemeinheit;* wir sind häufig verschiedener ~ ▸ er beharrt, besteht auf seiner ~; meiner ~ nach war das so; sich eine ~ über jmdn. od. etwas bilden; er kümmert sich nicht um die ~ der anderen; von einer ~ abkommen; sich eine ~ von jmdm. od. etwas bilden; Zus *Meinungsäußerung, Meinungsaustausch, Meinungsforschung, Meinungsumfrage*

Mei|nungs|frei|heit ⟨die; -; unz.⟩ *das Recht der freien Meinungsäußerung, ein wesentliches Grundrecht des Einzelnen*

Mei|nungs|ver|schie|den|heit ⟨die; -, -en⟩ **1** *unterschiedliche Meinungen* **2** *leichter Streit*

Mei|se ⟨die; -, -n; Zool.⟩ *ein kleiner, gewandter Singvogel* ▸ du hast wohl eine ~? ⟨übertr.; umg.⟩ *du bist wohl verrückt?;* Zus *Blaumeise*

Mei|ßel ⟨der; -s, -⟩ *keilartig zugespitztes, geschärftes Werkzeug zur Stein- u. Metallbearbeitung*

mei|ßeln ⟨V.; mei|ßelt, mei|ßel|te, hat ge|mei|ßelt⟩ **I** ⟨V. intr.⟩ *mit dem Meißel arbeiten* **II** ⟨V. trans.⟩ **1** etwas ~ *mit dem Meißel bearbeiten* **2** etwas in etwas ~ *mit dem Meißel in etwas einarbeiten*

meist/meistens

Der Superlativ von viel lautet ***meist***, was so viel bedeutet wie „der größte Anteil, mehr als alle anderen". In der undeklinierbaren Form ***meist*** oder ***meistens*** wird es adverbial im Sinne von „häufig, in den meisten Fällen" verwendet: *Er hat es meist/meistens vergessen. Ich gehe meist/meistens um 22 Uhr zu Bett.*
Als Adjektiv ist ***meiste(r, -s)*** dagegen veränderlich: *Die meisten meiner Freunde wohnen in der Nähe. Die meisten Kinder lieben Pommes frites.*
Superlativformen mit am schreibt man generell klein: *Er hat sich am meisten von allen über die Nachricht gefreut. Sie verdient am meisten von uns. Dies ist das am meisten verkaufte Buch.*
Wird ***meist*** substantivisch gebraucht, so kann man es klein- oder großschreiben: *Die meisten/Meisten sind nicht gekommen. Den meisten/Meisten hat die Aufführung gefallen.*

meist[1] ⟨Adj.; Superl. von „viel"⟩ *den größten Anteil habend, sehr viel, sehr groß, mehr als alle anderen, als alles andere* ▸ die ~en/Meisten glauben, dass … *viele Leute, viele Menschen glauben, dass …;* er hat die ~en Stimmen erhalten *er wurde gewählt;* die ~e Zeit ⟨umg.⟩ *fast die ganze Zeit;* das ~e/Meiste davon habe ich wieder vergessen; am ~en *vor allem, mehr als alle(s)*

meist[2] ⟨Adv.⟩ *meistens* ▸ er kommt ~ erst gegen Abend

meist|be|sucht ⟨Adj.; Superlativ von⟩ *viel besucht* ▸ die ~e deutsche Stadt

M

meist|bie|tend 〈Adj.; in der Wendung〉 etwas ~ versteigern *an den Meistbietenden, gegen Höchstgebot;* Abl *Meistbietende(r)*

meis|tens 〈Adv.〉 *im Allgemeinen, für gewöhnlich, am häufigsten, fast immer, zum größten Teil;* Syn 〈selten〉 *meistenteils* ▸ sie kommt ~ zu spät

Meis|ter 〈der; -s, -〉 **1** *Handwerker, der nach der Gesellenzeit eine (staatliche) Prüfung abgelegt hat u. damit berechtigt ist, Lehrlinge anzustellen;* Zus *Handwerksmeister* **2** *Führer, Lehrer, Vorbild;* Zus *Lehrmeister* **3** *großer Könner;* Abl *meisterhaft, meisterlich;* Zus *Meisterleistung* **4** *Sportler, der eine Meisterschaft (II) errungen hat;* Zus *Europameister, Weltmeister* ▸ er ist ein ~ der **Feder,** des Klavierspiels, der Sprache ▸ er hat seinen ~ **gefunden** *jmdn., der ihm überlegen ist;* seinen ~ **machen** *die Meisterprüfung ablegen;* Übung macht den ~ 〈Sprichw.〉; früh übt sich, was ein ~ werden will 〈Sprichw.〉 ▸ **bei** einem ~ in der Lehre stehen; ein ~ **im** Schachspiel; er wurde deutscher ~ im Schwergewicht; ~ es ist noch kein ~ vom Himmel gefallen 〈Sprichw.〉 *jeder muss alles erst lernen*

Meis|ter|brief 〈der; -(e)s, -e〉 *Urkunde über die abgelegte Meisterprüfung*

Meis|ter|hand 〈die; -; unz.; übertr.〉 ein Kunstwerk von ~ *von einem Meister geschaffenes, ein vortreffliches Kunstwerk*

Meis|te|rin 〈die; -, -rin|nen〉 *weibl. Meister*

meis|tern 〈V. trans.; meis|tert, meis|ter|te, hat gemeis|tert〉 etwas ~ *bezwingen, überwinden, beherrschen* ▸ eine Arbeit, Aufgabe, Schwierigkeiten ~; jeder muss sein Leben ~

Meis|ter|schaft 〈die; -, -en〉 **I** 〈unz.〉 *gute Beherrschung, großes, ausgereiftes Können* ▸ er spielte mit vollendeter ~ **II** 〈zählb.〉 *sportliche Höchstleistung, Sieg im Wettkampf* ▸ die ~ (in einer Sportart) austragen, gewinnen, verlieren; die Wettkämpfe um die deutsche ~ im Eistanz; Zus *Meisterschaftsspiel, Meisterschaftstitel; Skimeisterschaft, Weltmeisterschaft*

Meis|ter|stück 〈das; -(e)s, -e〉 **1** *praktische Arbeit eines Gesellen zur Meisterprüfung* **2** 〈übertr.〉 *vorbildliche, ausgezeichnete Arbeit, geschickte Tat*

Meis|ter|ti|tel 〈der; -s, -; bes. Sp.〉 *Titel eines Meisters* ▸ den ~ erringen

Meis|ter|werk 〈das; -(e)s, -e〉 *großartiges Kunstwerk, vorbildliche Arbeit, Leistung*

meist|ge|hasst 〈Adj.; Superlativ von〉 *viel gehasst* ▸ der ~e Mensch seiner Zeit

meist|ge|kauft 〈Adj.; Superlativ von〉 *viel gekauft* ▸ Europas ~er Kleinwagen

meist|ge|le|sen 〈Adj.; Superlativ von〉 *viel gelesen* ▸ die Bibel ist das ~e Buch

meist|ge|nannt 〈Adj.〉 *am meisten, am häufigsten genannt* ▸ der ~e Wunsch

meist|ge|sucht 〈Adj.; Superlativ von〉 *viel gesucht* ▸ der ~e Terrorist der Welt

meist|ver|kauft 〈Adj.; Superlativ von〉 *viel verkauft* ▸ Jeans sind das ~e Kleidungsstück der Welt

Mek|ka 〈das; -s, -s; übertr.〉 *Ort, der eine große Anziehungskraft ausübt* ▸ ein ~ für Trekkingtouristen

Me|lan|cho|lie 〈[-kɔ-] die; -; unz.〉 *Schwermut, Trübsinn, grundlose Traurigkeit, Weltschmerz;* Abl *Melancholiker(in)*

me|lan|cho|lisch 〈[-koː-] Adj.〉 *schwermütig, trübsinnig, grundlos traurig* ▸ sie sieht ~ aus

Me|lan|ge 〈[-lãːʒ(ə)] die; -, -n; österr.〉 *Milchkaffee*

Me|las|se 〈die; -, -n〉 *zähflüssiger, brauner Rückstand bei der Zuckergewinnung*

Mel|de|amt 〈das; -(e)s, -äm|ter〉 = *Einwohnermeldeamt*

mel|den 〈V.; mel|det, mel|de|te, hat ge|mel|det〉 **I** 〈V. trans.〉 **1** jmdm. etwas ~ *ihm etwas mitteilen, ihn benachrichtigen* **2** jmdn. od. etwas ~ *ihn od. es anzeigen, angeben* ▸ er hat den **Unfall,** Vorfall bereits gemeldet ▸ wie unser Korrespondent **aus** London meldet ...; ich werde ihn beim Direktor, **bei** der Polizei ~; jmdn. **wegen** eines Vergehens ~; du hast hier nichts **zu** ~ 〈umg.〉 *nichts zu sagen, nichts zu bestimmen* ▸ **wen** darf ich ~? *(Frage an den Besucher im Vorzimmer)* **II** 〈V. refl.〉 sich ~ **1** *seine Anwesenheit anzeigen, sich vorstellen* **2** *sich zur Verfügung stellen, um eine Aufgabe zu übernehmen* **3** *durch Handheben ums Wort bitten* ▸ der **Hunger,** mein Magen 〈umg.〉 meldet sich ▸ sich **arbeitslos** ~; er will sich **freiwillig** ~ (zum Wehrdienst) ▸ sich **am** Telefon ~; sich **bei** der Polizei ~; ich habe mich **für** den zweiten Lehrgang gemeldet; unter dieser Handynummer meldet sich **niemand;** auf die Anzeige hat sich niemand gemeldet; sich freiwillig **zu** einer Aufgabe, einem Dienst ~; er meldet sich im Unterricht sehr oft zu Wort

Mel|de|pflicht 〈die; -; unz.〉 **1** *Pflicht des Bürgers, sich beim Zuzug in eine Stadt zu längerem Aufenthalt od. beim Umzug in eine andere Wohnung beim Einwohnermeldeamt anzumelden* **2** *Pflicht des Arztes, das Auftreten bestimmter ansteckender Krankheiten bei der Gesundheitsbehörde anzugeben;* Syn *Anzeigepflicht* ▸ für Scharlach und Windpocken besteht eine amtliche ~

mel|de|pflich|tig 〈Adj.〉 *der Meldepflicht unterliegend* ▸ ~e Krankheit *ansteckende Krankheit, deren Auftreten vom Arzt bei der Gesundheitsbehörde gemeldet werden muss, z. B. Typhus*

Mel|de|schluss 〈der; -es; unz.〉 *letzter Termin für Meldungen*

Mel|de|stel|le 〈die; -, -n〉 = *Einwohnermeldeamt*

Mel|dung 〈die; -, -en〉 **1** *das Melden* **2** *dienstliche Mitteilung, offizielle Nachricht, bes. Mitteilung der Anwesenheit, Dienstbereitschaft, Teilnahme* ▸ eine ~ **bestätigen,** dementieren, verbreiten, weiterleiten, zurückhalten; eine ~ **entgegennehmen,** erhalten, erwarten; eine ~ **jagte** die andere 〈übertr.〉; jmdm. (eine) ~ **machen** *jmdm. etwas melden* ▸ eine **aktuelle,** amtliche, sensationelle, streng vertrauliche, wichtige ~ ▸ eine ~ **aus** New York; es ist eine ~ **bei** der Polizei eingegangen; die neuesten ~en **über** die Lage im Katastrophengebiet; die letzten ~en **von** den olympischen Wettkämpfen

Me|lis|se ‹die; -, -n; Bot.› *eine Pflanze, die nach Zitrone duftet u. als Gewürz verwendet wird*

mel|ken ‹V. trans.; melkt, melk|te, hat ge|mol|ken/ge|melkt› **1** eine Kuh, Ziege ~ *ihr Milch durch pressendes Streichen der Zitzen entziehen, wegnehmen* **2** ‹übertr.; umg.› jmdn. ~ *ihm (ständig) Geld abnehmen, ihn ausbeuten, schamlos anpumpen* ▸ der Steuerzahler wird wieder einmal kräftig gemolken ‹übertr.; umg.›; gerade erst gemolkene/gemelkte Milch; Abl *Melker(in)*

Me|lo|die ‹die; -, -n; Mus.› **1** *in sich geschlossene, sangbare Folge von Tönen* **2** ‹meist Pl.› *Gesangsstück, Musikstück*

Me|lo|dik ‹die; -; unz.; Mus.› **1** *Lehre von der Bildung u. Gestaltung einer Melodie* **2** *melodische Eigenart, Besonderheit, die melodischen Merkmale (eines Musikstücks, eines Komponisten)*

me|lo|disch ‹Adj.; Mus.› **1** *die Melodie betreffend, zu ihr gehörig* **2** *angenehm im Klang*

Me|lo|dram ‹das; -s, -dra|men› oV *Melodrama* **1** *gesprochene Dichtung mit musikalischer Untermalung* **2** *leidenschaftlich-rührseliger Spielfilm* **3** ‹übertr.; umg.› *leidenschaftliche Auseinandersetzung, stark emotionaler Konflikt*

me|lo|dra|ma|tisch ‹Adj.› **1** *in der Art eines Melodramas* **2** ‹übertr.; umg.› *leidenschaftlich, tränenreich, theatralisch*

Me|lo|ne ‹die; -, -n› **1** ‹Bot.› *eine große, rundliche Frucht mit süßem Fruchtfleisch;* Zus *Honigmelone, Wassermelone* **2** ‹umg.› *steifer, runder Herrenhut*

M

Mem|b|ran ‹die; -, -en› oV *Membrane* **1** *dünnes, schwingungsfähiges Blättchen aus Metall, Papier, Gummi zum Übertragen von Schallwellen* **2** *dünnes Häutchen, z. B. Zellwand, Trommelfell* **3** *dünne, nicht od. nur zum Teil durchlässige Trennwand*

Mem|me ‹die; -, -n; umg.; abwertend› *zimperlicher, furchtsamer Mensch, Feigling*

Me|mo ‹das; -s, -s; kurz für› *Memorandum*

Me|moi|ren ‹[-moarən] nur Pl.› *zeitgeschichtlich interessante Lebenserinnerungen* ▸ er schreibt seine ~

Me|mo|ran|dum ‹das; -s, -ran|den od. -ran|da› *Stellungnahme, Darlegung einer wichtigen Angelegenheit (an eine Behörde)*

me|mo|rie|ren ‹V. trans.; me|mo|riert, me|mo|rier|te, hat me|mo|riert; geh.› etwas ~ **1** *auswendig lernen, sich einprägen* **2** *aus dem Gedächtnis hersagen*

Me|mo|ry ‹das; -s, -s; EDV› *Speicher*

Me|mo|ry® ‹das; -s, -s› *Gesellschaftsspiel für Kinder, bei dem aus verdeckten Bildkärtchen jeweils gleiche Paare gefunden werden müssen*

Men|ge ‹die; -, -n› **1** *(bestimmte) Anzahl, Masse;* Zus *Stoffmenge, Wassermenge* **2** *große Zahl, Fülle, ungeordneter Haufen;* Zus *Menschenmenge* **3** ‹Math.› *Zusammenfassung von bestimmten wohlunterschiedenen Objekten zu einem Ganzen* ▸ eine ~ ‹umg.› *viel(e);* eine ganze ~ ‹umg.› *ziemlich viel(e)* ▸ wir bitten um **Angabe** der ~n; wir haben eine ~ **Arbeit;** eine ~ **Bilder,** Bücher, Lichter; eine ~ neugieriger **Menschen** hatte sich angesammelt; wir haben noch eine ~ **Zeit,** bis der Zug abfährt ▸ die ~ muss es **bringen** *nur eine große Anzahl bringt Gewinn;* die ~ **drängt** sich vor dem Rathaus zusammen; du musst noch eine ~ **lernen** ‹umg.›; ich habe noch eine ~ zu **tun** ▸ wir haben nur noch eine **begrenzte** ~ dieser Ware vorrätig ▸ ein Raunen ging **durch** die ~; Obst **in** ~n ernten; wir verkaufen nur in großen ~n; in rauen ~n ‹umg.› *in großer Anzahl;* eine große ~ **von** Bildern, Büchern, Waren

Men|gen|leh|re ‹die; -; unz.; Math.› *Lehre von den Gesetzmäßigkeiten mathematischer Mengen;* Syn *Mengenrechnung*

men|gen|mä|ßig ‹Adj.› *die Menge betreffend, quantitativ* ▸ ~ gibt es zurzeit keine Engpässe

Men|gen|ra|batt ‹der; -(e)s, -e› *Rabatt für den Käufer größerer Mengen*

Me|nin|gi|tis ‹die; -, -ti|den; Med.› *Entzündung der Gehirnhaut*

Me|nis|kus ‹der; -, -nis|ken; Anat.› *scheibenförmiger Zwischenknorpel des Kniegelenks;* Zus *Meniskusriss*

Me|no|pau|se ‹die; -, -n; Med.› *Aufhören der Menstruation in den Wechseljahren*

Men|sa ‹die; -, Men|sen› *Kantine in einer Universität für Studenten und Dozenten* ▸ wir essen mittags in der ~; wie schmeckt dir das Essen in der ~?

Mensch ‹der; -en, -en› **1** *das höchstentwickelte Lebewesen;* ⓘ S. 146 **2** *Person* **3** ‹umg.› *Kerl (bes. als grobe Anrede)* ▸ man muss die ~en **nehmen,** wie sie sind *man muss sich anpassen;* **sein:** er ist auch nur ein ~ *er kann auch nicht mehr leisten, als in seinen Kräften liegt, er ist auch nicht ohne Fehler* ▸ **alle** ~en; er ist ein ganz **anderer** ~ geworden *er hat sich sehr (zu seinem Vorteil) verändert;* die **ersten** ~en ‹AT› *Adam u. Eva;* **jeder** ~ hat seine Fehler; das konnte **kein** ~ ahnen *niemand;* kein ~ hat ihn gesehen; ~en **verachtend** = *menschenverachtend* ▸ er ist gern **unter** ~en *in Gesellschaft;* er ist eine Seele **von** einem ~en ‹umg.› *herzensgut, gutmütig;* **wie viele** ~en leben in Deutschland?; von ~ **zu** ~ mit jmdm. sprechen *ohne konventionelle Schranken*

Men|schen|af|fe ‹der; -n, -n; Zool.› *dem Menschen ähnliche Art des Affen, die am Boden in halb aufrechter Haltung geht* ▸ Schimpansen, Gorillas und Orang-Utans sind ~n

Men|schen|al|ter ‹das; -s, -› *die Lebenszeit eines Menschen*

Men|schen|bild ‹das; -(e)s, -er› *Bild, Vorstellung, Auffassung vom Menschen*

men|schen|feind|lich ‹Adj.› *den Menschen feindlich gesinnt;* Syn *misanthropisch;* Abl *Menschenfeindlichkeit*

Men|schen|fres|ser ‹der; -s, -› *jmd., der Menschenfleisch verzehrt;* Syn *Kannibale*

men|schen|freund|lich ‹Adj.› *den Menschen wohlgesinnt, ihnen Wohltaten erweisend;* Syn *philanthropisch;* Abl *Menschenfreundlichkeit*

Mẹn|schen|füh|rung ⟨die; -; unz.⟩ *die Kunst, Menschen zu leiten u. zu erziehen*
Mẹn|schen|ge|den|ken ⟨das; in der Wendung⟩ seit ~ *so weit die Überlieferung zurückreicht*
Mẹn|schen|ge|stalt ⟨die; -, -en; in der Wendung⟩ in ~ *in Gestalt eines Menschen* ▸ ein Engel in ~ ⟨übertr.⟩ *besonders reiner, guter Mensch*
Mẹn|schen|hand ⟨die; -, -hän|de; bes. in den Wendungen⟩ durch, von ~ *durch den Menschen, vom Menschen geschaffen*
Mẹn|schen|han|del ⟨der; -s; unz.⟩ *Handel mit Menschen (als Sklaven, Soldaten, Prostituierte usw.);* Abl *Menschenhändler(in)*
Mẹn|schen|kennt|nis ⟨die; -; unz.⟩ *intuitives od. auf Erfahrung beruhendes Wissen von Menschen* ▸ (eine gute, schlechte) ~ besitzen
Mẹn|schen|ket|te ⟨die; -, -n⟩ *(bei Protestveranstaltungen gebildete) Kette von Menschen (zum Zeichen des Zusammenhalts)* ▸ eine ~ bilden
Mẹn|schen|le|ben ⟨das; -s, -⟩ **1** *die Lebenszeit des Menschen* **2** *der lebendige Mensch* ▸ ein ~ lang; dem Anschlag sind zwei ~ zum Opfer gefallen
mẹn|schen|leer ⟨Adj.⟩ *einsam, verlassen* (Gegend, Platz)
Mẹn|schen|men|ge ⟨die; -, -n⟩ *große Zahl von Menschen*
mẹn|schen|mög|lich ⟨Adj.; in der Wendung⟩ das, alles Menschenmögliche *für einen Menschen möglich, in seiner Macht stehend* ▸ ich habe das Menschenmögliche getan *alles*
Mẹn|schen|op|fer ⟨das; -s, -⟩ **1** *Tötung von Menschen aus kultischen Gründen* **2** *Opfer an Menschenleben (z. B. bei einem Unglück)* ▸ ~ darbringen; ~ sind bei diesem Unglück nicht zu beklagen
Mẹn|schen|raub ⟨der; -(e)s; unz.; Rechtsw.⟩ *Überwältigung von Menschen durch List, Gewalt od. Drohung u. ihre Entführung*
Mẹn|schen|recht ⟨das; -(e)s, -e⟩ *angeborenes, unveräußerliches u. unverletzliches Recht des Menschen auf freie Bewegung u. Betätigung* ▸ die Allgemeine Erklärung der ~e (10.12.1948); die ~e verteidigen, wahren; für die ~e eintreten; gegen die ~e verstoßen; Abl *Menschenrechtler(in);* Zus *Menschenrechtskommission, Menschenrechtskonvention, Menschenrechtsorganisation, Menschenrechtsverletzung*

Menschenrechte

In Deutschland sind die *Menschenrechte,* das heißt die Grundrechte jedes einzelnen Menschen, in der Verfassung bzw. im Grundgesetz verankert. Die Menschenrechte umfassen u. a. das Recht auf Leben, das Recht auf Freiheit und Sicherheit, das Recht auf Religionsfreiheit, das Recht auf freie Meinungsäußerung, die Versammlungs- und Vereinigungsfreiheit, das Recht auf Eheschließung und das Diskriminierungsverbot. Die Menschenrechte schließen demnach jede Form von staatlicher Unterdrückung aus.
Im Jahr 1776 wurden die *Menschenrechte* zuerst in den USA gesetzlich verankert, Frankreich folgte im Zuge der Revolution von 1789. Die von der UNO 1948 festgelegten *Menschenrechte* werden heute zwar von den meisten Staaten der Welt anerkannt, es gibt jedoch auch heute noch Länder, die sie nicht einhalten.
Der „Europäische Gerichtshof für Menschenrechte“ in Straßburg ist eine Einrichtung, die für die Einhaltung der Menschenrechte zuständig ist bzw. Verstöße gegen die Menschenrechte juristisch verfolgt.

mẹn|schen|scheu ⟨Adj.⟩ *die Menschen meidend, ungesellig* ▸ er ist sehr ~
Mẹn|schen|schlag ⟨der; -(e)s; unz.⟩ *Gruppe von Menschen mit gemeinsamen Wesenszügen, Charaktermerkmalen, die für die Bewohner einer bestimmten Region als typisch gelten* ▸ ein heiterer, schwerfälliger ~
Mẹn|schen|see|le ⟨die; -, -n; in der Wendung⟩ keine ~ *niemand* ▸ keine ~ war zu sehen; er hat es keiner ~ erzählt *niemandem*
mẹn|schen|un|wür|dig ⟨Adj.⟩ *des Menschen nicht würdig, ihm nicht angemessen* ▸ ~e Zustände
mẹn|schen|ver|ach|tend *auch:* **Mẹn|schen ver|ach|tend** ⟨Adj.⟩ *die Menschen od. die Menschenwürde verachtend* ▸ ein ~er Zynismus
Mẹn|schen|ver|stand ⟨der; -(e)s; unz.⟩ *Verstand, Klugheit des Menschen* ▸ der gesunde ~ *natürliche Klugheit, Einsicht des Menschen*
Mẹn|schen|wür|de ⟨die; -; unz.⟩ *die Würde des Menschen als denkendes, vernünftiges, seiner selbst bewusstes Wesen* ▸ die ~ achten, schützen, verteidigen; die ~ demütigen, missachten, mit Füßen treten; Abl *menschenwürdig*
Mẹnsch|heit ⟨die; -; unz.⟩ *die Gesamtheit der Menschen* ▸ die Entwicklung, Geschichte der ~; eine Erfindung zum Wohle der ~; er ist eine Gefahr für die ~
mẹnsch|lich ⟨Adj.⟩ **1** *den Menschen betreffend, zu ihm gehörig* **2** *der Art des Menschen, seinem Wesen gemäß* **3** *wie ein guter Mensch handelnd, hilfsbereit, selbstlos* **4** *menschenfreundlich, wohlwollend* ▸ die Bedingungen sind ~ ⟨umg.⟩ *erträglich, annehmbar;* ~e Fehler kommen immer wieder vor; eine ~e Regung fühlen *Mitgefühl haben;* eine liebenswürdige ~e Schwäche; die Geheimnisse der ~en Seele; ~es Versagen ist schuld an dem Unglück ▸ der Gefangene ist nicht ~ behandelt worden; ~ handeln, sein; Irren ist ~ ⟨Sprichw.⟩; sein: das ist nur zu ~; Abl *Menschlichkeit*
Mens|t|ru|a|ti|on ⟨die; -, -en; Med.⟩ *die in etwa 28-tägigem Abstand erfolgende u. mit einer Blutung einhergehende Abstoßung der Gebärmutterschleimhaut bei unbefruchteter Eizelle;* Syn *Blutung (2), Monatsblutung, Periode (2), Regel (3);* Zus *Menstruationsbeschwerden*
men|tal ⟨Adj.⟩ **1** *den Geist betreffend, geistig, verstandesmäßig* **2** *in Gedanken bestehend, gedacht* ▸ das ~e Training der Sportler; etwas ~ ver-

M

arbeiten; die Mannschaft war ~ in schlechter Verfassung

Men|ta|li|tät ⟨die; -, -en⟩ *Geistigkeit, geistige Verfassung, Sinnesart, Denkart, Anschauungsweise*

Men|thol ⟨das; -s; unz.⟩ *Bestandteil des Öls der Pfefferminze* ▸ bei Erkältung kann man ~ inhalieren

Men|tor ⟨der; -s, -en⟩ *Lehrer, Berater, Erzieher;* Abl *Mentorin*

Me|nu ⟨[meny:] das; -s, -s⟩ = *Menü*

Me|nü ⟨das; -s, -s⟩ oV *Menu* **1** *genau festgelegte Speisenfolge, Gedeck* **2** *Essen mit mehreren Gängen* **3** ⟨schweiz.⟩ *Mahlzeit* **4** ⟨EDV⟩ *auf dem Bildschirm dargestellte Übersicht über die Befehle, die als nächste Operation abrufbar bzw. möglich sind* ▸ wir haben ein viergängiges ~ gegessen

Me|nu|ett ⟨das; -(e)s, -e; Mus.⟩ **1** *alter Volkstanz im 3/4-Takt u. mäßigen Tempo* **2** *Satz in Sinfonie, Sonate, Kammermusik*

Me|ri|di|an ⟨der; -s, -; Geogr.⟩ *Längenkreis auf der Erdkugel, der senkrecht auf dem Äquator steht u. durch beide Pole geht*

mer|kan|til ⟨Adj.⟩ *kaufmännisch, zum Handel gehörend, Handels…;* oV *merkantilisch*

merk|bar ⟨Adj.⟩ **1** *so beschaffen, dass man es sich merken kann* **2** = *merklich* ▸ eine ~e Besserung, Verschlechterung

Merk|blatt ⟨das; -(e)s, -blät|ter⟩ *(gedrucktes) Blatt mit Erläuterungen (einer Verordnung u. Ä.)*

mer|ken ⟨V.; merkt, merk|te, hat ge|merkt⟩ **I** ⟨V. trans.⟩ etwas ~ **1** *wahrnehmen, entdecken, beobachten, erkennen* **2** *fühlen, spüren, argwöhnen* ▸ erst jetzt merke ich, dass es so nicht geht; er merkt auch alles! *ihm entgeht nichts;* hat er etwas gemerkt? ▸ ich merkte sofort seine Absicht ▸ ich merkte sofort an seinem Benehmen, dass etwas vorgefallen war; ich habe geschlafen und überhaupt nichts von dem Gewitter gemerkt **II** ⟨V. refl.⟩ sich etwas od. jmdn. ~ *etwas od. jmdn. im Gedächtnis behalten* ▸ merk dir das! ⟨umg.; scharf zurechtweisend⟩ ▸ ich kann mir seinen Namen, deine Telefonnummer, diese Zahlen nicht ~ ▸ den Namen dieser jungen Schauspielerin wird man sich ~ müssen *sie hat eine große Karriere vor sich, sie wird noch von sich reden machen* ▸ diesen Namen kann man sich leicht, schwer, kaum ~ ▸ ich werde mir das für die Zukunft ~ *berücksichtigen*

merk|lich ⟨Adj.⟩ *fühlbar, spürbar, sichtlich, erheblich* ▸ eine ~e Veränderung; es hat sich ~ abgekühlt

Merk|mal ⟨das; -(e)s, -e⟩ *Zeichen, Kennzeichen, Anzeichen, kennzeichnende Eigenschaft* ▸ ein ~ aufweisen, besitzen, haben; keine besonderen ~e; ein bezeichnendes, charakteristisches, hervorstechendes ~

Mer|kur ⟨der; -; unz.⟩ *Planet des Sonnensystems*

merk|wür|dig ⟨Adj.⟩ **1** *Aufmerksamkeit erregend, eigenartig, verwunderlich;* Abl *merkwürdigerweise* **2** *auffällig, verdächtig* ▸ das ist eine ~e Angelegenheit, Begebenheit, Geschichte; dieser Fall ist sehr ~; er ist ein ~er Mensch; er benimmt sich so ~; das finde ich ~; das ist aber ~!; Abl *Merkwürdigkeit*

me|schug|ge ⟨Adj.; nur präd.; umg.⟩ *verrückt*

Mes|ner ⟨der; -s, -⟩ *Küster, Kirchendiener, Sakristan;* oV ⟨schweiz.⟩ *Mesmer, Messmer, Messner;* Abl *Mesnerin*

Mess|be|cher ⟨der; -s, -⟩ *durchscheinender Becher mit Maßeinteilung zum Abmessen*

Mess|die|ner ⟨der; -s, -⟩ = *Ministrant;* Abl *Messdienerin*

Mes|se[1] ⟨die; -, -n⟩ **1** *Industrieschau, Ausstellung von Industriewaren großen, oft internationalen Ausmaßes;* Zus *Messebesucher(in), Messegelände, Messehalle, Messestadt; Automesse, Buchmesse, Computermesse, Modemesse* **2** *katholischer Hauptgottesdienst;* Zus *Ostermesse, Sonntagsmesse, Totenmesse* **3** *Musik zur feierlichen Ausgestaltung der Messe (2)* ▸ die ~ besuchen, feiern, halten, hören, lesen, die Frankfurter, Leipziger ~; auf der ~ (in Nürnberg) ausstellen; auf die ~ gehen

Mes|se[2] ⟨die; -, -n; auf Schiffen⟩ *Aufenthaltsraum u. Speiseraum für die Offiziere*

mes|sen ⟨V.; misst, maß, hat ge|mes|sen⟩ **I** ⟨V. intr.⟩ *ein bestimmtes Maß, eine bestimmte Größe haben* ▸ dieser Stoffrest misst 2 Meter; der Tisch misst 1,50 m in der Länge **II** ⟨V. trans.⟩ **1** etwas ~ **1.1** *von etwas Höhe, Länge, Breite, Rauminhalt, Gewicht feststellen* **1.2** *von etwas das Größen- od. Kraftverhältnis feststellen* **2** jmdn. ~ *jmds. Körpergröße od. Körpertemperatur bestimmen* ▸ die Breite, Geschwindigkeit, Höhe, Größe, Länge, Luftfeuchtigkeit, Lufttemperatur, Meerestiefe, elektrische Spannung ~; Fieber, die Temperatur des Kranken ~ ▸ gemessen an seinen Fähigkeiten, lassen die Leistungen des Schülers zu wünschen übrig; er muss sich an den Leistungen seines Vorgängers ~ lassen; eine Entfernung mit den Augen ~ *schätzen;* mit einem Zollstock ~; die Zeit des Laufs mit der Stoppuhr ~; →a. *gemessen;* Abl *Messung; messbar;* Zus *Messdaten, Messfehler, Messgenauigkeit, Messgerät, Messinstrument, Messmethode, Messtechnik, Messwert* **III** ⟨V. refl.⟩ sich mit jmdm. ~ *seine Kraft, Leistung an jmdm. erproben* ▸ er kann sich nicht mit ihm ~ *kommt ihm nicht gleich*

Mes|ser ⟨das; -s, -⟩ *Schneidwerkzeug mit Griff u. feststehender od. einklappbarer Klinge* ▸ ein ~ schärfen, schleifen, wetzen; meine ~ schneiden nicht gut *sind nicht scharf;* das ~ ziehen (um zuzustechen) ▸ ein breites, kurzes, langes, scharfes, spitzes ~ ▸ jmdn. ans ~ liefern ⟨übertr.⟩ *ihn jmdm. ausliefern, der Vernichtung preisgeben;* ein Kampf bis aufs ~ *ein erbitterter K. ohne jede Rücksicht;* es steht auf des ~s Schneide ⟨übertr.⟩ *der Ausgang ist noch ungewiss, ist kritisch;* jmdm. ein ~ in den Leib jagen, stoßen; jmdn. ins offene ~ laufen lassen ⟨übertr.⟩ *jmdn. nicht vor einer drohenden Gefahr warnen;* Brot mit dem ~ abschneiden; Käse mit dem ~ schneiden, zerkleinern; jmdn. mit dem ~ bedrohen; mit dem ~

aufeinander losgehen; mit ~ und Gabel essen; sich unters ~ legen ⟨übertr.; umg.⟩ *sich operieren lassen;* er muss unters ~ ⟨übertr.; umg.⟩ *wird bald operiert;* Zus *Messerstich; Brotmesser, Küchenmesser, Taschenmesser*

mes|ser|scharf ⟨Adj.⟩ **1** *scharf wie ein Messer, sehr scharf* **2** ⟨übertr.⟩ *scharfsinnig* ▸ er hat einen ~en Verstand

Mes|ser|spit|ze ⟨die; -, -n⟩ *die Spitze der Messerklinge* ▸ eine ~ voll (Salz, Zimt usw.) *so viel, wie auf eine M. geht, eine Prise*

Mes|ser|ste|che|rei ⟨die; -, -en⟩ *Kampf, Auseinandersetzung mit Messern*

Mes|si|as ⟨der; -; unz.⟩ **1** ⟨nach dem AT⟩ *der den Juden von Gott verheißene Erlöser* **2** ⟨nach dem NT⟩ *(Beiname Jesu Christi)* **3** ⟨übertr.⟩ *Erlöser, Befreier*

Mes|sing ⟨das; -s, -e⟩ *Legierung aus Kupfer u. Zink in verschiedener Zusammensetzung;* Zus *Messinggießerei*

Mess|lat|te ⟨die; -, -n⟩ *3-5 m lange, hölzerne Latte mit Maßeinteilung zur Landvermessung*

Mes|ti|ze ⟨der; -n, -n⟩ *Nachkomme eines weißen u. eines indian. Elternteils;* Abl *Mestizin*

MESZ ⟨Abk. für⟩ *mitteleuropäische Sommerzeit*

Met ⟨der; -(e)s; unz.⟩ *alkoholisches Getränk aus vergorenem Honig, Wasser u. Aromastoffen;* Syn *Honigwein*

Me|tall ⟨das; -(e)s, -e⟩ *fester, harter Stoff, der einen charakteristischen Glanz hat, Elektrizität u. Wärme gut leitet u. sich formen lässt, wenn er stark erhitzt wird, z. B. Eisen* ▸ edle ~e *Platin, Gold, Silber u. a.;* ~ e bearbeiten; das Instrument ist aus ~; Zus *Metallindustrie, Metalllegierung, Metallplatte; Metall verarbeitend / metallverarbeitend*

Me|tall|ar|bei|ter ⟨der; -s, -⟩ *in der metallverarbeitenden Industrie tätiger Arbeiter;* Abl *Metallarbeiterin*

me|tal|len ⟨Adj.⟩ *aus Metall bestehend*

Me|tal|ler ⟨der; -s, -; umg.⟩ *Metallarbeiter (als Mitglied der Gewerkschaft)*

me|tal|lic ⟨Adj.; undekl.⟩ *metallisch schimmernd (bes. Autolack)* ▸ grün ~ / grünmetallic; Zus *Metalliclackierung*

me|tal|lisch ⟨Adj.; a. übertr.⟩ *dem Metall ähnlich*

Me|tal|l|ur|gie ⟨die; -; unz.⟩ *Lehre von der Gewinnung u. Verarbeitung von Metallen*

Me|ta|mor|pho|se ⟨die; -, -n⟩ *Umwandlung in eine andere Gestalt od. in einen anderen Zustand* ▸ die ~ der Kaulquappe zum Frosch

Me|ta|pher ⟨die; -, -n; Rhet.⟩ *bildlicher Ausdruck,* z. B. „König der Tiere" statt „Löwe"; Abl *metaphorisch*

Me|ta|phy|sik ⟨die; -; unz.⟩ *Lehre von den letzten, nicht erfahr- u. erkennbaren Gründen u. Zusammenhängen des Seins*

Me|ta|s|ta|se ⟨die; -, -n; Med.⟩ *an einer anderen Stelle des Körpers auftretender Ableger einer Geschwulst*

Me|te|or ⟨der od. das; -s, -e; Astron.⟩ *Sternschnuppe*

Me|te|o|rit ⟨der; -s od. -en, -e od. -en; Astron.⟩ *zu den Gesteinen gezählter Festkörper außerirdischen Ursprungs, der den Erdboden erreicht hat;* Zus *Meteoriteneinschlag*

Me|te|o|ro|lo|gie ⟨die; -; unz.⟩ *Lehre von den Witterungserscheinungen u. ihren Gesetzen;* Abl *Meteorologe, Meteorologin; meteorologisch*

Me|ter ⟨der od. das; -s, -; schweiz. nur der; -s, -; Abk.: m⟩ *Längeneinheit des in Technik u. Wirtschaft gebräuchl. Maßsystems* ▸ 100-, 3000-, 5000-~-Lauf; 1000 ~ sind 1 Kilometer; wie viel ~ Stoff brauchen Sie?; ich brauche drei ~ Stoff für dieses Kleid; laufendes, ⟨od.⟩ laufender ~, laufenden ~s ⟨Abk.: lfm. od. lfd. m.⟩; die Mauer ist 20 ~ lang; eine Mauer von 20 ~, ⟨od.⟩ ~n Länge; Zus *Meterband, Metermaß, Meterware; meterhoch, meterlang*

me|ter|wei|se ⟨Adv.⟩ *in Metern*

me|ter|weit ⟨Adj.⟩ *mehr als ein Meter weit, sehr weit* ▸ ~ am Ziel vorbeischießen

Me|tha|don ⟨das; -s; unz.; Pharm.⟩ *morphiumhaltiges Medikament, das als Ersatzdroge bei Drogenabhängigen verwendet wird*

Me|than ⟨das; -s; unz.; Chem.⟩ *farb- u. geruchloses, brennbares Gas, das bei der Zersetzung von Pflanzenstoffen entsteht;* Syn *Methangas*

Me|tho|de ⟨die; -, -n⟩ *planmäßiges, folgerichtiges Verfahren, Vorgehen, Handeln* ▸ eine wissenschaftliche ~ anwenden, einführen, entwickeln; er hat ~ (in seiner Arbeit) *er geht planmäßig vor;* er hat so seine eigene ~ ⟨umg.⟩ *seine eigene Art im Handeln, das ist bei ihm so üblich;* eine erfolgreiche, veraltete ~; was sind denn das für ~n? ⟨umg.⟩ *eine solche Art, sich zu verhalten, bin ich nicht gewöhnt;* solche ~n lehnt er strikt ab; Zus *Arbeitsmethode, Erziehungsmethode, Lehrmethode*

Me|tho|dik ⟨die; -; unz.⟩ *Lehre von den Methoden, (besonders) vom planmäßigen Unterrichten*

me|tho|disch ⟨Adj.⟩ **1** *auf einer bestimmten Methode beruhend* **2** *planmäßig, durchdacht* **3** *sinnvoll* ▸ ~ arbeiten, vorgehen; sein Vorgehen war ~ richtig, falsch

Me|ti|er ⟨[metje:] das; -s, -s⟩ *Beruf, Handwerk, Aufgabe, Tätigkeitsbereich* ▸ ein ~ erlernen, beherrschen; er versteht sein ~; das ist nicht mein ~ *davon verstehe ich nichts;* sich in einem ~ (nicht) auskennen

Me|t|rik ⟨die; -; unz.⟩ **1** *Lehre vom Vers u. den Versmaßen, kunstgerechter Gebrauch der Versmaße* **2** ⟨Mus.⟩ *Lehre vom Takt*

me|t|risch ⟨Adj.⟩ **1** *auf dem Meter als Längeneinheit beruhend* **2** *die Metrik betreffend, auf ihr beruhend* **3** ⟨Mus.⟩ *den Takt betreffend, auf ihm beruhend* ▸ ~es Maßsystem

Me|t|ro ⟨a. [-'-] die; -, -s⟩ *Untergrundbahn, bes. in Paris bzw. Moskau* ▸ wir nehmen die ~

Me|t|ro|po|le ⟨die; -, -n⟩ **1** *Hauptstadt, Weltstadt;* Zus *Touristenmetropole* **2** *Mittelpunkt, Knotenpunkt, Zentrum;* Zus *Handelsmetropole*

Mett ⟨das; -(e)s; unz.; nddt.⟩ *rohes, gehacktes, gewürztes Schweinefleisch;* Zus *Mettwurst*

M

Metz|ger ⟨der; -s, -; süddt., westdt., schweiz.⟩ = *Fleischer;* Abl *Metzgerin*
Metz|ge|rei ⟨die; -, -en; süddt., westdt. schweiz.⟩ = *Fleischerei*
meu|cheln ⟨V. trans.; meu|chelt, meu|chel|te, hat ge|meu|chelt⟩ jmdn. ~ *heimtückisch ermorden;* Zus *Meuchelmörder(in)*
meuch|le|risch ⟨Adj.⟩ *hinterhältig, heimtückisch*
Meu|te ⟨die; -, -n⟩ **1** *Schar von Jagdhunden zur Hetzjagd* **2** ⟨übertr.⟩ *Schar zügelloser Menschen, wilde Horde, Bande* ▸ vor dem Gerichtsgebäude erwartete ihn schon eine ~ von Fotografen
Meu|te|rei ⟨die; -, -en⟩ *Empörung, Aufstand mehrerer Personen gegen Vorgesetzte* ▸ es kam zu einer ~ der Matrosen; die ~ im Gefängnis konnte friedlich beendet werden
meu|tern ⟨V. intr.; meu|tert, meu|ter|te, hat ge-meu|tert⟩ **1** *sich auflehnen, empören, den Gehorsam verweigern* **2** ⟨übertr.; umg.⟩ *sich mit Worten auflehnen, laut widersprechen* ▸ die Gefangenen, Soldaten meuterten
MEZ ⟨Abk. für⟩ *mitteleuropäische Zeit*
MfG ⟨Abk. für⟩ *Mit freundlichen Grüßen (bes. als Schlussformel in E-Mails)*
mg ⟨Abk. für⟩ *Milligramm*
MHz ⟨Abk. für⟩ *Megahertz*
mi|au ⟨Int.⟩ *(den Laut der Katze nachahmend)*
mi|au|en ⟨V. intr.; mi|aut, mi|au|te, hat mi|aut⟩ *miau machen, miau rufen, wie die Katze rufen*
mich ⟨Akk. des Personalpron. „ich"⟩ das geht ~ nichts an; er hasst, liebt ~; lass ~ los, lass ~ in Ruhe!; für ~, ohne ~
mick|rig ⟨Adj.; umg.⟩ oV *mickerig* **1** *schwach, kränklich, gebrechlich* (Person) **2** *kümmerlich* (Pflanze) **3** *dürftig* (Geschenk) ▸ der Baum sieht aber ~ aus
Mid|life|cri|sis *auch:* **Mid|life-Cri|sis** ⟨[mɪdlaɪf-kraɪsɪz] die; -; unz.⟩ *durch Unzufriedenheit, seelische u. körperliche Unausgeglichenheit gekennzeichnete krisenhafte Lebensphase bei Menschen (bes. Männern) im mittleren Lebensalter*
mied → *meiden*
Mie|der ⟨das; -s, -⟩ **1** *eng anliegendes Oberteil des Trachtenkleides od. Dirndlkleides* **2** *die weibliche Figur formende Unterwäsche*
Mief ⟨der; -(e)s; unz.; umg.⟩ *schlechte, verbrauchte Luft, Gestank;* Abl *miefig; miefen*
Mie|ne ⟨die; -, -n⟩ *Gesichtsausdruck* ▸ er machte keine ~ aufzustehen *machte keine Anstalten, dachte nicht daran, aufzustehen;* ohne eine ~ zu verziehen *unbewegten Gesichts;* eine besorgte, ernste, verschlossene ~ aufsetzen; jmds. Klagen mit eisiger ~ anhören *ablehnend;* gute ~ zum bösen Spiel machen ⟨übertr.⟩ *nicht zu erkennen geben, dass man jmds. schlechte Absicht bemerkt hat;* keine ~ verziehen; →a. *Mine*
Mie|nen|spiel ⟨das; -(e)s; unz.⟩ *Wechsel des Gesichtsausdrucks* ▸ ein lebhaftes ~ haben
mies ⟨Adj.; -er, am -es|ten; umg.⟩ **1** *schlecht, hässlich, minderwertig (auch moralisch), abstoßend* **2** *gesundheitlich unwohl, übel, krank* ▸ das ist eine ~e Sache; ~e Laune haben; die Sache sieht ~ aus *wenig Erfolg versprechend, bedrohlich, unangenehm, schlimm;* ihm geht es ~; die Aussichten sind ~
mie|se|pet|rig ⟨Adj.; umg.⟩ *mürrisch, nörgelnd, unzufrieden;* oV *miesepeterig*
mies|ma|chen ⟨V. trans.; macht mies, mach|te mies, hat mies|ge|macht, mies|zu|ma|chen; umg.⟩ **1** etwas od. jmdn. ~ *abfällig über etwas od. jmdn. reden* **2** jmdm. etwas ~ *jmdm. die Freude an etwas verderben*
Mies|mu|schel ⟨die; -, -n; Zool.⟩ *essbare Muschel, die sich in der Gezeitenzone der Nordsee festsetzt*
Miet|au|to ⟨das; -s, -s⟩ = *Mietwagen*
Mie|te ⟨die; -, -n⟩ **1** *vorübergehende Überlassung des Gebrauchs einer Sache od. einer Dienstleistung gegen Bezahlung;* Zus *Mietshaus, Mietvertrag, Mietwagen, Mietwohnung* **2** *das für den vorübergehenden Gebrauch zu zahlende Entgelt;* Syn *Mietpreis,* ⟨süddt., österr., schweiz.⟩ *Mietzins;* Zus *Mieteinnahme, Mieterhöhung* ▸ unsere ~ beträgt monatlich 400 Euro; eine hohe, niedrige ~ zahlen; wie hoch ist die ~ für die Wohnung?; in Frankfurt sind die ~n sehr hoch; Kalt~ ⟨umg.⟩ *Mietpreis ohne Neben- u. Heizungskosten;* Warm~ ⟨umg.⟩ *Mietpreis einschließl. der Heizungskosten;* zur ~ wohnen *eine Wohnung od. ein Zimmer gemietet haben;* wie viel ~ zahlt ihr monatlich?
mie|ten ⟨V. trans.; mie|tet, mie|te|te, hat ge|mie-tet⟩ etwas ~ *gegen Bezahlung etwas vorübergehend in Gebrauch nehmen* ▸ eine Garage, ein Haus, ein Auto, ein Zimmer, eine Wohnung ~; wir haben das Haus für vier Jahre gemietet; er fährt einen gemieteten Wagen; →a. *leasen*
Mie|ter ⟨der; -s, -⟩ *jmd., der etwas gemietet hat, bes. eine Wohnung od. ein Zimmer;* Abl *Mieterin*
Mie|ter|schutz ⟨der; -es; unz.⟩ *gesetzlich geregelter Schutz für den Mieter;* Zus *Mieterschutzbund*
miet|frei ⟨Adj.⟩ *ohne Miete* ▸ jmdm. eine Wohnung ~ überlassen
Miet|kauf ⟨der; -(e)s, -käu|fe⟩ *Form des Kaufs, bei der die Sache dem Käufer zunächst mietweise überlassen wird u. nach Ablauf eines bestimmten Zeitraums in sein Eigentum übergeht, wobei die Mietzahlungen auf den Kaufpreis angerechnet werden*
Miet|recht ⟨das; -(e)s, -e⟩ *Gesamtheit der Gesetze zur Regelung von Mietverhältnissen*
Miet|wa|gen ⟨der; -s, -⟩ *für eine bestimmte Zeit gemietetes Kraftfahrzeug, Leihwagen*
Miet|zins ⟨der; -es, -en; bes. süddt., österr., schweiz.⟩ = *Miete (2)*
Mi|grä|ne ⟨die; -, -n; Med.⟩ *heftiger, meist einseitiger, anfallsweise auftretender Kopfschmerz, oft von Erbrechen begleitet;* Zus *Migräneanfall*
Mi|grant ⟨der; -en, -en⟩ *jmd., der migriert, in ein anderes Land übersiedelt;* Abl *Migrantin*
Mi|gra|ti|on ⟨die; -, -en⟩ *Wanderung (von Bevölkerungsgruppen, auch von Zugvögeln)*
mi|grie|ren ⟨V. intr.; mi|griert, mi|grier|te, ist mi|griert⟩ *wandern, übersiedeln (von Bevölkerung, Zugvögeln)*

Mi|k|ro ⟨das; -s, -s; kurz für⟩ *Mikrofon*
mi|k|ro..., Mi|k|ro... ⟨in Zus.⟩ Ggs *makro..., Makro...* **1** *klein..., Klein...,* z. B. Mikrostruktur **2** ⟨vor Maßeinheiten; Zeichen: µ⟩ *1 Millionstel*
Mi|k|ro|be ⟨die; -, -n; Biol.⟩ *einzelliges Lebewesen;* Syn *Mikroorganismus*
Mi|k|ro|bio|lo|gie ⟨die; -; unz.⟩ *Lehre von den Mikroben;* Abl *Mikrobiologe, Mikrobiologin; mikrobiologisch*
Mi|k|ro|chip ⟨[-tʃip] der; -s, -s; EDV⟩ *hochintegrierte elektron. Schaltung, bei der viele Bauelemente auf einer kleinen Grundplatte vereinigt sind*
Mi|k|ro|com|pu|ter ⟨[-kɔmpju-] der; -s, -; EDV⟩ *kleiner, leistungsfähiger Computer*
Mi|k|ro|fa|ser ⟨die; -, -n; Textilwesen⟩ *extrem feine Chemiefaser für Sport- u. Regenkleidung*
Mi|k|ro|film ⟨der; -(e)s, -e⟩ *Film, auf dem in stark verkleinertem Maßstab Druckschriften aufgenommen sind, zur Wiedergabe in entsprechend vergrößerndem Lesegerät*
Mi|k|ro|fon ⟨das; -s, -e⟩ *Gerät, das die Stimme verstärkt, wenn man hineinspricht, wird auch für Tonaufnahmen gebraucht;* oV *Mikrophon* ▸ der Redner spricht in das ~
Mi|k|ro|kos|mos ⟨der; -; unz.⟩ **1** *die Welt der Kleinlebewesen* **2** *der Mensch u. seine Umwelt als Gegenstück zum Weltall*
Mi|k|ro|or|ga|nis|mus ⟨der; -, -men⟩ = *Mikrobe*
Mi|k|ro|skop ⟨das; -s, -e⟩ *optisches Vergrößerungsgerät für sehr kleine Gegenstände und Lebewesen*
mi|k|ro|sko|pisch ⟨Adj.⟩ **1** *auf Mikroskopie beruhend, mit ihrer Hilfe* **2** *nur mit dem Mikroskop erkennbar, sehr klein* ▸ ~ kleine Lebewesen
Mi|k|ro|wel|le ⟨die; -, -n; kurz für⟩ *Mikrowellenherd;* ⓘ S. 255
Mi|k|ro|wel|len ⟨Pl.; Zeichen: µW⟩ *Teil des elektromagnetischen Spektrums zw. dem Gebiet der kürzeren u. ultrakurzen Radiowellen u. dem infraroten Spektralbereich des optischen Spektrums*
Mi|k|ro|wel|len|herd ⟨der; -(e)s, -e⟩ *Herd, in dem Lebensmittel durch Bestrahlung mit Mikrowellen schnell gar werden;* Syn *Mikrowellengerät*
Mil|be ⟨die; -, -n; Zool.⟩ *ein kleines Spinnentier, das als Schmarotzer auf Tieren, Pflanzen u. Menschen lebt;* Zus *Hausstaubmilbe*
Milch ⟨die; -, -en; Pl. nur fachsprachl.⟩ **1** *weiße Flüssigkeit, die von weiblichen Säugetieren u. Menschen nach einer Geburt in den Milchdrüsen gebildet wird* **2** *Kuhmilch;* Zus *Milchkuh, Milchwirtschaft; Dosenmilch, Flaschenmilch* **3** ⟨Bot.⟩ *weißlicher Pflanzensaft* ▸ ~ **aufkochen,** erhitzen, kochen; die Kuh **gibt** viel, wenig ~; kannst du bitte 2 l ~ **kaufen?;** die ~ in den Kühlschrank **stellen** ▸ **frische,** kondensierte ~; **heiße** ~ (mit Honig); **kuhwarme** ~ ▸ Kaffee **mit** ~; ~ **von** der Kuh, Stute, Ziege
Milch|drü|se ⟨die; -, -n⟩ = *Brustdrüse*
Milch|fla|sche ⟨die; -, -n⟩ **1** *Flasche mit Sauger zum Nähren der Säuglinge* **2** *Flasche für den Verkauf von Milch*
Milch|glas ⟨das; -es; unz.⟩ *milchig-trübes u. nur durchscheinendes, undurchsichtiges Glas (I)*
mil|chig ⟨Adj.⟩ *weißlich-trüb wie Milch* ▸ eine ~e Flüssigkeit
Milch|kaf|fee ⟨der; -s; unz.⟩ *mit Milch gemischter Kaffee*
Milch|mäd|chen|rech|nung ⟨die; -, -en; übertr.; umg.⟩ *auf Trugschlüssen beruhende Erwartung*
Milch|pro|dukt ⟨das; -(e)s, -e; meist Pl.⟩ *aus roher (Kuh-)Milch hergestelltes Produkt bzw. Nahrungsmittel, z. B. Butter, Käse, Joghurt*
Milch|pul|ver ⟨[-vər] das; -s; unz.⟩ *durch Wasserentzug haltbargemachte Vollmilch od. Magermilch in Form von Pulver*
Milch|pum|pe ⟨die; -, -n⟩ *Gerät zum mechanischen Entleeren der Brustdrüse*
Milch|reis ⟨der; -es; unz.⟩ **1** *Reissorte* **2** *in Milch gekochter, gesüßter Reis*
Milch|säu|re ⟨die; -; unz.; Biochem.⟩ *eine Säure, die bei der Gärung saurer Milch mit Hilfe von Milchsäurebakterien entsteht*
Milch|stra|ße ⟨die; -; unz.; Astron.⟩ *Sternsystem, das als matt leuchtendes Band am Himmel sichtbar ist*
Milch|zäh|ne ⟨Pl.⟩ *die ersten Zähne des Kindes, die im 6.-9. Lebensjahr durch die bleibenden Zähne ersetzt werden*
mild ⟨Adj.; -er, am -es|ten⟩ oV *milde* **1** *sanft, weich, nachsichtig* (Wesen) **2** *lau, leicht warm, mäßig, gemäßigt* (Klima, Luft, Wetter) **3** *leicht, nur wenig gewürzt* (Speisen) **4** *nicht aggressiv, nicht angreifend* (Chemikalien) ▸ eine ~e **Strafe;** ~e **Worte** sprechen ▸ das ist noch ~e **ausgedrückt** *es müsste schärfer formuliert werden;* das Wetter soll wieder ~er **werden;** Abl *Milde*
mil|dern ⟨V. trans.; mil|dert, mil|der|te, hat ge|mil|dert⟩ **1** eine Strafe, ein Urteil ~ *milder machen* **2** Gegensätze, eine Wirkung ~ *verringern, vermindern* **3** Schmerz ~ *abschwächen, lindern* ▸ ~de Umstände *die Strafe verringernde Umstände;* Abl *Milderung*
mild|tä|tig ⟨Adj.⟩ *wohltätig;* Abl *Mildtätigkeit*
Mi|li|eu ⟨[miljøː] das; -s, -s⟩ **1** *Umgebung u. Zeitverhältnisse, in denen ein Lebewesen sich entwickelt, die Umwelt;* Zus *Milieuschilderung, Milieustudie; milieugeschädigt* **2** ⟨umg.⟩ *Prostituiertenwelt, Verbrecherwelt;* Zus *Drogenmilieu, Verbrechermilieu* ▸ Mord im (Rotlicht)~; der Roman beschreibt das großbürgerliche ~
mi|li|tant ⟨Adj.; -er, am -es|ten⟩ *kämpferisch*
Mi|li|tär **I** ⟨das; -s; unz.⟩ *Gesamtheit der Streitkräfte* ▸ beim ~ sein *Soldat sein;* vom ~ entlassen werden, freikommen; zum ~ gehen *Soldat werden;* Abl *militärisch;* Zus *Militärdienst, Militärdiktatur, Militärjunta, Militärmusik, Militärputsch, Militärregierung, Militärregime, Militärzeit* **II** ⟨der; -s, -s; zählb.⟩ *höherer Offizier* ▸ es waren hohe ~s anwesend
Mi|li|tär|bünd|nis ⟨das; -nis|ses, -nis|se⟩ *Bündnis, in dem sich Staaten zu militärischer Zusammenarbeit verpflichten*
mi|li|ta|ri|sie|ren ⟨V. trans.; mi|li|ta|ri|siert, mi|li|ta|ri|sier|te, hat mi|li|ta|ri|siert⟩ ein Land ~ *mit Militär u. militärischen Einrichtungen ausstatten, das*

M

Heerwesen des Landes verstärken; Abl *Militarisierung*

Mi|li|ta|ris|mus ⟨der; -; unz.⟩ *Vorherrschaft der militärischen Macht, Überbetonung des Militärwesens, übersteigerte militärische Gesinnung;* Abl *militaristisch*

Mi|li|ta|rist ⟨der; -en, -en⟩ *Anhänger, Vertreter des Militarismus;* Abl *Militaristin*

Mi|li|tär|schlag ⟨der; -(e)s, -schlä|ge⟩ *(überraschende) militärische Operation, Militäraktion* ▸ einen ~ gegen den Drogenhandel vorbereiten

Mi|li|tär|we|sen ⟨das; -s; unz.; Sammelbez. für⟩ *alle Vorgänge u. Einrichtungen, die mit dem Militär zusammenhängen*

Mi|liz ⟨die; -, -en⟩ **1** *kurz ausgebildete Truppe für den Bedarfsfall* **2** ⟨in sozialist. Staaten⟩ *Militärpolizei;* Zus *Milizsoldat(in)*

Mill. ⟨Abk. für⟩ *Million, Millionen*

Mil|le ⟨das; -, -; umg.⟩ *Tausend* ▸ es kostet drei ~

Mil|l|en|ni|um ⟨das; -s, -ni|en⟩ *Zeitraum von 1000 Jahren;* Zus *Millennium(s)feier*

mil|li..., Mil|li... ⟨Zeichen: m; vor Maßangaben⟩ *ein Tausendstel der betreffenden Maßeinheit,* z. B. Millimeter

Mil|li|ar|där ⟨der; -s, -e⟩ **1** *Besitzer von Werten über eine Milliarde (Euro)* **2** ⟨übertr.⟩ *steinreicher Mann;* Abl *Milliardärin*

Mil|li|ar|de ⟨die; -, -n; Abk.: Md., Mrd., Mia.; in Ziffern: 1 000 000 000⟩ *1000 Millionen;* Zus *Milliardenbetrag, Milliardendefizit, Milliardeninvestition*

Mil|li|ar|den|ge|schäft ⟨das; -(e)s, -e⟩ *Geschäft in Milliardenhöhe* ▸ die Industrie hofft auf ein ~

Mil|li|ar|den|hö|he ⟨die; -, -n; meist in der Fügung⟩ in ~ *in Höhe von einer od. mehreren Milliarden (Euro)* ▸ die Entwicklung verursachte der Wirtschaft Kosten in ~

mil|li|ar|den|schwer ⟨Adj.⟩ **1** *mehrere Milliarden umfassend* **2** ⟨häufig scherzh.⟩ *ein Vermögen von einer od. mehreren Milliarden besitzend* ▸ ~e Verluste; er ist ~

mil|li|ards|tel ⟨Adj.; Bruchzahl⟩ *durch eine Milliarde geteilt*

Mil|li|ards|tel ⟨das; -s, -⟩ *der milliardste Teil*

Mil|li|gramm ⟨das; -s, -; Zeichen: mg⟩ *Maßeinheit für kleine Gewichte,* $^{1}/_{1000}$ *Gramm*

Mil|li|li|ter ⟨der od. das; -s, -; schweiz. nur der; -s, -; Zeichen: ml⟩ *Hohlmaß, Flüssigkeitsmaß,* $^{1}/_{1000}$ *Liter* ▸ 240 ~ sind ein Viertelliter

Mil|li|me|ter ⟨der; -s, - od. das; -s, -; schweiz. der; -s, -; Zeichen: mm⟩ *Maßeinheit für kleine Längen,* $^{1}/_{1000}$ *Meter* ▸ zehn ~ sind ein Zentimeter

mil|li|me|ter|ge|nau ⟨Adj.⟩ *besonders genau, auf den Millimeter genau*

Mil|li|on ⟨die; -, -en; Abk.: Mill. od. Mio.; in Ziffern: 1 000 000⟩ *1000 mal 1000* ▸ die Verluste gehen in die ~en; ~en Mal *mit einer Million malgenommen, millionenfach;* Zus *Millionenbetrag, Millionenerbschaft*

Mil|li|o|när ⟨der; -s, -e⟩ **1** *Besitzer von Werten über eine Million (Euro)* **2** ⟨übertr.⟩ *sehr reicher Mann* ▸ er ist vielfacher ~; Abl *Millionärin*

mil|li|o|nen|fach ⟨Adj.⟩ *Millionen Mal so viel*

Mil|li|o|nen|hö|he ⟨die; -, -n; meist in der Fügung⟩ in ~ *in Höhe von einer od. mehreren Millionen (Euro)* ▸ er hat Schulden in ~

Mil|li|o|nen|stadt ⟨die; -, -städ|te⟩ *Stadt mit einer od. mehreren Millionen Einwohnern* ▸ Berlin ist eine ~

mil|li|ons|tel ⟨Adj.; Bruchzahl⟩ *durch eine Million geteilt*

Mil|li|ons|tel ⟨das; -s, - od. schweiz. der; -s, -⟩ *der millionste Teil*

Mil|li|se|kun|de ⟨die; -, -n⟩ $^{1}/_{1000}$ *Sekunde*

Milz ⟨die; -, -en; Anat.⟩ *aus Lymphgewebe aufgebautes Organ, das das Immunsystem unterstützt u. abgestorbene Blutzellen aussondert*

Mi|me ⟨der; -n, -n⟩ *Schauspieler;* Abl *Mimin*

mi|men ⟨V. trans.; mimt, mim|te, hat ge|mimt⟩ **1** eine Rolle ~ *als Mime spielen, darstellen* **2** ⟨umg.⟩ etwas ~ *vortäuschen, so tun, als ob* ▸ er mimt im „Faust“ den Mephisto; er mimt nur den Kranken ⟨umg.⟩

Mi|mik ⟨die; -; unz.⟩ *(ausdrucksvolles) Mienen-, Gebärdenspiel, Wechsel des Gesichtsausdrucks (bes. des Schauspielers)*

mi|misch ⟨Adj.⟩ *die Mimik betreffend, auf ihr beruhend, mit Hilfe der Mimik, schauspielerisch* ▸ ein Gefühl ~ ausdrücken

Mi|mo|se ⟨die; -, -n⟩ **1** ⟨Bot.⟩ *eine Zierpflanze, deren Blätter bei der geringsten Berührung zusammenklappen* **2** ⟨übertr.⟩ *überempfindsamer, leicht gekränkter Mensch* ▸ er ist eine ~

min ⟨Astron.; Abk. für⟩ *Minute*

Min. ⟨Abk. für⟩ *Minute*

Mi|na|rett ⟨das; -(e)s, -e⟩ *Turm der Moschee, von dem die Gebetsstunden ausgerufen werden*

min|der[1] ⟨Adj.⟩ *weniger, geringer* ▸ Waren von ~er Güte

min|der[2] ⟨Adv.⟩ *in geringerem Maße* ▸ das ist nicht ~ gut, schön, wichtig als ...; nicht mehr und nicht ~; mit mehr oder ~ großem Eifer, Erfolg, Fleiß, Aufwand

min|der|be|mit|telt ⟨Adj.⟩ *mit weniger Geldmitteln ausgestattet, ziemlich arm* ▸ geistig ~ ⟨umg.; scherzh.⟩ *geistig beschränkt, dumm*

Min|der|ein|nah|me ⟨die; -, -n⟩ *geringere Einnahme als erwartet*

Min|der|heit ⟨die; -, -en⟩ **1** *Unterlegenheit hinsichtlich der Zahl* **2** ⟨Pol.⟩ *in einer Gemeinschaft den Übrigen an Zahl unterlegene Gruppe, z. B. eine Partei od. eine Volksgruppe;* Zus *Minderheitenrecht, Minderheitenschutz* ▸ in der ~ bleiben, sein (z. B. bei einer Abstimmung); in unserer Abteilung sind die Frauen deutlich in der ~; nationale ~ *Volksgruppe innerhalb eines Staatsgebietes, die sich nach Abstammung u. in der Sprache von dem Volk unterscheidet, in dem sie lebt;* religiöse ~

Min|der|heits|re|gie|rung ⟨die; -, -en⟩ *von einer politischen Minderheit gebildete Regierung*

min|der|jäh|rig ⟨Adj.⟩ *noch nicht volljährig, noch unmündig;* Ggs *mündig;* Abl *Minderjährige(r), Minderjährigkeit*

M

min|dern ⟨V. trans.; min|dert, min|der|te, hat gemin|dert⟩ etwas ~ *verringern, herabsetzen* ▸ den Wert von etwas ~; Abl *Minderung*

min|der|wer|tig ⟨Adj.⟩ **1** *von geringerem Wert* **2** *von schlechter Qualität* ▸ ~e Waren; charakterlich ~; Abl *Minderwertigkeit*

Min|der|wer|tig|keits|kom|plex ⟨der; -es, -e⟩ *übersteigertes Gefühl der Unterlegenheit gegenüber anderen;* Syn *Minderwertigkeitsgefühl*

Min|der|zahl ⟨die; -; unz.⟩ *Minderheit* ▸ in der ~ sein

Min|dest|ab|stand ⟨der; -(e)s, -stän|de⟩ *kleinster notwendiger od. vorgeschriebener Abstand* ▸ beim Autofahren den ~ einhalten

min|des|te ⟨Adj.; Superl. von⟩ *wenig* ▸ das ist doch das ~/Mindeste, was man tun sollte; ich verstehe nicht das ~/Mindeste davon; nicht im ~n/Mindesten *gar nicht;* zum ~n/Mindesten *wenigstens, mindestens*

min|des|tens ⟨Adv.⟩ *wenigstens, als wenigstes* ▸ du hättest dich ~ entschuldigen können; wenn er schon nicht kommt, hätte er ~ anrufen können; das Gerät wird ~ 450 Euro kosten

Min|dest|ge|bot ⟨das; -(e)s, -e; bei Auktionen⟩ *niedrigstes Angebot, das nicht unterschritten werden soll*

Min|dest|halt|bar|keit ⟨die; -; unz.⟩ *(bes. bei Lebensmitteln) auf der Verpackung angegebenes Datum, bis zu dem die Ware mindestens haltbar (genießbar) sein soll;* Syn *Mindesthaltbarkeitsdatum*

Min|dest|lohn ⟨der; -(e)s, -löh|ne⟩ *niedrigste Lohnstufe (innerhalb eines Wirtschaftszweiges in einer Beschäftigungsart)*

Min|dest|maß ⟨das; -es, -e⟩ *kleinstes Maß* ▸ sich auf das ~ beschränken; ein ~ an Höflichkeit

Min|dest|preis ⟨der; -es, -e⟩ *niedrigster Preis, unter dem eine Ware nicht verkauft werden soll*

Min|dest|stra|fe ⟨die; -; unz.⟩ *niedrigstes Strafmaß* ▸ die ~ um ein halbes Jahr erhöhen

Min|dest|zahl ⟨die; -; unz.⟩ *niedrigste notwendige od. erwartete Zahl*

Mi|ne ⟨die; -, -n⟩ **1** *Sprengkörper, der durch Zündschnur, Berührung usw. zur Explosion gebracht wird;* Zus *Minenfeld, Minensuchboot, Minensucher; Landmine, Seemine, Treibmine* **2** ⟨Bgb.⟩ **2.1** *unterirdischer Gang, Stollen, Bergwerk;* Abl *Minenarbeiter* **2.2** *unterirdisches Metallvorkommen;* Zus *Erzmine, Goldmine* **3** *Graphit- od. Metallstäbchen in Drehbleistift od. Kugelschreiber;* Zus *Bleistiftmine, Kugelschreibermine* ▸ die ~ detoniert, explodiert; eine neue ~ in den Kugelschreiber einsetzen; eine ~ entschärfen; ~n legen, werfen; Kugelschreiber mit blauer, schwarzer ~; auf eine ~ fahren, treten; in einer ~ arbeiten ⟨Bgb.⟩; →a. *Miene*

Mi|ne|ral ⟨das; -(e)s, -e od. -li|en⟩ **1** *Gestein, Salz als Bestandteil der Erdrinde* **2** = *Mineralsalz* ▸ dieses Wasser enthält viele ~ien; Abl *mineralhaltig, mineralisch*

Mi|ne|ral|brun|nen ⟨der; -s, -⟩ = *Mineralwasser*

Mi|ne|ra|lo|gie ⟨die; -; unz.⟩ *Wissenschaft von den Mineralien;* Abl *mineralogisch*

Mi|ne|ral|öl ⟨das; -(e)s; unz.⟩ *Erdöl;* Zus *Mineralölkonzern, Mineralölsteuer*

Mi|ne|ral|salz ⟨das; -es, -e⟩ **1** *anorganisches Salz* **2** *für die Ernährung der Menschen, Tiere u. Pflanzen wichtiges Salz*

Mi|ne|ral|stoff ⟨der; -(e)s, -e; meist im Pl.⟩ *für den Körper wichtiger mineralischer Stoff (kann auch künstlich hergestellt werden)*

Mi|ne|ral|was|ser ⟨das; -s, -wäs|ser⟩ *mineralhaltiges Wasser aus einer natürlichen Quelle, meist mit Kohlensäure versetzt* ▸ wir hätten gern zwei ~ *(Bestellung im Restaurant)*

Mi|ni... ⟨in Zus.⟩ **1** ⟨kurz für⟩ *Miniatur...*, z. B. Minigolf, Minieisenbahn **2** ⟨Mode⟩ *sehr kurz*, z. B. Minikleid, Minirock

Mi|ni|a|tur ⟨die; -, -en⟩ **1** *Malerei od. Zeichnung in alten Handschriften u. Büchern* **2** *sehr kleines Bild*

Mi|ni|a|tur... ⟨in Zus.⟩ *sehr klein*, z. B. Miniaturausgabe, Miniaturbild, Miniaturgemälde

Mi|ni|bar ⟨die; -, -s⟩ *kleiner Kühlschrank mit Getränken (im Hotelzimmer, im Wohnraum)*

Mi|ni|golf ⟨das; -s; unz.⟩ *vom Golf abgeleitetes Spiel in stark verkleinertem Maßstab u. auf befestigten Bahnen mit Hindernissen*

mi|ni|mal ⟨Adj.⟩ *sehr klein, winzig, kaum, geringfügig* ▸ ein ~er Unterschied; ~e Verluste; die Beteiligung war ~

mi|ni|mie|ren ⟨V. trans.; mi|ni|miert, mi|ni|mier|te, hat mi|ni|miert⟩ Kosten ~ *ein Minimum von Kosten erreichen, anstreben;* Abl *Minimierung*

Mi|ni|mum ⟨das; -s, -ni|ma⟩ Ggs *Maximum* **1** *niedrigster Stand, kleinster Wert, kleinste Größe (z. B. des Luftdrucks)* **2** *Mindestmaß* **3** *Geringfügigkeit* ▸ barometrisches ~ *Tief;* ein ~ an Aufwand betreiben

Mi|ni|rock ⟨der; -(e)s, -rö|cke⟩ *bis knapp zur Mitte der Oberschenkel reichender Rock*

Mi|nis|ter ⟨der; -s, -; Pol.⟩ *Leiter eines Ministeriums* ▸ ~ des Inneren (Innen~); ~ für auswärtige Angelegenheiten (Außen~); Zus *Ministeramt, Ministerkonferenz*

mi|nis|te|ri|al ⟨Adj.⟩ *zu einem Ministerium gehörig, von ihm ausgehend;* oV *ministeriell;* Zus *Ministerialbeamte(r), Ministerialdirektor(in)*

mi|nis|te|ri|ell ⟨Adj.⟩ = *ministerial*

Mi|nis|te|rin ⟨die; -, -rin|nen⟩ *weibl. Minister*

Mi|nis|te|ri|um ⟨das; -s, -ri|en⟩ *oberste staatl. Verwaltungsbehörde* ▸ ~ des Innern; ~ für gesamtdeutsche Fragen ⟨früher⟩; Zus *Familienministerium, Innenministerium*

Mi|nis|ter|prä|si|dent ⟨der; -en, -en⟩ **1** ⟨in vielen Ländern⟩ *oberster Leiter der Regierung* **2** ⟨BRD⟩ *Leiter der Landesregierung* ▸ ~ des Landes Hessen

Mi|nis|ter|prä|si|den|tin ⟨die; -, -tin|nen⟩ *weiblicher Ministerpräsident*

Mi|nis|ter|rat ⟨der; -(e)s, -rä|te⟩ **1** *Gesamtheit der Minister, Gesamtministerium* **2** *Ministerausschuss* **3** *gemeinsames Organ der Europäischen Wirtschaftsgemeinschaft*

Mi|nis|t|rant ⟨der; -en, -en⟩ *(meist jugendlicher) Gehilfe des Priesters bei der Messe;* Abl *Ministrantin*

Mi|ni|van ⟨[-væn] der; -s, -s; Kfz⟩ *Großraumlimousine in der Art eines Kleintransporters, Kleinbus*

Mi|no|ri|tät ⟨die; -, -en⟩ *Minderheit, Minderzahl;* Ggs *Majorität*

mi|nus ⟨Adv.; Zeichen: -⟩ *weniger, abzüglich;* Ggs *plus* ▸ es sind ~ fünf Grad ⟨od.⟩ fünf Grad ~ ⟨umg.⟩ *fünf Grad unter null Grad;* sechszehn ~ zwei ist, macht vierzehn (16 - 2 = 14); zwei ~ ⟨Schulw.⟩ *noch zwei, noch gut;* Zus *Minusgrad*

Mi|nus ⟨das; -, -⟩ *Fehlbetrag, Defizit, Verlust, Ausfall;* Ggs *Plus;* Syn *Minusbetrag* ▸ das ist ein ~ für mich ⟨übertr.; umg.⟩ *ein Nachteil*

Mi|nus|punkt ⟨der; -(e)s, -e⟩ *Einheit zur Bewertung von Fehlern od. Mängeln in einem System zur Beurteilung von Leistungen;* Ggs *Pluspunkt*

Mi|nus|zei|chen ⟨das; -s, -; Zeichen: -⟩ Ggs *Pluszeichen* **1** *Zeichen für die Subtraktion* **2** *Vorzeichen negativer Zahlen*

Mi|nu|te ⟨die; -, -n; Abk.: Min., min, m; Astron.; Zeichen: ^{m}⟩ *60. Teil einer Stunde* ▸ es klappte alles auf die ~ ⟨umg.⟩ *pünktlich;* in der dritten ~ (der ersten Halbzeit) fiel bereits das erste Tor ⟨Sp.⟩; sich erst in letzter ~ dazu entschließen; wenige ~n später fuhr der Zug ab; fünf ~n vor zwölf ⟨übertr.⟩ *höchste Zeit;* bis zur letzten ~ mit einer Entscheidung warten

mi|nu|ten|lang ⟨Adj.⟩ *einige Minuten dauernd* ▸ ~er Beifall

Mi|nu|ten|zei|ger ⟨der; -s, -⟩ *den Ablauf der Minuten anzeigender Uhrzeiger;* →a. *Sekundenzeiger, Stundenzeiger*

...mi|nü|tig ⟨in Zus.; zur Bildung von Adj.⟩ *eine bestimmte Zahl von Minuten dauernd,* z. B. fünfminütig (in Ziffern: 5-minütig); oV *...minutig*

mi|nu|ti|ös ⟨Adj.⟩ = *minuziös*

...mi|nüt|lich ⟨in Zus.; zur Bildung von Adj.⟩ *alle ... Minuten stattfindend, wiederkehrend,* z. B. fünfminütlich (in Ziffern: 5-minütlich); oV *...minutlich*

mi|nu|zi|ös ⟨Adj.⟩ oV *minutiös* **1** *bis ins Kleinste gehend, peinlich genau, sehr detailliert* **2** *kleinlich* ▸ ~ gab er den Vorfall zu Protokoll

Min|ze ⟨die; -, -n; Bot.⟩ *eine Pflanze, deren Blätter sehr aromatisch sind, Pfefferminze*

Mio. ⟨Abk. für⟩ *Million, Millionen*

mir ⟨Dativ des Personalpron. „ich"⟩ ~ **brauchen** Sie das nicht zu sagen! *ich weiß doch Bescheid;* **geben** Sie es ~!; ~ **kann** keiner! ⟨umg.⟩ *ich fühle mich allen überlegen;* ich **nehme** ~ etwas davon; **sein:** du bist ~ der Rechte (dafür)! ⟨umg.; iron.⟩ *du bist am wenigsten dafür geeignet;* ~ ist es gleich *ich bin mit jeder Entscheidung einverstanden;* ~ **wird** schwarz vor den Augen, übel ▸ ich (ver)zweifle **an** ~ selbst; geh ~ **aus** den Augen! ⟨übertr.⟩ *ich will dich nicht mehr sehen!;* ich war **außer** ~ (vor Empörung, vor Zorn); und das **ausgerechnet** ~! ⟨umg.⟩ *ich kann es nicht fassen, dass gerade mir so etwas passieren konnte;* ich habe kein Geld **bei** ~; ich wünsche, **dass** du ~ Bescheid sagst, wenn du gehst; **mit** ~ kann er das nicht machen *ich lasse mir so etwas nicht gefallen;* ~ **nichts,** dir nichts ⟨übertr.⟩ *ohne weiteres, ohne Umstände, plötzlich, unversehens;* ein Freund **von** ~ *einer meiner Freunde;* von ~ aus ⟨umg.⟩ *meinetwegen, ich habe nichts dagegen;* **wie** du ~, so ich dir ⟨Sprichw.⟩ *wie du zu mir bist, so bin ich zu dir*

Mi|ra|bel|le ⟨die; -, -n⟩ *kleine, kugelige, gelbe, süße Pflaume;* Zus *Mirabellenschnaps*

Mi|ra|kel ⟨das; -s, -; geh.⟩ **1** *Wunder, Mysterium* **2** *Wunderwerk, Wundertat*

Mi|s|an|th|rop ⟨der; -en, -en⟩ *jmd., der Menschen feindlich gesinnt ist;* Ggs *Philanthrop;* Abl *Misanthropie; misanthropisch*

Misch|bat|te|rie ⟨die; -, -n⟩ *Armatur an Waschbecken, Dusche od. Badewanne, durch die der warme u. kalte Wasserstrom gemischt u. die Temperatur des Wassers stufenlos reguliert werden kann*

mi|schen ⟨V.; mischt, misch|te, hat ge|mischt⟩ **I** ⟨V. trans.⟩ **1** verschiedene Dinge, Flüssigkeiten o. Ä. ~ *miteinander vermengen, durcheinanderbringen* **2** ⟨Film, Funk, TV⟩ die Tonspuren mit Geräuschen ~ *zu einem einheitlichen Klanggebilde auf einem Tonband vereinigen, mixen* ▸ einen Cocktail ~; Gift ~ *zubereiten, zurechtmachen;* die Karten ~; gemischtes Gemüse, gemischter Salat *G., S. aus verschiedenen Sorten;* →a. *gemischt* **II** ⟨V. refl.⟩ **1** sich (mit etwas) ~ *sich mit etwas vermischen, vermengen* **2** sich in etwas ~ *sich in etwas einmischen* **3** sich unter etwas ~ *in einer größeren Menge aufgehen, verschwinden* ▸ sich in fremde Angelegenheiten ~ *sich in jmds. A. einmengen; sich um etwas kümmern, was einen nichts angeht;* sich ins Gespräch ~ *in ein Gespräch eingreifen;* sich unter die Zuhörer, Zuschauer ~

Misch|ling ⟨der; -s, -e⟩ **1** ⟨oft abwertend⟩ *jmd., dessen Eltern verschiedenen typologischen Bevölkerungsgruppen angehören* **2** ⟨Biol.⟩ *Bastard*

Misch|masch ⟨der; -(e)s, -e; umg.⟩ *Durcheinander von Sachen, die nicht gut zueinander passen*

Misch|pult ⟨das; -(e)s, -e; Film, Funk, TV⟩ *Gerät, an dem die einzeln aufgenommenen Tonspuren von Geräuschen, gesprochenem Text u. Musik auf einem Tonband zu einem Klanggebilde vereinigt werden*

Mi|schung ⟨die; -, -en⟩ **1** *das Mischen* **2** *Menge, Masse, Flüssigkeit aus mehreren Bestandteilen*

Misch|wald ⟨der; -(e)s, -wäl|der; Forstwesen⟩ *Wald aus mehreren Holzarten, bes. aus Laub- u. Nadelbäumen*

mi|se|ra|bel ⟨Adj.; -ra|bler od. -rab|ler, am -s|ten⟩ *elend, sehr schlecht, kläglich, erbärmlich* ▸ das Schmuckstück ist ~ gearbeitet; ein miserables Zeugnis; es geht ihm gesundheitlich ~

Mi|se|re ⟨die; -, -n⟩ *Not, Elend, Jammer*

miss..., Miss... ⟨in Zus.⟩ *schlecht, verfehlt, verunglückt, fehl..., Fehl...*

miss|ach|ten ⟨V. trans.; miss|ach|tet, miss|ach|te|te, hat miss|ach|tet⟩ **1** jmdn. ~ *für schlecht achten, verachten* **2** ein Gesetz, eine Vorschrift ~ *absichtlich nicht beachten;* Abl *Missachtung*

M

Miss|be|ha|gen ⟨das; -; unz.⟩ *unangenehmes Gefühl, Unbehagen* ▸ sie empfand tiefes ~; auf ~ stoßen

Miss|bil|dung ⟨die; -, -en⟩ **1** *Fehlbildung, Abweichung vom normalen Bau bei Lebewesen durch Entwicklungsstörungen* **2** *veränderte Form vorhandener Organe, Anomalie* ▸ körperliche ~

miss|bil|li|gen ⟨V. trans.; miss|bil|ligt, miss|bil|lig|te, hat miss|bil|ligt⟩ etwas ~ *nicht billigen, tadeln, ablehnen* ▸ ich missbillige seine Meinung; ~d den Kopf schütteln; Abl *Missbilligung*

Miss|brauch ⟨der; -(e)s, -bräu|che⟩ **1** *böswillig falscher, übertriebener od. unerlaubter Gebrauch (eines Rechts, einer Sache, einer Person);* Zus *Alkoholmissbrauch, Machtmissbrauch* **2** sexueller ~ **2.1** *strafbare sexuelle Handlungen an Kindern od. Jugendlichen unter 18 Jahren;* Zus *Kindesmissbrauch* **2.2** ⟨selten⟩ *Vergewaltigung (von Erwachsenen)* ▸ mit seiner Macht ~ treiben

miss|brau|chen ⟨V. trans.; miss|braucht, miss|brauch|te, hat miss|braucht⟩ **1** etwas ~ *böswillig falsch, übertrieben viel od. unerlaubt gebrauchen* **2** jmdn. ~ *vergewaltigen, mit jmdm. (gegen dessen Willen) sexuelle Handlungen begehen* ▸ ein Kind ~; seine Macht ~; jmds. Vertrauen ~; zu solch einer Handlung lasse ich mich nicht ~

miss|bräuch|lich ⟨Adj.⟩ *als Missbrauch, missbrauchend* ▸ ~e Anwendung der Notbremse wird bestraft; ein Gerät ~ verwenden

miss|deu|ten ⟨V. trans.; miss|deu|tet, miss|deu|te|te, hat miss|deu|tet⟩ etwas ~ *absichtlich falsch deuten, falsch auslegen* ▸ jmds. Absichten, Handlungsweise ~; Abl *Missdeutung*

mis|sen ⟨V. trans.; nur im Inf. u. in verneinenden Sätzen⟩ jmdn. od. etwas nicht ~ mögen, wollen *nicht auf jmdn. od. etwas verzichten wollen* ▸ ich möchte diese Zeit nicht ~

Miss|er|folg ⟨der; -(e)s, -e⟩ *Ausbleiben des Erfolgs, misslungener Versuch, Fehlschlag* ▸ einen ~ haben; mit einem ~ rechnen; die Tagung war ein ~; er hat einen ~ nach dem anderen

Mis|se|tat ⟨die; -, -en; geh.⟩ *böse, schlechte Tat, Verbrechen* ▸ eine ~ begehen; seine ~ bereuen; Abl *Missetäter(in)*

miss|fal|len ⟨V. intr.; miss|fällt, miss|fiel, hat miss|fal|len⟩ jmdm. ~ *nicht gefallen, nicht zusagen* ▸ dein Benehmen missfällt mir; dieses Buch hat mir sehr ~; Abl *Missfallen*

miss|fäl|lig ⟨Adj.⟩ *abfällig, abschätzig, verächtlich* ▸ ~e Äußerungen; sich über etwas od. jmdn. ~ äußern

miss|ge|bil|det ⟨Adj.⟩ *falsch, schlecht gebildet* (Körper, Körperform, Glied)

Miss|ge|burt ⟨die; -, -en⟩ *schwer missgebildetes neugeborenes Kind od. Tier*

miss|ge|launt ⟨Adj.⟩ *schlecht, übel gelaunt, verdrießlich*

Miss|ge|schick ⟨das; -(e)s, -e⟩ **1** *Unglück, Pech* **2** *ärgerlicher Fehler, Missgriff* ▸ mir ist ein ~ geschehen, passiert

miss|ge|stal|tet ⟨Adj.⟩ **1** *missgebildet* **2** *von hässlicher, unnormaler Gestalt*

miss|glü|cken ⟨V. intr.; miss|glückt, miss|glück|te, ist miss|glückt⟩ (jmdm.) ~ *nicht glücken, nicht gelingen, fehlschlagen* ▸ der Versuch ist (mir) missglückt

miss|gön|nen ⟨V. trans.; miss|gönnt, miss|gönn|te, hat miss|gönnt⟩ jmdm. etwas ~ *jmdm. etwas nicht gönnen* ▸ er missgönnt ihm seinen Erfolg

Miss|griff ⟨der; -(e)s, -e⟩ *Fehlgriff, falsche Handlung, Fehler* ▸ einen ~ tun

Miss|gunst ⟨die; -; unz.⟩ *das Missgönnen, Neid;* Abl *missgünstig*

miss|han|deln ⟨V. trans.; miss|han|delt, miss|han|del|te, hat miss|han|delt⟩ jmdn. od. ein Tier ~ *jmdm. od. einem Tier Körperverletzungen zufügen (bes. durch grausames Prügeln);* Abl *Misshandlung*

Mis|si|on ⟨die; -, -en⟩ **I** ⟨zählb.⟩ **1** *ernster, feierlicher Auftrag, Sendung, Vollmacht* **2** *zu besonderen Aufgaben ins Ausland entsandte Gruppe von Personen* ▸ ich komme in einer bestimmten ~; meine ~ ist beendet, erfüllt; diplomatische, geheime ~; jmdn. mit einer besonderen ~ betrauen **II** ⟨unz.⟩ *Verbreitung des christlichen Glaubens;* Abl *Missionar(in); missionarisch*

Miss|kre|dit ⟨der; -(e)s; unz.⟩ *schlechter Ruf, schlechtes Ansehen* ▸ jmdn. in ~ bringen *jmds. Ansehen herabsetzen;* in ~ geraten

miss|lang → *misslingen*

miss|lich ⟨Adj.⟩ *unangenehm, unerfreulich* ▸ eine ~e Lage; eine ~e Sache

miss|lin|gen ⟨V. intr.; miss|lingt, miss|lang, ist miss|lun|gen⟩ (jmdm.) ~ *nicht gelingen, fehlschlagen, missglücken* ▸ ein Plan, Vorhaben, Versuch misslingt

miss|lun|gen → *misslingen*

Miss|ma|nage|ment ⟨[-mænıdʃmənt] das; -s, -s; Wirtsch.⟩ *schlechtes Management, falsche Leitung (eines Unternehmens)*

Miss|mut ⟨der; -(e)s; unz.⟩ *schlechte Laune, Verdrießlichkeit, Verdrossenheit;* Abl *missmutig*

Miss|stand ⟨der; -(e)s, -stän|de⟩ *ständiger, dauerhafter Übelstand, schlimmer Zustand* ▸ Missstände abschaffen; einen ~ beseitigen; Missstände in der Regierung, Verwaltung

Miss|stim|mung ⟨die; -, -en⟩ *Verstimmung, Missklang, drohende Auseinandersetzung* ▸ in einem Gespräch, einer Gesellschaft keine ~ aufkommen lassen; der Abend endete leider mit einer leichten ~

miss|trau|en ⟨V. intr.; miss|traut, miss|trau|te, hat miss|traut⟩ jmdm. od. einer Sache ~ *nicht trauen, gegen jmdn. od. eine Sache Argwohn hegen* ▸ ich misstraue ihm; ich misstraue dieser plötzlichen Freundlichkeit; er misstraut Fremden

Miss|trau|en ⟨das; -s; unz.⟩ *Argwohn, Mangel an Vertrauen* ▸ jmdm. ~ entgegenbringen; begründetes, unbegründetes ~; ~ gegen jmdn. hegen; voller ~ gegen jmdn. sein

Miss|trau|ens|an|trag ⟨der; -(e)s, -trä|ge⟩ = *Misstrauensvotum*

Miss|trau|ens|vo|tum ⟨[-vo:-] das; -s, -vo|ten⟩ *Parlamentsantrag, der Regierung od. einzelnen*

M

Regierungsmitgliedern das Vertrauen zu entziehen, damit sie von ihrem Amt zurücktreten; Syn *Misstrauensantrag* ▸ ein ~ einbringen

miss|trau|isch ⟨Adj.⟩ *voller Misstrauen, nicht (ver)trauend, argwöhnisch* ▸ jmdn. od. etwas ~ betrachten; jmdn. ~ machen *jmds. Misstrauen, Argwohn erregen;* er ist sehr ~

Miss|ver|hält|nis ⟨das; -nis|ses, -nis|se⟩ *unpassendes Verhältnis, störende Ungleichheit, gestörtes Gleichgewicht* ▸ zwischen seinen Forderungen und seinen eigenen Leistungen besteht ein schreiendes ~

miss|ver|ständ|lich ⟨Adj.⟩ *so beschaffen, dass man es missverstehen kann, mehrdeutig, unklar* ▸ seine Aussage war ~; Abl *Missverständlichkeit*

Miss|ver|ständ|nis ⟨das; -ses, -se⟩ *falsches Verstehen, ungewollt falsches Deuten (einer Handlung od. Aussage)* ▸ ein ~ klären; um ~sen vorzubeugen; unser Streit beruhte auf einem ~; hierbei kann es sich nur um ein ~ handeln

miss|ver|ste|hen ⟨V. trans.; miss|ver|steht, miss|ver|stand, hat miss|ver|stan|den⟩ jmdn. od. etwas ~ *falsch verstehen, falsch auffassen, unabsichtlich falsch deuten* ▸ ich habe dich missverstanden

Miss|wirt|schaft ⟨die; -; unz.⟩ *unordentliche, unsaubere Geschäftsführung od. Verwaltung*

Mist ⟨der; -(e)s; unz.⟩ **1** *tierischer Kot;* Zus *Hühnermist, Kuhmist, Pferdemist, Schafsmist* **2** *mit tierischem Kot vermischtes Stallstroh als Dünger;* Zus *Mistgabel, Mistkarre; Stallmist* **3** *Misthaufen* **4** ⟨übertr.; umg.⟩ **4.1** *wertloses Zeug, Plunder* **4.2** *Unsinn, dummes Zeug* **5** ⟨österr. a.⟩ *Abfall, Müll* ▸ eine **Fuhre** ~ ▸ **bauen:** er hat wieder einmal ~ gebaut ⟨übertr.; umg.⟩ *etwas gründlich falsch gemacht;* Pferde **machen** viel ~; ~ **reden** ⟨übertr.; umg.⟩; **sein:** das ist ja alles ~, was ihr da sagt ⟨übertr.; umg.⟩; er hat ziemlich viel ~ **verzapft** ⟨übertr.; umg.⟩ *dummes Zeug, Unsinn gemacht, geschrieben* ▸ ich habe den ganzen ~ **satt** ⟨übertr.; umg.⟩ *die ganze Sache* ▸ Dung **auf** den ~ fahren; das ist nicht auf seinem ~ gewachsen ⟨übertr.; umg.⟩ *das stammt nicht von ihm selbst;* was soll ich **mit** all dem ~?; **so** ein ~! *so ein Pech!*

Mis|tel ⟨die; -, -n; Bot.⟩ *ein Strauch mit grünen Blättern, der oberirdisch als Parasit auf Holzpflanzen lebt, in England eine typische Weihnachtspflanze*

Mist|hau|fen ⟨der; -s, -⟩ *Sammelplatz für Mist (auf dem Bauernhof)*

Mist|kä|fer ⟨der; -s, -; Zool.⟩ *ein stahlblau bis schwarz glänzender Käfer von plumpem Körperbau*

Mist|kü|bel ⟨der; -s, -; österr.⟩ *Mülleimer*

Mist|stück ⟨das; -(e)s, -e; übertr.; derb⟩ *gemeine, hinterhältige Person* ▸ du bist ein ~!

mit[1] ⟨Präp. m. Dat.⟩ **1** *in Begleitung von, zusammen, gemeinsam, gemeinschaftlich* **2** *in Verbindung mit* **3** *durch Hilfe von, durch, mittels Werkzeugs* **4** *versehen, ausgestattet mit* **5** *bei, zur Zeit des, der, im Alter von, in Höhe von, einschließlich (bei Maß-, Mengen-, Zeitangaben)* **6** *im Hinblick auf, betreffend* **7** *gegen, gegeneinander* **8** *wechselseitig* ▸ ich muss ~ dir sprechen; er ist sehr ~ sich selbst zufrieden; ~ jmdm. tanzen; ~ jmdm. trauern; sich ~ jmdm. unterhalten; ich verstehe mich gut ~ ihr; was ist los ~ dir? ▸ ~ **Absicht;** er antwortete ~ einem **Achselzucken;** wie geht es ~ deiner **Arbeit?** ⟨umg.⟩; ~ dem **Auto,** Zug, Schiff fahren; ~ einsetzender **Dämmerung;** ~ dem **Essen** warten; etwas ~ 12.000 **Euro** versichern; was willst du ~ dem **Geld** machen?; das Mädchen ~ dem blonden **Haar** *das Mädchen, das blondes Haar hat;* ~ **Hilfe** = *mithilfe;* ~ zehn **Jahren** *im Alter von zehn Jahren;* ~ einem **Mal** *plötzlich, auf einmal;* ~ der **Maschine** schreiben; ~ dem **Messer** schneiden; Kaffee ~ **Milch,** Zucker; sie lebt ~ ihrer **Mutter** zusammen; ~ dem **Spiel** anfangen; ~ lauter **Stimme;** der Zug fährt ~ 100 **Stundenkilometern;** ~ **Vergnügen!** *sehr gern!;* ~ einem **Wort** *kurz gesagt;* ~ anderen Worten, du willst nicht mitkommen *anders ausgedrückt* ▸ ~ jmdm. **kämpfen;** ~ jmdm. **verhandeln**

mit[2] ⟨Adv.⟩ *unter anderem, außerdem, und auch* ▸ kannst du bitte mal ~ **anfassen;** ~ **berücksichtigen** = *mitberücksichtigen;* ~ **unterzeichnen** = *mitunterzeichnen*

mit... ⟨in Zus.; zur Bildung von Verben; betont u. trennbar⟩ **1** *(bezeichnet die Beteiligung von jmdm. an etwas),* z. B. mitgehen, mithören, mitlaufen **2** *(bezeichnet die Gleichzeitigkeit von Abläufen od. Vorgängen),* z. B. mitdenken, mitplanen **3** *(bezeichnet das Besitzen, Dabeihaben eines Zubehörs od. einer Ausstattung),* z. B. mitführen, mitnehmen

Mit... ⟨in Zus.; zur Bildung von Subst.⟩ *gemeinsam, zusammen mit einem od. mehreren anderen,* z. B. Mitautor, Mitbesitzer

mit|ar|bei|ten ⟨V. intr.; ar|bei|tet mit, ar|bei|te|te mit, hat mit|ge|ar|bei|tet, mit|zu|ar|bei|ten⟩ (an etwas) ~ *mit anderen am selben Werk arbeiten;* Abl *Mitarbeit*

Mit|ar|bei|ter ⟨der; -s, -⟩ *jmd., der mit anderen am selben Werk arbeitet* ▸ wie viele ~ haben Sie in Ihrem Betrieb?; Zus *Mitarbeiterzahl*

Mit|ar|bei|te|rin ⟨die; -, -rin|nen⟩ *weibl. Mitarbeiter*

Mit|be|grün|der ⟨der; -s, -⟩ *jmd., der etwas bes. ein Unternehmen mitbegründet hat;* Abl *Mitbegründerin*

mit|be|kom|men ⟨V. trans.; be|kommt mit, bekam mit, hat mit|be|kom|men, mit|zu|be|kommen; umg.⟩ etwas ~ **1** *beim Weggehen erhalten, als Wegzehrung u. Ä. erhalten* **2** ⟨übertr.⟩ *verstehen* ▸ das habe ich nicht ganz ~ ⟨übertr.; umg.⟩ *nicht ganz verstanden;* sie hat 10.000 Euro ~

mit|be|nut|zen ⟨V. trans.; be|nutzt mit, be|nutz|te mit, hat mit|be|nutzt, mit|zu|be|nut|zen⟩ etwas ~ *mit jmdm. gemeinsam benutzen, auch benutzen* ▸ darf ich das neue Gerät ~?; Abl *Mitbenutzung*

mit|be|rück|sich|ti|gen *auch:* **mit be|rück|sich|ti|gen** ⟨V. trans.; be|rück|sich|tigt mit, be|rück|sich|tig|te mit, hat mit|be|rück|sich|tigt, mit|zube|rück|sich|ti|gen⟩ jmdn. od. etwas ~ *zusätzlich bedenken, außerdem beachten, miteinschließen* ▸ wir sollten dieses Argument unbedingt ~

mit|be|stim|men ⟨V. trans.; be|stimmt mit, be|stimm|te mit, hat mit|be|stimmt, mit|zu|be|stim|men⟩ eine Sache ~ *mit anderen gemeinsam bestimmen, auch bestimmen*

Mit|be|stim|mung ⟨die; -; unz.⟩ *Bestimmung (über etwas) mit anderen gemeinsam* ▸ der Betriebsrat, die Gewerkschaft fordert ~; Zus *Mitbestimmungsrecht*

Mit|be|wer|ber ⟨der; -s, -⟩ *jmd., der sich um etwas mit anderen zusammen bewirbt, Konkurrent* ▸ er hat zwei ~ um das Amt; Abl *Mitbewerberin*

Mit|be|woh|ner ⟨der; -s, -⟩ *jmd., der mit (einem) anderen ein Haus, eine Wohnung od. Zimmer bewohnt;* Abl *Mitbewohnerin*

mit|brin|gen ⟨V. trans.; bringt mit, brach|te mit, hat mit|ge|bracht, mit|zu|brin|gen⟩ **1** (jmdm.) etwas ~ *jmdm. etwas als Geschenk beim Kommen bringen* **2** jmdn. ~ *als zusätzlichen Gast mitnehmen* ▸ kann ich noch jmdn. ~?; einen Freund, einen Gast ~; sie hat zwei Kinder aus ihrer ersten Ehe mitgebracht

Mit|bring|sel ⟨das; -s, -; umg.⟩ *kleines Geschenk, das man jmdm. mitbringt*

Mit|bür|ger ⟨der; -s, -⟩ *Bürger desselben Staates, Bewohner derselben Stadt;* Abl *Mitbürgerin*

mit|den|ken ⟨V. intr.; denkt mit, dach|te mit, hat mit|ge|dacht, mit|zu|den|ken⟩ *etwas gezielt tun, planmäßig u. verantwortungsbewusst handeln* ▸ Schüler sollen das Mitdenken lernen; wir brauchen junge Menschen, die ~

Mit|ei|gen|tü|mer ⟨der; -s, -⟩ *jmd., der mit (einem) anderen zusammen Eigentümer einer Sache ist* ▸ er ist ~ der Firma; Abl *Miteigentümerin*

mit|ein|an|der *auch:* **mit|ei|nan|der** ⟨Adv.⟩ *mit (einem) anderen, zusammen, gemeinsam* ▸ ~ spielen, sprechen; sich ~ vertragen; zwei Aufgaben ~ verbinden *zusammen erledigen;* alle ~

mit|er|le|ben ⟨V. trans.; er|lebt mit, er|leb|te mit, hat mit|er|lebt, mit|zu|er|le|ben⟩ etwas ~ *aus der Nähe erleben, am eigenen Leibe spüren*

Mit|es|ser ⟨der; -s, -; übertr.⟩ *kleiner Pickel, der an der Oberfläche schwarz verfärbt ist*

mit|fah|ren ⟨V. intr.; fährt mit, fuhr mit, ist mit|ge|fah|ren, mit|zu|fah|ren⟩ (mit jmdm.) ~ *mit (einem) anderen zusammen, gemeinsam fahren* ▸ fahren Sie mit?; wollen Sie bei, mit uns ~?; Abl *Mitfahrer(in);* Zus *Mitfahrgelegenheit*

mit|flie|gen ⟨V. intr.; fliegt mit, flog mit, ist mit|ge|flo|gen, mit|zu|flie|gen⟩ *als Passagier in einem Flugzeug, Hubschauber mit anderen zusammen fliegen* ▸ sie möchte in einem Airbus ~

mit|füh|len ⟨V. intr.; fühlt mit, fühl|te mit, hat mit|ge|fühlt, mit|zu|füh|len⟩ (mit jmdm.) ~ *mitempfinden, mit jmdm. fühlen* ▸ ein ~der Mensch

mit|füh|ren ⟨V. trans.; führt mit, führ|te mit, hat mit|ge|führt, mit|zu|füh|ren⟩ etwas ~ *bei sich haben, mit sich tragen* ▸ der Fluss führt Sand, Geröll mit; führen Sie Wertsachen mit sich? (beim Grenzübertritt)

mit|ge|ben ⟨V. trans.; gibt mit, gab mit, hat mit|ge|ge|ben, mit|zu|ge|ben⟩ jmdm. etwas ~ *jmdm. etwas geben, wenn er weggeht, (als Proviant o. Ä.) auf den Weg geben* ▸ seinem Kind eine gute Erziehung ~ ⟨übertr.⟩ *zuteilwerden lassen;* ich werde Ihnen einen Stadtplan ~

Mit|ge|fühl ⟨das; -(e)s; unz.⟩ *Teilnahme an fremdem Leid, Mitleid* ▸ jmdm. sein ~ ausdrücken

mit|ge|hen ⟨V. intr.; geht mit, ging mit, ist mit|ge|gan|gen, mit|zu|ge|hen⟩ **1** (mit jmdm.) ~ *mit jmdm. gehen, gemeinsam gehen, jmdn. begleiten* **2** ⟨übertr.; umg.⟩ etwas ~ lassen *etwas stehlen* ▸ du darfst nicht mit Fremden ~

Mit|gift ⟨die; -, -en; Pl. selten⟩ *Aussteuer*

Mit|glied ⟨das; -(e)s, -er⟩ *Angehöriger eines Vereins, Klubs, einer Partei, Sekte od. einer sonstigen Körperschaft* ▸ ~er werben; korrespondierendes ~; sich als ~ aufnehmen, einschreiben lassen; er ist ~ in unserem Verein; Abl *Mitgliedschaft;* Zus *Mitgliedsbeitrag; Parteimitglied, Vereinsmitglied*

mit|glie|der|stark ⟨Adj.; -stärker, am -stärks|ten⟩ *mit vielen Mitgliedern* ▸ eine ~e Organisation

Mit|glieds|land ⟨das; -(e)s, -län|der⟩ *Land, das Mitglied eines Bündnisses o. Ä. ist* ▸ die Mitgliedsländer der EU beschlossen …

mit|ha|ben ⟨V. trans.; hat mit, hat|te mit, hat mit|ge|habt, mit|zu|ha|ben⟩ etwas ~ *mitgebracht haben, bei sich haben* ▸ hast du deinen Ausweis mit?; ich habe keine Jacke mit?

mit|hal|ten ⟨V. intr.; hält mit, hielt mit, hat mit|ge|hal|ten, mit|zu|hal|ten⟩ (mit jmdm.) ~ (können) *zu derselben Leistung wie jmd. anders fähig sein, nicht od. kaum schlechter sein als andere* ▸ da kann ich nicht ~; mit der Spitze ~ können

mit|hel|fen ⟨V. intr.; hilft mit, half mit, hat mit|ge|hol|fen, mit|zu|hel|fen⟩ (jmdm. od bei einer Sache) ~ *anderen (bei einer Sache) helfen, auch helfen* ▸ komm, hilf mit!; es müssen alle bei dem Schulfest ~; ich habe (ihm) mitgeholfen, das Dach zu reparieren

mit|hil|fe *auch:* **mit Hil|fe** ⟨Präp. m. Gen.⟩ *mittels, mit der Hilfe von, durch* ▸ ~ eines Werkzeugs den Schrank öffnen

Mit|hil|fe ⟨die; -; unz.⟩ *Hilfe bei einem Werk anderer* ▸ ich danke Ihnen für Ihre tatkräftige ~

mit|hin ⟨Adv.⟩ *folglich, also, demnach*

mit|hö|ren ⟨V. intr. u. V. trans.; hört mit, hör|te mit, hat mit|ge|hört, mit|zu|hö|ren⟩ (etwas) ~ *dasselbe auch hören, mit anderen gemeinsam hören* ▸ wir haben das Konzert am Radio mitgehört; man kann den Streit nebenan gut ~; der Feind hört mit

Mit|in|ha|ber ⟨der; -s, -⟩ *einer der Inhaber (einer Firma);* Abl *Mitinhaberin*

mit|kom|men ⟨V. intr.; kommt mit, kam mit, ist mit|ge|kom|men, mit|zu|kom|men⟩ **1** (mit jmdm.) ~ *mit (einem) anderen kommen, jmdn. begleiten* **2** ⟨übertr.; umg.⟩ (mit etwas) ~ *einer Sache folgen können, den Anforderungen einer Sache gewachsen sein* ▸ kommen Sie mit!; Sie diktieren zu schnell, ich komme nicht mit; da

M

komme ich nicht mit! ⟨übertr.; umg.⟩ *das verstehe ich nicht, kann ich nicht nachvollziehen*

mit|krie|gen ⟨V. trans.; kriegt mit, krieg|te mit, hat mit|ge|kriegt, mit|zu|krie|gen; umg.⟩ etwas ~ *mitbekommen*

mit|lau|fen ⟨V. intr.; läuft mit, lief mit, ist mit|ge|lau|fen, mit|zu|lau|fen⟩ **1** *mit (einem) anderen zusammen laufen, nebenher laufen* **2** ⟨übertr.⟩ *nebenher, nebenbei erledigt werden* ▸ diese Arbeiten laufen täglich (nebenher) mit; er läuft beim 100-m-Lauf mit

Mit|läu|fer ⟨der; -s, -⟩ *jmd., der an einer Sache teilnimmt, ohne aktiv mitzuwirken, nur formales Mitglied* ▸ ~er einer Partei; Abl *Mitläuferin*

Mit|laut ⟨der; -(e)s, -e; Sprachw.⟩ *Konsonant*

Mit|leid ⟨das; -(e)s; unz.⟩ , *Mitgefühl, Teilnahme an fremdem Leid* ▸ ~ erregen, erwecken, wecken; ~ fühlen, haben (mit jmdm.); ~ erregend = *mitleiderregend;* etwas aus ~ tun; Abl *mitleid(s)los, mitleid(s)voll;* Zus *Selbstmitleid*

mit|lei|den ⟨V. intr.; lei|det mit, litt mit, hat mit|ge|lit|ten, mit|zu|lei|den⟩ (mit jmdm.) ~ *an fremdem Leid teilnehmen;* Abl *mitleidig*

mit|leid|er|re|gend *auch:* **Mit|leid er|re|gend** ⟨Adj.⟩ *das Gefühl des Mitleids hervorrufend, innere Anteilnahme an jmdm. erweckend, dem es schlechtgeht*

mit|lie|fern ⟨V. trans.; lie|fert mit, lie|fer|te mit, hat mit|ge|lie|fert, mit|zu|lie|fern⟩ etwas ~ *gleichzeitig mit anderen Dingen zustellen, schicken* ▸ das Zubehör wurde mitgeliefert

mit|ma|chen ⟨V. trans. u. V. intr.; macht mit, mach|te mit, hat mit|ge|macht, mit|zu|ma|chen⟩ etwas od. bei etwas ~ *(dasselbe) auch machen, etwas mit (einem) anderen zusammen machen, als einer unter vielen teilnehmen* ▸ einen Kochkurs ~; die Mode ~ *sich nach der Mode kleiden;* ich möchte dabei ~; viel ~ ⟨übertr.⟩ *vieles zu ertragen, zu erleiden haben;* sie hat viel mitgemacht

Mit|mensch ⟨der; -en, -en⟩ *der andere Mensch, Nächster* ▸ sich für seine ~en interessieren; Abl *mitmenschlich*

mit|mi|schen ⟨V. intr.; mischt mit, misch|te mit, hat mit|ge|mischt, mit|zu|mi|schen; umg.⟩ (bei etwas) ~ *sich an etwas beteiligen, etwas bei einer Sache zu sagen haben* ▸ er will immer ~

mit|neh|men ⟨V. trans.; nimmt mit, nahm mit, hat mit|ge|nom|men, mit|zu|neh|men⟩ **1** jmdn. od. etwas ~ *mit sich nehmen, forttragen* **2** ⟨übertr.⟩ jmdn. ~ *erschöpfen, auslaugen* ▸ die Krankheit hat ihn sehr mitgenommen ▸ darf ich das **Buch** ~?; jede **Gelegenheit** ~ *benutzen, ausnutzen;* er hat im Geschäft **Lebensmittel** mitgenommen *gestohlen;* der Krieg hat das **Land** arg mitgenommen ⟨übertr.⟩; nimmst du einen **Mantel** mit?; hast du einen **Schirm** mitgenommen? ▸ wir nehmen die Kinder **auf** die Reise mit; jmdn. **im** Auto ~; jmdn. **zu** einer Veranstaltung ~ ▸ er sieht noch ganz mitgenommen aus *erschöpft, elend*

mit|nich|ten ⟨Adv.⟩ *keineswegs, durchaus nicht*

mit|re|den ⟨V.; re|det mit, re|de|te mit, hat mit|ge|re|det, mit|zu|re|den⟩ **I** ⟨V. intr.⟩ (bei etwas) ~ **1** *sich an einem Gespräch beteiligen* **2** *(bei etwas) mitbestimmen, zu einer Entscheidung beitragen* ▸ er will zu oft ~ **II** ⟨V. trans.; in der Wendung⟩ ein Wörtchen mitzureden haben *das Recht haben, bei einer Entscheidung mitzubestimmen*

mit|rei|sen ⟨V. intr.; reist mit, reis|te mit, ist mit|ge|reist, mit|zu|rei|sen⟩ (bei od. mit jmdm.) ~ *mit (einem) anderen zusammen reisen* ▸ wer reist mit dir mit?; Abl *Mitreisende(r)*

mit|rei|ßen ⟨V. trans.; reißt mit, riss mit, hat mit|ge|ris|sen, mit|zu|rei|ßen⟩ **1** jmdn. od. etwas ~ *(beim Fallen, Laufen, Fahren) mit sich reißen* **2** ⟨übertr.⟩ jmdn. ~ *hinreißen, begeistern* **3** sich ~ lassen *sich widerwillig auf etwas einlassen* ▸ seine Begeisterung riss die Hörer mit ⟨übertr.⟩; jmdn. in den Abgrund ~; er wurde von der starken Strömung mitgerissen; es war ein ~des Konzert ⟨übertr.⟩

mit|samt ⟨Präp. m. Dat.⟩ *mit allem, mit allen zusammen* (bes. von Sachen, leicht abwertend auch von Personen) ▸ er kam ~ seiner ganzen Familie; ~ dem Zubehör

mit|schi|cken ⟨V. trans.; schickt mit, schick|te mit, hat mit|ge|schickt, mit|zu|schi|cken⟩ (jmdm.) etwas ~ *mit etwas anderem zusammen schicken, einer Sendung beifügen* ▸ ich schicke dir das versprochene Kochbuch mit

mit|schlep|pen ⟨V. trans.; schleppt mit, schlepp|te mit, hat mit|ge|schleppt, mit|zu|schlep|pen⟩ **1** etwas ~ *mit sich schleppen, mit Anstrengung, Mühe mit sich tragen* **2** jmdn. ~ *jmdn. gegen dessen Willen irgendwohin mitnehmen*

mit|schnei|den ⟨V. trans.; schnei|det mit, schnitt mit, hat mit|ge|schnit|ten, mit|zu|schnei|den⟩ ein Konzert, ein Gespräch ~ *auf Tonträger aufnehmen*

Mit|schnitt ⟨der; -(e)s, -e⟩ **1** *das Mitschneiden* **2** *Tonbandaufnahme;* Zus *Konzertmitschnitt*

mit|schrei|ben ⟨V. intr. u. V. trans.; schreibt mit, schrieb mit, hat mit|ge|schrie|ben, mit|zu|schrei|ben⟩ **1** etwas Gesprochenes ~ *schriftlich festhalten* **2** eine Prüfung, eine Arbeit ~ *an einer schriftlichen P., A. teilnehmen* ▸ schreiben Sie die folgenden Sätze bitte mit!; zwei Schüler haben nicht mitgeschrieben

Mit|schuld ⟨die; -; unz.⟩ *Teil einer Schuld*

mit|schul|dig ⟨Adj.⟩ *auch, ebenfalls schuldig, Mitschuld tragend* ▸ er ist ~ an dem Unfall

Mit|schü|ler ⟨der; -s, -⟩ *Schüler derselben Klasse od. derselben Schule;* Abl *Mitschülerin*

mit|sin|gen ⟨V. intr.; singt mit, sang mit, hat mit|ge|sun|gen, mit|zu|sin|gen⟩ (etwas) ~ *mit (einem) anderen zusammen singen* ▸ er singt im Chor mit; alle sollen das Lied ~

mit|sol|len ⟨V. intr.; soll mit, soll|te mit, hat mit|ge|sollt, mit|zu|sol|len; umg.⟩ **1** (mit jmdm.) ~ *mitkommen, mitgehen sollen* **2** *mitgenommen werden sollen* ▸ soll der Koffer auch mit?

mit|spie|len ⟨V. trans. u. V. intr.; spielt mit, spielte mit, hat mit|ge|spielt, mit|zu|spie|len⟩ **1** (etwas) ~ *mit (einem) anderen zusammen spielen;*

Abl *Mitspieler(in)* **2** jmdm. (hart, übel, grausam) ~ *jmdn. (hart usw.) behandeln* **3** ⟨übertr.⟩ (bei etwas) ~ *etwas beeinflussen, für etwas von Bedeutung sein* ▸ ich spiel nicht mehr mit!; es spielen mehrere Gründe mit ⟨übertr.⟩; ihm wurde übel mitgespielt; das Schicksal hat ihm hart mitgespielt *er hat ein hartes Sch. gehabt;* dieser Schauspieler hat auch im „King Lear" mitgespielt

Mit|spra|che|recht ⟨das; -(e)s; unz.⟩ *Recht zur Mitwirkung bei einer Entscheidung*

Mit|strei|ter ⟨der; -s, -⟩ *jmd., der mit anderen gemeinsam (für etwas) kämpft;* Abl *Mitstreiterin*

Mit|tag ⟨der; -(e)s, -e⟩ **1** *Zeitpunkt des höchsten Sonnenstandes* **2** *die Stunden um diesen Zeitpunkt* ▸ ~ machen ⟨umg.⟩ *Mittagspause machen;* gegen ~; gestern, heute, morgen Mittag *gestern, heute, morgen zur Mittagszeit;* zu ~ essen *das Mittagessen einnehmen;* komm doch zu ~ zu uns; Abl *mittäglich;* Zus *Mittagshitze, Mittagspause, Mittagsruhe, Mittagsschlaf*

Mit|tag|es|sen ⟨das; -s, -⟩ *Mahlzeit zur Mittagszeit* ▸ das ~ vorbereiten, kochen; kommt doch morgen zum ~!

mit|tags ⟨Adv.⟩ *während der Mittagszeit, um die Mittagszeit* ▸ wann kommst du ~ zum Essen?

Mit|tags|tisch ⟨der; -(e)s, -e⟩ **1** *der gedeckte Tisch mit dem Mittagessen* **2** *gewerbsmäßige Verabreichung von Mittagessen* ▸ etwas am ~ erzählen; am ~ sitzen; ~ für Studenten

Mit|tä|ter ⟨der; -s, -⟩ *jmd., der an einer Straftat aktiv beteiligt ist;* Abl *Mittäterin, Mittäterschaft*

Mit|te ⟨die; -; unz.⟩ **1** *etwas, das an der Hälfte liegt, von allen Teilen gleich weit entfernt ist, Mittelpunkt* **2** ⟨übertr.⟩ *gemäßigte politische Einstellung, die zu allen politisch extremen Lagern gleichermaßen Abstand hält u. von einer Mehrheit der Bevölkerung getragen wird* ▸ ~ des **Monats** *Zeit um den 15. des Monats;* ein **Mann** der ~ ⟨übertr.⟩; das **Reich** der ~ *China* ▸ er ist ~ (der) **dreißig** *etwa 35 Jahre alt;* die **goldene** ~ *das rechte Maß, nicht zu viel u. nicht zu wenig* ▸ einer **aus** unserer ~ *aus unserem Kreis, unserer Gruppe;* **bis** ~ Juli müssen wir die Arbeit abgeben; bis ~ Oktober hat er noch Urlaub; ab **durch** die ~ ⟨urspr. Regieanweisung, dann a. umg., scherzh.⟩ *fort!, weg!;* wir nahmen sie **in** die ~ *zwischen uns;* wir heißen dich in unserer ~ willkommen *in unserem Kreis, bei uns;* er fasste sie **um** die ~; ich habe den Artikel bis **zur** ~ gelesen

mit|tei|len ⟨V.; teilt mit, teil|te mit, hat mit|ge|teilt, mit|zu|tei|len⟩ **I** ⟨V. trans.⟩ jmdm. etwas ~ *jmdn. etwas wissenlassen, jmdn. benachrichtigen* ▸ ich muss Ihnen leider ~, dass …; jmdm. eine Neuigkeit ~; jmdm. etwas mündlich, schriftlich, vertraulich, unter vier Augen ~; der Termin für die Prüfung wird Ihnen schriftlich mitgeteilt **II** ⟨V. refl.⟩ sich jmdm. ~ *sich jmdm. anvertrauen, sich jmdm. gegenüber aussprechen*

mit|teil|sam ⟨Adj.⟩ *gern mitteilend, gesprächig, aufgeschlossen* ▸ er ist ein ~er Mensch; Abl *Mitteilsamkeit*

Mit|tei|lung ⟨die; -, -en⟩ *Nachricht, Meldung, Benachrichtigung, Bekanntgabe* ▸ eine ~ erhalten; amtliche, geschäftliche, kurze, offizielle, vertrauliche ~; laut ~ des Presseamtes

Mit|tei|lungs|be|dürf|nis ⟨das; -nis|ses; unz.⟩ *Bedürfnis, sich auszusprechen* ▸ sie hat ein großes ~

Mit|tel ⟨das; -s, -⟩ **1** *etwas, das einen bestimmten Zweck erfüllen soll, Hilfsmittel;* Zus *Arbeitsmittel, Beweismittel, Frostschutzmittel, Transportmittel, Waschmittel* **2** *mittlerer Wert, Durchschnitt* **3** *Heilmittel, Medikament;* Zus *Abführmittel, Beruhigungsmittel, Hustenmittel, Schlafmittel, Verhütungsmittel* **4** ⟨Pl.⟩ *Geld, Kapital, Vermögen* ▸ ~ und **Wege** finden ▸ ein ~ (mit, ohne Erfolg) **anwenden;** ein ~ **einnehmen,** nehmen; das ~ **errechnen;** mir **fehlen** die ~ dazu; ich **habe** (nicht) die ~, das zu tun; der Zweck **heiligt** die ~; einem Kranken ein ~ **verschreiben** ▸ **beruhigendes,** schmerzlinderndes, stärkendes ~; **beschränkte** ~ zur Verfügung haben; ein **gutes,** sicheres, wirksames ~; ihm ist **jedes** ~ recht, was ihm zu seinem Ziel verhilft; kein ~ **unversucht** lassen ▸ jmdn. od. etwas **als** ~ zum Zweck benutzen; ein ~ **gegen** Asthma, Bauchschmerzen, Schnupfen; **im** ~ ⟨bei Maßangaben⟩ *im Mittelwert, im Durchschnitt;* etwas **mit** allen ~n versuchen *auf jede Weise;* ich verfüge nicht über die nötigen ~; **zu** anderen ~n greifen

mittel/mittlere

Mittel ist ein umgangssprachliches Adverb mit der Bedeutung „durchschnittlich, in der Mitte liegend", das in der Schriftsprache vermieden werden sollte: *Der Film gefiel mir so mittel. Meine Schulnoten sind mittel.*

Als Erstbestandteil von Zusammensetzungen ist *mittel* in der Standardsprache recht häufig und kommt beispielsweise in den Adjektiven *mitteldick, mittelgroß, mittellang* und den Substantiven *Mitteldeck, Mittelschiff, Mitteleuropa* oder *Mittelfeld* vor.

Mittel kann als Adjektiv nur in attributiver Stellung stehen, wobei es zu *mittlere(r, -s)* wird: *Das mittlere Bild gefällt mir am besten.* (Oder: *Das Bild in der Mitte gefällt mir am besten.) Ein Mann im mittleren Alter. Er ist mit mittlerer Geschwindigkeit gefahren.*

mit|tel… ⟨in Zus.; zur Bildung von Adj.⟩ *durchschnittlich (groß, hoch, gut, alt usw.),* z. B. mittelfein, mittellang

Mit|tel… ⟨in Zus.; zur Bildung von Subst.⟩ **1** *in der Mitte, im Zentrum gelegen,* z. B. Mitteleuropa, Mittelgang, Mittelstreifen **2** *von mittlerem, durchschnittlichem Ausmaß,* z. B. Mittelgebirge, Mittelstrecke

Mit|tel|al|ter ⟨das; -s; unz.; Abk.: MA⟩ *geschichtlicher Zeitraum zw. Altertum u. Neuzeit, etwa 5. bis 15. Jh.;* Abl *mittelalterlich*

mit|tel|bar ⟨Adj.⟩ *auf einem Umweg, nicht direkt*

▸ das betrifft mich nur ~; er ist nur ~ daran beteiligt; Abl *Mittelbarkeit*

mit|tel|deutsch ⟨Adj.⟩ *die mittlere Region Deutschlands betreffend, zu ihr gehörig, in Mitteldeutschland gelegen* ▸ ~e Mundarten

Mit|tel|ding ⟨das; -(e)s; unz.; umg.⟩ *etwas, das zwischen zwei anderen Dingen, Begriffen, Vorstellungen liegt bzw. Elemente von beiden vereinigt;* Syn *Zwischending* ▸ meine neue Kopfbedeckung ist ein ~ zwischen Hut und Mütze

Mit|tel|eu|ro|pä|er ⟨der; -s, -⟩ *Einwohner eines Landes in Mitteleuropa;* Abl *Mitteleuropäerin; mitteleuropäisch*

Mit|tel|feld ⟨das; -(e)s, -er⟩ **1** ⟨Sp.; bes. Fußb.⟩ *mittlerer Teil des Spielfeldes* **2** ⟨übertr.⟩ *Mitte, mittlerer Bereich* ▸ im ~ spielen; einen Spieler im ~ einsetzen ⟨Fußb.⟩; die Preise liegen im ~ ⟨übertr.⟩

Mit|tel|fin|ger ⟨der; -s, -; Anat.⟩ *mittlerer Finger, Finger zw. Zeige- u. Ringfinger*

mit|tel|fris|tig ⟨Adj.⟩ *auf eine nicht zu lange u. nicht zu kurze Frist begrenzt* ▸ ~e Kredite

Mit|tel|ge|bir|ge ⟨das; -s, -⟩ *Gebirge mittlerer Höhe, bis etwa 2000 m*

Mit|tel|ge|wicht ⟨das; -(e)s, -e; Sp.⟩ *mittlere Gewichtsklasse der Schwerathletik*

mit|tel|groß ⟨Adj.⟩ *nicht mehr klein, aber auch nicht groß*

mit|tel|hoch|deutsch ⟨Adj.; Sprachw.⟩ *zum Zeitraum der mittelhochdt. Sprache gehörend, in mittelhochdt. Sprache* ▸ ~e Sprache *Entwicklungsstufe der dt. Sprache zw. der alt- u. der neuhochdt. Sprache, etwa vom 12. bis zum 15. Jh.*

Mit|tel|klas|se ⟨die; -, -n⟩ *mittlere Qualität, durchschnittliche Güte;* Zus *Mittelklassewagen*

Mit|tel|li|nie ⟨[-njə] die; -, -n; Ballspiel⟩ *das Spielfeld parallel zu den Torlinien halbierende Linie*

mit|tel|los ⟨Adj.⟩ *ohne Geldmittel, arm;* Abl *Mittellosigkeit*

Mit|tel|maß ⟨das; -es, -e⟩ *mittleres Maß, Durchschnitt* ▸ die Sänger kamen über das ~ nicht hinaus

mit|tel|mä|ßig ⟨Adj.⟩ **1** *nicht gut, aber auch nicht schlecht, durchschnittlich* **2** *mäßig, nicht bes. gut* ▸ ~e Leistungen; ~e Qualität; Abl *Mittelmäßigkeit*

Mit|tel|meer ⟨das; -(e)s, -e; Geogr.⟩ *das Meer zwischen Europa und Afrika* ▸ die Insel liegt im ~; Zus *Mittelmeerländer, Mittelmeerraum*

Mit|tel|ohr ⟨das; -(e)s, -en; Anat.⟩ *Raum zw. innerem u. äußerem Ohr;* Zus *Mittelohrentzündung*

mit|tel|präch|tig ⟨Adj.; umg.; scherzh.⟩ *mittelmäßig* ▸ es geht ihm ~

Mit|tel|punkt ⟨der; -(e)s, -e⟩ **1** *Punkt, von dem alle Punkte des Umfangs* (beim Kreis) *od. der Oberfläche* (bei der Kugel) *gleich weit entfernt sind* **2** ⟨übertr.⟩ **2.1** *Brennpunkt, Zentrum;* Zus *Mittelpunktsschule* **2.2** *Punkt, auf den sich alle Gedanken richten* **2.3** *Mensch, für den sich alle interessieren, über den alle sprechen* ▸ sie war der ~ des Abends, des Festes, der Gala; ~ eines Kreises, einer Kugel; sie will immer überall ~ sein; Berlin als ~ deutscher Politik; im ~ des Interesses stehen ⟨übertr.⟩

mit|tels ⟨Präp. mit Gen. od. Dat.⟩ *mit, mit Hilfe von, durch* ▸ eine Kiste ~ Brecheisens, ein Autoschloss ~ Drähten öffnen

Mit|tel|schei|tel ⟨der; -s, -⟩ *Scheitel in der Mitte des Kopfes*

Mit|tel|schicht ⟨die; -, -en; Soziol.⟩ *Bevölkerungsschicht, die durch ihr Einkommen, ihre Bildung u. ihre Lebensführung eine Mittelstellung in der Gesellschaft zwischen Unter- u. Oberschicht einnimmt* ▸ es kommt zu Einkommensverschiebungen innerhalb der ~

Mit|tel|schu|le ⟨die; -, -n⟩ **1** ⟨veraltet⟩ = *Realschule* **2** ⟨österr., schweiz.⟩ *höhere Schule*

mit|tel|schwer ⟨Adj.⟩ *nicht sehr schwer, aber auch nicht leicht* ▸ bei dem Attentat sind zwei Personen ~ verletzt worden; es gab einfache und ~e Aufgaben

Mit|tels|mann ⟨der; -(e)s, -män|ner⟩ *Vermittler, Unterhändler;* Syn *Mittelsperson*

Mit|tel|stand ⟨der; -(e)s; unz.⟩ = *Mittelschicht*

mit|tel|stän|disch ⟨Adj.⟩ *zum Mittelstand gehörig* ▸ ~e Unternehmen

Mit|tel|stre|cken|ra|ke|te ⟨die; -, -n; Mil.⟩ *Rakete zur Überwindung mittlerer Entfernungen*

Mit|tel|strei|fen ⟨der; -s, -⟩ *Grünstreifen, Rasenstreifen zw. den Fahrbahnen der Autobahn*

Mit|tel|stu|fe ⟨die; -, -n⟩ *die mittleren Klassen einer Schule, (bes.) die 8.-10. bzw. 7.-9. Klasse des Gymnasiums*

Mit|tel|stür|mer ⟨der; -s, -; Sp.; bes. Fußb., Hockey⟩ *in der Mitte des Angriffs stehender Spieler;* Abl *Mittelstürmerin*

Mit|tel|weg ⟨der; -(e)s, -e; übertr.⟩ *Weg, Handlungsweise zw. zwei Möglichkeiten, zwei Extremen* ▸ einen ~ einschlagen, gehen; der goldene ~

Mit|tel|wert ⟨der; -(e)s, -e⟩ *Mittel (2), Durchschnitt*

Mit|tel|wort ⟨das; -(e)s, -wör|ter; Gramm.⟩ = *Partizip*

mit|ten ⟨Präp.⟩ *in der Mitte, in die Mitte (hinein)* ▸ der Stab brach ~ entzwei; der Schuss traf ihn ~ ins Herz; er steht ~ im Leben *er ist lebenstüchtig, nimmt an allem teil;* sie wohnen ~ in der Stadt; er kam ~ in der Nacht; es war ~ im Winter; sie war ~ unter ihnen

mit|ten|drin ⟨Adv.; umg.⟩ *in der Mitte, mitten darin* ▸ ~ hörte er plötzlich auf zu spielen

mit|ten|durch ⟨Adv.; umg.⟩ *mitten hindurch, in der Mitte hindurch* ▸ einen Gegenstand ~ schneiden, stechen

Mit|ter|nacht ⟨die; -; unz.⟩ *24 (0) Uhr, 12 Uhr nachts* ▸ die Glocke schlug ~; kurz nach, kurz vor ~; wir trafen uns um ~; um ~ beginnt die Geisterstunde; Abl *mitternächtlich, mitternachts;* Zus *Mitternachtssonne, Mitternachtsstunde*

mit|tig ⟨Adj.⟩ *im Mittelpunkt liegend, zentrisch*

Mitt|ler ⟨der; -s, -⟩ *Vermittler, Mittelsmann, Mittelsperson;* Abl *Mittlerin*

mitt|le|re(r, -s) ⟨Adj.⟩ **1** *in der Mitte liegend, zw.*

M

zwei anderen befindlich **2** *nicht groß u. nicht klein, nicht alt u. nicht jung, nicht gut u. nicht schlecht* **3** *durchschnittlich* ▸ ~r Beamter *Beamter, der nicht mehr im unteren, aber noch nicht im gehobenen Dienst tätig ist;* ~ Betriebe *Betriebe, die nicht mehr klein u. noch nicht groß zu nennen sind;* mit ~r Geschwindigkeit fahren; Mittlerer Osten *Iran, Afghanistan u. Vorderindien;* ~ Reife *Abschluss der Realschule od. der 10. Klasse des Gymnasiums;* im ~n Alter; von ~r Größe; das ~ von drei Dingen

mitt|ler|wei|le ⟨Adv.⟩ *unterdessen, währenddessen, inzwischen* ▸ ~ hat sie sich zurechtgefunden

mit|tra|gen ⟨V. trans.; trägt mit, trug mit, hat mitge|tra|gen, mit|zu|tra|gen; a. übertr.⟩ etwas ~ *mit jmdm. tragen* ▸ eine Entscheidung ~ ⟨übertr.⟩

mit|trin|ken ⟨V. trans. u. V. intr.; trinkt mit, trank mit, hat mit|ge|trun|ken, mit|zu|trin|ken⟩ (etwas) ~ *mit jmdm. trinken*

Mitt|som|mer|nacht ⟨die; -, -näch|te⟩ *Nacht im Mittsommer, (bes.) Nacht der Sommersonnenwende*

mit|tun ⟨V. intr. u. V. trans.; tut mit, tat mit, hat mit|ge|tan, mit|zu|tun⟩ (etwas) ~ *mit jmdm. tun, mitmachen, an etwas auch teilnehmen*

Mitt|woch ⟨der; -(e)s, -e; Abk.: Mi⟩ *dritter Tag der Woche* ▸ am ~ gehe ich zum Friseur; dieser ~ war ein guter Tag für ihn; Schreibungen u. Zusammensetzungen: →a. *Dienstag*

mitt|wochs ⟨Adv.⟩ *an jedem Mittwoch*

mit|un|ter ⟨Adv.⟩ *manchmal, zuweilen, ab und zu*

mit|un|ter|zeich|nen *auch:* **mit un|ter|zeich|nen** ⟨V. trans.; un|ter|zeich|net mit, un|ter|zeich|ne|te mit, hat mit|un|ter|zeich|net, mit|zu|un|ter|zeichnen⟩ etwas ~ *mit jmdm. unterzeichnen, unterschreiben*

mit|ver|ant|wort|lich ⟨Adj.⟩ *mit jmdm. (für etwas) verantwortlich, auch verantwortlich* ▸ du bist ~ dafür, dass …

Mit|ver|ant|wor|tung ⟨die; -; unz.⟩ *mit jmdm. gemeinsam zu tragende Verantwortung*

mit|ver|die|nen ⟨V. intr.; ver|dient mit, ver|dien|te mit, hat mit|ver|dient, mit|zu|ver|die|nen⟩ **1** *neben dem Hauptverdienst od. Hauptverdiener durch Arbeit, Leistungen zusätzlich Geld erwerben od. erhalten* **2** *durch Beteiligung an etwas einen (zusätzlichen) Gewinn erwirtschaften* ▸ sie muss für den Lebensunterhalt der Familie ~

Mit|welt ⟨die; -; unz.⟩ *die Mitmenschen, die Zeitgenossen*

mit|wir|ken ⟨V. intr.; wirkt mit, wirk|te mit, hat mit|ge|wirkt, mit|zu|wir|ken⟩ *mit (einem) anderen zusammen (an etwas) wirken, (zu etwas) beitragen, (an etwas) mitarbeiten* ▸ an der Aufklärung eines Diebstahls ~; hast du dabei auch mitgewirkt?; in einem Theaterstück ~; Abl *Mitwirkung*

Mit|wis|ser ⟨der; -s, -⟩ *jmd., der mit (einem) anderen etwas weiß, ein Geheimnis kennt, (bes.) jmd., der von einem Verbrechen weiß* ▸ einen gefährlichen, lästigen ~ beseitigen; jmdn. zum ~ machen; Abl *Mitwisserin, Mitwisserschaft*

mit|wol|len ⟨V. intr.; will mit, woll|te mit, hat mit|ge|wollt, mit|zu|wol|len; umg.⟩ *mitkommen od. mitgehen wollen* ▸ das Kind will mit

mit|zäh|len ⟨V.; zählt mit, zähl|te mit, hat mit|gezählt, mit|zu|zäh|len⟩ **I** ⟨V. trans.⟩ jmdn. od. etwas ~ *auch zählen, einrechnen, berücksichtigen* **II** ⟨V. intr.⟩ *mitgezählt werden, berücksichtigt werden, mitgerechnet werden* ▸ das zählt nicht mit

mit|zie|hen ⟨V. intr.; zieht mit, zog mit, ist/hat mit|ge|zo|gen, mit|zu|zie|hen; a. übertr.⟩ *mit jmdm. ziehen*

Mix ⟨der; -es, -e; häufig in Zus.⟩ *Mischung, Gemisch* ▸ ein ~ der Kulturen; Zus *Mixgetränk; Getränkemix, Soundmix*

mi|xen ⟨V. trans.; mixt, mix|te, hat ge|mixt⟩ etwas ~ *mischen* ▸ einen Cocktail ~

Mi|xer ⟨der; -s, -⟩ **1** *elektrisches Gerät zum Zerkleinern u. gleichzeitig Mischen* **2** *jmd., der Getränke mischt;* Zus *Barmixer*

Mix|tur ⟨die; -, -en⟩ *Mischung, Gemisch* ▸ eine ~ aus Zucker, Zitrone und Saft; eine ~ aus Pop und Jazz

ml ⟨Abk. für⟩ *Milliliter*

mm ⟨Abk. für⟩ *Millimeter*

mm² ⟨Abk. für⟩ *Quadratmillimeter*

mm³ ⟨Abk. für⟩ *Kubikmillimeter*

Mob ⟨der; -s, -s; Pl. selten⟩ *Pöbel, Gesindel*

mob|ben ⟨V. trans.; mobbt, mobb|te, hat gemobbt⟩ einen Arbeitskollegen ~ *ihn hinter seinem Rücken schlechtmachen, über ihn lästern, ihn verleumden, schikanieren mit dem Ziel, ihn vom Arbeitsplatz zu vertreiben*

Mob|bing ⟨das; -s; unz.⟩ *niederträchtiges Verunglimpfen, Schlechtmachen eines Mitarbeiters durch mehrere seiner Kollegen (mit dem Ziel, ihn zum Kündigen seines Arbeitsplatzes zu bewegen)*

Mö|bel ⟨das; -s, -⟩ **1** *beweglicher Einrichtungsgegenstand;* Zus *Möbelkauf, Möbelstoff, Möbelstück, Möbeltransport; Liegemöbel, Sitzmöbel* **2** ⟨Pl.⟩ *Wohnungseinrichtung, Zimmereinrichtung;* Zus *Barockmöbel, Biedermeiermöbel, Essmöbel, Schlafmöbel, Wohnzimmermöbel* ▸ ~ rücken, umräumen, verstellen; antike, moderne ~; wir haben uns neue ~ für das Wohnzimmer gekauft

Mö|bel|wa|gen ⟨der; -s, -⟩ *Wagen zum Transport von Möbeln* ▸ wir haben einen ~ für den Umzug bestellt

mo|bil ⟨Adj.⟩ **1** *beweglich* **2** ⟨übertr.; umg.⟩ **2.1** *gesund u. munter* **2.2** *flink, behände, agil* **2.3** *lebhaft, aufgeweckt* ▸ jmdn. wieder ~ machen *nach einer Krankheit die körperlichen Kräfte stärken;* →a. *mobilmachen*

Mo|bil|funk ⟨der; -s; unz.⟩ *Funk, Funksprechverkehr mit Hilfe mobiler Funkverbindungen;* Zus *Mobilfunkanbieter, Mobilfunkbetreiber, Mobilfunknetz*

Mo|bi|li|ar ⟨das; -s; unz.⟩ *bewegliche Einrichtung, Gesamtheit aller Möbelstücke*

mo|bi|li|sie|ren ⟨V. trans.; mo|bi|li|siert, mo|bi|li|sier|te, hat mo|bi|li|siert⟩ **1** jmdn. ~ *jmdn. aktiv machen, dazu veranlassen, sich zu engagieren,* *aufrütteln* **2** etwas ~ *aktivieren, anregen, wirksam machen* **3** Vermögen ~ *verfügbar machen* **4** Truppen ~ *mobilmachen, einsatzbereit, kriegsbereit machen;* Ggs *demobilisieren* ▸ Kraft, Potential ~; die Öffentlichkeit ~; alle Reserven ~; er gewann, nachdem er seine letzten Reserven mobilisiert hatte; Abl *Mobilisierung*

Mo|bi|li|tät ⟨die; -; unz.⟩ **1** *(auch geistige) Beweglichkeit* **2** ⟨Bevölkerungsstat.⟩ *Häufigkeit des Wohnungs-, Wohnsitzwechsels*

mo|bil|ma|chen ⟨V. trans. u. V. intr.; macht mobil, mach|te mo|bil, hat mo|bil|ge|macht, mo|bil-zu|ma|chen; Mil.⟩ (Truppen) ~ *für den Krieg einsatzbereit, kriegsbereit sein;* →a. *mobil;* Abl *Mobilmachung*

Mo|bil|te|le|fon ⟨das; -s, -e⟩ *mobiles Telefon, Handy*

mö|b|lie|ren ⟨V. trans.; mö|b|liert, mö|b|lier|te, hat mö|b|liert⟩ eine Wohnung, ein Zimmer ~ *mit Möbeln ausstatten, mit Möbeln einrichten;* Abl *Möblierung*

mö|b|liert **I** ⟨Part. Perf. von⟩ *möblieren* **II** ⟨Adj.⟩ *mit Möbeln ausgestattet* ▸ die Räume sind sparsam ~; ~ wohnen; ein ~es Zimmer vermieten

moch|te → *mögen*

mo|dal ⟨Adj.⟩ **1** ⟨Gramm.⟩ *die Art u. Weise bezeichnend* **2** ⟨allg.⟩ *durch die Verhältnisse bedingt;* Abl *Modalität*

Mo|dal|verb ⟨[-vɛrb] das; -s, -en; Gramm.⟩ *Verb, das die Art u. Weise eines anderen Verbs näher bestimmt,* z. B. können, dürfen, wollen, sollen, scheinen

M

Mo|de ⟨die; -, -n⟩ **I** ⟨unz.⟩ **1** *Sitte, Gepflogenheit, Geschmack einer Zeit, das, was zur Zeit gerade üblich ist* **2** *die Art, sich zeitgemäß zu kleiden* ▸ die ~ der Barockzeit, des Biedermeiers ▸ sein: das ist (so) ~; damals waren lange Röcke ~ ▸ eine neue ~ kreieren ▸ große Kragen sind (ganz) aus der ~ gekommen; Pullover mit Rollkragen sind jetzt (sehr) in ~; mit der ~ gehen *sich nach dem Zeitgeschmack richten;* sich nach der neuesten ~ kleiden **II** ⟨zählb.; meist Pl.⟩ **1** *modernes, elegantes Oberbekleidungsstück, Kleider-, Mantel-, Anzugmodell;* Zus *Modeartikel, Modebranche, Modedesigner(in), Modegeschäft, Modehaus, Modenschau, Modesalon, Modeschöpfer(in), Modetrend; Damenmode, Frühjahrsmode, Herbstmode, Herrenmode, Kindermode* **2** ⟨übertr.; umg.⟩ *Gewohnheit, Sitte* ▸ was sind denn das für neue ~n! ⟨übertr.; umg.⟩

mo|de|be|wusst ⟨Adj.⟩ *sich bewusst nach der Mode kleidend u. frisierend*

Mo|del ⟨[mɔdəl] das; -s, -s⟩ **1** *Fotomodell* **2** = *Modell (5)*

Mo|dell ⟨das; -s, -e⟩ **1** *Vorbild, Muster, Urbild* **2** *Darstellung eines (geplanten) Bauwerks in stark verkleinertem Maßstab* **3** ⟨Phys.⟩ *vereinfachtes System zur Veranschaulichung od. Ermittlung von physikalischen Eigenschaften* **4** *Person od. Gegenstand als Vorbild od. Vorlage für Maler u. Bildhauer* **5** *junge Frau, die eine Modekollektion (auf dem Laufsteg) vorführt, Mannequin* **6** *Modellkleid* ▸ das ~ eines Schiffes, einer Stadt; ~ stehen od. sitzen; ~e vorführen *Modellkleider vorführen*

Mo|dell|ei|sen|bahn ⟨die; -, -en⟩ *möglichst wirklichkeitsgetreue Nachbildung einer Eisenbahn in stark verkleinertem Maßstab (als Spielzeug)*

mo|del|lie|ren ⟨V. trans.; mo|del|liert, mo|del|lier-te, hat mo|del|liert⟩ etwas ~ **1** *(in Ton od. Wachs) formen* **2** *nachbilden, ein Muster von etwas anfertigen;* Abl *Modellierung*

mo|deln ⟨[mɔdəln] V. intr.; mo|delt, mo|del|te, hat ge|mo|delt⟩ *als Model arbeiten*

Mo|dem ⟨das; -s, -e; El.⟩ *Gerät zur Umwandlung digitaler in analoge Signale u. umgekehrt für die Übertragung von digitaler Information, z. B. für die Datenübertragung über die Fernsprechleitung*

Mo|de|ma|cher ⟨der; -s, -⟩ *jmd., der Modelle für die Kleidermode entwirft;* Syn *Modedesigner, Modeschöpfer* ▸ er ist ein überaus gefragter ~; Abl *Modemacherin*

Mo|der ⟨der; -s; unz.⟩ **1** *Verwesung, Fäulnis, Zersetzung* **2** ⟨nddt.⟩ *Schlammerde* ▸ nach ~ riechen, stinken; Abl *mod(e)rig*

mo|de|rat ⟨Adj.⟩ *gemäßigt, maßvoll, zurückhaltend* ▸ eine ~e Politik betreiben

Mo|de|ra|ti|on ⟨die; -, -en; Rundfunk, TV⟩ *einführende u. verbindende, erklärende Worte während einer Sendung*

Mo|de|ra|tor ⟨der; -s, -en⟩ **1** ⟨Rundfunk; TV⟩ *Sprecher eines (meist selbstverfassten) kommentierenden Verbindungstextes zw. Programmteilen* **2** *Leiter einer Diskussion;* Abl *Moderatorin*

mo|de|rie|ren ⟨V. trans.; mo|de|riert, mo|de|rier|te, hat mo|de|riert⟩ eine Rundfunk-, Fernsehsendung ~ *die verbindenden Informationen u. Kommentare dazu sprechen*

mo|dern ⟨V. intr.; mo|dert, mo|der|te, hat ge|modert⟩ *verfaulen, verwesen, verderben, zerfallen* ▸ das Haus modert vor sich hin

mo|dern ⟨Adj.⟩ **1** *der Mode, dem Zeitgeschmack, dem Zeitgeist entsprechend, zeitgemäß* **2** *neuzeitlich* ▸ ein ~er Mensch *für die Probleme der Gegenwart aufgeschlossener M.;* ich höre gern ~e Musik; ~e Untersuchungsverfahren anwenden; er versucht zu zeigen, wie ~ er ist; das Kleid ist nicht mehr ~

Mo|der|ne ⟨die; -; unz.⟩ *die heutige Zeit*

mo|der|ni|sie|ren ⟨V. trans.; mo|der|ni|siert, mo-der|ni|sier|te, hat mo|der|ni|siert⟩ etwas ~ *neu gestalten, dem Zeitgeschmack anpassen u. mit den neuesten technischen Errungenschaften ausstatten* ▸ ein Gebäude ~; die Vorschriften müssen überarbeitet und modernisiert werden; Abl *Modernisierung*

Mo|de|schmuck ⟨der; -(e)s; unz.⟩ *modischer Schmuck aus wenig wertvollem Material*

Mo|de|wort ⟨das; -(e)s, -wör|ter⟩ *während gewisser Zeit häufig gebrauchtes Wort, meist neu gebildet od. in neuer Bedeutung verwendet,* z. B. geil, krass, light

Mo|di|fi|ka|ti|on ⟨die; -, -en⟩ *das Modifizieren, Veränderung, Umwandlung*

mo|di|fi|zie|ren ⟨V. trans.; mo|di|fi|ziert, mo|di|fi|zier|te, hat mo|di|fi|ziert⟩ etwas ~ *verändern, umgestalten* ▸ den ursprünglichen Plan ~

mo|disch ⟨Adj.⟩ *zur augenblicklich herrschenden Mode gehörend, ihr gemäß, dem Zeitgeschmack entsprechend* ▸ ~e Kleidung; sich ~ kleiden

Mo|dul ⟨das; -s, -e⟩ *in sich geschlossener Teil eines größeren strukturierten Ganzen* ▸ der Kurs setzt sich aus mehreren ~en zusammen

Mo|du|la|ti|on ⟨die; -, -en⟩ **1** *Abwandlung* **2** ⟨El.⟩ *Aufprägen von Signalen auf eine Trägerwelle*

mo|du|lie|ren ⟨V. trans.; mo|du|liert, mo|du|lier|te, hat mo|du|liert⟩ etwas ~ **1** *abwandeln, wechseln* **2** ⟨El.⟩ *einer Modulation (2) unterwerfen* ▸ Tonarten ~ *in eine andere T. wechseln*

Mo|dus ⟨a. [mɔ-] der; -, Mo|di⟩ **1** *Art u. Weise, Regel, Maß* **2** ⟨Gramm.⟩ *eine der drei Aussageweisen des Verbs, Indikativ bzw. Konjunktiv bzw. Imperativ*

Mo|fa ⟨das; -s, -s⟩ *Fahrrad mit Hilfsmotor u. bauartbedingter Höchstgeschwindigkeit von 25 km/h*

mo|geln ⟨V. intr.; mo|gelt, mo|gel|te, hat ge|mo|gelt; umg.⟩ *einen kleinen Betrug verüben, ein wenig falschspielen* ▸ beim Kartenspiel ~; Abl *Mogelei*

Mo|gel|pa|ckung ⟨die; -, -en; umg.; a. übertr.⟩ *Verpackung, die einen größeren od. anderen Inhalt vortäuscht, als tatsächlich darin enthalten ist* ▸ die zweite Stufe der Steuerreform ist eine ~ ⟨übertr.; umg.⟩

mö|gen ⟨V.⟩ **I** ⟨V. intr.; mag, moch|te, hat … mögen; Modalverb in Verbindung mit Inf.⟩ **1** *den Wunsch haben (etwas zu tun)* **2** *können, werden (zum Ausdruck der Vermutung, Hoffnung, Möglichkeit od. des Wunsches)* **3** *können, sollen (zum Ausdruck des Erlaubens od. Geschehenlassens)* ▸ damit mag er Recht haben *darf ich Ihnen … anbieten?* ▸ mag er doch gehen, wohin er will!; du möchtest bitte gleich zum Chef kommen; das möchte ich auch können!; man möchte meinen …; ich möchte Ihnen eines sagen …; mag sein! *ja, vielleicht, das ist schon möglich;* darüber möchte er nicht sprechen **II** ⟨V. trans.; mag, moch|te, hat ge|mocht; Vollverb⟩ **1** etwas ~ *gern haben wollen* **2** etwas ~ *gern essen od. trinken* **3** jmdn. od. etwas ~ *gernhaben, gut leiden können* ▸ er mag kein Fleisch, Fisch; möchten Sie noch etwas Kaffee, Tee? ▸ wir ~ unseren Vorgesetzten sehr gern; ich mag es nicht, wenn du …

mög|lich ⟨Adj.⟩ **1** *so beschaffen, dass man damit rechnen kann, dass es zu verwirklichen, erreichbar, ausführbar ist* **2** *vielleicht eintretend, annehmbar, denkbar;* Abl *möglicherweise* ▸ kannst du es ~ machen, dass er kommt; sein: das ist alles ~!; es ist (durchaus) ~, dass … ▸ das ist gut, leicht ~ ▸ alles Mögliche *allerlei, die verschiedensten Dinge;* wir haben uns über alles Mögliche unterhalten, nicht nur über Geschäftliches; alles Mögliche *alles, was möglich ist;* wir haben wirklich alles Mögliche getan; man sollte es nicht für ~ halten, was alles passieren kann; in allen ~en Farben ⟨umg.⟩ *in vielen, in verschiedenen Farben;* das ist kaum, schon ~; nicht ~! ⟨umg.⟩ *(Ausruf des Erstaunens) das kann doch nicht sein!, wirklich?;* wenn ~, komme ich noch heute; komm so schnell wie ~ *so schnell du kannst*

möglich

Das Adjektiv *möglich* ist nicht steigerbar und drückt aus, dass etwas „so beschaffen ist, dass es verwirklicht werden kann oder eintritt“: *Es ist möglich, dass er kommt. Das wäre eine mögliche* (= denkbare) *Lösung. Sie äußerte alle möglichen Ideen.*

Dagegen ist das Adverb *möglichst* unveränderlich und bedeutet „nach Möglichkeit, besser“: *Das solltest du möglichst nicht tun.*

Alle substantivierten Formen werden großgeschrieben: *Ich habe alles Mögliche ausprobiert. Er hat sein Möglichstes getan. Das liegt im Rahmen des Möglichen.*

Das Substantiv *Möglichkeit* wird häufig in den Wendungen „nach Möglichkeit“ oder „es besteht die Möglichkeit, dass…“ gebraucht. Die Fügung „die Möglichkeit haben“ verlangt eine **Infinitivgruppe mit zu** als Ergänzung: *Ich werde nach Möglichkeit bleiben. Es besteht die Möglichkeit, dass er kommt. Wenn man die Möglichkeit hat, zu verreisen, sollte man es auch tun.*

Mög|lich|keit ⟨die; -, -en⟩ **1** *das Möglichsein, gangbarer Weg* **2** *denkbarer Fall* **3** *Aussicht, Gelegenheit* **4** ⟨a. übertr.⟩ *ausreichende finanzielle Mittel* ▸ besteht die ~, dass wir einen Leihwagen bekommen? *ist es möglich, dass …?;* jmdm. die ~ bieten, etwas zu tun; gibt es eine ~, heute noch mit dem Zug nach München zu fahren?; sein: ist das denn die ~? ⟨umg.⟩ *(Ausruf des Erstaunens)* ▸ alle ~en in Betracht ziehen; ich hatte keine andere ~, als so zu handeln; die einzige, letzte ~ wäre …; es gibt mehrere, verschiedene, nur zwei ~en; das Land der unbegrenzten ~en ⟨umg.; scherzh. für⟩ *Amerika* ▸ nach ~ *wenn es möglich ist;* das geht über meine ~en; die ~ zu lernen, zu üben, zu spielen

Mög|lich|keits|form ⟨die; -, -en; Gramm.⟩ = *Konjunktiv*

mög|lichst ⟨Adv.⟩ *nach Möglichkeit, wenn es geht, so gut, so schnell, so viel es geht usw.* ▸ ~ bald, früh, viel, wenig; ich habe mein Möglichstes getan *ich habe alles getan, was mir möglich war*

Mo|ham|me|da|ner ⟨der; -s, -; veraltet⟩ = *Muslim;* Abl *Mohammedanerin; mohammedanisch*

Mohn ⟨der; -(e)s, -e; Bot.⟩ **1** *eine Pflanze mit großen, meist leuchtend roten Blüten u. einer großen Fruchtkapsel;* Syn *Mohnblume* **2** *der Samenkörper des Mohns;* Zus *Mohnbrötchen, Mohnkuchen*

Möh|re ⟨die; -, -n; Bot.⟩ *eine Gemüsepflanze, deren lange orangefarbene Wurzeln roh od. gekocht gegessen werden, Karotte;* ⓘ S. 1002

Mohr|rü|be ⟨die; -, -n⟩ = *Möhre;* ⓘ S. 1002

mo|kie|ren ⟨V. refl.; mo|kiert sich, mo|kier|te sich, hat sich mo|kiert⟩ sich (über jmdn. od. etwas) ~ *sich lustig machen*

Mok|ka ⟨der; -s, -s⟩ oV ⟨bes. österr.⟩ *Mocca* **1** *eine Kaffeesorte* **2** *sehr starker Kaffee;* Zus *Mokkalöffel, Mokkatasse*

Molch ⟨der; -(e)s, -e⟩ *eine Amphibie mit gut entwickeltem Schwanz, die im Wasser lebt*

Mo|le ⟨die; -, -n⟩ *Hafendamm*

Mo|le|kül ⟨das; -s, -e; Chem.⟩ *kleinstes Teilchen einer chem. Verbindung aus zwei od. mehr Atomen*

mo|le|ku|lar ⟨Adj.; Chem.⟩ *zum Molekül, zu den Molekülen gehörend, von ihnen ausgehend;* Zus *Molekularbiologie, Molekularbiologe, Molekularbiologin*

molk → *melken*

Mol|ke ⟨die; -; unz.⟩ *Flüssigkeit, die sich von geronnener Milch, von Quark u. Joghurt absetzt*

Mol|ke|rei ⟨die; -, -en⟩ *Betrieb für die Verarbeitung von frischer Milch zu Milchprodukten (u. deren Verkauf)*

Moll ⟨das; -s; unz.; Mus.⟩ *eins der beiden Tongeschlechter mit kleiner Terz auf der Tonika im Dreiklang;* Ggs *Dur;* Zus *Molltonart, Molltonleiter; a-Moll, b-Moll, es-Moll*

mol|lig ⟨Adj.⟩ **1** *weich, warm, behaglich* **2** ⟨umg.⟩ *rundlich, dick* ▸ ein ~es Kind; hier ist es ~ warm

Mo|loch ⟨a. [mo̩-] der; -(e)s, -e⟩ **1** ⟨sinnbildl. für⟩ *das Unersättliche, unersättliche Macht* **2** ⟨übertr.⟩ *riesiges, unbeherrschbares Gebilde, das alles um sich herum zu verschlingen droht* ▸ der ~ Berlin ⟨übertr.⟩; der ~ der Bürokratie ⟨übertr.⟩

M

Mo|ment **I** ⟨der; -(e)s, -e⟩ *Augenblick, kürzester Zeitabschnitt* ▸ ~!, ~ mal! ⟨umg.⟩ *halt! (als Unterbrechung eines Sprechenden);* ~, bitte! ⟨umg.⟩ *warten Sie bitte einen Augenblick;* es dauert nur einen ~; bitte warten Sie einen ~; den richtigen ~ erwischen, verpassen ⟨umg.⟩; ich komme nur auf einen ~ ⟨umg.⟩; im ~ habe ich gerade keine Zeit *augenblicklich;* im entscheidenden ~ zieht er sich immer zurück **II** ⟨das; -(e)s, -e⟩ **1** *Merkmal, (wichtiger) Umstand, Gesichtspunkt* **2** *Umstand, der etwas bewirkt;* Zus *Spannungsmoment* ▸ das entscheidende, wichtigste ~ dabei war, dass …

mo|men|tan ⟨Adj.⟩ *augenblicklich, vorübergehend* ▸ eine ~e Verstimmung zwischen den beiden; ich bin ~ beschäftigt

Mo|ment|auf|nah|me ⟨die; -, -n⟩ *Aufnahme mit kurzer Belichtung (bis 1/25 Sek.)*

Mo|n|arch ⟨der; -en, -en⟩ *fürstlicher Alleinherrscher, gekröntes Staatsoberhaupt, Kaiser, König (durch Wahl od. Erbanspruch);* Abl *Monarchin*

Mo|n|ar|chie ⟨die; -, -n⟩ *Staat, Staatsform mit einem Monarchen od. einer Monarchin an der Spitze;* Zus *Erbmonarchie, Wahlmonarchie* ▸ eine konstitutionelle ~

mo|n|ar|chisch ⟨Adj.⟩ *zur Monarchie od. zum Monarchen gehörend, durch einen Monarchen (ausgeübt)* ▸ ~e Gewalt; ein ~ regierter Staat

Mo|n|ar|chist ⟨der; -en, -en⟩ *Anhänger der Monarchie;* Abl *Monarchistin; monarchistisch*

Mo|nat ⟨der; -(e)s, -e⟩ *zwölfter Teil eines Jahres, Zeitabschnitt von 30 bzw. 31 (Februar 28 bzw. 29) Tagen* ▸ das Kind ist gerade mal drei ~e alt; dieses ~s *des gegenwärtigen Monats (bei Datumsangaben);* laufenden ~s *des gegenwärtigen Monats;* vorigen ~s *des vergangenen Monats* ▸ die Miete ist am Anfang des ~s zu zahlen; gegen Ende des ~s vereinbaren wir einen Termin; im sechsten ~ sein *im 6. Monat (nach der Empfängnis) schwanger sein;* nach drei ~en; vor drei ~en; er ist zu acht ~en (Gefängnis) verurteilt worden; Zus *Monatsanfang, Monatsende*

Monate

Im deutschen Sprachraum tragen die zwölf *Monate* – wie in den meisten west- und südeuropäischen Ländern – aus dem Lateinischen stammende Namen: *Januar, Februar, März, April, Mai, Juni, Juli, August, September, Oktober, November* und *Dezember.* In Österreich wird der *Januar* meist *Jänner* genannt, für den *Februar* gibt es auch die Bezeichnung *Feber.*

In Datumsangaben werden die Monate entweder ausgeschrieben, abgekürzt oder durch die entsprechende (arabische) Ordnungszahl – mit oder ohne vorangehende Null – ersetzt. Für das Deutsche gilt, dass zuerst der Tag, dann der Monat und zuletzt das Jahr genannt wird: *Sie hat am 12. August Geburtstag. Es geschah am 12.(0)8.1985.*

mo|na|te|lang ⟨Adj.⟩ *mehrere Monate lang*

…mo|na|tig ⟨in Zus.; zur Bildung von Adj.⟩ *eine bestimmte Anzahl von Monaten dauernd od. alt* ▸ dreimonatiges/3-monatiges Krankenlager; ein dreimonatiger/3-monatiger Säugling

mo|nat|lich ⟨Adj.⟩ *jeden Monat (wiederkehrend, stattfindend)* ▸ wie hoch sind die ~en Ausgaben?; eine ~e Veranstaltung; die Zeitschrift erscheint zweimal ~; mit ~er Kündigung

…mo|nat|lich ⟨in Zus.; zur Bildung von Adj.⟩ *nach einer bestimmten Anzahl von Monaten regelmäßig wiederkehrend* ▸ die Veranstaltung findet dreimonatlich/3-monatlich statt

Mo|nats|bin|de ⟨die; -, -n⟩ *Zellstoffbinde, die während der Menstruation getragen wird*

Mo|nats|blu|tung ⟨die; -, -en⟩ = *Menstruation*

Mo|nats|ge|halt ⟨das; -(e)s, -häl|ter⟩ *monatliches Gehalt* ▸ dreizehntes ~ *zusätzliches Monatsgehalt als Sonderzahlung an Weihnachten*

Mo|nats|kar|te ⟨die; -, -n⟩ *für einen ganzen Monat gültige Eintritts-, Fahrkarte*

Mo|nats|ra|te ⟨die; -, -n⟩ *monatlich zu zahlende Rate* ▸ einen Betrag in zehn ~n abzahlen

Mönch ⟨der; -(e)s, -e⟩ *Angehöriger eines religiösen Ordens, der als Einsiedler od. in einer Klostergemeinschaft nach einer bestimmten Ordensregel u. gemäß bestimmten Gelübden (Armut, Keuschheit u. a.) lebt;* →a. *Nonne;* Zus *Mönchskloster, Mönchsorden*

mön|chisch ⟨Adj.⟩ **1** *als Mönch, wie ein Mönch*

2 *entsagend, zurückgezogen* ▸ ein ~es Leben führen

Mond ⟨der; -(e)s, -e; Astron.⟩ **1** *einen Planeten umkreisender Himmelskörper* **2** *der die Erde umkreisende Himmelskörper;* Zus *Mondschein, Mondsichel, Mondscheibe; Neumond, Vollmond* ▸ das bleiche, milde, silberne Licht des ~es; die Scheibe, Sichel des ~es ▸ aufgehen: der Mond geht auf, unter; der ~ scheint ▸ abnehmender, zunehmender, halber, voller ~; wir haben zurzeit zunehmenden ~ ▸ auf dem ~ leben ⟨übertr.; umg.⟩ *weltfremd sein;* ich könnte ihn auf den ~ schießen ⟨umg.⟩ *ich wünsche ihn weit fort, ich kann ihn nicht ausstehen;* die leben dort hinter dem ~ ⟨übertr.; umg.⟩ *fern von der Welt, altmodisch;* eine Rakete zum ~ schießen

mon|dän ⟨Adj.⟩ **1** *sehr elegant u. sehr gewandt u. dabei lässig-überlegen* (Frau) **2** *im Stil der großen Welt* (Lokal)

Mond|fins|ter|nis ⟨die; -, -nis|se; Astron.⟩ *Verfinsterung des Mondes durch den Erdschatten*

Mond|pha|se ⟨die; -, -n⟩ *periodisch wechselnde Beleuchtungsform des Mondes*

mond|süch|tig ⟨Adj.⟩ *nachts schlafend herumwandelnd;* Abl *Mondsüchtigkeit*

Mo|ne|gas|se ⟨der; -n, -n⟩ *Einwohner von Monaco;* Abl *Monegassin; monegassisch*

mo|ne|tär ⟨Adj.⟩ *das Geld, die Währung betreffend, geldlich, finanziell*

Mo|ne|ten ⟨Pl.; umg.⟩ *Geld*

Mon|go|le ⟨der; -n, -n⟩ *Angehöriger einer zentralasiatischen Völkergruppe, Einwohner der Mongolei;* Abl *Mongolin; mongolisch*

mo|nie|ren ⟨V. trans.; mo|niert, mo|nier|te, hat mo|niert⟩ etwas ~ *beanstanden, rügen* ▸ Umweltschützer ~, dass Urwaldflächen abgeholzt werden

Mo|ni|tor ⟨der; -s, -en od. -e⟩ **1** ⟨TV⟩ *Bildschirm, auf dem Bilder gezeigt werden, die eine Fernseh- od. Filmkamera aufnimmt* **2** ⟨EDV⟩ *Bildschirm eines Computers;* ⓘ S. 469 ▸ den ~ dunkler einstellen; einen neuen ~ kaufen

mo|no..., Mo|no... ⟨vor Vokalen⟩ mon..., Mon... ⟨in Zus.⟩ *allein, einzig, einzeln*

mo|no|chrom ⟨[-kroːm] Adj.⟩ *einfarbig*

Mo|no|ga|mie ⟨die; -, -n; Soziol.⟩ *Ehe mit nur einem Partner;* Ggs *Polygamie;* Abl *monogam*

Mo|no|gra|fie ⟨die; -, -n⟩ *Einzeldarstellung, einen einzelnen Gegenstand wissenschaftlich behandelnde Schrift;* oV *Monographie*

Mo|no|gramm ⟨das; -(e)s, -e⟩ *Namenszeichen, die (oft miteinander verschlungenen) Anfangsbuchstaben des Namens*

Mo|no|kul|tur ⟨die; -, -en⟩ *Anbau nur einer Pflanzenart auf einer Fläche*

Mo|no|log ⟨der; -(e)s, -e⟩ = *Selbstgespräch*

Mo|no|ph|thong ⟨der; -(e)s, -e; Sprachw.⟩ *einfacher Vokal;* Ggs *Diphthong*

Mo|no|pol ⟨das; -(e)s, -e⟩ **1** *alleiniges Vorrecht, alleiniger Anspruch* **2** ⟨Wirtsch.⟩ *Angebot einer Dienstleistung od. einer Ware durch einen Unternehmer od. eine Gruppe von Unternehmern mit dem Ziel, die Preise zu bestimmen* ▸ staatliches ~; das ~ auf, für eine Ware; Zus *Monopolstellung*

Mo|no|po|ly® ⟨das; -s, -s⟩ *Gesellschaftsspiel, bei dem um den Erwerb von Grundstücken u. Kapital gespielt wird*

Mo|no|the|is|mus ⟨der; -; unz.; Rel.⟩ *Glaube an einen einzelnen Gott;* Abl *monotheistisch*

mo|no|ton ⟨Adj.⟩ *eintönig, ermüdend einförmig, langweilig* ▸ er hat eine total ~e Stimme

Mons|ter ⟨das; -s, -⟩ *(künstlich geschaffenes) Ungeheuer, Scheusal, furchterregende Schreckgestalt* ▸ sich als ~ verkleiden; zum ~ werden

mons|t|rös ⟨Adj.; -er, am -es|ten⟩ **1** *ungeheuerlich* **2** *missgestaltet;* Abl *Monstrosität*

Mons|t|rum ⟨das; -s, -tra od. -tren⟩ **1** *Ungeheuer* **2** *missgebildetes Wesen, Missgeburt* **3** *großer, unförmiger Gegenstand*

Mon|sun ⟨der; -s, -e⟩ *halbjährlich wechselnder Wind in Asien, bes. Indien;* Zus *Sommermonsun, Wintermonsun*

Mon|tag ⟨der; -(e)s, -e; Abk.: Mo⟩ *erster Tag der Woche* ▸ am ~ schreiben wir eine Mathearbeit; blauer ~ *M., an dem man nicht arbeitet;* Schreibungen u. Zusammensetzungen: →a. *Dienstag*

Mon|ta|ge ⟨[-ʒə] die; -, -n⟩ **1** ⟨Tech.⟩ *das Montieren, Aufstellung u. Zusammenbau (einer Maschine od. technischen Anlage)* **2** ⟨Film; Foto⟩ *Schnitt, Auswahl u. Aneinanderreihen von Bildern nach künstlerischen Gesichtspunkten*

mon|tags ⟨Adv.⟩ *an jedem Montag;* →a. *Dienstag*

mon|tan ⟨Adj.; Bgb.⟩ *zum Bergbau u. Hüttenwesen gehörig;* Zus *Montanindustrie*

Mon|teur ⟨[-tøːr] der; -s, -e⟩ *Facharbeiter, der Geräte, Maschinen, Gerüste u. a. montiert;* Abl *Monteurin;* Zus *Elektromonteur*

mon|tie|ren ⟨V. trans.; mon|tiert, mon|tier|te, hat mon|tiert⟩ **1** eine Maschine, technische Anlage o. Ä. ~ *aufstellen u. (od.) zusammenbauen* **2** einen Gegenstand irgendwo ~ *(mit technischen Mitteln) anbringen, befestigen* ▸ einen Griff an ein Gerät ~; eine Lampe auf ein Gestell ~; Abl *Montierung*

Mon|tur ⟨die; -, -en; umg.⟩ *Arbeitsanzug, Arbeitskleidung* ▸ er erschien in voller ~

Mo|nu|ment ⟨das; -(e)s, -e⟩ *(bes. bildhauerisches) großes Denkmal*

mo|nu|men|tal ⟨Adj.⟩ **1** *wie ein Monument, denkmalartig* **2** ⟨übertr.⟩ *gewaltig, ungeheuer groß, von riesigem Ausmaß;* Zus *Monumentalfilm* ▸ ein ~es Gemälde

Moor ⟨das; -(e)s, -e; Geogr.⟩ *ausgedehnte Ablagerungsstätte pflanzlicher Reste, die sich in langsamer Inkohlung befinden (Torf), an der Erdoberfläche;* Abl *moorig;* Zus *Moorbad, Moorleiche*

Moos[1] ⟨das; -es, -e⟩ *eine Moospflanze* ▸ grünes, weiches ~; sich aufs (weiche) ~ legen, setzen; mit ~ bewachsene Bäume, Steine

Moos[2] ⟨das; -; unz.; umg.⟩ *Geld*

Mo|ped ⟨das; -s, -s⟩ *leichtes Motorrad*

Mops ⟨der; -es, Möp|se⟩ **1** *kleiner Hund mit dickem Körper u. kurzen Beinen* **2** ⟨nur Pl.; umg.⟩ **2.1** *Busen* **2.2** *Geld*

mop|sen ‹V. trans.; mopst, mops|te, hat ge|mopst; umg.; mildernd› (jmdm.) etwas ~ *stehlen (geringfügige Dinge)*

Mo|ral ‹die; -; unz.› **1** *System von sittlichen Normen, Werten u. Grundsätzen, das das menschliche Handeln bestimmt;* Zus *Moralkodex* **2** *Lehre von ethischen Grundsätzen, Normen u. Werten;* Zus *Moralphilosophie, Moraltheologie* **3** *Nutzanwendung aus einer Geschichte* ▸ die ~ einer Erzählung, eines Märchens; die ~ einer Mannschaft, einer Truppe ▸ eine hohe ~, keine ~ haben ▸ die ~ der Truppe ist gut, schlecht ▸ gegen die ~ verstoßen; und die ~ von der Geschichte … *(häufig als Schlussformel alter, lehrhafter Gedichte od. Geschichten)*

Mo|ral|apo|s|tel ‹der; -s, -; umg.; abwertend› *jmd., der sich berufen fühlt, andere zu moralischem Handeln zu ermahnen* ▸ den ~ spielen

mo|ra|lisch ‹Adj.› **1** *die Moral betreffend, zu ihr gehörig, auf ihr beruhend, sittlich* **2** *Moral lehrend* ▸ einen Moralischen haben ‹übertr.; umg.› *reuig sein, bes. nach einem Rausch; deprimiert sein*

Mo|ral|pre|digt ‹die; -, -en; umg.› *ernsthafte, lehrhafte Ermahnung* ▸ jmdm. eine ~ halten

Mo|rast ‹der; -(e)s, -e› *sumpfiges Land, schlammiger Boden* ▸ im ~ stecken bleiben; der Regen hatte den Weg in einen ~ verwandelt

mor|bid ‹Adj.; -er, am -es|ten› **1** *krankhaft, angekränkelt, kränklich* **2** *morsch, brüchig* ▸ die Altstadt hat einen ~en Charme; Abl *Morbidität*

Mor|chel ‹die; -, -n; Bot.› *ein Pilz mit weißlichem, aufgeblasenem Stiel u. unregelmäßigem, rundlichem od. spitzkegeligem Hut*

Mord ‹der; -(e)s, -e› *absichtliche Tötung eines Menschen, Bluttat* ▸ wenn das geschieht, dann gibt es ~ und Totschlag ‹umg.› *dann gibt es heftigen, blutigen Streit, Kampf;* einen ~ begehen, verüben; grausamer, heimtückischer ~; der ~ an einem Menschen; Zus *Mordanschlag, Morddrohung, Mordverdacht, Mordversuch, Mordwaffe; Doppelmord, Giftmord, Lustmord, Raubmord*

mor|den ‹V.; mor|det, mor|de|te, hat ge|mor|det› **I** ‹V. intr.› *einen Mord begehen, jmdn. vorsätzlich töten* ▸ er hat wieder gemordet **II** ‹V. trans.; veraltet› jmdn. ~ *ermorden*

Mör|der ‹der; -s, -› *jmd., der einen Mord begangen hat;* Abl *Mörderin*

mör|de|risch ‹Adj.› **1** *das Leben bedrohend* **2** ‹übertr.› *grausam, furchtbar, schrecklich* (Hitze, Klima, Krankheit)

Mord|fall ‹der; -(e)s, -fäl|le› *einen Mord betreffender Kriminalfall* ▸ der Kommissar löste den ~

Mord|kom|mis|si|on ‹die; -, -en› *Kommission der Kriminalpolizei zur Aufdeckung eines Mordes*

Mord|pro|zess ‹der; -es, -e› *Prozess, bei dem ein Mord zur Verhandlung steht*

mords…, Mords… ‹in Zus.; umg.› *groß, stark, sehr, gewaltig, Riesen…,* z. B. mordsgroß, mordslangweilig, Mordsgeschrei, Mordsglück

Mords|kerl ‹der; -(e)s, -e; umg.› **1** *verwegener Mensch, sehr tüchtiger, kühner Mensch* **2** *sehr großer, breiter Mensch* ▸ du bist ein ~!

M

mor|gen ‹Adv.› *der Tag nach heute, am Tag nach heute* ▸ das Heute und das Morgen; ~ Abend, früh/Früh, Mittag; ~ ist auch noch ein Tag! *heute wird es zu viel;* ich tue es lieber heute als ~ *lieber gleich, ich will es nicht aufschieben;* ich werde noch bis ~ warten; ~ in acht Tagen sehen wir uns; kannst du ~ noch einmal anrufen?; →a. *heute*

morgen/morgens/Morgen

Da bei der Verwendung dieser drei Wörter oft Fehler gemacht werden, sollten sie gut unterschieden werden. Das kleingeschriebene Adverb *morgen* bedeutet „am Tag, der dem heutigen folgt“: *Ich werde dich morgen besuchen. Kannst du morgen Vormittag kommen?*
Auch *morgens* in ein Adverb, das „früh am Tag, am Morgen, vormittags“ bedeutet: *Er arbeitet von morgens bis abends ohne Pause. Sie schläft morgens gern länger als er.* Es tritt im Gegensatz zu *morgen* auch in Zusammensetzungen auf: *Wir gehen dienstagmorgens* (oder: *dienstags morgens) immer gemeinsam ins Schwimmbad.*
Der Morgen dagegen ist ein Substantiv, das den „Tagesbeginn“ bzw. den „Vormittag“ bezeichnet und immer großgeschrieben wird: *Ich besuche dich am Morgen (nicht am Nachmittag). Heute Morgen wird sie kommen. Er hat vom frühen Morgen bis zum späten Abend gearbeitet.* In Zusammensetzungen: *Kommst du am Montagmorgen? Der Dienstagmorgen war verregnet.*

Mor|gen ‹der; -s, -› **1** *Tagesbeginn;* Abl *Morgensonne, Morgenstunde, Morgenzeitung* **2** ‹umg.› *Vormittag* ▸ der ~ dämmert, bricht an; es wird ~ ▸ ein frischer, klarer, schöner, sonniger, trüber ~; früher, später ~; guten ~! *(Grußformel);* jmdm. guten/Guten ~ sagen; jmdm. einen guten ~ wünschen; jeden ~ um 6 Uhr ▸ am ~; am nächsten ~; er ist schon früh am ~ weggefahren; gegen ~ eintreffen; gestern ~ hat es geregnet; heute ~ bin ich zu spät gekommen; vom ~ bis zum Abend

mor|gend|lich ‹Adj.› *am Morgen, morgends (geschehend)* ▸ ~e Gymnastik

Mor|gen|es|sen ‹das; -s, -; schweiz.› *Frühstück*

Mor|gen|grau|en ‹das; -s, -› *Morgendämmerung, anbrechender Tag* ▸ beim ~ aufstehen; im ersten ~; bis zum ~ feiern

Mor|gen|land ‹das; -(e)s; unz.› = *Orient;* Ggs *Abendland;* Abl *morgenländisch*

Mor|gen|luft ‹die; -; unz.› *frische Luft am Morgen*

Mor|gen|man|tel ‹der; -s, -män|tel› *leichter, bequemer Mantel, der bes. am Morgen über dem Schlafanzug od. Nachthemd getragen wird*

Mor|gen|muf|fel ‹der; -s, -; umg.; scherzh.› *Mensch, der morgens mürrisch ist (u. nicht gern früh aufsteht)* ▸ er ist ein echter ~

Mor|gen|rot ‹das; -s; unz.› *rötliche Färbung des Himmels bei Sonnenaufgang;* Ggs *Abendrot* ▸ früh beim ~; Syn *Morgenröte*

mor|gens ⟨Adv.⟩ **1** *am Morgen, früh am Tage* **2** ⟨umg.⟩ *vormittags* ▸ ~ eintreffen; ich komme ~ vorbei; um zwei Uhr ~ *um zwei Uhr in der Nacht;* von ~ bis abends

mor|gig ⟨Adj.⟩ *morgen stattfindend, am nächsten Tag (geschehend)* ▸ der ~e Tag; die ~e Vorlesung; am ~en Dienstag treffen wir uns um 10.30 Uhr

Mor|phi|um ⟨das; -s; unz.; umg.⟩ *ein aus Opium gewonnenes, süchtig machendes Schmerzmittel;* Zus *Morphiumspritze; morphiumsüchtig*

morsch ⟨Adj.⟩ *brüchig, infolge Alters mürbe, zerbrechlich* ▸ ~es Holz; die Brücke ist ~; seine Knochen sind schon etwas ~; alt und ~ werden ⟨übertr.⟩ *alt u. hinfällig;* Abl *Morschheit*

Mor|se|al|pha|bet *auch:* **Mor|se-Al|pha|bet** ⟨das; -(e)s; unz.⟩ *aus Punkten u. Strichen (kurzen u. langen Stromimpulsen) bestehendes Alphabet zur Nachrichtenübermittlung, Telegrafenalphabet*

mor|sen ⟨V. intr. u. V. trans.; morst, mors|te, hat ge|morst⟩ etwas ~ *im Morsealphabet telegrafisch Nachrichten übermitteln;* Zus *Morseapparat*

Mör|ser ⟨der; -s, -⟩ *Gefäß mit gerundetem Boden zum Zerkleinern harter Stoffe (Gewürze, Körner) mit dem Stößel;* Abl *mörsern*

Mor|ta|li|tät ⟨die; -; unz.⟩ **1** *Sterblichkeit* **2** *Zahl der (jährlichen) Sterbefälle, Sterberate;* Syn *Mortalitätsrate*

Mör|tel ⟨der; -s, -⟩ *breiiges Bindemittel für Bausteine, das in festen Zustand übergeht;* Abl *mörteln*

Mo|sa|ik ⟨das; -(e)s, -en od. -e⟩ *aus verschiedenfarbigen Glasstückchen, Steinchen o. Ä. zusammengesetztes, flächiges Muster od. Bildwerk auf Mauer od. Fußboden;* Abl *mosaikartig*

Mo|schee ⟨die; -, -n⟩ *islamisches Gotteshaus*

Mö|se ⟨die; -, -n; derb⟩ *Geschlechtsteil der Frau, Vagina, Vulva*

mo|sern ⟨V. intr.; mo|sert, mo|ser|te, hat ge|mosert; umg.⟩ *murren, maulen, sich unzufrieden äußern, nörgeln*

Mos|ki|to ⟨der; -s, -s; Sammelbez. für⟩ *Stechmücke tropischer Länder, einige Arten übertragen die Malaria*

Mos|ki|to|netz ⟨das; -es, -e⟩ *Netz über dem Bett od. vor dem Fenster zum Schutz gegen Moskitos*

Mos|lem ⟨der; -s, -s⟩ *Angehöriger des Islam;* Abl *moslemisch*

Most ⟨der; -(e)s, -e⟩ *unausgegorener Fruchtsaft, z. B. von Äpfeln, Birnen, Trauben, Obstwein*

Most|rich ⟨der; -s; unz.; norddt., ostdt.⟩ = *Senf (1)*

Mo|tel ⟨das; -s, -s⟩ *Hotel an Autostraßen mit kleinen Appartements u. dazugehörigen Garagen, bes. in den USA*

Mo|tiv ⟨das; -s, -e⟩ **1** *Leitgedanke* **2** *Beweggrund, Antrieb;* Zus *Tatmotiv* **3** *kennzeichnender inhaltlicher Bestandteil einer Dichtung, charakteristisches Thema des Stoffes;* Zus *Dramenmotiv, Märchenmotiv* **4** *kleinste selbstständige, charakteristische melodische Einheit eines musikalischen Stücks* ▸ das ~ einer Tat; musikalisches ~; aus welchen ~en heraus mag er das getan haben?

Mo|ti|va|ti|on ⟨[-va-] die; -, -en⟩ **1** *Begründung* **2** ⟨Psych.⟩ *Gesamtheit der Motive, die nicht unmittelbar aus äußeren Reizen abgeleitet sind*

mo|ti|vie|ren ⟨[-vi:-] V. trans.; mo|ti|viert, mo|ti|vier|te, hat mo|ti|viert⟩ jmdn. ~ *jmdn. dazu bringen, dass er etwas tut, indem man sein Interesse dafür weckt* ▸ ich konnte ihm zum Lesen ~

Mo|tor ⟨a. [-'-] der; -s, -en⟩ **1** *Maschine zur Erzeugung von mechanischer Antriebskraft;* Zus *Motorboot, Motorsäge; Automotor* **2** ⟨übertr.⟩ *Antrieb, Triebkraft* ▸ den ~ an-, abstellen, ein-, ausschalten; der ~ springt nicht an; die ~en brummen, dröhnen; der ~ läuft; elektrischer ~; das Auto braucht einen neuen ~

Mo|tor|hau|be ⟨die; -, -n; Kfz⟩ *Haube aus Blech über dem Motor* ▸ die ~ öffnen; ⓘ S. 896

...mo|to|rig ⟨in Zus.; zur Bildung von Adj.⟩ *mit einer bestimmten Anzahl von Motoren ausgestattet,* z. B. dreimotoriges Flugzeug

Mo|to|rik ⟨die; -; unz.⟩ **1** *Bewegungsart* **2** *willkürliche Bewegungsabläufe des Körpers, die vom Hirn gesteuert werden;* Abl *motorisch*

mo|to|ri|sie|ren ⟨V. trans.; mo|to|ri|siert, mo|to|ri|sier|te, hat mo|to|ri|siert⟩ jmdn. ~ *mit Kraftfahrzeugen ausrüsten* ▸ motorisiert sein *ein Kraftfahrzeug haben;* Abl *Motorisierung*

Mo|tor|rad ⟨a. [-'--] das; -(e)s, -rä|der⟩ *Kraftfahrzeug mit zwei Rädern;* Syn *Kraftrad* ▸ unser Sohn möchte gern ~ fahren; im Sommer fahre ich immer mit dem ~ zur Arbeit; Zus *Motorradfahrer(in), Motorradführerschein*

Mo|tor|rol|ler ⟨der; -s, -; Kfz⟩ *Kraftrad, das vor dem Fahrersitz Platz für die Beine des Fahrers bietet u. vorn mit einer Blechverkleidung als Schutz gegen Schmutz ausgestattet ist*

Mo|tor|sport ⟨der; -(e)s; unz.⟩ *sportlich betriebenes Auto- u. Motorradfahren*

Mot|te ⟨die; -, -n; Zool.⟩ *ein kleines Tier mit schmalen Flügeln, deren Raupen sich von Wollstoffen od. trockenen Lebensmitteln ernähren* ▸ der Pullover ist von ~n zerfressen; im Mehl sind ~n; Zus *Mottengift; Kleidermotte, Lebensmittelmotte*

Mot|to ⟨das; -s, -s⟩ *Leitspruch, Wahlspruch* ▸ ein ~ haben; nach einem ~ handeln

mot|zen ⟨V. intr.; motzt, motz|te, hat ge|motzt; umg.⟩ **1** *nörgeln* **2** *schimpfen, sich widersetzen*

Moun|tain|bike ⟨[mauntənbaɪk] das; -s, -s⟩ *Sportfahrrad mit robusten Profilreifen für das Gelände*

Mousse ⟨[mu:s] die; -, -s [mu:s]⟩ *schaumige Nachspeise* ▸ ~ au Chocolat [- o: ʃoko:la] *Süßspeise aus Schokolade u. Schlagsahne*

Mö|we ⟨die; -, -n; Zool.⟩ *ein Schwimmvogel, der am Meer u. in Häfen lebt u. neben Fischen auch Abfälle frisst* ▸ das Geschrei der ~n

Mo|zart|ku|gel ⟨die; -, -n⟩ *mit Schokolade überzogenes Konfekt in Form einer Kugel, das mit Marzipan u. Nugat gefüllt ist*

Moz|za|rel|la ⟨der; -s, -s⟩ *italienischer Büffelkäse*

Mrd. ⟨Abk. für⟩ *Milliarde, Milliarden*

Mu|cke ⟨die; -, -n; Jugendspr.⟩ *Popmusik;* oV *Mugge* ▸ das ist eine coole ~

Mü|cke ⟨die; -, -n; Zool.⟩ *ein Insekt, das Menschen u. Tiere sticht, um Blut zu saugen u. deren Larven meist im Wasser leben u. oft massenweise auftreten* ▸ mich hat eine ~ gestochen und es juckt sehr; aus einer ~ einen Elefanten machen ⟨übertr.; umg.⟩ *ein geringfügiges Ereignis gewaltig übertreiben, ihm zu große Wichtigkeit beimessen;* Zus *Mückenplage, Mückenstich; Stechmücke*

mu|cken ⟨V. intr.; muckt, muck|te, hat ge|muckt⟩ **1** *einen halb unterdrückten Laut von sich geben* **2** *aufbegehren, murren* **3** *schmollen, verdrießlich sein* ▸ etwas tun, ohne zu ~; →a. *aufmucken*

Mucks ⟨der; -es, -e; umg.⟩ *halb unterdrückter Laut, leises Aufbegehren;* Syn *Muckser* ▸ keinen ~ machen, ⟨od.⟩ von sich geben *ganz still sein;* keinen ~ mehr machen *tot sein*

muck|sen ⟨V. refl.; muckst sich, mucks|te sich, hat sich ge|muckst; regional; in der Wendung⟩ sich nicht ~ **1** *keinen Laut von sich geben, keine Bewegung machen, sich nicht rühren* **2** *nicht aufzubegehren wagen*

mucks|mäus|chen|still ⟨Adj.; umg.⟩ *ganz still, völlig still* ▸ ~ sein; sich ~ verhalten

mü|de ⟨Adj.⟩ **1** *sich nach Ruhe u. Schlaf sehnend* **2** *infolge übermäßiger Beanspruchung erschöpft, ermattet* **3** ⟨mit Gen. od. Akk.⟩ *überdrüssig* ▸ aussehen: du siehst ~ aus; der Wein macht mich ~; sehr ~ sein; er war so ~, dass er gleich eingeschlafen ist; einer Sache ~ sein *einer S. überdrüssig sein;* ~ werden; er wird nicht ~, es immer wieder zu erklären ▸ ~ von der Arbeit; ich bin zum Umfallen ~

Mü|dig|keit ⟨die; -; unz.⟩ **1** *müde Beschaffenheit* **2** *Ermattung, Erschöpfung, Schlafbedürfnis* ▸ keine ~ vortäuschen! ⟨umg.⟩ *weitermachen!;* gegen die ~ ankämpfen; ich könnte vor ~ umfallen

Mu|ez|zin ⟨der; -s, -s; im Islam⟩ *Beamter, der fünfmal täglich zum Gebet ruft*

Muff ⟨der; -s; unz.; nddt.⟩ **1** *Mief, muffiger Geruch* **2** ⟨übertr.⟩ *veraltete Ansichten, rückständige Verhältnisse* ▸ der ~ der Nachkriegsära ⟨übertr.⟩; im Keller schlug uns ein übler ~ entgegen

...muf|fel ⟨in Zus.; zur Bildung von Subst.; der; -s, -; umg.⟩ **1** *jmd., der einer Sache uninteressiert gegenübersteht,* z. B. Fußballmuffel, Sexmuffel **2** *jmd., der zu einer bestimmten Zeit mürrisch, verdrießlich ist,* z. B. Morgenmuffel

Mü|he ⟨die; -, -n⟩ *Arbeit, Anstrengung, Plage, Sorgfalt* ▸ nach des Tages Last und ~ ▸ sich ~ geben *sich anstrengen, sich bemühen;* seine ~ haben (mit jmdm. od. etwas) *viel Arbeit haben, sich plagen müssen;* er hatte ~, das Lachen zu unterdrücken *nur mit Anstrengung gelang es ihm;* das hat mich viel ~ gekostet; es lohnt nicht die ~ *das Ergebnis ist zu geringfügig für den großen Aufwand an Arbeit od. Anstrengung;* jmdm. ~ machen; wenn es Ihnen keine ~ macht; er scheute keine ~, ihnen zu helfen; die ~ kannst du dir sparen (es hat doch keinen Zweck) ▸ sich viel ~ machen; das ist nicht der ~ wert *es lohnt nicht, sich anzustrengen* ▸ etwas nur mit ~ zustande bringen; Abl *mühelos, mühevoll*

mu|hen ⟨V. intr.; muht, muh|te, hat ge|muht⟩ *brüllen* ▸ die Kühe ~ im Stall

mü|hen ⟨V. refl.; müht sich, müh|te sich, hat sich ge|müht⟩ sich ~ *sich anstrengen, sich plagen*

Müh|le ⟨die; -, -n⟩ **1** *Gerät od. Anlage (durch Wasser, Wind, Hand od. Elektrizität betrieben) zum Zermahlen von Getreide, Kaffee, Papier u. a.;* Zus *Getreidemühle, Kaffeemühle, Papiermühle, Pfeffermühle, Wassermühle, Windmühle* **2** *Brettspiel für zwei Personen mit je 9 Steinen auf einem Liniensystem, mit denen man versucht, „Mühlen" (Figuren aus drei nebeneinanderliegenden Steinen) zu bilden, wobei man dem Gegner jedes Mal einen Stein wegnehmen darf, wenn dies gelingt* ▸ ~ spielen; das ist Wasser auf seine ~ ⟨übertr.⟩ *das unterstützt seine Ansicht*

Mühl|rad ⟨das; -(e)s, -rä|der⟩ *durch Wasser betriebenes Rad einer Mühle*

Mühl|stein ⟨der; -(e)s, -e⟩ *kreisrunder, scheibenförmiger Stein zum Getreidezermahlen;* Syn *Mahlstein*

Müh|sal ⟨die; -, -e; geh.⟩ **1** *Beschwerde, Mühe, Plage* **2** *Kummer, Sorge*

müh|sam ⟨Adj.⟩ *viel Mühe machend, mit viel Mühe (verbunden), anstrengend, beschwerlich, schwierig* ▸ eine ~e Arbeit; sich ~ fortbewegen

müh|se|lig ⟨Adj.⟩ *sehr mühsam, viel Sorgfalt erfordernd* ▸ etwas in ~er Kleinarbeit anfertigen; Abl *Mühseligkeit*

Mul|de ⟨die; -, -n⟩ **1** *flache Vertiefung* **2** *längliche Senkung der Erdoberfläche*

Mull ⟨der; -; unz.⟩ *dünnes Baumwollgewebe;* Zus *Mullbinde; Verbandmull*

Müll

Als **Hausmüll** bezeichnet man Abfälle, die in privaten Haushalten anfallen. In Deutschland gibt es eine **Müllverordnung,** ein Gesetz, das auch Vorschriften zur **Mülltrennung** enthält, die für die **Wiederverwertung** von Rohstoffen **(Recycling)** sorgen soll. Die wichtigsten dieser Rohstoffe sind **Glasmaterialien,** die man in Altglascontainern entsorgen kann, und **Altpapier,** das ebenfalls in Containern oder in gesonderten Mülltonnen gesammelt wird. **Verpackungen, Kunststoffe** oder **Metalle** werden im **Gelben Sack** oder in gelben Mülltonnen gesammelt und wiederverwertet. Außerdem werden organische Garten- und Essensabfälle in **Biotonnen** entsorgt und später auf Deponien kompostiert. Alle Abfälle, die nicht recycelt werden, kommen in die **Restmülltonne.** Die kostenpflichtige Leerung der verschiedenen **Mülltonnen** erfolgt an je nach Wohnviertel festgelegten Wochentagen in ein- oder mehrwöchigem Rhythmus.

Als **Sondermüll** sind Batterien und Chemikalien zu entsorgen. Hierfür gibt es gesonderte Sammelstellen. Alte Batterien können auch in vielen Geschäften abgegeben werden. Alte **Möbel** und andere sperrige Gegenstände werden als

Sperrmüll abtransportiert, für den man zusätzlich bezahlen muss. Für alte Kleidung und Schuhe gibt es spezielle Container oder mit Wurfzetteln angekündigte Altkleidersammlungen.
Auf öffentlichen Plätzen oder Straßen sind häufig Mülleimer aufgestellt, in die man Abfälle wirft. Statt Müll sagt man oft auch Abfall oder Abfälle. In der Schweiz lautet die Bezeichnung Kehricht.

Müll ⟨der; -s; unz.⟩ *etwas, das weggeworfen wird, Abfall* ▸ eine leere Packung in den ~ tun; an der Ecke ist ein Papierkorb für ~ aufgestellt; Zus *Müllbeutel, Mülldeponie, Müllhalde, Müllkippe, Mülltonne, Mülltrennung, Müllverbrennungsanlage*

Müll|ab|fuhr ⟨die; -, -en⟩ *Beseitigung von Müll durch städtische od. private Unternehmen*

Müll|ei|mer ⟨der; -s, -⟩ *Eimer für den Müll, Abfalleimer* ▸ den ~ in die Mülltonne leeren; kannst du die Abfälle bitte in den ~ tun?

Mül|ler ⟨der; -s, -⟩ *Handwerker nach dreijähriger Lehrzeit, der beruflich in einer Mühle Getreide mahlt;* Abl *Müllerin*

Müll|mann ⟨der; -(e)s, -män|ner; umg.⟩ *Angestellter der Müllabfuhr*

Müll|schlu|cker ⟨der; -s, -⟩ *Vorrichtung in Wohnhäusern, durch die von der Wohnung od. vom Treppenflur aus der Abfall direkt in eine Sammelgrube geleitet wird*

Müll|ton|ne ⟨die; -, -n⟩ *Tonne zum Sammeln von Müll* ▸ wann werden die ~n geleert?

mul|mig ⟨Adj.; umg.⟩ **1** *gefährlich, bedenklich, unsicher* (Lage, Situation) **2** *unbehaglich, nicht ganz wohl, übel* ▸ eine ~e Sache ⟨übertr.; umg.⟩; mir wird ~ zumute ⟨übertr.; umg.⟩

mul|ti..., Mul|ti... ⟨in Zus.⟩ *viel..., vielfach..., Viel...*

mul|ti|funk|ti|o|nal ⟨Adj.⟩ *mehrere Funktionen einschließend, sie betreffend*

mul|ti|kul|ti ⟨häufig in Zus.; umg. kurz für⟩ *multikulturell*

mul|ti|kul|tu|rell ⟨Adj.⟩ *mehrere verschiedene Kulturen einschließend, sie betreffend* ▸ eine ~e Veranstaltung; die ~e Gesellschaft

mul|ti|la|te|ral ⟨Adj.⟩ *vielseitig, mehrseitig, mehrere Personen od. Staaten betreffend* ▸ ~er Vertrag

Mul|ti|me|dia ⟨a. engl. [mʌltımiːdıə] das; - od. -s; unz.; meist ohne Artikel⟩ *Kombination, Verwendung mehrerer Medien (Texte, Bilder, Animationen, Ton, Musik);* Zus *Multimediashow, Multimediaveranstaltung*

mul|ti|me|di|al ⟨Adj.⟩ *mehrere verschiedene Medien benutzend, für viele Medien bestimmt*

Mul|ti|mil|li|o|när ⟨der; -s, -e⟩ *jmd., der Vermögen im Wert von vielen od. mehreren Millionen besitzt;* Abl *Multimillionärin*

mul|ti|pel ⟨Adj.⟩ *vielfältig, vielfach* ▸ multiple Sklerose ⟨Med.⟩ *Krankheit des Zentralnervensystems mit vielen sich allmählich verhärtenden Entzündungsherden u. fortschreitenden Lähmungen*

Mul|ti|plex ⟨das; - od. -es, -e; Film⟩ *Kinozentrum mit sehr großen Sälen;* Syn *Multiplexkino*

Mul|ti|pli|ka|ti|on ⟨die; -, -en; Math.⟩ *das Multiplizieren, Vervielfachen von Zahlen (eine der vier Grundrechenarten)*

Mul|ti|pli|ka|tor ⟨der; -s, -en⟩ **1** ⟨Math.⟩ *die multiplizierende Zahl,* z. B. die 2 in 2 x 3 **2** *Person od. Sache, die Informationen o. a. Inhalte transportiert u. weiterverbreitet*

mul|ti|pli|zie|ren ⟨V. trans.; mul|ti|pli|ziert, mul|ti|pli|zier|te, hat mul|ti|pli|ziert; Math.⟩ eine Zahl mit einer anderen ~ *malnehmen, vervielfachen*

Mul|ti|ta|lent ⟨das; -(e)s, -e⟩ *jmd. mit vielfältigen (oft künstlerischen) Begabungen* ▸ sie war eine eigenwillige Frau und ein echtes ~

Mu|mie ⟨[-mjə] die; -, -n⟩ *durch Austrocknen od. Einbalsamieren vor Verwesung geschützte Leiche*

mu|mi|fi|zie|ren **I** ⟨V. intr.; mu|mi|fi|ziert, mu|mi|fi|zier|te, ist mu|mi|fi|ziert⟩ *trocken werden, ledern werden, absterben* (Gewebe) **II** ⟨V. trans.; mu|mi|fi|ziert, mu|mi|fi|zier|te, hat mu|mi|fi|ziert⟩ eine Leiche ~ *einbalsamieren, vor Verwesung schützen, zur Erhaltung behandeln;* Abl *Mumifizierung*

Mumm ⟨der; -s; unz.; umg.⟩ *Mut, Unternehmungsgeist, Schneid, Energie* ▸ (keinen) ~ in den Knochen haben

müm|meln ⟨V. intr. u. V. trans.; müm|melt, müm|mel|te, hat ge|müm|melt; umg.⟩ **1** (etwas) ~ *mit Ausdauer u. mit kurzen, raschen Bewegungen kauen* **2** *undeutlich sprechen* ▸ er mümmelt ein Brötchen; was mümmelst du da?

Mum|pitz ⟨der; -es; unz.; umg.⟩ *Unsinn, dummes Gerede* ▸ was für ein ~!

Mumps ⟨der; -; unz.; Med.⟩ *meist im Kindesalter auftretende Infektionskrankheit, Entzündung u. Anschwellung der Ohrspeicheldrüsen*

Mund ⟨der; -(e)s, Mün|der⟩ **1** *Teil des Kopfes, mit dem man spricht u. Nahrung aufnimmt u. zerkleinert;* ⓘ S. 146 **2** ⟨allg.⟩ *Öffnung* ▸ **aufmachen:** er macht, tut den ~ nicht auf ⟨umg.⟩ *er spricht kein Wort;* den ~ **halten** ⟨übertr.⟩ *schweigen, still sein;* den ~ (zum Küssen, zum Kuss, zum Pfeifen) **spitzen; stillstehen:** der ~ steht ihm nie still *er redet sehr viel;* jmdm. den ~ **stopfen** ⟨übertr.⟩ *jmdn. zum Schweigen bringen;* viele Münder zu stopfen haben ⟨umg.⟩ *eine große Familie zu ernähren haben;* ich lasse mir von dir nicht den ~ **verbieten** ⟨übertr.⟩ *nicht das Sprechen verbieten;* den ~ (zum Lächeln, zum Weinen, spöttisch) **verziehen** ▸ sich den ~ **fusselig** reden ⟨übertr.; umg.⟩ *vergeblich reden;* **großer,** kleiner, roter, sinnlicher ~; den ~ **voll** nehmen ⟨übertr.⟩ *prahlen, übertreiben;* ~ voll = *Mundvoll* ▸ das Glas, die Tasse an den ~ setzen *zum Trinken ansetzen;* er ist nicht **auf** den ~ gefallen ⟨übertr.; umg.⟩ *er ist schlagfertig;* den Finger auf den ~ legen (um andere zum Stillsein aufzufordern); **aus** dem ~ riechen *einen unangenehmen Mundgeruch haben;* wie aus einem ~e *etwas gleichzeitig sagen;* jmdm. das Wort im ~ herumdrehen *seine Aussage absichtlich falsch deuten;*

das Wasser läuft mir im ~ zusammen, wenn ich daran denke ‹übertr.; umg.› *ich habe großen Appetit darauf;* das Ereignis ist bereits in aller ~e *wird bereits allgemein besprochen, ist bereits bekannt;* mit offenem ~ dastehen ‹übertr.› *staunend;* mit vollem ~ spricht man nicht; jmdm. nach dem ~ reden *so reden, wie es jmd. gern hören möchte;* jmdm. Honig um den ~ schmieren ‹übertr.› *ihn schmeichlerisch loben;* kein Blatt vor den ~ nehmen ‹übertr.› *freiheraus reden, sagen, was man denkt*

Mund|art ‹die; -, -en; Sprachw.› *einer Landschaft eigentümliche Sprachform innerhalb einer größeren Sprachgemeinschaft;* Syn *Dialekt;* Zus *Mundartdichtung, Mundart(en)forschung, Mundartwörterbuch; mundartlich*

Mün|del ‹das; -s, -› *unter Vormundschaft stehende(r) Minderjährige(r)*

mun|den ‹V. intr.; mun|det, mun|de|te, hat gemun|det; geh.› (jmdm.) ~ *schmecken* ▸ die Speise, der Wein mundet mir (nicht); sich etwas ~ lassen; es hat mir ausgezeichnet gemundet

mün|den ‹V. intr.; mün|det, mün|de|te, ist/hat gemün|det› in etwas ~ **1** *(in etwas) hineinfließen, einströmen* (Bach, Fluss) **2** *(in, auf etwas) enden, auslaufen* (Straße) ▸ die Straße mündet in einen Park, in eine Siedlung; der Inn mündet in die Donau; der Fluss mündet ins Meer

mund|faul ‹Adj.› *redefaul, redeunwillig, träge im Gespräch* ▸ er ist ~ und mürrisch

mund|ge|recht ‹Adj.› *bequem zum Essen* ▸ Essen ~ servieren; jmdm. eine Sache ~ machen ‹übertr.› *jmdm. eine S. so schmackhaft machen bzw. schildern, dass er sie gern haben, tun möchte*

Mund|ge|ruch ‹der; -(e)s, -rü|che› *(unangenehmer) Geruch aus dem Mund*

Mund|har|mo|ni|ka ‹die; -, -s od. -ni|ken; Mus.› *volkstümliches Blasinstrument, kleiner, flacher Kasten mit Metallzungen, die durch Blasen u. Einziehen von Luft in Schwingungen versetzt werden*

Mund|höh|le ‹die; -, -n› *Inneres des Mundes*

mün|dig ‹Adj.› Syn *volljährig,* ‹selten› *majorenn;* Ggs *minderjährig* **1** *das erforderliche Alter für bestimmte Rechtshandlungen erreicht habend* **2** *zu einem selbstständigen Urteil fähig, erwachsen* ▸ der ~e Bürger; (noch nicht) ~ sein; mit 18 Jahren wird man ~; Abl *Mündigkeit*

münd|lich ‹Adj.› Ggs *schriftlich* **1** *(nur) besprochen, verabredet, nicht schriftlich* (Auftrag, Vereinbarung) **2** *gesprochen, in Gesprächsform* (Prüfung, Überlieferung) ▸ alles Weitere ~!; jmdm. etwas ~ mitteilen; die schriftliche Prüfung ist gut verlaufen, jetzt kommt noch die ~e; wir hatten den Vertrag bereits ~ besprochen

Mund|pro|pa|gan|da ‹die; -; unz.› *mündliches Weiterempfehlen, Weitererzählen*

Mund|schutz ‹der; -es; unz.› **1** *Mund u. Nase bedeckende Schutzvorrichtung aus sterilem Material, um die Infizierung anderer Personen zu verhindern* **2** ‹Boxen› *Schutz aus Kunststoff für das Gebiss*

mund|tot ‹Adj.; übertr.› *zum (endgültigen) Schweigen verurteilt, unfähig zu widersprechen, zu Wort zu kommen* ▸ jmdn. ~ machen

Mün|dung ‹die; -, -en› **1** *Stelle des Eintritts eines Flusses in ein anderes Gewässer od. einer Straße in eine andere Fläche* **2** *vordere Öffnung einer Feuerwaffe*

Mund|voll *auch:* **Mund voll** ‹der; -, -› *die Menge einer Speise od. eines Getränkes, die man auf einmal in den Mund nehmen kann*

Mund|was|ser ‹das; -s, -wäs|ser› *desinfizierende Flüssigkeit zur Mundpflege*

Mund|werk ‹das; -(e)s; unz.; übertr.› **1** *Bedürfnis, viel zu reden* **2** *Schlagfertigkeit* ▸ ein freches ~ haben *viel (u. meist selbstbewusst) reden; ziemlich dreist sein*

Mund|win|kel ‹der; -s, -› *seitliches Ende des Mundes, der Lippen* ▸ ein kurzes Lächeln huschte um seine ~; ihre ~ zuckten vor Lachen, Weinen

Mund-zu-Mund-Be|at|mung ‹die; -; unz.; Med.› *Maßnahme bei einem Atemstillstand, bei der der Rettende dem Verletzten Luft durch den Mund in die Lungen bläst u. ihm gleichzeitig die Nase zuhält*

Mu|ni|ti|on ‹die; -; unz.› **1** *Schießbedarf für Feuerwaffen (Geschosse, Sprengladungen, Bomben, Raketen usw.)* **2** ‹übertr.› *Argumente, die sich gegen eine Person, eine Sache verwenden lassen* ▸ seinen Kritikern ~ liefern ‹übertr.›

mun|keln ‹V. intr.; mun|kelt, mun|kel|te, hat gemun|kelt› *einander heimlich etwas erzählen, raunen, Gerüchte, Vermutungen verbreiten* ▸ man munkelt, dass er entlassen wurde; im Dunkeln ist gut ~ ‹Sprichw.›

mun|ter ‹Adj.› **1** *wach* **2** *lebhaft, heiter, fröhlich, frisch* ▸ ein ~es Kind; ~er Laune sein; ~ pfeifen, singen; der Kranke ist schon wieder ganz ~; gesund und ~ sein *sich körperlich u. seelisch wohlfühlen;* Abl *Munterkeit;* Bes *bei der Deklination kann das „e" wegfallen: „ein munteres/muntres Treiben"*

Mün|ze ‹die; -, -n› *mit Bild- u. Schriftprägung versehenes Metallgeldstück, dessen Gewicht u. Zusammensetzung genau festgelegt sind* ▸ ~n prägen, fälschen, sammeln; etwas für bare ~ nehmen ‹übertr.› *blind glauben;* Zus *Münzfälscher(in), Münzfälschung, Münzsammler(in), Münzsammlung; Gedenkmünze, Goldmünze, Kupfermünze, Silbermünze*

Münz|te|le|fon ‹das; -s, -e› *durch Einwurf von Münzen bedienbares öffentliches Telefon;* Syn *Münzfernsprecher*

Münz|wechs|ler ‹[-ks-] der; -s, -› *Automat, der Geldscheine und größere Geldmünzen in kleinere Münzen wechselt*

Mu|rä|ne ‹die; -, -n; Zool.› *räuberischer, aalartiger Fisch ohne Brust- u. Bauchflossen, mit sehr schmackhaftem Fleisch*

mür|be ‹Adj.; -r, am mürbs|ten› **1** *morsch, brüchig, leicht zerfallend* (Gestein, Holz, Stoff) **2** *leicht zerreibbar, hart u. locker* (Gebäck) **3** *gut durchgekocht od. durchgebraten, zart, weich* (Fleisch)

M

4 ⟨übertr.⟩ *zermürbt, zum Widerstand nicht mehr fähig* ▸ mit seiner ständigen Fragerei macht er sie ~

Mür|be|teig ⟨der; -(e)s, -e⟩ *Teig aus Butter, Zucker, Ei u. Mehl, der mürbes Gebäck ergibt*

Murks ⟨der; -es; unz.; umg.⟩ **1** *unordentliche od. misslungene Arbeit* **2** *Unangenehmes* ▸ so ein ~!; hier habe ich ~ gemacht

Mur|mel ⟨die; -, -n⟩ *kleine, bunte Kugel als Kinderspielzeug, Klicker* ▸ mit ~n spielen

mur|meln ⟨V. intr. u. V. trans.; mur|melt, mur|mel|te, hat ge|mur|melt⟩ **1** (etwas) ~ *leise, undeutlich sprechen* **2** *leise plätschern, leise rauschen* ▸ der Bach murmelt; etwas in seinen Bart ~ ⟨umg.⟩ *so sprechen, dass man es nicht versteht*

Mur|mel|tier ⟨das; -(e)s, -e; Zool.⟩ *mit den Eichhörnchen verwandtes Nagetier, das Pflanzen frisst, in Höhlen wohnt u. Winterschlaf hält* ▸ schlafen wie ein ~ *fest schlafen*

mur|ren ⟨V. intr.; murrt, murr|te, hat ge|murrt⟩ **1** *(leise) seine Unzufriedenheit bekunden, sein Missfallen äußern* **2** *(noch zurückhaltend) aufbegehren* ▸ etwas ohne Murren tun *ohne Widerspruch, bereitwillig;* über das schlechte Essen ~

mür|risch ⟨Adj.⟩ **1** *verdrießlich, übellaunig, widerspenstig* **2** *unfreundlich, brummig, einsilbig* ▸ ein ~es Gesicht machen; er ist ein ~er Mensch; ~es Wesen; etwas ~ sagen, tun; ~ sein

Mus ⟨das; -es, -e; Pl. selten⟩ *Brei* ▸ Äpfel, Kartoffeln zu ~ verarbeiten; Zus *Apfelmus, Kartoffelmus, Pflaumenmus*

Mu|schel ⟨die; -, -n⟩ **1** ⟨Zoo.⟩ *ein Weichtier mit zwei den Körper ganz od. teilweise bedeckenden Kalkschalen* **2** ⟨übertr.⟩ *Teil eines Organs od. eines Geräts in Form einer Muschel;* Abl *muschelförmig; Ohrmuschel, Sprechmuschel*

Mu|schi ⟨die; -, -s⟩ **1** ⟨Kosewort für⟩ *Katze* **2** ⟨umg.⟩ *äußere weibliche Geschlechtsteile, Vulva*

Mu|se ⟨die; -, -n⟩ *jede der neun griechischen Göttinnen der Künste u. Wissenschaften* ▸ die ~ der Tanzkunst, der Musik usw.; die heitere, ernste ~ ⟨übertr.⟩ *heitere, ernste Kunst;* sie war seine ~ *Frau, die ihn auf seinem künstlerischen Weg begleitet u. immer wieder inspiriert hat;* von der ~ geküsst werden ⟨übertr.⟩ *zur Erschaffung eines Kunstwerks inspiriert werden*

Mu|se|en ⟨Pl. von⟩ *Museum*

Mu|se|um ⟨das; -s, -se|en⟩ **1** *öffentliche Sammlung von Gegenständen der Kunst od. Wissenschaft* **2** *Gebäude dafür;* Zus *Heimatmuseum, Kunstmuseum, Musikinstrumentenmuseum* ▸ naturkundliches ~; die Schüler gehen heute ins ~; wie viel kosten die Eintrittskarten für das ~?

mu|se|ums|reif ⟨Adj.; umg.; scherzh.⟩ *überholt, völlig veraltet, nicht mehr zeitgemäß, nicht mehr gebrauchsfähig* ▸ die alten Feuerlöscher sind auch schon ~

Mu|si|cal ⟨[mjuːzɪkəl] das; -s, -s; Mus.⟩ *bes. in den USA verbreitete Form des Musiktheaters, das Merkmale der Operette, der Revue u. des Varietees verbindet*

Mu|sik ⟨die; -, -en⟩ **1** ⟨urspr.⟩ *die Kunst der Musen, Dicht-, Tanz-, Gesangskunst usw.* **2** ⟨heute⟩ *die Kunst, Töne in Melodie u. Harmonie zu ordnen, rhythmisch zu gliedern u. zu einem geschlossenen Werk zusammenzufügen;* Zus *Musikhochschule, Musikinstrument* ⓘ S. 788, *Musikkapelle, Musiklehrer(in), Musikschule, Musiktheater, Musikverlag, Musikwissenschaft, Musikzeitschrift* **3** *Werke, Erzeugnisse der Tonkunst;* Zus *Musikbranche, Musikkassette, Musikproduzent(in), Musikstück* **4** *Gesamtheit der Tondichtungen eines Landes, Volkes od. einer Zeit;* Zus *Barockmusik* ▸ bitte, ~! *(Aufforderung an die Musikkapelle)* ▸ **einsetzen:** die ~ setzte mit einem Tusch ein; ~ **hören,** machen; ~ **studieren** ▸ **alte,** moderne ~; **deutsche,** spanische, klassische ~; **gute,** leichte, schwere ~ ▸ Veranstaltung **mit** ~ und Tanz; die ~ **zu** einem Film, Theaterstück schreiben

Mu|si|ka|li|en ⟨Pl.⟩ *Notenbücher, Notenhefte*

mu|si|ka|lisch ⟨Adj.⟩ **1** *die Musik betreffend, zu ihr gehörig, auf ihr beruhend* **2** *musikbegabt, Musik verstehend, musikliebend* (Person) **3** ⟨übertr.⟩ *klangvoll, wie Musik klingend* (Verse)

Mu|si|kant ⟨der; -en, -en; a. abwertend⟩ *Musiker, bes. für Unterhaltungs- u. Tanzmusik;* Abl *Musikantin*

Mu|sik|au|to|mat ⟨der; -en, -en⟩ *mechanisches Musikinstrument, z. B. elektronisches Klavier, Spieldose*

Mu|si|ker ⟨der; -s, -⟩ *jmd., der beruflich ein Musikinstrument spielt;* Abl *Musikerin*

Mu|sik|er|zieh|ung ⟨die; -; unz.⟩ *Pflege u. Lenkung musikalischer Anlagen als Teil der Pädagogik*

Mu|si|kus ⟨der; -, -si|zi; scherzh.⟩ *Musiker*

mu|sisch ⟨Adj.⟩ **1** *die Musen betreffend, von ihnen stammend* **2** *kunstempfänglich, künstlerisch*

mu|si|zie|ren ⟨V. intr.; mu|si|ziert, mu|si|zier|te, hat mu|si|ziert⟩ *gemeinsam Musik machen*

Mus|kat ⟨der; -(e)s; unz.⟩ = *Muskatnuss*

Mus|kat|nuss ⟨die; -, -nüs|se⟩ *getrockneter Samen des Muskatnussbaumes, ein Gewürz*

Mus|kel ⟨der; -s, -n; Anat.⟩ *der Bewegung dienendes zusammenziehbares Gewebe des tierischen u. menschlichen Körpers* ▸ jeder ~ ist zu sehen; alle ~n anspannen; die ~n trainieren; sich einen ~ zerren; Zus *Beugemuskel, Herzmuskel, Kaumuskel*

Mus|kel|fa|ser ⟨die; -, -n; Anat.⟩ *mehrkernige Faser, die mit vielen anderen zusammen die Muskeln bildet;* Zus *Muskelfaserriss*

Mus|kel|ka|ter ⟨der; -s, -⟩ *vorübergehende, schmerzhafte Muskelverhärtung nach körperlicher Anstrengung*

Mus|kel|kraft ⟨die; -, -kräf|te⟩ **1** *Kraft der Muskeln* **2** *Körperkraft*

Mus|kel|krampf ⟨der; -(e)s, -krämp|fe; Med.⟩ *schmerzhafte Zusammenziehung der quergestreiften Muskulatur*

Mus|kel|schwund ⟨der; -es; unz.; Med.⟩ *Verminderung der Muskelfasern nach Zahl u. Masse*

Mus|kel|zer|rung ⟨die; -, -en; Med.⟩ *Überdehnung einzelner Muskelfasern, meist mit Einriss der einzelnen Fasern od. der Muskelhülle*

Mus|ku|la|tur ⟨die; -, -en⟩ *Gesamtheit der Muskeln einer bestimmten Körperregion od. des ganzen Körpers;* Zus *Armmuskulatur, Beinmuskulatur, Rückenmuskulatur*

mus|ku|lös ⟨Adj.; -er, am -es|ten⟩ *mit starken Muskeln versehen, kräftig* (Arm, Bein, Körper)

Müs|li ⟨das; -s, -s⟩ *Speise aus rohen, in Milch eingeweichten Getreideflocken mit Obst, geriebenen Nüssen u. a.*

Mus|lim ⟨der; -s, -e⟩ = *Moslem;* Abl *Muslimin; muslimisch*

Muss ⟨das; -; unz.⟩ *Zwang, Erfordernis, unabänderliche Forderung* ▸ man soll es tun, aber es ist kein ~

Mu|ße ⟨die; -; unz.⟩ *Ruhe u. Zeit, ruhige, beschaul. Freizeit* ▸ dazu fehlt mir die (nötige) ~; (genügend, keine) ~ haben, etwas zu tun; etwas mit ~ tun; Zus *Mußestunde*

müs|sen ⟨V. intr.⟩ **I** ⟨muss, muss|te, hat … müssen; Modalverb in Verbindung mit Inf.⟩ **1** *gezwungen sein (etwas zu tun), nicht anders können, als (etwas zu tun)* **2** *unbedingt zu geschehen haben* **3** ⟨umg.⟩ *brauchen, sollen* **4** ⟨im Konjunktiv⟩ *(zum Ausdruck einer Annahme od. eines Wunsches)* ▸ ich muss jetzt gehen; ich muss gestehen, ich habe es vergessen; man muss Geduld haben; er muss bald kommen; das musste ja (so) kommen! *es war zu erwarten, dass …, es war nicht anders möglich;* wir ~ Ihnen leider mitteilen, dass …; ich muss (schon) sagen, das habe ich nicht erwartet; sehen: das muss man gesehen haben (sonst kann man es sich nicht vorstellen); es muss sein!; er muss sehr krank sein; es muss wohl stimmen *wahr sein;* ich muss wissen, wann du kommst ▸ reich müsste man sein ▸ wann musst du morgens aufstehen?; wie viel musstest du zahlen? *wie viel hattest du zu zahlen?, was hat es gekostet?* **II** ⟨muss, muss|te, hat ge|musst / hat müs|sen; Vollverb⟩ *gezwungen, verpflichtet sein* ▸ ich muss in die Stadt; ich muss mal ⟨Kinderspr., a. umg.⟩ *ich muss einmal die Toilette aufsuchen;* er musste zum Arzt

mü|ßig ⟨Adj.⟩ **1** *arbeitsfrei, untätig* **2** *unnütz, überflüssig* ▸ ~e Frage; das hebe ich mir für ~e Stunden auf; ~ dastehen, herumsitzen; es ist ~, das zu diskutieren

Mü|ßig|gang ⟨der; -(e)s; unz.⟩ *Untätigkeit, Faulheit, Nichtstun, Bequemlichkeit* ▸ ~ ist aller Laster Anfang ⟨Sprichw.⟩; Abl *Müßiggänger(in)*

muss|te → *müssen*

Mus|ter ⟨das; -s, -⟩ **1** *Vorlage, Modell* **2** *Vorbild, Vollkommenes in seiner Art* **3** *Warenprobe, einzelnes Stück zur Ansicht, zur Auswahl* **4** *sich wiederholende Verzierung, bes. in Stoffen, auf Oberflächen;* Zus *Stoffmuster, Tapetenmuster* ▸ ein ~ anfordern, vorlegen; ein ~ entwerfen ▸ das kann als ~ dienen; ich gebe Ihnen das Bild als ~ mit; er ist ein ~ an Fleiß, Ordnungsliebe; ~ für eine Tapete; nach ~ zeichnen, sticken

Mus|ter|bei|spiel ⟨das; -(e)s, -e⟩ *vorbildliches Beispiel*

Mus|ter|ex|em|p|lar ⟨das; -s, -e⟩ **1** *beispielhaftes Exemplar* **2** ⟨übertr.; umg.⟩ *(in bestimmter Weise) vorbildlicher Mensch* ▸ er ist ein ~ an Pünktlichkeit

mus|ter|gül|tig ⟨Adj.⟩ *vorbildlich, völlig fehlerfrei, nachahmenswert;* Abl *Mustergültigkeit*

mus|ter|haft ⟨Adj.⟩ *mustergültig;* Abl *Musterhaftigkeit*

Mus|ter|kna|be ⟨der; -n, -n; meist iron.⟩ *vorbildlicher Schüler od. Mensch*

mus|tern ⟨V. trans.; mus|tert, mus|ter|te, hat gemus|tert⟩ **1** jmdn. od. etwas ~ *prüfend betrachten, gründlich ansehen* **2** jmdn. ~ *auf Wehrdiensttauglichkeit hin prüfen, untersuchen* **3** etwas ~ *mit Mustern versehen* ▸ jmdn. abschätzend, skeptisch ~; jmdn. von oben bis unten ~; der Jahrgang 1988 wird dieses Jahr gemustert; gemusterter Stoff; bunt, reich gemustert

Mus|ter|schü|ler ⟨der; -s, -⟩ *vorbildlicher Schüler;* Abl *Musterschülerin*

Mus|te|rung ⟨die; -, -en⟩ **1** *das Mustern* **2** *das Gemustertwerden, Prüfung auf Tauglichkeit für den Wehrdienst* **3** *das Gemustertsein, Ausstattung mit einem Muster* **4** *Art des Musters (eines Stoffes, einer Tapete usw.)*

Mut ⟨der; -(e)s; unz.⟩ *Fähigkeit, sich in Gefahr zu begeben, Kühnheit, Unerschrockenheit* ▸ er bekam wieder ~; seinen ~ beweisen; (wieder) ~ fassen; (keinen) ~ haben; den ~ haben, etwas zu tun; jmdm. ~ machen; jmdm. den ~ nehmen, etwas zu tun; den ~ verlieren; jmdm. ~ zusprechen ▸ frohen, guten ~es sein *froh u. zuversichtlich sein* ▸ mit dem ~ der Verzweiflung; eine Sache mit frischem ~ anpacken; nur ~! *(aufmunternder Zuspruch);* mir ist seltsam zu Mute / zumute; Abl *mutig, mutlos;* Zus *Heldenmut, Wagemut*

Mu|ta|ti|on ⟨die; -, -en; Biol.⟩ *sprunghafte, plötzliche, ungerichtete, zufällige, erbliche Veränderung der Eigenschaften eines Lebewesens*

mu|tie|ren ⟨V. intr.; mu|tiert, mu|tier|te, hat mutiert⟩ *sich plötzlich erblich verändern* ▸ mutierte Lebewesen

mut|ma|ßen ⟨V. trans.; mut|maßt, mut|maß|te, hat ge|mut|maßt⟩ etwas ~ *vermuten, annehmen;* Abl *Mutmaßung*

mut|maß|lich ⟨Adj.⟩ *wahrscheinlich, vermutlich, voraussichtlich* ▸ der ~e Täter; er ist der ~e Vater des Kindes

Mut|ter **I** ⟨die; -, Müt|ter⟩ **1** *Frau, die Kinder geboren hat* **2** *die Frau im Verhältnis zu ihren Kindern* ▸ ~ Erde ⟨poet.⟩ *die Erde, die nährt u. hervorbringt;* ~ und Kind; ~ und Sohn; ~ und Tochter; Vater und ~ ▸ einem Kind die ~ ersetzen; sie ist ~ geworden *sie hat ein Kind bekommen* ▸ eine gute, liebevolle, schlechte, strenge ~ sein; leibliche ~; werdende ~ *schwangere Frau* ▸ an ~s Rock(zipfel) hängen ⟨übertr.⟩ *unselbstständig sein* sie ist ~ von drei Kindern; wie eine ~ zu jmdm. sein ▸ wo ist deine ~? **II** ⟨die; -, -n⟩

das Gewinde drehbar umschließender Teil einer Schraube; Syn *Schraubenmutter* ▸ eine ~ anziehen, festschrauben, lockern

Mut|ter|bo|den ‹der; -s, -bö|den› *fruchtbare, humusreiche Erde;* Syn *Muttererde (1)*

Mut|ter|er|de ‹die; -; unz.› **1** = *Mutterboden* **2** ‹übertr.› *Heimaterde*

Mut|ter|got|tes ‹die; -; unz.› *die Jungfrau Maria*

Mut|ter|land ‹das; -(e)s, -län|der› **1** *Staat im Verhältnis zu seinen Kolonien* **2** *Heimat* **3** *Herstellungsland von Produkten*

Mut|ter|leib ‹der; -(e)s; unz.› *mütterlicher Leib als Ort der Entwicklung des Embryos* ▸ das Kind im ~; von ~ an *von Geburt an*

müt|ter|lich ‹Adj.› **1** *von der Mutter stammend* **2** *der Mutter gehörend* **3** *wie eine Mutter, liebevoll besorgt* ▸ mein ~es Erbteil; jmdn. ~ umsorgen; Abl *Mütterlichkeit*

müt|ter|li|cher|seits ‹Adv.› *von der Mutter her* ▸ Onkel, Großvater, Vorfahren ~

Mut|ter|lie|be ‹die; -; unz.› *fürsorgliche, opferbereite Liebe einer Mutter*

Mut|ter|mal ‹das; -(e)s, -e od. -mä|ler› *angeborene, örtlich begrenzte Hautveränderung;* Syn *Geburtsmal*

Mut|ter|milch ‹die; -; unz.› *Ausscheidung der weibl. Milchdrüsen in der Stillzeit* ▸ etwas mit der ~ eingesogen haben ‹übertr.› *etwas von Kind an gewöhnt sein, kennen, wissen*

Mut|ter|schaft ‹die; -; unz.› *das Muttersein, Wesen der Mutter*

Mut|ter|schutz ‹der; -es; unz.› *durch das Arbeitsrecht geregelter Schutz der werdenden Mütter u. Wöchnerinnen* ▸ sie ist noch in ~

mut|ter|see|len|al|lein ‹Adv.› *ganz allein*

Mut|ter|söhn|chen ‹das; -s, -; umg.; abwertend› *verzärtelter, unselbstständiger Junge od. junger Mann*

Mut|ter|spra|che ‹die; -, -n› *die Sprache, die man von Kind auf gelernt hat* ▸ Deutsch ist meine ~

Mut|ter|sprach|ler ‹der; -s, -› *jmd., der bei einem Gespräch, einer Verhandlung o. Ä. die Verhandlungssprache als Muttersprache hat* ▸ die ~ sind bei solchen Diskussionen im Vorteil; Abl *Muttersprachlerin; muttersprachlich*

Mut|ter|tag ‹der; -(e)s, -e› *öffentlicher Ehrentag für die Mütter, zweiter Sonntag im Mai*

Mut|ter|tier ‹das; -(e)s, -e› *weibliches Tier mit Jungen*

Mut|ti ‹die; -, -s; Koseform für› *Mutter*

Mut|wil|le ‹der; -ns, -n› *Absicht* ▸ etwas mit ~n tun *absichtlich tun*

mut|wil|lig ‹Adj.› *absichtlich, vorsätzlich* ▸ etwas ~ zerstören; Abl *Mutwilligkeit*

Müt|ze ‹die; -, -n› **1** *Kopfbedeckung (aus weichem Stoff od. gestrickt) ohne Krempe, mit od. ohne Schirm;* ⓘ S. 683; Zus *Baskenmütze, Wollmütze, Zipfelmütze* **2** *wärmende Bedeckung in Form einer Mütze für Kannen, Haube;* Zus *Kaffeemütze, Teemütze* ▸ die ~ aufsetzen, abnehmen

MW **1** ‹Abk. für› *Mittelwelle, Rundfunkwelle von 100-1000 m* **2** ‹Phys.; Zeichen für› *Megawatt*

MwSt. ‹Abk. für› *Mehrwertsteuer*

My|ri|a|de ‹die; -, -n› **1** *Menge von zehntausend* **2** ‹Pl.; übertr.› *Unzahl, unzählige Menge*

Myr|rhe ‹die; -, -n› *nach Balsam riechende Mischung aus Harz, Gummi u. ätherischen Ölen verschiedener Arten, kultisches Räuchermittel;* oV *Myrre*

Mys|te|ri|en ‹Pl. von› *Mysterium*

mys|te|ri|ös ‹Adj.; -er, am -es|ten› *geheimnisvoll, undurchsichtig, rätselhaft* ▸ ~e Vorgänge; unter ~en Umständen

Mys|te|ri|um ‹das; -s, -ri|en› *Geheimnis, Geheimlehre*

mys|ti|fi|zie|ren ‹V. trans.; mys|ti|fi|ziert, mys|ti|fi|zier|te, hat mys|ti|fi|ziert› jmdn. od. etwas ~ *mit einem mystischen Gepräge versehen, mystisch, geheimnisvoll machen;* Abl *Mystifizierung*

Mys|tik ‹die; -; unz.› *Form religiösen Erlebens, bei der nach vorbereitender Askese durch Versenkung od. Ekstase innige Verbindung mit dem Göttlichen gesucht wird*

Mys|ti|ker ‹der; -s, -› *Vertreter, Anhänger der Mystik;* Abl *Mystikerin*

mys|tisch ‹Adj.› **1** *zur Mystik gehörig, auf ihr beruhend* **2** *geheimnisvoll, dunkel*

My|then ‹Pl. von› *Mythos*

my|thisch ‹Adj.› *zu den Mythen gehörig, durch sie überliefert, sagenhaft* ▸ in ~er Vorzeit

My|tho|lo|gie ‹die; -, -n› **1** *Wissenschaft von den Mythen* **2** *Gesamtheit der Mythen (eines Volkes), Götterlehre;* Abl *mythologisch*

My|thos ‹der; -, My|then› **1** *Überlieferung eines Volkes von seinen Vorstellungen über die Entstehung der Welt, seine Gottheiten, Dämonen usw.* **2** *Sage von Göttern, Helden, Dämonen* **3** *zur Legende gewordene Begebenheit od. Person von weltgeschichtlicher Bedeutung* ▸ seine Rede vor der Berliner Mauer ist bereits ~ geworden

M

N n

N 1 ⟨Abk. für⟩ *Norden* 2 ⟨chem. Zeichen für⟩ *Stickstoff (Nitrogenium)*

na ⟨Int.; umg.⟩ 1 *(Ausruf der begütigenden Abwehr, des Misstrauens, der Ungläubigkeit, des auffordernden Zuspruchs, der Ungeduld u. der Erleichterung)* 2 *(vertrauliche Anrede)* ▸ ~, ~! *stimmt das wirklich?, nur ruhig, nicht aufregen!;* ~, du? ▸ ~, hör mal! *was fällt dir ein?, so geht das aber nicht!;* ~, komm (schon)!; ~ warte! *(leichte Drohung);* ▸ ~ also! *siehst du, es geht also doch!; ich hab es ja gleich gesagt;* ~ endlich!; ~ gut! *nun gut!; wenn es sein muss: ja!;* ~ ja!; ~ sowas! *das hätte ich nicht gedacht!;* ~ und? ⟨herausfordernd⟩ *ist das so schlimm?* ▸ ~, wie geht's?

Na|be ⟨die; -, -n⟩ *Mittelteil des Rades*

Na|bel ⟨der; -s, -⟩ 1 *die eingezogene, vernarbte Stelle in der Bauchmitte, wo der Embryo mittels der Nabelschnur im Mutterleib mit dem Mutterkuchen verbunden war;* ⓘ S. 146; Zus *Bauchnabel* 2 ⟨übertr.; leicht scherzh.⟩ *Mittelpunkt* ▸ der ~ der Welt

Na|bel|schnur ⟨die; -, -schnü|re⟩ *Schnur aus Gewebe, mit der das Kind im Mutterleib verbunden ist u. ernährt wird;* Syn *Nabelstrang*

nach dem / nachdem

Bei Zeitangaben mit der Präposition *nach* (in Verbindung mit dem Dativ des bestimmten Artikels, *dem*) und der Konjunktion *nachdem* kann es besonders in Nebensätzen zu Verwechslungen kommen. *Nach* wird als Präposition generell mit dem Dativ verwendet und gibt als Zeitangabe an, dass etwas später als etwas anderes geschehen ist: *Nach dem Essen wollten sie in die Stadt gehen. Das Essen, nach dem sie alle schläfrig geworden waren, hatte ihnen gut geschmeckt.* Die temporale Konjunktion *nachdem* leitet immer einen Nebensatz ein. Sie ordnet zwar ebenfalls Handlungen nach ihrem zeitlichen Ablauf, bezieht sich aber – anders als *nach dem* – nicht auf ein vorangehendes oder folgendes Substantiv und wird immer zusammengeschrieben: *Er stand auf, nachdem er gegessen hatte.*

nach[1] ⟨Präp. m. Dat.⟩ 1 ⟨örtlich; a. übertr.⟩ *in Richtung auf* 2 ⟨zeitlich⟩ *später als, wenn … vorbei ist* 3 ⟨zur Bez. der Reihenfolge, Rangordnung⟩ *hinter, folgend* 4 ⟨zur Bez. des Musters, Vorbildes, der Art u. Weise⟩ *so wie …, gemäß, entsprechend* ▸ bitte ~ Ihnen! *bitte gehen Sie voran!;* Sie sind ~ mir an der Reihe, ⟨umg.⟩ dran; etwas ~ sich ziehen ⟨übertr.⟩ *etwas zur Folge haben;* einer ~ dem anderen ▸ allem Anschein ~ *es scheint so, als ob …;* meiner Ansicht, Meinung ~ *wie ich es mir denke;* ~ der Arbeit; ~ Art von, ⟨od.⟩ des …, der … *in der Art von, ähnlich dem …, der …;* ~ Belieben *wie es beliebt, wie man will;* ~ Berlin, ~ Italien fahren; im Jahre 5 ~ Christi Geburt; ~ Diktat schreiben; ~ dem Essen; Gegenstände ~ Farben ordnen; ~ dem Gedächtnis zeichnen; meinem Gefühl ~ verhält es sich so …; ~ dem Gehör lernen, spielen; dem Gesetz ~ müsste er verurteilt werden; ~ Hause = *nachhause;* ~ langem Hin und Her; ~ einigen Jahren, Wochen, Tagen; er starb ~ langer Krankheit, ~ langem Leiden; ~ Leistung bezahlen; Anzug ~ Maß *genau den Maßen des Betreffenden entsprechend;* jmdn. (nur) dem Namen ~ kennen *nur den Namen von jmdm. kennen, jmdn. nicht persönlich kennen;* ~ bestimmten Regeln; der Reihe ~ *nacheinander, hintereinander, in bestimmter Reihenfolge;* ~ einer halben Stunde; Verlangen ~ etwas haben; ~ einer Weile; ~ langer, kurzer, einiger Zeit ▸ ~ jmdm. fragen *fragen, ob jmd. zu sprechen, zu Hause ist;* ~ dem Weg fragen *fragen, welches der rechte Weg ist;* sich ~ jmdm. richten *so handeln, wie er es möchte;* hier riecht es ~ Veilchen; das schmeckt ~ Apfel; sich ~ jmdm. od. etwas sehnen; ~ jmdm. od. etwas suchen ▸ ~ hinten, ~ vorn gehen; ~ links, rechts

nach[2] ⟨Adv.; in festen Fügungen⟩ mir ~! *folgt mir!;* ~ *und* ~ *leerte sich der Saal allmählich;* ~ wie vor *immer noch, wie bisher*

nach…, Nach… ⟨in Zus.⟩ I ⟨zur Bildung von Verben od. Subst.⟩ 1 *hinterher,* z. B. nachlaufen, nachtrauern 2 *zusätzlich,* z. B. nachfordern 3 *nachahmend, prüfend, wiederholend, noch einmal, wieder,* z. B. nachbilden, nacherzählen, nachfüllen, nachmessen, nachrechnen II ⟨zeitlich⟩ *folgend auf, später als,* z. B. nachklassisch, Nachkriegszeit

nach|äf|fen ⟨V. trans.; äfft nach, äff|te nach, hat nach|ge|äfft, nach|zu|äf|fen⟩ jmdn. od. etwas ~ *spöttisch übertreibend nachahmen, nachmachen*

nach|ah|men ⟨V. trans.; ahmt nach, ahm|te nach, hat nach|ge|ahmt, nach|zu|ah|men⟩ 1 jmdn. ~ *sich genauso verhalten wie jmd., jmdn. nachmachen* 2 etwas ~ *nachbilden, genauso noch einmal gestalten* ▸ jmds. Sprechweise ~; Abl *Nachahmung*

nach|ah|mens|wert ⟨Adj.; -er, am -es|ten⟩ *wert, nachgeahmt zu werden, mustergültig, als Vorbild geeignet;* Syn *nachahmungswürdig*

Nach|bar ⟨der; -s, -n⟩ *neben jmdm. Sitzender od. Wohnender* ▸ wir haben neue ~n bekommen; mit unseren ~n verstehen wir uns gut; ich hatte einen netten ~n im Konzert; die ~n *die nebenan od. in unmittelbarer Nähe Wohnenden;* Äpfel aus ~s Garten stehlen; Zus *Nachbar(s)haus, Nachbarskind, Nachbarland, Nachbarort, Nachbarstaat; Banknachbar, Flurnachbar, Tischnachbar*

Nach|ba|rin ⟨die; -, -rin|nen⟩ *weibl. Nachbar* ▸ Frau ~! *(Anrede)*

nach|bar|lich ⟨Adj.⟩ *wie es unter (guten) Nachbarn üblich ist* ▸ gut(e) ~e Beziehungen; gutes ~es Einvernehmen

Nach|bar|schaft ⟨die; -; unz.⟩ **1** *das Benachbartsein* **2** *unmittelbare Nähe* **3** *Verhältnis zum Nachbarn;* Abl *nachbarschaftlich* **4** *Gesamtheit der Nachbarn* ▸ gute ~ halten; sie wohnen in der ~; in nächster ~; Abl *nachbarschaftlich*

nach|bau|en ⟨V. trans.; baut nach, bau|te nach, hat nach|ge|baut, nach|zu|bau|en⟩ etwas ~ *nach einem Original od. Vorbild bauen* ▸ ein Schiff nach seinem historischen Original ~

Nach|be|ben ⟨das; -s, -⟩ *schwächeres Erdbeben, das einem stärkeren folgt*

Nach|be|hand|lung ⟨die; -, -en; Med.⟩ *zusätzliche Behandlung nach der eigentlichen Behandlung*

nach|bes|sern ⟨V. trans.; bes|sert nach, bes|ser|te nach, hat nach|ge|bes|sert, nach|zu|bes|sern⟩ etwas ~ *nachträglich verbessern, etwas nochmals korrigieren, nachdem es bereits fertig war* ▸ den Haushaltsplan ~; Abl *Nachbesserung*

nach|be|stel|len ⟨V. trans.; be|stellt nach, be|stell|te nach, hat nach|be|stellt, nach|zu|be|stel|len⟩ etwas ~ *zusätzlich bestellen, nachträglich bestellen;* Abl *Nachbestellung*

nach|be|ten ⟨V. trans.; be|tet nach, be|te|te nach, hat nach|ge|be|tet, nach|zu|be|ten; übertr.; umg.⟩ etwas ~ *kritiklos, gedankenlos wiederholen* ▸ die Schüler sollen nicht nur ~, was der Lehrer vorgetragen hat

nach|bil|den ⟨V. trans.; bil|det nach, bil|de|te nach, hat nach|ge|bil|det, nach|zu|bil|den⟩ etwas ~ *nach einem Vorbild, Muster bilden, gestalten, nachahmen, reproduzieren;* Abl *Nachbildung*

nach|blu|ten ⟨V. intr.; hat⟩ *nachträglich bluten;* Abl *Nachblutung*

nach|dem ⟨Konj.⟩ **1** ⟨zeitlich⟩ *später als* **2** ⟨begründend⟩ *da, weil* ▸ ~ er abgereist war, wurde er krank; kurz ~ er gekommen war, ging sie weg; ~ das so ist, können wir es nicht ändern; je ~ *den Umständen entsprechend;* Was wirst du tun? Je ~! *es kommt auf die Umstände an;* Wann kommst du? Je ~, wann ich fertig werde

nach|den|ken ⟨V. intr.; denkt nach, dach|te nach, hat nach|ge|dacht, nach|zu|den|ken⟩ (über jmdn. od. etwas) ~ *eine Sache gründlich durchdenken, überlegen* ▸ denk nach!; lass mich ~; kurz, lange, scharf, tief ~; nach langem Nachdenken kam ihm eine Idee

nach|denk|lich ⟨Adj.⟩ **1** *zu Überlegungen neigend, sich über alles Gedanken machend* **2** *in Gedanken versunken* ▸ ein ~es Kind; ein ~er Mensch; ~ schweigen; Abl *Nachdenklichkeit*

Nach|druck ⟨der; -(e)s, -e⟩ **I** ⟨unz.⟩ **1** *Hervorhebung, Betonung* **2** *Festigkeit, Eindringlichkeit* ▸ besonderen ~ auf etwas legen; eine Sache mit ~ betreiben; etwas mit ~ sagen; seinen Worten besonderen ~ verleihen **II** ⟨zählb.; Buchwesen⟩ *unveränderter Abdruck* ▸ ~ verboten *(Vermerk in Schriftwerken);* Abl *nachdrucken*

nach|drück|lich ⟨Adj.⟩ *mit Nachdruck, eindringlich, energisch* ▸ ~ auf etwas hinweisen; jmdn. ~ auffordern, etwas zu tun, zu unterlassen; Abl *Nachdrücklichkeit*

nach|dun|keln ⟨V. intr.; dun|kelt nach, dun|kel|te nach, ist nach|ge|dun|kelt, nach|zu|dun|keln⟩ *nachträglich dunkler werden* (Gemälde, Foto)

nach|ei|fern ⟨V. intr.; ei|fert nach, ei|fer|te nach, hat nach|ge|ei|fert, nach|zu|ei|fern⟩ jmdm. ~ *nachstreben, zu erreichen suchen*

nach|ei|len ⟨V. intr.; eilt nach, eil|te nach, ist nach|ge|eilt, nach|zu|ei|len⟩ jmdm. ~ *jmdm. hinterherlaufen, jmdn. einzuholen suchen*

nach|ei|n|an|der ⟨Adv.⟩ *einer nach dem anderen, hintereinander, nicht gleichzeitig* ▸ bitte ~ eintreten; zweimal ~

nach|emp|fin|den ⟨V. trans.; emp|fin|det nach, emp|fand nach, hat nach|emp|fun|den, nach|zu|emp|fin|den⟩ (jmdm.) etwas ~ *empfinden, was ein anderer empfindet, empfunden hat;* Syn *nachfühlen* ▸ das kann ich nicht ~; jmds. Freude ~

nach|er|zäh|len ⟨V. trans.; er|zählt nach, er|zähl|te nach, hat nach|er|zählt, nach|zu|er|zäh|len⟩ eine Geschichte ~ *wiederholend erzählen, mit eigenen Worten erzählen*

Nach|er|zäh|lung ⟨die; -, -en⟩ *Erzählung einer gehörten od. gelesenen Geschichte mit eigenen Worten* ▸ wir schreiben in der Schule eine ~

Nach|fah|re ⟨der; -n, -n⟩ = *Nachkomme;* oV *Nachfahr;* Ggs *Vorfahr;* Abl *Nachfahrin*

nach|fas|sen ⟨V. intr. u. V. trans.; fasst nach, fass|te nach, hat nach|ge|fasst, nach|zu|fas|sen⟩ **1** *nach kurzer Lockerung des Griffs erneut zufassen, um danach etwas umso sicherer festzuhalten* **2** (etwas) ~ *sich noch eine Essensportion nehmen* ▸ der Gewichtheber fasste noch einmal nach, bevor er die Hantel hochriss; er fasste noch Suppe nach

nach|fei|ern ⟨V. trans.; fei|ert nach, fei|er|te nach, hat nach|ge|fei|ert, nach|zu|fei|ern⟩ den Geburtstag ~ *nachträglich, hinterher feiern*

Nach|fol|ge ⟨die; -; unz.⟩ *Übernahme eines Amtes, einer Würde, eines Erbes von einem Vorgänger* ▸ jmds. ~ antreten

nach|fol|gen ⟨V. intr.; folgt nach, folg|te nach, ist nach|ge|folgt, nach|zu|fol|gen⟩ **1** jmdm. ~ *folgen, hinterhergehen* **2** jmdm. (im Amt) ~ *jmds. Amt übernehmen*

nach|fol|gend **I** ⟨Part. Präs. von⟩ *nachfolgen* **II** ⟨Adj.⟩ *folgend, sich anschließend, nächste(r, -s)* ▸ der ~e Satz war überflüssig; ~e Ausführungen wurden nicht übersetzt; im Nachfolgenden sind Zitate kenntlich gemacht

Nach|fol|ger ⟨der; -s, -; kaufmänn. Abk.: Nachf. od. Nchf.⟩ *jmd., der einem anderen nachfolgt, der ein Amt von seinem Vorgänger übernimmt* ▸ jmds. ~ werden; einen ~ für jmdn. suchen; Heinrich Müller Nachf. *(Firmenname);* Abl *Nachfolgerin*

nach|for|dern ⟨V. trans.; for|dert nach, for|der|te nach, hat nach|ge|for|dert, nach|zu|for|dern⟩ Fehlendes ~ *nachträglich fordern, zusätzlich fordern;* Abl *Nachforderung*

nach|for|schen ⟨V. intr.; forscht nach, forsch|te

nach, hat nach|ge|forscht, nach|zu|for|schen⟩ *nach etwas forschen, etwas zu erkunden, zu ermitteln suchen* ▸ wir werden ~, wo die Sendung geblieben ist

Nach|for|schung ⟨die; -, -en⟩ *das Nachforschen, Erkundigung, (polizeiliche) Ermittlung* ▸ ~en anstellen *nachforschen*

Nach|fra|ge ⟨die; -, -n⟩ **1** *Erkundigung, Anfrage* **2** *Bereitschaft der Käufer, eine Ware zu kaufen* ▸ Angebot mit ~; es herrscht starke, geringe ~ danach *die Ware findet guten, schlechten Absatz, viele, wenige Käufer;* die ~ sinkt, steigt, nimmt ab, nimmt zu; die ~ ist im letzten Jahr stark gestiegen; große, keine, lebhafte, rege, wenig ~; sich an der ~ orientieren

nach|fra|gen ⟨V. intr.; fragt nach, frag|te nach, hat nach|ge|fragt, nach|zu|fra|gen⟩ **1** (bei jmdm.) ~ *sich nach etwas erkundigen* **2** *nochmals fragen, nachhaken* ▸ bitte fragen Sie später noch einmal nach; sofort ~, wenn etwas unklar ist

nach|füh|len ⟨V. trans.; fühlt nach, fühl|te nach, hat nach|ge|fühlt, nach|zu|füh|len⟩ (jmdm.) etwas ~ = *nachempfinden*

nach|fül|len ⟨V. trans.; füllt nach, füll|te nach, hat nach|ge|füllt, nach|zu|fül|len⟩ (jmdm.) etwas ~ *zusätzlich einfüllen, auffüllen* ▸ Wasser ~

nach|ge|ben ⟨V. intr.; gibt nach, gab nach, hat nach|ge|ge|ben, nach|zu|ge|ben⟩ **1** *sich biegen, sich dehnen, zurückweichen, nicht standhalten* **2** *erschlaffen, locker werden* **3** ⟨übertr.⟩ jmdm. od. einer Sache ~ *Widerstand aufgeben, endlich doch zustimmen, sich überreden lassen* ▸ jmds. Bitten, Drängen ~; der Boden gab plötzlich nach; einem Impuls, einer Laune ~ *einem I., einer L. folgen;* der Klügere gibt nach ⟨sprichwörtl.⟩

Nach|ge|burt ⟨die; -, -en; Med.⟩ *der nach der Geburt ausgestoßene Mutterkuchen*

nach|ge|hen ⟨V. intr.; geht nach, ging nach, ist nach|ge|gan|gen, nach|zu|ge|hen⟩ **1** *zu langsam gehen* (Uhr) **2** jmdm. ~ *hinter jmdm. hergehen, jmdm. folgen* **3** ⟨übertr.⟩ einer Sache ~ **3.1** *eine S. untersuchen, zu klären suchen* **3.2** *sich einer S. widmen* **4** ⟨schweiz.⟩ der Straße ~ *die Straße entlanggehen* ▸ seine Worte sind mir noch lange nachgegangen *seine W. haben lange in mir nachgewirkt, ich habe noch oft an sie gedacht;* wir werden den Anschuldigungen ~; seiner Arbeit, seinen Geschäften ~

Nach|ge|schmack ⟨der; -(e)s; unz.⟩ **1** *im Mund bleibender Geschmack* **2** ⟨übertr.⟩ *(meist unangenehme) Erinnerung* ▸ die Medizin hat einen bitteren ~; der Vorfall hat einen bitteren ~ bei mir hinterlassen ⟨übertr.⟩

nach|gie|big ⟨Adj.⟩ **1** *nachgebend, weich* (Boden) **2** ⟨übertr.⟩ *leicht nachgebend, leicht umzustimmen, versöhnlich, fügsam;* Abl *Nachgiebigkeit*

nach|gie|ßen ⟨V. trans.; gießt nach, goss nach, hat nach|ge|gos|sen, nach|zu|gie|ßen⟩ (jmdm.) etwas ~ *nachträglich eingießen, (hin)zugießen* ▸ immer wieder goss er ihm nach

nach|ha|ken ⟨V. intr.; hakt nach, hak|te nach, hat nach|ge|hakt, nach|zu|ha|ken; umg.⟩ *nochmals eindringlicher od. genauer fragen, an die Erledigung einer Sache erinnern*

Nach|hall ⟨der; -(e)s, -e⟩ **1** *Nachklang, Weiterklingen nach Beendigung der Schallerzeugung* **2** ⟨übertr.⟩ *Wirkung;* Abl *nachhallen*

nach|hal|tig ⟨Adj.⟩ *anhaltend, lange nachwirkend, dauernd* ▸ einen ~en Eindruck hinterlassen; von ~er Wirkung; Abl *Nachhaltigkeit*

nach|hau|se *auch:* **nach Hau|se** ⟨Adv.⟩ *heimwärts, Richtung Heimat* ▸ ~ gehen *heimgehen;* wie kommen Sie ~?; soll ich dich ~ bringen?

Nach|hau|se|weg ⟨der; -(e)s, -e⟩ *Heimweg, Weg nach Hause* ▸ wir sind auf dem ~

nach|hel|fen ⟨V. intr.; hilft nach, half nach, hat nach|ge|hol|fen, nach|zu|hel|fen⟩ (jmdm.) ~ *helfen, dass es vorwärts- od. bessergeht, eine Sache vorantreiben, eine Angelegenheit beschleunigen* ▸ kannst du nicht ein bisschen ~, damit es schneller geht?; der Zufall hat ein bisschen nachgeholfen

nach|her ⟨a. ['--] Adv.⟩ *später* ▸ das kann ich ~ (noch) tun; bis ~! *wir sehen uns später wieder! (beim Verabschieden);* →a. *danach*

Nach|hil|fe ⟨die; -, -n⟩ **1** *das Nachhelfen, Hilfe, dass es schneller od. besser geht, Unterstützung* **2** *zusätzlicher Privatunterricht für Schüler;* Zus *Nachhilfelehrer(in), Nachhilfeunterricht* ▸ ~ bekommen; jmdm. ~ in Latein geben

Nach|hi|n|ein ⟨Adv.; nur in der Wendung⟩ im ~ *nachträglich, hinterher*

Nach|hol|be|darf ⟨der; -s; unz.⟩ *Bedürfnis, etwas nachzuholen, was man lange Zeit entbehrt hat* ▸ ich habe ~ an Schlaf

nach|ho|len ⟨V. trans.; holt nach, hol|te nach, hat nach|ge|holt, nach|zu|ho|len⟩ etwas ~ *nachträglich aufholen, nacharbeiten, sich nachträglich erarbeiten* ▸ versäumten Unterricht ~

nach|ja|gen ⟨V. intr.; jagt nach, jag|te nach, ist nach|ge|jagt, nach|zu|ja|gen⟩ **1** jmdm. (od. einem Tier) ~ *jmdm. hinterhereilen, jmdn. schnell verfolgen* **2** ⟨übertr.⟩ einer Sache ~ *eine S. mit aller Kraft anstreben, zu gewinnen suchen* ▸ einem Dieb ~; dem Geld ~; Vergnügungen ~

nach|klin|gen ⟨V. intr.; klingt nach, klang nach, hat/ist nach|ge|klun|gen, nach|zu|klin|gen⟩ **1** *weiterklingen* **2** ⟨übertr.⟩ *nachwirken* ▸ seine Worte klangen lange in mir nach

Nach|kom|me ⟨der; -n, -n⟩ *Verwandter in absteigender gerader Linie, z. B. Kind, Enkel, Urenkel, Ururenkel;* Syn *Nachfahr(e);* Ggs *Vorfahr* ▸ die ~n *alle, die leiblich von jmdm. abstammen*

nach|kom|men ⟨V. intr.; kommt nach, kam nach, ist nach|ge|kom|men, nach|zu|kom|men⟩ **1** *später kommen* **2** einer Verpflichtung ~ *eine V. erfüllen* ▸ geht schon voraus, ich komme (gleich) nach; die Kinder ~ lassen

Nach|kom|men|schaft ⟨die; -; unz.⟩ *Gesamtheit der Nachkommen, alle leiblich von einer Person Abstammenden* ▸ zahlreiche ~ haben

Nach|kriegs|ge|ne|ra|ti|on ⟨die; -, -en⟩ *Generation, die während der Nachkriegszeit aufgewachsen ist*

Nach|kriegs|zeit 〈die; -, -en〉 *Zeit unmittelbar nach dem Kriege, bes. nach dem 1. u. 2. Weltkrieg*

Nach|lass 〈der; -es, -e od. -läs|se〉 **1** *Ermäßigung, Preisherabsetzung* **2** *Hinterlassenschaft, Erbschaft* ▸ den ~ eröffnen, verwalten; der literarische ~ eines Dichters; einen ~ von 50% geben

nach|las|sen 〈V.; lässt nach, ließ nach, hat nachgelas|sen, nach|zu|las|sen〉 **I** 〈V. trans.〉 (jmdm.) etwas ~ *(für jmdn.) den Preis von etwas herabsetzen* ▸ bei dieser Ware wurden 45 Euro nachgelassen; er hat mir 15% vom Preis nachgelassen **II** 〈V. intr.〉 **1** *ruhiger werden, aufhören* (Gewitter) **2** *schlechter werden* (Leistung), *sich vermindern* (Kraft), *geringer werden* (Eifer) ▸ das Fieber lässt nach *sinkt;* der Fleiß, die Leistungen des Schülers haben zuletzt merklich nachgelassen; die Hitze (Kälte) lässt allmählich nach *es wird wieder kühler (wärmer);* ich werde alt, meine Kräfte lassen nach *beginnen zu schwinden;* der Regen, Sturm lässt nach *wird schwächer;* nach der Spritze wird der Schmerz bald ~ ▸ er hat in seinen Leistungen nachgelassen

nach|läs|sig 〈Adj.〉 **1** *nicht sorgfältig, unordentlich, unachtsam, ungenau* **2** *unbeteiligt, gleichgültig* ▸ mit einer ~en Handbewegung; ~ arbeiten; er ist ~ gekleidet; er geht mit seinen Sachen sehr ~ um *er pflegt, schont sie nicht;* Abl *Nachlässigkeit*

nach|lau|fen 〈V. intr.; läuft nach, lief nach, ist nach|ge|lau|fen, nach|zu|lau|fen〉 **1** jmdm. ~ **1.1** *jmdm. eilig folgen* **1.2** 〈übertr.〉 *jmdn. in aufdringlicher Weise für sich zu gewinnen versuchen* **2** 〈übertr.〉 einer Sache ~ **2.1** *sich zu eifrig darum bemühen* **2.2** *sich nach einer S. richten, ohne sie selbst zu hinterfragen* ▸ ich laufe niemandem nach 〈übertr.〉 *ich dränge mich niemandem auf;* die Kinder liefen dem Hund nach

nach|le|gen 〈V. trans.; legt nach, leg|te nach, hat nach|ge|legt, nach|zu|le|gen〉 Holz, Kohlen (im Ofen) ~ *nachfüllen, noch darauflegen*

nach|le|sen 〈V. trans.; liest nach, las nach, hat nach|ge|le|sen, nach|zu|le|sen〉 einen Sachverhalt ~ *eine Stelle im Buch lesen, um sich über einen S. zu orientieren od. Gewissheit zu verschaffen*

nach|lie|fern 〈V. trans.; lie|fert nach, lie|fer|te nach, hat nach|ge|lie|fert, nach|zu|lie|fern〉 etwas ~ *nach dem vereinbarten Termin od. ergänzend liefern;* Abl *Nachlieferung*

nach|lö|sen 〈V. trans.; löst nach, lös|te nach, hat nach|ge|löst, nach|zu|lö|sen; Eisenb.〉 eine Fahrkarte ~ *nachträglich eine F. lösen, eine noch nicht bezahlte Fahrtstrecke bezahlen*

nach|ma|chen 〈V. trans.; macht nach, mach|te nach, hat nach|ge|macht, nach|zu|ma|chen〉 **1** jmdn. od. etwas ~ *nachahmen* **2** (jmdm.) etwas ~ *etwas genauso machen, wie jmd. anders* **3** eine Arbeit ~ *nachholen, später erledigen* ▸ hör auf, mir alles nachzumachen; er kann die Stimmen bekannter Politiker täuschend ~; es sind nur nachgemachte Edelsteine *unechte Edelsteine*

nach|mes|sen 〈V. trans.; misst nach, maß nach, hat nach|ge|mes|sen, nach|zu|mes|sen〉 etwas ~ *nochmals zur Prüfung messen*

Nach|mie|ter 〈der; -s, -〉 *nachfolgender Mieter* ▸ einen ~ für eine Wohnung suchen; Abl *Nachmieterin*

Nach|mit|tag 〈der; -(e)s, -e〉 *Zeit zwischen. Mittag u. Abend* ▸ des ~s *am N.;* ich habe den ganzen ~ gewartet; ein heißer, regnerischer, schwüler, sonniger, trüber ~; am ~ des 15. Mai; am frühen, späten ~, 〈od.〉 früh, spät am ~; gestern, heute, morgen ~; er wollte im Laufe des ~s anrufen; seit diesem ~; vom frühen ~ an haben wir gewartet; bis zum ~ warten; Bes *Schreibungen u. Zusammensetzungen:* →a. *Dienstag*

nach|mit|tags 〈Adv.; Abk.: nachm.〉 *am Nachmittag, jeden Nachmittag* ▸ ich kann nur ~ kommen; er kommt (immer) ~

Nach|nah|me 〈die; -, -n〉 **1** *Bezahlung einer Postsendung durch den Empfänger bei Aushändigung der Sendung* **2** *die Postsendung selbst;* Syn *Nachnahmesendung* ▸ als, gegen, mit, per, unter ~ schicken; eine ~ für Herrn Bönisch

Nach|na|me 〈der; -ns, -n〉 = *Familienname* ▸ bitte schreiben Sie Vorname u. ~ aus

nach|neh|men 〈V. trans. u. V. refl.; nimmt nach, nahm nach, hat nach|ge|nom|men, nach|zu|nehmen〉 (sich) (Essen) ~ *sich noch einmal von dem E. nehmen*

nach|plap|pern 〈V. trans.; plap|pert nach, plapper|te nach, hat nach|ge|plap|pert, nach|zu|plappern〉 (jmdm.) etwas ~ *etwas nachsprechen od. wiedergeben, ohne darüber nachzudenken u. ohne den Inhalt zu begreifen* ▸ das Kind plappert seiner Schwester alles nach

nach|prü|fen 〈V. trans.; prüft nach, prüf|te nach, hat nach|ge|prüft, nach|zu|prü|fen〉 **1** etwas ~ *(nochmals) prüfen;* Abl *nachprüfbar* **2** jmdn. ~ *nochmals, ergänzend prüfen* ▸ eine Aussage, Rechnung, ein Gewicht ~

nach|rech|nen 〈V. trans.; rech|net nach, rech|ne|te nach, hat nach|ge|rech|net, nach|zu|rech|nen〉 etwas ~ *zur Überprüfung, Kontrolle (nochmals) rechnen*

Nach|re|de 〈die; -, -n; meist in der Wendung〉 üble ~ *Verbreitung abfälliger Meinungen über jmdn.* ▸ jmdn. in üble ~ bringen; in üble ~ geraten, kommen; üble ~ über jmdn. verbreiten

nach|rei|chen 〈V. trans.; reicht nach, reich|te nach, hat nach|ge|reicht, nach|zu|rei|chen〉 (jmdm.) etwas ~ *nachträglich einreichen, zusenden* ▸ eine Abrechnung, Spesenaufstellung ~

Nach|richt 〈die; -, -en〉 **1** *Kunde, Botschaft, Benachrichtigung, Mitteilung einer Neuigkeit* **2** *Übermittlung einer (aktuellen) Begebenheit* **3** 〈Pl.〉 ~en *Nachrichtensendung* ▸ eine ~ abdrucken, bekanntgeben, durchgeben, veröffentlichen, weiterleiten; eine ~ bekommen, empfangen, erhalten, hören; jmdm. eine ~ bringen, mitteilen, senden, übermitteln; diese ~ ist soeben eingegangen, eingetroffen; jmdm. ~ geben; hat er eine ~ (für mich) hinterlassen, zurückgelassen?; die ~en im Radio hören; wollen wir die ~en

N

um 19 Uhr im Fernsehen **sehen?**; jmdm. eine ~ **überbringen** ▸ **amtliche,** politische ~en; eine **eilige,** gute, schlechte, ~; die **erwartete** ~ blieb aus; eine **falsche** ~ verbreiten; wir haben eine **gute** ~ für Sie; die **neuesten** ~en ▸ ~en **aus** aller Welt; wir haben keine ~ **von** ihm

Nach|rich|ten|agen|tur ⟨die; -, -en⟩ *gewerbliches Unternehmen, das Nachrichten sammelt u. an Zeitungen usw. vermittelt;* Syn *Nachrichtenbüro*

Nach|rich|ten|dienst ⟨der; -(e)s, -e⟩ *eine staatliche Organisation, die im Geheimen Streitkraft, Bewaffnung, Befestigungen u. Ä. fremder Staaten auskundschaften u. ähnliche Bestrebungen fremder Mächte abwehren soll (zur Spionageabwehr)*

Nach|rich|ten|sen|dung ⟨die; -, -en; Radio; TV⟩ *Sendung, in der Nachrichten u. aktuelle Informationen verbreitet werden*

Nach|rich|ten|sper|re ⟨die; -, -n⟩ *Sperre für die Verbreitung von Nachrichten zu einem bestimmten Thema*

Nach|rich|ten|spre|cher ⟨der; -s, -; Radio; TV⟩ *Ansager in einer Nachrichtensendung;* Abl *Nachrichtensprecherin*

Nach|rich|ten|tech|nik ⟨die; -, -en⟩ *Teilgebiet der Technik, das die Verfahren zur Aufnahme, Umwandlung, Speicherung u. Wiedergabe sowie zur Vermittlung u. Übertragung von Nachrichten (Texte, Bilder, Ton- od. Videosignale, Daten) umfasst;* Syn *Informationstechnik*

nach|rü|cken ⟨V. intr.; rückt nach, rück|te nach, ist nach|ge|rückt, nach|zu|rü|cken⟩ *weiterrücken, vorrücken* ▸ in eine höhere Stelle ~

Nach|ruf ⟨der; -(e)s, -e⟩ *Gedenkrede für einen Verstorbenen (z. B. am Grab, in der Zeitung)* ▸ jmdm. einen ~ widmen

nach|ru|fen ⟨V. intr. u. V. trans.; ruft nach, rief nach, hat nach|ge|ru|fen, nach|zu|ru|fen⟩ jmdm. (etwas) ~ *hinterherrufen* ▸ jmdm. eine Drohung, einen Fluch, Gruß ~

Nach|ruhm ⟨der; -(e)s; unz.⟩ *Ruhm über den Tod hinaus*

nach|rüs|ten ⟨V. intr.; rüs|tet nach, rüs|te|te nach, hat nach|ge|rüs|tet, nach|zu|rüs|ten⟩ *die Rüstung verstärken;* Abl *Nachrüstung*

nach|sa|gen ⟨V. trans.; sagt nach, sag|te nach, hat nach|ge|sagt, nach|zu|sa|gen⟩ **1** etwas ~ *etwas Vorgesprochenes wiederholen, nachsprechen* **2** jmdm. etwas ~ *etwas (meist Nachteiliges) über jmdn. sagen* ▸ Sätze, Wörter ~; jmdm. Böses ~; das lasse ich mir nicht ~!

Nach|sai|son ⟨[-zɛzɔ̃] od. [-zɛzɔŋ] die; -, -s⟩ *die Zeit nach der Hauptsaison*

nach|schau|en ⟨V.; schaut nach, schau|te nach, hat nach|ge|schaut, nach|zu|schau|en⟩ **I** ⟨V. intr.⟩ jmdm. od. einer Sache ~ = *nachsehen (I)* **II** ⟨V. trans.⟩ etwas ~ = *nachsehen (II. 1)*

nach|schi|cken ⟨V. trans.; schickt nach, schick|te nach, hat nach|ge|schickt, nach|zu|schi|cken⟩ (jmdm.) etwas ~ *nachträglich schicken, hinterherschicken* ▸ ich lasse mir die Post ~

Nach|schlag ⟨der; -(e)s, -schlä|ge; umg.⟩ *zusätzliche Essensportion* ▸ einen ~ bekommen

nach|schla|gen ⟨V.⟩ **I** ⟨V. trans.; schlägt nach, schlug nach, hat nach|ge|schla|gen, nach|zu|schla|gen⟩ etwas ~ *in einem Buch eine Stelle suchen u. nachlesen* ▸ ein Zitat ~ **II** ⟨V. intr.; schlägt nach, schlug nach, ist nach|ge|schla|gen, nach|zu|schla|gen⟩ jmdm. ~ *nach jmdm. geraten, genauso werden, seine Wesensart od. Körpergestalt erben* ▸ das Kind schlägt dem Vater nach

Nach|schla|ge|werk ⟨das; -(e)s, -e⟩ *Schriftwerk, das in übersichtlicher, meist alphabetischer Anordnung eine schnelle Orientierung über einen Gegenstand ermöglicht,* z. B. Lexikon, Wörterbuch

nach|schlei|chen ⟨V. intr.; schleicht nach, schlich nach, ist nach|ge|schli|chen, nach|zu|schlei|chen⟩ jmdm. ~ *hinterherschleichen, heimlich folgen*

nach|schrei|ben ⟨V. trans.; schreibt nach, schrieb nach, hat nach|ge|schrie|ben, nach|zu|schrei|ben⟩ eine Klassenarbeit ~ *eine versäumte K. nachträglich schreiben*

Nach|schub ⟨der; -(e)s, -schü|be⟩ *neues Material (besonders Verpflegung, Munition usw. für die kämpfenden Truppen)* ▸ (keinen) ~ bekommen

nach|se|hen ⟨V.; sieht nach, sah nach, hat nach|gese|hen, nach|zu|se|hen⟩ **I** ⟨V. intr.⟩ jmdm. od. einer Sache ~ *nachblicken, hinterherschauen* ▸ dem abfahrenden Zug ~ **II** ⟨V. trans.⟩ **1** etwas ~ **1.1** *prüfen, prüfend ansehen, durchsehen* (Schulaufgaben) **1.2** *ansehen, um den Fehler zu finden* (defekte Maschine) **1.3** *nachschlagen, nachlesen, in einem Buch suchen* **2** ⟨übertr.⟩ jmdm. etwas ~ *verzeihen* ▸ die Mutter sieht dem Kinde zu vieles nach

Nach|se|hen ⟨das; -s; unz.; nur in der Wendung⟩ das ~ haben *nichts mehr bekommen, benachteiligt werden, verlieren, zu kurz kommen, zu spät kommen*

nach|sen|den ⟨V. trans.; sen|det nach, sand|te/sende|te nach, hat nach|ge|sandt/nach|ge|sen|det, nach|zu|sen|den⟩ (jmdm.) etwas ~ = *nachschicken*

nach|set|zen ⟨V. intr.; setzt nach, setz|te nach, ist nach|ge|setzt, nach|zu|set|zen⟩ jmdm. ~ *schnell, im Laufschritt folgen* ▸ die Polizei setzte dem flüchtenden Gefangenen nach

Nach|sicht ⟨die; -; unz.⟩ *Geduld, Milde, verzeihende Betrachtungsweise* ▸ ~ haben, üben; in solch einem Fall kenne ich keine ~ *werde ich entschlossen durchgreifen;* jmdn. mit ~ behandeln; jmdn. um ~ bitten; Abl *nachsichtig*

Nach|sil|be ⟨die; -, -n; Gramm.⟩ *an den Wortstamm angehängte Silbe,* z. B. „-er" in „Bauer"; Syn *Suffix*

nach|sin|gen ⟨V. intr. u. V. trans.; singt nach, sang nach, hat nach|ge|sun|gen, nach|zu|sin|gen⟩ (jmdm.) (etwas) ~ *etwas Vorgesungenes od. -gespieltes singend wiederholen, nach Gehör singen*

nach|sin|nen ⟨V. intr.; sinnt nach, sann nach, hat nach|ge|son|nen, nach|zu|sin|nen⟩ über etwas ~ *nachdenken, grübeln* ▸ er sann lange über diese Begegnung, den Traum, ihre Worte nach

nach|sit|zen ⟨V. intr.; sitzt nach, saß nach, hat nach|ge|ses|sen, nach|zu|sit|zen⟩ *in der Schule zur*

Strafe länger dableiben müssen ▸ er musste in der sechsten Stunde ~

Nach|sor|ge ⟨die; -; unz.; Med.⟩ *Betreuung von Kranken nach dem Verlassen des Krankenhauses;* Ggs *Vorsorge;* Zus *Nachsorgeklinik*

Nach|spei|se ⟨die; -, -n⟩ = *Nachtisch;* Ggs *Vorspeise*

Nach|spiel ⟨das; -(e)s, -e⟩ *unangenehme Folgen* ▸ die Sache hatte ein gerichtliches ~

nach|spie|len ⟨V.; spielt nach, spiel|te nach, hat nach|ge|spielt, nach|zu|spielen⟩ **I** ⟨V. trans.⟩ etwas ~ *genauso, ähnlich spielen, nachahmen* ▸ ein Lied ~; ein Bühnenstück ~ **II** ⟨V. intr.⟩ *verlorene Zeit nach der regulären Spielzeit nachholen* ▸ der Schiedsrichter lässt ~

nach|spre|chen ⟨V. intr. u. V. trans.; spricht nach, sprach nach, hat nach|ge|spro|chen, nach|zu-spre|chen⟩ (jmdm.) (etwas) ~ *etwas Vorgesprochenes od. -gelesenes wiederholen*

nach|spü|ren ⟨V. intr.; spürt nach, spür|te nach, hat nach|ge|spürt, nach|zu|spü|ren⟩ jmdm. od. einer Sache ~ *heimlich nachforschen, suchend folgen, auf die Spur zu kommen suchen* ▸ einem Geheimnis, einer Fährte, einem Verbrechen ~

nächst ⟨Präp. m. Dat.⟩ *als Erstes danach, außer, neben* ▸ ~ seinen Kindern und seiner Frau bist du ihm am liebsten

Nächst|bes|te(r, -s) ⟨die; -n, -n, der; -n, -n od. das; -n, -n⟩ der, die, das Nächstbeste *irgendein, -einer, -eine, ein Beliebiger, Beliebiges, eine Beliebige*

nächs|te(r, -s) ⟨Adj.; Superl. zu „nahe"⟩ **1** *nahe, nahegelegen, zeitlich od. örtlich folgend, in der Reihenfolge, unmittelbar danach kommend, anschließend* **2** ⟨umg.⟩ *kürzest* (Weg) **3** ⟨kurz für⟩ *nächstbest, nächstliegend* ▸ das Nächste, was ich tun werde, ist ...; der Nächste, bitte! ▸ unsere ~n Angehörigen, Freunde, Mitarbeiter, Verwandten; im ~n Augenblick *sofort danach;* der, die, das ~ Beste *irgendein(e);* wir treffen uns am ~n Dienstag; das ~ Dorf ist 20 km von hier entfernt; bei ~r Gelegenheit werde ich es ihm sagen; im Mai (des) ~n Jahres ⟨Abk.: n. J.⟩; das ~ Mal; am ~n Morgen *am Morgen nach diesem Tag;* etwas aus ~r Nähe betrachten; am ~n Sonntag; in den ~n Tagen; ~ Woche habe ich viele Termine ▸ sie ist als Nächste an der Reihe; er sitzt mir am ~n; er kommt ihm an Geschicklichkeit am ~n

Nächs|te(r) ⟨der; -n, -n⟩ *der Mitmensch, Bruder* ▸ du sollst deinen Nächsten lieben wie dich selbst (Neues Testament); jeder ist sich selbst der Nächste ⟨Sprichw.⟩ *jeder sorgt zuerst für sich*

nach|ste|hen ⟨V. intr.; steht nach, stand nach, hat nach|ge|stan|den, nach|zu|ste|hen⟩ jmdm. od. einer Sache (an od. in etwas) ~ *nicht gleichkommen, unterlegen sein* ▸ er steht ihm an Ausdauer nicht nach *er ist ebenso ausdauernd*

nach|ste|hend **I** ⟨Part. Präs. von⟩ *nachstehen* **II** ⟨Adj.⟩ *folgend, nächst* ▸ die ~en Ausführungen; im Nachstehenden wird erläutert werden ... *im Folgenden, weiter unten*

nach|stel|len ⟨V.; stellt nach, stell|te nach, hat nach|ge|stellt, nach|zu|stellen⟩ **I** ⟨V. trans.⟩ die Uhr ~ *auf eine spätere Zeit einstellen* **II** ⟨V. intr.⟩ jmdm. ~ *jmdn. aufdringlich u. hartnäckig verfolgen;* Abl *Nachstellung*

Nächs|ten|lie|be ⟨die; -; unz.⟩ *(tätige) Liebe zum Mitmenschen* ▸ etwas in, mit ~ tun

nächs|tens ⟨Adv.⟩ *bald einmal, demnächst*

nächst|ge|le|gen ⟨Adj.⟩ *am nächsten gelegen* ▸ wo ist die ~e Tankstelle?

nächst|größ|te(r, -s) ⟨Adj.⟩ *der Größe nach als Nächstes folgend* ▸ in die ~ Stadt fahren

nächst|mög|lich ⟨Adj.⟩ *als Nächstes möglich, sich als nächste Möglichkeit ergebend* ▸ ich komme zum ~en Termin

nach|su|chen ⟨V. intr.; sucht nach, such|te nach, hat nach|ge|sucht, nach|zu|su|chen⟩ **1** (irgendwo) ~ *gründlich nach jmdm. od. etwas suchen* **2** (bei jmdm.) um etwas ~ *förmlich um etwas bitten, etwas beantragen*

Nacht ⟨die; -, Näch|te⟩ *die Zeit zw. Ende der Abend- u. Beginn der Morgendämmerung, Zeit der Dunkelheit* ▸ des ~s, eines ~s ▸ bei Einbruch der ~; bei ~ und Nebel den Ort verlassen *mitten in der Nacht;* ⟨übertr.⟩ *heimlich;* wir haben uns die ~ um die Ohren geschlagen ⟨übertr.; umg.⟩ *haben nicht geschlafen (um zu feiern, zu arbeiten);* der Dieb konnte im Schutz der ~ unerkannt entkommen; Tag und ~ arbeiten ▸ anbrechen: die ~ bricht an, bricht herein; es wird ~ ▸ eine durchwachte ~; die ganze Nacht aufbleiben; gute ~! *(Gruß beim Zubettgehen, beim Abschied am Abend od. in der Nacht);* gute/Gute ~ sagen, wünschen; ich habe die halbe ~ wachgelegen; er ist letzte ~ gestorben; eine mondhelle, sternenklare, stockdunkle ~; der Patient hat eine schlaflose, unruhige ~ verbracht ▸ bei ~ fahren; gestern, heute ~; in der vergangenen ~; im Laufe der ~ kam Sturm auf; er kam erst spät in der ~; bis spät in die ~, mitten in der ~; tief in der ~; über ~ bleiben, die ~ über bleiben *bis zum Morgen;* während der ~; er macht den Tag zur ~ und die ~ zum Tag *er arbeitet nachts u. schläft am Tag;* →a. *gut;* Zus *Nachtarbeit, Nachtflug, Nachtfrost, Nachthimmel, Nachtwanderung*

Nacht|club ⟨der; -s, -s⟩ = *Nachtlokal;* oV *Nachtklub*

Nacht|dienst ⟨der; -(e)s, -e⟩ *Dienst während der Nacht (von Ärzten, Apothekern, Schwestern, Zeitungsredakteuren)*

Nach|teil ⟨der; -(e)s, -e⟩ **1** *schlechte Eigenschaft;* Ggs *Vorzug* **2** *Schaden, Verlust;* Ggs *Vorteil (1)* **3** *ungünstige Lage* ▸ dieser Zwischenfall wird dir, deinem Vorhaben ~e bringen; daraus können dir ~e entstehen, erwachsen; dieser Plan hat den ~, dass ...; die Sache hat einen großen ~, hat ~e; ich bin ihm gegenüber im ~; wir haben weder ~e noch Vorteile davon

nach|tei|lig ⟨Adj.⟩ **1** *Nachteile bringend, ungünstig* **2** *schädlich, negativ* ▸ das kann ~e Folgen für dich haben; das kann sich ~ auf die Zusammenarbeit auswirken; hier ist nichts Nachteiliges über ihn bekannt

nặch|te|lang ⟨Adj.⟩ *mehrere Nächte andauernd* ▸ ~ am Krankenbett wachen; ~ über etwas diskutieren; ⟨aber⟩ drei Nächte lang

Nạcht|es|sen ⟨das; -s, -; süddt.⟩ = *Abendessen*

Nạcht|hemd ⟨das; -(e)s, -en⟩ *langes, im Bett getragenes Hemd* ▸ ich bin schon im ~

Nạch|ti|gall ⟨die; -, -en; Zool.⟩ *unscheinbarer rötlich brauner Singvogel, der tags u. nachts singt*

nặch|ti|gen ⟨V. intr.; näch|tigt, näch|tig|te, hat genäch|tigt⟩ (irgendwo) ~ *übernachten, die Nacht über schlafen* ▸ unter freiem Himmel ~

Nạch|tisch ⟨der; -(e)s, -e⟩ *letzter Gang des Essens, (meist) süße Speise od. Obst* ▸ was gibt es zum ~?; heute gibt es Pudding als/zum ~

Nạcht|le|ben ⟨das; -s; unz.⟩ *Gesamtheit der nächtlichen Vergnügungsbetriebe in einer Stadt*

nặcht|lich ⟨Adj.⟩ *zur Nacht gehörend, in der Nacht stattfindend* ▸ ~e Ruhestörung

Nạcht|lo|kal ⟨das; -(e)s, -e⟩ *die ganze Nacht geöffnetes Lokal*

Nạcht|mahl ⟨das; -(e)s, -mäh|ler; österr.⟩ = *Abendessen*

Nạch|trag ⟨der; -(e)s, -trä|ge⟩ *Ergänzung, Zusatz (zu einer Schrift)*

nạch|tra|gen ⟨V. trans.; trägt nach, trug nach, hat nach|ge|tra|gen, nach|zu|tra|gen⟩ **1** (jmdm.) etwas ~ *hinterhertragen* **2** etwas ~ *ergänzen, hinzufügen, nachträglich einfügen* **3** ⟨übertr.⟩ jmdm. etwas ~ *nicht verzeihen, lange verübeln* ▸ er trägt einem nichts nach ⟨übertr.⟩ *er nimmt nichts übel;* ich habe in dem Artikel noch einige Beispiele nachgetragen *(er lässt ihn oft stehen)*

nạch|tra|gend **I** ⟨Part. Präs. von⟩ *nachtragen* **II** ⟨Adj.⟩ *lange nicht verzeihend, Streit lange nicht vergessend, unversöhnlich* ▸ er ist sehr ~

nạch|träg|lich ⟨Adj.⟩ *später, hinterher* ▸ ~ etwas einfügen; ich möchte dir ~ gratulieren

nạch|trau|ern ⟨V. intr.; trau|ert nach, trau|er|te nach, hat nach|ge|trau|ert, nach|zu|trau|ern⟩ jmdm. od. einer Sache ~ *lange Zeit trauern um jmdn. od. etwas, Verlorenes zurückwünschen* ▸ der verlorenen Jugend ~; der großen Liebe ~

Nạcht|ru|he ⟨die; -; unz.⟩ *Schlaf* ▸ der Lärm stört unsere ~

nạchts ⟨Adv.⟩ *in der Nacht, während der Nacht, bei Nacht* ▸ ich kann ~ schlecht schlafen; er ist erst ~ um drei Uhr gekommen

nạcht|schla|fend ⟨Adj.; nur in den Wendungen⟩ bei, zu ~er Zeit *während der Zeit, zu der man nachts schläft*

Nạcht|schwär|mer ⟨der; -s, -; übertr.; umg.⟩ *jmd., der gern nächtlichen Vergnügungen nachgeht;* Abl *Nachtschwärmerin*

Nạcht|tisch ⟨der; -(e)s, -e⟩ *Schränkchen neben dem Bett;* Syn *Nachtschränkchen,* ⟨süddt.; österr.⟩ *Nachtkästchen*

Nạcht|topf ⟨der; -(e)s, -töp|fe; früher⟩ *Gefäß zur Verrichtung der Notdurft während der Nacht*

Nạcht|wa|che ⟨die; -, -n⟩ **1** *nächtliche Polizeistreife* **2** *Nachtdienst, Wachtdienst während der Nacht (z. B. im Krankenhaus)* ▸ während der ersten, zweiten ~; im Krankenhaus ~ haben; ~ halten

Nạcht|wäch|ter ⟨der; -s, -⟩ *Arbeiter, der ein Geschäft, einen Betrieb o. Ä. nachts bewacht*

nạch|voll|zieh|bar ⟨Adj.⟩ *so beschaffen, dass man es nachvollziehen kann* ▸ dieses Verhalten ist für mich (nicht) ~; Abl *Nachvollziehbarkeit*

nạch|voll|zie|hen ⟨V. trans.; voll|zieht nach, vollzog nach, hat nach|voll|zogen, nach|zu|voll|ziehen⟩ etwas ~ *etwas, das geschehen ist, verstehen, als ob man es selbst getan hätte*

nạch|wach|sen ⟨[-ks-] V. intr.; wächst nach, wuchs nach, ist nach|ge|wach|sen, nach|zu|wach|sen⟩ *nach Beseitigung od. Schnitt wieder wachsen* ▸ meine Haare wachsen schnell nach; das Gras ist schon wieder nachgewachsen

Nạch|wahl ⟨die; -, -en⟩ *spätere, ergänzende, nachträgliche Wahl*

Nạch|we|hen ⟨Pl.⟩ **1** ⟨Med.⟩ *nach der Geburt eintretende Wehen* **2** ⟨übertr.⟩ *schmerzhafte od. unangenehme Nachwirkungen od. Folgen*

nạch|wei|nen ⟨V. intr.; weint nach, wein|te nach, hat nach|ge|weint, nach|zu|wei|nen⟩ jmdm. od. einer Sache ~ *weinend nachtrauern* ▸ ihm weine ich keine Träne nach

Nạch|weis ⟨der; -es, -e⟩ *Beweis, dass etwas vorhanden od. geschehen ist* ▸ den ~ für etwas erbringen, liefern *etwas nachweisen, beweisen;* den ~ führen, geben über etwas *etwas nachweisen, beweisen;* der ~ ist geglückt

nạch|wei|sen ⟨V. trans.; weist nach, wies nach, hat nach|ge|wie|sen, nach|zu|wei|sen⟩ **1** etwas ~ *beweisen, belegen* **2** jmdm. etwas ~ *beweisen, dass jmd. für etwas verantwortlich ist* ▸ man konnte ihm nicht ~, dass er davon gewusst hatte; seine Staatsangehörigkeit ~; Abl *nachweisbar*

nạch|weis|lich ⟨Adj.⟩ *durch Nachweis belegt, bewiesenermaßen* ▸ er ist ~ dort gewesen

Nạch|welt ⟨die; -; unz.⟩ *spätere Generationen, die später Lebenden* ▸ etwas für die ~ erhalten

nạch|wer|fen ⟨V. trans.; wirft nach, warf nach, hat nach|ge|wor|fen, nach|zu|wer|fen⟩ (jmdm.) etwas ~ *hinterherwerfen* ▸ sie werfen einem die Ware fast nach ⟨umg.⟩ *verkaufen sie übermäßig billig*

nạch|wie|gen ⟨V. trans.; wiegt nach, wog nach, hat nach|ge|wo|gen, nach|zu|wie|gen⟩ etwas ~ *nochmals zur Prüfung wiegen*

nạch|win|ken ⟨V. intr.; winkt nach, wink|te nach, hat nach|ge|winkt, nach|zu|win|ken⟩ jmdm. ~ *jmdm., der fortgeht od. -fährt, winken*

nạch|wir|ken ⟨V. intr.; wirkt nach, wirk|te nach, hat nach|ge|wirkt, nach|zu|wir|ken⟩ *noch wirken, wenn auch die Ursache nicht mehr erkennbar ist, noch lange Zeit Eindruck machen, nachdem das Ereignis schon vorbei ist* ▸ der Kinofilm wirkte noch lange nach; Abl *Nachwirkung*

Nạch|wir|kung ⟨die; -, -en⟩ **1** *Wirkung, nachdem die Ursache nicht mehr erkennbar ist* **2** ⟨Phys.⟩ *Erscheinung, bei der sich ein physikal. Effekt in einer gewissen Verzögerungszeit auf die Ursache einstellt* ▸ dieses Medikament, dieser Wein hat üble ~en bei mir gehabt

Nach|wort ⟨das; -(e)s, -e⟩ *erläuternder od. ergänzender Anhang (in Schriftwerken)*

Nach|wuchs ⟨[-ks] der; -es; unz.; übertr.⟩ **1** *die jungen Leute, jungen Kräfte* **2** *Lernende, in der Ausbildung Begriffene* **3** ⟨umg.; oft scherzh.⟩ *Kinder* ▸ ~ der Wissenschaft; den ~ heranbilden; was macht der ~? ⟨umg.; scherzh.⟩

nach|zah|len ⟨V. trans.; zahlt nach, zahl|te nach, hat nach|ge|zahlt, nach|zu|zah|len⟩ etwas ~ *nachträglich, später, zusätzlich zahlen;* Abl *Nachzahlung*

nach|zäh|len ⟨V. intr. u. V. trans.; zählt nach, zähl|te nach, hat nach|ge|zählt, nach|zu|zäh|len⟩ (etwas) ~ *nochmals zur Prüfung zählen* ▸ zähl lieber noch einmal nach!

Nach|zügler ⟨der; -s, -⟩ **1** *verspätet, zu spät Kommender* **2** *Kind, das lange Zeit nach seinen Geschwistern geboren wurde;* Abl *Nachzüglerin*

Na|cken ⟨der; -s, -⟩ *hintere Halsseite* ▸ einen steifen ~ haben; jmdm. im ~ sitzen ⟨übertr.⟩ *ihn bedrängen;* er hat den Schalk im ~ ⟨übertr.⟩ *er ist stets zu Späßen aufgelegt;* ihm saß die Furcht im ~ *er hatte große F.;* die Verfolger saßen uns im ~ ⟨übertr.⟩ *waren dicht hinter uns;* den Kopf in den ~ werfen; ⓘ S. 146; Zus *Nackenstütze*

nackt ⟨Adj.⟩ **1** *unbekleidet, bloß* (Körper, Füße, Arme); Zus *Nacktfoto* **2** *ohne Federn od. Haare* (Tier) **3** *ohne Pflanzenwuchs* (Fels) **4** *schmucklos, kahl* (Wände) ▸ auf dem ~en Boden, der ~en Erde schlafen; mit ~en Füßen umherlaufen; er arbeitete mit ~em Oberkörper im Garten; die ~en Tatsachen schildern; nur die vier ~en Wände um sich haben; Abl *Nacktheit*

Nackt|schne|cke ⟨die; -, -n; Zool.⟩ *Schnecke, die kein Gehäuse trägt*

Na|del ⟨die; -, -n⟩ **1** *feines, spitzes Werkzeug zum Nähen, Stricken, Häkeln, Feststecken od. zum Anzeigen der Himmelsrichtung;* Zus *Nadelkissen, Nadelöhr, Nadelstich; Häkelnadel, Kompassnadel, Magnetnadel, Nähnadel, Rundstricknadel, Sicherheitsnadel, Stecknadel* **2** *ansteckbares Schmuckstück, Brosche;* Zus *Anstecknadel, Haarnadel, Krawattennadel* **3** *Blatt der Nadelbäume;* Zus *Fichtennadel, Tannennadel* ▸ ~ und Faden zum Nähen benötigen; die ~ im Heuhaufen suchen ⟨übertr.⟩ *etwas suchen, das zu finden sehr schwierig u. daher fast aussichtslos ist* ▸ man hätte eine ~ zu Boden fallen hören können (so still war es); der Baum verliert ~n; die ~ zeigt nach Norden (auf dem Kompass) ▸ sich an, mit einer ~ stechen; an der Nadel hängen ⟨übertr.; umg.⟩ *rauschgiftsüchtig sein*

Na|del|baum ⟨der; -(e)s, -bäu|me⟩ *immergrüner Baum mit nadelförmigen Blättern;* Ggs *Laubbaum*

na|deln ⟨V. intr.; na|delt, na|del|te, hat ge|na|delt⟩ *Nadeln verlieren* (von Nadelbäumen)

Na|del|wald ⟨der; -(e)s, -wäl|der⟩ *Wald aus Nadelbäumen;* Ggs *Laubwald*

Na|gel ⟨der; -s, Nä|gel⟩ **1** *hölzerner od. metallener Stift mit zugespitztem Schaft u. einem Kopf zum Befestigen od. Verbinden von Gegenständen;* Zus *Dielennagel, Hufnagel, Polsternagel* **2** *Hornplatte auf der Oberseite von Fingern u. Zehen;* Zus *Nagelbürste, Nagelfeile, Nagelschere; Fingernagel, Fußnagel, Zehennagel* ▸ der ~ ist abgebrochen, eingerissen, eingewachsen, nachgewachsen; einen ~ einschlagen, herausziehen, krummschlagen; die (Finger-, Zehen-)Nägel feilen, lackieren, pflegen, polieren, schneiden, verschneiden; an den Nägeln kauen *an den Fingernägeln kauen;* den ~ auf den Kopf treffen ⟨übertr.⟩ *eine Sache genau, richtig beurteilen, bezeichnen* ▸ gepflegte, gepflegte, kurze, lange, lackierte, ungepflegte Nägel ▸ er hat seinen Beruf, sein Geschäft, sein Studium an den ~ gehängt ⟨übertr.⟩ *ihn bzw. es aufgegeben;* die Sache brennt mir auf, unter den Nägeln ⟨übertr.⟩ *ist mir sehr eilig;* Nägel mit Köpfen machen ⟨umg.⟩ *konsequent, richtig, überlegt handeln, etwas bis zu Ende durchführen;* sich etwas unter den ~ reißen ⟨übertr.; umg.⟩ *es geschickt, gekonnt entwenden, sich bei günstiger Gelegenheit aneignen*

Na|gel|bett ⟨das; -(e)s, -en⟩ *Vertiefung in der Lederhaut, in der der Finger- bzw. Zehennagel ruht;* Zus *Nagelbettentzündung*

Na|gel|haut ⟨die; -, -häu|te⟩ *dünne, weiße Haut, die sich auf den Finger- od. Zehennagel schiebt*

Na|gel|lack ⟨der; -(e)s, -e⟩ *Lack zum farbigen od. farblosen Überzug über Finger- u. Zehennägel* ▸ sie bevorzugt roten ~; Zus *Nagellackentferner*

na|geln ⟨ trans.;na|gelt, na|gel|te, hat ge|na|gelt⟩ etwas (irgendwohin) ~ *mit Nägeln befestigen, versehen* ▸ ein Brett an die Kellertür ~

na|gel|neu ⟨Adj.; umg.⟩ *ganz neu*

na|gen ⟨V.; nagt, nag|te, hat ge|nagt⟩ **I** ⟨V. intr.⟩ **1** an etwas ~ *mit den Zähnen kleine Stückchen von etwas abbeißen* **2** ⟨übertr.⟩ an jmdm. od. etwas ~ *langsam zerstörend auf jmdn. od. etwas wirken* ▸ der Hund nagt an einem Knochen; ~de Ungewissheit **II** ⟨V. trans.⟩ etwas (von etwas) ~ *in kleinen Stückchen abbeißen, abnagen* ▸ die Rinde von den Bäumen ~

Na|ge|tier ⟨das; -(e)s, -e; Zool.⟩ *Säugetier mit charakteristischem Gebiss;* Syn *Nager*

nah ⟨Adj.⟩ = *nahe*[1]; Zus *nah verwandt / nahverwandt*

Nah|auf|nah|me ⟨die; -, -n; Fot.⟩ *fotograf. od. filmische Aufnahme aus sehr geringer Entfernung*

na|he[1] ⟨Adj.; nä|her, am näch|s|ten⟩ Syn *nah* **1** *in der Nähe, nicht weit entfernt, benachbart, unmittelbar folgend od. anstoßend* **2** *bald zu erwarten, unmittelbar bevorstehend* **3** *eng, vertraut* ▸ ein ~r Ausflugsort, See, Wald; Hilfe, Rettung ist ~; in der ~n Stadt; ein ~r Verwandter ▸ du kannst ganz ~ herangehen; bitte nicht zu ~ herankommen; dem Abgrund bedrohlich ~ kommen *sehr dicht an den Abgrund herankommen;* ⟨aber⟩ →a. *nahekommen;* das Haus soll ~ am, ~ beim Bahnhof liegen; ⟨aber⟩ →a. *naheliegen;* jmdm. zu ~ rücken; das Ziel rückt ~; jmdm. zu ~ treten ⟨übertr.⟩ *ihn kränken, verletzen;* ⟨aber⟩ →a. *nahetreten* ▸ ~ beieinander; ~ dabei stand ein altes Haus; er war ~ daran, zu gehen;

von ~m/Nahem betrachtet, ändert sich das Bild ‹übertr.›; von nah und fern kamen die Menschen herbei; wir sahen ihn zum Greifen ~ vor uns; jmdm. zu ~ kommen *ihn berühren wollen, bedrohen;* ‹aber› → *nahekommen*

na|he² ‹Präp. m. Dat.› *in der Nähe von* ▸ ~ dem Hause

Nä|he ‹die; -; unz.› **1** *geringe Entfernung, Nachbarschaft, unmittelbare Umgebung* **2** *Reich-, Ruf-, Hör-, Sichtweite* **3** *das Nahesein* ▸ sein Ziel ist in greifbare ~ gerückt; ein Schuss aus nächster ~; seine ~ tat ihr wohl; in unmittelbarer ~ befindet sich … ▸ etwas aus der ~ beobachten, betrachten; in der ~ der Stadt; ganz in der ~

na|he|brin|gen ‹V. trans.; bringt na|he, brach|te na|he, hat na|he|ge|bracht, na|he|zu|brin|gen› jmdm. etwas ~ *ihm zur Kenntnis bringen, ihn damit vertraut machen, Verständnis dafür bei ihm wecken* ▸ die Arbeit hat beide einander nahegebracht; den Schülern eine Dichtung ~

na|he|ge|hen ‹V. intr.; geht na|he, ging na|he, ist na|he|ge|gan|gen, na|he|zu|ge|hen› jmdm. ~ *ergreifen, bewegen, rühren* ▸ sein Schicksal, sein Tod, sein Unglück ist mir nahegegangen

na|he|kom|men ‹V. intr.; kommt na|he, kam na|he, ist na|he|ge|kom|men, na|he|zu|kom|men› **1** einer Sache ~ *einer S. beinahe gleichkommen, gleichen* **2** jmdm. ~ *mit jmdm. vertraut werden* ▸ wir sind uns sehr nahegekommen; das dürfte der Wahrheit ~; →a. *nahe¹*

na|he|le|gen ‹V. trans.; legt na|he, leg|te na|he, hat na|he|ge|legt, na|he|zu|le|gen› jmdm. etwas ~ *ihm vorschlagen, empfehlen, raten* ▸ ich habe ihm nahegelegt, seinen Plan aufzugeben

na|he|lie|gen ‹V. intr.; liegt na|he, lag na|he, hat na|he|ge|le|gen, na|hezuliegen› *leicht verständlich, leicht einzusehen, zu vermuten sein* ▸ es liegt doch nahe, dass man unter diesen Umständen so handeln muss

na|he|lie|gend **I** ‹Part. Präs. von› *naheliegen* **II** ‹Adj.› *einleuchtend, leicht einzusehen* ▸ ein ~er Gedanke; aus ~en Gründen

na|hen ‹ intr.; naht, nah|te, ist ge|naht; geh.› *näher kommen, sich nähern* ▸ der Abschied naht; der ~den Gefahr ausweichen

nä|hen ‹V. trans.; näht, näh|te, hat ge|näht› etwas ~ **1** *durch Fadenstiche verbinden, befestigen* **2** *durch Arbeit mit Nadel u. Faden herstellen* ▸ eine Bluse, ein Hemd, ein Kleid ~; ich möchte mir ein Kleid ~; Knopflöcher, einen Saum ~; die Wunde muss genäht werden; mit der Hand, mit der Nähmaschine ~; Zus *Nähgarn, Nähnadel*

nä|her ‹Adj.; Komp. von „nahe"› **1** *weniger weit entfernt* **2** *kürzer* (Weg) **3** *eingehender, genauer, ausführlicher* (Erkundigungen) ▸ ~e Auskünfte, Aufschlüsse, Erkundigungen einholen, einziehen; ich habe neulich seine ~e Bekanntschaft gemacht; bei ~er Betrachtung stellte sich heraus, dass …; die ~en Umstände eines Unglücks erfahren ▸ etwas ~ ansehen, betrachten, prüfen; etwas ~ ausführen, besprechen, darlegen, erklären, erläutern; ich habe mich ~ damit befasst *die Sache eingehend studiert;* ein Gerät noch ~ bringen *in größere Nähe;* ‹aber› →a. *näherbringen;* ich kann jetzt nicht ~ darauf eingehen; kennst du ihn ~?; lass ihn doch ~ kommen *in größere Nähe kommen;* ‹aber› →a. *näherkommen;* die Ferien rücken ~; der Sessel könnte noch ~ stehen (am Tisch) *in größerer Nähe stehen;* ‹aber› →a. *näherstehen;* Sie können jetzt ~ treten *näher herankommen, eintreten;* ‹aber› →a. *nähertreten;* ich habe den Fall nicht ~ verfolgt ▸ etwas des Näheren erläutern *ausführlicher*

nä|her|brin|gen ‹V. trans.; bringt nä|her, brach|te nä|her, hat nä|her|ge|bracht, nä|her|zu|brin|gen; übertr.› jmdm. etwas ~ *ihm erklären, verständlich machen, ihn damit vertraut machen* ▸ den Schülern die Werke der Klassik ~; →a. *näher*

Nä|he|re(s) ‹das; -n, -n› *Genaueres, Einzelheiten* ▸ ~ ist zu erfragen bei dem Abteilungsleiter

Nah|er|ho|lungs|ge|biet ‹das; -(e)s, -e› *Erholungsgebiet in der Nähe einer Großstadt*

Nä|he|rin ‹die; -, -rin|nen› *weibl. Person, die berufsmäßig für andere näht*

nä|her|kom|men ‹V. intr.; kommt nä|her, kam nä|her, ist nä|her|ge|kom|men, nä|her|zu|kom|men; übertr.› jmdm. ~ *mit ihm vertraut werden, ihn genauer kennenlernen* ▸ gestern sind wir einander nähergekommen; →a. *näher*

nä|her|lie|gen ‹V. intr.; liegt nä|her, lag nä|her, hat nä|her|ge|le|gen, nä|her|zu|lie|gen; übertr.› *leichter verständlich sein* ▸ es lag näher zuzustimmen, als abzulehnen; das Näherliegende

nä|hern ‹ refl.; nä|hert sich, nä|her|te sich, hat sich ge|nä|hert› **1** sich jmdm. od. einer Sache ~ *näher herankommen an ihn bzw. etwas, darauf zugehen* **2** sich jmdm. ~ *jmds. Freund werden, seine Ansicht teilen* **3** sich jmdm. ~ *jmds. Bekanntschaft zu machen suchen* ▸ niemand durfte sich dem Brandherd ~; leise Schritte näherten sich

nä|her|ste|hen ‹V. intr.; steht nä|her, stand nä|her, hat (süddt., österr., schweizer.: ist) nä|her|ge|stan|den, nä|her|zu|ste|hen› jmdm. od. einer Sache ~ *verbundener mit jmdm. od. einer S. sein* ▸ eure Ansicht steht mir näher als die meiner Eltern; →a. *näher*

nä|her|tre|ten ‹V. intr.; tritt nä|her, trat nä|her, ist nä|her|ge|tre|ten, nä|her|zu|tre|ten; übertr.› **1** jmdm. ~ *mit ihm in Verbindung kommen* **2** einer Sache ~ *sich mit ihr befassen;* →a. *näher*

na|he|ste|hen ‹V. intr.; steht na|he, stand na|he, hat (süddt., österr., schweizer.: ist) na|he|ge|stan|den, na|he|zu|ste|hen› jmdm. ~ *mit ihm vertraut, befreundet sein, seine Ansichten teilen* ▸ einst hatte er mir sehr nahegestanden

na|he|zu ‹Adv.› *fast, beinahe*

Nah|kampf ‹der; -(e)s, -kämp|fe› *direkter Kampf zw. zwei Personen;* Zus *Nahkampfmittel*

Näh|käst|chen ‹das; -s, -› *kleiner Kasten für Nähzeug* ▸ aus dem ~ plaudern ‹übertr.› *Geheimnisse ausplaudern, Privates (weiter)erzählen*

nahm → *nehmen*

Näh|ma|schi|ne ⟨die; -, -n⟩ *elektrisch od. früher durch Fußantrieb betriebene Maschine zum Nähen*

Nah|ost ⟨ohne Artikel⟩ *der Nahe Osten (Vorderasien)* ▸ in, aus ~; Zus *Nahostkonflikt*

Nähr|bo|den ⟨der; -s, -bö|den⟩ **1** *feste Nährstoffe zum Züchten von Kleinlebewesen (Bakterien, Pilzen) u. Pflanzenkulturen* **2** ⟨übertr.⟩ *Basis, Grundlage, auf der sich etwas gut entwickeln kann* ▸ die allgemeine Arbeitslosigkeit war ein guter ~ für radikale politische Ideen ⟨übertr.⟩

näh|ren ⟨V.; nährt, nähr|te, hat ge|nährt⟩ **I** ⟨V. trans.; geh.⟩ **1** jmdn. ~ *Nahrung geben, mit Nahrung versorgen* **2** ⟨übertr.⟩ etwas ~ *aufkeimen lassen u. aufrechterhalten* ▸ einen Verdacht, eine Hoffnung ~ ⟨übertr.⟩ **II** ⟨V. refl.; geh.⟩ sich (von etwas) ~ *von etwas leben*

nahr|haft ⟨Adj.; -er, am -es|ten⟩ *reich an Nähr-, Aufbaustoffen, kräftig, kalorienreich* (Essen); Abl *Nahrhaftigkeit*

Nähr|stoff ⟨der; -(e)s, -e⟩ *Stoff, den ein Lebewesen zu seiner Ernährung, seinem Körperaufbau braucht;* Abl *nährstoffarm, nährstoffreich*

Nah|rung ⟨die; -; unz.⟩ **1** *alles zur Ernährung Dienende, Lebensmittel, Speise u. Trank;* Zus *Nahrungsaufnahme, Nahrungssuche, Nahrungsverweigerung* **2** ⟨übertr.⟩ *Arbeitsmaterial, Antrieb* ▸ die ~ mit Vitaminen anreichern; einem Kind, Tier ~ geben; jmds. Argwohn, Misstrauen, Verdacht ~ geben ⟨übertr.⟩ *verstärken;* der Kritik neue ~ geben ⟨übertr.⟩; genügend ~ zu sich nehmen ▸ abwechslungsreiche, gesunde, kalorienarme, kräftige, vitaminreiche ~; feste, flüssige, pflanzliche, tierische ~; den Kindern geistige ~ geben ⟨übertr.⟩ ▸ jmdn. mit ~ versorgen

Nah|rungs|ket|te ⟨die; -, -n⟩ *Gesamtheit von Organismen, die in einer bestimmten Stufenfolge einander als Nahrung dienen*

Nah|rungs|mit|tel ⟨das; -s, -; meist Pl.⟩ = *Lebensmittel;* Zus *Nahrungsmittelvergiftung*

Naht ⟨die; -, Näh|te; allg.; a. Med.⟩ *genähte Linie, mit Faden hergestellte Verbindung* ▸ eine ~ auftrennen; die ~ ist geplatzt; aus allen Nähten platzen ⟨umg.; übertr.⟩ *zu dick werden;* ⟨übertr.⟩ *zu viel Platz beanspruchen;* eine doppelte, einfache, unsichtbare ~

naht|los ⟨Adj.⟩ *ohne Naht* ▸ beide Teile gehen ~ ineinander über ⟨übertr.⟩ *man merkt nicht, dass sie zusammengesetzt worden sind*

Nah|ver|kehr ⟨der; -s; unz.⟩ *Eisenbahn- od. Straßenverkehr zw. nahegelegenen Orten;* Zus *Nahverkehrsmittel*

Näh|zeug ⟨das; -(e)s; unz.⟩ *alles, was man zum Nähen braucht (Nähfaden, Schere, Nadeln)*

na|iv ⟨Adj.⟩ *kindlich, unbefangen, natürlich, ursprünglich, harmlos, einfältig, treuherzig* ▸ das zeugt von einer sehr ~en Anschauung; eine ~e Bemerkung machen; das ist ~ von ihr ⟨umg.⟩ *einfältig, töricht;* Abl *Naivität*

Na|me ⟨der; -ns, -n⟩ **1** *Benennung, Bezeichnung eines Einzelwesens, Dinges od. einer Gattung,* z. B. „Heinrich“, „Beethoven“, „Rhein“, „Mensch“, „Pferd“; Zus *Namensgebung, Namensgedächtnis, Namensschild; Familienname, Geburtsname, Mädchenname, Vorname* **2** *Ruf, Ruhm* ▸ wie ist Ihr ~ bitte? ▸ die ~n der Anwesenden wurden verlesen; ich verhafte Sie im ~n des Gesetzes; kennst du den ~n dieser Pflanze, dieser Straße, dieses Tieres?; sein ~ hat in Fachkreisen einen guten Ruf ▸ einen ~n ändern, angeben, annehmen, führen; seinen (guten) ~n beflecken, beschmutzen; sich als Künstler einen anderen ~n beilegen; dein ~ fiel (nicht), wurde (nicht) genannt; dem Kind einen ~n geben; sich einen (großen) ~n machen *bekannt, berühmt werden;* er wollte seinen ~n nicht nennen; sein: mein ~ ist (Holger) Ristow; wie war doch gleich der ~?; seinen ~n verschweigen ▸ ein bekannter, berühmter, häufiger, seltener ~; der angenommene, falsche, richtige ~; einen falschen ~n angeben, annehmen; er hat sich unter fremdem, falschem ~n eingetragen ▸ der Hund hört auf den ~n Strolchi; die Papiere lauten auf den ~n Schmidt; jmdn. beim ~n nennen, rufen; die Dinge, das Kind beim (rechten) ~n nennen ⟨übertr.; umg.⟩ *ohne Umschweife, offen über eine Sache sprechen;* habt ihr schon einen ~n für das Kind?; ich grüße Sie, danke Ihnen, auch im ~n meiner Mutter; in jmds. ~n sprechen *als sein Vertreter, in seinem Auftrag, in seinem Sinne sprechen;* ein Mann mit ~n X; mit seinem (vollen) ~n unterzeichnen; ich kenne ihn nur dem ~n nach *nicht näher;* er hat ein Buch unter dem ~n X veröffentlicht

na|men|los ⟨Adj.⟩ **1** *keinen Namen habend* **2** ⟨übertr.⟩ *sehr groß* ▸ der Krieg brachte ~es Leid über die Menschen; Abl *Namenlosigkeit*

na|mens[1] ⟨Adv.⟩ *mit (dem) Namen* ▸ ein Mann ~ X; kennen Sie eine Lehrerin ~ Meier?

na|mens[2] ⟨Präp. m. Gen.⟩ *im Namen, im Auftrag (von)* ▸ ~ der Behörde

Na|mens|än|de|rung ⟨die; -, -en⟩ *Änderung des (Familien-)Namens*

Na|mens|tag ⟨der; -(e)s, -e⟩ *Kalendertag des Heiligen, dessen Namen man trägt*

na|ment|lich[1] ⟨Adj.⟩ *mit Namen genannt, mit Namen versehen* ▸ jmdn. ~ aufrufen

na|ment|lich[2] ⟨Adv.⟩ *besonders, vor allem, in erster Linie* ▸ von dem neuen Steuergesetz sind ~ die unteren Einkommen betroffen

nam|haft ⟨Adj.; -er, am -es|ten⟩ **1** *bekannt, angesehen* (Persönlichkeit) **2** *beträchtlich, groß* (Spenden, Summe) ▸ jmdn. ~ machen *jmds. Namen ausfindig machen, ihn erfahren od. mitteilen, nennen;* die Schuldigen ~ machen

näm|lich ⟨Adv.⟩ **1** *genauer gesagt, und zwar* **2** ⟨nachgestellt⟩ *denn* ▸ er ist schon zweimal da gewesen, ~ gestern und heute

nann|te → *nennen*

na|nu! ⟨Int.⟩ *das überrascht mich aber!, das hätte ich nicht gedacht!*

Na|palm ⟨das; -(e)s; unz.⟩ *Gemisch aus Aluminiumseifen u. Benzinen als Füllung für Brandbomben;* Zus *Napalmbombe*

Napf ⟨der; -(e)s, Näp|fe⟩ *(kleine) Schüssel;* Zus *Fressnapf, Hundenapf*

Nar|be ⟨die; -, -n⟩ *bleibender Defekt des Gewebes, der sich bei der Heilung von Wunden bildet* ▸ die Wunde hat eine ~ zurückgelassen; Abl *narbig*

Nar|ko|se ⟨die; -, -n; Med.⟩ *Betäubung, künstlich herbeigeführter, schlafähnlicher Zustand mit Bewusstseinsaufhebung u. daraus folgender Schmerzunempfindlichkeit;* Zus *Narkosearzt, Narkosemittel; Vollnarkose*

Narr ⟨der; -en, -en⟩ **1** *Spaßmacher u. lustiger Ratgeber am Königshof;* Zus *Hofnarr* **2** *Karnevalist;* Abl *Närrin;* Zus *Narrenkappe* **3** ⟨abwertend⟩ *sonderlicher, einfältiger Mensch, Tölpel;* Abl *Närrin* ▸ einen ~en an jmdm., ⟨od.⟩ etwas gefressen haben *eine bes. große, ins Lächerliche gehende Vorliebe für jmdn. od. etwas haben;* sein: ich bin ein ~, dass ich ihm immer wieder geglaubt habe ▸ sich als ~ verkleiden (im Fasching); jmdn. zum ~en halten *ihn necken, verspotten*

Nar|ren|frei|heit ⟨die; -; unz.⟩ *Freiheit im Benehmen, bes. für die Karnevalisten*

nar|ren|si|cher ⟨Adj.; umg.⟩ *gegen falsche Behandlung derart gesichert, so einfach zu handhaben, dass selbst unkundige Personen nichts daran verderben können;* Syn *idiotensicher* ▸ eine ~e Anlage, Maschine, Methode

när|risch ⟨Adj.⟩ **1** *einem Narren ähnlich, verrückt, ulkig* **2** *sonderbar, merkwürdig, überspannt* ▸ er hat ~e Einfälle; er ist ein ~er Kauz, Kerl; das ~e Treiben im Karneval ▸ sein: sie ist ~ vor Freude; bist du ~? *was fällt dir ein, bist du nicht recht bei Verstande?* ▸ auf etwas ~ sein *eine übertriebene Vorliebe für etwas haben*

Nar|zis|se ⟨die; -, -n; Bot.⟩ *Pflanze mit schmalen Blättern u. glockenförmigen weißen od. gelben Blüten, Osterglocke*

Nar|ziss|mus ⟨der; -; unz.⟩ *krankhafte Verliebtheit in sich selbst;* Abl *Narzisst(in); narzisstisch*

na|sal ⟨Adj.⟩ **1** *die Nase betreffend, zu ihr gehörig* **2** ⟨Phon.⟩ *durch die Nase gesprochen, näselnd;* Abl *nasalieren* ▸ ~e Laute

Na|sal ⟨der; -s, -e; Phon.⟩ *stimmhafter Konsonant, bei dem die Luft durch die Nase entweicht* (m, n, ng); Syn *Nasallaut*

na|schen ⟨V. trans. u. V. intr.; nascht, nasch|te, hat ge|nascht⟩ (etwas) ~ *nicht aus Hunger, sondern nur wegen des Wohlgeschmacks in kleinen Mengen essen, bes. Süßes* ▸ er nascht gern

Na|sche|rei ⟨die; -, -en⟩ **I** ⟨unz.⟩ *häufiges Naschen* **II** ⟨zählb.⟩ *Süßigkeit*

nasch|haft ⟨Adj.; -er, am -es|ten⟩ *oft u. gern naschend;* Abl *Naschhaftigkeit*

Nasch|kat|ze ⟨die; -, -n; umg.⟩ *jmd., der gern nascht*

Na|se ⟨die; -, -n⟩ **1** ⟨Anat.⟩ *vorspringender Teil des Gesichts, mit dem man atmet, riecht;* ⓘ S. 146; Syn *Riechorgan (1);* Zus *Nasenring, Nasenspray, Nasentropfen* **2** ⟨übertr.⟩ *Geruchssinn, Spürsinn* **3** *Vorderteil eines Flugzeugs o. Ä.* ▸ das beleidigt meine ~ ⟨umg.; scherzh.⟩ *das riecht sehr unangenehm;* dem Kind läuft die ~, seine ~ läuft ⟨umg.⟩ *es hat Schnupfen u. muss sich die N. putzen;* sich die ~ putzen, schnäuzen, wischen; die ~ über etwas rümpfen ⟨übertr.⟩ *verächtlich auf etwas herabblicken;* sich die ~ zuhalten (wegen des schlechten Geruchs) ▸ eine breite, dicke, gebogene, gerade, große, kleine, kurze, lange, spitze ~; eine feine, schmale, zierliche ~; eine feine, gute ~ haben (für etwas) ⟨übertr.⟩ *etwas schnell merken;* er hat eine gute ~ *einen guten Geruchssinn;* jmdm. eine lange ~ machen ⟨übertr.; umg.⟩ *ihn schadenfroh auslachen, verspotten, sich über ihn lustig machen (indem man den Daumen an die Nase hält u. mit gespreizten Fingern auf ihn zeigt);* er hat die richtige ~ dafür ⟨übertr.; umg.⟩ *er versteht etwas davon;* sie hat die ~ voll davon ⟨übertr.; umg.⟩ *sie hat genug davon, sie will damit nichts mehr zu tun haben* ▸ jmdm. etwas an der ~ (an der Nasenspitze) ansehen ⟨übertr.; umg.⟩ *auf den ersten Blick erkennen;* fass dich/dir an deine eigene ~! ⟨übertr.; umg.⟩ *denk an deine eigenen Fehler (ehe du andere kritisierst), kümmere dich um deine eigenen Angelegenheiten;* er hat mich an der ~ herumgeführt ⟨übertr.; umg.⟩ *überlistet, hintergangen;* das werde ich ihm nicht gerade auf die ~ binden ⟨übertr.; umg.⟩ *ich werde mich hüten, es ihm zu sagen;* jmdm. auf der ~ herumtanzen ⟨übertr.; umg.⟩ *mit ihm tun od. ohne Rücksicht auf ihn tun, was man will;* jmdm. etwas aus der ~ ziehen müssen ⟨übertr.; umg.⟩ *nur mühselig eine Information, Antwort bekommen;* er sollte seine ~ nicht in alles stecken ⟨übertr.; umg.⟩ *er sollte sich nicht um Dinge kümmern, die ihn nichts angehen, sich nicht überall einmischen;* jmdn. mit der ~ auf etwas stoßen ⟨übertr.; umg.⟩ *ihm deutlich begreiflich machen, ihn deutlich auf etwas hinweisen;* immer der ~ nach! ⟨übertr.; umg.⟩ *immer geradeaus;* pro ~ ⟨umg.⟩ *pro Kopf, pro Person;* jmdm. etwas unter die ~ reiben ⟨umg.; übertr.⟩ *deutlich zu verstehen geben, vorhalten;* es liegt vor deiner ~! ⟨übertr.; umg.⟩ *unmittelbar vor dir, du müsstest es eigentlich sehen;* der Bus, Zug fuhr mir vor der ~ weg ⟨übertr.; umg.⟩ *ich versäumte ihn knapp, ich sah noch, wie er abfuhr;* jmdm. etwas vor der ~ wegschnappen ⟨übertr.; umg.⟩ *etwas in dem Moment rasch wegnehmen, als der andere gerade zugreifen will;* jmdm. die Tür vor der ~ zuschlagen *die Tür unmittelbar vor einem Nachfolgenden zuschlagen*

na|se|lang ⟨Adj.; nur in der Wendung⟩ alle ~ ⟨umg.⟩ *sehr oft, immer wieder, in kurzen Abständen* ▸ alle ~ kommt er und will etwas

nä|seln ⟨V. intr.; nä|selt, nä|sel|te, hat ge|nä|selt⟩ *durch die Nase, nasal sprechen* ▸ eine ~de Aussprache haben

Na|sen|blu|ten ⟨das; -s; unz.⟩ *Abgang von Blut aus der Nase, z. B. nach einem Schlag od. bei Bluthochdruck* ▸ sie hat häufig ~

Na|sen|flü|gel ⟨der; -s, -⟩ *jeder der an beiden Seiten der Nase befindlichen Teile*

Na|sen|län|ge ⟨die; -, -n; übertr.; umg.⟩ *kleiner Vorsprung* ▸ jmdm. um eine ~ voraus sein

Na|sen|loch ⟨das; -(e)s, -lö|cher⟩ *jede der beiden Öffnungen in der Nase*
Na|sen|rü|cken ⟨der; -s, -⟩ *oberer Teil der Nase*
Na|sen|spit|ze ⟨die; -, -n⟩ *vorderes Ende der Nase* ▸ jmdm. etwas an der ~ ansehen
Na|sen|stü|ber ⟨der; -s, -⟩ *leichter Stoß an die Nase* ▸ jmdm. einen ~ versetzen ⟨übertr.⟩ *ihn zurechtweisen, tadeln*
na|se|weis ⟨Adj.; -er, am -es|ten⟩ *vorlaut, vorwitzig, keck, neunmalklug;* Abl *Naseweis*
Nas|horn ⟨das; -(e)s, -hör|ner; Zool.⟩ *ein Tier von plumpem Körperbau mit kurzen Säulenbeinen, oft stark gepanzerter Haut u. einem od. zwei Hörnern auf dem Kopf;* Syn *Rhinozeros (1)*
...na|sig ⟨in Zus.; zur Bildung von Adj.⟩ *mit einer bestimmten Art von Nase ausgestattet,* z. B. breitnasig, schmalnasig
nass ⟨Adj.; -er, am -es|ten od. näs|ser, am näs|sesten⟩ **1** *mit Flüssigkeit getränkt, vollgesogen (besonders mit Wasser)* **2** *feucht, regenreich* (Sommer, Wetter) ▸ ~e **Füße,** Hände, Kleider; das vom Regen, vom Tau ~e **Gras;** wir hatten einen ~en **Sommer** ▸ ich bin vom Regen ~ **geworden** ▸ **triefend** ~ ▸ ~ **bis** auf die Haut; **durch** und durch ~ *vollkommen nass;* Zus *nass machen / nassmachen, nass spritzen / nassspritzen; nass geschwitzt / nassgeschwitzt*
Nass ⟨das; -es; unz.; poet.⟩ *Flüssigkeit, Regen, Getränk* ▸ ins kühle ~ springen *ins Wasser*
Näs|se ⟨die; -; unz.⟩ *starke Feuchtigkeit*
näs|sen ⟨V. intr.; nässt, näss|te, hat ge|nässt⟩ *Flüssigkeit absondern* ▸ die Wunde nässt
nass|kalt ⟨Adj.⟩ *feucht, regnerisch u. kalt* (Wetter)
Nass|ra|sur ⟨die; -, -en⟩ *Rasur mit Rasierschaum, -pinsel u. -klinge*
Na|tel® ⟨das; -s, -s; schweiz.⟩ *Handy*
Na|ti|on ⟨die; -, -en⟩ *nach Abstammung, Sprache, Sitte, kultureller u. politischer Entwicklung zusammengehörige, innerhalb der gleichen Staatsgrenzen lebende, bewusst u. gewollt geformte politische Gemeinschaft;* →a. *Volk*
na|ti|o|nal ⟨Adj.⟩ **1** *eine Nation betreffend, ihr eigentümlich, ihr zugehörig, sie betonend* **2** *staatlich* ▸ die ~e Selbstbestimmung, Unabhängigkeit
Na|ti|o|nal|be|wusst|sein ⟨das; -s; unz.⟩ *das Bewusstsein, zu einer Nation zu gehören, bewusstes nationales Zusammengehörigkeitsgefühl;* Syn *Nationalgefühl;* Abl *nationalbewusst*
Na|ti|o|nal|fei|er|tag ⟨der; -(e)s, -e⟩ *gesetzlicher Feiertag einer Nation zur Erinnerung an ein politisches Ereignis*
Na|ti|o|nal|hym|ne ⟨die; -, -n⟩ *vaterländisches, volkstümliches Lied, das bei feierlichen Anlässen als Ausdruck des Nationalbewusstseins eines Volkes gesungen wird*
Na|ti|o|na|lis|mus ⟨der; -, -lis|men⟩ *übersteigertes Nationalgefühl;* Abl *Nationalist(in); nationalistisch*
Na|ti|o|na|li|tät ⟨die; -, -en⟩ **1** *Zugehörigkeit zu einer Nation* **2** *Gruppe von Menschen mit derselben Nationalität (1)* ▸ auf dem Fest kamen die verschiedensten ~en zusammen
Na|ti|o|nal|mann|schaft ⟨die; -, -en; Sp.⟩ *Mannschaft, die sich aus den besten Spielern eines ganzen Landes zusammensetzt;* Zus *Fußballnationalmannschaft, Handballnationalmannschaft*
Na|ti|o|nal|rat ⟨der; -(e)s, -rä|te; österr., schweiz.⟩ **I** ⟨unz.⟩ *oberste Volksvertretung, Bundestag* **II** ⟨zählb.⟩ *Abgeordneter des Nationalrats*
Na|ti|o|nal|rä|tin ⟨die; -, -tin|nen; schweiz.⟩ *weibl. Nationalrat (II)*
Na|ti|o|nal|so|zi|a|lis|mus ⟨der; -; unz.⟩ *radikale nationalistische Bewegung nach dem 1. Weltkrieg, die 1933 bis 1945 in Deutschland die Macht ausübte;* Abl *Nationalsozialist(in); nationalsozialistisch*
Na|ti|o|nal|spie|ler ⟨der; -s, -; Sp.⟩ *Mitglied einer Nationalmannschaft;* Abl *Nationalspielerin*
Na|ti|o|nal|staat ⟨der; -(e)s, -en⟩ *Staat, in dem sich die Gesamtheit seiner Angehörigen als einheitliche Nation fühlt*
Na|ti|o|nal|trai|ner ⟨[-tre:-] der; -s, -; Sp.⟩ *Trainer einer Nationalmannschaft;* Abl *Nationaltrainerin*
Na|ti|o|nal|ver|samm|lung ⟨die; -, -en⟩ *zu besonderem Zweck (meist politische Umgestaltung, Beschluss über eine Verfassung) einberufene, gewählte Volksversammlung*

NATO

Die *NATO* (North Atlantic Treaty Organization) ist ein Sicherheits- und Verteidigungsbündnis, das 1949 von den USA, Kanada und zehn westeuropäischen Staaten (Belgien, Dänemark, Frankreich, Großbritannien, Italien, Island, Luxemburg, den Niederlanden, Norwegen und Portugal) gegründet wurde. Sie verstand sich anfangs als Gegengewicht zum von der damaligen Sowjetunion geleiteten Rat für gegenseitige Wirtschaftshilfe (dem 1955 ein offizielles Militärbündnis folgte, der sogenannte Warschauer Pakt). Zu den mittlerweile 26 Mitgliedern zählt auch die Bundesrepublik Deutschland (seit 1955), während Österreich und die Schweiz dem Bündnis nicht angehören. Der Nordatlantikrat (mit Sitz in Brüssel) ist das oberste Gremium der NATO, das in der Regel zweimal pro Jahr zusammentritt. Ihm steht ein Generalsekretär vor.
Die Mitgliedstaaten der NATO arbeiten auf politischem, wirtschaftlichem und militärischem Gebiet eng zusammen, um auf politische und militärische Krisen angemessen reagieren zu können. NATO-Friedenstruppen, die aus Soldaten der Mitgliedsländer bestehen, sollen in Krisengebieten für Sicherheit sorgen. Der Vereinbarung der Mitgliedstaaten entsprechend wird ein militärischer Angriff gegen einen Mitgliedstaat als ein Angriff gegen alle angesehen.

NATO *auch:* **Na|to** ⟨die; -; unz.; Kurzw. für engl.⟩ *North Atlantic Treaty Organization (1949 gegründetes westliches Verteidigungsbündnis);* Syn *Nordatlantikpakt*

Na|t|ri|um ⟨das; -s; unz.; chem. Zeichen: Na⟩ *silberweißes Alkalimetall, Ordnungszahl 11*

Na|t|ron ⟨das; -s; unz.; umg.⟩ *weißes Pulver, in Backpulver, Brausetabletten u. a. verwendet*

Nat|ter ⟨die; -, -n; Zool.⟩ *eine Art der Schlangen* ▸ eine ~ am Busen nähren ⟨übertr.⟩ *einen unehrlichen, falschen Menschen begünstigen*

Na|tur ⟨die; -, -en⟩ **I** ⟨unz.⟩ **1** *die uns umgebende, von Menschen nicht geschaffene Welt;* Zus *Naturgeschichte, Naturforscher(in)* **2** *ursprünglicher, unverfälschter Zustand* **3** *Wald u. Feld, freies Land* **4** *Wesensart, Veranlagung, Charakter, Temperament* **5** *Art, Wesen* ▸ die **Geheimnisse,** die Wunder der ~; die **Stille** der ~ ▸ er kann seine ~ nicht **ändern;** das **entspricht** nicht seiner ~; die ~ **genießen; sein:** ihr Haar ist ~ *ist echt, nicht künstlich gewellt od. gefärbt;* die Menschen **zerstören** ~ und Umwelt immer weiter ▸ es wurde ihm zur **zweiten** ~ *zur festen Gewohnheit;* eine leicht **erregbare,** problematische ~; die Tiere leben in **freier** ~; eine **gesunde,** kräftige, schwache, starke ~; sie hat eine **heitere,** glückliche ~ *ist heiter, glücklich veranlagt* ▸ diese Schwierigkeiten liegen **in** der ~ der Sache *es ist normal, dass diese Schwierigkeiten auftreten;* das ist **gegen** meine ~ *es widerstrebt mir, ist mir im Innersten zuwider;* sie ist **von** ~ (aus) ängstlich, fröhlich, schüchtern; das geht ihm **wider** die ~ *es widerstrebt ihm, ist ihm im Innersten zuwider;* zurück **zur** ~! **II** ⟨zählb.⟩ *Mensch mit einer bestimmten Wesensart* ▸ die beiden sind einander widersprechende ~en

Na|tu|ra|li|en ⟨[-liən] nur Pl.⟩ **1** *Naturprodukte, Lebensmittel, Rohstoffe, Waren;* Syn *Naturalwerte* **2** *Gegenstände einer naturkundlichen Sammlung, z. B. Mineralien, Pflanzen, ausgestopfte Tiere*

Na|tu|ra|lis|mus ⟨der; -; unz.⟩ *Kunstrichtung, die eine möglichst genaue Wiedergabe der Wirklichkeit (auch des Hässlichen) anstrebt;* Abl *naturalistisch*

na|tur|be|las|sen ⟨Adj.⟩ *im natürlichen, ursprünglichen Zustand belassen*

Na|tur|bur|sche ⟨der; -n, -n⟩ *einfacher, urwüchsiger junger Mann*

Na|tur|denk|mal ⟨das; -(e)s, -mä|ler od. das; -(e)s, -e⟩ *schönes, merkwürdiges u. meist sehr altes landschaftliches Gebilde (Baum usw.), das unter Naturschutz steht*

Na|tu|rell ⟨das; -(e)s, -e⟩ *Natur(anlage), Charakter, Temperament, Gemüts-, Wesensart* ▸ er hat ein heiteres ~

Na|tur|er|eig|nis ⟨das; -nis|ses, -nis|se⟩ *von Menschenkraft unabhängiger, nicht regelmäßig sich wiederholender Vorgang in der Natur, z. B. Nordlicht;* Syn *Naturerscheinung*

na|tur|far|ben ⟨Adj.⟩ *farblich so belassen, wie es in der Natur vorkommt* ▸ ~es Holz

na|tur|ge|ge|ben ⟨Adj.⟩ **1** *von Natur aus vorhanden* **2** *vom Menschen nicht beeinflussbar*

na|tur|ge|mäß ⟨Adj.⟩ *den Naturgesetzen entsprechend, gemäß der Natur einer Sache*

Na|tur|ge|setz ⟨das; -es, -e⟩ *Regel, nach der ein Geschehen in der Natur verläuft*

na|tur|ge|treu ⟨Adj.; -er, am -(e)s|ten⟩ *der Natur, dem Urbild genau entsprechend* ▸ die Wirklichkeit ~ abbilden

Na|tur|ge|walt ⟨die; -, -en⟩ *starke (oft zerstörende) Kraft einer Naturerscheinung, z. B. Orkan*

Na|tur|heil|kun|de ⟨die; -; unz.⟩ *Lehre von der Krankenbehandlung durch Steigerung der dem Menschen innewohnenden Selbstheilkräfte durch physikalische u. diätetische Mittel ohne Medikamente;* Abl *naturheilkundlich*

Na|tur|ka|ta|s|t|ro|phe ⟨die; -, -n⟩ *Naturereignis mit schrecklichen Auswirkungen für Mensch u. Natur*

Na|tur|kost ⟨die; -; unz.⟩ *natürliche, unbehandelte Nahrung;* Zus *Naturkostladen*

Na|tur|kun|de ⟨die; -; unz.⟩ *Lehre von der Pflanzen- u. Tierwelt;* Abl *naturkundlich*

na|tür|lich[1] ⟨Adj.⟩ **1** *auf der Natur beruhend, in ihr vorkommend* **2** *von der Natur vorgegeben, nicht durch den Menschen beeinflusst* **3** *einfach, unverbildet, ungezwungen* (Mensch) **4** *ungehindert, unbeeinflusst* (Entwicklung) **5** *klar, einleuchtend, logisch, normal, selbstverständlich* ▸ Gebirge bilden ~e **Grenzen;** eine Darstellung, Wiedergabe in ~er **Größe** *nicht vergrößert od. verkleinert;* das ist nicht ihre ~e **Haarfarbe;** ~es **Licht** *Tageslicht;* ~e **Person** *der Mensch als Rechtsträger;* Ggs *juristische Person;* die ~ste **Sache** der Welt; eines ~en **Todes** sterben *nicht durch Unfall, Mord usw.;* sie hat sich ihr ~es **Wesen** bewahrt; ~e **Zahlen** *die Zahlen 1, 2, 3, 4 usw., die positiven ganzen Zahlen* ▸ **sein:** nichts ist ~er, als dass …; es ist (nur zu) ~, dass …; sie ist, **spricht** ganz ~

na|tür|lich[2] ⟨Adv.⟩ **1** *auf jeden Fall* **2** *wie zu erwarten war* ▸ ~! *(als Antwort) gewiss, jawohl!;* sie hat ~ das Gegenteil behauptet; ~ komme ich

na|tur|nah ⟨Adj.⟩ **1** *eng mit der Natur verbunden, der Natur entsprechend* **2** *nicht in die Natur eingreifend* ▸ ~ erhaltene Wälder; ~ wohnen

Na|tur|park ⟨der; -s, -s⟩ *unter Naturschutz stehendes Landschaftsgebiet*

Na|tur|pro|dukt ⟨das; -(e)s, -e⟩ *aus der Natur gewonnenes, meist landwirtschaftliches Erzeugnis (das nicht chemisch erzeugt od. behandelt wird);* Syn *Naturerzeugnis* ▸ Honig ist ein gesundes ~

na|tur|rein ⟨Adj.⟩ *ohne (chemische) Zusatzstoffe* ▸ ~e Marmelade

Na|tur|schutz ⟨der; -es; unz.⟩ *alle Maßnahmen zur Erhaltung von Naturdenkmälern, der Tier- u. Pflanzenwelt;* Abl *Naturschützer(in);* Zus *Naturschutzgebiet, Naturschutzgesetz*

Na|tur|ta|lent ⟨das; -(e)s, -e⟩ **1** *außergewöhnliche Begabung, die auch ohne Förderung in Erscheinung tritt* **2** *Person mit einer solchen Begabung* ▸ im Umgang mit Menschen ist er ein ~

na|tur|ver|bun|den ⟨Adj.⟩ *der Natur eng verbunden* ▸ ein ~er Mensch; Abl *Naturverbundenheit*

Na|tur|volk ⟨das; -(e)s, -völ|ker; früher⟩ *traditionelles Volk*

Na|tur|wis|sen|schaft ⟨die; -, -en; meist Pl.⟩ *Wissenschaft von der Natur, ihren Vorgängen u. Erscheinungen u. deren gesetzmäßigen Zusammenhängen;* Ggs *Geisteswissenschaft* ▸ die ~en Biologie, Chemie und Physik werden an der Schule unterrichtet; Abl *Naturwissenschaftler(in); naturwissenschaftlich*

Na|tur|zu|stand ⟨der; -(e)s; unz.⟩ *ursprünglicher, von Menschenhand unberührter Zustand*

Na|vi|ga|ti|on ⟨[-vi-] die; -; unz.⟩ **1** ⟨Flugw.; Schifffahrt⟩ *Orts- u. Kursbestimmung von Schiffen u. Flugzeugen;* Abl *Navigator(in)* **2** ⟨Kfz⟩ *Routenführung von Fahrzeugen auf der Straße;* Abl *navigieren* ▸ satellitengestützte ~

Na|vi|ga|ti|ons|sys|tem ⟨[-vi-] das; -s, -e; Kfz⟩ *mit Hilfe eines Satelliten gesteuertes elektronisches System, das den Standort u. den einzuschlagenden Kurs zum Fahrziel bestimmt;* ⓘ S. 896

Na|zi ⟨der; -s, -s; abwertendes Kurzw. für⟩ *Nationalsozialist;* Zus *Naziopfer, Naziregime*

Na|zis|mus ⟨der; -; unz.; abwertendes Kurzw. für⟩ *Nationalsozialismus;* Abl *nazistisch*

NC ⟨Abk. für lat.⟩ *Numerus clausus*

n. Chr. ⟨Abk. für⟩ *nach Christus, nach Christi Geburt;* →a. *Christus*

Ne|an|der|ta|ler ⟨der; -s, -⟩ *Menschenrasse, die nach dem im Neandertal bei Düsseldorf gefundenen vorgeschichtlichen menschlichen Skelett benannt ist*

Ne|bel ⟨der; -s, -⟩ **1** *Trübung der Luft durch Wasserdampf, Wolken am Erdboden;* Zus *Nebelschleier, Nebelwand; Frühnebel* **2** ⟨Astron.; Sammelbez. für⟩ *alle flächenhaft ausgedehnten Gebilde des Himmels, die nicht dem Sonnensystem angehören* ▸ bei Nacht und ~ ⟨übertr.⟩ *heimlich* ▸ der ~ fällt, hebt sich; der ~ hängt, liegt über dem See ▸ dichter ~ verhinderte die Landung des Flugzeugs; künstlicher ~ ▸ er hat sich im ~ verirrt

Ne|bel|bank ⟨die; -, -bän|ke⟩ *große, dichte Masse von Nebel*

ne|bel|haft ⟨Adj.; -er, am -es|ten; übertr.⟩ *undeutlich, verschwommen wie Nebel* ▸ das liegt alles noch in ~er Ferne *es ist noch lange Zeit bis dahin*

Ne|bel|horn ⟨das; -(e)s, -hör|ner⟩ *dumpftönendes Horn auf Schiffen als Signalgerät bei Nebel*

ne|be|lig ⟨Adj.⟩ = *neblig*

Ne|bel|schein|wer|fer ⟨der; -s, -; Kfz⟩ *nach unten breit strahlender Scheinwerfer an Kraftfahrzeugen, der den Straßenrand bei Nebel gut beleuchtet*

Ne|bel|schluss|leuch|te ⟨die; -, -n; Kfz⟩ *zusätzliche, starke Schlussleuchte an Kraftfahrzeugen, die bei Nebel verwendet wird*

Ne|bel|schwa|den ⟨der; -s, -; meist Pl.⟩ *Fetzen dichten Nebels*

ne|bel|ver|han|gen ⟨Adj.⟩ *von Nebel verhangen, vom Nebel verhüllt, voller Nebel*

ne|ben ⟨Präp.; m. Dat. auf die Frage „wo?"; m. Akk. auf die Frage „wohin?"⟩ **1** *an der Seite, seitlich, in unmittelbarer Nähe, Nachbarschaft, dicht bei, dicht daran vorbei* **2** *außer* **3** *verglichen mit, im Vergleich zu* ▸ ~ ihr kannst du nicht bestehen; sie muss sehr viel ~ der Arbeit machen; ~ dem Eingang steht eine Blumenschale; etwas ~ das Fenster stellen; das ist nur eine ~ anderen Möglichkeiten; ~ jmdm. arbeiten, sitzen

Ne|ben... ⟨in Zus.⟩ **1** *daneben befindlich, unmittelbar anstoßend, benachbart, Seiten...,* z. B. Nebenausgang, Nebeneingang, Nebenraum, Nebentisch, Nebenzimmer **2** *gleichlaufend,* z. B. Nebengleis **3** *hinzutretend,* z. B. Nebenfluss **4** *zusätzlich,* z. B. Nebenbedeutung, Nebeneinkünfte, Nebeneinnahme **5** *nebenbei, außerdem entstehend,* z. B. Nebenprodukt **6** *von untergeordneter Bedeutung,* z. B. Nebenrolle, Nebenstraße; Ggs *Haupt...*

ne|ben|amt|lich ⟨Adj.⟩ *zusätzlich zu den eigentlichen beruflichen Aufgaben ausgeübt;* Ggs *hauptamtlich* ▸ ~e Aufgaben

ne|ben|an ⟨Adv.⟩ *seitlich anstoßend, angrenzend, benachbart* ▸ er wohnt gleich ~

Ne|ben|an|schluss ⟨der; -es, -schlüs|se; Tel.⟩ *zweiter Fernsprechanschluss mit gleicher Nummer;* Syn *Nebenstelle*

Ne|ben|arm ⟨der; -(e)s, -e⟩ *(von einem Kanal, Fluss) abzweigender, kleinerer Arm*

ne|ben|bei ⟨Adv.⟩ oV ⟨österr.⟩ *nebstbei* **1** *gleichzeitig mit etwas anderem* **2** *außerdem, beiläufig* ▸ etwas ~ bemerken; diese Arbeit mache ich ~

Ne|ben|be|ruf ⟨der; -(e)s, -e⟩ *von jmdm. nur gelegentlich u. nebenbei ausgeübter Beruf, Gelegenheitsjob;* Ggs *Hauptberuf* ▸ im ~ ist er Gärtner; Abl *nebenberuflich*

Ne|ben|be|schäf|ti|gung ⟨die; -, -en⟩ = *Nebentätigkeit*

Ne|ben|buh|ler ⟨der; -s, -⟩ *Mitbewerber (um ein Amt, eine Frau);* Abl *Nebenbuhlerin*

Ne|ben|ef|fekt ⟨der; -(e)s, -e⟩ *zusätzlicher, im Zusammenhang mit etwas auftretender Effekt, Nebenwirkung* ▸ die Sache hat einen angenehmen, nützlichen, positiven ~

ne|ben|ei|n|an|der ⟨Adv.⟩ *einer neben dem andern* ▸ ~ hinaufsteigen, gehen

Ne|ben|ei|n|an|der ⟨das; -s; unz.⟩ *gleichzeitiges Vorhandensein*

ne|ben|ei|n|an|der|her ⟨Adv.⟩ *einer neben dem andern her* ▸ ~ gehen, laufen, leben

ne|ben|ei|n|an|der|le|gen ⟨V. trans.; legt ne|ben|ei|n|an|der, leg|te ne|ben|ei|n|an|der, hat ne|ben|ei|n|an|der|ge|legt, ne|ben|ei|n|an|der|zu|le|gen⟩ mehrere Dinge ~ *so legen, dass sich eins neben dem anderen befindet*

ne|ben|ei|n|an|der|set|zen ⟨V. refl.; setzt sich ne|ben|ei|n|an|der, setz|te sich ne|ben|ei|n|an|der, hat sich ne|ben|ei|n|an|der|ge|setzt, sich ne|ben|ei|n|an|der|zu|set|zen⟩ sich ~ *so setzen, dass einer neben dem anderen sitzt*

ne|ben|ei|n|an|der|stel|len ⟨V. trans.; stellt ne|ben|ei|n|an|der, stell|te ne|ben|ei|n|an|der, hat ne|ben|ei|n|an|der|ge|stellt, ne|ben|ei|n|an|der|zu|stel|len⟩ **1** etwas od. sich ~ *so stellen, dass sich eins bzw. einer neben dem anderen befindet* **2** etwas ~ *miteinander vergleichen*

Ne|ben|er|werb ⟨der; -(e)s, -e⟩ *nebenberufliche Tätigkeit, zusätzlicher Verdienst*

N

Ne|ben|fach ⟨das; -(e)s, -fä|cher⟩ **1** *dem Hauptfach untergeordnetes, weniger gründlich betriebenes Unterrichts- od. Studienfach;* Ggs *Hauptfach* **2** *kleines Seitenfach (eines Schrankes usw.)*

Ne|ben|fi|gur ⟨die; -, -en⟩ *neben den Hauptfiguren auftretende, weniger wichtige Figur (eines Dramas, Films, Romans usw.);* Ggs *Hauptfigur*

Ne|ben|ge|bäu|de ⟨das; -s, -⟩ **1** *kleineres Gebäude in einer Anlage von mehreren Gebäuden* **2** *anstoßendes, angrenzendes Gebäude*

Ne|ben|ge|räusch ⟨das; -(e)s, -e⟩ *(bei Musikwiedergabe) zusätzliches, störendes, (bei den Herztönen) krankhaftes Geräusch*

ne|ben|her ⟨Adv.⟩ **1** *nebenbei, außerdem, zusätzlich* **2** *daneben einher;* Zus *nebenhergehen*

Ne|ben|höh|le ⟨die; -, -n; Anat.⟩ *von der Nasenhöhle abzweigendes, mit Schleimhaut gefülltes Hohlorgan;* Zus *Nasennebenhöhle*

Ne|ben|job ⟨[-dʒɔb] der; -s, -s; umg.⟩ *nebenberuflich ausgeübte Tätigkeit, zusätzlicher Job*

Ne|ben|kos|ten ⟨Pl.⟩ *zusätzliche Kosten* ▸ die Miete für die Wohnung beträgt 800 € ohne ~

Ne|ben|mann ⟨der; -(e)s, -män|ner⟩ *jmd., der neben jmdm. sitzt, steht*

Ne|ben|pro|dukt ⟨das; -(e)s, -e⟩ *zusätzliches Produkt, Abfallprodukt;* Syn *Nebenerzeugnis*

Ne|ben|rol|le ⟨die; -, -n; Film; Theat.; TV⟩ *kleine, untergeordnete Rolle;* Ggs *Hauptrolle* ▸ das spielt für mich nur eine ~ ⟨übertr.⟩ *das ist für mich unwichtig, es interessiert mich nur am Rande*

Ne|ben|sa|che ⟨die; -, -n⟩ *unwichtige Angelegenheit, bedeutungslose Kleinigkeit;* Ggs *Hauptsache*

ne|ben|säch|lich ⟨Adj.⟩ *unwichtig, bedeutungslos;* Ggs *hauptsächlich (I);* Abl *Nebensächlichkeit*

Ne|ben|satz ⟨der; -es, -sät|ze; Gramm.⟩ *von einem Hauptsatz abhängiger Satz, der allein nicht sinnvoll bestehen kann;* Ggs *Hauptsatz;* →a. *Gliedsatz*

ne|ben|ste|hend ⟨Adj.⟩ *neben dem Text stehend, an den Rand geschrieben* ▸ das Nebenstehende; im Nebenstehenden

Ne|ben|stra|ße ⟨die; -, -n⟩ *kleinere Straße neben einer größeren;* Syn *Seitenstraße*

Ne|ben|tä|tig|keit ⟨die; -, -en⟩ *als Nebenberuf ausgeübte zusätzliche Tätigkeit* ▸ ein Großteil der Studenten finanziert ihr Studium durch ~en

Ne|ben|ver|dienst ⟨der; -(e)s, -e⟩ *Verdienst durch Nebenarbeit, zusätzlicher Verdienst*

Ne|ben|wir|kung ⟨die; -, -en⟩ *zusätzliche, weitere Wirkung* ▸ unerwünschte ~en

neb|lig ⟨Adj.⟩ *voller Nebel;* oV *nebelig* ▸ draußen ist es ~; ein ~er Novembertag; ~ trübes Wetter

nebst ⟨Präp. m. Dat.⟩ *außer, zusammen mit, einschließlich* ▸ Herr Meier ~ Angehörigen

ne|bu|lös ⟨Adj.; -er, am -es|ten⟩ *verschwommen, unklar, nebelhaft;* oV *nebulos*

ne|cken ⟨V. trans.; neckt, neck|te, hat ge|neckt⟩ jmdn. ~ *jmdn. im Spaß ärgern* ▸ was sich liebt, das neckt sich ⟨Sprichw.⟩; Abl *Neckerei*

ne|ckisch ⟨Adj.⟩ **1** *schelmisch* **2** *aufreizend niedlich, kokett* ▸ ~ mit dem Augen blinzeln

nee ⟨umg.; bes. mdt. u. nddt.⟩ = *nein*

Nef|fe ⟨der; -n, -n⟩ *Sohn der Schwester od. des Bruders*

Ne|ga|ti|on ⟨die; -, -en⟩ **1** *Verneinung, Ablehnung;* Ggs *Affirmation* **2** ⟨Gramm.⟩ *Verneinungswort*

ne|ga|tiv ⟨a. [--'-] Adj.⟩ Ggs *positiv* **1** *ablehnend, verneinend;* Ggs *affirmativ* **2** *ohne Ergebnis* **3** ⟨Math.; Zeichen: -⟩ *kleiner als Null* **4** ⟨Fot.⟩ *in den Farben bzw. der Helligkeit gegenüber dem Original vertauscht* **5** ⟨Med.⟩ *keine Krankheitserreger enthaltend od. tragend;* Zus *HIV-negativ* ▸ ~e Antwort; ~er Befund ⟨Med.⟩ *der Befund, dass sich in dem untersuchten Abstrich od. Gewebeteil keine Krankheitserreger befinden;* er hat eine sehr ~e Einstellung; ~e Ladung ⟨Chem.⟩ *die negative elektronische Ladung eines Atoms, einer Atomgruppe od. eines Moleküls* ▸ er verhielt sich ziemlich ~ ▸ du siehst alles zu ~

Ne|ga|tiv ⟨das; -s, -e⟩ *fotografisch aufgenommenes Bild nach dem Entwickeln, bei dem Lichter u. Schatten gegenüber dem Original vertauscht sind;* Ggs *Positiv (II)*

Ne|ger ⟨der; -s, -; abwertend⟩ = *Schwarzafrikaner;* Abl *Negerin*

ne|gie|ren ⟨V. trans.; ne|giert, ne|gier|te, hat negiert⟩ etwas ~ **1** *verneinen, ablehnen* **2** *bestreiten;* Abl *Negierung*

Ne|g|li|gé ⟨[-ʒe:] das; -s, -s⟩ *über dem Nachthemd zu tragender, leichter, sehr bequemer Morgenmantel für Damen;* oV *Negligee,* ⟨schweiz.⟩ *Négligé*

neh|men ⟨V. trans.; nimmt, nahm, hat ge|nommen⟩ **1** (sich) etwas ~ *ergreifen, fassen, packen* **2** etwas an sich ~ *sich aneignen, in seinen Besitz bringen* **3** ein Honorar ~ *fordern, verlangen* **4** etwas ~ *wählen, sich für etwas entscheiden* **5** jmdm. etwas ~ *ihm entziehen, wegnehmen* **6** jmdn. auf bestimmte Weise ~ *behandeln* ▸ man nehme Butter, Mehl, 5 Eier usw. (in Kochrezepten); man muss ihn (sie, es) ~, wie er (sie, es) ist *man muss sich mit ihm (ihr, damit) abfinden, man kann ihn (sie, es) nicht ändern;* man weiß nie, wie man ihn ~ soll *behandeln soll;* er ist schwer zu ~ ▸ (sich) einen Anwalt ~ *sich von einem A. vertreten lassen;* ein Bad ~ *baden;* du solltest dir ein Beispiel daran ~ *dir das zum Vorbild machen, es nachahmen;* der Vortrag nimmt kein Ende *dauert zu lange, hört nicht auf;* es wird noch ein schlimmes Ende mit ihm ~ *schlimm enden;* das Flugzeug, den Bus, das Schiff, die Straßenbahn, den Wagen ~ *benutzen;* sich eine Frau, einen Mann ~ *heiraten;* du hast mir die Freude, den Spaß daran genommen *mir verdorben;* hierfür nehme ich kein Geld; er nimmt kein Trinkgeld; jmdm. den Glauben, die Hoffnung, die Illusionen ~; ein Hindernis ~ *überspringen, überwinden;* der Schneider muss noch Maß ~ *die Körpermaße messen u. aufschreiben;* ein Medikament, Tabletten, Tropfen ~; ein Taxi ~ *mieten;* ich werde den Zug um 12.30 Uhr ~ *benutzen* ▸ das lasse ich mir nicht ~ *ich bestehe darauf, so zu handeln;* er ließ es sich nicht ~ selbst zu kommen *ließ sich nicht davon abbringen;* er weiß seine Leute zu ~ *versteht sie zu be-*

N

handeln ▸ du musst es als Scherz ~ *auffassen;* ich werde es vorläufig an mich ~ *verwahren, aufbewahren;* eine Verantwortung auf sich ~ *übernehmen;* nun musst du die Folgen auch auf dich ~; er will die Schuld auf sich ~ *übernehmen, sich zuschreiben;* das Kind auf den Arm, den Schoß, die Schulter ~; die Butter aus dem Kühlschrank ~; sich noch einmal ~ (bei Tisch) *noch einmal zulangen;* ich nehme es für ein günstiges Zeichen *fasse es als günstiges Z. auf;* der Boxer ist hart im Nehmen *er kann schwere Schläge hinnehmen;* jmdn. in die Mitte ~; etwas mit sich ~; die Sorge hat er von mir genommen *von dieser S. hat er mich befreit;* etwas, eine Kleinigkeit zu sich ~ *etwas essen;* Gott hat ihn zu sich genommen *er ist gestorben;* sie wollen seine alte Mutter zu sich nehmen *in die Familie aufnehmen, bei sich wohnen lassen u. für sie sorgen;* etwas zum Anlass ~ *etwas als Anlass benutzen* ▸ wie man's nimmt ⟨übertr.; umg.⟩ *man kann es so od. so auffassen;* wie viel hat er dafür genommen? *welchen Preis hat er verlangt?;* woher ~ und nicht stehlen? ⟨umg.⟩ *woher soll ich's denn nur nehmen?, ich habe nicht so viel Geld*

Neh|rung ⟨die; -, -en⟩ *ein schmaler Streifen Land, der ein Haff gegen das Meer abschließt*

Neid ⟨der; -(e)s; unz.⟩ *schlechtes Gefühl, das jmdn. befällt, wenn er einem andern etwas nicht gönnt od. das Gleiche haben will u. es nicht bekommt, Missgunst* ▸ das ist (nur) der ~ der Besitzlosen! ⟨umg.⟩ *ihr kritisiert das nur, weil ihr es selbst nicht habt* ▸ jmds. ~ erregen, erwecken; der ~ frisst, nagt an ihm; das kann er wirklich gut, muss der ~ ihm lassen ⟨umg.⟩ *das muss auch der Übelwollende zugeben* ▸ blass, grün vor ~ werden ⟨übertr.⟩ ▸ ich könnte vor ~ platzen ⟨umg.⟩ *ich bin sehr neidisch;* Abl *neidlos, neidvoll*

nei|den ⟨V. trans.; nei|det, nei|de|te, hat ge|nei|det⟩ jmdm. etwas ~ *ihn darum beneiden, es ihm missgönnen* ▸ jmdm. den Erfolg ~; Abl *Neider(in)*

nei|disch ⟨Adj.⟩ *von Neid erfüllt* ▸ ~e Freunde, Kollegen haben; ~ auf jmds. Erfolg sein

Nei|ge ⟨die; -, -n; geh.⟩ **1** *Rest* **2** *Ende* ▸ das Geld, die Vorräte gehen zur ~; das Jahr, der Tag geht zur ~; ein Glas bis zur ~ leeren *austrinken*

nei|gen ⟨V.; neigt, neig|te, hat ge|neigt⟩ **I** ⟨V. intr.⟩ zu etwas ~ **1** *eine Vorliebe für etwas, einen Hang zu etwas haben* **2** *sich einer Sache zuwenden, sich ihr nähern* ▸ er neigt zum Alkohol, zum Trinken, zur Verschwendung; ich neige zu der Ansicht, dass …; ich neige dazu, ihm zu glauben; →a. *geneigt* **II** ⟨V. trans.⟩ etwas ~ *schrägstellen, beugen, senken* ▸ das Haupt zum Gruß ~; eine geneigte Ebene **III** ⟨V. refl.⟩ sich ~ *herabbeugen, nähern* ▸ die Waage neigt sich nach dieser Seite; der Tag neigt sich *geht zu Ende*

Nei|gung ⟨die; -, -en⟩ **1** *das Neigen, Sichneigen* **2** *Abweichung von der Waagerechten od. Senkrechten* **3** *geneigte Lage, Stellung, Schräglage, -stellung, Gefälle* **4** *schiefe Ebene, abschüssige Bahn* **5** ⟨übertr.⟩ **5.1** *Vorliebe, Lust (zu etwas)* **5.2** *Veranlagung* ▸ die ~ einer Ebene; die ~ der Magnetnadel ▸ diese ~ kann ich nicht billigen, verstehen; er hat, verspürt, zeigt wenig ~ dazu; er kann ganz seinen ~en leben *er braucht nur das zu tun, was ihm Freude macht* ▸ er ist ein Mensch mit künstlerischen, musikalischen ~en ▸ ~ zu etwas (haben, verspüren); ~ zu Migräne, zu rheumatischen Beschwerden *Anlage;* eine ~ zum Theater, zum Trinken haben

nein ⟨Adv.⟩ *(verneinende, ablehnende, widersprechende Antwort);* Ggs *ja*[1] *(I)* ▸ wirst du kommen? ~, ich habe keine Zeit; jmdm. ein entschiedenes Nein entgegensetzen; bitte sag dazu nicht ~/Nein *lehne es nicht ab, sage zu;* er kann nicht, schwer ~/Nein sagen; aber ~!; ach ~ *(lieber nicht)!;* mit einem klaren Nein antworten; o ~!; das Ja und das Nein; ~ und nochmals ~!; ⟨zur Berichtigung bei Steigerungen⟩ Hunderte, ~ Tausende waren gekommen; ⟨zur Bekräftigung⟩ ~, ist das eine Überraschung!

Nein|sa|ger ⟨der; -s, -⟩ *jmd., der ständig alles ablehnt;* Abl *Neinsagerin*

Ne|kro|log ⟨der; -(e)s, -e⟩ *Nachruf auf einen Verstorbenen*

Nek|tar ⟨der; -s; unz.⟩ **1** ⟨Bot.⟩ *zuckerhaltige Absonderung der Blüten* **2** *gezuckertes u. mit Wasser verdünntes Getränk aus Fruchtsaft od. -mark* ▸ Bienen saugen ~

Nek|ta|ri|ne ⟨die; -, -n⟩ *Pfirsichsorte mit glatter Haut*

Nel|ke ⟨die; -, -n; Bot.⟩ **1** *eine Pflanze mit wohlriechenden Blüten, beliebte Schnittblume* **2** ⟨kurz für⟩ *Gewürznelke, als Gewürz verwendete Blütenknospe;* Zus *Nelkenbaum, Nelkenöl*

nennen/heißen

Nennen ist ein transitives Verb und bedeutet „jemanden oder etwas mit einem Namen versehen, bezeichnen". Es erfordert den sogenannten Gleichsetzungsakkusativ, der aus zwei Akkusativobjekten besteht: *Sie nennen ihn den neuen Mozart. Sie nannte ihn einen Dummkopf. Er nennt sich nach seiner Mutter. Sie wollen ihre Tochter „Laura" nennen.*

Der Gleichsetzungsakkusativ steht auch mit den Verben *heißen,* rufen und schimpfen: *Er hieß/rief/schimpfte sie eine dumme Kuh.*

In der Bedeutung „einen bestimmten Namen (erhalten) haben" wird jedoch meist das Verb *heißen* verwendet. Mit „wie heißt du?" fragt man nach dem Vor- oder Nachnamen: *Sie heißt Evelyn. Wie heißen deine Eltern?*

Dagegen möchte man mit der Frage „wie nennst du dich?" einen (selbst)gewählten Namen in Erfahrung bringen: *Wie nennst du dich, seitdem du geheiratet hast? Seit sie als Tänzerin erfolgreich ist, nennt sie sich Pamela.*

nen|nen ⟨V.; nennt, nann|te, hat ge|nannt⟩ **I** ⟨V. trans.⟩ jmdn. od. etwas ~ **1** *mit Namen erwähnen, anführen, aufzählen;* Abl *Nennung* **2** *mit einem Namen versehen, benennen, bezeichnen*

▸ das nenne ich **Ausdauer,** Mut!; können Sie mir **Beispiele** dafür ~?; etwas sein **Eigen** ~; nenne mir die wichtigsten **Flüsse,** Städte des Landes; wie wollen wir das **Kind** ~?; er nannte ihn **Lügner;** er nannte einige **Personen,** die dabei gewesen waren ▸ man muss sein Verhalten **klug** ~ ▸ in dem schon genannten Nachschlagewerk; →a. *sogenannt* **II** ⟨V. refl.⟩ sich ~ *heißen, sich einen Namen geben* ▸ er nennt sich **Dichter** *er behauptet, ein Dichter zu sein, er möchte gern einer sein* ▸ sich **nach** seiner Mutter ~

nen|nens|wert ⟨Adj.⟩ *so wichtig, dass es genannt werden sollte* ▸ keine ~en Einnahmen haben; die Abweichung ist nicht ~

Nen|ner ⟨der; -s, -; Math.⟩ *die unter dem Bruchstrich stehende Zahl (od. der Ausdruck)* ▸ mehrere Brüche auf einen ~ bringen *sie so verwandeln, dass alle den gleichen N. haben, so dass man sie zusammenzählen od. voneinander abziehen kann;* es ist schwer, die verschiedenen Wünsche auf einen ~ zu bringen ⟨übertr.⟩ *Gemeinsames aus ihnen hervorzuheben u. alle in gleicher Weise zu berücksichtigen*

Nenn|wert ⟨der; -(e)s, -e⟩ *einer Münze aufgeprägter od. einem Wertpapier aufgedruckter Wert*

Neo|fa|schis|mus ⟨der; -; unz.; nach dem 2. Weltkrieg⟩ *Strömungen, die den Faschismus wiederzubeleben versuchen;* Abl *Neofaschist(in); neofaschistisch*

Neo|klas|si|zis|mus ⟨der; -; unz.⟩ *an den Klassizismus anknüpfende Kunstrichtung;* Abl *neoklassizistisch*

Neo|lo|gis|mus ⟨der; -, -gis|men; Sprachw.⟩ *neu gebildeter sprachlicher Ausdruck*

Ne|on ⟨das; -s; unz.; chem. Zeichen: Ne⟩ *Edelgas, chem. Element, Ordnungszahl 10*

Neo|na|zi ⟨der; -s, -s; abwertend; kurz für⟩ *Neofaschist, Anhänger des Neofaschismus*

Neo|na|zis|mus ⟨der; -; unz.⟩ *Strömung (nach 1945), die den Nationalsozialismus wiederzubeleben versucht;* Abl *neonazistisch*

Ne|on|far|be ⟨die; -, -n⟩ *(wie Neonlicht) grell leuchtende Farbe* ▸ bunte Kostüme in ~n

Ne|on|licht ⟨das; -(e)s, -er⟩ *rötlich-bläuliches Licht von mit Neon gefüllten Leuchtröhren*

Nepp ⟨der; -s; unz.; umg.⟩ *Preisüberhöhung, Gaunerei, Übervorteilung* ▸ das ist reiner ~; Abl *neppen*

...ner ⟨Nachsilbe; zur Bildung von Subst.; der; -s, -⟩ *(kennzeichnet die berufliche od. eine andere Tätigkeit einer Person),* z. B. Rentner, Söldner

Nerv ⟨der; -s, -en od. fachsprachl.: der; -en, -en⟩ **1** ⟨Anat.⟩ *faser- bzw. strangartiges Gebilde zw. Gehirn, Rückenmark u. Körperteilen zur Weiterleitung von Reizen u. Bewegungsimpulsen;* Zus *Nervenbahn, Nervenstrang, Nervensystem, Nervenzelle* **2** ⟨übertr.⟩ *geistige, seelische Spannkraft* ▸ **angreifen:** dieser Lärm greift die ~en an; die ~en **behalten** ⟨übertr.⟩ *die Ruhe, Fassung bewahren;* der **hat** ~en! ⟨umg.⟩ *er verlangt zu viel; was denkt er sich nur dabei?;* seine ~en waren zum Zerreißen **gespannt** ⟨übertr.⟩ *er war sehr nervös, ungeduldig;* du **tötest** mir den (letzten) ~ ⟨übertr.; umg.⟩ *dein Verhalten quält, belästigt mich, macht mich nervös;* die ~en **verlieren** ⟨übertr.⟩ *die Fassung, Beherrschung verlieren* ▸ **eiserne,** starke ~en haben; **keine** ~en haben *sehr nervös sein;* **schwache,** überreizte ~en haben ▸ dieser Mensch geht mir **auf** die ~en ⟨übertr.; umg.⟩ *macht mich nervös, reizt mich;* **mit** den ~en fertig, herunter sein ⟨umg.⟩ *übernervös, einem Zusammenbruch nahe sein*

ner|ven ⟨V. intr. u. V. trans.; nervt, nerv|te, hat genervt; umg.⟩ (jmdn.) ~ *(jmdm.) sehr lästig sein, (jmdn.) nervös machen* ▸ der Lärm nervt mich; du nervst mich mit deinem Geschrei; hör auf zu ~!; eine ~de Angelegenheit

ner|ven|auf|rei|bend ⟨Adj.⟩ *eine starke nervliche Anspannung verursachend, aufregend u. entnervend* ▸ die Auseinandersetzung war ~

Ner|ven|bün|del ⟨das; -s, -⟩ *Bündel aus Nervenfasern* ▸ er ist nur noch ein ~ ⟨übertr.; umg.⟩ *ein übernervöser, nervlich stark angegriffener Mensch*

Ner|ven|kit|zel ⟨der; -s, -; übertr.⟩ *bewusste, übersteigerte Erregung von Spannung, z. B. in Kriminal- od. Gruselfilmen* ▸ ~ verursachen

Ner|ven|kos|tüm ⟨das; -s, -e; umg.; scherzh.⟩ *seelische Belastbarkeit* ▸ ein starkes, schwaches ~ haben

ner|ven|krank ⟨Adj.⟩ *an einer Erkrankung des Nervensystems leidend;* Abl *Nervenkrankheit*

Ner|ven|sa|che ⟨die; -, -n⟩ *Sache, die vom seelischen, nervlichen Zustand einer Person abhängt od. damit zusammenhängt* ▸ es ist reine ~, ob man den Stress aushält

Ner|ven|sä|ge ⟨die; -, -n; übertr.; umg.⟩ *jmd., der einem anderen sehr auf die Nerven fällt*

ner|ven|schwach ⟨Adj.⟩ *nervlich nicht sehr stark belastbar;* Ggs *nervenstark* ▸ er gilt als besonders ~; Abl *Nervenschwäche*

ner|ven|stark ⟨Adj.⟩ *nervlich stark belastbar, im Besitz starker Nerven;* Ggs *nervenschwach* ▸ die Mannschaft zeigte sich ~; Abl *Nervenstärke*

Ner|ven|zu|sam|men|bruch ⟨der; -(e)s, -brü|che⟩ *Versagen des Nervensystems infolge seelischer Erschütterung od. Überbelastung*

ner|vig ⟨Adj.; übertr.; umg.⟩ *nervend, lästig*

nerv|lich ⟨Adj.⟩ *hinsichtlich der Nerven* ▸ er ist ~ sehr labil; eine große ~e Belastung

ner|vös ⟨[-vø:s] Adj.; -er, am -es|ten⟩ **1** *die Nerven (1) betreffend, auf ihnen beruhend, zu ihnen gehörig* **2** *leicht reizbar, erregbar, überempfindlich;* Abl *Nervosität* ▸ ~e Erschöpfung; sie ist ein ~er Mensch; ein ~er Reflex; du machst mich ~ mit deinen vielen Fragen

nerv|tö|tend ⟨Adj.; umg.⟩ *unerträglich nervös machend* ▸ ein ~er Krach

Nerz ⟨der; -es, -e⟩ **1** ⟨Zool.⟩ *Pelztier, das einem Marder ähnlich ist* **2** *Fell dieses Tieres;* Zus *Nerzmantel*

Nes|ca|fé® ⟨der; -s; unz.⟩ *löslicher Kaffee-Extrakt in Pulverform*

Nes|sel ⟨die; -, -n⟩ = *Brennnessel* ▸ sich in die ~n

setzen ⟨übertr.; umg.⟩ *sich Unannehmlichkeiten zuziehen*

Nest ⟨das; -(e)s, -er⟩ **1** *Bau von Tieren als Wohn- od. Brutstätte;* Zus *Nestbau; Rattennest, Vogelnest, Wespennest* **2** *Höhle, Versteck, Schlupfwinkel;* Zus *Diebesnest, Liebesnest* **3** ⟨übertr.; umg.⟩ **3.1** *Heim, Elternhaus* **3.2** *spießige Kleinstadt, kleiner Ort* ▸ ein (Diebes-)~ ausheben; ein (Vogel-)~ ausnehmen; die Vögel bauen ~er; sich ein ~ bauen ⟨übertr.⟩ *eine Wohnung einrichten;* sein eigenes ~ beschmutzen ⟨übertr.⟩ *über die eigenen Angehörigen, (od.) über das eigene Volk schlecht reden* ▸ in diesem elenden, verlassenen ~ möchte ich nicht wohnen! ⟨übertr.; umg.⟩; ein warmes, weiches ~ ▸ ein ~ aus Gräsern, aus Stroh und Zweigen; sich ins gemachte ~ setzen ⟨übertr.; umg.⟩ *ohne eigene Anstrengung eine gute Stellung erlangen od. einen vermögenden Partner heiraten*

Nest|be|schmut|zer ⟨der; -s, -; übertr.; abwertend⟩ *jmd., der der eigenen Familie, Partei o. Ä. Schaden zufügt;* Abl *Nestbeschmutzerin*

nes|teln ⟨V. trans.; nes|telt, nes|tel|te, hat ge|nes|telt⟩ an etwas ~ *etwas ungeschickt od. ungeduldig zu öffnen od. zu lösen versuchen* ▸ am Kleid ~

Nest|häk|chen ⟨das; -s, -⟩ *jüngstes Kind der Familie*

Nest|ho|cker ⟨der; -s, -⟩ *Vogeljunges, das lange im Nest von den Eltern ernährt wird*

Nest|wär|me ⟨die; -; unz.; übertr.⟩ *Geborgenheit im Elternhaus, in der Familie*

Net ⟨das; -s, -s; EDV; kurz für⟩ *Internet*

nett ⟨Adj.; -er, am -es|ten⟩ **1** *liebenswürdig, anziehend, ansprechend, freundlich, entgegenkommend, sympathisch* (Mensch) **2** *geschmackvoll, adrett, gepflegt* (Kleidung) **3** *angenehm, lustig, gemütlich* (Abend) **4** ⟨umg.⟩ *stattlich* (Summe) ▸ einen ~en Abend verbringen; ein ~es Bild, Häuschen, Kind, Kleid, Mädchen, Städtchen; in eine ~e Gesellschaft kommen; einen Kreis ~er Menschen finden ▸ sein: er ist sehr ~; das ist ja ~! ⟨iron.⟩ *das ist eine Zumutung;* wären Sie so ~, für mich ein Ticket zu besorgen?; das kann ja ~ werden! ⟨iron.⟩ *da ist einiges zu befürchten* ▸ das ist ~ von Ihnen; wie ~, dass Sie kommen!; sie war sehr ~ zu mir

Net|tig|keit ⟨die; -, -en⟩ **I** ⟨unz.⟩ *das Nettsein, Freundlichkeit, Entgegenkommen, Liebenswürdigkeit* **II** ⟨zählb.⟩ *freundliche Bemerkung, Schmeichelei* ▸ jmdm. ~en sagen

net|to ⟨Adv.; Wirtsch.⟩ Ggs *brutto* **1** *nach Abzug von Unkosten od. Steuern;* Zus *Nettoeinkommen, Nettolohn, Nettopreis, Nettoverdienst* **2** *abzüglich der Verpackung;* Zus *Nettogewicht*

Netz ⟨das; -es, -e⟩ **1** *aus Fäden, Haar, Draht o. Ä. geknüpftes Maschenwerk als Fanggerät, zum Schutz, zum Befestigen, als Hindernis od. als Stütze;* Abl *netzartig;* Zus *Fischernetz, Fliegennetz, Gepäcknetz, Haarnetz* **2** *haarfeines, lockeres Gespinst der Spinne;* Zus *Spinnennetz* **3** *Gesamtheit vieler sich kreuzender u. voneinander abzweigender Bahnlinien, Straßen usw.;* Zus *Eisenbahnnetz, Verkehrsnetz* **4** ⟨El.⟩ *System elektischer Leitungen mit vielen Schaltelementen;* Zus *Stromnetz, Telefonnetz* **5** ⟨EDV; kurz für⟩ *Netzwerk (3), bes. das Internet;* Zus *Computernetz* ▸ durch die Maschen des ~es schlüpfen ▸ ein ~ auswerfen, schleppen, spannen, ziehen; ~e knüpfen ▸ ein dichtes, enges, weitmaschiges ~; soziales ~ *System der sozialen Sicherung (des Einzelnen)* ▸ sich Musik aus dem ~ herunterladen ⟨umg.⟩; er hat sich im ~ seiner Intrigen, Lügen verstrickt ⟨übertr.⟩; jmdm. ins ~ gehen ⟨übertr.⟩ *von ihm überlistet werden*

Netz|an|schluss ⟨der; -es, -schlüs|se⟩ *Anschluss an das Stromnetz*

Netz|be|trei|ber ⟨der; -s, -⟩ *Betreiber eines Mobilfunknetzes*

Netz|ge|rät ⟨das; -(e)s, -e⟩ *Gerät, das elektrischen Strom aus dem Stromnetz für den Betrieb von Maschinen umwandelt*

Netz|haut ⟨die; -, -häu|te; Anat.⟩ *innerste, lichtempfindliche Hautschicht des Augapfels;* Syn *Retina;* Zus *Netzhautablösung*

Netz|hemd ⟨das; -(e)s, -en⟩ *Herrenunterhemd aus netzartigem Stoff*

Netz|kar|te ⟨die; -, -n; Eisenb.⟩ *Fahrkarte zu beliebig vielen Fahrten innerhalb eines bestimmten Gebietes u. einer begrenzten Zeit*

Netz|ste|cker ⟨der; -s, -; El.⟩ *Stecker, mit dem ein Elektrogerät an das elektrische Stromnetz angeschlossen wird*

Netz|strumpf ⟨der; -(e)s, -strümp|fe⟩ *Strumpf aus netzartigem Stoff*

Netz|werk ⟨das; -(e)s, -e⟩ **1** *netzartiges Gefüge aus Fäden, Linien o. Ä.* **2** *Stromkreis, der Stromerzeuger u. Stromverbraucher umfasst* **3** *komplexe Verflechtung, Verbindung von Einzelkomponenten, z. B. Computern;* Zus *Computernetzwerk* **4** ⟨übertr.⟩ *Zusammenschluss mehrerer Personen od. Organisationen mit gleicher od. ähnlicher Zielsetzung;* Zus *Jugendnetzwerk*

neu ⟨Adj.; -er, am -(e)s|ten⟩ **1** *seit kurzem vorhanden* (Bau) **2** *eben begonnen, angebrochen* (Jahr) **3** *unlängst geschehen* (Ereignis) **4** *soeben aufgenommen, der Zeit entsprechend* (Mode) **5** *eben eingestellt* (Mitarbeiter) **6** *im Entstehen begriffen* (Werk) **7** *soeben eingetroffen* (Ware) **8** *von der letzten Lieferung, Ernte, frisch, jung* (Kartoffeln) **9** *noch ungebraucht, nicht abgenutzt* (Möbel); Zus *Neuwagen* **10** *frisch, frisch gewaschen* (Wäsche) **11** *bisher unbekannt* (Entdeckung) **12** *unerfahren* (in einer Arbeit) **13** *anders, besser als früher* (Methode); Zus *Neuausgabe, Neubearbeitung, Neufassung, Neugestaltung, Neuordnung, Neuorientierung; neu bearbeitet / neubearbeitet* **14** *eben erst, gerade, im Augenblick;* Zus *Neuanschaffung, Neuerwerbung; neu eröffnet / neueröffnet* **15** *noch einmal, wieder;* Zus *Neuanfang, Neubeginn, Neustart, Neuwahl* ▸ das Neue; das Neueste ▸ ein ~er Anzug, ein ~es Kleid; ein ~es Ereignis, ein ~es Verbrechen erhitzt die Gemüter; an einer ~en Erfindung, einem ~en Werk arbeiten; ~e Folge; oh, du hast eine ~e

Frisur!; sie ist stets nach ~ester Mode gekleidet; ein ~es Haus; sie schöpfte ~e Hoffnung, ~en Mut; ~e Kartoffeln *K. der diesjährigen Ernte zu einem Zeitpunkt, zu dem es noch alte gibt;* mit ~en Kräften ein Werk beginnen; ein ~es Leben anfangen; eine ~e Liebe; in ~er Mensch werden; einen ~en Mitarbeiter gewinnen; die ~esten Nachrichten (im Fernsehen, in Presse u. Rundfunk); das gibt den Gerüchten ~e Nahrung; ein ~er Schüler ist in unsere Klasse gekommen; ich habe eine ~e Seite seines Wesens kennengelernt ⟨übertr.⟩; die Sache hat nunmehr einen ~en Sinn für mich bekommen; der ~este Stand der Forschung; ein ~er Stern am Filmhimmel ⟨übertr.⟩ *ein(e) eben bekannt werdende(r) Filmschauspieler(in);* ~e Straßen werden angelegt; das Neue Testament ⟨Abk.: NT⟩ *der die ältesten Schriften des Christentums enthaltende Teil der Bibel;* die Bekanntschaft mit der Musik eröffnete dem Jungen eine ~e Welt; die Neue Welt *Amerika;* das Fernsehprogramm für die ~e Woche; in ~erer, ~ester Zeit ▸ das Buch wurde ~ aufgelegt; er hat viel Neues erlebt, gesehen; das Geschäft wurde ~ eröffnet; das Buch ist ~ erschienen; etwas ~ formulieren, schreiben; was gibt es Neues?; eine Wohnung, ein Zimmer ~ herrichten, einrichten; sein: ich bin noch ~ hier *noch nicht lange hier u. weiß deshalb noch nicht Bescheid, kenne mich nicht aus;* das ist mir völlig ~! *das höre ich soeben von dir zum ersten Mal!;* das ist mir nichts Neues; er hat sich ~ verheiratet *er hat sich wieder, erneut verheiratet;* weißt du schon das Neueste? ▸ viel, wenig Neues ▸ das ist mir ~ an ihm *diese Seite seines Wesens kannte ich noch nicht;* etwas aufs Neue beginnen *noch einmal von vorn;* auf ein Neues! *(trinken wir) auf den neuen Beginn!;* du musst dir etwas Neues ausdenken; er ist noch ~ in unserem Betrieb, diesem Beruf; ich habe nichts Neues darüber gehört; seit ~estem/Neuestem; von ~em/Neuem anfangen *noch einmal von vorn;* das Neueste vom Neuen; die Bluse ist noch wie ~

Neu|an|kömm|ling ⟨der; -s, -e⟩ *jmd., der eben erst angekommen od. hinzugekommen ist*

neu|ar|tig ⟨Adj.⟩ *von neuer Art, neu, bisher noch nicht dagewesen;* Abl *Neuartigkeit*

Neu|auf|la|ge ⟨die; -, -n⟩ *neue Auflage (eines Buches, einer CD)*

Neu|auf|nah|me ⟨die; -, -n⟩ **1** *neue Aufnahme, neues Hinzunehmen von jmdm. od. etwas* **2** *neu aufgenommene Person od. Sache* ▸ die ~ von Mitgliedern; die ~ von Wörtern in ein Wörterbuch; mehr als 2000 ~n verzeichnen

Neu|bau ⟨der; -(e)s, -ten⟩ **I** ⟨zählb.⟩ *im Bau befindliches od. erst kürzlich fertiggestelltes Haus;* Ggs *Altbau;* Zus *Neubaugebiet, Neubauviertel, Neubauwohnung* **II** ⟨unz.⟩ *Wiedererrichten eines Baus* ▸ der ~ der Dresdner Oper

Neu|bil|dung ⟨die; -, -en⟩ **1** *neue Bildung (von Gewebe, eines Wortes)* **2** *Umgestaltung (eines Kabinetts)*

Neu|ent|de|ckung ⟨die; -, -en⟩ **1** *etwas, das neu entdeckt od. eingeführt wurde* **2** *Person, deren Fähigkeiten erst kürzlich entdeckt wurden* ▸ eine ~ auf dem Gebiet der Physik machen; sie wird als ~ des Jahres gefeiert

neu|er|dings ⟨Adv.⟩ *seit kurzem, in letzter Zeit* ▸ er hat sich ~ seltsame Eigenarten angewöhnt

Neu|e|rer ⟨der; -s, -⟩ *jmd., der eine neue Entwicklung ins Leben ruft*

neu|er|lich ⟨Adj.⟩ *erneut* ▸ ~e Versuche

Neu|er|schei|nung ⟨die; -, -en⟩ *etwas, das gerade erst, neu erschienen ist, insbes. ein neu erschienenes Schriftwerk* ▸ auf der Buchmesse wurden zahlreiche ~en vorgestellt

Neu|e|rung ⟨die; -, -en⟩ *Änderung, Erneuerung, Neuheit*

neu|ge|bo|ren ⟨Adj.⟩ *eben auf die Welt gekommen* ▸ ~es Kind; sich wie ~ fühlen ⟨übertr.⟩ *erfrischt, lebensvoll;* Abl *Neugeborene(s)*

Neu|gier ⟨die; -; unz.⟩ *Begierde, Neuigkeiten od. Angelegenheiten anderer zu erfahren;* oV *Neugierde* ▸ dadurch wird meine ~ angestachelt; seine ~ befriedigen, stillen, verbergen; plagt, quält dich die ~?; das weckt meine ~; keine ~ zeigen ▸ nur aus ~, aus reiner ~ fragen; er brannte vor ~, zu erfahren, ob sie kommt

neu|gie|rig ⟨Adj.⟩ **1** *von Neugier erfüllt* **2** *erwartungsvoll, gespannt* ▸ jmdn. ~ machen; ~ sein; da bin ich aber ~!; sei nicht so ~; er ist schrecklich ~ und will alles wissen

Neu|heit ⟨die; -, -en⟩ **I** ⟨unz.⟩ *das Neusein* ▸ der Reiz der ~ **II** ⟨zählb.⟩ **1** *etwas Neues, etwas, das eben hergestellt worden ist* **2** *neuartige Ware, (bes.) Kleidung* ▸ die ~en der Frühjahrsmode; ~en vorlegen, zeigen; letzte ~; literarische ~en

neu|hoch|deutsch ⟨Adj.; Sprachw.; Abk.: nhd.⟩ *zum Zeitraum der neuhochdeutschen Sprache gehörig, daraus stammend* ▸ ~e Sprache *Entwicklungsstufe der deutschen Sprache von der Mitte des 14. Jh. (frühneuhochdt. Sprache bis Anfang 17. Jh.) bis zur Gegenwart, Schriftsprache seit Luthers Bibelübersetzung*

Neu|ig|keit ⟨die; -, -en⟩ *neue Nachricht, etwas Neues* ▸ die ~ des Tages; jmdm. eine ~ berichten, erzählen, mitteilen, vorenthalten

Neu|jahr ⟨das; -(e)s; unz.⟩ *der erste Tag eines neuen Jahres, der 1. Januar;* Syn *Neujahrstag* ▸ Prosit ~!; Zus *Neujahrsfest*

Neu|land ⟨das; -(e)s; unz.⟩ **1** *neu in Kultur genommenes (mit dem Pflug umgebrochenes) Land* **2** ⟨häufig übertr.⟩ *unbekanntes, unerforschtes Gebiet, Land* ▸ mit diesen Forschungen betreten wir wissenschaftliches ~ ⟨übertr.⟩

neu|lich ⟨Adv.⟩ *kürzlich, vor kurzem, vor kurzer Zeit* ▸ ich habe ihn ~ erst getroffen

Neu|ling ⟨der; -s, -e⟩ *jmd., der in einem Betrieb od. auf einem Gebiet zu arbeiten beginnt, Anfänger* ▸ er ist kein ~ auf der Bühne *er hat bereits Erfahrung*

neu|mo|disch ⟨Adj.; meist abwertend⟩ *modern, der neuesten Mode entsprechend* ▸ ~er Quatsch

Neu|mond ⟨der; -(e)s; unz.⟩ *Zeitabschnitt, wäh-*

N

rend dessen der Mond zw. Erde u. Sonne steht u. uns seine unbeleuchtete Seite zuwendet

neun ⟨Adj.; Kardinalzahl; als Ziffer: 9⟩ →a. *acht* ▸ ~ Uhr; alle ~e! ⟨Kegelspiel⟩ *Ausruf, wenn jmd. den besten Wurf tut, bei dem alle Kegel fallen*

Neun ⟨die; -, -en⟩ **1** *die Zahl, Ziffer 9* **2** die ~ *Straßenbahn, Bus mit der Nummer 9* ▸ ach du grüne ~e! ⟨umg.⟩ *(Ausruf der Verwunderung, des leichten Erschreckens)*

neun|fach ⟨Adj.; in Ziffern: 9fach/9-fach⟩ *neunmal(ig)* ▸ ein Brief in ~er Ausfertigung

neun|hun|dert ⟨Adj.; Kardinalzahl; in Ziffern: 900⟩ →a. *hundert*

neun|mal|klug ⟨Adj.; umg.⟩ *sich für klüger als andere haltend, vorlaut, naseweis*

neun|mo|na|tig ⟨Adj.⟩ **1** *neun Monate andauernd* **2** *neun Monate alt* ▸ ~e Schwangerschaft

neunt ⟨nur in der Wendung⟩ zu ~ *in einer Gruppe von neun Personen* ▸ wir waren zu ~

neun|te(r, -s) ⟨Adj.; Ordinalzahl zu „neun"; Zeichen: 9.⟩ → *achte(r, -s)*

Neun|te(r) ⟨die; -n, -n (der; -n, -n)⟩ *der/die im Rang od. der Leistung nach an neunter Stelle Stehende;* →a. *erste(r, -s)* ▸ sie wurde ~

Neun|tel ⟨das; -s, - od. schweiz. der; -s, -⟩ *neunter Teil*

neun|tens ⟨Adv.⟩ *an neunter Stelle*

neun|zehn ⟨Adj.; Kardinalzahl; als Ziffer: 19⟩ → *achtzehn*

neun|zig ⟨Adj.; Kardinalzahl; als Ziffer: 90⟩ →a. *achtzig* ▸ die ~er Jahre = *Neunzigerjahre;* mein Großvater ist gestern ~ geworden

Neun|zi|ger|jah|re *auch:* **neun|zi|ger Jah|re** ⟨Pl.⟩ **1** ⟨in Ziffern: 90er Jahre / 90er-Jahre⟩ die ~ des 20. Jh. *die Jahre zwischen 1990 u. 2000* **2** *die Lebensjahre zwischen 90 u. 100* ▸ in den ~n sein *zwischen 90 und 100 Jahre alt sein*

Neu|or|ga|ni|sa|ti|on ⟨die; -, -en⟩ *Organisation anhand neuer, geänderter Gesichtspunkte, Umstrukturierung* ▸ die ~ der Krankenkassen

Neu|r|al|gie ⟨die; -, -n; Med.⟩ *anfallsweise auftretender Schmerz von Nerven;* Syn *Nervenschmerz*

Neu|re|ge|lung ⟨die; -, -en⟩ *Regelung anhand neuer, geänderter Gesichtspunkte, erneute Regelung*

neu|reich ⟨Adj.; häufig abwertend⟩ *vor kurzem u. sehr schnell reich geworden;* Abl *Neureiche(r)*

Neu|ro|lo|gie ⟨die; -; unz.; Med.⟩ *Wissenschaft, Lehre von den Nervenkrankheiten;* Syn *Nervenheilkunde;* Abl *Neurologe, Neurologin*

Neu|ro|se ⟨die; -, -n; Psych.⟩ *Neigung, seelische Erlebnisse abnorm u. krankhaft zu verarbeiten, was zu einer dauernden körperlichen u. seelischen Beeinträchtigung der Persönlichkeit führt*

Neu|ro|ti|ker ⟨der; -s, -⟩ *jmd., der an einer Neurose leidet;* Abl *Neurotikerin*

neu|ro|tisch ⟨Adj.⟩ **1** *an einer Neurose leidend* **2** *auf einer Neurose beruhend*

Neu|schnee ⟨der; -s; unz.⟩ *frisch gefallener Schnee*

Neu|t|ra ⟨Pl. von⟩ *Neutrum*

neu|t|ral ⟨Adj.⟩ **1** *sich der Stellungnahme enthaltend, unparteiisch* **2** *nicht hervorstechend, nicht charakteristisch* ▸ ~e Farben; ~ bleiben; sich ~ verhalten

neu|t|ra|li|sie|ren ⟨V. trans.; neu|t|ra|li|siert, neu|t|ra|li|sier|te, hat neu|t|ra|li|siert⟩ **1** etwas ~ *die Wirkung von etwas aufheben, etwas unwirksam machen* **2** ⟨Pol.⟩ ein Gebiet ~ *in einem G. Befestigungen abbauen u. Truppen abziehen, es von Kriegshandlungen ausnehmen, für neutral erklären;* Abl *Neutralisation, Neutralisierung*

Neu|t|ra|li|tät ⟨die; -; unz.⟩ *Nichtbeteiligung, Nichteinmischung, unparteiisches Verhalten*

Neu|t|ron ⟨das; -s, -ro|nen; Phys.; Abk.: n⟩ *ungeladenes Elementarteilchen mit der Masse eines Protons*

Neu|t|ro|nen|bom|be ⟨die; -, -n; Kernphys.⟩ *Kernwaffe, die durch die von ihr freigesetzte Neutronenstrahlung zwar tödlich auf Lebewesen wirkt, aber kaum Material (Häuser, Straßen usw.) zerstört;* Syn *Neutronenwaffe*

Neu|t|rum ⟨das; -s, Neu|t|ra od. Neu|t|ren; Gramm.; Abk.: n., N.⟩ **1** *sächliches Geschlecht* **2** *sächliches Substantiv* ▸ das Wort „Tal" ist ein ~

Neu|ver|schul|dung ⟨die; -, -en; Wirtsch.⟩ *zusätzliche, neue Verschuldung eines Staates* ▸ ein drohendes Defizit im Staatshaushalt durch eine höhere ~ vermeiden

Neu|wert ⟨der; -(e)s, -e⟩ *Wert eines neuen, ungebrauchten Gegenstandes*

neu|wer|tig ⟨Adj.⟩ *fast neu, nahezu ungebraucht u. den Wert eines neuen Gegenstandes besitzend*

Neu|zeit ⟨die; -; unz.⟩ *die Zeit von etwa 1500 bis zur Gegenwart;* →a. *Altertum, Mittelalter;* Abl *neuzeitlich*

Neu|zu|gang ⟨der; -(e)s, -gän|ge⟩ *neues Hinzukommen (von Personen od. Sachen)* ▸ der ~ an Mitgliedern; ein ~ an Waren

Neu|zu|las|sung ⟨die; -, -en; Kfz⟩ **I** ⟨unz.⟩ *das Zulassen eines neuen Kraftfahrzeuges* **II** ⟨zählb.⟩ *für den Straßenverkehr neu zugelassenes Kraftfahrzeug* ▸ die Zahl der ~en ist erneut gestiegen

New|co|mer ⟨[nju:kʌmə(r)] der; -s, -⟩ *Neuankömmling, Neuling;* Abl *Newcomerin*

News ⟨[nju:z] Pl.⟩ *Nachrichten, Neuigkeiten (auch als Name britischer u. amerikanischer Zeitungen)*

Ni|be|lun|gen|lied ⟨das; -(e)s; unz.; Lit.⟩ *mittelhochdeutsches, strophisches Heldenepos von einem unbekannten Verfasser aus dem 13. Jh.*

nicht[1] ⟨Adv.; zur Verneinung⟩ **1** *nein, lass das* **2** *kein, weder* ▸ ~!, bitte ~! *lass das!;* ~, dass ich wüsste *davon weiß ich nichts;* ich ~!; das ~, aber etwas anderes; ich habe ~ dich gemeint, sondern ihn ▸ ~ sein Bruder war es, sondern er selbst; etwas noch ~ Dagewesenes, Gesehenes; im Leben ~! *keinesfalls!;* ~ Zutreffende(s) = *Nichtzutreffende(s)* ▸ bitte ~ berühren! *(Aufschrift an Gegenständen einer Ausstellung);* es ist ~ zu glauben, was sich da zugetragen hat; bitte ~ rauchen!; du sollst ~ stehlen (7. Gebot); das kann ich ~ verantworten; warte ~ auf mich ▸ er ist ~ dumm; ~ ehelich = *nichtehelich;* ~ erneuerbar = *nichterneuerbar;* ~ im Geringsten; das ist ~ gut, ~ schön, ~ richtig, ~ übel; ~ lange danach, wurde er entlassen; er arbeitet ~ mehr; er hat ~ mehr als 500 Euro; ~ öffentlich = *nichtöffentlich;* ~ staatlich = *nichtstaatlich;* ~ viel; ~ weniger als; wirklich ~; ~ wirklich *eigentlich nicht;* er hat sich ~ wirklich gefreut ▸ ich auch ~; wie geht es dir? ~ besonders (gut) ⟨umg.⟩; bestimmt ~; ~ doch!; durchaus ~; er hat sich dafür ~ einmal, ⟨umg.⟩ ~ mal entschuldigt; du etwa ~!?; ~ ganz; ganz und gar ~; noch ~; ~ nur ..., sondern auch; ~ sehr; ~ so schnell!; dieses Kleid ist ~ so schön wie das andere; es ist ~ so; überhaupt ~! ▸ warum ~?; wenn ~, dann ...; wieso ~?; →a. *ohne*[1]

nicht[2] ⟨Abtönungspartikel⟩ *(zur Bestätigung einer Aussage od. Frage)* ▸ was gibt es hier ~ alles zu sehen!; hattest du ~ gesagt, dass du früher kommen wolltest?; habe ich es ~ gleich gesagt?; ~ wahr? ⟨umg.⟩ *so ist es doch?;* du wartest doch noch, ~ (wahr)?

nicht..., Nicht... ⟨in Zus. zur Verneinung des folgenden Begriffes⟩ z. B. nichtamtlich, Nichtbeachtung

Nicht|ach|tung ⟨die; -, -en⟩ **1** *Mangel an Achtung, an Respekt* **2** *Nichtbeachtung (von Vorschriften)*

Nicht|an|griffs|pakt ⟨der; -(e)s, -e; Pol.⟩ *Bündnis zwischen Staaten mit der gegenseitigen Verpflichtung, den Partner nicht militärisch anzugreifen*

Nicht|be|ach|tung ⟨die; -; unz.; in Wendungen wie⟩ wegen ~ der Verkehrsvorschriften *weil man die V. nicht beachtet hat*

Nich|te ⟨die; -, -n⟩ *Tochter des Bruders od. der Schwester*

N

nicht|ehe|lich *auch:* **nicht ehe|lich** ⟨Adj.⟩ **1** *außerhalb der Ehe stattfindend* **2** *nicht in der Ehe gezeugt* ▸ ~e Kinder

nicht|er|neu|er|bar *auch:* **nicht er|neu|er|bar** ⟨Adj.⟩ ~e Energie *sich verbrauchender Energieträger, z. B. Öl, Gas, Kohle (im Gegensatz zu erneuerbaren Energien wie Atomkraft, Sonnen- u. Windenergie)*

Nicht|er|schei|nen ⟨das; -s; unz.⟩ wegen ~s *weil man nicht erschienen ist*

Nicht|ge|fal|len ⟨das; -s; unz.; in Wendungen wie⟩ bei ~ wird die Sendung zurückgenommen *wenn die Ware nicht gefällt*

nich|tig ⟨Adj.⟩ **1** *unbedeutend, belanglos, wertlos* **2** ⟨Rechtsw.⟩ *ungültig* ▸ ein ~er Einwand; einen Vertrag für null und ~ erklären; Abl *Nichtigkeit*

Nicht|lei|ter ⟨der; -s, -; El.⟩ *Stoff, der Elektriziät od. Wärme schlecht (weiter)leitet*

nicht|öf|fent|lich *auch:* **nicht öf|fent|lich** ⟨Adj.⟩ **1** *ohne Zuschauer, Zuhörer* (Aufführung) **2** *nur für Mitglieder* (Sitzung)

Nicht|rau|cher **I** ⟨der; -s, -⟩ *jmd., der nicht raucht* ▸ Abteil für ~ **II** ⟨das; -s, -⟩ *Abteil im Zug, in dem nicht geraucht werden darf*

Nicht|rau|che|rin ⟨die; -, -rin|nen⟩ *weibl. Nichtraucher*

nichts ⟨Indefinitpron.; undekl.⟩ **1** *kein Ding, kein Lebewesen, nicht etwas* **2** *nicht das Mindeste, nicht die Spur* ▸ was hast du gesehen? ~!; was weißt du von ihm? ~!; du kannst doch nicht so mir ~, dir ~ davonlaufen! *ohne Bescheid zu sagen* ▸ es kann ~ anderes gewesen sein; ich weiß ~ Besseres; ich ahnte ~ Böses, Gutes; er weiß auch ~ Genaues, Näheres; es gibt ~ Neues; ich kenne ~ Schöneres als ... ▸ ich konnte ~ erfahren; wir wollen ~ unversucht lassen; das macht, tut, schadet ~ *ist nicht (so) schlimm;* ich will ~ gesagt haben; er hat ~ getan; er weiß auch ~; daraus wird ~! ▸ ~ ahnend = *nichtsahnend;* ~ sagend = *nichtssagend;* weiter ~? *ist das alles?;* ~ weiter *das ist alles;* wenn es weiter ~ ist ... *ich war auf Schlimmeres gefasst;* das ist ~ wert ▸ ~ als Ärger hat man mit dir; er lässt ~ auf seinen Kollegen kommen ⟨umg.⟩ *er verteidigt ihn gegenüber Kritik;* ~ da! ⟨umg.⟩ *das kommt nicht in Frage, das könnte dir so passen!;* mir liegt ~ daran *ich möchte es nicht, habe keine Lust dazu;* ich mache mir ~ daraus *es interessiert mich nicht, kränkt mich nicht; ich esse es nicht gern;* ich habe ~ davon *keinen Gewinn;* ~ dergleichen; er will sich durch ~ davon abbringen lassen; ~ für ungut! *nimm es mir nicht übel!;* für ~ und wieder ~ *nutzlos, umsonst;* ganz und gar ~, (rein) gar ~ ⟨verstärkend⟩; sich in ~ auflösen; sich in ~ voneinander unterscheiden; ich bin satt, ich möchte ~ mehr (essen); das Geschenk sieht nach ~ aus ⟨umg.⟩ *ist wenig eindrucksvoll;* alles oder ~!; sonst ~?; viel Lärm um ~; er ist um ~ besser als sie; er spricht von ~ anderem (so begeistert ist er davon); das ist ~ von Bedeutung, Belang *das ist nicht wichtig;* es gibt ~, was ihn aus der Ruhe bringen könnte; ich habe so gut wie ~ gegessen *ganz wenig;* das tut ~ zur Sache *das verändert die Sache nicht, hat keine Bedeutung;* es zu ~ bringen *keinen Erfolg haben, nicht vorwärtskommen im Leben;* ~ zu danken! *(als Antwort auf Dank);* zu ~ kommen *nichts erreichen, im Leben nicht vorwärtskommen;* (da ist leider) ~ zu machen! ⟨umg.⟩ *ich bedauere, aber diese Sache kann nicht mehr geändert werden;* zu ~ nütze sein; ~ zu essen haben

Nichts ⟨das; -; unz.⟩ **1** ⟨Philos.⟩ *Fehlen alles Seienden, Leere* **2** ⟨allg.⟩ *Geringfügigkeit, Kleinigkeit* **3** *Fehlen aller Mittel, Hoffnungen* ▸ am Anfang war das ~; etwas aus dem ~ erschaffen; wollt ihr euch um ein ~ streiten?; wenn sein Geschäft Pleite geht, steht er vor dem ~

nichts|ah|nend *auch:* **nichts ah|nend** ⟨Adj.⟩ *ohne etwas zu ahnen, arglos* ▸ ~ öffnete sie die Tür

Nicht|schwim|mer **I** ⟨der; -s, -⟩ *jmd., der nicht schwimmen kann;* Abl *Nichtschwimmerin* **II** ⟨das; -s, -; umg.⟩ *Becken für Nichtschwimmer (I) im Schwimmbad*

nichts|des|to|trotz ⟨Konj.; umg.⟩ = *trotzdem*[1]

nichts|des|to|we|ni|ger ⟨Konj.⟩ *trotzdem, und doch*

Nichts|nutz ⟨der; -es, -e⟩ *Person, die nichts Sinnvolles leistet;* Abl *nichtsnutzig*

nichts|sa|gend *auch:* **nichts sa|gend** ⟨Adj.⟩ **1** *unbedeutend, ohne interessanten Inhalt* **2** *ausdruckslos* ▸ er gab eine ~e Antwort; ein ~es Gesicht machen; das Buch ist völlig, absolut ~

nicht|staat|lich *auch:* **nicht staat|lich** 〈Adj.〉 *den Staat nicht betreffend, nicht von ihm stammend, nicht zu ihm gehörig* ▸ ~e Unternehmen

Nichts|tun 〈das; -s; unz.〉 *Faulheit, Müßiggang* ▸ süßes ~; in ~ versinken; viel Zeit mit ~ verbringen; Abl *Nichtstuer(in); nichtstuerisch*

nichts|wür|dig 〈Adj.〉 *(in moralischer Hinsicht) nichts taugend, verachtenswert, erbärmlich, schurkisch;* Abl *Nichtswürdigkeit*

Nicht|wis|sen 〈das; -s; unz.〉 *Unkenntnis*

Nicht|zu|tref|fen|de(s) *auch:* **nicht Zu|tref|fen|de(s)** 〈das; -n, -n〉 *das, was auf eine Person, einen Fall nicht zutrifft* ▸ ~ bitte streichen *(auf Formularen)*

Ni|ckel 〈das; -s; unz.; chem. Zeichen: Ni〉 *chem. Element, silberweißes, zähes Metall, Ordnungszahl 28*

ni|cken 〈V. intr.; nickt, nick|te, hat ge|nickt〉 *den Kopf senken u. heben als Zeichen der Bejahung, des Einverständnisses, als Gruß* ▸ zustimmend mit dem Kopf ~

Ni|cker|chen 〈das; -s, -; umg.〉 *kurzer, leichter Schlaf, Schläfchen* ▸ ein ~ machen

Ni|cki 〈der; -s, -s; umg.〉 *Pullover aus Baumwolle mit samtartiger Oberfläche*

Ni|co|tin 〈das; -s; unz.; fachsprachl.〉 = *Nikotin*

nie 〈Adv.〉 *nicht ein einziges Mal, zu keinem Zeitpunkt* ▸ so etwas habe ich noch ~ gehört, gesehen; er ist abends ~ da; er ist ~ zufrieden mit meiner Arbeit; dahin gehen wir ~ wieder; das ist eine ~ wiederkehrende Gelegenheit; das schaffe ich ~ bis Freitag; ~ im Leben!; jetzt oder ~; ~ mehr!; ~ und nimmer; ~ wieder!

nie|der[1] 〈Adj.〉 *niedrig* ▸ der ~e Adel; von ~er Geburt, Herkunft; ~en Standes

nie|der[2] 〈Adv.〉 *herab, herunter, hinab, hinunter, zu Boden* ▸ ~! *(als Aufforderung zum Niederschlagen, zur Empörung);* sich auf und ~ bewegen; er ging im Zimmer auf und ~ *auf u. ab, hin u. her;* ~ mit ihm!

nie|der|bren|nen 〈V.〉 **I** 〈V. trans.; brennt nie|der, brann|te nie|der, hat nie|der|ge|brannt, nie|der|zu|bren|nen〉 etwas ~ *anzünden u. ab-, herunterbrennen lassen* ▸ altes Gestrüpp ~ **II** 〈V. intr.; brennt nie|der, brann|te nie|der, ist nie|der|ge|brannt, nie|der|zu|bren|nen〉 *ab-, herunterbrennen, ganz verbrennen* (Gebäude, Kerze)

nie|der|deutsch 〈Adj.〉 *zum Sprachraum der niederdeutschen Sprache gehörig, in niederdeutscher Sprache (abgefasst)* ▸ ~e Sprache *die norddt. Mundarten, die von der zweiten (hochdt.) Lautverschiebung nicht betroffen wurden*

nie|der|drü|cken 〈V. trans.; drückt nie|der, drück|te nie|der, hat nie|der|ge|drückt, nie|der|zu|drü|cken〉 **1** jmdn. od. etwas ~ *nach unten drücken, hinunterdrücken, zu Boden drücken* **2** 〈übertr.; geh.〉 jmdn. ~ *bedrücken, entmutigen, niedergeschlagen machen* ▸ er ist heute sehr niedergedrückt 〈übertr.; geh.〉; ~de Ereignisse 〈übertr.; geh.〉

nie|der|fal|len 〈V. intr.; fällt nie|der, fiel nie|der, ist nie|der|ge|fal|len, nie|der|zu|fal|len; geh.〉 *hinunter-, herunterfallen, zu Boden, auf die Knie fallen* ▸ sie fiel vor dem Altar nieder

Nie|der|gang 〈der; -(e)s, -gän|ge; Pl. selten; geh.〉 *Verfall, Untergang* ▸ der ~ der Kultur

nie|der|ge|hen 〈V. intr.; geht nie|der, ging nie|der, ist nie|der|ge|gan|gen, nie|der|zu|ge|hen〉 **1** *heruntergehen, sich der Erde nähern, landen* (Flugzeug) **2** *sich senken* (Vorhang) **3** *fallen* (Regen) **4** *sich entladen* (Gewitter)

nie|der|ge|schla|gen **I** 〈Part. Perf. von〉 *niederschlagen* **II** 〈Adj.; übertr.〉 *bekümmert, bedrückt, mutlos* ▸ sie ist heute sehr ~; er macht einen ~en Eindruck; Abl *Niedergeschlagenheit*

nie|der|hal|ten 〈V. trans.; hält nie|der, hielt nie|der, hat nie|der|ge|hal|ten, nie|der|zu|hal|ten〉 **1** jmdn. od. etwas ~ *zu Boden gedrückt festhalten, nicht hochkommen lassen* **2** 〈übertr.〉 ein Volk ~ *unterdrücken*

nie|der|kämp|fen 〈V. trans.; kämpft nie|der, kämpf|te nie|der, hat nie|der|ge|kämpft, nie|der|zu|kämp|fen〉 **1** einen Gegner ~ *im Kampf besiegen* **2** 〈übertr.〉 seine Tränen ~ *unterdrücken*

nie|der|knien 〈V. intr. u. V. refl.; kniet nie|der, knie|te nie|der, ist/hat nie|der|ge|kniet, nie|der|zu|knien〉 (sich) (vor jmdm.) ~ *sich auf die Knie niederlassen* ▸ er ist/hat niedergekniet und betet

Nie|der|kunft 〈die; -, -künf|te; veraltet〉 *Entbindung*

Nie|der|la|ge 〈die; -, -n〉 *das Unterliegen, Besiegtwerden (im Kampf, im Streitgespräch)* ▸ jmdm. eine ~ beibringen, bereiten, zufügen; eine ~ einstecken müssen; eine demütigende, schwere, vernichtende ~

Nie|der|län|der 〈der; -s, -〉 *Einwohner der Niederlande;* Abl *Niederländerin*

nie|der|län|disch 〈Adj.〉 *die Niederlande betreffend, zu den Niederlanden gehörig, daraus stammend* ▸ ~e Sprache

nie|der|las|sen 〈V. refl.; lässt sich nie|der, ließ sich nie|der, hat sich nie|der|ge|las|sen, sich nie|der|zu|las|sen〉 **1** sich irgendwo(hin) ~ *sich setzen* **2** sich irgendwo ~ *seinen Wohnsitz nehmen* **3** sich als etwas ~ *ein Geschäft, eine Praxis eröffnen* ▸ er lässt sich als Anwalt, Arzt in unserer Stadt nieder; er ließ sich auf dem/den Sessel nieder; er hat sich häuslich bei uns niedergelassen *wohnt für längere Zeit bei uns*

Nie|der|las|sung 〈die; -, -en〉 **1** *Gründung eines Wohnsitzes, Eröffnung einer Praxis, eines Geschäftes* **2** 〈kurz für〉 **2.1** *Handelsniederlassung* **2.2** *Zweigniederlassung*

nie|der|le|gen 〈V. trans.; legt nie|der, leg|te nie|der, hat nie|der|ge|legt, nie|der|zu|le|gen〉 **1** einen Kranz, eine Last ~ *auf den Boden legen, hinlegen* **2** jmdn. od. sich ~ *hinlegen, schlafen legen* **3** etwas ~ *urkundlich, schriftlich festhalten, festlegen* **4** ein Amt ~ *aufgeben* **5** die Arbeit ~ *bis auf weiteres unterbrechen* **6** die Waffen ~ *den Kampf beenden, sich ergeben* ▸ der Präsident legte am Grabmal des Unbekannten Soldaten einen Kranz nieder

nie|der|ma|chen 〈V. trans.; macht nie|der, mach|te

N

nie|der, hat nie|der|ge|macht, nie|der|zu|ma|chen; umg.⟩ **1** jmdn. od. etwas ~ *aufs Heftigste kritisieren, als schlecht darstellen* **2** = *niedermetzeln*

nie|der|met|zeln ⟨V. trans.; met|zelt nie|der, met|zel|te nie|der, hat nie|der|ge|met|zelt, nie|der|zu|met|zeln⟩ jmdn. ~ *massenweise morden*

nie|der|pras|seln ⟨V. intr.; pras|selt nie|der, pras|sel|te nie|der, ist nie|der|ge|pras|selt, nie|der|zu|pras|seln⟩ *prasselnd herunterkommen, herab-, herunterprasseln, trommelnd herabstürzen* ▸ man hörte den Regen ~; eine Flut von Beschimpfungen prasselte auf ihn nieder ⟨übertr.⟩

Nie|der|sach|se ⟨[-ks-] der; -n, -n⟩ *Einwohner von Niedersachsen;* Abl *Niedersächsin; niedersächsisch*

nie|der|schie|ßen ⟨V.⟩ **I** ⟨V. trans.; schießt nie|der, schoss nie|der, hat nie|der|ge|schos|sen, nie|der|zu|schie|ßen⟩ jmdn. ~ *roh erschießen, über den Haufen schießen* **II** ⟨V. intr.; schießt nie|der, schoss nie|der, ist nie|der|ge|schos|sen, nie|der|zu|schie|ßen⟩ *sehr schnell nach unten fliegen* ▸ der Vogel schoss auf die Beute nieder

Nie|der|schlag ⟨der; -(e)s, -schlä|ge⟩ **1** ⟨Meteor.; meist Pl.⟩ *Ausscheidung von Wasser aus der Atmosphäre, Tau, Regen, Schnee usw.;* Abl *niederschlagsarm, niederschlagsreich;* Zus *Niederschlagsmenge, Niederschlagsmesser* **2** *Beschlag, das Sichabsetzen von Wasser aus der Luft an festen Gegenständen* **3** ⟨Chem.⟩ *sich aus einer Lösung abscheidender Stoff, Bodensatz* **4** ⟨übertr.⟩ *sichtbarer, meist schriftlicher Ausdruck eines Gedankens, Erlebnisses, einer Bewegung, Strömung* ▸ der Wetterbericht sagte leichte, schwere, starke Niederschläge voraus

nie|der|schla|gen ⟨V.; schlägt nie|der, schlug nie|der, hat nie|der|ge|schla|gen, nie|der|zu|schla|gen⟩ **I** ⟨V. trans.⟩ **1** jmdn. ~ *durch Schlag, Schläge zu Boden zwingen* **2** einen Aufstand ~ *unterdrücken, bezwingen;* Abl *Niederschlagung* ▸ den Angreifer, den Gegner ~; errötend schlug sie die Augen nieder *blickte sie nach unten;* der Prozess, das Verfahren wurde niedergeschlagen *eingestellt;* →a. *niedergeschlagen* **II** ⟨V. refl.⟩ **1** sich ~ *sich als Bodensatz absetzen, sich in fester Form ansetzen* **2** ⟨übertr.⟩ **2.1** sich in etwas ~ *in etwas zum Ausdruck kommen* **2.2** sich auf etwas ~ *etwas beeinträchtigen, in Mitleidenschaft ziehen* ▸ der Nebel hat sich in Tröpfchen an den Gräsern niedergeschlagen; die Probleme seiner Zeit schlagen sich in seinen Romanen nieder

nie|der|schmet|tern ⟨V. trans.; schmet|tert nie|der, schmet|ter|te nie|der, hat nie|der|ge|schmet|tert, nie|der|zu|schmet|tern⟩ **1** etwas ~ *heftig zu Boden schlagen* **2** jmdn. ~ **2.1** *brutal niederschlagen* **2.2** ⟨übertr.; umg.⟩ *stark bedrücken, erschüttern, entmutigen* ▸ diese Meldung schmetterte ihn nieder; eine ~de Nachricht

nie|der|schrei|ben ⟨V. trans.; schreibt nie|der, schrieb nie|der, hat nie|der|ge|schrie|ben, nie|der|zu|schrei|ben⟩ seine Erlebnisse ~ *aufschreiben, schriftlich festhalten;* Abl *Niederschrift*

nie|der|set|zen ⟨V. refl.; setzt sich nie|der, setz|te sich nie|der, hat sich nie|der|ge|setzt, sich nie|der|zu|set|zen⟩ sich ~ *sich hinsetzen, sich niederlassen* ▸ sie setzte sich auf die/der Bank nieder

nie|der|ste|chen ⟨V. trans.; sticht nie|der, stach nie|der, hat nie|der|ge|sto|chen, nie|der|zu|stechen⟩ jmdn. ~ *jmdn. mit dem Dolch, dem Messer töten od. schwer verletzen*

nie|der|tou|rig ⟨[-tu:-] Adj.; Tech.⟩ *sich verhältnismäßig langsam drehend;* Ggs *hochtourig* ▸ ~ und benzinsparend fahren

Nie|der|tracht ⟨die; -; unz.⟩ *niederträchtige Gesinnung* ▸ er ist zu solch einer ~ nicht fähig

nie|der|träch|tig ⟨Adj.⟩ *berechnet boshaft, bewusst gemein* ▸ ~e Gesinnung; eine ~e Verleumdung; er hat sie ~ behandelt; Abl *Niederträchtigkeit*

Nie|de|rung ⟨die; -, -en⟩ *Ebene, tiefliegendes Land an Flussläufen u. Küsten*

nie|der|wer|fen ⟨V. trans.; wirft nie|der, warf nie|der, hat nie|der|ge|wor|fen, nie|der|zu|wer|fen⟩ **1** jmdn. od. sich (vor jmdm.) ~ *zu Boden werfen* **2** ⟨übertr.⟩ einen Aufstand ~ *unterdrücken, niederschlagen* ▸ einen Aufstand mit Waffengewalt ~; Abl *Niederwerfung*

nied|lich ⟨Adj.⟩ *hübsch u. klein, hübsch, ansprechend* ▸ sie hat ein ~es Gesicht; ein ~es Kind

nied|rig ⟨Adj.⟩ **1** *nicht hoch, flach* (Haus) **2** *klein* (Zahl) **3** *gering* (Preis, Stand, Herkunft) **4** *gemein, missgünstig, übel* (Gesinnung) ▸ Schuhe mit ~en Absätzen; ~e Berge, Fenster, Türen; er besitzt ~en Charakter; ein ~er Einsatz, Gewinn, Preis; wir sind über eine ~e Mauer geklettert; den ~sten Preis berechnen; die Räume sind sehr ~; die Temperaturen sind für den Sommer zu ~; dies ist der ~ste Wasserstand des Jahrhunderts ▸ von jmdm. ~ denken; jmdn. ~ einschätzen; die Stadt liegt sehr ~; →a. *nieder*[1]; Abl *Niedrigkeit*

Nied|rig|was|ser ⟨das; -s; unz.⟩ *periodisch wiederkehrender Tiefstand von Flüssen, Seen u. Meer*

nie|mals ⟨Adv.; meist verstärkend⟩ = *nie* ▸ ~!, das würde ich ~ tun

nie|mand ⟨Indefinitpron.; Gen. -(e)s; Dat. -em od. -; Akk. -en od. -⟩ *kein Mensch, keiner, kein Einziger* ▸ ich habe es ~em, ~ erzählt; ich habe ~en, ~ gesehen; es ist ~ zu Hause; ~ weiß es; ⟨vor „anders" od. einem flektierten Adj. steht meist die endungslose Form⟩ ~ anders, ~ Besseres; ~ anders als er war dabei

Nie|mand ⟨der; -(e)s; unz.⟩ ein ~ *eine unbedeutende, unwichtige Person*

Nie|mands|land ⟨das; -(e)s; unz.⟩ **1** *unbesiedelter Grenzstreifen* **2** *unerforschtes Land* ▸ das ist ~

Nie|re ⟨die; -, -n; Anat.⟩ *paariges Organ, in dem Urin gebildet wird* ▸ das geht mir an die ~n ⟨übertr.; umg.⟩ *trifft mich hart, empfindlich, schmerzlich;* saure ~n ⟨Kochk.⟩; Zus *Nierenfunktion, Nierensteine, Nierenversagen*

nie|seln ⟨V. intr.; nie|selt, nie|sel|te, hat ge|nie|selt; unpersönl.⟩ es nieselt *es regnet fein, sacht*

nie|sen ⟨V. intr.; niest, nies|te, hat ge|niest⟩ *infolge Reizung der Nasenschleimhaut die Luft krampf- u. ruckartig durch Mund u. Nase ausstoßen* ▸ laut ~; jmdm. ins Gesicht ~; er hat dreimal geniest

N

Nies|reiz ⟨der; -es, -e⟩ *Reizung der Nasenschleimhaut zum Niesen*

Nieß|brauch ⟨der; -(e)s; unz.; Rechtsw.⟩ *Nutzungsrecht an fremdem Vermögen, fremden Rechten od. Sachen;* Syn *Nießnutz*

Nie|te[1] ⟨die; -, -n⟩ **1** *ein Los, das nicht gewinnt* **2** ⟨übertr.; umg.⟩ **2.1** *Mensch, der zu nichts zu gebrauchen ist, Versager* **2.2** *Fehlschlag* ▸ er ist leider eine ~ ⟨umg.⟩; eine ~ ziehen (beim Losen)

Nie|te[2] ⟨die; -, -n⟩ *Metallbolzen mit Kopf zum Verbinden von Werkstücken, so dass sie nur durch Zerstören wieder trennbar sind*

niet- und na|gel|fest ⟨Adj.; übertr.; umg.⟩ *sehr, unzertrennbar fest* ▸ er nahm alles mit, was nicht ~ war

Night|club ⟨[naıtklʌb] der; -s, -s⟩ *Nachtbar*

Ni|hi|lis|mus ⟨der; -; unz.⟩ *Überzeugung von der Nichtigkeit u. Sinnlosigkeit aller Dinge, Verneinung aller Werte;* Abl *Nihilist(in); nihilistisch*

Nikolaus

Am 6. Dezember wird in Deutschland traditionell der *Nikolaustag* (kurz: Nikolaus) gefeiert. Er ist – neben dem **Adventskalender** – für alle Kinder ein wichtiger Bestandteil der Vorweihnachtszeit. Die Kinder stellen am Abend vor dem *Nikolaustag* Schuhe, Stiefel oder Teller auf, die in der Nacht mit Süßigkeiten wie Lebkuchen, Spekulatius, Schokolade, Nüssen und Mandarinen gefüllt werden. Oft bekommen sie auch kleine Geschenke. Nach einem sehr verbreiteten Brauch werden die Geschenke vom *Nikolaus* selbst überreicht, der mit seinem roten Gewand, dem weißem Pelzbesatz und dem weißen Bart deutlich dem **Weihnachtsmann** ähnelt.

In einigen Gegenden Deutschlands ist es auch üblich, dass der Nikolaus gemeinsam mit seinem Gehilfen **Knecht Ruprecht** die Kinder besucht. In Bayern und Österreich wird der Begleiter **Krampus** genannt, in der Schweiz ist es der **Schmutzli.** Dem Brauch gemäß sagen die Kinder Gedichte auf, und der Nikolaus sieht in seinem Buch nach, ob die Kinder im vergangenen Jahr gut oder böse waren. Früher wurden unartige Kinder mit der **Rute** bestraft.

Die Gestalt des Nikolaus ist christlichen Ursprungs und geht auf den Heiligen Nikolaus von Myra zurück, der im 4. Jahrhundert als Bischof in Kleinasien wirkte und besonders in der russisch-orthodoxen Kirche als Heiliger verehrt wird. Seit dem 17. Jahrhundert wirkt er als Wohltäter für die Kinder, ursprünglich war er in ein Bischofsgewand gekleidet, später dann in die heute übliche rot-weiße Kutte.

Ni|ko|laus ⟨der; -es, -e; Pl. umg. a.: -läu|se⟩ **1** *nach altem Volksbrauch am Nikolaustag erscheinende Gestalt, die den Kindern Äpfel, Nüsse u. Süßigkeiten bringt* **2** ⟨Kurzw. für⟩ *Nikolaustag* ▸ morgen kommt der ~

Ni|ko|laus|tag ⟨der; -(e)s, -e⟩ *mit Volksbräuchen verbundener Tag des hl. Nikolaus, 6. Dezember* ▸ am ~ stellen wir die Stiefel raus

Ni|ko|tin ⟨das; -s; unz.⟩ *giftiges Alkaloid des Tabaks, Reiz- u. Genussmittel;* oV ⟨fachsprachl.⟩ *Nicotin;* Abl *nikotinarm/nicotinarm*

Nil|pferd ⟨das; -(e)s, -e⟩ = *Flusspferd*

Nim|bus ⟨der; -, -bus|se; Pl. selten⟩ *Ansehen, Glanz, der eine Person od. eine Sache umgibt* ▸ er hat nach diesem Fehltritt den ~ der Unfehlbarkeit eingebüßt

nim|mer ⟨Adv.⟩ **1** ⟨poet.⟩ *nie, niemals;* Zus *nimmermüde, nimmersatt* **2** ⟨süddt.⟩ *nicht mehr, nicht wieder, nicht länger* ▸ ich kann ~; ich will's ~ tun; nie und ~

Nim|mer|leins|tag ⟨der; -(e)s, -e; umg.; scherzh.⟩ Sankt ~ *Tag, der niemals eintreten wird* ▸ etwas bis zum Sankt ~ verschieben

Nim|mer|satt ⟨der; -(e)s, -e; Gen. a.: -; umg.⟩ *jmd., der nie genug bekommen kann, Vielfraß*

Nim|mer|wie|der|se|hen ⟨a. [--'----] das; -s; unz.; umg.; nur in der Wendung⟩ auf ~ *für immer* ▸ auf ~ verschwinden

Nip|pel ⟨der; -s, -⟩ **1** *kurzes Rohrstück mit Gewinde zum Verbinden von Rohren* **2** ⟨umg.⟩ *kurzes, abstehendes Stückchen* **3** ⟨meist Pl.; derb⟩ *weibliche Brustwarze* ▸ den ~ am Schwimmreifen zudrücken ⟨umg.⟩

nip|pen ⟨V. intr.; nippt, nipp|te, hat ge|nippt⟩ (an etwas) ~ *einen kleinen Schluck trinken, (von einem Getränk) kosten* ▸ am Wein ~

Nip|pes ⟨Pl.⟩ *kleine Zierfiguren (für Vitrinen);* Syn *Nippsachen*

nir|gends ⟨Adv.⟩ *an keinem Ort* ▸ ich habe ihn ~ gesehen; er kann sein Portemonnaie ~ finden; ich fühle mich ~ so wohl wie hier

nir|gends|her ⟨Adv.⟩ *von keinem Ort her, aus keiner Richtung;* oV *nirgendher*

nir|gend|wo ⟨Adv.⟩ = *nirgends;* oV *nirgendswo*

Nir|wa|na ⟨das; -s od. -; unz.; Buddhismus⟩ *die völlige Ruhe, das Erlöschen aller Lebenstriebe, Lösung von dem Kreislauf der Wiedergeburt* ▸ ins ~ eingehen *sterben*

Ni|sche ⟨die; -, -n⟩ **1** *Vertiefung, Einbuchtung in einer Mauer, Wand;* Zus *Wandnische* **2** *kleine Erweiterung eines Raumes;* Zus *Küchennische;* →a. *ökologisch*

nis|ten ⟨V. intr.; nis|tet, nis|te|te, hat ge|nis|tet⟩ *ein Nest bauen od. haben* (von Vögeln)

Nist|kas|ten ⟨der; -s, -käs|ten⟩ *aufgehängter Holzkasten mit einem Schlupfloch für Vögel zum Nisten*

Ni|t|rat ⟨das; -(e)s, -e; Chem.⟩ *Salz der Salpetersäure*

Ni|t|rit ⟨das; -(e)s, -e⟩ *Salz der salpetrigen Säure*

Ni|t|ro|gly|ze|rin ⟨das; -s; unz.; Chem.⟩ *Sprengstoff, gelbliche, ölige, stark giftige Flüssigkeit;* oV ⟨fachsprachl.⟩ *Nitroglycerin*

Ni|veau ⟨[-voː] das; -s, -s⟩ **1** ⟨Geogr.⟩ *Höhe (über dem Meeresspiegel)* **2** ⟨übertr.⟩ **2.1** *Stufe, Rang* **2.2** *geistige Höhe, Bildungsgrad* ▸ kein ~ haben *geistig anspruchlos sein, auf geringer geistiger Hö-*

N

he stehen; das ~ halten, heben, senken, wahren ⟨übertr.⟩; das ~ liegt 150 m über dem Meeresspiegel; das geistige, kulturelle, wirtschaftliche ~; sein Unterricht hat ein hohes, niedriges, überdurchschnittliches ~ ⟨übertr.⟩; auf gleichem ~ mit der Erde; eine Zeitschrift mit (einem gewissen) ~ ⟨übertr.⟩; sein loyales Verhalten zeugt von ~

ni|veau|los ⟨[-vo:-] Adj.; übertr.⟩ *kein Niveau aufweisend, anspruchslos, dürftig, primitiv, ungebildet, auf niedrigem Niveau* ▸ eine ~e Unterhaltungssendung; ~er Kommentar; Abl *Niveaulosigkeit*

ni|veau|voll ⟨[-vo:-] Adj.⟩ *geistig höherstehend, auf gehobenem Niveau* ▸ eine ~e Diskussion

ni|vel|lie|ren ⟨[-vɛl-] V. trans.; ni|vel|liert, ni|vel|lier|te, hat ni|vel|liert⟩ etwas ~ *ebnen, einebnen, gleichmachen, auf gleiche Höhe bringen;* Abl *Nivellierung*

nix ⟨Indefinitpron.; umg.⟩ *nichts*

Ni|xe ⟨die; -, -n; Myth.⟩ *junger weiblicher Wassergeist in Menschengestalt, aber mit Fischschwanz statt der Beine*

NN ⟨Abk. für⟩ *Normalnull*

no|bel ⟨Adj.⟩ **1** *vornehm, adelig* **2** *edel, großzügig, freigebig* ▸ ein nobler Charakter, Mann, Mensch; daraus spricht eine noble Gesinnung; das war eine noble Geste von ihm; er gibt noble Trinkgelder; sie wohnen immer in sehr noblen Hotels; er hat sich uns gegenüber stets ~ verhalten, gezeigt; Bes *bei der Beugung entfällt das „e": „ein nobles Geschenk"*

No|bel... ⟨in Zus. mit Subst.; meist abwertend⟩ *besonders exklusiv, sehr luxuriös,* z. B. Nobelhotel, Nobelmarke, Nobelrestaurant

No|bel|preis ⟨der; -es, -e⟩ *jährlich verliehener Preis für die besten Leistungen auf den Gebieten der Physik, Chemie, Medizin, Literatur, Wirtschaftswissenschaft u. zur Förderung des Weltfriedens;* Zus *Nobelpreisträger(in)*

no|b|lesse ob|lige ⟨[nɔblɛs ɔbli:ʒ]⟩ *Adel verpflichtet (edel zu handeln)*

No|bo|dy ⟨[noubɔdı] der; -s, -s⟩ ein ~ *eine unbedeutende Person*

noch[1] ⟨Adv.; verstärkend zum Ausdruck der Erwartung, Ungeduld, Entrüstung sowie der Steigerung⟩ **1** *außerdem, weiter, weiterhin, zusätzlich* **2** *bis jetzt, auch jetzt, fortdauernd* **3** *irgendwann* ▸ ~ einer!; ich muss dir nur schnell ~ eins sagen; ~ ein Wort, und ich gehe!; ich habe ~ Zeit *es eilt mir nicht;* ~ ist es Zeit (für deinen Entschluss); haben Sie ~ ein Zimmer frei (zu vermieten)? ▸ das mag ~ angehen, hingehen *ist erträglich;* geht Ihr Sohn ~ in die Schule?; wir haben nur ~ fünf Minuten Zeit, bis der Zug abfährt; dazu kommt ~ Folgendes: ...; er wird schon ~ kommen; da kannst du ~ lachen?; ich werde es dir ~ sagen; warte ~!; weißt du ~, wie es damals war? ▸ bitte ~ ein, zwei Bier; ~ größer, kleiner, höher; ein Dutzend oder ~ mehr; ich kam gerade ~ rechtzeitig zur Verabredung; das wäre ja ~ schöner! ⟨übertr.; umg.⟩ *das kommt nicht in Frage;* ich habe ~ viel zu tun; es ist ~ warm; nur ~ wenig ▸ ~ dazu *obendrein, außerdem;* ~ einmal so groß; etwas ~ einmal tun *es wiederholen;* bitte mach die Arbeit ~ heute fertig!; ~ immer keine Nachricht; ich denke kaum ~ daran; ~ mal = *nochmal;* es ist ~ nicht so weit; jede ~ so kleine Spende hilft ⟨verstärkend⟩; und wenn es ~ so sehr regnet; und wenn du dich ~ so ärgerst, es nützt dir nichts; ~ und ~ *ohne Ende, zahllos, in großen Mengen*

noch/schon

Die Verwendung dieser Adverbien bereitet besonders bei der Verneinung Schwierigkeiten. Das Adverb *noch* wird in der Bedeutung „andauernd, bis jetzt" häufig mit dem Zusatz „immer" verwendet: *Sitzt du (immer) noch* (= bis jetzt) *vor dem Fernseher? Er kann noch nicht kommen, er arbeitet (immer) noch.*
Wird eine Frage mit *schon* formuliert, so wird verneinend mit *noch* geantwortet: *Ist das Essen schon fertig ? Nein, es dauert noch zehn Minuten.* (Bejahend: *Ja, es ist schon fertig.)*
Bei einer Frage mit *noch* ist im Deutschen keine Antwort möglich, bei der *schon* mit nicht verneint wird. Möchte man ausdrücken, dass etwas (länger Andauerndes) gerade erst zu Ende gegangen ist, so verwendet man die Fügung *nicht mehr: Regnet es noch? Nein, seit ein paar Minuten regnet es nicht mehr.*

noch[2] ⟨Konj.⟩ *und nicht, auch nicht* ▸ er besaß nicht Geld ~ Essen; wir sind weder arm ~ reich; er hat weder Geld ~ Zeit

nö|cher ⟨umg.; scherzh.; verstärkend für⟩ *noch* ▸ ⟨nur in der Wendung⟩ noch und ~ *noch und noch, immer weiter*

noch|mal *auch:* **noch mal** ⟨Adv.; umg.⟩ *noch einmal* ▸ verdammt ~!; ~ nachhaken; es ~ versuchen; ~ von vorn anfangen

noch|ma|lig ⟨Adj.⟩ *wiederholt* ▸ eine ~e Aufforderung, Mahnung

noch|mals ⟨Adv.⟩ *noch einmal* ▸ ich werde es morgen ~ versuchen

No|ckerl ⟨das; -s, -n; österr. Kochk.⟩ *Mehl- od. Grießklößchen als Suppeneinlage;* Syn ⟨österr.⟩ *Nocke*

No|ma|de ⟨der; -n, -n⟩ *Angehöriger eines wandernden Hirtenstammes;* Abl *Nomadin; nomadisch*

No|men ⟨das; -s, - od. -mi|na; Gramm.⟩ **1** ⟨i. w. S.⟩ *deklinierbares Wort (Substantiv, Pronomen, Adjektiv)* **2** ⟨i. e. S.⟩ *Substantiv* ▸ im Deutschen können ~ im Maskulinum, Femininum oder Neutrum stehen

no|men est omen ⟨lat.⟩ *der Name deutet darauf hin (eigentlich: der Name ist (zugleich) ein Zeichen)*

No|men|kla|tur ⟨die; -, -en⟩ *Verzeichnis bzw. Gesamtheit der Fachausdrücke eines Kunst- od. Wissensgebietes*

N

...no|mie ⟨in Zus.; zur Bildung von Subst.; die; -, -n⟩ **1** *Abhängigkeit von Gesetzen, ...gesetzlichkeit,* z. B. Autonomie **2** *Wissenschaft,* z. B. Astronomie

no|mi|nal ⟨Adj.; Gramm.⟩ *das Nomen betreffend, auf ihm beruhend;* Zus *Nominalphrase*

No|mi|nal|ein|kom|men ⟨das; -s, -⟩ *das Einkommen ohne Berücksichtigung der Kaufkraft des Geldes;* Ggs *Realeinkommen*

No|mi|nal|wert ⟨der; -(e)s, -e⟩ = *Nennwert*

No|mi|na|tiv ⟨der; -s, -e; Abk.: Nom.; Gramm.⟩ *erster Fall der Deklination;* Syn *Werfall*

no|mi|nell ⟨Adj.⟩ *(nur) dem Namen nach, angeblich* ▸ ein Amt nur ~ ausüben

no|mi|nie|ren ⟨V. trans.; no|mi|niert, no|mi|nier|te, hat no|mi|niert⟩ jmdn. (als od. für etwas) ~ *nennen, benennen, vorschlagen* ▸ er wurde als Kandidat nominiert; Abl *Nominierung*

Non|cha|lance ⟨[nɔ̃ʃalãːs] die; -; unz.⟩ *liebenswürdige Lässigkeit, Ungezwungenheit*

non|cha|lant ⟨[nɔ̃ʃalãː] Adj.; -er, am -es|ten⟩ *lässig, ungezwungen*

non|kon|form ⟨Adj.⟩ *mit der herrschenden od. mehrheitlichen Meinung (bes. in polit. od. sozialen Fragen) nicht übereinstimmend, sich (bewusst) gegen die allgemeingültige Meinung od. Mode stellend;* Abl *Nonkonformität*

non|kon|for|mis|tisch ⟨Adj.⟩ *von der herrschenden Meinung abweichend, eigenständig, individualistisch;* Ggs *konformistisch*

Non|ne ⟨die; -, -n⟩ *Angehörige eines weiblichen Ordens, die die Gelübde abgelegt hat;* Syn *Klosterfrau, Klosterschwester;* →a. *Mönch;* Zus *Nonnenkloster, Nonnenorden*

Non|plus|ul|t|ra ⟨das; -; unz.; meist scherzh.⟩ *das Beste, das Unübertreffbare, das Optimale* ▸ dieses Hotel ist auch nicht das ~

Non|sens ⟨der; -; unz.⟩ *Unsinn, törichtes Gerede* ▸ er redet nur ~

non|stop ⟨Adv.⟩ *durchgehend, ohne Unterbrechung* ▸ ~ fliegen; die Band spielt ~; Zus *Nonstopflug*

non|ver|bal ⟨[-vɛr-] Adj.⟩ *nicht mündlich, nicht durch Worte mitgeteilt* ▸ ~e Kommunikation, Verständigung

Nop|pe ⟨die; -, -n⟩ **1** *Knoten in Garn od. Gewebe* **2** *kleine runde Erhebung* ▸ rutschfeste Socken mit ~n aus Gummi

Nord I ⟨ohne Artikel; Abk.: N⟩ = *Norden* ▸ Stuttgart ~ II ⟨der; -(e)s, -e; poet.⟩ *Nordwind*

Nord|at|lan|tik|pakt ⟨der; -(e)s; unz.⟩ = *NATO*

nord|deutsch ⟨Adj.⟩ *das nördliche Deutschland betreffend, zu ihm gehörig, aus ihm stammend* ▸ die ~en Mundarten; Abl *Norddeutsche(r)*

Nor|den ⟨der; -s; unz.; Abk.: N⟩ **1** *Himmelsrichtung;* Zus *Nordrichtung, Nordseite* **2** *nördlich gelegenes Gebiet;* Zus *Nordküste; nordirisch, nordkoreanisch* **3** *die nördlichen Länder der Erde;* Zus *Nordeuropäer(in); nordamerikanisch, nordeuropäisch* ▸ die Völker des ~s; im ~ der Stadt; im ~ liegen; im hohen ~; wir fahren weiter nach ~; das Zimmer liegt nach ~; der Wind kommt heute von ~

nord|frie|sisch ⟨Adj.⟩ *Nordfriesland betreffend, zu ihm gehörig, von ihm stammend* ▸ die Nordfriesischen Inseln

Nord|halb|ku|gel ⟨die; -, -n⟩ *nördlicher Teil der Erdkugel;* Ggs *Südhalbkugel*

nor|disch ⟨Adj.⟩ *den Norden betreffend, aus ihm stammend* ▸ die ~en Länder *die skandinavischen Länder (Schweden u. Norwegen, oft werden auch Dänemark u. Finnland dazugezählt)*

nörd|lich ⟨Adj.⟩ *im Norden liegend, in Richtung nach Norden (liegend)* ▸ ~e Breite ⟨Abk.: n. Br. od. nördl. Br.⟩ *geografische Breite nördlich des Äquators;* die ~en Länder *die im Norden der Erde liegenden Länder; Skandinavien sowie Dänemark u. Finnland;* der Ort liegt weiter ~

Nord|licht ⟨das; -(e)s, -er⟩ *nördliches Polarlicht*

Nord|ost I ⟨ohne Artikel; Abk.: NO⟩ *Nordosten* II ⟨der; -(e)s, -e; kurz für⟩ *Nordostwind, Wind aus nordöstlicher Richtung*

Nord|os|ten ⟨der; -s; unz.; Abk.: NO⟩ **1** *Himmelsrichtung zw. Norden u. Osten;* oV *Nordost* **2** *im Nordosten gelegenes Gebiet*

nord|öst|lich ⟨Adj.⟩ **1** *im Nordosten liegend* **2** *nach Nordosten zu* ▸ ~ von Berlin; in ~er Richtung gehen, fahren

Nord|pol ⟨der; -(e)s, -e⟩ *nördlicher Pol der Erd- u. Himmelskugel*

nord|rhein-west|fä|lisch ⟨Adj.⟩ *Nordrhein-Westfalen betreffend, zu ihm gehörig, von ihm stammend*

Nord|see|küs|te ⟨die; -, -n⟩ *an der Nordsee gelegener Küstenabschnitt* ▸ einen Urlaub an der ~ verbringen

Nord-Süd-Ge|fäl|le ⟨das; -s; unz.; Pol.⟩ *wirtschaftliches u. soziales Gefälle zw. (nördlichen) Industriestaaten u. (südlichen) Entwicklungsländern*

Nord|west I ⟨ohne Artikel; Abk.: NW⟩ = *Nordwesten* II ⟨der; -(e)s, -e⟩ = *Nordwestwind*

Nord|wes|ten ⟨der; -s; unz.; Abk.: NW⟩ **1** *Himmelsrichtung zw. Norden u. Westen;* oV *Nordwest* **2** *im Nordwesten gelegenes Gebiet*

nord|west|lich ⟨Adj.⟩ **1** *im Nordwesten liegend* **2** *nach Nordwesten zu* ▸ ~ von Berlin; in ~er Richtung gehen, fahren

Nord|wind ⟨der; -(e)s, -e⟩ *aus Norden kommender Wind*

nör|geln ⟨V. intr.; nör|gelt, nör|gel|te, hat ge|nör|gelt⟩ **1** *kleinlich tadeln, kritteln* **2** an etwas ~ *mit etwas nicht zufrieden sein* ▸ er muss an allem ~; Abl *Nörgler(in); nörgelig*

Norm ⟨die; -, -en⟩ **1** *Richtschnur, Vorbild, Regel* **2** *Vorschrift für Größen, Qualitäten, Verfahren, Darstellungsweisen, Standard* **3** *vorgeschriebene Arbeitsleistung* ▸ eine ~ aufstellen; die Blutwerte bewegen sich im Bereich der ~; als ~ dienen, gelten

nor|mal ⟨Adj.⟩ **1** *der Regel gemäß, den Normen entsprechend* **2** *gewöhnlich, üblich, landläufig, herkömmlich* **3** ⟨umg.⟩ *geistig gesund* ▸ das Kind hat ~es Gewicht; er hat eine ~e Größe; er ist nicht ganz ~ ⟨umg.⟩; unter ~en Bedingungen wäre der Unfall nicht passiert

nor|mal..., Nor|mal... ‹in Zus.› *der Norm entsprechend, durchschnittlich, üblich,* z. B. Normalbedingungen, Normalbürger(in), Normalmaß

Nor|mal|ben|zin ‹das; -s; unz.› *Benzin mit einer relativ niedrigen Klopffestigkeit u. Dichte*

nor|ma|ler|wei|se ‹Adv.› *für gewöhnlich, im Allgemeinen* ▸ ~ kommen solche Fehler bei uns nicht vor; ~ ist sie abends zu Hause

Nor|mal|fall ‹der; -(e)s, -fäl|le; Pl. selten› *normaler, üblicher Fall, Regelfall* ▸ im ~ *normalerweise, üblicherweise, in der Regel*

nor|ma|li|sie|ren ‹V.; nor|ma|li|siert, nor|ma|li|sier|te, hat nor|ma|li|siert› **I** ‹V. trans.› etwas ~ *der Norm (wieder) angleichen, (wieder) normal gestalten* **II** ‹V. refl.› sich ~ *wieder normal werden* ▸ als sich das Leben nach dem Kriege wieder normalisiert hatte; Abl *Normalisierung*

Nor|ma|li|tät ‹die; -; unz.› **1** *normale Beschaffenheit* **2** *Zustand normaler Beschaffenheit* ▸ das Land befindet sich auf dem Weg in die ~

Nor|mal|null ‹das; -; unz.; Abk.: NN› *Angabe über die Höhe von Orten, Bergen usw., die auf die Höhe des Meeres bezogen ist* ▸ die Insel liegt zwei Meter über ~

Nor|mal|sterb|li|che(r) ‹die; -n, -n (der; -n, -n); umg.; meist scherzh.› *Durchschnittsmensch, gewöhnlicher, nicht privilegierter Mensch* ▸ für ~ ist dieser Wettbewerb unerreichbar

Nor|mal|ver|brau|cher ‹der; -s, -; umg.; scherzh.› (Otto) ~ *Durchschnittsmensch;* Abl *Normalverbraucherin*

N

nor|ma|tiv ‹Adj.› **1** *in der Art einer Norm od. von Normen, normgerecht* **2** *als Norm dienend* ▸ diese Verhaltensweisen haben ~en Charakter; eine Bestimmung ~ in ein Vertragswerk aufnehmen

nor|men ‹V. trans.; normt, norm|te, hat ge|normt› etwas ~ *als Norm od. nach einer Norm festlegen, vereinheitlichen;* Syn *normieren;* Abl *Normung*

Nor|men|kon|t|rol|le ‹die; -, -n› *Kontrolle der Übereinstimmung von Rechtsnormen mit einer übergeordneten Rechtsnorm, bes. mit dem Grundgesetz, durch ein Gericht*

nor|mie|ren ‹V. trans.; nor|miert, nor|mier|te, hat nor|miert› etwas ~ = *normen;* Abl *Normierung*

norm|wid|rig ‹Adj.› *gegen die Norm verstoßend*

Nor|we|ger ‹der; -s, -› *Einwohner Norwegens;* Abl *Norwegerin*

nor|we|gisch ‹Adj.› *Norwegen betreffend, zu ihm gehörend, aus ihm stammend*

Nos|t|al|gie ‹die; -, -n› *wehmütige Sehnsucht nach der Vergangenheit* ▸ er blickt mit ~ auf sein früheres Leben zurück; Abl *Nostalgiker(in); nostalgisch*

Not ‹die; -, Nö|te› **1** *Armut, Elend* **2** *Knappheit, Mangel;* Zus *Geldnot, Zeitnot* **3** *Bedrängnis, Gefahr* **4** *Anstrengung, Mühe* **5** *Sorge, Schwierigkeit* ▸ jmds. ~ **erleichtern,** lindern, mildern; es **hat** keine ~ *es ist nicht notwendig, es eilt nicht;* jmdm. seine ~ **klagen;** ~ **leiden;** ~ **macht** erfinderisch ▸ **bittere,** drückende, große, höchste, schwere, tiefe ~; die Bevölkerung lebt in **großer** ~; **innere** ~; ~ **leidend** = *notleidend;* seine **liebe** ~ mit jmdm. od. etwas haben ▸ **aus** der ~ eine Tugend machen *das Beste aus einer unangenehmen Sache machen;* jmdn. aus großer ~ retten; jmdm. **in** der ~ beistehen, helfen; in der höchsten ~ erschien ein Retter; in tausend Nöten; **mit** Mühe und ~ etwas erreichen; mit knapper ~ entkommen *nur mit Mühe, gerade noch;* **ohne** ~ werde ich das nicht tun *ohne dass es nötig ist;* **zur** ~ geht es schon ‹umg.› *mit Mühe, wenn es unbedingt sein muss;* →a. *Eisen, Teufel*

No|tar ‹der; -s, -e› *ausgebildeter Jurist, der auch Unterschriften, Schriftstücke beglaubigt u. Rechtsgeschäfte beurkundet;* Abl *Notarin; notarisch*

No|ta|ri|at ‹das; -(e)s, -e› *Büro, Kanzlei eines Notars*

no|ta|ri|ell ‹Adj.› *vom, durch den Notar (ausgeführt);* Syn *notarisch* ▸ ~ beglaubigte Abschrift

Not|arzt ‹der; -es, -ärz|te› **1** *Arzt im Bereitschaftsdienst* **2** *Arzt, der im Notfall gerufen werden kann u. in einem Einsatzwagen mit einer für die ersten Maßnahmen notwendigen Ausrüstung kommt;* Zus *Notarztwagen* ▸ den ~ rufen; Abl *Notärztin; notärztlich*

No|ta|ti|on ‹die; -, -en; Mus.› *Aufzeichnung (eines Musikstücks) in Notenschrift*

Not|auf|nah|me ‹die; -, -n› *Aufnahme in eine Krankenhausstation im Notfall* ▸ er wurde nach dem Unfall in die ~ gebracht

Not|aus|gang ‹der; -(e)s, -gän|ge› *zusätzlicher Ausgang für den Notfall, bei Gefahr* ▸ das Flugzeug hat mehrere Notausgänge

Not|be|helf ‹der; -(e)s, -e› *vorübergehende Lösung, unzureichendes Ersatzmittel* ▸ das ist nur ein ~; als ~ dienen

Not|brem|se ‹die; -, -n› *Bremse in Zügen für den Fall einer Gefahr* ▸ die ~ ziehen ‹übertr.› *einer Sache in letzter Sekunde noch Einhalt gebieten, bevor größerer Schaden entsteht*

Not|dienst ‹der; -(e)s, -e› **1** *Bereitschaftsdienst (von Ärzten, Apotheken usw.)* **2** *Dienststelle eines Notdienstes (1)* ▸ zum ~ gehen

Not|durft ‹die; -; unz.; scherzh.› *Entleerung des Darms bzw. der Harnblase* ▸ seine ~ verrichten

not|dürf|tig ‹Adj.› *nicht befriedigend, nur knapp (ausreichend)* ▸ einen Schaden ~ ausbessern

No|te ‹die; -, -n› **1** *in Wort od. Zahl ausgedrückte Beurteilung, Zensur;* Zus *Notendurchschnitt; Deutschnote, Mathenote, Schulnote* **2** ‹Pol.› *förmliche schriftliche Mitteilung einer Regierung an eine andere* **3** ‹schweiz.; kurz für› *Geldschein, Papiergeld;* Zus *Banknote* **4** ‹Mus.› **4.1** *Schriftzeichen für einen Ton* **4.2** ‹Pl.› ~n *Heft od. Buch mit den Noten von Musikstücken;* Zus *Notenständer; Geigennoten, Klaviernoten* **5** ‹übertr.› *Prägung, Eigenart* ▸ in der Schule hat sie gute ~n **bekommen;** (Bank-)~n **drucken,** fälschen, aus dem Verkehr ziehen; jmdm. die ~ 1 **geben;** ~n **lesen,** schreiben können ‹Mus.›; eine ~ an den Präsidenten **überreichen** ▸ ~ „eins", „sehr gut"; die Soße bekommt durch die Gewürze eine **besondere** ~; sie hat die **besten** ~n in der Klasse; **diplomatische** ~; **gute,** schlechte ~n; sein Vortrag erhielt durch die Schilderung eigener Erlebnisse eine persönliche ~ ▸ nach ~n singen, spielen; ohne ~n singen, spielen *auswendig*

Note|book ⟨[noutbuk] das; -s, -s; EDV⟩ *kleiner, tragbarer Computer;* ⓘ S. 469; →a. *Laptop*

No|ten|li|nie ⟨[-njə] die; -, -n; Mus.⟩ *jede der fünf Linien des musikalischen Notensystems*

No|ten|schlüs|sel ⟨der; -s, -; Mus.⟩ *Zeichen am Anfang der Notenlinien, das die Tonlage der Noten bestimmt, z. B. Bass-, Violinschlüssel*

Not|fall ⟨der; -(e)s, -fäl|le⟩ **1** *Eintreten einer Notwendigkeit, Gefahr od. Ausnahmesituation, Zwangslage;* Zus *Notfallausrüstung* **2** ⟨schweiz.; kurz für⟩ *Notfallstation* ▸ für den ~ einen Schirm mitnehmen; im ~ *wenn es unbedingt sein muss, notfalls;* im äußersten ~

not|falls ⟨Adv.⟩ *im Notfall, wenn es unbedingt sein muss* ▸ ~ werde ich selbst hingehen

Not|fall|sta|ti|on ⟨die; -, -en; schweiz.⟩ = *Unfallstation*

not|ge|drun|gen ⟨Adj.⟩ *weil es nicht anders geht, aus Not dazu gezwungen* ▸ er musste ~ nachgeben

Not|gro|schen ⟨der; -s, -⟩ *(gespartes) Geld für Zeiten der Not* ▸ sich einen ~ zurücklegen

no|tie|ren ⟨V. trans.; no|tiert, no|tier|te, hat notiert⟩ **1** (sich) etwas ~ *aufschreiben (um es sich zu merken)* **2** jmdn. od. etwas ~ *vormerken* **3** den Kurswert ~ *festsetzen u. veröffentlichen* ▸ (sich) ein Datum, eine Verabredung ~; jmdn. für die Teilnahme an einem Lehrgang ~; zum notierten Kurs; Abl *Notierung*

nö|tig ⟨Adj.⟩ **I** ⟨attr.; präd.⟩ *notwendig, erforderlich, unentbehrlich* ▸ die ~en Mittel, Unterlagen zur Verfügung stellen ▸ das Nötige besorgen, veranlassen; sein: danke, es ist nicht ~; es ist nicht ~, zu sagen, dass … ▸ es ist dringend, unbedingt ~ ▸ es fehlt ihm am Nötigsten; es (nicht) für ~ halten, etwas zu tun; er hat es nicht mal für ~ gehalten, sich zu entschuldigen ⟨umg.⟩ *er hat sich nicht einmal entschuldigt;* wenn ~, komme ich sofort **II** ⟨adv.⟩ *dringend, unbedingt* ▸ etwas ~ brauchen; etwas ~ haben; er hat Urlaub ~; du hast es (gerade) ~, so anzugeben! ⟨umg.⟩ *du hast nichts geleistet, das dich dazu berechtigt, so anzugeben;* das Kind muss mal ~ (auf die Toilette) ⟨umg.⟩ ▸ er hat es bitter ~, dass man ihm hilft

nö|ti|gen ⟨V. trans.; nö|tigt, nö|tig|te, hat ge|nötigt⟩ jmdn. (zu etwas) ~ **1** *mit Gewalt od. Drohung dazu bringen, etwas zu tun od. zu dulden;* Abl *Nötigung* **2** *auffordern, dringend bitten, zuzulangen, sich zu nehmen (bei Tisch)* ▸ sich genötigt sehen, etwas zu tun *sich gezwungen, sich veranlasst sehen*

nö|ti|gen|falls ⟨Adv.⟩ *notfalls, wenn es nötig, notwendig ist*

No|tiz ⟨die; -, -en⟩ **I** ⟨zählb.⟩ *notierte Bemerkung, kurze Angabe, Vermerk* ▸ sich ~en machen; eine kurze ~ bringen (in der Zeitung); Zus *Notizblock, Notizbuch, Notizheft, Notizzettel; Zeitungsnotiz* **II** ⟨unz.⟩ *Kenntnis, Beachtung* ▸ von etwas od. jmdm. (keine) ~ nehmen *etwas od. jmdn. (nicht) beachten*

Not|la|ge ⟨die; -, -n⟩ *Bedrängnis, schwierige, schlimme Lage* ▸ eine wirtschaftliche ~; sich in einer ~ befinden; jmdn. in eine ~ bringen; in eine ~ geraten

not|lan|den ⟨V. intr.; not|lan|det, not|lan|de|te, ist not|ge|lan|det⟩ *aufgrund einer Notlage (z. B. Motorschaden) auf unvorbereitetem Platz landen* ▸ ich bin notgelandet; Abl *Notlandung*

not|lei|dend *auch:* **Not lei|dend** ⟨Adj.⟩ *Elend, Leid, Armut erfahrend, in einer Notlage befindlich* ▸ die ~en Menschen

Not|lö|sung ⟨die; -, -en⟩ *nicht ganz befriedigende Lösung (eines Problems)* ▸ Kleiderhaken als ~ für eine Garderobe

Not|lü|ge ⟨die; -, -n⟩ *Lüge aufgrund einer Schwierigkeit, Zwangslage, in der man sich befindet* ▸ zu einer ~ greifen

Not|ope|ra|ti|on ⟨die; -, -en; Med.⟩ *als chirurgische Sofortmaßnahme zur Abwendung akuter Lebensgefahr durchgeführte Operation*

Not|op|fer ⟨das; -s, -⟩ *Sondersteuer in einer Notlage* ▸ ein ~ von 10 Euro

no|to|risch ⟨Adj.⟩ **1** *offenkundig, allbekannt* **2** *gewohnheitsmäßig* ▸ ~er Nörgler, Trinker, Verbrecher; er ist ~ unzufrieden

Not|ruf ⟨der; -(e)s, -e⟩ *Anruf u. Rufnummer von Polizei od. Feuerwehr bei Notständen* ▸ der ~ hat die Telefonnummer 110

Not|ruf|säu|le ⟨die; -, -n⟩ *säulenartige Einrichtung (auf Straßen) mit Fernsprecher, über die man Polizei, Feuerwehr, Notarzt usw. in Notfällen erreichen kann*

not|schlach|ten ⟨V. trans.; not|schlach|tet, not|schlach|te|te, hat not|ge|schlach|tet⟩ ein Tier ~ *ein T. schlachten, weil es eine Krankheit od. Verletzung nicht überleben wird* ▸ wir müssen die Kuh ~; Abl *Notschlachtung*

Not|si|g|nal ⟨das; -(e)s, -e⟩ *Signal in einer Notlage als Hilferuf, bes. in Seenot*

Not|stand ⟨der; -(e)s, -stän|de⟩ **1** ⟨Rechtsw.⟩ *Zustand der Gefahr, für den besondere Gesetze gelten* **2** ⟨allg.⟩ *Notlage;* Zus *Notstandsgebiet* ▸ den ~ ausrufen

Not|strom|ag|gre|gat ⟨das; -(e)s, -e⟩ *Diesel- bzw. Benzinmotor mit Generator od. Batterie für die Stromversorgung in Notfällen*

Not|wehr ⟨die; -; unz.; Rechtsw.⟩ *Abwehr eines rechtswidrigen Angriffs* ▸ aus ~ handeln; jmdn. in ~ erschießen

not|wen|dig ⟨a. [-'--]Adj.⟩ **1** *erforderlich, unentbehrlich, unerlässlich;* Abl *Notwendigkeit* **2** *unvermeidlich, zwangsläufig* **3** *vorgeschrieben* **4** *dringend* ▸ die ~en Formalitäten erledigen; die ~en Schritte unternehmen; ~e Voraussetzung ▸ etwas ~ brauchen; sie hielt es nicht für ~, meinen Brief zu beantworten; wir können nur das Notwendigste mitnehmen; sein: für diesen Beruf ist es ~ zu studieren; das Notwendige veranlassen; es könnte ~ werden, dass … ▸ dringend, unbedingt ~ ▸ ich halte es für ~

N

Not|zei|ten ‹Pl.› in ~ *in Zeiten der Not*
Nou|gat ‹[nu:-] das; -s; unz.› *Konfekt aus fein zerriebenen Nüssen od. Mandeln mit Zucker u. Kakao;* oV *Nugat*
No|vel|le[1] ‹[-vɛl-] die; -, -n; Lit.› *von einem einzelnen, ungewöhnlichen Ereignis handelnde, sich steigernde Erzählung;* Abl *Novellist(in)*
No|vel|le[2] ‹[-vɛl-] die; -, -n; Pol.› *ergänzender od. ändernder Nachtrag zu einem Gesetz;* Zus *Gesetzesnovelle*
no|vel|lie|ren ‹[-vɛl-] V. trans.; no|vel|liert, no|vel|lier|te, hat no|vel|liert› ein Gesetz ~ *neu formulieren od. ergänzen;* Abl *Novellierung*
No|vem|ber ‹[-vɛm-] der; -s, -; Abk.: Nov.› *elfter Monat des Jahres*
No|vem|ber|po|g|rom ‹[-vɛm-] das od. der; -s; unz.› *Pogrom gegen die Juden in der Nacht vom 9. zum 10.11.1938, bei dem zahlreiche jüdische Geschäfte zerschlagen wurden;* Syn *Kristallnacht, Reichskristallnacht*
No|vi|ze ‹[-vi:-] der; -n, -n› **1** *junger Mönch während der Probezeit vor dem Ablegen der Gelübde* **2** ‹übertr.› *Neuling, Anfänger;* Abl *Novizin*
No|vum ‹[-vum] das; -s, -va [-va]› *Neuheit, noch nicht Dagewesenes, neuer Gesichtspunkt*
Nr. ‹Abk. für› *Nummer*
NS ‹Abk. für› *Nationalsozialismus;* Zus *NS-Opfer, NS-Regime, NS-Zeit*
NT ‹Abk. für› *Neues Testament*
Nu ‹der; nur in den Wendungen› im ~ *sehr schnell* ▸ ich bin im ~ zurück
Nu|an|ce ‹[nyã:s(ə)] die; -, -n› **1** *Abstufung, feine Tönung;* Abl *nuancenreich* **2** *Feinheit* **3** *winzige Kleinigkeit, Spur, Schimmer* ▸ eine ~ heller, dunkler; um eine ~ anders
nu|an|cie|ren ‹[nyãsi:-] V. trans.; nu|an|ciert, nu|an|cier|te, hat nu|an|ciert› etwas ~ *abstufen, kaum merklich ändern;* Abl *Nuancierung*
nu|an|ciert **I** ‹Part. Perf. von› *nuancieren* **II** ‹[nyãsi:rt] Adj.; -er, am -es|ten› *differenziert, vielfach abgestuft* ▸ eine ~e Darstellung
nüch|tern ‹Adj.› **1** *ohne gegessen od. getrunken zu haben, mit leerem Magen* (Person) **2** *leer* (Magen) **3** *nicht betrunken* **4** *besonnen, realistisch* **5** *trocken, fantasielos* ▸ ein ~er Bericht; er ist ein sehr ~er Mensch ▸ eine Sache ~ betrachten, beurteilen; noch ~ sein; allmählich wieder ~ werden *aus einem Rausch od. Begeisterungstaumel erwachen* ▸ ein Medikament auf ~en Magen einnehmen; mit ~em Magen kommen *ohne gefrühstückt zu haben;* Abl *Nüchternheit*
nu|ckeln ‹V. intr.; nu|ckelt, nu|ckel|te, hat ge|nu|ckelt; umg.› an etwas ~ *saugen, lutschen* (bes. von Säuglingen u. jungen Tieren)
Nu|c|le|in|säu|re ‹die; -; unz.› = *Nukleinsäure*
Nu|del ‹die; -, -n› *Teigware in kleiner Muschel-, Röhrchen-, Faden- o. a. Form, Pasta* ▸ heute Mittag gibt es ~n; Kinder essen gern ~n mit Tomatensoße; als Beilage gibt es ~n, Reis oder Kartoffeln; Zus *Nudelauflauf, Nudelsuppe, Nudelteig; Fadennudel*
Nu|del|holz ‹das; -es, -höl|zer› *hölzernes Küchengerät in Form einer Rolle mit zwei Griffen zum Ausrollen von Teig;* Syn ‹österr.› *Nudelwalker,* ‹schweiz.› *Wallholz*
Nu|dis|mus ‹der; -; unz.› = *Freikörperkultur;* Abl *Nudist(in)*
Nu|gat ‹das; -s; unz.› = *Nougat*
nu|k|le|ar ‹Adj.; Phys.› **1** *zum Atomkern gehörend, von ihm ausgehend* **2** *auf Kernreaktion beruhend;* Zus *Nuklearwaffe*
Nu|k|le|ar|me|di|zin ‹die; -; unz.; Med.› *Teilgebiet der Medizin, das sich mit der Anwendung radioaktiver Stoffe befasst*
Nu|k|le|in|säu|re ‹die; -; unz.; Biochem.› *komplexe Verbindung aus organischen Basen, Kohlenhydraten u. Phosphorsäure, die in allen lebenden Organismen (bes. in den Zellkernen) u. in Viren vorkommt*
null ‹Adj.; Kardinalzahl; als Ziffer: 0› **1** *kein, keine, keinen* **2** *nichts* **3** ‹Jugendspr.› *nicht den geringsten, nicht die, das geringste* ▸ er hat ~ Ahnung; sie hat ~ Fehler im Diktat; das Thermometer steht auf ~ Grad *auf dem Gefrierpunkt;* die Stunde ~ *Zeitpunkt eines Neubeginns (bes. nach herben Schicksalsschlägen, nach einem Krieg)* ▸ das Ergebnis dieser Sache ist gleich ~ *die S. hat kein Ergebnis gehabt, hat zu nichts geführt* ▸ (wieder) bei ~ anfangen *ganz von vorne;* drei Grad über, unter ~ (Grad Celsius); das Spiel steht zwei zu ~ ‹in Ziffern› 2:0; →a. *Bock*[1], *nichtig*
Null ‹die; -, -en; Zeichen: 0› **1** *Zahl 0* **2** ‹übertr.› *untüchtiger, bedeutungsloser Mensch* ▸ einer Zahl eine ~ anhängen; er ist eine echte ~ ‹übertr.› →a. *null*
null-acht-fünf|zehn ‹Adj.; meist präd.› *einem allzu bekannten Schema folgend, nicht originell, nichts Neues bietend* ▸ die Wohnung ist so ~ eingerichtet; das Essen ist ziemlich ~
Null|di|ät ‹die; -; unz.› *Schlankheitsdiät mit vollständigem Verzicht auf Nahrung außer Wasser, Vitaminen u. Mineralstoffen*
Null|lö|sung ‹die; -, -en; Pol.› *Herstellung eines Ausgleichs bei der Aufstellung von atomaren Mittelstreckenwaffen*
Null|punkt ‹der; -(e)s, -e› *Bezugspunkt einer Skala, z. B. bei Thermometern der Gefrierpunkt des Wassers als Ausgangspunkt der Celsiusskala* ▸ auf dem ~ angekommen sein ‹übertr.› *den größten Tiefstand erreicht haben;* unsere Stimmung sank nach der unrühmlichen Niederlage auf den ~ ‹übertr.›
Null|run|de ‹die; -, -n; umg.› *Tarifrunde ohne reale Lohnerhöhung, bes. in Zeiten schwacher Konjunktur*
Null|ta|rif ‹der; -s; unz.› *auf Null gesenkter Tarif* ▸ etwas zum ~ haben wollen ‹übertr.› *kostenlos*
Null|wachs|tum ‹[-ks-] das; -s; unz.› *wirtschaftl. Stillstand, Stagnation*
Nu|me|ra|le ‹das; -s, -lia od. -li|en; Gramm.› = *Zahlwort*
nu|me|risch ‹Adj.› *der Zahl nach, die Zahl betreffend* ▸ die Mannschaft war ~ unterlegen

N

Nu̱|me|rus ⟨der; -, -me|ri⟩ **1** ⟨Math.⟩ *Zahl, zu der der Logarithmus gesucht wird* **2** ⟨Gramm.⟩ *grammatische Kategorie, die angibt, ob die durch Nomen, Pronomen od. Verbum ausgedrückten Begriffe einfach (zweifach usw.) od. mehrfach aufzufassen sind, z. B. Singular, Dual, Plural* ▸ ~ clausus ⟨Abk.: NC⟩ *begrenzte Zahl für die Zulassung von Bewerbern zum Studium, zu einem Gewerbe od. Beruf;* wie hoch ist der ~ clausus in Medizin?

Numerus

Der *Numerus* ist eine grammatische Kategorie der Nominalgruppe (und insbesondere des Substantivs) zur Bezeichnung der Menge. Im Deutschen werden Singular (Einzahl) und Plural (Mehrzahl) unterschieden. In der Regel sind die Formen der Substantive im Singular und Plural unterschiedlich: *das Meer – die Meere, der Vater – die Väter.* Es gibt aber auch Substantive, die keine Pluralendungen bilden: *der Adler – die Adler, der Meißel – die Meißel.*
Substantive werden im Deutschen nach Genus, Kasus und *Numerus* dekliniert und bilden dementsprechende Endungen.
Aufgrund der Übereinstimmung von Subjekt und Prädikat innerhalb von Nominalgruppen werden auch andere Wortarten wie Adjektiv, Pronomen und finites Verb dem *Numerus* entsprechend abgewandelt. Im Singular heißt es *das rothaarige Kind geht nach Hause,* im Plural dagegen *die rothaarigen Kinder gehen nach Hause.*

Nu̱m|mer ⟨die; -, -n⟩ **1** *Glied in einer Reihe von Ordnungszahlen;* Zus *Hausnummer, Losnummer, Telefonnummer, Zimmernummer* **2** *Größe;* Zus *Schuhnummer* **3** *Exemplar (einer Zeitschrift)* **4** *einzelne Darbietung innerhalb einer Folge von Vorführungen;* Zus *Programmnummer* **5** ⟨umg.⟩ *Person* ▸ Kreuzstraße ~ 40a ▸ ich habe (im Hotel) Zimmer ~ 10 ▸ das ist für ihn eine ~ zu groß ⟨übertr.⟩ *das übersteigt seine Fähigkeiten;* eine ~ größer, kleiner; eine komische, ulkige ~ ⟨umg.⟩ *komischer, ulkiger Kerl;* laufende ~ *Zahl in einer fortlaufenden Reihe;* auf ~ Sicher/sicher gehen ⟨übertr.; umg.⟩ *keinerlei Risiko eingehen;* die Artisten begeisterten mit einer tollen ~ nach der anderen ▸ ich bin unter der (Telefon-)~ 6553 zu erreichen

num|me|rie̲|ren ⟨V. trans.; num|me|riert, num|me|rier|te, hat num|me|riert⟩ etwas ~ *mit Nummern, mit fortlaufende Zahlen versehen, beziffern;* Abl *Nummerierung*

Nu̱m|mern|kon|to ⟨das; -s, -kon|ten od. -kon|ti⟩ *nach einer Nummer (nicht auf den Namen des Inhabers) geführtes Konto*

Nu̱m|mern|schild ⟨das; -(e)s, -er; Kfz⟩ *Schild mit der Nummer an Kraftfahrzeugen;* ⓘ S. 896

nu̲n[1] ⟨Adv.⟩ **1** *jetzt* **2** *inzwischen* ▸ ~, da es so weit ist, bin ich ganz ruhig ▸ ~ ändert sich die Lage; ~ hab ich aber genug!; sie ist ~ zu einer jungen Dame herangewachsen; wir kommen ~ zu der Frage, ob ...; er mag ~ wollen oder nicht; ich muss ~ gehen; was sagst du ~?; sein: das ist ~ mal so ▸ ~ bist du an der Reihe, bist du dran; von ~ an ▸ was ~? *was soll jetzt weiter geschehen?*

nu̲n[2] ⟨Abtönungspartikel⟩ *also* ▸ ~? *was ist damit?; was soll geschehen?, was möchtest du?;* ~, warum antwortest du nicht?; ~, wird's bald? ▸ ~ gut! *meinetwegen!, also gut!, einverstanden* ▸ ~ denn! ⟨aufmunternd⟩ *also los!, lasst uns anfangen!;* das ist ~ einmal so, das ist ~ mal nicht anders; ~ ja *(Ausdruck der Gleichmütigkeit, auch des leisen Einwands);* ~ ja, wie dem auch sei ...

nu̲n|mehr ⟨Adv.⟩ *jetzt, von jetzt an*

Nu̱n|ti|us ⟨der; -, -ti|en⟩ *päpstlicher Botschafter;* oV ⟨österr.⟩ *Nunzius*

nu̲r[1] ⟨Adv.⟩ **1** *nicht mehr als* **2** *nichts anderes* ▸ ~ ich; alle, ~ ich nicht ▸ ich habe ~ einen Schlüssel; der Pullover kostet ~ zehn Euro; ~ gut, dass wir die Nummern verglichen haben; ich weiß es ~ zu gut; bist du krank? Nein, ich bin ~ müde ▸ wenn er ~ nichts sagt; ~ das nicht!; ~ noch eine Stunde; ~ zu! *vorwärts!, keine Angst!*

nu̲r[2] ⟨Abtönungspartikel⟩ *bloß* ▸ ~ hab ich leider vergessen, zu sagen ...; ~ weiß ich nicht, ob ... ▸ ~ Geduld!; ~ Mut! ▸ was hat er ~?; wenn er ~ (endlich) käme!; ich meine (ja) ~ so *ich sage es bloß so, es hat weiter nichts zu bedeuten;* er braucht es ~ zu sagen; schau ~!; wenn ich ~ wüsste, ob er gut angekommen ist

nu̱|scheln ⟨V. intr.; nu|schelt, nu|schel|te, hat genu|schelt; umg.⟩ *undeutlich reden* ▸ du nuschelst, ich verstehe dich nicht!

Nu̱ss ⟨die; -, Nüs|se⟩ **1** ⟨Bot.⟩ *eine Frucht mit einer harten Schale, deren Kern essbar ist;* Zus *Nussbaum, Nussgebäck, Nussöl, Nussschale; Erdnuss, Haselnuss, Kokosnuss, Walnuss* **2** ⟨umg.⟩ **2.1** *Kopf* **2.2** *Person* **3** ⟨meist Pl.; derb⟩ *Hoden* ▸ ich esse gern Nüsse; Nüsse knacken *Schalen der Nüsse aufbrechen;* das ist eine harte ~ ⟨umg.; übertr.⟩ *schwierige Aufgabe;* jmdm. eine harte ~ zu knacken geben ⟨übertr.; umg.⟩

Nu̱ss|kna|cker ⟨der; -s, -⟩ *Gerät zum Öffnen von Nüssen*

Nü̱ss|li|sa|lat ⟨der; -(e)s, -e; schweiz.⟩ = *Feldsalat*

Nü̲s|ter ⟨a. [ny̲:s-] die; -, -n; meist Pl.⟩ *Nasenloch (bes. beim Pferd)*

Nu̲t ⟨die; -, -en⟩ *rinnenförmige Vertiefung in der Oberfläche von Werkstoffen*

Nu̲|te ⟨die; -, -n⟩ *Furche, Fuge, Rinne*

Nu̱t|te ⟨die; -, -n; abwertend⟩ *Prostituierte*

nu̱tz ⟨Adv.; oberdt.⟩ *nütze*

nu̱tz|bar ⟨Adj.⟩ *so beschaffen, dass man es nutzen kann, verwendbar* ▸ Boden ~ machen; sich etwas ~ machen; Abl *Nutzbarkeit*

nu̱tz|brin|gend ⟨Adj.⟩ *so beschaffen, dass es Nutzen bringt, gewinnbringend* ▸ sein Kapital ~ anlegen

Nu̱tz|den|ken ⟨das; -s; unz.⟩ *auf wirtschaftlichen Nutzen ausgerichtetes Denken*

N

nụ̈t|ze 〈Adv.〉 *nützlich, brauchbar* ▸ das ist zu nichts ~ *damit kann man nichts anfangen*

nụt|zen 〈V. intr. u. trans.; nutzt, nutz|te, hat genutzt; bes. norddt.〉 (etwas) ~ = *nützen*

Nụt|zen 〈der; -s; unz.〉 **1** *Ertrag, Gewinn* **2** *Vorteil* ▸ ~ bringen; von etwas ~ haben; das kann mir von großem ~ sein *das kann mir (viel) nützen;* aus etwas (großen) ~ ziehen

nụ̈t|zen 〈V.; nützt, nütz|te, hat ge|nützt; bes. süddt., österr., schweiz.〉 **I** 〈V. intr.〉 *ein Ziel zu erreichen helfen, Vorteil bringen* ▸ ich freue mich, wenn ich Ihnen, wenn Ihnen das Buch etwas ~ kann; alle seine Bemühungen haben nichts genützt; es nützt nichts *es hilft nichts, es bringt keinen Vorteil;* das nützt mir viel, wenig, nichts; zu etwas ~; wem nützt du damit?; wozu soll das ~? **II** 〈V. trans.〉 etwas ~ *ausnutzen, vorteilhaft gebrauchen, Vorteil aus etwas ziehen* ▸ den Augenblick, die Gelegenheit ~

Nụt|zer 〈der; -s, -〉 **1** *jmd., der etwas (be)nutzt, gebraucht* **2** 〈kurz für〉 *Internetnutzer, jmd., der das Internet für Dienstleistungen od. Arbeiten nutzt* **3** 〈Amtsdt.〉 *jmd., der die Berechtigung besitzt, etwas zu nutzen* ▸ die ~ einer Sportanlage; Abl *Nutzerin*

Nụtz|flä|che 〈die; -, -n〉 *nutzbare Bodenfläche von Räumen*

nụ̈tz|lich 〈Adj.〉 *nutz-, gewinnbringend, ertragreich;* Ggs *schädlich* ▸ jmdm. ~e Dinge zum Geburtstag schenken; ~e Pflanzen, Tiere; sich ~ machen *Hand anlegen, helfen;* kann ich Ihnen mit etwas ~ sein? *behilflich sein, helfen;* deine Arbeit, dein Buch, dein Hinweis war sehr ~ für mich; das Angenehme mit dem Nützlichen verbinden; Abl *Nützlichkeit*

nụtz|los 〈Adj.〉 *ohne Nutzen, unergiebig, unfruchtbar, vergeblich* ▸ ~e Anstrengungen, Bemühungen, Versuche; es war alles ~; sein Leben ~ aufs Spiel setzen; Abl *Nutzlosigkeit*

Nụtz|nie|ßer 〈der; -s, -〉 *jmd., der den Nutzen von etwas hat, der den Vorteil von etwas genießt* ▸ der ~ von etwas sein; er ist der ~ des Testaments; Abl *Nutznießerin*

Nụtz|pflan|ze 〈die; -, -n〉 *für die menschliche u. tierische Ernährung sowie für technische Zwecke nutzbare Kulturpflanze;* Ggs *Zierpflanze*

Nụtz|tier 〈das; -(e)s, -e〉 *dem Menschen zur Nahrung od. als Lasttier dienendes Tier, z. B. Kuh, Schwein, Huhn;* ⓘ S. 1111

Nụt|zung 〈die; -, -en〉 *das Nutzen, Benutzen* ▸ jmdm. ein Grundstück zur ~ überlassen; Zus *Nutzungsrecht*

Ny|lon® 〈[nai-] das; -s, -s; unz.〉 *eine synthetische Textilfaser;* Zus *Nylonstrümpfe*

Nỵm|phe 〈die; -, -n〉 *griechische weibliche Naturgottheit;* Abl *nymphenhaft;* Zus *Baumnymphe*

nym|pho|man 〈Adj.〉 *an einem krankhaft gesteigerten Geschlechtstrieb leidend* (von Frauen); Syn *mannstoll;* Abl *Nymphomanie, Nymphomanin*

N

o ⟨Int.⟩ *(gefühlsbetonter, verstärkender An- od. Ausruf, nur in Verbindung mit anderen Wörtern)* ▸ ~ Mann!; ~ doch!; ~ ja! *gewiss doch!, aber ja!;* ~ nein! *bestimmt nicht!, ganz u. gar nicht, im Gegenteil!;* ~ weh! *wie schade!;* →a. *oh!*

O **1** ⟨Abk. für⟩ *Ost(en)* **2** ⟨chem. Zeichen für⟩ *Sauerstoff*

Oa|se ⟨die; -, -n⟩ **1** *fruchtbare Stelle mit Quelle in der Wüste* **2** ⟨übertr.⟩ *vom Lärm der Welt abgeschlossener Ort* ▸ dieser Fleck (Erde) ist eine ~ des Friedens, der Stille

ob/wenn

Da die beiden Konjunktionen *ob* und *wenn* gleichermaßen dazu verwendet werden, Gliedsätze (Nebensätze) einzuleiten, besteht die Gefahr, sie zu verwechseln. Im Gebrauch unterscheiden sie sich jedoch beträchtlich. Mit *wenn* wird eine Bedingung angegeben. Es leitet einen meist im Indikativ stehenden Gliedsatz ein: *Wenn er nicht bald kommt, gehe ich.* (Im einfachen Konjunktiv: *Wenn er kommen würde, ginge ich nicht.)*
Demgegenüber folgen nach der Konjunktion *ob* Objektsätze (offene Ergänzungssätze): *Ob er kommen wird, ist ungewiss. Ich weiß nicht, ob ich Ihnen helfen kann.*

ob[1] ⟨Konj.⟩ *(Einleitewort für den indirekten abhängigen od. unabhängigen Fragesatz)* ▸ frag ihn, ~ er zum Essen kommt; ich möchte wissen, ~ ich Recht habe; weißt du, ~ sie die Prüfung bestanden hat?; ~ er wohl noch kommt?; alle, ~ arm, ~ reich *sowohl die Armen als auch die Reichen;* als ~ *als wenn, wie wenn;* so tun, als ~ man Schmerzen hat *sich so verhalten, dass man andere täuscht;* er tut, als ~ er alles schon wüsste; und ~! ⟨umg.; verstärkend⟩ *und wie!, freilich!, gewiss!*

ob[2] ⟨Präp. m. Gen.; veraltet; noch poet.⟩ *wegen* ▸ ~ dieser Bemerkung; sie machte ihm bittere Vorwürfe ~ seines langen Ausbleibens

Ob|acht ⟨die; -; unz.⟩ *Aufmerksamkeit, Beachtung* ▸ gib ~ *pass auf!, sieh dich vor!;* auf etwas od. jmdn. ~ geben *aufpassen*

Ob|dach ⟨das; -s; unz.⟩ *Unterkunft, Zufluchtsstätte, Wohnung* ▸ jmdn. (ein) ~ gewähren; kein ~ haben, finden

ob|dach|los ⟨Adj.⟩ *ohne Obdach, ohne Unterkunft, ohne Wohnung, wohnungslos* ▸ ~ sein; Abl *Obdachlose(r), Obdachlosigkeit*

Ob|duk|ti|on ⟨die; -, -en⟩ *medizinische Untersuchung einer Leiche zur Klärung der Todesursache;* Abl *obduzieren*

O-Bei|ne ⟨Pl.⟩ *nach außen gebogene Unterschenkel;* Abl *O-beinig/o-beinig*

Obe|lisk ⟨der; -en, -en⟩ *vierkantige, in einer Spitze endende Säule*

oben ⟨Adv.⟩ **1** *über jmdm. od. etwas, in der Höhe* **2** *auf der Oberfläche* **3** *an früherer Stelle, weiter vorn in einem Text;* Zus *oben erwähnt / obenerwähnt, oben genannt / obengenannt* ▸ sein: die Mutter ist ~ in der Wohnung; siehe ~ *vergleiche eine frühere Stelle dieses Textes* ▸ hoch ~ über den Wolken; weit ~ ▸ ~ am Tisch sitzen *am Anfang der Tafel;* ich habe den Koffer ~ auf den Schrank gelegt; da ~, dort ~; die Märchenbücher stehen ganz ~ im Regal; hier ~ ist es windig; links, rechts ~; nach ~ gehen *die Treppe hinaufgehen, in ein höheres Stockwerk gehen;* ~ ohne ⟨umg.⟩ *mit unbekleidetem Oberkörper;* von ~ *aus der Höhe;* die Anordnung kommt von ~ ⟨übertr.; umg.⟩ *von übergeordneter Stelle;* jmdn. von ~ herab behandeln ⟨übertr.⟩ *hochmütig jmdm. gegenüber sein, jmdn. herablassend behandeln;* jmdn. von ~ bis unten mustern; wie ~ erwähnt *wie vorher, wie bereits erwähnt (im Text)*

oben|an ⟨Adv.⟩ *ganz oben, an erster Stelle, am Anfang einer Reihe* ▸ er sitzt (am, bei Tisch) ~; sein Name steht ganz ~ (auf der Liste)

oben|auf ⟨Adv.⟩ *ganz oben darauf, über allem anderen, zuoberst* ▸ das Buch liegt gleich ~; wieder ~ sein ⟨übertr.⟩ *gesund u. munter*

oben|drauf ⟨Adv.; umg.⟩ *obenauf, auf alles andere* ▸ noch eins ~ setzen ⟨umg.⟩ *etwas tun, was eine Sache zusätzlich belastet od. steigert*

oben|drein ⟨Adv.⟩ *außerdem, noch dazu* ▸ wir kamen zu spät und hatten ~ kein Geld dabei

oben|drü|ber ⟨Adv.; umg.⟩ *über etwas darüber* ▸ Petersilie ~ streuen

oben|he|r|um ⟨Adv.⟩ *im oberen Bereich (des Körpers)* ▸ sich ~ entkleiden

Ober ⟨der; -s, -⟩ **1** ⟨kurz für⟩ *Oberkellner, der für die Abrechnung verantwortliche Kellner* **2** *dt. Spielkarte* ▸ Herr ~, bitte zahlen!

ober…, Ober…[1] ⟨umg.; in Zus. mit Subst. u. Adj. zur Steigerung od. Verstärkung des Begriffs⟩ *sehr, besonders, äußerst,* z. B. oberdumm, oberfaul, oberlangweilig, Obergauner

Ober…[2] ⟨in Zus.⟩ **1** *am weitesten oben befindlich,* z. B. Oberarm, Oberbekleidung **2** ⟨in geograf. Namen⟩ *der am höchsten gelegene Teil von …,* z. B. Oberbayern **3** *höchst umfassend, allein verantwortlich,* z. B. Oberbefehlshaber(in), Oberbegriff, Oberleitung **4** *an einem höheren Rang stehend, als der, die od. das vom Grundwort Bezeichnete,* z. B. Oberbürgermeister(in), Oberlandesgericht, Oberleutnant

Ober|arm ⟨der; -(e)s, -e; Anat.⟩ *Arm vom Ellenbogen bis zur Schulter;* Ggs *Unterarm*

Ober|arzt ⟨der; -es, -ärz|te⟩ *erster Assistent u. Vertreter des Chefarztes (im Krankenhaus);* Abl *Oberärztin*

Ober|be|fehl ‹der; -(e)s; unz.; Mil.› *höchste militärische Befehlsgewalt* ▸ den ~ haben (über); Zus *Oberbefehlshaber(in)*

Ober|be|griff ‹der; -(e)s, -e› *übergeordneter, umfassender Begriff* ▸ „Natur" ist ein ~ zu „Wald"

Ober|be|klei|dung ‹die; -; unz.› *zuoberst, über der Unterwäsche, getragene Kleidung,* z. B. Rock, Bluse, Kleid, Mantel, Anzug

ober|deutsch ‹Adj.› die ~en Mundarten *bairisch-österreichische u. schwäbisch-alemannische Mundarten*

obe|re(r, -s) ‹Adj.› *oben (befindlich);* Ggs *untere(r, -s)* ▸ die Oberen *die Vorgesetzten, Vorsteher;* der ~ Flusslauf *der erste Teil des Flusses nach der Quelle;* die ~n Klassen der Gesellschaft; eine Wohnung im ~n Stockwerk mieten

Ober|flä|che ‹die; -, -n› *Gesamtheit der einen Körper begrenzenden Flächen, obere Begrenzungsfläche einer Flüssigkeit* ▸ glänzende, glatte, harte, raue, weiche ~; auf der ~ (einer Flüssigkeit, des Wassers) schwimmen

ober|fläch|lich ‹Adj.› **1** *an der Oberfläche haftend, nicht tief eindringend* (Wunde) **2** *flüchtig, nicht gründlich* **3** ‹übertr.› *ohne tiefere Gefühle, ohne Ernst u. ohne Ausdauer, leichtfertig, äußerlich;* Abl *Oberflächlichkeit* ▸ ein ~er Mensch; etwas nur ~ ansehen, lesen; ~ arbeiten; etwas ~ ausführen; jmdn. od. etwas nur ~ kennen

Ober|ge|schoss ‹das; -es, -e› *höher als das Erdgeschoss gelegenes Stockwerk;* Ggs *Untergeschoss;* →a. *Geschoss*[2]

Ober|gren|ze ‹die; -, -n› *oberste, äußerste Grenze;* Ggs *Untergrenze* ▸ die ~ der Steuerbelastung erreichen; eine finanzielle ~ für den Umbau festlegen

ober|halb ‹Präp. m. Gen.› *über, höher als … gelegen* ▸ ~ des Balkons, der Tür

Ober|hand ‹die; -; unz.› *Überlegenheit, Übermacht* ▸ die ~ behalten; die ~ gewinnen (über)

Ober|haupt ‹das; -(e)s, -häup|ter› **1** *Herrscher, Leiter;* Zus *Staatsoberhaupt* **2** *Führer, Anführer (einer Bande)*

Ober|hemd ‹das; -(e)s, -en› *über dem Unterhemd getragenes Hemd für Männer*

Obe|rin ‹die; -, -rin|nen› **1** *Vorsteherin eines Klosters, kirchlichen Heimes o. Ä.* **2** = *Oberschwester*

ober|ir|disch ‹Adj.› *über dem Erdboden gelegen* (Keller, Leitung); Ggs *unterirdisch (1)*

Ober|kie|fer ‹der; -s, -; Anat.› *Knochen im Schädel, an dem die Zähne befestigt sind, obererTeil des Kiefers;* Ggs *Unterkiefer*

Ober|kom|man|do ‹das; -s; unz.; Mil.› **1** *Oberbefehl* **2** *oberster militärischer Führungsstab*

Ober|kör|per ‹der; -s, -; Anat.› *menschlicher Bauch vom Nabel bis zum Hals;* Ggs *Unterkörper*

Ober|lei|tung ‹die; -, -en› *bei elektrischen Straßenbahnen über der Fahrbahn aufgehängte, blanke Leitungen, aus der die Fahrzeuge ihren Betriebsstrom entnehmen*

Ober|leut|nant ‹der; -s, -s od. (selten) -e; Mil.› **1** *Offiziersrang zw. Leutnant u. Hauptmann* **2** *Offizier in diesem Rang*

O

Objekt

Im Deutschen wird das *Objekt* auch **Satzergänzung** genannt. Als Satzglied, das das Ziel des im Verb bezeichneten Vorgangs ausdrückt, ist das Objekt Bestandteil des **Prädikats,** welches gemeinsam mit dem **Subjekt** den Satz ausmacht. Zahl und Art der Objekte im Satz richten sich nach der Wertigkeit (Valenz) des Verbs.
Im Deutschen wird unterschieden zwischen **direktem** und **indirektem Objekt.** Direktes Objekt ist das **Akkusativobjekt** transitiver Verben: *Ich sehe ihn. Sie warnt mich.* Das indirekte Objekt steht dagegen im **Dativ:** *Das gehört mir. Gib ihm auch ein Glas.*

Ober|licht ‹das; -(e)s, -er› **1** *weit oben in der Wand befindliches Fenster* **2** *oberer aufklappbarer Teil des Fensters*

Ober|li|ga ‹die; -, -li|gen; Sp.› **1** ‹allg.› *höchste od. zweithöchste Spielklasse* **2** ‹Fußb.› *Spielklasse unter der Regionalliga*

Ober|lip|pe ‹die; -, -n; Anat.› *obere der beiden Lippen;* Ggs *Unterlippe*

Obers ‹das; -; unz.; österr.› = *Sahne*

Ober|schen|kel ‹der; -s, -; Anat.› *Teil des Beins vom Knie an aufwärts;* ⓘ S. 146; Ggs *Unterschenkel*

Ober|schicht ‹die; -, -en› *obere, führende Gesellschaftsschicht* Ggs *Unterschicht*

Ober|schu|le ‹die; -, -n› *höhere Schule* ▸ unsere Tochter geht jetzt auf die ~

Ober|schwes|ter ‹die; -, -n› *Leiterin der Schwestern eines Krankenhauses od. einer Station*

Ober|sei|te ‹die; -, -n› *nach oben gewandte, sichtbare Seite;* Ggs *Unterseite*

Oberst ‹der; -en, -en, der; -(e)s, -en od. selten auch der; -(e)s, -e; Mil.› **1** *ein hoher Offiziersrang (zw. Oberstleutnant u. Brigadegeneral)* **2** *Offizier in diesem Rang*

obers|te(r, -s) ‹Adj.› *am weitesten oben befindlich, die höchste Stelle, den höchsten Rang einnehmend* ▸ das ~ Fach; der ~ Gerichtshof

Ober|stu|fe ‹die; -, -n› *die drei letzten Klassen des Gymnasiums (11.-13. bzw. 10.-12. Klasse);* Ggs *Unterstufe*

Ober|teil ‹das od. der; -(e)s, -e› *oberes Teil;* Ggs *Unterteil* ▸ ~ eines Kleidungsstückes

Ober|was|ser ‹das; -s; unz.; übertr.; in der Wendung› (wieder) ~ haben *(wieder) im Vorteil sein, überlegen sein*

Ober|wei|te ‹die; -, -n› **1** *Brustumfang* **2** ‹umg.› *weiblicher Busen* ▸ eine Frau mit großer ~ ‹umg.›

Ob|frau ‹die; -, -en› *weibl. Obmann*

ob|gleich ‹Konj.› *obwohl, obschon, wenn auch* ▸ ich kann nicht kommen, ~ ich gern möchte

Ob|hut ‹die; -; unz.; geh.› *fürsorgliche Aufsicht, Schutz* ▸ jmdn. in seine ~ nehmen

obig ‹Adj.› *oben erwähnt, oben genannt (im Text)* ▸ Sie teilten uns in Ihrem ~en Schreiben mit, dass …; Obiges wurde bestätigt …

Ob|jẹkt ⟨das; -(e)s, -e⟩ **1** *Sache, die Gegenstand des Interesses, der Forschung, der Verhandlung ist;* Ggs *Subjekt (1);* Zus *Forschungsobjekt, Streitobjekt, Versuchsobjekt* **2** *Immobilie, Grundstück, Gebäude;* Zus *Spekulationsobjekt* **3** *Kunstgegenstand;* Zus *Objektkunst* **4** ⟨Gramm.⟩ *Satzteil, der aus einer nominalen Ergänzung zum Verb besteht;* Syn *Satzergänzung;* Zus *Objektsatz; Akkusativobjekt, Dativobjekt, Genitivobjekt* ▸ das ~ einer Betrachtung, Untersuchung; die Tücke des ~s ⟨übertr.; umg.⟩ *plötzlich auftretende, unvorhergesehene Schwierigkeit;* der Makler hat uns mehrere interessante ~e angeboten

ob|jek|ti̲v ⟨Adj.⟩ **1** *gegenständlich, tatsächlich* **2** Ggs *subjektiv* **2.1** *sachlich, vorurteilsfrei, unparteiisch* **2.2** *allgemein gültig* ▸ ein ~es Urteil; eine Sache ~ betrachten; Abl *Objektivität*

Ob|jek|ti̲v ⟨das; -s, -e; Fot.; Optik⟩ *dem Gegenstand zugewandte Linse od. Linsensystem*

ob|jek|ti|vie|ren ⟨[-vi̲:-] V. trans.; ob|jek|ti|viert, ob|jek|ti|vier|te, hat ob|jek|ti|viert⟩ **1** *zum Objekt machen, vergegenständlichen* **2** *von einer persönlichen, emotionalen Sichtweise befreien;* Abl *Objektivierung; objektivierbar*

Ob|la̲|te ⟨die; -, -n⟩ *dünnes, waffelartiges Gebäck aus Weizenmehl in runder Scheibenform (als Unterlage für Backwerk u. als Hostie im Gottesdienst)*

ọb|lie|gen ⟨a. [-'--] V. intr.; ob|liegt, ob|lag, hat ob|ge|le|gen; geh.⟩ jmdm. ~ *jmds. Aufgabe sein, zu jmds. Pflichten gehören* ▸ es obliegt ihm, täglich die Post zu verteilen; Abl *Obliegenheit*

ob|li|ga̲t ⟨Adj.⟩ *verbindlich, unerlässlich, notwendig*

Ob|li|ga|ti|o̲n ⟨die; -, -en⟩ **1** *Haftung, Verbindlichkeit, Verpflichtung* **2** *festverzinsliches Wertpapier*

ob|li|ga|to̲|risch ⟨Adj.⟩ *verbindlich, verpflichtend, vorgeschrieben, Pflicht…;* Ggs *fakultativ* ▸ die Vorlesung ist ~

Ọb|mann ⟨der; -(e)s, -män|ner od. a. -leu|te⟩ **1** *Vorsitzender* **2** *Vertrauensmann;* Abl *Obmännin;* Zus *Parteiobmann*

Oboe ⟨[-bo̲:ə] die; -, -n; Mus.⟩ *ein Holzblasinstrument mit Doppelrohrblatt im Mundstück u. näselndem Klang;* Abl *Oboist(in)*

O̲bo|lus ⟨der; -, - od. -lus|se⟩ *kleiner Geldbetrag, Spende* ▸ seinen ~ entrichten

O̲b|rig|keit ⟨die; -, -en⟩ *Träger der Regierungsgewalt, Regierung* ▸ die kirchliche, weltliche ~

O̲b|rig|keits|den|ken ⟨das; -s; unz.⟩ *Auffassung, dass die Obrigkeit für alles verantwortlich sei*

O̲b|rig|keits|staat ⟨der; -(e)s, -en⟩ *auf autoritärem Prinzip beruhender Staat*

ob|scho̲n ⟨Konj.; geh.⟩ *obwohl, obgleich, wenngleich*

Ob|ser|va|to̲|ri|um ⟨[-va-] das; -s, -ri|en⟩ *wissenschaftliche Beobachtungsstelle, (bes.) Sternwarte, Wetterwarte*

ob|ser|vie|ren ⟨[-vi̲:-] V. trans.; ob|ser|viert, ob|ser|vier|te, hat ob|ser|viert⟩ jmdn. ~ *(unauffällig) beobachten* ▸ einen Verdächtigen ~; Abl *Observation, Observierung*

ob|ses|si̲v ⟨Adj.; bes. Psych.⟩ *zwanghaft*

ọb|sie|gen ⟨a. [-'--] V. intr.; siegt ob, sieg|te ob, hat ob|ge|siegt, ob|zu|sie|gen; geh.⟩ (über jmdn. od. etwas) ~ *jmdn. od. etwas besiegen*

ob|s|ku̲r ⟨Adj.⟩ *dunkel, unklar, verdächtig* ▸ eine ~e Gestalt; Abl *Obskurität*

ob|so|le̲t ⟨Adj.⟩ *ungebräuchlich, überholt, veraltet*

O̲bst ⟨das; -es; unz.⟩ *als Nahrung dienende Früchte* ▸ ~ ernten, einkochen, pflücken; wir kaufen ~ auf dem Markt oder beim Bauern; frisches, gekochtes, getrocknetes, rohes, reifes, unreifes ~; ⓘ S. 1003; Zus *Obstbaum, Obstblüte, Obstessig, Obstgarten, Obstkuchen*

O̲bst|ler ⟨der; -s, -; süddt.⟩ *aus einer Obstsorte hergestellter Branntwein*

ob|s|zö̲n ⟨Adj.⟩ *unanständig, schamlos, anstößig* ▸ ~e Bemerkungen; Abl *Obszönität*

ob|wo̲hl ⟨Konj.⟩ *obgleich, obschon, wenn auch, trotz der Tatsache, dass …* ▸ sie ging mit ins Kino, ~ sie keine Lust dazu hatte; ~ sie gut gegessen hatte, war sie immer noch hungrig

Ọchs ⟨[-ks] der; -en, -en; umg.⟩ *Ochse*

Ọch|se ⟨[-ks-] der; -n, -n⟩ **1** *kastriertes männliches Rind* **2** ⟨umg.; Schimpfw.⟩ *Dummkopf*

Ọcker ⟨der od. das; -s, -⟩ **1** *lockeres Gemenge aus Ton u. anderen Mineralien von gelbbrauner Farbe* **2** *gelbbraune Farbe;* Abl *ocker, ockerfarben, ockerfarbig;* Zus *ockergelb*

O̲de ⟨die; -, -n; Lit.⟩ *Form des hymnischen Gedichts in freien Rhythmen*

ö̲de ⟨Adj.⟩ oV *öd* **1** *unbewohnt, unbebaut, einsam, leer, verlassen;* Zus *Ödland* **2** ⟨übertr.⟩ *langweilig, fade, geistlos* ▸ ein ~s Buch; ein ~s Dasein, Leben ⟨übertr.⟩; ~ Gegend; eine ~ Gesellschaft ⟨übertr.⟩; der Hof lag ~ und verlassen; Abl *Öde*

O̲dem ⟨der; -s; unz.; poet.⟩ *Atem*

Öde̲m ⟨das; -s, -e; Med.⟩ *Anschwellung im Unterhautzellgewebe durch Wasseransammlung*

o̲der ⟨Konj.⟩ *eins von beiden, eins von mehreren, wenn nicht dies, dann das, andernfalls* ▸ entweder du ~ ich; der eine ~ der andere; dieser ~ jener ⟨umg.⟩ *irgendeiner, mancher* ▸ möchten Sie lieber Limonade ~ **Wein?** ▸ kommst du mit, ~ **bleibst** du noch?; entweder ich schreibe dir, ~ ich **komme** ▸ zwei- ~ dreimal; soll die Wolle grün ~ **blau** sein?; hell ~ **dunkel** ▸ ~ **aber,** wir machen es ganz anders ⟨umg.; verstärkend⟩; entscheide dich, **entweder** - ~!; **jetzt** ~ nie!; rechts ~ **links?**; heute ~ **morgen;** willst du? ja ~ **nein!**; es ist doch so, ~ (etwa) **nicht?**

Ö̲di|pus|kom|plex ⟨der; -es; unz.; Psych.⟩ *in früher Kindheit sich entwickelnde, übersteigerte Bindung des Sohnes an die Mutter;* Syn *Mutterkomplex*

Odys|se̲e ⟨die; -, -n; übertr.⟩ *Irrfahrt*

O̲fen ⟨der; -s, Ö̲fen⟩ **1** *Vorrichtung, Anlage zum Heizen, Kochen od. Backen;* Zus *Ofenbank, Ofenrohr; Backofen, Kachelofen, Küchenofen, Zimmerofen* **2** ⟨Tech.⟩ *Vorrichtung zum Schmelzen von Metallen;* Zus *Hochofen, Schmelzofen* ▸ den ~ **heizen; sein:** der ~ ist heiß ▸ **eiserner,** transportabler ~; ein **heißer** ~ ⟨umg.⟩ *ein schweres Motorrad, ein schnelles Auto* ▸ **am** warmen ~ sitzen; jetzt ist der ~ **aus!** ⟨übertr.; umg.⟩ *jetzt*

O

ist es vorbei, ist es schief gegangen; hinter dem ~ hocken 〈übertr.〉 *zu viel zu Hause sein, ein Stubenhocker sein*

ofen|frisch 〈Adj.〉 *gerade gebacken, frisch aus dem Backofen* ▸ warmes, ~es Brot

of|fen 〈Adj.〉 **1** *nicht verschlossen* (Brief) **2** *unbedeckt, unverdeckt* (Behältnis) **3** *freien Zutritt gewährend* (Raum, Tür) **4** 〈übertr.〉 *nicht besetzt, frei* (Stelle, Amt) **5** *unentschieden, ungelöst, unerledigt, noch nicht abgeschlossen* (Angelegenheit) **6** *aufrichtig, ehrlich, freimütig* (Person); Abl *Offenheit* **7** *aufgeschlossen* (Person) **8** *unverhüllt* (Gefühl) **9** *ohne Umschweife* (Aussage) ▸ ein ~es Bein haben *Bein mit nicht heilendem Geschwür;* einen, keinen ~en Blick haben; ~er Brief 〈übertr.〉 *in einer Zeitung od. Zeitschrift veröffentlichter Brief;* ~e Feindschaft; es ist ein ~es Geheimnis *alle wissen es, es hat sich herumgesprochen;* ~e Handelsgesellschaft 〈Abk.: oHG, OHG〉 *H., in der jeder Gesellschafter mit seinem Vermögen haftet;* ein ~er Mensch, Charakter; ein ~es Ohr bei jmdm. finden 〈übertr.〉 *Gehör, Verständnis;* Tag der ~en Tür *Tag, an dem das Publikum Zutritt zu Betrieben aller Art hat, um sie kennenzulernen;* ~e Türen einrennen 〈übertr.〉 *gegen nur scheinbare Widerstände kämpfen, längst gelöste Probleme behandeln;* ~e Wunde *nicht verheilte W.* ▸ die Tür soll ~ bleiben *geöffnet bleiben;* 〈aber〉 →a. *offenbleiben;* ich muss ~ gestehen, zugeben, dass ...; ~ gestanden, wäre es mir lieber ...; die Tür ~ halten *geöffnet lassen;* 〈aber〉 →a. *offenhalten;* das Fenster ~ lassen *geöffnet lassen, nicht schließen;* 〈aber〉 →a. *offenlassen;* ~ reden, sprechen; etwas ~ sagen, aussprechen; sei ~ zu mir!; das Geschäft ist / 〈umg.〉 hat noch ~; an deinem Kleid ist ein Knopf ~; ~ stehen *geöffnet sein* (Fenster, Tür); 〈aber〉 →a. *offenstehen* ▸ ~ und ehrlich; frei und ~; die Tür war halb, weit ~ ▸ Fleisch am ~en Feuer braten; auf ~er See, ~em Meer *weitab vom Land, auf dem freien Meer;* auf ~er Straße *auf freier Straße, mitten auf der Straße;* bei ~er Tür; etwas ~ heraus sagen; mit ~em Hemd, ~em Mantel; mit ~en Karten spielen *mit aufgedeckten Karten spielen;* 〈übertr.〉 *ehrlich seine Absichten bekennen;* es kam zum ~en Aufruhr, Widerstand; der Streit trat ~ zutage *war klar, deutlich geworden*

of|fen|bar[1] 〈Adv.〉 *offensichtlich, anscheinend, wie man sehen kann* ▸ er ist ~ noch nicht hier gewesen; das hat er ~ missverstanden; das ist ~ ein Fehler, Irrtum, Versehen; jetzt ist es ~ doch zum Streit gekommen

of|fen|bar[2] 〈Adj.; meist präd.〉 *deutlich erkennbar, sichtbar* ▸ das ist ein ~er Irrtum; nun wird es ~, dass sie gelogen hat

of|fen|ba|ren 〈V.; of|fen|bart, of|fen|bar|te, hat of|fen|bart〉 **I** 〈V. trans.〉 (jmdm.) etwas ~ **1** *offenbar machen, bekennen* **2** *enthüllen, zeigen* ▸ ein Geheimnis ~ **II** 〈V. refl.〉 sich (jmdm.) ~ *(jmdm.) etwas bekennen, seine Absichten zu erkennen geben* ▸ endlich hat er sich mir offenbart

Of|fen|ba|rung 〈die; -, -en〉 **1** *Bekenntnis* **2** *Enthüllung* **3** *plötzliche Erkenntnis* **4** *Kundgebung Gottes* ▸ ~ des Johannes (ein Buch des Neuen Testaments); es kam wie eine ~ über mich

Of|fen|ba|rungs|eid 〈der; -(e)s, -e〉 *eidliche Versicherung eines Schuldners, dass er sein ganzes Vermögen angegeben hat u. seine Schulden nicht begleichen kann* ▸ den ~ leisten 〈a. übertr.〉

of|fen|blei|ben 〈V. intr.; bleibt of|fen, blieb of|fen, ist of|fen|ge|blie|ben, of|fen|zu|blei|ben; übertr.〉 *nicht geklärt werden, nicht erledigt werden, ungelöst bleiben* (Angelegenheit, Frage) ▸ die letzte Frage muss noch ~; →a. *offen*

of|fen|hal|ten 〈V. trans.; hält of|fen, hielt of|fen, hat of|fen|ge|hal|ten, of|fen|zu|hal|ten; übertr.〉 **1** sich etwas ~ *sich noch nicht für etwas entscheiden, es aber weiter als Möglichkeit in Betracht ziehen* **2** ein Amt, eine Stelle ~ *frei, unbesetzt lassen* ▸ sich den Rückzug, seinen Weg ~; →a. *offen*

of|fen|her|zig 〈Adj.〉 **1** *aufrichtig, ehrlich, mitteilsam, vertrauensselig* **2** 〈übertr.; umg.; scherzh.〉 *tief ausgeschnitten* ▸ ~es Bekenntnis; ~ sein; Abl *Offenherzigkeit*

of|fen|kun|dig 〈Adj.〉 *offensichtlich, deutlich, klar* ▸ ein ~er Irrtum; ~es Missverständnis; es ist ~, dass er den Betrug begangen hat

of|fen|las|sen 〈V. trans.; lässt of|fen, ließ of|fen, hat of|fen|ge|las|sen, of|fen|zu|las|sen; übertr.〉 **1** eine Frage ~ *unbeantwortet lassen* **2** eine Angelegenheit ~ *unentschieden lassen, nicht entscheiden* ▸ wir wollen die Frage vorläufig ~; →a. *offen*

of|fen|le|gen 〈V. trans.; legt of|fen, leg|te of|fen, hat of|fen|ge|legt, of|fen|zu|le|gen〉 Absichten, Pläne ~ *aufdecken, mitteilen;* Abl *Offenlegung*

of|fen|sicht|lich[1] 〈a. [--'--] Adj.〉 *deutlich erkennbar, sichtbar, offenkundig;* Abl *Offensichtlichkeit*

of|fen|sicht|lich[2] 〈Adv.〉 *anscheinend* ▸ er hat es ~ vergessen

of|fen|siv 〈Adj.〉 Ggs *defensiv* **1** *angreifend* **2** *angriffslustig*

Of|fen|si|ve 〈[-və] die; -, -n〉 *Angriff, Angriffsschlacht;* Ggs *Defensive*

of|fen|ste|hen 〈V. intr.; steht of|fen, stand of|fen, hat of|fen|ge|stan|den, of|fen|zu|ste|hen; übertr.〉 **1** jmdm. ~ *erlaubt sein, freistehen* **2** *ungedeckt sein, nicht bezahlt, nicht beglichen sein* (Rechnung) **3** *unbesetzt sein, frei sein* (Stelle) ▸ die Welt steht ihm offen *er hat alle Möglichkeiten der freien Wahl;* →a. *offen*

öf|fent|lich 〈Adj.〉 **1** *staatlich, städtisch, der Gemeinde gehörend* **2** *allgemein, allen zugänglich* **3** *allgemein bekannt, alle betreffend* ▸ ~e Anlagen, Gelder, Mittel; ~es Ärgernis erregen; ~er Dienst *Gesamtheit der Berufe in staatlich od. städtisch verwalteten Bereichen;* ~es Gebäude; die ~e Hand *Staat u. Gemeinde als Unternehmer;* ~e Klage 〈Strafprozess〉 *Anklage;* die ~e Meinung *die M. des Publikums, der Menschen, der Allgemeinheit, des Volkes;* die ~e Ordnung aufrechterhalten, gefährden; ~es Telefon *T., das von jedermann gegen Gebühr benutzt werden darf;* ~e Verhandlung (vor Gericht); ~es Verkehrsmittel *allen Personen zugängliches, häufig städtisch od. staatlich organisiertes Transportmittel (Bus, Straßenbahn, Eisenbahn)* ▸ ~ auftreten, reden, sprechen *vor einem großen Zuhörerkreis;* etwas ~ bekanntmachen; sein: die Verhandlung ist ~ *allen Personen zugänglich* ▸ im ~en Leben stehen

Öf|fent|lich|keit ‹die; -; unz.› *die Leute, das Volk, alle anderen Menschen, das Publikum* ▸ etwas in aller ~ tun, sagen *vor allen Leuten;* ein Bauwerk der ~ übergeben *einweihen, zur Besichtigung, zur Benutzung freigeben;* etwas an, vor die ~ bringen *allgemein bekanntgeben, veröffentlichen;* an, in die ~ dringen *sich herumsprechen, bekanntwerden;* mit einem Buch an die ~ treten *hervortreten, bekanntwerden*

Öf|fent|lich|keits|ar|beit ‹die; -; unz.› *Bemühung um Vertrauen in der Öffentlichkeit durch Informationen über die eigenen Leistungen;* Syn *Public Relations*

öf|fent|lich|keits|wirk|sam ‹Adj.› *in der Öffentlichkeit Aufsehen erregend, eine anerkennende, positive Stimmung in der Öffentlichkeit bewirkend* ▸ die ~e Präsentation eines Produktes

öf|fent|lich-recht|lich ‹Adj.› *auf der öffentlichen Rechtsordnung beruhend* ▸ die ~en Fernsehanstalten; ein ~er Vertrag

of|fe|rie|ren ‹V. trans.; of|fe|riert, of|fe|rier|te, hat of|fe|riert› (jmdm.) etwas ~ *anbieten*

Of|fer|te ‹die; -, -n› *Angebot (für Waren), Preisangebot;* oV ‹österr.› *Offert*

of|fi|zi|ell ‹Adj.› Ggs *inoffiziell* **1** *amtlich, beglaubigt, verbürgt* (Nachricht, Meldung) **2** *öffentlich (bekannt)* **3** *förmlich, feierlich* (Einladung, Veranstaltung, Benehmen) ▸ ein ~er Empfang; etwas ~ bekanntmachen; die Nachricht wurde von ~er Seite mitgeteilt; sich ~ verloben

Of|fi|zier ‹der; -s, -e; Mil.› **1** *militärischer Rang vom Leutnant an aufwärts* **2** *Soldat in diesem Rang;* Zus *Offizierskasino, Offiziersschule*

off|line ‹[-laın] Adj.; undekl.; EDV› *nicht mit einem Server verbunden, nicht in einem Netzwerk arbeitend;* Ggs *online*

öff|nen ‹V.; öff|net, öff|ne|te, hat ge|öff|net› **I** ‹V. trans.› etwas ~ **1** *einen Verschluss entfernen von, die Bedeckung abnehmen von, aufmachen* **2** *zugänglich machen* ▸ die Augen, Lippen, den Mund ~; jmdm. die Augen ~ ‹übertr.› *ihm die Wahrheit über etwas od. jmdn. sagen;* einen Brief, Kasten, Schrank, eine Truhe ~; eine Datei per Mausklick ~; kannst du das Fenster ~?; die Jacke, das Kleid, den Mantel ~; ein Ventil ~ ▸ der Laden ist durchgehend geöffnet ▸ das Geschäft ist von 9 bis 19 Uhr geöffnet ▸ das Museum wird um 8 Uhr geöffnet **II** ‹V. refl.› **1** sich ~ *aufgehen* **2** sich jmdm. od. einer Sache ~ *jmdm. od. einer Sache gegenüber aufgeschlossener werden* ▸ die Blüte hat sich geöffnet; sich neuen Entwicklungen ~

Öff|ner ‹der; -s, -› *Gerät zum Öffnen;* Zus *Dosenöffner, Flaschenöffner, Türöffner*

Öff|nung ‹die; -, -en› **I** ‹unz.› *das Öffnen, das Aufmachen* **II** ‹zählb.› *Loch, Lücke, ausgesparte Stelle (in einer Fläche);* Zus *Körperöffnung, Maueröffnung*

Öff|nungs|zeit ‹die; -, -en; meist Pl.› *Zeit, während der eine öffentliche Einrichtung od. ein Geschäft geöffnet ist* ▸ ~en der Bibliotheken, Banken

oft ‹Adv.; öf|ter, am öf|tes|ten› *häufig, mehrfach, mehrmals, viele Male* ▸ ich habe ihn ~ dort gesehen; sein: es ist doch ~ so, dass man glaubt … ▸ ich habe es dir ~ genug angeboten; ich war schon ~ dort; sehr, ziemlich ~; ich habe es nur zu ~ erleben müssen, dass … ▸ wie ~ warst du dort?; wie ~ ist das schon vorgekommen?

öf|ter ‹Adv.› **1** ‹Komp. von› *oft* **2** ‹umg.› *ziemlich oft, mehrmals* ▸ je ~ ich sie singen höre, umso besser gefällt mir ihre Stimme; ich war schon ~ dort ‹umg.›; das ist schon ~ passiert; des Öfteren *oft, mehrmals*

öf|ters ‹Adv.› *mehrmals, manchmal, ab u. zu* ▸ ich war schon ~ dort

oft|mals ‹Adv.› *oft*

oh! ‹Int.; nur allein stehend, sonst: o› *(Ausruf des Staunens, des Bedauerns, der Ablehnung)* ▸ ~, Verzeihung!; ~, entschuldigen Sie!

oha! ‹Int.› *(Ausruf der Überraschung, Verwunderung, des Erschreckens)*

Ohm ‹das; -s, -; Zeichen: Ω› *Maßeinheit des elektrischen Widerstandes*

oh|ne[1] ‹Präp. m. Akk.› **1** *frei von, unter Weglassung von, ungerechnet* **2** *nicht mit, ausgenommen* ▸ er glaubt, ~ sie nicht leben zu können ▸ mein Brief ist bisher ~ Antwort geblieben; das ist ~ Bedeutung; ich bin ~ Geld *ich habe (augenblicklich) kein Geld;* er ging ~ Gruß weg; ~ Hilfe; ~ Jacke weggehen; ~ Jahr ‹Abk.: o. J.; in bibliograf. Angaben› *ohne Angabe des Erscheinungsjahres;* sie verreisen ~ die Kinder; sie kam ~ ihren Mann; ~ Ort ‹Abk.: o. O.; in bibliograf. Angaben› *ohne Angabe des Erscheinungsortes;* Ware ~ Verpackung; ~ mein Wissen; ~ ein Wort des Dankes; Kaffee, Tee ~ Zucker und Milch; das ist ~ sein Zutun passiert; ~ (allen) Zweifel *zweifellos* ▸ die Sache ist nicht ~ ‹umg.› *die Sache ist nicht so harmlos, wie sie aussieht;* ~ weiteres/Weiteres

oh|ne[2] ‹Konj.› **1** *unter Vermeidung von* **2** *weil nicht* **3** *während nicht* ▸ ~ zu fragen, ~ zu sprechen; ~ etwas zu sagen; ~ jmdn. gesehen zu haben; ich habe ihn gekränkt, ~ es zu wissen

oh|ne|dies ‹a. ['---] Adv.› *sowieso, ohnehin*

oh|ne|glei|chen ‹Adv.› *so, dass ihm, ihr nichts gleicht, wie es niemand anders kann, unvergleichlich, einzigartig* ▸ er singt, spielt ~

oh|ne|hin ‹a. ['---] Adv.› *sowieso* ▸ jetzt können wir uns Zeit lassen, wir kommen ~ zu spät; ich nehme dein Paket mit, ich muss ~ zur Post

Ohn|macht ‹die; -, -en› **1** *Bewusstlosigkeit* **2** *Unvermögen, Machtlosigkeit* ▸ in ~ fallen *ohnmächtig werden*

ohn|mäch|tig ‹Adj.› **1** *in Ohnmacht befindlich, bewusstlos* **2** *machtlos* ▸ ~e Wut *Wut, die nichts* *nützt, Wut einem Mächtigeren gegenüber;* ~ werden; ~ zusehen, wie etwas geschieht

Ohr ⟨das; -(e)s, -en; Anat.⟩ *Gehörorgan an beiden Seiten des Kopfes von Tieren u. Menschen* ▸ **aufmachen:** mach doch die, ⟨od.⟩ deine ~en auf! ⟨übertr.; umg.⟩ *hör doch richtig zu!;* die ~en **aufsperren** ⟨übertr.; umg.⟩ *aufmerksam zuhören;* **hast** du keine ~en? ⟨umg.⟩ *hast du nicht gehört?;* die Wände haben hier ~en *hier sind Lauscher in der Nähe;* die ~en **spitzen** *aufmerksam od. angestrengt zuhören, lauschen;* sich die ~en **zuhalten,** zustopfen *nichts hören wollen* ▸ ein **aufmerksames,** offenes ~ finden *Verständnis (u. Hilfsbereitschaft) finden;* **äußeres** ~ *sichtbarer Teil des Ohrs, Ohrmuschel;* ich bin **ganz** ~ ⟨übertr.; umg.⟩ *sprich, ich werde dir aufmerksam zuhören;* noch **grün** hinter den ~en sein ⟨übertr.; umg.⟩ *noch unreif, unerfahren sein;* **scharfe,** gute, feine ~en; **schlechte,** taube ~en ▸ sich **aufs** ~ legen, ⟨umg.⟩ hauen *sich schlafen legen;* auf den ~en sitzen ⟨übertr.; umg.⟩ *nicht zuhören;* auf einem ~ taub sein; auf **dem** ~ höre ich schlecht! ⟨übertr.; umg.; scherzh.⟩ *davon möchte ich nichts hören!;* **bis** an die ~en verschuldet sein *große Schulden haben;* es (faustdick) **hinter** den ~en haben ⟨übertr.; umg.⟩ *raffiniert sein, ohne dass es einem anzusehen ist;* ein Tier hinter den ~en kraulen; schreib es dir hinter die ~en! ⟨übertr.; umg.⟩ *merk dir das gut!;* ich habe es noch **im** ~ *ich kann mir den Klang noch vorstellen;* ich habe immer noch seine Worte im ~ *ich muss immer noch an seine W. denken;* jmdm. in den ~en liegen ⟨übertr.; umg.⟩ *jmdn. durch Bitten belästigen, ständig auf jmdn. einreden;* jmdm. etwas ins ~ sagen *heimlich zuflüstern;* **mit** den ~en wackeln (können); nur mit halbem ~ zuhören *wenig aufmerksam;* jmdn. **übers** ~ hauen ⟨übertr.; umg.⟩ *jmdn. betrügen;* er wurde bis über die, ⟨od.⟩ beide ~en rot; bis über die, ⟨od.⟩ beide ~en verliebt sein ⟨umg.⟩ *heftig verliebt sein;* sich die Nacht **um** die ~en schlagen ⟨umg.⟩ *die Nacht ohne Schlaf verbringen;* es ist mir **zu** ~en gekommen *ich habe gehört;* das geht ihm zum einen ~ hinein und zum anderen wieder hinaus ⟨umg.⟩ *er beachtet es nicht, er hört nicht zu;* ⓘ S. 146

Öhr ⟨das; -(e)s, -e⟩ *kleines Loch, bes. in der Nähnadel, in Hämmern, Äxten;* Zus *Nadelöhr*

oh|ren|be|täu|bend ⟨Adj.⟩ *sehr laut, sehr stark* ▸ ~er Beifall; ~er Lärm

Oh|ren|sau|sen ⟨das; -s; unz.⟩ *klingendes od. sausendes Geräusch im Ohr (bei Ohrerkrankungen, Grippe, Kreislaufstörungen u. a.)*

Oh|ren|schmalz ⟨das; -es; unz.⟩ *Sekret im äußeren Gehörgang*

Oh|ren|schmaus ⟨der; -es, -schmäu|se; umg.⟩ *etwas, das schön klingt, angenehm anzuhören ist* ▸ das Konzert war ein ~

Oh|ren|schüt|zer ⟨Pl.⟩ *zwei durch einen biegsamen Metallstreifen verbundene, ovale Stoffstücke, die bei Kälte über die Ohren gelegt werden*

Ohr|fei|ge ⟨die; -, -n⟩ *fester Schlag mit der Hand auf die Backe;* Syn ⟨umg.⟩ *Backpfeife;* Abl *ohrfeigen*

Ohr|läpp|chen ⟨das; -s, -; Anat.⟩ *Fleischzipfel am unteren Rand der Ohrmuschel*

Ohr|mu|schel ⟨die; -, -n; Anat.⟩ *aus Knorpel bestehender Teil des äußeren Ohrs*

Ohr|ring ⟨der; -s, -e⟩ *durch ein Loch im Ohrläppchen gezogener Ring od. anderer Schmuck*

Ohr|wurm ⟨der; -(e)s, -wür|mer⟩ **1** ⟨Zool.⟩ *harmloses Insekt, das weder in menschliche Ohren kriecht noch sie sonst schädigt* **2** ⟨umg.; scherzh.⟩ *sehr eingängige, leicht zu merkende Melodie*

...o|id ⟨in Zus.; zur Bildung von Adj.⟩ *mit dem im substantivischen Ausgangswort Bezeichneten vergleichbar, diesem ähnlich,* z. B. faschistoid

oje! ⟨Int.; kurz für⟩ *ojemine!*

oje|mi|ne! ⟨Int.⟩ *(Ausruf des Schreckens, auch Stoßseufzer);* Syn ⟨kurz⟩ *oje!*

o. k. *auch:* **O. K.** ⟨[ɔkeː], engl. [ɔkɛɪ] Abk. für engl.⟩ *okay*

Okay ⟨[ɔkeː], engl. [ɔkɛɪ] das; -s, -s; umg.⟩ *Zustimmung, Einverständnis* ▸ sein ~ zu etwas geben

okay! ⟨[ɔkeː], engl. [ɔkɛɪ] Abk.: o. k., O. K.⟩ *in Ordnung!*

ok|kult ⟨Adj.⟩ **1** *verborgen* **2** *heimlich, geheim* ▸ ~e Wissenschaften

Ok|kul|tis|mus ⟨der; -; unz.⟩ *Lehre von außersinnlichen Wahrnehmungen (z. B. Telepathie), übernatürlicher Erscheinungen u. Kräften, die rational nicht erklärbar sind;* Abl *okkultistisch*

Ok|ku|pa|ti|on ⟨die; -, -en⟩ *Besetzung (fremden Staatsgebietes);* Abl *okkupieren*

öko..., Öko... ⟨in Zus.; kurz für⟩ *ökologisch, Ökologie*

Öko|ka|ta|s|t|ro|phe ⟨die; -, -n⟩ *Umweltkatastrophe, die den Lebensraum von Mensch u. Tier zerstört od. ihn langfristig unbewohnbar macht*

Öko|la|den ⟨der; -s, -lä|den; umg.⟩ *Laden, in dem ausschließlich chemisch unbehandelte Waren verkauft werden, Naturkostladen*

Öko|lo|gie ⟨die; -; unz.⟩ *Lehre von den Beziehungen der Lebewesen zu ihrer Umwelt;* Abl *Ökologe, Ökologin*

öko|lo|gisch ⟨Adj.⟩ *die Ökologie betreffend, zu ihr gehörend, auf ihr beruhend* ▸ ~es Gleichgewicht; ~e Nische *die Gesamtheit aller in ihrer Umwelt verwirklichten Lebensansprüche einer Lebensform, d. h. der Teil der Umweltbedingungen, der von einer bestimmten Art tatsächlich beansprucht wird*

Öko|nom ⟨der; -en, -en⟩ *Wirtschaftswissenschaftler;* Abl *Ökonomin*

Öko|no|mie ⟨die; -, -n⟩ **I** ⟨unz.⟩ **1** *Wirtschaft* **2** ⟨übertr.⟩ *Sparsamkeit, Wirtschaftlichkeit* **II** ⟨zählb.⟩ **1** *Wirtschaftssystem* **2** *Wirtschaftswissenschaft;* Zus *Sozialökonomie*

öko|no|misch ⟨Adj.⟩ **1** *die Ökonomie betreffend, auf ihr beruhend* **2** *wirtschaftlich, sparsam* ▸ mit seinen Kräften, Mitteln, Reserven ~ umgehen

Öko|steu|er ⟨die; -, -n⟩ *Steuer auf Benzin, Heizöl, Erdgas u. Strom mit dem Ziel, den allgemeinen Energieverbrauch zugunsten der Umwelt zu ver-*

ringern u. durch die steuerlichen Mehreinnahmen die Rentenversicherung zu entlasten u. die Arbeitskosten zu senken

Öko|sys|tem ⟨das; -s, -e; kurz für⟩ *ökologisches System, das Lebensraum u. darin lebende Lebewesen umfasst*

Ok|ta|eder ⟨das; -s, -; Geom.⟩ *von acht Flächen begrenzter Körper;* Syn *Achtflach, Achtflächner*

Ok|tan ⟨das; -s, -e; Chem.⟩ *zu den Paraffinen gehörender Kohlenwasserstoff*

Ok|tan|zahl ⟨die; -, -en; Abk.: OZ⟩ *Maßzahl für die Klopffestigkeit von Kraftstoff*

Ok|ta|ve ⟨[-və] die; -, -n; Mus.⟩ **1** *achter u. letzter Ton der diatonischen Tonleiter* **2** *Intervall von acht Tönen*

Ok|to|ber ⟨der; -s, -; Abk.: Okt.⟩ *10. Monat des Jahres* ▸ goldener ~; im ~ ernten wir Äpfel

Oktoberfest

Mit jährlich sechs Millionen Besuchern ist das Münchner Oktoberfest das größte Volksfest der Welt. Es wird jedes Jahr von Mitte September bis zum ersten Oktoberwochenende in München auf der Theresienwiese gefeiert, weshalb der Volksmund es auch „die Wiesn" nennt. Neben einem großen Jahrmarkt sind die Bierzelte, in denen in den traditionellen Maßkrügen Bier ausgeschenkt wird, die Hauptattraktion. Eine Maß entspricht einem Liter Bier.
1810 wurde das *Oktoberfest* als öffentliche Feier der Hochzeit des späteren König Ludwig I. erstmals veranstaltet. Im Jahre 1816 übernahmen dann die Stadtväter Münchens die Leitung und Organisation. Seit 1950 wird das Fest eröffnet, indem der amtierende Oberbürgermeister der Stadt München mit dem Ruf „O'zapft is!" („Es ist angezapft!") das erste Bierfass ansticht. Das weltberühmte bayrische Bier wird in München ganzjährig in den Braustuben und Biergärten ausgeschenkt. Bereits 1516 erließ der bayrische Herzog Wilhelm IV. das sogenannte Reinheitsgebot, in dem festgeschrieben ist, dass Bier nur aus Gerstenmalz, Hopfen und Wasser bestehen darf. Nach dieser Vorschrift werden noch heute die meisten deutschen Biere gebraut.

Ok|to|ber|fest ⟨das; -(e)s, -e⟩ *im September/Oktober stattfindendes Münchner Volksfest mit Bierzelten, Karussells u. Schaubuden*

oku|lar ⟨Adj.⟩ *das Auge betreffend, Augen…*

Öku|me|ne ⟨die; -; unz.⟩ *Gesamtheit aller christlichen Kirchen (als gemeinschaftliche Bewegung)*

öku|me|nisch ⟨Adj.⟩ *die Ökumene betreffend, zu ihr gehörig* ▸ ~er Gottesdienst

Ok|zi|dent ⟨der; -s; unz.⟩ = *Abendland;* Ggs *Orient;* Abl *okzidental*

Öl ⟨das; -(e)s, -e⟩ *unter normalen Temperaturbedingungen flüssiges Fett, das aus Pflanzen gewonnen od. in der Erdrinde enthalten ist* ▸ ätherische ~e *organische, aromatisch riechende Verbindungen;* pflanzliches ~ ▸ in, mit ~ backen, braten; in ~ malen *mit Ölfarbe malen;* ~ ins Feuer gießen ⟨übertr.; umg.⟩ *jmds. Zorn noch mehr entfachen, einen Streit schüren;* mit ~ heizen; nach ~ bohren; Abl *ölhaltig;* Zus *Ölheizung, Ölkonzern, Ölpreis, Öltanker; Mineralöl, Olivenöl*

Öl|baum ⟨der; -(e)s, -bäu|me; Bot.⟩ *ein Baum mit fleischigen, ölhaltigen Steinfrüchten, Olivenbaum*

Ol|die ⟨[ouldi] der; -s, -s⟩ **1** *alter Schlager od. Film* **2** ⟨scherzh.⟩ *Angehöriger der älteren Generation*

Old|ti|mer ⟨[ouldtaımə(r)] od. [o:ld-] der; -s, -⟩ *Automodell aus der Frühzeit des Automobilbaus mit Liebhaber- u. Sammlerwert* ▸ einen ~ fahren

Ole|an|der ⟨der; -s, -; Bot.⟩ *als Zierpflanze beliebter, immergrüner, giftiger Strauch des Mittelmeers*

ölen ⟨V. trans.; ölt, öl|te, hat ge|ölt⟩ **1** etwas ~ *mit Maschinenöl einfetten* **2** jmdn. ~ *salben* ▸ es geht wie geölt ⟨übertr.⟩ *es geht leicht, es geht schnell*

Öl|far|be ⟨die; -, -n⟩ *aus trocknendem Pflanzenöl bestehende Mal- u. Anstrichfarbe*

Öl|ge|mäl|de ⟨das; -s, -⟩ *mit Ölfarben gemaltes Bild;* Syn *Ölbild*

ölig ⟨Adj.⟩ **1** *ölhaltig* **2** *voller Öl, schmierig*

oliv ⟨Adj.; undekl.⟩ *von der Farbe der Oliven;* Zus *olivgrün*

Oli|ve ⟨[-və] die; -, -n⟩ **1** *Frucht des Ölbaums;* Abl *olivfarben;* Zus *Olivenöl* **2** = *Ölbaum*

Oli|ven|baum ⟨[-vən-] der; -(e)s, -bäu|me⟩ = *Ölbaum*

Öl|kri|se ⟨die; -, -n⟩ *wirtschaftliche Krise aufgrund einer Verknappung von Erdöl*

oll ⟨Adj.; norddt., berlin.⟩ **1** *alt* **2** *unschön, hässlich* **3** *unangenehm, lästig* ▸ so ein ~es Ding mag ich nicht; der ~e Kerl; die Schuhe sind schon so ~

Öl|ma|le|rei ⟨die; -; unz.⟩ *Malerei mit Ölfarben*

Öl|pest ⟨die; -; unz.⟩ *starke Verunreinigung von Gewässern durch Mineralöl*

Öl|sar|di|ne ⟨die; -, -n⟩ *in Öl eingelegte Sardine*

Öl|scheich ⟨der; -(e)s, -e; abwertend⟩ *Scheich, in dessen Land Öl gefördert wird*

Öl|tep|pich ⟨der; -(e)s, -e⟩ *großflächige, umweltschädigende Schicht aus Erdöl auf dem Meer (nach einem Tankerunglück)*

Ölung ⟨die; -, -en⟩ *das Ölen* ▸ die Letzte ~ ⟨kath. Kirche⟩ *Salbung von Sterbenden mit geweihtem Öl vor dem Tode*

Olym|pia ⟨die; -, -n; Sp.⟩ *die Olympischen Spiele;* Zus *Olympiabewerbung, Olympiaqualifikation, Olympiasieg, Olympiasieger(in), Olympiastadion, Olympiateilnehmer(in)*

Olym|pi|a|de ⟨die; -, -n; Sp.⟩ *die Olympischen Spiele;* Zus *Sommerolympiade, Winterolympiade*

olym|pisch ⟨Adj.; Sp.⟩ *zu den Olympischen Spielen gehörend* ▸ ~es Dorf ⟨Sp.⟩ *Gelände mit den Wohnungen für die Teilnehmer an den Olympischen Spielen;* Olympische Spiele *internationaler Sportwettkampf, der alle vier Jahre an wechselnden Orten ausgetragen wird*

Öl|zweig ⟨der; -(e)s, -e⟩ **1** *Zweig vom Ölbaum* **2** *Sinnbild des Friedens*

Oma ⟨die; -, -s; umg.⟩ *Großmutter*

Om|buds|frau ⟨die; -, -en⟩ *weibl. Ombudsmann*

Om|buds|mann ⟨der; -(e)s, -män|ner⟩ **1** *Beauf-*

tragter des Parlaments, an den sich jeder Bürger zum Schutz gegen behördliche Willkür wenden kann **2** ⟨allg.⟩ *unabhängige männliche Vertrauensperson, z. B. in Schulen*

Ome|lett ⟨[ɔm-] das; -s, -s⟩ *Eierkuchen, Pfannkuchen;* oV ⟨österr. u. schweiz.⟩ *Omelette*

Omen ⟨das; -s, Omi|na⟩ *Vorzeichen* ▸ gutes, schlechtes ~

omi|nös ⟨Adj.⟩ **1** *von schlimmer Vorbedeutung* **2** *bedenklich, verdächtig*

Om|ni|bus ⟨der; -bus|ses, -bus|se; kurz: Bus⟩ *Kraftwagen zur gewerbsmäßigen Beförderung vieler Personen;* Syn *Autobus;* Zus *Omnibuslinie*

om|ni|po|tent ⟨Adj.⟩ *allmächtig;* Abl *Omnipotenz*

om|ni|prä|sent ⟨Adj.⟩ *allgegenwärtig;* Abl *Omnipräsenz*

ona|nie|ren ⟨V. intr.; ona|niert, ona|nier|te, hat ona|niert⟩ = *masturbieren*

On|kel ⟨der; -s, - od. umg. a. -s⟩ **1** *Bruder der Mutter oder des Vaters* **2** ⟨Kinderspr.⟩ *männlicher, (bes.) bekannter Erwachsener* ▸ ich fahre zu meinem ~; wir übernachten bei seinem ~

on|kel|haft ⟨Adj.⟩ **1** *freundlich u. gutmütig wie ein Onkel* **2** ⟨meist iron.⟩ *gönnerhaft, gutmütig*

On|ko|lo|gie ⟨die; -; unz.; Med.⟩ *Lehre von den Geschwülsten, Geschwulstforschung;* Abl *Onkologe, Onkologin; onkologisch*

on|line ⟨[-laın] Adj.; undekl.; EDV⟩ Ggs *offline* **1** *mit einer EDV-Anlage bzw. einem Computernetzwerk verbunden (u. in direkter Verbindung damit arbeitend)* **2** *an das Internet angeschlossen, in unmittelbarer Verbindung mit dem Internet stehend* **3** *mit Hilfe des Internets, per Internet;* Zus *Onlineangebot, Onlinedienst* ▸ Nachrichten ~ abrufen; das Unternehmen geht ~; mit jmdm. ~ kommunizieren; ~ sein

On|line|ban|king ⟨[-laınbæŋkıŋ] das; - od. -s; unz.; EDV⟩ *computergestützte Abwicklung des Zahlungsverkehrs im Bankwesen*

Onyx ⟨der; -es, -e; Min.⟩ *Mineral, schwarz-weißer Quarz*

OP ⟨Abk. für⟩ *Operation(ssaal);* Zus *OP-Saal, OP-Schwester*

op. ⟨Abk. für⟩ *Opus*

Opa ⟨der; -s, -s; umg.⟩ *Großvater*

opak ⟨Adj.⟩ *undurchsichtig*

Opal ⟨der; -s, -e; Min.⟩ *ein Halbedelstein*

Open-Air... ⟨in Zus.⟩ *draußen, im Freien (stattfindend),* z. B. Open-Air-Festival, Open-Air-Kino, Open-Air-Konzert

Oper ⟨die; -, -n; Mus.⟩ **1** *musikalisch gestaltetes Bühnenstück mit gesanglich dargestellter Handlung;* Abl *opernhaft;* Zus *Opernfilm, Opernsänger(in)* **2** *Opernhaus* ▸ dramatische, komische ~; in die ~ gehen

ope|ra|bel ⟨Adj.; Med.⟩ *so beschaffen, dass man es (noch) operieren kann;* Ggs *inoperabel* ▸ ein operabler Tumor

Ope|ra|teur ⟨[-tøːr] der; -s, -e; Med.⟩ *jmd., der eine Operation (1) durchführt, operierender Arzt;* Abl *Operateurin*

Ope|ra|ti|on ⟨die; -, -en⟩ **1** ⟨Abk.: OP; Med.⟩ *chirurgischer Eingriff in den lebenden Organismus;* Zus *Operationssaal, Operationsschwester; Krebsoperation, Schönheitsoperation* **2** ⟨allg.⟩ *Handlung, Tätigkeit, Arbeitsvorgang* **3** ⟨Math.⟩ *Rechenvorgang, der bestimmten mathematischen Grundsätzen folgt;* Zus *Rechenoperation* **4** ⟨Mil.⟩ *militärische Kampfhandlung* ▸ eine ~ durchführen, vornehmen; ~ gelungen, Patient tot ⟨umg.; scherzh.⟩ *die Ausführung war gut, aber der Erfolg bleibt leider aus;* er hat die ~ nicht überlebt; eine komplizierte mathematische ~ ausführen

ope|ra|tiv ⟨Adj.⟩ **1** ⟨Med.⟩ *auf chirurgischem Weg, mit Hilfe einer Operation (1)* **2** ⟨Mil.⟩ *eine Operation (4) betreffend* **3** ⟨übertr.⟩ *weitschauend u. planvoll tätig* ▸ ~er Eingriff; das ~e Geschäft eines Unternehmens bilanzieren; ~e Planung; eine Geschwulst ~ entfernen; ~ entscheiden

Ope|ra|tor ⟨der; -s, -en; a. engl. [ɔpərɛıtə(r)] der; -s, -s⟩ *Mann, der beruflich eine größere EDV-Anlage bedient;* Abl *Operatorin*

Ope|ret|te ⟨die; -, -n; Mus.⟩ *leichtes, heiteres, unterhaltendes Bühnenstück mit Musik u. gesprochenen Dialogen;* Abl *operettenhaft*

ope|rie|ren ⟨V.; ope|riert, ope|rier|te, hat ope|riert⟩ **I** ⟨V. trans.⟩ jmdn. (an etwas) ~ *an jmdm. eine Operation, einen chirurgischen Eingriff vornehmen* ▸ sich ~ lassen; jmdn. am Magen ~; am Blinddarm operiert werden; er wurde sofort operiert **II** ⟨V. intr.⟩ **1** *eingreifen, handeln, wirken, verfahren* **2** *eine militärische Operation durchführen* ▸ wir müssen hier behutsam ~

Opern|ball ⟨der; -(e)s, -bäl|le⟩ *Ball im Opernhaus*

Opern|füh|rer ⟨der; -s, -⟩ *Handbuch mit Erklärungen u. Inhaltsangaben von Opern*

Opern|glas ⟨das; -es, -glä|ser⟩ *kleines Fernglas fürs Theater, für die Oper;* Syn *Theaterglas*

Opern|haus ⟨das; -es, -häu|ser⟩ *Gebäude für Opernaufführungen;* Syn *Operntheater*

Op|fer ⟨das; -s, -⟩ **1** *Gabe für einen Gott;* Zus *Opfertier; Tieropfer, Trankopfer* **2** *schmerzlicher Verzicht zugunsten eines anderen Menschen;* Zus *Opferbereitschaft, Opferwille* **3** *jmd., der ein Übel erdulden muss;* Zus *Mordopfer* ▸ ein ~ der Flammen werden *im Feuer ums Leben kommen od. zerstört werden;* das ~ einer Intrige, eines Mordes, Unfalls, Verkehrsunglücks werden ▸ jmds. ~ (dankbar) annehmen; ein ~ bringen; das Erdbeben forderte zahlreiche ~ (an Menschenleben); kein ~ scheuen, um jmdm. zu helfen ▸ religiöses ~ ▸ ein ~ für jmdn. bringen; einem Attentat zum ~ fallen

op|fern ⟨V.; op|fert, op|fer|te, hat ge|op|fert⟩ **I** ⟨V. trans.⟩ **1** (jmdm.) etwas ~ *einer Gottheit darbringen* **2** (jmdm. od. einer Sache) etwas ~ od. etwas (für jmdn. od. etwas) ~ *für jmdn. od. etwas auf etwas verzichten* ▸ einem Gott ein Tier ~; seine Zeit ~; Geld für etwas ~ **II** ⟨V. refl.⟩ **1** sich (für jmdn. od. etwas) ~ **1.1** *sein Leben für jmdn. od. etwas hingeben* **1.2** *für jmdn. od. etwas alles tun* **2** ⟨übertr.; umg.⟩ sich ~ *etwas (für jmdn.) tun, obgleich es schwerfällt* ▸ er hat sich für den Freund geopfert; Abl *Opferung*

Op|fer|stock ⟨der; -(e)s, -stö|cke⟩ *Behälter für Geldspenden in der Kirche*

Opi|at ⟨das; -(e)s, -e; Pharm.⟩ *Opium u. dessen Derivate enthaltendes Arzneimittel*

Opi|um ⟨das; -s; unz.⟩ *eine Droge aus den unreifen Früchten des Schlafmohns, als Schmerz- u. Rauschmittel*

op|po|nie|ren ⟨V. intr.; op|po|niert, op|po|nier|te, hat op|po|niert⟩ (gegen jmdn. od. etwas) ~ *sich widersetzen, widerstreben, eine gegenteilige Meinung vertreten;* Abl *Opponent(in)*

op|por|tun ⟨Adj.⟩ *gelegen, nützlich, passend, angebracht* ▸ diese Reaktion, Handlungsweise wäre im Augenblick nicht ~

Op|por|tu|nis|mus ⟨der; -; unz.⟩ **1** *Handeln allein unter dem Gesichtspunkt dessen, was Vorteile bringt* **2** *geschickte Anpassung an die jeweilige Lage;* Abl *Opportunist(in); opportunistisch*

Op|po|si|ti|on ⟨die; -, -en⟩ **1** ⟨allg.⟩ *Gegensatz, Widerstand* **2** ⟨Pol.⟩ *zur Regierung bzw. zu den Regierungsparteien im Gegensatz stehende Partei(en);* Abl *Oppositionelle(r);* Zus *Oppositionsführer, Oppositionspartei* ▸ ein Mitglied der ~ ⟨Pol.⟩; Abl *oppositionell*

Op|tik ⟨die; -, -en⟩ **I** ⟨unz.⟩ *Lehre vom Licht u. diesem ähnlichen Strahlungen;* Syn *Lichtlehre* **II** ⟨zählb.⟩ *das Linsensystem (eines Instruments)*

Op|ti|ker ⟨der; -s, -⟩ *Hersteller von optischen Geräten, Händler mit optischen Geräten;* Abl *Optikerin*

op|ti|mal ⟨Adj.⟩ *so gut es überhaupt möglich ist, bestmöglich, beste, Best…*

op|ti|mie|ren ⟨V. trans.; op|ti|miert, op|ti|mier|te, hat op|ti|miert⟩ etwas ~ *das Beste herausholen, bestmöglich gestalten;* Abl *Optimierung*

Op|ti|mis|mus ⟨der; -; unz.⟩ *Lebensbejahung, Zuversichtlichkeit in allen Dingen, Lebenseinstellung, infolge deren man alle Dinge von der besten Seite sieht;* Ggs *Pessimismus;* Abl *Optimist(in); optimistisch*

Op|ti|mum ⟨das; -s, -ti|ma⟩ *Höchstmaß, günstigste Lage, günstigstes Verhältnis, Bestfall* ▸ das ~ (aus einer Sache) herausholen

Op|ti|on ⟨die; -, -en⟩ **1** *das Optieren, Entscheidung für jmdn. od. etwas* **2** *Möglichkeit, Wahlmöglichkeit* **3** ⟨Rechtsw.; Wirtsch.⟩ *Vorkaufsrecht, Vorrecht, etwas zu bestimmten Bedingungen käuflich zu erwerben* **4** ⟨Börse⟩ *Vertrag, der dem Käufer einer Aktie das Recht gibt, bis zu einem bestimmten Datum zum Basispreis kaufen od. verkaufen zu können* ▸ sich eine ~ offenhalten; eine ~ wahrnehmen; eine ~ auf Verlängerung eines Vertrages; eine ~ für eine weitere Produktion erhalten

op|ti|o|nal ⟨Adj.⟩ *nicht verpflichtend, frei wählbar;* Syn *wahlfrei*

op|tisch ⟨Adj.⟩ **1** *die Optik betreffend, zu ihr gehörig, auf ihr beruhend* **2** *zum Licht, zum Sehen gehörend, darauf beruhend* ▸ ~er Eindruck; ~e Täuschung *auf der unvollkommenen Verarbeitung der optischen Wahrnehmungen durch die Augen beruhende Täuschung*

opu|lent ⟨Adj.; -er, am -es|ten⟩ *üppig, reichlich, reichhaltig;* Ggs *frugal* ▸ ein ~es Mahl

Opus ⟨das; -, Ope|ra; Abk.: op.⟩ **1** *Werk eines Künstlers* **2** ⟨Mus.⟩ *einzelnes Werk in der Reihe der Werke eines Komponisten* ▸ Konzert für Violine und Orchester, a-Moll, op. 26

Ora|kel ⟨das; -s, -⟩ **1** *Weissagungsstätte* **2** *Schicksalsspruch, Zukunftsdeutung, Wahrsagung* **3** *rätselhafter Ausspruch;* Abl *orakelhaft; orakeln*

oral ⟨Adj.⟩ *zum Mund gehörig, durch den, mit dem Mund* ▸ ein Medikament ~ einnehmen

Oral|ver|kehr ⟨der; -s; unz.⟩ *Geschlechtsverkehr mit Hilfe des Mundes, Saugen u. Lecken am Geschlechtsteil des Partners, Oralsex*

orange ⟨[orãːʒ] od. [oraŋʒ] Adj.; undekl., umg. a. dekl.⟩ *rötlich gelb, von der Farbe der Orange* ▸ der Pullover ist ~; ich fahre ein ~s Auto ⟨umg.⟩

Oran|ge ⟨[orãːʒə] od. [oraŋʒə]⟩ **I** ⟨die; -, -n⟩ = *Apfelsine;* ⓘ S. 1003; Zus *Orangensaft* **II** ⟨das; -; unz.⟩ *orangene Farbe;* Abl *orangefarben;* Zus *orangegelb*

Oran|geat ⟨[orãʒaːt] od. [oraŋʒaːt] das; -(e)s, -e⟩ *kandierte Apfelsinenschale*

Orang-Utan ⟨der; -s, -s; Zool.⟩ *ein Menschenaffe mit braunem Fell, der auf Sumatra u. Borneo lebt*

Ora|to|ri|um ⟨das; -s, -ri|en; Mus.⟩ *mehrteilige, geistliche Komposition für Chor, Einzelstimmen u. Orchester*

Or|bit ⟨der; -s, -s⟩ *Umlaufbahn um eine Masse*

Or|ches|ter ⟨[-kɛs-], österr. a. [-çɛs-] das; -s, -⟩ **1** *größere Zahl von Musikern zum Zusammenspiel unter einem Dirigenten;* Abl *orchestral;* Zus *Rundfunkorchester, Schulorchester, Sinfonieorchester* **2** *vertiefter Platz vor der Bühne für das Orchester (1)*

Or|ches|ter|gra|ben ⟨[-kɛs-], österr. a. [-çɛs-] der; -s, -grä|ben; Theat.⟩ *vertieft liegender Raum zw. Bühne u. Zuschauerraum für das Orchester*

or|ches|t|rie|ren ⟨[-kɛs-], österr. a. [-çɛs-] V. trans.; or|ches|t|riert, or|ches|t|rier|te, hat or|ches|t|riert⟩ ein Musikstück ~ *für Orchester bearbeiten;* Abl *Orchestration, Orchestrierung*

Or|den ⟨der; -s, -⟩ **1** *religiöse od. weltliche Gemeinschaft, die nach bestimmten Regeln lebt u. (bei geistlichen Orden) bestimmte Gelübde abgelegt hat;* Zus *Ordensbruder, Ordensschwester, Ordenstracht; Mönchsorden, Nonnenorden, Ritterorden* **2** *Ehrenzeichen, Auszeichnung;* Zus *Verdienstorden* ▸ einem ~ angehören; einen ~ bekommen; jmdm. einen ~ verleihen

or|dent|lich ⟨Adj.⟩ **I** ⟨attr.; präd.; adv.⟩ **1** *ordnungsliebend* **2** *anständig, rechtschaffen* **3** *geordnet, am rechten Platz, aufgeräumt* **4** *ordnungsgemäß, planmäßig* **5** *genau, sorgfältig* **6** ⟨umg.⟩ *tüchtig, kräftig* ▸ ein ~es **Frühstück** ⟨umg.⟩; das sind ~e **Leute;** er ist ein ~er **Mensch;** ~es **Mitglied** *planmäßiges, aktives M. (eines Vereins);* ~er **Professor** ⟨Abk.: o. Prof.⟩ *P., der einen Lehrstuhl innehat;* er hat einen ~en **Schluck** genommen ▸ die Kinder sind immer ~ **angezogen; aussehen:** das Zimmer sah ~ aus; alles **lag** ~ an seinem Platz; eine Arbeit ~ **machen; sein:** er, sie ist sehr ~ **II** ⟨adv.; umg.⟩ **1** *sehr* **2** *geradezu, wirklich* ▸ er hat ihm ~ die Meinung gesagt

Or|der ⟨die; -, -n od. -s⟩ **1** *Anordnung, Verfügung, Befehl* **2** ⟨Kaufmannsspr.⟩ *Bestellung, Auftrag;* Abl *ordern*

Or|di|nal|zahl ⟨die; -, -en; Sprachw.⟩ *einordnendes Zahlwort,* z. B. erster, zweiter; →a. *Kardinalzahl*

or|di|när ⟨Adj.⟩ **1** *gewöhnlich, unanständig* **2** *ganz gewöhnlich, alltäglich* ▸ eine ~e Person; ein ~er Witz

Or|di|na|ri|us ⟨der; -, -ri|en⟩ *ordentlicher Professor (an einer Hochschule)*

Or|di|na|ten|ach|se ⟨[-ks-] die; -, -n; Math.⟩ *Hauptachse in einem Koordinatensystem;* Syn *y-Achse;* Ggs *Abszissenachse*

Or|di|na|ti|on ⟨die; -, -en⟩ **1** ⟨kath. Kirche⟩ *Weihe zum geistlichen Amt, Priesterweihe* **2** ⟨evang. Kirche⟩ *Einsetzung in das Amt eines Pfarrers, ärztliche Verordnung* **3** ⟨österr.⟩ **3.1** *ärztliche Sprechstunde* **3.2** *ärztliches Sprechzimmer*

ord|nen ⟨V. trans.; ord|net, ord|ne|te, hat ge|ordnet⟩ **1** etwas ~ *in (eine bestimmte) Ordnung, in die richtige Reihenfolge bringen, sortieren* **2** seine Angelegenheiten ~ *regeln* ▸ die Unterlagen, Papiere auf dem Schreibtisch ~ *alle an ihren bestimmten Platz tun;* ich habe meine Bücher nach Autoren geordnet; in geordneten Verhältnissen leben *in klaren, übersichtlichen V.*

Ord|ner ⟨der; -s, -⟩ **1** *Sammelmappe für Schriftstücke;* ⓘ S. 468, 575; Zus *Aktenordner, Briefordner* **2** *jmd., der für Ordnung sorgt, z. B. bei Versammlungen, öffentlichen Festen;* Abl *Ordnerin;* Zus *Saalordner*

Ord|nung ⟨die; -, -en⟩ **1** *das Ordnen* **2** *das Geordnetsein, ordentlicher Zustand;* Zus *Ordnungsliebe* **3** *Regel, Vorschrift;* Zus *Gemeindeordnung, Hausordnung, Studienordnung* **4** *Stufenfolge, Reihe, Reihenfolge;* Zus *Rangordnung, Sitzordnung* **5** *Aufbau, System;* Zus *Gesellschaftsordnung* **6** ⟨biolog. Systematik⟩ *obligatorische Kategorienstufe zw. Familie u. Klasse* **7** ⟨übertr.⟩ *Ruhe, Disziplin* ▸ es muss alles seine (bestimmte) ~ **haben;** er kann (in seinen Sachen) keine ~ **halten;** hier **herrscht** (keine, vorbildliche) ~; ~ **machen,** schaffen; ~ muss **sein!** ⟨übertr.⟩; die ~ **stören;** die ~ **wiederherstellen** ▸ **alphabetische** ~ ▸ **für** ~ sorgen; **in** ~! ⟨umg.⟩ *gut!, wird erledigt, wird gemacht!;* eine Sache in ~ bringen ⟨übertr.⟩ *regeln, erledigen;* ich finde es (nicht) in ~, dass sie Geld von dir bekommt; (es) geht in ~ ⟨umg.⟩ *es ist gut so, es wird erledigt;* das ist ganz in ~ *das ist ganz richtig so;* der ist in ~! ⟨umg.⟩ *er ist ein netter Kerl;* die Maschine ist nicht in ~ *ist kaputt, läuft nicht richtig;* das Zimmer ist in ~ *aufgeräumt u. sauber;* es ist alles in bester, schönster ~; ein Kind **zur** ~ anhalten *dazu anhalten, ordentlich zu sein;* jmdn. zur ~ rufen *ermahnen*

Ord|nungs|amt ⟨das; -(e)s, -äm|ter⟩ **1** *städtische Verwaltungsbehörde, die u. a. für das Pass- u. Meldewesen zuständig ist* **2** *Gebäude dafür*

ord|nungs|ge|mäß ⟨Adj.⟩ *nach einer bestimmten Ordnung, wie es die Ordnung vorschreibt* ▸ sich ~ an- und abmelden; ein Formular ~ ausfüllen

Ord|nungs|hü|ter ⟨der; -s, -; scherzh.⟩ *Polizist;* Abl *Ordnungshüterin*

Ord|nungs|stra|fe ⟨die; -, -n; Rechtsw.⟩ *Strafe für eine Ordnungswidrigkeit*

ord|nungs|wid|rig ⟨Adj.; Rechtsw.⟩ *gegen eine amtliche Verordnung verstoßend;* Abl *Ordnungswidrigkeit*

Ord|nungs|zahl ⟨die; -, -en⟩ **1** ⟨Sprachw.⟩ = *Ordinalzahl;* Ggs *Grundzahl* **2** *Stellenzahl eines chem. Elementes im Periodensystem (entspricht der Kernladungszahl)*

Or|do|nanz ⟨die; -, -en; Mil.⟩ *für bestimmte Zwecke abkommandierter Soldat;* oV *Ordonnanz*

Ore|ga|no ⟨der; -; unz.⟩ *Pflanze, deren Blätter getrocknet als Gewürz verwendet werden, wilder Majoran*

Or|gan ⟨das; -(e)s, -e⟩ **1** ⟨Anat.⟩ *funktionell eigenständiger Teil des Organismus;* Zus *Organbank, Organhandel, Organspende, Organspender(in), Organtransplantation, Organverpflanzung; Geschlechtsorgan, Hörorgan* **2** ⟨übertr.⟩ **2.1** *Zeitung od. Zeitschrift als Sprachrohr einer Partei* **2.2** *Aufträge od. Anordnungen ausführende Person od. Behörde* **2.3** ⟨umg.⟩ *Stimme* ▸ **ausführendes** ~ ⟨übertr.⟩ *Behörde, die Aufträge od. Bestimmungen ausführt;* **beratendes** ~ *Beirat;* die **inneren** ~e; **rechtsprechendes** ~ *Gericht*

Or|ga|ni|sa|ti|on ⟨die; -, -en⟩ **I** ⟨unz.⟩ **1** *das Organisieren;* Zus *Organisationskomitee* **2** *planmäßiger Aufbau, Ordnung, Gliederung, Struktur;* Zus *Organisationsform* ▸ alles ist nur eine Frage der ~; die ~ eines Unternehmens; die ~ war gut, schlecht **II** ⟨zählb.⟩ *zweckbestimmte Vereinigung, Zusammenschluss von Personen mit bestimmter Zielsetzung* ▸ einer ~ angehören, beitreten; eine ~ gründen, aufbauen; karitative ~en; Zus *Hilfsorganisation*

Or|ga|ni|sa|ti|ons|ta|lent ⟨das; -(e)s; unz.⟩ **1** *Talent, Begabung zum Organisieren* **2** ⟨übertr.⟩ *Mensch, der diese Begabung besitzt*

Or|ga|ni|sa|tor ⟨der; -s, -en⟩ *jmd., der etwas organisiert, Veranstalter;* Abl *Organisatorin*

or|ga|ni|sa|to|risch ⟨Adj.⟩ *die Organisation betreffend, ordnend* ▸ ~e Fähigkeiten haben

or|ga|nisch ⟨Adj.⟩ **1** ⟨Anat.⟩ *ein Organ (1) betreffend, zu ihm gehörend, von ihm ausgehend* **2** Ggs *anorganisch* **2.1** ⟨Biol.⟩ *der belebten Natur angehörend, tierisch-pflanzlich* **2.2** ⟨Chem.⟩ *Kohlenstoffverbindungen betreffend* **3** *gegliedert, gesetzmäßig geordnet* ▸ ~e Chemie *C. der Kohlenstoffverbindungen;* ein ~es Ganzes; ~er Körper; ~e Verbindung *V. der organischen Chemie*

or|ga|ni|sie|ren ⟨V.; or|ga|ni|siert, or|ga|ni|sier|te, hat or|ga|ni|siert⟩ **I** ⟨V. trans.⟩ **1** etwas ~ *einrichten, aufbauen, gestalten* **2** ⟨umg.⟩ (jmdm.) etwas ~ *beschaffen, bes. auf illegale Weise* ▸ eine Veranstaltung ~; die Tagung war gut organisiert; wir müssen noch sehr viel für die Hochzeit ~; Abl *organisierbar* **II** ⟨V. refl.⟩ sich ~ *sich einer*

Gewerkschaft od. Partei anschließen ▸ gewerkschaftlich organisierte Arbeiter; organisiertes Verbrechen *von einer Verbrecherorganisation begangene Straftaten*

Or|ga|nis|mus ⟨der; -, -nis|men⟩ **1** *selbstständiges Lebewesen, lebendiger menschlicher, tierischer od. pflanzlicher Körper* **2** *sinnvoll gegliedertes System*

Or|ga|nist ⟨der; -en, -en; Mus.⟩ *Orgelspieler;* Abl *Organistin*

Or|gas|mus ⟨der; -, -gas|men⟩ *Höhepunkt des Geschlechtsaktes od. anderer sexueller Handlungen*

Or|gel ⟨die; -, -n; Mus.⟩ *größtes Musikinstrument, bei dem durch Tasten u. Pedal sowie durch mechanische od. elektrische Zuführung von Luft Pfeifen in den verschiedensten Klangfarben zum Tönen gebracht werden;* Abl *orgeln;* Zus *Orgelspieler(in)*

Or|gel|pfei|fe ⟨die; -, -n; Mus.⟩ *Pfeife der Orgel* ▸ die Kinder standen da wie die ~n ⟨umg.; scherzh.⟩ *der Größe nach, eines immer etwas größer als das andere*

Or|gie ⟨[-gjə] die; -, -n⟩ *Ausschweifung, wüstes Gelage* ▸ ~n feiern

Ori|ent ⟨der; -s; unz.⟩ *die Länder des Nahen, Mittleren u. Fernen Ostens;* Syn *Morgenland;* Ggs *Okzident* ▸ der Vordere ~ *Vorderasien;* Abl *Orientale, Orientalin; orientalisch;* Zus *Orientexpress*

ori|en|tie|ren ⟨V.; ori|en|tiert, ori|en|tier|te, hat ori|en|tiert⟩ **I** ⟨V. refl.⟩ **1** sich ~ *den eigenen Standort bestimmen, sich zurechtfinden* **2** sich an jmdm. od. etwas ~ *sich im eigenen Tun nach jmd. anderem od. nach etwas richten* **II** ⟨V. trans.⟩ jmdn. (über etwas) ~ *(über etwas) unterrichten, in Kenntnis setzen* ▸ darüber bin ich nicht orientiert *darüber weiß ich nicht Bescheid*

Ori|en|tie|rung ⟨die; -, -en⟩ **1** *das Orientieren;* Zus *Orientierungshilfe* **2** *das Orientiertsein;* Abl *orientierungslos* ▸ die ~ verlieren *die Richtung verlieren, nicht mehr wissen, wo man sich befindet;* zu Ihrer ~ *damit Sie Bescheid wissen*

Ori|en|tie|rungs|sinn ⟨der; -(e)s; unz.⟩ *Fähigkeit, sein Ziel od. seinen Ausgangspunkt zu finden*

Ori|ga|no ⟨der; -; unz.⟩ = *Oregano*

ori|gi|nal ⟨Adj.⟩ **1** *ursprünglich, echt, urschriftlich;* Zus *Originalausgabe, Originalfassung, Originaltext* **2** *schöpferisch, erfinderisch, eigen;* →a. *originell* ▸ eine ~e künstlerische Leistung

Ori|gi|nal ⟨das; -(e)s, -e⟩ **1** *Vorbild, Urbild* **2** *erste Niederschrift, ursprüngliche Fassung, Urtext;* Zus *originalgetreu* **3** ⟨übertr.; umg.⟩ *bemerkenswerte, skurrile Person, (meist witziger) Sonderling* ▸ das ~ des Bildes hängt im Louvre; das ~ des Briefes behalte ich hier und schicke dir nur die Abschrift; bitte schicken Sie keine ~e!; Kopie nach einem ~ von Picasso; er ist wirklich ein ~!

Ori|gi|na|li|tät ⟨die; -; unz.⟩ **1** *originale Beschaffenheit, Ursprünglichkeit* **2** *Besonderheit, Eigenart* ▸ er hat seine ~ bewahrt

Ori|gi|nal|ton ⟨der; -(e)s; unz.; kurz: O-Ton⟩ *der ursprüngliche, unveränderte, direkte Ton (einer Aufnahme, Äußerung o. Ä.)* ▸ eine Aufnahme im ~ senden

ori|gi|nell ⟨Adj.⟩ **1** *neuartig u. ungewöhnlich, eigen* (Einfall, Gedanke) **2** *eigenartig, aber geist-, ideenreich u. witzig* (Mensch); →a. *original* ▸ sie hat immer ~e Ideen; etwas ~ gestalten

Or|kan ⟨der; -s, -e; Meteor.⟩ *Wind im höchsten Stärkegrad, heftigster Sturm;* Abl *orkanartig*

Or|na|ment ⟨das; -(e)s, -e⟩ *Verzierung, Schmuck*

Or|nat ⟨das; -(e)s, -e⟩ *feierliche Amtstracht*

Or|ni|tho|lo|gie ⟨die; -; unz.; Zool.⟩ *Lehre von der Systematik u. dem Leben der Vögel;* Abl *Ornithologe, Ornithologin; ornithologisch*

Ort **I** ⟨der; -(e)s, -e⟩ **1** *Platz, Stelle, Punkt* **2** *Gegend, Raum* **3** *Ortschaft, Gemeinde, Dorf;* Zus *Ortskern, Ortsname, Ortsteil* **4** ⟨umg.; verhüllend⟩ *Toilette* ▸ ein ~ des **Grauens,** Schreckens ▸ **sein:** es ist hier nicht der ~, darüber zu diskutieren *es ist hier nicht die richtige Gelegenheit* ▸ **gewisser,** heimlicher, verschwiegener ~ ▸ **an** ~ und Stelle *dort, wo es hingehört;* wir sind an ~ und Stelle *wir sind am Ziel;* hier am ~ *in der gleichen Ortschaft, hier;* sich an einem dritten ~ treffen *nicht zu Hause;* jetzt steht alles am rechten, richtigen ~; wie weit ist es **bis** zu dem ~? **II** ⟨der; -(e)s, Ör|ter; Bgb.⟩ *Ende einer Strecke, an der gearbeitet wird* ▸ **vor** ~ arbeiten *die Strecke vortreiben;* vor ~ ⟨übertr.; umg.⟩ *an der Stelle, an der etwas geschieht od. geschehen ist*

Ört|chen ⟨das; -s, -⟩ *kleiner Ort* ▸ das stille ~ ⟨umg.; scherzh.⟩ *Toilette*

or|ten ⟨V. trans.; or|tet, or|te|te, hat ge|or|tet⟩ ein Schiff, Flugzeug ~ *den Standpunkt eines Schiffes, Flugzeugs bestimmen;* Abl *Ortung*

or|tho|dox ⟨Adj.; -er, am -es|ten; Rel.⟩ *rechtgläubig, strenggläubig;* Abl *Orthodoxe(r)*

Or|tho|gra|fie ⟨die; -, -n; Sprachw.⟩ = *Rechtschreibung (1);* oV *Orthographie;* Abl *orthografisch/orthographisch*

Or|tho|pä|de ⟨der; -n, -n; Med.⟩ *Facharzt für Orthopädie;* Abl *Orthopädin;* Zus *Kieferorthopäde*

Or|tho|pä|die ⟨die; -; unz.; Med.⟩ *Fachgebiet der Medizin, das sich mit der Behandlung der angeborenen od. erworbenen Fehler im System der Bewegungsorgane befasst;* Abl *orthopädisch*

ört|lich ⟨Adj.⟩ **1** *einen Ort betreffend, zu ihm gehörend* **2** *auf einen Ort begrenzt* **3** *nur wenig verbreitet, in der Ausdehnung beschränkt* ▸ ~e Betäubung; die ~en Verhältnisse; ~ fällt Regen

Ört|lich|keit ⟨die; -, -en⟩ *Ort, Gelände* ▸ die ~en ⟨umg.; verhüllend⟩ *Toilette*

orts|an|säs|sig ⟨Adj.⟩ *an einem Ort wohnend*

Ort|schaft ⟨die; -, -en⟩ *Gemeinde, Siedlung, Dorf*

orts|fremd ⟨Adj.⟩ *nicht aus dem Ort stammend* ▸ ich bin hier ~ *ich stamme nicht aus diesem Ort*

orts|ge|bun|den ⟨Adj.⟩ *an einen bestimmten Ort gebunden* ▸ ~e Betriebe; ~er Handel

Orts|ge|spräch ⟨das; -(e)s, -e⟩ **1** *Angelegenheit, über die alle Bewohner eines Ortes sprechen* **2** *Telefongespräch zw. Teilnehmern des gleichen Ortsnetzes;* Ggs *Ferngespräch*

orts|kun|dig ⟨Adj.⟩ *Ortskenntnisse besitzend*

Orts|netz ⟨das; -es, -e⟩ *Telefonnetz innerhalb eines Ortes od. einer Gruppe von Orten*

Orts|ver|band ⟨der; -(e)s, -bän|de⟩ *Ortsgruppe eines Verbandes*

Orts|ver|kehr ⟨der; -s; unz.⟩ *Verkehr innerhalb einer Ortschaft* ▸ Briefe, Telefongespräche im ~; Geschwindigkeitsbegrenzung im ~

Orts|zeit ⟨die; -, -en⟩ *die auf den Längenkreis bezogene wahre Sonnenzeit eines Ortes*

...ös ⟨in Zus.; zur Bildung von Adj.⟩ oV *...os* **1** *das zugrundeliegende Substantiv bezeichnend,* z. B. tuberkulös, muskulös **2** *dem zugrundeliegenden Substantiv entsprechend,* z. B. kapriziös, mysteriös

Öse ⟨die; -, -n⟩ *kleiner Metallring, der zum Einhängen eines Hakens od. zum Durchziehen einer Schnur dient*

...ose ⟨in Zus.; zur Bildung von Subst.; die; -, -n⟩ **1** ⟨Med.⟩ *einen Krankheitsverlauf od. -zustand benennend,* z. B. Neurose, Sklerose **2** ⟨Chem.⟩ *ein Mono- od. Disaccharid benennend,* z. B. Glukose, Laktose

Os|si ⟨der; -s, -s; umg.⟩ *Ostdeutsche(r), auf dem Gebiet der ehemaligen DDR ansässige Person;* Ggs *Wessi*

Ost **I** ⟨ohne Artikel; Abk.: O⟩ = *Osten* ▸ Stuttgart ~; die Grenzen zwischen ~ und West entschärfen **II** ⟨der; -(e)s, -e⟩ *Ostwind* ▸ es blies ein scharfer ~

Ost|block ⟨der; -s; unz.; früher⟩ *die östlichen, früher kommunistisch regierten Länder Europas;* Zus *Ostblockstaaten*

Ost|deut|sche(r) ⟨die; -n, -n (der; -n, -n)⟩ *Person, die im östlichen Teil Deutschlands ansässig ist*

Os|ten ⟨der; -s; unz.⟩ **1** ⟨Abk.: O⟩ *Himmelsrichtung, Richtung, in der die Sonne aufgeht;* Zus *Ostseite, Ostteil* **2** *östlich gelegenes Gebiet;* Zus *Ostasien, Ostdeutschland, Osteuropa, Ostfriesland, Ostküste* **3** ⟨umg.⟩ *Ostdeutschland* **4** ⟨früher; umg.⟩ **4.1** *Ostblock* **4.2** *DDR* ▸ der Ferne ~ *Südost- u. Ostasien, bes. Japan u. China;* der Mittlere ~ *Vorderindien u. Iran;* der Nahe ~ *Vorderasien;* im ~ der Stadt wohnen; im ~ geht die Sonne auf; nach, von ~; das Zimmer liegt nach ~

os|ten|ta|tiv ⟨Adj.⟩ **1** *offensichtlich, augenscheinlich* **2** *prahlerisch, herausfordernd, betont* ▸ jmdn. ~ übersehen; ~ den Platz wechseln

Os|teo|po|ro|se ⟨die; -, -n; Med.⟩ *krankhaft bedingtes Poröswerden von Knochen;* Abl *osteoporotisch*

Os|ter|ei ⟨das; -(e)s, -er⟩ *buntgefärbtes Ei, Schokoladen- od. Zuckerei zum Osterfest* ▸ ~er suchen, verstecken

Os|ter|glo|cke ⟨die; -, -n⟩ = *Narzisse*

Os|ter|ha|se ⟨der; -n, -n; Volksk.; seit Ende 17. Jh.⟩ *Hase, der den Kindern die Ostereier bringt*

Os|ter|lamm ⟨das; -(e)s, -läm|mer⟩ *Lamm, das nach jüdischer Sitte zum Passah geschlachtet wird, einem mehrtägigen Fest im März in Erinnerung an die Befreiung aus Ägypten*

Os|ter|marsch ⟨der; -(e)s, -mär|sche⟩ *in der Osterzeit veranstaltete Demonstration für Frieden u. (atomare) Abrüstung in der Welt*

Ostern

Ostern ist ein christliches Fest im Frühling, mit dem die Auferstehung Christi vom Tod gefeiert wird. In der Woche vor Ostern, die auch Karwoche genannt wird, liegen der Gründonnerstag und der Karfreitag, an dem nach christlichem Glauben Jesus ans Kreuz genagelt wurde. Drei Tag darauf, am Ostersonntag, erstand Christus von den Toten auf. An diesem und dem folgenden Tag, dem Ostermontag, werden christliche Gottesdienste gefeiert. Beide Tage sind im deutschsprachigen Raum Feiertage.
In der christlichen Tradition geht dem Osterfest eine 40-tägige Fastenzeit voraus, die am Aschermittwoch beginnt. Neben dem christlichen Brauchtum sind volkstümliche Bräuche sehr verbreitet: Am Ostersonntag kommt für viele Kinder der Osterhase, der Ostereier (buntgefärbte Hühner- oder Schokoladeneier) versteckt, die von den Kindern gesucht werden. Daneben gibt es zahlreiche Bräuche wie zum Beispiel das Osterfeuer, das in vielen Gegenden am Osterwochenende entfacht wird.

Os|tern ⟨das; -, -⟩ *Fest der Auferstehung Christi* ▸ frohe ~, fröhliche ~!; an, zu ~ verreisen wir; ~ ist dieses Jahr Mitte ~; wenn ~ und Pfingsten auf einen Tag fallen ⟨übertr.; umg.; scherzh.⟩ *niemals;* weiße ~ *Ostern mit Schnee;* Zus *Osterferien, Osterfest, Ostermontag, Ostersonntag*

Österreich

Die Republik Österreich ist eine parlamentarische Demokratie, die aus neun Bundesländern (Burgenland, Kärnten, Niederösterreich, Oberösterreich, Salzburg, Steiermark, Tirol, Vorarlberg und Wien) besteht. In Österreich leben ca. 8 Millionen Menschen, davon allein ca. 1,5 Millionen in der Hauptstadt Wien.
Aufgrund der geografischen Lage in den Alpen sind besonders die Bergregionen beliebte Ziele für Wander- und Skiurlauber. Deshalb hat auch der Tourismus einen sehr großen Stellenwert als Wirtschaftsfaktor in Österreich.
Als österreichische Währung wurde der Schilling im Jahre 2002 durch den Euro ersetzt.
Die Amtssprache in Österreich ist Deutsch, daneben gelten als regionale Amtssprachen in den grenznahen Gebieten auch Slowenisch, Kroatisch und Ungarisch. Im Vergleich zum Standarddeutschen weichen in Österreich einige Wörter ab, z. B. *Karfiol* für *Blumenkohl, Abverkauf* für *Ausverkauf, Türschnalle* für *Türklinke.* Diese speziell im Österreichischen gebräuchlichen Wörter werden Austriazismen genannt.

Ös|ter|rei|cher ⟨der; -s, -⟩ *Einwohner von Österreich*

Ös|ter|rei|che|rin ⟨die; -, -rin|nen⟩ *weibl. Österreicher*

O

ös|ter|rei|chisch ⟨Adj.⟩ *Österreich betreffend, zu ihm gehörig, von ihm stammend* ▸ Österreichische Volkspartei ⟨Abk.: ÖVP⟩ *rechtsgerichtete Partei in Österreich*

Ost|er|wei|te|rung ⟨die; -, -en; Pol.⟩ die ~ der EU, NATO *Erweiterung der EU, NATO um weitere mittel- u. osteuropäische Staaten*

Os|ter|wo|che ⟨die; -, -n⟩ **1** *Woche vor Ostern, Karwoche* **2** *Woche nach Ostern*

ost|eu|ro|pä|isch ⟨Adj.⟩ *Osteuropa, die Osteuropäer betreffend, zu ihnen gehörend* ▸ ~e Zeit ⟨Abk.: OEZ⟩ *in Osteuropa geltende Zonenzeit*

ost|frie|sisch ⟨Adj.⟩ *Ostfriesland betreffend, zu ihm gehörig* ▸ die Ostfriesischen Inseln

öst|lich ⟨Adj.⟩ **1** *im Osten liegend* **2** *nach Osten zu* ▸ ~e(r) Länge ⟨Abk.: ö. L.⟩ *Längengrad östlich des Nullmeridians (von Greenwich);* die ~en Länder *die im Osten (der Erde, Europas) liegenden Länder;* der Ort liegt weiter ~; in ~er Richtung gehen, fahren; ~ von Berlin *außerhalb Berlins in Richtung nach Osten*

Ost|po|li|tik ⟨die; -; unz.; bes. 1945 - 1990⟩ *Politik gegenüber den osteuropäischen Staaten (bes. UdSSR u. DDR)*

Ös|t|ro|gen ⟨das; -ss, -e⟩ *weibliches Geschlechtshormon*

Ost|see|küs|te ⟨die; -, -n⟩ *an der Ostsee gelegener Küstenabschnitt* ▸ Sommerferien an der ~

ost|wärts ⟨Adv.⟩ *nach Osten zu, in östlicher Richtung*

Ost-West-Kon|flikt ⟨der; -(e)s, -e; bes. 1945-1990⟩ *politischer Konflikt zw. den östlichen sozialistischen u. den westlichen kapitalistischen Staaten*

ost|west|lich ⟨Adj.⟩ *zw. Osten u. Westen (gelegen, stattfindend)* ▸ ~e Beziehungen

Ost|wind ⟨der; -(e)s, -e⟩ *von Osten kommender Wind*

os|zil|lie|ren ⟨V. intr.; os|zil|liert, os|zil|lier|te, hat os|zil|liert; Phys.⟩ *schwingen, sich mechanisch hin- u. herbewegen, pendeln;* Abl *Oszillation*

O-Ton ⟨der; -(e)s; unz.; kurz für⟩ *Originalton*

Ot|ter¹ ⟨der; -s, -; Zool.⟩ *ein Tier mit kurzem, dichtem Fell, kurzen Beinen mit Schwimmhäuten zw. den Zehen, das im u. am Wasser lebt*

Ot|ter² ⟨die; -, -n; Zool.⟩ = *Viper*

Ot|to|mo|tor ⟨der; -s, -en; Tech.⟩ *Vergasermotor*

out ⟨[aut] Adj.; nur präd.⟩ ~ sein *nicht mehr gefragt, unmodern;* Ggs *in*² ▸ lange Haare sind ~

ou|ten ⟨[autən] V.; ou|tet, ou|te|te, hat ge|ou|tet⟩ **I** ⟨V. refl.⟩ sich ~ *etwas Privates über sich (besonders die eigene Homosexualität) öffentlich bekanntmachen, bekennen* **II** ⟨V. trans.⟩ jmdn. od. etwas ~ *etwas Privates od. Skandalöses aus dem Leben eines Prominenten (gegen dessen Willen) öffentlich machen* ▸ einen Sänger, Politiker ~

Out|fit ⟨[autfit] das; -s, -s⟩ *Bekleidung, Ausstattung* ▸ ein sportliches ~

Out|put ⟨[autput] der od. das; -s, -s⟩ Ggs *Input* **1** ⟨EDV⟩ *die Daten, die eine elektronische Datenverarbeitungsmaschine liefert* **2** ⟨Wirtsch.⟩ *Ausstoß (an Waren)*

Out|si|der ⟨[autsaıde(r)] der; -s, -⟩ *Außenseiter;* Ggs *Insider*

Out|sour|cing ⟨[autsɔ:sıŋ] das; -s; unz.; Wirtsch.⟩ *Verlagerung der Produktion eines Unternehmens ins Ausland (um Produktionskosten zu senken)*

Ou|ver|tü|re ⟨[uvər-] die; -, -n; Mus.⟩ *musikalisches Vorspiel (bes. zu Oper u. Operette)*

oval ⟨[-va:l] Adj.⟩ *länglich rund*

Oval ⟨[-va:l] das; -(e)s, -e⟩ *Eiform, länglich runde Form* ▸ das Stadion ist ein überdachtes ~

Ova|ri|um ⟨[-va:-] das; -s, -ri|en; Med.⟩ *Eierstock*

Ova|ti|on ⟨[-va-] die; -, -en⟩ *Huldigung, Beifallssturm* ▸ jmdm. ~en darbringen; stehende ~en *Ovationen, bei denen das Publikum zur Betonung seines Beifalls aufsteht*

Ove|r|all ⟨[ouvərɔ:l] der; -s, -s⟩ *Schutzanzug aus Jacke u. Hose in einem Stück*

Over|head|pro|jek|tor ⟨[ouvə(r)hɛd-] der; -s, -en⟩ *Gerät, das ein Bild od. einen Text mit Hilfe eines Spiegels an eine Wand projiziert;* ⓘ S. 574; Syn *Tageslichtprojektor*

Over|kill ⟨[ouvə(r)-] der; -s, -s⟩ *Vorrat an Waffen, der über die Menge hinausgeht, die zur Vernichtung des Gegners notwendig wäre*

ÖVP ⟨Abk. für⟩ *Österreichische Volkspartei*

Ovu|la|ti|on ⟨[-vu-] die; -, -en⟩ = *Eisprung;* Zus *Ovulationshemmer*

Oxid ⟨das; -(e)s, -e; Chem.⟩ *Verbindung eines chem. Elements mit Sauerstoff*

oxi|die|ren ⟨V. intr.; oxi|diert, oxi|dier|te, ist/hat oxi|diert; Chem.⟩ *sich mit Sauerstoff verbinden, S. aufnehmen;* Abl *Oxidation*

OZ ⟨Abk. für⟩ *Oktanzahl*

Oze|an ⟨der; -s, -e⟩ *Weltmeer;* Zus *Ozeandampfer, Ozeanriese*

Oze|a|no|lo|gie ⟨die; -; unz.⟩ *Meereskunde;* Abl *Ozeanologe, Ozeanolgin; ozeanologisch*

Ozon ⟨das od. der; -s; unz.; Chem.⟩ *dreiatomiger Sauerstoff, chem. Formel O_3*

Ozon|loch ⟨das; -(e)s, -lö|cher⟩ *(durch den weltweiten Einsatz von FCKW entstandenes) Loch in der Ozonschicht der Erdatmosphäre*

Ozon|schicht ⟨die; -; unz.⟩ *obere Schicht der Erdatmosphäre (in 20-40 km Höhe), die durch einen besonders hohen Gehalt an Ozon gekennzeichnet ist*

Ozon|wert ⟨der; -(e)s, -e; meist Pl.⟩ *Gehalt, Konzentration an Ozon in der Luft od. der Stratosphäre;* Syn *Ozonkonzentration* ▸ ein Anstieg der ~e; erhöhte ~e

P *p*

p **1** ⟨Mus.; Abk. für⟩ *piano* **2** ⟨Phys.; Formelzeichen für⟩ *Druck u. Impuls*

P **1** ⟨Chem.; Zeichen für⟩ *Phosphor* **2** ⟨Phys.; Formelzeichen für⟩ *Leistung, Impuls u. Polstärke*

ein paar / ein Paar

Als undeklinierbares **Adjektiv** in der Bedeutung „einige, wenige" wird ***ein paar*** kleingeschrieben: *Ich muss noch ein paar Dinge erledigen. Sie hat die Diskussion mit ein paar Worten zusammengefasst. Von den Schülern haben ein paar die Aufgabe nicht verstanden.*
Demgegenüber bezeichnet das großgeschriebene **Substantiv** ***ein Paar*** „zwei zusammengehörige Personen, Tiere oder Dinge": *Ich brauche noch ein Paar Schuhe und zwei Paar Strümpfe. Die beiden sind ein schönes Paar.*
Das Substantiv ***Paar*** wird auch häufig als zweiter Bestandteil in Zusammensetzungen gebraucht: *Brautpaar, Elternpaar, Geschwisterpaar, Liebespaar, Zwillingspaar.*

paar ⟨undekl.⟩ ein ~ **1** *einige, wenige* **2** ⟨vor Zahlen a.⟩ *etwas mehr als* ▸ ein ~ hundert/Hundert *mehrere Hundert;* ein ~ Mal = *paarmal;* ein ~ Minuten; schreib ihm ein ~ Zeilen; alle ~ Wochen; in ein ~ Tagen; mit ein ~ Worten

Paar ⟨das; -(e)s, -e⟩ *zwei zusammengehörige Personen, Tiere od. Dinge* ▸ ein ~ Schuhe, Strümpfe; das sind zwei ~ Stiefel ⟨übertr.; umg.⟩ *ganz verschiedene Dinge;* ein ~ werden *heiraten;* das junge ~ *Liebes-, Brautpaar, jungverheiratetes Ehepaar;* Zus *Ehepaar, Tanzpaar*

paa|ren ⟨V.; paart, paar|te, hat ge|paart⟩ **I** ⟨V. trans.⟩ Tiere zur Zucht ~ *paarweise zusammenbringen* **II** ⟨V. refl.⟩ sich ~ *sich begatten (besonders von Tieren)* **III** ⟨V. refl.; übertr.⟩ sich mit etwas ~ *gemeinsam vorhanden sein* ▸ hier ~ sich Nationalismus und Traditionalismus

paa|rig ⟨Adj.⟩ *paarweise, doppelt (vorhanden)* ▸ ~ angeordnete Blätter

Paar|lauf ⟨der; -(e)s, -läu|fe; Sp.⟩ *Eiskunstlauf eines Paares*

paar|mal *auch:* **paar Mal** ⟨Adv.⟩ ein ~ *einige Male* ▸ ⟨nur Getrenntschreibung⟩ ein paar Male

Paa|rung ⟨die; -, -en⟩ **1** *das Paaren, Sichpaaren, geschlechtliche Vereinigung* (bes. von Tieren); Zus *Paarungszeit* **2** ⟨Sp.⟩ *Wettspiel, Partie*

paar|wei|se ⟨Adv.⟩ **1** *als Paar, in Paaren, zu zweit* **2** *mit Gegenstück* ▸ ~ anordnen; ~ antreten; sich ~ aufstellen

Pacht ⟨die; -, -en⟩ **1** *Überlassung einer Sache zu Gebrauch u. Nutzung gegen Entgelt;* Zus *Pachthof, Pachtvertrag, Pachtzins* **2** *das Entgelt dafür* ▸ die ~ für die Halle beträgt monatlich 500 Euro; etwas in ~ geben *verpachten;* etwas in ~ nehmen *pachten*

pach|ten ⟨V. trans.; pach|tet, pach|te|te, hat gepach|tet⟩ etwas ~ *in Pacht nehmen, gegen Entgelt zur Nutzung übernehmen* ▸ einen Betrieb, ein Hotel ~; das Glück gepachtet haben ⟨übertr.⟩ *ständig Glück haben;* Abl *Pächter(in)*

Pack **I** ⟨der; -s, -e od. Pä|cke⟩ = *Packen;* Zus *Sechserpack* **II** ⟨das; -s; unz.; umg.⟩ *Gesindel, Pöbel* ▸ hier treibt sich viel ~ herum

Päck|chen ⟨das; -s, -⟩ **1** *kleines Paket* **2** *Postsendung von 1 bis 2 kg* ▸ ich muss noch ein ~ zur Post bringen; hier ist ein ~ für Sie; kann ich diese Sendung als ~ aufgeben?

Pack|eis ⟨das; -es; unz.⟩ *übereinandergeschobene Eisschollen*

pa|cken ⟨V.; packt, pack|te, hat ge|packt⟩ **I** ⟨V. trans.⟩ **1** etwas od. jmdn. ~ *ergreifen, fassen* **2** etwas (in etwas) ~ *zusammenlegen u. in eine Hülle tun od. verschnüren* **3** ⟨übertr.; umg.⟩ etwas ~ *bewältigen, in den Griff kriegen* **4** ⟨übertr.⟩ jmdn. ~ *innerlich stark bewegen, fesseln* ▸ **Koffer** ~ *Reisegegenstände zum Mitnehmen in Koffer tun;* hast du deinen Koffer schon gepackt?; er hat die **Prüfung** gepackt ⟨übertr.; umg.⟩ *bestanden;* seine **Sachen** ~ *zum Mitnehmen einpacken* ▸ der Redner **verstand** seine Zuhörer zu ~ ▸ der Hund packte ihn **an** der Hose, am Bein; jmdn. am, beim Kragen ~; jmdn. **bei** der Ehre ~ *jmds. Ehrgefühl wecken;* ein Geschenk **in** Papier ~ *einwickeln* ▸ das Buch, der Film hat mich sehr gepackt; von Entsetzen gepackt davonlaufen **II** ⟨V. refl.; übertr.; umg.⟩ sich ~ *machen, dass man fortkommt* ▸ pack dich! *verschwinde!*

Pa|cken ⟨der; -s, -⟩ **1** *Pack, großes Bündel, großes Paket, Ballen* **2** ⟨übertr.⟩ *große Menge* ▸ ein (großer) ~ Arbeit ⟨übertr.⟩; ein ~ Bücher, Wäsche

pa|ckend **I** ⟨Part. Präs. von⟩ *packen* **II** ⟨Adj.⟩ *mitreißend, fesselnd, spannend* ▸ ein ~er Bericht, Vortrag; das Buch ist ~ geschrieben

Pa|cker ⟨der; -s, -⟩ *Arbeiter, der Waren verpackt, versandfertig macht;* Zus *Packerin*

Pa|ckerl ⟨das; -s, -n; österr.⟩ *Päckchen*

Pack|esel ⟨der; -s, -⟩ *Lastesel* ▸ wie ein ~ beladen *schwer beladen*

Pack|pa|pier ⟨das; -s, -e⟩ *festes Papier zum Verpacken*

Pa|ckung ⟨die; -, -en⟩ **1** *in eine (hübsche) Hülle verkaufsfertig gepackte Ware;* Zus *Pralinenpackung, Zigarettenpackung* **2** *die Umhüllung, Hülle selbst* **3** *Umhüllung des Körpers od. eines Körperteils mit feuchten Tüchern, Schlamm o. Ä.;* Zus *Fangopackung* ▸ kalte, warme ~

Pa|ckungs|bei|la|ge ⟨die; -, -n⟩ = *Beipackzettel* ▸ zu Risiken und Nebenwirkungen lesen Sie die ~ oder fragen Sie Ihren Arzt oder Apotheker

Päd|a|go|ge ⟨der; -n, -n⟩ **1** *Erzieher, Lehrer* **2** *Wissenschaftler der Pädagogik;* Abl *Pädagogin*

Päd|a|go|gik ⟨die; -; unz.⟩ *Wissenschaft von Erziehung u. Bildung;* Syn *Erziehungswissenschaft;* Abl *pädagogisch*

Pad|del ⟨das; -s, -⟩ *frei geführtes Ruder bzw. Doppelruder mit schmalem Blatt;* Zus *Paddelboot*

pad|deln ⟨V. intr.; pad|delt, pad|del|te, hat/ist gepad|delt⟩ **1** *mit Paddeln rudern, mit dem Paddelboot fahren* **2** ⟨übertr.⟩ *wie ein Hund schwimmen*

pä|do|phil ⟨Adj.⟩ *als Erwachsener erotisch zu Kindern hingezogen;* Abl *Pädophile(r), Pädophilie*

paf|fen ⟨V. intr.; pafft, paff|te, hat ge|pafft; umg.⟩ **1** *(heftig) rauchen, qualmen* **2** *nicht richtig rauchen, beim Rauchen nicht inhalieren*

Pa|ge ⟨[-ʒə] der; -n, -n⟩ *junger (livrierter) Bote od. Diener, z. B. in Hotels;* Zus *Hotelpage*

Pa|gen|kopf ⟨[-ʒən-] der; -(e)s, -köp|fe⟩ *über die Ohren u. in die Stirn fallendes, gerade geschnittenes, glattes Haar;* Syn *Bubikopf*

Pa|go|de ⟨die; -, -n⟩ *turmartiger japanischer od. chinesischer Tempel;* Abl *pagodenförmig*

Pail|let|te ⟨[paɪjɛ̣tə] die; -, -n⟩ *kleines rundes Metallplättchen (zum Aufnähen auf Kleider)*

Pa|ket ⟨das; -(e)s, -e⟩ **1** *etwas Zusammengepacktes (bes. als Postsendung);* Zus *Paketannahme, Paketausgabe, Paketschalter; Eilpaket, Postpaket, Weihnachtspaket* **2** *verschnürter Packen;* Zus *Aktenpaket, Bücherpaket* **3** *größere fabrikmäßig abgepackte Menge* **4** ⟨übertr.⟩ *Gesamtheit mehrerer Angebote, Vorschläge usw., die als Ganzes betrachtet werden;* Zus *Rentenpaket, Sozialpaket* ▸ du musst das ~ noch zur Post bringen; ich habe das ~ bei der Post aufgegeben; ein ~ Kerzen; ein ~ von Forderungen ⟨übertr.⟩

Pa|ket|kar|te ⟨die; -, -n⟩ *Begleitschein zum Postpaket*

Pakt ⟨der; -(e)s, -e⟩ *Vertrag, (Staaten-)Bündnis* ▸ einen ~ schließen; Abl *paktieren;* Zus *Angriffspakt, Atlantikpakt, Freundschaftspakt, Nichtangriffspakt, Verteidigungspakt*

Pa|lais ⟨[-lɛː] das; - [-lɛːs], - [-lɛːs]⟩ *Palast, Schloss*

Pa|lä|on|to|lo|gie ⟨die; -; unz.⟩ *Lehre von den ausgestorbenen Tieren u. Pflanzen vergangener Erdzeitalter;* Syn *Paläobiologie;* Abl *Paläontologe, Paläontologin; paläontologisch*

Pa|last ⟨der; -(e)s, -läs|te⟩ **1** *Schloss;* Zus *Palasttor, Palastwache; Herrscherpalast, Königspalast* **2** *Prachtbau;* Abl *palastartig*

Pa|läs|ti|nen|ser ⟨der; -n, -n⟩ *Angehöriger od. Nachkomme der arabischstämmigen Bevölkerung Palästinas;* Abl *Palästinenserin; palästinensisch;* Zus *Palästinenserführer*

Pa|last|re|vo|lu|ti|on ⟨[-vo-] die; -, -en⟩ **1** *Umsturzversuch von der nächsten Umgebung eines Herrschers aus* **2** ⟨übertr.⟩ *Aufstand gegenüber Vorgesetzten* ▸ im Ministerium fand eine ~ statt

Pa|la|t|schin|ke ⟨die; -, -n; österr. Kochk.⟩ *gefüllter Eierkuchen*

Pa|la|ver ⟨[-vər] das; -s, -⟩ *überflüssiges Gerede, nutzlose Verhandlung;* Abl *palavern*

Pa|let|te ⟨die; -, -n⟩ **1** ⟨Mal.⟩ *Scheibe mit Loch für den Daumen zum Mischen der Farben beim Malen* **2** ⟨Tech.⟩ *Untersatz für Stapelgüter, die dadurch mit Gabelstaplern bewegt werden können* **3** ⟨übertr.⟩ *reiche Auswahl (an Möglichkeiten)*

pa|let|ti ⟨Adj.; nur in der Wendung⟩ alles ~ ⟨umg.⟩ *alles in Ordnung;*

Pa|li|sa|de ⟨die; -, -n⟩ **1** *Pfahl zur Befestigung* **2** *Hindernis aus einer Reihe von Pfählen*

Pal|me ⟨die; -, -n; Bot.⟩ *ein tropischer Baum mit schlankem Stamm u. gefiederten Blättern* ▸ jmdn. auf die ~ bringen ⟨übertr.; umg.⟩ *jmdn. wütend machen;* Zus *Palmblatt, Palmöl, Palmwedel; Dattelpalme*

Palm|sonn|tag ⟨der; -(e)s, -e⟩ *Sonntag vor Ostern*

Palm|we|del ⟨der; -s, -⟩ *Blatt einer Palme*

Pam|pa ⟨die; -, -s⟩ **1** *argentinische Grassteppe* **2** ⟨übertr.; umg.⟩ *abgelegene, einsame Gegend*

Pam|pe ⟨die; -; unz.; mdt.; norddt.⟩ **1** *dicker Brei* **2** *dicker Schmutz, Gemisch aus Sand u. Wasser*

Pam|pel|mu|se ⟨die; -, -n; Bot.⟩ = *Grapefruit*

Pam|ph|let ⟨das; -(e)s, -e⟩ *politische Schmähschrift, Streitschrift;* Abl *Pamphletist(in); pamphletistisch*

pam|pig ⟨Adj.; umg.⟩ *frech, unverschämt, patzig* ▸ da wurde er auch noch ~

pan…, Pan… ⟨in Zus.⟩ *all, ganz, gesamt,* z. B. panafrikanisch, panarabisch, paneuropäisch

Pa|na|ché ⟨[-ʃeː] das; -s, -s; schweiz.⟩ = *Alsterwasser*

Pa|na|de ⟨die; -, -n; Kochk.⟩ **1** *Mischung zum Panieren* **2** ⟨österr.⟩ *Weißbrot als Suppeneinlage*

pa|na|schie|ren ⟨V. trans.; pa|na|schiert, pa|naschier|te, hat pa|na|schiert⟩ **1** etwas ~ *buntstreifig mustern* **2** mehrere Kandidaten ~ *zugleich wählen;* Abl *Panaschierung*

Pan|da ⟨der; -s, -s; Zool.⟩ *Kleinbär im östlichen Himalaya;* Zus *Pandabär*

Pan|de|mie ⟨die; -, -n; Med.⟩ *über Länder u. Erdteile sich ausbreitende Krankheit, Seuche*

Pa|neel ⟨das; -s, -e; meist Pl.⟩ **1** *vertieftes Feld der Täfelung* **2** *die Täfelung selbst*

Pan|flö|te ⟨die; -, -n; Mus.⟩ *Flöte aus mehreren, verschieden langen Pfeifen aus Bambus*

pa|nie|ren ⟨V. trans.; pa|niert, pa|nier|te, hat paniert⟩ etwas ~ *in Ei u. Mehl od. Semmelbröseln wenden* ▸ ein Schnitzel ~; Zus *Paniermehl*

Pa|nik ⟨die; -, -en⟩ *allgemeine Verwirrung, plötzlich ausbrechende, sinnlose Angst (bes. bei Massenansammlungen)* ▸ eine ~ brach unter den Zuschauern aus; er gerät schnell in ~; Abl *panikartig;* Zus *Panikattacke; Massenpanik*

Pa|nik|ma|che ⟨die; -; unz.; umg.⟩ *(bewusste) Erzeugung einer panikartigen Stimmung* ▸ die Meldung war reine ~

pa|nisch ⟨Adj.⟩ *in der Art einer Panik, angsterfüllt* ▸ ein ~er Schrecken ergriff sie; in ~er Flucht davonstürzen; von ~er Angst erfüllt sein

Pan|ne ⟨die; -, -n⟩ **1** *Betriebsstörung (bes. an Fahrzeugen);* Zus *Pannendienst, Pannenhilfe; Autopanne, Radpanne, Reifenpanne* **2** *Störung im Arbeitsablauf, Fehler, Missgeschick* ▸ auf der Autobahn hatten wir eine ~; da ist beim Abschreiben eine ~ passiert

Pa|n|op|ti|kum ⟨das; -s, -ti|ken⟩ *Sammlung kurioser Dinge*

P

Pa|n|o|ra|ma ⟨das; -s, -ra|men⟩ *Rundblick, Ausblick in die Landschaft;* Zus *Panoramafenster*

pan|schen ⟨V.; panscht, pansch|te, hat ge|panscht⟩ oV *pantschen* **I** ⟨V. trans.⟩ Wein ~ *mit Wasser verfälschen* **II** ⟨V. intr.⟩ *mit Wasser spielen*

Pan|sen ⟨der; -s, -⟩ *erster Magen der Wiederkäuer*

Pan|ther ⟨der; -s, -⟩ = *Leopard;* oV *Panter*

Pan|tof|fel ⟨der; -s, -n⟩ **1** *Hausschuh ohne Fersenteil;* Zus *Filzpantoffel* **2** *Sinnbild des häuslichen Regiments der Ehefrau* ▸ unter dem ~ stehen ⟨übertr.; umg.⟩ *von seiner Ehefrau beherrscht werden*

Pan|tof|fel|held ⟨der; -en, -en; übertr.; umg.⟩ *Mann, der daheim nichts zu sagen hat*

Pan|to|mi|me **I** ⟨die; -, -n⟩ *Bühnenstück, das ohne Worte, nur durch Gebärden, Mienenspiel u. Bewegung od. Tanz dargestellt wird* **II** ⟨der; -n, -n⟩ *Künstler, der Pantomimen darstellt;* Abl *pantomimisch*

Pan|zer ⟨der; -s, -⟩ **1** *mittelalterl. Rüstung, metallener Schutz für den Körper* **2** *mit Panzerplatten u. Kettenrädern ausgestatteter Kampfwagen;* Zus *Panzerfahrer, Panzerschütze, Panzerwagen* **3** ⟨Zool.⟩ *eng anliegende Schutzhülle;* ⓘ S. 1110

Pan|zer|faust ⟨die; -, -fäus|te; Mil.⟩ *Handfeuerwaffe zur Bekämpfung von Panzern*

Pan|zer|glas ⟨das; -es; unz.⟩ *gegen Schlag od. Beschuss gesicherte, mehrschichtige Glasscheibe*

pan|zern ⟨V. trans.; pan|zert, pan|zer|te, hat gepan|zert⟩ etwas ~ *mit einem Panzer, mit Panzerplatten umgeben;* Abl *Panzerung*

Pan|zer|schrank ⟨der; -(e)s, -schrän|ke⟩ *gepanzerter Geldschrank, Tresor*

Pa|pa ⟨Betonung a. [-'-] der; -s, -s⟩ *Vater*

Pa|pa|gei ⟨der; -s, -en; Zool.⟩ *tropischer Vogel mit bunten Federn u. einem nach unten gebogenen Schnabel* ▸ er plappern alles nach wie ein ~; ⓘ S. 1110

Pa|pa|raz|zo ⟨der; -s, -raz|zi; meist Pl.; umg.; abwertend⟩ *aufdringlicher Pressefotograf*

Pa|pa|ya ⟨die; -, -pa|yen; Bot.⟩ *essbare Frucht des Melonenbaums;* oV *Papaye*

Pa|per|back ⟨[pɛɪpə(r)bæk] der od. das; -s, -s⟩ *broschiertes Buch*

Pa|pi ⟨der; -s, -s; Kinderspr.; Koseform für⟩ *Papa*

Pa|pier ⟨das; -s, -e⟩ **I** ⟨unz.⟩ *blattartiges Gebilde zum Schreiben, Drucken, Einpacken, Abwischen* ▸ ein **Blatt** ~; ein **Bogen** ~; ein **Stück** ~ ▸ **bedrucktes,** beschriebenes ~; **glattes,** raues, weiches ~; **holzfreies** ~ ▸ das steht nur **auf** dem ~ *das ist zwar festgelegt, wird aber praktisch nicht befolgt;* Gedanken **zu** ~ bringen *aufschreiben;* Zus *Papierfetzen, Papiertüte; Buntpapier, Filterpapier, Packpapier, Schreibpapier, Toilettenpapier* **II** ⟨zählb.⟩ **1** *Schriftstück, Urkunde* **2** *Denkschrift, Resolution o. Ä., kurze schriftliche Arbeit;* Zus *Arbeitspapier, Diskussionspapier* **3** *Wertpapier, Aktie* **4** ⟨Pl.⟩ ~e *Ausweise;* Zus *Ausweispapiere, Fahrzeugpapiere, Personalpapiere* ▸ seine ~e **bekommen** *(vom Wehrdienst u. Ä.) entlassen werden* ▸ **festverzinsliche** ~e ▸ er hatte keine ~e **bei** sich; →a. *geduldig*

pa|pie|ren ⟨Adj.⟩ **1** *aus Papier* **2** *wie Papier* ▸ ~er Stil ⟨übertr.⟩ *nüchterner, fantasieloser Stil*

Pa|pier|geld ⟨das; -(e)s; unz.⟩ *Geldschein(e), Banknote(n)*

Pa|pier|korb ⟨der; -(e)s, -kör|be⟩ *Korb für Papierabfälle* ▸ in den ~ wandern *weggeworfen werden*

Pa|pier|kram ⟨der; -s; unz.; umg.⟩ *(lästiger) Schriftverkehr, Schreibarbeit* ▸ ~ erledigen

Pa|pier|krieg ⟨der; -(e)s; unz.⟩ *Erledigung amtlicher Angelegenheiten durch zu viele Formulare od. zu viel Briefwechsel*

Papp|de|ckel ⟨der; -s, -⟩ *Stück Pappe*

Pap|pe ⟨die; -, -n⟩ *sehr starkes, dickes Papier, das sich schlecht verbiegen lässt* ▸ das ist nicht von ~! ⟨übertr.; umg.⟩ *das ist nicht schlecht, ganz ordentlich;* Zus *Pappkarton, Pappschachtel*

Pap|pel ⟨die; -, -n; Bot.⟩ *schlanker Laubbaum*

pap|pen ⟨V.; pappt, papp|te, hat ge|pappt⟩ **I** ⟨V. trans.⟩ etwas an od. auf etwas ~ *kleben* ▸ einen Zettel auf eine Kiste ~ **II** ⟨V. intr.⟩ *sich leicht zusammenballen* ▸ der Schnee pappt; Abl *pappig*

Pap|pen|hei|mer ⟨der; -s, -; nur in der Wendung⟩ ich kenne meine ~! *ich kenne diese Leute u. ihre speziellen Eigenarten*

Pap|pen|stiel ⟨der; -(e)s, -e; umg.⟩ *etwas Geringwertiges* ▸ das ist keinen ~ wert *das ist nichts wert;* etwas für einen ~ hergeben *für wenig Geld*

pap|per|la|papp! ⟨Int.⟩ *Unsinn!, sei still!*

Papp|ma|ché ⟨[-ʃeː] das; -s; unz.⟩ *formbare Masse aus eingeweichtem Papier u. Leim, die nach dem Trocknen hart wird;* oV *Pappmaschee*

Papp|na|se ⟨die; -, -n⟩ *Nase aus Pappe als Teil einer Maskierung, bes. für den Karneval*

papp|satt ⟨Adj.; umg.; verstärkend für⟩ *satt*

Pa|p|ri|ka **I** ⟨der; -s, -s; Bot.⟩ *eine Pflanze, deren Früchte (Schoten) als Gewürz u. Gemüse verwendet werden;* Zus *Paprikagewürz, Paprikaschote* **II** ⟨der; -s, -s od. die; -, -s⟩ *Frucht der Paprika, Paprikaschote;* ⓘ S. 1002

Papst ⟨der; -(e)s, Päps|te⟩ **1** *der Bischof von Rom als das Oberhaupt der katholischen Kirche;* Abl *Papsttum* **2** ⟨übertr.⟩ *der einflussreichste Vertreter auf einem Gebiet;* Zus *Literaturpapst*

päpst|lich ⟨Adj.⟩ *zum Papst gehörig, ihm zustehend, entsprechend, von ihm ausgehend* ▸ ~er Erlass; ~er sein als der Papst ⟨übertr.⟩ *eine übertrieben strenge Haltung einnehmen*

pa|ra..., Pa|ra... ⟨in Zus.⟩ **1** *neben..., bei..., Neben..., Bei...* **2** *gegen..., wider..., Gegen..., Wider...*

Pa|ra|bel ⟨die; -, -n⟩ **1** ⟨Lit.⟩ *lehrhafte Erzählung, die eine moralische Lehre an einem Beispiel veranschaulicht* **2** ⟨Math.⟩ *Kurve, die gebildet wird von allen Punkten, die von einem Punkt u. einer nicht durch diesen Punkt gehenden Geraden den gleichen Abstand haben;* Abl *parabolisch*

Pa|ra|bol|an|ten|ne ⟨die; -, -n⟩ *Antenne in Form eines Parabolspiegels*

Pa|ra|bol|spie|gel ⟨der; -s, -; Opt.⟩ *Hohlspiegel zur Aussendung od. zum Empfang elektromagnetischer Strahlung*

Pa|ra|de ⟨die; -, -n⟩ **1** ⟨Mil.⟩ *Vorbeimarsch militä-*

P

rischer Verbände, Truppenschau; Zus *Militärparade* **2** ⟨Sp.⟩ *Abwehrbewegung gegen einen Angriff* ▸ eine ~ abnehmen ⟨Mil.⟩; jmdm. in die ~ fahren *jmdn. bei etwas stören, unterbrechen*

Pa|ra|de|bei|spiel ⟨das; -(e)s, -e⟩ *bes. geeignetes Beispiel*

Pa|ra|dei|ser ⟨der; -s, -; österr.⟩ = *Tomate;* ⓘ S. 1002

Pa|ra|de|pferd ⟨das; -(e)s, -e; übertr.⟩ *jmd. od. Gegenstand, der sich bes. zum Vorzeigen eignet*

Pa|ra|de|stück ⟨das; -(e)s, -e⟩ *Gegenstand od. Leistung, den bzw. die man vorführen kann, um Eindruck zu machen* ▸ dieses Bild ist das ~ ihrer Sammlung

Pa|ra|dies ⟨das; -es, -e⟩ **1** *Garten Eden, Garten Gottes, Himmel* **2** ⟨übertr.⟩ **2.1** *Ort der Freude, der Glückseligkeit* **2.2** *bes. schöner Ort* ▸ dieses Fleckchen Erde ist wirklich ein ~ ⟨übertr.⟩; die Vertreibung aus dem ~; Abl *paradiesisch*

Pa|ra|dies|vo|gel ⟨der; -s, -vö|gel; Zool.⟩ **1** *besonders farbenprächtiger Vogel mit Schmuckfedern* **2** ⟨übertr.⟩ *schillernde Persönlichkeit*

Pa|ra|dig|ma ⟨das; -s, -dig|men⟩ **1** ⟨allg.⟩ *Beispiel, Muster;* Zus *Deklinationsparadigma* **2** *Denkmuster, das die herrschende wissenschaftliche Orientierung einer Zeit prägt;* Zus *Paradigmenwechsel* ▸ ein kulturelles ~; Abl *paradigmatisch*

pa|ra|dox ⟨Adj.⟩ *widersinnig, merkwürdig, in Gegensatz zu etwas stehend, einen Widerspruch enthaltend* ▸ ein ~er Vorfall

Pa|ra|do|xon ⟨das; -s, -do|xa; Rhet.⟩ *paradoxe Aussage, paradoxe Behauptung*

Pa|r|af|fin ⟨das; -s, -e; Chem.⟩ *farbloses Gemisch von flüssiger, wachsartiger od. fester Konsistenz*

Pa|ra|graf ⟨der; -en, -en; Zeichen: §⟩ *Absatz in amtlichen od. formellen Schriftstücken, z. B. Verträgen u. Gesetzbüchern;* oV *Paragraph;* Abl *paragrafieren/paragraphieren;* Zus *Gesetzesparagraf/Gesetzesparagraph*

pa|r|al|lel ⟨Adj.⟩ *in der Parallele, in gleicher Richtung u. gleichbleibendem Abstand zueinander verlaufend* ▸ ~e Linien; der Weg läuft ~ zum Fluss; Abl *Parallelität*

Pa|r|al|le|le ⟨die; -, -n⟩ **1** ⟨Math.⟩ *Gerade, die zu einer anderen Geraden in gleichem Abstand u. ohne Schnittpunkt mit dieser im Endlichen verläuft* **2** ⟨übertr.⟩ *etwas Vergleichbares, etwas Ähnliches, ähnliche Begebenheit* ▸ eine ~ ziehen; eine deutliche ~ zu einem Ereignis ⟨übertr.⟩

Pa|ra|lym|pics ⟨Pl.; Sp.⟩ *seit 1960 nach den jeweiligen Olympischen Spielen ausgetragene olympische Wettkämpfe für Behindertensportler*

Pa|ra|ly|se ⟨die; -, -n; Med.⟩ *vollkommene Bewegungslähmung als Folge von Schädigungen in den motorischen Nervenbahnen*

pa|ra|ly|sie|ren ⟨V. trans.; pa|ra|ly|siert, pa|ra|ly|sier|te, hat pa|ra|ly|siert⟩ jmdn. ~ **1** ⟨Med.⟩ *lähmen* **2** ⟨übertr.⟩ *unwirksam machen, schwächen*

Pa|ra|me|ter ⟨der; -s, -⟩ **1** ⟨Math.⟩ *unbestimmte Konstante einer Funktion, Gleichung, Kurve od. Fläche, von der die Funktion usw. abhängt u. durch deren verschiedene Wahl sich die Gestalt der Funktion usw. ändert* **2** ⟨allg.⟩ *Variable, Vergleichsgröße, -wert*

Pa|ra|mi|li|tär **I** ⟨das; -s; unz.⟩ *nicht staatliche militärisch organisierte Gruppierung (die sich polizeiliche u. militärische Kompetenzen anmaßt);* Abl *paramilitärisch* **II** ⟨der; -s, -s; zählb.⟩ *Angehöriger des Paramilitärs (I)*

Pa|ra|noia ⟨die; -; unz.; Med.; Psych.⟩ *mit Wahnvorstellungen verbundene Psychose;* Abl *Paranoiker(in); paranoid*

Pa|ra|nuss ⟨die; -, -nüs|se⟩ *dreikantige, stark ölhaltige brasilianische Nuss mit harter Schale*

Pa|ra|phra|se ⟨die; -, -n; Sprachw.⟩ *verdeutlichende Umschreibung (eines Textes od. einer Äußerung);* Abl *paraphrasieren*

Pa|ra|psy|cho|lo|gie ⟨die; -; unz.⟩ *Teilgebiet der Psychologie, das die außersinnlichen (okkulten) Erscheinungen untersucht;* Abl *parapsychologisch*

Pa|ra|sit ⟨der; -en, -en⟩ Syn *Schmarotzer* **1** *Pflanze od. Tier, die bzw. das sich in od. auf einem anderen Lebewesen aufhält u. sich von ihm ernährt;* Zus *Darmparasit, Hautparasit* **2** *jmd., der auf fremde Kosten lebt;* Abl *parasitär, parasitisch*

pa|rat ⟨Adj.⟩ *bereit, gebrauchsfertig* ▸ eine Antwort, Ausrede ~ haben

Pär|chen ⟨das; -s, -⟩ *kleines, junges Paar;* Zus *Liebespärchen*

Par|cours ⟨[parku:r] der; - [-ku:rs], - [-ku:rs]; Reitsp.⟩ *Springbahn (bei Springprüfungen od. Hindernisrennen für Pferde)*

Par|don ⟨[-dɔ̃:] od. [-dɔŋ] der od. das; -s; unz.⟩ *Verzeihung, Gnade, Begnadigung* ▸ kein ~ kennen *rücksichts-, kompromisslos vorgehen*

par|don! ⟨[-dɔ̃:] od. [-dɔŋ]⟩ *Verzeihung! (als Entschuldigung od. Bitte, Platz zu machen)*

Pa|r|en|the|se ⟨die; -, -n⟩ **1** ⟨Sprachw.⟩ *eingeschobener Rede- od. Satzteil* **2** = *Klammer (2)* ▸ ein Wort, einen Satz in ~ setzen

par ex|cel|lence ⟨[- ɛksəlɑ̃:s] Adv.; dem Substantiv nachgestellt⟩ *schlechthin, in besonderem Maße* ▸ er ist ein Herzensbrecher ~ *derjenige, der der Idealvorstellung eines H. sehr nahe kommt*

Par|fait ⟨[-fɛ:] das; -s, -s⟩ *halbgefrorenes Speiseeis;* Zus *Erdbeerparfait, Zitronenparfait*

Par|force|ritt ⟨[-fɔrs-] der; -(e)s, -e; übertr.⟩ *große Anstrengung, Kraftakt*

Par|füm ⟨das; -s, -s od. -e⟩ *wässrige Lösung, die stark riecht;* oV *Parfum* ▸ dieses ~ riecht nach Lavendel; Zus *Parfümwolke*

Par|fü|me|rie ⟨die; -, -n⟩ *Geschäft, in dem Parfüms, Seifen u. Kosmetika verkauft werden*

par|fü|mie|ren ⟨V. trans. u. V. refl.; par|fü|miert, par|fü|mier|te, hat par|fü|miert⟩ **1** jmdn., sich od. etwas ~ *mit Parfüm besprühen, betupfen* **2** etwas ~ *wohlriechend machen* ▸ parfümierte Kerzen

pa|rie|ren ⟨V.; pa|riert, pa|rier|te, hat pa|riert⟩ **I** ⟨V. trans.; Sp.⟩ **1** ⟨Fechten, Fußb.⟩ einen Angriff, Torschuss ~ *abwehren* **2** ⟨Reitsp.⟩ ein Pferd ~ *anhalten, zum Stehen bringen* **II** ⟨V. intr.; umg.⟩ (jmdm.) ~ *gehorchen*

Pa|ri|ser ⟨der; -s, -⟩ **1** *Bewohner der frz. Hauptstadt Paris;* Abl *Pariserin* **2** ⟨umg.⟩ = *Kondom*

Pa|ri|tät ⟨die; -; unz.⟩ **1** *Gleichberechtigung, Gleichwertigkeit* **2** *Austauschverhältnis zw. zwei Währungen*

pa|ri|tä|tisch ⟨Adj.⟩ *gleichberechtigt, gleichwertig* ▸ ~ zusammengesetzt *so zusammengesetzt, dass jede Partei die gleiche Stimmenzahl hat*

Park ⟨der; -s, -s⟩ **1** *sehr großer Garten;* Zus *Parkanlage, Parkbank; Kurpark, Schlosspark, Stadtpark, Tierpark* **2** ⟨nur in Zus.⟩ *Sammelplatz für Fahrzeuge,* z. B. Fuhrpark, Wagenpark ▸ gestern sind wir im ~ spazieren gegangen

Par|ka ⟨der; -s, -s od. die; -, -s⟩ *(wattierter) gesteppter Anorak mit Kapuze*

Park-and-ride-Sys|tem ⟨[pa:rkəndraɪd-] das; -(e)s; unz.⟩ *Verkehrssystem, bei dem Pendler ihr Kraftfahrzeug am Stadtrand stehen lassen u. mit öffentlichen Verkehrsmitteln in die Stadt fahren*

Park|bucht ⟨die; -, -en⟩ *verbreiterte Stelle der Fahrbahn, in der Autos parken können*

par|ken ⟨V.; parkt, park|te, hat ge|parkt⟩ Syn ⟨schweiz.⟩ *parkieren* **I** ⟨V. intr.⟩ *(ein Kraftfahrzeug) für längere Zeit abstellen* ▸ kann ich hier ~?; hier dürfen Sie nicht ~; ~de Autos; Zus *Parkgebühr, Parkleuchte, Parklücke; Dauerparker, Falschparker* **II** ⟨V. trans.⟩ etwas ~ *abstellen, stehen lassen* ▸ er hat das Auto falsch geparkt und einen Strafzettel bekommen

Par|kett ⟨das; -(e)s, -e⟩ **1** *Fußbodenbelag aus Holz, dessen einzelne Teile zusammengefügt sind;* Zus *Parkettboden* **2** ⟨Theat.⟩ *vorderer Teil des Zuschauerraums zu ebener Erde* **3** *gesamter Börsenverkehr;* Zus *Börsenparkett* ▸ ~ legen (lassen); ~ versiegeln (lassen); sich auf dem ~ bewegen können ⟨übertr.⟩ *sich ungezwungen, sicher in guter Gesellschaft benehmen können*

Park|haus ⟨das; -es, -häu|ser⟩ *mehrstöckiges Gebäude, in dem Autos gegen Gebühr geparkt werden können* ▸ das ~ ist besetzt

par|kie|ren ⟨V. intr. u. V. trans.; par|kiert, par|kier|te, hat par|kiert; schweiz.⟩ = *parken*

Par|kin|son|krank|heit *auch:* **Par|kin|son-Krank|heit** ⟨die; -; unz.; Med.⟩ *Hirnerkrankung, die grobes, ständiges Zittern, bes. der Hände bewirkt;* Syn *Parkinsonsyndrom, Schüttellähmung*

Park|kral|le ⟨die; -, -n⟩ *krallenartiges Gerät zum Blockieren der Räder bei Kraftfahrzeugen, die im Parkverbot stehen*

Park|leit|sys|tem ⟨das; -s, -e; Verkehrsw.⟩ *System automatischer Anzeigetafeln für Autofahrer über die Verfügbarkeit von Parkplätzen in den Parkhäusern einer Großstadt*

Park|platz ⟨der; -es, -plät|ze⟩ **1** *Stellplatz zum Parken* **2** *größerer Platz zum Parken von Kraftfahrzeugen* ▸ einen ~ suchen; es ist schwierig, in der Innenstadt einen ~ zu finden

Park|schei|be ⟨die; -, -n⟩ *Scheibe, auf der der Autofahrer die Uhrzeit für den Beginn des Parkens anzeigt*

Park|schein ⟨der; -(e)s, -e⟩ *in Parkhäusern ausgegebene Karte zur Speicherung der Parkdauer u. zum Errechnen der Parkgebühr beim Verlassen des Parkhauses;* Zus *Parkscheinautomat*

Park|sün|der ⟨der; -s, -; umg.⟩ *jmd., der das Parkverbot missachtet;* Abl *Parksünderin*

Park|uhr ⟨die; -, -en⟩ *Uhr mit Münzeinwurf an Parkplätzen für kurzzeitiges Parken*

Park|ver|bot ⟨das; -(e)s, -e⟩ **1** *Verbot des Parkens* **2** *Bereich, in dem Parken verboten ist* ▸ er steht seit zehn Minuten mitten im ~

Park|wäch|ter ⟨der; -s, -⟩ **1** *Wächter auf einem Parkplatz od. in einem Parkhaus* **2** *Wächter in einem Park;* Abl *Parkwächterin*

Par|la|ment ⟨das; -(e)s, -e⟩ *gewählte Volksvertretung aus einer od. zwei Kammern mit beratender u. gesetzgebender Funktion* ▸ der Bundeskanzler hat ein neues ~ einberufen; der Minister hält morgen eine Rede vor dem ~; Zus *Parlamentsabgeordnete(r), Parlamentsgebäude, Parlamentspräsident(in), Parlamentssitz, Parlamentswahl*

Par|la|men|ta|ri|er ⟨der; -s, -⟩ *Mitglied des Parlaments;* Abl *Parlamentarierin*

par|la|men|ta|risch ⟨Adj.⟩ *zum Parlament gehörig, auf ihm beruhend, in ihm üblich* ▸ der ~e Geschäftsführer einer Partei; über eine ~e Mehrheit verfügen

Par|la|men|ta|ris|mus ⟨der; -; unz.⟩ *Regierungsform, in der das Parlament an der Regierung teilhat, Demokratie*

Par|ma|schin|ken ⟨der; -s, -⟩ *magerer u. aromatischer italienischer Schinken*

Par|me|san ⟨der; -s; unz.⟩ *harter, fetter Käse aus Parma, bes. zum Reiben;* Syn *Parmesankäse*

Pa|r|o|die ⟨die; -, -n⟩ *komisch-satirische, übertreibende Nachahmung eines literarischen Werkes, einer Person od. eines Stils;* Abl *Parodist(in); parodistisch; parodieren*

Pa|r|o|don|to|se ⟨die; -, -n; Med.⟩ *Rückbildung von Zahnfleisch*

Pa|ro|le ⟨die; -, -n⟩ **1** *Kennwort* **2** ⟨übertr.⟩ *Schlagwort, Anweisung für eine Handlung, z. B. an eine politische Partei;* Zus *Wahlparole* ▸ ~n ausgeben

Pa|ro|li ⟨das; -s, -s; in der Wendung⟩ jmdm. ~ bieten *jmdm. erfolgreich Widerstand leisten*

Parteien in Deutschland

Eine ***Partei*** ist eine Organisation mit bestimmten politischen Zielen, die sie in einem **Parteiprogramm** zusammenfasst. Bei der deutschen Reichsgründung 1870/71 haben sich die noch heute wichtigsten politischen Strömungen von **Konservativen, Liberalen** und **Sozialdemokraten** (ursprünglich: Arbeiterpartei) herausgebildet.

In Deutschland gibt es heute zwei große **Volksparteien,** das sind **SPD** (Sozialdemokratische Partei Deutschlands) und **CDU/CSU** (Christlich Demokratische Partei/Christlich Soziale Union). Seit 1949 bildet mindestens eine dieser Parteien, häufig in **Koalition** mit einer oder mehreren kleineren Parteien, die Bundesregierung. Alle bisherigen Bundeskanzler kamen entweder aus der CDU oder aus der SPD.

Neben den beiden Volksparteien gibt es die **FDP** (Freie Demokratische Partei Deutschlands), eine traditionsreiche liberale Partei. 1980 wurde die Umweltpartei **Die Grünen** gegründet. 2005 entstand die **Linkspartei** (kurz: **Die Linke**) als Nachfolgerin der in Ostdeutschland stark vertretenen Partei **PDS** (Partei des Demokratischen Sozialismus, die aus der DDR-Einheitspartei SED hervorgegangen war).
Das deutsche **Wahlrecht** begünstigt größere Parteien, da man mindestens 5 Prozent der Wählerstimmen erhalten muss, um in ein Parlament zu gelangen. Es gibt zahlreiche andere kleine Parteien, die bei Wahlen jedoch meistens an der **Fünfprozentklausel** scheitern.
Während die Wahlen zum deutschen **Bundestag** alle vier Jahre stattfinden, werden die Landesregierungen der 16 Bundesländer im Vier- oder Fünfjahresrhythmus gewählt.

Par|tei ⟨die; -, -en⟩ **1** ⟨Pol.⟩ *Vereinigung von Personen der gleichen politischen Überzeugung, die sie im politischen Leben durchzusetzen suchen;* Zus *Parteiamt, Parteiapparat, Parteichef(in), Parteienfinanzierung, Parteiführer(in), Parteiführung, Parteifunktionär(in), Parteigenosse, Parteipolitik, Parteiprogramm, Parteispende, Parteisprecher(in), Parteispitze, Parteivorsitz, Parteivorsitzende(r), Parteizentrale; parteiintern, parteiunabhängig; Arbeiterpartei, Regierungspartei, Volkspartei* **2** ⟨Rechtsw.⟩ **2.1** *Partner eines Vertrages* **2.2** *einer der beiden Gegner im Rechtsstreit* **3** *Mieter (einer Wohnung im Mietshaus);* Zus *Hauspartei, Mietpartei* ▸ sich einer ~ anschließen; eine ~ bilden, gründen; für, gegen jmdn. ~ ergreifen, ~ nehmen *für, gegen einen der Streitenden sprechen, auftreten;* in unserem Haus wohnen vier ~en; die streitenden, vertragschließenden ~en; in eine ~ eintreten

Par|tei|buch ⟨das; -(e)s, -bü|cher⟩ *Buch, das die Zugehörigkeit zu einer Partei bescheinigt*

Par|tei|en|land|schaft ⟨die; -, -en⟩ *Gesamtheit der in einem Land vorhandenen politischen Parteien* ▸ Veränderungen in der ~

Par|tei|freund ⟨der; -(e)s, -e⟩ *jmd., der Mitglied derselben Partei ist;* Abl *Parteifreundin*

Par|tei|gren|ze ⟨die; -, -n; meist Pl.⟩ *Grenze, die den Bereich der von einer politischen Partei vertretenen Ziele u. Anschauungen umfasst* ▸ die Diskussion ging über alle ~n hinweg

par|tei|isch ⟨Adj.⟩ *einseitig für eine von zwei od. mehreren streitenden Parteien eingestellt*

par|tei|lich ⟨Adj.⟩ **1** *bewusst auf der Seite einer Partei stehend* **2** *parteiisch;* Abl *Parteilichkeit*

par|tei|los ⟨Adj.⟩ *keiner Partei angehörend* ▸ er ist der einzige ~e Minister; Abl *Parteilosigkeit*

Par|tei|nah|me ⟨die; -; unz.⟩ *das Eintreten, Parteinehmen für jmdn. od. etwas* ▸ sich einer ~ enthalten; eine deutliche ~ für die Regierung

Par|tei|tag ⟨der; -(e)s, -e⟩ *(regelmäßig, jährlich od. mehrjährlich stattfindende) Versammlung der Abgeordneten einer Partei*

par|tei|über|grei|fend ⟨Adj.⟩ *über die Grenzen einer Partei hinausgehend, auch andere Parteien umfassend* ▸ eine ~e Einigung erzielen

par|terre ⟨[-tɛr] Adv.⟩ *im Erdgeschoss (befindlich, wohnend)* ▸ wir wohnen ~

Par|terre ⟨[-tɛr] das; -s, -s⟩ = *Erdgeschoss*

Par|tie ⟨die; -, -n⟩ **1** *Stück, Ausschnitt, Abschnitt, Teil* **2** *Spiel als Einzelspiel;* Zus *Fußballpartie, Schachpartie* **3** *Warenposten, Restwaren, die im Großen gekauft u. billig abgegeben werden* **4** ⟨Mus.⟩ *Rolle in Oper, Operette u. Oratorium* ▸ eine ~ Schach spielen ▸ eine gute ~ machen *eine reiche Frau od. einen reichen Mann heiraten* ▸ eine ausgeglichene ~ *ein Spiel zw. zwei gleich starken Gegnern;* die obere, untere ~ des Bildes, des Gesichtes ▸ mit von der ~ sein *mitspielen, mitmachen, sich beteiligen*

par|ti|ell ⟨[-tsjɛl] Adj.⟩ **1** *teilweise (vorhanden)* **2** *anteilig* ▸ ~e Lähmung

Par|ti|kel I ⟨das; -s, -; Phys.⟩ *Teilchen;* Zus *Staubpartikel* **II** ⟨die; -, -n; Sprachw.⟩ **1** *nicht flektierbares Wort, z. B. Präposition, Konjunktion, Adverb* **2** *meist unbetontes, nicht flektierbares Wort, das keine syntaktische Funktion u. keine eigene lexikalische Bedeutung besitzt, Füllwort;* Zus *Abtönungspartikel, Negationspartikel*

Par|ti|ku|la|ris|mus ⟨der; -; unz.⟩ **1** *Bestrebung (kleiner Länder), die eigenen Interessen gegenüber allgemeinen Interessen durchzusetzen* **2** *Aufspaltung (eines Staates) in viele kleine, selbstständige Staaten*

Par|ti|san ⟨der; -en, -en⟩ *bewaffneter Widerstandskämpfer im Hinterland*

Par|ti|tur ⟨die; -, -en; Mus.⟩ *Gesamtniederschrift eines vielstimmigen Musikstückes, jeweils in Einzelstimmen Takt für Takt untereinander*

Par|ti|zip ⟨das; -s, -pi|en; Gramm.⟩ *infinite Form des Verbs, die die Funktion eines Adjektivs übernehmen u. dekliniert werden kann;* Syn *Mittelwort* ▸ ~ Präsens *Partizip der Gegenwart,* z. B. „gehend"; ~ Perfekt *Partizip der Vergangenheit,* z. B. „gegangen"; Zus *Partizipialsatz*

par|ti|zi|pie|ren ⟨V. intr.; par|ti|zi|piert, par|ti|zi|pier|te, hat par|ti|zi|piert; geh.⟩ an etwas ~ *an etwas teilnehmen, Anteil haben;* Abl *Partizipant(in), Partizipation*

Part|ner ⟨der; -s, -⟩ **1** *jmd., der mit an etwas teilnimmt, an derselben Sache beteiligt ist;* Zus *Geschäftspartner, Gesprächspartner, Tanzpartner, Vertragspartner* **2** *jmd., mit dem man eine sehr enge Beziehung hat od. zusammenlebt;* Zus *Partnerwahl; Ehepartner, Lebenspartner* **3** *jmd., der im Spiel auf derselben Seite steht, Mitspieler;* Zus *Tennispartner* ▸ er sucht noch einen ~ für seinen Betrieb; beide ~ kümmern sich um Haushalt und Kinder

Part|ne|rin ⟨die; -, -rin|nen⟩ *weibl. Partner*

Part|ner|look ⟨[-luk] der; -s, -s⟩ *ähnliches Aussehen der Partner, besonders in der Kleidung* ▸ ~ tragen; sich im ~ kleiden

Part|ner|schaft ⟨die; -, -en⟩ **1** *das Partnersein;* Abl *partnerschaftlich* **2** *Teilhaberschaft*

Part|ner|stadt ⟨die; -, -städ|te⟩ *Stadt, die kulturelle Beziehungen zu einer anderen (ausländischen) Stadt pflegt;* Syn *Patenstadt*

Part|ner|tausch ⟨der; -(e)s; unz.⟩ *Austausch der Partner zw. Ehe- u. Liebespaaren zum sexuellen Verkehr*

par|tout ⟨[-tu:] Adv.; umg.⟩ *durchaus, unbedingt* ▸ er will ~ (nicht) mitgehen

Par|ty ⟨[pa:(r)tı] die; -, -s⟩ *zwanglose Gesellschaft, geselliges Beisammensein* ▸ eine ~ geben, veranstalten; morgen Abend machen wir eine ~; gehst du auch auf die ~?; Zus *Partydroge, Partystimmung, Partyszene; Abschiedsparty, Cocktailparty, Gartenparty, Geburtstagsparty*

Par|ty|ser|vice ⟨[pa:(r)tısœ:vıs] m., -, -s [-vısız]⟩ *Service von Restaurants, Feinkostgeschäften u. a., die Speisen u. Getränke zubereiten u. liefern*

Par|zel|le ⟨die; -, -n⟩ *kleinste im Grundbuch eingetragene Einheit vermessenen Baulandes, Grundstück;* Abl *parzellieren*

Pasch ⟨der; -(e)s, -e od. Pä|sche⟩ *Wurf mit gleicher Augenzahl auf mehreren Würfeln;* Zus *Sechserpasch*

Pa|scha ⟨der; -s, -s; abwertend⟩ *Mann, der sich gern bedienen lässt*

Pass ⟨der; -es, Päs|se⟩ **1** *Personalausweis zur Reise in fremde Länder;* Zus *Passfoto, Passkontrolle; Reisepass* **2** *Durchgang, schmaler Weg quer durch ein Gebirge od. zw. zwei Bergen hindurch;* Zus *Passhöhe, Passstraße; Gebirgspass* ▸ mein ~ ist abgelaufen; einen neuen ~ beantragen; sich einen ~ ausstellen lassen; die Pässe kontrollieren, vorzeigen; einen, keinen gültigen ~ haben; über einen ~ fahren

pas|sa|bel ⟨Adj.; -sa|b|ler, am -s|ten⟩ *leidlich, annehmbar* ▸ es geht mir ganz ~; Bes *bei Beugung des Adjektivs entfällt das „e“: „eine passable Vorstellung“*

Pas|sa|ge ⟨[-ʒə] die; -, -n⟩ **1** *Durchgang, Durchfahrt* **2** *überdachte Ladenstraße;* Zus *Einkaufspassage* **3** *Abschnitt eines Textes od. eines Musikstücks* ▸ eine ~ aus einem Buch vorlesen

Pas|sa|gier ⟨[-ʒi:r] der; -s, -e⟩ *Reisender eines Schiffes, Flugzeugs, der Eisenbahn, Fahrgast, Fluggast;* Zus *Passagierflugzeug, Passagierschiff*

Pas|sa|gie|rin ⟨[-ʒi:-] die; -, -rin|nen⟩ *weibl. Passagier*

Pas|sant ⟨der; -en, -en⟩ *vorübergehender Fußgänger;* Abl *Passantin*

Pass|bild ⟨das; -(e)s, -er⟩ *kleine Fotografie des Pass- od. Ausweisinhabers in vorgeschriebener Form für den Pass od. Personalausweis*

pas|sé ⟨[-se:] Adj.; nur präd.⟩ *vorbei, vergangen, nicht mehr modern;* oV *passee* ▸ das ist (längst) ~

pas|sen ⟨V.; passt, pass|te, hat ge|passt⟩ **I** ⟨V. intr.⟩ **1** *sich eignen, angemessen sein* **2** jmdm. ~ *recht sein, gefallen* **3** ⟨Kart.⟩ *auf ein Spiel verzichten, nicht (weiter) reizen können* **4** ⟨übertr.⟩ *nicht weiter mitmachen (können), aufgeben* ▸ (ich) passe! *(Ansage beim Kartenspiel);* ⟨übertr.⟩ *ich höre auf, mache nicht mehr mit;* das passt mir nicht; am Montag passt es mir nicht ▸ das Kleid passt (nicht) ▸ das könnte dir so ~! ⟨umg.⟩ *das wäre dir recht, aber es wird nicht geschehen!;* keine Ahnung, da muss ich ~ ⟨umg.⟩ *(als Antwort auf eine Frage, die man nicht beantworten kann)* ▸ der Deckel passt (nicht) auf den Topf; passt es dir heute Nachmittag um fünf Uhr?; das passt nicht hierher *gehört nicht hierher;* die Bücher ~ nicht in den Karton; dieses Benehmen passt nicht zu ihm; die Hose passt (nicht) zum Pullover; die beiden ~ (gut, nicht) zueinander **II** ⟨V. trans.⟩ ein Teil in ein anderes ~ *passend machen, exakt einfügen*

pas|send **I** ⟨Part. Präs. von⟩ *passen* **II** ⟨Adj.⟩ **1** *bequem, gut sitzend* **2** *geeignet, richtig, angemessen* **3** *genau abgezählt* ▸ die ~en Schuhe zum Anzug kaufen; ~e Worte zum Abschied finden; bei ~er Gelegenheit

Passe|par|tout ⟨[paspartu:] das; -s, -s⟩ *Rahmen aus Karton um ein Bild (Foto od. Zeichnung)*

pas|sie|ren ⟨V.⟩ **I** ⟨V. intr.; pas|siert, pas|sier|te, ist pas|siert⟩ **1** *geschehen, sich ereignen* **2** jmdm. ~ *zustoßen* ▸ ist ihm etwas passiert? ▸ mir ist etwas Dummes, Unangenehmes passiert; mir ist ein (kleines) Missgeschick passiert; es ist etwas Schreckliches passiert ▸ das kann auch nur ihm ~ ⟨umg.⟩ *er ist immer so ungeschickt;* das kann jedem (mal) ~ *das ist nicht so schlimm* ▸ so etwas passiert schließlich nicht alle Tage! *das ist etwas Besonderes;* so etwas ist mir noch nie passiert ▸ was ist passiert? **II** ⟨V. trans.; pas|siert, pas|sier|te, hat pas|siert⟩ etwas ~ **1** *an etwas vorüberfahren, -gehen, durch etwas hindurchfahren, überqueren* **2** *durchlaufen lassen, hindurchdrücken* ▸ eine Brücke ~ ▸ jmdn. (ungehindert) ~ lassen ▸ Kartoffeln durch ein Sieb ~ ▸ passierte Tomaten

Pas|sier|schein ⟨der; -(e)s, -e⟩ *Schein, der zum Durchgang od. Eintritt berechtigt*

Pas|si|on ⟨die; -, -en⟩ **1** *Leidenschaft, starke Neigung* **2** *Leidensgeschichte (Christi);* Zus *Passionsgeschichte, Passionsspiel* ▸ das Reiten ist ihre ~

pas|si|o|niert ⟨Adj.⟩ *begeistert, leidenschaftlich* ▸ ein ~er Reiter, Schwimmer sein

Pas|si|ons|zeit ⟨die; -, -en⟩ *Zeit zw. Aschermittwoch u. Ostern, Fastenzeit*

pas|siv ⟨Betonung a. [-'-] Adj.⟩ **1** *untätig, teilnahmslos, duldend;* Ggs *aktiv (1);* Abl *Passivität* **2** ⟨Gramm.⟩ *im Passiv stehend, passivisch* ▸ er ist ein ~er Charakter; ~es Wahlrecht *das Recht, gewählt zu werden;* Ggs *aktives Wahlrecht;* ~er Widerstand *W. durch Untätigkeit;* ~er Wortschatz *W., der im Gedächtnis gespeichert ist, den man kennt, ohne ihn anzuwenden;* Ggs *aktiver Wortschatz;* sich ~ verhalten

Pas|siv ⟨das; -s, -e; Gramm.⟩ *Handlungsrichtung des Verbs, drückt aus, was mit dem Subjekt geschieht,* z. B. sie wurde geschlagen; Ggs *Aktiv*[1]; Abl *passivisch*

Pas|si|va ⟨[-va] Pl.⟩ *Verbindlichkeiten, Schulden*

Pas|siv|rau|chen ⟨das; -s; unz.⟩ *das (ungewollte) Einatmen von Tabakrauch durch einen Nichtrauchenden, der sich in Gesellschaft von Rauchenden befindet;* Abl *Passivraucher(in)*

Pas|sus ‹der; -, -; geh.› *Abschnitt in einem Buch od. Text* ▸ ein neuer ~ im Gesetz

Pass|wort ‹das; -(e)s, -wör|ter; bes. EDV› *Wort od. Zeichenkette, das bzw. die den Zugang zu einem geschlossenen System ermöglicht* ▸ ein ~ eingeben; sich mit seinem ~ einloggen

Pas|ta ‹die; -, Pas|ten› **1** *streichbare Masse;* Zus *Zahnpasta* **2** ‹ital. Bez. für› *Teigware, Gericht aus Teigwaren* ▸ wir essen gern ~

Pas|te ‹die; -, -n› **1** *streichbare Masse;* Zus *Fleischpaste, Sardellenpaste* **2** *Salbe-Pulver-Mischung;* Zus *Zinkpaste*

Pas|tell ‹das; -(e)s, -e; kurz für› *Pastellzeichnung;* Zus *Pastellmalerei, Pastellton*

Pas|tell|far|be ‹die; -, -n› *zarte, helle Farbe;* Abl *pastellfarben*

Pas|tell|zeich|nung ‹die; -, -en› *Zeichnung mit Pastellfarben*

Pas|te|te ‹die; -, -n› **1** *mit Fleisch, Fisch, Gemüse od. anderem gefülltes Blätterteiggebäck* **2** *bes. feine Kalbs- od. Gänseleberwurst;* Zus *Gänseleberpastete, Leberpastete*

pas|teu|ri|sie|ren ‹[-tø-] V. trans.; pas|teu|ri|siert, pas|teu|ri|sier|te, hat pas|teu|ri|siert› Lebensmittel (bes. Fruchtsäfte u. Milch) ~ *mit Temperaturen unterhalb von 100 °C (meist 60-80 °C) behandeln u. so konservieren;* Abl *Pasteurisierung*

Pas|tor ‹der; -s, -en; Abk.: P.› *Pfarrer, Geistlicher;* Abl *Pastorin*

Patch|work ‹[pætʃwœːk] das; -s, -s› *aus vielen kleinen Stücken unterschiedlicher Farbe u. Form zusammengesetzte Decke o. Ä.*

Patch|work|fa|mi|lie ‹[pætʃwœːk--ljə] die; -, -n; umg.› *Familie, in der Eltern mit gemeinsamen Kindern u./od. Kindern aus unterschiedlichen früheren Beziehungen zusammenleben*

Pa|te ‹der; -n, -n› *Tauf- bzw. Firmzeuge, der die Mitverantwortung für die christliche Erziehung des Patenkindes übernimmt* ▸ bei etwas ~ stehen ‹übertr.› *auf etwas maßgeblichen Einfluss nehmen;* Abl *Patin;* Zus *Patenonkel, Patentante*

Pa|ten|kind ‹das; -(e)s, -er› *Kind, für das ein Pate die Patenschaft übernommen hat*

Pa|ten|schaft ‹die; -, -en› **1** *Mitverantwortung des Paten für die christliche Erziehung des Patenkindes* **2** *Mitverantwortung, Schirmherrschaft* ▸ die ~ für jmdn. od. etwas übernehmen

pa|tent ‹Adj.; -er, am -es|ten› *geschickt, praktisch, tüchtig, brauchbar* ▸ ein ~er Junge

Pa|tent ‹das; -(e)s, -e› **1** *Urkunde über ein verliehenes Recht, z. B. zur alleinigen Benutzung einer Erfindung;* Zus *Patentamt, Patentrecht* **2** *Erfindung, die durch ein Patent (1) geschützt ist;* Abl *patentieren;* Zus *Patentschutz* **3** *Urkunde über einen erworbenen Berufsgrad;* Zus *Kapitänspatent* **4** ‹schweiz.› *Erlaubnis zur Ausübung gewisser Berufe od. Betätigungen* ▸ ein ~ erteilen; eine Erfindung zum ~ anmelden

Pa|tent|re|zept ‹das; -(e)s, -e; umg.› *einfaches Rezept, das zur Lösung aller Schwierigkeiten verwendet werden kann;* Syn *Patentlösung* ▸ dafür gibt es kein ~

Pa|ter ‹der; -s, -tres od. der; -s, -; Abk.: P., Pl.: PP.› *Mönch, der die Priesterweihen erhalten hat*

pa|the|tisch ‹Adj.› **1** *voller Pathos, erhaben, feierlich* **2** ‹übertr.› *salbungsvoll, übertrieben feierlich*

...pa|thie ‹in Zus.› **1** *Leiden, Krankheit,* z. B. Apathie **2** *Heilverfahren,* z. B. Homöopathie **3** *Gefühl, Neigung,* z. B. Antipathie, Sympathie

Pa|tho|lo|gie ‹die; -; unz.; Med.› *Lehre von den Krankheiten;* Abl *Pathologe, Pathologin*

pa|tho|lo|gisch ‹Adj.; Med.› **1** *die Pathologie betreffend, auf ihr beruhend* **2** *krankhaft* ▸ er ist ein ~er Lügner

Pa|thos ‹das; -; unz.› *erhabene Leidenschaft, leidenschaftl., gefühlvoller Nachdruck* ▸ falsches ~; feierliches ~; etwas mit ~ sagen, vorbringen

Pa|tience ‹[-sjãːs] die; -, -n› *Kartengeduldspiel* ▸ eine ~, ~n legen

Pa|ti|ent ‹[-tsjɛnt] der; -en, -en› *Kranker in ärztlicher Behandlung, Kunde des Arztes* ▸ der Arzt behandelt gerade einen ~en; Zus *Patientenakte; Kassenpatient, Privatpatient*

Pa|ti|en|tin ‹[-tsjɛn-] die; -, -tin|nen› *weiblicher Patient*

Pa|ti|na ‹die; -; unz.› *grünlicher, sich an der Luft bildender Überzug auf Kupfer u. Kupferlegierungen* ▸ ~ ansetzen ‹a. übertr.› *langsam alt, überholt, unzeitgemäß werden*

Pa|tis|se|rie ‹die; -, -n; schweiz.› **1** *feines Backwerk* **2** *Feinbäckerei*

Pa|t|ri|arch ‹der; -en, -en› **1** *(älterer) Mann, der eine Familie leitet u. beherrscht* **2** ‹Rel.› *Bischof in bes. hervorgehobener Stellung, z. B. der Papst als Bischof von Rom;* Abl *patriarchal, patriarchalisch*

Pa|t|ri|ar|chat ‹[-çaːt] das; -(e)s, -e› **1** *Gesellschaftsform, in der der Vater die herrschende Stellung einnimmt;* Syn *Vaterherrschaft;* Ggs *Matriarchat* **2** *Würde, Amt, Amtsbereich eines katholischen Patriarchen*

Pa|t|ri|ot ‹der; -en, -en› *jmd., der sein Heimatland liebt und es zu verteidigen bereit ist;* Abl *Patriotin, Patriotismus; patriotisch*

Pa|t|ron ‹der; -(e)s, -e› *Schutzheiliger, Schutzherr, Beschützer, Schirmherr* ▸ St. Hubertus ist der ~ der Jäger; Zus *Schutzpatron*

Pa|t|ro|ne ‹die; -, -n› **1** *Munition für Handfeuerwaffen;* Zus *Patronengurt, Patronenhülse; Gewehrpatrone* **2** *Behälter, der mit Tinte gefüllt ist (für Füller, Drucker o. Ä.);* ⓘ S. 575; Zus *Druckerpatrone, Tintenpatrone* **3** ‹Fot.› *lichtundurchlässiger Behälter für Kleinbildfilm*

Pa|t|rouil|le ‹[-truljə] die; -, -n› **1** *Wachtposten, Spähtrupp, Streife* **2** *(sich jede Stunde wiederholender) Kontrollgang des Wachtpostens, der Streife* ▸ (auf) ~ gehen

pa|t|rouil|lie|ren ‹[-rul(j)iː-] V. intr.; pa|t|rouil|liert, pa|t|rouil|lier|te, ist/hat pa|t|rouil|liert› *als Posten, Wache auf u. ab gehen*

patsch! ‹Int.› *(Ausruf, wenn etwas od. jmd. hinfällt, bei einem Schlag ins Wasser o. Ä.)*

Pat|sche ‹die; -, -n; unz.; umg.› *Bedrängnis, unangenehme Lage* ▸ jmdm. aus der ~ helfen; in der ~ sitzen

pat|schen ⟨V. intr.; patscht, patsch|te, hat gepatscht⟩ *mit Händen od. Beinen ein klatschendes Geräusch machen* ▸ mit den Händen od. Beinen aufs, ins Wasser ~; durch die Pfützen ~

patsch|nass ⟨Adj.⟩ *triefend nass, klatschnass;* oV *patschenass*

Patt ⟨das; -s, -s⟩ **1** ⟨bes. Schach⟩ *Stellung, bei der kein Spieler gewinnen kann* **2** *unentschiedener Ausgang;* Zus *Pattsituation; Stimmenpatt* ▸ nach der Wahl kam es zu einem ~ im Parlament

pat|zen ⟨V. intr.; patzt, patz|te, hat ge|patzt⟩ *etwas verderben, ungeschickt sein, Fehler machen*

Pat|zer ⟨der; -s, -⟩ *grober Fehler, Missgeschick*

pat|zig ⟨Adj.; umg.⟩ *eingebildet-frech, schroff abweisend* ▸ eine ~e Antwort geben; sie ist ziemlich ~ (geworden); Abl *Patzigkeit*

Pau|ke ⟨die; -, -n; Mus.⟩ *kesselförmiges Schlaginstrument* ▸ auf die ~ hauen ⟨übertr.; umg.⟩ *großsprecherisch sein; ausgiebig feiern;* mit ~ und Trompeten durchfallen ⟨übertr.; umg.⟩ *versagen*

pau|ken ⟨V.; paukt, pauk|te, hat ge|paukt⟩ **I** ⟨V. intr.⟩ *auf der Pauke spielen* **II** ⟨V. intr. u. V. trans.; Schülerspr.⟩ (etwas) ~ *angestrengt lernen* ▸ englische Vokabeln ~; für eine Prüfung ~

Pau|ken|schlag ⟨der; -(e)s, -schlä|ge⟩ **1** *Schlag auf die Pauke* **2** ⟨übertr.⟩ *sehr deutliches Zeichen, aufsehenerregender Vorfall* ▸ die Verhandlungen begannen mit einem ~ ⟨übertr.⟩

Pau|ker ⟨der; -s, -⟩ **1** ⟨Mus.⟩ *Spieler der Pauke* **2** ⟨Schülerspr.⟩ *Lehrer;* Abl *Paukerin*

Paus|ba|cken ⟨nur Pl.⟩ *runde, dicke Backen (bes. von Kindern);* Abl *pausbäckig*

pau|schal ⟨Adj.⟩ **1** *alles zusammen(gerechnet), rund* (Betrag, Summe) **2** *allgemein, nicht differenziert;* Zus *Pauschalurteil* ▸ zu ~ über jmdn., etwas urteilen

P

Pau|scha|le ⟨die; -, -n⟩ *Preis für alles zusammen, Betrag, der sich aus mehreren Einzelbeträgen zusammensetzt;* Syn *Pauschalbetrag, Pauschalpreis, Pauschalsumme, Pauschbetrag;* Abl *pauschalieren*

pau|scha|li|sie|ren ⟨V. intr. u. V. trans.; pau|scha|li|siert, pau|scha|li|sier|te, hat pau|scha|li|siert⟩ (etwas) ~ *pauschal (be)urteilen, sehr stark verallgemeinern;* Abl *Pauschalisierung*

Pau|schal|rei|se ⟨die; -, -n⟩ *Gesellschaftsreise zu bestimmten Orten, bei der die Kosten für Fahrt, Unterbringung, Verpflegung, Ausflüge usw. pauschal berechnet werden*

Pau|se ⟨die; -, -n⟩ **1** *vorübergehende Unterbrechung, kurze Rast;* Zus *Arbeitspause, Erholungspause, Frühstückspause, Mittagspause, Schulpause* **2** ⟨Mus.⟩ *Taktteil, der nicht durch Ton ausgefüllt ist;* Zus *Achtelpause, Viertelpause* ▸ er macht 10 Minuten ~; fünf Takte ~ ▸ sich eine, keine ~ gönnen; wir haben gerade ~; eine ~ machen, einlegen ▸ kleine, große ~; kurze, lange ~ ▸ ohne ~ arbeiten

pau|sen|los ⟨Adj.⟩ **1** *ohne Pause, ohne Unterbrechung* **2** ⟨umg.⟩ *fortwährend, ständig* ▸ ~es Gerede

Pau|sen|zei|chen ⟨das; -s, -⟩ **1** ⟨Mus.⟩ *Zeichen der Notenschrift für eine Pause* **2** *Zeichen (Melodie, Ticken o. Ä.) eines Rundfunk- od. Fernsehsenders während der Pause zw. zwei Sendungen*

pau|sie|ren ⟨V. intr.; pau|siert, pau|sier|te, hat pausiert⟩ *eine Pause machen, aussetzen* ▸ er muss ein Jahr ~

Pa|vi|an ⟨[-vi-] der; -s, -e; Zool.⟩ *ein Affe*

Pa|vil|lon ⟨[-vɪljɔ̃] od. [-vɪljɔŋ] der; -s, -s⟩ **1** *kleines, meist rundes u. offenes Gebäude in Gärten od. auf Ausstellungen;* Zus *Gartenpavillon* **2** *kleineres Ergänzungsgebäude;* Zus *Schulpavillon*

Pa|zi|fik ⟨der; -s; unz.⟩ *zw. Amerika, Asien und Australien gelegener Ozean;* Abl *pazifisch*

Pa|zi|fis|mus ⟨der; -; unz.⟩ *Bestreben, unter allen Umständen den Frieden zu erhalten, Ablehnung des Krieges u. Kriegsdienstes,* Abl *Pazifist(in); pazifistisch*

PC **1** ⟨[pe:tse:] Abk. für engl.⟩ *Personal Computer* **2** ⟨[pi:si:] Abk. für engl.⟩ *Political Correctness, politische Korrektheit*

Pea|nuts ⟨[pi:nʌts] Pl.; umg.; meist scherzh.⟩ *Kleinigkeit, geringe Geldmenge* ▸ das sind ~!

Pech ⟨das; -(e)s, -e⟩ **I** ⟨unz.; übertr.⟩ *unglücklicher Zufall, unglückliches Missgeschick* ▸ so ein ~!; ~ haben; ich habe immer ~!; ~ im Spiel haben; vom ~ verfolgt werden; Ggs *Glück* **II** ⟨zählb.⟩ *dunkler, klebriger Rückstand bei der Destillation von Stein-, Braun- u. Holzkohlenteer u. Erdöl* ▸ sie halten zusammen wie ~ und Schwefel ⟨umg.⟩ *halten fest zusammen;* mit ~ bestreichen; schwarz wie ~; Zus *pech(raben)schwarz*

Pech|sträh|ne ⟨die; -, -n; umg.⟩ *Phase, in der man dauernd Pech hat;* Ggs *Glückssträhne*

Pech|vo|gel ⟨der; -s, -vö|gel; übertr.⟩ *jmd., der oft Pech hat*

Pe|dal ⟨das; -(e)s, -e⟩ **1** ⟨Kfz⟩ *Hebel, der mit dem Fuß betätigt wird;* Zus *Bremspedal* **2** ⟨Fahrrad⟩ *Tretkurbel;* ⓘ S. 789 **3** ⟨Mus.⟩ **3.1** ⟨Orgel⟩ *Tasten, die mit den Füßen bedient wird* **3.2** ⟨Klavier⟩ *Fußhebel zum Nachschwingenlassen der Saiten od. Dämpfen der Töne* **3.3** ⟨Harfe⟩ *Fußhebel zum Umstimmen der Saiten* ▸ beim Radfahren stärker in die ~e treten *schneller fahren*

pe|dan|tisch ⟨Adj.⟩ *übertrieben genau, übertrieben gewissenhaft od. ordentlich;* oV ⟨österr.⟩ *pedant;* Abl *Pedant(in), Pedanterie*

Pe|di|kü|re ⟨die; -, -n⟩ **I** ⟨unz.⟩ = *Fußpflege* ▸ zur ~ gehen **II** ⟨zählb.⟩ *Fußpflegerin*

Pee|ling ⟨[pi:-] das; -s, -s⟩ *kosmetische Creme zur Schälung u. Reinigung der Haut*

Peep|show ⟨[pi:pʃoʊ] die; -, -s⟩ *Zurschaustellung einer nackten Frau, die gegen Entgelt durch ein Fensterchen betrachtet werden kann*

Pe|gel ⟨der; -s, -⟩ **1** = *Wasserstand;* Zus *Pegelhöhe, Pegelstand* **2** = *Wasserstandsmesser* **3** *Größenangabe für Signale, insbesondere Spannungen, Leistungen, Schalldrücke;* Zus *Schallpegel*

pei|len ⟨V. trans.; peilt, peil|te, hat ge|peilt⟩ **1** etwas ~ *die Richtung bestimmen, in der sich etwas befindet* **2** ⟨übertr.; umg.⟩ die Lage ~ *auskundschaften;* Abl *Peilung*

Pein ⟨die; -; unz.; geh.⟩ *Qual, quälender Schmerz* ▸ es ist eine ~, ihm zuzuhören

pei|ni|gen 〈V. trans.; pei|nigt, pei|nig|te, hat ge|pei|nigt; geh.〉 jmdn. ~ *jmdn. quälen* ▸ mein Gewissen peinigt mich; sein Opfer ~; ~der Schmerz; Abl *Peiniger(in), Peinigung*

pein|lich 〈Adj.〉 **1** *unangenehm, Verlegenheit bereitend, beschämend* (Frage, Lage) **2** *sehr gewissenhaft, fast übertrieben sorgfältig* ▸ von etwas ~ berührt sein; es ist mir sehr ~, aber ich habe unseren Termin leider vergessen; sein Benehmen war für alle sehr ~; ~ genau; ~ sauber

Pein|lich|keit 〈die; -, -en〉 **I** 〈unz.〉 *peinliche Beschaffenheit* **II** 〈zählb.〉 *peinliche Bemerkung, Sache, peinlicher Vorfall* ▸ vor ~en nicht zurückschrecken

Peit|sche 〈die; -, -n〉 *Schlaggerät aus einem sehr schmalen Lederriemen od. einer Schnur an langem Stiel* ▸ die ~ schwingen; mit der ~ knallen; Zus *Peitschenknall; Reitpeitsche*

peit|schen 〈V.; peitscht, peitsch|te, hat gepeitscht〉 **I** 〈V. trans.〉 jmdn. od. ein Tier ~ *mit der Peitsche schlagen* **II** 〈V. intr.〉 irgendwohin ~ *heftig schlagen* ▸ der Regen peitscht gegen die Fenster

pe|jo|ra|tiv 〈Adj.; Sprachw.〉 *bedeutungsverschlechternd, abwertend*

Pe|ki|ne|se 〈der; -n, -n〉 *ein Zwerghund*

pe|ku|ni|är 〈Adj.; geh.〉 *finanziell, geldlich* ▸ in ~en Schwierigkeiten sein, stecken

Pe|li|kan 〈der; -s, -e; Zool.〉 *sehr großer Vogel mit einem sehr langen Schnabel mit Sack zum Fangen von Fischen*

Pel|le 〈die; -, -n〉 *Schale, Haut* ▸ jmdm. auf der ~ liegen 〈übertr.; umg.〉 *jmdm. (ständig) lästig sein;* jmdm. auf die ~ rücken 〈übertr.; umg.〉 *jmdm. zu nahe kommen;* Zus *Wurstpelle*

pel|len 〈V.; pellt, pell|te, hat ge|pellt〉 **I** 〈V. trans.〉 Kartoffeln ~ *schälen, die Pelle entfernen* **II** 〈V. refl.〉 sich ~ *sich schälen (vom Sonnenbrand)* ▸ ihre Haut pellt sich

Pell|kar|tof|fel 〈die; -, -n〉 *in der Schale (Pelle) gekochte Kartoffel*

Pelz 〈der; -es, -e〉 **1** *Fell, Haarkleid* (von Tieren); Zus *Pelztier* **2** *für Kleidungsstücke bearbeitetes Tierfell;* Zus *Pelzkragen, Pelzmantel* **3** *behaarte Schale des Obstes* ▸ dichter, zottiger ~; jmdm. auf den ~ rücken 〈übertr.; umg.〉 *zu nah an jmdn. heranrücken; jmdn. mit einer Bitte o. Ä. bedrängen*

pel|zig 〈Adj.〉 **1** *behaart, wie Pelz* **2** *mit dichtem Flaum besetzt, rau* ▸ ein ~es Gefühl im Mund haben *ein raues, trockenes G.*

Pen|dant 〈[pãdã:] das; -s, -s〉 *Gegenstück, Seitenstück, Ergänzung* ▸ ein ~ zu etwas bilden

Pen|del 〈das; -s, -〉 *um eine Achse drehbarer starrer Körper, der aufgrund der Schwerkraft um seine Ruhelage schwingt;* Zus *Pendeltür, Pendeluhr; Uhrpendel*

pen|deln 〈V. intr.; pen|delt, pen|del|te, hat/ist ge|pen|delt〉 **1** *hin u. her schwingen* **2** *frei hängen* **3** 〈übertr.〉 *sich ständig (meist aus beruflichen Gründen) zwischen zwei Orten hin u. her bewegen;* Abl *Pendler(in);* Zus *Pendelverkehr*

pen|dent 〈Adj.; schweiz.〉 *schwebend, unerledigt* ▸ ein ~es Gerichtsverfahren; Abl *Pendenz*

pe|ne|t|rant 〈Adj.; -er, am -es|ten〉 **1** *durchdringend* **2** 〈übertr.; umg.〉 *aufdringlich* ▸ ~er Geruch, Geschmack; ein ~er Kerl 〈übertr.; umg.〉

peng! 〈Int.〉 *(Ausruf beim knallenden Schlagen od. Fallen, Zerschlagen, Entzweibrechen)*

pe|ni|bel 〈Adj.; -ni|b|ler, am -s|ten〉 *peinlich genau, sehr sorgfältig, sehr gewissenhaft;* Bes *bei Beugung entfällt das „e" im Stammwort: „ein penibler Mensch"*

Pe|nis 〈der; -, -nis|se od. Pe|nes〉 *schwellfähiges männliches Begattungsorgan verschiedener Tiere u. des Menschen*

Pe|ni|zil|lin 〈das; -s; unz.; Pharm.〉 *ein Antibiotikum gegen viele Krankheitserreger;* oV 〈fachsprachl.〉 *Penicillin*

Pen|nä|ler 〈der; -s, -; umg.; scherzh.〉 *Schüler;* Abl *Pennälerin*

Pen|ne 〈die; -, -n; Schülerspr.〉 *Schule*

pen|nen 〈V. intr.; pennt, penn|te, hat ge|pennt; umg.〉 *schlafen* ▸ er pennt noch

Pen|ner 〈der; -s, -〉 **1** 〈abwertend〉 *Landstreicher, Obdachloser* **2** 〈umg.〉 *jmd., der nicht aufpasst, blöder Kerl;* Abl *Pennerin*

Pen|si|on 〈[pã-], umg. [paŋ-], bair.-österr. [pɛn-] die; -, -en〉 **1** *Rente, Ruhegehalt, Ruhestand;* Abl *Pensionär(in),* 〈österr. u. schweiz.〉 *Pensionist(in);* Zus *Pensionsalter* **2** *Gasthaus, einfaches Hotel, in dem man übernachten u. essen kann;* Zus *Halbpension, Vollpension* ▸ ~ beziehen (Beamter); in ~ gehen (Beamter); in einer ~ wohnen; wir hatten in Bayern eine nette ~

pen|si|o|nie|ren 〈[pã-], umg. [paŋ-], bair.-österr. [pɛn-] V. trans.; pen|si|o|niert, pen|si|o|nier|te, hat pen|si|o|niert〉 jmdn. ~ *mit Pension in den Ruhestand versetzen* ▸ sich ~ lassen; pensioniert werden; pensionierter Beamter; Abl *Pensionierung*

Pen|sum 〈das; -s, Pen|sa od. Pen|sen〉 *Abschnitt einer Arbeit od. Aufgabe, der in einer bestimmten Zeit zu erledigen ist* ▸ sein tägliches ~ erledigen; jährliches ~; Zus *Arbeitspensum, Tagespensum*

Pent|house 〈[-haʊs] das; -, -s [-sɪz]〉 *Wohnanlage auf dem flachen Dach eines Hauses;* oV *Penthaus;* Syn 〈schweiz.〉 *Attikawohnung*

Pep 〈der; -s; unz.; umg.〉 *Schwung, Elan;* Abl *peppig*

Pe|pe|ro|ni 〈die; -, -; meist Pl.〉 *kleine, scharfe Paprikafrucht;* oV 〈österr.〉 *Pfefferoni*

per 〈Präp. m. Akk.〉 **1** *mittels, durch, mit (besonders bei Beförderungsmitteln)* **2** 〈zeitlich〉 *bis, am* ▸ ~ Bahn, Flugzeug, Schiff; ~ Eilboten; ~ Post schicken *mit der Post;* ~ 1. April zu zahlen

Pe|res|t|ro|i|ka 〈die; -; unz.; Pol.; in der ehem. Sowjetunion〉 *Politik des Umbaues, der Umgestaltung auf ökonomischem, sozialem u. außenpolitischem Gebiet*

per|fekt 〈Adj.; -er, am -es|ten〉 **1** *vollkommen, makellos* **2** *gültig, abgemacht, abgeschlossen* ▸ einen Vertrag, ein Geschäft ~ machen; ~ Englisch sprechen; die Organisation war ~

P

Per|fekt ⟨a. [-'-] das; -(e)s, -e; Gramm.⟩ *Zeitform des Verbums, die ein vergangenes, in die Gegenwart fortwirkendes Geschehen bezeichnet, zweite Vergangenheit, vollendete Gegenwart,* z. B. „ich habe Kuchen gebacken"; Abl *perfektiv;* Zus *Perfektform*

Perfekt

Das auch **zweite Vergangenheit** genannte *Perfekt* ist eine Form des Verbs, die ein vergangenes, aus der Sicht der Gegenwart abgeschlossenes Geschehen darstellt. Das Perfekt steht im Gegensatz zur ersten Vergangenheit, dem **Präteritum,** das einen bereits vergangenen oder abgeschlossenen Vorgang bezeichnet.
Im Deutschen wird das Perfekt mit den Präsensformen der **Hilfsverben** „haben" oder „sein" und dem **Partizip II** (Partizip Perfekt) gebildet: *Er hat jemanden gesehen. Sie ist schnell gegangen.* Im Präteritum, das keine Hilfsverben benötigt, heißt es dagegen: *Er sah jemanden. Sie ging schnell.*

Per|fek|ti|on ⟨die; -, -en⟩ *Vollendung, Vollkommenheit* ▸ sich in ~ üben; mit ~ Klavier spielen

per|fek|ti|o|nie|ren ⟨V. trans.; per|fek|ti|o|niert, per|fek|ti|o|nier|te, hat per|fek|ti|o|niert⟩ etwas ~ *vollenden, vervollkommnen;* Abl *Perfektionierung*

Per|fek|ti|o|nis|mus ⟨der; -; unz.⟩ *übertriebenes Streben nach (bes. techn.) Vollkommenheit;* Abl *Perfektionist(in); perfektionistisch*

per|fi|de ⟨Adj.; geh.⟩ *treulos, hinterhältig, heimtückisch, niederträchtig;* oV *perfid;* Abl *Perfidität*

Per|fo|ra|ti|on ⟨die; -, -en⟩ **1** ⟨Med.⟩ *Durchbohrung, Durchlöcherung* **2** *durchlochte Linie (auf Papierblättern) zum Abtrennen eines Teils;* Abl *perforieren*

Per|ga|ment ⟨das; -(e)s, -e⟩ **1** *bearbeitete, als Beschreibstoff dienende Tierhaut* **2** *Schriftstück aus dieser Haut*

Per|ga|ment|pa|pier ⟨das; -s; unz.⟩ *fettdichtes, pergamentartiges Papier*

Per|go|la ⟨die; -, -go|len⟩ *Laubengang aus Pfeilern u. Säulen, meist von Schlingpflanzen umrankt*

Pe|ri|o|de ⟨die; -, -n⟩ **1** *Zeitabschnitt* **2** ⟨Med.⟩ = *Menstruation*

Pe|ri|o|den|sys|tem ⟨das; -s; unz.; Chem.⟩ ~ der chemischen Elemente *Anordnungssystem der chem. E. nach Eigenschaften, die sich in einer bestimmten Ordnung wiederholen*

pe|ri|o|disch ⟨Adj.⟩ *in gleichen Abständen wiederkehrend* ▸ die Kommission tagt ~

pe|ri|pher ⟨Adj.⟩ **1** *am Rand (befindlich);* Abl *Peripherie* **2** ⟨übertr.⟩ *(im Augenblick) nicht so wichtig, nebensächlich* ▸ ~e Probleme ⟨übertr.⟩

Per|le ⟨die; -, -n⟩ **1** *schimmerndes, von Weichtieren, meist den Perlmuscheln, abgesondertes Kügelchen aus Kalziumkarbonat;* Zus *Perlenfischer, Perlenkette, Perlenschmuck* **2** *durchbohrtes Kügelchen aus Glas, Holz od. anderem Material;* Zus *Glasperle, Holzperle* **3** *Tropfen;* Zus *Schweißperle* **4** *Luftbläschen;* Zus *Perlwein; Sektperle* **5** ⟨umg.; übertr.⟩ **5.1** *etwas besonders Schönes, Gutes od. Wertvolles* **5.2** *jmd., der wertvolle Dienste (im Alltag) leistet* ▸ dieses Werk ist eine ~ der deutschen **Dichtkunst,** Musik, Malerei ▸ **sein:** sie ist eine ~ ⟨übertr.⟩ ▸ **echte,** ~ ▸ ~n **auf** eine Schnur reihen; **nach** ~n tauchen; ~n **vor** die Säue werfen ⟨übertr.⟩ *etwas Wertvolles an Unwürdige verschwenden*

per|len ⟨V. intr.; perlt, perl|te, hat/ist ge|perlt⟩ **1** *leicht, gleichmäßig u. schimmernd fallen, rollen* **2** *im Glase schäumen* (Sekt, Wein) ▸ Tau perlt von den Blättern; der Schweiß perlte ihm von der Stirn; ~des Lachen *helles, rollendes Lachen*

Perl|huhn ⟨das; -(e)s, -hüh|ner; Zool.⟩ *ein Fasanenvogel mit weißen „Perlen" auf dem blaugrauen Gefieder*

Perl|mutt ⟨a. [-'-] das; -s; unz.⟩ oV *Perlmutter* **1** *von einer Perlmuschel abgesonderter Stoff, aus dem sich die Innenschicht der Schale u. evtl. die Perle bildet* **2** *die Innenschicht der Schale von Perlmuscheln u. Seeschnecken*

Perl|zwie|bel ⟨die; -, -n⟩ *kleine weiße Zwiebel*

per|ma|nent ⟨Adj.⟩ *ununterbrochen, dauernd, bleibend, ständig* ▸ ~er Schmerz; Abl *Permanenz*

per pe|des ⟨scherzh.⟩ *zu Fuß*

per|plex ⟨Adj.; -er, am -es|ten; Steigerung selten⟩ *verblüfft, überrascht, bestürzt, betroffen* ▸ er sah sie ~ an; Abl *Perplexität*

Per|ron ⟨[-ro:n] der; -s, -s; österr.; schweiz.⟩ *Bahnsteig* ▸ auf dem ~ warten

per se **1** *von selbst* **2** *an sich*

Per|ser ⟨der; -s, -⟩ **1** *Einwohner von Persien;* Abl *Perserin; persisch* **2** ⟨kurz für⟩ *Perserteppich*

Per|ser|tep|pich ⟨der; -(e)s, -e⟩ *(bes. handgeknüpfter) Teppich aus Persien*

Per|si|f|la|ge ⟨[-ʒə] die; -, -n⟩ *geistvolle Verspottung;* Abl *persiflieren*

Per|son ⟨die; -, -en⟩ **1** *Mensch (als lebendes Wesen) im Gegensatz zu einer Sache;* Zus *Personennahverkehr, Personenverkehr* **2** *Mensch in seiner bes. Eigenart;* Zus *Personenbeschreibung* **3** *Mensch im Gefüge von Staat u. Gemeinschaft* **4** ⟨Lit.⟩ *handelnde Figur, Gestalt* **5** ⟨Gramm.⟩ *Sprecher, Hörer od. etwas Drittes (einen Dritten) bezeichnende grammatische Kategorie* ▸ die ~en eines **Theaterstücks** ▸ ~en sind (bei dem Unfall) nicht **verletzt** worden ▸ **erste,** zweite, dritte ~ ⟨Gramm.⟩; wir waren **sechs** ~en; eine **unbekannte,** geheimnisvolle ~ ▸ ich **für** meine ~ ⟨umg.⟩ *ich selbst, was mich betrifft;* er ist die Ruhe **in** ~ ⟨übertr.⟩ *er lässt sich durch nichts aus der Ruhe bringen;* er ist Hausmeister und Gärtner in einer ~ *er übt beide Ämter zugleich aus;* der Eintritt kostet zehn Euro **pro** ~

Per|so|nal ⟨das; -s; unz.⟩ *Gesamtheit der beschäftigten, angestellten, (bes.) dienstleistenden Personen, z. B. in Betrieben, Hotels, Haushalten;* Zus *Personalabteilung, Personalkosten, Personalleiter(in)*

per|so|nal..., Per|so|nal... ⟨in Zus.⟩ *die Person betreffend, bescheinigend, persönlich, Persönlichkeits...,* z. B. Personalakte

Per|so|nal|aus|weis ‹der; -es, -e› *Ausweis für eine Person (als Staatsbürger)*

Per|so|nal Com|pu|ter ‹[pœ:sənəl kɔmpju:-] der; - -s, - -; Abk.: PC; EDV› *Computer für den häuslichen u. professionellen Einsatz*

Per|so|na|li|en ‹Pl.› *Angaben über Geburt, Ehestand, Beruf einer Person;* Syn *Personalia* ▸ jmds. ~ aufnehmen; seine ~ angeben

per|so|nal|in|ten|siv ‹Adj.; Wirtsch.› *nur mit Hilfe von vielen Mitarbeitern zu bewältigen* ▸ die Fertigung der Produkte ist sehr ~

Per|so|nal|pro|no|men ‹das; -s, - od. -mi|na; Gramm.› *persönliches Fürwort* (ich, du, er, sie, es, wir, ihr, sie)

Per|so|nal|rat ‹der; -(e)s, -rä|te› **1** *gewählter Vertreter der Beamtenschaft;* Abl *Personalrätin* **2** *Vertretung der Beamten*

Per|so|nal|stand ‹der; -(e)s, -stän|de; Pl. selten› *Anzahl der angestellten Personen in einem Betrieb od. im öffentlichen Dienst*

Per|so|nal|uni|on ‹die; -, -en› **1** *Vereinigung zweier selbstständiger Staaten unter einem Monarchen* **2** *Vereinigung von Ämtern in der Hand einer Person* ▸ er war Kaiser u. König in ~

per|so|nell ‹Adj.› *das Personal betreffend, zu ihm gehörend;* oV *personal* ▸ ~er Engpass

per|so|nen|be|zo|gen ‹Adj.› *auf eine od. mehrere bestimmte Personen bezogen, eine od. mehrere bestimmte Personen betreffend* ▸ Daten ~ speichern; ein ~ geführter Wahlkampf

Per|so|nen|kraft|wa|gen ‹der; -s, -; Abk.: Pkw› *Kraftwagen zum Befördern von Personen;* Syn *Personenauto, Personenwagen;* Ggs *Lastkraftwagen*

Per|so|nen|kreis ‹der; -es, -e› *eine bestimmte Gruppe von Personen, Kreis von Personen (den etwas betrifft);* Syn *Personengruppe* ▸ etwas einem kleinen ~ anbieten

Per|so|nen|scha|den ‹der; -s, -schä|den› *Verletzung od. Todesfall (bei Unfall o. Ä.);* Ggs *Sachschaden*

Per|so|nen|stand ‹der; -(e)s; unz.› = *Familienstand*

per|so|ni|fi|zie|ren ‹V. trans.; per|so|ni|fi|ziert, per|so|ni|fi|zier|te, hat per|so|ni|fi|ziert› etwas ~ **1** *als Menschen darstellen, vermenschlichen* **2** *verkörpern* ▸ er personifiziert das Böse; er ist die personifizierte Güte ‹umg.› *die Güte in Person;* Abl *Personifikation, Personifizierung*

per|sön|lich ‹Adj.› **I** ‹attr.; präd.; adv.› **1** *die Person betreffend, zu ihr gehörend, von ihr ausgehend* **2** *privat* ▸ das ist mein ~es Eigentum; ~e Freiheit; was ist Ihre ~e Meinung? ▸ ich habe diese Bemerkung nicht ~ gemeint *ich habe mit dieser B. keine bestimmte Person gemeint;* du darfst diese Äußerung nicht ~ nehmen *nicht auf dich beziehen;* ~ werden ‹umg.› *unsachliche, auf jmds. Privatleben od. Verhalten zielende, unangenehme Anspielungen machen* ▸ ich möchte aus ~en Gründen nicht darüber sprechen **II** ‹nur adv.› *selbst, in Person* ▸ ~! *nur für den Betreffenden selbst bestimmt (als Vermerk auf Briefen)* ▸ der Kanzler ~ war gekommen ▸ bei jmdm. ~ erscheinen, vorsprechen ‹umg.; verstärkend›; für Verluste ~ haften; ich kenne ihn ~ *ich habe mit ihm schon einmal gesprochen*

Per|sön|lich|keit ‹die; -, -en› **I** ‹unz.› *Gesamtheit aller Wesenszüge, Verhaltensweisen, Äußerungen eines Menschen* ▸ Entwicklung der ~ **II** ‹zählb.› *bedeutender Mensch, Mensch eigener, besonderer Prägung, durch Stellung, Rang sich aus den Übrigen heraushebender Mensch* ▸ bekannte ~en unserer Stadt; (allerlei) prominente ~en; er, sie ist eine ~

Per|sön|lich|keits|recht ‹das; -(e)s, -e; Rechtsw.› *Grundrecht des Einzelnen auf Achtung seiner Menschenwürde u. seiner individuellen Persönlichkeit* ▸ es liegt ein Verstoß gegen das ~ vor

Per|spek|ti|ve ‹[-və] die; -, -n› **1** *Darstellung des Raumes u. räumlicher Gegenstände auf einer ebenen Bildfläche, so dass eine räumliche Wirkung entsteht* **2** *Ansicht, Blickwinkel* **3** ‹übertr.› *Zukunftsausblick, Aussicht, Erwartung;* Abl *perspektivlos* ▸ durch diese Nachricht öffnen sich neue, erstaunliche, ungeahnte ~n ‹übertr.›; aus meiner ~ sieht das so aus; Abl *perspektivisch*

Pe|rü|cke ‹die; -, -n› *künstliches Haar für den Kopf (zum Verkleiden od. als Haarersatz)*

per|vers ‹[-vɛrs] Adj.; -er, am -es|ten› **1** *abartig (im geschlechtlichen Verhalten)* **2** *widernatürlich, vom Normalen abweichend;* Abl *Perversion, Perversität*

per|ver|tie|ren ‹[-vɛr-] V.› **I** ‹V. intr.; per|ver|tiert, per|ver|tier|te, ist per|ver|tiert› *vom Normalen krankhaft abweichen* **II** ‹V. trans.; per|ver|tiert, per|ver|tier|te, hat per|ver|tiert› etwas ~ *vom Normalen abweichen lassen, verfälschen*

Pes|si|mis|mus ‹der; -; unz.› *Neigung, in der Welt, im Leben od. bei einer Sache nur das Schlechte zu sehen, Schwarzseherei;* Ggs *Optimismus;* Abl *Pessimist(in); pessimistisch*

Pest ‹die; -; unz.› *durch Pestbakterien verursachte epidemische Krankheit;* Syn *Pestilenz, Schwarzer* → *Tod* ▸ jmdn. hassen wie die ~ ‹übertr.› *sehr hassen*

Pes|ti|zid ‹das; -(e)s, -e› *Mittel zur Vernichtung von Schädlingen*

Pes|to ‹das; -s; unz.; ital. Kochkunst› *Sauce aus Öl, gehackten Kräutern u. Gewürzen*

Pe|ter|si|lie ‹[-ljə] die; -, -n; Bot.› *Pflanze, deren Blätter als Küchengewürz verwendet werden*

Pe|ti|ti|on ‹die; -, -en› *Bittschrift, Eingabe*

Pe|t|ro|le|um ‹das; -s; unz.› *Flüssigkeit, die bei der Destillation von Erdöl entsteht u. als Brennstoff sowie als Reinigungsmittel gebraucht wird;* Zus *Petroleumlampe*

Pet|ting ‹das; -s; unz.› *Reizspiel, sexuell erregende körperliche Berührungen aller Art mit Ausnahme des Geschlechtsakts selbst*

pet|to ‹in der Wendung› etwas in ~ haben *etwas bereithalten* ▸ eine Überraschung in ~ haben

Pe|tu|nie ‹[-njə] die; -, -n; Bot.› *eine Balkon- u. Beetpflanze mit trichterförmigen Blüten*

pet|zen ‹V. intr.; petzt, petz|te, hat ge|petzt; umg.› *jmdn. verraten;* Abl *Petze*

P

peu à peu ⟨[pø: a pø:] Adv.⟩ *allmählich, nach u. nach*

Pfad ⟨der; -(e)s, -e⟩ *schmaler Weg* ▸ vom ~ der Tugend abkommen, abweichen ⟨übertr.⟩ *sich unmoralisch verhalten*

Pfad|fin|der **I** ⟨Pl.⟩ *1907 in England gegründete, internationale Jugendbewegung* **II** ⟨der; -s, -⟩ *Mitglied dieser Bewegung;* Abl *Pfadfinderin*

Pfaf|fe ⟨der; -n, -n; abwertend⟩ *Geistlicher*

Pfahl ⟨der; -(e)s, Pfäh|le⟩ *unten zugespitzter, dicker Stab od. Balken* ▸ ein Seil um einen ~ wickeln; ein ~ im Fleische ⟨übertr.⟩ *etwas Peinigendes, Quälendes, großes Ärgernis*

Pfahl|bau ⟨der; -(e)s, -ten⟩ *Wohnhaus, das im Wasser od. am Ufer auf Pfählen steht*

Pfalz ⟨die; -, -en⟩ **1** *südwestdeutsche Landschaft;* Abl *pfälzisch* **2** ⟨MA⟩ *Schloss der Könige u. Kaiser, in dem sie sich während ihrer Reisen durch ihr Reich aufhielten;* Zus *Kaiserpfalz, Königspfalz*

Pfäl|zer ⟨der; -s, -⟩ **1** *Einwohner der Pfalz (1);* Abl *Pfälzerin* **2** *Wein aus der Pfalz (1)*

Pfand ⟨das; -(e)s, Pfän|der⟩ **1** *Gegenstand, der als Bürgschaft für eine Forderung gegeben wird* **2** *Geldbetrag, der bei Rückgabe eines geliehenen Gegenstandes zurückgegeben wird;* Syn *Pfandgeld;* Zus *Pfandflasche; Dosenpfand, Flaschenpfand* ▸ ein ~ einlösen; ein ~ geben

Pfand|brief ⟨der; -(e)s, -e⟩ *Dokument über eine Sache, die als Pfand für eine Anleihe gilt*

pfän|den ⟨V. trans.; pfän|det, pfän|de|te, hat gepfän|det⟩ **1** etwas ~ *gerichtlich beschlagnahmen, um dadurch eine Geldforderung (Steuerschuld) zu befriedigen* **2** jmdn. ~ *jmds. Eigentum pfänden;* Abl *Pfändung*

Pfan|ne ⟨die; -, -n⟩ **1** *flaches Gefäß zum Backen u. Braten od. Schmelzen mit Stiel od. zwei Henkeln;* ⓘ S. 255; Zus *Bratpfanne* **2** ⟨schweiz.⟩ *Topf* **3** ⟨Anat.⟩ *hohler Gelenkteil;* Zus *Gelenkpfanne* **4** *hohler Dachziegel;* Zus *Dachpfanne* ▸ jmdn. in die ~ hauen ⟨übertr.; umg.⟩ *besiegen; anschwärzen;* Eier in die ~ schlagen

Pfann|ku|chen ⟨der; -s, -⟩ *in der Pfanne gebackene, flache Speise aus Mehl, Milch, Eiern u. Zucker;* Syn *Eierkuchen,* ⟨schweiz.⟩ *Eiertätsch* ▸ Berliner ~ = *Krapfen*

Pfarr|amt ⟨das; -(e)s, -äm|ter⟩ *Amtsräume des Pfarrers*

Pfarr|be|zirk ⟨der; -(e)s, -e⟩ *Amtsbezirk eines Pfarrers;* Syn *Kirchspiel, Kirchensprengel, Pfarre*

Pfar|rei ⟨die; -, -en⟩ **1** = *Pfarramt* **2** = *Pfarrbezirk*

Pfar|rer ⟨der; -s, -⟩ *theologisch ausgebildeter Inhaber der gottesdienstliche u. seelsorgerische Pflichten innerhalb einer Gemeinde;* Abl *Pfarrerin*

Pfau ⟨der; -(e)s, -en; Zool.⟩ *sehr großer Fasanenvögel mit bunten, spreizbaren Federn* ▸ der ~ schlägt ein Rad; einherstolzieren wie ein ~; Zus *Pfauenfeder*

Pfau|en|au|ge ⟨das; -s, -n⟩ **1** *einem Auge ähnlicher Fleck auf den Schwanzfedern eines männlichen Pfaues* **2** ⟨Zool.⟩ *ein Schmetterling, dessen Flügel ähnlich gefleckt sind wie ein Pfauenauge (1);* Zus *Nachtpfauenauge, Tagpfauenauge*

Pfef|fer ⟨der; -s; unz.; Bot.⟩ *Strauch, dessen Früchte als scharfes Gewürz verwendet werden* ▸ er hat zu viel ~ an das Essen getan; eine Speise mit ~ würzen; er soll bleiben, wo der ~ wächst! ⟨übertr.; umg.⟩ *wo er will, ich will ihn nicht sehen!;* da liegt der Hase im ~ ⟨übertr.⟩ *das ist die Wurzel des Übels;* das brennt wie ~, ist scharf wie ~; Abl *Pfefferkorn, Pfefferstrauch; pfeff(e)rig*

Pfef|fer|ku|chen ⟨der; -s, -⟩ = *Lebkuchen;* Zus *Pfefferkuchenherz, Pfefferkuchenhaus*

Pfef|fer|min|ze ⟨die; -, -n; Bot.⟩ *eine stark aromatische Pflanze, die als Tee u. in Speisen verwendet wird;* Zus *Pfefferminzbonbon, Pfefferminzöl, Pfefferminztee*

pfef|fern ⟨V. trans.; pfef|fert, pfef|fer|te, hat ge|pfeffert⟩ **1** etwas ~ *mit Pfeffer würzen* **2** ⟨umg.⟩ etwas irgendwohin ~ *achtlos werfen;* →a. *gepfeffert*

Pfei|fe ⟨die; -, -n⟩ **1** *Rohr, in dem durch Blasen die Luft in Schwingungen versetzt u. dadurch ein Ton erzeugt wird;* Zus *Orgelpfeife, Trillerpfeife* **2** *Tabakspfeife;* Zus *Pfeifentabak* **3** ⟨übertr.; umg.⟩ *unfähiger Mensch* ▸ sich eine ~ anzünden; eine ~ rauchen; sich eine ~ stopfen; nach jmds. ~ tanzen ⟨übertr.⟩ *widerspruchslos tun, was der andere will*

pfei|fen ⟨V. trans. u. V. intr.; pfeift, pfiff, hat gepfif|fen⟩ **1** (etwas)~ *mit gespitzten Lippen Töne od. Melodien hervorbringen* **2** *mit der Signalpfeife einen Ton hervorbringen* **3** *einen feinen, hohen Ton von sich geben;* Zus *Pfeifgeräusch, Pfeifton* **4** ⟨übertr.⟩ *ein zischend-heulendes, sausendes Geräusch hervorbringen* **5** ⟨Sp.⟩ (etwas) ~ *ein Foul o. Ä. durch einen Pfiff anzeigen* ▸ er pfiff sich eins ⟨umg.⟩ *er pfiff ein Liedchen vor sich hin* ▸ schon in der 2. Spielminute wurde das erste **Foul** gepfiffen; dem **Hund** ~ *den H. durch Pfeifen zu sich rufen;* ein **Lied,** eine Melodie ~; die **Lokomotive** pfeift; der **Wind** pfeift ▸ **auf** zwei Fingern ~; ich pfeife darauf! ⟨übertr.; umg.⟩ *ich kann leicht darauf verzichten;* der Wind pfeift **im** Schornstein, pfeift ums Haus; die Kugeln pfiffen ihm **um** die Ohren; die Spatzen ~ es schon **von** allen Dächern ⟨übertr.; umg.⟩ *jeder weiß es schon;* der Schiedsrichter pfiff **zur** Halbzeit ▸ im Theater wurde gepfiffen (zum Zeichen des Missfallens); ~der Atem

Pfeif|kon|zert ⟨das; -(e)s, -e; umg.⟩ *lautes, anhaltendes Pfeifen vieler Personen (im Theater, bei Wettspielen o. Ä. als Zeichen des Missfallens)*

Pfeil ⟨der; -(e)s, -e⟩ *aus einem dünnen Stab mit Spitze (Hartholz, Stein od. Metall) bestehendes Geschoss, das mit dem Bogen abgeschossen wird* ▸ von Amors ~ getroffen sein ⟨übertr.⟩ *verliebt sein;* ~ und Bogen; er schoss wie ein ~ davon *lief sehr schnell davon*

Pfei|ler ⟨der; -s, -⟩ *frei stehende od. aus der Wand herausstehende Stütze von Decken, Gewölben, Trägern;* Zus *Wandpfeiler*

pfeil|ge|ra|de ⟨Adj.⟩ *völlig gerade (wie der Flug eines Pfeils)* ▸ die Straße führt ~ auf den Wald zu

pfeil|schnell ⟨Adj.⟩ *schnell wie ein fliegender Pfeil, sehr schnell* ▸ er schoss ~ um die Kurve

Pfen|nig ⟨der; -(e)s, -e; nach Zahlenangaben meist Pl.: -; Abk.: Pf⟩ *frühere deutsche Währungseinheit, $\frac{1}{100}$ Mark* ▸ wer den ~ nicht ehrt, ist des Talers nicht wert ⟨Sprichw.⟩ *man soll auch im Kleinen sparsam sein;* jeden ~ dreimal umdrehen, ehe man ihn ausgibt ⟨übertr.⟩ *sehr sparsam sein;* keinen ~ (Geld) haben

Pferd ⟨das; -(e)s, -e⟩ **1** ⟨Zool.⟩ *ein Tier, das als Reit- u. Zugtier verwendet wird;* ⓘ S. 1111; Zus *Pferdegespann, Pferderennen, Pferdestall, Pferdezucht; Dressurpferd, Kutschpferd, Reitpferd, Rennpferd, Springpferd, Zirkuspferd* **2** ⟨Sp.⟩ *ein Turngerät mit vier Füßen für Spring- u. Stützübungen* **3** ⟨Schachspiel⟩ = *Springer (3)* ▸ das ~ hat den Reiter **abgeworfen;** ein ~ **anspannen,** ausspannen; **aufbäumen:** das ~ bäumt sich auf, bockt, scheut, schlägt aus, scharrt, stampft (mit den Hufen); das ~ beim Schwanz, von hinten **aufzäumen** ⟨übertr.⟩ *eine Sache falsch anfangen;* ein ~ **besteigen;** das ~ ist (ihm) **durchgegangen;** das ~ **galoppiert,** greift aus, trabt; ein ~ **lenken,** reiten, zügeln, zureiten; ein ~ **satteln,** striegeln, zäumen; das ~ **schnaubt,** wiehert; mit ihm kann man ~e **stehlen** ⟨übertr.; umg.⟩ *mit ihm kann man viel unternehmen, er lässt einen nicht im Stich* ▸ keine zehn ~e brächten mich dahin ⟨übertr.; umg.⟩ *auf keinen Fall gehe ich dahin;* **edles,** feuriges, rassiges ~; **gutes,** schnelles ~; die Pferde **scheumachen** ⟨übertr.⟩ *grundlos Unruhe verbreiten* ▸ Übungen **am** ~; sich **aufs** ~ schwingen; aufs falsche, richtige ~ setzen *(bei einer ungewissen Sache) falsch, richtig handeln;* **vom** ~ steigen, fallen; **wie** ein ~ arbeiten ⟨übertr.; umg.⟩ *sehr schwer arbeiten;* **zu** ~e *reitend;* →a. *Ross*

Pfer|de|ap|fel ⟨der; -s, -äp|fel; meist Pl.; umg.⟩ *kugelförmiger Kot des Pferdes;* Syn *Rossapfel*

Pfer|de|fuß ⟨der; -es, -fü|ße⟩ **1** *Fuß des Pferdes, Attribut des Teufels* **2** ⟨übertr.⟩ *ein verborgener Nachteil* ▸ die Sache hat einen ~

Pfer|de|län|ge ⟨die; -, -n⟩ *die Länge eines Pferdes (z. B. als Maß bei Pferderennen)* ▸ er war den anderen um zwei ~n voraus

Pfer|de|na|tur ⟨die; -, -en⟩ **1** *robuste Wesensart* **2** *unverwüstliche Gesundheit* ▸ er hat eine ~

Pfer|de|schwanz ⟨der; -es, -schwän|ze⟩ **1** ⟨fälschl. für⟩ *Schweif des Pferdes* **2** ⟨übertr.⟩ *langer, am Hinterkopf zusammengebundener Haarschopf*

Pfer|de|stär|ke ⟨die; -, -n; Zeichen: PS⟩ *frühere Maßeinheit der Leistung, 1 PS = 0,735 kW*

pfiff → *pfeifen*

Pfiff ⟨der; -(e)s, -e⟩ **1** *Ton des Pfeifens* **2** *schriller Ton* **3** ⟨übertr.⟩ **3.1** *Kniff, Trick* **3.2** *der eigentliche Reiz einer Sache, das, was eine Sache erst vollkommen macht* ▸ die Schleife gibt dem Kleid erst den richtigen ~; ein durchdringender ~

Pfif|fer|ling ⟨der; -s, -e; Bot.⟩ *sehr würziger Speisepilz mit gelbem Hut u. dicken Lamellen;* Syn *Eierschwamm, Gelbschwämmchen, Rehling* ▸ das ist keinen ~ wert ⟨übertr.⟩ *das ist wertlos*

pfif|fig ⟨Adj.⟩ *schlau, gewitzt* ▸ ein ~es Kind; das war sehr ~ von ihr; Abl *Pfiffigkeit*

Pfif|fi|kus ⟨der; -, -kus|se; umg.⟩ *pfiffiger Kerl, Schlaukopf*

Pfingsten

Pfingsten ist ein christliches Fest, das vor allem das Kommen des **Heiligen Geistes** durch Jesus Christus feiert und die Osterzeit abschließt. Der Name Pfingsten ist zurückzuführen auf griechisch *pentekoste (hemera),* „der fünfzigste (Tag nach Ostern)". Oft wird Pfingsten auch als der „Geburtstag der Kirche" bezeichnet, da diese offiziell an diesem Tag gegründet wurde.
Als religiöses Fest wird *Pfingsten* nur bis **Pfingstsonntag** gefeiert, trotzdem ist der **Pfingstmontag** als gesetzlicher Feiertag weit verbreitet. Im Gegensatz zu **Ostern** und **Weihnachten,** den beiden anderen großen christlichen Festen, gibt es heutzutage zu Pfingsten kein entsprechendes Brauchtum. In früheren Jahrhunderten war es üblich, einen geschmückten Ochsen, den **Pfingstochsen,** durch das Dorf zu treiben.

Pfings|ten ⟨das; -, -⟩ *Fest der Entsendung des Heiligen Geistes an die Jünger Jesu;* Syn *Pfingstfest* ▸ wenn Ostern und ~ auf einen Tag fallen ⟨übertr.⟩ *niemals;* ~ fällt dieses Jahr früh, spät; Zus *Pfingstmontag, Pfingstsonntag*

Pfingst|ro|se ⟨die; -, -n; Bot.⟩ *eine Pflanze mit großen, duftenden Blüten;* Syn *Päonie*

Pfir|sich ⟨der; -(e)s, -e⟩ *runde Frucht, die süß u. saftig schmeckt u. eine samtige Schale hat;* Zus *Pfirsichbaum, Pfirsichblüte, Pfirsichkern*

Pflan|ze ⟨die; -, -n⟩ *Lebewesen, das in der Erde gedeiht, Blätter u. Wurzeln hat u. mit Hilfe von Wasser u. Sonnenlicht wächst* ▸ ich gieße meine ~n zweimal in der Woche; beim Gärtner bekommt man schöne ~n; einjährige, kräftige, zarte ~; Zus *Pflanzenfarbstoff, Pflanzenfresser, Pflanzenöl; Pflanzen fressend / pflanzenfressend; Nutzpflanze, Topfpflanze, Zierpflanze*

pflan|zen ⟨V.; pflanzt, pflanz|te, hat ge|pflanzt⟩ **I** ⟨V. trans.⟩ etwas ~ *zum Wachsen in die Erde setzen;* Zus *Pflanzholz* ▸ Bäume, Blumen, Sträucher in den Garten ~ **II** ⟨V. refl.; übertr.; umg.⟩ sich aufs Sofa ~ *sich breit darauf setzen*

Pflan|zen|kun|de ⟨die; -; unz.⟩ = *Botanik*

Pflan|zen|reich ⟨das; -(e)s; unz.⟩ *Gesamtheit der Pflanzen;* Syn *Flora*

Pflan|zen|schutz|mit|tel ⟨das; -s, -⟩ *Mittel, meist chemischer Stoff, zur Bekämpfung von Pflanzenschädlingen u. Unkräutern;* →a. *Pestizid*

pflanz|lich ⟨Adj.⟩ *zu Pflanzen gehörend, aus ihnen gewonnen, nach Art der Pflanzen* ▸ ~e Fette, Öle; ~e Kost

Pflan|zung ⟨die; -, -en⟩ **1** *das Pflanzen* **2** *bepflanztes Stück Land, bes. in großem Ausmaß in Übersee, Plantage;* Zus *Baumwollpflanzung, Tabakpflanzung* **3** *neu angelegte Pflanzenkultur*

Pflas|ter ⟨das; -s, -⟩ **1** *Belag aus dichtgefügten Steinen zur Befestigung der Straße;* Zus *Pflasterstein;*

P Q R S T U V W X Y Z

Straßenpflaster **2** ⟨kurz für⟩ *Heftpflaster* ▸ holpriges ~; diese Stadt ist ein teures ~ ⟨übertr.⟩ *in dieser S. ist das Leben teuer;* dieses Viertel ist ein heißes ~ ⟨übertr.; umg.⟩ *dieses V. ist gefährlich;* kannst du mir ein ~ geben?

pflas|tern ⟨V. trans.; pflas|tert, pflas|ter|te, hat gepflas|tert⟩ eine Straße ~ *mit Pflaster belegen;* oV ⟨schweiz.⟩ *pflästern* ▸ mit etwas die Straße ~ können ⟨übertr.; umg.⟩ *etwas im Überfluss haben;* Abl *Pflasterung*

Pflau|me ⟨die; -, -n⟩ **1** *süß schmeckende Frucht des Pflaumenbaumes;* ⓘ S. 1003; Syn *Zwetschge;* Zus *Pflaumenkuchen, Pflaumenmus* **2** ⟨übertr.; umg.⟩ *unfähiger od. einfältiger Mensch*

Pfle|ge ⟨die; -, -n⟩ **1** *Obhut u. Fürsorge, sorgende Behandlung;* Zus *Pflegedienst, Pflegegeld, Pflegeheim, Pflegepersonal; pflegebedürftig; Altenpflege, Kinderpflege, Krankenpflege* **2** *Sorge für Sauberkeit u. Gesunderhaltung bzw. Instandhaltung;* Zus *Denkmalspflege, Fußpflege, Körperpflege, Schönheitspflege* ▸ aufopfernde, liebevolle, sorgfältige ~; jmdm. ein Kind, Tier in ~ geben; ein Kind, Tier in ~ nehmen

Pfle|ge|el|tern ⟨Pl.⟩ *Paar, das ein Kind in Pflege genommen hat*

Pfle|ge|fall ⟨der; -(e)s, -fäl|le⟩ *Kranker, der voraussichtlich bis zu seinem Tod bettlägerig sein wird u. gepflegt werden muss* ▸ er ist ein ~

Pfle|ge|kind ⟨das; -(e)s, -er⟩ *Kind, das von einem Paar in Pflege genommen worden ist*

pfle|ge|leicht ⟨Adj.⟩ **1** ⟨allg.⟩ *nicht viel Pflege benötigend* **2** ⟨bei Textilien⟩ *leicht waschbar u. fast bügelfrei*

pfle|gen ⟨V.; pflegt, pfleg|te, hat ge|pflegt⟩ **I** ⟨V. trans.⟩ **1** jmdn. ~ *fürsorglich behandeln, für jmds. Wohl sorgen* (Kranke) **2** etwas ~ **2.1** *sorglich, pfleglich behandeln* (Blumen) **2.2** *sich bemühen, etwas aufrechtzuerhalten* (Beziehungen, Freundschaften) **3** etwas zu tun ~ *gewohnheitsmäßig tun* ▸ seine **Freundschaften** muss man ~; **Geselligkeit** ~ ⟨geh.⟩ *gern G. haben, oft Gäste haben u. zu Gast bei anderen sein;* **Umgang** mit jmdm. ~ *mit jmdm. verkehren* ▸ er pflegt morgens zeitig **aufzustehen** ▸ ein gepflegter Garten; eine gepflegte Wohnung; er sieht sehr gepflegt aus, ist sehr gepflegt *er kleidet sich gut u. man sieht, dass er Körperpflege treibt;* der Garten, der Hund ist gut gepflegt *ordentlich u. sauber gehalten* **II** ⟨V. refl.⟩ sich ~ **1** *Körper-, Schönheitspflege treiben* **2** *gut essen u. trinken u. nicht zu viel arbeiten*

Pfle|ger ⟨der; -s, -⟩ **1** ⟨kurz für⟩ *Krankenpfleger* **2** ⟨kurz für⟩ *Tierpfleger* **3** *Vormund, vom Gericht eingesetzter Vermögensverwalter* **4** ⟨schweiz. a.⟩ *gewählter Vermögensverwalter;* Zus *Kirchenpfleger, Schulpfleger* ▸ das Tier biss seinen ~; Abl *Pflegerin*

Pfle|ge|ver|si|che|rung ⟨die; -, -en⟩ *Versicherung für den Fall der Pflegebedürftigkeit im Alter*

pfleg|lich ⟨Adj.⟩ *sorgsam* ▸ Tiere, Blumen, Gegenstände ~ behandeln

Pflicht ⟨die; -, -en⟩ **1** *Aufgabe, etwas zu tun, die jmdm. aufgrund sozialer, moralischer od. dienstlicher Prinzipien od. Vorschriften zufällt;* Zus *Pflichteifer; Amtspflicht, Dienstpflicht, Ehrenpflicht, Schulpflicht* **2** ⟨Sp.⟩ *sportliche Übung, die beim Wettkampf od. bei der Prüfung ausgeführt werden muss;* Syn *Pflichtübung* ▸ das ist deine (verdammte ⟨umg.⟩) ~ und **Schuldigkeit** ▸ seine ~en (treu, gewissenhaft) **erfüllen;** die ~ **ruft** ⟨übertr.; umg.⟩ *ich muss zur Arbeit, zum Dienst;* **tun:** ich habe nur meine ~ getan ▸ **berufliche,** dienstliche, häusliche, tägliche ~en; die **elterlichen** ~en vernachlässigen; gleiche Rechte und **gleiche** ~en haben; ich habe die **traurige** ~, Ihnen mitzuteilen … ▸ ich halte es **für** meine ~, ihm zu helfen; jmdn. **in** die ~ nehmen *jmdm. bestimmte Pflichten od. Aufgaben auferlegen;* ich habe es mir **zur** Pflicht gemacht, ihn zu unterstützen

Pflicht|be|wusst|sein ⟨das; -s; unz.⟩ *Bewusstsein, seine Pflicht tun, seine Pflichten erfüllen zu müssen;* Syn *Pflichtgefühl;* Abl *pflichtbewusst*

Pflicht|fach ⟨das; -(e)s, -fä|cher⟩ *Fach, zu dessen Studium jeder Schüler od. Student verpflichtet ist;* Ggs *Wahlfach*

pflicht|ge|mäß ⟨Adj.⟩ *der Pflicht entsprechend* ▸ ich teile Ihnen ~ mit …

...pflich|tig ⟨in Zus.; zur Bildung von Adj.⟩ *verpflichtet zu etwas,* z. B. schulpflichtig, versicherungspflichtig

Pflicht|teil ⟨der; -(e)s, -e⟩ *Anteil am Erbe, das einem Erbberechtigten zusteht*

Pflicht|ver|si|che|rung ⟨die; -, -en⟩ *gesetzlich vorgeschriebene Versicherung, z. B. Renten-, Kranken-, Arbeitslosenversicherung*

Pflock ⟨der; -(e)s, Pflö|cke⟩ *dicker, kurzer Stock, Pfahl* ▸ die Zeltplanen an Pflöcken befestigen; einen ~ in die Erde schlagen

pflü|cken ⟨V. trans.; pflückt, pflück|te, hat gepflückt⟩ *abbrechen, von der Pflanze abnehmen* (Blumen, Obst); Abl *Pflücker(in)*

Pflug ⟨der; -(e)s, Pflü|ge; Landw.⟩ *Ackergerät zum Lockern u. Wenden der Erde*

pflü|gen ⟨V. intr. u. V. trans.; pflügt, pflüg|te, hat ge|pflügt⟩ (die Erde, den Acker) ~ *mit dem Pflug lockern, wenden, zerkrümeln*

Pflug|schar ⟨die; -, -en; Landw.⟩ *Eisen am Pflug, das die Erde waagerecht durchschneidet*

Pflüm|li ⟨der; -s, -; schweiz.⟩ *Pflaumenschnaps*

Pfor|te ⟨die; -, -n⟩ **1** *kleine Tür;* Zus *Gartenpforte* **2** *vom Pförtner bewachter Eingang (zu Klöstern, Heimen u. Ä.)* ▸ etwas an der ~ für jmdn. abgeben; Dienst an der ~ haben; →a. *golden, hoch*

Pfört|ner ⟨der; -s, -⟩ *Angestellter, der die Pforte bewacht, sie öffnet u. schließt, Besuchern den Weg weist usw.;* Abl *Pförtnerin;* Zus *Pförtnerhaus, Pförtnerhäuschen, Pförtnerloge; Nachtpförtner*

Pfos|ten ⟨der; -s, -⟩ **1** *kurzer Stützpfeiler;* Zus *Bettpfosten, Türpfosten* **2** ⟨Sp.⟩ *seitliche Begrenzung eines Tores bei Ballspielen;* Zus *Pfostenschuss; Torpfosten* ▸ an den ~ schießen

Pföt|chen ⟨das; -s, -⟩ **1** *kleine Pfote* **2** ⟨umg.⟩ *Händchen* (von Kindern) ▸ gib ~! *(Aufforderung an den dressierten Hund)*

P

Pfo|te ⟨die; -, -n⟩ **1** *Tierfuß mit mehreren Zehen;* ⓘ S. 1110 **2** ⟨umg.⟩ *Hand* **3** ⟨übertr.; umg.⟩ *Schrift* ▸ der Hund hat sich an der ~ verletzt; sich die schmutzigen ~n waschen ⟨umg.⟩

pfrie|meln ⟨V.; pfrie|melt, pfrie|mel|te, hat gepfrie|melt⟩ **I** ⟨V. intr.⟩ an etwas ~ *mit den Fingern an etwas herumspielen, -zupfen* **II** ⟨V. trans.⟩ etwas aus etwas ~ *mit den Fingern fummelnd aus etwas herausholen*

Pfropf ⟨der; -(e)s, -e od. Pfröp|fe⟩ **1** *kleine, geballte Masse, (bes.) Blutgerinnsel* **2** *Wattebausch*

pfrop|fen ⟨V. trans.; pfropft, pfropf|te, hat gepfropft⟩ etwas in etwas ~ *fest hineindrücken, hineinstopfen* ▸ Sachen in den Koffer ~; Watte in die Nase ~; der Saal war gepfropft voll *sehr voll*

Pfrop|fen ⟨der; -s, -⟩ *kleiner Gegenstand (aus Kork, Kunststoff od. Holz) in Form eines Zylinders zum Verschließen von Flaschen*

Pfrün|de ⟨die; -, -n⟩ *Amt, das etwas einbringt, ohne dass man die damit verbundenen Pflichten zu erfüllen braucht* ▸ seine ~ verteidigen; fette ~

Pfuhl ⟨der; -(e)s, -e⟩ **1** *sumpfiger Teich* **2** *Sinnbild des Schmutzes u. der Sünde;* Zus *Sündenpfuhl*

pfui! ⟨Int.⟩ *(Ausdruck des Ekels, Abscheus, der Missbilligung, Empörung)* ▸ ~, das ist gemein!; ~, wie schmutzig!; ~ Teufel! ⟨verstärkend⟩

Pfund ⟨das; -(e)s, -e od. nach Zahlenangaben: -⟩ **1** ⟨Zeichen: ℔⟩ *Gewichtseinheit, 500 g, ½ kg;* Zus *pfundweise* **2** ⟨Zeichen: £⟩ *Währungseinheit in Großbritannien (100 Pence)* ▸ ich hätte gern ein ~ Hackfleisch; für den Kuchen nimmt man ein halbes ~ Butter auf ein ~ Mehl; fünf ~ Kartoffeln kaufen; ein ~ Sterling *ein britisches P.;* er möchte einige ~e loswerden ⟨umg.⟩ *abnehmen*

...pfün|der ⟨in Zus.; zur Bildung von Subst.; der; -s, -⟩ *Gegenstand, Tier, der bzw. das eine bestimmte Zahl von Pfund wiegt,* z. B. Vierpfünder (in Ziffern: 4-Pfünder)

pfun|dig ⟨Adj.; bair.; umg.⟩ *großartig, herrlich*

...pfün|dig ⟨in Zus.; zur Bildung von Adj.⟩ *eine bestimmte Zahl von Pfund schwer,* z. B. ein dreipfündiger Hecht (in Ziffern: 3-pfündig)

Pfunds... ⟨in Zus. mit Subst.; umg.⟩ *großartig, herrlich, Mords...,* z. B. ein Pfundskerl, eine Pfundsstimmung, ein Pfundswetter

Pfusch ⟨der; -(e)s; unz.; umg.⟩ **1** *schlecht, nachlässig ausgeführte, misslungene Arbeit* **2** ⟨österr. a.⟩ *Schwarzarbeit* ▸ ~ machen; das ist alles ~ geworden; Abl *Pfuscher(in); pfuschen*

Pfüt|ze ⟨die; -, -n⟩ *Lache, kleine Ansammlung von Flüssigkeit* ▸ ich bin in eine ~ getreten

Phal|lus ⟨der; -, Phal|li od. Phal|len⟩ *das (erigierte) männliche Glied;* Abl *phallisch*

Phä|no|men ⟨das; -s, -e⟩ **1** *Erscheinung, etwas sich den Sinnen Zeigendes* **2** ⟨übertr.⟩ *Wunder, Wunderding, ungewöhnlicher Mensch*

phä|no|me|nal ⟨Adj.⟩ *großartig, erstaunlich*

Phan|ta|sie ⟨die; -, -n⟩ = *Fantasie²;* Abl *phantasielos, phantasievoll*

Phan|ta|sie... ⟨in Zus. mit Subst.⟩ = *Fantasie...*

phan|ta|sie|ren ⟨V. intr.; phan|ta|siert, phan|ta|sierte, hat phan|ta|siert⟩ = *fantasieren*

Phan|tas|ma ⟨das; -s, -tas|men⟩ **1** *Sinnestäuschung, Trugbild* **2** *Fantasievorstellung*

Phan|tast ⟨der; -en, -en⟩ = *Fantast;* Abl *Phantastin*

phan|tas|tisch ⟨Adj.⟩ = *fantastisch*

Phan|tom ⟨das; -s, -e⟩ **1** *Trugbild, gespenstische Erscheinung* **2** *Nachbildung eines Körperteils als Anschauungsmittel (z. B. im Unterricht)*

Phan|tom|bild ⟨das; -(e)s, -er⟩ *nach Zeugenaussagen skizziertes Bild eines gesuchten Täters*

Phan|tom|schmerz ⟨der; -es, -en⟩ *scheinbarer Schmerz in einem amputierten Glied*

Pha|rao ⟨der; -s, -ra|o|nen⟩ *altägyptischer König;* Abl *pharaonisch*

Pha|ri|sä|er ⟨der; -s, -⟩ **1** *Angehöriger der führenden altjüdischen religiös-politischen Partei seit dem 2. Jh. v. Chr., die sich sehr streng an das mosaische Gesetz hielt* **2** ⟨übertr.⟩ **2.1** ⟨abwertend⟩ *selbstgerechter, engstirniger Mensch;* Abl *Pharisäertum; pharisäerhaft* **2.2** *heißes Kaffeegetränk mit Rum u. einer Haube aus Schlagsahne*

phar|ma..., Phar|ma... ⟨in Zus.⟩ *arzneimittel..., Arzneimittel...,* z. B. pharmazeutisch, Pharmaindustrie, Pharmakonzern

Phar|ma|re|fe|rent ⟨der; -en, -en⟩ *Repräsentant eines Arzneimittelherstellers, der Ärzte u. Krankenhäuser über die pharmazeutischen Produkte seines Auftraggebers informiert u. Bestellungen entgegennimmt;* Abl *Pharmareferentin*

Phar|ma|zeut ⟨der; -en, -en⟩ **1** *Wissenschaftler, Student der Pharmazie* **2** *wissenschaftlich ausgebildeter Apotheker;* Abl *Pharmazeutin; pharmazeutisch*

Phar|ma|zie ⟨die; -; unz.⟩ *Lehre von der Zubereitung sowie der Anwendung der Arzneimittel;* Syn *Arzneikunde, Pharmazeutik*

Pha|se ⟨die; -, -n⟩ **1** *Abschnitt, Stufe einer Entwicklung;* Abl *Anfangsphase, Endphase, Schlussphase* **2** ⟨Astron.⟩ *Zeit, in der ein Himmelskörper nur zum Teil erleuchtet ist;* Zus *Mondphase* ▸ er macht gerade eine schwierige ~ durch

...pha|sig ⟨in Zus.; zur Bildung von Adj.⟩ *mit einer bestimmten od. unbestimmten Zahl von Phasen versehen,* z. B. mehrphasig

...phil ⟨in Zus.; zur Bildung von Adj.⟩ *liebend,* z. B. pädophil

Phi|l|an|th|rop ⟨der; -en, -en⟩ *Freund, Wohltäter der Menschen;* Syn *Menschenfreund;* Ggs *Misanthrop;* Abl *Philanthropie; philanthropisch*

Phi|l|a|te|lie ⟨die; -; unz.⟩ *Lehre von den Briefmarken;* Syn *Briefmarkenkunde*

Phil|har|mo|nie ⟨die; -, -n; Mus.⟩ *Name von musikalischen Gesellschaften, Orchestern, Konzertsälen;* Abl *philharmonisch*

Phil|har|mo|ni|ker ⟨der; -s, -; Mus.⟩ **1** *Musiker in einem philharmonischen Orchester;* Abl *Philharmonikerin* **2** ⟨Pl.⟩ *Gesamtheit dieser Musiker*

...phi|lie ⟨in Zus.; zur Bildung von Subst.; die; -, -n⟩ *Liebe (zu etwas), Vorliebe (für etwas),* z. B. Pädophilie

Phi|lis|ter ⟨der; -s, -; übertr.; abwertend⟩ *engstirniger Mensch, Spießbürger, kleinlicher Besserwisser*

P

Phi|lo|den|d|ron ⟨der od. das; -s, -ren; Bot.⟩ *tropische Kletterpflanze mit Luftwurzeln*

Phi|lo|lo|gie ⟨die; -; unz.⟩ *Sprach- u. Literaturwissenschaft;* Abl *Philologe, Philologin; philologisch*

Phi|lo|soph ⟨der; -en, -en⟩ **1** *Erforscher der Ursprünge des Denkens u. Seins, philosophischer Wissenschaftler* **2** *jmd., der nach letzter Klarheit u. Wahrheit strebt, Denker;* Abl *Philosophin*

Phi|lo|so|phie ⟨die; -, -n⟩ **1** *Lehre vom Wissen, von den Ursprüngen u. vom Zusammenhang der Dinge in der Welt, vom Sein u. Denken* **2** ⟨übertr.⟩ *Weltanschauung*

phi|lo|so|phie|ren ⟨V. intr.; phi|lo|so|phiert, phi|lo|so|phier|te, hat phi|lo|so|phiert⟩ **1** *Philosophie betreiben, über die Ursprünge u. das Wesen der Dinge nachdenken* **2** ⟨übertr.⟩ (über etwas) ~ *nachdenklich über etwas sprechen, Reflexionen anstellen* ▸ über das Leben, die Literatur ~

phi|lo|so|phisch ⟨Adj.⟩ **1** *zur Philosophie (1) gehörend* **2** ⟨übertr.⟩ *denkend, denkerisch, weise*

Phleg|ma ⟨das; -s; unz.⟩ *Trägheit, Schwerfälligkeit, träge Ruhe, Mangel an Erregbarkeit*

Phleg|ma|ti|ker ⟨der; -s, -⟩ *träger, nicht leicht erregbarer Mensch;* Abl *Phlegmatikerin*

phleg|ma|tisch ⟨Adj.⟩ *träge, schwerfällig, nicht leicht erregbar* ▸ er ist sehr ~

pH-neu|t|ral ⟨Adj.; Chem.⟩ *weder sauer noch alkalisch reagierend*

Pho|bie ⟨die; -, -n; Psych.⟩ *krankhafte Furcht;* Abl *phobisch;* Zus *Spinnenphobie*

Phon ⟨das; -s, -⟩ = *Fon*[1]

Pho|ne|tik ⟨die; -; unz.⟩ *Lehre von der Art u. Erzeugung der Laute, vom Vorgang des Sprechens, Lautlehre;* oV *Fonetik;* Abl *phonetisch/fonetisch*

Phö|nix ⟨der; -es, -e; ägyptische Myth.⟩ *Vogel, der sich im Feuer verjüngt, Sinnbild der Unsterblichkeit* ▸ wie ein ~ aus der Asche steigen

Pho|no|lo|gie ⟨die; -; unz.; Sprachw.⟩ *Wissenschaft von den Lauten u. Lautgruppen im Hinblick auf ihre Bedeutung für die Wörter, Lautlehre;* oV *Fonologie;* Abl *phonologisch/fonologisch*

Phos|phat ⟨das; -(e)s, -e; Chem.⟩ *Salz od. Ester der Phosphorsäure*

Phos|phor ⟨der; -s; unz.; chem. Zeichen: P; Chem.⟩ *nicht metallisches, im Dunkeln leuchtendes chem. Element;* Zus *Phosphorsäure*

phos|pho|res|zie|ren ⟨V. intr.; phos|pho|res|ziert, phos|pho|res|zier|te, hat phos|pho|res|ziert⟩ *nach einer Bestrahlung mit Lichtwellen selbst leuchten;* Abl *Phosphoreszenz*

pho|to…, Pho|to… ⟨in Zus.⟩ = *foto…, Foto…*

pho|to|gen ⟨Adj.⟩ = *fotogen*

Pho|to|graph ⟨der; -en, -en⟩ = *Fotograf;* Abl *Photographin*

Pho|to|gra|phie ⟨die; -, -n⟩ = *Fotografie*

Pho|to|ko|pie ⟨die; -, -n⟩ = *Fotokopie*

Pho|to|syn|the|se ⟨die; -; unz.⟩ *Ausnutzung von Licht durch die grüne Pflanze für die Umwandlung von Kohlendioxid in Kohlenhydrate;* oV *Fotosynthese*

Phra|se ⟨die; -, -n⟩ **1** ⟨Sprachw.⟩ *Teil eines Satzes, Satzglied* **2** ⟨Mus.⟩ *kleinster Abschnitt eines Musikstücks, zusammengehörige Tongruppe* **3** ⟨übertr.⟩ **3.1** *nichtssagende, abgegriffene Redensart* **3.2** *Aussage, Versprechung, hinter der nichts steckt* ▸ das sind alles nur ~n; ~n dreschen ⟨umg.⟩ *nichtssagend daherreden*

phra|sen|haft ⟨Adj.⟩ *in der Art von Phrasen, nichtssagend*

pH-Wert ⟨der; -(e)s, -e⟩ *Maßeinheit für die die Stärke der Säure od. Base einer Flüssigkeit*

Phy|sik ⟨die; -; unz.⟩ *Lehre von den unbelebten Dingen der Natur, ihrem Aufbau u. ihrer Bewegung sowie von den Strahlungen u. Kraftfeldern* ▸ er unterrichtet ~ am Gymnasium; sie studiert ~ an der Universität; Abl *Physiker(in);* Zus *Physiklehrer(in), Physikunterricht; Kernphysik*

phy|si|ka|lisch ⟨Adj.⟩ *die Physik betreffend, zu ihr gehörend, auf ihr beruhend* ▸ ~e Chemie *Lehre von physikal. Erscheinungen chemischer Vorgänge*

phy|si|o…, Phy|si|o… ⟨in Zus.⟩ *natur…, körper…, Natur…, Körper…,* z. B. physiotherapeutisch, Physiognomie

Phy|si|o|g|no|mie ⟨die; -, -n⟩ *äußere Erscheinung eines Menschen, auch Tieres, bes. der Gesichtsausdruck;* Abl *physiognomisch*

Phy|sio|the|ra|pie ⟨die; -, -n⟩ *Therapie mit Licht, Wärme usw.;* Abl *Physiotherapeut(in); physiotherapeutisch*

Phy|sis ⟨die; -; unz.⟩ *Natur, natürliche Körperbeschaffenheit;* Abl *physisch*

Pi ⟨das; -s, -s; Math.; Zeichen: π⟩ *Verhältnis eines Kreisumfangs zum Durchmesser des Kreises, 3,142;* Syn *ludolfsche Zahl*

Pi|a|nist ⟨der; -en, -en; Mus.⟩ *an der Hochschule ausgebildeter Musiker, der beruflich Klavier spielt;* Abl *Pianistin*

pi|a|no ⟨Mus.; Abk.: p⟩ *leise (zu spielen)*

Pi|a|no ⟨das; -s, -s⟩ **I** ⟨unz.⟩ *leises Spiel, leiser Gesang* **II** ⟨zählb.⟩ *Klavier;* Syn *Pianoforte;* →a. *Flügel*

Pic|co|lo ⟨der; -s, -s⟩ = *Pikkolo*

pi|cheln ⟨V. intr.; pi|chelt, pi|chel|te, hat ge|pi|chelt; umg.⟩ *(Alkohol) trinken*

Pi|ckel[1] ⟨der; -s, -⟩ *Spitzhacke, (bes.) Eispickel*

Pi|ckel[2] ⟨der; -s, -⟩ *kleine Erhebung auf der Haut, Pustel, Eiterbläschen;* Abl *pick(e)lig*

pi|cken ⟨V. trans.; pickt, pick|te, hat ge|pickt⟩ **1** etwas ~ *mit dem Schnabel aufheben, aufnehmen* (von Vogel) **2** jmdn. ~ *mit dem Schnabel leicht hacken* **3** ⟨österr. a.⟩ etwas irgendwohin ~ *kleben* ▸ Körner ~; jmdn. in den Finger ~

Pi|ckerl ⟨das; -s, -n; österr.; umg.⟩ *Aufkleber, Etikett, Plakette;* Zus *Autobahnpickerl*

Pick|nick ⟨das; -s, -s od. -e⟩ *Essen im Freien während eines Ausflugs* ▸ wir machen im Wald ein ~; Abl *picknicken*

pi|co|bel|lo ⟨Adj.; undekl., meist adv.; umg.⟩ *fein, tadellos, ausgezeichnet* ▸ ~ angezogen; ~ sauber

piek|fein ⟨Adj.; umg.⟩ *sehr fein*

piek|sau|ber ⟨Adj.; umg.⟩ *sehr, tadellos sauber*

Piep ⟨der; -s; unz.⟩ *dünner, hoher Ton (wie von Vögeln);* oV *Pieps* ▸ keinen ~ sagen ⟨umg.⟩ *kein Wort sprechen*

P

pieplegal ⟨Adj.; nur präd.; umg.⟩ *gleichgültig, egal, einerlei;* Syn *piepe* ▸ das ist (ganz) ~; das ist mir wirklich ~

pie|pen ⟨V. intr.; piept, piep|te, hat ge|piept⟩ *Laut geben* (von kleinen Vögeln, bes. Küken) ▸ bei dir piept's wohl? ⟨umg.⟩ *was fällt dir ein?*

Piep|matz ⟨der; -es, -mät|ze; umg.⟩ *kleiner Vogel* ▸ wie ein ~ essen *sehr wenig essen*

piep|sen ⟨V. intr.; piepst, pieps|te, hat ge|piepst⟩ **1** *piepen* **2** ⟨übertr.⟩ *mit hoher Stimme sprechen*

Piep|ser ⟨der; -s, -; umg.⟩ **1** = *Piep* **2** *sehr kleines Funkempfangsgerät (als Teil einer Personensuchanlage), das jmd. mit sich führt u. das kurze, hohe Töne aussendet, wenn der Träger gesucht wird*

piep|sig ⟨Adj.; umg.⟩ **1** *hoch, dünn* (Stimme) **2** *mit hoher, dünner Stimme* ▸ ~ sprechen

Pier ⟨der; -s, -s od. -e od. Mar. die; -, -e od. die; -, -s⟩ *vom Ufer aufs Meer führende Brücke*

Pier|cing ⟨[piːrsıŋ] das; -s, -s⟩ *das Durchstechen von Haut (Ohren, Nase), um Schmuck anzubringen;* Abl *piercen;* Zus *Piercingstudio*

pie|sa|cken ⟨V. trans.; pie|sackt, pie|sack|te, hat gepie|sackt; umg.⟩ jmdn. ~ *peinigen, quälen*

pie|seln ⟨V. intr.; pie|selt, pie|sel|te, hat ge|pie|selt; umg.⟩ **1** *leicht u. fein regnen, nieseln* **2** *urinieren*

Pi|e|tät ⟨[piə-] die; -; unz.⟩ **1** *Ehrfurcht vor der Religion, Achtung vor dem religiösen Empfinden anderer* **2** *Ehrfurcht bes. vor Toten* **3** *Achtung, Rücksicht;* Abl *pietätlos, pietätvoll*

Pig|ment ⟨das; -(e)s, -e⟩ **1** ⟨Biol.⟩ *in menschlichem u. tierischem Zellgewebe abgesetzter Farbstoff* **2** ⟨Chem.⟩ *in einem Bindemittel angeriebener, praktisch unlöslicher Stoff, der auf einen Körper aufgetragen wird, um diesem eine bestimmte Farbe zu geben;* Abl *pigmentieren; pigmentiert*

Pik ⟨das; -s, -s⟩ *Farbe im französischen Kartenspiel;* Zus *Pikass, Pikbube, Pikdame, Pikkönig*

pi|kant ⟨Adj.; -er, am -es|ten⟩ **1** *kräftig gewürzt, scharf* (Speise) **2** ⟨übertr.⟩ *prickelnd, schlüpfrig, anzüglich* (Bemerkung); Abl *Pikanterie*

Pi|ke ⟨die; -, -n⟩ *Spieß (des Landsknechts)* ▸ von der ~ auf ⟨übertr.⟩ *von der untersten Stufe an, von Grund auf*

pi|ken ⟨V. trans.; pikt, pik|te, hat ge|pikt; norddt.⟩ jmdn. ~ od. etwas in etwas ~ *stechen* ▸ jmdn. (mit einer Nadel) ~

pi|kiert ⟨Adj.; -er, am -es|ten⟩ *verärgert, gereizt, etwas beleidigt* ▸ ~ sein; etwas ~ sagen

Pik|ko|lo ⟨der; -s, -s⟩ **1** *kleine Flasche Sekt* **2** *Kellnerlehrling*

Pik|ko|lo|flö|te ⟨die; -, -n; Mus.⟩ *kleine Querflöte in sehr hoher Stimmlage*

pik|sen ⟨V. trans.; pikst, piks|te, hat ge|pikst⟩ = *piken*

Pik|to|gramm ⟨das; -(e)s, -e⟩ *Bild od. Zeichen mit festgelegter, international verständl. Bedeutung, z. B. Verkehrszeichen*

Pil|ger ⟨der; -s, -⟩ *jmd., der nach einem heiligen Ort, bes. Jerusalem od. Rom, wandert;* Abl *Pilgerin;* Zus *Pilgerfahrt, Pilgerreise; Rompilger*

pil|gern ⟨V. intr.; pil|gert, pil|ger|te, ist ge|pil|gert⟩ irgendwohin ~ **1** *als Pilger nach einem heiligen Ort wandern* **2** ⟨übertr.; umg.⟩ *(in größeren Gruppen) beschaulich wandern, gehen*

Pil|le ⟨die; -, -n⟩ **1** *Arzneimittel in Kugelform* **2** ⟨umg. kurz für⟩ *Antibabypille* ▸ als Verhütungsmittel die ~ nehmen *regelmäßig die Antibabypille einnehmen;* die bittere ~ schlucken ⟨übertr.⟩ *das Unangenehme auf sich nehmen*

Pi|lot ⟨der; -en, -en⟩ **1** ⟨Flugw.⟩ *Flugzeugführer* **2** ⟨Motorsp.⟩ *Rennfahrer;* Abl *Pilotin*

Pi|lot... ⟨in Zus.; zur Bildung von Subst.⟩ *als Muster, Vorbild, Versuch dienend, probehalber,* z. B. Pilotfilm, Pilotprojekt, Pilotversuch

Pils ⟨das; -, -⟩ *helles, leicht bitter schmeckendes Bier;* Syn *Pilsener, Pilsner*

Pilz ⟨der; -es, -e; Bot.⟩ **1** *eine niedrige Pflanze mit Stiel u. Hut, die im Wald od. auf feuchten Wiesen wächst;* ⓘ S. 1002; Abl *pilzförmig;* Zus *Pilzsuppe, Pilzvergiftung; Giftpilz, Speisepilz* **2** *mikroskop. kleiner Organismus, der Hautschädigungen hervorruft;* Zus *Fußpilz; Pilzinfektion* ▸ im Wald ~e suchen; hier schießen neue Häuser wie ~e aus dem Boden *entstehen sehr rasch*

Pi|ment ⟨der od. das; -(e)s, -e⟩ *die unreifen, getrockneten, als Gewürz verwendeten Beeren eines tropischen Baumes*

Pim|mel ⟨der; -s, -; derb⟩ *Penis*

Pimpf ⟨der; -(e)s, -e⟩ *kleiner Junge*

Pin ⟨der; -s, -s⟩ *ansteckbares Schildchen, Anstecknadel*

PIN ⟨die; -, -s; Abk. für engl.⟩ *Personal Identification Number, persönliche Identifikationsnummer, Geheimzahl*

pin|ge|lig ⟨Adj.; umg.⟩ *übertrieben gewissenhaft od. ordentlich* ▸ er ist sehr ~ mit der Arbeit

Ping|pong ⟨das; -s; unz.⟩ = *Tischtennis*

Pin|gu|in ⟨der; -s, -e; Zool.⟩ *in Gruppen lebender, flugunfähiger, schwimmgewandter Vogel der Südhalbkugel mit starkem Fettpolster*

Pi|nie ⟨[-njə] die; -, -n; Bot.⟩ *Kiefer der Mittelmeerländer mit schirmförmiger Krone u. essbaren Samen;* Zus *Pinienholz, Pinienkern*

pink ⟨Adj.; undekl.⟩ *leuchtend rosa* ▸ die Bluse ist ~; Abl *pinkfarben, pinkfarbig*

Pin|kel[1] ⟨der; -s, -; umg.; abwertend; nur in den Wendungen⟩ feiner ~, vornehmer ~ *sich fein od. vornehm gebender Mensch*

Pin|kel[2] ⟨der; -s, -; norddt.⟩ *Grützwurst* ▸ Grünkohl mit ~

pin|keln ⟨V. intr.; pin|kelt, pin|kel|te, hat ge|pinkelt; umg.⟩ *Wasser lassen, die Blase entleeren*

pin|nen ⟨V. trans.; pinnt, pinn|te, hat ge|pinnt⟩ etwas irgendwohin ~ *mit Nadel, Zweck e o. Ä. befestigen, anheften* ▸ Fotos an die Wand ~

Pinn|wand ⟨die; -, -wän|de⟩ *Tafel (meist aus Kunststoff od. Kork), die an die Wand gehängt wird u. auf die Bekanntmachungen, Merkzettel usw. geheftet werden können*

Pin|scher ⟨der; -s, -⟩ *ein kleiner, zierlicher, glatthaariger Hund;* Zus *Rehpinscher, Zwergpinscher*

Pin|sel[1] ⟨der; -s, -⟩ *Werkzeug mit Holzgriff mit eingesetzten Borsten zum Auftragen von Flüssigkeit, bes. Farbe;* Zus *Pinselführung, Pinselstrich*

Pin|sel[2] ‹der; -s, -› *einfältiger, unangenehmer Mensch* ▸ eingebildeter ~

pin|seln ‹V. trans. u. V. intr.; pin|selt, pin|sel|te, hat ge|pin|selt› **1** (etwas) ~ *mit dem Pinsel malen* **2** etwas ~ *mit kleinem Pinsel bestreichen*

Pin-up-Girl ‹[pınʌpgœ:l] das; -s, -s; umg.› **1** *aus einer Illustrierten ausgeschnittenes u. an die Wand geheftetes Bild eines attraktiven Mädchens* **2** *Mädchen, das einem solchen Bild gleicht*

Pin|zet|te ‹die; -, -n› *kleine Greifzange mit zwei federnden, geraden Schenkeln*

Pi|o|nier ‹der; -s, -e› **1** ‹Mil.› *Angehöriger einer Truppe für technische Arbeiten (Brücken-, Wegebau)* **2** ‹übertr.› *Wegbereiter* ▸ ~ einer neuen Entwicklung ‹übertr.›; Abl *Pionierin*

Pi|o|nier|ar|beit ‹die; -, -en› *wegbereitende, bahnbrechende Leistung od. Arbeit (auf einem bestimmten Gebiet)*

Pi|pa|po ‹das; -s; unz.; umg.› *(überflüssiges) Zubehör* ▸ eine Luxuswohnung mit allem ~

Pipe|line ‹[paıplaın] die; -, -s› *Rohrleitung (bes. für Erdöl u. Erdgas)*

Pi|pet|te ‹die; -, -n› *Glasröhrchen, mit dem man Flüssigkeiten ansaugen kann* ▸ Tropfen mit der ~ in die Nase träufeln; Abl *pipettieren*

Pi|pi ‹der; -s; unz.; Kinderspr.› *Harn* ▸ ~ machen *harnen*

Pi|pi|fax ‹der; -; unz.; umg.; scherzh.› *überflüssiges, dummes Zeug* ▸ das ist doch ~!

Pi|rat ‹der; -en, -en› = *Seeräuber;* Abl *Piratin*

Pi|ra|ten|sen|der ‹der; -s, -; umg.› *nicht genehmigter privater Rundfunksender*

Pi|ra|te|rie ‹die; -, -n› **1** *das Rauben von Schiff(sladung)en auf hoher See;* Syn *Seeräuberei* **2** ‹Mil.› *unerlaubter Akt der Seekriegsführung* **3** ‹kurz für› *Produktpiraterie*

Pi|rog|ge ‹die; -, -n; russ. Kochk.› *mit Fleisch, Fisch, Reis od. Kohl gefüllte Pastete*

Pi|rou|et|te ‹[-ru-] die; -, -n› **1** ‹Eiskunstlauf, Ballett› *schnelle, mehrmalige Drehung um die eigene Längsachse* **2** ‹Hohe Schule› *Drehung des Pferdes im Galopp um den inneren Hinterfuß*

Pirsch ‹die; -; unz.› *vorsichtiger Gang durch das Revier, um Wild zu erlegen* ▸ der Jäger geht auf die ~

pir|schen ‹V. intr.; pirscht, pirsch|te, hat gepirscht› **1** *sich an das Wild anschleichen* (vom Jäger) **2** *auf der Pirsch jagen;* →a. *anpirschen*

Pis|se ‹die; -; unz.; derb› *Urin;* oV *Piss*

pis|sen ‹V. intr.; pisst, piss|te, hat ge|pisst; derb› *Wasser lassen, die Blase entleeren*

Pis|soir ‹[-soa:r] das; -s, -s od. -e› *(öffentl.) Toilette für Männer*

Pis|ta|zie ‹[-tsjə] die; -, -n; Bot.› **1** *immergrüner Strauch mit trockenen od. fleischigen Steinfrüchten* **2** ‹i. e. S.› *Samenkern der Pistazie (1);* Zus *Pistazieneis, Pistazienkern*

Pis|te ‹die; -, -n› **1** *Rennbahn* **2** *Bahn, Hang zum Rodeln u. Skilaufen;* Zus *Skipiste* **3** ‹Flugw.› = *Rollbahn* ▸ auf die ~ gehen ‹übertr.; umg.› *einen abendlichen Streifzug durch Diskotheken, Kneipen machen*

Pis|ten|rau|pe ‹die; -, -n› *Planierraupe für das Präparieren von Skipisten*

Pis|to|le ‹die; -, -n› *kurze Handfeuerwaffe* ▸ jmdm. die ~ auf die Brust setzen ‹übertr.› *jmdn. unter Drohungen zu etwas zwingen;* seine Antwort kam wie aus der ~ geschossen *ohne dass er überlegte, sehr schnell*

Pit|bull ‹der; -s, -s› *ein gedrungener Hund, der häufig zum Kampfhund ausgebildet wird*

pitsch|nass ‹Adj.; umg.› *ganz nass, durchnässt;* oV *pitschenass* ▸ wir wurden alle ~

pit|to|resk ‹Adj.› *hübsch anzusehen, idyllisch, malerisch*

Pi|xel ‹der od. das; - od. -s, -; EDV; Kurzw. für engl.› *Picture Element: Bildpunkt, kleinstes Element auf einem Computerbildschirm*

Piz|za ‹die; -, -s od. Piz|zen od. (ital.) Piz|ze› *italienisches Gericht aus einem Hefeteigfladen, der mit Käse u. Tomaten sowie nach Geschmack mit Sardellen, Salami, Pilzen, Oliven u. a. belegt u. gebacken wird;* Zus *Pizzabäcker(in)*

Piz|ze|ria ‹die; -, -ri|en od. -s› *kleine (urspr. italienische) Gaststätte, in der bes. Pizzas zubereitet werden*

Pkw *auch:* **PKW** ‹der; -s, -s; Abk. für› *Personenkraftwagen*

Pla|ce|bo ‹das; -s, -s; Med.; Psych.› *Mittel, das wie ein Medikament aussieht, aber keine Wirkstoffe enthält;* Zus *Placeboeffekt*

pla|cken ‹V. refl.; plackt sich, plack|te sich, hat sich ge|plackt; umg.› sich ~ *sich schwer mühen, schwer arbeiten;* Abl *Plackerei*

plä|die|ren ‹V. intr.; plä|diert, plä|dier|te, hat plädiert› **1** auf etwas ~ *etwas im Plädoyer beantragen* **2** für etwas ~ *für etwas sprechen, (mit Worten) etwas unterstützen* ▸ auf Freispruch ~

Plä|do|y|er ‹[-doaje:] das; -s, -s› *zusammenfassende Rede vom Staatsanwalt od. Verteidiger vor Gericht* ▸ ein flammendes ~ halten; ein ~ für die Gerechtigkeit

Pla|fond ‹[-fɔ̃:] der; -s, -s; österr.; schweiz.› *Zimmerdecke*

Pla|ge ‹die; -, -n› **1** *mühsame, schwere Arbeit, große Mühe* **2** *anhaltende, lästige Beschwerde;* Zus *Heuschreckenplage, Insektenplage, Mückenplage, Rattenplage* ▸ die Bremsen sind eine ~ für das Pferd

pla|gen ‹V.; plagt, plag|te, hat ge|plagt› **I** ‹V. trans.› jmdn. ~ **1** *jmdm. viel Mühe u. Arbeit machen* **2** *jmdn. stark belästigen (mit etwas), quälen* ▸ von Kopfschmerzen geplagt werden **II** ‹V. refl.› sich ~ *sich abmühen, schwer arbeiten* ▸ sich mit einer Arbeit ~

Pla|gi|at ‹das; -(e)s, -e› **1** *Diebstahl geistigen Eigentums, Veröffentlichung des geistigen Werkes eines anderen als eigenes Werk* **2** *das unrechtmäßig als das eigene ausgegebene Werk selbst* ▸ ein ~ begehen; Abl *Plagiator(in); plagiieren*

Pla|kat ‹das; -(e)s, -e› *öffentlicher Aushang in großem Format (bes. zu Werbezwecken an Wänden, Litfaßsäulen usw.);* Zus *Plakatmaler(in), Plakatwand, Plakatwerbung; Werbeplakat*

pla|ka|tiv ⟨Adj.⟩ **1** *wie ein Plakat* **2** ⟨übertr.⟩ *oberflächlich, einfach* ▸ ~e Aufmachung, Darstellung

Pla|ket|te ⟨die; -, -n⟩ **1** *kleine Platte als Anstecknadel od. Gedenkmünze* **2** *Schildchen zum Aufkleben;* Zus *Autobahnplakette*

plan ⟨Adj.; meist adv.⟩ *eben, flach, platt, glatt* ▸ die Landkarte, Zeichnung muss ~ liegen; Zus *plan schleifen / planschleifen*

Plan ⟨der; -(e)s, Plä|ne⟩ **1** *Vorhaben, Absicht;* Zus *Heiratspläne, Urlaubspläne, Zukunftspläne* **2** *Skizze für eine zu leistende Arbeit od. ein Vorhaben, Einteilung einer Arbeit od. eines Vorhabens;* Zus *Zeitplan* **3** *schematische Zeichnung, Grundriss;* Zus *Bauplan, Stadtplan, Übersichtsplan* ▸ einen ~ **ausführen,** verwirklichen, fallenlassen; jmds. ~, jmds. Pläne **durchkreuzen,** stören; einen ~ **entwerfen;** wir **haben** den ~, im Sommer zu verreisen; hast du schon Pläne für deinen Urlaub?; Pläne **machen,** schmieden; **sein:** der ~ ist gut, die Ausführung schwer; wie sind deine Pläne für morgen? ▸ **genialer,** heimtückischer, kluger, kühner ~; er steckt immer **voller** Pläne

Pla|ne ⟨die; -, -n⟩ *Schutzdach od. -decke aus wasserdichtem Stoff;* Zus *Plastikplane, Wagenplane, Zeltplane*

pla|nen ⟨V. trans.; plant, plan|te, hat ge|plant⟩ etwas ~ *einen Plan von etwas (Vorhaben, Tat) machen* ▸ eine Reise, einen Überfall ~; die nächste Zusammenkunft ist für September geplant; Abl *Planung; planbar*

Pla|net ⟨der; -en, -en⟩ *nicht selbst leuchtender Himmelskörper, der sich auf einer elliptischen Bahn um einen Fixstern bewegt;* Zus *Planetenbahn, Planetensystem*

Pla|ne|ta|ri|um ⟨das; -s, -ri|en⟩ **1** *Vorrichtung zum Darstellen des Himmels mit den Gestirnen u. ihrer Bahn* **2** *Raum mit halbkugelförmiger Kuppel für diese Darstellung*

plan|ge|mäß ⟨Adj.⟩ *wie geplant* ▸ wir kamen ~ um 15.37 Uhr an; →a. *planmäßig*

pla|nie|ren ⟨V. trans.; pla|niert, pla|nier|te, hat pla|niert⟩ den Boden, das Gelände ~ *ebnen, glätten*

Pla|nier|rau|pe ⟨die; -, -n⟩ *Kettenfahrzeug, mit dem man Erdreich wegschieben kann*

Plan|ke ⟨die; -, -n⟩ *breites Brett, bes. der Außenhaut des Schiffes u. der Schiffsböden*

plän|keln ⟨V. intr.; plän|kelt, plän|kel|te, hat ge|plän|kelt⟩ **1** *ein leichtes Gefecht ausführen, ein wenig kämpfen* **2** ⟨übertr.⟩ *sich neckend streiten*

Plank|ton ⟨das; -s; unz.⟩ *im Wasser frei schwebende Organismen*

plan|los ⟨Adj.⟩ *ohne Plan, aufs Geratewohl, gedankenlos, unorganisiert* ▸ ~ umherlaufen; ein ~es Vorgehen; Abl *Planlosigkeit*

plan|mä|ßig ⟨Adj.⟩ *planvoll, nach einem Plan, nach gewissen Plänen* ▸ ~ vorgehen; der Zug kommt ~ um 15.37 Uhr an; →a. *plangemäß;* Abl *Planmäßigkeit*

Plan|qua|d|rat ⟨das; -(e)s, -e⟩ *auf Landkarten durch parallele Längs- u. Querlinien gebildetes Quadrat*

Plansch|be|cken ⟨das; -s, -⟩ *Wasserbecken zum Spielen für Kinder (im Garten od. als Teil eines öffentlichen Schwimmbads);* oV *Plantschbecken*

plan|schen ⟨V. intr.; planscht, plansch|te, hat geplanscht⟩ *im Wasser spielen, sich im Wasser tummeln, mit Wasser spritzen;* oV *plantschen*

Plan|stel|le ⟨die; -, -n; im öffentlichen Dienst⟩ *im Haushaltsplan vorgesehene Arbeitsstelle*

Plan|ta|ge ⟨[-ʒə] die; -, -n⟩ *Pflanzung in einem großen Umfang, großes bepflanztes Stück Land;* Zus *Plantagenarbeiter(in), Plantagenbesitzer(in), Plantagenwirtschaft; Baumwollplantage, Erdbeerplantage, Kaffeeplantage, Tabakplantage*

plan|voll ⟨Adj.⟩ *mit Plan vorgehend, auf einem Plan beruhend, taktisch* ▸ ~ handeln, vorgehen

Plan|wa|gen ⟨der; -s, -⟩ *mit einer Plane bedeckter Pferdewagen*

Plan|wirt|schaft ⟨die; -; unz.⟩ *Wirtschaftsform, bei der die Produktion u. Verteilung geplant u. gelenkt wird;* Ggs *Marktwirtschaft*

plap|pern ⟨V. intr. u. V. trans.; plap|pert, plap|per|te, hat ge|plap|pert⟩ (etwas) ~ *(viel u. dumm) daherreden, schwätzen* ▸ was plapperst du da?

plär|ren ⟨V. intr.; plärrt, plärr|te, hat ge|plärrt; umg.⟩ **1** *laut u. eindringlich weinen, schreien (bes. von Kindern)* **2** *laut u. unschön singen*

Plas|ma ⟨das; -s, Plas|men⟩ **1** ⟨Biol.⟩ *die von der Zellmembran umhüllte Grundsubstanz der lebenden Zelle, in der alle Lebensvorgänge ablaufen* **2** ⟨Med.⟩ *flüssiger Bestandteil von Blut u. Milch*

Plas|tik[1] ⟨das; -s, -s; meist ohne Art.⟩ **1** *Kunststoff* **2** ⟨umg.⟩ *Geld-, Kreditkarte* ▸ Spielzeug aus ~; mit ~(geld) bezahlen ⟨umg.⟩; Zus *Plastikeimer, Plastikfolie, Plastikplane, Plastiktüte*

Plas|tik[2] ⟨die; -, -en⟩ **I** ⟨unz.⟩ **1** ⟨Kunst⟩ *künstlerische Gestaltung von Figuren in Stein, Ton, Holz od. Metall;* Syn *Bildhauerkunst* **2** ⟨Med.⟩ *Ersatz, Wiederherstellung von Organen od. Gewebslücken* **II** ⟨zählb.⟩ **1** ⟨Kunst⟩ *Erzeugnis der Bildhauerkunst* **2** ⟨Med.⟩ *auf chirurgischem Weg wiederhergestelltes Teil eines Organs*

plas|tisch ⟨Adj.⟩ **1** *zur Plastik gehörend* **2** *in der Art einer Plastik*[2] *(II. 1), dreidimensional* **3** *modellierbar, knetbar* (Masse) **4** ⟨übertr.⟩ *anschaulich, einprägsam, deutlich, bildhaft* ▸ ~e Chirurgie ⟨Med.⟩ *auf die Durchführung plastischer Operationen spezialisierte Chirurgie;* etwas ~ darstellen ⟨a. übertr.⟩; das Bild wirkt ~

Pla|ta|ne ⟨die; -, -n; Bot.⟩ *Laubbaum mit glatter Borke, die sich in Platten ablöst*

Pla|teau ⟨[-toː] das; -s, -s⟩ **1** *Hochebene* **2** *obere ebene Fläche eines Felsens;* Zus *Felsplateau*

Pla|teau|schuh ⟨[-toː-] der; -(e)s, -e⟩ *modischer Schuh mit extrem dicker (Kunststoff-)Sohle*

Pla|tin ⟨a. [-ˈ-] das; -s; unz.; chem. Zeichen: Pt⟩ *weißes, glänzendes Edelmetall, Ordnungszahl 78;* Zus *Platinring, Platinschmuck; platinblond*

Pla|ti|ne ⟨die; -, -n⟩ *Träger einer elektronischen Schaltung*

Pla|ti|tu|de ⟨[-tyːdə] die; -, -n⟩ = *Plattitüde*

pla|to|nisch ⟨Adj.⟩ *zur Philosophie Platos gehörend, auf ihr beruhend* ▸ ~e Liebe ⟨übertr.⟩ *nicht körperliche, rein seelische od. geistige Liebe*

P

platsch! ⟨Int.⟩ *(Nachahmung eines klatschenden Geräusches beim Aufschlagen auf Wasser)*

plat|schen ⟨V. intr.; platscht, platsch|te, hat/ist ge|platscht⟩ **1** *ein klatschendes Geräusch von sich geben* **2** *mit klatschendem Geräusch fallen, gehen od. auftreffen* ▸ die Welle ist mir ins Gesicht geplatscht

plät|schern ⟨V. intr.; plät|schert, plät|scher|te, hat/ist ge|plät|schert⟩ *mit leisem, klatschendem Geräusch fließen* (Bach, Brunnen) *od. fallen* (Regen) ▸ der Regen, das Wasser plätschert

platt ⟨Adj.; -er, am -es|ten⟩ **1** *flach, eben, breitgedrückt* **2** ⟨übertr.⟩ *geistlos, nichtssagend* (Redensart) ▸ auf dem ~en Lande *in der Ebene, im Tiefland;* eine ~e Nase; einen Platten (= einen platten Reifen) haben ⟨umg.⟩ *einen defekten Reifen, aus dem die Luft entwichen ist;* er war (einfach) ~ ⟨übertr.; umg.⟩ *sprachlos, sehr erstaunt;* ~ auf dem Bauch liegen; Zus *platt drücken / plattdrücken*

Plätt|chen ⟨das; -s, -⟩ *kleine Platte*

platt|deutsch ⟨Adj.⟩ *niederdeutsch* ▸ ~e Sprache

Plat|te ⟨die; -, -n⟩ **1** *ebenes, flaches Gebilde, meist von geringer Stärke, Scheibe;* Zus *Druckplatte, Herdplatte, Holzplatte, Marmorplatte, Metallplatte, Steinplatte, Tischplatte* **2** *obere ebene Fläche;* Zus *Felsplatte* **3** *sehr flache Schüssel zum Anrichten von Speisen;* Zus *Fleischplatte, Tortenplatte* **4** *die Speisen selbst;* Zus *Aufschnittplatte, Käseplatte* **5** ⟨kurz für⟩ *Schallplatte;* Zus *Plattencover, Plattenhülle* **6** ⟨ostdt.; umg.⟩ *in Plattenbauweise errichtetes Haus od. Wohngebiet* **7** ⟨umg.⟩ *Glatze* ▸ immer wieder dieselbe ~ ablaufen lassen ⟨übertr.; umg.⟩ *immer wieder von derselben Sache sprechen;* eine ~ haben ⟨übertr.⟩ *eine Glatze, einen kahlen Kopf;* ~n hören, spielen ▸ kalte ~ *P. mit Aufschnitt*

P

plät|ten ⟨V. trans.; plät|tet, plät|te|te, hat ge|plät|tet; umg.⟩ etwas ~ = *bügeln*

Plat|ten|bau ⟨der; -(e)s, -ten; bes. DDR⟩ **I** ⟨unz.⟩ *Bau eines Wohnhauses unter Verwendung von vorgefertigten Betonplatten* **II** ⟨zählb.⟩ *Wohnhaus, das in Plattenbauweise errichtet wurde*

Plat|ten|bau|wei|se ⟨die; -; unz.⟩ *Bauverfahren unter Verwendung vorgefertigter Betonplatten*

Plat|ten|fir|ma ⟨die; -, -fir|men⟩ *Unternehmen, das Musik auf Tonträgern veröffentlicht;* Syn *Plattenlabel* ▸ bei einer ~ unter Vertrag stehen

Plat|ten|spie|ler ⟨der; -s, -⟩ *elektrisches Gerät zur Wiedergabe von Schallplatten*

Platt|form ⟨die; -, -en⟩ **1** *flacher, erhöhter Platz;* Zus *Aussichtsplattform* **2** ⟨übertr.⟩ **2.1** *Ausgangspunkt, Basis* **2.2** *Forum (1)* **3** ⟨EDV⟩ *Computerbetriebssystem u. dazugehöriger Prozessortyp* ▸ eine politische ~ bieten ⟨übertr.⟩

Platt|fuß ⟨der; -es, -fü|ße⟩ **1** ⟨Anat.⟩ *Fuß mit zu geringer Wölbung des Fußgelenkes nach oben;* Abl *plattfüßig* **2** ⟨übertr.; umg.⟩ *Reifen, aus dem die Luft entwichen ist*

Platt|heit ⟨die; -, -en⟩ **I** ⟨unz.⟩ *platte Beschaffenheit* **II** ⟨zählb.; übertr.⟩ *platte Redensart* ▸ ~en von sich geben

Plat|ti|tü|de ⟨die; -, -n⟩ *Plattheit, nichtssagende, geistlose Redensart* ▸ sie gibt nur ~n von sich

Platz ⟨der; -es, Plät|ze⟩ **1** *Stelle, Ort zu einem bestimmten Zweck;* Zus *Bauplatz, Sitzplatz, Stehplatz* **2** *durch Güte u. Preis bestimmter Sitzplatz (im Theater usw.);* Zus *Platzmiete* **3** *abgegrenztes, für bestimmte, bes. sportliche Zwecke hergerichtetes Gelände;* Zus *Golfplatz, Spielplatz, Sportplatz, Tennisplatz* **4** *freie Stelle innerhalb eines bebauten Geländes, bes. einer Stadt, meist an der Kreuzung mehrerer Straßen;* Zus *Marktplatz* **5** *Ort, Stadt;* Zus *Handelsplatz* **6** *Raum, Unterbringungsmöglichkeit;* Zus *Platzmangel* ▸ ~! *(Befehl für den Hund, sich zu setzen od. zu legen)* ▸ Straßen und Plätze einer Stadt ▸ anbieten: er bot mir seinen ~ an; jmdm. im Kino einen ~ anweisen; einen ~ belegen, reservieren; seinen ~ als Zuschauer einnehmen; der Schrank nimmt viel ~ ein; das findet hier auch noch ~; ~ (für etwas) lassen; jmdm. ~ machen *beiseitetreten, -rücken;* bitte nehmen Sie ~! *bitte setzen Sie sich (Aufforderung an einen Besucher);* ~ (für etwas) schaffen; sein: hier ist kein ~ mehr für Bücher usw.; den ~ (mit jmdm.) tauschen; seinen ~ wechseln ▸ den ersten, zweiten ~ belegen *Sieger bzw. Zweiter im Wettkampf werden;* wir haben im Restaurant unseren festen ~; wir haben im Wagen noch einen ~ frei; geschützter, windstiller ~; guter, schlechter ~; hier ist noch ein leerer ~; ~ sparend = *platzsparend* ▸ er ist hier fehl am ~ ⟨übertr.⟩ *für diese Aufgabe ungeeignet;* einen ~ an der Sonne haben *im Leben erfolgreich u. glücklich sein;* auf die Plätze, fertig, los! *(Kommando bei Wettkämpfen);* jmdn. auf die Plätze verweisen *in einem Wettbewerb, Wettkampf besiegen;* ~ da! *(unhöfliche Aufforderung, beiseitezugehen);* der Saal hat, bietet ~ für 100 Personen; alle erhoben sich von ihren Plätzen

Platz|angst ⟨die; -; unz.⟩ *krankhafte Angst in geschlossenen Räumen od. in einer dicht stehenden Menschenmenge* ▸ ~ haben, bekommen

Platz|an|wei|ser ⟨der; -s, -⟩ *Angestellter, der im Kino, Theater o. Ä. die Besucher zu ihren Plätzen führt;* Abl *Platzanweiserin*

Plätz|chen ⟨das; -s, -⟩ **1** *kleiner Platz* **2** *schmales, kleines Gebäck;* Zus *Nussplätzchen, Weihnachtsplätzchen*

plat|zen ⟨V. intr.; platzt, platz|te, ist ge|platzt⟩ **1** *bersten, zerspringen* (Reifen, Rohr, Sprengkörper) **2** ⟨österr. a.⟩ *weinen* **3** ⟨umg.⟩ *nicht stattfinden, ausfallen, scheitern* ▸ das Treffen ist geplatzt ⟨umg.⟩; wir sind vor Lachen fast geplatzt ⟨übertr.; umg.⟩ *wir haben sehr, heftig gelacht;* ich könnte ~ vor Wut ⟨übertr.; umg.⟩; →a. *Bombe*

...plät|zer ⟨in Zus.; zur Bildung von Subst.; der; -s, -; schweiz.⟩ = *...sitzer*

Platz|hal|ter ⟨der; -s, -; Sprachw.⟩ **1** *Symbol für eine Leerstelle* **2** *sprachliches Element, das eine unbesetzte grammatische Stelle ausfüllt u. wegfallen kann,* z. B. „es" in: Es freut mich, dass ihr kommt

Platz|hirsch ⟨der; -(e)s, -e; übertr.⟩ **1** ⟨Jagdw.⟩ *selbstbewusst auftretender Mann, der seine Machtposition ausspielt u. verteidigt* **2** *Unternehmen, das seine Vorrangstellung verteidigt*

plat|zie|ren ⟨V. trans.; plat|ziert, plat|zier|te, hat plat|ziert⟩ **1** etwas irgendwo ~ *an einen bestimmten Platz stellen, legen* **2** jmdn. irgendwo ~ *jmdm. einen bestimmten Platz anweisen* **3** Kapital ~ *anlegen* ▸ einen Ball (an eine bestimmte Stelle) ~ ⟨Sp.⟩ *ihn auf eine bestimmte Stelle lenken*

Plat|zie|rung ⟨die; -, -en; bei Wettkämpfen⟩ **1** *das Platzieren* **2** *Belegen eines der ersten Plätze*

...plät|zig ⟨in Zus.; zur Bildung von Adj.; schweiz.⟩ = *...sitzig*

Platz|kar|te ⟨die; -, -n⟩ *Karte, die einen bestimmten Platz im Zug reserviert, Platzreservierung*

Platz|pa|t|ro|ne ⟨die; -, -n⟩ *zu Übungszwecken benutzte Gewehrmunition, die kurz nach dem Verlassen des Gewehrlaufes zerplatzt* ▸ mit ~n schießen

Platz|re|gen ⟨der; -s, -⟩ *plötzlicher, heftiger Regen*

platz|spa|rend *auch:* **Platz spa|rend** ⟨Adj.⟩ *so beschaffen, dass wenig Raum benötigt wird* ▸ ~e Möbel

Platz|ver|weis ⟨der; -es, -e; Sp.⟩ *Verweis vom Platz wegen Missachtung der Spielregeln*

Platz|wun|de ⟨die; -, -n⟩ *durch Stoß od. Aufprall hervorgerufene Hautverletzung*

plau|dern ⟨V. intr.; plau|dert, plau|der|te, hat geplau|dert⟩ (mit jmdm.) ~ *sich zwanglos u. meist nicht tiefgründig mit jmdm. unterhalten* ▸ aus dem Nähkästchen ~ ⟨übertr.⟩ *etwas, das eigentlich nur für einen kleinen Kreis bestimmt ist, Außenstehenden erzählen;* Abl *Plauderei*

Plausch ⟨der; -s;; unz.; umg.⟩ **1** *gemütliche Unterhaltung* **2** ⟨schweiz.⟩ *Vergnügen, Spaß*

plau|schen ⟨V. intr.; plauscht, plausch|te, hat geplauscht; umg.⟩ (mit jmdm.) ~ *sich gemütlich unterhalten, plaudern*

plau|si|bel ⟨Adj.; -i|bler od. -ib|ler, am -s|ten⟩ *einleuchtend* ▸ jmdm. etwas ~ machen *erklären, zu verstehen geben;* Abl *Plausibilität*

Play-back *auch:* **Play|back** ⟨[pleɪbæk] das; -s, -s; Film, TV⟩ *bei Livesendungen angewandtes Verfahren, bei dem der Sänger zu dem durch Tonband eingespielten, gesungenen Text nur noch synchron die Lippen bewegt;* Zus *Play-back-Verfahren/Playbackverfahren*

Play|boy ⟨[pleɪbɔɪ] der; -s, -s⟩ *(meist reicher) junger Mann, der nicht arbeitet, sondern nur seinem Vergnügen nachgeht;* Abl *Playgirl*

Pla|zen|ta ⟨die; -, -s od. -zen|ten⟩ *Organ, das dem Blutaustausch u. Stoffwechsel zw. Mutter u. heranwachsendem Kind über die Nabelschnur dient;* Syn *Mutterkuchen*

plei|te ⟨Adv.; nur adv. u. präd.; Kleinschreibung in Verbindung mit den Verben „sein", „bleiben", „werden"⟩ ~ sein *zahlungsunfähig, bankrott sein* (Firma) ▸ ich bin (völlig) ~ ⟨umg.⟩ *ich habe kein Geld mehr;* →a. *Pleite*

Plei|te ⟨die; -, -n⟩ **1** *Zahlungsunfähigkeit, Bankrott, Konkurs* **2** ⟨übertr.; umg.⟩ *Reinfall, Misserfolg* ▸ ~ machen *Bankrott machen;* die ganze Sache war eine ~ ⟨übertr.; umg.⟩; das ist ja eine schöne ~! ⟨übertr.; umg.⟩; →a. *pleite*

Plei|te|gei|er ⟨der; -s, -; Sinnbild für⟩ *drohende Pleite, Konkurs* ▸ über der Firma schwebt der ~

plem|plem ⟨Adj.; nur präd.; umg.⟩ *verrückt* ▸ er ist völlig ~

Ple|nar|saal ⟨der; -(e)s, -sä|le⟩ *Saal für Plenarsitzungen*

Ple|nar|sit|zung ⟨die; -, -en⟩ *Sitzung aller Mitglieder*

Ple|num ⟨das; -s; unz.⟩ = *Vollversammlung*

Ple|o|nas|mus ⟨der; -, -nas|men; Rhet.⟩ *Ausdruck, dem ein überflüssiger Zusatz (als Stilmittel od. Stilfehler) beigefügt ist,* z. B. weißer Schimmel, alter Greis, mit meinen eigenen Augen; →a. *Tautologie*

Ple|xi|glas® ⟨das; -es; unz.⟩ *glasartiger Kunststoff aus Polymethacrylsäureester, splittersicher u. leicht zu bearbeiten*

Plom|be ⟨die; -, -n⟩ **1** *Metallsiegel zum Verschluss von Behältern od. Eisenbahnwagen* **2** ⟨umg.⟩ *Zahnfüllung;* Abl *plombieren*

Plop ⟨der; -s, -s; umg.⟩ *Plumps, Geräusch eines leichten Knalls od. Aufpralls* ▸ der Sektflasche wurde mit einem ~ geöffnet

Plo|siv ⟨der; -s, -e [-və]; Phon.⟩ *Konsonant, der durch plötzliches Öffnen der verschlossenen Mundhöhle entsteht;* Syn *Verschlusslaut*

Plot ⟨der od. das; -s, -s⟩ **1** ⟨im Roman, Drama u. Ä.⟩ *(Verwicklung der) Handlung, Inhalt, Konflikt* **2** ⟨EDV⟩ *grafische Darstellung eines Ergebnisses, eines funktionalen Zusammenhangs*

plötz|lich ⟨Adj.⟩ *unerwartet, mit einem Mal, sehr schnell (eintretend od. geschehend), jäh* ▸ ~er Besuch; ~e Bewegung; ~er Entschluss ▸ die Krankheit ist ganz ~ aufgetreten; ~ kam mir ein guter Gedanke; ~ sagte, sah, hörte er …; ~ stand er vor mir

Plu|der|ho|se ⟨die; -, -n⟩ *halblange, weite, faltige Hose mit Bund unter dem Knie od. am Fuß*

plu|dern ⟨V. intr.; plu|dert, plu|der|te, hat ge|plu|dert⟩ *sich bauschen, zu weit sein*

plump ⟨Adj.⟩ **1** *grob (in der Form), unförmig* **2** ⟨übertr.⟩ **2.1** *schwerfällig, ungeschickt* (Person) **2.2** *nicht fein, derb, unzart* (Verhalten) ▸ ~er Annäherungsversuch ⟨übertr.⟩; ~e Gestalt; ~er Körper; ~e Hände, Füße; ~er Witz ⟨übertr.⟩; sich ~ benehmen ⟨übertr.⟩; Abl *Plumpheit*

plump|sen ⟨V. intr.; plumpst, plumps|te, ist geplumpst⟩ irgendwohin ~ *mit einem dumpf klatschendem Geräusch fallen* ▸ auf den Boden, ins Wasser ~; Abl *Plumps; plumps!*

Plumps|klo ⟨das; -s, -s; umg.⟩ *über einer Grube angebrachte Toilette (ohne Wasserspülung)*

Plun|der ⟨der; -s; unz.; abwertend⟩ **1** *unbrauchbar gewordener Kram* **2** *wertlose od. unnütze Dinge*

Plün|de|rer ⟨der; -s, -⟩ *jmd., der plündert, geplündert hat;* Abl *Plünderin*

plün|dern ⟨V. trans.; plün|dert, plün|der|te, hat geplün|dert⟩ etwas ~ *ausrauben, rücksichtslos, roh alles wegnehmen* ▸ Läden ~; Obstbäume ~; eine

Stadt (nach der Eroberung) ~; den Kühlschrank ~ ⟨übertr.; umg.⟩ *die darin aufbewahrten Lebensmittel aufessen;* Abl *Plünderung*

Plu|ral ⟨der; -s, -e; Gramm.⟩ *Numerus, der eine Vielheit od. etwas mehrfach Vorkommendes ausdrückt;* Syn *Mehrzahl (2);* Ggs *Singular*

Plu|ra|lis|mus ⟨der; -; unz.⟩ *Auffassung, dass der Staat aus vielen Macht- bzw. Interessengruppen besteht;* Abl *pluralistisch*

plus ⟨Adv.; Zeichen: +⟩ *und, dazu, zuzüglich;* Ggs *minus* ▸ drei ~ zwei ist, macht fünf (3 + 2 = 5); es ist ~ fünf Grad, ⟨od.⟩ fünf Grad ~ ⟨umg.⟩ *fünf Grad über null Grad*

Plus ⟨das; -, -⟩ Ggs *Minus* **1** *Mehrbetrag, Überschuss* **2** ⟨umg.⟩ *Vorteil, Gewinn*

Plüsch ⟨a. [plyːʃ] der; -s, -e⟩ *weiches Baumwollgewebe mit langem Flor;* Abl *plüschig*

Plüsch|tier ⟨a. [plyːʃ-] das; -(e)s, -e⟩ *Tier aus Plüsch, Stofftier, Kuscheltier*

Plus|punkt ⟨der; -(e)s, -e⟩ Ggs *Minuspunkt* **1** *Punkt im Spiel, der bei einem Fehler des einen Spielers als Plus für den anderen Spieler gewertet wird* **2** ⟨übertr.⟩ *Vorteil, Gewinn* ▸ ~e sammeln

Plus|quam|per|fekt ⟨das; -(e)s, -e; Gramm.⟩ *Zeitform des Verbs,* z. B. ich war gekommen, ich hatte gesagt; Syn *Vorvergangenheit, vollendete Vergangenheit*

plus|tern ⟨V.; plus|tert, plus|ter|te, hat ge|plus|tert⟩ **I** ⟨V. refl.⟩ sich ~ *die Federn sträuben* (Vogel) **II** ⟨V. trans.⟩ die Federn ~ *die F. sträuben, aufrichten* (Vogel)

Plus|zei|chen ⟨das; -s, -; Zeichen: +⟩ *Zeichen für die Addition;* Ggs *Minuszeichen*

Plu|to|ni|um ⟨das; -s; unz.; chem. Zeichen: Pu⟩ *radioaktives künstliches chem. Element, Ordnungszahl 94*

P

Pneu ⟨der; -s, -s; schweiz.⟩ *(Auto-)Reifen*

Po ⟨der; -s, -s; umg.; kurz für⟩ *Popo*

Pö|bel ⟨der; -s; unz.; abwertend⟩ *unterste, verkommene Schicht des Volkes, Abschaum des Volkes*

pö|beln ⟨V. intr.; pö|belt, pö|bel|te, hat ge|pö|belt; umg.⟩ *sich in frecher beleidigender Weise äußern, durch gemeine Äußerungen zu provozieren suchen;* →a. *anpöbeln;* Abl *Pöbelei, Pöbler(in)*

po|chen ⟨V. intr.; pocht, poch|te, hat ge|pocht⟩ **1** *klopfen* **2** ⟨übertr.⟩ auf sein Recht ~ *auf seinem Recht bestehen* ▸ das Herz pocht; an die Tür ~

Po|cken ⟨Pl.⟩ *gefährliche, durch ein Virus hervorgerufene Infektionskrankheit mit Bläschenbildung;* Zus *Pockenschutzimpfung*

Po|dest ⟨das; -(e)s, -e⟩ **1** *schmales Podium* **2** *schmales Gestell mit einem Fuß*

Po|di|um ⟨das; -s, -di|en⟩ *eine, gegenüber dem Fußboden, erhöhte Fläche* ▸ auf dem ~ stehen, sitzen; Zus *Podiumsdiskussion, Podiumsgespräch*

Po|em ⟨das; -s, -e⟩ *Gedicht*

Po|e|sie ⟨die; -, -n⟩ **1** *Dichtkunst* **2** *Dichtung in Versen, in gebundener Rede;* Ggs *Prosa* **3** ⟨übertr.⟩ *Stimmungsgehalt, Zauber*

Po|e|sie|al|bum ⟨das; -s, -al|ben⟩ *Album, in das man Freunde zur Erinnerung Gedichte od. Sprüche schreiben lässt, Freundbuch*

Po|et ⟨der; -en, -en⟩ **1** *Dichter* **2** *Lyriker;* Abl *Poetin*

Po|e|tik ⟨die; -; unz.⟩ *Lehre von der Poesie;* Syn *Poetologie*

po|e|tisch ⟨Adj.⟩ *in der Art der Poesie, dichterisch*

po|fen ⟨V. intr.; poft, pof|te, hat ge|poft; umg.⟩ *schlafen*

Po|g|rom ⟨das od. der; -s, -e⟩ *Hetze, Ausschreitungen gegen nationale, religiöse od. ethnische Gruppen;* Zus *Judenpogrom*

Poin|te ⟨[poɛ̃ːt(ə)] die; -, -n⟩ *geistreicher, überraschender Höhepunkt einer Erzählung od. Darstellung* ▸ die ~ des Witzes; Abl *pointenreich*

poin|tie|ren ⟨[poɛ̃-] V. trans.; poin|tiert, poin|tier|te, hat poin|tiert⟩ *nachdrücklich betonen, hervorheben;* →a. *pointiert*

poin|tiert ⟨[poɛ̃-]⟩ **I** ⟨Part. Perf. von⟩ *pointieren* **II** ⟨Adj.⟩ *auf den Punkt gebracht, überspitzt, zugespitzt, das Wesentliche betonend, hervorhebend* ▸ etwas ~ darstellen; eine ~ Darstellung

Po|kal ⟨der; -s, -e⟩ *Trinkgefäß aus Silber, Gold od. Kristall mit Fuß u. meist mit Deckel (auch als Siegespreis bei sportlichen Wettkämpfen);* Zus *Pokalsieg, Pokalspiel*

pö|keln ⟨V. trans.; pö|kelt, pö|kel|te, hat ge|pö|kelt⟩ Fisch, Fleisch ~ *in Salzlake einlegen*

Po|ker ⟨das od. der; -s; unz.⟩ *Glücksspiel mit Karten, bei dem der Spieler mit der besten Figurenzusammenstellung (Pokerhand) gewinnt*

po|kern ⟨V. intr.; po|kert, po|ker|te, hat ge|po|kert⟩ **1** *Poker spielen* **2** ⟨übertr.⟩ *bei einem Geschäft o. Ä. mit hohem Risiko verhandeln* ▸ ~ pokern

Pol ⟨der; -s, -e⟩ **1** *Drehpunkt, Mittelpunkt* **2** *nördlicher bzw. südlicher Endpunkt der Erdachse;* Zus *Nordpol, Südpol* **3** ⟨El.⟩ *Anschlussklemme von Stromquellen;* Zus *Minuspol, Pluspol* **4** ⟨Phys.⟩ *Ein- od. Austrittsstelle eines Magneten* ▸ negativer ~ *Minuspol;* positiver ~ *Pluspol;* ruhender ~ einer Gruppe ⟨übertr.⟩

po|lar ⟨Adj.⟩ *zu den Polen (der Erde) gehörend;* Zus *Polarexpedition, Polarforscher(in), Polarfuchs, Polargebiet, Polarlicht, Polarluft*

Po|lar|bär ⟨der; -en, -en⟩ = *Eisbär*

po|la|ri|sie|ren ⟨V. refl.; po|la|ri|siert sich, po|la|ri|sier|te sich, hat sich po|la|ri|siert⟩ sich ~ *sich gegensätzlich entwickeln, als Gegensätze hervortreten* ▸ Meinungen ~ sich; Abl *Polarisierung*

Po|lar|kreis ⟨der; -es, -e⟩ *Breitenkreis von 66,5° nördl. bzw. südl. Breite* ▸ nördlicher, südlicher ~

Po|lar|nacht ⟨die; -, -näch|te⟩ *Nacht in den Polargebieten, in der die Sonne länger als 24 Stunden unter dem Horizont bleibt*

Po|lar|stern ⟨der; -s; unz.⟩ *hellster Stern im Sternbild Kleiner Bär, der fast immer genau die Nordrichtung anzeigt;* Syn *Nordstern*

Po|le ⟨der; -n, -n⟩ *Einwohner von Polen;* Abl *Polin*

Po|le|mik ⟨die; -, -en⟩ *meist publizistisch ausgetragener Streit, ein nicht mehr ganz sachlicher heftiger Angriff mit Worten* ▸ eine beißende ~; Abl *Polemiker(in); polemisch*

po|le|mi|sie|ren ⟨V. intr.; po|le|mi|siert, po|le|mi|sier|te, hat po|le|mi|siert⟩ (gegen jmdn.) ~ *in der*

Art einer Polemik streiten, feindselig, nicht mehr ganz sachlich über jmdn. sprechen od. schreiben

po|len ⟨V. trans.; polt, pol|te, hat ge|polt⟩ etwas ~ *an einen elektrischen Pol anschließen*

Po|li|ce ⟨[-li:s(ə)] die; -, -n⟩ *vom Versicherer ausgestellte Urkunde über eine abgeschlossene Versicherung;* Zus *Versicherungspolice*

Po|lier ⟨der; -s, -e⟩ *Vorarbeiter der Maurer u. Zimmerleute*

po|lie|ren ⟨V. trans.; po|liert, po|lier|te, hat po|liert⟩ etwas ~ **1** *glänzend machen, putzen* **2** *fein glätten* ▸ Metall, Möbel ~

Po|li|kli|nik ⟨die; -, -en; Med.⟩ *Abteilung eines Krankenhauses zur ambulanten Behandlung*

Po|lio ⟨die; -; unz.; Kurzwort für⟩ *Poliomyelitis*

Po|lio|my|e|li|tis ⟨die; -, -ti|den⟩ = *Kinderlähmung*

po|lit..., Po|lit... ⟨in Zus.⟩ *politisch, die Politik betreffend,* z. B. Politkarriere, Politprominenz, Politthriller

Po|lit|bü|ro ⟨das; -s, -s; Kurzwort für⟩ *Politisches Büro, ständiges Gremium des Zentralkomitees einer kommunistischen Partei*

Po|li|tes|se ⟨die; -, -n⟩ *Angestellte zur Unterstützung der Polizei, die geparkte Autos kontrolliert*

Po|li|tik ⟨die; -, -en; Pl. selten⟩ **1** *alle Maßnahmen zur Führung eines Staates hinsichtlich seiner inneren Verwaltung u. seines Verhältnisses zu anderen Staaten;* Syn *Staatskunst;* Zus *Politikwissenschaft; Außenpolitik, Innenpolitik* **2** ⟨übertr.⟩ *berechnendes Verhalten* ▸ eine (ganz bestimmte) ~ treiben, verfolgen; äußere, innere, erfolgreiche, friedliche, geschickte, kluge, kriegerische ~; die deutsche, englische, französische ~; er interessiert sich (nicht) für ~

Po|li|ti|ker ⟨der; -s, -⟩ *jmd., der aktiv an der Politik teilnimmt, Staatsmann*

Po|li|ti|ke|rin ⟨die; -, -rin|nen⟩ *weibl. Politiker*

Po|li|ti|kum ⟨das; -s, -ti|ka⟩ *Gegenstand der Politik, Sache, Ereignis von politischer Bedeutung*

Po|li|tik|ver|dros|sen|heit ⟨die; -; unz.⟩ *Enttäuschung der Bürger hinsichtlich der Politik*

po|li|tisch ⟨Adj.⟩ *die Politik betreffend, zu ihr gehörend, auf ihr beruhend* ▸ ~er Beamter *B. in hoher Stellung, der die politischen Ziele der Regierung vertreten muss;* einen ~en Fehler machen; ~e Korrektheit = *Political Correctness, vorurteilsfreie Gesinnung, Vermeidung jeglicher Art von Diskriminierung;* im ~en Leben stehen; ~e Nachrichten hören; ~e Ökonomie = *Volkswirtschaftslehre*

po|li|ti|sie|ren ⟨V.; po|li|ti|siert, po|li|ti|sier|te, hat po|li|ti|siert⟩ **I** ⟨V. intr.⟩ *über Politik reden* **II** ⟨V. trans.⟩ **1** etwas ~ *zum Gegenstand politischer Analyse u. Diskussion machen* **2** jmdn. ~ *zur Teilnahme am politischen Geschehen bringen* **III** ⟨V. refl.⟩ sich ~ *politisch bewusst u. aktiv werden;* Abl *Politisierung*

Po|li|to|lo|gie ⟨die; -; unz.⟩ *Wissenschaft von der Politik, Lehre von den politischen Strukturen;* Abl *Politologe, Politologin; politologisch*

Po|li|tur ⟨die; -, -en⟩ **1** *durch Polieren erzeugter Glanz* **2** *Poliermittel;* Zus *Möbelpolitur*

Po|li|zei ⟨die; -, -en⟩ **1** *Behörde zur Aufrechterhaltung der öffentlichen Ordnung u. Sicherheit;* Zus *Polizeiaktion, Polizeiauto, Polizeibeamte(r), Polizeibeamtin, Polizeibericht, Polizeichef, Polizeieinheit, Polizeifunk, Polizeigewahrsam, Polizeihund, Polizeikontrolle* **2** *deren Amtsräume* **3** *Gesamtheit der Polizeibeamten* ▸ du bist dümmer, als die ~ erlaubt ⟨umg.⟩; die ~ holen; jmdn. der ~ übergeben

Polizei

Die *Polizei* ist eine Behörde, die für die Sicherheit und den Schutz der Bürgerinnen und Bürger zuständig ist. In Deutschland wird zwischen Schutz- und Kriminalpolizei unterschieden. Die Schutzpolizei übernimmt grundlegende Aufgaben, von der Verkehrserziehung und -überwachung über den Schutz von Großveranstaltungen bis hin zur Aufklärung von Straftaten. Während ihrer Dienstzeit tragen die Polizistinnen und Polizisten eine Polizeiuniform. Einheitlich gestaltet sind auch die mit Blaulicht versehenen Dienstwagen der Polizei. Der kostenlose Polizeinotruf, der zur jeweils nächsten örtlichen Polizeidienststelle weitergeleitet wird, lautet in Deutschland 110, in Österreich 133 und in der Schweiz 117.
Für die Rauschgift-, Umwelt- und Wirtschaftskriminalität sowie bei Diebstählen, Brandstiftung, Sexualdelikten, Betrugsdelikten u. a. ist die Kriminalpolizei zuständig.

Po|li|zei|be|hör|de ⟨die; -, -n⟩ = *Polizeidienststelle*

Po|li|zei|dienst|stel|le ⟨die; -, -n⟩ *für ein bestimmtes Gebiet (Stadtteil, Gemeinde) zuständige Dienststelle der Polizei* ▸ sachdienliche Hinweise nimmt jede ~ entgegen

Po|li|zei|ge|walt ⟨die; -; unz.⟩ *Machtbefugnis u. Machtausübung der Polizei*

po|li|zei|lich ⟨Adj.⟩ *zur Polizei gehörend, mit ihrer Hilfe, von ihr ausgehend* ▸ unter ~er Bewachung; ~e Vorschriften; sich ~ an-, abmelden *bei der zuständigen Polizeibehörde*

Po|li|zei|prä|si|di|um ⟨das; -s, -di|en⟩ *oberste Polizeibehörde einer größeren Stadt*

Po|li|zei|re|vier ⟨[-vi:r] das; -s, -e⟩ **1** *Bezirk einer Stadt, für die eine Abteilung der Polizei zuständig ist* **2** *deren Amtsräume*

Po|li|zei|schutz ⟨der; -es; unz.⟩ *Schutz durch die Polizei* ▸ gefährdete Personen unter ~ stellen

Po|li|zei|staat ⟨der; -(e)s, -en; abwertend⟩ *Staat, der auf repressive Weise mit einem großen Polizeiapparat die öffentliche Ordnung aufrechterhält u. in dem die Bürger nicht verfassungsmäßig vor Übergriffen der Staatsmacht geschützt sind*

Po|li|zist ⟨der; -en, -en⟩ *Polizeibeamter* ▸ ein ~ regelt den Verkehr

Po|li|zis|tin ⟨die; -, -tin|nen⟩ *weibl. Polizist*

Pol|ka ⟨die; -, -s⟩ *Rundtanz im schnellen ²⁄₄-Takt u. Wechselschritt*

Pol|len ⟨der; -s, -⟩ = *Blütenstaub*

P

1 das Tamburin 2 die Akustikgitarre 3 die Saite 4 die Elektrogitarre / die E-Gitarre 5 die Trompete 6 die Trommel 7 die Klarinette 8 die Blockflöte 9 die Posaune 10 das Klavier 11 die Taste / die Tastatur 12 die Geige / die Violine 13 der Bogen 14 der Flügel 15 das Schlagzeug 16 das Becken 17 die Basstrommel 18 die Querflöte 19 das Saxophon 20 das Cello / das Violoncello

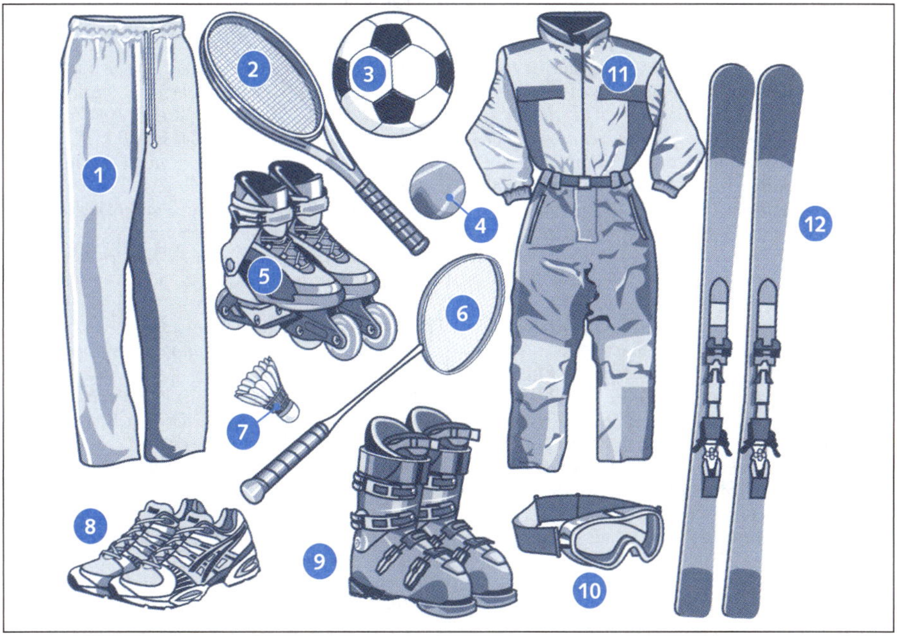

1 die Jogginghose 2 der Tennisschläger 3 der Fußball 4 der Tennisball 5 der Rollschuh, die Rollschuhe / die Inlineskates (Pl.) 6 der Federballschläger / der Badmintonschläger 7 der Federball 8 der Joggingschuh, die Joggingschuhe 9 der Skistiefel, die Skistiefel 10 die Skibrille 11 der Skianzug 12 der Ski, die Skier

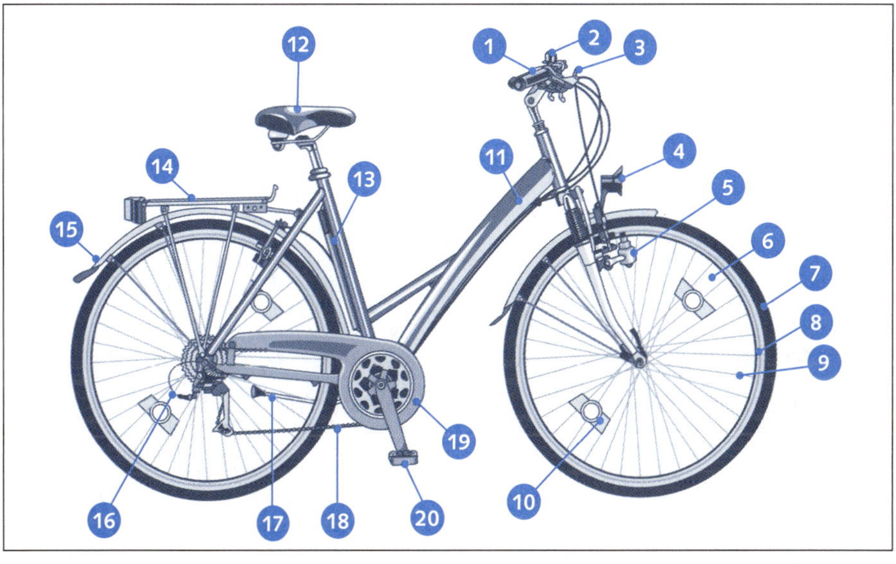

1 der Lenker 2 die Klingel 3 die Bremse 4 die Lampe 5 der Dynamo 6 das Rad 7 der Reifen / der Fahrradreifen 8 die Felge 9 die Speiche 10 der Reflektor 11 der Rahmen 12 der Sattel 13 die Luftpumpe 14 der Gepäckträger 15 das Schutzblech 16 die Gangschaltung 17 der Ständer 18 die Kette 19 der Kettenschutz 20 das Pedal

Pol|len|flug ⟨der; -(e)s; unz.⟩ *Verbreitung von Pollen in der Luft, bes. während der Blütezeit der Pflanzen im Frühjahr* ▸ den ~ vorhersagen

Pol|ler ⟨der; -s, -⟩ **1** *hölzerner od. metallener Klotz am Kai zum Festmachen von Tauen der anlegenden Schiffe* **2** *auf Bürgersteigen angebrachter Beton- od. Metallklotz, der das verkehrswidrige Abstellen von Kraftfahrzeugen verhindert*

pol|nisch ⟨Adj.⟩ *Polen betreffend, dazu gehörend, von dort stammend*

Po|lo ⟨das; -s; unz.⟩ *dem Hockey ähnliches Ballspiel zu Pferde*

Po|lo|hemd ⟨das; -(e)s, -en⟩ *Trikothemd mit kurzen Ärmeln;* Syn *Poloshirt*

Po|lo|nai|se ⟨[-nɛ:-] die; -, -n⟩ *polnischer Schreittanz im ¾-Takt;* oV *Polonäse*

Pols|ter ⟨das; -s, - od. österr. der; -s, -⟩ **1** *weiche Auflage u. Federung für Stühle, Sessel, Sofas, Couchen;* Zus *Polstermöbel, Polstersessel* **2** *in ein Kleidungsstück eingenähtes kleines Kissen;* Zus *Schulterpolster* **3** ⟨übertr.⟩ finanzielles ~ *Rücklagen, Ersparnisse* ▸ sich od. jmdm. einen Mantel als ~ unter den Kopf legen

Pols|ter|gar|ni|tur ⟨die; -, -en⟩ *Couch u. dazu passende Polstersessel*

pols|tern ⟨V. trans.; pols|tert, pols|ter|te, hat gepols|tert⟩ etwas ~ *mit Polster versehen* ▸ gepolsterter Stuhl, Sessel; Abl *Polsterung*

Pol|ter|abend ⟨der; -(e)s, -e⟩ *Vorabend der Hochzeit, an dem nach altem Brauch vor der Tür Geschirr zerschlagen wird, dessen Scherben dem Brautpaar Glück bringen sollen*

Pol|ter|geist ⟨der; -(e)s, -er⟩ *sich angeblich durch Klopfzeichen bemerkbar machender Geist eines Verstorbenen*

pol|tern ⟨V. intr.; pol|tert, pol|ter|te, hat ge|pol|tert⟩ **1** *mit dumpf krachendem Geräusch hinfallen* (von Sachen) **2** irgendwohin ~ *mit dumpf krachendem Geräusch fahren od. gehen* ▸ Steine, Kisten ~ vom Wagen auf die Straße; ~d die Treppe hinunterlaufen

po|ly…, Po|ly… ⟨in Zus.⟩ *viel…, Viel…*

Po|ly|ac|ryl ⟨das; -s; unz.⟩ *synthetische Faser*

Po|ly|amid ⟨das; -(e)s, -e⟩ *ein für Kleidung verwendeter Kunststoff (Nylon, Perlon)*

Po|ly|es|ter ⟨der; -s, -; Chem.⟩ *aus Säuren u. Alkoholen synthetisierter Kunststoff zur Herstellung von Chemiefasern, Harzen, Lacken u. a.*

Po|ly|ga|mie ⟨die; -; unz.; Soziol.⟩ *Ehegemeinschaft mit mehreren Partnern;* Syn *Vielehe;* Ggs *Monogamie;* Abl *polygam*

po|ly|glott ⟨Adj.⟩ *mehrsprachig*

Po|lyp ⟨der; -en, -en⟩ **1** ⟨Med.⟩ *gestielte Geschwulst* **2** ⟨Zool.⟩ **2.1** *Kopffüßer* **2.2** *auf einer Unterlage festsitzendes, einzelnes Nesseltier mit Tentakeln u. Mundöffnung;* Zus *Süßwasserpolyp* **3** ⟨scherzh.; umg.⟩ *Polizist*

po|ly|phon ⟨Adj.; Mus.⟩ *aus mehreren selbstständigen Stimmen bestehend;* oV *polyfon* ▸ ~e Musik; Abl *Polyphonie/Polyfonie*

po|ly|sem ⟨Adj.; Sprachw.⟩ *mehrdeutig* (von Wörtern); →a. *homonym;* Abl *Polysem, Polysemie*

Po|ly|tech|ni|kum ⟨das; -s, -ni|ka od. -ni|ken⟩ *höhere techn. Fachschule*

Po|ly|vi|nyl|chlo|rid ⟨[-viny:lklo-] das; -(e)s, -e; Abk.: PVC⟩ *durch Polymerisation von Vinylchlorid hergestellter Kunststoff, thermoplastisch, zäh u. hart (Hart-PVC), durch Zusatz von Weichmachern biegsam gemacht (Weich-PVC)*

Po|ma|de ⟨die; -, -n⟩ *wohlriechendes Fett zur Pflege des Haars u. der Lippen*

po|ma|dig ⟨Adj.; übertr.; umg.⟩ *träge, langsam, bequem, nicht aus der Ruhe zu bringen*

Po|me|ran|ze ⟨die; -, -n; Bot.⟩ *Zitrusgewächs, dessen bittere Fruchtschale als Gewürz verwendet wird;* Syn *Bitterorange*

Pom|mes ⟨Pl.; umg.⟩ = *Pommes frites* ▸ einmal ~ rot-weiß, bitte! *eine Portion Pommes frites mit Ketchup u. Mayonnaise*

Pommes frites ⟨[pɔm frɪt] Pl.⟩ *in Stäbchen geschnittene, rohe Kartoffeln, die in heißem Fett schwimmend ausgebacken werden*

Pomp ⟨der; -s; unz.⟩ *Prunk, übertriebene Pracht* ▸ mit großem ~

Pom|pon ⟨[pɔ̃pɔ̃:] der; -s, -s⟩ *Quaste, Troddel*

pom|pös ⟨Adj.⟩ *voller Pomp, überladen mit Prunk, mit übertriebenem Aufwand* ▸ ein ~es Fest

Pon|cho ⟨[-tʃo] der; -s, -s⟩ **1** *von den Indianern Mittel- u. Südamerikas getragener, viereckiger Überwurf mit einem Loch in der Mitte für den Kopf* **2** ⟨Mode⟩ *weiter, mantelartiger Umhang für Frauen u. Mädchen*

Pon|ti|fex ⟨der; -, -ti|fi|zes od. -ti|fi|ces⟩ *Papst,* ⟨kurz für⟩ ~ maximus *(Titel des röm. Kaisers, (später) des Papstes)*

Pon|ti|fi|kat ⟨das; -(e)s, -e⟩ *Amt, Amtszeit, Würde des Bischofs od. Papstes*

Pon|ton ⟨[pɔntɔŋ], [pɔ̃tɔ̃:] od. österr. [pɔnto:n] der; -s, -s⟩ *schwimmende Brücke*

Po|ny **I** ⟨das; -s, -s⟩ *kleine Pferderasse* **II** ⟨der; -s, -s; übertr.⟩ *in die Stirn gekämmtes, glattes Haar*

Pool ⟨[pu:l] der; -s, -s⟩ **1** *Zusammenschluss von Firmen mit gemeinsamer Gewinnverteilung* **2** *Zusammenfassung von Beteiligungen am gleichen Objekt* **3** *Einsatz beim Spiel* **4** ⟨kurz für⟩ *Swimmingpool*

Pop ⟨der; -s; unz.⟩ **1** *dem Beat u. Rock verwandte, einem breiten Publikum zugängliche Musik;* Zus *Popband, Popgruppe, Popkonzert, Popmusik, Popsänger(in), Popstar, Popszene* **2** *Kunstrichtung der 60er u. 70er Jahre des 20. Jh., die modern, auffallend u. farbenfroh gestaltet ist*

Po|panz ⟨der; -es, -e; übertr.⟩ *willenloser, von anderen in seinen Handlungen abhängiger Mensch*

Pop-Art ⟨die; -; unz.⟩ *Richtung der modernen bildenden Kunst, die (zumeist alltägliche Gebrauchs-)Gegenstände künstlerisch verfremdet*

Pop|corn ⟨das; -s; unz.⟩ *durch Erhitzen in heißem Fett aufgeplatzte Maiskörner*

Po|pe ⟨der; -n, -n⟩ **1** *Geistlicher der russ. u. grch.-orthodoxen Kirche* **2** ⟨abwertend⟩ *Pfarrer*

Po|pel ⟨der; -s, -; umg.⟩ *verhärteter Nasenschleim*

po|pe|lig ⟨Adj.; umg.⟩ oV *poplig* **1** *armselig, dürftig* **2** *gewöhnlich, simpel, unbedeutend* **3** *knauserig*

po|peln ⟨V. intr.; po|pelt, po|pel|te, hat ge|po|pelt; umg.⟩ *in der Nase bohren*

Po|po ⟨der; -s, -s; umg.⟩ = *Gesäß*

pop|pig ⟨Adj.⟩ **1** *in der Art der Pop-Art* **2** *wie Popmusik* **3** *modern, auffallend, grellfarbig*

po|pu|lär ⟨Adj.⟩ **1** *allgemein bekannt u. beliebt* **2** *allgemein anerkannt* **3** *allgemeinverständlich;* Abl *Popularität*

po|pu|la|ri|sie|ren ⟨V. trans.; po|pu|la|ri|siert, po|pu|la|ri|sier|te, hat po|pu|la|ri|siert⟩ etwas ~ *populär machen, allgemeinverständlich machen*

po|pu|lär|wis|sen|schaft|lich ⟨Adj.⟩ *wissenschaftlich, aber trotzdem allgemeinverständlich*

Po|pu|la|ti|on ⟨die; -, -en⟩ **1** *Bevölkerung* **2** ⟨Biol.⟩ *Gesamtheit der Angehörigen einer Art in einem bestimmten Gebiet* ▸ die ~ der Vögel in diesem Gebiet nimmt ab; Zus *Populationsdichte*

Po|pu|lis|mus ⟨der; -; unz.⟩ *Politik (meist einer Führerpersönlichkeit), die durch Parteinahme für die sozial Schwächeren die Volksmassen zu beeinflussen sucht;* Abl *Populist(in); populistisch*

Po|re ⟨die; -, -n⟩ **1** *feines Loch* **2** *Mündung der Schweißdrüsen in der Haut;* Abl *porig*

...po|rig ⟨in Zus.; zur Bildung von Adj.⟩ *mit einer bestimmten Art od. Zahl von Poren versehen,* z. B. großporig, kleinporig, dreiporig

Por|no ⟨der; -s, -s; umg.; kurz für⟩ *pornographischer Film, pornographischer Roman*

Por|no|gra|phie ⟨die; -; unz.⟩ *obszöne Darstellung der Geschlechtsteile od. sexueller Vorgänge in Wort u. Bild;* oV *Pornografie;* Abl *pornographisch/pornografisch*

po|rös ⟨Adj.; -er, am -es|ten⟩ *durchlässig (für Flüssigkeit u. Luft), mit feinsten Löchern versehen;* Abl *Porosität*

Por|ree ⟨der; -s, -s⟩ *als Gemüse genutzte, zwiebelartige Pflanze;* ⓘ S. 1002

Por|tal ⟨das; -(e)s, -e⟩ **1** ⟨Arch.⟩ *architektonisch verziertes Tor;* Zus *Kirchenportal* **2** ⟨kurz für⟩ *Internetportal, Internetseite mit vielen Informationen und Links zu einem bestimmten Thema*

Porte|feuille ⟨[pɔrtfø:j] das; -s, -s⟩ **1** ⟨Börse⟩ *Bestand an Wertpapieren* **2** ⟨Wirtsch.⟩ *Produktangebot eines Unternehmens*

Porte|mon|naie ⟨[pɔrtmɔnɛ:], a. ['---] das; -s, -s⟩ = *Geldbeutel*

Port|fo|lio ⟨das; -s, -s⟩ **1** = *Portefeuille* **2** ⟨Fot.⟩ *(großformatiger) Bildband*

Por|ti|er ⟨[-tje:] der; -s, -s⟩ **1** *Pförtner* **2** ⟨veraltet⟩ *Hausmeister*

por|tie|ren ⟨V. trans.; por|tiert, por|tier|te, hat portiert; schweiz.⟩ jmdn. ~ *zur Wahl vorschlagen, empfehlen*

Por|ti|on ⟨die; -, -en⟩ *abgemessene Menge (bes. von Speisen) Ration, Anteil, Stück* ▸ eine ~ Eis, Gemüse, Kartoffeln; sich noch eine ~ nehmen; ich hätte gern eine ~ Pommes frites; er ist nur eine halbe ~ ⟨übertr.; umg.⟩ *er ist sehr dünn, klein, schwächlich;* Zus *portionsweise; Kinderportion*

por|ti|o|nie|ren ⟨V. trans.; por|ti|o|niert, por|ti|o|nier|te, hat por|ti|o|niert⟩ Essen ~ *in Portionen aufteilen*

Port|mo|nee ⟨a. ['---] das; -s, -s⟩ = *Portemonnaie*

Por|to ⟨das; -s, -s od. Por|ti⟩ *Gebühr für das Befördern von Postsendungen* ▸ es kostet 15 € plus ~; Abl *portofrei;* Zus *Briefporto, Paketporto*

Por|t|rät ⟨[-rɛ:] od. [-re:] das; -s, -s⟩ oV *Portrait* **1** = *Bildnis;* Zus *Porträtkunst/Portraitkunst* **2** *schriftliche od. filmische Zusammenfassung von jmds. Charakter u. Lebensgeschichte;* Zus *Filmporträt/Filmportrait* ▸ ein ~ malen; jmds. ~ veröffentlichen; Abl *porträtieren/portraitieren*

por|tu|gie|sisch ⟨Adj.⟩ *Portugal betreffend, von dort stammend;* Abl *Portugiese, Portugiesin*

Port|wein ⟨der; -(e)s, -e⟩ *dunkelroter, süßer portugiesischer Wein (aus der Stadt Porto)*

Por|zel|lan ⟨das; -s, -e⟩ **1** *dichtes, weißes, durchscheinendes keramisches Erzeugnis* **2** *Tafelgeschirr daraus;* Zus *Porzellanmalerei*

Por|zel|lan|la|den ⟨der; -s, -lä|den⟩ *Geschäft, in dem Porzellan verkauft wird;* →a. *Elefant*

Po|sau|ne ⟨die; -, -n; Mus.⟩ *Blechblasinstrument mit zwei ineinanderliegenden U-förmigen Rohren;* ⓘ S. 788; Abl *Posaunist(in)*

Po|se ⟨die; -, -n⟩ **1** *gekünstelte, gezierte Haltung* **2** ⟨Mal., bildende Kunst⟩ *Stellung, Haltung (einer Person)* ▸ eine ~ einnehmen

po|sie|ren ⟨V. intr.; po|siert, po|sier|te, hat po|siert⟩ **1** *eine Pose einnehmen u. einhalten* **2** ⟨übertr.⟩ *sich gekünstelt benehmen, sich wichtigmachen*

Po|si|ti|on ⟨die; -, -en⟩ **1** *Haltung, Stellung* **2** *berufliche Stellung* **3** *Stelle (einer Zahl)* **4** *Lage, Standort* **5** ⟨Abk.: Pos.⟩ *einzelner Posten (im Etat, Haushaltsplan, in einer Warenliste)* ▸ seine ~ behaupten *nicht schwächer werden, nicht zurückfallen;* in gesicherter, guter ~ sein *in gesicherter beruflicher Stellung;* sich jmdm. gegenüber in starker, schwacher ~ befinden

po|si|ti|o|nie|ren ⟨V.; po|si|ti|o|niert, po|si|ti|o|nier|te, hat po|si|ti|o|niert⟩ **I** ⟨V. trans.⟩ etwas irgendwo ~ **1** *in eine bestimmte Position bringen, stellen* **2** ⟨übertr.⟩ *in einen Zusammenhang bringen, einordnen, zuordnen* ▸ ein neues Produkt auf dem Markt ~ **II** ⟨V. refl.⟩ sich ~ *einen bestimmten Standpunkt einnehmen* ▸ die Partei versucht sich neu zu ~; Abl *Positionierung*

po|si|tiv ⟨Adj.⟩ Ggs *negativ (4)* **1** ⟨allg.⟩ **1.1** *bejahend, zustimmend* **1.2** *erfreulich, gut* **2** ⟨Math.⟩ *größer als null* **3** ⟨Philos.⟩ *wirklich, tatsächlich (vorhanden), gegeben;* Abl *Positivismus; positivistisch* **4** ⟨Fot.⟩ *in den Farben bzw. der Helligkeit wie das Original* ▸ eine ~e **Antwort** geben; ~er **Befund** *der Befund, dass sich in dem untersuchten Abstrich od. Gewebeteil Krankheitserreger befinden;* ~es **Ergebnis;** eine ~e **Haltung** einnehmen; ~e **Ladung** ▸ sich ~ (zu einer Sache) **äußern;** ~ zum Leben **eingestellt** sein

Po|si|tiv **I** ⟨der; -s, -e; Gramm.⟩ *die nicht gesteigerte Form des Adjektivs* **II** ⟨das; -s, -s; Fot.⟩ *Bild in der richtigen Wiedergabe der Seiten u. von Licht u. Schatten;* Ggs *Negativ*

Po|si|tur ⟨die; -, -en⟩ **1** *für eine bestimmte Situation gewählte Haltung* **2** ⟨umg.⟩ *Gestalt, Statur, Figur* ▸ sich in ~ setzen, stellen

P
Q
R
S
T
U
V
W
X
Y
Z

Pos|se ⟨die; -, -n⟩ **1** *anspruchslose, derbe Komödie, in der die Komik meist durch Übertreibung erreicht wird* **2** ⟨übertr.⟩ *skandalöser u. zugleich lächerlicher Vorgang;* Abl *possenhaft;* Zus *Narrenposse, Provinzposse*

Pos|sen ⟨Pl.⟩ *Spaß, Schabernack, Unfug* ▸ ~ reißen; ~ treiben; Zus *Possenreißer*

Pos|ses|siv|pro|no|men ⟨das; -s, - od. -mi|na; Gramm.⟩ *besitzanzeigendes Fürwort,* z. B. euer, mein, dein, unser; Syn *Possessivum*

pos|sier|lich ⟨Adj.⟩ *(klein u.) lustig, drollig* (bes. von Tieren)

Post ⟨die; -; unz.⟩ **1** *(häufig staatliche) Einrichtung zur Beförderung von Nachrichten (Briefen, Karten, Telegrammen, Telefongesprächen), Geld u. Gütern (Päckchen, Paketen), heute auch Geldinstitut;* Abl *postalisch;* Zus *Postbank, Postbeamte(r), Postbeamtin, Postfiliale, Postgiro, Postkunde, Postkundin, Postkutsche* **2** *die von der Post (1) beförderten Briefe, Pakete u. a. Gegenstände* **3** ⟨umg.; kurz für⟩ *Postamt;* Zus *Postfiliale* ▸ ~ **austragen;** ~ **beantworten;** ich habe ~ von ihm **bekommen;** ist ~ für mich **gekommen,** für mich da?; ich habe meine ~ noch nicht **gelesen** ▸ die **eingegangene,** heutige ~ durchsehen ▸ einen Brief, ein Paket **auf** die, zur ~ bringen; er arbeitet, ⟨umg.⟩ ist **bei** der ~; etwas mit der ~ schicken

post..., Post... ⟨in Zus.⟩ *nach..., Nach..., hinter..., Hinter...*

Post|amt ⟨das; -(e)s, -äm|ter⟩ *Dienststelle der Post zur Abwicklung aller die Post betreffenden Geschäfte, zur Verwaltung, Abrechnung usw.*

Post|bo|te ⟨der; -n, -n⟩ = *Briefträger* ▸ der ~ war heute noch nicht da; Abl *Postbotin*

Pos|ten ⟨der; -s, -⟩ **1** ⟨kurz für⟩ *Wachposten* **2** *Anstellung, Stellung, Amt* **3** *Stelle, Ort, Platz (zu bestimmtem Zweck)* **4** *bestimmte Warenmenge (innerhalb einer größeren Menge verschiedenartiger Sachen)* **5** *Einzelziffer im Haushalt* **6** *Einzelbetrag (in einer Rechnung)* **7** *gebuchter Betrag* ▸ ein ~ **Hemden** ▸ die ~ **ablösen;** ~ **aufstellen;** ~ **stehen** *Wache stehen;* seinen ~ **verlieren** *entlassen werden* ▸ **auf** dem ~ sein ⟨übertr.⟩ *aufpassen; wohlauf, gesund sein;* auf verlorenem ~ stehen, kämpfen ⟨übertr.⟩ *für eine aussichtslose od. überholte Sache kämpfen*

Pos|ter ⟨der od. das; -s, -⟩ *plakatives, großformatiges Bild* ▸ politisches ~; Zus *Kunstposter*

Post|fach ⟨das; -(e)s, -fä|cher⟩ *verschließbares, im Postamt zu mietendes Fach für Briefe, die der Empfänger selbst abholt*

Post|ge|heim|nis ⟨das; -nis|ses; unz.⟩ = *Briefgeheimnis*

pos|tie|ren ⟨V. trans.; pos|tiert, pos|tier|te, hat postiert⟩ jmdn. od. sich an eine od. an einer Stelle ~ *jmdn. od. sich an einer Stelle aufstellen*

Post|kar|te ⟨die; -, -n⟩ *Karte für Mitteilungen zum Versand durch die Post* ▸ wir haben viele ~n aus dem Urlaub verschickt

post|la|gernd ⟨Adj.⟩ *zur Abholung am Postschalter bestimmt* ▸ einen Brief ~ schicken

Post|leit|zahl ⟨die; -, -en; Abk.: PLZ⟩ *(auf Postsendungen anzugebende) Kennzahl für einen Postort zur rascheren (maschinellen) Verteilung der Post* ▸ wie ist die ~ von Heidelberg?

Post|ler ⟨der; -s, -; umg.⟩ = *Pöstler*

Pöst|ler ⟨der; -s, -; schweiz.⟩ oV *Postler* **1** *Postbeamter* **2** *Briefträger*

Post|le|rin ⟨die; -, -rin|nen; umg.⟩ *weibl Postler*

Pöst|le|rin ⟨die; -, -rin|nen; schweiz.⟩ *weibl. Pöstler*

Post|mo|der|ne ⟨die; -; unz.⟩ *Begriff (u. a. in Architektur, Kunst, Literatur u. Musik) für die auf die Moderne folgende Epoche, die durch Subjektivismus, Stilpluralismus u. spielerischen Umgang mit historischen Elementen gekennzeichnet ist*

Post|po|si|ti|on ⟨die; -, -en; Gramm.⟩ *nachgestellte Präposition,* z. B. „wegen" in „der Kinder wegen"

Post|skript ⟨das; -(e)s, -e; Abk.: PS⟩ *Nachschrift (im Brief);* oV *Postskriptum*

Post|stem|pel ⟨der; -s, -⟩ *Stempel der Post zum Entwerten der Briefmarke*

Pos|tu|lat ⟨das; -(e)s, -e⟩ **1** *moralische Forderung* **2** *Annahme, die unbeweisbar, aber glaubhaft ist* ▸ ein ~ aufstellen; Abl *postulieren*

post|wen|dend ⟨Adj.⟩ **1** *mit der nächsten Post* **2** *sofort, umgehend, so schnell wie möglich* ▸ ~ antworten, schreiben, schicken; ~ zurückkommen

Post|wert|zei|chen ⟨das; -s, -⟩ *Briefmarke, aufgedruckter od. eingeprägter Wertstempel*

Post|wurf|sen|dung ⟨die; -, -en⟩ *Sendung einer Massendrucksache, die mit der Post ausgetragen wird;* Syn ⟨kurz⟩ *Wurfsendung*

po|tent ⟨Adj.; -er, am -es|ten⟩ **1** *leistungsfähig* **2** Ggs *impotent* **2.1** *zeugungsfähig* **2.2** *fähig zum Geschlechtsverkehr (vom Mann)*

Po|tenz ⟨die; -, -en⟩ **I** ⟨unz.⟩ **1** *Leistungsfähigkeit* **2** *Zeugungsfähigkeit, Geschlechtsreife* **3** *Fähigkeit, den Geschlechtsverkehr auszuüben* (vom Mann); Zus *Potenzmittel, Potenzpille, Potenzprobleme* **II** ⟨zählb.; Math.⟩ *Produkt mehrerer gleicher Faktoren*

Po|ten|zi|al ⟨das; -s, -e⟩ oV *Potential* **1** *Leistungsfähigkeit* **2** *unterschwelliges Vorhandensein* ▸ großes ~ haben

po|ten|zi|ell ⟨Adj.⟩ *möglich, denkbar;* oV *potentiell* ▸ er ist ein ~er Bewerber

po|ten|zie|ren ⟨V. trans.; po|ten|ziert, po|ten|zier|te, hat po|ten|ziert⟩ **1** etwas ~ *steigern, erhöhen* **2** ⟨Math.⟩ eine Zahl ~ *in die Potenz erheben, mit sich selbst multiplizieren*

Pot|pour|ri ⟨[-pur-] das; -s, -s⟩ **1** *aus verschiedenen, durch Übergänge verbundenen Melodien eines od. mehrerer Musikstücke zusammengesetztes Musikstück* **2** ⟨übertr.⟩ *kunterbuntes Allerlei*

Pott ⟨der; -(e)s, Pöt|te; norddt.⟩ **1** *Topf* **2** *Schiff*

pott|häss|lich ⟨Adj.; verstärkend⟩ *sehr hässlich*

Pott|wal ⟨der; -(e)s, -e⟩ *meist dunkelgrauer bis schwarzer Wal von 20-23 m Länge mit riesigem Kopf, bewohnt alle warmen Weltmeere*

Pou|lar|de ⟨[pu-] die; -, -n⟩ *junges, vor der Geschlechtsreife geschlachtetes Masthuhn*

Pou|let ⟨[pule:] das; -s, -s; schweiz.⟩ *Huhn* (als Speise)

Po|w|er ⟨[pauə(r)] die; -; unz.⟩ **1** *Leistung* **2** ⟨umg.⟩ *Kraft, Stärke* ▸ ein Auto, Lautsprecher, Mensch mit viel ~; Abl *powern*

Po|w|er|frau ⟨[pauə(r)-] die; -, -en; umg.; salopp⟩ *emanzipierte, energisch handelnde u. in allen Lebensbereichen erfolgreiche Frau*

Po|widl ⟨der; -s, -; österr.⟩ *Pflaumenmus*

PR ⟨[pe:ɛr]Abk. für⟩ *Public Relations;* Zus *PR-Agentur, PR-Aktion*

prä..., Prä... ⟨in Zus.⟩ *vor..., Vor...*

Prä|am|bel ⟨die; -, -n⟩ *Einleitung (zu einer Urkunde, einem Staatsvertrag)*

Pracht ⟨die; -; unz.⟩ **1** *strahlende Schönheit, reicher, glänzender Aufwand* **2** *strahlender Glanz von Silber, Gold, Edelsteinen u. Farben, Prunk* ▸ es ist eine ~ ⟨übertr.⟩ *es ist herrlich;* große ~ entfalten; die Frühstückstafel war eine wahre ~ ⟨übertr.; umg.⟩ *herrlich anzusehen;* in voller ~

Pracht|ex|em|p|lar ⟨das; -(e)s, -e⟩ Syn *Prachtstück* **1** *bes. schönes, meist kostbares Exemplar* (Buch, Blume u. a.) **2** ⟨übertr.; umg.; scherzh.⟩ *Mensch mit allen wünschenswerten Eigenschaften*

präch|tig ⟨Adj.⟩ Syn *prachtvoll* **1** *mit großer Pracht ausgestattet* **2** *herrlich, großartig* ▸ ~es Schloss; wir haben uns ~ verstanden *sehr gut*

prä|des|ti|niert ⟨Adj.⟩ für, zu etwas ~ sein *für etwas besonders gut geeignet, veranlagt sein*

Prädikat

Zu den Satzgliedern zählt das *Prädikat,* das gemeinsam mit dem Subjekt einen einfachen Aussagesatz bilden kann. Im Deutschen besteht ein einfaches Prädikat aus einer finiten (flektierten) Verbform: *Sie liest. Er schläft. Die Pferde wiehern.*

Bei einem mehrteiligen Prädikat (z. B. im Perfekt oder Futur) steht der finite Verbteil in der Regel an zweiter Stelle im Aussagesatz: *Das Geld wird in zwei Tagen eintreffen. Sie sind bereits angekommen.*

Prä|di|kat ⟨das; -(e)s, -e⟩ **1** *Titel, Bezeichnung eines Ranges;* Zus *Adelsprädikat* **2** *(positives) Ergebnis einer Bewertung;* Zus *Prädikatswein* **3** ⟨Gramm.⟩ *Satzteil, der Tätigkeit, Zustand od. Eigenschaft des Subjekts angibt;* Syn *Satzaussage;* Abl *prädikativ;* Zus *Prädikatsadjektiv, Prädikatsnomen* ▸ mit dem ~ „sehr gut" bewerten

Prä|fe|renz ⟨die; -, -en⟩ *Vorrang, Vorzug;* Abl *präferieren*

Prä|fix ⟨das; -es, -e; Gramm.⟩ = *Vorsilbe;* Abl *präfigieren*

Prä|fix|bil|dung ⟨die; -, -en; Sprachw.⟩ *Art der Wortbildung (bei Verben u. Adjektiven), bei der ein Affix vor den Wortstamm gesetzt wird,* z. B. „an-greifen", „in-aktiv";

prä|gen ⟨V. trans.; prägt, präg|te, hat ge|prägt⟩ **1** etwas ~ *durch Druck mit dem Prägestock od. Prägestempel mit einem Bild od. mit Schrift versehen* **2** ⟨übertr.⟩ jmdn. od. etwas ~ *gestalten, auf jmdn. od. etwas starken Einfluss ausüben* ▸ geprägt werden ⟨Verhaltensforschung⟩ *in einer bestimmten Entwicklungsphase sich ausbilden;* Leder, Pappe, Metall ~; Münzen ~; ein Wort ~ *einen Ausdruck formulieren, der von da an häufig von anderen benutzt wird*

Prag|ma|tik ⟨die; -, -en⟩ **1** ⟨geh.⟩ *Orientierung auf den praktischen Nutzen, auf die praktische Umsetzung;* Abl *Pragmatiker(in)* **2** ⟨österr.⟩ *Ordnung des Staatsdienstes*

prag|ma|tisch ⟨Adj.⟩ **1** *auf den praktischen Nutzen orientiert handelnd* **2** *sachlich, den Erfahrungen entsprechend, dem praktischen Nutzen dienend*

prä|g|nant ⟨Adj.; -er, am -es|ten⟩ *genau, kurz u. treffend* ▸ ~e Ausdrucksweise; einen Sachverhalt ~ ausdrücken; Abl *Prägnanz*

Prä|gung ⟨die; -, -en⟩ **1** *das Prägen* **2** *geprägtes Bild od. Muster* **3** ⟨übertr.⟩ *Gepräge, Eigenart* ▸ ein Mensch von (ganz) eigener ~

prä|his|to|risch ⟨Adj.⟩ *die Zeit vor Beginn der schriftlichen Überlieferung betreffend;* Syn *vorgeschichtlich*

prah|len ⟨V. intr.; prahlt, prahl|te, hat ge|prahlt⟩ *sich einer Sache rühmen, sich wichtigmachen, großtun* ▸ mit seinen Erfolgen, seinem Können ~; Abl *Prahlerei; prahlerisch;* Zus *Prahlhans*

Prak|tik ⟨die; -, -en⟩ **1** *Ausübung (einer Tätigkeit)* **2** *Handhabung (eines Werkzeugs)* **3** *Verfahren* ▸ dunkle ~en *Machenschaften*

Prak|ti|ka ⟨Pl. von⟩ *Praktikum*

prak|ti|ka|bel ⟨Adj.⟩ **1** *brauchbar, zweckmäßig* **2** *anwendbar, durchführbar;* Abl *Praktikabilität;* Bes *bei der Beugung entfällt das „e" im Stammwort: „praktikable Vorschläge"*

Prak|ti|kant ⟨der; -en, -en⟩ *jmd., der in der praktischen Ausbildung, im Praktikum, steht* ▸ als ~ Einblicke in das Unternehmen erhalten

Prak|ti|kan|tin ⟨die; -, -tin|nen⟩ *weibl. Praktikant*

Prak|ti|ker ⟨der; -s, -⟩ **1** *Mensch mit praktischer Erfahrung;* Ggs *Theoretiker (2)* **2** ⟨umg.⟩ *praktischer Arzt;* Abl *Praktikerin*

Prak|ti|kum ⟨das; -s, -ti|ka⟩ **1** *zeitlich zusammenhängende Ausbildung in der praktischen Arbeit als Teil der Gesamtausbildung* **2** *zeitlich befristete Tätigkeit in einer Behörde od. einem Betrieb mit Ausrichtung auf ein später eventuell angestrebtes Berufsziel;* Zus *Praktikumsplatz; Betriebspraktikum* ▸ ein ~ absolvieren; er macht ein ~ bei einer Autofirma

prak|tisch ⟨Adj.⟩ **1** *auf Praxis beruhend, in der Praxis, in Wirklichkeit, tatsächlich;* Ggs *theoretisch (2)* **2** *zweckmäßig, gut zu handhaben* (Gegenstand, Werkzeug, Verfahren) **3** *geschickt, findig* (Person) ▸ ~er Arzt ⟨nur noch umg.⟩ *Arzt für Allgemeinmedizin;* Ggs *Facharzt;* eine ~e Einrichtung; ihr fehlt noch die ~e Erfahrung im Beruf; ~es Jahr *Praktikum von einem Jahr Dauer;* das ist gut gedacht, lässt sich aber ~ kaum durchführen; er ist sehr ~; das war sehr ~ für mich *das passte, gefiel mir sehr gut;* ~ veranlagt sein; er hat ~ nichts verstanden *fast nichts*

prak|ti|zie|ren ⟨V.; prak|ti|ziert, prak|ti|zier|te, hat prak|ti|ziert⟩ **I** ⟨V. trans.⟩ etwas ~ *in der Praxis anwenden, durchführen* **II** ⟨V. intr.⟩ *als Arzt tätig sein* ▸ Dr. Stein praktiziert ab 1.10. wieder; ~der Arzt *in der Praxis tätiger Arzt*

Prä|lat ⟨der; -en, -en; Titel für⟩ **1** *katholischer geistlicher Würdenträger* **2** *leitender evangelischer Geistlicher in einigen süddt. Landeskirchen*

Pra|li|ne ⟨die; -, -n⟩ *kleines Stück Konfekt mit Schokoladenüberzug u. Füllung aus Marzipan, Nougat, Likör o. Ä.;* oV ⟨österr.; schweiz.⟩ *Praliné,* ⟨österr.⟩ *Pralinee*

prall ⟨Adj.⟩ **1** *ganz gefüllt* (Beutel, Sack); Zus *prall gefüllt / prallgefüllt* **2** *straff gespannt u. gewölbt* (Segel) **3** ⟨umg.⟩ *dick, fest u. rund* (Waden) ▸ in der ~en Sonne *ohne Schutz in der heißen S.*

pral|len ⟨V. intr.; prallt, prall|te, ist ge|prallt⟩ gegen etwas ~ *heftig gegen etwas stoßen, heftig auf etwas aufschlagen u. zurückgeworfen werden* ▸ der Ball prallte gegen die Mauer

prall|voll ⟨Adj.; umg.⟩ *ganz voll* (Beutel, Saal)

Prä|mie ⟨[-mjə] die; -, -n⟩ **1** *Preis, Belohnung für gute Leistung;* Zus *Prämiensparen; Buchprämie, Geldprämie* **2** *Betrag, den der Versicherte der Versicherung regelmäßig zu zahlen hat;* Zus *Versicherungsprämie* ▸ eine ~ aussetzen (auf etwas); eine ~ bekommen, erhalten

prä|mie|ren ⟨V. trans.; prä|miert, prä|mier|te, hat prä|miert⟩ etwas ~ *mit einer Prämie belohnen, auszeichnen;* oV *prämiieren* ▸ die beste Arbeit wurde prämiert; Abl *Prämi(i)erung*

Prä|mis|se ⟨die; -, -n⟩ *Voraussetzung, Bedingung* ▸ etwas nur unter der ~ machen, dass …

pran|gen ⟨V. intr.; prangt, prang|te, hat ge|prangt⟩ **1** *glänzen, leuchten* **2** irgendwo ~ *auffällig (an einer Stelle) angebracht sein* ▸ an der Haustür prangte ein goldenes Schild

Pran|ger ⟨der; -s, -; früher⟩ *Pfahl auf einem öffentlichen Platz, an dem Übeltäter eine Zeit lang angebunden stehen mussten* ▸ jmdn. an den ~ stellen ⟨übertr.⟩ *ihn öffentlich heftig kritisieren*

Pran|ke ⟨die; -, -n⟩ **1** *Tatze, Pfote (großer Raubtiere)* **2** ⟨umg.; scherzh.⟩ *große, starke Hand*

Prä|pa|rat ⟨das; -(e)s, -e⟩ **1** *etwas kunstgerecht Vor-, Zubereitetes, z. B. Arzneimittel* **2** *getrocknete Pflanze od. ausgestopftes Tier als Lehrmittel*

prä|pa|rie|ren ⟨V. trans.; prä|pa|riert, prä|pa|rier|te, hat prä|pa|riert⟩ **1** eine Pflanze, ein Tier ~ *zur Aufbewahrung dauerhaft machen;* Abl *Präparator(in)* **2** einen Körper ~ *zerlegen, um daran zu lernen* **3** ⟨geh.⟩ etwas ~ *vorbereiten*

Prä|po|si|ti|on ⟨die; -, -en; Gramm.⟩ *Wort, das ein räumliches, zeitliches od. logisches Verhältnis zw. Personen, Sachen, Begriffen usw. ausdrückt,* z. B. auf, während; Syn *Verhältniswort;* Zus *Präpositionalobjekt*

Prä|rie ⟨die; -, -n⟩ *nordamerikanische Grassteppe;* Zus *Präriehund, Präriewolf*

Prä|sens ⟨das; -; unz.; Gramm.⟩ *Zeitform des Verbs, die ein gegenwärtiges od. zeitlich unbestimmtes Geschehen bezeichnet, Gegenwart,* z. B. ich gehe; Syn *Gegenwartsform*

prä|sent ⟨Adj.⟩ **1** *anwesend, gegenwärtig, zur Stelle* **2** ⟨übertr.⟩ *eine spürbare Ausstrahlung habend* ▸ etwas ~ haben *etwas gegenwärtig, im Gedächtnis haben;* Abl *Präsenz*

Prä|sent ⟨das; -(e)s, -e⟩ *Geschenk, kleine Aufmerksamkeit* ▸ ~e überreichen

Prä|sen|ta|ti|on ⟨die; -, -en⟩ **1** *Vorlegung (eines Schriftstücks, bes. eines Wechsels zur Annahme)* **2** *Vorschlag (für ein Amt)* **3** *Vorführung (eines neuen Produktes)* ▸ die ~ eines neuen Autotyps

prä|sen|tie|ren ⟨V. trans. u. V. refl.; prä|sen|tiert, prä|sen|tier|te, hat prä|sen|tiert⟩ (jmdm.) etwas ~ *darreichen, darbieten, vorlegen* ▸ jmdm. die Rechnung ~ *zur Bezahlung vorlegen;* sich in guter Form ~ *in guter Verfassung sein*

Prä|sen|tier|tel|ler ⟨der; -s, -⟩ *Teller, auf dem Visitenkarten, Briefe usw. überreicht werden* ▸ wie auf dem ~ sitzen ⟨übertr.; umg.⟩ *auf einem auffälligen Platz, weithin sichtbar sitzen*

Prä|sent|korb ⟨der; -(e)s, -kör|be⟩ *garnierter Korb mit Delikatessen (als Geschenk)*

Prä|senz|bi|b|lio|thek ⟨die; -, -en⟩ *Bibliothek, deren Bücher nicht ausgeliehen werden, sondern nur im Lesesaal benutzt werden dürfen*

Prä|senz|pflicht ⟨die; -; unz.⟩ *Verpflichtung, anwesend zu sein*

Prä|ser|va|tiv ⟨[-va-] das; -s, -e⟩ = *Kondom*

Prä|si|dent ⟨der; -en, -en⟩ **1** *Vorsitzender (einer Versammlung)* **2** *Leiter (einer Behörde, eines Vereins)* **3** *republikanisches Staatsoberhaupt* ▸ der amtierende ~ wurde wieder gewählt; er hat die Wahl zum ~en gewonnen; Zus *Präsidentenamt, Präsidentenwahl; Bundespräsident, Ministerpräsident, Staatspräsident*

Prä|si|den|tin ⟨die; -, -tin|nen⟩ *weibl. Präsident*

Prä|si|dent|schaft ⟨die; -, -en⟩ *Amt des Präsidenten;* Syn *Präsidentenamt;* Zus *Präsidentschaftskandidat(in), Präsidentschaftswahl*

prä|si|di|al ⟨Adj.; bes. Pol.⟩ *den Präsidenten, das Präsidium betreffend, von ihm ausgehend, auf ihm beruhend* ▸ ~e Aufgaben wahrnehmen

prä|si|di|al…, Prä|si|di|al… ⟨in Zus.⟩ *zum Präsidenten, zum Präsidium gehörend, auf ihm beruhend,* z. B. Präsidialamt, Präsidialsystem

prä|si|die|ren ⟨V.; prä|si|diert, prä|si|dier|te, hat prä|si|diert⟩ **I** ⟨V. intr.⟩ (einer Versammlung) ~ *bei einer V. das Amt des Präsidenten (Vorsitzenden) ausüben* **II** ⟨V. trans.; schweiz⟩ eine Versammlung ~ *eine V. leiten, einer V. vorsitzen*

Prä|si|di|um ⟨das; -s, -di|en⟩ **1** *Vorsitz, Leitung* **2** *Vorstand (einer Stiftung usw.);* Zus *Präsidiumsmitglied, Präsidiumssitzung* **3** *Amtsgebäude eines Polizeipräsidenten;* Zus *Polizeipräsidium* ▸ im ~ sitzen, vertreten sein; er wurde ins ~ berufen

pras|seln ⟨V. intr.; pras|selt, pras|sel|te, ist/hat ge|pras|selt⟩ **1** irgendwohin ~ *mit knatterndem Geräusch fallen, aufschlagen* **2** *knisternd brennen* ▸ Feuer prasselt im Ofen

pras|sen ⟨V. intr.; prasst, prass|te, hat ge|prasst⟩ *schwelgen, in Saus u. Braus leben, Geld verschwenden* ▸ er prasste mit seinem Geld

prä|ten|ti|ös ⟨Adj.; geh.⟩ *anspruchsvoll, anmaßend*

P

Prä|tẹ|r|i|tum ⟨das; -s, -ri|ta; Gramm.⟩ *Zeitform des Verbs, Vergangenheit;* Syn *Imperfekt (2)*

Prä|ven|ti|on ⟨[-vɛn-] die; -, -en⟩ **1** *Zuvorkommen (z. B. mit einer Rechtshandlung)* **2** *Vorbeugung, Abschreckung;* Abl *präventiv*

Prä|ven|tiv|schlag ⟨[-vɛn-] der; -(e)s, -schlä|ge⟩ *Kampfhandlung, die einem voraussichtlichen Angriff des Gegners zuvorkommt*

Prạ|xen ⟨Pl. von⟩ *Praxis (II)*

Prạ|xis ⟨die; -, Prạ|xen⟩ **I** ⟨unz.⟩ **1** *praktische Anwendung, Ausübung;* Ggs *Theorie (2);* Zus *Praxisbezug; praxisbezogen, praxisfern, praxisfremd, praxisnah, praxisorientiert* **2** *Berufserfahrung* **3** ⟨umg.⟩ *Sprechstunde* ▸ sich eine gewisse ~ aneignen; heute ist keine ~ ⟨umg.⟩; er besitzt eine langjährige, noch keine ~; das mag in der Theorie richtig sein, aber in der ~ sieht es anders aus; eine Idee in die ~ umsetzen **II** ⟨zählb.⟩ *Räume für die Berufsausübung, bes. der Ärzte u. Rechtsanwälte* ▸ eine ärztliche ~ aufmachen *sich als Arzt niederlassen;* die ~ des Vaters übernehmen; Zus *Arztpraxis, Rechtsanwaltspraxis*

Prạ|xis|ge|bühr ⟨die; -, -en⟩ *Gebühr, die als Eigenbeteiligung des Patienten vierteljährlich in einer Arztpraxis zu entrichten ist*

Prä|ze|dẹnz|fall ⟨der; -(e)s, -fäl|le⟩ *Musterfall, der für spätere ähnliche Fälle beispielgebend ist* ▸ es gibt für diesen Vorgang noch keinen ~

prä|zi|se ⟨Adj.⟩ *genau, exakt;* oV *präzis* ▸ ~ Ausdrucksweise; 3 Uhr ~; ~ arbeiten; sich ~ ausdrücken; etwas ~ formulieren; Abl *Präzision*

prä|zi|sie|ren ⟨V. trans.; prä|zi|siert, prä|zi|sier|te, hat prä|zi|siert⟩ etwas ~ *genauer angeben, genauer ausdrücken;* Abl *Präzisierung*

Prä|zi|si|on ⟨die; -; unz.⟩ *Genauigkeit, Feinheit, Exaktheit;* Zus *Präzisionsinstrument*

Prä|zi|si|ons|ar|beit ⟨die; -, -en⟩ *sehr genaue, feinmechanische Arbeit*

pre|di|gen ⟨V. intr.; umg. a. V. trans.; pre|digt, pre|dig|te, hat ge|pre|digt⟩ **1** *im Gottesdienst die Predigt halten;* Abl *Prediger(in)* **2** ⟨übertr.; umg.⟩ (jmdm.) etwas ~ *jmdn. häufig zu etwas mahnen, jmdm. etwas immer wieder mahnend sagen* ▸ jmdm. Ordnung, Vernunft ~ ⟨übertr.; umg.⟩

Pre|digt ⟨die; -, -en⟩ **1** *Ansprache des Geistlichen im Gottesdienst, meist von der Kanzel, über einen Bibeltext* **2** ⟨übertr.; umg.⟩ *ermahnende Rede;* Zus *Moralpredigt, Strafpredigt* ▸ die ~ halten; jmdm. eine ~ halten ⟨übertr.; umg.⟩

Preis ⟨der; -es, -e⟩ **1** *als Geldwert ausgedrückter Wert einer Ware;* Abl *preislich;* Zus *Preisabsprache, Preisanstieg, Preisdruck, Preisentwicklung, Preiserhöhung, Preisnachlass, Preisschild, Preissenkung, Preisverfall, Preisvergleich; Kaufpreis, Verkaufspreis* **2** *Belohnung für einen Sieg;* Zus *Preisgeld, Preisgericht, Preisrichter(in), Preisrätsel, Preisverleihung; Nobelpreis* **3** ⟨poet.⟩ *hohes Lob, Ehre* ▸ einen ~ (auf etwas) aussetzen *eine Belohnung für etwas versprechen;* der ~ des Mantels beträgt 200 Euro; die ~e drücken, (hoch)treiben; einen ~ erringen, gewinnen, stiften; die ~e fallen, sinken, steigen, klettern in die Höhe; einen ~ festsetzen; sein: wie hoch ist der ~ für den Schrank?; jmdm. den ersten ~ zuerkennen ▸ erster, zweiter, dritter ~; hohe, niedrige, unerschwingliche ~e; empfohlener ~ *vom Hersteller für den Verkauf einer Ware im Einzelhandel empfohlener Preis* ▸ sich auf einen ~ einigen; einen ~ auf den Kopf eines Mörders aussetzen *eine Belohnung für die Entdeckung des Mörders versprechen;* um keinen ~ ⟨übertr.⟩ *auf keinen Fall;* unter ~ verkaufen *billiger verkaufen, als der festgesetzte P. beträgt;* jmdm. eine Ware zum halben ~ überlassen; →a. *Fleiß*

Preis|aus|schrei|ben ⟨das; -s, -⟩ *öffentlich ausgeschriebener Wettbewerb mit einer od. mehreren Aufgaben, auf deren richtige od. beste Lösung Preise ausgesetzt sind*

preis|be|wusst ⟨Adj.⟩ *beim Kauf auf günstige Preise achtend* ▸ ~e Verbraucher; ~ einkaufen

Preis|bin|dung ⟨die; -, -en⟩ *Verpflichtung des Abnehmers gegenüber dem Hersteller, Ware zu bestimmtem Preis zu verkaufen;* Ggs *Preisempfehlung;* Abl *preisgebunden;* Zus *Buchpreisbindung*

Preis|bre|cher ⟨der; -s, -⟩ *jmd., der einen einheitl. Verkaufspreis für eine Ware unterbietet*

Prei|sel|bee|re ⟨die; -, -n⟩ *Gewächs mit roten, essbaren Beeren;* Zus *Preiselbeerkompott*

Preis|emp|feh|lung ⟨die; -, -en⟩ *vertraglich nicht bindende Empfehlung des Herstellers, seine Produkte im Handel für einen bestimmten Preis zu verkaufen;* Ggs *Preisbindung* ▸ unverbindliche ~

prei|sen ⟨V. trans.; preist, pries, hat ge|prie|sen; geh.⟩ jmdn. od. etwas ~ *loben, rühmen* ▸ Gott ~; jmdn. od. sich glücklich ~ *glücklich nennen*

Preis|fra|ge ⟨die; -, -n⟩ **1** *Frage eines Preisausschreibens* **2** ⟨übertr.⟩ **2.1** *schwierige Frage* **2.2** ⟨umg.⟩ *den Preis betreffende Angelegenheit* ▸ es ist eine ~, welches Auto wir kaufen

preis|ge|ben ⟨V. trans.; gibt preis, gab preis, hat preis|ge|ge|ben⟩ **1** jmdn. od. etwas ~ *nicht mehr schützen, einer Gefahr aussetzen* **2** ein Geheimnis ~ *nicht für sich behalten* ▸ jmdn. dem Spott der anderen ~; das Boot war den Wellen (hilflos) preisgegeben; Abl *Preisgabe*

preis|ge|krönt ⟨Adj.⟩ *mit einem Preis ausgezeichnet* (Dichter, Sieger, Werk)

preis|güns|tig ⟨Adj.⟩ *günstig im Preis* ▸ ein ~es Angebot; etwas ~ kaufen

Preis|klas|se ⟨die; -, -n⟩ *Kategorie von Preisen, die eine bestimmte Qualitätsstufe angibt* ▸ Lebensmittel der unteren ~; Wagen der gehobenen ~

Preis|la|ge ⟨die; -, -n⟩ *Lage, Höhe des Preises* ▸ haben Sie noch andere Stoffe in dieser ~?

Preis|trä|ger ⟨der; -s, -⟩ *Sieger eines Wettbewerbs, Gewinner eines Preisausschreibens;* Abl *Preisträgerin*

Preis|trei|be|rei ⟨die; -; unz.⟩ *das Hinauftreiben der Preise*

preis|wert ⟨Adj.; -er, am -es|ten⟩ *verhältnismäßig billig u. dabei gut* ▸ in diesem Geschäft sind die Lebensmittel sehr ~

pre|kär ⟨Adj.⟩ *misslich, schwierig, bedenklich, peinlich, unangenehm* (Frage, Situation)

Prell|bock ⟨der; -(e)s, -bö|cke⟩ **1** *Bock, Klotz am Ende eines Gleises zum Anhalten von Eisenbahnwagen* **2** ⟨übertr.; umg.⟩ *jmd., der Zusammenstöße auffangen u. für alles geradestehen muss*

prel|len ⟨V. trans.; prellt, prell|te, hat ge|prellt; übertr.⟩ **1** jmdn. (um etwas) ~ *jmdn. betrügen, durch List um etwas bringen* **2** sich etwas ~ *sich stoßen, ohne dass eine offene Wunde entsteht;* Abl *Prellung* ▸ sich den Arm ~; die Zeche ~ *eine Rechnung im Lokal nicht bezahlen*

Pre|mi|er ⟨[prəmjeː] der; -s, -s; kurz für⟩ *Premierminister*

Pre|mi|e|re ⟨[prəmjɛːrə] die; -, -n⟩ *Ur- od. Erstaufführung;* Zus *Filmpremiere, Theaterpremiere*

Pre|mi|er|mi|nis|ter ⟨[prəmjeː-] der; -s, -; in Großbritannien u. einigen anderen Ländern⟩ *Ministerpräsident;* Abl *Premierministerin*

pre|schen ⟨V. intr.; prescht, presch|te, ist geprescht⟩ *wild rennen, jagen* ▸ er preschte aus dem Haus

Pres|se ⟨die; -, -n⟩ **1** *Gesamtheit der Tageszeitungen;* Zus *Pressebericht, Presseerklärung, Pressefotograf(in), Pressemeldung, Pressemitteilung; Tagespresse* **2** *Maschine, die mittels Drucks Gegenstände verkleinert od. flachmacht;* Zus *Druckpresse* **3** *Apparat zum mechanischen Auspressen von Saft;* Zus *Obstpresse, Orangenpresse, Saftpresse, Zitronenpresse* ▸ ich habe mich in der ~ darüber informiert; die deutsche, englische, französische, inländische, ausländische ~; er hat gute Kontakte zur ~; er hat eine schlechte ~ ⟨umg.⟩ *er wird in der Zeitung schlecht beurteilt*

Pres|se|agen|tur ⟨die; -, -en⟩ = *Nachrichtenagentur*

Pres|se|amt ⟨das; -(e)s, -äm|ter⟩ *Behörde, die die Presse informiert* ▸ das ~ der Bundesregierung

Pres|se|bü|ro ⟨das; -s, -s⟩ = *Nachrichtenagentur*

Pres|se|chef ⟨[-ʃɛf] der; -s, -s⟩ *Chef od. Leiter einer Pressestelle od. eines Presseamtes* ▸ der ~ der Regierung; Abl *Pressechefin*

Pres|se|frei|heit ⟨die; -; unz.⟩ **1** *in demokratischen Staaten durch das (Grund-)Gesetz garantierte Freiheit der Meinungsäußerung des Einzelnen in Presse, Funk, Fernsehen* **2** *Freiheit der Presse gegenüber dem Staat*

Pres|se|kon|fe|renz ⟨die; -, -en⟩ *Konferenz (besonders von öffentlichen Institutionen) mit Vertretern der Presse, um diese über wichtige Ereignisse zu unterrichten*

pres|sen ⟨V. trans.; presst, press|te, hat ge|presst⟩ **1** jmdn. od. etwas irgendwohin ~ *heftig, stark drücken, quetschen* **2** etwas ~ *durch Druck od. mit Hilfe einer Presse bearbeiten, herstellen;* Abl *Pressung* ▸ Pflanzen ~; er presste das Kind an seine Brust; die Hand an die Stirn ~; den Saft aus der Orange ~ *durch Pressen herausholen;* mit gepresster Stimme antworten; der Saal war gepresst voll *überfüllt*

Pres|se|spre|cher ⟨der; -s, -⟩ *Angestellter einer Behörde, eines Unternehmens, der für Informationen an die Presse verantwortlich ist;* Abl *Pressesprecherin*

Pres|se|stel|le ⟨die; -, -n⟩ *Dienststelle von Behörden o. Ä., die die Presse über wichtige Ereignisse unterrichtet*

Pres|se|zen|t|rum ⟨das; -s, -ren; bes. bei großen Veranstaltungen⟩ *für Journalisten eingerichtetes Büro*

pres|sie|ren ⟨V. intr.; pres|siert, pres|sier|te, hat pres|siert; schweiz.⟩ *eilen, sich beeilen, drängen* ▸ wenn wir ~, kommen wir noch rechtzeitig; es pressiert ⟨a. geh.⟩ *es eilt*

Press|luft ⟨die; -; unz.⟩ = *Druckluft*

Press|luft|ham|mer ⟨der; -s, -häm|mer⟩ *mit Druckluft betriebener, mechanischer Hammer*

Press|we|hen ⟨Pl.⟩ *Wehen während der letzten Phase des Geburt*

Pres|tige ⟨[-tiːʒ] das; -s; unz.⟩ *Ansehen, Geltung bei anderen*

Pres|tige|ob|jekt ⟨[-tiːʒ-] das; -(e)s, -e⟩ *Objekt, das das Ansehen von jmdm. od. etwas steigern soll* ▸ ein ~ der Stadt

pres|tige|träch|tig ⟨[-tiːʒ-] Adj.⟩ *Prestige versprechend, einbringend* ▸ ein äußerst ~es Projekt

Preu|ße ⟨der; -n, -n⟩ **1** *Einwohner Preußens* **2** ⟨in Süddtschld.; oft abwertend⟩ *Deutscher, der aus einem Gebiet nördlich des Mains kommt;* Abl *Preußin; preußisch*

pri|ckeln ⟨V. intr.; pri|ckelt, pri|ckel|te, hat ge|prickelt⟩ **1** *wie mit feinen Stichen jucken* **2** *im Trinkglas perlen u. leicht spritzen* (Sekt, Mineralwasser) ▸ Sekt prickelt auf der Zunge

pri|ckelnd **I** ⟨Part. Präs. von⟩ *prickeln* **II** ⟨Adj.⟩ **1** *(geschlechtlich) leicht erregend* **2** ⟨Jugendspr.⟩ *erfreulich, toll* ▸ ein ~es Gefühl verspüren; das fand ich nicht so ~ ⟨Jugendspr.⟩

Priel ⟨der; -(e)s, -e⟩ *schmaler Wasserlauf im Watt*

pries → *preisen*

Pries|ter ⟨der; -s, -⟩ **1** *mit besonderen Vollmachten ausgestatteter Träger eines religiösen Amtes u. Vertreter der Gemeinde bei kultischen Handlungen;* Abl *Priesterin* **2** *katholischer Geistlicher;* Zus *Priesterweihe* ▸ zum ~ geweiht werden; Abl *Priesterschaft, Priestertum; priesterlich*

Pries|ter|se|mi|nar ⟨das; -s, -e⟩ *Ausbildungsstätte für katholische Geistliche*

pri|ma ⟨Adj.; undekl.⟩ **1** ⟨kaufmannssprachl. Abk.: pa., Ia⟩ *erstklassig, erster Güte, bester Qualität* **2** ⟨umg.⟩ **2.1** *ausgezeichnet, hervorragend, hervorstechend* **2.2** *herrlich, großartig, wunderbar* **2.3** *tüchtig, prächtig* (Person) ▸ wie war es im Urlaub? ~! ⟨umg.⟩; er ist ein ~ Kerl, Schüler ⟨umg.⟩; ~ Qualität; das hast du ~ gemacht ⟨umg.⟩; das ist ~! ⟨umg.⟩; wir verstehen uns ~

Pri|ma|bal|le|ri|na ⟨die; -, -ri|nen⟩ *erste Tänzerin eines Balletts*

Pri|ma|don|na ⟨die; -, -don|nen⟩ **1** *Hauptdarstellerin (bes. in der Barockoper)* **2** ⟨abwertend⟩ *sich für sehr wichtig haltende Person*

pri|mär ⟨Adj.⟩ **1** *unmittelbar entstanden, erst…* **2** *ursprünglich, Anfangs…* **3** *die Voraussetzung bildend* **4** *erstrangig;* Ggs *sekundär (1)*

Pri|mar|schu|le ⟨die; -, -n; schweiz.⟩ *Grundschule*

Pri|mar|stu|fe ⟨die; -, -n⟩ *Grundschule*

Pri|mel ⟨die; -, -n; Bot.⟩ *Pflanze mit leuchtend gelben od. andersfarbigen Blüten, die im Frühjahr blüht*

pri|mi|tiv ⟨Adj.⟩ **1** *ursprünglich, im Urzustand (befindlich)* **2** *einfach, dürftig, unvollkommen* **3** *geistig wenig entwickelt, wenig anspruchsvoll* ▸ ein ~er Mensch; das Buch ist ~ geschrieben; sie wohnen sehr ~; Abl *Primitivität*

Pri|mus ⟨der; -, -mus|se od. Pri|mi; geh.⟩ *Klassenbester* ▸ ~ inter Pares *der Erste unter (Rang-)Gleichen*

Prim|zahl ⟨die; -, -en⟩ *nur durch 1 u. durch sich selbst teilbare ganze Zahl*

Prin|te ⟨die; -, -n⟩ *stark gewürzter, harter Pfefferkuchen, urspr. mit Heiligenbild*

Print|me|di|um ⟨das; -s, -di|en⟩ *Druckerzeugnis (als Medium), z. B. Buch, Zeitung*

Prinz ⟨der; -en, -en⟩ *nicht regierendes Mitglied eines Fürstenhauses, Sohn des Herrschers;* Abl *Prinzessin*

Prinz|ge|mahl ⟨der; -(e)s, -e⟩ *Ehemann einer regierenden Fürstin*

Prin|zip ⟨das; -s, -pi|en od. (selten) -e⟩ *Grundsatz, Regel, Richtschnur* ▸ seine eigenen ~ien haben; sein: es ist mein ~, mich nie sofort zu entscheiden ▸ er hat sehr strenge ~ien; seinen ~ien treu bleiben ▸ etwas aus ~ tun od. nicht tun; im ~ habe ich nichts dagegen *im Grunde, eigentlich;* ein Mensch mit, von ~ien; sich etwas zum ~ machen; Zus *prinzipienfest, prinzipienlos, prinzipientreu; Leistungsprinzip*

prin|zi|pi|ell ⟨Adj.⟩ **1** *im Prinzip, eigentlich* **2** *aus Prinzip, grundsätzlich* ▸ ~ bin ich einverstanden; das tue ich ~ nicht

Prin|zi|pi|en|fra|ge ⟨die; -, -n⟩ *Streit um Prinzipien, Auseinandersetzung um Grundfragen*

Prin|zi|pi|en|rei|te|rei ⟨die; -; unz.; übertr.; umg.; abwertend⟩ *kleinliches Beharren auf Prinzipien*

Pri|or ⟨der; -s, -en⟩ *Klostervorsteher;* Abl *Priorin*

Pri|o|ri|tät ⟨die; -, -en⟩ **1** *Vorrang* **2** *Vorrecht (bes. eines älteren Rechts vor dem jüngeren)* ▸ das hat absolute, oberste ~; ~en setzen *bestimmte Dinge für wichtig halten u. vorrangig behandeln*

Pri|se ⟨die; -, -n⟩ *kleine Menge, die man mit drei Fingern fassen kann* ▸ eine ~ Salz

Pris|ma ⟨das; -s, Pris|men⟩ **1** ⟨Math.⟩ *Körper, der von zwei kongruenten n-Ecken u. n-Rechtecken* (gerades ~) *od. Parallelogrammen* (schiefes ~) *begrenzt ist* **2** ⟨Opt.⟩ *durchsichtiger, keilförmiger Körper, der zur Totalreflexion von Lichtstrahlen od. zu ihrer Zerlegung in Spektralfarben dient*

Prit|sche ⟨die; -, -n⟩ **1** *Liegestätte aus Holzbrettern* **2** *Ladefläche auf Lastkraftwagen mit nach drei Seiten abklappbaren Seitenwänden*

pri|vat ⟨[-va:t] Adj.; -er, am -es|ten; Steig. nur umg.⟩ **1** *außeramtlich, nicht öffentlich, persönlich, vertraulich;* Zus *Privatbesitz, Privateigentum, Privatgrundstück, Privatjet, Privatunterricht, Privatvergnügen* **2** *nichtstaatlich* (Geschäft, Unternehmen); Zus *Privatbank, Privatfernsehen, Privatklinik, Privatschule* ▸ das ist eine ~e Angelegenheit; ~er Eingang; das ist meine ~e Meinung (die ich nicht öffentlich äußere); ~e Mitteilung; er leitet ein ~es Unternehmen ▸ kann ich bitte Herrn X einmal ~ sprechen?

Pri|vat|an|ge|le|gen|heit ⟨[-va:t-] die; -, -en⟩ = *Privatsache* ▸ ich komme in einer ~

Pri|vat|de|tek|tiv ⟨[-va:t-] der; -s, -e⟩ *freiberuflich arbeitender Detektiv;* Zus *Privatdetektivin*

Pri|vat|do|zent ⟨[-va:t-] der; -en, -en⟩ *habilitierter, nicht beamteter Hochschullehrer;* Abl *Privatdozentin, Privatdozentur*

pri|va|ti|sie|ren ⟨[-va-] V.; pri|va|ti|siert, pri|va|ti|sier|te, hat pri|va|ti|siert⟩ **I** ⟨V. trans.⟩ staatliche Unternehmen ~ *in Privateigentum überführen* **II** ⟨V. intr.⟩ *ohne Ausübung eines Berufes leben, vom Vermögen od. von einer (nicht staatlichen) Rente leben;* Abl *Privatier, Privatisierung*

Pri|vat|le|ben ⟨[-va:t-] das; -s; unz.⟩ *vom öffentlichen, beruflichen Leben getrennter, persönlicher Lebensbereich* ▸ kein ~ mehr haben *nur für den Beruf leben;* mein ~ kommt ständig zu kurz

Pri|vat|pa|ti|ent ⟨[-va:tpatsjɛnt] der; -en, -en⟩ *Patient, der das Honorar für den Arzt nicht über eine Pflichtkrankenkasse, sondern selbst bzw. über eine private Krankenversicherung bezahlt;* Abl *Privatpatientin*

Pri|vat|per|son ⟨[-va:t-] die; -, -en⟩ *Person außerhalb des behördlichen od. staatlichen Lebens* ▸ gehört das Museum einer ~?

Pri|vat|sa|che ⟨[-va:t-] die; -, -n⟩ *private, persönliche Angelegenheit* ▸ das ist meine ~!

Pri|vat|sphä|re ⟨[-va:t-] die; -; unz.⟩ *abgeschirmter Bereich des persönlichen Lebens* ▸ die ~ von Prominenten nicht respektieren, missachten

pri|vat|ver|si|chert *auch:* **pri|vat ver|si|chert** ⟨[-va:t-] Adj.⟩ *bei einer privaten Krankenkasse versichert*

Pri|vi|leg ⟨[-vi-] das; -s, -gi|en⟩ *Vorrecht eines Einzelnen od. einer gesellschaftlichen Gruppe* ▸ er wurde mit besonderen ~ien ausgestattet; ~ für die Reichen

pri|vi|le|giert ⟨Adj.⟩ *mit einem Privileg versehen, bessergestellt* ▸ ~e Gesellschaftsschichten

pro ⟨Präp. m. Akk.⟩ *für, je;* Ggs *contra* ▸ der Eintritt kostet ~ Person drei Euro; er nimmt ~ Stunde 20 Euro

Pro ⟨das; -; unz.⟩ *das, was für eine Sache spricht;* Ggs *Contra (1)* ▸ das ~ und das Kontra gegeneinander abwägen

pro…, Pro… ⟨Vorsilbe⟩ **1** *vor, vorher, vorwärts,* z. B. Progression **2** *für,* z. B. proarabisch

Pro|band ⟨der; -en, -en⟩ *jmd., der zu wissenschaftl. Zwecken beobachtet wird;* Abl *Probandin*

Pröb|chen ⟨das; -s, -; umg.⟩ *Warenprobe in kleiner Menge;* Zus *Kosmetikpröbchen, Parfümpröbchen*

Pro|be ⟨die; -, -n⟩ **1** *Versuch, um jmdm. die Möglichkeit zu geben, sich zu bewähren;* Zus *Probefahrt, Probephase; probeweise; Bewährungsprobe, Geduldsprobe* **2** *Übung vor einer Aufführung;* Zus *Generalprobe, Theaterprobe* **3** *Untersuchung, Prüfung* **4** *Stück, um eine Ware zu prüfen, Muster;* Zus *Probeexemplar* **5** *Teilmenge eines zu untersuchenden Stoffes;* Zus *Gesteinsprobe, Gewebs-*

probe ▸ eine ~ seiner Kunst, seines Könnens zeigen ▸ die ~n für den „Faust" haben begonnen; kann ich einmal ~ fahren? *probeweise fahren;* wir sind ~ gefahren; sich eine ~ (einer Ware) kommen lassen; die ~ aufs Exempel machen *prüfen, ob eine Behauptung stimmt;* sein: heute ist um 10 Uhr ~; ~ singen ▸ es käme auf eine ~ an; etwas od. jmdn. auf ~ nehmen *versuchsweise;* jmdn. auf die ~ stellen; jmds. Geduld auf die ~ stellen *jmdn. lange warten lassen; jmds. Nerven strapazieren*

Pro|be|lauf ‹der; -(e)s, -läu|fe› *Lauf zur Erprobung der Leistung des Läufers od. einer Maschine*

pro|ben ‹V. trans.; probt, prob|te, hat ge|probt› ein Theaterstück ~ *einüben*

Pro|be|zeit ‹die; -, -en› *Frist zum Einarbeiten u. Begutachten (eines Anwärters auf einen Posten)*

pro|bie|ren ‹V. trans.; pro|biert, pro|bier|te, hat pro|biert› etwas ~ **1** *versuchen* **2** *auf den Geschmack prüfen, kosten* ▸ kannst du auch fotografieren? ich hab es noch nicht probiert; eine Soße ~; hast du schon den Käse probiert?; lass mich (es) mal ~!; willst du es einmal ~?

Pro|b|lem ‹das; -s, -e› **1** *schwierige, ungelöste Aufgabe od. Frage;* Zus *Problemlösung* **2** ‹meist Pl.› ~e *Schwierigkeiten;* Zus *Problemfall* ▸ ein ~ anpacken ‹umg.›; ein ~ lösen; jmdm. ~e machen; es ist wirklich ein ~ (wie wir das machen sollen); das ist kein ~ ‹umg.› *das ist nicht schwierig, das ist sehr einfach (zu bewerkstelligen);* er hat private ~e; das ist ein unlösbares ~; vor einem ~ stehen; Abl *problemlos*

pro|b|le|ma|tisch ‹Adj.› **1** *schwierig, schwer zu lösen* **2** *bedenklich* ▸ die Beziehungen zwischen den beiden Staaten sind ~; Abl *Problematik*

pro|b|le|ma|ti|sie|ren ‹V. trans.; pro|b|le|ma|ti|siert, pro|b|le|ma|ti|sier|te, hat pro|b|le|ma|ti|siert› etwas ~ **1** *zum Problem machen, als problematisch darstellen* **2** *das, was an einer Sache problematisch ist, diskutieren* ▸ wir wollen die Sache doch nicht unnötig ~

Pro|b|lem|kind ‹das; -(e)s, -er› **1** *schwer zu erziehendes Kind* **2** ‹übertr.› *schwierige, problematische Angelegenheit* ▸ die Arbeitslosigkeit ist ein ~ der Industriegesellschaft

Pro|ce|de|re ‹das; -, -; geh.› = *Prozedere*

Pro|dukt ‹das; -(e)s, -e› **1** *mit Hilfe menschlicher Arbeit hergestellter Gegenstand, Erzeugnis;* Zus *Produktentwickler(in); Abfallprodukt, Massenprodukt, Nebenprodukt* **2** *Ergebnis menschlichen Bemühens* **3** ‹Math.› *Ergebnis einer Multiplikation* ▸ chemische, pflanzliche, tierische ~e; geistiges, künstlerisches ~; handwerkliche, landwirtschaftliche, maschinelle ~e; unsere Firma hat zwei neue ~e entwickelt; welche ~e stellen Sie her?; das ~ aus, von drei mal vier ist zwölf

Pro|dukt|ent|wick|lung ‹die; -, -en› *(Abteilung für die) Entwicklung eines Produktes* ▸ in der ~ tätig sein

Pro|duk|ti|on ‹die; -, -en› *Erzeugung, Herstellung von Gütern, Waren mit Hilfe menschlicher Arbeit* ▸ handwerkliche, landwirtschaftliche, maschinelle ~; die ~ dieses Artikels wurde eingestellt; in der ~ arbeiten *in dem Bereich eines Betriebs, in dem die Produktion erfolgt;* Zus *Produktionsanlage, Produktionsausfall, Produktionskosten, Produktionskraft, Produktionskapazität, Produktionsmittel, Produktionsstätte, Produktionsverfahren, Produktionsverhältnisse, Produktionsweise, Produktionszweig*

pro|duk|tiv ‹Adj.› **1** *Produkte hervorbringend* **2** *schöpferisch, fruchtbar* ▸ ~e Arbeit; ~ arbeiten, tätig sein; Abl *Produktivität*

Pro|dukt|li|nie ‹[-njə] die; -, -n› = *Produktpalette*

Pro|dukt|pa|let|te ‹die; -, -n; übertr.› *gesamte Auswahl der Produkte eines Unternehmens* ▸ zur ~ des Unternehmens gehören Kosmetika und Pflegemittel; die ~ erweitern

Pro|dukt|pi|ra|te|rie ‹die; -, -n› *Imitation von Markenartikeln, die rechtswidrig unter ihrem echten Handelsnamen verkauft werden*

Pro|du|zent ‹der; -en, -en› **1** *jmd., der Güter produziert, Erzeuger, Hersteller;* Ggs *Konsument* **2** *jmd., der einen Film herstellt, Schallplattenaufnahmen leitet u. Ä.;* Zus *Fernsehproduzent, Filmproduzent, Plattenproduzent, Theaterproduzent* ▸ die Ware wurde vom ~en zurückgerufen *sie war mangelhaft u. wurde aus dem Handel genommen;* Abl *Produzentin*

pro|du|zie|ren ‹V.; pro|du|ziert, pro|du|zier|te, hat pro|du|ziert› **I** ‹V. trans.› **1** Verbrauchsgüter ~ *schaffen, hervorbringen, erzeugen* **2** einen Film, eine CD ~ *unter finanziellen u. zumeist auch künstlerischen Gesichtspunkten leiten* **II** ‹V. refl.; übertr.; umg.› sich ~ *zeigen, was man kann (u. dabei die Aufmerksamkeit anderer auf sich lenken)*

Prof. ‹Abk. für› *Professor*

pro|fan ‹Adj.› **1** *weltlich, unkirchlich, unheilig;* Ggs *sakral* **2** *alltäglich* ▸ ~e Dinge; eine ~e Frage; Abl *Profanität; profanieren*

Pro|fes|si|on ‹die; -, -en› *Beruf, Gewerbe, Handwerk* ▸ welche ~ übt er aus?

pro|fes|si|o|nell ‹Adj.› **1** *beruflich versiert, qualifiziert* **2** *mit großem Können ausgeführt* ▸ ein ~er Einbruch, Diebstahl; ~e Einstellung; Abl *Professionalismus, Professionalität; professionalisieren*

Pro|fes|sor ‹der; -s, -en; Abk.: Prof.› **1** *nach erfolgreicher Habilitation od. als Auszeichnung für bes. wissenschaftliche od. künstlerische Leistungen verliehener, höchster akademischer Titel* **2** *Inhaber des Professorentitels, insbes. beamteter Hochschullehrer;* Zus *Universitätsprofessor* **3** ‹früher; Titel für› *Lehrer an einer höheren Schule;* Zus *Studienprofessor* ▸ ~ der Germanistik, der Medizin; er ist ein zerstreuter ~ ‹umg.; scherzh.› *er ist sehr zerstreut;* Abl *professoral*

Pro|fes|so|rin ‹die; -, -rin|nen› *weibl. Professor*

Pro|fes|sur ‹die; -, -en› *Lehrstuhl, Lehramt eines Universitätsprofessors* ▸ eine ~ innehaben

Pro|fi ‹der; -s, -s; umg.› **1** ‹Kurzw. für› *Berufssportler;* Zus *Profifußball, Profifußballer(in), Profiklub, Profiliga, Profisport, Profisportler(in), Profiverein; Boxprofi, Fußballprofi, Radprofi, Tennisprofi* **2** *jmd., der eine Tätigkeit professionell*

P

ausübt **3** *jmd., der auf einem Gebiet großes Können besitzt* ▸ bei dem Wettkampf sind nur ~s am Start; er kann, macht das wie ein ~ ⟨umg.⟩

Pro|fil ⟨das; -s, -e⟩ **1** *Seitenansicht (bes. des Gesichts)* **2** *Umrisslinie, Längs- od. Querschnitt* **3** *Kerbung (von Reifen, Schuhsohlen);* Zus *Reifenprofil* **4** ⟨übertr.⟩ *besondere Charakteristik, klare Haltung od. Richtung* ▸ ~ haben ⟨übertr.⟩ *eine klare Richtung verfolgen, eine klare Haltung einnehmen;* er wandte mir das, sein ~ zu; sie hat ein hübsches ~; ein Gebäude im ~ darstellen, malen, zeichnen; die Wanderschuhe haben ein gutes ~; das ~ der Reifen ist abgefahren

pro|fi|lie|ren ⟨V. refl.; pro|fi|liert sich, pro|fi|lier|te sich, hat sich pro|fi|liert⟩ sich ~ *durch hervorstechende Leistungen Anerkennung u. Erfolg gewinnen;* Abl *Profilierung*

Pro|fil|neu|ro|se ⟨die; -, -n⟩ *neurotisches Bestreben, sich zu profilieren*

Pro|fit ⟨a. [-fit] der; -(e)s, -e⟩ *Gewinn, Vorteil, Nutzen* ▸ ~ aus etwas schlagen, ziehen; mit, ohne ~ arbeiten; ~ von etwas haben; Abl *profitabel;* Zus *Profitgier, Profitmaximierung; Profit bringend / profitbringend, profitorientiert*

pro|fi|tie|ren ⟨V. trans. u. V. intr.; pro|fi|tiert, pro|fi|tier|te, hat pro|fi|tiert⟩ bei od. von etwas ~ *Profit, Gewinn erzielen, Nutzen haben*

pro for|ma *nur der Form wegen, nur zum Schein* ▸ ~ werden wir die Stelle noch ausschreiben

pro|fund ⟨Adj.; -er, am -es|ten⟩ *tief(gründig), gründlich* ▸ ~es Wissen; Abl *Profundität*

Pro|g|no|se ⟨die; -, -n⟩ *Vorhersage (eines Krankheitsablaufs, einer Wahl, des Wetters o. Ä.)* ▸ eine ~ abgeben, stellen

pro|g|nos|ti|zie|ren ⟨V. trans.; pro|g|nos|ti|ziert, pro|g|nos|ti|zier|te, hat pro|g|nos|ti|ziert⟩ etwas ~ *voraussagen* ▸ einer Partei eine Niederlage ~; ein wirtschaftliches Wachstum von 5 % ~

Pro|gramm ⟨das; -(e)s, -e⟩ **1** *Folge der Darbietungen einer Veranstaltung, Rundfunk- od. Fernsehsendung usw.;* Zus *Programmänderung, Programmdirektor(in), Programmhinweis, Programmübersicht, Programmunterbrechung, Programmvorschau; Abendprogramm, Fernsehprogramm, Nachmittagsprogramm, Rundfunkprogramm, Sendeprogramm, Vormittagsprogramm* **2** *Blatt od. Heft mit dem Verzeichnis der Darbietungen, der Darsteller usw., oft bebildert;* Zus *Programmheft; Filmprogramm, Theaterprogramm* **3** *Warenangebot, Sortiment;* Zus *Möbelprogramm, Verlagsprogramm* **4** *Plan, Pläne, Vorhaben;* Zus *Arbeitsprogramm* **5** *öffentlich verkündete Gesamtheit der Tätigkeiten u. Ziele einer politischen Partei;* Zus *Parteiprogramm* **6** ⟨EDV⟩ *eindeutige Anweisung an eine Maschine, bestimmte Aufgaben in einer bestimmten Reihenfolge zu erfüllen;* Zus *Computerprogramm, Waschprogramm* ▸ ein ~ für einen Rechner entwickeln ▸ ein (Partei-)~ **aufstellen,** verkünden; ein ~ für einen Computer entwickeln, in einen Computer eingeben, auf einen Computer überspielen; ein ~ **kaufen;** was **steht** heute auf dem ~? ▸ das steht nicht **auf** unserem ~ ⟨übertr.⟩ *das haben wir nicht vor;* das passt nicht **in** mein ~

Pro|gram|ma|tik ⟨die; -; unz.⟩ *Zielsetzung*

pro|gram|ma|tisch ⟨Adj.⟩ *einem Programm, einem Grundsatz entsprechend, richtungweisend, zielsetzend* ▸ ~e Erklärung einer Partei

pro|gram|mie|ren ⟨V. trans.; pro|gram|miert, pro|gram|mier|te, hat pro|gram|miert; EDV⟩ **1** einen Computer, einen Videorekorder o. Ä. ~ *einem C., V. ein Programm eingeben, ein elektronisches Gerät so einstellen, dass es ein bestimmtes Programm ausführt;* Abl *Programmierer(in);* Zus *Programmiersprache* **2** etwas ~ *als auszuführendes Programm eingeben, vorgeben, festlegen* ▸ Erfolg, Zufriedenheit lässt sich nicht ~ ⟨übertr.⟩; Abl *Programmierung; programmierbar*

Pro|gramm|ki|no ⟨das; -s, -s⟩ *(kleineres) Kino mit einem unabhängigen Filmprogramm, das auch Produktionen unbekannterer Regisseure od. Filme für ein ausgesuchtes Publikum zeigt*

Pro|gramm|punkt ⟨der; -(e)s, -e⟩ *einzelner Teil, Abschnitt eines Programms* ▸ ein fester ~ im Veranstaltungskalender; der letzte ~ ist gestrichen

Pro|gres|si|on ⟨die; -, -en⟩ **1** *stufenweise Steigerung* **2** *Zunahme des prozentualen Steuersatzes bei Zunahme der zu versteuernden Werte;* Zus *Steuerprogression*

pro|gres|siv ⟨Adj.⟩ **1** *fortschrittlich* **2** *im Verhältnis zu einer Bezugsgröße mehr werdend, ansteigend* ▸ ~e Steuer *S., die einer Progression unterliegt*

Pro|hi|bi|ti|on ⟨die; -, -en⟩ *Alkoholverbot*

Pro|jekt ⟨das; -(e)s, -e⟩ **1** *Plan, Vorhaben;* Zus *Projektleiter(in), Projektmanagement, Projektwoche; Forschungsprojekt, Schulprojekt* **2** *Entwurf* ▸ wer arbeitet an diesem ~ mit?; ein neues ~ entwickeln, entwerfen, planen; Abl *projektieren;* Zus *Projektentwickler(in)*

Pro|jekt|grup|pe ⟨die; -, -n⟩ *für ein bestimmtes Projekt eingesetzte Gruppe von Arbeitskräften*

Pro|jek|til ⟨das; -s, -e⟩ *Geschoss, Rakete, selbstgesteuerter Flugkörper*

Pro|jek|tor ⟨der; -s, -en⟩ *optisches Gerät zur Projektion von Bildern, Bildwerfer;* Syn *Projektionsapparat;* Zus *Diaprojektor*

pro|ji|zie|ren ⟨V. trans.; pro|ji|ziert, pro|ji|zier|te, hat pro|ji|ziert⟩ **1** ⟨Opt.⟩ etwas irgendwohin ~ *auf eine Bildwand werfen* **2** ⟨Psych.⟩ etwas auf jmdn. od. etwas ~ *etwas, das nur in der eigenen Person vorhanden ist, einem anderen od. einer Sache zuschreiben* ▸ Dias an die Wand ~; sie projiziert ihre eigenen Ängste auf das Kind; Abl *Projektion; projektiv*

pro|kla|mie|ren ⟨V. trans.; pro|kla|miert, pro|kla|mier|te, hat pro|kla|miert⟩ etwas ~ *öffentlich bekanntmachen, feierlich verkünden* ▸ die Unabhängigkeit eines Landes ~; Abl *Proklamation*

Pro-Kopf-Ver|brauch ⟨der; -(e)s; unz.⟩ *Verbrauch (eines Nahrungsmittels, einer Ware u. Ä.) pro Person, durchschnittlicher Verbrauch eines Einzelnen* ▸ der ~ an Zucker in Europa beträgt …

Pro|ku|ra ⟨die; -, -ku|ren⟩ *im Handelsregister eingetragene Vollmacht, alle Arten von Rechtsgeschäf-*

ten u. -handlungen für einen Betrieb des Handlungsgewerbes vorzunehmen

Pro|ku|rist ⟨der; -en, -en⟩ *Inhaber der Prokura;* Abl *Prokuristin*

Pro|let ⟨der; -en, -en; abwertend; umg.⟩ *ungebildeter, ungehobelter Kerl;* Syn ⟨abwertend⟩ *Prolo;* Abl *Proletin*

Pro|le|ta|ri|at ⟨das; -(e)s, -e⟩ *Klasse der Proletarier*

Pro|le|ta|ri|er ⟨der; -s, -; seit Marx u. Engels⟩ *Lohnarbeiter ohne Besitz an Produktionsmitteln;* Abl *Proletarierin; proletarisch*

Proll ⟨der; -s, -s; abwertend; umg.⟩ = *Prolet* ▸ heute sind nur ~s unterwegs; Abl *prollig*

Pro|log ⟨der; -(e)s, -e⟩ Ggs *Epilog* **1** *Einleitung* **2** *Vorrede, Vorspiel*

Pro|me|na|de ⟨die; -, -n⟩ *Spazierweg, meist mit Grünanlagen;* Zus *Strandpromenade*

Pro|me|na|den|mi|schung ⟨die; -, -en; umg.; scherzh.⟩ *nicht reinrassiger Hund*

pro|me|nie|ren ⟨V. intr.; pro|me|niert, pro|me|nier|te, ist pro|me|niert⟩ *spazieren gehen*

Pro|mi ⟨der; -s, -s; meist Pl.; umg.; scherzh.⟩ *prominente Persönlichkeit* ▸ es waren zahlreiche ~s aus Sport, Musik und Politik anwesend

Pro|mil|le ⟨das; -s, -⟩ **1** *ein Teil vom Tausend, Tausendstel* **2** *in Promille (1) gemessener Anteil des Alkohols im Blut* ▸ er wurde mit 1,8 ~ ertappt

Pro|mil|le|gren|ze ⟨die; -; unz.⟩ *in Promille ausgedrückter, höchster zulässiger Anteil an Alkohol im Blut von Autofahrern*

pro|mi|nent ⟨Adj.; -er, am -es|ten⟩ **1** *allgemein bekannt, berühmt* **2** *herausragend, bedeutend, maßgebend, tonangebend* ▸ ~e Persönlichkeit; eine Show mit vielen Prominenten

Pro|mi|nenz ⟨die; -, -en⟩ **I** ⟨unz.⟩ **1** *Gesamtheit der prominenten Personen* **2** *das Prominentsein* **II** ⟨zählb.⟩ *prominente Person*

Pro|mis|ku|i|tät ⟨die; -; unz.⟩ **1** *häufiger Wechsel des Geschlechtspartners ohne gegenseitige Bindung auf längere Zeit* **2** ⟨Zool.⟩ *geschlechtliche Vermischung von Stämmen*

Pro|mo|ter ⟨a. engl.: [-mou-] der; -s, -⟩ *jmd., der professionelle Wettkämpfe (bes. Box- u. Ringkämpfe), Konzerte, Tourneen u. Ä. organisiert u. veranstaltet;* Abl *Promoterin; promoten*

Pro|mo|ti|on[1] ⟨die; -, -en⟩ **1** *Erlangen der Doktorwürde* **2** *Verleihen der Doktorwürde* **3** ⟨österr.; schweiz.; Schulw.⟩ *Versetzung in die nächsthöhere Klasse*

Pro|mo|tion[2] ⟨[-mouʃən] die; -, -s⟩ *Verkaufsförderung von Waren (durch Werbung)* ▸ die ~ für das neue Produkt lief gut; Zus *Promotiontour*

pro|mo|vie|ren ⟨[-vi:-] V.; pro|mo|viert, pro|mo|vier|te, hat pro|mo|viert⟩ **I** ⟨V. intr.⟩ **1** *die Doktorwürde erlangen* **2** *die Doktorarbeit schreiben* ▸ über Kant, Shakespeare ~; zum Dr. med. ~ **II** ⟨V. trans.⟩ jmdn. ~ *jmdm. die Doktorwürde verleihen*

prompt ⟨Adj.; -er, am -es|ten⟩ **1** *rasch, unmittelbar, sofort* **2** *schlagfertig, ohne zu überlegen* **3** *erwartungsgemäß* ▸ eine ~e Antwort; ~e Erledigung eines Auftrages; „Nein!", erwiderte er ~; sie wollten mich veralbern, und ich bin auch ~ darauf hereingefallen; Abl *Promptheit*

Pro|no|men ⟨das; -s, - od. -mi|na; Gramm.⟩ *Vertreter einer Klasse von Wörtern, die entweder anstelle eines Namens stehen, der dem Sprecher u. Hörer bekannt ist u. in der Rede nicht wiederholt werden soll, od. die auf ein bestimmtes Individuum des folgenden Nomens hinweisen,* z. B. er, dieser; Syn *Fürwort;* Abl *pronominal;* Zus *Demonstrativpronomen, Personalpronomen, Possessivpronomen, Reflexivpronomen*

pro|non|ciert ⟨[-nõsi:rt] Adj.⟩ *mit Nachdruck vorgebracht, scharf betont, deutlich ausgesprochen* ▸ er war stets ein ~er Gegner dieses Plans

Pro|pa|gan|da ⟨die; -; unz.; meist abwertend⟩ *werbende Tätigkeit für bestimmte Ziele, besonders auf politischem Gebiet, unseriöse Werbung* ▸ das ist doch alles nur ~! ⟨umg.⟩; ~ für etwas machen; Abl *Propagandist(in); propagandistisch*

Pro|pan ⟨das; -s; unz.; Chem.⟩ *Gas, das bes. für Gasbrenner u. mit Gas betriebene Grillgeräte verwendet wird;* Zus *Propangas*

Pro|pel|ler ⟨der; -s, -⟩ **1** *Antriebsmittel, bes. für Luftfahrzeuge, aus zwei od. mehr symmetrisch angeordneten drehbaren Flügeln* **2** = *Schiffsschraube* ▸ die ~ der Windräder drehen sich im Wind

pro|per ⟨Adj.; umg.⟩ *sauber, ordentlich* ▸ ~ aussehen; ~ gekleidet sein

Pro|phet ⟨der; -en, -en⟩ **1** *jmd., der etwas prophezeit, Seher* **2** ⟨bes. im AT⟩ *Deuter u. Verkünder einer göttlichen Botschaft* **3** ⟨im Islam Bez. für⟩ *Mohammed;* Abl *Prophetin; prophetisch*

pro|phe|zei|en ⟨V. trans.; pro|phe|zeit, pro|phe|zei|te, hat pro|phe|zeit⟩ (jmdm.) etwas ~ *vorhersagen, verkünden, weissagen, wahrsagen* ▸ er hatte prophezeit, dass es so kommen würde; gutes, schlechtes Wetter ~; Abl *Prophezeiung*

pro|phy|lak|tisch ⟨Adj.⟩ *Krankheiten vorbeugend, verhütend* ▸ ~e Maßnahmen

Pro|phy|la|xe ⟨die; -, -n⟩ *Vorbeugung, Verhütung von Krankheiten*

Pro|por|ti|on ⟨die; -, -en⟩ **1** *Größenverhältnis* **2** ⟨Math.⟩ *Verhältnisgleichung* ▸ gute ~en haben ⟨umg.⟩ *eine Figur mit gut ausgewogenen Formen;* die Zeichnung ist in den ~en falsch, richtig; Abl *proportional*

Pro|porz ⟨der; -es, -e; Pol.⟩ **1** ⟨österr.⟩ *Verteilung der Mandate, Ämter usw. nach dem Stimmenverhältnis bei der Proportionalwahl* **2** ⟨schweiz.; Kurzw. für⟩ *Proportionalwahl*

prop|pen|voll ⟨Adj.; umg.⟩ *gepfropft voll, sehr voll, überfüllt* ▸ der Saal, Wagen war ~

Propst ⟨der; -(e)s, Pröps|te⟩ **1** ⟨kath. Kirche⟩ *Leiter der äußeren Angelegenheiten eines Kapitels od. Stifts;* Zus *Dompropst, Stiftspropst* **2** ⟨in einigen evang. Landeskirchen⟩ *Leiter mehrerer Kirchenkreise;* Abl *Propstin*

Pro|sa ⟨die; -; unz.⟩ *nicht durch Verse, Rhythmus od. Reim gebundene Sprachform;* Ggs *Poesie (2)* ▸ Poesie und ~; ~ schreiben; die ~ des Alltags ⟨übertr.⟩; Abl *Prosaiker(in)*

pro|sa|isch ⟨Adj.⟩ **1** *in Prosa (geschrieben, abgefasst)*

2 〈meist übertr.〉 *nüchtern, alltäglich* ▸ ein ~er Mensch; etwas (ganz) ~ ausdrücken

Pro|sec|co 〈der; -s, -s〉 *italienischer Schaum- od. Weißwein*

Pro|se|mi|nar 〈das; -s, -e〉 *Vorseminar, einführendes Seminar, Vorstufe zum Hauptseminar*

pro|sit! 〈Int.〉 = *prost!* ▸ ein Prosit ausbringen; ein Prosit dem Hausherrn

Pro|s|pekt 〈der od. österr. a. das; -(e)s, -e〉 *(zumeist bebilderte) Werbeschrift, Broschüre* ▸ ein ~ über Sprachreisen; ~e verteilen, einwerfen; Zus *Reiseprospekt, Werbeprospekt*

pro|s|pe|rie|ren 〈V. intr.; pro|s|pe|riert, pro|s|pe|rier|te, hat pro|s|pe|riert; geh.〉 *gedeihen, blühen, gut vorankommen (bes. wirtschaftlich)*

prost! 〈Int.; umg.〉 *wohl bekomm's, zum Wohl! (Trinkspruch, auch Zuruf beim Niesen)* ▸ na denn ~! 〈umg.; iron.〉 *das kann ja gut werden!;* ~ Mahlzeit! 〈umg.; iron.〉 *da haben wir's!, das ist ja eine schöne Bescherung!;* ~ Neujahr! *ein glückliches neues Jahr!*

Pro|s|ta|ta 〈die; -, -tae [-tɛː]〉 *beim männlichen Säugetier u. beim Mann am Anfang der Harnröhre gelegene Drüse;* Syn *Vorsteherdrüse;* Zus *Prostatakrebs*

pro|s|ti|tu|ie|ren 〈V. refl.; pro|s|ti|tu|iert sich, pro|s|ti|tu|ier|te sich, hat sich pro|s|ti|tu|iert〉 sich ~ **1** *der Prostitution nachgehen* **2** *seine moralischen, künstlerischen, politischen Vorstellungen leugnen, um einen persönlichen Vorteil zu erzielen*

Pro|s|ti|tu|ier|te(r) 〈die; -n, -n (der; -n, -n)〉 *Person, die sich gewerbsmäßig zum Geschlechtsverkehr zur Verfügung stellt*

Pro|s|ti|tu|ti|on 〈die; -; unz.〉 *gewerbsmäßige Hingabe zum Geschlechtsverkehr* ▸ der ~ nachgehen

Pro|t|a|go|nist 〈der; -en, -en〉 **1** *der erste Schauspieler des altgrch. Theaters* **2** 〈Film; Roman〉 *handelnde Person, Hauptfigur* **3** 〈übertr.〉 *Bahnbrecher, Vorkämpfer* ▸ die ~en für eine Reform des Schulwesens; Abl *Protagonistin*

Pro|te|gé 〈[-ʒeː] der; -s, -s〉 *jmd., der protegiert wird, Schützling* ▸ er ist sein ~

pro|te|gie|ren 〈[-ʒiː-] V. trans.; pro|te|giert, pro|te|gier|te, hat pro|te|giert〉 jmdn. ~ *fördern, begünstigen;* Abl *Protektion*

Pro|te|in 〈das; -s, -e; Biochem.〉 = *Eiweiß (2)*

Pro|tek|ti|o|nis|mus 〈der; -; unz.〉 *wirtschaftliche Abschirmung der Industrie eines Staates gegen ausländische Konkurrenz*

Pro|tek|to|rat 〈das; -(e)s, -e〉 **1** *Gönnerschaft, Ehrenvorsitz* **2** *Ausübung staats- od. völkerrechtlicher Hoheitsrechte über fremdes Gebiet, Schutzherrschaft* **3** *unter Protektorat (2) stehendes Land*

Pro|test 〈der; -(e)s, -e〉 *Einspruch, Widerspruch* ▸ ~ erheben (gegen); unter ~ den Saal verlassen; die Vorlesung wurde unter lautem ~ aller Anwesenden abgebrochen; alle ~e waren vergeblich; Abl 〈abwertend〉 *Protestler(in);* Zus *Protestaktion, Protestaufruf, Protestbewegung, Protestkundgebung, Protestmarsch, Protestwelle*

Pro|tes|tant 〈der; -en, -en〉 *Angehöriger der protestantischen Kirche;* Abl *Protestantin*

pro|tes|tan|tisch 〈Adj.〉 *zum Protestantismus gehörend, auf ihm beruhend;* →a. *evangelisch*

Pro|tes|tan|tis|mus 〈der; -; unz.〉 *Gesamtheit der aus der Reformation hervorgegangenen christlichen Kirchen*

pro|tes|tie|ren 〈V. intr.; pro|tes|tiert, pro|tes|tier|te, hat pro|tes|tiert〉 *widersprechen, Einspruch erheben, sich gegen etwas verwahren* ▸ ich protestiere!; die Angestellten protestierten gegen die Verlängerung der Arbeitszeit; dagegen muss ich energisch ~; Abl *Protestierer(in)*

Pro|the|se 〈die; -, -n〉 **1** 〈Med.〉 *Ersatzglied, künstliches Glied* **2** 〈Zahnmed.〉 *künstliche Zähne;* Syn *Zahnersatz*

Pro|to|koll 〈das; -(e)s, -e〉 **1** *gleichzeitig erfolgende od. erfolgte (wortgetreue) Niederschrift einer Verhandlung, einer Sitzung od. eines Verhörs;* Zus *Protokollführer(in)* **2** *Gesamtheit der Regeln für Höflichkeit u. angemessene Form im diplomatischen Verkehr, diplomatische Etikette* **3** 〈EDV〉 *Gesamtheit der standardisierten Regeln u. Vereinbarungen für die Datenübertragung innerhalb u. zwischen Computernetzwerken* ▸ ~ eines Prozesses; ein ~ anfertigen, aufnehmen; das ~ führen, schreiben; das ~ schreibt vor, dass …; laut ~ hat der Angeklagte …; eine Aussage zu ~ geben, zu ~ nehmen

pro|to|kol|la|risch 〈Adj.〉 *aufgrund des Protokolls, im Protokoll festgehalten, mit Hilfe des Protokolls*

pro|to|kol|lie|ren 〈V.; pro|to|kol|liert, pro|to|kol|lier|te, hat pro|to|kol|liert〉 **I** 〈V. trans.〉 etwas ~ *zu Protokoll nehmen, urkundlich niederschreiben* **II** 〈V. intr.〉 *das Protokoll führen;* Abl *Protokollant(in)*

Pro|ton 〈das; -s, -to|nen; Zeichen: p〉 *positiv geladenes Elementarteilchen, zusammen mit dem Neutron Baustein von Atomkernen*

Pro|to|typ 〈der; -s, -en〉 **1** *Urbild, Vorbild, Muster, Archetyp* **2** *erste Ausführung eines Flugzeugs, Fahrzeugs od. einer Maschine, die so weit entwickelt ist, dass danach der Serienbau erfolgt* ▸ der ~ eines Autos; er ist der ~ eines romantischen Dichters; Abl *prototypisch*

Protz 〈der; -es, -e; umg.; abwertend〉 **1** *Wichtigtuer, Angeber, Prahler;* Zus *Geldprotz, Kraftprotz* **2** *übertriebener Prunk*

prot|zen 〈V. intr.; protzt, protz|te, hat ge|protzt; umg.〉 (mit etwas) ~ *prahlen, angeben* ▸ mit seinem Geld, seiner Kraft ~

prot|zig 〈Adj.; umg.〉 **1** *wie ein Angeber, wie ein Protz, plump-prahlerisch* **2** *massig u. übertrieben prunkvoll, unangemessen reich ausgestattet, unangemessen groß* ▸ er fährt ~e Autos

Pro|ve|ni|enz 〈[-ve-] die; -, -en; geh.〉 *Herkunft, Ursprung* ▸ Waren fernöstlicher ~

Pro|vi|ant 〈[-vi-] der; -s; unz.〉 *Vorrat an Lebensmitteln für einen begrenzten Zeitraum, bes. für eine Reise, Wegzehrung* ▸ genügend ~ mitnehmen; ~ für drei Tage; sich mit ~ versorgen; Zus *Reiseproviant*

Pro|vinz 〈[-vɪnts] die; -, -en〉 **1** *Landesteil, Verwaltungsbezirk* **2** 〈übertr.; meist abwertend〉 *ländli-*

P

che (u. meist etwas rückständige) Gegend ▸ aus der ~ kommen, stammen ⟨übertr.⟩; wir leben hier wie in der ~ ⟨übertr.⟩; Abl *Provinzler(in), provinzlerisch;* Zus *Provinzstadt*

pro|vin|zi|ell ⟨[-vın-] Adj.⟩ *kleinstädtisch, beschränkt (in den Ansichten)*

Pro|vi|si|on ⟨[-vi-] die; -, -en⟩ *Vermittlungsgebühr, Vergütung durch prozentualen Gewinnanteil* ▸ auf ~ arbeiten; zehn Prozent ~ bekommen

pro|vi|so|risch ⟨[-vi-] Adj.⟩ *vorübergehend, vorläufig, behelfsmäßig* ▸ eine ~e Lösung

Pro|vi|so|ri|um ⟨[-vi-] das; -s, -ri|en⟩ *behelfsmäßige Einrichtung, vorläufiger Zustand*

pro|vo|kant ⟨[-vo-] Adj.; -er, am -es|ten; geh.⟩ *provozierend, herausfordernd* ▸ ~e Äußerungen; Syn *provokativ*

Pro|vo|ka|teur ⟨[-vokatø:r] der; -s, -e⟩ *jmd., der andere zu unbedachten Handlungen, Widerstand od. politische Gewalttaten provoziert;* Abl *Provokateurin*

pro|vo|zie|ren ⟨[-vo-] V. trans.; pro|vo|ziert, pro-vo|zier|te, hat pro|vo|ziert⟩ **1** etwas ~ *heraufbeschwören, hervorrufen* **2** jmdn. ~ *jmdn. zu einer unbedachten Handlung veranlassen, jmdn. herausfordern* ▸ eine Krankheitserscheinung ~; Widerstand, Widerspruch ~; ein solches Verhalten wirkt ~d; Abl *Provokation, Provozierung*

Pro|ze|de|re ⟨das; -, -; geh.⟩ *Prozedur, Vorgehensweise* ▸ das weitere ~ festlegen

Pro|ze|dur ⟨die; -, -en⟩ *(langwierige, schwierige) Behandlung, (mühsames) Verfahren* ▸ eine ~ über sich ergehen lassen

Pro|zent ⟨das; -(e)s, -e; nach Zahlen Pl.: -; Abk.: p. c.; Zeichen: %⟩ **1** *der hundertste Teil, Hundertstel* **2** ⟨Pl.⟩ ~e **2.1** *nach Prozenten berechneter Gewinnanteil* **2.2** *Rabatt (beim Verkauf einer Ware)* ▸ ~e für eine Arbeit bekommen; ~e geben; 10 ~ Bedienungszuschlag; der Schnaps enthält 40 ~ Alkohol; es waren höchstens 75 ~ aller Mitglieder anwesend; das Kapital wird mit 4 ~ verzinst

...pro|zen|tig ⟨in Zus.; zur Bildung von Adj.⟩ *eine bestimmte Zahl von Prozenten enthaltend,* z. B. dreiprozentig (in Ziffern: 3%ig, 3-prozentig)

Pro|zent|punkt ⟨der; -(e)s, -e⟩ *Differenzwert in Prozent beim Vergleich zweier Prozentzahlen* ▸ eine Abweichung von einem ~

Pro|zent|rech|nung ⟨die; -, -en; Math.⟩ *Regeln u. Methoden zur Berechnung von Prozenten u. den davon abhängigen Werten*

Pro|zent|satz ⟨der; -es, -sät|ze⟩ *eine bestimmte Anzahl von Prozenten* ▸ hoher, niedriger ~

pro|zen|tu|al ⟨Adj.⟩ *in Prozenten (ausgedrückt)* ▸ die Anzahl der Kranken ist ~ gestiegen

Pro|zess ⟨der; -es, -e⟩ **1** *Rechtsstreit, Gerichtsverfahren;* Zus *Prozesskosten, Prozesstag; prozessfähig, prozessunfähig; Indizienprozess, Mordprozess* **2** *Vorgang, Verlauf;* Zus *Entwicklungsprozess, Fäulnisprozess, Wachstumsprozess* ▸ in dem ~ Müller gegen Schulze ▸ einen ~ (gegen jmdn.) anstrengen, führen; einen ~ gewinnen, verlieren; jmdm. den ~ machen *jmdn. verklagen* ▸ mit dem mache ich kurzen ~ ⟨übertr.; umg.⟩ *mit dem verhandle ich nicht lange, sondern erkläre ihm energisch, was zu tun ist;* langwieriger, schwieriger ~

pro|zes|sie|ren ⟨V. intr.; pro|zes|siert, pro|zes|sierte, hat pro|zes|siert⟩ *einen Prozess führen* ▸ gegen jmdn. ~

Pro|zes|si|on ⟨die; -, -en⟩ **1** ⟨kath. Kirche⟩ *feierlichen Umzug der Geistlichen u. der Gemeinde, Bittgang, Dankgang;* Zus *Fronleichnamsprozession* **2** ⟨allg.⟩ *feierlichen Aufzug, Umzug*

Pro|zes|sor ⟨der; -s, -en; EDV⟩ *Steuerungsteil eines Computers*

prü|de ⟨Adj.⟩ *in geschlechtlichen Dingen übertrieben sittsam, zimperlich;* Abl *Prüderie*

prü|fen ⟨V. trans.; prüft, prüf|te, hat ge|prüft⟩ **1** jmdn. ~ **1.1** *jmds. Kenntnisse, Leistungen, Wissen feststellen* **1.2** *jmds. Eignung für etwas untersuchen* **2** eine Sache ~ **2.1** *die Richtigkeit einer S. erkunden, feststellen* **2.2** *die Leistungsfähigkeit, den ordnungsgemäßen Zustand einer S. untersuchen, erproben* ▸ einen Examenskandidaten, Schüler ~; den Geschmack einer Speise ~; eine Maschine ~, bevor sie ausgeliefert wird; eine Rechnung ~ ▸ etwas eingehend, gründlich, gewissenhaft ~ ▸ eine Behauptung auf ihre Wahrheit hin ~; einen Schüler in Deutsch, Englisch, Mathematik ~ ▸ etwas ~d betrachten; Zus *Prüfbericht, Prüfverfahren*

Prü|fer ⟨der; -s, -⟩ **1** *jmd. (meist Lehrer), der jmdn. (den Prüfling) auf seine Kenntnisse, Leistungen prüft* **2** *jmd., der etwas auf seine Richtigkeit untersucht;* Zus *Wirtschaftsprüfer* ▸ der ~ ließ sie durchfallen; Abl *Prüferin*

Prüf|ling ⟨der; -s, -e⟩ *jmd., der geprüft wird;* Syn *Prüfungskandidat*

Prüf|stand ⟨der; -(e)s, -stän|de⟩ *Anlage, die es ermöglicht, alle Bedingungen zu erzeugen, denen eine Maschine bei ihrer Verwendung ausgesetzt ist* ▸ auf dem ~ stehen ⟨übertr.⟩ *einer genauen Prüfung unterzogen werden*

Prüf|stein ⟨der; -(e)s, -e; übertr.⟩ *Probe, Gradmesser* ▸ diese Aufgabe ist ein ~ für seine Fähigkeiten

Prü|fung ⟨die; -, -en⟩ **1** *Untersuchung auf Kenntnisse, Leistungen, Fähigkeiten;* Zus *Prüfungsaufgabe, Prüfungsausschuss, Prüfungsergebnis, Prüfungsfach, Prüfungskommission, Prüfungsnote, Prüfungstermin; Abschlussprüfung, Eignungsprüfung, Fachprüfung, Sprachprüfung, Zwischenprüfung* **2** *Untersuchung auf die Richtigkeit, den Zustand (einer Sache)* **3** ⟨übertr.⟩ *Schicksalsschlag* ▸ eine ~ abhalten; eine ~ ablegen; eine ~ (nicht) bestehen; sie hat die ~ mit der Note „sehr gut" bestanden; (schwere) ~en durchmachen ⟨übertr.⟩ *Schweres im Leben erleiden;* sich einer ~ unterziehen ▸ eine eingehende, gründliche, sorgfältige ~; leichte, schwere, strenge ~; mündliche, schriftliche ~ ▸ sich auf eine ~ vorbereiten; durch eine ~ fallen; für die ~(en) arbeiten; in der ~ durchfallen; etwas nach eingehender ~ genehmigen

P

Prü|gel **1** ⟨der; -s, -⟩ *Stock, Knüppel* **2** ⟨Pl.⟩ *Schläge* ▸ jmdm. eine Tracht ~ verabreichen; ~ bekommen, beziehen; Zus *Prügelstrafe*

Prü|ge|lei ⟨die; -, -en⟩ *Schlägerei*

Prü|gel|kna|be ⟨der; -n, -n⟩ *jmd., der die Schläge, Strafe od. Vorwürfe bekommt, die ein anderer verdient hat* ▸ er muss immer als ~ herhalten

prü|geln ⟨V.; prü|gelt, prü|gel|te, hat ge|prü|gelt⟩ **I** ⟨V. trans.⟩ jmdn. ~ *schlagen, mit Schlägen bestrafen* **II** ⟨V. refl.⟩ sich (mit jmdm.) ~ *einen Streit mit Schlägen austragen* ▸ sie haben sich auf der Straße geprügelt

Prunk ⟨der; -(e)s; unz.⟩ *Prachtentfaltung, üppig zur Schau gestellter Reichtum;* Abl *prunkvoll;* Zus *Prunksucht*

prun|ken ⟨V. intr.; prunkt, prunk|te, hat geprunkt⟩ **1** *prangen* **2** mit etwas ~ *etwas prahlend zur Schau stellen*

Prunk|stück ⟨das; -(e)s, -e⟩ *prächtiger, auffallender Gegenstand, kostbares Stück*

prus|ten ⟨V. intr.; prus|tet, prus|te|te, hat ge|prus|tet⟩ **1** *schnauben, schnaufen* **2** *laut blasen* **3** *laut niesen* ▸ vor Lachen ~ *mit Lachen losplatzen*

PS ⟨Abk. für⟩ *Pferdestärke*

PS *auch:* **P. S.** ⟨Abk. für⟩ *Postskript(um)*

Psalm ⟨der; -s, -en⟩ *geistl. Lied aus dem Psalter*

Psal|ter ⟨der; -s, -⟩ *Buch der 150 geistlichen Lieder des AT*

Pseu|d|o|nym ⟨das; -s, -e⟩ *angenommener Name, Deckname (bes. von Schriftstellern)* ▸ das Buch erschien unter einem ~

pseu|do|wis|sen|schaft|lich ⟨Adj.; abwertend⟩ *sich den Anschein der Wissenschaftlichkeit gebend*

pst! ⟨Int.⟩ *Ruhe!, still! (auch als Anruf einer Person, um sie auf sich aufmerksam zu machen)*

Psy|che ⟨die; -, -n⟩ *Seele, seelisch-geistiges Leben*

psy|che|de|lisch ⟨Adj.⟩ *bewusstseinserweiternd, Farben, Formen, Klänge aus dem Unbewussten hervorrufend;* oV *psychodelisch* ▸ ~e Drogen

Psy|chi|a|ter ⟨der; -s, -⟩ *Facharzt für Psychiatrie;* Abl *Psychiaterin*

Psy|chi|a|trie ⟨die; -; unz.⟩ **1** *Fachgebiet der Medizin, das sich mit der Erkennung u. Behandlung psychischer Krankheiten befasst* **2** ⟨umg.⟩ *psychiatrische Klinik* ▸ jmdn. in die ~ einweisen; Abl *psychiatrisch;* ⟨österr.⟩ *psychiatrieren*

psy|chisch ⟨Adj.⟩ *die Psyche betreffend, seelisch* ▸ ~ krank sein; er ist ~ labil; ~e Probleme haben

Psy|cho|ana|ly|se ⟨die; -, -n⟩ **I** ⟨unz.⟩ *Methode zur Erkennung u. Heilung psychischer Krankheiten* **II** ⟨zählb.⟩ *Untersuchung u. Behandlung nach dieser Methode* ▸ sich einer ~ unterziehen; Abl *Psychoanalytiker(in); psychoanalytisch*

Psy|cho|kri|mi ⟨der; -s, -s; umg.⟩ *spannender, mit psychologischen Mitteln arbeitender Kriminalroman od. -film;* Syn *Psychothriller*

Psy|cho|lo|ge ⟨der; -n, -n⟩ **1** *Wissenschaftler auf dem Gebiet der Psychologie* **2** ⟨umg.⟩ *jmd., der Menschen zu beobachten u. entsprechend zu behandeln versteht* ▸ er ist ein guter, schlechter ~; Abl *Psychologin*

Psy|cho|lo|gie ⟨die; -; unz.⟩ *Wissenschaft von den seelischen Vorgängen* ▸ sie möchte ~ studieren; Abl *psychologisieren*

psy|cho|lo|gisch ⟨Adj.⟩ *die Psychologie betreffend, auf ihr beruhend, mit ihrer Hilfe* ▸ ~e Kriegsführung *K. durch psychische Beeinflussung von Freund u. Feind;* etwas ~ geschickt ausdrücken

Psy|cho|path ⟨der; -en, -en⟩ *seelisch gestörter Mensch;* Abl *Psychopathin; psychopathisch*

Psy|cho|phar|ma|kon ⟨das; -s, -ma|ka; Pharm.⟩ *auf die Psyche beruhigend wirkendes Arzneimittel*

Psy|cho|se ⟨die; -, -n⟩ *schwere psychische Erkrankung;* Abl *psychotisch*

Psy|cho|so|ma|tik ⟨die; -; unz.⟩ *Lehre von den Beziehungen zw. Körper u. Seele;* Abl *psychosomatisch*

Psy|cho|ter|ror ⟨der; -s; unz.⟩ *Bedrohung mit psychologisch wirksamen Mitteln* ▸ etwas als ~ empfinden; sie wurde durch ~ eingeschüchtert

Psy|cho|the|ra|pie ⟨die; -, -n⟩ *Krankenbehandlung (bei Neurosen, psychischen Fehlleistungen usw.) durch seelische Beeinflussung;* Abl *Psychotherapeut(in); psychotherapeutisch*

pu|ber|tär ⟨Adj.⟩ **1** *zur Pubertät gehörend, in der Pubertät auftretend* **2** ⟨abwertend⟩ *in der Pubertät steckengeblieben, kindisch, unreif* ▸ ~e Erscheinungen; die ~e Phase; ~es Benehmen

Pu|ber|tät ⟨die; -; unz.⟩ *Zeit des Eintritts der Geschlechtsreife*

pu|ber|tie|ren ⟨V. intr.; pu|ber|tiert, pu|ber|tier|te, hat pu|ber|tiert⟩ **1** *sich in der Pubertät befinden* **2** *sich pubertär benehmen* ▸ ~de Jugendliche

Pu|b|li|ci|ty ⟨[pʌblısıtı] die; -; unz.⟩ *mediale Aufmerksamkeit, die die Bekanntheit einer Person od. Sache sichern od. erhöhen soll* ▸ viel ~ haben

Pu|b|lic Re|la|tions ⟨[pʌblık rıleıʃənz] Pl.; Abk.: PR⟩ = *Öffentlichkeitsarbeit*

pu|b|lik ⟨Adv.⟩ **1** *öffentlich* **2** *allgemein bekannt* ▸ die Angelegenheit ist inzwischen ~ geworden; Zus *publik machen / publikmachen*

Pu|b|li|ka|ti|on ⟨die; -, -en⟩ **1** *das Publizieren, Veröffentlichen;* Syn *Publizierung* **2** *Veröffentlichung* ▸ eine Liste der ~en eines Autors

Pu|b|li|kum ⟨das; -s; unz.⟩ **1** *Gesamtheit der Zuhörer, Besucher (in Vorführungen, Vorträgen, Lokalen usw.);* Zus *Publikumsliebling* **2** *Gesamtheit der an Kunst u. Wissenschaft interessierten Menschen* ▸ er braucht immer ein ~ ⟨umg.⟩ *er tut sich gern vor anderen hervor;* das ~ lachte, pfiff, tobte; er hat in den Kindern ein dankbares ~ für seine Späße; in diesem Lokal verkehrt gutes, schlechtes ~; er wendet sich mit seinen Büchern an ein großes, breites ~; vor einem großen ~ sprechen

Pu|b|li|kums|ma|g|net ⟨der; -en, -en⟩ *Person od. Sache, die viel Publikum anzieht* ▸ er erweist sich als ein ~

pu|b|li|kums|wirk|sam ⟨Adj.⟩ *auf Publikum Eindruck machend* ▸ sein Auftritt war ~

pu|b|li|zie|ren ⟨V. trans.; pu|b|li|ziert, pu|b|li|zier|te, hat pu|b|li|ziert⟩ etwas ~ *veröffentlichen, bekanntmachen, bes. im Druck*

Pu|b|li|zist ⟨der; -en, -en⟩ *Journalist od. Schriftsteller, der sich in der Presse äußert;* Abl *Publizistin*

Pu|b|li|zis|tik ⟨die; -; unz.⟩ *Lehre von der zwischenmenschlichen Kommunikation (bes. in ihren öffentlichen Funktionen der Information, Meinungsbildung u. Unterhaltung) u. ihrer Wirkung in der Gesellschaft;* Syn *Journalistik, Zeitungswissenschaft;* Abl *publizistisch*

Puck ⟨der; -s, -s⟩ *Hartgummischeibe für Eishockey*

Pud|ding ⟨der; -s, -s⟩ *Süßspeise aus Milch, Zucker u. Pulver* ▸ als Nachspeise gibt es heute ~; einen ~ kochen; ~ in den Armen, Beinen haben ⟨umg.⟩ *ein schwaches Gefühl in den A., B. haben;* Zus *Puddingform, Puddingpulver; Schokoladenpudding, Vanillepudding*

Pu|del ⟨der; -s, -⟩ *mittelgroßer Hund mit krausem, meist schwarzem, auch weißem, braunem od. grauem Fell* ▸ des ~s Kern ⟨übertr.⟩ *das Wesentliche der Sache;* wie ein begossener ~ dastehen ⟨umg.⟩ *sehr beschämt, verlegen*

Pu|del|müt|ze ⟨die; -, -n⟩ *dicke Wollmütze*

pu|del|wohl ⟨Adv.; umg.⟩ *sehr wohl* ▸ sich bei jmdm. ~ fühlen

Pu|der ⟨der; -s, -⟩ *zur Körperpflege u. zu Heilzwecken verwendetes, feines Pulver;* Abl *pud(e)rig;* Zus *Puderdose, Puderquaste; Körperpuder*

pu|dern ⟨V. trans.; pu|dert, pu|der|te, hat ge|pu|dert⟩ jmdn. od. (jmdm.) etwas ~ *mit Puder bestäuben* ▸ einen Säugling ~; sich das Gesicht ~

Pu|der|zu|cker ⟨der; -s; unz.⟩ *zu Puder gestoßener Zucker;* Syn ⟨österr.⟩ *Staubzucker*

Puff I ⟨der; -(e)s, Püf|fe⟩ *Stoß, bes. mit der Faust* ▸ jmdm. einen ~ in die Seite geben **II** ⟨der; -(e)s, -e⟩ *Bausch (an der Kleidung), Wulst;* Zus *Puffärmel* **III** ⟨das od. der; -(e)s, -s; umg.⟩ = *Bordell*

puff! ⟨Int.⟩ *(zur Bez. eines Knalles)*

puf|fen ⟨V.; pufft, puff|te, hat ge|pufft⟩ **I** ⟨V. trans.⟩ **1** jmdn. ~ *jmdn. (mit der Faust) stoßen, knuffen* **2** etwas ~ *aufblähen, weit u. faltig machen* (Ärmel, Stoff) **II** ⟨V. intr.; umg.⟩ *knallen*

Puf|fer ⟨der; -s, -⟩ **1** *Vorrichtung zum Auffangen von Stößen an Schienenfahrzeugen* **2** ⟨übertr.⟩ *Spielraum zum Ausgleichen eines eventuellen (bes. zeitlichen) Engpasses* **3** ⟨kurz für⟩ *Kartoffelpuffer*

Puf|fer|zo|ne ⟨die; -, -n⟩ **1** ⟨Pol.⟩ *Gebiet, in dem Vorkehrungen getroffen wurden, um Auseinandersetzungen zw. feindlichen Kräften zu verhindern* **2** ⟨allg.⟩ *Bereich, in dem einander entgegengesetzte Kräfte nicht aufeinandertreffen*

puh! ⟨Int.⟩ *(Ausruf des Unwillens, der Erleichterung, bei einer Anstrengung)*

pu|len ⟨V.; pult, pul|te, hat ge|pult; umg.⟩ oV *puhlen* **I** ⟨V. intr.⟩ **1** an etwas ~ *mit den Fingern an etwas zupfen, fummeln* **2** in etwas ~ *in etwas herumstochern* ▸ an einem Pickel ~; in der Nase ~ **II** ⟨V. trans.⟩ etwas aus od. von etwas ~ *etwas durch Zupfen, Fummeln aus od. von etwas anderem lösen*

Pulk ⟨der; -(e)s, -e⟩ *Anhäufung, größere Gruppe* ▸ im ~ fahren

Pul|le ⟨die; -, -n; umg.⟩ *Flasche* ▸ eine ~ Bier

Pul|li ⟨der; -s, -s; Kurzw. für⟩ *Pullover*

Pul|lo|ver ⟨[-vər] der; -s, -⟩ *über den Kopf zu ziehendes, gestricktes Oberbekleidungsstück* ▸ es ist kalt, du musst einen ~ anziehen; er hat sich einen neuen ~ gekauft; ⓘ S. 682

Pul|l|un|der ⟨der; -s, -⟩ *ärmelloser Pullover (unter dem man Bluse od. Hemd trägt)*

Puls ⟨der; -es, -e⟩ *durch rhythmische Zusammenziehungen des Herzens u. dadurch stoßweises Einfließen des Blutes in die Arterien erzeugter Schlag der Arterien* ▸ jmdm. am Handgelenk den ~ fühlen; der ~ geht ruhig, langsam, schnell; der ~ hämmert, jagt, klopft, pocht; aussetzender, beschleunigter, fliegender, matter, regelmäßiger, schwacher, unregelmäßiger, verlangsamter ~; ⟨übertr.⟩ sich am ~ der Zeit befinden *auf der Höhe der Zeit sein, die neuesten Entwicklungen u. Ereignisse kennen u. mitvollziehen;* Zus *Pulsfrequenz*

Puls|ader ⟨die; -, -n⟩ *Arterie, Schlagader* ▸ sich die ~n am Handgelenk aufschneiden (um Selbstmord zu begehen)

pul|sie|ren ⟨V. intr.; pul|siert, pul|sier|te, hat pulsiert⟩ *durch Schlagen, Klopfen sein Leben, sein Vorhandensein zeigen;* oV *pulsen* ▸ das Blut pulsiert in den Adern; das Leben pulsiert in den Straßen ⟨übertr.⟩; ~der Schmerz

Puls|schlag ⟨der; -(e)s, -schlä|ge⟩ **1** *einzelner Schlag des Pulses* **2** *Puls* **3** ⟨übertr.⟩ *fühlbares, sichtbares Leben* ▸ der ~ der Stadt ⟨übertr.⟩; der Arzt stellte einen erhöhten ~ fest

Puls|wär|mer ⟨der; -s, -⟩ *warme Hülle für das Handgelenk, Müffchen*

Pult ⟨das; -(e)s, -e⟩ **1** *tischähnliches Gestell mit schräger Fläche;* ⓘ S. 574; Zus *Lesepult, Schreibpult* **2** ⟨schweiz.⟩ *Schreibtisch* ▸ der Lehrer sitzt am ~; die Noten aufs ~ legen, stellen

Pul|ver ⟨[-vər] das; -s, -⟩ **1** *in feinste Teilchen zerriebener Stoff;* Abl *pulverförmig, pulv(e)rig;* Zus *Pulverkaffee* **2** ⟨Med.⟩ *Arznei in Pulverform;* Zus *Schlafpulver* **3** *explosive Mischung aus pulverförmigen Stoffen;* Syn *Schießpulver;* Zus *Pulverdampf* ▸ er ist keinen Schuss ~ wert ⟨übertr.; umg.⟩ *er taugt nichts* ▸ ein ~ einnehmen, verschreiben; er hat das ~ nicht erfunden ⟨übertr.; umg.⟩ *er ist ein bisschen dumm, beschränkt;* er hat sein ~ schon verschossen ⟨übertr.⟩ *er hat seine Argumente schon alle od. vorzeitig in die Diskussion gebracht u. kann nicht mehr nachlegen*

Pul|ver|fass ⟨[-vər-] das; -es, -fäs|ser; in der übertr. Wendung⟩ auf einem ~ sitzen *sich in einer gefährlichen Lage befinden*

pul|ve|ri|sie|ren ⟨[-və-] V. trans.; pul|ve|ri|siert, pul|ve|ri|sier|te, hat pul|ve|ri|siert⟩ etwas ~ *zu Pulver zerkleinern*

Pul|ver|schnee ⟨[-vər-] der; -s; unz.⟩ *lockerer, pulvriger, nicht ballender Schnee*

Pu|ma ⟨der; -s, -s⟩ *gelblich bis silbergrau gefärbte Raubkatze*

Pum|mel|chen ⟨das; -s, -; umg.⟩ *dickes, stämmiges Kind, bes. rundliches Mädchen;* Abl *pumm(e)lig*

Pump ⟨der; -s; unz.; umg.⟩ *das Leihen* ▸ etwas auf ~ bekommen *geborgt bekommen;* auf ~ leben *von geborgtem Geld leben*

Pum|pe ⟨die; -, -n⟩ **1** *Arbeitsmaschine od. Arbeitsgerät zum Fördern von Flüssigkeiten u. Gasen;* Zus *Luftpumpe, Wasserpumpe* **2** ⟨umg.⟩ *Herz* ▸ die ~ macht nicht mehr mit ⟨umg.⟩

pum|pen¹ ⟨V.; pumpt, pump|te, hat ge|pumpt⟩ **I** ⟨V. intr.⟩ **1** *eine Pumpe betätigen* **2** ⟨umg.⟩ *sehr schwer atmen* **II** ⟨V. trans.⟩ Luft, Wasser aus etwas ~ *mittels Pumpe hervor-, heraufbringen*

pum|pen² ⟨V. trans.; pumpt, pump|te, hat gepumpt; umg.⟩ **1** sich etwas von jmdm. ~ *entleihen, borgen* **2** jmdm. etwas ~ *jmdm. etwas leihen* ▸ ich habe ihm 20 Euro gepumpt

Pum|per|ni|ckel ⟨der; -s, -⟩ *schwarzbraunes, dichtes Brot aus Roggenschrot mit süßlichem Geschmack*

Pump|ho|se ⟨die; -, -n⟩ *halblange, weite Hose mit Bund unterm Knie*

Pumps ⟨[pœmps] der; -, -⟩ *leichte Damenschuhe mit hohem od. halbhohem Absatz ohne Schnüre*

Punk ⟨[pʌŋk] der; -s, -s; seit ca. 1975⟩ **I** ⟨unz.⟩ **1** *Protestbewegung der Punker* **2** ⟨kurz für⟩ *Punkrock* **II** ⟨zählb.⟩ = *Punker;* Abl *punkig*

Pun|ker ⟨[pʌŋ-] der; -s, -⟩ **1** *Angehöriger einer gesellschaftskritischen Jugendbewegung, die durch auffälliges, betont zerlumptes Äußeres (z. B. bunte Haare, zerrissene Kleidung) u. rüdes Benehmen provozieren will* **2** ⟨Mus.⟩ *Musiker des Punkrocks* ▸ die ~ treffen sich am Bahnhof; Abl *Punkerin*

Punk|rock ⟨[pʌŋk-] der; -s; unz.⟩ *laute Rockmusik mit schnellen, hämmernden Rhythmen*

Punkt ⟨der; -(e)s, -e⟩ **1** *sehr kleiner Fleck, Tupfen;* Abl *punktförmig* **2** *bestimmter Ort, bestimmte Stelle* **3** *Zeitpunkt* **4** ⟨übertr.⟩ **4.1** *Sache, Frage, Angelegenheit, Einzelheit;* Zus *Programmpunkt, Tagesordnungspunkt* **4.2** *Paragraf, Abschnitt* **5** ⟨Gramm.⟩ *Satzzeichen am Satzende u. bei manchen Abkürzungen* **6** ⟨Math.⟩ *als Stelle, an der sich zwei Linien schneiden, gedachtes geometrisches Gebilde ohne Ausdehnung;* Zus *Schnittpunkt* **7** ⟨Mus.⟩ *hinter eine Note gesetztes Zeichen, das sie um ihren halben Zeitwert verlängert;* Abl *punktiert* **8** *Bewertungseinheit (in vielen Spielen u. Sportarten sowie in Schule u. Hochschule);* Zus *Punktniederlage, Punktsieg, Punktspiel, Punktzahl* **9** ⟨Typ.; Abk.: p⟩ *Maßeinheit für den Schriftsatz, 0,376 mm* ▸ die Linie verläuft von ~ A nach ~ C ▸ ~ 12 Uhr *pünktlich um 12 Uhr;* die einzelnen ~e eines Vertrages besprechen ▸ sie hat in der Arbeit 13 ~e geschrieben; nun mach mal einen ~! ⟨übertr.; umg.⟩ *mach Schluss jetzt!, hör damit auf!;* die Mannschaft hat bei dem Spiel fünf ~e gemacht; einen ~ setzen, machen ▸ ein Wort durch drei ~e ersetzen; diese Schrift hat die Größe von 10 ~(en); eine Zehn-~-Schrift; es gibt in seiner Vergangenheit einige dunkle ~e ⟨übertr.⟩ *einige ungünstige Vorfälle;* den empfindlichen ~ treffen ⟨übertr.⟩; wir kommen zum nächsten ~; der springende ~ ⟨übertr.⟩ *das Wesentliche, Wichtige, Entscheidende (einer Sache);* strittiger ~ ⟨übertr.⟩; den toten ~ überwinden ⟨übertr.⟩ *Zeitpunkt, an dem man glaubt, nicht weiterzukönnen;* typografischer ~; das Kleid ist rot mit weißen ~en; der wichtigste, schwierigste ~ der Sache ist … ⟨übertr.⟩; ein wunder ~ ⟨übertr.⟩ *eine für jmdn. unangenehme Angelegenheit* ▸ das Flugzeug war nur noch als ~ am Himmel zu erkennen; an diesem ~ gabelt sich der Weg; ich bin jetzt an dem ~, an dem ich allein nicht weiterarbeiten kann; wir kommen noch auf diesen ~ zurück ⟨übertr.⟩; er kam auf den ~ genau *pünktlich;* eine Angelegenheit, Arbeit ~ für ~ durchgehen ⟨übertr.⟩; die beiden Geraden schneiden sich in einem ~; in diesem ~ bin ich anderer Meinung ⟨übertr.⟩; Stoff, Kleid mit ~en; den Gegner nach ~en schlagen ⟨Sp.; Boxen⟩; sie redet ohne ~ und Komma ⟨übertr.; umg.⟩ *ohne innezuhalten, unaufhörlich*

Pünkt|chen ⟨das; -s, -⟩ *kleiner Punkt* ▸ das ~ auf dem i! ⟨übertr.; umg.⟩ *die Perfektion*

punk|ten ⟨V.; punk|tet, punk|te|te, hat ge|punktet⟩ **I** ⟨V. trans.⟩ etwas ~ *mit Punkten versehen, tüpfeln* ▸ gepunkteter Stoff **II** ⟨V. intr.⟩ **1** ⟨Sp.⟩ *Punkte sammeln* **2** ⟨übertr.⟩ *einen Vorteil erringen* ▸ gegen einen Mitbewerber ~ ⟨übertr.⟩

punkt|ge|nau ⟨Adj.⟩ *sehr genau (in Bezug auf einen Zielpunkt)* ▸ eine Vorgabe ~ einhalten

punkt|gleich ⟨Adj.; bes. Sp.⟩ *mit gleicher Punktzahl* ▸ zwei ~e Mannschaften

punk|tie|ren ⟨V. trans.; punk|tiert, punk|tier|te, hat punk|tiert; Med.⟩ jmdn. ~ *aus jmds. Körper Flüssigkeit od. Gewebsstückchen entnehmen, um sie zu untersuchen;* Abl *Punktion, Punktur;* Zus *Punktiernadel*

Punkt|lan|dung ⟨die; -, -en⟩ **1** *äußerst präzise Landung eines Luftfahrzeugs innerhalb eines vorgegebenen Bereichs* **2** ⟨übertr.⟩ *genaue Einhaltung einer planmäßigen Vorgabe* ▸ einen Flug mit einer ~ abschließen; beim Jahresumsatz eine ~ erzielen ⟨übertr.⟩

pünkt|lich ⟨Adj.⟩ *auf die Minute genau zur vereinbarten Zeit (erscheinend)* ▸ wir beginnen ~ um 15 Uhr; ~ ankommen, gehen; es wird ~ erledigt; er ist immer sehr ~; bitte seien Sie ~!; Abl *Pünktlichkeit*

Punkt|rich|ter ⟨der; -s, -; Sp.⟩ *Richter beim Sport (Boxen, Ringen, Turnen), der nach Punkten wertet;* Abl *Punktrichterin*

punk|tu|ell ⟨Adj.⟩ **1** *an, in einzelnen Punkten, einzelne Punkte betreffend* **2** ⟨Gramm.⟩ *Aktionsart von Verben, die ein Geschehen bezeichnen, das auf einen kurzen Zeitpunkt begrenzt ist,* z. B. „platzen“

Punsch ⟨der; -(e)s; unz.⟩ *Mischgetränk aus Rum od. Arrak mit Wasser od. Tee, auch Wein, u. Zucker, meist heiß getrunken;* Zus *Punschglas*

Pu|pil|le ⟨die; -, -n⟩ *schwarzer Punkt in der Mitte des Auges* ▸ erweiterte ~n

Püpp|chen ⟨das; -s, -⟩ **1** *kleine Puppe* **2** ⟨übertr.; meist abwertend⟩ *(puppenhaftes) Mädchen*

Pup|pe ⟨die; -, -n⟩ **1** *Kinderspielzeug in Form eines kleinen Menschen;* Zus *Puppenhaus, Puppenstube, Puppenwagen; Handpuppe* **2** *Figur des Puppen- u. Kasperletheaters;* Zus *Puppenspiel,*

Puppentheater **3** ⟨umg.; auch abwertend⟩ *Mädchen* **4** *Gebilde in Form einer menschlichen Gestalt od. des menschlichen Rumpfes zum Anprobieren od. Ausstellen von Kleidung;* Zus *Schaufensterpuppe, Schneiderpuppe* **5** ⟨übertr.⟩ *Hülle, in der Insekten mit vollkommener Verwandlung ein Ruhestadium durchmachen* ▸ unsere Tochter wünscht sich zum Geburtstag eine neue ~; die ~n tanzen lassen ⟨umg.⟩ *ausgelassen feiern;* bis in die ~n aufbleiben, feiern, schlafen *sehr lange, bis in den Morgen hinein;* mit ~n spielen

pup|pen|haft ⟨Adj.⟩ *hübsch, aber ausdruckslos*

pur ⟨Adj.⟩ *rein, lauter, unverfälscht, unverdünnt* ▸ ~es Gold; aus ~er Neugierde *nur aus N.;* das ist der ~e Wahnsinn ⟨umg.⟩; es war ~er Zufall; den Whisky ~ trinken

Pü|ree ⟨das; -s, -s⟩ *Brei, Mus;* Abl *pürieren;* Zus *Kartoffelpüree*

Pu|ris|mus ⟨der; -; unz.⟩ **1** ⟨allg.⟩ *schlichter u. einfacher Stil, der bewusst auf zierendes Beiwerk verzichtet* **2** ⟨Sprachw.⟩ *(übertriebenes) Streben, die Sprache von Fremdwörtern zu reinigen;* Abl *Purist(in); puristisch*

pu|ri|ta|nisch ⟨Adj.; übertr.⟩ *sittenstreng*

Pur|pur ⟨der; -s; unz.⟩ *blaustichiger roter Farbstoff;* Zus *purpurrot*

Pur|zel|baum ⟨der; -(e)s, -bäu|me⟩ *Rolle um die eigene Querachse auf dem Boden* ▸ einen ~ machen, schlagen, schießen

pur|zeln ⟨V. intr.; pur|zelt, pur|zel|te, ist ge|purzelt⟩ irgendwohin ~ *fallen, hinfallen, stürzen* (bes. von Kindern) ▸ sie purzelte aus dem Bett

Pu|schen ⟨a. [pu:-] der; -s, -; norddt.⟩ *Hausschuh, Pantoffel* ▸ aus den, in die ~ kommen ⟨übertr.; umg.⟩ *(endlich) aktiv werden, vorankommen*

pu|shen ⟨[puʃən] V. intr.; pusht, push|te, hat gepusht⟩ jmdn. od. etwas ~ *antreiben, in Schwung bringen;* oV *puschen* ▸ den Absatz einer Ware ~

Pus|te ⟨die; -; unz.; umg.⟩ *Atem* ▸ jmdm. geht die ~ aus ⟨übertr.⟩ *jmdm. geht die Kraft, das Geld aus;* ganz aus der, ⟨od.⟩ außer ~ sein

Pus|te|blu|me ⟨die; -, -n; umg.⟩ = *Löwenzahn*

Pus|te|ku|chen! ⟨Int.⟩ *(Ausdruck der Ablehnung)* ▸ (ja) ~! *ich denke nicht daran!*

Pus|tel ⟨die; -, -n⟩ *Bläschen, Pickel, Eiterbläschen auf der Haut*

pus|ten ⟨V.; pus|tet, pus|te|te, hat ge|pus|tet⟩ **I** ⟨V. intr.⟩ **1** *blasen* **2** *außer Atem sein, keuchen* **II** ⟨V. trans.⟩ etwas irgendwohin ~ *durch Blasen fortbewegen* ▸ er hat für den Alkoholtest ins Röhrchen gepustet

Pu|te ⟨die; -, -n⟩ **1** *Truthenne* **2** ⟨übertr.; umg.; Schimpfwort⟩ *Mädchen, Frau* ▸ du dumme ~!

Pu|ter ⟨der; -s, -⟩ *Truthahn*

pu|ter|rot ⟨Adj.⟩ *rot wie der Fleischlappen des zornigen Truthahns* ▸ ~ werden (vor Scham, Wut)

Putsch ⟨der; -(e)s, -e⟩ **1** *politischer Umsturz od. Umsturzversuch;* Abl *Putschist(in);* Zus *Putschversuch; Militärputsch* **2** ⟨schweiz.⟩ *Stoß* ▸ einen ~ unterstützen; ein missglückter ~

put|schen ⟨V. intr.; putscht, putsch|te, hat geputscht⟩ *einen Putsch versuchen od. verüben* ▸ das Militär hat gegen die neue Regierung geputscht; sich an die Macht ~ ⟨a. übertr.⟩

Putz ⟨der; -es; unz.⟩ *Mauerbewurf, Mörtel* ▸ der ~ bröckelt von den Wänden; auf den ~ hauen ⟨übertr.; umg.⟩ *übermütig, ausgelassen sein (u. dabei viel Geld ausgeben)*

Put|ze ⟨die; -, -n; umg.; abwertend⟩ *Putzfrau*

put|zen ⟨V.; putzt, putz|te, hat ge|putzt⟩ **I** ⟨V. trans.⟩ etwas ~ **1** die Fenster, ein Pferd, (sich) die Zähne, die Wohnung ~ *säubern, reinigen* **2** Schuhe ~ *einkremen u. blankreiben* ▸ (sich) die Nase ~ *schnäuzen;* hast du (dir) schon die Zähne geputzt?; Zus *Putzlappen, Putzzeug* **II** ⟨V. refl.⟩ sich ~ *sich säubern* (von Tieren) ▸ die Katze putzt sich

Putz|frau ⟨die; -, -en⟩ *Frau, die stundenweise gegen Entgelt Wohn- u. Geschäftsräume putzt*

put|zig ⟨Adj.⟩ *erheiternd, spaßig-merkwürdig*

putz|mun|ter ⟨Adj.; umg.⟩ *sehr munter, hellwach*

Putz|sucht ⟨die; -; unz.⟩ *übertriebener Hang zum Saubermachen;* Abl *putzsüchtig*

Putz|teu|fel ⟨der; -s, -; übertr.; umg.⟩ *übertriebene Neigung zum Säubern der Wohnung*

Puz|z|le ⟨[puz(ə)l] od. [pʌz(ə)l] das; -s, -s⟩ *Geduldsspiel, bei dem viele kleine Teile zu einer Bildfläche zusammengesetzt werden;* Syn *Puzzlespiel;* Abl *puzzeln*

PVC ⟨Chem.; Zeichen für⟩ *Polyvinylchlorid*

Py|ja|ma ⟨[pydʒa:ma] der od. das; -s, -s⟩ = *Schlafanzug*

Py|ra|mi|de ⟨die; -, -n⟩ **1** ⟨Geom.⟩ *geometrischer Körper mit einem Vieleck als Basis u. dreieckigen Seitenflächen, die in einer Spitze zusammenlaufen;* Abl *pyramidenförmig* **2** *altägyptischer Grabbau* **3** *Gebilde in Form einer Pyramide;* Zus *Weihnachtspyramide*

Py|ro|ma|nie ⟨die; -; unz.⟩ *krankhafter Trieb zur Brandstiftung;* Abl *Pyromane, Pyromanin; pyromanisch*

Py|ro|tech|nik ⟨die; -; unz.⟩ *Feuerwerkskunst;* Abl *Pyrotechniker(in); pyrotechnisch*

Pyr|rhus|sieg *auch:* **Pyr|rhus-Sieg** ⟨der; -(e)s, -e; übertr.⟩ *mit zu großen Opfern erkaufter Sieg*

py|thisch ⟨Adj.⟩ *orakelhaft, dunkel, rätselhaft*

Py|thon|schlan|ge ⟨die; -, -n⟩ *eine Riesenschlange;* Syn *Python*

Q q

q ⟨früher Abk. für⟩ *Quadrat…, z.B.* qm, qkm

Q ⟨Zeichen für⟩ *elektrische Ladung u. Wärmemenge*

Quack|sal|ber ⟨der; -s, -; abwertend⟩ *angeblicher Arzt, der von seinem Handwerk nichts versteht, Kurpfuscher;* Abl *Quacksalberei; quacksalberisch; quacksalbern*

Quad|del ⟨die; -, -n; norddt.⟩ *juckende Anschwellung bes. durch Insektenstiche*

Qua|der ⟨der; -s, -⟩ **1** *rechteckig behauener Steinblock;* Syn *Quaderstein* **2** ⟨Math.⟩ *Körper mit drei Paar kongruenten, in parallelen Ebenen liegenden Rechtecken als Oberfläche*

Qua|d|rant ⟨der; -en, -en⟩ **1** ⟨Astron.; Nautik⟩ *Gerät zum Bestimmen der Höhe von Gestirnen* **2** ⟨Math.⟩ *Viertel des rechtwinkligen Koordinatensystems*

Qua|d|rat ⟨das; -(e)s, -e⟩ **1** ⟨Geom.⟩ *Viereck mit vier identisch langen Seiten u. vier rechten Winkeln* **2** ⟨Math.⟩ *die zweite Potenz* ▸ eine Zahl ins ~ erheben; drei zum ~ *zweite Potenz von drei* $= 3^2$

Qua|d|rat… ⟨in Zus. mit Subst.; zur Bez. von Flächenmaßen verwendet⟩ *Flächen…, z.B.* Quadratdezimeter ⟨Abk.: dm^2⟩, Quadratkilometer ⟨Abk.: km^2⟩, Quadratmillimeter ⟨Abk.: mm^2⟩, Quadratzentimeter ⟨Abk.: cm^2⟩; →a. *Quadratmeter*

qua|d|ra|tisch ⟨Adj.⟩ **1** *in der Form eines Quadrats* **2** *in der zweiten Potenz* ▸ ~e Gleichung *algebraische Gleichung 2. Grades, in der Formel* $ax^2 + bx + c = 0$

Qua|d|rat|lat|schen ⟨Pl.; umg.; scherzh.⟩ *große, grobe Füße, Schuhe*

Qua|d|rat|me|ter ⟨der od. das; -s, -; Abk.: m^2⟩ *Flächenmeter, Viereck, dessen Seiten je 1 Meter lang sind* ▸ das Zimmer ist 15 ~ groß

Qua|d|rat|me|ter|preis ⟨der; -es, -e⟩ *Preis pro Quadratmeter* ▸ ~ für Teppichböden, Fliesen, Parkett; die ~e für Bauland sind im vergangenen Jahr erneut gestiegen

Qua|d|ra|tur ⟨die; -, -en; meist in der Wendung⟩ ~ des Kreises ⟨übertr.⟩ *unlösbare Aufgabe (da ein Kreis mit geometrischen Mitteln nicht in ein Quadrat verwandelt werden kann)*

Qua|d|rat|wur|zel ⟨die; -, -n; Math.⟩ *die Zahl b, deren zweite Potenz* (b^2) *gleich a ist,* $b = \sqrt{a}$ ▸ die ~ (aus einer Zahl) ziehen; die ~ von 81 ist 9

Qua|d|rat|zahl ⟨die; -, -en; Math.⟩ *die zweite Potenz einer Zahl, z.B.* ($= 2^2$) ▸ die ~ von zwei ist vier; sechzehn ist eine ~

Qua|d|ri|ga ⟨die; -, -dri|gen⟩ *antikes zweirädriges Viergespann, u. a. als Gefährt der siegreichen römischen Feldherren*

Quai ⟨[kɛː] der; -s, -s⟩ = *Kai*

qua|ken ⟨V. intr.; quakt, quak|te, hat ge|quakt⟩ **1** *Laut geben, rufen* (vom Frosch) **2** ⟨übertr.; umg.⟩ *viel u. töricht od. oberflächlich reden*

quä|ken ⟨V. intr.; quäkt, quäk|te, hat ge|quäkt; umg.⟩ *jammernd schreien* ▸ das Kind quäkt; ~de Stimme *klägliche, hohe Stimme*

Quä|ker ⟨der; -s, -; Rel.⟩ *Angehöriger einer angelsächsischen evangel. Gemeinschaft*

Qual ⟨die; -, -en⟩ *großer körperlicher od. seelischer Schmerz* ▸ die ~ des schlechten **Gewissens,** der Reue ▸ körperliche, seelische ~en **aushalten,** erleiden, ertragen müssen; jmdm. ~en **bereiten; sein:** es ist (mir) eine ~, das ansehen, anhören zu müssen ▸ er starb **unter** großen ~en; er wurde **von** seinen ~en erlöst, befreit; Zus *Seelenqual*

quä|len ⟨V.; quält, quäl|te, hat ge|quält⟩ **I** ⟨V. trans.⟩ **1** jmdn. ~ *jmdm. Qual, Schmerz zufügen* **2** ⟨übertr.⟩ jmdn. (mit etwas) ~ *ständig mit Bitten bedrängen* ▸ das Kind quält mich seit Tagen, ich soll mit ihm in den Zirkus gehen ⟨übertr.⟩; ein Tier ~; ~de Zweifel; gequält lächeln, seufzen **II** ⟨V. refl.⟩ sich (mit etwas) ~ *sich (mit etwas) abmühen* ▸ er hat sich anfangs sehr ~ müssen ⟨übertr.⟩; quäl dich nicht mit traurigen Gedanken *mach dir nicht so viele traurige Gedanken*

Quä|le|rei ⟨die; -, -en⟩ **1** *anhaltendes Quälen* **2** ⟨übertr.⟩ *zu schwere, mühsame Arbeit*

Quäl|geist ⟨der; -(e)s, -er; umg.⟩ *jmd. (bes. Kind), der andere ständig belästigt, bes. mit Bitten bedrängt* ▸ du bist ein ~

Qua|li|fi|ka|ti|on ⟨die; -, -en⟩ **1** *Ausbildung, das Qualifizieren (I. 1)* **2** *Beurteilung* **3** *Fähigkeit, Eignung, Befähigung* **4** *Befähigungsnachweis* **5** *erbrachte (sportliche) Leistung, die zur Teilnahme an einem Wettbewerb berechtigt* **6** *(sportlicher) Wettbewerb, dessen Bewältigung zur Teilnahme an einem nächsthöheren Wettbewerb berechtigt;* Zus *Qualifikationsrunde, Qualifikationsspiel* ▸ die ~ für eine Aufgabe nachweisen; ~ für die Weltmeisterschaft

qua|li|fi|zie|ren ⟨V.; qua|li|fi|ziert, qua|li|fi|zier|te, hat qua|li|fi|ziert⟩ **I** ⟨V. trans.⟩ **1** jmdn. (für od. zu etwas) ~ *befähigen, fähig machen (zu etwas), durch Unterricht u. Übung ausbilden u. entwickeln (für etwas)* **2** etwas ~ *als geeignet anerkennen* **3** etwas als etwas ~ *beurteilen, einordnen, kennzeichnen* **II** ⟨V. refl.⟩ sich (für od. zu etwas) ~ **1** *sich ausbilden, sich durch Fleiß u. Übung entwickeln, sich als geeignet erweisen* **2** *eine (sportliche) Leistung erbringen, die zur Teilnahme an einem bzw. dem nächsthöheren Wettbewerb berechtigt;* →a. *qualifiziert;* Abl *Qualifizierung*

qua|li|fi|ziert **I** ⟨Part. Perf. von⟩ *qualifizieren* **II** ⟨Adj.; -er, am -es|ten⟩ **1** *durch Übung, Erfahrung geeignet, befähigt* **2** *fachmännisch* ▸ ~e Arbeit leisten *sehr gute, brauchbare A.;* ~e Mehrheit *für bestimmte Parlamentsbeschlüsse notwendige Mehrheiten (Zweidrittel-, Dreiviertelmehrheit)*

Qua|li|tät ⟨die; -, -en⟩ **1** *Art, Beschaffenheit* **2** *Güte, Brauchbarkeit, Sorte;* Abl *qualität(s)voll;* Zus *Qualitätsarbeit, Qualitätsbewusstsein, Qualitätskontrolle, Qualitätssicherung, Qualitätsstandard; qualitätsbewusst, qualitätsorientiert* **3** *(positive) Eigenschaft od. Fähigkeit* ▸ auch er hat seine ~en; ausgezeichnete, gute ~; beste, mittlere ~; der Kaffee ist von ausgezeichneter, minderer ~; wir sind mit der ~ der Ware sehr zufrieden

qua|li|ta|tiv ⟨Adj.⟩ **1** *die Qualität betreffend* **2** *der Güte, dem Werte nach* ▸ dieser Stoff ist ~ besser, aber auch teurer; wir streben ~e Verbesserungen an

Qua|li|täts|wein ⟨der; -(e)s, -e⟩ *Wein einer bestimmten Güteklasse* ▸ ~ mit Prädikat

Qual|le ⟨die; -, -n⟩ *pilzförmiges durchsichtiges Meerestier mit Tentakeln*

Qualm ⟨der; -(e)s; unz.⟩ *dichter Rauch* ▸ viel ~ um etwas machen ⟨übertr.; umg.⟩ *viel Aufhebens;* Abl *qualmig;* Zus *Zigarettenqualm*

qual|men ⟨V.; qualmt, qualm|te, hat ge|qualmt⟩ **I** ⟨V. intr.⟩ **1** *Qualm von sich geben, stark rauchen* (Schornstein) **2** ⟨übertr.; umg.⟩ *viel, häufig rauchen* (Person) ▸ die Kerze qualmt (nach dem Löschen); er, sie qualmt wie ein Schlot ⟨übertr.; umg.⟩ **II** ⟨V. trans.; qualmt, qualm|te, hat gequalmt; umg.⟩ eine Zigarre, Pfeife ~ *rauchen* ▸ er qualmt täglich 30 Zigaretten

qual|voll ⟨Adj.⟩ *voller Qual, quälend, Qual bereitend* ▸ ~en Durst haben; es war ~, das anzusehen, anzuhören; ~ sterben

Quant ⟨das; -(e)s, -en; Phys.⟩ *kleinster Wert physikalischer Größen, von denen Vielfache nur in ganzen od. halben Zahlen auftreten;* Zus *Quantenmechanik, Quantenphysik, Quantentheorie; Energiequant, Lichtquant, Wirkungsquant*

Quänt|chen ⟨das; -s, -; übertr.⟩ ein ~ *ein wenig, eine kleine Menge*

Quan|ten ⟨Pl.; umg.⟩ *große Schuhe, große Füße*

Quan|ten|sprung ⟨der; -(e)s, -sprün|ge⟩ **1** ⟨Phys.⟩ *sprunghafter Übergang eines Systems aus einem (stationären) Quantenzustand in einen anderen* **2** ⟨übertr.⟩ *plötzlicher Aufschwung, schneller, sprunghafter Fortschritt* ▸ den ~ vom Agrarland zum Industriestaat vollziehen ⟨übertr.⟩

quan|ti|fi|zie|ren ⟨V. trans.; quan|ti|fi|ziert, quan|ti|fi|zier|te, hat quan|ti|fi|ziert⟩ etwas ~ *mathematisch beschreibbar machen;* Abl *quantifizierbar*

Quan|ti|tät ⟨die; -, -en⟩ **1** *Menge, Masse, Größe, Umfang* **2** *Anzahl* ▸ entscheidend ist die Qualität, nicht die ~

quan|ti|ta|tiv ⟨Adj.⟩ *hinsichtlich der Quantität, der Menge, Größe, Anzahl, dem Umfang nach* ▸ eine ~e Analyse; die Studie ist rein ~ ausgerichtet

Quan|tum ⟨das; -s, Quan|ten od. Quan|ta⟩ **1** *bestimmte Menge, Anzahl* **2** *Anteil* **3** *Maß* ▸ ein großes, kleines ~; ein ordentliches ~ ⟨umg.⟩

Qua|ran|tä|ne ⟨[ka-] die; -, -n⟩ *Isolierung (von Personen od. Tieren) als Schutzmaßnahme gegen Einschleppung od. Verbreitung von epidemischen Krankheiten* ▸ jmdn. in ~ legen; in ~ liegen; jmdn. unter ~ stellen; Zus *Quarantänestation*

Quar|gel ⟨das od. der; -s, -; österr.⟩ *kleiner, runder Käse*

Quark[1] ⟨der; -s; unz.⟩ **1** *aus geronnener Milch hergestellter Käse;* Syn ⟨süddt.⟩ *Topfen;* Zus *Quarkspeise; Magerquark, Sahnequark* **2** *Unsinn, Unfug, Quatsch* ▸ wir essen sehr gern Pellkartoffeln mit ~; einen Brotaufstrich aus ~ und Kräutern zubereiten; das ist doch (alles) ~! ⟨übertr.; umg.⟩; davon verstehst du einen ~ ⟨übertr.; umg.⟩ *gar nichts;* sich über jeden ~ aufregen ⟨übertr.; umg.⟩

Quark[2] ⟨[kwɔːrk] das; -s, -s; Phys.⟩ *grundlegender Baustein der Materie*

Quark|ku|chen ⟨der; -s, -⟩ *aus Quark u. weiteren Zutaten bereiteter Kuchen;* Syn *Käsekuchen,* ⟨schweiz.⟩ *Quarktorte*

Quar|tal ⟨das; -s, -e⟩ *Vierteljahr* ▸ erstes, zweites ~; zum ~ kündigen *zum Ende des Vierteljahres*

Quar|tals|ab|schluss ⟨der; -es, -schlüs|se⟩ *vierteljährliche Abrechnung*

Quar|tals|säu|fer ⟨der; -s, -; umg.⟩ *jmd., der periodisch sehr viel Alkohol trinkt*

Quar|te ⟨die; -, -n; Mus.⟩ **1** *vierter Ton der diatonischen Tonleiter* **2** *Intervall von vier Tönen*

Quar|tett ⟨das; -(e)s, -e⟩ **1** ⟨Mus.⟩ **1.1** *Musikstück für vier Stimmen od. Instrumente;* Zus *Bläserquartett, Streichquartett, Vokalquartett* **1.2** *Gruppe von vier Sängern od. Instrumentalisten* **2** *Kartenspiel, bes. für Kinder, bei dem vier zusammengehörige Karten abgelegt werden, die man durch Fragen der anderen Spieler erhält*

Quar|tier ⟨das; -(e)s, -e⟩ **1** *Wohnung, Unterkunft;* Zus *Ferienquartier, Nachtquartier, Urlaubsquartier* **2** *Räumlichkeiten, Standort* **3** ⟨Mil.⟩ *Truppenunterkunft* **4** ⟨schweiz. u. österr.⟩ *Stadtviertel* ▸ sich ein ~ suchen; haben Sie schon ein ~?; die Firma wird ein neues ~ in der Innenstadt beziehen; die Soldaten machen ~

Quarz ⟨der; -es, -e; Min.⟩ *häufigstes Mineral der Erdoberfläche;* Zus *Quarzglas, Quarzkristall, Quarzlampe*

quar|zen ⟨V. intr.; quarzt, quarz|te, hat ge|quarzt; umg.⟩ *stark rauchen* ▸ musst du schon wieder ~?

Quarz|uhr ⟨die; -, -en⟩ *von Quarzkristallen gesteuerte, sehr genau gehende elektrische Uhr*

qua|si ⟨Adv.⟩ *gewissermaßen, gleichsam*

quas|seln ⟨V. intr.; quas|selt, quas|sel|te, hat gequas|selt; umg.⟩ *unaufhörlich reden, schwatzen*

Quas|sel|strip|pe ⟨die; -, -n; umg.⟩ **1** *jmd., der unaufhörlich redet* **2** ⟨scherzh.⟩ *Telefon* ▸ an der ~ hängen *(schon lange) telefonieren*

Quas|te ⟨die; -, -n⟩ **1** *an einem Ende zusammengebundenes Büschel von Fäden, Fransen, dünnen Schnüren od. Litzen* **2** *Watte- od. Faserbausch;* Zus *Puderquaste*

Quatsch[1] ⟨der; -(e)s; unz.; umg.⟩ **1** *dummes Gerede, Unsinn* **2** *Fehler* **3** *wertloses Zeug* **4** *dumme Späße* ▸ (ach) ~!; ich kann diesen ~ nicht länger anhören, ansehen; mach keinen ~! *sei vernünftig!;* red keinen ~!; das habe ich nur aus ~ gesagt; das ist doch (alles) ~

Quatsch[2] ⟨der; -(e)s; unz.; nddt., österr.⟩ *Matsch*

Q

quatsch! ⟨Int.⟩ *(zur Bezeichnung eines klatschenden Geräusches, z. B. beim Treten in sumpfigen Boden)*

quat|schen ⟨V. intr. u. V. trans.; quatscht, quatsch|te, hat ge|quatscht; umg.⟩ **1** (etwas) ~ *viel u. töricht reden* **2** mit jmdm. ~ *sich ungezwungen unterhalten* **3** *ein Geheimnis verraten* ▸ im Unterricht ~; jemand hat gequatscht

Quatsch|kopf ⟨der; -(e)s, -köp|fe; umg.⟩ *jmd., der viel Quatsch redet, Schwätzer*

Que|cke ⟨die; -, -n⟩ *ein Süßgras mit langen, kriechenden Wurzelstöcken*

Queck|sil|ber ⟨das; -s; unz.; chem. Zeichen: Hg⟩ *bei Zimmertemperatur flüssiges, silberglänzendes Metall, chem. Element, Ordnungszahl 80;* Syn *Hydrargyrum* ▸ Amalgam enthält ~; Abl *quecksilb(e)rig;* Zus *Quecksilberdampf, Quecksilbervergiftung*

Quell ⟨der; -(e)s, -e; poet.; oberdt.; a. übertr.⟩ *Quelle, Brunnen* ▸ ein ~ der Freude ⟨übertr.⟩

Quell|be|wöl|kung ⟨die; -, -en; Pl. selten; Meteor.⟩ *Bewölkung, die aus Quellwolken besteht*

Quel|le ⟨die; -, -n⟩ **1** *aus der Erde tretendes fließendes Wasser, Ursprung eines Baches od. Flusses;* Zus *Quellwasser* **2** ⟨kurz für⟩ *Heilquelle;* Zus *Mineralquelle* **3** ⟨übertr.⟩ **3.1** *Herkunft, Ursprung* **3.2** *Person, Stelle, Zeitung, von der man eine Nachricht, Information od. Ware bekommen hat;* Zus *Informationsquelle, Nachrichtenquelle* **4** ⟨Pl.⟩ *Urkunden, schriftliche Zeugnisse u. Werke (zur historischen, literarischen Forschung);* Zus *Quellenangabe, Quellennachweis, Quellenverzeichnis* ▸ die ~ der **Donau;** das ist die ~ allen **Übels** ⟨übertr.⟩ ▸ die ~n **angeben** (bei historischen, literarischen Arbeiten); neue ~n (für Rohstoffe) **erschließen;** ~n **lesen,** studieren; die ~ **springt,** sprudelt aus dem Boden, Felsen; die ~ ist **versiegt** ⟨a. übertr.⟩ ▸ **amtliche** ~ ⟨übertr.⟩; **heiße,** kalte, warme ~; **historische** ~n ▸ **an** der ~ sitzen ⟨übertr.; umg.⟩ *gute Verbindungen zu etwas haben;* Wasser **aus** einer ~ schöpfen; aus einer ~ trinken; ich weiß es aus sicherer ~ ⟨übertr.⟩

quel|len ⟨V.⟩ **I** ⟨V. intr.; quillt, quoll, ist ge|quollen⟩ oV *quillen* **1** aus, über od. in ~ *herausfließen, hervordringen od. hineindringen* **2** *durch Aufnehmen von Wasser anschwellen, sich vergrößern, sich ausdehnen* (Linsen, Reis) ▸ das **Holz** ist durch die Feuchtigkeit gequollen ▸ Linsen vor dem Kochen ~ **lassen** ▸ ihm quollen (vor Entsetzen, vor Zorn) fast die Augen **aus** dem Kopf; das Blut quillt aus der Wunde; die Menschen quollen aus dem Saal; Rauch quoll aus den Fenstern; das Wasser quillt aus dem Boden; der Brei quillt **über** den Rand des Topfes **II** ⟨V. trans.; quellt, quell|te, hat ge|quellt⟩ Erbsen, Linsen ~ *zum Aufschwemmen ins Wasser legen*

Quel|len|steu|er ⟨die; -, -n; Wirtsch.⟩ *am Ort u. zur Zeit der Entstehung einer steuerpflichtigen Einnahme direkt vom Ertrag abgezogene Steuer*

Quell|text ⟨der; -(e)s, -e; EDV⟩ *ursprünglicher Zustand eines Programms* ▸ ein Programm im ~ lesen; Syn *Quellcode*

Quell|wol|ke ⟨die; -, -n; Meteor.⟩ *Haufenwolke*

que|ngeln ⟨V. intr.; quen|gelt, quen|gel|te, hat ge|quen|gelt; umg.⟩ *weinerlich immer wieder bitten, weinerlich nörgeln* (besonders von Kindern)

quer ⟨Adv.⟩ **1** *von einer Breitseite zur gegenüberliegenden Breitseite, senkrecht zur Längsausdehnung;* Ggs *längs (2);* Zus *Querbalken, Querrichtung, Querstrich, Querstraße* **2** ⟨übertr.⟩ *störend* ▸ kreuz und ~ **gehen;** das Blatt ~ **legen** (nicht längs); ⟨aber⟩ →a. *querlegen;* den Stoff ~ **nehmen** (beim Zuschneiden) *mit der Breitseite nach unten;* etwas ~ (in den Weg) **stellen;** ~ **übereinanderlegen** *gekreuzt* ▸ ~ **gestreift** = *quergestreift* ▸ eine Schnur ~ **durch** einen Raum spannen; auf der Straße fahren wir ~ durch den Wald; alles liegt **kreuz** und ~ ⟨übertr.; umg.⟩ *durcheinander, ungeordnet;* kreuz und ~ durch den Wald laufen *ziellos im Wald umherlaufen;* ein Brett ~ **über** einen Bach legen; er will ~ über die Straße gehen

quer|beet ⟨Adv.; umg.⟩ **1** *ohne genaues Ziel, ohne feste Richtung* **2** *ohne genauen Plan* ▸ ~ durchs Gelände laufen; ~ Beispiele suchen

Quer|den|ker ⟨der; -s, -⟩ *jmd., dessen Ansichten u. Äußerungen von der offiziell vorgegebenen od. mehrheitlichen Denkrichtung abweichen*

quer|durch ⟨Adv.⟩ *mitten hindurch*

Que|re ⟨die; -; unz.⟩ *Querrichtung* ▸ ⟨übertr.; umg.; meist in festen Wendungen⟩ es ist ihm etwas in die ~ gekommen ⟨übertr.; umg.⟩ *er wurde durch etwas abgehalten, gestört;* jmdm. in die ~ kommen ⟨übertr.; umg.⟩ *jmdn. stören, behindern, sich jmdm. in den Weg stellen;* komm mir nicht in die ~! den Stoff (in) der ~ nehmen *quer*

Quer|ein|stieg ⟨der; -(e)s; unz.⟩ **1** *Studienwechsel innerhalb fachverwandter Fächer unter Anrechnung von Studienleistungen* **2** *Einstieg in einen Beruf, für den man nicht ausgebildet ist* ▸ den ~ wagen; Abl *Quereinsteiger(in); quereinsteigen*

Que|re|le ⟨die; -, -n; meist Pl.⟩ *Klage, Streit* ▸ es gab etliche ~n um seine Person; die Koalition möchte die ~n beilegen

que|ren ⟨V. trans.; quert, quer|te, hat ge|quert; selten⟩ eine Straße ~ *kreuzen, quer überschreiten*

quer|feld|ein ⟨Adv.⟩ *mitten durch Feld u. Wiesen, ohne Weg;* Zus *Querfeldeinlauf, Querfeldeinritt*

Quer|flö|te ⟨die; -, -n; Mus.⟩ *Flöte, die quer gehalten u. an der Kante des Blaslochs angeblasen wird;* ⓘ S. 788

Quer|for|mat ⟨das; -(e)s; unz.⟩ *Format, bei dem die Breite größer ist als die Höhe* ▸ Bild im ~

quer|ge|streift *auch:* **quer ge|streift** ⟨Adj.⟩ *von einer Breitseite zur anderen, quer zur Längsrichtung gestreift*

quer|kom|men ⟨V. intr.; kommt quer, kam quer, ist quer|ge|kom|men, quer|zu|kom|men; umg.⟩ jmdm. ~ *jmdn. behindern, stören (bei der Ausführung einer Arbeit, eines Planes)* ▸ komm mir nicht quer!

Quer|kopf ⟨der; -(e)s, -köp|fe; übertr.; umg.⟩ *jmd., der häufig eine andere Ansicht hat als andere, der sich nicht einordnen kann*

quer|le|gen ⟨V. refl.; legt sich quer, leg|te sich quer, hat sich quer|ge|legt, sich quer|zu|le|gen; übertr.; umg.⟩ sich ~ *sich widersetzen, jmds. Plan behindern, durchkreuzen;* Syn *querstellen;* →a. *quer*

quer|schie|ßen ⟨V. intr.; schießt quer, schoss quer, hat quer|ge|schos|sen, quer|zu|schie|ßen; übertr.; umg.⟩ *die Absichten anderer durchkreuzen, eine Angelegenheit stören* ▸ er schoss bei der Arbeit ständig quer

Quer|schiff ⟨das; -(e)s, -e; Arch.⟩ *dem Langhaus im Osten quer vorgelagerter u. dieses seitlich überragender Teil der Kirche;* Syn *Querhaus*

Quer|schlä|ger ⟨der; -s, -⟩ **1** ⟨Mil.⟩ *Geschoss einer Handfeuerwaffe, das im Flug einen Gegenstand streift u. dadurch in eine andere als die beabsichtigte, nicht mehr vorhersehbare Richtung weiterfliegt* **2** = *Quertreiber*

Quer|schnitt ⟨der; -(e)s, -e⟩ **1** ⟨Geom.⟩ *Schnitt quer zur Längs- od. Drehachse eines Körpers;* Ggs *Längsschnitt* **2** *Überblick, Zusammenfassung der wichtigsten Punkte, Teile*

Quer|schnitts|läh|mung ⟨die; -, -en; Med.⟩ *Lähmung durch Unterbrechung des Rückenmarks an einer bestimmten Stelle, unterhalb dieser Stelle sind die Körperteile gelähmt;* Abl *querschnitt(s)gelähmt*

Quer|sum|me ⟨die; -, -n; Math.⟩ *Summe der Ziffern einer mehrstelligen Zahl* ▸ die ~ von 25 ist 7

Quer|trei|ber ⟨der; -s, -; umg.⟩ *jmd., der ständig die Absichten anderer zu durchkreuzen sucht*

Que|ru|lant ⟨der; -en, -en; abwertend⟩ *jmd., der ständig quengelt;* Abl *Querulantin; querulieren*

Quer|ver|bin|dung ⟨die; -, -en⟩ **1** *quer verlaufende Verbindung zw. zwei Orten, Ortsteilen o. Ä.* **2** ⟨übertr.⟩ *Berührungspunkt, Verbindung zwischen mehreren Themen, Sachgebieten, Fachbereichen o. Ä.* ▸ eine direkte ~ zwischen zwei Orten schaffen; eine ~ zu einem anderen Kulturkreis herstellen

Q

quet|schen ⟨V. trans.; quetscht, quetsch|te, hat gequetscht⟩ **1** jmdn., sich od. etwas irgendwohin ~ *heftig drücken, pressen* **2** (jmdm. od. sich) etwas ~ *durch Druck verletzen;* Abl *Quetschung* ▸ sich den Finger ~; sich zu fünft in ein Auto ~

Quetsch|kom|mo|de ⟨die; -, -n; umg.; scherzh.; Mus.⟩ *Ziehharmonika, Akkordeon*

Queue ⟨[kø:] das; -s, -s⟩ *Stock zum Stoßen des Balles beim Billardspiel;* Syn *Billardstock*

Quiche ⟨[kɪʃ] die; -, -s; frz. Kochk.⟩ *herzhafte Torte aus Mürbe- od. Blätterteig* ▸ ~ Lorraine

quick|le|ben|dig ⟨Adj.; umg.⟩ *sehr lebendig, sehr munter* ▸ er ist noch ~

quie|ken ⟨V. intr.; quiekt, quiek|te, hat ge|quiekt⟩ **1** *Laut geben, rufen* (vom Schwein) **2** ⟨übertr.; umg.⟩ *einen hohen, quietschenden Laut ausstoßen* ▸ vor Schreck ~ ⟨übertr.; umg.⟩; es ist zum Quieken! ⟨übertr.; umg.⟩ *sehr komisch*

quiet|schen ⟨V. intr.; quietscht, quietsch|te, hat ge|quietscht⟩ *einen hohen schrillen Ton von sich geben* ▸ die Tür, das Rad quietscht; vor Schreck, Vergnügen ~ ⟨umg.⟩

quietsch|fi|del ⟨Adj.; umg.; verstärkend⟩ *sehr fidel, munter* ▸ ein ~es Kind

quietsch|ver|gnügt ⟨Adj.; umg.; verstärkend⟩ *sehr vergnügt, unbeschwert, fröhlich*

Quin|te ⟨die; -, -n; Mus.⟩ oV *Quint* **1** *fünfter Ton der diatonischen Tonleiter* **2** *Intervall von fünf Tönen*

Quint|es|senz ⟨die; -, -en⟩ *Wesen (einer Sache), Kern, Auszug* ▸ eine ~ ziehen; zu einer ~ kommen; die ~ seiner Untersuchung lautet …

Quin|tett ⟨das; -(e)s, -e; Mus.⟩ **1** *Musikstück für fünf Singstimmen od. fünf Instrumente* **2** *Gruppe von fünf Sängern od. Instrumentalisten;* Zus *Bläserquintett, Streichquintett*

Quirl ⟨der; -(e)s, -e⟩ **1** *Küchengerät zum raschen Vermengen;* Abl *quirlen* **2** ⟨übertr.; umg.; scherzh.⟩ *sehr lebhafter, kaum zu bändigender Mensch, bes. Kind*

quir|lig ⟨Adj.; übertr.; umg.⟩ *unruhig, sehr lebhaft* (Person) ▸ deine jüngste Tochter ist aber ein ~es Kind

quitt ⟨Adj.; nur präd.⟩ *frei von allen Verbindlichkeiten, ausgeglichen* ▸ nun sind wir ~

Quit|te ⟨die; -, -n⟩ *leicht bittere, gelbe Frucht, die ähnlich wie eine Birne aussieht u. an Bäumen wächst;* Zus *Quittenbaum, Quittengelee, Quittenkonfitüre; quitte(n)gelb*

quit|tie|ren ⟨V. trans.; quit|tiert, quit|tier|te, hat quit|tiert⟩ **1** einen Betrag ~ *den Empfang eines B. bescheinigen* **2** den Dienst ~ *ein Amt niederlegen* **3** eine Rechnung ~ *den Empfang des Betrages auf der Rechnung bescheinigen* **4** ⟨umg.⟩ eine Bemerkung mit einem Lächeln ~ *beantworten* ▸ können Sie mir bitte den Empfang der Ware ~?; quittierte Rechnung

Quit|tung ⟨die; -, -en⟩ **1** *Empfangsbescheinigung;* Zus *Quittungsblock, Quittungsbuch, Quittungsformular; Spendenquittung* **2** ⟨übertr.; umg.⟩ *Antwort, (bes.) Strafe* ▸ möchten Sie eine ~ haben?; ich werde Ihnen eine ~ ausstellen; können Sie die ~ unterschreiben?; das ist die ~ für deinen Unsinn ⟨übertr.; umg.⟩; jmdm. etwas gegen ~ geben, leihen

Quiz ⟨[kvɪs] das; -, -⟩ *unterhaltsames Frage-u.-Antwort-Spiel;* Abl *quizzen;* Zus *Quizfrage, Quizsendung*

Quiz|mas|ter ⟨[kvɪs-] der; -s, -⟩ *Leiter einer Quizshow;* Abl *Quizmasterin*

Quiz|show ⟨[kvɪsʃoʊ] die; -, -s; TV⟩ *Show, bei der ein Quiz gespielt wird* ▸ an einer ~ teilnehmen

quoll → *quellen*

Quo|te ⟨die; -, -n⟩ **1** *den Verhältnissen entsprechender Anteil, Teilbetrag* **2** *Beteiligungszahl* ▸ eine gute ~ haben; die ~ der Arbeitslosen ist gesunken; das wirtschaftliche Wachstum beträgt eine ~ von 2,5 %; Abl *quotieren;* Zus *Arbeitslosenquote, Erfolgsquote, Einschaltquote*

Quo|ten|re|ge|lung ⟨die; -, -en⟩ *Festschreibung einer bestimmten Anzahl an Arbeitsplätzen od. Positionen, die von Frauen besetzt werden sollen*

Quo|ti|ent ⟨der; -en, -en; Math.⟩ *Zähler u. Nenner eines Bruches*

R r

r ⟨Math.; Zeichen für⟩ *Radius*

Ra|batt ⟨der; -(e)s, -e⟩ *Preisnachlass* ▸ 3% ~; ~ geben, gewähren; Zus *Rabattmarke*

Ra|bat|te ⟨die; -, -n⟩ *schmales Beet, bes. als Einfassung von Wegen u. Rasenflächen*

Ra|batz ⟨der; -es; unz.; umg.⟩ **1** *Krach u. Unfug* **2** *Getümmel, Tumult* ▸ ~ machen

Ra|bau|ke ⟨der; -n, -n; umg.⟩ *Rüpel*

Rab|bi ⟨der; -s, -s od. -bi|nen; Ehrentitel für⟩ *jüd. Schriftgelehrter*

Rab|bi|ner ⟨der; -s, -⟩ **1** *Geistlicher der jüd. Gemeinde* **2** *jüd. Religions- u. Gesetzeslehrer*

Ra|be ⟨der; -n, -n⟩ *großer, kräftiger, schwarzer Singvogel* ▸ ein weißer ~ sein ⟨übertr.; umg.⟩ *eine ganz große Seltenheit;* wie ein ~ stehlen ⟨übertr.; umg.⟩ *häufig stehlen*

Ra|ben|mut|ter ⟨die; -, -müt|ter; umg.; abwertend⟩ *Mutter, die sich nicht um ihr Kind kümmert, hartherzige, schlechte Mutter*

ra|ben|schwarz ⟨Adj.⟩ *schwarz wie ein Rabe, tiefschwarz*

ra|bi|at ⟨Adj.; -er, am -es|ten; umg.⟩ *wild vor Zorn, sehr wütend, grob* ▸ ein ~es Vorgehen

Ra|che ⟨die; -; unz.⟩ *Vergeltung für erlittenes Unrecht* ▸ (an jmdm.) ~ nehmen *sich rächen;* jmdm. ~ schwören; ~ ist süß! ⟨umg.; scherzh.⟩ *na warte, ich werde es dir vergelten!;* blutige ~ nehmen; auf ~ sinnen; etwas aus ~ tun; (für etwas) ~ üben; Zus *Racheakt, Rachegedanken*

Ra|che|feld|zug ⟨der; -(e)s, -zü|ge⟩ *großangelegte Aktion od. Maßnahme aus Rache* ▸ einen blutigen ~ (gegen jmdn.) führen

Ra|chen ⟨der; -s, -⟩ **1** *innerer Teil des Halses, der hinter dem Gaumen beginnt* **2** *Maul, Schlund (von großen Raubtieren)* **3** ⟨übertr.; poet.⟩ *gähnender Abgrund;* Zus *Höllenrachen* ▸ entzündeter, geröteter ~; er kann den ~ nicht voll genug kriegen ⟨übertr.; umg.⟩ *er ist unersättlich;* jmdm. etwas in den ~ werfen ⟨übertr.; umg.⟩ *jmdm. etwas geben, um ihn zum Schweigen zu bringen*

rä|chen ⟨V.; rächt, räch|te, hat ge|rächt⟩ **I** ⟨V. trans.⟩ jmdn. od. etwas ~ *Rache für jmdn. od. etwas nehmen, Vergeltung für ein Unrecht, das jmdm. geschehen ist, üben* ▸ jmds. Tod ~ *Rache für seinen Tod nehmen;* Abl *Rächer(in)* **II** ⟨V. refl.⟩ sich (an jmdm.) ~ *Rache nehmen, Vergeltung üben (für erlittenes Unrecht)* ▸ es wird sich (noch) ~, dass du die Sache nicht ernst nimmst; dein Leichtsinn wird sich (noch) ~; er hat sich an ihm gerächt

Rach|gier ⟨die; -; unz.⟩ *Gier nach Rache* ▸ ein Verbrechen aus ~ begehen; Abl *rachgierig*

Rach|sucht ⟨die; -; unz.⟩ = *Rachgier;* Abl *rachsüchtig*

Ra|cker ⟨der; -s, -; umg.⟩ *Schlingel, Kind, das oft kleine Dummheiten macht* ▸ du kleiner ~!

Ra|cket ⟨[rækət] das; -s, -s⟩ *Tennisschläger*

Ra|c|lette ⟨[-klɛt]⟩ **I** ⟨der; -s, -s⟩ *ein schweizerischer Schnittkäse* **II** ⟨das; -s, -s⟩ **1** *Speise aus diesem Käse mit Tomaten, Pilzen o. Ä. auf Weißbrotscheiben od. gerösteten Kartoffeln* **2** *Gerät zum Zubereiten dieser Speise*

Rad fahren

Bei Fügungen, die aus Substantiv und Verb bestehen und getrennt geschrieben werden, schreibt man das Substantiv groß: *Wir wollen heute noch Rad fahren. Sie ist mit dem Rad gefahren. Fährst du nicht Rad?* Ebenso verhalten sich u. a. die Fügungen *Auto fahren, Ernst machen, Folge leisten, Hof halten, Not leiden, Gefahr laufen, Modell sitzen, Radio hören, Tee trinken, Unkraut jäten, Zeitung lesen.*
Werden solche Fügungen als Ganzes substantiviert, so schreibt man sie zusammen: *das Radfahren, das Autofahren, das Modellsitzen, das Teetrinken, das Unkrautjäten, das Zeitunglesen* usw.

Rad ⟨das; -(e)s, Rä|der⟩ **1** *scheibenförmiger Rollkörper, bes. an Fahrzeugen;* Zus *Radnabe* **2** *Getriebeteil* **3** ⟨kurz für⟩ *Fahrrad;* ⓘ S. 789; Abl *Radfahrer(in), Radprofi, Radrennen, Radrennfahrer, Radrennsport, Radsport, Radtour, Radweg; Dreirad, Einrad, Hochrad, Rennrad, Zweirad* **4** ⟨Turnen⟩ *ein- od. mehrmaliger seitlicher Überschlag auf beiden Händen u. Füßen nacheinander* ▸ das ~ der Geschichte lässt sich nicht zurückdrehen ⟨übertr.⟩ ▸ das ~ dreht sich, läuft, rollt, surrt, schnurrt; ~ fahren *mit dem Fahrrad fahren;* ⟨übertr.; umg.⟩ *gegenüber Vorgesetzten kriecherisch u. gegenüber Untergebenen anmaßend auftreten;* er weiß nicht, ob er ~ oder Auto fahren soll; das ~ quietscht; das ~ schieben (müssen); ~ schlagen ⟨Sp.; Turnen⟩; der Pfau schlägt ein ~ *stellt die Schwanzfedern auf* ▸ das fünfte ~ am Wagen sein ⟨übertr.; umg.⟩ *sich in der Gemeinschaft anderer als überflüssig empfinden, überflüssig sein* ▸ sich aufs ~ schwingen, setzen; mit dem ~ fahren; unter die Räder kommen *überfahren werden;* ⟨übertr.; umg.⟩ *den moralischen Halt verlieren, in schlechte Gesellschaft geraten;* vom ~ springen, steigen, stürzen

Ra|dar ⟨der od. das; -s; unz.⟩ **1** *Funktechnik, die sich mit der Messung von Entfernungen mittels elektromagnetischer Wellen befasst;* Syn *Radartechnik* **2** *Gerät zum Orten von Flugkörpern, Schiffen, Hindernissen am Boden usw. mittels Radar (1);* Zus *Radargerät, Radarkontrolle, Radarschirm*

Ra|dar|fal|le ⟨die; -, -n⟩ *schwer erkennbares polizeiliches Radargerät, das die Geschwindigkeit vorbeifahrender Kraftfahrzeuge kontrolliert*

Ra|dau ⟨der; -(e)s; unz.; umg.⟩ *Lärm, Krach, Getöse* ▸ ~ machen

Räd|chen ⟨das; -s, -⟩ *kleines Rad* ▸ nur ein ~ im Getriebe sein ⟨übertr.⟩ *ein Teil der Masse sein*

Rad|damp|fer ⟨der; -s, -⟩ *Dampfschiff mit Radantrieb*

ra|de|bre|chen ⟨V. trans. u. V. intr.; ra|de|brecht, ra|de|brech|te, hat ge|ra|de|brecht⟩ eine Sprache, in einer Sprache ~ *eine S. stümperhaft sprechen*

ra|deln ⟨V. intr.; ra|delt, ra|del|te, ist ge|ra|delt; umg.; bes. süddt.⟩ *Rad fahren*

Rä|dels|füh|rer ⟨der; -s, -⟩ *Anführer (eines Tumults, einer Verschwörung)*

...rä|de|rig ⟨in Zus.⟩ = *...rädrig*

Rad fah|ren → *Rad*

ra|di|al ⟨Adj.⟩ **1** *in Richtung des Radius* **2** *strahlenförmig*

Ra|di|a|tor ⟨der; -s, -en⟩ *Heizkörper, der die Luft in einem Raum vorwiegend durch Strahlung erwärmt*

ra|die|ren ⟨V.; ra|diert, ra|dier|te, hat ra|diert⟩ **I** ⟨V. intr. u. V. trans.⟩ (etwas) ~ *Geschriebenes od. Gezeichnetes mit dem Radiergummi entfernen* **II** ⟨V. trans.⟩ eine Zeichnung ~ *mit einer Nadel in eine geätzte Kupferplatte ritzen;* Zus *Radiernadel*

Ra|dier|gum|mi ⟨der; -s, -s⟩ *Gummi zum Entfernen von Schrift od. Zeichnung;* ⓘ S. 575; Syn *Radierer*

Ra|die|rung ⟨die; -, -en⟩ **1** *Art des Kupferstichs, bei der die Zeichnung mit der Radiernadel in eine mit einer säurefesten Masse überzogene Kupferplatte eingeritzt wird, die Platte wird dann mit einer Säure übergossen, die in die geritzten Stellen eindringt* **2** *der von dieser Platte hergestellte Abdruck*

Ra|dies|chen ⟨das; -s, -⟩ *ein Rettich mit kleinen, runden, roten Knollen* ▸ ein Bund ~ kaufen

ra|di|kal ⟨Adj.⟩ **1** *bis zum Äußersten (gehend)* **2** *von Grund auf, gründlich* **3** *rücksichtslos, scharf* **4** *politisch extrem;* Abl *Radikale(r), Radikalismus* ▸ ~e Ansichten vertreten; etwas ~ ändern; sie haben alles ~ ausgeräumt; etwas ~ beseitigen; Abl *Radikalität, Radikalismus; radikalisieren*

Ra|di|kal ⟨das; -s, -e; Chem.⟩ *Atomgruppe od. Molekül mit einem od. mehreren, sehr reaktionsfähigen Elektronen* ▸ freie ~e *(die Zellen schädigende) reaktionsfreudige Moleküle*

Ra|di|kal|kur ⟨die; -, -en⟩ *rücksichtslos vorgehende Behandlung einer Krankheit od. Fehlentwicklung;* Syn *Gewaltkur* ▸ einem Unternehmen eine ~ verordnen

Ra|dio ⟨das; -s, -s⟩ **1** ⟨schweiz. a. der; -s, -s⟩ *Gerät zum Empfang von Rundfunksendungen;* Syn *Radioapparat, Radiogerät, Rundfunkapparat, Rundfunkempfänger* **2** *Rundfunk;* Zus *Radiointerview, Radiomoderator(in), Radioprogramm, Radiosender, Radiosendung; Privatradio* ▸ das ~ einschalten; ich habe eine Stunde ~ gehört; im ~ die Nachrichten, den Verkehrsfunk hören; das Konzert wird live im ~ übertragen

ra|dio..., Ra|dio... ⟨in Zus.⟩ **1** *strahl(en)..., Strahl(en)...* **2** *Rundfunk...*

ra|dio|ak|tiv ⟨Adj.⟩ *unter Aussendung von Strahlen sich umwandelnd, Strahlen aussendend* ▸ ~er Niederschlag; ~er Zerfall; Abl *Radioaktivität*

Ra|dio|lo|ge ⟨der; -n, -n; Med.⟩ *Facharzt für Radiologie;* Abl *Radiologin*

Ra|dio|lo|gie ⟨die; -; unz.; Med.⟩ *Lehre von den Strahlen, bes. den Röntgen- u. radioaktiven Strahlen, u. ihrer Anwendung;* Abl *radiologisch*

Ra|di|um ⟨das; -s; unz.; chem. Zeichen: Ra⟩ *radioaktives chem. Element, Ordnungszahl 88*

Ra|di|us ⟨der; -, -di|en; Abk.: r⟩ *die Hälfte des Durchmessers;* Syn ⟨veraltet⟩ *Halbmesser*

Rad|kap|pe ⟨die; -, -n; Kfz⟩ *an der Nabe des Rades am Kraftwagen befindliche Kappe*

Radl ⟨das; -s, -n; oberdt.⟩ *Fahrrad*

Rad|ler ⟨der; -s, -; umg.; bes. süddt.⟩ **1** *Radfahrer;* Abl *Radlerin* **2** *erfrischendes Getränk aus Limonade u. Bier*

...räd|rig ⟨in Zus.; zur Bildung von Adj.⟩ *mit einer bestimmten Anzahl von Rädern ausgestattet,* z. B. zweirädrig, dreirädrig, vierrädrig

Rad|stand ⟨der; -(e)s, -stän|de; Kfz⟩ = *Achsstand*

RAF ⟨Abk. für⟩ *Rote-Armee-Fraktion*

raf|fen ⟨V. trans.; rafft, raff|te, hat ge|rafft⟩ **1** etwas ~ *gierig nehmen, fassen* **2** etwas ~ *geizig anhäufen* **3** ein Kleid, einen Stoff, Vorhang ~ *in kleine Falten legen, bauschen* **4** einen Text ~ *kürzen* **5** ⟨Jugendspr.⟩ etwas ~ *begreifen, verstehen* ▸ alles Geld, Kleider an sich ~; geraffte Vorhänge; er rafft es einfach nicht ⟨Jugendspr.⟩

Raff|gier ⟨die; -; unz.⟩ *Habgier, Gewinnsucht;* Abl *raffgierig*

Raf|fi|na|de ⟨die; -, -n⟩ *feiner, bes. gereinigter Zucker;* Zus *Zuckerraffinade*

Raf|fi|ne|rie ⟨die; -, -n⟩ *Fabrikanlage zur Reinigung (bes. von Zucker u. Erdöl);* Abl *raffinieren;* Zus *Erdölraffinerie, Zuckerraffinerie*

Raf|fi|nes|se ⟨die; -, -n⟩ **1** *Durchtriebenheit, Schlauheit* **2** *Feinheit, fein ausgedachte Sache* ▸ mit allen ~n *mit allem praktischen u. bequemen Zubehör, mit allen Feinheiten*

raf|fi|niert ⟨Adj.; -er, am -es|ten⟩ **1** *schlau, durchtrieben* **2** *ausgeklügelt, fein ausgedacht* **3** *gereinigt, verfeinert* ▸ ein ~er Diebstahl, Einbruch; ~er Plan; ~er Zucker; das hat er ~ gemacht; er ist ~; Abl *Raffiniertheit*

Ra|ge ⟨[-ʒə] die; -; unz.; umg.⟩ *Wut, Raserei* ▸ er bringt ihn oft in ~; in ~ kommen; sich in ~ reden *beim Reden immer wütender werden*

ra|gen ⟨V. intr.; ragt, rag|te, hat ge|ragt⟩ irgendwohin ~ *emporstehen, höher sein als etwas*

Ra|gout ⟨[-guː] das; -s, -s⟩ *Gericht aus fein geschnittenem Fleisch mit stark gewürzter Soße;* Zus *Kalbsragout, Rehragout*

Ra|he ⟨die; -, -n⟩ *Querstange am Mast für das trapezförmige Rahsegel;* oV *Rah*

Rahm ⟨der; -(e)s; unz.; regional⟩ = *Sahne* ▸ den ~ abschöpfen ⟨übertr.; umg.⟩ *sich das Beste nehmen*

rah|men ⟨V. trans.; rahmt, rahm|te, hat ge|rahmt⟩ ein Bild ~ *mit einem Rahmen umgeben, einfassen* ▸ ein Bild dunkel, hell ~ lassen

Rah|men ⟨der; -s, -⟩ **1** *einfassende Leiste, Einfassung;* Zus *Bilderrahmen, Fensterrahmen, Türrahmen* **2** *als Stütze dienendes Gestell;* Zus *Webrahmen* **3** *Gestell der Kraftwagen (Chassis) u. Fahrräder;* ⓘ S. 789 **4** *Vor- u. Nachgeschichte einer Rahmenerzählung* **5** ⟨übertr.⟩ **5.1** *Umwelt, Umgebung, Hintergrund;* Zus *Rahmenbedingungen* **5.2** *Gesamtzusammenhang, in den Einzelnes sich einfügt* ▸ abgeben: der Park gab einen schönen ~ für die Vorführung ab ⟨übertr.⟩; abspielen: die Sache spielt sich in größerem ~ ab ⟨übertr.⟩ ▸ in bescheidenem ~ feiern ⟨übertr.⟩; so etwas ist nur in größerem, kleinerem ~ möglich ⟨übertr.⟩ ▸ aus dem ~ fallen ⟨übertr.⟩ *vom Üblichen abweichen, stark auffallen;* im ~ einer kurzen Gedenkstunde ⟨übertr.⟩

Rah|men|pro|gramm ⟨das; -s, -e⟩ *zusätzlich zum Hauptprogramm ablaufendes umrahmendes Programm, z. B. bei einer Veranstaltung*

Rah|men|ta|rif ⟨der; -(e)s, -e⟩ = *Manteltarif*

Rain ⟨der; -(e)s, -e⟩ *den Acker begrenzende kleine Bodenerhöhung;* Zus *Feldrain*

rä|keln ⟨V. refl.; rä|kelt sich, rä|kel|te sich, hat sich ge|rä|kelt; umg.⟩ sich ~ = *rekeln*

Ra|ke|te ⟨die; -, -n⟩ **1** *durch Rückstoß angetriebener Flug- od. Feuerwerkskörper;* Zus *Raketenantrieb, Raketenstart; Mondrakete* **2** *Rakete (1) als Waffe;* Zus *Raketenabwehr, Raketenangriff* ▸ wie eine ~ ⟨übertr.; umg.⟩ *sehr schnell*

Ral|lye ⟨[ræli] od. [rali] das; -s, -s od. die; -, -s; Sp.⟩ *Wettfahrt mit verschiedenen Etappen auf ein Ziel zu*

Ra|ma|dan ⟨der; - od. -s; unz.⟩ **1** *einen Monat dauernde Fastenzeit der Muslime* **2** *Monat des islamischen Kalenders, Ende Februar/März*

Ram|me ⟨die; -, -n⟩ *schwerer Holz- od. Eisenstempel, der Erdreich verdichtet od. Pflastersteine u. Pfähle in den Boden treibt*

ram|meln ⟨V.; ram|melt, ram|mel|te, hat ge|rammelt⟩ **I** ⟨V. trans.; umg.⟩ etwas (in etwas) ~ *stoßen, drängen, zusammenpressen* **II** ⟨V. intr.; derb⟩ *den Geschlechtsakt vollziehen*

ram|men ⟨V. trans.; rammt, ramm|te, hat gerammt⟩ **1** ein Schiff, einen Wagen ~ *einem Sch., einem W. in die Seite fahren u. es bzw. ihn beschädigen* **2** einen Pfahl in die Erde ~ *tief u. fest in die E. stoßen, bes. mit der Ramme*

Ram|pe ⟨die; -, -n⟩ **1** *schiefe Ebene als Auffahrt für Wagen zum Verladen von Gütern;* Zus *Laderampe* **2** *vorderer, erhöhter Rand der Bühne*

Ram|pen|licht ⟨das; -(e)s, -er⟩ *Licht der Lampen an der Rampe* ▸ im ~ stehen *im Blickpunkt*

ram|po|nie|ren ⟨V. trans.; ram|po|niert, ram|po|nier|te, hat ram|po|niert; umg.⟩ etwas ~ *beschädigen, zurichten*

Ramsch ⟨der; -(e)s; unz.⟩ *Plunder, Ausschuss, Warenreste* ▸ im ~ kaufen *zu Schleuderpreisen kaufen;* Abl *verramschen;* Zus *Ramschware*

ran ⟨umg.; Kurzform von⟩ *heran*

ran…, Ran… ⟨in Zus.; bei Verben trennbar; umg.⟩ *heran…, Heran…,* z. B. rangehen, rankommen, Rangehensweise

Rand ⟨der; -(e)s, Rän|der⟩ **1** *Begrenzung, Grenzstreifen, Grenze;* Zus *Bachrand, Stadtrand, Uferrand, Waldrand, Wegrand, Wundrand* **2** *Kante;* Zus *Hutrand, Tischrand* ▸ am ~ des Abgrunds, des Verderbens ⟨übertr.⟩ *nahe am A., am V.;* am ~e seiner Kraft sein *am Ende seiner K.;* am ~ der Stadt wohnen; er hat mich an den ~ der Verzweiflung gebracht, getrieben ⟨übertr.⟩ ▸ halt den ~! ⟨derb⟩ *halt den Mund!, sei still!;* einen ~ lassen (auf der Seite beim Schreiben); einen ~ zurücklassen (von Wasser- od. Weinflecken) ▸ breiter, schmaler ~; dunkle, rote Ränder um die Augen haben; oberer, unterer, rechter, linker ~; Briefbogen, Umschlag mit schwarzem ~ ▸ einen Fehler am ~ (der Seite) anstreichen, vermerken; etwas am ~e bemerken ⟨übertr.⟩ *nebenbei, nebenher bemerken;* ich habe das nur am ~e miterlebt ⟨übertr.⟩ *nur als Beobachter, nicht unmittelbar;* das interessiert mich nur am ~e ⟨übertr.; umg.⟩ *nur wenig;* ein Gefäß bis zum ~ füllen; zu ~e = *zurande*

Ran|da|le ⟨die; -; unz.; umg.⟩ *lärmender Aufruhr* ▸ ~ machen; Abl *Randalierer(in); randalieren*

Rand|be|mer|kung ⟨die; -, -en⟩ **1** *Anmerkung auf dem Rand einer Seite* **2** ⟨übertr.⟩ *am Rande fallende Bemerkung* ▸ einen Text mit ~en versehen; Syn *Randnotiz*

Rand|be|reich ⟨der; -(e)s, -e⟩ **1** *Bereich, der am Rand, im Grenzgebiet von etwas liegt* **2** *weniger bedeutender Bereich, z. B. eines Themas*

Rand|er|schei|nung ⟨die; -, -en⟩ *Erscheinung, die nur am Rande auftritt, unwichtige Erscheinung*

Rand|fi|gur ⟨die; -, -en⟩ *nur am Rande (nebenbei) in Erscheinung tretende, weniger wichtige Person*

Rand|ge|biet ⟨das; -(e)s, -e⟩ **1** *am Rand eines größeren Gebietes liegender Landstrich* **2** *am Rand eines Wissensgebietes liegendes, kleineres, weniger wichtiges Gebiet*

Rand|grup|pe ⟨die; -, -n⟩ *soziale Gruppe am Rand der Gesellschaft, z. B. Obdachlose*

…ran|dig ⟨Adj.⟩ *mit einer bestimmten Art von Rand versehen,* z. B. breitrandig

rand|los ⟨Adj.⟩ *ohne Rand* ▸ ein ~er Bilderrahmen; eine ~e Brille

Rand|strei|fen ⟨der.; -s, -⟩ **1** *Streifen am Rand von etwas* **2** *schmaler Streifen an der Seite der Fahrbahn (einer größeren Straße), Standspur* ▸ den ~ begrünen; auf dem ~ anhalten

rand|voll ⟨a. ['-'-] Adj.⟩ *voll bis zum Rand* ▸ er goss die Tasse ~

rang → *ringen*

Rang[1] ⟨der; -(e)s, Rän|ge⟩ **1** *Stellung, Stufe innerhalb einer Ordnung von Werten;* Syn *Rangklasse, Rangstufe;* Zus *Rangfolge, Rangliste, Rangordnung* **2** ⟨Mil.⟩ *militär. Dienstgrad;* Zus *Rangabzeichen, Rangälteste(r), Ranghöchste(r); Dienstrang, Offiziersrang, Unteroffiziersrang* **3** ⟨Theat.⟩ *Stockwerk im Zuschauerraum* **4** ⟨Toto, Lotto⟩ *Gewinnklasse* ▸ ein Lokal dritten ~es *schlechtes Lokal;* erster ~ Seite, Mitte ⟨Theat.⟩; ersten ~es *von bester Qualität;* ein Künstler ersten ~es ⟨übertr.⟩ *ein hervorragender K.;* Loge im ersten

~; den ersten ~ behaupten *führend sein;* jmdm. den ~ streitig machen *mit jmdm. im Wettbewerb stehen;* Theater mit vier Rängen ▸ im ~ eines Stabsoffiziers; ein Mann von (hohem) ~ *bedeutende, einflussreiche Persönlichkeit*

Rang[2] ⟨der; -(e)s, Rän|ge; noch in der Wendung⟩ jmdm. den ~ ablaufen *jmdn. übertreffen*

ran|ge|hen ⟨V. intr.; geht ran, ging ran, ist ran|ge|gan|gen, ran|zu|ge|hen; umg.⟩ **1** an etwas ~ *herangehen* **2** *direkt drauflosgehen, energisch ohne Umschweife auf etwas od. jmdn. zugehen* **3** *sich jmdm. in aufdringlicher Weise zu nähern versuchen* ▸ er geht aber ran!

ran|geln ⟨V. intr.; ran|gelt, ran|gel|te, hat ge|ran|gelt; umg.⟩ **1** (mit jmdm.) ~ *sich balgen, leicht raufen* **2** mit jmdm. um etwas ~ *um etwas streiten, kämpfen;* Abl *Rangelei*

rang|hoch ⟨Adj.; -hö|her, am -höchs|ten⟩ *hoch im Rang* ▸ ein ranghoher Offizier; Abl *Ranghöchste(r)*

ran|gie|ren ⟨[raŋʒiː-] od. [rãʒiː-] V.; ran|giert, ran|gier|te, hat ran|giert⟩ **I** ⟨V. intr.⟩ irgendwo ~ *einen bestimmten Rang einnehmen, eine bestimmte Stellung innehaben* ▸ dieser Grund rangiert bei meinen Überlegungen erst an zweiter Stelle; er rangiert vor, hinter ihm **II** ⟨V. trans.⟩ **1** Eisenbahnwagen ~ *verschieben, auf ein anderes Gleis stellen, umstellen;* Zus *Rangierbahnhof* **2** ⟨umg.⟩ etwas (irgendwohin) ~ *ordnen, (an eine bestimmte Stelle) bringen, setzen*

Rang|lis|te ⟨die; -, -n⟩ **1** ⟨allg.⟩ *Liste, in der Personen od. Dinge der Rangordnung nach bewertet sind* **2** ⟨Sp.⟩ *(Aufzeichnung der) Reihenfolge der Besten (in einem sportlichen Wettkampf);* Zus *Ranglistenplatz; Weltrangliste*

ran|hal|ten ⟨V. refl.; hält sich ran, hielt sich ran, hat sich ran|ge|hal|ten, sich ran|zu|hal|ten; umg.⟩ sich ~ *sich beeilen*

rank ⟨Adj.⟩ *biegsam, schlank* ▸ sie ist ~ und schlank

Ran|ke ⟨die; -, -n⟩ *aus Blatt, Spross od. Wurzel entstandener, fadenförmig verlängerter Pflanzenteil, der sich irgendwo festhält;* Zus *Weinranke*

ran|ken ⟨V.; rankt, rank|te, hat ge|rankt⟩ **I** ⟨V. intr. u. V. refl.⟩ (sich) irgendwohin ~ *lang an etwas emporwachsen od. um etwas wachsen, sich winden* ▸ Efeu rankt (sich) um den Baum, die Mauer; Rosen ~ (sich) um die Laube **II** ⟨V. refl.⟩ sich um jmdn. od. etwas ~ *von jmdm. od. etwas handeln* ▸ viele Legenden ~ sich um seinen Namen

ran|klot|zen ⟨V. intr.; klotzt ran, klotz|te ran, hat ran|ge|klotzt, ran|zu|klot|zen; umg.⟩ *hart arbeiten (um eine Arbeit schnell zu beenden)*

ran|krie|gen ⟨V. trans.; kriegt ran, krieg|te ran, hat ran|ge|kriegt, ran|zu|krie|gen; umg.⟩ jmdn. ~ *jmdn. dazu bringen, etwas (Unangenehmes) zu tun*

rann → *rinnen*

rann|te → *rennen*

Ran|zen ⟨der; -s, -⟩ **1** *auf dem Rücken zu tragende Tasche, (bes.) Schultasche, Tornister;* Zus *Schulranzen* **2** ⟨übertr.; umg.⟩ *Bauch* ▸ sich den ~ vollschlagen ⟨umg.⟩ *sehr viel essen*

ran|zig ⟨Adj.⟩ *alt, nicht mehr frisch, schlecht* (Fett) ▸ ~e Butter; ~es Öl; ~ riechen, schmecken; die Butter ist ~

ra|pi|de ⟨Adj.⟩ *sehr schnell;* oV *rapid* ▸ mit dem Unternehmen geht es ~ abwärts, bergab

Rap|pe ⟨der; -n, -n⟩ *schwarzes Pferd;* →a. *Schuster*

Rap|pel ⟨der; -s, -; umg.⟩ *Anfall von Verrücktheit, Wutanfall* ▸ er hat wieder einmal seinen ~; dabei kann man ja einen ~ kriegen

rap|peln ⟨V. intr.; rap|pelt, rap|pel|te, hat ge|rap|pelt; umg.⟩ *klappern* ▸ der Wecker rappelt um fünf Uhr

rap|pel|voll ⟨Adj.; umg.; verstärkend⟩ *überfüllt, bis zum Rand gefüllt* ▸ es war ~ im Laden

Rap|pen ⟨der; -s, -; Abk.: Rp.⟩ *schweizerische Währungseinheit, 1/100 Franken*

Rap|port ⟨der; -(e)s, -e⟩ **1** ⟨bes. Mil.⟩ *Bericht, Meldung* **2** *regelmäßiger Bericht an eine übergeordnete Stelle od. Behörde* ▸ sich zum ~ melden ⟨Mil.⟩

Raps ⟨der; -es; unz.; Bot.⟩ *Pflanze mit gelben Blüten, deren Schotenfrüchte Öl enthalten;* Zus *Rapsfeld, Rapsöl*

rar ⟨Adj.⟩ *selten, knapp (u. daher begehrt), kostbar* ▸ ein ~er Artikel; gute Ideen sind ~

Ra|ri|tät ⟨die; -, -en⟩ **1** *Seltenheit* **2** *selten vorkommender (u. daher) kostbarer Gegenstand, Kostbarkeit, Sammlerstück*

rar|ma|chen ⟨V. refl.; macht sich rar, mach|te sich rar, hat sich rar|ge|macht, sich rar|zu|ma|chen; umg.⟩ sich ~ *selten zu Besuch kommen* ▸ er macht sich in letzter Zeit ziemlich rar

ra|sant ⟨Adj.; -er, am -es|ten⟩ *rasend schnell* ▸ eine ~e Entwicklung durchmachen; Abl *Rasanz*

rasch ⟨Adj.; -er, am -es|ten⟩ *schnell, zügig* ▸ ~! ▸ eine ~e Bewegung; ein ~er Entschluss; in ~er Folge; mit ~en Schritten ▸ einen Auftrag ~ erledigen; ~ gehen, laufen; hier muss man ~ handeln; Abl *Raschheit*

ra|scheln ⟨V. intr.; ra|schelt, ra|schel|te, hat ge|ra|schelt⟩ *ein Geräusch verursachen wie bewegtes Laub, Stroh od. Papier* ▸ dort in der Ecke raschelt etwas; die Blätter ~ im Wind

ra|sen ⟨V.⟩ **I** ⟨V. intr.; rast, ras|te, hat ge|rast⟩ **1** *sehr wütend sein, vor Wut außer sich sein* **2** *schreien u. sich wild gebärden, toben* (auch vom Sturm) **II** ⟨V. intr.; rast, ras|te, ist ge|rast⟩ *sehr schnell fahren od. laufen* ▸ ich bin gerast, um möglichst schnell hier zu sein; mit dem Auto gegen einen Baum ~; Abl *Raser(in)*

Ra|sen ⟨der; -s, -⟩ *gepflegte Grasfläche* ▸ den ~ mähen; Kinder spielen auf dem ~; Zus *Rasenfläche, Rasenplatz, Rasenspiel, Rasensport*

ra|send **I** ⟨Part. Präs. von⟩ *rasen* **II** ⟨Adj.⟩ **II.I** ⟨attr.; präd.; adv.⟩ **1** *sehr schnell* **2** *wild, sehr stark, heftig* **3** *toll, verrückt* ▸ ~er Beifall; mit ~er Geschwindigkeit; ich habe ~e Schmerzen ▸ mach mich nicht ~!; dieser Lärm macht mich ~ *sehr nervös;* ich könnte ~ werden (vor Ungeduld, Ärger) ▸ er ist ~ verliebt **II.II** ⟨adv.; umg.⟩ *sehr* ▸ das tu ich ~ gern

Ra|sen|mä|her ⟨der; -s, -⟩ *Mähmaschine für Rasen*

Ra|sen|spren|ger ⟨der; -s, -⟩ *an die Wasserleitung*

R

anzuschließendes Gartengerät, das in ständiger, drehender Bewegung den Rasen beregnet

Ra|se|rei ⟨die; -; unz.⟩ **1** *das Rasen, Wüten* **2** *unsinnig schnelles Fahren* ▸ in ~ geraten, verfallen

Ra|sier|ap|pa|rat ⟨der; -(e)s, -e⟩ *Apparat zum Rasieren* ▸ elektrischer ~; Syn *Rasierer*

ra|sie|ren ⟨V. trans.; ra|siert, ra|sier|te, hat ra|siert⟩ jmdn. od. sich ~, (jmdm. od. sich) etwas ~ *jmdm. od. sich mit dem Rasierapparat od. -messer unmittelbar an der Haut die Haare, bes. die Barthaare, abschneiden* ▸ sich ~ lassen; ich habe mich heute noch nicht rasiert; sich die Beine ~; rasiertes Gesicht, Kinn; rasierter Kopf; frisch, glatt, gut, schlecht rasiert sein; Zus *Rasierpinsel, Rasierschaum*

Ra|sier|klin|ge ⟨die; -, -n⟩ *auswechselbare, zweischneidige Stahlklinge für den Rasierapparat*

Ra|sier|was|ser ⟨das; -s, -wäs|ser⟩ *(wohlriechende) Flüssigkeit zur Hautpflege nach dem Rasieren;* Syn *Aftershave*

Rä|son ⟨[-zɔ̃:], umg. [-zɔŋ] die; -; unz.; in der Wendung⟩ jmdn. zur ~ bringen *dafür sorgen, dass jmd. (wieder) vernünftig wird;* oV *Raison*

rä|so|nie|ren ⟨V. intr.; rä|so|niert, rä|so|nier|te, hat rä|so|niert⟩ **1** *nachdenken, vernünftig urteilen* **2** *schimpfen* ▸ über Gefühl und Moral ~

Ras|pel I ⟨die; -, -n⟩ **1** *Stahlwerkzeug, grobe Feile zum Glätten von Holz, Horn, Kunststoff, Leder u. Ä.;* Zus *Holzraspel* **2** *Küchengerät zum Raspeln* II ⟨der; -s; unz.⟩ *geraspelte Stückchen, Späne;* Zus *Schokoladenraspel, Kokosraspel*

ras|peln ⟨V. trans.; ras|pelt, ras|pel|te, hat ge|ras|pelt⟩ **1** Holz ~ *mit der Raspel glätten* **2** Äpfel, Gurken, Schokolade ~ *mit der Raspel in kleine, flache Stückchen, in Späne schneiden*

Ras|se ⟨die; -, -n⟩ **1** *Gesamtheit der Angehörigen einer Art, die durch bestimmte erbliche Merkmale gekennzeichnet sind* **2** *durch Züchtung vom Menschen ausgewählte Angehörige einer Tierart (mit bes. Eigenschaften);* Zus *Zuchtrasse* **3** *Menschen mit gleichen erblichen Körpermerkmalen, Menschenrasse;* Zus *Rassenhass, Rassenkonflikt* **4** ⟨übertr.⟩ *ausgeprägtes, feuriges Wesen* ▸ das Pferd hat ~ ⟨übertr.⟩; zwei ~n kreuzen (bei der Züchtung); natürliche ~

Ras|se|hund ⟨der; -(e)s, -e⟩ *reinrassiger Hund*

Ras|sel ⟨die; -, -n⟩ *Gerät mit Handgriff, das beim Drehen laut rasselt;* Zus *Babyrassel*

Ras|sel|ban|de ⟨die; -, -n; umg.⟩ *Gruppe von lärmenden, ungebärdigen Kindern*

ras|seln ⟨V.; umg.⟩ I ⟨V. intr.; ras|selt, ras|sel|te, hat ge|ras|selt⟩ **1** *dumpf klirren, ein Geräusch wie bei der Bewegung von Ketten hervorbringen* **2** *die Rassel betätigen* ▸ mit den Ketten ~; mit dem Säbel ~ ⟨übertr.⟩ *mit kriegerischen Maßnahmen drohen* II ⟨V. intr.; ras|selt, ras|sel|te, ist ge|ras|selt⟩ durchs Examen ~ *es nicht bestehen, durchfallen*

ras|sig ⟨Adj.⟩ **1** *von ausgeprägter, edler Rasse* **2** ⟨übertr.⟩ **2.1** *feurig, schwungvoll, temperamentvoll* **2.2** *schön u. ausdrucksvoll* (Gesicht) ▸ eine ~e Frau; ein ~es Pferd

Ras|sis|mus ⟨der; -; unz.⟩ **1** *Hass gegenüber Menschen, die eine andere Hautfarbe od. Herkunft haben* **2** *Unterdrückung von Menschen, die eine andere Hautfarbe od. Herkunft haben;* Abl *Rassist(in); rassistisch*

Rast ⟨die; -, -en⟩ *Unterbrechung einer Fahrt od. Wanderung, Ruhepause* ▸ ~ machen; kurze, lange ~; ohne ~ und Ruh(e)

ras|ten ⟨V. intr.; ras|tet, ras|te|te, hat ge|ras|tet⟩ *Rast machen, sich ausruhen* ▸ können wir ~?

Ras|ter I ⟨der; -s, -⟩ *Gerät aus zwei mit eingeätzten Linien versehenen Glasplatten, die so verbunden sind, dass sich die Linien kreuzen* II ⟨das; -s, -⟩ **1** *genormte (punkt- od. strichförmige) Vorgabe* **2** ⟨übertr.⟩ *vorgegebenes Schema, System von Merkmalen, Daten o. Ä.* ▸ sie passen nicht in dieses ~; Abl *rastern*

Ras|ter|fahn|dung ⟨die; -, -en⟩ *polizeiliche Fahndung, bei der mittels eines Computers die Daten eines größeren Personenkreises überprüft werden*

rast|los ⟨Adj.⟩ **1** *ohne zu rasten, ohne auszuruhen, unablässig, unermüdlich* **2** *von innerer Unruhe getrieben* ▸ er ist ~; ~ tätig sein; Abl *Rastlosigkeit*

Rast|platz ⟨der; -es, -plät|ze⟩ **1** *Platz zum Rasten* **2** *Parkplatz an der Autobahn*

Rast|stät|te ⟨die; -, -n⟩ *Gaststätte für Reisende, bes. an Autobahnen;* Syn *Rasthaus, Rasthof*

Ra|sur ⟨die; -, -en⟩ **1** *das Rasieren* **2** *die Art des Rasierens;* Zus *Nassrasur*

Rat ⟨der; -(e)s, Rä|te⟩ I ⟨unz.⟩ **1** *Empfehlung, Vorschlag, etwas zu tun;* Zus *Rat suchend / ratsuchend* **2** *(gemeinsame) Überlegung, Beratung* ▸ ~ **abhalten,** halten; ich habe seinen ~ **befolgt;** ich bin seinem ~ **gefolgt;** jmdm. einen ~ **geben;** sich bei jmdm. ~ **holen;** kommt Zeit, **kommt** ~; bei jmdm. ~ **suchen;** ich **weiß** mir keinen ~ mehr *keinen Ausweg;* er weiß für fast alles ~ ▸ **guter,** schlechter, weiser, wohlmeinender ~; da ist guter ~ teuer *da weiß man nicht, was man tun soll* ▸ **auf** jmds. ~ hören; ich habe es auf seinen ~ hin getan; jmdm. **mit** ~ und Tat beistehen; jmdn. (in einer Sache) **um** ~ fragen; **zu** ~e = *zurate* II ⟨zählb.⟩ **1** *Kollegium, Versammlung, Behörde zur Beratung u. Lenkung öffentlicher Angelegenheiten;* Zus *Ratsmitglied, Ratspräsident(in), Ratssitzung, Ratsvorsitzender; Bundesrat, Staatsrat, Stadtrat* **2** *deren Mitglieder* **3** ⟨Titel für⟩ *höherer Beamter;* Zus *Ministerialrat, Regierungsrat, Studienrat* ▸ der ~ der **Stadt,** der Gemeinde ▸ der ~ hat es **beschlossen;** den ~ **einberufen** ▸ **im** ~ sitzen *Mitglied eines Rats sein*

Ra|te ⟨die; -, -n⟩ **1** *Teilzahlung, Teilbetrag;* Zus *Ratenkauf; Monatsrate* **2** *Quote, Prozentzahl;* Zus *Geburtenrate, Leasingrate, Todesrate* ▸ etwas auf ~n kaufen; in ~n zahlen

ra|ten ⟨V.; rät, riet, hat ge|ra|ten⟩ I ⟨V. intr. u. V. trans.⟩ (etwas) ~ *herausfinden wollen, vermuten* ▸ „Wo bist du gewesen?" „Rate mal!" ▸ ein **Rätsel** ~ *lösen wollen* ▸ jmdm. etwas zu ~ **aufgeben;** ich weiß es nicht, ich **kann** nur ~ ▸ **richtig,** falsch ~ II ⟨V. intr.⟩ jmdm. zu etwas ~

R

jmdm. etwas empfehlen ▸ wozu rätst du mir? **III** ⟨V. trans.⟩ jmdm. etwas ~ *jmdm. empfehlen, was er tun soll* ▸ ich habe ihm geraten, noch einmal nachzufragen ▸ ich rate dir: Streng dich mehr an! ▸ was rätst du mir? ▸ das möchte ich dir auch geraten haben! ⟨leicht drohend⟩ *darum möchte ich sehr energisch bitten!;* ich halte es (nicht) für geraten, das zu tun *(nicht) für empfehlenswert, für richtig*

Ra|ten|zah|lung ⟨die; -, -en⟩ **1** *Zahlung in Raten, Abzahlung nach u. nach* **2** *Zahlung einer Rate*

Rat|ge|ber ⟨der; -s, -⟩ **1** *jmd., der einen Rat gibt;* Abl *Ratgeberin* **2** *Berater;* Abl *Ratgeberin* **3** *Buch mit praktischen Hinweisen*

Rat|haus ⟨das; -es, -häu|ser⟩ *Sitz der Stadtverwaltung* ▸ die Stadt hat ein altes ~; das ~ ist im Zentrum der Stadt; wir treffen uns vor dem ~; Zus *Rathausbalkon, Rathausplatz, Rathaussaal*

ra|ti|fi|zie|ren ⟨V. trans.; ra|ti|fi|ziert, ra|ti|fi|zier|te, hat ra|ti|fi|ziert⟩ etwas ~ *bestätigen* ▸ einen Staatsvertrag ~; Abl *Ratifikation, Ratifizierung*

Rä|tin ⟨die; -, -tin|nen; Titel für⟩ *höhere Beamtin;* Zus *Bibliotheksrätin, Studienrätin*

Ra|tio ⟨die; -; unz.⟩ **1** *Vernunft, vernünftiges, logisches Denkvermögen* **2** *Vernunftgrund* **3** *Seinsursache*

Ra|ti|on ⟨die; -, -en⟩ *zugeteiltes Maß, täglicher Bedarf, tägliche Verpflegungsmenge (bei Versorgungsproblemen)* ▸ jmdm. eine ~ zuteilen; Abl *Rationierung; rationieren*

rational/rationell

Da die beiden vom Substantiv *die Ratio* abgeleiteten Adjektive *rational* und *rationell* sehr ähnlich klingen, besteht die Gefahr, sie miteinander zu verwechseln. Doch wie bei anderen konkurrierenden, auf *-al* oder *-ell* endenden Adjektiven *(formal – formell, ideal – ideell, nominal – nominell, original – originell, real – reell)* unterscheidet sich die Bedeutung in diesem Fall sogar beträchtlich.

Rational bezieht sich sehr deutlich auf das zugrundeliegende Substantiv und bedeutet „vernunftgemäß, vom Verstand geleitet, vernünftig“: *Er handelte nicht rational, sondern emotional. Ihr Handeln hat keine rationale Grundlage.* Demgegenüber bedeutet das Adjektiv *rationell* „zweckmäßig, wirtschaftlich effektiv“: *Die Arbeitsabläufe müssen rationell strukturiert werden. Die neue Anlage ermöglicht ein rationelles Arbeiten.*

Das Verb *rationalisieren* trägt zwar beide Bedeutungen in sich, wird aber hauptsächlich im Sinne von „wirtschaftlich gestalten“ verwendet: *Die Firma wird die Arbeitsabläufe rationalisieren. Die Rationalisierung von Arbeitsplätzen anstreben.*

ra|ti|o|nal ⟨Adj.⟩ Ggs *irrational* **1** *auf der Ratio beruhend* **2** *vernunftgemäß, vernünftig* **3** *begrifflich (fassbar)* ▸ ~es Denken; Abl *Rationalität*

ra|ti|o|na|li|sie|ren ⟨V. trans.; ra|ti|o|na|li|siert, ra|ti|o|na|li|sier|te, hat ra|ti|o|na|li|siert⟩ etwas ~ **1** *wirtschaftlich gestalten* **2** *im Sinne der Vernunft gestalten, durchdenken* **3** ⟨Psych.⟩ *Ereignisse, Handlungen (nachträglich) auf vernunftmäßige Gründe zurückführen* ▸ Arbeitsvorgänge ~ *zur Erhöhung der Wirtschaftlichkeit zweckmäßig(er) gestalten;* Abl *Rationalisierung*

ra|ti|o|nell ⟨Adj.⟩ *zweckmäßig, wirtschaftlich, sparsam, haushälterisch* ▸ ~ arbeiten

rat|los ⟨Adj.⟩ *ohne Rat, keinen Rat habend, wissend* ▸ „Ich weiß nicht“, sagte er ~; ~ sein *nicht wissen, was man tun soll;* er zuckte ~ die Achseln; Abl *Ratlosigkeit*

Rä|to|ro|ma|ne ⟨der; -n, -n⟩ *Angehöriger eines der drei Volksstämme in Graubünden, Südtirol u. Friaul;* Abl *Rätoromanin; rätoromanisch*

rat|sam ⟨Adj.; nur präd. u. adv.⟩ *empfehlenswert, klug, nützlich, vorteilhaft* ▸ es ist (nicht) ~, das zu tun; es für ~ halten, etwas zu tun

rat|schen ⟨V. intr.; ratscht, ratsch|te, hat ge|ratscht⟩ **1** *mit einer Rassel lärmen;* Syn *rätschen* **2** ⟨umg.⟩ *sich zwanglos unterhalten, schwätzen*

Rat|schlag ⟨der; -(e)s, -schlä|ge⟩ *Rat, Empfehlung* ▸ Ratschläge erteilen, geben; er gibt immer nur (kluge) Ratschläge, hilft aber nicht mit; jmds. ~ folgen

Rät|sel ⟨das; -s, -⟩ **1** *spielerische Aufgabe, die gelöst werden soll;* Zus *Bilderrätsel, Buchstabenrätsel, Silbenrätsel* **2** ⟨übertr.⟩ *Geheimnis, Undurchschaubares* ▸ das ist des ~s Lösung! ⟨übertr.⟩; jmdm. ein ~ aufgeben; ein ~ raten, lösen; es ist mir ein ~, wie das passiert ist ⟨übertr.⟩ *es ist mir völlig unklar, ich verstehe es nicht;* ich stehe vor einem ~ ⟨übertr.⟩ *ich begreife das nicht*

rät|sel|haft ⟨Adj.; -er, am -es|ten⟩ *undurchschaubar, unverständlich, dunkel* ▸ es ist mir (völlig) ~, wie das geschehen konnte

rät|seln ⟨V. intr.; rät|selt, rät|sel|te, hat ge|rät|selt⟩ *raten, herausfinden wollen* ▸ ich habe lange (darüber) gerätselt, wie das geschehen konnte

Rät|sel|ra|ten ⟨das; -s; unz.⟩ **1** *das Raten von Rätseln* **2** ⟨übertr.⟩ *generelles Rätseln über einen Sachverhalt* ▸ es gab großes ~ um den Nachfolger

Rats|herr ⟨der; -en, -en⟩ *Mitglied des Rates (der Stadt, der Gemeinde), Stadtrat, Gemeinderat;* Abl *Ratsherrin*

Rat|tan ⟨das; -s; unz.⟩ *zum Flechten verwendetes Rohr aus dem Inneren der Rotangpalme;* Zus *Rattanmöbel*

Rat|te ⟨die; -, -n⟩ **1** ⟨Zool.⟩ *mausähnliches Nagetier mit langem, dünnem Schwanz;* Zus *Rattengift* **2** ⟨übertr.; abwertend⟩ *hinterhältiger, widerlicher Mensch* ▸ die ~n verlassen das sinkende Schiff ⟨übertr.⟩ *die Unzuverlässigen ziehen sich bei einem drohenden Unglück von jmdm. od. etwas zurück*

...rat|te ⟨in Zus.; zur Bildung von Subst.; die; -, -n; umg.⟩ *jmd., der eine Sache, bes. ein Hobby, mit großer Leidenschaft betreibt,* z. B. Leseratte, Wasserratte

R

Rat|ten|fän|ger ‹der; -s, -, übertr.› *Politiker, der mit populistischen Parolen Erfolg sucht od. hat;* Abl *Rattenfängerin*

Rat|ten|schwanz ‹der; -es, -schwän|ze› **1** *Schwanz einer Ratte* **2** ‹übertr.; umg.› *endlose Folge, Verknüpfung mehrerer unangenehmer Dinge* ▸ diese Maßnahme zog einen ganzen ~ von Problemen nach sich

rat|tern ‹V. intr.; rat|tert, rat|ter|te, hat ge|rat|tert; bei Bewegung in eine Richtung: ist› *das Geräusch aneinanderschlagender Gegenstände aus Holz, Metall od. Stein von sich geben* ▸ die Nähmaschine hat ununterbrochen gerattert; der Zug ist über die Brücke gerattert

rat|ze|kahl ‹Adv.; umg.› *völlig, ganz u. gar* ▸ sie haben alles ~ aufgegessen, aufgefressen

rau ‹Adj.; -er, am -(e)s|ten› **1** *voller kleiner Unebenheiten, nicht glatt, spröde, aufgesprungen, rissig* (Haut, Hände) **2** *derb, grob, hart* (Stoff) **3** ‹übertr.› **3.1** *leicht heiser* (Stimme) **3.2** *barsch, unfreundlich* (Umgangston) **3.3** *ungeschliffen, grob* (Benehmen) **3.4** *oft kalt, unfreundlich* (Klima) ▸ einen ~en Hals haben *heiser sein;* ~e Luft *kalte, frische u. windbewegte L.;* in ~en Mengen ‹übertr.; umg.› *in großen M.;* ~e See *bewegte S.;* ~er Winter *kalter W.* ▸ jmdn. ~ behandeln, anreden ‹übertr.› ▸ bei uns ist der Ton ~, aber herzlich ‹übertr.; umg.›; Abl *Rauheit*

Raub ‹der; -(e)s; unz.› **1** *das Rauben, gewaltsames Wegnehmen, Diebstahl;* Zus *Raubritter, Raubüberfall* **2** *gewaltsame Entführung;* Zus *Kindesraub* **3** *geraubte Gegenstände, Beute* ▸ das Haus ist ein ~ der Flammen geworden ‹übertr.› *ist verbrannt;* auf ~ ausgehen; der Fuchs verschwand mit seinem ~ im Wald

Raub... ‹in Zus. mit Tiergattungsnamen› *ein Tier, das sich von anderen Tieren ernährt,* z. B. Raubfisch, Raubkatze, Raubvogel

Raub|bau ‹der; -(e)s; unz.› *Wirtschaftsweise, bei der ein möglichst hoher Ertrag erstrebt, aber die Weiterentwicklung der Erzeugungsgrundlagen nicht gesichert wird* ▸ ~ treiben; ~ am Wald; ~ mit seiner Gesundheit treiben *ohne Rücksicht auf seine G. arbeiten, leben*

Rau|bein ‹das; -(e)s, -e; umg.› *grober, aber nicht böser Mensch mit rauem Benehmen;* Abl *raubeinig*

rau|ben ‹V. trans.; raubt, raub|te, hat ge|raubt› **1** (jmdm.) etwas ~ *gewaltsam wegnehmen, unter Gewaltandrohung od. Gewaltanwendung stehlen* **2** ‹übertr.› jmdm. etwas ~ *nehmen, wegnehmen (unter tragischen Umständen)* **3** (jmdm.) jmdn. ~ *gewaltsam entführen* ▸ Geld, Wertsachen ~; diese Nachricht raubte ihm die letzte Hoffnung ‹übertr.›; ein Kind ~; die Sorge raubt ihr den Schlaf; der Wolf hat ein Schaf geraubt

Räu|ber ‹der; -s, -› **1** *jmd., der vom Rauben lebt* **2** *jmd., der etwas raubt, geraubt hat;* Zus *Kindsräuber* ▸ unter die ~ fallen, geraten ‹scherzh.› *ausgebeutet werden;* von ~n überfallen werden; Abl *Räuberin; räuberisch;* Zus *Räuberbande, Räubergeschichte, Räuberhauptmann*

Räu|ber|höh|le ‹die; -, -n› *Höhle im Wald als Wohnstätte von Räubern* ▸ hier sieht's ja aus wie in einer ~! ‹umg.› *sehr unordentlich*

Raub|ko|pie ‹die; -, -n; EDV› *illegale Vervielfältigung eines kommerziell vertriebenen, urheberrechtlich geschützten Datenträgers, z. B. eines Videos, einer CD* ▸ mit ~n handeln; eine ~ von einem Programm machen

Raub|mord ‹der; -(e)s, -e› *Verbrechen, das sowohl Raub als auch Mord beinhaltet*

Raub|tier ‹das; -(e)s, -e› *vorwiegend Fleisch fressendes Säugetier;* Syn *Beutegreifer*

Rauch ‹der; -(e)s; unz.› *von Feuer aufsteigender Qualm* ▸ Namen sind (eigtl. Name ist) Schall und ~; der ~ der Zigarre, Zigarette, Pfeife ▸ der ~ beißt in den Augen; den ~ (der Zigarette) einatmen, ausblasen; (starken) ~ entwickeln; der ~ steigt in die Höhe, aus dem Schornstein ▸ beißender, dichter, grauer, schwarzer ~ ▸ seine Hoffnungen sind in ~ aufgegangen ‹übertr.› *sind zunichtegeworden;* in ~ und Flammen aufgehen *verbrennen;* es riecht nach ~; Zus *Rauchabzug, Rauchgas, Rauchsäule, Rauchvergiftung, Rauchzeichen*

rau|chen ‹V.; raucht, rauch|te, hat ge|raucht› **I** ‹V. intr.› **1** *Rauch aufsteigen lassen* (Feuer, Ofen, Schornstein) **2** *beim Verbrennen od. Explodieren Rauch entwickeln* (Pulver) ▸ mir raucht der Kopf vom vielen Arbeiten, Lernen ‹übertr.; umg.; scherzh.›; von dem Haus waren nur noch ~de Trümmer zu sehen; →a. *Schlot* **II** ‹V. trans. u. V. intr.› (etwas) ~ *den Rauch von glühendem Tabak genießen* ▸ danke, ich rauche nicht *(ablehnende Antwort, wenn man Zigarren od. Zigaretten angeboten bekommt);* Pfeife ~; eine Zigarre, Zigarette ~; er raucht täglich 20 Zigaretten; sich das Rauchen angewöhnen, abgewöhnen; Rauchen verboten! *(Aufschrift auf Schildern);* in öffentlichen Gebäuden und Raststätten ist Rauchen verboten; der Arzt hat mir das Rauchen strengstens verboten; er raucht viel, wenig, stark; Zus *Rauchverbot*

Rau|cher ‹der; -s, -› *jmd., der gewohnheitsmäßig raucht* ▸ ein starker, mäßiger ~ sein; Zus *Raucherabteil*

Rau|cher|hus|ten ‹der; -s; unz.› *durch vieles Rauchen verursachter, chronischer Husten*

Räu|cher|kam|mer ‹die; -, -n› *Kammer zum Räuchern von Fleisch u. Fisch*

räu|chern ‹V.; räu|chert, räu|cher|te, hat ge|räuchert› **I** ‹V. trans.› Schinken, Wurst, Speck, Fisch, Käse ~ *in den Rauchfang od. in die Räucherkammer hängen u. dadurch haltbar machen;* Abl *Räucherung;* Zus *Räucheraal, Räucherfisch, Räucherhering* **II** ‹V. intr.› *Weihrauch u. ähnliche Duftstoffe verbrennen;* Zus *Räucherkerze, Räuchermittel, Räucherstäbchen*

Rauch|fang|keh|rer ‹der; -s, -; österr.› = *Schornsteinfeger*

Rauch|fleisch ‹das; -(e)s; unz.› *geräuchertes Fleisch*

rauch|frei ‹Adj.› *nicht von Tabakrauch erfüllt* ▸ alle Züge sind jetzt ~

rau|chig ⟨Adj.⟩ **1** *wie Rauch (aussehend, schmeckend, riechend)* **2** *raucherfüllt, voller Rauch* ▸ ~e Stimme *tiefe, rau klingende St.*

Rauch|mel|der ⟨der; -s, -⟩ *Gerät, das bei Rauchbildung Alarm auslöst*

Rauch|wa|ren ⟨Pl.; umg. Sammelbez. für⟩ *Rauchtabak, Zigarren u. Zigaretten*

Rauch|wol|ke ⟨die; -, -n⟩ *Wolke von Rauch* ▸ eine schwarze ~ stand über der brennenden Fabrik

Räu|de ⟨die; -; unz.⟩ **1** = *Krätze* **2** ⟨oberdt.⟩ *Schorf*

räu|dig ⟨Adj.⟩ **1** *mit Räude behaftet* **2** ⟨übertr.⟩ *elend, widerwärtig* ▸ du ~er Hund! *(Schimpfwort)*

rauf ⟨Adv.; umg.; Kurzform von⟩ *herauf, hinauf* ▸ komm ~!; ich muss ~

Rau|fa|ser ⟨die; -; unz.; bei Tapeten⟩ *raue, faserige Oberfläche;* Zus *Raufasertapete*

Rauf|bold ⟨der; -(e)s, -e⟩ *jmd., der sich oft prügelt*

Rau|fe ⟨die; -, -n⟩ *Futtergestell im Stall od. Wald*

rau|fen ⟨V.; rauft, rauf|te, hat ge|rauft⟩ **I** ⟨V. trans.⟩ sich die Haare ~ (vor Ärger, Ungeduld) *sich die Haare verwirren* **II** ⟨V. intr. u. V. refl.⟩ (sich) (mit jmdm.) ~ **1** *streiten u. einander prügeln, streitend ringen* **2** *mit andern kämpfen u. andere beißen* (von Hunden) **3** *sich balgen* (von Kindern) ▸ er rauft gern

Rau|fe|rei ⟨die; -, -en⟩ *das Raufen, Prügelei*

Rau|haar|da|ckel ⟨der; -s, -⟩ = *Drahthaardackel*

Rau|ke ⟨die; -, -n; Bot.⟩ = *Rucola*

Raum ⟨der; -(e)s, Räu|me⟩ **I** ⟨unz.⟩ **1** *Weite, Ausdehnung* **2** *Länge, Breite u. Höhe;* Zus *Rauminhalt* **3** *Platz, Möglichkeit, etwas unterzubringen;* Zus *Lebensraum, Stauraum* **4** *Weltall, Weltraum* ▸ Erforschung des ~s; ~ und Zeit ▸ diese Waschmaschine braucht wenig ~; einnehmen: der Schrank nimmt wenig ~ ein; einer Sache ~ geben *sie ermöglichen, ihr stattgeben;* (keinen) ~ (für etwas) haben; im Schulheft ~ für Korrekturen lassen; ~ (für etwas) schaffen, finden ▸ hier ist noch etwas freier ~; der unendliche ~; viel, wenig ~ ▸ auf engem ~ wohnen; Zus *Raumfahrzeug, Raumstation; ~ sparend / raumsparend* **II** ⟨zählb.⟩ **1** *abgegrenzter Bereich innerhalb eines Gebäudes, Zimmer;* Zus *Raumaufteilung, Raumausstatter(in), Raumgestaltung, Raumtemperatur; Büroraum, Kellerraum, Schlafraum, Wohnraum, Waschraum* **2** *geografisch (u. politisch) zusammenhängendes Gebiet;* Zus *Raumplanung; Mittelmeerraum, Wirtschaftsraum* ▸ die Wohnung hat drei Räume; enger, hoher, kleiner, großer, weiter ~; wir haben in dieser Wohnung keinen ~ für die Kinder; luftleerer ~ ▸ wir arbeiten zu zweit in einem ~; die Tagung findet in ~ 117 statt; im ~ stehen ⟨übertr.⟩ *noch nicht geklärt, gelöst sein;* in den ~ stellen ⟨übertr.⟩ *zur Diskussion stellen;* ein Büro mit hellen, luftigen Räumen

räu|men ⟨V. trans.; räumt, räum|te, hat ge|räumt⟩ **1** etwas ~ *leermachen* **2** eine Wohnung, ein Zimmer ~ *verlassen, ausziehen aus* ▸ (jmdm.) das Feld ~ ⟨übertr.⟩ *(jmdm.) weichen, sich zurückziehen;* das Lager ~ *alle gelagerten Waren verkaufen;* seinen Platz ~ *seinen P. verlassen;* den Saal ~ *ihn verlassen; die in einem Saal befindlichen Personen hinausweisen;* eine Stadt ~ *die Bewohner einer Stadt woanders unterbringen, sie evakuieren;* wir müssen die Wohnung bis zum 1. Oktober ~ ▸ etwas an eine andere Stelle ~ *an eine andere Stelle bringen, setzen;* Möbel in ein anderes Zimmer ~; das Geschirr vom Tisch (in die Küche) ~ *vom Tisch nehmen (u. in die Küche bringen);* Abl *Räumung*

Raum|fäh|re ⟨die; -, -n⟩ *wiederverwendbares Raumfahrzeug (z. B. das Spaceshuttle der USA)*

Raum|fahrt ⟨die; -; unz.⟩ *Wissenschaft u. Technik der Erforschung u. Durchquerung des Weltraums außerhalb der Erdatmosphäre;* Syn *Astronautik, Kosmonautik;* Abl *Raumfahrer(in)*

raum|grei|fend ⟨Adj.⟩ *weit ausholend, ausgreifend* ▸ mit ~en Schritten

räum|lich ⟨Adj.⟩ **1** *einen Raum, die Räume betreffend* **2** *dreidimensional* ▸ ~es Sehen, Vorstellungsvermögen; wir sind hier ~ sehr beengt

Räum|lich|keit ⟨die; -, -en⟩ **I** ⟨unz.⟩ *Dreidimensionalität* **II** ⟨zählb.⟩ **1** *Örtlichkeit* **2** *Raum, Zimmer*

Raum|pfle|ge|rin ⟨die; -, -rin|nen⟩ *Putzfrau, Reinigungsfrau*

Raum|schiff ⟨das; -(e)s, -e⟩ *(großes) Raumfahrzeug*

Raum|tei|ler ⟨der; -s, -⟩ *Regal, Vorhang o. Ä., mit dem ein Raum unterteilt werden kann*

Räu|mungs|kla|ge ⟨die; -, -n⟩ *Klage auf Räumung von Wohn- od. Gewerberaum*

Räu|mungs|ver|kauf ⟨der; -(e)s, -käu|fe⟩ *Ausverkauf wegen Räumung des Lagers*

rau|nen ⟨V. trans. u. V. intr.; raunt, raun|te, hat ge|raunt⟩ **1** (etwas) ~ *sehr leise sprechen, murmeln* **2** *dumpf säuseln* (Wind), *dumpf plätschern* (Bach) **3** *heimlich klatschen, Gerüchte verbreiten* ▸ jmdm. etwas ins Ohr ~; ein Raunen geht durch die Menge

Rau|pe ⟨die; -, -n⟩ **1** *Larve des Schmetterlings* **2** ⟨Tech.⟩ *endloses Band aus Kettengliedern um die Räder von Fahrzeugen;* Syn *Gleiskette;* Zus *Raupenfahrzeug*

Rau|reif ⟨der; -(e)s; unz.⟩ *Niederschlag feinster Eisteilchen an Zweigen u. Ä.;* Syn *Raufrost*

raus ⟨Adv.; umg. Kurzform von⟩ *heraus, hinaus* ▸ komm ~!; er will ~

raus…, Raus… ⟨in Zus.; bei Verben trennbar; umg.⟩ *heraus…, Heraus…, hinaus…, Hinaus…*, z. B. rausgehen, raushalten, rausholen, rauskriegen, rauslassen, rausreißen, rausrücken, Rausschmiss, Rauswurf

Rausch ⟨der; -(e)s, Räu|sche⟩ **1** *meist mit Traurigkeit od. Heiterkeit verbundene Benebelung der Sinne als Folge von Alkoholgenuss* **2** ⟨übertr.⟩ *überwältigendes Glücksgefühl;* Abl *rauschhaft;* Zus *Freudenrausch, Glücksrausch* ▸ im ~ der Gefühle; sich einen ~ antrinken ⟨umg.⟩ *sich betrinken;* seinen ~ ausschlafen; einen ~ haben *betrunken sein*

Rau|sche|bart ⟨der; -(e)s, -bär|te; übertr.; scherzh.⟩ **1** *(langer) Vollbart* **2** *Mann mit Vollbart*

rau|schen ⟨V. intr.; rauscht, rausch|te, hat gerauscht⟩ **1** *ein Geräusch von sich geben wie stark*

R

im Wind bewegte Blätter od. stark fließendes Wasser **2** *stark hörbar fließen* ▸ der Bach, Fluss rauscht; Bäume, Blätter ~ (im Wind); Brandung rauscht ▸ sie rauschte (beleidigt) aus dem Zimmer ‹übertr.; umg.› *sie ging rasch, auffällig hinaus;* es rauscht mir im Ohr; der Wind rauscht in den Bäumen; das Wasser rauscht in die Wanne ▸ ~der Bach, Wasserfall; ~der Beifall; es war ein ~des Fest ‹übertr.; umg.› *ein F., auf dem es fröhlich zuging*

Rausch|gift ‹das; -s, -› *Stoff, der einen Rausch erzeugt, indem er das Zentralnervensystem erregt, dämpft od. lähmt,* z. B. Opium; Syn ‹umg.› *Droge;* Zus *Rauschgifthandel*

Rausch|gold ‹das; -(e)s; unz.› *dünnes Messingblech, das beim Bewegen knistert;* Zus *Rauschgoldengel*

Rausch|mit|tel ‹das; -(e)s, -e› = *Rauschgift*

raus|flie|gen ‹V.; umg.› **I** ‹V. intr.; fliegt raus, flog raus, ist raus|ge|flo|gen, raus|zu|flie|gen› **1** *heraus-, hinausfliegen* **2** *hinausbefördert werden, nicht weiterkommen* ▸ aus der Klasse ~; die Sicherung ist rausgeflogen **II** ‹V. trans.; fliegt raus, flog raus, hat raus|ge|flo|gen, raus|zu|flie|gen› jmdn. od. etwas ~ *hinausfliegen*

raus|kom|men ‹V. intr.; kommt raus, kam raus, ist raus|ge|kom|men, raus|zu|kom|men; umg.› *heraus-, hinauskommen* ▸ bei einer Veranstaltung ganz groß ~ *(plötzlich) sehr erfolgreich sein;* aus der eigenen Spielhälfte ~

räus|pern ‹V. refl.; räus|pert sich, räus|per|te sich, hat sich ge|räus|pert› sich ~ **1** *durch Hüsteln die Kehle reinigen* **2** *verlegen hüsteln* **3** *sich durch leichtes Hüsteln bemerkbar machen*

raus|schmei|ßen ‹V. trans.; schmeißt raus, schmiss raus, hat raus|ge|schmis|sen; umg.› **1** etwas ~ *herauswerfen, hinauswerfen* **2** jmdn. ~ *jmdn. hinausschmeißen, beurlauben;* Abl *Rausschmiss* ▸ schmeiß ihn raus!; er schmiss ihn raus

Raus|schmei|ßer ‹der; -s, -; umg.› **1** *jmd., der randalierende Gäste in Lokalen zum Gehen zwingt;* Abl *Rausschmeißerin* **2** *letzter Tanz*

raus|wer|fen ‹V. trans.; wirft raus, warf raus, hat raus|ge|wor|fen, raus|zu|wer|fen; umg.› jmdn. od. etwas ~ *heraus-, hinauswerfen* ▸ sein Chef wollte ihn ~; Abl *Rauswurf*

Rau|te ‹die; -, -n; Geom.› = *Rhombus*

Ra|vi|o|li ‹[-vi-] Pl.› *mit Fleisch, Spinat, Käse o. Ä. gefüllte kleine Täschchen aus Nudelteig*

Raz|zia ‹die; -, -zi|en› *Polizeistreife (zur Fahndung nach verdächtigen Personen)* ▸ eine ~ machen, veranstalten

Re ‹das; -s, -s; Kart.› *Erwiderung auf Kontra*

re…, Re… ‹Vorsilbe› *zurück, wieder, noch einmal*

Rea|der ‹[riːdə(r)] der; -s, -› *aus wissenschaftlichen Beiträgen zu einem Thema (od. aus Abschnitten daraus) zusammengestelltes Buch od. Heft*

Re|a|genz|glas ‹das; -es, -glä|ser› *schmales, röhrenförmiges Glas für chemische Untersuchungen*

re|a|gie|ren ‹V. intr.; re|a|giert, re|a|gier|te, hat re|a|giert› **1** (auf jmdn. od. etwas irgendwie) ~ *eine Gegenwirkung auf jmds. Verhalten od. eine Situation zeigen (u. handeln od. antworten)* **2** auf etwas ~ *auf etwas ansprechen* **3** ‹Chem.› *chemisch aufeinander einwirken* ▸ sauer, basisch ~ ‹Chem.› *die Eigenschaften einer Säure, einer Base zeigen;* sauer ~ ‹übertr.› *von einer Handlung od. Äußerung verärgert sein;* schnell, langsam, sofort ~; er reagierte auf meine Frage überhaupt nicht; hat er schon auf den Brief reagiert?

Re|ak|ti|on ‹die; -, -en› **1** *auf etwas, bes. einen bestimmten Vorfall od. eine Situation erfolgende Antwort bzw. Rückwirkung;* Zus *reaktionsschnell* **2** ‹Phys.; Chem.› *Vorgang, der eine stoffliche Umwandlung zur Folge hat;* Zus *Reaktionszeit; Kernreaktion* **3** *das Streben, alte, nicht mehr zeitgemäße Einrichtungen, bes. auf politischem Gebiet, zu erhalten* ▸ chemische ~; seine Äußerungen riefen keine ~en hervor; mit einer ~ rechnen; was war deine erste ~?; die ~ ließ nicht lange auf sich warten *es wurde schnell reagiert*

re|ak|ti|o|när ‹Adj.› *rückschrittlich* ▸ seine Politik ist ~; das sind ~e Ansichten; Abl *Reaktionär(in)*

re|ak|ti|vie|ren ‹[-viː-] V. trans.; re|ak|ti|viert, re|ak|ti|vier|te, hat re|ak|ti|viert› etwas ~ **1** *wieder in Tätigkeit setzen* **2** *wieder (chemisch) wirksam machen* ▸ verkümmerte Muskeln allmählich wieder ~; Abl *Reaktivierung*

Re|ak|tor ‹der; -s, -en› **1** ‹Chem.› *Apparat, in dem chem. od. biochem. Reaktionen ablaufen (in der Biotechnologie auch als Bioreaktor od. Fermenter bezeichnet)* **2** ‹Kernphys.› *Kernkraftwerk* Zus *Reaktorkern, Reaktorunfall; Kernreaktor*

real/reell

Ebenso wie andere auf -al oder -ell auslautende Adjektive unterscheiden sich *real* und *reell* hinsichtlich der Bedeutung und sollten nicht verwechselt werden. Das Adjektiv *real,* das auch in Zusammensetzungen wie *Realeinkommen, Reallohn, Realpolitik* oder *Realwert* auftritt, bezieht sich auf die Wirklichkeit, die *Realität,* und bedeutet „wirklich, tatsächlich, der Realität entsprechend“: *Sein Einkommen beträgt real 900 €. Das reale wirtschaftliche Wachstum lag bei drei Prozent.*
Mit der *Realität* zu tun hat neben dem Verb *realisieren,* das „(etwas) verwirklichen“ oder „(etwas) begreifen“ bedeutet, auch das Adjektiv *realistisch: Die Zustände wurden realistisch* (= wirklichkeitsnah) *dargestellt. Man sollte die Sache einmal realistisch* (= sachlich) *betrachten.*
Demgegenüber bedeutet das Adjektiv *reell* nicht nur „wirklich, echt“ *(eine reelle Chance),* sondern auch „fair, ehrlich, zuverlässig“: *Das ist ein reelles Angebot, ein reelles Geschäft.*

re|al ‹Adj.› **1** *sachlich, dinglich, stofflich* **2** *der Realität entsprechend, tatsächlich, wirklich;* Ggs *irreal* ▸ ~ denken

Re|al|ein|kom|men ‹das; -s, -› *Einkommen mit Berücksichtigung der Kaufkraft des Geldes;* Ggs *Nominaleinkommen*

re|a|li|sie|ren[1] ⟨V. trans.; re|a|li|siert, re|a|li|sier|te, hat re|a|li|siert⟩ etwas ~ **1** *in die Tat umsetzen, verwirklichen* **2** *in Geld umwandeln, gegen Geld verkaufen, zu Geld machen* ▸ ein Vorhaben ~; diese Ideen lassen sich nicht ~; Abl *Realisation, Realisierung; realisierbar*

re|a|li|sie|ren[2] ⟨V. trans.; re|a|li|siert, re|a|li|sier|te, hat re|a|li|siert⟩ etwas ~ *etwas begreifen, wahrhaben wollen, sich klarwerden über etwas* ▸ er will seine Niederlage nicht ~; Abl *Realisation, Realisierung*

Re|a|lis|mus ⟨der; -; unz.⟩ **1** *Wirklichkeitssinn, Sachlichkeit* **2** ⟨bildende Kunst; Lit.⟩ **2.1** *wirklichkeitsnahe Darstellung* **2.2** *Stilrichtung, die diese Darstellungsweise vertritt* ▸ er ist einer der bedeutendsten Vertreter des ~; Abl *Realist(in)*

re|a|lis|tisch ⟨Adj.⟩ **1** *auf dem Realismus beruhend, in der Art, im Sinne des Realismus* **2** *wirklichkeitsnah, naturgetreu* **3** *nüchtern, sachlich (denkend)* ▸ ~e Darstellung; eine Sache ~ betrachten; ein ~ veranlagter Mensch

Re|a|li|tät ⟨die; -, -en⟩ **1** *Wirklichkeit;* Zus *realitätsfern, realitätsfremd* **2** *Tatsache* **3** ⟨Pl.⟩ *Grundstücke* ▸ wieder in der ~ ankommen *nach einer Phase großen Erfolgs o. Ä. wieder Alltägliches erleben*

Re|a|li|täts|sinn ⟨der; -(e)s; unz.⟩ *Verständnis, Gespür für die Realität* ▸ ~ beweisen, zeigen

Re|al|lohn ⟨der; -(e)s, -löh|ne⟩ *Lohn mit Berücksichtigung der Kaufkraft des Geldes*

Re|a|lo ⟨der; -s, -s; umg.; kurz für⟩ *Realpolitiker, Politiker des gemäßigten Flügels einer Partei*

Re|al|po|li|tik ⟨die; -; unz.⟩ *Politik, die die realen Gegebenheiten u. Tatsachen als ihre Grundlage betrachtet;* Abl *Realpolitiker(in); realpolitisch*

Re|al|schu|le ⟨die; -, -n⟩ *auf dem vierten Grundschuljahr aufbauende Schule vom 5. bis zum 10. Schuljahr;* Abl *Realschüler(in);* Zus *Realschulabschluss* ▸ mein Sohn besucht die ~; er ist Lehrer an einer ~; nach Abschluss der ~ an ein Gymnasium wechseln

re|ani|mie|ren ⟨V. trans.; re|ani|miert, re|ani|mier|te, hat re|ani|miert⟩ jmdn. ~ *(durch künstliche Beatmung, Herzmassage o. Ä.) wiederbeleben;* Abl *Reanimation, Reanimierung*

Re|be ⟨die; -, -n⟩ **1** *Schössling, Zweig des Weinstocks* **2** *Weinrebe;* Zus *Rebsorte*

Re|bell ⟨der; -en, -en⟩ *Aufständischer, Aufrührer;* Zus *Rebellenchef, Rebellenführer*

re|bel|lie|ren ⟨V. intr.; re|bel|liert, re|bel|lier|te, hat re|bel|liert⟩ (gegen jmdn. od. etwas) ~ *sich empören, sich auflehnen* ▸ die Schüler rebellierten gegen die strengen Noten; mein Magen hat gestern rebelliert *mir wurde übel;* Abl *Rebellion*

re|bel|lisch ⟨Adj.⟩ *aufrührerisch* ▸ ~ werden *sich empören, sich auflehnen*

Reb|huhn ⟨das; -(e)s, -hüh|ner⟩ *einheimischer Fasanenvogel mit braunem Fleck auf der Brust*

Reb|laus ⟨die; -, -läu|se⟩ *Blattlaus, die an Blättern u. Wurzeln des Weinstocks schädlich wird*

Reb|stock ⟨der; -(e)s, -stö|cke⟩ = *Weinrebe*

Re|chaud ⟨[reʃo:] der od. das; -s, -s⟩ **1** *Wärmeplatte, Tellerwärmer* **2** ⟨österr.⟩ *Gaskocher*

re|chen ⟨V. trans.; recht, rech|te, hat ge|recht; süddt.; mdt.; österr.; schweiz.⟩ etwas ~ *harken*

Re|chen ⟨der; -s, -; süddt., mdt.⟩ **1** *Harke* **2** *Gitter zum Zurückhalten von groben Verunreinigungen vor Mühlen, Kläranlagen u. Ä.*

Re|chen... ⟨in Zus. mit Subst.⟩ *auf das Rechnen bezogen, durch Rechnen zu lösen,* z. B. Rechenart, Rechenaufgabe, Rechenfehler, Rechenkünstler(in), Rechentafel

Re|chen|leis|tung ⟨die; -, -en⟩ *Grad der Leistungsfähigkeit beim Rechnen (von Computern)*

Re|chen|schaft ⟨die; -; unz.⟩ *Bericht, Auskunft über Tun u. Lassen* ▸ ~ ablegen, geben; jmdm. ~ über sein Handeln ablegen; von jmdm. ~ fordern, verlangen; den Schuldigen zur ~ ziehen *ihn bestrafen;* Zus *Rechenschaftsbericht*

Re|chen|schie|ber ⟨der; -s, -⟩ *Rechengerät mit mehreren gegeneinander verschiebbaren, logarithmisch eingeteilten Skalen;* Syn *Rechenstab*

Re|chen|zen|t|rum ⟨das; -s, -ren; EDV⟩ *mit Computern ausgerüsteter Dienstleistungsbetrieb od. Teil eines Betriebs, der für die EDV-Anlage verantwortlich ist*

Re|cher|che ⟨[reʃɛrʃə] die; -, -n; meist Pl.⟩ *Ermittlung, Nachforschung, Untersuchung* ▸ ~n anstellen; für die Reportage hat sie viele ~n gemacht

re|cher|chie|ren ⟨[reʃɛrʃi:-] V.; re|cher|chiert, re|cher|chier|te, hat re|cher|chiert⟩ **I** ⟨V. intr.⟩ *Nachforschungen anstellen* **II** ⟨V. trans.⟩ etwas ~ *mithilfe von Nachforschungen ermitteln, herausfinden*

rech|nen ⟨V.; rech|net, rech|ne|te, hat ge|rech|net⟩ **I** ⟨V. trans. u. V. intr.⟩ **1** *zu einer Zahlenaufgabe das Ergebnis ermitteln* **2** jmdn. od. etwas zu etwas ~ *zählen, berücksichtigen* **3** etwas ~ *veranschlagen, für nötig halten* **4** *sparsam sein, sparsam wirtschaften* **5** auf etwas ~ *etwas bestimmt erwarten* **6** auf jmdn. ~ *erwarten, dass jmd. etwas tut, dass jmd. kommt* **7** mit etwas ~ *etwas für möglich halten, erwarten* **8** mit jmdm. ~ *erwarten, dass jmd. etwas tut, dass jmd. kommt* ▸ sie müssen sehr ~ ▸ falsch, richtig ~; gut, schlecht ~ können; schriftlich, im Kopf ~ ▸ ich habe für jeden drei Stück Kuchen gerechnet; er rechnet dafür 100 €; mit Zahlen, Brüchen ~; damit habe ich nicht gerechnet *das habe ich nicht erwartet;* du musst damit ~, dass er nicht kommt; mit dem Schlimmsten ~; jmdn. zu seinen Freunden ~ *jmd. als Freund betrachten* ▸ 20 Personen, die Kinder nicht gerechnet; es dauert, knapp gerechnet, zwei Stunden; vom 1. April an gerechnet **II** ⟨V. refl.⟩ sich ~ *Gewinn bringen, sich rentieren* ▸ das Geschäft rechnet sich nicht

Rech|ner ⟨der; -s, -⟩ **1** *jmd., der rechnet, der rechnen kann;* Abl *Rechnerin* **2** ⟨EDV⟩ = *Computer* ▸ ein guter, schlechter ~ sein

rech|ne|risch ⟨Adj.⟩ **1** *das Rechnen betreffend, mit Hilfe des Rechnens* **2** *theoretisch* ▸ es ist rein ~ noch möglich, aber unwahrscheinlich

Rech|nung ⟨die; -, -en⟩ **1** *Zahlenaufgabe* **2** *Berechnung, Kalkulation* **3** *schriftliche Kostenforderung;* Zus *Rechnungsbetrag* **4** ⟨schweiz.⟩ *Abrechnung;*

R

Zus *Jahresrechnung* **5** ⟨übertr.⟩ *Erwartung, Planung* ▸ aufgehen: die ~ geht auf, geht nicht auf; meine ~ ist nicht aufgegangen ⟨übertr.⟩ *mein Plan ist nicht gelungen;* eine ~ bezahlen, quittieren, schreiben; ich habe mit ihm noch eine alte ~ zu begleichen ⟨übertr.⟩ *ich muss ihn noch wegen einer Sache zur Rechenschaft ziehen;* die ~ ohne den Wirt machen ⟨übertr.⟩ *sich in einer Erwartung täuschen;* schicken Sie die ~ an mich, an meinen Vater; einer Sache ~ tragen *eine S. berücksichtigen* ▸ das ist doch eine ganz einfache ~; eine hohe ~; laufende ~ *Kontokorrent;* offene, offenstehende ~; unbezahlte ~en ▸ auf ~ kaufen *kaufen u. nicht sofort, sondern nach Zusendung der R. bezahlen;* auf, für eigene ~ kaufen *auf eigene Kosten (als Unternehmer);* das geht auf meine ~ *das bezahle ich;* jmdm. einen Strich durch die ~ machen ⟨übertr.⟩ *jmds. Pläne vereiteln;* jmdm. einen Betrag in ~ stellen *jmdm. einen B. berechnen, einen B. von jmdm. fordern;* das müssen wir in ~ ziehen ⟨übertr.⟩ *berücksichtigen;* nach meiner ~ haben wir zwei Stunden gebraucht

Rẹch|nungs|hof ⟨der; -(e)s, -hö|fe⟩ *Stelle zur Überprüfung des Rechnungswesens der öffentlichen Verwaltung*

Rẹch|nungs|prü|fer ⟨der; -s, -⟩ *Sachverständiger für das Buchhaltungswesen;* Syn *Buchprüfer;* Abl *Rechnungsprüfer(in)*

Rẹch|nungs|we|sen ⟨das; -s; unz.⟩ *die wirtschaftlichen Vorgänge eines Betriebes od. einer Behörde umfassender Bereich*

rẹcht ⟨Adj.⟩ **I** ⟨attr.; adv.; präd.⟩ **1** *so, wie es sein soll, geeignet, passend* **2** *zutreffend* **3** *angenehm* ▸ das ist die ~e Art, mit ihm umzugehen; es geht hier nicht mit ~en Dingen zu *hier stimmt etwas nicht;* ich habe keine ~e Lust; er ist der ~e Mann am ~en Ort; es muss alles das ~e Maß haben; es steht alles am ~en Ort; ein ~er Winkel *ein W. von 90°;* es ist gerade die ~e Zeit (dazu) ▸ habe ich ~ gehört? *stimmt das?, soll das wirklich so sein?;* du kommst gerade ~; jmdm. etwas ~ machen *etwas so machen, wie jmd. es will;* man kann es nicht allen ~ machen; man kann ihm nichts ~ machen *er ist nie zufrieden, er hat ständig etwas auszusetzen;* sein: das ist ~! *das ist gut, schön!;* es ist ~ so! *es ist gut, es ist in Ordnung;* das war nicht ~ (von dir, von ihm); alles, was ~ ist, aber das geht zu weit! *(Ausdruck der Ablehnung);* ist es dir ~, wenn ich um drei Uhr komme?; mir ist alles ~ *ich bin mit allem einverstanden, zufrieden;* nichts ist ihm ~; mir soll es ~ sein! ⟨umg.⟩ *meinetwegen!;* dazu bist du gerade der Rechte! ⟨iron.⟩ *gar nicht geeignet;* das Rechte treffen; wenn ich es ~ überlege; ich weiß nicht ~, ob ich es tun soll *ich bin mir noch nicht klar, ich zögere noch, es zu tun* ▸ da bist du bei mir an den Rechten geraten ⟨umg.⟩ *ich bin dir gewachsen, mir kannst du nichts vormachen;* nun erst ~ *trotzdem, nun gerade;* nun erst ~ nicht *nun gerade nicht, dir zum Trotz nicht;* so geht es erst ~ nicht *so geht es noch viel weniger;* ganz ~! *ganz richtig!, das stimmt!, jawohl!;* nach dem Rechten sehen *nachsehen, ob alles in Ordnung ist;* er hat nichts Rechtes gelernt; das ist doch nichts Rechtes!; ~ so! ⟨lobend, zustimmend⟩ **II** ⟨nur adv.⟩ **1** *sehr* **2** *ganz, einigermaßen (etwas weniger als „sehr")* ▸ ~ gern!; wie geht es Ihnen? Danke, ~ gut; ich danke Ihnen ~ herzlich; ich bin ~ hungrig, müde; ich werde nicht ~ klug daraus; das ist alles ~ schön und gut, aber … *das mag ja alles stimmen, aber …;* das klingt ~ vernünftig; ~ vielen Dank! **III** ⟨adv. u. präd.⟩ *dem Recht, dem Gesetz, der Wahrheit entsprechend, gut* ▸ jmd. behält ~/Recht *es war richtig, was jmd. gesagt, vermutet hat;* er will immer ~/Recht bekommen *er will immer, dass man seiner Meinung ist;* jmdm. ~/Recht geben *zustimmen;* es geschieht ihm (ganz) ~ *er hat es nicht besser verdient;* ~/Recht haben *das Richtige sagen, vermuten, richtig urteilen;* du hast ganz ~; sein: das ist mir ~; es ist nur ~ und billig *man kann es mit Recht erwarten;* tun: er hat ~/Recht getan

recht/Recht

Manche Wörter sind in bestimmten Zusammenhängen nicht eindeutig einer Wortart zuzuordnen. Dies trifft auch auf *recht* und *Recht* zu, die in Verbindung mit den Verben behalten, bekommen, geben, haben und tun als Adjektiv oder Substantiv aufgefasst werden können. Entsprechend ist sowohl die Klein- als auch die Großschreibung zulässig: *Er hat recht/Recht behalten. Sie hat vor Gericht recht/Recht bekommen. Immer willst du recht/Recht haben!*
In Verbindung mit den Verben sein, machen und werden wird *recht* als Adjektiv aufgefasst und kleingeschrieben: *Das soll mir recht sein. Man kann ihm nichts recht machen.*
Als Substantiv erkennbar ist *Recht* dagegen in festen Fügungen: *etwas für Recht erkennen, mit Recht, nach Recht und Gewissen, von Rechts wegen, zu Recht besorgt sein.*
Die Fügung zu Recht ist nicht zu verwechseln mit zurecht-, das in Zusammensetzungen gebraucht wird und „wie gewünscht, wie gebraucht" bedeutet: *Sie hat sich heute Abend besonders schön zurechtgemacht.*

Rẹcht ⟨das; -(e)s, -e⟩ **I** ⟨unz.⟩ **1** *Rechtsordnung, Gesamtheit der Gesetze (des Staates, der Kirche od. eines Lebensgebietes);* Zus *Rechtsabteilung, Rechtsangelegenheit, Rechtsanspruch, Rechtsauffassung, Rechtsauskunft, Rechtsbelehrung, Rechtsbeugung, Rechtsfrage, Rechtsgrundlage, Rechtsgrundsatz, Rechtshilfe, Rechtslage, Rechtsschutz, Rechtssicherheit, Rechtsunsicherheit; rechtsverbindlich; Handelsrecht, Kirchenrecht, Staatsrecht, Strafrecht* **2** *Berechtigung aufgrund des Rechts (1)* ▸ das ~ beugen, brechen, verletzen; ~ sprechen ▸ bürgerliches ~ ▸ er hat das ~ auf seiner Seite; Gnade für, vor ~ ergehen las-

R

sen *einen Schuldigen nur milde od. gar nicht bestrafen;* ich bin im ~ *habe die richtige Ansicht, das Richtige getan;* er hat es verlangt, und das mit ~; eine Sache mit gutem, vollem ~ behaupten; nach geltendem ~; von ~s wegen *nach dem Gesetz;* ⟨umg.⟩ *eigentlich;* sein Anspruch besteht zu ~ *ist berechtigt;* er ist zu ~ enttäuscht, stolz **II** ⟨zählb.⟩ **1** *Befugnis, Anspruch, Berechtigung;* Zus *Nutzungsrecht, Vorkaufsrecht* **2** ⟨meist Pl.; veraltet⟩ *Rechtspflege, Rechtswissenschaft* ▸ das ~ des Älteren, des Vaters; Doktor, Student der ~e ⟨veraltet⟩; ~e und Pflichten ▸ ein ~ ausüben, beanspruchen; sein ~ fordern; wer gibt dir das ~, das zu tun?; du hast nicht das ~, das zu entscheiden; ich nehme mir das ~, meine eigene Meinung zu vertreten; sich od. jmdm. sein ~ verschaffen; alle ~e vorbehalten *(Vermerk in Druckwerken u. Ä.) Nachdruck, Vervielfältigung, Verfilmung u. Ä. muss genehmigt werden* ▸ er besitzt ältere ~e (als der andere); sein ~ geltend machen; gleiche ~e, gleiche Pflichten; das ist mein gutes ~; jmdm. das ~ streitig machen, etwas zu tun ▸ auf seinem ~ bestehen; auf ein ~ verzichten; er hat ein ~ auf Belohnung; das ~ auf Selbstbestimmung; von einem ~ (keinen) Gebrauch machen *sein Recht auf etwas (nicht) in Anspruch nehmen;* zu seinem ~ kommen *seinen Anspruch durchsetzen;* jmdm. zu seinem ~ verhelfen

rẹch|te(r, -s) ⟨Adj.⟩ *gegenüber der Seite liegend, auf der sich das Herz befindet;* Ggs *linke(r, -s)* ▸ der ~ Arm; sie hat sich das ~ Bein gebrochen; das Haus liegt ~r Hand *rechts, rechterseits;* Ggs *linker Hand;* er ist seine ~ Hand ⟨übertr.⟩ *sein wichtigster Helfer;* auf der ~n Seite der Straße gehen; ~ Seite eines Stoffes *Oberseite;* das ~ Ufer eines Flusses

Rẹch|te ⟨die; -n, -n⟩ Ggs *Linke* **1** *rechte Hand* **2** *rechte Seite* **3** *Gesamtheit der konservativen Parteien (da sie im Parlament zur rechten Seite des Präsidenten sitzen);* Abl *Rechte(r)* ▸ Anhänger der ~n *Konservativer;* die äußerste, gemäßigte ~; sie saß an seiner, zu seiner ~n

Rẹcht|eck ⟨das; -(e)s, -e; Geom.⟩ *Parallelogramm mit vier rechten Winkeln;* Abl *rechteckig*

rẹch|tens ⟨Adv.⟩ *nach dem Recht, mit Recht* ▸ der Anspruch gilt ~ als verjährt; etwas für ~ erklären *es ist rechtmäßig*

rẹcht|fer|ti|gen ⟨V. trans.; recht|fer|tigt, recht|fer|tig|te, hat ge|recht|fer|tigt⟩ **1** jmdn. od. sich ~ **1.1** *die Berechtigung seines Tuns nachweisen od. erklären* **1.2** *jmdn. od. sich von einem Verdacht befreien* **2** eine Handlung ~ *nachweisen od. erklären, dass eine H. berechtigt war* ▸ seine Handlungen vor jmdm. ~; Abl *Rechtfertigung*

rẹcht|ha|be|risch ⟨Adj.⟩ *immer Recht behalten wollend* ▸ ein ~er Mensch; ~ sein; Abl *Rechthaberei*

rẹcht|lich ⟨Adj.⟩ *das Recht betreffend, dem Recht nach, auf dem Recht beruhend, juristisch* ▸ ~er Anspruch; die ~e Seite einer Sache; das ist ~ unzulässig; Abl *Rechtlichkeit*

rẹcht|los ⟨Adj.⟩ *keine Rechte besitzend* ▸ ~e Häftlinge, Sklaven; Abl *Rechtlosigkeit*

rẹcht|mä|ßig ⟨Adj.⟩ *dem Recht entsprechend, aufgrund eines Rechtes* ▸ ~er Anspruch; ~er Erbe; Abl *Rechtmäßigkeit*

rẹchts ⟨Adv.⟩ Ggs *links* **1** *auf der rechten Seite* **2** *nach der rechten Seite (hin);* Zus *Rechtsabbieger, Rechtskurve* **3** ⟨übertr.⟩ *politisch zur konservativen Richtung neigend;* Zus *Rechtspartei; rechtsgerichtet, ~ stehend / rechtsstehend* ▸ ~ der Donau; dritter Stock ~ ▸ ~ abbiegen; ~ fahren, gehen; sich ~ halten *auf der rechten Straßenseite gehen, fahren; nach der rechten Seite abbiegen;* liegen lassen: lassen Sie die Kirche ~ liegen *biegen Sie an der Kirche links ab;* er steht (mit seinen politischen Anschauungen) ~ ▸ zwei ~, zwei links stricken *zwei rechte u. zwei linke Maschen im Wechsel* ▸ ~ außen spielen; sich nach ~ wenden; nach ~ und links schauen; der Wagen kam von ~; ~ von jmdm. gehen, sitzen

Rẹchts|an|walt ⟨der; -(e)s, -wäl|te⟩ *Jurist mit der Berechtigung, die Rechtsangelegenheiten anderer vor Gericht zu vertreten* ▸ er ist ~ und Notar; sich einen ~ nehmen; sich als ~ niederlassen; Abl *Rechtsanwältin;* Zus *Rechtsanwaltskammer, Rechtsanwaltskanzlei*

Rechts|au|ßen ⟨der; -, -⟩ Ggs *Linksaußen* **1** ⟨Sp.; bes. Fußb.⟩ *rechter Flügelstürmer* **2** ⟨umg.⟩ *jmd. der politisch sehr weit rechts steht*

Rẹchts|bei|stand ⟨der; -(e)s, -stän|de⟩ *Rechtsanwalt od. andere Person mit jurist. Kenntnissen*

Rẹchts|bünd|nis ⟨das; -nis|ses, -nis|se; Pol.⟩ *Bündnis von Rechtsparteien (zur Regierungsbildung)*

rẹcht|schaf|fen ⟨Adj.⟩ **1** *ehrlich, anständig, redlich* **2** ⟨umg.⟩ *gehörig, groß, stark* ▸ ein ~er Mensch

rẹcht|schrei|ben ⟨V. intr.; nur im Inf. gebräuchl.⟩ *nach den Regeln der Rechtschreibung schreiben*

Rechtschreibreform

Unter Rechtschreibung oder Orthografie versteht man die Gesamtheit der Regeln, die die Schreibung der Wörter und die Zeichensetzung betreffen. In Deutschland, Österreich, der Schweiz und Liechtenstein wurde am 1. Juli 1996 eine Reform der deutschen Rechtschreibung beschlossen, deren Ziel es war, die deutsche Schriftsprache zu vereinheitlichen und zu vereinfachen. Sie trat am 1. August 1998 in Kraft und umfasste die folgenden sechs Teilbereiche:

1. Laut-Buchstaben-Zuordnung
2. Getrennt- und Zusammenschreibung
3. Bindestrichschreibung
4. Groß- und Kleinschreibung
5. Zeichensetzung (Interpunktion)
6. Worttrennung am Zeilenende

Die *Rechtschreibreform* ist insbesondere für Ämter und Schulen maßgeblich, an denen bereits seit 1996 nach der neuen Orthografie geschrieben wird. Während einer bis zum 31. Juli 2005 dauernden Übergangszeit wurde die Re-

form besonders in der deutschen Öffentlichkeit heftig diskutiert. Nach einer erneuten Überarbeitung wurde das Reformwerk von 1996 in einer revidierten Fassung zum 1. August 2006 verbindlich.
Nach der jetzt gültigen Rechtschreibung sind zahlreiche Schreibvarianten zulässig, besonders im Bereich der Getrennt- und Zusammenschreibung. So ist es beispielsweise möglich, neben *kennen lernen* auch *kennenlernen* und neben *zutage treten* auch *zu Tage treten* zu schreiben. Grundsätzlich hat sich das Schriftbild des Deutschen durch die Rechtschreibreform wenig verändert. Am deutlichsten fällt die neue ss-Schreibung auf, die das *ß* nach kurzem Vokal ersetzt, z. B. in *dass* (anstelle des früheren *daß*). Einige Fremdwörter können nun auch in einer der deutschen Schreibung angepassten Orthografie gebraucht werden, dies betrifft u. a. die Wörter *Ketschup, Spagetti, Jogurt.*

Rẹcht|schreib|re|form ⟨die; -, -en⟩ *Reform, Neuregelung der Rechtschreibung*

Rẹcht|schrei|bung ⟨die; -, -en⟩ **1** *durch Regeln festgelegte, richtige Schreibung* **2** ⟨kurz für⟩ *Wörterbuch für die Rechtschreibung (1)*

Rẹchts|drall ⟨der; -(e)s; unz.⟩ **1** *Drehung eines Gegenstands nach rechts um die Längsachse* **2** ⟨übertr.; umg.⟩ *politische Tendenz nach rechts*

Rẹchts|emp|fin|den ⟨das; -s; unz.⟩ *Gefühl für gesetzlich richtiges Handeln, für Recht u. Unrecht*

rẹchts|ex|t|rem ⟨Adj.; Pol.⟩ *politisch extrem rechts stehend, eine extrem rechte Position vertretend* ▸ die Partei wird als ~ eingestuft; ~e Strömungen; Abl *Rechtsextremismus*

rẹchts|fä|hig ⟨Adj.⟩ *dazu fähig, Rechte u. Pflichten zu übernehmen;* Abl *Rechtsfähigkeit*

Rẹchts|hän|der ⟨der; -s, -⟩ *jeder, der mit der rechten Hand geschickter als mit der linken ist;* Ggs *Linkshänder;* Abl *Rechtshänderin; rechtshändig*

rẹchts|he|r|um ⟨Adv.⟩ oV ⟨umg.⟩ *rechtsrum;* Ggs *linksherum* **1** *nach rechts* **2** *rechts um etwas herum* ▸ ~ gehen

Rẹchts|kraft ⟨die; -; unz.⟩ *Unanfechtbarkeit, Endgültigkeit einer gerichtlichen Entscheidung* ▸ ~ besitzen

rẹchts|kräf|tig ⟨Adj.⟩ *nicht mehr anfechtbar, endgültig* ▸ eine ~e gerichtliche Entscheidung; Syn *rechtsgültig*

rẹchts|las|tig ⟨Adj.⟩ **1** *rechts stärker als links belastet* **2** ⟨übertr.; Pol.⟩ *zu rechten Parteien neigend* ▸ das Parlament ist eher ~ ⟨übertr.⟩; Ggs *linkslastig*

Rẹchts|mit|tel ⟨das; -s, -⟩ *rechtlich verfügbares Mittel, z. B. offizielle Beschwerde, Anfechtung eines Urteils* ▸ (ein) ~ einlegen

Rẹchts|pfle|ge ⟨die; -; unz.⟩ *Anwendung der Gesetze durch staatliche Organe*

Rẹcht|spre|chung ⟨die; -, -en⟩ **1** *gerichtliche Entscheidung* **2** *Gerichtsbarkeit*

rẹchts|ra|di|kal ⟨Adj.⟩ *politisch extrem rechts stehend;* Ggs *linksradikal;* Abl *Rechtsradikale(r), Rechtsradikalismus*

rẹchts|rhei|nisch ⟨Adj.⟩ *am rechten Rheinufer gelegen* ▸ ~e Eisenbahnstrecke

Rẹchts|ruck ⟨der; -(e)s, -e; Pol.⟩ Ggs *Linksruck* **1** *plötzlicher hoher Stimmengewinn einer rechten Partei* **2** *plötzliche Verlagerung der politischen Orientierung nach rechts*

Rẹchts|schutz|ver|si|che|rung ⟨die; -, -en⟩ *Versicherung gegen finanziellen Verlust durch einen Rechtsstreit*

Rẹchts|spruch ⟨der; -(e)s, -sprü|che⟩ *gerichtliches Urteil* ▸ einen ~ verkünden

Rẹchts|staat ⟨der; -(e)s, -en⟩ *Staat, in dem die Regierungsgewalt durch eine Rechtsordnung begrenzt u. die rechtliche Stellung des Bürgers gesichert ist;* Abl *Rechtsstaatlichkeit; rechtsstaatlich*

Rẹchts|streit ⟨der; -(e)s, -e⟩ **1** *Streit, der vor Gericht entschieden wird* **2** *Dissens, Meinungsverschiedenheit in der Gesetzesauffassung*

Rẹchts|ver|kehr ⟨der; -s; unz.⟩ *Vorschrift, auf der rechten Straßenseite zu fahren;* Ggs *Linksverkehr*

Rẹchts|weg ⟨der; -(e)s, -e⟩ *Inanspruchnahme des Gerichts* ▸ den ~ beschreiten, einschlagen, gehen *die Hilfe des Gerichts in Anspruch nehmen;* eine Sache auf dem ~ entscheiden; der ~ ist ausgeschlossen (bei Preisausschreiben)

rẹchts|wid|rig ⟨Adj.⟩ *gegen das Recht verstoßend* ▸ ~e Handlung; Abl *Rechtswidrigkeit*

rẹchts|wirk|sam ⟨Adj.; Rechtsw.⟩ = *rechtskräftig;* Abl *Rechtswirksamkeit*

rẹcht|wink|lig ⟨Adj.⟩ *mit einem Winkel von 90° versehen* ▸ ~es Dreieck

rẹcht|zei|tig ⟨Adj.⟩ *zum richtigen Zeitpunkt (eintretend, geschehend), pünktlich* ▸ um ~es Erscheinen wird gebeten; die Krankheit muss ~ behandelt werden *ehe es zu spät ist;* sei heute bitte ~ da

Rẹck ⟨das; -(e)s, -e; Sp.⟩ *Turngerät, an zwei Pfeilern waagerecht befestigte, verstellbare Eisenstange;* Zus *Reckstange*

rẹ|cken ⟨V. trans.; reckt, reck|te, hat ge|reckt⟩ etwas od. sich ~ *hoch aufrichten, strecken* ▸ die Arme ~; den Hals, sich ~ (um etwas zu sehen)

Re|cọr|der ⟨der; -s, -⟩ = *Rekorder*

re|cy|celn ⟨[risaɪkəln] V. trans.; re|cy|celt, re|cy|celte, hat re|cy|celt⟩ etwas ~ *wiederverwerten;* oV *recyclen,* ⟨schweiz.⟩ *rezyklieren* ▸ Altglas, Kunststoff ~; Wertstoffe sollten recycelt werden

Re|cy|c|ling ⟨[risaɪklɪŋ] das; -s, -s⟩ *Rückgewinnung u. Wiederverwertung von Abfallstoffen* ▸ neue Methoden des ~s entwickeln; Zus *Recyclingpapier; Glasrecycling, Kunststoffrecycling, Papierrecycling*

Re|dak|teur ⟨[-tøːr] der; -s, -e⟩ *Mitarbeiter einer Redaktion (2) bei Presse, Rundfunk, Fernsehen od. in Buchverlagen, der das zu veröffentlichende Material (Zeitung, Buch, Sendung …) redigiert u. z. T. auch selbst verfasst;* Abl *Redakteurin*

Re|dak|ti|on ⟨die; -, -en⟩ **1** *inhaltliche u. stilistische Gestaltung von Zeitungen, Zeitschriften, Büchern od. Rundfunk- u. Fernsehsendungen bis zur Ver-*

öffentlichungsreife; Zus *Redaktionsschluss* **2** *Gesamtheit der hierbei mitwirkenden Arbeitskräfte;* Zus *Redaktionssitzung; Kulturredaktion, Sportredaktion, Zeitungsredaktion* **3** *die Arbeitsräume der Redaktion (2)* ▸ die ~ übernimmt keine Verantwortung für den Inhalt der Beiträge; Abl *redaktionell*

Re|dak|tor ‹der; -s, -en; schweiz.› = *Redakteur;* Abl *Redaktorin*

Re|de ‹die; -, -n› **1** *das, was gesprochen wird od. wurde, das, was jmd. sagt od. gesagt hat, Äußerungen, zusammenhängende Worte;* Zus *Redeweise, Redezeit* **2** *die Art zu reden, sprachliche Gestaltung (von Gedanken, Empfindungen)* **3** *Ansprache, Vortrag;* Zus *Lobrede, Trauerrede* **4** ‹Sprachw.› *aktualisierte Sprache* **5** *Gerücht* ▸ jmdm. ~ und **Antwort** stehen *Antwort, Auskunft geben; auf Fragen hin etwas bekennen, zugeben;* ~ und **Gegenrede** ▸ auf etwas od. jmdn. die ~ **bringen** *von etwas od. jmdm. zu sprechen beginnen;* eine ~ **halten;** die ~ **kam** auf den Vorfall von gestern; **sein:** das ist doch schon lange meine ~ ‹umg.› *das habe ich schon lange gesagt;* davon ist nicht die ~ *das hat keiner gesagt od. gemeint;* davon kann keine ~ sein *das ist ausgeschlossen, unmöglich* ▸ **direkte** ~ ‹Gramm.› *etwas, das wörtlich von jmdm. gesagt wird;* **große** ~n führen, schwingen; **indirekte** ~ *Gesprochenes, das dem Sinne nach, nicht wörtlich, wiedergegeben wird;* es ist nicht der ~ **wert** *nur eine Kleinigkeit* ▸ seine Gefühle **in** der ~ zum Ausdruck bringen; jmdn. (wegen etwas) **zur** ~ stellen *jmdn. energisch (über etwas) befragen*

Re|de|fluss ‹der; -es; unz.› *ununterbrochenes Sprechen einer Person* ▸ jmds. ~ unterbrechen

Re|de|frei|heit ‹die; -; unz.› *das Recht, in der Öffentlichkeit zu sagen, was man denkt*

re|de|ge|wandt ‹Adj.; -er, am -es|ten› *gewandt im Reden, Sprechen;* Abl *Redegewandtheit*

re|den ‹V.; re|det, re|de|te, hat ge|re|det› **I** ‹V. intr. u. V. trans.› **1** (etwas) ~ *sprechen, etwas sagen* **2** *eine Rede halten* ▸ **Gutes,** Schlechtes, Böses über jmdn. ~; **Unsinn** ~; er hat die ganze Zeit kein **Wort** geredet; dummes **Zeug** ~ ▸ **lass** ihn doch ~! *lass ihn sagen, was er will;* darüber lässt sich ~ *das lässt sich diskutieren;* er lässt mit sich ~ *er ist aufgeschlossen für die Meinung anderer, entgegenkommend, umgänglich;* von sich ~ **machen** *allgemein bekanntwerden;* **sein:** Reden ist Silber, Schweigen ist Gold ‹Sprichw.› *manchmal ist Schweigen besser als Reden* ▸ sich den Mund **fusselig** ~ ‹übertr.; umg.› *unaufhörlich auf jmdn. einreden;* du hast **gut,** leicht ~! *du hast es leicht, du bist nicht davon betroffen;* **laut,** leise, deutlich, undeutlich ~; **öffentlich** ~; die Leute ~ **viel** (wenn der Tag lang ist)! ‹übertr.; abwehrend› *das glaube ich nicht* ▸ **mit** jmdm. ~; mit sich selbst ~; mit den Händen ~ *die Zeichensprache anwenden;* ‹übertr.› *sein Sprechen mit vielen Gesten begleiten;* mit Händen und Füßen ~ ‹umg.; scherzh.› *beim Sprechen viele Gesten machen;* jmdm. **nach** dem Mund ~ ‹übertr.› *nur Dinge sagen, die jmd. anderes gern hört;* **über** jmdn. od. etwas ~; darüber werden wir noch ~; **von** jmdm. od. etwas ~ **II** ‹V. refl.; in Wendungen wie› sich heiser ~ *reden, bis man heiser ist;* sich in Wut ~ *reden, bis man wütend ist*

Re|dens|art ‹die; -, -en› **1** *geläufige, feststehende sprachliche Wendung,* z. B. wie geht's, wie steht's? **2** ‹Pl.› ~en *nichtssagende Worte, nur aus Höflichkeit od. Wichtigtuerei gesagte Worte;* →a. *Redewendung* ▸ das sind nichts als ~en!

Re|de|schwall ‹der; -(e)s, -schwäl|le› *viele, rasch hervorgesprudelte Worte, Wortschwall* ▸ jmdn. mit einem ~ empfangen

Re|de|wen|dung ‹die; -, -en› *abwandelbare, nicht feststehende sprachliche Wendung, sprachlicher Ausdruck,* z. B. „Ich mache mir nichts daraus"; →a. *Redensart*

re|di|gie|ren ‹V. trans.; re|di|giert, re|di|gier|te, hat re|di|giert› etwas ~ *so bearbeiten, dass es gedruckt od. gesendet werden kann* ▸ ein Manuskript ~

red|lich ‹Adj.› **I** ‹attr.; präd.; adv.› **1** *ehrlich, zuverlässig, pflichtbewusst* **2** ‹übertr.› *groß, viel* ▸ ein ~er Mann; ich habe mir ~e Mühe gegeben ‹übertr.›; ~ handeln **II** ‹adv.; veraltet› *sehr, tüchtig* ▸ sich ~ bemühen; Abl *Redlichkeit*

Red|ner ‹der; -s, -› **1** *jmd., der eine Rede hält od. gehalten hat* **2** *jmd., der (gut) Reden halten kann* ▸ ein guter, schlechter ~ sein; Abl *Rednerin;* Zus *Rednerpult*

red|se|lig ‹Adj.› **1** *viel u. gern redend* **2** *wortreich, weitschweifig* ▸ der Wein hatte ihn ganz ~ gemacht; Abl *Redseligkeit*

Re|duk|ti|on ‹die; -, -en› **1** *Herabsetzung (von Preisen), Einschränkung, Minderung* **2** *Zurückführung (eines komplizierten Sachverhalts, Begriffes auf einen einfachen)* **3** ‹Chem.› *stets mit einer Oxidation gekoppelter chem. Vorgang mit Abspaltung von Sauerstoff, Anlagerung von Wasserstoff od. Abgabe von Elektronen*

re|d|un|dant ‹Adj.› *zur Information nicht notwendig, überflüssig* ▸ ~e Wörter, Satzteile; Abl *Redundanz*

re|du|zie|ren ‹V. trans.; re|du|ziert, re|du|zier|te, hat re|du|ziert› **1** etwas (auf etwas) ~ *einschränken, herabsetzen, mindern, verkleinern* **2** etwas auf etwas ~ *zurückführen* ▸ die Mitglieder-, Teilnehmerzahl ~; Preise, Forderungen ~; den Arbeitsaufwand auf ein Mindestmaß ~; Abl *Reduzierung; reduzierbar*

Ree|der ‹der; -s, -› *Schiffseigentümer, Schifffahrtsunternehmer;* Abl *Reederin*

Ree|de|rei ‹die; -, -en› *Schifffahrtsunternehmen*

re|ell ‹Adj.› **1** *wirklich, echt* **2** *ehrlich, zuverlässig* ▸ ~es Geschäft *für den Käufer anständiges G.;* ~e Chancen haben; ~e Zahlen ‹Sammelbez. für› *rationale u. irrationale Zahlen*

Re|fe|rat ‹das; -(e)s, -e› **1** *Bericht, Vortrag in der Art eines Gutachtens* **2** *Vortrag zur Übung (in der Schule u. im Hochschulseminar)* **3** *Arbeitsgebiet;* Zus *Pressereferat* ▸ ein ~ halten

Re|fe|ren|dar ‹der; -s, -e› *Anwärter auf die höhere Beamtenlaufbahn im Vorbereitungsdienst nach*

R

der (ersten) Staatsprüfung; Abl *Referendarin;* Zus *Gerichtsreferendar, Studienreferendar*

Re|fe|ren|da|ri|at ⟨das; -(e)s, -e⟩ *berufsvorbereitender Dienst für Referendare*

Re|fe|ren|dum ⟨das; -s, -ren|den od. -ren|da⟩ *Volksentscheid* ▸ ~ über eine neue Verfassung

Re|fe|rent ⟨der; -en, -en⟩ **1** *jmd., der ein Referat hält* **2** *Gutachter* **3** *jmd., der ein Referat (3) leitet* ▸ der ~ war gut vorbereitet; Abl *Referentin*

Re|fe|renz ⟨die; -, -en⟩ **1** *Empfehlung, jmd., auf den man sich berufen kann, bei dem Auskünfte eingeholt werden können* **2** *Bezug, Bezugnahme* ▸ jmdn. als ~ angeben (bei Bewerbungen); erstklassige ~en vorweisen; eine ~ auf die afrikanische Kultur

re|fe|rie|ren ⟨V. intr. u. V. trans.; re|fe|riert, re|fe|rier|te, hat re|fe|riert⟩ (über) etwas ~ *über etwas ein Referat, einen Vortrag halten*

re|flek|tie|ren ⟨V.; re|flek|tiert, re|flek|tier|te, hat re|flek|tiert⟩ **I** ⟨V. trans.⟩ **1** ⟨Phys.⟩ Strahlen ~ *zurückwerfen, zurückstrahlen* **2** ⟨übertr.⟩ etwas ~ *widerspiegeln* **II** ⟨V. trans. u. V. intr.⟩ (über) etwas ~ *etwas durchdenken, hinterfragen, bes. die eigenen Handlungen, Gedanken, Empfindungen*

Re|flek|tor ⟨der; -s, -en⟩ *etwas, das Licht, Strahlung od. Schall reflektiert, zurückwirft;* ⓘ S. 789

Re|flex ⟨der; -es, -e⟩ **1** *Widerschein;* Zus *Lichtreflex* **2** ⟨Physiologie⟩ *körperliche Reaktion auf einen Reiz* ▸ gute ~e haben; Abl *reflexartig*

Re|fle|xi|on ⟨die; -, -en⟩ **1** ⟨Phys.⟩ *Zurückwerfen von Wellen an der Grenze zweier Medien* **2** *prüfendes vergleichendes Nachdenken, bes. über die eigenen Handlungen u. Ä.*

re|fle|xiv ⟨Adj.; Gramm.⟩ *sich auf das Subjekt beziehend* ▸ ~es Pronomen = *Reflexivpronomen;* ~e Verben *Verben, die sich mit Hilfe des Reflexivpronomens auf das Subjekt beziehen,* z. B. sich schämen; Abl *Reflexivität*

Re|fle|xiv|pro|no|men ⟨das; -s, - od. -no|mi|na; Gramm.⟩ *sich auf das Subjekt beziehendes Pronomen,* z. B. „sich" in dem Satz „Er kämmt sich"

Re|form ⟨die; -, -en⟩ *auf Verbesserung od. Vereinfachung gerichtete Umgestaltung, planmäßige Neugestaltung* ▸ eine ~ ablehnen, fordern, planen; Vorschläge für eine ~ machen; Abl *Reformer(in);* Zus *Reformkurs, Reformprogramm, Reformvorschlag; Bildungsreform, Gesundheitsreform, Rechtschreibreform, Rentenreform, Steuerreform*

Re|for|ma|ti|on ⟨die; -, -en⟩ *die im 16. Jh. u. a. durch Luther ausgelöste Bewegung zur Erneuerung der Kirche, aus der die evangelische Kirche hervorging;* Abl *Reformator; reformatorisch*

Re|for|ma|ti|ons|fest ⟨das; -(e)s; unz.⟩ *der Reformation gewidmeter evang. Feiertag (31.10.)*

Re|form|haus ⟨das; -es, -häu|ser⟩ *Fachgeschäft für natürliche, leichte, vitaminreiche Kost*

re|for|mie|ren ⟨V. trans.; re|for|miert, re|for|mier|te, hat re|for|miert⟩ etwas ~ *erneuern, umgestalten* ▸ die Regierung will das Strafrecht ~

re|for|miert **I** ⟨Part. Perf. von⟩ *reformieren* **II** ⟨Adj.; Abk.: ref.⟩ *der reformierten Kirche angehörend* ▸ reformierte Kirche *die durch die Reformation Zwinglis u. Calvins (die Weiterentwicklung der durch Luther ausgelösten Bewegung) entstandene Kirche*

Re|form|stau ⟨der; -(e)s, -e; Pol.; umg.⟩ *das Verzögern einer od. mehrerer Reformen*

Re|f|rain ⟨[rəfrɛ̃ː] der; -s, -s⟩ *am Ende jeder Strophe eines Liedes od. Gedichtes wiederkehrende Melodie od. Worte*

Re|fu|gi|um ⟨das; -s, -gi|en; geh.⟩ *Zufluchtsort, Ort, an den man sich zurückziehen kann*

Re|gal ⟨das; -(e)s, -e⟩ *Gestell mit Fächern* ▸ die Konserven stehen im hinteren ~; kannst du das Buch wieder ins ~ stellen?; das Buch steht unten im ~; ⓘ S. 360; Zus *Regalbrett, Regalwand; Bücherregal, Holzregal, Wandregal* ⓘ S. 468

Re|gat|ta ⟨die; -, -gat|ten; Sp.⟩ *Wettfahrt von Booten;* Zus *Ruderregatta, Segelregatta*

re|ge ⟨Adj.; -r, am regs|ten⟩ **1** *munter, lebhaft, beweglich, stark* **2** *rüstig* ▸ ~ Beteiligung; ~r Briefwechsel; es herrschte ~r Verkehr; er ist für sein Alter noch sehr ~; geistig ~

Re|gel ⟨die; -, -n⟩ **1** *Richtlinie, Richtschnur, Vorschrift;* Abl *Regellosigkeit; regellos;* Zus *Regelwerk; Spielregel, Verhaltensregel, Verkehrsregel* **2** *das allgemein Übliche, Norm;* Abl *Regelhaftigkeit; regelhaft* **3** ⟨Physiologie⟩ = *Menstruation;* Zus *Regelblutung* ▸ nach allen ~n der **Kunst** *ganz richtig, sehr sorgfältig;* die ~n der **Rechtschreibung,** der Zeichensetzung; die ~n eines **Spiels** ▸ eine ~ **aufstellen;** die ~ ist **ausgeblieben** ⟨Physiol.⟩; eine ~ (nicht) **befolgen,** einhalten; die ~ **haben** ⟨Physiol.⟩ ▸ **keine** ~ ohne Ausnahme ▸ sich (streng) **an** eine ~ halten; das ist **gegen** die ~ (beim Spiel); **in** der ~ kommt sie um neun Uhr; eine Ausnahme **von** der ~ machen; sich etwas **zur** ~ machen *sich etwas vornehmen u. immer durchführen*

Re|gel|fall ⟨der; -(e)s, -fäl|le⟩ *regelmäßig, üblicherweise eintretender Fall* ▸ im ~ *in der Regel;* das gemeinsame Sorgerecht für Kinder ist bei Scheidung der ~

re|gel|mä|ßig ⟨Adj.⟩ *nach einer bestimmten Regel (verlaufend), sich in gleichen Abständen wiederholend* ▸ in ~en **Abständen;** ein ~es **Gesicht** *G. mit gleichmäßigen, ebenmäßigen Zügen;* ~er **Puls,** Herzschlag; er muss ~ die **Tabletten** nehmen; die ~en **Verben** *die nach bestimmter Regel gebildeten V.* ▸ etwas ~ **tun;** Abl *Regelmäßigkeit*

re|geln ⟨V. trans.; re|gelt, re|gel|te, hat ge|re|gelt⟩ etwas ~ **1** *nach einer bestimmten Regel od. Norm ordnen, in eine bestimmte Ordnung bringen* **2** *einstellen, regulieren* ▸ das werde ich noch ~; seine persönlichen, geschäftlichen Angelegenheiten ~; die Lautstärke ~; den Verkehr durch Ampeln ~; etwas (nicht) geregelt kriegen ⟨nur Part. Perf.; übertr.; umg.⟩ *etwas (nicht) bewältigen, schaffen;* in geregelten Verhältnissen leben; Abl *regelbar*

re|gel|recht ⟨Adj.; umg.⟩ *beinahe, sozusagen* ▸ es war ein ~er Schock; er war ~ unverschämt

R

Re|gel|stu|di|en|zeit ⟨die; -, -en; BRD⟩ *für einen Studiengang vorgeschriebene Studienzeit*

Re|ge|lung ⟨die; -, -en⟩ **1** *das Regeln;* Zus *Verkehrsregelung* **2** *(verbindliche) Vorschrift*

re|gel|wid|rig ⟨Adj.⟩ *gegen eine Regel verstoßend* ▸ eine ~e Absprache; sein Verhalten war ~; Abl *Regelwidrigkeit*

re|gen ⟨V.; regt, reg|te, hat ge|regt⟩ **I** ⟨V. trans.⟩ etwas ~ *bewegen* ▸ ich kann vor Kälte kaum noch die Finger ~ **II** ⟨V. refl.⟩ sich ~ **1** *sich bewegen, etwas tun* **2** *erwachen, spürbar werden (von Gefühlen)* ▸ komm, reg dich! *sei nicht so faul!;* kein Blatt regte sich; sein Gewissen regte sich; gegen die Reform regten sich erste Proteste

Re|gen ⟨der; -s, -; Pl. selten⟩ **1** *flüssiger Niederschlag, der aus Wolken fällt;* Abl *regenarm, regendicht, regenreich;* Zus *Regenguss, Regenschauer, Regentropfen, Regenwasser; Dauerregen, Gewitterregen, Nieselregen, Sprühregen* **2** ⟨übertr.⟩ *große herabfallende Menge;* Zus *Geldregen* ▸ der ~ fällt, rauscht, rinnt, strömt, trommelt; im strömenden ~ stehen; wir wollen uns beeilen, damit wir nicht noch in den ~ kommen; es sieht nach ~ aus; der ~ prasselt auf das Dach; vom ~ in die Traufe kommen ⟨übertr.⟩ *von einer schlimmen Lage in eine noch schlimmere geraten*

Re|gen|bo|gen ⟨der; -s, - od. süddt., österr., schweiz. -bö|gen⟩ *farbiger Bogen an Regenschauern, die von der Sonne beschienen werden;* Zus *Regenbogenfarbe; regenbogenfarben*

Re|gen|bo|gen|haut ⟨die; -, -häu|te; Anat.⟩ *der vordere, durch die Hornhaut hindurch sichtbare, freie Rand der Aderhaut;* Syn *Iris (1)*

Re|gen|bo|gen|pres|se ⟨die; -; unz.⟩ *Wochenzeitungen in bunter Aufmachung, die bes. das Bedürfnis nach Sensationen u. Klatsch befriedigen*

re|ge|ne|rie|ren ⟨V.; re|ge|ne|riert, re|ge|ne|rier|te, hat re|ge|ne|riert⟩ **I** ⟨V. trans.⟩ etwas ~ **1** *wieder auffrischen, beleben* **2** *wiedererzeugen, erneuern* **II** ⟨V. refl.⟩ sich ~ **1** *sich erholen, wieder Kraft gewinnen* **2** ⟨von Organen⟩ *sich neu bilden* ▸ sich im Urlaub ~; Abl *Regeneration, Regenerierung*

Re|gen|ja|cke ⟨die; -, -n⟩ *leichte, wasserundurchlässige Jacke, meist aus Kunstfaser*

Re|gen|man|tel ⟨der; -s, -män|tel⟩ *wasserundurchlässiger Mantel aus festem Material*

re|gen|nass ⟨Adj.⟩ *nass vom Regen* ▸ ~e Fahrbahn, Straßen

Re|gen|rin|ne ⟨die; -, -n⟩ = *Dachrinne*

Re|gen|schirm ⟨der; -(e)s, -e⟩ *Schirm als Schutz gegen Regen* ▸ einen ~ aufspannen

Re|gent ⟨der; -en, -en⟩ *regierender Fürst od. dessen Stellvertreter;* Abl *Regentin, Regentschaft*

Re|gen|wald ⟨der; -(e)s, -wäl|der⟩ *immergrüner tropischer Urwald mit üppigem Pflanzenwuchs*

Re|gen|wet|ter ⟨das; -s; unz.⟩ *Wetter mit (viel) Regen* ▸ er macht ein Gesicht wie drei, ⟨od.⟩ sieben Tage ~ ⟨umg.; scherzh.⟩ *ein sehr missmutiges, mürrisches G.*

Re|gen|wurm ⟨der; -(e)s, -wür|mer⟩ *ein Wurm, der im Erdboden lebt u. bei Regen an die Oberfläche kommt*

Re|gen|zeit ⟨die; -, -en⟩ *in tropischen u. subtropischen Ländern regelmäßig auftretende Periode, in der es fast ununterbrochen regnet;* Ggs *Trockenzeit*

Reg|gae ⟨[rɛgɛɪ] der; - od. -s; unz.; Mus.⟩ *auf Jamaika entwickelte, stark rhythmische Popmusik;* Zus *Reggaemusik*

Re|gie ⟨[-ʒiː] die; -, -n⟩ **1** ⟨Theat., Film, TV⟩ *künstlerische Gestaltung eines Dramas, Drehbuchs od. einer Sendung* **2** *Verwaltung gemeinde- od. staatseigener Betriebe durch Gemeinde od. Staat selbst* **3** ⟨übertr.⟩ *Leitung* ▸ die ~ führen, haben; ein Geschäft in eigener ~ führen *selbst führen;* etwas wird in städtischer ~ betrieben, ausgeführt; unter seiner ~ blühte das Theater wieder auf

re|gie|ren ⟨V.; re|giert, re|gier|te, hat re|giert⟩ **I** ⟨V. intr.⟩ *herrschen, beherrschen* ▸ er regierte 40 Jahre lang; der Regierende Bürgermeister von Berlin; der Song regiert die Charts ⟨übertr.⟩ *steht an der Spitze der C.* **II** ⟨V. trans.⟩ ein Land, einen Staat ~ *beherrschen, verwalten, lenken* ▸ das Land wird demokratisch regiert; Abl *regierbar*

Re|gie|rung ⟨die; -, -en⟩ **1** *Tätigkeit u. Dauer des Regierens, Ausübung der Staatsgewalt, Herrschaft, Regentschaft* **2** *oberste staatliche Behörde, deren Mitglieder den Staat leiten;* Zus *Regierungsarbeit, Regierungsbeamte(r), Regierungsbeamtin, Regierungsbildung, Regierungsbündnis, Regierungskrise, Regierungspartei, Regierungspolitik, Regierungspräsident(in), Regierungsprogramm, Regierungssitz, Regierungssprecher(in), Regierungsverantwortung* ▸ die ~ antreten, niederlegen; eine (neue) ~ bilden, wählen; Berlin ist Sitz der ~; die Opposition möchte nach der Wahl die ~ übernehmen; eine ~ stürzen, umbilden; starke, schwache ~; unter, während seiner ~; Zus *Regierungszeit*

Re|gie|rungs|be|zirk ⟨der; -(e)s, -e; Abk.: Reg.-Bez.; BRD⟩ *einer Länderregierung unterstehende Verwaltungseinheit*

Re|gie|rungs|chef ⟨[-ʃɛf] der; -s, -s⟩ *Leiter der Regierung eines Staates od. Bundesstaates (z. B. Bundeskanzler, Ministerpräsident);* Abl *Regierungschefin*

Re|gie|rungs|er|klä|rung ⟨die; -, -en⟩ *Erklärung, in der eine Regierung ihre Politik darlegt*

Re|gie|rungs|la|ger ⟨das; -s, -; umg.⟩ *Gruppe von Regierungsmitgliedern* ▸ im ~ umstritten sein

re|gie|rungs|nah ⟨Adj.⟩ *der Regierung nahestehend* ▸ aus ~en Kreisen verlautet, dass …

Re|gie|rungs|rat ⟨der; -(e)s, -rä|te; Abk.: Reg.-Rat; Amtsbez. für⟩ **1** *Beamter der unteren Gruppe des höheren Verwaltungsdienstes* **2** ⟨schweiz.⟩ *Mitglied einer Kantonsregierung* ▸ zum ~ ernannt, gewählt werden; Abl *Regierungsrätin*

Re|gime ⟨[-ʒiːm] das; - od. -s, - [-ʒiːmə]⟩ **1** ⟨abwertend⟩ *undemokratische Regierungsform;* Abl *regimetreu;* Zus *Regimegegner(in), Regimekritik, Regimekritiker(in); regimekritisch; Militärregime* **2** *Leitung* ▸ totalitäres ~

Re|gi|ment ⟨das; -(e)s, -er⟩ **I** ⟨zählb.; Mil.⟩ *größere*

Truppeneinheit aus zwei bis vier Bataillonen ▸ ein ~ führen; Zus *Regimentsarzt* **II** ⟨unz.⟩ *Leitung, Herrschaft* ▸ das ~ führen *herrschen, die Leitung haben;* sie führt das ~ im Haus; ein eisernes, strenges ~ führen

Re|gi|on ⟨die; -, -en⟩ **1** *Landstrich, Gebiet, Gegend;* Zus *Bergregion, Gebirgsregion* **2** *Bezirk, Bereich;* Zus *Regionalliga, Regionalverband* ▸ das Rhein-Main-Gebiet ist eine teure ~; in den höheren ~en des Gebirges; er schwebt immer in höheren ~en ⟨übertr.; umg.⟩ *er träumt von großen Dingen (statt die Wirklichkeit zu sehen u. zu handeln)*

re|gi|o|nal ⟨Adj.⟩ *hinsichtlich der Region(en)* ▸ der Gebrauch dieses Wortes ist ~ verschieden

Re|gi|o|nal|bahn ⟨die; -, -en; Abk.: RB⟩ *Zug für den Personennahverkehr der Deutschen Bahn*

Re|gis|seur ⟨[-ʒısøːr] der; -s, -e; Theat.; Film; TV⟩ *derjenige, der die Regie führt;* Syn *Spielleiter;* Abl *Regisseurin*

Re|gis|ter ⟨das; -s, -⟩ **1** *alphabetisches Verzeichnis (der Namen od. Begriffe in einem Buch);* Zus *Namensregister, Sachregister* **2** *amtliches Verzeichnis rechtlich wichtiger Vorgänge;* Zus *Handelsregister, Standesregister* **3** *alphabetisch markierte Einschnitte am Seitenrand (von Geschäfts-, Notiz-, Telefonbüchern u. a.) zum schnelleren Nachschlagen* **4** *alphabetisch markierte, am Rand eingeschnittene Blätter zum Einlegen in Ordner* **5** ⟨Mus.⟩ **5.1** *Tonhöhe beim Singen* **5.2** ⟨an der Orgel⟩ *Gruppe von Tönen aus Pfeifen gleicher Klangfarbe u. Bauart* ▸ ein ~ (zu einem Buch) anfertigen, machen, zusammenstellen; ein ~ ziehen (an der Orgel); alle ~ ziehen, spielen lassen ⟨übertr.⟩ *alle Mittel anwenden (um etwas zu erreichen);* Geburten, Eheschließungen, Sterbefälle ins ~ eintragen

Re|gis|t|ra|tur ⟨die; -, -en⟩ *Aufbewahrungsraum für Akten, Briefe usw. in einer Behörde o. Ä.*

re|gis|t|rie|ren ⟨V. trans.; re|gis|t|riert, re|gis|t|rier|te, hat re|gis|t|riert⟩ jmdn. od. etwas ~ **1** *in ein Register eintragen, buchen* **2** *aufzeichnen, erfassen* **3** ⟨übertr.; umg.⟩ *zur Kenntnis nehmen (ohne sich zu äußern)* ▸ er hat mich nicht einmal registriert ⟨übertr.; umg.⟩ *wahrgenommen;* Abl *Registrierung*

Re|g|le|ment ⟨[-mãː] das; -s, -s od. schweiz. [-mɛnt] das; -s, -e⟩ *Vorschriften, Satzung, z. B. bei Sportarten* ▸ nach dem ~ entscheiden

re|g|le|men|tie|ren ⟨V. trans.; re|g|le|men|tiert, re|g|le|men|tier|te, hat re|g|le|men|tiert⟩ etwas ~ *durch strenge Vorschriften regeln;* Abl *Reglementierung*

Reg|ler ⟨der; -s, -⟩ *Vorrichtungen zur Regulierung von Arbeitsvorgängen u. Zuständen* ▸ stufenloser ~; Zus *Temperaturregler*

reg|los ⟨Adj.⟩ *regungslos, unbeweglich* ▸ sie saß völlig ~ da; Abl *Reglosigkeit*

reg|nen ⟨V. intr.; unpersönl.; umg. u. übertr. a. V. trans.; reg|net, reg|ne|te, hat ge|reg|net⟩ **1** (etwas) ~ *sich als Tropfen aus den Wolken niederschlagen* **2** ⟨übertr.⟩ etwas ~ *in Mengen kommen, eintreffen, zuströmen* ▸ es regnet *es fällt Regen;* es fängt an zu ~; morgen soll es ~; es regnet schon den ganzen Tag; es regnete Anfragen, Beschwerden, Glückwünsche ⟨übertr.; umg.⟩; es regnet Bindfäden ⟨übertr.; umg.; scherzh.⟩ *es regnet heftig;* fein, stark ~; es regnet in Strömen, wie aus Eimern *sehr stark*

reg|ne|risch ⟨Adj.⟩ *mit Regen verbunden, zu Regen neigend* ▸ es ist ein ~er Tag; es herrscht ~es Wetter

Re|gress ⟨der; -es, -e; Rechtsw.⟩ *Ersatz, Entschädigung* ▸ die Verantwortlichen in ~ nehmen; Abl *regresspflichtig*

reg|sam ⟨Adj.⟩ *rege* ▸ geistig ~; Abl *Regsamkeit*

re|gu|lär ⟨Adj.⟩ *der Regel entsprechend, üblich, gewöhnlich;* Ggs *irregulär* ▸ ~er Preis *nicht herabgesetzter Preis;* Abl *Regularität*

Re|gu|la|tiv ⟨das; -s, -e⟩ **1** ⟨geh.⟩ *allgemeine Anweisung, regelnde Verfügung* **2** *Ausgleich, ausgleichendes Element*

Re|gu|la|tor ⟨der; -s, -en; Tech.⟩ *Vorrichtung an Maschinen zur Regulierung (der Arbeitsabläufe)*

regulieren/regeln

Obwohl die Verben *regulieren* und *regeln* beide transitiv sind und in einigen Zusammenhängen synonym verwendet werden können, sind sie häufig nicht austauschbar. *Regulieren* bedeutet „ordnen, gleichmäßig machen, einstellen oder verändern" und bezieht sich auf veränderbare Werte oder Dinge: *Die Zähne meiner Tochter wurden von einem Kieferorthopäden reguliert. Der Flusslauf soll für die Schifffahrt reguliert werden. Die Einstellung ist nicht regulierbar* (= nicht veränderbar).

Dagegen bedeutet das vom Substantiv Regel abgeleitete Verb *regeln* „etwas nach einer bestimmten Regel ordnen, etwas festlegen, in eine bestimmte Ordnung bringen": *Der Polizist regelt den Verkehr. Die Abläufe sind genau geregelt. Er hat seine finanziellen Angelegenheiten bereits geregelt.*

Verwechslungen ergeben sich daraus, dass die Verben auch synonym verwendet werden können: *Die Temperatur wird am Heizkörper reguliert/geregelt. Löhne und Gehälter sind staatlich reguliert/geregelt.*

Vom Substantiv Regel ist auch das Adjektiv *regelhaft* in der Bedeutung „den Regeln entsprechend" abgeleitet: *Das sind regelhafte Abläufe.*

Mit *regulieren* ist das Adjektiv *regulär* verwandt, das „üblich, gewöhnlich, den Normen entsprechend" bedeutet: *Das reguläre Programm ist beendet. Er nimmt nicht am regulären Unterricht teil. Sie hat den regulären Preis bezahlt.*

re|gu|lie|ren ⟨V. trans.; re|gu|liert, re|gu|lier|te, hat re|gu|liert⟩ etwas ~ **1** *regeln, ordnen, gleichmäßig machen* **2** *nach einer Norm, einem Maß einrichten* ▸ Arbeitsvorgänge ~; einen Fluss ~ *in geraden Lauf bringen, begradigen;* Abl *Regulierung*

Re|gung ‹die; -, -en› **1** *Bewegung* **2** *leichte Gefühlsaufwallung;* Zus *Gefühlsregung, Gemütsregung, Seelenregung* ▸ ~ des Gewissens; innere, menschliche ~; bei der kleinsten ~ erstarren; einem Vortrag ohne jede ~ zuhören

re|gungs|los ‹Adj.› **1** *bewegungslos, ohne sich zu regen* **2** *ohne Gefühle zu zeigen* ▸ er stürzte und blieb ~ liegen; die Fahne hing ~ am Mast; etwas ~ hinnehmen; Abl *Regungslosigkeit*

Reh ‹das; -(e)s, -e› *zierlicher Hirsch mit kleinem, gabelig verzweigtem Gehörn* ▸ scheu wie ein ~; Zus *Rehaugen, Rehbock, Rehkitz, Rehwild*

Re|ha|bi|li|ta|ti|on ‹die; -, -en› **1** *Wiedereinsetzung in frühere Rechte* **2** *Wiederherstellung der verletzten Ehre* **3** *Wiedereingliederung (von Kranken, Süchtigen usw.) in die Gesellschaft* **4** *Nachbehandlung, Wiederherstellung der Leistungsfähigkeit u. Gesundheit durch Therapie*

Re|ha|bi|li|ta|ti|ons|zen|t|rum ‹das; -s, -ren; Med.› *Einrichtung, die der Rehabilitation Kranker od. Süchtiger dient;* Syn ‹kurz› *Rehazentrum*

re|ha|bi|li|tie|ren ‹V.; re|ha|bi|li|tiert, re|ha|bi|li|tierte, hat re|ha|bi|li|tiert› **I** ‹V. trans.› jmdn. ~ **1** *jmdn. in seine früheren Rechte wiedereinsetzen* **2** *jmds. Ansehen wiederherstellen* **3** *jmdn. (nach Krankheit, Unfall o. Ä.) wieder ins gesellschaftliche Leben zurückführen* **II** ‹V. refl.› **1** sich ~ *sich rechtfertigen u. seinen Ruf wiederherstellen* **2** sich für etwas ~ *einen früheren Fehler wiedergutmachen;* Abl *Rehabilitierung*

Rei|bach ‹der; -s; unz.; umg.; in der Wendung› großen ~ machen *viel Geld verdienen, großen Gewinn machen*

Reib|ei|sen ‹das; -s, -› *Küchengerät zum Reiben von Kartoffeln, Gemüse, Brötchen u. a.* ▸ eine Stimme wie ein ~ haben *eine raue Stimme*

Rei|be|ku|chen ‹der; -s, -; nddt., rhein.› = *Kartoffelpuffer*

rei|ben ‹V.; reibt, rieb, hat ge|rie|ben› **I** ‹V. trans.› **1** etwas (an etwas) ~ *etwas auf einer Fläche mit Druck hin u. her bewegen* **2** etwas ~ *mit dem Reibeisen fein zerkleinern* **3** sich etwas (einen Körperteil) ~ *die Hand od. Finger mit Druck darauf hin u. her bewegen* ▸ sich die Augen ~; sich die Hände ~ (um sie zu erwärmen, vor Vergnügen od. aus Schadenfreude); ‹übertr.› *Schadenfreude empfinden, schadenfroh sein;* Kartoffeln, Käse, Möhren ~ ▸ ein Fenster, einen Tisch mit einem Tuch blank ~ / blankreiben; heftig, kräftig, leicht ~; sich die Hände wund ~ / wundreiben ▸ sich an jmdm. ~ ‹übertr.› *in gereizter Stimmung gegenüber jmdm. sein;* jmdm. etwas unter die Nase ~ ‹übertr.; umg.› *jmdm. eine Schwäche, einen Fehler vorhalten;* etwas zu Staub, zu Pulver ~ ▸ geriebene Nüsse, Schokolade **II** ‹V. intr.› *sich (störend od. schmerzhaft) auf einer Fläche hin u. her bewegen* ▸ der Schuh reibt (an der Ferse)

Rei|be|rei ‹die; -, -en; meist Pl.; übertr.; umg.› *Streit*

Rei|bung ‹die; -, -en› **1** *das Reiben* **2** ‹Phys.› *Kraft, die die Bewegung eines Körpers relativ zu einem anderen berührten Körper od. die Bewegung von Teilen eines Stoffes gegeneinander zu hindern sucht;* Zus *Reibungswiderstand* **3** ‹übertr.› *Spannung, Verstimmung, leichter Streit*

rei|bungs|los ‹Adj.; übertr.› *ohne Zwischenfall, ohne Hindernisse, ohne Hemmnisse* ▸ die Sache ist ~ verlaufen ‹übertr.›; Abl *Reibungslosigkeit*

Rei|bungs|ver|lust ‹der; -(e)s, -e; a. übertr.› *Leistungsverlust durch Reibung*

reich ‹Adj.› **1** *viel Geld u. Sachwerte besitzend, sehr wohlhabend* (Person); Ggs *arm (1)* **2** *mit vielen wertvollen od. schönen Dingen (ausgestattet), üppig, reichhaltig, kostbar* (Essen, Ausstattung, Schmuck); Zus *reich verziert / reichverziert* **3** *ergiebig, gehaltvoll* (Ernte, Ölquellen) **4** *groß, umfassend, vielfältig* (Erfahrung, Kenntnisse, Lohn) ▸ eine ~e Auswahl bieten; eine ~e Erbschaft machen; ~en Gewinn erzielen; das ist ein ~es Land; die ~en Leute; in ~em Maße *in hohem Maße* ▸ jmdn. ~ belohnen, beschenken; sein: er ist sehr ~ ▸ Arm und Reich *jedermann, alle* ▸ das Land ist ~ an Bodenschätzen *es besitzt viele B.;* ~ an Ideen, Kenntnissen

Reich ‹das; -(e)s, -e› **1** *Staat, Imperium;* Zus *Königreich, Weltreich* **2** *großes Gebiet, Bereich;* Zus *Pflanzenreich, Tierreich* ▸ das ~ der Kunst, der Musik; das ~ der Toten *Unterwelt, Jenseits;* das Dritte ~ ‹nationalsozialistische Bez. für› *Deutschland 1933-1945;* Deutsches ~ ‹Bez. für› *die deutschen Fürstentümer von 962 bis 1806 u. für Deutschland von 1871 bis 1945*

...reich ‹in Zus.; zur Bildung von Adj.› *(etwas in großer Menge od. in hohem Maß enthaltend)* z. B. kalorienreich, regenreich, verkehrsreich, wortreich

rei|chen ‹V.; reicht, reich|te, hat ge|reicht› **I** ‹V. intr.› **1** *Reichweite haben, sich erstrecken* **2** *genügen, ausreichen* (Geld, Vorrat) **3** bis an, bis zu etwas ~ *es berühren, daran angrenzen* ▸ danke, es reicht! *es genügt, es ist genug;* mir reicht's! ‹umg.› *ich habe genug davon; ich habe es satt;* reicht Ihnen die Menge? ▸ so weit das Auge, der Blick reicht *so weit man sehen kann;* das Brot reicht nicht ▸ die Zweige des Baumes ~ bis an mein Fenster; das Wasser reicht ihm bis an die Knie; das Geld muss bis Montag ~; kannst du bis zu mir, bis zum Fenster usw. ~?; er reicht mir gerade bis zur Schulter; das Essen reicht auch für drei; es reicht hinten und vorne nicht ‹übertr.; umg.› *es (bes. das Geld) ist in keiner Weise ausreichend* **II** ‹V. trans.› jmdm. etwas ~ **1** *geben, hinhalten* **2** *anbieten* ▸ würden Sie mir bitte das Brot, das Salz ~? (bei Tisch); jmdm. eine Erfrischung ~; jmdm. die Hand ~; in der Pause wurde Sekt gereicht

reich|hal|tig ‹Adj.› **1** *vieles enthaltend* (Angebot, Auswahl, Bibliothek, Mahlzeit) **2** *vieles darbietend* (Programm); Abl *Reichhaltigkeit*

reich|lich ‹Adj.› **I** ‹attr., präd., adv.› **1** *ziemlich groß, ziemlich umfangreich* **2** *etwas mehr, größer als notwendig* **3** *etwas mehr als, etwas länger als* ▸ es kostet ~e 100 Euro; seit ~ einem Jahr; es ist

R

(noch) ~ Platz; eine ~e Stunde; ein ~es Trinkgeld geben ▸ ~ Salz, Zucker nehmen; ich habe die Hose für den Jungen etwas ~ genommen ⟨umg.⟩ *etwas zu groß (damit er noch hineinwachsen kann)* ▸ ~ gerechnet, eine Stunde; alles ist ~ vorhanden **II** ⟨adv.; umg.⟩ *ziemlich (etwas weniger als „sehr")* ▸ der Film war ~ langweilig, öde; er war ~ unverschämt; ~ viel

Reichs|kanz|ler ⟨der; -s, -; im Dt. Reich⟩ **1** ⟨1871-1918⟩ *vom Kaiser ernannter Vorsitzender des Bundesrats* **2** ⟨1919-1933⟩ *vom Reichspräsidenten ernannter Führer der Reichsregierung* **3** ⟨1933-1945⟩ *oberster Gesetzgeber u. alleiniger Führer der Reichsregierung*

Reichs|kris|tall|nacht ⟨die; -, -näch|te⟩ = *Novempogrom*

Reichs|tag ⟨der; -(e)s, -e; im Dt. Reich⟩ **1** ⟨bis 1806⟩ *Vertretung der Reichsstände zur Gesetzgebung* **2** ⟨1871-1918⟩ *Volksvertretung zur Gesetzgebung u. Gesetzausübung u. Verwaltung* **3** ⟨1919-1933⟩ *Volksvertretung zur Gesetzgebung mit bes. Einfluss auf die Dauer der Reichsregierung* **4** ⟨1933-1945⟩ *das (machtlose) Parlament des Dt. Reiches unter Hitler* **5** ⟨seit 1999⟩ *Sitz des Deutschen Bundestages;* Syn *Reichstagsgebäude*

Reich|tum ⟨der; -s, -tü|mer⟩ **1** *großer Besitz an Geld u. Sachwerten, Vermögen* **2** *Menge, Fülle, Reichhaltigkeit;* Zus *Erfahrungsreichtum, Ideenreichtum* ▸ Reichtümer erwerben; er ist schnell zu ~ gekommen; ~ an Bodenschätzen

Reich|wei|te ⟨die; -, -n⟩ **1** *Entfernung, bis zu der etwas reicht, fliegt* (Geschoss) **2** *Entfernung, bis zu der man mit der Hand od. dem Arm reichen kann* **3** ⟨übertr.⟩ *Bereich, in dem man Einfluss ausüben kann* ▸ ~ eines Rundfunksenders *Gebiet, in dem ein R. gehört werden kann;* etwas ist, rückt in ~ *wird immer wahrscheinlicher;* er befand sich außerhalb meiner ~

reif ⟨Adj.⟩ **1** *bezüglich der (körperlichen) Entwicklung abgeschlossen* (Person, Frucht) **2** *seelisch u. geistig vollendet* (Person) **3** ⟨übertr.⟩ *genügend vorbereitet* (Angelegenheit) ▸ in ~eren Jahren *in mittleren, vorgeschrittenen Jahren;* eine ~e Leistung *eine (sehr) gute Leistung;* ein ~er Mensch ▸ sein: das Obst ist ~ ▸ die Zeit ist ~ für eine Neuerung; die Arbeit ist ~ zur Veröffentlichung

Reif[1] ⟨der; -(e)s; unz.⟩ *gefrorener Tau, Niederschlag feinster Eisteilchen* ▸ auf den Wiesen liegt ~; mit ~ bedeckt; Zus *Reifglätte; Raureif*

Reif[2] ⟨der; -(e)s, -e⟩ = *Reifen (3);* Zus *Armreif, Haarreif* ▸ einen goldenen ~ um den Arm tragen

Rei|fe ⟨die; -; unz.⟩ *das Reifsein (1), Abschluss der körperlichen Entwicklung* ▸ mittlere ~ *Abschluss der Realschule od. der 10. Klasse einer höheren Schule;* →a. *Hochschulreife;* zur ~ bringen *reifen lassen, sich entwickeln u. vollenden lassen*

rei|fen ⟨V. intr.; reift, reif|te, ist ge|reift⟩ **1** *reif werden* (Frucht, Person) **2** *sich körperlich, seelisch u. geistig entwickeln, heranwachsen* (Person) **3** ⟨übertr.⟩ in jmdm. ~ *sich entwickeln, bereit werden* (Angelegenheit, Plan) ▸ in ihm reifte ein Plan; zur Frau, zum Mann ~; ein gereifter Mensch *nicht mehr junger, sittlich gefestigter, an Erfahrungen reicher Mensch;* Abl *Reifung*

Rei|fen ⟨der; -s, -⟩ **1** *mit Luft gefüllter Gummischlauch mit darüberliegender Decke an den Rädern von Kraftfahrzeugen u. Fahrrädern;* Zus *Reifenpanne; Autoreifen* ⓘ S. 896, *Fahrradreifen* ⓘ S. 789, *Luftreifen* **2** *großer Ring aus Holz od. Kunststoff;* Zus *Schwimmreifen* **3** *Ring als Schmuck für den Arm;* Zus *Armreifen* **4** *ringförmiger Eisenbeschlag um Fässer u. Räder;* Zus *Fassreifen, Radreifen* ▸ die ~ wechseln (am Auto); wir brauchen neue ~ für das Auto

Rei|fe|prü|fung ⟨die; -, -en⟩ = *Abitur*

Rei|fe|zeug|nis ⟨das; -nis|ses, -nis|se⟩ *Zeugnis über die bestandene Reifeprüfung, Abiturzeugnis*

reif|lich ⟨Adj.⟩ *eingehend, in aller Ruhe, gründlich* ▸ nach ~er Überlegung; sich etwas ~ überlegen

Rei|gen ⟨der; -s, -; Mus.⟩ *Rundtanz, Tanz im Kreis* ▸ den ~ eröffnen ⟨übertr.⟩ *den Anfang machen;* den ~ beschließen ⟨übertr.⟩ *eine Reihe beenden*

Rei|he ⟨die; -, -n⟩ **1** *mehrere zusammengehörige Dinge* **2** *geregeltes Neben- od. Hintereinander von Personen od. Sachen* **3** ⟨Math.⟩ *in bestimmter Form aufeinanderfolgende mathematische Größen* ▸ am Anfang, Schluss, Ende der ~ stehen; eine ~ Bäume, Häuser, Knöpfe; eine ~ Bücher im Regal ▸ eine ~, ~n bilden; gegen Ende der Versammlung lichteten sich schon die ~n; eine ~ schließen ⟨übertr.⟩ *der Letzte sein* ▸ ~ 3, Nr. 10 (im Kino, Theater); in bunter ~ sitzen (bei Tisch) *abwechselnd eine Dame u. ein Herr;* wir saßen in der dritten ~; eine endliche, unendliche ~ ⟨Math.⟩; eine ganze ~ ⟨umg.⟩ *sehr, ziemlich viele;* er hat schon eine ganze ~ Bilder gemalt; in geschlossenen ~n ⟨Mil.⟩; dafür kann ich eine lange ~ von Beispielen nennen ▸ an die ~ kommen, an der ~ sein ⟨übertr.⟩ *etwas als Nächster tun dürfen od. müssen;* die ~ ist an dir *du bist dran;* etwas (nicht) auf die ~ kriegen ⟨übertr.; umg.; meist negativ⟩ *etwas (nicht) hinbekommen;* aus der ~ fallen, tanzen ⟨übertr.; umg.⟩ *sich nicht an die vorgeschriebene Ordnung halten, eigene Wege gehen;* aus der ~ kommen ⟨übertr.; umg.⟩ *in Unordnung geraten;* außer der ~ *zwischendurch, nicht in der vorgeschriebenen Ordnung;* in Reih und Glied antreten ⟨Mil.⟩; das kommt schon wieder in die ~ ⟨übertr.; umg.⟩ *in Ordnung;* man kann ihn nicht mit ihm in eine ~ stellen ⟨übertr.⟩ *mit ihm vergleichen;* in der ersten ~; Verräter in den eigenen ~n haben *unter sich, im engsten Kreis;* immer der ~ nach!; eine ~ von Aufgaben erledigen; er ist schon eine ~ von Tagen nicht da gewesen *mehrere Tage;* in ~n zu dreien, vieren gehen

rei|hen ⟨V.; reiht, reih|te, hat ge|reiht⟩ **I** ⟨V. trans.⟩ etwas ~ *in Reihen ordnen, aneinanderfügen* ▸ Perlen auf eine Schnur ~ **II** ⟨V. refl.⟩ sich an etwas ~ *zeitlich aufeinanderfolgen* ▸ ein Unglück reihte sich ans andere; Abl *Reihung*

R

Rei|hen|fol|ge 〈die; -, -n〉 *geregelte Aufeinanderfolge* ▸ in alphabetischer ~; in bestimmter ~; die Ereignisse in chronologischer ~ aufzählen; hier muss man die richtige ~ einhalten

Rei|hen|haus 〈das; -es, -häu|ser〉 *meist Ein- od. Zweifamilienhaus in einer Reihe von gleichen aneinandergebauten Häusern*

rei|hen|wei|se 〈Adv.〉 **1** *in Reihen* **2** 〈übertr.〉 *in großer Menge* ▸ die Favoriten schieden ~ aus

Rei|her 〈der; -s, -; Zool.〉 *meist grauer, großer Vogel, der seine Nahrung mit plötzlichem Zustoßen aus dem Wasser erbeutet*

...rei|hig 〈in Zus.; zur Bildung von Adj.〉 *aus einer bestimmten Anzahl von Reihen bestehend,* z. B. dreireihig, einreihig, zweireihig

reih|um 〈Adv.〉 *in der Runde, von einem zum andern* ▸ ein Buch ~ gehen lassen

Reim 〈der; -(e)s, -e〉 *Gleichklang einer od. mehrerer Silben bei verschiedenem Anlaut* ▸ klingender ~ *Reim, bei dem zwei Silben reimen,* z. B. klingen - singen; Syn *weiblicher Reim;* stumpfer od. männlicher ~ *Reim, bei dem die einzige od. letzte Silbe des Wortes reimt,* z. B. Klang - Sang; unreiner ~ *Reim eines offenen mit einem geschlossenen Vokal,* z. B. finden - münden ▸ darauf kann ich keinen ~ finden 〈übertr.; umg.〉 *das verstehe ich nicht;* kannst du dir darauf einen ~ machen? 〈übertr.; umg.〉 *verstehst du das?;* ich suche einen ~ auf „Buch“

rei|men 〈V.; reimt, reim|te, hat ge|reimt〉 **I** 〈V. intr.〉 *Reime bilden* ▸ er kann gut ~; rein, unrein ~ **II** 〈V. trans.〉 etwas ~ **1** *in Reimen ausdrücken* **2** *in Reime bringen* ▸ das sind schlecht gereimte Verse **III** 〈V. refl.〉 sich ~ *gleich klingen* ▸ das reimt sich nicht 〈a. übertr.; umg.〉 *passt nicht zueinander;* „Sang“ reimt sich auf „Klang“

rein[1] 〈Adj.〉 **1** *sauber, klar, frisch gewaschen;* Zus *rein machen / reinmachen* **2** *unberührt, keusch, unschuldig* **3** *echt, unvermischt, unverfälscht* **4** 〈Finanzw.〉 *ohne Abzüge;* Zus *Reinerlös, Reinertrag, Reingewinn* **5** *vollkommen, fehlerlos* **6** 〈übertr.; als Verstärkung vor Substantiven〉 **6.1** *nichts weiter als* **6.2** 〈umg.〉 *absolut* ▸ ~er Alkohol; hier herrscht das ~ste Durcheinander 〈umg.〉; es ist eine (keine) ~e Freude, das zu sehen; der ~e Gewinn beträgt ...; ich habe ein ~es Gewissen; es war ~es Glück, dass er die Prüfung bestanden hat; ~es Gold, Silber; sie hat aus ~er Gutmütigkeit zugesagt; eine ~e Haut haben; diese Taschen sind aus ~em Leder hergestellt; die Luft ist ~ 〈übertr.; umg.〉 *es sind keine Polizisten, Wächter usw. da, es besteht keine Gefahr;* ~er Orangen-, Tomatensaft; ein Idealist ~ster Prägung *ein vollkommener I.;* Stoff aus ~er Seide; wir wollen ~en Tisch machen 〈übertr.; umg.〉 *(rücksichtslos) Ordnung schaffen, alles Fehlerhafte beseitigen;* ein ~er Ton 〈Mus.〉; sie haben es aus ~em Übermut getan; das ist ~er Wahnsinn, was du da vorhast 〈umg.〉 *undurchführbar, unvorsichtig, gefährlich;* die ~e Wahrheit sagen; jmdm. ~en Wein einschenken 〈übertr.; umg.〉 *die volle Wahrheit (über etwas Unangenehmes) sagen;* eine (keine) ~e Weste haben 〈übertr.; umg.〉 *(nicht) schuldlos sein;* ein Pullover aus ~er Wolle; es war ein ~es Wunder, dass sie wieder gesund wurde 〈umg.〉 *keiner hat damit gerechnet;* es war ~er Zufall, dass wir uns dort begegnet sind ▸ sich ~ halten; die Wohnung ~ halten; ~ waschen = *reinwaschen (I)* ▸ etwas ins Reine bringen *ordnen, klären;* mit jmdm. (nicht) ins Reine kommen *sich (nicht) mit ihm verständigen, einigen;* etwas ins Reine schreiben *in endgültiger Fassung fehlerlos auf sauberes Papier abschreiben;* mit sich selbst im Reinen sein *sich klar (über etwas) sein; ein reines Gewissen haben*

rein[2] 〈Adv.; umg.〉 **1** *ausschließlich, ganz, gänzlich, nichts anderes als, bloß* **2** *wirklich* (als Verstärkung) ▸ vom ~ juristischen Standpunkt aus betrachtet, sieht die Sache etwas anders aus; er ist ~ verrückt (geworden) 〈umg.〉 ▸ ~ durch Zufall habe ich davon erfahren; du weißt auch ~ gar nichts; es ist doch ~ zum Verrücktwerden! 〈umg.〉

rein..., Rein... 〈in Zus.; bei Verben trennbar; umg.〉 *herein..., Herein..., hinein..., Hinein...,* z. B. reinbeißen, reinfallen, reingehen, reinlassen, reinlegen, reinreden, reinschauen, reinschneien, Reinfall

Rei|ne|ma|che|frau 〈die; -, -en〉 *Putzfrau*

Rei|ne|ma|chen 〈das; -s; unz.〉 *Saubermachen, Putzen, Säubern* (Wohnung); oV *Reinmachen* ▸ großes ~ *gründliche Säuberung*

Rein|fall 〈der; -(e)s, -fäl|le; umg.〉 *Misserfolg, getäuschte Erwartung*

rein|gu|cken 〈V. intr.; guckt rein, guck|te rein, hat rein|ge|guckt, rein|zu|gu|cken; umg.〉 *(in etwas) hineinschauen, hineinblicken* ▸ bei jmdm. kurz ~ *jmdn. kurz besuchen*

rein|hal|ten 〈V. trans.; hält rein, hielt rein, hat rein|ge|hal|ten, rein|zu|hal|ten; umg.〉 etwas in etwas ~ *hineinhalten* ▸ die Hand ins Wasser ~

rein|hän|gen 〈V.; hängt rein, häng|te rein, hat rein|ge|hängt, rein|zu|hän|gen; umg.〉 **I** 〈V. trans.〉 etwas irgendwo ~ *hineinhängen* **II** 〈V. refl.〉 sich (in etwas) ~ *sich intensiv mit etwas beschäftigen, sich mit großem Einsatz engagieren*

rein|hau|en 〈V.; haut rein, hau|te rein, hat rein|ge|hau|en, rein|zu|hau|en; umg.〉 **I** 〈V. intr.〉 **1** *viel essen* **2** etwas haut rein *zeigt, entfaltet seine Wirkung* ▸ sie hat ordentlich reingehauen; der Schnaps haut rein **II** 〈V. trans.〉 **1** etwas (in etwas) ~ *hineinhauen* **2** jmdm. eine ~ *jmdn. schlagen* ▸ einen Nagel in die Wand ~; er hat ihm eine reingehauen

Rein|heit 〈die; -; unz.〉 **1** *Sauberkeit, Klarheit* **2** *Echtheit, Unvermischtheit* **3** 〈übertr.〉 *Keuschheit, Unschuld* ▸ ~ der Aussprache, eines Tones; ~ der Seele 〈übertr.〉; ~ der Luft, des Wassers

Rein|heits|ge|bot 〈das; -(e)s, -e〉 *Gesetz, nach dem beim Brauen von Bier nur Gerstenmalz, Hopfen, Wasser u. Hefe verwendet werden dürfen*

rein|ho|len 〈V. trans.; holt rein, hol|te rein, hat rein|ge|holt, rein|zu|ho|len; umg.〉 jmdn. od. etwas ~ *herein-, hineinholen* ▸ Tische abends ~; er will die Verluste wieder ~ ⟨übertr.⟩ *ausgleichen*

rei|ni|gen ⟨V. trans.; rei|nigt, rei|nig|te, hat ge|rei-nigt⟩ **1** jmdn., sich od. etwas ~ *saubermachen, säubern, von Schmutz, Zusätzen od. anderen Fehlern befreien* **2** ⟨bes. Rel.⟩ jmdn. od. sich ~ *läutern* ▸ das Blut, eine Wunde ~; die Straße, die Treppe, das Zimmer ~; Kleidungsstücke chemisch ~; ich habe den Mantel ~ lassen; sich von einem Verdacht ~ ⟨übertr.⟩; ein ~des Gewitter ⟨a. übertr.⟩ *eine Auseinandersetzung, die Unstimmigkeiten beseitigt*

Rei|ni|gung ⟨die; -, -en⟩ **1** *Tätigkeit des Reinigens, Putzens;* Zus *Reinigungsmittel* **2** *Laden, in dem Kleidung gereinigt wird* ▸ chemische ~; eine Hose in die ~ geben

Rei|ni|gungs|kraft ⟨die; -, -kräf|te⟩ *Putzfrau*

rein|kom|men ⟨V. intr.; kommt rein, kam rein, ist rein|ge|kom|men, rein|zu|kom|men; umg.⟩ *herein-, hineinkommen* ▸ ich muss erst einmal wieder ~ *(nach längerer Abwesenheit) in ein Thema, die Arbeit, den Rhythmus usw. hineinfinden*

Rein|kul|tur ⟨die; -, -en⟩ *Züchtung nur einer bestimmten Art;* Syn *Reinzucht* ▸ in ~ ⟨übertr.; umg.⟩ *unverfälscht;* das ist doch Kitsch in ~

rein|lich ⟨Adj.⟩ **1** *die Sauberkeit liebend* (Mensch) **2** *sauber (gehalten)* (Zimmer) ▸ die Katze ist ein ~es Tier; ~ gekleidet sein; Abl *Reinlichkeit*

Rein|ma|che|frau ⟨die; -, -en⟩ = *Reinemachefrau*

rein|ras|sig ⟨Adj.; Biol.⟩ *von reiner Rasse abstammend, nicht gekreuzt;* Abl *Reinrassigkeit*

rein|rei|ten ⟨V. intr. u. V. trans.; rei|tet rein, ritt rein, ist/hat rein|ge|rit|ten, rein|zu|rei|ten; umg.; a. übertr.⟩ (jmdn.) (in etwas) ~ *herein-, hineinreiten*

Rein|schrift ⟨die; -, -en⟩ *Abschrift ins Reine*

rein|sei|den ⟨Adj.⟩ *aus reiner Seide bestehend* ▸ ein ~es Kleid

rein|ste|cken ⟨V. trans.; steckt rein, steck|te rein, hat rein|ge|steckt, rein|zu|ste|cken; umg.⟩ etwas (in etwas) ~ *hineinstecken* ▸ viel Geld in etwas ~ *investieren*

rein|wa|schen *auch:* **rein wa|schen** ⟨V.wäscht rein, wusch rein, hat rein|ge|wa|schen, rein|zu-wa|schen⟩ **I** ⟨V. trans.; Zusammen- u. Getrenntschreibung⟩ Wäsche ~ *besonders gut und intensiv waschen* **II** ⟨V. trans. u. V. refl.; nur Zusammenschreibung; übertr.; umg.⟩ jmdn. od. sich (von etwas) ~ *von einem Verdacht, einer Schuld entlasten, befreien* ▸ mit ihrer Aussage versucht sie ihn reinzuwaschen

rein|wür|gen ⟨V. trans.; würgt rein, würg|te rein, hat rein|ge|würgt, rein|zu|wür|gen; umg.⟩ **1** (sich) etwas ~ *mit Mühe, ohne Appetit essen* **2** ⟨übertr.⟩ jmdm. eine, eins ~ *jmdm. Unannehmlichkeiten bereiten* ▸ ich musste mir den Spinat ~; er versucht oft, mir eins reinzuwürgen

rein|zie|hen ⟨V. trans.; zieht rein, zog rein, hat rein|ge|zo|gen, rein|zu|zie|hen; umg.⟩ **1** jmdn. od. etwas (in etwas) ~ *herein-, hineinziehen* **2** ⟨übertr.⟩ sich etwas ~ *etwas konsumieren* ▸ das musst du dir mal ~! ⟨übertr.⟩ *stell dir das vor!*

Reis ⟨der; -es, -e⟩ **1** *im Wasser wachsende, als Getreide genutzte Pflanze;* Zus *Reisernte, Reisfeld, Reiskorn, Reispflanze, Reisterrasse* **2** *(meist gereinigte, weiße) essbare Früchte des Reises;* Zus *Reisbrei; Langkornreis, Milchreis, Naturreis* ▸ Huhn mit ~; wie lange muss der ~ gekocht werden?

Rei|se ⟨die; -, -n⟩ *längeres Entfernen vom Heimatort, längere Fahrt* ▸ eine ~ **antreten,** abbrechen, unterbrechen, unternehmen; eine ~ bei einem Reisebüro **buchen;** für die Sommerferien eine ~ **planen** ▸ eine **angenehme,** beschwerliche, kurze, lange, weite ~; **glückliche** ~!, **gute** ~! *(Abschiedsgruß);* die **letzte** ~ antreten ⟨übertr.⟩ *sterben;*bis zu ihm ist es jedes Mal eine **richtige** ~ ⟨umg.; scherzh.⟩ *er wohnt recht weit von uns* ▸ sich **auf** die ~ begeben; auf ~n gehen; er ist (geschäftlich) viel auf ~n; auf die große, letzte ~ gehen ⟨übertr.⟩ *sterben;* wir haben eine weite ~ **hinter** uns; eine ~ **mit** dem Auto, der Bahn, dem Bus, dem Flugzeug, dem Schiff; **von** einer ~ (wohlbehalten) zurückkommen ▸ **wie** war die ~?; **wohin** geht die ~?; Zus *Reisebegleiter(in), Reisebericht, Reisebus, Reisegepäck, Reisekoffer, Reisekosten, Reiselektüre, Reiseroute, Reiseunternehmen, Reisevorbereitung, Reiseweg, Reiseziel; Busreise, Flugreise, Geschäftsreise, Kurzreise, Pauschalreise, Urlaubsreise, Weltreise*

Rei|se|apo|the|ke ⟨die; -, -n⟩ *kleiner Vorrat an Medikamenten für die Reise*

Rei|se|bü|ro ⟨das; -s, -s⟩ *Unternehmen, das Reisen verkauft, Flüge u. Hotels vermittelt u. die Reisenden berät*

Rei|se|fie|ber ⟨das; -s; unz.⟩ *leichte innere Erregung vor einer Reise* ▸ ~ haben; im ~ sein

Rei|se|füh|rer ⟨der; -s, -⟩ *kleines, übersichtliches Buch über Sehenswürdigkeiten, Unterkünfte usw. einer Stadt od. eines Gebietes für Reisende;* Syn *Reisehandbuch*

Rei|se|grup|pe ⟨die; -, -n⟩ *Gruppe von Menschen, die gemeinsam eine von einem Reisebüro o. Ä. organisierte Reise unternehmen;* Syn *Reisegesellschaft*

Rei|se|krank|heit ⟨die; -, -en⟩ *Übelkeit, Brechreiz, Kopfschmerzen u. Ä. infolge anhaltender, unregelmäßiger Beschleunigungsreize*

Rei|se|land ⟨das; -(e)s, -län|der⟩ *Land, das für Urlaubsreisen gern aufgesucht wird*

Rei|se|lei|ter ⟨der; -s, -⟩ *jmd., der eine Gesellschaftsreise leitet;* Abl *Reiseleiterin*

rei|se|lus|tig ⟨Adj.⟩ *an Reisen interessiert* ▸ er ist sehr ~ *er reist sehr gern*

rei|sen ⟨V. intr.; reist, reis|te, ist ge|reist⟩ **1** *zu einer Reise aufbrechen, abfahren* **2** *auf der Reise sein, in der Welt umherfahren, fremde Orte besuchen* ▸ erster, zweiter **Klasse** ~; **Tag** und Nacht ~ ▸ **dienstlich,** geschäftlich ~; er ist schon **viel** gereist ▸ **allein** ~; **an** die Nordsee ~; **aufs** Land ~; **durch** Italien ~; ich reise **heute,** morgen, nächste Woche; **in** die Ferien, den Urlaub ~; in Gesellschaft ~; in die Schweiz ~; ins Gebirge ~; **mit** der Bahn, dem Flugzeug, dem Schiff, dem Auto ~; **nach** Barcelona ~; **zur** Oma ~

Rei|sen|de(r) ⟨die; -n, -n (der; -n, -n)⟩ **1** *jmd., der auf der Reise ist* **2** *Fahrgast* **3** *Vertreter eines Geschäftsinhabers, der die Kunden besucht* ▸ eine Durchsage an alle ~n

Rei|se|pass ⟨der; -es, -päs|se⟩ *Personalausweis für Auslandsreisende*

Rei|se|ta|sche ⟨die; -, -n⟩ *große Tasche für Reisen*

Rei|se|ver|an|stal|ter ⟨der; -s, -⟩ *Unternehmen, das Reisen organisiert*

Rei|sig ⟨das; -(e)s; unz.⟩ *dürre Zweige;* Zus *Reisigbesen*

Reiß|aus ⟨nur in der Wendung⟩ ~ nehmen *ausreißen, davonlaufen, fliehen*

Reiß|brett ⟨das; -(e)s, -er⟩ *viereckiges Holzbrett, auf dem mit Reißzwecken das Zeichenpapier befestigt wird* ▸ etwas existiert nur auf dem ~ *nur als Entwurf*

rei|ßen ⟨V.⟩ **I** ⟨V. trans.; reißt, riss, hat ge|ris|sen⟩ **1** etwas ~ *durch Auseinanderziehen zertrennen, entzweimachen, zerreißen* **2** jmdn. od. etwas irgendwohin od. aus etwas ~ *gewaltsam ziehen, zerren* **3** etwas an sich ~ *gewaltsam in seinen Besitz bringen* ▸ die Latte ~ ⟨Hoch-, Stabhochsprung⟩ *so berühren, dass sie herunterfällt;* Witze ~ *machen;* der Wolf, Fuchs hat ein Schaf gerissen *hat es getötet* ▸ die Macht an sich ~; er will immer das Gespräch an sich ~ ⟨übertr.⟩ *das Thema eines Gesprächs bestimmen;* er riss mir den Brief aus der Hand; jmdn. aus seinen Träumen ~ *ihn unsanft wecken;* ⟨übertr.⟩ *ihm schonungslos die Wirklichkeit vor Augen führen;* aus dem Zusammenhang gerissen, ist diese Stelle unverständlich; ich war (innerlich) hin und her gerissen ⟨übertr.⟩ *ich konnte mich nicht entscheiden;* Papier in Fetzen, in Stücke ~; ich könnte ihn in Stücke ~ (vor Zorn); er wurde in die Tiefe gerissen *er fiel, sank sehr tief (u. starb dabei);* jmdm. die brennenden Kleider vom Leib ~; jmdn. zu Boden ~ **II** ⟨V. intr.; reißt, riss, ist ge|ris|sen⟩ *durch Auseinandergezogenwerden entzweigehen, zertrennt werden* ▸ jetzt reißt mir die Geduld ⟨übertr.⟩ *jetzt verliere ich die Geduld;* das Seil ist gerissen; der Stoff reißt leicht **III** ⟨V. refl.; reißt, riss, hat ge|ris|sen⟩ **1** sich (etwas) ~ *sich (etwas) durch Riss verletzen* **2** sich um etwas ~ *etwas dringend haben, tun wollen* **3** sich um jmdn. ~ *jmdn. (aus Begeisterung) dringend sehen, sprechen wollen* ▸ ich habe habe mir die Hand blutig gerissen ▸ die Leute haben sich um die Eintrittskarten gerissen; ich reiße mich nicht darum *es interessiert mich nicht;* →a. *gerissen, reißend*

rei|ßend **I** ⟨Part. Präs. von⟩ *reißen* **II** ⟨Adj.⟩ **1** *ungestüm, mit starkem Gefälle* (Fluss, Strömung) **2** *heftig ziehend* (Schmerz) ▸ die Ware findet ~en Absatz *wird schnell verkauft;* einen ~en Schmerz empfinden

Rei|ßer ⟨der; -s, -⟩ *zugkräftige Ware, die sich leicht u. schnell verkaufen lässt* ▸ das Buch ist ein ~

rei|ße|risch ⟨Adj.; abwertend⟩ *grell, auffällig, auf billige od. primitive Art wirkungsvoll* ▸ eine ~ aufgemachte Reklame

reiß|fest ⟨Adj.⟩ *widerstandsfähig gegen Reißen* ▸ ~er Stoff; Abl *Reißfestigkeit*

Reiß|lei|ne ⟨die; -, -n⟩ *Leine, mit der ein Fallschirm geöffnet wird* ▸ die ~ ziehen

Reiß|ver|schluss ⟨der; -es, -schlüs|se⟩ *Verschlussvorrichtung für Kleidungsstücke, Taschen u. Ä., bei der zwei Zahnreihen durch einen Schieber ineinandergeschoben werden*

Reiß|ver|schluss|sys|tem ⟨das; -s; unz.⟩ *abwechselndes Einordnen von Fahrzeugen von mehreren Spuren auf eine Spur (bei Staus o. Ä.)*

Reiß|wolf ⟨der; -(e)s, -wöl|fe⟩ *Maschine zum Zerreißen von Papier u. Textilien*

Reiß|zwe|cke ⟨die; -, -n⟩ *dünner, kurzer, spitzer Stift mit breitem, flachem Kopf zum Befestigen von Papier, Karton, Stoff o. Ä. an Wänden, Brettern usw.;* Syn *Reiß(brett)stift, Reißnagel*

Reit|bahn ⟨die; -, -en⟩ *Platz od. Halle zum Reiten von Pferden*

rei|ten ⟨V.⟩ **I** ⟨V. intr.; rei|tet, ritt, ist/hat ge|rit|ten⟩ *sich auf einem Tier, bes. Pferd, fortbewegen* ▸ ~ lernen ▸ gut, schlecht ~; langsam, schnell, vorsichtig ~; ich bin, habe früher viel geritten ▸ auf einem Esel, Kamel, Pferd ~; im Galopp, Schritt, Trab ~; mit, ohne Sattel ~ **II** ⟨V. trans.; rei|tet, ritt, hat ge|rit|ten⟩ ein Tier ~ *zum Reiten benutzen* ▸ dich reitet wohl der Teufel? ⟨übertr.; umg.⟩ *du bist wohl verrückt!* ▸ einen Esel, ein Kamel, ein Pferd ~ ▸ jmdn. od. etwas über den Haufen ~; Zus *Reitgerte, Reithalle, Reitlehrer(in), Reitpeitsche, Reitpferd, Reitsport, Reitstunde, Reitturnier, Reitweg*

Rei|ter ⟨der; -s, -⟩ *jmd., der (auf einem Pferd) reitet* ▸ Pferd und ~; Abl *Reiterin*

Reit|schu|le ⟨die; -, -n⟩ **1** *Ausbildungsstätte zum Erlernen des Reitens* **2** ⟨schweiz.⟩ = *Karussell*

Reit|stall ⟨der; -(e)s, -stäl|le⟩ *Stall für Reitpferde*

Reiz ⟨der; -es, -e⟩ **1** *alles, was von außen auf den Organismus, d. h. seine Organe, Gewebe u. Zellen, einwirkt* **2** *angenehme Wirkung, Ausstrahlung, Zauber, bes. Schönheit* **3** *Versuchung, Verlockung, Antrieb, Anreiz* ▸ das ist der ~ dieser Frau ▸ der ~ der Neuheit, des Neuen; es ist nur der ~ des Verbotenen ▸ ich kann dieser Sache keinen ~ abgewinnen; einen starken ~ auf jmdn. ausüben; in der Musik liegt ein großer ~; sie ließ alle ihre ~e spielen ▸ ein schwacher, starker, unwiderstehlicher ~; weibliche ~e ▸ die Sache verliert immer mehr an ~

reiz|bar ⟨Adj.⟩ **1** *fähig, einen Reiz zu beantworten;* Syn *reizempfänglich* **2** *erregbar, empfindlich, aufbrausend* ▸ leicht ~ sein; Abl *Reizbarkeit*

rei|zen ⟨V.; reizt, reiz|te, hat ge|reizt⟩ **I** ⟨V. trans.⟩ **1** jmdn. od. etwas ~ *einen Reiz auf etwas od. jmdn. ausüben, etwas hervorrufen* **2** jmdn. ~ **2.1** *verlocken* **2.2** *zornig machen* **2.3** *herausfordern* ▸ das kann mich nicht ~; es würde mich ~, das zu versuchen ▸ das Licht reizt meine Augen; jmds. Interesse, Neugierde ~; er hat den Hund so lange gereizt, bis er zubiss; es reizt die Kinder, ihn zu ärgern ▸ das reizt mich zum Widerspruch; Abl *Reizung* **II** ⟨V. intr.; Skat⟩ *Zahlen-*

R

werte nennen, um das höchste Spiel zu ermitteln ▸ er reizte bis 28

rei|zend I ⟨Part. Präs. von⟩ *reizen* II ⟨Adj.⟩ 1 *einen angenehmen Reiz ausübend, anziehend* 2 *anregend, angeregt* ▸ es war ein ~er Abend; ein ~es Kind, Mädchen; ein kleiner Ort in ~er Lage; sie ist eine ~e Person; das ist ja ~! ⟨umg.; iron.⟩ *unangenehm*

Reiz|kli|ma ⟨das; -s; unz.⟩ *Klima mit starken Temperaturschwankungen od. Wind*

reiz|los ⟨Adj.⟩ *keinen Reiz besitzend, fad* ▸ körperlich ~ sein; Abl *Reizlosigkeit*

Reiz|the|ma ⟨das; -s, -the|men⟩ *umstrittenes Thema* ▸ die Rentenpolitik ist ein häufiges ~ im Bundestag

Reiz|über|flu|tung ⟨die; -, -n⟩ *Übermaß an Reizen*

reiz|voll ⟨Adj.⟩ *von eigenartigem, besonderem Reiz, anziehend* ▸ ein ~er Anblick; das ist eine ~e Aufgabe

Reiz|wort ⟨das; -(e)s, -wör|ter⟩ *Wort, das in der Öffentlichkeit od. bei Gesprächspartnern (meist negative) Reaktionen auslöst*

re|ka|pi|tu|lie|ren ⟨V. trans.; re|ka|pi|tu|liert, re|ka|pi|tu|lier|te, hat re|ka|pi|tu|liert⟩ etwas ~ *zusammenfassend wiederholen;* Abl *Rekapitulation*

re|keln ⟨V. refl.; re|kelt sich, re|kel|te sich, hat sich ge|re|kelt; umg.⟩ sich ~ *sich dehnen, sich recken*

Re|kla|ma|ti|on ⟨die; -, -en⟩ *Beanstandung, Beschwerde*

Re|kla|me ⟨die; -, -n⟩ *Werbung für Waren durch Plakate, Zeitung, Film, Funk u. a.* ▸ eine geschickte, wirkungsvolle ~; ~ für etwas machen; die ~ ist sehr gut gemacht; Zus *Kinoreklame, Zigarettenreklame*

re|kla|mie|ren ⟨V. trans.; re|kla|miert, re|kla|mier|te, hat re|kla|miert⟩ etwas ~ *beanstanden, sich beschweren*

re|kon|s|t|ru|ie|ren ⟨V. trans.; re|kon|s|t|ru|iert, re|kon|s|t|ru|ier|te, hat re|kon|s|t|ru|iert⟩ 1 etwas ~ 1.1 *den ursprünglichen Zustand von etwas wiederherstellen* 1.2 *naturgetreu nachbilden* 2 einen Vorgang ~ *ihn aus od. nach der Erinnerung berichten* ▸ etwas mühsam ~; Abl *Rekonstruktion; rekonstruierbar*

Re|kon|va|les|zenz ⟨[-va-] die; -; unz.⟩ *Wiederherstellung der Gesundheit nach einer Krankheit;* Syn *Genesung*

Re|kord ⟨der; -(e)s, -e⟩ 1 *(offiziell anerkannte) sportliche Höchstleistung;* Zus *Rekordzeit; Weltrekord* 2 *Höchstmaß, höchstes Ausmaß;* Zus *Rekordgewinn, Rekordmarke, Rekordwert* ▸ einen ~ **aufstellen,** erzielen; einen ~ **brechen,** überbieten; einen ~ **einstellen** *die gleiche bisherige Höchstleistung wie ein anderer erzielen;* einen ~ **halten,** innehaben; der ~ wurde um zwei Sekunden **verbessert**

Re|kor|der ⟨der; -s, -⟩ *Gerät zur Aufzeichnung u. Wiedergabe von Tönen u./od. Bildern;* Zus *DVD-Rekorder, Kassettenrekorder, Videorekorder*

Re|kord|hal|ter ⟨der; -s, -; bes. Sp.⟩ *Inhaber eines Rekordes;* Abl *Rekordhalterin*

re|kord|ver|däch|tig ⟨Adj.; umg.⟩ *einen Rekord erwarten lassend, mit einem Rekord rechnend* ▸ diese Leistung ist ~

Re|k|rut ⟨der; -en, -en⟩ *Soldat in der ersten Ausbildung* ▸ ~en einberufen; Zus *Rekrutenschule*

re|k|ru|tie|ren ⟨V.; re|k|ru|tiert, re|k|ru|tier|te, hat re|k|ru|tiert⟩ I ⟨V. trans.⟩ jmdn. ~ 1 ⟨veraltet⟩ *als Rekruten einberufen* 2 *für eine Tätigkeit anwerben;* Abl *Rekrutierung* II ⟨V. refl.⟩ sich aus jmdm. od. etwas ~ *sich aus mehreren Personen od. Dingen zusammensetzen, sich ergänzen*

Rek|ti|on ⟨die; -, -en; Gramm.⟩ *die Fähigkeit eines Wortes, den Kasus des von ihm abhängigen Wortes zu bestimmen*

Rek|tor ⟨der; -s, -en⟩ *Leiter (einer Grund-, Haupt-, Real- od. Sonderschule, einer Hochschule od. kirchlichen Einrichtung);* Abl *Rektorin;* Zus *Rektorenkonferenz*

Rek|to|rat ⟨das; -(e)s, -e⟩ 1 *Amt, Amtszeit eines Rektors* 2 *dessen Geschäftsstelle*

Re|kurs ⟨der; -es, -e⟩ 1 *(an einen Sachverhalt anknüpfender) Rückgriff, Anknüpfung, Bezugnahme* 2 ⟨Rechtsw.; österr.; schweiz.⟩ *Einspruch, Berufung* ▸ mit ~ auf; ~ einlegen; Abl *rekurrieren*

Re|lais ⟨[rəlɛː] das; - [-lɛːs], - [-lɛːs]; Tech.⟩ *elektrische Schaltvorrichtung zum Steuern großer Strom- u. Spannungsstärken durch kleine Strom- u. Spannungsstärken*

Re|la|ti|on ⟨die; -, -en⟩ 1 *Beziehung, Verhältnis, Zusammenhang* 2 ⟨Math.⟩ *Zuordnung zwischen Elementen einer od. mehrerer Mengen* ▸ in ~ zur Qualität ist der Preis zu hoch; Abl *relational*

re|la|tiv ⟨Adj.⟩ I ⟨attr. u. präd.⟩ *in einem Verhältnis zu etwas stehend, bedingt;* Ggs *absolut (I)* ▸ ~e **Mehrheit** *Abstimmungsergebnis, bei dem der Wahlkandidat zwar mehr Stimmen als die anderen, aber nicht die absolute Mehrheit erreicht hat;* ~e **Zahl** *mit einem negativen od. positiven Vorzeichen versehene Zahl* II ⟨adv. u. präd.⟩ 1 *von den Umständen od. wechselnder Beurteilung abhängig* 2 *verhältnismäßig, ziemlich* ▸ **gutgehen:** es ist ~ gutgegangen; **sein:** alles im Leben ist ~ ▸ er ist ~ **groß;** das Ergebnis war ~ **gut;** Abl *Relativität*

re|la|ti|vie|ren ⟨[-viː-] V. trans.; re|la|ti|viert, re|la|ti|vier|te, hat re|la|ti|viert⟩ etwas ~ 1 *in Beziehung, in ein Verhältnis setzen zu* 2 *in Zweifel ziehen, einschränken;* Abl *Relativierung*

Re|la|ti|vi|täts|the|o|rie ⟨[-vi-] die; -; unz.⟩ *von Einstein begründete Theorie zur möglichst allgemeinen Beschreibung der Naturgesetze, aufgrund deren auch Raum u. Zeit relativ, d. h. von der Wahl des Bezugssystems abhängig, sind*

Re|la|tiv|pro|no|men ⟨das; -s, - od. -mi|na; Gramm.⟩ *Fürwort, das sich auf ein vorangegangenes Substantiv od. Pronomen od. auf einen vorangegangenen Satz bezieht,* z. B. der, die, das, welche(r, -s)

Re|la|tiv|satz ⟨der; -es, -sät|ze; Gramm.⟩ *durch ein Relativpronomen an den Hauptsatz angeschlossener Nebensatz,* z. B. „der hingefallen ist" in dem Satz „der Junge, der hingefallen ist"

R

re|le|vant ⟨[-vant] Adj.; -er, am -es|ten⟩ *wichtig, erheblich, belangvoll;* Ggs *irrelevant* ▸ eine außenpolitisch ~e Entscheidung; strafrechtlich ~; Abl *Relevanz*

Re|li|ef ⟨das; -s, -s od. -e⟩ **1** *aus einer Fläche erhaben herausgearbeitetes Bild* **2** *Oberflächenform der Erde*

Re|li|gi|on ⟨die; -, -en⟩ **1** *Glaube an eine überirdische Macht sowie deren Begründung u. kultische Verehrung;* Zus *Religionsgemeinschaft, Religionsstreit, Religionswissenschaft; Staatsreligion* **2** *Gottesglaube, Gottesverehrung* **3** *Unterricht im Schulfach Religion;* Zus *Religionslehrer(in), Religionsunterricht* ▸ die christliche, islamische ~; welcher ~ gehören Sie an?; evangelische und katholische ~ werden in den meisten Schulen getrennt unterrichtet

Re|li|gi|ons|frei|heit ⟨die; -; unz.⟩ *das Recht, seine Religion frei zu wählen u. auszuüben*

re|li|gi|ös ⟨Adj.; -er, am -es|ten⟩ **1** *die Religion betreffend, auf ihr beruhend* **2** *gläubig, fromm* ▸ meine Großmutter war sehr ~; Abl *Religiosität*

Re|likt ⟨das; -(e)s, -e⟩ *Überbleibsel, Rest* ▸ ein ~ aus der Urzeit

Re|ling ⟨die; -, -s od. -e⟩ *Geländer um das Oberdeck eines Schiffes*

Re|li|quie ⟨[-kviə] die; -, -n⟩ **1** *der körperliche Überrest eines Heiligen od. ihm einst gehörender Gegenstand;* Zus *Reliquienbehälter, Reliquienkästchen, Reliquienschrein* **2** *kultisch verehrtes Andenken*

Re|make ⟨[riːmɛɪk] das; -s, -s⟩ *neue Verfilmung eines bereits verfilmten Stoffes*

Re|mi|nis|zenz ⟨die; -, -en⟩ *Erinnerung, Anklang;* Zus *Kindheitsremineszenz*

re|mis ⟨[rəmiː] Adj.; nur präd. u. adv.⟩ *unentschieden (bes. beim Schachspiel)* ▸ die Partie endete ~; Abl *Remis; remisieren*

Re|mou|la|de ⟨[rəmu-] die; -, -n⟩ *pikante, dicke Soße aus Öl, Ei u. Gewürzen*

rem|peln ⟨V. trans.; rem|pelt, rem|pel|te, hat gerem|pelt; umg.⟩ **1** jmdn. ~ *(absichtlich) stoßen* **2** ⟨Sp.⟩ den Gegner ~ *vom Ball abdrängen* ▸ jmdn. zur Seite ~; Abl *Rempelei*

Ren ⟨das; -s, -e⟩ *im Norden lebender, großer, geweihtragender Hirsch*

Re|nais|sance ⟨[rənɛsɑ̃ːs] die; -, -n⟩ **1** *Wiedererweckung einer untergegangenen Kultur, bes. der Antike im 14.-16. Jh. in Italien u. ganz Europa* **2** ⟨allg.⟩ *Wiederaufleben* ▸ eine ~ erleben *wieder modern sein*

Ren|dez|vous ⟨[rãdevuː] das; - [-vuːs], - [-vuːs]⟩ *Verabredung, Treffen zu zweit;* oV ⟨schweiz.⟩ *Rendez-vous* ▸ mit jmdm. ein ~ haben

Ren|di|te ⟨die; -, -n⟩ **1** *Gewinn in der Zeiteinheit im Verhältnis zum eingesetzten Kapital* **2** *Ertrag im Verhältnis zum Kurs (eines Wertpapiers)*

re|ni|tent ⟨Adj.; -er, am -es|ten⟩ *widerspenstig, widersetzlich* ▸ sich ~ verhalten; die Gruppe wurde ~; Abl *Renitenz*

Renn|bahn ⟨die; -, -en⟩ *Platz od. Strecke für Wettrennen;* Zus *Pferderennbahn, Radrennbahn*

ren|nen ⟨V.⟩ **I** ⟨V. intr.; rennt, rann|te, ist gerannt⟩ **1** (irgendwohin) ~ *sehr schnell laufen* **2** ⟨Sp.⟩ *an einem Rennen teilnehmen* **3** ⟨umg.⟩ irgendwohin ~ *gehen* ▸ ich bin noch ganz außer Atem, weil ich so schnell gerannt bin; er rannte mit dem Kopf gegen die Wand; du wirst noch ins Verderben ~ ⟨übertr.⟩; wegen jeder Kleinigkeit zum Arzt ~ ⟨umg.⟩; er rennt jeden Abend in die Kneipe ⟨umg.⟩ **II** ⟨V. trans.; rennt, rannte, hat ge|rannt; in Wendungen wie⟩ **1** jmdn. über den Haufen ~ *im Laufen umstoßen, zu Fall bringen* **2** jmdm. ein Messer in den Leib ~ *heftig stoßen*

rennen/laufen

Wie das bedeutungsverwandte Verb ***laufen*** ist auch ***rennen*** ein intransitives Verb, das das Perfekt mit **sein** bildet. Im Gegensatz zum unregelmäßigen Verb ***laufen,*** dessen Formen im Präteritum und Partizip II *lief* bzw. *gelaufen* lauten, behält ***rennen,*** das als **starkes Verb** im Präteritum und Partizip II von *e* zu *a* ablautet, die Endung der schwachen Verben bei: *Sie ist sofort nach Hause gerannt. Er rannte vergeblich dem Bus hinterher.*
Im Indikativ bereitet vielen Deutschlernenden die zweite Person Plural von ***laufen*** Probleme. Während die zweite und die dritte Person Singular umlauten *(du läufst, sie läuft),* bleibt der Stamm der zweiten Person Plural (ähnlich wie der Imperativ) unverändert: *Warum lauft ihr weg? Ihr lauft mir zu schnell.*

Ren|nen ⟨das; -s, -; umg.⟩ *sportlicher Schnelligkeitswettkampf im Laufen, Fahren, Reiten* ▸ ein ~ **abhalten,** veranstalten; das ~ **aufgeben** *vorzeitig aus dem Wettkampf ausscheiden;* ein ~ **fahren,** laufen, reiten; das ~ **gewinnen,** verlieren; **laufen:** das ~ ist gelaufen ⟨übertr.⟩ *eine Sache ist bereits entschieden, ist vorüber;* das ~ **machen** *siegen, gewinnen;* ⟨übertr.⟩ *Erfolg haben* ▸ **totes** ~ *Rennen, das wegen des gleichzeitigen Einlaufs zweier od. mehrerer Teilnehmer mehrere Sieger hat;* ▸ sich **an** einem ~ beteiligen, an einem ~ teilnehmen; er liegt im Augenblick hervorragend **im** ~ *in aussichtsreicher, erfolgversprechender Position* ⟨a. übertr.⟩; Zus *Rennboot, Rennfahrer(in), Rennleitung, Rennpferd, Rennrad, Rennsport, Rennwagen; Pferderennen, Radrennen, Skirennen*

Ren|ner ⟨der; -s, -; umg.⟩ **1** *Ware, die sich sehr gut verkauft* **2** *Film, Theaterstück, der bzw. das großen Erfolg hat u. hohe Einnahmen bringt* ▸ Ventilatoren sind in heißen Jahren der ~

Ren|ne|rei ⟨die; -, -en; umg.⟩ *anhaltendes, lästiges Umherrennen*

Renn|stall ⟨der; -(e)s, -stäl|le⟩ **1** *Gesamtheit der Rennpferde eines Besitzers* **2** *Zucht von Rennpferden* ▸ sich einen ~ halten

Re|nom|mee ⟨das; -s, -s⟩ *Ansehen, Ruf* ▸ ein gutes ~ haben; sein ~ hat durch den Skandal gelitten

R

re|nom|miert ⟨Adj.; -er, am -es|ten⟩ *angesehen, anerkannt, berühmt* ▸ ein ~er Rechtsanwalt

re|no|vie|ren ⟨[-vi:-] V. trans.; re|no|viert, re|no-vier|te, hat re|no|viert⟩ ein Gebäude ~ *neu herrichten, erneuern;* Abl *Renovierung; renovierungsbedürftig*

ren|ta|bel ⟨Adj.; -ta|bler od. -tab|ler, am -s|ten⟩ Syn *rentierlich* **1** *so beschaffen, dass es sich rentiert* **2** *einträglich, gewinnbringend, vorteilhaft* ▸ ein rentables Geschäft; der Betrieb ist ~; Abl *Rentabilität*

Ren|te ⟨die; -, -n⟩ *regelmäßiges Einkommen aus Versicherung od. Vermögen* ▸ seit seinem Unfall ist er berufsunfähig und bekommt eine ~; die ~n anheben, erhöhen, kürzen; jmdm. eine ~ zahlen; ~ beziehen; in ~ gehen ⟨umg.⟩ *erstmalig die Altersrente erhalten;* Zus *Rentenanspruch, Rentenbeitrag, Rentenerhöhung, Rentenkasse, Rentenniveau, Rentenreform; Altersrente, Berufsunfähigkeitsrente*

Ren|ten|al|ter ⟨das; -s; unz.⟩ *Alter, in dem man gewöhnlich aus dem Berufsleben ausscheiden u. Rente beziehen kann* ▸ das ~ erreichen; das gesetzliche ~ heraufsetzen

Ren|ten|ver|si|che|rung ⟨die; -, -en⟩ *Versicherung, bei der sich der Versicherte durch regelmäßige Zahlungen einen Anspruch auf Rente erwirbt*

Ren|tier[1] ⟨das; -(e)s, -e⟩ = *Ren*

Ren|ti|er[2] ⟨[-tje:] der; -s, -s⟩ *Empfänger einer (privaten) Rente*

ren|tie|ren ⟨V. refl.; ren|tiert sich, ren|tier|te sich, hat sich ren|tiert⟩ sich ~ **1** *Rente, Gewinn bringen, Ertrag abwerfen* **2** ⟨übertr.⟩ *sich lohnen* ▸ deine Anstrengungen, Bemühungen haben sich rentiert ⟨übertr.⟩; das Geschäft rentiert sich nicht ⟨übertr.⟩

Rent|ner ⟨der; -s, -⟩ *Empfänger einer (staatlichen) Rente;* Abl *Rentnerin*

re|pa|ra|bel ⟨Adj.⟩ *so beschaffen, dass es wiedergutzumachen, zu reparieren ist;* Ggs *irreparabel;* Bes *bei Beugung entfällt das „e" in der Endsilbe: „reparable Schäden"*

Re|pa|ra|ti|on ⟨die; -, -en⟩ *dem Besiegten auferlegte Geld-, Sach- od. Arbeitsleistung als Wiedergutmachung von Kriegsschäden*

Re|pa|ra|tur ⟨die; -, -en⟩ *Instandsetzung, Wiederherstellung, Ausbesserung* ▸ die ~ der Waschmaschine lohnt sich nicht; ich bringe das Fahrrad zur ~; Zus *Reparaturarbeiten, Reparaturwerkstatt; reparaturanfällig, reparaturbedürftig*

re|pa|rie|ren ⟨V. trans.; re|pa|riert, re|pa|rier|te, hat re|pa|riert⟩ etwas ~ *eine Reparatur an etwas ausführen, etwas wiederherstellen, ausbessern* ▸ den Fernschapparat kann man nicht mehr ~; das Auto muss repariert werden

Re|per|toire ⟨[-toa:r] das; -s, -s; Theat.; Mus.⟩ **1** *Gesamtheit der Bühnenstücke im Spielplan (eines Theaters)* **2** *Gesamtheit der einstudierten Rollen od. Stücke (eines Künstlers);* Zus *Repertoirestück* ▸ etwas im ~ haben; ein großes ~ haben

Re|plik ⟨die; -, -en⟩ **1** *Entgegnung, Erwiderung* **2** *Gegenrede (bes. des Klägers auf die Verteidigung des Beklagten)* **3** *genaue Wiederholung eines Kunstwerks durch den Künstler;* →a. *Kopie*

Re|port ⟨der; -(e)s, -e od. -s⟩ *ausführliche Darstellung od. Studie zu wissenschaftlichen od. gesellschaftlichen Themen* ▸ Wirtschafts~

Re|por|ta|ge ⟨[-ʒə] die; -, -n⟩ *Tatsachenbericht, aktuelle Schilderung über ein Geschehen in Zeitung, Rundfunk u. Fernsehen*

Re|por|ter ⟨der; -s, -⟩ *Berichterstatter bei Zeitung, Rundfunk u. Fernsehen;* Abl *Reporterin*

Re|prä|sen|tant ⟨der; -en, -en⟩ **1** *jmd., der etwas repräsentiert* **2** *Vertreter* **3** *Volksvertreter, Abgeordneter;* Zus *Repräsentantenhaus* ▸ er ist ein ~ des Unternehmens; Abl *Repräsentantin*

Re|prä|sen|ta|ti|on ⟨die; -, -en⟩ **1** *Vertretung, Stellvertretung* **2** *würdiges Auftreten*

re|prä|sen|ta|tiv ⟨Adj.⟩ **1** *würdig vertretend, positiv wirkungsvoll* **2** ⟨Statistik⟩ *die Untersuchung einer Auswahl betreffend, die als stellvertretend für die übergeordnete Gesamtheit betrachtet wird* ▸ ~ ausgewählte Schüler; eine ~e Umfrage

re|prä|sen|tie|ren ⟨V.; re|prä|sen|tiert, re|prä|sen-tier|te, hat re|prä|sen|tiert⟩ **I** ⟨V. trans.⟩ **1** jmdn. od. etwas ~ *vertreten* **2** etwas ~ *darstellen* ▸ das Grundstück repräsentiert einen Wert von 250.000 Euro **II** ⟨V. intr.⟩ *würdig auftreten, etwas wirkungsvoll darstellen* ▸ sie versteht zu ~

Re|pres|sa|lie ⟨[-ljə] die; -, -n; meist Pl.⟩ **1** *Vergeltung, Gegenmaßnahme* **2** *Druckmittel* ▸ ~n androhen, anwenden, ergreifen

Re|pres|si|on ⟨die; -, -en⟩ *gewaltsame Unterdrückung* ▸ ~en ausgesetzt sein

re|pres|siv ⟨Adj.⟩ **1** *hemmend, unterdrückend* **2** *entgegenwirkend* ▸ ~e Maßnahmen

Re|print ⟨engl. [ri:-] der; -s, -s⟩ *fotomechanischer Nach-, Neudruck*

Re|pro|duk|ti|on ⟨die; -, -en⟩ **1** *Nachbildung, Wiedergabe durch Fotografie od. Druck* **2** ⟨Kunst⟩ *Vervielfältigung* **3** ⟨Biol.⟩ *Fortpflanzung* **4** ⟨Päd.⟩ *Wiedergabe von gelerntem Wissen als Gedächtnisleistung* ▸ in seinem Wohnzimmer hängen ~en berühmter Gemälde; Abl *reproduzierbar; reproduzieren*

Rep|til ⟨das; -s, -li|en od. -e⟩ *ein langes Tier mit beschuppter od. beschilderter Haut, das sich schlängelnd od. kriechend fortbewegt u. das Eier legt, z. B. Schlange od. Krokodil*

Re|pu|b|lik ⟨die; -, -en⟩ *Staatsform, bei der die Regierung auf bestimmte Zeit gewählt wird;* Abl *republikanisch*

Re|pu|b|li|ka|ner ⟨der; -s, -⟩ **1** ⟨nur Pl.⟩ *nationalistische deutsche Partei* **2** *Mitglied od. Anhänger der Republikaner (1)* **3** ⟨in den USA⟩ *Mitglied od. Anhänger einer US-amerikanischen Volkspartei* **4** ⟨allg.⟩ *Anhänger der republikanischen Staatsform* ▸ ~ und Demokraten

Re|pu|b|li|ka|ne|rin ⟨die; -, -rin|nen⟩ *weiblicher Republikaner (2-4)*

Re|pu|ta|ti|on ⟨die; -; unz.⟩ *Ruf, Ansehen* ▸ eine hohe ~ genießen; eine schlechte ~ haben

Re|qui|em ⟨das; -s, -s od. österr.: -qui|en⟩ *Totenmesse*

Re|qui|sit ⟨das; -s, -en; meist Pl.⟩ **1** *Rüstzeug, Zubehör* **2** ⟨Theat.; Film⟩ *bei einer Theateraufführung od. Filmaufnahme benötigter Gegenstand*

Re|ser|vat ⟨[-va:t] das; -(e)s, -e⟩ Syn ⟨geh.⟩ *Reservation* **1** *Schutzbezirk als Lebensraum für Ureinwohner;* Zus *Indianerreservat* **2** *ausgewiesenes Schutzgebiet für Tiere u. Pflanzen;* Zus *Naturreservat*

Re|ser|ve ⟨[-və] die; -, -n⟩ **I** ⟨zählb.⟩ **1** *für den Notfall bestimmte Rücklage, Vorrat (an Lebens-, Geldmitteln usw.);* Zus *Reservereifen; Getreidereserve, Wasserreserve* **2** ⟨Mil.⟩ *Gesamtheit der Reservisten;* Zus *Reserveoffizier, Reserveübung* **3** ⟨Sp.⟩ *Gesamtheit der Ersatzspieler;* Zus *Reservebank, Reservespieler* ▸ Leutnant der ~ ⟨Abk.: d. R.⟩ ▸ wir müssen unsere ~n anbrechen, angreifen ▸ unsere ~n sind erschöpft; stille ~n ⟨Kaufmannsspr.⟩ *Rücklagen* ▸ noch etwas in ~ haben *vorrätig, als Vorrat* **II** ⟨unz.⟩ *Zurückhaltung, kühles Wesen* ▸ seine ~ aufgeben ▸ ich versuchte ihn aus der ~ zu locken ⟨übertr.⟩

re|ser|vie|ren ⟨[-vi:-] V. trans.; re|ser|viert, re|ser|vier|te, hat re|ser|viert⟩ **1** (jmdm. od. für jmdn.) einen Platz ~ *vormerken, freihalten;* Abl *Reservierung* **2** etwas ~ *aufbewahren* ▸ für jmdn. einen Platz ~; reservierte Plätze; ich möchte gern für heute Abend einen Tisch ~; dieser Tisch ist reserviert; in diesem Kino gibt es keine reservierten Plätze; →a. *reserviert*

re|ser|viert **I** ⟨Part. Perf. von⟩ *reservieren* **II** ⟨Adj.⟩ *zurückhaltend, kühl* ▸ sich ~ verhalten; Abl *Reserviertheit*

Re|ser|vist ⟨[-vɪst] der; -en, -en⟩ **1** ⟨Mil.⟩ *ausgebildeter u. entlassener Wehrpflichtiger, der im Verteidigungsfall zur Verstärkung der Streitkräfte herangezogen wird* **2** ⟨Sp.⟩ *Reservespieler;* Abl *Reservistin*

Re|ser|voir ⟨[-voa:r] das; -s, -e⟩ **1** *Sammelbecken, Sammelbehälter (bes. für Wasser), Speicher* **2** *Vorrat* ▸ ein riesiges ~ an Ideen ⟨übertr.⟩

Re|si|denz ⟨die; -, -en⟩ **1** *Sitz eines weltlichen od. kirchlichen Oberhaupts, Regierungssitz;* Zus *Residenzstadt* **2** *Haus einer wichtigen Persönlichkeit, eines Herrschers;* Zus *Sommerresidenz*

re|si|die|ren ⟨V. intr.; re|si|diert, re|si|dier|te, hat re|si|diert⟩ irgendwo ~ *seinen Wohn-, Regierungssitz haben* ▸ der deutsche Bundespräsident residiert jetzt in Berlin

Re|si|g|na|ti|on ⟨die; -, -en; Pl. selten⟩ **1** *das Resignieren, Gefühl der Mut- u. Hoffnungslosigkeit, Niedergeschlagenheit* **2** *Verzicht, Entsagung, Ergebung (in das Schicksal)* ▸ in (tiefe) ~ verfallen; ~ breitete sich aus; von ~ erfüllt sein; das ist doch kein Grund zur ~; Abl *resignativ*

re|si|g|nie|ren ⟨V. intr.; re|si|g|niert, re|si|g|nier|te, hat re|si|g|niert⟩ *aufgeben, sich in sein Schicksal ergeben, sich abfinden* ▸ er hat resigniert; →a. *resigniert*

re|si|g|niert **I** ⟨Part. Perf. von⟩ *resignieren* **II** ⟨Adj.⟩ *niedergeschlagen, mutlos, enttäuscht, kapitulierend* ▸ ~ verließ die Mannschaft nach der Niederlage das Spielfeld

re|sis|tent ⟨Adj.; -er, am -es|ten⟩ *widerstandsfähig* (bes. von Krankheitserregern); Abl *Resistenz*

re|so|lut ⟨Adj.; -er, am -es|ten⟩ *beherzt, tatkräftig, entschlossen* ▸ eine ~e Antwort geben; ~ auftreten; ~ und konsequent handeln

Re|so|lu|ti|on ⟨die; -, -en⟩ *Beschluss, schriftliche Willens- od. Absichtserklärung einer Personengruppe* ▸ eine ~ verabschieden; eine ~ gegen den Krieg unterschreiben

Re|so|nanz ⟨die; -, -en⟩ **1** ⟨Phys.⟩ *Mitschwingen, Mittönen eines Körpers durch auf ihn einwirkende Schwingungen gleicher Wellenlänge;* Zus *Resonanzkörper* **2** ⟨übertr.⟩ *Widerhall, Anklang* ▸ mit einem Vorschlag keine ~ finden ⟨übertr.⟩

re|sor|bie|ren ⟨V. trans.; re|sor|biert, re|sor|bier|te, hat re|sor|biert; Biol.⟩ etwas ~ *aufsaugen, aufnehmen* ▸ einen gelösten Stoff ~; Abl *Resorption; resorbierbar*

re|so|zi|a|li|sie|ren ⟨V. trans.; re|so|zi|a|li|siert, re|so|zi|a|li|sier|te, hat re|so|zi|a|li|siert⟩ Obdachlose, ehemalige Strafgefangene ~ *wieder in die Gesellschaft eingliedern;* Abl *Resozialisation, Resozialisierung*

Re|s|pekt ⟨der; -(e)s; unz.⟩ **1** *Achtung* **2** *Ehrfurcht, Scheu* ▸ ~! *das haben Sie gut gemacht!;* jmdm. ~ einflößen; sich ~ verschaffen; ~ heischend = *respektheischend;* bei allem ~ für ihn, aber ich würde anders vorgehen; vor jmdm. ~ haben; Abl *Respektlosigkeit; respektlos, respektvoll*

re|s|pek|ta|bel ⟨Adj.; -ta|bler od. -tab|ler, am -s-ten⟩ **1** *achtungeinflößend, angesehen, geachtet* **2** *recht gut* ▸ eine respektable Leistung; Syn *respektierlich;* Abl *Respektabilität*

re|s|pekt|hei|schend *auch:* **Re|s|pekt hei|schend** ⟨Adj.⟩ *Respekt fordernd* ▸ eine ~er Blick

re|s|pek|tie|ren ⟨V. trans.; re|s|pek|tiert, re|s|pek|tier|te, hat re|s|pek|tiert⟩ jmdn. od. etwas ~ *vor jmdm. od. etwas Respekt haben, jmdn. od. etwas achten* ▸ jmds. Meinung, Wunsch ~

Re|s|pekts|per|son ⟨die; -, -en⟩ *jmd., der Respekt genießt od. beanspruchen kann*

Res|sen|ti|ment ⟨[rɛsãtimã:] das; -s, -s⟩ **1** *gefühlsbedingtes Vorurteil* **2** ⟨Pl.⟩ ~s *negative Gefühle, wie Abneigung, Groll, Hass, Rachegefühl*

Res|sort ⟨[rɛso:r] das; -s, -s⟩ *Amts-, Verwaltungsbereich, Aufgabengebiet, Zuständigkeitsbereich* ▸ das ist (nicht) mein ~; das gehört zu meinem ~; Zus *Ressortchef(in), Ressortleiter(in)*

Res|sour|ce ⟨[rəsursə] die; -, -n; meist Pl.⟩ *Geld-, Hilfs-, Rohstoffquelle* ▸ alle ~n an Bodenschätzen ausbeuten; die natürlichen ~n sind begrenzt; auf finanzielle ~n zurückgreifen

Rest ⟨der; -(e)s, -e⟩ **1** ⟨in der Kaufmannsspr., bes. bei Schnittwaren Pl. a.: -er, schweiz. -en⟩ *Übrigbleibendes, Übriggebliebenes, Überbleibsel, Rückstand;* Zus *Restbestand, Restrisiko, Reststrafe; Essensrest, Stoffrest* **2** ⟨Math.⟩ *die Zahl, die übrig bleibt, wenn eine Rechenaufgabe nicht aufgeht* (9 : 2 = 4 ~ 1); Zus *Restbetrag, Restsumme* ▸ für den ~ meines Lebens; der ~ ist Schweigen *darüber spricht man besser nicht;* es ist noch ein ~ Suppe da; der ~ des Tages, unse-

R

res Urlaubs ▸ die ~e vom Mittagessen aufwärmen; jmdm. den ~ geben ⟨übertr.⟩ *ihn ruinieren; ans Ende seiner Nervenkraft bringen;* er hat eine Anzahlung geleistet, den ~ gibt er uns später; sich den ~ holen ⟨übertr.; umg.⟩ *eine leichte Krankheit verschlimmern;* ▸ die sterblichen ~e zur letzten Ruhe betten *den Toten beerdigen;* ein kleiner, schäbiger, trauriger ~

Re|s|tau|rant ⟨[rɛstorã:] das; -s, -s⟩ *(feinere) Gaststätte, Speiselokal* ▸ ein ~ eröffnen, schließen, übernehmen; in ein, ins ~ gehen; um wie viel Uhr wollen wir ins ~ gehen?; kennen Sie ein gutes ~, in dem man chinesisch essen kann?; Zus *Restaurantbesitzer(in), Restaurantbetrieb; Chinarestaurant, Nobelrestaurant*

Re|s|tau|ra|ti|on[1] ⟨[-stau-] die; -, -en⟩ **1** *Wiederherstellung des ursprünglichen Zustands eines Kunstwerkes;* →a. *rekonstruieren (1);* Abl *Restaurator(in)* **2** ⟨Pol.⟩ *Wiederherstellung einer früheren Gesellschaftsordnung, Wiedereinsetzung eines gestürzten Herrscherhauses;* Abl *restaurativ*

Re|s|tau|ra|ti|on[2] ⟨[-sto-] die; -, -en; veraltet; noch österr.⟩ = *Restaurant;* Zus *Bahnhofsrestauration*

re|s|tau|rie|ren ⟨[-tau-] V. trans.; re|s|tau|riert, re|s|tau|rier|te, hat re|s|tau|riert⟩ etwas ~ *wiederherstellen, erneuern, ausbessern (bes. Kunstwerke);* Abl *Restaurierung*

rest|lich ⟨Adj.⟩ *als Rest vorhanden, übrig* ▸ meine ~en Möbel; die ~en Raten bezahlen

rest|los ⟨Adj.⟩ **1** *keinen Rest übrig lassend* **2** *völlig, ganz u. gar* ▸ eine Angelegenheit ~ aufklären; Schulden ~ begleichen; ~ zufrieden sein

Rest|müll ⟨der; -s; unz.⟩ *nach dem Aussortieren von wiederverwertbaren Abfällen (Altpapier, Kunststoffe, Glas usw.) verbleibender Hausmüll*

Rest|pos|ten ⟨der; -s, -⟩ *restliche Ware* ▸ einen ~ Wolle billig abgeben, verkaufen

re|s|t|rik|tiv ⟨Adj.⟩ *einengend, einschränkend, begrenzend* ▸ ~e Politik, Regeln

Rest|ur|laub ⟨der; -(e)s; unz.⟩ *die jmdm. zustehenden, aber im vergangenen Jahr nicht in Anspruch genommenen Urlaubstage*

Re|sul|tat ⟨das; -(e)s, -e⟩ **1** *Ergebnis (z. B. einer Rechnung);* Zus *Endresultat* **2** *Erfolg* ▸ ~e vorweisen können; wissen Sie schon die ~e der Prüfung?

re|sul|tie|ren ⟨V. intr.; re|sul|tiert, re|sul|tier|te, hat re|sul|tiert⟩ aus etwas ~ *sich (als Schlussfolgerung) ergeben, folgen* ▸ daraus resultiert, dass …

Re|sü|mee ⟨das; -s, -s⟩ *Zusammenfassung, Übersicht* ▸ ein ~ ziehen; Syn ⟨österr., schweiz.⟩ *Resumé;* Abl *resümieren*

Re|tor|te ⟨die; -, -n; meist in der Wendung⟩ aus der ~ ⟨übertr.; umg.⟩ *künstlich erzeugt, hergestellt*

re|tour ⟨[rətu:r] Adv.⟩ *zurück*

Re|tour|kut|sche ⟨[rətu:r-] die; -, -n; übertr.; umg.⟩ *das Zurückgeben eines Vorwurfs mit den gleichen Worten*

re|t|ro ⟨Adj.; undekl.; umg.⟩ *rückwärtsgewandt, zurückblickend, vergangene Trends u. Moden nachahmend* ▸ das neue Design wirkt ~

re|t|ro…, Re|t|ro… ⟨in Zus.⟩ **1** *zurück…, rückwärts…, Rück…, Rückwärts…* **2** ⟨Anat.; Med.⟩ *hinten gelegen* **3** *die Mode vergangener Epochen aufgreifend*

Re|t|ro|s|pek|ti|ve ⟨die; -, -n⟩ *Rückblick, Rückschau, bes. auf das Gesamtwerk eines Künstlers;* Abl *retrospektiv*

ret|ten ⟨V. trans.; ret|tet, ret|te|te, hat ge|ret|tet⟩ jmdn., sich od. etwas ~ *(aus Gefahr) befreien, in Sicherheit bringen, bewahren* ▸ rette sich, wer kann! ▸ jmdm. das Leben ~; die Schiffbrüchigen, Verunglückten konnten gerettet werden ▸ sich aufs Dach ~; jmdn. aus dem Feuer ~; er konnte sich durch die Flucht ~; sie konnten in letzter Minute gerettet werden *gerade noch;* er ist nicht mehr zu ~ ⟨übertr.; umg.⟩ *es ist sinnlos zu hoffen, einen positiven Einfluss auf ihn ausüben zu können;* sich unter ein schützendes Dach ~; jmdn. vor dem Ertrinken, vor drohendem Unheil ~ ▸ er erschien als ~der Engel ⟨übertr.; umg.⟩; da kam ihm der ~de Gedanke; eine ~de Tat

Ret|ter ⟨der; -s, -⟩ *jmd., der einen anderen rettet, Befreier* ▸ ~ in der Not; Abl *Retterin;* Zus *Lebensretter*

Ret|tich ⟨der; -s, -e⟩ *Gemüsepflanze mit verdickten, würzig schmeckenden Wurzeln*

Ret|tung ⟨die; -, -en⟩ **1** *Befreiung aus, Bewahrung vor Gefahr, Hilfe;* Zus *Rettungsaktion, Rettungsboot, Rettungshubschrauber, Rettungsmannschaft, Rettungswagen* **2** ⟨österr. a.⟩ *Krankenwagen* ▸ jmdm. ~ bringen; für ihn gibt es keine ~ mehr; sie war seine letzte ~ *die Letzte, die ihm helfen konnte;* an seine ~ denken; auf ~ hoffen; ~ in letzter Minute

Ret|tungs|in|sel ⟨die; -, -n⟩ *sich selbsttätig aufblasendes Schlauchboot für Seenotfälle*

Ret|tungs|kräf|te ⟨Pl.⟩ *Hilfskräfte, die zur Rettung von Verletzten od. Personen in Not beitragen* ▸ die ~ bergen die Verletzten

ret|tungs|los ⟨Adj.⟩ *so, dass keine Rettung, Hilfestellung mehr möglich ist* ▸ das ist ~ verloren; er ist ~ verliebt ⟨umg.⟩; die Sache ist ~ verfahren ⟨umg.⟩

Ret|tungs|ring ⟨der; -s, -e⟩ *Ring zur Rettung Schiffbrüchiger od. Ertrinkender*

re|tu|schie|ren ⟨V. trans.; re|tu|schiert, re|tu|schier|te, hat re|tu|schiert⟩ eine Bildvorlage ~ *ausbessern, überarbeiten* ▸ jmdn. aus einer Fotografie ~ *ihn aus der F. entfernen;* Abl *Retusche*

Reue ⟨die; -; unz.⟩ **1** *schmerzliches Bedauern über das eigene Tun, brennender Wunsch, eine Handlung rückgängig machen zu können* **2** *Bereitschaft zur Buße* ▸ große ~, keine ~ fühlen, zeigen; bittere, tiefe ~ empfinden; Abl *reuevoll, reuig*

reu|en ⟨V. trans.; reut, reu|te, hat ge|reut; geh.⟩ **1** es reut mich, dass … *es tut mir leid, ich bedauere es* **2** das Geld, die Zeit reut mich *ich wünschte, ich hätte das Geld nicht ausgegeben, die Zeit nicht vergeudet*

reu|mü|tig ⟨Adj.; meist adv.⟩ *voller Reue, reuig* ▸ ~ zurückkehren

Reu|se ‹die; -, -n› *ein fassartiger, sich nach innen verengender Behälter zu Fangen von Fischen*

re|üs|sie|ren ‹V. intr.; re|üs|siert, re|üs|sier|te, hat re|üs|siert; geh.› *Erfolg haben* ▸ er konnte ~

Re|van|che ‹[rəvã:ʃə] die; -, -n› **1** *Rache* **2** ‹bes. Sp.› *Möglichkeit, eine Niederlage in einem neuen Kampf wettzumachen* ▸ ~ geben; ~ verlangen

re|van|chie|ren ‹[rəvãʃi:-] V. refl.; re|van|chiert sich, re|van|chier|te sich, hat sich re|van|chiert› sich (bei jmdm.) (für etwas) ~ *jmdm. etwas (Böses od. Gutes) vergelten* ▸ sich für eine Beleidigung ~; sich für eine Einladung, für ein Geschenk ~

Re|van|chis|mus ‹[-vãʃɪs-] der; -; unz.; Pol.› **1** *politische Haltung, deren Ziel die Rache für militärische Niederlagen ist* **2** *Streben nach Rückgewinnung verlorener Landesteile od. Wiederherstellung früherer gesellschaftlicher Zustände mit militärischen Mitteln;* Abl *Revanchist(in); revanchistisch*

Re|ve|renz ‹[-və-] die; -, -en› **1** *Ehrerbietung* **2** *Ehrenbezeigung* ▸ jmdm. seine ~ erweisen

Re|vers ‹[rəvɛ:r] das od. der, österr. nur der; -[-vɛ:rs], - [-vɛ:rs]› *Aufschlag an Jacke, Kleid od. Mantel* ▸ eine Blume am ~ tragen

re|ver|si|bel ‹[-vɛr-] Adj.› Ggs *irreversibel* **1** *umkehrbar* **2** ‹Med.› *heilbar;* Abl *Reversibilität;* Bes *bei Beugung entfällt das „e" in der Endsilbe: „reversible Prozesse"*

re|vi|die|ren ‹[-vi-] V. trans.; re|vi|diert, re|vi|dier|te, hat re|vi|diert› etwas ~ *(über)prüfen, überdenken, ändern* ▸ seine Meinung ~

Re|vier ‹[-vi:r] das; -s, -e› **1** *Bezirk, Gebiet* **2** *Abbaugebiet;* Zus *Kohlenrevier* **3** *Waldbezirk, Jagdgebiet;* Zus *Jagdrevier* **4** *Polizeidienststelle, Meldestelle;* Zus *Polizeirevier*

Re|vi|si|on ‹[-vi-] die; -, -en› **1** ‹Rechtsw.› *Anrufung einer höheren Instanz zur nochmaligen Entscheidung einer Rechtsfrage* **2** *(nochmalige) Durchsicht, Prüfung, Überprüfung* ▸ ~ beantragen, einlegen ‹Rechtsw.›

Re|vi|val ‹[rɪvaɪvəl] das; -s, -s› *Neubelebung*

Re|vol|te ‹[-vɔl-] die; -, -n› *Aufruhr, Aufstand, Empörung* ▸ eine ~ anzetteln

re|vol|tie|ren ‹[-vɔl-] V. intr.; re|vol|tiert, re|vol|tier|te, hat re|vol|tiert; a. übertr.› (gegen etwas) ~ *sich empören, auflehnen* ▸ sein Magen revoltierte ‹übertr.› *er musste sich übergeben*

Re|vo|lu|ti|on ‹[-vo-] die; -, -en› **1** *grundlegende Umwälzung* **2** *politischer Umsturz* ▸ eine ~ bricht aus, wird niedergeschlagen, niedergeworfen, unterdrückt; die Französische ~; die industrielle ~; eine technische, wissenschaftliche ~; Abl *revolutionieren;* Zus *Revolutionsführer(in)*

re|vo|lu|ti|o|när ‹[-vo-] Adj.› **1** *eine Revolution herbeiführend, für sie eintretend* **2** *umwälzend* ▸ ~e Fortschritte in der Medizin; Abl *Revolutionär(in)*

Re|vo|luz|zer ‹[-vo-] der; -s, -; abwertend› *Berufsrevolutionär* ▸ ein ewiger ~

Re|vol|ver ‹[-vɔlvər] der; -s, -› *Mehrladepistole mit trommelförmigem Magazin;* Zus *Revolverheld*

Re|vue ‹[rəvy:] die; -, -n› *musikalisches Bühnenstück mit großer Ausstattung u. mit Ballett* ▸ etwas ~ passieren lassen *(in Gedanken) an sich vorüberziehen lassen;* Zus *Revuefilm*

re|zen|sie|ren ‹V. trans.; re|zen|siert, re|zen|sier|te, hat re|zen|siert› etwas ~ *(in den Medien) kritisch besprechen* ▸ der Kritiker hat den neuen Roman gut rezensiert; Abl *Rezensent(in), Rezension*

Re|zept ‹das; -(e)s, -e› **1** *Vorschrift, Anleitung zum Zubereiten einer Speise;* Zus *Backrezept, Kochrezept* **2** *schriftliche Anweisung des Arztes an den Apotheker zur Abgabe eines Medikamentes* **3** ‹übertr.; umg.› *Mittel* ▸ ein ~ ausstellen, schreiben; ein neues ~ ausprobieren; dieses Medikament gibt es nur auf ~; ein ~ für Schmerztabletten bekommen

re|zept|frei ‹Adj.› *ohne Rezept erhältlich* ▸ ~es Medikament

Re|zep|ti|on ‹die; -, -en› **1** *Stelle, an der Hotelgäste empfangen werden, Empfang* **2** ‹Kunst; Lit.; Film› *die Aufnahme, das Verstehen von Kunstwerken, bes. von literar. Werken, beim Publikum bzw. Leser* ▸ etwas an der ~ abgeben, abholen; bitte melden Sie sich an der ~; die ~ des Romans war gut

re|zept|pflich|tig ‹Adj.› *nur gegen ärztliches Rezept erhältlich* ▸ ein ~es Medikament

Re|zep|tur ‹die; -, -en› **1** *Herstellung einer Arznei nach einem Rezept* **2** *Zusammensetzung, Art der Zubereitung einer Speise o. Ä.* ▸ die ~ ändern

Re|zes|si|on ‹die; -, -en; Wirtsch.› *Phase des konjunkturellen Rückgangs der Wirtschaft*

re|zes|siv ‹Adj.; Biol.› *von anderen Erbanlagen überdeckt;* Ggs *dominant (2);* Abl *Rezessivität*

re|zi|pie|ren ‹V. trans.; re|zi|piert, re|zi|pier|te, hat re|zi|piert› etwas ~ *(Kunstwerke o. Ä.) annehmen, verstehen* ▸ Fachliteratur, Texte ~; Abl *Rezipient(in)*

re|zi|p|rok ‹Adj.› **1** *wechselseitig, gegenseitig* **2** *umgekehrt* ▸ ~es Verb ‹Gramm.› *reflexives Verb, das die Gegenseitigkeit der Handlung zweier Subjekte ausdrückt,* z. B. sie küssten sich (einander); Abl *Reziprozität*

re|zi|tie|ren ‹V. trans.; re|zi|tiert, re|zi|tier|te, hat rezi|tiert› ein Gedicht, einen Text ~ *künstlerisch vortragen;* Abl *Rezitation*

re|zy|k|lie|ren ‹V. trans.; re|zy|k|liert, re|zy|k|lier|te, hat re|zy|k|liert; schweiz.› etwas ~ = *recyceln*

Rha|bar|ber ‹der; -s; unz.› *Pflanze mit großen Blättern, deren sehr saure, rote u. grüne Stiele z. B. als Kompott gegessen werden;* Abl *Rhabarbergelee, Rhabarberkompott, Rhabarberkuchen*

Rhap|so|die ‹die; -, -n; Mus.› **1** *balladenhaft erzählendes Gesangstück* **2** *Instrumentalstück über Volksweisen, meist balladenhaft;* Abl *rhapsodisch*

rhei|nisch ‹Adj.› *zum Rhein u. seiner Landschaft gehörig, von dort stammend*

Rhein|län|der ‹der; -s, -› *Bewohner des Rheinlandes;* Abl *Rheinländer(in); rheinländisch*

Rhein|wein ‹der; -(e)s, -e› *am Rhein u. an den einmündenden Flusstälern gezogener Wein*

Rhe|sus|fak|tor ‹der; -s; unz.; kurz: Rh-Faktor› *erbliche Eigenschaft der roten Blutkörperchen, de-*

ren Vorhandensein bei Bluttransfusionen u. Schwangerschaften überprüft wird, um gesundheitlichen Schäden vorzubeugen

Rhe|to|rik ⟨die; -; unz.⟩ **1** *Redekunst* **2** *Lehre von der Redekunst;* Abl *Rhetoriker(in)*

rhe|to|risch ⟨Adj.⟩ *die Rhetorik betreffend, auf ihr beruhend, rednerisch* ▸ ~e Frage *F., auf die keine Antwort erwartet wird (als Stilmittel)*

Rheu|ma ⟨das; -s; unz.; kurz für⟩ *schmerzhafte Entzündung von Gelenken, Muskeln u. Sehnen;* Syn *Rheumatismus;* Abl *rheumatisch*

Rhi|no|ze|ros ⟨das; - od. -ros|ses, -ros|se⟩ **1** = *Nashorn* **2** ⟨übertr.; umg.⟩ *Dummkopf, Tölpel*

Rho|do|den|d|ron ⟨das od. der; -s, -den|d|ren; Bot.⟩ *ein immergrüner, üppig u. farbenfroh blühender Busch*

Rhom|bus ⟨der; -, Rhom|ben; Geom.⟩ *schiefwinkliges Parallelogramm mit gleichen Seiten*

Rhyth|men ⟨Pl. von⟩ *Rhythmus*

Rhyth|mus ⟨der; -, Rhyth|men⟩ **1** *Gliederung von Tönen nach einem bestimmten, wiederkehrenden Schema, Takt;* Zus *Rhythmusinstrument; Sprechrhythmus* **2** *regelmäßige Wiederkehr von Vorgängen;* Zus *Arbeitsrhythmus* ▸ seinen eigenen ~ finden; im ~ bleiben; nach einem ~ tanzen; Abl *Rhythmik; rhythmisch*

rich|ten ⟨V.; rich|tet, rich|te|te, hat ge|rich|tet⟩ **I** ⟨V. trans.⟩ **1** etwas irgendwohin ~ *in die richtige Lage, Stellung, Richtung bringen* **2** etwas ~ **2.1** *(richtig) einstellen* **2.2** *instand setzen, in Ordnung bringen* **3** ⟨geh.⟩ jmdn. ~ *hinrichten* ▸ er hat sich selbst gerichtet *er hat sich der Verurteilung durch Selbstmord entzogen* ▸ die Betten für die Gäste ~; er hat mir mein Fahrrad wieder gerichtet; ein Gebäude ~ *die Dachbalken eines Gebäudes aufsetzen* ▸ eine Aufforderung, eine Bitte, eine Frage an jmdn. ~ *ihn auffordern, bitten, fragen;* das Wort an jmdn. ~ *ihn anreden;* seine Aufmerksamkeit, sein Interesse auf etwas ~; seinen Blick, seine Gedanken auf etwas ~; sie sah, fühlte seine Blicke auf sich gerichtet; die Waffe auf ein Ziel ~; sein ganzes Streben ist darauf gerichtet, möglichst schnell Karriere zu machen; alles war für seinen Empfang gerichtet; gegen wen richtet sich deine Kritik?; die Waffe gegen etwas od. jmdn. ~; ihr Blick richtete sich in die Ferne; sie konnte sich vor Rückenschmerzen kaum in die Höhe ~ *aufrichten;* jmdn. zugrunde ~ *jmdn. in seiner Existenz vernichten* **II** ⟨V. intr.⟩ *ein Urteil fällen, Recht sprechen, urteilen* ▸ gerecht, milde, streng, unparteiisch in einer Sache ~ ▸ über jmdn. od. etwas ~ **III** ⟨V. refl.⟩ **1** sich nach etwas ~ *bestimmte Vorschriften befolgen* **2** sich nach jmdm. ~ *jmds. Anweisungen befolgen, seinen Wünschen entsprechen* ▸ ~ Sie sich bitte danach! *bitte verhalten Sie sich so, wie man es Ihnen gesagt hat;* was wir weiter tun werden, richtet sich ganz danach, ob …; er richtet sich nicht nach den Vorschriften; sich nach jmds. Wünschen ~

Rich|ter ⟨der; -s, -⟩ **1** *jmd., der über etwas od. jmdn. richtet* **2** *mit der Entscheidung von Rechtsstreitigkeiten vom Staat bevollmächtigter Beamter* ▸ ein gerechter, milder, strenger ~; der höchste ~ *Gott;* jmdn. od. etwas vor den ~ bringen; er erklärt sich zum ~ über seine Mitmenschen; ~ über Leben und Tod; Abl *Richterin*

rich|ter|lich ⟨Adj.⟩ *zum Richter u. seinem Amt gehörend, auf ihnen beruhend* ▸ eine ~e Entscheidung; ~e Gewalt *Judikative;* →a. *gesetzgebend, vollziehen;* ~es Gutachten; ~es Urteil

Rich|ter|ska|la *auch:* **Rich|ter-Ska|la** ⟨die; -, -skalen⟩ *nach oben offene Skala zum Messen der Stärke von Erdbeben*

Richt|fest ⟨das; -(e)s, -e⟩ *Fest der Bauhandwerker, wenn der Dachstuhl eines Neubaus aufgesetzt ist;* Syn ⟨schweiz.⟩ *Aufrichte*

rich|tig ⟨Adj.⟩ **I** ⟨attr.; adv.; präd.⟩ **1** *so, wie es sein soll, genau stimmend, passend* **2** *regelrecht, fehlerfrei* **3** *den Tatsachen entsprechend, zutreffend* **4** *echt, eigentlich, wirklich* ▸ ~! ⟨bestätigend, ermunternd⟩ ▸ du gehst von der ~en Annahme, Voraussetzung aus, dass …; die Antwort war ~; er kam gerade im ~en Augenblick; es war ein ~es Durcheinander; den ~en Farbton treffen; wir spielen um ~es Geld *nicht um Spielgeld;* sie ist eine ~e Hexe ⟨übertr.⟩ *sehr bösartig;* er ist noch ein ~es Kind; ich will versuchen, die Dinge ins ~e Licht zu rücken ⟨übertr.⟩ *klarzumachen;* sein ~er Name ist …; er findet nie das ~e Maß; er hat das ~e Parteibuch in der Tasche ⟨umg.⟩ *als Mitglied der einflussreichsten Partei wird seine Karriere gefördert;* wir hatten in diesem Jahr keinen ~en Sommer; das ~e Verhältnis finden; ist dies der ~e Weg nach München?; auf dem ~en Wege sein ⟨a. übertr.⟩; es ist der ~e Zeitpunkt dafür ▸ ein Fremdwort ~ aussprechen, betonen; etwas ~ beurteilen; geht deine Uhr ~?; lernen: er hat nichts Richtiges gelernt *er hat keine ordentliche Berufsausbildung;* etwas ~ machen; ~ rechnen; ein Wort ~ schreiben; das kann nicht ~ sein; du bist (mir) der Richtige! ⟨iron.⟩ *gerade dich kann ich dabei, dafür nicht gebrauchen;* etwas ist da nicht ~ ⟨übertr.; umg.⟩ *nicht in Ordnung;* ~ urteilen; wenn ich ihn ~ verstanden habe, will er wegfahren ▸ das ist ganz ~; er ist nicht ganz ~ (im Kopf) ⟨übertr.⟩ *er ist ein bisschen verrückt;* ~ gehend = *richtiggehend*[1]; es ist gerade ~ (so); du kommst gerade ~ ⟨übertr.; umg.⟩ *zu einem günstigen Zeitpunkt;* es ist sicher ~, dass … ▸ sie ist an den Richtigen geraten *sie hat den passenden Mann gefunden;* da bist du aber an den Richtigen geraten! ⟨iron.⟩ *an den Falschen;* etwas für ~ halten; sehr ~! **II** ⟨adv.; umg.⟩ **1** *tatsächlich* **2** *sehr* ▸ ~, genauso hieß er *jetzt erinnere ich mich wieder an seinen Namen* ▸ er wurde ~ ärgerlich, zornig; es war ~ nett; →a. *recht*

rich|tig|ge|hend *auch:* **rich|tig ge|hend** ⟨Adj.⟩ **I** ⟨Zusammen- u. Getrenntschreibung⟩ *die richtige Zeit anzeigend* ▸ eine ~e Uhr **II** ⟨nur Zusammenschreibung⟩ *vollkommen, ausgesprochen, wirklich* ▸ ein richtiggehender Skandal

Rich|tig|keit ⟨die; -; unz.⟩ *das Richtigsein, ord-*

R

nungsgemäße Beschaffenheit ▸ die ~ einer Abschrift beglaubigen, bescheinigen, bestätigen; die ~ einer Aussage anzweifeln, bezweifeln; es wird schon seine ~ haben *es wird schon richtig sein;* an der ~ einer Behauptung zweifeln

rich|tig|lie|gen ⟨V. intr.; liegt rich|tig, lag rich|tig, hat rich|tig|ge|le|gen, rich|tig|zu|lie|gen; übertr.; umg.⟩ (mit etwas) ~ **1** *Recht haben* **2** *etwas Angemessenes, Richtiges tun* ▸ damit liegst du richtig; mit Blumen liegst du bei ihr immer richtig

rich|tig|stel|len ⟨V. trans.; stellt rich|tig, stell|te rich|tig, hat rich|tig|ge|stellt, rich|tig|zu|stel|len⟩ etwas ~ *berichtigen* ▸ eine falsche Aussage ~; Abl *Richtigstellung*

Richt|li|nie ⟨[-njə] die; -, -n; meist Pl.⟩ *Grundsatz, Vorschrift, Anweisung* ▸ die ~n beachten; sich an die ~n halten; eine EU-~ umsetzen

Richt|schnur ⟨die; -; unz.⟩ **1** *Schnur, mit der Maurer, Gärtner usw. gerade Linien ziehen* **2** ⟨übertr.⟩ *Grundsatz, nach dem man sich richtet* ▸ das soll mir als ~ dienen

Rich|tung ⟨die; -, -en⟩ **1** *das Gerichtetsein;* Abl *Richtungslosigkeit; richtungslos* Zus *Richtungsänderung, Richtungswechsel; Fahrtrichtung, Himmelsrichtung, Windrichtung* **2** *Wendung auf ein Ziel zu, Verlauf* **3** *Strömung, Bewegung, Ausrichtung, Auffassung (in Literatur, Musik, Politik usw.);* Zus *Kunstrichtung, Stilrichtung* **4** ⟨übertr.⟩ *Neigung, Streben* ▸ die ~ eines Flusses; die ~ einer Partei ▸ die ~ ändern, beibehalten, halten, wechseln; einer bestimmten politischen ~ angehören *sie vertreten;* die ~ anzeigen (beim Autofahren); eine falsche ~ einschlagen; sein: das ist nicht meine ~ ⟨übertr.⟩; jmdm. die ~ zeigen ▸ eine andere ~ einschlagen, nehmen; eine bestimmte ~ vertreten; in nördlicher ~ fliegen; eine politische ~; das ist die verkehrte ~ ▸ aus welcher ~ ist das Auto gekommen?; in welche ~ gehst du?; in entgegengesetzter ~ gehen; in dieser ~ habe ich noch nichts unternommen ⟨umg.⟩ *in dieser Hinsicht;* in ~ Bochum fahren

R

Rich|tungs|an|zei|ger ⟨der; -s, -; Kfz⟩ = *Blinker;* Zus *Fahrtrichtungsanzeiger*

rich|tung|wei|send ⟨Adj.⟩ *wegweisend, bestimmend;* oV *richtungsweisend;* Syn *richtunggebend* ▸ für etwas ~ sein

Richt|wert ⟨der; -(e)s, -e⟩ *vorgegebener Vergleichswert, an dem Werte gemessen werden können*

Ri|cke ⟨die; -, -n⟩ *weibliches Reh*

rieb → *reiben*

rie|chen ⟨V.; riecht, roch, hat ge|ro|chen⟩ **I** ⟨V. intr.⟩ **1** *einen Geruch von sich geben, ausströmen* **2** an etwas ~ *einen Geruch an etwas wahrzunehmen suchen* ▸ sein Atem riecht ▸ es riecht angebrannt; angenehm, gut, scharf, schlecht, stark, streng, unangenehm, widerlich ~; ihr Parfüm riecht dezent, frisch, herb ▸ an einer Blume ~; er riecht aus dem Mund; in der Wohnung riecht es nach Fisch; es roch nach Gas; er riecht nach Schweiß **II** ⟨V. trans.⟩ etwas ~ *einen Geruch von etwas wahrnehmen* ▸ riechst du nichts?; hast du es gerochen? ⟨a. übertr.; umg.⟩ *geahnt?* ▸ das kann ich doch nicht ~! ⟨übertr.; umg.⟩ *woher soll ich das wissen?;* etwas od. jmdn. nicht ~ können ⟨übertr.; umg.⟩ *nicht leiden können*

Rie|cher ⟨der; -s, -; übertr.; umg.; derb⟩ *Nase* ▸ er hat den richtigen ~ dafür ⟨übertr.; umg.⟩ *ein Gefühl, Ahnungsvermögen dafür*

Ried ⟨das; -(e)s, -e⟩ **1** = *Schilf* **2** = *Moor*

rief → *rufen*

Rie|ge ⟨die; -, -n; bes. Sp.⟩ *Gruppe (von Turnern);* Zus *Damenriege, Herrenriege*

Rie|gel ⟨der; -s, -⟩ **1** *einseitige Verschlussvorrichtung an Türen, Fenstern;* Zus *Eisenriegel, Fensterriegel, Holzriegel, Metallriegel, Türriegel* **2** *eingeteilter, schmaler Streifen, z. B. bei Schokolade;* Zus *Schoko(laden)riegel* ▸ ein ~ Schokolade; den ~ vorlegen, vorschieben (an der Tür); einer Sache einen ~ vorschieben ⟨übertr.⟩ *sie od. ihre Wiederholung verhindern*

Rie|men[1] ⟨der; -s, -⟩ **1** *Streifen aus Leder, Gummi od. Stoff (oft zur Kraftübertragung);* Zus *Keilriemen, Treibriemen* **2** *Lederstreifen mit Schnalle u. Löchern zum Verschließen (als Gürtel, am Schuh usw.)* ▸ sich am ~ reißen ⟨übertr.; umg.⟩ *sich zusammenreißen, sich anstrengen*

Rie|men[2] ⟨der; -s, -; Mar.⟩ *Ruder* ▸ sich (tüchtig) in die ~ legen *kräftig rudern*

Rie|se ⟨der; -n, -n⟩ **1** *übernatürlich große, menschliche Märchen- u. Sagengestalt* **2** ⟨übertr.⟩ *sehr großer Mensch* ▸ im Märchen gibt es ~n und Zwerge; Abl *Riesin; riesenhaft*

rie|seln ⟨V. intr.; rie|selt, rie|sel|te, hat/ist ge|rie|selt⟩ **1** *sacht fließen, rinnen* **2** *in feinen Tropfen fallen* (Regen) ▸ ein Bach rieselt; Blut ist aus der Wunde gerieselt; der Schnee rieselte leise vom Himmel; Sand durch die Finger ~ lassen; es ist mir kalt über den Rücken gerieselt ⟨übertr.⟩

rie|sen..., Rie|sen... ⟨in Zus.; verstärkend⟩ *sehr groß, übermäßig groß,* z. B. Riesenanstrengung, Riesenerfolg, Riesenhunger, Riesenspaß, riesenstark

rie|sen|groß ⟨Adj.; umg.; verstärkend⟩ *sehr, übermäßig groß* ▸ eine ~e Bitte; ein ~es Haus

Rie|sen|rad ⟨das; -(e)s, -rä|der⟩ *Karussell in Form eines riesigen, senkrechtstehenden Rades, an dessen Rand Gondeln für Fahrgäste angebracht sind*

Rie|sen|schritt ⟨der; -(e)s, -e⟩ *langer ausgreifender Schritt* ▸ mit ~en rückt der Termin näher ⟨übertr.⟩ *sehr schnell*

Rie|sen|sla|lom ⟨der; -s, -s; Sp.⟩ *Skirennen, bei dem weit gesetzte Tore zu durchfahren sind*

rie|sig ⟨Adj.⟩ **I** ⟨attr.; präd.⟩ **1** *groß wie ein Riese, sehr, übermäßig groß* **2** ⟨übertr.⟩ *gewaltig, schrecklich* **3** ⟨umg.⟩ *toll, hervorragend* ▸ der Baum ist ~; ein Brand von ~en Ausmaßen **II** ⟨adv.; umg.⟩ *sehr* ▸ sich ~ freuen; es war ~ nett

Ries|ling ⟨der; -s, -e⟩ *edle Traubensorte für Weißweine*

riet → *raten*

ri|gi|de ⟨Adj.⟩ *steif, starr, streng;* oV *rigid* ▸ eine Vorschrift ~ handhaben; ~ Sparmaßnahmen treffen; Abl *Rigidität*

Ri|gips ⟨der; -es; unz.⟩ *beidseitig mit Pappe beschichtete Gipsplatte;* Zus *Rigipsplatte*

ri|go|ros ⟨Adj.; -er, am -es|ten⟩ **1** *streng, hart, unerbittlich* **2** *scharf, rücksichtslos* ▸ sich ~ durchsetzen; ~ vorgehen; Abl *Rigorosität*

Rik|scha ⟨die; -, -s; in Ostasien⟩ *zweirädriger Wagen zur Personenbeförderung, der von einem Mann zu Fuß od. mit Fahrrad gezogen wird*

Ril|le ⟨die; -, -n⟩ *Furche, Rinne, Kerbe*

Rind ⟨das; -(e)s, -er⟩ **1** ⟨Zool.⟩ *vierbeiniges, schweres Tier mit Hörnern, Wiederkäuer, der Gras frisst u. als Milch- u. Fleischlieferant gehalten wird;* Zus *Rindfleisch, Rindleder* **2** *das Fleisch des Rindes (1) als Speise;* Zus *Rinderbraten, Rinderfilet*

Rin|de ⟨die; -, -n⟩ **1** *äußerer Gewebemantel an Stamm, Ast od. Wurzel höherer Pflanzen;* Zus *Baumrinde* **2** *bei Menschen u. Tieren das Mark mancher Organe umgebende Schicht;* Zus *Hirnrinde* **3** *Kruste, Schale;* Zus *Brotrinde, Käserinde* ▸ die ~ des Baumes; eine glatte, raue, rissige ~; Namen in die ~ des Baumes ritzen

Rin|der|wahn|sinn ⟨der; -(e)s; unz.; umg.⟩ = *BSE*

Rind|vieh **I** ⟨das; -s; unz.; Sammelbez. für⟩ *Rinder* ▸ 15 Stück ~; ~ halten, züchten **II** ⟨das; -s, -viecher; derb⟩ *dummer Mensch*

Ring ⟨der; -(e)s, -e⟩ **1** *kreisförmiger Gegenstand;* Abl *ringförmig* **1.1** *Reif, besonders als Schmuck;* Zus *Fingerring* **1.2** *Reif aus Eisen o. Ä. zum Befestigen von Tauen, Schnüren usw.* **1.3** *Metallreif als Fußring bei Vögeln, als Nasenring bei Stieren* **1.4** *Reif aus Gummi als Wurfspielgerät* **2** ⟨Sp.⟩ *abgegrenzter Platz für Wettkämpfe (besonders beim Boxen);* Zus *Boxring* **3** *kreisförmige Straße um den Stadtkern;* Zus *Ringstraße; Innenstadtring* **4** *kreisförmige Zeichnung im Holz;* Zus *Jahresring* **5** *Vereinigung von Personen, die gemeinsame Ziele verfolgen;* Zus *Drogenring* **6** ⟨Pl.⟩ *an Seilen schwebendes Doppelturngerät* ▸ den ~ vom Finger **abstreifen,** ziehen; einen ~ **bilden;** einen ~ (am Finger) **tragen;** er **verließ** den ~ als Sieger ⟨Boxsp.⟩; sie hat ihren ~ **verloren;** die ~e **wechseln** (bei der Trauung) ▸ ~ **frei!** (zur ersten Runde) ⟨Boxsp.⟩; ein **goldener,** kostbarer ~ ▸ **an** den ~en turnen; die Boxer traten **in** den ~; einen ~ **um** jmdn. schließen; ~e unter den Augen haben ⟨übertr.⟩ *dunkle Schatten (aufgrund fehlenden Schlafs);* sich **zu** einem ~ zusammenschließen

Ring|buch ⟨das; -(e)s, -bü|cher⟩ *Sammelmappe aus zwei festen Deckeln mit Halbringen, in die gelochte Papierbogen eingehängt werden können*

rin|geln ⟨V. refl.; rin|gelt sich, rin|gel|te sich, hat sich ge|rin|gelt⟩ sich ~ *sich zu Ringen, zu einem Ring formen* ▸ das Haar ringelt sich (zu Locken); der Schwanz des Schweines ringelt sich

Rin|gel|nat|ter ⟨die; -, -n; Zool.⟩ *eine ungiftige (Wasser-)Schlange mit gelbem Fleck an den Seiten des Kopfes*

Rin|gel|tau|be ⟨die; -, -n; Zool.⟩ *blaugraue Taube mit Halsring*

rin|gen ⟨V.; ringt, rang, hat ge|run|gen⟩ **I** ⟨V. trans.⟩ die Hände ~ **1** *drehend zusammenpressen* **2** ⟨übertr.⟩ *außer sich sein vor Kummer, Angst usw.* **II** ⟨V. intr.⟩ **1** ⟨Sp.⟩ (mit jmdm.) ~ *mit bestimmten Körpergriffen kämpfen;* Abl *Ringer(in)* **2** ⟨übertr.⟩ mit sich ~ *einen Kampf mit sich selbst darüber führen, ob man etwas tun soll oder nicht* **3** nach etwas ~ *etwas mühsam zu erlangen versuchen* **4** mit etwas ~ *sich mühsam mit etwas auseinandersetzen* ▸ ich habe lange mit mir gerungen, ob ich es tun soll; mit einem Entschluss ~; mit dem Tode ~ *todkrank sein;* nach Atem, Luft ~; nach Worten ~

Rin|gen ⟨das; -s; unz.; Sp.⟩ *waffenloser, nur mit bestimmten Körpergriffen ausgeführter Zweikampf;* Zus *Freistilringen*

Ring|fin|ger ⟨der; -s, -⟩ *der vierte Finger der Hand (vom Daumen aus);* Syn *Goldfinger*

Ring|kampf ⟨der; -(e)s, -kämp|fe⟩ *Wettkampf im Ringen;* Abl *Ringkämpfer(in)*

rings|he|r|um ⟨Adv.⟩ *im Kreis (um etwas od. jmdn.) herum* ▸ ~ nur Wildnis

rings|um ⟨Adv.⟩ = *ringsherum*

rings|um|her ⟨Adv.⟩ = *ringsherum*

Rin|ne ⟨die; -, -n⟩ **1** *lange, schmale, natürliche (z. B. vom Wasser ausgewaschene) od. künstlich angelegte Vertiefung im Boden (zur Be- od. Entwässerung)* **2** *offenes Rohr zum Abfluss von Regenwasser;* Zus *Dachrinne, Regenrinne*

rin|nen ⟨V.⟩ **I** ⟨V. intr.; rinnt, rann, ist ge|ron|nen⟩ *langsam, sacht od. spärlich fließen* ▸ das Geld rinnt ihm nur so durch die Finger *er kann sein Geld nicht einteilen;* der Regen rinnt; Tränen rannen ihr übers Gesicht; die Zeit rinnt **II** ⟨V. intr.; rinnt, rann, hat ge|ron|nen⟩ *undicht, leck sein* ▸ der Wasserhahn rinnt

Rinn|sal ⟨das; -(e)s, -e⟩ *sacht fließendes, schmales Wasser, kleiner Bach*

Rinn|stein ⟨der; -(e)s, -e⟩ **1** *Abflussrinne am Gehsteig, Gosse* **2** *Ausgussbecken in der Küche* ▸ jmdn. aus dem ~ auflesen, fischen ⟨übertr.; umg.⟩ *aus einem asozialen Milieu herausholen*

Rip|pe ⟨die; -, -n⟩ **1** ⟨Anat.⟩ *einer der länglichen, gebogenen Knochen, die, von der Wirbelsäule aus den Körper des Menschen u. der Wirbeltiere beiderseits umfassen;* Zus *Rippenbruch, Rippenknochen* **2** ⟨Kochk.⟩ *Fleischstück mit Rippenknochen;* Zus *Rippenstück* **3** ⟨Bot.⟩ *Ader im Blatt* **4** *Teil eines Heizkörpers* ▸ er hat sich eine ~ **gebrochen;** man kann bei ihm die ~n **zählen** (so mager ist er) ▸ du hast nichts, zu wenig **auf** den ~n ⟨umg.⟩ *du bist zu mager;* ich kann mir's doch nicht **aus** den ~n schneiden ⟨umg.⟩ *ich weiß nicht, woher ich's nehmen soll;* er stieß ihm das Messer **in,** zwischen die ~n; jmdn. in die ~n stoßen *freundschaftlich aufmunternd od. ermahnend stoßen*

Ri|si|ken ⟨Pl. von⟩ *Risiko*

Ri|si|ko ⟨das; -s, -s od. Ri|si|ken od. österr.: Risken⟩ **1** *Gefahr;* Abl *risikoarm, risikolos, risikoreich;* Zus *Risikofaktor, Risikogruppe, Risikopatient(in); Restrisiko* **2** *Wagnis* ▸ ein (kein) ~ eingehen; das ~ tragen; das ~ fürchten, wagen; ein

~ auf sich nehmen; das ~ ist (nicht sehr) groß; das ~ ist ihm zu hoch; auf eigenes ~ handeln; die Sache ist mit einem ~ verbunden; eine Geldanlage ohne ~

ri|si|ko|be|reit ‹Adj.› *bereit, ein Risiko einzugehen* ▸ eine ~e Unternehmerin; Abl *Risikobereitschaft*

ri|si|ko|freu|dig ‹Adj.› *zu riskanten Unternehmungen neigend* ▸ eine ~e Unternehmerin

ris|kant ‹Adj.; -er, am -es|ten› *mit einem Risiko verbunden, gewagt, gefährlich;* Syn *risikoreich* ▸ ein ~es Unternehmen; es ist mir zu ~

ris|kie|ren ‹V. trans.; ris|kiert, ris|kier|te, hat riskiert› etwas ~ *ein Risiko für etwas eingehen, auf sich nehmen, etwas wagen* ▸ ein Auge, einen Blick ~ ‹umg.; scherzh.› *heimlich einen Blick auf jmdn. od. etwas werfen;* sein Leben, ‹umg.› Kopf und Kragen ~; eine dicke Lippe ‹übertr.; umg.› *eine Meinung offen aussprechen, auch wenn es einem schaden kann; frech sein* bei einer Sache etwas, viel ~

Ri|sot|to ‹der, österr. u. schweiz. auch das; -s; unz.; ital. Kochk.› *dicker, in Fleischbrühe gekochter Reis mit Zwiebeln u. a. Zutaten*

Ris|pe ‹die; -, -n› *Blütenstand, bei dem an der Hauptachse der Traube wieder Trauben hängen*

riss → *reißen*

Riss ‹der; -es, -e› **1** *durch Reißen entstandener Spalt, z. B. im Stoff, in der Mauer, in der Haut* **2** *feine Öffnung, Ritze* **3** ‹übertr.› *Bruch, trennende Kluft* ▸ ihre Freundschaft hat einen ~ bekommen ‹übertr.›; einen ~ in der Hose flicken ▸ ein großer, kleiner, leichter, tiefer ~ ▸ ein ~ im Stoff

ris|sig ‹Adj.› **1** *mit Rissen bedeckt* **2** *aufgesprungen* (Haut) ▸ durch die lange Trockenheit ist der Boden ~ geworden; ~e Lippen haben

Rist ‹der; -(e)s, -e› **1** *Fuß-, Handrücken;* Zus *Außenrist, Innenrist* **2** ‹Zool.› *vorderer, höchster Teil des Rückens (z. B. beim Pferd);* Zus *Widerrist*

Ri|ten ‹Pl. von› *Ritus*

ritt → *reiten*

Ritt ‹der; -(e)s, -e› **1** *das Reiten, Ausreiten* **2** *Ausflug auf einem Pferd* ▸ ein kurzer, langer, scharfer ~; auf einen ~ ‹übertr.; umg.› *ohne Unterbrechung*

Rit|ter ‹der; -s, -› **1** ‹im MA› *adliger Krieger, Edelmann;* Zus *Ritterburg, Ritterrüstung* **2** ‹heute› *Inhaber eines hohen Ordens, z. B. des Pour le mérite* **3** ‹übertr.› *Kavalier* ▸ jmdn. zum ~ schlagen *ihn feierlich in den Ritterstand aufnehmen*

rit|ter|lich ‹Adj.› **1** *den Ritter betreffend, zu ihm gehörig, ihm gemäß* **2** *einem Ritter ähnlich* **3** *edel gesinnt, anständig* **4** *schützend-hilfreich, zuvorkommend* ▸ ein ~es Benehmen; Abl *Ritterlichkeit*

Rit|ter|schlag ‹der; -(e)s; unz.› **1** *Schlag mit dem Schwert zum Zeichen der Aufnahme in den Ritterstand* **2** ‹übertr.› *Ehrung, Anerkennung (durch günstige Äußerungen o. Ä.)* ▸ den ~ empfangen

Rit|ter|sporn ‹der; -(e)s, -e; Bot.› *Hahnenfußgewächs mit langgespornten Blüten*

ritt|lings ‹Adv.› *im Reitersitz* ▸ sich ~ auf einen Stuhl setzen

Ri|tu|al ‹das; -s, -e od. -li|en› **1** *Gesamtheit der Riten (eines Kultes), Ritus* **2** *regelmäßig sich wiederholender Ablauf, Brauch, Gewohnheit;* Zus *Begrüßungsritual, Liebesritual* ▸ etwas ist zum ~ geworden; Abl *rituell; ritualisieren*

Ri|tus ‹der; -, Ri|ten› **1** *religiöser Brauch, Kulthandlung* **2** = *Ritual (1)*

Ritz ‹der; -es, -e› **1** *Riss, Kerbe* **2** *Ritze*

Rit|ze ‹die; -, -n› *schmale Öffnung, Spalt* ▸ eine ~ im Fußboden ausbessern; der Wind pfiff durch die ~n des alten Hauses; Zus *Mauerritze*

rit|zen ‹V.; ritzt, ritz|te, hat ge|ritzt› **I** ‹V. trans.› etwas (in etwas) ~ *mit hartem, spitzem Gegenstand eine schmale Vertiefung eingraben* ▸ seinen Namen in einen Baum ~; Glas mit einem Diamanten ~; die Sache ist geritzt ‹übertr.; umg.› *erledigt* **II** ‹V. refl.› sich ~ *sich die Haut oberflächlich einreißen* ▸ sich an einem Nagel ~

Ri|va|le ‹[-va:-] der; -n, -n› *Konkurrent, Gegenspieler, Nebenbuhler, Mitbewerber;* Abl *Rivalin, Rivalität; rivalisieren*

Roast|beef ‹[roustbi:f] das; -s, -s› *gebratene Rindslende*

Rob|be ‹die; -, -n; Zool.› *im Wasser lebendes Säugetier mit einem massigen Körper u. Flossen*

rob|ben ‹V. intr.; robbt, robb|te, ist ge|robbt› *sich wie eine Robbe kriechend fortbewegen*

Ro|be ‹die; -, -n› **1** *Amtstracht der Richter, Anwälte, Professoren, Geistlichen* **2** *Gesellschafts-, Abendkleid* ▸ in feierlicher ~ erscheinen

Ro|bo|ter ‹der; -s, -› *menschenähnlicher Automat, der (ferngesteuert) bestimmte Tätigkeiten ausführt;* Abl *roboterhaft*

ro|bust ‹Adj.; -er, am -es|ten› *kräftig, stark, widerstandsfähig* ▸ ein ~er Kerl; eine ~e Natur haben

roch → *riechen*

rö|cheln ‹V. intr.; rö|chelt, rö|chel|te, hat ge|röchelt› *schnarchend, rasselnd, stöhnend atmen* ▸ der Sterbende röchelte

Ro|chen ‹[rɔxən] der; -s, -; Zool.› *flacher, großer Meeresfisch mit stark verbreiterten Brustflossen*

Rock[1] ‹der; -(e)s, Rö|cke› **1** *von der Hüfte bis an od. über die Knie reichende Kleidung für Frauen u. Mädchen;* ⓘ S. 682; Zus *Rocksaum, Rocktasche; Faltenrock, Minirock* **2** ‹schweiz.› *(das ganze) Frauenkleid (in einem Stück)* **3** ‹früher› *mantelartiges Obergewand;* Zus *Gehrock, Schoßrock* ▸ sie trägt gerne Röcke; dieser Pullover passt nicht zum ~; jedem ~ hinterherlaufen ‹übertr.; umg.› *Frauen nachstellen;* ein enger, kurzer, langer, weiter ~

Rock[2] ‹der; -s od. -; unz.; kurz für› **1** *Rock and Roll* **2** *meist mit elektrischen Gitarren, Bass und Schlagzeug gestalteter, harter, rhythmischer Musikstil;* Abl *rockig;* Zus *Rockband, Rockgruppe, Rockkonzert, Rockmusik, Rocksänger, Rockstar* ▸ ~ spielen, tanzen

Rock and Roll ‹[rɔk ənd roul] der; - - -; unz.; Mus.› oV *Rock 'n' Roll* **1** *in den 1950er Jahren in den USA entwickelter Musikstil mit schnellem Tempo u. starker Rhythmik* **2** *der Tanz dazu*

ro|cken ‹V. intr.; rockt, rock|te, hat ge|rockt;

umg.⟩ **1** *nach Rockmusik tanzen* **2** *Rockmusik spielen*

Ro|cker ⟨der; -s, -⟩ *Mitglied einer zu Gewalttaten neigenden Gruppe von Jugendlichen, die in Lederbekleidung u. mit Motorrädern auftreten;* Abl *Rockerin*

Rock|zip|fel ⟨der; -s, -; in den Wendungen⟩ an jmds. ~ hängen ⟨übertr.; umg.⟩ *unselbstständig sein* ▸ das Kind hängt der Mutter noch am ~; Syn *Rockschoß*

ro|deln ⟨V. intr.; ro|delt, ro|del|te, hat/ist ge|ro|delt⟩ *mit dem Schlitten bergab gleiten;* Abl *Rodler(in);* Zus *Rodelbahn, Rodelschlitten*

ro|den ⟨V. trans.; ro|det, ro|de|te, hat ge|ro|det⟩ Land ~ *urbar machen, Waldland in Feld verwandeln;* Abl *Rodung*

Ro|deo ⟨der od. das; -s, -s⟩ *Reitwettkampf (bes. in den USA), bei dem wilde Pferde gezähmt werden sollen*

Ro|gen ⟨der; -s, -⟩ *Eier (der Fische)*

Rog|gen ⟨der; -s; unz.⟩ *Pflanze, die das wichtigste Brotgetreide in Nord- u. Osteuropa liefert;* Zus *Roggenbrot, Roggenmehl*

roh ⟨Adj.; -er, am -es|ten; Steig. nur übertr.⟩ **1** *nicht zubereitet, ungekocht* (Fleisch, Gemüse, Kartoffeln, Obst) **2** *noch nicht be- od. verarbeitet* (Erz, Stein); Zus *Rohdiamant, Rohfassung, Rohmaterial, Rohöl, Rohzucker* **3** ⟨übertr.⟩ **3.1** *ungeschliffen* (Sitten) **3.2** *ungebildet, grob* (Person) **3.3** *rücksichtslos, gewalttätig, grausam* (Verhalten) ▸ ~es Benehmen; man muss ihn wie ein ~es Ei behandeln ⟨übertr.; umg.⟩ *mit übertriebener Rücksicht;* ~es Fleisch; mit ~er Gewalt kann man da nichts erreichen; ~er Schinken ▸ Obst, Gemüse ~ essen; sein: sei nicht so ~!; das Fleisch ist noch ~ ▸ ~ behauene Steine ▸ die Arbeit ist im Rohen fertig *in den Grundzügen*

Roh|bau ⟨der; -(e)s, -ten⟩ *nur aus den rohen Mauern bestehender Bau* ▸ das neue Haus ist erst im ~ fertig

Roh|kost ⟨die; -; unz.⟩ *Kost aus rohem Obst, Gemüse, Salat, Nüssen*

Roh|ling ⟨der; -s, -e⟩ **1** *roher Mensch* **2** ⟨Tech.⟩ *unpoliertes Guss(eisen)stück* **3** ⟨EDV⟩ *noch nicht mit Daten beschriebene CD, DVD*

Rohr ⟨das; -(e)s, -e⟩ **1** *meist runder Hohlkörper zum Weiterleiten von Flüssigkeiten, Gasen, Gegenständen, Schallwellen u. a.;* Zus *Rohrbruch, Rohrleitung; Gasrohr, Hörrohr, Ofenrohr, Wasserrohr* **2** *Pflanze mit rohrförmigem Stiel, Stängel od. Stamm, z. B. Bambus, Schilf;* Zus *Rohrzucker; Zuckerrohr* ▸ im Bad neue ~e verlegen; ein dickes, dünnes, gebogenes, gerades ~

Röhr|chen ⟨das; -s, -⟩ **1** *kleines, dünnes Rohr* **2** *kleine, dünne Röhre*

Röh|re ⟨die; -, -n⟩ **1** *Rohr, rohrartiges Gebilde;* Abl *röhrenförmig* **2** *Hohlraum im Küchenherd zum Backen;* Zus *Backröhre* **3** *Elektronenröhre* **4** ⟨umg.; abwertend⟩ *Fernsehgerät* ▸ in die ~ gucken ⟨übertr., umg.⟩ *leer ausgehen, benachteiligt werden;* ⟨abwertend⟩ *fernsehen;* den Kuchen in die ~ schieben

röh|ren ⟨V. intr.; röhrt, röhr|te, hat ge|röhrt⟩ **1** ⟨Zool.⟩ *schreien* (vom Hirsch in der Brunftzeit) **2** ⟨umg.⟩ *laute Geräusche von sich geben*

Rohr|spatz ⟨der; -es, -en; in der Wendung⟩ er schimpft wie ein ~ ⟨übertr.; umg.⟩ *er ist sehr wütend*

Rohr|stock ⟨der; -(e)s, -stö|cke⟩ *dünnes, biegsames (Bambus-)Rohr als Schlaggerät*

Roh|stoff ⟨der; -(e)s, -e⟩ *Naturprodukt vor der Ver- u. Bearbeitung, z. B. Holz*

Roh|zu|stand ⟨der; -(e)s; unz.⟩ *Zustand vor der Be- od. Verarbeitung* ▸ Holz im ~ verkaufen

Ro|ko|ko ⟨a. [-'--], österr. [--'-] das; -s; unz.⟩ *im 18. Jh. auf das Barock folgender Stil mit zierlichen, heiteren, beschwingten Formen*

Roll|bahn ⟨die; -, -en⟩ *Start- u. Landebahn für Flugzeuge;* Syn *Piste*

Rol|le ⟨die; -, -n⟩ **1** ⟨Film; TV; Rundfunk; Theater⟩ **1.1** *Sprechtext eines Schauspielers* **1.2** *von einem Schauspieler darzustellende Gestalt;* Zus *Rollenverteilung* **2** ⟨Soziol.⟩ *Gesamtheit der Verhaltensweisen, die von einer Person innerhalb der Gesellschaft erwartet werden;* Zus *Rollenkonflikt, Rollenverhalten; Mutterrolle, Vaterrolle* **3** *drehbare Scheibe (mit Rille), auf der etwas anderes fortbewegt werden kann* **4** *Stab, Pappe o. Ä., auf den bzw. die etwas gewickelt werden kann;* Zus *Garnrolle, Küchenrolle, Papierrolle* **5** ⟨Sp.⟩ *Turnübung: Überschlag, Purzelbaum* ▸ eine ~ Draht, Garn, Papier; eine ~ Geldstücke ▸ er hat seine ~ ausgespielt ⟨übertr.⟩ *er hat nichts mehr zu sagen;* ich muss noch meine ~ lernen; er spielt die ~ des Helden; du hast deine ~ gut gespielt ⟨a. übertr.⟩ *deine Sache gut gemacht;* es spielt keine ~, ob … ⟨übertr.⟩ *es ist nicht wichtig;* Geld spielt bei ihm keine ~ ⟨übertr.⟩ *ist unwichtig, da er reich ist;* die ~n tauschen ▸ eine führende, entscheidende ~ spielen, eine kleine, umfangreiche, unbedeutende, wichtige ~; die tragende ~ in diesem Stück spielt …; das spielt nur eine untergeordnete ~ ▸ ein Kinderbett auf ~n; aus der ~ fallen ⟨übertr.⟩ *sich schlecht benehmen;* nach anfänglichen Schwierigkeiten hat sie sich in ihre ~ gefunden ⟨übertr.⟩ *ist sie ihrer Aufgabe gerecht geworden;* eine ~ über den Kasten machen; (total) von der ~ sein ⟨umg.⟩ *in schlechter Verfassung sein*

rol|len ⟨V.⟩ **I** ⟨V. intr.; rollt, roll|te, ist ge|rollt⟩ **1** *sich auf einer Fläche um die Achse drehen u. vorwärtsbewegen* (Ball, Kugel) **2** *sich auf Rädern bewegen* (Wagen); Zus *Rollcontainer* ⓘ S. 469 **3** *donnern, grollen, dumpf dröhnen* (Donner, Schuss) **4** *sich wälzen, stürzen* (Lawine, Wellen) ▸ die Kugel rollt (beim Roulette); der Rubel muss ~ ⟨umg.⟩ *Geld muss stets in (raschem) Umlauf sein;* Tränen rollten ihr über die Wangen ▸ das Flugzeug rollt auf der Startbahn; die Sache kommt langsam ins Rollen ⟨übertr.⟩ *entwickelt sich allmählich, kommt langsam in Bewegung;* den Stein ins Rollen bringen ⟨übertr.⟩ *eine Sache in Bewegung bringen* **II** ⟨V. trans.; rollt, rollte, hat ge|rollt⟩ **1** einen Ball, ein Fass (irgendwohin) ~ *schiebend drehen, wälzen* **2** Teig ~ *glätten, in eine flache Form bringen* **3** einen Schlauch ~ *auf eine Rolle wickeln* **4** Papier, Teppich ~ *aus P., T. eine Rolle herstellen* ▸ die Augen ~ *die Augäpfel stark bewegen* (vor Zorn); einen Felsbrocken, einen Stein zur Seite ~; den Kuchenteig ~ **III** ⟨V. refl.; rollt, roll|te, hat ge|rollt⟩ sich ~ *sich um die eigene Achse drehen, sich kringeln, sich zusammenwickeln* (Blätter) ▸ das Blatt rollt sich

Rol|len|spiel ⟨das; -(e)s, -e⟩ **1** ⟨allg.⟩ *das Spielen einer bestimmten Rolle innerhalb einer Gesellschaft* **2** *ein Spiel, bei dem man die Rolle einer anderen Person annimmt u. als diese handelt*

Rol|ler ⟨der; -s, -⟩ **1** *niedriges (Kinder-)Fahrzeug aus einem Brett u. zwei Rädern mit Lenkstange;* Abl *rollern* **2** ⟨kurz für⟩ *Motorroller*

Roll|feld ⟨das; -(e)s, -er; auf Flugplätzen⟩ *Feld zum Starten u. Landen der Flugzeuge*

rol|lig ⟨Adj.⟩ *brünstig* (von Katzen)

Roll|kra|gen ⟨der; -s, -⟩ *am Hals (mehrfach) umgeschlagener hoher Kragen (bei Pullovern)*

Roll|kra|gen|pul|l|over ⟨[-vər] der; -s, -⟩ *Pullover mit Rollkragen;* Syn ⟨kurz⟩ *Rolli*

Roll|la|den ⟨der; -s, - od. -lä|den⟩ *aufrollbare Wand aus Holz- od. Stahlblechstäben vor Fenstern od. Türen*

Roll|mops ⟨der; -es, -möp|se⟩ *um ein Stück Gurke gerollter, entgräteter halber Hering*

Rol|lo ⟨a. [-'-] das; -s, -s⟩ *aufrollbarer Vorhang;* oV *Rouleau*

Roll|schuh ⟨der; -(e)s, -e⟩ *Schuh, an dem vier Rollen befestigt sind* ▸ ~ laufen; ⓘ S. 789; Zus *Rollschuhlaufen*

Roll|stuhl ⟨der; -(e)s, -stüh|le⟩ *drei- od. vierrädriger Stuhl zum Fortbewegen nicht gehfähiger Personen* ▸ er sitzt im ~; in diesen Bus kann man nicht mit einem ~ einsteigen; Zus *Rollstuhlfahrer(in)*

roll|stuhl|ge|recht ⟨Adj.⟩ *so beschaffen, dass es mit einem Rollstuhl zu befahren ist* ▸ ein ~ gebautes Gebäude

Roll|trep|pe ⟨die; -, -n⟩ *Treppe, bei der die Stufen auf einem Förderband befestigt sind u. sich auf- od. abwärtsbewegen*

Rom ⟨der; - od. -s, Ro|ma; Selbstbez.⟩ *Angehöriger einer bes. in Südosteuropa beheimateten Gruppe eines aus Indien stammenden Volkes*

Ro|ma ⟨Pl. von⟩ *Rom*

Ro|man ⟨der; -(e)s, -e; Lit.⟩ *literarische Großform, umfangreicher, in Prosa abgefasster Text;* Abl *romanhaft* Zus *Romanautor(in), Romanfigur, Romanheld(in), Romanschriftsteller(in)* ▸ erzähl doch keine (langen) ~e! ⟨übertr.; umg.⟩ *fasse dich kürzer;* ein historischer, utopischer ~

Ro|man|ci|er ⟨[rɔmãsjeː] der; -s, -s; Lit.⟩ *Romanschriftsteller*

Ro|ma|nik ⟨die; -; unz.⟩ *europäischer Kunststil (ca. 1000-1250) mit römischen Elementen*

ro|ma|nisch ⟨Adj.⟩ **1** *die Romanen betreffend, zu ihnen gehörig* **2** *auf der Romanik beruhend, aus ihr stammend* ▸ die ~en Sprachen *aus dem Vulgärlateinischen entstandene Sprachen, z. B. Französisch, Italienisch, Spanisch, Rumänisch;* ~e Kirche

Ro|ma|nis|tik ⟨die; -; unz.⟩ *Lehre von den romanischen Sprachen u. Literaturen;* Abl *Romanist(in); romanistisch*

Ro|man|tik ⟨die; -; unz.⟩ **1** *die geistigen Kräfte u. das Gefühl betonende künstlerisch-philosophische Bewegung in Europa, bes. in Deutschland zwischen 1794 u. etwa 1830* **2** ⟨übertr.⟩ **2.1** *Hang zum Träumerischen, Abenteuerlichen, Fantastischen* **2.2** *das Träumerische, Abenteuerliche, Fantastische selbst* ▸ Dichtung und Musik der ~; er hat keinen Sinn für ~; Abl *romantisieren*

Ro|man|ti|ker ⟨der; -s, -⟩ **1** *Anhänger, Vertreter der Romantik* **2** ⟨übertr.⟩ *träumerischer, fantasievoller, schwärmerischer Mensch* ▸ er ist ein hoffnungsloser ~; Abl *Romantikerin*

ro|man|tisch ⟨Adj.⟩ **1** ⟨allg.⟩ *zur Romantik gehörend, auf der Romantik beruhend, aus ihr stammend* **2** ⟨übertr.⟩ **2.1** *träumerisch, schwärmerisch, fantastisch, unwirklich* **2.2** *malerisch, wild* (Landschaft) ▸ er ist sehr ~ veranlagt ⟨übertr.⟩

Ro|man|ze ⟨die; -, -n⟩ **1** *Liebeserlebnis, Liebesabenteuer* **2** ⟨Mus.⟩ *zunächst strophisches Gesangstück (für ein od. zwei Singstimmen u. Klavier), später stimmungsvolles Instrumentalstück* ▸ die neueste ~ der bekannten Schauspielerin

Rö|mer[1] ⟨der; -s, -⟩ *(großes) Weinglas, meist geschliffen, aus Kristall, oft farbig*

Rö|mer[2] ⟨der; -s, -⟩ **1** *Einwohner der Stadt Rom* **2** *Bürger des Römischen Reiches;* Abl *Römerin*

rö|misch ⟨Adj.⟩ *die Römer od. Rom betreffend, von ihnen od. aus Rom stammend* ▸ die ~en Kaiser; das ~e Recht; die ~en Ziffern *(I, II, IV usw.);* das Römische Reich

rö|misch-ka|tho|lisch ⟨Adj.; Abk.: röm.-kath., österr.: r.-k.⟩ *zur kath. Kirche gehörig*

Rom|mé ⟨a. [-meː] das; -s; unz.⟩ *ein Kartenspiel;* oV *Rommee* ▸ ~ spielen

Ron|dell ⟨das; -s, -e⟩ **1** *rundes Schmuckbeet* **2** *runder Festungsturm* **3** *kreisrunder Gartenweg*

rönt|gen ⟨V. trans.; röntgt, röntg|te, hat ge|röntgt⟩ jmdn. od. etwas ~ *mit Röntgenstrahlen durchleuchten, untersuchen;* Zus *Röntgenaufnahme, Röntgenbild*

Rönt|gen|ge|rät ⟨das; -(e)s, -e; Med.⟩ *Gerät zur Untersuchung mit Röntgenstrahlen;* Syn *Röntgenapparat*

Rönt|gen|strah|len ⟨Pl.⟩ *kurzwellige elektromagnetische Strahlen mit hohem Durchdringungsvermögen;* Syn *X-Strahlen*

ro|sa ⟨Adj.; undekl.⟩ *blassrot, zartrot* ▸ ein ~ Kleid; Abl *Rosa; rosafarben*

ro|sa|rot ⟨Adj.⟩ *hellrot, rosa* ▸ alles durch eine ~e Brille sehen ⟨übertr.⟩ *beschönigen, verklären*

Ro|se ⟨die; -, -n⟩ **1** ⟨Bot.⟩ *ein Strauch mit Dornen u. duftenden Blüten in vielen Arten u. in vielen Farben, beliebte Schnittpflanze;* Zus *Rosenblüte, Rosengarten, Rosenöl, Rosenstrauch* **2** *Blüte dieser Pflanze;* Abl *Röschen,* ⟨poet.⟩ *Röslein* **3** *Blatt des Kompasses;* Zus *Windrose* ▸ er hat mir rote ~n zum Geburtstag geschenkt

R

ro|sé ⟨[-ze:] Adj.; undekl.⟩ *hellrosa, blassrosa*

Ro|sé ⟨[-ze:] der; -s, -s⟩ *hellroter Wein aus roten Trauben;* Syn *Roséwein*

Ro|sen|kohl ⟨der; -(e)s; unz.⟩ *ein Gemüsekohl, dessen runde grüne Blattknospen gegessen werden;* ⓘ S. 1002

Ro|sen|kranz ⟨der; -es, -krän|ze; kath. Kirche⟩ **1** *Gebetskette, an deren Perlen sich die Zahl der gesprochenen Gebete überprüfen lässt* **2** *diese Gebete selbst* ▸ den ~ beten

Ro|sen|mon|tag ⟨a. ['----] der; -(e)s, -e⟩ *Montag vor Fastnacht*

Ro|set|te ⟨die; -, -n⟩ **1** *einer Rosenblüte ähnliches, kreisrundes Ornament, häufig als Fenster in Kirchen* **2** *kleine, kreisrunde Schleife aus Stoff*

ro|sig ⟨Adj.⟩ *von rosa Farbe* ▸ jmdm. etwas in ~en Farben schildern ⟨übertr.⟩ *von der besten Seite darstellen;* seine Lage ist nicht ~ ⟨übertr.; umg.⟩ *schlecht;* das waren ~e Zeiten ⟨übertr.⟩ *gute Z.*

Ro|si|ne ⟨die; -, -n⟩ *getrocknete Weinbeere* ▸ er pickt sich (immer) die ~n heraus ⟨übertr.; umg.⟩ *er nimmt das Beste für sich;* Zus *Rosinenbrötchen, Rosinenkuchen*

Ros|ma|rin ⟨a. ['---] der; -s; unz.⟩ *Gewürzpflanze mit schmalen, länglichen, sehr aromatischen Blättern*

Ross ⟨das; -es, -e od. Rös|ser; poet.⟩ *edles Pferd* ▸ ~ und Reiter; auf dem hohen ~ sitzen ⟨umg.; übertr.⟩ *herablassend, überheblich sein;* er erschien hoch zu ~ *auf einem Pferd;* Zus *Rosshaar*

Ross|kas|ta|nie ⟨[-njə] die; -, -n⟩ *Zierbaum mit traubenförmigem Blütenstand u. braunen Früchten, die in stacheligen Kapseln sitzen*

Ross|kur ⟨die; -, -en; umg.; scherzh.⟩ *sehr kräftiges, anstrengendes Heilverfahren;* Syn *Pferdekur*

Rost[1] ⟨der; -(e)s, -e⟩ *Gitter aus mehreren nebeneinanderliegenden Holz- od. Eisenstäben* ▸ das Fleisch auf dem ~ braten, rösten; Zus *Rostbraten, Rostbratwurst; Grillrost, Lattenrost*

Rost[2] ⟨der; -(e)s; unz.⟩ *rötlich brauner, bröckeliger Belag, der Eisen u. Stahl zersetzt* ▸ ~ ansetzen *verrosten;* Zus *Rostfleck, Rostschutzmittel*

ros|ten ⟨V. intr.; ros|tet, ros|te|te, ist ge|ros|tet⟩ *Rost ansetzen, oxidieren* (von Eisen) ▸ das Auto rostet

rös|ten ⟨V. trans.; rös|tet, rös|te|te, hat ge|rös|tet⟩ **1** Brot, Kaffee ~ *ohne Zusatz von Fett od. Wasser durch Erhitzen bräunen;* Zus *Röstbrot* **2** Kartoffeln ~ *auf dem Rost, in der Pfanne braten*

Rös|te|rei ⟨die; -, -en⟩ *Betrieb zum Rösten (von Kaffee usw.);* Zus *Kaffeerösterei*

rost|frei ⟨Adj.⟩ **1** *keinen Rost aufweisend* **2** *(auch bei Feuchtigkeit) nicht rostend* ▸ ~es Besteck

Rös|ti ⟨die; -; unz.; schweiz. Kochk.⟩ *geraspelte Kartoffelstückchen*

ros|tig ⟨Adj.⟩ *mit Rost bedeckt, verrostet*

rot ⟨Adj.; rö|ter, am rö|tes|ten od.: ro|ter, am -esten⟩ **1** *von der Farbe wie Blut;* Zus *rotäugig, rot gefärbt / rotgefärbt, rot gestreift / rotgestreift, rothaarig, rot lackiert / rotlackiert, rotwangig; blutrot, feuerrot* **2** ⟨umg.⟩ *linksgerichtet, sozialistisch, kommunistisch* ▸ die Ampel ist ~; die Rote Armee ⟨früher⟩ *das sowjetische Heer;* sie hat ~e Augen (vom vielen Lesen, vom Weinen, vor Übernächtigung); das Kind hat gesunde, ~e Backen; Rote Be(e)te, Johannisbeeren; der ~e Faden eines Vortrags ⟨übertr.⟩ *der Leitgedanke im V.;* sie hat ~es Haar; die ~e/Rote Karte ⟨Fußb.⟩; sie trägt ein ~es Kleid; sie bekam einen ~en Kopf *sie errötete;* Rotes Kreuz ⟨Abk.: R. K.⟩ *internationale Organisation zum Schutz von Kriegsopfern;* ~e Lippen; ~er Wein *Rotwein;* ~e Zahlen *(rot eingetragene) Schulden, Fehlbeträge;* in die ~en Zahlen kommen ▸ vor Zorn ~ anlaufen; diesen Tag werde ich mir im Kalender ~ anstreichen *bes. merken, er wird sich mir einprägen;* die Johannisbeeren werden schon ~ *reif;* sie wurde vor Verlegenheit ~ ▸ ~ glühend = *rotglühend*

Rot ⟨das; -s, -s⟩ **1** *rote Farbe, Farbe des Blutes, des Feuers* **2** *rotes Licht (der Verkehrsampel)* ▸ das ~ der Abend-, Morgensonne; ein dunkles, helles, reines, sattes, tiefes ~; bei ~ an der Kreuzung halten; sie war ganz in ~ gekleidet

Ro|ta|ti|on ⟨die; -, -en⟩ **1** *Drehung (eines Körpers od. einer Fläche) um eine Achse;* Zus *Rotationsachse* **2** ⟨bes. Sp.; Pol.⟩ *Positionswechsel;* Zus *Rotationsprinzip*

rot|bä|ckig ⟨Adj.⟩ *mit roten Backen* ▸ ein ~es Kind

Rot|barsch ⟨der; -(e)s, -e⟩ *ein Speisefisch*

Rot|bu|che ⟨die; -, -n⟩ = *Buche*

Rö|te ⟨die; -; unz.⟩ *rote Farbe* ▸ die ~ des Abendhimmels; die ~ stieg ihm ins Gesicht

Ro|te-Ar|mee-Frak|ti|on ⟨die; -; unz.; Abk.: RAF⟩ *von 1970 bis 1998 terroristische Vereinigung in der Bundesrepublik Deutschland*

Rö|teln ⟨Pl.; Med.⟩ *Infektionskrankheit mit masernähnl. Ausschlag u. Lymphknotenschwellung*

rö|ten ⟨V.; rö|tet, rö|te|te, hat ge|rö|tet⟩ **I** ⟨V. trans.⟩ etwas ~ *rot färben* ▸ von der Sonne gerötete Wolken **II** ⟨V. refl.⟩ sich ~ **1** *rot werden* **2** *erröten* ▸ ihr Gesicht rötete sich; Abl *Rötung*

rot|gelb ⟨Adj.⟩ *rötlich gelb;* →a. *rot-gelb*

rot-gelb ⟨Adj.⟩ **1** *rot u. gelb;* →a. *rotgelb* **2** ⟨Pol.⟩ *die Koalition der Parteien SPD u. FDP betreffend*

rot|glü|hend *auch:* **rot glü|hend** ⟨Adj.; fachsprachl. meist Zusammenschreibung⟩ *in roter Farbe glühend* ▸ eine ~e Sonne; ~es Eisen

rot|grün ⟨Adj.⟩ *rötlich grün;* →a. *rot-grün*

rot-grün ⟨Adj.⟩ **1** *rot u. grün;* →a. *rotgrün* **2** ⟨Pol.⟩ *die Koalition der Parteien SPD u. die Grünen betreffend* ▸ ein ~ regiertes Bundesland

ro|tie|ren ⟨V. intr.; ro|tiert, ro|tier|te, hat ro|tiert⟩ **1** *sich gleichmäßig u. anhaltend um eine Achse drehen* **2** ⟨bes. Pol. u. Sp.⟩ *Positionen wechseln* **3** ⟨übertr.; umg.⟩ *Arbeit unter starker Anspannung verrichten* ▸ er hat viel zu tun, er rotiert schon ⟨übertr.; umg.⟩

Rot|käpp|chen ⟨das; -s; unz.⟩ *Märchenfigur, kleines Mädchen mit roter Kappe*

Rot|kehl|chen ⟨das; -s, -; Zool.⟩ *kleiner Singvogel mit orangefarbener Brust*

Rot|kohl ⟨der; -(e)s; unz.⟩ *ein Gemüsekohl mit*

R

bläulich violetten Blättern; Syn *Rotkraut, Blaukraut*

röt|lich ‹Adj.› *mit rotem Schimmer versehen* ▸ ein ~ blauer Himmel

Rot|licht ‹das; -(e)s; unz.› *rotes Licht als Wärmebehandlung bei Schmerzen;* Zus *Rotlichtbestrahlung, Rotlichtlampe*

Rot|licht|mi|li|eu ‹[-miljø:] das; -s, -s; abwertend› *Milieu der Prostituierten* ▸ eine Razzia im ~ durchführen

Ro|tor ‹der; -s, -en; Flugw.› *Drehflügel (des Hubschraubers);* Zus *Rotorblatt*

rot|schwarz ‹Adj.› *rötlich schwarz;* →a. *rot-schwarz*

rot-schwarz ‹Adj.› **1** *rot u. schwarz;* →a. *rotschwarz* **2** ‹Pol.› *die Koalition der Parteien SPD u. CDU betreffend*

rot|se|hen ‹V. intr.; sieht rot, sah rot, hat rot|ge|sehen, rot|zu|se|hen; umg.› *sehr wütend, gereizt, unbeherrscht werden* ▸ nach der dritten Beleidigung hat er rotgesehen

Rot|stift ‹der; -(e)s, -e› *roter Farbstift* ▸ den ~ ansetzen ‹übertr.› *geplante Geldausgaben streichen*

Rot|te ‹die; -, -n› **1** *Gruppe von (Wild-)Schweinen* **2** ‹abwertend› *Bande, Gruppe, Schar (von Kriminellen)* ▸ eine ~ Halbwüchsiger machte die Straßen unsicher; Zus *Rottenführer(in)*

Rott|wei|ler ‹der; -s, -› *großer, schwerer Hund*

Ro|tun|de ‹die; -, -n› **1** *rundes Gebäude, Rundbau* **2** *runder Raum*

Rot|wein ‹der; -(e)s, -e› *roter Wein aus blauen Trauben*

rot|weiß ‹Adj.› *rötlich weiß;* →a. *rot-weiß*

rot-weiß ‹Adj.› *rot u. weiß;* →a. *rotweiß* ▸ eine ~ gestreifte Bluse

Rot|wild ‹das; -(e)s; unz.› *Edelhirsch, Reh*

Rot|wurst ‹die; -, -würs|te; regional› = *Blutwurst*

Rotz ‹der; -es; unz.; derb› *Nasenschleim*

rot|zen ‹V. intr.; rotzt, rotz|te, hat ge|rotzt; derb› **1** *die Nase putzen* **2** *Schleim aus Nase u. Rachen im Mund sammeln u. ausspucken*

R

rotz|frech ‹Adj.; umg.› *sehr frech*

Rotz|na|se ‹die; -, -n› **1** ‹derb› *laufende Nase* **2** ‹übertr.; umg.› *freches Kind;* Abl *rotznäsig*

Rouge ‹[ru:ʒ] das; -s, -s› *rote Schminke* ▸ ~ auflegen *die Wangen rot schminken*

Rou|la|de ‹[ru-] die; -, -n› *Fleischrolle, dünne Fleischscheibe, die mit Speck u. Zwiebeln gefüllt, zusammengerollt u. geschmort wird*

Rou|lette ‹[rulɛt] das; -s, -s› *Glücksspiel, bei dem eine Kugel in die nummerierten Felder einer drehbaren Scheibe fällt u. so über den Gewinn entscheidet;* oV *Roulett*

Rou|te ‹[ru:tə] die; -, -n› *(vorgeschriebener od. geplanter) Reiseweg, Strecke* ▸ eine ~ festlegen; der Navigator berechnet die ~; Zus *Fahrtroute, Reiseroute*

Rou|ti|ne ‹[ru-] die; -; unz.› **1** *Übung, Geschicklichkeit, Erfahrung* **2** ‹leicht abwertend› *Gewohnheit, oft wiederholte, unschöpferische Tätigkeit* ▸ das ist reine ~ für ihn; (keine) ~ in einer Sache haben; etwas mit ~ bewältigen

Rou|ti|ne... ‹[ru-] in Zus.› *regelmäßig stattfindend, zur Gewohnheit gehörend, Reihen...,* z. B. Routinearbeit, Routinekontrolle, Routinesache, Routineuntersuchung

Rou|ti|ni|er ‹[rutinje:] der; -s, -s› *in einem (beruflichen, sportlichen) Bereich erfahrener Mensch* ▸ er ist ein ~

rou|ti|niert ‹[ru-] Adj.; -er, am -es|ten› *geschickt, gewandt, geübt, erfahren* ▸ er ist ein ~er Kellner

Row|dy ‹[raʊdɪ] der; -s, -s› *streitsuchender, randalierender Mensch;* Abl *Rowdytum*

ro|y|al ‹[roajal] Adj.› **1** *königlich* **2** *königstreu;* Abl *Royalist(in), Royalismus; royalistisch*

rub|beln ‹V. trans.; rub|belt, rub|bel|te, hat ge|rubbelt; bes. norddt.› etwas ~ *reiben, reibend trocknen* ▸ ein Kind trocken ~ / trockenrubbeln

Rü|be ‹die; -, -n› **1** ‹Bot.› *Pflanze, deren verdickte Pfahlwurzeln als Gemüse od. Viehfutter genutzt werden;* Zus *Rübenzucker; Runkelrübe, Zuckerrübe* **2** ‹übertr.; umg.› *Kopf* ▸ er hat eins auf die ~ bekommen ‹übertr.; umg.› *einen Schlag auf den Kopf*

Ru|bel ‹der; -s, -; Abk.: Rbl.› *Währungseinheit in Russland u. Weißrussland, 100 Kopeken*

rü|ber... ‹in Zus. mit Verben; trennbar; umg.› *herüber..., hinüber...,* z. B. rüberbringen, rüberkommen ▸ komm ~!; ich gehe ~

rü|ber|brin|gen ‹V. trans.; bringt rü|ber, brachte rü|ber, hat rü|ber|ge|bracht, rüber|zu|brin|gen; umg.› **1** (jmdm.) jmdn. od. etwas ~ *herüber-, hinüberbringen* **2** etwas ~ *vermitteln, verständlich machen* ▸ eine Botschaft ~

rü|ber|kom|men ‹V. intr.; kommt rü|ber, kam rü|ber, ist rü|ber|ge|kom|men, rüber|zu|kommen; übertr.; umg.› **1** *herüber-, hinüberkommen* **2** *Wirkung ausüben, Anklang finden, zünden* ▸ da kommt nichts rüber

Ru|bin ‹der; -s, -e› *roter Edelstein*

Ru|b|rik ‹die; -, -en› **1** *Titel, Überschrift* **2** ‹übertr.› **2.1** *Spalte, Abschnitt* **2.2** *Klasse, Abteilung*

ruch|bar ‹Adj.› *durch Gerücht bekannt, ins Gespräch gekommen* ▸ es wurde ~, dass ...

ruch|los ‹Adj.; -er, am -es|ten› *gewissenlos, gemein* (Verbrechen); Abl *Ruchlosigkeit*

Ruck ‹der; -(e)s, -e› *plötzlicher Zug (am Zügel, Seil), Stoß, Erschütterung* ▸ sich einen ~ geben ‹übertr.› *sich überwinden;* mit einem ~ anfahren; die Wahl ergab einen ~ nach links, rechts *einen plötzlichen Stimmengewinn einer links-, rechtsgerichteten politischen Partei;* Abl *ruckartig*

rück..., Rück... ‹in Zus.; mit Verben trennbar; umg.› **1** *zurück..., Zurück...,* z. B. rückblicken; Rückantwort, Rückeroberung, Rücknahme, Rückübersetzung, Rückzahlung; rückwärts **2** *(auf) der hinteren, abgewandten Seite, hinten befindlich,* z. B. Rückansicht, Rücksitz, Rückwand

Rück|bau ‹der; -(e)s; unz.› **1** *Abtragen von Gebäuden od. bebauten Flächen* **2** ‹übertr.› *Streichung von Vergünstigungen o. Ä.* ▸ ~ von Straßen

Rück|be|sin|nung ‹die; -; unz.› *Besinnung auf Vergangenes*

rụ̈ck|be|züg|lich ⟨Adj.; Gramm.⟩ = *reflexiv* ▸ ~es Fürwort = *Reflexivpronomen*

Rụ̈ck|bil|dung ⟨die; -, -en; Biol.⟩ *Verkümmerung von (meist nicht benutzten) Organen od. Gliedern;* Syn *Rückentwicklung*

Rụ̈ck|blen|de ⟨die; -, -n; Film, Drama, Roman⟩ *Einschieben einer Szene, die Vergangenes schildert, in den Handlungsablauf*

Rụ̈ck|blick ⟨der; -(e)s, -e; übertr.⟩ *Blick zurück, Erinnerung an Vergangenes* ▸ im ~; Abl *rückblickend*

rụ̈ck|da|tie|ren ⟨V. trans.; hat rück|da|tiert; nur im Inf. u. Part. Perf.⟩ etwas ~ *mit einem früheren Datum versehen;* Ggs *vordatieren*

ru̦|ckeln ⟨V. intr.; ru|ckelt, ru|ckel|te, hat ge|ru|ckelt⟩ *(sich) ruckend bewegen, wackeln* ▸ an der Tür ~; ein ~der Zug

ru̦|cken ⟨V. intr.; ruckt, ruck|te, hat ge|ruckt⟩ **1** *sich mit einem Ruck bewegen, sich plötzlich abstoßen* **2** *gurren* (Tauben) ▸ der Zug ruckte und blieb wieder stehen

rü̦|cken ⟨V.⟩ **I** ⟨V. intr.; rückt, rück|te, ist ge|rückt⟩ **1** *Platz machen* **2** *sich ein Stück fortbewegen* **3** an etwas ~ *etwas ein Stückchen bewegen, zur Seite schieben* ▸ kannst du ein Stückchen ~? *etwas Platz machen* ▸ an jmds. Stelle ~ *jmds. Stelle einnehmen;* daran ist nicht zu ~ ⟨übertr.⟩ *das lässt sich nicht ändern;* dieses Problem rückt zum ersten Mal in unser Blickfeld ⟨übertr.⟩; die Truppen ~ ins Feld *ziehen ins F.;* die Zuhörer rückten mit den Stühlen; nicht von der Stelle ~ *nicht weichen, sich nicht bewegen (lassen)* **II** ⟨V. trans.; rückt, rück|te, hat ge|rückt⟩ etwas irgendwohin ~ *an einen anderen Platz schieben, verschieben* ▸ den Tisch ganz nah an die Wand ~

Rü̦|cken ⟨der; -s, -⟩ **1** *Rückseite des menschlichen Rumpfes;* ⓘ S. 146; Zus *Rückenlage, Rückenwirbel* **2** *Oberseite des tier. Rumpfes;* Zus *Rückenflosse* **3** ⟨allg.⟩ *Rückseite* **4** *Oberseite;* Zus *Bergrücken, Fußrücken, Handrücken, Messerrücken, Nasenrücken* **5** *(hintere) Lehne;* Zus *Rückenlehne; Stuhlrücken* **6** *die Seite an eingebundenen Büchern, an der die Blätter befestigt sind;* Zus *Buchrücken* ▸ jmdm. den ~ decken ⟨übertr.; umg.⟩ *ihn gegen Angriffe, Vorwürfe schützen;* hinunterlaufen: es lief mir kalt den ~ hinunter (vor Angst, Grauen, Kälte) *ich erschauerte;* jmdm. den ~ kehren, zukehren *sich von ihm abwenden;* jmdm. den ~ stärken ⟨übertr.⟩ *ihm beistehen, ihn ermutigen;* wehtun: ihm tut der ~ weh; jmdm. den ~ zudrehen ▸ er hat einen breiten ~ ⟨übertr.; umg.⟩ *er kann viel ertragen;* ein breiter, krummer, schmaler, schwacher, starker ~; der verlängerte ~ ⟨scherzh.⟩ *das Gesäß* ▸ ~ an ~ stehen; auf dem ~ in der Sonne liegen; auf dem ~ schlafen; den Rucksack auf dem ~ tragen; etwas hinter jmds. ~ besprechen od. tun ⟨übertr.⟩ *heimlich, ohne sein Wissen;* jmdm. in den ~ fallen ⟨übertr.⟩ *gegen ihn sprechen, nicht in seinem Sinne handeln;* er hat seine einflussreiche Verwandtschaft im ~ ⟨übertr.⟩ *er kann sich auf sie stützen;* beim Fotografieren hatte ich die Sonne im ~; mit dem ~ zur Wand ⟨übertr.⟩ *in eine fast aussichtslose Lage gedrängt*

Rü̦|cken|de|ckung ⟨die; -; unz.; übertr.⟩ **1** *Sicherung vor Angriffen aus dem Hinterhalt* **2** ⟨übertr.⟩ *Sicherung gegen mögliche Vorwürfe* ▸ jmdm. ~ geben *jmdn. vor Angriffen schützen*

Rü̦|cken|mark ⟨das; -s; unz.⟩ *der im Innern der Wirbelsäule gelegene Teil des Zentralnervensystems;* Zus *Rückenmarkspunktion*

Rü̦|cken|schmerz ⟨der; -es, -en; meist Pl.; Med.⟩ *Schmerz im Bereich des Rückens* ▸ ~en führen oft zu Schonhaltungen

Rü̦|cken|schwim|men ⟨das; -s; unz.⟩ *das Schwimmen auf dem Rücken*

Rü̦|cken|wind ⟨der; -(e)s; unz.⟩ *Wind vom Rücken, von hinten her* ▸ ~ haben ⟨übertr.⟩ *unterstützt werden, Erfolg haben*

rụ̈ck|er|stat|ten ⟨V. trans.; hat rück|er|stat|tet; nur im Inf. u. Perf.⟩ *erstatten, wiedergeben, zurückgeben* ▸ jmdm. ausgelegtes Geld, Unkosten, Fahrtkosten ~; Abl *Rückerstattung*

Rụ̈ck|fahr|kar|te ⟨die; -, -n⟩ *Fahrkarte für Hin- u. Rückfahrt;* Syn *Rückfahrschein*

Rụ̈ck|fahrt ⟨die; -, -en⟩ *Fahrt vom Ziel zum Ausgangspunkt zurück*

Rụ̈ck|fall ⟨der; -(e)s, -fäl|le⟩ **1** *Rückkehr in einen früheren (schlechteren) Zustand* **2** ⟨Med.⟩ *Wiederauftreten einer scheinbar überwundenen Krankheit* **3** ⟨Rechtsw.⟩ *erneute Begehung der gleichen Straftat nach verbüßter Strafe* ▸ einen ~ erleiden; Abl *rückfällig*

Rụ̈ck|flug ⟨der; -(e)s, -flü|ge⟩ *Flug vom Ziel zum Ausgangspunkt zurück* ▸ Hin- und ~ buchen

Rụ̈ck|fra|ge ⟨die; -, -n⟩ *Anfrage, Frage zwecks Prüfung einer vorgelegten Sache;* Abl *rückfragen*

Rụ̈ck|ga|be ⟨die; -, -n⟩ *das Zurückgeben von verlorenen, geliehenen od. gestohlenen Gegenständen an den Eigentümer* ▸ gegen ~ der Eintrittskarte; Zus *Rückgaberecht*

Rụ̈ck|gang ⟨der; -(e)s; unz.; übertr.⟩ *Verringerung, Verschlechterung, Verfall* ▸ der ~ der Bevölkerung; ~ der Preise

rụ̈ck|gän|gig ⟨Adj.⟩ **1** = *rückläufig* **2** etwas ~ machen *widerrufen, annulieren*

Rụ̈ck|grat ⟨das; -(e)s, -e⟩ **1** = *Wirbelsäule;* Zus *Rückgratverkrümmung* **2** *Standhaftigkeit, Mut, seine eigene Meinung zu vertreten* ▸ das hat ihm das ~ gebrochen ⟨übertr.; umg.⟩ *ihn (wirtschaftlich, moralisch od. seelisch) vernichtet;* jmdm. das ~ stärken ⟨übertr.⟩ *ihn unterstützen;* ein Mensch ohne ~ ⟨übertr.⟩ *ein schwacher Charakter*

Rụ̈ck|griff ⟨der; -(e)s, -e⟩ *das Zurückgreifen (auf Vorhandenes, Bewährtes)*

Rụ̈ck|halt ⟨der; -(e)s; unz.⟩ *Halt, Stütze* ▸ jmdm. ~ geben; ihm fehlt jeder moralische ~

Rụ̈ck|hand ⟨die; -; unz.; Sp.; bes. Tennis, Tischtennis⟩ *Schlag des Balles mit der Schlaghand auf der entgegengesetzten Körperseite;* Syn *Rückhandschlag*

Rụ̈ck|kehr ⟨die; -; unz.⟩ *das Zurückkehren, Zurückkommen, Heimkehr, Heimreise* ▸ wir erwarten noch heute seine ~; auf jmds. ~ warten; nach seiner ~

Rụ̈ck|kopp|lung ⟨die; -, -en⟩ oV *Rückkoppelung* **1** ⟨El.⟩ *Schaltung eines Verstärkers, wobei ein Teil der Ausgangsspannung zur Verstärkung der Eingangsspannung dient* **2** ⟨in Steuerungssystemen⟩ *Rückwirkung eines Faktors in einem geschlossenen Wirkungskreis auf den ersten Faktor;* Syn *Rückmeldung*

rụ̈ck|läu|fig ⟨Adj.⟩ *in einer Entwicklung einen Rückgang verzeichnend, abnehmend* ▸ ~e Wachstumsraten; die Zahl der Mitglieder ist ~

Rụ̈ck|licht ⟨das; -(e)s, -er⟩ *kleines Lichtsignal hinten am Auto, Fahrrad, am Zug;* ⓘ S. 896

rụ̈ck|lings ⟨Adv.⟩ *rückwärts, nach hinten, von hinten* ▸ jmdn. ~ angreifen; ~ ins Wasser stürzen

Rụ̈ck|marsch ⟨der; -(e)s, -mär|sche⟩ *Marsch zurück, Rückzug* ▸ auf dem ~ sein

Rụ̈ck|rei|se ⟨die; -, -n⟩ *Reise nach Hause, an den Ausgangspunkt zurück, Heimfahrt, Heimreise* ▸ auf der ~ sein

Rụ̈ck|ruf ⟨der; -(e)s, -e⟩ **1** *Aufforderung, Ruf zur Umkehr, zur Rückkehr* **2** ⟨Tel.⟩ *Telefonanruf als Antwort auf einen vorher erfolgten Anruf eines anderen Fernsprechteilnehmers* **3** *Zurücknahme eines Nutzungsrechtes* **4** *Aufforderung, etwas zurückzuschicken (z. B. mangelhafte Ware);* Zus *Rückrufaktion* ▸ ich erwarte seinen ~ ⟨Tel.⟩

Rụ̈ck|run|de ⟨die; -, -n; Sp.⟩ *die zweite Hälfte einer Spielsaison, in der die Rückspiele stattfinden;* Ggs *Hinrunde* ▸ gute Ergebnisse in der ~

Rụck|sack ⟨der; -(e)s, -sä|cke⟩ *(urspr. von Wanderern) auf dem Rücken getragener Sack aus leichtem Material für Ausrüstung, Kleidung, Essen o. Ä.;* Zus *Rucksacktourismus, Rucksacktourist*

Rụ̈ck|schau ⟨die; -, -en⟩ *Erinnerung an Vergangenes u. Rechenschaft darüber vor sich selbst* ▸ ~ halten

Rụ̈ck|schlag ⟨der; -(e)s, -schlä|ge⟩ **1** *Rückstoß, Rückprall* **2** ⟨übertr.⟩ *ungünstige Wendung nach anfangs günstiger Entwicklung* ▸ der ~ eines Gewehres; er hat seinen ~ überwunden

Rụ̈ck|schluss ⟨der; -es, -schlüs|se⟩ *logischer Schluss eines Gedankens auf einen vorangegangenen* ▸ sein Verhalten lässt den ~ zu, dass …

Rụ̈ck|schritt ⟨der; -(e)s, -e; übertr.⟩ *Verschlechterung, Rückfall in scheinbar Überwundenes;* Ggs *Fortschritt* ▸ etwas als ~ werten

Rụ̈ck|sei|te ⟨die; -, -n⟩ *rückwärtige, hintere Seite;* Ggs *Vorderseite;* Abl *rückseitig*

Rụ̈ck|sen|dung ⟨die; -, -en⟩ *Sendung (einer Postsache) zurück an den Absender*

Rụ̈ck|sicht ⟨die; -, -en⟩ *Achtsamkeit auf die Interessen, Gefühle usw. anderer* ▸ er kennt keine ~; auf jmdn. od. etwas ~ nehmen; sie nimmt auf niemanden ~ ▸ aus ~ auf seine kranke Mutter hat er abgesagt; mit ~ auf seine Gesundheit; er ging ohne jede ~ vor; ohne ~ auf Verluste ⟨übertr.; umg.⟩ *entschlossen, rücksichtslos, hart;* Abl *rücksichtsvoll*

Rụ̈ck|sicht|nah|me ⟨die; -, -n⟩ *Achtung vor fremden Interessen, Gefühlen usw.*

rụ̈ck|sichts|los ⟨Adj.; -er, am -es|ten⟩ **1** *ohne Rücksicht, unbedenklich, selbstsüchtig* **2** *hart, streng, grob* ▸ ~es Benehmen, Verhalten; ~ gegen jmdn. vorgehen; Abl *Rücksichtslosigkeit*

Rụ̈ck|sitz ⟨der; -es, -e⟩ *hinterer Sitz in einem Kraftfahrzeug;* ⓘ S. 896

Rụ̈ck|spie|gel ⟨der; -s, -; Kfz⟩ *Spiegel, in dem man von hinten kommende Fahrzeuge sehen kann;* ⓘ S. 896

Rụ̈ck|spiel ⟨das; -(e)s, -e; Sp., bes. Fußb.⟩ *zweites von zwei vereinbarten Spielen zw. zwei Mannschaften;* Ggs *Hinspiel*

Rụ̈ck|spra|che ⟨die; -, -n⟩ *erkundende Besprechung über eine bestimmte Frage* ▸ ~ halten; nach ~ mit Herrn X

Rụ̈ck|stand ⟨der; -(e)s, -stän|de⟩ **1** *Größe, um die man zurückliegt (im Verhältnis zu der Größe, die erreicht werden sollte)* **2** *unbezahlter Rest einer Rechnung* **3** *zurückbleibender Stoff beim Filtern, Auspressen usw., Bodensatz, Abfall, Überbleibsel* ▸ alle Rückstände bezahlen, eintreiben; im ~ (mit etwas) sein *etwas nicht pünktlich u. regelmäßig getan haben;* er ist mit seiner Arbeit, seinen Zahlungen im ~; in ~ geraten; die gegnerische Mannschaft liegt 5 Punkte im ~

rụ̈ck|stän|dig ⟨Adj.⟩ **1** ⟨Finanzw.⟩ *restlich, noch unbeglichen* **2** ⟨übertr.⟩ *überholten Ansichten anhängend* (Person) **3** *nicht fortschrittlich, unmodern, unzeitgemäß; überholt* **4** *auf niederer Entwicklungsstufe verharrend* ▸ ~e Ansichten, Zahlungen; mit 50 Euro ~ sein; Abl *Rückständigkeit*

Rụ̈ck|stau ⟨der; -s, -s⟩ *nach hinten wirkender Stau* ▸ infolge des Hochwassers im Rhein kam es zu einem ~ in der Mosel

Rụ̈ck|stoß ⟨der; -es, -stö|ße; Phys.⟩ *Rückwirkung, Impulsübertragung einer von einem Körper sich abstoßenden Masse auf diesen selbst (z. B. des Gewehrs beim Abfeuern des Schusses)*

Rụ̈ck|strah|ler ⟨der; -s, -⟩ *Markierung an Fahrzeugen, Fahrbahn od. Kleidung, die reflektiert*

Rụ̈ck|tritt ⟨der; -(e)s, -e⟩ **1** *das Zurücktreten (von einem Amt, einem Vertrag usw.), der Verzicht darauf;* Zus *Rücktrittsforderung, Rücktrittsgesuch* **2** *rückwirkende Vernichtung eines Vertrages durch einseitige Erklärung*

Rụ̈ck|tritt|brem|se ⟨die; -, -n⟩ *Bremse am Fahrrad, durch Rückwärtstreten der Pedale betätigt*

rụ̈ck|ver|gü|ten ⟨V. trans.; hat rück|ver|gü|tet; nur im Inf. u. Perf.⟩ jmdm. etwas ~ *vergüten, zurückzahlen;* Abl *Rückvergütung*

rụ̈ck|ver|si|chern ⟨V.; hat rück|ver|si|chert; nur im Inf. u. Perf.⟩ **I** ⟨V. trans.⟩ jmdn. ~ *mit jmdm. eine Versicherung abschließen, bei der sich ein Versicherer mit anderen Versicherern das Risiko teilt* **II** ⟨V. refl.⟩ sich ~ *sich absichern* ▸ er hat sich bei mir rückversichert; Abl *Rückversicherung*

Rụ̈ck|wan|de|rung ⟨die; -, -en⟩ **1** *Wanderung zum Ausgangspunkt* **2** *Rückkehr in die Heimat*

rụ̈ck|wär|tig ⟨Adj.⟩ *dahinter gelegen, hinten*

rụ̈ck|wärts ⟨Adv.⟩ **1** *nach hinten, zurück, der ursprüngl. Bewegung entgegengesetzt* **2** *mit dem Rücken zuerst* **3** ⟨übertr.⟩ *in der Zeit zurück,* *in die Vergangenheit* ▸ zwei Schritte ~; das Auto rollte ~ gegen die Wand

rụ̈ck|wärts|fah|ren ⟨V. intr.; fährt rück|wärts, fuhr rück|wärts, ist rück|wärts|ge|fah|ren, rück|wärts-zu|fah|ren⟩ *im Rückwärtsgang fahren* ▸ er ist langsam rückwärtsgefahren

Rụ̈ck|wärts|gang ⟨der; -(e)s, -gän|ge⟩ *Gang (des Motors) zur Rückwärtsbewegung* ▸ den ~ einschalten, im ~ fahren

rụ̈ck|wärts|ge|hen ⟨V. intr.; geht rück|wärts, ging rück|wärts, ist rück|wärts|ge|gan|gen, rück-wärts|zu|geh|hen⟩ **1** *mit dem Rücken voran gehen* **2** ⟨übertr.⟩ *sich verschlechtern, zurückgehen* ▸ er kann ~; mit seinem Geschäft wird es ~

Rụ̈ck|weg ⟨der; -(e)s, -e⟩ *Weg zurück, Heimweg;* Ggs *Hinweg* ▸ den ~ antreten; er befindet sich auf dem ~; sich rechtzeitig auf den ~ begeben

rụck|wei|se ⟨Adv.⟩ *in Rucken, Stößen* ▸ sich ~ vorwärtsbewegen; das Auto fuhr ~

rụ̈ck|wir|kend ⟨Adj.⟩ *gültig für einen bestimmten Zeitraum vor der Vereinbarung od. vor der Veröffentlichung (eines Gesetzes usw.)* ▸ der Lohn wird für drei Monate ~ bezahlt; Abl *Rückwirkung*

Rụ̈ck|zie|her ⟨der; -s, -; übertr.; umg.⟩ **1** *das Aufgeben zu hochgesteckter Ziele, Verkleinerung zu großer Pläne* **2** ⟨Fußb.⟩ *das Schießen des Balls über den eigenen Kopf nach rückwärts* ▸ einen ~ machen

ruck, zụck! ⟨Int.; umg.⟩ *sehr schnell, blitzartig* ▸ es ging alles ~

Rụ̈ck|zug ⟨der; -(e)s, -zü|ge⟩ **1** *Rückwärtsbewegung (bes. von Truppen), geordnete Flucht* **2** *das Zurückziehen, Aufgabe* ▸ den ~ antreten

Rụ̈ck|zugs|ge|biet ⟨das; -(e)s, -e⟩ *Gebiet, in das sich Menschen od. Tiere zurückziehen können* ▸ ein ~ für bedrohte Tierarten schaffen

Ru|co|la ⟨die; -; unz.⟩ *eine Salatpflanze, die einen bitteren, leicht scharfen Geschmack hat;* oV *Rukola*

rü|de ⟨Adj.; abwertend⟩ *rau, ungeschliffen, roh* ▸ ~s Benehmen

Rü|de ⟨der; -n, -n⟩ *Männchen* (vom Hund, Wolf, Fuchs u. der Marderfamilie)

Ru|del ⟨das; -s, -⟩ **1** *zusammenlebende Gruppe (von Hirschen, Gämsen, Rehen, Wölfen)* **2** ⟨übertr.⟩ *Schar, Ansammlung, große Gruppe*

Ru|der ⟨das; -s, -⟩ *Steuer, Vorrichtung zum Steuern (eines Schiffes od. Flugzeugs)* ▸ das ~ gerade noch herumreißen können ⟨übertr.⟩ *im letzten Moment einer gefährlichen Situation ausweichen;* am ~ sein, sitzen ⟨übertr.; umg.⟩ *an der Macht;* ans ~ kommen ⟨übertr.; umg.⟩ *an die Macht;* Zus *Ruderbank, Ruderboot, Höhenruder, Seitenruder*

ru|dern ⟨V.⟩ **I** ⟨V. intr.; ru|dert, ru|der|te, ist/hat ge|ru|dert⟩ **1** *in einem Boot sich mit Rudern fortbewegen;* Abl *Ruderer, Ruderin;* Zus *Ruderregatta* **2** mit den Armen ~ *in der Luft Ruderbewegungen machen* ▸ gegen die Strömung ~; wir haben/sind eine Stunde gerudert; wir sind gestern über den See gerudert **II** ⟨V. trans.; ru|dert, ru|der|te, hat ge|ru|dert⟩ etwas ~ *mit Rudern fortbewegen* ▸ das Boot ans Ufer ~

ru|di|men|tär ⟨Adj.⟩ *rückgebildet, verkümmert* ▸ ~e Sprachkenntnisse; Abl *Rudiment*

Rü|eb|li ⟨das; -s, -s; schweiz.⟩ *Möhre*

Ruf ⟨der; -(e)s, -e⟩ **I** ⟨zählb.⟩ **1** *laute, meist kurze Äußerung, laut gesprochenes Wort;* Zus *Hilferuf* **2** *Äußerung von Tieren, bes. Vögeln;* Zus *Vogelruf* **3** *Berufung (zu einem Amt, auf einen Posten)* ▸ der ~ der **Eule,** des Kuckucks; der ~ des **Wachtpostens** ▸ es **erging** der ~ an ihn, die Regie des neuen Stückes zu übernehmen; er **folgt** dem ~ an die Universität Zürich **II** ⟨unz.⟩ **1** *(guter) Leumund, Ansehen* **2** *Aufforderung, Appell* **3** *Telefonnummer* ▸ er **erfreut** sich keines guten ~es; einen guten ~ **genießen;** das wird deinem ~ **schaden; sein:** er ist besser als sein ~; du hast einen guten ~ zu **verlieren** ▸ er hat hier einen **guten** ~ als Chirurg; einen **schlechten** ~ haben; sein ~ ist **zweifelhaft** ▸ seinen ~ **aufs** Spiel setzen; er steht **im** ~, ein Playboy zu sein *man sagt von ihm, dass er …;* jmdn. in schlechten ~ bringen; der ~ **nach** Neuwahlen wird immer lauter

ru|fen ⟨V.; ruft, rief, hat ge|ru|fen⟩ **I** ⟨V. intr. u. V. trans.⟩ **1** (etwas) ~ *laut, mit weittragender Stimme aussprechen* **2** *die Stimme laut ertönen lassen (auch von Tieren)* **3** nach jmdm. ~ *rufen, damit jmd. kommt* ▸ „Komm schnell!" rief er ▸ mir ist, als hörte ich **„Hilfe!"** ~; der **Kuckuck** ruft im Frühjahr ▸ **anhaltend,** aufgeregt, wiederholt, wütend, zornig ~ ▸ ich habe lange **nach** dir gerufen; der Patient rief nach der Schwester **II** ⟨V. trans.⟩ **1** jmdn. ~ *kommen lassen, herbeiholen* **2** jmdn. ~ *nennen, anreden* ▸ bitte ~ Sie ihn, lassen Sie ihn ~ ▸ er hat sofort den **Arzt** gerufen ▸ jmdn. **bei,** mit seinem Namen ~; jmdm. od. sich etwas **ins** Gedächtnis ~ *ihn od. sich daran erinnern;* du kommst **wie** gerufen ⟨umg.⟩ *im rechten Augenblick;* jmdn. **zum** Essen ~; Gott hat ihn zu sich gerufen ⟨poet.⟩ *er ist gestorben;* jmdn. zur Ordnung ~ *ihn auffordern, sich ordentlich zu benehmen, sachlich zu bleiben*

Ru|fer ⟨der; -s, -⟩ *jmd., der ruft* ▸ ~ in der Wüste ⟨übertr.⟩ *jmd., der vergeblich auf eine kommende Gefahr od. Schwierigkeit hinweist;* Abl *Ruferin*

Rüf|fel ⟨der; -s, -; umg.⟩ *Verweis, Rüge, Tadel* ▸ einen ~ bekommen; einen ~ einstecken

rüf|feln ⟨V. trans.; rüf|felt, rüf|fel|te, hat ge|rüf|felt; umg.⟩ jmdn. ~ *jmdm. einen Rüffel geben, ihn tadeln*

Ruf|mord ⟨der; -(e)s, -e⟩ *schwere öffentliche Verleumdung, durch die jmds. Ruf zerstört wird*

Ruf|na|me ⟨der; -ns, -n⟩ *Vorname, mit dem jmd. angeredet wird*

Ruf|num|mer ⟨die; -, -n⟩ = *Telefonnummer* ▸ ich bin unter der ~ 6785 zu erreichen

ruf|schä|di|gend ⟨Adj.⟩ *dem Ruf, dem Ansehen von jmdm. od. etwas schadend* ▸ er bezeichnete die Vorwürfe als gegenstandslos und ~

Ruf|wei|te ⟨die; -; unz.⟩ *Entfernung, über die ein Ruf hörbar ist, Hörweite* ▸ in ~ bleiben

Rug|by ‹[rʌgbi] das; -s; unz.; Sp.› *Spiel zw. zwei Mannschaften mit eiförmigem Lederball, der mit Händen u. Füßen gespielt werden darf*

Rü|ge ‹die; -, -n› *Tadel, Verweis, Zurechtweisung* ▸ eine ~ bekommen, erhalten; sie erteilte ihm eine scharfe ~

rü|gen ‹V. trans.; rügt, rüg|te, hat ge|rügt› **1** jmdn. ~ *jmdn. zurechtweisen* **2** etwas ~ *bemängeln*

Ru|he ‹die; -; unz.› **1** *Schweigen, Stille* **2** *Frieden;* Zus *Waffenruhe* **3** *Kaltblütigkeit, Gleichmut* **4** *Stillstehen, Stillliegen, Unbeweglichsein, Stillstand* **5** *Ausruhen, Schlaf, Erholung* ▸ ~ bitte! ▸ bitte einen Augenblick ~!; in ~ und Frieden leben ▸ ~ ausstrahlen ‹übertr.› *einen beruhigenden Einfluss haben;* der Kranke bedarf dringend der ~; die ~ bewahren; eintreten: plötzlich trat ~ ein; (keine) ~ finden, haben; gib doch endlich ~! *sei ruhig!; lass das!;* ich möchte meine ~ haben! *ungestört bleiben;* er hat die ~ weg ‹umg.› *ihn regt nichts auf;* jmdm. keine ~ lassen *ihn dauernd stören, bedrängen;* diese Sorgen rauben mir die ~; sein: er ist die ~ selbst *ganz ruhig;* der Redner musste sich erst ~ verschaffen ▸ angenehme ~! ‹geh.› *(als Gute-Nacht-Gruß);* jmdn. zur letzten ~ betten, bringen *ihn beerdigen;* die nächtliche, öffentliche ~ stören; eine unerschütterliche ~ besitzen ▸ er lässt sich nicht aus der ~ bringen; ohne aus der ~ zu kommen; in aller ~ die Vorbereitungen treffen; lass ihn jetzt bitte in ~! *störe ihn nicht;* das muss ich mir in ~ überlegen; immer mit der ~! ‹umg.› *nicht so hastig;* ich bitte um ~; ~ vor dem Sturm ‹übertr.› *Spannung vor einer Auseinandersetzung;* sich zur ~ begeben, legen *schlafen gehen;* nach dem Umzug bin ich noch nicht zur ~ gekommen; sich zur ~ setzen *in den Ruhestand treten, aufhören mit Arbeiten*

Ru|he|la|ge ‹die; -; unz.› *Lage, in der z. B. ein gebrochenes Glied nicht bewegt werden kann* ▸ der Arm muss eine Woche in ~ bleiben

ru|he|los ‹Adj.; -er, am -es|ten› *keine Ruhe findend, unruhig, unstet* ▸ wir leben in einer ~en Zeit; Abl *Ruhelosigkeit*

ru|hen ‹V. intr.; ruht, ruh|te, hat ge|ruht› **1** *still, bewegungslos sein* **2** *nicht arbeiten, sich nicht bewegen* **3** *sich erholen, sich entspannen* **4** *schlafen* **5** *vorübergehend außer Kraft, außer Geltung sein* (Vertrag) **6** *nicht weitergehen, zum Stillstand gekommen sein, aufgehört haben* (Arbeit, Verkehr) **7** *beerdigt sein (bes. in Grabinschriften)* ▸ die Arbeit ruht während des Streiks; die Sache ruht vorläufig *wird nicht entschieden, weitergeführt;* die Waffen ~ *es wird nicht mehr gekämpft* ▸ die Toten soll man ~ lassen *man soll über sie nichts Böses sagen;* ‹aber› ~ lassen ‹übertr.› = *ruhenlassen* ▸ ihr Kopf ruhte an seiner Schulter; auf etwas ~ *auf etwas liegen, von etwas getragen werden;* auf jmdm. ~ *von jmdm. getragen werden;* die ganze Last der Verantwortung ruht auf mir; die Brücke ruht auf mehreren Pfeilern; seine Blicke ruhten auf ihr; er ruht nun in Frieden *er ist tot;* nach dem Mittagessen eine Stunde ~; nicht ~, bis man etwas erreicht hat ▸ die Mutter ist der ~de Pol dieser unruhigen Familie

ru|hen|las|sen *auch:* **ru|hen las|sen** ‹V. trans.; lässt ru|hen, ließ ru|hen, hat ru|hen|ge|las|sen, ru|hen-zu|las|sen; übertr.› **1** eine Angelegenheit, einen Fall ~ *vorläufig nicht erörtern, nicht bearbeiten* **2** ein Amt ~ *zeitweilig nicht ausüben, nicht wahrnehmen;* →a. *ruhen*

Ru|he|pau|se ‹die; -, -n› *Pause zum Ausruhen* ▸ sich keine ~ gönnen

Ru|he|stand ‹der; -(e)s; unz.› *Stellung eines im Alter aus dem Dienst ausgeschiedenen Beamten, Berufssoldaten od. Richters* ▸ im ~ ‹Abk.: i.R.›; in den ~ gehen, treten; im ~ sein; jmdn. in den ~ versetzen; Abl *Ruheständler(in)*

Ru|he|stö|rung ‹die; -, -en› *Unruhe, Belästigung durch Lärm* ▸ nächtliche ~; Abl *ruhestörend*

Ru|he|tag ‹der; -(e)s, -e› *arbeitsfreier Tag* ▸ in diesem Restaurant ist montags ~

ru|hig[1] ‹Adj.› **1** *bewegungslos, unbeweglich, unbewegt* **2** *geräuschlos, still, schweigend* **3** *lärmfrei, abgelegen* **4** *ohne Aufregung, ohne Sorge* **5** *kaltblütig, gefasst* **6** *ausgeglichen* **7** *gleichmäßig, geordnet* ▸ jmdn. mit ~em Blick beobachten; nur ~ (Blut)! *keine Aufregung!;* alles geht seinen ~en Gang; dies ist eine ~e Gegend; ich habe ein ~es Gewissen; als Chirurg muss er eine ~e Hand haben; wir führen ein sehr ~es Leben; er ist ein sehr ~er Mensch; sie sind ~e Mieter; ~e See, ~er Seegang; wir haben ~e Tage, Wochen dort verlebt; ich möchte ein ~es Zimmer haben (im Hotel) ▸ er blieb völlig ~; etwas ~ sagen; er sah ihm ~ in die Augen; sei ~! *sprich jetzt nicht,* ‹od.› *reg dich nicht auf;* sei doch endlich einmal ~! *rede nicht mehr!;* du kannst ganz ~ sein, es geschieht dir nichts; ~ stellen = *ruhigstellen (I);* sie muss ~er werden

ru|hig[2] ‹Abtönungspartikel› *ohne weiteres, unbesorgt, ohne Bedenken* ▸ du kannst ~ mitkommen; du kannst es mir ~ sagen

ru|hig|stel|len *auch:* **ru|hig stel|len** ‹V. trans.; stellt ru|hig, stell|te ru|hig, hat ru|hig|ge|stellt, ru-hig|zu|stel|len› **I** ‹Zusammen- u. Getrenntschreibung› etwas ~ *bewegungslos machen, halten* ▸ ein gebrochenes Glied ~ **II** ‹nur Zusammenschreibung› jmdn. ruhigstellen *mit Hilfe von Medikamenten beruhigen;* Abl *Ruhigstellung*

Ruhm ‹der; -(e)s; unz.› *durch hervorragende Taten errungenes hohes Ansehen in der Öffentlichkeit* ▸ den Gipfel, die Höhe seines ~es erreichen ▸ dieses Gemälde hat seinen ~ begründet; dieses Werk wird ihm ~ einbringen; sein ~ lebt weiter; er sonnt sich in seinem ~(e) ▸ großer, unsterblicher, verdienter ~ ▸ da hast du dich ja nicht gerade mit ~ bekleckert ‹umg.›; zu ~ und Ehren gelangen; Abl *ruhmlos, ruhmreich, ruhmvoll*

rüh|men ‹V.; rühmt, rühm|te, hat ge|rühmt› **I** ‹V. trans.› **1** jmdn. ~ *jmdn. sehr loben* **2** etwas ~ *lobend hervorheben* ▸ ich muss an ihm besonders seinen Fleiß ~; das muss besonders ~d hervorgehoben werden **II** ‹V. refl.› sich einer Sache ~

R

auf eine S. stolz sein, sie stolz verkünden ▸ er rühmt sich seines Erfolges

Ruh|mes|blatt ⟨das; -(e)s, -blät|ter; übertr.; häufig verneint⟩ *rühmliche Begebenheit od. Tat* ▸ das war kein ~ der deutschen Geschichte

rühm|lich ⟨Adj.⟩ *lobenswert, löblich* ▸ ~e Ausnahme bilden; sich ~ hervortun

Ruhr ⟨die; -; unz.⟩ *durch verschiedene Erreger übertragene Darminfektion mit starkem Durchfall*

Rühr|ei ⟨das; -(e)s, -er⟩ *verquirltes, in der Pfanne in Fett kurzgebratenes Ei*

rüh|ren ⟨V.; rührt, rühr|te, hat ge|rührt⟩ **I** ⟨V. trans.⟩ **1** etwas ~ *bewegen* **2** eine Flüssigkeit, eine breiige od. körnige Masse ~ *kreisend, drehend bewegen, vermischen, vermengen* **3** jmdn. ~ *jmds. Gemüt bewegen, jmdn. in weiche Stimmung versetzen* ▸ das alles konnte ihn gar nicht ~ *es ließ ihn gleichgültig* ▸ ihr Anblick rührte mich; er hat keinen Finger gerührt ⟨umg.⟩ *ließ alles die anderen machen, tat selbst nichts;* jmds. Herz ~; die Werbetrommel ~ ⟨umg.⟩ *Werbung machen* ▸ jmdn. zu Tränen ~ ▸ sie stand da wie vom Donner gerührt ⟨übertr.; umg.⟩ *bewegungslos, erstarrt vor Überraschung;* er war von ihr zu Tränen gerührt; →a. *rührend* **II** ⟨V. intr.⟩ an etwas ~ *etwas anfassen, etwas berühren* ▸ wir wollen nicht daran ~ *die Sache ruhenlassen, nicht davon sprechen;* sein Leid rührte ihr ans, das Herz; sein Zustand rührt daher, dass ... *erklärt sich aus ...,* **III** ⟨V. refl.⟩ sich ~ **1** *sich bewegen, tätig sein* **2** *sich bemerkbar machen, sich melden* ▸ kein Blättchen, Hälmchen, Lüftchen rührt sich *es ist ganz windstill;* sein Gewissen rührte sich ▸ er rührte sich nicht mehr *er war tot;* man kann sich hier nicht ~ (so eng ist es); es hat sich nichts gerührt *alles blieb ruhig;* ich konnte mich nach der Wanderung kaum noch ~; ~ Sie sich nicht vom Fleck, von der Stelle!

rüh|rend **I** ⟨Part. Präs. von⟩ *rühren* **II** ⟨Adj.⟩ **1** *das Gemüt bewegend, zu Herzen gehend, das Herz erwärmend* **2** *liebevoll, aufopfernd, selbstlos* ▸ ein ~er Anblick; eine ~e Begebenheit, Geschichte, Szene; er hat einen ~en Brief geschrieben; auf ~e, in ~er Weise für jmdn. sorgen; das ist ~ von dir!; er ist ~ zu dem Kind

rüh|rig ⟨Adj.⟩ *tätig, unternehmungslustig, flink, emsig* ▸ ein ~er Mensch; Abl *Rührigkeit*

rühr|se|lig ⟨Adj.⟩ **1** *zu Rührung neigend, (übertrieben) gefühlvoll, tränenreich* **2** *mit starken Mitteln Rührung verursachend* ▸ ein ~er Film, Roman; sie ist sehr ~; Abl *Rührseligkeit*

Rüh|rung ⟨die; -; unz.⟩ *innere Bewegung, Bewegtsein, Ergriffenheit, weiche Stimmung* ▸ ~ empfinden, hervorrufen; mich überkam ~; sie weinte vor ~

Ru|in ⟨der; -s; unz.⟩ **1** *Zusammenbruch, Untergang, Verfall* **2** *Vermögensverlust* ▸ das Land, dieses Unternehmen geht seinem ~ entgegen; das ist mein ~!; geschäftlicher ~

Ru|i|ne ⟨die; -, -n⟩ **1** *verfallenes Gebäude;* Zus *Burgruine, Schlossruine* **2** *Trümmer*

ru|i|nie|ren ⟨V. trans.; ru|i|niert, ru|i|nier|te, hat ru|i|niert⟩ **1** etwas ~ *so stark beschädigen, dass es nicht mehr zu gebrauchen ist* **2** ⟨übertr.⟩ jmdn. ~ *jmdm. wirtschaftlich schweren Schaden zufügen* ▸ ich bin ruiniert *ich habe mein Vermögen, mein Ansehen verloren;* du wirst noch deine Gesundheit ~, wenn du weiter so viel arbeitest

ru|i|nös ⟨Adj.; -er, am -es|ten⟩ *zum Ruin führend*

rülp|sen ⟨V. intr.; rülpst, rülps|te, hat ge|rülpst; umg.⟩ *hörbar aufstoßen*

Rülp|ser ⟨der; -s, -; umg.⟩ *hörbares Aufstoßen*

rum ⟨Adv.; umg.; Kurzform von⟩ *herum* ▸ seine Zeit ist ~

Rum ⟨der; -s, -s⟩ *Branntwein aus Rohrzucker*

rum... ⟨in Zus. mit Verben; tennbar; umg.⟩ *herum...,* z. B. rumhängen, rumkriegen, rumlaufen, rumrennen, rumtoben

Ru|mä|ne ⟨der; -n, -n⟩ *Einwohner Rumäniens;* Abl *Rumänin; rumänisch*

Rum|ba ⟨der; -s, -s od. fachsprachl. die; -, -s; Mus.⟩ *aus einem kubanischen Volkstanz hervorgegangener Gesellschaftstanz im $^4/_4$-Takt*

Rum|mel ⟨der; -s; unz.⟩ **1** ⟨umg.⟩ *Lärm u. Geschrei, Menschengewühl;* Zus *Rummelplatz, Jahrmarktsrummel* **2** ⟨übertr., umg.⟩ *unruhige, lästige Angelegenheit* ▸ ich habe diesen ~ gründlich satt; auf den ~ gehen *auf die Kirmes;* viel ~ um etwas od. jmdn. machen ⟨übertr.; umg.⟩

ru|mo|ren ⟨V. intr.; ru|mort, ru|mor|te, hat rumort⟩ *lärmen, poltern* ▸ es rumort im Bauch ⟨umg.⟩ *von dort kommen dumpfe Geräusche*

Rum|pel|kam|mer ⟨die; -, -n; umg.⟩ *Abstellraum für Gerümpel* ▸ das gehört in die ~!

rum|peln ⟨V. intr.; rum|pelt, rum|pel|te, hat/ist gerum|pelt⟩ *(mit dem Wagen) polternd über grobes Pflaster fahren* ▸ der Wagen ist über das Kopfsteinpflaster gerumpelt

Rumpf ⟨der; -(e)s, Rüm|pfe⟩ **1** ⟨Anat.⟩ *menschlicher od. tierischer Körper ohne Kopf u. Glieder, Leib;* Zus *Rumpfbeuge* **2** *Körper des Schiffes od. Flugzeugs ohne Masten bzw. Tragflächen u. Fahrgestell* ▸ den ~ beugen, strecken (beim Turnen)

rümp|fen ⟨V. trans.; rümpft, rümpf|te, hat gerümpft; nur in den Wendungen⟩ **1** die Nase ~ *in Falten, krausziehen* **2** ⟨übertr.⟩ über jmdn. od. etwas die Nase ~ *sein Missfallen über jmdn. od. etwas ausdrücken*

Rump|steak ⟨[rumpste:k] das; -s, -s⟩ *kurzgebratene Scheibe vom Lendenstück des Rinds*

rum|sen ⟨V. intr.; rumst, rums|te, hat/ist ge|rumst; umg.⟩ *dumpf krachen* ▸ es rumst *es kracht;* es hat gerumst *es hat einen Unfall gegeben; es hat Streit gegeben*

Rum|topf ⟨der; -(e)s, -töp|fe⟩ **1** *Topf zum Einlegen von Obst in Rum u. Zucker* **2** *das so eingelegte Obst selbst*

Run ⟨[rʌn] der; -s, -s; umg.⟩ *Ansturm (auf Waren)* ▸ es gab einen ~ auf die Karten

rund ⟨Adj.; -er, am -es|ten⟩ **I** ⟨attr.; präd.; adv.⟩ **1** *kugel-, kreis-, ringförmig, abgerundet, gewölbt* **2** *dick, rundlich, pausbäckig* **3** ⟨übertr.; bei Zahlenangaben⟩ *einfach, durch 10, 100 usw. teilbar*

R

▶ ein ~es Gesicht haben; die ~e Summe von 1.200 Euro; ein ~er Tisch; Konferenz am ~en/Runden Tisch ⟨übertr.⟩ *eine K. unter gleichberechtigten Teilnehmern;* es war eine ~e Veranstaltung ⟨übertr.; umg.⟩ *geglückte, herrliche V.;* ~e Zahlen *ab- od. aufgerundete Z.* ▶ sich dick und ~ essen; dick und ~ werden **II** ⟨adv.⟩ **1** *im Kreis* **2** *ungefähr, etwa* ▶ ~ 500 Euro; das Konzert dauert ~ zwei Stunden ▶ heute ging es ~ ⟨übertr.; umg.⟩ *heute war viel Betrieb, viel Arbeit* ▶ ~ um die Welt fliegen, reisen; das Parkhaus ist ~ um die Uhr geöffent *24 Stunden lang, Tag u. Nacht*

Rund|blick ⟨der; -(e)s, -e⟩ *Blick rundum, Aussicht nach allen Seiten;* Syn *Rundsicht*

Rund|brief ⟨der; -(e)s, -e⟩ *Brief, der an mehrere Empfänger gleichzeitig verschickt wird;* Syn ⟨schweiz.⟩ *Zirkular;* →a. *Rundschreiben*

Run|de ⟨die; -, -n⟩ **1** *Kreis, Umkreis, Umgebung* **2** ⟨Sp.⟩ *Kampfbahn;* Syn *Rundstrecke* **3** *(meist zeitlich begrenzter) Abschnitt eines Wettkampfes (z. B. beim Boxen)* **4** *einmal zurückgelegter Weg rund um die Kampfbahn od. das Stadion* **5** *Gesellschaft rund um den Tisch, Kreis von Menschen;* Zus *Stammtischrunde, Tafelrunde* ▶ eine ~ (Bier, Schnaps) ausgeben, spendieren ⟨umg.⟩ *für jeden in der Runde ein Glas (Bier, Schnaps) zahlen;* drei ~n Karussell fahren; er lief 25 ~n (beim 10 000-m-Lauf); der Brief, die Neuigkeit machte die ~ *wurde von einem zum anderen weitergegeben, weitergesagt;* er machte die ~ bei allen Gästen *begrüßte der Reihe nach jeden Gast* ▶ in fröhlicher ~ beisammensitzen; in der dritten ~ gab es einen Zusammenstoß; er gewann durch K. o. in der vierten ~; das haben wir gut über die ~n gebracht ⟨übertr.; umg.⟩ *erfolgreich beendet;* gerade noch über die ~n kommen ⟨übertr.; umg.⟩ *es eben noch schaffen*

run|den ⟨V.; run|det, run|de|te, hat ge|run|det⟩ **I** ⟨V. trans.⟩ **1** etwas ~ *in eine runde Form bringen, abrunden* **2** eine Zahl ~ *ihre letzte Stelle durch eine Null ersetzen u. die Stelle davor um 1 erhöhen od. vermindern, ab- od. aufrunden* ▶ die Lippen ~ **II** ⟨V. refl.⟩ sich ~ *rund werden*

Rund|er|neu|e|rung ⟨die; -, -en⟩ *Erneuerung des Profils von alten, abgefahrenen Autoreifen;* Abl *runderneuert; runderneuern*

Rund|fahrt ⟨die; -, -en⟩ *Fahrt, bei der mehrere Stationen angefahren werden (z. B. durch eine Stadt, durch ein Land);* Syn *Rundreise*

Rund|flug ⟨der; -(e)s, -flü|ge⟩ *Flug im Kreise zum Ausgangspunkt zurück (z. B. über eine Stadt od. einen großen Landsitz)*

Rund|funk ⟨der; -s; unz.⟩ **1** *Übertragung von Bild- u. Tonsendungen an ein Netz von Empfängern durch elektromagnetische Wellen* **2** *die Dienststelle, in der diese Sendungen gesammelt, verarbeitet bzw. vorbereitet u. übertragen werden;* Zus *Rundfunkanstalt, Rundfunkgebühr, Rundfunkorchester, Rundfunkprogramm, Rundfunksender, Rundfunksendung, Rundfunksprecher(in)* ▶ den ~ ausschalten, einschalten; der ~ überträgt heute das Fußballspiel; beim ~ arbeiten, angestellt sein; hier ist der Hessische ~; ich habe eben im ~ die Nachrichten gehört

Rund|funk|ge|rät ⟨das; -(e)s, -e⟩ = *Radio (1)*

Rund|gang ⟨der; -(e)s, -gän|ge⟩ **1** *Gang im Kreis durch ein Gebäude, einen Bezirk* **2** ⟨Arch.⟩ *Wandelgang* ▶ einen ~ durch eine Ausstellung machen

rund|he|r|aus ⟨Adv.⟩ *offen, ohne Umschweife* ▶ etwas ~ sagen, zugeben

rund|he|r|um ⟨Adv.⟩ **1** *ringsum, im Umkreis, nach allen Seiten* **2** *in jeder Hinsicht, völlig* ▶ wir waren ~ zufrieden

rund|lich ⟨Adj.⟩ *annähernd rund, dicklich* ▶ eine kleine, ~e Frau

Rund|ruf ⟨der; -(e)s, -e⟩ *Anruf an alle Mitglieder einer Gruppe* ▶ ein ~ der Feuerwehr

Rund|schrei|ben ⟨das; -s, -⟩ *meist geschäftlicher Rundbrief*

Rund|strick|na|del ⟨die; -, -n⟩ *lange Stricknadel, mit der man nahtlos stricken kann*

rund|um ⟨Adj.⟩ *ringsum, im Umkreis* ▶ es gab ~ nur Wiesen und Felder

Rund|um|schlag ⟨der; -(e)s, -schlä|ge; übertr.⟩ *Angriff gegen mehrere Personen od. Institutionen* ▶ ein ~ der Rauschgiftfahnder; verbaler ~

Run|dung ⟨die; -, -en⟩ **1** *gerundete Form, Wölbung* **2** ⟨Math.; EDV⟩ *Vernachlässigung od. Abschätzung der letzten Ziffer(n) einer Zahl* ▶ weibliche ~en ⟨umg.; scherzh.⟩ *die runden Körperformen einer Frau*

rund|weg ⟨Adv.⟩ *unumwunden, klar, ohne Umschweife* ▶ etwas ~ ablehnen, verneinen

Ru|ne ⟨die; -, -n⟩ *ältestes germanisches Schriftzeichen;* Zus *Runenalphabet, Runenschrift*

run|ter ⟨umg.; Kurzform von⟩ *herunter, hinunter*

run|ter... ⟨in Zus.⟩ *herunter..., hinunter...,* z. B. runterfallen, runterkommen, runterspringen ▶ komm ~!; ich gehe jetzt ~

Run|zel ⟨die; -, -n⟩ *Hautfalte, Falte, Furche auf der Oberfläche* ▶ ~n im Gesicht haben

run|zeln ⟨V. trans.; run|zelt, run|zel|te, hat ge|run|zelt; nur in der Wendung⟩ die Stirn ~ *in Runzeln ziehen* ▶ missbilligend die Stirn ~

runz|lig ⟨Adj.⟩ *mit Runzeln bedeckt, faltig;* oV *runzelig* ▶ ein ~es Gesicht, ~er Apfel

Rü|pel ⟨der; -s, -⟩ *Mensch, der sich rüpelhaft benimmt, Flegel;* Abl *Rüpelhaftigkeit; rüpelhaft*

rup|fen ⟨V. trans.; rupft, rupf|te, hat ge|rupft⟩ **1** etwas aus od. von etwas ~, an etwas ~ *reißen, ziehen, zerren* **2** Unkraut ~ *jäten, pflücken* **3** Geflügel ~ *ihm vor der Zubereitung die Federn herausziehen* **4** ⟨übertr.; umg.⟩ jmdn. ~ *ihm viel Geld abnehmen* ▶ jmdn. am Haar ~

rup|pig ⟨Adj.; abwertend⟩ *grob, derb, ungeschliffen, unhöflich* ▶ ein ~es Spiel; er hat sich ihm gegenüber ~ benommen; Abl *Ruppigkeit*

Rup|recht ⟨der; -(e)s; unz.⟩ Knecht ~ ⟨im dt. Volksbrauch⟩ *Begleiter des Nikolaus am 6. Dezember*

Rü|sche ⟨die; -, -n⟩ *gefälteter od. gekräuselter Besatz;* Zus *Rüschenbluse, Rüschenkleid*

Ruß ‹der; -es; unz.› *tiefschwarzes Pulver aus Kohlenstoff, das sich bei unvollkommener Verbrennung entsteht* ▸ mit ~ geschwärzt; Abl *rußgeschwärzt, rußig; Kohlenruß*

Rus|se ‹der; -n, -n› *Einwohner od. Staatsbürger Russlands;* Abl *Russin; russisch*

Rüs|sel ‹der; -s, -› **1** ‹Zool.› *spitze od. röhrenförmige Verlängerung des Kopfes mancher Tiere, z. B. der Nase beim Elefanten, Mundorgan bei Würmern u. Schnecken, Saug- u. Stechwerkzeug bei manchen Insekten;* ⓘ S. 1111; Zus *Rüsselkäfer, Rüsseltier* **2** ‹salopp› *Nase*

ru|ßen ‹V. intr.; rußt, ruß|te, hat ge|rußt› *Ruß absondern* ▸ der Ofen rußt stark

Ruß|fil|ter ‹der; -s, -; Kfz› *Vorrichtung bei Autos mit Dieselmotor, die den Ausstoß von Ruß im Abgas verringert* ▸ ~ in Autos einbauen

Russ|land|deut|sche(r) ‹die; -n, -n (der; -n, -n)› *deutsche(r) Volkszugehörige(r), der in Russland lebt* ▸ die Umsiedlung von Russlanddeutschen

rüs|ten ‹V.; rüs|tet, rüs|te|te, hat ge|rüs|tet› **I** ‹V. refl.› sich od. etwas ~ *vorbereiten, bereitmachen, fertig machen* ▸ sich für die Abreisen, zum Aufbrechen ~; sich für ein wichtiges Ereignis ~ **II** ‹V. intr.› *Kriegsvorbereitungen treffen, Waffen in großer Menge herstellen od. kaufen* ▸ die Staaten ~ um die Wette

rüs|tig ‹Adj.› *kräftig, frisch, tätig, tatkräftig* ▸ eine ~e alte Dame; ~ ausschreiten; er ist noch sehr ~ für sein Alter; Abl *Rüstigkeit*

rus|ti|kal ‹Adj.› *ländlich, bäuerlich* ▸ ~e Möbel; ein ~ eingerichtetes Haus; Abl *Rustikalität*

Rüs|tung ‹die; -, -en› **I** ‹unz.› *Kriegsvorbereitung, Ausstattung mit Waffen;* Zus *Rüstungsgüter, Rüstungsindustrie, Rüstungswettlauf* **II** ‹zählb.; bes. im MA› *Schutzbekleidung der Krieger aus Metallplatten od. -ringen;* Zus *Ritterrüstung*

Rüs|tungs|ex|port ‹der; -(e)s, -e; meist Pl.› *Export von Rüstungsgütern*

Rüst|zeug ‹das; -(e)s; unz.› *Werkzeuge od. Kenntnisse, die man für eine Arbeit braucht* ▸ er hat (nicht) das nötige ~ für diese Stelle

Ru|te ‹die; -, -n› **1** *langer, dünner, gerader Zweig, Gerte;* Zus *Angelrute, Weidenrute* **2** *Gertenbündel zum Züchtigen* ▸ jmdn. mit der ~ schlagen

Rüt|li|schwur ‹der; -(e)s; unz.› *sagenhafter Treueschwur der drei ersten schweizerischen Eidgenossen auf dem Rütli am Vierwaldstätter See 1291*

Rutsch ‹der; -(e)s, -e› *gleitende Bewegung abwärts, bes. von Stein-, Erdmassen* ▸ guten ~ ins neue Jahr! ‹übertr.; umg.› *(Neujahrsglückwunsch);* Zus *Bergrutsch, Erdrutsch*

Rutsch|bahn ‹die; -, -en› **1** *schräge Bahn zum Abwärtsbefördern schwerer Gegenstände* **2** *Gerüst mit schräg abwärtsgeneigtem od. spiralenförmig abwärtsführendem Brett zum Hinunterrutschen (als Spielgerät, zum Hinabgleiten ins Wasser)*

Rut|sche ‹die; -, -n; umg.› = *Rutschbahn*

rut|schen ‹V. intr.; rutscht, rutsch|te, ist gerutscht› *sich gleitend auf einer Fläche bewegen, gleiten, ausrutschen* ▸ mit den Knien auf dem Boden ~; ins Rutschen kommen *den Halt verlieren*

rutsch|fest ‹Adj.› *gesichert gegen Rutschen* ▸ ~e Sohlen

rut|schig ‹Adj.› *zum Rutschen bringend, glatt, glitschig* ▸ die Straße ist ~

Rutsch|par|tie ‹die; -, -n; umg.› *unabsichtliche Fortbewegung durch Ausrutschen* ▸ die Fahrt war eine ~

rüt|teln ‹V. trans. u. V. intr.; rüt|telt, rüt|tel|te, hat ge|rüt|telt› **1** etwas od. an etwas ~ *etwas heftig schütteln, in schnellen Rucken stoßend u. ziehend hin und her bewegen* **2** *sich hin und her wackelnd fortbewegen* ▸ Getreide ~ *sieben;* jmdn. aus dem Schlaf ~ *unsanft durch Schütteln wecken;* jmdn. an den Schultern ~; der Sturm rüttelt an den Fensterläden; daran ist nicht zu ~ ‹übertr.› *das steht unumstößlich fest*

R

S s

s ⟨Phys.; Zeichen für⟩ *Sekunde (1)*

S **1** ⟨Abk. für⟩ *Süd, Süden* **2** ⟨chem. Zeichen für⟩ *Schwefel*

's ⟨umg.; kurz für⟩ **1** *es* **2** *das* ▸ wie geht~?

SA ⟨Abk. für⟩ *Sturmabteilung (polit. Kampftruppe der NSDAP)*

s. a. ⟨Abk. für⟩ **1** *siehe auch* **2** ⟨lat.⟩ *sine anno (ohne Jahresangabe)*

Saal ⟨der; -(e)s, Säl|le⟩ *sehr großer Innenraum* ▸ einen ~ betreten, verlassen

Saar|län|der ⟨der; -s, -⟩ *Einwohner des Saarlandes;* Abl *Saarländerin; saarländisch*

Saat ⟨die; -, -en⟩ **1** *das Säen, Aussäen* **2** *Samen od. Knollen, die gesät od. gesteckt werden u. aus denen neue Pflanzen entstehen sollen;* Syn *Saatgut* **3** *das noch grüne Getreide* ▸ die ~ ist aufgegangen ⟨übertr.⟩ *die Folgen zeigen sich;* die ~ bestellen, in die Erde bringen; die ~ steht gut

Sab|bat ⟨der; -(e)s, -e⟩ *der jüdische Samstag, an dem alle Arbeit ruht*

sab|beln ⟨V. intr.; sab|belt, sab|bel|te, hat ge|sab|belt; umg.⟩ **1** *undeutlich vor sich hinreden* **2** *töricht daherreden* **3** = *sabbern (1)*

sab|bern ⟨V. intr.; sab|bert, sab|ber|te, hat ge|sab|bert; umg.⟩ **1** *Speichel aus dem Mund fließen lassen* **2** ⟨übertr.⟩ *überflüssiges, dummes Zeug reden*

Sä|bel ⟨der; -s, -⟩ *Hiebwaffe mit einschneidiger, spitzer, gekrümmter Klinge* ▸ den ~ ziehen, zücken; mit dem ~ rasseln ⟨übertr.⟩ *sich angriffslustig geben;* Zus ⟨übertr.⟩ *Säbelgerassel*

sä|beln ⟨V. intr.; sä|belt, sä|bel|te, hat ge|sä|belt; umg.⟩ *ungeschickt schneiden*

Sa|bo|ta|ge ⟨[-ʒə] die; -, -n⟩ *planmäßiges Zerstören od. Beschädigen von Maschinen, Waren usw., meist zu politischen Zwecken*

Sa|bo|teur ⟨[-tøːr] der; -s, -e⟩ *jmd., der Sabotage verübt;* Abl *Saboteurin*

sa|bo|tie|ren ⟨V. trans.; sa|bo|tiert, sa|bo|tier|te, hat sa|bo|tiert⟩ etwas ~ *planmäßig vereiteln, behindern*

Sach|be|ar|bei|ter ⟨der; -s, -⟩ *Beamter od. Angestellter, der ein bestimmtes Sachgebiet bearbeitet;* Abl *Sachbearbeiterin*

Sach|be|schä|di|gung ⟨die; -, -en⟩ *vorsätzliche, rechtswidrige Beschädigung od. Zerstörung einer fremden Sache*

Sach|buch ⟨das; -(e)s, -bü|cher⟩ *Buch, das ein bestimmtes Sachgebiet behandelt*

sach|dien|lich ⟨Adj.⟩ *einer Sache dienlich, nützlich* ▸ ~e Hinweise erbittet die Kriminalpolizei

Sa|che ⟨die; -, -n⟩ **1** *Gegenstand, Ding* **2** *Angelegenheit, Frage, Fall* **3** *Aufgabe, Pflicht* **4** *Unternehmen, Begebenheit* **5** ⟨meist Pl.; umg.⟩ *Besitz, (bes.) Kleidungsstücke, Gebrauchsgegenstände, Möbel, Gepäck, Esswaren* ▸ es ist ~ der **Behörden,** das zu entscheiden; im **Dienst** der (großen) ~ stehen; sich in den Dienst einer ~ stellen; das ist eine ~ der **Erziehung,** des Taktes, des Vertrauens; erzähl doch einmal den **Hergang** der ~; nach **Lage** der ~ *so wie es zur Zeit um diese Angelegenheit steht;* das liegt in der **Natur** der ~ *das ist hierbei unvermeidlich* ▸ er will sich meiner ~ **annehmen;** eine ~ **aufschieben,** verlieren, verteidigen, vertreten (vor Gericht); die ~ ist für mich **erledigt** *ich will nichts mehr mit dieser Angelegenheit zu tun haben;* eine ~ **fallenlassen,** verfolgen; ~n **gibt's** (die gibt's gar nicht)! ⟨umg.⟩ *da kann man nur staunen;* deine ~n kannst du in dieses Fach **legen,** tun; er **macht** seine ~ (gut) *erledigt zuverlässig, was man ihm aufträgt;* du hast deine ~ gut gemacht; **sein:** die ~ ist die, dass ... *es verhält sich so, dass ...;* er wusste gleich, was ~ ist ⟨umg.⟩ *wusste gleich Bescheid;* das ist so eine ~ ⟨umg.⟩ *das ist schwierig;* das ist nicht jedermanns ~ *nicht jedermanns Geschmack;* er **versteht** seine ~ *er ist tüchtig in seinem Beruf* ▸ **alte** ~n *Gerümpel; Antiquitäten;* eine **bedeutende,** große, gute, wichtige ~; eine **böse,** ernste, gefährliche, hoffnungslose, langwierige, lästige, peinliche, schwierige, unangenehme, verlorene ~; mit jmdm. **gemeinsame** ~ machen *mit jmdm. gemeinsam etwas unternehmen, sich mit ihm verbünden;* es ist keine **große** ~ ⟨umg.⟩ *es ist nur eine Kleinigkeit;* das ist **meine** ~! *kümmere dich nicht um meine Angelegenheit, das geht dich nichts an!;* ich esse gern **scharfe** ~n *pikante Speisen* ▸ das ist aber auch das Beste **an** der ~; es muss etwas Wahres an der ~ sein *an dem Gerücht;* **auf** die ~n gut achtgeben, aufpassen ⟨umg.⟩ *auf das Gepäck u. Ä.;* er will auf die ~ zurückkommen *die Angelegenheit nochmals besprechen;* einer ~ auf den Grund gehen *eine Angelegenheit erforschen;* jmdm. **aus** den ~n helfen *ihm beim Ausziehen helfen;* sie kann nicht **bei** der ~ bleiben *sie schweift immerzu vom Thema ab;* das ist eine ~ **für** sich *etwas anderes, das hat nichts mit der vorangegangenen Angelegenheit zu tun;* **in** ~n Kramer gegen Kramer ⟨Rechtsw.⟩ *im Prozess des K. gegen K.;* in dieser ~ möchte ich nichts unternehmen; in eigener ~ verhandeln; er ist in eine unangenehme ~ verwickelt; sie hat nichts **mit** dieser ~ zu tun *sie war nicht beteiligt, sie ist unschuldig;* mit 100 ~n die Straße entlangbrausen ⟨umg.⟩ *mit einer Geschwindigkeit von 100 Stundenkilometern;* etwas **um** der ~ willen tun *ohne Rücksicht auf die eigene Person od. auf eigene Vorteile;* ich kann mir noch kein Bild **von** der ~ machen *die Angelegenheit ist mir noch nicht klar;* er versteht etwas von der ~ *er kennt sich damit gut aus;* **zur** ~! *zum Thema!, zum Wesentlichen!;* das gehört nicht zur ~ *das gehört nicht zum Thema;* er soll endlich zur ~ kommen *zum Thema;* zur ~ reden, sprechen, sich äußern *über das Thema spre-*

S

chen, ohne abzuschweifen; das tut nichts zur ~ *das ist hier nicht wesentlich, macht in diesem Fall nichts aus;* er wurde vom Richter zur ~ vernommen

Sach|ge|biet ⟨das; -(e)s, -e⟩ **1** *Aufgaben-, Arbeitsbereich, Wissensgebiet* **2** *Stoff, den man zu bearbeiten hat*

sach|ge|mäß ⟨Adj.⟩ *dem Wesen einer Sache entsprechend, ihr angemessen, passend, treffend*

sach|ge|recht ⟨Adj.⟩ = *sachgemäß*

Sach|kennt|nis ⟨die; -, -nis|se⟩ **1** *Wissen, Erfahrung auf einem Gebiet* **2** *Kenntnis der Umstände, der Lage, des Sachverhalts* ▸ sein Urteil verrät ~

sach|kun|dig ⟨Adj.⟩ *Sachkenntnis besitzend, erfahren* ▸ ein ~es Urteil; Abl *Sachkundige(r)*

Sach|la|ge ⟨die; -; unz.⟩ *Stand der Dinge, derzeitige Situation* ▸ bei der gegenwärtigen ~

sach|lich ⟨Adj.⟩ **1** *eine Sache betreffend, zur Sache gehörig* **2** *nüchtern (denkend), vorurteilsfrei, objektiv* ▸ ~e Angaben, Bemerkungen, Kritiken, Urteile; ~e Gründe; ein ~er Mensch; ~ ist nichts auszusetzen, einzuwenden, aber formal; eine Angelegenheit ~ behandeln, betrachten, erörtern; er bleibt immer ~; Abl *Sachlichkeit*

säch|lich ⟨Adj.; Gramm.⟩ *weder zum männlichen noch zum weiblichen Geschlecht gehörend, mit dem bestimmten Artikel „das" verbunden* ▸ das ~e Geschlecht *Neutrum*

Sach|scha|den ⟨der; -s, -schä|den⟩ *Schaden an, Beschädigung von Sachen, von Eigentum;* Ggs *Personenschaden* ▸ es entstand nur geringer ~; ein ~ in Höhe von 10 000 €

Sach|se ⟨[-ks-] der; -n, -n⟩ **1** *Angehöriger eines westgermanischen Volksstammes zw. Elbe u. Ems, Nordsee u. Harz* **2** *Einwohner von Sachsen;* Abl *Sächsin; sächsisch*

sach|te ⟨Adj.⟩ oV *sacht* **1** *leise* **2** *leicht, sanft, vorsichtig* **3** *langsam, allmählich, kaum merklich* ▸ etwas ~ anfassen, berühren, streicheln; ein ~ ansteigender Weg; immer ~!, nur ~! ⟨umg.⟩ *nicht so stürmisch!, langsam!*

Sach|ver|halt ⟨der; -(e)s, -e⟩ **1** *Lage, Stand der Dinge, Tatbestand* **2** ⟨Rechtsw.⟩ *die in einem Rechtsfall zu beurteilenden tatsächlichen Verhältnisse u. Vorgänge* ▸ den ~ erkennen, erfahren, untersuchen; jmdm. den ~ darlegen

Sach|ver|stand ⟨der; -es; unz.⟩ = *Sachkenntnis*

sach|ver|stän|dig ⟨Adj.⟩ **1** *sachkundig* **2** *verständnisvoll für ein Gebiet* ▸ ein ~es Publikum

Sach|ver|stän|di|ge(r) ⟨die; -n, -n (der; -n, -n)⟩ *Experte, der bei schwierigen od. strittigen Fragen ein sachkundiges Urteil od. Gutachten abgeben kann;* Zus *Sachverständigenrat*

Sach|wert ⟨der; -(e)s, -e⟩ **1** *von Geldschwankungen unabhängiger Wert einer Sache* **2** ⟨meist Pl.⟩ ~e *wertbeständige Güter*

Sach|zwang ⟨der; -(e)s, -zwän|ge⟩ *durch einen Sachverhalt, nicht durch einen Willensakt ausgelöster Zwang* ▸ unter ~ stehen

Sack ⟨der; -(e)s, Sä|cke od. (bei Maßangaben) -⟩ **1** *länglicher Behälter aus grobem Stoff od. Papier zum Aufbewahren od. zum Transport von körnigen od. kleinstückigen Gütern;* Abl *säckeweise* **2** ⟨übertr.; umg.; Schimpfwort für⟩ *Mensch, bes. Mann;* Zus *Geldsack* **3** ⟨derb; kurz für⟩ *Hodensack* ▸ ihr Säcke! ⟨übertr.; umg.⟩ ▸ drei ~ **Kartoffeln** ⟨als Maßangabe; aber⟩ hier stehen noch drei Säcke ▸ einen ~ **aufbinden,** zubinden; den ~ **ausschütten,** leeren ▸ so ein **fauler** ~ ⟨übertr.; umg.⟩ *fauler Mensch;* ein **leichter,** schwerer, voller ~ ▸ jmdm. **auf** den ~ gehen, fallen ⟨derb⟩ *jmdm. lästig werden, jmdm. auf die Nerven gehen;* jmdn. **in** den ~ stecken ⟨übertr.; umg.⟩ *ihm überlegen sein; ihn betrügen;* **mit** ~ und Pack ⟨umg.⟩ *mit allem Besitz;* er ging zu Boden **wie** ein nasser Sack ~ ⟨übertr.; umg.⟩ *mit voller Wucht*

Sack|bahn|hof ⟨der; -(e)s, -hö|fe⟩ *Bahnhof ohne durchgehende Gleise;* Syn *Kopfbahnhof*

sa|cken ⟨V. intr.; sackt, sack|te, ist ge|sackt⟩ *sinken, sich senken* (Gebäude); →a. *absacken*

Sa|ckerl ⟨das; -s, -n; österr.⟩ *Tüte* ▸ ein ~ Zucker; den Einkauf aus dem ~ zerren

Sack|gas|se ⟨die; -, -n⟩ *Gasse mit nur einem Zugang* ▸ in eine ~ geraten ⟨übertr.⟩ *in eine ausweglose Situation;* er steckt in einer ~ ⟨übertr.⟩

Sack|hüp|fen ⟨das; -s; unz.⟩ *Wettspiel für Kinder, bei dem man bis zur Hüfte in einem Sack steckt u. so um die Wette vorwärtshüpfen muss*

Sa|dis|mus ⟨der; -; unz.⟩ *Erregung der Geschlechtslust durch Zufügen von Schlägen, Grausamkeiten, Erniedrigung usw.;* Ggs *Masochismus;* Abl *Sadist(in); sadistisch*

Sa|do|ma|so|chis|mus ⟨[-xɪs-] der; -; unz.⟩ *Triebbefriedigung durch Zufügen u. Empfangen von Misshandlungen;* Abl *Sadomasochist(in); sadomasochistisch*

sä|en ⟨V. trans. u. V. intr.; sät, sä|te, hat ge|sät⟩ **1** (etwas) ~ *Saatgut in den Boden bringen, Samen über das Feld ausstreuen* **2** ⟨übertr.⟩ etwas ~ *die Grundlage für eine spätere (gute od. schlechte) Entwicklung legen* ▸ Gerste, Kartoffeln ~; Hass ~ ⟨übertr.⟩; dünn gesät ⟨übertr.⟩ *selten*

Sa|fa|ri ⟨die; -, -s⟩ *Reise nach Afrika zur Jagd od. Tierbeobachtung;* Zus *Fotosafari*

Safe ⟨[sɛɪf] der; -s, -s⟩ **1** *feuerfester, stark gesicherter Stahlbehälter zum Aufbewahren von Geld od. Wertgegenständen, Geldschrank* **2** *(mietbares) Fach in den Stahlkammern einer Bank*

Sa|f|ran ⟨der; -s, -e⟩ *aus den Narben u. einem Teil des Griffels einer Krokusart gewonnenes Gewürz*

Saft ⟨der; -(e)s, Säf|te⟩ **1** *der flüssige Bestandteil organischer Körper* **2** ⟨übertr.⟩ *Energie, Kraft, Leben* **3** *aus reifen Früchten od. Gemüsen durch Auspressen gewonnene Flüssigkeit (bes. als Getränk);* Zus *Saftpresse; Fruchtsaft, Obstsaft* **4** *Flüssigkeit, die während des Kochens od. Bratens aus dem Fleisch austritt u. zum Bereiten von Soßen dient;* Zus *Bratensaft* ▸ der ~ von **Äpfeln,** Birnen, Karotten, Tomaten; ohne ~ und **Kraft** *kraftlos;* ~ der **Reben** *Wein* ▸ den ~ der Früchte **auspressen,** einkochen, zu Gelee verarbeiten; **im** eigenen ~ schmoren ⟨übertr.; umg.⟩ *sich nur im eigenen Umfeld bewegen*

S T U V W X Y Z

saf|tig ⟨Adj.⟩ **1** *viel Saft enthaltend, reich an Saft* **2** ⟨übertr.⟩ **2.1** *kräftig* **2.2** ⟨umg.⟩ *unanständig, derb* (bes. von Witzen) ▸ ~e Früchte; ~e Geschichten, Witze erzählen ⟨übertr.; umg.⟩; ein ~es Grün ⟨übertr.⟩; ~es Obst; er hat eine ~e Ohrfeige bekommen ⟨übertr.; umg.⟩; ~ grüne Wiesen ⟨übertr.⟩

Sa|ge ⟨die; -, -n; Lit.⟩ *mündlich überlieferte Erzählung historischen od. mythologischen Inhalts* ▸ ~n einer Landschaft, eines Volkes; die griechischen ~n; ~n aufzeichnen, sammeln; Zus *Sagenwelt*

Sä|ge ⟨die; -, -n⟩ *Werkzeug aus einem stählernen Blatt mit scharfen Zacken u. einem Holzgriff zum Zerschneiden von Metall u. Holz*

Sä|ge|blatt ⟨das; -(e)s, -blät|ter⟩ *der dünne, gezähnte, stählerne Teil der Säge*

Sä|ge|mehl ⟨das; -(e)s; unz.⟩ *beim Sägen von Holz entstehender mehlartiger Abfall*

sagen/sprechen/reden

Zwar bedeuten die Verben *sagen, sprechen* und *reden* allesamt „mitteilen, äußern“, hinsichtlich ihrer Verwendung unterscheiden sie sich jedoch. Das transitive Verb *sagen* wird meistens mit Dativ- und Akkusativobjekt verwendet: *Ich muss ihm noch etwas sagen. Willst du es ihr nicht sagen? Sie möchte es ihm selbst sagen.*
Häufig wird es auch zu Beginn oder am Ende der direkten Rede gebraucht: *Er sagte: „Lass uns noch ein wenig bleiben!“ „Wir haben schon zu viel Zeit verloren“, sagte sie.*
Demgegenüber zielt das Verb *sprechen,* das mit oder ohne Objekt stehen kann, hauptsächlich auf eine Fähigkeit, meint also „sich artikulieren können“: *Das Kind kann schon sprechen. Er spricht drei Sprachen. Sprechen Sie Deutsch? Sprechen* kann allerdings ebenso wie *sagen* einleitend oder beendend bei der direkten Rede stehen. Dann jedoch ist es eher Ausdruck eines gehobenen Sprachstils: *Sie sprach: „Kannst du mich begleiten?“* Zudem wird mit *sprechen* oft auch die Art des Redens bezeichnet: *Sie spricht undeutlich. Er kann nicht mehr richtig sprechen.*
Das intransitiv und transitiv gebrauchte Verb *reden* kann keine direkte Rede einleiten oder beenden. In seiner Verwendung ähnelt es dem Verb *sprechen,* meint aber noch stärker die Tätigkeit des Sprechens und hat mitunter (wie im abgeleiteten Substantiv das *Gerede*) eine negative Bedeutung: *Er redete zu lange. Jemanden nicht zu Ende reden lassen. Sie redet über jeden. Kannst du nicht deutlicher reden? Wollen wir nicht von etwas anderem reden?*

sa|gen ⟨V.; sagt, sag|te, hat ge|sagt⟩ **I** ⟨V. trans.⟩ **1** etwas ~ *äußern, aussprechen, ausdrücken, vorbringen* **2** etwas ~ *meinen, behaupten* **3** (jmdm.) etwas ~ *erklären, gestehen, zugeben* **4** (jmdm.) etwas ~ *mitteilen, erzählen* **5** etwas ~ *bemerken, erwähnen* **6** etwas (zu etwas) ~ *geltend machen, einwenden* **7** jmdm. etwas ~ *befehlen, bestimmen, anordnen* **8** etwas ~ *bedeuten* **9** sich etwas ~ *sich denken, sich überlegen* ▸ das will schon etwas ~! *(Ausdruck der Anerkennung);* das sagt man nicht! *es ist ungehörig, das zu sagen;* sag das nicht! *ich würde das nicht für unmöglich halten!;* das ~ Sie so *Sie sprechen das so leichthin aus, aber …;* das ist leichter gesagt als getan; hast du ihm, ⟨od.⟩ zu ihm etwas gesagt?; ~ Sie (ein)mal …; sie ~ du zueinander *sie duzen sich;* sag doch, dass du es warst!; man sagt, dass …; er hat mir gesagt, er komme später ▸ jmdm. Bosheiten, Grobheiten, Sticheleien ~; das Buch, dieses Gemälde sagt mir gar nichts *bedeutet mir nichts, spricht mich nicht an;* jmdm. Dank ~; das sagt mir mein Gefühl; jmdm. seine Meinung, jmdm. ordentlich die Meinung ~; guten Morgen, gute Nacht, guten Tag ~; sagt dir dieser Name etwas? *hast du diesen Namen schon einmal gehört?;* es muss ihr endlich einmal jmd. die Wahrheit ~; du sollst die Wahrheit ~ (und nicht lügen); er hat kein Wort gesagt ▸ du darfst es nicht ~; du hast mir nichts zu ~! *zu befehlen;* der Redner hatte wirklich etwas zu ~ *er redete keine leeren Worte;* das muss doch etwas zu ~ haben *zu bedeuten;* das hat nichts zu sagen *ist unwichtig, ändert nichts an dieser Sache;* das Sagen haben *zu bestimmen haben, Anordnungen geben dürfen;* ich habe ihn ~ hören, dass …; da kann er ~, was er will, ich glaube ihm kein Wort; wirst du bis morgen damit fertig? das kann ich noch nicht ~; ich habe mir ~ lassen, dass … *ich habe erfahren, dass …;* sie will sich nichts ~ lassen *sie ist eigensinnig, nimmt keine Ratschläge an;* das muss man schon ~ *zugeben;* eins muss man ja ~, er ist immer großzügig gewesen; das musste einmal gesagt werden; sein: es ist nicht zu ~, ob … *es ist nicht eindeutig bestimmbar, feststellbar;* da soll noch einer ~, dass diese Geschichte nicht wahr ist *ich habe jetzt den Beweis, dass sie wahr ist;* ich weiß nicht, wie ich es ~ soll ▸ etwas bescheiden, besorgt freundlich, liebevoll, vorsorglich ~; etwas brüsk, herablassend, herausfordernd, mürrisch, vorwurfsvoll, wütend, zornig ~; um es klar, kurz, offen zu ~; das ist schnell gesagt ▸ das hat er nur aus Bosheit gesagt; dagegen ist nichts zu ~ *nichts einzuwenden;* damit ist nicht gesagt, dass … *das bedeutet nicht, dass …;* darüber wäre viel zu ~; darüber, davon hat er nichts gesagt; dazu kann ich nichts ~; ich will nichts gegen ihn ~ *nichts Nachteiliges über ihn;* ich habe es (dir) ja gleich gesagt, aber du wolltest nicht (auf mich) hören; ja, nein ~; das will ich mit meiner Bemerkung nicht ~ *(Ausdruck der Einschränkung);* dann will ich nichts gesagt haben *unter diesen Umständen nehme ich zurück, was ich gesagt habe;* damit ist nichts, viel, wenig gesagt *das bedeutet nichts, viel, wenig;* etwas über jmdn. od. etwas ~; wer kann mir etwas über ihn ~? *wer kann Auskunft über ihn geben?;* ich kann dasselbe von mir ~ *mir ist es ebenso ergangen, ich bin ganz Ihrer Meinung;* hast du etwas zu ihm, ⟨od.⟩ ihm etwas gesagt?; ich habe nicht viel gegessen, um nicht zu ~: gar nichts; das wäre zu viel gesagt; das ließ er sich nicht zweimal ~ *die angebotene günstige Gelegenheit ergriff er sofort* ▸ was ich noch ~ wollte *übrigens;* was ~ Sie zu den neuesten Ereignissen? *wie ist Ihre Meinung dazu?;* was wollen Sie damit ~? *was meinen Sie, was beabsichtigen Sie mit Ihren Worten?;* was Sie nicht ~! *(Ausruf des Erstaunens);* was würdest du ~, wenn …; was sagte er?; wem sagst du das? *das weiß ich doch schon längst!;* wer kann ~, was die Zukunft uns bringen wird *niemand weiß, was …;* wie du nur so etwas ~ kannst! *behaupten* **II** ⟨V. intr.⟩ **1** *sprechen, sich äußern* **2** *reden* ▸ wann treffen wir uns? ~ wir, um vier Uhr *vielleicht um vier Uhr?;* es kostet sage und schreibe 20 Euro! *(Ausdruck der Entrüstung)* ▸ wie man so schön sagt *wie die Redensart heißt* ▸ ich müsste lügen, wenn ich anders sagte *ich stehe zu meiner Meinung;* ~ Sie, wenn es genug ist *(beim Einschenken);* das Stück hat - wie soll ich ~ - … *(Einschiebung, wenn man nach Worten sucht)* ▸ gesagt - getan *(eine Absicht äußern u. sogleich danach handeln);* beiläufig, nebenbei gesagt … *übrigens;* kurz gesagt … *in kurzen Worten;* offen gesagt …; wie gesagt *wie schon vorher erwähnt;* das Gesagte bleibt unter uns

sä|gen ⟨V.; sägt, säg|te, hat ge|sägt⟩ **I** ⟨V. trans.⟩ etwas ~ *mit einer Säge zerschneiden* **II** ⟨V. intr.; umg.; scherzh.⟩ *schnarchen*

sa|gen|haft ⟨Adj.⟩ **1** *nur in Sagen überliefert, nicht historisch belegt* **2** ⟨übertr.; umg.⟩ *erstaunlich, fabelhaft, unglaublich* ▸ die ~e Gründung des Reiches; die neue Hose ist ~ teuer ⟨übertr.; umg.⟩

sa|gen|um|wo|ben ⟨Adj.⟩ *häufig in Sagen beschrieben, sagenhaft (1)* ▸ ~e Schätze; der ~e Yeti

sah → *sehen*

Sah|ne ⟨die; -; unz.⟩ *nach dem Entzug der Magermilch verbleibender, sehr fetthaltiger Teil der Milch;* Syn ⟨regional⟩ *Rahm,* ⟨österr.⟩ *Obers* ▸ geschlagene ~ *Schlagsahne;* die Kinder essen gern Eis mit ~; möchtest du den Kuchen mit oder ohne ~ essen?; Zus *Sahnebonbon, Sahnejoghurt, Sahnetorte; Kaffeesahne*

sah|nig ⟨Adj.⟩ **1** *reich an Sahne* **2** *wie Sahne*

Sai|son ⟨[zɛzɔ̃:] od. [zɛzɔŋ] die; -, -s od. österr. [zɛzo:n] die; -, -en⟩ **1** *(die richtige) Jahreszeit* **2** *jahreszeitlich bedingte Hauptgeschäftszeit, z. B. in Kurorten;* Zus *saisonabhängig, saisonbedingt; Hauptsaison, Nebensaison* **3** *jahreszeitlicher Abschnitt, in dem etwas Bestimmtes stattfindet;* Zus *Sommersaison, Wintersaison* **4** *Spielzeit (des Theaters);* Zus *Konzertsaison, Theatersaison* ▸ die ~ ist eröffnet, geht zu Ende; in diesem Jahr hatten wir eine gute, schlechte ~; außerhalb, in, nach, während der ~; es ist jetzt keine ~ für solche Artikel; Zus *Saisonauftakt, Saisonbeginn, Saisonende, Saisonstart*

sai|so|nal ⟨[zɛ-] Adj.⟩ *zur Saison gehörig, während der Saison*

Sai|son|ar|bei|ter ⟨[zɛzɔ̃:-] od. [zɛzɔŋ-] der; -s, -⟩ *Arbeiter, der nur für die Dauer der Saison beschäftigt ist;* Abl *Saisonarbeiterin*

Sai|te ⟨die; -, -n; Mus.⟩ *Faden aus gedrehten Därmen, aus Pflanzenfasern, aus Metall od. Kunststoff als Tonträger von Saiteninstrumenten* ▸ eine ~ anschlagen ⟨übertr.⟩ *Erinnerungen wachrufen, Gefühle wecken;* eine neue ~ auf die Geige aufziehen, spannen; ich werde bald andere ~n aufziehen! ⟨übertr.⟩ *böse, energisch werden, streng durchgreifen;* eine ~ der Gitarre ist gerissen ▸ in die ~n greifen *(ein Zupfinstrument) zu spielen beginnen;* ⓘ S. 788

Sak|ko ⟨der od. das; -s, -s⟩ *Jacke zum Straßenanzug des Mannes;* ⓘ S. 683

sa|k|ral ⟨Adj.⟩ *heilig, kirchlich, den Gottesdienst betreffend;* Ggs *profan (1)* ▸ ~e Kunst

Sa|k|ra|ment ⟨das; -(e)s, -e⟩ **1** *(auf Christus zurückgeführte) religiöse Handlung, bei der besondere Gnaden vermittelt werden* **2** *Symbol dieser Gnaden (Wasser, Wein, Brot, Öl)* ▸ ein ~ austeilen, empfangen; die sieben ~e der katholischen Kirche *Taufe, Eucharistie, Firmung, Buße, Ehe, Krankensalbung, Priesterweihe;* die zwei ~e der evangelischen Kirche *Taufe u. Abendmahl*

Sa|k|ri|leg ⟨das; -(e)s, -e⟩ *Frevel, bes. Religionsfrevel, Vergehen gegen Heiliges, z. B. Gotteslästerung* ▸ ein ~ begehen

Sa|k|ris|tei ⟨die; -, -en⟩ *Nebenraum in der Kirche für den Geistlichen u. die gottesdienstl. Geräte*

sä|ku|la|ri|sie|ren ⟨V. trans.; sä|ku|la|ri|siert, sä|ku|la|ri|sier|te, hat sä|ku|la|ri|siert⟩ etwas ~ *von kirchlichen in weltliche Hände überführen, verweltlichen;* Abl *Säkularisation, Säkularisierung*

…sal ⟨Nachsilbe; zur Bildung von Subst.⟩ z. B. Drangsal, Mühsal, Scheusal

Sa|la|man|der ⟨der; -s, -; Zool.⟩ *Angehöriger einer Unterordnung der Schwanzlurche*

Sa|la|mi ⟨die; -, -s od. -⟩ *harte, haltbare, geräucherte Wurst, meist aus Schweinefleisch* ▸ Pizza mit ~

Sa|lär ⟨das; -s, -e; schweiz.⟩ *Gehalt, Lohn*

Sa|lat ⟨der; -(e)s, -e⟩ *kaltes Gericht aus kleingeschnittenen Salatpflanzen, rohem Gemüse, Obst, Fleisch, Fisch u. a., mit Essig, Öl, Salz u. Gewürzen od. Mayonnaise angerichtet* ▸ den ~ abschmecken, anmachen; gemischter, italienischer ~; grüner ~ *Kopfsalat;* Zus *Salatbesteck, Salatdressing, Salatöl, Salatschüssel; Fleischsalat, Kartoffelsalat, Nudelsalat*

Sa|lat|pflan|ze ⟨die; -, -n⟩ *für Salate verwendete Pflanze, z. B. Endivie, Feldsalat, Kresse, Kopfsalat*

Sal|be ⟨die; -, -n⟩ *schmierfähiges, fettiges Arzneimittel zur Behandlung von Hautkrankheiten, Wunden, zum Kühlen od. Erwärmen od. zu kosmetischen Zwecken;* Zus *Wundsalbe*

Sal|bei ⟨a. [-'-] der; -s; unz. od. die; -; unz.⟩ *Pflanze, deren Blätter als Gewürz u. Tee verwendet werden;* Zus *Salbeitee*

sal|ben ⟨V. trans.; salbt, salb|te, hat ge|salbt⟩ **1** (jmdm.) etwas ~ *mit Salbe einreiben* **2** jmdn. (zu etwas) ~ *durch Einreiben bestimmter Körperstellen (Stirn) mit Öl od. Salbe weihen;* Abl *Salbung* ▸ eine Wunde regelmäßig ~; er spricht so gesalbt ⟨übertr.; umg.⟩ *übertrieben feierlich*

S

sal|bungs|voll ⟨Adj.⟩ *übertrieben feierlich, süßlich-würdevoll* ▸ ~ reden; sich ~ niederbeugen

Sal|do ⟨der; -s, -s od. Sal|di od. Sal|den; Bankw.⟩ *Betrag, um den sich die eine Seite eines Kontos von der anderen unterscheidet, Restbetrag der Soll- od. Habenseite beim Abschluss*

Sa|li|ne ⟨die; -, -n⟩ *Anlage zur Gewinnung von Kochsalz aus Salzlösungen durch Verdunstung*

Sal|mi|ak ⟨a. ['---] der; -s; unz.⟩ *anorganische Verbindung aus Ammoniak u. Salzsäure, vielseitig verwendete Chemikalie, u. a. als Düngemittel od. als Hustenmittel;* Zus *Salmiakpastillen*

Sal|mo|nel|le ⟨die; -, -n; Med.⟩ *Krankheiten (z. B. Paratyphus, Salmonellose) erregendes Darmbakterium;* Zus *Salmonellenvergiftung*

sa|lo|mo|nisch ⟨Adj.⟩ *dem jüd. König Salomo (ca. 950 v. Chr.) ähnlich* ▸ ~es Urteil *weises Urteil*

Sa|lon ⟨[-lɔ̃:] od. [-lɔŋ], österr. a. [-lo:n] der; -s, -s⟩ **1** *Empfangs-, Besuchszimmer* **2** *Geschäft der Mode- od. Kosmetikbranche od. eines Friseurs;* Zus *Frisiersalon, Kosmetiksalon, Modesalon*

sa|lon|fä|hig ⟨[-lɔ̃:-] od. [-lɔŋ-], österr. a. [-lo:n-] Adj.⟩ *für feine Gesellschaft geeignet, schicklich*

sa|lopp ⟨Adj.; -er, am -(e)s|ten⟩ **1** *ungezwungen* **2** *nachlässig, schlampig* ▸ ~e Ausdrucksweise, Haltung; er kleidet sich gern ~

Sal|to ⟨der; -s, -s od. Sal|ti⟩ *Sprung mit Überschlag in der Luft* ▸ einen ~ machen

sa|lü ⟨umg.; bes. schweiz.⟩ *(Grußwort)*

Sa|lut ⟨der; -(e)s, -e⟩ *militärischer Ehrengruß durch eine Salve von Schüssen* ▸ ~ schießen

sa|lu|tie|ren ⟨V. intr.; sa|lu|tiert, sa|lu|tier|te, hat sa|lu|tiert⟩ *militärisch grüßen*

Sal|ve ⟨[-və] die; -, -n⟩ *das gleichzeitige Abfeuern mehrerer Schusswaffen;* Zus *Ehrensalve*

Salz ⟨das; -es, -e⟩ **1** *weißes Pulver od. Körner, bes. zum Würzen von Speisen verwendet, Kochsalz;* Abl *salzhaltig, salzlos;* Zus *Salzgehalt; Meersalz, Speisesalz* **2** *chemiche Verbindung aus einem Säurerest u. einem Metall od. auch Ion* ▸ mit Pfeffer und ~ würzen; Stoff im Pfeffer-und-~-Muster *dunkel u. hell gesprenkelter Stoff;* eine Prise ~ in die Suppe tun; kannst du mir bitte das ~ geben?; das ~ in der Suppe ⟨übertr.⟩ *der Reiz, das Besondere (einer Sache);* aus Meerwasser ~ gewinnen

salz|arm ⟨Adj.⟩ *wenig Salz enthaltend* ▸ eine ~e Diät; fett- und ~ kochen

sal|zen ⟨V. trans.; salzt, salz|te, hat ge|salzt / (übertr. nur) ge|sal|zen⟩ eine Speise ~ *mit Salz versehen, bestreuen, würzen* ▸ die Ohrfeige war gesalzen! ⟨übertr.; umg.⟩ *kräftig;* →a. *gesalzen*

sal|zig ⟨Adj.⟩ *Salz enthaltend, gesalzen, nach Salz schmeckend* ▸ die Suppe ist sehr ~

Salz|kar|tof|feln ⟨Pl.⟩ *geschälte, in Salzwasser gekochte Kartoffeln*

Salz|säu|re ⟨die; -; unz.; Chem.⟩ *stark ätzende Säure*

Salz|stan|ge ⟨die; -, -n⟩ *mit Salz bestreutes Gebäck in Stangenform*

Salz|streu|er ⟨der; -s, -⟩ *Streugefäß für Salz zum Gebrauch bei Tisch*

Salz|was|ser ⟨das; -s; unz.⟩ **1** *salzhaltiges Wasser, Wasser, in dem Salz gelöst ist* **2** *Meerwasser;* Ggs *Süßwasser*

...sam ⟨Nachsilbe; zur Bildung von Adj.⟩ *von bestimmter Beschaffenheit, eine Tätigkeit ausübend,* z. B. langsam, strebsam, unbeugsam

Sa|ma|ri|ter ⟨der; -s, -⟩ *in selbstloser Weise helfender Mensch* ▸ ein barmherziger ~

Sam|ba ⟨der; -s, -s od. fachsprachl. die; -, -s; Mus.⟩ *ein urspr. brasilianischer Tanz*

Sa|men ⟨der; -s, -⟩ **1** ⟨Bot.⟩ *von der Pflanze abfallender Keim mit einer Schutzhülle;* Syn *Samenkorn* **2** *die für die Aussaat ausgewählten Samenkörner, Saat* **3** *von den Geschlechtsdrüsen bei Mensch u. Tier gebildete, die Samenzellen enthaltende Flüssigkeit;* Syn *Samenflüssigkeit, Sperma;* Zus *Samenspender* **4** ⟨a. übertr.⟩ *Keim, Ursprung, Grundlage* ▸ die Pflanze hat ~ gebildet; der ~ geht auf, treibt ⟨Bot.⟩; den ~ für eine zukünftige Entwicklung legen ⟨übertr.⟩

Sa|men|er|guss ⟨der; -es, -güs|se⟩ *reflektorische Ausstoßung des Samens, in der Regel bei der Begattung;* Syn *Ejakulation, Samenentleerung*

Sa|men|zel|le ⟨die; -, -n⟩ = *Spermium*

sä|mig ⟨Adj.⟩ *dickflüssig, gebunden, angedickt* ▸ eine ~ Soße

Sam|mel|band ⟨der; -(e)s, -bän|de⟩ *Buch, das eine Sammlung verschiedener Texte eines od. mehrerer Autoren enthält;* →a. *Anthologie*

Sam|mel|be|cken ⟨das; -s, -⟩ **1** *Behälter zum Sammeln u. Aufspeichern von Flüssigkeiten, z. B. Regenwasser* **2** ⟨übertr.⟩ *Ansammlung, Treffpunkt, Vereinigung* ▸ diese Partei ist ein ~ aller liberalen Kräfte

Sam|mel|be|stel|lung ⟨die; -, -en⟩ *gemeinsame Bestellung von Waren durch mehrere Besteller*

sam|meln ⟨V. trans.; sam|melt, sam|mel|te, hat ge|sam|melt⟩ **I** ⟨V. trans.⟩ etwas ~ **1** *zusammentragen, zusammenbringen, zusammenlesen, anhäufen u. zugleich ordnen;* Zus *Sammelbüchse* **2** *vereinigen* ▸ Aphorismen ~ und herausgeben; Beeren, Pilze ~; Briefmarken, Gemälde, Münzen ~; es muss jeder seine Erfahrungen ~ *Erfahrungen machen u. daraus lernen;* Hilfsgüter für ein Katastrophengebiet ~ *zusammenstellen;* Kenntnisse ~; Reichtümer, Schätze ~; ich sammle noch Stoff für meine Abhandlung, meinen Bericht; Unterschriften ~ ▸ Heines gesammelte Werke *Ausgabe der wichtigsten Werke Heines* **II** ⟨V. refl.⟩ **1** sich (irgendwo) ~ *zusammenkommen, zusammenströmen, sich vereinigen;* Zus *Sammelplatz, Sammelpunkt* **2** ⟨übertr.⟩ sich ~ *sich konzentrieren, seine Gedanken nur auf einen Gegenstand lenken* ▸ alle Teilnehmer am Faschingszug ~ sich auf dem Rheinplatz; die zerstreuten Truppen sammelten sich wieder ▸ er machte einen sehr gesammelten Eindruck *er wirkte konzentriert*

Sam|mel|su|ri|um ⟨das; -s, -ri|en; umg.⟩ *Mischmasch, Durcheinander* ▸ ein ~ alter Sachen

Samm|ler ⟨der; -s, -⟩ *jmd., der etwas sammelt;* Abl *Sammlerin;* Zus *Briefmarkensammler*

S

Sạmm|lung ⟨die; -, -en⟩ **1** *das Sammeln, Tätigkeit des Sammelns;* Zus *Kleidersammlung* **2** *das Gesammelte, gesammelter Besitz, Zusammenstellung* **3** *Ort, Gebäude, in dem eine Sammlung aufbewahrt wird* **4** ⟨übertr.⟩ *Konzentration der Gedanken auf einen bestimmten Gegenstand* ▸ ~ von Briefen, Gedichten, Gemälden, Münzen, Steinen usw.; die ~ ist nur vormittags geöffnet; eine kostbare, wertvolle ~; eine öffentliche, private, staatliche ~; eine ~ zu wohltätigen Zwecken

Sam|p|ler ⟨[sa:mplə(r)] der; -s, -; Mus.⟩ *Sammlung erfolgreicher Musiktitel einer bestimmten Stilrichtung od. eines Sängers (auf Tonträgern)*

Sạms|tag ⟨der; -(e)s, -e; Abk.: Sa; bes. süddt., rhein., österr., schweiz.⟩ *sechster, vorletzter Tag der Woche;* Syn ⟨westfäl.; ostfries.⟩ *Satertag,* ⟨bes. nord- u. mitteldt.⟩ *Sonnabend* ▸ am ~ haben die Kinder keine Schule; an diesem ~ findet ein Konzert statt; was machst du am ~?; Schreibung u. Zusammensetzungen: →a. *Dienstag*

sạms|tags ⟨Adj.⟩ *jeden Samstag* ▸ wir fahren ~ immer zum Einkaufen in die Stadt; mein Sohn spielt ~ Fußball; →a. *Dienstag*

sạmt ⟨Präp. m. Dat.⟩ *mit, einschließlich* ▸ das Haus ~ allem Zubehör; ~ und sonders *alle(s)*

Sạmt ⟨der; -(e)s, -e; Textilwesen⟩ *sehr weiches, dickes, glänzendes Gewebe* ▸ sich in ~ und Seide kleiden ⟨übertr.⟩ *vornehm;* ein Rock aus ~; eine Haut wie ~ *zart, weich, glatt;* Zus *samtweich*

sạm|ten ⟨Adj.⟩ *aus Samt bestehend*

Sạmt|hand|schuh ⟨der; -(e)s, -e; übertr.; umg.; nur in der Wendung⟩ jmdn. mit ~en anfassen *ihn bes. rücksichtsvoll, vorsichtig behandeln*

sạm|tig ⟨Adj.⟩ *weich, fein wie Samt*

sạ̈mt|lich ⟨Pronominaladj.⟩ *alle, ohne Ausnahme* ▸ ich habe ~e Aufträge erledigt; ich habe deine Aufträge ~ erledigt; ~es gesammeltes Material, mit ~em gesammelten Material, ~e gesammelten Aufträge; ~e Freigelassenen; eine Aufstellung ~er gesammelter Aufträge; ~e Angehörige(n) kamen zusammen

Sa|na|to|ri|um ⟨das; -s, -ri|en⟩ *klimatisch günstig gelegene Heilstätte für Kranke*

Sạnd ⟨der; -(e)s, -e⟩ **1** *feinkörniges, durch Wasser od. Wind transportiertes Sedimentgestein;* Zus *Sandburg, Sandhaufen, Sandkorn, Sandstrand, Sandsturm, Sandwüste; Flugsand, Seesand* **2** *sandiges Ufer, Strand, Dünengebiet, Sandbank* ▸ feiner, grober, nasser, weißer, trockener ~ ▸ auf ~ bauen *auf unsicheren Grund;* im ~ graben, Burgen bauen, liegen *am Strand;* die Kinder spielen im ~; etwas in den ~ setzen ⟨übertr.; umg.⟩ *bei etwas versagen, etwas völlig falsch machen;* den Kopf in den ~ stecken (wie angeblich der Vogel Strauß) ⟨übertr.⟩ *bestimmte Tatsachen nicht zur Kenntnis nehmen wollen, Gefahren nicht sehen wollen;* die Sache ist im ~e verlaufen ⟨übertr.⟩ *es ist nichts daraus geworden;* jmdm. ~ in die Augen streuen ⟨übertr.; umg.⟩ *ihn täuschen, ihm falsche Tatsachen vorspiegeln;* ~ ins Getriebe streuen ⟨übertr.; umg.⟩ *Sabotage treiben, etwas hemmen, Unannehmlichkeiten, Schwierigkeiten verursachen;* wie ~ am Meer *zahllos, in großer Menge, im Überfluss*

San|da|le ⟨die; -, -n⟩ *leichter Schuh mit Oberteil aus Riemen od. durchbrochenem Leder;* ⓘ S. 683

Sạnd|bank ⟨die; -, -bän|ke⟩ *Anhäufung von Sand in Flussbetten u. im Meer (nahe dem Ufer)*

sạn|dig ⟨Adj.⟩ **1** *Sand enthaltend* (Boden) **2** *mit Sand bedeckt* (Schuhe) ▸ ein ~er Weg

Sạnd|kas|ten ⟨der; -s, -käs|ten⟩ *mit Sand gefüllter, großer, niedriger Kasten für Kinder zum Spielen*

Sạnd|mann ⟨der; -(e)s; unz.⟩ *märchenhafte Gestalt: kleines Männchen, das den Kindern Sand in die Augen streut, damit sie einschlafen;* oV *Sandmännchen*

Sạnd|sack ⟨der; -(e)s, -sä|cke⟩ *mit Sand gefüllter Sack zum Abdichten von geborstenen Deichen, zum Beschweren von Freiballons, zum Boxen*

Sạnd|stein ⟨der; -(e)s, -e⟩ **I** ⟨unz.⟩ *aus Sand u. Bindemitteln bestehendes Sedimentgestein, leicht zu bearbeiten u. von warmem Farbton, häufig als Baustein od. für Skulpturen verwendet* **II** ⟨zählb.⟩ *Stein aus Sandstein (I)*

sạnd|te → *senden*

Sạnd|uhr ⟨die; -, -en⟩ *Gerät zum Messen der Zeit, wobei feiner Sand innerhalb einer bestimmten Zeit aus dem oberen Teil eines Glasgehäuses durch eine sehr enge Passage in den gleich großen unteren Teil fließt;* Syn *Stundenglas*

Sand|wich ⟨[sændwɪtʃ] das od. der; -s od. -es [-tʃɪz], -s od. -es [-tʃɪz]⟩ *zwei mit Butter bestrichene, aufeinandergelegte Scheiben Weißbrot mit einer Einlage von Wurst, Käse, Ei usw.*

sạnft ⟨Adj.; -er, am -es|ten⟩ **1** *zart, mild, weich* (Berührung, Druck, Lüftchen) **2** *freundlich* (Stimme, Augen, Vorwurf) **3** *friedfertig, liebevoll* (Wesen, Gemüt) **4** *leicht, gering* (Steigung), *wenig ansteigend* (Hügel) **5** *gedämpft, nicht grell* (Farbe) ▸ einen ~en **Druck,** Zwang ausüben; eine ~e **Farbe;** jmdn. mit ~er **Gewalt** zu etwas zwingen; sie hat eine ~e **Stimme;** etwas auf die ~e **Tour** erreichen ⟨umg.⟩ *durch gutes Zureden;* ihr ~es **Wesen** ▸ ~ **entschlafen** *friedlich sterben;* ein Kätzchen ~ **streicheln** ▸ ~ **wie** ein Lamm

Sạ̈nf|te ⟨die; -, -n⟩ *kastenartiges, offenes od. geschlossenes, von Menschen od. Tieren getragenes Gestell zur Beförderung von Personen*

Sạnft|mut ⟨die; -; unz.⟩ *sanfte, milde, geduldige Gesinnung* ▸ ~ des Herzens; Abl *sanftmütig*

sạng → *singen*

Sạ̈n|ger ⟨der; -s, -⟩ **1** *jmd., der singt* **2** *jmd., der berufsmäßig singt, Gesangskünstler;* Zus *Konzertsänger, Opernsänger* **3** *Mitglied eines Gesangvereins od. eines Chors* ▸ die ~ haben gut gesungen; der ~ hat eine schöne Stimme

Sạ̈n|ge|rin ⟨die; -, -rin|nen⟩ *weibl. Sänger*

sạng|los ⟨Adj.; nur in der Wendung⟩ sang- und klanglos *unbemerkt, ohne beachtet zu werden*

sa|nie|ren ⟨V.; sa|niert, sa|nier|te, hat sa|niert⟩ **I** ⟨V. trans.⟩ **1** Altbauten, einen Stadtteil ~ *durch Renovierung u. Modernisierung umgestalten u. Mängel beseitigen* **2** einen Betrieb ~ *wieder leis-*

S T U V W X Y Z

tungsfähig machen; Abl *Sanierer(in)* **II** ⟨V. refl.⟩ sich ~ *einen großen Gewinn machen* ▸ durch den Verkauf konnte sich das Unternehmen ~

Sa|nie|rung ⟨die; -, -en⟩ *das Sanieren;* Zus *Sanierungsprogramm; sanierungsbedürftig*

sa|ni|tär ⟨Adj.⟩ **1** *zum Gesundheitswesen gehörend, darauf beruhend* **2** *der Gesundheit, Hygiene dienend* **3** *hygienisch* ▸ ~e Anlagen, Einrichtungen *WC, Kanalisation usw.*

Sa|ni|tä|ter ⟨der; -s, -⟩ **1** *jmd., der in der Ersten Hilfe ausgebildet ist* **2** *Sanitätssoldat* **3** *Krankenpfleger;* Abl *Sanitäterin*

Sa|ni|täts|dienst ⟨der; -(e)s; unz.⟩ *Krankendienst, Krankenpflege*

sank → *sinken*

Sankt ⟨vor dt. Namen; Abk.: St.⟩ *der, die heilige …* ▸ ~ Elisabeth; ~ Gallen; ~-Elisabeth-Kirche/St.-Elisabeth-Kirche

Sank|ti|on ⟨die; -, -en⟩ **1** *Bestätigung, Anerkennung* **2** ⟨Pl.⟩ ~en *Strafmaßnahmen mehrerer Staaten gegen einen anderen Staat, der das Völkerrecht verletzt hat* ▸ ~en gegen einen Staat verhängen

sank|ti|o|nie|ren ⟨V. trans.; sank|ti|o|niert, sank|ti|o|nier|te, hat sank|ti|o|niert⟩ **1** etwas ~ *bestätigen, gutheißen, anerkennen* **2** Verstöße ~ *mit Sanktionen (2) belegen;* Abl *Sanktionierung*

sann → *sinnen*

Sar|del|le ⟨die; -, -n; Zool.⟩ *ein Speisefisch, der meist eingesalzen gegessen wird;* Zus *Sardellenbutter, Sardellenpaste*

Sar|di|ne ⟨die; -, -n⟩ *ein Speisefisch, der meist in Öl eingelegt gegessen wird;* Zus *Ölsardine*

Sarg ⟨der; -(e)s, Sär|ge⟩ *langer, meist hölzerner Kasten, in den jmds. Leichnam gelegt wird* ▸ den Toten in den ~ legen; einen Toten im ~ aufbahren

Sar|kas|mus ⟨der; -, -kas|men⟩ **I** ⟨unz.⟩ *beißender Spott, bitterer Hohn;* Abl *sarkastisch* **II** ⟨zählb.⟩ *beißend-spöttische, bissig-höhnische Äußerung*

Sar|ko|phag ⟨der; -(e)s, -e⟩ *prunkvoller, steinerner Sarg (zur Bestattung hoher Persönlichkeiten)*

saß → *sitzen*

Sa|tan ⟨der; -s, -e⟩ **I** ⟨unz.⟩ *Teufel, Widersacher Gottes* **II** ⟨zählb.; übertr.⟩ *böser, teuflischer Mensch* ▸ er ist ein leibhaftiger ~!; Abl *satanisch*

Sa|tel|lit ⟨der; -en, -en⟩ **1** ⟨Astron.⟩ *Nebenplanet, Mond;* Syn *Trabant (1)* **2** ⟨Raumfahrt⟩ *künstlicher Himmelskörper, bes. für die Erdbeobachtung, Meteorologie, Telekommunikation od. Navigation;* Zus *Satellitenbild; Wettersatellit* ▸ einen ~en ins Weltall bringen; Fernsehen per ~ empfangen; ein Programm über ~ senden

Sa|tel|li|ten|fern|se|hen ⟨das; -s; unz.⟩ *mit Hilfe von Nachrichtensatelliten übermitteltes Fernsehen*

Sa|tel|li|ten|schüs|sel ⟨die; -, -n; Radio; TV⟩ *schüsselförmiges Gerät zum Empfang von Fernsehsendungen des Satellitenfernsehens* ▸ eine ~ auf dem Dach montieren

Sa|tel|li|ten|staat ⟨der; -(e)s, -en⟩ *formalrechtlich unabhängiger, tatsächlich aber von einer Großmacht abhängiger Staat*

Sa|tin ⟨[satɛ̃:] der; -s, -s; Textilwesen⟩ *Stoff mit glatter, glänzender Oberfläche* ▸ eine Hose aus ~

Sa|ti|re ⟨die; -, -n⟩ **I** ⟨unz.; Lit.⟩ *Literaturgattung, die durch Ironie u. spöttische Übertreibung menschlicher Schwächen politische Ereignisse u. Ä. kritisiert* **II** ⟨zählb.⟩ *einzelnes literarisches od. filmisches Werk in der Art der Satire (I);* Abl *Satiriker(in)*

sa|ti|risch ⟨Adj.⟩ **1** *auf Satire beruhend* **2** *spöttisch, beißend-witzig* ▸ ~ überspitzte Darstellung

satt ⟨Adj.; -er, am -es|ten⟩ **1** *nicht mehr hungrig;* Zus *satt machen / sattmachen* **2** *tief, kräftig* (von Farben); Zus *sattgrün* **3** ⟨umg.⟩ *gut, reichlich bemessen* **4** ⟨Chem.⟩ *gesättigt* ▸ ein ~es Grün, Rot; ~e zwei Millionen; Sonne ~ ⟨umg.⟩ ▸ sich ~ essen; sein: möchtest du noch etwas essen, oder bist du ~?

Sat|tel ⟨der; -s, Sät|tel⟩ **1** *Sitzvorrichtung für Reiter auf Reittieren;* Zus *Sattelgurt, Satteltasche; Reitsattel* **2** *Tragvorrichtung für Lasten auf Lasttieren;* Zus *Tragsattel* **3** *Sitzvorrichtung auf dem Fahrrad od. Motorrad;* ⓘ S. 789; Zus *Satteltasche* **4** *Senke in einem Bergrücken, Pass* ▸ den ~ auf das Pferd legen; den ~ (des Fahrrads) höher, tiefer stellen ▸ das Pferd warf den Reiter aus dem ~; jmdn. aus dem ~ heben ⟨übertr.⟩ *ihn verdrängen, sich ihm als überlegen erweisen;* er konnte sich im ~ halten *es gelang dem Pferd nicht, ihn abzuwerfen;* einem Reiter in den ~ helfen *beim Aufsteigen behilflich sein;* sich in den ~ schwingen; fest im ~ sitzen ⟨übertr.; umg.⟩ *in einer Stellung sicher sein;* mit, ohne ~ reiten

sat|tel|fest ⟨Adj.; -er, am -es|ten⟩ ~ sein **1** *fest im Sattel sitzen, ein guter Reiter sein* **2** ⟨übertr.⟩ **2.1** *auf einem Gebiet gründliche Kenntnisse besitzen* **2.2** *moralisch gefestigt, charakterstark sein* ▸ ein ~er Reiter; in Geschichte ist er wirklich ~

sat|teln ⟨V. trans.; sat|telt, sat|tel|te, hat ge|sat|telt⟩ ein Reittier ~ *einem Reittier den Sattel auflegen*

Sat|tel|schlep|per ⟨der; -s, -⟩ *mit starkem Motor versehener Kraftwagen aus einem verkürzten Lastwagenfahrgestell, auf das ein Anhänger ohne Vorderachse aufgesattelt wird*

Sat|tel|zug ⟨der; -(e)s, -zü|ge⟩ *Gesamtheit aus Sattelschlepper u. Anhänger*

satt|ha|ben ⟨V. trans.; hat satt, hat|te satt, hat sattge|habt⟩ jmdn. od. etwas ~ *genug von jmdm. od. etwas haben, jmds. od. einer Sache überdrüssig sein* ▸ ich habe es satt, ihn immer wieder zu ermahnen; ich habe diese Ausreden satt

sät|ti|gen ⟨V. trans. u. V. intr.; sät|tigt, sät|tig|te, hat ge|sät|tigt⟩ **1** (jmdn.) ~ *jmdn. sattmachen, jmds. Hunger stillen* **2** ⟨übertr.⟩ jmds. Ehrgeiz, Neugier, Wissensdrang ~ *stillen, befriedigen* **3** ⟨Chem.⟩ eine Lösung ~ *einer L. so viel von einer Substanz beifügen, wie sie maximal aufnehmen kann* ▸ die Nachfrage nicht ~ können ⟨übertr.⟩; das Essen ist sehr ~d *es macht schnell satt;* gesättigte Lösung ⟨Chem.⟩

Sät|ti|gungs|bei|la|ge ⟨die; -, -n; regional⟩ *neben Fleisch od. Fisch u. Gemüse dritter Bestandteil des Mittagessens (Kartoffeln, Reis, Nudeln)*

Satt|ler ⟨der; -s, -⟩ *Handwerker, der Sättel sowie alle übrigen gröberen Ledergegenstände (Koffer, Mappen) herstellt;* Abl *Sattlerin*

satt|sam ⟨Adv.⟩ *genug, genügend, mehr als genug* ▸ das ist doch ~ bekannt, besprochen

Satz ⟨der; -es, Sät|ze⟩ **1** ⟨Gramm.⟩ *sprachlicher, nach bestimmten Regeln aufgebauter, sinnvoller Ausdruck eines in sich abgeschlossenen Gedankens;* Zus *Satzaussage, Satzbau, Satzglied, Satzteil; Aussagesatz, Befehlssatz, Fragesatz* **2** *Grundsatz, Lehrsatz, Gesetz* **3** *eine Anzahl zusammengehöriger Gegenstände* **4** ⟨Typ.⟩ **4.1** *das Setzen des Textes aus Lettern mit der Hand od. maschinell;* Zus *Handsatz, Maschinensatz* **4.2** *der so zusammengestellte (gesetzte) Text* **5** ⟨Mus.⟩ **5.1** *in sich geschlossener Teil eines mehrteiligen Instrumentalstücks, z. B. der Sonate, einer Sinfonie, des Quartetts* **5.2** *die Stimmführung in einem mehrstimmigen Musikwerk* **6** ⟨Sp.; bes. (Tisch-)Tennis⟩ *Spielabschnitt* **7** *Sprung* **8** *Rückstand, Niederschlag;* Zus *Bodensatz, Kaffeesatz* **9** *einheitlich festgelegter Preis für Lieferungen u. Leistungen, Tarif, übliches Maß;* Zus *Zinssatz* ▸ einen ~ analysieren, zergliedern, zerlegen ⟨Gramm.⟩ *die Satzteile bestimmen;* einen ~ aufstellen, begründen, verkünden *Glaubens-, Lehrsatz;* der ~ beträgt etwa 5 Euro; einen ~ bilden, konstruieren ⟨Gramm.⟩, prägen; den ~ korrigieren ⟨Typ.⟩; einen ~ machen *springen;* ich habe den letzten ~ nicht verstanden ▸ ein abhängiger ~ *ein Nebensatz;* einfacher ~ ⟨Gramm.⟩ *nur aus Subjekt u. Prädikat bestehender Hauptsatz;* ein eingeschobener ~ ⟨Gramm.⟩ *innerhalb eines Satzes stehender, durch Kommata von ihm abgetrennter S.;* ein klar gegliederter ~; ein selbstständiger ~ *ein S. mit Subjekt u. Prädikat* ▸ er gewann in drei Sätzen ⟨Tennis⟩; mitten im ~ abbrechen, stocken; ein Manuskript in ~ geben ⟨Typ.⟩ *zum Setzen in die Setzerei geben;* mit einem großen ~ sprang er zur Seite

Satz|ge|fü|ge ⟨das; -s, -; Gramm.⟩ *aus Haupt- u. einem od. mehreren Nebensätzen zusammengesetzter Satz*

Satz|leh|re ⟨die; -; unz.; Gramm.⟩ = *Syntax*

Sat|zung ⟨die; -, -en⟩ *schriftlich niedergelegtes Recht, grundlegende Regeln, Ordnung, Vorschrift;* Zus *Ordenssatzung, Vereinssatzung*

Satz|zei|chen ⟨das; -s, -; Gramm.⟩ *Schriftzeichen zur Gliederung des Satzes od. Trennung von Sätzen bzw. Satzteilen, Interpunktionszeichen, z. B. Punkt, Komma*

Sau ⟨die; -, Säue od. Jägerspr. die; -, -en⟩ **1** *weibliches Hausschwein, Mutterschwein* **2** ⟨übertr.; derb⟩ *sehr schmutziger Mensch* ▸ das ist unter aller ~ ⟨übertr.; derb⟩ *sehr schlecht, nicht zu gebrauchen;* davonrennen wie eine gesengte ~ ⟨derb⟩ *sehr schnell;* jmdn. zur ~ machen ⟨übertr.; derb⟩ *ihn grob anherrschen, heftig tadeln*

sau..., Sau... ⟨in Zus.; umg.; verstärkend⟩ **1** *sehr, äußerst,* z. B. saublöd, saudumm, saukalt, saukomisch **2** ⟨derb⟩ *bes. schlecht,* z. B. Sauwetter

sau|ber ⟨Adj.⟩ **1** *rein, reinlich, frischgewaschen, fleckenlos, frei von Schmutz* **2** *genau, ordentlich, sorgfältig* (Arbeit) **3** ⟨übertr.; umg.⟩ **3.1** *anständig, lauter, sittlich einwandfrei* **3.2** ⟨bes. süddt.; österr.; schweiz.⟩ *hübsch, schmuck* (Mädchen) **3.3** ⟨iron.⟩ *nichtsnutzig, schlimm, böse* ▸ ~! ⟨a. iron.⟩ *(Ausruf der Anerkennung)* ▸ eine ~e Arbeit; das ist mir ein ~er Freund! ⟨iron.⟩; ~e Hände haben ⟨a. übertr.⟩; ein ~er Kerl; ~e Wäsche anziehen; die Wohnung war ~ ▸ sie hält die Wohnung ~; die Wohnung ist schwer ~ zu halten; ~ machen = *saubermachen;* kannst du nicht ~ schreiben?; sein: das Glas ist nicht ~; er ist ~ ⟨übertr.; umg.⟩ *er ist nicht kriminell*

Sau|ber|keit ⟨die; -; unz.⟩ **1** *Zustand des Sauberseins* **2** *Reinheit, Reinlichkeit* **3** ⟨übertr.⟩ *Anständigkeit, Lauterkeit* ▸ ~ der Arbeit, der Schrift; hier herrscht Ordnung und ~; alles glänzt vor ~

säu|ber|lich ⟨Adj.⟩ **1** *sauber* **2** *ordentlich, sorgfältig* ▸ das musst du noch einmal fein ~ abschreiben *sehr sorgfältig u. genau;* es war fein ~ verpackt

sau|ber|ma|chen *auch:* **sau|ber ma|chen** ⟨V. trans.; macht sau|ber, mach|te sau|ber, hat sau|ber|ge|macht, sau|ber|zu|ma|chen⟩ etwas ~ *Schmutz aus od. von etwas entfernen, reinigen* ▸ ein Zimmer, einen Gegenstand ~

Sau|ber|mann ⟨der; -(e)s, -män|ner; übertr.; umg.⟩ *jmd., der sich für die Verbreitung u. Einhaltung von Anständigkeit, Ordnung sowie Moral zuständig fühlt* ▸ dieser Politiker ist ein richtiger ~

säu|bern ⟨V. trans.; säu|bert, säu|ber|te, hat ge|säu|bert⟩ etwas (von etwas) ~ *saubermachen, Schmutz aus, von etwas entfernen, reinigen* ▸ den Boden, das Geschirr, den Tisch, das Zimmer ~; eine Wunde ~; einen Käfig, ein Gehege ~

Säu|be|rung ⟨die; -, -en⟩ **1** *das Entfernen von Schmutz, Reinigung* **2** ⟨übertr.; umg.⟩ *Entfernung von missliebigen od. störenden Personen (aus einer Partei);* Zus *Säuberungsaktion*

Sau|ce ⟨[zo:sə] die; -, -n; fachsprachl.⟩ *Soße*

Sau|ci|e|re ⟨[zosjɛ:rə] die; -, -n⟩ *Soßenschüssel*

sau|er ⟨Adj.; sau|rer, am -s|ten⟩ **1** *wie Zitrone od. Essig schmeckend, so dass sich der Mund zusammenzieht* **2** *sehr herb* (Wein) **3** ⟨Chem.⟩ *aus Säure bestehend, Säure enthaltend* **4** *gestockt, geronnen, dick geworden* (Milch) **5** *reich an säurehaltigen Stoffen* (Boden) **6** ⟨übertr.⟩ **6.1** *mühselig, schwierig, schwer* (Arbeit) **6.2** *ärgerlich, verdrießlich* (Gesicht) **6.3** *verärgert* (Person) ▸ der Apfel ist zu ~; in den sauren Apfel beißen ⟨umg.⟩ *das Unangenehme hinnehmen od. tun;* sich sein Brot, Geld ~ verdienen ⟨übertr.; umg.⟩ *mühsam;* saure Gurken *in Essigwasser konservierte G.;* eine saure Miene ziehen ⟨übertr.; umg.⟩ *verdrießlich dreinschauen;* saure Milch *Dickmilch;* saurer Regen *Schwefelsäure enthaltender Regen;* saure Sahne *in Milchgärung übergegangene Sahne* ▸ aufstoßen: es stößt mir ~ vom Magen auf; gib ihm Saures! ⟨umg.⟩ *zeig's ihm!;* ~ reagieren ⟨übertr.⟩ *etwas ablehnen, nicht darauf eingehen;* Zitronen schmecken ~; sein: die Milch ist schon ~ ▸ sie ist ~ auf dich

S

Sau|er|amp|fer ⟨der; -s, -⟩ *als Wildgemüse verwendeter Ampfer*

Sau|er|bra|ten ⟨der; -s, -⟩ *in Essig eingelegter Rinderschmorbraten* ▸ rheinischer ~

Sau|e|rei ⟨die; -, -en; umg.⟩ **1** *schmutzige Sache, Schweinerei* **2** *Gemeinheit, Unanständigkeit* **3** *unanständiger Witz* **4** ⟨übertr.⟩ *Pfuscherei, schlechte Arbeit* ▸ so eine ~; was er gemacht hat, war eine ~

Sau|er|kir|sche ⟨die; -, -n⟩ *sauer schmeckende Art der Kirschen*

Sau|er|kraut ⟨das; -(e)s; unz.⟩ *feingeschnittenes, mit Salz u. Gewürzen in Fässern eingestampftes, gegorenes Weißkraut;* Syn *Sauerkohl*

säu|er|lich ⟨Adj.⟩ **1** *schwach sauer* **2** ⟨übertr.⟩ *missvergnügt, verdrießlich*

säu|ern ⟨V. trans.; säu|ert, säu|er|te, hat ge|säu|ert⟩ etwas ~ *sauer machen, zur Gärung bringen;* Abl *Säuerung*

Sau|er|rahm ⟨der; -(e)s; unz.⟩ = *saure Sahne* (→ *sauer*)

Sau|er|stoff ⟨der; -(e)s; unz.; chem. Zeichen: O⟩ *chem. Element, farb-, geruch- u. geschmackloses Gas, das für alle Lebensprozesse unentbehrlich ist*

Sau|er|teig ⟨der; -(e)s, -e; Pl. selten⟩ *gegorener Roggenteig als Treibmittel beim Brotbacken*

Sauf|bold ⟨der; -(e)s, -e; umg.; abwertend⟩ *Trinker, Säufer;* Syn *Saufbruder*

sau|fen ⟨V. trans. u. V. intr.; säuft, soff, hat ge|soffen⟩ **1** (etwas) ~ *trinken* (von Tieren) **2** ⟨umg.⟩ **2.1** (etwas) ~ *unmäßig trinken* **2.2** *dem Alkohol verfallen sein;* Abl *Säufer(in)* ▸ er säuft schon seit Jahren ⟨umg.⟩; er säuft wie ein Loch ⟨umg.⟩ *er trinkt sehr viel (Alkohol);* dem Vieh zu ~ geben; er wird sich noch zu Tode ~ ⟨umg.⟩

sau|gen ⟨V. trans. u. V. intr.; saugt, saug|te, hat geso|gen/ge|saugt; im techn. Bereich schwach konjugiert⟩ **1** etwas (aus etwas) ~ *mit Lippen u. Zunge, mit Saugrüssel* (bei Tieren), *mit Wurzeln* (bei Pflanzen) *in sich hineinziehen* **2** ⟨kurz für⟩ (etwas) ~ *staubsaugen* ▸ der Säugling saugt Milch aus der Brust, aus der Flasche; die Bienen ~ Nektar aus den Blüten; Staub ~ / staubsaugen; den Teppich ~ ▸ an der Pfeife, Zigarette ~ *aus ihr Rauch in den Mund ziehen;* das hat er sich aus den Fingern gesogen ⟨übertr.; umg.⟩ *das hat er erdichtet;* der Schwamm hat sich voll Wasser gesogen/gesaugt

säu|gen ⟨V. trans.; säugt, säug|te, hat ge|säugt⟩ einen Säugling od. ein Jungtier ~ *an der Mutterbrust stillen od. an Euter bzw. Zitzen zu trinken geben* (bei Tieren)

Sau|ger ⟨der; -s, -⟩ **1** *mit feinem Loch versehenes Gummihütchen auf der Milchflasche, an dem das Kind saugt* **2** ⟨Tech.⟩ *Gerät, das etwas an sich saugt;* Zus *Staubsauger*

Säu|ge|tier ⟨das; -(e)s, -e; Zool.⟩ *Angehöriger einer Klasse der Wirbeltiere, deren Junge durch ein Milchsekret ernährt (gesäugt) werden: Mammalia;* Syn *Säuger*

Saug|kraft ⟨die; -; unz.⟩ *Fähigkeit (eines Gewebes), Flüssigkeit aufzusaugen*

Säug|ling ⟨der; -s, -e⟩ *Kind, das noch an der Mutterbrust (od. mit der Flasche) genährt wird, bis etwa zum Ende des 1. Lebensjahres;* Zus *Säuglingsausstattung, Säuglingspflege*

Sau|hau|fen ⟨der; -s, -; umg.; verstärkend⟩ *Gruppe von liederlichen, unordentlichen Menschen*

Säu|le ⟨die; -, -n⟩ **1** *stützender od. die Fassade schmückender Bauteil von kreisrundem Querschnitt, gegliedert in Fuß, Schaft u. Kapitell;* Zus *Säulengang, Säulenhalle* **2** *senkrechter Stützbalken, Pfosten* **3** *etwas gerade Emporsteigendes;* Zus *Rauchsäule, Wassersäule* **4** ⟨übertr.⟩ *Stütze, wichtiger Helfer* ▸ die wichtigen ~n der Gesellschaft ⟨übertr.⟩; er ist eine ~ der Wissenschaft ⟨übertr.⟩; eine dicke, hohe, marmorne, steinerne ~; das Dach ruht auf ~n

Saum ⟨der; -(e)s, Säu|me⟩ **1** *einfach od. (meist) doppelt umgebogener u. mit kleinen Nähstichen befestigter Stoffrand* **2** *Rand;* Zus *Ufersaum, Waldsaum* ▸ ich muss noch den ~ (des Kleides, am Kleid) abstecken

sau|mä|ßig ⟨Adj.; umg.⟩ **I** ⟨attr.; präd.; abwertend⟩ *sehr schlecht* (Arbeit, Zeugnis) **II** ⟨adv.⟩ *sehr, ganz besonders* ▸ ~ frieren

säu|men[1] ⟨V. trans.; säumt, säum|te, hat ge|säumt⟩ **1** eine Hose, ein Kleid, einen Rock ~ *mit einem Saum versehen* **2** ein Gartenbeet ~ *mit einer Einfassung versehen* ▸ Pappeln ~ die Allee

säu|men[2] ⟨V. intr.; säumt, säum|te, hat ge|säumt; geh.⟩ *zögern* ▸ säume nicht länger! ⟨poet.⟩

säu|mig ⟨Adj.⟩ **1** *säumend, langsam, verspätet* **2** *nachlässig* (Schuldner, Schüler, Zahler) ▸ mit der Rückzahlung ~ sein; Abl *Säumigkeit*

Säum|nis ⟨die; -, -nis|se od. das; -nis|ses, -nis|se; geh.⟩ **1** *das Säumen, Zögern* **2** *Verzögerung, Verspätung*

saum|se|lig ⟨Adj.⟩ *langsam, oft Pausen machend* ▸ ein ~er Bote; ~ arbeiten; Abl *Saumseligkeit*

Sau|na ⟨die; -, -s od. Sau|nen⟩ *(finnisches) Heißluft- u. Dampfbad, bei dem durch Übergießen heißer Steine mit Wasser Dampf entsteht*

sau|nie|ren ⟨V. intr.; sau|niert, sau|nier|te, hat sauniert⟩ *ein Bad in der Sauna nehmen;* oV *saunen*

Säu|re ⟨die; -, -n⟩ **1** *chemische Verbindung, die mit Basen Salze bildet, aber dennoch nicht immer sauer schmeckt;* Abl *säurehaltig* **2** *saurer Geschmack* ▸ die ~ des Essigs, des Weins; eine ätzende ~

Sau|re|gur|ken|zeit ⟨die; -, -en⟩ *auch:* **Sau|re-Gur|ken-Zeit** ⟨die; Gen.: Sau|ren-Gur|ken-Zeit, Pl.: Sau|ren-Gur|ken-Zei|ten; umg.; scherzh.⟩ *geschäftlich, politisch usw. stille Zeit, bes. im Sommer;* Syn *Sommerloch*

Sau|ri|er ⟨der; -s, -; meist Pl.⟩ *ausgestorbenes, oft riesiges Reptil*

Saus ⟨der; -es; unz.; nur noch in der Wendung⟩ in ~ und Braus leben *herrlich u. in Freuden, sorglos, verschwenderisch, im Überfluss leben*

säu|seln ⟨V. intr. u. V. trans.; säu|selt, säu|sel|te, hat ge|säu|selt⟩ **1** *leise rauschen* **2** ⟨iron.⟩ (etwas) ~ *süßlich-freundlich reden* ▸ der Wind säuselt in den Blättern; „Wie reizend", säuselte sie

sau|sen ⟨V. intr.⟩ **I** ⟨saust, saus|te, hat ge|saust⟩ *mit* *dunklem Zischen tönen, brausen, rauschen* ▸ der Wind saust in den Bäumen; es saust mir in den Ohren **II** ⟨saust, saus|te, ist ge|saust; umg.⟩ (irgendwohin) ~ *sich sehr schnell fortbewegen, eilen* ▸ das Auto ist um die Ecke gesaust

Sau|stall ⟨der; -(e)s, -stäl|le⟩ = *Schweinestall*

sau|wohl ⟨Adj.; umg.⟩ *sehr wohl* ▸ ich fühle mich hier ~

Sa|van|ne ⟨[-van-] die; -, -n⟩ *Grasland mit Buschwerk u. Baumgruppen*

Sa|xo|phon ⟨das; -s, -e; Mus.⟩ *Blasinstrument aus einem metallenen, am Ende nach oben gebogenen Rohr, bes. für Jazzmusik;* ⓘ S. 788; oV *Saxofon;* Abl *Saxophonist(in)/Saxofonist(in)*

S-Bahn ⟨[ɛs-] die; -, -en; Kurzw. für⟩ *Schnellbahn;* Zus *S-Bahn-Linie*

SBB ⟨Abk. für⟩ *Schweizerische Bundesbahnen*

Scan|ner ⟨[skænə(r)] der; -s, -⟩ *Gerät, das ein Objekt (z. B. einen Strickcode, einen Text) mit einem Elektronen- od. Lichtstrahl punkt- od. zeilenweise abtastet u. weiter verarbeiten kann;* Abl *scannen*

Scha|be ⟨die; -, -n; Zool.⟩ *ein plattes Insekt mit kräftigen Beinen u. langen Fühlern, Bewohner von Ritzen u. Spalten;* Zus *Küchenschabe*

scha|ben ⟨V.; schabt, schab|te, hat ge|schabt⟩ **I** ⟨V. trans.⟩ Möhren ~ *die äußere Schicht abschälen* **II** ⟨V. intr.⟩ *reiben u. dabei kratzende Geräusche erzeugen* ▸ mit dem Füßen auf dem Boden ~

Scha|ber ⟨der; -s, -⟩ *scharfkantiges Werkzeug zur Bearbeitung von Holz u. Leder*

Scha|ber|nack ⟨der; -(e)s, -e⟩ *Streich, Neckerei* ▸ ~ machen, treiben; jmdm. einen ~ spielen

schä|big ⟨Adj.⟩ **1** *armselig, ärmlich, dürftig, abgetragen, ungepflegt, unansehnlich* **2** *geizig, kleinlich, nicht vornehm* **3** *gemein, verachtenswert* ▸ ein ~er Anzug; ~ angezogen sein; sich ~ benehmen; das war ~ von ihm; Abl *Schäbigkeit*

Scha|b|lo|ne ⟨die; -, -n⟩ **1** *ausgeschnittene od. ausgestanzte Vorlage;* Zus *Zeichenschablone* **2** ⟨übertr.⟩ *übliche, herkömmliche, erstarrte Form;* Abl *schablonenhaft* ▸ eine ~ anfertigen

Schach ⟨das; -s; unz.⟩ **1** *Brettspiel für 2 Spieler mit je 16 teils verschiedenen Steinen;* Zus *Schachcomputer, Schachfigur, Schachpartie, Schachturnier* **2** *Warnruf an den König (beim Schachspiel)* ▸ ~ (dem **König**)! *(Zuruf beim Angriff im Schachspiel auf den gegnerischen König)* ▸ (eine Partie) ~ **spielen** ▸ ~ und **matt!** *(Ankündigung des Sieges im Schachspiel)* ▸ der König steht **im** ~ *ist angegriffen;* jmdn. in od. im ~ halten ⟨übertr.⟩ *jmdn. unter Druck halten*

Schach|brett ⟨das; -(e)s, -er⟩ *Brett mit 64 weißen u. schwarzen Feldern zum Schachspielen*

Scha|cher ⟨der; -s; unz.; abwertend⟩ *unsauberer Handel mit vielem Feilschen, Wucher* ▸ ~ mit Waffen; ~ um einen Posten; Abl *schachern*

schach|matt ⟨Adj.⟩ **1** *mattgesetzt, besiegt (beim Schachspiel)* **2** ⟨übertr.⟩ *sehr müde, erschöpft* ▸ dein König ist ~ ⟨Schach⟩; jmdn. ~ setzen *ihn im Schachspiel besiegen;* ⟨übertr.⟩ *ihn ausschalten*

Schacht ⟨der; -(e)s, Schäch|te⟩ **1** *hoher, schmaler, geschlossener Raum;* Zus *Brunnenschacht, Fahrstuhlschacht, Lichtschacht, Luftschacht* **2** ⟨Bgb.⟩ *senkrechter od. schräg abwärtsführender Grubenbau* **3** *Loch zum Einsteigen in Abwässerkanäle*

Schach|tel ⟨die; -, -n⟩ *dünnwandiger, eckiger od. runder Behälter mit Deckel aus Pappe, Holz, Span od. Blech* ▸ eine ~ Streichhölzer; ich möchte eine ~ Zigaretten kaufen; alte ~ ⟨umg.; übertr.; abwertend⟩ *alte, unfreundliche Frau;* Zus *Hutschachtel, Pappschachtel, Streichholzschachtel, Zigarettenschachtel*

schäch|ten ⟨V. trans.; schäch|tet, schäch|te|te, hat ge|schäch|tet⟩ Tiere ~ *nach religiösem Ritus (ohne Betäubung) schlachten;* Abl *Schächtung*

Schach|zug ⟨der; -(e)s, -zü|ge⟩ **1** *Zug im Schachspiel, das Versetzen einer Figur* **2** ⟨übertr.⟩ *geschickte Maßnahme* ▸ ein schlauer ~

scha|de ⟨Adj.; nur präd.⟩ **1** *bedauerlich* **2** *wertvoll, gut* ▸ es ist (sehr) ~, dass du heute nicht kommen kannst; das ist aber ~! *das bedaure ich, das tut mir leid;* nur ~, dass du ihn nicht gesehen hast; es ist ~ um das Geld; (o wie) ~!, (das ist aber) zu ~! *(Ausrufe des Bedauerns);* dazu bin ich mir zu ~ *dazu gebe ich mich nicht her;* es ist zu ~ zum Wegwerfen *man kann es noch verwenden*

Schä|del ⟨der; -s, -⟩ **1** *das Knochengerüst des Kopfes;* Zus *Schädelfraktur; Totenschädel* **2** ⟨umg.⟩ *Kopf* ▸ mir brummt, dröhnt der ~ *ich habe Kopfschmerzen, bin ganz benommen vom Arbeiten;* jmdm. den ~ einschlagen *ihn töten, umbringen;* eins auf, über den ~ bekommen, kriegen ⟨umg.⟩ *einen Hieb auf den Kopf*

Schä|del|ba|sis ⟨die; -, -ba|sen; Anat.⟩ *untere Fläche des Hirnschädels;* Zus *Schädelbasisbruch*

scha|den ⟨V. intr.; scha|det, scha|de|te, hat ge|schadet⟩ jmdm. od. einer Sache ~ **1** *Schaden zufügen, bereiten, tun* **2** *Nachteil bringen, nicht zuträglich sein* ▸ zu viel Sonne schadet mir; du wirst dir damit selbst ~; es schadet nichts *ist belanglos, ungefährlich;* das schadet ihm gar nichts *geschieht ihm ganz recht;* das wird deiner Gesundheit ~; es kann nichts ~, wenn wir nochmals nachfragen ⟨umg.⟩ *es ist vielleicht besser*

Scha|den ⟨der; -s, Schä|den⟩ **1** *Verlust, Beeinträchtigung, Wertminderung;* Zus *Schadensbegrenzung* **2** *Beschädigung, Zerstörung* **3** *Verletzung, Körperbehinderung* **4** *Nachteil* ▸ ~ **anrichten,** bringen, erleiden, leiden, stiften, verhüten, verursachen; einen ~ **aufdecken,** davontragen; der ~ **beläuft** sich auf 3.000 Euro; daraus **entsteht,** erwächst ihm kein großer ~; den ~ **ersetzen,** tragen, wiedergutmachen; an seiner Gesundheit ~ **nehmen** *beeinträchtigt werden;* jmdm. einen ~ **zufügen** ▸ ein **beträchtlicher,** empfindlicher, geringer, großer, kleiner, unbedeutender ~ ▸ **durch** ~ wird man klug ⟨Sprichw.⟩; er muss **für** den ~ aufkommen, haften; ich habe **mehr** ~ als Nutzen, weder ~ noch Nutzen davon, dabei; etwas **mit** ~ verkaufen *mit Verlust;* jmdn. **vor** ~ bewahren; **zu** seinem ~ *Nachteil;* es wird dir (nicht) zum ~ gereichen ⟨geh.⟩ *(nicht) schaden;* zu ~ kommen *benachteiligt, verletzt werden*

Scha|den|er|satz ‹der; -es; unz.; Rechtsw.› *Ausgleich, Ersatz des Schadens, Wiedergutmachung des Verlustes;* oV *Schadensersatz* ▸ jmdm. ~ für etwas leisten; Anspruch auf ~ haben, erheben; Abl *schaden(s)ersatzpflichtig;* Zus *Schaden(s)ersatzklage*

Scha|den|freu|de ‹die; -; unz.› *boshafte Freude über den Schaden od. das Missgeschick anderer*

scha|den|froh ‹Adj.› *Schadenfreude empfindend*

Scha|dens|er|satz ‹der; -es; unz.; Rechtsw.; im BGB für› *Schadenersatz*

schad|haft ‹Adj.; -er, am -es|ten› *beschädigt, mangelhaft, fehlerhaft, abgenutzt, angeschlagen* ▸ ~e Stellen ausbessern, flicken, stopfen

schä|di|gen ‹V. trans.; schä|digt, schä|dig|te, hat ge|schä|digt› jmdn. od. etwas ~ *jmdm. od. einer Sache Schaden zufügen* ▸ jmds. Ansehen, seinen guten Ruf ~; Abgase ~ den Wald; ~de Einflüsse *schädliche Einflüsse;* Abl *Schädigung*

schäd|lich ‹Adj.› Ggs *nützlich* **1** *Schaden bringend, nachteilig, gefährlich* **2** *nicht bekömmlich;* Zus *gesundheitsschädlich* ▸ ~e Folgen; ein ~es Tier; dieser Stoff ist dem Menschen, für den Menschen ~; Nikotin ist ~ für die Gesundheit; Abl *Schädlichkeit*

Schäd|ling ‹der; -s, -e› *Tier od. Pflanze, das bzw. die Schaden bringt, zufügt;* Zus *Schädlingsbekämpfung, Schädlingsbekämpfungsmittel*

schad|los ‹Adv.› *ohne Schaden* ▸ ~ ausgehen, davonkommen; sich ~ an jmdm. (für etwas) halten *sich einen erlittenen Schaden eigenmächtig auf Kosten eines andern ersetzen*

Schad|stoff ‹der; -(e)s, -e› *gesundheitsschädlicher Stoff;* Abl *schadstoffarm;* Zus *Schadstoffausstoß, Schadstoffbegrenzung*

Schaf ‹das; -(e)s, -e› **1** ‹Zool.› *ein Tier, das in Herden gehalten wird u. dessen Fell geschoren u. zu Wolle verarbeitet wird;* Zus *Schafbock, Schaffell, Schafherde, Schafhirte, Schaf(s)käse, Schaf(s)leder, Schaf(s)milch, Schafstall, Schafwolle* **2** ‹übertr.› *dummer Mensch* ▸ das ~ blökt; ~e halten, hüten, scheren; dummes ~ *dummer Mensch, Dummkopf;* das schwarze ~ der Familie *das missratene Kind, das sich nicht einordnen kann*

Schäf|chen ‹das; -s, -› *kleines Schaf* ▸ mein ~! ‹Kosewort›; sein(e) ~ ins Trockene bringen ‹übertr.› *seinen eigenen Gewinn sichern;* Zus *Schäfchenwolke*

Schä|fer ‹der; -s, -› *jmd., der Schafe hütet, pflegt, schert u. züchtet;* Syn *Schafhirte;* Abl *Schäferin*

Schä|fer|hund ‹der; -(e)s, -e› *eine Hunderasse (bes. als Polizei-, Wach-, Hütehund verwendet)*

Schä|fer|stünd|chen ‹das; -s, -; poet.› *kurzes, zärtliches Beisammensein, Liebesstunde*

schaf|fen ‹V.› **I** ‹V. trans.; schafft, schaff|te, hat ge|schafft; schwach konjugiert› **1** jmdn. od. etwas irgendwohin ~ *an einen anderen Ort bringen, wegbringen, herbringen* **2** etwas ~ *bewältigen, fertigbringen, zustande bringen* **3** ‹übertr.; umg.› jmdn. ~ *stark erschöpfen* ▸ er schafft es noch, dass … *er wird es noch dazu bringen, dass;* wir ~ es *wir werden es erreichen, wir kommen noch ans Ziel;* wir haben es geschafft *wir sind am Ziel* ▸ ich kann die Arbeit nicht ~ ▸ etwas auf den Dachboden ~; er hat Geld auf die Seite geschafft *erspart u. zurückgelegt;* etwas auf die Seite ~ *heimlich wegbringen, beiseiteschaffen;* bitte ~ Sie das ins Haus; Briefe, ein Paket zur Post ~ **II** ‹V. intr.; schafft, schaff|te, hat ge|schafft; schwach konjugiert; bes. süddt.› *arbeiten* ▸ sie schafft von morgens bis abends; sich (an etwas) zu ~ machen *sich (mit etwas) beschäftigen, (an etwas) herumwirtschaften;* das Herz macht ihm sehr zu ~ *er leidet an Herzbeschwerden;* jmdm. (sehr, viel) zu ~ machen *viel Arbeit, Mühe, Sorgen bereiten* **III** ‹V. trans.; schafft, schuf, hat geschaf|fen; stark konjugiert› etwas ~ **1** *hervorbringen, errichten, gründen* **2** *schöpferisch gestalten* ▸ er stand da, wie Gott ihn geschaffen hatte *nackt* ▸ Arbeitsplätze ~; eine Dichtung, Komposition ~; neue soziale Einrichtungen ~; im Anfang schuf Gott Himmel und Erde *(die ersten Worte der Bibel);* die Voraussetzungen für etwas ~ ▸ das Haus ist wie geschaffen für mich *bes. geeignet für mich, genau das, was ich brauche;* dieser Posten ist für ihn wie geschaffen *er eignet sich bes. dafür*

Schaf|fen ‹das; -s; unz.› **1** *das Wirken;* Zus *Schaffensdrang, Schaffensfreude, Schaffenskraft* **2** *Arbeit, Werk* ▸ das ~ eines Künstlers; dichterisches, geistiges ~; eine Probe aus seinem ~

Schaff|ner ‹der; -s, -› *Angestellter bei der Eisen- u. (früher) Straßenbahn, der die Fahrkarten prüft u. auch verkauft;* ⓘ S. 897; Syn ‹österr., schweiz.› *Kondukteur;* Abl *Schaffnerin*

Schaf|fung ‹die; -; unz.› *das Schaffen* ▸ Ziel ist die ~ neuer Arbeitsplätze

Scha|fott ‹das; -(e)s, -e› *erhöhtes Gerüst für Hinrichtungen* ▸ das ~ besteigen; auf dem ~ enden

Schafs|kopf ‹der; -(e)s, -köp|fe; umg.; abwertend› *Dummkopf*

Schafs|pelz ‹der; -es, -e› *Pelz aus dem Fell von Schafen;* oV *Schafpelz* ▸ ein Wolf im ~ ‹übertr.› *ein scheinheiliger, aber böswilliger Mensch*

Schaft ‹der; -(e)s, Schäf|te› **1** *stangenartiger Griff* **2** *langer, gerader Mittelteil der Säule, des Ruders, des Schlüssels usw.* **3** *das Bein umhüllender, langer Oberteil des Stiefels;* Zus *Stiefelschaft* **4** *hölzerner Teil von Handfeuerwaffen, in dem Lauf u. Verschluss usw. befestigt sind* **5** *glatter Teil der Vogelfeder*

…schaft ‹Nachsilbe; zur Bildung von Subst.; die; -, -en› *Nachsilbe zur Bez. eines Zustands od. einer Gesamtheit,* z. B. Freundschaft, Beamtenschaft, Schülerschaft

Scha|kal ‹der; -s, -e; Zool.› *gelblich graues, hundeartiges Raubtier*

schä|kern ‹V. intr.; schä|kert, schä|ker|te, hat ge|schä|kert› (mit jmdm.) ~ *(kokett) scherzen, sich necken, neckischen Spaß treiben (bes. mit dem anderen Geschlecht)* ▸ er schäkert gern mit ihr

schal ‹Adj.; abwertend› **1** *abgestanden, fade, ohne Geschmack, ohne Würze* **2** ‹übertr.› *witzlos,* *geistlos* ▸ das Bier schmeckt, ist ~; das Leben erschien ihr ~ ‹übertr.› *leer, sinnlos;* ein ~er Witz ‹übertr.›

Schal ‹der; -s, -e od. -s› **1** *langes, rechteckiges Halstuch;* ⓘ S. 683 **2** *der an der Seite des Fensters herabhängende Teil der Übergardine*

Scha|le[1] ‹die; -, -n› **1** *flache Schüssel;* Zus *Kompottschale, Trinkschale, Waagschale* **2** ‹bes. österr.› *(flache) Tasse* ▸ eine ~ Kaffee, Tee; eine gläserne, kristallene, silberne ~; eine ~ mit Konfekt herumreichen; Abl *Schälchen*

Scha|le[2] ‹die; -, -n› **1** *Hülle (besonders von Früchten, Keimen);* Zus *Eierschale, Kartoffelschale, Muschelschale, Nussschale, Obstschale* **2** *Rinde (z. B. vom Baum, vom Käse)* ▸ die ~ **abziehen,** entfernen, mitessen ▸ eine **dicke,** dünne, harte, raue, weiche ~; er hat eine **raue** ~ ‹übertr.› *er gibt sich äußerlich rau, um sein weiches Herz zu verbergen;* in einer rauen ~ steckt oft ein weicher Kern ‹Sprichw.› ▸ sich **in** ~ werfen ‹übertr.; umg.› *sich schick anziehen*

schä|len ‹V.; schält, schäl|te, hat ge|schält› **I** ‹V. trans.› **1** eine Frucht ~ *die Schale einer F. entfernen* **2** einen Baum ~ *die Rinde eines Baumes entfernen bzw. abnagen* ▸ gekochte Eier, Gemüse, Kartoffeln ~; sich od. jmdn. aus den Kleidern ~ ‹umg.› *entkleiden* **II** ‹V. refl.› sich ~ *sich in Schuppen ablösen* (Haut) ▸ mein Gesicht, mein Rücken schält sich nach dem Sonnenbrand; Abl *Schälung*

Scha|len|tier ‹das; -(e)s, -e; meist Pl.; im Handel Bez. für› *Meerestier mit Schale (Krebs, Krabbe, Languste, Muschel usw.)*

Schalk ‹der; -(e)s, -e od. Schäl|ke› *lustiger Mensch, Spaßmacher* ▸ er hat den ~ im Nacken ‹übertr.› *ist immer zu Spaß u. Neckerei aufgelegt*

schalk|haft ‹Adj.; -er, am -es|ten› *lustig, verschmitzt, schelmisch;* Abl *Schalkhaftigkeit*

Schall ‹der; -(e)s, -e od. Schäl|le› **1** *Geräusch, Klang, Ton, Laut, Widerhall* **2** ‹Phys.› = *Schallwelle;* Zus *Schallgeschwindigkeit* ▸ der ~ einer Glocke, einer Stimme, einer Trompete; etwas ist ~ und Rauch *nicht von Bedeutung;* ~ dämpfen, erzeugen; ein dumpfer, lauter ~

Schall|däm|mung ‹die; -, -en; Pl. selten› *Maßnahme zur Begrenzung von Lärm*

Schall|dämp|fer ‹der; -s, -; Kfz› *Auspufftopf*

schall|dicht ‹Adj.; -er, am -es|ten› *undurchlässig für Schall;* Syn *schallsicher* ▸ ~e Türen

schal|len ‹V. intr.; schallt, schall|te, hat ge|schallt› *Schall von sich geben, tönen, hallen* ▸ es schallt hier sehr *es ist ein starker Widerhall zu hören;* der Lärm schallt mir noch in den Ohren; ~der Beifall; wir brachen in ~des Gelächter aus; jmdm. eine ~de Ohrfeige geben; ~d lachen

Schall|gren|ze ‹die; -, -n› = *Schallmauer*

Schall|mau|er ‹die; -; unz.; bildhafte Bez. für› *Knall, wenn ein Flugzeug die Geschwindigkeit des Schalls erreicht* ▸ die ~ durchbrechen ‹a. übertr.› *die Grenze (von etwas) überschreiten, das Maß verlieren*

Schall|plat|te ‹die; -, -n› *Scheibe aus Kunststoff mit Rillen, die man auf einem Plattenspieler abspielen kann* ▸ eine ~ abspielen, auflegen

Schall|wel|le ‹die; -, -n; Phys.› *hörbare Schwingung in einem Frequenzbereich von 16 Hz bis 20 000 Hz*

Schal|mei ‹die; -, -en; Mus.› *Holzblasinstrument der Hirten mit einem Rohr u. Doppelrohrblatt, Vorform der Oboe*

Schal|lot|te ‹die; -, -n; Bot.› *Lauchart mit kleinen, eiförmigen Brutzwiebeln, die als Gemüse dienen*

schalt → *schelten*

schal|ten ‹V.; schal|tet, schal|te|te, hat ge|schal|tet› **I** ‹V. intr.› **1** *einen Schalter betätigen, um den Betriebszustand einer Maschine o. Ä. zu ändern;* Zus *Schalthebel* **2** *eine Schaltung (3, 4) herstellen* **3** *automatisch geschaltet (1) werden* **4** *den Gang wechseln (beim Auto)* **5** *herrschen, wirtschaften, umgehen mit, hantieren, verfügen über* **6** ‹umg.› *begreifen, verstehen (u. entsprechend reagieren)* ▸ jmdn. nach Belieben, frei ~ und **walten** lassen ▸ er hat nicht **schnell** genug geschaltet ‹umg.› *er war begriffsstutzig, hat nicht gleich reagiert* ▸ die Ampel schaltete **auf** Rot; **in** den zweiten Gang ~; frei **über** etwas ~ und walten können *frei darüber verfügen* **II** ‹V. trans.› **1** etwas irgendwie ~ *mit einem Schalter in Betrieb setzen* **2** ‹übertr.; umg.› eine Anzeige ~ *in die Zeitung setzen (lassen)* ▸ den Heizofen **auf** „warm" ~

Schal|ter ‹der; -s, -› **1** *Gerät zum Schließen u. Unterbrechen von Stromkreisen;* Zus *Lichtschalter* **2** *kleiner, abgetrennter Raum, oft mit Schiebefenster, zur Bedienung von Kunden, z. B. bei Post, Bank, Bahn u. Ämtern* ▸ den ~ anknipsen; den ~ ausstellen; der ~ war schon geschlossen; der ~ für Briefe und Briefmarken

Schalt|jahr ‹das; -(e)s, -e› *(jedes vierte) Jahr zu 366 Tagen mit dem zusätzlichen 29. Februar*

Schalt|kreis ‹der; -es, -e› *planmäßige Verknüpfung von elektrischen Bauelementen*

Schalt|plan ‹der; -(e)s, -plä|ne› *Zeichnung vom Aufbau eines elektrischen Gerätes*

Schalt|stel|le ‹die; -, -n; meist übertr.› *Stelle, von der aus etwas geschaltet, koordiniert od. gesteuert wird* ▸ an den ~n der Macht sitzen; eine zentrale ~ für etwas einrichten

Schal|tung ‹die; -, -en› **1** *das Schalten* **2** *Vorrichtung zum Wechseln der Gänge im Auto;* Zus *Gangschaltung* **3** *Anordnung der elektrischen Leitungen zwischen Stromquellen u. elektrischen Geräten aller Art* **4** *Funk- od. Telefonverbindung*

Schalt|zen|t|ra|le ‹die; -, -n; in technischen Anlagen› *zentrale Stelle, von der aus der Betriebsablauf überwacht u. gesteuert wird;* Syn *Leitstand*

Scham ‹die; -; unz.› **1** *Gefühl des Bloßgestelltseins, starke Verlegenheit* **2** *Scheu, sich bloßzustellen od. andere zu verletzen* **3** ‹verhüllend› *die Gegend der Geschlechtsteile beim Menschen;* Syn *Schamgegend;* Zus *Schamhaar* ▸ seine ~ **bedecken,** verhüllen; ~ **empfinden,** erkennen lassen, zeigen ▸ **falsche** ~ *Gefühl, vermeintlich bloßgestellt zu sein; falsche Bescheidenheit;* aus falscher ~ etwas verschweigen ▸ **vor** ~ erröten

S

Scham|bein ‹das; -(e)s, -e; Anat.› *vorderer, unterer Teil des Hüftbeins*

schä|men ‹V. refl.; schämt sich, schäm|te sich, hat sich ge|schämt› sich ~ *Scham empfinden, sich aus Scham scheuen, etwas zu tun* ▸ pfui, schäm dich!; du solltest dich ~!; ich schäme mich, das sagen zu müssen; du brauchst dich dessen nicht zu ~; sich einer Handlung, einer Sache, eines Wortes ~ ▸ er schämt sich **für** sein Betragen, für seine Feigheit; sich für einen andern ~; sich **in** Grund und Boden ~ ‹umg.›; sich **vor** jmdm. ~; er schämt sich **wegen** seiner Unbeherrschtheit; sich **zu** Tode ~ ‹umg.›

Scham|ge|fühl ‹das; -(e)s, -e› **1** *Gefühl der Scham* **2** *Fähigkeit, Scham zu empfinden* ▸ jmds. ~ beleidigen; kein ~ besitzen, haben, kennen

scham|haft ‹Adj.; -er, am -es|ten› **1** *voller Scham, leicht Scham empfindend* **2** *sittsam, keusch, verschämt* ▸ ~ etwas bekennen, gestehen, zugeben; ~ lächeln; Abl *Schamhaftigkeit*

Scham|lip|pen ‹Pl.; Anat.› *Hautfalten an der weiblichen Scheide*

scham|los ‹Adj.; -er, am -es|ten› **1** *ohne Schamgefühl, unsittlich, unanständig* **2** *schändlich, ruchlos* ▸ ein ~er Betrug; Abl *Schamlosigkeit*

Scham|pus ‹der; -; unz.; umg.; scherzh.› *Champagner*

Scham|rö|te ‹die; -; unz.› *Röte der Scham* ▸ die ~ stieg ihm ins Gesicht; Abl *schamrot*

Schan|de ‹die; -, -n; Pl. selten› **1** *etwas, dessen man sich schämen muss, etwas Verachtenswertes* **2** *Demütigung, Entehrung* **3** *Zustand des Verachtetseins* ▸ jmdm. ~ **bringen;** ich will ihr diese ~ **ersparen; mach** mir bloß keine ~! ‹meist scherzh.› *benimm dich so, dass ich mich nicht für dich zu schämen brauche;* **sein:** es ist eine ~, wie du herumläufst; die Aufführung war so schlecht, dass es eine ~ war ▸ jmdn. **mit** Schimpf und ~ davonjagen; **zu** meiner ~ muss ich gestehen, dass … ‹scherzh.› *es ist mir peinlich, gestehen zu müssen …;* →a. *zuschanden*

schän|den ‹V. trans.; schän|det, schän|de|te, hat ge|schän|det› **1** etwas ~ *verunstalten* **2** etwas ~ *beflecken, entweihen* (Heiliges, Heiligtum) **3** ‹veraltet› jmdn. ~ *sexuell missbrauchen, vergewaltigen* ▸ ein Grab ~; Abl *Schändung*

Schän|der ‹der; -s, -› *jmd., der etwas od. jmdn. schändet;* Abl *Schänderin;* Zus *Kinderschänder*

Schand|fleck ‹der; -(e)s, -e› **1** *verunstaltendes Mal* **2** *störende, hässliche Sache* ▸ der Schrottplatz ist ein ~ in der Landschaft

schänd|lich ‹Adj.› *ehrlos, ehrvergessen, niederträchtig, gemein* ▸ ~e Absichten haben; jmdn. ~ betrügen; Abl *Schändlichkeit*

Schand|tat ‹die; -, -en› *Tat, die man verabscheut* ▸ wir sind zu jeder ~ bereit ‹scherzh.› *zu jedem Spaß, Unfug*

Scha|ni|gar|ten ‹der; -s, -gär|ten; österr.; umg.› *Gartenlokal auf dem Gehsteig od. der Straße*

Schank|be|trieb ‹der; -(e)s, -e› *Ausschank von alkoholischen Getränken;* oV *Schänkbetrieb, Schenkbetrieb* ▸ Gastwirtschaft mit ~

Schän|ke ‹die; -, -n› = *Schenke*

Schan|ze ‹die; -, -n› **1** ‹Mil.; früher› *Befestigung, Erdwall* **2** ‹Sp.› *Gerüst mit einer hohen Absprungstelle u. steiler Anlaufbahn zum Skispringen;* Zus *Sprungschanze* ▸ von der ~ springen

Schar ‹die; -, -en› **1** *Menge, Gruppe;* Abl *scharenweise* **2** ‹Mil.› *Abteilung* ▸ eine ~ Gänse, Hühner, Vögel; in ~en herbeiströmen; die Zugvögel zogen in ~en gen Süden; eine ~ von Menschen

scha|ren ‹V. refl.; schart sich, schar|te sich, hat sich ge|schart› sich um jmdn. od. etwas ~ *sich um jmdn. od. etwas sammeln, versammeln, sich drängen*

Schä|ren ‹Pl.› *kleine Felseninseln vor der finnischen od. schwedischen Küste*

scharf ‹Adj.; schär|fer, am schärfs|ten› **1** *schneidend, geschliffen, sehr schmal, spitz* (Kante, Messer, Zähne) **2** *stark würzig* (Soße) **3** *ätzend* (Säure) **4** *beißend* (Geruch) **5** *hochprozentig* (alkoholisches Getränk) **6** *kalt, eisig* (Wind) **7** *schrill, zischend* (Stimme, Geräusch) **8** *ausgeprägt, deutlich, gut erkennbar* (Fotografie, Kurve, Umrisse) **9** *durchdringend, klar, genau sehend, hörend, denkend* (Augen, Blick, Gehör, Ohren, Verstand) **10** *heftig, hitzig, energisch* (Protest) **11** ‹übertr.› **11.1** *ätzend, bissig, beißend* (Kritik) **11.2** *schonungslos, rücksichtslos* (Maßnahmen) **11.3** *hart abweisend, zurechtweisend, streng* (Antwort) **11.4** *angriffslustig, bissig* (Hund) **11.5** ‹umg.› *geschlechtlich erregt, geil* **12** ‹übertr.; Jugendspr.› **12.1** *cool, toll* (von Sachen) **12.2** *sehr attraktiv* (von Personen) ▸ ein ~es **Beil,** Messer, Schwert; eine ~e **Bemerkung,** Entgegnung, Rüge, Zurechtweisung ‹übertr.›; seinem ~en **Blick** entging nichts; eine ~e **Brille;** eine ~e **Ecke,** Kante; ~er **Essig,** Senf; ein ~es **Fernglas;** ~e **Getränke,** Schnäpse; ein ~er **Hund** *ein bissiger, auf den Mann dressierter Wachhund;* ~e **Munition** *M. für den Ernstfall;* ~en **Protest** einlegen, erheben; ein ~er **Tadel,** Verweis; in ~em **Ton** sprechen; schärfsten **Widerstand** leisten; sie hat eine ~e **Zunge** ‹übertr.› *sie führt gern böse, spitze, angriffs-, spottlustige Reden* ▸ jmdn. ~ **beobachten;** Fleisch ~ **braten** *bei großer Hitze knusprig braten;* ~ **bremsen** *heftig, abrupt;* ~ **durchgreifen,** vorgehen *streng, unnachsichtig;* das Fernrohr, die Kamera ~ **einstellen** (so dass das Bild deutlich sichtbar wird); jmdn. ~ ins Auge **fassen** *genau ansehen u. beobachten;* ~ **machen** = *scharfmachen (I);* da muss ich erst einmal ~ **nachdenken** *genau überlegen;* ~ **riechen,** schmecken; ~ **schießen** *mit scharfer Munition schießen;* ‹aber› →a. *scharfschießen;* eine Aufgabe, einen Plan ~ **umreißen** *genau festlegen;* etwas schärfstens, aufs schärfste/Schärfste **verurteilen;** das Essen ~ **würzen** ▸ **auf** etwas ~ sein ‹umg.› *es sich sehr wünschen;* auf jmdn. ~ sein ‹umg.› *jmdn. heftig begehren*

Scharf|blick ‹der; -(e)s; unz.; übertr.› *Scharfsinn, scharfer Verstand, Fähigkeit, die Dinge zu durchschauen;* Abl *scharfblickend / scharf blickend*

Schär|fe ‹die; -, -n; Pl. selten› **1** *das Scharfsein*

2 *Schneidfähigkeit* 3 *Würze* 4 *scharfer Umriss* 5 *Genauigkeit, Klarheit* 6 *Strenge, Schonungslosigkeit* 7 *Kraft, Heftigkeit* ▸ etwas mit einer gewissen ~ sagen

schär|fen ‹V.; schärft, schärf|te, hat ge|schärft› I ‹V. trans.› 1 ein Messer, Werkzeug ~ *scharf machen, schleifen* 2 jmds. Sinne ~ *stärken, üben, bilden, verbessern* II ‹V. refl.› sich ~ *scharf werden* ▸ sein Blick schärft sich für Feinheiten

scharf|ma|chen *auch:* **scharf ma|chen** ‹V. trans.; macht scharf, mach|te scharf, hat scharf|gemacht, scharf|zu|ma|chen› I ‹Zusammen- u. Getrenntschreibung› 1 ein Messer ~ *die Klinge schärfen* 2 das Essen ~ *es z. B. mit Gewürzen bes. pikant zubereiten* 3 eine Bombe ~ *für die Explosion vorbereiten* II ‹nur Zusammenschreibung; umg.› 1 jmdn. gegen jmdn. scharfmachen *ihn gegen jmdn. aufhetzen, aufbringen;* Abl *Scharfmacher(in)* 2 einen Hund scharfmachen *ihn so abrichten, das er (auf Befehl) zubeißt* 3 jmdn. scharfmachen *sexuell reizen*

Scharf|rich|ter ‹der; -s, -› *jmd., der die Todesstrafe durch Enthaupten vollstreckt;* →a. *Henker*

scharf|schie|ßen ‹V. intr.; schießt scharf, schoss scharf, hat scharf|ge|schos|sen, scharf|zu|schie|ßen; scherzh.› *offen, schonungslos reden;* →a. *scharf;* Abl *Scharfschießen*

Scharf|schüt|ze ‹der; -n, -n› *bes. guter Schütze mit Spezialauftrag, meist mit einem Gewehr mit Zielfernrohr ausgerüstet;* Abl *Scharfschützin*

scharf|sich|tig ‹Adj.› 1 *scharfe, gute Augen habend* 2 ‹übertr.› *mit Scharfblick begabt;* Abl *Scharfsichtigkeit*

Scharf|sinn ‹der; -(e)s; unz.› *durchdringender Verstand, Fähigkeit, das Wesentliche zu erfassen, Dinge rasch zu durchschauen;* Abl *scharfsinnig*

scharf|zün|gig ‹Adj.› *eine scharfe Zunge besitzend, angriffs-, spottlustig* ▸ ein ~er Kritiker

Schar|lach ‹der; -s; unz.› 1 *leuchtend rote Farbe;* Zus *scharlachrot* 2 ‹Med.› *meldepflichtige, fieberhafte Krankheit mit rotem, fleckigem Ausschlag*

Schar|la|tan ‹der; -s, -e› *Schwindler, der Kenntnisse u. Fähigkeiten auf einem Gebiet vortäuscht*

schar|mant ‹Adj.› = *charmant*

Schar|nier ‹das; -s, -e› *Drehgelenk zur beweglichen Befestigung von Türen, Fenstern, Klappen*

Schär|pe ‹die; -, -n› 1 *breites, um die Hüften od. schräg über Schulter u. Brust getragenes Band (als Uniformteil od. Band bestimmter Orden)* 2 *breite, um die Hüften getragener u. zur Schleife geschlungener Schal (als Kleiderschmuck)*

schar|ren ‹V. trans. u. V. intr.; scharrt, scharr|te, hat ge|scharrt› 1 *geräuschvoll reiben, kratzen* 2 (etwas) ~ *oberflächlich graben* ▸ ein Loch ~; das Pferd scharrt ungeduldig mit dem Huf; der Hund scharrt an der Tür

Schar|te ‹die; -, -n› 1 *Kratzer, Riss, durch Kratzen entstandene Kerbe (an Messerklingen usw.)* 2 *Öffnung im Mauerwerk;* Zus *Schießscharte* 3 ‹übertr.› *Fehler, Misserfolg* ▸ eine ~ wieder auswetzen ‹übertr.› *einen Fehler wiedergutmachen*

schar|wen|zeln ‹V. intr.; schar|wen|zelt, schar|wen|zel|te, hat schar|wen|zelt; umg.› *sich einschmeicheln* ▸ sie ~ um den Sieger

Schasch|lik ‹der od. das; -s, -s› *auf einem Spieß gebratene od. gegrillte Fleischstückchen mit Gemüse, Zwiebeln u. Speck;* Zus *Schaschliksoße, Schaschlikspieß*

schas|sen ‹V. trans.; schasst, schass|te, hat geschasst› jmdn. ~ *schimpflich entlassen (aus dem Amt)* ▸ er ist geschasst worden

Schat|ten ‹der; -s, -› 1 *dunkler Bereich, der nicht vom Licht getroffen ist* 2 *dunkler Umriss eines vom Licht getroffenen Körpers, Schattenbild;* Zus *Schatten spendend / schattenspendend, Schatten werfend / schattenwerfend* 3 *dunkle Stelle* 4 *Dunkel, Dunkelheit, Dämmerung;* Ggs *Licht (1)* 5 ‹übertr.› 5.1 *Beeinträchtigung, Sorge, Makel* 5.2 *Spur, Anzeichen, Schein* ▸ ~ des Hauses, des Waldes; die Verteilung von Licht und ~ auf einem Gemälde; die ~ der Nacht; nicht der leise ~ eines Verdachtes fiel auf ihn ‹übertr.› ▸ ein ~ fiel auf ihr Glück ‹übertr.›; ein ~ flog, huschte, zog über sein Gesicht *er sah einen Augenblick lang ernst, traurig aus;* ~ geben, spenden, werfen; einen ~ haben ‹umg.› *etwas verrückt, nicht ganz normal sein;* sein: er ist nur noch ein ~ seiner selbst *er ist vollkommen abgemagert;* große Ereignisse werfen ihre ~ voraus ‹übertr.› *kündigen sich mehr od. minder geheimnisvoll an* ▸ erfrischender, wohltuender ~; die Bäume werfen lange ~ in der Abendsonne ▸ wir haben heute 30 Grad im ~ *30 °C Lufttemperatur;* im ~ eines Baumes, Hauses; im ~, nicht in der Sonne liegen, sitzen; in jmds. ~ stehen ‹übertr.› *trotz guter Leistungen unbeachtet bleiben, weil jmd. anderes alle Aufmerksamkeit auf sich zieht;* etwas od. jmdn. in den ~ stellen ‹übertr.› *es od. ihn weit übertreffen;* er kann nicht über seinen ~ springen ‹übertr.› *sich nicht überwinden (etwas zu tun, das er normalerweise nicht tun würde); seine Prinzipien nicht vergessen;* ~ unter den Augen

Schat|ten|da|sein ‹das; -s; unz.› *verborgenes Dasein, unbeachtetes Dasein* ▸ ein ~ führen

schat|ten|haft ‹Adj.; a. übertr.› *undeutlich wie ein Schatten* ▸ im Dunkeln konnte ich nur die ~en Umrisse eines Mannes erkennen; ich habe nur eine ~e Vorstellung davon

Schat|ten|ka|bi|nett ‹das; -(e)s, -e; Pol.› *für den Fall eines Regierungswechsels von der Opposition aufgestelltes Kabinett, das die Regierung sofort übernehmen kann*

Schat|ten|riss ‹der; -es, -e› *dem Schatten nachgezeichneter, schwarz ausgefüllter Umriss des Profils;* Syn *Schattenbild*

schat|tie|ren ‹V. trans.; schat|tiert, schat|tier|te, hat schat|tiert› etwas ~ 1 *tönen, mit Tonabstufungen versehen* 2 *Schatten einzeichnen, um die räumliche Bildwirkung zu erhöhen;* Abl *Schattierung*

schat|tig ‹Adj.› 1 *voll Schatten, im Schatten liegend* 2 *Schatten spendend* (Baum, Wald) ▸ ein ~er Balkon; sich ein ~es Plätzchen suchen

S

Scha|tul|le ⟨die; -, -n⟩ *Kästchen, bes. für Geld od. Schmuck;* Zus *Privatschatulle, Schmuckschatulle, Zigarettenschatulle*

Schatz ⟨der; -es, Schät|ze⟩ **1** *etwas Teures, Wertvolles, sorgfältig Gehütetes, kostbarer Besitz;* Zus *Schatztruhe* **2** *Geldvorrat eines Staates für Notfälle;* Zus *Staatsschatz* **3** *Liebste, Liebster* (als Kosewort) ▸ mein (lieber) ~! ▸ die Schätze eines Landes (Bodenschätze usw.); der ~ der Nibelungen ▸ Schätze anhäufen, ansammeln, besitzen, erwerben; einen ~ ausgraben, entdecken, finden, heben ▸ ein kostbarer, reicher, sagenhafter, verborgener, vergrabener ~ ▸ das Museum besitzt einen reichen ~ an impressionistischen Gemälden; für alle Schätze der Welt gebe ich das nicht her; nach Schätzen graben; einen ~ von, an Erfahrungen besitzen

Schätz|chen ⟨das; -s, -; Kosewort⟩ *kleiner, lieber Schatz*

schät|zen ⟨V. trans.; schätzt, schätz|te, hat geschätzt⟩ **1** etwas ~ *ungefähr berechnen;* Abl *Schätzung;* Zus *Schätzwert* **2** etwas ~ *vermuten, annehmen;* Abl *Schätzung* **3** jmdn. od. etwas ~ *hochachten, für wertvoll, achtbar halten, verehren* ▸ ich schätze, er wird lange vorher dort sein ▸ eine Entfernung, ein Grundstück, einen Nachlass, eine Sammlung, einen Wert ~; der Schaden wird auf 10 000 Euro geschätzt ▸ jmdn. od. etwas ~ lernen *seinen Wert erkennen u. dankbar würdigen;* jmds. Fleiß (nicht) zu ~ wissen; er weiß ein gutes Glas Wein zu ~ ▸ wie alt ~ Sie ihn?; ich hätte ihn älter, jünger geschätzt; ich würde mich glücklich ~, wenn sie kommen würden; Kosten hoch ~ ▸ ich schätze sein Vermögen auf 30 000 Euro; ich schätze ihn (nicht) besonders ▸ er ist ein geschätzter Mitarbeiter

Schatz|meis|ter ⟨der; -s, -⟩ *Verwalter des Staatsschatzes, Kassenverwalter;* Abl *Schatzmeisterin*

Schatz|su|cher ⟨der; -s, -⟩ *jmd., der nach Schätzen sucht;* Syn *Schatzgräber;* Abl *Schatzsucherin*

schät|zungs|wei|se ⟨Adv.⟩ *ungefähr, etwa, vermutlich, voraussichtlich* ▸ das wird ~ drei Stunden dauern; es kostet ~ 300 Euro

Schau ⟨die; -, -en⟩ **1** *Betrachtung, (prüfendes) Ansehen* **2** *Ausstellung, Darbietung, Vorführung* **3** *Parade;* Zus *Blumenschau, Modenschau, Musterschau* **4** *Revue* **5** ⟨übertr.; umg.⟩ *eindrucksvolles Ereignis* ▸ wir wollen heute abend eine große, tolle ~ abziehen ⟨umg.⟩ *etwas Lärmendes, Tolles veranstalten;* zieh nicht so ne ~ ab, mach nicht so ne ~! ⟨umg.⟩ *gib nicht so an!;* sie hat ihm glatt die ~ gestohlen ⟨umg.⟩ *sie hat ihn aus dem Vordergrund verdrängt* ▸ etwas auf einer ~ ausstellen, vorführen, zeigen; etwas zur ~ stellen *öffentlich zeigen;* Zuversicht zur ~ tragen ⟨übertr.⟩ *zeigen*

Schau|bild ⟨das; -(e)s, -er⟩ = *Diagramm*

Schau|der ⟨der; -s, -⟩ **1** *Grauen, Abscheu u. Angst zugleich;* Zus *Schauder erregend / schaudererregend* **2** *Erzittern vor Kälte* **3** *ehrfürchtiges Erbeben* ▸ mich durchläuft, erfasst, ergreift, überfällt, überläuft ein ~; ein ~ lief mir über den Rücken

schau|der|haft ⟨Adj.; -er, am -es|ten⟩ **1** *schaudererregend, abscheulich* **2** ⟨umg.⟩ **2.1** *sehr schlecht* **2.2** *sehr groß* ▸ er spricht ein ~es Französisch; die Musik klingt ~; er sieht ~ hässlich aus

schau|dern ⟨V. intr. u. V. trans.; schau|dert, schau|der|te, hat ge|schau|dert; meist in unpersönl. Wendungen wie⟩ es schaudert jmdn., jmdm. od. jmdn. schaudert (vor jmdm. od. etwas) *von Schauder erfasst, geschüttelt werden, Schauder, Abscheu, Grauen, Entsetzen empfinden* ▸ es schaudert mich bei diesem Gedanken; mir, mich schaudert bei diesem Gedanken

schau|en ⟨V. intr.; schaut, schau|te, hat ge|schaut⟩ *sehen, blicken* ▸ schau doch mal!; schau, dass du weiterkommst! *mach, dass du fortkommst, verschwinde!;* überall, wohin man schaut ▸ aus dem Fenster ~; jmdm. in die Augen, ins Gesicht ~; besorgt in die Zukunft ~; nach dem Rechten ~; rückwärts, vorwärts, zur Seite ~; über den Zaun ~

Schau|er ⟨der; -s, -⟩ **1** *kurzer, heftiger Niederschlag;* Zus *Hagelschauer, Regenschauer* **2** *Frösteln, Zittern* **3** *ängstliches Erbeben, Erzittern, Gruseln* **4** *ehrfurchtsvolle Scheu* ▸ ein (kalter) ~ lief mir den Rücken hinunter; wir wollen warten, bis der ~ vorüber ist; gewittrige ~

Schau|er|ge|schich|te ⟨die; -, -n⟩ *unglaubhafte, wilde Geschichte* ▸ erzähl doch keine ~n!

Schau|fel ⟨die; -, -n⟩ **1** *Werkzeug aus leicht gewölbtem Blatt mit Stiel zum Aufnehmen u. Forttragen von Erde, Sand, Körnern;* Zus *Kohlenschaufel, Sandschaufel* **2** *blattförmiger Teil von Wasser- od. Windrädern u. von Turbinen;* Zus *Schaufelrad* **3** *Geweih (beim Elch- u. Damwild)* ▸ eine ~ voll Erde, Kies, Sand

schau|feln ⟨V. trans.; schau|felt, schau|fel|te, hat ge|schau|felt⟩ **1** Körner, Sand, Schnee ~ *mit der Schaufel bewegen, mit der Schaufel aufnehmen* **2** ein Grab, einen Graben ~ *mit der Schaufel ausheben* ▸ damit hat er sich sein eigenes Grab geschaufelt ⟨übertr.⟩ *sich selbst geschadet*

Schau|fens|ter ⟨das; -s, -⟩ *verglaste Auslage eines Geschäfts* ▸ ich habe im ~ eine Jacke gesehen; sie betrachtete die Auslagen im ~; das ~ wird gerade neu dekoriert; Zus *Schaufensterauslage(n), Schaufensterdekoration, Schaufensterpuppe*

Schau|kampf ⟨der; -(e)s, -kämp|fe⟩ *Boxkampf als Vorführung (außerhalb der Wettbewerbe)*

Schau|kel ⟨die; -, -n⟩ *an zwei Seilen od. Ketten aufgehängter Sitz, auf dem man sich hin u. her schwingt (meist im Freien)*

schau|keln ⟨V.; schau|kelt, schau|kel|te, hat geschau|kelt⟩ **I** ⟨V. intr.⟩ **1** *auf der Schaukel hin u. her schwingen* **2** *von einer Seite auf die andere wippen, sich wiegen, schwanken* ▸ mit einem Boot auf den Wellen ~ **II** ⟨V. trans.⟩ jmdn. ~ *ihn wiegen, in schaukelnder Bewegung halten* ▸ ein Kind auf den Knien, in der Wiege ~; wir werden das Kind, die Sache schon ~! ⟨übertr.; umg.⟩ *die Sache in Ordnung bringen, regeln*

Schau|kel|pferd ⟨das; -(e)s, -e⟩ *Holzpferd auf gebogenen Kufen zum Schaukeln für Kinder*

Schau|kel|stuhl ⟨der; -(e)s, -stüh|le⟩ *Stuhl mit aufwärtsgebogenen Kufen zum Schaukeln*

Schau|lus|ti|ge(r) ⟨die; -n, -n (der; -n, -n)⟩ *jmd., der neugierig ist, bei bes. Ereignissen gern zuschaut*

Schaum ⟨der; -(e)s, Schäu|me⟩ **1** *Gefüge aus gasgefüllten Bläschen (bes. Luftbläschen), die durch dünne Häutchen aus Flüssigkeit od. festem Stoff getrennt sind u. zugleich zusammengehalten werden;* Zus *Bierschaum, Seifenschaum* **2** *Geifer* ▸ ~ schlagen ⟨übertr.⟩ *große Reden schwingen, angeben* ▸ dem Pferd flog der ~ vom Maul; ~ vor dem Mund haben (vor Zorn od. im epilept. Anfall); Eiweiß zu ~ schlagen

schäu|men ⟨V. intr.; schäumt, schäum|te, hat geschäumt⟩ **1** *Schaum bilden, Gischt aufwerfen* (Bier, Sekt, Wellen) **2** ⟨übertr.⟩ *wütend sein* ▸ der Sekt schäumt im Glas; er schäumt vor Empörung, Wut, Zorn; eine stark ~de Seife

Schaum|gum|mi ⟨der; -s; unz.⟩ *aus natürlichem od. synthetischem Latex hergestellter, schwammartiger, poröser Stoff (bes. für Polster)*

Schaum|kro|ne ⟨die; -, -n⟩ *der Schaum auf einer Welle*

Schaum|schlä|ger ⟨der; -s, -⟩ **1** = *Schneebesen* **2** ⟨übertr.⟩ *Angeber, Prahler*

Schaum|stoff ⟨der; -(e)s, -e⟩ *poröser Kunststoff, der bes. leicht ist u. gut gegen Wärme u. Schall isoliert;* Zus *Schaumstoffmatratze*

Schaum|wein ⟨der; -(e)s, -e⟩ *Kohlensäure enthaltender Wein, der sehr stark schäumt, Sekt*

Schau|platz ⟨der; -es, -plät|ze⟩ *Platz, an dem sich eine Handlung, ein Vorgang abspielt* ▸ der ~ eines Dramas, Romans, eines Unglücks

Schau|pro|zess ⟨der; -es, -e⟩ *auf Massenwirkung berechneter, öffentlich ausgetragener Prozess (bes. aus politischen Gründen)*

schau|rig ⟨Adj.⟩ *schauererregend, schrecklich, gruselig* ▸ eine ~e Geschichte; Zus *schaurig-schön*

Schau|spiel ⟨das; -(e)s, -e⟩ **1** ⟨Lit.⟩ *jedes auf der Bühne darstellbare Werk;* Zus *Schauspielhaus* **2** ⟨übertr.⟩ *Anblick eines Geschehens, Vorgangs, einer Handlung, Szene;* Zus *Naturschauspiel* ▸ da bot sich ihren Blicken ein reizvolles ~ ⟨übertr.⟩

Schau|spie|ler ⟨der; -s, -⟩ **1** ⟨Film; TV; Theat.⟩ *Darsteller, Gestalter einer Rolle in einem Schauspiel, einem Film, einer Serie o. Ä.;* Zus *Filmschauspieler* **2** ⟨übertr.⟩ *jmd., der sich gut verstellen kann, Heuchler* ▸ in dem Film wirken berühmte ~ mit; Abl *schauspielern*

Schau|spie|le|rin ⟨die; -, -rin|nen⟩ *weibl. Schauspieler*

Schau|spiel|schu|le ⟨die; -, -n⟩ *Ausbildungsstätte für Schauspieler*

Schau|stel|ler ⟨der; -s, -⟩ *jmd., der auf dem Jahrmarkt etwas vorführt od. ausstellt* ▸ die ~ ziehen mit ihren Wohnwagen von einem Jahrmarkt zum nächsten; Abl *Schaustellerin*

Schau|ta|fel ⟨die; -, -n⟩ *Tafel, auf der etwas zu Demonstrationszwecken (großformatig) dargestellt od. erklärt wird*

Scheck ⟨der; -s, -s od. selten -e⟩ *an bestimmte Form gebundene Zahlungsanweisung auf das Guthaben des Ausstellers;* oV ⟨schweiz.⟩ *Cheque* ▸ einen ~ ausstellen, schreiben, sperren lassen; ein ungedeckter ~; man kann bar oder mit einem ~ bezahlen; Zus *Scheckbetrug, Scheckheft*

sche|ckig ⟨Adj.⟩ *gefleckt* ▸ ein ~es Pferd, Rind; ~ braun; sich ~ lachen ⟨umg.⟩ *heftig lachen*

Scheck|kar|te ⟨die; -, -n; Bankw.⟩ *von Banken u. Sparkassen ausgegebene, auf den Kontoinhaber lautende Karte, mit der man an Geldautomaten Geld abheben sowie an automatisierten Kassen im Handel Waren od. Dienstleistungen bezahlen kann;* Syn *Geldkarte* ▸ mit der ~ bezahlen

scheel ⟨Adj.⟩ **1** *misstrauisch, argwöhnisch* **2** *neidisch* ▸ jmdn. ~, mit ~em Blick ansehen

Schef|fel ⟨der; -s, -⟩ *altes Hohlmaß* ▸ ⟨noch in der Wendung⟩ sein Licht nicht unter den ~ stellen ⟨übertr.⟩ *nicht zu bescheiden sein*

schef|feln ⟨V. trans.; schef|felt, schef|fel|te, hat gescheffelt⟩ Geld ~ *gierig zusammenraffen, in großen Mengen erlangen, gewinnen*

Schei|be ⟨die; -, -n⟩ **1** *runde od. ovale Platte, Fläche, insbes. als Maschinenteil, z. B. zum Formen von Ton u. als Zielfläche beim Schießen;* Zus *Schießscheibe, Töpferscheibe* **2** *dünn abgeschnittenes Stück, Schnitte;* Zus *Brotscheibe, Wurstscheibe* **3** *Glas des Fensters od. Spiegels;* ⓘ S. 896; Zus *Fensterscheibe, Spiegelscheibe* **4** ⟨umg.⟩ *Schallplatte, CD, DVD* ▸ eine ~ Brot, Fleisch, Käse, Schinken, Wurst; die runde ~ des Mondes ▸ davon kannst du dir eine ~ abschneiden ⟨übertr.; umg.⟩ *daran kannst du dir ein Beispiel nehmen;* jmdm. die ~n einschlagen, einwerfen; eine neue ~ einsetzen (ins Fenster); die Detonation war so stark, dass die ~n klirrten ▸ das Fleisch in ~n schneiden

Schei|ben|wi|scher ⟨der; -s, -⟩ *etwa im Halbkreis bewegter Hebel mit Gummiblatt an der Windschutzscheibe von Kraftwagen zum Klarhalten der Sicht bei Regen od. Schnee;* ⓘ S. 896

Scheich ⟨der; -(e)s, -e od. -s⟩ *Ehrentitel arabischer Herrscher;* Abl *Scheichtum*

Schei|de ⟨die; -, -n⟩ **1** *schmaler Behälter, Futteral für Schneidwerkzeuge, Hieb- u. Stichwaffen;* Zus *Degenscheide* **2** ⟨Anat.⟩ *Teil des weiblichen Geschlechtsorgans bei Mensch u. Tier, Verbindungsgang zwischen Gebärmutter u. äußerem Geschlechtsteil;* Syn *Vagina* ▸ den Degen, das Schwert aus der ~ ziehen, in die ~ stecken

schei|den ⟨V.⟩ **I** ⟨V. trans.; schei|det, schied, hat ge|schie|den⟩ **1** etwas von etwas ~ *trennen* **2** eine Ehe ~ *trennen, lösen* **3** sich ~ lassen *seine Ehe gerichtlich lösen, trennen lassen* ▸ eine geschiedene Frau, ein geschiedener Mann *eine Frau bzw. ein Mann, deren bzw. dessen Ehe geschieden wurde;* wir sind geschiedene Leute ⟨übertr.⟩ *uns verbindet überhaupt nichts mehr, wir sind fertig miteinander* **II** ⟨V. refl.; schei|det, schied, hat ge|schieden⟩ sich ~ *sich trennen, auseinandergehen* ▸ hier ~ sich die Geister, die Meinungen *die M. gehen auseinander* **III** ⟨V. intr.; schei|det, schied, ist geschie|den⟩ (von jmdm. od. etwas) ~ *Abschied* *nehmen, sich trennen, auseinandergehen* ▸ als Freunde ~; er ist aus dem Amt geschieden *hat sein Amt niedergelegt;* aus dem Leben ~ *sterben;* im Guten ~ ▸ das ~de Jahr, der ~de Tag

Schei|de|weg ⟨der; -(e)s, -e⟩ *Kreuzweg, sich gabelnder Weg* ▸ am ~ stehen ⟨übertr.⟩ *vor einer Entscheidung stehen*

Schei|dung ⟨die; -, -en⟩ *Auflösung einer Ehe (vor Gericht);* Zus *Scheidungsgrund, Scheidungsklage, Scheidungsprozess* ▸ die ~ einreichen; in ~ leben *im Begriff sein, geschieden zu werden*

Schein I ⟨der; -(e)s; unz.⟩ **1** *Licht, Lichterscheinung, Glanz, Schimmer;* Zus *Lampenschein, Lichtschein, Mondschein, Sonnenschein* **2** *äußeres Ansehen, Aussehen, äußeres Bild, das nicht sofort erkennen lässt, was wirklich dahintersteckt* **3** *Sinnestäuschung, Trugbild* ▸ der ~ des Mondes, der Sonne, der Sterne ▸ den (äußeren) ~ retten; der ~ spricht gegen ihn; der ~ trügt; den ~ wahren ▸ heller, leuchtender, strahlender ~; matter, trüber ~; das ist alles nur schöner ~ ▸ mehr ~ als Sein *es sieht nach mehr aus, als in Wirklichkeit dahintersteckt;* sich durch den ~ täuschen lassen; im ~ der Lampe, Laterne; dem ~ nach; etwas (nur) zum ~ sagen, tun **II** ⟨der; -(e)s, -e; zählb.⟩ **1** *Bescheinigung, schriftliche Bestätigung, Attest, Quittung;* Zus *Gutschein, Schuldschein* **2** *einzelnes Stück Papiergeld, Banknote;* Zus *Geldschein, Zehneuroschein* ▸ geben Sie mir bitte keine Münzen, sondern ~e

Schein|an|griff ⟨der; -(e)s, -e⟩ *Angriff zur Täuschung des Feindes*

schein|bar ⟨Adj.⟩ **1** *nicht wirklich, nur so scheinend, vermeintlich* **2** *vorgetäuscht, erheuchelt;* →a. *anscheinend* ▸ die Sonne dreht sich ~ um die Erde; er blieb ~ ruhig, war aber wütend

Schein|ehe ⟨die; -, -n⟩ *vorgetäuschte Ehe, nicht wirklich vollzogene Ehe*

scheinen/erscheinen

Aufgrund ihrer ähnlichen Bedeutung können die Verben *scheinen* und *erscheinen* leicht verwechselt werden. *Scheinen* meint (neben der ursprünglichen Bedeutung „Helligkeit verbreiten") auch „wirken wie, den Anschein erwecken": *Es scheint, dass er sich getäuscht hat. Mir scheint, dass sie sich verrechnet hat. Es scheint, als ob sein Plan gelingen könnte.*
Es kann auch mit zu und Infinitiv auftreten: *Sie scheint zufrieden zu sein. Sie scheinen sich zu freuen. Das scheint mir richtig zu sein.*
Dagegen bedeutet *erscheinen* neben der eigentlichen Bedeutung „sich zeigen" auch „vorkommen": *Es erschien ihm verdächtig, dass sich nichts regte. Es erscheint mir merkwürdig, dass noch niemand gekommen ist.*

schei|nen ⟨V. intr.; scheint, schien, hat ge|schienen⟩ **1** *Helligkeit verbreiten, leuchten, glänzen, schimmern* **2** *den Anschein haben, aussehen wie …, wirken, als ob …, so tun, als ob …* ▸ es hat scheint's keinen Zweck, noch länger zu warten ⟨umg.⟩ *anscheinend;* es scheint, als käme er heute nicht mehr ▸ der Mond, die Sonne scheint ▸ er scheint keine Lust zu haben; sie scheint ihn zu kennen; er scheint nicht zu wissen, was er will ▸ er schien sehr glücklich darüber zu sein; die Sonne scheint heiß; die Lampe scheint hell; er ist jünger, älter, klüger, als er scheint; er scheint krank zu sein; das scheint mir richtig, falsch, (nicht) gut ▸ ein Licht schien durch die Bäume; die Sonne, der Mond scheint ins Zimmer; es scheint so (zu sein); wie es scheint, war er heute noch nicht hier

Schein|fir|ma ⟨die; -, -fir|men⟩ *Firma, die ins Handelsregister eingetragen ist, aber keine Geschäfte tätigt;* Syn *Briefkastenfirma*

schein|hei|lig ⟨Adj.⟩ *Aufrichtigkeit vortäuschend, heuchlerisch;* Abl *Scheinheiligkeit*

schein|tot ⟨Adj.⟩ *nur scheinbar tot*

Schein|welt ⟨die; -; unz.⟩ *unwirkliche, nur in der Vorstellung existierende Welt* ▸ er lebt schon lange in einer ~

Schein|wer|fer ⟨der; -s, -⟩ *helle Lichtquelle, die einen bestimmten Bereich erleuchtet;* ⓘ S. 896; Zus *Autoscheinwerfer, Nebelscheinwerfer*

Schein|wer|fer|licht ⟨das; -(e)s; unz.⟩ *von einem Scheinwerfer ausgehendes Licht* ▸ im ~ der Medien stehen ⟨übertr.⟩

Scheiß ⟨der; -; unz.; derb⟩ **1** *Unsinn, dummes Zeug* **2** *lästige Angelegenheit* ▸ so ein ~!; lass mich in Ruhe mit deinem ~!; red doch keinen, nicht so einen ~!

scheiß…, Scheiß… ⟨in Zus.; derb; abwertend⟩ **1** *besonders, übertrieben,* z. B. scheißfreundlich, scheißnormal **2** *schlecht, miserabel, verabscheuenswürdig,* z. B. Scheißkerl, Scheißwetter

Scheiß|dreck ⟨der; -s; unz.; übertr.; derb⟩ **1** *nutzlose Sache* **2** *lästige, widerwärtige, verfahrene Angelegenheit* ▸ das geht dich einen ~ an *gar nichts, überhaupt nichts*

Schei|ße ⟨die; -; unz.⟩ **1** ⟨derb⟩ *Kot* **2** ⟨übertr.; derb⟩ **2.1** *dummes Zeug, Unsinn* **2.2** *zwecklose Sache* **2.3** *schlechte Arbeit* ▸ so eine ~!; das ist doch alles ~!; in der ~ sitzen *in großer Bedrängnis, in einer sehr unangenehmen Lage sein*

scheiß|egal ⟨Adj.; nur präd.; derb⟩ *vollkommen gleichgültig* ▸ das ist mir, das ist doch ~!

schei|ßen ⟨V. intr.; scheißt, schiss, hat ge|schis|sen⟩ **1** ⟨derb⟩ *den Darm entleeren* **2** ⟨übertr.; derb⟩ auf etwas ~ *sich nicht um etwas kümmern, nichts damit zu tun haben wollen* ▸ ich scheiße auf seine Ratschläge; ach, scheiß drauf! *lass es doch sein!*

Scheit ⟨das; -(e)s, -e od. süddt., österr., schweiz. -er⟩ *durch Hacken, Spalten zugehauenes Stück Holz vom Stamm;* Zus *Holzscheit*

Schei|tel ⟨der; -s, -⟩ **1** *mittlerer oberer Teil des Kopfes* **2** *Trennungslinie der Frisur;* Abl *scheiteln;* Zus *Mittelscheitel, Seitenscheitel* **3** *Spitze, höchster Punkt* **4** ⟨Math.⟩ *Punkt, in dem sich die Schenkel des Winkels treffen* ▸ der ~ eines Bogens, einer Kurve ▸ den ~ links, rechts tragen; beim Kämmen einen ~ ziehen ▸ jmdm. die

Hand auf den ~ legen; vom ~ bis zur Sohle *von Kopf bis Fuß, am ganzen Körper*

Schei|tel|punkt ⟨der; -(e)s, -e⟩ **1** *höchster Punkt (einer Flugbahn)* **2** ⟨übertr.⟩ *Gipfelpunkt*

Schei|ter|hau|fen ⟨der; -s, -⟩ *Stoß aus Holzscheiten (früher zum Verbrennen von Hexen, verbotenen Büchern)* ▸ auf dem ~ verbrennen

schei|tern ⟨V. intr.; schei|tert, schei|ter|te, ist ge|schei|tert⟩ **1** *nicht zum Ziel gelangen, Schiffbruch erleiden* (Person) **2** *zunichtewerden, misslingen* (Plan, Vorhaben) ▸ die Sache war von vornherein zum Scheitern verurteilt

Schel|lack ⟨der; -(e)s, -e⟩ *harzige Ausscheidungen von Schildläusen auf den Zweigen verschiedener Bäume, für die Herstellung von Lacken u. a.*

Schel|le[1] ⟨die; -, -n⟩ **1** *Klingel, Glocke* **2** *geschlossenes Glöckchen* ▸ an der ~ ziehen

Schel|le[2] ⟨die; -, -n⟩ *Haltering für Rohre*

schel|len ⟨V. intr.; schellt, schell|te, hat ge|schellt⟩ *die Türglocke betätigen, klingeln, läuten*

Schell|fisch ⟨der; -(e)s, -e⟩ *schmackhafter Speisefisch*

Schelm ⟨der; -(e)s, -e⟩ **1** *Spaßvogel;* Zus *Schelmenstreich* **2** ⟨als Kosewort⟩ *Schlingel* ▸ du kleiner ~!

schel|misch ⟨Adj.⟩ *in der Art eines Schelms, neckisch, fröhlich-listig, stets zu Späßen aufgelegt* ▸ jmdm. ~ drohen; ~ lächeln

Schel|te ⟨die; -; unz.⟩ *Vorwürfe, lauter Tadel* ▸ er hat ~ bekommen; wenn du das tust, gibt es ~

schel|ten ⟨V. trans. u. V. intr.; schilt, schalt, hat ge|schol|ten⟩ **1** (jmdn.) ~ *jmdm. Vorwürfe machen, jmdn. laut tadeln* **2** jmdn. einen Dummkopf ~ *ihn einen D. nennen*

Sche|ma ⟨das; -s, -s od. Sche|ma|ta od. Sche|men⟩ **1** *vereinfachte, anschauliche, (bes.) zeichnerische Darstellung, Übersicht* **2** *äußere Form einer Ordnung, Rahmen, Norm, Muster, Vorbild* ▸ wir sind mit unserer Arbeit an kein ~ gebunden; sich an ein festes ~ halten; etwas in ein ~ pressen *gewaltsam nach einer festgelegten, üblichen Vorstellung betrachten;* etwas nach ~ F behandeln *gedankenlos auf stets dieselbe Weise*

Sche|ma|ta ⟨Pl. von⟩ *Schema*

sche|ma|tisch ⟨Adj.⟩ **1** *in der Art eines Schemas, durch, mit Hilfe eines Schemas (verdeutlicht, dargestellt)* **2** *nach einem bestimmten Schema, an ein Schema gebunden* **3** *gleichmacherisch* ▸ das ist eine ganz ~e Arbeit, Tätigkeit; ~e Darstellung, Zeichnung; etwas (rein) ~ betrachten, tun

Sche|mel ⟨der; -s, -⟩ *Hocker, niedriger Stuhl ohne Lehne, Fußbank;* Zus *Fußschemel*

Sche|men[1] ⟨das; -s, -⟩ *Schatten, Silhouette*

Sche|men[2] ⟨Pl. von⟩ *Schema*

sche|men|haft ⟨Adj.; -er, am -es|ten⟩ *flüchtig, schattenhaft*

Schen|ke ⟨die; -, -n⟩ *kleines Wirtshaus, Schankwirtschaft;* Zus *Weinschenke/Weinschänke*

Schen|kel ⟨der; -s, -⟩ **1** ⟨Anat.⟩ **1.1** *Abschnitt des Beins vom Knie bis zur Hüfte bzw. vom Knöchel bis zum Knie;* Zus *Schenkelknochen; Oberschenkel, Unterschenkel* **1.2** ⟨kurz für⟩ *Oberschenkel* **2** *von einer Knickung, einem gemeinsamen Ansatzpunkt ausgehender Teil eines Gerätes, Arm, z. B. an Schere, Zange, Zirkel* **3** *jede der beiden einen Winkel einschließenden Geraden* ▸ sich (vor Vergnügen, Überraschung) auf die ~ schlagen

schen|ken ⟨V.; schenkt, schenk|te, hat ge|schenkt⟩ **I** ⟨V. trans.⟩ **1** jmdm. etwas ~ *zum Geschenk machen, freiwillig u. gern geben* **2** ⟨geh.⟩ etwas in etwas ~ *eingießen* ▸ jmdm. od. einer Sache Aufmerksamkeit ~ *widmen;* jmdm. keinen Blick ~ *jmdn. nicht beachten;* jmdm. Blumen ~; jmdm. Gehör ~ *jmdn. bereitwillig anhören;* jmdm. Glauben ~ *jmdm. glauben;* jmdm. sein Herz ~ ⟨übertr.⟩ *jmdn. liebgewinnen, sich in jmdn. verlieben;* einem Kind das Leben ~ *ein K. gebären;* jmdm. Vertrauen ~ *jmdm. vertrauen* ▸ jmdm. etwas als Andenken ~; er schenkt gern; Bier, Wein ins Glas ~; jmdm. ein Buch zum Geburtstag, zu Weihnachten ~ ▸ etwas geschenkt bekommen; das möcht ich nicht geschenkt! ⟨umg.⟩ *das würde ich nicht haben wollen, auch wenn man es mir schenkte;* das ist wirklich geschenkt ⟨übertr.; umg.⟩ *das ist sehr billig;* ihm ist im Leben nichts geschenkt worden *er hat sich alles selbst erarbeiten müssen* **II** ⟨V. refl.; umg.⟩ sich etwas ~ *etwas nicht tun (weil es nicht nötig ist)* ▸ das kann er sich ~!

Schen|kung ⟨die; -, -en; Rechtsw.⟩ *unentgeltliche Zuwendung aus dem eigenen Vermögen an jmdn.;* Zus *Schenkungsurkunde*

schep|pern ⟨V. intr.; schep|pert, schep|per|te, hat ge|schep|pert; oberdt.⟩ *klappern, klirren*

Scher|be ⟨die; -, -n⟩ *Bruchstück (eines Gefäßes)* ▸ ~en bringen Glück ⟨Sprichw.⟩; die ~n zusammenkehren; sich an einer ~ schneiden; in ~n gehen *zerbrechen, entzweigehen;* Zus *Scherbenhaufen; Glasscherbe, Porzellanscherbe*

Sche|re ⟨die; -, -n⟩ **1** *aus zwei gegeneinander beweglichen Messern bestehendes Werkzeug zum Schneiden, Zertrennen;* ⓘ S. 575; Zus *Gartenschere, Nagelschere* **2** *Greifwerkzeug der Krebse u. Hummer sowie mancher Spinnentiere* (Skorpione) **3** ⟨Sp.⟩ *Turnübung am Barren* **4** ⟨übertr.⟩ *starker Unterschied, Missverhältnis zwischen zwei Faktoren;* Zus *Lohn-Preis-Schere* ▸ diese ~ schneidet nicht gut; Papier mit der ~ schneiden; die ~ ist stumpf

sche|ren[1] ⟨V. trans.; schert, schor, hat ge|scho|ren⟩ **1** einen Bart, Haar, Wolle ~ *abschneiden, kurzschneiden* **2** jmdn. od. ein Tier ~ *ihm Bart, Haar od. Wolle abschneiden;* ▸ einen Pudel ~; Schafe ~; alles über einen Kamm ~ ⟨übertr.⟩ *alles ohne Unterschiede einheitlich behandeln*

sche|ren[2] ⟨V.; schert, scher|te, hat ge|schert⟩ **I** ⟨V. trans.⟩ jmdn. (nicht) ~ *jmdn. (nicht) kümmern, für jmdn. (nicht) von Bedeutung sein* ▸ was schert euch das? *was geht euch das an?* **II** ⟨V. refl.; umg.⟩ **1** sich irgendwohin ~ *machen, dass man fortkommt* **2** sich (nicht) um jmdn. od. etwas ~ *sich (nicht) um jmdn. od. etwas kümmern* ▸ ich schere mich nicht um seine Angelegenheiten *sie sind mir völlig gleichgültig;* scher dich zum Kuckuck, zum Teufel!

Sche|ren|schnitt ⟨der; -(e)s, -e⟩ *aus Papier geschnittene bildliche Darstellung, Schattenriss*
Sche|re|rei ⟨die; -, -en; übertr.; umg.; meist Pl.⟩ *Schwierigkeit, Unannehmlichkeit, lästige, zusätzl. Mühe* ▸ ich will keine ~en haben; das, er, sie macht mir bloß ~en; unnötige ~en
Scherf|lein ⟨das; -s, -; in der Wendung⟩ sein ~ zu etwas beitragen *seinen Anteil*
Scherz ⟨der; -es, -e⟩ **1** *Spaß, Neckerei, schalkhafter Einfall* **2** *Witz* ▸ einen ~ machen; sein: es war doch nur ein ~!; (seinen) ~ mit jmdm. treiben *jmdn. necken, jmdn. zum Narren halten;* damit treibt man keine ~e ▸ ein alberner, derber, grober, netter, plumper ~; harmloser ~; da hat sich jmd. einen schlechten ~ mit ihm erlaubt *ihn mutwillig in eine sehr unangenehme Lage gebracht;* übler ~ *Spaß mit üblen Folgen* ▸ ich hab es doch nur aus ~, zum ~ gesagt; ~ beiseite!; etwas im ~ sagen; Zus *Scherzfrage; Aprilscherz*
Scherz|ar|ti|kel ⟨der; -s, -⟩ *spaßhafte Kleinigkeit für Verkleidung u. Schabernack, bes. im Fasching, z. B. Knallfrösche, rote Nasen*
scher|zen ⟨V. intr.; scherzt, scherz|te, hat gescherzt⟩ **1** *einen Scherz od. Scherze machen, Spaß treiben, lustig sein* **2** *etwas im Scherz sagen* ▸ „Versuch's doch!", scherzte er; damit ist nicht zu ~!; nicht zum Scherzen aufgelegt sein; „Warte nur ab!", sagte er ~d; in ~dem Ton, Tonfall
scherz|haft ⟨Adj.; -er, am -es|ten⟩ **1** *spaßig, lustig, witzig, spöttisch* **2** *nicht ernst gemeint* ▸ etwas ~ aufnehmen *etwas mit Humor betrachten*
scheu ⟨Adj.; -er, am -es|ten⟩ **1** *ängstlich, schüchtern, furchtsam, bange;* Zus *menschenscheu, wasserscheu* **2** *leicht erschreckend* **3** *ehrfürchtig* **4** *leicht erregt, bei der kleinsten Annäherung fliehend, wild* (Tier) ▸ ein ~er Blick; ein ~er Kuss; ~ wie ein Reh; ~ näher treten; die Pferde wurden ~
Scheu ⟨die; -; unz.⟩ **1** *Angst, Furcht* **2** *ängstliche Zurückhaltung;* Zus *Menschenscheu, Wasserscheu* **3** *Ehrfurcht* ▸ voller ~ näher kommen; ohne ~ sprechen; die ~ vor jmdm. verlieren
scheu|chen ⟨V. trans.; scheucht, scheuch|te, hat ge|scheucht⟩ jmdn. od. ein Tier (irgendwohin) ~ *vertreiben, wegjagen* ▸ Hühner aus dem Garten ~; die Katze vom Tisch ~
scheu|en ⟨V.; scheut, scheu|te, hat ge|scheut⟩ **I** ⟨V. intr.⟩ ein Pferd scheut *wird wild, springt erschrocken zur Seite* **II** ⟨V. trans.⟩ etwas ~ *vor etwas zurückschrecken, Angst haben* ▸ ich scheue jede Auseinandersetzung; er scheute keine Opfer, Mühe, Kosten, um ihr zu helfen **III** ⟨V. refl.⟩ **1** sich ~, etwas zu tun *Angst, Bedenken haben, etwas zu sagen od. zu tun* **2** sich (vor etwas) ~ *vor etwas zurückschrecken* ▸ ich scheue mich, es ihm zu sagen; sie scheut sich vor keiner Arbeit, Aufgabe
scheu|ern ⟨V. trans. u. V. intr.; scheu|ert, scheu|erte, hat scheu|ert⟩ **1** (etwas) ~ *durch kräftiges Reiben säubern, bearbeiten;* Zus *Scheuerlappen, Scheuermittel, Scheuertuch* **2** etwas od. an etwas ~ *reiben, die Haut aufreiben* ▸ jmdm. eine ~ ⟨umg.⟩ *jmdm. eine Ohrfeige geben;* den Fußboden ~; das Pferd scheuert sich an der Mähne; der Riemen scheuert an der Schulter
Scheu|klap|pen ⟨Pl.⟩ *zwei seitlich der Augen angebrachte, viereckige Lederstücke (für leicht scheuende Kutschpferde)* ▸ mit ~ durchs Leben gehen *ohne Interesse für andere, beschränkt*
Scheu|ne ⟨die; -, -n⟩ *Gebäude zum Lagern von Getreide, Heu usw.;* Syn ⟨oberdt.⟩ *Scheuer*
Scheu|nen|dre|scher ⟨der; in der Wendung⟩ er isst, frisst wie ein ~ ⟨umg.⟩ *er isst unmäßig viel*
Scheu|sal ⟨das; -s, -e; Pl. umg. a.: -säl|er⟩ **1** *abstoßend hässliches Geschöpf, Ungeheuer* **2** *gemeiner Mensch, Verbrecher* ▸ was für ein ~!
scheuß|lich ⟨Adj.⟩ **1** *abstoßend, hässlich, ekelhaft* (Tier, Anblick) **2** *gemein, verabscheuenswert, widernatürlich grausam* (Verbrechen) **3** *entstellend* (Narbe, Wunde) **4** ⟨umg.⟩ *unangenehm, peinigend* (Lage) ▸ ich habe eine ~e Erkältung, Grippe; es ist ein ~es Gefühl; ~es Wetter; das schmeckt (ja) ~; es ist ~ kalt; Abl *Scheußlichkeit*
Schi ⟨der; -s, Schi|er; Sp.⟩ = *Ski*
Schicht ⟨die; -, -en⟩ **1** *Lage (eines einheitlichen Stoffes), Überzug;* Zus *Betonschicht, Farbschicht, Lackschicht, Luftschicht, Schutzschicht, Staubschicht, Wolkenschicht* **2** ⟨Geol.⟩ *Gesteinslage in waagerechter Ausdehnung;* Zus *Erdschicht, Lehmschicht* **3** *tägliche Arbeitszeit (der Arbeiter);* Zus *Frühschicht, Spätschicht, Nachtschicht* **4** *Gesamtheit der Arbeiter eines Betriebs, die zur gleichen Zeit arbeiten* **5** ⟨Soziol.⟩ *gesellschaftlich gleichgestellte Personengruppe;* Zus *Gesellschaftsschicht, Oberschicht* ▸ die verschiedenen ~en der Bevölkerung; abwechselnd eine ~ Kartoffeln und eine ~ Fleisch ▸ ~ arbeiten ▸ dicke, dünne, feine ~; lichtempfindliche ~ (auf Filmen); obere, untere, mittlere ~ ▸ der Betrieb arbeitet in drei ~en
schich|ten ⟨V. trans.; schich|tet, schich|te|te, hat ge|schich|tet⟩ etwas ~ *in Schichten übereinanderlegen* ▸ Getreide, Holz, Kohlen ~
schick ⟨Adj.⟩ **1** *modisch, elegant, geschmackvoll* **2** *der Mode entsprechend, im Trend liegend* ▸ ein ~es Kostüm; sich ~ anziehen; sie sieht immer sehr ~ aus; ~ gekleidet; heutzutage gilt es als ~, sich tätowieren zu lassen; →a. *chic*
Schick ⟨der; -s; unz.⟩ *Eleganz, modische Feinheit* ▸ ~ haben *elegant sein, ein Gefühl für die modische Wirkung haben*
schi|cken ⟨V.; schickt, schick|te, hat ge|schickt⟩ **I** ⟨V. trans.; geh. a. V. intr.⟩ **1** etwas ~ *senden, bringen lassen* **2** jmdn. ~ *veranlassen, an einen bestimmten Ort zu gehen* ▸ meine Mutter schickt mich, ich soll Ihnen das Paket geben ▸ jmdm. Blumen ~; jmdm. einen Brief, ein Paket, eine Einladung, Vorladung ~; ich schicke Ihnen einen Mitarbeiter vorbei ▸ sich die Waren ~ lassen ▸ die Kinder ins Bett ~; ein Kind in die Schule ~; nach jmdm. ~ ⟨geh.⟩ *jmdn. bitten lassen zu kommen;* jmdn. nach Hause ~; wir schicken die Kinder in den Ferien zu den Großeltern **II** ⟨V. refl.⟩ sich ~ **1** *sich gehören, dem Anstand, der guten Sitte entsprechen* **2** *sich entwi-*

S

ckeln, sich fügen, sich ergeben **3** ⟨oberdt.⟩ *sich beeilen* ▸ schickt euch! ⟨oberdt.⟩; es schickt sich nicht, in der Nase zu bohren ▸ sich in etwas ~ *sich anpassen, sich in etwas fügen, sich mit etwas abfinden;* sich in sein Los, in die Umstände ~

Schi|cke|ria ⟨die; -; unz.; abwertend⟩ *reiche, sich extravagant gebärdende, übertrieben schick gekleidete Gesellschaftsschicht* ▸ die ~ von München

Schi|cki|mi|cki ⟨der; -s, -s od. die; -, -s; umg.; abwertend⟩ **I** ⟨zählb.; häufig in Zus.⟩ *Angehörige(r) der Schickeria;* Zus *Schickimicki-Frau, Schickimicki-Typ* **II** ⟨unz.⟩ *modischer Kleinkram, unnützes Beiwerk*

schick|lich ⟨Adj.; geh.⟩ *so, wie es sich schickt, passend, geziemend, Brauch u. Sitte gemäß* ▸ das ist nicht ~ *das gehört sich nicht*

Schick|sal ⟨das; -s, -e⟩ **1** *alles, was dem Menschen ohne sein eigenes Zutun widerfährt, Geschick, Los* **2** *das menschl. Leben lenkende, nicht beeinflussbare Macht* ▸ die Gunst, Ungunst des ~s ▸ sein: es ist anscheinend mein ~, immer zu spät zu kommen ⟨umg.; scherzh.⟩; das müssen wir dem ~ überlassen *dem Lauf der Dinge, hier können wir nichts tun;* jmdn. seinem ~ überlassen *sich nicht mehr um ihn kümmern, ihn alleinlassen* ▸ böses, grausames, schweres, trauriges ~; das gleiche ~ erleiden

schick|sal|haft ⟨Adj.⟩ *unabwendbar, vorherbestimmt;* oV *schicksalshaft* ▸ eine ~e Begegnung

Schick|sals|schlag ⟨der; -(e)s, -schlä|ge⟩ *schweres, trauriges, bitteres Erleben, Unglück*

schie|ben ⟨V.; schiebt, schob, hat ge|scho|ben⟩ **I** ⟨V. trans.⟩ **1** jmdn. od. etwas (irgendwohin) ~ *durch Drücken in Bewegung setzen, vorwärts, rückwärts od. seitwärts drücken;* Zus *Schiebedach, Schiebetür* **2** ⟨übertr.; umg.⟩ jmdn. ~ *jmdn. in nicht ganz einwandfreier Weise beeinflussen* **3** ⟨übertr.⟩ etwas auf jmdn. od. etwas ~ *jmdn. od. etwas für etwas verantwortlich machen, das man selbst zu verantworten hat* ▸ das Fahrrad ~ (nicht darauf fahren); Kegel ~ ⟨regional⟩ *kegeln;* einen Kinderwagen, Schubkarren ~; Wache ~ *Posten stehen, auf Wache stehen* ▸ die Schuld, den Verdacht auf jmdn. ~; du schiebst immer alles auf andere; sich durch die Menge ~; Kuchen in den Ofen ~; etwas od. jmdn. nach hinten, vorn, zur Seite ~; die Schuld von sich ~ ⟨übertr.⟩; den Riegel vor die Tür ~ **II** ⟨V. intr.; umg.⟩ *unsaubere Geschäfte tätigen, auf dem Schwarzmarkt handeln* ▸ mit Butter ~

Schie|ber ⟨der; -s, -⟩ **1** *Teil eines Gerätes, der geschoben wird, Riegel* **2** ⟨übertr.⟩ *jmd., der unsaubere Geschäfte unter Umgehung von Wirtschaftsgesetzen macht, bes. in Notzeiten;* Zus *Waffenschieber*

Schie|bung ⟨die; -, -en; umg.⟩ **1** *ungerechtfertigte Bevorzugung (im Amt)* **2** *Unredlichkeit (im Spiel)* **3** *illegales Geschäft*

schied → *scheiden*

Schieds|ge|richt ⟨das; -(e)s, -e⟩ *aus mehreren Personen bestehendes Gremium, das einen Streit entscheidet;* Abl *schiedsgerichtlich*

Schieds|rich|ter ⟨der; -s, -⟩ **1** ⟨Sp.⟩ *Unparteiischer, der einen Wettkampf beaufsichtigt u. die Entscheidung fällt* **2** ⟨Rechtsw.⟩ *Angehöriger eines Schiedsgerichts, Vermittler;* Abl *Schiedsrichterin; schiedsrichterlich*

Schieds|spruch ⟨der; -(e)s, -sprü|che⟩ *Urteilsspruch des Schiedsgerichts od. Schiedsrichters*

schief ⟨Adj.⟩ **1** *schräg, geneigt, weder senkrecht noch waagerecht* **2** ⟨übertr.⟩ **2.1** *nicht ganz korrekt, nicht ganz richtig* (Ausdruck, Vergleich, Satz) **2.2** *verdächtig, zweideutig* (Lage) ▸ ~e Absätze (an den Schuhen); auf die ~e Bahn geraten ⟨übertr.⟩ *den inneren, moralischen Halt verlieren, unmoralisch od. unredlich werden;* ein ~es Bild von etwas haben ⟨übertr.⟩ *eine nicht ganz richtige Vorstellung;* ~e Ebene ⟨Phys.⟩ *geneigte Fläche als einfache Maschine zum Heben von Lasten;* einen ~en Hals, Haltung, Rücken haben; in ein ~es Licht geraten ⟨übertr.⟩ *(infolge falschen Verhaltens) falsch beurteilt werden* ▸ jmdn. ~ ansehen ⟨übertr.⟩ *misstrauisch, argwöhnisch;* ~ gehen *in gekrümmter Haltung;* ⟨aber⟩ →a. *schiefgehen;* das Bild hängt ~ an der Wand; ~ laufen *nicht gerade;* ⟨aber⟩ →a. *schieflaufen;* ~ (da)sitzen; der Hut, die Mütze sitzt ~; der Schrank steht ~; der Baum ist ~ gewachsen

Schie|fer ⟨der; -s, -⟩ **1** *Gestein, das sich in ebene, flache, dünne Platten spalten lässt;* Zus *Schieferdach* **2** ⟨süddt.⟩ *Splitter* ▸ ein Dach mit ~ decken; sich einen ~ eingezogen haben ⟨süddt.⟩

Schie|fer|ta|fel ⟨die; -, -n; früher⟩ *Schreibtafel aus Schiefer (für Schulanfänger)*

schief|ge|hen ⟨V. intr.; geht schief, ging schief, ist schief|ge|gan|gen, schief|zu|ge|hen; übertr.; umg.⟩ *misslingen* ▸ die Sache ist schiefgegangen; es wird schon ~ ⟨umg.; scherzh.⟩ *es wird bestimmt gutgehen (zur Aufmunterung);* →a. *schief*

schief|ge|wi|ckelt ⟨Adj.; übertr.; umg.⟩ *falsche Vorstellungen habend, im Irrtum* ▸ (wenn du das glaubst, behauptest) da bist du aber ~

schief|la|chen ⟨V. refl.; lacht sich schief, lach|te sich schief, hat sich schief|ge|lacht, sich schief|zu|la|chen; übertr.; umg.⟩ sich ~ *heftig lachen*

Schief|la|ge ⟨die; -, -n⟩ **1** *schiefe Lage (eines Schiffes o. Ä.)* **2** ⟨übertr.⟩ *finanzielle Instabilität (eines Betriebes, Unternehmens)* ▸ in eine ~ geraten

schief|lau|fen ⟨V. intr.; läuft schief, lief schief, ist schief|ge|lau|fen, schief|zu|lau|fen; übertr.; umg.⟩ *misslingen, schiefgehen* ▸ das ist völlig schiefgelaufen; →a. *schief*

schief|lie|gen ⟨V. intr.; liegt schief, lag schief, hat schief|ge|le|gen, schief|zu|lie|gen; übertr.; umg.⟩ (mit etwas) ~ *eine falsche, (bei den Vorgesetzten) nicht angenehme Meinung vertreten, abwegige Gedanken äußern;* →a. *schief*

schie|len ⟨V. intr.; schielt, schiel|te, hat ge|schielt⟩ **1** *eine fehlerhafte Augenstellung haben* **2** ⟨übertr.⟩ auf od. nach etwas ~ *von der Seite her, unbemerkt nach etwas blicken* ▸ er schielt mit dem rechten Auge

schien → *scheinen*

Schien|bein ⟨das; -(e)s, -e; Anat.⟩ *der größere, nach*

S

innen gelegene Unterschenkelknochen ▸ jmdm. gegen das ~ treten

Schie|ne ⟨die; -, -n⟩ **1** *aus Stahl gewalzter Profilstab als Fahrbahn für Schienenfahrzeuge;* Zus *Schienenverkehr; Eisenbahnschienen, Straßenbahnschienen* **2** ⟨Med.⟩ *Gerät zum Verstärken von Verbänden u. Bandagen mit dem Zweck der Ruhigstellung von Knochenbrüchen u. Gelenken* Zus *Armschiene, Beinschiene* **3** ⟨übertr.⟩ *Richtung, Weg* ▸ die Bahn läuft auf ~n; der Zug ist aus den ~n gesprungen *entgleist*

schie|nen ⟨V. trans.; schient, schien|te, hat geschient⟩ ein gebrochenes Bein ~ *in Schienen legen, mit Schiene(n) stützen*

Schie|nen|er|satz|ver|kehr ⟨der; -s; unz.; Abk.: SEV⟩ *ersatzweiser Busverkehr im Falle von Reparaturen an Eisen-, S-, U-, Straßenbahnen*

schier[1] ⟨Adj.; norddt.⟩ *rein, lauter* ▸ ~es Fleisch *Fleisch ohne Knochen*

schier[2] ⟨Adv.⟩ *fast, beinahe* ▸ diese Geschichte ist doch ~ unglaublich

Schi|er ⟨Pl. von⟩ *Schi*

Schieß|be|fehl ⟨der; -(e)s, -e⟩ **1** *Befehl zu schießen* **2** *Verpflichtung, auf Flüchtlinge zu schießen*

Schieß|bu|de ⟨die; -, -n⟩ *Jahrmarktsbude zum Schießen*

Schieß|bu|den|fi|gur ⟨die; -, -en⟩ **1** *Figur, nach der in der Schießbude geschossen wird* **2** ⟨übertr.; umg.; scherzh.⟩ *lächerlich aussehende, stil- od. geschmacklos gekleidete od. frisierte Person* ▸ er ist ja eine ~!; aussehen wie eine ~

schie|ßen ⟨V.⟩ **I** ⟨V. intr.⟩ **I.I** ⟨schießt, schoss, hat ge|schos|sen⟩ *ein Geschoss abschnellen, abfeuern, Feuer geben* ▸ gut, schlecht ~; zu hoch, zu kurz, zu tief, zu weit ~ ▸ sie haben auf ihn geschossen; in die Luft ~ (als Warnung); mit dem Gewehr, mit Raketen ~; mit Kugeln, mit Schrot ~; mit Papierkugeln (nach jmdm.) ~ **I.II** ⟨schießt, schoss, ist ge|schos|sen; übertr.⟩ **1** *schnell wachsen* (Kind, Salat, Spargel) **2** irgendwohin ~ *stürzen, sich rasch in einer Richtung bewegen, rasch laufen, fahren, fliegen* ▸ das Wasser schießt aus dem Felsen, aus der Leitung; seine Antwort kam wie aus der Pistole geschossen *sofort, ohne, dass er noch nachdenken musste;* das Blut schoss aus der Wunde; ein Gedanke schoss ihm durch den Kopf *plötzlich kam ihm, durchzuckte ihn ein G.;* Tränen schossen ihr in die Augen; in die Höhe ~ *rasch wachsen;* das Auto schoss über die Straße; es ist zum Schießen ⟨übertr.; umg.⟩ *es ist zum Lachen, sehr komisch* **II** ⟨V. trans.; schießt, schoss, hat ge|schos|sen⟩ etwas ~ **1** etwas irgendwohin ~ *in schnelle Bewegung bringen, abstoßen, werfen* **2** ein Jagdtier ~ *erlegen* **3** ⟨übertr.⟩ ein Bild, ein Foto ~ *ein B., F., einen Schnappschuss machen;* **4** ⟨Fußb.⟩ ein Tor ~ *den Ball ins Tor befördern* ▸ sich eine Kugel durch, in den Kopf ~ *sich durch Kopfschuss töten;* jmdn. od. ein Tier ins Herz, in die Brust ~; den Ball ins Netz, ins Tor ~

Schie|ße|rei ⟨die; -, -en⟩ **I** ⟨unz.⟩ *anhaltendes Schießen* **II** ⟨zählb.⟩ *Schusswechsel*

Schieß|ge|wehr ⟨das; -(e)s, -e; umg.; scherzh.; Kinderspr.⟩ *Gewehr*

Schieß|hund ⟨der; -(e)s, -e⟩ *Spürhund* ▸ aufpassen wie ein ~ *scharf aufpassen*

Schieß|pul|ver ⟨das; -s; unz.⟩ = *Pulver (3)*

Schieß|schar|te ⟨die; -, -n; in Festungen, Burgen⟩ *schmale, senkrechte Maueröffnung, durch die geschossen werden kann*

Schieß|stand ⟨der; -(e)s, -stän|de⟩ **1** *Anlage für Schießübungen* **2** = *Schießbude*

Schiff ⟨das; -(e)s, -e⟩ **1** ⟨Schifffahrt⟩ *Wasserfahrzeug;* Zus *Schiff(s)bau, Schiffskoch, Schiffsrumpf, Schiffstaufe, Schiffsverkehr; Handelsschiff, Kriegsschiff, Segelschiff* **2** ⟨Baukunst⟩ *Raum der Kirche für die Gemeinde;* Zus *Langschiff, Mittelschiff, Querschiff, Seitenschiff* ▸ die Passagiere gingen an Bord des ~es; das ~ schaukelt, schlingert, stampft, rollt; auf einem ~ arbeiten, reisen; mit dem ~ nach England fahren; →a. *Ratte*

schiff|bar ⟨Adj.⟩ *für Schiffe befahrbar* ▸ ~e Flüsse

Schiff|bruch ⟨der; -(e)s, -brü|che⟩ *schwerer Schiffsunfall, Kentern od. Sinken des Schiffes* ▸ ~ erleiden ⟨übertr.⟩ *scheitern;* Abl *Schiffbrüchige(r); schiffbrüchig*

Schiff|chen ⟨das; -s, -⟩ **1** *kleines Schiff, Schiff zum Spielen* **2** *schmale, längsgefaltete Militärmütze* ▸ ~ (aus Papier) falten

schif|fen ⟨V. intr.; schifft, schiff|te, hat ge|schifft⟩ **1** ⟨derb⟩ *urinieren* **2** ⟨umg.; scherzh.⟩ es schifft *es regnet*

Schif|fer|kla|vier ⟨[-viːr] das; -s, -e; Mus.⟩ = *Akkordeon*

Schiff|fahrt ⟨die; -; unz.⟩ *Beförderung von Personen u. Gütern auf dem Wasser mit Hilfe von Schiffen;* →a. *Schiffsfahrt;* Zus *Schifffahrtslinie; Handelsschifffahrt, Personenschifffahrt*

Schiffs|fahrt ⟨die; -, -en⟩ *Fahrt auf einem Schiff, Seereise*

Schiffs|jun|ge ⟨der; -n, -n⟩ *lernender Matrose, Matrosenlehrling*

Schiffs|schrau|be ⟨die; -, -n⟩ *Antriebsmittel am Heck des Schiffes mit zwei bis fünf Flügeln*

Schi|it ⟨der; -en, -en; islam. Rel.⟩ *Anhänger der Schia (der Partei Alis, des Schwiegersohnes Mohammeds, u. seiner Nachkommen), einer der beiden Hauptglaubensrichtungen des Islams;* →a. *Sunnit;* Abl *Schiitin; schiitisch*

Schi|ka|ne ⟨die; -, -n⟩ **1** *böswillig bereitete Schwierigkeit (meist unter Ausnutzung einer Machtstellung);* Abl *schikanös* **2** ⟨Motorsp.⟩ *bes. schwieriger Streckenabschnitt* ▸ mit allen ~n ⟨übertr.; umg.⟩ *mit allen Annehmlichkeiten (ausgestattet);* diese Vorschriften sind reine ~

schi|ka|nie|ren ⟨V. trans.; schi|ka|niert, schi|ka|nier|te, hat schi|ka|niert⟩ jmdn. ~ *jmdm. Schwierigkeiten in den Weg legen, jmdn. böswillig plagen*

Schi|ko|ree ⟨die; -; unz. od. der; -s; unz.⟩ = *Chicorée*

Schild **I** ⟨das; -(e)s, -er⟩ *Abzeichen, Erkennungszeichen, Warnungszeichen, meist Platte aus Holz od. Metall bzw. Blatt Papier mit Aufschrift*

S

▸ ein ~ anbringen, aufhängen, entfernen; ich kann nicht sehen, was auf dem ~ steht; ~er beschriften, malen; Zus *Blechschild, Holzschild, Preisschild, Straßenschild* **II** ⟨der; -(e)s, -e⟩ **1** ⟨Waffenkunde⟩ *älteste, am Arm getragene Schutzwaffe, runde od. ovale, leicht gekrümmte Platte aus Holz, Leder, Metall od. Flechtwerk* **2** ⟨Heraldik⟩ *Hauptteile des Wappens mit der für den Eigentümer kennzeichnenden Figur* **3** ⟨Zool.⟩ *Teil des Außenskeletts von Krebsen u. Insekten;* Zus *Brustschild, Kopfschild, Rückenschild* **4** *Schirm an der Mütze* ▸ etwas im ~e führen ⟨übertr.⟩ *insgeheim beabsichtigen*

Schild|bür|ger|streich ⟨der; -(e)s, -e⟩ *törichte Handlung*

Schild|drü|se ⟨die; -, -n; Anat.⟩ *Drüse innerer Sekretion bei Wirbeltieren u. Menschen;* Zus *Schilddrüsenhormon, Schilddrüsenüberfunktion, Schilddrüsenunterfunktion*

schil|dern ⟨V. trans.; schil|dert, schil|der|te, hat geschil|dert⟩ (jmdm.) etwas ~ *lebendig beschreiben, anschaulich erzählen* ▸ seine Erlebnisse ~; eine Landschaft, einen Menschen ~; bitte ~ Sie mir den Vorgang in allen Einzelheiten; etwas begeistert ~; Abl *Schilderung*

Schil|der|wald ⟨der; -(e)s; unz.; übertr.; umg.⟩ *große, unübersichtl. Zahl von Verbots-, Verkehrsschildern*

Schild|krö|te ⟨die; -, -n; Zool.⟩ *Kriechtier mit kurzem, gedrungenem Körper u. knöchernem Rücken- u. Bauchschild, zw. die Kopf, Schwanz u. Beine zurückgezogen werden können;* ⓘ S. 1110

Schilf ⟨das; -(e)s; unz.⟩ **1** *hohes Gras, das am Ufer wächst* **2** *von Schilf (1) bewachsenes Gebiet*

schil|lern ⟨V. intr.; schil|lert, schil|ler|te, hat geschil|lert⟩ *in wechselnden Farben glänzen* ▸ in allen Regenbogenfarben, in vielen Farben ~

schil|lernd **I** ⟨Part. Präs. von⟩ *schillern* **II** ⟨Adj.; übertr.⟩ **1** *vielseitig, abwechslungsreich* **2** *undurchschaubar* ▸ ein ~er Charakter

Schil|ling ⟨der; -s, -e; nach Zahlenangaben Pl.: -⟩ *frühere österr. Währungseinheit, 100 Groschen*

Schi|mä|re ⟨die; -, -n⟩ = *Chimäre*

Schim|mel ⟨der; -s, -⟩ **I** ⟨unz.⟩ **1** *weißlicher od. grünlicher Überzug aus Schimmelpilzen* **2** *Schimmelpilz* **II** ⟨zählb.⟩ *Pferd mit weißem od. grauem Fell;* Zus *Apfelschimmel, Grauschimmel*

schim|me|lig ⟨Adj.⟩ = *schimmlig*

schim|meln ⟨V. intr.; schim|melt, schim|mel|te, hat ge|schim|melt⟩ *schimmelig werden, sich mit Schimmel überziehen*

Schim|mel|pilz ⟨der; -es, -e⟩ *Pilz, der auf feuchten Nahrungsmitteln (z. B. Brot) entsteht u. den als Schimmel bekannten Überzug bildet*

Schim|mer ⟨der; -s; unz.⟩ **1** *schwacher Glanz, schwacher Schein, leichtes Funkeln, zartes Leuchten* **2** ⟨übertr.; umg.⟩ **2.1** *Ahnung* **2.2** *Spur, Abglanz* ▸ der ~ eines Lächelns; der ~ eines Lichts; keinen (blassen) ~ von etwas haben ⟨übertr.; umg.⟩ *keine Ahnung von etwas haben*

schim|mern ⟨V. intr.; schim|mert, schim|mer|te, hat ge|schim|mert⟩ *schwach (wider)scheinen, schwach glänzen, leicht funkeln, zart leuchten* ▸ sanftes Licht schimmerte durch die Bäume; wie Perlmutter ~; ~de Seide

schimm|lig ⟨Adj.⟩ *mit Schimmel überzogen* ▸ ~ werden; ~es Brot

Schim|pan|se ⟨der; -n, -n; Zool.⟩ *häufigster Vertreter der Menschenaffen, lebt in West- u. Zentralafrika*

Schimpf ⟨der; -(e)s, -e⟩ *Beleidigung, Demütigung* ▸ jmdn. mit ~ und Schande davonjagen

schimp|fen ⟨V. intr.; schimpft, schimpf|te, hat geschimpft⟩ *Zorn laut äußern, fluchen* ▸ „Was soll das!“, schimpfte er; laut, heftig ~; auf jmdn. od. etwas ~ ⟨umg.⟩; mit jmdm. ~ ⟨umg.⟩ *jmdn. ausschimpfen, grob zurechtweisen;* über jmdn. od. etwas ~; alle ~ über das schlechte Wetter; warum schimpfst du so?

schimpf|lich ⟨Adj.⟩ **1** *ehrverletzend, beleidigend* **2** *ehrlos, schmachvoll* ▸ eine ~e Behandlung

Schimpf|wort ⟨das; -(e)s, -wör|ter od. das; -(e)s, -e⟩ *beleidigender Ausdruck, grobes, ordinäres Wort, Fluchwort* ▸ Schimpfwörter gebrauchen; jmdn. mit ~en überhäufen

Schin|del ⟨die; -, -n⟩ *Holzbrettchen zum Dachdecken;* Zus *Schindeldach; Dachschindel*

schin|den ⟨V.; schin|det, schund, hat ge|schunden⟩ **I** ⟨V. trans.⟩ **1** jmdn. od. ein Tier ~ *jmdn. grausam quälen, ausbeuten* **2** etwas ~ *etwas zu erlangen versuchen, ohne es verdient zu haben* ▸ Eindruck ~ ⟨umg.⟩ *E. machen;* Zeit ~ *zusätzliche Zeit gewinnen* **II** ⟨V. refl.⟩ sich ~ *sich plagen, sich sehr anstrengen, sich hart mühen* ▸ er hat sich sein Leben lang ~ müssen

Schin|der ⟨der; -s, -⟩ *jmd., der andere schindet;* Abl *Schinderin;* Zus *Menschenschinder*

Schin|de|rei ⟨die; -; unz.⟩ *schwere, mühsame Arbeit* ▸ das war eine furchtbare ~

Schin|ken ⟨der; -s, -⟩ **1** *Schenkel, Keule (bes. vom Schlachtvieh)* **2** ⟨umg.; scherzh.⟩ **2.1** *großes, dickes Buch* **2.2** *riesiges Gemälde* ▸ gekochter, geräucherter, roher ~; westfälischer ~

Schin|ken|speck ⟨der; -s; unz.⟩ *gepökelter, mit Speck durchwachsener Schinken vom Schwein*

Schip|pe ⟨die; -, -n⟩ *Schaufel* ▸ jmdn. auf die ~ nehmen ⟨übertr.; umg.⟩ *jmdn. veralbern*

schip|pen ⟨V. trans.; schippt, schipp|te, hat geschippt⟩ Schnee ~ *schaufeln*

schip|pern ⟨V. intr.; schip|pert, schip|per|te, ist geschip|pert; norddt.⟩ *mit dem Boot od. Schiff fahren* ▸ mit einem Boot über den See ~; er schippert vor der englischen Küste

Schirm ⟨der; -(e)s, -e⟩ **1** *Gerät mit langem Griff u. einer Bespannung aus Stoff, das man aufspannen u. zusammenklappen kann, zum Schutz gegen Regen u. Sonne;* Zus *Regenschirm, Sonnenschirm* **2** *schirm- od. halbschirmähnlicher Gegenstand zum Schutz gegen zu helles Licht;* Zus *Lampenschirm, Mützenschirm* **3** *Teil des Röntgenapparates, auf dem der zu untersuchende Körper sichtbar wird;* Zus *Röntgenschirm* ▸ den ~ aufspannen, zusammenklappen; ich werde einen ~ mitnehmen, es könnte regnen

Schirm|herr ⟨der; -en, -en⟩ *meist prominente Persönlichkeit, die als Förderer einer wohltätigen od. sportl. Veranstaltung auftritt;* Abl *Schirmherrin*

Schirm|stän|der ⟨der; -s, -⟩ *Behältnis für Schirme*

Schis|ma ⟨[ʃɪs-] od. [sçɪs-] das; -s, Schis|men od. Schis|ma|ta⟩ *Spaltung einer kirchlichen Einheit*

schiss → *scheißen*

Schiss ⟨der; -es, -e; derb⟩ **I** ⟨zählb.⟩ *Kot;* Zus *Fliegenschiss* **II** ⟨unz.; übertr.⟩ *Angst* ▸ ~ haben (vor etwas)

Schi|zo|phre|nie ⟨die; -, -n⟩ **1** ⟨Psych.⟩ *Psychose mit einem völligen Auseinanderfallen der inneren seelischen Zusammenhänge von Wollen, Fühlen u. Denken u. mit Entfremdung des eigenen Ichs;* Syn *Bewusstseinsspaltung* **2** ⟨übertr.; umg.⟩ *Widersprüchlichkeit, Absurdität;* Abl *schizophren*

schlab|bern ⟨V. intr. u. V. trans.; schlab|bert, schlab|ber|te, hat ge|schlab|bert; umg.⟩ **1** (etwas) *~ geräuschvoll, schmatzend trinken, schlürfen* **2** ⟨umg.⟩ *sich locker, wackelnd bewegen* ▸ das Kleid schlabbert ihr um den Körper

schlabb|rig ⟨Adj.; umg.⟩ oV *schlabberig* **1** *feucht u. weich, gallertartig* **2** *ohne feste Form* (Kleid) **3** *wässerig, dünn* (Suppe)

Schlacht ⟨die; -, -en⟩ **1** *heftige, umfangreiche Kampfhandlung, großes Gefecht;* Zus *Schlachtschiff; Seeschlacht* **2** ⟨übertr.⟩ *Kampf, Wettstreit;* Zus *Kissenschlacht, Schneeballschlacht* **3** *Prügelei zw. vielen Personen;* Zus *Saalschlacht* ▸ eine ~ gewinnen, verlieren; dem Feind eine blutige, heiße, wilde ~ liefern; die ~ bei, von Waterloo

Schlacht|bank ⟨die; -, -bän|ke⟩ *Gestell zum Schlachten (im Schlachthaus)* ▸ jmdn. zur ~ führen ⟨übertr.⟩ *zur Hinrichtung führen*

schlach|ten ⟨V. trans.; schlach|tet, schlach|te|te, hat ge|schlach|tet⟩ ein Huhn, Kalb, Schwein ~ *fachgerecht töten zur Herstellung von Fleisch- u. Wurstwaren;* Zus *Schlachthaus, Schlachthof*

Schlach|ten|bumm|ler ⟨der; -s, -; übertr.; umg.⟩ *Anhänger einer sportl. Mannschaft, der diese zu auswärtigen Spielen begleitet;* Abl *Schlachtenbummlerin*

Schlach|ter ⟨der; -s, -; norddt.⟩ = *Fleischer;* Abl *Schlachterin*

Schläch|ter ⟨der; -s, -⟩ **1** = *Fleischer* **2** ⟨übertr.⟩ *Massenmörder;* Abl *Schlächterei, Schlächterin*

Schlach|te|rei ⟨die; -, -en; norddt.⟩ = *Fleischerei*

Schlacht|feld ⟨das; -(e)s, -er⟩ *Gelände, auf dem eine Schlacht stattfindet od. stattgefunden hat* ▸ hier sieht es aus wie auf dem ~ ⟨übertr.; umg.⟩ *hier ist es sehr unordentlich*

Schlacht|plan ⟨der; -(e)s, -plä|ne; übertr.⟩ *Plan für eine Unternehmung, ein Vorhaben* ▸ einen ~ entwerfen

Schlacht|ruf ⟨der; -(e)s, -e; übertr.⟩ *ständig wiederholte, anfeuernde Losung, Schlagwort* ▸ der Song wurde zum ~ für eine ganze Generation

Schla|cke ⟨die; -, -n⟩ **1** *bei einer Verbrennung zusammengesinterte Aschenteile* **2** *Rückstände des Stoffwechsels im Gewebe u. im Verdauungskanal* ▸ einen Kessel von ~ befreien

schla|ckern ⟨V. intr.; schla|ckert, schla|cker|te, hat ge|schla|ckert⟩ *schlenkern, schlottern, wackeln* ▸ mit den Ohren ~ ⟨übertr.; umg.⟩ *sehr überrascht, erstaunt, äußerst beeindruckt sein;* mit ~den Knien *zitternden Knien*

Schlaf ⟨der; -(e)s; unz.⟩ *Zustand der Ruhe u. Untätigkeit bei herabgesetzter Nervenreizfähigkeit* ▸ täglich acht Stunden ~ brauchen ▸ keinen ~ finden *nicht einschlafen können;* die Sorge um ihn raubt mir den ~; der ~ überfiel mich ▸ bleierner, fester, leichter, leiser, tiefer, traumloser, unruhiger ~ ▸ jmdn. aus dem ~ reißen, rütteln; aus tiefstem ~ hochfahren; sich den ~ aus den Augen reiben *die letzte Müdigkeit, Benommenheit durch Augenreiben beseitigen;* im ~ *während des Schlafens;* in (tiefen) ~ fallen, sinken *schnell einschlafen;* das kann ich im ~ ⟨übertr.; umg.⟩ *das beherrsche ich völlig, das kann ich auswendig;* im ~ reden; ein Kind in den ~ singen *mit einem Wiegenlied zum Einschlafen bringen;* in tiefstem ~ liegen; jmdn. um den ~ bringen; vom ~ erwachen; Zus *Schlafmangel, Schlafstörung*

Schlaf|an|zug ⟨der; -(e)s, -zü|ge⟩ *leichter Anzug fürs Bett* ▸ den ~ anziehen; ⓘ S. 683

Schläf|chen ⟨das; -s, -⟩ *kurzer Schlaf, Schlummer* ▸ nach dem Essen ein ~ machen

Schlä|fe ⟨die; -, -n; Anat.⟩ *über jeder Wange gelegene Gegend des Kopfes der Wirbeltiere u. des Menschen* ▸ das Blut pochte in seinen ~n

schla|fen ⟨V. intr.; schläft, schlief, hat ge|schla|fen⟩ **1** *im Schlaf liegen* **2** irgendwo ~ *übernachten* **3** ⟨übertr.; umg.⟩ *nicht aufpassen, abwesend, unaufmerksam sein* ▸ oh, Verzeihung, jetzt hab ich geschlafen! ▸ ~ gehen *zu Bett gehen;* früh, spät, zeitig ~ gehen; nicht ~ können; lass ihn doch (noch) ~!; sich od. ein Kind ~ legen *zu Bett gehen bzw. zu Bett bringen* ▸ fest, gut, ruhig, schlecht, tief, unruhig ~; schlaf gut!; hast du gut geschlafen? ▸ auf der Couch, auf der Luftmatratze ~; bei jmdm. ~ *übernachten;* in diesem Bett kann ich nicht ~; mit jmdm. ~ *Geschlechtsverkehr haben;* schlaf nicht! ⟨umg.⟩ *pass auf!* ▸ wie hast du geschlafen? ▸ sich ~d stellen

Schla|fens|zeit ⟨die; -; unz.⟩ *Zeit zum Schlafen am Abend, Nachtzeit* ▸ jetzt ist, es ist ~!

Schlä|fer ⟨der; -s, -⟩ **1** *jmd., der schläft, Schlafender* **2** *Agent eines Geheimdienstes, der nicht im Einsatz, aber jederzeit abrufbereit ist;* Syn *Sleeper;* Abl *Schläferin*

schlaff ⟨Adj.⟩ **1** *entspannt, locker, nicht straff* **2** *welk, erschlafft* **3** *schwach, kraftlos* **4** ⟨übertr.⟩ *matt, mutlos* **5** ⟨Jugendspr.⟩ *langweilig, uninteressant, ohne Höhepunkte* ▸ ~e Haut; die Schnur ist zu ~; ich bin heute ~

schlaf|los ⟨Adj.⟩ *ohne Schlaf, nicht schlafen könnend* ▸ ich habe deswegen ~e Nächte gehabt; eine ~e Nacht verbringen; Abl *Schlaflosigkeit*

Schlaf|mit|tel ⟨das; -s, -; Pharm.⟩ *den Schlaf begünstigendes od. ihn künstlich herbeiführendes Mittel*

Schlaf|müt|ze ⟨die; -, -n; übertr.; umg.; abwertend od. scherzh.⟩ *träger, unaufmerksamer Mensch;* Abl *schlafmützig*

S

schläf|rig ⟨Adj.⟩ **1** *schlafbedürftig, müde* **2** ⟨übertr.⟩ *langsam, träge* ▸ ein ~er Blick; der Wein macht mich ~; ich bin (noch) ~; Abl *Schläfrigkeit*

Schlaf|saal ⟨der; -(e)s, -sä|le; in Jugendherbergen, Internaten⟩ *großer Raum mit vielen Betten*

Schlaf|sack ⟨der; -(e)s, -säl|cke⟩ *sackähnliche Hülle anstelle des Bettzeugs (für Übernachtungen in Zelten, in Jugendherbergen u. Ä.)*

Schlaf|ta|b|let|te ⟨die; -, -n⟩ **1** ⟨Pharm.⟩ *Tablette gegen Schlaflosigkeit, Schlafmittel* **2** ⟨übertr.; umg.; abwertend⟩ *langweiliger Mensch* ▸ ~n nehmen, schlucken

schlaf|trun|ken ⟨Adj.⟩ *noch vom Schlaf befangen, noch halb im Schlaf* ▸ ~ die Augen öffnen; ~ durchs Zimmer stolpern

Schlaf|wa|gen ⟨der; -s, -⟩ *Eisenbahnwagen mit Schlafgelegenheiten;* Zus *Schlafwagenabteil*

schlaf|wan|deln ⟨V. intr.; schlaf|wan|delt, schlaf-wan|del|te, ist/hat ge|schlaf|wan|delt⟩ *im Schlaf umhergehen;* Syn *traumwandeln;* Abl *Schlafwandeln, Schlafwandler(in)*

schlaf|wand|le|risch ⟨Adj.⟩ *in der Art eines Schlafwandlers, unbewusst-unbeirrbar* ▸ mit ~er Sicherheit

Schlaf|zim|mer ⟨das; -s, -⟩ *Zimmer zum Schlafen* ▸ getrennte, gemeinsames ~

Schlag ⟨der; -(e)s, Schlä|ge⟩ **I** ⟨zählb.⟩ **1** *kurze, heftige Berührung, Hieb;* Zus *Faustschlag, Handschlag* **2** *dadurch hervorgerufener Ton;* Zus *Glockenschlag, Hammerschlag, Hufschlag, Trommelschlag* **3** *dadurch hervorgerufene Bewegung;* Zus *Herzschlag, Pendelschlag, Pulsschlag, Ruderschlag, Wellenschlag* **4** *Stromstoß, Durchlaufen des elektrischen Stroms durch den Körper* **5** ⟨kurz für⟩ *Schlaganfall* **6** ⟨Forstwesen⟩ **6.1** *Fällen einer Anzahl von Bäumen auf einmal* **6.2** *von Bäumen befreite Fläche im Wald;* Zus *Kahlschlag* **7** *Niederschlag von kleinen Körpern;* Zus *Hagelschlag* **8** ⟨bei Singvögeln⟩ *Art des Singens, Lied;* Zus *Finkenschlag* **9** *Verschlag, Kasten mit Falltür;* Zus *Hühnerschlag, Taubenschlag* **10** ⟨umg.⟩ *eine Kelle, ein Teller voll* **11** ⟨übertr.⟩ **11.1** *Art, Sorte;* Zus *Menschenschlag, Volksschlag* **11.2** *Unglück, niederdrückendes, belastendes Ereignis;* Zus *Schicksalsschlag* **12** ⟨Pl.⟩ Schläge *Prügel* ▸ der ~ seines **Herzens;** der ~ der **Nachtigall,** der Wachtel; ein ~ **Suppe;** der ~ der **Uhr** ▸ (nach allen Seiten) Schläge **austeilen;** einen (elektrischen) ~ **bekommen;** Schläge bekommen, beziehen; **sein:** es war ein ~ für mich, als ich das hörte; ich dachte, mich **trifft** der ~! ⟨umg.⟩ *ich war sprachlos vor Erstaunen* ▸ ~ 12 Uhr *als es 12 Uhr schlug, pünktlich um 12 Uhr;* er ist noch ein Lehrer, Offizier **alten** ~es *wie sie früher waren;* **dumpfer,** harter, klatschender, leichter, lauter, schwacher ~; **elektrischer** ~; ein **harter,** schwerer ~ *Schicksalsschlag* ▸ ~ **an** die, gegen die Tür; es ging ~ **auf** ~ *ohne Unterbrechung, schnell nacheinander;* auf einen ~ ⟨übertr.; umg.⟩ *auf einmal, gleichzeitig;* ein ~ auf den Kopf; ~ **ins** Gesicht *Ohrfeige;* ⟨übertr.⟩ *grobe Beleidigung, verletzende Taktlosigkeit;* es war ein ~ ins Wasser ⟨übertr.⟩ *Misserfolg;* **mit** einem ~ ⟨übertr.; umg.⟩ *plötzlich, auf einmal;* ~ mit der Hand, mit der Faust, mit dem Knüppel, mit dem Hammer, Stock; sie hat sich **von** dem ~ noch immer nicht ganz erholt *Schicksalsschlag;* wie vom ~ gerührt ⟨umg.⟩ *starr vor Staunen od. Entsetzen;* vom ~ getroffen werden *einen Schlaganfall erleiden;* **zum** entscheidenden ~ ansetzen, ausholen *die entscheidende Tat, Handlung beginnen* **II** ⟨unz.⟩ **1** ⟨österr.; kurz für⟩ *Schlagobers, Schlagsahne* **2** ⟨Mode⟩ *ab dem Knie nach unten in der Weite zunehmendes Hosenbeins;* Zus *Schlaghose* ▸ ein Stück Torte **mit** ~ ⟨österr.⟩; Hosen mit ~ sind nicht mehr, wieder in Mode

Schlag|ab|tausch ⟨der; -(e)s, -e⟩ **1** ⟨Sp.; Boxen⟩ *Folge wechselseitiger Schläge* **2** ⟨übertr.⟩ *heftige, lebhafte Diskussion, rascher Wortwechsel*

Schlag|ader ⟨die; -, -n⟩ = *Arterie*

Schlag|an|fall ⟨der; -(e)s, -fäl|le⟩ *durch Zerreißen od. Verstopfen eines Blutgefäßes im Hirn verursachtes plötzliches Aufhören bestimmter Gehirnfunktionen*

schlag|ar|tig ⟨Adj.⟩ *kurz wie ein Schlag, sehr schnell, plötzlich* ▸ der Lärm hörte ~ auf

Schlag|baum ⟨der; -(e)s, -bäu|me; an Grenzen, Bahnübergängen⟩ *Sperrschranke*

Schlä|gel ⟨der; -s, -⟩ *Werkzeug zum Schlagen, Klöppel;* Zus *Trommelschlägel*

schla|gen ⟨V.; schlägt, schlug, hat ge|schla|gen⟩ **I** ⟨V. trans. u. V. intr.⟩ **1** jmdn. od. etwas ~, (jmdm.) irgendwohin ~ *einen Schlag gegen jmdn. od. etwas führen, hauen* **2** *durch Schläge Töne erzeugen* **3** *durch Schlag, Berührung eine Bewegung erzeugen* **4** *ungleichmäßig laufen* (Motor) **5** *auf besondere Art singen* (Vogel) **6** jmdn. ~ **6.1** *prügeln, hauen* **6.2** *besiegen* ▸ einen **Baum** ~ *fällen;* eine **Brücke** (über einen Fluss) ~ *errichten, bauen;* das Kleid, die Hose schlägt **Falten** *bildet F.;* das **Herz,** der Puls schlägt; ein **Kreuz** ~ *das Kreuzzeichen machen;* die **Nachtigall,** Wachtel schlägt; ein **Rad** ~ *(als Turnübung);* **Schaum,** Schnee ~ *Eiweiß, Sahne durch Schlagen zu Schaum machen;* eine **Schlacht** ~ *eine Sch. liefern, kämpfen;* einen **Stein** ~ ⟨Brettspiel⟩ *einen Stein des Gegners wegnehmen, ausschalten;* den **Takt** ~ *durch bestimmte Bewegungen den Takt angeben;* die **Uhr** schlägt sechs ▸ **an** od. gegen etwas ~ *stoßen;* der Vogel schlug mit dem Kopf ans, gegen das Fenster; die Flammen schlugen **aus** den Fenstern *loderten;* jmdm. etwas aus der Hand ~ *durch einen Schlag auf die Hand zum Fallen bringen;* Quark, Kartoffeln **durch** ein Sieb ~ *durch ein S. rühren;* einen Pfahl **in** die Erde ~ *durch Schläge darauf in die Erde treiben;* den Ball ins Netz ~; etwas in Scherben, in Stücke ~; Eier in die Pfanne ~ *aufschlagen u. hineingeben;* einen Nagel in die Wand ~ *durch Schlagen hineintreiben;* **mit** den Flügeln ~ *die Flügel rasch bewegen (ohne wegzufliegen);* jmdn. mit seinen eigenen Waffen ~ *jmds. eigene Worte als Gegenbeweis anführen;*

nach der Mutter, dem Vater ~ ⟨übertr.⟩ *ihr, ihm nachgeraten, ähnlich werden;* um sich ~ (aus Angst od. Zorn od. um sich zu befreien); einen Bogen Papier um etwas schlagen *hüllen, legen;* eine Brücke zu jmdm. od. etwas ~ *eine Verbindung herstellen;* jmdn. zu Boden ~ ▸ ~der Beweis *überzeugender Beweis;* jmdm. etwas ~d beweisen *überzeugend beweisen;* die Uhr hat geschlagen; wir haben sie 3:2 geschlagen ⟨Sp.⟩; ein geschlagener Mann *vom Schicksal hart betroffener, unglücklicher Mann;* es hat eine geschlagene Stunde gedauert *eine volle, eine ganze Stunde (lang);* sich für geschlagen erklären *sich für besiegt erklären, den Widerstand aufgeben* **II** ⟨V. refl.⟩ sich (mit jmdm.) (um etwas) ~ *einen Streit mit Schlägen austragen* ▸ sich gut, schlecht, wacker ~ *etwas gut, schlecht, tapfer bewältigen, überstehen* ▸ sich auf jmds. Seite ~ ⟨übertr.⟩ *ihn unterstützen, jmdm. zustimmen;* sich allein durchs Leben ~ ⟨übertr.⟩ *das Leben allein bewältigen;* die Kinder ~ sich um das Spielzeug; sich vor den Kopf ~ ⟨übertr.⟩ *sich an den Kopf fassen vor Ärger über eine Dummheit*

Schla|ger ⟨der; -s, -⟩ **1** *populäres, eingängiges Musikstück, Hit;* Syn *Gassenhauer;* Zus *Schlagersänger(in)* **2** *Ware, die reißend abgesetzt wird, großen Erfolg hat* ▸ einen ~ singen, komponieren; das Lied wurde ein ~

Schlä|ger ⟨der; -s, -⟩ **1** *Gerät zum Schlagen (bes. im Sport);* Zus *Golfschläger, Hockeyschläger, Tennisschläger* **2** *zu Gewalttätigkeiten neigender Mensch, jmd., der bei Auseinandersetzungen sofort u. brutal zuschlägt;* Abl *Schlägerin*

Schlä|ge|rei ⟨die; -, -en⟩ *Rauferei, Prügelei*

schlag|fer|tig ⟨Adj.; übertr.⟩ **1** *nie um eine Antwort verlegen, einfallsreich beim Antworten* (Person) **2** *rasch u. oft auch witzig* (Antwort); Abl *Schlagfertigkeit*

Schlag|in|s|t|ru|ment ⟨das; -(e)s, -e; Mus.⟩ *durch Schlagen betätigtes Musikinstrument, z. B. Becken, Pauke, Trommel, Triangel, Glockenspiel*

Schlag|kraft ⟨die; -; unz.⟩ **1** *durchgreifende Wirkung, Überzeugungskraft* **2** *Kampfstärke (einer Truppe);* Abl *schlagkräftig*

Schlag|licht ⟨das; -(e)s, -er⟩ *Lichtstrahl zum Hervorheben eines Gegenstandes* ▸ ein ~ auf jmdn. od. etwas werfen ⟨übertr.⟩ *jmdn. od. etwas in den Blickpunkt rücken;* Abl *schlaglichtartig*

Schlag|loch ⟨das; -(e)s, -lö|cher⟩ *Loch in der Straßendecke, im Weg* ▸ durch ein ~ fahren

Schlag|obers ⟨a. ['---] das; -; unz.; österr.⟩ = *Schlagsahne*

Schlag|rahm ⟨der; -(e)s; unz.; bair.⟩ = *Schlagsahne*

Schlag|sah|ne ⟨die; -; unz.⟩ *steifgeschlagene Sahne*

Schlag|sei|te ⟨die; -; unz.⟩ *Schräglage (eines Schiffes)* ▸ das Schiff hat ~ *liegt schräg*

Schlag|stock ⟨der; -(e)s, -stö|cke⟩ **1** *von der Polizei verwendeter kurzer Knüppel aus Hartgummi* **2** ⟨Mus.⟩ *Stock für ein Schlaginstrument* ▸ die Polizei setzte Schlagstöcke ein

Schlag|wort **I** ⟨das; -(e)s, -e od. selten -wör|ter⟩ **1** *treffendes, viel gebrauchtes Wort zum Kennzeichnen einer Zeiterscheinung* **2** *Gemeinplatz;* Abl *schlagwortartig* **II** ⟨das; -(e)s, -wör|ter; Bibliothek⟩ *Stichwort, Kennwort, das den Inhalt eines Buches bezeichnet, meist dem Buchtitel entnommen;* Zus *Schlagwortkatalog*

Schlag|zei|le ⟨die; -, -n; in Zeitungen⟩ *hervorgehobene Überschriftzeile* ▸ ~n machen *auf sensationelle Weise bekannt werden;* die Affäre stand heute in den ~n

Schlag|zeug ⟨das; -(e)s, -e; Mus.⟩ *Gruppe von Schlaginstrumenten im Orchester od. in einer Band;* ⓘ S. 788; Abl *Schlagzeuger(in)*

schlak|sig ⟨Adj.⟩ *lang aufgeschossen u. etwas ungeschickt in den Bewegungen (bes. von Jugendlichen)*

Schla|mas|sel ⟨der od. das; -s, -; umg.⟩ **1** *ärgerliches Missgeschick, Schwierigkeit, lästige Angelegenheit* **2** *Durcheinander* ▸ da haben wir den ~!

Schlamm ⟨der; -(e)s, -e od. Schläm|me⟩ *aufgeweichte, morastige Erde, Schmutz, Ablagerung in schmutzigen Gewässern;* Abl *schlammig*

Schlamm|schlacht ⟨die; -, -en; übertr.; bes. Pol.⟩ *Streit, der öffentlich ausgetragen wird u. mit persönlichen Beleidigungen verbunden ist*

Schlam|pe ⟨die; -, -n; Schimpfw.⟩ **1** *unordentliche, nachlässig gekleidete Frau* **2** *Frau, die ein unmoralisches Leben führt*

Schlam|pe|rei ⟨die; -, -en; umg.⟩ *unordentliche Arbeit, Unordentlichkeit, Nachlässigkeit* ▸ keine ~ dulden; das ist eine ~!

schlam|pert ⟨Adj.; österr.; umg.⟩ *unordentlich, schlampig* ▸ ~e Verhältnisse

schlam|pig ⟨Adj.; umg.⟩ *unordentlich, nachlässig, liederlich;* oV ⟨österr.⟩ *schlampert* ▸ ~ angezogen sein; ~ herumlaufen; er, sie ist ~; Abl *Schlampigkeit*

schlang → *schlingen*

Schlan|ge ⟨die; -, -n⟩ **1** ⟨Zool.⟩ *ein Kriechtier mit Schuppen u. langem Körper, Gliedmaßen fehlen;* Zus *Schlangengift* **2** ⟨übertr.⟩ *falsche, hinterhältige Frau, Intrigantin* **3** *etwas Gewundenes, Langgestrecktes;* Zus *Schlangenlinie; Papierschlange* **4** *lange Reihe wartender Menschen;* Zus *Warteschlange* ▸ ~ stehen ⟨übertr.; umg.⟩ *sich in einer Reihe anstellen u. warten;* giftige ~n

schlän|geln ⟨V. refl.; schlän|gelt sich, schlän|gel|te sich, hat sich ge|schlän|gelt⟩ sich ~ *sich wie eine Schlange bewegen, sich geschmeidig (windend) bewegen, sich winden, in Windungen verlaufen* ▸ sich durch die Menschenmenge ~; die Kreuzotter schlängelt sich durch die Wiese; geschlängelte Linie

schlank ⟨Adj.⟩ *dünn, schmal, dünn u. biegsam, dünn u. geschmeidig* ▸ ein ~er Baum; ~e Beine, Finger, Hände haben; eine ~e Gestalt, Taille; ~ bleiben wollen; sie ist groß und ~ (gewachsen); Abl *Schlankheit;* Zus *schlank machen / schlankmachen*

Schlank|heits|kur ⟨die; -, -en⟩ *Kur zum Schlankwerden* ▸ eine ~ machen; →a. *Diät*

schlank|weg ⟨Adv.; umg.⟩ *ohne Umschweife, ohne weiteres* ▸ er hat ihm ~ gekündigt

schlapp ⟨Adj.⟩ **1** *schlaff* **2** *ohne Spannkraft, matt,*

S

schwach **3** *träge* ▸ ein ~er Kerl; ich bin noch sehr ~ (nach der Krankheit)

Schlap|pe ⟨die; -, -n⟩ *Misserfolg, Niederlage, Schaden* ▸ eine ~ erleiden, einstecken müssen

Schlap|pen ⟨der; -s, -s; umg.⟩ *Pantoffel, bequemer Hausschuh;* oV ⟨österr.⟩ *Schlapfen*

Schlapp|hut ⟨der; -(e)s, -hü|te⟩ *weicher Hut mit breiter Krempe*

schlapp|ma|chen ⟨V. intr.; macht schlapp, machte schlapp, hat schlapp|ge|macht, schlapp|zu|machen; umg.⟩ *Anstrengungen nicht mehr aushalten, nachlassen, müde werden, zusammenbrechen* ▸ er hat schlappgemacht

Schlapp|ohr ⟨das; -(e)s, -en⟩ **1** *großes, herunterhängendes Ohr (bei Hunden)* **2** ⟨scherzh.⟩ *Hase*

Schlapp|schwanz ⟨der; -es, -schwän|ze; übertr.; umg.; abwertend⟩ *Schwächling*

Schla|raf|fen|land ⟨das; -(e)s; unz.⟩ *märchenhaftes Land, in dem man unbegrenzt schlemmen kann* ▸ wie im ~ leben

schlau ⟨Adj.; -er, am -(e)s|ten⟩ *klug, gewitzt, listig* ▸ ein ~er Bursche; er ist ein ~er Fuchs ⟨übertr.⟩; das ist ein ~er Plan; etwas ~ anfangen, machen; das hat er sich sehr ~ ausgedacht; jetzt heißt es ~ sein; aus jmdm., einer Sache nicht recht ~ werden *jmdn., eine Sache nicht verstehen;* Abl *Schläue, Schlauheit; schlauerweise*

Schlau|ber|ger ⟨der; -s, -; umg.; scherzh.⟩ = *Schlaumeier*

Schlauch ⟨der; -(e)s, Schläu|che⟩ **1** *biegsame Röhre, meist aus Gummi, für Flüssigkeiten od. Luft;* Zus *Fahrradschlauch, Gartenschlauch, Wasserschlauch, Weinschlauch* **2** *schlauchförmiges Pflanzenteil;* Zus *Pollenschlauch* ▸ auf dem ~ stehen ⟨übertr.; umg.⟩ *etwas nicht begreifen*

Schlauch|boot ⟨das; -(e)s, -e⟩ *aufblasbares Boot*

schlau|chen ⟨V. trans. u. V. intr.; schlaucht, schlauch|te, hat ge|schlaucht; übertr.; umg.⟩ (jmdn.) ~ *sehr anstrengen* ▸ die lange Reise hat mich sehr geschlaucht

Schlau|fe ⟨die; -, -n⟩ *Schlinge, Schleife* ▸ mit einer ~ befestigen; Zus *Gürtelschlaufe*

Schlau|mei|er ⟨der; -s, -; umg.; scherzh.⟩ *schlauer, gewitzter Mensch* ▸ du bist ja ein ~!

Schla|wi|ner ⟨der; -s, -; umg.⟩ *pfiffiger, durchtriebener Kerl*

schlecht ⟨Adj.; -er, am -es|ten⟩ **1** *minderwertig, nicht gut, wertlos, ungenügend* (Arbeit, Ware) **2** *gering, schwach;* Zus *schlecht bezahlt / schlechtbezahlt* **3** *faul, verdorben, ungenießbar* (Lebensmittel) **4** *unmoralisch, übel, böse* (Mensch, Tat) **5** *unwohl, übel, krank* ▸ ~e Angewohnheit; jmdm. einen ~en Dienst erweisen; das macht einen ~en Eindruck; ~er Einfluss, Umgang; ein ~es Geschäft machen; einen ~en Geschmack im Mund haben; in ~e Hände geraten *an jmdn., der ungeeignet (zur Aufsicht, als Besitzer) ist;* ~e Laune, Stimmung; ~e Luft *verbrauchte, stickige L.;* einen ~en Ruf haben; da hast du einen ~en Tausch gemacht; das ist ein ~er Trost; es ist ~es Wetter *kühles, kaltes u. regner. W.;* das ist ein ~er Witz *ein Witz, der nicht witzig ist;* das ist ein ~es Zeichen; ~e Zeiten *wirtschaftlich ungünstige Z., Notzeiten;* ~e Zensuren im Zeugnis haben ▸ sich mehr ~ als recht durchs Leben schlagen *nicht sehr gut* ▸ das Essen ist mir ~ bekommen; von jmdm. ~ denken, reden; nein, heute geht es ~ ⟨umg.⟩ *heute passt es mir nicht;* ⟨aber⟩ ~ gehen = *schlechtgehen;* ~ hören, sehen; ich kann ~ Nein sagen *kaum, nicht;* sein: mir ist ~; auf jmdn. ~ zu sprechen sein *böse auf jmdn. sein;* ~ stehen = *schlechtstehen;* ich kann es ~ vermeiden *kaum, nicht;* mir wird ~; das Fleisch ist ~ geworden ▸ ~ gelaunt = *schlechtgelaunt* ▸ (das ist gar) nicht ~! *ganz gut*

schlecht|ge|hen *auch:* **schlecht ge|hen** ⟨V. intr.; geht schlecht, ging schlecht, ist schlecht|ge|gangen, schlecht|zu|ge|hen; unpersönl.⟩ jmdm. geht es schlecht *jmd. befindet sich in einer üblen Lage od. ist krank* ▸ es geht mir schlecht; →a. *schlecht*

schlecht|ge|launt *auch:* **schlecht ge|launt** ⟨Adj.⟩ *schlechte Laune habend* ▸ ein ~er Lehrer

schlecht|hin ⟨Adv.⟩ *überhaupt, ganz und gar, vollkommen, typisch, absolut, ohne Einschränkung* ▸ er ist der romantische Dichter ~

schlecht|ma|chen ⟨V. trans.; macht schlecht, mach|te schlecht, hat schlecht|ge|macht, schlecht|zu|ma|chen⟩ jmdn. od. etwas ~ *auf üble Weise über jmdn. od. etwas reden*

schlecht|ste|hen *auch:* **schlecht ste|hen** ⟨V. intr.; steht schlecht, stand schlecht, hat schlecht|ge|stan|den, schlecht|zu|ste|hen; unpersönl.⟩ um jmdn. od. etwas steht es schlecht *jmd. od. etwas ist in einer kritischen Verfassung;* →a. *schlecht*

Schlecht|wet|ter ⟨das; -s, -⟩ *(anhaltend) schlechtes Wetter* ▸ bei ~ entfällt die Veranstaltung

schle|cken ⟨V. trans. u. V. intr.; schleckt, schleckte, hat ge|schleckt⟩ **1** etwas od. an etwas ~ *lecken* **2** (etwas) ~ *naschen, leckere, (bes.) süße Speisen genießen* ▸ an einer Eiswaffel ~; die Katze schleckt die Milch aus der Schüssel

Schle|gel ⟨der; -s, -⟩ **1** ⟨süddt.⟩ *Schenkel (eines geschlachteten Tieres), Keule;* Zus *Kalbsschlegel* **2** ⟨schweiz.; umg.⟩ *Bierflasche, Mostflasche*

Schleh|dorn ⟨der; -s, -e; Bot.⟩ *dorniger Heckenstrauch mit blauen, herben Steinfrüchten (Schlehen)*

Schle|he ⟨die; -, -n⟩ *Frucht des Schlehdorns;* Zus *Schlehenlikör*

schlei|chen ⟨V.⟩ **I** ⟨V. intr.; schleicht, schlich, ist ge|schli|chen⟩ *vorsichtig, leise u. möglichst unbemerkt gehen* ▸ die Zeit schleicht *vergeht quälend langsam;* auf leisen Sohlen ~; auf Zehenspitzen ~; die Katze schleicht durchs Gebüsch **II** ⟨V. refl.; schleicht, schlich, hat ge|schli|chen⟩ sich irgendwohin ~ *vorsichtig, leise u. möglichst unbemerkt irgendwohin gehen* ▸ sich aus dem Haus ~; sich in jmds. Vertrauen ~ ⟨übertr.⟩ *jmds. V. zu betrügerischen Zwecken gewinnen*

schlei|chend **I** ⟨Part. Präs. von⟩ *schleichen* **II** ⟨Adj.⟩ *langsam, ganz allmählich fortschreitend* ▸ ~e Inflation; ~e Krankheit

Schleich|weg ⟨der; -(e)s, -e⟩ *verborgener Weg,*

S

heimlicher Pfad ▸ auf ~en ⟨übertr.⟩ *auf ungesetzlichem Weg, auf heimlichen Umwegen*

Schleich|wer|bung ⟨die; -; unz.; bes. TV⟩ *Werbung, bei der Firmennamen scheinbar absichtslos ins Bild gebracht werden*

Schleie ⟨die; -, -n; Zool.⟩ *Karpfenfisch, der in Gewässern mit schlammigem Grund lebt;* Syn *Schlei*

Schlei|er ⟨der; -s, -⟩ **1** *das Gesicht od. den Kopf verhüllendes, dichtes od. durchsichtiges Gewebe;* Zus *Spitzenschleier* **2** ⟨allg.⟩ *dünnes, durchsichtiges Gewebe;* Zus *Brautschleier* **3** ⟨übertr.⟩ **3.1** *Dunst, Dunstschicht, Trübung;* Zus *Nebelschleier* **3.2** *Hülle, etwas Verhüllendes* ▸ das Bild, Foto hat einen ~; den ~ eines Geheimnisses lüften ⟨übertr.⟩ *ein G. preisgeben;* die Braut trägt einen weißen ~; den ~ zurückschlagen ▸ alles wie durch einen ~ sehen; Hut mit ~

Schlei|er|eu|le ⟨die; -, -n⟩ *schlanke, helle Eule*

schlei|er|haft ⟨Adj.; meist präd.⟩ *unbegreiflich, rätselhaft, unklar* ▸ es ist mir (völlig) ~, wie das passieren konnte

Schlei|fe ⟨die; -, -n⟩ **1** *Schlinge, leicht lösbare Verknüpfung (aus Schnur od. Band)* **2** *zur Schleife geschlungenes Band;* Zus *Haarschleife* **3** *fast kreisförmige Kurve, Windung, Kehre;* Zus *Flussschleife* ▸ mit den Schnürsenkeln eine ~ binden; das Flugzeug fliegt eine ~; eine ~ im Haar tragen

schlei|fen ⟨V.⟩ **I** ⟨V. intr.; schleift, schleif|te, hat/ist ge|schleift⟩ *in anhaltender Bewegung in derselben Richtung den Boden, eine Fläche berühren* ▸ den kranken Fuß (beim Laufen) ~ lassen; die Kupplung ~ lassen *die K. eines Kraftfahrzeugs so betätigen, dass sie nur einen Teil der Motorkraft auf das Getriebe überträgt;* ⟨aber⟩ ~ lassen ⟨übertr.⟩ = *schleifenlassen* ▸ das Kleid schleift am, über den Boden; das Rad schleift am Schutzblech; mit dem Fuß beim Schlittenfahren auf dem Schnee ~ **II** ⟨V. trans.; schleift, schleifte, hat ge|schleift⟩ etwas ~ *schleppend nachziehen, über den Boden mitziehen* ▸ eine Festung ~ *niederreißen;* einen Sack (hinter sich her, über den Hof) ~; einen Ton ~ ⟨Mus.⟩ *zum nachfolgenden Ton hinüberziehen* ▸ jmdn. mit ins Theater, zu Freunden ~ ⟨übertr.; umg.; scherzh.⟩ *gegen seinen Widerstand mitnehmen* **III** ⟨V. trans.; schleift, schliff, hat ge|schlif|fen⟩ **1** etwas ~ **1.1** *durch dauernde Bewegung am sich drehenden Schleifstein schärfen* **1.2** *die Oberfläche von etwas zu einer bestimmten Formen bearbeiten* **2** ⟨umg.; übertr.⟩ jmdn. ~ *hart ausbilden, schwere körperliche Übungen machen lassen* ▸ Bohrer, Messer ~; Edelsteine, Gläser ~; Rekruten ~ ▸ das Messer ist frisch geschliffen ▸ geschliffene Formulierungen, Sätze *gut gebaute F., S.*

schlei|fen|las|sen *auch:* **schlei|fen las|sen** ⟨V. trans.; lässt schlei|fen, ließ schlei|fen, hat schlei|fen|las|sen, schlei|fen|zu|las|sen; übertr.⟩ etwas ~ *nicht streng sein, keine Ordnung od. Disziplin mehr halten* ▸ die Zügel ~; er lässt alles schleifen; →a. *schleifen*

Schleif|stein ⟨der; -(e)s, -e⟩ *Wetzstein, Stein zum Schleifen*

Schleim ⟨der; -(e)s, -e⟩ **1** *leicht klebrige Flüssigkeit, die bei Erkältungen aus der Nase läuft od. ausgehustet wird;* Zus *Nasenschleim* **2** *sämiger Brei;* Zus *Haferschleim* ▸ ~ absondern, husten

schlei|men ⟨V. intr.; schleimt, schleim|te, hat geschleimt⟩ **1** *Schleim absondern* **2** ⟨übertr.; umg.; abwertend⟩ *schmeichelnd reden od. schreiben (bes. gegenüber Vorgesetzten);* Abl *Schleimer(in)*

Schleim|haut ⟨die; -, -häu|te⟩ *feuchte Haut, die die Mundhöhle u. andere Organe auskleidet;* Zus *Schleimhautentzündung; Magenschleimhaut*

schlei|mig ⟨Adj.⟩ **1** *voller Schleim* **2** *schlüpfrig, schmierig wie Schleim* **3** ⟨übertr.⟩ *schmeichlerisch, kriecherisch* ▸ ~er Auswurf; ~es Gerede ⟨übertr.⟩

schlem|men ⟨V. intr.; schlemmt, schlemm|te, hat ge|schlemmt⟩ *gut, üppig u. mit Genuss essen u. trinken;* Abl *Schlemmer(in), Schlemmerei*

schlen|dern ⟨V. intr.; schlen|dert, schlen|der|te, ist ge|schlen|dert⟩ *langsam u. behaglich gehen, bummeln* ▸ auf und ab ~; durch die Straßen ~

Schlend|ri|an ⟨der; -s; unz.; umg.⟩ *träges, gewohnheitsmäßiges Treiben, gemächliches, langsames Arbeiten* ▸ es geht weiter im alten, gewohnten ~; Schluss mit diesem ~ machen

Schlen|ker ⟨der; -s, -⟩ **1** *(plötzlich) ausschwingende Bewegung, von der geraden Bewegung abweichender Bogen* **2** *kleiner Umweg (während einer Reise, Fahrt)* ▸ einen ~ mit dem Auto fahren

schlen|kern ⟨V. trans. u. V. intr.; schlen|kert, schlen|ker|te, hat ge|schlen|kert⟩ (etwas) ~ *behaglich hin- u. herschwingen (lassen), pendeln (lassen)* ▸ mit den Armen, Beinen ~

Schlepp ⟨der; in der Wendung⟩ jmdn. od. etwas in ~ nehmen *abschleppen, mit sich ziehen*

Schlep|pe ⟨die; -, -n⟩ *langer, am Boden nachschleifender Teil des Kleides* ▸ die ~ tragen

schlep|pen ⟨V.; schleppt, schlepp|te, hat geschleppt⟩ **I** ⟨V. trans.⟩ **1** einen Koffer, Sack (irgendwohin) ~ *mit großer Anstrengung tragen* **2** ⟨umg.; scherzh.⟩ jmdn. irgendwohin ~ *trotz Widerstandes mitnehmen* **3** ein Fischernetz ~ *hinter sich herziehen, nachschleifen;* Zus *Schleppnetz* **4** etwas ~ *mit dem Schlepper ziehen, abschleppen* ▸ Lastkähne (stromaufwärts) ~; er hat mich durchs Museum, durch die ganze Stadt geschleppt; jmdn. mit ins Kino, zu Freunden ~ **II** ⟨V. refl.⟩ sich irgendwohin ~ *sich mühsam fortbewegen* ▸ der Verwundete konnte sich gerade noch bis zum nächsten Haus ~

schlep|pend **I** ⟨Part. Präs. von⟩ *schleppen* **II** ⟨Adj.⟩ **1** *schwerfällig, schlurfend* (Gang) **2** *langsam, unbeholfen, träge* (Redeweise, Melodie) **3** *langsam, mühsam* (Unterhaltung) ▸ der Absatz war ~; ~ sprechen, singen; mit ~en Schritten gehen; der Bau des neuen Hauses geht nur sehr ~ voran

Schlep|per ⟨der; -s, -⟩ **1** *Fahrzeug zum Schleppen anderer Fahrzeuge, z. B. Schleppdampfer, Traktor* **2** ⟨übertr.⟩ **2.1** *jmd., der einem fragwürdigen Unternehmen in aufdringlicher Weise Kunden zuführt;* Abl *Schlepperin* **2.2** *jmd., der Personen (Flüchtlinge, Asylsuchende usw.) illegal in ein Land einschleust;* Abl *Schlepperin*

S

Schlepp|lift ⟨der; -(e)s, -e⟩ *ein Skilift, bei dem die Skiläufer stehend gezogen werden*

Schlepp|tau ⟨das; übertr.; umg.; in den Wendungen⟩ jmdn. im ~ haben *von jmdm. (unfreiwillig) begleitet werden;* jmdn. ins ~ nehmen *jmdn. mit sich ziehen, mitschleppen*

schle|sisch ⟨Adj.⟩ *Schlesien betreffend, zu ihm gehörend, aus ihm stammend*

schles|wig-hol|stei|nisch ⟨Adj.⟩ *Schleswig-Holstein betreffend, zu ihm gehörig, von dort stammend*

Schleu|der ⟨die; -, -n⟩ **1** *schnell rotierende Maschine zum Entfernen des Wassers aus nasser Wäsche;* Zus *Wäscheschleuder* **2** *Vorrichtung zum Trennen von Flüssigkeiten, Zentrifuge* **3** ⟨früher⟩ *Wurfgerät für Steine o. Ä.*

schleu|dern ⟨V.⟩ **I** ⟨V. trans.; schleu|dert, schleu|der|te, hat ge|schleu|dert⟩ **1** jmdn. od. etwas (irgendwohin) ~ *mit Schwung, Wucht werfen* **2** etwas ~ *in der Schleuder bearbeiten* ▸ einen Ball, Stein ~; die Wäsche in der Waschmaschine ~; einen Gegenstand an die Wand ~; jmdm. eine Antwort ins Gesicht ~ *jmdm. heftig, zornig antworten;* das Auto wurde gegen einen Baum geschleudert *geriet von der Fahrbahn ab u. prallte gegen einen Baum* **II** ⟨V. intr.; schleu|dert, schleu|der|te, ist ge|schleu|dert⟩ *auf glatter Bahn bei höherer Geschwindigkeit abwechselnd links u. rechts seitlich abgleiten* (Auto, Motorrad) ▸ das Auto geriet in der Kurve ins Schleudern; ins Schleudern geraten ⟨übertr.; umg.⟩ *aus dem Konzept kommen, unsicher werden*

Schleu|der|preis ⟨der; -es, -e; umg.⟩ *zu niedriger Preis* ▸ Ware zu ~en verkaufen

Schleu|der|sitz ⟨der; -es, -e⟩ *Sitz (des Piloten), der im Notfall aus dem Flugzeug herausgeschleudert werden kann*

schleu|nigst ⟨Adv.⟩ *eilends, auf schnellstem Wege, schnellstens, sofort* ▸ ich muss ~ nach Hause

Schleu|se ⟨die; -, -n⟩ **1** *Anlage in Flüssen für Schiffe zur Überwindung von Höhenunterschieden* **2** *Klappe zum Stauen u. Freigeben eines Wasserlaufs* **3** *Vorrichtung zum Ableiten von Wasserläufen od. Abwässern in Kanäle od. Rohre* **4** *abschließbarer Raum zur Entgiftung, Desinfizierung* ▸ die ~n öffnen; mit dem Gesetz zusätzliche ~n öffnen ⟨übertr.⟩; die ~n des Himmels öffneten sich ⟨übertr.⟩ *es begann, heftig zu regnen*

schleu|sen ⟨V. trans.; schleust, schleus|te, hat geschleust⟩ **1** ein Schiff durch einen Kanal ~ *mittels Schleuse hindurchbringen* **2** ⟨übertr.⟩ jmdn. durch od. über etwas ~ *(heimlich) durch, über etwas bringen, leiten* ▸ jmdn. durch eine Kontrolle, über die Grenze ~ ⟨übertr.⟩

Schleu|ser ⟨der; -s, -; umg.⟩ = *Schlepper (2.2);* Abl *Schleuserin*

schlich → *schleichen*

schlicht ⟨Adj.; -er, am -es|ten⟩ **1** *einfach, ungekünstelt* **2** *bescheiden* ▸ ein ~er Mensch; ~ gekleidet sein; das Haar ~ zurückgekämmt tragen; ~ und ergreifend ⟨umg.; scherzh.⟩ *einfach;* er hat den Termin ~ und ergreifend verschlafen

schlich|ten ⟨V. trans.; schlich|tet, schlich|te|te, hat ge|schlich|tet⟩ einen Streit ~ *beilegen, die Streitenden versöhnen;* Abl *Schlichter(in); Schlichtung*

schlicht|weg ⟨Adv.; umg.⟩ *ganz einfach, nichts weiter als* ▸ das ist ~ falsch, ~ gelogen

Schlick ⟨der; -(e)s, -e⟩ *Schlamm, der von Flüssen in Seen od. im Meer abgelagert ist*

schlief → *schlafen*

Schlie|re ⟨die; -, -n⟩ *schmutziger Streifen auf Glas od. Spiegel* ▸ die Fensterscheiben sind voller ~n

schlie|ßen ⟨V.; schließt, schloss, hat ge|schlos|sen⟩ **I** ⟨V. trans.⟩ **1** einen Kasten, Koffer, Schrank ~ *die Öffnung verdecken von, zumachen* **2** die Augen, das Buch, die Tür, das Fenster ~ *zuklappen* **3** einen Betrieb, ein Geschäft ~ *aufgeben* **4** etwas aus etwas ~ *eine Schlussfolgerung ziehen, folgern* **5** etwas in sich ~ *enthalten, bergen* ▸ er hat seine Augen (für immer) geschlossen *er ist gestorben;* die Ehe (mit jmdm.) ~ *jmdn. heiraten;* mit jmdm. Freundschaft ~ *jmds. Freund(in) werden;* Frieden ~ *sich versöhnen, einen Streit beenden; einen Krieg durch einen Friedensvertrag beenden;* eine Lücke ~; die Reihen ~ *zusammenrücken;* einen Vertrag, ein Bündnis ~ *unterzeichnen, rechtskräftig machen* ▸ an den Vortrag schloss sich eine lebhafte Diskussion *dem V. folgte eine lebhafte D.;* das Fahrrad an einen Zaun ~; daraus kann man ~, dass …; jmdn. in die Arme ~ *umarmen;* sie hat das Kind in ihr Herz geschlossen ⟨übertr.⟩ *es liebgewonnen;* zweimal ~ ⟨umg.⟩ *den Schlüssel zweimal im Schloss umdrehen* ▸ ein geschlossenes e *mit nur wenig geöffnetem Mund ausgesprochenes e;* ein geschlossenes Ganzes *eine Einheit;* geschlossene Gesellschaft *G. nur für Mitglieder od. geladene Gäste;* in sich geschlossen sein *eine vollständige, harmonische Einheit bilden;* meine Kollegen stehen geschlossen hinter mir *alle einmütig* **II** ⟨V. trans. u. V. intr.⟩ **1** den Laden, das Museum, den Schalter ~ *für Besucher unzugänglich machen* **2** eine Sitzung, Versammlung ~ *beenden* ▸ wir ~ (den Laden) um 18 Uhr; er schloss seine Rede, seinen Vortrag mit den Worten … ▸ und damit möchte ich ~ *(Schlussformel im Brief, bei einem Vortrag)* ▸ wann werden die Läden geschlossen? ▸ das Museum hat heute geschlossen *ist heute nicht geöffnet* **III** ⟨V. intr.; in Wendungen wie⟩ ▸ der Schlüssel schließt *man kann mit ihm auf- u. zuschließen;* eine Tür schließt (nicht) *kann (nicht) ganz geschlossen werden* ▸ von sich auf andere ~ *annehmen, dass andere genauso denken od. handeln wie man selbst* **IV** ⟨V. refl.⟩ sich ~ *zugehen* ▸ die Blüten ~ sich am Abend; die Wunde hat sich geschlossen *ist zugeheilt*

Schließ|fach ⟨das; -(e)s, -fä|cher; in Banken, Postämtern, auf Bahnhöfen⟩ *mietbares, verschließbares Fach* ▸ den Koffer in ein ~ stellen

schließ|lich ⟨Adv.⟩ **1** *zum Schluss, endlich, am Ende* **2** *nach einigem Zögern* **3** *wenn man es recht bedenkt, im Grunde* ▸ ~ ist er doch zum Arzt gegangen; ~ hat er doch Recht; er ist ~ doch noch gekommen; er ist ~ mein Bruder

Schließ|mus|kel ⟨der; -s, -n; Anat.⟩ **1** *Muskel, der eine Muschelschale verschließt* **2** *ringförmiger Muskel, der Hohlorgane verschließt*

Schlie|ßung ⟨die; -, -en⟩ *das Schließen*

Schliff ⟨der; -(e)s, -e⟩ **I** ⟨unz.⟩ **1** *das Schleifen* **2** *das Geschliffensein* **3** ⟨übertr.⟩ *gutes Benehmen, gute Umgangsformen* ▸ jmdm. ~ beibringen ⟨übertr.⟩; er hat keinen ~ ⟨übertr.⟩ **II** ⟨zählb.⟩ **1** *durch Schleifen bearbeitete Stellen* **2** *Art des Schliffs, des Geschliffenseins* ▸ der ~ des Glases; einer Sache den letzten ~ geben ⟨übertr.; umg.⟩ *sie abschließend vervollkommnen*

schlimm ⟨Adj.⟩ **1** *böse, übel, schlecht* **2** ⟨umg.⟩ **2.1** *unangenehm* **2.2** *krank, wund* ▸ es wird mit ihm ein ~es Ende nehmen; einen ~en Finger haben ⟨umg.⟩; eine ~e Nachricht ▸ es gibt Schlimmeres als das; sein: ist es ~, wenn ich nicht komme? ⟨umg.⟩; es war nicht so ~, wie ich dachte; das ist (noch lange) nicht das Schlimmste ⟨umg.⟩ *es hätte unglücklicher ausgehen können;* es steht ~ (mit ihm) *es geht ihm sehr schlecht* ▸ das ist halb so ~ (wie es aussieht) ⟨umg.⟩ ▸ ich bin auf das Schlimmste gefasst; er wurde aufs ~e/Schlimmste zugerichtet; (es ist) ~ genug, dass er sich verletzt hat (du brauchst ihn nicht auch auszuschimpfen); im ~sten Fall komme ich eben etwas später ⟨umg.⟩ *wenn es nicht anders geht;* das ist nicht (so) ~ ⟨umg.⟩ *das macht nichts;* ich hoffe, dass es nicht zum Schlimmsten kommt

schlimms|ten|falls ⟨Adv.⟩ *im ungünstigsten Falle*

schlimmst|mög|lich ⟨Adj.⟩ *im schlimmsten Fall möglich* ▸ stets mit dem Schlimmstmöglichen rechnen

Schlin|ge ⟨die; -, -n⟩ **1** *einfache Schleife, lose verknüpftes Band* **2** *Fanggerät aus lose verknüpftem Draht* ▸ ~n legen; sich, ⟨od.⟩ den Kopf aus der ~ ziehen ⟨übertr.⟩ *sich im letzten Moment geschickt aus einer bedrängten Lage befreien;* sich in einer ~ fangen; den Arm in der ~ tragen

Schlin|gel ⟨der; -s, -; umg.⟩ *freches Kerlchen, kleiner Schelm* ▸ du bist ein ~!

schlin|gen[1] ⟨V. trans.; schlingt, schlang, hat geschlun|gen⟩ etwas um etwas ~ *kreisförmig od. in Windungen legen* ▸ eine Schnur, ein Band um etwas ~; die Arme um jmdn., um jmds. Hals ~ *jmdn. umarmen*

schlin|gen[2] ⟨V. intr. u. V. trans.; schlingt, schlang, hat ge|schlun|gen⟩ (etwas) ~ *gierig essen, hinunterschlingen*

schlin|gern ⟨V. intr.; schlin|gert, schlin|ger|te, hat ge|schlin|gert⟩ **1** das Schiff schlingert *pendelt infolge Seegangs um die Längsachse* **2** ⟨umg.⟩ ein Fahrzeug schlingert *fährt rutschend, schleudert*

Schling|pflan|ze ⟨die; -, -n⟩ *Pflanze, die sich rund um eine Stütze nach oben schlingt*

Schlips ⟨der; -es, -e⟩ *lange, selbstgeknotete Krawatte* ▸ jmdm. auf den ~ treten ⟨übertr.; umg.⟩ *jmdn. beleidigen;* sich auf den ~ getreten fühlen ⟨übertr.; umg.⟩ *beleidigt sein*

Schlit|ten ⟨der; -s, -⟩ **1** *auf Kufen gleitendes Fahrzeug zum Fahren auf Schnee u. Eis;* Zus *Hundeschlitten, Pferdeschlitten, Rodelschlitten* **2** ⟨umg.; scherzh.⟩ *großes, teures Auto* ▸ ~ fahren *rodeln;* mit jmdm. ~ fahren ⟨übertr.; umg.⟩ *jmdn. hintergehen*

schlit|tern ⟨V. intr.; schlit|tert, schlit|ter|te, ist/hat ge|schlit|tert; umg.⟩ **1** *auf dem Eis gleiten, rutschen* **2** *auf glatter Fläche rutschen, ausgleiten* **3** ⟨übertr.; umg.⟩ in etwas ~ *unerwartet in etwas geraten* ▸ die Kinder haben/sind geschlittert; das Unternehmen schlittert von einer Krise in die andere ⟨übertr.⟩; über das Eis ~; der Wagen ist über die vereiste Straße geschlittert

Schlitt|schuh ⟨der; -(e)s, -e⟩ *auf einer Stahlkufe befestigter Schuh als Fortbewegungsmittel auf dem Eis* ▸ ~ laufen *sich auf Schlittschuhen fortbewegen;* Syn *eislaufen;* Zus *Schlittschuhbahn, Schlittschuhläufer(in)*

Schlitz ⟨der; -es, -e⟩ **1** *schmale Öffnung, Spalt;* Zus *Mauerschlitz, Türschlitz* **2** *Einschnitt als Öffnung;* Zus *Hosenschlitz*

Schlitz|au|ge ⟨das; -s, -n⟩ *Auge mit sehr enger Lidspalte* ▸ ~n haben; Abl *schlitzäugig*

schlit|zen ⟨V. trans.; schlitzt, schlitz|te, hat geschlitzt⟩ etwas ~ *mit einem Schlitz versehen, der Länge nach aufschneiden od. aufreißen*

Schlitz|ohr ⟨das; -(e)s, -en; übertr.; umg.⟩ *durchtriebener, schlauer Kerl;* Abl *schlitzohrig*

schloh|weiß ⟨Adj.⟩ *ganz weiß, schneeweiß* (Haar)

schloss → *schließen*

Schloss ⟨das; -es, Schlös|ser⟩ **1** *Vorrichtung zum Verschließen;* Zus *Türschloss, Vorhängeschloss* **2** *großes, repräsentatives, künstlerisch ausgestaltetes Wohngebäude, bes. von Fürsten u. Königen;* Abl *Schlösschen* ▸ hinter ~ und Riegel sitzen *im Gefängnis;* die Tür fiel ins ~; der Schlüssel steckt im ~; das ist das ~ eines Königs

Schlos|ser ⟨der; -s, -⟩ *Handwerker der Eisen- u. Metallverarbeitung (Lehrberuf mit dreijähriger Lehrzeit);* Abl *Schlosserin;* Zus *Autoschlosser, Bauschlosser, Kunstschlosser, Maschinenschlosser*

Schlot ⟨der; -(e)s, -e⟩ = *Schornstein* ▸ rauchen wie ein ~ *sehr viele Zigaretten, Zigarren rauchen*

schlot|tern ⟨V. intr.; schlot|tert, schlot|ter|te, hat ge|schlot|tert⟩ **1** *heftig zittern* **2** *lose herabhängen u. baumeln* (Kleidung) ▸ seine Knie schlotterten (vor Angst); ihm schlotterten die Knie; die Kleider schlotterten ihm um den Körper; vor Kälte ~

Schlucht ⟨die; -, -en⟩ *tiefes, enges Tal, bes. zw. Felsen* ▸ die Bergsteiger sind in eine ~ gestürzt

schluch|zen ⟨V. intr.; schluchzt, schluchz|te, hat ge|schluchzt⟩ *stoßweise weinen* ▸ ~d etwas sagen

Schluch|zer ⟨der; -s, -⟩ *einmaliges Schluchzen*

Schluck ⟨der; -(e)s, -e⟩ *Flüssigkeitsmenge, die man auf einmal schlucken kann* ▸ haben Sie einen ~ Wasser für mich? *ein wenig W.;* einen ~ trinken *ein Getränk probieren, ein wenig trinken;* ein guter ~ *gutes alkoholisches Getränk*

Schluck|auf ⟨der; -s, -s⟩ *wiederholtes krampfartiges, kurzes Einatmen infolge schneller, heftiger Zusammenziehung des Zwerchfells* ▸ ~ haben

schlu|cken ⟨V.; schluckt, schluck|te, hat ge-

S

schluckt⟩ **I** ⟨V. trans.⟩ **1** etwas ~ *aus dem Mund in den Magen bringen* **2** ⟨übertr.⟩ eine Beleidigung, Zurechtweisung ~ *schweigend hinnehmen* ▸ der große Konzern hat mehrere kleine Betriebe geschluckt ⟨übertr.⟩; eine Pille ~; Wasser ~ (beim Ertrinken, Schwimmen); vieles ~ müssen ⟨übertr.⟩ *sich vieles gefallen lassen müssen* **II** ⟨V. intr.⟩ *die Schluckbewegung ausführen* ▸ ich musste erst dreimal ~ vor Überraschung, bevor ich darauf antworten konnte ⟨übertr.; umg.⟩ *ich musste mich erst fassen*

Schlu|cker ⟨der; -s, -; übertr.; umg.; nur in der Fügung⟩ armer ~ *armer, bedauernswerter Kerl*

Schluck|imp|fung ⟨die; -, -en⟩ *Impfung, bei der der Impfstoff geschluckt wird*

Schluck|specht ⟨der; -(e)s, -e; umg.; scherzh.⟩ *jmd., der viel Alkohol trinkt*

schlu|dern ⟨V. intr.; schlu|dert, schlu|der|te, hat ge|schlu|dert⟩ *unordentlich, nachlässig arbeiten* ▸ er schludert bei der Arbeit; Abl *schlud(e)rig*

schlug → *schlagen*

Schlum|mer ⟨der; -s; unz.⟩ *leichter, sanfter Schlaf*

schlum|mern ⟨V. intr.; schlum|mert, schlum|mer|te, hat ge|schlum|mert⟩ *in Schlummer liegen, sanft schlafen, leicht schlafend ruhen*

Schlund ⟨der; -(e)s, Schlün|de⟩ **1** *trichterförmige Verbindung der Mund- u. Nasenhöhle mit der Speiseröhre* **2** ⟨übertr.⟩ *tiefe Öffnung, Abgrund* ▸ der ~ eines Vulkans ⟨übertr.⟩

schlüp|fen ⟨V. intr.; schlüpft, schlüpf|te, ist geschlüpft⟩ *sich gleitend, behände, besonders durch enge Öffnung, od. unbemerkt bewegen* ▸ Vögel ~ aus dem Ei *kriechen aus;* der Fisch ist mir aus der Hand geschlüpft; durch eine Zaunlücke ~; in ein Zimmer ~; die Maus schlüpft ins Loch; in den Mantel ~ *ihn rasch überziehen*

Schlüp|fer ⟨der; -s, -⟩ *kurze Unterhose für Damen od. Kinder, Slip*

Schlupf|loch ⟨das; -(e)s, -lö|cher⟩ **1** *Loch als heimlicher Ausgang* **2** ⟨übertr.⟩ *Schlupfwinkel, verborgener Zufluchtsort* ▸ durch ein ~ entwischen

schlüpf|rig ⟨Adj.⟩ **1** *glatt, feucht, rutschig* (Straße, Weg) **2** *schleimig* **3** ⟨übertr.⟩ *zweideutig, anstößig* (Bemerkung, Lektüre, Witz)

Schlupf|win|kel ⟨der; -s, -⟩ *verborgener Zufluchtsort, Versteck* ▸ einen sicheren ~ verlassen

schlur|fen ⟨V. intr.; schlurft, schlurf|te, ist geschlurft; norddt.⟩ *mit schleifenden Füßen gehen* ▸ (in Pantoffeln) durchs Zimmer ~

schlür|fen ⟨V. trans. u. V. intr.; schlürft, schlürf|te, hat ge|schlürft⟩ (etwas) ~ **1** *geräuschvoll trinken* **2** *mit Genuss trinken* ▸ schlürf doch nicht so!; heißen Kaffee ~; beim Essen, Trinken ~

Schluss ⟨der; -es, Schlüs|se⟩ **1** *Ende, Abschluss, Beendigung* **2** *abschließende Worte, abschließendes, letztes Kapitel* **3** *Zusammenfügung, dichtes Schließen* **4** ⟨Logik⟩ *Folgerung, aus einem Sachverhalt geschlossenes Urteil* ▸ ~ des Schuljahres; am ~ der Sitzung wurde noch einmal lebhaft diskutiert ▸ mit etwas ~ machen *etwas beenden;* mit jmdm. ~ machen *ein Liebesverhältnis mit jmdm. beenden;* aus einer Bemerkung, Handlung einen ~ ziehen *etwas daraus folgern, schließen* ▸ wir haben heute im Büro früher ~ gemacht; plötzlicher, überraschender ~ (eines Buches, Films, Theaterstückes); überzeugender, zwingender ~ ⟨Logik⟩ ▸ am ~ des Briefes; die Wagen der 2. Klasse sind am ~ des Zuges; ~ damit! *ich will nichts mehr davon hören!;* ~ für heute!; ~ jetzt!; ~ mit lustig! ⟨umg.⟩ *jetzt wird es ernst!;* nach ~ der Vorstellung; zum ~ *zuletzt; schließlich, endlich;* bis zum ~ bleiben

Schluss|akt ⟨der; -(e)s, -e⟩ **1** ⟨Theat.⟩ *letzter Akt* **2** ⟨übertr.⟩ *letzte, entscheidende Handlung, Ende*

Schlüs|sel ⟨der; -s, -⟩ **1** *Gerät zum Öffnen u. Schließen von Schlössern* **2** *Gerät zum Drehen, zum Festziehen, Lockern, Aufziehen;* Zus *Inbusschlüssel, Schraubenschlüssel, Uhrschlüssel* **3** ⟨Mus.⟩ = *Notenschlüssel;* Zus *Bassschlüssel, Bratschenschlüssel, F-Schlüssel, Violinschlüssel* **4** ⟨übertr.⟩ **4.1** *Schema für die Verteilung, bestimmtes Verhältnis für die Aufteilung;* Zus *Verteilerschlüssel, Verteilungsschlüssel* **4.2** *nur Eingeweihten bekanntes Verfahren zum Entziffern von Geheimtexten* **4.3** *Mittel zum Verständnis, zur Deutung, Ergründung eines Geheimnisses* ▸ den ~ abziehen; der ~ passt (nicht); den ~ (im Schloss) stecken lassen; der ~ zum Verständnis einer Sache ⟨übertr.⟩

Schlüs|sel|bein ⟨das; -(e)s, -e; Anat.⟩ *paariger Knochen am Schulterblatt*

Schlüs|sel|blu|me ⟨die; -, -n; Bot.⟩ *im Frühjahr blühende Blume mit gelben Blüten*

Schlüs|sel|bund ⟨der; -(e)s, -bün|de od. das; -(e)s, -e⟩ *mehrere, mit einem Ring zusammengehaltene Schlüssel* ▸ den ~ verlieren

schlüs|sel|fer|tig ⟨Adj.⟩ *so weit fertig, dass dem Mieter od. Bauherrn der Schlüssel übergeben werden kann, bezugsfertig* (Neubau) ▸ die Wohnung ist ~

Schlüs|sel|fi|gur ⟨die; -, -en⟩ *wichtige Person, Person, die eine Schlüsselrolle spielt*

Schlüs|sel|loch ⟨das; -(e)s, -lö|cher⟩ *Loch im Schloss zum Einstecken des Schlüssels*

Schlüs|sel|rol|le ⟨die; -, -n⟩ *wichtigste, zentrale Rolle* ▸ jmdm. od. etwas kommt eine ~ zu

schluss|fol|gern ⟨V. trans.; schluss|fol|gert, schluss|fol|ger|te, hat ge|schluss|fol|gert⟩ etwas (aus etwas) ~ *einen Schluss aus etwas ziehen, etwas folgern;* Abl *Schlussfolgerung*

schlüs|sig ⟨Adj.⟩ **1** *einen Schluss zulassend* (Behauptung) **2** *folgerichtig* (Gedankengang) **3** ⟨meist präd.⟩ *entschlossen* ▸ sich (noch nicht) ~ sein *sich (noch nicht) entschlossen haben;* sich ~ werden *sich entschließen, sich klar werden;* Abl *Schlüssigkeit*

Schluss|licht ⟨das; -(e)s, -er⟩ oV *Schlussleuchte* **1** *rotes Licht an der rückwärtigen Seite des Fahrzeugs* **2** ⟨übertr.; umg.; scherzh.⟩ *Schlechteste(r), Letzte(r) (in der Schulklasse, bei Sportwettkämpfen u. Ä.)* ▸ das ~ machen ⟨übertr.; umg.⟩ *als Letzter gehen, fahren*

Schluss|pfiff ⟨der; -(e)s, -e; Sp.⟩ *Pfiff des Schiedsrichters, der das Ende der Spielzeit bei einem*

Wettkampf anzeigt ▸ nach dem ~ das Spielfeld verlassen

Schluss|punkt ⟨der; -(e)s, -e; übertr.; nur in Wendungen wie⟩ einen ~ unter eine Angelegenheit setzen *eine A. endgültig abschließen*

Schluss|strich ⟨der; -(e)s, -e⟩ **1** *begrenzender Strich am Ende einer Rechnung o. Ä.* **2** ⟨übertr.⟩ *Äußerung od. Handlung, die das Ende von etwas bezeichnet, endgültiger Abschluss einer Angelegenheit* ▸ einen ~ unter etwas ziehen ⟨übertr.⟩

Schluss|ver|kauf ⟨der; -(e)s, -käu|fe; kurz für⟩ *Sommer-, Winterschlussverkauf*

Schmach ⟨die; -; unz.⟩ *Schande, Demütigung* ▸ die Niederlage war eine bittere ~ für ihn; Abl *schmachvoll*

schmach|ten ⟨V. intr.; schmach|tet, schmach|te|te, hat ge|schmach|tet; geh.⟩ **1** *leiden, hungern u. dürsten* **2** nach etwas od. jmdm. ~ *sich heftig nach etwas od. jmdm. sehnen* ▸ in der Hitze ~

schmach|tend **I** ⟨Part. Präs. von⟩ *schmachten* **II** ⟨Adj.⟩ *voller Sehnsucht, Verlangen* ▸ jmdm. ~e Blicke zuwerfen; jmdn. ~ ansehen

schmäch|tig ⟨Adj.⟩ *von magerer Gestalt, dünn u. klein, schwächlich* (Person)

schmack|haft ⟨Adj.; -er, am -es|ten⟩ *wohlschmeckend* ▸ das Essen war sehr ~

Schmäh ⟨der; -s, - od. -s; österr.; umg.⟩ **I** ⟨zählb.⟩ *Schwindel, Trick, Beleidigung* **II** ⟨unz.⟩ *Witze, Späße, oberflächliche, verbindliche Freundlichkeit* ▸ Lieder voller ~; Wiener ~

schmä|hen ⟨V. trans.; schmäht, schmäh|te, hat geschmäht; geh.⟩ jmdn. od. etwas ~ *beleidigen, beschimpfen, schlechtmachen*

schmäh|lich ⟨Adj.; geh.⟩ *schändlich* ▸ er hat ihn ~ betrogen; jmdn. ~ im Stich lassen

schmal ⟨Adj.; -er, auch: schmä|ler, am schmalsten, selten: schmäls|ten⟩ **1** *von geringer Breite* (Gegenstand, Gesicht, Hand); Ggs *breit (2)* **2** *eng* (Durchgang, Weg) **3** *dünn, sehr schlank* (Gestalt, Wuchs) **4** *mager u. blass* **5** *knapp, karg, gering* (Einkommen, Kost) ▸ ein ~er Band (Gedichte); ~e Hüften haben; er sieht ~ aus; ein ~er Weg; die Straße ist sehr ~; er ist (in letzter Zeit recht) ~ geworden

schmä|lern ⟨V. trans.; schmä|lert, schmä|ler|te, hat ge|schmä|lert⟩ etwas ~ **1** *verringern, verkleinern* **2** *herabsetzen* ▸ jmds. Verdienste ~; Abl *Schmälerung*

Schmal|spur... ⟨in Zus.; übertr.; umg.; abwertend⟩ *etwas nur nebenbei, nicht mit vollem Einsatz betreibend* ▸ Schmalspurakademiker *nicht vollwertiger Akademiker*

schmal|spu|rig ⟨Adj.⟩ **1** *mit Schmalspur versehen* **2** ⟨übertr.; umg.; abwertend⟩ *wenig fundiert*

Schmalz **I** ⟨das; -es, -e⟩ **1** *ausgelassenes, weiches tierisches Fett als Speisefett, im Unterschied zum festerem Talg;* Zus *Schweineschmalz* **2** ⟨oberdt.; schweiz.⟩ *Butterschmalz, ausgelassene Butter* **II** ⟨der; -es; unz.; übertr.; umg.⟩ *übertriebenes Gefühl, Sentimentalität* ▸ mit viel ~ singen

schmal|zig ⟨Adj.⟩ **1** *voller Schmalz, fettig, ölig* **2** ⟨übertr.⟩ *übertrieben gefühlvoll* ▸ ein ~es Lied

Schmand ⟨der; -(e)s; unz.⟩ oV *Schmant* **1** ⟨nddt.; westdt.⟩ *Sahne, Rahm* **2** ⟨umg.⟩ *Häutchen, das sich auf warmer Milch absetzt*

Schman|kerl ⟨das; -s, -n; bair.-österr.⟩ *etwas Gutes zu essen, leckere Kleinigkeit*

schma|rot|zen ⟨V. intr.; schma|rotzt, schma|rotzte, hat schma|rotzt⟩ **1** ⟨Biol.⟩ *sich in od. auf einem anderen Lebewesen aufhalten u. von ihm ernähren* (Pflanze od. Tier); Abl *Schmarotzer;* Zus *Schmarotzerpflanze* **2** *auf Kosten anderer leben;* Abl *Schmarotzer(in)*

Schmarrn ⟨der; -s; unz.; bair.-österr.⟩ oV *Schmarren* **1** ⟨Kochk.⟩ *in der Pfanne gebackene süße Mehlspeise;* Zus *Kaiserschmarr(e)n* **2** ⟨übertr.; umg.⟩ **2.1** *leichtes, heiteres, wenig geistreiches Bühnenstück od. ebensolcher Film* **2.2** *Unsinn, dummes Zeug* ▸ das geht dich einen ~ an! ⟨übertr.; umg.⟩ *gar nichts, überhaupt nichts*

schmat|zen ⟨V. intr.; schmatzt, schmatz|te, hat geschmatzt⟩ **1** *geräuschvoll essen* **2** ⟨unpersönl.⟩ es schmatzt *ein schmatzendes Geräusch ertönt* ▸ er gab ihr einen Kuss, dass es schmatzte

Schmaus ⟨der; -es, Schmäu|se; scherzh.⟩ *leckere Mahlzeit, Festessen;* Abl *schmausen*

schme|cken ⟨V.; schmeckt, schmeck|te, hat geschmeckt⟩ **I** ⟨V. intr.⟩ **1** *auf der Zunge wirken* **2** *Süße, Bitterkeit, Säure usw. im Mund empfinden, Geschmack empfinden* **3** ⟨schweiz. a.⟩ *riechen* ▸ das schmeckt (gut)!; es schmeckt ihm *das Essen behagt ihm, sagt ihm zu;* diese Arbeit schmeckt ihm nicht ⟨übertr.; umg.⟩ *missfällt ihm, bereitet ihm zu viel Mühe* ▸ es sich ~ **lassen;** lassen Sie sich's (gut) ~! ▸ **angebrannt,** angenehm, gut, schlecht ~; **bitter,** fad, herb, salzig, sauer, süß ~ ▸ **nach** Fisch, Vanille, nach nichts ~; das schmeckt nach mehr ⟨umg.; scherzh.⟩ *so gut, dass man mehr davon essen möchte* ▸ **wie** schmeckt Ihnen der neue Wein? **II** ⟨V. trans.⟩ etwas ~ **1** *kosten, geschmacklich erproben, mit der Zunge prüfen* **2** ⟨schweiz. a.⟩ *riechen*

Schmei|che|lei ⟨die; -, -en⟩ *Äußerung, die einem anderen wohltut, liebenswürdige Übertreibung, übermäßiges Lob* ▸ jmdm. ~en sagen

schmei|chel|haft ⟨Adj.; -er, am -es|ten⟩ *angenehm, ehrend, das Selbstbewusstsein hebend*

schmei|cheln ⟨V. intr.; schmei|chelt, schmei|chelte, hat ge|schmei|chelt⟩ **1** jmdm. ~ *jmdm. Angenehmes sagen, jmdn. übertrieben belobigen;* Abl *Schmeichler(in)* **2** jmdm. ~ *jmds. Selbstbewusstsein heben, jmdn. ein wenig eitel machen* **3** jmdm. od. einer Sache ~ *eine positive Wirkung erzielen* ▸ es schmeichelt mir, dass man mich eingeladen hat; die Farbe, der Stoff schmeichelt ihrer Figur; sich geschmeichelt fühlen

schmeich|le|risch ⟨Adj.; meist abwertend⟩ *sich billiger Schmeicheleien bedienend, um zum Ziel zu gelangen* ▸ in ~em Ton; mit ~en Worten

schmei|ßen ⟨V. trans.; schmeißt, schmiss, hat geschmis|sen; umg.⟩ **1** jmdn. od. etwas irgendwohin ~ *werfen, schleudern* **2** ⟨übertr.⟩ etwas ~ **2.1** *mit etwas fertigwerden, etwas meistern* **2.2** *etwas aufgeben, vorzeitig beenden* ▸ wir werden

S

den Laden schon ~ ⟨übertr.⟩ *wir werden die Sache schon in Ordnung bringen;* eine Runde ~ ⟨übertr.⟩ *eine Runde bezahlen, spendieren* ▸ die Frau schmiss sich ihm an den Hals ⟨übertr.⟩ *drängte sich ihm auf;* einen Gegenstand in eine Ecke ~ (aus Zorn); jmdm. Geld in den Rachen ~ ⟨übertr.⟩ *nutzlos zukommen lassen, sinnlos an jmdn. vergeuden* ▸ sie hat ihre Ausbildung geschmissen ⟨übertr.⟩

Schmeiß|flie|ge ⟨die; -, -n; Zool.⟩ *eine blaue Fliege*

Schmelz ⟨der; -es, -e⟩ **1** *Glasfluss, Email* **2** *Glasur (auf Tongefäßen)* **3** *oberste Schicht (des Zahns)* **4** ⟨poet.⟩ *weicher Glanz (einer Farbe), weicher Klang, Wohllaut (einer Stimme)*

schmel|zen ⟨V.⟩ **I** ⟨V. trans.; schmilzt, schmolz, hat ge|schmol|zen⟩ Butter, Eis, Metall, Wachs ~ *durch Hitze flüssig machen* ▸ die Sonne schmilzt das Eis, den Schnee **II** ⟨V. intr.; schmilzt, schmolz, ist ge|schmol|zen⟩ **1** *vom festen in den flüssigen Zustand übergehen, z. B. durch Wärmezufuhr flüssig werden, zerfließen* **2** ⟨übertr.⟩ *gerührt werden* ▸ der Schnee ist (in der Sonne) geschmolzen

Schmelz|kä|se ⟨der; -s, -⟩ *streichfähiger Käse*

Schmelz|punkt ⟨der; -(e)s, -e⟩ *Temperatur, bei der ein fester Stoff flüssig wird*

Schmerz ⟨der; -es, -en⟩ **1** *unangenehme, leicht quälende körperliche Empfindung;* Abl *schmerzfrei;* Zus *Schmerzmittel, Schmerztablette; schmerzlindernd, schmerzstillend; Halsschmerzen, Ohrenschmerzen, Zahnschmerzen* **2** ⟨übertr.⟩ *quälende seelische Empfindung, große Trauer, Kummer, Leid* ▸ ~en aushalten (können); dein Verhalten bereitet mir ~; den ~ betäuben; ~en erdulden, erleiden, ertragen, haben, leiden; hast du ~en?; wo haben Sie ~en?; ~en lindern, stillen; sich den ~ verbeißen, verkneifen; jmdm. ~ zufügen ▸ bohrender, brennender, nagender, reißender, schneidender, stechender ~; großer, kleiner, rasender, unerträglicher ~; tiefer ~ ⟨übertr.⟩ ▸ vor ~ aufschreien, stöhnen; er konnte vor ~en nicht schlafen

schmerz|emp|find|lich ⟨Adj.⟩ *empfindlich gegen Schmerzen* ▸ ich bin (nicht) sehr ~; Abl *Schmerzempfindlichkeit*

schmer|zen ⟨V. trans. u. V. intr.; schmerzt, schmerz|te, hat ge|schmerzt⟩ **1** *wehtun, Schmerz bereiten* **2** ⟨übertr.⟩ jmdn. ~ *Kummer bereiten* ▸ es schmerzt mich sehr, dass … ⟨übertr.⟩; die Wunde schmerzt (nicht, stark, wenig); die ~den Füße kühlen

Schmer|zens|geld ⟨das; -(e)s, -er⟩ *Entschädigung in Geld für einen erlittenen, körperlichen Schaden*

Schmerz|gren|ze ⟨die; -, -n; Pl. selten⟩ *Grenze, oberhalb der etwas als schmerzhaft empfunden wird* ▸ die ~ erreichen; mit einer Reform bis an die ~ der Betroffenen gehen ⟨übertr.⟩

schmerz|haft ⟨Adj.; -er, am -es|ten⟩ *körperlichen Schmerz bereitend, wehtuend* ▸ eine ~e Wunde; die Behandlung ist (nicht) ~

schmerz|lich ⟨Adj.⟩ *seelischen Schmerz, Kummer erregend, betrüblich* ▸ eine ~e Erinnerung; ein ~es Verlangen (nach etwas) *sehnsüchtiges V.;* ein ~er Verlust; von etwas ~ berührt sein

schmerz|los ⟨Adj.⟩ *ohne Schmerzen, keine Schmerzen verursachend* ▸ ~e Behandlung; die Sache verlief kurz und ~ ⟨übertr.; umg.⟩; Abl *Schmerzlosigkeit*

schmerz|ver|zerrt ⟨Adj.⟩ *von Schmerzen verzerrt* ▸ mit ~em Gesicht

Schmet|ter|ling ⟨der; -s, -e; Zool.⟩ *ein Insekt mit bunten Flügeln, das aus einer Raupe, die sich verpuppt, entsteht;* Syn *Falter* ▸ ~e fangen, sammeln

schmet|tern ⟨V.; schmet|tert, schmet|ter|te, hat geschmet|tert⟩ **I** ⟨V. trans.⟩ jmdn. od. etwas irgendwohin ~ *mit Wucht hinwerfen* ▸ einen Ball (übers Netz) ~ ▸ einen Gegenstand vor Wut an die Wand ~; die Karten auf den Tisch ~; die Tür ins Schloss ~; einen Gegenstand in tausend Stücke ~; den Gegner im Kampf zu Boden ~ **II** ⟨V. intr.⟩ **1** *wuchtig schlagen* **2** *laut tönen* ▸ die Trompeten schmetterten ▸ auf die Pauke ~

Schmied ⟨der; -(e)s, -e⟩ **1** *Handwerker der Eisenverarbeitung, der (glühendes) Eisen mit dem Hammer formt* **2** *in der Industrie beschäftigter Handwerker, der an speziellen Maschinen Bauteile aus Metall fertigt u. bearbeitet* ▸ der ~ beschlägt die Pferde; Abl *Schmiedin*

Schmie|de ⟨die; -, -n⟩ *Werkstatt des Schmiedes*

schmie|den ⟨V. trans.; schmie|det, schmie|de|te, hat ge|schmie|det⟩ etwas ~ **1** *in glühendem Zustand mit dem Hammer formen* **2** ⟨übertr.⟩ *ersinnen, sich ausdenken* ▸ man muss das Eisen ~, solange es heiß ist ⟨Sprichw.⟩ *man muss einen Plan versuchen durchzusetzen, solange die Zeit dafür günstig ist;* Pläne, Verse ~ ⟨übertr.⟩

schmie|gen ⟨V.; schmiegt, schmieg|te, hat geschmiegt⟩ **I** ⟨V. refl.⟩ sich irgendwohin ~ *sich weich, geschmeidig einer Form anpassen, sich einer Form entsprechend biegen, in eine Form einpassen (Sache)* ▸ das Kleid schmiegt sich eng um ihren Körper **II** ⟨V. trans.⟩ sich od. etwas an jmdn. od. etwas ~ *wohlig, behaglich (an)lehnen, zärtlich andrücken* ▸ sich an jmdn., an jmds. Brust, in jmds. Arme ~; das Gesicht in die Kissen ~

schmieg|sam ⟨Adj.⟩ **1** *sich leicht einer Form anpassend* **2** ⟨übertr.⟩ *anpassungsfähig*

Schmie|re[1] ⟨die; -, -n⟩ **1** *Fett zum Schmieren, Schmiermittel;* Zus *Schuhschmiere, Wagenschmiere* **2** *fettige, klebrige Masse, Salbe* **3** *feuchter Schmutz* **4** ⟨umg.⟩ *kleines, schlechtes Theater*

Schmie|re[2] ⟨die; umg.; in der Wendung⟩ ~ stehen *Wache stehen (bei Verbrechen od. Streichen)*

schmie|ren ⟨V.; schmiert, schmier|te, hat geschmiert⟩ **I** ⟨V. trans.⟩ **1** (jmdm. od. sich) ein Brot ~ *bestreichen* **2** etwas irgendwohin ~ *streichen* **3** ein Schloss, eine Türangel ~ *einfetten, ölen;* Abl *Schmiermittel* **4** ⟨übertr.; umg.⟩ jmdn. ~ *bestechen;* Zus *Schmiergeld* ▸ jmdm. eine ~ ⟨übertr.; umg.⟩ *jmdm. eine Ohrfeige geben;* Butter dick aufs Brot ~; jmdm. etwas aufs Butterbrot ~ ⟨übertr.; umg.⟩ *jmdm. etwas Unangenehmes (deutlich) zu verstehen geben;* es geht wie ge-

S

schmiert *es klappt reibungslos, ohne Zwischenfälle* **II** ⟨V. trans. u. V. intr.⟩ (etwas irgendwohin) ~ *schlecht, unsauber schreiben od. malen, klecksen* ▸ der Füllhalter schmiert; du schmierst fürchterlich; Zus *Schmierpapier*

schmie|rig ⟨Adj.⟩ **1** *voller Schmiere* **2** *fettig, feucht-klebrig, feucht-schmutzig* **3** ⟨übertr.⟩ **3.1** *unsauber, illegal* **3.2** *unangenehm freundlich, kriecherisch* (Person) ▸ er ist ein ~er Kerl ⟨übertr.⟩

Schmier|sei|fe ⟨die; -; unz.⟩ *weiche Kaliseife*

Schminke ⟨die; -, -n⟩ *Mittel zum Färben der Haut, Lippen, Augenbrauen u. Wimpern*

schmin|ken ⟨V. trans.; schminkt, schmink|te, hat ge|schminkt⟩ jmdn. od. sich ~, sich etwas ~ *mit Schminke färben* ▸ sich ~ und pudern; sich die Lippen, Augenlider ~; geschminkte Lippen; auffallend, leicht, stark geschminkt sein

schmir|geln ⟨V. trans.; schmir|gelt, schmir|gel|te, hat ge|schmir|gelt⟩ etwas ~ *mit Schmirgelpapier abreiben, schleifen, glätten*

Schmir|gel|pa|pier ⟨das; -(e)s; unz.⟩ *mit kleinen Körnern beschichtetes Papier, das zum Polieren verwendet wird;* Syn *Schleifpapier*

schmiss → *schmeißen*

Schmiss ⟨der; -es, -e⟩ **1** *Lebendigkeit, Schwung* **2** *Narbe auf der Wange durch einen Säbelhieb*

schmis|sig ⟨Adj.; umg.⟩ *voller Schmiss, schwungvoll, flott* ▸ ein ~er Mensch, ~er Tanz

Schmö|ker ⟨der; -s, -⟩ *fesselnder, spannender Unterhaltungsroman, den man schnell durchliest*

schmö|kern ⟨V. intr.; schmö|kert, schmö|ker|te, hat ge|schmö|kert; umg.⟩ (in etwas) ~ *behaglich in Büchern blättern, lesen*

schmol|len ⟨V. intr.; schmollt, schmoll|te, hat geschmollt⟩ *seinen Unwillen zeigen, trotzen* ▸ ~d den Mund verziehen; Zus *Schmollmund*

schmolz → *schmelzen*

schmo|ren ⟨V.; schmort, schmor|te, hat geschmort⟩ **I** ⟨V. trans.⟩ Kalb-, Rind-, Schweinefleisch ~ *in Fett anbraten u. dann mit Wasser in zugedecktem Topf langsam kochen;* Zus *Schmorbraten, Schmorfleisch* **II** ⟨V. intr.⟩ **1** *nach dem Anbraten im zugedeckten Topf langsam gar werden* **2** ⟨übertr.; umg.⟩ *vor Hitze schwitzen* **3** ⟨El.⟩ *infolge schlechten Kontaktes unerwünschte Hitze entwickeln* ▸ jmdn. ~ lassen = *schmorenlassen;* in der Sonne ~ ⟨übertr.; umg.⟩

schmo|ren|las|sen *auch:* **schmo|ren las|sen** ⟨V. trans.; lässt schmo|ren, ließ schmo|ren, hat schmo|ren|las|sen, schmo|ren|zu|las|sen; übertr.⟩ jmdn. ~ *jmdn. im Ungewissen, warten lassen* ▸ ich werde ihn noch ein wenig ~, bevor ich ihm antworte

schmuck ⟨Adj.⟩ *hübsch, gepflegt* ▸ ein ~es Haus

Schmuck ⟨der; -(e)s, -e; unz.⟩ **1** *Verzierung, Verschönerung, Zierde, Zierrat;* Zus *Wandschmuck* **2** *vom Menschen getragene schmückende Gegenstände, oft aus kostbarem Material, z. B. Ringe, Ketten, Broschen;* Zus *Schmuckstück; Modeschmuck, Silberschmuck* ▸ ~ anlegen, tragen; goldener, kostbarer, silberner, wertvoller ~; sie trägt nur echten ~

schmü|cken ⟨V. trans.; schmückt, schmück|te, hat ge|schmückt⟩ **1** etwas ~ *verzieren, verschönern, dekorieren* **2** jmdn. od. sich ~ *jmdm. od. sich Schmuck anlegen* ▸ eine Rede mit Bildern und Vergleichen ~; den Christbaum ~; die Tafel war festlich geschmückt; ~des Beiwerk

schmuck|los ⟨Adj.⟩ *unverziert, einfach, schlicht;* Abl *Schmucklosigkeit*

schmud|de|lig ⟨Adj.; umg.⟩ *nicht ganz sauber, leicht schmutzig;* oV *schmuddlig* ▸ eine ~e Hose

Schmud|del|wet|ter ⟨das; -s; unz.; umg.⟩ *nasskaltes Wetter, Wetter mit Regen u. Schnee*

Schmug|gel ⟨der; -s; unz.⟩ *gesetzwidrige Ein- od. Ausfuhr, Schleichhandel* ▸ der ~ von Waffen ist aufgeflogen; ~ mit Zigaretten

schmug|geln ⟨V. intr. u. V. trans.; schmug|gelt, schmug|gel|te, hat ge|schmug|gelt⟩ (jmdn. od. etwas) ~ *(mit jmdm. od. etwas) Schmuggel treiben* ▸ Waren illegal über die Grenze ~

Schmugg|ler ⟨der; -s, -⟩ *jmd., der schmuggelt;* Abl *Schmugglerin;* Zus *Drogenschmuggler, Waffenschmuggler*

schmun|zeln ⟨V. intr.; schmun|zelt, schmun|zel|te, hat ge|schmun|zelt⟩ *(wohlwollend) ein wenig lächeln* ▸ er musste ~; über ein Gedicht ~

Schmu|se|kurs ⟨der; -es, -e; bes. Pol.; Wirtsch.; übertr.; abwertend⟩ *Kurs (bes. einer Partei od. eines Politikers), der sich jmdm. od. etwas in einschmeichelnder Weise anzugleichen sucht* ▸ auf ~ zur Opposition gehen

schmu|sen ⟨V. intr.; schmust, schmus|te, hat geschmust; umg.⟩ (mit jmdm.) ~ *zärtlich sein* ▸ der Kleine schmust gern

Schmutz ⟨der; -es; unz.⟩ *unsauberer Sand, Staub, herumliegende Abfälle, unsaubere Feuchtigkeit* ▸ den ~ zusammenkehren; den ~ aus dem Zimmer, von der Treppe fegen; jmds. guten Namen in den ~ ziehen *Schlechtes über jmdn. verbreiten;* jmdn. mit ~ bewerfen ⟨übertr.⟩ *ihn schlechtmachen;* Zus *Schmutzfleck*

schmut|zig ⟨Adj.⟩ **1** *unsauber, mit Schmutz bedeckt, fleckig* **2** ⟨übertr.⟩ **2.1** *unanständig, gegen die Moral verstoßend* **2.2** *unehrlich, betrügerisch, illegal* ▸ ~e Arbeit; ~e Ausdrücke gebrauchen ⟨übertr.⟩; er hat eine ~e Fantasie ⟨übertr.⟩; die ~en Füße, Hände waschen; ein ~es Geschäft, Gewerbe, Handwerk; ~e Kleider, Strümpfe, Wäsche waschen; ein ~es Lachen ⟨übertr.⟩; diese Handtücher müssen in die ~e Wäsche *in die zum Waschen bestimmte W.* ▸ pass auf, dass du dich nicht ~ machst!; sein: deine Hose ist ganz ~ ▸ ~ grau *grau wie Schmutz*

Schna|bel ⟨der; -s, Schnä|bel⟩ **1** ⟨Zool.⟩ *der verlängerte Teil des Kopfes von Vögeln, mit dem sie Nahrung aufpicken;* ⓘ S. 1110, 1111 **2** ⟨übertr.⟩ **2.1** *schnabelartiger Vorsprung, Ausguss an Kannen od. Krügen;* Zus *Schnabeltasse* **2.2** ⟨Mus.⟩ *Mundstück an der Klarinette* **2.3** ⟨umg.⟩ *Mund* ▸ halt den ~! ⟨umg.⟩ *schweig!;* der Vogel wetzt seinen ~ ▸ breiter, dicker, dünner, gekrümmter, kurzer, langer, spitzer ~ ▸ der Vogel trug einen Wurm im ~; mit dem ~ hacken, picken; sie re-

S

det wie ihr der ~ gewachsen ist ⟨umg.⟩ *natürlich, ohne Scheu*

schna|cken ⟨V. intr.; schnackt, schnack|te, hat geschnackt; norddt.⟩ **1** (mit jmdm.) ~ *sich unterhalten, plaudern* **2** *Unsinn reden*

Schna|ke ⟨die; -, -n⟩ *große, langbeinige Mücke*

Schnal|le ⟨die; -, -n⟩ **1** *Vorrichtung zum Schließen, bes. an Riemen;* Zus *Schnallenschuh; Gürtelschnalle* **2** ⟨österr. a.⟩ *Türklinke, Türgriff* **3** ⟨abwertend⟩ *Mädchen, Frau*

schnal|len ⟨V. trans.; schnallt, schnall|te, hat geschnallt⟩ **1** etwas irgendwohin od. irgendwie ~ *mit einer Schnalle befestigen, schließen* **2** ⟨übertr.; umg.⟩ etwas ~ *verstehen, begreifen* ▸ einen Gürtel, Riemen enger, weiter ~; den Gürtel enger ~ ⟨übertr.; umg.⟩ *sich einschränken;* die Koffer, die Skier auf den Gepäckträger ~; hast du's endlich geschnallt? ⟨übertr.; umg.⟩

schnal|zen ⟨V. intr.; schnalzt, schnalz|te, hat geschnalzt⟩ *ein schnappendes Geräusch erzeugen (durch schnelle Bewegung der Peitsche, der Zunge, der Finger)*

Schnäpp|chen ⟨das; -s, -; umg.⟩ *günstiger Kauf* ▸ ein ~ machen *etwas sehr günstig einkaufen;* Zus *Schnäppchenjagd, Schnäppchenjäger(in)*

schnap|pen ⟨V.⟩ **I** ⟨V. intr.; schnappt, schnapp|te, hat ge|schnappt⟩ **1** *sich plötzlich ruckweise bewegen* **2** nach jmdm. od. etwas ~ *mit dem Mund, den Zähnen zu greifen suchen, darauf zufahren, beißen* ▸ die alte Tür ist ins Schloss geschnappt; der Hund hat nach der Wurst geschnappt; nach Luft ~ ⟨umg.⟩ *mit offenem Mund keuchend atmen* **II** ⟨V. intr.; schnappt, schnapp|te, ist geschnappt; unpersönl.⟩ *in die Höhe fahren* (Deckel) *od. sich schließen* (Schloss) **III** ⟨V. trans.; schnappt, schnapp|te, hat ge|schnappt; umg.⟩ **1** (sich) jmdn. od. etwas ~ *erwischen, fangen* **2** etwas ~ *rasch wegnehmen, entfernen* **3** sich etwas ~ **3.1** *sich rasch aneignen* **3.2** *stehlen* ▸ hat man den Dieb schon geschnappt?; ein wenig frische Luft ~ *ein wenig ins Freie gehen, einen kleinen Spaziergang machen;* er wurde beim Grenzübertritt geschnappt

Schnapp|schuss ⟨der; -es, -schüs|se; umg.⟩ *nicht gestellte, natürlich wirkende fotografische Aufnahme (von Personen od. Tieren in Bewegung)*

Schnaps ⟨der; -es, Schnäp|se⟩ *stark alkoholisches Getränk, Branntwein* ▸ drei Glas ~, ⟨od.⟩ drei Schnäpse trinken; nach ~ stinken; Zus *Schnapsbrennerei, Schnapsglas*

Schnaps|idee ⟨die; -, -n; umg.⟩ *verrückter Einfall* ▸ was ist das wieder für eine ~!

Schnaps|zahl ⟨die; -, -en⟩ *aus zwei od. mehreren gleichen Ziffern bestehende Zahl*

schnar|chen ⟨V. intr.; schnarcht, schnarch|te, hat ge|schnarcht⟩ *beim Atmen (mit offenem Mund im Schlaf) ein sägendes od. rasselndes Geräusch erzeugen*

schnar|ren ⟨V. intr.; schnarrt, schnarr|te, hat geschnarrt⟩ *ein knarrendes, rasselndes Geräusch hervorbringen* ▸ die Gänse ~

schnat|tern ⟨V. intr.; schnat|tert, schnat|ter|te, hat ge|schnat|tert⟩ **1** *klappernde Laute von sich geben* (Ente, Gans) **2** ⟨übertr.; umg.⟩ *unaufhörlich reden, schwatzen, durcheinandersprechen*

schnau|ben ⟨V. intr.; schnaubt, schnaub|te (veraltet: schnob), hat ge|schnaubt⟩ **1** *heftig, hörbar durch die Nase atmen* (Pferd) **2** *keuchen* **3** *hörbar blasen* (Wind) **4** ⟨übertr.⟩ *äußerst erregt sein* ▸ die Pferde stampften und schnaubten laut; „Hört auf!", schnaubte er; er schnaubte vor Wut ⟨übertr.⟩

schnau|fen ⟨V. intr.; schnauft, schnauf|te, hat geschnauft⟩ *heftig atmen, außer Atem sein, keuchen* ▸ bergauf schnaufte sie vor Anstrengung

Schnauz|bart ⟨der; -(e)s, -bär|te⟩ *großer Schnurrbart;* Abl *schnauzbärtig*

Schnau|ze ⟨die; -, -n⟩ **1** *Gegend von Mund u. Nase mancher Tiere;* ⓘ S. 1110, 1111; Zus *Hundeschnauze* **2** ⟨derb⟩ *Mund* **3** *Ausguss an Gefäßen* ▸ die ~ der Kaffeekanne ist ab-, angeschlagen ▸ halt die ~! ⟨derb⟩ *sei still!* ▸ eine große ~ haben ⟨derb⟩ *viel u. prahlerisch reden;* ich habe die ~ voll davon ⟨derb⟩ *ich bin der Sache überdrüssig, will nichts mehr damit zu tun haben* ▸ frei nach ~! ⟨umg.⟩ *ohne Plan, ohne Vorbereitung*

schnäu|zen ⟨V. refl.; schnäuzt sich, schnäuz|te sich, hat sich ge|schnäuzt⟩ sich ~ *sich die Nase putzen*

Schnau|zer ⟨der; -s, -⟩ **1** *mittelgroßer rauhaariger Hund* **2** = *Schnauzbart*

Schne|cke ⟨die; -, -n⟩ **1** ⟨Zool.⟩ *ein kleines Tier, das kriecht u. dabei eine Schleimspur zurücklässt, häufig mit einem Gehäuse in Form einer Spirale* **2** ⟨übertr.⟩ *gewundenes, spiralförmiges Gebilde* **3** ⟨übertr.⟩ *flaches, spiralförmiges Gebäck aus Hefeteig* **4** ⟨Anat.⟩ *Teil des inneren Ohrs* ▸ jmdn. zur ~ machen ⟨übertr.; umg.⟩ *so heftig beschimpfen, dass er sich nicht mehr wehrt*

Schne|cken|haus ⟨das; -es, -häu|ser⟩ *gewundenes Gehäuse von Schnecken* ▸ sich in sein ~ zurückziehen ⟨übertr.; umg.⟩ *sich von den andern zurückziehen*

Schne|cken|tem|po ⟨das; -s; unz.; übertr.; umg.⟩ *sehr langsames Tempo* ▸ im ~ fahren, gehen

Schnee ⟨der; -s; unz.⟩ **1** *aus gefrorenem Wasser bestehender, fester, flockenförmiger Niederschlag;* Zus *Schneedecke, Schneefall, Schneeflocke, Schneeschauer, Schneesturm; schneebedeckt* **2** *geschlagenes Eiweiß;* Zus *Eischnee* **3** ⟨übertr.; umg.⟩ *weißes, pulveriges Rauschmittel* ▸ es fällt ~ *es schneit;* ~ fegen, schippen; der ~ knirschte bei jedem Schritt unter unseren Füßen (so kalt war es); es liegt viel ~; ~ schippen; der ~ schmilzt in der Sonne ▸ dichter, festgetretener, lockerer, nasser, trockener, verharschter ~; hoher ~ bedeckte die Felder, Wege; künstlicher ~; der Wald lag in tiefem ~ ▸ durch den ~ stapfen; die Straße vom ~ säubern

Schnee|ball ⟨der; -(e)s, -bäl|le⟩ **1** *zum Ball geformter Schnee, mit dem Kinder werfen;* Zus *Schneeballschlacht* **2** *ein Strauch mit weißen Blüten in der Form eines Schneeballs (1)*

Schnee|be|sen ⟨der; -s, -⟩ *Küchengerät, mit dem*

Eiweiß zu Schnee, Sahne zu Schlagsahne geschlagen wird

Schnee|bril|le ⟨die; -, -n⟩ *dunkle Brille zum Vermeiden der Schneeblindheit*

schnee|glatt ⟨Adj.⟩ *glatt durch festgefahrenen Schnee* ▸ ~e Straßen

Schnee|glöck|chen ⟨das; -s, -; Bot.⟩ *eine Pflanze, die im Februar bis April weiße, hängende Blüten bildet*

Schnee|gren|ze ⟨die; -; unz.⟩ **1** *untere Grenze des ewigen Schnees* **2** *durch eine bestimmte Höhe markierte Grenze zw. Regen- u. Schneefall*

Schnee|ket|te ⟨die; -, -n; meist Pl.⟩ *Geflecht aus Ketten, das über Autoreifen befestigt wird, um bei Schnee u. Straßenglätte nicht zu rutschen*

Schnee|mann ⟨der; -(e)s, -män|ner⟩ *(von Kindern) aus Schnee geformte Figur*

Schnee|pflug ⟨der; -(e)s, -pflü|ge⟩ **1** *Gerät zum Beiseiteschieben des Schnees auf Verkehrswegen* **2** ⟨Skilauf⟩ *Fahrweise zum Bremsen od. langsamen Bergabfahren durch Auseinanderdrücken der Skispitzen*

Schnee|re|gen ⟨der; -s; unz.⟩ *mit Schnee vermischter Regen*

Schnee|schie|ber ⟨der; -s, -⟩ *Gerät aus einem Brett mit Stiel zum Beiseiteschieben von Schnee*

Schnee|schmel|ze ⟨die; -; unz.⟩ *das Tauen des Schnees im Frühjahr*

Schnee|trei|ben ⟨das; -s; unz.⟩ *Schneefall, verbunden mit heftigem Wind*

Schnee|ver|we|hung ⟨die; -, -en; meist Pl.⟩ *vom Wind zusammengewehter Schnee, oft in großem Ausmaß*

Schnee|we|he ⟨die; -, -n⟩ *vom Wind zu einem kleinen Hügel zusammengewehter Schnee*

schnee|weiß ⟨Adj.⟩ *weiß wie Schnee*

Schneid ⟨der; -(e)s; unz., bair. die; -; unz.; umg.⟩ *Mut, Tatkraft* ▸ er hat (keinen) ~

Schnei|de ⟨die; -, -n⟩ *scharfe Seite der Klinge (des Messers, Säbels, der Axt usw.)* ▸ ~ der Klinge; etwas steht auf Messers ~ *ist ungewiss*

schnei|den ⟨V.; schnei|det, schnitt, hat ge|schnitten⟩ **I** ⟨V. trans.⟩ **1** Brot, Fleisch ~ *mit dem Messer od. etwas ähnlich Scharfem zerteilen* **2** Haar, eine Blume ~ *mit einer Schere abtrennen* **3** Figuren ~ *schnitzen, gravieren, meißeln* **4** jmdn. od. sich ~ *mit etwas Scharfem verletzen* **5** ⟨übertr.; umg.⟩ jmdn. ~ *ihn absichtlich unbeachtet lassen, nicht grüßen* ▸ Bäume, Hecken ~; den Ball ~ ⟨Sp.; Billard, Tennis⟩ *ihm beim Stoß einen Drall geben;* Blech, Bretter, Papier ~; Fleisch, Käse, Wurst (in Scheiben) ~; einen Film ~ *auseinanderschneiden u. die Szenen nach künstlerischen Gesichtspunkten neu zusammensetzen;* eine Fratze, Grimasse ~ *das Gesicht zu einer F., G. verziehen;* Gras, Getreide ~ *mähen;* Käse, Speck (in Würfel) ~; sich das Haar ~ lassen; eine Kurve ~ *dicht an der Innenseite fahren u. dabei die linke Fahrbahn benutzen;* jmdm. od. sich die Nägel ~ ▸ Figuren, Muster in Holz, Metall, Stein ~; sich mit dem Messer ~; in dem Lokal ist die Luft zum Schneiden dick *sehr verbraucht, stickig* ▸ ein scharf geschnittenes / scharfgeschnittenes Gesicht; sie ist ihrer Mutter wie aus dem Gesicht geschnitten *sie ähnelt ihr sehr* **II** ⟨V. refl.⟩ sich ~ **1** *sich durch Schnitt verletzen* **2** *sich kreuzen* (Linien) ▸ die beiden Straßen ~ sich hier ▸ sich an einer Glasscherbe ~; er hat sich beim Brotschneiden böse geschnitten; zwei Geraden ~ sich in einem Punkt *treffen aufeinander* ▸ wenn du das glaubst, dann hast du dich aber geschnitten ⟨übertr.; umg.⟩ *dann irrst du dich* **III** ⟨V. intr.⟩ **1** *scharf sein, imstande sein, zu zertrennen* **2** jmdm. od. sich in ein bestimmtes Körperteil ~ *jmdm. od. sich ein best. K. durch Schnitt verletzen* ▸ das Messer schneidet ▸ die Schere schneidet gut, schlecht ▸ sich ins eigene Fleisch ~ ⟨übertr.⟩ *sich selbst schaden;* der Wind schneidet ins Gesicht ⟨übertr.⟩ ▸ ~der Hohn, Spott ⟨übertr.⟩; ~de Kälte ⟨übertr.⟩; ein ~der Ostwind ⟨übertr.⟩; ein ~der Schmerz ⟨übertr.⟩; eine ~de Stimme; es ist ~d kalt ⟨übertr.⟩

Schnei|der ⟨der; -s, -⟩ **1** *Handwerker, der nach Maß Oberbekleidung herstellt sowie auch daran Änderungen, Reparaturen vornimmt (Lehrberuf mit dreijähriger Lehrzeit);* Abl *Schneiderin; schneidern;* Zus *Damenschneider, Herrenschneider* **2** ⟨Zool.⟩ = *Weberknecht* **3** ⟨Skat⟩ *die Punktzahl 30* ▸ aus dem ~ (heraus) sein ⟨Skat⟩ *mehr als 30 Punkte haben;* ⟨übertr.; umg.⟩ *aus allen Schwierigkeiten heraus sein*

Schnei|der|sitz ⟨der; -es; unz.⟩ *Sitzhaltung (auf dem Boden) mit gespreizten Oberschenkeln u. gekreuzten Unterschenkeln* ▸ im ~ sitzen

Schnei|de|zahn ⟨der; -(e)s, -zäh|ne; Anat.⟩ *am Ober- u. Unterkiefer jeder der beiden mittleren Zähne auf jeder Kieferhälfte*

schnei|dig ⟨Adj.; übertr.⟩ *forsch, draufgängerisch, wagemutig, tatkräftig* ▸ ein ~er Bursche, Kerl, Kavalier, Offizier

schnei|en ⟨V. intr.; schneit, schnei|te, hat geschneit; unpersönl.⟩ es schneit *es fällt Schnee* ▸ es schneit in dichten Flocken; gestern Nacht hat es geschneit; jmdm. ins Haus ~ ⟨übertr.; umg.⟩ *überraschend bei jmdm. auftauchen*

Schnei|se ⟨die; -, -n⟩ *von Bäumen freigehaltener Streifen im Wald* ▸ eine ~ im Wald schlagen

schnell ⟨Adj.⟩ Ggs *langsam (I)* **1** *rasch, eilig, geschwind, flink* **2** *plötzlich, jäh* ▸ eine ~e Bedienung; eine ~e Bewegung, Drehung, Wendung; ~e Hilfe ist nötig; ein ~es Pferd ▸ sich ~ entscheiden, entschließen müssen; das muss ~stens erledigt werden; (zu) ~ fahren, gehen, lesen, sprechen; ihr Puls ging ~; die Sache ging ~er, als ich dachte; ~ laufen; mach ~! ⟨umg.⟩ *beeile dich;* die Nachricht verbreitete sich ~; wie ~ die Zeit vergeht! ▸ allmählich ~er werden *das Tempo beschleunigen;* sie ist immer ~ fertig mit allem *sie arbeitet rasch, aber auch nachlässig* ▸ nicht so ~!; das muss so ~ wie erledigt werden; er ist ~ wie der Blitz, Wind *sehr schnell*

Schnell|bahn ⟨die; -, -en; kurz: S-Bahn⟩ *meist elektrisch betriebene Schienenbahn innerhalb von Großstädten u. deren Vororten*

S

Schnẹll|durch|lauf ⟨der; -(e)s, -läu|fe⟩ *schneller Durchlauf, beschleunigtes Verfahren* ▸ etwas im ~ erledigen

Schnẹl|le ⟨die; nur in Wendungen wie⟩ jmdn. auf die ~ besuchen ⟨umg.⟩ *ganz kurz;* nur auf die ~ eine Kleinigkeit essen ⟨umg.⟩ *ganz rasch*

schnẹl|len ⟨V. intr.; schnellt, schnell|te, ist geschnellt⟩ *federnd (in die Höhe) springen* ▸ er schnellte von seinem Sitz (in die Höhe); die Preise schnellten in die Höhe ⟨übertr.⟩ *sie stiegen plötzlich*

Schnẹll|hef|ter ⟨der; -s, -⟩ *Mappe aus leichter Pappe mit Vorrichtung zum Anheften, zum Aufbewahren von Schriftstücken*

Schnẹl|lig|keit ⟨die; -, -en⟩ *Geschwindigkeit* ▸ das Projekt wurde mit hoher ~ beendet

Schnẹll|im|biss ⟨der; -es, -e⟩ **1** *rasch eingenommener kleiner Imbiss* **2** *Schnellgaststätte od. Bude, die einen Imbiss anbietet*

Schnẹll|koch|topf ⟨der; -(e)s, -töp|fe⟩ *Kochtopf, in dem Speisen unter höherem Druck in kurzer Zeit gegart werden;* Syn *Dampfkochtopf*

schnẹll|le|big ⟨Adj.⟩ **1** *von kurzer Lebensdauer* **2** *sich schnell wandelnd* ▸ wir leben in einer ~en Zeit; Abl *Schnelllebigkeit*

schnẹlls|tens ⟨Adv.⟩ *so schnell wie möglich, besonders schnell*

schnẹllst|mög|lich ⟨Adj.⟩ *so schnell wie möglich* ▸ einen Schaden ~ reparieren

Schnẹll|stra|ße ⟨die; -, -n⟩ *ausgebaute, kreuzungsfreie Straße*

Schnẹll|zug ⟨der; -(e)s, -zü|ge⟩ *Eisenbahnzug, der nur an wichtigen Stationen hält*

Schnẹp|fe ⟨die; -, -n⟩ **1** ⟨Zool.⟩ *Vogel mit langen Beinen, der in Sümpfen u. feuchten Wiesen u. Wäldern lebt* **2** ⟨umg.; abwertend⟩ *dumme Frau, schnippisches Mädchen*

schnẹt|zeln ⟨V. trans.; schnet|zelt, schnet|zel|te, hat ge|schnet|zelt⟩ etwas ~ *kleinschneiden* ▸ geschnetzeltes Fleisch

Schnịck|schnack ⟨der; -s; unz.; umg.⟩ **1** *wertloses, überflüssiges Zeug* **2** *Geschwätz, dummes Gerede* ▸ das ist alles nur teurer ~

schnie|fen ⟨V. intr.; schnieft, schnief|te, hat geschnieft; mdt.⟩ *hörbar durch die Nase atmen*

schnie|ke ⟨Adj.; norddt.⟩ *schick, fein*

Schnịpp|chen ⟨das; nur in der Wendung⟩ jmdm. ein ~ schlagen ⟨übertr.⟩ *jmds. Absicht, oft scherzhaft, durchkreuzen, jmdm. einen Streich spielen*

schnịp|pisch ⟨Adj.⟩ *launisch, frech, anmaßend* ▸ ein ~es Kind ⟨umg.⟩; eine ~e Antwort geben

Schnịp|sel ⟨der od. das; -s, -⟩ *abgeschnittenes Stückchen;* Zus *Papierschnipsel, Stoffschnipsel*

schnịp|sen ⟨V.; schnipst, schnips|te, hat geschnipst; umg.⟩ oV *schnippen* **I** ⟨V. intr.⟩ mit den Fingern ~ *ein leise klickendes Geräusch erzeugen* **II** ⟨V. trans.⟩ etwas irgendwohin ~ *mittels Gummi, Schleuder od. Fingern wegspringen lassen* ▸ Papierkugeln nach jmdm. ~

schnịtt → *schneiden*

Schnịtt ⟨der; -(e)s, -e⟩ **1** *Tätigkeit des Schneidens* **2** *Ergebnis des Schneidens, Spur eines scharfen Gegenstandes, einer Klinge, Schnittwunde* **3** *die Art, wie etwas geschnitten, zugeschnitten ist* **4** *Vorlage aus Papier zum Zuschneiden eines Kleidungsstückes* **5** ⟨Film; TV; Rundfunk⟩ *Bearbeitung von Ton- u. /od. Bildaufnahmen durch Herausschneiden u. neue Zusammensetzung;* Syn *Cut* **6** *Zeichnung, die einen Körper darstellt, den man sich in irgendeiner Ebene geschnitten vorstellt;* Zus *Längsschnitt, Querschnitt* **7** ⟨kurz für⟩ *Durchschnitt* ▸ der ~ der **Augen,** des Gesichts, der Nase; der ~ des **Getreides;** der erste, zweite ~ des **Heus** ▸ einen (guten) ~ bei einem Geschäft **machen** ⟨umg.⟩ *großen Gewinn, Vorteil erzielen* ▸ ich suche einen ~ **für** ein Sommerkleid; ich arbeite täglich **im** ~ vier Stunden *durchschnittlich;* der ~ ging tief ins Fleisch, Gewebe

Schnịtt|blu|me ⟨die; -, -n⟩ *geschnittene Blume für die Vase*

Schnịt|te ⟨die; -, -n⟩ *Scheibe vom Brot* ▸ schnell eine ~ essen

Schnịtt|flä|che ⟨die; -, -n⟩ **1** *durch Schnitt entstandene Fläche* **2** ⟨Math.⟩ *gemeinsame Punkte einer Fläche mit einem Körper*

schnịt|tig ⟨Adj.⟩ *rassig, elegant, (scharf) ausgeprägt* ▸ sie fährt ein ~en Sportwagen

Schnịtt|lauch ⟨der; -(e)s; unz.⟩ *Lauch mit dünnen, röhrenförmigen Blättern, die als Gewürz dienen;* Zus *Schnittlauchquark*

Schnịtt|men|ge ⟨die; -, -n; Math.⟩ *die zwei od. mehr Mengen gemeinsamen Bestandteile*

Schnịtt|mus|ter ⟨das; -s, -⟩ *Schnitt zum Zuschneiden eines Kleidungsstückes*

Schnịtt|punkt ⟨der; -(e)s, -e⟩ **1** ⟨Math.⟩ *gemeinsamer Punkt zweier od. mehrerer Linien od. Kurven* **2** ⟨allg.⟩ *Kreuzung (zweier Straßen)*

Schnịtt|stel|le ⟨die; -, -n; EDV⟩ *Funktionseinheit eines EDV-Systems, das eine Verbindung zw. Teilen dieses Systems od. dem System u. der Außenwelt herstellt;* Syn *Interface*

Schnịtt|wun|de ⟨die; -, -n⟩ *durch einen Schnitt mit einem scharfen Gegenstand entstandene Wunde* ▸ eine kleine, tiefe ~; jmdm. eine ~ zufügen

Schnịt|zel **I** ⟨das od. der; -s, -⟩ *kleines Stückchen Papier;* Zus *Papierschnitzel* **II** ⟨das; -s, -⟩ *dünne Scheibe Fleisch von der Keule od. Schulter (gebraten od. zum Braten);* Zus *Kalbsschnitzel, Schweineschnitzel* ▸ ein ~ braten, klopfen, panieren

Schnịt|zel|jagd ⟨die; -, -en⟩ *spielerische Verfolgungsjagd, bei der durch Papierschnitzel eine Spur markiert wird*

schnịt|zen ⟨V. trans.; schnitzt, schnitz|te, hat geschnitzt⟩ etwas ~ *in Holz ausschneiden* ▸ eine Krippe, eine Pfeife ~

Schnịt|zer ⟨der; -s, -⟩ **1** *Holzbildhauer;* Abl *Schnitzerin* **2** ⟨umg.⟩ *Fehler* ▸ einen ~ machen

schnọdd|rig ⟨Adj.; umg.⟩ *frech, vorlaut, unhöflich;* oV *schnodderig* ▸ eine ~e Bemerkung machen; ~ daherreden; Abl *Schnodd(e)rigkeit*

schnö|de ⟨Adj.⟩ *gemein, verächtlich, geringschätzig;* oV *schnöd* ▸ ~r Geiz, Gewinn, Undank, Verrat;

S

~er Mammon ⟨abwertend⟩ *Reichtum, Geld;* dem ~n Mammon nachjagen; jmdn. ~ abweisen, behandeln, zurechtweisen

Schnor|chel ⟨der; -s, -⟩ **1** ⟨beim Unterseeboot⟩ *ausfahrbare Röhre mit Ventil zum Ansaugen von Frischluft* **2** *Atemrohr von Sport-Tauchgeräten;* Abl *schnorcheln*

Schnör|kel ⟨der; -s, -⟩ **1** *gewundene Linie als Verzierung (an Schriftzügen)* **2** *linear gewundene Verzierung (an Möbeln)* **3** *unnötige Verzierung (in der Rede)*

schnör|kel|los ⟨Adj.⟩ **1** *ohne Schnörkel, ohne schmückendes Beiwerk* **2** ⟨übertr.⟩ *ohne Umschweife, direkt, sachlich* ▸ eine ~e, klare Sprache ⟨übertr.⟩

schnor|ren ⟨V. trans. u. V. intr.; schnorrt, schnorr|te, hat ge|schnorrt; umg.⟩ (etwas) (von jmdm.) ~ *immer wieder betteln od. etwas erbetteln, ohne eine Gegenleistungen zu erbringen* ▸ eine Zigarette ~; Abl *Schnorrer(in)*

Schnö|sel ⟨der; -s, -; umg.; abwertend⟩ *hochnäsiger junger Mann* ▸ eingebildeter ~; Abl *schnöselig*

schnu|cke|lig ⟨Adj.; umg.⟩ *hübsch u. klein, niedlich;* oV *schnucklig* ▸ eine ~e Wohnung

schnüf|feln ⟨V.; schnüf|felt, schnüf|fel|te, hat ge|schnüf|felt⟩ **I** ⟨V. intr.⟩ **1** *die Luft hörbar durch die Nase ziehen* **2** *den Atem einziehen, um zu wittern, schnuppern* (Hund) **3** ⟨übertr.⟩ (in etwas) ~ *allem nachspüren, heimlich stöbern* ▸ sie schnüffelt allzu gern in fremden Angelegenheiten **II** ⟨V. intr. u. V. trans.⟩ (etwas) ~ *Dämpfe von Rauschmittel od. von Lösungsmitteln in Klebstoffen, Farben, Lacken u. a. inhalieren, um sich in einen Rauschzustand zu versetzen*

Schnüff|ler ⟨der; -s, -⟩ **1** *jmd., der schnüffelt* **2** ⟨umg.; scherzh.⟩ *Detektiv;* Abl *Schnüfflerin*

Schnul|ler ⟨der; -s, -⟩ *hohler, dünnwandiger Gummistöpsel mit breitem Rand, der Säuglingen zum Lutschen gegeben wird, um sie zu beruhigen*

Schnul|ze ⟨die; -, -n; umg.; abwertend⟩ *kitschiges, rührseliges Schlagerlied, Theater-, Kino- od. Fernsehstück;* Abl *schnulzig*

schnup|fen ⟨V. intr. u. V. trans.; schnupft, schnupf|te, hat ge|schnupft⟩ (etwas) ~ *Schnupftabak od. ein pulveriges Rauschmittel durch die Nase einnehmen*

Schnup|fen ⟨der; -s, -⟩ *Entzündung der Nasenschleimhaut mit Absonderung schleimigen, flüssigen od. eitrigen Sekrets, Erkältung* ▸ einen ~ bekommen, haben; sich einen ~ holen

Schnupf|ta|bak ⟨der; -(e)s, -e⟩ *Pulver von Tabak zum Schnupfen, das zum Niesen reizt*

schnup|pe ⟨Adj.; nur präd.; umg.⟩ *gleichgültig* ▸ das ist mir ~; mir ist alles ~ ⟨umg.⟩

schnup|pern ⟨V. intr.; schnup|pert, schnup|per|te, hat ge|schnup|pert⟩ (an jmdm. od. etwas) ~ *den Atem einziehen, um zu wittern* ▸ der Hund schnuppert am Boden

Schnur ⟨die; -, Schnü|re od. (fachsprachl.) -en⟩ **1** *aus dünneren Fäden od. Fasern gedrehter dickerer Faden, Bindfaden, Kordel* **2** *Stromkabel* ▸ eine derbe, dicke, dünne, feste, seidene ~; Perlen auf eine ~ fädeln, ziehen; mit Schnüren zubinden; ein Paket mit einer ~ umwickeln, verschnüren

schnü|ren ⟨V. trans.; schnürt, schnür|te, hat geschnürt⟩ etwas ~ *mit einer Schnur umwickeln, zubinden, fest zusammenbinden* ▸ einen Bindfaden, Riemen, Strick um etwas ~

schnur|ge|ra|de ⟨Adj.⟩ oV *schnurgrade* **1** *ganz gerade* **2** *ohne Umwege, Umschweife* ▸ ein ~r Weg; ~ auf ein Ziel zusteuern

Schnurr|bart ⟨der; -(e)s, -bär|te⟩ *Bart auf der Oberlippe;* Abl *schnurrbärtig*

Schnur|re ⟨die; -, -n⟩ *scherzhafte Erzählung, Posse, Schwank*

schnur|ren ⟨V. intr.; schnurrt, schnurr|te, hat geschnurrt⟩ *ein leises, behaglich knurrendes Geräusch von sich geben* ▸ die Katze schnurrt

Schnür|schuh ⟨der; -(e)s, -e⟩ *Schuh zum Schnüren*

Schnür|sen|kel ⟨der; -s, -⟩ *Band zum Schnüren des Schnürschuhs;* Syn *Schuhband*

schnur|stracks ⟨Adv.⟩ *geradewegs, ohne Umwege, unverzüglich* ▸ ich bin ~ gekommen

schnurz ⟨Adj.; nur präd.; umg.⟩ *gleichgültig, schnuppe* ▸ das ist (mir) ~

Schnu|te ⟨die; -, -n; umg.⟩ *Mund* ▸ eine ~ machen, ziehen ⟨übertr.⟩ *(beleidigt) schmollen*

schob → *schieben*

Scho|ber ⟨der; -s, -⟩ *überdachter Platz zum Aufbewahren von Heu u. Ä.;* Zus *Heuschober*

Schock ⟨der; -s, -s od. -e⟩ **1** ⟨Med.⟩ *plötzliche gewaltsame Erschütterung, die den Organismus schwer beeinträchtigt* **2** *großer, nachhaltiger, nachwirkender Schrecken* ▸ einen schweren ~ erleiden

scho|cken ⟨V. trans.; schockt, schock|te, hat geschockt⟩ jmdn. ~ *jmdm. einen Schock versetzen*

Scho|cker ⟨der; -s, -⟩ *etwas, das schockt, entsetzt (z. B. Horrorfilm)*

scho|ckie|ren ⟨V. trans.; scho|ckiert, scho|ckier|te, hat scho|ckiert⟩ jmdn. ~ *in moralische Entrüstung versetzen* ▸ sein Verhalten hat mich schockiert

Schöf|fe ⟨der; -n, -n⟩ *ehrenamtlicher Beisitzer des Schöffengerichts u. der Strafkammer;* Abl *Schöffin*

Schöf|fen|ge|richt ⟨das; -(e)s, -e⟩ *dem Amtsgericht angegliedertes Gericht aus Berufsrichter u. Schöffen*

Scho|ko|kuss ⟨der; -es, -küs|se⟩ *süßer Eiweißschaum mit Schokoladenüberzug auf Waffelboden*

Scho|ko|la|de ⟨die; -, -n⟩ *Nahrungs- u. Genussmittel aus Kakaobohnen, Milch u. Sahne, Gewürzen, meist Kakaobutter u. bis zu 60 % Zucker, in Tafeln gewalzt od. in Figuren gegossen* ▸ ich esse gern ~; sie hat eine Tafel ~ gekauft; im Café werde ich eine Tasse heiße ~ bestellen; Zus *Schokoladenplätzchen, Schokoladenpudding, Schokoladentafel*

Scho|ko|la|den|sei|te ⟨die; -; unz.; übertr.; umg.⟩ *angenehme, vorteilhafte Seite (einer Sache od. eines Menschen)* ▸ nur die ~ des Lebens kennen

Scho|ko|rie|gel ⟨der; -s, -; umg.⟩ *Süßigkeit aus Schokolade, Schokoladenriegel*

scholl → *schallen*

Schol|le ⟨die; -, -n⟩ **1** *flacher Erdklumpen;* Zus *Erd-*

scholle **2** *Bruchstück der Eisdecke (auf Flüssen, Seen);* Zus *Eisscholle* **3** *Bruchstück der Erdkruste* **4** *schmackhafter Plattfisch;* Zus *Schollenfilet*

schon[1] ⟨Adv.⟩ **1** *früher als erwartet, erhofft, gewünscht, bereits* **2** *häufiger, länger, mehr als erwartet, bereits* **3** *endlich* **4** *rechtzeitig, bestimmt* **5** *allein nur* ▸ ~ sie zu sehen, machte ihm Freude; ~ der Gedanken daran macht mir Angst ▸ ich komme ~! *ich bin auf dem Wege* ▸ er liegt ~ drei Wochen im Krankenhaus ▸ ~ am frühen Morgen klingelte das Telefon; wenn es doch ~ vorbei wäre!; ~ einmal haben wir dort unseren Urlaub verbracht; ~ heute wird er die Arbeit abschließen; du kannst ~ jetzt kommen; das habe ich ~ lange, längst erwartet; ist es ~ so spät?; ich muss heute ~ um 6 Uhr aufstehen ▸ warum willst du ~ gehen?

schon[2] ⟨Abtönungspartikel⟩ **1** *aller Wahrscheinlichkeit nach, sicherlich* **2** *wohl, zwar* ▸ es wird ~ gehen; das wird ~ stimmen; was kann er ~ wollen! ▸ (das ist) ~ richtig, aber … ▸ man konnte es kaum Freundschaft nennen, Liebe ~ gar nicht *erst recht nicht;* das ist ~ möglich, trotzdem kann ich es nicht glauben; du wirst es ~ noch früh genug erfahren; es ist so ~ teuer genug; (na,) wenn ~! ⟨umg.⟩ *macht nichts!;* wenn ~, denn ~ ⟨umg.⟩ *wenn überhaupt, dann richtig;* was will er denn ~ wieder?

schön[1] ⟨Adj.⟩ **1** *hübsch, bewundernswert, angenehm, wohlgefällig* **2** ⟨umg.⟩ *beträchtlich* ▸ ~! ⟨umg.⟩ *(als Antwort) gut, ich bin einverstanden* ▸ ~e Augen, Beine, Hände; ~e Bilder, Kleider, Möbel, Stoffe; ~en, ~sten Dank!; eine ~e Frau; du bist mir ja ein ~er Freund ⟨iron.⟩ *du hast mich als Freund enttäuscht;* ein ~er Garten, Park; das ist ja eine ~e Geschichte ⟨iron.⟩ *eine unangenehme Angelegenheit;* das ~e Geschlecht ⟨übertr.⟩ *die Frauen;* einen ~en Gewinn erzielen ⟨umg.⟩; das Schöne und Gute; ein ~es Haus; ein ~er Mann; ein ~es Kind, Mädchen; die ~en Künste ⟨Sammelbez. für⟩ *Dichtung, Musik, Malerei, Bildhauerei;* ein ~er Morgen; von dir hört man ja ~e Sachen ⟨iron.⟩ *nichts Gutes;* eines ~en Tages ⟨übertr.⟩ *irgendwann einmal;* ~es Wetter *klares, trockenes Wetter;* das waren noch ~e Zeiten ▸ wir wollen es ~ haben; das hast du aber ~ gemacht *gut, sauber, ordentlich;* ⟨aber⟩ ~ machen = *schönmachen;* ~ reden *wirkungsvoll, angenehm reden;* →a. *schönreden;* sein: sie ist auffallend ~; das wäre ja noch ~er! *(Ausruf der Ablehnung) das kommt gar nicht in Frage;* ~ ist anders ⟨iron.⟩ *es ist ausgesprochen hässlich* ▸ am ~sten wäre es, wenn …; da hast du etwas Schönes angerichtet, angestellt ⟨iron.⟩ *eine Dummheit gemacht;* sie ist die Schönste von allen

schön[2] ⟨Partikel; umg.⟩ *sehr, tüchtig* ▸ er wird sich ~ ärgern; dabei wirst du dich ~ langweilen; er wird ganz ~ staunen, überrascht sein, wenn er davon erfährt; er wird sich ~ wundern, wenn … ▸ du bist ja ~ dumm, dass du nicht da warst

scho|nen ⟨V.; schont, schon|te, hat ge|schont⟩ **I** ⟨V. trans.⟩ jmdn. od. etwas ~ *gut, behutsam, pfleglich behandeln* ▸ man sollte ihn nicht länger ~ (sondern endlich gegen ihn vorgehen) ▸ sie muss ihre Augen, ihre Gesundheit ~; jmds. Gefühle ~; seinen Gegner ~ ▸ jmdm. etwas auf ~de Weise beibringen **II** ⟨V. refl.⟩ sich ~ *sich nicht überanstrengen, seine Kräfte sorgsam einteilen, auf seine Gesundheit bedacht sein* ▸ du solltest dich mehr ~!

schö|nen ⟨V. trans.; schönt, schön|te, hat geschönt⟩ etwas ~ *schöner, besser erscheinen lassen (als in der Wirklichkeit)* ▸ die Daten sind geschönt

Scho|ner ⟨der; -s, -⟩ *mehrmastiges Segelschiff*

schön|fär|ben ⟨V. trans.; färbt schön, färb|te schön, hat schön|ge|färbt, schön|zu|fär|ben⟩ einen Sachverhalt ~ *zu günstig, optimistisch darstellen, beschönigen;* Abl *Schönfärberei*

Schön|geist ⟨der; -(e)s, -er⟩ *Freund, Verehrer der schönen Künste;* Syn *Belesprit*

schön|geis|tig ⟨Adj.⟩ *die schönen Künste betreffend, sie liebend, auf ihnen beruhend*

Schön|heit ⟨die; -, -en⟩ **I** ⟨unz.⟩ *das Schönsein, schönes Aussehen;* Zus *Schönheitschirurgie, Schönheitsideal, Schönheitsoperation* **II** ⟨zählb.⟩ *schöne Person, Sache* ▸ die ~ der Natur; sie ist eine ~; ein Kunstwerk von großer ~

Schön|heits|feh|ler ⟨der; -s, -; a. übertr.⟩ *Fehler im schönen Gesamtbild* ▸ dein Plan ist gut, aber er hat einen kleinen ~

Schön|heits|kö|ni|gin ⟨die; -, -gin|nen⟩ *Siegerin bei einem Schönheitswettbewerb*

Schon|kost ⟨die; -; unz.⟩ = *Diät*

schön|ma|chen *auch:* **schön ma|chen** ⟨V. refl.; macht sich schön, mach|te sich schön, hat sich schön|ge|macht, sich schön|zu|ma|chen; umg.⟩ sich ~ *sich sorgfältig kleiden u. sich gepflegt geben;* →a. *schön*[1]

schön|re|den ⟨V. trans.; re|det schön, re|de|te schön, hat schön|ge|re|det, schön|zu|re|den⟩ etwas ~ *etwas durch Reden als schöner, besser darstellen, als es tatsächlich ist* ▸ ein schlechtes Ergebnis ~ wollen

Schön|schrift ⟨die; -, -en⟩ *ebenmäßiges Schreiben von Buchstaben u. Wörtern*

Scho|nung ⟨die; -; unz.⟩ **1** *pflegliche Behandlung, Sorgfalt* **2** *Nachsicht, Gnade* **3** *Vermeiden von Überanstrengung;* Zus *schonungsbedürftig* ▸ die ~ deiner Gesundheit geht vor; er kennt keine ~ *er geht rücksichtslos vor*

scho|nungs|los ⟨Adj.⟩ **1** *ohne Schonung (2)* **2** *keine Schonung (2) kennend* ▸ er ist ~; ~ vorgehen, durchgreifen; Abl *Schonungslosigkeit*

Schön|wet|ter ⟨das; -s; unz.⟩ *schönes Wetter* ▸ das Barometer steht auf ~; Zus *Schönwetterperiode*

Schon|zeit ⟨die; -, -en⟩ *Zeit, in der jagdbares Wild nicht erlegt werden darf, bes. zur Schonung des Nachwuchses* ▸ seine ~ ist vorbei ⟨übertr.⟩

Schopf ⟨der; -(e)s, Schö|pfe⟩ *Gesamtheit der Kopfhaare* ▸ ein Kind mit blondem ~; eine Gelegenheit beim ~(e) packen ⟨übertr.⟩ *sofort nutzen*

schöp|fen ⟨V.; schöpft, schöpf|te, hat ge|schöpft⟩

I ⟨V. trans.⟩ etwas ~ *mit einem Gefäß od. der hohlen Hand aufnehmen, heben* (Flüssigkeit) ▸ Hoffnung, Kraft, Mut, Vertrauen ~ ⟨übertr.⟩ *gewinnen;* ich will noch ein wenig frische Luft ~ ⟨übertr.⟩ *an die frische Luft, ins Freie gehen;* er hat Verdacht geschöpft ⟨übertr.⟩ *etwas hat seinen V. erregt;* Wasser mit dem Eimer aus dem Brunnen ~; Zus *Schöpfeimer, Schöpfkelle* **II** ⟨V. intr.; in der Wendung⟩ aus dem Vollen ~ ⟨übertr.⟩ *ohne Einschränkung frei verfügen*

Schöp|fer ⟨der; -s, -⟩ **1** *jmd., der etwas erschafft, Urheber (eines Kunstwerkes);* Abl *Schöpferin* **2** *Gott* ▸ der ~ dieses Denkmals, Gemäldes, Kunstwerks, Projektes; der ~ aller Dinge

schöp|fe|risch ⟨Adj.⟩ *in der Art eines Schöpfers (1), kreativ schaffend* ▸ ein ~er Geist, Mensch; ~e Kräfte; eine ~e Pause einlegen; ~ tätig sein

Schöpf|löf|fel ⟨der; -s, -⟩ *großer, tiefer Löffel mit langem Stiel zum Verteilen der Suppe;* Syn *Schöpfkelle*

Schöp|fung ⟨die; -, -en⟩ **1** ⟨Rel.⟩ *Erschaffung der Welt durch Gott (wie im AT beschrieben);* Zus *Schöpfungsbericht, Schöpfungsgeschichte* **2** ⟨allg.⟩ *Werk eines schöpferischen Menschen* ▸ die Herren der ~ ⟨iron.; umg.⟩ *die Männer;* der Mensch als Krone der ~

Schop|pen ⟨der; -s, -⟩ *¼ l Wein im Glas*

schor → *scheren*[1]

Schorf ⟨der; -(e)s, -e⟩ *verkrusteter Belag über einer Wunde aus getrocknetem Blut*

Schor|le ⟨die; -, -n od. das; -s, -s od. (bei Maßangaben) -⟩ *Wein od. Obstsaft mit Mineralwasser gemischt;* Zus *Apfel(saft)schorle, Weißweinschorle*

Schorn|stein ⟨der; -(e)s, -e⟩ *bis über das Dach geführter Kanal zum Abzug für die Rauchgase der Feuerstätten;* Syn *Esse, Kamin (1)* ▸ der ~ qualmt, raucht

Schorn|stein|fe|ger ⟨der; -s, -⟩ *Handwerker, der den Schornstein von Ruß reinigt u. die Feuerungsanlagen überprüft;* Syn *Kaminkehrer,* ⟨österr.⟩ *Rauchfangkehrer;* Abl *Schornsteinfegerin*

Scho|se ⟨die; -, -n⟩ = *Chose*

schoss → *schießen*

Schoss ⟨der; -es, -e⟩ *Ausläufer, junger Trieb* (einer Pflanze); Syn *Schössling* ▸ der Baum treibt einen neuen ~; ~e treiben *üppig wachsen*

Schoß **I** ⟨der; -es, Schö|ße⟩ **1** *beim Sitzen durch Unterleib u. Oberschenkel gebildete Vertiefung* **2** *Mutterleib* **3** ⟨poet.⟩ *weiblicher Geschlechtsteil, Scheide* **4** ⟨übertr.⟩ *Inneres* ▸ in den ~ der Familie zurückkehren ⟨übertr.⟩ *zur Familie heimkehren;* jmdn. auf den ~ nehmen; auf jmds. ~ sitzen; das Glück ist ihr in den ~ gefallen *es kam unerwartet, ohne dass sie sich darum bemüht hätte;* die Hände in den ~ legen ⟨übertr.⟩ *nichts tun, müßig sein;* **II** ⟨die; -, -e od. -en; österr.⟩ *Damenrock* **III** ⟨die; -, -en; schweiz.⟩ *Arbeitsschürze*

Schoß|hund ⟨der; -(e)s, -e⟩ *kleiner Hund, der überwiegend in der Wohnung gehalten wird*

Scho|te[1] ⟨die; -, -n⟩ *Hülse (der Hülsenfrüchte)*

Scho|te[2] ⟨die; -, -n; umg.⟩ *ulkige, kleine Geschichte* ▸ ~n bringen, reißen

Schot|te[1] ⟨die; -, -n⟩ *Trennwand in einem Schiff, die zwei Räume wasserdicht voneinander abschließt* ▸ die ~n dicht machen *etwas abschotten;* ⟨übertr.; umg.⟩ *sich verschließen*

Schot|te[2] ⟨der; -n, -n⟩ *Bewohner Schottlands;* Abl *Schottin; schottisch*

Schot|ten|rock ⟨der; -(e)s, -rö|cke⟩ *karierter, knielanger Faltenrock der Schotten;* Syn *Kilt*

Schot|ter ⟨der; -s, -⟩ **1** *grobes Geröll, z. B. in Flüssen* **2** *fein geschlagene Steine, bes. zum Straßenbau;* Abl *schottern;* Zus *Straßenschotter* **3** ⟨umg.⟩ *Geld* ▸ er hat genug ~ ⟨umg.⟩

schraf|fie|ren ⟨V. trans.; schraf|fiert, schraf|fier|te, hat schraf|fiert⟩ eine Fläche ~ *mit feinen parallelen Strichen bedecken;* Abl *Schraffierung*

Schraf|fur ⟨die; -, -en⟩ *schraffierte Fläche*

schräg ⟨Adj.⟩ **1** *geneigt, weder senkrecht noch waagerecht;* Zus *Schrägstrich; schräg stellen / schrägstellen* **2** ⟨übertr.; umg.⟩ *vom Üblichen abweichend* ▸ er lief ~ über den Platz *quer über den P.;* er hat ~e Ideen ⟨übertr.; umg.⟩; ein ~er Vogel ⟨übertr.; umg.⟩ *seltsamer Mensch;* er wohnt ~ gegenüber

Schrä|ge ⟨die; -, -n⟩ *Schrägheit, schräge Lage*

schrak → *schrecken*

Schram|me ⟨die; -, -n⟩ **1** *Kratzwunde, oberflächlicher Riss (in der Haut)* **2** *Kratzer (auf Politur)*

schram|men ⟨V. trans.; schrammt, schramm|te, hat ge|schrammt⟩ **1** jmdn. od. sich ~ *leicht verletzen, so dass eine Schramme entsteht* **2** etwas ~ *streifen u. dadurch beschädigen* ▸ ein Auto ~; →a. *vorbeischrammen*

Schrank ⟨der; -(e)s, Schrän|ke⟩ *aufrecht stehendes Möbel mit Türen zum Aufbewahren von Kleidung, Geschirr, Büchern u. a.* ▸ die Wäsche liegt im ~; ein ~ mit Schubladen; er ist ein ~ von einem Mann ⟨umg.⟩ *er ist sehr groß, breitschultrig u. kräftig;* Abl *Schränkchen;* Zus *Bücherschrank, Büroschrank* ⓘ S. 468, *Geschirrschrank, Glasschrank* ⓘ S. 360, *Hängeschrank* ⓘ S. 254, *Kleiderschrank, Kühlschrank* ⓘ S. 254, *Waschbeckenschrank* ⓘ S. 147, *Wohnzimmerschrank* ⓘ S. 361

Schran|ke ⟨die; -, -n⟩ **1** *horizontal gelegte, lange Stange als Absperrung, z. B. Schlagbaum, Bahnschranke u. Ä.;* Zus *Schrankenwärter(in)* **2** ⟨übertr.; meist Pl.⟩ *Grenze* ▸ die ~n **herunterlassen,** hochziehen, schließen (am Bahnübergang); ~n **errichten** ⟨a. übertr.⟩ *etwas einschränken;* in der Erregung **kennt** er keine ~n ⟨übertr.⟩; jmds. Plänen ~n **setzen** ⟨übertr.⟩ ▸ jmdn. **in** seine ~n weisen ⟨übertr.⟩ *zur Mäßigung ermahnen, zurückweisen;* Abl *schrankenlos*

Schrank|wand ⟨die; -, -wän|de⟩ *aus zusammensetzbaren Komponenten bestehende, sich meist über die gesamte Länge einer Zimmerwand erstreckende Anbauwand;* ⓘ S. 360

Schrau|be ⟨die; -, -n⟩ **1** *(spitzer) Körper mit Gewinde, der in etwas (z. B. Holz) eingedreht werden kann u. eine Verbindung herstellt, die wieder gelöst werden kann;* Abl *Schräubchen;* Zus *Schraubenmutter* **2** ⟨kurz für⟩ *Schiffsschraube*

S

3 ⟨Sp.⟩ *spiralige Bewegung um die Längsachse des Körpers, z. B. beim Turmspringen* ▸ eine ~ anziehen, lockern; bei ihm ist eine ~ locker, los ⟨umg.⟩ *er ist ein bisschen verrückt*

schrau|ben ⟨V. trans.; schraubt, schraub|te, hat geschraubt⟩ etwas an, in etwas ~ *mit Schrauben befestigen* ▸ etwas fester, lockerer ~; die Preise in die Höhe ~ ⟨übertr.⟩ *immer wieder erhöhen;* →a. *geschraubt*

Schrau|ben|schlüs|sel ⟨der; -s, -⟩ *Werkzeug zum Anziehen u. Lösen von Schrauben u. Muttern mit eckigen Köpfen;* Syn *Mutternschlüssel*

Schrau|ben|zie|her ⟨der; -s, -⟩ *Werkzeug zum Anziehen u. Lösen einer Schraube mit eingekerbtem rundem Kopf*

Schraub|stock ⟨der; -(e)s, -stö|cke⟩ *Werkzeug zum Festhalten von Arbeitsstücken, die mit der Hand od. einer Maschine bearbeitet werden sollen*

Schre|ber|gar|ten ⟨der; -s, -gär|ten⟩ *kleiner Garten innerhalb einer Gartenkolonie, meist am Rand der Stadt;* Abl *Schrebergärtner(in)*

Schreck ⟨der; -(e)s, -e⟩ = *Schrecken (1)* ▸ ~ lass nach! ⟨umg.⟩ *(Ausruf der Bestürzung);* vor ~ aufschreien, beben, davonlaufen, zittern; sie war vor ~ wie gelähmt; bleich, starr vor ~

Schreck|bild ⟨das; -(e)s, -er⟩ *schrecklicher Anblick, Vorstellung von etwas Schrecklichem*

schre|cken ⟨V.⟩ **I** ⟨V. refl.; schreckt, schreck|te, hat ge|schreckt; österr.⟩ sich ~ *sich erschrecken* **II** ⟨V. trans.; schreckt, schreck|te, hat geschreckt⟩ jmdn. ~ *erschrecken, ängstigen* ▸ das schreckt mich nicht; du kannst mich nicht ~ **III** ⟨V. intr.; schrickt, schreck|te/schrak, ist geschreckt; veraltet⟩ *aufschrecken* ▸ ⟨in Wendungen wie⟩ aus dem Schlaf ~

Schre|cken ⟨der; -s, -⟩ **1** *heftige, plötzliche, mit Angst u. Entsetzen verbundene Gemütserschütterung;* oV *Schreck;* Zus *schreckensbleich* **2** *schrecklicher, entsetzlicher, furchterregender Vorgang;* Zus *Schreckensnachricht* ▸ die ~ des Krieges ▸ einen ~ bekommen, ⟨umg.⟩ kriegen; jmdm. einen ~ einjagen; der ~ fuhr mir in die Glieder; der ~ steckte mir noch in den Knochen ▸ ein eisiger, tiefer ~ ▸ auf den ~ hin muss ich erst einmal einen Schnaps trinken; lieber ein Ende mit ~ als ein ~ ohne Ende ⟨Sprichw.⟩; da sind wir noch einmal mit dem ~ davongekommen

Schre|ckens|herr|schaft ⟨die; -; unz.⟩ *Herrschaft, die durch Gewaltakte Schrecken verbreitet;* Syn *Schreckensregiment*

Schreck|ge|spenst ⟨das; -(e)s, -er⟩ **1** *Schrecken verbreitendes Gespenst* **2** ⟨übertr.⟩ *drohende Gefahr, Vorstellung von etwas Schrecklichem* ▸ das ~ des Krieges heraufbeschwören ⟨übertr.⟩

schreck|haft ⟨Adj.; -er, am -es|ten⟩ *leicht erschreckend* ▸ sehr ~ sein; Abl *Schreckhaftigkeit*

schreck|lich ⟨Adj.⟩ **1** *furchtbar, entsetzlich, grauenvoll;* Abl *Schrecklichkeit* **2** ⟨umg.⟩ *sehr groß, sehr* ▸ die Unfallstelle bot einen ~en Anblick; das wird noch ein ~es Ende nehmen; eine ~e Entdeckung, Mitteilung, Nachricht; ein ~es Ereignis, Erlebnis, Unglück; ~e Hitze ⟨umg.⟩; eine ~e Krankheit; ein ~er Mensch! ⟨übertr.; umg.⟩ *ein unausstehlicher M.;* ich habe ~e Stunden, Tage hinter mir ▸ ich freue mich ~ darauf ⟨umg.⟩ ▸ es hat ~ lange gedauert ⟨umg.⟩ ▸ wie ~! *(Ausruf des Erschreckens u. des Mitleids)*

Schreck|schrau|be ⟨die; -, -n; umg.; abwertend⟩ *unangenehme, unbeliebte weibliche Person*

Schreck|schuss ⟨der; -es, -schüs|se⟩ *Schuss, der nur erschrecken, nicht treffen soll;* Zus *Schreckschusspistole*

Schreck|se|kun|de ⟨die; -, -n⟩ *Zeitspanne, während der man sich vor Schrecken wie gelähmt fühlt*

Schred|der ⟨der; -s, -⟩ *Maschine zum Zerkleinern (u. Zusammenpressen) von Abfällen, z. B. Äste u. Zweige, Schrott;* oV *Shredder;* Abl *schreddern*

Schrei ⟨der; -(e)s, -e⟩ *lauter Ausruf eines Lebewesens, bes. bei Angst* ▸ einen lauten ~ ausstoßen; der letzte ~ ⟨übertr.; umg.⟩ *die letzte Modeneuheit*

schrei|ben ⟨V.; schreibt, schrieb, hat ge|schrieben⟩ **I** ⟨V. trans. u. V. intr.⟩ **1** (etwas) ~ *in Buchstaben od. Zahlen schriftlich festhalten, zu Papier bringen;* Zus *Schreibblock, Schreibfehler, Schreibheft, Schreibpapier, Schreibstift* **2** jmdm. etwas ~ *schriftlich mitteilen* ▸ er schreibt mir, dass er krank ist ▸ ich schreibe ihm einen Brief, ⟨od.⟩ einen Brief an ihn; er schreibt ein Buch, ein Drama, einen Roman; wir ~ heute den 8. Juli 2007; seinen Namen ~; einen guten, schlechten Stil ~; die Zeitung schreibt darüber Folgendes … ▸ unser Kind kann schon, lernt ~ ▸ deutlich, eng, gut, liederlich, sauber, schön, unleserlich ~; dieser Stift schreibt zu dick, gut, schlecht; dieses Wort hast du falsch, richtig geschrieben; der Artikel ist gut, verständlich geschrieben; langsam, schnell ~ ▸ an jmdn. ~; er schreibt an einem Roman *er ist mit dem Schreiben eines Romans beschäftigt;* der Lehrer hat das Aufsatzthema an die Tafel geschrieben; einen Betrag auf eine Rechnung ~; mit Bleistift, Kugelschreiber ~; mit der Hand, mit dem Computer ~ ▸ wie schreibt er sich?; wie schreibt man dieses Wort? ▸ ein humorvoll geschriebener Roman; das gesprochene und das geschriebene Wort **II** ⟨V. intr.⟩ *als Autor tätig sein* ▸ er schreibt für den Rundfunk, für Zeitungen

Schrei|ben ⟨das; -s, -⟩ *Schriftstück, Brief* ▸ ein ~ abfassen, absenden, diktieren; wir danken Ihnen für Ihr ~ vom 23. Oktober; in unserem ~ vom 17. April baten wir Sie um eine Auskunft

Schrei|ber ⟨der; -s, -⟩ **1** *jmd., der etwas schreibt od. geschrieben hat* **2** *Schriftsteller, Verfasser eines literarischen Werkes* **3** ⟨schweiz.⟩ *Schriftführer, Sekretär;* Abl *Schreiberin;* Zus *Gemeindeschreiber, Staatsschreiber*

schreib|faul ⟨Adj.⟩ *nicht gern schreibend, selten schreibend (bes. Briefe);* Abl *Schreibfaulheit*

Schreib|kraft ⟨die; -, -kräf|te⟩ *jmd., der berufsmäßig Schreibarbeiten ausführt*

Schreib|ma|schi|ne ⟨die; -, -n⟩ *Maschine, mit der man durch Niederdrücken von Tasten auf ein Farbband schreibt;* Zus *Schreibmaschinenpapier*

S

Schreib|schrift ⟨die; -, -en⟩ *Schrift, wie sie von der Hand hergestellt wird;* Ggs *Druckschrift*

Schreib|tisch ⟨der; -(e)s, -e⟩ *Arbeitstisch zum Schreiben* ▸ die Akte liegt auf dem ~; sie sitzt oft, viel am ~; ⓘ S. 468; Zus *Schreibtischlampe* ⓘ S. 469, *Schreibtischstuhl* ⓘ S. 468

Schreib|tisch|tä|ter ⟨der; -s, -⟩ *jmd., der ein Verbrechen nicht selbst ausführt, sondern gedanklich u. bürokratisch (vom Schreibtisch aus) vorbereitet;* Abl *Schreibtischtäterin*

Schrei|bung ⟨die; -, -en⟩ = *Schreibweise (1)*

Schreib|wa|ren ⟨Pl.⟩ *zum Verkauf stehende Gegenstände, die zum Schreiben u. Versenden von Schreiben gehören;* Zus *Schreibwarenladen*

Schreib|wei|se ⟨die; -, -n⟩ **1** *die Art, wie ein Wort geschrieben wird* **2** *die Art zu schreiben*

schrei|en ⟨V.; schreit, schrie, hat ge|schrie|en⟩ **I** ⟨V. intr.⟩ **1** *Schreie ausstoßen, die Stimme laut erschallen lassen, sehr laut rufen* **2** *kreischen, gellen* (von Tieren, von Maschinen, Werkzeugen) **3** *weinen* (Kleinkind) ▸ der Affe, der Hirsch, das Käuzchen, der Papagei schreit; die Säge schreit ▸ durchdringend, gellend, laut, markerschütternd, schrill ~; wir hörten ein entsetzliches Schreien ▸ nach etwas ~ ⟨übertr.⟩ *durch Schreien sein Verlangen nach etwas ausdrücken;* das Vieh schreit nach Futter; nach Rache, Vergeltung ~ ⟨übertr.⟩ *heftig, laut verlangen;* schrei nicht so, ich bin doch nicht taub!; um Hilfe ~; vor Angst, Schmerz ~; wie am Spieß ~ *sehr laut;* es schreit zum Himmel ⟨übertr.; umg.⟩ *verlangt dringend Abhilfe, Bestrafung* ▸ ~de Farben ⟨übertr.⟩ *grelle Farben;* ~des Unrecht ⟨übertr.⟩ *großes, Wiedergutmachung verlangendes Unrecht;* laut ~d lief sie auf und davon **II** ⟨V. trans.⟩ etwas ~ *durch Schreien äußern, ausdrücken* ▸ Ach und Weh ~ *jammern, klagen* **III** ⟨V. refl.⟩ sich heiser ~ *so lange schreien, bis man heiser ist*

Schrei|hals ⟨der; -es, -häl|se; umg.⟩ *schreiendes Kind*

Schrei|krampf ⟨der; -(e)s, -krämp|fe⟩ *Anfall lauten, unbeherrschten Schreiens (bei hysterischen Reaktionen)* ▸ einen ~ bekommen

Schrein ⟨der; -(e)s, -e⟩ *stehender Behälter mit Türen, Schrank, Kasten, Lade, bes. zum Aufbewahren von Reliquien;* Zus *Reliquienschrein*

Schrei|ner ⟨der; -s, -; süddt. u. westdt.⟩ = *Tischler;* Abl *Schreinerin; schreinern*

schrei|ten ⟨V. intr.; schrei|tet, schritt, ist ge|schrit|ten⟩ **1** *gemessenen Schrittes, feierlich gehen* **2** zu etwas ~ *zu etwas übergehen, damit beginnen* ▸ zur Tat, zur Wahl ~

schrie → *schreien*

schrieb → *schreiben*

Schrieb ⟨der; -s, -e; umg.; scherzh.⟩ *Schreiben, Brief, Schriftstück*

Schrift ⟨die; -, -en⟩ **1** *System von Zeichen, mit denen die gesprochene Sprache geschrieben wird;* Zus *Schriftzeichen* **2** ⟨kurz für⟩ *Handschrift* **3** *jeder geschriebene od. gedruckte Text, Abhandlung, Aufsatz, Buch* **4** ⟨Pl.; schweiz.⟩ *persönliche Ausweispapiere* ▸ die ~ der Ägypter, Azteken ▸ eine ~ abfassen, aufsetzen, weiterleiten *eine Eingabe;* eine ~ begutachten, beurteilen, deuten, entziffern ▸ deutsche, gotische, lateinische, griechische, kyrillische ~; die gesammelten, sämtlichen ~en eines Dichters *seine Werke;* geschriebene und gedruckte ~; eine gute, leserliche, regelmäßige, schöne, schräge, steile, unleserliche ~; die Heilige ~ *die Bibel*

Schrift|art ⟨die; -, -en⟩ *Art der Druckschrift*

Schrift|bild ⟨das; -(e)s, -er⟩ *äußere Form einer Schrift* ▸ ein markantes ~ haben

Schrift|füh|rer ⟨der; -s, -⟩ *jmd., der in Versammlungen dazu bestimmt wird, den Verhandlungsgang u. die Abstimmung offiziell zu beurkunden;* Abl *Schriftführerin*

schrift|lich ⟨Adj.⟩ *durch Schrift festgehalten, niedergeschrieben;* Ggs *mündlich* ▸ ~e Arbeit, Überlieferung, Vereinbarung; eine ~e Prüfung ablegen ▸ Fragen ~ beantworten; das musst du dir ~ bestätigen lassen; einen Vorgang ~ festhalten, niederlegen; gib mir die Sache ~ *schreib mir den Sachverhalt auf;* das kann ich dir ~ geben! ⟨übertr.; umg.⟩ *darauf kannst du dich verlassen, das ist sicher*

Schrift|satz ⟨der; -es, -sät|ze; Rechtsw.⟩ *schriftlicher Antrag od. schriftl. Erklärung in gerichtl. Verfahren*

Schrift|spra|che ⟨die; -, -n⟩ *die Form einer Sprache, die vorzugsweise dem schriftlichen Ausdruck dient, im Unterschied zur Umgangssprache u. zur Mundart;* Abl *schriftsprachlich*

Schrift|stel|ler ⟨der; -s, -⟩ *Verfasser von schöngeistigen, kritischen od. die verschiedensten Sachgebiete betreffenden Werken, die zur Veröffentlichung bestimmt sind;* Abl *Schriftstellerin; schriftstellerisch*

Schrift|stück ⟨das; -(e)s, -e⟩ *schriftlicher Antrag, schriftliche Erklärung, Urkunde*

Schrift|ver|kehr ⟨der; -s, -e⟩ *Austausch von schriftlichen Äußerungen, Verkehr mit Hilfe von Briefen, E-Mails u. Ä.*

Schrift|wech|sel ⟨[-ks-] der; -s, -⟩ *Austausch von schriftlichen Äußerungen*

schrill ⟨Adj.⟩ **1** *durchdringend, grell tönend, ungedämpft* **2** ⟨umg.⟩ **2.1** *auffallend grell;* Zus *schrillbunt* **2.2** *überspannt, auffallend, skurril* ▸ ~e Farben; er ist ein ~er Typ; sie lachte ~

Schrimp ⟨der; -s, -s; meist Pl.⟩ = *Shrimp*

schritt → *schreiten*

Schritt ⟨der; -(e)s, -e; als Maßangabe Pl.: -⟩ **1** *Vorsetzen eines Fußes;* Zus *Schrittfolge* **2** *Entfernung von 70 bis 90 cm Länge* **3** *Teil der Hose, an dem die Hosenbeine oben verbunden sind* **4** ⟨Reitsp.⟩ *langsame Gangart des Pferdes* **5** *Art des Gehens* **6** ⟨übertr.⟩ *Maßnahme, Vorgehen* ▸ den ~ beschleunigen, verlangsamen, zurückhalten; ~ fahren *langsam fahren;* mit jmdm., etwas (nicht) ~ halten können *jmdm., einer Sache (nicht) schnell genug folgen können;* einen ~ näher treten, vorgehen, zurücktreten; die nötigen ~e tun, unternehmen, veranlassen ⟨übertr.⟩; den ~ wechseln; heute haben wir deine Angelegenheit einen guten ~ weitergebracht ⟨übertr.⟩;

S

noch einen ~ **weitergehen** ⟨übertr.⟩ *noch etwas mehr wagen;* wir sind in unseren Verhandlungen noch keinen ~ **weitergekommen** ⟨übertr.⟩ *gar nicht* ▸ **diplomatische** ~e einleiten; auf der Straße hörte man **eilige** ~e; ein **elastischer,** federnder, forscher, schleppender, schlurfender, tappender, unsicherer ~; die Hose ist im ~ zu **eng;** den **entscheidenden** ~ nicht wagen ⟨übertr.⟩ *unentschlossen sein;* das Kind tut die **ersten** ~e; ein **fester,** kräftiger, lauter, leichter, leiser, schwerer ~; er macht sehr **große** ~e; **langsamen,** schnellen ~es kam er auf mich zu ▸ jmdn. **auf** ~ und Tritt beobachten *ununterbrochen;* jmdm. auf ~ und Tritt folgen *überallhin;* ich habe heute noch keinen ~ **aus** dem Haus getan; sich ~ **für** ~ vorwärtstasten; ~e **gegen** jmdn. unternehmen; die Pferde gingen **im** ~; jmds. Einfluss ~ **um** ~ zurückdrängen; der erste ~ **zur** Besserung ⟨übertr.⟩ *der Anfang dazu*

Schritt|ma|cher ⟨der; -s, -⟩ **1** *jmd., der bei sportlichen Wettbewerben vor den anderen herläuft od. -fährt u. ein best. Tempo vorgibt* **2** ⟨übertr.⟩ *jmd., der anderen den (günstigen) Weg vorbereitet* **3** = *Herzschrittmacher* ▸ er gilt als der ~ in Sachen Steuerreform ⟨übertr.⟩

schritt|wei|se ⟨Adv.⟩ *in einzelnen Schritten, Schritt für Schritt* ▸ sich ~ vorwärtsbewegen; ⟨vor Subst. a. attr.⟩ ein ~s Vorgehen

schroff ⟨Adj.⟩ **1** *steil aufragend, jäh abfallend* (Felsen) **2** ⟨übertr.⟩ *hart u. unfreundlich, unverbindlich, grob abweisend* ▸ eine ~e Ablehnung, Abweisung erhalten; sein Benehmen war sehr ~ ⟨übertr.⟩; seine Aussage steht im ~en Gegensatz zu der deinen ⟨übertr.⟩; ein ~er Übergang *ein plötzlicher, unvermittelter Ü.;* eine ~ abfallende Felswand; Abl *Schroffheit*

schröp|fen ⟨V. trans.; schröpft, schröpf|te, hat geschröpft⟩ jmdn. ~ *jmdn. viel zahlen lassen, finanziell ausnützen, übervorteilen* ▸ er wurde beim Kartenspiel gehörig geschröpft ⟨übertr.⟩

Schrot ⟨der od. das; -(e)s, -e⟩ **1** *grob gemahlene Getreidekörner;* Zus *Schrotmühle* **2** *gehärtete Bleikügelchen, die in größerer Anzahl mit einem einzigen Schuss aus Gewehren mit glatten Läufen geschossen werden;* Zus *Schrotkugel, Schrotflinte* **3** *Bruttogewicht von Gold- u. Silbermünzen* ▸ er ist ein Mann von echtem ~ und Korn ⟨übertr.⟩ *er ist tüchtig, zuverlässig u. ehrlich*

Schrott ⟨der; -(e)s; unz.⟩ **1** *alte, unbrauchbare Gegenstände aus Metall;* Zus *Schrottplatz* **2** ⟨umg.⟩ **2.1** *unnützes Zeug* **2.2** *Unsinn* ▸ er redet nur ~; ein Fahrzeug zu ~ fahren ⟨umg.⟩ *bei einem Unfall so beschädigen, dass es nicht mehr repariert werden kann*

schrott|reif ⟨Adj.⟩ *so alt od. defekt, dass es verschrottet werden muss* ▸ das Auto ist längst ~

Schrott|wert ⟨der; -(e)s; unz.⟩ *Wert eines Gegenstands, der nur noch als Schrott verwendet werden kann* ▸ das Auto hat einen ~ von 200 Euro

schrub|ben ⟨V. trans.; schrubbt, schrubb|te, hat ge|schrubbt⟩ **1** (jmdm. od. sich) etwas ~ *kräftig abreiben* **2** etwas ~ *mit dem Schrubber reinigen*

Schrub|ber ⟨der; -s, -⟩ *Scheuerbürste mit langem Stiel*

Schrul|le ⟨die; -, -n⟩ **1** *Laune, wunderlicher Einfall, sonderbare Angewohnheit* **2** ⟨umg.; abwertend⟩ *wunderliche, ältere Frau* ▸ alte ~; das ist so eine ~ von ihm; Abl *schrullenhaft, schrullig*

schrum|pe|lig ⟨Adj.⟩ *faltig, runzelig;* oV *schrumplig* ▸ der Apfel ist ~; ~e Haut

schrum|peln ⟨V. intr.; schrum|pelt, schrum|pel|te, ist ge|schrum|pelt⟩ *schrumpfen*

schrump|fen ⟨V. intr.; schrumpft, schrumpf|te, ist ge|schrumpft⟩ **1** *eingehen, kleiner werden* **2** *sich vermindern* **3** *runzlig werden* ▸ das Firmenkapital schrumpft; manche Stoffe ~ bei der Wäsche; Abl *Schrumpfung*

Schub ⟨der; -(e)s, Schü|be⟩ **1** *das Schieben, einzelner weicher Stoß* **2** *das Geschobene, auf einmal bewegte Menge* **3** *größere Anzahl von Personen od. Dingen* **4** ⟨Phys.⟩ *Kraft, mit der ein durch Rückstoß bewegter Körper, z. B. Rakete, Flugzeug, angetrieben wird;* Syn *Schubkraft* **5** ⟨Med.; Psych.⟩ *Abschnitt gesteigerter Aktivitäten im Wechsel mit ruhigeren Perioden innerhalb eines Krankheitsverlaufs (z. B. bei multipler Sklerose od. Schizophrenie)* ▸ ein ~ von Flüchtlingen erreichte die Grenze; alle neune beim ersten ~ (beim Kegeln); das Wachstum verläuft in Schüben ⟨übertr.⟩ *in gewissen zeitlichen Abständen wieder u. wieder*

Schub|fach ⟨das; -(e)s, -fä|cher⟩ = *Schublade*

Schub|kar|ren ⟨der; -s, -⟩ *mit Griffen versehener, einrädriger Karren zum Schieben;* oV *Schubkarre;* Syn ⟨österr.⟩ *Scheibtruhe*

Schub|la|de ⟨die; -, -n⟩ *ausziehbarer Kasten unter Tischen, besonders Schreibtischen, u. in Schränken* ▸ in keine ~ passen ⟨übertr.; umg.⟩ *sich nicht eindeutig zuordnen lassen;* jmdn. od. etwas in eine bestimmte ~ stecken ⟨übertr.; umg.⟩ *einer bestimmten Kategorie zuweisen u. (vorschnell) darauf festlegen;* ⓘ S. 468

Schubs ⟨der; -es, -e; umg.⟩ *leichter Stoß* ▸ jmdm. einen ~ geben

schub|sen ⟨V. trans.; schubst, schubs|te, hat geschubst⟩ jmdn. ~ *leicht stoßen* ▸ er hat mich von der Treppe geschubst

schüch|tern ⟨Adj.⟩ *scheu, ängstlich* ▸ er ist ein sehr ~es Kind; einen ~en Versuch machen ⟨übertr.⟩ *vorsichtig etwas versuchen;* Abl *Schüchternheit*

schuf → *schaffen*

Schuft ⟨der; -(e)s, -e⟩ *gemeiner Mensch, Schurke, Betrüger* ▸ er ist ein ~; Abl *schuftig*

schuf|ten ⟨V. intr.; schuf|tet, schuf|te|te, hat geschuf|tet; umg.⟩ *schwer arbeiten;* Abl *Schufterei*

Schuh ⟨der; -(e)s, -e⟩ *Fußbekleidung des Menschen* ▸ neue ~e **anhaben** ⟨umg.⟩, ich muss noch meine ~e **anziehen,** ausziehen ⟨umg.⟩; ~e **ausbessern,** besohlen, flicken; der ~ **drückt** an den Zehen, an der Ferse; ich weiß, wo ihn der ~ drückt ⟨übertr.⟩ *ich kenne seine Schwierigkeiten;* ~e **putzen;** jmdm. etwas in die ~ **schieben** *jmdm. die Schuld an etwas geben, zuschieben;* sie **trägt** gern hohe ~e ▸ ein **bequemer,** derber,

S

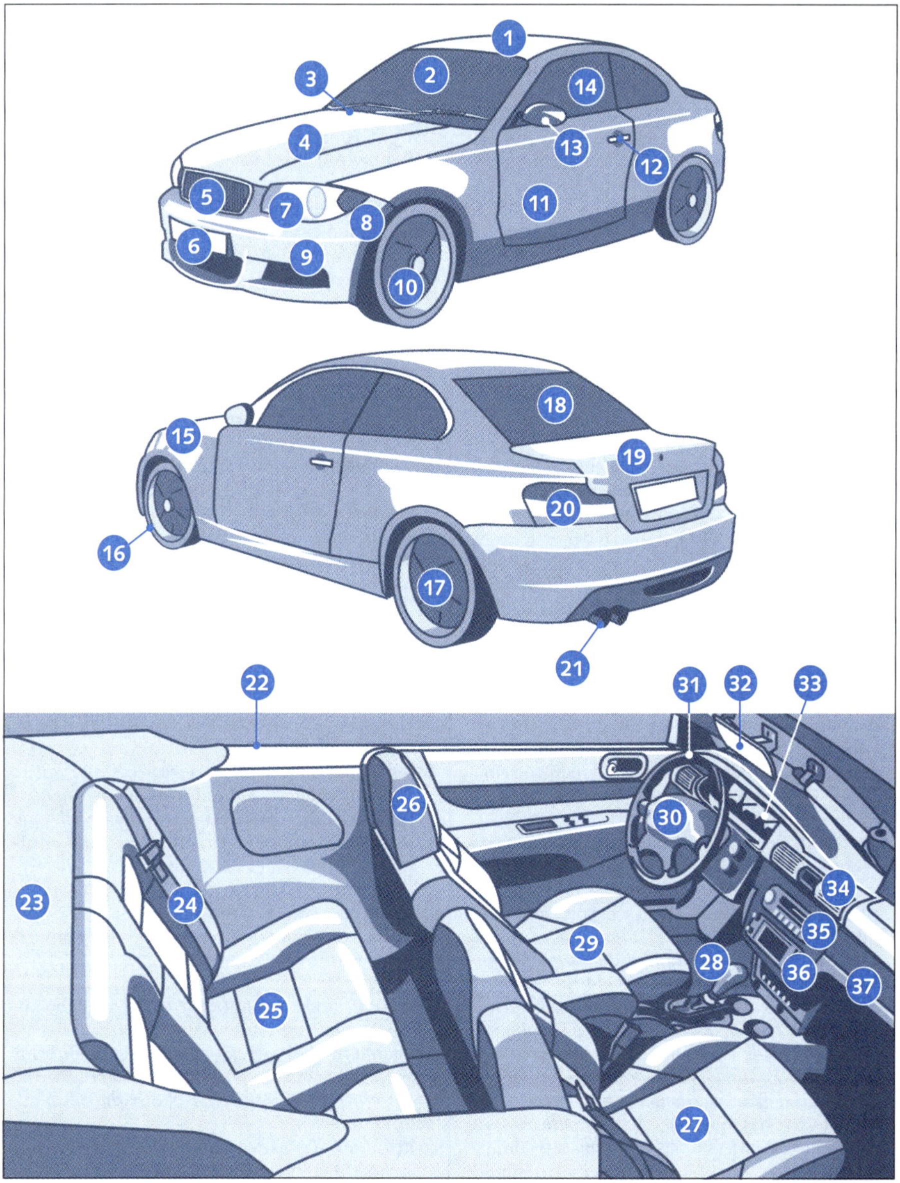

1 das Dach 2 die Windschutzscheibe 3 der Scheibenwischer 4 die Motorhaube / die Kühlerhaube 5 der Kühlergrill 6 das Nummernschild 7 der Scheinwerfer 8 der Blinker 9 die Stoßstange 10 das Vorderrad 11 die Tür / die Autotür 12 der Türgriff 13 der Seitenspiegel 14 die Scheibe 15 der Kotflügel 16 der Reifen, der Autoreifen 17 das Hinterrad 18 die Heckscheibe 19 der Kofferraum 20 das Rücklicht 21 der Auspuff 22 das Cabrio 23 das Verdeck 24 der Sicherheitsgurt 25 der Rücksitz 26 die Kopfstütze 27 der Beifahrersitz 28 die Gangschaltung 29 der Fahrersitz 30 die Hupe 31 das Lenkrad / das Steuer 32 der Rückspiegel 33 das Armaturenbrett 34 die Lüftung 35 das Autoradio 36 das Navigationssystem 37 das Handschuhfach

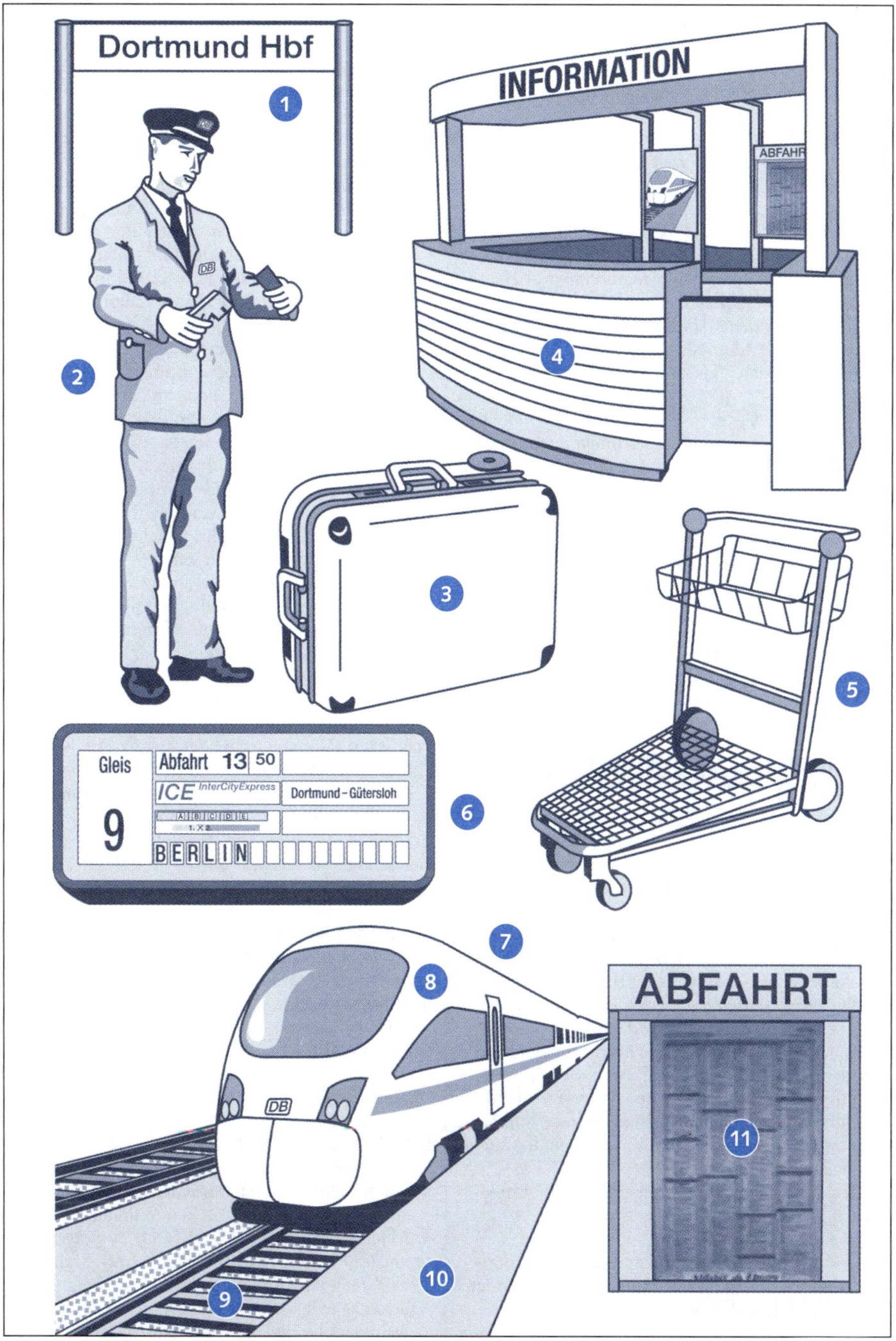

1 das Bahnhofsschild 2 der Zugbegleiter / der Schaffner 3 der Koffer 4 der Informationsschalter / die Auskunft 5 der Gepäckwagen / der Kofferkuli 6 die Anzeigetafel 7 der Zug (hier: ICE) 8 die Lokomotive 9 das Gleis 10 der Bahnsteig 11 der Fahrplan

leichter, modischer ~; diese ~e sind zu eng; flache, hohe, orthopädische, spitze ~e ▸ ~e nach Maß arbeiten lassen; Zus *Schuhcreme, Schuhgeschäft, Schuhputzer(in), Schuhschrank, Schuhsohle, Schuhspitze; Damenschuh, Herrenschuh*

Schu̲h|grö|ße ⟨die; -, -n⟩ *durch Zahlen bestimmte Größe von Schuhen* ▸ welche ~ haben Sie? ich habe ~ 40; das ist nicht ihre ~ ⟨umg.; scherzh.⟩ *das passt, liegt ihr nicht*

Schu̲h|löf|fel ⟨der; -s, -⟩ *löffelförmiges Gerät, mit dem man die Ferse in den Schuh gleiten lässt*

Schu̲h|ma|cher ⟨der; -s, -⟩ *Handwerker zur Herstellung von Lederschuhen nach Maß u. für Schuhreparaturen;* Abl *Schuhmacherin*

Schu̲h|platt|ler ⟨der; -s, -⟩ *oberbayer. Volkstanz*

Schu̲h|werk ⟨das; -(e)s; unz.⟩ *Schuhe* ▸ gutes, schlechtes ~

Schu̲l|ab|schluss ⟨der; -es, -schlüs|se⟩ *Beendigung der Schulzeit, mit der die Berechtigung zur weiterführenden Berufsausbildung verbunden ist* ▸ ein mittlerer, höherer ~; seinen ~ nachholen

Schu̲l|ar|beit ⟨die; -, -en⟩ **1** ⟨meist Pl.⟩ *zu Hause zu erledigende Aufgabe für die Schule;* Syn *Hausaufgabe, Schulaufgabe* **2** ⟨österr.⟩ = *Klassenarbeit* ▸ ~en machen

Schu̲l|bank ⟨die; -, -bän|ke⟩ *Pult mit Sitz für Schüler* ▸ wir haben miteinander die ~ gedrückt ⟨übertr.; umg.⟩ *wir waren in der gleichen Schulklasse;* ⓘ S. 574

Schu̲l|bil|dung ⟨die; -; unz.⟩ *durch die Schule vermittelte Bildung* ▸ er hat eine gute ~ erhalten

schuld/Schuld

Bei diesen Wörtern ist vielen Deutschlernenden unklar, ob sie als Adjektiv oder Substantiv aufzufassen sind. In Verbindung mit dem Verb sein wird *schuld* als Adjektiv angesehen und kleingeschrieben: *Er ist schuld. Wir sind nicht schuld.* Dagegen gilt *Schuld* in Verbindung mit den Verben haben, geben, nehmen und tragen als großzuschreibendes Substantiv: *Er hat Schuld. Warum gibst du mir die Schuld? Wir tragen die Schuld. Sie nahm alle Schuld auf sich.*
In der Bedeutung „Verpflichtung zur Zahlung" oder „Rückgabe von Geld" wird *Schuld* meistens in der Pluralform Schulden verwendet und immer großgeschrieben: *Er kann seine Schulden nicht bezahlen. Sie muss für seine Schulden aufkommen.*
Zusammen- oder Getrenntschreibung ist möglich in der Fügung: *sich etwas zu Schulden / zuschulden kommen lassen.*
Das zugehörige Verb lautet *schulden: Er schuldet mir noch Geld. Was schulde ich Ihnen?* (oder mit Adjektiv: *Was bin ich Ihnen schuldig?)*

schụld ⟨Adj.; nur präd. u. adv.; Kleinschreibung in Verbindung mit den Verben „sein", „bleiben" u. „werden"⟩ *schuldig* ▸ wer ist ~?; sie ist an allem ~; die Verhältnisse sind ~ daran

Schụld ⟨die; -, -en⟩ **I** ⟨zählb.⟩ *Verpflichtung zur Rückgabe von Geld* ▸ eine ~ abtragen, anerkennen, begleichen, bezahlen, löschen, tilgen; ~en einklagen, eintreiben, einziehen; ~en haben; ~en machen ▸ in ~en geraten; bis über die Ohren in ~en stecken ⟨übertr.⟩; sich in ~en stürzen; das Haus ist frei von ~en; Abl *schuldenfrei;* Zus *Schuldenabbau, Schuldenerlass* **II** ⟨unz.⟩ **1** *Verpflichtung zu einer Gegenleistung* **2** ⟨Rel.⟩ *Vergehen, Sünde* **3** ⟨Rechtsw.⟩ **3.1** *die innere Beziehung des Täters zu seiner Tat, strafbare Verfehlung* **3.2** *die Verantwortung dafür* ▸ ~ und Buße; vom Gefühl tiefster ~ durchdrungen, erfüllt sein ▸ seine ~ abstreiten, eingestehen, leugnen, zugeben; jmdm. die ~ an einer Sache geben, zuschieben; man kann ihm seine ~ nicht beweisen; eine ~ büßen, sühnen; die ~ fällt auf ihn; Schuld haben; er allein hat ~; sein: es ist nicht meine ~, dass es Probleme gibt; ~ tragen; ihn trifft keine ~ ▸ ich bin mir keiner ~ bewusst; eine große, schwere, tiefe ~ ▸ jmdm. die ~ an etwas geben; die ~ auf jmdn. abwälzen, schieben; eine schwere ~ auf sich laden; eine ~ auf sich nehmen; die ~ liegt (nicht) bei ihm; ich bin, stehe tief in seiner ~ ⟨übertr.⟩ *ich habe noch vieles gutzumachen, was er für mich getan hat;* mit ~ beladen sein; sich frei von ~ fühlen; →a. *schuld;* Zus *Schuldbekenntnis, Schuldzuweisung; schuldbeladen*

schụld|be|wusst ⟨Adj.⟩ *im Bewusstsein einer Schuld betroffen, kleinlaut* ▸ ~ blickte er mich an; Abl *Schuldbewusstsein*

schụl|den ⟨V. trans.; schul|det, schul|de|te, hat geschul|det⟩ jmdm. etwas ~ **1** *jmdm. zu einer Leistung, bes. zur Rückzahlung eines Geldbetrages verpflichtet sein* **2** *jmdm. etwas verdanken* ▸ ich schulde ihm mein Leben *er hat es mir gerettet;* er schuldet mir noch 50 Euro

Schu̲l|den|berg ⟨der; -(e)s, -e; übertr.; umg.⟩ *sehr viele Schulden* ▸ einen ~ anhäufen, hinterlassen

schụld|fä|hig ⟨Adj.⟩ *fähig, im Sinne des Gesetzes das Unrecht einer Tat zu erkennen;* Ggs *schuldunfähig;* Abl *Schuldfähigkeit*

Schụld|fra|ge ⟨die; -, -n⟩ *Frage nach der Schuld* ▸ die ~ klären

Schụld|ge|fühl ⟨das; -(e)s, -e; meist Pl.⟩ *Empfindung von Schuld, Gefühl, jmdm. ein Unrecht angetan zu haben* ▸ von ~en geplagt werden; unter ~en leiden

Schu̲l|dienst ⟨der; -(e)s; unz.⟩ im ~ tätig sein *als Lehrer unterrichten*

schu̲l|dig ⟨Adj.⟩ *Schuld tragend, für eine Tat verantwortlich* ▸ jmdm. etwas ~ sein *jmdm. etwas schulden, jmdm. etwas (bes. Geld) zurückgeben müssen* ▸ er lässt es an der ~en Achtung fehlen *an der notwendigen A.;* sie ist der ~e Teil von beiden ▸ er hat sich ~ bekannt; ich werde den wahren Schuldigen finden; wir fühlen uns ~ an seinem Unglück; sich einer strafbaren Handlung ~ machen; der Schuldige soll sich melden; sein: ich bin ihm noch Geld ~; er ist mir noch eine Antwort auf meine Frage ~; den Beweis hierfür bist du mir ~ (geblieben); jmdm. Rechenschaft ~ sein; wer ist der Schuldige?; ~ sprechen = *schuldigsprechen;* du brauchst den Schuldigen nicht weit zu suchen ▸ die Geschworenen erkannten auf ~; jmdn. einer Tat für ~ erklären; Abl *Schuldige(r)*

Schul|di|ger ⟨der; -n, -n; bibl.⟩ *Schuldner* ▸ wie wir vergeben unseren ~n (Vaterunser)

schul|dig|spre|chen *auch:* **schul|dig spre|chen** ⟨V. trans.; spricht schul|dig, sprach schul|dig, hat schul|dig|ge|spro|chen, schul|dig|zu|spre|chen⟩ jmdn. (einer Tat) ~ *jmdm. die Schuld an einer Tat geben*

schuld|los ⟨Adj.⟩ *ohne Schuld, unschuldig* ▸ ich fühle mich ~; sie ist ~; Abl *Schuldlosigkeit*

Schuld|ner ⟨der; -s, -⟩ *jmd., der einem anderen eine Leistung schuldet, bes. Geld* ▸ ein unzuverlässiger ~; Abl *Schuldnerin*

Schuld|schein ⟨der; -(e)s, -e⟩ *schriftliche Anerkennung einer Schuld* ▸ einen ~ unterschreiben

Schuld|spruch ⟨der; -(e)s, -sprü|che⟩ *Urteil des Gerichts über jmds. Schuld*

schuld|un|fä|hig ⟨Adj.⟩ *nicht fähig, im Sinne des Gesetzes das Unrecht einer Tat zu erkennen;* Ggs *schuldfähig;* Abl *Schuldunfähigkeit*

Schu|le ⟨die; -, -n⟩ **1** *Institution, Gebäude für die Erziehung u. Ausbildung der Kinder u. Jugendlichen, auch zur Fortbildung von Erwachsenen;* ⓘ S. 574; Zus *Schulabgänger(in), Schulanfang, Schulbesuch, Schulbuch* ⓘ S. 574, *Schulbus, Schulferien, Schulfest, Schulfreund(in), Schulheft* ⓘ S. 575, *Schulhof, Schulkamerad(in), Schullehrer(in), Schulleiter(in), Schulordnung, Schulranzen, Schulreife, Schulschluss, Schulsport, Schuluniform, Schulweg, Schulzeit, Schulzeugnis; Abendschule, Grundschule, Realschule* **2** ⟨in Zus.⟩ *Lehrbuch;* Zus *Klavierschule* **3** *künstlerische od. wissenschaftliche Richtung, die von einem Meister od. Wissenschaftler ausging* ▸ die harte ~ des Lebens ⟨übertr.⟩; die ~ Rembrandts ⟨übertr.⟩ ▸ ausfallen: morgen fällt die ~ aus; die ~ beginnt um 8 Uhr; die ~ besuchen; das wird ~ machen ⟨übertr.; umg.⟩ *nachgeahmt werden* ▸ ein Kavalier der alten ~ ⟨übertr.; umg.⟩ *von vollendeter Höflichkeit;* eine harte ~ durchmachen *Lehrzeit;* hohe/Hohe ~ ⟨Reitsp.⟩ *best. Art der Dressur des Reitpferdes;* die hohe ~ der Kochkunst ⟨übertr.⟩; höhere, mittlere ~n; öffentliche, private ~n ▸ an einer ~ unterrichten; unser Sohn geht noch auf, in die ~; aus der ~ plaudern ⟨übertr.; umg.⟩ *Geheimnisse verraten;* er ist bei ihm in die ~ gegangen ⟨übertr.⟩ *hat bei ihm gelernt;* von der ~ abgehen; zur ~ gehen

schu|len ⟨V. trans.; schult, schul|te, hat ge|schult⟩ jmdn. od. etwas ~ *unterrichten, ausbilden, heranbilden, unterweisen* ▸ das Ohr, den Verstand ~; mit geschultem Blick sah er sofort den Fehler; uns fehlt geschultes Personal

Schü|ler ⟨der; -s, -⟩ **1** *Angehöriger einer Schule, Schulkind;* Abl *Schülerschaft;* Zus *Schülerzeitung* **2** *Lernender (bei einem Meister)* ▸ er ist ein aufmerksamer, begabter, fauler, fleißiger, guter, schlechter ~; in unserer Klasse sind 30 ~; er ist ein ehemaliger ~ von ihm

Schü|ler|aus|tausch ⟨der; -(e)s, -e⟩ *Austausch von Schülern verschiedener Länder*

Schü|le|rin ⟨die; -, -rin|nen⟩ *weibl. Schüler*

Schü|ler|lot|se ⟨der; -n, -n⟩ *älterer Schüler, der verkehrsreiche Straßenübergänge des Schulwegs für Schüler sichert;* Abl *Schülerlotsin*

Schü|ler|ver|tre|tung ⟨die; -, -en; Abk.: SV⟩ *von den Schülern gewähltes Gremium, das ihre Interessen vertritt*

Schul|fach ⟨das; -(e)s, -fä|cher⟩ *Unterrichtsfach, Lehrfach an der Schule*

schul|frei ⟨Adj.⟩ *frei von Unterricht* ▸ ein ~er Tag

Schul|geld ⟨das; -(e)s, -er⟩ *Gebühr für den Schulunterricht*

schu|lisch ⟨Adj.⟩ *die Schule betreffend* ▸ ~e Leistungen

Schul|jahr ⟨das; -(e)s, -e⟩ *Zeit vom Eintritt der Schüler in eine Klasse bis zu den letzten Ferien vor Beginn der neuen Klasse* ▸ er ist jetzt im zweiten ~ *in der zweiten Klasse*

Schul|kind ⟨das; -(e)s, -er⟩ *schulpflichtiges Kind*

Schul|klas|se ⟨die; -, -n⟩ *Gesamtheit der Schüler, die gemeinsam unterrichtet werden*

Schul|land|heim ⟨das; -(e)s, -e⟩ *Heim in ländlicher Umgebung, das von Schulklassen mit Lehrern während einer Klassenfahrt zur Erholung aufgesucht wird*

Schul|me|di|zin ⟨die; -; unz.⟩ *die allgemein anerkannten Lehren u. Regeln der Heilkunde, die an Universitäten im Fach Medizin unterrichtet werden*

Schul|meis|ter ⟨der; -s, -; übertr.⟩ *jmd., der andere pedantisch belehrt, bekrittelt;* Abl *Schulmeisterin*

Schul|pflicht ⟨die; -; unz.⟩ *Verpflichtung zum Besuch allgemeinbildender Schulen vom vollendeten 6. bis zum vollendeten 14.-18. Lebensjahr (je nach Bundesland);* Abl *schulpflichtig* ▸ von der ~ befreit werden

Schul|stun|de ⟨die; -, -n⟩ *meist 45 Minuten dauernde Unterrichtsstunde*

Schul|ta|sche ⟨die; -, -n⟩ *Tasche des Schülers für seine Bücher usw.;* ⓘ S. 574; Syn *Schulmappe*

Schul|ter ⟨die; -, -n; Anat.⟩ *die Verbindung der Arme mit dem Brustkorb* ▸ bedauernd die ~n hochziehen ▸ breite, gerade, hängende, schmale ~n; sie stand mit hängenden ~n da (vor Enttäuschung); sie hat ihm die kalte ~ gezeigt ⟨übertr.; umg.⟩ *ihn abgewiesen, nicht beachtet;* etwas auf die leichte ~ nehmen ⟨übertr.; umg.⟩ *etwas nicht ernstnehmen* ▸ ~ an ~ mit jmdm. arbeiten ⟨übertr.⟩ *in gutem Einvernehmen;* jmdn. an den ~n fassen, packen; sie reicht ihm nur bis an die, bis zur ~; ein Kind auf die ~n nehmen; jmdm. auf die ~ klopfen; er legte ihm die Hand auf die ~; die ganze Verantwortung ruht auf seinen ~n ⟨übertr.⟩; mit den ~n zucken (zum Zeichen, dass man etwas nicht weiß); jmdm. bei etwas über die ~n schauen *ihm bei etwas zusehen, um von ihm zu lernen;* ⓘ S. 146; Zus *Schultergelenk, Schulterhöhe; schulterzuckend*

Schul|ter|blatt ⟨das; -(e)s, -blät|ter; Anat.⟩ *dreieckiger, flacher Knochen auf dem Rücken unter jeder Schulter*

schul|ter|frei ⟨Adj.⟩ ~es Kleid *die Schultern unbedeckt lassendes K.*

schul|ter|lang ⟨Adj.⟩ ~es Haar *bis zu den Schultern reichendes Haar*

schul|tern ⟨V. trans.; schul|tert, schul|ter|te, hat geschul|tert⟩ jmdn. od. etwas ~ *auf die Schulter nehmen* ▸ das Gewehr ~

Schul|tü|te ⟨die; -, -n⟩ *große, spitze Tüte mit Süßigkeiten, die ein Kind erhält, wenn es zum ersten Mal in die Schule geht;* Syn *Zuckertüte*

Schu|lung ⟨die; -, -en⟩ **1** *Belehrung, Unterricht, Ausbildung, Heranbildung* **2** *Übung, Erfahrung* ▸ eine fachmännische, gründliche, langjährige, strenge ~; an einer ~ teilnehmen

Schul|un|ter|richt ⟨der; -(e)s; unz.⟩ *Unterricht in der Schule*

schum|meln ⟨V. intr.; schum|melt, schum|mel|te, hat ge|schum|melt; umg.⟩ *nicht ganz ehrlich arbeiten od. spielen, leicht betrügen*

schumm|rig ⟨Adj.; norddt.⟩ *dämmerig;* oV *schummerig* ▸ bei ~em Licht

Schund ⟨der; -(e)s; unz.; abwertend⟩ **1** *wertloses Zeug, Plunder, Abfall, Ausschussware* **2** *kitschiges, schlechtes Schrifttum;* Zus *Schundliteratur*

schun|keln ⟨V. intr.; schun|kelt, schun|kel|te, hat ge|schun|kelt⟩ *sich im Sitzen zu Musik u. Gesang hin u. her wiegen, wobei man die Sitznachbarn unterhakt*

Schup|pe ⟨die; -, -n⟩ **1** *Plättchen der Haut bei Fischen, Schlangen, Eidechsen, Lurchen* **2** *weiße Talgabsonderung der Kopfhaut;* Zus *Kopfschuppe* ▸ ein Haarwasser gegen ~n; da fiel es ihm wie ~n von den Augen ⟨übertr.; umg.⟩ *plötzlich erkannte er den wahren Sachverhalt*

schup|pen ⟨V.; schuppt, schupp|te, hat geschuppt⟩ **I** ⟨V. trans.⟩ einen Fisch ~ *die Schuppen von der Haut abschaben* **II** ⟨V. refl.⟩ sich ~ *in Schuppen abfallen, sich abblättern* (Haut)

Schup|pen ⟨der; -s, -⟩ **1** *überdeckter Raum, meist aus Brettern (bes. zum Abstellen für Geräte od. Wagen), Speicher* **2** ⟨umg.⟩ **2.1** *hässliches Gebäude, baufälliges Haus* **2.2** *Lokal, Diskothek für Jugendliche* ▸ einen alten ~ abreißen

Schup|pen|flech|te ⟨die; -; unz.⟩ *Hautkrankheit, bei der sich rötliche Flecken bilden*

schup|pig ⟨Adj.⟩ **1** *in der Art von Schuppen* **2** *mit Schuppen bedeckt* ▸ ~e Kopfhaut

Schur ⟨die; -, -en⟩ *das Scheren der Schafe*

schü|ren ⟨V. trans.; schürt, schür|te, hat ge|schürt⟩ **1** etwas ~ *anfachen, indem man im Feuer stochert, damit Luft zugeführt wird* **2** ⟨übertr.⟩ Hass ~ *anfachen, vergrößern* ▸ den Brand, das Feuer in der Heizung, im Ofen ~; jmds. Hass ~

schür|fen ⟨V.; schürft, schürf|te, hat ge|schürft⟩ **I** ⟨V. intr.; Bgb.⟩ *Minerallagerstätten aufsuchen* ▸ tief ~ ⟨übertr.⟩ *gründlich forschen;* nach Gold ~ **II** ⟨V. trans.⟩ Bodenschätze ~ *nach B. graben, suchen* **III** ⟨V. refl.⟩ sich (etwas) ~ *sich oberflächlich verletzen, aufschürfen;* Zus *Schürfwunde*

Schür|ha|ken ⟨der; -s, -⟩ *eiserner Haken zum Schüren des Feuers*

Schur|ke ⟨der; -n, -n⟩ *gemeiner, niederträchtiger Mensch, Verräter;* Abl *Schurkin*

Schurz ⟨der; -es, -e⟩ *um die Hüften gebundenes Kleidungsstück;* Zus *Lendenschurz*

Schür|ze ⟨die; -, -n⟩ *zum Schutz gegen Beschmutzung getragenes Kleidungsstück;* Zus *Küchenschürze*

schür|zen ⟨V. trans.; schürzt, schürz|te, hat geschürzt⟩ etwas ~ *heben, raffen, hochziehen*

Schür|zen|jä|ger ⟨der; -s, -; übertr.; umg.⟩ *Mann, der gern Frauen nachstellt, viele Liebschaften hat*

Schuss ⟨der; -es, Schüs|se od. (als Maßangabe) -⟩ **1** *das Fortschleudern eines Geschosses, Abdrücken einer Feuerwaffe;* Zus *Schussverletzung* **2** *das dabei entstehende Geräusch* **3** ⟨kurz für⟩ *Schusswunde* **4** ⟨Sp.; bes. Fußb.⟩ *Schießen des Balls* **5** *rasche Bewegung, Schwung* **6** *kleine Menge, die man mit einem Mal hinwirft od. eingießt* **7** ⟨übertr.; umg.⟩ *(einmaliges) Einspritzen von Rauschmitteln* ▸ seine Rede war mit einem kräftigen ~ Ironie gewürzt ⟨übertr.⟩; Tee mit einem ~ Rum ▸ einen ~ abfeuern, abgeben; plötzlich fiel ein ~; er hat einen ~ ⟨umg.⟩ *er ist verrückt;* Schüsse knallten, krachten, peitschten durch die Nacht; losgehen: ein ~ geht los, verfehlt sein Ziel; sich od. jmdm. einen ~ setzen ⟨übertr.; umg.⟩ *Rauschmittel einspritzen* ▸ ich habe noch drei ~ im Magazin ▸ ein ~ durch die Brust; der ~ ging in die Schulter; etwas in ~ bringen *(wieder) herrichten;* seine Sachen in ~ halten ⟨übertr.; umg.⟩ *in Ordnung;* nach meiner Krankheit bin ich noch nicht wieder ganz in ~ ⟨übertr.; umg.⟩ *habe ich mich noch nicht völlig erholt;* ein ~ ins Schwarze (der Schießscheibe) ⟨übertr.⟩ *ein Treffer;* Berliner Weiße mit ~ *ein Weißbier mit einer kleinen Menge Himbeersaft;* der ~ ging nach hinten los ⟨übertr.; umg.⟩ *etwas, von dem man sich einen Vorteil erhoffte, wirkt sich nachteilig aus;* weit vom ~ sein ⟨übertr.; umg.⟩ *sehr abgelegen, einsam; weitab von jeder Gefahr;* jmdm. einen ~ vor den Bug versetzen ⟨übertr.; umg.⟩ *jmds. Plan durchkreuzen*

Schus|sel ⟨der; -s, - od. die; -, -n; umg.⟩ *ungeschickter, trotteliger Mensch;* Abl *schuss(e)lig*

Schüs|sel ⟨die; -, -n⟩ **1** *weites Gefäß (bes. zum Anrichten u. Auftragen von Speisen)* **2** ⟨umg.; kurz für⟩ *Satellitenschüssel* ▸ eine flache, runde, tiefe ~; eine ~ voll Kartoffelbrei servieren; er hat einen Sprung in der ~ ⟨übertr.; umg.⟩ *er ist leicht verrückt*

Schuss|feld ⟨das; -(e)s; unz.⟩ freies ~ haben *kein Hindernis vorm Ziel beim Schießen;* ins ~ geraten ⟨übertr.⟩ *Angriffen ausgesetzt sein*

Schuss|li|nie ⟨[-njə] die; -, -n⟩ *Richtung, in die ein Schuss abgegeben wird* ▸ genau in der ~ stehen; jmdn. aus der ~ nehmen ⟨a. übertr.⟩; in die ~ geraten ⟨übertr.⟩ *Angriffen ausgesetzt sein*

schuss|si|cher ⟨Adj.⟩ *undurchdringlich für Schüsse;* Syn *schussfest* ▸ eine ~e Weste tragen

Schụss|waf|fe ⟨die; -, -n⟩ *Waffe zum Schießen* ▸ von der ~ Gebrauch machen *schießen*
Schụss|wech|sel ⟨[-ks-] der; -s, -⟩ *gegenseitiges Sichbeschießen* ▸ bei einem ~ mit der Polizei getötet werden
Schu̲s|ter ⟨der; -s, -⟩ **1** = *Schuhmacher;* Abl *Schusterin* **2** ⟨Zool.⟩ = *Weberknecht* ▸ du musst die kaputten Schuhe zum ~ bringen
Schụtt ⟨der; -(e)s; unz.⟩ *Trümmer, Gesteinstrümmer* ▸ ~ abladen, wegräumen; Bomben legten die Stadt im Krieg in ~ und Asche *zerstörten sie;* Zus *Schuttabladeplatz, Schutthalde*
Schụ̈t|tel|frost ⟨der; -(e)s; unz.⟩ *Kältegefühl, Muskelzittern u. Gänsehaut (bei hohem Fieber)*
schụ̈t|teln ⟨V.; schüt|telt, schüt|tel|te, hat ge|schüttelt⟩ **I** ⟨V. trans.⟩ jmdn. od. etwas ~ *schnell hin u. her bewegen* ▸ etwas aus dem Ärmel ~ ⟨übertr.⟩ *mit Leichtigkeit besorgen, erledigen;* die Betten ~ (um die Federn zu lockern); jmdm. zur Begrüßung die Hand ~; sie schüttelte verneinend den Kopf; Pflaumen vom Baum ~ *durch Schütteln des B. vom B. herunterholen* ▸ vor Gebrauch ~! *(Aufschrift auf Arznei- od. Getränkeflaschen)* ▸ von Angst geschüttelt; vom Fieber geschüttelt; vom Lachen, Schluchzen geschüttelt **II** ⟨V. refl.⟩ sich ~ *die Glieder heftig hin u. her bewegen* ▸ der Hund schüttelte sich (und damit das Wasser aus seinem Fell); wir haben uns vor Lachen geschüttelt
Schụ̈t|tel|reim ⟨der; -(e)s, -e⟩ *Vers, dessen Reim wortspielhaft durch Vertauschen der im Reimtakt stehenden Konsonanten entsteht,* z. B.: An der Liebe Niederlagen lässt der Dichter Lieder nagen (Erich Mühsam)
schụ̈t|ten ⟨V.; schüt|tet, schüt|te|te, hat ge|schüttet⟩ **I** ⟨V. trans.⟩ etwas irgendwohin ~ *gießen, strömen lassen, fließen lassen* ▸ Schutt auf einen Haufen ~; das Schmutzwasser in den Ausguss ~ **II** ⟨V. intr.; unpersönl.; umg.⟩ es schüttet *es regnet in Strömen*
schụ̈t|ter ⟨Adj.⟩ **1** *dünn stehend, spärlich, gelichtet* **2** ⟨übertr.⟩ *dürftig, schwach* ▸ ~er Beifall ⟨übertr.⟩; er hat schon ~es Haar
Schụtz ⟨der; -es, -e⟩ **1** *Unterstützung der Sicherheit, Abwehr von etwas Unangenehmem, Hilfe bei etwas Bedrohlichem;* Zus *Schutzanzug, Schutzbrille, Schutzmaßnahme* **2** *Abwehr, Verteidigung;* Zus *Militärschutz* **3** *Bewachung;* Zus *Geleitschutz, Polizeischutz* **4** *Zuflucht, Bedeckung vor Unwetter;* Zus *Schutzdach* **5** *Bürgschaft, Fürsprache, Gönnerschaft* **6** *Vorbeugung, vorbeugende Maßnahme* ▸ den ~ des Gesetzes genießen ▸ jmdm. ~ bieten, gewähren; bei jmdm. ~ finden; ~ vor Verfolgung suchen ▸ bei jmdm. ~ suchen; ~ gegen Regen, Kälte; sie entkamen im ~ der Dunkelheit; sich in jmds. ~ begeben; jmdn. in ~ nehmen *gegen Beschuldigungen od. Vorwürfe verteidigen;* er steht unter meinem ~; unter dem ~ des Gesetzes stehen; ~ vor Ansteckung; ein Gesetz zum ~ der Kinder
Schụtz|be|dürf|nis ⟨das; -nis|ses, -nis|se⟩ *Bedürfnis, Notwendigkeit, vor jmdm. od. etwas geschützt zu werden* ▸ das ~ der Bevölkerung berücksichtigen; Abl *schutzbedürftig*
Schụtz|blech ⟨das; -(e)s, -e⟩ *halbkreisförmiges, gewölbtes Blech über den Rädern von Fahrzeugen zum Auffangen des Schmutzes;* ⓘ S. 789
Schụ̈t|ze ⟨der; -n, -n⟩ **1** *jmd., der mit einer Schusswaffe schießt* **2** *niedrigster Mannschaftsdienstgrad beim Heer* **3** ⟨Sp.; Fußb.⟩ *den Ball schießender Spieler;* Zus *Torschütze* **4** ⟨Astron.⟩ *ein Sternbild des Tierkreises*
schụ̈t|zen ⟨V. trans.; schützt, schütz|te, hat geschützt⟩ jmdn., sich od. etwas (vor jmdm. od. etwas) ~ *bewahren, behüten, verteidigen* ▸ Gott schütze dich! *(Abschiedsgruß)* ▸ jmds. Eigentum, Interessen, Leben ~ ▸ man kann sich gegen Kälte ~, aber nicht gegen Hitze; jmdn. od. sich vor Ansteckung, Gefahr, Nachstellungen, Verleumdung ~; dieses Medikament soll vor Erkältungen ~ ▸ ein ~des Dach vor Ausbruch des Gewitters erreichen; seine ~de Hand über jmdn. breiten, halten ⟨übertr.⟩; ein vor Wind geschütztes Plätzchen; gesetzlich geschützt (als Markenzeichen); Abl *schützenswert*
Schụ̈t|zen|fest ⟨das; -(e)s, -e⟩ *Volksfest mit Wettschießen des Schützenvereins*
Schụtz|en|gel ⟨der; -s, -⟩ **1** ⟨Rel.⟩ *Engel, der dem Menschen zum Schutz des Leibes u. der Seele beigegeben ist* **2** ⟨übertr.⟩ *Beschützer in der Not u. in gefährlichen Situationen* ▸ bei dem Sturz hat das Kind einen ~ gehabt
Schụ̈t|zen|gra|ben ⟨der; -s, -grä|ben; Mil.⟩ *zum Schutz des Infanteristen im Stellungskrieg ausgehobener Graben*
Schụ̈t|zen|hil|fe ⟨die; in der Wendung⟩ jmdm. ~ leisten *ihn (bes. in der Diskussion) unterstützen*
Schụ̈t|zen|kö|nig ⟨der; -(e)s, -e⟩ *der beste Schütze auf dem Schützenfest;* Abl *Schützenkönigin*
Schụ̈t|zen|ver|ein ⟨der; -s, -e⟩ *Verein, der das Schießen als Sport betreibt*
Schụtz|ge|bühr ⟨die; -, -en⟩ *Gebühr für einen Gegenstand, die gewährleisten soll, dass ihn nur wirkliche Interessenten erhalten*
Schụtz|hei|li|ge(r) ⟨die; -n, -n (der; -n, -n)⟩ *Heilige(r) als besondere(r) Beschützer(in) einer Kirche od. eines Berufsstandes;* Syn *Schutzpatron*
Schụtz|imp|fung ⟨die; -, -en; verstärkend⟩ *Impfung*
Schụ̈t|zin ⟨die; -, -zin|nen⟩ *weibl. Schütze*
Schụ̈tz|ling ⟨der; -s, -e⟩ *jmd., den man schützt, für den man sorgt*
schụtz|los ⟨Adj.⟩ *keinen Schutz genießend, hilflos, wehrlos* ▸ ~ dem Angriff ausgeliefert sein; ~ dem Unwetter preisgegeben; Abl *Schutzlosigkeit*
Schụtz|macht ⟨die; -, -mäch|te; Völkerrecht⟩ *Staat, der anderen Staaten Rechtsschutz gewährt od. im Kriegsfall einen Staat militärisch verteidigt*
Schụtz|mann ⟨der; -(e)s, -män|ner od. (meist) -leu|te⟩ *Polizeibeamter im Außendienst, Polizist*
schwa̲b|be|lig ⟨Adj.; umg.⟩ *weich u. wackelnd;* oV *schwabblig*
schwa̲b|beln ⟨V. intr.; schwab|belt, schwab|bel|te, hat ge|schwab|belt⟩ *wackeln* (bes. von gallertarti-

S

ger Masse) ▸ der Pudding schwabbelt; sein fetter Bauch schwabbelt beim Lachen

Schwa|be ⟨der; -n, -n⟩ **1** *Einwohner von Schwaben* **2** *jmd., der aus Schwaben kommt, von dort stammt;* Abl *Schwäbin; schwäbisch*

schwach ⟨Adj.; schwä|cher, am schwächs|ten⟩ **1** *arm an Kraft, kraftlos, geschwächt* **2** *hinfällig, kränklich* **3** *zart* **4** *machtlos* **5** *arm an Geist, unbedeutend* **6** *dünn* **7** *klein, gering* **8** *gering an Zahl od. Menge, nicht zahlreich* **9** *gering an Wert, minderwertig, gehaltlos* ▸ er hat ~e **Augen;** in einem ~en **Augenblick,** in einer ~en Stunde gab sie nach; ein ~er **Ast;** ~er **Beifall;** der **Kaffee,** Tee ist ~; er hat einen ~en **Charakter;** eine ~e **Dosis** des Medikaments genügt; ein ~es **Gedächtnis** haben; eine ~e **Gesundheit,** Konstitution haben; sie hat ein ~es **Herz** *sie ist herzkrank;* es besteht nur noch eine ~e **Hoffnung** *wenig H.;* ein ~es **Kind;** ~e **Leistungen** zeigen; als Lehrer darf man keine ~en **Nerven** haben; ein ~er **Schüler** *ein S. mit schlechten Leistungen;* Rechnen ist meine ~e **Seite** ⟨umg.⟩ *ich kann nicht gut rechnen;* der Kranke sprach mit ~er **Stimme;** das ist nur ein ~er **Trost** *ein geringer T.;* ~es **Verb** ⟨Gramm.⟩ *V., das zur Bildung des Präteritums den Konsonanten t benötigt,* z. B. lachen - lachte - gelacht ▸ **sein:** der Kranke ist noch sehr ~; mir **wird** ~ *mir wird schwindlig;* ⟨aber⟩ ~ werden ⟨umg.⟩ = *schwachwerden* ▸ **alt** und ~; **krank** und ~ ▸ er ist alt und schon ~ **auf** den Beinen *er kann nicht mehr gut gehen u. stehen*

Schwä|che ⟨die; -, -n⟩ **1** *Mangel an Kraft;* Zus *Schwächeanfall* **2** *charakterlicher Mangel* **3** *Geringwertigkeit, Mangel* ▸ darin besteht die ~ dieser **Arbeit,** Leistung; darin zeigt sich die ~ seines **Charakters** ▸ jmds. ~ **ausnutzen;** jeder Mensch **hat** seine ~n; jmds. ~n **kennen;** einer ~ **nachgeben,** widerstehen; **sein:** Rechnen ist meine ~ *ich kann es schlecht;* du darfst jetzt keine ~ **zeigen** ▸ **menschliche** ~n; ein Beweis **persönlicher** ~ ▸ eine ~ **für** jmdn. od. etwas *eine Vorliebe;* es ist ein Zeichen **von** ~, dass du jetzt nachgibst; **vor** ~ umfallen, zusammenbrechen

schwä|cheln ⟨V. intr.; schwä|chelt, schwä|chel|te, hat ge|schwä|chelt⟩ *Schwäche zeigen, schwächer werden, nachlassen, kränkeln* ▸ der Konzern schwächelt ⟨übertr.⟩

schwä|chen ⟨V. trans.; schwächt, schwäch|te, hat ge|schwächt⟩ **1** jmdn. ~ *jmds. Kraft mindern, jmdn. ermüden, entnerven* **2** etwas ~ *etwas vermindern, geringer machen* ▸ jmds. Ansehen ~ *herabsetzen, vermindern;* ein durch Krankheit geschwächter Körper; Abl *Schwächung*

Schwach|kopf ⟨der; -(e)s, -köp|fe⟩ *Dummkopf;* Abl *schwachköpfig*

schwäch|lich ⟨Adj.⟩ *körperlich schwach* ▸ ein ~er Kranker; Abl *Schwächlichkeit*

Schwäch|ling ⟨der; -s, -e; abwertend⟩ *körperlich kraftloser od. charakterlich schwacher Mensch*

Schwach|punkt ⟨der; -(e)s, -e⟩ = *Schwachstelle*

Schwach|sinn ⟨der; -(e)s; unz.⟩ **1** ⟨umg.⟩ *Unsinn, dummes Zeug* **2** ⟨Med.; abwertend⟩ *Mangel an Intelligenz, Debilität* ▸ er redet nur ~ ⟨umg.⟩; das ist völliger ~! ⟨umg.⟩; Abl *schwachsinnig*

Schwach|stel|le ⟨die; -, -n⟩ *fehlerhafte, angreifbare Stelle (in einem System)*

schwach|wer|den *auch:* **schwach wer|den** ⟨V. intr.; wird schwach, wur|de schwach, ist schwach|ge|wor|den, schwach|zu|wer|den; umg.⟩ *einer Versuchung nachgeben* ▸ nur nicht ~! *nicht schwanken, nicht nachgeben!;* →a. *schwach*

Schwa|den ⟨der; -s, -⟩ *mit Gasen od. Dämpfen durchsetzte Luftströmung, Dunstfetzen;* Zus *Nebelschwaden, Rauchschwaden*

Schwa|d|ron ⟨die; -, -en; Mil.; früher⟩ *unterste taktische Einheit der Kavallerie*

schwa|d|ro|nie|ren ⟨V. intr.; schwa|d|ro|niert, schwa|d|ro|nier|te, hat schwa|d|ro|niert⟩ *wortreich prahlen, schwatzen*

schwa|feln ⟨V. intr.; schwa|felt, schwa|fel|te, hat ge|schwa|felt; umg.; abwertend⟩ *dumm daherreden;* Abl *Schwafelei*

Schwa|ger ⟨der; -s, Schwä|ger⟩ **1** *Ehemann der Schwester* **2** *Bruder eines Ehepartners*

Schwä|ge|rin ⟨die; -, -rin|nen⟩ **1** *Ehefrau des Bruders* **2** *Schwester eines Ehepartners*

Schwal|be ⟨die; -, -n; Zool.⟩ *kleiner Singvogel mit einem Schwanz, der zwei Spitzen hat;* Zus *Schwalbennest*

Schwall ⟨der; -(e)s, -e⟩ *Welle, Guss* ▸ ein ~ von Worten ⟨übertr.⟩ *eine Flut von Worten;* Zus *Wasserschwall*

schwamm → *schwimmen*

Schwamm ⟨der; -(e)s, Schwäm|me⟩ **1** *weiches, poriges Gerät, das Wasser aufnimmt, zum Waschen u. Säubern;* Abl *schwammartig* **2** *Angehöriger eines Tierstammes mit sehr verschieden gestalteten, festsitzenden Arten, die aus lockeren Zellansammlungen bestehen* **3** *Zunder von Baumpilzen* ▸ ein feuchter, nasser, trockener ~; ~ drüber! ⟨übertr.; umg.⟩ *wir wollen nicht mehr darüber sprechen*

Schwam|merl ⟨das; -s, -n; bair.; österr.⟩ *Pilz*

schwam|mig ⟨Adj.⟩ **1** *weich, aufgedunsen* **2** ⟨übertr.⟩ *vage* ▸ ein ~es Gesicht; sich ~ ausdrücken ⟨übertr.⟩

Schwan ⟨der; -(e)s, Schwä|ne; Zool.⟩ *ein weißer Vogel mit langem Hals, der auf Teichen u. Seen lebt*

schwand → *schwinden*

schwa|nen ⟨V. intr.; schwant, schwan|te, hat geschwant; unpersönl.; umg.⟩ jmdm. schwant etwas, ⟨od.⟩ es schwant jmd. etwas *jmd. ahnt etwas* ▸ mir schwant nichts Gutes; das hat mir schon lange geschwant

schwang → *schwingen*

schwan|ger ⟨Adj.⟩ *die Geburt eines Kindes erwartend, in anderen Umständen befindlich* ▸ eine ~e Frau; ~ sein, werden; sie ist im fünften Monat ~

schwän|gern ⟨V. trans.; schwän|gert, schwän|ger|te, hat ge|schwän|gert⟩ **1** eine Frau ~ *schwanger machen* **2** ⟨übertr.⟩ etwas ~ *erfüllen, sättigen* ▸ die laue Luft mit Wohlgeruch ~ ⟨übertr.⟩

Schwan|ger|schaft ⟨die; -, -en⟩ **1** *Zeitabschnitt von der Befruchtung der Frau bis zur Geburt des Kindes* **2** *Zustand der Frau während dieser Zeit, das Schwangersein;* Zus *Schwangerschaftsabbruch, Schwangerschaftstest*

Schwan|ger|schafts|strei|fen ⟨Pl.⟩ *feine, zuerst rötliche, später weiße Streifen an der Haut im Bauch- u. Hüftbereich infolge der starken Bauchdehnung bei Schwangerschaften*

Schwank ⟨der; -(e)s, Schwän|ke; Lit.⟩ *derb-komische Erzählung, derb-komisches Bühnenstück*

schwan|ken ⟨V. intr.; schwankt, schwank|te, hat ge|schwankt⟩ **1** *hin u. her schwingen* (Zweige, Brücke) **2** *sich auf u. nieder bewegen, nicht fest sein, wechseln* (Kurse, Preise, Gesundheit) **3** *taumeln, torkeln* (Betrunkener) **4** *zögern, noch nicht entschlossen sein* ▸ ich schwanke (noch), ob ich es tun soll ▸ der Boden schwankte plötzlich unter unseren Füßen; die Gräser, Halme, Zweige ~ im Winde; die Meinungen über ihn ~ ▸ mein Vertrauen ist ins Schwanken geraten; unter einer Last ~ ▸ ~de Gesundheit

Schwan|kung ⟨die; -, -en⟩ *das Schwanken* ▸ ~en ausgesetzt, unterworfen sein; große, geringe ~en; Zus *schwankungsanfällig; Preisschwankung*

Schwanz ⟨der; -es, Schwän|ze⟩ **1** *bei fast allen Wirbeltieren beweglicher Fortsatz der Wirbelsäule;* ⓘ S. 1110, 1111; Zus *Schwanzfeder, Schwanzflosse* **2** *langer Anhang, Schlussteil, Endglied* **3** ⟨derb⟩ *das männliche Glied* ▸ da beißt sich die Katze in den ~ ⟨übertr.⟩ *das ist ein Teufelskreis;* einziehen: der Hund klemmt, zieht den ~ ein; den ~ einziehen ⟨übertr.; umg.⟩ *kleinlaut nachgeben* ▸ es war kein ~ mehr zu sehen ⟨übertr.; umg.⟩ *kein Mensch* ▸ das Pferd beim ~ aufzäumen ⟨übertr.⟩ *eine Sache falsch anpacken;* ein Tier beim ~ fassen, packen, ziehen; der Hund wedelt vor Freude mit dem ~

schwän|zen ⟨V. intr. u. V. trans.; schwänzt, schwänz|te, hat ge|schwänzt; umg.⟩ (etwas) ~ *absichtlich versäumen* ▸ die Schule, eine Unterrichtsstunde, eine Vorlesung ~ ⟨umg.⟩

schwap|pen ⟨V. intr.; schwappt, schwapp|te, ist ge|schwappt; umg.⟩ **1** *sich bewegen* (von Flüssigkeiten in Gefäßen) **2** irgendwohin ~ *überfließen, überlaufen* ▸ die Milch schwappt über den Rand

Schwarm ⟨der; -(e)s, Schwär|me⟩ **1** *lockere Menge, Gruppe;* Zus *Bienenschwarm, Mückenschwarm* **2** ⟨fig; umg.⟩ *jmd. od. etwas, für den bzw. das man schwärmt* ▸ er, sie ist mein ~ ⟨übertr.; umg.⟩; ein ~ von Menschen; sie hat stets einen ~ von Anbetern; ein ~ von Fischen, Vögeln

schwär|men ⟨V. intr.⟩ **I** ⟨schwärmt, schwärm|te, hat ge|schwärmt⟩ **1** (von jmdm. od. etwas) ~ *begeistert reden, sich in Träumen verlieren* **2** für jmdn. od. etwas ~ *von jmdm. od. etwas begeistert sein* ▸ er schwärmt wieder *kommt ins Träumen;* für eine Schauspielerin ~; wenn ich daran denke, komme ich ins Schwärmen; Abl *Schwärmerei* **II** ⟨schwärmt, schwärm|te, hat/ist ge|schwärmt⟩ irgendwo(hin) ~ *sich in einem Schwarm bewegen* ▸ die Mücken ~ um die Lampe

Schwär|mer ⟨der; -s, -⟩ *jmd., der sich leicht begeistert u. dabei nicht auf dem Boden der Tatsachen bleibt, Träumer* ▸ er ist ein sentimentaler ~; Abl *Schwärmerin; schwärmerisch*

Schwar|te ⟨die; -, -n⟩ **1** *dicke, zähe Haut;* Zus *Speckschwarte* **2** ⟨umg.⟩ *altes, wertloses Buch*

schwarz ⟨Adj.; schwär|zer, am schwär|zes|ten⟩ **1** *ohne Farbe, ohne Licht, vollkommen dunkel, finster;* Abl *schwarzhaarig* **2** *böse, unheilvoll* **3** *verbotenerweise* **4** *sehr schmutzig* (Hände) **5** *mit dunkelbrauner bis schwarzer Hautfarbe* **6** ⟨umg.⟩ *einer konservativen Partei angehörend, zuneigend* ▸ sie hat ~e Augen, ~es Haar; das schwarze/Schwarze Brett *Anschlagtafel für Bekanntmachungen (bes. in der Universität);* ~er Kaffee *K. ohne Milch od. Sahne;* ~e Kirschen *dunkelrote;* ~e Kleidung tragen (zum Zeichen der Trauer); auf der ~en Liste stehen *auf der L. von Verdächtigen, Missliebigen;* ~es Loch ⟨Astron.⟩ *begrenztes Gebiet in einer Galaxie, welches auf umgebende Objekte eine so starke Anziehungskraft ausübt, dass sie nicht entweichen können;* schwarze Magie; schwarzer/Schwarzer Peter *ein Kartenspiel für Kinder;* jmdm. den schwarzen/Schwarzen Peter zuschieben, zuspielen ⟨übertr.⟩ *jmdn. für etwas Unangenehmes verantwortlich machen;* eine ~e Seele ⟨übertr.⟩ *Mensch mit böser Seele;* heute hatte ich meinen ~en Tag *Pechtag;* ~er Tee; ~e Wolken am Himmel ▸ du darfst dir nicht alles so ~ ausmalen, vorstellen ⟨übertr.⟩ *so pessimistisch sein;* ich habe die Drogen, den Stoff, die Zigaretten ~ gekauft ⟨übertr.⟩ *auf dem schwarzen Markt;* sein: er ist ziemlich ~ ⟨umg.⟩ *katholisch u. daher ziemlich konservativ* ▸ etwas ~ auf weiß besitzen *schriftlich haben;* der Bahnsteig war ~ von Menschen *voller Menschen;* mir wird ~ vor den Augen *mir wird schlecht, ich werde ohnmächtig;* ~ wie die Nacht

Schwarz ⟨das; - od. -es; unz.⟩ *Farbe, die alles Licht absorbiert, kein Licht reflektiert* ▸ sie trägt gern ~ *schwarze Kleidung;* ~ zieht nach A2 (in Schachaufgaben); (ganz) in ~ gekleidet sein *in Trauerkleidung;* ins ~e treffen *in den Mittelpunkt der Scheibe;* ⟨übertr.⟩ *das Wesentliche herausfinden*

Schwarz|af|ri|ka|ner ⟨der; -s, -⟩ **1** *Einwohner von Schwarzafrika (Länder Afrikas südlich der Sahara)* **2** *Nachkomme der nach Amerika verschleppten schwarzen Afrikaner;* Abl *Schwarzafrikanerin; schwarzafrikanisch*

Schwarz|ar|beit ⟨die; -, -en⟩ *Lohnarbeit entgegen den gesetzlichen Bestimmungen, z. B. ohne Abführung von Steuern* ▸ gegen die ~ vorgehen

schwarz|ar|bei|ten ⟨V. intr.; ar|bei|tet schwarz, ar|bei|te|te schwarz, hat schwarz|ge|ar|bei|tet, schwarz|zu|ar|bei|ten⟩ *Schwarzarbeit ausführen;* Abl *Schwarzarbeiter(in)*

Schwarz|brot ⟨das; -(e)s, -e⟩ **1** *Roggenvollkornbrot* **2** ⟨westfäl.⟩ *Pumpernickel*

Schwar|ze(r) ⟨die; -n, -n (der; -n, -n)⟩ **1** = *Schwarzafrikaner* **2** *Anhänger einer konservativen Partei* ▸ ein Protest der ~n

Schwär|ze ⟨die; -; unz.⟩ **1** *das Schwarzsein, schwarze Färbung* **2** *Farbe zum Schwarzmachen*

schwär|zen ⟨V. trans.; schwärzt, schwärz|te, hat ge|schwärzt⟩ **1** etwas ~ *schwarzmachen, schwarzfärben* **2** ⟨österr.⟩ **2.1** jmdn. ~ *hintergehen* **2.2** etwas ~ *schmuggeln*

schwarz|fah|ren ⟨V. intr.; fährt schwarz, fuhr schwarz, ist schwarz|ge|fah|ren, schwarz|zu|fah|ren; umg.⟩ *ohne Fahrkarte fahren;* Abl *Schwarzfahrer(in)*

Schwarz|han|del ⟨der; -s; unz.⟩ *Handel (in Krisenzeiten mit eingeschränktem Warenangebot) zu Preisen, die höher liegen als die gesetzlich festgelegten Preise*

schwärz|lich ⟨Adj.⟩ *leicht schwarz*

schwarz|ma|len ⟨V. intr.; malt schwarz, mal|te schwarz, hat schwarz|ge|malt, schwarz|zu|ma|len⟩ *alles, bes. die Zukunft, pessimistisch sehen*

Schwarz|markt ⟨der; -(e)s, -märk|te⟩ *illegaler Warenhandel;* Zus *Schwarzmarktpreis*

Schwarz|rot|gold *auch:* **Schwarz-Rot-Gold** ⟨das; -(e)s; unz.⟩ *Farben der dt. Fahne;* Abl *schwarzrotgolden/schwarz-rot-golden*

schwarz|se|hen ⟨V.; sieht schwarz, sah schwarz, hat schwarz|ge|se|hen, schwarz|zu|se|hen; umg.; übertr.⟩ **I** ⟨V. intr. u. V. trans.⟩ (etwas) ~, (für jmdn. od. etwas) ~ *alles, bes. die Zukunft, pessimistisch sehen, ungünstig beurteilen* ▸ für unsere Wanderung morgen sehe ich schwarz *ich fürchte, wir werden unsere Wanderung nicht machen können;* Abl *Schwarzseherei* **II** ⟨V. intr.⟩ *fernsehen, ohne Gebühren dafür bezahlt zu haben;* Abl *Schwarzseher(in)*

schwarz|weiß *auch:* **schwarz-weiß** ⟨Adj.⟩ *schwarz u. weiß* ▸ ~e Streifen; Zus *Schwarzweißzeichnung/Schwarz-Weiß-Zeichnung, Schwarzweißfilm/Schwarz-Weiß-Film*

Schwarz|weiß|ma|le|rei *auch:* **Schwarz-Weiß-Ma|le|rei** ⟨die; -; unz.; übertr.⟩ *vereinfachte Darstellung (von Sachverhalten od. Charakteren) mit groben Kontrasten* ▸ die ~ eines Berichtes

Schwarz|wur|zel ⟨die; -, -n; Bot.⟩ *Gemüsepflanze, deren schwarze Pfahlwurzel als Nahrung dient*

S

Schwatz ⟨der; -es, -e; umg.⟩ *Geplauder, Plauderei, gemütl. Unterhaltung* ▸ wir haben einen kleinen ~ gehalten; Abl *Schwätzchen*

schwat|zen ⟨V.; schwatzt, schwatz|te, hat geschwatzt⟩ **I** ⟨V. intr.⟩ **1** (mit jmdm.) ~ *sich gemütlich unterhalten* **2** *viel u. oberflächlich reden* **3** (mit jmdm.) ~ *während des Unterrichts heimlich reden* **4** *Geheimnisse, Vertrauliches ausplaudern* **II** ⟨V. trans.⟩ etwas ~ *erzählen, daherreden* ▸ lauter dummes Zeug ~

schwät|zen ⟨V. intr. u. V. trans.; schwätzt, schwätz|te, hat ge|schwätzt; süddt.⟩ = *schwatzen*

Schwät|zer ⟨der; -s, -⟩ **1** *jmd., der viel schwatzt (u. nicht handelt)* **2** *Aufschneider* **3** *jmd., der leicht etwas ausplaudert;* Abl *Schwätzerin*

schwatz|haft ⟨Adj.; -er, am -es|ten⟩ *viel u. gern schwatzend;* Abl *Schwatzhaftigkeit*

Schwe|be ⟨die; -; unz.; nur in wenigen Wendungen⟩ **1** sich in der ~ halten *frei schweben* **2** ⟨übertr.⟩ in der ~ bleiben, lassen, sein *unentschieden*

Schwe|be|bal|ken ⟨der; -s, -; Sp.⟩ *ein Turngerät aus einem schmalen Balken auf einem Gestell* ▸ auf dem ~ balancieren

schwe|ben ⟨V. intr.; schwebt, schweb|te, hat geschwebt; bei Bewegung in einer Richtung: ist⟩ **1** irgendwohin ~ *sich langsam in der Luft bewegen, ohne festen Halt zu haben, sacht, langsam fliegen* **2** (irgendwo) ~ *frei hängen* **3** ⟨übertr.⟩ **3.1** *sich zw. zwei Möglichkeiten, Zuständen befinden, schwanken* **3.2** *im Gang sein, noch nicht beendet, unentschieden sein* ▸ die Angelegenheit, der Prozess, das Verfahren schwebt (noch); das Blatt ist sanft zu Boden geschwebt ▸ Wolken ~ am Himmel; in großer Gefahr ~ ⟨übertr.⟩; sie ~ beide im siebten Himmel ⟨übertr.; umg.⟩ *sie sind überglücklich, sehr verliebt;* der Verletzte schwebt noch in Lebensgefahr ⟨übertr.⟩; der Raubvogel schwebte hoch in der Luft; an einem Seil über dem Abgrund ~; mir schwebt sein Bild vor Augen; der Patient schwebt zwischen Leben und Tod ⟨übertr.⟩

Schwe|de ⟨der; -n, -n⟩ **1** *Einwohner von Schweden* **2** *jmd., der aus Schweden stammt* ▸ alter ~! ⟨übertr.; umg.⟩ *alter Freund! (freundschaftliche Anrede);* Abl *Schwedin*

schwe|disch ⟨Adj.⟩ *Schweden betreffend, dazu gehörig, von dort stammend* ▸ hinter ~e Gardinen kommen ⟨umg.⟩ *ins Gefängnis*

Schwe|fel ⟨der; -s; unz.; chem. Zeichen: S⟩ *chemisches Element, Nichtmetall, Ordnungszahl 16;* Abl *schwefelhaltig;* Zus *Schwefelbad*

schwe|feln ⟨V. trans.; schwe|felt, schwe|fel|te, hat ge|schwe|felt⟩ etwas ~ *mit Schwefel behandeln (bes. zum Desinfizieren, zur Schädlingsbekämpfung od. zum Haltbarmachen)* ▸ Wein, Früchte ~; Abl *Schwefelung*

Schweif ⟨der; -(e)s, -e⟩ **1** *langer, meist buschiger Schwanz;* ⓘ S. 1111; Zus *Pferdeschweif* **2** *Schleppe;* Zus *Kometenschweif*

schwei|fen ⟨V. intr.; schweift, schweif|te, ist geschweift⟩ irgendwohin ~ *ziellos gehen, umherwandern* ▸ durch Wald und Feld ~; seine Blick schweifte in die Ferne

Schwei|ge|geld ⟨das; -(e)s, -er⟩ *Bestechungsgeld, damit jmd. ein illegales Geschäft od. ein Verbrechen nicht verrät*

Schwei|ge|marsch ⟨der; -(e)s, -mär|sche⟩ *schweigend durchgeführter Marsch (als Ausdruck der Trauer od. des Protestes)*

Schwei|ge|mi|nu|te ⟨die; -, -n⟩ *kurzes, gemeinsames Schweigen (als Ausdruck der Trauer)*

schwei|gen ⟨V. intr.; schweigt, schwieg, hat geschwie|gen⟩ **1** *nichts sagen, still sein* **2** *aufhören (von Geräuschen)* ▸ der Donner, der Gesang der Vögel, der Wind die Musik schweigt; das tiefe Schweigen des Waldes ▸ endlich brach er das Schweigen; ~ können *ein Geheimnis bewahren können* ▸ ein beklemmendes, eisiges Schweigen; es herrschte tiefes Schweigen zwischen ihnen; beschämt, erschreckt, verlegen, verwirrt ~ ▸ davon ganz zu ~! *davon brauchen wir gar nicht zu reden, das ist selbstverständlich;* sie hüllte sich in Schweigen; er hat lange geschwiegen, bevor er die Wahrheit sagte; über, von etwas ~ *nicht darüber sprechen;* er schweigt wie ein Grab; jmdn. od. etwas zum Schweigen bringen *bestechen; töten* ▸ ~d nicken

Schwei|ge|pflicht 〈die; -; unz.〉 *die Pflicht, z. B. des Arztes, Rechtsanwalts, über das ihm Anvertraute zu schweigen*

schweig|sam 〈Adj.〉 *nicht gesprächig, wortkarg* ▸ er ist ein ~er Mensch; er ist heute Abend sehr ~; Abl *Schweigsamkeit*

Schwein 〈das; -(e)s, -e〉 **1** *ein Tier mit Borsten, das einen Rüssel zum Wühlen in der Erde hat u. als Haustier gehalten wird;* ⓘ S. 1111; Zus *Schweinefett, Schweinefleisch, Schweinemast, Schweineschmalz, Schweinshaxe, Schweinsleder; Hausschwein, Wildschwein* **2** 〈Kochk.〉 *Schweinefleisch;* Zus *Schweinebraten, Schweineschnitzel* **3** 〈übertr.〉 **3.1** *schmutziger, unreinlicher Mensch* **3.2** *moralisch unanständiger Mensch* **3.3** *Lump, gemeiner Mensch* **4** 〈umg.〉 *Glück, unverhofft guter Ausgang einer Sache* ▸ ~e füttern, halten, mästen, schlachten, züchten; da hast du aber ~ gehabt 〈umg.〉 *Glück gehabt* ▸ er ist ein armes ~ 〈umg.; derb〉 *ein bedauernswerter Mensch;* es kümmert sich kein ~ darum, ob … 〈übertr.; derb〉 *kein Mensch, niemand;* das kapiert, versteht kein ~ 〈übertr.; derb〉 *das versteht niemand* ▸ er blutete wie ein ~ 〈derb〉 *heftig*

Schwei|ne|hund 〈der; -(e)s, -e; übertr.; derb〉 *unanständiger, nichtswürdiger, verächtlicher Kerl* ▸ seinen inneren ~ überwinden *seine Faulheit*

Schwei|ne|rei 〈die; -, -en; derb〉 **1** *schmutziger, sehr unordentlicher Zustand* **2** 〈übertr.〉 **2.1** *Unanständigkeit, Unflätigkeit* **2.2** *unanständiger, derber Witz* **2.3** *Gemeinheit* ▸ wer hat hier eine solche ~ angerichtet?; ~en erzählen

Schwei|ne|stall 〈der; -(e)s, -stäl|le〉 **1** *Stall, Verschlag für Schweine* **2** 〈derb〉 *schmutzige, unordentliche Behausung, Wirtschaft* ▸ hier sieht es aus, wie in einem ~

schwei|nisch 〈Adj.; derb〉 *unanständig*

Schweins|ga|lopp 〈der; -s; unz.; umg.; scherzh.〉 *ungeschicktes, schnelles Laufen* ▸ im ~ laufen

Schweiß 〈der; -es; unz.〉 **1** *flüssige Absonderung der Schweißdrüsen der Haut;* Zus *Schweißausbruch, Schweißtropfen; schweißnass* **2** 〈Sinnbild für〉 *Mühe, schwere Arbeit* ▸ die Früchte seines ~es 〈poet.〉 *der Ertrag seiner Arbeit* ▸ ausbrechen: der ~ bricht ihm aus; das hat mich viel ~ gekostet 〈übertr.〉; der ~ lief, rann, rieselte ihm (in Strömen) übers Gesicht ▸ kalter ~ stand ihm vor Angst auf der Stirn ▸ ich bin in ~ gebadet *durchnässt von Schweiß;* im ~e seines Angesichts sein Geld verdienen *mit großer körperlicher Anstrengung*

Schweiß|bren|ner 〈der; -s, -〉 *Brenner, der aus brennbarem Gas u. Sauerstoff eine heiße Flamme zum Schweißen erzeugt*

schwei|ßen 〈V. trans.; schweißt, schweiß|te, hat ge|schweißt〉 Metall, Kunststoff ~ *durch Druck, Schläge od. Schmelzen miteinander verbinden;* Abl *Schweißer(in)*

Schweiß|fuß 〈der; -es, -fü|ße〉 *Fuß mit starker Absonderung von Schweiß* ▸ er hat Schweißfüße

schweiß|ge|ba|det 〈Adj.〉 *durchnässt von Schweiß* ▸ ~ aufwachen

schweiß|trei|bend 〈Adj.〉 *Schweiß hervorbringend* ▸ eine ~e Arbeit; ~es Mittel

Schweiz

Seit 1848 ist die *Schweiz,* in der ca. 7,3 Millionen Menschen leben, ein parlamentarischer Bundesstaat. Heute besteht sie aus 26 Kantonen, in denen vier Amtssprachen gesprochen werden (Deutsch, Französisch, Italienisch und – im Kanton Graubünden – Rätoromanisch). Das Deutsche ist für 64% der Schweizer die Erstsprache, 20% sprechen Französisch, 6,5% Italienisch und 0,5% Rätoromanisch als erste Sprache. Die Hauptstadt der Schweiz ist Bern, der Nationalfeiertag der 1. August (wegen des Rütlischwurs im Jahr 1291).

Wie auch in Österreich hat der Tourismus in der Schweiz aufgrund der großen Bergregionen, die besonders in den Wintermonaten bei Skiurlaubern sehr beliebt sind, einen hohen Stellenwert als Wirtschaftsfaktor. Berühmt ist die Alpenrepublik auch für ihre Uhren, die weltweit exportiert werden. Die Schweiz gehört weder der NATO noch der EU an und hat – anders als Österreich und Deutschland – eine eigene Währung, den Schweizer Franken (sfr). Im Vergleich zum Standarddeutschen weichen in der Schweiz einige Wörter ab, u. a. *Abwart* für *Hausmeister, Tram* für *Straßenbahn, Glace* für *Eis.* Diese speziell im Schweizerischen gebräuchlichen Wörter werden auch Helvetismen genannt.

Schwei|zer 〈der; -s, -〉 **1** *Einwohner der Schweiz* **2** *ausgebildeter Melker, Pfleger der Rinder auf Bauernhöfen* **3** *Türhüter, Aufseher in katholischen Kirchen* **4** *Mitglied der päpstlichen Garde* ▸ ~ Käse *urspr. in der Schweiz hergestellter Hartkäse mit Löchern*

schwei|zer|deutsch 〈Adj.〉 ~e Mundarten *die in der Schweiz gesprochenen deutschen Mundarten*

Schwei|ze|rin 〈die; -, -rin|nen〉 *weibl. Schweizer*

schwei|ze|risch 〈Adj.〉 *die Schweiz betreffend, dazu gehörig, daraus stammend*

Schwel|brand 〈der; -(e)s, -brän|de〉 *schwelender, glimmender Brand, Brand ohne Flamme*

schwe|len 〈V. intr.; schwelt, schwel|te, hat geschwelt〉 **1** *langsam, ohne Flamme u. mit starker Rauchentwicklung brennen* **2** 〈übertr.〉 *unter der Oberfläche, unmerklich (weiter)leben* (Hass-, Rachegefühl, Feindschaft) ▸ das Feuer schwelt noch; jahrelang ~der Hass 〈übertr.〉

schwel|gen 〈V. intr.; schwelgt, schwelg|te, hat geschwelgt〉 **1** *üppig leben, (bes.) gut essen u. trin-*

S

ken **2** in etwas ~ *etwas sehr genießen* ▸ in Erinnerungen ~; im Überfluss ~

Schwẹl|le ⟨die; -, -n⟩ **1** *waagerechter Balken od. Brett als untere Begrenzung u. zum Abdichten der Türöffnung;* Zus *Türschwelle* **2** *Querbalken, auf dem die Eisenbahnschienen befestigt sind* **3** ⟨Psych.⟩ *Reizschwelle* ▸ die ~ eines Hauses betreten; er darf meine ~ nie wieder betreten *ich habe ihm mein Haus verboten;* ~n legen ⟨Eisenb.⟩; an der ~ einer neuen Zeit ⟨übertr.⟩

schwẹl|len ⟨V.⟩ **I** ⟨V. intr.; schwillt, schwoll, ist ge|schwol|len⟩ *dick, groß werden, sich weiten, sich (auf)blähen, sich (aus)dehnen* ▸ der Finger schwillt; das Herz schwoll ihm vor Freude; sie hat geschwollene Augen vom Weinen; eine geschwollene Backe, geschwollene Beine haben; →a. *geschwollen* **II** ⟨V. trans.; schwellt, schwellte, hat ge|schwellt⟩ etwas ~ *zum Schwellen bringen* ▸ Freude schwellte ihm die Brust; der Wind schwellte das Segel

Schwẹl|len|land ⟨das; -(e)s, -län|der⟩ *Entwicklungsland, das sich vom wirtschaftlichen u. technischen Standard her den Industrieländern annähert, z. B. Brasilien*

Schwẹl|lung ⟨die; -, -en⟩ **1** *Zustand des Geschwollenseins* **2** *geschwollene Stelle* ▸ eine ~ geht zurück

Schwẹm|me ⟨die; -, -n⟩ **1** *großes Überangebot* **2** *Becken, Teich als Bad für Tiere*

schwẹm|men ⟨V. trans.; schwemmt, schwemm|te, hat ge|schwemmt⟩ jmdn. od. etwas irgendwohin ~ *flussabwärts treiben lassen* ▸ der Ufersand wurde in den Fluss geschwemmt

Schwẹn|gel ⟨der; -s, -⟩ **1** *keulenartiges Gerät, z. B. zum Anschlagen von Glocken;* Syn *Klöppel* **2** *schwenkbarer Griff der Pumpe;* Zus *Brunnenschwengel, Pumpenschwengel*

Schwẹnk ⟨der; -(e)s, -e⟩ **1** ⟨Film⟩ *seitliche Bewegung der Filmkamera während der Aufnahme* **2** ⟨allg.⟩ *Änderung des Verhaltens* ▸ einen ~ machen

schwẹn|ken ⟨V.⟩ **I** ⟨V. trans.; schwenkt, schwenk|te, hat ge|schwenkt⟩ **1** die Arme, Fahnen, einen Hut, ein Taschentuch ~ *hin u. her bewegen, hin u. her schwingen* **2** etwas in etwas ~ *in Flüssigkeit hin u. her bewegen* ▸ Kartoffeln in Butter ~ **II** ⟨V. intr.; schwenkt, schwenk|te, ist ge|schwenkt⟩ etwas irgendwohin ~ *sich herumdrehen, die Richtung verändern* ▸ der Kran schwenkte nach rechts

S

schwer/schwierig

Aufgrund ihrer Ähnlichkeit werden die Adjektive *schwer* und *schwierig* häufig verwechselt. Von diesen beiden bezieht *schwer* sich eigentlich auf das Gewicht: *eine schwere Tasche, einen schweren Koffer haben, ein schwer beladenes Auto.* Es wird aber auch im übertragenen Sinn verwendet: *eine schwere Krankheit, ein schweres Unwetter, eine schwere Last tragen, eine schwere Bürde auf sich nehmen.*

Demgegenüber wird *schwierig* in Bezug auf abstrakte Dinge verwendet: *eine schwierige Angelegenheit, eine schwierige Aufgabe, eine schwierige Prüfung, ein schwieriges Unternehmen, ein schwieriger Mensch.* Das zugehörige, sehr häufig verwendete Substantiv lautet *Schwierigkeit: Die Angelegenheit bereitete ihm Schwierigkeiten. Er befindet sich in finanziellen Schwierigkeiten.*

In einigen Fällen, z. B. in Bezug auf eine Aufgabe, ist es aber möglich, sowohl *schwer* als auch *schwierig* zu verwenden: *Das ist eine schwere/schwierige Aufgabe. Sie müssen ein schweres/schwieriges Problem lösen*

schwe̱r ⟨Adj.⟩ **1** *ein (bestimmtes) Gewicht habend* **2** *von großem Gewicht, lastend, drückend* (Stein, Gepäck, (übertr.) Sorgen)*;* Zus *schwer beladen / schwerbeladen* **3** *schwerfällig, unbeholfen, massig, massiv* (Pferd, Hand, Schritt, Bau) **4** *mühsam, anstrengend, hart, ermüdend* (Arbeit, Geburt) **5** *schwierig, nicht leicht, nicht leicht zu lösen* (Aufgabe) **6** *nicht leicht verständlich* (Buch, Musik) **7** *ernst, schwerwiegend* (Krankheit, Vergehen, Problem) **8** *bedrückt, belastet, kummervoll* (Herz) **9** *unheilvoll, unglücklich, kaum zu ertragen* (Schicksal) **10** *rau, stark bewegt* (See) **11** *schwer verdaulich, gehaltvoll* (Speisen, Wein) **12** ⟨umg.⟩ **12.1** *sehr stark, viel;* Zus *schwer bewaffnet / schwerbewaffnet* **12.2** ⟨adv.⟩ *sehr;* Zus *schwer krank / schwerkrank; schwerreich* ▸ ein ~es Amt übernehmen *ein verantwortungsvolles A.;* das war eine ~e Belastungsprobe für uns alle; eine ~e Bürde, Last ⟨a. übertr.⟩; jmdm. eine ~e Enttäuschung bereiten; ich habe einen ~en Gang vor mir *(einen Bittgang, einen Kondolationsbesuch o. Ä.);* ein ~es Gewitter, Unwetter; ~en Herzens gab er nach, stimmte er zu; ein ~er Junge ⟨umg.⟩ *gefährlicher Verbrecher;* es war ein ~er Kampf, bis ich meinen Willen durchsetzen konnte ⟨übertr.⟩ *es war schwierig;* der Sack ist 50 kg, 1 Zentner ~; ich habe einen ~en Kopf *ein dumpfes Gefühl im K. (z. B. nach Alkoholgenuss);* sie hat eine ~e Krankheit; sie hatte ein ~es Leben *ein L. voller Sorgen;* nach langem, ~em Leiden; jmdm. ~en Schaden zufügen; in einen ~en Schlaf sinken; sein Tod war ein ~er Schlag für uns; ~e Schuld auf sich laden; ~e Sorgen lasten auf ihm; eine ~e Strafe *eine strenge S.;* ich habe einen ~en Tag hinter mir *einen anstrengenden, arbeitsreichen, sorgenvollen T.;* ein ~es Verbrechen; die Firma hat ~e Verluste erlitten ▸ er muss ~ arbeiten; man muss ~ auf ihn aufpassen ⟨umg.⟩ *sehr;* das kann man nur ~ begreifen, nachfühlen, nachvollziehen, verstehen, sich vorstellen; er wurde ~ bestraft; fallen: sie ist ~ gefallen *gefährlich;* ⟨aber⟩ →a. *schwerfallen;* das wird sich nur ~ machen lassen *nur unter Schwierigkeiten;* ⟨aber⟩ ~ machen = *schwermachen;* das ist leicht gesagt, doch ~ getan; ⟨aber⟩ →a. *schwertun;* er konnte ihn nur ~ davon überzeugen *nur mit Mühe;* seine Meinung, sein Vorschlag, sein Urteil wiegt ~

⟨übertr.⟩ *bedeutet viel, ist wichtig* ▸ ~ behindert = *schwerbehindert (I);* ~ beschädigt = *schwerbeschädigt (I);* ~ erziehbar = *schwererziehbar;* ~ verdaulich = *schwerverdaulich;* ~ verletzt = *schwerverletzt;* ~ verständlich = *schwerverständlich;* ~ verwundet = *schwerverwundet;* ~ wiegend = *schwerwiegend* ▸ ~ an etwas tragen ⟨übertr.⟩ *sehr unter etwas leiden;* das liegt mir ~ auf der Seele *es bedrückt mich;* da sind Sie ~ im Irrtum! ⟨umg.⟩ *da irren Sie sich sehr!;* er ist ~ von Begriff ⟨umg.⟩ *er ist geistig schwerfällig;* meine Glieder sind ~ wie Blei; der Koffer ist zu ~ für mich ▸ wie ~ ist das Paket? *wie viel wiegt es?*

schwer|be|hin|dert *auch:* **schwer be|hin|dert** ⟨Adj.⟩ **I** ⟨Zusammen- u. Getrenntschreibung⟩ *unter einer schweren Behinderung leidend* ▸ das Kind ist durch den Unfall ~ **II** ⟨nur Zusammenschreibung; Amtsdt.⟩ *wegen Behinderung in der Erwerbsfähigkeit um mindestens 50 % eingeschränkt* ▸ er wurde als schwerbehindert eingestuft; Abl *Schwerbehinderte(r)*

schwer|be|schä|digt *auch:* **schwer be|schä|digt** ⟨Adj.⟩ **I** ⟨Zusammen- u. Getrenntschreibung⟩ *in erheblichem Maße beschädigt, lädiert* ▸ ein ~es Auto **II** ⟨nur Zusammenschreibung; Amtsdt.⟩ *durch (im Krieg od. durch einen Unfall erlittene) gesundheitliche Schäden ständig um mehr als 50 % arbeitsbehindert;* Abl *Schwerbeschädigte(r)*

Schwe|re ⟨die; -; unz.⟩ **1** *das Schwersein* **2** *Gewicht* **3** *Schwierigkeit* **4** *Gewichtigkeit, Ernst* ▸ die ~ einer Anklage, der Beweise, eines Vergehens; die ~ einer Aufgabe unterschätzen; er bekam die ganze, volle ~ des Gesetzes zu spüren *das G. in seiner ganzen Härte;* beim Erwachen spürte er eine bleierne ~ in den Gliedern; die ganze ~ der Verantwortung lastete auf ihr

schwe|re|los ⟨Adj.⟩ *ohne Schwere, gewichtslos* ▸ ~ durchs All fliegen; Abl *Schwerelosigkeit*

schwer|er|zieh|bar *auch:* **schwer er|zieh|bar** ⟨Adj.⟩ *mit den üblichen Methoden nicht erziehbar* ▸ ein ~es Kind

schwer|fal|len ⟨V. intr.; fällt schwer, fiel schwer, ist schwer|ge|fal|len, schwer|zu|fal|len⟩ jmdm. ~ *Mühe verursachen* ▸ die Arbeit fällt ihm schwer; es wird mir ~, mich morgen von ihm zu verabschieden; →a. *schwer*

schwer|fäl|lig ⟨Adj.⟩ *ungeschickt, unbeholfen, langsam, träge* ▸ ein ~er Mensch; sei nicht so ~!; ~ sprechen; Abl *Schwerfälligkeit*

Schwer|ge|wicht ⟨das; -(e)s, -e; Sp.⟩ *höchste Gewichtsklasse in der Schwerathletik*

schwer|hö|rig ⟨Adj.⟩ *nicht gut, nicht genau hörend, vermindert hörfähig* ▸ eine ~e alte Frau; er ist ~; Abl *Schwerhörigkeit*

Schwer|in|dus|t|rie ⟨die; -; unz.; Sammelbez. für⟩ *Großeisen- u. Stahlindustrie u. Bergbau*

Schwer|kraft ⟨die; -; unz.; Phys.⟩ *die Anziehungskraft der Erde*

schwer|lich ⟨Adv.⟩ *kaum* ▸ das wirst du ~ können

schwer|ma|chen *auch:* **schwer ma|chen** ⟨V. trans.; macht schwer, mach|te schwer, hat schwer|ge|macht, schwer|zu|ma|chen⟩ jmdm. etwas ~ *jmdm. bei etwas Schwierigkeiten machen, jmdm. etwas erschweren* ▸ er macht ihr das Leben schwer; →a. *schwer*

Schwer|mut ⟨die; -; unz.⟩ *anhaltende tiefe Niedergeschlagenheit, Melancholie;* Abl *schwermütig*

schwer|neh|men ⟨V. trans.; nimmt schwer, nahm schwer, hat schwer|ge|nom|men, schwer|zu|neh|men⟩ etwas ~ *als bedrückend, schlimm empfinden* ▸ nimm es nicht so schwer! *mach dir nicht so viele Gedanken deshalb!*

Schwer|punkt ⟨der; -(e)s, -e⟩ **1** *derjenige Punkt in einem physikalischen System, in dem man sich die gesamte Masse vereinigt denken kann* **2** ⟨übertr.⟩ *wichtigster Punkt (eines Problems, einer Frage, Tätigkeit);* Zus *Schwerpunktthema* ▸ der ~ seines Wirkens lag im politischen Bereich ⟨übertr.⟩; den ~ berechnen, verlagern

Schwert ⟨das; -(e)s, -er⟩ **1** *Hieb- u. Stichwaffe mit gerader, breiter, ein- od. zweischneidiger Klinge u. kurzem Querstück vor dem Griff* **2** ⟨bei Segelbooten⟩ *Holz- od. Stahlplatte unten in der Mitte des Rumpfes* ▸ das ~ ergreifen, nehmen, ziehen, zücken ▸ ein blankes, rostiges, scharfes ~; ein zweischneidiges ~ ⟨übertr.⟩ *etwas, das sowohl Vorteile als auch Nachteile hat, mit sich bringt* ▸ mit dem ~ gegen jmdn. kämpfen; zum ~ greifen

Schwert|fisch ⟨der; -(e)s, -e; Zool.⟩ *Fisch mit schwertartig verlängertem, zahnlosem Oberkiefer*

Schwert|li|lie ⟨[-ljə] die; -, -n; Bot.⟩ *Angehörige einer Gattung der Schwertliliengewächse mit violett, gelb od. blau gefärbten Blüten, Iris*

schwer|tun ⟨V. refl.; tut sich schwer, tat sich schwer, hat sich schwer|ge|tan, sich schwer|zu|tun⟩ sich mit jmdm. od. etwas ~ *nur schwer zurechtkommen, sich mühen müssen* ▸ er tut sich sehr schwer mit den Schulaufgaben; →a. *schwer*

Schwer|ver|bre|cher ⟨der; -s, -⟩ *jmd., der schwere Straftaten begangen hat;* Abl *Schwerverbrecherin*

schwer|ver|dau|lich *auch:* **schwer ver|dau|lich** ⟨Adj.⟩ *schwer zu verdauen* ▸ ~e Speisen

schwer|ver|letzt *auch:* **schwer ver|letzt** ⟨Adj.⟩ *eine schwere Verletzung habend* ▸ er wurde bei dem Unfall ~; Abl *Schwerverletzte(r) / schwer Verletzte(r)*

schwer|ver|ständ|lich *auch:* **schwer ver|ständ|lich** ⟨Adj.⟩ *schwer zu verstehen* ▸ eine ~e Abhandlung

schwer|ver|wun|det *auch:* **schwer ver|wun|det** ⟨Adj.⟩ *an einer schweren Verwundung leidend* ▸ ein ~er Soldat; Abl *Schwerverwundete(r) / schwer Verwundete(r)*

schwer|wie|gend *auch:* **schwer wie|gend** ⟨Adj.⟩ *wichtig, gewichtig* ▸ ein ~es Problem

Schwes|ter ⟨die; -, -n⟩ **1** *von denselben Eltern abstammende weibliche Person* **2** *in der Kranken-, Säuglings- od. Kinderpflege, oft auch in der Operationshilfe ausgebildete weibl. Person;* Zus *Kinderschwester, Krankenschwester* **3** *weibliches Mitglied einer kirchlichen Vereinigung;* Zus *Ordensschwester* ▸ meine ~ hat morgen Geburtstag

S

schwes|ter|lich ⟨Adj.⟩ **1** *von einer Schwester stammend* **2** *wie von einer Schwester stammend* ▸ ~es Mitgefühl; ein ~er Rat; jmdm. ~ zugetan sein

Schwes|ter|par|tei ⟨die; -, -en⟩ *Partei mit ähnlicher od. gleicher politischer Zielsetzung* ▸ die CSU ist die ~ der CDU

schwieg → *schweigen*

Schwie|ger... ⟨in Zus.; zur Bildung von Subst.⟩ *die Eltern des Ehepartners od. den Ehepartner der Kinder betreffend,* z. B. Schwiegereltern

Schwie|ger|el|tern ⟨nur Pl.⟩ *Eltern des Ehepartners*

Schwie|ger|mut|ter ⟨die; -, -müt|ter⟩ *Mutter des Ehepartners*

Schwie|ger|sohn ⟨der; -(e)s, -söh|ne⟩ *Ehemann der Tochter*

Schwie|ger|toch|ter ⟨die; -, -töch|ter⟩ *Ehefrau des Sohnes*

Schwie|ger|va|ter ⟨der; -s, -vä|ter⟩ *Vater des Ehepartners*

Schwie|le ⟨die; -, -n⟩ *durch ständige Reibung entstandene Verdickung der Außenhaut* ▸ ich habe von der Gartenarbeit ~n an den Händen

schwie|rig ⟨Adj.⟩ **1** *mühsam, schwer (zu bewerkstelligen)* **2** *schwer zu behandeln, zu erziehen* (Mensch, Kind) ▸ eine ~e Angelegenheit; die Aufgaben waren sehr ~; das ist ein besonders ~er Fall; ~es Gelände *unübersichtliches, schwer zu überwindendes G.;* er befindet sich in einer ~en Lage; das ist eine ~e Sache; ein ~es Unterfangen, Vorhaben ▸ es ist ~, sich hier zurechtzufinden; die Verhandlungen, Vorbereitungen waren ~; er wird im Alter immer ~er

Schwie|rig|keit ⟨die; -, -en⟩ **1** *etwas Schwieriges, das Schwierige, das Schwierigsein;* Zus *Schwierigkeitsgrad* **2** *Unannehmlichkeit, Hindernis* ▸ wenn du das tust, bekommst du ~en; jmdm. ~en bereiten, machen, verursachen; ~en beseitigen, überwinden, umgehen, vermeiden; die Arbeit bietet keine ~en; ich befürchte weitere ~en; mit dieser Firma hat es noch nie ~en gegeben; die ~ liegt darin, dass …; ich sehe (dabei, hierbei) keine ~en ▸ berufliche, geschäftliche, private ~en; ernste, große ~en; die Firma hat finanzielle ~en; er macht uns immer neue ~en ▸ auf ~en stoßen; ~en aus dem Weg gehen; ~en aus dem Weg räumen; er befindet sich in (geldlichen) ~en; jmdn. in ~en bringen; mit ~en kämpfen; mit ~en rechnen; das ist mit großen ~en verbunden

Schwimm|bad ⟨das; -(e)s, -bä|der⟩ *Anlage mit Schwimmbecken, Umkleideräumen, im Freien auch mit Liegewiesen* ▸ heute gehen wir ins ~; Zus *Hallenschwimmbad*

Schwimm|be|cken ⟨das; -s, -⟩ *Wasserbecken zum Schwimmen* ▸ die Kinder sind im ~

schwim|men ⟨V.; schwimmt, schwamm, ist/hat ge|schwom|men⟩ **I** ⟨V. intr.⟩ **1** *sich im Wasser fortbewegen* **2** *von einer Flüssigkeit getragen werden, nicht untergehen* **3** ⟨umg.⟩ *sehr nass, überschwemmt sein* ▸ wir sind gestern ~ gewesen ⟨umg.⟩ ▸ das Boot schwimmt wieder *ist wieder schwimmfähig* ▸ ~ gehen; (noch nicht) ~ können; ~ lernen ▸ ans Ufer ~; auf der Brust, dem Rücken, der Seite ~; er schwimmt im Geld ⟨übertr.; umg.⟩ *er ist sehr reich;* ins Schwimmen geraten, kommen ⟨übertr.⟩ *die Kontrolle verlieren, unsicher werden;* stromabwärts, stromaufwärts ~; über einen Fluss, einen See ~; unter Wasser ~ **II** ⟨V. trans.; in Wendungen wie⟩ einen Rekord, eine gute Zeit ~ *beim Schwimmen erzielen;* eine Strecke ~ *schwimmend zurücklegen*

Schwim|mer ⟨der; -s, -⟩ **1** *jmd., der schwimmen kann, das Schwimmen beherrscht;* Abl *Schwimmerin* **2** *jmd., der sich schwimmend fortbewegt;* Abl *Schwimmerin* **3** *auf einer Flüssigkeit schwimmender Hohlkörper, der ihren Stand anzeigt od. ein Ventil betätigt* **4** *Teil der Angel, der auf dem Wasser schwimmt u. den Köder im Wasser schwebend hält* ▸ er ist ein ausdauernder, erfahrener, geübter ~

Schwimm|flos|se ⟨die; -, -n⟩ *schuhartige Flosse aus Gummi zum Schwimmen u. zum Tauchen;* →a. *Flosse*

Schwimm|flü|gel ⟨der; -s, -; meist Pl.⟩ *aufblasbares Gummipolster, das um den Oberarm gelegt wird (als Hilfe zum Schwimmenlernen)*

Schwimm|ring ⟨der; -s, -e⟩ *aufblasbarer Gummiring, der um den Oberkörper gelegt wird (als Hilfe zum Schwimmenlernen)*

Schwimm|wes|te ⟨die; -, -n⟩ *gürtelartige Weste aus wasserdichtem Tuch zur Rettung aus Seenot*

Schwin|del ⟨der; -s; unz.⟩ **1** *Störung des Gleichgewichtssinnes;* Zus *Schwindelgefühl* **2** *Vorspiegelung falscher Tatsachen, Betrug, Lüge* ▸ sein: das ist alles ~!; mich überfällt ein ~ ▸ das ist ein ausgemachter ~ ⟨umg.⟩; ~ erregend = *schwindelerregend* ▸ auf einen ~ hereinfallen *sich betrügen lassen*

schwin|del|er|re|gend *auch:* **Schwin|del er|regend** ⟨Adj.⟩ *so beschaffen, dass einem davon schwindlig wird* ▸ der Artist arbeitete in ~er Höhe; ~e Preise ⟨übertr.⟩ *übertrieben hohe P.*

schwin|del|frei ⟨Adj.⟩ *ohne Schwindel (1)*

schwin|de|lig ⟨Adj.⟩ = *schwindlig*

schwin|deln ⟨V. intr.; schwin|delt, schwin|del|te, hat ge|schwin|delt⟩ **1** *nicht ganz die Wahrheit sagen, lügen (in kleinen Dingen);* Abl *Schwindler(in)* **2** *ein wenig betrügen;* Abl *Schwindler(in)* **3** ⟨unpersönl.⟩ jmdm. od. jmdn. schwindelt *jmd. wird von Schwindel (1) befallen* ▸ er schwindelt manchmal; in ~der Höhe

schwin|den ⟨V. intr.; schwin|det, schwand, ist geschwun|den⟩ **1** *abnehmen, sich vermindern, weniger, kleiner werden* **2** die Farben ~ *verblassen* **3** jmds. Kräfte ~ *verfallen* ▸ meine Angst, meine Hoffnung, mein Vertrauen schwindet; sein Einfluss schwindet mehr und mehr; die Sinne schwanden ihr *sie wurde bewusstlos*

schwind|lig ⟨Adj.⟩ *von Schwindel befallen* ▸ ich bin, mir ist ~; ich werde, mir wird leicht ~

schwin|gen ⟨V.⟩ **I** ⟨V. trans.; schwingt, schwang, hat ge|schwun|gen⟩ **1** eine Fahne ~ *in großem Bogen hin und her bewegen, schleudernd bewegen*

S

2 eine Peitsche, ein Schwert ~ *in weitem Bogen mit einer P., einem Sch. ausholen* ▸ große Reden ~ ⟨umg.⟩ *angeben, prahlerisch reden;* das Tanzbein ~ ⟨umg.⟩ *tanzen* ▸ schön geschwungene Augenbrauen, Lippen; eine leicht geschwungene Linie **II** ⟨V. refl.; schwingt, schwang, hat geschwun|gen⟩ sich irgendwohin ~ *sich schleudernd, schnellend, mit Schwung bewegen, bes. aufwärts* ▸ sie schwang sich auf der Schaukel hin und her; der Vogel schwang sich in die Luft; sich in den Sattel ~ **III** ⟨V. intr.; schwingt, schwang, ist/hat ge|schwun|gen⟩ **1** *sich regelmäßig hin u. her bewegen* (Pendel, Schaukel, Saite) **2** *einen Bogen beschreiben, ausführen* ▸ das Pendel der Uhr schwingt ▸ am Barren, Reck, an den Ringen ~

Schwin|gung ⟨die; -, -en⟩ *zeitlich sich wiederholende Zu- u. Abnahme einer physikalischen Größe, z. B. das Hin- u. Herschwingen einer Feder od. Saite, von Licht- u. Materiewellen;* Syn *Oszillation* ▸ die ~ einer Saite berechnen; etwas in ~ versetzen; Zus *Schwingungszahl*

Schwips ⟨der; -es, -e; umg.⟩ *kleiner Rausch* ▸ einen ~ haben; sich einen ~ antrinken

schwir|ren ⟨V. intr.; schwirrt, schwirr|te, ist geschwirrt⟩ **1** *mit leicht sausendem Geräusch schnell fliegen* **2** *an Ort u. Stelle fliegen* ▸ viele Gedanken ~ mir durch den Kopf ⟨übertr.⟩; Insekten ~ durch die Luft; mir schwirrt der Kopf vor lauter Lernen ⟨übertr.⟩ *ich bin durcheinander*

schwit|zen ⟨V.; schwitzt, schwitz|te, hat geschwitzt⟩ **I** ⟨V. intr.⟩ **1** *Schweiß absondern, in Schweiß geraten* **2** *Feuchtigkeit absondern* (Wände) **3** ⟨übertr.⟩ *sich sehr anstrengen* ▸ das Fenster schwitzt ⟨übertr.⟩ *beschlägt;* die Füße, Hände ~; Mehl in Fett ~ lassen *bräunen* ▸ unsere Hemden waren völlig nass geschwitzt / nassgeschwitzt *von Schweiß durchnässt* ▸ am ganzen Körper ~; bei der Arbeit, beim Essen ~; in der Sauna ~; ins Schwitzen kommen ⟨übertr.⟩ *Angst bekommen, unsicher werden;* unter den Armen ~; vor Angst ~; sie schwitzte vor Aufregung **II** ⟨V. trans.; in Wendungen wie⟩ ▸ Blut (und Wasser) ~ *sich sehr aufregen (vor Angst, Spannung usw.)*

Schwitz|was|ser ⟨das; -s; unz.⟩ = *Kondenswasser*

schwoll → *schwellen*

schwor → *schwören*

schwö|ren ⟨V. trans. u. V. intr.; schwört, schwor, hat ge|schwo|ren⟩ **1** (etwas) ~ *durch Eid versichern* **2** (jmdm.) etwas ~ *geloben, feierlich versprechen, erklären* **3** auf etwas ~ *fest an etwas, an die Wirkung von etwas glauben* **4** auf jmdn. ~ *fest von jmds. Wert überzeugt sein* ▸ ich könnte, möchte ~, dass ich ihn gesehen habe *ich bin fast sicher;* ich schwöre dir, dass es so ist ▸ einen Eid, den Fahneneid, einen Meineid ~; jmdm. Rache ~; einander ewige Freundschaft, Liebe, Treue ~ ▸ feierlich, hoch und heilig ~ ▸ sie schwört auf dieses Heilmittel ⟨umg.⟩; auf die Bibel ~; bei etwas od. jmdm. ~ *etwas od. jmdn. zum Zeugen anrufen;* bei Gott ~; bei allem, was einem heilig ist, ~; mit erhobener Hand ~

schwul ⟨Adj.; umg.⟩ *homosexuell* (von Männern) ▸ er ist ~; ein ~er Schauspieler; auch ~e Paare können heiraten; Abl *Schwule(r)*

schwül ⟨Adj.⟩ **1** *drückend heiß u. feucht* (Luft)*;* Zus *schwülwarm* **2** ⟨übertr.⟩ **2.1** *beängstigend, beklemmend* **2.2** *durch unterschwellige Sinnlichkeit erregend* ▸ ~e Fantasie, Träume, Vorstellungen ⟨übertr.⟩; der Abend ist ~; Abl *Schwüle*

schwüls|tig ⟨Adj.⟩ **1** *hochtönend, hochtrabend, überschwänglich* **2** *überladen, überreich verziert* ▸ ein ~er Stil; ~ reden, schreiben

Schwund ⟨der; -(e)s; unz.⟩ **1** *das Schwinden* **2** *geschwundene Menge* **3** ⟨bei Waren⟩ *Gewichtsverlust* **4** ⟨Med.⟩ *Abnahme, Schrumpfung, Verminderung;* Zus *Muskelschwund*

Schwung ⟨der; -(e)s, Schwün|ge⟩ **1** *schnelle, treibende Bewegung, Stoßkraft, Triebkraft, Antrieb* **2** *schwingende Bewegung;* Zus *Pendelschwung* **3** ⟨übertr.⟩ *Begeisterung, mitreißende innere Kraft;* Abl *schwungvoll* **4** *geschwungene Form, geschwungene Linie, Bogen* **5** ⟨umg.⟩ *Menge, größere Anzahl* ▸ ich habe heute einen ganzen ~ Briefe erledigt; ich muss noch einen ganzen ~ Wäsche bügeln ▸ die Sache bekommt allmählich ~ ⟨übertr.⟩; (keinen) ~ haben ⟨übertr.⟩ ▸ jmdn. od. etwas in ~ bringen ⟨übertr.; umg.⟩ *antreiben, mitreißen;* die Sache kommt langsam in ~ ⟨übertr.; umg.⟩ *kommt voran;* ich bin erst jetzt so richtig in ~ gekommen ⟨übertr.; umg.⟩

schwung|haft ⟨Adj.; übertr.⟩ **1** *mit Schwung durchgeführt* **2** *lebhaft, rege* ▸ einen ~en Handel mit etwas treiben *(illegal) mit etwas handeln*

Schwung|kraft ⟨die; -; unz.⟩ = *Zentrifugalkraft*

Schwur ⟨der; -(e)s, Schwü|re⟩ *Eid* ▸ einen ~ ablegen, leisten; seinen ~ brechen, verletzen; mit einem ~ bekräftigen; die Hand zum ~ erheben

Schwur|ge|richt ⟨das; -(e)s, -e⟩ *aus Berufsrichtern u. Geschworenen zusammengesetzter Gerichtshof für schwere Straftaten;* Syn *Geschworenengericht*

Schwy|zer ⟨der; -s, -⟩ *Einwohner des Kantons od. der Stadt Schwyz;* Abl *schwyzerisch*

Sci|ence|fic|ti|on *auch:* **Sci|ence-Fic|ti|on** ⟨[saɪənsfɪkʃn] die; -, -s⟩ *utopische Prosadichtung auf naturwissenschaftlich-technischer Grundlage*

Sé|an|ce ⟨[seãːs(ə)] die; -, -n⟩ *spiritistische Sitzung*

sechs ⟨[-ks] Adj.; Kardinalzahl; als Ziffer: 6⟩ wir waren ~, ⟨od. umg.⟩ zu ~en, ⟨od.⟩ zu ~t; wir sind ~ Personen in unserer Familie; Bes *Ableitungen u. Zusammensetzungen* →a. *acht*

Sechs ⟨[-ks] die; -, -en⟩ **1** *die Zahl 6* **2** *ungenügend (als Schulnote, Zensur)* **3** die ~ *Straßenbahn, Bus mit der Nummer 6*

Sechs|eck ⟨[-ks-] das; -(e)s, -e; Geom.⟩ *geometrische Figur mit sechs Ecken;* Abl *sechseckig*

Sech|ser ⟨[-ks-] der; -s, -; Lotto; umg.⟩ *Gewinn mit sechs richtigen Zahlen, Hauptgewinn*

sechs|fach ⟨[-ks-] Adj.; in Ziffern: 6fach od. 6-fach⟩ *sechsmal(ig)*

sechs|hun|dert ⟨[-ks-] Adj.; Kardinalzahl; in Ziffern: 600⟩ *sechs mal hundert*

sechs|stel|lig ⟨[-ks-] Adj.⟩ *aus sechs Ziffern bestehend* ▸ eine ~e Summe

sechst ⟨[-ks-] nur in der Wendung⟩ zu ~ *in einer Gruppe von sechs Personen* ▸ wir waren zu ~

sechs|te(r, -s) ⟨[-ks-] Adj.; Ordinalzahl zu „sechs"; Zeichen: 6.⟩ *der/die/das dem fünften Folgende* ▸ er steht an ~r Stelle; sie hat einen ~n Sinn dafür ⟨umg.; scherzh.⟩ *ein besonderes Gespür;* Abl *Sechste(r, -s)*

Sechs|tel ⟨[-ks-] das od. schweiz. der; -s, -⟩ *sechster Teil* ▸ ein ~ des Gewinns

sechs|tens ⟨[-ks-] Adv.⟩ *an sechster Stelle*

sech|zehn ⟨Adj.; Kardinalzahl; als Ziffer: 16⟩ in der Klasse sind ~ Schüler; Abl *sechzehnjährig;* Bes *Ableitungen* →a. *acht*

Sech|zehn|tel ⟨das od. schweiz. der; -s, -⟩ *16. Teil;* Zus ⟨Mus.⟩ *Sechzehntelnote*

sech|zig ⟨Adj.; Kardinalzahl; als Ziffer: 60⟩ er ist ~ Jahre alt; mit ~ in Pension gehen; →a. *achtzig*

Sech|zig ⟨die; -, -en⟩ *die Zahl 60;* →a. *Achtzig*

Sech|zi|ger|jah|re *auch:* **sech|zi|ger Jah|re** ⟨Pl.⟩ **1** ⟨in Ziffern: 60er Jahre / 60er-Jahre⟩ die ~ des 20. Jh. *die Jahre zw. 1960 u. 1970* **2** *die Lebensjahre zw. 60 u. 70*

Se|cond|hand|shop ⟨[sɛkəndhæːndʃɔp] der; -s, -s⟩ *Geschäft für gebrauchte Waren (bes. Kleidung)*

SED ⟨DDR; Abk. für⟩ *Sozialistische Einheitspartei Deutschlands;* Zus *SED-Funktionär(in), SED-Mitglied*

Se|di|ment ⟨das; -(e)s, -e; Geol.⟩ *Ablagerung von Stoffen aus dem Wasser;* Zus *Sedimentgestein*

See **I** ⟨der; -s, -n⟩ **1** *große, mit Wasser gefüllte Bodenvertiefung, stehendes Binnengewässer;* Zus *Binnensee* **2** *künstlich angelegtes, großes Wasserbecken;* Zus *Baggersee, Stausee* ▸ das Hotel liegt unmittelbar **an** einem ~; **im** ~ baden; **über** den ~ rudern; Zus *Seeufer* **II** ⟨die; -, -n⟩ *Meer* ▸ **bewegte,** ruhige, stürmische ~; auf **hoher** ~ *auf dem Meer, ohne Land zu sehen;* in die **offene** ~ hinausfahren; **raue,** schwere ~ *hoher Wellengang* ▸ im Urlaub **an** die ~ fahren; das Schiff geht, sticht **in** ~ *fährt aus;* Kapitän, Leutnant **zur** ~ *bei der Marine;* zur ~ fahren *Seemann sein;* Zus *Seebad, Seebeben, Seefahrer(in), Seefahrt, Seefisch, Seetang, Seevogel*

See|ad|ler ⟨der; -s, -; Zool.⟩ *großer Raubvogel*

See|bär ⟨der; -en, -en⟩ **1** ⟨Zool.⟩ *eine Robbe* **2** ⟨übertr.; umg.⟩ *erfahrener, älterer Seemann*

See|gang ⟨der; -(e)s; unz.⟩ *Bewegung der See, Wellengang* ▸ leichter, schwerer, starker ~

See|hund ⟨der; -(e)s, -e⟩ *Robbe der nördlichen Meere ohne äußere Ohren;* Zus *Seehund(s)fell*

See|igel ⟨der; -s, -; Zool.⟩ *kugelförmiges Meerestier mit Stacheln*

see|krank ⟨Adj.⟩ *an Übelkeit, Erbrechen, Schwindel leidend, wenn man mit einem Schiff fährt;* Abl *Seekrankheit*

See|lachs ⟨[-ks] der; -es, -e⟩ *ein Speisefisch*

See|le ⟨die; -, -n⟩ **1** *Innenleben eines Lebewesens, das sich im Denken, Fühlen, Handeln od. Bewegen äußert;* Zus *Seelenleben* **2** *die Gemütskräfte des Menschen* **3** *der unsterbliche Teil des Menschen;* Zus *Seelenwanderung* **4** *Triebkraft, lebengebender Mittelpunkt* **5** *Mensch, Einwohner* ▸ er ist die ~ der **Firma** ⟨übertr.; umg.⟩ *an ihm hängt alles, er kümmert sich um alles;* die beiden sind ein **Herz** und eine ~ ⟨übertr.⟩ *sie verstehen sich ausgezeichnet* ▸ seine ~ **aushauchen** ⟨übertr.⟩ *sterben;* die ~ **baumelnlassen** ⟨übertr.; umg.⟩ *ausspannen* ▸ das Dorf hat 1 000 ~n; eine **edle,** große, reine, schöne, stolze ~; sie hat eine **kindliche,** zarte ~; eine **gute** ~ sein ⟨übertr.⟩ *ein guter Mensch sein;* eine **schwarze** ~ haben ⟨umg.; übertr.; meist scherzh.⟩ *ein schlechter Mensch sein;* er ist eine **treue** ~ ▸ Schaden **an** seiner ~ nehmen; es liegt mir schwer **auf** der ~, dass … *es bedrückt mich;* sich die ~ **aus** dem Leib husten ⟨umg.⟩ *sehr stark husten;* du hast mir aus der ~ gesprochen *gesagt, was auch meine Überzeugung ist;* es tut mir **in** der ~ leid, weh *sehr, unendlich leid;* er ist eine ~ **von** Mensch ⟨umg.⟩ *ein gutmütiger, selbstloser Mensch;* das musste ich mir einmal von der ~ reden ⟨übertr.⟩ *es bedrückte mich so sehr, dass ich einmal davon sprechen musste*

See|len|frie|den ⟨der; -s, -⟩ *innerer Frieden, innere Ruhe* ▸ seinen ~ finden

See|len|heil ⟨das; -s; unz.⟩ *Glück, Unversehrtsein der Seele* ▸ um jmds. ~ besorgt sein

see|len|los ⟨Adj.⟩ *ohne Seele, ohne innere Wärme, ohne innere Anteilnahme* ▸ sein Klavierspiel war virtuos, aber ~

See|len|qual ⟨die; -, -en⟩ *große innere Qual*

See|len|ru|he ⟨die; -; unz.⟩ *innere Ruhe, Gemütsruhe, Ausgeglichenheit* ▸ in aller ~ erwartet er den Ausgang der Verhandlung; Abl *seelenruhig*

see|len|ver|wandt ⟨Adj.⟩ *seelisch, innerlich verwandt, in den Empfindungen übereinstimmend;* Abl *Seelenverwandtschaft*

See|leu|te ⟨Pl. von⟩ *Seemann*

see|lisch ⟨Adj.⟩ *die Seele betreffend, auf ihr beruhend, ihr angehörend* ▸ eine ~e Belastung; sein ~es Gleichgewicht verlieren, wiederfinden

See|lö|we ⟨der; -n, -n; Zool.⟩ *eine Robbe*

Seel|sor|ge ⟨die; -; unz.; in der christl. Kirche⟩ *seelische Hilfe für das Gemeindemitglied;* Abl *Seelsorger(in); seelsorgerisch*

See|macht ⟨die; -, -mäch|te⟩ **I** ⟨unz.⟩ *Gesamtheit der Seestreitkräfte* **II** ⟨zählb.⟩ *Staat, dessen Macht auf seiner Flotte beruht*

See|mann ⟨der; -(e)s, -leu|te⟩ *jmd., der auf einem Hochseeschiff beschäftigt ist;* Zus *Seemannslied*

See|manns|garn ⟨das; -(e)s; unz.; übertr.; umg.⟩ *abenteuerliche, stark übertriebene, skurrile u. nicht ganz der Wahrheit entsprechende Erzählung eines Seemanns* ▸ ~ spinnen

See|mei|le ⟨die; -, -n; Zeichen: sm⟩ *Längenmaß der Seefahrt: 1852 bzw. 1855 m*

See|not ⟨die; -; unz.⟩ *schwere Gefahr des Untergangs von Schiffen u. auf See notgelandeten Flugzeugen* ▸ Rettung aus ~; Schiff in ~

Se|en|plat|te ⟨die; -, -n⟩ *flache od. leicht hügelige Landschaft mit zahlreichen Seen*

See|pferd|chen ⟨das; -s, -; Zool.⟩ *kleiner Fisch, dessen Männchen die Jungen in einer Bruttasche trägt u. sie nährt;* Syn *Seepferd*

S

See|räu|ber ⟨der; -s, -⟩ *jmd., der auf hoher See Schiffe ausraubt, Pirat;* Abl *Seeräuberin*

See|ro|se ⟨die; -, -n; Bot.⟩ *eine Schwimmpflanze mit runden Blättern u. gelben, duftenden Blüten*

See|sack ⟨der; -(e)s, -sä|cke⟩ *großer Sack aus wasserdichtem Segeltuch für Kleidung o. Ä. zum Umhängen od. Tragen (bes. für Seeleute)*

See|stern ⟨der; -(e)s, -e; Zool.⟩ *ein Meerestier mit flachem, sternförmigem Körper*

see|tüch|tig ⟨Adj.⟩ *fähig, übers Meer zu fahren, tauglich für hohe See* (Schiff); Syn *seefest*

See|weg ⟨der; -(e)s, -e⟩ *der Weg übers Meer;* Ggs *Landweg* ▸ der ~ nach Indien; auf dem ~ reisen; Waren auf dem ~ befördern

See|zun|ge ⟨die; -, -n⟩ *ein platter Fisch mit schmackhaftem Fleisch*

Se|gel ⟨das; -s, -⟩ **1** ⟨Mar.⟩ *am Mast eines Schiffes befestigtes großes Tuch, in dem sich der Wind fängt, so dass sich das Schiff fortbewegt;* Zus *Segelboot, Segelschiff, Segeltörn* **2** *als Sonnenschutz aufgespanntes Leinwandtuch;* Zus *Sonnensegel* ▸ die ~ **aufziehen,** hissen; die ~ **reffen;** die ~ **streichen** ⟨übertr.; umg.⟩ *nachgeben, klein beigeben* ▸ jmdm. den Wind **aus** den ~n nehmen ⟨übertr.; umg.⟩ *sein Vorhaben verhindern*

Se|gel|flug|zeug ⟨das; -(e)s, -e⟩ *motorloses Flugzeug*

se|geln ⟨V. intr.; se|gelt, se|gel|te, hat ge|se|gelt; übertr. u. bei Vorwärtsbewegung: ist⟩ **1** *mit einem Segelboot fahren* **2** *sich mit Hilfe des Windes auf dem Wasser od. durch die Luft fortbewegen* ▸ durch die Prüfung ~ ⟨übertr.; umg.⟩ *durchfallen;* übers Meer ~; Zus *Segelregatta*

Se|gel|oh|ren ⟨Pl.; umg.⟩ *stark abstehende Ohren*

Se|gel|tuch ⟨das; -(e)s; unz.⟩ *festes, wasserdichtes Tuch aus Leinwand, Hanf od. Baumwolle*

Se|gen ⟨der; -s; unz.⟩ **1** *Gunst, Gnade* **2** *Heil, Glück;* Zus *Segen bringend / segenbringend* **3** *Bitte um die Gnade Gottes (auch als Teil des Gottesdienstes)* **4** ⟨umg.⟩ *Einverständnis, Zustimmung* ▸ jmdm. **Glück** und ~ wünschen ▸ im Gottesdienst den ~ **erteilen,** sprechen; jmdm. seinen ~ **geben** ▸ **meinen** ~ hat er! ⟨umg.⟩ *meinetwegen, ich stimme zu;* dieser Gewinn ist ein **wahrer** ~ ▸ ~ **über** jmdn. od. etwas sprechen; seinen ~ **zu** etwas geben ⟨umg.⟩ *seine Zustimmung*

se|gens|reich ⟨Adj.⟩ *voller Segen, Segen, Glück bringend* ▸ eine ~e Erfindung

Seg|ler ⟨der; -s, -⟩ **1** *Segelschiff* **2** *jmd., der Segelsport betreibt;* Abl *Seglerin* **3** *ein Vogel, der den Schwalben ähnlich ist*

Seg|ment ⟨das; -(e)s, -e⟩ **1** *Abschnitt, Teilstück* **2** *Kreisabschnitt, Kugelabschnitt;* Abl *segmentieren*

seg|nen ⟨V. trans.; seg|net, seg|ne|te, hat ge|segnet⟩ jmdn. od. etwas ~ **1** *jmdm. od. etwas Segen spenden, den Segen über jmdn. od. etwas sprechen* **2** *das Zeichen des Kreuzes über jmdm. od. etwas machen* **3** *weihen* ▸ Gott segne dich! ▸ der Pfarrer segnet die **Gemeinde;** das **Zeitliche** ~ ⟨übertr.⟩ *sterben* ▸ ~d die Hände ausbreiten, heben; er ist im gesegneten Alter von 90 Jahren entschlafen; er hat einen gesegneten Appetit ⟨übertr.⟩ *guten, kräftigen A.;* ein gesegnetes Jahr wünschen; gesegnete Mahlzeit! *(Wunsch zu Beginn einer Mahlzeit);* einen gesegneten Schlaf haben ⟨übertr.⟩ *guten, festen S.;* mit Schönheit nicht gesegnet sein ⟨übertr.⟩ *nicht sehr schön sein*

Seg|nung ⟨die; -, -en⟩ **1** *das Segnen* **2** *segensreiche Wirkung* ▸ die ~en des Fortschritts

seh|be|hin|dert ⟨Adj.⟩ *hinsichtlich der Sehkraft stark beeinträchtigt* ▸ ~e Menschen; Abl *Sehbehinderte(r)*

se|hen ⟨V.; sieht, sah, hat ge|se|hen⟩ **I** ⟨V. trans.⟩ jmdn. od. etwas ~ **1** *mit den Augen wahrnehmen, unterscheiden;* Zus *Sehkraft, Sehschärfe, Sehschwäche* **2** *entdecken, bemerken* **3** *erblicken, erschauen* **4** *erkennen* **5** *erleben* **6** ⟨umg.⟩ *versuchen, sich bemühen* ▸ es gibt dort nichts **Besonderes** zu ~; ich sehe die **Dinge,** wie sie sind ⟨übertr.⟩ *ich beurteile alles klar, nüchtern;* hast du den **Film** schon gesehen?; du siehst **Gespenster** ⟨übertr.⟩ *deine Angst ist unbegründet;* siehe **Seite** … *(Verweis in Büchern);* er will die **Welt** ~; er hat einmal bessere **Zeiten** gesehen ⟨übertr.⟩ *früher lebte er in besseren Verhältnissen* ▸ das habe ich **kommen** ~ ⟨übertr.⟩ *erwartet;* ich **kann** ihn nicht mehr ~! ⟨übertr.⟩ *nicht mehr leiden, ausstehen;* er hat sich bei mir lange nicht ~ **lassen** *er war lange nicht bei mir;* lass dich ja nicht mehr ~! ⟨übertr.⟩ *komm nie wieder!, ich will nichts mehr mit dir zu tun haben!;* den **möchte** ich ~, der das in dieser kurzen Zeit schafft! *in dieser kurzen Zeit ist das unmöglich zu schaffen;* wir **werden** schon ~ *(ausweichende Antwort) lass uns abwarten;* du wirst schon ~, was passiert!; wir **wollen** ~ *lass uns abwarten;* ich will ~, ob ich es besorgen kann *ich will es versuchen* ▸ ich kann das gegenüberliegende Ufer **deutlich,** gut, kaum, nur verschwommen ~; plötzlich sah er alles **doppelt** (bei Trunkenheit); die Dinge **falsch,** verzerrt ~ ⟨übertr.⟩ *falsch beurteilen;* ich habe ihn gestern nur **flüchtig** gesehen; ich habe ihn selten so **niedergedrückt** gesehen ▸ siehe **auch** … ⟨Abk.: s. a.⟩ *(Verweis in Büchern);* Sie ~ **daraus,** dass … *Sie erkennen daraus;* ich sehe **darin** nichts Böses; er sieht es nicht **gern,** wenn man zu spät kommt ⟨übertr.⟩ *er mag es nicht, wenn man sich verspätet;* ich habe dich gestern **im** Theater gesehen; das muss man im Zusammenhang ~ ⟨übertr.⟩ *beurteilen;* jmdn. od. etwas **von** weitem ~; wir kennen uns vom Sehen *nur flüchtig;* ich sehe ihn (noch) deutlich **vor** mir (in der Erinnerung); es ist nichts mehr davon **zu** ~; ich freue mich, Sie zu ~ *(Begrüßungsformel)* ▸ **wann** hast du ihn zuletzt gesehen?; **wie** ~ Sie die politische Lage? ⟨übertr.⟩ *wie beurteilen Sie die pol. Lage?;* **wo** hast du ihn gesehen? ▸ er ist stets gern gesehen *überall willkommen;* →a. *gerne;* hast du so etwas schon gesehen? *(Ausruf des Erstaunens)* **II** ⟨V. refl.⟩ sich ~ *sich treffen* ▸ wir ~ uns **betrogen,** enttäuscht, getäuscht, übergangen, verletzt ⟨übertr.⟩; ich sehe mich **gezwungen,** veranlasst … **III** ⟨V. intr.⟩ *etwas wahrnehmen, erkennen,* *begreifen können* ▸ siehst du (wohl)! ⟨triumphierend⟩ *ich hatte doch Recht!* ▸ jmdm. ähnlich ~ *ihm gleichen;* das sieht ihm ähnlich ⟨übertr.; umg.⟩ *diese Handlungsweise ist bezeichnend für ihn;* gut, scharf, schlecht, weit ~; ohne Brille kann ich schlecht ~ ▸ auf etwas ~ ⟨übertr.⟩ *darauf achten, bedacht sein;* aufs Geld ~ ⟨übertr.; umg.⟩ *sparsam, geizig sein;* sie sieht nicht auf den Preis ⟨übertr.⟩ *sie kümmert sich nicht darum;* sie sieht stets auf ihren Vorteil ⟨übertr.⟩ *sie ist darauf bedacht;* ich kann kaum, nicht aus den Augen ~ *bin benommen vor Müdigkeit;* aus dem Fenster ~; sieh da! *(Ausruf des Erkennens, Erstaunens);* durch die Brille, ein Fernglas, die Lupe, das Mikroskop ~; er sah ihr tief in die Augen; sie kann beruhigt in die Zukunft ~ *ihre Zukunft ist gesichert;* weder links noch rechts ~ *starr geradeaus blicken;* nach der Uhr ~; siehe oben ⟨Abk.: s. o.⟩ *vergleiche (als Verweis in Büchern);* siehe unten ⟨Abk.: s. u.⟩ *vergleiche;* von seinem Standpunkt aus gesehen, ist es richtig; wie Sie ~, hat sich manches verändert; prüfend zum Himmel ~ ▸ auf die Dauer gesehen, ist das keine Lösung

se|hens|wert ⟨Adj.; -er, am -es|ten⟩ *so beschaffen, dass man es sich ansehen sollte* ▸ der Film ist ~

se|hens|wür|dig ⟨Adj.⟩ = *sehenswert*

Se|hens|wür|dig|keit ⟨die; -, -en⟩ *sehenswertes Kunst- od. Bauwerk* ▸ die ~en einer Stadt besichtigen; gibt es hier viele ~en?

Se|her ⟨der; -s, -⟩ *jmd., der in die Zukunft schaut, Prophet;* Abl *Seherin*

Seh|feh|ler ⟨der; -s, -⟩ *Mangel, Fehlleistung des Auges, z. B. Schielen, Kurzsichtigkeit*

Seh|hil|fe ⟨die; -, -n; fachspr.⟩ *Vorrichtung zum Ausgleich von Augenfehlern, Brille*

Seh|ne ⟨die; -, -n⟩ **1** ⟨Anat.⟩ *Verbindung zwischen Muskel u. Knochen;* Zus *Sehnenentzündung, Sehnenriss, Sehnenzerrung* **2** *Strang zum Spannen des Bogens;* Zus *Bogensehne* ▸ die ~ straffen, spannen (am Bogen); er hat sich eine ~ gezerrt

seh|nen ⟨V. refl.; sehnt sich, sehn|te sich, hat sich ge|sehnt⟩ sich nach jmdm. od. etwas ~ *innig, schmerzlich nach jmdm. od. etwas verlangen* ▸ er sehnte sich nach ihr; sich nach Hause ~ *Heimweh haben;* er sehnte sich nach Ruhe

Seh|nerv ⟨der; -s od. -en, -en⟩ *von der Netzhaut zum Gehirn führender Nerv*

seh|nig ⟨Adj.⟩ **1** *voller Sehnen* (Fleisch) **2** *mager, aber kräftig, zäh* ▸ ein ~er Körper

sehn|lich ⟨Adj.⟩ *voller Sehnsucht, sehnsüchtig* ▸ es ist mein ~er, ~ster Wunsch; jmdn. ~st erwarten; etwas ~st verlangen, wünschen

Sehn|sucht ⟨die; -, -süch|te⟩ *inniger Wunsch, schmerzliches Verlangen* ▸ brennende, glühende, verzehrende ~; du wirst schon mit ~ erwartet; ~ nach jmdm. od. etwas haben; vor ~ vergehen; Abl *sehnsuchtsvoll*

sehn|süch|tig ⟨Adj.⟩ *voller Sehnsucht, schmerzlich verlangend, innig* ▸ ein ~es Verlangen; ~ nach jmdm. ausschauen; er wartete ~ auf sie

sehr ⟨Adv.⟩ **1** *in hohem Grade, Maße* **2** *stark, heftig* ▸ ich habe mich ~ über die Blumen gefreut; es regnet ~; sie hat ~ geweint ▸ ~ arm, ~ reich; das ist ~ bedauerlich; er ist gerade ~ beschäftigt; ~ betrübt, entmutigt, niedergeschlagen, traurig sein; das ist ~ freundlich von Ihnen; ich bin ~ froh darüber; ~ fröhlich, glücklich, zufrieden sein; ~ geehrter Herr X!, ~ geehrte Frau X! *(als Anrede im Brief);* du weißt ~ gut, was damit gemeint ist; ~ gut *(beste Schulnote);* ~ liebenswürdig! *(höfliche Dankesformel für Hilfeleistung);* ein ~ nettes Mädchen; das ist ~ viel Geld; ~ vieles hat mir nicht gefallen ▸ bitte ~!; danke ~!; er hat mich so ~ gebeten, dass ich nachgegeben habe; du weißt, wie ~ wir ihn schätzen; ich weiß (es) ~ wohl, dass es missglückt ist; (nicht) zu ~ *(nicht) übermäßig, (nicht) zu viel*

seicht ⟨Adj.; -er, am -es|ten⟩ **1** *wenig tief, flach* (Fluss, Wasser) **2** ⟨übertr.; abwertend⟩ *oberflächlich, nichtig, inhaltslos, fade* (Lektüre, Unterhaltung, Mensch); Abl *Seichtheit*

Sei|de ⟨die; -, -n⟩ *glänzendes, feines Gewebe;* Zus *Seidenglanz; seidenweich; Kunstseide, Naturseide* ▸ echte, reine ~; eine Bluse aus weißer ~; eine Haut weich wie ~

Sei|del ⟨das; -s, -⟩ *Bierkrug* ▸ ein ~ Bier; Zus *Bierseidel*

sei|den ⟨Adj.⟩ *aus Seide bestehend* ▸ ~e Blusen, Krawatten, Schals; etwas hängt an einem ~en Faden ⟨übertr.; umg.⟩ *ist ungewiss, in Gefahr*

Sei|den|rau|pe ⟨die; -, -n; Zool.⟩ *Larve des Maulbeerspinners*

sei|dig ⟨Adj.⟩ *weich, glänzend wie Seide* ▸ ein Fell, Stoff mit ~em Glanz; ihr Haar, ihre Haut hat einen ~en Schimmer; der Stoff fühlt sich ~ an

Sei|fe ⟨die; -, -n⟩ **1** *zum Reinigen des Körpers verwendete Substanz;* ⓘ S. 147 **2** *Waschmittel* ▸ ein Stück ~; duftende, wohlriechende ~; ich wasche mir die Hände mit ~; Zus *Seifenlauge, Seifenschale, Seifenschaum*

Sei|fen|bla|se ⟨die; -, -n⟩ **1** *Blase des Seifenschaums* **2** *aus flüssiger Seife geblasene Kugel (als Kinderspiel)* ▸ seine Hoffnungen zerplatzten wie ~n ⟨übertr.⟩

Sei|fen|oper ⟨die; -, -n; Radio, TV; umg.⟩ *rührselige Unterhaltungsserie in Radio od. Fernsehen*

Sei|fen|spen|der ⟨der; -s, -⟩ *Behältnis für Flüssigseife*

sei|fig ⟨Adj.⟩ **1** *Seife enthaltend* **2** *schmierig wie Seife* ▸ ein ~er Untergrund

Seil ⟨das; -(e)s, -e⟩ *dicker Strick, dünnes Tau aus Fasern (z. B. Hanf) od. Draht* ▸ ein ~ spannen; eine Last am ~ hochziehen; das ist ein Tanz auf dem ~ ⟨übertr.⟩ *ein gefährliches, schwieriges Unternehmen;* auf dem ~ balancieren; in den ~en hängen ⟨übertr.; umg.⟩ *ohne Antrieb, sehr erschöpft sein;* mit dem ~ springen (Kinderspiel); Zus *Drahtseil, Hanfseil*

Seil|bahn ⟨die; -, -en⟩ *an einem Seil hängende od. von einem Seil gezogene Kabine als Transportmittel für Personen u. Lasten (bes. im Gebirge);* Syn *Drahtseilbahn*

S

seil|hüp|fen ⟨V. intr.; nur im Inf. u. Part. Präs.⟩ = *seilspringen*

Seil|schaft ⟨die; -, -en⟩ **1** *durch ein Seil verbundene Gruppe von Bergsteigern* **2** ⟨übertr.; bes. Pol.; abwertend⟩ *Gruppe von Personen, bes. Funktionären, die heimliche Absprachen treffen (u. unsaubere Geschäfte tätigen);* Zus *SED-Seilschaft*

seil|sprin|gen ⟨V. intr.; nur im Inf. u. Part. Präs.⟩ *über ein Seil springen, dessen Enden man mit den Händen fasst u. das man um sich schwingt*

seil|tan|zen ⟨V. intr.; nur im Inf. u. Part. Präs.⟩ *auf einem in der Luft ausgespannten Seil balancieren u. dabei akrobatische Kunststücke vollführen;* Abl *Seiltanz, Seiltänzer(in)*

sein/ihr

Nicht nur die Adjektive, auch die Possessivpronomina entsprechen im Deutschen dem zugehörigen Substantiv in Kasus, Numerus und Genus. In der 3. Person Singular richtet sich das Possessivpronomen zusätzlich nach dem Genus des Besitzers bzw. des zugehörigen Substantivs oder Pronomens. *Sein* ist die männliche bzw. sächliche Form, die – wenn es sich auf ein Maskulinum oder Neutrum bezieht – wie folgt gebraucht wird: *Er schlug ihm direkt in sein Gesicht. Die Freunde seines Sohnes kennt er recht gut. Das hat für sie durchaus seinen Reiz. Die Villa, in der er seinen schönsten Sommer verbrachte, hat er seinem Sohn überschrieben.*

Bezieht sich *sein* auf ein Femininum, werden die entsprechenden weiblichen Kasus verwendet: *Das ist das Auto seiner Mutter. Er liebt seine Frau, obwohl sie seine Liebe nie erwiderte. Seine Tochter ist seine einzige Freude.*

Wenn von weiblichen Personen oder Dingen die Rede ist, lautet das Possessivpronomen dagegen *ihr.* Schwierigkeiten können sich hier vor allem dann ergeben, wenn das Bezugswort ein Maskulinum ist: *Das ist ihr Stil. Sie sprach von ihrem Sohn und streichelte dabei ihren Hund. Eine der Tänzerinnen zog ihn in ihren Bann.*

Bezugswörter im Femininum fordern weibliche Kasusendungen: *Ihre Tochter ist ihre einzige Freude. Das Haus, in dem sie ihre schönste Zeit verbrachte, hat sie ihrer Enkelin überschrieben.*

Das Possessivpronomen lautet ebenfalls *ihr,* wenn das zugehörige Substantiv im Plural steht. Das Genus ist hier nur für das Wort ausschlaggebend, auf das sich *ihr* bezieht: *Die Untertanen sind ihrem König treu. Alle Männer haben ihre Macken. Sie haben ihre beste Zeit schon hinter sich.*

sein[1] ⟨Possessivpron.⟩ **1** *zu ihm gehörig, ihm gehörend* **2** ⟨übertr.⟩ *ihm zur Gewohnheit geworden* ▸ ~e Angehörigen; ~ Vater; ~e Mutter; ~e Kinder; das ist ~e Angelegenheit *ich habe damit nichts zu tun;* ~ Buch, ⟨od.⟩ das Buch ist ~s, ⟨od. regional⟩ es ist ~; er hat ~en Bus verpasst ⟨umg.⟩ *den, mit dem er gewöhnlich fährt;* Seine ⟨Abk.: Se.⟩ Durchlaucht, Exzellenz, Majestät; einer ~er Freunde war hier; ist das dein Hut? Nein, das ist ~er, ⟨od. geh.⟩ der ~e; ~er Meinung nach; er hat heute ~en schlechten Tag; alles zu ~er Zeit *zur passenden Zeit*

sein[2] ⟨Gen. des Personalpron. „er"; veraltet⟩ gedenke ~, ⟨od.⟩ ~er; er ist ~er nicht mehr mächtig *er hat die Fassung verloren*

sein[3] ⟨V.; ist, war, ist ge|we|sen⟩ **I** ⟨Hilfsverb zur Bildung des Passivs, des Perfekts, des Plusquamperfekts u. in Verbindung mit „werden" zur Bildung des Futur II⟩ **I.I** ⟨Passiv⟩ die Briefe sind bereits geschrieben; der Tisch war schon gedeckt, als ich kam **I.II** ⟨Perfekt⟩ ich bin dort gewesen; bist du angekommen?; wenn du das tust, dann sind wir die längste Zeit Freunde gewesen! **I.III** ⟨Plusquamperfekt⟩ er war schon eingetroffen, als ich kam; ihr wart gegangen **I.IV** ⟨Futur II⟩ wenn ihr kommt, werden wir schon gegangen ~ **II** ⟨Vollverb; V. intr.⟩ **II.I** ⟨persönlich; mit Pron. u. Subst.⟩ **1** *existieren, vorhanden sein, bestehen* **2** *stattfinden, geschehen* **3** *sich (an einem Ort) befinden, aufhalten* **4** *sich in einem bestimmten Zustand befinden* **5** *stammen (aus)* **6** *ausmachen, bilden* **7** *vorstellen, darstellen* **8** *gehören, zugehörig sein* ▸ ich bin es; so ist es! ⟨bestätigend⟩ *das ist richtig;* das ist es ja gerade!; wenn dem so ist; die Sache ist die: …; keiner will es gewesen ~; sei es, wie es wolle ▸ es ist Abend, Morgen, Nacht, Vormittag; er ist Arzt, Geschäftsmann; ich bin Berliner, Deutscher; voller Erwartung, Hoffnung, Spannung ~; wir sind Freunde, Kollegen, Nachbarn; Zeit ist Geld; heute ist der 15. Januar; es war einmal eine Königin, die hatte … *(Beginn eines Märchens);* ich bin ein ganz anderer Mensch, seit …; heute ist Mittwoch; es ist 12 Uhr mittags ▸ es braucht nicht gleich, sofort zu ~ *es eilt nicht;* etwas darf, kann, mag, muss, soll ~; kann ~ ⟨umg.⟩ *vielleicht, es ist schon möglich;* das kann doch nicht ~! *das ist unmöglich!;* ~ lassen = *seinlassen;* Ordnung muss ~; muss das ~? *ist das unbedingt nötig?;* was ~ muss, muss ~; das soll nicht ~ *ist vom Schicksal nicht vorgesehen* ▸ zwei und zwei ist vier (2 + 2 = 4); alt, jung, krank, schlank, sportlich ~; sie ist acht Jahre alt; angesehen, bekannt, berühmt ~; sei doch nicht so ängstlich!; er war ärgerlich, wütend, zornig; es ist besser so; es wäre besser, wenn wir …; er ist blind; ich bin ihm böse; er ist zu allem fähig; seien Sie so freundlich und helfen Sie mir *bitte helfen Sie mir;* sie ist geschieden, ledig, verheiratet; das kann dir doch ganz gleich ~!; wie ist dieser Salat?, er ist gut; mehr scheinen als ~; es ist möglich, dass …; wäre es dir recht, wenn …?; sei ruhig!; das wäre ja noch schöner!; das ist schade; es ist schon spät; das ist (nicht) wahr ▸ jetzt ist es an dir, zu handeln *jetzt bist du an der Reihe;* das Kino ist aus; er ist aus gutem Haus, aus Italien; der Tisch ist aus Holz; um 8 Uhr bin ich bei Ihnen; da ist er!; ich bin dafür, dagegen, dass wir schon gehen; mir ist nicht danach (zumute);

S

es sei denn, dass …; das ist doch nicht zu glauben!; das ist für mich; hier ist es; es war im Frühjahr, im Sommer; sie sind in München; was ist mit ihm? *wie geht es ihm, was ist mit ihm vorgefallen?;* er ist nichts *er hat es zu nichts gebracht;* es ist nichts *es hat nichts zu bedeuten;* Hunde sind an der Leine zu führen; es ist nicht zu glauben; es ist zu hoffen, dass …; es ist nichts zu machen ▸ wann ist es? (das Fest); was ist (geschehen, los)?; was ist das?; wer ist es?; wie ist Ihnen (zumute)?; wie wäre es, wenn …? ▸ das Seiende *das Sein, das, was ist, existiert;* das Gewesene *das Vergangene, das, was vorbei ist;* was gewesen ist, soll man ruhenlassen **II.II** ⟨unpersönl.⟩ *sich fühlen* ▸ mir ist schon wieder besser; mir ist (nicht) gut, schlecht, übel; mir ist kalt, warm ▸ mir ist heute nicht nach Arbeiten ⟨umg.⟩ *ich habe heute keine Lust dazu;* es ist mir (so), als ob ich einen Hilferuf gehört hätte *ich glaube, ich habe einen H. gehört;* mir ist (so), als ob er das damals gesagt hätte

Sein ⟨das; -s; unz.⟩ das ~ *das Dasein, Vorhandensein, Existieren, die Existenz* ▸ ~ oder Nichtsein, das ist hier die Frage (Shakespeare, Hamlet III, 1); ~ und Schein unterscheiden können

sei|ne ⟨Possessivpron.; Kleinschreibung, wenn es sich auf ein vorher genanntes Subst. bezieht; geh.⟩ das Seine/seine *das, was ihm gehört, zukommt, zusteht;* wessen Haus ist das?, ist es das ~?; jedem das Seine/seine!; er muss das Seine/seine tun *seine Pflicht, das, was von ihm erwartet wird;* er hat das Seine/seine getan *alles, was er tun konnte;* er und die Seinen/seinen *seine Angehörigen;* er verbringt die Feiertage im Kreise der Seinen/seinen

sei|ner|seits ⟨Adv.⟩ *von seiner Seite, von seiner Person, von ihm* ▸ ~ kam kein Einwand

sei|ner|zeit ⟨Adv.⟩ *damals* ▸ ~ gehörte das Geschäft meinem Vater

sei|nes|glei|chen ⟨Pron.; undekl.⟩ **1** *Person(en) od. Sache(n) von gleichem Wert, etwas od. jmd. Ebenbürtiges* **2** ⟨oft abwertend⟩ *Leute wie er, seines Schlages* ▸ er und ~ ⟨abwertend⟩; dieses Kunstwerk hat nicht ~; er verkehrt nur mit ~

S

sei|net|we|gen ⟨Adv.⟩ *um seinetwillen, für ihn, ihm zuliebe* ▸ wir sind ~ gekommen

sei|net|wil|len ⟨Adv.⟩ um ~ *seinetwegen*

sei|ni|ge ⟨Possessivpron.⟩ *seine* ▸ der, die, das Seinige/seinige

sein|las|sen *auch:* **sein las|sen** ⟨V. trans.; lässt sein, ließ sein, hat sein|ge|las|sen, sein|zu|las|sen⟩ etwas ~ *etwas nicht tun, bleibenlassen* ▸ du solltest das lieber ~; lass das sein!; lass das lieber sein! ⟨umg.⟩ *tu das nicht!;* → a. *sein*[3]

seis|misch ⟨Adj.⟩ **1** *Erdbeben betreffend* **2** *auf einem Erdbeben beruhend* ▸ ~e Welle *Welle, die sich durch die Erde ausbreitet u. durch Erdbeben, Explosion, Meereswellen o. Ä. verursacht wird*

Seis|mo|graph ⟨der; -en, -en⟩ *Gerät zum Aufzeichnen von Bodenerschütterungen, Erdbebenmesser;* oV *Seismograf;* Abl *seismographisch/seismografisch*

seit[1] ⟨Präp. m. Dat.⟩ *von einer bestimmten Zeit an (bis jetzt andauernd)* ▸ ~ ich ihn kenne; ~ Adam und Eva ist das so gewesen ⟨umg.⟩ *schon immer;* ~ Anfang des Jahres ist er krank; ~ etwa einem Jahr habe ich nichts von ihr gehört; ~ damals; ~ kurzem/Kurzem, ~ kurzer Zeit; ~ langem/Langem, ~ langer Zeit; ~ wann ist er hier?

seit[2] ⟨Konj.; umg.; kurz für⟩ *seitdem*[1] ▸ ~ wir umgezogen sind …

seitdem/seit dem

Als nebenordnende Konjunktionen können die Wörter ***seit*** und ***seitdem*** synonym verwendet werden: *Seit/seitdem sie uns verlassen hat, ist es hier still geworden. Seit/seitdem mein Bruder sein neues Auto hat, fährt er wie ein Verrückter.*
Seit kann aber auch als Präposition mit Dativ vor einem Substantiv stehen und bezeichnet dann eine „bis zum jetzigen Zeitpunkt andauernde Zeitspanne". Aufgrund der Ähnlichkeit besteht die Gefahr, ***seit dem*** mit der Konjunktion ***seitdem*** zu verwechseln: *Sie ist seit dem Wochenende nicht bei uns gewesen. Seit dem Vorfall ist alles anders geworden.*
Auch die Unterscheidung zwischen ***seit*** und der Verbform ***seid*** (vom Verb ***sein***) bereitet mitunter Schwierigkeiten. Trotz gleicher Aussprache sollten die Formen nicht verwechselt werden: *Ihr seid alle eingeladen! Seid herzlich willkommen!*

seit|dem[1] ⟨Konj.⟩ *seit der Zeit, da* ▸ ~ er pensioniert ist …

seit|dem[2] ⟨Adv.⟩ *seit dieser Zeit* ▸ ~ ist er blind

Sei|te ⟨die; -, -n⟩ **1** *Grenzfläche (eines Körpers);* Zus *Rückseite, Vorderseite* **2** *Grenzlinie (einer Fläche, z. B. eines Dreiecks)* **3** *rechte od. linke, zwischen vorn u. hinten gelegene Fläche;* Zus *Seitenausgang, Seitenspiegel* ⓘ S. 896 **4** ⟨Abk.: S.⟩ *Vorder- od. Rückfläche (eines Papierblattes);* Zus *Seitenzahl; Buchseite, Heftseite, Zeitungsseite* **5** ⟨EDV⟩ *im Internet anwählbares Informationsangebot;* Zus *Internetseite, Webseite* **6** *Linie (in der Abstammung), Familie* **7** *Gruppe, Partei* **8** *Richtung* **9** ⟨übertr.⟩ *Charakterzug, Eigenschaft* ▸ er hielt sich die ~n vor Lachen ▸ alles, jedes Ding hat seine zwei ~n *ist günstig u. ungünstig zugleich;* das Buch hat 170 ~n; die angenehmen ~n des Lebens genießen; die äußere, hintere, innere, obere, untere, vordere ~; die falsche ~ aufschlagen (in einem Buch); die gegenüberliegende ~ des Flusses; dieser Stoff hat eine glänzende und eine matte ~; jeder hat seine guten und seine schlechten ~n; die juristische, menschliche, politische ~ dieser Angelegenheit; die linke, rechte ~; meine Großmutter von der mütterlichen, väterlichen ~; ich entdecke ganz neue ~n an ihm ⟨übertr.⟩; Physik ist seine schwache, starke ~ ⟨übertr.; umg.⟩ *das Gebiet, auf dem er nicht gut, gut Bescheid weiß;* er bekam von verschiedenen ~n Angebote *von* *verschiedenen Personen, Firmen* ▸ an jmds. ~ gehen *neben ihm;* ~ an ~ gehen *nebeneinander;* sich jmdm. an die ~ stellen ⟨übertr.⟩ *sich mit jmdm. messen, vergleichen;* ich sehe das Recht auf ihrer ~ ⟨übertr.⟩ *ich glaube, dass sie Recht hat;* etwas auf die ~ bringen, schaffen ⟨übertr.; umg.⟩ *heimlich wegnehmen;* jmdn. auf seine ~ bringen, ziehen ⟨übertr.⟩ *für sich u. seine Interessen gewinnen;* auf die ~ gehen, treten (um Platz zu machen); ich habe ihn auf meiner ~ *er hält zu mir;* Geld auf die ~ legen ⟨übertr.⟩ *sparen;* das Schiff legte sich auf die ~; auf der ~ liegen, schlafen; sich auf jmds. ~ schlagen ⟨übertr.⟩ *zu ihm übergehen, seine Meinung übernehmen;* auf jmds. ~ stehen *zu ihm halten, für ihn eintreten;* die Nachricht steht auf der ersten ~ der Zeitung; auf der einen ~ hast du Recht, auf der anderen verstehe ich dich nicht *einerseits - andererseits;* er hat sich im Schlaf auf die andere ~ gedreht; auf der falschen ~ (der Straße) fahren; auf einer ~ gelähmt sein; auf ~n = *aufseiten;* die Hände in die ~n stemmen; nach allen ~n auseinanderlaufen; sich nach allen ~n umsehen; das kann von keiner ~ geleugnet, bestritten, bewiesen werden *von niemandem;* er nimmt das Leben von der heiteren ~; von anderer, dritter ~ habe ich davon erfahren; von seiner ~ haben wir nichts zu fürchten ⟨übertr.⟩ *von ihm;* er ging ihr nicht von der ~; sie kamen von allen ~n herbei; von dieser ~ kenne ich dich gar nicht ⟨übertr.⟩; er hat sich von seiner besten ~ gezeigt; von ~n = *vonseiten;* →a. *seitens;* zu beiden ~n des Tores; zur ~ gehen, rücken, treten (um Platz zu machen); jmdm. zur ~ stehen ⟨übertr.⟩ *ihm beistehen, helfen;* jmdm. mit Rat und Tat zur ~ stehen ⟨übertr.⟩; zu ~n = *zuseiten*

Sei|ten|blick ⟨der; -(e)s, -e⟩ **1** *(heimlicher od. forschender) Blick von der Seite* **2** ⟨übertr.⟩ *neidischer od. verächtlicher Blick* ▸ jmdm. einen verstohlenen ~ zuwerfen

Sei|ten|ein|stei|ger ⟨der; -s, -⟩ *jmd., der (bes. in der Politik) schnell eine gehobene Position einnimmt, obwohl er aus einem anderen beruflichen Zusammenhang kommt;* Abl *Seiteneinsteigerin*

Sei|ten|hieb ⟨der; -(e)s, -e⟩ **1** ⟨Sp.; Fechten⟩ *Hieb von der Seite* **2** ⟨übertr.⟩ *bissige, spöttische Anspielung* ▸ jmdm. einen ~ versetzen ⟨übertr.⟩; diese Bemerkung war ein ~ auf sie ⟨übertr.⟩

Sei|ten|la|ge ⟨die; -; unz.⟩ *Lage auf der Seite*

sei|ten|lang ⟨Adj.⟩ *über mehrere Buchseiten sich erstreckend* ▸ ~e Beschreibungen

sei|tens ⟨Präp. m. Gen.⟩ *vonseiten, von der Seite des, der* ▸ ~ des Klägers wurde Folgendes vorgebracht *von dem Kläger;* ~ einiger Eltern

Sei|ten|schiff ⟨das; -(e)s, -e⟩ *schmalerer u. niedrigerer Raumteil der Kirche*

Sei|ten|ste|chen ⟨das; -s; unz.⟩ *vorübergehender stechender Schmerz in den Körperseiten (bei körperlicher Anstrengung, bes. bei schnellem Laufen)*

sei|ten|ver|kehrt ⟨Adj.⟩ *dem Spiegelbild des Originals entsprechend;* Syn *spiegelverkehrt* ▸ ein Dia ~ projizieren

seit|her ⟨Adv.⟩ = *seitdem*[2]

...sei|tig ⟨in Zus.; zur Bildung von Adj.⟩ *mit einer bestimmten Anzahl von Seiten versehen,* z. B. vierseitig

seit|lich[1] ⟨Adj.⟩ **1** *an, auf der Seite, rechts od. links gelegen* **2** *von der Seite (her)* ▸ eine ~e Begrenzung; das Grundstück wird ~ begrenzt vom ...

seit|lich[2] ⟨Präp. m. Gen.⟩ *an, auf der Seite von* ▸ ~ des Hauses, der Straße

...seits ⟨Nachsilbe; zur Bildung von Adv.⟩ *von jmds. Seite her,* z. B. ärztlicherseits, seinerseits

seit|wärts ⟨Adv.⟩ **1** *nach der Seite* **2** *von einer Seite her* ▸ sich ~ in die Büsche schlagen

Se|kret ⟨das; -(e)s, -e⟩ *Absonderung, abgesonderte Flüssigkeit (bes. einer Drüse)*

Se|kre|tär ⟨der; -(e)s, -e⟩ **1** *kaufmännischer Angestellter für Korrespondenz, Verhandlungen, Organisation bei einer leitenden Persönlichkeit* **2** *Dienstbezeichnung bei Beamten;* Zus *Staatssekretär* **3** ⟨Pol.⟩ *leitender Funktionär einer Partei od. Organisation* **4** *Schrank, der unten mit Türen u. oben mit einer Platte verschließbar ist, die heruntergeklappt auch als Unterlage zum Schreiben dient*

Se|kre|ta|ri|at ⟨das; -(e)s, -e⟩ **1** *Amt, Dienststelle eines Sekretärs* **2** *Kanzlei, Geschäftsstelle*

Se|kre|tä|rin ⟨die; -, -rin|nen⟩ *weibl. Sekretär*

Sekt ⟨der; -(e)s, -e⟩ *Kohlensäure enthaltender Wein, der beim Öffnen der Flasche stärker schäumt als Schaumwein* ▸ bei einem Empfang ~ reichen; Zus *Sektflasche, Sektglas, Sektkelch, Sektkorken, Sektschale*

Sek|te ⟨die; -, -n⟩ *kleine religiöse Gemeinschaft, die sich von einer großen Glaubensgemeinschaft losgelöst hat;* Zus *Sektenwesen*

Sek|tie|rer ⟨der; -s, -⟩ **1** *Angehöriger einer Sekte* **2** *politischer Einzelgänger, durch den sich eine Partei geschädigt fühlt;* Abl *Sektiererin, Sektierertum; sektiererisch*

Sek|ti|on ⟨die; -, -en⟩ **1** *Abteilung, Unterabteilung, Gruppe* **2** *Leichenöffnung, Obduktion*

Sek|tor ⟨der; -s, -en⟩ **1** *Sachgebiet* **2** *Abschnitt, Gebietsteil, Bezirk* **3** ⟨Math.⟩ *Kreisausschnitt* **4** ⟨nach 1945⟩ *jede der vier Besatzungszonen in Berlin u. (bis 1955) Wien*

Se|kun|dant ⟨der; -en, -en⟩ **1** ⟨früher⟩ *Beistand beim Duell* **2** ⟨Sp.⟩ *Betreuer beim Boxkampf*

se|kun|där ⟨Adj.⟩ *zur zweiten Ordnung gehörig, zweit-, nachrangig, in zweiter Linie in Betracht kommend, nachträglich hinzukommend;* Ggs *primär (4)* ▸ das ist von ~er Bedeutung

Se|kun|där|li|te|ra|tur ⟨die; -; unz.⟩ *Literatur über Dichtwerke, Romane usw.*

Se|kun|dar|schu|le ⟨die; -, -n; schweiz.⟩ *höhere Stufe der Volksschule*

Se|kun|dar|stu|fe ⟨die; -, -n⟩ **1** ~ I *die Klassen 5-10* **2** ~ II *die Klassen 11-13* ▸ mein Mann unterrichtet in der ~ I

Se|kun|de ⟨die; -, -n⟩ **1** ⟨Phys.; Abk.: Sek.; Zeichen: s⟩ *60. Teil einer Minute, SI-Einheit der Zeit, 1 Minute = 60 s, 1 Stunde = 3600 s* **2** ⟨Mus.⟩ *Intervall von zwei Tönen* **3** ⟨übertr.;

umg.⟩ *sehr kurze Zeitspanne, Augenblick* ▸ eine Minute hat 60 ~n; es ist 11 Uhr 25 (Minuten) und 30 ~n *(Zeitansage)*; eine ~, bitte! ⟨übertr.; umg.⟩; ich habe leider nur eine, keine ~ Zeit

se|kun|den|lang ⟨Adj.⟩ *eine od. mehrere Sekunden dauernd, einen Augenblick lang*

Se|kun|den|schnel|le ⟨die; in der Wendung⟩ in ~ *sehr schnell* ▸ er war in ~ verschwunden

Se|kun|den|zei|ger ⟨der; -s, -⟩ *die Sekunden anzeigender Uhrzeiger;* →a. *Minutenzeiger, Stundenzeiger*

sel|be(r, -s) ⟨Pronominaladj.⟩ *der-, die-, dasselbe* ▸ im ~en Zug sitzen; sie kamen zur ~en Stunde; ich habe ihn noch am ~en Tag angerufen

sel|ber ⟨Pronominaladj.; undekl.; ugs.⟩ *selbst* ▸ ~! *(als Antwort auf eine Beschimpfung)*; (du bist) ~ dumm!; das glaubst du doch ~ nicht!

selbst/selber/selb-

Selbst ist ein unveränderliches Pronominaladverb, das sich auf ein Bezugswort bezieht und diesem nachgestellt ist: *Ich kann das schon selbst. Er macht alles selbst. Sie möchte nichts anderes, als sie selbst zu sein.* Häufig wird *selbst* auch in Verbindung mit reflexiven Verben gebraucht: *Das Kind wäscht sich selbst. Sie kämmt sich selbst die Haare.*

In Verbindung mit einem adjektivisch gebrauchten Partizip ist Getrennt- oder Zusammenschreibung möglich: *ein selbst gebackener / selbstgebackener Kuchen, selbst gemachte / selbstgemachte Marmelade.*

In der Umgangssprache wird meist das gleichbedeutende *selber* statt *selbst* verwendet: *Ich kann es schon selber. Sie macht alles selber.*

Im Gegensatz zu diesen beiden Formen ist *selbe(r, -s)* ein deklinierbares Pronominaladjektiv, das „der-, die-, dasselbe" bedeutet: *Er kam am selben Tag, zur selben Stunde.*

selbst[1] ⟨Pronominaladj.⟩ *in eigener Person, persönlich* ▸ mir ist es ja ~ peinlich; mir ist ~ nicht wohl bei der Sache; jeder ist sich ~ der Nächste ▸ das Haus ~ ist ganz schön, aber die Einrichtung ist geschmacklos; die Mutter, der Vater ~ hat …; ich bin die Ruhe ~ *ich bin ganz ruhig* ▸ das Kind kann sich schon ~ anziehen *allein, ohne fremde Hilfe;* er belügt, betrügt sich damit ~; ich habe ~ gehört, was sie gesagt hat; „Schicken Sie einen Angestellten?" „Nein, ich komme ~"; sich ~ organisieren *selbstständig;* das muss ich erst ~ sehen, ehe ich es glaube; sein: du bist seit langem gar nicht mehr du ~ *du bist ganz verändert;* jmdn. sich ~ überlassen *allein lassen;* wir wollen uns ~ davon überzeugen; das musst du ~ wissen (was du zu tun hast) ▸ ~ ernannt = *selbsternannt* ▸ er denkt immer nur an sich ~; aus sich ~ etwas tun, schaffen *ohne äußere Hilfsmittel;* mit sich ~ sprechen; das solltest du um deiner ~ willen tun *in deinem eigenen Interesse;* eine Sache um ihrer ~ willen tun *ohne dass ein Zweck dahintersteht;* von ~ *allein, aus eigenem Antrieb;* das geht ja wie von ~ *mühelos, leicht;* er ist von ~ gekommen; die Tür schließt (sich) von ~; das versteht sich von ~ *ist ganz selbstverständlich;* Zus *selbst gebacken / selbstgebacken, selbst gemacht / selbstgemacht*

selbst[2] ⟨Adv.⟩ *sogar* ▸ ~ seine Freunde haben ihn im Stich gelassen; ~ meine Warnung konnte ihn nicht umstimmen; ~ im schlimmsten Fall

Selbst ⟨das; -; unz.⟩ *die eigene Person, das Ich* ▸ mein anderes, besseres, zweites ~; unser wahres ~; Zus *Selbstachtung, Selbstbetrug, Selbsteinschätzung, Selbsthass, Selbstkritik, Selbstmitleid, Selbstporträt, Selbstschutz, Selbsttäuschung, Selbstüberschätzung, Selbstzweifel*

selb|stän|dig ⟨Adj.⟩ = *selbstständig*

Selbst|aus|lö|ser ⟨der; -s, -⟩ *Vorrichtung an der Kamera, die den Verschluss nach einer gewissen Zeit selbsttätig auslöst (für Selbstaufnahmen)*

Selbst|be|die|nung ⟨die; -; unz.⟩ *selbstständiger Einkauf des Kunden, der die Waren selbst aussucht u. zur Kasse bringt*

Selbst|be|frie|di|gung ⟨die; -; unz.⟩ *selbst herbeigeführte (bes. sexuelle) Befriedigung*

selbst|be|stimmt ⟨Adj.⟩ *das eigene Handeln, sich selbst bestimmend, die eigenen Interessen wahrend* ▸ Frauen sollten lernen, ~ zu leben

Selbst|be|stim|mung ⟨die; -, -en; Pl. selten⟩ *Bestimmung des eigenen Handelns, eigene Entscheidung;* Zus *Selbstbestimmungsrecht*

Selbst|be|tei|li|gung ⟨die; -; unz.⟩ *eigener Beitrag zu Kosten (bes. bei Versicherungen)*

selbst|be|wusst ⟨Adj.⟩ *sich seiner Fähigkeiten bewusst, vom eigenen Wert, Können überzeugt* ▸ ~es Benehmen, ~e Haltung; ~ auftreten

Selbst|be|wusst|sein ⟨das; -s; unz.⟩ *Überzeugung vom eigenen Wert u. Können* ▸ ein ausgeprägtes, starkes ~ haben; jmds. ~ stärken

Selbst|dar|stel|lung ⟨die; -, -en⟩ *Darstellung, Hervorheben der eigenen Person* ▸ er besitzt ein Talent zur ~; die ~ eines Unternehmens

Selbst|dis|zi|p|lin ⟨die; -; unz.; Psych.⟩ *Beherrschung der eigenen (körperlichen) Triebe*

Selbst|er|fah|rung ⟨die; -; unz.⟩ *Kennenlernen des eigenen Ichs durch Sprechen über sich selbst u. Anhören von Kritik* ▸ eine Methode zur ~

Selbst|er|hal|tung ⟨die; -; unz.⟩ *Erhaltung der eigenen Lebensfähigkeit, der eigenen Persönlichkeit;* Zus *Selbsterhaltungstrieb*

Selbst|er|kennt|nis ⟨die; -, -nis|se⟩ *Erkenntnis der eigenen Fähigkeiten, Fehler usw.* ▸ ~ ist der erste Schritt zur Besserung ⟨umg.; scherzh.⟩

selbst|er|nannt *auch:* **selbst er|nannt** ⟨Adj.⟩ *sich selbst eigenmächtig ernannt habend* ▸ der ~e Kaiser Napoleon

Selbst|fin|dung ⟨die; -, -en⟩ *das Finden, Erkennen der eigenen Persönlichkeit* ▸ in einem Prozess der ~ sein; Zus *Selbstfindungsprozess*

selbst|ge|fäl|lig ⟨Adj.⟩ *sich selbst gefallend, von sich selbst beglückt, eitel* ▸ sich ~ im Spiegel betrachten; Abl *Selbstgefälligkeit*

selbst|ge|recht ⟨Adj.⟩ *von der Richtigkeit des eige-*

S

nen Handelns u. Denkens überzeugt, dies betonend; Abl *Selbstgerechtigkeit*

Sẹlbst|ge|spräch ⟨das; -(e)s, -e⟩ *Gespräch mit sich selbst;* Syn *Monolog* ▸ ~e führen

sẹlbst|herr|lich ⟨Adj.⟩ *eigenmächtig, rücksichtslos* ▸ ~ regieren; Abl *Selbstherrlichkeit*

Sẹlbst|hil|fe ⟨die; -; unz.⟩ **1** *Durchsetzung von Rechtsansprüchen, ohne die Behörde in Anspruch zu nehmen, notfalls mit Gewalt* **2** *Mitarbeit des Bauherrn am eigenen Bau* ▸ zur ~ greifen

Sẹlbst|hil|fe|grup|pe ⟨die; -, -n⟩ *Gruppe von Personen, die regelmäßige Treffen abhält, um sich bei der Bewältigung ihrer Probleme gegenseitig zu helfen (z. B. die Anonymen Alkoholiker)*

Sẹlbst|iro|nie ⟨die; -; unz.⟩ *Ironie gegenüber sich selbst;* Abl *selbstironisch*

Sẹlbst|jus|tiz ⟨die; -; unz.⟩ *(gesetzlich unzulässige) Vergeltung eines erlittenen Unrechts unter Umgehung des Rechtsweges* ▸ ~ üben

Sẹlbst|kon|t|rol|le ⟨die; -; unz.⟩ **1** *das Kontrollieren, Beherrschen der eigenen Handlungen u. Äußerungen* **2** *eigenverantwortliche Kontrolle von Presse u. Film zum Schutz der Meinungsfreiheit*

Sẹlbst|kos|ten|preis ⟨der; -es; unz.⟩ *Preis einer Ware, der nur die Herstellungskosten deckt, ohne Gewinnaufschlag* ▸ etwas zum ~ abgeben

Sẹlbst|laut ⟨der; -(e)s, -e; Sprachw.⟩ = *Vokal*

sẹlbst|los ⟨Adj.; -er, am -es|ten⟩ *ohne Rücksicht auf das eigene Wohl (handelnd), uneigennützig* ▸ ein ~er Verzicht; ~ handeln; sich ~ für jmdn. einsetzen; Abl *Selbstlosigkeit*

Sẹlbst|mord ⟨der; -(e)s, -e⟩ *gewaltsame Beendigung des eigenen Lebens, Suizid;* Syn *Freitod, Selbsttötung* ▸ ~ begehen; politischen ~ begehen ⟨übertr.⟩ *die eigene politische Stellung, Karriere, Rolle in der Politik zerstören;* durch ~ enden; das ist ja ~! ⟨übertr.; umg.⟩ *das sind übertriebene Anforderungen, das kann man unmöglich leisten;* Abl *Selbstmörder(in);* Zus *Selbstmordgedanke, Selbstmordversuch; selbstmordgefährdet*

Sẹlbst|mord|at|ten|tä|ter ⟨der; -s, -⟩ *jmd., der ein Attentat begeht u. sich dabei selbst tötet* ▸ der ~ zündete eine am Körper versteckte Bombe; Abl *Selbstmordattentäterin*

sẹlbst|mör|de|risch ⟨Adj.⟩ *auf Selbstmord beruhend, Selbstmord bezweckend* ▸ in ~er Absicht

sẹlbst|re|dend ⟨Adj.; umg.⟩ *selbstverständlich*

sẹlbst|si|cher ⟨Adj.⟩ *seiner Wirkung sicher, nicht schüchtern, gewandt, vor allem im Auftreten;* Abl *Selbstsicherheit*

sẹlbst|stän|dig ⟨Adj.⟩ oV *selbständig* **1** *ohne Hilfe, allein, ohne Anregung, Antrieb von außen* **2** *unabhängig, nicht fest angestellt* ▸ er ist ~er Kaufmann; sie ist ein sehr ~er Mensch; ein ~er Staat; ~ arbeiten können; junge Menschen zu ~em Denken erziehen; sich als Arzt, Geschäftsmann ~ machen; der Ball hat sich ~ gemacht ⟨übertr.; umg.⟩ *ist davongerollt;* ~ sein *unabhängig;* Abl *Selbst(st)ändigkeit*

Sẹlbst|stu|di|um ⟨das; -s; unz.⟩ *Aneignung von Wissen nur aus Büchern, ohne Hilfe eines Lehrers* ▸ eine Sprache im ~ erlernen

Sẹlbst|sucht ⟨die; -; unz.⟩ *nur auf den eigenen Vorteil gerichtetes Denken u. Handeln;* Syn *Eigensucht;* Abl *selbstsüchtig*

sẹlbst|tä|tig ⟨Adj.⟩ *ohne äußeres Eingreifen, aufgrund eines eingebauten Mechanismus wirksam, automatisch* ▸ die Türen schließen ~

Sẹlbst|tö|tung ⟨die; -, -en⟩ = *Selbstmord*

Sẹlbst|über|win|dung ⟨die; -; unz.⟩ *Überwindung der eigenen Angst, Hemmung, Furcht, Unlust usw.* ▸ dieser Schritt hat ihn enorm viel ~ gekostet

sẹlbst|ver|ant|wort|lich ⟨Adj.⟩ *selbst die Verantwortung tragend, eigenverantwortlich*

sẹlbst|ver|ges|sen ⟨Adj.⟩ *sich selbst in seiner Umwelt vergessend, (tief) in Gedanken versunken* ▸ ~ stand er im Raum; Abl *Selbstvergessenheit*

sẹlbst|ver|liebt ⟨Adj.; meist abwertend⟩ *in sich selbst verliebt, sich selbst bewundernd, selbstgefällig* ▸ eine ~e Operndiva

Sẹlbst|ver|pfle|gung ⟨die; -; unz.⟩ *Verpflegung auf eigene Kosten* ▸ Unterkunft mit ~

sẹlbst|ver|ständ|lich ⟨Adj.⟩ **1** *ohne Erklärung od. Begründung verständlich* **2** *ohne Bedenken, ohne Umschweife handelnd* **3** *ganz u. gar unbefangen, arglos* ▸ ~! *(zusagende Antwort);* ~ nicht! *auf keinen Fall!;* sie nahmen ihn ganz ~ bei sich auf; das ist doch ~, dass wir dir helfen; er setzte sich ganz ~ zu ihnen an den Tisch; er nahm ihre Hilfe als ganz ~ an

Sẹlbst|ver|ständ|lich|keit ⟨die; -, -en⟩ **1** *das, was sich von selbst versteht, was keine Erklärung braucht* **2** *Unbefangenheit* **3** *Bedenkenlosigkeit* ▸ das ist doch eine ~! *das ist doch selbstverständlich!;* mit der größten ~ nahm er alles mit

Sẹlbst|ver|ständ|nis ⟨das; -nis|ses; unz.⟩ *Vorstellung, Anschauung einer Person od. Gruppe von sich selbst* ▸ das ~ einer Partei

Sẹlbst|ver|such ⟨der; -(e)s, -e⟩ *vom Forscher am eigenen Körper durchgeführter Versuch* ▸ etwas im ~ testen

Sẹlbst|ver|tei|di|gung ⟨die; -; unz.⟩ *Verteidigung der eigenen Person* ▸ Judo ist eine gute Technik zur ~

Sẹlbst|ver|trau|en ⟨das; -s; unz.⟩ *Vertrauen in die eigene Kraft, die eigenen Fähigkeiten* ▸ (kein) ~ haben; an mangelndem ~ leiden

Sẹlbst|ver|wal|tung ⟨die; -; unz.⟩ *Erfüllung von Staatsaufgaben durch eigene, vom Staat anerkannte Körperschaften, Verbände usw.* ▸ eine Gemeinde, Hochschule mit ~

Sẹlbst|ver|wirk|li|chung ⟨die; -; unz.⟩ *Verwirklichung, Entfaltung der eigenen Persönlichkeit u. der eigenen Fähigkeiten*

Sẹlbst|wert|ge|fühl ⟨das; -(e)s, -e; Pl. selten; Psych.⟩ *Gefühl für den Wert der eigenen Person* ▸ jmdn. in seinem ~ bestärken

sẹlbst|zu|frie|den ⟨Adj.⟩ *(auf selbstgefällige Weise) mit sich selbst zufrieden;* Abl *Selbstzufriedenheit*

Sẹlbst|zweck ⟨der; -(e)s; unz.⟩ *Zweck ohne äußeres Ziel, sich in der Sache selbst erfüllender Zweck* ▸ Autofahren als ~ betreiben *nicht zur Fortbewegung, sondern aus Spaß*

se|lek|tie|ren ⟨V. trans.; se|lek|tiert, se|lek|tier|te, hat se|lek|tiert⟩ etwas ~ *aussuchen (bes. zur Zucht)* ▸ Pflanzen, Tiere ~; Abl *Selektion*

se|lek|tiv ⟨Adj.⟩ *auf Selektion beruhend, auswählend* ▸ eine ~e Betrachtungsweise

se|lig ⟨Adj.⟩ **1** *nach dem Tod in himmlischer Freude* **2** ⟨kath. Kirche⟩ *seliggesprochen, eine begrenzte (lokale) Verehrung genießend* **3** *verklärt* **4** ⟨Abk.: sel.⟩ *verstorben* **5** ⟨übertr.⟩ *überglücklich, wunschlos glücklich, beglückt, entzückt* ▸ ~en Angedenkens *mit freundlicher, heiterer Erinnerung verbunden;* bis an mein ~es Ende; mein ~er Vater ▸ ~ entschlafen; Gott hab ihn ~ *gebe ihm die ewige Seligkeit*

se|lig|spre|chen ⟨V. trans.; spricht se|lig, sprach selig, hat se|lig|ge|spro|chen, se|lig|zu|spre|chen; kath. Kirche⟩ verstorbene Gläubige ~ *feierlich für selig erklären;* Syn *beatifizieren;* →a. *heiligsprechen;* Abl *Seligsprechung*

Sel|le|rie ⟨der; -s, -s od. die; -, -n; Bot.⟩ *eine Pflanze, deren Knollen als Gewürz, Salat u. Gemüse verwendet werden*

sel|ten ⟨Adj.⟩ **1** *sehr wenig, kaum* **2** *kaum vorkommend, rar, knapp* **3** ⟨umg.⟩ **3.1** *außergewöhnlich, besonders* **3.2** *merkwürdig, sonderbar* ▸ er ist ein Mensch von einer ~en Begabung; er sammelt ~e Bücher; er ist ein ~er Gast; ~e Pflanzen, Tiere ▸ wir sehen uns nur noch sehr ~; sein: das ist ganz ~ der Fall; vorkommen: das kommt bei uns ~ vor; werden: diese Pflanzen sind sehr ~ geworden ▸ ein ~ schönes Exemplar ⟨umg.⟩ ▸ es kommt nicht ~ vor, dass ... *ziemlich oft*

Sel|ten|heit ⟨die; -, -en⟩ **I** ⟨unz.⟩ *seltenes Vorkommen, geringe Häufigkeit;* Zus *Seltenheitswert* **II** ⟨zählb.; übertr.⟩ *seltenes Stück* ▸ diese Marke gehört zu den ~en dieser Auktion; dieser Vogel ist heute eine ~

Sel|ters ⟨das; -; unz.; umg.; kurz für⟩ *Selterswasser*

Sel|ters|was|ser ⟨das; -s; unz.⟩ *mit Kohlensäure versetztes Wasser*

selt|sam ⟨Adj.⟩ *eigenartig, ungewöhnlich, befremdlich, merkwürdig, sonderbar, wunderlich* ▸ es war ein ~es Gefühl; ich hörte im Keller ~e Geräusche; das ist eine ~e Geschichte; ein ~er Mensch; er ist im Alter ziemlich ~ geworden *ein Sonderling;* ich habe etwas Seltsames erlebt; ihm war etwas ~ zumute; Abl *Seltsamkeit*

selt|sa|mer|wei|se ⟨Adv.⟩ *es ist seltsam, dass ...* ▸ ~ hat er davon nichts gewusst

Se|man|tik ⟨die; -; unz.; Sprachw.⟩ **1** *Zweig der Linguistik, der sich mit Bedeutung u. Inhalt sprachlicher Ausdrucksformen sowie mit deren Beziehungen zu den bezeichneten Gegenständen u. Tatsachen befasst;* Syn *Bedeutungslehre* **2** *Bedeutung eines sprachlichen Zeichens, z. B. eines Wortes, eines Satzes;* Abl *semantisch*

Se|mes|ter ⟨das; -s, -⟩ **1** *Studien-, Schulhalbjahr;* Zus *Semesterferien; Sommersemester, Wintersemester* **2** ⟨übertr.; umg.⟩ *Student(in)* ▸ erstes ~ *erstes Studienhalbjahr;* ⟨übertr.; umg.⟩ *Studierende(r) im 1. Semester;* er hat neun ~ Philosophie studiert; er ist, steht jetzt im achten ~; sie studiert Chemie im fünften ~; er ist auch schon ein älteres ~ ⟨übertr.; scherzh.⟩ *er ist ein älterer Mensch*

Se|mi|ko|lon ⟨das; -s, -s od. -ko|la: Gramm.; Zeichen: ;⟩ *zwei Hauptsätze trennendes, aus Punkt u. Strich (untereinander) bestehendes Satzzeichen, trennt stärker als das Komma, aber weniger stark als der Punkt;* Syn *Strichpunkt*

Se|mi|nar ⟨das; -s, -e⟩ **1** *Kurs für Studierende innerhalb eines Fachgebietes unter Leitung eines Dozenten während eines Semesters;* Zus *Seminararbeit* **2** *begleitender Lehrgang für Studienreferendare* **3** ⟨schweiz.⟩ *Ausbildungsstätte für Volksschullehrer;* Zus *Lehrerseminar* **4** *Ausbildungsstätte für Geistliche;* Zus ⟨evang.⟩ *Predigerseminar,* ⟨kath.⟩ *Priesterseminar* ▸ ein ~ belegen; an einem ~ teilnehmen

Se|mio|tik ⟨die; -; unz.; Sprachw.⟩ *Lehre von den Zeichensystemen (z. B. Verkehrszeichen, Bilderschrift, Formeln, Sprache) in ihren Beziehungen zu den dargestellten Gegenständen;* Abl *semiotisch*

Se|mit ⟨der; -en, -en⟩ *Angehöriger einer vorderasiatischen u. nordafrikanischen Sprach- u. Völkergruppe;* Abl *Semitin; semitisch*

Sem|mel ⟨die; -, -n; fränk., bair., österr.⟩ = *Brötchen* ▸ altbackene, frische, geriebene, knusprige, krosse ~n; das geht weg wie warme ~n ⟨übertr.; umg.⟩ *verkauft sich leicht, ist sehr begehrt*

Sem|mel|brö|sel ⟨Pl.; österr.⟩ *geriebene Semmeln (zum Panieren);* oV *Semmelbröseln*

Sem|mel|knö|del ⟨der; -s, -⟩ *Kloß aus (eingeweichten) Semmeln, Mehl u. Eiern*

Se|nat ⟨der; -(e)s, -e⟩ **1** ⟨im antiken Rom⟩ *oberste Regierungsbehörde* **2** ⟨in diversen Staaten⟩ *eine Kammer des Parlaments* **3** *Verwaltungsbehörde an Hochschulen;* Zus *Universitätssenat* **4** *Entscheidungsgremium höherer deutscher Gerichte;* Zus *Strafsenat* **5** *städtische Regierungsbehörde von Berlin, Bremen u. Hamburg* ▸ Neuwahl des Hamburger ~es

Se|na|tor ⟨der; -s, -en⟩ *Mitglied des Senats, Ratsherr;* Abl *Senatorin*

sen|den ⟨V. trans.; sen|det, sand|te/sen|de|te, hat ge|sandt/ge|sen|det; Radio, TV: gesendet⟩ **1** (jmdm.) etwas ~ *schicken, übermitteln, zukommen lassen, mit Auftrag weggehen lassen* **2** etwas ~ *durch Radio od. Fernsehen verbreiten, übertragen;* Zus *Sendezeit* ▸ jmdm. Glückwünsche, Grüße ~; er hat den Brief mit der Post gesandt; er ist von Gott gesandt

Sen|der ⟨der; -s, -; Radio; TV⟩ *Station, die Fernseh- od. Radiosendungen herstellt u. sendet* ▸ einen ~ gut, schlecht empfangen, hereinbekommen; einen ~ auf Kurzwelle, Mittelwelle, Langwelle, UKW hören; auf einen anderen ~ umschalten; Zus *Fernsehsender, Radiosender, Rundfunksender*

Sen|de|rei|he ⟨die; -, -n; Radio; TV⟩ *Reihe thematisch zusammengehöriger Sendungen*

Sen|dung ⟨die; -, -en⟩ **1** *das Senden, Schicken* **2** *das Gesendete;* Zus *Postsendung* **3** ⟨Radio⟩

Funk-, Fernsehübertragung **4** *hoher, (bes.) göttlicher Auftrag, Berufung* ▸ den Empfang einer ~ bestätigen; wir haben die ~ bereits erhalten; in der heutigen ~ berichten wir über die wirtschaftliche Situation in Indien; die ~ wiederholen wir am 5. Januar

sen|dungs|be|wusst ⟨Adj.⟩ *den eigenen Lebensstil, die eigene Lebensauffassung als vorbildlich auffassend u. deshalb anderen zu vermitteln suchend*

Senf ⟨der; -(e)s, -e⟩ **1** *aus den Samen des weißen Senfes gewonnenes Gewürz;* Syn *Mostrich, Mostert;* Zus *Senfglas, Senfkorn* **2** ⟨kurz für⟩ *Ackersenf, gelb blühende, bes. auf Äckern wachsende Pflanze* ▸ ich habe auch meinen ~ dazugegeben ⟨umg.⟩ *mich, meine Meinung dazu geäußert;* milder, scharfer, süßer ~; Bockwurst mit ~

Senf|gur|ke ⟨die; -, -n⟩ *mit Senfsamen eingelegte, geschälte Gurke*

sen|gen ⟨V. intr.; sengt, seng|te, hat ge|sengt⟩ die Sonne sengt *brennt* ▸ unter der ~den Sonne

se|nil ⟨Adj.⟩ *greisenhaft, altersschwach;* Ggs *juvenil* ▸ ~ sein, werden; Abl *Senilität*

se|ni|or ⟨Adj.; Abk.: sen.⟩ *älter, der Ältere (bes. hinter Namen);* Ggs *junior* ▸ Heinrich Schmidt ~; Zus *Seniorchef, Seniorpartner*

Se|ni|or ⟨der; -s, -en⟩ **1** Ggs *Junior* **1.1** *der Ältere von zwei Verwandten (meist Vater u. Sohn) gleichen Namens* **1.2** ⟨Sp.⟩ *Angehöriger einer bestimmten Altersklasse, Sportler, der schon in mehreren Wettkämpfen gesiegt hat* Abl *Seniorin* **2** *älterer Mann, Rentner;* Abl *Seniorin;* Zus *Seniorenheim* **3** *Vorsitzender, Sprecher, Alterspräsident* ▸ Wettkämpfe der ~en ⟨Sp.⟩

Sen|ke ⟨die; -, -n⟩ *flache Bodenvertiefung, Mulde*

Sen|kel ⟨der; -s, -⟩ *Schnur od. Band zum Zuschnüren der Schuhe;* Zus *Schnürsenkel*

sen|ken ⟨V.; senkt, senk|te, hat ge|senkt⟩ **I** ⟨V. trans.⟩ etwas ~ **1** *sinken lassen* **2** ⟨übertr.⟩ *herabsetzen* ▸ die **Arme,** den Blick, den Kopf ~; **Löhne,** Steuern ~; die **Preise** ~; die **Stimme** ~ *leiser sprechen* ▸ den Sarg **in** die Erde ~ ▸ mit gesenktem Blick, Kopf stand er vor mir; er hielt den Kopf gesenkt **II** ⟨V. refl.⟩ sich ~ *sinken, einsinken, sich neigen;* Abl *Senkung*

senk|recht ⟨Adj.⟩ **1** ⟨Math.⟩ *im Winkel von 90° zueinander stehend od. auf einer Ebene stehend;* Ggs *waagerecht* **2** ⟨schweiz.⟩ *aufrichtig, patriotisch* ▸ die ~en Schweizer Bürger; zu beiden Seiten des Pfades stürzt der Felsen fast ~ ab; das Flugzeug ist ~ gestartet

Senk|rech|te ⟨die; -n, -n⟩ *senkrechte Linie;* Ggs *Waag(e)rechte*

Senk|recht|star|ter ⟨der; -s, -⟩ **1** ⟨Flugw.⟩ *Flugzeug mit schwenkbaren Tragflächen od. Triebwerken, das senkrecht starten u. landen kann* **2** ⟨übertr.; umg.; scherzh.⟩ **2.1** *Person, die sehr schnell od. plötzlich eine steile Karriere macht* **2.2** *etwas, das plötzlich außerordentlich erfolgreich (u. gut verkäuflich) ist* ▸ er ist ein ~ in der Politik

Senn ⟨der; -(e)s, -e; bair.- österr. u. schweiz.⟩ *Hirt auf der Alm, der auch die Butter- u. Käsebereitung besorgt;* oV *Senner;* Abl *Sennerei, Sennerin*

Sen|sa|ti|on ⟨die; -, -en⟩ *aufsehenerregendes Ereignis* ▸ die ~ des Tages; sein heutiges Auftreten war eine ~

Sensátion/Gefühl

Vermutlich beruht die häufige Verwechslung der Wörter *Sensation* und *Gefühl* darauf, dass *sensation* sowohl im Englischen als auch im Französischen nicht nur „spektakuläres Ereignis“, sondern auch „Gefühl, Empfindung“ bedeutet. Im Deutschen ist eine *Sensation* dagegen ausschließlich ein „aufsehenerregendes Ereignis“: *Es war eine Sensation, als die ersten Euromünzen vorgestellt wurden. Dieser Zirkus hat noch echte Sensationen geboten.*
Es ist nicht zu verwechseln mit dem Wort *das Gefühl,* das in der deutschen Sprache für „innere Regung, seelische Empfindung, Tastsinn“ steht und nicht bedeutungsverwandt ist: *Ein Gefühl der Freude überkam ihn. Ich kann meine Gefühle nicht in Worte fassen. Sie hat kein Gefühl in der linken Hand.*

sen|sa|ti|o|nell ⟨Adj.⟩ *aufsehenerregend* ▸ ein ~er Erfolg; eine ~e Meldung, Nachricht

Sen|se ⟨die; -, -n⟩ *armlanges, leicht gebogenes Messer an langem Stiel mit zwei Handgriffen zum Mähen von Getreide, Gras usw.* ▸ (und damit ist) ~! ⟨umg.⟩ *Schluss! jetzt ist es genug!*

sen|si|bel ⟨Adj.; -si|bler od. -sib|ler, am -s|ten⟩ **1** *empfindsam, feinfühlig, zartbesaitet;* Ggs *unsensibel* **2** ⟨Med.⟩ *schmerz-, reizempfindlich;* Abl *Sensibilität;* Bes *bei Beugung entfällt das „e“ in der Endsilbe: „ein sensibles Kind“*

sen|si|bi|li|sie|ren ⟨V. trans.; sen|si|bi|li|siert, sen|si|bi|li|sier|te, hat sen|si|bi|li|siert⟩ jmdn. (für etwas) ~ *jmds. Wahrnehmung von etwas, Empfänglichkeit für etwas schärfen;* Abl *Sensibilisierung*

sen|si|tiv ⟨Adj.⟩ **1** *leicht reizbar, überempfindlich* **2** *feinnervig;* Abl *Sensitivität*

Sen|sor ⟨der; -s, -en⟩ **1** *elektrisches Bauelement, das physikalische od. chemische Größen erfasst u. in elektr. od. digitale Signale umsetzt;* Syn *Messfühler* **2** *elektronischer Schalter ohne mechanische Teile, der durch Fingerberührung betätigt wird*

Sen|tenz ⟨die; -, -en⟩ **1** *knapp formulierter Satz mit allgemeingültigem Sinngehalt, Ausspruch, Denkspruch* **2** *Urteilsspruch*

sen|ti|men|tal ⟨Adj.⟩ *gefühlsselig, rührselig* ▸ er ist ~ geworden; gefühlvoll, ohne ~ zu werden; Abl *Sentimentalität*

se|pa|rat ⟨Adj.⟩ **1** *getrennt, abgesondert, einzeln, privat* **2** *für sich* ▸ ein ~es Zimmer *Einzelzimmer;* Zimmer mit ~em Eingang; er wohnt ~

Se|pa|ra|tis|mus ⟨der; -; unz.⟩ *Streben nach staatl., religiöser od. geistiger Absonderung;* Abl *Separatist(in); separatistisch*

Sé|pa|rée ⟨[separe:] das; -s, -s⟩ *abgetrennter Raum, Nische in Lokalen;* oV *Separee*

Sep|sis ⟨die; -, Sep|sen⟩ = *Blutvergiftung;* Abl *septisch*

S

Sep|tem|ber ⟨der; - od. -s, -; Abk.: Sept.⟩ *neunter Monat des Jahres* ▸ im ~ ist Herbstanfang

Se|quenz ⟨die; -, -en⟩ **1** *Reihe, Folge* **2** ⟨Film⟩ *Reihe von Einstellungen, die im Handlungsablauf unmittelbar aufeinanderfolgen*

Ser|be ⟨der; -n, -n⟩ *Einwohner von Serbien;* Abl *Serbin; serbisch*

Se|re|na|de ⟨die; -, -n; Mus.⟩ *freies Instrumentalstück, meist mit mehreren Sätzen*

Se|rie ⟨[-riə] die; -, -n⟩ **1** *Reihe, Folge, Set, zusammengehörige Gruppe von Gegenständen in einer Sammlung, z. B. von Autos, Briefmarken;* Zus *Serienfabrikation* **2** *Reihe miteinander zusammenhängender Fernseh-, Rundfunksendungen, Zeitungsartikel o. Ä., die in regelmäßigen zeitlichen Abständen ausgestrahlt bzw. veröffentlicht werden;* Zus *Fernsehserie, Rundfunkserie* ▸ die ~ erreicht hohe Einschaltquoten; eine Ware in ~ herstellen; eine ~ von Verbrechen

se|ri|en|mä|ßig ⟨Adj.⟩ **1** *in Serienfabrikation (hergestellt)* **2** *in einer bestimmten Serie vorhanden* ▸ die ~e Ausstattung von Autos mit Klimaanlagen

Se|ri|en|mör|der ⟨der; -s, -⟩ *Mörder, der eine Serie von gleichartigen Morden begangen hat;* Abl *Serienmörderin*

se|ri|en|wei|se ⟨Adv.⟩ *in Serien* ▸ ⟨vor Subst. a. attr.⟩ Arbeitslosigkeit infolge einer ~n Entlassung von Mitarbeitern

se|ri|ös ⟨Adj.; -er, am -es|ten⟩ **1** *ernst, ernsthaft* **2** *ernst gemeint* **3** *gediegen, anständig* ▸ ~e Angebote bitte richten an … *(bei Zeitungsanzeigen);* der Interessent hat auf mich keinen ~en Eindruck gemacht; eine ~e Firma; Abl *Seriosität*

Ser|mon ⟨der; -s, -e; abwertend⟩ *Strafpredigt, langweilige Rede* ▸ ständig muss er seinen ~ halten

Ser|pen|ti|ne ⟨die; -, -n⟩ **1** *in Schlangenlinien ansteigender Weg an Berghängen* **2** *Kurve, Kehre*

Se|rum ⟨das; -s, Se|ren od. Se|ra; Med.⟩ *wässriger, nicht gerinnender Bestandteil des Blutes*

Ser|ver ⟨[sœːvə(r)] der; -s, -; EDV⟩ *Rechner für besondere Funktionen in einem EDV-System, z. B. für die Steuerung mehrerer Drucker*

Ser|vice[1] ⟨[-viːs] das; - od. -s [-səs], - [-viːs] od. [-viːsə]⟩ *zusammengehöriges Tischgeschirr;* Zus *Kaffeeservice, Speiseservice*

Ser|vice[2] ⟨[sœːvɪs] der od. (selten) das; -, -s [-vɪsɪz]⟩ **1** *Kundendienst, z. B. an Tankstellen;* Zus *Serviceleistung* **2** *Bedienung in Gaststätten* **3** ⟨Sp.; Tennis⟩ *Aufschlag*

ser|vie|ren ⟨[-viː-] V.; ser|viert, ser|vier|te, hat serviert⟩ **I** ⟨V. trans.⟩ **1** (jmdm.) etwas ~ *auftragen (Speisen)* **2** ⟨übertr.; umg.⟩ jmdm. etwas ~ *vortragen, erklären (bes. etwas Unangenehmes)* **II** ⟨V. intr.⟩ *Speisen auftragen, bei Tisch bedienen* ▸ es ist serviert; beim Servieren helfen

Ser|vie|re|rin ⟨[-viː-] die; -, -rin|nen⟩ *Kellnerin, Bedienerin in einem Speiselokal*

Ser|vier|toch|ter ⟨[-viːr-] die; -, -töch|ter; schweiz.⟩ *Kellnerin*

Ser|vi|et|te ⟨[-vi-] die; -, -n⟩ *Tuch zum Abwischen des Mundes beim Essen;* Zus *Serviettenring; Papierserviette, Stoffserviette*

Ser|vo|len|kung ⟨[-vo-] die; -, -en⟩ *Vorrichtung zur Verstärkung der Lenkung in Fahrzeugen, wodurch sich das Lenkrad leichter drehen lässt*

ser|vus! ⟨[-vus] Int.; bes. bair., österr.⟩ *(Grußformel) Guten Tag!, Auf Wiedersehen!*

Se|sam ⟨der; -s, -s; Bot.⟩ *eine krautige Pflanzen mit kleinen, glatten Samen, die man essen kann;* Zus *Sesambrötchen, Sesamöl*

Ses|sel ⟨der; -s, -⟩ **1** *bequemes, gepolstertes Sitzmöbel mit (oft gepolsterten) Armlehnen;* ⓘ S. 361; Zus *Armsessel, Lehnsessel* **2** ⟨österr. a.⟩ *Stuhl* **3** ⟨Theat.⟩ *erster Platz im Parkett;* Zus *Parkettsessel* ▸ sich in den ~ fallen lassen

Ses|sel|lift ⟨der; -(e)s, -e⟩ *Skilift, bei dem die Skiläufer auf frei hängenden Sitzen befördert werden*

sess|haft ⟨Adj.⟩ *einen festen Wohnsitz habend* ▸ zur ~en Lebensweise übergehen; sich ~ machen; ~ werden; Abl *Sesshaftigkeit*

Set ⟨das od. der; -s, -s⟩ **1** *mehrere zusammengehörige Gebrauchsgegenstände, Kleidungsstücke, Teppiche usw.* **2** *eins von mehreren, farblich aufeinander abgestimmten kleinen Tischdeckchen für ein Gedeck* **3** ⟨Film; TV⟩ *Drehort*

Set|ter ⟨der; -s, -; Zool.⟩ *hochbeiniger Hund mit glänzend rotbraunem, langhaarigem Fell*

setzen/sitzen

Bei der Verwendung der Verben *sich setzen* und *sitzen* werden häufig Fehler gemacht. Zwar bezeichnen beide „das Einnehmen einer sitzenden Stellung“, doch sie unterscheiden sich im Gebrauch.

Das Verb *sich setzen* wird regelmäßig konjugiert und im Sinne einer Handlung verwendet. Es bedeutet also, dass jemand „aktiv eine sitzende Position einnimmt“: *Bitte setzen Sie sich! Er setzt sich immer an denselben Tisch. Die Kinder setzten sich auf die Bank. Sie hat sich ans Fenster gesetzt.*

Im Vergleich hierzu wird das Verb *sitzen* stark, also unregelmäßig konjugiert. Es bezeichnet „die eingenommene Position“: *Sie sitzt im Garten. Sitzt du gut? Wir saßen auf dem Sofa. Er hatte auf dem Boden gesessen, als es an der Tür klingelte.*

Das Partizip von *sitzen* wird im Standarddeutschen mit *haben* gebildet, im süddeutschen Sprachraum (zu dem auch die Schweiz und Österreich zählen) dagegen mit *sein: Wir haben (süddt.: sind) auf der Bank gesessen.*

Wie bei allen Verben, deren Stamm auf *-s, -ss, -ß, -tz* oder *-z* auslautet, entfällt bei *sich setzen* und *sitzen* in der 2. Person Singular Präsens Indikativ das *s* der Personalendung: *du setzt dich, du sitzt.*

set|zen ⟨V.; setzt, setz|te, hat ge|setzt⟩ **I** ⟨V. trans.⟩ jmdn. od. etwas irgendwohin ~ *an einen Ort, Platz bringen, tun, stellen* ▸ einen Baum, Strauch ~ *einpflanzen;* jmdm. ein Denkmal ~ *errichten;* jmdm. eine Frist ~ *bestimmen, dass jmd. zu ei-*

S

nem Zeitpunkt etwas zu tun hat; einen Punkt, ein Komma ~ *anbringen, schreiben;* es wird Schläge ~ ⟨umg.⟩ *geben;* die Segel ~ *aufziehen, ausspannen;* sich od. einer Sache ein Ziel ~ *ein Z. bestimmen* ▸ das Glas, die Trompete an den Mund ~ *heben;* Hoffnungen auf jmdn. ~ *hoffen, dass jmd. etwas Bestimmtes erreichen wird;* einen Topf auf den Herd ~; einen Namen auf eine Liste ~ *schreiben;* ein Kind auf einen Stuhl ~; eine Schüssel, Platte auf den Tisch ~; Vertrauen in jmdn. ~ *jmdm. vertrauen;* ein Wort in Anführungszeichen ~ *mit A. bezeichnen;* einen Motor in Gang ~ *einschalten;* jmdn. über den Fluss ~ *mit dem Boot bringen;* seinen Namen unter ein Schriftstück ~ *ein Sch. unterschreiben* ▸ gesetzt den Fall, dass er kommt *angenommen, dass er kommt* **II** ⟨V. refl.⟩ sich ~ **1** *einen Sitzplatz einnehmen, sich in sitzende Stellung begeben, sich niederlassen* **2** *feste Teilchen, Unreinheiten zu Boden sinken lassen* (von Flüssigkeiten) ▸ ~! *(Aufforderung an die Schulklasse,* eigtl.: setzt euch!); der Kaffee hat sich gesetzt; bitte ~ Sie sich! ▸ sich an eine Arbeit ~ *eine A. beginnen;* sich ans Fenster, an den Tisch ~; sich auf einen Stuhl, eine Bank, auf die Couch ~; sich in Bewegung ~ *zu gehen, fahren beginnen;* der Geruch setzt sich in die Kleider *dringt in die K. ein;* sich neben jmdn. ~; sich zu jmdm. ~ **III** ⟨V. intr.⟩ **1** über etwas ~ *schwungvoll springen* **2** auf jmdn. od. etwas ~ *Vertrauen in jmdn. od. etwas haben* ▸ das Pferd setzte über ein Hindernis **IV** ⟨V. trans. u. V. intr.; Glücksspiel⟩ (etwas) (auf jmdn. od. etwas) ~ *einen Wetteinsatz zahlen* ▸ hoch, niedrig ~ ▸ auf ein Pferd ~ *(mit Geld) wetten, dass ein Pferd bei einem Rennen siegt od. platziert ist*

Sẹt|zer ⟨der; -s, -⟩ *Facharbeiter des Handwerks u. der Industrie für alle beim Satz (4.1) erforderlichen Arbeiten;* Abl *Setzerin*

Sẹtz|ling ⟨der; -s, -e⟩ **1** *junge Pflanze, die gesetzt (in die Erde gepflanzt) wird* **2** *junger Fisch, der in einen Teich (zur Zucht) gesetzt wird*

Seu|che ⟨die; -, -n⟩ **1** *sich schnell u. weit verbreitende, ansteckende Krankheit;* Zus *Seuchengefahr* **2** ⟨übertr.; umg.⟩ *weit verbreitete, als unangenehm empfundene Erscheinung od. Gewohnheit*

seuf|zen ⟨V. intr.; seufzt, seufz|te, hat ge|seufzt⟩ **1** *einmal tief u. hörbar ausatmen (vor Kummer, Bangen, Sehnsucht)* **2** *etwas seufzend sagen* ▸ „Vielleicht!", seufzte er; unter einer Last ~

Seuf|zer ⟨der; -s, -⟩ *einmaliges tiefes Ausatmen* ▸ ein ~ der Erleichterung; einen ~ ausstoßen; einen ~ unterdrücken; ein verzweifelter ~

Sẹx ⟨der; - od. -es; unz.; umg.; kurz für⟩ **1** *Sexualität* **2** *sexuelle Handlung, Geschlechtsverkehr;* Zus *Sexfilm; sexbesessen* ▸ ~ haben; es wird zu viel ~ im Fernsehen gezeigt

Sex|ap|peal *auch:* **Sex-Ap|peal** ⟨[sẹksəpi:l] der; -s; unz.⟩ *körperliche, sexuelle Anziehungskraft* ▸ jmd. hat viel, wenig ~

Se|xịs|mus ⟨der; -; unz.⟩ *Überbewertung der geschlechtlichen Unterschiede zw. Mann u. Frau (die zur Benachteiligung der Frau im gesellschaftlichen Leben führt);* Abl *Sexist; sexistisch*

Sẹx|shop ⟨[-ʃɔp] der; -s, -s⟩ *Laden, in dem Bücher, Filme, Reizwäsche u. a. sowie Mittel zur sexuellen Stimulierung verkauft werden*

Sex|tạnt ⟨der; -en, -en⟩ *astronomisches Instrument zur Winkelmessung*

Sex|tẹtt ⟨das; -(e)s, -e; Mus.⟩ **1** *Musikstück für sechs Instrumente od. Sänger* **2** *die ausführenden Musiker selbst*

Sẹx|tou|ris|mus ⟨[-tu-] der; -; unz.⟩ *Tourismus mit dem Ziel, sexuelle Beziehungen zu knüpfen*

Se|xu|a|li|tät ⟨die; -; unz.⟩ *Gesamtheit der geschlechtlichen Äußerungen u. Empfindungen, Geschlechtsleben*

Se|xu|al|kun|de ⟨die; -; unz.⟩ *Unterrichtsfach, das die menschliche Sexualität zum Gegenstand hat*

Se|xu|al|le|ben ⟨das; -s, -⟩ = *Sexualität*

Se|xu|al|ver|bre|chen ⟨das; -s, -⟩ *Verbrechen auf sexuellem Gebiet, z. B. Vergewaltigung, Unzucht mit Kindern;* Syn *Sittlichkeitsverbrechen*

se|xu|ẹll ⟨Adj.⟩ *geschlechtlich, zum Geschlecht gehörend, auf ihm beruhend* ▸ ~e Anziehungskraft; eine rein ~e Beziehung; ~es Verhalten

sẹ|xy ⟨Adj.; undekl.⟩ *sexuell anziehend, körperlich reizvoll, geschlechtsbetont* ▸ ~ aussehen; sie ist ausgesprochen ~

Se|zes|si|on ⟨die; -, -en⟩ *Abfall, Loslösung (eines Staates, einer Provinz)*

se|zie|ren ⟨V. trans.; se|ziert, se|zier|te, hat se|ziert⟩ eine Leiche ~ *anatomisch zerlegen, untersuchen;* Zus *Seziermesser, Seziertisch*

sFr. ⟨schweiz.; Abk. für⟩ *Schweizer Franken*

Sham|poo ⟨[ʃạmpu:] od. [ʃạmpo] das; -s, -s⟩ *Haarwaschmittel*

Sher|ry ⟨[ʃẹrı] der; -s, -s⟩ *würziger Süßwein aus der spanischen Stadt Jerez de la Frontera*

Shop ⟨[ʃɔp] der; -s, -s⟩ *Geschäft, Laden;* Abl *Shopping; shoppen;* Zus *Sexshop*

Shorts ⟨[ʃɔ:ts] Pl.⟩ *leichte, kurze Hose*

Show ⟨[ʃoʊ] die; -, -s⟩ *Darbietung, Vorführung, Schau* ▸ eine große ~ abziehen

Show|ge|schäft ⟨[ʃoʊ-] das; -(e)s; unz.⟩ *die mit öffentlichen Darbietungen verbundene Vergnügungsindustrie, Film, Fernsehen, Varieté, Zirkus;* Syn *Showbusiness*

Show|mas|ter ⟨[ʃoʊ-] der; -s, -⟩ *Conférencier, Moderator bei einer Show;* Abl *Showmasterin*

Shrimp ⟨[ʃrımp] der; -s, -s; meist Pl.⟩ *Krabbe*

Shut|t|le ⟨[ʃʌtl] das; -s, -s od. der; -s, -s⟩ **1** ⟨kurz für⟩ *Spaceshuttle, wiederverwendbares US-amerikan. Raumfahrzeug* **2** *Fahrzeug für den Pendelverkehr*

si|a|me|sisch ⟨Adj.⟩ *Siam (heute: Thailand) betreffend, zu Siam gehörend* ▸ ~e Zwillinge *(meist an den Köpfen) zusammengewachsene Zwillinge*

si|bi|risch ⟨Adj.⟩ *Sibirien betreffend, zu Sibirien gehörend, aus Sibirien stammend, wie in Sibirien* ▸ ~e Kälte ⟨umg.⟩ *sehr große Kälte*

sịch ⟨refl. Pron. der 3. Pers. Sing. u. Pl.⟩ ~ ereignen; ~ wundern ▸ an (und für) ~ *eigentlich, wenn man die Sache selbst betrachtet;* nur an ~

denken; er hat etwas an ~, das alle anzieht; was hat es damit auf ~? *was bedeutet das?;* aus ~ herausgehen *zutraulich, aufgeschlossen werden;* das ist eine Sache für ~ *eine andere, besondere S.;* etwas für ~ behalten *es niemandem sagen;* für ~ sein *allein sein;* etwas hinter ~ bringen ⟨übertr.⟩ *etwas vollenden, fertig machen;* etwas hinter ~ haben ⟨übertr.⟩ *etwas (Unangenehmes) erlebt, beendet haben;* hinter ~ schauen *sich umschauen;* diese Arbeit hat es in ~ ⟨übertr.⟩ *diese A. ist schwieriger, als man meint;* der Wein hat es in ~ *er ist stärker, als man anfangs glaubt;* etwas von ~ aus tun *von selbst, freiwillig, aus eigenem Antrieb;* etwas (noch) vor ~ haben ⟨übertr.⟩ *etwas noch vorhaben, noch zu tun haben;* er bat ihn zu ~ *er lud ihn ein, bat ihn zu kommen;* (wieder) zu ~ kommen *das Bewusstsein wiedererlangen*

Si|chel ⟨die; -, -n⟩ *kleines Werkzeug mit gebogener Klinge zum Mähen;* Abl *sichelförmig*

si|cher ⟨Adj.⟩ **I** ⟨attr.; präd.; adv.⟩ **1** *zweifelsfrei, bestimmt, gewiss, zuverlässig, verbürgt* **2** *gefahrlos* **3** *ungefährdet, geschützt, gesichert, geborgen* **4** *fest u. ruhig* **5** *geübt* **6** *unfehlbar, untrüglich* **7** ⟨als Antwort⟩ ~! *bestimmt, gewiss* ▸ kommst du heute? ~!; ~ doch!; ja, ~! ▸ ein ~er Arbeitsplatz *nicht von Kündigung bedrohter A.;* sein ~es Auskommen haben; er ist ein ~er Fahrer, Schütze, Schwimmer; ein ~es Gefühl für etwas haben; eine ~e Hand haben; er geht auf Nummer sicher/Sicher; ein ~es Urteil haben; das ist ein ~es Zeichen für … ▸ einen Gegenstand ~ aufbewahren; ~ auftreten; er fährt, schwimmt (völlig) ~; seine Aufgaben, Vokabeln ~ können, beherrschen; sein: ~ ist ~! ⟨umg.⟩ *lieber vorsichtig sein;* ich bin mir (nicht) ganz ~ *ich weiß es (nicht) ganz genau;* dessen kannst du ~ sein *darauf kannst du dich verlassen;* hier ist man seines Lebens nicht ~ *hier besteht Lebensgefahr* ⟨oft scherzh.⟩; ich bin mir meiner Sache ~ *ich weiß es genau;* es ist das Sicherste, wenn du vorher anrufst ▸ hat er das wirklich gesagt? aber ~!; am ~sten wird es sein, wenn …; ich weiß es aus ~er Quelle; ist das wirklich so? ganz ~!; etwas mit ~em Blick erkennen; mit ~em Instinkt; mit ~em Schritt **II** ⟨nur adv.⟩ *vermutlich, wahrscheinlich* ▸ er kommt ~ noch; er hat es ~ vergessen

si|cher|ge|hen ⟨V. intr.; geht si|cher, ging si|cher, ist si|cher|ge|gan|gen, si|cher|zu|ge|hen; meist im Inf.⟩ *sich einer Sache vergewissern* ▸ ich will ~, ob es stimmt

Si|cher|heit ⟨die; -, -en⟩ **I** ⟨unz.⟩ **1** *das Sichersein, Gewissheit* **2** *sichere Beschaffenheit, Festigkeit* **3** *Ruhe, Sorglosigkeit, Geschütztsein, Geborgenheit, Schutz* ▸ ihm fehlt die nötige ~ beim öffentlichen Reden; öffentliche ~ *öffentliche Ruhe u. Ordnung;* der ~ halber; ~ im Auftreten; etwas, jmdn., sich in ~ bringen; in ~ sein; ich kann leider nicht mit ~ sagen, ob es richtig ist; ich weiß es (nicht) mit ~; mit an ~ grenzender Wahrscheinlichkeit *ziemlich sicher, sehr wahrscheinlich;* es geschieht nur zu Ihrer eigenen ~ **II** ⟨zählb.⟩ *Bürgschaft, Pfand* ▸ gewisse ~en fordern; ~ leisten; eine Summe als ~ geben

Si|cher|heits|ab|stand ⟨der; -(e)s; unz.⟩ *Abstand zw. hintereinander fahrenden Kraftfahrzeugen, der so groß sein soll, dass ein Auffahren des Hintermannes bei plötzlichem Halten od. Bremsen des Vordermannes ausgeschlossen ist* ▸ keinen, einen großen ~ halten

Si|cher|heits|gurt ⟨der; -(e)s, -e⟩ *Gurt zur Sicherung einer Person bei Bauarbeiten u. zum Anschnallen in Auto u. Flugzeug;* ⓘ S. 896

si|cher|heits|hal|ber ⟨Adv.⟩ *wegen der Sicherheit, um der S. willen, um sicher zu sein*

Si|cher|heits|na|del ⟨die; -, -n⟩ *gebogene Nadel mit Verschluss*

Si|cher|heits|rat ⟨der; -(e)s; unz.⟩ *Behörde der Vereinten Nationen, die bei Aggressionen angerufen werden kann;* Zus *UN-Sicherheitsrat*

Si|cher|heits|ri|si|ko ⟨das; -s, -si|ken⟩ *Risiko hinsichtlich der Sicherheit*

Si|cher|heits|schloss ⟨das; -es, -schlös|ser⟩ *Schloss mit mehreren Zuhaltungen, in das nur ein bestimmter Schlüssel passt*

Si|cher|heits|vor|keh|rung ⟨die; -, -en; meist Pl.⟩ *die Sicherheit betreffende Maßnahme* ▸ ~en treffen; unter strengen ~en ablaufen

si|cher|lich ⟨Adv.⟩ **1** *bestimmt, gewiss* **2** *vermutlich, wahrscheinlich* ▸ ~! *gewiss!;* ich werde ihn ~ finden; er kommt ~ nicht

si|chern ⟨V. trans.; sich|ert, sich|er|te, hat ge|sich|ert⟩ **1** jmdn. od. etwas ~ *in Sicherheit bringen, vor Gefahr schützen* **2** etwas ~ *fest, zusätzlich (mit Hebel, Riegel) verschließen, festmachen* **3** etwas ~ *die Existenz, den Bestand von etwas garantieren* **4** sich etwas ~ *dafür sorgen, dass man etwas bekommt* ▸ Arbeitsplätze ~; Daten ~ *speichern, damit sie nicht verloren gehen;* sich einen guten Platz ~; Spuren ~ *als Beweis für eine Straftat untersuchen;* sich beim Bergsteigen durch ein Seil ~; sich gegen, vor etwas ~; seine Zukunft ist gesichert; in gesicherten Verhältnissen leben

si|cher|stel|len ⟨V. trans.; stellt si|cher, stell|te sicher, hat si|cher|ge|stellt, si|cher|zu|stel|len⟩ **1** etwas ~ *sichern, in Sicherheit bringen, beschlagnahmen* **2** jmdn. ~ *jmds. Zukunft, finanzielle Lage sichern* ▸ gestohlene und wiedergefundene Gegenstände ~; Abl *Sicherstellung*

Si|che|rung ⟨die; -, -en⟩ **I** ⟨unz.⟩ **1** *das Sichern, Schutz, Verwahrung* **2** ⟨Mil.⟩ *Schutzmaßnahme gegen Überfall* ▸ zur ~ des Friedens **II** ⟨zählb.⟩ **1** *Vorrichtung, die den Stromfluss bei Überlastung des Netzes od. Überschreitung eines bestimmten Wertes unterbricht* **2** *Vorrichtung, die das selbsttätige Lösen eines Maschinenteils od. eines Gewehrs verhindert* ▸ eine ~ einsetzen; die ~ ist durchgebrannt

Sicht ⟨die; -; unz.⟩ **1** *Fähigkeit, Möglichkeit des Sehens über größere Entfernung, Ausblick* **2** *Betrachtungsweise, Blickwinkel* ▸ heute ist gute, klare ~ *die Luft ist klar, man kann weit sehen;* heute ist keine, schlechte ~ *es ist dunstig, neblig, man*

S

kann nicht weit sehen; von hier oben hat man eine weite ~ ▸ auf lange ~ *für längere Zeit;* aus meiner ~ sieht das anders aus; Land ist in ~ *man kann das L. schon sehen*

sicht|bar ‹Adj.› **1** *so beschaffen, dass man es sehen kann* **2** ‹umg.› *sichtlich* ▸ er ärgerte, freute sich ~; etwas durch Vergrößerung ~ machen; gut, deutlich, kaum ~; für alle ~; Abl *Sichtbarkeit*

sich|ten ‹V. trans.; sich|tet, sich|te|te, hat ge|sich|tet› **1** jmdn. od. etwas ~ *in größerer Entfernung erblicken* **2** ‹übertr.› etwas ~ *prüfen u. ordnen* ▸ ein Flugzeug, Schiff ~; Land, eine Insel ~; jmds. Nachlass ~; Papiere, Akten ~; Abl *Sichtung*

sicht|lich ‹Adj.› *offensichtlich, offenkundig* ▸ er war ~ erleichtert; es war ihm ~ peinlich

Sicht|schutz ‹der; -es, -e› *Schutz vor nichterwünschter Einsicht* ▸ eine Hecke als ~ pflanzen

Sicht|wei|se ‹die; -, -n› *Sicht, Betrachtungsweise* ▸ sie möchte ihm ihre ~ erklären

si|ckern ‹V. intr.; si|ckert, si|cker|te, ist ge|si|ckert› irgendwohin ~ *langsam u. dünn fließen* ▸ Regenwasser sickert durchs Dach; aus der Wunde sickert Blut

sie[1] ‹persönl. Pron. für das weibl. Geschlecht der dritten Person im Sing.› er und ~; ~ kommt

sie[2] ‹persönl. Pron. für alle drei Geschlechter der dritten Person im Pl.› ~ kommen; hast du ~ gesehen?

Sie[1] ‹persönl. Pron. für die Anrede nicht verwandter u. nicht befreundeter erwachsener Personen im Sing. u. Pl.› ~ da!, he ~! *(unhöfliche Anrede, wenn man den Namen nicht weiß)* ▸ bitte folgen ~ mir; ~ können mir glauben, dass es ein Versehen war; jmdn. mit ~ anreden

Sie[2] ‹die; -; unz.; umg.› eine ~ *eine Frau* ▸ ein Er und eine ~ *ein Mann u. eine Frau*

Sieb ‹das; -(e)s, -e› **1** *Gefäß aus grobem od. feinem Drahtgeflecht, um körnige Stoffe nach ihrer Größe zu scheiden bzw. feste Stoffe von einer Flüssigkeit zu trennen;* Zus *Metallsieb, Teesieb* **2** *Flechtwerk zum Reinigen von Getreide u. a.* ▸ feines, grobes ~; eine Flüssigkeit durch ein ~ gießen; ein Gedächtnis wie ein ~ haben ‹umg.› *vergesslich sein*

Sieb|druck ‹der; -(e)s, -e› *Druckverfahren, bei dem Druckfarbe durch ein bes. feinmaschiges Sieb gepresst wird*

sie|ben[1] ‹Adj.; Kardinalzahl; als Ziffer: 7› wir sind ~ Personen; ~ Stück Kuchen kaufen; die ~ Weltwunder; das ist mir ein Buch mit ~ Siegeln ‹übertr.› *etwas, das ich nicht verstehe;* Bes *Ableitungen* →a. *acht*

sie|ben[2] ‹V. trans. u. V. intr.; siebt, sieb|te, hat ge|siebt› **1** etwas ~ *durch ein Sieb schütten od. rühren, so dass die gröberen Teile zurückbleiben* **2** ‹übertr.› (jmdn. od. etwas) ~ *die besseren Arbeitskräfte, Schüler o. Ä. von den schlechteren trennen* ▸ Getreide, Korn, Mehl ~; in der Klasse wurde vor dem Abitur noch einmal gründlich gesiebt ‹übertr.› *nur die Besten wurden behalten*

Sie|ben ‹die; -, -› **1** *Zahl 7,* ‹nach Volksglauben› *glück- od. unheilbringende od. auch nur bedeutungsvolle Zahl* **2** die ~ *Straßenbahn, Bus mit der Nummer 7*

sie|ben|fach ‹Adj.; in Ziffern: 7fach od. 7-fach› *siebenmal(ig)*

Sie|ben|mei|len|stie|fel ‹Pl.; im Märchen› *Stiefel, in denen man mit einem Schritt sieben Meilen zurücklegt* ▸ ~ anhaben ‹übertr.› *sehr schnell laufen*

Sie|ben|sa|chen ‹nur Pl.› **1** *Eigentum od. Arbeitsmaterial, das man täglich braucht* **2** *Habe, Habseligkeiten* ▸ seine ~ packen

Sie|ben|schlä|fer ‹der; -s, -› **1** *Fest der sieben Schläfer am 27. Juni (nach alter Bauernregel wichtig für das Wetter der darauffolgenden sieben Wochen)* **2** ‹Zool.› *ein Nagetier*

sie|ben|te(r, -s) ‹Adj.; Ordinalzahl zu „sieben"; Zeichen: 7.› = *siebte(r, -s)*

Sie|ben|tel ‹das od. schweiz. der; -s, -› = *Siebtel*

sie|ben|tens ‹Adv.› = *siebtens*

siebt ‹nur in der Wendung› zu ~ *in einer Gruppe von sieben Personen* ▸ wir waren zu ~

siebt... ‹in Zus.; zur Bildung von Adj.› *an siebter Stelle stehend,* z. B. siebtkleinste

sieb|te(r, -s) ‹Adj.; Ordinalzahl zu „sieben"; Zeichen: 7.› *der/die/das dem sechsten Folgende;* oV *siebente(r, -s)*

Sieb|te(r, -s) ‹die; -n, -n (der; -n, -n)› *der/die im Rang od. der Leistung nach an siebter Stelle Stehende;* →a. *erste(r, -s)*

Sieb|tel ‹das od. schweiz. der; -s, -› *siebter Teil;* oV *Siebentel*

sieb|tens ‹Adv.› *an siebter Stelle (bei Aufzählungen);* oV *siebentens*

sieb|zehn ‹Adj.; Kardinalzahl; als Ziffer: 17› in der Klasse sind ~ Schüler; Bes *Ableitungen* →a. *acht*

sieb|zig ‹Adj.; Kardinalzahl; als Ziffer: 70› er ist ~ Jahre alt; ~er Jahre = *Siebzigerjahre;* Bes *Ableitungen* →a. *achtzig*

Sieb|zig ‹die; -, -en› **1** *die Zahl 70* **2** *Lebensalter von 70 Jahren;* →a. *Achtzig*

Sieb|zi|ger|jah|re *auch:* **sieb|zi|ger Jah|re** ‹Pl.› **1** ‹in Ziffern: 70er Jahre / 70er-Jahre› die ~ des 20. Jhs. *die Jahre zw. 1970 u. 1980* **2** *die Lebensjahre zw. 70 u. 80* ▸ er ist in den ~n *er ist zw. 70 u. 80 Jahre alt*

Siech|tum ‹das; -s; unz.; geh.› *Zustand des Dahinsiechens, langes Kranksein, bes. vor dem Tode*

sie|deln ‹V. intr.; sie|delt, sie|del|te, hat ge|sie|delt› irgendwo ~ **1** *sich an einem (noch unbewohnten) Ort niederlassen u. ein Heim, eine neue Siedlung gründen;* Abl *Siedler(in)* **2** ‹bei Pflanzen u. Tieren› *(an einem best. Ort) leben* ▸ manche Tiere und Pflanzen ~ auf anderen Organismen

sie|den ‹V. trans. u. V. intr.; sie|det, sie|de|te, hat ge|sie|det› **1** (etwas) ~ *kochen* **2** ‹Phys.› *vom flüssigen in den gasförmigen Aggregatzustand übergehen, verdampfen* ▸ das Wasser siedet; ~d heißes Wasser; es überlief ihn ~d heiß ‹übertr.› *er erschrak sehr*

Sie|de|punkt ‹der; -(e)s, -e› *Temperatur, bei der eine Flüssigkeit siedet* ▸ die Spannung war auf dem ~ ‹übertr.›

S

Sied|lung ⟨die; -, -en⟩ **1** *Niederlassung, in der Menschen wohnen, miteinander verkehren u. ihren Lebensunterhalt finden, einschließlich aller Bauten u. Anlagen* **2** *Gruppe gleichartiger, kleiner Wohnhäuser mit Garten am Rand eines Dorfes od. einer Stadt*

Sieg ⟨der; -(e)s, -e⟩ **1** *das Besiegen des Gegners;* Zus *sieggewohnt* **2** *gewonnener Kampf;* Abl *sieglos;* Zus *siegbringend* ▸ den ~ erringen; ein leichter ~; der Wahrheit zum ~ verhelfen

Sie|gel ⟨das; -s, -⟩ **1** *Stempel zum Abdruck eines Zeichens in weiche Masse* **2** *der Abdruck davon, auf einem Schriftstück, Behältnis od. einer Tür als Verschluss od. Bestätigung angebracht* ▸ ein ~ brechen, lösen; ein ~ auf etwas drücken; jmdm. etwas unter dem ~ der Verschwiegenheit erzählen *unter der Bedingung der Verschwiegenheit*

sie|geln ⟨V. trans.; sie|gelt, sie|gel|te, hat ge|siegelt⟩ einen Brief, eine Urkunde ~ *mit einem Siegel verschließen;* Zus *Siegelring, Siegelwachs*

sie|gen ⟨V. intr.; siegt, sieg|te, hat ge|siegt⟩ *einen Kampf, Wettkampf, Wettbewerb, Spiel gewinnen, einen Sieg erringen* ▸ die Vernunft siegte; im Wettkampf ~; nach Punkten ~; über jmdn. ~

Sie|ger ⟨der; -s, -⟩ *jmd., der im Kampf gesiegt, den Sieg errungen hat* ▸ als ~ aus dem Kampf, Wettbewerb hervorgehen; Abl *Siegerin*

sie|ges|si|cher ⟨Adj.⟩ *seines kommenden Sieges sicher;* Syn *siegesbewusst, siegesgewiss*

Sie|ges|zug ⟨die; -, -zü|ge; Pl. selten⟩ **1** ⟨Mil.⟩ *siegreicher Vormarsch, erfolgreicher Feldzug* **2** ⟨übertr.⟩ *unaufhaltsames Vordringen* ▸ einen beispiellosen ~ antreten ⟨übertr.⟩

sieg|reich ⟨Adj.⟩ *gesiegt habend* ▸ das ~e Heer; die ~e Mannschaft; ~ (vom Wettkampf) zurückkehren

sieht ⟨3. Pers. Sing. Präs. von „sehen"⟩

Si|es|ta ⟨[siẹsta] die; -, -s od. -ẹs|ten⟩ *Mittagsruhe*

sie|zen ⟨V. trans.; siezt, siez|te, hat ge|siezt⟩ jmdn. ~ *mit „Sie" anreden;* Ggs *duzen*

Si|gel ⟨das; -s, -⟩ *festgelegte Abkürzung, Abkürzungszeichen;* oV *Sigle*

Si|g|nal ⟨das; -s, -e⟩ *optisches, akustisches od. elektromagnetisches Zeichen mit festgelegter Bedeutung* ▸ ein ~ geben, blasen; das ~ auf „Halt" stellen; das ~ zum Angriff, zum Beginn

si|g|na|li|sie|ren ⟨V. trans.; si|g|na|li|siert, si|g|na|lisier|te, hat si|g|na|li|siert⟩ (jmdm.) etwas ~ **1** *durch Signal(e) übermitteln* **2** ⟨übertr.⟩ *anzeigen, ankündigen* ▸ jmds. Kommen ~ ⟨übertr.⟩

Si|g|nal|wir|kung ⟨die; -, -en⟩ *ein bestimmtes Verhalten auslösende Wirkung* ▸ eine Farbe, ein Schild, ein Summton von starker ~

Si|g|na|tur ⟨die; -, -en⟩ **1** *Kennzeichen in einem Ordnungssystem, meist aus Buchstaben u. Zahlen* **2** *abgekürzte Unterschrift, Namenszeichen* ▸ beim Bestellen eines Bibliotheksbuches die ~ angeben

si|g|nie|ren ⟨V. trans.; si|g|niert, si|g|nier|te, hat si|g|niert⟩ **1** etwas ~ *mit einer Signatur versehen* **2** ein Buch ~ *(als Verfasser) seinen Namen in ein Buch schreiben;* Abl *Signierung*

si|g|ni|fi|kant ⟨Adj.; -er, am -es|ten⟩ *bezeichnend, bedeutsam, wichtig;* Abl *Signifikanz*

Si|be ⟨die; -, -n; Sprachw.⟩ *zusammengehörige Lautgruppe innerhalb eines Wortes als kleinste Sprecheinheit, aus einem Einzelvokal od. einem Vokal u. einem od. mehreren Konsonanten bestehend* ▸ betonte, unbetonte, kurze, lange ~; geschlossene ~ *mit einem Konsonanten endende Silbe;* offene ~ *mit einem Vokal endende Silbe;* er hat mir keine ~ davon gesagt ⟨übertr.⟩ *gar nichts;* ich verstehe keine ~ (davon)

Sil|ben|rät|sel ⟨das; -s, -⟩ *Rätsel, bei dem man aus gegebenen Silben Wörter finden muss, deren Anfangs- od. (u.) Endbuchstaben ein Wort od. einen Satz ergeben*

Sil|ben|tren|nung ⟨die; -, -en; Sprachw.⟩ *Trennung der Wörter nach Silben*

Sil|ber ⟨das; -s; unz.; chem. Zeichen: Ag⟩ **1** *chemisches Element, weißes, glänzendes Edelmetall, Ordnungszahl 47;* Syn *Argentum;* Zus *Silberbesteck, Silbermünze, Silberschmuck; silberglänzend* **2** ⟨umg.⟩ *Tafelbesteck aus Silber* ▸ Gold und ~; das ~ polieren ⟨umg.⟩

Sil|ber|hoch|zeit ⟨die; -, -en⟩ *25. Jahrestag der Hochzeit*

Sil|ber|me|dail|le ⟨[-daljə] die; -, -n⟩ *silberne Medaille, zweithöchste Auszeichnung bei Wettbewerben* ▸ eine ~ gewinnen

sil|bern ⟨Adj.⟩ **1** *aus Silber* **2** ⟨poet.⟩ *wie Silber schimmernd* ▸ ~e Hochzeit *25. Jahrestag der Hochzeit;* das ~e Licht des Mondes ⟨poet.⟩

Sil|ber|strei|fen ⟨der; -s, -; in der Wendung⟩ einen ~ am Horizont sehen ⟨übertr.⟩ *Anlass zur Hoffnung haben, eine positive Entwicklung sehen*

Sil|ber|zwie|bel ⟨die; -, -n⟩ = *Perlzwiebel*

...sil|big ⟨in Zus.; zur Bildung von Adj.⟩ *aus einer bestimmten od. unbestimmten Zahl von Silben bestehend,* z. B. dreisilbig, mehrsilbig

silb|rig ⟨Adj.⟩ *wie Silber (glänzend);* oV *silberig* ▸ ~er Schimmer

Sil|hou|et|te ⟨[ziluẹtə] die; -, -n⟩ *von einem helleren Hintergrund sich abhebender Umriss*

Si|li|kon ⟨das; -s, -e⟩ *Kunststoff aus Silizium;* oV ⟨fachsprachl.⟩ *Silicon*

Si|li|zi|um ⟨das; -s; unz.; chem. Zeichen: Si⟩ *chemisches Element, Halbmetall, Ordnungszahl 14;* oV ⟨fachsprachl.⟩ *Silicium;* Zus *Siliziumchip/Siliciumchip*

Si|lo ⟨das; -s, -s; Landw.⟩ **1** *Lager, Behälter für Gärfutter* **2** *Getreidespeicher*

Silvester

Silvester, die Bezeichnung für den letzten Tag des Jahres, den 31. Dezember, ist auf den Todestag des Papstes Silvester I. am 31. 12. 335 zurückzuführen. Am **Silvesterabend** gibt es eine Vielzahl von Veranstaltungen wie Tanzpartys, Bälle, festliche Diners oder private Feiern. Zu den häufigsten Bräuchen im privaten Kreis gehört das **Bleigießen,** bei dem Bleikugeln geschmolzen und in kaltes Wasser gegossen wer-

S

den. Dabei entstehend Figuren, die von den Anwesenden als Zeichen für das gedeutet werden, was sie im kommenden Jahr erwartet. Um Mitternacht stößt man mit Sekt an und feiert den Jahreswechsel mit dem Entzünden von Feuerwerkskörpern. In den Kirchen werden um Mitternacht Gottesdienste (Metten) abgehalten.
Der auf Silvester folgende erste Tag des Jahres, der Neujahrstag, ist im deutschsprachigen Raum ein gesetzlicher Feiertag. In Deutschland ist es üblich, dass der jeweilige Bundeskanzler eine Neujahrsansprache hält, während in Österreich das traditionsreiche, weltweit im Fernsehen ausgestrahlte Neujahrskonzert der Wiener Philharmoniker stattfindet.

Sil|ves|ter ⟨[-vẹs-] das; -s, -; meist ohne Artikel⟩ *letzter Tag des Jahres, 31. Dezember* ▸ an, zu ~; Zus *Silvesternacht, Silvesterparty*

sim|pel ⟨Adj.; sim|pler od. simp|ler, am -s|ten⟩ **1** *einfach* **2** *einfältig* ▸ die Antwort klingt ~, trifft aber das Wesentliche; Abl *Simplizität;* Bes *bei Beugung entfällt das „e" der Endsilbe: „eine simple Aufgabe"*

Sim|plex ⟨das; -es, -e od. -pli|zia; Sprachw.⟩ *einfaches, nicht zusammengesetztes Wort,* z. B. Freund, Bauer, Schönheit; Ggs *Kompositum*

sim|pli|fi|zie|ren ⟨V. trans.; sim|pli|fi|ziert, sim|pli|fi|zier|te, hat sim|pli|fi|ziert; geh.⟩ etwas ~ *vereinfachen;* Abl *Simplifizierung*

Sims ⟨das od. der; -es, -e⟩ **1** *waagerecht über eine Mauer hinausragender Teil, Gesims* **2** *Wandbrett, kleiner Mauervorsprung unmittelbar unter dem Fenster;* Zus *Fenstersims*

Sim|sa|la|bim ⟨das; -s; unz.⟩ *Zauberwort;* →a. *Abrakadabra*

Si|mu|la|ti|on ⟨die; -; unz.⟩ **1** *das Simulieren, Vortäuschung (bes. von Krankheiten)* **2** ⟨Tech.; EDV⟩ *Nachahmung von Vorgängen mit Hilfe von Simulatoren*

Si|mu|la|tor ⟨der; -s, -en⟩ *Vorrichtung, durch die wirklichkeitsgetreue Bedingungen u. Verhältnisse künstlich hergestellt werden können, zum Beispiel zum Testen von Fahrzeugen od. Flugzeugen*

si|mu|lie|ren ⟨V.; si|mu|liert, si|mu|lier|te, hat si|mu|liert⟩ **I** ⟨V. intr.⟩ *etwas (bes. Krankheit) vortäuschen, sich verstellen* ▸ ihm fehlt nichts, er simuliert nur **II** ⟨V. trans.⟩ etwas ~ **1** eine Krankheit ~ *vortäuschen* **2** einen technischen Vorgang ~ *wirklichkeitsgetreu nachahmen* ▸ Blindheit ~

si|mul|tan ⟨Adj.⟩ *zu gleicher Zeit, gleichzeitig*

Si|mul|tan|dol|met|scher ⟨der; -s, -⟩ *Dolmetscher, der einen (meist durch Kopfhörer übertragenen) Text zur selben Zeit übersetzt, während dieser noch gesprochen wird;* Abl *Simultandolmetscherin*

Sin|fo|nie ⟨die; -, -n; Mus.⟩ *großes Musikstück aus vier bis fünf Sätzen für Orchester;* oV *Symphonie;* Abl *sinfonisch / symphonisch*

Sin|fo|nie|or|ches|ter ⟨[-kɛs-] das; -s, -; Mus.⟩ *(häufig Name eines großen Orchesters);* oV *Symphonieorchester* ▸ ~ des Bayerischen Rundfunks

Sin|fo|ni|ker ⟨der; -s, -; Mus.⟩ oV *Symphoniker* **1** *Komponist von Sinfonien* **2** *Mitglied eines Sinfonieorchesters;* Abl *Sinfonikerin / Symphonikerin*

sin|gen ⟨V.; singt, sang, hat ge|sun|gen⟩ **I** ⟨V. intr.⟩ **1** *die Stimme in einer Melodie ertönen lassen* **2** ⟨übertr.⟩ *einen singenden, summenden Ton von sich geben* **3** ⟨Jargon⟩ *jmdn. od. etwas verraten* ▸ da hat einer gesungen ⟨Jargon⟩ ▸ die Sängerin singt schön; die Vögel ~ ▸ kannst du ~?; ~ lernen ▸ hoch, tief, laut, leise, richtig, falsch, schön ~; zweistimmig, dreistimmig ~ ▸ im Chor ~; im Kirchenchor, Schulchor ~ ▸ mit ~dem Tonfall sprechen **II** ⟨V. trans.⟩ etwas ~ **1** *als Gesang vortragen* **2** *als Stimmlage haben* ▸ eine Arie, ein Lied ~; ein Duett ~; Sopran, Alt, Tenor, Bass ~; die erste, zweite Stimme ~

Sin|gle ⟨[sɪŋgəl]⟩ **I** ⟨die; -, -s⟩ *kleine Schallplatte od. CD mit nur einem Titel* **II** ⟨der; -s, -s⟩ *allein, ohne Bindung an einen Partner lebende Person* ▸ er, sie lebt als ~

Sing|sang ⟨der; -s; unz.⟩ **1** *singende Sprechweise* **2** *einfaches Lied* ▸ ein klagender ~

Sing|stim|me ⟨die; -, -n; bei Musikstücken für Gesang u. Instrumente⟩ *die Gesangstimme* ▸ Komposition für Klavier, Flöte, Geige und ~

Sin|gu|lar ⟨der; -s, -e; Gramm.⟩ *Numerus, der etwas ein Mal Vorkommendes ausdrückt;* Syn *Einzahl;* Ggs *Plural*

Sing|vo|gel ⟨der; -s, -vö|gel; Zool.⟩ *Vogel, der Melodien ertönen lässt* ▸ die Amsel ist ein ~

sin|ken ⟨V. intr.; sinkt, sank, ist ge|sun|ken⟩ **1** *langsam fallen, abwärtsgleiten, sich abwärtsbewegen* **2** ⟨übertr.⟩ *niedriger werden* (Preis, Kurs, Temperatur, Wert) ▸ sein Ansehen sank ⟨übertr.⟩ *wurde geringer;* der Preis für Benzin ist gesunken; das Schiff ist im Meer gesunken *untergegangen;* die Sonne sinkt *geht unter;* unsere Stimmung sank (immer mehr) ⟨übertr.⟩ *wir wurden bedrückt, traurig, mutlos* ▸ die Arme ~ lassen ▸ vor jmdm. auf die Knie ~; auf den Grund (des Wassers) ~; auf einen Stuhl ~; in jmds. Achtung ~ ⟨übertr.⟩ *jmds. A. verlieren;* jmdm. in die Arme ~; ich hätte in die Erde ~ mögen vor Verlegenheit; zu Boden ~; →a. *Ratte*

Sink|flug ⟨der; -(e)s, -flü|ge; Flugw.⟩ *sich abwärts, in Richtung Boden bewegender Flug (beim Anflug zur Landung)* ▸ den ~ einleiten; zum ~ ansetzen; die Börsenkurse sind im ~ ⟨übertr.⟩

Sinn ⟨der; -(e)s, -e⟩ **1** *Fähigkeit, verschiedene Arten von Reizen zu unterscheiden;* Zus *Sinnesreiz; Tastsinn* **2** *Denken, Gedanken, Bewusstsein* **3** *Gesinnung, Einstellung, Denkweise;* Zus *Sinnesänderung* **4** *Verständnis, Empfänglichkeit (für)* **5** *Bedeutung, geistiger Gehalt (einer Dichtung, Aufgabe, eines Wortes)* **6** *Bedeutung für das Erreichen eines Ziels* **7** ⟨Pl.⟩ *sexuelles Empfinden, geschlechtliche Begierde* ▸ der ~ einer Fabel, Erzählung; das ist nicht der ~ der Sache ⟨umg.⟩ *so ist es nicht gemeint, man muss es anders machen* ▸ dieser Satz ergibt keinen ~; es hat keinen ~, länger zu warten *es ist unvernünftig, hat keinen Zweck;* das hat weder ~ noch Verstand *das ist*

S

Unsinn; sein ~ steht nach Höherem *er strebt nach H.* ▸ einen frohen, fröhlichen, heiteren ~ haben; die fünf ~e *Sehen, Hören, Riechen, Schmecken u. Tasten;* die Sache macht keinen ~ *ist sinnlos;* langer Rede kurzer ~ ‹umg.› *um es kurzzumachen, kurz zusammenzufassen;* einem Brauch einen neuen ~ geben *ihn wieder sinnvoll machen;* dadurch bekommt die Sache erst einen richtigen ~; einen sechsten ~ haben (für etwas) ‹umg.; scherzh.› *ein besonderes Gespür;* ~ stiftend = *sinnstiftend* ▸ seine Bemerkung geht, will mir nicht aus dem ~ *ich muss immer daran denken;* er ist nicht bei ~en *er ist außer sich (vor Erregung, Zorn);* ein Wort ging mir durch den ~ *fiel mir ein;* ~ für Humor, Kunst, Musik, Schönheit haben; dafür habe ich keinen ~; in jmds. ~e handeln *so handeln, wie der andere es wünscht;* im ~e des Gesetzes *so, wie es das G. vorschreibt;* etwas im ~(e) haben *etwas beabsichtigen, planen;* was ist dir plötzlich in den ~ gekommen? *was hast du dir nur auf einmal gedacht?;* in diesem ~e habe ich auch an ihn geschrieben *so, wie wir es (eben) besprochen haben;* im eigentlichen ~(e) *in der eigentlichen Bedeutung;* im engeren, weiteren ~(e) *in der engeren, weiteren (umfassenderen) Bedeutung;* im strengsten ~(e) *genau genommen;* im übertragenen, bildlichen ~ *bildlich, nicht wörtlich gemeint;* im wahrsten ~(e) des Wortes *in der eigentlichen, ursprünglichen Bedeutung des W.;* das ist nicht nach meinem ~ *das ist mir nicht recht, das gefällt mir nicht, passt mir nicht;* etwas ohne ~ und Verstand tun *ohne Überlegung, ohne nachzudenken;* (wie) von ~en sein *(vor Schmerz, Zorn) außer sich sein*

Sinn|bild ‹das; -(e)s, -er› *Bild od. Gegenstand, das od. der die Bedeutung, den Sinn eines Begriffs anschaulich ausdrückt, z. B. das Kreuz für das Leiden Christi u. allgemein für Leid, Bürde, Last;* Abl *sinnbildlich*

sin|nen ‹V. intr.; sinnt, sann, hat ge|son|nen; geh.› **1** (über etwas) ~ *nachdenken, grübeln* **2** auf etwas ~ *überlegen, wie man etwas tun kann* ▸ auf Abhilfe ~; auf Rache ~

Sin|nen|freu|de ‹die; -, -n› **1** *jede mit den Sinnen erlebbare Freude* **2** *leibliche Freude, z. B. an gutem Essen u. Trinken, bes. auch erotische Freude;* Abl *sinnenfreudig*

sinn|ent|leert ‹Adj.› *keinen Sinn mehr habend* ▸ ein ~es Wort, Schlagwort

sinn|ent|stel|lend ‹Adj.› *einen falschen Sinn gebend* ▸ ~er Fehler

Sin|nes|or|gan ‹das; -s, -e› *Organ, das der Information eines Organismus über äußere u. innere Zustandsänderungen dient (z. B. Auge, Ohr)*

Sin|nes|täu|schung ‹die; -, -en› *sinnliche Wahrnehmung, die den äußeren Gegebenheiten, auf die sie sich bezieht, nicht od. nur teilweise entspricht (z. B. optische Täuschung)*

Sin|nes|wan|del ‹der; -s; unz.› *Änderung der Meinung* ▸ ich kann deinen plötzlichen ~ nicht verstehen

sinn|ge|mäß ‹Adj.› *dem Sinn entsprechend, nicht wörtlich* ▸ ich kann seine Äußerung nur ~ wiederholen

sin|nie|ren ‹V. intr.; sin|niert, sin|nier|te, hat sin|niert› (über etwas) ~ *grübeln, sinnen* ▸ ins Sinnieren kommen

sin|nig ‹Adj.› **1** *sinnreich* (Geschenk, Vorrichtung) **2** *tiefsinnig, tiefschürfend, überlegt, durchdacht* (Äußerung, Gedanke)

sinn|lich ‹Adj.› **1** *mit den Sinnen wahrnehmbar, körperlich* **2** *geschlechtlich, dem Geschlechtlichen, der Sexualität gegenüber aufgeschlossen* **3** *körperlich anziehend, von erotischer Ausstrahlung* ▸ ~e Eindrücke; sie hat ~e Lippen, einen ~en Mund; er, sie ist sehr ~; Abl *Sinnlichkeit*

sinn|los ‹Adj.; -er, am -es|ten› **1** *ohne Sinn, ohne Zusammenhang* **2** *ohne Zweck, ohne Vernunft, unvernünftig, unüberlegt* ▸ ~es Handeln, Tun; das ist ein ~er Versuch; es ist ~, länger zu warten; er hat sich ~ betrunken; in ~er Wut auf jmdn. einschlagen; Abl *Sinnlosigkeit*

Sinn|spruch ‹der; -(e)s, -sprü|che› *gehaltvoller, eine allgemeine Wahrheit ausdrückender Spruch, Denkspruch*

sinn|stif|tend *auch:* **Sinn stif|tend** ‹Adj.› *einen Sinn, eine Bedeutung gebend* ▸ die Familie als eine ~e Institution betrachten

sinn|voll ‹Adj.› **1** *einen Sinn ergebend* **2** ‹übertr.› *zweckmäßig, vernünftig* ▸ es ist wirklich nicht ~, das zu tun ‹übertr.›

sinn|wid|rig ‹Adj.› *dem Sinn einer Sache nicht entsprechend, unsinnig* ▸ eine ~e Auslegung; Abl *Sinnwidrigkeit*

Sint|flut ‹die; -; unz.; nach der Überlieferung der Bibel› *von Gott herbeigeführte Überschwemmung der Erde als Strafe für die Menschheit, der nur Noah u. seine Familie entgingen*

Sin|ti ‹Pl. von› *Sinto*

Sin|to ‹der; -, -s od. die; -, Sin|ti› *Angehörige(r) eines Volkes deutschstämmiger Zigeuner*

Si|nus ‹der; -, - od. -nus|se› **1** ‹Math.; Zeichen: sin› *eine Winkelfunktion, das Verhältnis zw. der einem Winkel im rechtwinkeligen Dreieck gegenüberliegenden Kathete u. der Hypothenuse* **2** *Ausbuchtung an einem Organ*

Si|phon ‹a. [-fɔ̃:], österr. [-fo:n] der; -s, -s› *U-förmig gekrümmtes, mit Wasser gefülltes Rohrstück in Abwasserleitungen, das den Durchtritt von Gasen aus der Kanalisation verhindert*

Sip|pe ‹die; -, -n; Völkerk.› **1** *durch ausgeprägtes Zusammengehörigkeitsgefühl u. bestimmte Vorschriften u. Bräuche verbundene Gruppe von Blutsverwandten* **2** ‹allg.; häufig scherzh.› *Gesamtheit der Blutsverwandten*

Sipp|schaft ‹die; -, -en; abwertend› **1** *Verwandtschaft* **2** ‹übertr.› *Bande* ▸ er kam mit seiner ganzen ~

Si|re|ne ‹die; -, -n› **1** ‹grch. Myth.› *auf einer Insel lebende Frau mit Vogelleib, die die Vorbeifahrenden durch ihren lieblichen Gesang anlockt u. dann tötet* **2** *Gerät, das laute, heulende Töne erzeugt, um vor einer Gefahr, bes. Feuer, zu warnen* **3** *Si-*

S

rene (2) an Polizei-, Rettungswagen; Zus *Sirenengeheul* ▸ die ~ einschalten

si|ren ⟨V. intr.; sirrt, sirr|te, hat ge|sirrt; bei Fortbewegung: ist⟩ *hell u. scharf klingen, hell brummend fliegen* ▸ eine Libelle sirrt durch die Luft

Si|rup ⟨der; -s, -⟩ **1** *konzentrierte, zähflüssige Zuckerlösung (aus Rohr-, Rübenzucker)* **2** *eingedickter Fruchtsaft;* Zus *Himbeersirup*

Si|sal ⟨der; -s; unz.⟩ **1** *Blattfaser der Sisalagave;* Syn *Sisalhanf* **2** *Garn od. Gewebe daraus*

Sit|te ⟨die; -, -n⟩ **I** ⟨zählb.⟩ **1** *allgemein verbreitete Gewohnheit, Brauch* **2** *auf den allgemeinen Moralgesetzen beruhende Verhaltensweise, Sittlichkeit;* Abl *sittenlos, sittenwidrig* ▸ Anstand und ~ (nicht) beachten; ~n und Gebräuche; das ist bei uns (nicht) ~; alte, althergebrachte ~; feine, schlechte ~n; gute ~n *gutes Benehmen, gute Manieren;* Verstoß gegen die guten ~n **II** ⟨unz.; umg.⟩ *Sittenpolizei*

Sit|ten|po|li|zei ⟨die; -; unz.⟩ *Polizeiabteilung zur Überwachung der öffentl. Sittlichkeit*

Sit|ten|strolch ⟨der; -(e)s, -e; umg.⟩ *Verbrecher, der Frauen u. Kinder unsittlich belästigt*

Sit|tich ⟨der; -(e)s, -e; Zool.⟩ *langschwänziger Papagei*

sitt|lich ⟨Adj.⟩ *der Moral, den allgemeinen guten Sitten entsprechend* ▸ ~es Verhalten

Sitt|lich|keit ⟨die; -; unz.⟩ *das, was in einer Gesellschaft für gut, anständig, richtig gehalten wird, Moral;* Zus *Sittlichkeitsverbrechen*

sitt|sam ⟨Adj.⟩ **1** *den guten Sitten entsprechend, wohlerzogen, tugendhaft* **2** ⟨bes. von Frauen⟩ *sehr zurückhaltend (gegenüber Männern), keusch* ▸ ~ die Augen niederschlagen; Abl *Sittsamkeit*

Si|tu|a|ti|on ⟨die; -, -en⟩ *augenblickliche Lage, Zustand* ▸ die ~ retten *einer S. (durch einen Scherz, durch schnelles Handeln) das Unangenehme, Peinliche nehmen;* die augenblickliche, politische, wirtschaftliche ~ ist gut; in eine gefährliche ~ geraten; in dieser ~ konnte ich nicht anders handeln; versetz dich bitte in meine ~; ich war in einer peinlichen ~; Zus *situationsbedingt*

Si|tu|a|ti|ons|ko|mik ⟨die; -; unz.⟩ *Komik, die durch eine lächerliche Situation entsteht*

si|tu|iert ⟨Adj.⟩ *in einer bestimmten Stellung, in bestimmten Verhältnissen lebend* ▸ gut ~ sein

Sitz ⟨der; -es, -e⟩ **1** *Platz, auf den man sich setzen kann* **2** *Stuhl, Sessel, Hocker, Sitzfläche (des Stuhls)* **3** *einzelner Platz im Zuschauerraum, im Fahrzeug;* Zus *Parkettsitz, Rücksitz* **4** *Platz, Stelle mit Stimmberechtigung (im Parlament, Vorstand)* **5** *Wohnort, ständiger Aufenthaltsort;* Zus *Regierungssitz* ▸ ~ einer Firma; in einer Versammlung ~ und Stimme haben ▸ jmdm. einen ~ anbieten; die Regierung hat ihren ~ in Berlin; den ~ im Kino hochklappen, herunterklappen ▸ unsere Partei hat im Parlament 65 ~e; erhöhter ~ im Parkett; harter, gepolsteter, gefederter, weicher ~ ▸ sie stellt die Tasche auf ~; sie erhoben sich von ihren ~en

sit|zen ⟨V. intr.; sitzt, saß, hat (süddt., österr., schweiz.: ist) ge|ses|sen⟩ **1** ⟨von Personen u. Tieren⟩ **1.1** irgendwo ~ *auf Gesäß (u. unterer Seite der Oberschenkel) ruhen;* Zus *Sitzecke* ⓘ S. 361, *Sitzmöbel* **1.2** irgendwo ~ *stehen* (von Vögeln) **1.3** ⟨übertr.⟩ *sich befinden, (in einer Lage) sein* **1.4** ⟨umg.⟩ *im Gefängnis sein, eine Gefängnisstrafe verbüßen* **1.5** ⟨umg.; scherzh.⟩ *in einer Sitzung sein* **2** ⟨von Sachen⟩ **2.1** *passen* (Kleidungsstücke) **2.2** *treffen* (Schuss, Schlag) **2.3** *gut gelernt sein, im Gedächtnis eingeprägt sein* (Gedicht, Vokabeln) ▸ das hat gesessen! ⟨umg.⟩ *das hat getroffen!, das war eine treffende Anspielung;* sitz! *(Aufforderung an den Hund sich zu setzen)* ▸ der Hieb, Schuss hat gesessen; einem Maler ~ *sich von einem M. porträtieren lassen;* die Rolle sitzt endlich; die Vokabeln ~ jetzt ▸ ~ bleiben *nicht aufstehen;* ⟨aber⟩ ~ bleiben = *sitzenbleiben;* einen ~ haben ⟨übertr.; umg.⟩ *betrunken, angeheitert sein;* eine alte Frau (in der Straßenbahn) ~ lassen *sich setzen lassen;* ⟨aber⟩ ~ lassen = *sitzenlassen* ▸ aufrecht, gebückt, gerade, krumm ~; das Kleid sitzt gut, schlecht, wie angegossen; er hat jahrelang gesessen (im Gefängnis); zu viel ~ *sich nicht genug bewegen* ▸ ich habe lange an der Arbeit gesessen *zu der A. gebraucht;* am Schreibtisch ~; der Vogel sitzt auf dem Baum, dem Dach; die Henne sitzt auf den Eiern *sie brütet;* auf einem Stuhl, auf der Couch, auf dem Boden ~; beim Friseur, beim Arzt ~; hinter, neben, vor jmdm. ~; er sitzt immer noch im Büro; er sitzt im Vorstand *hat einen Sitz im V.;* über den Büchern ~ ⟨übertr.⟩ *lesen, arbeiten, studieren;* über einer Arbeit ~ *mit einer A. (sitzend) beschäftigt sein;* unter, zwischen lauter Fremden ~; einen Platz zum Sitzen suchen

sit|zen|blei|ben *auch:* **sit|zen blei|ben** ⟨V. intr.; bleibt sit|zen, blieb sit|zen, ist sit|zen|ge|blie|ben, sit|zen|zu|blei|ben; umg.⟩ **1** *nicht in die nächste Klasse versetzt werden* **2** *nicht aufgehen* (Kuchen) ▸ sie ist sitzengeblieben / sitzen geblieben

sit|zen|las|sen *auch:* **sit|zen las|sen** ⟨V. trans.; lässt sit|zen, ließ sit|zen, hat sit|zen|ge|las|sen, sitzen|zu|las|sen; umg.⟩ **1** jmdn. ~ **1.1** *im Stich lassen, verlassen* **1.2** *die Verabredung mit jmdm. nicht einhalten* **2** etwas nicht auf sich ~ *sich gegen etwas wehren* ▸ eine Frau ~; sie lässt ihn sitzen

...sit|zer ⟨der; -s, -; in Zus.⟩ *Wagen (Auto) für eine bestimmte Zahl von Personen,* z. B. Viersitzer, Zweisitzer; Syn ⟨schweiz.⟩ *...plätzer*

Sitz|flä|che ⟨die; -, -n⟩ *Fläche einer Sitzgelegenheit* ▸ die ~ des Stuhles

Sitz|fleisch ⟨das; -(e)s; unz.; übertr.; scherzh.; meist in den Wendungen⟩ **1** ~ haben *nicht wieder weggehen, lange bleiben (wenn man zu Besuch bei jmdm. ist)* **2** kein ~ haben *nicht lange stillsitzen können, sehr unruhig, nervös sein*

Sitz|ge|le|gen|heit ⟨die; -, -en⟩ *Gelegenheit, sich zu setzen, Möbelstück, auf das man sich setzen kann* ▸ sich nach einer ~ umsehen

...sit|zig ⟨in Zus.; zur Bildung von Adj.⟩ *mit einer bestimmten Zahl von Sitzen versehen* (Fahrzeug), z. B. viersitzig, zweisitzig; Syn ⟨schweiz.⟩ *...plätzig*

Sịtz|platz ⟨der; -es, -plät|ze⟩ *Platz zum Sitzen, z. B. im Zuschauerraum, im Fahrzeug, im Stadion;* Ggs *Stehplatz* ▸ jmdm. einen, seinen ~ anbieten; Theater mit 800 Sitzplätzen

Sịtz|rei|he ⟨die; -, -n⟩ *Reihe von Sitzplätzen (im Zuschauerraum)* ▸ vordere, hintere ~n

Sịtz|streik ⟨der; -(e)s, -s od. -e⟩ *Protestaktion, bei der Menschen einen Ort sitzend blockieren*

Sịt|zung ⟨die; -, -en⟩ **1** *Versammlung zur Beratung;* Zus *Sitzungssaal* **2** *Zusammenkunft mit einem Maler od. Bildhauer zum Porträtieren* ▸ eine ~ einberufen; die ~ eröffnen, schließen; der Chef ist in einer ~; die nächste ~ findet in vier Wochen statt

Si|zi|li|a̲|ner ⟨der; -s, -⟩ *Einwohner von Sizilien;* Abl *Sizilianerin; sizilianisch*

Ska̲|la ⟨die; -, Ska̲|len⟩ **1** *Maßeinteilung bei Messinstrumenten o. Ä.* **2** *Reihe, Abfolge;* Zus *Beliebtheitsskala* **3** *Abstufung der zu einem Druck od. einer fotografischen Wiedergabe verwendeten Farben;* Zus *Farbskala*

Skạlp ⟨der; -s, -e; bei den nordamerikan. Indianern⟩ *die abgezogene Kopfhaut des besiegten Gegners als Trophäe;* Abl *skalpieren*

Skal|pẹll ⟨das; -(e)s, -e⟩ *kleines chirurgisches Messer mit feststehender Klinge*

Skan|da̲l ⟨der; -s, -e⟩ **1** *aufsehenerregendes Ärgernis, unerhörtes Vorkommnis* **2** *etwas Unerhörtes, Empörendes* ▸ wenn das herauskommt, gibt es einen ~; es ist ein ~, wie er sich benimmt

skan|da|lö̲s ⟨Adj.; -er, am -es|ten⟩ **1** *einen Skandal verursachend, großes Ärgernis erregend* **2** *unerhört, empörend* ▸ ~es Verhalten

skan|da̲l|träch|tig ⟨Adj.⟩ *möglicherweise einen Skandal hervorrufend* ▸ eine ~e Affäre

Skan|di|na̲|vi|er ⟨[-vi-] der; -s, -⟩ *Einwohner von Skandinavien (Norwegen, Schweden, auch Dänemark u. Finnland);* Abl *Skandinavierin; skandinavisch*

Ska̲t ⟨der; -(e)s, -e od. -s⟩ **I** ⟨unz.⟩ *deutsches Kartenspiel für drei Spieler* **II** ⟨zählb.⟩ *die zwei beiseitegelegten Karten*

Skate|board ⟨[skɛɪtbɔːd] das; -s, -s⟩ *kleines, ovales, auf vier Rollen laufendes Brett, auf dem der Fahrer frei steht u. das durch Abstoßen u. Gewichtsverlagerung fortbewegt wird;* Abl *Skater(in); skaten;* Zus *Skateboardfahrer(in)*

Ske|lẹtt ⟨das; -(e)s, -e⟩ *Knochengerüst, Gerippe, lebloser Teil des Tierkörpers;* Zus *Skelettbau*

Skẹp|sis ⟨die; -; unz.⟩ *Zweifel, Ungläubigkeit* ▸ ~ hervorrufen; auf große ~ stoßen; eine Angelegenheit mit ~ betrachten; hier ist ~ angebracht

Skẹp|ti|ker ⟨der; -s, -⟩ *jmd., der stets skeptisch ist, Zweifler;* Abl *Skeptikerin*

skẹp|tisch ⟨Adj.⟩ **1** *misstrauisch, ungläubig* **2** *zum Zweifel neigend* ▸ eine Sache ~ betrachten; einem Vorhaben, Vorschlag ~ gegenüberstehen

Skẹtch ⟨der; -(e)s, -e⟩ *kurzes Bühnenstück mit meist witziger Pointierung;* oV *Sketsch*

Ski ⟨[ʃiː] der; -s, Ski|er⟩ *an den Schuhen befestigtes, langes, schmales Brett zur Fortbewegung auf Schneeflächen (als Sportgerät 1,8-2,5 m lang u. 6-10 cm breit), elastisch, vorn aufgebogen, aus Metall od. Kunststoff;* oV *Schi* ▸ ~ fahren; sie kann sehr gut ~ fahren; im Winter wollen wir ~ laufen; ⓘ S. 789; Zus *Skianzug/Schianzug* ⓘ S. 789, *Skibrille/Schibrille* ⓘ S. 789, *Skifahrer(in)/Schifahrer(in), Skisport/Schisport, Skistiefel/Schistiefel* ⓘ S. 789, *Skiwachs/Schiwachs*

Ski|flie|gen ⟨[ʃiː-] das; -s; unz.; Sp.⟩ = *Skispringen*

Ski|ge|biet ⟨[ʃiː-] das; -(e)s, -e⟩ *mit Skiliften versehenes Gebiet, in dem Skisport betrieben wird*

Ski|kurs ⟨[ʃiː-] der; -es, -e; Sp.⟩ *Kurs im Skilauf*

Ski|lauf ⟨[ʃiː-] der; -(e)s; unz.⟩ *Lauf auf Skiern;* Abl *Skiläufer(in)*

Ski|leh|rer ⟨[ʃiː-] der; -s, -⟩ *jmd., der Unterricht im Skilaufen erteilt;* Abl *Skilehrerin*

Ski|lift ⟨[ʃiː-] der; -(e)s, -e⟩ *Seilbahn, mit der sich Skiläufer mit angeschnallten Skiern die Berge hinaufbefördern lassen können*

Skịn|head ⟨[-hɛd] der; -s, -s⟩ *Angehöriger einer Gruppe gewalttätiger, meist dem Rechtsextremismus nahestehender Jugendlicher mit kurz- od. kahlgeschorenem Kopf u. Lederstiefeln*

Ski|sprin|gen ⟨[ʃiː-] das; -s, -; Sp.⟩ *Weitsprung mit Skiern von einer Sprungschanze;* Abl *Skispringer(in)*

Ski|stock ⟨[ʃiː-] der; -(e)s, -stö|cke⟩ *Stock mit Griff u. Schlaufe u. einer Metallspitze für den Skilauf*

Skịz|ze ⟨die; -, -n⟩ **1** *Entwurf, flüchtige Zeichnung;* Zus *Skizzenblock, Skizzenbuch* **2** *kurze Aufzeichnung in Andeutungen, in Stichworten* **3** *kurze, fragmentar. Erzählung;* Abl *skizzenhaft*

skiz|zi̲e̲|ren ⟨V. trans.; skiz|ziert, skiz|zier|te, hat skiz|ziert⟩ etwas ~ *in einer Skizze andeuten, darstellen;* Abl *Skizzierung*

Skla̲|ve ⟨[-və] der; -n, -n⟩ **1** *Leibeigener, unfreier, entrechteter Mensch im Besitz eines anderen;* Zus *Sklavenhandel* **2** ⟨übertr.⟩ *jmd., der von jmdm. od. etwas abhängig ist* ▸ sich zum ~n einer Maschine machen ⟨übertr.⟩; Abl *Sklavin*

Skla|ve|re̲i ⟨[-və-] die; -; unz.⟩ *Zustand des Sklaveseins, Knechtschaft, Leibeigenschaft* ▸ jmdn. aus der ~ befreien; in ~ geraten

skla̲|visch ⟨[-vɪʃ] Adj.⟩ **1** *wie ein Sklave, unterwürfig, willenlos* **2** ⟨übertr.⟩ *ohne eigene Erfindungsgabe, unselbstständig* ▸ eine ~e Nachahmung; sich ~ an eine Anordnung halten

Skle|ro̲|se ⟨die; -, -n; Med.⟩ *krankhafte Verhärtung od. Verkalkung eines Organs*

Skọn|to ⟨das od. der; -s, -s⟩ *Abzug vom Rechnungsbetrag bei sofortiger Zahlung* ▸ 2 % ~ gewähren

...skop ⟨in Zus.; zur Bildung von Subst.; das; -s, -e⟩ **1** *Untersuchungsinstrument, Messgerät* **2** *Gerät zur Aufnahme od. Wiedergabe von Bildern*

...sko|pi̲e̲ ⟨in Zus.; zur Bildung von Subst.; die; -, -n⟩ *Untersuchung, Erforschung*

Skor|pi|o̲n ⟨der; -s, -⟩ **1** ⟨Zool.⟩ *ein Spinnentier mit langem Hinterleib mit Giftstachel* **2** *ein Sternzeichen*

Skrịpt ⟨das; -s, -s od. -en⟩ **1** *schriftliche Ausarbeitung* **2** *vervielfältigte Nachschrift einer Hochschulvorlesung* **3** *Drehbuch;* oV *Script*

Skru|pel ‹Pl.› *Bedenken, Gewissensbisse* ▸ (keine) ~ haben, etwas zu tun

skru|pel|los ‹Adj.; -er, am -es|ten› *ohne Skrupel, ohne Bedenken, gewissenlos* ▸ ein ~er Geschäftemacher; er ist ~; Abl *Skrupellosigkeit*

Skulp|tur ‹die; -, -en› *Werk der Bildhauerkunst;* Zus *Holzskulptur, Steinskulptur*

skur|ril ‹Adj.› *merkwürdig, verschroben* ▸ er malt ~e Bilder; Abl *Skurrilität*

Sla|lom ‹der od. das; -s, -s› *Skilauf bzw. Kanufahrt durch von Fähnchen gebildete Tore;* Syn *Torlauf*

Slang ‹[slæŋ] der; -s, -s› **1** *nachlässige Umgangssprache, bes. im Englischen* **2** = *Jargon*

s-Laut ‹[ɛs-] der; -(e)s, -e› *im Deutschen mit den Buchstaben s, ss od. ß bezeichneter Laut*

Sla|we ‹der; -n, -n› *Angehöriger ost- u. südosteuropäischer Völker;* Abl *Slawin; slawisch*

Slip ‹der; -s, -s› *kurze, eng anliegende Unterhose;* ⓘ S. 682

Slip|per ‹der; -s, -› **1** *bequemer Straßenschuh ohne Schnürung* **2** ‹österr.› *leichter, lockerer Mantel*

Slo|gan ‹[slougən] der; -s, -s› *Schlagwort, bes. in der Werbung;* Zus *Werbeslogan*

Slo|wa|ke ‹der; -n, -n› *Einwohner der Slowakei;* Abl *Slowakin; slowakisch*

Slo|we|ne ‹der; -n, -n› **1** *Angehöriger eines südslawischen Volkes* **2** *Bewohner der Republik Slowenien;* Abl *Slowenin; slowenisch*

Slum ‹[slʌm] der; -s, -s; meist Pl.› *Elendsviertel, bes. in Großstädten*

Small|talk ‹[smɔːltɔːk]› *auch:* **Small Talk** ‹der od. das; (-) -s; unz.› *leichte, oberflächliche Unterhaltung* ▸ ~ machen; ~ mit Journalisten

Sma|ragd ‹der; -(e)s, -e› *ein Mineral, grüner Edelstein;* Abl *smaragden;* Zus *smaragdgrün*

smart ‹Adj.; -er, am -es|ten› *hübsch, elegant u. dabei gewandt u. clever* ▸ ein ~er junger Mann

Smog ‹der; - od. -s; unz.› *dicker, mit Rauch vermischter Nebel, bes. über Industriestädten*

Smo|king ‹der; -s, -s od. -e› *festlicher Anzug für Herren mit tief ausgeschnittener Jacke*

SMS ‹die; -, -; EDV; Abk. für engl.› *Short Message Service, Kurznachricht, die per Handy od. Internet gesendet u. empfangen wird*

Snack ‹[snæk] der; -s, -s› *kleiner Imbiss, Kleinigkeit zu essen;* Zus *Snackbar*

Snob ‹der; -s, -s; abwertend› *vornehm tuende Person, die das Exklusive liebt u. auf andere hinabblickt;* Abl *snobistisch*

Snow|board ‹[snoubɔːd] das; -s, -s› *Brett zum Fahren bzw. Gleiten auf dem Schnee* ▸ ~ fahren; Abl *Snowboarder(in)*

so[1] ‹Adv.› **I** ‹allein stehend, als abschließende Äußerung, als Frage› **1** ~! *endlich!* **2** ~? *wirklich?, kann ich das glauben?* ▸ ~, das ist erledigt; ~, jetzt komm mit!; ~, und nun? **II** ‹mit Verben, Adj., Partikeln› **1** *auf diese Art, auf diese Weise* **2** *in dieser Weise, in dieser Art* **3** *von dieser Art* **4** *ebenso, genauso, in demselben Maße, Grade, gleichermaßen* ▸ wie du mir, ~ ich dir *was du mir (Böses) tust, das tue ich dir auch;* ~ mir nichts, dir nichts ▸ aussehen: ~ siehst du aus! ‹iron.› *das könnte dir so passen!;* ~ habe ich es mir gedacht; ~ geht das nicht!; handle ~, wie du es für richtig hältst; habt ihr eine Eintrittskarte? Nein, wir sind ~ hereingekommen *ohne zu zahlen, umsonst;* du kannst ~ nicht auf die Straße gehen *in diesem Anzug, in diesem Zustand;* und ~ ist es dann gekommen, dass wir den Zug verpassten; wir können die Sachen doch nicht ~ (unordentlich) hier liegen lassen!; ~ habe ich das nicht gemeint; das habe ich doch nicht ~ (böse, ernst) gemeint; sein: also ~ ist das!; ~ ist er nun einmal; ~ und nicht anders (ist es)!; ich will mal nicht ~ sein *ich will es tun, wenn auch nicht gern;* die Sache verhält sich ~; vorkommen: es kommt mir ~ vor, als ob er lügt *ich habe den Eindruck* ▸ ~ einfach ist das nicht; ~ genannt = *sogenannt;* er ist ~ groß wie ich; gut ~!; du stellst dir das ~ leicht vor; ich habe es dir schon ~ oft gesagt!; →a. *sooft;* er ist ~ reich wie geizig; ich habe nicht gewusst, dass es ihm ~ schlecht geht; ist es schon ~ spät?; ich mache mir nicht ~ viel daraus *ich lege keinen großen Wert darauf;* ~ viel wie *von gleicher Bedeutung;* →a. *soviel;* ~ wahr ich hier stehe, ich weiß es nicht; ~ weiß wie Schnee ▸ bald ~, bald ~; komm ~ bald wie möglich *sofort, wenn es möglich ist;* →a. *sobald;* ~ etwas ist noch nicht da gewesen!; ~ etwas Schönes, ‹od.› etwas ~ Schönes habe ich noch nicht gesehen; ich kann mich noch ~ (sehr) anstrengen, ich schaffe es nicht; er muss ~ oder ~ kommen *in jedem Fall;* wir können es ~ oder ~ machen *auf die eine od. die andere Art;* ~ ohne weiteres geht das nicht; ~ wie ich; ~ wie es jetzt ist, kann es nicht bleiben **III** ‹mit Verben, Adj. od. Adv.› **1** *in solchem od. so hohem Maße, Grade* **2** *eine solche Menge od. Anzahl* **3** ‹umg.› *sehr, ungemein* ▸ er liebt sie ~ (sehr), dass … ▸ ich bin ~ durstig, hungrig, müde; ich bin ~ froh, dass du da bist; wir beginnen ~ früh wie möglich; er ist ~ groß, klein (wie ich es hier zeige); seien Sie ~ gut! *bitte!;* ~ gut es ging; ~ gut ich kann; ~ gut wie möglich; ~ schlimm wird es nicht sein!; es ist nicht ~ schwer; das ist gar nicht ~ übel; ~ viel *in gleicher Menge, in gleichem Umfang;* nimm, ~ viel du willst; noch einmal ~ viel *die doppelte Menge;* er hat ~ viele Freunde; er hat ~ viel gegessen, dass er Bauchweh hat; ~ ist gewiss *eins, (od.) das ist gewiss;* ~ weit *in der, über die Entfernung, die …; bis hierher; insgesamt gesehen (einschränkend);* lauf ~ weit wie möglich; wir sind ~ weit (fertig) *wir sind fertig, bereit;* es geht ihm ~ weit gut ‹übertr.; umg.›; ~ weit bin ich noch nicht *das habe ich noch nicht erreicht;* es kam ~ weit, dass … *die Sache entwickelte sich bis zu dem Punkt, dass …;* →a. *soweit;* ~ wenig *in möglichst geringer Menge, ebenso wenig;* mach ~ wenig wie möglich; →a. *sowenig* ▸ er schätzt ihn ~ sehr; ~ ziemlich **IV** *demnach, wenn ich es richtig verstanden habe* ▸ sein: ~ bist du also immer noch nicht dort gewesen **V** ‹verstärkend› *also, nun* ▸ ~ hör doch!; ~ komm doch endlich!; ~ lass mich doch in Ruhe! **VI** ‹umg.› *etwa, ungefähr* ▸ das ist ~ eine Art von Pfannkuchen *etwas Ähnliches wie* ▸ er hat ~ etwas wie Krämpfe *etwas Ähnliches wie K.;* ~ gegen Abend *etwa, ungefähr* **VII** ‹in festen Wendungen› ach ~! *ja, jetzt verstehe ich;* ~ dass = *sodass;* ~ gut wie nichts *fast nichts;* das ist ~ gut wie sicher *man kann es mit Sicherheit annehmen;* ~ gut wie unmöglich *fast unmöglich;* warum fragst du? Ach, nur ~! *aus keinem bes. Grund;* er sagt das doch nur ~ aus Spaß, nicht im Ernst; der Wind sauste mir nur ~ um die Ohren *heftig;* und ~ ‹umg.› *und Ähnliches, und so weiter;* und ~ weiter *und in derselben Weise fort*

so[2] ‹Pron.› *solch* ▸ ~ einer ist das also! ▸ ~ ein Mensch wie er; ~ ein Unglück! *was für ein schreckliches Unglück!;* ~ ein Unsinn!; bei ~ einem Wetter ▸ in ~ einem Falle; in ~ einem Kleid kannst du nicht ausgehen

so[3] ‹Konj.› **I** ‹einschränkend› *wie, wie sehr, wenn auch, obwohl* ▸ ~ leid es mir tut, ich muss jetzt gehen; ~ arm er auch ist, … **II** ‹veraltet; noch poet.› *wenn, sofern* ▸ ich werde dir helfen, ~ ich kann; ~ Gott will, wird alles gutgehen

s. o. ‹Abk. für› *siehe oben (Verweis auf Vorhergehendes in Büchern)*

so|bald ‹Konj.› *gleich wenn, sofort wenn* ▸ komm, ~ du kannst; ich gebe dir Bescheid, ~ ich es weiß; wir müssen aussteigen, ~ der Zug eingefahren ist

So|cke ‹die; -, -n› *kurzer Strumpf* ▸ ich habe keine ~n an; er muss noch die ~n anziehen; die ~ hat ein Loch; im Winter trage ich warme ~n; sich auf die ~n machen ‹übertr.; umg.› *weggehen, aufbrechen;* von den ~n sein ‹übertr.; umg.› *überrascht, erstaunt sein;* ⓘ S. 682; Zus *Herrensocke, Skisocke, Wollsocke*

So|ckel ‹der; -s, -› **1** *etwas vorspringender Unterbau (von Gebäuden, Säulen, Pfeilern, Mauern, Möbelstücken)* **2** *Bauteil zum Einsetzen von Glühlampen* ▸ jmdn. vom ~ stoßen ‹übertr.› *stürzen, zum Rücktritt zwingen*

S

So|cken ‹der; -s, -; bair.-österr.› *Socke*

So|da ‹das; -s; unz.› **I** *weißes (Back-)Pulver, Natriumkarbonat* **II** ‹kurz für› *Sodawasser, mit Kohlensäure versetztes Wasser* ▸ Whisky mit ~

so|dann ‹Adv.; veraltet› *dann, danach*

so|dass *auch:* **so dass** ‹Konj.› *mit der Folge, mit dem Ergebnis* ▸ ich habe sehr viel zu arbeiten, ~ ich kaum für anderes Zeit habe *deshalb habe ich kaum Z.*

Sod|bren|nen ‹das; -s; unz.› *brennendes Gefühl in der Speiseröhre, das vom Magen verursacht wird* ▸ ~ haben

So|dom ‹das; -; unz.› ~ und Gomorr(h)a ‹sinnbildl. für› *Sünde u. Lasterhaftigkeit*

So|do|mie ‹die; -; unz.› *Geschlechtsverkehr mit Tieren;* Abl *sodomitisch*

so|eben ‹Adv.› *eben, im vergangenen Augenblick, gerade* ▸ er ist ~ hereingekommen

So|fa ‹das; -s, -s› *gepolstertes Sitzmöbel für 2-5 Personen mit Rückenlehne u. Armlehnen* ▸ sie sitzen auf dem ~; wir haben uns ein neues ~ gekauft; ⓘ S. 361; Zus *Sofakissen*

so|fern ‹Konj.› *wenn, im Fall, dass …* ▸ ich verreise, ~ ich noch ein Hotel bekomme

soff → *saufen*

so|fort ‹Adv.› *gleich, ohne Aufschub, unverzüglich* ▸ Sie müssen ~ zum Arzt gehen; warum hast du das nicht ~ erledigt?; komm bitte einmal her! ‹Antwort:› Sofort!; ich komme ~!; ab ~ erhalten Sie 30% Rabatt auf alle Waren; ~ nach Empfang; ich werde hingehen, und zwar ~

so|for|tig ‹Adj.› *gleich geschehend, unverzüglich* ▸ ~e Lieferung; mit ~er Wirkung

soft ‹[sɔft] Adj.› *weich, sanft*

Soft|eis ‹[sɔft-] das; -es; unz.› *kremiges Milcheis*

Soft|ware ‹[sɔftwɛ:r] die; -, -s› *Gesamtheit der nicht festen Teile eines Computers, d. h. der Programme u. Programmteile;* Ggs *Hardware* ▸ eine neue ~ entwickeln; es gibt Probleme mit der ~

sog → *saugen*

Sog ‹der; -(e)s, -e› **1** *saugende Strömung (in Luft od. Wasser)* **2** ‹übertr.› *starke, verführerische Anziehungskraft* (von Sachen) ▸ einen (starken) ~ ausüben; in den ~ der Großstadt geraten; von dem ~ des Strudels erfasst werden

sog. ‹Abk. für› *sogenannt*

so|gar ‹Adv.› *auch (obwohl man es nicht vermutet, nicht angenommen hat), zusätzlich* ▸ ~ ich war dabei; man könnte ~ sagen, es war Betrug; er hat mich ~ zum Essen eingeladen

so|ge|nannt *auch:* **so ge|nannt** ‹Adj.; Abk.: sog.› **1** *unter diesem Namen, dieser Bezeichnung bekannt* **2** *den Namen habend, der aber nicht zutrifft* ▸ sein ~er Freund; das ist die ~e Seufzerbrücke

so|gleich ‹Adv.› *sofort, gleich, ohne Aufschub*

Soh|le ‹die; -, -n› **1** *Lauffläche des Fußes, Schuhs u. Strumpfes;* Zus *Fußsohle, Gummisohle, Ledersohle, Schuhsohle* **2** *Einlage aus Leder, Pappe, Kunststoff o. Ä. für Schuhe;* Zus *Einlegesohle* **3** *Boden von Tälern, Flüssen, Kanälen, Gräben;* Zus *Talsohle*

Sohn ‹der; -(e)s, Söh|ne› *unmittelbarer männlicher Nachkomme, männliches Kind von Vater u. Mutter* ▸ wir haben zwei Söhne; sein jüngster ~ ist fünf Jahre alt; wie alt ist Ihr ~?; Gottes ~ *Christus;* Abl *Söhnchen*

Soi|ree ‹[soa-] die; -, -n› **1** *Abendgesellschaft* **2** *Abendvorstellung;* Ggs *Matinee*

So|ja ‹die; -, So|jen; kurz für› *Sojabohne;* Zus *Sojamilch, Sojasoße, Sojasprossen*

So|ja|boh|ne ‹die; -, -n› *eine Nutzpflanze mit ölhaltigen Samen*

so|lan|ge[1] ‹Konj.› **1** *während des Zeitraums, innerhalb dessen …* **2** *wie lange (es) auch immer (dauert)* ▸ ~ du da bist, fürchte ich mich nicht; schlaf, ~ du willst; er hat gearbeitet, ~ er lebte; ~ es regnet, bleiben wir hier; ~ du erkältet bist, kannst du nicht schwimmen gehen

so|lan|ge[2] ‹Adv.› *währenddessen, die ganze Zeit (über)* ▸ geh nur, ich warte ~!

so|lar ‹Adj.› *auf die Sonne bezüglich, von ihr aus-*

gehend, zu ihr gehörend; oV *solarisch;* Zus *Solarstrom; solarbetrieben*

So|lar|an|la|ge ⟨die; -, -n⟩ *mit Solarenergie betriebenes Kraftwerk od. Heizungssystem;* Syn *Solarkraftwerk, Sonnenkraftwerk*

So|lar|ener|gie ⟨die; -; unz.⟩ *aus der Sonnenstrahlung gewonnene Energie*

So|lar|zel|le ⟨die; -, -n⟩ *Bauelement zur direkten Umwandlung von Strahlungsenergie (der Sonne) in elektrische Energie*

solch ⟨Demonstrativpron.⟩ **1** *derartig, von dieser Art, ebenso geartet* **2** ⟨umg.⟩ *so (groß, viel)* ▸ wie konnte er nur ~ eine Antwort geben!; ein Buch für Eltern und ~e, die es werden wollen; ~ ein Mensch; ein ~er Mensch; ~ ein Pech! ⟨umg.⟩; ich habe ~e Schmerzen ⟨umg.⟩; ~e Pflanzen sind selten; ich habe einen ~en Schrecken bekommen, dass ich schreien musste; den Vertrag als ~en kann ich nicht akzeptieren

sol|cher|art ⟨Adv.⟩ *von derselben Art*

sol|cher|lei ⟨Adj.; undekl.⟩ *so ähnliche (Sachen)*

Sold ⟨der; -(e)s; unz.⟩ *Lohn, Löhnung (des Soldaten)*

Sol|dat ⟨der; -en, -en; Mil.⟩ *Angehöriger der Streitkräfte eines Staates* ▸ (von Beruf) ~ sein, werden; als ~ dienen

Sol|da|tin ⟨die; -, -tin|nen⟩ *weibl. Soldat*

Söld|ner ⟨der; -s, -⟩ *Soldat, der gegen Sold überall Kriegsdienste übernimmt, wo er gebraucht wird*

So|le ⟨die; -, -n⟩ *kochsalzhaltiges Wasser aus natürlicher Quelle, Salzbrühe;* Zus *Solebad*

So|li ⟨Pl. von⟩ *Solo*

so|lid ⟨Adj.⟩ = *solide*

So|li|dar|ge|mein|schaft ⟨die; -, -en⟩ *Zusammenschluss unterschiedlicher gesellschaftlicher Gruppen mit dem Ziel gegenseitiger Förderung u. Stärkung, bes. der solidarische Zusammenhalt einer stärkeren mit einer schwächeren Gruppe*

so|li|da|risch ⟨Adj.⟩ **1** *füreinander einstehend, fest verbunden* **2** *einig, übereinstimmend* ▸ ~ (für etwas) haften; sich mit jmdm. ~ erklären

so|li|da|ri|sie|ren ⟨V. refl.; so|li|da|ri|siert sich, so|li|da|ri|sier|te sich, hat sich so|li|da|ri|siert⟩ sich (mit jmdm.) ~ *sich miteinander verbinden, sich miteinander solidarisch erklären;* Abl *Solidarisierung*

So|li|da|ri|tät ⟨die; -; unz.⟩ *Zusammengehörigkeit, Verbundenheit*

So|li|da|ri|täts|zu|schlag ⟨der; -(e)s, -schlä|ge; Pol.; Steuerwesen⟩ *Zuschlag zur Einkommenssteuer, der wegen der zusätzlichen finanziellen Belastung durch die deutsche Wiedervereinigung erhoben wird*

so|li|de ⟨Adj.⟩ **1** *charakterfest, zuverlässig, maßvoll, sittlich einwandfrei, nicht ausschweifend* (Person, Lebensweise) **2** *anständig, ordentlich, geordnet, gutbürgerlich* (Verhältnisse) **3** *dauerhaft, haltbar, fest* (Gegenstand, Gerät) ▸ ~ Arbeit leisten; einen ~n Eindruck machen; eine ~ Firma *gut fundierte, zuverlässige Firma;* ein ~s Paar Schuhe; ~ leben; er ist sehr ~; ~ werden *Ausschweifungen aufgeben;* die Häuser in dieser Straße sind ~ gebaut (worden); Abl *Solidität*

So|list ⟨der; -en, -en⟩ *(von Orchester od. Chor begleiteter) einzeln hervortretender Instrumentalist od. Sänger;* Abl *Solistin;* Zus *Violinsolist*

so|lis|tisch ⟨Adj.⟩ **1** *einen Solisten betreffend* **2** *als Solist auftretend* ▸ eine ~e Einlage; ein ~er Auftritt

Soll ⟨das; -s; unz.⟩ **1** *Schuld, linke Seite eines Kontos* **2** *in einer bestimmten Zeit zu bewältigende Arbeit od. Produktion (bes. bei Wirtschaftsplänen)* ▸ ~ und Haben *die beiden Seiten eines Kontos;* sein ~ (nicht) erfüllen

sol|len ⟨V. intr.⟩ **I** ⟨Modalverb in Verbindung mit Inf.; soll, soll|te, hat … sol|len⟩ **1** *die Pflicht, Aufgabe, den Auftrag haben (etwas zu tun)* **2** ⟨im Konjunktiv I; zum Ausdruck einer Vermutung⟩ *jmd. od. etwas ist od. hat angeblich, man sagt, man nimmt an …* **3** ⟨im Konjunktiv II⟩ **3.1** ⟨zum Ausdruck eines Zweifels⟩ *ob es wohl zutrifft, dass …?* **3.2** jmd. od. etwas sollte … *es war jmdm. od. einer Sache bestimmt, beschieden* **3.3** sollte es … *falls …* ▸ der Kranke soll noch nicht aufstehen; ich soll Ihnen ausrichten, dass …; ich hätte daran denken ~; es sollte mich freuen, wenn es so wäre! *es würde mich freuen;* bei dem Unfall soll es fünf Tote gegeben haben; soll ich gehen, kommen?; man sollte glauben, dass … *man könnte fast glauben …;* sie ~ nur kommen! ⟨leicht drohend⟩ *lass sie nur kommen!;* das neue Grundstück soll 50 000 Euro kosten; er soll leben! *(Schlussformel bei Trinksprüchen);* an mir soll es nicht liegen ⟨umg.⟩ *was ich tun kann, werde ich tun;* wenn es morgen regnen sollte, … *falls es morgen regnet, …;* das hättest du mir sagen ~; es soll morgen schneien; Sie ~ sehen, es wird noch alles gut *Sie werden sehen;* du hättest ihn sehen ~, wie er gerannt ist; es hat nicht ~ sein *es war nicht so bestimmt;* ihr sollt still sein!; er soll ein sehr guter Lehrer sein; er soll krank gewesen sein; das hättest du nicht tun ~ *es wäre besser gewesen, wenn du es nicht getan hättest;* es soll nicht wieder vorkommen!; er sollte doch wissen, was er zu tun hat *er müsste eigentlich wissen …* ▸ sollte ich heute Abend später kommen, rufe ich an; sollte das tatsächlich wahr sein? *ob das wirklich wahr ist?* ▸ es sollte ganz anders kommen ▸ was soll das heißen? *was bedeutet das?;* was soll es denn kosten?; was soll es sein? *was möchten Sie haben? (Frage des Verkäufers);* was soll ich tun?; wer soll das sein? (erg.: auf dem Bild); wozu soll das gut sein? **II** ⟨Vollverb; soll, soll|te, hat ge|sollt⟩ *eine Aufgabe, eine Bestimmung, einen Auftrag haben* ▸ soll ich oder soll ich nicht? (erg.: es tun) ▸ ich weiß nicht, was ich hier (erg.: tun) soll; was soll's? *was nützt's?;* was soll das (erg.: bedeuten)?; was soll das alles? *was nützt das alles?;* wohin soll das Sofa (erg.: gestellt werden)?

so|lo ⟨Adj.; undekl.⟩ **1** ⟨Mus.⟩ *allein, einzeln* **2** ⟨umg.; oft scherzh.⟩ *ohne Partner* ▸ ~ singen, spielen; ich bin wieder ~

So|lo ⟨das; -s, So|li⟩ **1** ⟨Mus.⟩ *Gesang od. Instrumentalspiel eines einzelnen Sängers od. Spielers*

2 ⟨Kart.⟩ *Spiel eines Einzelnen gegen mehrere Mitspieler* **3** ⟨Sp.; Tennis⟩ *Spiel einzelner Spieler gegeneinander, Einzel* ▸ ein ~ singen, spielen; Kantate für Soli, Chor und Orchester

sol|vent ⟨[-vɛnt] Adj.⟩ *imstande, Zahlungen zu leisten;* Ggs *insolvent;* Abl *Solvenz*

so|mit ⟨a. [-'-] Konj.⟩ *und so, also, folglich* ▸ er hat angerufen, ~ brauche ich nicht zu schreiben

Som|mer ⟨der; -s, -⟩ *die warme Jahreszeit, astronomisch die Zeit vom 21. Juni bis 23. September (auf der nördlichen Halbkugel);* Ggs *Winter* ▸ heißer, kühler, kurzer, langer, regenreicher, trockener ~; wir hatten einen schönen ~; sie fährt im ~ stets ans Meer; im ~ ins Gebirge fahren; Zus *Sommeranfang, Sommerfahrplan, Sommerferien, Sommerfest, Sommerreise, Sommersaison*

Som|mer|kleid ⟨das; -(e)s, -er⟩ **1** *leichtes, luftiges Kleid für den Sommer* **2** *z. T. andersfarbiges Federkleid der Vögel im Sommer*

som|mer|lich ⟨Adj.⟩ *wie im Sommer* ▸ ~es Wetter; sich ~ kleiden; es ist schon, noch ~ warm

Som|mer|loch ⟨das; -(e)s, -lö|cher; umg.⟩ = *Sauregurkenzeit*

Som|mer|rei|fen ⟨Pl.; Kfz⟩ *Reifen für sommerliche Straßenverhältnisse mit feinerem Profil*

som|mers ⟨Adv.⟩ *im Sommer* ▸ ~ wie winters *das ganze Jahr hindurch*

Som|mer|schluss|ver|kauf ⟨der; -(e)s, -käu|fe; Abk.: SSV⟩ *verbilligter Verkauf von Artikeln, bes. Kleidung, die im Sommer gebraucht werden, vor dem Ende des Sommers;* Ggs *Winterschlussverkauf*

Som|mer|spros|se ⟨die; -, -n; meist Pl.⟩ *kleiner Hautfleck, besonders im Gesicht* ▸ sie hat viele ~n im Gesicht; Abl *sommersprossig*

Som|mer|zeit ⟨die; -; unz.⟩ **1** *Zeit des Sommers, Sommer* **2** *verlegte Stundenzählung während des Sommers, meist eine Stunde früher* ▸ mitteleuropäische ~ ⟨Abk.: MESZ⟩

So|na|te ⟨die; -, -n; Mus.⟩ *Musikstück für ein od. mehrere Instrumente aus drei od. vier Sätzen;* Zus *Sonatenform; Klaviersonate, Violinsonate*

Son|de ⟨die; -, -n⟩ **1** ⟨Med.⟩ *stabförmiges od. schlauchförmiges Instrument zur Untersuchung von Körperhöhlen u. -gängen od. zum Entnehmen bzw. Einbringen von Flüssigkeiten;* Zus *Blasensonde, Magensonde* **2** ⟨Raumfahrt; kurz für⟩ *Raumsonde, (unbemanntes) Raumfahrzeug zur Erforschung des Weltalls* **3** ⟨Tech.⟩ *Vorrichtung zur Messung von Strömungen, elektrischen Feldern o. Ä.*

S

Son|der... ⟨in Zus.⟩ *Einzel..., besonder...,* z. B. Sonderbeauftragte(r), Sonderfahrt, Sondergenehmigung, Sonderregelung, Sondersitzung, Sonderthema

Son|der|an|ge|bot ⟨das; -(e)s, -e⟩ **1** *besonderes, spezielles Angebot* **2** ⟨meist⟩ *bes. günstiges Angebot von Waren in Geschäften*

son|der|bar ⟨Adj.⟩ *eigenartig, merkwürdig, anders als das Gewohnte, Übliche, Erstaunen erregend, befremdend, befremdlich* ▸ ~es Benehmen, Verhalten; ein ~es Erlebnis, Naturereignis; ein ~es Geräusch hören; warum siehst du mich so ~ an?; es klingt ~, aber es ist wirklich so; das ist doch ~!; Abl *sonderbarerweise*

Son|der|fall ⟨der; -(e)s, -fäl|le⟩ *Einzelfall, besonderer, selten vorkommender Fall, Ausnahme* ▸ das war ein ~; Ausnahmen gibt es nur im ~

son|der|glei|chen ⟨Adv.; nachgestellt⟩ *ohnegleichen, einzigartig* ▸ das ist eine Frechheit ~

Son|der|heit ⟨die; nur in der Wendung⟩ in ~ *besonders, vor allem*

son|der|lich ⟨Adj.⟩ **I** ⟨meist präd.⟩ *sonderbar* ▸ er ist oft etwas ~; er ist im Alter ~ geworden **II** ⟨adv.; meist in verneinenden Sätzen⟩ *besonders* ▸ „Wie hat es dir gefallen?" „Nicht ~!" (erg.: gut); das finde ich nicht ~ schön

Son|der|ling ⟨der; -s, -e; meist abwertend⟩ *sonderbarer Mensch, Einzelgänger* ▸ er ist ein ~

Son|der|müll ⟨der; -s; unz.⟩ *Stoffe, die gesondert vom normalen Haus- u. Gewerbemüll behandelt werden müssen (z. B. giftige Chemikalien)*

son|dern[1] ⟨Konj.⟩ *vielmehr, richtiger gesagt* ▸ nicht er, ~ sie ist schuld; ich habe ihr nicht geschrieben, ~ sie angerufen; nicht nur ..., ~ auch *dazu, außerdem, und, darüber hinaus;* er ist nicht nur ein guter Wissenschaftler, ~ auch ein guter Lehrer; das kostet nicht nur Geld, ~ auch Zeit

son|dern[2] ⟨V. trans.; son|dert, son|der|te, hat gesondert⟩ jmdn. od. etwas (von jmdm. od. etwas) ~ *beiseitelegen, trennen, auslesen* ▸ die Spreu vom Weizen ~ ⟨übertr.⟩ *das Gute auslesen;* gesondert *getrennt, einzeln, für sich;* eine Sache gesondert behandeln; einen Gegenstand gesondert verpacken; Abl *Sonderung*

Son|der|pä|d|a|go|gik ⟨die; -; unz.⟩ *Lehre von der Erziehung u. Förderung geistig u. /od. körperlich behinderter Kinder;* Syn *Heilpädagogik*

son|ders ⟨Adv.⟩ → *samt*

Son|der|schu|le ⟨die; -, -n⟩ *Schule zum Unterrichten u. Betreuen von geistig u. /od. körperlich behinderten Kindern*

Son|der|stel|lung ⟨die; -, -en⟩ *besondere Stellung* ▸ er nimmt unter den anderen eine ~ ein

Son|der|weg ⟨der; -(e)s, -e; übertr.⟩ *Vorgehensweise, die von dem Üblichen abweicht* ▸ Bayern geht einen ~ beim Schwangerschaftsabbruch

son|die|ren ⟨V. trans.; son|diert, son|dier|te, hat son|diert⟩ das Gelände, die Lage ~ *vorsichtig erkunden, erforschen;* Abl *Sondierung*

So|nett ⟨das; -(e)s, -e⟩ *Gedicht aus zwei vierzeiligen u. zwei dreizeiligen Strophen*

Song ⟨der; -s, -s⟩ **1** *Schlager, Lied* **2** *satirisches Lied;* Zus *Songschreiber(in)*

Sonn|abend ⟨der; -(e)s, -e; Abk.: Sa; bes. nord- u. mitteldt.⟩ = *Samstag;* Abl *sonnabendlich;* Zus *Sonnabendabend*

sonn|abends ⟨Adv.⟩ *jeden Sonnabend*

Son|ne ⟨die; -, -n⟩ **1** ⟨Astron.⟩ *kugelförmiger Planet, der am Tag Licht u. Wärme gibt u. um den sich die Erde dreht;* Zus *Sonnenaufgang, Sonnenenergie, Sonnenlicht, Sonnenstand, Sonnenstrahlung, Sonnenuntergang* **2** *Sonnenschein, Sonnenlicht* **3** ⟨übertr.; umg.⟩ *Wärme, Licht, etwas*

Strahlendes, Helles, Schönes ▸ ~, Mond und Sterne ▸ aufgehen: die ~ geht auf, geht unter, sinkt, steigt; die Pflanze braucht viel ~; die ~ brennt, wärmt; das Zimmer hat keine, wenig, viel ~; heute scheint die ~; die ~ steht hoch, niedrig, tief ▸ brennende, heiße, glühende, sengende ~; die goldene ~ ▸ sich die ~ auf den Pelz brennen lassen *sich sonnen;* geh mir aus der ~! ⟨umg.⟩ *geh mir aus dem Licht, mach mir keinen Schatten!;* bei sinkender ~; gegen die ~ fotografieren, schauen; zu lange in der ~ sitzen, liegen; von der ~ gebräunt sein

son|nen ⟨V. refl.; sonnt sich, sonn|te sich, hat sich ge|sonnt⟩ sich ~ *von der Sonne bescheinen lassen* ▸ sich auf der Terrasse ~

Son|nen|an|be|ter ⟨der; -s, -; umg.; scherzh.⟩ *jmd., der sich (gern) sonnt;* Abl *Sonnenanbeterin*

Son|nen|bad ⟨das; -(e)s, -bä|der⟩ *Ruhen in der Sonne, wobei der Körper nicht od. nur wenig bekleidet ist* ▸ ein ~ nehmen

Son|nen|bank ⟨die; -, -bän|ke⟩ **1** *Liege im Solarium* **2** *auch das Solarium selbst*

Son|nen|blu|me ⟨die; -, -n; Bot.⟩ *eine Pflanze mit einer großen, gelben Blüte;* Zus *Sonnenblumenkerne*

Son|nen|brand ⟨der; -(e)s, -brän|de⟩ *Rötung u. Reizung der Haut durch zu große Sonnenbestrahlung* ▸ einen ~ haben

Son|nen|bril|le ⟨die; -, -n⟩ *Brille mit dunklen od. farbigen Gläser als Schutz der Augen vor hellem Sonnenlicht;* ⓘ S. 682

Son|nen|creme ⟨[-kre:m] die; -, -s⟩ *Creme als Sonnenschutzmittel;* oV *Sonnenkrem, Sonnenkreme*

Son|nen|deck ⟨das; -s; unz.⟩ *zweitoberstes Deck (unter dem Bootsdeck)*

Son|nen|ener|gie ⟨die; -; unz.⟩ = *Solarenergie*

Son|nen|fins|ter|nis ⟨die; -, -nis|se; Astron.⟩ *volle od. teilweise Verfinsterung der Sonne durch den Mond, wenn er zw. Sonne u. Erde hindurchgeht*

son|nen|ge|bräunt ⟨Adj.⟩ *von der Sonne gebräunt* ▸ ~es Gesicht; ~e Haut

son|nen|hung|rig ⟨Adj.⟩ *ein starkes Bedürfnis nach Sonnenschein habend* ▸ ~e Urlauber reisen in südliche Länder

Son|nen|hut ⟨der; -(e)s, -hü|te⟩ *leichter Hut zum Schutz gegen die Sonne*

son|nen|klar ⟨Adj.⟩ **1** *klar u. hell wie die Sonne* **2** ⟨meist übertr.; umg.; [--'-]⟩ *ganz klar, vollkommen klar, völlig eindeutig* ▸ das ist doch wirklich ~!

Son|nen|milch ⟨die; -; unz.⟩ *Sonnenschutz in Form einer milchigen Lotion*

Son|nen|öl ⟨das; -(e)s, -e⟩ *Sonnenschutz in Form von Öl*

Son|nen|schein ⟨der; -(e)s; unz.⟩ **1** *Licht, Strahlen der Sonne* **2** ⟨übertr.⟩ *immer fröhliches Kind od. immer fröhlicher junger Mensch* ▸ er ist ein (kleiner, richtiger) ~; im ~ spazieren gehen

Son|nen|schirm ⟨der; -(e)s, -e⟩ *Schirm gegen Sonnenstrahlen* ▸ den ~ aufspannen

Son|nen|schutz ⟨der; -es; unz.⟩ **1** *Schutzvorrichtung gegen Sonnenstrahlen, z. B. Jalousien, Blenden an den Windschutzscheiben von Autos* **2** *Mittel, das auf die Haut aufgetragen wird, um sie vor schädlichen Sonnenstrahlen zu schützen, Sonnenschutzmittel*

Son|nen|sei|te ⟨die; -, -n⟩ **1** *nach der Sonne zu gelegene Seite* **2** *Südseite* ▸ er hat bisher nur die ~ des Lebens kennengelernt ⟨übertr.⟩ *die Freuden, die glücklicheren Zeiten des Lebens*

Son|nen|stu|dio ⟨das; -s, -s⟩ *Räumlichkeit, in der gegen Bezahlung Sonnenbänke zur Körperbräunung benutzt werden können;* Syn *Bräunungsstudio*

Son|nen|sys|tem ⟨das; -s, -e; Astron.⟩ *eine Sonne mit allen sie umkreisenden Planeten*

Son|nen|uhr ⟨die; -, -en⟩ *an einer Mauer angebrachter Zeitmesser, bei dem der Schatten eines Stabes als Zeiger dient*

Son|nen|wen|de ⟨die; -, -n; Astron.⟩ *der Tag des Sommer- bzw. Winterbeginns, wenn die Sonne am höchsten bzw. tiefsten steht;* Zus *Sommersonnenwende, Wintersonnenwende*

son|nig ⟨Adj.⟩ **1** *vom Sonnenlicht erleuchtet u. erwärmt* **2** ⟨übertr.⟩ *heiter, fröhlich* (Mensch, Gemüt, Wesen) ▸ ~er Morgen, Tag, Platz; der ~e Süden; ~es Wetter; hier ist es mir zu ~

Sonn|tag ⟨der; -(e)s, -e; Abk.: So⟩ *siebter, letzter Tag der Woche, Ruhetag;* Ggs *Werktag* ▸ am ~ wird nicht gearbeitet; gehst du am ~ in die Kirche?; am ~ möchte ich ausschlafen; am letzten ~ waren wir im Konzert; die Geschäfte sind am ~ geschlossen; an Sonn- und Feiertagen ist das Museum geschlossen; Weißer ~ *Sonntag nach Ostern;* Zus *Sonntagszeitung;* Bes *Schreibung u. Zusammensetzungen* →a. *Dienstag*

sonn|tags ⟨Adv.⟩ *jeden Sonntag* ▸ ~ stehen wir spät auf; dieser Bäcker verkauft auch ~ Brötchen; →a. *Dienstag*

Sonn|tags|kind ⟨das; -(e)s, -er⟩ *am Sonntag geborener Mensch u. daher (nach dem Volksglauben) bes. vom Schicksal begünstigter Mensch*

Sonn|tags|ru|he ⟨die; -; unz.⟩ *(vorgeschriebene) Arbeitsruhe am Sonntag*

so|nor ⟨Adj.⟩ *tief u. klangvoll, volltönend* (Stimme); Abl *Sonorität*

sonst ⟨Adv.⟩ **1** *andernfalls* **2** *außerdem* **3** *für gewöhnlich, im Allgemeinen* **4** *anderes* ▸ ~ ein ⟨umg.⟩ *irgendein ... sonst;* ~ einer, ~ jemand ⟨umg.⟩ *wer auch immer;* will ~ noch jemand mitfahren?; er und ~ keiner; ~ niemand; ~ was ⟨umg.⟩ *was auch immer; alles (Mögliche);* er könnte mir ~ was schenken, ich würde es nicht nehmen; sie hat Bücher, Schmuck, Blumen und ~ was noch bekommen und war doch nicht zufrieden; ~ wem ⟨umg.⟩ *irgendwem, irgendjemanden; jedem anderen;* das kannst du ~ wem erzählen, aber nicht mir; ich habe ~ wen getroffen, nur nicht ihn ⟨umg.⟩ *alle möglichen anderen Leute;* ~ wer ⟨umg.⟩ *sonst jemand, alle (möglichen) Leute;* ~ wie ⟨umg.⟩ *auf irgendeine andere Art, irgendwie sonst, irgendwie anders;* ~ wo ⟨umg.⟩ *irgendwo anders; an allen anderen Orten,*

S

wo auch immer; ich habe den Schirm ~ wo gesucht, aber nicht hier; ~ **wohin** ‹umg.› *irgendwo anders hin; überallhin, wohin auch immer;* er ist nach Hamburg oder Bremen oder ~ wohin gefahren; du kannst ihn ~ wohin schicken, er findet sich überall zurecht ▸ **da sein:** war ~ noch jemand da?; ich muss mich beeilen, ~ **komme** ich zu spät; **sein:** was ist mit dir los, du bist doch ~ nicht so?; was soll ich denn ~ **tun?**; ~ **weiß** ich nichts zu erzählen ▸ mehr **als** ~; ~ noch **etwas?** *(Frage des Verkäufers);* ~ **nichts;** ~ nirgends; hier ist es genau **wie** ~ ▸ **wer** ~, wenn nicht er?; wer kommt ~ noch?

sons|tig ‹Adj.› *ander, übrig* ▸ alles, das Sonstige regeln wir; Sonstiges *Verschiedenes, alles, was nicht einzuordnen ist;* und ~e Kleinigkeiten

so|oft ‹Konj.› **1** *wie viele Male auch immer* **2** *jedesmal, wenn, wann auch immer* ▸ du kannst kommen, ~ du willst

so|phis|tisch ‹Adj.› *spitzfindig*

So|p|ran ‹der; -(e)s, -e; Mus.› **1** *die höchste Stimmlage bei Frauen u. Knaben, Sopranstimme* **2** *jmd., der Sopran (1) singt;* Syn *Sopranist(in)* **3** *Gesamtheit der Sopranstimmen im Chor*

Sor|bet ‹[zɔrbeː]› *halbgefrorenes Speiseeis;* oV *Sorbett;* Zus *Zitronensorbet(t)*

Sor|ge ‹die; -, -n› **I** ‹zählb.› *Unruhe, Ängstlichkeit, Kummer (um etwas od. jmdn.)* ▸ ~n **haben;** du hast ~n! ‹iron.; erstaunt› *wie kann dich eine Kleinigkeit so bekümmern?;* dein schlechtes Aussehen **macht** mir ~n; mach dir (darum, darüber, deshalb) keine ~n ▸ deine ~n möcht ich haben! ‹iron.› *deine S. sind geringfügig gegen meine od. die anderer Menschen;* **berufliche,** finanzielle ~n; **drückende,** große, quälende, schwere ~; wenn das deine **einzige** ~ ist (dann ist es ja nicht so schlimm)! ‹leicht iron.›; das ist meine **geringste** ~; **keine** ~! (das erledige ich schon); du machst dir **unnötige** ~n ▸ ich bin **in** ~, weil er so lange ausbleibt; sei **ohne** ~!; ich mache mir ~n **um** ihn; Abl *sorgenfrei, sorgenlos, sorgenvoll* **II** ‹unz.› *fürsorgliches Bemühen um jmdn. od. etwas* ▸ lassen Sie das meine ~ **sein** *überlassen Sie das nur mir;* ‹abweisend› *das geht Sie nichts an;* dafür ~ **tragen,** dass die Vorschriften eingehalten werden ▸ **liebevolle,** mütterliche ~

sor|gen ‹V.; sorgt, sorg|te, hat ge|sorgt› **I** ‹V. intr.› **1** für etwas ~ **1.1** *etwas herbeischaffen* **1.2** *sich bemühen, dass etwas geschieht* **2** für jmdn. ~ *sich um jmdn. kümmern* ▸ sorge bitte dafür, dass ihm nichts geschieht!; für einen reibungslosen Ablauf einer Veranstaltung ~; liebevoll für seine Familie ~; für jmds. Lebensunterhalt ~; für Ruhe ~ **II** ‹V. refl.› sich (um jmdn. od. etwas) ~ *sich Sorgen machen, sich ängstigen* ▸ sich um jmds. Gesundheit, Leben, Zukunft ~

Sor|ge|recht ‹das; -(e)s; unz.› *Recht der Eltern, für ein minderjähriges Kind zu sorgen (kann vom Vormundschaftsgericht auch auf andere Personen übertragen werden)* ▸ der Mutter oder dem Vater (nach der Ehescheidung) das ~ zusprechen

Sorg|falt ‹die; -; unz.› *Genauigkeit, Gewissenhaftigkeit* ▸ du hast es an der nötigen ~ fehlen lassen; mit aller, mit größter ~ arbeiten

sorg|fäl|tig ‹Adj.› *mit Sorgfalt, genau, gewissenhaft* ▸ ~ arbeiten; ~ aufpassen; ein geliehenes Buch ~ behandeln; mach es ~!; die Serviette ~ zusammenlegen

sorg|los ‹Adj.; -er, am -es|ten› **1** *ohne Sorgen* **2** *sich keine Gedanken machend, leichtfertig, leichtsinnig* **3** *ohne Sorgsamkeit* ▸ ein ~es Leben führen; mit etwas ~ umgehen; Abl *Sorglosigkeit*

sorg|sam ‹Adj.› *liebevoll u. sorgfältig, vorsichtig* ▸ etwas ~ in das Regal stellen; Abl *Sorgsamkeit*

Sor|te ‹die; -, -n› **1** *Art, Gattung* **2** *Güteklasse (bes. von Waren)* **3** ‹Pl.; Bankw.› ~n *ausländische Banknoten u. Münzen* ▸ beste, feinste, gute, schlechte ~; billigste, teuerste ~; in allen ~n und Preislagen; von derselben ~; ich gehöre nicht zu der ~ (Menschen), die …

sor|tie|ren ‹V. trans.; sor|tiert, sor|tier|te, hat sortiert› etwas ~ *(nach Sorten) ordnen, auslesen* ▸ Gegenstände in verschiedene Fächer, Kästen ~; Gegenstände nach ihrer Farbe, Größe, Form ~; Abl *Sortierung;* Zus *Sortiermaschine*

sor|tiert **I** ‹Part. Perf. von› *sortieren* **II** ‹Adj.› **1** *eine bestimmte Auswahl (an Waren, Lebensmitteln) besitzend* **2** *hochwertig, von erlesener Qualität* ▸ das Geschäft, Kaufhaus ist gut ~; ~e Ware

Sor|ti|ment ‹das; -(e)s, -e› *Gesamtheit der vorhandenen Sorten, Warenangebot* ▸ ein ~ von Wäsche

SOS ‹[ɛsoɛs] das; -; unz.› *Hilferuf in Not, bes. von Schiffen u. Flugzeugen* ▸ ~ funken

so|sehr ‹Konj.› *wie sehr (auch immer)* ▸ ~ ich ihn auch schätze, billige ich sein Verhalten nicht

so|so ‹Adv.› **1** ‹ungläubig zustimmend› **1.1** *was du nicht sagst!* **1.2** *ich glaube es nicht recht, aber ich will nichts dazu sagen* **2** ‹leicht triumphierend› *also doch!, also hab ich doch Recht gehabt!* **3** ‹erstaunt, aber verständnisvoll› *aha!, sieh mal einer an!* ▸ ~, das soll ich glauben; ~, also doch!; ~, du möchtest nicht mitgehen

So|ße ‹die; -, -n› *meist dicke Flüssigkeit (aus Bratensaft, Butter, Mehl, Sahne u. a.), die man zu Fleisch, Fisch, Nudeln od. Gemüse isst;* oV ‹fachsprachl.› *Sauce;* Syn *Tunke* ▸ darf ich bitte die ~ haben; ~ über das Fleisch gießen; eine holländische ~ zubereiten; Zus *Bratensoße/Bratensauce, Vanillesoße/Vanillesauce*

sott → *sieden*

Souf|f|lé ‹[sufleː] das; -s, -s› *sehr lockerer Auflauf mit geschlagenem Eiweiß;* oV *Soufflee*

Souf|f|leur ‹[sufløːr] der; -s, -e› *jmd., der während des Spiels die Rollen flüsternd mitliest, um die Schauspieler vor dem Steckenbleiben zu bewahren;* Abl *Souffleuse*

souf|f|lie|ren ‹[suf-] V. trans. u. V. intr.; souf|f|liert, souf|f|lier|te, hat souf|f|liert› **1** jmdm. (etwas) ~ *jmdm. (etwas) vorsagen* **2** *als Souffleur bzw. Souffleuse tätig sein*

Soul ‹[soʊl] der; - od. -s; unz.› *gefühlsbetonte afroamerikanische Jazzmusik;* Abl *soulig*

Sound ‹[saʊnd] der; -s, -s; meist in Zus.› *Klang,*

S

Klangqualität ▸ im ~ der Klassik, Rockmusik; Zus *Soundcheck, Soundkarte*

so|und|so ⟨Adv.; umg.⟩ *von gewisser Art, Menge, die im Augenblick nicht genau bestimmt werden kann* ▸ dieser Herr Soundso *der, dessen Name mir gerade nicht einfällt;* das kostet ~ viel; am Soundsovielten *an einem gewissen Datum*

Sou|ta|ne ⟨[su-] die; -, -n⟩ *langer Rock der katholischen Geistlichen;* oV *Sutane*

Sou|ter|rain ⟨[sutərɛ̃:] das; -s, -s⟩ *Kellergeschoss, das halb unter dem Straßenniveau liegt*

Sou|ve|nir ⟨[suvə-] das; -s, -s⟩ *Geschenk zum Andenken, Erinnerungsstück* ▸ ich habe dir ein ~ aus Rom mitgebracht; Zus *Souvenirladen; Urlaubssouvenir*

sou|ve|rän ⟨[suvə-] Adj.⟩ **1** *unumschränkt (herrschend), die Oberherrschaft ausübend* **2** *unabhängig* **3** ⟨übertr.⟩ *sicher, gekonnt, überlegen* ▸ mit einer Situation ~ umgehen; er wirkt sehr ~; Abl *Souveränität*

Sou|ve|rän ⟨[suvə-] der; -s, -e⟩ *Herrscher*

so|viel ⟨Konj.⟩ *nach dem zu urteilen, was (ich sehe, weiß usw.)* ▸ ~ ich sehe, ist die Arbeit fertig; ~ ich weiß, kommt er heute nicht mehr

soviel/so viel

Obwohl sie sich nicht nur hinsichtlich ihrer Wortart, sondern auch in Bezug auf ihre Schreibweise unterscheiden, werden *soviel* und *so viel* oft verwechselt. Zusammengeschrieben wird die immer auf der zweiten Silbe betonte **Konjunktion** ***soviel,*** mit der ausgedrückt wird, dass „das Gesagte auf dem Urteil bzw. dem Wissensstand des Sprechers beruht": *Soviel ich weiß, ist die Sekretärin heute krank. Soviel mir bekannt ist, ist das Geschäft morgen geschlossen.*
Demgegenüber wird die Verbindung aus dem **Adverb** ***so*** und dem **Adjektiv** ***viel,*** die „in gleicher Menge, in gleichem Umfang (wie etwas anderes)" bedeutet, getrennt geschrieben: *So viel für heute. Sie arbeitet so viel wie ich. Nimm dir, so viel du willst.*
Gleiches gilt z. B. für die Schreibung von *soweit* (Konjunktion) und *so weit* (Adverb + Adjektiv).

so viel → *so*[1] *(III)*

so|weit ⟨Konj.⟩ **1** *in dem Maße, wie* **2** *für den Fall, dass* ▸ ~ ich es beurteilen kann, ist die Sache in Ordnung; ~ ich sehe, ist niemand da

so|we|nig ⟨Konj.⟩ *in wie geringem Umfang auch immer* ▸ ~ er es versteht, er tut es dennoch

so|wie ⟨Konj.⟩ **1** *wenn, im gleichen Augenblick, wie …* **2** *wie auch, und auch, außerdem* ▸ Äpfel, Apfelsinen ~ Nüsse und Mandeln; ~ er uns sah, lief er weg; ~ ich fertig bin, komme ich

so|wie|so ⟨Adv.⟩ *in jedem Fall, auf alle Fälle, ohnehin* ▸ das ~! ⟨umg.⟩ *das versteht sich von selbst!;* ein Herr Sowieso ist an der Tür; ich nehme dein Paket mit, denn ich muss ~ zur Post; ~ nicht *auf keinen Fall*

So|wjet ⟨der; -s, -s⟩ **1** ⟨bis 1991⟩ *Verwaltungsbehörde in der Sowjetunion* **2** ⟨Pl.⟩ die ~s ⟨['--] früher⟩ *die Einwohner der Sowjetunion*

so|wohl ⟨Konj.; nur in der Fügung⟩ ~ … als auch … *nicht nur …, sondern auch* ▸ ~ Männer und Frauen als auch, wie auch Kinder

So|zi ⟨der; -s, -s; umg.; häufig abwertend; kurz für⟩ *Sozialdemokrat, Mitglied od. Unterstützer einer sozialdemokrat. Partei*

so|zi|al ⟨Adj.⟩ **1** *die Gemeinschaft, Gesellschaft betreffend, zu ihr gehörend* **2** *der Gemeinschaft, Gesellschaft dienend, gemeinnützig* **3** *die Normen einer Gesellschaft respektierend, ihre gemeinschaftlichen Interessen berücksichtigend;* Zus *Sozialverhalten* **4** *in Gemeinschaft, gesellig lebend* **5** *die gesellschaftliche Stellung betreffend, auf ihr beruhend* ▸ ~es **Ansehen;** ~e **Berufe,** z. B. Erzieher, Altenpfleger, Sozialpädagoge; die ~e **Entwicklung;** ~e **Fürsorge;** ~e **Marktwirtschaft;** die ~e **Sicherheit** der Arbeitnehmer stärken; ~es **Verhalten;** die schlechten ~en **Verhältnisse** führen zu Problemen; ~er **Wohnungsbau** *Bau von preiswerten Wohnungen (für Personen mit niedrigem Einkommen) mit staatl. Zuschüssen* ▸ ~ **aufsteigen,** sinken; ~ **denken,** empfinden

So|zi|al|ab|bau ⟨der; -(e)s; unz.; abwertend⟩ *umfassende Reduzierung der sozialen Leistungen des Staates in allen gesellschaftlichen Bereichen mit dem Ziel der Kosteneinsparung, z. B. im Bereich der Arbeitslosenhilfe, Wohnungsgeld u. Ä.*

So|zi|al|ab|ga|ben ⟨Pl.⟩ *gesetzlich vorgeschriebene Abgabe für Arbeitnehmer u. -geber für gemeinnützige Zwecke, z. B. Kranken- u. Arbeitslosenversicherung*

So|zi|al|amt ⟨das; -(e)s, -äm|ter⟩ *für die Regelung aller mit der Sozialhilfe verbundenen Maßnahmen verantwortliche staatliche Behörde*

So|zi|al|ar|beit ⟨die; -; unz.⟩ *Arbeit mit benachteiligten u. hilfsbedürftigen Menschen, die der Staat od. freie Initiativen leisten*

So|zi|al|ar|bei|ter ⟨der; -s, -⟩ *jmd., der Sozialarbeit leistet*

So|zi|al|ar|bei|te|rin ⟨die; -, -rin|nen⟩ *weibl. Sozialarbeiter*

So|zi|al|de|mo|kra|tie ⟨die; -; unz.⟩ **1** *politische Richtung, die die Grundsätze des Sozialismus u. der Demokratie zu verbinden sucht* **2** *Sozialdemokratische Partei;* Abl *Sozialdemokrat(in)*

so|zi|al|de|mo|kra|tisch ⟨Adj.⟩ **1** *sozial u. zugleich demokratisch (denkend, handelnd), soziale u. demokr. Ziele verfolgend* **2** *linksgerichtet* ▸ Sozialdemokratische Partei Deutschlands ⟨Abk.: SPD⟩; Sozialdemokratische Partei Österreichs ⟨Abk.: SPÖ⟩; Sozialdemokratische Partei der Schweiz ⟨Abk.: SPS⟩

So|zi|al|fall ⟨der; -(e)s, -fäl|le⟩ *auf Sozialhilfe angewiesene Person*

So|zi|al|hil|fe ⟨die; -; unz.⟩ *Gesamtheit aller staatlichen Hilfen für Menschen in (materieller) Notlage;* Zus *Sozialhilfeempfänger(in)*

So|zi|a|li|sa|ti|on ⟨die; -; unz.⟩ *allmähliches Hineinwachsen des Menschen in die Gesellschaft*

so|zi|a|li|sie|ren ⟨V. trans.; so|zi|a|li|siert, so|zi|a|li|sier|te, hat so|zi|a|li|siert⟩ **1** etwas ~ *in staatl. Besitz überführen, verstaatlichen* **2** jmdn. ~ *zum Leben in der Gemeinschaft befähigen;* Abl *Sozialisierung*

So|zi|a|lis|mus ⟨der; -; unz.⟩ *Bewegung gegen den wirtschaftl. u. politischen Liberalismus, die dem Arbeitnehmer mehr Einfluss auf die Verwendung der Produktionsmittel geben will;* Abl *Sozialist(in); sozialistisch*

So|zi|al|kun|de ⟨die; -; unz.⟩ *Unterrichtsfach, das politische u. soziale Zusammenhänge der Gesellschaft behandelt;* Syn *Gemeinschaftskunde*

So|zi|al|leis|tun|gen ⟨Pl.⟩ *von öffentlichen Verwaltungen od. von Unternehmen gewährte Leistungen zur Absicherung gegen bestimmte soziale Risiken*

so|zi|al|li|be|ral ⟨Adj.; Pol.⟩ *soziale u. liberale Aspekte betreffend* ▸ die FDP ist eine ~e Partei

So|zi|al|mi|nis|ter ⟨der; -s, -⟩ *Minister, der für die Sozialpolitik zuständig ist;* Abl *Sozialministerin*

So|zi|al|neid ⟨der; -(e)s; unz.⟩ *Missgunst gegenüber bestimmten Bevölkerungsgruppen* ▸ den ~ schüren, wecken

So|zi|al|pä|d|a|go|gik ⟨die; -; unz.⟩ *Teil der Pädagogik, der sich mit der außerschulischen Erziehung von Kindern u. Jugendlichen (Erziehung im Kindergarten, Erziehungsberatung, Bewährungshilfe usw.) befasst;* Abl *Sozialpädagoge, Sozialpädagogin; sozialpädagogisch*

So|zi|al|plan ⟨der; -(e)s, -plä|ne; Wirtsch.⟩ *Plan zum Ausgleich od. zur Minderung wirtschaftlicher Nachteile, die für die Arbeitnehmer (bes. bei Personalabbau) entstehen*

So|zi|al|po|li|tik ⟨die; -; unz.⟩ *Gesamtheit der politischen Maßnahmen zur Wahrung der sozialen Gerechtigkeit;* Abl *sozialpolitisch*

So|zi|al|staat ⟨der; -(e)s, -en⟩ *Staat, der versucht, soziale Ungleichheiten zu verringern bzw. abzubauen;* Abl *sozialstaatlich*

So|zi|al|sys|tem ⟨das; -s, -e⟩ *sozialstaatliches System*

So|zi|al|woh|nung ⟨die; -, -en⟩ *Wohnung im sozialen Wohnungsbau;* →a. *sozial*

So|zi|e|tät ⟨die; -, -en⟩ *Interessen-, Berufsgemeinschaft, z. B. von Ärzten u. Rechtsanwälten*

so|zio|kul|tu|rell ⟨Adj.⟩ *das soziale Gefüge u. die Kultur (einer Schicht, Gesellschaft) betreffend*

So|zio|lo|gie ⟨die; -; unz.⟩ *Lehre vom Zusammenleben von Menschen innerhalb einer Gemeinschaft bzw. Gesellschaft;* Abl *Soziologe, Soziologin; soziologisch*

So|zi|us ⟨der; -, -se⟩ **1** *Teilhaber (an einem Geschäft od. einer Praxis)* **2** *Beifahrer (auf dem Motorrad)*

so|zu|sa|gen ⟨Adv.⟩ *gewissermaßen, wenn man es so ausdrücken will, obwohl es nicht ganz richtig ist* ▸ sie ernährt ~ die ganze Familie allein

Spach|tel ⟨der; -s, - od. die; -, -n⟩ *kleines Werkzeug mit einem breiten trapezförmigem Blatt zum Aufstreichen von weichen u. Abkratzen von fest gewordenen Stoffen;* Abl *spachteln*

Spa|gat ⟨der; -(e)s, -e⟩ *Figur beim Ballett u. Turnen, völliges Spreizen der Beine nach vorn u. rückwärts, so dass sie eine gerade Linie bilden*

Spa|ghet|ti ⟨Pl.⟩ *lange, dünne, nicht hohle Nudeln;* oV *Spagetti* ▸ Kinder essen gern ~ mit Ketchup

spä|hen ⟨V. intr.; späht, späh|te, hat ge|späht⟩ *genau schauen, vorsichtig, aber scharf schauen* ▸ durch eine Zaunlücke ~; nach etwas, nach jmdm. ~; Abl *Späher(in)*

Spa|lier ⟨das; -s, -e⟩ **1** *Holzgitter an einer Mauer, an dem junge Obstbäume, Reben od. Kletterpflanzen hochgezogen werden;* Zus *Spalierobst* **2** *doppelte Reihe von Personen, die sich zu jmds. ehrenvollem Empfang so aufgestellt haben, dass der Betreffende zw. ihnen hindurchschreiten muss* ▸ ein ~ bilden; ~ stehen

Spalt ⟨der; -(e)s, -e⟩ *sehr schmale Öffnung, Ritze* ▸ durch einen ~ drang ein Lichtschein heraus; ein großer ~ in der Erde; Zus *Türspalt*

Spal|te ⟨die; -, -n⟩ **1** = *Spalt;* Zus *Erdspalte, Felspalte, Gletscherspalte* **2** ⟨Abk.: Sp.⟩ *Schriftsatz in Form eines senkrechten Streifens (in der Zeitung od. in einem meist wissenschaftlichen Buch)* ▸ der Artikel nahm zwei ~n ein; die ~n (der Zeitung) füllen; Seite 2, ~ 4 (der Zeitung); das Wörterbuch hat drei ~n auf jeder Seite

spal|ten ⟨V.; spal|tet, spal|te|te, hat ge|spal|ten/gespal|tet⟩ **I** ⟨V. trans.⟩ etwas ~ **1** *senkrecht, in der Mitte zerteilen, zerschlagen* **2** ⟨übertr.⟩ *teilen, trennen* ▸ Atomkerne ~ *durch Kernspaltung in ein Element niederer Ordnung verwandeln, wobei Energie freigesetzt wird;* der Blitz hat den Baum gespalten; Holz ~; gespaltenes Bewusstsein (bei Schizophrenie); die Schlange hat eine gespaltene Zunge **II** ⟨V. refl.⟩ sich ~ *in zwei od. mehr Teile zerfallen* ▸ die Partei hat sich in zwei Lager gespalten; Abl *Spaltung*

...spal|tig ⟨in Zus.; zur Bildung von Adj.⟩ *in einer bestimmten od. unbestimmten Zahl von Spalten,* z. B. einspaltig, zweispaltig, mehrspaltig ▸ das Wörterbuch ist dreispaltig gedruckt

Span ⟨der; -(e)s, Spä|ne⟩ *abgespaltenes, abgehobeltes Blättchen, Streifchen* ▸ arbeiten, dass die Späne fliegen ⟨übertr.⟩ *heftig, schwungvoll arbeiten;* →a. *hobeln;* Zus *Hobelspan, Holzspan*

Span|fer|kel ⟨das; -s, -⟩ *junges Ferkel*

Span|ge ⟨die; -, -n⟩ **1** *schmales, meist leicht gebogenes Stück Kunststoff, Metall od. Horn mit Verschluss, z. B. zum Festhalten des Haars od. zum Schließen eines Schuhs;* Zus *Haarspange* **2** ⟨kurz für⟩ *Zahnspange*

Spa|ni|er ⟨der; -s, -⟩ *Einwohner von Spanien;* Abl *Spanierin*

spa|nisch ⟨Adj.⟩ *Spanien betreffend, zu ihm gehörend, aus ihm stammend* ▸ das kommt mir ~ vor ⟨übertr.; umg.⟩ *merkwürdig, verdächtig, seltsam*

spann → *spinnen*

Spann ⟨der; -(e)s, -e⟩ *oberer Teil des Fußes vom Ansatz des Schienbeins bis zu den Zehen*

Span|ne ⟨die; -, -n⟩ *Zwischenraum, Unterschied* ▸ die ~ zwischen Brutto- und Nettogehalt; die ~ zwischen Einkaufs- und Verkaufspreis; Zus *Gewinnspanne, Zeitspanne*

spa̱n|nen ⟨V.; spannt, spann|te, hat ge|spannt⟩ I ⟨V. trans.⟩ 1 ein Seil ~ *straff anziehen, straffziehen* 2 etwas ~ *eine Spannweite haben von* ▸ den Bogen ~; die Muskeln ~; die Saiten der Gitarre ~ ▸ jmds. Erwartungen, Hoffnungen hoch ~ *sehr reizen* ▸ ein Zugtier an, vor den Wagen ~ *anschirren, mit dem Geschirr am W. zum Ziehen befestigen;* ein Werkstück in den Schraubstock ~ *in den S. klemmen* II ⟨V. intr.⟩ 1 *zu eng sein* (Kleidungsstück) 2 *straff werden* 3 ⟨umg.⟩ *sich als Voyeur betätigen* ▸ trockene Haut spannt leicht; das Kleid, der Rock spannt III ⟨V. refl.⟩ 1 sich ~ *straff werden* 2 sich über etwas ~ *sich über etwas wölben* ▸ die Haut über seinen Wangenknochen spannte sich; seine Muskeln spannten sich ▸ über den Fluss spannt sich eine Brücke; →a. *gespannt, spannend*

spa̱n|nend I ⟨Part. Präs. von⟩ *spannen* II ⟨Adj.⟩ 1 *Spannung erregend, aufregend, fesselnd* (Film, Buch) 2 *hochinteressant* (Bericht, Vorgang) ▸ es war ein ~er Augenblick; mach's nicht so ~! ⟨umg.⟩ *erzähl endlich!;* das Buch ist ~ geschrieben; im ~sten Augenblick riss der Film; der Wettkampf war ~ bis zur letzten Minute

Spa̱n|ner ⟨der; -s, -⟩ 1 ⟨Zool.⟩ *ein Schmetterling* 2 ⟨umg.⟩ = *Voyeur*

Spann|kraft ⟨die; -; unz.⟩ 1 *Kraft, mit der die Glieder einer Reibungsbremse aneinandergepresst werden* 2 ⟨übertr.⟩ *Leistungsfähigkeit (des Menschen)* ▸ keine ~ mehr haben

Spa̱n|nung ⟨die; -, -en⟩ I ⟨unz.⟩ 1 *das Spannen* 2 *das Gespanntsein* 3 ⟨Tech.⟩ *auf einen Körper wirkende Kraft während einer Belastung* 4 ⟨El.⟩ *den Fluss des elektrischen Stromes in einem Stromkreis bewirkende Kraft;* Zus *Gleichspannung, Hochspannung, Niederspannung, Wechselspannung* 5 ⟨übertr.⟩ *gespannte, neugierige Erwartung, Ungeduld, gespannte Aufmerksamkeit* ▸ die ~ beträgt 220 Volt; die ~ wurde unerträglich; atemlose ~; elektrische ~; jmdn. od. etwas mit ~ erwarten; ein Buch mit (großer) ~ lesen II ⟨zählb.⟩ *Zustand der Feindseligkeit, Missstimmung* ▸ zwischen uns ergeben sich dauernd ~en; Abl *spannungsfrei*

Spa̱n|nungs|feld ⟨das; -(e)s, -er⟩ *Bereich, in dem es leicht zu Spannungen kommen kann, weil darin gegensätzliche Meinungen u. Kräfte aufeinandertreffen* ▸ im ~ der Politik stehen

Spa̱n|nungs|ge|biet ⟨das; -(e)s, -e⟩ *geografisches Gebiet, in dem aufgrund von politischen Spannungen Kriegsgefahr besteht*

spa̱n|nungs|voll ⟨Adj.⟩ Syn *spannungsgeladen, spannungsreich* 1 *sehr spannend* 2 *voller Spannungen* ▸ eine ~e Handlung; eine ~e politische Debatte

Spann|wei|te ⟨die; -, -n⟩ 1 *Entfernung zw. beiden Spitzen der (ausgebreiteten) Flügel* 2 *Weite (eine Brücke, eines Bogens)* 3 ⟨übertr.⟩ *Reichweite, Wirkungsbereich* ▸ das Flugzeug hat eine ~ von 40 m; er zeigte die ganze ~ seiner Fähigkeiten ⟨übertr.⟩ *sein ganzes Können*

Spa̲r|buch ⟨das; -(e)s, -bü|cher⟩ *Buch, in das die auf einer Bank od. Sparkasse zum Sparen eingezahlten Geldsummen eingetragen werden;* Syn *Sparkassenbuch;* Zus *Banksparbuch*

Spa̲r|do|se ⟨die; -, -n⟩ *Dose od. anderes Gefäß mit Schlitz zum Einwerfen für Erspartes;* Syn *Sparbüchse* ▸ hier hast du zwei Euro für die ~

spa̲|ren ⟨V.; spart, spar|te, hat ge|spart⟩ I ⟨V. trans.⟩ 1 Geld ~ *zurücklegen, nicht ausgeben* 2 Kraft, Zeit ~ *für andere Zwecke aufbewahren, nicht verwenden, nicht gebrauchen* ▸ ich habe 100 Euro gespart; spar dir deine Ratschläge! *ich brauche deine R. nicht* ▸ das hättest du dir ~ können *das hättest du nicht zu tun brauchen;* die Mühe kannst du dir ~; den Weg hätte ich mir ~ können *hätte ich nicht zu machen brauchen;* alle weiteren Worte kannst du dir ~ II ⟨V. intr.⟩ 1 *Geld zurücklegen* 2 *sich einschränken, wenig Geld ausgeben, sparsam sein* ▸ wir müssen sehr ~ ▸ wir ~ am Essen *wir geben wenig Geld für E. aus;* ich spare auf, für ein Auto; sie sparte nicht mit Lob *sie lobte ausdrücklich;* Zus *Sparmaßnahme*

Spa̲|rer ⟨der; -s, -⟩ *jmd., der spart (bes. bei einer Bank od. Sparkasse);* Abl *Sparerin*

Spa̲r|flam|me ⟨die; -, -n⟩ *sehr kleine Flamme (am Gasherd)* ▸ eine Sache auf ~ weiterkochen lassen ⟨übertr.; umg.⟩ *wenig für eine S. tun*

Spa̲r|gel ⟨der; -s, -⟩ *eine Gemüsepflanze mit weißen Stängeln, die in Sand unter der Erde wachsen* ▸ grüner, weißer ~; ein Bund ~ kaufen; ~ mit Schinken, Kartoffeln und Bechamelsoße essen; ~ stechen; ⓘ S. 1002; Zus *Spargelspitze, Spargelstechen, Spargelsuppe*

Spa̲r|kas|se ⟨die; -, -n⟩ *Kreditinstitut, das Bankgeschäfte erledigt* ▸ wir haben ein Sparbuch bei der ~

Spa̲r|kon|to ⟨das; -s, -s od. -kon|ten od. -kon|ti⟩ *(Bank-)Konto, auf dem Geld zu günstigem Zinssatz gespart werden kann*

spä̲r|lich ⟨Adj.⟩ 1 *knapp, dürftig, kümmerlich* (Nahrung, Ertrag) 2 *wenig* (Licht, Mittel) 3 *vereinzelt* ▸ ~es Haar; das war ein ~es Mahl; das Gras wächst hier nur ~; die Straße ist ~ beleuchtet; dieser Landstrich ist nur ~ besiedelt

Spa̲r|pa|ket ⟨das; -(e)s, -e; Pol.⟩ *Bündel von Maßnahmen, die im Rahmen eines Sparkurses als notwendig erachtet werden*

Spa̲r|ren ⟨der; -s, -⟩ *schräger Balken (des Daches)* Zus *Dachsparren*

spa̲r|sam ⟨Adj.⟩ 1 *immer sparend, Verschwendung vermeidend, mit wenig auskommend* 2 ⟨übertr.⟩ *zurückhaltend, mäßig, wenig* ▸ von seiner Macht, Vollmacht ~(en) Gebrauch machen; er ist sehr ~; das Auto ist ~ *verbraucht wenig Kraftstoff;* dieses Putzmittel ist ~ im Verbrauch *ist ergiebig, es reicht lange;* sie leben sehr ~; mit seinem Geld, seinen Kräften ~ umgehen; Abl *Sparsamkeit*

Spa̲r|schwein ⟨das; -(e)s, -e⟩ *beliebte Art der Spardose in Form eines Schweines aus Ton od. Plastik mit Schlitz im Rücken* ▸ sein ~ schlachten ⟨übertr.; umg.⟩ *all sein Erspartes ausgeben*

spar|ta̲|nisch ⟨Adj.⟩ *streng, einfach, anspruchslos* ▸ ~e Lebensweise; ~ eingerichtet sein

Spar|te ⟨die; -, -n⟩ **1** *Fach, Gebiet, Geschäftszweig, Wissenszweig, Sportart* **2** *Zeitungsspalte* ▸ das Rudern ist eine ~ des Wassersports

Spaß ⟨der; -es, Spä|ße⟩ oV ⟨österr.⟩ *Spass* **1** *Witz, Scherz;* Zus *Spaßmacher(in)* **2** *Vergnügen, Belustigung;* Zus *Spaßverderber(in)* ▸ die lustigen Späße des Clowns im Zirkus sehen ▸ er hat seinen ~ damit, daran; wir hatten viel ~ miteinander; ~ machen, treiben; Späße machen; das macht ~!; die Arbeit hat mir viel ~ gemacht; sich einen ~ daraus machen, Mitschüler mit Papierkugeln zu beschießen; sein: es war ein ~, zu sehen, wie gut alles ging; er hat mir, uns den ~ verdorben; einen ~ verstehen *nicht leicht beleidigt sein;* keinen ~ verstehen *leicht beleidigt sein;* darin versteht er keinen ~ *so etwas nimmt er übel* ▸ alberner, derber, dummer, netter ~; das macht mir großen, viel, keinen ~; schlechter ~ *Streich, der jmdn. ärgert* ▸ das hab ich doch nur aus ~ gesagt, getan; ~ beiseite! *jetzt wieder ernst gesprochen!;* etwas nur im ~ sagen; ich sag das doch nicht zum ~! *ich meine es ernst;* etwas (nur) zum ~ tun; Abl *Späßchen*

spa|ßen ⟨V. intr.; spaßt, spaß|te, hat ge|spaßt⟩ (mit jmdm. od. etwas) ~ *Spaß machen, scherzen* ▸ Sie ~ wohl! *Sie meinen das wohl nicht im Ernst?;* er lässt nicht mit sich ~ *er findet es nicht lustig, nimmt es ernst;* damit ist nicht zu ~ *das muss man ernst nehmen, im Auge behalten*

spa|ßes|hal|ber ⟨Adv.⟩ **1** *zum Spaß* **2** *aus Neugierde, Interesse* ▸ ich möchte es ~ probieren

spaß|haft ⟨Adj.; -er, am -es|ten⟩ *spaßig*

spa|ßig ⟨Adj.⟩ *Spaß machend, lustig, scherzhaft, unterhaltsam, witzig* ▸ ein ~er Einfall

Spaß|vo|gel ⟨der; -s, -vö|gel; übertr.⟩ *jmd., der gern Späße macht, auch auf Kosten anderer*

spas|tisch ⟨Adj.⟩ *mit erhöhter Muskelspannung, in der Art eines Krampfs* ▸ ~e Lähmung

spät ⟨Adj.; -er, am -es|ten⟩ **1** *nicht rechtzeitig* **2** *am Ende (eines Zeitraums), vorgerückt;* Zus *Spätherbst, Spätsommer* ▸ ein ~es Glück erfahren, erleben; zu ~er Stunde kommen ▸ ~ aufstehen, schlafen gehen; warum kommst du so ~? sein: es ist schon ~; es wird heute Abend ~ ▸ besser ~ als nie ▸ ~ am Morgen; er ist erst ~ am Nachmittag aufgestanden; es ist schon ~ am Tage; im ~en Frühjahr, Sommer; ~ im Jahr; ~ in der Nacht; bis in die ~e Nacht, ⟨od.⟩ bis ~ in die Nacht hinein; es ist zu ~ ▸ wie ~ ist es? *wie viel Uhr ist es?;* →a. *später*

spät|abends ⟨Adv.⟩ *am späten Abend* ▸ wir kamen erst ~ zu Hause an

Spa|ten ⟨der; -s, -⟩ *Gerät zum Graben aus viereckiger Metallscheibe (Blatt), langem Stiel u. quer dazu stehendem Griff*

Spa|ten|stich ⟨der; -(e)s, -e⟩ *Stich mit dem Spaten in die Erde* ▸ der erste ~ *erster S. als Zeichen des Baubeginns;* der Direktor setzte den ersten ~

spä|ter ⟨Adj.; Komp. von „spät"⟩ **I** ⟨attr.⟩ *danach folgend, eintretend, lebend* ▸ er hat erst in ~en Jahren damit begonnen; ein ~er Zeitpunkt wäre mir lieber **II** ⟨adv.⟩ *danach, nachher* ▸ drei Stunden ~; ~ denkst du vielleicht anders darüber; ich komme heute etwas ~; darüber sprechen wir ~; auf ~!, bis ~! *(Abschiedsformel) auf Wiedersehen, bis zum Wiedersehen (am gleichen Tag)*

spä|tes|tens ⟨Adv.⟩ *nicht nach einem bestimmten Zeitpunkt* ▸ er kommt ~ um fünf Uhr; ~ morgen

Spät|fol|ge ⟨die; -, -n; meist Pl.⟩ *spät eintretende (u. daher gefährliche) Folge (bes. einer Erkrankung)* ▸ die ~n radioaktiver Strahlung

Spät|le|se ⟨die; -, -n⟩ **1** *Weinlese am Ende des Herbstes nach dem normalen Zeitpunkt der Lese* **2** ⟨Qualitätsbez. für⟩ *Wein aus Trauben der Spätlese (1)*

Spatz ⟨der; -es, -en⟩ **1** = *Sperling* **2** ⟨Kosewort⟩ *kleines Kind* ▸ das pfeifen die ~en von den Dächern ⟨übertr.⟩ *das ist allgemein bekannt;* mein ~ ⟨umg.; Kosewort⟩ *mein Liebling;* essen wie ein ~ *sehr wenig essen*

Spätz|le ⟨Pl.; süddt.⟩ *kleine Stückchen Nudelteig, die mit dem Messer vom großen Stück abgeschabt od. durch ein Gerät gepresst u. in Wasser gekocht werden;* oV ⟨schweiz.⟩ *Spätzli*

Spät|zün|der ⟨der; -s, -; umg.; scherzh.⟩ *jmd., der langsam begreift;* Abl *Spätzünderin*

spa|zie|ren ⟨V. intr.; spa|ziert, spa|zier|te, ist spa|ziert⟩ **1** *zur Erholung im Freien (umher)gehen* **2** *fröhlich, behaglich (umher)gehen* ▸ ~ fahren *zur Erholung im Wagen, Auto od. mit dem Motorrad, Fahrrad fahren, einen Ausflug machen;* einen Hund, einen Kranken ~ führen *mit auf einen Spaziergang nehmen;* ~ gehen *zur Erholung im Freien umhergehen;* ~ reiten; vor jmds. Haus auf und ab ~; durch ein Museum ~

spa|zie|ren ge|hen → *spazieren*

Spa|zier|fahrt ⟨die; -, -en⟩ *Fahrt zur Erholung od. Unterhaltung im Wagen, Auto od. mit dem Motorrad, Fahrrad*

Spa|zier|gang ⟨der; -(e)s, -gän|ge⟩ *Gang im Freien zur Erholung od. Unterhaltung* ▸ einen ~ machen; kurzer, langer, weiter ~; Abl *Spaziergänger(in)*

Spa|zier|stock ⟨der; -(e)s, -stö|cke⟩ *Stock, um sicherer zu gehen*

SPD ⟨Abk. für⟩ *Sozialdemokratische Partei Deutschlands;* Zus *SPD-Mitglied*

Specht ⟨der; -(e)s, -e⟩ *ein bunter Vogel mit kräftigem Schnabel, mit dem er Insekten u. deren Larven aus Baumrinde u. Holz heraushackt*

Speck ⟨der; -s; unz.⟩ *unter der Haut sitzendes Fettgewebe bei Schwein, Robbe u. Wal sowie (umg.) beim Menschen* ▸ ~ ansetzen *dick werden, an Gewicht zunehmen* ▸ gebratener, geräucherter ~ ▸ ran an den ~! ⟨umg.; scherzh.⟩ *nun los!, angefangen!, an die Arbeit!;* leben wie die Made im ~ ⟨übertr.; umg.⟩ *im Überfluss leben;* Bohnen mit ~; mit ~ fängt man Mäuse ⟨übertr.⟩ *durch Geschenke erreicht man etwas;* Zus *Speckschwarte, Speckschicht*

spe|ckig ⟨Adj.⟩ **1** *fettig* (Papier, Haar) **2** ⟨übertr.⟩ **2.1** *schmutzig u. abgegriffen* (Buch) **2.2** *abgewetzt, abgetragen u. glänzend* (Anzug)

S

Speck|stein ⟨der; -(e)s; unz.⟩ = *Talk*[1]

Spe|di|ti|on ⟨die; -, -en⟩ **1** *Versandabteilung (eines Betriebes)* **2** *Unternehmen, das mit Lastwagen Güter u. Möbel befördert;* Abl *Spediteur(in);* Zus *Speditionsfirma, Speditionsgeschäft*

Speer ⟨der; -(e)s, -e⟩ *Wurfwaffe, mit Eisenspitze versehener, langer Stab, Spieß, Lanze (auch als Sportgerät für Wurfübungen u. -wettkämpfe);* Zus *Speerspitze, Speerwerfen*

Spei|che ⟨die; -, -n⟩ **1** *Teil des Rades, Strebe zw. Nabe u. Felge;* ⓘ S. 789 **2** *einer der beiden Unterarmknochen* ▸ jmdm. etwas in die ~n werfen

Spei|chel ⟨der; -s; unz.⟩ *Flüssigkeit im Mund, Spucke* ▸ ~ absondern

Spei|chel|drü|se ⟨die; -, -n; Anat.⟩ *jeder der drei paarigen Drüsen im Mund, am Ohr, am Unterkiefer u. unter der Zunge*

Spei|chel|le|cke|rei ⟨die; -; unz.; umg.; abwertend⟩ *unangenehme Schmeichelei, um Vorteile zu erlangen;* Abl *Speichellecker*

Spei|cher ⟨der; -s, -⟩ **1** *Lagerhaus, Raum, Behälter für Vorräte;* Zus *Kornspeicher, Wasserspeicher* **2** *Bodenraum im Haus, Dachboden (als Abstellraum u. zum Wäschetrocknen)* **3** *Teil einer EDV-Anlage, auch Diskette, CD-ROM o. Ä. zum Aufbewahren von Daten u. Programmen;* Syn *Datenspeicher;* Zus *Speichermedium*

spei|chern ⟨V. trans.; spei|chert, spei|cher|te, hat ge|spei|chert; a. übertr.⟩ etwas ~ *in einem Speicher sammeln, aufbewahren, lagern* ▸ beim Arbeiten am Computer sollten die Daten regelmäßig gespeichert werden; Dateien auf der Festplatte ~; Abl *Speicherung;* Zus ⟨bes. EDV⟩ *Speicherkapazität, Speicherplatz*

spei|en ⟨V. trans. u. V. intr.; speit, spie, hat gespien⟩ **1** (etwas) ~ *Speichel auswerfen, spucken* **2** (etwas) ~ *sich erbrechen, sich übergeben* **3** Feuer, Wasser ~ *von sich sprühen* ▸ der Vulkan speit Feuer, Lava; Gift und Galle ~ ⟨übertr.⟩ *seiner Wut in giftigen Worten Luft machen*

Spei|se ⟨die; -, -n⟩ **1** *feste Nahrung, Essen* **2** *zum Essen Zubereitetes, Mahl, Gericht;* Zus *Speisenfolge, Speiserest, Speisesaal; Eierspeise, Fleischspeise, Hauptspeise, Lieblingsspeise, Mehlspeise, Nachspeise, Süßspeise, Vorspeise* ▸ ~/Speis und Trank ⟨geh.⟩ *Essen u. Trinken;* die ~n auftragen; kalte, warme ~n

Spei|se|eis ⟨das; -es; unz.⟩ *Eis zum Verzehren*

Spei|se|kam|mer ⟨die; -, -n⟩ *kleiner, kühler Raum zum Aufbewahren von Nahrungsmitteln*

Spei|se|kar|te ⟨die; -, -n; in Gaststätten⟩ *Verzeichnis der Speisen, die man bestellen kann;* oV *Speisenkarte* ▸ nach der ~ essen

spei|sen ⟨V.; speist, speis|te, hat ge|speist⟩ **I** ⟨V. intr.⟩ *Speise zu sich nehmen, eine Mahlzeit einnehmen, essen* ▸ wir haben ausgezeichnet, gut gespeist; zu Abend, zu Mittag ~ **II** ⟨V. trans.⟩ **1** etwas ~ *etwas zu sich nehmen, etwas essen* **2** einen Apparat o. Ä. ~ *mit Energie versorgen;* Abl *Speisung* ▸ eine elektrische Anlage mit Strom ~; die Wasserwerke der Stadt werden aus dem, ⟨od.⟩ durch den, ⟨od.⟩ vom Fluss gespeist

Spei|se|plan ⟨der; -(e)s, -plä|ne⟩ *Zusammenstellung dessen, was gekocht wird (bes. als Tages- od. Wochenplan);* Syn *Speisezettel*

Spei|se|röh|re ⟨die; -, -n; Anat.⟩ *Muskelschlauch zw. Schlund u. Magen zur Beförderung der Speise in den Magen*

Spei|se|stär|ke ⟨die; -, -n; Pl. selten⟩ *als Bindemittel beim Kochen od. Backen verwendete Stärke*

Spei|se|wa|gen ⟨der; -s, -; in Eisenbahnzügen⟩ *Wagen mit Küche u. Speiseraum*

spei|übel ⟨Adj.; umg.; präd.⟩ *zum Speien übel*

Spek|ta|kel ⟨das od. der; -s, -⟩ **1** *spektakuläre Darbietung, aufsehenerregendes Geschehen* **2** *Lärm, Krach* ▸ was für ein tolles ~!

spek|ta|ku|lär ⟨Adj.⟩ *großes Aufsehen erregend, sensationell* ▸ ~e Werbung; ihr Auftritt war ~

Spek|t|rum ⟨das; -, Spek|tren od. Spek|tra⟩ **1** ⟨übertr.⟩ *Vielfalt, Buntheit* **2** ⟨Phys.⟩ *Intensitätsverteilung, Farben des Lichts* ▸ das ~ der modernen Literatur, Kunst ⟨übertr.⟩

Spe|ku|lant ⟨der; -en, -en⟩ **1** *jmd., der spekuliert;* Zus *Börsenspekulant* **2** *jmd., der sich um hoher Gewinne willen in unsichere Geschäfte einlässt;* Abl *Spekulantin*

Spe|ku|la|ti|on ⟨die; -, -en⟩ **1** *auf Vermutungen beruhende Überlegung* **2** *(gewagtes) Geschäft, Unternehmen* **3** ⟨Wirtsch.⟩ *Kauf (bzw. Verkauf) von Gütern in der Erwartung, sie zu einem späteren Zeitpunkt mit Gewinn verkaufen (bzw. kaufen) zu können* ▸ dein Verdacht basiert auf reiner ~; sich (nicht) auf ~en einlassen

Spe|ku|la|ti|us ⟨der; -, -⟩ *knuspriges, flaches, mit Modeln ausgestochenes Pfefferkuchengebäck*

spe|ku|la|tiv ⟨Adj.⟩ **1** *im Sinne der philosophischen Spekulation, die reine Erfahrung überschreitend, gedanklich* **2** *grüblerisch, nachdenkend* **3** *gewagt* ▸ ~es Denken

spe|ku|lie|ren ⟨V. intr.; spe|ku|liert, spe|ku|lier|te, hat spe|ku|liert⟩ **1** *Handel aufgrund von Spekulationen treiben* **2** (über etwas) ~ *grübeln, überlegen* **3** auf etwas ~ *sich etwas erhoffen* ▸ an der Börse ~; auf diese Stelle hat er spekuliert

Spe|lun|ke ⟨die; -, -n; abwertend⟩ *schlechte, verrufene Kneipe, Spielhölle* ▸ er treibt sich in allen möglichen ~n herum

spen|da|bel ⟨Adj.; -da|bler od. -dab|ler, am -s|ten; umg.⟩ *freigebig, großzügig* ▸ sie ist sehr ~; Bes *bei Beugung entfällt das „e" in der Endsilbe: „ein spendabler Mensch"*

Spen|de ⟨die; -, -n⟩ *Gabe, Geschenk, Schenkung* ▸ ~ sammeln; die Organisation finanziert sich aus ~n; Zus *Spendenaufruf, Spendengeld, Spendenquittung*

spen|den ⟨V. trans. u. V. intr.; spen|det, spen|de|te, hat ge|spen|det⟩ (etwas) ~ *reichlich, großzügig geben, schenken* ▸ einem Künstler, einem Vorschlag Beifall ~; Blut ~ *sich Blut zur Konservierung für Blutübertragungen abzapfen lassen;* Geld (für etwas) ~; Lob, Segen ~; der Brunnen spendet Wasser; ich habe bei der Wohltätigkeitsveranstaltung auch gespendet

Spen|den|kon|to ⟨das; -s, -s od. -kon|ten od. -konti⟩ *bei einem Bankinstitut eingerichtetes Konto, auf das Geldspenden für einen bestimmten Zweck eingezahlt werden können*

Spen|der ⟨der; -s, -⟩ **1** *jmd., der eine Spende gibt, der etwas spendet;* Zus *Blutspender, Organspender* **2** *Geber, Schenker, Stifter* ▸ wer ist der großzügige ~?; ein anonymer ~; Abl *Spenderin*

spen|die|ren ⟨V. trans.; spen|diert, spen|dier|te, hat spen|diert; umg.⟩ (jmdm.) etwas ~ *spenden, geben, ausgeben* ▸ er hat den Kindern ein Eis spendiert; eine Runde ~; Abl *spendierfreudig*

Sper|ber ⟨der; -s, -; Zool.⟩ *ein kleinerer Raubvogel mit graubraunem Gefieder*

Sper|ling ⟨der; -s, -e; Zool.⟩ *kleiner, oft brauner Vogel;* Syn *Spatz (1)*

Sper|ma ⟨das; -s, Sper|men od. Sper|ma|ta⟩ = *Samen (3)*

Sper|mi|en ⟨Pl. von⟩ *Spermium*

Sper|mi|um ⟨das; -s, -mi|en⟩ *männl. Geschlechtszelle, die der Befruchtung u. Fortpflanzung dient;* Syn *Spermatozoon*

sperr|an|gel|weit ⟨Adj.⟩ *so weit, wie die Angel es erlaubt, sehr weit* ▸ die Tür stand ~ offen

Sper|re ⟨die; -, -n⟩ **1** *Vorrichtung, die den Zugang zu etwas, den Durchgang durch etwas verhindert* **2** *das Verhindern von Handel, von Vergünstigungen usw.;* Zus *Urlaubssperre* **3** *Verbot* ▸ eine ~ errichten; eine ~ verhängen

sper|ren ⟨V.; sperrt, sperr|te, hat ge|sperrt⟩ **I** ⟨V. trans.⟩ **1** eine Grenze, einen Hafen, eine Straße ~ *eine Sperre in, an etwas errichten, den Zugang zu etwas, den Durchgang durch etwas verhindern;* Zus *Sperrgebiet* **2** die Ausfuhr, die Einfuhr, den Handel, die Korrespondenz, den Urlaub ~ *eine Sperre über etwas verhängen, etwas verhindern, verbieten, untersagen* ▸ ein Konto ~ *unzugänglich machen, nichts mehr vom K. auszahlen;* ein Rad ~ *durch Klotz o. Ä. am Bewegen, Rollen hindern;* einen Spieler ~ ⟨Sp.⟩ *einem Spieler für einen bestimmten Zeitraum das Mitspielen untersagen (als Disziplinarstrafe);* jmdm. den Strom, das Telefon ~ *den Gebrauch von S., T. durch Abschalten der Leitung unterbinden;* Wörter ~ ⟨Typ.⟩ *mit größeren Zwischenräumen zw. den Buchstaben drucken* ▸ eine Straße für den Verkehr ~; jmdn. ins Gefängnis ~ *jmdn. im G. einsperren* ▸ der Weg, Platz ist gesperrt; gesperrt für Durchgangsverkehr *(auf Verkehrsschildern)* **II** ⟨V. intr.⟩ eine Tür, ein Schloss sperrt *klemmt, ist nicht od. schlecht beweglich* **III** ⟨V. refl.⟩ sich (gegen etwas) ~ *sich gegen etwas sträuben, sich einer Sache widersetzen;* Abl *Sperrung*

sper|rig ⟨Adj.⟩ *viel Platz einnehmend, unhandlich* ▸ ein ~es Paket; ~e Möbel

Sperr|müll ⟨der; -s; unz.⟩ *unbrauchbar gewordene Gegenstände, die wegen ihrer Sperrigkeit außerhalb der normalen Müllabfuhr abgeholt werden*

Sperr|stun|de ⟨die; -, -n⟩ *Zeitpunkt, zu dem Bars u. Restaurants abends geschlossen werden müssen;* Syn *Polizeistunde*

Spe|sen ⟨Pl.⟩ *Nebenausgaben bei der Besorgung eines Geschäftes, die der Arbeitgeber erstattet*

Spe|zi **I** ⟨der; -s, -s; bes. bair.-österr.⟩ *Freund, Kumpan* **II** ⟨das; -s, -s; umg.⟩ *Mischgetränk aus Cola u. Orangenlimonade*

spe|zi|al ⟨Adj.; fast nur in Zus. mit Subst.⟩ = *speziell*

Spe|zi|al... ⟨in Zus.⟩ **1** *Einzel..., Sonder...* **2** *Fach...*, z. B. Spezialwissenschaft

Spe|zi|al|ein|heit ⟨die; -, -en⟩ *auf besondere Einsätze spezialisierte Gruppe von Polizeibeamten od. Soldaten* ▸ eine ~ der Berliner Polizei

spe|zi|a|li|sie|ren ⟨V. refl.; spe|zi|a|li|siert sich, spe|zi|a|li|sier|te sich, hat sich spe|zi|a|li|siert⟩ sich (auf etwas) ~ *sich auf etwas (ein Teilgebiet) beschränken u. dieses bes. eingehend studieren* ▸ er hat sich auf Porträtfotografie spezialisiert; Abl *Spezialisierung*

Spe|zi|a|list ⟨der; -en, -en⟩ *jmd., der sich auf ein Gebiet spezialisiert hat, Fachmann* ▸ ~ für ein Fachgebiet sein; Abl *Spezialistin*

Spe|zi|a|li|tät ⟨die; -, -en⟩ **1** *besonders kulinarischer Genuss, Delikatesse* **2** *etwas, das man besonders gern tut, das man besonders gut beherrscht* ▸ eine ~ des Hauses *eine in der Gaststätte bes. schmackhaft bereitete Speise;* Eierkuchen sind meine ~

spe|zi|ell ⟨Adj.⟩ **I** ⟨attr.; präd.⟩ *einzeln, besondere(r, -s)* ▸ in diesem ~en Fall kommen wir Ihnen entgegen; haben Sie ~e Wünsche?; sein Geschmack ist schon sehr ~; sich nicht im Speziellen zu einer Sache äußern **II** ⟨adv.⟩ *besonders, eigens* ▸ das Auto ist ~ für ihn angefertigt worden

Spe|zi|es ⟨die; -, -; biolog. Systematik⟩ = *Art (3)*

Spe|zi|fi|kum ⟨das; -s, -fi|ka⟩ *etwas Besonderes, Eigentümliches, besonderes Merkmal, Kennzeichen*

spe|zi|fisch ⟨Adj.⟩ *(art)eigen, eigentümlich* ▸ ~es Gewicht *Gewicht (= Masse) im Verhältnis zum Volumen;* ~e Wärme *die W., die benötigt wird, um 1 g (od. 1 kg) eines Stoffes um 1 °C zu erwärmen;* das ~ Weibliche

spe|zi|fi|zie|ren ⟨V. trans.; spe|zi|fi|ziert, spe|zi|fi|zier|te, hat spe|zi|fi|ziert⟩ etwas ~ *gliedern, sehr genau unterscheiden* ▸ eine Personen nach der Nationalität ~; eine Sache nicht näher ~ wollen; Abl *Spezifizierung*

Sphä|re ⟨die; -, -n⟩ **1** *Himmelskugel* **2** *Bereich, Machtbereich, Wirkungskreis;* Zus *Privatsphäre* ▸ sich für jmds. private ~ interessieren; die politische, soziale ~ berücksichtigen

Sphinx ⟨[sfinks]⟩ **I** ⟨der; -es, -e od. Sphin|gen, umg. a. die; -, -e⟩ *ägyptisches Fabelwesen mit Löwenleib u. Menschenkopf* **II** ⟨die; -; unz.; grch. Myth.⟩ *weibliches Ungeheuer mit Löwenleib u. Frauenkopf, das jeden tötete, der sein Rätsel nicht lösen konnte*

spi|cken ⟨V.⟩ **I** ⟨V. trans.; spickt, spick|te, hat gespickt⟩ Fleisch ~ *vor dem Braten mit Speckstreifen durchziehen* ▸ einen Hasen ~; mit Fehlern gespickte Arbeit ⟨übertr.⟩ **II** ⟨V. intr.; spickt, spick|te, hat ge|spickt; Schülerspr.⟩ *vom Heft des Nachbarn abschreiben, abgucken*

Spick|zet|tel ⟨der; -s, -; Schülerspr.⟩ *kleiner Zettel mit Notizen, von dem man während der Klassenarbeit abschreibt;* Syn *Spicker*

spie → *speien*

Spie|gel ‹der; -s, -› **1** *Glasscheibe mit einer Silberschicht, in der man alles sieht, was sich davor befindet;* ⓘ S. 147 **2** *Instrument mit Spiegel (1) zur Einführung u. Besichtigung von Körperhöhlen;* Zus *Augenspiegel* **3** *Oberfläche, z. B. einer Flüssigkeit, eines Gewässers;* Zus *Meeresspiegel, Wasserspiegel* **4** ‹Physiologie› *Gehalt einer Körperflüssigkeit an bestimmten Stoffen;* Zus *Vitaminspiegel, Zuckerspiegel* ▸ jmdm. einen ~ vorhalten ‹übertr.› *ihn über seine Fehler aufklären;* sie betrachtet sich gern im ~; sein Bild im ~ sehen

Spie|gel|bild ‹das; -(e)s, -er› *Bild im Spiegel, seitenverkehrtes Bild;* Abl *spiegelbildlich*

Spie|gel|ei ‹das; -(e)s, -er› *in der Pfanne in Fett gebratenes Ei;* Syn ‹umg.› *Setzei, Ochsenauge*

spie|geln ‹V.; spie|gelt, spie|gel|te, hat ge|spie|gelt› **I** ‹V. intr.› *Lichtstrahlen zurückwerfen, wie ein Spiegel glänzen, blenden* ▸ der Fußboden spiegelt; man kann das Bild schlecht erkennen, weil das Glas darüber spiegelt; Metall spiegelt **II** ‹V. trans.› etwas ~ *ein Abbild von etwas geben, meist: widerspiegeln* **III** ‹V. refl.› sich in etwas ~ **1** *ein (seitenverkehrtes) Abbild zeigen* **2** *sich wie in einem Spiegel zeigen, meist: sich widerspiegeln* ▸ die Bäume ~ sich im Wasser; seine innere Entwicklung spiegelt sich in seinem Werk; Abl *Spiegelung*

Spie|gel|re|flex|ka|me|ra ‹die; -, -s; Fot.› *Kamera mit eingebautem Spiegel, der vor dem Auslösen des Verschlusses das Bild auf eine Mattscheibe reflektiert*

spie|gel|ver|kehrt ‹Adj.› = *seitenverkehrt*

Spiel ‹das; -(e)s, -e› **1** *Tätigkeit zum Vergnügen, Zeitvertreib* **2** *unterhaltende Beschäftigung nach bestimmten Regeln, bei der Geld eingesetzt wird;* Zus *Glücksspiel* **3** *unterhaltender Wettbewerb;* Zus *Ballspiel, Brettspiel, Geduldsspiel, Gesellschaftsspiel, Kartenspiel* **4** *einzelner Abschnitt eines längeren Wettspiels* **5** ‹Sp.› *Wettkampf, Wettspiel;* Zus *Spielstand; Fußballspiel, Handballspiel* **6** ‹Film; Theat.› **6.1** *Theaterstück;* Zus *Puppenspiel, Schauspiel* **6.2** *schauspielerische Vorführung, Darstellung, Gestik u. Mimik (des Schauspielers)* **7** ‹Mus.› **7.1** *musikalische Darbietung;* Zus *Geigenspiel, Klavierspiel* **7.2** *das Spielen (eines Instruments)* **7.3** *Anschlag u. Ausdruck (des Spielenden)* **8** *lebhafte, harmonische Bewegung;* Zus *Farbenspiel, Wellenspiel* **9** ‹übertr.› *leichtsinniges, gefährliches Treiben* **10** *alle zu einem Gesellschaftsspiel gehörenden, in einem Karton gesammelten Gegenstände;* Zus *Spielbrett, Spielfigur, Spielgeld, Spielkarte* **11** *Maßunterschied zweier zusammengehöriger Maschinenteile, Spielraum* ▸ ~ der Augen, Hände, Muskeln; ein ~ Karten; ein ~ der Natur *eine seltsame Naturform;* das ~ der Wellen ▸ das ~ beginnt um 10 Uhr; jmds. ~ durchschauen ‹übertr.› *jmds. Absichten, Handlungen, Intrigen durchschauen;* das ~ eröffnen ‹Sp.›; ein ~ gewinnen; die Räder haben genügend ~ *Spielraum;* ins ~ kommen ‹übertr.› *zur Sprache kommen, eine Rolle spielen, wichtig werden;* das ~ machen *gewinnen;* sein: das ist für mich ein ~ ‹übertr.› *ein Leichtes;* es ist doch alles nur ~ *nur Scherz, kein Ernst;* das ~ steht 2:1 für X; sein ~ mit jmdm. treiben ‹übertr.› *jmdn. zum Besten haben, es nicht ernst mit ihm meinen;* das ~ verderben *nicht mitmachen u. dadurch die anderen stören od. das Gelingen verhindern;* ein ~ verlieren ▸ abgekartetes ~ ‹übertr.› *heimliche Absprache;* gute Miene zum bösen ~ machen ‹übertr.› *wider Willen mitmachen, sich lächelnd etwas Unangenehmes gefallen lassen;* ein doppeltes ~ spielen ‹übertr.› *unehrlich handeln, zwei gegeneinander ausspielen;* faires, unfaires, hartes, rücksichtsloses, rohes ~ ‹Sp.›; falsches ~ *S. mit der Absicht zu betrügen;* hohes, flaches ~ ‹Fußb.›; bei, mit jmdm. leichtes ~ haben ‹übertr.› *bei jmdm. leicht etwas durchsetzen, erreichen* ▸ etwas aufs ~ setzen *etwas wagen, etwas einsetzen, etwas einer Gefahr aussetzen;* sein Leben, seinen Ruf aufs ~ setzen; sein Leben steht auf dem ~ ‹übertr.› *ist in Gefahr;* lassen Sie mich aus dem ~! ‹übertr.› *lassen Sie mich damit in Ruhe, ich will nichts damit zu tun haben;* mit im ~ sein *an einem Spiel teilnehmen;* ‹übertr.› *an etwas beteiligt sein;* er hat Glück im ~ gehabt; sein Geld im, beim ~ verlieren; die Hand bei etwas im ~ haben *bei, an einem Unternehmen beteiligt sein;* ~ im Freien; ~ mit der Liebe; ~ mit Worten

Spiel|art ‹die; -, -en› *Abweichung innerhalb einer Art, Abart, Sonderform*

Spiel|au|to|mat ‹der; -en, -en› *mechanisches Spielgerät, das durch Einwurf einer Münze betätigt wird*

Spiel|ball ‹der; -(e)s, -bäl|le› **1** *Ball zum Spielen* **2** ‹übertr.› *macht-, willenloses Werkzeug* ▸ ein ~ in den Händen der Mächtigen ‹übertr.›; das Boot war nur noch ein ~ der Wellen

Spiel|bank ‹die; -, -en› *öffentliches, staatlich genehmigtes Unternehmen für Glücksspiele*

Spiel|chen ‹das; -s, -; umg.› *kleines, kurzes Spiel* ▸ ein ~ machen (bes. Glücksspiel, Kartenspiel)

spie|len ‹V.; spielt, spiel|te, hat ge|spielt› **I** ‹V. trans. u. V. intr.› (etwas) ~, (mit etwas) ~ *sich ohne Zweck, zur Unterhaltung (mit etwas) beschäftigen, ein Spiel machen* ▸ komm, wir ~ ein bisschen! ▸ Ball ~; ein Spiel ~ ▸ mit einem Band ~; mit dem Gedanken ~, etwas zu tun ‹übertr.› *überlegen, ob man etwas tun soll;* mit Puppen, mit der Eisenbahn ~; mit Worten ~ *ein Wortspiel machen* ▸ was wollen wir ~? **II** ‹V. intr.› **1** *ein Glücksspiel betreiben, ein Wettspiel durchführen* **2** *sich als Schauspieler betätigen* **3** *ein Musikinstrument betätigen* **4** *Spiel(raum) haben* **5** *eine Sache nicht ernst meinen, nehmen* **6** *leichtsinnig gefährliche Dinge treiben* **7** *in lebhafter, leichter, harmonischer Bewegung sein* (Farben, Lichter) ▸ er spielt ja nur (mit ihr); es spielt das Rundfunkorchester ▸ ~ lassen = *spielenlassen* ▸ fair, unfair, hart, rücksichtslos ~ ‹Sp.›; falsch ~ (auf einem Instrument); hoch ~ *(beim Glücksspiel) einen hohen Einsatz wagen* ▸ sie spielt seit Jahren

S

am Burgtheater; die Mannschaft spielt heute gegen …; der Diamant spielt in allen Farben; ins Gelbliche, Grünliche usw. ~ *einen gelbl., grünl. Farbton, Schimmer aufweisen;* in der Lotterie ~; der Roman spielt im Mittelalter; mit jmdm. ~ *ein Spiel machen;* ⟨übertr.⟩ *jmdn. irreführen;* das Wasser spielte ihm um die Füße; um Geld ~ **III** ⟨V. trans.⟩ **1** eine Rolle ~ *schauspielerisch darstellen* **2** ein Drama, eine Operette ~ *im Theater aufführen* **3** ein Musikinstrument ~ *künstlerisch betätigen können* **4** ein Musikstück ~ *musikalisch darbieten* **5** ⟨übertr.⟩ etwas ~ *vorgeben, vortäuschen, so tun, als ob* ▸ Beethoven ~ *ein Stück von B. spielen;* den Beleidigten, Unschuldigen ~ ⟨übertr.⟩; den Don Carlos ~; eine Farbe ~ ⟨Kart.⟩; Geige, Klavier ~; Karten ~; ein Konzert, einen Schlager, eine Sonate ~; Theater ~ ▸ was wird heute (im Theater) gespielt?; was wird hier gespielt? ⟨übertr.⟩ *was geht hier vor?, was ist hier los?;* wer hat den Hamlet gespielt? ▸ seine Entrüstung war nur gespielt; mit gespieltem Erstaunen antworten

spie|lend **I** ⟨Part. Präs. von⟩ *spielen* **II** ⟨Adj.⟩ *leicht, mühelos, ohne Schwierigkeiten* ▸ ~ lernen; ein Hindernis ~ nehmen; er schafft es ~

spie|len|las|sen *auch:* **spie|len las|sen** ⟨V. trans.; lässt spie|len, ließ spie|len, hat spie|len|ge|las|sen⟩ etwas ~ *etwas einsetzen, um eine bestimmte Wirkung zu erzielen* ▸ alle Beziehungen, seine Muskeln ~; seine Reize ~ *zur Geltung bringen*

Spie|ler ⟨der; -s, -⟩ **1** *jmd., der spielt, an einem Spiel teilnimmt;* Zus *Mitspieler* **2** *jmd., der ein Glücksspiel betreibt* **3** *jmd., der ein Musikinstrument spielt;* Zus *Klavierspieler* ▸ er ist ein ~ *er spielt häufig Glücksspiele;* ⟨übertr.⟩ *er ist leichtsinnig;* ein guter, schlechter (Fußball-)~; Gesellschaftsspiel für drei bis vier ~; Abl *Spielerin*

Spie|le|rei ⟨die; -, -en⟩ **1** *nicht ernstzunehmende Beschäftigung, Zeitvertreib* **2** *unnützer Gegenstand* ▸ das ist nur so eine kleine ~

spie|le|risch ⟨Adj.⟩ **1** *wie ein Spiel, als Spiel* **2** ⟨übertr.⟩ **2.1** *ohne Ernst, ohne ernste Absicht* **2.2** *leicht* ▸ sie hat das ~ gemacht

Spiel|feld ⟨das; -(e)s, -er⟩ *begrenztes Feld für Wettspiele;* Syn *Spielfläche*

Spiel|film ⟨der; -(e)s, -e⟩ *Film mit durchgehender Handlung, im Unterschied zum Dokumentar-, Kulturfilm u. a.*

Spiel|ka|me|rad ⟨der; -en, -en⟩ *Kamerad (Kind) zum Spielen;* Abl *Spielkameradin*

Spiel|ka|si|no ⟨das; -s, -s⟩ = *Spielbank*

Spiel|plan ⟨der; -(e)s, -plä|ne⟩ **1** *Plan der in einer Spielzeit zu spielenden Bühnenstücke (eines Theaters)* **2** *Plan der während einer bestimmten Zeit in bestimmten Theatern od. Kinos gespielten Stücke bzw. Filme;* Zus *Monatsspielplan* ▸ der „Hamlet" steht (noch, nicht mehr) auf dem ~; das Stück ist vom ~ abgesetzt worden

Spiel|platz ⟨der; -es, -plät|ze⟩ *umgrenzter Platz im Freien zum Spielen für Kinder* ▸ die Kinder spielen auf dem ~; der ~ hat eine Rutsche und zwei Schaukeln

Spiel|re|gel ⟨die; -, -n; meist Pl.⟩ *Regel, nach der ein Spiel gespielt wird* ▸ (absichtlich) gegen die ~n verstoßen

Spiel|sa|chen ⟨Pl.⟩ *alle Dinge zum Spielen für Kinder* ▸ zum Geburtstag ~ schenken

Spiel|schuld ⟨die; -, -en⟩ *(nicht einklagbare) im Glücksspiel entstandene Schuld*

Spiel|stra|ße ⟨die; -, -n⟩ *für Durchgangsverkehr gesperrte u. bes. bezeichnete Straße, die zum Spielen für Kinder freigegeben ist*

Spiel|trieb ⟨der; -(e)s, -e⟩ *angeborenes Streben, Bedürfnis zu spielen* ▸ den kindlichen ~ unterstützen; seinem ~ folgen

Spiel|uhr ⟨die; -, -en⟩ *Musikgerät in Kasten- od. Dosenform, das eine od. mehrere Melodien spielt* ▸ die ~ aufziehen

Spiel|ver|der|ber ⟨der; -s, -⟩ **1** *jmd., der bei einem Spiel nicht mitmacht u. es dadurch verhindert od. stört* **2** ⟨übertr.⟩ *jmd., der ein Unternehmen vereitelt* ▸ sei kein ~!; Abl *Spielverderberin*

Spiel|wa|ren ⟨Pl.⟩ *zum Verkauf stehende Gegenstände zum Spielen für Kinder;* Zus *Spielwarenabteilung, Spielwarengeschäft*

Spiel|wie|se ⟨die; -, -n⟩ **1** *Wiese zum Spielen* **2** ⟨übertr.; umg.⟩ *Betätigungsfeld, Bereich, in dem sich jmd. engagiert* ▸ zur politischen ~ werden ⟨übertr.⟩

Spiel|zeug ⟨das; -(e)s, -e⟩ **1** *Gegenstand zum Spielen für Kinder, Spielsachen* **2** ⟨übertr.⟩ *Mensch, der einem andern nur als Zeitvertreib dient* ▸ der Junge hat schon so viel, hat zu viel ~; die Kinder wünschen sich ~ zu Weihnachten; lass den Apparat stehen, er ist kein ~

Spieß ⟨der; -es, -e⟩ **1** *Stich- u. Wurfwaffe aus langem Stab mit einer Eisenspitze, Lanze, Speer;* Zus *Wurfspieß* **2** *dünner, zugespitzter Eisen- od. Holzstab (zum Grillen);* Zus *Fleischspieß* **3** ⟨Soldatenspr.⟩ *Kompaniefeldwebel* ▸ am ~ gebratenes Huhn; den ~ umdrehen ⟨übertr.⟩ *einen Vorwurf zurückgeben;* er schrie wie am ~ *heftig, sehr laut, verzweifelt*

Spieß|bür|ger ⟨der; -s, -; abwertend⟩ *engstirniger, kleinlich denkender Mensch;* Abl *Spießbürgerin, Spießbürgertum; spießbürgerlich*

spie|ßen ⟨V. trans.; spießt, spieß|te, hat ge|spießt⟩ etwas auf etwas ~ *mit dem Spieß durchstechen, durchbohren* ▸ eine Kartoffel auf die Gabel ~; einen Schmetterling auf eine Nadel ~

Spie|ßer ⟨der; -s, -; abwertend⟩ = *Spießbürger;* Abl *Spießerin*

spie|ßig ⟨Adj.; umg.⟩ *engstirnig, spießbürgerlich*

Spi|nat ⟨der; -(e)s; unz.; Bot.⟩ *Pflanze, die als Blattgemüse angebaut wird*

Spind ⟨der od. das; -(e)s, -e⟩ *schmaler Schrank (bes. in Kasernen)*

Spin|del ⟨die; -, -n⟩ **1** *Teil des Spinnrades od. der Spinnmaschine, der die Spule trägt* **2** ⟨Techn.⟩ *Welle mit Gewinde zur Umwandlung einer Drehbewegung in eine Längsbewegung*

spin|del|dürr ⟨Adj.; übertr.; umg.⟩ *sehr, auffallend dürr, klapperdürr* ▸ sie ist ~

Spi|nett ⟨das; -(e)s, -e; Mus.⟩ *Tasteninstrument,*

bei dem die quer od. schräg zu den Tasten stehenden Saiten mit einem Kiel angerissen werden, Vorläufer des Klaviers

Spin|ne ‹die; -, -n; Zool.› *ein kleines Tier mit acht Beinen, das Netze webt, um darin Insekten zu fangen;* Zus *Spinnennetz*

spin|ne|feind ‹Adj.; nur präd.› *sehr feindlich (gesinnt), bitterböse (gesinnt)* ▸ jmdm. ~ sein; die beiden sind sich/einander ~

spin|nen ‹V. trans. u. V. intr.; spinnt, spann, hat ge|spon|nen› **1** (etwas) ~ *aus einem Körpersekret, das an der Luft erstarrt, Fäden erzeugen* (von Spinnen, Raupen) **2** (etwas) ~ *mit dem Spinnrad od. der Spinnmaschine Fasern zu einem Faden drehen* **3** ‹umg.› **3.1** *verrückt sein* **3.2** *dummes Zeug, Unsinn reden* ▸ der spinnt ja ‹übertr.; umg.›; ein Netz von Lügen ~ ‹übertr.›

Spin|ner ‹der; -s, -› **1** *Facharbeiter in einer Spinnerei* **2** ‹übertr.; umg.› *jmd., der spinnt, der verrückt ist, dummes Zeug redet;* Abl *Spinnerin*

Spinn|rad ‹das; -(e)s, -rä|der› *Gerät mit Fußantrieb zum Verspinnen von Fasern zum Faden*

Spinn|we|be ‹die; -, -n› *Faden eines Spinnennetzes*

Spi|on ‹der; -s, -› **1** *jmd., der Spionage treibt;* Abl *Spionin* **2** ‹übertr.› *Guckloch in der Wohnungstür, um von innen hinausschauen zu können*

Spi|o|na|ge ‹[-ʒə] die; -; unz.› *das heimliche Auskundschaften von militärischen, politischen od. wirtschaftlichen Geheimnissen eines Staates im Auftrag eines anderen* ▸ ~ treiben

spi|o|nie|ren ‹V. intr.; spi|o|niert, spi|o|nier|te, hat spi|o|niert› *Spionage treiben, etwas auskundschaften, zu erkunden suchen*

Spi|ra|le ‹die; -, -n› **1** ‹Math.› *ebene, sich unendlich um einen Punkt windende Kurve, die sich immer weiter von diesem Punkt entfernt, Schneckenlinie;* Abl *spiralförmig* **2** ‹allg.› *sich um eine Achse windende, räumliche Kurve, Schraubenlinie* **3** *Gegenstand in dieser Form*

Spi|ri|tis|mus ‹der; -; unz.› *Glaube an Geister u. an den möglichen Verkehr mit ihnen;* Abl *Spiritist(in); spiritistisch*

spi|ri|tu|ell ‹Adj.› *geistig, übersinnlich*

Spi|ri|tu|o|sen ‹Pl.› *stark alkoholhaltige Getränke* ▸ Verkauf von ~

Spi|ri|tus ‹[ʃpiː-] der; -, -tus|se› *stark alkoholhaltige Flüssigkeit, mit der man Feuer machen od. Dinge konservieren kann*

Spi|tal ‹das; -s, -tä|ler; österr., schweiz.› *Krankenhaus*

spi|tal|reif ‹Adj.; schweiz.› = *krankenhausreif*

spitz ‹Adj.; -er, am -es|ten› **1** *mit einer Spitze versehen* **2** *immer schmaler, dünner werdend, in einem Punkt endend* **3** ‹übertr.› *leicht boshaft, anzüglich, stichelnd* (Bemerkung) **4** ‹übertr.; umg.› *wollüstig, geil* ▸ etwas mit ~en **Fingern** anfassen *mit Daumen u. Zeigefinger u. die übrigen abspreizend (vor Ekel od. aus Angst, sich zu beschmutzen);* das **Messer** ist ~; ~e **Schuhe** tragen; ~er **Winkel** *W. unter 90 °C;* eine ~e **Zunge** haben ‹übertr.› *boshaft sein, gern sticheln* ▸ „Pass auf!", **sagte** sie ~ ‹übertr.›; ~ **zulaufen** ▸ er ist total ~ **auf** das Mädchen

Spitz ‹der; -es, -e› *kleine Hunderasse mit spitzer Schnauze, spitzen Ohren u. langhaarigem Fell* ▸ eine Sache steht ~ auf Kopf ‹umg.› *eine Sache ist ungewiss, sie droht zu scheitern*

Spitz|bu|be ‹der; -n, -n› **1** *Dieb, Gauner, Ganove, Betrüger* **2** *Frechdachs, Schelm*

spitz|bü|bisch ‹Adj.› *wie ein Spitzbube, schelmisch, verschmitzt* ▸ ein ~es Gesicht machen; ~es Lächeln; ~ lächeln

spit|ze ‹Adj.; undekl.; umg.› *großartig, hervorragend, ausgezeichnet* ▸ das Kleid sieht ~ aus; der Mann, der Film ist ~; →a. *Spitze (II)*

Spit|ze **I** ‹die; -, -n› **1** *in einem Punkt auslaufendes od. dünner, schmaler werdendes Ende (eines Gegenstandes);* Zus *Baumspitze, Felsspitze, Fingerspitze, Nadelspitze, Schuhspitze, Turmspitze* **2** *Punkt, an dem zwei od. mehrere Linien od. Kanten zusammenstoßen (eines Dreiecks, einer Pyramide)* **3** *vorderste Gruppe (eines Zuges, einer Menge)* **4** ‹übertr.› *leicht boshafte Anspielung od. Bemerkung, Anzüglichkeit, Stichelei* **5** *durchbrochenes Gewebe, Fadengeflecht (als Kleider-, Wäscheeinsatz)* ▸ die ~ eines **Eisbergs** ‹übertr.› *der bereits bekannte, kleine Teil einer skandalösen, misslichen Angelegenheit größeren Ausmaßes;* die ~n der **Gesellschaft,** der Stadt *die führenden, leitenden od. tonangebenden Personen* ▸ vom Bleistift die ~ **abbrechen;** die ~ **halten** *ganz vorn bleiben, unter den Ersten bleiben;* ~n **häkeln,** klöppeln, weben, wirken, einer Sache die ~ **nehmen** *sie abschwächen;* **zurückgeben:** sie gab ihm die ~ zurück ‹übertr.› *sie antwortete schlagfertig u. ebenso boshaft* ▸ im Rennen **an** der ~ liegen; sich an die ~ einer Bewegung stellen; eine Sache **auf** die ~ treiben ‹übertr.› *bis zum Äußersten gehen, es zum Kampf kommen lassen;* das ist eine ~ **gegen** dich ‹übertr.›; **mit** ~n besetztes Kleid **II** ‹ohne Artikel; umg.› *ausgezeichnete, großartige Sache* ▸ das ist einsame ~!

Spit|zel ‹der; -s, -› *jmd., der heimlich andere aushorcht, Spion* ▸ er war als ~ für die Stasi tätig; Abl *spitzeln;* Zus *Lockspitzel, Polizeispitzel*

spit|zen ‹V.; spitzt, spitz|te, hat ge|spitzt› **I** ‹V. trans.› etwas ~ *mit einer Spitze versehen, spitz machen* ▸ den Bleistift ~; die Lippen (zum Pfeifen) ~; den Mund (zum Kuss) ~; die Ohren ~ ‹übertr.› *aufmerksam lauschen, gut zuhören, aufpassen* **II** ‹V. refl.; umg.› sich auf etwas ~ **1** *etwas erhoffen, etwas unbedingt haben wollen* **2** *sich auf etwas freuen* ▸ ich spitze mich schon auf seinen Besuch **III** ‹V. intr.; umg.› irgendwohin ~ *wachsam od. vorsichtig schauen* ▸ um die Ecke ~

Spit|zen... ‹in Zus. mit Subst.› **1** *zur Spitze gehörend, führend,* z. B. Spitzensportler(in), Spitzenmannschaft, Spitzenorganisation, Spitzenposition **2** *höchste Qualität besitzend,* z. B. Spitzenfilm, Spitzenleistung, Spitzenprodukt, Spitzenerzeugnis **3** *von höchstem Rang u. Ansehen,* z. B. Spitzenpolitiker(in), Spitzenmanager(in)

4 *höchste Werte aufweisend,* z. B. Spitzenbelastung, Spitzengeschwindigkeit, Spitzentemperatur

Spit|zen|ge|spräch ‹das; -(e)s, -e› *Gespräch zw. ranghöchsten Vertretern* ▸ in einem ~ einen politischen Kompromiss ausloten

Spit|zen|grup|pe ‹die; -, -n; Pl. selten› *Gruppe an der Spitze, vorderste, leistungsstärkste Gruppe* ▸ ein Vorstoß in die ~; zur ~ gehören

Spit|zen|kan|di|dat ‹der; -en, -en; Pol.› *an die Spitze ihrer Wahlliste gestellter Vertreter einer Partei;* Abl *Spitzenkandidatin*

Spit|zen|klas|se ‹die; -; unz.› **1** *erste Klasse, erste Güte* **2** *ausgezeichnete Sache* ▸ der Apparat ist ~

Spit|zen|rei|ter ‹der; -s, -› **1** *der Beste, der an der Spitze einer Tabelle steht;* Abl *Spitzenreiterin* **2** *bes. gut verkaufte Waren, bes. erfolgreicher Musiktitel, Film o. Ä.* ▸ der ~ der Bundesliga

Spit|zen|sport ‹der; -(e)s; unz.› *Leistungssport der Spitzenklasse;* Syn *Hochleistungssport*

Spit|zer ‹der; -s, -› *kleines Werkzeug zum Spitzen von Bunt- u. Bleistiften;* Zus *Bleistiftspitzer*

spitz|fin|dig ‹Adj.› *überscharf unterscheidend, haarspalterisch* ▸ ~e Bemerkungen machen; Abl *Spitzfindigkeit*

Spitz|ha|cke ‹die; -, -n› *Hacke mit spitz zulaufendem Blatt, Pickel*

spitz|krie|gen ‹V. trans.; kriegt spitz, krieg|te spitz, hat spitz|ge|kriegt, spitz|zu|krie|gen; umg.› etwas ~ *herausbekommen, erfahren, bemerken;* Syn *spitzbekommen* ▸ sie hat es spitzgekriegt

Spitz|maus ‹die; -, -mäu|se; Zool.› *eine Maus mit rüsselförmiger Schnauze u. weichem, kurzem Fell*

Spitz|na|me ‹der; -ns, -n› *jmdm. von anderen gegebener, zusätzlicher, neckender Name*

spitz|wink|lig ‹Adj.› *mit einem spitzen Winkel versehen* (Dreieck); oV *spitzwinkelig*

spitz|zün|gig ‹Adj.› *mit spitzer Zunge, leicht boshaft, stichelnd, scharfzüngig* ▸ eine Bemerkung ~ kommentieren; Abl *Spitzzüngigkeit*

Spleen ‹[ʃpliːn] od. [spliːn] der; -s, -e› **1** *ein wenig sonderbares, verschrobenes, schrulliges Wesen* **2** *überspannte, sonderbare Idee* ▸ du hast ja einen ~!; er hat schon wieder einen neuen ~

S

Spliss ‹der; -es; unz.› *gespaltene Haarspitzen;* Abl *splissig*

Splitt ‹der; -(e)s, -e› *grobkörniges Gestein für Straßenbelag mit 7-30 mm Korngröße*

split|ten ‹[ʃplɪt-] od. [splɪt-] V. trans.; split|tet, split|te|te, hat ge|split|tet› etwas od. sich ~ *teilen, aufteilen, halbieren*

Split|ter ‹der; -s, -› *spitzes, abgesprungenes Stück von einem Gegenstand, scharfer Span, kleines Bruchstück* ▸ sich einen ~ einziehen; einen ~ im Finger haben; Zus *Glassplitter, Granatsplitter, Holzsplitter, Knochensplitter*

split|ter|fa|ser|nackt ‹Adj.› *völlig nackt*

Split|ter|grup|pe ‹die; -, -n› *kleine politische Gruppe, die sich von einer größeren od. einer Partei getrennt hat*

split|tern ‹V. intr.; split|tert, split|ter|te, ist ge|split|tert› *in viele Splitter zerbrechen*

split|ter|nackt ‹Adj.› = *splitterfasernackt*

Split|ter|par|tei ‹die; -, -en› *kleine, von einer größeren abgesplitterte Partei*

SPÖ ‹Abk. für› *Sozialdemokratische Partei Österreichs*

Spoi|ler ‹der; -s, -; Kfz› *Blech-, Kunststoff- od. Gummiwulst am Heck od. an der Front von Autos zur Verbesserung der Bodenhaftung u. zur Verringerung des Luftwiderstandes*

spon|sern ‹V. trans.; spon|sert, spon|ser|te, hat gespon|sert; bes. Sp.› **1** jmdn. od. etwas ~ *jmdn. od. etwas finanziell unterstützen, fördern* **2** einen Betrag ~ *als Sponsor bezahlen* ▸ die Hälfte des Betrages wird gesponsert

Spon|sor ‹der; -s, -en› *jmd., der eine Sache od. jmdn. finanziell unterstützt, Geldgeber;* Abl *Sponsorin*

spon|tan ‹Adj.› **1** *von selbst, aus eigenem Antrieb, von innen heraus (kommend)* **2** *einer plötzlichen Eingebung, einem plötzlichen Entschluss folgend, ohne zu überlegen* ▸ ~e Äußerung; es geschah ganz ~; Abl *Spontan(e)ität*

Spon|ti ‹der; -s, -s; bes. Ende der 1970er-, Anfang der 1980er-Jahre› *Angehöriger einer spontan handelnden, links gerichteten Gruppe*

spo|ra|disch ‹Adj.› **1** *vereinzelt, verstreut* **2** *hin u. wieder, nicht oft, unregelmäßig* ▸ wir sehen uns nur ganz ~ ‹umg.›

Spo|re ‹die; -, -n› *ungeschlechtliche Fortpflanzungszelle vieler Algen u. Pilze*

Spo|ren ‹Pl.; Sing.: Sporn› *zwei metallene, mit je einem Bügel an den Stiefelabsätzen befestigte Dornen od. Rädchen zum Antreiben des Pferdes* ▸ dem Pferd die ~ geben; sich die ~ verdienen ‹übertr.› *sich (bei einer Aufgabe, einem Auftrag) bewähren;* →a. *Sporn*

Sporn ‹der; -s, Spo|ren› **1** *horniger Fortsatz hinten am Fuß vieler männlicher Vögel, bes. der Hühnervögel, der als Waffe dient, bei Kampfhähnen künstlich befestigt u. aus Stahl ist* **2** *schmerzhafter, knöcherner Vorsprung am Fersenbein, der sich durch einen länger andauernden Reiz bilden kann* **3** *Nagel an der Sohle des Bergschuhs;* →a. *Sporen*

Sport ‹der; -(e)s, -e; Pl. selten› **I** ‹unz.› **1** *körperliche Betätigung nach bestimmten Regeln aus Freude daran od. zur Gesunderhaltung;* ⓘ S. 789; Zus *Sportanlage, Sportarzt, Sportclub, Sportgerät; sportinteressiert* **2** *Gesamtheit der auf den Sport (1) bezogenen Aktivitäten, Ereignisse usw.* **3** *Sport (1) als Unterrichts-, Studienfach o. Ä.;* Zus *Sportlehrer(in), Sportunterricht* **4** ‹übertr.; umg.› *Neigung, Lust zu einer Tätigkeit* ▸ er macht gern ~; sie interessiert sich nicht für ~; ~ treiben *sich sportlich betätigen;* etwas aus ~ betreiben ‹übertr.; umg.› **II** ‹zählb.› **1** *Sportart;* Zus *Reitsport, Skisport, Wassersport* **2** ‹übertr.; umg.› *Liebhaberei, Steckenpferd, Hobby* ▸ einen ~ betreiben; sich einen ~ aus etwas machen ‹übertr.› *etwas wiederholt aus (boshaftem) Spaß machen*

Sport|art ‹die; -, -en› *bestimmte Art von Sport, z. B. Schwimmen, Reiten, Tennis*

Spo̤rt|ar|ti|kel 〈der; -s, -; meist Pl.〉 *Gegenstand, der bei der Ausübung eines Sports verwendet wird;* Zus *Sportartikelhersteller*

Spo̤rt|freund 〈der; -(e)s, -e〉 oV *Sportsfreund* **1** *Freund des Sports, Sportler* **2** *Mitangehöriger eines Sportklubs* **3** *Freund beim Sporttreiben*

Spo̤rt|ler 〈der; -s, -〉 **1** *jmd., der einen Sport betreibt* **2** *jmd., der Sport treibt;* Abl *Sportlerin*

spo̤rt|lich 〈Adj.〉 **1** *den Sport betreffend, auf dem Sport beruhend* **2** *zum Sport gehörend* **3** *für den Sport geeignet* (Kleidung); Zus *sportlich-elegant* **4** *in der Art eines Sportlers* **5** *sportliebend* ▸ ~e Betätigung; eine ~e Figur haben *eine kräftige, schlanke, sehnige F. haben;* gute ~e Leistungen zeigen; er ist sehr ~; Abl *Sportlichkeit*

Spo̤rt|me|di|zin 〈die; -; unz.〉 *Zweig der Medizin, der sich bes. mit den Wechselwirkungen zw. sportl. Betätigung u. Gesundheit sowie mit der Behandlung von Sportverletzungen befasst*

Spo̤rt|platz 〈der; -es, -plät|ze〉 *Rasenplatz für Sport (bes. Ballsport u. Leichtathletik)*

Spo̤rt|schuh 〈der; -(e)s, -e〉 *bequemer, praktischer Schnürschuh mit flachem Absatz*

Spo̤rts|ka|no|ne 〈die; -, -n; umg.〉 *hervorragender Sportler, sportlich sehr aktiver, erfolgreicher Mensch;* oV *Sportkanone* ▸ er ist eine richtige ~

Sportverein

In Deutschland gibt es eine Fülle von *Sportvereinen,* die sportliche Aktivitäten und Wettkämpfe in Hallen und Stadien oder auf Feldern organisieren. Das Angebot vieler Vereine, das vor allem von Kindern und Jugendlichen genutzt wird, umfasst zahlreiche Sportarten. Zu den beliebtesten zählen Turnen, Ballspiele (z. B. Fußball, Badminton, Basketball, Handball), Leichtathletik, Schwimmen und Tanzen – besonders bei Jungen hat das Fußballspielen einen sehr großen Stellenwert. Beginnend auf der regionalen Ebene, werden sportliche Wettkämpfe in der Regel sowohl national als auch international ausgetragen.

Die Namen der Sportvereine bestehen zumeist aus einer Abkürzung wie TV (Turnverein), TuS (Turn- und Sportverein), SC (Sportclub) oder SV (Sportverein) und werden mitunter durch Zusätze ergänzt.

Heutzutage hat sich eine Vielfalt von sportlichen Disziplinen etabliert, die meisten davon als Breitensport für alle Altersklassen. Hingegen wird der wettkampfmäßig betriebene Leistungssport häufig von Profi- oder Berufssportlern betrieben. In den neunziger Jahren sind zudem eine Reihe von sogenannten Funsportarten wie Inlineskating oder Snowboarden in Mode gekommen.

Spo̤rt|ver|ein 〈der; -(e)s, -e〉 *Verein von Sportlern;* Syn *Sportclub*

Spo̤rt|wa|gen 〈der; -s, -〉 **1** *niedriger, schneller Personenkraftwagen* **2** *leichter Kinderwagen*

Spot 〈[spɔt] der; -s, -s〉 *kurze Sendung im Rundfunk od. Fernsehen, meist zur Werbung;* Zus *Fernsehspot, Hörspot, Werbespot*

Spo̤tt 〈der; -(e)s; unz.〉 *das Auslachen, boshaftes Veralbern, Lächerlichmachen, leichter Hohn* ▸ nur ~ und Hohn ernten; jmdn. dem ~ der anderen preisgeben; seinen ~ mit jmdm. treiben; beißender, bitterer ~

spo̤tt|bil|lig 〈Adj.; umg.; verstärkend〉 *sehr billig*

spö̤t|teln 〈V. intr.; spöt|telt, spöt|tel|te, hat ge|spöt|telt〉 *leicht, fein spotten, sich in überheblicher Weise lustig machen;* Abl *Spöttelei*

spo̤t|ten 〈V. intr.; spot|tet, spot|te|te, hat ge|spot|tet〉 **1** *spöttisch reden, spöttische Bemerkungen machen* **2** *sich über etwas od. jmdn. lustig machen* ▸ „Versuch es!" spottete er; das spottet jeder Beschreibung *das ist unbeschreiblich (schlimm, hässlich usw.);* etwas ~d sagen

Spö̤t|ter 〈der; -s, -〉 *jmd., der oft spöttisch redet;* Abl *Spötterin*

spö̤t|tisch 〈Adj.〉 **1** *mit Spott, spottend* **2** *leicht boshaft, heiter-verächtlich, sich lustig machend* ▸ ~e Antwort, Bemerkung; ~er Blick; ~es Lächeln; etwas in ~em Ton sagen; ~ lächeln

Spo̤tt|preis 〈der; -es; unz.; umg.〉 *sehr niedriger Preis* ▸ etwas für einen ~ kaufen, bekommen

spra̲ch → *sprechen*

spra̲ch|be|gabt 〈Adj.〉 *begabt für das Erlernen von Fremdsprachen*

Spra̲|che 〈die; -, -n〉 **1** *System von Lauten, das Menschen zum Ausdruck von Gedanken, Gefühlen, Willensregungen hervorbringen u. das als Verständigungsmittel der Menschen untereinander dient;* Zus *Spracherwerb, Sprachforschung, Sprachgeschichte* **2** *bestimmtes Lautsystem eines Volkes;* Zus *Spracherwerb, Sprachforschung, Sprachgeschichte, Sprachlehrer(in), Sprachunterricht; Landessprache* **3** *Redeweise der Angehörigen einer berufl. od. sozialen Gemeinschaft;* Zus *Geheimsprache, Kaufmannssprache, Umgangssprache* **4** *Fähigkeit zu sprechen;* Zus *Sprachstörung* **5** *System von Gebärden, Zeichen, die der Verständigung dienen;* Zus *Gebärdensprache, Gehörlosensprache, Zeichensprache* **6** *Art, sich schriftlich od. mündlich auszudrücken, Stil* **7** 〈übertr.〉 *lebendiger, stummer Ausdruck;* Zus *Augensprache* **8** *Laut- u. Signalsystem der Tiere;* Zus *Hundesprache, Tiersprache, Vogelsprache* ▸ er ist ein Meister der ~; die Regeln der ~; die Struktur einer ~; ▸ fünf ~n beherrschen; die ~ auf einen Vorfall, ein Ereignis, ein Problem bringen *davon zu sprechen beginnen;* dieser Schriftsteller hat, schreibt eine schöne ~; eine deutliche ~ sprechen *sich unmissverständlich, energisch ausdrücken;* hast du die ~ verloren? 〈umg.〉 *warum sagst du nichts?;* er hat vor Schreck die ~ verloren 〈übertr.〉 *er kann vor Sch. nicht sprechen;* vor Schreck hat es mir die ~ verschlagen *ich war sprachlos;* wiederfinden: endlich fand er nach dem Schreck die ~ wieder ▸ alte ~n *S. des Altertums;* sie sagte nichts, aber ihr glückliches Gesicht sprach eine deutliche ~ *ließ auch, ohne*

S

T

U

V

W

X

Y

Z

dass sie etwas sagte, erkennen, was sie dachte, fühlte; bilderreiche ~; die deutsche, englische ~; einwandfreie, elegante, gehobene, gepflegte, reine ~; fremde ~n lernen; lebende ~n *S., die heute noch gesprochen werden;* tote ~n *S., die heute nicht mehr gesprochen werden u. nur überliefert sind, z. B. Latein* ▸ einen Text, ein Buch aus einer ~ in die andere übersetzen, übertragen; er will nicht mit der ~ heraus(rücken) *er will nicht darüber sprechen;* nun heraus mit der ~! *sprich!;* etwas zur ~ bringen *von etwas zu sprechen beginnen, um es zu erörtern*

Sprach|feh|ler ⟨der; -s, -⟩ *Unfähigkeit, bestimmte Laute richtig auszusprechen, z. B. lispeln*

Sprach|ge|brauch ⟨der; -(e)s, -bräu|che⟩ *gewohnte, übliche Ausdrucksform einer Sprache* ▸ diese Wendung ist im deutschen ~ nicht üblich

Sprach|ge|fühl ⟨das; -(e)s; unz.⟩ *Gefühl dafür, was in einer Sprache richtig od. falsch ist* ▸ ein gutes ~ haben; er hat kein ~

sprach|ge|wandt ⟨Adj.; -er, am -es|ten⟩ *gewandt im Sprechen;* Syn *wortgewandt;* Abl *Sprachgewandtheit*

sprachlich/-sprachig

Da Zusammensetzungen mit den Bestandteilen *-sprachlich* und *-sprachig* einander sehr ähneln, werden sie trotz unterschiedlicher Bedeutung häufig verwechselt. *Sprachlich* meint „die Sprache betreffend" und kommt auch alleinstehend vor: *Das war ein sprachlich beeindruckender Vortrag. Er gebrauchte ein umgangssprachliches Wort (= ein der Umgangssprache zugehöriges Wort).* Dagegen ist *-sprachig* in der Bedeutung „eine bestimmte Anzahl von Sprachen sprechend, in einer bestimmten Sprache abgefasst" immer Bestandteil einer Zusammensetzung wie *fremdsprachig, mehrsprachig* oder *zweisprachig: Er ist zweisprachig* (= er spricht zwei Sprachen). *Die deutschsprachigen Teilnehmer* (= die Teilnehmer, die Deutsch sprechen) *fehlten.*
Zur Unterscheidung kann man sich Folgendes merken: Der Adjektivbestandteil *-sprachig* meint eher den konkreten Sprachgebrauch, während *-sprachlich* die Bezugnahme auf eine Sprache benennt: *deutschsprachig* (= in deutscher Sprache abgefasst) - *deutschsprachlich* (= die deutsche Sprache betreffend).

...spra|chig ⟨in Zus.; zur Bildung von Adj.⟩ **1** *eine bestimmte Anzahl von Sprachen sprechend* **2** *in einer bestimmten Sprache od. einer bestimmten Zahl von Sprachen abgefasst* ▸ dreisprachiges Wörterbuch; er ist zweisprachig aufgewachsen; deutschsprachiger, fremdsprachiger Unterricht *in deutscher, in einer fremden Sprache gehaltener Unterricht;* →a. *...sprachlich*

Sprach|kennt|nis|se ⟨Pl.⟩ *Kenntnisse in einer od. mehreren fremden Sprachen*

Sprach|kurs ⟨der; -es, -e⟩ *Kurs zum Erlernen einer Fremdsprache* ▸ an einem ~ teilnehmen

Sprach|leh|re ⟨die; -, -n⟩ = *Grammatik*

sprach|lich ⟨Adj.⟩ *die Sprache, eine Sprache betreffend, zur Sprache gehörig, einer Sprache eigentümlich* ▸ ~er Fehler; der Aufsatz ist inhaltlich gut, aber ~ nicht einwandfrei; das ist ~ richtig, falsch

...sprach|lich ⟨in Zus.; zur Bildung von Adj.⟩ *eine bestimmte Sprache betreffend* ▸ englischsprachlicher, fremdsprachlicher Unterricht *Unterricht über die englische, über eine fremde Sprache;* →a. *...sprachig*

sprach|los ⟨Adj.; übertr.⟩ *so erstaunt od. erschrocken, dass man nicht sprechen kann* ▸ sie sah ihn in ~em Erstaunen an; ich war völlig ~, als ich das große Feuer sah; jetzt bin ich aber völlig ~!; Abl *Sprachlosigkeit*

Sprach|raum ⟨der; -(e)s, -räu|me⟩ *geograf. Gebiet, in dem eine bestimmte Sprache gesprochen wird;* Syn *Sprachgebiet* ▸ der deutsche, englische ~

Sprach|rohr ⟨das; -(e)s, -e; urspr.⟩ *Megafon* ▸ jmds. ~ sein ⟨übertr.⟩ *kritiklos jmds. Meinung verbreiten*

Sprach|wis|sen|schaft ⟨die; -; unz.⟩ *Wissenschaft von der Sprache als solcher u. den verschiedenen Sprachen* ▸ allgemeine ~ *Wissenschaft von den Vorgängen beim Sprechen (Phonetik), der Wort- u. Satzbildung (Grammatik), der Sprachgeschichte (Etymologie, Semasiologie), Sprachgeografie, Stilistik u. a.;* vergleichende ~ *Erforschung der Verwandtschaft der Sprachen untereinander mit Hilfe des Vergleichs;* Abl *Sprachwissenschaftler(in); sprachwissenschaftlich*

sprang → *springen*

Spray ⟨[ʃpreː] od. engl. [spreɪ] das od. der; -s, -s⟩ **1** *Gerät zum Zerstäuben von Flüssigkeit* **2** *Flüssigkeit zum Zerstäuben;* Abl *sprayen;* Zus *Spraydose; Fußspray, Haarspray*

Sprech|bla|se ⟨die; -, -n; bes. in Comics⟩ *gezeichnete Blase vor dem Mund od. über einer Figur, die deren Äußerungen u. Gedanken enthält*

spre|chen ⟨V. trans. u. V. intr.; spricht, sprach, hat ge|spro|chen⟩ **1** *Laute zu sinnvollen Wörtern zusammensetzen, sinnvolle Wörter, Sätze bilden* **2** irgendwie ~ *die Stimmwerkzeuge auf best. Weise handhaben* **3** etwas ~ *sagen* **4** *eine Rede halten* **5** mit jmdm. ~ *sich unterhalten, reden* ▸ wir ~ uns noch! *(bei der Verabschiedung; auch als Drohung);* kann ich dich einen Augenblick ~? ▸ diese Bemerkung spricht Bände *sagt, erklärt vieles;* (einen) Dialekt ~; Englisch, Französisch ~ *die engl., französ. Spr. beherrschen;* ein Gebet, Gedicht ~; ich möchte Herrn Hesse ~; Recht ~; den Segen ~; eine Sprache ~ *beherrschen;* die Wahrheit ~; er hat die ganze Zeit kein Wort gesprochen ▸ ich habe den Bundeskanzler gestern ~ hören; das Kind konnte mit drei Jahren noch nicht ~; er konnte vor Erschöpfung kaum ~; Prüflinge nicht miteinander ~ lassen; das Kind lernt ~ ▸ sprich doch deutlich!; hier wird Englisch und Französisch gesprochen (in Geschäften); er spricht fließend Französisch; frei ~ *ohne Konzept;* der Redner

S

hat (nicht) gut gesprochen; laut, leise ~ ▸ aus seinen Augen spricht Angst ⟨übertr.⟩; ich kann Italienisch verstehen, jedoch beim Sprechen habe ich noch Schwierigkeiten; durch die Nase ~; für jmdn. ~ *sich für ihn einsetzen; jmdn. vertreten; ein positives Zeugnis für das sein, was ist;* das spricht für seine Gutmütigkeit *zeugt von seiner G.;* das spricht für sich selbst *das bedarf keiner Erläuterung;* gegen deinen Plan spricht vieles; mit jmdm. ~; wir haben lange miteinander gesprochen; wir ~ nicht miteinander *wir sind einander böse;* mit sich selbst ~; mit hoher, tiefer, zitternder, lauter Stimme ~; über etwas od. jmdn. ~ *sich darüber od. über ihn unterhalten;* über etwas ~ *ein Thema behandeln;* ~ wir nicht (mehr) darüber!; unter uns gesprochen ...; von jmdm. ~; Gutes, Schlechtes von jmdm. ~; wir ~ gerade davon, dass ...; vor einem großen Zuhörerkreis ~; ich bin nicht zu ~! *ich empfange keinen Besuch;* der Arzt ist täglich von 9 bis 12 Uhr zu ~; auf jmdn. nicht gut zu ~ sein ⟨umg.⟩ *ihn nicht gut leiden können, ihm böse sein;* jmdn. zum Sprechen bringen

Spre|cher ⟨der; -s, -⟩ **1** *jmd., der (gerade) spricht* **2** *Ansager (z. B. im Radio)* **3** *Vertreter, Wortführer (einer Gruppe);* Zus *Elternsprecher(in), Klassensprecher(in)* **4** *Staatsbeamter, der offiziell Mitteilungen an die Presse weitergibt* ▸ ein ~ des Außenministeriums teilte mit ...; sich zum ~ einer Gruppe machen; Abl *Sprecherin*

Sprech|ge|sang ⟨der; -(e)s; unz.⟩ *dem Sprechen angenäherter Gesang*

Sprech|sil|be ⟨die; -, -n⟩ *Silbe im Hinblick auf die natürliche Aussprache des Wortes,* z. B. Kin-der

Sprech|stun|de ⟨die; -, -n⟩ *Zeit, in der jmd. (Arzt, Lehrer) zu sprechen ist* ▸ wann haben Sie ~?; ~ halten; ~ ist täglich von 10-12 Uhr

Sprech|stun|den|hil|fe ⟨die; -, -n⟩ = *Arzthelferin*

Sprech|werk|zeug ⟨das; -(e)s, -e; meist Pl.⟩ *Körperteil od. Organ, das man zum Sprechen benötigt, z. B. Lippen, Zunge, Stimmbänder*

Sprech|zim|mer ⟨das; -s, -⟩ *Zimmer, in dem man mit jmdm. (bes. dem Arzt) in dessen Sprechstunde sprechen kann u. behandelt wird*

sprei|zen ⟨V. trans.; spreizt, spreiz|te, hat gespreizt⟩ **1** die Beine, Finger, Zehen ~ *auseinanderstellen* **2** die Flügel ~ *ausbreiten* **3** die Federn ~ *aufplustern, sträuben;* Abl *Spreizung*

spren|gen ⟨V. trans.; sprengt, spreng|te, hat gesprengt⟩ **1** etwas ~ *mit Sprengstoff zerstören;* Zus *Sprengkörper, Sprengkraft* **2** etwas ~ *durch Druck von innen her zertrümmern* **3** eine Tür, ein Schloss ~ *mit Gewalt öffnen, aufbrechen* **4** die Ketten, Fesseln ~ *auseinanderreißen* **5** eine Versammlung ~ *auseinandertreiben, aufscheuchen, verjagen* **6** den Rasen, die Straße, Wäsche ~ *bespritzen, besprühen, beträufeln* ▸ die Bank ~ ⟨übertr.⟩ *durch hohen Gewinn der Spielbank alles Geld abnehmen;* das Eis hat das Gefäß gesprengt; ein Haus in die Luft ~; Abl *Sprengung*

Spreng|kopf ⟨der; -(e)s, -köp|fe⟩ *die Sprengladung enthaltender, vorderer Teil einer Rakete*

Spreng|la|dung ⟨die; -; unz.⟩ *eine bestimmte Menge Sprengstoff*

Spreng|satz ⟨der; -es, -sät|ze⟩ *Bombe*

Spreng|stoff ⟨der; -(e)s, -e⟩ *Stoff, der nach einer Zündung plötzlich große Mengen heißer Gase bildet, die einen zerstörenden Druck auf ihre Umgebung ausüben;* Zus *Sprengstoffexperte*

Spreu ⟨die; -; unz.⟩ *Hülsen, Spelzen, Grannen (des gedroschenen Getreides)* ▸ die ~ vom Weizen trennen ⟨übertr.⟩ *Schlechtes vom Guten trennen*

Sprich|wort ⟨das; -(e)s, -wör|ter⟩ *kurze, in ausdrucksvoller, einprägsamer Form (häufig mit End- od. Stabreim) überlieferte Lebensweisheit,* z. B. „Frisch gewagt ist halb gewonnen"

sprie|ßen ⟨V. intr.; sprießt, spross, ist ge|spros|sen⟩ *wachsen, keimen, treiben, sprossen* ▸ die Blumen, erste Knospen ~ aus der Erde

Spring|brun|nen ⟨der; -s, -⟩ *Brunnen, bei dem das Wasser durch Druck aus einer Düse nach oben schießt u. in einem Becken gesammelt wird*

sprin|gen ⟨V. intr.; springt, sprang, ist ge|sprungen⟩ **1** *einen Sprung machen, sich vom Boden wegschnellen* **2** irgendwohin ~ *in Sprüngen laufen, hüpfen* **3** *einen Sprung, Riss bekommen, bersten* (von Glas, Metall) **4** aus etwas ~ *in die Höhe schnellen, schießen, hervor-, herausspritzen* (Wasserstrahl, Quelle, Blut) **5** ⟨übertr.⟩ *eine Stelle weglassen (beim Vortrag eines Musikstücks, Darstellen einer Rolle)* **6** ⟨Brettspiel⟩ *ein Feld überschlagen* **7** ⟨umg.⟩ **7.1** *rasch laufen* **7.2** *sich beeilen, eilen* **7.3** *eilfertig zu Diensten sein* ▸ wenn sie nur mit dem kleinen Finger winkt, dann springt er schon ▸ in einem Betrieb, in einer Schule ~ ⟨übertr.⟩ *je nach Bedarf an unterschiedlichen Arbeitsplätzen eingesetzt werden;* das Glas, der Topf ist gesprungen; eine Saite ist gesprungen *gerissen* ▸ die Kinder kamen gesprungen; jmdn. für sich ~ lassen ⟨übertr.; umg.⟩ *seine Hilfsbereitschaft dauernd in Anspruch nehmen* ▸ 1,20 m hoch ~; 4 m weit ~ ▸ aus dem Bett ~; die Quelle springt aus der Erde, aus einem Felsen; aus dem Fenster ~; das springt ja in die Augen ⟨übertr.⟩ *ist offensichtlich;* in die Höhe ~ (vor Freude); das Glas, die Schüssel sprang in tausend Stücke; ins Wasser ~; über einen Graben ~; vom Pferd ~; vom Sprungturm ~; zur Seite ~ ▸ der ~de Punkt dabei ist, dass ... ⟨übertr.⟩ *das Entscheidende*

Sprin|ger ⟨der; -s, -⟩ **1** *jmd., der das Springen als Sport betreibt;* Abl *Springerin;* Zus *Hochspringer, Weitspringer* **2** *Arbeitnehmer, der in einem (Industrie-)Betrieb je nach Bedarf an unterschiedlichen Arbeitsplätzen eingesetzt wird;* Abl *Springerin* **3** ⟨Schach⟩ *Figur, die über ein Feld geradeaus ins nächste schräg dazu liegende od. umgekehrt springen kann;* Syn *Pferd (3), Rössel* ▸ ein guter, schlechter ~ sein

Sprin|ger|stie|fel ⟨der; -s, -; meist Pl.⟩ *hochgeschnürter schwarzer Stiefel, der im Militär u. a. von den Fallschirmspringern getragen wird (auch kennzeichnend für rechtsextreme, meist militante Personen)* ▸ die Angreifer trugen ~

Spring|flut ⟨die; -, -en⟩ *hohe Flut zur Zeit des Voll- u. Neumondes, wenn die Anziehungskraft von Sonne u. Mond in gleicher Richtung wirkt*

Spring|form ⟨die; -, -en⟩ *Kuchenblech mit bewegl., hohem Rand, der nach dem Backen gelöst wird*

Spring|rei|ten ⟨das; -s; unz.; Reitsp.⟩ *Disziplin des Reitsports, bei der in einem festgelegten Parcours Hindernisse überwunden werden müssen;* Syn *Springsport*

Spring|seil ⟨das; -(e)s, -e⟩ *Kinderspielzeug, Seil mit Griffen an den Enden zum Seilspringen*

Sprink|ler ⟨der; -s, -⟩ *Gerät zum Besprengen, Berieseln größerer Flächen;* Zus *Sprinkleranlage*

Sprint ⟨der; -(e)s, -e⟩ *Lauf, Rennen mit größtmöglicher Geschwindigkeit über eine kurze Strecke* ▸ ~ über 200 m; Abl *Sprinter(in)*

sprin|ten ⟨V. intr.; sprin|tet, sprin|te|te, hat/ist ge|sprin|tet⟩ **1** ⟨Sp.⟩ *eine kurze Strecke mit größtmöglicher Geschwindigkeit zurücklegen* **2** ⟨übertr.; umg.⟩ irgendwohin ~ *schnell, eilig laufen*

Sprit ⟨der; -(e)s, -e; umg.⟩ *Benzin, Treibstoff*

Sprit|ze ⟨die; -, -n⟩ **1** *Gerät zum Spritzen* **1.1** *als Röhrchen mit einer Nadel (für Injektionen)* **1.2** *als Schlauch mit verstellbarer Düse;* Zus *Feuerspritze, Gartenspritze* **2** *Injektion;* Zus *Beruhigungsspritze* **3** ⟨übertr.; umg.; meist in Zus.⟩ *größere finanzielle Zuwendung;* Zus *Finanzspritze* ▸ der Arzt hat ihm eine ~ gegeben

sprit|zen ⟨V.; spritzt, spritz|te, hat ge|spritzt; bei Bewegung in einer Richtung: ist⟩ **I** ⟨V. intr.; übertr.⟩ **1** *Flüssigkeit in Tropfen wegschleudern* **2** *mit der Spritze Flüssigkeit aussenden, Flüssigkeit aus der Spritze pressen* **3** aus etwas ~ *in Tropfen od. Strahl herausschnellen, hervorquellen* ▸ spritz nicht so! ▸ das **Blut** ist aus der Wunde gespritzt; das heiße **Fett** spritzt (aus der Pfanne) ▸ **mit** Wasser ~ **II** ⟨V. trans.⟩ **1** etwas ~ **1.1** *mittels Spritze befeuchten, besprengen* **1.2** *mit der Spritzpistole Farbe auftragen* **2** (jmdm.) etwas ~ *als Injektion verabreichen* **3** jmdn. ~ *jmdm. eine Injektion geben* ▸ **Bäume,** Pflanzen (mit einem Schädlingsbekämpfungsmittel) ~; die **Blumen,** den Rasen ~; sie spritzt sich regelmäßig **Heroin; Wasser** ~ ▸ Schlagsahne **auf** die Torte ~; jmdn. **gegen** Tetanus ~; Wasser **ins** Feuer ~; jmdn. in die Vene, in den Muskel, unter die Haut ~ ▸ gespritztes Obst *mit einem Insektizid o. Ä. besprengtes Obst*

Sprit|zer ⟨der; -s, -⟩ **1** *durch Spritzen entstandener Fleck;* Zus *Farbspritzer, Wasserspritzer* **2** *kleine gespritzte Menge* ▸ einen ~ Zitronensaft in die Soße tun

Spritz|ge|bäck ⟨das; -s; unz.⟩ *kleines Backwerk aus Rührteig, das mit Hilfe einer Spritze geformt wird*

sprit|zig ⟨Adj.⟩ **1** *prickelnd* (Wein) **2** ⟨übertr.⟩ *sprühend witzig, geistreich* (Lustspiel, Stil) ▸ die Aufführung war ~ inszeniert ⟨übertr.⟩

Spritz|pis|to|le ⟨die; -, -n⟩ *Gerät zum Aufspritzen von Farbe od. Lack*

Spritz|tour ⟨[-tu:r] die; -, -en⟩ *kleiner Ausflug*

sprö|de ⟨Adj.⟩ oV *spröd* **1** *hart, fest, aber bei Druck od. Schlag zerspringend, zerbrechlich* (Glas, Porzellan) **2** *trocken, aufgesprungen, rissig* (Haut) **3** *brüchig, heiser* (Stimme) **4** *schwer formbar, widerspenstig* **5** *kühl, herb, verschlossen, abweisend* (Person, bes. von Frauen Männern gegenüber); Abl *Sprödheit, Sprödigkeit*

spross → *sprießen*

Spross ⟨der; -es, -e⟩ **1** *junger Trieb* **2** *Nachkomme*

Spros|se ⟨die; -, -n⟩ *Querholz zum Darauftreten an der Leiter*

Spros|sen|wand ⟨die; -, -wän|de⟩ *leiterartiges Turngerät mit sehr breiten Sprossen für Kletter- u. Hängeübungen*

Spröss|ling ⟨der; -s, -e; umg.; scherzh.⟩ *Kind* ▸ deine, eure ~e

Sprot|te ⟨die; -, -n; Zool.⟩ *mit dem Hering verwandter kleiner Fisch, der geräuchert gegessen wird*

Spruch ⟨der; -(e)s, Sprü|che⟩ **1** *kurz u. einprägsam ausgesprochener Gedanke, kurzer Lehrsatz, Lebensregel, oft in Reimen;* Zus *Denkspruch, Sinnspruch, Wahlspruch* **2** *ausgedrückte Entscheidung;* Zus *Schiedsspruch, Urteilsspruch* **3** *Beschwörungsformel;* Zus *Zauberspruch* **4** *Stelle aus einem Buch, Zitat, bes. aus der Bibel;* Zus *Bibelspruch* ▸ Sprüche machen, klopfen ⟨übertr.⟩ *leeres Gerede von sich geben, große Worte machen*

Spruch|band ⟨das; -(e)s, -bän|der⟩ *breites Stoff- od. Papierband mit Inschrift, bes. zur Werbung u. Propaganda*

spruch|reif ⟨Adj.⟩ *reif zur Entscheidung, zur öffentlichen Bekanntgabe* ▸ die Sache ist (noch nicht) ~

Spru|del ⟨der; -s, -⟩ *Mineralwasser, Sodawasser;* Syn *Sprudelwasser*

spru|deln ⟨V. intr.; spru|delt, spru|del|te, hat gespru|delt; übertr. u. bei Bewegung in einer Richtung: ist⟩ **1** aus etwas od. irgendwohin ~ *sprühend, schäumend hervorquellen* **2** *wirbeln, sprühend od. schäumend bewegt sein* **3** *wallen, kochen, Blasen bilden* **4** ⟨übertr.⟩ *überquellen, überschäumen, sprühen* ▸ der Sekt ist aus der Flasche gesprudelt; die Worte sprudelten nur so aus seinem Mund; ~des Temperament

sprü|hen ⟨V.; sprüht, sprüh|te, hat ge|sprüht; bei Bewegung in einer Richtung: ist⟩ **I** ⟨V. intr.⟩ (irgendwohin) ~ *in kleinen Teilchen (Funken, Tröpfchen) spritzen, davon-, auseinanderfliegen* ▸ die Gischt sprühte ins, übers Boot; die Funken sprühten nach allen Seiten; vor Lebenslust ~ ⟨übertr.⟩ *sehr lebhaft, ausgelassen sein;* ihre Augen sprühten vor Begeisterung ⟨übertr.⟩; ~de Funken; ~der Witz ⟨übertr.⟩ *lebhaft-geistreiche, einfallsreiche Witzigkeit* **II** ⟨V. trans.⟩ etwas (irgendwohin) ~ *kleinste Teilchen (besonders von Flüssigkeit) aussenden* ▸ ihre Augen sprühten Blitze ⟨übertr.⟩; Schlagsahne über den Kuchen ~; Zus *Sprühdose*

Sprüh|re|gen ⟨der; -s; unz.⟩ *feiner, leichter Regen*

Sprung ⟨der; -(e)s, Sprün|ge⟩ **1** *Bewegung, bei der man sich mit einem Bein od. beiden Beinen zugleich vom Boden abstößt u. kurz in der Luft ist* **2** *Wettkampfübung im Springen;* Zus *Hoch-*

S

sprung, Stabhochsprung, Weitsprung **3** *kleiner Spalt, Riss (im Glas, Porzellan)* **4** *Weglassen von Zwischenstufen, plötzl. Veränderung ohne Übergang;* Zus *Gedankensprung* **5** ⟨übertr.; umg.⟩ **5.1** *kleine Entfernung, kurze Strecke* **5.2** *kurze Zeitspanne* ▸ der hat doch einen ~ in der Schüssel ⟨übertr.; umg.⟩ *der ist verrückt* ▸ das Glas hat einen ~; das Kind macht einen großen ~ in seiner Entwicklung; keine großen Sprünge machen können ⟨übertr.; umg.⟩ *nicht viel Geld haben, sich nicht viel leisten können;* sein: es ist nur ein ~ bis dahin ⟨übertr.; umg.⟩ *nicht weit* ▸ großer, hoher, kleiner, mächtiger, weiter ~ ▸ den ~ auf Platz eins schaffen ⟨übertr.⟩; jmdm. auf die Sprünge helfen ⟨übertr.⟩ *ihm helfen, ihm einen Hinweis, Tipp geben;* ich komme auf einen ~ bei dir vorbei ⟨übertr.; umg.⟩; auf dem ~ sein *im Begriff sein fortzugehen;* beim ~ von der Mauer brach er sich ein Bein; in großen Sprüngen davonlaufen; ein ~ ins Ungewisse ⟨übertr.⟩ *eine kühne Handlung, bei der man nicht weiß, was daraus wird;* ~ ins kalte Wasser ⟨a. übertr.⟩ *plötzlicher Beginn;* er überquerte den Graben mit einem ~; ~ über einen Graben; ~ übers Pferd, über den Bock, Kasten ⟨Turnen⟩; zum ~ ansetzen (besonders vom Raubtier)

Sprung|brett ⟨das; -(e)s, -er⟩ **1** *federndes, übers Wasser hinausragendes Brett zum Absprung ins Wasser* **2** *schrägstehendes, nicht federndes Brett als Hilfsmittel beim Geräteturnen* **3** ⟨übertr.⟩ *günstiger Ausgangspunkt* ▸ etwas als ~ für eine höhere Stellung benutzen ⟨übertr.⟩

Sprung|fe|der ⟨die; -, -n⟩ *Stahlfeder für Polstermöbel, Matratzen;* Zus *Sprungfedermatratze*

Sprung|ge|lenk ⟨das; -(e)s, -e⟩ *Fußgelenk zw. Unterschenkel- u. Fußwurzelknochen*

sprung|haft ⟨Adj.; -er, am -es|ten⟩ **1** *in Sprüngen, ruckweise* **2** ⟨übertr.⟩ *unfähig, bei der Sache zu bleiben, einen Gedanken zu verfolgen* ▸ er ist sehr ~ (in seinen Gedanken, Stimmungen); sich ~ steigern; die Preise sind ~ in die Höhe geschnellt; Abl *Sprunghaftigkeit*

Sprung|schan|ze ⟨die; -, -n⟩ *Anlage zum Skispringen, bestehend aus geneigter Anlaufbahn, Absprunghügel od. -gerüst u. Auslaufbahn*

Sprung|tuch ⟨das; -(e)s, -tü|cher⟩ *rundes Segeltuch der Feuerwehr mit Griffen am Rand, zum Auffangen von Personen, die aus den oberen Stockwerken brennender Gebäude springen müssen*

Sprung|turm ⟨der; -(e)s, -tür|me⟩ *Gerüst für das Wasserspringen mit Plattformen in 3 m, 5 m, 7,5 m u. 10 m Höhe*

SPS ⟨Abk. für⟩ *Sozialdemokratische Partei der Schweiz*

Spu|cke ⟨die; -; unz.⟩ *Speichel* ▸ da bleibt einem die ~ weg! ⟨übertr.; umg.⟩ *da ist man sprachlos;* mit Geduld und ~ ⟨übertr.; umg.⟩ *mit Geduld u. (körperlicher) Anstrengung*

spu|cken ⟨V. trans. u. V. intr.; spuckt, spuck|te, hat ge|spuckt⟩ **1** (etwas) (irgendwohin) ~ *Speichel, Auswurf von sich geben, speien;* Zus *Spucknapf* **2** ⟨umg.⟩ (etwas) ~ *sich übergeben, erbrechen* ▸ Blut ~; jmdm. auf den Kopf ~ können ⟨umg.; übertr.; scherzh.⟩ *größer sein als er;* große Töne ~ ⟨übertr.⟩ *angeben* ▸ jmdm. ins Gesicht ~; in die Hände ~ (u. dann kräftig zupacken)

Spuk ⟨der; -(e)s, -e; Pl. selten⟩ **1** *Gespenstererscheinung, gespenstisches Treiben;* Zus *Spukgeschichte* **2** ⟨übertr.; umg.⟩ *Lärm, Unfug, Trubel*

spu|ken ⟨V. intr.; spukt, spuk|te, hat ge|spukt⟩ **1** jmd. spukt **1.1** *geht als Geist um* **1.2** ⟨übertr.⟩ *treibt sein Unwesen* **2** etwas spukt *ist (noch) lebendig* **3** ⟨unpersönl.⟩ es spukt *Geister gehen um* ▸ hier spukt es; der alte Graf spukt nachts im Schloss; in diesem Haus soll es ~

Spül|be|cken ⟨das; -s, -⟩ *Becken zum Geschirrspülen in der Küche unter der Wasserleitung;* ⓘ S. 254

Spu|le ⟨die; -, -n⟩ **1** *Rolle zum Aufwickeln von Garnen* **2** ⟨El.⟩ *in mehreren Windungen um einen Zylinder gewickelter Draht*

Spü|le ⟨die; -, -n; kurz für⟩ *Spülbecken*

spu|len ⟨V. trans.; spult, spul|te, hat ge|spult⟩ **1** etwas auf etwas ~ *auf eine Spule wickeln* **2** etwas von etwas ~ *von einer Spule abwickeln*

spü|len ⟨V.; spült, spül|te, hat ge|spült⟩ **I** ⟨V. trans.⟩ **1** die Gläser, das Geschirr ~ *mit Wasser reinigen;* Zus *Spülkasten* ⓘ S. 147, *Spülmaschine* ⓘ S. 254, *Spülmittel, Spülwasser* **2** das Haar, die Wäsche ~ *im Wasser schwenken, um Seife zu entfernen* **3** etwas ~ *mit viel Flüssigkeit benetzen, auswaschen (besonders zu Heilzwecken)* **4** etwas irgendwohin ~ *durch Wasser fortbewegen* ▸ hast du schon gespült?; eine offene Wunde ~; die Wellen ~ Muscheln ans Ufer **II** ⟨V. intr.⟩ *die Toilettenspülung betätigen* ▸ vergiss nicht zu ~!

Spü|lung ⟨die; -, -en⟩ **1** *das Spülen (besonders zu Heilzwecken);* Zus *Nasenspülung* **2** ⟨am WC⟩ *Vorrichtung zum Spülen;* ⓘ S. 147; Zus *Klospülung, Toilettenspülung* **3** *nach dem Haarewaschen verwendetes Mittel zur Haarpflege* ▸ die ~ betätigen

Spund **I** ⟨der; -(e)s, -e od. Spün|de⟩ *Holzpflock, Zapfen, Pfropfen zum Verschließen von Fässern u. anderen Behältern;* oV ⟨schweiz.⟩ *Spunten* **II** ⟨der; -(e)s, -e; umg.⟩ *junger, unreifer Mann* ▸ ein junger ~

Spur ⟨die; -, -en⟩ **1** *Abdruck von Füßen, Rädern, Skiern usw. im Boden od. Schnee;* Zus *Fußspur, Radspur, Schlittenspur, Wagenspur* **2** *Fährte, Tritt;* Zus *Wolfsspur* **3** *Furche, Kielwasser* **4** *Eisenbahngleis hinsichtlich seines Schienenabstandes;* Zus *Schmalspur* **5** *(meistens durch Markierung abgegrenzter) Streifen einer Fahrbahn;* Zus *Kriechspur, Überholspur* **6** ⟨übertr.⟩ **6.1** *Anzeichen* **6.2** *Überrest* **6.3** *Kleinigkeit, winzige Menge* ▸ die ~en einer versunkenen Kultur ⟨übertr.⟩; es fehlt noch eine ~ Salz ⟨übertr.⟩ ▸ wir haben keine ~ von ihm gefunden *kein Zeichen, dass er hier gewesen ist;* jmds. ~en folgen; die ~ führt in den Wald, ins Ausland; keine ~en hinterlassen; die Polizei sicherte alle ~en am Tatort; die ~ verlieren; seine ~en verwischen ▸ eine alte, frische ~; eine heiße ~ verfol-

S

gen; →a. *heiß;* keine ~! ⟨übertr.; umg.⟩ *ganz u. gar nicht!;* keine ~ von Talent besitzen ⟨übertr.⟩ *keinerlei T. haben* ▸ jmdn. auf die (richtige) ~ bringen ⟨übertr.⟩ *jmdm. einen Hinweis geben;* der Hinweis führte auf die ~ des Täters; jmdm. auf die ~ kommen ⟨übertr.⟩ *seine (heimlichen) Handlungen entdecken;* einer Sache auf die ~ kommen ⟨übertr.⟩ *sie herausfinden, sie entdecken;* einem Dieb auf der ~ sein *einen D. verfolgen;* nicht die ~! ⟨übertr.; umg.⟩ *ganz u. gar nicht, nicht das Geringste!*

spür|bar ⟨Adj.⟩ *so beschaffen, dass man es spüren kann* ▸ ~e Erleichterung; es ist seit gestern ~ kälter geworden

spu|ren ⟨V. intr.; spurt, spur|te, hat ge|spurt⟩ **1** ⟨Skisp.⟩ *die erste Spur hinterlassen (im Neuschnee)* **2** *genau in einer Spur fahren* **3** ⟨übertr.; umg.⟩ *gehorchen, sich einfügen, einordnen* ▸ das Kind spurt nicht ⟨übertr.; umg.⟩

spü|ren ⟨V. trans.; spürt, spür|te, hat ge|spürt⟩ jmdn. od. etwas ~ *mit dem Tastsinn wahrnehmen, merken, empfinden, fühlen* ▸ er spürt sein Alter; den Wind, die Kälte ~; etwas am eigenen Leibe ~ *es selbst erleben;* bei ihm war nichts von Anstrengung zu ~

Spu|ren|si|che|rung ⟨die; -, -en⟩ *polizeil. Ermittlung u. Aufzeichnung der Spuren einer Straftat*

Spu|ren|su|che ⟨die; -, -n; Pl. selten⟩ *Suche nach Spuren* ▸ auf ~ gehen; die ~ der Polizei war erfolgreich

Spür|hund ⟨der; -(e)s, -e⟩ **1** *Hund, der das Wild aufspürt od. auf die Spur eines Verbrechers angesetzt wird* **2** ⟨übertr.; umg.⟩ **2.1** *findiger Mensch* **2.2** *Spitzel*

...spu|rig ⟨in Zus.; zur Bildung von Adj.⟩ *mit einer bestimmten Anzahl od. Art von Spur(en) versehen,* z. B. einspurig, zweispurig, schmalspurig

spur|los ⟨Adj.⟩ *ohne eine Spur, ohne Spuren (zu hinterlassen)* ▸ ~ verschwinden; sein ~es Verschwinden ist uns ein Rätsel

Spür|na|se ⟨die; -, -n⟩ **1** *feine Nase, guter Spürsinn* (vom Jagdhund) **2** ⟨übertr.; umg.⟩ *Spürsinn* ▸ eine ~ für Verschwörungen haben

Spür|sinn ⟨der; -(e)s; unz.⟩ **1** *Fähigkeit zum Spüren (vom Jagdhund)* **2** ⟨übertr.⟩ *feines Gefühl, etwas aufzuspüren, zu finden*

Spurt ⟨der; -(e)s, -e od. -s⟩ *plötzliche, kurzfristige Beschleunigung des Tempos während od. am Ende eines Rennens;* Zus *Endspurt, Zwischenspurt*

spur|ten ⟨V. intr.; spur|tet, spur|te|te, ist ge|spur|tet⟩ *das Tempo kurzfristig steigern* ▸ zum Bahnhof ~

spu|ten ⟨V. refl.; spu|tet sich, spu|te|te sich, hat sich ge|spu|tet⟩ sich ~ *sich beeilen* ▸ wir müssen uns ~

Squash ⟨[skwɔʃ] das; - od. -s; unz.; Sp.⟩ *Rückschlagspiel zwischen zwei Spielern auf einer Fläche, die von vier Wänden begrenzt ist*

SS ⟨Abk. für⟩ *Schutzstaffel (berüchtigte politische Kampftruppe der NSDAP)*

Staat ⟨der; -(e)s, -en⟩ **1** *größere Gemeinschaft von Menschen innerhalb festgelegter Grenzen unter einer hoheitlichen Gewalt;* Zus *Staatenbund, Staatengemeinschaft, Staatsgebiet, Staatsgrenzen, Staatsoberhaupt, Staatspräsident(in), Staatsregierung* **2** ⟨übertr.⟩ *Regierung eines Staates (1);* Zus *Staatsangestellte(r), Staatsbeamte(r), Staatsbedienstete(r), Staatschef(in), Staatsform, Staatsverschuldung* **3** ⟨umg.⟩ *Land* **4** ⟨Zool.⟩ *zweckvoll organisierte, größere Gemeinschaft mancher Tiere;* Zus *Staaten bildend / staatenbildend; Ameisenstaat, Bienenstaat* ▸ im Interesse des ~es; Vater ~; →a. *Vater* ▸ ~ machen ⟨übertr.; umg.⟩ *Aufwand treiben* ▸ der französische, englische ~; unabhängiger, souveräner ~ ▸ beim ~ angestellt sein; sie arbeitet beim ~; Urlaub in den ~en machen ⟨umg.⟩ *in den Vereinigten Staaten, den USA*

Staa|ten|bund ⟨der; -(e)s, -bün|de⟩ *Vereinigung mehrerer Staaten zur gemeinsamen Ausübung bestimmter Hoheitsrechte;* →a. *Bundesstaat*

staa|ten|los ⟨Adj.⟩ *ohne Staatsangehörigkeit;* Abl *Staatenlose(r), Staatenlosigkeit*

staat|lich ⟨Adj.⟩ **1** *den Staat betreffend, zu ihm gehörig, von ihm ausgehend* **2** *die Staatsregierung betreffend, zu ihr gehörig, sie vertretend, von ihr ernannt* ▸ ~ geprüft *im Beisein einer staatlichen Prüfungskommission geprüft;* das Projekt wird ~ unterstützt; das Museum ist in ~em Besitz

Staats|akt ⟨der; -(e)s, -e⟩ *feierliche Handlung einer Staatsregierung*

Staats|ak|ti|on ⟨die; -, -en; übertr.⟩ *großes Aufhebens* ▸ wir wollen daraus keine ~ machen

Staats|an|ge|hö|ri|ge(r) ⟨die; -n, -n (der; -n, -n)⟩ *Angehörige(r) eines bestimmten Staates* ▸ deutsche(r) ~

Staats|an|ge|hö|rig|keit ⟨die; -, -en⟩ *Zugehörigkeit zu einem bestimmten Staat* ▸ die deutsche ~ beantragen, besitzen

Staats|an|walt ⟨der; -(e)s, -wäl|te⟩ *juristisch ausgebildeter Vertreter der Staatsanwaltschaft;* Abl *Staatsanwältin; staatsanwaltlich*

Staats|an|walt|schaft ⟨die; -, -en⟩ *staatliche Behörde zur Wahrung des öffentlichen Interesses in Rechtssachen des Staates vor Gericht;* Abl *staatsanwaltschaftlich*

Staats|ap|pa|rat ⟨der; -(e)s, -e⟩ *die Gesamtheit der staatlichen Institutionen*

Staats|be|gräb|nis ⟨das; -nis|ses, -nis|se⟩ *feierliches öffentliches Begräbnis einer hohen Persönlichkeit auf Staatskosten*

Staats|be|such ⟨der; -(e)s, -e⟩ *offizieller Besuch eines Staatsvertreters im Ausland*

Staats|bür|ger ⟨der; -s, -⟩ *Bürger eines Staates mit allen politischen Rechten u. Pflichten, Staatsangehöriger;* Abl *Staatsbürgerin; staatsbürgerlich*

Staats|bür|ger|schaft ⟨die; -; unz.⟩ = *Staatsangehörigkeit*

Staats|dienst ⟨der; -(e)s, -e⟩ *beruflich od. pflichtgemäß dem Staat geleisteter Dienst, Dienst als Staatsbeamter* ▸ in den ~ eintreten; im ~ stehen

Staats|ex|a|men ⟨das; -s, - od. -mi|na⟩ *Examen vor einer staatlichen Prüfungskommission;* Syn *Staatsprüfung*

Staats|feind ⟨der; -(e)s, -e⟩ *Person, die dem Staat*

feindlich gesinnt ist u. die staatliche Ordnung gefährdet; Abl *Staatsfeindin*

Staats|ge|heim|nis ‹das; -nis|ses, -nis|se› **1** *Tatsache, Gegenstand od. Erkenntnis, deren Geheimhaltung vor dem Ausland notwendig ist* **2** ‹umg.; übertr.; scherzh.› *großes, wichtiges Geheimnis*

Staats|ge|walt ‹die; -; unz.› *Gesamtheit der Rechte eines Staates u. der Mittel zu ihrer Verwirklichung;* Syn *Staatshoheit*

Staats|kas|se ‹die; -, -n› *Geldvorrat eines Staates;* Syn ‹scherzh.› *Staatssäckel* ▸ nach all den Jahren der Verschwendung ist die ~ leer

Staats|mann ‹der; -(e)s, -män|ner od. selten: -leu|te› *(bedeutender) Politiker eines Staates*

staats|män|nisch ‹Adj.› *zu einem Staatsmann gehörig, ihm gemäß* ▸ ~e Fähigkeiten; mit ~er Weitsicht handeln

Staats|rat ‹der; -(e)s, -rä|te› **1** ‹in manchen Staaten› **1.1** *beratendes Kollegium bei der Gesetzgebung u. Verwaltung* **1.2** *Mitglied desselben* **2** ‹in verschiedenen Staaten Titel für› *höherer Staatsbeamter;* Abl *Staatsrätin* **3** ‹schweiz.› = *Regierungsrat (2)* ▸ ~ der Republik ‹1960-1989› *kollektives Staatsoberhaupt der DDR*

Staats|recht ‹das; -(e)s; unz.› **1** *das von einem Staat geschaffene Recht* **2** *Verfassungsrecht*

Staats|re|li|gi|on ‹die; -, -en› *in einem Staat verbindliche od. mit besonderen Vorrechten ausgestattete Religion*

Staats|se|kre|tär ‹der; -s, -e; BRD› *höchster Beamter eines Ministeriums unter dem Minister;* Abl *Staatssekretärin*

Staats|si|cher|heit ‹die; -; unz.; DDR; Kurzw.: Stasi; kurz für› *Ministerium für Staatssicherheit (politische Polizei);* Zus *Staatssicherheitsdienst*

Staats|streich ‹der; -(e)s, -e› *Regierungsumsturz*

Staats|the|a|ter ‹das; -s, -› *vom Staat finanziell unterstütztes Theater*

Staats|ver|bre|chen ‹das; -s, -› *Verbrechen gegen den Staat, z. B. Hochverrat*

Stab ‹der; -(e)s, Stä|be› **1** *(bes. runder, glatter) Stock, dünne Stange, auch als Turngerät für Stabhochsprung od. als Zeichen einer besonderen Würde;* Abl *stabförmig;* Zus *Bischofsstab, Holzstab, Wanderstab* **2** ‹übertr.› **2.1** *Gesamtheit der leitenden Angestellten eines Unternehmens* **2.2** *Gruppe von Mitarbeitern um eine leitende Persönlichkeit;* Zus *Mitarbeiterstab* **2.3** ‹Mil.› *Hilfspersonal von Kommandeuren (vom Bataillon an aufwärts);* Zus *Stabsoffizier; Generalstab, Regimentsstab* ▸ den ~ führen *die musikalische Leitung (eines Chors, Orchesters) haben, dirigieren;* den ~ über jmdn. ‹eigtl.: über jmdm.› brechen ‹übertr.› *ihn verurteilen*

Stäb|chen ‹das; -s, -› **1** *kleiner, dünner Stab* **2** ‹Biol.› *lichtempfindliche Sinneszelle in der Netzhaut des Auges* **3** ‹kurz für› *Essstäbchen, asiatisches Essbesteck* ▸ mit ~ essen

Stab|hoch|sprung ‹der; -(e)s; unz.; Sp.› *Sprung mit einem 4-5 m langen Stab über eine Latte*

sta|bil ‹Adj.› Ggs *instabil* **1** *fest, massiv, standfest* **2** Ggs *labil (1)* **2.1** *dauerhaft, beständig* **2.2** *widerstandsfähig* ▸ ein ~er Gegenstand; eine ~e Gesundheit haben; Abl *Stabilität*

sta|bi|li|sie|ren ‹V. trans.; sta|bi|li|siert, sta|bi|li|sier|te, hat sta|bi|li|siert› etwas ~ *es stabil machen;* Ggs *destabilisieren;* Abl *Stabilisierung*

Stab|reim ‹der; -(e)s, -e› *altgermanischer Reim mit gleichem Anlaut mehrerer betonter Wörter in der Langzeile, Alliteration*

stach → *stechen*

Sta|chel ‹der; -s, -n› **1** ‹Bot.› *Spitze, Dorn an Pflanzen* **2** ‹Zool.› **2.1** ‹Pl.› *spitze, stark entwickelte Haare od. Schuppen* **2.2** *Teil eines Insektes, mit dem es stechen kann* **3** ‹allg.› *schmaler, spitzer, metallener Gegenstand* **4** ‹übertr.› *heftiger Antrieb, leiser Groll* ▸ die Pflanze hat ~n; nach einem Bienenstich den ~ entfernen; der ~ des Ehrgeizes ‹übertr.›

Sta|chel|bee|re ‹die; -, -n› *grüne, runde Beere, die an stacheligen Sträuchern wächst;* Zus *Stachelbeerstrauch*

Sta|chel|draht ‹der; -(e)s, -dräh|te› *Geflecht aus vielen zusammengedrehten Drähten, deren Enden abgebogen sind (als Hindernis, Einzäunung);* Zus *Stacheldrahtzaun*

sta|che|lig ‹Adj.› oV *stachlig* **1** *voller Stacheln* **2** *stechend, kratzend* (Bart, Stoff)

Sta|di|en ‹Pl. von› **1** *Stadion* **2** *Stadium*

Sta|di|on ‹das; -s, -di|en› *Sportplatz, Wettkampfplatz* ▸ das ~ fasst 50 000 Zuschauer; Zus *Fußballstadion, Olympiastadion, Sportstadion*

Stadion/Stadium/Stadien

Obwohl die sächlichen Substantive ***Stadion*** und ***Stadium*** im Plural ***(die Stadien)*** übereinstimmen, unterscheiden sie sich hinsichtlich ihrer Bedeutung grundlegend. Das **Stadion** ist „ein großer Sportplatz bzw. eine große Anlage für sportliche Wettkämpfe mit Zuschauertribünen", welches immer über eine ovale **Laufbahn** für Leichtathletikwettbewerbe verfügt.
Als **Fußballstadion** wird es zwar auch noch genutzt, doch in jüngster Zeit durch die **Arena** verdrängt, die nur für Fußballspiele vorgesehen ist: *Sie gehen zusammen ins Stadion zum Fußballspiel. Einige der älteren Stadien weisen technische Mängel auf.*
Demgegenüber ist **das Stadium** ein abstrakter Begriff, der besonders im medizinischen Bereich gebraucht wird und „einen Zustand, eine Entwicklungsstufe" bezeichnet: *Die Forschungsarbeiten sind noch in einem experimentellen Stadium. Die Arbeit beschreibt die unterschiedlichen Stadien des Krankheitsverlaufs.*

Sta|di|um ‹das; -s, -di|en› **1** *Stand, Zustand* **2** *Entwicklungsstufe, Abschnitt* ▸ im letzten ~ (einer Krankheit) sein

Stadt ‹die; -, Städ|te› **I** ‹zählb.› **1** *sehr große, mit vielen Gebäuden u. Straßen bebaute Fläche, in der sehr viele Menschen wohnen, meist unterteilt in Wohn-, Geschäfts- u. Industriegebiete;*

Abl *Städtchen;* Zus *Stadtgebiet, Stadtkern, Stadtleben, Stadtmitte, Stadtrand, Stadtrecht, Stadtteil, Stadtviertel, Stadtzentrum* **2** *Innenstadt, Geschäftszentrum* **3** *Stadtverwaltung* ▸ die ~ Berlin, Bielefeld; am Rand der ~ wohnen; der Rat der ~ ▸ die Ewige ~ *Rom;* große, kleine ~ ▸ außerhalb der ~ wohnen; bei der ~ angestellt sein ⟨umg.⟩ *bei einer städtischen Behörde angestellt sein;* in ~ und Land; zum Einkaufen in die ~ gehen; kommst du mit in die ~?; vom Land in die ~ umziehen **II** ⟨unz.; umg.⟩ *die Bewohner einer Stadt* ▸ die ganze ~ spricht davon ⟨umg.⟩

Stadt|am|mann ⟨der; -(e)s, -män|ner; schweiz.⟩ *Oberbürgermeister*

Stadt|au|to|bahn ⟨die; -, -en⟩ *durch eine Stadt führende Autobahn*

stadt|be|kannt ⟨Adj.⟩ *in der ganzen Stadt, d. h. allgemein bekannt* ▸ das ist doch ~!

Stadt|bild ⟨das; -(e)s, -er⟩ *Gesamtansicht einer Stadt* ▸ das ~ erneuern; das passt nicht ins ~

Stadt|bum|mel ⟨der; -s, -; umg.⟩ *Spaziergang durch die Stadt*

Städ|te|bau ⟨der; -(e)s; unz.⟩ *planmäßiger, sinnvoller Bau von Städten;* Abl *städtebaulich*

Städ|te|bund ⟨der; -(e)s, -bün|de; im MA⟩ *Zusammenschluss von Städten zu politischen od. wirtschaftlichen Zwecken* ▸ Rheinischer ~

Städ|te|part|ner|schaft ⟨die; -, -en⟩ *Partnerschaft zw. Städten verschiedener Länder mit dem Ziel des kulturellen u. wirtschaftlichen Austauschs*

Städ|ter ⟨der; -s, -⟩ *Bewohner einer Stadt;* Abl *Städterin*

Stadt|füh|rer ⟨der; -s, -⟩ **1** *jmd., der Stadtführungen durchführt;* Abl *Stadtführerin* **2** *Buch für Reisende, das Informationen über eine Stadt u. deren Sehenswürdigkeiten enthält;* →a. *Reiseführer*

Stadt|füh|rung ⟨die; -, -en⟩ *Führung durch eine Stadt, bei der die Sehenswürdigkeiten besichtigt u. erläutert werden*

Stadt|ge|spräch ⟨das; -(e)s, -e⟩ *etwas, was in der ganzen Stadt besprochen wird*

städ|tisch ⟨Adj.⟩ **1** *die Stadt betreffend, zur Stadt gehörend* **2** *in ihr wohnend, aus ihr stammend* **3** *die Stadtverwaltung betreffend, ihr unterstellt, von ihr ausgehend* **4** *wie in der Stadt üblich, ihr gemäß;* Ggs *ländlich (1)* ▸ ~er Angestellter; die ~en Verkehrsmittel nutzen

Stadt|mau|er ⟨die; -, -n; früher⟩ *die um eine Stadt zur Sicherung gezogene Mauer*

stadt|nah ⟨Adj.⟩ *in der Nähe einer Stadt;* Abl *Stadtnähe*

Stadt|park ⟨der; -s, -s⟩ *öffentl. Park in einer Stadt*

Stadt|plan ⟨der; -(e)s, -plä|ne⟩ *Straßenkarte einer Stadt* ▸ hast du einen ~ von Bremen?

Stadt|prä|si|dent ⟨der; -en, -en; schweiz.⟩ *Oberbürgermeister*

Stadt|prä|si|den|tin ⟨die; -, -tin|nen; schweiz.⟩ *weibl. Stadtpräsident*

Stadt|rat ⟨der; -(e)s, -rä|te⟩ **1** *Gemeindevertretung einer Stadt;* Syn *Stadtparlament* **2** ⟨Amtstitel für⟩ *Mitglied des Gemeindevorstandes einer Stadt;* Abl *Stadträtin*

Stadt|rund|fahrt ⟨die; -, -en⟩ *Rundfahrt durch eine Stadt zur Besichtigung der Sehenswürdigkeiten*

Stadt|staat ⟨der; -(e)s, -en⟩ *eine Stadt als selbstständiges Staatswesen (in Dtschld. heute noch Berlin, Bremen u. Hamburg)*

Stadt|ver|wal|tung ⟨die; -, -en⟩ **1** *Verwaltung einer Stadt* **2** *Gesamtheit der dort Angestellten*

Stadt|wer|ke ⟨Pl.⟩ *von einer Stadt betriebenes Unternehmen zur Energieversorgung*

Staf|fa|ge ⟨[-ʒə] die; -, -n⟩ *(schmückendes) Beiwerk, Nebensächliches, zusätzliche Ausstattung*

Staf|fel ⟨die; -, -n⟩ **1** ⟨Mil.⟩ *der Kompanie entsprechende Einheit bei der Luftwaffe* **2** ⟨Sp.; bes. Staffellauf, Schwimmen u. Skisp.⟩ *Mannschaft, deren Mitglieder innerhalb eines Wettkampfs nacheinander zum Einsatz kommen, indem sie sich gegenseitig ablösen* **3** ⟨TV⟩ *ohne längere zeitliche Unterbrechung gedrehte Reihe von Folgen einer Fernsehserie* ▸ sie haben gerade die letzte ~ gedreht ⟨TV⟩

Staf|fe|lei ⟨die; -, -en⟩ *Gerüst aus Holz, auf dem das Bild beim Malen steht*

Staf|fel|lauf ⟨der; -(e)s, -läu|fe⟩ *Wettlauf, bei dem die Mitglieder einer Mannschaft einander ablösen u. dabei jeweils einen Stab übergeben*

staf|feln ⟨V. trans.; staf|felt, staf|fel|te, hat ge|staf|felt⟩ **1** Löhne, Tarife ~ *abstufen* **2** etwas ~ *staffelweise aufstellen*

sta|g|nie|ren ⟨V. intr.; sta|g|niert, sta|g|nier|te, hat sta|g|niert⟩ *stocken, stillstehen*(Geschäft, Entwicklung); Abl *Stagnation, Stagnierung*

stahl → *stehlen*

Stahl ⟨der; -(e)s, -e od. Stäh|le⟩ *schmiedbares Eisen mit einem Kohlenstoffgehalt unter 2,06 %* ▸ Nerven wie ~, aus ~; hart wie ~; Zus *Stahlbeton, Stahlhelm, Stahlindustrie*

stäh|len ⟨V. trans.; stählt, stähl|te, hat ge|stählt; übertr.⟩ jmdn., sich od. etwas ~ *härten, kräftigen, abhärten* ▸ seinen Körper ~

Stahl|trä|ger ⟨der; -s, -; Bauwesen⟩ *tragender Balken aus Stahl*

stak → *stecken*

sta|ken ⟨V. trans.; stakt, stak|te, hat ge|stakt⟩ ein Boot, einen Kahn (irgendwohin) ~ *mit einer Stange ab-, wegstoßen u. vorwärtsbewegen*

Stak|ka|to ⟨das; -s, -s od. -ka|ti; Mus.⟩ *Vortrag mit kurz gestoßenen Tönen*

stak|sen ⟨V. intr.; stakst, staks|te, ist ge|stakst; umg.⟩ *mit langen Schritten, unbeholfen gehen (von langbeinigen Menschen od. Tieren)*

stak|sig ⟨Adj.; umg.⟩ *lang, dünn u. unbeholfen*

Sta|lag|mit ⟨der; -(e)s od. -en, -e od. -en⟩ *von unten nach oben sich aufbauendes, stehendes Tropfsteingebilde;* Ggs *Stalaktit*

Sta|lak|tit ⟨der; -(e)s, -e od. der; -en, -en⟩ *von der Decke (einer Höhle) nach unten wachsendes, hängendes Tropfsteingebilde;* Ggs *Stalagmit*

Stall ⟨der; -(e)s, Stäl|le⟩ **1** *Raum für Tiere;* Zus *Hühnerstall, Kuhstall, Pferdestall, Schweinestall* **2** ⟨kurz für⟩ *Rennstall* ▸ den ~ ausmisten

Stall|hal|tung ⟨die; -; unz.⟩ *das Halten von Tieren im Stall;* Ggs *Freilandhaltung*

Stạl|lung ⟨die; -, -en; meist Pl.⟩ *Stall* ▸ die ~en eines Gestüts besichtigen

Stạmm ⟨der; -(e)s, Stạm|me⟩ **1** ⟨Bot.⟩ *hoher, kräftiger Holzkörper des Baumes, der die Äste trägt;* Zus *Baumstamm* **2** ⟨biolog. Systematik⟩ *höchste der Kategorienstufen oberhalb der Klasse;* →a. *Art* **3** ⟨Tierzucht⟩ *kleinste züchterisch bearbeitete Gruppe gleicher Rasse;* Zus *Bakterienstamm* **4** ⟨Völkerk.⟩ *größere Gruppe von Familien, Sippen od. Clans, die sich durch sprachliche u. kulturelle Gemeinsamkeiten von anderen unterscheiden (heute als Ethnie bezeichnet);* Zus *Stammesgeschichte; Indianerstamm, Volksstamm* **5** *Geschlecht, Familie* **6** ⟨Gramm.; kurz für⟩ *Wortstamm* **7** *fester Bestand von Personen (z. B. Kunden, Mitarbeitern);* Zus *Stammgast, Stammkunde, Stammkundschaft, Stammpersonal, Stammwähler(in)* ▸ einen festen ~ von Kunden, Arbeitern haben; aus königlichem ~

Stạmm|baum ⟨der; -(e)s, -bäu|me⟩ **1** *Aufzeichnung aller Nachkommen eines Elternpaares, häufig in Baumform, Ahnentafel* **2** ⟨Biol.⟩ *Darstellung der Abstammung eines Lebewesens od. einer Gruppe verwandter Arten, Klassen usw.* ▸ ein Hund mit erstklassigem ~

Stạmm|buch ⟨das; -(e)s, -bü|cher; kurz für⟩ *Familienstammbuch, Buch mit Urkunden über den Personenstand einer Familie*

stạm|meln ⟨V. trans. u. V. intr.; stam|melt, stammel|te, hat ge|stam|melt⟩ (etwas) ~ *gehemmt, abgerissen sprechen, stottern* ▸ „Was ist denn!“, stammelte er; eine Entschuldigung ~

stạm|men ⟨V. intr.; stammt, stamm|te, hat gestammt; Perf. selten⟩ **1** aus etwas ~ *seinen Ursprung haben (in)* **2** aus etwas ~ *Nachkomme sein (von)* **3** aus od. von etwas ~ *zur Heimat haben, geboren sein (in)* **4** aus etwas ~, von jmdm. od. etwas ~ *herrühren (von), sich ableiten (von)* ▸ er stammt aus einer Arztfamilie; das Wort stammt aus dem Griechischen; er stammt aus Mönchengladbach; die Kette stammt von meiner Großmutter

Stạmm|form ⟨die; -, -en; Gramm.⟩ *für die Bildung verschiedener Formen eines Verbs grundlegende Verbform* ▸ die ~en des Verbs „sein“ lauten: sein, war, gewesen

Stạmm|hal|ter ⟨der; -s, -⟩ *männlicher Nachkomme, der den Familiennamen erhalten soll*

stạ̈m|mig ⟨Adj.⟩ **1** *nicht groß, aber kräftig, untersetzt, gedrungen* **2** *handfest, derb* ▸ eine kleine, ~e Fichte; ein kleiner, ~er Kerl

Stạmm|knei|pe ⟨die; -, -n; umg.⟩ = *Stammlokal*

Stạmm|lo|kal ⟨das; -(e)s, -e⟩ *Lokal, das man häufig besucht*

Stạmm|platz ⟨der; -es, -plät|ze⟩ *ständiger, fester Platz (an einem Tisch, im Restaurant o. Ä.)*

Stạmm|tisch ⟨der; -(e)s, -e; umg.⟩ **1** *immer gleicher Tisch im Gasthaus, an dem man bei jedem Besuch sitzt* **2** *der regelmäßig dort zusammenkommende Kreis von Gästen* **3** *der Tag, an dem dieser Kreis sich trifft* ▸ er hat freitags seinen ~; zum ~ gehen

Stammtisch

Als *Stammtisch* wird eine feste Gruppe von Personen bezeichnet, die sich regelmäßig in einem Gasthaus trifft, um gemütlich beisammen zu sein, zu diskutieren oder Karten zu spielen. Das Wort *Stammtisch* meint dabei nicht nur die Gruppe, sondern auch das Treffen und nicht zuletzt den Tisch selbst, der meist durch ein Schild kenntlich gemacht wird.

Bis ins 20. Jh. hinein war der *Stammtisch* Männern vorbehalten – in Dörfern nahmen an ihm traditionell nur die einflussreichen Personen (Bürgermeister, Pfarrer, Arzt oder Apotheker) teil. Heute ist er bei vielen Menschen mit gemeinsamen Interessen beliebt und in allen gesellschaftlichen Schichten verankert. So treffen sich z. B. an Universitäten die Studenten und Dozenten einer Fakultät oft zu einem *Stammtisch.*

Früher galt der *Stammtisch* vorwiegend als Ort für anspruchslose politische Diskussionen. Daher wurde das Wort zum Bestandteil zahlreicher Zusammensetzungen mit negativer Bedeutung: So ist eine Stammtischdiskussion eine stark vereinfachende oder niveaulose Diskussion. Eine Stammtischparole ist ein demagogisches Schlagwort, das sich gegen Minderheiten richtet.

Stạmm|zel|le ⟨die; -, -n; meist Pl.; Med.⟩ *blutbildende Zelle* ▸ ~n des Knochenmarks; Transplantation von ~n; Zus *Stammzellenforschung*

stạmp|fen ⟨V.; stampft, stampf|te, hat ge|stampft; bei Bewegung in einer Richtung: ist⟩ **I** ⟨V. intr.⟩ **1** irgendwohin ~ *kräftig mit dem Fuß auftreten* **2** irgendwohin ~ *schwer wuchtig gehen* **3** *sich wuchtig regelmäßig bewegen* (Maschinen) ▸ er stampfte zornig mit dem Fuß auf den Boden; wuchtig durchs Zimmer ~; das Pferd stampft mit den Hufen; übers Feld ~ **II** ⟨V. trans.⟩ **1** Kartoffeln ~ *zu Brei zerdrücken;* Zus *Stampfkartoffeln* **2** Erde, Schnee ~ *mit den Füßen festtreten* ▸ ich kann es doch nicht aus dem Boden ~ ⟨übertr.⟩ *nicht hervorzaubern*

stạnd → *stehen*

Stạnd **I** ⟨der; -(e)s; unz.⟩ **1** *stehende Stellung, Stillstehen, festes Stehen, Halt in sich* **2** *Stellung, Standort (von Schützen)* **3** *Höhe (von Wasser, Sonne, Wechselkurs)* **4** *Betrag;* Zus *Kassenstand* **5** *Zustand (eines Spiels)* **6** *Lage, Punkt (einer Entwicklung)* ▸ wie war der ~ der Dinge, als du ankamst? ▸ keinen (festen) ~ haben ▸ der Tisch hat hier keinen festen ~; er hat bei seinem Vorgesetzten einen guten ~ *er ist gut angeschrieben, angesehen;* seinen höchsten ~ erreichen (Wasser, Gestirn, Kurs); ein Buch auf den neuesten ~ bringen *die neuesten Ergebnisse darin berücksichtigen;* einen schweren ~ haben *sich schwer durchsetzen können* ▸ aus dem ~ springen *ohne Anlauf;* jmdn. in den ~ setzen, etwas zu tun *es ihm ermöglichen;* →a. *außerstande, imstande, in-*

stand, zustande; ~ vom 20.3.: € 130 **II** ⟨der; -(e)s, Stän|de⟩ **1** *soziale, gesellschaftliche, berufl. Stellung, Rang, Würde;* Abl *ständisch;* Zus *Familienstand* **2** *Beruf, Berufsgruppe;* Abl *ständisch;* Zus *Kaufmannsstand* **3** ⟨auf Straßen, Jahrmärkten⟩ *offene Verkaufsbude;* Zus *Würstchenstand, Zeitungsstand* **4** *kleiner, offener Ausstellungsraum;* Zus *Messestand* **5** *Aufenthaltsort, Warteplatz;* Zus *Taxistand* **6** ⟨schweiz.⟩ *Kanton* ▸ der ~ Aargau ⟨schweiz.⟩; in den heiligen ~ der Ehe treten; Name und ~ ▸ seinen ~ verändern *sich verheiraten* ▸ die drei Stände ⟨MA⟩ *Adel, Geistlichkeit, Bürgertum;* der vierte ~ ⟨in der Französ. Revolution⟩ *Arbeiter u. Bauern*

Stan|dard ⟨der; -s, -s⟩ **1** ⟨Wirtsch.⟩ *festgelegte Muster- od. Qualitätsbestimmung* **2** *allgemein übliches Niveau;* Zus *Lebensstandard* **3** *Feingehalt (der Münzen)* **4** ⟨Golf⟩ *für das Spielen einer Golfplatzrunde festgelegte Anzahl von Schlägen* ▸ zum ~ gehören *zur üblichen Ausstattung*

stan|dar|di|sie|ren ⟨V. trans.; stan|dar|di|siert, stan|dar|di|sier|te, hat stan|dar|di|siert⟩ etwas ~ *vereinheitlichen, normen;* Abl *Standardisierung*

Stan|dard|spra|che ⟨die; -, -n; Sprachw.⟩ *allgemeingültige Form einer Sprache, Hochsprache*

Stan|dard|tanz ⟨der; -es, -tän|ze⟩ *für den Turniertanz verbindlicher Tanz*

Stan|dard|werk ⟨das; -(e)s, -e⟩ *mustergültiges, grundlegendes Werk (z. B. der Literatur)*

Stan|dar|te ⟨die; -, -n⟩ *kleine viereckige Fahne*

Stand|bein ⟨das; -(e)s, -e⟩ *die Hauptlast des Körpers (auch bei Statuen) tragendes Bein* ▸ das ~ wechseln; das zweite ~ ⟨übertr.; umg.⟩ *zusätzliche Einnahmequelle;* sich ein zweites ~ aufbauen

Stand|bild ⟨das; -(e)s, -er⟩ *plastische (meist stehende) Nachbildung eines Menschen od. Tieres*

Stand-by *auch:* **Stand|by** ⟨[stændbaı] der od. das; -s, -s; meist ohne Art.⟩ **1** *Fluggast ohne Reservierung, der auf einen freien Platz im Flugzeug wartet* **2** *Betriebsart eines elektrischen Gerätes (z. B. Fernseher), bei der es ausgeschaltet ist, aber durch die Fernbedienung jederzeit aktiviert werden kann*

Ständ|chen ⟨das; -s, -⟩ *Musikstück als Huldigung für jmdn., meist für die Geliebte, unter dem Fenster vorgetragen* ▸ jmdm. ein ~ bringen

Stän|der ⟨der; -s, -⟩ **1** *Gestell;* Zus *Blumenständer, Bücherständer, Fahrradständer* ⓘ S. 789, *Kartenständer* ⓘ S. 574, *Kleiderständer, Notenständer, Schirmständer* **2** *feststehender Teil einer elektr. Maschine* **3** ⟨derb⟩ *erigierter Penis*

Stän|de|rat ⟨der; -(e)s, -rä|te; schweiz.⟩ **1** *als Vertretung der Kantone zweite Kammer in der Bundesversammlung* **2** *ein Abgeordneter dieser Kammer* ▸ einstimmiger Beschluss des ~es

Stän|de|rä|tin ⟨die; -, -tin|nen; schweiz.⟩ *weiblicher Ständerat (2)*

Stan|des|amt ⟨das; -(e)s, -äm|ter⟩ *Behörde zur Beurkundung von Geburten, Eheschließungen u. Todesfällen*

stan|des|amt|lich ⟨Adj.⟩ **1** *auf dem Standesamt vollzogen* (Trauung) **2** *durch das Standesamt (beurkundet)* ▸ sie heiraten zuerst ~ und danach kirchlich

Stan|des|be|am|te(r) ⟨der; -n, -n⟩ *Beamter auf dem Standesamt für die Eintragungen ins Personenstandsregister*

stan|des|be|wusst ⟨Adj.; -er, am -es|ten⟩ *auf seinen gesellschaftlichen Stand Wert legend, ihn betonend;* Abl *Standesbewusstsein*

Stan|des|dün|kel ⟨der; -s; unz.; abwertend⟩ *übertriebenes Standesbewusstsein*

stan|des|ge|mäß ⟨Adj.⟩ *dem gesellschaftlichen Stand entsprechend* ▸ ~ leben, heiraten

stand|fest ⟨Adj.; -er, am -es|ten⟩ **1** *fest stehend* **2** ⟨übertr.⟩ *nicht wankend (in seinen Anschauungen), standhaft* ▸ der Tisch ist jetzt ~; er ist ~ und willensstark ⟨übertr.⟩; Abl *Standfestigkeit*

stand|haft ⟨Adj.; -er, am -es|ten⟩ *fest, unerschütterlich, nicht nachgebend, beharrlich* ▸ ~ bleiben; sich ~ wehren, weigern; Abl *Standhaftigkeit*

stand|hal|ten ⟨V. intr.; hält stand, hielt stand, hat stand|ge|hal|ten, stand|zu|hal|ten⟩ **1** jmdm. od. einer Sache ~ *nicht zurückweichen, nicht ausweichen, fest stehen bleiben* **2** einer Sache ~ *nicht zerbrechen, nicht entzweigehen* ▸ einem Angriff ~; einer Belastung ~; der Kritik ~

stän|dig ⟨Adj.⟩ **1** *dauernd, immer (bestehend, vorhanden)* (Einrichtung, Institution, Wohnsitz) **2** *ununterbrochen, unaufhörlich* (Anwesenheit, Aufenthalt, Mitarbeit) **3** *häufig* ▸ seine ~en Bitten, Klagen, Vorwürfe; ein ~er Gast; er hat ~ etwas zu tadeln, auszusetzen

Stand|licht ⟨das; -(e)s, -lich|ter⟩ *schwaches Licht am Kraftwagen, z. B. beim Parken*

Stand|ort ⟨der; -(e)s, -e⟩ **1** *Ort, an dem sich jmd. od. etwas augenblicklich befindet, räumliche Lage* **2** *dauernder Unterkunfts-, Aufenthaltsort* ▸ ~ eines Schiffes; die Pflanze braucht einen sonnigen ~; von meinem ~ aus kann ich alles gut beobachten; Zus *Standortbestimmung*

Stand|pau|ke ⟨die; -, -n; übertr.; umg.; meist in der Wendung⟩ jmdm. eine ~ halten *jmdn. zurechtweisen, heftig ermahnen*

Stand|punkt ⟨der; -(e)s, -e⟩ *Ansicht, Auffassung, Meinung* ▸ jmdm. seinen ~ klarmachen *jmdm. energisch seine Auffassung erklären;* das ist doch kein ~! ⟨umg.⟩ *so darf man doch nicht denken, sich nicht verhalten!;* seinen ~ verteidigen; das ist ein überholter ~; ich stehe auf dem ~, dass … *ich bin der Meinung, dass …;* ich stehe auf einem anderen ~; von seinem ~ aus hat er Recht

Stand|spur ⟨die; -, -en⟩ *Spur neben der Fahrbahn zum Halten u. Parken* ▸ auf der ~ halten

Stan|ge ⟨die; -, -n⟩ **1** *langer Stab, langer Stock zum Stützen, Halten, Stoßen o. Ä.;* Zus *Fahnenstange, Kleiderstange, Kletterstange, Vorhangstange* **2** ⟨schweiz.⟩ *langes, hohes Bierglas, das 3 dl fasst* **3** *der im Pferdemaul liegende Teil des Zaums der Kandare* ▸ das kostet eine ~ Geld ⟨übertr.; umg.⟩ *das kostet viel G., das ist teuer;* eine ~ Zigaretten *mehrere nebeneinander zu einem langen Paket verpackte Schachteln Z.;* eine ~ Zimt ▸ jmdm. die ~ halten ⟨übertr.; umg.⟩ *jmds. Par-*

S

tei ergreifen, jmds. Meinung unterstützen ▸ sie saßen da wie die Hühner auf der ~ *in einer Reihe nebeneinander;* bei der ~ bleiben ⟨übertr.; umg.⟩ *in seinem Interesse an etwas nicht nachlassen;* jmdn. bei der ~ halten ⟨übertr.; umg.⟩ *jmdn. so beeinflussen, dass er bei einem Unternehmen bleibt, weiter mitmacht;* Anzug von der ~ ⟨umg.⟩ *A., der massenweise gefertigt wurde*

Stän|gel ⟨der; -s, -⟩ *Sprossachse der höheren Pflanzen, Stiel*

stank → *stinken*

stän|kern ⟨V. intr.; stän|kert, stän|ker|te, hat ge|stän|kert; umg.⟩ (gegen jmdn.) ~ *Unfrieden stiften, Streit schüren*

stan|zen ⟨V. trans.; stanzt, stanz|te, hat ge|stanzt⟩ **1** Blech, Leder, Papier ~ *mit Hilfe einer Maschine Formstücke ausschneiden* **2** Löcher in etwas ~ *mit einer Maschine herausschneiden*

Sta|pel ⟨der; -s, -⟩ **1** *aufgeschichteter Haufen* **2** *Unterlage, auf der ein Schiff während des Baues ruht* ▸ ein ~ Bücher, Holz, Wäsche; ein Schiff vom ~ (laufen) lassen *ein Sch. nach vollendetem Bau zu Wasser lassen;* etwas vom ~ lassen ⟨umg.; iron.⟩ *äußern, von sich geben*

Sta|pel|lauf ⟨der; -(e)s, -läu|fe⟩ *Hinabgleiten eines neu gebauten Schiffes vom Stapel ins Wasser*

sta|peln ⟨V. trans.; sta|pelt, sta|pel|te, hat ge|sta|pelt⟩ etwas (irgendwo) ~ **1** *zu einem Stapel schichten, aufhäufen* **2** ⟨übertr.⟩ *anhäufen, in Mengen lagern* ▸ Bücher auf dem Schrank ~; Abl *Stapelung*

stap|fen ⟨V. intr.; stapft, stapf|te, ist ge|stapft⟩ *kräftig auftreten, mit schwerem Schritt gehen* ▸ durch den Schnee ~

Star[1] ⟨der; -s, -s⟩ *berühmte, erfolgreiche Persönlichkeit* ▸ sie ist ein berühmter ~; Zus *Stargast; Filmstar, Fußballstar, Opernstar*

Star[2] ⟨der; -(e)s, -e; Zool.⟩ *ein brauner Singvogel mit hellen Punkten*

Star[3] ⟨der; -(e)s, -e; Med.⟩ *Gruppe von Augenkrankheiten* ▸ grauer ~ *Trübung der sonst glasklaren Augenlinse;* Syn *Katarakt;* grüner ~ *krankhafte Erhöhung des Innendrucks eines od. beider Augen;* Syn *Glaukom;* Zus *Staroperation*

starb → *sterben*

stark ⟨Adj.; stär|ker, am stärks|ten⟩ **I** ⟨attr. u. präd.⟩ **1** *viel Körperkraft besitzend, sehr kräftig* **2** *dick, umfangreich* (Baum, Band eines Werkes, Nagel, Strick) **3** ⟨bei Maßangaben⟩ *Umfang, Dicke aufweisend* **4** *mächtig, heftig* (Wind, Frost, Strömung, Schmerzen) **5** *dick, beleibt* (Person) **6** *gehaltvoll, kräftig* (Kaffee, Tee, Bier, Tabak) **7** ⟨Jugendspr.⟩ *sehr gut, großartig* ▸ ~e Arme; eine ~e Erkältung; er ist ein ~er Esser *er isst viel;* ~es Fieber haben; einen ~en Glauben haben *einen festen, unerschütterl. G.;* das Heer war 10 000 Mann ~ *das Heer bestand aus 10 000 Mann;* den ~en Mann markieren ⟨umg.⟩ *mit seiner Kraft, seinem Können angeben;* ~es Mittel *kräftig, nachhaltig wirkendes M.;* das Recht des Stärkeren *das R. dessen, der die Macht od. Kraft hat u. nicht nach Recht od. Unrecht fragt;* ~er Regen; das ist seine ~e Seite ⟨übertr.; umg.⟩ *das kann er (sehr) gut, das liegt ihm;* ein 200 Seiten ~es Buch; das ist ja ein ~es Stück! ⟨übertr.; umg.⟩ *das ist unerhört!;* ~es Verb ⟨Gramm.⟩ *V., das seine Präteritumsformen mit Hilfe eines Stammvokalwechsels bildet* (z. B. singen - sang - gesungen); →a. *Ablaut;* ; ~er Verkehr *lebhafter Verkehr* ▸ der Kranke fühlt sich schon ~ genug, einmal auszugehen; sein: das ist ~! ⟨Jugendspr.⟩ *das ist großartig!;* das Brett ist 3 cm ~; stärker werden *dicker werden, an Körpergewicht zunehmen* **II** ⟨adv.⟩ **1** *viel, reichlich* **2** *heftig, sehr;* Zus *stark verdünnt / starkverdünnt; stark verschuldet / starkverschuldet* ▸ die Wunde blutet ~; er hat sich ~ erkältet; es regnet ~; ~ riechen; das hat sie ~ übertrieben

Stär|ke ⟨die; -, -n⟩ **I** ⟨unz.⟩ **1** *große Kraft* **2** *Macht* ▸ die ~ des Baumes, Brettes, der Mauer; die ~ seiner Muskeln **II** ⟨zählb.⟩ **1** *Umfang, Durchmesser, Dicke* **2** *Heftigkeit, Intensität* **3** *Konzentration, Gehalt an gelöstem Stoff* **4** *Grad der Leistungsfähigkeit* **5** *Anzahl, Bestand (an Menschen)* **6** *positive Eigenschaft, besondere Fähigkeit, Vorzug* **7** *in den Zellen einer Pflanze gebildeter Stoff, der in Wurzeln, Knollen u. Samen gespeichert wird;* Zus *Kartoffelstärke, Maisstärke, Wäschestärke* ▸ eine Truppe von 300 Mann ~; die ~ des Sturmes; seine ~ liegt im schnellen Auffassen; Mathematik ist seine ~

stär|ken ⟨V. trans.; stärkt, stärk|te, hat ge|stärkt⟩ **1** jmdn. ~ **1.1** *stark machen, kräftigen, jmds. Kräftezustand verbessern* **1.2** *erfrischen, erquicken* **2** etwas ~ *mit Stärke (II. 7) steifen* ▸ Wäsche, Kragen und Manschetten ~; sich od. jmdn. mit einem Imbiss ~; vom Schlaf gestärkt sein

Stark|strom ⟨der; -(e)s; unz.; El.⟩ *die Versorgung mit elektrischer Energie mittels einer höheren Spannung;* Zus *Starkstromtechnik*

Stär|kung ⟨die; -, -en⟩ *das Stärken, Kräftigung, Erfrischung, Festigung;* Zus *Stärkungsmittel*

starr ⟨Adj.⟩ **1** *steif, unbeweglich* **2** *regungs-, bewegungslos* (Blick, Haltung) **3** *unbeugsam, hart* (Sinn) ▸ von Kälte ~e Finger; ~er Körper; ~e Regeln, Prinzipien einhalten ⟨übertr.⟩ ▸ jmdn. od. etwas ~ ansehen; ~ an einer Meinung, einem Gedanken festhalten *hartnäckig* ▸ ~ und steif (daliegen, dasitzen) ▸ ~ vor, von der Kälte; vor Schrecken ~ sein; ~ vor Staunen *reglos, fassungslos;* Abl *Starrheit*

Star|re ⟨die; -; unz.⟩ *Starrsein;* Zus *Genickstarre*

star|ren ⟨V. intr.; starrt, starr|te, hat ge|starrt⟩ *unbeweglich, starr blicken, schauen, unentwegt in eine Richtung blicken* ▸ auf jmdn. od. etwas ~; jmdm. ins Gesicht ~; Löcher in die Luft ~ ⟨übertr.; umg.; scherzh.⟩; vor sich hin ~; das Zimmer starrte vor, von Schmutz *war völlig schmutzig*

Starr|kopf ⟨der; -(e)s, -köp|fe⟩ *starrsinniger, eigensinniger Mensch;* Abl *starrköpfig*

Starr|sinn ⟨der; -(e)s; unz.⟩ *unbeugsame Härte, Unnachgiebigkeit, Eigensinn;* Abl *starrsinnig*

Start ⟨der; -s, -s⟩ **1** *Beginn eines Wettlaufs od. Rennens;* Zus *Startberechtigung, Starterlaubnis,*

S

Startsignal **2** *Abflug (von Flugzeugen, Raketen);* Zus *Starterlaubnis, Startsignal* **3** *Startplatz* ▸ den ~ **freigeben** *einem Luftfahrzeug den Abflug genehmigen; einen Wettlauf, ein Rennen beginnen lassen* ▸ einen **guten,** schlechten ~ haben (bei einer Arbeit ⟨übertr.⟩); **fliegender** ~ *S. mit Anlauf od. Anfahrt;* **stehender** ~ *S. aus dem Stand* ▸ für eine Mannschaft **an** den ~ gehen; gut, schlecht **vom** ~ abkommen; das Zeichen **zum** ~ geben

Start|bahn ⟨die; -, -en⟩ *besonders gekennzeichneter, meist zementierter Teil eines Flugplatzes, auf dem Flugzeuge starten u. landen*

star|ten ⟨V.⟩ **I** ⟨V. intr.; star|tet, star|te|te, ist gestar|tet⟩ **1** *bei einem Rennen, Wettkampf mitmachen* **2** *abfliegen, zum Flug aufsteigen* (Flugzeug) **3** ⟨umg.⟩ *abreisen (besonders mit dem Auto)* ▸ er startet für Deutschland; das Flugzeug ist pünktlich gestartet; Zus *startbereit* **II** ⟨V. trans.; star|tet, star|te|te, hat ge|star|tet⟩ **1** ein Flugzeug, eine Rakete ~ *starten lassen* **2** ⟨übertr.; umg.⟩ eine Party, Veranstaltung ~ *eine P., V. stattfinden lassen*

Star|ter ⟨der; -s, -⟩ **1** *jmd., der zum Rennbeginn das Startzeichen gibt* **2** ⟨Kochk.⟩ *Vorspeise, erster Gang eines Menüs*

Start|hil|fe ⟨die; -, -n⟩ **1** *(meist finanzielle) Hilfe für jmdn. zu Beginn seiner Laufbahn od. für ein Unternehmen, um es in Gang zu bringen* **2** ⟨Kfz⟩ *das Anschließen einer leeren Batterie an die intakte eines anderen Autos, um den Motor zu starten;* Zus *Starthilfekabel* ▸ reichen 1.000 € als ~?; ~ erhalten, leisten, geben

Start|ka|pi|tal ⟨das; -s, -li|en od. -e⟩ *Kapital, mit dem ein Unternehmen gegründet wird*

start|klar ⟨Adj.⟩ *startbereit* ▸ ein Flugzeug ~ machen; wir sind ~

Start|loch ⟨das; -(e)s, -lö|cher; übertr.; umg.; in der Wendung⟩ in den Startlöchern sitzen *(begierig) ein bestimmtes Ereignis erwarten*

Start|schuss ⟨der; -es, -schüs|se⟩ *Schuss zum Zeichen des Starts* ▸ den ~ geben *durch Schuss ein Rennen beginnen lassen;* ⟨übertr.⟩ *etwas beginnen lassen*

Sta|si ⟨die od. der; -; unz.; DDR; Kurzw. für⟩ *Staatssicherheit(sdienst);* Zus *Stasioffizier*

State|ment ⟨[stɛɪt-] das; -s, -s⟩ *(bes. öffentliche) Behauptung, Erklärung* ▸ ich möchte heute ein ~ abgeben

Sta|tik ⟨die; -; unz.⟩ *Lehre von den Kräften, die an ruhenden Körpern auftreten;* Ggs *Dynamik (1);* Abl *Statiker(in)*

Sta|ti|on ⟨die; -, -en⟩ **1** *Bahnhof, Haltepunkt, Haltestelle für Bus, Eisen- u. Straßenbahn* **2** *Funksendestelle;* Zus *Sendestation* **3** *Abteilung im Krankenhaus;* Zus *Stationsarzt, Stationsschwester* **4** ⟨übertr.⟩ *Halt, Aufenthalt, Rast* ▸ die ~en einer **Reise** ▸ an einem Ort, bei jmdm. ~ **machen** ⟨übertr.⟩ *Halt machen, einen kurzen Aufenthalt einschieben* ▸ bis Berlin, bis zum Zoo sind es noch drei ~en; **chirurgische,** innere ~ ▸ ich muss **an** der nächsten ~ aussteigen

sta|ti|o|när ⟨Adj.⟩ **1** *in Ruhe befindlich, ruhend* **2** *zeitlich unveränderlich* **3** *im Krankenhaus;* Ggs *ambulant (2)* ▸ ~e Behandlung

sta|ti|o|nie|ren ⟨V. trans.; sta|ti|o|niert, sta|ti|o|nier|te, hat sta|ti|o|niert⟩ **1** etwas irgendwo ~ *an einen Standort stellen, an einer Stelle aufstellen* **2** jmdn. irgendwo ~ *jmdm. einen Standort zuweisen (bes. Truppen);* Abl *Stationierung*

sta|tisch ⟨Adj.⟩ Ggs *dynamisch* **1** *die Statik betreffend* **2** *das Stehen od. das Gleichgewicht betreffend* **3** *stillstehend, ruhend* ▸ ~er Zustand

Sta|tist ⟨der; -en, -en⟩ **1** ⟨Theat.; Film⟩ *ungenannter Darsteller einer stummen Nebenrolle* **2** *Nebenperson, unbedeutende Person;* Abl *Statistin*

Sta|tis|tik ⟨die; -, -en⟩ **1** *Tabelle, die mit Zahlen darstellt, wie häufig etwas in einem bestimmten Zusammenhang od. Bereich vorkommt (meist als Ergebnis einer Massenuntersuchung)* **2** *Wissenschaft, die aus dem massenhaften Auftreten bestimmter Erscheinungen auf Gesetzmäßigkeiten schließt* ▸ laut ~ wird jede dritte Ehe wieder geschieden

sta|tis|tisch ⟨Adj.⟩ **1** *die Statistik betreffend, auf ihr beruhend* **2** *durch Zahlen (belegt)*

Sta|tiv ⟨das; -s, -e⟩ *dreibeiniges Gestell zum Aufstellen u. Festhalten von Kameras*

statt[1] ⟨Präp. m. Gen.⟩ *anstatt, anstelle eines, einer …* ▸ ~ deren, derer, dessen *an deren, dessen Stelle;* das Kind, ~ dessen mein Sohn an der Fahrt teilnahm, war an Grippe erkrankt; er wird ~ meiner zu dir kommen *an meiner Stelle, für mich;* ~ einer Antwort lachte er; →a. *stattdessen*

statt[2] ⟨Konj.⟩ *anstatt, anstelle von* ▸ lieber morgen ~ heute; ~ zu schreiben, ruft er lieber an

statt[3] ⟨Präp.; in bestimmten Wendungen mit „an"⟩ an seiner ~; an Eides ~; an Kindes ~; an Zahlungs ~

statt|des|sen ⟨Konj.⟩ *anstelle, dafür, in Vertretung, als Ersatz für* ▸ er wollte heute kommen, hat aber ~ angerufen; →a. *statt*[2]

Stät|te ⟨die; -, -n⟩ *Stelle, Platz* ▸ dieser Ort ist eine ~ des Friedens, des Grauens; eine gastliche ~; Zus *Ruhestätte, Wohnstätte*

statt|fin|den ⟨V. intr.; fin|det statt, fand statt, hat statt|ge|fun|den, statt|zu|fin|den⟩ *sich ereignen, vor sich gehen* ▸ heute findet keine Vorstellung statt; das Konzert findet im Kongresssaal statt

statt|ge|ben ⟨V. intr.; gibt statt, gab statt, hat statt|ge|ge|ben, statt|zu|ge|ben⟩ **1** einer Bitte ~ *eine B. gewähren* **2** einem Gesuch ~ *ein G. bewilligen* **3** einer Sache ~ *eine S. zulassen*

statt|haft ⟨Adj.; Amtsdt.⟩ *zulässig, gestattet, erlaubt* ▸ es ist nicht ~, hier zu rauchen

Statt|hal|ter ⟨der; -s, -⟩ *Beamter als Vertreter des Staatsoberhauptes od. der Staatsregierung in einer Provinz;* Abl *Statthalterin, Statthalterschaft*

statt|lich ⟨Adj.⟩ *groß u. kräftig, ansehnlich, eindrucksvoll, ziemlich groß, beträchtlich* ▸ ~e Einnahmen; er ist eine ~e Erscheinung; das ist ein ~es Gebäude; eine ~e Summe aufbringen müssen; Abl *Stattlichkeit*

Sta|tue ⟨[-tuə] die; -, -n⟩ *Standbild, vollplastisch*

S

gestaltete, einzelne Figur; Abl *statuarisch, statuenhaft*

sta|tu|ie|ren ⟨V. trans.; sta|tu|iert, sta|tu|ier|te, hat sta|tu|iert; meist in der Wendung⟩ ein Exempel ~ *ein warnendes Beispiel geben*

Sta|tur ⟨die; -; unz.⟩ *Gestalt, Wuchs* ▸ er ist von kräftiger ~

Sta|tus ⟨der; -, - [-tuːs]⟩ **1** *Lage, Zustand* **2** *gesellschaftliche Stellung, Vermögensstand* **3** *Rechtslage* ▸ ~ quo *gegenwärtiger Zustand*

Sta|tus|sym|bol ⟨das; -s, -e⟩ *Gegenstand, der den Status einer Person im Ansehen der Mitmenschen anzeigen soll, z. B. Auto, Schmuck, Kleidung von einer bestimmten Firma o. Ä.*

Sta|tut ⟨das; -(e)s, -en⟩ *Satzung, Gesetz, Ordnung;* Zus *Vereinsstatut*

Stau ⟨der; -s, -s⟩ **1** *Stillstand od. Hemmung in fließender Bewegung;* Zus *Wasserstau* **2** *Aufwärtsströmen des Windes vor Hindernissen* **3** *Stockung;* Zus *Verkehrsstau* ▸ in einen ~ geraten; wir stehen auf der Autobahn im ~; auf der A 66 gibt es wegen eines Unfalls einen ~ von 15 km Länge

Staub ⟨der; -(e)s; unz.⟩ *winzige, sich absondernde od. in der Luft schwebende feste Teilchen* ▸ die Sache hat viel ~ aufgewirbelt *hat für großes Aufsehen erregt, viel Aufregung verursacht;* ~ saugen = *staubsaugen;* ~ wischen *niedergeschlagenen Staub von den Möbeln u. Ä. wegwischen* ▸ sich aus dem ~ machen ⟨übertr.; umg.⟩ *sich heimlich entfernen, schnell davonschleichen, entfliehen;* in, zu ~ zerfallen ⟨übertr.⟩ *vergehen, verwesen;* die Möbel sind mit ~ bedeckt; Zus *Staubkorn, Staubschicht, Staubwischen; Staub abweisend / staubabweisend; Blütenstaub, Straßenstaub*

stau|ben ⟨V. intr.; staubt, staub|te, hat ge|staubt⟩ *Staub absondern, aufwirbeln* ▸ es staubt hier sehr

stau|big ⟨Adj.⟩ *voller Staub, mit Staub bedeckt* ▸ ~e Möbel; eine ~e Straße; es ist hier sehr ~

staub|sau|gen *auch:* **Staub sau|gen** ⟨V.; staubsaugt / saugt Staub, staub|saug|te / saug|te Staub, hat ge|staub|saugt / Staub ge|saugt⟩ **I** ⟨V. intr.⟩ *mit dem Staubsauger arbeiten* ▸ ich muss noch ~; ich habe heute leider noch nicht gestaubsaugt / Staub gesaugt **II** ⟨V. trans.⟩ etwas ~ *mit dem Staubsauger von Staub befreien* ▸ den Teppich ~

Staub|sau|ger ⟨der; -s, -⟩ *elektrisches Gerät zum Absaugen des Staubes vom Fußboden, von Teppichen u. Polstermöbeln*

staub|tro|cken ⟨Adj.; umg.; verstärkend⟩ *sehr trocken, trocken wie Staub* ▸ der Sommer ist ~; er besitzt einen ~en Humor ⟨übertr.⟩

Staub|tuch ⟨das; -(e)s, -tü|cher⟩ *weiches Tuch zum Staubwischen*

stau|chen ⟨V. trans.; staucht, stauch|te, hat gestaucht⟩ etwas ~ *heftig zusammendrücken u. dadurch kürzer u. breiter machen;* Abl *Stauchung*

Stau|damm ⟨der; -(e)s, -däm|me⟩ *Damm zum Stauen von Wasser*

Stau|de ⟨die; -, -n⟩ *ausdauernde Pflanze, deren oberirdische krautige Teile im Winter absterben, während die unterirdischen Teile überwintern;* Zus *Staudensellerie* ⓘ S. 1002

stau|en ⟨V.; staut, stau|te, hat ge|staut⟩ **I** ⟨V. trans.⟩ etwas ~ *am Fließen hindern, zurückhalten, anstauen* ▸ durch Abbinden der Vene Blut ~; einen Fluss, Wasser ~; Möbel ~ *im Möbelwagen auf engstem Raum unterbringen* **II** ⟨V. refl.⟩ sich ~ **1** *sich ansammeln, sich anhäufen* **2** *ins Stocken geraten* ▸ das Wasser staut sich hier; der Verkehr staut sich in der engen Straße; Abl *Stauung*

stau|nen ⟨V. intr.; staunt, staun|te, hat ge|staunt⟩ **1** *sich sehr wundern, verwundert sein* **2** *bewundernd vor etwas stehen* ▸ da staunst du, was?; ich staunte, wie schnell er das machte

Stau|nen ⟨das; -s; unz.⟩ *Verwunderung, Verblüffung* ▸ ich kam aus dem ~ nicht heraus; jmdn. in ~ versetzen *Verblüffung bei jmdm. erwecken*

Stau|raum ⟨der; -(e)s, -räu|me⟩ *Platz, Möglichkeit, etwas zu verstauen* ▸ ein Fahrzeug mit viel ~ für Gepäck

Stau|see ⟨der; -s, -n⟩ *durch Stauen des Wassers entstandener See*

Std. ⟨Abk. für⟩ *Stunde*

Steak ⟨[steːk] das; -s, -s⟩ *(gegrilltes od. kurz gebratenes) Fleischstück, besonders von Rind- u. Kalbfleisch* ▸ wir haben ~s gegrillt; Zus *Steakhaus; Lammsteak, Rindersteak, Schweinesteak*

ste|chen ⟨V.; sticht, stach, hat ge|sto|chen⟩ **I** ⟨V. intr.⟩ **1** *sich mit dem Stachel wehren* (Insekt) **2** *mit dem Stachel od. Dorn bohren* (Pflanzen) **3** jmdm. irgendwohin ~, (mit etwas) nach jmdm. ~ *mit einem spitzen Gegenstand zustoßen* **4** *spitz, rau, kratzig sein* (Stachel, Stoff, Wolle) **5** *einen unentschiedenen Wettkampf durch ein letztes Spiel entscheiden* ▸ Bienen, Mücken ~; die Rose sticht; die Sonne sticht ⟨übertr.⟩ *brennt, strahlt sehr heiß* ▸ etwas sticht jmdm. in die Augen, ins Auge ⟨übertr.⟩ *erweckt jmds. Aufmerksamkeit;* ein Stechen in der Brust, im Rücken fühlen, verspüren; das Schiff sticht in See *fährt aus, verlässt den Hafen;* (mit dem Messer) nach jmdm. ~ ▸ ~der Blick *scharfer, durchbohrender B.;* ~der Geruch *scharfer, beißender G.;* ~der Schmerz *Sch. wie von einem Stich* **II** ⟨V. trans.⟩ **1** jmdn. ~ *mit dem Stachel od. Dorn verletzen* **2** jmdn. od. sich (mit etwas) irgendwohin ~ *mit einem spitzen Gegenstand verwunden, verletzen* ▸ eine Biene, Mücke hat mich gestochen; dich sticht wohl der Hafer! ⟨übertr.; umg.⟩ *du bist wohl ein wenig zu übermütig!* ▸ eine Karte ~ *mit Hilfe einer höherwertigen K. nehmen;* Spargel ~ *mit einem Gerät in der Erde abtrennen u. aus der Erde herauslösen;* Torf, Rasen ~ *mit dem Spaten in viereckigen Stücken ausgraben, herausheben* ▸ er hat sich mit der Nadel in den Finger, Arm gestochen; Löcher in Papier ~; es sticht mir, ⟨od.⟩ mich in der Seite *ich habe einen stechenden Schmerz in der S.* ▸ wie gestochen schreiben *gleichmäßig u. gut lesbar schreiben;* gestochen scharf *sehr deutlich, gut erkennbar*

Ste|chen ⟨das; -s, -; bes. Sp.⟩ *Ausscheidungskampf* ▸ ~ um den Sieg ⟨Reitsp.⟩

Stech|mü|cke ⟨die; -, -n⟩ *Mückenart, deren Weibchen mit einem Stechrüssel Blut saugen*

S

Stech|uhr <die; -, -en> *Kontrolluhr, die den jeweiligen Zeitpunkt auf einer Karte o. Ä. markiert (zur Überwachung von Arbeitsgängen u. Ä.)*

Steck|brief <der; -(e)s, -e> *öffentlich bekanntgegebene Personenbeschreibung (flüchtiger Verbrecher usw.)*

steck|brief|lich <Adj.> *durch, mittels Steckbrief* ▸ jmdn. ~ suchen, verfolgen

Steck|do|se <die; -, -n> *an einer Wand befestigte Vorrichtung zum Anschluss an das Stromnetz* ▸ den Stecker in die ~ stecken

ste|cken <V.; steckt, steck|te, hat ge|steckt> **I** <V. intr.> **1** irgendwo ~ *sich an einem Ort, einer Stelle befinden, sein* **2** (irgendwo) ~ *festgemacht sein (an), festsitzen (in)* ▸ der Schlüssel steckt (im Schloss) ▸ im Schnee, Schlamm ~ bleiben *nicht vorwärtskommen, nicht weiterkönnen;* mir ist vor Schreck fast der Bissen im Hals ~ geblieben; mir ist eine Gräte im Hals ~ geblieben; <aber> ~ bleiben = *steckenbleiben* ▸ der Ring steckt (fest) am Finger; hinter etwas ~ <übertr.; umg.> *als geheime Absicht, als eigentlicher Urheber verborgen sein;* in ihm steckt etwas <umg.> *er hat Fähigkeiten, ist tüchtig;* wir ~ mitten in der Arbeit <umg.>; der Schreck steckt mir noch in allen Gliedern <umg.> *ich habe mich von dem Sch. noch nicht erholt;* die Zeitung, ein Brief steckt im Kasten; tief in Schulden ~ *tief verschuldet sein;* er steckte bis zu den Knien im Schlamm; die Kugel steckt noch in der Wunde; es steckt viel Mühe, Arbeit darin <umg.> *es hat viel M., A. gemacht* ▸ wo steckt er?; wo hast du die ganze Zeit gesteckt? **II** <V. trans.> **1** etwas irgendwohin ~ **1.1** *mit einer Nadel, Nadeln befestigen (an, in)* **1.2** *durch Schieben befestigen, daran-, daraufschieben, anfügen, hineinschieben, einfügen* **2** <umg.> jmdm. etwas ~ *heimlich mitteilen, jmdm. einen Wink geben über etwas* ▸ ich habe den Saum (probeweise) gesteckt; sich ein Ziel ~ *ein Z. setzen* ▸ ~ lassen *nicht herausziehen, dort lassen, wo es sich befindet;* den Schlüssel ~ lassen ▸ jmdm. einen Ring an den Finger ~; Geld in etwas ~ *G. in etwas anlegen;* ein Haus in Brand ~ *anbrennen, anzünden;* einen Brief in den Briefkasten ~; jmdn. ins Gefängnis ~ *einsperren;* ein Bonbon in den Mund ~; sich Watte in die Ohren ~; den Schlüssel ins Schloss ~; etwas in die Tasche ~

S

Ste|cken <der; -s, -; bes. oberdt.> *Stock*

stecken|blei|ben *auch:* **stecken blei|ben** <V. intr.; bleibt ste|cken, blieb ste|cken, ist ste|cken|geblie|ben, ste|cken|zu|blei|ben> *nicht weiterwissen, stocken* ▸ er ist beim Aufsagen des Gedichts zweimal steckengeblieben / stecken geblieben; →*a. stecken*

Ste|cken|pferd <das; -(e)s, -e> **1** *an einem Stock befestigter, hölzerner Pferdekopf (als Kinderspielzeug)* **2** <übertr.> *Lieblingsbeschäftigung, Liebhaberei, Hobby* ▸ Fotografieren ist sein ~

Ste|cker <der; -s, -> *Vorrichtung zum Anschluss eines Geräts an das Stromnetz* ▸ dieser ~ passt nicht in die Steckdose

Steck|na|del <die; -, -n> *Nadel mit Kopf, mit Verdickung an einem Ende* ▸ es war so still, dass man eine ~ hätte fallen hören können; etwas od. jmdn. wie eine ~ im Heuhaufen suchen *lange u. vergeblich suchen;* Zus *Stecknadelkopf*

Steck|rü|be <die; -, -n> *als Viehfutter od. Kochgemüse verwendete Art des Kohls*

Steg <der; -(e)s, -e> **1** *sehr schmale, einfache Brücke, Brett als Brücke;* Zus *Bachsteg, Landungssteg* **2** *Zwischenstück, Verbindungsteil;* Zus *Brillensteg* **3** *die Saitenschwingungen auf den Klangkörper übertragende Hartholzplättchen (bei Streichinstrumenten) od. Holzleiste (bei Klavier)* **4** *am Hosenbein befestigtes, unter der Fußsohle durchlaufendes Gummiband zum Straffhalten der Hose*

Steg|reif <der; -(e)s, -e; nur in der Wendungt> aus dem ~ *ohne sich vorbereitet zu haben* ▸ sie hat gestern aus dem ~ eine schöne Rede gehalten

Steh|auf|männ|chen <das; -s, -> **1** *kleine Puppe mit einer schweren Halbkugel anstelle der Beine, die sich immer wieder aufrichtet* **2** <übertr.> *jmd., der alle Niederlagen schnell wieder überwindet*

stehen/stellen

Trotz ihrer Ähnlichkeit sollten diese beiden Verben nicht miteinander verwechselt werden. *Stehen,* das stark konjugiert und überwiegend intransitiv gebraucht wird, bedeutet bei Personen „sich auf den Füßen halten" und bei Gegenständen „sich (irgendwo) befinden". Es bildet das Perfekt mit dem Hilfsverb haben, doch im süddeutschen Sprachraum, zu dem auch Österreich und die Schweiz gehören, wird stattdessen das Hilfsverb sein verwendet: *Er steht an der Kasse. Ich habe* (süddt.: *bin) zwei Stunden im Regen gestanden. Sein Haus steht an der Ecke.* Im Gegensatz dazu ist *stellen* ein transitives, regelmäßig konjugiertes Verb, das „etwas an einen Platz, in eine aufrechte Position bringen" bedeutet: *Ich stelle die Vase auf den Tisch. Er hat die Bücher wieder in das Regal gestellt. Kannst du die Flasche bitte in den Kühlschrank stellen?*

ste|hen <V.; steht, stand, hat (süddt., österr., schweiz.: ist) ge|stan|den> **I** <V. intr.> **1** *sich auf den Füßen halten, auf den Füßen verharren, nicht liegen u. nicht sitzen* (Person, Tier) **2** *sich in aufrechter Stellung befinden, nicht liegen* (Gegenstand) **3** *nicht weitergehen, stocken* (Arbeit, Verkehr) **4** *nicht mehr in Betrieb sein, sich nicht mehr bewegen* (Maschine, Uhr) **5** irgendwo ~ *sich an einer Stelle, einem Ort befinden, aufgestellt, erbaut, gewachsen sein* **6** <oft unpersönl.> *einen Spielstand aufweisen von* **7** *fertig, vollendet sein* (Plan) **8** jmdm. ~ *zu jmdm. passen, an jmdm. gut aussehen* ▸ die Farbe, die Frisur, das Kleid steht dir (gut); das Haus steht *ist fertig;* der Konjunktiv steht in Wunschsätzen *wird in W. verwendet;* das Referat steht *ist fertig, ist in Ordnung* ▸ es steht zu befürchten, zu hoffen *es ist zu befürchten, zu hoffen;* ~ bleiben *nicht wei-*

tergehen; an Ort u. Stelle bleiben; ich möchte, dass der Tisch hier ~ bleibt; ⟨aber⟩ ~ bleiben ⟨übertr.⟩ = *stehenbleiben;* das Werk steht und fällt mit der Interpretation; das wird dich teuer zu ~ kommen ⟨übertr.⟩ *das wirst du bereuen;* das Kind kann schon ~; ich kann nicht mehr, nicht länger ~; ~ lassen *dort lassen, wo es sich befindet, wo es steht, nicht wegnehmen;* ein Wort, einen Satz ~ lassen *nicht auslöschen, nicht wegstreichen;* alles liegen und ~ lassen; ~ lassen = *stehenlassen;* die Flasche soll ~, nicht liegen ▸ das Spiel steht 2:3; der Hut steht ihr ausgezeichnet, gut, nicht gut; fest, sicher, unsicher, wackelig ~; gerade, krumm, gebückt ~; hier steht geschrieben, dass…; die Angelegenheit steht gut, schlecht *verspricht Erfolg, keinen Erfolg;* ich konnte kaum noch still ~ *unbeweglich, ruhig* ▸ am Fenster, an der Tür ~; die Sonne steht am Himmel; das Thermometer steht auf 3 Grad unter 0 *zeigt -3 °C an;* auf seinen Kopf steht eine Belohnung *für seine Ergreifung ist eine B. ausgesetzt;* auf der Leiter, Mauer ~; auf der Liste, dem Spielplan ~ *angegeben sein, vorgemerkt sein;* das Denkmal steht auf dem Markt; auf dem Schild steht … *ist zu lesen, ist geschrieben;* auf dem Tisch ~ Blumen (in einer Vase); auf jmdn. od. etwas ~ ⟨umg.⟩ *jmdn. od. etwas bevorzugen, sich gern mit jmdm. od. etwas abgeben;* das steht bei ihm nicht im Vordergrund; es steht mir bis hier oben, bis zum Hals ⟨übertr.⟩ *ich habe es gründlich satt;* für etwas ~ *etwas symbolisieren;* hinter jmdm. ~ ⟨übertr.⟩ *jmdn. unterstützen, jmdn. schützen;* ich bin so müde, dass ich im Stehen schlafen könnte; in hohem Ansehen bei jmdm. ~ *hohes A. bei jmdm. genießen, sehr angesehen sein;* bei jmdm. in Arbeit ~ *beschäftigt sein;* in ihren Augen standen Tränen; die Obstbäume ~ in Blüte *blühen;* er steht im öffentlichen Leben *er ist eine bekannte Persönlichkeit;* es steht nicht in meiner Macht, das zu tun *ich vermag es nicht;* in der Zeitung, in dem Brief steht, dass… *es ist in der Z., in dem B. zu lesen, ist geschrieben;* mit jmdm. gut, schlecht ~ *sich mit jmdm. gut, schlecht vertragen;* sein Sinn steht nach Höherem *er strebt nach H.;* oben, unten ~; rechts, links (von jmdm. od. etwas) ~; die Sache steht so, dass … *die S. verhält sich so, dass …;* über jmdm. ~ *jmds. Vorgesetzter sein;* unter jmdm. ~ *jmds. Untergebener sein;* die Wiese steht unter Wasser *ist überschwemmt;* plötzlich stand er vor mir; der Anzug steht vor Dreck ⟨umg.; scherzh.⟩ *ist so schmutzig, dass er von selbst steht;* einen Zug, Wagen zum Stehen bringen *anhalten, bremsen;* zu jmdm. ~ *zu jmdm. halten, jmdm. beistehen, ihn unterstützen;* zu seinem Versprechen ~ *sein V. halten;* zu seinen Schwächen ~ *selbstbewusst mit seinen Schwächen umgehen* ▸ wie geht's, wie steht's? ⟨umg.⟩ *wie geht es dir?, was gibt es Neues?;* wie steht die Sache? *wie ist die S. bisher verlaufen?;* wie stehst du zu ihm? *was hast du für ein Verhältnis zu ihm?;* wie ~ Sie zu diesem Vorfall? *wie beurteilen Sie diesen V.?;* wo steht er politisch? *wie ist seine politische Einstellung?* ▸ ~den Fußes *sofort, ohne zu zögern;* ~des Gewässer *nicht fließendes G., z. B. See, Teich* **II** ⟨V. refl.⟩ sich ~ *sein Auskommen haben, Geld verdienen* ▸ sich gut, schlecht ~ *viel, wenig Geld verdienen od. besitzen;* sich mit jmdm. gut, schlecht ~ *sich gut, schlecht mit jmdm. vertragen* **III** ⟨V. trans.; nur in bestimmten Wendungen⟩ **1** Posten, Wache ~ *auf W. sein, etwas bewachen* **2** ⟨übertr.; umg.⟩ sich die Beine in den Bauch ~ *sehr lange stehend warten*

ste|hen|blei|ben *auch:* **ste|hen blei|ben** ⟨V. intr.; bleibt ste|hen, blieb ste|hen, ist ste|hen|ge|blie|ben, ste|hen|zu|blei|ben; übertr.⟩ *nicht fortdauern, nicht weiterlaufen* ▸ die Uhr ist stehengeblieben / stehen geblieben; wo waren wir stehengeblieben / stehen geblieben? *wo haben wir aufgehört (zu lesen, zu besprechen)?;* →a. *stehen*

ste|hen|las|sen *auch:* **ste|hen las|sen** ⟨V. trans.; lässt ste|hen, ließ ste|hen, hat ste|hen|ge|las|sen, ste|hen|zu|las|sen⟩ **1** jmdn. ~ *sich unhöflich von ihm abwenden u. weggehen* **2** einen Regenschirm ~ *vergessen mitzunehmen* **3** sich einen Bart ~ *wachsen lassen* **4** einen Speiserest ~ *nicht aufessen;* →a. *stehen*

Steh|kra|gen ⟨der; -s, -⟩ *steifer, nicht umgelegter Kragen*

Steh|lam|pe ⟨die; -, -n⟩ *hohe, frei auf dem Boden stehende Lampe*

Steh|lei|ter ⟨die; -, -n⟩ *freistehende Leiter mit zwei gelenkig miteinander verbundenen Holmpaaren*

steh|len ⟨V. trans.; stiehlt, stahl, hat ge|stoh|len⟩ (jmdm.) etwas ~ *widerrechtlich wegnehmen, entwenden* ▸ Geld, Schmuck, Waren ~; mir ist die Handtasche gestohlen worden; man hat ihm das Portemonnaie gestohlen; jmdm. die Zeit ~ *jmdn. mit seinem Besuch belästigen u. ihn dadurch von der Arbeit abhalten;* sich aus dem Hause ~ *heimlich weggehen;* er kann mir gestohlen bleiben! ⟨übertr.; umg.⟩ *ich will nichts von ihm wissen*

Steh|platz ⟨der; -es, -plät|ze⟩ *Platz ohne Sitz (im Theater, im Stadion);* Ggs *Sitzplatz*

Steh|pult ⟨das; -(e)s, -e⟩ *hohes Pult, an dem man stehend arbeitet od. vorträgt*

Steh|ver|mö|gen ⟨das; -s; unz.; übertr.⟩ *Fähigkeit, einer starken Belastung standzuhalten, Ausdauer* ▸ ihm fehlt das ~; kein ~ besitzen

steif ⟨Adj.⟩ **1** *starr, fest, unbeweglich, nicht biegsam* **2** *ungelenk, schwer zu bewegen* (Glieder, Gelenke) **3** *mit Wäschestärke gestärkt* (Kragen, Wäsche) **4** *sehr dickflüssig, fast ganz fest* (Eischnee, Pudding); Zus *steif schlagen / steifschlagen* **5** ⟨übertr.⟩ *förmlich, gezwungen* (Benehmen) **6** ⟨umg.⟩ *erigiert* ▸ ein ~es Bein, einen ~en Arm haben; eine ~e Brise *starke u. ständig wehende B.;* einen ~en Hals haben ▸ jmdn. ~ begrüßen ⟨übertr.⟩; „Wie Sie wünschen!“, sagte er ~ ⟨übertr.⟩; er verbeugte sich ~ ⟨übertr.⟩; werden: ich bin vom langen Sitzen ganz ~ geworden; zugehen: bei ihnen geht es immer etwas ~

und förmlich zu ⟨übertr.⟩ ▸ etwas ~ und fest behaupten *hartnäckig behaupten* ▸ meine Finger sind ~ vor Kälte; ~ wie ein Brett ⟨umg.⟩; Abl *Steifheit*

steif|hal|ten ⟨V. intr.; hält steif, hielt steif, hat steif|ge|hal|ten, steif|zu|hal|ten; nur in der Wendung⟩ die Ohren ~ *tapfer bleiben, sich nicht unterkriegen lassen*

Steig|bü|gel ⟨der; -s, -⟩ **1** *am Sattel befestigter Metallbügel als Fußstütze für den Reiter* **2** *ein Gehörknöchelchen* ▸ jmdm. den ~ halten ⟨übertr.⟩ *jmdm. Hilfestellung leisten (zum beruflichen Aufstieg)*

Stei|ge ⟨die; -, -n⟩ **1** *schmaler Pfad;* oV *Steig* **2** *offene, flache Kiste für Obst, Stiege* ▸ eine ~ Äpfel

Steig|ei|sen ⟨Pl.⟩ **1** *mit Zacken versehene Halbringe, die an den Schuhen befestigt werden, als Hilfsmittel zum Erklettern hölzerner Leitungsmasten;* Syn *Klettereisen* **2** *mit scharfen Zacken versehene Eisen, die beim Begehen von Gletschern u. vereisten Bergwänden unter die Schuhe geschnallt werden* **3** *außen in Mauern od. Schornsteine eingemauerte Eisensprossen od. Eisenbügel zum Hinaufsteigen*

stei|gen ⟨V.; steigt, stieg, ist ge|stie|gen⟩ **I** ⟨V. intr.⟩ **1** *sich aufwärts, nach oben bewegen* (Nebel, Rauch, Sonne, Temperatur, Preise, Wasserspiegel) **2** (irgendwohin) ~ *aufwärtsfliegen* (Flugzeug, Vogel) **3** irgendwohin ~ *sich aufwärts begeben, aufwärtsgehen, klettern* (Person) **4** ⟨österr.⟩ auf etwas ~ *treten* **5** ⟨übertr.⟩ **5.1** *stärker werden* (Spannung, Ungeduld) **5.2** ⟨umg.⟩ *stattfinden* (Veranstaltung) ▸ das Fieber ist gestiegen; die Flut steigt; die Stimmung stieg *hob sich, man wurde lustiger;* der Wert des Bildes, des Grundstücks ist gestiegen ▸ das Steigen und Fallen der Kurse an der Börse; Drachen ~ lassen ▸ auf einen Berg, auf eine Leiter, auf einen Stuhl ~; aufs Fahrrad, aufs Pferd ~; aus dem Auto, aus dem Wasser ~; aus dem Bett ~ *aufstehen;* aus dem Zug, der Straßenbahn ~; durchs Fenster ~; er ist in meiner Achtung gestiegen *ich achte ihn jetzt mehr, höher;* die Tränen stiegen ihr in die Augen; ins Auto, ins Wasser ~; das Blut stieg ihr ins Gesicht; das Benzin ist im Preis gestiegen *ist teurer geworden;* über einen Zaun ~; der Wein ist ihm zu Kopf gestiegen *hat ihn etwas trunken, benommen gemacht* **II** ⟨V. trans.; nur in der Wendung⟩ Treppen ~ *hinaufsteigen*

stei|gern ⟨V.; stei|gert, stei|ger|te, hat ge|stei|gert⟩ **I** ⟨V. trans.⟩ **1** einen Ton, ein Gefühl ~ *verstärken, vergrößern* **2** die Miete, Preise, Leistungen ~ *erhöhen* **3** ⟨Gramm.⟩ Adjektive ~ *in die Steigerungsstufen (Komparativ, Superlativ) setzen* ▸ die Geschwindigkeit ~; diese Maßnahme steigert nur die Probleme **II** ⟨V. intr.⟩ *bieten, ein Angebot machen* (bei Auktionen); Abl *Steigerer* **III** ⟨V. refl.⟩ sich ~ *mehr, größer, besser, stärker werden* ▸ sein Entzücken, sein Zorn steigerte sich noch, als er das hörte; der Wind steigerte sich zum Sturm

Stei|ge|rung ⟨die; -, -en⟩ **1** *das Steigern, Anstieg, Verstärkung, Vergrößerung, Erhöhung, Anwachsen;* Zus *Steigerungsrate; Leistungssteigerung, Lohnsteigerung, Preissteigerung* **2** *das Sichsteigern* **3** ⟨Gramm.⟩ ~ der Adjektive *das Bilden der Steigerungsstufen (Komparativ, Superlativ);* Syn *Komparation*

Stei|gung ⟨die; -, -en⟩ **1** *Höhenzunahme* **2** *ansteigender Weg* ▸ die ~ im 3. Gang nehmen; eine ~ überwinden; ~ von 10% *10 m Höhenänderung auf 100 m*

steil ⟨Adj.⟩ *stark ansteigend bzw. schroff abfallend* (Berg, Küste) ▸ ein ~er Abhang; die Treppe zum Dachboden ist ~; ein ~er Weg führt zum Gipfel; die Küste fällt hier ~ ab; ~ ansteigende Kurven; Abl *Steilheit;* Zus *Steilhang, Steilküste*

Steil|pass ⟨der; -es, -päs|se; Fußb.⟩ *hoch u. weit geschossener, einem Mitglied der eigenen Mannschaft zugespielter Ball*

Stein ⟨der; -(e)s, -e⟩ **1** *Stück vom natürlichen Gestein;* Zus *Steinschleuder; Kieselstein, Sandstein* **2** *künstlicher Werkstoff, der natürlichem Gestein sehr ähnlich ist;* Zus *Baustein, Formstein, Mauerstein, Ziegelstein* **3** *Fels* **4** *Stück eines Minerals;* Zus *Edelstein* **5** ⟨kurz für⟩ *Grabstein, Gedenkstein* **6** *für Spiele verwendete Figur;* Zus *Dominostein, Spielstein* **7** ⟨Bot.⟩ *harter Kern in einer Frucht;* Zus *Steinobst* **8** ⟨Med.⟩ *verhärtete Substanz in Organen;* Zus *Blasenstein, Gallenstein, Nierenstein, Speichelstein* ▸ über Stock und ~ *querfeldein, ohne Weg;* und damit glaubt er, den ~ der Weisen gefunden zu haben ⟨übertr.⟩ *die Lösung des Problems* ▸ den ~ behauen; mir fällt ein ~ vom Herzen *ich bin sehr erleichtert;* (schöne) ~e sammeln; einen ~ schlagen, überspringen (im Spiel) ▸ echte, edle, künstliche ~e; geschnittener, geschliffener ~; schwarzer, weißer ~ (bei Brettspielen); der Weg ist voller ~e ▸ keinen ~ auf dem anderen lassen *alles zerstören;* eine Bank, ein Herz aus ~ haben ⟨übertr.⟩ *hartherzig, mitleidslos sein;* eine Gestalt, Figur in ~ hauen; den ~ ins Rollen bringen ⟨übertr.⟩ *den Anstoß zu etwas geben, eine Sache, Entwicklung in Bewegung bringen;* einen ~ im Schuh haben; jmdm. ~e in den Weg legen ⟨übertr.⟩ *sein Tun behindern, erschweren;* einen Weg mit ~en pflastern; zu ~ werden *versteinern;* ⟨übertr.; umg.⟩ *erstarren*

stein|alt ⟨Adj.⟩ *uralt, sehr alt* (nur von Menschen) ▸ sein Opa ist ~

Stein|bock ⟨der; -(e)s, -bö|cke⟩ **1** *mit den Ziegen verwandtes Tier mit Hörnern, das gut klettern kann u. im Hochgebirge lebt* **2** ⟨Astron.⟩ *ein Sternbild* ▸ Wendekreis des ~s *südlicher Wendekreis*

Stein|bruch ⟨der; -(e)s, -brü|che⟩ *Abbaustelle für nutzbares Gestein im Tagebau*

Stein|butt ⟨der; -(e)s, -e⟩ *großer Plattfisch*

stei|nern ⟨Adj.⟩ **1** *aus Stein* **2** ⟨übertr.⟩ *hart, mitleidlos* ▸ ein ~es Herz haben

Stein|gut ⟨das; -(e)s; unz.⟩ *Erzeugnis der Feinkeramik mit porösen Scherben, das weniger dicht ist als Porzellan;* Syn *Halbporzellan*

stein|hart ⟨Adj.⟩ *hart wie Stein, sehr hart* ▸ die Sitze sind ~; der Boden ist ~

stei|nig ⟨Adj.⟩ *mit Steinen bedeckt* (Gelände)

stei|ni|gen ⟨V. trans.; stei|nigt, stei|nig|te, hat ge|stei|nigt⟩ jmdn. ~ *durch Steinwürfe töten;* Abl *Steinigung*

Stein|koh|le ⟨die; -; unz.⟩ *dichte, erdgeschichtlich alte Kohle mit hohem Gehalt an Kohlenstoff;* Zus *Steinkohlenteer*

Stein|metz ⟨der; -en, -en⟩ *Handwerker, der Steine für Bauten, Denkmäler usw. bearbeitet (Lehrberuf mit dreijähriger Lehrzeit);* Abl *Steinmetzin*

Stein|pilz ⟨der; -es, -e; Bot.⟩ *sehr wohlschmeckender Pilz mit braunem Hut u. weißem, später gelblichem Fleisch;* Zus *Steinpilzsuppe*

stein|reich ⟨Adj.; übertr.; verstärkend⟩ *sehr reich* ▸ er ist ~; er ist ein ~er Mann

Stein|schlag ⟨der; -(e)s, -schlä|ge⟩ **I** ⟨zählb.⟩ *Abstürzen von Gestein im Gebirge* ▸ Vorsicht, ~! **II** ⟨unz.⟩ *gebrochenes Gestein als Schotter*

Stein|wurf ⟨der; -(e)s, -wür|fe⟩ **1** *Wurf mit einem Stein* **2** *geringe Entfernung* ▸ einen ~ entfernt ⟨übertr.⟩ *sehr nah*

Stein|zeit ⟨die; -, -en⟩ *Abschnitt der Urgeschichte, während dessen die Menschen vorwiegend Steine als Werkzeug verwendeten* ▸ ältere, jüngere, mittlere ~; Abl *steinzeitlich*

Stei|rer ⟨der; -s, -⟩ *Einwohner der Steiermark, Steiermärker;* Abl *Steierin; stei(e)risch*

Steiß ⟨der; -es, -e; kurz für⟩ *Steißbein*

Steiß|bein ⟨das; -(e)s, -e⟩ *kleiner Knochen am unteren Ende des menschlichen Rumpfes*

Steiß|la|ge ⟨die; -; unz.⟩ *nicht normale Lage des Kindes bei der Geburt, mit dem Gesäß (Steiß) voran*

Ste|le ⟨die; -, -n⟩ *freistehender Pfeiler als Grab- od. Gedenkstein, oft mit Bildnis des Toten*

Stell|dich|ein ⟨das; -s, -s; oft iron.⟩ *Treffen, Zusammenkunft, Date (bes. zwischen Mann u. Frau)* ▸ sich ein ~ geben ⟨übertr.⟩ *zusammentreffen*

Stel|le ⟨die; -, -n⟩ **1** *Ort, Platz, Stätte* **2** *Örtlichkeit, Gegend* **3** *Textstelle (in einem Buch, einer Zeitung), Teilstück, Absatz, Abschnitt* **4** *Platz einer Zahl im Zehnersystem;* Zus *Dezimalstelle* **5** *Anstellung, Stellung, Posten, Dienst;* Zus *Stellenabbau, Stellenangebot, Stellengesuch* **6** *Amt, Behörde;* Zus *Beratungsstelle, Dienststelle* ▸ eine ~ (aus einem Buch, Brief) **herausschreiben;** eine ~ **suchen,** finden, bekommen; die ~ **wechseln;** eine ~ **zitieren** ▸ die **amtlichen** ~n *die Behörden;* **freie,** offene, unbesetzte ~; eine **gute,** gut bezahlte ~; **holperige,** vereiste ~ (auf der Straße); eine **kahle** ~ auf dem Kopf, im Wald; **offene,** wunde ~; **raue,** schadhafte ~; das ist eine **schwache** ~ von mir ⟨übertr.⟩ *in dieser Beziehung bin ich schwach;* eine **spannende** ~ (im Buch) ▸ versetz dich einmal **an** meine ~!; ich an deiner ~ würde das nicht tun *wenn ich du wäre;* ich möchte nicht an seiner ~ sein; als ich wiederkam, saß er noch an derselben ~; an dieser ~ *hier;* an erster ~ stehen ⟨übertr.⟩ *die größte Bedeutung haben, am wichtigsten sein; Vorgesetzter sein;* das ist an anderer ~ (im Buch) bereits erklärt worden; etwas an eine andere ~ setzen; an der falschen, richtigen ~ stehen; ich werde mich an höherer ~ erkundigen, beschweren *beim Vorgesetzten;* an ~ / anstelle von *in Vertretung von, anstatt;* **auf** der ~ *sofort;* er war auf der ~ tot; auf der ~ treten ⟨übertr.⟩ *nicht vorankommen, keinen Erfolg haben;* sich **bei** der zuständigen ~ erkundigen; die erste ~ **hinter** dem Komma; eine Zahl **mit** drei, vier ~n; **ohne** ~ sein *ohne Anstellung sein;* sich **um** eine ~ bewerben; er rührt sich nicht **von** der ~ *bewegt sich nicht, bleibt still stehen od. sitzen;* nicht von der ~ kommen ⟨übertr.⟩ *nicht vorankommen (mit einer Angelegenheit);* **zur** ~ sein *da sein, bereit sein, wo man gebraucht wird*

stel|len ⟨V.; stellt, stell|te, hat ge|stellt⟩ **I** ⟨V. trans.⟩ **1** jmdn., sich od. etwas ~ *in aufrechte Lage, stehende Haltung bringen* **2** etwas irgendwohin ~ *an einen bestimmten Platz tun, bringen* **3** eine Uhr, Weiche ~ *in einen bestimmten Zustand, eine bestimmte Lage, Stellung bringen* **4** Arbeiter, Material ~ *herbeischaffen, bereitstellen* **5** einen Antrag, eine Bedingung, Forderung ~ *geltend machen* **6** ⟨übertr.⟩ jmdn. ~ **6.1** *ergreifen, fassen* **6.2** *zur Rechenschaft ziehen, Antwort, Aufklärung von ihm verlangen* ▸ für einen Bau **Arbeitskräfte** ~; sich od. jmdm. eine **Aufgabe** ~ *sich eine A. vornehmen, jmdm. eine A. geben;* **Ersatz** ~; **Fallen** ~ *aufstellen;* du musst die **Flasche** ~, nicht legen; eine **Frage** ~ *etwas fragen;* wie sollen wir die **Möbel** ~?; das Zimmer ist so klein, dass man keinen **Schrank** ~ kann; jmdm. ein **Thema** (zur Bearbeitung) ~ *nennen, geben;* den **Wecker** ~ *auf die richtige bzw. eine bestimmte Zeit einstellen* ▸ Wein **kalt** ~ / kaltstellen; Speisen **warm** ~ / warmstellen ▸ jmdn. (der gestürzt ist) wieder **auf** die Füße ~; einen Kochtopf auf den Herd ~; ein elektrisches Gerät auf Null ~ *schalten, einstellen;* Geschirr, Blumen auf den Tisch ~; das Fahrrad **in** den Keller ~; Geschirr, Bücher in den Schrank ~; eine Sache **über** eine andere ~ *eine S. mehr als eine andere schätzen* ▸ eine gestellte Aufnahme ⟨Fot.⟩ *vorbereitete A. (kein Schnappschuss);* die Aufnahme, das Bild wirkt sehr gestellt *gezwungen, unnatürlich;* auf sich selbst gestellt sein *für sich selbst sorgen müssen, sich seinen Lebensunterhalt selbst verdienen* **II** ⟨V. refl.⟩ **1** sich irgendwohin ~ *sich an einen bestimmten Ort begeben u. dort eine Weile stehen bleiben* **2** sich (jmdm.) ~ *sich freiwillig melden, sich freiwillig zu den Behörden (der Polizei) begeben* **3** sich jmdm. od. einer Sache ~ *jmdm. od. einer Sache entgegentreten u. nicht vor ihm od. ihr davonlaufen* ▸ der Täter hat sich (freiwillig) gestellt ▸ sich **krank** ~ *so tun, als ob man krank sei* ▸ sich **ans** Fenster ~; stell dich **dorthin;** sich **hinter** jmdn. ~ ⟨übertr.⟩ *jmdn. unterstützen, für ihn Partei ergreifen;* sich jmdm. **in** den Weg ~ *jmdm. den W. versperren;* sich (schützend) **vor** jmdn. ~

Stel|len|an|zei|ge ⟨die; -, -n⟩ *in einer Zeitung od. im Internet annonciertes Stellenangebot*

stel|len|wei|se ⟨Adv.⟩ *an manchen Stellen, hier u. da* ▸ ~ liegt auf den Feldern noch Schnee; der Roman ist ~ sehr langweilig

Stel|len|wert ⟨der; -(e)s; unz.; übertr.⟩ *Rang, Bedeutung* ▸ die Sache hat ihren ~ *hat an dieser Stelle ihre besondere Bedeutung, ist gerade hier wichtig*

...stel|lig ⟨in Zus.; zur Bildung von Adj.⟩ *aus einer bestimmten od. unbestimmten Zahl von Stellen bestehend,* z. B. dreistellig, mehrstellig, vielstellig (in Ziffern: 3-stellig)

Stell|platz ⟨der; -es, -plät|ze⟩ **1** *Platz zum Hinstellen von etwas* **2** *Platz zum Parken eines Kraftfahrzeugs* ▸ vor dem Haus befinden sich zwei Stellplätze

Stel|lung ⟨die; -, -en⟩ **1** *Haltung;* Zus *Körperstellung* **2** *Lage, Stand, Position;* Zus *Schlafstellung* **3** *Anordnung, Reihenfolge;* Zus *Wortstellung* **4** ⟨Mil.⟩ *Feldbefestigung, in der sich die Truppen zur Abwehr einrichten* **5** *Einstellung, Regulierung;* Zus *Weichenstellung* **6** *Amt, Anstellung, Posten;* Zus *Dienststellung, Lebensstellung* ▸ die ~ der **Gestirne** ▸ ~ **beziehen** ⟨übertr.⟩ *sich auf einen klaren Standpunkt stellen;* feste ~en beziehen ⟨Mil.⟩; eine sehr gute ~ **haben;** für jmdn. ~ **nehmen** ⟨übertr.⟩ *für jmdn. Partei ergreifen, für jmdn. eintreten;* zu einer Sache ~ nehmen *seine Meinung zu einer S. äußern;* eine ~ **suchen,** finden, annehmen, aufgeben, bekommen ▸ **befestigte** ~ ⟨Mil.⟩; eine **bequeme** ~ einnehmen; eine **einflussreiche,** hohe ~; in **gebückter,** hockender, liegender ~; **gesellschaftliche,** soziale ~ ▸ eine ~ **als** Elektriker haben; so etwas kann er **in** seiner ~ nicht tun; **ohne** ~ sein

Stel|lung|nah|me ⟨die; -, -n⟩ *Äußerung einer Meinung zu einem Vorfall od. Problem* ▸ jede ~ ablehnen; von dem Unternehmen war keine ~ zu erhalten; jmdn. um (eine) ~ bitten

stell|ver|tre|tend ⟨Adj.⟩ *einen anderen vertretend, die Stelle eines anderen vorübergehend einnehmend* ▸ ~er Leiter, Vorsitzender

Stell|ver|tre|ter ⟨der; -s, -⟩ *jmd., der einen anderen vertritt, jmd., der im Namen eines anderen handelt* ▸ er ist der ~ von Herrn Kock; Abl *Stellvertreterin*

Stell|werk ⟨das; -(e)s, -e⟩ *Anlage zur Fernbedienung der Weichen u. Eisenbahnsignale*

Stel|ze ⟨die; -, -n⟩ **1** *Stange mit über dem Boden angebrachtem Klotz zum Daraufstellen zur Verlängerung des Beins* **2** ⟨übertr.; umg.⟩ *(dünnes) Bein* **3** ⟨österr.⟩ *Eisbein* **4** ⟨Zool.⟩ *Angehörige einer Familie gut laufender Erdvögel*

Stemm|ei|sen ⟨das; -s, -⟩ *flaches, schlankes Werkzeug mit zweiseitig zugespitzter Schneide*

stem|men ⟨V.; stemmt, stemm|te, hat ge|stemmt⟩ **I** ⟨V. trans.⟩ **1** etwas irgendwohin ~ *fest gegen etwas drücken* **2** Gewichte, Hanteln ~ *über den Kopf in die Höhe heben* **3** Skier ~ *nach außen drücken und kanten* ▸ die Ellbogen auf den Tisch ~; sich gegen die Wand ~; die Hände in die Hüften, die Seiten ~; Löcher in eine Wand ~ *einarbeiten* **II** ⟨V. refl.; übertr.⟩ sich gegen eine Sache ~ *sich einer S. widersetzen*

Stem|pel ⟨der; -s, -⟩ **1** *Gerät mit Gummitypen od. Gummizahlen zum Drucken von Hand;* Zus *Stempelfarbe* **2** *Abdruck davon;* Zus *Datumstempel, Firmenstempel, Poststempel* **3** *Teil einer Prägevorrichtung* **4** *geprägtes Zeichen (auf Waren, Silber usw.)* **5** ⟨Bot.⟩ *Fruchtknoten mit Griffel u. Narbe* **6** ⟨übertr.⟩ *Zeichen, Prägung, Aussehen* ▸ dieses Werk trägt seinen ~ ⟨übertr.⟩; jmdm., einer Sache einen ~ aufdrücken ⟨übertr.; umg.⟩ *jmdn., eine S. vorschnell einer bestimmten (negativen) Kategorie zuordnen;* →a. *abstempeln;* einen ~ auf eine Urkunde drücken, unter einen Brief setzen

Stem|pel|kis|sen ⟨das; -s, -⟩ *mit Farbe getränktes Kissen zum Befeuchten des Stempels;* Syn *Farbkissen*

stem|peln ⟨V. trans.; stem|pelt, stem|pel|te, hat gestem|pelt⟩ **1** einen Ausweis, Brief, eine Urkunde ~ *einen Stempel darauf drücken* **2** Gold, Silber ~ *mit einem Prägezeichen versehen* ▸ jmdn. zum Verbrecher ~ *als V. bezeichnen*

Ste|no ⟨die; -; unz.; umg.; Kurzw. für⟩ *Stenografie* ▸ sie kann ~ schreiben; ~ lernen

Ste|no|gra|fie ⟨die; -, -n; Kurzw.: Steno⟩ *Kurzschrift, verkürzte Schriftzeichen verwendende Art der Niederschrift;* oV *Stenographie;* Abl *Stenograf(in) / Stenograph(in); stenografisch / stenographisch*

Ste|no|gramm ⟨das; -(e)s, -e⟩ *Niederschrift in Stenografie* ▸ ein ~ aufnehmen *ein Diktat in Kurzschrift niederschreiben*

Ste|no|ty|pist ⟨der; -en, -en⟩ *Angestellter, der Diktate in Kurzschrift aufnimmt u. in Maschinenschrift überträgt;* Abl *Stenotypistin*

Stenz ⟨der; -es, -e; umg.; abwertend⟩ **1** *geckenhafter, angeberischer junger Mann* **2** *Zuhälter*

Stepp|de|cke ⟨die; -, -n⟩ *gefüllte Bettdecke gesteppten Nähten*

Step|pe ⟨die; -, -n⟩ *weite, baumlose Grasebene*

step|pen[1] ⟨V. trans.; steppt, stepp|te, hat ge|steppt⟩ eine Naht, einen Saum ~ *mit Steppstichen nähen od. verzieren*

step|pen[2] ⟨V. intr.; steppt, stepp|te, hat ge|steppt⟩ *Stepptanz tanzen*

Stepp|ke ⟨der; -s, -s; umg.; bes. berlin.⟩ *kleiner Junge, kleiner Kerl*

Stepp|stich ⟨der; -(e)s, -e⟩ *lückenlos aneinandergereihte, eine gerade Linie bildende Stiche*

Stepp|tanz ⟨der; -es, -tän|ze⟩ *Tanz in Schuhen mit Steppeisen in lockeren, schnellen Fußbewegungen, bei denen mit Spitzen u. Fersen der Rhythmus geschlagen wird*

Ster|be|bett ⟨das; -(e)s, -en⟩ *Lager eines Todkranken* ▸ auf dem ~ liegen *im Sterben liegen;* jmdm. etwas auf dem ~ versprechen

Ster|be|hil|fe ⟨die; -; unz.⟩ = *Euthanasie*

ster|ben ⟨V. intr.; stirbt, starb, ist ge|stor|ben⟩ **1** *aus dem Leben scheiden, zu leben aufhören* **2** ⟨übertr.⟩ *vergehen, schwinden, erlöschen* ▸ seine

Liebe ist gestorben; eines natürlichen, unnatürlichen, gewaltsamen Todes ~ ▸ jmdn. in Ruhe ~ lassen ▸ jung, alt, hochbetagt ~; plötzlich, unerwartet ~ ▸ an Herzschlag, an Altersschwäche ~; du wirst nicht gleich dran ~! ‹umg.› *es wird dir nichts schaden;* aus Gram ~; durch jmdn., durch jmds. Hand ~ *von jmdm. ermordet werden;* für seine Überzeugung ~; er ist gestern gestorben; hungers ~ *verhungern;* im Sterben liegen *mit dem Tode ringen, kurz vorm Tode sein;* ich sterbe vor Neugierde, vor Langeweile ‹übertr., umg.›; es ist zum Sterben langweilig ‹umg.› *sehr langweilig* ▸ der Sterbende; eine ~de Kultur

ster|bens|elend ‹Adj.› *zum Sterben elend, sehr schlecht* ▸ ihm ist ~; ich fühle mich ~

ster|bens|krank ‹Adj.› *todkrank, schwerkrank*

ster|bens|lang|wei|lig ‹Adj.; umg.; verstärkend› *sehr langweilig*

Ster|be|ur|kun|de ‹die; -, -n› *Urkunde über den erfolgten Tod*

sterb|lich ‹Adj.› *so beschaffen, dass es sterben muss, vergänglich* ▸ ein gewöhnlicher Sterblicher *ein ganz gewöhnlicher Mensch;* die ~en Überreste *Leiche, Gebeine;* Abl *Sterblichkeit*

Ste|reo ‹das; -s, -s; Kurzw. für› *Stereophonie*

Ste|reo|an|la|ge ‹die; -, -n› *Anlage zum stereophonen Hören;* ⓘ S. 360

Ste|reo|pho|nie ‹die; -; unz.› *Technik der räumlichen Tonwiedergabe;* oV *Stereofonie;* Abl *stereophon/stereofon*

ste|reo|typ ‹Adj.› *ständig wiederkehrend, immer wieder gleich, formelhaft* ▸ ~e Antwort, Redewendung; ein ~es Lächeln; Abl *Stereotyp*

ste|ril ‹Adj.› **1** *keimfrei* **2** *unfruchtbar* **3** ‹übertr.; abwertend› *kalt, unpersönlich, übertrieben sauber u. ordentlich* ▸ medizinische Instrumente ~ machen; eine ~e Wohnung; Abl *Sterilität*

ste|ri|li|sie|ren ‹V. trans.; ste|ri|li|siert, ste|ri|li|sierte, hat ste|ri|li|siert› **1** etwas ~ *keimfrei machen, entkeimen durch Erhitzen auf 100 bis 130 °C* **2** jmdn. ~ *unfruchtbar, zeugungsunfähig machen bei Erhaltung der Keimdrüsen;* →a. *kastrieren;* Abl *Sterilisation, Sterilisierung*

Stern ‹der; -(e)s, -e› **1** *Himmelskörper, selbstleuchtendes Gestirn (Sonne);* Abl *stern(en)los, sternenwärts;* Zus *Stern(en)himmel* **2** *sternförmiges gedrucktes Zeichen (bes. als Zeichen zur Kennzeichnung von Fußnoten)* **3** *sternförmiger Gegenstand als Rangabzeichen;* Zus *Ordensstern* **4** *Gütezeichen von Hotels u. Speiselokalen* **5** *Star*[1] ▸ die ~e funkeln am Himmel; ~e tanzten mir vor den Augen ‹übertr.; umg.› *es flimmerte mir vor den Augen* ▸ ein guter ~ hat mich davor bewahrt ‹übertr.› *eine günstige Fügung;* ein neuer ~ am Filmhimmel ‹übertr.› *ein neuer Star* ▸ das Schicksal aus den ~en deuten ‹Astrol.›; in den ~en lesen ‹Astrol.›; das steht noch in den ~en *das ist noch ungewiss, unbestimmt;* nach den ~en greifen ‹übertr.› *nach dem Höchsten streben, Unmögliches wollen;* unter einem günstigen, ungünstigen ~ geboren sein ‹übertr.› *im Leben viel Glück, Unglück haben;* die Veranstaltung stand unter (k)einem guten ~ ‹übertr.› *sie fand unter guten (schlechten) Voraussetzungen statt*

Stern|bild ‹das; -(e)s, -er› *als Bild gedeutete Gruppe von Sternen* ▸ ~ des Wassermanns

Stern|chen ‹das; -s, -› *kleiner Stern (bes. als Zeichen zur Kennzeichnung von Fußnoten)*

stern|för|mig ‹Adj.› *in der Form eines Sterns, rundum mit Zacken besetzt* ▸ eine ~e Frucht; ~ angelegte Gehwege

stern|ha|gel|voll ‹Adj.; umg.› *stark betrunken*

stern|hell ‹Adj.› *durch die Sterne erhellt;* oV *sternenhell* ▸ die Nacht ist ~

stern|klar ‹Adj.› *so klar, dass man die Sterne deutlich sehen kann;* oV *sternenklar* ▸ gestern hatten wir eine ~e Nacht

Stern|schnup|pe ‹die; -, -n› *aus dem Weltraum stammendes Materieteilchen, das beim Eintreten in die Lufthülle der Erde aufglüht u. kurz am Nachthimmel aufleuchtet*

Stern|sin|gen ‹das; -s; unz.› *Brauch am Dreikönigstag, bei dem Kinder mit einem auf einem Stab befestigten Stern von Haus zu Haus ziehen u. singen u. dafür Geld od. Nüsse, Gebäck u. Ä. bekommen;* Abl *Sternsinger*

Stern|stun|de ‹die; -, -n› *bes. günstige Stunde, in der sich eine Schicksalswende vollzieht od. vollziehen könnte* ▸ die Mondlandung war eine ~ in der Geschichte der Raumfahrt

Stern|war|te ‹die; -, -n› *Observatorium, Institut, in dem die Gestirne beobachtet werden*

Stern|zei|chen ‹das; -s, -› = *Tierkreiszeichen*

stet ‹Adj.; -er, am -es|ten; geh.› = *stetig*

Ste|tho|s|kop ‹das; -s, -e› *ärztliches Untersuchungsgerät zum Abhören von Herz u. Lunge*

ste|tig ‹Adj.› **1** *andauernd, gleichmäßig, nicht unterbrochen* **2** *fest, nicht schwankend* (Aktienkurs) ▸ ~e Arbeit; ~er Fleiß; Abl *Stetigkeit*

stets ‹Adv.› **1** *immer, jederzeit, ständig* **2** *jedes Mal* ▸ ich bin ~ für ihn eingetreten, wenn es nötig war; er ist ~ hilfsbereit; du bist mir ~ willkommen; ~ zu (Ihren) Diensten

Steu|er I ‹das; -s, -› **1** *Vorrichtung zum Lenken;* ⓘ S. 896 **2** ‹Sinnbild für› *Leitung, Führung* ▸ am ~ sitzen *ein Auto steuern;* am ~ stehen *ein Schiff steuern;* er hat das ~ der Regierung fest in der Hand II ‹die; -, -n› *vom Staatsbürger zu leistende Abgabe* ▸ ~n hinterziehen; ~n zahlen; bald müssen wir weniger ~n zahlen; hohe ~n; eine Sache mit einer ~ belegen; Zus *Steuerbefreiung, Steuereinnahme, Steuererhöhung, Steuerhinterziehung, Steuerschuld, Steuersenkung; steuersparend; Einkommensteuer, Lohnsteuer, Mehrwertsteuer, Tabaksteuer, Vermögenssteuer*

Steu|er|auf|kom|men ‹das; -s; unz.› *gesamte Einnahmen durch Steuern innerhalb eines Jahres*

steu|er|be|güns|tigt ‹Adj.› *steuerliche Vergünstigungen enthaltend, von der Steuer absetzbar* ▸ Häuser ~ bauen, sanieren

Steu|er|be|ra|ter ‹der; -s, -› *ausgebildeter Berater in Steuerangelegenheiten;* Abl *Steuerberaterin*

Steu|er|be|scheid ‹der; -(e)s, -e› *Mitteilung des Fi-*

S

nanzamtes an den Steuerpflichtigen über die zu zahlende Steuer

Steu|er|bord ⟨das; -(e)s; unz.; Flugw.; Mar.⟩ *rechte Seite eines Schiffes od. Flugzeugs (von hinten gesehen);* Ggs *Backbord*

Steu|er|er|klä|rung ⟨die; -, -en⟩ *schriftliche Erklärung des Steuerpflichtigen, die dem Finanzamt als Unterlage für die Festsetzung der Steuer vorgelegt werden muss*

Steu|er|flucht ⟨die; -; unz.⟩ *Verlegung des Wohnsitzes od. des Sitzes eines Unternehmens ins Ausland, um Steuern zu sparen*

steu|er|frei ⟨Adj.⟩ *nicht mit Steuern belegt* ▸ ~er Betrag

Steu|er|klas|se ⟨die; -, -n⟩ *Klasse in der Staffelung des Steuertarifs nach Familienstand u. der Anzahl der Kinder*

steu|er|lich ⟨Adj.⟩ *die Steuern betreffend, auf ihnen beruhend* ▸ ~e Belastung; das ist ~ günstig

Steu|er|mann ⟨der; -(e)s, -män|ner⟩ *zum Steuern von Schiffen u. Booten ausgebildeter Seemann*

steu|ern ⟨V.; steu|ert, steu|er|te, hat ge|steu|ert⟩ **I** ⟨V. trans.⟩ **1** ein Auto, Flugzeug, Schiff ~ *lenken* **2** jmdn. od. etwas ~ *leiten, beeinflussen* ▸ einen Ablauf ~; den Ton ~ *Tonhöhe u. Lautstärke ausgleichen* **II** ⟨V. intr.⟩ **1** *das Steuer handhaben* **2** irgendwohin ~ *steuernd fahren* ▸ in einen Hafen ~

Steu|er|oa|se ⟨die; -, -n⟩ *Staat, der keine od. niedrige Steuern erhebt (u. deshalb für Personen mit hohem Einkommen attraktiv ist);* Syn *Steuerparadies* ▸ eine ~ für Ausländer

steu|er|pflich|tig ⟨Adj.⟩ **1** *zur Steuerzahlung verpflichtet* (Person) **2** *so beschaffen, dass es versteuert werden muss, dass der Inhaber dafür Steuern zahlen muss* (Einkommen, Auto)

Steu|er|rad ⟨das; -(e)s, -rä|der⟩ = *Lenkrad*

Steu|er|re|form ⟨die; -, -en; Pol.⟩ *grundlegende Umgestaltung eines bestehenden Steuersystems*

Steu|er|sys|tem ⟨das; -(e)s, -e⟩ *System, Ordnung der Erhebung von Steuern* ▸ das ~ reformieren

Steu|e|rung ⟨die; -, -en⟩ **I** ⟨unz.⟩ **1** *das Steuern, das Lenken* **2** ⟨übertr.⟩ *Bekämpfung* ▸ Maßnahmen zur ~ der aktuellen Wohnungsnot **II** ⟨zählb.⟩ **1** *Vorrichtung zum Steuern* **2** *Vorrichtung zur Regelung eines Arbeitsablaufes*

Steu|er|zah|ler ⟨der; -s, -⟩ *zur Zahlung von Steuern verpflichteter Bürger;* Abl *Steuerzahlerin*

Ste|ward ⟨[stju:ərt] der; -s, -s; auf Schiffen u. in Flugzeugen⟩ *Betreuer der Fahrgäste*

Ste|war|dess ⟨[stju:ərdɛs] die; -, -en⟩ *weibl. Steward*

StGB ⟨Abk. für⟩ *Strafgesetzbuch*

sti|bit|zen ⟨V. trans.; sti|bitzt, sti|bitz|te, hat stibitzt; umg.⟩ (jmdm.) etwas ~ *etwas (Geringfügiges) stehlen, wegnehmen*

Stich ⟨der; -(e)s, -e⟩ **1** *das Stechen, Einbohren eines spitzen Gegenstandes* **2** *die dadurch entstandene Wunde;* Zus *Insektenstich, Messerstich, Nadelstich* **3** *Einstechen mit der Nadel u. Durchziehen des Fadens (beim Nähen, Sticken)* **4** *die daraus entstehende Figur;* Zus *Kreuzstich, Stielstich* **5** *Kupferstich, Stahlstich* **6** *stechender Schmerz* **7** ⟨Kart.⟩ *Wegnahme gegnerischer Karten durch höherwertige eigene* ▸ das gab mir einen ~ (ins Herz) *das schmerzte mich tief;* ~ halten ⟨österr.⟩ *einer Probe standhalten;* die Behauptung, der Beweis hält ~; du hast wohl einen ~? ⟨übertr.; umg.⟩ *du bist wohl verrückt, nicht recht bei Verstand?;* die Milch hat einen ~ *schmeckt leicht sauer;* einen ~ machen ⟨Kart.⟩ *die gegnerischen Karten wegnehmen;* ⟨übertr.⟩ *einen Erfolg erringen* ▸ alte ~e sammeln; tiefer, tödlicher ~ ▸ jmdn. im ~ lassen *jmdn. treulos verlassen, jmdn. seinem Schicksal preisgeben;* sein Gedächtnis lässt ihn im ~ *er kann sich nicht erinnern;* das Bild hat einen ~ ins Grüne; ~e in der Seite, in der Brust verspüren; mit kleinen, großen ~en nähen; ein ~ von Dürer

sti|cheln ⟨V. intr.; sti|chelt, sti|chel|te, hat ge|stichelt⟩ (gegen jmdn.) ~ *boshaft auf etwas anspielen, boshafte, spitze Bemerkungen machen;* Abl *Stichelei*

Stich|flam|me ⟨die; -, -n⟩ *plötzlich auflodernde, lange, spitze Flamme*

stich|hal|tig ⟨Adj.⟩ *überzeugend, wohlbegründet, nicht widerlegbar* ▸ eine ~e Begründung; das ist kein ~er Beweis; Abl *Stichhaltigkeit*

Stich|pro|be ⟨die; -, -n⟩ *Prüfung od. Untersuchung eines einzelnen Teils, von dem man aufs Ganze schließen kann* ▸ eine ~ machen; Abl *stichprobenartig*

Stich|stra|ße ⟨die; -, -n⟩ *Sackgasse mit Wendeplatz* ▸ wir wohnen in einer ~

Stich|tag ⟨der; -(e)s, -e⟩ *für bestimmte Handlungen, für das Inkrafttreten von Vorschriften u. Ä. festgesetzter Tag* ▸ der 1. Juli ist der ~ für das Alter schulpflichtig werdender Kinder

Stich|waf|fe ⟨die; -, -n⟩ *Waffe zum Verwunden durch Stich od. Stoß;* Syn *Stoßwaffe*

Stich|wahl ⟨die; -, -en⟩ *Entscheidung zw. zwei Hauptbewerbern nach Ausschaltung der Übrigen*

Stich|wort **I** ⟨das; -(e)s, -wör|ter; in Nachschlagewerken⟩ *Wort, das erklärt wird* ▸ die Neuauflage enthält 20 000 weitere Stichwörter; Zus *Stichwortregister* **II** ⟨das; -(e)s, -e⟩ **1** *Wort eines Schauspielers, auf das hin ein anderer einsetzen od. auftreten muss* **2** *Wort, Bemerkung, auf das bzw. die hin etwas geschieht od. etwas getan wird* ▸ das ~ geben *das Wort zum Einsatz sprechen;* das war das ~, das alle zum Aufbruch mahnte; auf dieses ~ hin erhoben sich alle von ihren Sitzen; sich etwas in ~en notieren *in Wörtern, nicht in ganzen Sätzen*

sti|cken ⟨V. trans. u. V. intr.; stickt, stick|te, hat ge|stickt⟩ (etwas) ~ *Stoff mit Stichen verzieren* ▸ eine Decke, ein Kissen, ein Kleid ~

Sti|cke|rei ⟨die; -, -en⟩ **I** ⟨unz.⟩ *das Sticken* **II** ⟨zählb.⟩ *durch Sticken verzierter Gegenstand*

sti|ckig ⟨Adj.⟩ *schwer zum Atmen, zum Ersticken* ▸ ~e Luft; hier ist es so ~; es war ~ heiß

Stick|stoff ⟨der; -(e)s; unz.; chem. Zeichen: N⟩ *chem. Element, Nichtmetall, Ordnungszahl 7, Hauptbestandteil der Luft*

S

stie|ben ⟨V. intr.; stiebt, stob/stieb|te, ist ge|sto-ben/ge|stiebt⟩ *sprühen* ▸ das Pferd galoppierte davon, dass die Funken stoben

Stief|bru|der ⟨der; -s, -brü|der⟩ *Bruder, mit dem ein Geschwister keinen od. nur einen Elternteil gemeinsam hat;* →a. *Halbbruder*

Stie|fel ⟨der; -s, -⟩ *hoher, über die Knöchel (bis unter die Knie) reichender Schuh* ▸ im Winter trage ich gern ~; sind die ~ aus Leder; das zieht einem ja die ~ aus! ⟨übertr.; umg.⟩ *das ist unerträglich; das ist sehr schlecht;* es geht immer so nach dem alten ~ *im alten Trott, ohne Abwechslung;* ⓘ S. 683; Zus *Lederstiefel, Reitstiefel*

Stie|fe|let|te ⟨die; -, -n; meist Pl.⟩ *halbhoher Damen- od. Herrenstiefel, meist ohne Schnürung*

stie|feln ⟨V. intr.; stie|felt, stie|fel|te, ist ge|stie|felt; umg.⟩ irgendwohin ~ **1** *derb ausschreiten, unbeholfen mit langen, schweren Schritten gehen* **2** *eilig gehen*

Stief|kind ⟨das; -(e)s, -er⟩ **1** *Sohn od. Tochter des Ehepartners* **2** ⟨übertr.⟩ *Sache, der man ungerechterweise wenig Aufmerksamkeit widmet* ▸ diese Abteilung ist das ~ des Betriebes ⟨übertr.⟩

Stief|mut|ter ⟨die; -, -müt|ter⟩ *Ehefrau des Vaters, die nicht die leibl. Mutter ist*

stief|müt|ter|lich ⟨Adj.⟩ *wie eine schlechte Stiefmutter* ▸ jmdn. ~ behandeln ⟨übertr.⟩ *lieblos behandeln, vernachlässigen;* die Natur hat ihn ~ behandelt *er ist nicht sehr schön*

Stief|schwes|ter ⟨die; -, -n⟩ *Schwester, mit der man keinen od. nur einen Elternteil gemeinsam hat;* →a. *Halbschwester*

Stief|sohn ⟨der; -(e)s, -söh|ne⟩ *Sohn des Ehepartners*

Stief|toch|ter ⟨die; -, -töchavs;ter⟩ *Tochter des Ehepartners*

Stief|va|ter ⟨der; -s, -vä|ter⟩ *Ehemann der Mutter, der nicht der leibliche Vater ist*

stieg → *steigen*

Stie|ge ⟨die; -, -n⟩ **1** *schmale, steile Treppe* **2** ⟨österr.; süddt.⟩ *Treppe* **3** ⟨bes. österr.⟩ *Lattenkiste (für Obst)*

Stieg|litz ⟨der; -es, -e; Zool.⟩ *bunter einheimischer Vogel*

Stiel ⟨der; -(e)s, -e⟩ **1** *stabförmiger Griff, Handgriff;* Zus *Besenstiel, Pinselstiel* **2** = *Stängel* **3** *Teil des Glases zw. Fuß u. Kelch;* Zus *Stielglas*

Stier ⟨der; -(e)s, -e⟩ **1** *Bulle, männliches Rind* **2** *ein Sternbild* ▸ den ~ bei den Hörnern packen ⟨übertr.⟩ *eine Sache mutig angreifen*

stie|ren ⟨V. intr.; stiert, stier|te, hat ge|stiert⟩ irgendwohin ~ *starr blicken* ▸ auf etwas ~

Stier|kampf ⟨der; -(e)s, -kämp|fe⟩ *Kampf mit einem Stier in der Arena nach strengen Regeln (bes. in Spanien u. Portugal als Volksbelustigung);* Abl *Stierkämpfer(in);* Zus *Stierkampfarena*

stieß → *stoßen*

Stift[1] ⟨der; -(e)s, -e⟩ **1** *stäbchenförmiges Gerät, kleiner Pflock, kleiner Nagel ohne Kopf* **2** *zum Schreiben od. Zeichnen verwendetes stabförmiges Instrument;* Zus *Bleistift, Buntstift, Zeichenstift* **3** ⟨übertr.; umg.⟩ *Lehrling*

Stift[2] ⟨das; -(e)s, -er od. -e⟩ *kirchlichen Zwecken dienende Institution, z. B. Kloster;* Zus *Stiftskirche*

stif|ten[1] ⟨V. trans.; stif|tet, stif|te|te, hat ge|stif|tet⟩ **1** (jmdm.) etwas ~, etwas (für etwas) ~ *schenken, spenden;* Abl *Stifter(in)* **2** ein Kloster, eine Kirche ~ *gründen;* Abl *Stifter(in)* **3** ⟨übertr.⟩ etwas ~ *schaffen, veranlassen* ▸ Brand ~ *Brand legen, etwas böswillig anzünden;* Frieden ~; einen Preis für Literatur ~; eine Runde ~ ⟨umg.⟩ *für alle Anwesenden ein Getränk (meist Bier) spendieren;* Unfrieden ~; eine Summe für einen bestimmten Zweck ~

stif|ten[3] ⟨V.; nur in der Wendung⟩ ~ gehen ⟨umg.⟩ *davonlaufen, weglaufen*

Stif|tung ⟨die; -, -en⟩ **1** *das Stiften* **2** *zweckgebundenes, geschenktes Vermögen, Schenkung* **3** *mit Hilfe einer Stiftung (2) gegründete Institution;* Zus *Stiftungsrat*

Stift|zahn ⟨der; -(e)s, -zäh|ne⟩ *mit einem Stift in der Zahnwurzel befestigter künstlicher Zahn, Implantat*

Stig|ma ⟨das; -s, Stig|men od. Stig|ma|ta⟩ **1** *Zeichen, Mal* **2** *Wundmal (Christi)*

stig|ma|ti|sie|ren ⟨V. trans.; stig|ma|ti|siert, stig-ma|ti|sier|te, hat stig|ma|ti|siert; fast nur im Passiv gebraucht⟩ jmdn. ~ **1** *mit (den) Wundmalen (Christi) zeichnen* **2** *jmdn. brandmarken* ▸ seine Vorstrafen ~ ihn; Abl *Stigmatisierung*

Stil ⟨der; -(e)s, -e⟩ **1** *Schreibweise eines Dichters* **2** *einheitlicher künstlerischer Ausdruck einer Zeit, einer Persönlichkeit;* Zus *Stilrichtung; Baustil, Barockstil, Malstil* **3** *Art, Technik der Ausübung von etwas;* Zus *Gesangsstil, Schwimmstil, Tanzstil* **4** *Gestaltung der Lebensweise;* Zus *Lebensstil* ▸ der ~ Richard **Wagners,** Franz Marcs; der ~ einer **Zeit,** unserer Zeit ▸ einen eigenen, persönlichen ~ **entwickeln;** er **hat** ~ *seine Art zu leben hat ein besonderes Gepräge (nur im positiven Sinn);* einen guten, schlechten ~ **schreiben** ▸ **byzantinischer,** griechischer, römischer ~; **flüssiger,** knapper, gewandter, weitschweifiger ~; **gotischer,** romanischer ~; eine Veranstaltung **großen** ~s *eine in jeder Beziehung großzügige V.* ▸ **in** großem ~ leben *luxuriös leben*

stil|bil|dend ⟨Adj.⟩ *einen bestimmten Stil maßgeblich prägend* ▸ seine Werke wirkten ~

Stil|blü|te ⟨die; -, -n⟩ *komischer sprachl. Missgriff*

Stil|bruch ⟨der; -(e)s, -brü|che⟩ *Verstoß gegen die Einheitlichkeit des Stils, Verwendung nicht zueinander passender Stilmittel*

stil|echt ⟨Adj.; -er, am -es|ten⟩ *einem bestimmten (künstlerischen) Stil entsprechend* ▸ die Einrichtung ist nicht ganz ~

Sti|lett ⟨das; -(e)s, -e⟩ *Dolch mit kurzer, schmaler, dreikantiger Klinge*

sti|li|sie|ren ⟨V. trans.; sti|li|siert, sti|li|sier|te, hat sti|li|siert⟩ jmdn. od. etwas (zu jmdm. od. etwas) ~ *stilvoll gestalten, formen* ▸ stilisierte Figuren; jmdn. zum Helden ~; eine Veranstaltung zu einem Großereignis ~; Abl *Stilisierung*

Sti|lis|tik <die; -; unz.> *Lehre des sprachlichen Stils;* Syn *Stilkunde, Stillehre;* Abl *Stilist(in)*

sti|lis|tisch <Adj.> *den Stil betreffend* ▸ ~ gut

still <Adj.> **1** *ohne zu sprechen, schweigend, stumm* **2** *geräuschlos, lautlos* **3** *unbeweglich, regungslos* **4** *wenig belebt, ruhig, friedlich* (Straße, Ort) **5** *zurückhaltend, wenig sprechend, ruhig* (Person) ▸ ~! *Ruhe!, ruhig!* ▸ ~es Gebet; sie ist seine ~e Liebe *heimliche L.;* er ist ein ~er Mensch, ein ~es Kind; der ~e Ort, das ~e Örtchen <umg.; verhüllend> *die Toilette;* ~e Reserven *Reserven, die nicht in der Bilanz ausgewiesen sind;* ein ~er Seufzer; ein schönes Buch für eine ~e Stunde; ~er Teilhaber, <od.> Gesellschafter ▸ ~ bleiben *ruhig bleiben;* es ist alles ~ geblieben; bitte den Kopf jetzt ganz ~ halten; <aber> →a. *stillhalten;* sei ~! *hör auf zu reden!;* du bist heute ja so ~; er blieb ganz ~ sitzen *ruhig sitzen;* <aber> ~ sitzen = *stillsitzen;* er kann sehr lange ganz ~ stehen *ruhig stehen;* <aber> →a. *stillstehen;* sich ~ verhalten; es wurde ~ im Saal; um diese Sache ist es ~ geworden *es wird nur noch wenig davon gesprochen* ▸ sei doch endlich davon ~! *schweig endlich darüber, sprich nicht mehr davon;* im Stillen *heimlich, bei sich, im Inneren;* sich im Stillen freuen; in ~em Gedenken *(Schlussformel in Beileidsbriefen);* in ~er Trauer, ~em Schmerz *(in Todesanzeigen);* →a. *Wasser*

Stil|le <die; -; unz.> **1** *Zustand des Stillseins, Ruhigseins* **2** *Fehlen von Bewegung;* Zus *Geschäftsstille, Windstille* **3** *Ruhe, Schweigen, Friede* ▸ die ~ der Nacht, des Waldes; andächtige, feierliche, tiefe, wohltuende ~; in der ~ *ohne Aufsehen; in Ruhe, in ruhigem Nachdenken, Besinnung;* in aller ~ heiraten *ohne Aufsehen;* jmdn. in aller ~ beisetzen, begraben

stil|len <V. trans.; stillt, still|te, hat ge|stillt> **1** einen Säugling ~ *an der Mutterbrust trinken lassen, nähren* **2** jmds. Schmerz, innere Unruhe ~ *zur Ruhe bringen, besänftigen* **3** jmds. Durst, Hunger ~ *befriedigen* **4** Blut ~ *am Weiterfließen aus der Wunde hindern*

still|hal|ten <V. intr.; hält still, hielt still, hat still|ge|hal|ten, still|zu|hal|ten> **1** *ohne Widerspruch ausharren* **2** *sich nicht gegen etwas wehren* ▸ wir haben lange genug stillgehalten; →a. *still*

Still|le|ben <das; -s, -> *bildliche Wiedergabe lebloser od. unbewegter Gegenstände (besonders Blumen, Früchte, erlegtes Wild)*

still|le|gen <V. trans.; legt still, leg|te still, hat still|ge|legt, still|zu|le|gen> einen Betrieb ~ *vorübergehend od. dauerhaft schließen;* Abl *Stilllegung*

stil|los <Adj.> **1** *zu einem bestimmten Stil nicht passend, unharmonisch* **2** <übertr.> *unpassend, geschmacklos* ▸ eine ~e Tapete; Abl *Stillosigkeit*

Still|schwei|gen <das; -s; unz.> *Stille, Schweigen, Verheimlichung* ▸ über eine Sache (strengstes) ~ bewahren; eine Bemerkung mit ~ übergehen

still|schwei|gend <Adj.> **1** *ohne zu sprechen, schweigend* **2** *ohne zuvor abgesprochen worden zu sein* ▸ ~e Übereinkunft; er nahm ihren Vorwurf ~ hin; in ~em Einverständnis

still|sit|zen *auch:* **still sit|zen** <V. intr.; sitzt still, saß still, hat (süddt., österr., schweiz.: ist) still|ge|ses|sen, still|zu|sit|zen> *konzentriert sein* ▸ kannst du nicht einmal ~!; →a. *still*

Still|stand <der; -(e)s; unz.> *das Stillstehen, Pause, Unterbrechung einer Bewegung* ▸ ~ einer Entwicklung; etwas zum ~ bringen *anhalten, unterbrechen;* eine Maschine, Blutung zum ~ bringen; ein Motor, der Verkehr kommt zum ~ *steht still, stellt seine Bewegung ein*

still|ste|hen <V. intr.; steht still, stand still, hat (süddt., österr., schweiz.: ist) still|ge|stan|den, still|zu|ste|hen> **1** *nicht in Tätigkeit, Bewegung sein, nicht arbeiten* (Maschine, Verkehr) **2** *nicht in Betrieb sein* (Fabrik) ▸ stillgestanden! *(militärisches Kommando);* →a. *still*

Stil|lung <die; -; unz.> *das Stillen* ▸ zur ~ des Durstes, Hungers, der Blutung

Stil|mit|tel <das; -s, -> *Mittel zum Hervorbringen eines bestimmten Stils od. einer bestimmten Wirkung (z. B. Wiederholung von Wörtern)*

stil|voll <Adj.> *einheitlich im Stil, im ganzen harmonisch, geschmackvoll* ▸ ein Fest ~ gestalten

Stimm|band <das; -(e)s, -bän|der> *Organ zur Stimmbildung im Kehlkopf*

stimm|be|rech|tigt <Adj.> *zur Abstimmung berechtigt* ▸ alle Stimmberechtigten aufrufen

Stimm|bruch <der; -(e)s; unz.> *Übergang von der hohen Knabenstimme zur tieferen Stimme des Erwachsenen;* Syn *Stimmwechsel* ▸ im ~ sein

Stimm|bür|ger <der; -s, -; schweiz.> *vollberechtigter Schweizer Bürger;* Abl *Stimmbürgerin*

Stim|me <die; -, -n> **1** *die von Menschen u. Tieren mittels Stimmbändern erzeugten Töne;* Zus *Stimmengewirr* **2** *Singstimme* **3** *Stimmlage* **4** *von einem einzelnen Spieler od. Sänger (bzw. einer Spieler- od. Sängergruppe) auszuführender Teil eines Musikstückes;* Zus *Bassstimme, Gesangsstimme, Instrumentalstimme, Solostimme* **5** *die Noten dafür* **6** *Orgelregister;* Zus *Orgelstimme* **7** *(Recht zur) Meinungsäußerung* **8** *Willensbekundung des Einzelnen bei einer Abstimmung;* Zus *Stimmabgabe, Stimmenthaltung* ▸ die ~n der Geigen, Flöten, Trompeten; der ~ des Gewissens, des Herzens, der Vernunft folgen <übertr.>; die ~ der Öffentlichkeit, des Volkes *die öffentliche Meinung;* in einer Vereinigung, im Parlament Sitz und ~ haben ▸ seine ~ abgeben *sich an einer Abstimmung beteiligen, wählen;* seine ~ ausbilden (lassen) *Gesangsunterricht nehmen;* sich der ~ enthalten *nicht mit abstimmen, seine Meinung bei einer Abstimmung nicht äußern;* die ~ erheben, senken; seine ~ gehorchte ihm nicht (mehr); ~n hören *Übersinnliches wahrnehmen;* die ~n mehren sich, dass … *man hört immer öfter davon sprechen, dass …;* seine ~ verstellen; die ~n zählen; seine ~ zitterte vor Aufregung ▸ erste, zweite, dritte, vierte ~ singen (in einem mehrstimmigen Satz); dunkle, harte, heisere, helle, hohe, klare, knarrende, laute, leise, metallische, schrille, tiefe, weiche ~; der Sänger hat eine gute, schöne, volle ~; eine innere ~ sagt mir …

▸ jmdn. an der ~ erkennen; mit gedämpfter, lauter, leiser ~ sprechen; mit halber ~ sprechen *leise, gedämpft*

stim|men ⟨V.; stimmt, stimm|te, hat ge|stimmt⟩ **I** ⟨V. intr.⟩ **1** für od. gegen etwas ~ *etwas in einer Abstimmung befürworten od. verneinen;* Zus *Stimmrecht* **2** für od. gegen jmdn. ~ *jmdn. in einer Abstimmung wählen bzw. nicht wählen;* Zus *Stimmrecht* **3** etwas stimmt *ist richtig, wahr* ▸ es stimmt, was er gesagt hat; stimmt es, dass er geheiratet hat?; das stimmt nicht!; hier stimmt etwas nicht! *hier ist etwas nicht in Ordnung;* die Nachricht stimmt (nicht); die Rechnung, der Kassenbetrag stimmt (nicht) ▸ das kann nicht, kann unmöglich ~ ▸ bei dir stimmt's wohl nicht (ganz)? ⟨umg.⟩ *du bist wohl nicht recht bei Verstand?* **II** ⟨V. trans.⟩ **1** jmdn. irgendwie ~ *in eine bestimmte Laune, Stimmung bringen* **2** ein Instrument ~ *die Höhe der einzelnen Töne richtig stellen* ▸ eine Geige, eine Gitarre, ein Klavier ~ ▸ jmdn. froh, fröhlich, heiter, milde, nachdenklich, traurig, versöhnlich ~; wir waren alle froh gestimmt; er ist gut, schlecht gestimmt *guter, schlechter Laune;* ein Instrument höher, tiefer ~; das Instrument ist zu hoch, zu tief gestimmt; das Instrument ist schlecht gestimmt

Stim|men|fang ⟨der; -(e)s; unz.⟩ *Bemühen, zusätzliche Wählerstimmen zu gewinnen (durch Wahlversprechen o. Ä.)* ▸ auf ~ gehen

Stimm|ga|bel ⟨die; -, -n; Mus.⟩ *gabelförmiger, zweizinkiger Stahlstab, der durch Anschlagen in Schwingungen versetzt wird u. einen bestimmten Ton, meist den Kammerton a, angibt*

stimm|ge|wal|tig ⟨Adj.⟩ *eine kräftige Stimme besitzend* ▸ ein ~er Sänger

stimm|haft ⟨Adj.⟩ *mit Hilfe der Stimmbänder gebildet* (Laut); Ggs *stimmlos* ▸ ~e Laute *alle Vokale sowie b, d, g, l, m, n, r, v (wie in „Vase"), w;* Abl *Stimmhaftigkeit*

stim|mig ⟨Adj.⟩ *passend, einleuchtend* ▸ die Folgerung, der Schluss ist ~; Abl *Stimmigkeit*

...stim|mig ⟨in Zus.; zur Bildung von Adj.⟩ *eine bestimmte od. unbestimmte Zahl von Stimmen aufweisend, mit einer bestimmten od. unbestimmten Zahl von Stimmen,* z. B. einstimmig, dreistimmig, mehrstimmig singen (in Ziffern: 3-stimmig)

Stimm|la|ge ⟨die; -, -n⟩ *Höhe der menschlichen Stimme (Sopran, Alt, Tenor, Bass)*

stimm|los ⟨Adj.⟩ *ohne Hilfe der Stimmbänder gebildet* (Laut); Ggs *stimmhaft* ▸ ~e Laute *p, t, k, f, s, v (wie in „Vogel"), sch, ch;* Abl *Stimmlosigkeit*

Stim|mung ⟨die; -, -en⟩ **1** *das Stimmen, Gestimmtsein* (von Instrumenten) **2** *Gefühlslage, Gemütslage, Laune;* Zus *Stimmungslage* **3** *für etwas Bestimmtes (Raum, Natur u. a.) charakteristischer Zustand;* Zus *Abendstimmung, Gewitterstimmung* **4** *fröhliche Laune, Fröhlichkeit, Ausgelassenheit* ▸ die ~ der Geige ist nicht einwandfrei, nicht rein; die ~ des Sonnenuntergangs im Bild wiedergeben ▸ die (allgemeine) ~ heben, beeinträchtigen; hier herrscht ~; ~ machen *allgemeine Fröhlichkeit hervorrufen;* jmdm. die ~ verderben ▸ abendliche ~; er war in bester ~; dort herrscht eine frohe, gute, heitere, schlechte, traurige, düstere ~; günstige, ungünstige ~; guter, schlechter ~ sein; zu hohe, zu tiefe ~ (eines Instruments); das Mondlicht erzeugte eine märchenhafte ~ ▸ in ~ geraten, kommen; ich bin nicht in der ~, aufmerksam zuzuhören; in guter, schlechter ~ sein; jmdn. in gute, schlechte ~ versetzen; sie ist sehr von ~en abhängig

Stim|mungs|ka|no|ne ⟨die; -, -n; umg.⟩ *jmd., der stets eine fröhliche Stimmung verbreitet*

Stim|mungs|ma|che ⟨die; -; unz.; abwertend⟩ *Versuch, mit derben Mitteln die Allgemeinheit für od. gegen etwas od. jmdn. einzunehmen*

stim|mungs|voll ⟨Adj.⟩ *von schöner, friedlicher Stimmung, das Gemüt ansprechend* ▸ ein ~er Abend bei Freunden; ein ~es Bild

Stimm|zet|tel ⟨der; -s, -⟩ *Zettel für eine schriftliche Abstimmung* ▸ gültiger, ungültiger ~

sti|mu|lie|ren ⟨V. trans.; sti|mu|liert, sti|mu|lier|te, hat sti|mu|liert⟩ jmdn. od. etwas ~ *anregen* ▸ den Kreislauf ~; Abl *Stimulierung*

stink... ⟨in Zus.; umg.; verstärkend⟩ *sehr, äußerst,* z. B. stinkfaul, stinklangweilig, stinknormal, stinkreich, stinksauer

Stink|bom|be ⟨die; -, -n⟩ *Glasampulle mit übelriechendem Inhalt*

stin|ken ⟨V. intr.; stinkt, stank, hat ge|stun|ken⟩ *übel riechen* ▸ hier stinkt es; irgendetwas stinkt hier ⟨übertr.; umg.⟩ *hier ist etwas nicht in Ordnung;* das stinkt mir *das passt, gefällt mir gar nicht* ▸ Geld stinkt nicht ▸ nach Alkohol, Tabak ~; hier stinkt es nach Knoblauch; er stinkt vor Faulheit ⟨übertr.; umg.⟩ *er ist sehr faul, sehr geizig;* er stinkt wie die Pest; es stinkt zum Himmel ⟨übertr.⟩ *es ist eine Schande, es ist unerhört* ▸ er ist ~d faul ⟨übertr.; umg.⟩ *sehr faul*

stin|kig ⟨Adj.⟩ **1** *stinkend, übelriechend* **2** ⟨übertr.; umg.⟩ *verärgert* ▸ er ist ~ ⟨übertr.; umg.⟩

Stink|lau|ne ⟨die; -; unz.; umg.; verstärkend⟩ *sehr schlechte Laune* ▸ eine ~ haben

Stink|tier ⟨das; -(e)s, -e⟩ *Marder, der bei Gefahr ein widerlich riechendes Sekret verspritzt*

Sti|pen|di|at ⟨der; -en, -en⟩ *Empfänger eines Stipendiums;* Abl *Stipendiatin*

Sti|pen|di|um ⟨das; -s, -di|en⟩ *finanzielle Unterstützung für Studierende* ▸ ein ~ bekommen

stip|pen ⟨V. trans.; stippt, stipp|te, hat ge|stippt; umg.⟩ etwas in etwas ~ *hineintauchen, hineintunken* ▸ Brot in Milch od. Kaffee ~

Stipp|vi|si|te ⟨[-vi-] die; -, -n; umg.⟩ *nur kurzer Besuch*

Stirn ⟨die; -, -en⟩ **1** *oberer Teil des Gesichts zwischen Augen u. Haar;* Zus *Stirnband, Stirnfalte* **2** *Vorderseite, Front (von Gebäuden);* Zus *Stirnseite* ▸ jmdm. die ~ bieten *trotzen, offen Widerstand leisten;* er hat die ~ zu behaupten, dass ... ⟨übertr.⟩ *er wagt es zu behaupten, dass ...;* die ~ runzeln (als Zeichen des Nachdenkens od. Unmuts) ▸ eine hohe, niedrige, runzlige ~ ▸ es steht ihm auf der ~ geschrieben ⟨übertr.⟩ *man sieht es ihm an;* jmdm. od. sich das Haar aus der ~ streichen; eine Locke fiel ihm in die ~; sich den Schweiß von der ~ wischen; er schlug sich vor die ~ (weil er etwas vergessen hatte)

Stirn|höh|le ⟨die; -, -n⟩ *Hohlraum über der Nase in der Stirn*

stirn|run|zelnd ⟨Adj.⟩ **1** *mit gerunzelter Stirn* **2** ⟨übertr.⟩ *nachdenklich, missbilligend, unmutig* ▸ er sah sie ~ an; etwas ~ zur Kenntnis nehmen ⟨übertr.⟩

stob → *stieben*

stö|bern ⟨V. intr.; stö|bert, stö|ber|te, hat ge|stö|bert⟩ **1** *Sachen durcheinanderbringen, um etwas zu finden* **2** *(in fremden Sachen) herumsuchen, schnüffeln* ▸ in jmds. Schreibtisch ~

sto|chern ⟨V. intr.; sto|chert, sto|cher|te, hat ge|sto|chert⟩ in etwas ~ *mit einem spitzen Gegenstand herumbohren, -suchen* ▸ im Ausguss ~ (um ihn wieder durchlässig zu machen); im Essen ~ *langsam u. lustlos essen;* im Feuer, in der Glut ~; (sich) in den Zähnen ~

Stock[1] **I** ⟨der; -(e)s, Stö|cke⟩ **1** *Stab, kurze Holzstange als Stütze beim Gehen, zum Schlagen od. Zeichengeben;* Zus *Krückstock, Spazierstock, Taktstock, Zeigestock* **2** *Stamm u. Hauptwurzel holziger Pflanzen;* Zus *Blumenstock, Rebstock, Rosenstock, Weinstock* **3** *Baumstumpf u. Baumwurzel;* Zus *Wurzelstock* ▸ am ~ gehen *zum Gehen einen Stock benötigen;* sich auf einen ~ stützen; →a. *Stein* **II** ⟨der; -(e)s, -; kurz für⟩ *Stockwerk* ▸ erster, zweiter ~; das Gebäude ist sechs ~ hoch ▸ im fünften ~ wohnen

Stock[2] ⟨[stɔk] der; -s, -s; Wirtsch.⟩ **1** *Warenvorrat* **2** *Geldvorrat, Grundkapital*

stock... ⟨in Zus. mit Adj.; umg.; verstärkend⟩ *völlig,* z. B. stockbesoffen, stockdunkel, stockfinster, stocktaub

Stock|bett ⟨das; -(e)s, -en⟩ = *Etagenbett*

Stö|ckel|schuh ⟨der; -(e)s, -e⟩ *Schuh mit hohem, dünnem Absatz*

sto|cken ⟨V. intr.⟩ **I** ⟨stockt, stock|te, hat gestockt⟩ **1** *nicht vorangehen, stillstehen, unterbrochen sein* (Arbeit, Handel, Geschäft, Verkehr) **2** *im Sprechen innehalten, nicht weitersprechen* ▸ er stockte mitten im Satz; der Atem stockte mir vor Schreck; das Gespräch stockte; ins Stocken geraten, kommen; ohne Stocken lesen, sprechen; ~d reden *unsicher, mit vielen Pausen, zögernd reden* **II** ⟨stockt, stock|te, ist ge|stockt⟩ *dick werden, gerinnen* ▸ die Milch ist gestockt

Sto|ckerl ⟨das; -s, -n; österr.⟩ **1** *Hocker* **2** ⟨Sp.⟩ *Siegespodest* ▸ auf dem ~ stehen

Stock|fleck ⟨der; -(e)s, -e⟩ *durch Feuchtigkeit od. Schimmel entstandener Fleck in Textilien;* Abl *stockfleckig*

...stö|ckig ⟨in Zus.; zur Bildung von Adj.⟩ *mit einer bestimmten od. unbestimmten Zahl von Stockwerken versehen,* z. B. ein-, zwei-, mehrstöckig (in Ziffern: 1-stöckig)

stock|sau|er ⟨Adj.; nur präd.; umg.; verstärkend⟩ *sehr beleidigt* ▸ er ist ~

stock|steif ⟨Adj.; verstärkend⟩ *ganz steif, unbeweglich* ▸ ~es Benehmen ⟨übertr.; umg.⟩ *sehr förmliches, ungewandtes B.;* ~ dasitzen

Stock|werk ⟨das; -(e)s, -e⟩ *Geschoss, alle Räume eines Gebäudes in gleicher Höhe* ▸ erstes, zweites ~; das oberste ~; wir wohnen im dritten ~; ein Haus mit fünf ~en

Stoff ⟨der; -(e)s, -e⟩ **1** ⟨Chem.; Phys.⟩ *feste, flüssige od. gasförmige Masse, Materie* **2** *Ungeformtes;* Zus *Betriebsstoff, Grundstoff* **3** *Grundlage (z. B. erdachtes od. überliefertes Geschehen) zu einem Literaturwerk* **4** *noch nicht verarbeitetes Gewebe;* Zus *Stoffrest; Kleiderstoff, Mantelstoff, Seidenstoff, Wollstoff* **5** ⟨übertr.⟩ *Grundlage, Möglichkeiten, Material, Gegenstand;* Zus *Gesprächsstoff, Lehrstoff, Lesestoff, Wissensstoff* **6** ⟨umg.⟩ **6.1** *Alkohol* **6.2** *Rauschgift* ▸ einen (literarischen) ~ bearbeiten, gestalten; einen ~ beherrschen; dieser Vorfall liefert mir ~ für eine Kurzgeschichte; ~ sammeln (für eine wissenschaftliche Arbeit); ~ zuschneiden ▸ dicker, dünner, feiner, grober, rauer, weicher ~; gemusterter, geblümter, gestreifter ~; das Produkt enthält giftige ~e; pflanzlicher, tierischer, mineralischer, synthetischer ~; seidener, wollener ~; der ~ ist viel zu umfangreich für diesen kurzen Lehrgang ▸ Rock und Jacke aus dem gleichen ~; ~ aus Leinen, Seide, Wolle; ~ für, zu einem Anzug, für ein Kleid; ~ für, zu einem Roman, Film, Theaterstück; der Vorfall hat viel ~ zum Gerede, zum Lachen gegeben ⟨übertr.⟩

Stof|fel ⟨der; -s, -; umg.; abwertend⟩ *ungehobelter od. unbeholfener Mensch;* Abl *stoff(e)lig*

stoff|lich ⟨Adj.⟩ **1** *aus Stoff, aus Materie bestehend, gegenständlich, materiell* **2** *den Stoff, den Inhalt betreffend;* Abl *Stofflichkeit*

Stoff|tier ⟨das; -(e)s, -e⟩ *Tier aus Stoff od. Plüsch als Kinderspielzeug*

Stoff|wech|sel ⟨[-ks-] der; -s; unz.⟩ *Gesamtheit der chemischen Umwandlungen von Stoffen, bes. Nährstoffen im Körper;* Zus *Stoffwechselkrankheit, Stoffwechselprodukt*

stöh|nen ⟨V. intr.; stöhnt, stöhn|te, hat ge|stöhnt⟩ **1** *laut seufzen* **2** *schmerzvoll klagen* **3** über etwas ~ *sich über etwas beklagen, über etwas klagen* ▸ über eine Arbeit, über jmds. Unpünktlichkeit, Unzuverlässigkeit ~; unter einer Last ~; vor Schmerz ~; lustvoll ~; sich ächzend und ~d fortbewegen

sto|isch ⟨Adj.⟩ *gleichmütig* ▸ etwas mit ~er Ruhe ertragen

Sto|la ⟨die; -, Sto|llen⟩ *breiter Schal zum Umhängen*

Stol|len[1] ⟨der; -s, -⟩ *zu Weihnachten gebackener, langer, flacher Hefekuchen mit Rosinen, Mandeln u. Zitronat;* oV *Stolle;* Syn *Christstollen, Weihnachtsstollen*

Stol|len[2] ⟨der; -s, -⟩ **1** *unterirdischer Gang* **2** *Kunststoff- od. Metallnoppen an Sportschuhen* ▸ einen ~ vortreiben

stol|pern ⟨V. intr.; stol|pert, stol|per|te, ist ge|stol|pert⟩ über jmdn. od. etwas ~ *straucheln, fast über etwas fallen* ▸ über eine Baumwurzel ~; er stolpert über seine eigenen Füße *er geht ungeschickt;* über etwas ~ ‹übertr.› *daran scheitern;* über einen Satz, ein Wort ~ ‹übertr.› *ihn, bzw. es nicht verstehen, daran Anstoß nehmen*

stọlz ‹Adj.; -er, am -es|ten› **1** *voller Selbstbewusstsein* **2** *hoch befriedigt* **3** *hochmütig, eingebildet* **4** *stattlich* (Erscheinung) ▸ ein ~er Preis ‹übertr.; umg.› *ein recht hoher P.;* er ist sehr ~, dass er die Prüfung bestanden hat; er ist zu ~, andere um Hilfe zu bitten; ~ auf seinen Erfolg, seine Leistung sein; er ist sehr ~ auf seinen Sohn

Stọlz ‹der; -es; unz.› **1** *Selbstbewusstsein, Selbstgefühl* **2** *große Befriedigung* **3** *Hochmut, Dünkel* ▸ seine Bibliothek ist sein ganzer ~; er blickte voller ~ auf seine Tochter; vor ~ platzen

stọlz|ge|schwellt ‹Adj.; geh.› *vor Stolz aufgebläht* ▸ mit ~er Brust gehen

stol|zi̲e̲|ren ‹V. intr.; stol|ziert, stol|zier|te, ist stolziert› irgendwohin ~ *stolz od. hochmütig u. steif einhergehen* ▸ in Stöckelschuhen durch den Saal, durchs Zimmer ~

stọp! ‹Int.; auf Verkehrsschildern› *halt!*

stọp|fen ‹V.; stopft, stopf|te, hat ge|stopft› **I** ‹V. trans.› **1** etwas (mit etwas) ~ *füllen, bis nichts mehr hineingeht, (gewaltsam) vollfüllen* **2** Strümpfe (mit etwas) ~ *mit Nadel u. Faden ausbessern;* Zus *Stopfgarn* **3** etwas in etwas ~ *hastig u. unordentlich hineintun, hineinpressen* ▸ eine Gans ~; eine Hose, eine Jacke ~; ein Loch ~ ‹übertr.› *einen Mangel beseitigen;* jmdm. den Mund ~ ‹übertr.› *jmdn. zum Schweigen bringen;* die Pfeife ~ *mit Tabak füllen;* sich die Taschen voll Äpfel ~ ▸ Sachen in den Koffer, Rucksack ~; etwas in den Mund ~ *hastig, gierig u. in möglichst großer Menge in den Mund stecken;* ein Loch mit Wolle, Zwirn ~ **II** ‹V. intr.› **1** *stark sättigen* (Speise) **2** *Verstopfung verursachen, den Stuhlgang verlangsamen* **3** *das Essen hinunterschlingen* ▸ stopf nicht so! ▸ Kakao, Schokolade stopft ▸ bei Durchfall ein Mittel zum Stopfen verschreiben

Stọp|fen ‹der; -s, -› *Korken, Stöpsel*

Stọpp ‹der; -s, -s› *das Anhalten von Kraftwagen, um mitgenommen zu werden* ▸ einen ~ reißen ‹schweiz.; umg.› *scharf bremsen;* Zus *Autostopp*

stọpp! ‹Int.; umg.› *halt!*

Stọp|pel ‹die; -, -n; meist Pl.› **1** *nach dem Mähen stehengebliebener Halmrest;* Zus *Stoppelfeld* **2** *nach dem Rasieren nachgewachsenes Haar;* Abl *stopp(e)lig;* Zus *Bartstoppel*

stọp|pen ‹V.; stoppt, stopp|te, hat ge|stoppt› **I** ‹V. trans.› jmdn. od. etwas ~ **1** *aufhalten, anhalten, am Weiterfahren hindern* **2** *mit der Stoppuhr messen* ▸ Laufzeit ~; Fahrzeit ~; einen Wagen wegen überhöhter Geschwindigkeit ~ **II** ‹V. intr.› *anhalten, stehen bleiben, nicht weiterfahren*

Stọpp|schild ‹das; -(e)s, -er› *rotes Verkehrsschild mit weißer Inschrift „Stop", das Fahrzeugführer zum Anhalten verpflichtet*

Stọpp|uhr ‹die; -, -en› *(bei sportlichen Wettkämpfen verwendete) Uhr zum genauen Messen der Zeitdauer von Vorgängen*

Stọ̈p|sel ‹der; -s, -› **1** *zum Verschließen kleinerer, runder Öffnungen verwendeter Gegenstand;* Zus *Badewannenstöpsel, Ohrstöpsel* **2** ‹übertr.; umg.› *kleiner Junge, Knirps* ▸ er hat ~ im Ohr

stọ̈p|seln ‹V. trans.; stöp|selt, stöp|sel|te, hat gestöp|selt› etwas in etwas ~ *(wie) einen Stöpsel in etwas hineinstecken* ▸ ein Mikrofon in die Stereoanlage ~

Stö̲r ‹der; -(e)s, -e› *ein Fisch, der in Flüssen gefangen wird, um seinen Rogen (Kaviar) zu gewinnen*

stö̲r|an|fäl|lig ‹Adj.› *anfällig für Störungen, häufig nicht störungsfrei funktionierend* ▸ ein ~es Gerät; eine ~e Technik; Abl *Störanfälligkeit*

Stọrch ‹der; -(e)s, Stọ̈r|che› **1** ‹Zool.› *Stelzvogel mit einem langen, roten Schnabel* **2** ‹früher› *(als Märchengestalt) Vogel, der die kleinen Kinder bringt;* Syn ‹volkstüml.› *Adebar* ▸ nun brat mir (aber) einer 'nen ~! *(Ausruf der Verwunderung)*

stö̲|ren ‹V. trans. u. V. intr.; stört, stör|te, hat gestört› **1** (jmdn.) ~ *belästigen, von der Arbeit ablenken* **2** (etwas) ~ *behindern, hemmen, beeinträchtigen* ▸ störe ich Sie?; hör auf mit dem Pfeifen, das stört mich; entschuldigen Sie, wenn ich (erg.: Sie) störe ▸ jmds. Freude, Ruhe ~; den Frieden, die Eintracht, Gemütlichkeit ~; jmds. Pläne ~ *durchkreuzen, behindern;* er stört im Unterricht ▸ lassen Sie sich nicht ~!; er wird ganz sicher schimpfen, aber das soll uns nicht ~ ▸ jmdn. bei der Arbeit ~ ▸ ein ~der Umstand; der Lärm ist sehr ~d; etwas als ~d empfinden; ein gestörtes Gefühls-, Sexualleben haben *nicht ganz normales, geschädigtes G., S.;* die Leitung, der Empfang ist gestört, unterbrochen; er ist geistig, psychisch gestört *nicht ganz gesund*

Stö̲|ren|fried ‹der; -(e)s, -e› *jmd., der andere od. die Eintracht anderer dauernd stört*

Stö̲r|fak|tor ‹der; -s, -en› *Faktor, der den beabsichtigten Ablauf eines Geschehens stört*

Stö̲r|fall ‹der; -(e)s, -fäl|le› *schwere Funktionsstörung in einer großen Industrieanlage, bes. in einem Atomkraftwerk* ▸ im Kühlsystem des Reaktors ereignete sich ein ~

stor|ni̲e̲|ren ‹V. trans.; stor|niert, stor|nier|te, hat stor|niert› **1** eine Buchung, einen Betrag ~ *berichtigen, ungültig machen, durch Gegenbuchung ausgleichen* **2** einen Auftrag ~ *rückgängig machen;* Abl *Stornierung*

Stọr|no ‹der; -s, Stọr|ni› **1** *Berichtigung, Rückbuchung, Löschung* **2** ‹österr.› *das Rückgängigmachen (eines Auftrages)*

stö̲r|risch ‹Adj.› *widerspenstig, schwer lenkbar, trotzig* ▸ ~es Pferd; ~ sein; ~ wie ein Esel

Stö̲|rung ‹die; -, -en› **1** *das Stören* **2** *etwas, das stört, Ablenkung* **3** *Unterbrechung, Hemmung;* Abl *störungsfrei;* Zus *Entwicklungsstörung, Stoffwechselstörung, Verdauungsstörung* ▸ entschuldigen Sie die ~!; hormonelle, psychische ~

Stọ|ry ‹[stɔrı] od. [stɔːrı] die; -, -s› *kurze Erzählung, Kurzgeschichte*

Sto̲ß ‹der; -es, Stö̲|ße› **1** *heftiger, plötzlicher Anprall eines bewegten Körpers an einen anderen* **2** *heftige Bewegung in einer Richtung;* Zus *Atem-*

S T U V W X Y Z

stoß, Erdbebenstoß, Windstoß **3** *ruckartige gezielte Bewegung;* Zus *Dolchstoß, Schwimmstoß* **4** *Menge von geordnet aufeinanderliegenden Gegenständen, Stapel;* Zus *Aktenstoß, Bücherstoß, Holzstoß, Wäschestoß* **5** *größere Menge einer Arznei o. Ä. innerhalb eines kurzen Zeitraumes;* Zus *Vitaminstoß* ▸ ein ~ **Teller** ▸ einen ~ **abwehren**, auffangen; einen ~ **erhalten;** sein Selbstvertrauen hat einen (gewaltigen) ~ **erlitten;** seinem Herzen einen ~ **geben** ⟨übertr.⟩ *sich zu etwas durchringen;* jmdm. od. einem Gegenstand einen ~ **versetzen** ▸ mit **kräftigen** Stößen schwimmen ▸ einen ~ **in** den Rücken erhalten; ~ **mit** dem Ellenbogen

Stoß|dämp|fer ⟨der; -s, -; Kfz⟩ *Vorrichtung zum Auffangen von Stößen durch Bodenunebenheiten*

Stö|ßel ⟨der; -s, -⟩ *Werkzeug zum Stoßen, Zerkleinern, Zerreiben* ▸ Mörser und ~

sto|ßen ⟨V.⟩ **I** ⟨V. trans.; stößt, stieß, hat ge|sto|ßen⟩ jmdn. od. etwas ~ *kurz u. heftig in einer Richtung bewegen* ▸ jmdn. mit der Nase **auf** etwas ~ ⟨übertr.⟩ *jmdn. nachdrücklich auf etwas hinweisen;* jmdn. **ins** Elend ~ ⟨übertr.⟩; jmdn. in den Rücken, in die Seite ~; jmdn. ins Wasser ~; jmdn. od. etwas **mit** dem Fuß ~; jmdn. od. etwas **von** sich ~ ▸ gestoßener Zucker *zerkleinerter Z.* **II** ⟨V. intr.; stößt, stieß, hat ge|sto|ßen⟩ **1** *einen Stoß ausführen* **2** *rütteln, schütteln* (Räder, Wagen) ▸ **ins** Horn ~ *kurz u. kräftig ins H. blasen (bes. als Signal);* das Kind stieß mit den Füßen **nach** ihm *versuchte, ihm mit den Füßen einen Stoß zu versetzen* **III** ⟨V. intr.; stößt, stieß, ist ge|sto|ßen⟩ **1** an od. gegen etwas od. jmdn. ~ *etwas od. jmdn. heftig berühren, an, gegen etwas od. jmdn. prallen, rennen* **2** an etwas ~ *an etwas angrenzen* **3** ⟨übertr.⟩ **3.1** auf etwas ~ *etwas zufällig finden, einer Sache unerwartet begegnen, ihr plötzlich gegenüberstehen* **3.2** zu jmdm. ~ *zu jmdm. gelangen, sich mit jmdm. treffen* ▸ mit dem Kopf **an** eine Ecke ~; mein Zimmer stößt an die Küche; ich bin beim Lesen **auf** einen interessanten Satz gestoßen; auf Schwierigkeiten, Widerstand, Abneigung ~; unsere Gruppe stößt an der Weggabelung **zu** euch **IV** ⟨V. refl.; stößt, stieß, hat ge|sto|ßen⟩ **1** sich (etwas) (an etwas) ~ *sich durch einen Stoß an etwas wehtun, verletzen* **2** ⟨übertr.⟩ sich an etwas ~ *sich durch etwas stören lassen* ▸ sich an der Tischkante ~

Stoß|ge|bet ⟨das; -(e)s, -e⟩ *kurzes, rasch hervorgestoßenes Gebet* ▸ ein ~ zum Himmel schicken

Stoß|kraft ⟨die; -; unz.⟩ **1** *Kraft, einen Stoß zu versetzen, zuzustoßen* **2** *Stärke eines Stoßes*

Stoß|seuf|zer ⟨der; -s, -⟩ *kurzer, starker Seufzer* ▸ einen ~ ausstoßen

Stoß|stan|ge ⟨die; -, -n⟩ *Stange vorn u. hinten an der Karosserie zum Schutz gegen Stöße von anderen Fahrzeugen;* ⓘ S. 896

Stoß|ver|kehr ⟨der; -s; unz.⟩ *stärkster Verkehr zu bestimmten Zeiten, Berufsverkehr*

stoß|wei|se ⟨Adv.⟩ *in Stößen (vor sich gehend)* ▸ ~ sprechen; das Gas entweicht ~

Stoß|wel|le ⟨die; -, -n⟩ *unstetig verlaufende, plötzliche Dichteschwankung in Gasen, die bei Explosionen u. Überschallströmungen entsteht*

stot|tern ⟨V.; stot|tert, stot|ter|te, hat ge|stot|tert⟩ **I** ⟨V. intr.⟩ *stoßweise sprechen, indem die ersten Buchstaben od. Silben von Wörtern mehrmals rasch u. krampfartig wiederholt werden;* Abl *Stotterer, Stotterin* **II** ⟨V. intr. u. V. trans.⟩ (etwas) ~ *stammeln, stockend, gehemmt, in abgerissenen Sätzen sprechen* ▸ „Entschuldigung!“, stotterte er; vor Verlegenheit ~

Stöv|chen ⟨das; -s, -⟩ *kleiner Untersatz mit Kerze zum Warmhalten der Teekanne od. Kaffeekanne*

Str. ⟨Abk. für⟩ *Straße*

stracks ⟨Adv.⟩ **1** *sofort, sogleich* **2** *geradewegs, ohne Umweg* ▸ sich ~ nach Hause begeben

Straf|an|stalt ⟨die; -, -en⟩ = *Strafvollzugsanstalt*

Straf|an|zei|ge ⟨die; -, -n⟩ *Anzeige einer strafbaren Handlung an die Polizei od. Staatsanwaltschaft* ▸ eine ~ gegen jmdn. stellen

Straf|ar|beit ⟨die; -, -en⟩ *zusätzliche Arbeit als Strafe (für Schüler)*

straf|bar ⟨Adj.⟩ *gesetzlich mit Strafe bedroht* (Handlung) ▸ sich ~ machen *etwas tun, wofür man gesetzlich bestraft werden kann;* Abl *Strafbarkeit*

Straf|be|fehl ⟨der; -(e)s, -e⟩ *Entscheidung des Amtsrichters über eine Geld- od. Freiheitsstrafe (bis zu drei Monaten) auf Antrag der Staatsanwaltschaft* ▸ einen ~ ergehen lassen, erlassen

Straf|be|scheid ⟨der; -(e)s, -e⟩ *Entscheidung (einer Verwaltungsbehörde) über eine Strafe* ▸ einen ~ erhalten, zustellen, aufheben

Stra|fe ⟨die; -, -n⟩ **1** *Vergeltung für begangenes Unrecht;* Abl *straflos;* Zus *Straferlass; strafmildernd; Freiheitsstrafe, Gefängnisstrafe, Geldstrafe, Todesstrafe* **2** ⟨übertr.⟩ *Übel* ▸ eine ~ **Gottes** ▸ seine ~ (im Gefängnis) **antreten,** absitzen; jmdm. eine ~ **auferlegen;** eine ~ **aufheben,** aufschieben, aussetzen, erlassen, mildern, verhängen, verschärfen; **ausbleiben:** die ~ blieb nicht aus; ~ muss **sein!**; es ist eine ~ für mich, dort hingehen zu müssen ⟨übertr.⟩; eine hohe ~ **verhängen;** er hat ~ **verdient;** wegen falschen Parkens musste ich 30 Euro ~ **zahlen** ▸ eine **abschreckende,** angemessene, geringe, grausame, harte, hohe, leichte, milde, schwere ~; eine **disziplinarische,** gerechte, gerichtliche, ungerechte, unverdiente, verdiente ~; **körperliche** ~ *Züchtigung, Schläge* ▸ Betreten der Baustelle **bei** ~ verboten; **darauf** steht ~; der Vortrag war eine ~ **für** alle Zuhörer ⟨übertr.⟩; jmdn. **mit** einer ~ belegen *bestrafen;* eine ~ **über** jmdn. verhängen; etwas **unter** ~ stellen; **zur** ~ bleibst du heute zu Hause

stra|fen ⟨V. trans.; straft, straf|te, hat ge|straft⟩ jmdn. ~ *jmdm. eine Strafe geben* ▸ jmdn. **Lügen** ~ *ihm beweisen, dass er gelogen hat* ▸ jmdn. **hart,** leicht, nachdrücklich ~ ▸ jmdn. **für** ein Vergehen ~; jmdn. **mit** Verachtung ~ *ihn nicht beachten;* jmdn. mit Worten ~ *ausschelten* ▸ ein ~der Blick; ~de Worte; er ist gestraft genug (z. B. durch den Schrecken) *man braucht ihn nicht*

S

noch zusätzlich zu strafen; mit diesem Sohn ist er gestraft *der Sohn bereitet ihm viel Sorgen u. Kummer*

strạff ⟨Adj.⟩ **1** *fest, gespannt* (Seil) **2** *streng, energisch* (Organisation) **3** *knapp, bündig* (Stil) ▸ eine ~e Haltung annehmen; er führt ein ~es Regiment ▸ jmdn. ~ anfassen; die Zügel ~ anziehen; der Gürtel sitzt ~; die Schnur ~ spannen ▸ ~ aufgerichtet sitzen, stehen; ihr Haar war ~ zurückgekämmt; Abl *Straffheit*

straf|fäl|lig ⟨Adj.⟩ *eine Straftat begangen habend* ▸ (von neuem) ~ werden *sich (zum wiederholten Male) strafbar machen*

strạf|fen ⟨V.; strafft, straff|te, hat ge|strafft⟩ **I** ⟨V. trans.⟩ etwas ~ *straff machen, fest anziehen, spannen;* Abl *Straffung* **II** ⟨V. refl.⟩ sich ~ *straff werden, sich aufrichten, sich strecken*

straf|frei ⟨Adj.⟩ **1** *ohne Strafe* (von Personen) **2** *ohne eine Strafe nach sich zu ziehen* (Handlung) ▸ ~ davonkommen

Straf|ge|fan|ge|ne(r) ⟨die; -n, -n (der; -n, -n)⟩ *Gefangene(r), der bzw. die wegen einer Straftat eine Freiheitsstrafe abbüßt*

Straf|ge|richt ⟨das; -(e)s, -e⟩ **1** *Teil des Gerichts, das nur über Straftaten entscheidet* **2** ⟨übertr.⟩ *Strafe, Vergeltung* ▸ das ~ des Himmels; göttliches ~

Straf|ge|setz ⟨das; -es, -e⟩ *Gesetz über die Entscheidung von Straftaten* ▸ gegen das ~ verstoßen; er ist mit dem ~ in Konflikt geraten; Zus *Strafgesetzbuch* ⟨Abk.: StGB⟩

sträf|lich ⟨Adj.⟩ *strafbar, tadelnswert, unverantwortlich, unverzeihlich* ▸ das war ~er Leichtsinn; jmdn. od. etwas ~ vernachlässigen

Sträf|ling ⟨der; -s, -e⟩ *Strafgefangener*

Straf|maß ⟨das; -es, -e⟩ *Maß, Höhe der Strafe* ▸ das ~ festsetzen

straf|mün|dig ⟨Adj.; Rechtsw.⟩ *alt genug, um strafrechtlich verantwortlich zu sein*

Straf|pre|digt ⟨die; -, -en⟩ *längere eindringliche Ermahnung, vorwurfsvolles Schelten;* Syn *Strafrede* ▸ jmdm. eine ~ halten

Straf|pro|zess ⟨der; -es, -e⟩ *gerichtliches Verfahren bei der Untersuchung, Entscheidung u. Bestrafung einer Straftat;* Ggs *Zivilprozess;* Zus *Strafprozessordnung*

Straf|raum ⟨der; -(e)s, -räu|me; Sp.; bes. Fußb.⟩ *Raum um das Tor, in dem der Torwart den Ball mit der Hand berühren darf* ▸ einen Spieler im ~ foulen

Straf|recht ⟨das; -(e)s; unz.⟩ **1** *Rechtsprechung im Strafprozess* **2** *Gesamtheit der Rechtsvorschriften für einen Strafprozess;* Ggs *Zivilrecht* **3** *Strafgewalt*

Straf|stoß ⟨der; -es, -stö|ße; Sp.; Fußb.⟩ *bei Verstoß gegen die Spielregeln im eigenen Strafraum Freistoß der Gegenpartei vom Elfmeterpunkt*

Straf|tat ⟨die; -, -en⟩ *strafbare Handlung;* Abl *Straftäter(in)*

Straf|ver|fah|ren ⟨das; -s, -⟩ = *Strafprozess*

Straf|ver|fol|gung ⟨die; -, -en⟩ *Ermittlung einer Straftat u. Anklage*

Straf|ver|set|zung ⟨die; -, -en⟩ *Versetzung auf einen anderen Posten als Strafe für ein Vergehen*

Straf|ver|tei|di|ger ⟨der; -s, -⟩ *Anwalt, der Angeklagte in Strafprozessen verteidigt;* Abl *Strafverteidigerin*

Straf|voll|zug ⟨der; -(e)s, -zü|ge⟩ *Teil der Strafvollstreckung, der die unmittelbare Verwirklichung der Freiheitsstrafe betrifft*

Straf|voll|zugs|an|stalt ⟨die; -, -en⟩ *Anstalt für den Strafvollzug, Gefängnis*

Straf|zet|tel ⟨der; -s, -⟩ *gebührenpflichtige Verwarnung der Polizei für Zuwiderhandlungen im Straßenverkehr, z. B. für falsches Parken;* Syn *Strafmandat*

Strahl ⟨der; -(e)s, -en⟩ **1** *etwas, das sich geradlinig ausbreitet;* Abl *strahlenförmig;* Zus *Lichtstrahl, Sonnenstrahl, Wasserstrahl* **2** ⟨Math.⟩ *von einem Punkt ausgehende Gerade* **3** ⟨Pl.; Phys.⟩ *Sammelbezeichnung für die aus elektromagnetischen Wellen od. aus Elementarteilchen bestehenden Strahlen;* Zus *Strahlenbelastung, Strahlenschutz* ▸ ein ~ der Hoffnung ⟨übertr.⟩; die ~en des Mondes, der Sonne, der Sterne; unter den glühenden ~en der Sonne leiden

strah|len ⟨V. intr.; strahlt, strahl|te, hat ge|strahlt⟩ **1** *Strahlen aussenden* (Licht, Sonne) **2** *glänzen, funkeln* (Edelsteine) **3** *glücklich aussehen* ▸ die Sonne strahlt am Himmel; sie strahlte übers ganze Gesicht; ihre Augen strahlten vor Begeisterung; jmdn. mit ~den Augen ansehen; an einem ~d blauen Sommertag; ~d hell

Strah|len|do|sis ⟨die; -, -do|sen; Med.⟩ *Dosis radioaktiver Strahlung* ▸ für Menschen tödliche ~

Strah|ler ⟨der; -s, -⟩ **1** *Lampe, Scheinwerfer;* ⓘ S. 360 **2** *elektrisches Gerät, das Wärme ausstrahlt;* Zus *Heizstrahler*

Strah|lung ⟨die; -, -en⟩ **1** *das Strahlen* **2** ⟨Phys.⟩ **2.1** *Ausbreitung von Strahlen (durch Wellen od. Teilchen);* Zus *Strahlungsenergie* **2.2** *(gerichtete) Ströme von Teilchen, z. B. Elektronenstrahlung*

Strähn|chen ⟨das; -s, -⟩ *kleine Strähne* ▸ sie hat jetzt rote ~ im Haar

Sträh|ne ⟨die; -, -n⟩ *Büschel;* oV ⟨österr.⟩ *Strähn;* Abl *strähnig;* Zus *Haarsträhne*

strạmm ⟨Adj.⟩ **1** *straff gespannt* **2** *kräftig, gesund* (Junge, Mädchen) **3** *stattlich u. tüchtig* (Soldat) **4** *anstrengend* (Marsch) ▸ eine ~e Haltung einnehmen; ~er/Strammer Max ⟨umg.⟩ *Spiegelei auf einer Scheibe Brot;* der Anzug, der Gürtel sitzt zu ~; ~ ziehen *an einem Gegenstand fest, kräftig ziehen;* ⟨aber⟩ ~ ziehen = *strammziehen;* Abl *Strammheit*

strạmm|ste|hen ⟨V. intr.; steht stramm, stand stramm, hat (süddt., österr., schweiz.: ist) stramm|ge|stan|den, stramm|zu|ste|hen⟩ *stramme Haltung annehmen* (bes. von Soldaten)

strạmm|zie|hen *auch:* **strạmm zie|hen** ⟨V. trans.; zieht stramm, zog stramm, hat stramm|ge|zogen, stramm|zu|zie|hen⟩ etwas ~ *festziehen, anziehen, spannen;* →a. *stramm*

Strạm|pel|hös|chen ⟨das; -s, -⟩ *kleiner Anzug mit Füßen für Säuglinge*

stram|peln ⟨V. intr.; stram|pelt, stram|pel|te, hat (übertr.: ist) ge|stram|pelt⟩ **1** *die Beine rasch, hastig bewegen* **2** ⟨übertr., umg.⟩ irgendwohin ~ *zügig Rad fahren* ▸ das Baby ~ lassen; sie strampelte vergnügt im Wasser

Stramp|ler ⟨der; -s, -⟩ = *Strampelhöschen*

Strand ⟨der; -(e)s, Strän|de⟩ *vom Meer bespülter (sandiger) Küstenstreifen* ▸ ein flacher, sandiger, schmaler, steiniger ~; zum Baden an den ~ gehen (im Seebad); wir liegen gern am ~ in der Sonne; heute fahren wir an den ~; sie ist zum ~ gegangen; ein Schiff läuft auf ~; Zus *Strandbad; Badestrand, Kiesstrand, Sandstrand, Uferstrand*

stran|den ⟨V. intr.; stran|det, stran|de|te, ist ge|stran|det⟩ **1** *auf Grund auflaufen* (Schiff) **2** ⟨übertr.⟩ *scheitern;* Abl *Strandung*

Strand|gut ⟨das; -(e)s; unz.⟩ *an den Strand gespültes Gut (von gestrandeten Schiffen)*

Strand|korb ⟨der; -(e)s, -kör|be⟩ *großer Doppelkorbstuhl mit Sonnendach als Wind- u. Sonnenschutz am Badestrand*

Strang ⟨der; -(e)s, Strän|ge⟩ **1** *Seil, Strick* **2** *Bündel, Büschel;* Zus *Nervenstrang, Wollstrang* **3** *langes, zusammenhängendes Stück;* Zus *Schienenstrang* ▸ toter ~ ⟨Eisenb.⟩ *Nebengleis, Abstellgleis* ▸ wir ziehen alle an einem, an demselben, am gleichen ~ *wir haben das gleiche Ziel, wir gehen gemeinsam vor;* er wurde zum Tod durch den ~ verurteilt *zum Tod durch Erhängen;* über die Stränge hauen, schlagen ⟨übertr.⟩ *aus der gewohnten Ordnung ausbrechen, leichtsinnig, überdreht sein*

stran|gu|lie|ren ⟨V. trans.; stran|gu|liert, stran|gu|lier|te, hat stran|gu|liert⟩ jmdn. ~ *erhängen, erwürgen;* Abl *Strangulation, Strangulierung*

Stra|pa|ze ⟨die; -, -n⟩ *(große) Anstrengung, Beschwerlichkeit* ▸ ~n aushalten, ertragen; den ~n (nicht) gewachsen sein; sie hat viele ~n auf sich genommen

stra|pa|zie|ren ⟨V. trans.; stra|pa|ziert, stra|pa|zier|te, hat stra|pa|ziert⟩ **1** jmdn. od. etwas ~ *überanstrengen, stark beanspruchen* **2** Kleidung ~ *abnutzen, viel benutzen* ▸ jmdn. mit einer Arbeit ~; er sieht strapaziert aus

stra|pa|zier|fä|hig ⟨Adj.⟩ *so beschaffen, dass man es strapazieren kann* (Kleidung); Syn ⟨österr.⟩ *strapazfähig*

stra|pa|zi|ös ⟨Adj.; -er, am -es|ten; umg.⟩ *mit Strapazen verbunden, anstrengend* ▸ die Reise war sehr ~; eine ~e Arbeit

Straps ⟨der; -es, -e⟩ *Strumpfhalter*

Strass ⟨der; -es, - od. -e⟩ *Nachbildung von Edelsteinen aus stark lichtbrechendem Bleiglas*

Stra|ße ⟨die; -, -n; Abk.: Str.⟩ **1** *breiter Weg mit Fahrbahn(en) für Fahrzeuge;* Zus *Straßenbelag, Straßendecke, Straßenkarte, Straßenkreuzung, Straßensperre, Straßenverkehr, Straßenverkehrsordnung* ⟨Abk.: StVO⟩; *Bundesstraße, Fahrstraße, Landstraße, Nationalstraße* **2** *Verkehrslinie zur See;* Zus *Schifffahrtsstraße* **3** *Meerenge* ▸ eine ~ anlegen, ausbessern, bauen, sperren, verbreitern, verlegen; diese ~ führt nach Buxtehude; die ~ kreuzen, überschreiten; die ~ ist gesperrt; in den Hauptverkehrszeiten sind die ~n verstopft (von Fahrzeugen) ▸ belebte, ruhige ~; eine breite, enge, gerade, kurze, lange, schmale, winkelige ~; wir wohnen in einer verkehrsreichen ~ ▸ wir fuhren auf derselben ~ zurück, auf der wir gekommen waren; auf die ~ gehen *öffentlich demonstrieren;* ⟨übertr.⟩ *Prostituierte werden;* er wurde auf die ~ gesetzt ⟨übertr.⟩ *aus der Wohnung vertrieben, (fristlos) aus dem Dienst entlassen;* auf der ~ sitzen ⟨übertr.⟩ *ohne Obdach, ohne Verdienst sein;* durch die ~n irren, schlendern; in eine ~ einbiegen; ein Zimmer nach der ~ *mit Fenster(n) auf der Straßenseite;* Ausschank, Verkauf über die ~ *für den Verzehr außerhalb der Gaststätte;* ein Mädchen von der ~ *eine Prostituierte;* der Mann von der ~ *der Durchschnittsmensch, der einfache Bürger;* jmdn. von der ~ auflesen *sich eines Obdachlosen hilfreich annehmen*

Stra|ßen|bahn ⟨die; -, -en⟩ *auf Schienen laufende, elektrisch betriebene Bahn für den Stadt- u. Vorortverkehr* ▸ ich fahre mit der ~ zur Arbeit; welche ~ fährt zum Hauptbahnhof?; wir haben die ~ verpasst

Stra|ßen|bau ⟨der; -(e)s; unz.⟩ *das Bauen von Straßen* ▸ im ~ tätig sein

Stra|ßen|ecke ⟨die; -, -n⟩ *Ecke am Schnittpunkt zweier Straßen* ▸ an der ~ warten

Stra|ßen|fest ⟨das; -(e)s, -e⟩ *(meist von den Anliegern gefeiertes) Fest auf einer Straße*

Stra|ßen|gra|ben ⟨der; -s, -grä|ben⟩ *Graben zu beiden Seiten der Landstraße zum Auffangen des ablaufenden Regenwassers*

Stra|ßen|na|me ⟨der; -ns, -n⟩ *Name, Benennung einer Straße (in Stadt od. Dorf),* z. B. Mertensweg, Kaiserstraße, Getreidegasse

Straßennamen

Straßennamen, die im Deutschen wie Eigennamen behandelt und großgeschrieben werden, weisen einige orthografische Besonderheiten auf. Auf *-er* gebildete geografische Eigennamen schreibt man beispielsweise vom nachfolgenden Substantiv grundsätzlich getrennt: *Wiener Straße, Brandenburger Tor, Kölner Ring.*

Dagegen schreibt man Straßennamen, die Zusammensetzungen sind und als Ganzes einen Eigennamen bilden, zusammen: *Pfarrgasse, Lilienweg, Schlossallee, Gartenstraße, Schillerstraße, Bahnhofstraße, Bachpfad.*

In mehrteiligen, mit Adjektiven gebildeten Eigennamen, schreibt man das erste Wort und alle weiteren Wörter außer Artikeln, Präpositionen und Konjunktionen groß: *Lange Hecke, Grüner Weg, Unter den Linden, Am Tiefen Graben, In der Mittleren Pfarrgasse.* Diese Straßennamen werden innerhalb von Sätzen gebeugt: *Ich wohne in der Langen Hecke, er wohnt im Grünen Weg.*

S

Man setzt einen Bindestrich zwischen allen Bestandteilen mehrteiliger Zusammensetzungen, wenn deren erste Bestandteile aus Eigennamen bestehen: *Heinrich-Heine-Straße, Caspar-David-Friedrich-Straße, Johann-Wolfgang-von-Goethe-Straße* (aber: *Goethestraße).*
In Adressen wird das Wort Straße häufig mit -str. abgekürzt. Anders als in einigen anderen Ländern wird die Hausnummer immer nach dem Straßennamen angegeben: *Augustusstr. 5, Münchner Platz 1.*

Stra|ßen|schild ⟨das; -(e)s, -er⟩ **1** ⟨in Städten⟩ *Schild mit dem Namen der Straße* **2** *Wegweiser mit Entfernungsangabe*

Stra|ßen|zug ⟨der; -(e)s, -zü|ge⟩ *Straße mit Häuserreihen*

Stra|te|ge ⟨der; -n, -n⟩ *jmd., der sich auf Strategie versteht;* oV *Strateg;* Abl *Strategin*

Stra|te|gie ⟨die; -, -n⟩ **1** ⟨allg.⟩ *Planung u. taktisches Vorgehen hinsichtlich der Verwirklichung grundsätzlicher, langfristiger Ziele unter Berücksichtigung aller wichtigen Faktoren, Taktik* **2** ⟨Mil.⟩ *Taktik der militärischen Kriegsführung* ▸ eine bestimmte ~ anwenden; eine falsche ~ verfolgen; ~n gegen Terror entwickeln; er ist mit seiner ~ gescheitert; Abl *strategisch*

sträu|ben ⟨V.; sträubt, sträub|te, hat ge|sträubt⟩ **I** ⟨V. trans.⟩ das Gefieder, Fell ~ *aufrichten, aufplustern* **II** ⟨V. refl.; a. übertr.⟩ sich (gegen etwas) ~ *sich wehren, sich widersetzen, widerstreben* ▸ mir sträubten sich die Haare, als ich das hörte (so entsetzt war ich); es half kein Sträuben; er sträubte sich mit Händen und Füßen gegen den Vorschlag; nach langem Sträuben gab er endlich nach

Strauch ⟨der; -(e)s, Sträu|cher⟩ **1** *Holzpflanze mit mehreren, von der Wurzel an sich teilenden, dünn bleibenden Stämmen* **2** ⟨umg.⟩ *Busch;* Zus *Haselnussstrauch, Johannisbeerstrauch*

strau|cheln ⟨V. intr.; strau|chelt, strau|chel|te, ist ge|strau|chelt⟩ **1** *falsch auftreten u. dadurch taumeln, stolpern* **2** ⟨übertr.⟩ *einen Fehltritt begehen* ▸ über einen Stein ~

Strauß[1] ⟨der; -(e)s, -e; Zool.⟩ *größter heute lebender Vogel, der in den Steppen Afrikas u. Vorderasiens lebt;* Zus *Straußenei, Straußenfeder*

Strauß[2] ⟨der; -es, Sträu|ße⟩ *mehrere zusammengebundene Blumen* ▸ Blumen zu einem ~ binden; Zus *Blumenstrauß, Rosenstrauß*

stre|ben ⟨V.⟩ **I** ⟨V. intr.; strebt, streb|te, hat gestrebt⟩ **1** *sich eifrig bemühen* **2** nach etwas ~ *sich bemühen, etwas zu erreichen* ▸ sein ganzes Streben ist auf Macht gerichtet; nach Erkenntnis, Gewinn, Macht, Ruhm, Vollkommenheit ~ **II** ⟨V. intr.; strebt, streb|te, ist ge|strebt⟩ irgendwohin ~ *(eilig) auf etwas zugehen, sich in Richtung auf etwas bewegen* ▸ er strebte nach Hause; die Pflanze strebt zum Licht

Stre|ber ⟨der; -s, -; abwertend⟩ *jmd., der sich ehrgeizig u. egoistisch bemüht, rasch vorwärtszukommen* (bes. von Schülern); Abl *Streberin*

streb|sam ⟨Adj.⟩ *sehr fleißig, gewissenhaft u. zielbewusst;* Abl *Strebsamkeit*

Stre|cke ⟨die; -, -n⟩ **1** *bestimmte od. unbestimmte Entfernung, Teilstück, Abschnitt eines Weges;* Zus *Wegstrecke* **2** ⟨Sp.⟩ *bei einem Rennen zurückzulegender Weg* **3** ⟨Math.⟩ *durch zwei Punkte begrenzte Gerade* **4** ⟨Eisenb.⟩ *Bahnlinie, Route;* Zus *Streckennetz* ▸ die ~ Hannover-Hamburg ▸ der Zug hielt auf freier ~ *außerhalb eines Bahnhofs;* bist du die ganze ~ gelaufen?; eine große, kleine, kurze, weite ~ zurücklegen; es ist noch eine gute ~ bis Düsseldorf; wir sind heute eine tüchtige ~ marschiert ▸ auf der ~ (liegen) bleiben *unterwegs liegen bleiben, nicht mehr weiterkommen;* auf der ~ Frankfurt-Würzburg staut sich der Verkehr; auf der ~ nach München; eine ~ von 10 Kilometern; einen Hasen zur ~ bringen *erlegen;* jmdn. zur ~ bringen ⟨übertr.⟩ *überwältigen, besiegen* ▸ welche ~ bist du gefahren?

stre|cken ⟨V.; streckt, streck|te, hat ge|streckt⟩ **I** ⟨V. trans.⟩ **1** etwas ~ *ziehen, langziehen, dehnen* **2** einen Arm, ein Bein ~ *in gerade Richtung bringen, ausstrecken;* Zus *Streckmuskel* ▸ das (verkrümmte) Bein muss gestreckt werden; Eisen durch Walzen, Hämmern ~; als er erwachte, streckte er die Glieder; Suppe ~ *verdünnen, damit sie mehr wird;* Vorräte, Rationen ~ *die Portionen verkleinern, um länger damit zu reichen;* die Waffen ~ *sich ergeben* ▸ die Arme in die Höhe ~; behaglich die Beine von sich ~; jmdn. zu Boden ~ *niederschlagen;* die Arme zur Seite ~ ▸ gestreckter Winkel ⟨Math.⟩ *W. von 180°* **II** ⟨V. refl.⟩ sich ~ **1** *die Glieder dehnen* **2** *länger sein als erwartet* ▸ der Weg streckt sich *ist länger als erwartet*

Stre|cken|füh|rung ⟨die; -, -en⟩ **1** *Verlauf einer Straße, Bahnlinie o. Ä.* **2** *Planung, Vorgabe einer Fahrtroute* ▸ die ~ ändern; die neue ~ der Straßenbahn führt über den Hauptbahnhof; der Navigator errechnet die genaue ~

stre|cken|wei|se ⟨Adv.; a. übertr.⟩ *über gewisse Strecken hin, in Strecken* ▸ die Arbeit ist ~ gut; ⟨vor Subst. a. attr.⟩ trotz ~r Behinderung

Streich ⟨der; -(e)s, -e⟩ **1** *Schlag, Hieb* **2** ⟨übertr.⟩ *Schabernack, Dummheit, Unfug* ▸ dumme ~e machen ⟨übertr.⟩; jmdm. einen ~ spielen ⟨übertr.⟩; böse, dumme, lustige, schlimme, törichte ~e ⟨übertr.⟩; er ist stets zu ~en aufgelegt ⟨übertr.⟩

Strei|chel|ein|heit ⟨die; -, -en; scherzh.⟩ *bestimmtes Maß an Zuwendung, Lob, Zärtlichkeit* ▸ das Kind, das Tier braucht seine täglichen ~en

strei|cheln ⟨V. trans.; strei|chelt, strei|chel|te, hat ge|strei|chelt⟩ jmdn. od. etwas ~ *mit der Hand sacht, zärtlich streichen, darüber hinfahren, liebkosen* ▸ jmds. Gesicht, Haar, Hand, Kopf, Rücken, Wange zärtlich ~; ein Tier, das Fell eines Tieres ~

Strei|chel|zoo ⟨der; -s, -s⟩ *Zoogehege, das betreten werden darf, um zahme Tiere (Ziegen, Schafe, Hasen, Ponys usw.) zu streicheln*

strei|chen ‹V.; streicht, strich, hat ge|stri|chen› **I** ‹V. intr.; bei Bewegung in einer Richtung: ist› **1** über etwas ~ *(mit der Hand od. einem Gegenstand über etwas) gleiten, wischen, hinfahren* **2** irgendwohin ~ *vorsichtig od. erwartungsvoll gehen (meist um etwas herum)* ▸ **durch** die Felder, das Land, die Wälder ~; ein kühles Lüftchen strich durch die offenen Fenster; sich mit den Fingern durchs Haar ~; der Wind streicht **übers** Feld *bläst ruhig, gleichmäßig;* jmdm. übers Gesicht, Haar, über die Hand, den Kopf die Wange ~; die Katze streicht ihm **um** die Beine; eine dunkle Gestalt strich ums Haus **II** ‹V. trans.› **1** ein Möbelstück, einen Zaun ~ *bemalen, Farbe darauf auftragen* **2** etwas irgendwohin ~ *etwas auf etwas auftragen;* Zus *Streichkäse* **3** Geschriebenes ~ *durchstreichen, weglassen, tilgen, ausmerzen* ▸ diesen **Abschnitt** (im Text) können wir ~; einen **Auftrag** ~; eine **Bank,** einen Schrank, einen Zaun (blau, grün) ~; nachdenklich strich er sich den **Bart** *glitt er mit der Hand über seinen B.;* sich ein **Brot** mit Butter, Honig, Marmelade ~; sich **Butter,** Honig, Marmelade aufs Brot ~; die **Geige,** das Cello ~ *spielen;* einen **Namen** aus einem Verzeichnis ~; ich habe seinen Namen aus meinem Gedächtnis gestrichen; **Nichtzutreffendes** bitte ~!; die **Ruder** ~ *gegen die Fahrtrichtung stemmen, um zu bremsen;* **Salbe** auf eine Wunde ~; die **Segel** ~ *einziehen;* ‹übertr.; umg.› *nachgeben, sich geschlagen geben* ▸ jmdm., sich das Haar **aus** der Stirn ~; Kitt, Mörtel **in** die Fugen ~ ▸ er hat die Hosen gestrichen voll ‹derb› *große Angst;* ein gestrichenes Maß, ein Maß gestrichen voll *genau bis an den Rand voll;* ein gestrichener Teelöffel voll Zucker *so viel Z. auf einem T., dass man mit dem Finger darüberstreichen kann (als Maßangabe);* der Zaun ist frisch gestrichen

Strei|cher ‹der; -s, -; meist Pl.; Mus.› *Spieler eines Streichinstruments;* Abl *Streicherin*

Streich|holz ‹das; -es, -höl|zer› *Holzstäbchen mit Kuppe aus leicht entzündlicher Masse, die beim Reiben Feuer gibt;* Syn *Zündholz* ▸ ein ~ anzünden; eine Schachtel Streichhölzer kaufen, haben Sie Streichhölzer?; Zus *Streichholzschachtel*

Streich|in|s|t|ru|ment ‹das; -(e)s, -e; Mus.› *Musikinstrument, dessen Saiten durch Streichen mit einem Bogen zum Klingen gebracht werden, Bratsche, Cello, Kontrabass, Violine*

Streich|or|ches|ter ‹[-kɛs-] das; -s, -; Mus.› *nur aus Streichern bestehendes Orchester*

Strei|chung ‹die; -, -en› **1** *das Streichen* **2** *das Gestrichene (im Text)*

Strei|fe ‹die; -, -n› **1** *zwei od. mehrere Polizisten, die planmäßig Kontrollgänge durchführen;* Zus *Streifenwagen* **2** *ein solcher Kontrollgang selbst* ▸ auf ~ gehen

strei|fen ‹V.› **I** ‹V. trans.; streift, streif|te, hat gestreift› **1** etwas ~ *mit Streifen versehen, mit Streifen bemalen* **2** jmdn. od. etwas ~ *leicht berühren, darüberstreichen, darüberwischen;* Zus *Streifschuss* **3** ‹übertr.› etwas ~ *nebenbei erwähnen* ▸ die Kugel streifte nur seinen **Arm;** eine **Frage,** ein Problem im Gespräch nur ~ ‹übertr.› ▸ sie streifte ihn **mit** einem Blick *ihr Blick glitt über ihn hin;* das Armband **über** die Hand ~ *ziehen;* sich das Hemd über den Kopf ~ *ziehen;* den Ring **vom** Finger ~ *abziehen* ▸ die Hyäne hat gestreiftes Fell; ein schwarz-weiß gestreifter Stoff **II** ‹V. intr.; streift, streif|te, ist ge|streift› durch etwas ~ *schweifen, ziellos wandern* ▸ **durch** die Wälder ~

Strei|fen ‹der; -s, -› **1** *langes, schmales Stück;* Zus *Filmstreifen, Papierstreifen, Stoffstreifen, Waldstreifen* **2** *Band* **3** *Strich;* Zus *Streifenmuster; Farbstreifen* **4** ‹umg.› *Film* ▸ ein ~ Landes; der weiße ~ auf der Fahrbahn ist kaum noch zu sehen; Papier in ~ schneiden; ein Stoff mit farbigen ~

Streik ‹der; -(e)s, -s od. -e› *vorübergehende Arbeitsniederlegung von Arbeitnehmern, meist organisiert u. mit bestimmten Forderungen verknüpft* ▸ in (den) ~ treten; ein befristeter ~; der ~ konnte heute durch ein besseres Lohnangebot verhindert werden

Streik|bre|cher ‹der; -s, -› *jmd., der trotz eines bestehenden Streikes arbeitet;* Abl *Streikbrecherin*

strei|ken ‹V. intr.; streikt, streik|te, hat ge|streikt› **1** *in Streik treten, einen Streik durchführen, die Arbeit niederlegen* **2** ‹umg.› *nicht mitmachen, sich weigern* **3** ‹übertr.; umg.› *aufhören zu funktionieren, aussetzen, versagen* ▸ die Postangestellten ~ für höhere Löhne; die Metallarbeiter wollen ~; die Maschine, der Fernseher streikt ‹übertr.; umg.› *funktioniert nicht mehr*

Streik|pos|ten ‹der; -s, -› *Posten vor dem bestreikten Betrieb gegen Streikbrecher*

Streit ‹der; -(e)s, -e; Pl. selten› **1** *Zank, Auseinandersetzung, heftiger Wortwechsel, hitzige Erörterung;* Zus *Meinungsstreit, Wortstreit* **2** ‹kurz für› *Rechtsstreit* ▸ bei ihnen gibt es immer **Zank** und ~ ▸ einen ~ **anfangen,** anzetteln, beginnen, entfachen, austragen; den ~ **beilegen,** schlichten; ein heftiger ~ **entbrannte** zwischen ihnen; zwischen den beiden **gibt** es dauernd ~; er **sucht** stets ~ ▸ ein **erbitterter** ~ ist entbrannt; ich möchte **keinen** ~ ▸ mit jmdm. **in** ~ geraten; miteinander im ~ liegen; ein ~ **mit** Worten; ein ~ **um** um den Posten des Vorsitzenden; einen ~ **zwischen** zwei Parteien schlichten

streit|bar ‹Adj.› **1** *zu Streit neigend* **2** *einen Streit nicht scheuend, bereit, für etwas kämpfend einzutreten* ▸ eine ~e Gesinnung; ein ~er Mensch

strei|ten ‹V.; strei|tet, stritt, hat ge|strit|ten› **I** ‹V. intr.› **1** (mit jmdm.) ~ *zanken* **2** (mit jmdm.) über etwas ~ *etwas heftig, laut, hitzig erörtern;* Zus *Streitfrage, Streitgegenstand, Streitgespräch, Streitpunkt* **3** für etwas ~ *sich für etwas einsetzen* **4** ‹geh.› *kämpfen, ringen* ▸ **für** eine Idee ~; **mit** Fäusten, Waffen, Worten ~; **über** ein Problem, ein gelehrtes Thema ~; darüber kann man, lässt sich ~ *darüber kann man verschiedener Meinung sein* ▸ die ~den Parteien *die Gegner in einem Prozess* **II** ‹V. refl.› sich (mit jmdm.) ~ *mit* *jmdm. in Streit liegen, eine heftige Auseinandersetzung haben, eine Meinungsverschiedenheit austragen* ▸ wenn zwei sich ~, freut sich der Dritte ⟨Sprichw.⟩; müsst ihr euch denn immer ~? ▸ ich habe mich noch nie mit ihm gestritten; sie streiten sich oft um nichts; wegen dieser Angelegenheit haben wir uns schon (oft) gestritten

Strei|ter ⟨der; -s, -; übertr.⟩ *Kämpfer* ▸ ein ~ für eine Idee; Abl *Streiterin*

Strei|te|rei ⟨die; -, -en⟩ *dauerndes, lästiges Streiten* ▸ ich habe eure ~en satt

Streit|fall ⟨der; -(e)s, -fäl|le⟩ im ~ *im Fall eines Rechtsstreites, falls es zum Rechtsstreit kommt*

strei|tig ⟨Adj.⟩ **1** *strittig, umstritten, fraglich, nicht geklärt* **2** ⟨Rechtsw.⟩ *einem Gericht zur Entscheidung vorgelegt* ▸ eine ~e Angelegenheit; jmdm. eine Sache ~ machen *behaupten, dass jmd. keinen Anspruch auf eine Sache hat;* →a. *strittig*

Strei|tig|keit ⟨die; -, -en; meist Pl.⟩ = *Streit*

Streit|kraft ⟨die; -, -kräf|te; meist Pl.; Mil.⟩ *Truppen* ▸ die feindlichen Streitkräfte

streit|lus|tig ⟨Adj.⟩ *gern streitend;* Abl *Streitlust*

Streit|macht ⟨die; -, -mäch|te; Mil.⟩ *Truppen u. Waffen* ▸ die gegnerische ~ besiegen

Streit|schrift ⟨die; -, -en⟩ *polemische Schrift, bes. über politische od. religiöse Fragen*

streit|süch|tig ⟨Adj.⟩ *übertrieben oft streitend, leicht in Streit geratend;* Abl *Streitsucht*

Streit|wert ⟨der; -(e)s, -e⟩ *Wert einer Sache, um die vor Gericht gestritten wird* ▸ den ~ beziffern, festlegen

streng/strikt

Beim Gebrauch der bedeutungsverwandten Adjektive *streng* und *strikt* werden oft Fehler gemacht. *Streng* bedeutet so viel wie „unnachgiebig, unerbittlich“ und wird häufig auf das Verhalten von Personen bezogen: *Er ist ein strenger Lehrer. Ihre Eltern waren immer sehr streng und haben ihr wenig erlaubt.* Es begleitet jedoch auch unpersönliche Substantive: *Eine strenge Erziehung kann viele Probleme verursachen. Hier gibt es strenge Vorschriften.* Bei Verboten wird zur Betonung der Dringlichkeit meist der Superlativ von *streng* verwendet: *Betreten strengstens verboten! Es ist aufs strengste/Strengste untersagt, im See zu baden.*
Im Unterschied dazu bezieht sich das Adjektiv *strikt* nie auf Personen. Es steht häufig mit den Substantiven „Befehl“ und „Anordnung“ und bedeutet, dass diese „absolut gültig“ bzw. „genau, ausnahmslos einzuhalten“ sind: *Dies ist eine strikte Anordnung. Die strikte Befolgung der Befehle wird erwartet.*

streng ⟨Adj.⟩ **1** *hart, unerbittlich, unnachsichtig, unbeugsam* (Lehrer, Erziehung, Gesetz, Befehl) **2** *ernst* (Gesicht) **3** *barsch, schroff* (Worte) **4** *herb* (Geschmack) **5** *durchdringend, scharf, beißend* (Geruch, Kälte) **6** *genau* (Vorschrift, Grundsätze, Diät) ▸ ein ~es Gesetz, Urteil, Verbot; ~e Maßnahmen, Verordnungen, Vorschriften; ein ~er Richter, Vater; zu ~stem Stillschweigen verpflichtet; ein ~er Winter ▸ jmdn. ~ anblicken; ~ aussehen; jmdn. ~ bestrafen; Vorschriften ~ einhalten; etwas ~ nehmen *genau nehmen, sich streng an etwas halten;* ~ riechen, schmecken; sein: seine Eltern sind zu ~ mit ihm; etwas ~ untersagen, verbieten ▸ ~ genommen handelt es sich um einen Rechtsverstoß *eigentlich, im Grunde;* ⟨aber⟩ ~ genommen = *strenggenommen;* ein Thema ~ sachlich, wissenschaftlich behandeln ▸ eine Vorschrift auf das, aufs ~ste/Strengste befolgen; ~ gegen sich selbst und gegen andere sein

Stren|ge ⟨die; -; unz.⟩ **1** *das Strengsein* **2** *Härte, Unerbittlichkeit, Unnachsichtigkeit* **3** *Ernst* **4** *Genauigkeit* ▸ die ~ des Winters; mit eiserner, unerbittlicher ~ durchgreifen; mit ~ herrschen, regieren

streng|ge|nom|men *auch:* **streng ge|nom|men** ⟨Adv.⟩ *wörtlich genommen, präzise ausgeführt;* →a. *streng*

streng|gläu|big ⟨Adj.⟩ *seinen Glauben sehr ernst nehmend, sich genau an die religiösen Vorschriften haltend* ▸ ein ~er Katholik

Stress ⟨der; -es, -e⟩ **1** *Belastung von Körper u./od. Psyche durch zu lang dauernde od. unangemessene Beanspruchung;* Abl *stressfrei;* Zus *Stresssituation; stressbedingt* **2** ⟨umg.⟩ *Ärger, Streit* ▸ ~ abbauen, haben; er wünscht sich ein Leben ohne ~; mit jmdm. ~ haben ⟨umg.⟩

stres|sen ⟨V. trans.; stresst, stress|te, hat ge|stresst⟩ jmdn. ~ *sehr anstrengen, erschöpfen* ▸ das stresst mich; gestresst sein

stres|sig ⟨Adj.⟩ *Stress erzeugend, (körperlich u./od. seelisch) äußerst belastend, sehr anstrengend* ▸ das ist mir zu ~!; das neue Jahr hat schon ~ begonnen; die Schule wird immer ~er

Streu ⟨die; -; unz.⟩ *Stroh (bes. als Lager für Vieh)*

streu|en ⟨V.; streut, streu|te, hat ge|streut⟩ **I** ⟨V. trans.⟩ **1** etwas (irgendwohin) ~ *durch leichtes Werfen locker verteilen* **2** ⟨übertr.; umg.⟩ Gerüchte ~ *verbreiten* ▸ Blumen ~ (bei der Trauung vor dem Brautpaar); Informationen unter die Leute ~ ⟨übertr.; umg.⟩; Samen auf die Erde ~; Sand ~ (auf vereister Straße); Zucker auf den Kuchen ~ **II** ⟨V. intr.⟩ **1** ⟨Med.⟩ *sich (von einem Krankheitsherd ausgehend) ausbreiten* **2** ⟨Phys.⟩ *in verschiedene Richtungen abweichen* (von Teilen einer Strahlung) ▸ Krebszellen ~ in andere Bereiche des Körpers; der Tumor streut (Metastasen)

Streu|er ⟨der; -s, -⟩ *Gefäß mit durchlöchertem Deckel zum Streuen von Pfeffer od. Salz;* Zus *Pfefferstreuer, Salzstreuer*

streu|nen ⟨V. intr.; streunt, streun|te, ist/hat gestreunt; umg.⟩ *sich herumtreiben* (bes. vom Hund); Syn *herumstreunen;* Abl *Streuner*

Streu|salz ⟨das; -es; unz.⟩ *ungereinigtes Kochsalz zum Streuen auf vereisten Straßen u. Wegen*

Streu|sel ⟨der od. das; -s, -; meist Pl.⟩ *kleines Bröckchen aus Butter, Zucker u. wenig Mehl* *zum Bestreuen von Kuchen* ▸ Pflaumenkuchen mit ~n backen; Zus *Streuselkuchen*

Streu|ung ‹die; -, -en› **1** *das Streuen* **2** ‹Med.› *das Sichausbreiten von Erregern (aus erkrankten Teilen des Körpers in gesunde Teile)* **3** ‹Phys.› *Richtungsänderung von Teilen einer Strahlung (z. B. Licht)* ▸ ~ von Sonnenlicht

strich → *streichen*

Strich ‹der; -(e)s, -e› **I** ‹zählb.› **1** *einmaliges Streichen, Linie;* Zus *Federstrich, Pinselstrich* **2** *Streifen Landes, Gegend;* Zus *Küstenstrich, Landstrich* ▸ einen ~ machen, zeichnen, ziehen; sein: er ist bloß noch ein ~ in der Landschaft ‹übertr.; umg.› *ist sehr abgemagert, dünn;* tun: ich habe an der Arbeit noch keinen ~ getan ‹übertr.; umg.› *noch nichts* ▸ ein dicker, dünner, gerader, langer ~ ▸ einen ~ durch etwas machen *etwas durchstreichen u. damit ungültig machen;* er hat uns einen ~ durch die Rechnung gemacht ‹übertr.; umg.› *unseren Plan vereitelt;* etwas ~ für ~ abzeichnen, nachzeichnen; eine Zeichnung mit wenigen ~en entwerfen; einen ~ unter etwas machen, ziehen ‹übertr.; umg.› *neu beginnen u. das Alte vergessen sein lassen;* unterm ~ ‹übertr.› *am Ende, nach Berücksichtigung aller Gewinne u. Verluste, nach Abwägung aller Vor- u. Nachteile;* unterm ~ bleiben 250 Euro übrig **II** ‹unz.› *Lage, Richtung des Haars beim Kopfhaar, Fell, Tuch* ▸ auf den ~ gehen *als Prostituierte(r) arbeiten;* Fell gegen den ~ bürsten; das geht mir gegen den ~ ‹übertr.; umg.› *passt mir nicht, ist mir zuwider;* nach ~ und Faden ‹übertr., umg.› *kräftig*

Strich|code ‹[-ko:d] der; -s, -s› *Verschlüsselung von Daten in Form von Balken mit verschiedenen Breiten u. Zwischenräumen (z. B. bei Lebensmitteln);* oV *Strichkode*

Stri|cher ‹der; -s, -› *Jugendlicher, der sich prostituiert;* Syn *Strichjunge*

Strich|männ|chen ‹das; -s, -› *mit Strichen skizzierte Figur eines Menschen*

Strich|punkt ‹der; -(e)s, -e› = *Semikolon*

strich|wei|se ‹Adv.› *nur in manchen Gebieten* ▸ es hagelt, regnet ~

Strick ‹der; -(e)s, -e› *dünnes Tau, dünnes Seil, dicke Schnur* ▸ jmdm. aus einer Sache einen ~ drehen ‹übertr.; umg.› *sie zu seinem Nachteil auslegen u. ihm damit schaden;* da kann ich gleich einen ~ nehmen (und mich aufhängen)! ‹umg.› *wenn das geschieht, ist die Lage für mich hoffnungslos;* wenn alle ~e reißen ‹umg.› *im Notfall* ▸ ein Tier mit einem ~ an-, festbinden; einen ~ um ein Paket schnüren; zum ~ greifen *sich erhängen*

stri|cken ‹V. trans. u. V. intr.; strickt, strick|te, hat ge|strickt› (etwas) ~ *mit (zwei) Stricknadeln einen Faden zu Maschen verschlingen u. ein Maschengeflecht herstellen* ▸ Muster ~; einen Pullover, Strümpfe ~; zwei rechts, zwei links ~ *zwei rechte u. zwei linke Maschen im Wechsel;* gestrickte Handschuhe; ein gestrickter Wollschal; Zus *Strickjacke, Strickmütze, Stricknadel*

Strick|na|del ‹die; -, -n› *lange Nadel zum Stricken*

Strick|zeug ‹das; -(e)s; unz.› *Gegenstand, der gerade gestrickt wird, mit den Nadeln*

strie|geln ‹V. trans.; strie|gelt, strie|gel|te, hat ge|strie|gelt› ein Pferd ~ *mit Bürste u. Striegel (kleines Metallgerät) das Fell reinigen*

Strie|men ‹der; -s, -› *blutunterlaufener Streifen auf der Haut (meist durch Hieb);* oV *Strieme*

strikt ‹Adj.; -er, am -es|ten› *streng, peinlich genau* ▸ ein ~er Befehl; eine Anordnung ~ befolgen

strin|gent ‹Adj.; geh.› *zwingend, überzeugend* ▸ eine ~e Argumentation; Abl *Stringenz*

Strip ‹der; -s, -s; kurz für› *Striptease*

Strip|pe ‹die; -, -n; umg.› **1** *Bindfaden, Strick* **2** *Schnur, Schnürsenkel* **3** ‹scherzh.› *Telefonleitung* ▸ sie hängt dauernd an der ~ ‹umg.; scherzh.› *sie telefoniert viel*

strip|pen ‹V. intr.; strippt, stripp|te, hat ge|strippt; umg.› *Striptease vorführen;* Abl *Stripper(in)*

Strip|tease ‹[-ti:z] der od. das; -; unz.› *erotisches, tänzerisches Entkleiden vor Publikum (in Nachtlokalen o. Ä.);* Zus *Stripteasetänzer(in)*

stritt → *streiten*

strit|tig ‹Adj.› *umstritten, fraglich, nicht geklärt* ▸ eine ~e Angelegenheit; es ist noch ~, ob …

Stroh ‹das; -(e)s; unz.› *Halme, Blätter, Hülsen ohne Früchte (von Getreide)* ▸ ein Ballen ~ ▸ dem Vieh frisches ~ aufschütten, schütten ▸ leeres ~ dreschen ‹übertr.; umg.› *nutzlos reden, arbeiten* ▸ auf, im ~ schlafen; mit ~ gedecktes Dach; das brennt wie ~ *sehr leicht, rasch;* Zus *Strohballen, Strohdach, Strohhut, Strohpuppe; strohgedeckt*

stroh|blond ‹Adj.› *hell-, gelbblond*

stroh|dumm ‹Adj.; umg.; verstärkend› *sehr dumm*

Stroh|feu|er ‹das; -s, -› **1** *mit Stroh genährtes, rasch brennendes, hoch auflodederndes Feuer* **2** ‹übertr.› *rasch aufflammende, aber schnell verlöschende Begeisterung* ▸ ihre große Liebe war nur ein ~

Stroh|halm ‹der; -(e)s, -e› *Getreidehalm ohne Körner (auch als Trinkhalm)* ▸ sich an einen ~ klammern wie ein Ertrinkender ‹übertr.› *verzweifelt hoffen;* nach dem rettenden ~ greifen ‹übertr.› *nach der letzten Möglichkeit zur Hilfe*

Stroh|mann ‹der; -(e)s, -män|ner; übertr.› *nach außen hin auftretende Person, die eine andere verdecken soll* ▸ als ~ für eine Firma auftreten

Stroh|wit|we ‹die; -, -n; umg.; scherzh.› *Ehefrau, deren Mann verreist ist*

Stroh|wit|wer ‹der; -s, -; umg.; scherzh.› *Ehemann, dessen Frau verreist ist*

Strolch ‹der; -(e)s, -e› **1** *Landstreicher, Lump, Gauner* **2** *Schlingel, Schelm*

Strom ‹der; -(e)s, Strö|me› **1** *großer Fluss* **2** *fließende Bewegung, Strömung* **3** *fließende elektrische Ladungen;* Zus *Stromerzeugung, Stromleitung, Strompreis, Stromverbrauch; Strom sparend / stromsparend* ▸ der dichte ~ des Verkehrs; der ~ der Zeit ‹übertr.› ▸ den ~ ausschalten, einschalten, unterbrechen; einen ~ mit dem Schiff befahren; ~ sparen; auf diese Weise kann man viel ~ sparen; wir haben viel ~ verbraucht ▸ ein breiter, langer, reißender ~; elektrischer, magnetischer ~ ▸ gegen den ~ schwimmen *stromaufwärts schwimmen;* ⟨übertr.⟩ *sich gegen die allgemeine Meinung stellen;* es regnet in Strömen ⟨übertr.⟩ *heftig;* das Bier, der Wein floss in Strömen ⟨übertr.⟩ *es gab viel zu trinken;* mit dem ~ schwimmen *stromabwärts schwimmen;* ⟨übertr.⟩ *die allgemeine Meinung (kritiklos) vertreten;* unter ~ stehen ⟨übertr.; umg.⟩ *nervös, angespannt, hektisch sein;* sich vom ~ der Menge treiben lassen *innerhalb einer Menschenmenge vorangeschoben werden;* nach der Vorstellung ergoss sich ein ~ von Menschen auf die Straße

strom|ab|wärts ⟨Adv.⟩ *der Mündung des Flusses, Stromes zu;* Syn ⟨kurz⟩ *stromab* ▸ ~ fahren, rudern, schwimmen

strom|auf|wärts ⟨Adv.⟩ *der Quelle des Flusses, Stromes zu;* Syn ⟨kurz⟩ *stromauf* ▸ ~ fahren, rudern, schwimmen

Strom|aus|fall ⟨der; -(e)s, -fäl|le⟩ *Ausfall der Versorgung mit Strom* ▸ ein ~ legte die Stadt lahm

strö|men ⟨V. intr.; strömt, ström|te, ist ge|strömt⟩ aus etwas od. irgendwohin ~ *ununterbrochen, stark, in großen Mengen fließen* ▸ die Menschen strömten aus dem Kino ⟨übertr.⟩; das Gas strömte aus der Leitung; Wasser strömt ins Becken; bei ~dem Regen

stro|mern ⟨V. intr.; stro|mert, stro|mer|te, ist gestro|mert; umg.⟩ **1** *sich herumtreiben* **2** *umherstreifen* ▸ durch die Stadt, den Wald ~

Strom|ka|bel ⟨das; -s, -⟩ *Kabel zur Weiterleitung elektr. Stroms*

Strom|kreis ⟨der; -es, -e⟩ *System von Drähten u. Leitungen, in dem elektrischer Strom fließt*

Strom|li|ni|en|form ⟨die; -, -en⟩ *Form eines Fahrzeugs mit geringem Luftwiderstand (die eine größere Schnelligkeit bewirkt)*

strom|li|ni|en|för|mig ⟨Adj.⟩ **1** *in Stromlinienform (gebaut, konstruiert)* **2** ⟨übertr.; meist abwertend⟩ *zu angepasst u. makellos, ohne Widerstände* ▸ eine ~e Karosserie; ~ gebaute Motorräder; die Mitarbeiter müssen ~ im System funktionieren ⟨übertr.⟩; sich einer Entwicklung ~ anpassen ⟨übertr.⟩

Strom|netz ⟨das; -es, -e⟩ *verzweigte Anlage der elektrischen Leitung* ▸ der Neubau ist noch nicht ans ~ angeschlossen

Strom|schlag ⟨der; -(e)s, -schlä|ge⟩ *als kurzer Stoß auftretende Elektrizität;* Syn *Stromstoß* ▸ beim Reparieren einer Lampe einen ~ bekommen

Strö|mung ⟨die; -, -en⟩ **1** *strömende Bewegung* **2** ⟨übertr.⟩ *geistige Bewegung* ▸ die ~ des Flusses; eine kalte, warme ~ (im Meer); der Fluss hat eine reißende, starke ~; eine revolutionäre ~ ⟨übertr.⟩; gegen die ~ ankämpfen ⟨a. übertr.⟩ *gegen die herrschende Meinung;* eine neue ~ in der deutschen Literatur; das Boot wurde von der ~ fortgerissen

Strom|zäh|ler ⟨der; -s, -⟩ *Gerät, das die Menge der verbrauchten Elektrizität misst*

Stro|phe ⟨die; -, -n⟩ *Abschnitt eines Liedes od. Gedichts, das aus mehreren Versen besteht* ▸ in ~n gegliedertes Gedicht; ein Lied mit vier ~n

...stro|phig ⟨in Zus.; zur Bildung von Adj.⟩ *in einer bestimmten Art od. Zahl von Strophe(n) gedichtet,* z. B. dreistrophig, mehrstrophig, langstrophig

strot|zen ⟨V. intr.; strotzt, strotz|te, hat ge|strotzt⟩ von/vor etwas ~ *übervoll sein von/vor etwas, fast bersten* ▸ er strotzt von/vor Energie, Gesundheit, Kraft, Lebensfreude; der Aufsatz, die Rechenarbeit strotzt von/vor Fehlern; die Wohnung strotzte von/vor Schmutz

strub|be|lig ⟨Adj.; umg.⟩ *verwirrt, verweht, zerzaust, unordentlich* (Frisur, Haar); oV *strubblig*

Stru|del ⟨der; -s, -⟩ **1** *heftige kreis- od. spiralförmige Drehbewegung im Wasser, oft mit Sog nach unten, Wirbel;* Zus *Wasserstrudel* **2** ⟨bes. oberdt.⟩ *eine Mehlspeise aus Nudel- od. Hefeteig mit eingerolltem Obst od. Fleisch;* Zus *Apfelstrudel, Kirschstrudel* ▸ das ging im ~ der Ereignisse unter ⟨übertr.⟩

Struk|tur ⟨die; -, -en⟩ **1** *Bau, Aufbau, innere Gliederung, Anordnung der Teile;* Zus *Strukturanalyse, Strukturreform, Strukturwandel; Bevölkerungsstruktur, Gesellschaftsstruktur* **2** *Oberfläche eines Stoffes od. Materials;* Zus *Gewebestruktur* ▸ eine einfache ~; die ~ verändern

struk|tu|rell ⟨Adj.⟩ *die Struktur betreffend, der Struktur nach;* oV *struktural*

struk|tu|rie|ren ⟨V. trans.; struk|tu|riert, struk|tu|rier|te, hat struk|tu|riert⟩ etwas ~ *die Struktur von etwas bestimmen;* Abl *Strukturierung*

struk|tu|riert **I** ⟨Part. Perf. von⟩ *strukturieren* **II** ⟨Adj.⟩ *mit einer Struktur versehen, gegliedert*

struk|tur|los ⟨Adj.⟩ *ohne Struktur, unstrukturiert;* Abl *Strukturlosigkeit*

struk|tur|schwach ⟨Adj.⟩ *wirtschaftlich, industriell schwach entwickelt* ▸ ~e Gebiete

Strumpf ⟨der; -(e)s, Strümp|fe⟩ *Bekleidung von Fuß u. Bein* ▸ ein Paar Strümpfe; Strümpfe stopfen, stricken, waschen; ich suche meine schwarzen Strümpfe; er kauft sich neue Strümpfe; auf Strümpfen schlich er (sich) die Treppe hinunter; ⓘ S. 682; Zus *Kniestrumpf, Nylonstrumpf, Wollstrumpf*

Strumpf|ho|se ⟨die; -, -n⟩ *gestrickte od. gewirkte Hose u. Strümpfe in einem Stück*

strup|pig ⟨Adj.⟩ *unordentlich, strubbelig, zottig, borstig* (Haar, Bart) ▸ er hat ~es Haar

struw|we|lig ⟨Adj.; Nebenform von⟩ *strubbelig*

Struw|wel|pe|ter ⟨der; -s, -; umg.⟩ *Kind mit strubbeligem Haar (Gestalt eines Kinderbuches)*

Stu|be ⟨die; -, -n⟩ **1** ⟨regional⟩ *Zimmer, Kammer;* Zus *Schlafstube, Wohnstube* **2** ⟨in Kasernen, Internaten⟩ *Wohnraum u. Schlafraum mehrerer Soldaten od. Schüler* ▸ herein in die gute ~! ⟨scherzh.⟩ *(Aufforderung zum Eintreten)*

Stu|ben|flie|ge ⟨die; -, -n⟩ *über die ganze Erde verbreitete Fliegenart*

Stu|ben|ho|cker ⟨der; -s, -; übertr.; umg.; abwertend⟩ *jmd., der nur in der Stube hockt, nicht ausgeht;* Abl *Stubenhockerin*

stu|ben|rein ⟨Adj.⟩ *das Zimmer nicht verunreinigend* ▸ der Hund ist schon ~

Stubs|na|se ⟨die; -, -n⟩ = *Stupsnase*
Stuck ⟨der; -(e)s; unz.⟩ *schnell erhärtende Masse aus Gips, Kalk u. a. zum Verzieren von Decken u. Wänden;* Zus *Stuckdecke*
Stück ⟨das; -(e)s, -e od. (bei Maßangaben) -⟩ **1** *Teil eines Ganzen, Bruchteil;* Abl *Stückchen* **2** *ein einzelner Gegenstand aus eine Menge ähnlicher Gegenstände;* Zus *Erbstück, Meisterstück, Möbelstück, Prachtstück* **3** *Absatz, Abschnitt;* Zus *Lesestück, Textstück* **4** *Kunstwerk, Bühnenwerk;* Zus *Musikstück, Theaterstück* **5** *Münze;* Zus *Geldstück, Zehncentstück* ▸ ein schweres ~ Arbeit; ein ~ Brot, Fleisch, Kuchen; ein ~ Butter ⟨umg.⟩ *250 g;* ein ~ Feld, Land, Wiese; ein hübsches, schönes ~ Geld *ziemlich viel G.;* ich hätte gern ein ~ Käse; ich brauche ein ~ Papier für eine Notiz; diese Aktie ist nur noch ein ~ Papier *nichts mehr wert;* ein ~ Seife; wie viel ~ Vieh besitzt er?; ich nehme zwei ~ Zucker in den Kaffee ▸ ein ~ abbeißen, abreißen, abschneiden; ein ~ vom Spielplan absetzen; das ~ läuft Abend für Abend vor ausverkauftem Haus *Theaterstück;* hast du das ~ (im Theater) schon gesehen?; ein ~ spazieren gehen; aus einem Buch ein ~ vorlesen ▸ ein abgerissenes, abgeschnittenes, abgesprungenes ~; das ist mein bestes, wertvollstes ~ (aus meiner Sammlung); ein breites, dickes, großes, kleines, kurzes, langes, schmales ~; möchten Sie drei, vier ~?; so ein freches ~ ⟨umg.⟩ *ein freches Mädchen;* ein halbes ~ Kuchen; er hat in seiner Sammlung ein paar herrliche ~e; das ist ein starkes ~! ⟨umg.⟩ *eine Unverschämtheit;* ich möchte zehn ~ (Eier) ▸ er hält große ~e auf ihn ⟨umg.⟩ *er hält viel von ihm, er schätzt ihn sehr;* ein ~ auf dem Klavier spielen, üben, vortragen; es ist aus einem ~ geschnitten; aus freien ~en *freiwillig;* das ~ für einen Euro kaufen; einen Text ~ für ~ durcharbeiten; das wird noch in ~e gehen *zerbrechen;* Käse, Wurst im/am ~ kaufen *nicht in Scheiben geschnitten;* etwas in (kleine) ~e reißen, schneiden; in seiner Wut schlug er alles in ~e; etwas in ~e teilen; die Vase zersprang in tausend ~e
...stück ⟨in Zus.; zur Bildung von Subst.; das; -(e)s, -e⟩ **1** *Münze einer Währungseinheit,* z. B. Centstück, Frankenstück, Pfundstück **2** *künstlerisches, literarisches od. musikalisches Werk,* z. B. Ausstellungsstück, Theaterstück, Musikstück
stü|ckeln ⟨V. trans.; stü|ckelt, stü|ckel|te, hat gestü|ckelt⟩ **1** etwas ~ *in Stücke zerteilen* **2** einen Rock ~ *aus Stücken zusammensetzen*
Stü|cke|lung ⟨die; -, -en⟩ **1** *Zerteilung in einzelne Stücke* **2** *Aufteilung einer Münzeinheit* **3** *Aufteilung von Anleihen in Wertpapiere von verschiedenem Nennwert*
Stück|gut ⟨das; -(e)s, -gü|ter⟩ **1** ⟨Kaufmannsspr.⟩ *nach Stück verkaufte Ware* **2** ⟨Eisenb.⟩ *einzeln, gesondert befördertes Frachtgut, z. B. Eilgut* ▸ einen Gegenstand als ~ versenden
Stück|preis ⟨der; -es, -e⟩ *Preis pro Stück (einer Ware)* ▸ Holzplanken zu einem ~ von 10 €
stück|wei|se ⟨Adv.⟩ *in (einzelnen) Stücken* ▸ eine Ware ~ verkaufen
Stück|werk ⟨das; -(e)s; unz.; übertr.⟩ *unvollkommene, unvollständige Arbeit*
Stück|zahl ⟨die; -, -en⟩ *Zahl der (gelieferten, zu liefernden) Stücke*
Stu|dent ⟨der; -en, -en⟩ **1** *jmd., der an einer Hochschule studiert;* Zus *Studentenverbindung, Studentenwohnheim* **2** ⟨österr., schweiz. a.⟩ *Schüler einer höheren Schule* ▸ ~ der Lingusitik, Mathematik, Medizin, Philosophie; Zus *Studentenausweis*
Stu|den|ten|fut|ter ⟨das; -s; unz.⟩ *Mischung aus Nüssen, Mandeln, Rosinen*
Stu|den|tin ⟨die; -, -tin|nen⟩ *weibl. Student*
stu|den|tisch ⟨Adj.⟩ *Studenten betreffend, in der Art der Studenten* ▸ ~e Mitarbeiter
Stu|die ⟨[-djə] die; -, -n⟩ **1** *(wissenschaftliche) Arbeit, Untersuchung* **2** *Vorarbeit zu einem wissenschaftlichen Werk* **3** *Entwurf zu einem Kunstwerk, bes. der Malerei*
Stu|di|en ⟨Pl. von⟩ **1** *Studie* **2** *Studium;* Zus *Studienanfänger(in), Studiengebühr, Studienzeit*
stu|di|en|be|glei|tend ⟨Adj.⟩ **1** *das Studium begleitend, zusätzliche Informationen, Hilfestellungen od. Erläuterungen zum Studium gebend* **2** *(schon) im Verlauf, während des Studiums (stattfindend)* ▸ ~e Kurse, Praktika
Stu|di|en|be|ra|tung ⟨die; -, -en; an Hochschulen⟩ *Beratung von Studenten hinsichtlich der Gestaltung ihres Studiums* ▸ zur ~ gehen
Stu|di|en|fach ⟨das; -(e)s, -fä|cher⟩ *Fachgebiet für ein Studium;* Syn *Studienrichtung* ▸ er hat die Studienfächer Literaturwissenschaft, Philosophie und Anglistik gewählt
Stu|di|en|gang ⟨der; -(e)s, -gän|ge⟩ *Studienfach an einer Universität od. Fachhochschule*
Stu|di|en|platz ⟨der; -es, -plät|ze⟩ *Möglichkeit für ein Studium* ▸ er hat einen (keinen) ~ in Medizin bekommen; es sind noch Studienplätze frei für Physik; Studienplätze vergeben
Stu|di|en|rat ⟨der; -(e)s, -rä|te; Amtsbez. für⟩ *festangestellter (beamteter) Lehrer an einer höheren Schule;* Abl *Studienrätin*
Stu|di|en|re|fe|ren|dar ⟨der; -s, -e; Amtsbez. für⟩ *bereits ausgebildeter, im praktischen Dienst stehender Lehrer an einer höheren Schule vor dem 2. Staatsexamen;* Abl *Studienreferendarin*
Stu|di|en|rei|se ⟨die; -, -n⟩ *Reise zu Studienzwecken*
stu|die|ren ⟨V.; stu|diert, stu|dier|te, hat stu|diert⟩ **I** ⟨V. trans.⟩ etwas ~ **1** *an einer Hochschule erlernen* **2** *erforschen, untersuchen, sich gründlich befassen mit* **3** *eingehend lesen* ▸ Biologie, Jura ~; jmds. Charakter, Gesichtsausdruck ~; eine Frage, ein Problem ~; sie möchte Deutsch ~; er hat fünf Semester Medizin studiert; die Speisekarte, die Zeitung ~; Probieren geht über Studieren ⟨Sprichw.⟩ **II** ⟨V. intr.⟩ **1** *eine Hochschule besuchen* **2** *wissenschaftlich arbeiten* ▸ sie wollen ihren Sohn ~ lassen; an der Technischen Hochschule ~; an der Münchener Universität ~; in

S

München ~; eine studierte Frau, ein studierter Mann ⟨umg.⟩ *jmd., der studiert hat*

Stu|die|ren|de(r) ⟨die; -n, -n (der; -n, -n)⟩ *jmd., der (an einer Hochschule) studiert* ▸ alle Studierenden der medizinischen Fakultät versammeln

Stu|dio ⟨das; -s, -s⟩ **1** *Arbeitsraum (bes. von Künstlern)* **2** ⟨Film; Rundfunk; TV⟩ *Aufnahme-, Senderaum;* Zus *Studiogast; Fernsehstudio, Tonstudio* **3** ⟨Theat.⟩ *Versuchsbühne* **4** ⟨auch modische Bez. für⟩ *Handwerksbetrieb,* z. B. Haarstudio (Friseurgeschäft) **5** *Einzimmerwohnung* ▸ der Bundeskanzler ist heute zu Gast im ~; die Aufnahmen werden im ~ gemacht

Stu|di|um ⟨das; -s, -di|en⟩ **1** *zur Ausbildung dienende Beschäftigung mit bestimmten (wissenschaftlichen) Gebieten an einer Hochschule;* Zus *Hochschulstudium, Medizinstudium, Musikstudium, Universitätsstudium* **2** *wissenschaftliche Betrachtung, Untersuchung, Erforschung von Sachverhalten* ▸ das ~ der Literaturwissenschaft; das ~ der italienischen Sprache; ein ~ abschließen, beenden, beginnen, unterbrechen; während meines ~s in Bielefeld

Stu|fe ⟨die; -, -n⟩ **1** *Absatz in einer schiefen Ebene zum Darauftreten, bes. als Teil einer Treppe;* Zus *Treppenstufe* **2** *Teil einer gegliederten Ordnung;* Zus *Rangstufe, Tonstufe* **3** *Abschnitt;* Zus *Entwicklungsstufe, Zwischenstufe* **4** ⟨Geol.⟩ *kleinster Abschnitt der Erdgeschichte, Teil einer Abteilung* ▸ Vorsicht ~(n)! *(Warnungsschild)* ▸ die ~n des **Altars,** des Thrones; die höchste ~ einer **Laufbahn,** des Ruhmes; die ~n einer **Leiter,** einer Treppe hochsteigen ▸ **ausgetretene,** breite, hohe, schmale ~n ▸ wir stehen beruflich und gesellschaftlich **auf** gleicher ~ ⟨übertr.⟩; die ägyptische Kultur stand damals schon auf einer hohen ~ ⟨übertr.⟩; er kann sich nicht mit ihm auf die gleiche ~ stellen ⟨übertr.⟩ *sich nicht als gleichwertig betrachten;* **von** ~ zu ~ klettern, steigen; ein paar ~n führten **zum** Eingang hinauf, zum Wasser hinunter; die ~n zum Erfolg hinaufsteigen ⟨übertr.⟩

stu|fen|los ⟨Adj.; Tech.⟩ *ohne Stufen, ohne Zwischenstufen* ▸ ~ verstellbare Lampen

stu|fig ⟨Adj.⟩ *mit Stufen versehen*

Stuhl ⟨der; -(e)s, Stüh|le⟩ **1** *Sitzmöbel mit Rückenlehne;* ⓘ S. 360, 574; Zus *Gartenstuhl, Korbstuhl, Küchenstuhl, Schreibtischstuhl* **2** *Sitzmöbel zum Zusammenklappen od. -falten ohne Lehne;* Zus *Jagdstuhl, Klappstuhl* **3** ⟨übertr.; in einigen Zus.⟩ *Amt;* Zus *Lehrstuhl, Richterstuhl* **4** ⟨kurz für⟩ *Stuhlgang, menschlicher Kot* ▸ jmdm. einen ~ **anbieten** *jmdn. zum Sitzen auffordern* ▸ ein **bequemer,** gepolsterter, harter, hölzerner ~; **blutiger,** harter, weicher ~ *Stuhlgang;* einen Mörder durch den **elektrischen** ~ hinrichten; ich setzte mich auf den letzten **freien** ~; ist dieser ~ noch frei? ▸ sich **auf** einen ~ setzen; ich wäre beinahe **vom** ~ gefallen, als ich das hörte (so überrascht war ich) ⟨umg.⟩; sich **zwischen** zwei Stühle setzen, ⟨schweiz.⟩ zwischen ~ und Bank fallen ⟨übertr.⟩ *sich nicht zwischen zwei Gelegenheiten, Möglichkeiten entscheiden können;* zwischen zwei Stühlen sitzen ⟨übertr.⟩ *sich zwischen zwei Möglichkeiten entscheiden müssen*

Stuhl|gang ⟨der; -(e)s; unz.⟩ *Ausscheidung von Kot* ▸ keinen regelmäßigen ~ haben

Stul|le ⟨die; -, -n; umg.⟩ *belegte Brotschnitte, Butterbrot*

Stul|pe ⟨die; -, -n⟩ **1** *umgeschlagenes, umgekrempeltes Stück, z. B. am Ärmel, Handschuh, Stiefel;* Zus *Stulpenstiefel* **2** *verlängertes, über das Handgelenk reichendes Stück am Handschuh*

stül|pen ⟨V. trans.; stülpt, stülp|te, hat ge|stülpt⟩ etwas auf od. über etwas ~ *umkehren, umstürzen, umdrehen u. auf etwas setzen* ▸ die Glocke über den Käse ~

stumm ⟨Adj.⟩ **1** *unfähig zu sprechen* **2** *schweigend* **3** *lautlos, wortlos, nicht von Worten begleitet* (Blick, Gebärde) ▸ sie haben alles ~ **angesehen;** er **blieb** auf alle Fragen ~; ~ **dabeisitzen; sein:** er ist von Geburt an ~ ▸ ~ **vor** Freude, Schreck, Staunen sein; er war ~ **wie** ein Fisch, ein Stock *nicht gesprächig, wenig unterhaltsam;* →a. *Diener*

Stum|mel ⟨der; -s, -⟩ *kleines Endstück eines langgestreckten (kleinen) Körpers, Stückchen, Rest;* Zus *Zigarrenstummel*

Stumm|film ⟨der; -(e)s, -e⟩ *Spielfilm ohne Ton;* Ggs *Tonfilm*

Stum|pen ⟨der; -s, -; süddt.⟩ *Stumpf, Baumstumpf*

Stüm|per ⟨der; -s, -; abwertend⟩ *jmd., der von seinem Fach nicht viel versteht, Laie, Pfuscher;* Abl *Stümperin; stümperhaft; stümpern*

stumpf ⟨Adj.⟩ **1** *nicht scharf* (Zähne), *nicht spitz* (Nase), *nicht gespitzt* (Bleistift), *nicht schneidend, schlecht geschliffen* (Messer, Schwert), *nicht stechend* (Nadel) **2** ⟨übertr.⟩ **2.1** *matt, ohne Glanz* (Haar, Metall, Stoff, Farbe) **2.2** *unempfindlich* (Sinne) **2.3** *ausdruckslos, verständnislos* (Blick) **2.4** *teilnahmslos, abgestumpft, seelenlos* (Mensch) ▸ die Gefangenen haben einen ~en **Blick;** ~er **Winkel** *W., der größer als 90° u. kleiner als 180° ist;* ~e **Seide** ▸ der Lack ist ~ **geworden** *glänzt nicht mehr* ▸ er blieb ~ **gegen** alle Versuche, ihn aufzumuntern ⟨übertr.⟩ *teilnahmslos*

Stumpf ⟨der; -(e)s, Stümp|fe⟩ *übrigbleibendes Stück eines langgestreckten Körpers, Reststück, Ende* ▸ etwas mit ~ und Stiel ausrotten ⟨umg.⟩ *ganz u. gar;* Zus *Baumstumpf*

Stumpf|sinn ⟨der; -(e)s; unz.⟩ **1** *Verblödung, krankhafte, anhaltende Teilnahmslosigkeit* **2** ⟨umg.⟩ *langweiliges, ödes Treiben* ▸ das ist doch ~!; in ~ verfallen; Abl *stumpfsinnig*

Stünd|chen ⟨das; -s, -⟩ *knappe Stunde, gemütliche Plauderstunde* ▸ ich komme für ein ~ vorbei

Stun|de ⟨die; -, -n⟩ **1** ⟨Abk.: St., Std. od. Stde., Pl.: Stdn.; Zeichen: st od. h; Astron.: …^{h}⟩ *der 24. Teil des Tages, Zeitraum von 60 Minuten;* Zus *Stundengeschwindigkeit, Stundenlohn* **2** *Unterricht von etwa einer Stunde;* Zus *Deutschstunde, Gesangsstunde, Unterrichtsstunde* **3** *Zeitpunkt, Augenblick* **4** ⟨allg.⟩ *Zeit;* Zus *Mußestunde* ▸ die ~ der **Entscheidung** ist gekommen; dem **Gebot,** Gesetz der ~ gehorchen *das im*

Augenblick Wichtigste tun; die Gunst der ~ nutzen, wahrnehmen; die ~ X *ein noch unbekannter Zeitpunkt* ▸ die richtige, geeignete ~ abwarten; ausfallen: die erste ~ fällt morgen aus (in der Schule); ~n geben *Unterricht;* in Italienisch ~n nehmen *sich in I. unterrichten lassen;* schlagen: seine letzte ~ hat geschlagen *sein Tod, der Zeitpunkt der Abrechnung naht;* er kann (ganze) ~n am Computer verbringen; eine gemütliche ~ verplaudern; die morgigen ~n vorbereiten *Unterrichtsstunden;* ich musste eine ~ warten; die ~n bis zur Abreise ziehen sich ▸ anderthalb ~n; bittere, trübe ~n erleben; ich komme in einer ~; in einsamen, langen ~n darüber nachdenken; frohe, heitere, schöne ~n miteinander verbringen; zu früher ~ *früh (am Morgen);* bis dorthin ist es eine gute, reichliche ~ (Weges); der Zug hat eine halbe ~ Aufenthalt, Verspätung; ich habe eine knappe ~ gebraucht; seine letzte ~ (vor dem Tod); was haben wir nächste ~? ⟨Schülerspr.⟩; zu später ~ *spät (am Abend, in der Nacht);* in einer stillen ~ werde ich es dir erzählen; eine viertel ~ = *Viertelstunde;* in drei viertel ~n / drei Viertelstunden beginnt die Vorstellung; zu vorgerückter ~ *spät am Abend, in der Nacht;* alle zwei ~n eine Tablette nehmen ▸ auf, für eine ~ bleiben, kommen; er bekommt 15 Euro für die ~, ⟨umg.⟩ 15 Euro die ~; der Wagen fährt 240 km in der, ⟨umg.⟩ die ~; mit zwei ~n Wartezeit musst du rechnen; er kam nach einer ~ zurück; ~ um ~ verging, verrann, verstrich; von ~ zu ~ warten; vor einer ~ hat es angefangen zu regnen; während der ~ gut aufpassen *während des Unterrichts;* zu jeder ~ *jederzeit;* bis zur ~ *bis zu diesem Augenblick;* zur gleichen, selben ~ geschah Folgendes ...; besser eine ~ zu früh als eine Minute zu spät ⟨Sprichw.⟩

stun|den ⟨V. trans.; stun|det, stun|de|te, hat gestun|det⟩ (jmdm.) etwas ~ *Zahlungsaufschub für etwas geben, gewähren* ▸ können Sie mir den Betrag drei Wochen ~?; Abl *Stundung*

Stun|den|ki|lo|me|ter ⟨der; -s, -⟩ *Kilometer je Stunde (Geschwindigkeitsmaß für Verkehrsmittel)* ▸ ich bin (mit) 250 ~n gefahren

stun|den|lang ⟨Adj.⟩ *eine od. mehrere Stunden lang* ▸ ~ marschieren; nach ~em Warten; ⟨aber⟩ drei Stunden lang

Stun|den|plan ⟨der; -(e)s, -plä|ne⟩ *Übersicht über die Verteilung der Unterrichtsstunden;* ⓘ S. 574

stun|den|wei|se ⟨Adv.⟩ **1** *in einzelnen Stunden, für Stunden, ab und zu eine Stunde* **2** *nach Arbeitsstunden* ▸ der Kranke darf schon ~ aufstehen; jmdn. ~ bezahlen

Stun|den|zei|ger ⟨der; -s, -⟩ *den Ablauf der Stunden anzeigender Uhrzeiger;* →a. *Minutenzeiger, Sekundenzeiger*

...stün|dig ⟨in Zus.; zur Bildung von Adj.⟩ *eine bestimmte od. unbestimmte Anzahl von Stunden dauernd,* z. B. dreistündig, mehrstündig, vielstündig (in Ziffern: 3-stündig)

Stünd|lein ⟨das; -s, -; meist in der Wendung⟩ sein letztes ~ hat geschlagen ⟨übertr.⟩ *es wird brenzlig für ihn*

stünd|lich ⟨Adj.⟩ **1** *jede Stunde (stattfindend, auftretend), alle Stunden (wiederkehrend)* **2** *jeden Moment, sehr bald* ▸ sein Zustand ändert sich ~; man muss ihn ~ daran erinnern *immer wieder;* ich erwarte ihn ~; der Bus fährt ~

...stünd|lich ⟨in Zus.; zur Bildung von Adj.⟩ *im Abstand einer bestimmten Anzahl von Stunden (stattfindend, wiederkehrend)* ▸ der Bus verkehrt dreistündlich (3-stündlich) *alle drei Stunden*

Stunk ⟨der; -(e)s; unz.; umg.⟩ *Zank, lautes Schimpfen* ▸ mach keinen ~!

Stunt|man ⟨[stʌntmæn] der; -, -men [-mən]⟩ *Ersatzmann für den Hauptdarsteller in gefährlichen (u. bes. akrobatischen) Filmszenen*

stu|pend ⟨Adj.; geh.⟩ *erstaunlich, ungeheuer* ▸ ein ~es Können, Wissen

stu|pi|de ⟨Adj.⟩ oV *stupid* **1** *dumm* (Person) **2** *eintönig, stumpfsinnig* (Arbeit); Abl *Stupidität*

Stups ⟨der; -es, -e⟩ *leichter Stoß* ▸ jmdm. einen ~ geben; Abl *stupsen*

Stups|na|se ⟨die; -, -n; umg.⟩ *kurze, leicht nach oben gebogene Nase* ▸ sie hat eine ~

stur ⟨Adj.; umg.⟩ **1** *stier, starr* (Blick) **2** *sehr beharrlich, hartnäckig* **3** *verbissen u. eigensinnig, uneinsichtig* ▸ so ein ~er Kerl! *ein Starrkopf;* er bleibt ~ bei seiner Meinung; ~ ein Ziel verfolgen; auf ~ schalten ⟨umg.⟩ *eine störrische, ablehnende Haltung einnehmen;* Abl *Sturheit*

Sturm ⟨der; -(e)s, Stü|rme⟩ **1** ⟨Meteor.⟩ *Wind mit einer Stärke von mindestens 9;* Zus *Sturmwarnung* **2** ⟨allg.⟩ *starker Wind* **3** ⟨Sp.; Mil.⟩ *heftiger, entscheidender Angriff;* Syn *Sturmangriff* **4** ⟨Sp.⟩ *Gesamtheit der Stürmer* **5** ⟨übertr.⟩ **5.1** *heftige Erregung* **5.2** *Aufruhr, Tumult* ▸ ein ~ der Empörung, Entrüstung; den Stürmen des Lebens trotzen ⟨übertr.⟩; ~ der Leidenschaft ⟨übertr.⟩ ▸ der ~ hatte große Schäden angerichtet; gegen eine Anordnung ~ laufen *heftig dagegen ankämpfen;* ~ läuten ⟨übertr.; umg.⟩ *heftig, stark läuten;* der ~ legt sich; der ~ tobt; ein furchtbarer, verheerender ~ wütet über dem Land ▸ ein ~ auf die Sonderangebote; durch ~ und Regen laufen; es war nur ein ~ im Wasserglas ⟨übertr.⟩ *Aufregung um Kleinigkeiten;* jmdn. od. jmds. Herz im ~ erobern ⟨übertr.⟩ *schnell jmds. Sympathie erringen;* eine Festung im ~ erobern, nehmen; die Ruhe vor dem ~ *vor dem Gewitter; vor einem Angriff;* ⟨übertr.⟩ *vor einem Zornausbruch;* zum ~ blasen ⟨Mil.⟩

stür|men ⟨V.⟩ **I** ⟨V. intr.; stürmt, stürm|te, ist gestürmt⟩ irgendwohin ~ *heftig rennen* ▸ die Kinder sind aufgeregt ins Zimmer gestürmt **II** ⟨V. intr.; stürmt, stürm|te, hat ge|stürmt⟩ **II.I** ⟨unpersönl.⟩ es stürmt *ein Sturm weht* ▸ es stürmt und schneit sehr heftig **II.II** ⟨persönl.; Sp.⟩ *als Stürmer spielen* **III** ⟨V. trans.; stürmt, stürm|te, hat ge|stürmt⟩ etwas ~ **1** ⟨Mil.⟩ *im Sturm erobern* **2** ⟨übertr.⟩ *im Ansturm in Besitz nehmen* ▸ die feindliche Stellung ~; die Kunden ~ die Geschäfte

S

Stür|mer ⟨der; -s, -; Sp.; bes. Fußb., Handb., Hockey⟩ *Spieler der vordersten Reihe, der hauptsächlich angreift;* Abl *Stürmerin*

Sturm|flut ⟨die; -, -en⟩ *durch Sturm hervorgerufene, sehr hohe Flut*

sturm|frei ⟨Adj.; übertr.; in der Wendung⟩ eine ~e Bude haben ⟨Jugendspr.⟩ *Situation, in der man zu Hause wegen Abwesenheit der Eltern ungestört ist (u. mit Freunden feiern kann)*

stür|misch ⟨Adj.⟩ **1** *sehr windig* (Wetter, Tag, Nacht) **2** *mit hohem Wellengang* (See) **3** *ungestüm, heftig drängend* ▸ am Meer ist es ~; die Auseinandersetzung, Begrüßung war ~; ~er Beifall *lauter, begeisterter B.;* ~e Leidenschaften; eine ~e Überfahrt; jmdn. ~ um etwas bitten; ~ gegen etwas protestieren

Sturz **I** ⟨der; -es, Stür|ze⟩ **1** ⟨a. übertr.⟩ *heftiger, schwerer, plötzlicher Fall;* Zus *Felssturz, Preissturz, Temperatursturz* **2** *plötzliches Hervorbrechen;* Zus *Blutsturz* **3** ⟨übertr.⟩ *gewaltsame Amtsenthebung, Absetzung;* Zus *Regierungssturz* ▸ ~ eines Ministers ⟨übertr.⟩; ein ~ auf dem Eis; sie hat sich beim ~ vom Pferd verletzt **II** ⟨der; -es, -e; Arch.⟩ *oberer Abschluss von Fenster u. Tür;* Zus *Fenstersturz, Türsturz*

Sturz|bach ⟨der; -(e)s, -bä|che⟩ **1** *Bach mit starkem Gefälle* **2** ⟨übertr.⟩ *Schwall, Flut* ▸ ein ~ von Worten brach auf ihn nieder ⟨übertr.⟩

stür|zen ⟨V.⟩ **I** ⟨V. intr.; stürzt, stürz|te, ist gestürzt⟩ **1** *heftig fallen, hinfallen* **2** irgendwohin ~ *eilen, rennen* **3** *abfallen* (Gelände) ▸ sie ist gestürzt und hat sich ein Bein gebrochen ▸ sein Pferd stürzte ▸ sie ist schwer, unglücklich gestürzt ▸ auf dem Eis ~; sie ist auf der Treppe gestürzt; aus dem Fenster ~; er stürzte aus dem Zimmer; beim Skilaufen ~; jmdm. in die Arme ~; der Fels stürzt hier steil in die Tiefe; ins Wasser ~; mit dem Pferd ~; über einen Stein ~; vom Pferd, von der Leiter ~; zu Boden ~ ▸ er kam hastig ins Zimmer gestürzt **II** ⟨V. trans.; stürzt, stürz|te, hat ge|stürzt⟩ **1** ⟨übertr.⟩ jmdn. ~ *zum Sturz, zu Fall bringen, gewaltsam absetzen* **2** etwas ~ *hinunterwerfen* **3** ein Gefäß ~ *umdrehen, umkippen* ▸ bitte nicht ~! *(Aufschrift auf Kisten mit zerbrechlichem Inhalt)* ▸ einen Minister, die Regierung ~ ⟨übertr.⟩ *zum Rücktritt zwingen;* den Pudding (eigtl.: die Schüssel mit dem Pudding) ~; der König wurde gestürzt ▸ jmdn. aus dem Fenster, ins Wasser ~; jmdn. ins Unglück, ins Verderben, in Verzweiflung ~ ⟨übertr.⟩ *unglücklich machen;* den Deckel über den Topf ~ **III** ⟨V. refl.; stürzt, stürz|te, hat gestürzt⟩ **1** sich irgendwohin ~ *sich fallen lassen* **2** sich auf od. in etwas ~ **2.1** *schnell, stürmisch auf etwas zugehen u. danach greifen* **2.2** ⟨übertr.⟩ *etwas (eine Tätigkeit) mit Nachdruck beginnen, von nun an betreiben* **3** sich auf jmdn. ~ **3.1** *ihn tätlich angreifen* **3.2** ⟨übertr.⟩ *ihn mit Beschlag belegen* ▸ er stürzte sich förmlich auf das Essen; sich auf die Zeitung ~ *sie eilig nehmen;* er hat sich jetzt auf das Malen gestürzt ⟨übertr.⟩; sie beging Selbstmord, indem sie sich aus dem Fenster stürzte *aus dem Fenster sprang;* sich in Arbeit ~ ⟨übertr.⟩ *energisch zu arbeiten beginnen;* sich in Schulden ~ *viel Schulden machen;* sich ins Vergnügen ~; du sollst dich nicht in Unkosten ~ *dir (große) Ausgaben machen;* sich ins Wasser ~; sich zu Tode ~ *durch Sturz sterben*

Sturz|flug ⟨der; -(e)s, -flü|ge⟩ *Flug steil nach unten*

Sturz|helm ⟨der; -(e)s, -e⟩ *leichter Helm zum Schutz des Kopfes beim Stürzen (bes. für Motorrad- u. Rennfahrer)*

Stuss ⟨der; -es; unz.; umg.⟩ *Unsinn, dummes, törichtes Zeug* ▸ mach, rede keinen ~!; das ist ja ~!

Stu|te ⟨die; -, -n⟩ Ggs *Hengst* **1** *weibliches Pferd* **2** *weibliches Kamel;* Zus *Kamelstute* **3** *weiblicher Esel;* Zus *Eselstute*

Stütz ⟨der; -es, -e⟩ *Haltung des frei- od. halbschwebenden Körpers auf den gestreckten od. angewinkelten Armen;* Zus *Liegestütz*

Stüt|ze ⟨die; -, -n⟩ **1** *stützender Pfahl, Pfosten, Balken* **2** ⟨übertr.⟩ *Hilfe, Beistand, Unterstützung, Halt* **3** ⟨umg.⟩ *Sozialhilfe* ▸ sie ist eine große ~ für mich ⟨übertr.⟩; der Stock dient mir als ~

stut|zen[1] ⟨V. intr.; stutzt, stutz|te, hat ge|stutzt⟩ **1** *erstaunt, verwirrt innehalten, überrascht sein* **2** *plötzlich argwöhnen, Verdacht schöpfen*

stut|zen[2] ⟨V. trans.; stutzt, stutz|te, hat ge|stutzt⟩ Bäume, Flügel, Hecken ~ *kurzschneiden, beschneiden, verkürzen;* →a. *zurechtstutzen*

stüt|zen ⟨V.; stützt, stütz|te, hat ge|stützt⟩ **I** ⟨V. trans.⟩ **1** jmdn. od. etwas ~ *durch Stützen sichern, am Fallen, Zusammenbrechen hindern, ihm Halt geben;* Zus *Stützpfeiler, Stützverband* **2** jmdn. ~ *jmdm. helfen, jmdn. unterstützen* ▸ die mit Früchten schwerbeladenen Äste des Baumes ~; die Ellenbogen auf den Tisch ~; ein baufälliges Haus ~; eine Regierung ~; er stützte den Kopf kraftlos in die Hände; Abl *Stützung* **II** ⟨V. refl.⟩ sich auf etwas ~ **1** *etwas als Stütze benutzen* **2** ⟨übertr.⟩ *sich stark an etwas anlehnen, als Grundlage benutzen* ▸ ~ Sie sich auf meinen Arm!; sich auf Aussagen, Beweise ~; sich auf die Ellbogen ~; sich auf den Stock, den Tisch ~; sich auf ein wissenschaftliches Werk ~

stut|zig ⟨Adj.⟩ *verwundert, argwöhnisch* ▸ das machte mich ~; als ich sie das sagen hörte, wurde ich ~

Stütz|punkt ⟨der; -(e)s, -e⟩ **1** *Ort, der sich besonders gut zur Verteidigung innerhalb eines größeren Gebietes eignet* **2** *wichtiger, oft befestigter Ausgangspunkt;* Zus *Handelsstützpunkt, Militärstützpunkt* **3** ⟨ostdt.⟩ *Geschäft, Betrieb;* Zus *Getränkestützpunkt*

StVO ⟨Abk. für⟩ *Straßenverkehrsordnung*

Sty|ling ⟨[staɪ-] das; -s, -s⟩ **1** *Entwurf, (modische) Gestaltung, Design;* Abl *Stylist(in)* **2** *Aufmachung* ▸ das ~ von Produkten

Sty|ro|por® ⟨das; -s; unz.⟩ *ein leichter Kunststoff als Schaumstoff, Verpackungs- u. Isoliermittel verwendet*

s. u. ⟨Abk. für⟩ *siehe unten (Verweis auf Folgendes in Büchern)*

sub..., Sub... ⟨in Zus.⟩ *unten, unter, niedriger als*

Sub|jekt ⟨das; -(e)s, -e⟩ **1** ⟨Philos.⟩ *das wahrnehmende, denkende, wollende Wesen* **2** ⟨übertr.; umg.; abwertend⟩ *Person* **3** ⟨Gramm.⟩ *Satzteil, von dem etwas ausgesagt wird;* Syn *Satzgegenstand* ▸ ein betrügerisches, verdächtiges, verkommenes ~ ⟨übertr.; umg.⟩; das ~ steht im Nominativ

Subjekt

Das auch Satzgegenstand genannte *Subjekt* ist das Satzglied, über das etwas ausgesagt wird. Es steht zumeist im Nominativ und lässt sich durch die Hilfsfrage *wer oder was?* ermitteln. Häufig benennt es den Verursacher einer Handlung, die im Prädikat ausgedrückt ist. *Subjekt* und Prädikat, die in Person und Numerus übereinstimmen, bilden im Deutschen die Grundform des einfachen Aussagesatzes: *Der Mann geht langsam. Die Schüler sind noch nicht zurückgekommen.*
In der Regel ist das *Subjekt* ein Substantiv oder ein Pronomen, doch es kann auch ein substantiviertes Adjektiv, ein substantivierter Infinitiv oder ein Zahlwort sein: *Der Mann redet nicht. Sie ging. Der Klügere gibt nach. Klatschen ist out. Eines schickt sich nicht für alle.*

sub|jek|tiv ⟨a. ['---] Adj.⟩ *persönlich, nicht sachlich, unsachlich;* Ggs *objektiv* ▸ ein ~es Urteil; etwas rein ~ betrachten, beurteilen; Abl *Subjektivität; subjektivieren*

Sub|kul|tur ⟨die; -, -en⟩ *Kultur einer Gruppe innerhalb eines größeren Kulturbereichs, die oft in bewusstem Gegensatz zu diesem entstanden ist* ▸ ~ der Hippies; Abl *subkulturell*

Sub|skrip|ti|on ⟨die; -, -en⟩ **1** *Vorbestellung u. Verpflichtung zur Abnahme von Neuerscheinungen (bes. bei größeren, in mehreren Bänden erscheinenden Literaturwerken);* Zus *Subskriptionspreis* **2** *Zeichnung von Anleihen*

sub|s|tan|ti|ell ⟨Adj.⟩ = *substanziell*

Sub|s|tan|tiv ⟨das; -s, -e; Gramm.⟩ *Wort, das einen Gegenstand od. Begriff bezeichnet;* Syn *Hauptwort, Dingwort* ▸ ~e werden im Deutschen großgeschrieben; Abl *substantivisch*

sub|s|tan|ti|vie|ren ⟨[-viː-] V. trans.; sub|s|tan|ti|viert, sub|s|tan|ti|vier|te, hat sub|s|tan|ti|viert; Gramm.⟩ etwas ~ *zum Substantiv machen, als Substantiv gebrauchen;* Syn *nominalisieren* ▸ „das Kochen" ist ein substantiviertes Verb; ein Adjektiv ~; Abl *Substantivierung*

Sub|s|tanz ⟨die; -, -en⟩ **1** ⟨Philos.⟩ **1.1** *das Ding* **1.2** *das allen Dingen innewohnende Wesen, Urgrund alles Seins* **2** *Materie* **3** ⟨allg.⟩ *Stoff, das Stoffliche, das Bleibende, Wesentliche* **4** ⟨übertr.⟩ *innerstes Wesen, Kern (einer Sache)* **5** ⟨übertr.⟩ *das Vorhandene, Besitz, Vorrat, Kapital, Vermögen* ▸ die ~ angreifen, aufbrauchen ⟨übertr.; umg.⟩; etwas geht an die ~ ⟨übertr.; umg.⟩ *fordert in hohem Maße;* eine neue ~ auf chem. Gebiet entdecken; von der ~ leben ⟨übertr.⟩

sub|s|tan|zi|ell ⟨Adj.⟩ oV *substanzial* **1** *wesentlich, grundlegend* **2** *stofflich* **3** *materiell*

sub|s|ti|tu|ie|ren ⟨V. trans.; sub|s|ti|tu|iert, sub|s|ti|tu|ier|te, hat sub|s|ti|tu|iert⟩ etwas ~ *ersetzen, austauschen;* Abl *Substituierung, Substitution*

Sub|s|ti|tut **I** ⟨der; -en, -en⟩ **1** *Ersatzmann, Stellvertreter* **2** *Verkaufsleiter* **II** ⟨das; -(e)s, -e⟩ *Ersatz, Ersatzmittel* ▸ ein ~ für Drogen

Sub|s|t|rat ⟨das; -(e)s, -e; Biol.; Chem.; Phys.⟩ *Nährboden, Grundmaterial, auf das das zu untersuchende Material aufgebracht wird*

sub|su|mie|ren ⟨V. trans.; sub|su|miert, sub|su|mier|te, hat sub|su|miert⟩ **1** etwas (unter etwas) ~ *einordnen, (einem allgemeinen Begriff) unterordnen* **2** etwas ~ *zusammenfassen* ▸ etwas unter einem Begriff ~; Abl *Subsumierung*

sub|til ⟨Adj.⟩ **1** *zart, fein* **2** *schwierig, differenziert* **3** *spitzfindig, scharfsinnig* **4** *unterschwellig vorhanden* ▸ einen ~en Neid heraushören; Abl *Subtilität*

Sub|tra|hend ⟨der; -en, -en⟩ *von einer anderen abzuziehende Zahl*

sub|tra|hie|ren ⟨V. trans.; sub|tra|hiert, sub|tra|hier|te, hat sub|tra|hiert⟩ eine Zahl von einer anderen ~ *abziehen* ▸ sieben von zwölf ~; Abl *Subtraktion*

Sub|ven|ti|on ⟨[-vɛn-] die; -, -en⟩ *(finanzielle) Hilfe, zweckgebundene Unterstützung, besonders aus öffentlichen Mitteln* ▸ Kürzung von ~en

sub|ven|ti|o|nie|ren ⟨[-vɛn-] V. trans.; sub|ven|ti|o|niert, sub|ven|ti|o|nier|te, hat sub|ven|ti|o|niert⟩ etwas ~ *durch Subventionen unterstützen* ▸ Theater, Firmen ~; Abl *Subventionierung*

sub|ver|siv ⟨[-vɛr-] Adj.⟩ *umstürzend, umstürzlerisch, zerstörend* ▸ ein ~es Verhalten; Abl *Subversion*

Such|ak|ti|on ⟨die; -, -en⟩ *(meist polizeilich organisierte) Maßnahme zur Suche von Personen* ▸ eine polizeiliche ~ einleiten, starten

Su|che ⟨die; -; unz.⟩ *das Suchen, Aufspüren, Nachforschung, Fahndung* ▸ sich auf die ~ begeben, machen; auf die ~ gehen; jmdn. auf die ~ schicken; ich bin auf der ~ nach einem Hotel, einer Stellung, einer Wohnung; die polizeiliche ~ nach dem Verbrecher wurde eingeleitet

su|chen ⟨V.; sucht, such|te, hat ge|sucht⟩ **I** ⟨V. trans.⟩ **1** jmdn. od. etwas ~ *finden wollen, zu finden sich bemühen* **2** Hilfe, Rat ~ *wünschen, erstreben* **3** ⟨geh.⟩ etwas zu tun ~ *versuchen, trachten, sich bemühen* **4** ⟨umg.; in bestimmten Wendungen⟩ etwas irgendwo ~ *tun, treiben* ▸ da haben sich zwei gesucht und gefunden *zwei Gleichgesinnte haben sich zusammengeschlossen* ▸ Abenteuer, Bekanntschaften ~; einen Ausweg, Schutz, Zuflucht ~; im Wald Beeren, Pilze ~; er sucht seine Brille; Entspannung, Erholung, Ruhe ~; er sucht noch den Fehler (in der Maschine, der Rechnung); er sucht eine Frau *er möchte heiraten;* er sucht gern Streit *er ist streitsüchtig;* ein Hotel, eine Unterkunft, Wohnung, ein Zimmer ~; eine Stelle in einem Buch ~; eine Stellung ~; Verkäuferin gesucht *(in Stellen-*

anzeigen); er hat das Weite gesucht *ist ausgerissen, geflohen* ▸ etwas zu erreichen ~ ⟨geh.⟩; sie suchte ihm zu gefallen ⟨geh.⟩; hier haben wir nichts zu ~ ⟨übertr.; umg.⟩ *hier gehören wir nicht hin, lasst uns gehen;* jmdm. zu helfen ~ ⟨geh.⟩ ▸ jmdn. polizeilich, steckbrieflich ~ (lassen) ▸ er sucht eine Hilfe für sein Büro; ich habe dich überall gesucht ▸ was suchst du hier? ⟨umg.⟩ *was treibst du, machst du hier?;* was hast du hier zu ~? ⟨umg.⟩ *zu tun?* ▸ sich ~d umschauen; er ist ein gesuchter Architekt, Arzt *ein begehrter A.;* diese Ware ist sehr gesucht; das Gesuchte hat sich gefunden **II** ⟨V. intr.⟩ nach jmdm. od. etwas ~ *sich bemühen, jmdn. od. etwas zu finden* ▸ nach einem passenden Ausdruck, Wort ~; ich musste sehr lange nach der Haltestelle ~

Su|cher ⟨der; -s, -; Fot.⟩ *kleines Fenster an der Kamera, in dem das Bild erscheint*

Such|ma|schi|ne ⟨die; -, -n; EDV⟩ *Programm, mit dessen Hilfe bestimmte Informationen aus einer Datenbank (z. B. mit Internetadressen) gezielt gesucht werden können, Browser* ▸ die Suchanfrage wird von mehreren ~n gleichzeitig bearbeitet; eine ~ im Internet anwählen

Such|mel|dung ⟨die; -, -en⟩ *veröffentlichte Meldung über eine gesuchte Person od. einen gesuchten Gegenstand* ▸ ~ der Polizei

Sucht ⟨die; -, Süch|te⟩ **1** *krankhaft gesteigertes Bedürfnis;* Zus *suchtkrank; Alkoholsucht, Drogensucht, Spielsucht* **2** *übersteigertes Streben;* Zus *Geltungssucht, Ruhmsucht, Vergnügungssucht* ▸ ~ nach Abwechslung, Vergnügen; das Rauchen ist bei ihm, ihr zur ~ geworden

süch|tig ⟨Adj.⟩ *einer Sucht verfallen, erlegen* ▸ ~ nach etwas sein; sei vorsichtig, damit du nicht ~ wirst; Zus *alkoholsüchtig, drogensüchtig*

Sud ⟨der; -(e)s, -e; Pl. selten⟩ *Abkochung, etwas Gekochtes*

Süd **I** ⟨ohne Artikel; Abk.: S⟩ = *Süden* ▸ Mönchengladbach ~ **II** ⟨der; -(e)s, -e⟩ *Südwind* ▸ es weht ein leichter ~

Sü|den ⟨der; -s; unz.; Abk.: S⟩ **1** *Himmelsrichtung, Richtung auf den Südpol;* Zus *Südseite* **2** *südlich gelegenes Gebiet;* Zus *Südküste, Südteil* **3** *die südlichen Länder der Erde;* Zus *Südeuropa; südafrikanisch, südamerikanisch, südeuropäisch, südkoreanisch* ▸ die Völker des ~s; aus dem ~ (Europas, eines Landes) stammen; die Zugvögel fliegen, ziehen schon nach ~; die Sonne steht im ~; er verbringt den Winter im ~; im sonnigen ~; im ~ von Berlin wohnen; nach dem ~ reisen; das Zimmer liegt, schaut nach ~

Süd|frucht ⟨die; -, -früch|te; meist Pl.⟩ *Frucht, die in südlichen, warmen Ländern wächst, z. B. Banane, Apfelsine, Mandarine, Zitrone*

Süd|halb|ku|gel ⟨die; -, -n⟩ *südlicher Teil der Erdkugel;* Ggs *Nordhalbkugel* ▸ das Ozonloch über der ~ wird mit jedem Jahr größer

Süd|län|der ⟨der; -s, -⟩ *jmd., der aus einem südlichen (d. h. am Mittelmeer liegenden) Land stammt;* Abl *Südländerin; südländisch*

süd|lich ⟨Adj.⟩ *im Süden liegend, nach Süden zu* ▸ ~er Breite ⟨Abk.: s. Br. od. südl. Br.⟩ *geografische Breite südlich des Äquators;* die ~en Länder *die im Süden Europas bzw. der Erde liegenden L.;* in ~er Richtung gehen, fahren; ~ von Berlin *außerhalb B. in Richtung nach Süden*

Süd|ost **I** ⟨ohne Artikel; Abk.: SO⟩ = *Südosten* **II** ⟨der; -(e)s, -e⟩ *Südostwind*

Süd|os|ten ⟨der; -s; unz.; Abk.: SO⟩ **1** *Himmelsrichtung zw. Süden u. Osten* **2** *Gebiet im Südosten*

süd|öst|lich ⟨Adj.⟩ **1** *im Südosten liegend* **2** *nach Südosten zu* ▸ in ~e Richtung gehen, fahren; ~ von München *außerhalb Münchens in Richtung nach Südosten*

Süd|pol ⟨der; -s; unz.⟩ *südlicher Pol der Erd- u. Himmelskugel* ▸ am ~ gibt es Pinguine

süd|wärts ⟨Adv.⟩ *nach Süden zu, in südlicher Richtung* ▸ ~ gerichteter Blick

süd|west|lich ⟨Adj.⟩ *im Südwesten liegend, nach Südwesten zu* ▸ in ~e Richtung gehen, fahren; ~ von Berlin *außerhalb Berlins in Richtung nach Südwesten*

Süd|wind ⟨der; -(e)s, -e⟩ *von Süden kommender Wind* ▸ es weht ein leichter ~

Suff ⟨der; -s; unz.; derb⟩ **1** *Trunkenheit* **2** *Vieltrinkerei* ▸ etwas im ~ sagen, tun

süf|feln ⟨V. trans. u. V. intr.; süf|felt, süf|fel|te, hat ge|süf|felt; umg.⟩ (etwas) ~ *genüsslich trinken*

süf|fig ⟨Adj.⟩ *wohlschmeckend* (Wein)

süf|fi|sant ⟨Adj.; -er, am -es|ten⟩ *selbstgefällig, spöttisch* ▸ ein ~es Lächeln; Abl *Süffisanz*

Suf|fix ⟨das; -es, -e; Gramm.⟩ = *Nachsilbe*

sug|ge|rie|ren ⟨V. trans.; sug|ge|riert, sug|ge|rier|te, hat sug|ge|riert⟩ jmdm. etwas ~ *jmdm. etwas einreden, ihn zu etwas veranlassen*

Sug|ges|ti|on ⟨die; -, -en⟩ *seelische Beeinflussung, Willensübertragung, Hervorrufen bestimmter Gedanken, Gefühle od. Handlungen (bei einem andern od. bei sich selbst)*

sug|ges|tiv ⟨Adj.⟩ *seelisch beeinflussend* ▸ ~e Frage *F., die eine bestimmte Antwort nahelegt;* von ihm ging eine ~e Macht aus; eine ~e Wirkung auf jmdn. ausüben, haben; Zus *Suggestivfrage*

suh|len ⟨V. refl.; suhlt sich, suhl|te sich, hat sich ge|suhlt; Jägerspr.⟩ sich ~ *sich in einem Wasserloch wälzen* (von Tieren) ▸ sich im Dreck ~

Süh|ne ⟨die; -, -n⟩ *Buße, Genugtuung, Vergeltung (für begangenes Unrecht)* ▸ die ~ eines Unrechts verlangen; Schuld und ~; eine lebenslange Haftstrafe als ~ für ein Verbrechen fordern

süh|nen ⟨V. trans.; sühnt, sühn|te, hat ge|sühnt⟩ etwas ~ *wiedergutmachen, dafür büßen, Genugtuung geben* ▸ begangenes Unrecht ~; ein Verbrechen mit dem Leben, dem Tode ~

Sui|te ⟨[svi:t(ə)] die; -, -n⟩ **1** ⟨Mus.⟩ *Folge von langsamen u. schnellen Sätzen gleicher Tonart* **2** ⟨in Hotels⟩ *mehrere miteinander verbundene Zimmer*

Su|i|zid ⟨der; -(e)s, -e⟩ = *Selbstmord;* Zus *suizidgefährdet*

Su|jet ⟨[syʒe:] das; -s, -s⟩ *Thema (einer künstlerischen Darstellung)* ▸ ~ eines Romans

suk|zes|siv ⟨Adj.⟩ *allmählich (eintretend)*

suk|zes|si|ve ⟨[-və] Adv.⟩ *allmählich, nach u. nach*

Sul|tan ⟨der; -s, -e⟩ *muslimischer Herrscher*

Sul|ta|ni|ne ⟨die; -, -n⟩ *helle, große Rosine*

Sül|ze ⟨die; -, -n; Kochk.⟩ *Fleisch-, Fischstücke in Gallert;* oV *Sulz, Sulze*

sum|ma|risch ⟨Adj.⟩ **1** *kurz zusammengefasst, kurzgefasst, bündig* **2** *oberflächlich* ▸ ein komplexes Thema nur, sehr ~ behandeln

Sum|me ⟨die; -, -n⟩ **1** ⟨Math.⟩ *Ergebnis einer Addition* **2** *Geldbetrag* **3** ⟨übertr.⟩ *Gesamtheit, das Ganze* ▸ die ~ einer **Addition** errechnen; die ~ aller **Erkenntnis,** des Wissens ⟨übertr.⟩ ▸ große ~n für etwas **anlegen,** aufwenden, ausgeben, verbrauchen; die ganze ~ bar **bezahlen** ▸ eine **beträchtliche,** große, hohe, stattliche ~; dabei wurden **große** ~n einfach vergeudet; die ~ erschien ihm viel zu **hoch;** die **runde** ~ von 500 Euro

sum|men ⟨V. trans. u. V. intr.; summt, summ|te, hat ge|summt; bei Bewegung in einer Richtung: ist⟩ **1** *einen vibrierenden, anhaltenden Ton von sich geben (wie Insekten), leise, anhaltend brummen;* Zus *Summton* **2** *hörbar fliegen* (Insekten, Flugzeuge) **3** (etwas) ~ *mit geschlossenen Lippen singen, leise, ohne Worte vor sich hin singen* ▸ es summt und brummt mir in den Ohren; Bienen ~; ein Lied, eine Melodie ~; ein leises Summen war zu hören

Sum|mer ⟨der; -s, -⟩ *Gerät zum Erzeugen von Summtönen (als Signal usw.)*

sum|mie|ren ⟨V. refl.; sum|miert sich, sum|mier|te sich, hat sich sum|miert⟩ sich ~ *anwachsen, immer mehr werden* ▸ unsere Probleme ~ sich; Abl *Summierung*

Sumpf ⟨der; -(e)s, Sümp|fe⟩ **1** *mit Wasser durchtränkter Erdboden (eines größeren Gebietes);* Abl *sumpfig;* Zus *Sumpffieber, Sumpfgebiet, Sumpfland* **2** ⟨Sinnbild für⟩ *Verkommenes, Schlechtes, moralisch Verwerfliches* ▸ einen ~ entwässern, trockenlegen; im ~ der Großstadt untergehen, versinken ⟨übertr.⟩; mit den Schuhen im ~ stecken bleiben

Sund ⟨der; -(e)s, -e⟩ *Meerenge (bes. die zwischen Ostsee u. Kattegat)*

Sün|de ⟨die; -, -n⟩ **1** *Verfehlung gegen Gott od. seine Gebote* **2** ⟨allg.⟩ *Handlung, deren man sich schämt, Verstoß, Unrecht* ▸ die ~ des **Verbrechens** ▸ eine ~ **begehen,** tun; seine ~n **beichten,** bekennen, bereuen; **sein:** es ist eine ~, das Brot wegzuwerfen; jmdm. seine ~n **vergeben;** Abl *Sünder(in)*

Sün|den|bock ⟨der; -(e)s, -bö|cke; übertr.; umg.⟩ *jmd., dem man alle Schuld zuweist* ▸ jmdn. zum ~ machen; immer muss ich als ~ herhalten

Sün|den|fall ⟨der; -(e)s; unz.⟩ *der erste Ungehorsam des Menschen (Adams u. Evas) gegen Gott*

Sün|den|pfuhl ⟨der; -(e)s, -e; abwertend⟩ in einem ~ leben *ein unmoralisches Leben führen*

Sün|den|re|gis|ter ⟨das; -s, -; übertr.; umg.⟩ *Anzahl von Vergehen* ▸ jmdm. sein ~ vorhalten

sünd|haft ⟨Adj.⟩ **1** *mit Sünden beladen, gegen Gottes Gebot verstoßend* **2** ⟨übertr.; umg.⟩ *viel, sehr* ▸ ~e Absichten, Gedanken, Wünsche, Taten; das kostet ein ~es Geld ⟨übertr.; umg.⟩; das ist ~ teuer ⟨übertr.; umg.⟩

sün|dig ⟨Adj.⟩ = *sündhaft (1)* ▸ ~ werden *eine Sünde begehen, sündigen*

sün|di|gen ⟨V. intr.; sün|digt, sün|dig|te, hat gesün|digt⟩ *eine Sünde begehen, gegen etwas verstoßen* ▸ gegen Gottes Gebote ~; du sündigst gegen deine Gesundheit

su|per ⟨Adj.; undekl.; umg.⟩ *erstklassig, großartig* ▸ ein ~ Angebot; das hast du ~ gemacht

Su|per ⟨das; -; unz.; kurz für⟩ *Superbenzin*

su|per..., Su|per... ⟨in Zus.⟩ **1** *ober..., Ober..., über..., Über...* **2** ⟨umg.; verstärkend⟩ *sehr, besonders, höchst,* z. B. superklug, superleicht, superschnell, superreich

sü|perb ⟨Adj.⟩ *vorzüglich, prächtig;* oV *superb*

Su|per|ben|zin ⟨das; -s, -e⟩ *Benzin mit einer Oktanzahl von über 96* ▸ ich tanke immer ~

Su|per|gau ⟨der; -s, -s⟩ **1** *sehr großer GAU* **2** ⟨übertr.; umg.⟩ *denkbar größte Katastrophe, großes Desaster, völliger Zusammenbruch* ▸ wie kam es in Tschernobyl zum ~?; einen wirtschaftlichen ~ erleben

Su|per|hit ⟨der; -s, -s; umg.; verstärkend⟩ *außerordentlich erfolgreicher Hit* ▸ einen ~ landen

Su|per|la|tiv ⟨der; -s, -e⟩ **1** ⟨Gramm.⟩ *zweite Steigerungsstufe bei der Komparation,* z. B. der Beste, am besten; Syn *Höchststufe, Meiststufe* **2** ⟨allg.⟩ *übertriebener Ausdruck, übermäßiges Lob* ▸ in (lauter) ~en reden; eine Ware in ~en anpreisen; Abl *superlativisch*

Su|per|macht ⟨die; -, -mäch|te; umg.⟩ *Weltmacht (z. B. die USA)*

Su|per|mann ⟨der; -(e)s, -män|ner; umg.; iron.⟩ *Mann, der sich betont männlich verhält*

Su|per|markt ⟨der; -(e)s, -märk|te⟩ *großes Lebensmittelgeschäft mit Selbstbedienung, umfangreichem Sortiment u. günstigen Preisen;* Syn *Einkaufsmarkt* ▸ ich gehe morgen in den ~; im ~ gibt es häufig günstige Angebote; er fährt mit dem Auto zum ~

su|per|nett ⟨Adj.; umg.; verstärkend⟩ *sehr nett* ▸ es war ~; er ist ein ~er Typ

Su|per|star ⟨der; -s, -s⟩ *herausragender Star[3], Weltstar, Weltberühmtheit*

Süpp|chen ⟨das; -s, -; Verkleinerungsform von⟩ *Suppe* ▸ er will sein eigenes ~ kochen ⟨übertr.⟩ *er will seine eigenen Wege gehen, sich nicht einordnen*

Sup|pe ⟨die; -, -n⟩ *(meist warme) flüssige Speise* ▸ ein **Teller** ~ ▸ die ~ hast du dir selbst **eingebrockt** ⟨übertr.; umg.⟩ *diese Unannehmlichkeit hast du selbst verschuldet;* die ~ **schmeckt** mir gut; jmdm. die ~ **versalzen** ⟨übertr.; umg.⟩ *jmds. Pläne durchkreuzen, ihm die Freude verderben* ▸ eine **dicke** ~ ⟨übertr.; umg.⟩ *dichter Nebel;* eine **klare** ~ essen; eine **scharfe** ~ kochen ▸ eine ~ **aus** Kartoffeln, Linsen kochen; er findet immer ein Haar **in** der ~ ⟨übertr.; umg.⟩ *an jeder Sache etwas Störendes;* ~ **mit** Einlage; Zus *Sup-*

penfleisch, Suppengemüse, Suppengewürz, Suppenlöffel, Suppenschüssel, Suppenteller

Sụp|pen|grün ⟨das; -s; unz.⟩ *Sellerie, Lauch, Karotte u. Petersilie, zum Würzen von klaren Suppen*

Sụp|pen|huhn ⟨das; -(e)s, -hüh|ner⟩ *älteres, nur für die Suppe, zum Kochen verwendbares Huhn*

Su|re ⟨die; -, -n⟩ *Abschnitt des Korans*

sur|fen ⟨[sœ:-] V. intr.; surft, surf|te, hat ge|surft; bei Bewegung in einer Richtung: ist⟩ **1** ⟨Sp.⟩ *sich, auf einem Brett stehend, von einer Welle über die Brandung tragen lassen;* Zus *Surfbrett* **2** ⟨EDV⟩ (im Internet) ~ *ziellos im Internet nach Angeboten suchen u. Seiten betrachten;* Abl *Surfer(in)*

sụr|re|al ⟨a. [zyr-] Adj.⟩ *übernatürlich, traumhaft, unwirklich* ▸ ~e Gebilde; Sinn für das Surreale

Sur|re|a|lịs|mus ⟨a. [zyr-] der; -; unz.; seit Anfang des 20. Jh.⟩ *Strömung in Kunst u. Literatur, die das Fantastische, das Unbewusste u. Traumhafte u. seine Verschmelzung mit der Wirklichkeit darzustellen sucht;* Abl *Surrealist(in); surrealistisch*

sụr|ren ⟨V. intr.; surrt, surr|te, hat ge|surrt; bei Bewegung in einer Richtung: ist⟩ *scharf, metallisch summen* ▸ ~de Kameras

Sur|ro|gat ⟨das; -(e)s, -e; geh.⟩ *(nicht vollwertiger) Ersatz, Behelf*

su|s|pẹkt ⟨Adj.⟩ *verdächtig* ▸ das ist höchst ~

sus|pen|die|ren ⟨V. trans.; sus|pen|diert, sus|pen|dier|te, hat sus|pen|diert⟩ **1** einen Beamten ~ *bis auf weiteres des Amtes entheben* **2** etwas ~ *(zeitweilig) aufheben, aufschieben* ▸ er wurde vom Dienst suspendiert; Abl *Suspendierung*

süß ⟨Adj.; -er, am -es|ten⟩ **1** *wie Zucker od. Honig (schmeckend)* **2** *wie Blüten, Backwerk (riechend)* **3** ⟨übertr.⟩ **3.1** *lieblich* (Stimme, Klang) **3.2** *süßlich* **3.3** *niedlich, reizend, sehr hübsch* (Kind, Kleid) ▸ mein Süßer, meine Süße! *(als zärtliche od. spottende Anrede)* ▸ mögen Sie den Kaffee, Tee ~? *gezuckert;* ~e Kirschen, Mandeln; das ~e Leben ⟨übertr.; umg.⟩ *ausschweifendes Leben;* ~es Nichtstun; Kinder essen gern ~e Sachen ▸ ~ aussehen, duften, riechen, schmecken; sein: du bist (einfach) ~! ▸ das schmeckt widerlich ~ ▸ der Kuchen ist mir zu ~

Sü|ße ⟨die; -; unz.⟩ *das Süß-, Gesüßtsein, süßer Geschmack od. Geruch* ▸ natürliche ~

sü|ßen ⟨V. trans.; süßt, süß|te, hat ge|süßt⟩ etwas ~ *süß machen, zuckern* ▸ den Kaffee, Tee stark ~; der Kaffee, Tee ist nicht gesüßt

Süß|holz ⟨das; -es; unz.; in der Wendung⟩ ~ raspeln ⟨übertr.; umg.; abwertend⟩ *flirten, schmeichlerisch reden (bes. Frauen gegenüber)*

Sü|ßig|keit ⟨die; -, -en; meist Pl.⟩ *etwas Süßes zum Naschen (Schokolade, Praline, Bonbon)* ▸ zu viele ~en essen; ~en machen dick

süß|lich ⟨Adj.⟩ **1** *etwas süß* **2** *unangenehm süß* **3** ⟨übertr.⟩ **3.1** *kitschig, sentimental, unangenehm gefühlvoll* (Bild, Gedicht) **3.2** *scheinheilig freundlich* (Benehmen, Worte) ▸ ein ~es Lächeln

süß|sau|er ⟨Adj.⟩ *süß u. säuerlich zugleich* ▸ eine süßsaure Soße; ~ lächeln ⟨übertr.⟩

Süß|spei|se ⟨die; -, -n⟩ *mit viel Zucker zubereitete Speise*

Süß|stoff ⟨der; -(e)s, -e⟩ *synthetisch hergestelltes Mittel zum Süßen*

Süß|wa|ren ⟨Pl.⟩ *mit viel Zucker hergestellte Lebens- u. Genussmittel, insbes. Süßigkeiten;* Zus *Süßwarenabteilung*

Süß|was|ser ⟨das; -s; unz.⟩ *Flusswasser, Binnenseewasser;* Ggs *Salzwasser;* Zus *Süßwasserfisch*

Su|ta|ne ⟨die; -, -n⟩ = *Soutane*

SV ⟨Abk. für⟩ **1** *Spielvereinigung* **2** *Sportverein* **3** *Sozialversicherung* **4** *Schülervertretung*

SVP ⟨Abk. für⟩ *Schweizerische Volkspartei*

Sweat|shirt ⟨[swẹtʃœ:t] das; -s, -s⟩ *sportlicher Pullover aus Baumwolltrikot;* Syn *Sweater*

Swịm|ming|pool ⟨[-pu:l] der; -s, -s⟩ *Schwimmbecken (im Garten od. Haus)*

Swịng ⟨der; -s, -s; Mus.⟩ **1** *ruhig-schwingender Stil im Jazz* **2** *Tanz in diesem Stil*

Syl|lo|gịs|mus ⟨der; -, -gis|men⟩ *logischer Schluss vom Allgemeinen aufs Besondere;* Abl *Syllogistik; syllogistisch*

Sym|bio|se ⟨die; -, -n; Biol.⟩ *dauerndes Zusammenleben zweier Lebewesen (Tiere, Pflanzen od. Tier u. Pflanze) zum beiderseitigen Nutzen* ▸ den Designern gelang die perfekte ~ zwischen Funktionalität und Eleganz ⟨übertr.⟩; Abl *symbiotisch*

Sym|bol ⟨das; -(e)s, -e⟩ **1** ⟨allg.⟩ *einen tieferen Sinn andeutendes Zeichen, Sinnbild* **2** ⟨Chem.; Phys.⟩ *für ein chemisches Element od. einen physikalischen Begriff stehendes Zeichen* **3** ⟨Semiotik⟩ *ein Ding od. Bild als Zeichen, das für ein Ding, eine Vorstellung od. ein Gefühl usw. steht* **4** ⟨bildende Kunst; Dichtung⟩ *bildhaftes, visuell wirkungsvolles Zeichen für einen Begriff od. Vorgang, oft ohne erkennbaren Zusammenhang mit diesem;* →a. *Allegorie* ▸ die blaue Blume ist ein ~ für die Romantik; das Herz ist ein ~ für die Liebe; was bedeuten die ~e auf dem Bildschirm, in der Gebrauchsanweisung?

Sym|bol|fi|gur ⟨die; -, -en⟩ *Figur, Person, die symbolisch für etwas steht* ▸ Elvis Presley als ~ des Rock 'n' Roll

Sym|bo|lik ⟨die; -; unz.⟩ **1** *Sprache, Ausdruckskraft, Bedeutung der Symbole* **2** *Anwendung von Symbolen*

sym|bo|lisch ⟨Adj.⟩ *auf einem Symbol beruhend, mit Hilfe eines Symbols* ▸ das ist von ~er Bedeutung

sym|bo|li|sie|ren ⟨V. trans.; sym|bo|li|siert, sym|bo|li|sier|te, hat sym|bo|li|siert⟩ etwas ~ *durch ein Symbol darstellen;* Abl *Symbolisierung*

sym|bol|träch|tig ⟨Adj.⟩ *symbolische Bedeutung besitzend*

Sym|me|t|rie ⟨die; -, -n⟩ *Gleichheit auf beiden Seiten einer gedachten Mittellinie;* Abl *symmetrisch;* Zus *Symmetrieachse*

Sym|pa|thie ⟨die; -, -n⟩ *Zuneigung;* Ggs *Antipathie* ▸ ~ für jmdn. empfinden; Zus *Sympathiebekundung*

Sym|pa|thie|trä|ger ⟨der; -s, -⟩ *jmd., dem viele*

S

Menschen Sympathie entgegenbringen ▸ er ist der große ~ der Partei; Abl *Sympathieträgerin*

sym|pa|thisch ⟨Adj.⟩ Ggs *unsympathisch* **1** *Sympathie hervorrufend* **2** *von angenehmem, liebenswertem Wesen* ▸ ein ~er Mensch; er ist mir ~; ich finde meine Kollegen sehr ~

sym|pa|thi|sie|ren ⟨V. intr.; sym|pa|thi|siert, sym|pa|thi|sier|te, hat sym|pa|thi|siert⟩ mit jmdm. od. etwas ~ *eine Neigung zu jmdm. od etwas haben, gleich gestimmt sein;* Abl *Sympathisant(in)*

Sym|pho|nie ⟨die; -, -n; Mus.⟩ = *Sinfonie*

Sym|pho|nie|or|ches|ter ⟨[-kɛs-] das; -s, -; Mus.⟩ = *Sinfonieorchester*

Sym|pho|ni|ker ⟨der; -s, -; Mus.⟩ = *Sinfoniker*

Sym|po|si|um ⟨das; -s, -si|en⟩ *wissenschaftliche Tagung;* oV *Symposion*

Sym|p|tom ⟨das; -s, -e⟩ *Zeichen, Kennzeichen, Merkmal (bes. einer Krankheit, Entwicklung)* ▸ das ist ein ~ der Gesellschaft unserer Zeit; die ~e einer Krankheit beschreiben

sym|p|to|ma|tisch ⟨Adj.⟩ *auf bestimmten Symptomen beruhend* ▸ das ist ~ für unsere Zeit

Sy|n|a|go|ge ⟨die; -, -n⟩ *Gotteshaus der Juden*

Sy|n|ap|se ⟨die; -, -n; Biochem.⟩ *Kontaktstelle der Neuronen;* Abl *synaptisch*

syn|chron ⟨[-kro:n] Adj.⟩ *gleichlaufend, gleichzeitig, zeitlich übereinstimmend;* Ggs *asynchron*

syn|chro|ni|sie|ren ⟨[-kro-] V. trans.; syn|chro|ni|siert, syn|chro|ni|sier|te, hat syn|chro|ni|siert⟩ **1** etwas ~ *gleichschalten, genau aufeinander abstimmen, in gleichen Takt bringen* **2** ⟨Film⟩ etwas ~ **2.1** *Bild u. Ton zeitlich zusammenbringen, in Übereinstimmung bringen* **2.2** *einen fremdsprachigen Film mit Ton in der Landessprache unterlegen, der auf die Mundbewegungen der Schauspieler abgestimmt ist* ▸ einen Film ~; die Drehzahlen eines Getriebes ~; Abl *Synchronisation, Synchronisierung*

Syn|di|kat ⟨das; -(e)s, -e⟩ **1** *Form des Kartells mit festen Preisbestimmungen u. eigener Verkaufsorganisation* **2** *Zusammenschluss von Verbrechern, als geschäftliches Unternehmen getarnt*

Sy|n|di|kus ⟨der; -, -di|ken od. -di|zi⟩ *ständiger Rechtsbeistand von Unternehmen u. a.*

Syn|drom ⟨das; -s, -e⟩ *Zusammentreffen einzelner, für sich allein uncharakteristischer Symptome zu einem kennzeichnenden Krankheitsbild*

Sy|n|er|gie ⟨die; -, -n⟩ *das Zusammenwirken;* Abl *synergetisch*

Sy|n|o|de ⟨die; -, -n⟩ **1** *Kirchenversammlung, bes. die evangel., als Trägerin der Gesetzgebung* **2** ⟨in der kath. Kirche⟩ = *Konzil*

Sy|n|o|nym ⟨das; -s, -e⟩ *sinnverwandtes Wort, Wort von gleicher od. ähnlicher Bedeutung* ▸ Pyjama ist ein ~ für Schlafanzug; Abl *synonym*

syn|tak|tisch ⟨Adj.⟩ *die Syntax betreffend, auf ihr beruhend*

Syn|tax ⟨die; -; unz.; Sprachw.⟩ *Lehre vom Satzbau;* Syn *Satzlehre*

Syn|the|se ⟨die; -, -n⟩ **1** *Aufbau eines Ganzen aus seinen Teilen* **2** ⟨Chem.⟩ *Aufbau einer chemischen Verbindung aus ihren Bestandteilen*

Syn|the|si|zer ⟨[-saɪzə(r)] der; -s, -; Mus.⟩ *Gerät zur Erzeugung verschiedenartiger, künstlicher Töne mittels elektronischer Schaltungen*

Syn|the|tik ⟨die; -; unz.⟩ **1** *synthetischer Stoff* **2** ⟨Math.⟩ *nicht zergliedernde Betrachtungsweise mathematischer Probleme;* Ggs *Analytik (2)*

syn|the|tisch ⟨Adj.⟩ *aus einfachsten Stoffen chemisch hergestellt, künstlich hergestellt*

Sy|phi|lis ⟨die; -; unz.; Med.⟩ *gefährliche Geschlechtskrankheit;* Syn *Lues*

Sys|tem ⟨das; -s, -e⟩ **1** *in sich geschlossenes, geordnetes u. gegliedertes Ganzes* **2** *Gesamtheit, Gefüge von Teilen, die voneinander abhängig sind, ineinandergreifen od. zusammenwirken, z. B. von Straßen, Flüssen, Lauten (einer Sprache)* **3** *Gesellschaftsordnung, Staatsform;* Zus *Systemkritik, Systemkritiker(in)* **4** *Methode, Prinzip* **5** ⟨Biol.⟩ *Einteilung von Tieren u. Pflanzen in übersichtliche Gruppen, die entwicklungsgeschichtlich verwandt sind* ▸ ein ~ von Kanälen; das ~ einer Wissenschaft ▸ das herrschende politische ~ ablehnen, bekämpfen, unterstützen; in seinem Verhalten liegt ~ *berechnete Absicht* ▸ ein korruptes, totalitäres ~ ▸ ein ~ für seine Arbeit haben; etwas Ungeordnetes in ein ~ bringen; nach einem bestimmten ~ vorgehen

Sys|te|ma|tik ⟨die; -, -en⟩ **1** *Aufbau eines Systems, Kunst, ein System aufzubauen* **2** *Lehre vom System einer Wissenschaft*

sys|te|ma|tisch ⟨Adj.⟩ **1** *auf einem System beruhend, in ein System gebracht* **2** *nach einem bestimmten System geordnet, gegliedert* **3** *sinnvoll u. folgerichtig* ▸ ~ arbeiten, denken, vorgehen; ~ angelegt, geordnet

Sys|tem|zwang ⟨der; -(e)s, -zwän|ge⟩ *Gebot, im Einzelfall im Sinne eines Gesamtsystems zu handeln* ▸ unter ~ handeln, stehen

Sze|na|rio ⟨das; -s, -s⟩ **1** *Beschreibung einer möglichen Abfolge von Ereignissen, Zukunftsmodell* **2** *Landschaft, Schauplatz* ▸ ein ~ entwerfen

Sze|ne ⟨die; -, -n⟩ **1** ⟨Theat.⟩ *Bühne als Ort der Handlung, Schauplatz* **2** *kleinste Einheit eines Dramas (Teil eines Aktes), eines Hörspiels od. Films;* Zus *Szenenwechsel* **3** *Vorgang, Anblick* **4** ⟨umg.⟩ **4.1** *Bereich, in dem etwas gilt, in dem sich etwas abspielt;* Zus *Drogenszene, Musikszene* **4.2** *bes. theatralischer Auftritt* ▸ sie beherrscht stets die ~ ⟨übertr.; umg.⟩ *sie steht immer im Mittelpunkt;* eine ~ filmen, proben; jmdm. eine ~ machen ⟨übertr.; umg.⟩ *heftige, laute Vorwürfe machen* ▸ unseren Blicken bot sich eine anmutige, rührende ~; erster Akt, dritte ~; es kam zu hässlichen ~en ⟨übertr.; umg.⟩ ▸ auf der ~ sein ⟨Jargon⟩; ein Stück in ~ setzen *zur Aufführung vorbereiten, inszenieren;* etwas in ~ setzen ⟨übertr.; umg.⟩ *effektvoll ablaufen lassen, zur Geltung bringen*

Sze|ne|rie ⟨die; -, -n⟩ **1** ⟨Theat.⟩ *Bühnendekoration* **2** ⟨bes. Mal.⟩ *Landschaftsbild, Gegend*

sze|nisch ⟨Adj.⟩ **1** *eine Szene betreffend, zu ihr gehörig, notwendig* **2** *in der Art einer Szene, als Szene dargestellt* ▸ etwas ~ darstellen

S

T t

t ‹Abk. für› *Tonne (Gewicht)*

Ta ‹chem. Zeichen für› *Tantal*

Ta|bak ‹a. [-'-] der; -s, -e› **I** ‹unz.› *eine nikotinhaltige Pflanze;* Syn *Tabakpflanze, Tabakstrauch;* Zus *Tabakblatt, Tabakernte* **II** ‹zählb.› *aus der Tabakpflanze hergestelltes Genussmittel;* Zus *Tabakindustrie, Tabakkonzern, Tabaksteuer; Kautabak, Schnupftabak, Zigarettentabak* ▸ ~ anbauen, ernten; ~ kauen, rauchen, schnupfen

Ta|bak|wa|ren ‹Pl.; Sammelbez. für› *Zigarren, Zigaretten, Pfeifen-, Schnupftabak*

ta|bel|la|risch ‹Adj.› *in Form einer Tabelle* ▸ einen Lebenslauf in ~er Form verfassen

Ta|bel|le ‹die; -, -n› **1** *Übersicht von Zahlen, Begriffen o. Ä. in Spalten od. Listen* **2** ‹Sp.› *Rangliste (von Mannschaften, Sportlern);* Zus *Tabellenerste(r), Tabellenletzte(r), Tabellenplatz, Tabellenstand* ▸ die ~ anführen; die Daten müssen noch in die ~ eingetragen werden

Ta|bel|len|füh|rer ‹der; -s, -; Sp.› *Verein, Mannschaft auf dem ersten Tabellenplatz;* Abl *Tabellenführung*

Ta|ber|na|kel ‹das; -s, - od. der; -s, -; Kirche› *kunstvoll gestalteter Altarschrein zum Aufbewahren der geweihten Hostie*

Ta|b|lett ‹das; -(e)s, -s od. -e› *kleines Brett mit erhöhtem Rand zum Auftragen von Geschirr, Speisen usw.* ▸ Gläser auf ein ~ stellen; etwas auf dem (goldenen, silbernen) ~ serviert bekommen ‹a. übertr.› *etwas bekommen, ohne sich selbst anstrengen zu müssen;* Zus *Serviertablett*

Ta|b|let|te ‹die; -, -n› *in kugelige, flache od. ovale Form gepresstes Arzneimittel* ▸ der Arzt hat ihm ~n verschrieben; Zus *Tablettenabhängigkeit, Tablettenmissbrauch, Tablettensucht; tablettenabhängig; Schlaftablette, Schmerztablette*

ta|bu ‹Adj.; nur präd.› **1** *unantastbar, heilig* **2** *verboten* ▸ das ist ~

Ta|bu ‹das; -s, -s› *herkömmliche Vorschrift, über etwas nicht zu sprechen od. etwas nicht zu tun* ▸ ~s beseitigen; ein ~ brechen, verletzen; Zus *Tabubruch, Tabuthema*

ta|bu|i|sie|ren ‹V. trans.; ta|bu|i|siert, ta|bu|i|sier|te, hat ta|bu|i|siert› etwas ~ *zu einem Tabu erklären;* Abl *Tabuisierung*

Ta|bu|la ra|sa ‹die; - -; unz.; übertr.; in der Wendung› (mit etwas) ~ machen *reinen Tisch machen, grundlegend Ordnung schaffen*

Ta|che|les ‹nur in der Fügung› ~ reden *zur Sache kommen, offen miteinander reden*

Ta|cho|me|ter ‹das; -s, -› *Gerät zur Anzeige der Geschwindigkeit*

Ta|cker ‹der; -s, -› *kleines Gerät zum Befestigen von Heftklammern*

ta|ckern ‹V.; ta|ckert, ta|cker|te, hat ge|ta|ckert› **I** ‹V. trans.; umg.› etwas (an etwas) ~ *mit dem Tacker zusammenheften, anheften* **II** ‹V. intr.; umg.› *leicht klopfende Geräusche erzeugen* ▸ der Motor tackert

Ta|del ‹der; -s, -› **1** *missbilligende Äußerung, Rüge, Verweis* **2** *Mangel, Unvollkommenheit* ▸ einen ~ einstecken müssen

ta|del|los ‹Adj.› *einwandfrei, fehlerfrei* (Arbeit, Ware) ▸ sein Benehmen war ~

ta|deln ‹V. trans.; ta|delt, ta|del|te, hat ge|ta|delt› jmdn. od. etwas ~ *Missfallen über jmdn. od. etwas äußern, bemängeln, rügen* ▸ jmds. Verhalten ~; jmdn. für sein Verhalten ~; ~de Blicke

Ta|fel ‹die; -, -n› **1** *(aufgehängtes) breites Brett, größere Platte;* Zus *Holztafel, Informationstafel, Schalttafel, Schultafel* ⓘ S. 574, *Wandtafel* **2** *Stein-, Metallplatte mit Inschrift;* Zus *Gedenktafel* **3** *plattenförmiges Stück;* Zus *Schokoladentafel* **4** *langer Tisch, Speisetisch, gedeckter Tisch;* Zus *Tafelbesteck, Tafelgeschirr, Tafelservice; Speisetafel* ▸ ich hätte gern zwei ~n **Schokolade** ▸ eine ~ (am Haus usw.) **anbringen;** die ~ **aufheben** *das Zeichen zur Beendigung der Mahlzeit geben* ▸ eine **festliche,** festlich gedeckte, geschmückte ~; eine **hölzerne,** steinerne ~ ▸ der Lehrer schreibt etwas **an** die ~

Tä|fel|chen ‹das; -s, -› *kleine Tafel*

ta|feln ‹V. intr.; ta|felt, ta|fel|te, hat ge|ta|felt› *an der Tafel sitzen u. gut essen u. trinken*

tä|feln ‹V. trans.; tä|felt, tä|fel|te, hat ge|tä|felt› etwas ~ *mit Holztafeln verkleiden* ▸ eine Wand, Zimmerdecke ~; getäfelte Decke

Ta|fel|run|de ‹die; -, -n; geh.› *die um eine Speisetafel Sitzenden* ▸ die ~ des Königs Artus

Ta|fel|sil|ber ‹das; -s, unz.› **1** *silbernes Besteck für (festliche) Mahlzeiten* **2** ‹übertr.› *nicht unbedingt notwendiger, aber wertvoller Besitz* ▸ das ~ verscherbeln ‹übertr.› *Besitz unter Wert verkaufen*

Ta|fel|spitz ‹der; -es, -e; österr.› *Hüftstück vom Rind*

Tä|fe|lung ‹die; -, -en› **1** *das Täfeln* **2** *Wand- od. Deckenverkleidung mit Holz;* Syn *Tafelwerk*

Ta|fel|was|ser ‹das; -s, -wäs|ser› *in Flaschen gefülltes Mineralwasser, Sprudel*

Taft ‹der; -(e)s, -e; Textilwesen› *steifer, glänzender Seiden- od. Halbseidenstoff, bes. als Futter*

Tag **I** ‹der; -(e)s, -e› **1** *Zeitspanne einer Erdumdrehung, Zeit von 24 Stunden, von Mitternacht bis Mitternacht gerechnet;* Zus *Tagesablauf, Tagesereignis, Tageshälfte, Tagespolitik, Tagesthema; tagesaktuell; Arbeitstag, Festtag, Regentag, Sonnentag, Urlaubstag, Wochentag* **2** *ein bestimmter Tag im Ablauf des Jahres od. der Jahre, Datum* **3** *die helle Zeit des Tages;* Zus *Tag(es)dienst, Tagesanbruch* **4** *Tagewerk, Arbeitszeit an einem Tag;* Zus *Tageseinnahme, Tageskurs; 8-Stunden-Tag* **5** ‹Bgb.› *Erdoberfläche, Licht, Tageslicht* **6** ‹in Zus.› *Versammlung von Abgeordneten;* Zus *Bundestag, Kreistag, Landtag, Reichstag* ▸ er muss jeden ~ ankommen ⟨umg.⟩ *sehr bald* ▸ bei Anbruch des ~es aufstehen; er war der Held des ~es *er stand im Mittelpunkt, wurde gefeiert;* ich habe seit Jahr und ~ nichts von ihm gehört *seit langem;* im Laufe des (heutigen) ~es; ~ und Nacht arbeiten, schuften ▸ dein ~ wird (schon noch) kommen *der Tag des Erfolges, der Strafe;* man soll den ~ nicht vor dem Abend loben ⟨Sprichw.⟩ *es kann immer noch Unvorhergesehenes geschehen, auch wenn alles sehr gut scheint;* sein: morgen ist auch noch ein ~ ⟨übertr.; umg.⟩ *was heute nicht getan wird, kann morgen getan werden;* das war heute nicht mein ~! ⟨umg.⟩ *heute ist mir vieles nicht gelungen* ▸ alle acht ~e ⟨umg.⟩ *jede Woche einmal;* einige, etliche, ein paar, viele, wenige ~e; ein bedeutender, großer, historischer ~; erholsame, heitere, unbeschwerte ~e verbringen; ich habe den ganzen ~ auf dich gewartet; er kam noch am gleichen, selben ~; guten ~!, ⟨umg. a.⟩ ~! *(Grußformel);* guten/Guten ~ sagen *grüßen;* →a. *gut;* jmdm. einen guten ~ wünschen *ihn grüßen;* heißer, klarer, schöner, warmer ~; der Jüngste ~ ⟨im Christentum⟩ *der Tag des Weltgerichts;* ein kalter, nebliger, regnerischer, sonniger, trüber, windiger ~; der kürzeste, längste ~ des Jahres *der 22.12. bzw. 22.6.;* er redet viel, wenn der ~ lang ist ⟨umg.⟩ *man kann nichts auf seine Worte geben;* der letzte ~ des Jahres *Silvester;* den lieben langen ~ faulenzen *immerzu;* eines schönen ~es wird es dir gelingen *irgendwann einmal* ▸ ein Verbrechen an den ~ bringen *es aufdecken;* an den ~ kommen *offenbar werden;* an welchem ~ bist du geboren?; am folgenden, nächsten ~; früh, spät am ~(e); heute ist es auf den ~ ein Jahr her, seit … *genau ein Jahr;* er kommt auf ein paar ~e zu uns; auf meine alten ~e fange ich damit nicht mehr an *in meinem hohen Alter;* wir kamen noch bei ~ an *bei Tageslicht;* einen ~ eher, früher, später als geplant; er kommt für ein paar ~e zu uns; wir haben in guten und in schlechten ~en zusammengehalten *immer;* in den ~ hineinleben ⟨übertr.⟩ *sorglos, ohne sich Gedanken um die Zukunft zu machen;* heute in acht ~en *in einer Woche;* in ein paar ~en fahre ich weg; unter ~e arbeiten ⟨Bgb.⟩ *in einem Bergwerk;* vor einigen ~en; ein Unterschied wie ~ und Nacht *ein sehr krasser U.;* →a. *zutage* **II** ⟨Pl.⟩ *Zeitraum, Lebensabschnitt* ▸ die ~e der Jugend ▸ er hat schon bessere ~e gesehen *es ist ihm schon besser gegangen;* ewig und drei ~e ⟨umg.⟩ *lange Zeit;* seine ~e sind gezählt *er wird nicht mehr lange leben; er wird bald diesen Posten verlieren* ▸ bis die ~e! ⟨umg.⟩ *bis bald!* **III** ⟨mit Possessivpron.⟩ *Menstruation* ▸ sie hat ihre ~e *ihre Monatsblutung*

tag|aus ⟨Adv.⟩ ~, tagein *jeden Tag, immerzu, ständig*

Ta|ge|buch ⟨das; -(e)s, -bü|cher⟩ *Buch, in dem man täglich (od. häufig) Aufzeichnungen über Erlebnisse, Gedanken macht* ▸ ein ~ führen

Ta|ge|geld ⟨das; -(e)s, -er⟩ *Vergütung für die Arbeit od. Unkosten eines Tages, z. B. bei Reisenden;* oV ⟨süddt., österr., schweiz.⟩ *Taggeld*

tag|ein ⟨Adv.⟩ → *tagaus*

ta|ge|lang ⟨Adv.⟩ *mehrere Tage (während)* ▸ ich habe ~ gewartet; ~es Warten; ⟨aber⟩ es hat mehrere Tage lang gedauert

ta|gen ⟨V. intr.; tagt, tag|te, hat ge|tagt⟩ *eine Tagung, Sitzung abhalten* ▸ das Parlament tagt

Ta|ges|ge|schäft ⟨das; -(e)s, -e⟩ **1** *alltägliche, üblicherweise zu verrichtende Arbeit;* Syn ⟨schweiz.⟩ *Courant normal* **2** ⟨Wirtsch.⟩ *Geschäft zur Lieferung am gleichen od. folgenden Tag* ▸ das aktuelle ~ verrichten

Ta|ges|ge|spräch ⟨das; -(e)s, -e⟩ *vielbesprochene Neuigkeit* ▸ seine Scheidung ist ~

Ta|ges|kar|te ⟨die; -, -n⟩ **1** *Fahr-, Eintrittskarte, die einen Tag lang gilt* **2** ⟨in Gaststätten⟩ *Speisekarte mit den Gerichten, die an diesem Tag schnell zubereitet werden können*

Ta|ges|kas|se ⟨die; -, -n⟩ *Kasse (am Theater, Kino, Stadion), bei der man für den gleichen Tag Eintrittskarten kaufen kann*

Ta|ges|licht ⟨das; -(e)s; unz.⟩ *Licht des Tages, natürliches Licht* ▸ er scheut das ~ ⟨übertr.⟩; bei ~ arbeiten; der Stoff sieht bei ~ ganz anders aus; etwas kommt ans ~ *wird offenbar, aufgedeckt;* Zus *Tageslichtprojektor* ⓘ S. 574

Ta|ges|mut|ter ⟨die; -, -müt|ter⟩ *Frau, die Kinder von berufstätigen Eltern tagsüber betreut*

Ta|ges|ord|nung ⟨die; -, -en⟩ *Reihenfolge der Themen, die bei einer Versammlung behandelt werden sollen* ▸ Diebstähle sind jetzt an der ~ ⟨übertr.; umg.⟩ *ereignen sich häufig;* ein Thema auf die ~ setzen; zur ~ übergehen *die Beratung beginnen;* Zus *Tagesordnungspunkt*

Ta|ges|satz ⟨der; -es, -sät|ze⟩ **1** *täglich anfallende Festkosten für Krankenhaus-, Heimaufenthalte o. Ä.* **2** ⟨Rechtsw.⟩ *nach dem Einkommen bemessene Einheit für Geldstrafen* ▸ der Dieb wurde zu acht Tagessätzen verurteilt

Ta|ges|schau ⟨die; -, -en⟩ *tägliche aktuelle Nachrichtensendung im Fernsehen* ▸ die ~ sehen

Tageszeiten

Die *Tageszeiten* im Deutschen sind:

- der Morgen, als Adverb: morgens
- der Vormittag, als Adverb: vormittags
- der Mittag, als Adverb: mittags
- der Nachmittag, als Adverb: nachmittags
- der Abend, als Adverb: abends
- die Nacht, als Adverb: nachts

Häufig werden Tageszeitangaben mit der Präposition am gebraucht. Die adverbialen Formen drücken in der Regel aus, dass sich die beschriebene Handlung wiederholt: *Der Morgen war schön. Wir trafen uns am Morgen. Wir trafen uns morgens immer im Café. Sie waren am Mittag aufgebrochen. Zum Glück schien dort mittags meist die Sonne. Der Nachmittag war verregnet. Die Kinder kommen heute erst am Nachmittag aus der Schule. Die Kinder kommen oft erst nach-*

mittags aus der Schule. In der Nacht gab es ein Gewitter. Es gab nachts oft schwere Gewitter. Werden Tageszeiten mit Wochentagen verbunden, so gibt es mehrere Möglichkeiten. Wochentage und Substantive werden zusammengeschrieben: *der/am Dienstagabend.* Bei der Verbindung von Wochentagen mit Adverbien ist Zusammen- oder Getrenntschreibung möglich: *dienstagabends* oder *dienstags abends.*

Ta|ges|zeit ⟨die; -, -en⟩ *eine bestimmte Zeit am Tage* ▸ zu jeder ~, zu jeder Tages- u. Nachtzeit *immer;* zu welcher, um welche ~ kommst du?

Ta|ges|zei|tung ⟨die; -, -en⟩ *täglich erscheinende Zeitung*

ta|ge|wei|se ⟨Adv.⟩ *für einzelne Tage, einzelne Tage lang;* oV ⟨oberdt.⟩ *tagweise*

Ta|ge|werk ⟨das; -(e)s, -e⟩ *Tagesarbeit, tägliche Arbeit, Aufgabe;* oV ⟨oberdt.⟩ *Tagwerk* ▸ seinem ~ nachgehen; sein ~ verrichten

tag|hell ⟨Adj.⟩ *hell wie am Tage* ▸ die Straßen sind ~ erleuchtet

...tä|gig ⟨in Zus.; zur Bildung von Adj.⟩ *eine bestimmte od. unbestimmte Zahl von Tagen dauernd,* z. B. dreitägig (in Ziffern: 3-tägig), ganztägig, halbtägig, mehrtägig; →a. *...täglich*

täg|lich ⟨Adj.⟩ *jeden Tag, an jedem Tag, für jeden Tag, einen Tag während* ▸ er geht wieder ~ arbeiten; ich muss meine ~e Arbeit erledigen; den ~en Bedarf an Lebensmitteln einkaufen; ein Medikament ~ einnehmen; wir sehen uns ~

...täg|lich ⟨in Zus.; zur Bildung von Adj.⟩ *nach einer bestimmten Anzahl von Tagen regelmäßig wiederkehrend* ▸ in dreitäglichem Wechsel; die Zeitung erscheint vierzehntäglich (in Ziffern: 14-täglich); →a. *...tägig*

tags ⟨Adv.⟩ *am Tage* ▸ ~ darauf, zuvor

tags|über ⟨Adv.⟩ *während des Tages* ▸ er schläft bei Schichtdienst ~

tag|täg|lich ⟨Adj.; verstärkend⟩ *jeden Tag, immerzu* ▸ der Vorgang wiederholt sich ~

Tag|traum ⟨der; -(e)s, -träu|me⟩ *Fantasievorstellung am Tag in wachem Zustand*

Tag|und|nacht|glei|che *auch:* **Tag-und-Nacht-Glei|che** ⟨die; -, -n⟩ *Tag, an dem Tag u. Nacht gleich lang sind* ▸ Frühlings-~ *21. März;* Herbst-~ *23. September*

Ta|gung ⟨die; -, -en⟩ *Versammlung, (längere) Sitzung;* Zus *Tagungsort, Tagungsteilnehmer(in)*

Tai|fun ⟨der; -s, -e⟩ *ein Wirbelsturm*

Tail|le ⟨[taljə] die; -, -n⟩ *Körperteil zw. Hüfte u. Brust, Gürtelgegend* ▸ sie hat eine schlanke ~; ein Anzug, Kleid ist auf ~ gearbeitet *in der T. anliegend;* eine Tänzerin um die ~ fassen

tail|liert ⟨[taji:rt] Adj.⟩ *in der Taille eng anliegend*

Ta|ke|la|ge ⟨[-ʒə] die; -, -n; Mar.; bei Segelschiffen⟩ *die gesamte Segeleinrichtung einschließlich der Masten;* Syn *Takelung*

Takt ⟨der; -(e)s, -e⟩ **I** ⟨zählb.⟩ **1** ⟨Mus.⟩ *rhythmische Maßeinheit eines Musikstücks, am Anfang durch Bruchzahlen ($^3/_4$, $^4/_4$, $^6/_8$), innerhalb des Stückes durch senkrechte Taktstriche gekennzeichnet* **2** ⟨Mus.⟩ *zw. senkrechte Striche eingeschlossener kleinster Teil eines aufgezeichneten Musikstückes;* Abl *Taktstrich* **3** *gleichmäßiger Rhythmus, in dem etwas abläuft* **4** *regelmäßiger Schlag, regelmäßige Bewegung (von Maschinen)* ▸ er pfiff ein paar ~e des Liedes; hier sind drei ~e Pause ▸ den ~ angeben ⟨a. übertr.⟩ *der Führende sein;* den ~ halten ⟨Mus.⟩; den ~ schlagen ⟨Mus.⟩ ▸ ich bin aus dem ~ gekommen ⟨Mus.; a. übertr.⟩; jmdn. aus dem ~ bringen *verwirren;* gegen den ~ spielen; die Streicher setzen im vierten ~ ein **II** ⟨unz.; übertr.⟩ *Gefühl für richtiges Verhalten u. die entsprechende Handlungsweise* ▸ viel, wenig ~ haben ▸ jmdm. Mangel an ~ vorwerfen ⟨übertr.⟩; Abl *Taktlosigkeit; taktlos, taktvoll*

tak|ten ⟨V. trans.; tak|tet, tak|te|te, hat ge|tak|tet⟩ etwas ~ *in Takten arbeiten lassen* ▸ den Zugverkehr ~; die Chips sind mit 800 MHz getaktet

Takt|ge|fühl ⟨das; -(e)s; unz.; Mus.; a. übertr.⟩ *Gefühl für Takt* ▸ feines, kein, viel ~ haben

tak|tie|ren ⟨V. intr.; tak|tiert, tak|tier|te, hat taktiert⟩ *taktisch vorgehen* ▸ er hat geschickt taktiert

Tak|tik ⟨die; -, -en⟩ **1** *Kunst der Truppenführung während des Kampfes* **2** ⟨übertr.⟩ *geschicktes, planmäßiges Vorgehen* ▸ eine bestimmte, raffinierte ~ verfolgen ⟨übertr.⟩; Abl *taktisch*

Tak|ti|ker ⟨der; -s, -⟩ *jmd., der die Taktik beherrscht;* Abl *Taktikerin*

Takt|stock ⟨der; -(e)s, -stö|cke; Mus.⟩ *dünner Stab, mit dem der Dirigent den Takt angibt*

Tal ⟨das; -(e)s, Tä|ler⟩ **I** ⟨zählb.⟩ **1** *meist durch ein fließendes Gewässer od. durch Gletscher entstandener, langgestreckter Einschnitt in der Erdoberfläche;* Zus *Talbecken; Flusstal* **2** ⟨übertr.⟩ *Tiefpunkt, schlechte Situation* ▸ über Berg und ~ wandern; auf dem Grund des ~es ▸ das ~ verengt sich, weitet sich ▸ ein breites, enges, weites ~; ein dunkles, einsames, stilles ~ ▸ der Fluss schlängelt sich durch das ~; dieses Dorf liegt tief im ~; ins ~ hinabschauen, hinabsteigen; das Vieh im Herbst ins ~ hinabtreiben; zu ~ fahren *ins Tal hinabfahren* **II** ⟨unz.⟩ *Gesamtheit der Einwohner eines Tals* ▸ das ganze ~ wusste Bescheid

tal|ab|wärts ⟨Adv.⟩ **1** *ins Tal hinab* **2** ⟨bei Flusstälern⟩ *flussabwärts*

Ta|lar ⟨der; -s, -e⟩ *weites, weitärmeliges, knöchellanges schwarzes Obergewand, Amtstracht von Geistlichen, Richtern u. a.*

tal|auf|wärts ⟨Adv.; bei Flusstälern⟩ *flussaufwärts*

Ta|lent ⟨das; -(e)s, -e⟩ **1** *angeborene Begabung, Fähigkeit zu überdurchschnittlichen (künstlerischen, sportlichen) Leistungen* **2** *talentvoller Mensch;* Zus *Talentwettbewerb* ▸ sein ~ entfalten, entwickeln, verkümmern lassen; ein ~ fördern, überschätzen; kein, viel, wenig ~ haben; er hat ein ~, immer gerade das Falsche zu tun ⟨umg.; scherzh.⟩ ▸ er ist ein großes, musikalisches ~ ▸ an jmds. ~ glauben, zweifeln; von jmds. ~ überzeugt sein; Zus *Gesangstalent, Showtalent*

ta|len|tiert ⟨Adj.; -er, am -es|ten⟩ *Talent besitzend, talentvoll, begabt*

T

Ta|ler ⟨der; -s, -⟩ *bis ins 18. Jh. amtliche dt. Münze* ▸ wer den Pfennig nicht ehrt, ist des ~s nicht wert ⟨Sprichw.⟩

Tal|fahrt ⟨die; -, -en⟩ **1** *Fahrt ins Tal hinunter* **2** ⟨übertr.⟩ **2.1** *ungünstige (wirtschaftliche) Entwicklung* **2.2** *sehr schnelles Fallen (z. B. von Preisen)* ▸ die ~ der Wirtschaft stoppen ⟨übertr.⟩

Talg ⟨der; -(e)s, -e⟩ **1** *geschmolzenes u. gereinigtes Fett, bes. vom Rind u. Schaf (Hammel), zu Kochzwecken sowie zur Kerzen-, Seifenherstellung verwendet* **2** *menschliches Hautfett;* Abl *talgig;* Zus *Talgdrüse, Talgproduktion*

Ta|lis|man ⟨der; -s, -e⟩ *kleiner, oft am Körper getragener, vermeintlich schützender od. glückbringender Gegenstand*

Talk[1] ⟨der; -(e)s; unz.; Chem.⟩ *sehr weiches, blättriges od. schuppiges Mineral, Bestandteil von Pudern u. Schminken;* Syn *Talkum*

Talk[2] ⟨[tɔːk] der; -s, -s; TV, Radio⟩ *Gespräch, Plauderei (in einer Gesprächsrunde)*

Talk|mas|ter ⟨[tɔːk-] der; -s, -; TV, Radio⟩ *Leiter einer Talkshow*

Talk|show ⟨[tɔːkʃoʊ] die; -, -s; TV, Radio⟩ *Unterhaltungssendung, in der ein Moderator einen od. mehrere Gäste zu bestimmten Themen befragt* ▸ in einer ~ zu Gast sein

Tal|mud ⟨der; -s; unz.⟩ *Aufzeichnung der jüdischen Lehren, Vorschriften u. Überlieferungen*

Tal|soh|le ⟨die; -, -n⟩ *Boden des Tals* ▸ die ~ ist durchschritten ⟨übertr.⟩ *es geht wieder aufwärts*

Tal|sper|re ⟨die; -, -n⟩ *Bauwerk, das einen Fluss über die ganze Breite des Tals absperrt u. so einen Stausee bildet*

Tal|sta|ti|on ⟨die; -, -en⟩ *Station einer Bergbahn od. eines Skiliftes im Tal;* Ggs *Bergstation*

tal|wärts ⟨Adv.⟩ *ins Tal hinab* ▸ ~ fahren

Tam|bu|rin ⟨a. ['---] das; -s, -e; Mus.⟩ *kleine, flache Handtrommel mit am Rand befestigten Schellen;* Syn *Schellentrommel* ▸ das ~ schlagen; ⓘ S. 788

Tam|pon ⟨a. [-poːn] od. [tampɔŋ] der; -s, -s⟩ *mit Gaze, Mull o. Ä. überzogener Bausch aus Watte od. Zellstoff zum Aufsaugen von Flüssigkeiten, zur Blutstillung;* Abl *Tamponade; tamponieren*

Tam|tam ⟨das; -s, unz.; umg.⟩ *Lärm, Aufwand, aufdringl. Reklame* ▸ jmdn. mit großem ~ empfangen; viel ~ um jmdn. od. etwas machen

Tan|dem ⟨das; -s, -s⟩ *Fahrrad mit zwei Sitzen hintereinander* ▸ auf einem ~ fahren

Tang ⟨der; -(e)s, -e⟩ *die derben Formen brauner Algen im Meer;* Zus *Blasentang*

Tan|ga ⟨der; -s, -s⟩ *sehr knapper Bikini*

Tan|gen|te ⟨die; -, -n; Math.⟩ *Gerade, die eine Kurve in einem Punkt berührt;* Abl *tangential*

tan|gie|ren ⟨V. trans.; tan|giert, tan|gier|te, hat tangiert⟩ **1** eine Kurve od. eine gekrümmte Fläche ~ *berühren* **2** ⟨übertr.⟩ **2.1** jmdn. ~ *berühren, beeindrucken* **2.2** jmdn. od. etwas ~ *betreffen, angehen* ▸ das tangiert mich nicht ⟨übertr.⟩

Tan|go ⟨der; -s, -s⟩ *aus einem argentinischen Volkstanz hervorgegangener Tanz* ▸ sie tanzen die ganze Nacht ~

Tank ⟨der; -(e)s, -s od. -e⟩ *großer Behälter für (meist feuergefährliche) Flüssigkeiten;* Zus *Tankdeckel, Tankwagen; Benzintank, Öltank, Wassertank*

tan|ken ⟨V.; tankt, tank|te, hat ge|tankt⟩ **I** ⟨V. trans. u. V. intr.⟩ **1** (Treibstoff) ~ *T. ins Kraftfahrzeug füllen* **2** ⟨übertr.; umg.; scherzh.⟩ *(viel) Alkohol trinken* ▸ ich muss noch ~; Benzin ~ **II** ⟨V. trans.; übertr.; umg.⟩ Energie, Kraft, Mut ~ *aufnehmen*

Tank|stel|le ⟨die; -, -n⟩ *Anlage zum Versorgen von Fahrzeugen mit Treibstoff u. Öl* ▸ zur nächsten ~ fahren; Zus *Tankstellenbesitzer(in)*

Tank|wart ⟨der; -(e)s, -e⟩ *Angestellter od. Betreiber einer Tankstelle*

Tan|ne ⟨die; -, -n⟩ *ein Nadelbaum, Kieferngewächs;* Zus *Tannennadel, Tannenzapfen, Tannenzweig*

Tan|nen|baum ⟨der; -(e)s, -bäu|me⟩ **1** = *Tanne* **2** = *Weihnachtsbaum*

Tan|te ⟨die; -, -n⟩ **1** *Schwester des Vaters od. der Mutter;* Zus *Erbtante, Patentante* **2** ⟨früher⟩ *kindliche Anrede für Frauen* **3** ⟨umg.; abwertend⟩ *nicht sehr sympathische (oft ältere) Frau;* Abl *tantenhaft* ▸ das ist meine ~ Gabi; was ist denn das für eine (komische) ~? ⟨umg.⟩

Tan|te-Em|ma-La|den ⟨der; -s, -Lä|den; umg.⟩ *kleines Einzelhandelsgeschäft*

Tan|ti|e|me ⟨a. [tãtjɛːmə] die; -, -n; meist Pl.⟩ *Gewinnanteil, bes. aus den Rechten an künstlerischen Produkten* ▸ ~n beziehen

Tanz ⟨der; -es, Tän|ze⟩ **1** *rhythmische, meist von Musik begleitete Körperbewegungen u. Gebärden* **2** *Tanz (1) mit einem (oder mehreren) Menschen;* Abl *tänzerisch;* Zus *Tanzkurs, Tanzlehrer(in), Tanzmusik, Tanzpaar, Tanzpartner(in), Tanzschule, Tanzschüler(in), Tanzsport, Tanzstunde; Gesellschaftstanz, Modetanz, Paartanz, Standardtanz, Volkstanz* **3** *Veranstaltung für Tänzer* **4** ⟨übertr.; umg.⟩ *Zank, Streit* ▸ langsamer, schneller, schwungvoller ~ ▸ ein ~ auf dem Vulkan ⟨übertr.⟩ *leichtsinnige Ausgelassenheit in gefährlicher Lage;* einen ~ um etwas aufführen ⟨übertr.; umg.⟩ *sich wegen einer Sache sehr aufregen;* eine Dame zum ~ auffordern; zum ~ aufspielen; zum ~ gehen

Tanz|bein ⟨das; -(e)s, -e; umg.; nur in der Wendung⟩ das ~ schwingen *tanzen*

tän|zeln ⟨V. intr.; tän|zelt, tän|zel|te, hat ge|tän|zelt; bei Bewegung in einer Richtung: ist⟩ *in tänzerischen Schritten, fast hüpfend gehen* ▸ ein Pferd tänzelt; sie ist durch den Saal getänzelt

tan|zen ⟨V. trans. u. V. intr.; tanzt, tanz|te, hat getanzt⟩ **1** *sich rhythmisch zur Musik bewegen* **2** (etwas) ~ *einen Tanz aufführen* **3** ⟨übertr.⟩ *hüpfen, springen, sich leicht u. schnell bzw. froh bewegen* ▸ sie haben die ganze Nacht getanzt!; Walzer ~ ▸ ~ können; kannst du ~? ▸ sie ~ sehr gut ▸ das Schiff tanzt auf den Wellen; das Kind tanzte vor Freude durchs Zimmer; mit jmdm. ~

Tän|zer ⟨der; -s, -⟩ **1** *jmd., der tanzen kann, der tanzt* **2** *jmd., der den künstlerischen Tanz beruflich ausübt u. vorführt;* Zus *Balletttänzer(in), Solotänzer* **3** *Partner beim Tanz* ▸ ein guter, leidenschaftlicher ~ sein; Abl *Tänzerin*

Ta|pe|te ⟨die; -, -n⟩ *Wandverkleidung, meist aus festem Papier, auch farbig gestaltet;* Zus *Tapetenrolle; Raufasertapete, Textiltapete*

Ta|pe|ten|wech|sel ⟨[-ks-] der; -s, -; übertr.; umg.⟩ *Wechsel der Umgebung* ▸ nach der harten Arbeit brauchen wir alle einen ~

ta|pe|zie|ren ⟨V. intr. u. V. trans.; ta|pe|ziert, ta|pe|zier|te, hat ta|pe|ziert⟩ (etwas) ~ *etwas mit einer Tapete bekleben, verkleiden* ▸ sie will das Wohnzimmer (neu) ~; Zus *Tapezierer(in), Tapeziertisch*

tapfer/brav

Aufgrund von Interferenzen mit anderen Sprachen kann das Adjektiv ***tapfer*** im Deutschen leicht mit ***brav*** verwechselt werden. Dessen fast gleichlautende Formen im Italienischen und Spanischen **(bravo)** sowie im Französischen und Englischen **(brave)** bedeuten allesamt hauptsächlich „tapfer, mutig". Zudem findet sich in all diesen Sprachen (bis auf das Spanische) noch die Bedeutung „brav, anständig, ehrlich, rechtschaffen".

Dagegen ist das deutsche ***brav*** heutzutage auf die Bedeutung „gehorsam, folgsam, artig, rechtschaffen" beschränkt und wird meist in Bezug auf Kinder verwendet: *Der Nikolaus schenkt braven Kindern Geschenke. Das Kind hat brav seine Aufgaben erledigt. Er ist ein braver* (= ordentlicher, rechtschaffener) *Familienvater geworden.*

Es unterscheidet sich somit beträchtlich vom Adjektiv ***tapfer,*** das „nicht wehleidig, mutig" bedeutet: *Das Kind war beim Arzt ganz tapfer. Er hat tapfer alles über sich ergehen lassen. Er wurde von tapferen Männern gerettet.*

tap|fer ⟨Adj.⟩ **1** *mutig, furchtlos* **2** *widerstandsfähig, nicht wehleidig* ▸ eine ~e Frau; bleib ~!; Schmerzen ~ ertragen, aushalten; Abl *Tapferkeit*

tap|pen ⟨V. intr.; tappt, tapp|te, ist ge|tappt⟩ irgendwohin ~ *unsicher gehen, bes. im Dunkeln od. blind* ▸ im Dunkeln, Finstern ~ ⟨übertr.; umg.⟩ *im Ungewissen sein;* in eine Pfütze ~

täp|pisch ⟨Adj.⟩ *schwerfällig, unbeholfen, plump* ▸ ~e Bewegungen; eine ~e Person

tap|sig ⟨Adj.; umg.⟩ *ungeschickt, unbeholfen;* Syn *tappig;* Abl *Tapsigkeit*

Ta|ran|tel ⟨die; -, -n; Zool.⟩ *in Erdhöhlen lebende Wolfsspinne in Südeuropa* ▸ wie von der ~ gestochen aufspringen *plötzlich u. heftig*

Ta|rif ⟨der; -(e)s, -e⟩ **1** *vertraglich od. gesetzlich festgelegte Summe für Löhne, Gehälter, Steuern usw.;* Zus *Tarifabschluss, Tariflohn, Tarifregelung, Tarifverhandlung* **2** *von einer Institution festgelegter Preis, z. B. für Fahrkarten;* Zus *Tariftabelle; Sondertarif, Steuertarif, Zolltarif* ▸ die ~e einfrieren; die Verkehrsbetriebe wollen die ~e für Busfahrten erhöhen; Abl *tariflich*

Ta|rif|au|to|no|mie ⟨die; -; unz.⟩ **1** *Berechtigung, in eigener Verantwortung Tarifverträge zu schließen* **2** *Berechtigung, Tarife im öffentlichen Verkehr selbstständig festzusetzen*

Ta|rif|part|ner ⟨Pl.⟩ *an einem Tarifvertrag beteiligte Vertreter von Arbeitgebern u. Arbeitnehmern*

Ta|rif|run|de ⟨die; -, -n; umg.⟩ *Gesamtheit der meist jährlich stattfindenden Tarifverhandlungen*

tar|nen ⟨V. trans.; tarnt, tarn|te, hat ge|tarnt⟩ **1** jmdn., sich od. etwas ~ *gegen Sicht od. Entdeckung schützen, der Umgebung anpassen* **2** ⟨übertr.⟩ etwas als etwas ~ *etwas nach außen anders erscheinen lassen, als es wirklich ist* ▸ das Bordell war als Spielhalle getarnt; Abl *Tarnung*

Tarn|far|ben ⟨Pl.; Mil.⟩ *die Farben Gelb, Braun, Grün in unregelmäßigen Figuren zum Tarnen*

Ta|rot ⟨[-ro:] der od. das; -s, -s⟩ *zum Wahrsagen gebrauchtes Kartenspiel;* Zus *Tarotkarten*

Ta|sche ⟨die; -, -n⟩ **1** *in ein Kleidungsstück eingenähter Beutel;* Zus *Hosentasche, Innentasche, Jackentasche, Manteltasche, Westentasche* **2** *meist flaches Behältnis aus Stoff od. Leder, oft mit Henkel;* Zus *Brieftasche, Aktentasche, Handtasche, Reisetasche, Schultasche* ▸ jmds. ~n **durchsuchen;** sich die ~n (mit etwas) **füllen** ⟨übertr.⟩ *sich unrechtmäßig bereichern* ▸ jmdm. **auf** der ~ liegen ⟨übertr.; umg.⟩ *sich von ihm alles bezahlen lassen;* etwas **aus** seiner eigenen ~ bezahlen; jmdm. das Geld aus der ~ ziehen ⟨übertr.⟩ *ihn immer wieder zahlen lassen;* (tief) **in** die ~ greifen ⟨übertr.; umg.⟩ *(viel) bezahlen;* jmdn. in der ~ haben ⟨übertr.; umg.⟩ *sich ihm überlegen fühlen;* er hat den Auftrag in der ~ ⟨übertr.; umg.⟩ *erhalten;* jmdn. in die ~ stecken ⟨übertr.; umg.⟩ *ihm überlegen sein;* die Hände in die ~n stecken ⟨übertr.⟩ *nichts tun;* etwas in seine eigene ~ stecken, in die eigene ~ arbeiten *sich unrechtmäßig bereichern;* ich kenne die Branche **wie** meine eigene ~/Hosen~ ⟨übertr.; umg.⟩ *bis in alle Einzelheiten*

Ta|schen|buch ⟨das; -(e)s, -bü|cher⟩ *preiswertes Buch ohne festen Einband* ▸ dieser Roman erscheint jetzt auch als ~; Zus *Taschenbuchausgabe, Taschenbuchverlag*

Ta|schen|dieb ⟨der; -(e)s, -e⟩ *Dieb, der Gegenstände aus Taschen entwendet, meist im Gedränge;* Abl *Taschendiebin;* Zus *Taschendiebstahl*

Ta|schen|geld ⟨das; -(e)s; unz.⟩ *regelmäßig gezahlte, kleinere Geldsumme (für Kinder, Jugendliche);* Syn ⟨schweiz.⟩ *Sackgeld* ▸ wöchentlich, monatlich ~ bekommen

Ta|schen|ka|len|der ⟨der; -s, -⟩ *kleiner Kalender in Buchform für die Tasche*

Ta|schen|lam|pe ⟨die; -, -n⟩ *kleine, batteriebetriebene, in der Tasche zu tragende Lampe*

Ta|schen|mes|ser ⟨das; -s, -⟩ *kleines, in der Tasche zu tragendes, zusammenklappbares Messer, meist mit mehreren Klingen*

Ta|schen|rech|ner ⟨der; -s, -⟩ *kleine elektronische Rechenmaschine* ▸ Zahlen mit dem ~ addieren

Ta|schen|tuch ⟨das; -(e)s, -tü|cher⟩ *kleines Tuch aus Stoff od. Papier zum Naseschnäuzen*

Ta|schen|uhr ⟨die; -, -en⟩ *mit einem Deckel (u. oft mit einer Kette) versehene tragbare Uhr*

Täss|chen ⟨das; -s, -⟩ *kleine Tasse* ▸ jmdn. auf ein, zu einem ~ Kaffee einladen

Tas|se ⟨die; -, -n⟩ *schalen- od. becherartiges Trinkgefäß mit Henkel u. dazugehöriger Untertasse* ▸ ich hole noch zwei ~n aus dem Schrank; ~n auf den Tisch stellen, eine ~ Kaffee, Tee trinken; du hast wohl nicht alle ~n im Schrank? ⟨übertr.; umg.⟩ *du bist wohl verrückt?*

Tas|ta|tur ⟨die; -, -en⟩ *Gesamtheit der Tasten (an Klavier, Schreibmaschine, Computer)* ▸ die ~ meines Computers ist kaputt; ⓘ S. 469, 788

Tas|te ⟨die; -, -n⟩ *mit dem Finger herabzudrückender Hebel, z. B. an einem Automaten, Klavier od. Computer* ▸ in die ~n greifen *schwungvoll Klavier spielen;* ⓘ S. 788

tas|ten ⟨V.; tas|tet, tas|te|te, hat ge|tas|tet⟩ **I** ⟨V. intr.⟩ **1** nach etwas ~ **1.1** *vorsichtig od. unsicher mit den Händen ohne Hilfe der Augen suchen* **1.2** *vorsichtig etwas ergreifen* **2** ⟨übertr.⟩ *behutsam fragen, um etwas zu erfahren* ▸ im Dunkeln nach dem Lichtschalter ~; er tastete nach ihrer Hand **II** ⟨V. refl.⟩ sich irgendwohin ~ *vorsichtig mit den Händen suchend vorwärtsgehen* ▸ sich durch einen dunklen Gang ~

Tast|sinn ⟨der; -(e)s; unz.⟩ *Fähigkeit zu Tastempfindungen;* Syn *Gefühlssinn*

tat → *tun*

Tat ⟨die; -, -en⟩ **1** *das Tun* **2** *das, was getan worden ist, Leistung;* Zus *Heldentat* **3** *(gewollte, bewusste) Handlung* **4** *strafbare Handlung;* Zus *Tatbeteiligte(r), Tatmotiv, Tatverdacht, Tatverdächtige(r), Tatwaffe, Tatzeit; Straftat* ▸ ein **Mann** der ~ *jmd., der handelt, ohne viele Worte zu machen* ▸ diese ~ muss **bestraft** werden; seinen Worten müssen ~en **folgen;** eine (große) ~ **vollbringen** ▸ eine **gute,** böse, edle, mutige, tapfere, blutige ~ ▸ jmdn. **auf** frischer ~ ertappen *bei einer heimlichen, verbotenen Handlung;* **in** der ~! *tatsächlich, wirklich!;* einen Gedanken, eine Idee, ein Vorhaben in die ~ umsetzen; jmdm. **mit** Rat und ~ zur Seite stehen *jmdn. beraten u. ihm handelnd helfen;* sich **zu** einer (unbedachten usw.) ~ hinreißen lassen; zur ~ schreiten *zu handeln beginnen*

Tat|be|stand ⟨der; -(e)s, -stän|de; Rechtsw.⟩ *Gesamtheit aller Merkmale einer strafbaren Handlung* ▸ den ~ aufnehmen; einen ~ erfüllen

Ta|ten|drang ⟨der; -(e)s; unz.⟩ *das Bedürfnis, etwas zu tun* ▸ voller ~ sein

Ta|ten|durst ⟨der; -(e)s; unz.⟩ *gesteigerter Tatendrang* ▸ jmds. ~ stillen; Abl *tatendurstig*

ta|ten|los ⟨Adj.⟩ *untätig, ohne einzugreifen* ▸ bei etwas ~ zusehen; Abl *Tatenlosigkeit*

Tä|ter ⟨der; -s, -⟩ *jmd., der eine Tat, bes. Straftat, begangen hat, Schuldiger* ▸ hat die Polizei den ~ schon gefasst?; wer ist der ~?; Abl *Täterin*

tä|tig ⟨Adj.⟩ **1** *handelnd, wirksam, wirkend* **2** *tatkräftig* **3** *aktiv* (Vulkan) ▸ ~ sein *arbeiten, angestellt sein;* als Lehrer ~ sein; bei einer großen Firma, in einem Verlag ~ sein; unter ~er Mithilfe von anderen

tä|ti|gen ⟨V. trans.; tä|tigt, tä|tig|te, hat ge|tä|tigt⟩ etwas ~ *in die Tat umsetzen, abschließen* ▸ einen Einkauf, ein Geschäft ~; Abl *Tätigung*

Tä|tig|keit ⟨die; -, -en⟩ **1** *Handeln, Wirken, Schaffen, Wirksamkeit* **2** *Arbeit, Beruf;* Zus *Tätigkeitsbereich* ▸ eine ~ **ausüben;** einer geregelten ~ **nachgehen** ▸ **angenehme,** anstrengende, erfüllende ~; **berufliche,** praktische ~

Tä|tig|keits|wort ⟨das; -(e)s, -wör|ter; Gramm.⟩ = *Verb*

Tat|kraft ⟨die; -; unz.⟩ *Kraft, etwas zu tun*

tat|kräf|tig ⟨Adj.⟩ *voller Tatkraft, wirksam* ▸ ~e Hilfe; ~ eingreifen, helfen, mitarbeiten

Tat|ort ⟨der; -(e)s, -e⟩ *Ort, an dem eine Straftat begangen wurde* ▸ den ~ absichern, besichtigen, untersuchen

tä|to|wie|ren ⟨V. trans.; tä|to|wiert, tä|to|wier|te, hat tä|to|wiert⟩ jmdn. ~ *mit Nadelstichen (schwer entfernbare) Figuren od. Muster in jmds. Haut einbringen;* Abl *Tätowierung*

Tat|sa|che ⟨die; -, -n⟩ **1** *etwas Geschehenes;* Zus *Tatsachenbericht* **2** *etwas Feststehendes, Unzweifelhaftes* **3** *wirklicher Sachverhalt* ▸ ~! ⟨umg.⟩ *wirklich!* ▸ auf dem **Boden** der ~n bleiben *sachlich bleiben* ▸ der Bericht, die Behauptung **entspricht** nicht den ~n; **sein:** ~ ist, dass …; die ~n **verdrehen;** seine Darstellung **widerspricht** den ~n ▸ unter Vorspiegelung **falscher** ~n; das sind die **nackten** ~n; eine **unbestrittene,** unwiderlegbare ~ ▸ sich **mit** einer ~, mit den ~n abfinden; jmdn. **vor** vollendete ~n stellen *ihm etwas erst mitteilen, wenn es schon geschehen ist*

tat|säch|lich ⟨a. ['---] Adj.⟩ **1** *den Tatsachen entsprechend, wirklich, wahrhaftig* **2** *in Wirklichkeit* ▸ ~? *ist das wirklich so?;* das ist ~ schon passiert; ~ hat sich die Sache anders zugetragen

tät|scheln ⟨V. trans.; tät|schelt, tät|schel|te, hat getät|schelt⟩ jmdn. od. (jmdm.) etwas ~ *leicht, liebkosend klopfen* ▸ jmdm. die Wange ~

tat|te|rig ⟨Adj.; umg.⟩ *zitterig, wackelig;* oV *tattrig*

Tat|ze ⟨die; -, -n⟩ *Pfote* (von großen Tieren, bes. Raubtieren), *Pranke*

Tau[1] ⟨das; -(e)s, -e⟩ *dickes Seil;* Zus *Tauende; Schiffstau*

Tau[2] ⟨der; -(e)s; unz.⟩ *in der Nacht entstehender wässriger Niederschlag* ▸ der ~ fällt; der ~ hängt (noch) an den Gräsern; Zus *Tautropfen*

taub ⟨Adj.⟩ **1** *nicht fähig zu hören, ohne Gehör* **2** ⟨übertr.⟩ *unwillig zu hören* **3** *ohne Empfindung, „eingeschlafen"* (Glieder) **4** *leer, hohl, ohne Frucht* (Nuss, Ähre) **5** *matt, glanzlos* (Metall) **6** ⟨schweiz.⟩ *mürrisch, unwillig* ▸ ~es **Gestein** *G. ohne nutzbare Mineralien* ▸ gegen alle Bitten ~ **bleiben; sein:** sie ist ~; bist du ~ (oder warum hörst du nicht)?; schrei nicht so, ich bin doch nicht ~; auf ~e Ohren **stoßen** *nicht gehört, wahrgenommen werden;* sich ~ **stellen** ▸ **auf** einem, auf dem rechten, linken Ohr ~ sein; auf dem Ohr bin ich ~! ⟨umg.; scherzh.⟩ *das will ich gerade nicht hören!;* Abl *Taubheit*

Tau|be ⟨die; -, -n; Zool.⟩ *ein mittelgroßer grauer od. weißer Vogel mit kurzen Beinen, der gurrende Laute erzeugt* ▸ die ~ girrt, gurrt, ruckt; die ~ ist ein Symbol für den Frieden; Zus *Taubenzucht, Taubenzüchter(in); Brieftaube*

Tau|ben|schlag ⟨der; -(e)s, -schlä|ge⟩ *Holzverschlag für Haustauben* ▸ heute ging es im Betrieb zu wie in einem ~ ⟨übertr.; umg.⟩ *ständig kamen Leute herein u. gingen wieder hinaus*

taub|stumm ⟨Adj.⟩ *unfähig zu hören u. (daher auch) zu sprechen,* ⟨besser:⟩ *gehörlos*

tau|chen ⟨V.⟩ **I** ⟨V. intr.; taucht, tauch|te, ist/hat ge|taucht⟩ **1** *mit dem Kopf od. mit dem ganzen Körper unter Wasser gehen* (Mensch, Tier) **2** *das Tauchen (1) als Sport betreiben, für längere Zeit u. in größeren Tiefen unter Wasser bleiben;* Zus *Tauchsport* ▸ zwei Minuten ~; aus dem Wasser ~ *wieder nach oben gehen;* nach etwas ~ *etwas unter Wasser suchen* **II** ⟨V. trans.; taucht, tauch|te, hat ge|taucht⟩ **1** etwas in etwas ~ *hineinstecken, hineinhalten* **2** jmdn. unter Wasser ~ *gewaltsam unter W. drücken* ▸ die Hand ins Wasser ~; in Schokolade getauchte Früchte

Tau|cher ⟨der; -s, -⟩ *jmd., der unter Wasser schwimmt od. arbeitet;* Abl *Taucherin;* Zus *Taucheranzug, Taucherbrille; Sporttaucher(in)*

Tauch|gang ⟨der; -(e)s, -gän|ge⟩ *Vorgang des (einmaligen) Tauchens*

Tauch|sie|der ⟨der; -s, -⟩ *elektrisches Gerät mit spiralförmigem Heizkörper, der in Wasser eingetaucht wird, um es zu erhitzen*

Tauch|sta|ti|on ⟨die; -, -en; auf U-Booten⟩ *Platz, Posten (eines Besatzungsmitglieds) beim Tauchen* ▸ auf ~ gehen ⟨übertr.; umg.⟩ *sich an einen Ort zurückziehen u. niemanden darüber informieren*

tau|en ⟨V.⟩ **I** ⟨V. intr.⟩ **I.I** ⟨taut, tau|te, ist ge|taut⟩ *schmelzen* ▸ der Schnee taut von den Dächern; das Eis ist getaut **I.II** ⟨taut, tau|te, hat ge|taut; unpersönl.⟩ es taut *es ist Tauwetter, Eis u. Schnee schmelzen* **II** ⟨V. trans.; taut, tau|te, hat ge|taut⟩ etwas ~ *zum Schmelzen bringen* ▸ die Sonne hat den Schnee getaut

Tau|fe ⟨die; -, -n⟩ **1** *die Aufnahme eines Menschen in die Gemeinschaft der Christen durch Besprengen des Kopfes mit Wasser durch den Geistlichen;* Zus *Taufbecken, Taufpate, Taufpatin, Taufzeuge, Taufzeugin* **2** ⟨übertr.⟩ *feierliche Namensgebung;* Zus *Schiffstaufe* ▸ etwas aus der ~ heben ⟨übertr.⟩ *etwas (be)gründen*

tau|fen ⟨V. trans.; tauft, tauf|te, hat ge|tauft⟩ **1** jmdn. ~ *jmdm. die Taufe geben* **2** ⟨übertr.⟩ jmdn. od. etwas ~ *jmdm. od. etwas einen Namen geben* ▸ ein Kind ~; ein Schiff beim Stapellauf ~; sich ~ lassen; er ist auf den Namen Tim getauft

Täuf|ling ⟨der; -s, -e⟩ *jmd., der getauft wird od. werden soll*

tau|frisch ⟨Adj.⟩ **1** *frisch, kühl* (Morgen, Luft) **2** ⟨übertr.⟩ *jung, munter* ▸ er ist auch nicht mehr ganz ~ ⟨übertr.⟩ *schon älter, etwas verbraucht*

tau|gen ⟨V. intr.; taugt, taug|te, hat ge|taugt⟩ **1** (für od. zu etwas) ~ *brauchbar, nützlich, geeignet sein* **2** viel, wenig, nichts ~ *wert sein* ▸ das Buch taugt nichts; er taugt nicht zum Lehrer

Tau|ge|nichts ⟨der; -es, -e⟩ *jmd., der nichts taugt, unbrauchbarer Mensch, Nichtsnutz*

taug|lich ⟨Adj.⟩ *brauchbar, geeignet* ▸ zum Wehrdienst (nicht) ~; Abl *Tauglichkeit*

Tau|mel ⟨der; -s; unz.⟩ **1** *Schwindel (besonders bei Ohnmachtsanfällen)* **2** *Zustand des Schwankens* **3** ⟨übertr.⟩ *Rausch, Zustand der Verzückung;* Zus *Begeisterungstaumel, Freudentaumel* ▸ in einen ~ geraten; von einem ~ erfasst werden

tau|meln ⟨V. intr.; tau|melt, tau|mel|te, ist/hat ge|tau|melt⟩ **1** *hin u. her schwanken* **2** irgendwohin ~ *schwankend, stolpernd gehen* ▸ durch die Straßen ~; vor Müdigkeit ~; betrunken ~

Tausch ⟨der; -(e)s, -e; Pl. selten⟩ *Hingabe einer Sache bei gleichzeitiger Annahme einer anderen* ▸ einen ~ vornehmen; einen guten, schlechten ~ machen; etwas im ~ gegen etwas anderes erhalten; Zus *Tauschgeschäft, Tauschhandel, Tauschware, Tauschwert; Platztausch, Warentausch*

tau|schen ⟨V. trans. u. V. intr.; tauscht, tausch|te, hat ge|tauscht⟩ (etwas) (mit jmdm.) ~, etwas gegen etwas ~ *etwas hergeben u. dafür etwas anderes erhalten* ▸ Briefmarken, Sammelbilder ~; Blicke, Küsse ~; die Rollen ~ *sich so benehmen, wie der andere es sonst tut;* eine Briefmarke gegen eine andere ~; ich möchte nicht mit ihm ~ *nicht an seiner Stelle sein*

täu|schen ⟨V.; täuscht, täusch|te, hat ge|täuscht⟩ **I** ⟨V. trans.⟩ jmdn. ~ *jmdn. irreführen, betrügen, jmdm. etwas vorspiegeln* ▸ wenn mich mein Gedächtnis nicht täuscht …; jmds. Vertrauen ~ *missbrauchen;* er lässt sich leicht, nicht ~; er hat eine ~de Ähnlichkeit mit seinem Bruder *eine sehr große Ä.;* er sieht ihm ~d ähnlich **II** ⟨V. intr.⟩ *einen falschen Eindruck machen* ▸ der sanfte Blick täuscht; das täuscht; dieses Licht täuscht **III** ⟨V. refl.⟩ **1** sich ~ *sich irren* **2** sich in jmdm. ~ *einen falschen Eindruck von jmdm. haben* ▸ ich habe mich in ihm getäuscht

Täu|schung ⟨die; -, -en⟩ **1** *das Täuschen* **2** *Irrtum, das Getäuschtwerden;* Zus *Sinnestäuschung* **3** *Irreführung, Betrug;* Zus *Täuschungsmanöver, Täuschungsversuch* **4** ⟨übertr.⟩ *Einbildung* ▸ das Opfer einer ~ werden; optische ~

tau|send ⟨Adj.; Kardinalzahl; als Ziffer: 1000⟩ **1** *zehnmal hundert* **2** ⟨übertr.⟩ *sehr viel, ungezählt* ▸ ~ **Dank!** ⟨übertr.⟩; ich kann nicht an ~ **Dinge** gleichzeitig denken ⟨übertr.⟩; ~ **Grüße!** ⟨übertr.⟩; vor ~ **Jahren;** ~ **Mal** = *tausendmal;* ~ **Menschen;** das Glas zersprang in ~ Stücke ⟨übertr.⟩; ~ **Tode** sterben ⟨übertr.⟩ *große Angst ausstehen* ▸ ~ und **aber**~ / Tausend und Abertausend Menschen; **an** die ~ Menschen; er ist nur einer **unter** ~; Bes *Ableitungen* →a. *acht*

Tau|send ⟨das; -(e)s, -e⟩ *Gesamtheit von 1000 Stück od. Einzelwesen* ▸ ~e/tausende begeisterter **Menschen** ▸ ~e und Abertausende / tausende und abertausende; **einige** ~/tausend; es waren einige ~e/tausende; das **erste** ~ der Auflage; ein **halbes** ~; **mehrere** ~/tausend; ein **paar** ~/tausend; **viele** ~e/tausende ▸ die Zahl der Verletzten geht **in** die ~e/tausende; **unter** ~en/tausenden nicht einer; ~e/tausende **von** Menschen; sie kamen **zu** ~en/tausenden

Tau|sen|der ⟨der; -s, -⟩ **1** *1000 Euro* **2** ⟨früher⟩ *Tausendmarkschein* **3** ⟨bei Dezimalbrüchen⟩ *vierte Stelle vor dem Komma* ▸ ich habe einen (runden) ~ daran verdient

tau|sen|der|lei ⟨Adj.; übertr.⟩ *1000 verschiedene Dinge* ▸ an ~ (Dinge) denken müssen

tau|send|fach ⟨Adj.⟩ *tausendmal so viel* ▸ ich sage ~en Dank!; Abl *Tausendfache(s)*

Tau|send|fü|ßer ⟨der; -s, -; Zool.⟩ *ein kleines Tier, das auf einer großen Zahl von Beinpaaren läuft;* oV *Tausendfüßler*

Tau|send|jahr|fei|er ⟨die; -, -n⟩ *Feier zum tausendjährigen Bestehen od. zur 1000. Wiederkehr eines Tages*

tau|send|jäh|rig ⟨Adj.⟩ *tausend Jahre alt od. dauernd*

tau|send|mal *auch:* **tau|send Mal** ⟨Adv.; in Ziffern: 1000-mal / 1000 Mal⟩ **I** ⟨Zusammen- u. Getrenntschreibung⟩ **1** *tausendfach wiederholt* **2** ⟨übertr.⟩ *vielmals, oft* ▸ ich habe dieses Stück ~ gehört, gespielt; ich habe dir das schon ~ gesagt *(als Vorwurf)* **II** ⟨nur Zusammenschreibung⟩ *mit tausend multipliziert* ▸ die Strahlung ist tausendmal so groß wie auf der Erde

Tau|send|sas|sa ⟨der; -s, -s⟩ *ein tüchtiger, fähiger Mensch;* oV ⟨österr., schweiz.⟩ *Tausendsasa*

Tau|sends|tel ⟨das; -s; unz.⟩ *der tausendste Teil (z. B. einer Sekunde)* ▸ er war beim Sprint zwei ~ schneller als sein Gegner *zwei Tausendstelsekunden*

Tau|wet|ter ⟨das; -s; unz.⟩ **1** *Witterung, bei der Eis u. Schnee tauen* **2** ⟨übertr.⟩ *Zeit polit. Entspannung*

Tau|zie|hen ⟨das; -s; unz.⟩ Syn *Seilziehen* **1** *Wettkampf, bei dem zwei Mannschaften an je einem Ende eines Taues ziehen, bis eine von ihnen eine Mittellinie übertritt* **2** ⟨übertr.; umg.⟩ *zähes Ringen um eine Entscheidung*

Ta|ver|ne ⟨[-vẹr-] die; -, -n⟩ *Schenke, Kneipe*

Tax|card ⟨die; -, -s; schweiz.⟩ = *Telefonkarte*

Ta|xe ⟨die; -, -n⟩ **1** *Schätzung (eines Wertes)* **2** *festgesetzter Preis* **3** *Gebühr, Abgabe;* Zus *Kurtaxe* **4** = *Taxi*

Ta|xi ⟨das; -s, -s⟩ *ein Auto, in dem man gegen Zahlung von Geld von einem Ort zum anderen gebracht wird (bes. in Städten)* ▸ können Sie mir ein ~ bestellen?; (sich) ein ~ nehmen; mit dem ~ fahren; Zus *Taxifahrer(in), Taxifahrt*

ta|xie|ren ⟨V. trans.; ta|xiert, ta|xier|te, hat ta|xiert⟩ **1** einen Wert ~ *schätzen* **2** einen Gegenstand ~ *den Wert eines G. ermitteln* **3** jmdn. ~ *ansehen, um ihn einzuschätzen* ▸ der Wert des Bildes wurde auf 1,5 Mio. Euro taxiert; Abl *Taxierung*

Ta|xi|stand ⟨der; -(e)s, -stän|de⟩ *Haltestelle, Warteplatz für Taxis* ▸ am ~ stehen freie Taxis

Teak ⟨[tiːk] das; -s; unz.⟩ *das gelblich braune, dauerhafte Holz eines tropischen Baumes* ▸ Gartenmöbel aus ~; Zus *Teakholz*

Team ⟨[tiːm] das; -s, -s⟩ *Gruppe von Personen, die beruflich od. sportlich zusammenarbeiten* ▸ als ~ auftreten ⟨bes. Sp.⟩ *zeigen, dass man gemeinsam Erfolg haben will;* in einem ~ arbeiten

team|fä|hig ⟨[tiːm-] Adj.⟩ *fähig, im Team zu arbeiten;* Abl *Teamfähigkeit*

Team|geist ⟨[tiːm-] der; -(e)s; unz.⟩ = *Mannschaftsgeist*

Team|work ⟨[tiːmwœːk] das; -s; unz.⟩ *Gemeinschafts-, Zusammenarbeit, Arbeit eines gut aufeinander abgestimmten Teams;* Syn *Teamarbeit*

Tech|nik ⟨die; -, -en; Pl. selten⟩ **1** *Gesamtheit aller Mittel, die Natur aufgrund der Kenntnis u. Anwendung ihrer Gesetze dem Menschen nutzbar zu machen;* Abl *technikbegeistert, technikfeindlich* **2** *Gesamtheit der Kunstgriffe, Regeln, maschinellen Verfahren auf einem Gebiet* **3** *ausgebildete Fähigkeit, Kunstfertigkeit;* Zus *Spieltechnik* **4** *Ausstattung mit Maschinen u. Computern* **5** ⟨österr.⟩ *technische Hochschule* ▸ das Zeitalter der modernen ~; eine ~ beherrschen, anwenden; der Pianist, Skiläufer usw. hat eine ausgezeichnete ~; dafür benötigt man eine bestimmte ~; diese ~ ist längst veraltet; mit der ~ Probleme haben

Tech|ni|ker ⟨der; -s, -⟩ **1** *Facharbeiter auf einem Gebiet der Technik, Ingenieur* **2** *Fachmann auf einem bestimmten technischen Gebiet* **3** *auf technischem Gebiet bes. begabter Mensch* ▸ der Geiger ist ein guter ~; Abl *Technikerin*

tech|nisch ⟨Adj.⟩ **1** *die Technik betreffend, darauf beruhend, mit ihrer Hilfe* **2** *in der Technik gebräuchlich* ▸ ~e **Ausbildung;** eine ~e **Begabung** haben; Technischer **Direktor** eines Betriebes; ~er **Fachausdruck;** Technisches **Hilfswerk** ⟨Abk.: THW⟩ *deutsche Zivil- u. Katastrophenschutzorganisation;* ~e **Hochschule** ⟨Abk.: TH⟩ *der Universität gleichgestellte Ausbildungs- u. Forschungsstätte der Technik;* ~e **Probleme,** Schwierigkeiten haben; (irgendeine) ~e **Universität,** ⟨aber⟩ die Technische Universität ⟨Abk.: TU⟩ *technische Hochschule mit auch nichttechnischen Fakultäten;* er ist ~er **Zeichner** ▸ ~ **begabt;** alles läuft ~ **einwandfrei** ▸ **aus** ~en Gründen

tech|ni|sie|ren ⟨V. trans.; tech|ni|siert, tech|ni|sier|te, hat tech|ni|siert⟩ etwas ~ *auf technischen Betrieb umstellen;* Syn *technifizieren*

Tech|no ⟨[tẹknoː] der od. das; -s; unz.; Mus.⟩ *schnelle, stark rhythmisierte elektronische Popmusik;* Syn *Technomusik*

Tech|no|kra|tie ⟨die; -; unz.; abwertend⟩ *Beherrschung des politischen u. wirtschaftlichen Lebens durch Technik u. Bürokratie;* Abl *Technokrat(in); technokratisch*

Tech|no|lo|gie ⟨die; -; unz.⟩ **1** *Gesamtheit der technischen Kenntnisse, Prozesse u. Methoden* **2** *Technik, technisches Verfahren* ▸ neue ~n einführen; Abl *Technologe, Technologin; technologisch;* Zus *Technologietransfer, Technologiezentrum; Gentechnologie*

Tech|no|lo|gie|park ⟨der; -s, -s⟩ *Gelände innerhalb einer Stadt, auf dem verschiedene technische Unternehmen angesiedelt sind*

Tech|tel|mech|tel ⟨das; -s, -⟩ *Liebelei, Liebschaft*

Ted|dy ⟨der; -s, -s⟩ *Stoffbär (als Kinderspielzeug), der einem Bären nachgebildet ist;* Zus *Teddybär*

T

Tee ⟨der; -s, -s⟩ **1** *ein Strauch, aus dessen Blätter ein heißes Getränk gemacht wird* **2** *die aufbereiteten jungen Blätter des Teestrauches* **3** *Aufguss aus Teeblättern od. aus getrockneten Pflanzenteilen;* Zus *Teekanne, Teeservice, Teetasse; Früchtetee, Kamillentee, Kräutertee, Pfefferminztee* ▸ eine **Tasse** ~; wir hätten gern zwei Tassen ~ mit Zitrone ▸ ~ **aufbrühen,** aufgießen, kochen; abwarten und ~ **trinken!** ⟨übertr.; umg.⟩ *nichts übereilen!;* der ~ muss fünf Minuten, muss noch etwas **ziehen** ▸ **grüner,** schwarzer ~; **starker,** schwacher, dünner, aromatischer ~ ▸ ~ **mit** Milch, Zucker, Zitrone; jmdn. **zum** ~ bitten, einladen *nachmittags zu einer leichten Mahlzeit mit Tee*

Tee|beu|tel ⟨der; -s, -⟩ *kleiner, wasserdurchlässiger Beutel mit Teeblättern, der für die Zubereitung von Tee mit heißem Wasser übergossen wird*

Tee|löf|fel ⟨der; -s, -⟩ *kleiner Löffel (auch als Mengenangabe)* ▸ ein ~ voll; zwei ~ Zucker

Teen|ager ⟨[tiːnɛɪdʒə(r)] der; -s, -; Kurzw.: Teen, Teenie, Teeny⟩ *Junge od. Mädchen zw. 13 u. 19 Jahren*

Teer ⟨der; -(e)s, -e⟩ *braune bis schwarze, übelriechende, zähe, z. B aus Kohle, Öl od. Holz gewonnene Flüssigkeit;* Zus *Braunkohlenteer, Holzteer, Holzkohlenteer, Steinkohlenteer*

tee|ren ⟨V. trans.; teert, teer|te, hat ge|teert⟩ etwas ~ *mit Teer bestreichen;* Abl *Teerung*

Te|f|lon® ⟨das; -s; unz.⟩ *ein hitzebeständiger Kunststoff;* Zus *Teflonbeschichtung, Teflonpfanne*

Teich ⟨der; -(e)s, -e⟩ *kleines, stehendes Gewässer, sehr kleiner See* ▸ der große ~ ⟨scherzh.⟩ *der Atlantische Ozean;* über den großen ~ fahren *nach Übersee;* Zus *Fischteich, Gartenteich*

Teig ⟨der; -(e)s, -e⟩ *breiige od. festere, zähe Masse aus Mehl, Milch od. Wasser, Eiern, Zucker u. a. zum Herstellen von Teigwaren od. zum Backen von Brot, Kuchen, Kleingebäck* ▸ den ~ kneten, rühren, ausrollen; Abl *teigig;* Zus *Teigmasse; Blätterteig, Brotteig, Hefeteig, Kuchenteig*

Teig|wa|ren ⟨Pl.⟩ *aus Teig hergestellte Nahrungsmittel, Nudeln*

Teil **I** ⟨der; -(e)s, -e⟩ **1** *Stück von einem größeren Ganzen, Abschnitt* **2** *eine od. mehrere Personen im Verhältnis zu einer anderen Person od. einer Gruppe* **3** ⟨Rechtsw.⟩ *Partei* ▸ ein ~ der **Stadt** ist niedergebrannt ▸ der 4. ~ von 20 ist 5; der **erste** ~ des Buches hat mir besser gefallen als der zweite; ein **großer,** kleiner ~; der **obere,** untere, mittlere, kleinere, größere ~; der **schönste** ~ des Landes; der **schwierigste** ~ der Aufgabe **II** ⟨das; -(e)s, -e⟩ **1** *einzelnes Stück (von etwas);* Zus *Maschinenteil* **2** ⟨umg.⟩ *Sache, Ding* ▸ die **einzelnen** ~e eines Gegenstandes zusammensetzen ▸ Roman **in** drei ~en; eine Maschine in ihre (einzelnen) ~e zerlegen; der Garten besteht **zum** größten ~ aus Beeten; zu gleichen ~en erben **III** ⟨der od. das; -(e)s, -e⟩ *Anteil, Beitrag* ▸ sein(en) ~ zu etwas **beitragen;** er hat sein(en) ~ **bekommen** *seinen Anteil,* ⟨a. übertr.⟩ *seine Strafe;* sich sein(en) ~ **denken** ⟨übertr.⟩ *sich seine eigenen Gedanken über etwas machen, ohne sie auszusprechen* ▸ ich **für** meinen ~ bin dagegen ⟨übertr.⟩ *was mich betrifft*

Teil/-teil

Bei der Verwendung des Substantivs *der/das Teil* kommt es nicht nur bei Deutschlernenden, sondern auch bei Muttersprachlern immer wieder zu Verwechslungen. Dies liegt daran, dass die unterschiedlichen Genera, in denen das Wort auftreten kann, zum Teil verschiedene Bedeutungen mit sich bringen. Als „Stück von einem Ganzen" tritt *Teil* in der Regel im Maskulinum auf – in den folgenden Fällen kann das Neutrum definitiv nicht stehen: *Der älteste Teil der Stadt wurde saniert. Der größte Teil seines Besitzes ging verloren. Einen großen Teil der Aufgaben hat sie bereits erledigt.*

Bezeichnet *Teil* jedoch „ein einzelnes Stück", so ist es gewöhnlich ein Neutrum: *Jedes einzelne Teil ist überprüft worden. Das letzte Teil des Puzzles fehlt.*

In einigen Wendungen hingegen kann *Teil* sowohl Maskulinum als auch Neutrum sein: *ich für meinen/mein Teil; sie hat ihr(en) Teil dazu beigetragen.*

Wird *-teil* in substantivischen Zusammensetzungen gebraucht, so steht das Genus meistens fest: *der Anteil, der Bruchteil, der Körperteil, der Vorteil; das Bauteil, das Ersatzteil* Bisweilen sind jedoch auch hier Schwankungen zwischen Maskulinum und Neutrum zu beobachten: *der/das Erbteil, der/das Oberteil, der/das Vorderteil*

teil..., Teil... ⟨in Zus.⟩ *einen Teil, ein Stück eines Ganzen bildend,* z. B. teilhaben, teilweise, Teilbereich, Teilbetrag, Teilmenge

teil|bar ⟨Adj.⟩ *so beschaffen, dass man es teilen kann* ▸ ~e Zahl *Z., die durch eine andere Zahl geteilt werden kann, ohne dass ein Rest bleibt;* die Zahl 20 ist durch 4 ~

Teil|chen ⟨das; -s, -⟩ **1** *kleinster Bestandteil der Materie, Atom, Molekül;* Zus *Teilchenbeschleuniger* **2** ⟨regional⟩ *ein Stück süßen Gebäcks*

tei|len ⟨V.; teilt, teil|te, hat ge|teilt⟩ **I** ⟨V. trans.⟩ **1** etwas (in etwas) ~ *in Teile, Einzelteile zerlegen* **2** ⟨Math.⟩ eine Zahl ~ *in gleiche Teile zerlegen, dividieren* **3** etwas ~ *zerschneiden, zertrennen* **4** etwas (mit jmdm.) ~ *jmdm. einen Teil von etwas abgeben* **5** (sich) etwas mit jmdm. ~ *gemeinsam mit anderen nutzen* **6** etwas (mit jmdm.) ~ *gemeinsam von etwas betroffen sein* **7** sich etwas ~ *eine Aufgabe gemeinsam bewältigen* ▸ ich teile seine **Ansicht** (nicht) *ich bin (nicht) der gleichen A. wie er;* sie ~ sich die **Hausarbeit;** sich die **Kosten** ~ *die K. gemeinsam tragen;* wollen wir uns eine **Pizza** ~? ▸ etwas **brüderlich** ~ ▸ zehn **durch** zwei ~; ein Stück Land **in** zwei Hälften ~; eine Apfelsine in zwei Teile ~; ein Stück Brot **mit** jmdm. ~; den Schmerz mit jmdm. ~ ⟨übertr.⟩ *an seinem Sch. teilnehmen;* mit jmdm.

das Zimmer ~ *gemeinsam bewohnen* ▸ sie waren geteilter Meinung *verschiedener M.;* die Meinungen waren geteilt *unterschiedlich;* geteiltes Leid ist halbes Leid; 12 geteilt durch 3 ist 4 **II** 〈V. refl.〉 sich ~ *sich verzweigen, auseinandergehen* ▸ die Straße teilt sich nach der Kreuzung

Tei|ler 〈der; -s, -; Math.〉 *ganze Zahl, die in einer anderen Zahl mehrmals ohne Rest enthalten ist*

teil|ha|ben 〈V. intr.; hat teil, hat|te teil, hat teil|gehabt, teil|zu|ha|ben〉 an etwas ~ **1** *an etwas beteiligt sein* **2** 〈poet. a.〉 *teilnehmen* ▸ jmdn. an seiner Arbeit, seiner Freude ~ lassen

Teil|ha|ber 〈der; -s, -〉 **1** *Mitberechtigter am Eigentum* **2** *Gesellschafter (eines Geschäftes, Unternehmens);* Abl *Teilhaberin*

...tei|lig 〈in Zus.; zur Bildung von Adj.〉 *aus einer bestimmten od. unbestimmten Zahl von Teilen bestehend,* z. B. dreiteilig (in Ziffern: 3-teilig), mehrteilig

Teil|nah|me 〈die; -, -n〉 **1** *das Teilnehmen, Mitmachen;* Abl *teilnahmeberechtigt;* Zus *Teilnahmebescheinigung, Teilnahmebestätigung* **2** *Mitempfinden, Mitgefühl* **3** *Interesse* ▸ eine Sache mit großer ~ verfolgen; jmdm. seine ~ aussprechen; ~ an einem Wettbewerb, einer Veranstaltung

teil|nahms|los 〈Adj.〉 *ohne Teilnahme, gleichgültig, interesselos, apathisch* ▸ der Kranke ist völlig ~; ~ dabeisitzen; Abl *Teilnahmslosigkeit*

teil|nahms|voll 〈Adj.〉 *mitfühlend, mitleidig*

teil|neh|men 〈V. intr.; nimmt teil, nahm teil, hat teil|ge|nom|men, teil|zu|neh|men〉 an etwas ~ **1** *sich an etwas beteiligen, bei etwas mitmachen* **2** *an etwas Anteil nehmen, etwas mitfühlen* ▸ an einem Ausflug, einem Wettbewerb ~; ich kann an der Sitzung leider nicht ~; ~d *mitfühlend*

Teil|neh|mer 〈der; -s, -〉 *jmd., der an etwas teilnimmt, sich an etwas beteiligt* ▸ ~ an einem Fest, Ausflug, Wettbewerb, Sportkampf; alle ~ werden in die Halle gebeten; Abl *Teilnehmerin;* Zus *Teilnehmerzahl; Gesprächsteilnehmer*

teils 〈Adv.〉 *teilweise, zum Teil* ▸ ~, ~ 〈umg.〉 *wechselnd; sowohl als auch;* „Waren nette Leute da?" „~, ~!" 〈umg.〉 *nette u. weniger nette L.;* 100 Menschen, ~ Männer, ~ Frauen, ~ Kinder; der Schnee ist ~ schon geschmolzen

T

...teils 〈in Zus.; zur Bildung von Adv.〉 *zu einem bestimmten Teil,* z. B. größtenteils, einesteils, andernteils

Tei|lung 〈die; -, -en〉 **1** *das Teilen* **2** 〈Biol.〉 *Form der ungeschlechtlichen Fortpflanzung;* Zus *Kernteilung* **3** 〈Math.〉 *Division* ▸ die ~ eines Reiches; die deutsche ~ *die T. Deutschlands von 1945 bis 1990*

teil|wei|se 〈Adv.〉 **1** *in Teilen* **2** *zum Teil* ▸ das Haus ist ~ fertig

Teil|zah|lung 〈die; -, -en〉 *Abzahlung, Zahlung einer größern Summe in Raten* ▸ die ersten drei ~en; monatliche ~

Teil|zeit 〈die; -; unz.; kurz für〉 *Beschäftigung nur für einige Tage der Woche od. für einige Stunden des Tages* ▸ in ~ arbeiten, gehen; Syn *Teilzeitarbeit, Teilzeitbeschäftigung*

Teint 〈[tɛ̃ː] der; -s, -s〉 *Zustand, Farbe der Gesichtshaut* ▸ einen (un)reinen, zarten ~ haben

Te|le|ar|beit 〈die; -, -en; Pl. selten〉 *Heimarbeit eines Arbeitnehmers mittels elektronischer Verbindung zum Arbeitgeber*

Te|le|fax 〈das; -es, -e; kurz: Fax〉 **I** 〈zählb.〉 *Gerät, mit dem Dokumente über das Telefonnetz versendet werden können, Fernkopierer* **II** 〈unzählb.〉 **1** *Übermittlungsdienst für Schriftstücke u. Fotos per Telefonnetz* **2** *per Telefax übermittelte Fernkopie* ▸ eine Sendung, einen Brief per ~ schicken

Te|le|fon 〈a. ['---] das; -s, -e〉 *Apparat zum Empfangen u. Senden von mündlichen Nachrichten über Funk- od. Drahtverbindungen;* Syn *Fernsprechapparat, Fernsprecher, Telefonapparat* ▸ wo finde ich hier ein ~?; möchten Sie mein ~ benutzen?; das ~ klingelt; mein Mann ist gerade am ~; wer ist am ~?; ⓘ S. 468; Zus *Telefonanruf, Telefonanschluss, Telefongebühr, Telefongesellschaft, Telefongespräch, Telefonhörer*

Te|le|fo|nat 〈das; -(e)s, -e〉 *Telefongespräch, Anruf* ▸ ein ~ führen

Te|le|fon|buch 〈das; -(e)s, -bü|cher〉 *Verzeichnis der Telefonteilnehmer einer Stadt (mit Rufnummer u. Adresse)* ▸ haben Sie ein ~?; Adresse und Telefonnummer findest du im ~

te|le|fo|nie|ren 〈V. intr.; te|le|fo|niert, te|le|fo|nierte, hat te|le|fo|niert〉 (mit jmdm.) ~ *durch das Telefon (mit jmdm.) sprechen* ▸ mit jmdm. stundenlang ~

te|le|fo|nisch 〈Adj.〉 *auf Telefonie beruhend, mit Hilfe des Telefons od. der Telefonie;* Syn *fernmündlich* ▸ ~e Durchsage, Mitteilung

Te|le|fon|ka|bi|ne 〈die; -, -n; schweiz.〉 = *Telefonzelle*

Te|le|fon|kar|te 〈die; -, -n〉 *Karte in der Größe einer Scheckkarte, auf der abhängig vom Kaufpreis Gebühreneinheiten gespeichert sind, die beim Telefonieren mit einem Kartentelefon abgebucht werden;* Syn 〈schweiz.〉 *Taxcard,* 〈österr.〉 *Telefonwertkarte*

Te|le|fon|num|mer 〈die; -, -n〉 *Nummer, unter der jmd. telefonisch zu erreichen ist;* Syn *Rufnummer* ▸ unter welcher ~ kann ich Sie erreichen?; ich schreibe Ihnen meine ~ auf

Te|le|fon|wert|kar|te 〈die; -, -n; österr.〉 = *Telefonkarte*

Te|le|fon|zel|le 〈die; -, -n〉 *kleiner, geschlossener Raum mit einem öffentlichen Telefonapparat;* Syn 〈schweiz.〉 *Telefonkabine*

te|le|gen 〈Adj.〉 *wirkungsvoll im Fernsehen* (von Personen)

te|le|gra|fie|ren 〈V. intr. u. V. trans.; te|le|gra|fiert, te|le|gra|fier|te, hat te|le|gra|fiert〉 (jmdm.) (etwas) ~ *mittels elektrischer Impulse übermitteln* (Nachricht); oV *telegraphieren;* Abl *Telegraf/Telegraph, Telegrafie/Telegraphie; telegrafisch/telegraphisch*

Te|le|gramm 〈das; -(e)s, -e〉 *telegrafierte Mitteilung;* Syn *Fernspruch* ▸ ein ~ aufgeben, übermitteln; Zus *Glückwunschtelegramm*

Te|le|kom|mu|ni|ka|ti|on 〈die; -, -en〉 *Nachrichten-*

austausch zw. Menschen, Maschinen u. anderen Systemen mit Hilfe elektronischer Medien

Te|le|no|ve|la ⟨[-ve:-] die; -, -s; TV⟩ *(meist täglich ausgestrahlte) rührselige Fernsehserie*

Te|le|ob|jek|tiv ⟨das; -s, -e; Fot.⟩ *Objektiv zur Detail- od. Großaufnahme weit entfernter Gegenstände* ▸ eine Aufnahme mit ~

Te|le|pa|thie ⟨die; -; unz.⟩ *übersinnliche Übertragung von geistigen u. seelischen Inhalten;* Abl *telepathisch*

Te|le|phon ⟨a. ['---] das; -, -e; veraltende Schreibung für⟩ *Telefon*

Te|le|skop ⟨das; -s, -e⟩ = *Fernrohr*

Te|le|text ⟨der; -(e)s, -e; bes. TV⟩ *Texte (od. Bilder) auf Fernsehbildschirmen, die man wählen kann, um zusätzliche Informationen zu erhalten;* →a. *Videotext*

Te|lex I ⟨der od. das; -es, -e od. -⟩ *Gerät mit Tastatur zur elektron. Übermittlung von Nachrichten, Fernschreiber* II ⟨das; -es, -e od. -⟩ *per Telex (I) übermitteltes Fernschreiben*

Tel|ler ⟨der; -s, -⟩ **1** *flache Schale als Essgeschirr;* Zus *Kuchenteller, Suppenteller* **2** ⟨übertr.⟩ *Scheibe, runde Fläche;* Zus *Handteller* ▸ einen ~ (voll) Suppe essen; das Kind muss seinen ~ leeressen; kannst du die ~ auf den Tisch stellen?; wie viele ~ brauchen wir?; flacher, tiefer ~

Tel|ler|rand ⟨der; -(e)s, -rän|der⟩ I ⟨zählb.⟩ *Rand des Tellers* II ⟨unz.; übertr.⟩ *enger geistiger Horizont* ▸ über den eigenen ~ nicht hinaussehen können *sich nur mit sich selbst beschäftigen*

Tel|ler|wä|scher ⟨der; -s, -⟩ *jmd., der Teller abwäscht* ▸ vom ~ zum Millionär (aufsteigen); Abl *Tellerwäscherin*

Tem|pel ⟨der; -s, -⟩ **1** ⟨Rel.⟩ *der Verehrung einer Gottheit dienender Bau* **2** ⟨übertr.⟩ **2.1** *bes. wichtiger Ort, Heiligtum* **2.2** *prunkvoller Bau* ▸ jüdischer, heidnischer ~

Tem|pe|ra|ment ⟨das; -(e)s, -e⟩ **1** *Gemütsart, Wesensart, Gefühlsanlage* **2** ⟨übertr.⟩ *Erregbarkeit, Lebhaftigkeit, Munterkeit;* Abl *temperamentlos, temperamentvoll* ▸ sein ~ ist mit ihm durchgegangen *er hat die Beherrschung verloren;* (kein) ~ haben; ein feuriges, ruhiges ~ haben; sich von seinem ~ hinreißen lassen ⟨übertr.⟩

Tem|pe|ra|tur ⟨die; -, -en⟩ *Wärmegrad (eines Gases, Körpers, einer Flüssigkeit)* ▸ ~ haben *leichtes Fieber haben;* die ~ messen; die ~ ist gestiegen, gesunken, gefallen; erhöhte ~ *leichtes Fieber;* eine ~ von 15°C; Zus *Temperaturanstieg, Temperaturskala, Temperatursturz; Außentemperatur, Körpertemperatur, Zimmertemperatur*

tem|pe|rie|ren ⟨V. trans.; tem|pe|riert, tem|pe|rierte, hat tem|pe|riert⟩ etwas ~ *die gleichmäßige, gemäßigte Temperatur von etwas bewirken* ▸ der Raum ist gut, angenehm temperiert

Tem|po I ⟨das; -s, -s od. Tem|pi⟩ **1** *Geschwindigkeitsgrad;* Zus *Tempolimit* **2** ⟨übertr.⟩ *Schnelligkeit;* Abl *temporeich;* Zus *Lerntempo* ▸ ~, ~ *(Anfeuerung zu größerer Schnelligkeit);* mach ein bisschen ~! ⟨umg.⟩ *schneller!* ▸ das ~ angeben; ein rasches ~ anschlagen; das ~ beschleunigen, verringern; das ~ einhalten, halten; ein schnelles ~ vorlegen ▸ schnelles, langsames, rasendes, mörderisches ~ II ⟨das; -s, meist Tem|pi; Mus.⟩ *Zeitmaß* ▸ die Tempi einhalten

Tem|po® ⟨das; -s, -s; kurz für⟩ *Tempotaschentuch®*

Tem|po|ra ⟨Pl. von⟩ *Tempus*

tem|po|ral ⟨Adj.; Gramm.⟩ *das Tempus, die Zeit betreffend, zeitlich*

tem|po|rär ⟨Adj.⟩ *zeitweise, zeitweilig, vorübergehend* ▸ ein ~er Schwächeanfall

Tem|po|ta|schen|tuch® ⟨das; -(e)s, -tü|cher⟩ *Papiertaschentuch;* Syn ⟨kurz⟩ *Tempo®*

Tem|pus ⟨das; -s, -po|ra; Gramm.⟩ *Zeitform des Verbs,* z. B. Präsens, Perfekt, Futur

Ten|denz ⟨die; -, -en⟩ **1** *Neigung, Hang, Streben* **2** *erkennbare Absicht (eines Buches, Theaterstückes)* **3** *sich abzeichnende Entwicklung in eine bestimmte Richtung* ▸ in der Partei gibt es ~en, die Reform zu bremsen; es zeichnet sich die ~ ab, …; fallende ~ der Preise; ~ steigend

ten|den|zi|ell ⟨Adj.⟩ *der Tendenz nach*

ten|den|zi|ös ⟨Adj.; -er, am -es|ten⟩ *(partei)politisch gefärbt* ▸ ein ~er Artikel, Bericht

ten|die|ren ⟨V. intr.; ten|diert, ten|dier|te, hat tendiert⟩ zu etwas ~ *zu etwas neigen*

Ten|nis ⟨das; -; unz.; Sp.⟩ *Ballspiel auf Gras- od. Sandplatz od. in der Halle zw. zwei od. vier Spielern, die mit einem Schläger den Ball über ein etwa 1m hohes Netz schlagen* ▸ wir spielen einmal in der Woche ~; Zus *Tennisball* ⓘ S. 789, *Tennislehrer(in), Tennisplatz, Tennisprofi, Tennisschläger* ⓘ S. 789, *Tennisspiel, Tennisspieler(in), Tennisturnier*

Te|nor[1] ⟨der; -s; unz.⟩ **1** *Inhalt, Wortlaut* **2** *Haltung, Einstellung*

Te|nor[2] ⟨der; -s, -nö|re; Mus.⟩ **1** *hohe Stimmlage der Männer;* Zus *Tenorstimme* **2** *Sänger mit Tenorstimme* **3** *alle Tenorstimmen im Chor*

Ten|ta|kel ⟨der od. das; -s, -⟩ *Fangarm von Tieren, die im Wasser leben*

Tep|pich ⟨der; -(e)s, -e⟩ **1** *geknüpfter od. gewebter, häufig farbig gemusterter Fußbodenbelag od. Wandbehang aus versch. Fasern;* ⓘ S. 361; Zus *Teppichfliese, Teppichmuster; Orientteppich, Perserteppich, Wandteppich* **2** ⟨schweiz. a.⟩ *Wolldecke* **3** ⟨übertr.⟩ *weite od. weiche Fläche;* Zus *Blumenteppich, Ölteppich* ▸ den roten ~ ausrollen, ausbreiten ⟨a. übertr.⟩ *einen roten Teppich zur Ehrung (von Staatsgästen, Filmstars usw.) ausrollen;* ~e klopfen; auf dem ~ bleiben ⟨übertr.; umg.⟩ *nicht übertreiben;* etwas unter den ~ kehren ⟨übertr.; umg.⟩ *verborgen halten, verharmlosen*

Tep|pich|bo|den ⟨der; -s, -bö|den⟩ *Teppich, der den Boden eines Raumes komplett bedeckt;* Syn ⟨schweiz.⟩ *Spannteppich* ▸ eine Wohnung mit ~ auslegen

Tep|pich|klop|fer ⟨der; -s, -⟩ *kleines, flaches Gerät mit Handgriff zum Ausklopfen von Teppichen*

Term ⟨der; -s, -e; Math.⟩ *Zeichen in einer Gleichung, das für etwas steht*

Ter|min ⟨der; -s, -e⟩ **1** *bestimmter festgelegter Zeitpunkt;* Abl *terminieren;* Zus *Terminplan, Terminschwierigkeiten; Abgabetermin, Liefertermin* **2** *(geschäftliches) Treffen, Besprechung an einem bestimmten Zeitpunkt;* Zus *Terminkalender; Arzttermin, Gerichtstermin* **3** ⟨umg.⟩ *errechneter Tag der Geburt* ▸ einen ~ **anberaumen,** festsetzen; viele ~ **haben; sein:** am 20. ist ~ ⟨umg.⟩; einen (anderen, neuen usw.) ~ **vereinbaren;** einen ~ **versäumen,** verpassen ▸ **als** ~ wurde der 5. April vorgeschlagen; sich **auf** einen, keinen ~ festlegen; **zu** einem früheren, späteren ~ ▸ **welcher** ~ würde Ihnen passen?

Ter|mi|nal ⟨[tœ:mɪnəl]⟩ **I** ⟨der od. das; -s, -s⟩ *Teil des Flughafengebäudes* **II** ⟨das; -s, -s; EDV⟩ *Ein- u. Ausgabeeinheit einer EDV-Anlage, bestehend aus Computermonitor u. -tastatur*

ter|min|ge|recht ⟨Adj.⟩ *rechtzeitig, pünktlich;* Syn *termingemäß* ▸ eine Arbeit ~ abliefern

ter|min|lich ⟨Adj.⟩ *einen Termin betreffend, hinsichtlich der Termine* ▸ ~e Schwierigkeiten

Ter|mi|no|lo|gie ⟨die; -, -n⟩ *Gesamtheit der Fachausdrücke (eines Kunst- od. Wissensgebietes)* ▸ medizinische, technische ~; Abl *terminologisch*

Ter|mi|nus ⟨der; -, -mi|ni⟩ *Fachausdruck* ▸ ~ technicus *(festgelegter) Fachausdruck*

Ter|mi|te ⟨die; -, -n⟩ *ein fliegendes Insekt, das in Staaten lebt;* Zus *Termitenhügel*

Ter|pen|tin ⟨das; -s; unz.⟩ *scharf riechende Flüssigkeit, ein Lösungsmittel für Farbanstriche*

Ter|ra|cot|ta ⟨die; -; unz.⟩ *gebrannter Ton;* oV *Terrakotta;* Zus *Terracottafigur*

Ter|rain ⟨[-rɛ̃:] das; -s, -s⟩ **1** *Gebiet, Gelände* **2** *Grundstück* ▸ das ~ sondieren, erkunden

Ter|ra|ri|um ⟨das; -s, -ri|en⟩ *Behälter zur Pflege u. Zucht von Lurchen u. Kriechtieren*

Ter|ras|se ⟨die; -, -n⟩ **1** *waagerechte Stufe im Gelände;* Zus *Reisterrasse, Weinterrasse* **2** *nicht überdachter, gepflasterter, an das Erdgeschoss eines Hauses angebauter Platz* **3** *großer, offener Balkon;* Zus *Dachterrasse* ▸ sich auf die ~ setzen

Ter|ri|er ⟨der; -s, -⟩ *kleine bis mittelgroße Hunderasse, meist stichelhaarig*

Ter|ri|ne ⟨die; -, -n⟩ **1** *Schüssel, (bes.) Suppenschüssel;* Zus *Suppenterrine* **2** *Speise, die in einer Kastenform zubereitet wird;* Zus *Fischterrine, Fleischterrine*

T

Ter|ri|to|ri|um ⟨das; -s, -ri|en⟩ **1** *Gebiet, Land* **2** *Herrschaftsgebiet* ▸ auf fremdem ~; Abl *territorial*

Ter|ror ⟨der; -s; unz.⟩ **1** *gewalttätiges, rücksichtsloses Vorgehen, das die Betroffenen in Angst u. Schrecken versetzen soll;* Zus *Terrorakt, Terroranschlag, Terrororganisation* **2** *Gewalt-, Schreckensherrschaft;* Zus *Terrorregime* **3** ⟨in Zus.⟩ *Zwang;* Zus *Konsumterror* **4** ⟨umg.⟩ *Aufregung, Unruhe* ▸ mach doch nicht solchen ~! ⟨umg.⟩

ter|ro|ri|sie|ren ⟨V. trans.; ter|ro|ri|siert, ter|ro|ri|sier|te, hat ter|ro|ri|siert⟩ jmdn. ~ **1** *durch Gewaltanwendung einschüchtern* **2** *in Furcht u. Schrecken versetzen* ▸ ein Land ~; seine Mitmenschen ~; Abl *Terrorisierung*

Ter|ro|ris|mus ⟨der; -; unz.⟩ *Ausübung von Terror, um bestimmte (bes. politisch motivierte) Ziele durchzusetzen;* Abl *Terrorist(in); terroristisch*

Terz[1] ⟨die; -, -en; Mus.⟩ *dritter Ton der diatonischen Tonleiter*

Terz[2] ⟨der; -(e)s; unz.; Jugendspr.; in der Wendung⟩ ~ machen *Unruhe verbreiten, sich laut aufregen, sich streiten*

Ter|zett ⟨das; -(e)s, -e; Mus.⟩ **1** *Musikstück für drei Singstimmen od. drei gleiche Instrumente* **2** *die drei Sänger bzw. Spieler*

Te|sa|film® ⟨der; -s, -e⟩ *durchsichtiges Klebeband* ▸ einen Zettel mit ~ festkleben

Test ⟨der; -s, -e od. -s⟩ **1** *Probe, Experiment, Wertbestimmung;* Zus *Testfahrt, Testflug, Testreihe, Teststrecke* **2** *Eignungsprüfung;* Zus *Eignungstest, Sprachtest* ▸ einen ~ auswerten, bestehen, durchführen; Zus *Testergebnis*

Tes|ta|ment ⟨das; -(e)s, -e⟩ **1** *schriftlich festgehaltener letzter Wille eines Menschen, der regelt, was nach seinem Tod mit seinem Besitz geschehen soll;* Zus *Testamentseröffnung, Testamentsvollstreckung* **2** *Teil der Bibel* ▸ ein ~ anfechten, eröffnen, vollstrecken; sein ~ machen; dann kannst du gleich dein ~ machen ⟨umg.; scherzh.⟩ *dann bist du erledigt;* das Alte, Neue ~; gemeinschaftliches ~ (zweier Ehegatten)

tes|ta|men|ta|risch ⟨Adj.⟩ *durch, mittels Testament* ▸ jmdn. ~ als Erben einsetzen; ~e Verfügung

tes|ten ⟨V. trans.; tes|tet, tes|te|te, hat ge|tes|tet⟩ jmdn. od. etwas ~ *mit Hilfe eines Tests prüfen*

Tes|ter ⟨der; -s, -⟩ *jmd., der jmdn. od. etwas testet (bes. Waren od. Material);* Abl *Testerin*

Test|per|son ⟨die; -, -en⟩ *Person, mit der od. an der ein Test durchgeführt wird*

Te|ta|nus ⟨der; -; unz.⟩ = *Wundstarrkrampf;* Zus *Tetanusimpfung*

Tête-à-tête ⟨[tɛ:tatɛ:t] das; -s, -s⟩ *vertrautes Zusammensein (zweier Liebender);* oV *Tete-a-tete*

Te|t|ra|eder ⟨das; -s, -; Geom.⟩ *von vier Flächen begrenzter Körper;* Syn *Vierflach, Vierflächner*

teu|er ⟨Adj.; teu|rer, am -s|ten⟩ **1** *viel kostend, von hohem Preis, kostspielig;* Ggs *billig* **2** ⟨übertr.⟩ *kostbar, wert, lieb* (Andenken) ▸ etwas für teures **Geld** erstehen ⟨umg.⟩ *für viel G.;* ein teures **Pflaster** ⟨übertr.; umg.⟩ *eine Stadt, in der das Leben viel Geld kostet;* ein teurer **Spaß,** ein teures Vergnügen; teure **Zeiten** ⟨übertr.⟩ *Z., in denen Preise hoch sind* ▸ etwas ~ **kaufen,** verkaufen; der Umbau des Hauses **kam** mich ~ zu stehen *kostete mich viel;* sein Leichtsinn kam ihn ~ zu stehen *hatte schlimme Folgen für ihn;* er war entschlossen, sein Leben ~ zu **verkaufen** *um sein L. zu kämpfen;* **sein:** das ist mir (viel) zu ~; dieses Geschäft ist ihm zu ~ ▸ **wie** ~ ist dieses Buch?; Bes *bei Beugung entfällt das „e" in der Endsilbe: „ein teurer Anzug"*

Teu|e|rung ⟨die; -, -en⟩ *Teurerwerden der Waren, Steigen der Preise;* Zus *Teuerungsrate*

Teu|fel ⟨der; -s, -⟩ **1** ⟨in fast allen Religionen⟩ *Verkörperung des Bösen, böser Geist, Dämon;* Abl *Teufelin* **2** ⟨christl. Religion⟩ *Widersacher*

Gottes, Verführer des Menschen zum Bösen ▸ ~!, ~ noch mal! *(Fluch)* ▸ in ~s Küche geraten, kommen ⟨übertr.⟩ *in eine schlechte Lage* ▸ den ~ mit dem Beelzebub austreiben ⟨übertr.⟩ *ein Übel durch ein anderes bekämpfen;* in der Not frisst der ~ Fliegen ⟨übertr.; umg.⟩ *in der N. kann man sich mit wenigem begnügen;* er fürchtet weder Tod noch ~ ⟨übertr.⟩ *er hat vor nichts Angst;* hol dich der ~! *(Verwünschung);* los sein: dort ist der ~ los ⟨übertr.⟩ *dort ist viel Lärm, großes Durcheinander, ein Streit;* man soll den ~ nicht an die Wand malen *man soll nicht von etwas reden, was man in Wahrheit weit weg wünscht (weil es dann vielleicht gerade eintritt);* ihn reitet der ~ ⟨übertr.⟩ *er ist übermütig;* ich schere mich den ~ darum ⟨umg.⟩ *ich kümmere mich überhaupt nicht darum;* den ~ werde ich tun! ⟨übertr.; umg.⟩ *ich denke nicht daran!;* weiß der ~, wo das Geld geblieben ist ⟨übertr.; umg.⟩ *ich möchte nur wissen …* ▸ er ist ein armer ~ *armer Kerl* ▸ etwas auf ~ komm raus wollen ⟨übertr.; umg.⟩ *mit aller Kraft, unbedingt;* es müsste schon mit dem ~ zugehen, wenn es nicht klappte ⟨übertr.; umg.⟩ *es ist sehr unwahrscheinlich, dass es nicht klappt;* pfui ~ *(Ausruf des Ekels, Abscheus);* vom ~ besessen sein ⟨übertr.⟩ *bösartig sein;* er fährt, reitet wie der ~ ⟨übertr.⟩ *waghalsig, sehr schnell;* geh zum ~! ⟨umg.⟩, scher dich zum ~! ⟨derb⟩ *mach, dass du fortkommst!;* jmdn. zum ~ schicken ⟨übertr.; umg.⟩ *ihn fortjagen;* Zus *Teufelsaustreibung, Teufelsbeschwörung*

Teu|fe|lei ⟨die; -, -en⟩ *unmenschlich grausames, hinterlistiges Tun* ▸ eine ~ aushecken

Teu|fels|kerl ⟨der; -(e)s, -e⟩ *Draufgänger*

Teu|fels|kreis ⟨der; -es, -e⟩ *Kreislauf, in dem der Versuch, eine Zwangslage zu lösen, wieder in eine neue führt* ▸ in einen ~ geraten

Teu|fels|zeug ⟨das; -(e)s; unz.; umg.⟩ *etwas Gefährliches, unvermutet Starkes, z. B. Schnaps* ▸ was ist denn das für ein ~?

teuf|lisch ⟨Adj.⟩ **1** *wie der Teufel, wie ein Teufel* **2** *unmenschlich, niederträchtig* ▸ ein ~er Plan

Teu|to|ne ⟨der; -n, -n; scherzh. für⟩ *(typischer) Deutscher;* Abl *Teutonin; teutonisch*

Text ⟨der; -(e)s, -e⟩ **1** *Folge von Wörtern od. Sätzen, die inhaltlich od. thematisch zusammengehören;* Zus *Werbetext* **2** *genauer Wortlaut einer Aufzeichnung, eines Werkes;* Zus *Textstelle; Redetext* **3** *die begleitenden Worte zu einer musikalischen Komposition;* Zus *Liedtext, Operntext* **4** *(erklärende) Beschriftung von Abbildungen, Karten usw.;* Zus *Bildtext* ▸ einen ~ analysieren, kürzen; einen ~ (auswendig) lernen, lesen; der Schauspieler hat seinen ~ vergessen ▸ ein schwieriger ~ ▸ weiter im ~! ⟨umg.⟩ *weiter! wir wollen weitermachen;* über einen ~ diskutieren, sprechen

Text|auf|ga|be ⟨die; -, -n; Math.⟩ *Rechenaufgabe, die in einem Text beschrieben wird*

tex|ten ⟨V. intr. u. V. trans.; tex|tet, tex|te|te, hat ge|tex|tet⟩ (etwas) ~ *einen Text verfassen (für eine Komposition, einen Film, für die Werbung o. Ä.);* Abl *Texter(in);* Zus *Werbetexter(in)*

tex|til|frei ⟨Adj.; umg.; scherzh.⟩ *nackt (bes. an Badestränden)*

Tex|ti|li|en ⟨Pl.; Sammelbez. für⟩ *Stoffe, Tuche, Gewebe, Gewirke, Fasererzeugnisse, Kleidung, Wäsche;* Syn *Textilwaren*

Tex|til|in|dus|t|rie ⟨die; -, -n⟩ *Gesamtheit der Unternehmen, die Textilien herstellen u. verarbeiten;* Syn *Textilhandel*

text|lich ⟨Adj.⟩ *hinsichtlich des Textes*

Text|ver|ar|bei|tung ⟨die; -, -en; EDV⟩ *maschinen- od. computerunterstützte Erstellung, Speicherung u. Veränderung von Texten;* Zus *Textverarbeitungsprogramm*

T-för|mig ⟨[te:-] Adj.⟩ *wie ein T geformt*

TH ⟨Abk. für⟩ *Technische Hochschule*

The|a|ter ⟨das; -s, -⟩ **1** *Gebäude für die Vorführung von Schauspiel, Oper, Operette, Bühnentanz;* Zus *Theaterbühne, Theaterdirektor(in), Theaterkasse* **2** *Gesamtheit der dramatischen Werke eines Volkes od. einer Zeit;* Zus *Theaterwissenschaft; Barocktheater, Volkstheater* **3** *Vorstellung im Theater (1);* Zus *Theateraufführung, Theaterkarte, Theaterpublikum, Theaterstück* **4** ⟨übertr.; umg.⟩ *Getue, Aufregung, Ärger* ▸ das ~ beginnt um 8 Uhr; tu das nicht, sonst gibt es ein großes ~ ⟨übertr.; umg.⟩; das ganze ~ lachte, tobte, schrie, brach in Beifallsstürme aus *Publikum;* mach nicht so ein, so viel ~! ⟨übertr., umg.⟩; sein: das ist doch alles nur ~! ⟨übertr.; umg.⟩; ~ spielen ⟨übertr.; umg.⟩ *etwas vortäuschen* ▸ griechisches, deutsches ~; modernes ~ ▸ was wird heute im ~ gespielt?; wir wollen morgen ins ~ gehen; zum ~ gehen *Schauspieler(in) werden*

The|a|t|ra|lik ⟨die; -; unz.⟩ *Gespreiztheit, Unnatürlichkeit;* Abl *theatralisch*

…thek ⟨in Zus.; zur Bildung von Subst.; die; -, -en⟩ *Sammlung,* z. B. Bibliothek, Videothek

The|ke ⟨die; -, -n⟩ **1** *Verkaufstisch (zumeist mit Bierzapfstelle) zum Ausschenken von Getränken* **2** *Ladentisch* ▸ Getränke gibt es an der ~

The|ma ⟨das; -s, The|men od. (veraltet) -ma|ta⟩ **1** *behandelter od. zu behandelnder Gegenstand, Stoff, bes. einer wissenschaftlichen Arbeit, eines Vortrags usw.;* Zus *Themenkomplex, Themenwechsel; Gesprächsthema, Tagesthema* **2** *Haupt-, Leit-, Grundgedanke* **3** ⟨Mus.⟩ **3.1** *aus mehreren Motiven bestehende Hauptmelodie eines Musikstücks od. eines Teils davon* **3.2** *bei Variationen die Grundmelodie, die abgewandelt wird* ▸ ein ~ behandeln, abhandeln; jmdm. od sich ein ~ stellen; musikalisches ~; beim ~ bleiben; vom ~ abschweifen; das gehört nicht zum ~; wie lautet das ~ Ihres Vortrags?; Abl *thematisch*

The|ma|tik ⟨die; -, -en; Pl. selten⟩ **1** *Themenkreis, -auswahl* **2** *Themenstellung*

the|ma|ti|sie|ren ⟨V. trans.; the|ma|ti|siert, the|ma|ti|sier|te, hat the|ma|ti|siert⟩ etwas ~ *zum Thema machen, diskutieren* ▸ er will immer nur seine Probleme ~; Abl *Thematisierung*

The|men ⟨Pl. von⟩ *Thema*

Theo|lo|ge ⟨der; -n, -n⟩ *Wissenschaftler, Student der Theologie;* Abl *Theologin*

Theo|lo|gie ⟨die; -; unz.⟩ *Lehre von der (christlichen) Religion* ▸ ~ studieren; Abl *theologisch*

The|o|re|ti|ker ⟨der; -s, -⟩ **1** *jmd., bes. Wissenschaftler, der eine Sache od. ein Wissensgebiet gedanklich betrachtend bearbeitet* **2** ⟨übertr.⟩ *Mensch, der die Dinge nur gedanklich, begrifflich erfasst u. dem die praktische Erfahrung u. Anwendung fehlt;* Ggs *Praktiker (1)* ▸ er ist einer der führenden ~ auf dem Gebiet der Kernphysik; Abl *Theoretikerin*

the|o|re|tisch ⟨Adj.⟩ **1** *auf einer Theorie (1) beruhend* **2** *nur auf dem Denken beruhend, (rein) gedanklich, begrifflich;* Ggs *praktisch (1)* ▸ ~e Schlussfolgerungen; ~ ist das richtig, aber in der Praxis sieht es etwas anders aus

The|o|rie ⟨die; -, -n⟩ **1** *Erklärung von Tatsachen u. Zusammenhängen aus ihnen zugrundegelegten Gesetzen* **2** *wissenschaftliche, rein gedankliche Betrachtungsweise;* Ggs *Praxis (I. 1)* ▸ eine ~ aufstellen; das ist alles noch graue ~ ⟨übertr.; umg.⟩ *das ist noch nicht erprobt, erwiesen;* in der ~ sieht manches anders aus als in der Praxis

The|ra|peut ⟨der; -en, -en⟩ *Wissenschaftler, der eine Therapie anwendet, behandelnder Arzt;* Abl *Therapeutin;* Zus *Physiotherapeut(in), Psychotherapeut(in)*

The|ra|pie ⟨die; -, -n⟩ **1** *Heil-, Krankenbehandlung;* Zus *Chemotherapie, Physiotherapie, Psychotherapie* **2** ⟨übertr.⟩ *Maßnahmen, die eine günstige Wirkung erzielen sollen* ▸ die ~ war erfolgreich, schlägt an; Abl *therapeutisch*

the|ra|pie|ren ⟨V. trans.; the|ra|piert, the|ra|pier|te, hat the|ra|piert⟩ **1** jmdn. ~ *mit jmdm. eine Therapie machen* **2** etwas ~ *eine Krankheit o. Ä. mit Hilfe einer Therapie zu heilen versuchen*

Ther|mal|bad ⟨das; -(e)s, -bä|der⟩ **1** *(Schwimm-) Bad von einer warmen Quelle* **2** *Badeort mit warmer Quelle*

Ther|mal|quel|le ⟨die; -, -n⟩ *warme Quelle*

Ther|me ⟨die; -, -n⟩ *warme Quelle*

ther|misch ⟨Adj.⟩ *auf Wärme beruhend*

Ther|mo|me|ter ⟨das; -s, -⟩ *Gerät zum Messen der Temperatur* ▸ das ~ fällt, steigt; das ~ zeigt 10 °C über, unter Null; Zus *Fieberthermometer, Außenthermometer, Zimmerthermometer*

Ther|mos|fla|sche® ⟨die; -, -n⟩ *Gefäß mit doppelten Wänden, in dem Speisen od. Getränke ihre Temperatur lange behalten*

Ther|mo|s|tat ⟨der; -(e)s od. -en, -e od. -en⟩ *Gerät, das die Temperatur in einem Raum reguliert;* Syn *Wärmeregler*

The|se ⟨die; -, -n⟩ *Behauptung, Lehrsatz, Leitsatz* ▸ ~ und Antithese; eine ~ aufstellen, beweisen; Luthers 95 ~n; Zus *Thesenpapier*

Thril|ler ⟨[θrɪl-] der; -s, -; Film; Theat.; Lit.⟩ *Werk, das Spannung u. Grausen hervorrufen soll*

Throm|bo|se ⟨die; -, -n; Med.⟩ *krankhafte Blutgerinnung innerhalb der Venen*

Thron ⟨der; -(e)s, -e⟩ **1** *prunkvoll gestalteter Sessel eines regierenden Fürsten für feierliche Anlässe;* Zus *Thronsaal; Kaiserthron, Königsthron, Papstthron* **2** ⟨sinnbildl. für⟩ *monarchische Regierung;* Zus *Thronerbe, Thronerbin, Thronverzicht* **3** ⟨übertr.⟩ *erster, oberster Rang* ▸ den ~ besteigen *die Regierung beginnen;* jmds. ~ wackelt ⟨übertr.⟩ *jmds. beherrschende Stellung wird bedroht;* jmdn. auf den ~ heben *jmdn. zum Herrscher erklären*

thro|nen ⟨V. intr.; thront, thron|te, hat ge|thront⟩ irgendwo ~ **1** *feierlich sitzen* **2** *sich an einer höheren Stelle befinden* ▸ auf einem Sessel ~; die Gipfel der Berge ~ in der Ferne

Thron|fol|ge ⟨die; -; unz.⟩ *Nachfolge in der Herrscherwürde*

Thron|fol|ger ⟨der; -s, -⟩ *derjenige, der als Nächster den (Königs-)Thron besteigt;* Abl *Thronfolgerin*

Thun|fisch ⟨der; -(e)s, -e⟩ *großer Fisch warmer Meere mit schmackhaftem Fleisch;* oV *Tunfisch*

thü|rin|gisch ⟨Adj.⟩ *das dt. Bundesland Thüringen betreffend, aus ihm stammend, zu ihm gehörend* ▸ ~e Rostbratwurst

THW ⟨Abk. für⟩ *Technisches Hilfswerk*

Thy|mi|an ⟨der; -s, -e⟩ *kleinblättrige, ätherische Öle enthaltende Würzpflanze*

Ti|a|ra ⟨die; -, Ti|a|ren⟩ *mit drei Kronen verzierte, hohe Mütze des Papstes*

Tick ⟨der; -s, -s⟩ **1** *in kurzen Abständen zwanghaft wiederholte Bewegung, z. B. Gesichtszucken* **2** ⟨übertr.⟩ **2.1** *Angewohnheit* **2.2** *Schrulle, kleine Verrücktheit* ▸ einen ~ haben ⟨a. übertr.⟩

ti|cken ⟨V. intr.; tickt, tick|te, hat ge|tickt⟩ *ein knackend-klopfendes Geräusch erzeugen* ▸ die Uhr tickt; der tickt nicht ganz richtig ⟨übertr.; umg.⟩ *der ist nicht recht bei Verstand*

Ti|cker ⟨der; -s, -; umg.⟩ *Fernschreiber, der Nachrichten u. Börsenkurse empfängt* ▸ diese Nachricht ist gerade über den ~ reingekommen

Ti|cket ⟨das; -s, -s⟩ *Eintritts-, Fahrkarte* ▸ für den Flug nach Rom müssen wir noch ~s kaufen; Zus *Flugticket*

Ti|de ⟨die; -, -n; nddt.⟩ **1** *Flut (beim Gezeitenwechsel)* **2** ⟨Pl.⟩ ~n *Gezeiten*

tief ⟨Adj.⟩ **1** *weit nach unten reichend, in der Abmessung nach unten* (Abgrund, Wasser); Zus *tief ausgeschnitten / tiefausgeschnitten, tief verschneit / tiefverschneit, tief verwurzelt / tiefverwurzelt* **2** *weit unten, weit nach unten* **3** *in geringer Höhe, nahe am Erdboden* **4** *auf einer Skala geringe Werte aufweisend* **5** *weit nach innen reichend* **6** *von geringer Schwingungszahl, weit unten liegend od. erzeugt* (Stimme, Ton) **7** *nach hinten reichend* (Fach, Schrank) **8** *stark ausgehöhlt* (Schüssel, Teller) **9** *kräftig, dunkel* (Farbe) **10** ⟨übertr.⟩ *tiefgründig* (Gedanke); Syn *tief schürfend / tiefschürfend* **11** ⟨übertr.; bes. adv.⟩ *stark, heftig, kräftig, sehr;* Zus *tief betrübt / tiefbetrübt, tief bewegt / tiefbewegt* ▸ ~e Not, Einsamkeit ⟨übertr.⟩; ~e Ohnmacht, Bewusstlosigkeit; ~er Schlaf *fester Sch.;* ~er Schnee; eine ~e Wunde ▸ ~ atmen; das lässt ~ blicken ⟨umg.⟩ *das lässt mancherlei Schlussfolgerungen zu;* ~ (im Schnee, Schlamm) einsinken; das Flugzeug, der Vogel fliegt ~; der

T

Schmerz, Kummer ging sehr ~ *war sehr groß u. wirkte lange nach;* sich ~ hinunterbeugen; ~ Luft holen; sein: das Wasser ist hier drei Meter ~; ~ seufzen; ~ singen; er ist ~ gesunken ⟨übertr.⟩ *er hat keine Achtung, Moral mehr;* der Vorwurf hat mich ~ getroffen ▸ ~ gehend = *tiefgehend;* ~ greifend = *tiefgreifend* ▸ ich bedaure es aus ~stem Herzen *stark, herzlich;* jmdm. ~ in die Augen schauen; bis ~ in den Herbst, Winter, in die Nacht; ~ in Schulden stecken *große Sch. haben;* ~ im Wald *mitten im Wald;* ~ unten

Tief ⟨das; -s, -s⟩ **1** ⟨Meteor.⟩ *Zone niedrigen Luftdrucks, Tiefdruckgebiet* **2** ⟨übertr.⟩ *Zeitraum schlechter Stimmung od. Leistung;* Zus *Leistungstief, Stimmungstief* ▸ über Island liegt ein ausgedehntes ~; er muss sein ~ erst überwinden ⟨übertr.⟩; das Land befindet sich in einem ~ ⟨übertr.⟩

Tief|bau ⟨der; -(e)s; unz.⟩ *Zweig der Bautechnik, in dem Bauten in u. unter der Erde sowie zu ebener Erde ausgeführt werden;* Ggs *Hochbau*

tief|blau ⟨Adj.⟩ *dunkelblau*

Tief|druck ⟨der; -(e)s, -e⟩ **I** ⟨unz.⟩ **1** ⟨Meteor.⟩ *niedriger Luftdruck;* Zus *Tiefdruckgebiet* **2** *Druckverfahren, bei dem die druckenden Stellen (mit Druckfarbe gefüllt) vertieft in der Druckplatte liegen, z. B. beim Kupferstich;* Zus *Tiefdruckverfahren* **II** ⟨zählb.⟩ *einzelnes Ergebnis eines Tiefdrucks (I.2)*

Tie|fe ⟨die; -, -n⟩ **1** *Abmessung, Ausdehnung nach unten;* Zus *Meerestiefe, Wassertiefe* **2** *Abmessung, Ausdehnung nach hinten* (Schrank) **3** *Abmessung, Ausdehnung nach innen* **4** ⟨übertr.⟩ **4.1** *großes Ausmaß, Intensität (von Gefühlen)* **4.2** *Intensität (von Farben)* **4.3** *Tiefgründigkeit (von Gedanken)* **4.4** *Abgrund* ▸ die Höhen und ~n des Lebens ⟨übertr.⟩ *die Freuden u. Leiden des L.;* die ~ des Meeres ▸ die ~ des Wassers messen ▸ in die ~ stürzen; in der ~ versinken; der Fluss erreicht hier eine ~ von drei Metern

Tief|ebe|ne ⟨die; -, -n⟩ *Ebene, die in maximal 200 m Höhe über dem Meeresspiegel liegt*

Tie|fen|psy|cho|lo|gie ⟨die; -; unz.⟩ *Teil der Psychologie, die sich mit den vor- u. unterbewussten Schichten des Seelenlebens befasst*

Tief|flug ⟨der; -(e)s, -flü|ge⟩ *Flug in geringer Höhe*

Tief|gang ⟨der; -(e)s; unz.⟩ **1** *Höhe eines Schiffes von der Wasseroberfläche bis zur untersten Kante, verändert sich mit der Beladung* **2** ⟨übertr.⟩ *gedankliche Tiefe, Tiefgründigkeit* ▸ ein Buch, ein Film, ein Gespräch ohne ~ ⟨übertr.⟩

Tief|ga|ra|ge ⟨[-ʒə] die; -, -n⟩ *unterirdische Garage*

tief|ge|fro|ren ⟨Adj.⟩ *bei tiefen Temperaturen eingefroren* ▸ ~es Fleisch, Gemüse

tief|ge|hend *auch:* **tief ge|hend** ⟨Adj.⟩ **1** *stark eindringend, weit nach unten reichend* (Wunde) **2** ⟨übertr.⟩ *stark fühlbar* (Schmerz, Kränkung)

tief|ge|kühlt ⟨Adj.⟩ *in einer Gefrieranlage gekühlt* (Lebensmittel)

tief|grei|fend *auch:* **tief grei|fend** ⟨Adj.; übertr.⟩ *stark wirkend* ▸ ~e Veränderungen

tief|grün|dig ⟨Adj.; übertr.⟩ *die Dinge gründlich durchdenkend* ▸ ~e Gedanken; ~es Gespräch; Abl *Tiefgründigkeit*

Tief|kühl|fach ⟨das; -(e)s, -fä|cher⟩ *abgetrenntes Fach im Kühlschrank zum Einfrieren von Lebensmitteln;* ⓘ S. 254; →a. *Gefrierfach*

Tief|kühl|tru|he ⟨die; -, -n⟩ *truhenartiges elektrisches Gerät zum Einfrieren von Lebensmitteln*

Tief|punkt ⟨der; -(e)s, -e⟩ *tiefster Punkt (im Lauf einer Entwicklung)* ▸ er ist auf dem ~ seiner Karriere angekommen

Tief|schlaf ⟨der; -(e)s; unz.⟩ *tiefer, fester Schlaf* ▸ (noch) im ~ liegen

tief|schwarz ⟨Adj.⟩ *ganz schwarz*

Tief|see ⟨die; -; unz.⟩ *Meer in 200 m Tiefe u. darunter*

Tief|sinn ⟨der; -(e)s; unz.⟩ **1** *Versunkensein, grübler. Nachdenken* **2** *Gedankentiefe* ▸ eine Bemerkung mit ~; Abl *tiefsinnig*

Tief|stand ⟨der; -(e)s, -stän|de⟩ *tiefer Stand (innerhalb einer Entwicklung)* ▸ einen neuen ~ erreicht haben; kultureller ~

tief|sta|peln ⟨V. intr.; tief|sta|pelt, tief|sta|pel|te, hat tief|ge|sta|pelt; umg.⟩ *die eigenen Kenntnisse u. Leistungen als weniger gut hinstellen, als sie tatsächlich;* Ggs *hochstapeln;* Abl *Tiefstapelei, Tiefstapler(in)*

tief|trau|rig ⟨Adj.⟩ *sehr traurig*

Tie|gel ⟨der; -s, -⟩ **1** *flacher Topf, Pfanne* **2** *kleines Gefäß, z. B. für Cremes*

Tier ⟨das; -(e)s, -e⟩ *Lebewesen, das sich bewegen u. auf Reize reagieren kann* ▸ ~e dressieren; sich ~e halten; er mag keine ~e; ein ~ schlachten; im Zoo kann man viele ~e sehen ▸ ein großes od. hohes ~ ⟨übertr.; umg.; leicht abwertend⟩ *jmd., der öffentl. Ansehen genießt;* nützliches, schädliches, wildes, zahmes ~; Abl *Tierchen;* Zus *Tierart, Tierarzt, Tierärztin, Tierfutter, Tierliebe, Tiermedizin, Tierzucht; tierärztlich, tierlieb, tierliebend; Haustier, Wildtier*

Tier|freund ⟨der; -(e)s, -e⟩ *jmd., der Tiere gernhat u. mit ihnen umgehen kann;* Abl *Tierfreundin*

Tier|gar|ten ⟨der; -s, -gär|ten⟩ = *Zoo*

tier|ge|recht ⟨Adj.⟩ *den Bedürfnissen eines Tieres gerecht werdend* ▸ Hunde ~ halten

Tier|heim ⟨das; -(e)s, -e⟩ *Heim, in dem herrenlose Kleintiere (bes. Hunde u. Katzen) gepflegt werden*

tie|risch ⟨Adj.⟩ **1** *wie ein Tier* **2** ⟨übertr.⟩ **2.1** *auf das Niveau des Tieres herabgesunken* **2.2** *grausam, roh* **3** ⟨umg.⟩ **3.1** *sehr, besonders* **3.2** *großartig* ▸ ~er Ernst ⟨übertr.⟩ *tiefer, humorloser Ernst;* ~e Fette, Produkte; die Musik ist ~ gut ⟨Jugendspr.⟩; sich ~ über etwas freuen ⟨umg.⟩

Tier|kreis ⟨der; -es; unz.⟩ *die Folge der zwölf Sternbilder auf der Ekliptik (Widder, Stier, Zwillinge, Krebs, Löwe, Jungfrau, Waage, Skorpion, Schütze, Steinbock, Wassermann, Fische)*

Tier|kreis|zei|chen ⟨das; -s, -⟩ *Sternbild im Tierkreis;* Syn *Sternzeichen*

Tier|mehl ⟨das; -(e)s, -e⟩ *zermahlene tote Tierkörper als Tierfutter*

1 der Blumenkohl 2 die Bohne (österr.: die Fisole) 3 der/die Paprika 4 der Pilz (hier: der Champignon) 5 der Porree / der Lauch 6 der Weißkohl 7 der Knoblauch 8 der/die Staudensellerie 9 der Spargel 10 die Zwiebel 11 der Brokkoli 12 die Mohrrübe / die Möhre / die Karotte 13 der Mais 14 der Kürbis 15 der Rosenkohl 16 die Gurke 17 die Kartoffel (österr.: der Erdapfel) 18 die Tomate (österr.: der Paradeiser)

1 der Apfel 2 die Pflaume / die Zwetschge (österr.: die Zwetschke) 3 die Zitrone
4 die Erdbeere 5 die Birne 6 die Johannisbeere 7 die Apfelsine / die Orange
8 die Banane 9 die Ananas 10 die Himbeere 11 die Kirsche 12 die Wassermelone

Tier|park ⟨der; -s, -s⟩ = *Zoo*

Tier|pfle|ger ⟨der; -s, -⟩ **1** *jmd., der Tiere pflegt (füttert, betreut, sauber hält)* **2** *dreijähriger Ausbildungsberuf, in dem das zur artgerechten Pflege von Tieren notwendige Wissen erworben wird;* Abl *Tierpflegerin*

Tier|quä|le|rei ⟨die; -, -en⟩ *das Quälen von Tieren;* Abl *Tierquäler(in)*

Tier|schutz ⟨der; -es; unz.⟩ *gesetzlicher Schutz der Tiere vor Misshandlung u. Quälerei sowie vor der Ausrottung seltener Arten;* Abl *Tierschützerin;* Zus *Tierschutzverein*

Tier|ver|such ⟨der; -(e)s, -e⟩ *biologischer od. medizinischer Versuch am lebenden Tier*

Tier|welt ⟨die; -; unz.⟩ *Gesamtheit der Tiere*

Ti|ger ⟨der; -s, -; Zool.⟩ *fleischfressende Raubkatze mit dunklen Querstreifen im gelblichen Fell*

ti|gern ⟨V. intr.; ti|gert, ti|ger|te, ist ge|ti|gert; umg.⟩ irgendwohin ~ *gehen, laufen* ▸ durch die Stadt ~

Ti|ger|staat ⟨der; -(e)s, -en; Pol.; umg.⟩ **1** ⟨urspr.⟩ *Staat in Asien, der sich vom Schwellenland zur Industrienation entwickelt, z. B. Südkorea, Malaysia, Taiwan* **2** ⟨allg.⟩ *wirtschaftlich erfolgreicher, meist kleiner Staat*

Til|de ⟨die; -, -n; Zeichen: ~⟩ **1** *Aussprachezeichen, im Spanischen über dem n zur mouillierten Aussprache* [nj], z. B. in Señor, *im Portugiesischen über a, e, o zur nasalen Aussprache,* z. B. São Paulo **2** ⟨in Wörterbüchern⟩ *Wiederholungszeichen für ein Wort od. einen Wortteil*

til|gen ⟨V. trans.; tilgt, tilg|te, hat ge|tilgt⟩ **1** etwas (aus etwas) ~ *beseitigen, streichen, löschen* **2** etwas ~ *zurückzahlen* ▸ eine Schuld ~; Abl *Tilgung*

Ti|ming ⟨[taɪ-] das; -s, -s⟩ *zeitliche Abstimmung zweier od. mehrerer Handlungen* ▸ gutes, perfektes, schlechtes ~; Abl *timen*

tin|geln ⟨V. intr.; tin|gelt, tin|gel|te, hat/ist ge|tin|gelt; umg.⟩ *als Schauspieler(in) in Kabaretts u. a. Kleinkunstbühnen auftreten* ▸ sie ist mit ihrer Show durch ganz Süddeutschland getingelt

Tink|tur ⟨die; -, -en⟩ *Flüssigkeit, meist aus Pflanzen od. Tierstoffen* ▸ mit einer ~ beträufeln

Tin|te ⟨die; -, -n⟩ *(schwarze od. blaue) Flüssigkeit zum Schreiben* ▸ viel rote ~ verbrauchen *viel korrigieren;* in der ~ sitzen ⟨übertr.; umg.⟩ *in einer unangenehmen Lage sein;* Zus *Tintenpatrone* ⓘ S. 575

Tin|ten|fisch ⟨der; -(e)s, -e; Zool.⟩ *im Meer lebendes Tier mit acht oder zehn Armen, das sich mit einer tintenähnlichen Flüssigkeit verteidigt*

Tin|ten|strahl|dru|cker ⟨der; -s, -⟩ *mit dem Computer verbundenes Gerät, das Texte, Bilder u. Grafiken mittels eines feinen Tintenstrahls druckt*

Tipp ⟨der; -s, -s⟩ **1** *Hinweis, Rat* **2** ⟨Lotto; Toto⟩ *Wette auf die zu ziehende Zahl od. den Sieger;* Zus *Tippschein, Tippzettel; Lottotipp* ▸ jmdm. einen ~ geben; kannst du mir einen ~ geben, was ich tun sollte?; das war ein guter ~

tip|pen ⟨V.; tippt, tipp|te, hat ge|tippt⟩ **I** ⟨V. intr.⟩ **1** irgendwohin ~ *mit dem Finger od. mit der Zehe, dem Fuß leicht berühren* **2** *auf der Tastatur (z. B. eines Computers) schreiben;* Zus *Tippfehler* **3** ⟨Sp.; Lotto⟩ (auf jmdn. od. etwas) ~ *wetten* **4** auf jmdn. od. etwas ~ *eine Vermutung über jmdn. od. etwas äußern* ▸ falsch, richtig ~; sich an die Stirn ~; jmdm. auf die Schulter ~; ich tippe auf Brasilien als Sieger bei der Weltmeisterschaft **II** ⟨V. trans.⟩ etwas ~ *auf der Schreibmaschine abschreiben od. in den Computer eingeben* ▸ eine Arbeit, einen Text in den Computer ~

tipp|topp ⟨Adj.; nur präd. u. adv.; umg.⟩ *tadellos, sehr gut* ▸ das Zimmer war ~ aufgeräumt; er hat alles ~ gemacht; es war alles ~ sauber

Ti|ra|de ⟨die; -, -n; abwertend⟩ *aggressiver Wortererguss, Wortschwall;* Zus *Hasstirade*

Ti|ra|mi|su ⟨das; -s, -s; ital. Kochk.⟩ *cremige Süßspeise aus mehreren (mit Alkohol u. Kaffee verfeinerten) Sahne- u. Biskuitschichten*

Ti|ro|ler ⟨der; -s, -⟩ **1** *Einwohner von Tirol;* Abl *Tirolerin* **2** *Trachtenhut aus Tirol;* Zus *Tirolerhut*

Tisch ⟨der; -(e)s, -e⟩ **1** *Möbelstück aus waagerechter Platte auf einem od. mehreren Beinen;* Zus *Tischbein, Tischdecke; Beistelltisch* ⓘ S. 361, *Bürotisch, Esstisch* ⓘ S. 360, *Schreibtisch* ⓘ S. 468 **2** ⟨übertr.⟩ *Mahlzeit, Essen* ▸ den ~ **decken,** abdecken; sich einen ~ (im Restaurant) **reservieren** lassen ▸ etwas am **grünen/Grünen**~ entscheiden *von der Theorie her, ohne die Tatsachen zu kennen od. zu berücksichtigen;* **langer,** niedriger, ovaler, rechteckiger, runder ~; **reinen** ~ machen ⟨übertr.⟩ *eine Sache ganz klarstellen, durchgreifen;* am **runden/Runden** ~ verhandeln *in gleichberechtigter Runde* ▸ sich **an** den gedeckten ~ setzen ⟨übertr.⟩ *ernährt, versorgt werden;* etwas **auf** den ~ legen; das Essen steht schon auf dem ~; mit der Faust auf den ~ schlagen ⟨übertr.⟩ *die Geduld verlieren u. energisch seine Meinung sagen;* **bei** ~ *beim Essen;* etwas **unter** den ~ fallen lassen ⟨übertr.⟩ *nicht berücksichtigen;* jmdn. unter den ~ trinken *selbst mehr Alkohol vertragen als der andere;* die Sache ist **vom** ~ ⟨umg.⟩ *erledigt;* bitte **zu** ~! *bitte zum Essen (kommen)!;* jmdn. zu ~ bitten *zum Essen bitten;* eine Dame zu ~e führen *als Tischherr eine D. zum Essen führen (bei Gesellschaften);* sich zu ~ setzen *zum Essen Platz nehmen*

Tisch|de|cke ⟨die; -, -n⟩ *Decke für den Tisch*

Tisch|ler ⟨der; -s, -⟩ *Handwerker, der Möbel herstellt;* Syn *Schreiner;* Abl *Tischlerin; tischlern;* Zus *Tischlerwerkstatt*

Tisch|le|rei ⟨die; -, -en⟩ **I** ⟨unz.⟩ *Tischlerhandwerk* **II** ⟨zählb.⟩ *Werkstatt des Tischlers*

Tisch|ma|nie|ren ⟨Pl.⟩ *Manieren beim Essen u. Trinken, Benehmen bei Tisch*

Tisch|nach|bar ⟨der; -en, -en⟩ *Nachbar beim Essen*

Tisch|ten|nis ⟨das; -; unz.; Sp.⟩ *dem Tennis ähnliches Spiel auf einem rechteckigen Tisch mit kleinen Holzschlägern u. einem kleinen weißen Plastikball;* Syn *Pingpong;* Zus *Tischtennisball, Tischtennisschläger, Tischtennisspieler(in)*

Tisch|tuch ⟨das; -(e)s, -tü|cher⟩ *Tuch, das zum Essen über den Tisch gedeckt wird* ▸ ein sauberes ~ auflegen

T

Ti|tan¹ ‹der; -en, -en› **1** ‹grch. Myth.› *Angehöriger eines riesenhaften Göttergeschlechts* **2** ‹allg.› *jmd., der überragende Leistungen auf einem Gebiet erbringt;* Abl *titanenhaft*

Ti|tan² ‹das; -s; unz.; chem. Zeichen: Ti› *chemisches Element, weißes, hartes Metall*

Ti|tel ‹der; -s, -› **1** *ehrenvoller, durch eine Prüfung erworbener od. für Verdienste verliehener Zusatz zum Namen;* Zus *Doktortitel, Ehrentitel, Professorentitel* **2** *durch Geburt erworbene Bezeichnung des Ranges als Zusatz zum Namen;* Zus *Grafentitel* **3** *Amtsbezeichnung, z. B. Regierender Bürgermeister* **4** *in sportlichen Wettkämpfen errungene Bezeichnung eines Ranges;* Zus *Titelanwärter(in), Titelgewinn, Titelträger(in), Titelverteidiger(in); Meistertitel* **5** *Name eines Buches od. Kunstwerkes;* Zus *Buchtitel, Filmtitel* **6** *erste Seite einer Zeitung od. Zeitschrift;* Zus *Titelbild, Titelblatt, Titelgeschichte, Titelseite* ▸ wie lautet der ~ des Buches?; einen ~ erringen, verteidigen ‹Sp.›; einen akademischen ~ führen; die Zeitung hatte ein großes Bild auf dem ~; jmdn. mit seinem ~ anreden

Ti|tel|rol|le ‹die; -, -n; Theat.› *Rolle, deren Name mit dem Titel des Schauspiels übereinstimmt, z. B. Don Carlos;* Syn *Titelpart*

Tit|te ‹die; -, -n; meist Pl.; derb› *weibliche Brust, Brustwarze* ▸ einer Frau an die ~n greifen

ti|tu|lie|ren ‹V. trans.; ti|tu|liert, ti|tu|lier|te, hat ti|tu|liert› jmdn. (als etwas) ~ *bezeichnen, nennen* ▸ jmdn. als seinen Mäzen ~

Toast ‹[to:st] der; -(e)s, -e od. -s› **1** *geröstete Weißbrotscheibe* **2** *Trinkspruch* ▸ einen ~ auf jmdn. ausbringen

Toast|brot ‹[to:st-] das; -(e)s, -e› *weiche, meist weiße Brotscheiben zum Toasten*

toas|ten ‹[to:s-] V. trans.; toas|tet, toas|te|te, hat ge|toas|tet› etwas ~ *rösten* (Brot)

Toas|ter ‹[to:s-] der; -s, -› *elektrisches Gerät zum Toasten (von Brotscheiben)*

to|ben ‹V. intr.; tobt, tob|te, hat ge|tobt› **1** *wild, wütend sein* **2** *tollen, lärmen, ausgelassen herumlaufen u. spielen* (von Kindern) **3** *außer sich sein, rasen* ▸ die See tobte *schlug wilde Wellen;* der Sturm tobte stundenlang *wehte wild, heulte;* der Wasserfall tobt *braust wild;* vor Begeisterung, Schmerz, Wut ~; ~der Sturm

Tob|sucht ‹die; -; unz.› *häufig wiederkehrender, bis zur Unerträglichkeit gesteigerter Reizzustand;* Abl *tobsüchtig;* Zus *Tobsuchtsanfall*

Toch|ter ‹die; -, Töch|ter› **1** *weibliches Kind in Beziehung zu den Eltern* **2** ‹schweiz.› *Mädchen;* Zus *Lehrtochter, Saaltochter* **3** ‹kurz für› *Tochterfirma* ▸ meine ~ geht noch zur Schule; wir haben zwei Töchter; seine ~ ist fünf Jahre alt; unsere ~ ist noch in der Ausbildung

Toch|ter|fir|ma ‹die; -, -fir|men› *von einer Firma gegründete, kleinere Firma;* Syn *Tochtergesellschaft*

Tod ‹der; -(e)s, -e; Pl. selten› **1** *Sterben, Aufhören aller Lebensvorgänge;* Zus *Todesart, Todesjahr, Todesstunde, Todesursache* **2** ‹übertr.› **2.1** *Ende, Erlöschen (eines Vorgangs, einer Entwicklung, eines Zustandes)* **2.2** ‹in der Kunst, im Volksglauben› *düstere Figur, die den Tod (1) verkörpert, meist als Skelett od. mit Sense dargestellt* ▸ im Angesicht des ~es *dem Sterben nahe* ▸ der ~ hat ihn ereilt; den ~ erleiden *durch Gewalteinwirkung sterben;* bei dem Verunglückten konnte der Arzt nur noch den ~ feststellen; den ~ finden *tödlich verunglücken, sterben;* bei dem Unglück fanden 130 Menschen den ~; den ~ (nicht) fürchten; er wird sich noch den ~ holen ‹übertr.› *schwerkrank werden;* bis dass der ~ euch scheide *(Trauungsformel);* sein: wenn das geschieht - das wäre mein ~ *das könnte ich nicht ertragen* ▸ ein früher, plötzlicher, unerwarteter ~; eines gewaltsamen, unnatürlichen ~es sterben *durch Unfall, Kriegseinwirkung, Mord u. Ä. sterben;* dem ~e nahe sein; eines natürlichen ~es sterben *durch Krankheit, Altersschwäche u. Ä. sterben;* ein ruhiger, sanfter, schöner, schmerzloser, stiller ~; einen sanften ~ sterben; schwarzer/Schwarzer ~ *Pest;* tausend ~e sterben ‹übertr.› *sehr große Angst haben;* der weiße/Weiße ~ *der T. im Schnee, durch Lawinen* ▸ an jmds. ~ schuld sein; ein Kampf auf Leben und ~ *K., bei dem bis zum Tod eines Gegners gekämpft wird;* das kann ich auf den ~ nicht leiden, ausstehen ‹übertr.; umg.› *überhaupt nicht;* ~ durch Erschießen, durch das Beil, den Strang; treu bis in den ~; für eine Überzeugung, für jmdn. in den ~ gehen; eine Tat mit dem ~(e) bezahlen, büßen; mit dem ~(e) kämpfen, ringen *todkrank, sehr schwer verwundet sein;* Liebe, Treue über den ~ hinaus; jetzt, hier geht es um Leben und ~; vom ~(e) gezeichnet sein ‹übertr.› *todkrank sein;* kurz vor, nach seinem ~(e); den ~ vor Augen haben *dem Sterben nahe sein;* bleich wie der ~ aussehen *sehr bleich;* sich zu ~e erschrecken *sehr erschrecken;* jmdn. zu ~e hetzen *bis zur absoluten Erschöpfung hetzen, verfolgen;* zu ~e kommen *tödlich verunglücken;* sich zu ~e langweilen ‹übertr.; umg.› *sich sehr langweilen;* jmdn. zum ~(e) verurteilen; zu ~e betrübt *sehr niedergeschlagen*

tod|brin|gend ‹Adj.› *zum Tod führend* ▸ ein ~er Krieg; ~e Viren

tod|ernst ‹Adj.; umg.; verstärkend› *sehr ernst*

To|des|angst ‹die; -, -ängs|te› **1** *Angst vor dem Tod* **2** *sehr große Angst* ▸ Todesängste ausstehen

To|des|an|zei|ge ‹die; -, -n› *Mitteilung durch die Zeitung od. eine gedruckte Karte von jmds. Tod;* Syn *Traueranzeige*

To|des|fall ‹der; -(e)s, -fäl|le› *Tod einer Person, bes. innerhalb einer Familie* ▸ wegen ~s vorübergehend geschlossen

To|des|fol|ge ‹die; -; unz.› *nachfolgender Tod* ▸ er erlitt Körperverletzungen mit ~

To|des|kampf ‹der; -(e)s; unz.› *das Ringen des Sterbenden mit dem Tode;* Syn *Agonie*

To|des|mut ‹der; -(e)s; unz.› *Mut, den man in einer gefährlichen Lage beweist;* Abl *todesmutig*

To|des|stoß ‹der; -es; unz.› *tödlicher Stoß mit einer*

Stichwaffe ▸ einem Tier den ~ versetzen *ein T., das schon dem Tode nahe ist, töten;* jmdm. den ~ geben ⟨übertr.⟩ *jmdn., dem es finanziell sehr schlecht geht, vollends ruinieren*

To|des|stra|fe ⟨die; -, -n⟩ *Strafe, getötet zu werden* ▸ Anhänger, Gegner der ~; die ~ abschaffen, vollstrecken; auf dieses Verbrechen steht (die) ~

To|des|tag ⟨der; -(e)s, -e⟩ *Tag, an dem eine Person gestorben ist* ▸ heute jährt sich sein ~ zum 200. Mal *er ist vor genau 200 Jahren gestorben*

Tod|feind ⟨der; -(e)s, -e⟩ *verhasster Gegner, unversöhnlicher Feind* ▸ er ist mein ~

tod|krank ⟨Adj.⟩ *so krank, dass Todesgefahr besteht*

tod|lang|wei|lig ⟨Adj.; umg.; verstärkend⟩ *sehr, besonders langweilig* ▸ der Film war ~

töd|lich ⟨Adj.⟩ **I** ⟨attr.; adv.; präd.⟩ *todbringend, zum Tode führend, den Tod zur Folge habend* ▸ Körperverletzung mit ~em Ausgang; ~es Gift; ~er Schlag, Sturz; mit ~er Sicherheit ⟨übertr.⟩ *mit völliger S.;* er hatte einen ~en Unfall ▸ ~ verunglücken; jmdn. ~ verwunden **II** ⟨adv.; übertr.; umg.⟩ *sehr, überaus* ▸ sich ~ langweilen; ~ beleidigt sein

tod|mü|de ⟨Adj.; meist präd.; umg.; verstärkend⟩ *äußerst müde*

tod|schick ⟨Adj.; umg.; verstärkend⟩ *ganz besonders schick* ▸ das ist ein ~es Kleid

tod|si|cher ⟨Adj.; umg.; verstärkend⟩ *ganz sicher, ganz bestimmt* ▸ ich habe einen ~en Tipp

Tod|sün|de ⟨die; -, -n⟩ **1** ⟨Rel.⟩ *sehr schwere Sünde* **2** ⟨übertr.⟩ *große Dummheit* ▸ die sieben ~n ⟨Rel.⟩ *Hochmut, Geiz, Wollust, Neid, Völlerei, Zorn, Trägheit*

To|fu ⟨der; - od. -s; unz.⟩ *Quark aus Sojabohnen*

To|ga ⟨die; -, To|gen⟩ *weites altrömisches Obergewand für Männer*

To|hu|wa|bo|hu ⟨das; -s, -s⟩ *Unordnung, Chaos*

To|i|let|te ⟨[toa-] die; -, -n⟩ **I** ⟨zählb.⟩ **1** *ein Becken aus Keramik, auf dem man sitzen kann, um Urin u. Kot auszuscheiden;* ⓘ S. 147; Zus *Toilettenbecken* ⓘ S. 147, *Toilettenbürste* ⓘ S. 147, *Toilettendeckel* ⓘ S. 147 **2** *Ort od. Raum, wo es eine od. mehrere Toiletten (I. 1) gibt;* Zus *Damentoilette, Herrentoilette* ▸ auf die ~ gehen; wo sind hier die ~n? **II** ⟨unz.⟩ *das Ankleiden u. Frisieren (bes. für festliche Gelegenheiten)* ▸ ~ machen; (noch, gerade) bei der ~ sein

To|i|let|ten|pa|pier ⟨[toa-] das; -s; unz.⟩ *Papier zum Reinigen nach der Ausscheidung;* ⓘ S. 147; Syn *Klosettpapier*

toi, toi, toi! ⟨Int.⟩ **1** *(auf eine Aussage folgender Wunsch, dass das Gesagte weiterhin gelten möge)* **2** *(Wunsch, dass jmd. Glück haben möge)* ▸ na, dann ~ *viel Glück!*

to|le|rant ⟨Adj.; -er, am -es|ten⟩ Ggs *intolerant* **1** *nachsichtig, großzügig* **2** *die Meinungen u. Lebensweisen anderer respektierend* ▸ er ist sehr ~

To|le|ranz ⟨die; -, -en⟩ **I** ⟨unz.⟩ **1** *tolerantes Verhalten, Nachsicht* **2** *Respektierung der Meinungen u. Lebensweisen anderer* ▸ religiöse ~ **II** ⟨zählb.⟩ *zulässige Abweichung von Maßen;* Abl *tolerabel;* Zus *Toleranzbereich*

to|le|rie|ren ⟨V. trans.; to|le|riert, to|le|rier|te, hat to|le|riert⟩ jmdn. od. etwas ~ *mit Toleranz behandeln, nachsichtig dulden, großzügig ertragen;* Abl *Tolerierung; tolerierbar*

toll ⟨Adj.⟩ **1** *großartig, herrlich, unglaublich, unerhört* **2** *ausgelassen, wild, zügellos* **3** *verrückt* ▸ ~, wie du das kannst, machst ▸ ich habe ein ~es Buch gelesen; er ist ein ~er Bursche, Kerl *ein Draufgänger;* das war ein ~er Film; eine ~e Frau ⟨übertr.; umg.⟩ *schöne, elegante u. kluge F.* ▸ pass nur auf, es kommt noch ~er! *es wird noch schlimmer, aufregender;* er treibt es (denn doch) zu ~ *er übertreibt es* ▸ ~ vor Wut, Schmerz sein

Tol|le ⟨die; -, -n⟩ *welliger Haarschopf, große Locke*

tol|len ⟨V. intr.; tollt, toll|te, hat ge|tollt; bei Bewegung in einer Richtung: ist⟩ *wild, fröhlich u. laut spielen* (Kinder) ▸ die Kinder haben im Garten, sind durch den Garten getollt

Toll|haus ⟨das; -es, -häu|ser; früher⟩ *Irrenhaus* ▸ hier geht es ja zu wie im ~; das reinste ~! *was für ein Durcheinander!*

Toll|heit ⟨die; -, -en⟩ **I** ⟨unz.⟩ *das Tollsein, Verrücktheit* **II** ⟨zählb.⟩ *tolle, verrückte Tat* ▸ sich ~en ausdenken

Toll|kir|sche ⟨die; -, -n; Bot.⟩ *ein Gewächs mit schwarzen, kirschenähnlichen, sehr giftigen Beeren*

toll|kühn ⟨Adj.⟩ *sehr mutig, die Gefahr, den Tod nicht scheuend* (Mensch, Tat, Unternehmen); Abl *Tollkühnheit*

Toll|patsch ⟨der; -(e)s, -e⟩ *ungeschickter, unbeholfener Mensch;* Abl *tollpatschig*

Toll|wut ⟨die; -; unz.; Veterinärmedizin⟩ *durch Biss (auch auf den Menschen) übertragbare Viruskrankheit von Tieren (bes. des Fuchses), die sich u. a. durch Schaum vor dem Maul äußert;* Abl *tollwütig;* Zus *Tollwutimpfung*

Töl|pel ⟨der; -s, -⟩ *schwerfälliger, einfältiger Mensch, Dummkopf;* Abl *Tölpelei; tölpelhaft*

To|ma|te ⟨die; -, -n⟩ Syn ⟨österr.⟩ *Paradeiser, Paradiesapfel* **1** *eine Pflanze mit zuerst grünen, dann roten runden Früchten* **2** *Frucht dieses Gewächses, die roh im Salat od. gekocht gegessen wird;* ⓘ S. 1002; Zus *Tomatenketchup, Tomatenmark, Tomatensaft, Tomatensuppe* ▸ ich hätte gern ein Pfund ~n ▸ geschälte ~; passierte ~n *zerkleinerte, zu Mus gemachte T.;* treulose ~ ⟨übertr.; umg.⟩ *unzuverlässiger, sich nicht um seine Freunde bemühender Mensch* ▸ ~n auf den Augen haben ⟨umg.⟩ *etwas (deutlich Sichtbares) nicht bemerken;* er wurde rot wie eine ~

Tom|bo|la ⟨die; -, -bo|len od. -s⟩ *Verlosung von Gegenständen (bei Festen u. Ä.)*

To|mo|gra|phie ⟨die; -, -n⟩ *Verfahren, bei dem Organe in unterschiedlich tiefen Schichten von Röntgenstrahlen durchleuchtet werden, Röntgenschichtverfahren;* oV *Tomografie;* Zus *Computertomographie/Computertomografie*

Ton[1] ⟨der; -(e)s, -e⟩ **1** *in feuchtem Zustand weiche, formbare Masse aus schwerer Erde, die von Töpfern u. Bildhauern verwendet wird* **2** *gebrannte Masse* ▸ eine Vase aus ~; eine Figur aus ~ kneten; Zus *Tonerde, Tonfigur, Tongeschirr*

T

Ton[2] ⟨der; -(e)s, Tö|ne⟩ **1** *das, was man hört, hörbare Luftschwingung;* Zus *Tonfrequenz, Tonhöhe* **2** ⟨Mus.⟩ **2.1** *einzelner, durch eine Note genau bezeichneter Ton (1)* **2.2** *Klangfarbe, Klangart* (Instrument) **3** *Betonung, Nachdruck, Akzent* **4** *Schattierung, Spur, Kleinigkeit;* Zus *Farbton* **5** ⟨übertr.⟩ *Art des Sprechens, die Art, innerhalb einer Gemeinschaft miteinander zu sprechen;* Zus *Umgangston* ▸ er redete im ~ eines Politikers ▸ den ~ angeben ⟨übertr.⟩ *in einer Gesellschaft bestimmend sein;* einen anderen ~ anschlagen ⟨übertr.⟩ *sein Benehmen ändern;* den ~ nicht halten *beim Singen allmählich immer tiefer werden;* keinen ~ hervorbringen; keinen ~ sagen; du hättest ja einen ~ sagen können *etwas;* der ~ macht die Musik ⟨übertr.⟩ *von der Art u. Weise, wie etwas gesagt wird, hängt es ab, wie es aufgefasst wird;* diesen ~ verbitte ich mir! ▸ die Vorhänge haben einen anderen ~ als die Tapeten *Farbton;* etwas in barschem, freundlichem, scharfem ~ zu jmdm. sagen; falscher ~ ⟨Mus.⟩; große Töne spucken ⟨übertr.; umg.⟩ *prahlen;* es gehört zum guten ~, dass ...; *der Anstand, die gute Sitte fordert, dass ...;* halber, ganzer ~ ⟨Mus.⟩; hier herrscht ein herzlicher, liebenswürdiger, rauer ~ ⟨übertr.⟩; keinen ~ von sich geben *ganz still sein;* in lautem, leisem ~ sprechen; etwas in vorwurfsvollem ~ sagen ▸ jmdn. in den höchsten Tönen loben ⟨übertr.⟩ *überschwänglich loben;* ~ in ~ *farblich einheitlich;* das neue Wohnzimmer ist ganz ~ in ~ gehalten ▸ was ist denn das für ein ~? ⟨umg.⟩ *was ist das für eine unverschämte Sprechweise?*

ton|an|ge|bend ⟨Adj.⟩ **1** *in einer Gesellschaft bestimmend* **2** *als Muster, Vorbild dienend* ▸ diese Universität ist ~ in der Genforschung

Ton|art ⟨die; -, -en⟩ **1** ⟨Mus.⟩ **1.1** *Beziehung der Tongeschlechter (Dur u. Moll) auf einen Grundton;* Zus *Durtonart, Molltonart* **1.2** *auf einem Grundton beruhendes System von Tönen als Grundlage von Musikstücken* **2** ⟨übertr.⟩ *Art des Sprechens, Ton* ▸ eine andere ~ anschlagen ⟨übertr.⟩ *energischer auftreten;* ein Stück von einer ~ in eine andere transponieren

Ton|band ⟨das; -(e)s, -bän|der⟩ *Kunststoffband zur Speicherung von Schallwellen;* Zus *Tonbandaufnahme, Tonbandgerät*

tö|nen ⟨V.; tönt, tön|te, hat ge|tönt⟩ **I** ⟨V. intr.⟩ **1** irgendwie ~ *Töne, Klang von sich geben* **2** ⟨übertr.; umg.⟩ *prahlen, sich wichtigmachen* ▸ die Glocken tönten; dumpf, hell, laut, leise, schrill ~; er tönt immer, das sei kein Problem für ihn ⟨übertr.; umg.⟩ **II** ⟨V. trans.⟩ etwas ~ *schattieren, färben* ▸ sich das Haar (blond, rot) ~ (lassen); die Wand ist grünlich getönt

To|ner ⟨der; -s, -⟩ *Druckfarbe in Laserdruckern, Kopierern o. Ä.;* Zus *Tonerkartusche, Tonerkassette*

tö|nern ⟨Adj.⟩ *aus Ton* ▸ die Sache, das Unternehmen steht auf ~en Füßen *ist unsicher, hat keine feste Grundlage*

Ton|fall ⟨der; -(e)s, -fäl|le; Pl. selten⟩ *Art der Betonung innerhalb des Satzes, Sprachmelodie* ▸ bairischer ~

Ton|film ⟨der; -(e)s, -e⟩ *Film, bei dem neben Bildern auch Sprache, Musik, Geräusche wiedergegeben werden;* Ggs *Stummfilm*

Ton|la|ge ⟨die; -, -n; Mus.⟩ *Lage, Höhe eines Tons* ▸ die richtige ~ treffen ⟨übertr.⟩ *sich in der angemessenen Weise an jmdn. wenden*

Ton|lei|ter ⟨die; -, -n⟩ *vom Grundton ausgehende Folge der durch Tonart u. Tongeschlecht bestimmten Ganz- u. Halbtöne innerhalb einer Oktave* ▸ ~n üben; Zus *C-Dur-Tonleiter*

ton|los ⟨Adj.⟩ *ohne Ton, ohne Ausdruck* ▸ etwas ~ sagen ⟨übertr.⟩ *leise u. emotionslos*

Ton|na|ge ⟨[-ʒə] die; -; unz.⟩ *in Registertonnen gemessener Rauminhalt (eines Schiffes)*

Ton|ne ⟨die; -, -n⟩ **1** *großes Fass;* Zus *Regentonne* **2** *Maßeinheit für Gewicht: 1000 kg* **3** ⟨übertr.; umg.⟩ *sehr dicke Person*

ton|nen|schwer ⟨Adj.⟩ **1** *so schwer wie eine Tonne, 1000 kg* **2** ⟨umg.⟩ *sehr schwer* ▸ ein ~er Felsbrocken; die Tat lastet ~ auf ihm ⟨übertr.⟩

...ton|ner ⟨in Zus.; zur Bildung von Subst; der; -s, -⟩ *Straßenfahrzeug mit einem bestimmten, in Tonnen angegebenen zulässigen Gesamtgewicht,* z. B. Dreitonner (in Ziffern: 3-Tonner)

Ton|spur ⟨die; -, -en⟩ **1** *der Teil eines Filmbands, auf dem der Ton gespeichert ist* **2** *eine der Spuren, auf die jedes Instrument einzeln aufgenommen wird (bei Musikaufnahmen)*

Ton|stu|dio ⟨das; -s, -s; Radio; Film; TV⟩ *Studio für Aufnahme von Texten, Musik usw.*

Ton|sur ⟨die; -, -en⟩ *kreisrund geschorene Stelle auf dem Scheitel von Mönchen*

Ton|trä|ger ⟨der; -s, -⟩ *CD, Schallplatte, Magnetband od. sonstiger Datenträger, auf dem akustische Informationen gespeichert sind*

Tö|nung ⟨die; -, -en⟩ **1** *das Tönen, Getöntsein* **2** *Färbung, Schattierung* ▸ blonde ~; eine ~ auftragen; Zus *Haartönung*

top ⟨Adj.; undekl.; salopp⟩ *sehr gut, herausragend, spitzenmäßig* ▸ diese Idee ist ~; du siehst heute wieder ~ aus

Top ⟨das; -s, -s⟩ *ärmelloses Damenoberteil (für festliche od. sommerliche Kleidung);* ⓘ S. 682

TOP ⟨der; -s, -s; Kurzw. für⟩ *Tagesordnungspunkt*

top... ⟨in Zus. mit Adjektiven⟩ *sehr, höchst,* z. B. topaktuell

Topf ⟨der; -(e)s, Töp|fe⟩ **1** *Gefäß zum Kochen;* Zus *Kochtopf* **2** *tiefes Gefäß;* Zus *Topfpflanze; Blumentopf, Nachttopf* ▸ ein ~ voll Wasser, Suppe; den ~ auf den Herd setzen, vom Herd nehmen; alles in einen ~ werfen ⟨übertr.; umg.⟩ *alles unterschiedslos behandeln*

Top|fa|vo|rit ⟨[-vo-] der; -en, -en; Sp.⟩ *voraussichtlicher Sieger bei einem Wettkampf* ▸ er gilt als ~ auf den Titel

Töpf|chen ⟨das; -s, -⟩ *Nachttopf für Kinder* ▸ ein Kind aufs ~ setzen; sie geht schon aufs ~ *braucht keine Windeln mehr*

Top|fen ⟨der; -s; unz.; süddt., österr.⟩ *Quark*[1] *(1);* Zus *Topfenkuchen*

Töp|fer ⟨der; -s, -⟩ *Handwerker, der Töpfe u. andere Gegenstände aus Ton herstellt;* Abl *Töpferin;* Zus *Töpferwerkstatt*

Töp|fe|rei ⟨die; -, -en⟩ **I** ⟨unz.⟩ *Töpferhandwerk* **II** ⟨zählb.⟩ *Werkstatt des Töpfers*

töp|fern ⟨V. intr. u. V. trans.; töp|fert, töp|fer|te, hat ge|töp|fert⟩ (etwas) ~ *als Töpfer arbeiten, aus Ton herstellen*

Töp|fer|schei|be ⟨die; -, -n⟩ *Drehscheibe zum Formen des Tons für Töpferwaren*

Topf|lap|pen ⟨der; -s, -⟩ *Lappen zum Anfassen heißer Töpfe*

Top|form ⟨die; -, -en; umg.; verstärkend⟩ *Bestform, höchste Leistungsfähigkeit* ▸ in ~ sein

Topf|schla|gen ⟨das; -s; unz.⟩ *Spiel, bei dem Kinder mit verbundenen Augen mittels Stocks einen Topf suchen u. auf ihn schlagen müssen, unter dem ein kleiner Gewinn versteckt ist*

To|po|gra|phie ⟨die; -, -n⟩ oV *Topografie* **1** *Ortskunde, Lagebeschreibung* **2** *Landesaufnahme* ▸ Bundesamt für ~ ⟨schweiz.⟩; Abl *Topograph(in) / Topograf(in); topographisch / topografisch*

To|pos ⟨der; -, To|poi; Lit.⟩ *feste Formel, traditionelles Motiv*

topp! ⟨Int.⟩ *einverstanden!, abgemacht!* ▸ ~, die Wette gilt!

top|pen ⟨V. trans.; toppt, topp|te, hat ge|toppt; umg.⟩ etwas ~ *übertreffen, verbessern* ▸ diese Leistung ist nicht zu ~

Tor[1] ⟨der; -en, -en⟩ *einfältiger Mensch;* Abl *Törin*

Tor[2] ⟨das; -(e)s, -e⟩ **1** *große Öffnung (in einer Mauer od. Begrenzung), weite Einfahrt, breiter Eingang;* oV *Torbogen* **2** *große Tür, mit der eine Öffnung in einer Begrenzung, Mauer verschlossen werden kann;* Zus *Scheunentor, Stadttor* **3** *schmaler Durchgang;* Zus *Felsentor* **4** ⟨Fußb., Hockey u. a.⟩ **4.1** *Vorrichtung aus zwei Längs- u. einer darüberliegenden Querstange, in das (meist) ein Ball geschossen werden muss;* Zus *Torlatte, Torlinie, Tornetz, Torpfosten, Torschuss* **4.2** *Schuss ins Tor (4.1) zu treffen* **5** *durch zwei Pfosten bezeichnete Stelle, durch die bei bestimmten Wettfahrten (z. B. beim Skilauf) gefahren werden muss* ▸ einer Sache Tür und ~ öffnen ⟨übertr.⟩ *eine S. bereitwillig ermöglichen, geschehen lassen;* ein ~ auslassen; ein ~ schießen *den Ball ins Ziel schießen;* ans ~ klopfen; ins ~ treffen; mit zwei ~en Vorsprung gewinnen

To|re|ro ⟨der; -s, -s⟩ *Stierkämpfer, der zu Fuß kämpft*

Torf ⟨der; -(e)s; unz.⟩ *dunkle Erde aus dem Moor* ▸ ~ stechen; Zus *Torferde*

Torf|mull ⟨der; -(e)s; unz.⟩ *zur Bodenverbesserung verwendeter, getrockneter Torf*

Tor|frau ⟨die; -, -en; Sp.⟩ *Verteidigerin des Tors*

Tor|heit ⟨die; -, -en⟩ *törichte Handlung, Dummheit* ▸ eine ~ begehen

Tor|hü|ter ⟨der; -s, -; Sp.⟩ = *Torwart;* Abl *Torhüterin*

tö|richt ⟨Adj.⟩ **1** *einfältig* **2** *unklug, unvernünftig* ▸ es ist ~, zu glauben, dass …

Tor|jä|ger ⟨der; -s, -; Sp.; umg.⟩ *Spieler, der besonders viele Tore schießt od. wirft;* Abl *Torjägerin*

tor|keln ⟨V. intr.; tor|kelt, tor|kel|te, ist ge|tor|kelt⟩ (irgendwohin) ~ *taumeln, schwankend gehen*

Törn ⟨der; -s, -s⟩ *Fahrt, Ausflug mit dem Segelboot;* Zus *Segeltörn*

Tor|na|do ⟨der; -s, -s; Meteor.⟩ *nordamerikanischer Wirbelsturm*

Tor|nis|ter ⟨der; -s, -⟩ **1** ⟨bes. Mil.⟩ *Ranzen aus Segeltuch od. Fell* **2** ⟨veraltet⟩ *Schulranzen*

tor|pe|die|ren ⟨V. trans.; tor|pe|diert, tor|pe|dier|te, hat tor|pe|diert⟩ etwas ~ **1** *mit einem Torpedo beschießen* **2** ⟨übertr.; umg.⟩ etwas ~ *zu verhindern versuchen, stören*

Tor|pe|do ⟨der; -s, -s⟩ *Geschoss gegen Schiffe, das unter Wasser aus einem Rohr ausgestoßen wird*

Tor|schluss ⟨der; -es; unz.; früher⟩ *Schließungszeit des Stadttores* ▸ kurz vor ~, Toresschluss kommen ⟨übertr.⟩ *gerade noch zur rechten Zeit*

Tor|schluss|pa|nik ⟨die; -; unz.⟩ *Furcht älterer Menschen, nicht mehr das im Leben erstrebte Ziel, die gewünschte Stellung zu erreichen od. keinen Ehepartner mehr zu finden*

Tor|schüt|ze ⟨der; -n, -n; Sp.⟩ *Spieler, der ein Tor geschossen hat;* Abl *Torschützin*

Tor|so ⟨der; -s, -s⟩ **1** *nicht vollendete od. nicht vollendet erhaltene Statue, die (meist) nur aus Rumpf u. Kopf besteht* **2** ⟨übertr.⟩ *unvollendetes Werk*

Tört|chen ⟨das; -s, -⟩ **1** *sehr kleine Torte;* Zus *Himbeertörtchen* **2** *viereckiges Tortenstückchen, meist mit Zucker- od. Schokoladenguss*

Tor|te ⟨die; -, -n⟩ *kreisrunder, gefüllter od. mit Obst belegter Kuchen;* Zus *Tortenform, Tortenstück; Erdbeertorte, Obsttorte, Sahnetorte*

Tor|tel|li|ni ⟨Pl.; ital. Kochk.⟩ *kleine, mit Fleisch- od. Gemüsemasse gefüllte Nudelteigringe*

Tor|ten|bo|den ⟨der; -s, -bö|den⟩ *flacher, runder Kuchen, den man mit Obst o. Ä. belegt*

Tor|ten|guss ⟨der; -es, -güs|se⟩ *Flüssigkeit, die beim Erkalten steif wird, zum Übergießen von Obsttorten*

Tor|ten|he|ber ⟨der; -s, -⟩ *Schaufel zum Austeilen der Tortenstücke;* Syn *Tortenschaufel*

Tor|tur ⟨die; -, -en⟩ *Qual, Quälerei, Plage* ▸ die Fahrt hierher war eine ~

Tor|wart ⟨der; -(e)s, -e; Sp.⟩ *Verteidiger des Tores;* Syn *Torhüter, Tormann;* Abl *Torwartin;* Zus *Torwarthandschuh, Torwarttrikot*

to|sen ⟨V. intr.; tost, tos|te, hat ge|tost⟩ *laut brausen, lärmend fließen* (Wasserfall, Wildbach) ▸ ~der Beifall ⟨übertr.⟩ *sehr starker Beifall*

tot ⟨Adj.⟩ **1** *gestorben, leblos* **2** ⟨a. übertr.⟩ *ohne Leben, leer* **3** *abgestorben* (Ast, Baum) **4** ⟨übertr.⟩ **4.1** *öde, unbelebt, ohne Bewegung* **4.2** *ohne Nutzwert* (Ballast, Last) **4.3** *nicht weiterführend, nicht nutzbar* **4.4** ⟨umg.⟩ *erschöpft, sehr müde* ▸ ~er Arm eines Flusses *A., der nicht weiterführt;* ~es Gleis *G., auf dem Eisenbahnwagen abgestellt werden;* ~es Kapital *K., das keinen Ertrag abwirft;* ~e Leitung *elektrische L., die ohne Strom ist;* ~er Punkt *P., an dem man nicht vorwärtskommt (bei einer Arbeit);* ~es Rennen *un-*

entschiedenes R.; ~e **Sprachen** *S., die nicht mehr gesprochen werden;* Ggs *lebende Sprachen;* dies ist heute eine ~e **Stadt** ⟨übertr.⟩; der ~e **Winkel** *Raum neben u. hinter dem Kraftfahrzeug, der vom Rückspiegel aus nicht eingesehen werden kann* ▸ der Verschüttete konnte nur ~ **geborgen** werden; das Kind wurde ~ **geboren; sein:** seine Eltern sind ~; ihre Liebe ist ~ ⟨übertr.⟩ *erloschen;* er war sofort ~; sich ~ **stellen** *so tun, als sei man tot;* ~ **umfallen;** ~ **zusammenbrechen** ▸ ~ **geboren** = *totgeboren;* ~ **geglaubt** = *totgeglaubt* ▸ einen Vermissten **für** ~ erklären lassen; sie waren vor Schreck **mehr** ~ als lebendig ⟨umg.; scherzh.⟩; er lag da **wie** ~; →a. *Hand*

tot-/tod-

Bei Zusammensetzungen mit den Erstbestandteilen *tot-* oder *tod-* gibt es immer wieder Unsicherheiten hinsichtlich der Schreibung. Es ist nicht immer sofort klar, ob das betreffende Wort vom Substantiv *Tod* oder vom Adjektiv *tot* abgeleitet wird. Allgemein lässt sich sagen, dass in Zusammensetzungen mit **Adjektiven** (wie z. B. *todernst, todunglücklich*) der Erstbestandteil meist die Wortgruppen „wie der *Tod*" oder „nahe am *Tod*" ersetzt und die Bedeutung des Adjektivs im Sinne von „sehr" steigert: *todbleich* (= sehr bleich, bleich wie der Tod), *todernst* (= sehr ernst, ernst wie der Tod), *todkrank* (= sterbenskrank, krank zum Tod), *todmüde* (= sehr müde, nahe am Tod), *todsicher* (= ganz sicher, sicher wie der Tod).
In Verbindungen mit **Verben** (und Partizipien) lautet der Erstbestandteil jedoch meist *tot-,* denn nach der vom Verb beschriebenen Handlung ist das Objekt (auch im übertragenen Sinne) *tot*: *jmdn. totfahren* (= so fahren, dass jemand tot ist), *sich totlachen* (lachen, bis man tot ist), *jmdn. totkriegen* (jemanden vernichten, ihn traktieren, bis er tot ist).
Fügungen, die aus *tot* und einem adjektivisch gebrauchten Partizip bestehen, können zusammen- oder getrennt geschrieben werden: *totgeboren* oder *tot geboren, totgeglaubt* oder *tot geglaubt.*

to|tal ⟨Adj.⟩ *ganz, vollständig* ▸ ~e Mond-, Sonnenfinsternis; ~e Niederlage; er ist ~ blau ⟨übertr.; umg.⟩ *völlig betrunken;* ~ kaputt, zerstört

to|ta|li|tär ⟨Adj.⟩ *sich alles unterwerfend, diktatorisch* ▸ ~er Staat, ~es Regime; ~ regieren; Abl *Totalitarismus*

To|tal|scha|den ⟨der; -s, -schä|den; bes. Kfz⟩ *umfangreicher Schaden, den zu reparieren sich nicht mehr lohnt*

tot|ar|bei|ten ⟨V. refl.; ar|bei|tet sich tot, ar|bei|te|te sich tot, hat sich tot|ge|ar|bei|tet, sich tot|zu|ar|bei|ten; umg.⟩ sich ~ *sich durch Arbeit zugrunde richten* ▸ wir arbeiten uns hier noch tot

tot|är|gern ⟨V. refl.; är|gert sich tot, är|ger|te sich tot, hat sich tot|ge|är|gert, sich tot|zu|är|gern; übertr.; umg.⟩ sich ~ *sich sehr ärgern*

To|te(r) ⟨die; -n, -n (der; -n, -n)⟩ *Person, die gestorben ist, toter Mensch* ▸ das Reich der ~n ⟨Myth.⟩; der Lärm hier weckt ~ auf ⟨übertr.⟩ *der L. ist sehr groß;* einen ~n begraben, bestatten, beisetzen, einäschern; der ~n gedenken; bei dem Unfall hat es fünf ~ gegeben ⟨umg.⟩; die ~n soll man ruhen lassen *über Tote soll man nichts Nachteiliges mehr sagen;* Zus *Totenfeier, Totenmaske, Totenmesse; totenblass, totenbleich*

To|tem ⟨das; -s, -s⟩ *etwas, das als magisches Stammeszeichen verehrt wird u. nicht verletzt werden darf;* Zus *Totempfahl*

tö|ten ⟨V.; tö|tet, tö|te|te, hat ge|tö|tet⟩ **I** ⟨V. trans.⟩ jmdn. ~ *jmdm. gewaltsam das Leben nehmen, jmdn. umbringen* ▸ einen Menschen, ein Tier ~; bei dem Unfall wurden drei Menschen getötet; wenn Blicke ~ könnten (erg.: dann wäre ich jetzt tot)! ⟨umg.⟩ *wie böse er, sie mich anschaut!* **II** ⟨V. refl.⟩ sich ~ *Selbstmord begehen*

To|ten|grä|ber ⟨der; -s, -⟩ *Angestellter des Friedhofsamtes, der die Gräber gräbt*

To|ten|hemd ⟨das; -(e)s, -en⟩ *Hemd für den Toten, in dem er in den Sarg gelegt wird*

To|ten|kopf ⟨der; -(e)s, -köp|fe⟩ **1** = *Totenschädel* **2** *einem Totenkopf nachempfundenes Zeichen, das vor Gift o. Ä. warnt* **3** ⟨Mar.; früher⟩ *das Zeichen der Piraten;* Zus *Totenkopfflagge*

To|ten|schä|del ⟨der; -s, -⟩ *Schädel ohne Haut, Fleisch u. Haar*

To|ten|schein ⟨der; -(e)s, -e⟩ *Bescheinigung durch den Arzt über den erfolgten Tod mit Angabe der Todesursache* ▸ den ~ ausstellen

To|ten|sonn|tag ⟨der; -(e)s, -e⟩ *letzter Sonntag des Kirchenjahres, an dem der Toten gedacht wird*

to|ten|still ⟨Adj.; meist präd.⟩ *vollkommen still* ▸ es war ~ im Saal; Abl *Totenstille*

To|ten|wa|che ⟨die; -, -n⟩ *Wache am Bett od. Sarg eines Toten bis zur Beerdigung* ▸ die ~ halten

tot|fah|ren ⟨V. trans.; fährt tot, fuhr tot, hat tot|ge|fah|ren, tot|zu|fah|ren⟩ jmdn. od. ein Tier ~ *durch Überfahren töten*

tot|ge|bo|ren *auch:* **tot ge|bo|ren** ⟨Adj.⟩ ~es Kind **1** *tot zur Welt gekommenes K.* **2** ⟨übertr.⟩ *Vorhaben ohne Aussicht auf Erfolg*

Tot|ge|burt ⟨die; -, -en⟩ **1** *Geburt eines toten Kindes* **2** *totgeborenes Kind* **3** ⟨übertr.⟩ *Vorhaben ohne Aussicht auf Erfolg*

tot|ge|glaubt *auch:* **tot ge|glaubt** ⟨Adj.⟩ *für tot gehalten* ▸ Totgeglaubte / tot Geglaubte leben länger

tot|la|chen ⟨V. refl.; lacht sich tot, lach|te sich tot, hat sich tot|ge|lacht, sich tot|zu|la|chen⟩ sich ~ *lange, heftig lachen* ▸ das ist zum Totlachen

tot|lau|fen ⟨V. refl.; läuft sich tot, lief sich tot, hat sich tot|ge|lau|fen, sich tot|zu|lau|fen; nur übertr.⟩ sich ~ *erfolglos enden, von selbst zu Ende gehen* ▸ die Sache hat sich totgelaufen

tot|sa|gen ⟨V. trans.; sagt tot, sag|te tot, hat tot|gesagt, tot|zu|sa|gen⟩ **1** jmdn. ~ *das Gerücht verbreiten, dass jmd. gestorben sei* **2** ⟨übertr.⟩ etwas

~ *das Scheitern von etwas verkünden* ▸ den deutschen Film ~ ⟨übertr.⟩; Totgesagte leben länger

tot|schie|ßen ⟨V. trans.; schießt tot, schoss tot, hat tot|ge|schos|sen, tot|zu|schie|ßen; umg.⟩ jmdn. od. ein Tier ~ *mit der Schusswaffe töten, erschießen* ▸ einen Einbrecher ~

Tot|schlag ⟨der; -(e)s; unz.⟩ *vorsätzliche Tötung* ▸ er wurde wegen ~s zu fünf Jahren Gefängnis verurteilt

tot|schla|gen ⟨V. trans.; schlägt tot, schlug tot, hat tot|ge|schla|gen, tot|zu|schla|gen⟩ jmdn. od. ein Tier ~ *durch Schlagen töten, erschlagen* ▸ du kannst mich ~, ich weiß es wirklich nicht mehr ⟨umg.; verstärkend⟩; die Zeit ~ ⟨übertr.⟩ *sich die Langeweile mit irgendetwas vertreiben*

tot|schwei|gen ⟨V. trans., schweigt tot, schwieg tot, hat tot|ge|schwie|gen, tot|zu|schwei|gen; übertr.⟩ etwas ~ *so lange darüber schweigen, bis es vergessen ist*

tot|tre|ten ⟨V. trans.; tritt tot, trat tot, hat tot|ge|tre|ten, tot|zu|tre|ten⟩ jmdn. od. ein Tier ~ *durch Darauftreten töten*

Tö|tung ⟨die; -, -en⟩ *das Töten* ▸ fahrlässige, vorsätzliche ~

Touch ⟨[tʌtʃ] der; -s, -s⟩ *Anflug, Hauch* ▸ einen besonderen, britischen, intellektuellen ~ haben

Tou|pet ⟨[tupeː] das; -s, -s⟩ *Haarersatz zum Abdecken einer kahlen Stelle*

Tour ⟨[tuːr] die; -, -en⟩ **1** *Ausflug, Wanderung, Fahrt;* Zus *Autotour, Bergtour* **2** *Umdrehung (einer Maschine)* **3** *zurückgelegte Strecke* **4** ⟨übertr.; umg.⟩ *Art, Weise, Benehmen* **5** ⟨kurz für⟩ *Tournee* ▸ ~ de France [tuːr də frãːs] *jährlich stattfindendes Radrennen in mehreren Etappen durch Frankreich* ▸ ich bin eine ~ gefahren und eine gelaufen *den Hin- bzw. Rückweg;* er hat wieder mal seine ~ ⟨umg.⟩ *seinen Anfall von schlechter Laune o. Ä.;* eine ~ nach Spanien machen; die Maschine macht 4 500 ~en in der, pro Minute ▸ eine anstrengende, weite ~ ▸ auf ~en kommen ⟨übertr.; umg.⟩ *in Schwung kommen;* auf die ~ darfst du mir nicht kommen! ⟨übertr.; umg.⟩ *auf diese Weise;* es auf die krumme ~ versuchen ⟨übertr.; umg.⟩ *auf unkorrekte Weise;* auf ~ gehen *eine Tournee machen;* der Motor läuft auf vollen ~en *mit voller Leistung;* in einer ~ ⟨übertr.; umg.⟩ *dauernd, ständig*

tou|ren ⟨[tuː-] V. intr.; tourt, tour|te, ist ge|tourt⟩ (durch etwas) ~ **1** ⟨umg.⟩ *auf Tournee sein* (Schauspieler, Musikerin) **2** ⟨salopp⟩ *umherfahren, -reisen* ▸ die Gruppe tourt durch die USA

Tou|ris|mus ⟨[tu-] der; -; unz.⟩ *das (organisierte) Reisen in andere Länder, Gegenden od. Städte* ▸ diese Region lebt vom ~; Zus *Tourismusbranche, Tourismuseinnahmen*

Tou|rist ⟨[tu-] der; -en, -en⟩ *jmd., der eine Urlaubsreise macht* ▸ in Heidelberg gibt es viele ~en; Abl *Touristin; touristisch;* Zus *Touristenattraktion, Touristengruppe*

Tou|ris|tik ⟨[tu-] die; -; unz.⟩ *Touristenverkehr, Reisewesen zum Vergnügen u. zur Erholung*

Tour|nee ⟨[tur-] die; -, -n⟩ *Rundreise (von Künstlern), Gastspielreise* ▸ auf (eine) ~ gehen; auf ~ sein; Zus *Konzerttournee*

to|xisch ⟨Adj.⟩ *giftig* ▸ ~e Substanzen

Trab ⟨der; -(e)s; unz.⟩ **1** *beschleunigte Gangart des Pferdes;* Abl *Traber;* Zus *Trabrennbahn, Trabrennen* **2** *Laufschritt* ▸ kurzer, leichter, scharfer, schneller ~; jmdn. auf ~ bringen ⟨übertr.; umg.⟩ *jmdn. energisch antreiben;* immer auf ~ sein ⟨übertr.; umg.⟩ *immer in Bewegung sein;* jmdn. auf, in ~ halten ⟨übertr.; umg.⟩ *jmdn. ständig beschäftigen;* sich in ~ setzen; im ~ reiten

Tra|bant ⟨der; -en, -en⟩ **1** ⟨Astron.⟩ = *Satellit (1)* **2** ⟨DDR⟩ *Automarke der Firma Sachsenring;* Syn ⟨umg.⟩ *Trabbi, Trabi*

Tra|ban|ten|stadt ⟨die; -, -städ|te⟩ *in der Nähe einer Großstadt entstandene Wohnsiedlung mit Geschäften usw.;* Syn *Satellitenstadt*

tra|ben ⟨V. intr.; trabt, trab|te, ist/hat ge|trabt⟩ (irgendwohin) ~ *im Trab laufen, reiten* ▸ sie ist zum Stall getrabt

Tracht ⟨die; -, -en⟩ **1** *nach Landschaften, Berufsgruppen, Ständen od. Zeiten unterschiedene Kleidung;* Zus *Trachtenanzug, Trachtenjacke; Volkstracht* **2** *die Art, sich zu frisieren od. den Bart zu tragen;* Zus *Barttracht, Haartracht* **3** *Anteil, Portion* ▸ jmdm. eine ~ Prügel verabreichen *jmdn. verprügeln;* bäuerliche, höfische ~

trach|ten ⟨V. intr.; trach|tet, trach|te|te, hat getrach|tet⟩ nach etwas ~ *etwas unbedingt wollen* ▸ jmdm. nach dem Leben ~ *jmdn. töten wollen*

träch|tig ⟨Adj.⟩ *schwanger* (von Tieren); Abl *Trächtigkeit*

Tra|di|ti|on ⟨die; -, -en⟩ *Überlieferung, Herkommen, Gewohnheit, Brauch* ▸ eine ~ fortsetzen, bewahren; der Silvesterball hat ~; an der ~ festhalten; mit einer ~ brechen; Abl *traditionsreich;* *Brautradition, Erzähltradition*

tra|di|ti|o|nell ⟨Adj.⟩ *der Tradition gemäß* ▸ ~es Volk *V., das stark von der Natur u. seinen Traditionen geprägt ist;* das Oktoberfest ist ~ gut besucht

traf → *treffen*

Tra|fik ⟨die; -, -en; österr.⟩ *Tabakhandel, Tabakladen, Kiosk*

Tra|fo ⟨der; -s, -s; Kurzw. für⟩ *Transformator*

trag|bar ⟨Adj.⟩ **1** *so beschaffen, dass es getragen werden kann* (Apparat, Maschine) **2** *so beschaffen, dass man es noch anziehen kann* (Kleidungsstück) **3** ⟨übertr.⟩ *so beschaffen, dass man es ertragen kann, erträglich* ▸ ~er Fernseher; die Lasten sind finanziell nicht mehr ~ ⟨übertr.⟩

Tra|ge ⟨die; -, -n⟩ **1** *Tragbahre* **2** *Tragkorb;* Zus *Rückentrage*

trä|ge ⟨Adj.; -r, am trägs|ten⟩ oV ⟨veraltet⟩ *träg* **1** *schwerfällig, langsam* **2** *faul, sich nicht gern bewegend* **3** *schläfrig* ▸ ~ Masse *sich schwer bewegende od. schwer zu bewegende M.;* er erhob sich ~; die Katze ist alt und ~ geworden; geistig ~

tra|gen ⟨V.; trägt, trug, hat ge|tra|gen⟩ **I** ⟨V. trans.⟩ **1** etwas ~ *stützen, stützend halten* **2** jmdn. od. etwas ~ *beim Gehen in der Hand, im Arm, auf der Schulter, dem Rücken halten* **3** jmdn. od. et-

T

was irgendwohin ~ *(aufheben u.) fortbringen od. mitnehmen, befördern* **4** einen Bart, eine Brille ~ *im Gesicht haben* **5** Kleidung ~ *am Körper haben* **6** ⟨übertr.⟩ etwas ~ *auf sich nehmen, ertragen, dulden, aushalten* ▸ er lief, so schnell, so weit ihn seine Füße trugen ▸ Balken ~ das Dach; der Wind trug den Duft bis zu uns; Einlagen (im Schuh) ~; der Baum trägt (keine) Früchte *bringt (keine) F. hervor;* die Sache hat (reiche) Früchte getragen ⟨übertr.⟩ *hat (guten) Erfolg, (gute) Wirkung gehabt;* Gepäck (zum Bahnhof) ~; die Brücke trägt ein Gewicht von nur 10 Tonnen *hält aus;* darf ich Ihnen den Koffer ~?; die Kosten ~ *bezahlen, auf sich nehmen;* den Namen des Vaters, der Mutter ~ *haben, führen;* (viel, wenig, keinen) Schmuck ~; die Schuld (an etwas) ~ *schuld (an etwas) sein;* das Buch, der Film trägt den Titel ...; Trauer ~ *trauern;* eine Uniform, Tracht ~; den Verlust, den Schaden ~ *auf sich nehmen, bezahlen;* Zinsen ~ *abwerfen* ▸ jmdm. ~ helfen ▸ den Kopf hoch ~ ⟨übertr.⟩ *stolz, selbstbewusst sein;* das Haar lang, kurz ~; ein Unglück tapfer ~ ⟨übertr.⟩ ▸ einen Ring am Finger ~; jmdn, etwas, ein Kind auf dem Arm ~; eine Last auf den Schultern ~; einen Gegenstand stets bei sich ~; Sorge für etwas ~ ⟨übertr.⟩ *für etwas sorgen (dass es geschieht);* eine Blume im Haar ~; etwas in der Hand ~; den Arm in der Schlinge ~; ein Leiden mit Geduld ~; ein Paket zur Post ~ ▸ getragene Kleider *gebrauchte Kleider* **II** ⟨V. intr.⟩ **1** *eine Last stützen können, Halt geben* **2** *Frucht tragen* (Baum, Feld, Strauch) **3** *trächtig sein* (Tier) **4** *gehört werden* (Stimme) ▸ das Eis trägt (schon, noch nicht) *ist (schon, noch nicht) so fest, dass man darauf gehen kann* ▸ der Baum trägt gut, reichlich, schlecht, wenig; seine Stimme trägt weit ▸ zum Tragen kommen *wirksam werden* ▸ das ~de Motiv *das grundlegende M.;* die ~de Rolle ⟨Theat.⟩ *Hauptrolle;* →a. *getragen* **III** ⟨V. refl.⟩ **1** sich (selbst) ~ *so viel Ertrag abwerfen, dass kein Zuschuss notwendig ist* (Geschäft, Unternehmen) **2** sich irgendwie ~ *angenehm im Gebrauch sein* (Kleidungsstück) ▸ das Kleid, der Pullover trägt sich angenehm, gut ▸ sich mit dem Gedanken ~, etwas zu tun *den Gedanken erwägen, etwas planen*

Trä|ger ⟨der; -s, -⟩ **1** ⟨a. übertr.⟩ *jmd. od. Gegenstand, der etwas trägt;* Abl *Trägerin;* Zus *Briefträger(in), Gepäckträger(in), Lastenträger* **2** *jmd., der etwas (als Auszeichnung) erhalten hat;* Abl *Trägerin;* Zus *Ordensträger(in), Preisträger(in)* **3** *tragender Balken;* Zus *Stahlträger* **4** *Band, das ein Kleidungsstück festhält;* Zus *Hosenträger* ▸ der ~ eines Namens, eines Titels; ~ der Staats-, Regierungsgewalt; Rock, Hose mit ~n

Tra|ge|ta|sche ⟨die; -, -n⟩ *(häufig mit Griffen od. Riemen versehene) Tasche zum Tragen von Einkäufen, Sportsachen, Reisegepäck o. Ä.*

trag|fä|hig ⟨Adj.⟩ **1** *fähig, eine bestimmte Last zu tragen* (Balken, Brücke) **2** ⟨übertr.⟩ *so beschaffen, dass man damit arbeiten kann, annehmbar* ▸ eine ~e Mehrheit ⟨übertr.⟩; eine ~e Lösung ⟨übertr.⟩; Abl *Tragfähigkeit*

Trag|flä|che ⟨die; -, -n⟩ *der Flügel eines Flugzeugs*

Träg|heit ⟨die; -, -en; Pl. selten⟩ **1** *träge Beschaffenheit* **2** ⟨Phys.⟩ *Eigenschaft von Körpern, ihre Geschwindigkeit od. Ruhe nur durch äußere Einflüsse zu ändern;* Zus *Trägheitsgesetz*

Tra|gik ⟨die; -; unz.⟩ **1** *schweres, schicksalhaftes Leid* **2** *tragische Beschaffenheit, leidbringende Unabwendbarkeit* ▸ die ~ dieses Geschehens

tra|gi|ko|misch ⟨a. ['----] Adj.⟩ *halb tragisch, halb komisch*

tra|gisch ⟨Adj.⟩ **1** *in der Art einer Tragödie* **2** *unabwendbaren, unverschuldeten Untergang bringend* **3** *erschütternd, ergreifend* ▸ ~es Ende; ~e Rolle *R. in einer Tragödie;* ein ~er Unglücksfall; etwas ~ nehmen ⟨übertr.; umg.⟩ *etwas schwerer nehmen, als es tatsächlich ist;* nimm es nicht so ~ ⟨übertr.; umg.⟩; das ist nicht so ~ ⟨übertr.; umg.⟩ *nicht so schlimm*

Trag|last ⟨die; -, -en⟩ *Last, die ein Tier, Mensch od. Gegenstand (z. B. Brücke) tragen kann*

Tra|gö|die ⟨[-djə] die; -, -n⟩ **1** ⟨Theat.⟩ *Schauspiel vom schicksalhaften Untergang eines Menschen, der in den unausweichlichen Konflikt zw. zwei (moralischen) Forderungen gerät u. dadurch unabwendbar schuldig wird* **2** ⟨übertr.⟩ *herzzerreißendes, großes Unglück;* Zus *Familientragödie*

Trag|wei|te ⟨die; -; unz.; übertr.⟩ *Bedeutung, Wirkung* ▸ eine Maßnahme von großer ~ ⟨übertr.⟩

Trai|ler ⟨[trɛɪ-] der; -s, -⟩ **1** *angehängtes Fahrzeug* **2** ⟨Film; TV⟩ *Vorschau für eine Sendung od. einen Film*

Trai|ner ⟨[trɛː-] od. [treː-] der; -s, -⟩ **1** *jmd., der Sportler, auch Pferde, auf einen Wettkampf vorbereitet;* Abl *Trainerin;* Zus *Trainerausbildung, Trainerbank; Bundestrainer(in)* **2** ⟨schweiz.; kurz für⟩ *Trainingsanzug*

trai|nie|ren ⟨[trɛ-] od. [tre-] V. intr. u. V. trans.; trai|niert, trai|nier|te, hat trai|niert⟩ (jmdn.) (für etwas) ~ *sich od. jmdn. auf einen Wettkampf od. eine Prüfung vorbereiten* ▸ er trainiert zweimal in der Woche; die Mannschaft wurde vor dem Wettkampf intensiv trainiert

Trai|ning ⟨[trɛː-] od. [treː-] das; -s, -s⟩ *systematische Vorbereitung auf einen Wettkampf od. eine Prüfung* ▸ hartes, scharfes ~; wir haben dienstags ~ für den Wettkampf; heute ist kein ~; Zus *Trainingseinheit, Trainingslager, Trainingsleistung; Abschlusstraining, Ausdauertraining, Gedächtnistraining, Sondertraining*

Trai|nings|an|zug ⟨[trɛː-] od. [treː-] der; -(e)s, -züge⟩ *bequemer, zweiteiliger Sportanzug*

Trakt ⟨der; -(e)s, -e⟩ *größerer Gebäudeteil, Flügel;* Zus *Seitentrakt*

Trak|tan|den|lis|te ⟨die; -, -n; schweiz.⟩ *Liste der zu behandelnden Themen, Tagesordnung*

Trak|tat ⟨das; -(e)s, -e⟩ *(wissenschaftliche od. religiöse) Abhandlung*

trak|tie|ren ⟨V. trans.; trak|tiert, trak|tier|te, hat trak|tiert⟩ jmdn. mit etwas ~ *schlecht behandeln, plagen, quälen* ▸ jmdn. mit Vorwürfen ~

T U V W X Y Z

Trak|tor ‹der; -s, -en› *meist durch Dieselmotor angetriebenes landwirtschaftliches Schleppfahrzeug*

träl|lern ‹V. trans. u. V. intr.; träl|lert, träl|ler|te, hat ge|träl|lert› (etwas) ~ *ohne Worte fröhlich singen* ▸ ein Lied ~; vergnügt vor sich hin ~

Tram ‹die; -, -s od. schweiz. das; -s, -s› *Straßenbahn;* Syn *Trambahn*

Tram|pel ‹das od. der; -s, -; umg.› *plumpe, schwerfällige Person* ▸ pass auf, du ~

tram|peln ‹V.› **I** ‹V. intr.; tram|pelt, tram|pel|te, ist ge|tram|pelt› irgendwohin ~ *kräftig auftreten, schwerfällig u. achtlos gehen* ▸ durch die Gartenbeete ~ **II** ‹V. intr.; tram|pelt, tram|pel|te, hat ge|tram|pelt› *mit den Füßen stampfen (z. B. als Zeichen des Beifalls)*

Tram|pel|pfad ‹der; -(e)s, -e› *unbefestigter Weg, der durch häufiges Begehen entstanden ist*

tram|pen ‹[træm-] V. intr.; trampt, tramp|te, ist ge|trampt› *reisen, indem man auf den Straßen Autos anhält u. sich von ihnen mitnehmen lässt;* Abl *Tramper(in)*

Tram|po|lin ‹a. ['---] das; -s, -e› *federndes Sprungbrett für sportliche Übungen;* Zus *Trampolinspringen, Trampolinspringer(in)*

Tran ‹der; -s, -e› *Öl aus Fett od. Leber von Meeressäugetieren u. Fischen;* Syn *Fischöl* ▸ im ~ sein ‹übertr.; umg.› *nicht ganz wach sein*

Tran|ce ‹[trã:s(ə)] die; -, -n› *schlafähnlicher Dämmer- od. Entrückungszustand* ▸ ein Medium in ~ versetzen

tran|chie|ren ‹[trãʃi:-] V. trans.; tran|chiert, tran|chier|te, hat tran|chiert› Fleisch, gebratenes Geflügel ~ *in Scheiben schneiden, zerlegen;* oV *transchieren*

Trä|ne ‹die; -, -n› **1** *(aufgrund von Schmerzen, starken Gefühlen od. Gelächter) aus dem Auge fließende, salzige Flüssigkeit;* Zus *Tränenflüssigkeit, Tränensack; Freudenträne* **2** ‹übertr.; umg.› *kleine Menge Flüssigkeit, Tropfen* ▸ ~n der **Freude,** der Rührung ▸ die ~n **hinunterschlucken** *unter Anstrengung zu weinen aufhören;* mir **kommen** die ~n! ‹iron.› *so schlimm ist es auch wieder nicht!;* wir haben ~n **gelacht;** die ~n **rollten** ihr über die Wangen; sich od. jmdm. die ~n **trocknen;** ~n **vergießen** *weinen;* deswegen vergieße ich keine ~n *das ist mir gleichgültig* ▸ **bittere** ~n weinen ‹übertr.› *aus Reue weinen;* **dicke,** große ~n; **heiße** ~n vergießen *aus großem seelischen Schmerz weinen* ▸ **in** ~n aufgelöst *weinend u. stark erregt;* in ~n ausbrechen *zu weinen beginnen;* in ~n zerfließen ‹iron.› *anhaltend, sehr heftig weinen;* die ~n standen ihm in den Augen (vor Rührung); der Rauch trieb mir die ~n in die Augen; etwas **mit** ~n in den Augen sagen; **unter** ~n lachen *zw. dem Weinen lachen (müssen);* er war **zu** ~n gerührt

trä|nen ‹V. intr.; tränt, trän|te, hat ge|tränt› *Tränen absondern* (Augen)

Trä|nen|drü|se ‹die; -, -n› *Drüse in den Augenwinkeln, die Tränen ausscheidet* ▸ dieser Film drückt auf die ~ ‹übertr.› *ist sentimental*

trank → *trinken*

Trank ‹der; -(e)s, Trän|ke; poet.› *Getränk* ▸ Speis und ~ *Essen u. Trinken;* einen ~ brauen; Zus *Heiltrank, Liebestrank, Zaubertrank*

Trän|ke ‹die; -, -n› *Vorrichtung od. Stelle, wo Vieh trinken kann* ▸ das Vieh zur ~ führen

trän|ken ‹V. trans.; tränkt, tränk|te, hat ge|tränkt› **1** Tiere ~ *T. zu trinken geben, T. trinken lassen* **2** Holz, Stoff, Papier mit etwas ~ *völlig nass machen, mit Flüssigkeit sättigen*

Tran|quil|li|zer ‹[træŋkwılaızə(r)] der; -s, -› *beruhigendes Arzneimittel*

Trans|ak|ti|on ‹die; -, -en› *großes Geld- od. Bankgeschäft* ▸ an einer ~ beteiligt sein; Zus *Börsentransaktion, Geldtransaktion*

Trans|fer ‹der; -s, -s› **1** *Übertragung, Übermittlung;* Zus *Datentransfer, Technologietransfer, Wissenstransfer* **2** *Übertragung von Geld ins Ausland in der fremden Währung;* Zus *Geldtransfer* **3** ‹Sp.› **3.1** *Wechsel eines Berufsspielers zu einem anderen Verein (nach der Zahlung einer Ablösesumme);* Zus *Transfersumme; Rekordtransfer* **3.2** *der zu einem anderen Verein wechselnde Spieler* **4** *Überführung von Personen im Reiseverkehr* ▸ ~ vom Flugzeug zum Hotel; der ~ zu Bayern München ist perfekt; Abl *transferieren*

Trans|for|ma|tor ‹der; -s, -en; Kurzw.: Trafo› *Apparat zum Erhöhen od. Herabsetzen der Spannung von Dreh- od. Wechselstrom*

trans|for|mie|ren ‹V. trans.; trans|for|miert, trans|for|mier|te, hat trans|for|miert› etwas (in etwas) ~ *umwandeln, umgestalten, umformen, umbilden;* Abl *Transformation*

Trans|fu|si|on ‹die; -, -en› *Übertragung von fremdem Blut an Menschen, die viel Blut verloren haben;* Zus *Bluttransfusion*

Tran|sis|tor ‹der; -s, -en› *steuerbares elektronisches Halbleiterbauelement zur Verstärkung u. Regelung;* Zus *Transistorradio*

Tran|sit ‹a. ['--] der; -s, -e› = *Durchfuhr* ▸ im ~; Zus *Transitstrecke, Transitverkehr*

tran|si|tiv ‹Adj.; Gramm.; beim Verb› *ein Akkusativobjekt verlangend;* Ggs *intransitiv* ▸ „beleuchten" ist ein ~es Verb; Abl *Transitiv(um)*

Tran|s|krip|ti|on ‹die; -, -en› **1** ‹Sprachw.› **1.1** *möglichst lautgetreue Umwandlung einer Schrift in eine andere* **1.2** ‹Phon.› *Verschriftlichung gesprochener Äußerungen, bes. mittels Lautschrift* **2** ‹Mus.› *Umschreibung für ein (anderes) Instrument möglichst ohne Veränderung des Klangbildes* ▸ die ~ kyrillischer in lateinische Zeichen; Abl *transkribieren*

trans|pa|rent ‹Adj.; -er, am -es|ten› **1** *durchsichtig, durchscheinend* **2** ‹übertr.; geh.› *durchschaubar* ▸ Vorgänge ~ machen ‹übertr.›; Abl *Transparenz*

Trans|pa|rent ‹das; -(e)s, -e› **1** *Spruchband, das aufgespannt od. bei Demonstrationen mitgeführt wird* **2** *Bild auf durchsichtigem Material, das von hinten beleuchtet wird*

Trans|pa|rent|pa|pier ‹das; -s; unz.› *durchsichtiges Papier, Pauspapier*

tran|s|pi|rie|ren ‹V. intr.; tran|s|pi|riert, tran|s|pirier|te, hat tran|s|pi|riert⟩ **1** *schwitzen* (Person) **2** *Wasserdampf abgeben* (Pflanze, Tier) ▸ Hunde ~ nicht; Abl *Transpiration*

Trans|plan|ta|ti|on ⟨die; -, -en⟩ **1** *Ersetzung von krankem od. verletztem Gewebe durch gesundes Gewebe von einer anderen Körperstelle od. von einem anderen Menschen;* Syn *Gewebsverpflanzung;* Zus *Drüsentransplantation, Hauttransplantation* **2** *Ersetzung des kranken Organs eines Menschen durch das gesunde Organ eines anderen;* Syn *Organverpflanzung;* Zus *Herztransplantation, Nierentransplantation* ▸ in diesem Krankenhaus werden ~en durchgeführt; Abl *Transplantat; transplantieren*

Trans|port ⟨der; -(e)s, -e⟩ *das Transportieren, Beförderung* ▸ ein ~ schwerer Güter; ~ per Bahn, Schiff; Zus *Transportkosten, Transportunternehmen; Krankentransport*

Trans|por|ter ⟨der; -s, -⟩ *Kraftfahrzeug, Flugzeug od. Schiff, das große Mengen von Gütern transportiert*

trans|port|fä|hig ⟨Adj.⟩ *in einer körperlichen Verfassung, die einen Transport erlaubt* ▸ der Kranke ist (nicht) ~

trans|por|tie|ren ⟨V. trans.; trans|por|tiert, trans|por|tier|te, hat trans|por|tiert⟩ jmdn. od etwas (irgendwohin) ~ *von einem Ort zu einem anderen bringen, befördern* ▸ Waren, Reisende ~; wie willst du den Schrank ~?; Abl *transportierbar*

Trans|port|mit|tel ⟨das; -s, -⟩ *Fahrzeug, mit dem Güter u. Menschen über Straßen, Schienen, Wasserwege u. durch die Luft befördert werden*

Trans|ra|pid ⟨der; -(e)s, -e⟩ *bis zu bis 400 km/h schnelle Magnetschwebebahn*

Trans|se|xu|el|le(r) ⟨die; -n, -n (der; -n, -n)⟩ **1** *Frau bzw. Mann, die bzw. der sich dem anderen Geschlecht zugehörig fühlt;* Abl *Transsexualismus; transsexuell* **2** *Person, die durch einen operativen Eingriff ihr Geschlecht geändert hat*

Trans|ves|tit ⟨[-vɛs-] der; -en, -en⟩ *jmd. (bes. Mann), der sich wie ein Angehöriger des anderen Geschlechts kleidet*

tran|s|zen|dent ⟨Adj.⟩ *die Grenzen der Erfahrung u. des sinnlich Wahrnehmbaren überschreitend;* Ggs *immanent;* Abl *Transzendenz*

Tran|tü|te ⟨die; -, -n; übertr.; umg.⟩ *langsamer, schwerfälliger, beschränkter Mensch;* Syn *Tranfunzel, Transuse*

Tra|pez ⟨das; -es, -e⟩ **1** ⟨Geom.⟩ *Viereck mit zwei parallelen Seiten* **2** *in der Artistik verwendete kurze Holzstange an zwei Schaukelseilen;* Zus *Trapezkünstler*

trap|peln ⟨V. intr.; trap|pelt, trap|pel|te, ist ge|trap|pelt⟩ *schnell, mit kleinen Schritten u. klopfendem Geräusch laufen*

Tras|se ⟨die; -, -n⟩ *festgelegte Linie für Straßen- u. Eisenbahnen;* oV ⟨schweiz.⟩ *Trassee;* Zus *Trassenführung, Trassenverlauf; Bahntrasse*

trat → *treten*

Tratsch ⟨der; -(e)s; unz.; umg.⟩ *Klatsch, Gerede über andere*

trat|schen ⟨V. intr.; tratscht, tratsch|te, hat getratscht; umg.⟩ (über jmdn. od. etwas) ~ *klatschen, anderen Übles nachreden*

Trau|al|tar ⟨der; -(e)s, -tä|re⟩ *Altar, vor dem der Geistliche die Trauung vollzieht* ▸ vor den ~ treten, jmdn. zum ~ führen *heiraten*

Trau|be ⟨die; -, -n⟩ **1** *Blütenstand mit kleinen, gestielten Einzelblüten* **2** *Frucht des Weinstocks;* Syn *Weintraube;* Zus *Traubensaft* **3** ⟨übertr.⟩ *dichter Schwarm, geballte Menge* ▸ ich möchte bitte ein Kilogramm ~n; die ~n hängen ihm zu hoch ⟨übertr.⟩ *er möchte es gern haben, aber erreicht es nicht;* →a. *sauer;* die Johannisbeeren hängen in dichten ~n am Strauch; vor dem Schalter stand eine ~ von Menschen ⟨übertr.⟩

Trau|ben|zu|cker ⟨der; -s; unz.⟩ = *Glukose*

trau|en ⟨V.; traut, trau|te, hat ge|traut⟩ **I** ⟨V. intr.⟩ jmdm. od. einer Sache ~ *glauben, Vertrauen schenken* ▸ jmdm. od. einer Sache nicht (recht) ~; ich traute meinen Augen, Ohren kaum, als ich das sah, hörte *ich glaubte nicht richtig zu sehen, zu hören;* ich traue dem Frieden nicht (recht) ⟨übertr.; umg.⟩ *ich habe Bedenken dagegen;* jmdm. nicht über den Weg ~ **II** ⟨V. trans.⟩ jmdn. ~ *jmds. Eheschließung standesamtlich beurkunden od. kirchlich segnen* ▸ der Pfarrer, Standesbeamte traut das Brautpaar; sich ~ lassen *heiraten* **III** ⟨V. refl.⟩ **1** sich ~, etwas zu tun *wagen, etwas zu tun* **2** sich irgendwohin ~ *es wagen, sich irgendwohin zu begeben* ▸ er traute sich nicht, sie zu fragen; sich nicht auf die Straße ~

Trau|er ⟨die; -; unz.⟩ **1** *Schmerz um etwas Verlorenes, tiefe Betrübnis;* Zus *Traueranzeige, Trauerfeier, Trauermarsch* **2** *schwarze Kleidung zum Zeichen der Trauer (1)* **3** *festgelegte Zeit, in der die Hinterbliebenen trauern;* Zus *Trauerzeit* ▸ die ~ **dauert** noch ein halbes Jahr; ~ **tragen** *Trauerkleider tragen;* ⟨poet.⟩ *um jmdn. trauern* ▸ **in** stiller, tiefer ~; sein Tod erfüllte alle **mit** tiefer ~; ~ **um** einen Toten

Trau|er|fall ⟨der; -(e)s, -fäl|le⟩ = *Todesfall*

Trau|er|kloß ⟨der; -es, -klö|ße; übertr.; umg.; abwertend⟩ *oft missgestimmter, wehleidiger Mensch*

trau|ern ⟨V. intr.; trau|ert, trau|er|te, hat trau|ert⟩ (um jmdn.) ~ *Trauer fühlen, traurig sein über den Tod eines Menschen*

Trau|er|spiel ⟨das; -(e)s, -e⟩ **1** = *Tragödie (1)* **2** ⟨übertr.⟩ *trauriges od. bedauerliches Geschehen* ▸ bürgerliches ~; die Feier war ein ~ ⟨übertr.⟩

Trau|er|wei|de ⟨die; -, -n; Bot.⟩ *Weide mit herabhängenden Zweigen*

Trau|fe ⟨die; -, -n⟩ **1** *aus der Dachrinne abfließendes Regenwasser* **2** *untere waagerechte Kante der Dachfläche;* →a. *Regen*

träu|feln ⟨V. trans.; träu|felt, träu|fel|te, hat ge|träu|felt⟩ etwas irgendwohin ~ *tropfenweise gießen* ▸ Zitronensaft in die Creme ~

trau|lich ⟨Adj.⟩ **1** *gemütlich, anheimelnd* **2** *vertraut* ▸ ~ beisammensitzen

Traum ⟨der; -(e)s, Träu|me⟩ **1** *Vorstellungen, Bilder, Gefühle, die während des Schlafes auftreten;* Zus *Traumdeutung* **2** *Träumerei, Versonnenheit, Spiel der Einbildungskraft;* Zus *Tagtraum,*

T

Wachtraum **3** ⟨übertr.⟩ **3.1** *sehnlicher Wunsch, Sehnsucht;* Zus *Wunschtraum* **3.2** ⟨umg.⟩ *etwas sehr Schönes, Begehrenswertes* ▸ eine Reise nach China war der ~ meiner **Jugend** ▸ Träume **analysieren,** deuten; dieser ~ ist **ausgeträumt** ⟨übertr.⟩ *dieser Wunsch hat sich nicht erfüllt;* einen ~ **haben; sein:** aus der ~!, der ~ ist aus! ⟨übertr.⟩ *es ist vorbei, vorüber (etwas Schönes)* ▸ **böser,** quälender, schöner, wirrer ~ ▸ er ist mir **im** ~ erschienen; ich habe nicht im ~ daran gedacht, ihn kränken zu wollen ⟨übertr.; umg.⟩ *ich wollte ihn wirklich nicht kränken;* das fällt mir nicht im ~ ein! ⟨übertr.; umg.⟩ *ich denke nicht daran (das zu tun)!;* das habe ich in meinen kühnsten Träumen nicht zu hoffen gewagt ⟨umg.⟩ *das schien mir vollkommen unerreichbar zu sein;* ein ~ **von** einem Auto; es war **wie** ein ~ *geradezu unwirklich (schön);* das alles ist wie ein ~ für mich *es kommt mir ganz unwirklich vor*

Traum... ⟨in Zus.⟩ *ideal, erträumt, sehr attraktiv* z. B. Traumberuf, Traumfrau, Traummann, Traumpaar

Trau|ma ⟨das; -s, -ma|ta⟩ **1** *seelische Erschütterung, Verletzung;* Abl *traumatisch* **2** *Verletzung, aufgrund von Gewalteinwirkung;* Zus *Schleudertrauma*

trau|ma|ti|sie|ren ⟨V. trans.; trau|ma|ti|siert, trau|ma|ti|sier|te, hat trau|ma|ti|siert; Med.; Psych.⟩ jmdn. ~ *ihn seelisch verletzen (durch Schock od. Gewalt)* ▸ Hilfe für traumatisierte Jugendliche

träu|men ⟨V. trans. u. V. intr.; träumt, träum|te, hat ge|träumt⟩ **1** (etwas) ~, (von jmdm. od. etwas) ~ *einen Traum od. Träume (über jmdn. od. etwas) haben* **2** *sich Fantasievorstellungen hingeben;* Abl *Träumer(in), Träumerei; träumerisch* **3** ⟨übertr.⟩ von etwas ~ *sich etwas sehr stark wünschen* ▸ du hast wieder mal geträumt ⟨übertr.⟩ *nicht aufgepasst;* ich träumte / mir träumte, dass … ▸ träum was **Schönes!** *(Wunsch beim Gutenachtsagen)* ▸ hiervon **kann** man nur ~; das hätte ich mir nicht ~ **lassen!** *das hätte ich nicht gedacht!* ▸ er träumt **davon,** Schauspieler zu werden; **mit** offenen Augen ~ *geistesabwesend sein, nicht aufpassen*

traum|haft ⟨Adj.; -er, am -es|ten⟩ **1** *wie im Traum, unwirklich* **2** ⟨übertr.⟩ *wunderbar* ▸ sie haben ein ~es Haus ⟨übertr.⟩; es war ~ schön

Traum|tän|zer ⟨der; -s, -; abwertend⟩ *wirklichkeitsfremder Mensch* ▸ er war schon immer ein ~; Abl *Traumtänzerei, Traumtänzerin*

traum|wand|le|risch ⟨Adj.; in der Wendung⟩ mit ~er Sicherheit *ohne Mühe, problemlos*

Traum|welt ⟨die; -, -en⟩ *Welt, die nur im Traum existiert*

trau|rig ⟨Adj.⟩ **1** *voll Trauer, bekümmert, betrübt* (Person) **2** *schmerzlich, betrüblich* (Gewissheit) **3** *bedauerlich* (Ereignis) **4** *beschämend* (Handlung) ▸ durch ein Verbrechen ~e **Berühmtheit** erlangen; ein ~es **Gesicht** machen; er hat eine ~e **Jugend** gehabt *J. ohne Freude;* das ist eine ~e **Nachricht;** ich habe die ~e **Pflicht,** Ihnen mitzuteilen … *es tut mir leid, Ihnen etwas Unerfreuliches sagen zu müssen;* es ist nur noch ein ~er **Rest** übrig ⟨übertr.⟩ *ein kleiner R.;* das Haus war in einem ~en **Zustand** *in einem schlechten Z.* ▸ ~ **aussehen;** die Blumen ließen ~ die Köpfe **hängen** ⟨übertr.⟩; etwas ~ **sagen; sein:** er ist ~; es ist ~, dass es so kommen musste

Trau|rig|keit ⟨die; -; unz.⟩ *traurige Stimmung* ▸ er ist kein Kind von ~ *er feiert häufig ausgelassen*

Trau|ring ⟨der; -(e)s, -e⟩ *meist goldener Ring ohne Stein als Zeichen der Ehe;* Syn *Ehering*

Trau|schein ⟨der; -(e)s, -e⟩ *Urkunde über die erfolgte Trauung*

traut ⟨Adj.; poet.⟩ **1** *lieb, vertraut* **2** *gemütlich, behaglich* ▸ im ~en Kreis *in kleiner, intimer Runde;* in ~er Zweisamkeit *zu zweit, ohne von anderen gestört zu werden*

Trau|ung ⟨die; -, -en⟩ *Eheschließung* ▸ kirchliche, standesamtliche ~

Trau|zeu|ge ⟨der; -n, -n⟩ *jeder der beiden für die Trauung erforderl. Zeugen;* Abl *Trauzeugin*

Treck ⟨der; -s, -s⟩ *Zug von Menschen, die eine neue Heimat suchen;* Zus *Flüchtlingstreck*

Treff ⟨der; -s, -s; umg.; kurz für⟩ **1** *Treffen* **2** *Treffpunkt* ▸ bei unserem nächsten ~

tref|fen ⟨V.⟩ **I** ⟨V. intr.; trifft, traf, hat/ist ge|troffen⟩ **1** (irgendwohin) ~ *das Ziel erreichen* **2** auf jmdn. ~ *jmdm. zufällig begegnen* **3** auf etwas ~ *etwas zufällig finden* ▸ der **Schuss** hat getroffen ▸ die Mannschaft traf **auf** einen unerwartet starken Gegner **II** ⟨V. trans.; trifft, traf, hat getroffen⟩ **1** jmdn. ~ **1.1** *jmdm. (zufällig od. nach Vereinbarung) begegnen* **1.2** *(körperlich od. seelisch) verletzen* **1.3** *jmdm. einen schweren Schaden zufügen* **2** etwas ~ **2.1** *durch Schlag, Geschoss od. Aufprall berühren od. verwunden* **2.2** *richtig herausfinden, erraten* ▸ du hast's getroffen!; eine Kugel hat ihn getroffen; das Los hat ihn getroffen *er wurde durch ein L. bestimmt;* der Schlag hat ihn getroffen *er hat einen Schlaganfall erlitten;* ich dachte, mich trifft der Schlag! ⟨umg.⟩ *ich war sehr überrascht;* ihn trifft keine Schuld *er ist nicht schuld* ▸ ein **Abkommen,** eine Vereinbarung ~ *etwas vereinbaren;* **Anordnungen** ~ *etwas anordnen;* **Anstalten,** Vorbereitungen ~, etwas zu tun *etwas vorbereiten;* eine **Auswahl,** Wahl ~ *etwas auswählen;* der **Blitz** hat den Baum getroffen; **Maßnahmen** ~ *M. ergreifen;* den **Ton** ~ *den richtigen Ton spielen od. singen;* **Vorsorge** ~, dass etwas (nicht) geschieht *dafür sorgen, dass …;* das **Ziel** ~ ▸ wann, wo **kann** ich dich ~? ▸ er ist (auf dem Bild) **gut** getroffen *gut, richtig dargestellt;* er hat es dort gut, schlecht getroffen *es geht ihm dort gut, schlecht;* dein Vorwurf trifft mich **tief;** die Kugel hat ihn **tödlich** getroffen ▸ jmdn. **auf** der Straße, bei Freunden, zu Hause ~; die Linien ~ sich **in** einem Punkt ▸ eine ~de Bemerkung *zutreffende, angemessene B.;* er stand da wie vom Blitz getroffen *unbeweglich, starr* **III** ⟨V. refl.; trifft, traf, hat ge|troffen⟩ **1** sich (mit jmdm.) ~ *wie vereinbart zusammenkommen* **2** ⟨unpersönl.⟩ sich ~ *sich fügen, passen, zufällig geschehen* ▸ es trifft sich gut, dass

T

du gerade hier bist ▸ sie trafen sich am Kino; wir haben uns in der Stadt getroffen; wir ~ uns heute Nachmittag ▸ wann, um wie viel Uhr, wo wollen wir uns ~?

Tref|fen ‹das; -s, -› **1** ‹allg.› *Versammlung, Zusammenkunft, Begegnung* **2** ‹Sp.› *Wettkampf* ▸ bei unserem letzten ~ konnten wir uns nicht einigen; Zus *Klassentreffen*

Tref|fer ‹der; -s, -› **1** ‹bes. Sp.› *Schlag, Schuss, der ins Tor, Ziel trifft* **2** ‹übertr.› **2.1** *etwas, das Glück u. Erfolg hat, Handlung, mit der man Glück hat* **2.2** *Los, das gewinnt* ▸ einen ~ erzielen; Zus *Zufallstreffer*

Tref|fer|quo|te ‹die; -, -n› *Zahl der erzielten Treffer im Verhältnis zur Anzahl der Versuche* ▸ eine ~ von 50 %

Treff|punkt ‹der; -(e)s, -e› *Ort, an dem zwei od. mehrere Personen einander treffen* ▸ einen ~ vereinbaren; um 12 Uhr am ~ sein

treff|si|cher ‹Adj.› **1** *sicher im Treffen des Zieles* **2** ‹übertr.› *immer das Richtige treffend* ▸ ein ~es Urteil haben; Abl *Treffsicherheit*

Treib|eis ‹das; -es; unz.› *auf dem Meer od. einem Fluss treibende Eisstücke*

trei|ben ‹V.› **I** ‹V. trans.; treibt, trieb, hat ge|trie|ben› **1** jmdn. od. ein Tier (irgendwohin) ~ *vor sich her jagen, heftig drängen, in Bewegung bringen* **2** jmdn. ~ *drängen, zur Eile veranlassen* **3** Blätter, Blüten, Knospen, Wurzeln ~ *hervorbringen* **4** ‹übertr.› **4.1** etwas ~ *sich mit etwas beschäftigen, etwas längere Zeit tun* (Gewerbe, Musik, Sport) **4.2** jmdn. zu etwas ~ *anspornen, veranlassen, etwas zu tun* ▸ es treibt mich, dir zu sagen … *ich habe das Bedürfnis* ▸ den Ball ~ *vor sich her stoßen;* Handel (mit etwas) ~ *(mit etwas) handeln;* Missbrauch (mit etwas) ~; die Unruhe trieb mich nach Hause; Unsinn ~ ▸ das Boot vom Wind ~ lassen; ‹aber› ~ lassen = *treibenlassen* ▸ du treibst es zu bunt, zu wild, zu toll ‹übertr.› *dein Verhalten ist nicht mehr erträglich;* es zu weit ~ ‹übertr.› *übertreiben* ▸ Vieh auf die Weide ~; einen Tunnel durch den Berg ~; der Rauch trieb mir die Tränen in die Augen; Preise in die Höhe ~ *zum Steigen bringen;* jmdn. in den Ruin ~ *ihn ruinieren;* Pferde in den Stall ~; jmdn. in den Tod ~ *jmdn. dazu bringen, dass er stirbt od. sich tötet;* seinen Spott mit jmdm. ~ ‹übertr.› *jmdn. verspotten;* jmdn. zur Arbeit, zur Eile ~ ‹übertr.›; jmdn. (mit etwas) zur Verzweiflung ~; einen Keil zwischen zwei Freunde ~ ‹übertr.› *die Freundschaft zweier Menschen stören* ▸ was treibst du so? *was machst du zurzeit?;* welchen Sport treibst du? ▸ er war bei dem Unternehmen die ~de Kraft *derjenige, der am meisten für die Verwirklichung des U. getan hat;* getriebenes Metall **II** ‹V. intr.› **II.I** ‹treibt, trieb, ist ge|trie|ben› irgedwo(hin) ~ *sich ohne eigenen Antrieb fortbewegen* ▸ Eisschollen ~ auf dem Fluss; das Boot trieb steuerlos auf dem Meer **II.II** ‹treibt, trieb, hat ge|trie|ben› *gären, aufgehen* (Bier, Hefe)

Trei|ben ‹das; -s, -› **1** *bei der Treibjagd umstelltes Gebiet, in dem die Jagd stattfindet* **2** *Leben u. Bewegung, reges Durcheinanderlaufen vieler Menschen* ▸ es herrschte ein lustiges ~ auf dem Jahrmarkt; emsiges, geschäftiges, reges ~

trei|ben|las|sen *auch:* **trei|ben las|sen** ‹V. refl.; lässt sich trei|ben, ließ sich trei|ben, hat sich trei|ben|las|sen, sich trei|ben|zu|las|sen; übertr.› sich ~ *nicht selbst handeln, sich dem Geschehen überlassen* ▸ sich von der Stimmung ~; →a. *treiben*

Trei|ber ‹der; -s, -› **1** *jmd., der ein Arbeitstier treibt, führt;* Zus *Eseltreiber* **2** *jmd., der bei der Treibjagd das Wild vor die Schützen treibt* **3** ‹EDV› *Programm, mit dem ein Gerät (Drucker, Laufwerk) gesteuert wird;* Zus *Druckertreiber*

Treib|haus ‹das; -es, -häu|ser› *hausähnliche Konstruktion aus Glas o. Ä., in der Pflanzen bei gleichbleibender Temperatur schneller wachsen*

Treib|haus|ef|fekt ‹der; -(e)s; unz.› *übermäßige Erwärmung der Erdatmosphäre, insbes. durch einen zu hohen Gehalt an Kohlendioxid*

Treib|jagd ‹die; -, -en› **1** *Jagd, bei der die Tiere aufgescheucht u. auf die Schützen zugetrieben werden* **2** ‹übertr.› *erbarmungslose Verfolgung eines od. mehrerer Menschen durch viele andere* ▸ ~ auf Fasane; eine ~ veranstalten ‹a. übertr.›

Treib|sand ‹der; -(e)s; unz.› *vom Wind an- od. weggetriebener Sand, in dem man versinken kann*

Treib|stoff ‹der; -(e)s, -e› = *Kraftstoff;* Zus *Treibstoffmangel, Treibstofftank*

Trek|king ‹das; -s; unz.› *Wanderung (einer Gruppe) im Hochgebirge;* oV *Trecking;* Abl *trekken*

Tre|mo|lo ‹das; -s, -s od. -mo|li; Mus.› *sehr schnelle Wiederholung desselben Tones, Zittern*

Trench|coat ‹[trɛntʃkout] der; -s, -s› *Regenmantel aus leichtem Stoff, oft mit warmem Futter*

Trend ‹der; -s, -s› *Richtung einer neuen, modischen Entwicklung, Entwicklungstendenz* ▸ der neueste ~; mit dieser Frisur liegt sie voll im ~ ‹umg.› *stimmt sie genau mit der neuesten Mode überein;* Abl *trendig;* Zus *Trendforscher(in), Trendmeldung, Trendwende; Modetrend*

Trend|set|ter ‹der; -s, -; umg.› *Person od. Sache, die das Entstehen eines neuen Trends anregt;* Abl *Trendsetterin*

trenn|bar ‹Adj.› *so beschaffen, dass es getrennt werden kann* ▸ ~es Verb ‹Gramm.› *V., dessen Bestandteile* (z. B. „ab"-laufen) *innerhalb eines Satzes voneinander getrennt stehen können,* z. B. „die Frist läuft ab"

tren|nen ‹V.; trennt, trenn|te, hat ge|trennt› **I** ‹V. trans.› **1** jmdn. od. etwas (von jmdm. od. etwas) ~ *die Verbindung von zwei Personen od. Gegenständen unterbrechen, lösen* **2** eine Naht ~ *auftrennen* **3** etwas von etwas anderem ~, zwei Dinge voneinander ~ *auseinanderhalten, unterscheiden* ▸ Berufliches und Privates ~ *auseinanderhalten;* man kann diese Dinge nicht ~; Silben (richtig) ~; der Fluss trennt die beiden Stadtteile; Streitende, Kämpfende ~; Wörter getrennt schreiben ▸ den Kragen vom Kleid ~; die Person von der Sache ~ *die P. nicht für die S. verantwortlich machen* ▸ getrennt bezahlen

T

einzeln; getrennt leben *nicht im gleichen Haushalt leben* (Ehepaar); getrennt voneinander sein *nicht beieinander sein, nicht zusammenleben* **II** ⟨V. refl.⟩ **1** sich ~ *Abschied nehmen, auseinandergehen* **2** sich (von jmdm.) ~ *eine Partnerschaft, Beziehung, Ehe auflösen* **3** sich von etwas ~ *etwas hergeben, aufgeben* ▸ unsere Wege ~ sich hier ⟨a. übertr.⟩ *wir gehen in unterschiedlicher Richtung weiter* ▸ er hat sich von seiner Frau getrennt *er lebt nicht mehr mit ihr zusammen; er hat sich von ihr scheiden lassen*

Tren|nung ⟨die; -, -en⟩ **1** *das Trennen, Lösung, Unterbrechung;* Zus *Worttrennung* **2** *das Auflösen einer Ehe od. Beziehung* **3** *Abschied;* Zus *Trennungsschmerz* ▸ er hat gerade eine ~ hinter sich

Tren|nungs|strich ⟨der; -(e)s, -e⟩ *Strich zw. zwei Silben eines Wortes am Ende einer Zeile;* Syn *Trennungszeichen*

Trenn|wand ⟨die; -, -wän|de⟩ *Wand zum Abtrennen von Räumen*

Tren|se ⟨die; -, -n⟩ *Zaum für Pferde (mit Gebiss u. Zügel)* ▸ ohne Sattel und ~ reiten

trepp|auf ⟨Adv.⟩ ~, treppab laufen *oft hintereinander die Treppe hinauf- u. hinablaufen*

Trep|pe ⟨die; -, -n⟩ **1** *aus Stufen bestehender Aufgang;* Zus *Treppenabsatz, Treppengeländer, Treppenstufe; Holztreppe* **2** ⟨umg.⟩ *Stockwerk, Geschoss* ▸ die ~ hinauffallen ⟨übertr.; umg.⟩ *ohne eigenes Zutun Vorteile erhalten, bes. im Berufsleben;* die ~ hinauf-, hinuntergehen, -steigen; die ~ führt in den Keller hinunter; breite, enge, gewundene, steile ~

Trep|pen|haus ⟨das; -es, -häu|ser⟩ *Raum für die Treppen im Hause*

Tre|sen ⟨der; -s, -⟩ *Ladentisch, Schanktisch*

Tre|sor ⟨der; -s, -e⟩ **1** *Stahlschrank für Geld u. Wertgegenstände, Safe;* Syn *Geldschrank* **2** ⟨in Banken⟩ *gepanzerter unterirdischer Raum mit Stahlschränken u. -fächern zum sicheren Aufbewahren von Geld u. Wertpapieren*

Tres|se ⟨die; -, -n⟩ *Borte an Kleidungsstücken, bes. Uniformen, meist aus Gold- od. Silberfäden*

Tret|boot ⟨das; -(e)s, -e⟩ *Boot, das durch das Treten von Pedalen auf dem Wasser fortbewegt wird* ▸ auf einem See ~ fahren

tre|ten ⟨V.⟩ **I** ⟨V. intr.⟩ **I.I** ⟨tritt, trat, ist ge|tre|ten⟩ irgendwohin ~ **1** *einen od. mehrere Schritte gehen od. machen* **2** *den Fuß irgendwohin setzen* ▸ bitte, ~ Sie näher! *kommen sie herein, her!* ▸ ans Fenster ~; an jmds. Stelle ~ *ihn ersetzen;* auf die Bremse ~ ⟨a. übertr.⟩ *bremsen;* auf der Stelle ~ *nicht vorwärtskommen;* ihm trat der Schweiß auf die Stirn *er begann zu schwitzen;* jmdm. auf die Zehen, den Fuß ~; aus dem Haus, Zimmer ~; hinter, neben, vor jmdn. ~; ins Haus, Zimmer, in den Garten ~; mit jmdm. in Beziehungen ~ *B. anknüpfen;* in eine Pfütze ~; er ist in eine Scherbe getreten; in den Vordergrund, Hintergrund ~ ⟨a. übertr.⟩; nach vorn ~; der Fluss ist über die Ufer getreten *hat die U. überschwemmt;* vor den Spiegel ~; zur Seite ~ *Platz machen* **I.II** ⟨tritt, trat, hat ge|tre|ten⟩ (irgendwohin) ~ *mit dem Fuß kräftig stoßen* ▸ gegen die Tür ~; nach jmdm. od. etwas ~ **II** ⟨V. trans.; tritt, trat, hat ge|tre|ten⟩ **1** jmdn. (irgendwohin) ~ *mit dem Fuß stoßen od. drücken, den Fuß setzen auf* **2** ⟨übertr.⟩ jmdn. ~ *jmdn. drängen (etwas zu tun)* ▸ den Takt ~ *mit dem Fuß auf den Boden klopfen u. so den T. angeben* ▸ jmdn. auf den Fuß ~; jmdn. gegen das Schienbein ~; jmdn. mit Füßen ~ ⟨übertr.⟩ *jmdn. sehr schlecht behandeln;* jmds. Gefühle mit Füßen ~ ⟨übertr.⟩ *sehr verletzen*

Tret|müh|le ⟨die; -, -n; übertr.; umg.⟩ *immer gleiche, monotone Arbeit* ▸ die tägliche ~

treu ⟨Adj.; -er, am -(e)s|ten⟩ **1** *unveränderlich fest in der Gesinnung* **2** *fest verbunden, beständig in Liebe u. Anhänglichkeit* **3** *in einer Ehe, Partnerschaft keine andere sexuelle Beziehung eingehend* **4** *gewissenhaft, anständig* ▸ jmdn. für ~e Dienste belohnen; sie sind ~e Freunde; ein ~er Hund; Rabatt für ~e Kunden; jmdm. in ~er Liebe verbunden sein; er, sie ist eine ~e Seele ⟨umg.⟩ ▸ sich selbst ~ bleiben *sein Verhalten nicht ändern;* jmdm. od. einer Sache ~ bleiben, sein *unveränderlich zu ihm, ihr stehen;* seinen Grundsätzen, seiner Überzeugung ~ bleiben ▸ ~ und brav ▸ jmdm. eine Sache zu ~en Händen übergeben *zur gewissenhaften Verwaltung od. Verwahrung*

Treue ⟨die; -; unz.⟩ **1** *treue Gesinnung, treues Verhalten* **2** *unverändert feste Verbundenheit* **3** *beständige Anhänglichkeit, unwandelbare Zuneigung, Liebe, Freundschaft, Kameradschaft* **4** *das Treusein in der Ehe* **5** *Gewissenhaftigkeit* ▸ die ~ brechen; jmdm. ~ geloben, schwören; jmdm. die ~ halten ▸ eheliche ~; jmdm. ewige ~ schwören ▸ jmdm. etwas auf Treu und Glauben überlassen *im Vertrauen auf sein anständiges Verhalten;* Zus *Treuebruch, Treu(e)eid, Treueschwur*

Treu|hän|der ⟨der; -s, -⟩ *jmd., der fremdes Eigentum verwaltet;* Abl *Treuhänderin*

Treu|hand|ge|sell|schaft ⟨die; -, -en⟩ *Gesellschaft, die als Treuhänderin tätig ist*

treu|her|zig ⟨Adj.⟩ *arglos, voll kindlichen Vertrauens* ▸ jmdn. ~ ansehen; Abl *Treuherzigkeit*

treu|los ⟨Adj.⟩ *nicht treu, ohne Treue* ▸ ~er Freund, Geliebter; ~ handeln; Abl *Treulosigkeit*

Tri|an|gel ⟨die; -, -n od. der; -s, -; österr.: das; -s, -; Mus.⟩ *Schlaginstrument aus einem zum Dreieck gebogenen Stahlstab*

Tri|as ⟨die; -, -⟩ **1** ⟨Geol.⟩ *Erdzeitalter vor 200-160 Millionen Jahren mit den ersten Säugetieren;* Syn *Triasformation* **2** ⟨geh.⟩ *aus drei Teilen bestehendes Gebilde, Dreierfigur*

Tri|ath|lon ⟨der od. das; -s, -s; Sp.⟩ *anstrengende Mehrkampfdisziplin, die aus Schwimmen, Radfahren u. Laufen besteht;* Abl *Triathlet(in)*

Tri|bu|nal ⟨das; -s, -e⟩ **1** ⟨geh.⟩ *Gerichtshof;* Zus *Kriegsverbrechertribunal* **2** ⟨übertr.⟩ *das öffentliche Anprangern u. Verurteilen von Missständen in der Form eines Gerichtsverfahrens* ▸ ein ~ einberufen; jmdn. vor ein ~ stellen

Tri|bü|ne ⟨die; -, -n⟩ **1** *Gerüst mit Sitzreihen für*

T

Zuschauer; Zus *Tribünenplatz; Zuschauertribüne* **2** *erhöhter Platz für den Redner;* Zus *Rednertribüne* ▸ auf der ~ sitzen

Tri|but ⟨der; -(e)s, -e⟩ **1** *Steuer, Beitrag* **2** *Entschädigung an den Sieger* **3** ⟨übertr.⟩ **3.1** *Hochachtung, Ehrerbietung, Respekt* **3.2** *Opfer, Preis* ▸ jedes Jahr fordern Lawinen ihren ~ ⟨übertr.⟩ *sterben viele Menschen aufgrund von L.;* die jahrelange Anspannung im Beruf forderte ihren ~ ⟨übertr.⟩; ~ zahlen; jmdm. ~ zollen ⟨übertr.⟩ *jmdn. anerkennen*

Trich|ter ⟨der; -s, -⟩ **1** *kegelförmiges Gerät mit Abflussrohr an der Spitze zum Eingießen von Flüssigkeiten in enge Öffnungen* **2** *durch Geschoss entstehendes, trichterförmiges Loch;* Zus *Bombentrichter* **3** ⟨Mus.⟩ *das sich erweiternde Ende der Blechblasinstrumente, Schallbecher* ▸ jetzt ist er endlich auf den ~ gekommen ⟨übertr.; umg.⟩ *jetzt hat er es endlich begriffen*

Trick ⟨der; -s, -s⟩ **1** *Kunstgriff, Kniff;* Zus *Kartentrick, Zaubertrick* **2** *List, mit der man andere betrügt;* Zus *Trickbetrüger(in)* ▸ einen ~ anwenden; auf einen ~ hereinfallen

Trick|film ⟨der; -(e)s, -e⟩ **1** *Film, bei dem durch technische Tricks verblüffende Wirkungen erzielt od. in Wirklichkeit nicht mögliche Szenen gezeigt werden können* **2** ⟨kurz für⟩ *Zeichentrickfilm*

Trick|kis|te ⟨die; -, -n; Pl. selten; umg.⟩ *Gesamtheit an Tricks, die jmd. anwendet od. beherrscht* ▸ seine ~ öffnen; in die ~ greifen

trick|reich ⟨Adj.⟩ *einfallsreich, viele Tricks beherrschend, voller Tricks, schlau* ▸ ein ~ arrangierter Musiktitel; jmdn. ~ betrügen

trick|sen ⟨V. intr.; trickst, tricks|te, hat ge|trickst⟩ *mit Listen u. Tricks etwas zu erreichen versuchen* ▸ bei einem Spiel ~; er hat viel getrickst

trieb → *treiben*

Trieb ⟨der; -(e)s, -e⟩ **1** *(innerer) Antrieb, Drang, (innere) treibende Kraft;* Zus *Naturtrieb, Nahrungstrieb, Spieltrieb* **2** *geschlechtliches Verlangen;* Zus *Geschlechtstrieb, Fortpflanzungstrieb, Sexualtrieb* **3** ⟨Bot.⟩ *neuer, sich entwickelnder Pflanzenteil* ▸ von ~en gesteuert sein; seinen ~en nachgeben; Bäume bekommen junge ~e

Trieb|fe|der ⟨die; -, -n⟩ **1** *Feder des Uhrwerkes* **2** ⟨übertr.⟩ *Antrieb, (innere) treibende Kraft*

trieb|haft ⟨Adj.; -er, am -es|ten⟩ **1** *durch inneren Trieb, durch den Geschlechtstrieb bewirkt* (Handeln, Handlung) **2** *mehr den Trieben als dem Willen od. Verstand folgend* (Mensch) ▸ ~es Verlangen; ~ veranlagt sein; Abl *Triebhaftigkeit*

Trieb|kraft ⟨die; -, -kräf|te⟩ **1** *Kraft, die eine Maschine treibt* **2** ⟨übertr.⟩ *Kraft, etwas voranzutreiben*

Trieb|tä|ter ⟨der; -s, -⟩ *Verbrecher, der eine Straftat begeht, um einen Trieb zu befriedigen, z. B. Sexualverbrecher*

Trieb|werk ⟨das; -(e)s, -e; Tech.⟩ *Antriebsvorrichtung, z. B. die eines Flugzeugs*

trie|fen ⟨V. intr.; trieft, trief|te/troff, hat ge|trieft⟩ *so nass sein, dass es tropft, stark tropfen* ▸ ihm trieft die Nase ⟨umg.⟩; von, vor Weisheit (nur so) ~ ⟨übertr.; umg.⟩ *übertrieben schlau tun;* von, vor Nässe ~; ~d nass; Abl *triefnass*

trief|nass ⟨Adj.⟩ *so nass, dass es tropft*

trie|zen ⟨V. trans.; triezt, triez|te, hat ge|triezt; umg.⟩ jmdn. ~ *necken, ärgern, plagen*

trif|tig ⟨Adj.⟩ *wohlbegründet, zwingend, nur schwer widerlegbar* ▸ ein ~er Einwand; ~e Gründe für etwas vorbringen; Abl *Triftigkeit*

Tri|ko|lo|re ⟨die; -, -n⟩ *die dreifarbige, blau-weiß-rote Fahne der frz. Republik*

Tri|kot ⟨[-ko:] das; -s, -s⟩ **1** *eng anliegendes, dehnbares Kleidungsstück* **2** *Hemd für Sportler;* Zus *Trikottausch; Fußballtrikot, Sporttrikot*

Tril|ler ⟨der; -s, -; Mus.; Abk.: tr; Zeichen: tr⁓⟩ *rascher mehrmaliger Wechsel eines Tones mit dem nächsthöheren halben od. ganzen Ton*

tril|lern ⟨V. intr.; tril|lert, tril|ler|te, hat ge|tril|lert; umg.⟩ **1** *singen* (von Vögeln) **2** *auf der Trillerpfeife pfeifen*

Tril|ler|pfei|fe ⟨die; -, -n⟩ *Pfeife, bei der durch Blasen eine kleine Kugel in Bewegung versetzt wird, so dass ein trillernder Ton zustande kommt*

Tril|li|ar|de ⟨die; -, -n⟩ *1000 Trillionen*

Tril|li|on ⟨die; -, -en⟩ **1** *eine Million Billionen,* 10^{18} **2** ⟨Frankreich bis 1948, ehem. Sowjetunion, USA⟩ = *Billion*

Tri|lo|gie ⟨die; -, -n⟩ *Werk aus drei selbstständigen, gleichartigen, stofflich zusammengehörigen Teilen;* Zus *Filmtrilogie, Romantrilogie*

Tri|mes|ter ⟨das; -s, -⟩ *dritter Teil eines Studienjahrs*

trim|men ⟨V. trans.; trimmt, trimm|te, hat getrimmt⟩ **1** jmdn. od. ein Tier auf od. zu etwas ~ *jmdn. od. ein T. gezielt zu etwas erziehen* **2** ⟨übertr.⟩ jmdn. od. sich ~ *durch Sporttreiben körperlich leistungsfähig machen* **3** einen Hund ~ *einem H. das Fell scheren*

trink|bar ⟨Adj.⟩ **1** *so beschaffen, dass man es (ohne gesundheitl. Schaden) trinken kann* **2** ⟨umg.⟩ *angenehm schmeckend, recht gut* ▸ das Wasser ist hier nicht ~; der Wein ist ~ ⟨umg.⟩

trin|ken ⟨V.; trinkt, trank, hat ge|trun|ken⟩ **I** ⟨V. trans. u. V. intr.⟩ (etwas) ~ *Flüssigkeit über den Mund zu sich nehmen* ▸ ich möchte gern ein Bier ~; Kaffee ~; Milch, Wasser ~; möchten Sie ein Glas Wein ~? ▸ jmdm. etwas zu ~ geben ▸ auf jmds. Wohl, Gesundheit ~ *jmdm. Gesundheit wünschen u. zur Bekräftigung etwas Alkohol trinken;* aus dem Glas, aus der Flasche ~; ~ wir noch etwas? (Alkohol); haben Sie etwas getrunken? (Alkohol); in langen, vollen Zügen ~; Zus *Trinkglas, Trinkhalm* **II** ⟨V. intr.⟩ *regelmäßig u. zu viel Alkohol trinken* ▸ er hat angefangen zu ~; sich das Trinken angewöhnen, abgewöhnen

Trin|ker ⟨der; -s, -⟩ **1** ⟨allg.⟩ *jmd., der etwas trinkt;* Zus *Biertrinker, Kaffeetrinker, Schnapstrinker, Teetrinker, Weintrinker* **2** *jmd., der regelmäßig u. zu viel Alkohol trinkt;* Zus *Gewohnheitstrinker* ▸ er ist ein starker ~ *er trinkt sehr viel (u. sehr starken) Alkohol;* Abl *Trinkerin*

trink|fest ⟨Adj.; -er, am -es|ten⟩ *viel Alkohol ver-*

T U V W X Y Z

tragend, ohne betrunken zu werden; Abl *Trinkfestigkeit*

Trink|ge|la|ge ⟨das; -s, -⟩ *Treffen, bei dem sehr viel Alkohol getrunken wird* ▸ ein wildes ~

Trink|geld ⟨das; -(e)s, -er⟩ *kleines Geldgeschenk, das zusätzlich zum Rechnungsbetrag gezahlt wird, bes. für Kellner od. Taxifahrer* ▸ jmdm. ein ~ geben; kleines, ordentliches, reichliches ~

Trink|spruch ⟨der; -(e)s, -sprü|che⟩ *von einem Gast vorgetragener, kurzer Spruch, der alle Gäste auffordert, (auf jmdn.) zu trinken* ▸ einen ~ (auf jmdn.) ausbringen

Trink|was|ser ⟨das; -s; unz.⟩ *für menschlichen Genuss ausreichend reines Wasser;* Zus *Trinkwasseraufbereitung, Trinkwasserversorgung*

Trio ⟨das; -s, -s⟩ **1** *Musikstück für drei verschiedene Instrumente* **2** *drei gemeinsam spielende Musiker;* Zus *Jazztrio, Streichertrio* **3** ⟨umg.⟩ *drei zusammengehörige Personen* ▸ ein seltsames ~ ⟨umg.⟩

Trip ⟨der; -s, -s; umg.⟩ **1** *Ausflug, kleine Reise* **2** *Rausch mit Halluzinationen* **3** *gebrauchsfertige Dosis Rauschgift* **4** ⟨umg. a. bes. in Zus.⟩ *Betätigung, Beschäftigung;* Zus *Egotrip, Ökotrip, Videotrip* ▸ er ist zurzeit auf dem Öko~ *er beschäftigt sich gerade sehr mit Ökologie*

trip|peln ⟨V. intr.; trip|pelt, trip|pel|te, ist ge|trip|pelt⟩ *mit kleinen Schritten laufen* (Kind)

Trip|per ⟨der; -s, -⟩ *bakterielle Entzündung der Schleimhäute der Geschlechtsorgane*

Tri|p|ty|chon ⟨[-çɔn] das; -s, -chen⟩ *drei beweglich verbundene Gemälde, meist als Altarbild*

trist ⟨Adj.; -er, am -es|ten⟩ **1** *traurig* **2** *öde* **3** *grau in grau* ▸ eine ~e Gegend; ~es Wetter

Tris|tesse ⟨[-tɛs] die; -; unz.; geh.⟩ *Traurigkeit, Schwermut* ▸ der ~ des Alltags entfliehen

Tritt ⟨der; -(e)s, -e⟩ **1** *das Auftreten mit dem Fuß, Schritt* **2** *Art des Auftretens* **3** *Stoß mit dem Fuß;* Zus *Fußtritt* ▸ wieder ~ fassen ⟨übertr.⟩ *wieder gute Leistungen zeigen;* jmdm. einen ~ geben, versetzen; einen festen, schweren ~ haben

Tritt|brett ⟨das; -(e)s, -er⟩ *Brett am Wagen als Stütze für den Fuß beim Ein- u. Aussteigen, am Roller zum Stehen*

Tritt|brett|fah|rer ⟨der; -s, -; übertr.; abwertend⟩ **1** *jmd., der von etwas profitiert, ohne selbst etwas zu tun* **2** *jmd., der Straftaten nachahmt*

T

Tritt|lei|ter ⟨die; -, -n⟩ *kurze Stehleiter mit zwei od. drei Stufen*

tritt|si|cher ⟨Adj.⟩ *so beschaffen, dass man einen sicheren Tritt hat* ▸ ein ~er Pfad; Syn *trittfest*

Tri|umph ⟨der; -(e)s, -e⟩ **1** ⟨allg.⟩ *Freude, Genugtuung über einen Sieg od. Erfolg* **2** *mit Jubel gefeierter Sieg* ▸ der Sänger feierte ~e; sein Sieg war ein großer ~ für ihn

tri|um|phal ⟨Adj.⟩ *herrlich, großartig* ▸ ~er Erfolg

Tri|umph|bo|gen ⟨der; -s, - od. süddt., österr., schweiz.: -bö|gen⟩ *steinernes Ehrentor für den Einzug des siegreichen Feldherrn*

tri|um|phie|ren ⟨V. intr.; tri|um|phiert, tri|um|phier|te, hat tri|um|phiert⟩ **1** *über einen Sieg od. Erfolg jubeln* **2** (über jmdn. od. etwas) ~ *jmdn. od. etwas besiegen* ▸ „...!", rief er ~d

Tri|umph|zug ⟨der; -(e)s, -zü|ge⟩ *bejubelter Einzug* ▸ einen ~ durch Deutschland, Europa antreten *viel Erfolg in D., E. haben;* ihre Rückkehr glich einem ~; im ~ in eine Stadt einziehen

tri|vi|al ⟨[-vi-] Adj.⟩ **1** *gewöhnlich, anspruchslos, ohne künstlerischen Gehalt;* Zus *Trivialliteratur* **2** *abgedroschen, unwichtig* ▸ ein ~es Beispiel; seine Bemerkungen sind ~; Abl *Trivialität*

tro|cken ⟨Adj.⟩ **1** *ohne Feuchtigkeit, dürr* (Erde, Zweig); Zus *Trockenfutter, Trockenobst* **2** *keine od. wenig Niederschläge aufweisend* (Klima, Wetter) **3** *ohne ausreichende Feuchtigkeit u. körpereigene Fette* (Haut) **4** *kurz, scharf, ohne Nachhall* (Akustik, Klang) **5** ⟨übertr.⟩ **5.1** *langweilig, ohne Schwung* (Vortrag) **5.2** *witzig-nüchtern* (Bemerkung, Antwort) **6** *wenig unvergorenen Zucker enthaltend* (Wein, Sekt) **7** ⟨umg.⟩ *nicht mehr alkoholsüchtig* ▸ keinen ~en Faden (mehr) am Leibe haben ⟨umg.⟩ *durchnässt sein;* einen ~en Hals haben; einen ~en Humor haben ⟨übertr.⟩; ~e Luft, ~es Wetter; ~e Schuhe, Strümpfe anziehen; eine Sache in ~en Tüchern haben ⟨übertr.⟩ *eine S. erfolgreich abgeschlossen haben* ▸ das Brot ~ essen *ohne Aufstrich;* sich ~ rasieren *mit dem elektrischen Rasierapparat;* ~ reiben = *trockenreiben;* „Das interessiert mich nicht", sagte er ~ ⟨übertr.⟩; ~ schleudern = *trockenschleudern;* sein: der Junge ist seit zwei Jahren ~ ⟨umg.⟩; die Wäsche ist schon, noch nicht ~; ~ wischen = *trockenwischen* ▸ auf dem Trockenen sitzen ⟨übertr.; umg.⟩ *in einer unangenehmen Lage sein (bes. finanziell);* er ist noch nicht ~ hinter den Ohren ⟨übertr.; umg.⟩ *unreif;* Abl *Trockenheit*

Tro|cken|hau|be ⟨die; -, -n⟩ *Föhn als Haube zum Trocknen des Haars*

tro|cken|le|gen ⟨V. trans.; legt tro|cken, leg|te tro|cken, hat tro|cken|ge|legt, tro|cken|zu|le|gen⟩ **1** ein Kind ~ *nasse Windeln entfernen, es säubern u. neu wickeln* **2** einen Sumpf ~ **2.1** *durch Kanalisation entwässern* **2.2** ⟨übertr.⟩ *kriminelle Machenschaften unterbinden*

tro|cken|rei|ben *auch:* **tro|cken rei|ben** ⟨V. trans.; reibt trocken, rieb tro|cken, hat tro|cken|ge|rie|ben, tro|cken|zu|rei|ben⟩ jmdn. od. etwas ~ *reiben, bis jmd. od. etwas trocken ist*

tro|cken|schleu|dern *auch:* **tro|cken schleu|dern** ⟨V. trans.; schleu|dert tro|cken, schleu|der|te tro|cken, hat tro|cken|ge|schleu|dert, tro|cken|zu|schleu|dern⟩ Wäsche ~ *nach dem Waschen durch Schleudern mit hoher Umdrehungszahl trocknen*

tro|cken|wi|schen *auch:* **tro|cken wi|schen** ⟨V. trans.; wischt tro|cken, wisch|te tro|cken, hat tro|cken|ge|wischt, tro|cken|zu|wi|schen⟩ den Fußboden ~ *Feuchtigkeit mit einem Lappen von ihm entfernen*

Tro|cken|zeit ⟨die; -, -en⟩ *regelmäßig auftretende Periode, in der es nicht regnet, bes. am Rande der Tropen u. in den Subtropen;* Ggs *Regenzeit*

trock|nen ⟨V.⟩ **I** ⟨V. intr.; trock|net, trock|ne|te, ist ge|trock|net⟩ *trocken werden* ▸ Farben, Kleider ~ lassen; die Farbe ist noch nicht getrocknet; Wäsche zum Trocknen aufhängen **II** ⟨V. trans.; trock|net, trock|ne|te, hat ge|trock|net⟩ etwas ~ *trocken machen* ▸ sich das Haar ~; sich die Stirn ~; Wäsche ~; getrocknetes Obst

Trock|ner ⟨der; -s, -⟩ *Maschine, mit der man gewaschene Wäsche trocknen kann*

Trod|del ⟨die; -, -n⟩ *Quaste, Franse*

Trö|del ⟨der; -s; unz.; umg.⟩ **1** *billiger Kram* **2** *wertlose alte Waren* ▸ der ganze ~ *alle diese alten Sachen;* Zus *Trödelladen, Trödelmarkt*

trö|deln ⟨V. intr.; trö|delt, trö|del|te, hat ge|trö|delt⟩ *langsam sein, langsam arbeiten, die Zeit verschwenden* ▸ trödelt nicht so, wir wollen los!

Tröd|ler ⟨der; -s, -⟩ *Kaufmann, der mit gebrauchten Waren handelt;* Abl *Trödlerin*

troff → *triefen*

trog → *trügen*

Trog ⟨der; -(e)s, Trö|ge⟩ *großes ovales od. rechteckiges Gefäß aus Holz od. Stein;* Zus *Backtrog, Futtertrog, Schweinetrog, Waschtrog*

Troi|ka *auch:* **Tro|i|ka** ⟨[trɔı-] od. [tro:i-] die; -, -s⟩ **1** *russisches Gespann aus drei Pferden;* Syn *Dreigespann* **2** ⟨übertr.⟩ *drei zusammengehörige Menschen (od. Dinge);* Zus *Führungstroika*

Tro|ja|ner ⟨der; -s, -⟩ **1** *Einwohner von Troja;* Syn *Troer* **2** ⟨EDV⟩ *Computerprogramm, Virus, das im Verborgenen Schaden anrichtet*

Troll ⟨der; -(e)s, -e; nord. Myth.⟩ *Dämon*

trol|len ⟨V. refl.; trollt sich, troll|te sich, hat sich ge|trollt⟩ sich (irgendwohin) ~ *ein wenig beschämt od. unwillig weggehen*

Trom|mel ⟨die; -, -n⟩ **1** ⟨Mus.⟩ *Schlaginstrument, dessen Resonanzkörper an beiden Seiten mit Kalbfell bespannt ist;* ⓘ S. 788; Zus *Trommelwirbel; Basstrommel* ⓘ S. 788 **2** *walzenförmiger Teil einer Maschine od. eines Gerätes;* Zus *Wäschetrommel* ▸ die ~ schlagen; die ~ für etwas rühren ⟨übertr.⟩ *für etwas werben*

Trom|mel|fell ⟨das; -(e)s, -e⟩ **1** ⟨Mus.⟩ *das Fell der Trommel* **2** ⟨Anat.⟩ *das Mittelohr der Wirbeltiere u. des Menschen nach außen abschließende Haut*

Trom|mel|feu|er ⟨das; -s; unz.⟩ **1** = *Trommelwirbel* **2** ⟨Mil.⟩ *länger andauerndes Beschießen*

trom|meln ⟨V.; trom|melt, trom|mel|te, hat ge|trom|melt⟩ **I** ⟨V. intr.⟩ **1** ⟨Mus.⟩ *die Trommel schlagen;* Abl *Trommler(in)* **2** ⟨übertr.⟩ *(mit den Fingern od. Fäusten) rasch auf eine Fläche klopfen* ▸ mit den Fäusten gegen die Tür ~ **II** ⟨V. trans.; Mus.⟩ etwas ~ *durch Schlagen auf die Trommel ertönen lassen* ▸ einen Wirbel ~; den Takt ~

Trom|mel|wir|bel ⟨der; -s, -; Mus.⟩ *Wirbel, schnelle Schläge mit Trommelstöcken auf der Trommel*

Trom|pe|te ⟨die; -, -n; Mus.⟩ *Blechblasinstrument mit oval gebogenem Rohr* ▸ die ~, auf der ~ spielen; ⓘ S. 788; Zus *Trompetensolo*

trom|pe|ten ⟨V. intr.; trom|pe|tet, trom|pe|te|te, hat trom|pe|tet⟩ **1** ⟨Mus.⟩ *auf der Trompete blasen;* Abl *Trompeter(in)* **2** ⟨übertr.⟩ *Laut geben* (vom Elefanten)

Tro|pen ⟨Pl.⟩ *heiße Zone auf beiden Seiten des Äquators zw. den Wendekreisen;* Zus *Tropenhelm, Tropenkrankheit, Tropenpflanze*

Tropf ⟨der; -(e)s, Tröp|fe⟩ **1** *(bes.) einfältiger Kerl* **2** ⟨umg.⟩ *Gerät für eine Infusion, bei der das Medikament tröpfchenweise eingeflößt wird* ▸ armer ~; am ~ hängen ⟨umg.⟩ *eine Tropfinfusion bekommen*

Tröpf|chen ⟨das; -s, -⟩ *kleiner Tropfen;* Abl *tröpfchenweise*

tröp|feln ⟨V. intr.; tröp|felt, tröp|fel|te, hat ge|tröp|felt⟩ **1** aus od. von etwas ~, irgendwohin ~ *in einzelnen, wenigen Tropfen fallen* **2** ⟨unpersönl.⟩ es tröpfelt *es regnet in Tropfen* ▸ Wasser tröpfelt aus dem Hahn

trop|fen ⟨V.⟩ **I** ⟨V. intr.; tropft, tropf|te, hat getropft⟩ *Flüssigkeit tropfenweise abgeben, durchlassen* (Gefäß, Wasserhahn) ▸ ihm tropft die Nase **II** ⟨V. intr.; tropft, tropf|te, ist ge|tropft⟩ *in Tropfen fallen* ▸ das Wasser tropfte vom Dach **III** ⟨V. trans.; tropft, tropf|te, hat ge|tropft⟩ etwas irgendwohin ~ *in Tropfen gießen, träufeln* ▸ Medizin auf einen Löffel ~

Trop|fen ⟨der; -s, -⟩ **1** *kleine Menge Flüssigkeit (in Kugelform);* Abl *tropfenweise;* Zus *Regentropfen, Schweißtropfen, Wassertropfen* **2** ⟨übertr.⟩ *kleine Menge, kleiner Rest Flüssigkeit, Schluck* **3** ⟨Pl.⟩ ~ *Medizin, die in Tropfen genommen wird;* Zus *Hustentropfen, Nasentropfen* ▸ seit Wochen ist kein ~ **Regen** gefallen; wir haben keinen ~ **Wasser,** Wein, Milch im Haus ▸ dreimal täglich fünf ~ **einnehmen** ▸ die **ersten** ~ fallen schon; ein **guter** ~ ⟨übertr.⟩ *ein guter Wein;* **steter** ~ höhlt den Stein ⟨Sprichw.⟩ *ständige Wiederholung bewirkt schließlich etwas* ▸ das ist nur ein ~ **auf** den heißen Stein ⟨übertr.⟩ *so wenig, dass es keine Wirkung hat;* der Regen fiel **in** großen, dicken ~

tropf|nass ⟨Adj.⟩ *ganz, völlig nass, so nass, dass es tropft* ▸ ein Kleidungsstück ~ aufhängen

Tro|phäe ⟨die; -, -n⟩ **1** *Auszeichnung für den Sieger, z. B. ein Pokal in einem sportlichen Wettbewerb* **2** *Teil der Jagdbeute als Zeichen der erfolgreichen Jagd, z. B. Geweih, Fell;* Zus *Jagdtrophäe* ▸ jmdm. eine ~ überreichen

tro|pisch ⟨Adj.⟩ *zu den Tropen gehörend, wie in den Tropen* ▸ ~es Klima; ~e Pflanzen

Tross ⟨der; -es, -e⟩ **1** *die das Gepäck, Verpflegung u. Ausrüstung der Truppe mitführenden Fahrzeuge* **2** ⟨übertr.⟩ *Gefolge, Gesamtheit der Anhänger, Mitläufer* ▸ ein ~ von Reportern

Trost ⟨der; -(e)s; unz.⟩ *etwas, das Leid vermindert, erleichtert, Aufmunterung* ▸ ein ~, dass es wenigstens einer geschafft hat ▸ jmdm. ~ **spenden,** zusprechen; (bei jmdm., in etwas) ~ **finden** ▸ nach dem Tod ihres Mannes ist das Kind ihr **einziger** ~; das ist nur ein **schwacher** ~ *das hilft mir nicht weiter* ▸ du bist wohl nicht (recht) **bei** ~! ⟨übertr.; umg.⟩ *du bist wohl verrückt!*

trös|ten ⟨V. trans.; trös|tet, trös|te|te, hat ge|tröstet⟩ jmdn. ~ *jmdm. Trost bringen, zusprechen, im Kummer gut zureden* ▸ das tröstet mich ⟨umg.⟩ *das beruhigt mich;* jmdn. in seinem Schmerz ~; sich mit etwas ~ *sich Ersatz für Verlorenes durch etwas (anderes) schaffen;* du musst dich mit dem Gedanken ~, dass … *dich zufriedengeben;* jmdm. ~d zureden; Abl *Tröstung*

tröst|lich ⟨Adj.⟩ *tröstend, trostbringend* ▸ es ist ~, zu wissen, dass es ihm gutgeht

trost|los ⟨Adj.; -er, am -es|ten⟩ **1** *keinem Trost zugänglich, verzweifelt* (Person) **2** *ohne Aussicht auf Besserung* (Zustand) **3** ⟨übertr.⟩ *öde, völlig reizlos* (Gegend) ▸ in ~en Verhältnissen leben

Trost|pflas|ter ⟨das; -s, -; fig; umg.⟩ *kleines Geschenk, kleine freundliche Geste als Entschädigung für einen Misserfolg o. Ä.*

Trost|preis ⟨der; -es, -e⟩ *kleiner Preis für den Verlierer*

Trö|te ⟨die; -, -n; umg.⟩ *kleines Blasinstrument aus Kunststoff (bes. für Kinder), mit dem man laute, quäkende Geräusche machen kann;* Abl *tröten*

Trott ⟨der; -s; unz.⟩ **1** *langsamer, schwerfälliger Trab* (vom Pferd) **2** *langsamer, schwerfälliger Gang* **3** ⟨übertr.⟩ *altgewohnte, immer gleiche Arbeits-, Lebensweise* ▸ der tägliche ~ ⟨übertr.⟩

Trot|tel ⟨der; -s, -; umg.⟩ *Dummkopf, Schwachkopf* ▸ gutmütiger ~ ⟨umg.⟩ *gutmütiger u. dabei willensschwacher u. etwas einfältiger Mensch*

trot|te|lig ⟨Adj.⟩ oV *trottlig* **1** *infolge Alters geistig nicht mehr regsam, (bes.) vergesslich* **2** *unachtsam, nicht aufpassend* ▸ er wird schon etwas ~

trot|ten ⟨V. intr.; trot|tet, trot|te|te, ist ge|trot|tet⟩ irgendwohin ~ *lustlos, unaufmerksam gehen*

Trot|toir ⟨[-toa:r] das; -s, -e od. -s; schweiz.⟩ = *Bürgersteig*

trotz ⟨Präp., urspr. m. Dat., heute meist m. Gen.⟩ *ungeachtet* ▸ ~ allem war die Reise doch schön; ~ seiner Erfolge ist er bescheiden geblieben; ~ des Regens machten wir eine Wanderung *obwohl es regnete*

Trotz ⟨der; -es; unz.⟩ *Widersetzlichkeit, Dickköpfigkeit, Eigensinn* ▸ kindlicher, kindischer ~; etwas aus ~ (nicht) tun; Zus *Trotzkopf*

trotz|dem[1] ⟨Adv.⟩ *dennoch* ▸ ~ darf man nicht glauben, dass es uns nicht interessiert; es regnete zwar heftig, ~ gingen wir spazieren

trotz|dem[2] ⟨Konj.; umg.⟩ *obgleich, obwohl* ▸ ~ ich anderer Auffassung war

trot|zen ⟨V. intr.; trotzt, trotz|te, hat ge|trotzt⟩ **1** jmdm. od. einer Sache ~ *Widerstand entgegensetzen* **2** *widerspenstig, dickköpfig sein* ▸ einer Gefahr ~; diese Pflanzen ~ jeder Witterung

trot|zig ⟨Adj.⟩ **1** *kämpferisch* **2** *zornig, eigensinnig* **3** *voller Trotz, widerspenstig, dickköpfig* (Kind) ▸ etwas ~ sagen; ~ schweigen; ~ sein

trü|be ⟨Adj.; -r, am trübs|ten⟩ oV *trüb* **1** *unklar, undurchsichtig* (Flüssigkeit, Glas) **2** *glanzlos, matt* (Augen, Metall) **3** *stark bewölkt, regnerisch, dunstig* (Tag, Wetter) **4** *bedrückt, niedergeschlagen, lustlos* (Person) **5** *bedenklich, ungünstig* (Zeiten) ▸ ~ vor sich hin schauen; im Trüben fischen ⟨übertr.; umg.⟩ *aus einer unklaren Lage Vorteil ziehen*

Tru|bel ⟨der; -s; unz.⟩ *lebhaftes, lärmendes Durcheinander vieler Personen* ▸ auf dem Jahrmarkt herrschte großer ~

trü|ben ⟨V.; trübt, trüb|te, hat ge|trübt⟩ **I** ⟨V. trans.⟩ **1** Flüssigkeit, Glas, Metall ~ *trübe, unklar, glanzlos machen* **2** ⟨übertr.⟩ jmds. Freude, Urteilskraft ~ *beeinträchtigen, vermindern* ▸ kein Wölkchen trübte den Himmel; in getrübter Stimmung sein ⟨übertr.⟩; unsere Freude wurde durch eine traurige Nachricht getrübt ⟨übertr.⟩ **II** ⟨V. refl.⟩ sich ~ **1** *sich verdunkeln, unklar werden* **2** ⟨übertr.⟩ *unfreundlich werden* ▸ unser Verhältnis hat sich getrübt ⟨übertr.⟩; der Himmel trübt sich *bedeckt sich mit Wolken;* Abl *Trübung*

Trüb|sal ⟨die; -; unz.⟩ *Trauer, Bedrückung* ▸ ~ blasen ⟨übertr.; umg.⟩ *lustlos, schlecht gelaunt sein*

trüb|se|lig ⟨Adj.⟩ **1** *bedrückt, niedergeschlagen* (Person) **2** *trostlos, öde, langweilig* (Gegend) **3** *anhaltend schlecht, regnerisch* (Wetter)

Trüb|sinn ⟨der; -(e)s; unz.⟩ *Schwermut, tiefe, anhaltende Niedergeschlagenheit;* Syn *Trübsinnigkeit* ▸ in ~ verfallen; Abl *trübsinnig*

tru|deln ⟨V. intr.; tru|delt, tru|del|te, ist ge|tru|delt⟩ *sich um eine außerhalb der eigenen Längsachse liegende Achse steil nach unten drehen* (von Flugzeugen) ▸ ins Trudeln geraten *einem Absturz nahe sein;* ⟨übertr.⟩ *in eine schlechte (wirtschaftliche) Situation kommen*

Trüf|fel ⟨die; -, -n od. (umg.) der; -s, -⟩ **1** *ein meist brauner od. schwarzer, unterirdisch lebender u. als Delikatesse verspeister Pilz* **2** *Praline, die mit einer festen, aber geschmeidigen Masse gefüllt ist*

trug → *tragen*

Trug ⟨der; -(e)s; unz.⟩ *Betrug, Täuschung* ▸ es ist alles Lug und ~

Trug|bild ⟨das; -(e)s, -er⟩ **1** *Bild der Fantasie* **2** *unwirkl. Vorstellung, unerfüllte Hoffnung*

trü|gen ⟨V. trans. u. V. intr.; trügt, trog, hat ge|trogen⟩ (jmdn.) ~ *täuschen, irreführen* ▸ wenn mich meine Erinnerung nicht trügt, war es so; der Schein trügt *es ist nicht so, wie es scheint*

trü|ge|risch ⟨Adj.⟩ *täuschend, irreführend, falsch* ▸ ~er Glanz; sich ~e Hoffnungen machen; das Eis ist ~ *bricht ein, obwohl es fest scheint*

Trug|schluss ⟨der; -es, -schlüs|se⟩ *falsche Schlussfolgerung, die auf einem Denkfehler beruht*

Tru|he ⟨die; -, -n⟩ *Kastenmöbel mit Klappdeckel;* Zus *Wäschetruhe*

Trüm|mer ⟨Pl.; Sg. nur noch oberdt.⟩ *Bruchstücke, Teile, Stücke, Reste (eines zerschlagenen Gegenstandes)* ▸ von dem Haus sind nur noch ~ übrig; unter den ~n des einstürzenden Hauses begraben werden; Zus *Trümmerfeld, Trümmerhaufen*

Trumpf ⟨der; -(e)s, Trümp|fe⟩ **1** ⟨Kart.⟩ *Farbe, die die anderen sticht;* Abl *trumpfen* **2** ⟨übertr.⟩ *entscheidender Vorteil* ▸ einen ~ ausspielen ⟨übertr.⟩ *etwas Entscheidendes (gewinnbringend) einsetzen;* Herz, Karo, Kreuz, Pik ist ~ ⟨Kart.⟩; ~ sticht

Trunk ⟨der; -(e)s, Trün|ke⟩ **1** *das Trinken* **2** *Trank, Getränk;* Zus *Schlaftrunk*

trun|ken ⟨Adj.⟩ **1** *betrunken* **2** ⟨übertr.⟩ *ganz erfüllt;* Zus *freudetrunken* ▸ ~ vor Begeisterung

Trun|ken|bold ⟨der; -(e)s, -e; umg.; abwertend⟩ *Trinker, Säufer*

Trun|ken|heit ⟨die; -; unz.⟩ *Betrunkenheit* ▸ wegen ~ am Steuer bestraft werden

Trunk|sucht ⟨die; -; unz.⟩ *gewohnheitsmäßiger Alkoholkonsum im Übermaß;* Abl *trunksüchtig*

Trupp ⟨der; -s, -s⟩ **1** *zusammengehörige Gruppe, kleine Schar;* Zus *Suchtrupp* **2** *kleinere militärische Einheit für Sonderaufgaben;* Zus *Stoßtrupp* ▸ ~ von Arbeitern, Soldaten

Trup|pe ⟨die; -, -n⟩ **1** ⟨Mil.⟩ *alle Soldaten der Streitkräfte* **2** *Gruppe von Schauspielern (aller Rollenfächer) od. Artisten;* Zus *Theatertruppe, Wandertruppe* **3** ⟨Pl.⟩ ~n *größere Anzahl von militär. Einheiten, Heeresteil;* Zus *Truppenabzug, Truppenübung* **4** *Gruppe zusammengehöriger Personen (die eine bestimmte Aufgabe gemeinsam ausüben)* ▸ ~n stationieren, zusammenziehen; von der schnellen ~ sein ⟨umg.⟩ *alles sehr rasch u. zuverlässig erledigen*

Trut|hahn ⟨der; -(e)s, -häh|ne⟩ *großer, kräftiger Hühnervogel;* Abl *Truthenne*

tsche|chisch ⟨Adj.⟩ *die Tschechische Republik betreffend, dazu gehörend, daraus stammend;* Abl *Tscheche, Tschechin*

tsche|cho|slo|wa|kisch ⟨Adj.⟩ *die ehem. Tschechoslowakei betreffend, daraus stammend*

tschil|pen ⟨V. intr.; tschilpt, tschilp|te, hat getschilpt⟩ *zwitschern* (vom Spatz); oV *schilpen*

tschüss! ⟨Grußw.; umg.⟩ *(Abschiedsgruß) auf Wiedersehen!;* oV *tschüs!* ▸ und ~! ⟨umg.; meist scherzh.⟩ *es ist genug (u. du kannst / ihr könnt jetzt gehen!)*

T-Shirt ⟨[ti:ʃœ:t] das; -s, -s⟩ *meist kurzärmeliges u. kragenloses Baumwollhemd* ▸ ich habe mir neue ~s für den Sommer gekauft

Tsu|na|mi ⟨der; -, -s⟩ *von einem Seebeben o. Ä. erzeugte Flutwelle, die sich im Flachwasser hoch auftürmt u. große Zerstörungen anrichtet*

TU ⟨Abk. für⟩ *Technische Universität*

Tu|ba ⟨die; -, Tu|ben; Mus.⟩ *tiefstes Blechblasinstrument mit weitem, oval gewundenem Rohr, nach oben gerichtetem Trichter u. seitlichem Mundstück*

Tu|be ⟨die; -, -n⟩ *röhrenförmiger, biegsamer, an einem Ende flach auslaufender Behälter mit Schraubverschluss für teigige Stoffe, z. B. Farbe, Paste, Salbe* ▸ auf die ~ drücken ⟨übertr.; umg.⟩ *Gas geben; eine Sache in Schwung bringen*

Tu|ber|ku|lo|se ⟨die; -, -n; Abk.: Tb, Tbc⟩ *schwere Infektionskrankheit der Lunge*

Tuch **I** ⟨das; -(e)s, Tü|cher⟩ *(gesäumtes) Stück Stoff* ▸ sich ein ~ um den Hals binden; jmdm. ein feuchtes ~ auf die Stirn legen; er, sie ist für mich ein rotes ~ ⟨übertr.; umg.⟩ *ich kann ihn, sie nicht ausstehen;* →a. *trocken;* Zus *Halstuch, Handtuch, Kopftuch, Taschentuch, Wischtuch* **II** ⟨das; -(e)s, -e; Textilwesen⟩ *feiner Stoff für Anzüge o. Ä.*

Tuch|füh|lung ⟨die; -; unz.⟩ **1** ⟨scherzh.⟩ *leichte, zarte Berührung der Körper zweier Personen* **2** ⟨übertr.⟩ *Kontakt, Beziehung* ▸ auf ~ mit jmdm. gehen

tüch|tig ⟨Adj.⟩ **1** *geschickt, erfahren u. fleißig, viel könnend (im Beruf);* Abl *Tüchtigkeit* **2** ⟨umg.; verstärkend⟩ *ordentlich, kräftig* ▸ er ist ein ~er Arbeiter, Schüler; einen ~en Schluck aus der Flasche nehmen ⟨umg.⟩; ~ arbeiten, lernen ⟨umg.⟩; jmdm. ~ die Meinung sagen ⟨umg.⟩

Tü|cke ⟨die; -, -n⟩ **1** *Heimtücke, Hinterlist, Arglist* **2** *Verschlagenheit, Bosheit, Bösartigkeit* ▸ die Sache hat ihre ~n *man sollte bei dieser S. vorsichtig sein;* die ~ des Objekts *der scheinbare Widerstand eines leblosen Dinges;* mit List und ~ *mit allen Mitteln, mit viel Geschicklichkeit*

tu|ckern ⟨V.⟩ **I** ⟨V. intr.; tu|ckert, tu|cker|te, hat ge|tu|ckert⟩ *rattern, knattern* ▸ der Motor tuckerte **II** ⟨V. intr.; tu|ckert, tu|cker|te, ist ge|tu|ckert⟩ irgendwohin ~ *sich mit einem klopfenden Geräusch (langsam) fortbewegen* ▸ die Boote ~ über den See

tü|ckisch ⟨Adj.⟩ **1** *voller Tücke, hinterlistig, arglistig* **2** *unscheinbar, aber gefährlich*

tüf|teln ⟨V. intr.; tüf|telt, tüf|tel|te, hat ge|tüf|telt⟩ (an etwas) ~ **1** *grübeln, etwas Schwieriges herauszubringen suchen* **2** *im Kleinen sorgfältig u. genau arbeiten* ▸ er tüftelt gerne; an einem Konzept ~; Abl *Tüftler(in)*

Tu|gend ⟨die; -, -en⟩ **1** *moralisch u. sittlich hervorragende Eigenschaft* **2** *moralisch u. sittlich einwandfreie, vorbildliche Haltung;* Abl *tugendhaft* ▸ Geduld ist seine größte ~; aus der Not eine ~ machen *das Beste aus einer schlechten Sache machen*

Tüll ⟨der; -s, -e⟩ *feines, netzartiges Gewebe (für Gardinen, Kleider u. Ä.)*

Tül|le ⟨die; -, -n⟩ *Schnauze, Ausguss (an Kannen)*

Tul|pe ⟨die; -, -n⟩ **1** ⟨Bot.⟩ *beliebte Frühlingsblume, die aus einer Zwiebel wächst u. eine kelchförmige, große Blüte hat* **2** ⟨übertr.⟩ *Bierglas mit Stiel*

...tum ⟨Nachsilbe; zur Bildung von Subst.; das; -s, -tü|mer od. (selten) der; -s, -tü|mer⟩ **1** *Würde, Amt,* z. B. Kaisertum **2** *Stand,* z. B. Rittertum **3** *Wesen,* z. B. Heldentum **4** *Gesamtheit,* z. B. Judentum, Reichtum, Rittertum

tum|meln ⟨V. refl.; tum|melt sich, tum|mel|te sich, hat sich ge|tum|melt⟩ **1** sich irgendwo ~ *umherlaufen u. spielen, sich lebhaft bewegen* **2** ⟨übertr.; umg.⟩ sich ~ *sich beeilen* ▸ sich im Wasser ~

Tum|mel|platz ⟨der; -es, -plät|ze⟩ *Ort, an dem sich Menschen zusammenfinden u. aufhalten* ▸ der Park ist ein ~ für Kriminelle

Tu|mor ⟨der; -s, -en⟩ *(Krebs-)Geschwulst;* Zus *Tumorbildung; Darmtumor, Gehirntumor, Hauttumor, Hirntumor*

Tüm|pel ⟨der; -s, -⟩ *kleiner, sumpfiger, meist von Wasserpflanzen bedeckter Teich*

Tu|mult ⟨der; -(e)s, -e⟩ *Aufruhr, lärmendes Durcheinander erregter Menschen, Getümmel* ▸ in dem ~ verloren wir uns aus den Augen

tun ⟨V.; tut, tat, hat ge|tan⟩ **I** ⟨V. trans.⟩ **1** etwas ~ *machen, ausführen, unternehmen* **2** jmdm. etwas ~ *zufügen* ▸ tu, was du nicht lassen kannst!; tu, was du willst!; ich habe alles getan, was ich konnte; ich habe es nicht getan! *(Beteuerung);* eine Kopie tut's auch *reicht auch aus* ▸ seine Arbeit, Pflicht ~; ich habe mein Bestes, mein Möglichstes getan; er kann niemandem etwas

Böses ~; Gutes ~ ▸ hör sofort auf, sonst bekommst du es mit mir zu ~! *sonst bekommst du Ärger mit mir;* ich bekomme es allmählich mit der Angst zu ~ *ich bekomme allmählich A.;* jmdm. etwas zu ~ geben *jmdm. eine Arbeit geben;* es gibt noch viel zu ~; ich habe noch zu ~ *ich bin noch beschäftigt;* ich habe noch in der Stadt zu ~ *etwas in der S. zu erledigen;* damit habe ich nichts zu ~ *das geht mich nichts an; daran bin ich nicht beteiligt;* damit will ich nichts zu ~ haben *ich will mich nicht einmischen;* ich will sehen, was ich ~ kann; ich kann ~, was ich will, es gelingt mir nicht *obwohl ich mich sehr bemühe, gelingt es nicht* ▸ du tätest gut daran, sofort zu ihm zu gehen *geh am besten sofort zu ihm;* des Guten zu viel ~ ▸ Salz an die Suppe ~; etwas auf etwas anderes ~ *setzen, stellen, legen;* kann ich noch etwas für Sie ~?; sich od. jmdm. etwas ~ *sich od. jmdn. verletzten;* etwas in etwas anderes ~ *setzen, legen, stellen, gießen, streuen;* nichts ~ *müßig sein;* der Hund tut dir nichts *der Hund beißt nicht;* dagegen kann man nichts ~; das tut nichts zur Sache *das ist hier nicht wichtig;* das würde ich nie ~!; so ~, als ob man nichts versteht; er tat (so), als hätte er nichts gesehen ▸ was ~?; was tust du gerade?; was kann ich für Sie ~?; was soll man da ~?; wohin soll ich das ~? ▸ damit ist es noch nicht getan *das genügt nicht* **II** ⟨V. refl.; umg.; in Wendungen wie⟩ da tut sich was *irgendetwas geschieht dort*

Tun ⟨das; -s; unz.⟩ **1** *das Handeln, Machen* **2** *Tat, Taten* ▸ sein ~ und Lassen *seine Lebensweise*

Tün|che ⟨die; -, -n⟩ *dünnflüssige Farbe als Wandanstrich;* Abl *tünchen*

Tu|nell ⟨das; -s, -s; süddt., österr., schweiz. für⟩ *Tunnel*

tu|nen ⟨[tju:-] V. trans.; tunt, tun|te, hat ge|tunt⟩ ein Auto ~ *nachträglich seine Leistung durch Umbau des Motors steigern*

Tun|fisch ⟨der; -(e)s, -e⟩ = *Thunfisch*

Tu|nicht|gut ⟨der; -(e)s, -e; abwertend⟩ *Nichtsnutz, Taugenichts* ▸ er ist ein ~

Tun|ke ⟨die; -, -n⟩ = *Soße*

tun|ken ⟨V. trans.; tunkt, tunk|te, hat ge|tunkt⟩ etwas in etwas ~ *eintauchen* ▸ ein Stück Brot in den Kaffee ~; jmdn. od. etwas ins Wasser ~

tun|lichst ⟨Adv.⟩ *unbedingt* ▸ das wirst du ~ bleibenlassen; das muss er ~ vermeiden

Tun|nel ⟨der; -s, - od. der; -s, -s⟩ *unterirdisches Bauwerk zur Führung von Straßen, Bahnen od. Kanälen;* Zus *Tunnelbau; Eisenbahntunnel*

Tun|nel|blick ⟨der; -s, -e; Pl. selten⟩ **1** *starr geradeaus gerichteter Blick* **2** ⟨übertr.⟩ *Konzentration auf eine einzige Sache*

Tun|te ⟨die; -, -n; abwertend⟩ **1** *schwerfällige, unattraktive Frau* **2** *Homosexuelle(r)* ▸ er wirkt wie eine ~; Abl *tuntenhaft, tuntig*

Tüp|fel|chen ⟨das; -s, -⟩ *kleiner Punkt* ▸ da darf kein ~ anders sein *nicht das Geringste;* das ~ auf dem i ⟨übertr., umg.⟩ *die letzte Feinheit*

tup|fen ⟨V. trans.; tupft, tupf|te, hat ge|tupft⟩ **1** etwas auf etwas ~ *etwas durch mehrmaliges rasches Berühren auf etwas bringen* **2** etwas von etwas ~ *durch mehrmaliges rasches Berühren mit einem Tuch von etwas entfernen* ▸ sich mit dem Taschentuch den Schweiß von der Stirn ~

Tup|fen ⟨der; -, -⟩ *Punkt, runder Fleck*

Tup|fer ⟨der; -s, -⟩ *Wattebausch zum Abwischen von Bluttropfen u. a.*

Tür ⟨die; -, -en⟩ **1** *Vorrichtung zum Verschließen einer Öffnung, eines Ein- od. Durchgangs;* Zus *Türangel, Türgriff* ⓘ S. 896, *Türrahmen, Türschloss, Türspalt; Autotür* ⓘ S. 896, *Gartentür, Haustür, Wagentür, Zimmertür* **2** *mit einer Tür (1) verschließbare Öffnung* ▸ die ~ anlehnen, öffnen, schließen, zuwerfen; jmdm. die ~ aufhalten, öffnen; bei jmdm. offene ~en einrennen ⟨übertr.; umg.⟩ *unnötigerweise bei jmdm. für etwas werben, das dieser bereits befürwortet;* die ~ quietscht, knarrt; kannst du bitte die ~ schließen, zumachen?; jmdm. die ~ weisen *jmdn. scharf auffordern, zu gehen* ▸ überall offene ~en finden ⟨übertr.⟩ *willkommen sein, Unterstützung finden;* ihm stehen alle ~en offen ⟨übertr.⟩ *er hat alle Möglichkeiten (etwas zu tun);* →a. *offen* ▸ ~ an ~ mit jmdm. wohnen *neben jmdm. wohnen;* an die ~ gehen (um zu öffnen); etwas bei, hinter verschlossenen ~en tun *heimlich tun;* mit der ~ ins Haus fallen ⟨übertr.⟩ *ein Anliegen sofort, ohne Einleitung vorbringen;* jmdn. vor die ~ setzen *hinauswerfen;* Weihnachten steht vor der ~ ⟨übertr.⟩ *ist nahe;* vor verschlossener ~ stehen; zur ~ hereinkommen, hinausgehen

Tur|ban ⟨der; -s, -e⟩ *Kopfbedeckung in asiatischen Ländern, die aus einem um den Kopf geschlungenen Stoffstreifen besteht*

Tur|bi|ne ⟨die; -, -n⟩ *Kraftmaschine mit einem sich drehenden Laufrad, angetrieben durch Dampf, Wasser o. Ä.;* Zus *Turbinenantrieb, Turbinentriebwerk; Dampfturbine, Gasturbine*

Tur|bo|mo|tor ⟨der; -s, -en⟩ *leistungsstarker Verbrennungsmotor, der die Energie der Abgase nutzt*

tur|bu|lent ⟨Adj.; -er, am -es|ten⟩ *durcheinanderwirbelnd, stürmisch, sehr unruhig* ▸ es ging gestern ~ bei uns zu *es gab sehr viele Ereignisse*

Tur|bu|lenz ⟨die; -, -en⟩ **1** ⟨meist Pl.⟩ *Wirbelbildung in Strömungen von Gasen u. Flüssigkeiten, bes. in der Luft* **2** ⟨übertr.⟩ *Durcheinander, Unruhe*

Tür|ke ⟨der; -n, -n⟩ **1** *Bewohner der Türkei* **2** *Angehöriger einer großen, in Asien u. Europa verbreiteten Völkergruppe* ▸ etwas beim ~n kaufen *bei einem türkisch(stämmig)en (Lebensmittel-)Händler;* Abl *Türkin; türkisch*

tür|ken ⟨V. trans.; türkt, türk|te, hat ge|türkt; umg.⟩ etwas ~ *verfälschen, nachmachen, fingieren* ▸ einen Bericht ~; getürkter Brief

Tür|kis **I** ⟨der; -es, -e⟩ *heller, grünblauer, undurchsichtiger Edelstein* **II** ⟨das; -; unz.⟩ *Farbton des Türkises (I);* Abl *türkis, türkisfarben*

Tür|klin|ke ⟨die; -, -n⟩ *Hebel zum Öffnen u. Schließen der Tür;* Syn *Türgriff*

Tür|klop|fer ⟨der; -s, -⟩ *beweglich an der Tür befestigter, schwerer Metallring zum Klopfen*

Turm ⟨der; -(e)s, Tür|me⟩ **1** *oberer, schmaler, emporragender Teil von Gebäuden, z. B. an Kirchen, Rathäusern, Burgen;* Zus *Turmuhr; turmhoch; Kirchturm* **2** *alleinstehendes, hoch aufragendes u. schmales Bauwerk;* Zus *Aussichtsturm* **3** ⟨Schwimmsp.⟩ *5 bzw. 10 m hohes Gerüst für das Kunstspringen;* Zus *Turmspringen; Sprungturm* **4** *Figur des Schachspiels in Form eines Turmes* ▸ einen ~ besteigen; vom ~ springen ⟨Schwimmsp.⟩

tür|men[1] ⟨V. refl.; türmt sich, türm|te sich, hat sich ge|türmt⟩ sich irgendwo ~ *sich ansammeln, häufen* ▸ im Keller ~ sich die Kisten

tür|men[2] ⟨V. intr.; türmt, türm|te, ist ge|türmt; umg.⟩ *davonlaufen, ausreißen*

tur|nen ⟨V. intr.; turnt, turn|te, hat ge|turnt; Sp.⟩ *gymnastische Übungen ausführen* ▸ am Reck ~

Tur|nen ⟨das; -s; unz.; Sp.⟩ *gymnastische Übungen als Unterrichtsfach od. Sportdisziplin;* Abl *Turner(in); turnerisch;* Zus *Turnlehrer(in), Turnübung, Turnunterricht; Bodenturnen, Geräteturnen*

Turn|hal|le ⟨die; -, -n; Sp.⟩ *Gebäude mit Einrichtungen für sportliche u. spielerische Übungen*

Tur|nier ⟨das; -s, -e; Sp.⟩ *Sportwettkampf mit großer Teilnehmerzahl;* Zus *Turnierpferd, Turniersieger(in); Reitturnier, Schachturnier, Tanzturnier*

Turn|schuh ⟨der; -(e)s, -e⟩ *absatzloser Schuh zum Turnen od. als bequemer Laufschuh;* ⓘ S. 682; →a. *fit*

Tur|nus ⟨der; -, -nus|se⟩ *regelmäßiger Wechsel, regelmäßig sich wiederholender Ablauf einer Tätigkeit;* Abl *turnusgemäß, turnusmäßig*

Tür|öff|ner ⟨der; -s, -⟩ *elektrische Vorrichtung zum Öffnen der Haustür von der Wohnung aus*

Tür|schild ⟨das; -(e)s, -er⟩ *am Haus- od. Wohnungseingang befestigtes Schild mit dem Namen des Bewohners, der ansässigen Institution o. Ä.*

Tür|schnal|le ⟨die; -, -n; österr.⟩ = *Türklinke*

Tür|ste|her ⟨der; -s, -⟩ *jmd., der vor der Tür eines Lokals steht und entscheidet, wer Zugang zu diesem erhält und wer nicht*

tur|teln ⟨V. intr.; tur|telt, tur|tel|te, hat ge|tur|telt⟩ **1** *gurren* (von Tauben) **2** ⟨übertr.; umg.; scherzh.⟩ mit jmdm. ~ *sich verliebt benehmen*

Tusch ⟨der; -(e)s, -e⟩ *kurzer, lauter Akkord der Musikkapelle, oft zur Betonung einer Äußerung (z. B. bei Fastnachtssitzungen)*

Tu|sche ⟨die; -, -n⟩ *(schwarze) Flüssigkeit zum Zeichnen (od. Schreiben);* Zus *Tuschezeichnung*

tu|scheln ⟨V. intr.; tu|schelt, tu|schel|te, hat ge|tuschelt⟩ *heimlich (miteinander) flüstern* ▸ was tuschelt ihr da?; Abl *Tuschelei*

Tus|si ⟨die; -, -s; umg.; abwertend⟩ *weibliche Person;* oV *Tusse* ▸ er war mit seiner ~ da

Tü|te ⟨die; -, -n⟩ **1** *trichterförmiger od. rechteckiger Beutel aus Papier od. Kunststoff;* Zus *Papiertüte, Plastiktüte* **2** *trichterförmiges Behältnis, z. B. Waffel;* Zus *Eistüte* ▸ möchten Sie eine ~ haben?; das kommt nicht in die ~! ⟨übertr.; umg.; scherzh.⟩ *das lasse ich nicht zu!*

tu|ten ⟨V. intr.; tu|tet, tu|te|te, hat ge|tu|tet⟩ **1** *hupen* **2** *ein dumpf klingendes Signal geben, dunkel pfeifen* ▸ von Tuten und Blasen keine Ahnung haben ⟨übertr.; umg.⟩ *von etwas gar nichts verstehen*

TÜV ⟨der; -s, -s; Kurzw. für⟩ *Technischer Überwachungsverein*

TV **1** ⟨Abk. für engl.⟩ *Television, Fernsehen* **2** ⟨Abk. für⟩ *Turnverein*

Tweed ⟨[twi:d] der; -s, -s⟩ *klein gemusterter, locker gewebter Stoff aus Streichgarn;* Zus *Tweedjacke*

Twen ⟨der; -s, -s⟩ *junger Mann od. junge Frau zw. 20 u. 29 Jahren*

Twist ⟨der; -s, -s; Mus.⟩ *ein Tanz im* $^4/_4$*-Takt*

Typ ⟨der; -s, -en⟩ **1** *Bauart, Modell, Gattung* **2** *(Eigen-)Art, die eine Person mit anderen gemeinsam hat* **3** *die Person selbst, die in einer Reihe von Merkmalen mit anderen Personen übereinstimmt* **4** ⟨umg.⟩ **4.1** *Mann, Kerl* **4.2** *Freund, Lebenspartner* ▸ ein Volkswagen vom ~ „Touran" ▸ **sein:** sie ist (nicht) mein ~ ⟨umg.⟩ *sie gefällt mir (nicht);* er ist nicht der ~, der stiehlt; dein ~ wird **verlangt** ⟨umg.⟩ *jmd. möchte dich sprechen* ▸ ein **merkwürdiger** ~; ihr **neuer** ~ ist schwerreich; **norddeutscher,** südländischer ~

Ty|pe ⟨die; -, -n⟩ **1** *gegossener Druckbuchstabe* **2** ⟨umg.⟩ *komischer, seltsamer Mensch* ▸ eine komische ~

Ty|phus ⟨der; -; unz.⟩ *schwere Infektionskrankheit mit Fieber u. roten Flecken*

ty|pisch ⟨Adj.⟩ **1** *kennzeichnend, einen Typus darstellend, zu einem bestimmten Typ gehörig* **2** *unverkennbar* ▸ er ist ein ~er Berliner; ~e Merkmale; das ist ~ für ihn! ⟨umg.⟩ *das sieht ihm ähnlich!;* das Gericht ist ~ deutsch

ty|pi|sie|ren ⟨V. trans.; ty|pi|siert, ty|pi|sier|te, hat ty|pi|siert⟩ jmdn. od. etwas ~ *nach Typen einteilen, charakterisieren;* Abl *Typisierung*

Ty|po|lo|gie ⟨die; -, -n⟩ *Lehre von den Typen hinsichtlich bestimmter Eigenschaften od. Merkmale;* Abl *typologisch*

Ty|pus ⟨der; -, Ty|pen⟩ = *Typ*

Ty|rann ⟨der; -en, -en⟩ **1** *Gewaltherrscher* **2** ⟨übertr.⟩ *strenger, herrschsüchtiger Mensch;* Abl *Tyrannin; tyrannisch;* Zus *Haustyrann*

Ty|ran|nei ⟨die; -, -en⟩ *Herrschaft eines Tyrannen*

ty|ran|ni|sie|ren ⟨V. trans.; ty|ran|ni|siert, ty|ran|ni|sier|te, hat ty|ran|ni|siert⟩ jmdn. ~ *jmdm. den eigenen Willen aufzwingen* ▸ seine Familie ~

U u

U ⟨chem. Zeichen für⟩ *Uran*

u. ⟨bei Firmennamen Zeichen: &; Abk. für⟩ *und*

u. a. ⟨Abk. für⟩ **1** *und andere, und anderes* **2** *unter anderem, unter anderen*

u. Ä. ⟨Abk. für⟩ *und Ähnliches, und Ähnliche*

u. A. w. g. ⟨Abk. für⟩ *um Antwort wird gebeten*

U-Bahn ⟨die; -, -en; kurz für⟩ *Untergrundbahn;* Zus *U-Bahnhof, U-Bahnnetz*

übel ⟨Adj.; üb|ler, am -s|ten⟩ **1** *schlecht, sehr unangenehm* (Sache, Zustand); Zus *übellaunig* **2** *unwohl, schlecht* (Befinden) **3** *böse, gemein* (Streich, Tat); Zus *übel gesinnt / übelgesinnt* **4** *widerlich, abscheulich* (Geschmack, Geruch); Zus *übel riechend / übelriechend* ▸ ein übles **Ende** nehmen; in eine üble **Lage** geraten; in einem üblen, in üblem **Ruf** stehen; man hat ihn auf (die) ~ste, in der ~sten **Weise** hintergangen ▸ jmdm. ~ **mitspielen;** ~ **nehmen** = *übelnehmen;* mir **wird,** ist ~; der Überfallene war ~ **zugerichtet** ▸ er muss es **wohl** oder ~ tun *es bleibt ihm nichts anderes übrig* ▸ er ist ~ **dran** ⟨umg.⟩ *es geht ihm schlecht;* das klingt, schmeckt, riecht **nicht** ~ ⟨umg.⟩ *ziemlich gut;* Bes *bei Beugung entfällt das „e" in der Endsilbe: „eine üble Sache"*

Übel ⟨das; -s, -⟩ **1** *etwas Schlimmes, Böses, Schlechtes* **2** *Missstand* **3** *Krankheit, Leiden* **4** *Missgeschick, Unglück* ▸ die Wurzel, der Grund allen ~s ist, dass …; ein ~ kommt selten allein ⟨Sprichw.⟩; das ist ein altes ~; etwas od. jmdn. als notwendiges ~ betrachten ⟨umg.⟩ *als ungewollt, aber unvermeidbar*

Übel|keit ⟨die; -; unz.⟩ **1** *Brechreiz* **2** *mit Brechreiz, Schwindel od. Schwäche verbundenes Krankheitsgefühl* ▸ dieser Geruch erregt ~

übel|neh|men *auch:* **übel neh|men** ⟨V. trans.; nimmt übel, nahm übel, hat übel|ge|nom|men, übel|zu|neh|men⟩ (jmdm.) etwas ~ *wegen etwas, das jmd. getan od. gesagt hat, beleidigt sein* ▸ nimm es mir nicht übel, aber so geht es nicht

Übel|tä|ter ⟨der; -s, -⟩ *jmd., der etwas Böses, ein Verbrechen begangen hat;* Abl *Übeltäterin*

üben ⟨V.; übt, üb|te, hat ge|übt⟩ **I** ⟨V. trans. u. V. intr.⟩ **1** *Übungen machen* **2** (etwas) ~ *etwas immer wieder versuchen, um es zu lernen* **3** ⟨übertr.⟩ etwas ~ *(in best. Weise) handeln, vorgehen* ▸ ich muss heute noch ~ ⟨bes. Mus.⟩ ▸ **Gerechtigkeit** ~ ⟨übertr.⟩ *gerecht sein;* **Klavier** ~; **Kritik** (an jmdm. od. etwas) ~ ⟨übertr.⟩ *(jmdn. od. etwas) kritisieren;* **Nachsicht** ~ (mit jmdm.) ⟨übertr.⟩ *nachsichtig sein* ▸ **für** eine Schularbeit ~ ▸ geübt *durch Übung geschickt;* ein geübter Reiter, Turner **II** ⟨V. refl.⟩ sich in etwas ~ *durch häufiges Wiederholen einer Tätigkeit Geschicklichkeit darin erlangen* ▸ sich **in** Geduld ~ ⟨übertr.⟩ *geduldig sein*

über ⟨Präp.⟩ **I** ⟨m. Dat.⟩ **1** ⟨örtlich⟩ *oberhalb von, höher als* **2** ⟨übertr.⟩ **2.1** *während* **2.2** *bei* ▸ ~ jmdm. stehen ⟨übertr.⟩ *in einer höheren beruflichen Stellung stehen* ▸ ~ einer **Arbeit** sitzen *gerade an etwas arbeiten;* ~ den **Büchern** hocken ⟨umg.⟩ *viel lesen u. lernen;* ~ dem **Spielen** vergisst er alles andere; ~ einer **Situation** stehen ⟨übertr.⟩ *eine S. beherrschen* **II** ⟨m. Akk.⟩ **1** ⟨örtlich⟩ **1.1** *bis jenseits von, weiter als* **1.2** *oben darauf* **1.3** *mehr als* **2** ⟨zeitlich⟩ **2.1** *mehr als* **2.2** *länger als* **2.3** *während* **3** ⟨übertr.⟩ **3.1** *betreffend* **3.2** *wegen* **4** ⟨verstärkend⟩ *sehr, sehr viel(e)* ▸ ich kann es nicht ~ mich bringen ⟨übertr.⟩ *ich möchte es nicht und kann es deshalb nicht tun* ▸ es kostet ~ 100 **Euro;** in seiner Arbeit sind Fehler ~ **Fehler;** es geht nichts ~ die **Gesundheit** *die G. ist das Wichtigste;* jmdm. ~s **Haar** streichen; Jugendlichen ~ 14 **Jahre** ist der Zutritt gestattet; es dauerte ~ ein Jahr, bis sie starb; ~s Jahr *wenn ein J. vergangen ist;* das geht ~ meine **Kräfte;** ~ **Land** fahren *durch ländliches Gebiet;* ~ ein Land herrschen; eine Reise ~s **Meer;** ~ **Mittag** bleiben *bis nach Mittag,* ⟨od.⟩ *zum Mittagessen;* ~ **München** nach Salzburg fahren *durch M.;* ~ **Nacht;** ~ **Ostern,** Weihnachten; ~ eine **Straße,** einen Platz gehen; es ist ~ eine **Woche** her, dass …; ~ einen **Zaun** klettern; die ganze **Zeit,** den ganzen Tag ~ ▸ ~ Karl den Großen **arbeiten** *sein L. studieren u. die Ergebnisse veröffentlichen;* sich ~ etwas **ärgern,** freuen; ~ etwas **klagen;** ~ etwas od. jmdn. **lachen;** (un)glücklich ~ etwas **sein;** ~ ein Thema **sprechen,** schreiben ▸ die Musik geht ihm ~ **alles** *sie ist ihm das Wichtigste;* ein Mal ~ das **andere** ⟨übertr.⟩ *immer wieder;* ~ **kurz** oder lang *bald od. später* ▸ ~ etwas **hinaus;** ~ etwas **hinweg,** hinüber, hin; ~ **und** ~ *völlig, ganz u. gar*

über…, Über… ⟨in Zus.⟩ **I** ⟨mit Verben⟩ **1** ⟨mit der Betonung auf „über"⟩ **1.1** *sich od. jmdn. über etwas Trennendes hinwegbewegen,* z. B. überfahren, übersetzen **1.2** *zu stark, übertrieben,* z. B. überbetonen, überdosieren **1.3** *über den Rand (eines Gefäßes) steigen,* z. B. überlaufen, überquellen **1.4** *in einen anderen Zustand versetzen,* z. B. überführen, übergehen **2** ⟨mit der Betonung auf dem Grundwort⟩ **2.1** *sich über etwas od. jmdn. hinwegbewegen, befinden,* z. B. überfliegen, überschauen **2.2** *etwas nicht bemerken,* z. B. überhören, übersehen **2.3** *etwas od. jmdn. bedecken,* z. B. überdachen, überhäufen **2.4** *eine Zeit lang andauern,* z. B. übernachten, überwintern **2.5** *etwas im Übermaß betreibend,* z. B. überfressen, überhitzen **2.6** *etwas od. jmdn. in etwas übertreffen,* z. B. übertönen, übertrumpfen **2.7** *zwecks Verbesserung ein weiteres Mal od. eingehender tun,* z. B. überdenken, überprüfen **2.8** *etwas jmdm. anderen (in die Hand) geben,* z. B. übergeben, überreichen **II** ⟨mit Adjektiven⟩ **1** ⟨verstärkend⟩ *sehr, überaus* z. B. überdeutlich, überglücklich **2** *über das Normale hinausgehend,* z. B. übergewichtig, übermenschlich **III** ⟨mit Substantiven⟩ **1** *über das normale Maß hinaus,* z. B. Überangebot, Überfülle, Übergröße **2** ⟨umg.⟩ *überragend, über allem stehend,* z. B. Übervater, Überereignis, Überfilm

über|all ⟨a. ['---] Adv.⟩ **1** *an allen Orten, allenthalben* **2** ⟨übertr.⟩ *auf allen Gebieten* ▸ er weiß ~ Bescheid ⟨übertr.⟩; ich habe dich ~ gesucht; es ist ~ so; das kann man ~ kaufen

über|al|tert ⟨Adj.⟩ *mit zu vielen alten od. älteren Menschen, Angestellten* ▸ ~e Bevölkerung; Abl *Überalterung*

Über|an|ge|bot ⟨das; -(e)s; unz.⟩ *Angebot, das größer ist als die Nachfrage* ▸ ~ an Arbeitskräften

über|ängst|lich ⟨Adj.⟩ *allzu ängstlich*

über|an|stren|gen ⟨V.; über|an|strengt, über|an|streng|te, hat über|an|strengt⟩ **I** ⟨V. trans.⟩ jmdn. ~ *zu große Anstrengungen von ihm verlangen* **II** ⟨V. refl.⟩ sich ~ *sich zu sehr anstrengen* ▸ sich beim Umbau total ~; Abl *Überanstrengung*

über|ant|wor|ten ⟨V. trans.; über|ant|wor|tet, über|ant|wor|te|te, hat über|ant|wor|tet⟩ jmdm. jmdn. od. etwas ~ *jmdn. od. etwas in jmds. Verantwortung geben* ▸ einen Verbrecher dem Gericht ~; Abl *Überantwortung*

über|ar|bei|ten ⟨V.; über|ar|bei|tet, über|ar|bei|te|te, hat über|ar|bei|tet⟩ **I** ⟨V. trans.⟩ etwas ~ *ergänzend, verbessernd bearbeiten* ▸ einen Aufsatz ~ **II** ⟨V. refl.⟩ sich ~ *zu viel arbeiten* ▸ überarbeite dich nicht! ⟨iron.⟩; Abl *Überarbeitung*

über|aus ⟨Adv.⟩ *sehr, ganz besonders, äußerst* ▸ er machte einen ~ frischen, lebendigen Eindruck

über|ba|cken ⟨V. trans.; über|bäckt/über|backt, über|back|te, hat über|ba|cken⟩ etwas ~ *bei hoher Temperatur kurz im Backofen backen* ▸ Blumenkohl ~; ~es Brot

über|be|an|spru|chen ⟨V. trans.; über|be|an|sprucht, über|be|an|spruch|te, hat über|be|an|sprucht⟩ jmdn. od. etwas ~ *zu sehr belasten;* Abl *Überbeanspruchung*

über|be|kom|men ⟨V. trans.; be|kommt über, bekam über, hat über|be|kom|men, über|zu|be|kom|men⟩ jmdn. od. etwas ~ *an jmdm. od. etwas das Interesse verlieren*

über|be|le|gen ⟨V. trans.; über|be|legt, über|be|leg|te, hat über|be|legt⟩ ein Hotel, Krankenzimmer ~ *zu viele Personen in einem H., K. unterbringen;* Abl *Überbelegung*

über|be|to|nen ⟨V. trans.; über|be|tont, über|be|ton|te, hat über|be|tont⟩ etwas ~ *zu sehr betonen, hervorheben;* Abl *Überbetonung*

über|be|wer|ten ⟨V. trans.; über|be|wer|tet, über|be|wer|te|te, hat über|be|wer|tet⟩ eine Sache ~ *ihr zu großen Wert beimessen;* Ggs *unterbewerten* ▸ der Euro ist gegenüber dem Dollar überbewertet; Abl *Überbewertung*

über|bie|ten ⟨V. trans.; über|bie|tet, über|bot, hat über|ge|bo|ten⟩ **1** jmdn. ~ (bes. bei Auktionen) *mehr Geld bieten als jmd. anders;* Ggs *unterbieten* **2** jmdn. (an etwas) ~ *mehr von etwas vorweisen, in etwas besser als jmd. anders sein* **3** etwas ~ *mehr als andere zuvor in etwas leisten* ▸ jmdn. an Frechheit ~ *noch frecher sein als jmd. anders*

über|blei|ben ⟨V. intr.; bleibt über, blieb über, ist über|ge|blie|ben, über|zu|blei|ben; umg.⟩ *übrig bleiben* ▸ es ist nichts übergeblieben

Über|blick ⟨der; -(e)s, -e⟩ **1** *weite, umfassende Aussicht (auf eine Landschaft)* **2** ⟨übertr.⟩ *Kenntnisse in großen Zügen (von einem Sachgebiet)* **3** ⟨übertr.⟩ *übersichtliche Zusammenfassung (eines Wissensgebietes)* ▸ einen ~ (über etwas) gewinnen; von hier oben hat man einen guten ~ über Paris; den ~ verlieren *die Zusammenhänge nicht mehr erkennen;* sich einen ~ verschaffen

über|bli|cken ⟨V. trans.; über|blickt, über|blick|te, hat über|blickt⟩ **1** etwas ~ **1.1** *mit einem Blick umfassen, überschauen* **1.2** *weite Sicht über etwas haben* **2** ⟨übertr.⟩ einen Sachverhalt ~ *gut einschätzen* ▸ so weit man die Gegend (von hier) ~ kann; die Lage, die Situation ~ ⟨übertr.⟩

über|brin|gen ⟨V. trans.; über|bringt, über|brach|te, hat über|bracht⟩ jmdm. etwas ~ *etwas zu jmdm. bringen* ▸ jmdm. Glückwünsche (von jmdm.) ~ *ausrichten;* Abl *Überbringer(in)*

über|brü|cken ⟨V. trans.; über|brückt, über|brück|te, hat über|brückt; übertr.⟩ etwas ~ *ausfüllen, ausgleichen, überwinden* ▸ Gegensätze ~; Geldmangel durch einen Kredit ~; die Wartezeit ~; Abl *Überbrückung*

über|da|chen ⟨V. trans.; über|dacht, über|dach|te, hat über|dacht⟩ etwas ~ *mit einem Dach versehen* ▸ überdachter Balkon; Abl *Überdachung*

über|dau|ern ⟨V. trans.; über|dau|ert, über|dau|er|te, hat über|dau|ert⟩ etwas ~ *länger halten, leben als etwas* ▸ sein Werk wird die Jahrhunderte ~

über|deh|nen ⟨V. trans.; über|dehnt, über|dehn|te, hat über|dehnt⟩ etwas ~ *zu stark dehnen;* Abl *Überdehnung*

über|den|ken ⟨V. trans.; über|denkt, über|dach|te, hat über|dacht⟩ etwas ~ *gründlich über etwas nachdenken*

über|deut|lich ⟨Adj.⟩ *sehr, allzu deutlich*

über|di|men|si|o|niert ⟨Adj.⟩ *allzu groß angelegt*

Über|do|sis ⟨die; -, -do|sen⟩ *zu hohe Dosis* ▸ an einer ~ Heroin sterben

über|dre|hen ⟨V. trans.; über|dreht, über|dreh|te, hat über|dreht⟩ etwas ~ *zu stark drehen*

über|dreht **I** ⟨Part. Perf. von⟩ *überdrehen* **II** ⟨Adj.⟩ *zu stark erregt, zu übermütig sein* ▸ ~e Kinder

Über|druck ⟨der; -(e)s, -drü|cke; Phys.⟩ *den normalen Luftdruck übersteigender Druck*

Über|druss ⟨der; -es; unz.⟩ *Abneigung, weil sich etwas zu häufig od. zu lange wiederholt* ▸ etwas bis zum ~ hören, sehen

über|drüs|sig ⟨Adj.; mit Gen.; geh.⟩ einer Sache od. jmds. ~ sein *(allmählich) so viel von einer Sache od. jmdm. haben, dass man sie od. jmdn. nicht mehr mag* ▸ des Wartens ~ sein

über|durch|schnitt|lich ⟨Adj.⟩ *über den Durchschnitt hinausgehend, besonders gut* ▸ ~e Intelligenz, Leistungen

Über|ei|fer ⟨der; -s; unz.⟩ *zu großer Eifer;* Abl *übereifrig*

U V W X Y Z

über|eig|nen ‹V. trans.; über|eig|net, über|eig|nete, hat über|eig|net› jmdm. etwas ~ *jmdm. etwas als Eigentum geben* ▸ jmdm. ein Vermögen, Grundstück ~; Abl *Übereignung*

über|ei|len ‹V. trans.; über|eilt, über|eil|te, hat über|eilt› etwas ~ *zu schnell tun, unbedacht tun* ▸ ein Vorhaben ~; übereilt handeln *überstürzt*

über|ei|n|an|der ‹Adv.› *einer od. eins über dem anderen* ▸ zwei Betten ~; Zus *übereinanderlegen, übereinanderschieben, übereinanderstapeln*

über|ein|kom|men ‹V. intr.; kommt über|ein, kam über|ein, ist über|ein|ge|kom|men, über-ein|zu|kom|men› mit jmdm. ~ *sich mit jmdm. einigen* ▸ wir sind übereingekommen, den Termin zu verschieben; Abl *Übereinkommen*

Über|ein|kunft ‹die; -, -künf|te› *Vertrag, Vereinbarung;* Syn *Übereinkommen* ▸ eine ~ treffen *etwas vereinbaren;* stillschweigende ~

über|ein|stim|men ‹V. intr.; stimmt über|ein, stimm|te über|ein, hat über|ein|ge|stimmt, über-ein|zu|stim|men› **1** (mit etwas) ~ *zueinanderpassen, gleich sein* **2** mit jmdm. (in etwas) ~ *dieselbe Meinung über etwas haben wie jmd.* ▸ die Aussagen der beiden Zeugen stimmen überein; die beiden Wörter stimmen im Kasus, Numerus überein; Abl *Übereinstimmung*

über|emp|find|lich ‹Adj.› **1** *zu empfindlich, empfindlicher als andere* **2** *allergisch* ▸ ~ auf etwas reagieren; Abl *Überempfindlichkeit*

über|fah|ren ‹V. trans.; über|fährt, über|fuhr, hat über|fah|ren› **1** jmdn. od. ein Tier ~ *mit einem Fahrzeug über jmdn. od. ein Tier hinwegfahren (u. ihn bzw. es dadurch verletzen od. töten)* **2** etwas ~ *regelwidrig an etwas vorbeifahren, ohne es zu beachten* **3** ‹übertr.; umg.› jmdn. ~ *zu etwas drängen, das er eigentlich nicht will* ▸ er hätte mich fast ~; ein Signal, Verkehrszeichen ~

Über|fahrt ‹die; -, -en› *Fahrt über ein Gewässer*

Über|fall ‹der; -(e)s, -fäl|le› *Angriff, bes. auf den unvorbereiteten Gegner* ▸ ~ auf eine Bank; Abl *überfallartig;* Zus *Banküberfall, Raubüberfall*

über|fal|len ‹V. trans.; über|fällt, über|fiel, hat über|fal|len› **1** jmdn. od. etwas ~ *überraschend, plötzlich angreifen* **2** ‹umg.; scherzh.› jmdn. ~ *ohne Ankündigung besuchen* ▸ der Schlaf überfiel ihn ‹übertr.›; ein Land ~ ‹Mil.›; jmdn. auf der Straße, im Dunkeln ~

über|fäl|lig ‹Adj.› **1** *zur fahrplanmäßigen od. vereinbarten Ankunftszeit noch nicht eingetroffen* (Flugzeug, Schiff, Zug, Person) **2** *längst fällig, lange erwartet* ▸ der Zug ist dreißig Minuten ~; sein Besuch ist ~; Abl *Überfälligkeit*

über|flie|gen ‹V. trans.; über|fliegt, über|flug, hat über|flo|gen› **1** ein Land ~ *darüber hinwegfliegen* **2** ‹übertr.› einen Text ~ *flüchtig lesen*

über|flü|geln ‹V. trans.; über|flü|gelt, über|flü|gelte, hat über|flü|gelt› jmdn. ~ *jmdn. übertreffen*

Über|fluss ‹der; -es; unz.› *weit größere Menge als notwendig, zu reichlicher Besitz* ▸ etwas im ~ haben, besitzen; im ~ leben; zu allem ~ war auch noch das Telefon kaputt *außerdem noch;* Zus *Überflussgesellschaft*

über|flüs|sig ‹Adj.› **1** *unnötig, entbehrlich, überzählig* **2** ‹übertr.› *nicht wünschenswert, nicht angebracht* ▸ das macht mir nur ~e Arbeit; diese Bemerkung war absolut ~; jedes weitere Wort ist ~; ich komme mir hier ~ vor; Abl *überflüssigerweise*

über|flu|ten ‹V. trans.; über|flu|tet, über|flu|te|te, hat über|flu|tet› etwas ~ *über etwas hinwegfließen, darüberströmen u. es bedecken, überschwemmen* ▸ der Fluss hat die Felder, das Land überflutet; von Reizen überflutet werden; Abl *Überflutung*

über|for|dern ‹V. trans.; über|for|dert, über|forder|te, hat über|for|dert› jmdn. ~ *von jmdm. mehr fordern, als er geben kann* ▸ du darfst das Kind nicht ~; mit dieser Aufgabe bin ich überfordert; Abl *Überforderung*

über|fragt ‹Adj.; nur in der Wendung› da bin ich ~ *das weiß ich nicht*

Über|frem|dung ‹die; -, -en› *zu starke Belastung mit fremden Einflüssen* ▸ die ~ einer Sprache mit Fremdwörtern; Abl *überfremden*

über|fres|sen ‹V. refl.; über|frisst sich, über|fraß sich, hat sich über|fres|sen› sich ~ **1** *zu viel fressen* (Tier) **2** ‹umg.› *zu viel essen*

über|füh|ren ‹V. trans.; über|führt, über|führ|te, hat über|führt› **1** Autos, Kranke, Leichen ~ *an einen anderen Ort bringen* **2** etwas in etwas ~ *in einen anderen Zustand bringen* ▸ der Tote wurde in die Heimat übergeführt, ‹od.› überführt

über|füh|ren ‹V. trans.; über|führt, über|führ|te, hat über|führt› jmdn. (eines Verbrechens) ~ *jmdm. ein V. nachweisen* ▸ einen Verbrecher ~

Über|füh|rung ‹die; -, -en› **I** ‹unz.› **1** *das Überführen, das Überführtwerden* **2** *das Nachweisen einer Tat* **II** ‹zählb.› *Brücke, Verkehrsweg über eine Eisenbahn-, Straßenbahnlinie od. Straße*

Über|fül|le ‹die; -; unz.› *zu große Menge*

über|füllt ‹Adj.› *mit zu vielen Menschen od. Gegenständen versehen, übervoll* ▸ der Saal, die Straßenbahn war ~; Abl *Überfüllung*

Über|funk|ti|on ‹die; -; unz.› *zu starke Funktion (eines Organs);* Ggs *Unterfunktion* ▸ ~ der Schilddrüse

Über|ga|be ‹die; -, -n› **1** *das Übergeben;* Zus *Amtsübergabe, Geschäftsübergabe* **2** *Aushändigung;* Zus *Schlüsselübergabe* ▸ die ~ eines Geschenkes

Über|gang ‹der; -(e)s, -gän|ge› **1** *das Hinübergehen, Überschreiten;* Zus *Grenzübergang* **2** *das Übergehen (in etwas anderes), Wechsel, Wandlung;* Abl *übergangslos;* Zus *Übergangsstadium* **3** *(gesicherter) Weg, Brücke (über Fluss, Bahngleis, Straße)* Zus *Bahnübergang, Fußgängerübergang* ▸ zwischen zwei Themen einen ~ **schaffen** ‹Mus.› ▸ **feine,** zarte Übergänge ‹Mal.› ▸ hier kein ~ **für** Fußgänger!; ~ von einer Tonart **in** die andere; **ohne** ~ das Thema wechseln

Über|gangs|lö|sung ‹die; -, -en› *vorläufige Lösung*

Über|gangs|zeit ‹die; -, -en› **1** *Zeit zw. zwei Epochen od. Entwicklungsstufen* **2** *Jahreszeit zw. Sommer u. Winter bzw. Winter u. Sommer*

über|ge|ben ⟨V.; über|gibt, über|gab, hat über|ge|ben⟩ **I** ⟨V. trans.⟩ jmdm. etwas ~ **1** *etwas in jmds. Hände geben, ihm etwas bringen, ausliefern* **2** *jmdm. etwas als Eigentum geben* ▸ seinem Nachfolger das Amt (feierlich) ~; jmdm. ein Geschenk ~; das Gebäude wurde heute der Öffentlichkeit ~ *zugänglich gemacht* **II** ⟨V. refl.⟩ sich ~ *sich erbrechen*

über|ge|hen ⟨V. intr.; geht über, ging über, ist über|ge|gan|gen, über|zu|ge|hen⟩ **1** auf jmdn. od. etwas ~ *übertragen werden* **2** in etwas ~ **2.1** *so werden wie etwas (anderes)* **2.2** *übergangslos mit etwas verschmelzen* **3** zu etwas ~ **3.1** *von jetzt an etwas anderes tun* **3.2** *von etwas anderem sprechen* ▸ auf ein anderes Thema ~ *das T. wechseln;* von einer Tonart in eine andere ~ ⟨Mus.⟩; ein Gegenstand geht in jmds. Besitz über *gehört von nun an jmd. anderem;* zum Angriff ~ *angreifen;* zur nächsten Frage ~ *sie ab jetzt besprechen*

über|ge|hen ⟨V. trans.; über|geht, über|ging, hat über|gan|gen⟩ jmdn. od. etwas ~ *unbeachtet lassen, nicht berücksichtigen* ▸ jmdn. bei der Beförderung ~; einen Vorfall mit Stillschweigen ~ *nicht davon sprechen;* er fühlte sich übergangen

Über|ge|wicht ⟨das; -(e)s; unz.⟩ *zu viel Gewicht;* Ggs *Untergewicht* ▸ ~ bekommen *(um)kippen, das Gleichgewicht verlieren;* er hat 30 Kilogramm ~; Abl *übergewichtig*

über|gie|ßen ⟨V. trans.; über|gießt, über|goss, hat über|gos|sen⟩ etwas (mit etwas) ~ *Flüssigkeit über etwas gießen* ▸ den Braten mit Soße ~

über|glück|lich ⟨Adj.⟩ *sehr glücklich*

über|grei|fen ⟨V. intr.; greift über, griff über, hat über|ge|grif|fen, über|zu|grei|fen⟩ **1** *mit einer Hand über die andere greifen (beim Klavierspiel, Geräteturnen)* **2** ⟨übertr.⟩ auf etwas ~ *sich über etwas ausbreiten* ▸ das Feuer griff auf die Häuser über

Über|griff ⟨der; -(e)s, -e⟩ **1** *unberechtigte Einmischung* **2** *Missbrauch* ▸ gewalttätige ~e

Über|grö|ße ⟨die; -, -n⟩ *die normale Größe überschreitende Größe* ▸ Schuhe in ~(n)

über|ha|ben ⟨V. trans.; hat über, hat|te über, hat über|ge|habt, über|zu|ha|ben; umg.⟩ **1** jmdn. od. etwas ~ *nicht mehr mögen, genug von jmdm. od. etwas haben* **2** etwas ~ *noch über anderen Kleidungsstücken tragen* ▸ er hatte nur eine dünne Jacke über; sie hatte sein Gejammer über

über|hand|neh|men ⟨V. intr.; nimmt über|hand, nahm über|hand, hat über|hand|ge|nom|men, über|hand|zu|neh|men⟩ *sich zu oft wiederholen* ▸ die Diebstähle haben überhandgenommen

Über|hang ⟨der; -(e)s, -hän|ge⟩ *etwas, das über das übliche Maß hinausgeht, Zuviel* ▸ ~ an Ausbildungsplätzen

über|häu|fen ⟨V. trans.; über|häuft, über|häuf|te, hat über|häuft⟩ **1** etwas mit etwas ~ *zu dicht mit etwas bedecken* **2** jmdn. mit etwas ~ *jmdm. etwas in (zu) reichem Maße geben* ▸ jmdn. mit Arbeit ~; jmdn. mit Vorwürfen ~; Abl *Überhäufung*

über|haupt[1] ⟨Adv.⟩ **1** *aufs Ganze gesehen, im Großen und Ganzen* **2** *darüber (über das Gesagte) hinaus, im Übrigen, außerdem, überdies* ▸ ich habe alle Filme mit Al Pacino gesehen - ich gehe ~ sehr gern ins Kino; das ist ~ nicht wahr! *ganz u. gar nicht wahr;* er besucht mich ~ nicht *niemals;* daran habe ich ~ nicht gedacht *gar nicht, nicht einmal;* ich weiß ja ~ nicht, worum es sich dabei handelt *nicht einmal;* ~ nichts *gar nichts;* wenn ~ … *wenn das wirklich der Fall sein sollte*

über|haupt[2] ⟨Abtönungspartikel⟩ *eigentlich* ▸ gibt es das ~?; arbeitet er ~ etwas?; hast du heute ~ schon etwas gegessen?

über|heb|lich ⟨Adj.⟩ *sich für etwas Besseres haltend, arrogant, hochnäsig;* Abl *Überheblichkeit*

über|hit|zen ⟨V. trans.; über|hitzt, über|hitz|te, hat über|hitzt⟩ etwas ~ *zu stark erhitzen*

über|höht ⟨Adj.⟩ *die normale Höhe übersteigend* ▸ ~e Ansprüche, Geschwindigkeit, Preise

über|ho|len ⟨V. trans.; über|holt, über|hol|te, hat über|holt⟩ **1** jmdn. od. ein Fahrzeug ~ *einholen, an jmdm. vorbeilaufen od. -fahren* **2** ⟨Tech.⟩ eine Maschine ~ *auf Fehler prüfen u. diese beseitigen* ▸ auf dieser Strecke dürfen Lastwagen nicht ~

Über|hol|spur ⟨die; -, -en; auf Autobahnen⟩ *zum Überholen benutzte linke Fahrspur*

über|holt **I** ⟨Part. Perf. von⟩ *überholen* **II** ⟨Adj.; übertr.⟩ *nicht mehr interessant, nicht mehr gebräuchlich, veraltet* ▸ ~e Ansichten

Über|hol|ver|bot ⟨das; -(e)s; unz.⟩ *Verbot, andere Kraftfahrzeuge zu überholen*

über|hö|ren ⟨V. trans.; über|hört, über|hör|te, hat über|hört⟩ etwas ~ **1** *nicht hören* **2** *hören, aber nicht darauf antworten bzw. reagieren* ▸ das Klingeln ~; das muss ich überhört haben

über|ir|disch ⟨Adj.⟩ **1** *über der Erde* **2** *übernatürlich, nicht der Erde zugehörig, göttlich* ▸ ein ~es Wesen; sie ist von ~er Schönheit

über|kan|di|delt ⟨Adj.; abwertend⟩ *überspannt, ein bisschen verrückt* ▸ er ist ein bisschen ~

über|kle|ben ⟨V. trans.; über|klebt, über|kleb|te, hat über|klebt⟩ etwas ~ *mit Papier bekleben u. dadurch unsichtbar machen*

über|ko|chen ⟨V. intr.; kocht über, koch|te über, ist über|ge|kocht, über|zu|ko|chen⟩ *durch zu starkes Kochen über den Rand des Topfes laufen* ▸ die Milch ist übergekocht

über|kom|men ⟨V. trans.; über|kommt, über|kam, hat über|kom|men⟩ jmdn. ~ *plötzlich u. heftig erfassen* ▸ ihn überkam Furcht bei dem Anblick

über|krie|gen ⟨V. trans.; kriegt über, krieg|te über, ist über|ge|kriegt, über|zu|krie|gen; umg.⟩ etwas ~ *es allmählich nicht mehr mögen*

über|la|den[1] ⟨V. trans.; über|lädt, über|lud/über|la|de|te, hat über|la|den⟩ etwas ~ *zu sehr, zu stark, zu schwer beladen* ▸ der Wagen ist völlig ~

über|la|den[2] **I** ⟨Part. Perf. von⟩ *überladen*[1] **II** ⟨Adj.; übertr.⟩ *zu viel von etwas vorweisend, zu stark verziert* ▸ das Zimmer ist mit Möbeln ~

über|la|gern ⟨V. trans.; über|la|gert, über|la|ger|te, hat über|la|gert⟩ etwas ~ *etwas verdecken, zudecken* ▸ eine Schicht überlagert eine andere; unsere Arbeitsbereiche ~ sich; Abl *Überlagerung*

über|lang ⟨Adj.⟩ *zu lang*

Über|län|ge ⟨die; -, -n⟩ *über die normale Länge hinausgehende Länge* ▸ Film mit ~

über|lap|pen ⟨V. intr. u. V. refl.; über|lappt, über|lapp|te, hat über|ge|lappt⟩ (sich) ~ *sich zum Teil gegenseitig überdecken, teilweise miteinander übereinstimmen* ▸ die Bilder ~ (sich)

über|las|sen ⟨V. trans.; über|lässt, über|ließ, hat über|las|sen⟩ **1** jmdm. etwas ~ *zugunsten eines anderen auf etwas verzichten* **2** jmdm. etwas ~ *jmdm. etwas anvertrauen, zum Gebrauch geben* **3** es jmdm. ~, etwas zu tun *ihm die Entscheidung lassen, etwas zu tun od. nicht* ▸ er überlässt unangenehme Entscheidungen gern anderen; jmdm. eine Ware billig ~ *billig verkaufen;* sich selbst ~ sein *etwas allein, ohne Rat od. Hilfe tun müssen*

über|las|ten ⟨V. trans.; über|las|tet, über|las|te|te, hat über|las|tet⟩ jmdn. od. etwas ~ *zu sehr belasten* ▸ einen Wagen, eine Brücke, einen Fahrstuhl ~; ich bin augenblicklich vollkommen überlastet *habe zu viel Arbeit;* Abl *Überlastung*

Über|lauf ⟨der; -(e)s, -läu|fe⟩ *Vorrichtung (z. B. an Talsperren od. Badewannen), die das Ablaufen von überschüssigem Wasser ermöglicht*

über|lau|fen ⟨V. intr.; läuft über, lief über, ist über|ge|lau|fen, über|zu|lau|fen⟩ **1** *über den Rand fließen* (Flüssigkeit) **2** *so voll sein, dass die Flüssigkeit herausfließt* (Gefäß) **3** *sich dem Feind, der Gegenpartei o. Ä. anschließen;* Abl *Überläufer(in)* ▸ die Badewanne läuft über; zum Feind ~

über|lau|fen ⟨Adj.⟩ *mit zu vielen Menschen besetzt, überfüllt* ▸ der Arzt ist sehr ~ *er hat zu viele Patienten;* der Kurort ist sehr ~

über|le|ben ⟨V.; über|lebt, über|leb|te, hat über|lebt⟩ **I** ⟨V. trans.⟩ **1** etwas ~ *eine gefährliche Situation lebend überstehen;* Abl *Überlebende(r)* **2** jmdn. ~ *länger leben als jmd.* ▸ das überlebe ich nicht! ⟨übertr.; umg.⟩ *das kann ich nicht ertragen;* du wirst es wohl ~! ⟨übertr.; umg.⟩ *so schlimm ist es nicht!;* er hat den Krieg überlebt; ein Unglück, eine Naturkatastrophe ~ **II** ⟨V. intr.⟩ *weiterleben* ▸ sie ist die einzige, die überlebt hat **III** ⟨V. refl.⟩ sich ~ *veralten, außer Gebrauch kommen* ▸ diese Anschauung hat sich überlebt

über|le|bens|groß ⟨Adj.⟩ *größer als in Wirklichkeit* ▸ eine ~e Figur; Abl *Überlebensgröße*

über|le|gen ⟨V. trans.; legt über, leg|te über, hat über|ge|legt, über|zu|le|gen⟩ jmdm. od. sich etwas ~ *etwas über jmdn. od. sich legen* ▸ jmdm. eine Decke ~

über|le|gen[1] ⟨V.; über|legt, über|leg|te, hat über|legt⟩ **I** ⟨V. trans.⟩ **1** etwas ~ *durchdenken, erwägen, zu einem Urteil über etwas kommen wollen* **2** sich etwas ~ **2.1** *über etwas nachdenken, grübeln* **2.2** *sich etwas ausdenken* ▸ ich werde es mir (noch) ~ ▸ ich habe mir Folgendes überlegt ▸ das muss ich mir erst (noch) ~ ▸ sich etwas gründlich, reiflich ~; hast du es dir gut überlegt? ▸ ich habe es mir (inzwischen) anders überlegt; das hättest du dir vorher ~ müssen **II** ⟨V. intr.⟩ *nachdenken, nachsinnen* ▸ überleg nicht so lange!; er redet drauflos ohne zu ~

über|le|gen[2] ⟨Adj.⟩ **1** *jede Situation beherrschend, gelassen* (Person); Ggs *unterlegen[2] (II)* **2** *etwas überheblich, herablassend* (Lächeln, Miene) ▸ ein ~er Sieg *ein deutlicher S.;* jmdm. ~ sein *mehr können, wissen als jmd.;* jmdm. an Ausdauer, Kraft ~ sein; Abl *Überlegenheit*

über|legt **I** ⟨Part. Perf. von⟩ *überlegen[1]* **II** ⟨Adj.⟩ *besonnen* ▸ ~ handeln

Über|le|gung ⟨die; -, -en⟩ **1** *das Überlegen, Nachdenken* **2** ⟨Pl.⟩ ~en *Gedanken* ▸ ~en über etwas anstellen *etwas überlegen;* nach reiflicher ~

über|lei|ten ⟨V. intr.; lei|tet über, lei|te|te über, hat über|ge|lei|tet, über|zu|lei|ten⟩ zu etwas ~ *zu etwas anderem führen, eine Verbindung herstellen* ▸ zum nächsten Thema ~; Abl *Überleitung*

über|le|sen ⟨V. trans.; über|liest, über|las, hat über|le|sen⟩ etwas ~ **1** *flüchtig lesen* **2** *nicht beachten* ▸ er hat Fehler ~

über|lie|fern ⟨V. trans.; über|lie|fert, über|lie|fer|te, hat über|lie|fert⟩ etwas ~ *erzählen, berichten (u. dadurch bewahren)* ▸ diese Sage ist mündlich, schriftlich überliefert; Abl *Überlieferung*

über|lis|ten ⟨V. trans.; über|lis|tet, über|lis|te|te, hat über|lis|tet⟩ jmdn. ~ *jmdn. durch eine List, geschickt täuschen;* Abl *Überlistung*

überm ⟨Verschmelzungsform aus Präp. u. Art.⟩ *über dem*

Über|macht ⟨die; -; unz.; bes. Mil.⟩ *Überlegenheit an Zahl, an Stärke* ▸ die ~ über jmdn. haben; gegen eine ~ kämpfen; in der ~ sein *an Zahl, Stärke überlegen sein;* Abl *übermächtig*

über|ma|len ⟨V. trans.; über|malt, über|mal|te, hat über|malt⟩ etwas ~ *durch Malen verdecken, nochmals bemalen* ▸ ein Bild ~; Abl *Übermalung*

Über|maß ⟨das; -es; unz.⟩ *größeres Maß, größere Menge als normal od. erträglich* ▸ ein ~ an Luxus

über|mä|ßig ⟨Adj.⟩ **I** ⟨attr.; präd.; adv.⟩ *ohne Maß, zu stark, zu viel, zu sehr usw., übertrieben* ▸ ~e Anstrengung, Besorgnis; ~e Quinte, Quarte ⟨Mus.⟩ *um einen Halbton erhöhte Q.* **II** ⟨nur adv.⟩ *im Übermaß, zu, allzu (viel, stark, sehr usw.)* ▸ sich ~ anstrengen; das ist ~ teuer

über|mensch|lich ⟨Adj.⟩ *über des Menschen Grenzen hinausgehend, übernatürlich* ▸ mit ~er Anstrengung; eine ~e Leistung

über|mit|teln ⟨V. trans.; über|mit|telt, über|mit|telte, hat über|mit|telt⟩ (jmdm.) etwas ~ *mitteilen, ausrichten, überbringen* ▸ jmdm. eine Botschaft, Nachricht, Grüße ~; Abl *Übermitt(e)lung*

über|mor|gen ⟨Adv.⟩ *am Tag nach morgen* ▸ wir sehen uns ~; ~ Abend *am Abend des übernächsten Tages*

über|mü|det ⟨Adj.⟩ *durch zu wenig Schlaf sehr erschöpft sein;* Abl *Übermüdung*

Über|mut ⟨der; -(e)s; unz.⟩ *Ausgelassenheit, Freude, die zu unüberlegten, gefährlichen Handlungen verleitet* ▸ das hat er nur aus ~ getan (und nicht böse gemeint); Abl *übermütig*

übern ⟨Verschmelzungsform aus Präp. u. Art.⟩ *über den*

über|nächst ⟨Adj.⟩ *der, die, das dem nächsten Folgende* ▸ am ~en Tag; er ist der Übernächste

über|nach|ten ⟨V. intr.; über|nach|tet, über|nach-

U

te|te, hat über|nach|tet⟩ irgendwo ~ *die Nacht andernorts verbringen* ▸ bei Freunden ~; wir haben im Hotel übernachtet; Abl *Übernachtung*

über|näch|tigt ⟨Adj.⟩ *unausgeschlafen, müde, weil man zu kurz geschlafen hat;* oV ⟨bes. österr., schweiz.⟩ *übernächtig* ▸ ~ aussehen, sein

Über|nah|me ⟨die; -, -n⟩ *das Übernehmen;* Zus *Amtsübernahme, Geschäftsübernahme*

über|na|tür|lich ⟨Adj.⟩ *außerhalb der Naturgesetze stehend, unerklärbar* ▸ eine ~e Erscheinung; jmdm. ~e Kräfte zuschreiben

über|neh|men ⟨V.; über|nimmt, über|nahm, hat über|nom|men⟩ **I** ⟨V. trans.⟩ **1** etwas ~ *annehmen, zu sich, an sich nehmen, in Empfang nehmen* **2** ein Amt, Geschäft ~ *in eigene Verwaltung nehmen* **3** eine Pflicht, Verantwortung ~ *zur eigenen Sache machen* **4** eine Arbeit, einen Auftrag ~ *annehmen u. ausführen* ▸ würden Sie es ~, die Eintrittskarten zu besorgen? ▸ **Angestellte** (von einem anderen Betrieb) ~ *von nun an im eigenen B. beschäftigen;* eine **Firma** ~; das **Kommando** ~ *von nun an das K. haben, bestimmen;* die **Kosten** ~ *bezahlen;* er hat die **Leitung** des Projekts übernommen; eine **Meinung,** ein System ~ *von nun an selbst anwenden bzw. vertreten* ▸ eine Textstelle **wörtlich** (in die eigene Arbeit) ~ *wiedergeben, abschreiben* **II** ⟨V. refl.; umg.⟩ sich ~ *sich zu sehr anstrengen, sich zu viel zumuten* ▸ übernimm dich nicht! ⟨übertr.; iron.⟩

über|ord|nen ⟨V. trans.; ord|net über, ord|ne|te über, hat über|ge|ord|net, über|zu|ord|nen⟩ etwas od. jmdn. etwas od. jmd. anderem ~ *(in der Funktion) über etwas od. jmdn. stellen* ▸ er hat eine übergeordnete Stelle in der Firma

über|par|tei|lich ⟨Adj.⟩ *über den Parteien stehend*

Über|pro|duk|ti|on ⟨die; -; unz.⟩ *zu große, übermäßige Produktion*

über|prü|fen ⟨V. trans.; über|prüft, über|prüf|te, hat über|prüft⟩ etwas ~ *(nochmals) prüfen, nachprüfen* ▸ ein Ergebnis ~; Abl *Überprüfung*

über|quel|len ⟨V. intr.; quillt/quellt über, quoll/quell|te über, ist über|ge|quol|len/über|gequellt⟩ *über den Rand quellen*

über|que|ren ⟨V. trans.; über|quert, über|quer|te, hat über|quert⟩ einen Fluss, eine Straße ~ *überschreiten, kreuzen* ▸ wir müssen die Straße an der Ampel ~; den Atlantik ~; Abl *Überquerung*

über|ra|gen ⟨V. trans.; über|ragt, über|rag|te, hat über|ragt⟩ **1** jmdn. od. etwas ~ *größer sein als jmd. od. höher sein als etwas* **2** ⟨übertr.⟩ jmdn. ~ *übertreffen, besser, stärker sein als jmd.* ▸ jmdn. an Verdiensten, Leistungen weit ~ ⟨übertr.⟩

über|ra|gend ⟨Adj.⟩ **I** ⟨Part. Präs. von⟩ *überragen* **II** *hervorragend, ausgezeichnet* ▸ ~e Begabung, Fähigkeiten; deine Zensuren sind ja nicht ~ ⟨umg.⟩ *nicht bes. gut;* er war der ~e Spieler

über|ra|schen ⟨V. trans.; über|rascht, über|rasch|te, hat über|rascht⟩ **1** jmdn. ~ *in Erstaunen versetzen* **2** jmdn. ~ *unerwartet (an)treffen* **3** jmdn. (mit etwas) ~ *jmdm. (mit etwas) unerwartet eine Freude bereiten* ▸ lassen wir uns ~! ⟨umg.⟩ *warten wir's ab!;* er überraschte uns mit einem Geschenk; wir werden von einem Gewitter überrascht; ~d *unerwartet, erstaunlich;* ein ~der Besuch, Erfolg; es ging ~d schnell; überrascht *erstaunt, verwundert (über etwas Unerwartetes);* „Ist das wahr?", fragte er überrascht

Über|ra|schung ⟨die; -, -en⟩ **I** ⟨unz.⟩ *das Überraschtsein, Erstaunen, Verwunderung (über Unerwartetes)* ▸ zu meiner größten ~ **II** ⟨zählb.⟩ **1** *plötzliches, unerwartetes Ereignis;* Zus *Überraschungssieg* **2** *etwas Schönes, das man nicht erwartet hat* ▸ das ist ja eine ~!; (un)angenehme ~; eine böse ~ erleben; das war dennoch eine gelungene ~

über|re|den ⟨V. trans.; über|re|det, über|re|de|te, hat über|re|det⟩ jmdn. (zu etwas) ~ *jmdm. so lange zureden, bis er etwas doch tut* ▸ ich habe mich ~ lassen; ich habe ihn nicht ~ können mitzukommen; jmdn. zum Mitmachen ~; ⟨aber⟩ →a. *überzeugen;* Abl *Überredung*

über|re|gi|o|nal ⟨Adj.⟩ *über eine Region hinaus*

über|rei|chen ⟨V. trans.; über|reicht, über|reich|te, hat über|reicht⟩ (jmdm.) etwas ~ *(feierlich) geben* ▸ jmdm. Blumen, ein Geschenk, eine Urkunde ~; Abl *Überreichung*

über|reich|lich ⟨Adj.⟩ *zu reichlich (vorhanden)*

über|reif ⟨Adj.⟩ **1** *zu reif* (Obst) **2** ⟨übertr.⟩ *längst notwendig, lange erwartet* (Entscheidung)

über|reizt ⟨Adj.⟩ *sehr nervös, zu stark beansprucht* ▸ er ist ~; meine Nerven sind ~

Über|rest ⟨der; -(e)s, -e⟩ *Rest, Übriggebliebenes* ▸ die sterblichen ~e *die Leiche, die Gebeine*

über|rol|len ⟨V. trans.; über|rollt, über|roll|te, hat über|rollt⟩ **1** ⟨bes. Mil.⟩ jmdn. od etwas ~ *mit großer Übermacht angreifen u. einnehmen* **2** jmdn. od. etwas ~ *mit einem schweren Fahrzeug überfahren*

über|rum|peln ⟨V. trans.; über|rum|pelt, über|rum|pel|te, hat über|rum|pelt⟩ jmdn. ~ **1** *überraschen, verblüffen* **2** *unerwartet angreifen* ▸ den Gegner ~; jmdn. mit einer Frage ~

über|run|den ⟨V. trans.; über|run|det, über|run|de|te, hat über|run|det⟩ jmdn. ~ *jmdn. bei einem Wettlauf od. einer Wettfahrt überholen, Vorsprung vor jmdm. gewinnen;* Abl *Überrundung*

übers ⟨Verschmelzungsform aus Präp. u. Art.⟩ *über das* ▸ ~ Jahr ⟨umg.⟩ *nach einem Jahr*

über|sät ⟨Adj.⟩ *in großer Zahl mit etwas bedeckt* ▸ mit Narben übersät

über|sät|ti|gen ⟨V. trans.; über|sät|tigt, über|sät|tig|te, hat über|sät|tigt⟩ jmdn. ~ *bis zum Überdruss sättigen* ▸ von etwas übersättigt sein; Abl *Übersättigung*

Über|schall|ge|schwin|dig|keit ⟨die; -; unz.⟩ *Geschwindigkeit, die größer ist als die des Schalles* ▸ mit ~ fliegen

über|schat|ten ⟨V. trans.; über|schat|tet, über|schat|te|te, hat über|schat|tet; übertr.⟩ etwas ~ *ein (positives) Ereignis trüben* ▸ der Zwischenfall überschattete die Feier

über|schät|zen ⟨V. trans.; über|schätzt, über|schätz|te, hat über|schätzt⟩ jmdn. od. etwas ~ *höher schätzen, als jmd. od. etwas es verdient;*

Ggs *unterschätzen* ▸ jmds. Einfluss ~; er überschätzt sich maßlos; Abl *Überschätzung*

über|schau|bar ⟨Adj.⟩ *so beschaffen, dass man es überblicken kann* ▸ das Angebot ist kaum noch ~; eine ~e Anzahl; Abl *Überschaubarkeit*

über|schau|en ⟨V. trans.; über|schaut, über|schaute, hat über|schaut⟩ etwas ~ *überblicken*

über|schäu|men ⟨V. intr.; schäumt über, schäumte über, ist über|ge|schäumt, über|zu|schäu|men⟩ *über den Rand des Gefäßes schäumen* ▸ der Sekt schäumt über; ~de Kraft ⟨übertr.⟩

über|schla|fen ⟨V. trans.; über|schläft, über|schlief, hat über|schla|fen⟩ etwas (eine Nacht) ~ *etwas nicht sofort entscheiden, sondern eine Nacht darüber vergehen lassen*

Über|schlag ⟨der; -(e)s, -schlä|ge⟩ **1** *ungefähre Berechnung* **2** ⟨allg.; bes. Turnen⟩ *Drehung (des Körpers) vor- od. rückwärts um die eigene Querachse* ▸ einen ~ machen

über|schla|gen ⟨V. trans.; schlägt über, schlug über, hat über|ge|schla|gen, über|zu|schla|gen⟩ die Beine ~ *übereinanderlegen*

über|schla|gen ⟨V.; über|schlägt, über|schlug, hat über|schla|gen⟩ **I** ⟨V. trans.⟩ **1** eine Buchseite, Textstelle ~ *weglassen, nicht (vor)lesen, nicht sprechen* **2** die Kosten ~ *sie ungefähr berechnen* **II** ⟨V. refl.⟩ sich ~ *sich im Fallen um sich selbst drehen, bes. vor- od. rückwärts* ▸ er überschlug sich bei dem Sturz mehrmals; seine Stimme überschlug sich *schlug in Kopfstimme um*

über|schnap|pen ⟨V. intr.; schnappt über, schnapp|te über, ist über|ge|schnappt, über|zuschnap|pen; übertr.; umg.⟩ *ein bisschen verrückt werden* ▸ er ist übergeschnappt

über|schnei|den ⟨V. refl.; über|schnei|det sich, über|schnitt sich, hat sich über|schnit|ten⟩ sich ~ **1** *sich kreuzen* (Linien) **2** *sich teilweise bedecken* (Flächen) **3** ⟨übertr.⟩ **3.1** *zeitlich zusammenfallen* (Unterrichtsstunden) **3.2** *zusammentreffen* (Arbeitsgebiete); Abl *Überschneidung*

über|schrei|ben ⟨V. trans.; über|schreibt, überschrieb, hat über|schrie|ben⟩ **1** etwas ~ *mit Titel, Überschrift versehen* **2** jmdm. etwas ~ *jmdm. etwas schriftlich u. gesetzlich übergeben* ▸ jmdm. ein Grundstück ~; Abl *Überschreibung*

über|schrei|ten ⟨V. trans.; über|schrei|det, überschritt, hat über|schrit|ten⟩ etwas ~ **1** *über etwas hinübergehen, hinüberfahren* **2** ⟨übertr.⟩ *über ein (erlaubtes) Maß hinausgehen* ▸ eine Straße, Grenze, einen Fluss ~; das überschreitet meine Kräfte; seine Befugnisse ~ *mehr tun als erlaubt;* die zulässige Geschwindigkeit ~ *schneller fahren als erlaubt;* er hat die 40 bereits überschritten *er ist älter als 40 Jahre;* Abl *Überschreitung*

Über|schrift ⟨die; -, -en⟩ *Titel, Name* ▸ die ~ eines Kapitels, Aufsatzes, Gedichts; wie lautet die ~ des Artikels?

über|schul|det ⟨Adj.⟩ *mit Schulden übermäßig belastet* ▸ das Grundstück ist völlig ~; Abl *Überschuldung*

Über|schuss ⟨der; -es, -schüs|se⟩ **1** ⟨Wirtsch.⟩ *Gewinn ohne Abzug* **2** *das, was übrig bleibt od. über ein bestimmtes Maß hinausgeht;* Abl *überschüssig;* Zus *Geburtenüberschuss* ▸ einen ~ erwirtschaften; einen ~ an etwas besitzen

über|schüt|ten ⟨V. trans.; über|schüt|tet, überschüt|te|te, hat über|schüt|tet⟩ **1** etwas mit etwas ~ *etwas über etwas schütten* **2** ⟨übertr.⟩ jmdn. mit etwas ~ *überhäufen* ▸ jmdn. mit Lob ~ ⟨übertr.⟩

Über|schwang ⟨der; -(e)s; unz.⟩ *Übermaß (von Gefühlen)* ▸ im ~ der Gefühle (etwas tun)

über|schwäng|lich ⟨Adj.⟩ *übertrieben gefühlvoll, übertrieben begeistert* ▸ jmdm. ~ danken

über|schwap|pen ⟨V. intr.; schwappt über, schwapp|te über, ist über|ge|schwappt, über|zuschwap|pen⟩ *über den Rand schwappen* ▸ die Begeisterung schwappte über ⟨übertr.⟩

über|schwem|men ⟨V. trans.; über|schwemmt, über|schwemm|te, hat über|schwemmt⟩ **1** etwas ~ *mit Wasser überfluten* **2** ⟨übertr.⟩ etwas mit etwas ~ *zu reichlich mit etwas ausstatten* ▸ der Fluss überschwemmte die Wiesen; ein Land mit Billigwaren ~ ⟨übertr.⟩; Abl *Überschwemmung*

Über|see ⟨ohne Artikel⟩ *die Länder jenseits der Ozeane, bes. die USA* ▸ Waren aus ~; wir haben Verwandte in ~; Waren nach ~ exportieren; Abl *überseeisch;* Zus *Überseehafen*

über|se|hen ⟨V. refl.; sieht sich über, sah sich über, hat sich über|ge|se|hen, sich über|zu|se|hen; umg.⟩ sich etwas ~ *etwas so oft sehen, dass man es nicht mehr mag*

über|se|hen ⟨V. trans.; über|sieht, über|sah, hat über|se|hen⟩ **1** Fehler ~ *nicht sehen, unabsichtlich nicht beachten* **2** eine Person, einen Verstoß ~ *absichtlich nicht beachten* **3** die Lage, den Schaden ~ *einschätzen, erkennen* **4** ein Gelände ~ *überblicken, überschauen* ▸ ich kann noch nicht ~, wie viel Hilfe ich benötigen werde; das haben Sie sicher ~; jmds. Taktlosigkeit (stillschweigend) ~; ich kann den Platz von hier aus gut, leicht ~; das habe ich beim Lesen ~; von jmdm. ~ werden; Abl *übersehbar*

über|sen|den ⟨V. trans.; über|sen|det, über|sandte/über|sen|de|te, hat über|ge|sandt/über|ge|sendet⟩ jmdm. etwas ~ *schicken;* Abl *Übersendung*

über|set|zen ⟨V.⟩ **I** ⟨V. intr.; setzt über, setz|te über, ist über|ge|setzt, über|zu|set|zen⟩ *von einem Ufer zum anderen fahren* **II** ⟨V. trans.; setzt über, setz|te über, hat über|ge|setzt, über|zu|set|zen⟩ jmdn. od. etwas ~ *mit dem Boot, der Fähre an das andere Ufer bringen*

über|set|zen ⟨V. trans.; über|setzt, über|setz|te, hat über|setzt⟩ etwas ~ *in eine andere Sprache übertragen* ▸ einen Satz, Text wörtlich, sinngemäß ~; ein Buch aus dem Englischen ~; einen Text ins Spanische ~; das Buch wurde in mehrere Sprachen übersetzt; Abl *übersetzbar*

Über|set|zer ⟨der; -s, -⟩ *jmd., der (beruflich) Bücher u. Ä. übersetzt;* Abl *Übersetzerin*

Über|set|zung ⟨die; -, -en⟩ **1** *Übertragung (eines Textes, Buches, Dokuments) von einer Sprache in eine andere;* Zus *Übersetzungsbüro, Übersetzungsfehler* **2** *der in eine andere Sprache übertrage-*

U

ne Text selbst **3** ‹Tech.› *Vorrichtung zum Umwandeln einer Drehbewegung (eines Getriebes) in eine Drehbewegung mit anderer Drehzahl* ▸ kleine, große ~ ‹Tech.›; eine ~ aus dem Englischen

Über|sicht ‹die; -, -en› **1** *Überblick, Fähigkeit, die Zusammenhänge eines Gebietes zu erkennen* **2** *Verzeichnis;* Zus *Inhaltsübersicht* **3** *übersichtlicher Auszug, kurze, klare Darstellung, z. B. als Tabelle* ▸ ~ gewinnen; keine ~ über etwas haben; die ~ verlieren

über|sicht|lich ‹Adj.› **1** *so beschaffen, dass man es leicht, gut überblicken kann* **2** *frei, offen* (Gelände) **3** ‹übertr.› *klar gegliedert, eine Übersicht gebend* (Darstellung) ▸ ~e Straße, Kurve; einen Sachverhalt ~ darstellen; Abl *Übersichtlichkeit*

über|sie|deln ‹a. [--'--] V. intr.; sie|delt über, sie|del|te über, ist über|ge|sie|delt, über|zu|sie|deln› irgendwohin ~ *umziehen, an einen anderen Wohnort ziehen* ▸ ich siedele nach Hamburg über / ich übersiedele nach Hamburg; ich bin nach Hamburg übergesiedelt/übersiedelt; ins Ausland ~; Abl *Übersied(e)lung, Übersiedler(in)*

über|spannt ‹Adj.; -er, am -es|ten› **1** *übertrieben, vom Normalen abweichend* (Ansichten) **2** *ein bisschen verrückt* (Person); Abl *Überspanntheit*

über|spie|len ‹V. trans.; über|spielt, über|spiel|te, hat über|spielt› etwas ~ **1** *durch Abspielen (u. gleichzeitige Aufnahme) übertragen;* Abl *Überspielung* **2** ‹übertr.› *geschickt über etwas hinweggehen, etwas nicht merken lassen* ▸ seine Angst ~; eine CD auf MP3 ~

über|spit|zen ‹V. trans.; über|spitzt, über|spitz|te, hat über|spitzt; übertr.› etwas ~ *zu genau, zu streng mit etwas sein* ▸ einen Sachverhalt überspitzt formulieren *übertrieben scharf*

über|sprin|gen ‹V. intr.; springt über, sprang über, ist über|ge|sprun|gen, über|zu|sprin|gen› *vom einen aufs andere springen* ▸ ein Funke springt über *entzündet einen anderen F.;* der Funke der Begeisterung sprang über ‹übertr.› *riss alle anderen mit plötzlich dazu wechseln*

über|sprin|gen ‹V. trans.; über|springt, über|sprang, hat über|sprun|gen› etwas ~ **1** *über etwas hinwegspringen* **2** *weglassen* ▸ ein Hindernis ~; eine Klasse (in der Schule) ~ *in die übernächste K. versetzt werden;* eine Seite ~

über|spru|deln ‹V. intr.; spru|delt über, spru|del|te über, hat über|ge|spru|delt, über|zu|spru|deln› *über den Rand sprudeln* ▸ das kochende Wasser sprudelt über; von, vor Witz ~ ‹übertr.› *sehr witzig sein;* ~des Temperament *sehr lebhaftes T.*

über|ste|hen ‹V. intr.; steht über, stand über, hat (süddt., österr., schweiz.: ist) über|ge|stan|den, über|zu|ste|hen› *hervor-, herausstehen, herausragen, vorspringen* ▸ ~der Balken, ~des Dach

über|ste|hen ‹V. trans.; über|steht, über|stand, hat über|stan|den› eine Gefahr, Krankheit ~ *überleben, aushalten* ▸ ich hab's überstanden ‹umg.› *die Sache ist endlich vorüber;* du wirst's schon ~! ‹umg.› *es wird schon nicht so schlimm werden;* wir haben das Schlimmste überstanden

über|stei|gen ‹V. trans.; über|steigt, über|stieg, hat über|stie|gen› etwas ~ **1** *über etwas hinübersteigen* **2** ‹übertr.› *größer als etwas sein* ▸ die Forderung übersteigt meine Möglichkeiten ‹übertr.›

über|steu|ern ‹V. intr.; über|steu|ert, über|steu|er|te, hat über|steu|ert; El.› *durch ein zu hohes Eingangssignal bei elektronischen Geräten (Mikrofon, Verstärker usw.) Verzerrungen bewirken*

über|stim|men ‹V. trans.; über|stimmt, über|stimm|te, hat über|stimmt› jmdn. ~ *durch Stimmenmehrheit besiegen* ▸ die anderen haben mich überstimmt; er wurde überstimmt

über|stra|pa|zie|ren ‹V. trans.; über|stra|pa|ziert, über|stra|pa|zier|te, hat über|stra|pa|ziert; meist übertr.› jmdn. od. etwas ~ *zu sehr strapazieren* ▸ ich möchte seine Geduld lieber nicht ~

über|strei|chen ‹V. trans.; über|streicht, über|strich, hat über|stri|chen› etwas ~ *bestreichen* ▸ eine Fläche mit Farbe ~

über|strei|fen ‹V. trans.; streift über, streif|te über, hat über|ge|streift, über|zu|strei|fen› (sich) etwas ~ *leicht od. achtlos anziehen* ▸ sich ein Kleid ~

Über|stun|de ‹die; -, -n› *über die festgesetzte Arbeitszeit hinaus geleistete Arbeitsstunde* ▸ wir mussten heute ~n machen; er kann seine ~n abfeiern *in Urlaubstage umwandeln*

über|stür|zen ‹V.; über|stürzt, über|stürz|te, hat über|stürzt› **I** ‹V. trans.› etwas ~ *zu schnell, ohne Überlegung tun* ▸ wir wollen nichts ~ *wir wollen besonnen handeln;* überstürzte Abreise **II** ‹V. refl.› sich ~ **1** *zu hastig handeln* **2** *zu schnell aufeinanderfolgen* ▸ er überstürzt sich (vor Diensteifer); die Ereignisse ~ sich

über|teu|ert ‹Adj.› *zu teuer* ▸ ~e Lebensmittel

über|töl|peln ‹V. trans.; über|töl|pelt, über|töl|pel|te, hat über|töl|pelt› jmdn. ~ *plump betrügen*

über|tö|nen ‹V. trans.; über|tönt, über|tön|te, hat über|tönt› jmdn. od. etwas ~ *lauter als jmd. od. etwas sein*

Über|topf ‹der; -(e)s, -töp|fe› *dekorativer Topf als Einfassung eines einfachen Blumentopfs*

Über|trag ‹der; -(e)s, -trä|ge› *von der Vorseite auf die nächste Seite übertragene Summe*

über|trag|bar ‹Adj.› *so beschaffen, dass es auf andere übertragen werden kann* (Krankheit), *von anderen auch benutzt werden kann* (Ausweis-, Eintrittskarte) ▸ diese Fahrkarte ist nicht ~

über|tra|gen ‹V.; über|trägt, über|trug, hat über|tra|gen› **I** ‹V. trans.› **1** etwas auf od. in etwas ~ *von einer Stelle auf eine andere schreiben* **2** ‹Rundfunk› etwas ~ *senden* **3** eine Krankheit (auf jmdn.) ~ *an jmdn. weitergeben, jmdn. anstecken;* Abl *Überträger(in)* **4** jmdm. etwas ~ **4.1** *übergeben* **4.2** *jmdm. den Auftrag geben, etwas zu tun* ▸ jmdm. ein Amt ~; Korrekturen (in ein anderes Exemplar) ~; ein Buch ins Deutsche ~ *übersetzen;* ein Fußballspiel im Fernsehen ~; ~e Bedeutung *bildliche, nicht wörtliche B.;* ein Wort in ~er Bedeutung gebrauchen **II** ‹V. refl.› **1** sich ~ *weitergegeben werden* (von Krankheiten) **2** ‹übertr.› sich auf jmdn. ~ *jmd. anderen ebenfalls ergreifen* ▸ ihre Laune übertrug sich auf ihn

U V W X Y Z

Über|tra|gung <die; -, -en> **1** *das Übertragen* **2** *das Übertragenwerden* **3** *Übersetzung* **4** <Med.> *Ansteckung* **5** <Funk, TV> *Sendung;* Zus *Übertragungswagen; Direktübertragung, Liveübertragung* ▸ die Zuschauer verfolgten am Fernsehen die ~ des Fußballspiels

über|tref|fen <V. trans.; über|trifft, über|traf, hat über|tro|fen> jmdn. od. etwas ~ *besser sein, mehr leisten als jmd. od. etwas* ▸ du hast dich dabei selbst übertroffen *du hast dabei mehr geleistet als je zuvor;* das übertrifft alle meine Erwartungen; er ist nicht zu ~; jmdn. an Genauigkeit ~

über|trei|ben <V. trans. u. V. intr.; über|treibt, über|trieb, hat über|trie|ben> Ggs *untertreiben* **1** etwas ~ *zu oft od. zu nachdrücklich tun* **2** (etwas) ~ *besser od. schlechter darstellen, als es ist* ▸ ich übertreibe nicht, wenn ich das sage; das ist stark übertrieben; →a. *übertrieben*

über|tre|ten <V. intr.; tritt über, trat über, ist über|ge|tre|ten, über|zu|tre|ten> **1** *über die Ufer treten* **2** <Sp.> *über die vorgeschriebene Stelle zum Absprung bzw. Wurf hinaustreten* ▸ der Wettkämpfer ist beim Weitsprung übergetreten; zum Katholizismus ~ *katholisch werden*

über|tre|ten <V. trans.; über|tritt, über|trat, hat über|tre|ten> ein Gesetz, Gebot ~ *verletzen, nicht einhalten;* Abl *Übertretung*

über|trie|ben I <Part. Perf. von> *übertreiben* II <Adj.> II.I <attr.; präd.> **1** *zu groß, zu hoch, übermäßig* **2** *durch Übertreibung verfälscht* ▸ eine ~ Darstellung; aus ~em Eifer, ~er Vorsicht handeln II.II <adv.> *zu, allzu* ▸ ~ genau; er ist ~ misstrauisch

Über|tritt <der; -(e)s, -e> **1** *das Übertreten* **2** *das Überschreiten;* Zus *Grenzübertritt*

über|trump|fen <V. trans.; über|trumpft, über|trumpf|te, hat über|trumpft> jmdn., etwas od. sich ~ *überbieten* ▸ sie versuchen sich gegenseitig zu ~

über|tün|chen <V. trans.; über|tüncht, über|tünch|te, hat über|tüncht; übertr.> etwas ~ *verdecken* ▸ etwas mit Höflichkeit ~

über|völ|kert <Adj.> *zu dicht bevölkert* ▸ das Land ist ~; Abl *Übervölkerung*

über|voll <Adj.> *zu voll, zum Überlaufen voll*

über|vor|sich|tig <Adj.> *allzu vorsichtig, zögernd*

über|vor|tei|len <V. trans.; über|vor|teilt, über|vor|teil|te, hat über|vor|teilt> jmdn. ~ *jmdn. benachteiligen, betrügen;* Abl *Übervorteilung*

über|wa|chen <V. trans.; über|wacht, über|wach|te, hat über|wacht> jmdn. od. etwas ~ *beaufsichtigen, beobachten, kontrollieren* ▸ eine Arbeit ~; jmdn. durch den Geheimdienst ~ lassen; Plätze mit Kameras ~; Abl *Überwachung*

über|wäl|ti|gen <V. trans.; über|wäl|tigt, über|wäl|tig|te, hat über|wäl|tigt> jmdn. ~ **1** *besiegen, wehrlos machen* **2** <übertr.> *tief beeindrucken, sprachlos machen* ▸ die Schönheit der Landschaft überwältigte mich <übertr.>; den Gegner, einen Einbrecher ~; von Müdigkeit, Rührung überwältigt sein <übertr.>; Abl *Überwältigung*

über|wäl|ti|gend I <Part. Präs. von> *überwältigen* II <Adj.> *außerordentlich (schön, groß, stark), herrlich, großartig* ▸ es war ein ~er Anblick; ein ~er Erfolg; er wurde mit ~er Mehrheit gewählt

über|wech|seln <[-ks-] V. intr.; wech|selt über, wech|sel|te über, ist über|ge|wech|selt, über|zu|wech|seln> irgendwohin ~ *hinübergehen* ▸ in eine andere Abteilung ~

Über|weg <der; -(e)s, -e; kurz für> *Fußgängerüberweg*

über|wei|sen <V. trans.; über|weist, über|wies, hat über|wie|sen> **1** jmdm. Geld ~ *von einem Bankkonto aus zu jmds. Konto senden* **2** einen Kranken an einen, zu einem Facharzt ~ *einen K. mit einem speziellen Dokument einem F. zur weiteren Behandlung übergeben* ▸ können Sie den Betrag ~?; Abl *Überweisung*

über|wer|fen <V. trans.; wirft über, warf über, hat über|ge|wor|fen, über|zu|wer|fen> (jmdm. od. sich) etwas ~ *schnell anziehen, umhängen*

über|wer|fen <V. refl.; über|wirft sich, über|warf sich, hat sich über|wor|fen> sich (mit jmdm.) ~ *sich mit jmdm. entzweien* ▸ wir haben uns überworfen; ich habe mich mit ihm überworfen

über|wie|gen <V. intr.; über|wiegt, über|wog, hat über|wo|gen> etwas ~ *stärker, wertvoller, in größerer Zahl vorhanden sein als etwas anderes* ▸ die Vorteile überwiegen (die Nachteile)

über|wie|gend I <Part. Präs. von> *überwiegen* II <a. ['----] Adj.> *hauptsächlich, in der Mehrzahl, vor allem* ▸ in diesem Stadtteil wohnen ~ Chinesen; das Wetter war ~ sonnig

über|win|den <V.; über|win|det, über|wand, hat über|wun|den> I <V. trans.> **1** etwas ~ *mit etwas fertigwerden, darüber hinwegkommen* **2** jmdn. ~ *besiegen, überwältigen* ▸ seine Abneigung (gegen etwas od. jmdn.) ~; er überwand seine Bedenken; seine Furcht, Schüchternheit ~; eine schwere Krise ~ II <V. refl.> sich (selbst) ~ *etwas tun, obwohl man es nicht gern tut* ▸ sich ~, etwas (Unangenehmes) zu tun ▸ ich kann mich nicht ~, das zu tun; Abl *Überwindung*

über|win|tern <V. intr.; über|win|tert, über|win|ter|te, hat über|win|tert> **1** *den Winter überdauern* (Pflanzen) **2** an einem Ort ~ *den Winter an einem Ort verbringen* (bes. Tiere); Abl *Überwinterung* ▸ viele Vögel ~ im Süden

über|wu|chern <V. trans.; über|wu|chert, über|wu|cher|te, hat über|wu|chert> etwas ~ **1** *dicht darüber hinwegwachsen* (Pflanzen) **2** <a. übertr.> *durch starkes Wachstum bedecken* ▸ das Unkraut hat den Garten überwuchert; Abl *Überwucherung*

Über|wurf <der; -(e)s, -wür|fe> **1** *loses Überkleid, loser Mantel, Umhang* **2** *Schließband am Vorhängeschloss* **3** <Ringen> *Griff, bei dem man den Gegner fasst u. über den Kopf hinter sich wirft*

Über|zahl <die; -; unz.> *sehr große Zahl, Mehrzahl* ▸ die Männer waren in der ~ *es waren mehr Männer da als Frauen*

über|zäh|lig <Adj.> *überschüssig, in zu großer Zahl vorhanden* ▸ ~e Mitarbeiter wurden entlassen

über|zeich|nen <V. trans.; über|zeich|net, über-

zeich|ne|te, hat über|zeich|net⟩ **1** eine Anleihe ~ *mehr Geld für eine A. zur Verfügung stellen, als erforderlich ist* **2** ⟨übertr.⟩ etwas ~ *übertrieben darstellen, fast als Karikatur darstellen* ▸ eine Romanfigur ~; Abl *Überzeichnung*

über|zeu|gen ⟨V.; über|zeugt, über|zeug|te, hat über|zeugt⟩ **I** ⟨V. trans.⟩ jmdn. (von etwas) ~ *jmdn. zu einer anderen Ansicht bekehren* ▸ deine Einwände haben mich (nicht) überzeugt; ich habe ihn nicht ~ können; von etwas überzeugt sein *fest an etwas glauben, sicher sein, dass etwas so ist;* ich bin überzeugt, dass du Recht hast; er ist sehr von sich (selbst) überzeugt *er ist sehr selbstbewusst, ist eingebildet;* ~d *glaubhaft, einleuchtend;* ein ~des Argument, ein ~der Beweis; er ist überzeugter Marxist *er glaubt an den Marxismus* **II** ⟨V. refl.⟩ sich von etwas ~ *durch Nachsehen, Nachprüfen erkennen* ▸ ich habe mich selbst davon überzeugt, dass alles in Ordnung ist

Über|zeu|gung ⟨die; -, -en⟩ **1** *das Überzeugen* **2** *das Überzeugtsein, fester Glaube, feste Meinung* **3** *Gewissheit, Wissen* ▸ ich bin der ~, dass die Entscheidung richtig ist; politische, religiöse ~; etwas aus ~ tun *etwas deshalb tun, weil man es für richtig, wahr, gut hält;* gegen seine ~ handeln *etwas tun, was man für falsch hält*

über|zie|hen ⟨V. trans.; zieht über, zog über, hat über|ge|zo|gen, über|zu|zie|hen⟩ **1** (sich) etwas ~ *anziehen* **2** einem Tier eins ~ *einen Schlag, ein paar Schläge geben* ▸ sich eine Jacke, einen warmen Mantel ~

über|zie|hen ⟨V. trans.; über|zieht, über|zog, hat über|zo|gen⟩ **1** etwas mit etwas ~ *mit einem Überzug versehen* **2** etwas ~ *bei der Nutzung von etwas vorgegebene Grenzen überschreiten;* Abl *Überziehung* ▸ ein Bett (frisch) ~ *frische Bettwäsche darüberziehen;* ein Konto ~ *mehr abheben, als auf dem Konto gutgeschrieben ist;* die Zeit ~ *eine vorgegebene Z. überschreiten*

über|zo|gen **I** ⟨Part. Perf. von⟩ *überziehen* **II** ⟨Adv.; übertr.⟩ *übertrieben* ▸ ~e Ansprüche

über|züch|tet ⟨Adj.⟩ *durch übertriebene, unnatürliche Züchtungen nicht mehr gesund, nicht mehr widerstandsfähig* ▸ der Hund ist ~; Abl *Überzüchtung*

Über|zug ⟨der; -(e)s, -zü|ge⟩ **1** *dünne Decke, Schicht;* Zus *Schokoladenüberzug* **2** *Bezug, auswechselbare Hülle;* Zus *Bettüberzug*

üb|lich ⟨Adj.⟩ *gebräuchlich, gewohnt, hergebracht, herkömmlich* ▸ er kam mit der ~en Verspätung ⟨umg.⟩; um die ~e Zeit; es ist bei uns ~, dass wir abends gemeinsam essen; vom Üblichen abweichen; ich komme wie ~ um 19 Uhr

U-Boot ⟨das; -(e)s, -e; kurz für⟩ *Unterseeboot*

üb|rig ⟨Adj.⟩ *überschüssig, restlich, als Rest (vorhanden)* ▸ das Übrige, alles Übrige ▸ die ~en Sachen räumen wir in den Keller ▸ ~ behalten *zurückbehalten, als Rest behalten;* ~ bleiben *als Rest zurückbleiben, nicht verbraucht werden;* von dem Geld ist nichts ~ geblieben; ⟨aber⟩ ~ bleiben ⟨übertr.⟩ = *übrigbleiben;* ~ lassen *nicht alles verbrauchen;* jmdm. etwas ~ lassen *(vom Ganzen einer Menge) aufheben;* nichts ~ lassen *alles verbrauchen;* ⟨aber⟩ ~ lassen ⟨übertr.⟩ = *übriglassen;* sein: *ist für mich noch etwas Kuchen ~?* ▸ im Übrigen *darüber hinaus, außerdem, zudem*

üb|rig|blei|ben *auch:* **üb|rig blei|ben** ⟨V. intr.; bleibt üb|rig, blieb üb|rig, ist üb|rig|ge|blie|ben, üb|rig|zu|blei|ben; übertr.⟩ jmdm. bleibt nichts anderes übrig *jmd. hat keine andere Wahl* ▸ was bleibt mir anderes übrig, als zu kündigen? *was soll ich denn anderes tun, als kündigen?;* →a. *übrig*

üb|ri|gens ⟨Adv.⟩ *was ich noch sagen wollte, nebenbei bemerkt* ▸ ~, weißt du schon, dass sie da ist?

üb|rig|las|sen *auch:* **üb|rig las|sen** ⟨V. trans.; lässt üb|rig, ließ üb|rig, hat üb|rig|ge|las|sen, üb|rig|zu|las|sen⟩ zu wünschen ~ *nicht so gut sein, wie man es erwartet* ▸ seine Arbeit lässt nichts zu wünschen übrig *ist tadellos;* →a. *übrig*

Übung ⟨die; -, -en⟩ **1** *das Üben, regelmäßige Wiederholung zum Zweck des Lernens u. zum Steigern der Leistung;* Zus *Übungsaufgabe, Übungsbuch* **2** *erworbene Geschicklichkeit, Gewandtheit* **3** *(Folge von) Bewegung(en), die man zum Erwerben von Geschicklichkeit in einer bestimmten Sache wiederholt;* Zus *Fingerübung, Geschicklichkeitsübung, Turnübung* **4** *Unterrichtsstunde an der Hochschule* **5** *militärische Kampfprobe, Manöver;* Zus *Übungsmunition, Übungsplatz* ▸ in einer Sache (viel, keine) ~ haben; ~en machen; ~ macht den Meister ⟨Sprichw.⟩ ▸ körperliche, geistige, militärische, sportliche, sprachliche ~; leichte, schwere, schwierige ~ ▸ es fehlt ihm an der nötigen ~; ~ am Barren, Pferd, Reck; aus der ~ kommen *die Gewandtheit, Geschicklichkeit verlieren;* ich bin aus der ~; ~ in etwas haben

Übungs|sa|che ⟨die; -, -n; in der Wendung⟩ das ist (alles) reine ~ *das wird durch Üben gelernt*

Ufer ⟨das; -s, -⟩ *Rand eines Gewässers, Küste, Strand* ▸ rechtes, linkes ~ eines Flusses ▸ am anderen ~; sie gingen am ~ spazieren; ans andere ~ fahren, schwimmen; der Fluss trat über die ~; vom anderen ~ sein ⟨übertr.; umg.⟩ *homosexuell sein;* zu neuen ~n aufbrechen ⟨übertr.; umg.⟩ *etwas Neues wagen, beginnen;* Abl *ufernah;* Zus *Flussufer, Meeresufer, Seeufer*

ufer|los ⟨Adj.; übertr.⟩ *maßlos, ohne Ende, endlos, grenzenlos* ▸ das geht ins Uferlose ⟨umg.⟩ *führt zu keinem Ergebnis*

UFO, Ufo ⟨das; -s, -s; Kurzw. für⟩ *unbekanntes Flugobjekt*

U-för|mig *auch:* **u-för|mig** ⟨Adj.⟩ *wie ein U geformt*

U-Haft ⟨die; -; unz.; Kurzw. für⟩ *Untersuchungshaft*

Uhr ⟨die; -, -en⟩ **1** *Gerät zum Messen von Zeit- u. Bewegungsabläufen;* Zus *Uhrgehäuse, Uhrkette, Uhrpendel, Uhrzeiger; Armbanduhr, Küchenuhr, Standuhr, Taschenuhr* **2** *Wasser-, Gaszähler;* Zus *Gasuhr, Wasseruhr* **3** *Uhrzeit, Zeitangabe* ▸ die ~ ist abgelaufen *steht;* die ~ aufziehen, stellen; die ~ geht (nicht); haben Sie eine ~?; die ~ schlägt, tickt; die ~ schlägt fünf; vorgehen: die ~ geht vor, geht nach ▸ 9 ~ (und) 30 (Minuten); um 3 ~ früh, nachmittags; um 12 ~ mittags, nachts ▸ auf die ~, nach der ~ sehen *feststellen, wie spät es ist;* auf, nach meiner ~ ist es halb fünf; rund um die ~ *Tag u. Nacht* ▸ wie viel ~ ist es? *wie spät ist es?*

Uhr|ma|cher ⟨der; -s, -⟩ *Handwerker, der Uhren repariert;* Abl *Uhrmacherin*

Uhr|werk ⟨das; -(e)s, -e⟩ *Vorrichtung zum Antrieb der Zeiger einer Uhr*

Uhr|zei|ger|sinn ⟨der; -(e)s; unz.⟩ *Richtung, in der der Uhrzeiger läuft* ▸ im ~ *von rechts nach links im Kreis;* gegen den ~ *von links nach rechts im Kreis*

Uhrzeit

Im Deutschen können die Stunden zum einen von 0 bis 24 Uhr durchgehend benannt werden: *Es ist 0 Uhr 30. Wir essen um 13 Uhr. Das Treffen ist um 15 Uhr.* Diese Form gilt in der Regel auch im schriftlichen Gebrauch: *Beginn der Veranstaltung ist um 20 Uhr.*

Zum anderen ist eine gleichnamige Benennung möglich, d. h. von 0 bis 12 Uhr nachts und vormittags sowie von 1 bis 12 Uhr mittags und abends (was 13 bis 24 Uhr entspricht): *Wir essen um ein Uhr. Das Treffen ist um drei Uhr.* Um diese gleichnamigen *Uhrzeiten* unterscheiden zu können, werden häufig Ergänzungen hinzugefügt: *Es ist neun Uhr morgens, elf Uhr vormittags, zwölf Uhr mittags, drei Uhr nachmittags, zehn Uhr abends, zwei Uhr nachts.*

Auf den Zusatz Uhr wird oft auch ganz verzichtet: *Wir essen um zwölf. Kommst du um acht zu uns?* Dabei wird „ein Uhr" stets zu „eins": *Wir essen um eins. Schon zwanzig nach eins?*

Bei der Angabe der Minuten sind ebenfalls mehrere Bezeichnungen möglich. Am unkompliziertesten ist die einfache Nennung der Minuten nach der Stundenzahl: *Wir haben zwölf Uhr fünfzehn. Er kommt um drei Uhr vierzig an. Es ist elf Uhr fünfundfünfzig.*

Daneben gilt im Norden und Westen des deutschen Sprachraums, dass bis zur halben Stunde von der Uhrzeit aus gezählt wird, die gerade vergangen ist: *Es ist fünfzehn nach zwölf.* Meist wird statt „fünfzehn (Minuten)" jedoch das Wort Viertel gebraucht: *Es ist (ein) Viertel nach zwölf.* Ab der halben Stunde bezieht man sich immer auf die folgende Stundenzahl: *Es ist halb eins* (für *zwölf Uhr dreißig*). *Er kommt um zwanzig vor vier an. Es ist (ein) Viertel vor fünf.*

Im Süden und Osten des deutschen Sprachraums bezieht man sich dagegen meist mit dem (kleingeschriebenen!) Wort viertel (für „fünfzehn Minuten") auf die folgende Stundenzahl. *Es ist viertel eins* heißt also so viel wie *es ist Viertel nach zwölf.* Entsprechend bedeutet *drei viertel eins,* dass es *Viertel vor eins* ist.

Eine Besonderheit gibt es bei der Angabe halb, die oft als Bezugspunkt dient. Um *fünf vor halb zwei* ist es *fünfundzwanzig Minuten nach ein Uhr,* um *fünf nach halb eins* entsprechend *fünfundzwanzig Minuten vor ein Uhr.*

Für die Angabe der Uhrzeit in Ziffern können verschiedene Schreibweisen verwendet werden. Zwischen der letzten Ziffer und dem Wort „Uhr" wird jeweils ein Leerzeichen gesetzt: *Wir beginnen um 17 Uhr; 12:30 Uhr, 12.30 Uhr* oder *12^{30} Uhr.*

Uhr|zeit ⟨die; -; unz.⟩ *von der Uhr angezeigte Zeit* ▸ nach der ~ fragen; hast du die genaue ~?;

Uhu ⟨der; -s, -s; Zool.⟩ *größte europäische Eule mit auffälligen Federohren, lebt im Wald*

UKW ⟨Abk. für⟩ *Ultrakurzwelle*

Ulk ⟨der; -(e)s, -e⟩ *Spaß, lustiger Unfug* ▸ ~ machen; etwas (nur) aus ~ sagen, tun; Abl *ulken*

ul|kig ⟨Adj.⟩ **1** *komisch, spaßig, drollig* **2** ⟨umg.⟩ *seltsam* ▸ ein ~er Typ; das sieht ~ aus

Ul|me ⟨die; -, -n; Bot.⟩ *ein Laubbaum mit geflügelten, einsamigen Früchten*

ul|ti|ma|tiv[1] ⟨Adj.⟩ **1** *in Form eines Ultimatums* **2** ⟨übertr.⟩ *nachdrücklich* ▸ ~e Forderung

ul|ti|ma|tiv[2] ⟨Adj.; umg.⟩ *perfekt* ▸ der ~e Film

Ul|ti|ma|tum ⟨das; -s, -s od. -ma|ten⟩ *mit Drohungen verbundene, befristete Forderung* ▸ jmdm. ein ~ stellen; das ~ läuft heute um 24 Uhr ab

Ul|ti|mo ⟨der; -s, -s⟩ *der Letzte (des Monats)* ▸ bis ~ April *bis zum 30. April*

ul|t|ra…, Ul|t|ra… ⟨in Zus.⟩ **1** *jenseits (von), über … hinaus* **2** ⟨umg.; verstärkend⟩ *überaus …, sehr …,* z. B. ultraleicht, ultramodern

Ul|t|ra|kurz|wel|le ⟨die; -, -n; Abk.: UKW⟩ *Bereich sehr kurzer Wellen (ein Radiosender)*

Ul|t|ra|schall ⟨der; -(e)s; unz.⟩ *Schallschwingungen im Bereich sehr hoher Frequenzen (für medizinische Untersuchungen);* Zus *Ultraschallgerät*

ul|t|ra|vi|o|lett ⟨[-vi-] Adj.; Abk.: UV⟩ *im Spektrum jenseits des sichtbaren Violetts liegend* ▸ ~e Strahlen ⟨Abk.: UV-Strahlen⟩

um[1] ⟨Präp.⟩ **I** ⟨m. Akk.⟩ **I.I** ⟨zur Bez. der Bewegung, von einem Mittelpunkt ausgehend⟩ *im Kreis, etwas od. jmdn. umgebend* ▸ ⟨oft in der Fügung⟩ ~ … herum; viele Menschen, Freunde ~ sich haben; ängstlich, vorsichtig ~ sich schauen; sie saßen, standen (im Kreis, Halbkreis) ~ ihn (herum); ~ die Ecke biegen, schauen; sich ein Tuch ~ den Kopf binden; wir saßen ~ den Tisch; er ging ~ den Teich (herum) **I.II** ⟨zur Bez. des Grundes⟩ *wegen* ▸ ich habe ihn ~ Bücher gebeten; ~ Geld spielen; ~ Hilfe rufen; ~ die Wette rennen; sich ~ etwas od. jmdn. bemühen; jmdn. ~ etwas beneiden; sich ~ etwas streiten **I.III** ⟨zur Bez. der Folge, des Ablaufs⟩ einer ~ den anderen **1** *jeweils einen (in der Reihe) überspringend, jeder Zweite* **2** ⟨umg.⟩ *einer nach dem anderen* ▸ Jahr ~ Jahr verging *ein Jahr nach dem anderen* **I.IV** ⟨zur Bez. des Preises od. Gegenwertes⟩ *für* ▸ ~ nichts in der Welt ⟨übertr.⟩ *keinesfalls, absolut nicht* **I.V** ⟨zur Bez.

des Unterschieds bei Maß-, Mengenangaben⟩ ~ ein Haar ⟨übertr.⟩ *fast, beinahe;* es war ~ die Hälfte teurer *es kostete 50 Prozent mehr;* ~ ein Jahr älter sein **I.VI** ⟨in sonstigen Wendungen⟩ es geht ~ alles *es steht alles auf dem Spiel;* es handelt sich ~ Folgendes *Folgendes ist od. soll geschehen;* ~ etwas kommen *etwas verlieren;* wie steht es ~ die Sache? *damit;* es steht schlecht ~ ihn *mit ihm;* ~ etwas wissen *über etwas Bescheid wissen* **II** ⟨m. Gen.; in der Fügung⟩ ~ … willen *wegen* ▸ ~ seiner Eltern willen; ~ des lieben Friedens willen; ~ Gottes willen! *(Ausruf des Schreckens)*

um[2] ⟨Adv.⟩ **I** ⟨beim Inf. mit „zu" zur Bez. der Absicht⟩ sie ging in die Stadt, ~ etwas einzukaufen **II** ⟨bei allg. Zeit- od. Preisangaben⟩ *etwa, ungefähr, gegen, annähernd* ▸ es kostet ~ (die) 50 Euro; ~ Mittag, ~ Mitternacht; ~ Ostern (herum) **III** ⟨nur bei Uhrzeitangaben⟩ *genau, pünktlich* ▸ ~ 12 Uhr 25 kam er vorbei **IV** ⟨umg.; in der Wendung⟩ ~ sein *abgelaufen, vorbei sein* ▸ die Zeit ist ~

um…, Um… ⟨in Zus.⟩ **1** *rundherum, im Kreise um einen Mittelpunkt, von allen Seiten* z. B. umbinden, umgehen, umhängen **2** *nach einer Seite hin, durcheinander,* z. B. umstürzen, umwerfen **3** *verändern,* z. B. umadressieren, umdatieren, umprogrammieren, umstellen

um|än|dern ⟨V. trans.; än|dert um, än|der|te um, hat um|ge|än|dert, um|zu|än|dern⟩ etwas ~ *ändern, verändern* ▸ ein Kleid ~; Abl *Umänderung*

um|ar|bei|ten ⟨V. trans.; ar|bei|tet um, ar|bei|te|te um, hat um|ge|ar|bei|tet, um|zu|ar|bei|ten⟩ etwas ~ *gründlich verändern* ▸ ein Drama, Buch ~; einen Hut, ein Kleid ~ (lassen); Abl *Umarbeitung*

um|ar|men ⟨V. trans.; um|armt, um|arm|te, hat um|armt⟩ jmdn. od. sich ~ *die Arme um jmdn. od. umeinander legen* ▸ sie liefen aufeinander zu und umarmten sich; Abl *Umarmung*

Um|bau **I** ⟨der; -(e)s, -e⟩ *das Umbauen, Änderung eines Baues* ▸ ~ auf der Bühne *Veränderung des Bühnenbildes;* Zus *Umbaupause* **II** ⟨der; -(e)s, -ten⟩ *Umkleidung, das um etwas Herumgebaute*

um|bau|en ⟨V. trans.; baut um, bau|te um, hat um|ge|baut, um|zu|bau|en⟩ etwas ~ **1** *durch Bauen verändern* **2** *durch Verstellen der Einzelteile verändern* ▸ das Bühnenbild ~; ein Haus ~

um|be|nen|nen ⟨V. trans.; be|nennt um, nann|te um, hat um|be|nannt, um|zu|be|nen|nen⟩ jmdn., etwas od. sich ~ *jmdm., etwas od. sich einen anderen Namen geben* ▸ einen Platz ~; eine Computerdatei ~; Abl *Umbenennung*

um|bet|ten ⟨V. trans.; bet|tet um, bet|te|te um, hat um|ge|bet|tet, um|zu|bet|ten⟩ **1** jmdn. ~ *in ein anderes Bett legen* **2** eine Leiche ~ *in ein anderes Grab legen*

um|bie|gen ⟨V.⟩ **I** ⟨V. trans.; biegt um, bog um, hat um|ge|bo|gen, um|zu|bie|gen⟩ einen Draht ~ *nach einer Seite biegen* **II** ⟨V. intr.; biegt um, bog um, ist um|ge|bo|gen, um|zu|bie|gen⟩ *zurückgehen*

um|bil|den ⟨V. trans.; bil|det um, bil|de|te um, hat um|ge|bil|det, um|zu|bil|den⟩ etwas ~ *umformen, umwandeln, neu bilden* ▸ das Kabinett, die Regierung ~; Abl *Umbildung*

um|bin|den ⟨V. trans.; bin|det um, band um, hat um|ge|bun|den, um|zu|bin|den⟩ (jmdm., sich od. etwas) etwas ~ *durch Binden befestigen* ▸ einen Schal ~; sich eine Schürze ~

um|blät|tern ⟨V. trans. u. V. intr.; blät|tert um, blät|ter|te um, hat um|ge|blät|tert, um|zu|blät|tern⟩ (die Seite) ~ *die Seite umwenden*

um|bli|cken ⟨V. refl.; blickt sich um, blick|te sich um, hat sich um|ge|blickt, sich um|zu|bli|cken⟩ sich ~ *sich umsehen, sich umschauen*

um|brin|gen ⟨V.; bringt um, brach|te um, hat um|ge|bracht, um|zu|brin|gen⟩ **I** ⟨V. trans.⟩ jmdn. ~ *töten, ermorden* **II** ⟨V. refl.⟩ sich ~ *sich töten, Selbstmord begehen*

Um|bruch ⟨der; -(e)s, -brü|che⟩ **1** *grundlegende Änderung, Umwandlung (bes. politisch)* **2** ⟨Typ.⟩ *das Zusammenstellen zu Buchseiten*

um|bu|chen ⟨V. trans.; bucht um, buch|te um, hat um|ge|bucht, um|zu|bu|chen⟩ **1** einen Flug ~ *anders buchen als vorher* **2** einen Betrag ~ *auf ein anderes Konto buchen;* Abl *Umbuchung*

um|den|ken ⟨V. intr.; denkt um, dach|te um, hat um|ge|dacht, um|zu|den|ken⟩ *neue Überlegungen in sein Denken einbeziehen*

um|deu|ten ⟨V. trans.; deu|tet um, deu|te|te um, hat um|ge|deu|tet, um|zu|deu|ten⟩ etwas ~ *anders deuten;* Abl *Umdeutung*

um|dis|po|nie|ren ⟨V. trans. u. V. intr.; dis|po|niert um, dis|po|nier|te um, hat um|dis|po|niert, um|zu|dis|po|nie|ren⟩ (etwas) ~ *anders planen als vorher* ▸ ich muss nach diesem Vorfall ~

um|dre|hen ⟨V.⟩ **I** ⟨V. trans.; dreht um, dreh|te um, hat um|ge|dreht, um|zu|dre|hen⟩ jmdn. od. etwas ~ *auf die andere Seite drehen* ▸ er dreht jeden Cent (zweimal) um, ehe er ihn ausgibt ⟨übertr.⟩ *er spart sehr;* den Schlüssel (im Schloss) ~ **II** ⟨V. refl.; dreht um, dreh|te um, hat um|gedreht, um|zu|drehen⟩ sich ~ *eine halbe Wendung (um 180°) machen* ▸ dreh dich bitte mal um!; er drehte sich wortlos um und ging; sich nach etwas, jmdm. ~ *den Kopf wenden, um etwas, jmdn. hinter sich zu sehen* **III** ⟨V. intr.; dreht um, dreh|te um, hat/ist um|ge|dreht, um|zu|drehen⟩ *umkehren, umwenden (bes. mit dem Fahrzeug)* ▸ lasst uns ~ und nach Hause fahren!

Um|dre|hung ⟨die; -, -en⟩ *einmalige Drehung um eine Achse* ▸ halbe, ganze ~

um|ei|n|an|der ⟨Adv.⟩ *einer um den anderen (herum)* ▸ ~ herumgehen; sie kümmern sich (nicht) ~; Zus *umeinanderdrehen, umeinanderlaufen*

um|er|zie|hen ⟨V. trans.; er|zieht um, er|zog um, hat um|er|zo|gen, um|zu|er|zie|hen⟩ jmdn. ~ *anders erziehen als bisher;* Abl *Umerziehung*

um|fah|ren ⟨V.⟩ ⟨V. trans.; fährt um, fuhr um, hat um|ge|fah|ren, um|zu|fah|ren⟩ jmdn. od. etwas ~ *durch Fahren, beim Fahren umwerfen*

um|fah|ren ⟨V. trans.; um|fährt, um|fuhr, hat um|fah|ren⟩ etwas ~ *um etwas herumfahren* ▸ eine Baustelle ~; eine Insel ~; Abl *Umfahrung*

um|fal|len ⟨V. intr.; fällt um, fiel um, ist um|ge|fal|len, um|zu|fal|len⟩ **1** *aus dem Stehen od. Sitzen hinfallen* (Person) **2** *umkippen, auf die Seite fallen* (Stuhl, Vase, Wagen usw.) **3** ⟨umg.⟩ *ohnmächtig werden* **4** ⟨übertr.; umg.⟩ *(sich beeinflussen lassen u.) die Gesinnung plötzlich wechseln* ▸ tot ~ (bes. durch Herzschlag); vor Müdigkeit fast ~; ich bin zum Umfallen müde

Um|fang ⟨der; -(e)s, -fän|ge; Pl. selten⟩ **1** *begrenzende Linie um etwas herum* **2** *Länge dieser Linie, Inhalt dieser Fläche;* Zus *Kreisumfang, Kugelumfang* **3** ⟨übertr.⟩ *Ausdehnung, Ausmaß;* Zus *Stimmumfang* ▸ der ~ der Verluste lässt sich noch nicht überblicken ⟨übertr.⟩ ▸ den ~ (eines Kreises usw.) berechnen ▸ die Sache, Arbeit nimmt allmählich größeren ~ an ▸ ich habe die Bedeutung der Sache in ihrem ganzen, vollen ~ erst jetzt erkannt; der Baumstamm hat einen ~ von 2 m; das Buch hat einen ~ von 200 Seiten

um|fang|reich ⟨Adj.⟩ *großen Umfang besitzend, ausgedehnt, groß*

um|fas|sen ⟨V. trans.; um|fasst, um|fass|te, hat um|fasst⟩ **1** etwas ~ *umschließen, umranden;* Abl *Umfassung* **2** jmdn. od. etwas ~ *die Hände, Arme um jmdn. od. etwas herumlegen* **3** ⟨übertr.⟩ etwas ~ *in sich schließen, enthalten* ▸ jmds. Knie, Schultern ~; das Buch umfasst etwa 200 Seiten ⟨übertr.⟩

um|fas|send **I** ⟨Part. Präs. von⟩ *umfassen* **II** ⟨Adj.⟩ *vollständig, alles einschließend, vielseitig* ▸ eine ~e Bildung besitzen; ein ~es Geständnis ablegen; ~e Kenntnisse auf einem Gebiet besitzen

Um|feld ⟨das; -(e)s; unz.⟩ *Gesamtheit der gesellschaftlichen u./od. Umwelteinflüsse, die auf jmdn. einwirken* ▸ das soziale ~ des Angeklagten

um|flie|gen ⟨V. intr.; fliegt um, flog um, ist um|ge|flo|gen, um|zu|flie|gen; umg.⟩ = *umfallen* ▸ der Sonnenschirm ist umgeflogen

um|flie|gen ⟨V. trans.; um|fliegt, um|flog, hat um|flo|gen⟩ etwas ~ *um etwas herumfliegen*

um|for|men ⟨V. trans.; formt um, form|te um, hat um|ge|formt, um|zu|for|men⟩ etwas ~ *anders formen als vorher* ▸ Gleichstrom in Wechselstrom ~; eine Gleichung ~; Abl *Umformung*

um|for|mu|lie|ren ⟨V. trans.; for|mu|liert um, for|mu|lier|te um, hat um|for|mu|liert, um|zu|for|mu|lie|ren⟩ etwas ~ *in der Formulierung ändern* ▸ einen Antrag ~; Abl *Umformulierung*

Um|fra|ge ⟨die; -, -n⟩ *zielgerichtete Befragung einer größeren Auswahl von Personen zu einem Thema* ▸ eine ~ durchführen *viele Personen fragen;* Abl *Umfrageergebnis; Meinungsumfrage*

um|fül|len ⟨V. trans.; füllt um, füll|te um, hat um|ge|füllt, um|zu|fül|len⟩ etwas (in etwas) ~ *aus einem Gefäß in ein anderes füllen* ▸ Wein in Flaschen ~

um|funk|ti|o|nie|ren ⟨V. trans.; funk|ti|o|niert um, funk|ti|o|nier|te um, hat um|funk|ti|o|niert, um|zu|funk|ti|o|nie|ren⟩ eine Sache ~ *einer S. eine andere Funktion geben;* Abl *Umfunktionierung*

Um|gang ⟨der; -(e)s, -gän|ge; unz.⟩ *Verkehr, Geselligkeit, Zusammensein* ▸ freundschaftlicher, vertraulicher ~; schlechten ~ haben; er ist kein ~ für dich; keinen ~ mit jmdm. pflegen

um|gäng|lich ⟨Adj.⟩ *freundlich, entgegenkommend* ▸ er ist ein sehr ~er Mensch

Um|gangs|form ⟨die; -, -en⟩ **1** *Art des Umgangs mit anderen Menschen* **2** ⟨Pl.⟩ *Benehmen, Manieren* ▸ gute, keine ~en haben

Um|gangs|spra|che ⟨die; -; unz.⟩ *(gesprochene) Sprache des täglichen Lebens, Alltagssprache (im Gegensatz zur Schriftsprache);* Abl *umgangssprachlich*

Um|gangs|ton ⟨der; -(e)s; unz.⟩ *Art, in der man miteinander spricht u. umgeht* ▸ in der Firma herrscht ein freundlicher, rauer ~

um|gar|nen ⟨V. trans.; um|garnt, um|garn|te, hat um|garnt⟩ jmdn. ~ *durch Schmeicheln betören, durch Reize sich zugeneigt machen*

um|ge|ben ⟨V. trans.; um|gibt, um|gab, hat um|ge|ben⟩ jmdn. od. etwas ~ *einschließen, in die Mitte nehmen* ▸ der Wald umgibt das Grundstück von allen Seiten; von Freunden, Feinden ~ sein

Um|ge|bung ⟨die; -, -en⟩ **1** *einen Ort umgebende Landschaft, umgebender Bezirk, Umwelt* **2** ⟨übertr.⟩ *eine Person im täglichen Leben umgebende Dinge u. Menschen* ▸ die ~ Berlins; die nähere, weitere ~ einer Stadt; die Stadt hat eine schöne ~; aus der ~ der Kanzlerin verlautete, dass die Verhandlungen gescheitert seien

um|ge|hen ⟨V. intr.; geht um, ging um, ist um|ge|gan|gen, um|zu|ge|hen⟩ **1** *in Bewegung sein, im Umlauf sein* (Gerücht) **2** *regelmäßig erscheinen, spuken* (Geister) **3** mit jmdm. irgendwie ~ *jmdn. in bestimmter Weise behandeln* **4** mit etwas irgendwie ~ *etwas behandeln, handhaben, gebrauchen, benutzen* ▸ es geht das Gerücht um, dass …; er kann gut, schlecht mit Menschen ~; ich kann damit nicht ~; gut, schlecht mit jmdm. ~; sparsam mit seinem Geld ~

um|ge|hen ⟨V. intr.; um|geht, um|ging, hat um|gan|gen⟩ **1** etwas ~ *herumfahren, einen Bogen, Umweg um etwas machen* **2** etwas ~ *vermeiden* **3** ein Gesetz, eine Vorschrift ~ *nicht einhalten, ohne sich strafbar zu machen* ▸ er umging die Antwort, indem er eine Gegenfrage stellte

um|ge|hend **I** ⟨Part. Präs. von⟩ *umgehen* **II** ⟨Adj.⟩ **II.I** ⟨nur attr.⟩ *sofortig, unverzüglich* ▸ ~e Erledigung, Antwort **II.II** ⟨nur adv.⟩ *sogleich, sofort* ▸ ~ antworten; eine Sache ~ erledigen

Um|ge|hung ⟨die; -, -en⟩ **I** ⟨unz.⟩ *das Umgehen* ▸ unter ~ der Vorschrift, dass … **II** ⟨zählb.; kurz für⟩ *Umgehungsstraße*

Um|ge|hungs|stra|ße ⟨die; -, -n⟩ *Straße, die einen Ort umgeht, z. B. die verkehrsreiche Innenstadt*

um|ge|kehrt **I** ⟨Part. Perf. von⟩ *umkehren* **II** ⟨Adj.⟩ *andersherum, entgegengesetzt* ▸ es ist ja gerade ~! *andersherum richtig;* ~ ist es richtig!; ~ wird ein Schuh d(a)raus ⟨sprichw.⟩ *genau das Gegenteil muss man tun, um das Ziel zu erreichen*

um|ge|stal|ten ⟨V. trans.; ge|stal|tet um, ge|stal|te|te um, hat um|ge|stal|tet, um|zu|ge|stal|ten⟩ etwas ~ **1** *eine andere Form geben* **2** *inhaltlich od. in der Struktur verändern;* Abl *Umgestaltung*

um|ge|wöh|nen ⟨V. trans. u. V. refl.; ge|wöhnt um, ge|wöhn|te um, hat um|ge|ge|wöhnt, um-zu|ge|wöh|nen⟩ jmdn. od. sich ~ *an etwas Neues gewöhnen;* Abl *Umgewöhnung*

um|gra|ben ⟨V. trans.; gräbt um, grub um, hat um|ge|gra|ben, um|zu|gra|ben⟩ ein Beet, Erde ~ *mit dem Spaten auflockern*

um|grei|fen ⟨V. trans.; um|greift, um|griff, hat um-grif|fen⟩ etwas ~ **1** *mit der Hand vollständig umschließen* **2** ⟨übertr.⟩ *umfassen, enthalten* ▸ die These umgreift alle Ansätze ⟨übertr.⟩

um|grup|pie|ren ⟨V. trans.; grup|piert um, grup-pier|te um, hat um|grup|piert, um|zu|grup|pie-ren⟩ jmdn. od. etwas ~ *anders gruppieren als vorher;* Abl *Umgruppierung*

um|gu|cken ⟨V. refl.; guckt sich um, guck|te sich um, hat sich um|ge|guckt, sich um|zu|gu|cken⟩ sich ~ *sich umsehen* ▸ du wirst dich noch ~! ⟨übertr.; umg.⟩ *du wirst dich noch wundern!*

um|ha|ben ⟨V. trans.; hat um, hat|te um, hat um-ge|habt, um|zu|ha|ben; umg.⟩ etwas ~ *umgehängt od. umgebunden haben* ▸ ein Tuch, einen Schal ~; er hatte die Uhr im Wasser um

Um|hang ⟨der; -(e)s, -hän|ge⟩ *ärmelloses, mantelartiges Kleidungsstück zum Umhängen*

um|hän|gen ⟨V. trans.; hängt um, häng|te um, hat um|ge|hängt, um|zu|hän|gen⟩ **1** etwas ~ *an einen anderen Platz hängen* (Bild) **2** jmdm. od. sich etwas ~ *über die Schultern hängen* ▸ jmdm. eine Decke ~

Um|hän|ge|ta|sche ⟨die; -, -n⟩ *an einem langen Riemen über der Schulter getragene Tasche*

um|hau|en ⟨V. trans.; haut um, hau|te um, hat um|ge|hau|en, um|zu|hau|en⟩ **1** etwas ~ *so schlagen, dass es umfällt, mit der Axt fällen* (Baum) **2** ⟨übertr.; umg.⟩ jmdn. ~ *in Erstaunen versetzen* ▸ die Nachricht haut mich um! ⟨umg.⟩

um|her... ⟨in Zus. mit Verben; oft gleich bedeutend mit umg.⟩ **1** *herum...* **2** *nach allen Seiten, hierhin u. dahin, ziellos,* z. B. umherblicken, umhergehen, umherirren; →a. *herum...*

um|her|zie|hen ⟨V. intr.; zieht um|her, zog umher, ist um|her|ge|zo|gen, um|her|zu|zie|hen⟩ *hierhin u. dorthin ziehen, wandern* ▸ der Zirkus zieht im Lande umher; →a. *herumziehen*

um|hin... ⟨in Zus. mit Verben⟩ *darum herum,* z. B. umhinkommen, umhinkönnen

um|hin|kön|nen ⟨V.; kann um|hin, konn|te umhin, hat um|hin|ge|konnt, um|hin|zu|kön|nen; in der Wendung⟩ nicht ~, etwas zu tun *etwas tun müssen;* Syn *umhinkommen* ▸ ich kann nicht umhin, ihn einzuladen

um|hö|ren ⟨V. refl.; hört sich um, hör|te sich um, hat sich um|ge|hört, sich um|zu|hö|ren⟩ sich ~ *durch Fragen vieler Leute etwas zu erfahren suchen* ▸ ich werde mich nach einer Arbeitsstelle für ihn ~

um|ju|beln ⟨V. trans.; um|ju|belt, um|ju|bel|te, hat um|ju|belt⟩ jmdn. od. etwas ~ *jubelnd feiern*

um|kämp|fen ⟨V. trans.; um|kämpft, um|kämpf|te, hat um|kämpft⟩ etwas ~ *um etwas kämpfen* ▸ eine erbittert umkämpfte Stadt

Um|kehr ⟨die; -; unz.⟩ **1** *das Umkehren, Wendung zurück, Beginn des Rückweges* **2** ⟨übertr.⟩ *Hinwendung zu einer besseren Lebensweise* ▸ sich zur ~ entschließen

um|keh|ren ⟨V.⟩ **I** ⟨V. intr.; kehrt um, kehr|te um, ist um|ge|kehrt, um|zu|keh|ren⟩ **1** *die entgegengesetzte Richtung einschlagen* **2** *sich wieder zurückbegeben* ▸ es fängt an zu regnen, wir müssen ~; auf halbem Wege ~ **II** ⟨V. trans.; kehrt um, kehr|te um, hat um|ge|kehrt, um|zu|kehren⟩ etwas ~ **1** *umdrehen, umwenden, auf die andere Seite wenden* **2** ⟨übertr.⟩ *in das Gegenteil verwandeln* ▸ einen Prozess wieder ~; die Reihenfolge ~; →a. *umgekehrt;* Abl *Umkehrung*

um|kip|pen ⟨V.⟩ **I** ⟨V. intr.; kippt um, kipp|te um, ist um|ge|kippt, um|zu|kip|pen⟩ **1** *umfallen, auf die Seite fallen* **2** ⟨übertr.; umg.⟩ **2.1** *ohnmächtig werden* **2.2** *plötzlich die Gesinnung wechseln* ▸ der Wagen ist umgekippt; die Ostsee kippt um ⟨umg.⟩ *die O. ist so stark verschmutzt, dass sie biologisch abstirbt;* →a. *umfallen* **II** ⟨V. trans.; kippt um, kipp|te um, hat um|ge|kippt, um|zu-kippen⟩ etwas ~ *zum Kippen u. Stürzen bringen* ▸ einen Stuhl ~

um|klam|mern ⟨V. trans.; um|klam|mert, um-klam|mer|te, hat um|klam|mert⟩ **1** etwas ~ *von beiden Seiten, von allen Seiten packen u. festhalten* **2** jmdn. ~ *fest umarmen* ▸ jmdn. mit beiden Armen ~; einen Ast ~; Abl *Umklammerung*

um|klap|pen ⟨V. trans.; klappt um, klapp|te um, hat um|ge|klappt, um|zu|klap|pen⟩ etwas ~ *um eine Kante, Achse drehen, herauf- od. herunterschlagen* ▸ die Lehne eines Sitzes ~

Um|klei|de ⟨die; -, -n; umg.⟩ *Umkleidekabine*

um|klei|den ⟨V. trans.; klei|det um, klei|de|te um, hat um|ge|klei|det, um|zu|klei|den⟩ jmdn. od. sich ~ *jmdm. od. sich die Kleider wechseln* ▸ jmdm. beim Umkleiden helfen; Zus *Umkleidekabine, Umkleideraum*

um|kni|cken ⟨V.⟩ **I** ⟨V. trans.; knickt um, knick|te um, hat um|ge|knickt, um|zu|kni|cken⟩ etwas ~ *knicken, aber nicht trennen* ▸ einen Zweig, ein Blatt Papier ~ **II** ⟨V. intr.; knickt um, knick|te um, ist um|ge|knickt, um|zu|knicken⟩ *den Fuß beim Auftreten versehentlich zur Seite knicken* ▸ ich bin (mit dem Fuß) umgeknickt

um|kom|men ⟨V. intr.; kommt um, kam um, ist um|ge|kom|men, um|zu|kom|men⟩ *sterben, ums Leben kommen (bei einem Unfall od. Unglück)* ▸ bei dem Erdbeben sind viele Menschen umgekommen; ich komme um vor Hitze ⟨umg.⟩ *mir ist schrecklich heiß*

Um|kreis ⟨der; -es; unz.⟩ *Gebiet, das man von seinem Standpunkt aus überblicken kann* ▸ im ~ von 50 m war alles zerstört

um|krei|sen ⟨V. trans.; um|kreist, um|kreis|te, hat um|kreist⟩ jmdn. od. etwas ~ *sich im Kreis um etwas bewegen* ▸ Satelliten ~ die Erde; die Erde umkreist die Sonne; Abl *Umkreisung*

um|la|den ⟨V. trans.; la|det um, lud/la|de|te um, hat um|ge|la|den, um|zu|la|den⟩ Güter, Waren ~ *von einem Behälter in einen anderen laden*

U

Um|la|ge ⟨die; -, -n⟩ *zu zahlender Betrag, der auf mehrere Personen umgelegt (verteilt) wird* ▸ die ~ beträgt pro Person und Tag 50 Euro

um|la|gern ⟨V. trans.; la|gert um, la|ger|te um, hat um|ge|la|gert, um|zu|la|gern⟩ **1** Obst, Getreide ~ *etwas anders od. an einem anderen Ort lagern als vorher* **2** Kranke ~ *(im Bett) in eine andere Lage bringen*

um|la|gern ⟨V. trans.; um|la|gert, um|la|ger|te, hat um|la|gert⟩ jmdn. od. etwas ~ *umringen, sich um etwas od. jmdn. drängen* ▸ der Verkaufsstand war von Neugierigen, Kauflustigen umlagert

Um|land ⟨das; -(e)s; unz.⟩ *umliegendes, umgebendes Land* ▸ Gewerbegebiete im ~ einer Stadt

Um|lauf ⟨der; -(e)s, -läu|fe⟩ **1** *Bewegung im Kreis um etwas herum;* Zus *Mondumlauf* **2** *Weitergabe von Hand zu Hand;* Zus *Geldumlauf* ▸ Geld in ~ bringen, setzen; das Gerücht ist in ~, dass …

Um|laut ⟨der; -(e)s, -e; Sprachw.⟩ **I** ⟨unz.⟩ *Veränderung eines Vokals durch den urspr. Einfluss des folgenden, helleren Vokals, im Deutschen von* a *zu* ä, o *zu* ö, u *zu* ü, au *zu* äu **II** ⟨zählb.⟩ *der so entstehende Laut selbst* (ä, ö, ü, äu)

um|le|gen ⟨V. trans.; legt um, leg|te um, hat um|ge|legt, um|zu|le|gen⟩ **1** etwas ~ **1.1** *hinlegen, was vorher gestanden hat* **1.2** *anders legen, an eine andere Stelle legen* **2** Land, Kosten auf jmdn. ~ *auf mehrere Personen verteilen;* Abl *Umlegung* **3** ⟨umg.⟩ jmdn. ~ *töten, ermorden* **4** jmdm. od. sich etwas ~ *umbinden, umhängen* ▸ jmdm. eine Decke, einen Schal ~; einen Termin ~ *ändern*

um|lei|ten ⟨V. trans.; lei|tet um, lei|te|te um, hat um|ge|lei|tet, um|zu|lei|ten⟩ den Verkehr ~ *einen anderen Weg leiten, anders leiten*

Um|lei|tung ⟨die; -, -en⟩ **1** *das Umleiten, Führung des Verkehrs auf einem anderen als dem direkten od. gewohnten Weg* **2** *der Weg selbst* ▸ wir müssen eine ~ fahren

um|ler|nen ⟨V. intr.; lernt um, lern|te um, hat um|ge|lernt, um|zu|ler|nen⟩ *lernen, etwas in anderer Weise zu tun*

um|lie|gend ⟨Adj.⟩ *in der näheren Umgebung befindlich* ▸ die ~en Häuser, Dörfer

Um|luft ⟨die; -; unz.⟩ *durch eine Klimaanlage aufbereitete u. in den klimatisierten Raum zurückgeleitete Luft;* Zus *Umluftherd*

um|mel|den ⟨V. trans.; mel|det um, mel|de|te um, hat um|ge|mel|det, um|zu|mel|den⟩ jmdn., sich od. etwas ~ *an der einen Stelle ab- u. an einer anderen anmelden* ▸ sich nach einem Umzug polizeilich ~; Abl *Ummeldung*

um|mün|zen ⟨V. trans.; münzt um, münz|te um, hat um|ge|münzt, um|zu|mün|zen⟩ etwas (in etwas) ~ **1** *umwandeln, nutzbringend verwerten* **2** *einer Sache eine neue Bedeutung geben, umdeuten* ▸ seine Überlegenheit in Tore ~ ⟨Sp.⟩

um|nach|tet ⟨Adj.⟩ *verwirrt, nicht klar* ▸ sein Geist ist ~; er ist geistig ~; Abl *Umnachtung*

um|ori|en|tie|ren ⟨V. refl.; ori|en|tiert sich um, ori|en|tier|te sich um, hat sich um|ori|en|tiert, um|zu|ori|en|tie|ren⟩ sich ~ *sich neu, anders orientieren* ▸ die Wähler haben sich umorientiert

um|pflü|gen ⟨V. trans.; pflügt um, pflüg|te um, hat um|ge|pflügt, um|zu|pflü|gen⟩ einen Acker ~ *durch Pflügen auflockern*

um|quar|tie|ren ⟨V. trans.; quar|tiert um, quar|tier|te um, hat um|quar|tiert, um|zu|quar|tie|ren⟩ jmdn. ~ *jmdm. ein anderes Quartier geben* ▸ Truppen ~; Abl *Umquartierung*

um|rah|men ⟨V. trans.; um|rahmt, um|rahm|te, hat um|rahmt⟩ etwas ~ *mit einem Rahmen versehen* ▸ ein Bild ~; der Vortrag wurde von Musik umrahmt ⟨übertr.⟩ *davor u. danach gab es musikalische Darbietungen;* Abl *Umrahmung*

um|ran|den ⟨V. trans.; um|ran|det, um|ran|de|te, hat um|ran|det⟩ etwas ~ *mit einem Rand umgeben, einfassen, einsäumen* ▸ ein Blumenbeet mit Steinen ~; Abl *Umrandung*

um|ran|ken ⟨V. trans.; um|rankt, um|rank|te, hat um|rankt⟩ etwas ~ *mit Ranken umgeben* ▸ von Efeu, Wein umrankte Mauer; ihn ~ viele Geschichten ⟨übertr.⟩

um|räu|men ⟨V. trans.; räumt um, räum|te um, hat um|ge|räumt, um|zu|räu|men⟩ **1** einen Schrank, ein Zimmer ~ *anders einräumen als vorher* **2** Bücher, Möbel ~ *an einen anderen Platz räumen*

um|rech|nen ⟨V. trans.; rech|net um, rech|ne|te um, hat um|ge|rech|net, um|zu|rech|nen⟩ etwas (in etwas) ~ *rechnen, wie viel etwas in einer anderen Währungs- od. Maßeinheit ergibt* ▸ Euro in Dollar, in Cent ~; Abl *Umrechnung*

um|rei|ßen ⟨V. trans.; reißt um, riss um, hat um|ge|ris|sen, um|zu|rei|ßen⟩ **1** eine Mauer, einen Zaun ~ *niederreißen, zerstören* **2** jmdn. od. etwas ~ *heftig umwerfen, zum Umfallen bringen* ▸ im Fallen riss er die Lampe um

um|rei|ßen ⟨V. trans.; um|reißt, um|riss, hat um|ris|sen⟩ etwas ~ **1** *skizzieren, mit wenigen Linien andeuten* **2** *mit wenigen Worten schildern* ▸ er umriss kurz die politische Lage

um|ren|nen ⟨V. trans.; rennt um, rann|te um, hat um|ge|rannt, um|zu|ren|nen⟩ jmdn. od. etwas ~ *durch Rennen u. Anprallen umwerfen*

um|rin|gen ⟨V. trans.; um|ringt, um|ring|te, hat um|ringt⟩ jmdn. od. etwas ~ *von allen Seiten umgeben* ▸ die Kinder umringten den Vater

Um|riss ⟨der; -es, -e⟩ *äußere Grenzlinie, Kontur* ▸ etwas in Umrissen schildern *mit wenigen Worten, ungefähr;* etwas in Umrissen zeichnen

um|rüh|ren ⟨V. trans.; rührt um, rühr|te um, hat um|ge|rührt, um|zu|rüh|ren⟩ etwas ~ *rühren, durch Rühren vermischen* ▸ das Essen gut ~

um|run|den ⟨V. trans.; um|run|det, um|run|de|te, hat um|run|det⟩ = *umkreisen;* Abl *Umrundung*

um|rüs|ten ⟨V. trans.; rüs|tet um, rüs|te|te um, hat um|ge|rüs|tet, um|zu|rüs|ten⟩ etwas ~ *technisch andersartig ausrüsten;* Abl *Umrüstung*

ums ⟨Verschmelzungsform aus Präp. u. Art.⟩ *um das*

um|sat|teln ⟨V. intr.; sat|telt um, sat|tel|te um, hat um|ge|sat|telt, um|zu|sat|teln; übertr.⟩ *das Studium, den Beruf wechseln* ▸ von Jura auf Medizin ~

Um|satz ⟨der; -es, -sät|ze⟩ *Verkaufswert der Waren, die ein Unternehmen in einer bestimmten*

Zeit verkauft ▸ den ~ erhöhen, steigern; Abl *umsatzschwach, umsatzstark;* Zus *Umsatzplus, Umsatzrückgang; Jahresumsatz*

Um|satz|steu|er ⟨die; -, -n⟩ *Steuer auf den Wert der verkauften Waren u. Dienstleistungen;* →a. *Mehrwertsteuer*

um|schal|ten ⟨V.; schal|tet um, schal|te|te um, hat um|ge|schal|tet, um|zu|schal|ten⟩ **I** ⟨V. intr.⟩ **1** *auf, in etwas anderes schalten* **2** ⟨übertr.; umg.⟩ *sich auf etwas anderes einstellen, umstellen* ▸ auf einen anderen Fernsehkanal ~ **II** ⟨V. trans.⟩ etwas ~ *durch Schalten verändern* ▸ ein Auto vom ersten in den zweiten Gang ~

um|schau|en ⟨V. refl.; schaut sich um, schau|te sich um, hat sich um|ge|schaut, sich um|zu|schau|en⟩ sich ~ *sich umsehen*

um|schich|ten ⟨V. trans.; schich|tet um, schich|te|te um, hat um|ge|schich|tet, um|zu|schich|ten⟩ etwas ~ **1** *anders schichten* **2** *die Verteilung, den Aufbau von etwas ändern;* Abl *Umschichtung*

um|schif|fen ⟨V. trans.; um|schifft, um|schiff|te, hat um|schifft⟩ etwas ~ *mit dem Schiff um etwas herumfahren* ▸ eine Klippe glücklich ~ ⟨übertr.⟩ *ein Hindernis umgehen*

Um|schlag ⟨der; -(e)s, -schlä|ge⟩ **1** *Hülle für einen Brief zum Versenden;* Zus *Briefumschlag* **2** *Papierhülle um ein Buch od. Heft;* Zus *Schutzumschlag* **3** *das Umwickeln eines Körperteils mit feuchtem Tuch u. Heilmittel, Packung, Wickel;* Zus *Breiumschlag* **4** *das Umschlagen (ins Gegenteil), plötzliche Veränderung, Umschwung* **5** *Umladung (bes. vom Schiff auf Landfahrzeuge)* ▸ den ~ adressieren, zukleben; jmdm. einen ~ machen; kalter, warmer ~; einen Brief in einen ~ stecken

um|schla|gen ⟨V.⟩ **I** ⟨V. trans.; schlägt um, schlug um, hat um|ge|schla|gen, um|zu|schla|gen⟩ **1** einen Ärmel, Kragen ~ *auf die andere Seite wenden, umwenden* **2** einen Baum ~ *durch Schlag umwerfen, zum Stürzen bringen* **3** Güter, Waren ~ *umladen* ▸ Seiten im Buch ~ *wenden* **II** ⟨V. intr.; schlägt um, schlug um, ist um|ge|schla|gen, um|zu|schla|gen⟩ *sich plötzlich ändern, sich ins Gegenteil verkehren* ▸ die Stimmung, das Wetter ist umgeschlagen; ins Gegenteil ~

um|schlie|ßen ⟨V. trans.; um|schließt, um|schloss, hat um|schlos|sen⟩ **1** etwas ~ *einschließen, umfassen* **2** jmdn. ~ *umarmen* ▸ er umschloss sie mit beiden Armen; der Fluss umschließt die Burg von drei Seiten; Abl *Umschließung*

um|schlin|gen ⟨V. trans.; um|schlingt, um|schlang, hat um|schlun|gen⟩ **1** etwas ~ *sich um etwas schlingen* **2** jmdn. ~ *umarmen, umfassen* ▸ Efeu umschlingt die Buche; das Kind umschlang seine Mutter; Abl *Umschlingung*

um|schmei|ßen ⟨V. trans.; schmeißt um, schmiss um, hat um|ge|schmis|sen, um|zu|schmei|ßen; umg.⟩ jmdn. od. etwas ~ *umwerfen* ▸ vor Wut einen Stuhl ~

um|schnal|len ⟨V. trans.; schnallt um, schnall|te um, hat um|ge|schnallt, um|zu|schnal|len⟩ (jmdm. od. sich) etwas ~ *umbinden u. mit einer Schnalle verschließen, befestigen* ▸ sich einen Gürtel, einen Rucksack ~

um|schrei|ben ⟨V. trans.; schreibt um, schrieb um, hat um|ge|schrie|ben, um|zu|schrei|ben⟩ **1** einen Text ~ *durch Schreiben (Ergänzen, Streichen) umarbeiten* **2** ein Grundstück auf jmdn. ~ lassen *jmdn. als Eigentümer eines Grundstücks eintragen lassen;* Abl *Umschreibung*

um|schrei|ben ⟨V. trans., um|schreibt, um|schrieb, hat um|schrie|ben⟩ etwas ~ **1** *in Umrissen beschreiben, schildern* **2** *mit anderen, (auch) verhüllenden Worten ausdrücken* ▸ jmds. Aufgaben genau ~; etwas in kurzen Worten ~; wenn dir das richtige Wort nicht einfällt, musst du es (durch andere Wörter) ~; Abl *Umschreibung*

um|schu|len ⟨V. trans.; schult um, schul|te um, hat um|ge|schult, um|zu|schu|len⟩ jmdn. ~ **1** *in eine andere Schule schicken* **2** *für einen anderen Beruf als den bisherigen ausbilden;* Abl *Umschulung*

um|schüt|ten ⟨V. trans.; schüt|tet um, schüt|te|te um, hat um|ge|schüt|tet, um|zu|schüt|ten⟩ **1** etwas ~ *durch Umwerfen des Gefäßes verschütten* **2** etwas (in etwas) ~ *in ein anderes Gefäß schütten, umfüllen* ▸ sie hat die Milch umgeschüttet

um|schwär|men ⟨V. trans.; um|schwärmt, um|schwärm|te, hat um|schwärmt⟩ **1** etwas ~ *in einem Schwarm um etwas herumfliegen* **2** jmdn. ~ *jmdn. (in Scharen) bewundernd umgeben* ▸ Hummeln ~ die Lindenblüten; sie wird sehr umschwärmt *sie erregt das Interesse vieler Männer*

Um|schwei|fe ⟨nur Pl.⟩ *Umwege, einleitende Reden* ▸ etwas ohne ~ sagen *geradeheraus sagen*

um|schwen|ken ⟨V. intr.; schwenkt um, schwenk|te um, ist um|ge|schwenkt, um|zu|schwen|ken⟩ **1** *in eine andere Richtung gehen* **2** ⟨meist übertr.⟩ *seine Ansicht, Gesinnung ändern*

Um|schwung ⟨der; -(e)s, -schwün|ge⟩ **1** *grundlegende Veränderung* **2** ⟨unz.; schweiz.⟩ *Umgebung des Hauses* ▸ neuer ~ der politischen Lage

um|se|geln ⟨V. trans.; um|se|gelt, um|se|gel|te, hat um|se|gelt⟩ etwas ~ *mit dem Segelschiff um etwas herumfahren* ▸ die Erde ~; Abl *Umsegelung*

um|se|hen ⟨V. refl.; sieht sich um, sah sich um, hat sich um|ge|se|hen, sich um|zu|se|hen⟩ sich ~ **1** *im Kreis herumblicken, nach allen Seiten schauen* **2** *nach hinten sehen* ▸ ich werde mich ~, ob ich etwas Passendes finde ⟨übertr.⟩ *ich werde mich erkundigen;* du wirst dich noch ~! ⟨übertr.; umg.⟩ *du wirst dich noch wundern!;* sich nach jmdm. ~ *sich umwenden, um jmdn. zu sehen;* sich nach Arbeit ~ *Arbeit suchen*

um|sei|tig ⟨Adj.⟩ *auf der Rückseite (des Blattes) stehend* ▸ vergleiche die ~e Grafik

um|set|zen ⟨V. trans.; setzt um, setz|te um, hat um|ge|setzt, um|zu|set|zen⟩ **1** etwas ~ *an eine andere Stelle setzen* **2** Bäume, Pflanzen ~ *umpflanzen* **3** jmdn. od. sich ~ *auf einen anderen Platz setzen* **4** Waren ~ *verkaufen* **5** einen Plan, ein Vorhaben ~ *verwirklichen;* Abl *Umsetzung*

Um|sicht ⟨die; -; unz.⟩ *kluges Beachten aller Umstände* ▸ mit ~ zu Werke gehen; Abl *umsichtig*

um|sie|deln ⟨V.⟩ **I** ⟨V. intr.; sie|delt um, sie|del|te um, ist um|ge|sie|delt, um|zu|sie|deln⟩ *umziehen, sich anderswo niederlassen* ▸ in eine andere Wohnung ~; Abl *Umsiedler(in), Umsied(e)lung* **II** ⟨V. trans.; sie|delt um, sie|del|te um, hat um|ge|sie|delt, um|zu|sie|deln⟩ jmdn. ~ *jmdm. eine andere Wohnung, einen anderen Wohnort zuteilen;* Abl *Umsied(e)lung*

um|so ⟨Konj.⟩ **1** ⟨zur Bezeichnung des Vergleichs u. der Steigerung⟩ *desto* **2** ⟨bezeichnet eine Verstärkung, deren Ursache im darauffolgenden Nebensatz genannt wird⟩ ~ …, als … *vor allem, weil …* ▸ je schneller, ~ besser; das Geschenk freut mich ~ mehr, als ich so etwas noch nie gehabt habe

um|sonst ⟨Adv.⟩ **1** *unentgeltlich, ohne Vergütung* **2** *vergeblich, vergebens, erfolglos* ▸ ~ arbeiten; du hast dich ~ angestrengt; es war alles ~

um|sor|gen ⟨V. trans.; um|sorgt, um|sorg|te, hat um|sorgt⟩ jmdn. ~ *liebevoll für jmdn. sorgen*

um|span|nen ⟨V. trans.; um|spannt, um|spann|te, hat um|spannt⟩ etwas ~ *umfassen* ▸ die ganze Welt ~de Entwicklungen

um|spie|len ⟨V. trans.; um|spielt, um|spiel|te, hat um|spielt⟩ **1** etwas ~ *sich spielerisch um etwas herumbewegen* **2** jmdn. ~ *mit dem Ball spielend sich um jmdn. herumbewegen* ▸ Wellen ~ das Boot; ein Lächeln umspielte seine Lippen ⟨übertr.⟩

um|sprin|gen ⟨V. intr.; springt um, sprang um, ist um|ge|sprun|gen, um|zu|sprin|gen⟩ **1** (auf etwas) ~ *plötzlich von einer (Ein-)Stellung in eine andere wechseln* **2** mit jmdm. (irgendwie) ~ *jmdn. (irgendwie) behandeln* ▸ der Schalter sprang von selbst um; so kannst du nicht mit ihm ~! *so darfst du ihn nicht behandeln!*

um|spü|len ⟨V. trans.; um|spült, um|spül|te, hat um|spült⟩ etwas ~ *von mehreren Seiten bespülen* ▸ Wellen ~ die Insel, den Felsvorsprung

Um|stand ⟨der; -(e)s, -stän|de⟩ **1** *bes. Verhältnis, Tatsache, Sachverhalt;* Abl *umständehalber* **2** ⟨meist Pl.⟩ *unnötige Anstrengung, Mühe* ▸ **mach** keine Umstände! *mach dir nicht (so) viel Mühe!* ▸ ich bin durch die **äußeren** Umstände gezwungen, es zu tun; **entscheidender,** wesentlicher, wichtiger ~; **glücklicher,** misslicher, ungünstiger ~; einem Angeklagten **mildernde** Umstände zubilligen *die bes. Lage des Straffalles berücksichtigen u. ihn deshalb milder beurteilen;* sich den **veränderten** Umständen anpassen ▸ sie ist **in** anderen Umständen *schwanger;* **ohne** Umstände *ohne Förmlichkeiten, ohne Redensarten;* **unter** Umständen *vielleicht, wenn es möglich ist;* unter diesen Umständen muss ich leider absagen; unter (gar) keinen Umständen *keinesfalls*

um|ständ|lich ⟨Adj.⟩ **1** *viel Mühe verursachend, zeitaufwendig* (Arbeit, Reise) **2** *weitschweifig* (Schilderung) **3** *zu förmlich, zu genau* (Person, Handlung) ▸ du machst das aber ~ *allzu genau od. nicht zweckmäßig u. daher langsam;* er ist immer ein wenig ~; das ist mir viel zu ~!

Um|stands|kleid ⟨das; -(e)s, -er⟩ *Kleid für eine schwangere Frau*

Um|stands|wort ⟨das; -(e)s, -wör|ter⟩ = *Adverb*

um|ste|hen ⟨V. trans.; um|steht, um|stand, hat um|ge|stan|den; Perf. selten⟩ jmdn. od. etwas ~ *im Kreis um jmdn. od. etwas stehen*

um|ste|hend ⟨Adj.⟩ **1** *um jmdn. od. etwas herumstehend* **2** *auf der Rückseite befindlich* ▸ die Umstehenden *die in der Nähe Stehenden;* der Paragraf wird auf der ~en Seite erläutert

um|stei|gen ⟨V. intr.; steigt um, stieg um, ist um|ge|stie|gen, um|zu|stei|gen⟩ **1** *aus einem Fahrzeug in ein anderes steigen* **2** auf etwas ~ *zu etwas anderem wechseln;* Abl *Umstieg* ▸ muss ich in Berlin ~, oder gibt es einen durchgehenden Zug?; ich muss in Basel ~; wir sind auf vegetarische Kost umgestiegen

um|stel|len ⟨V.; stellt um, stell|te um, hat um|ge|stellt, um|zu|stel|len⟩ **I** ⟨V. trans.⟩ **1** etwas ~ *an einen anderen Platz stellen, anders stellen als vorher, umräumen* **2** etwas ~ *umschalten* **3** etwas (auf etwas) ~ *neu organisieren* ▸ Wörter (im Satz) ~; einen Betrieb auf eine andere Produktion ~; die Uhr auf die Sommerzeit ~ **II** ⟨V. refl.⟩ **1** sich ~ *eine andere Haltung einnehmen, sich den neuen Umständen anpassen* **2** sich auf etwas ~ *sich auf etwas einstellen* ▸ er ist zu alt, er kann sich nicht mehr ~; Abl *Umstellung*

um|stel|len ⟨V. trans.; um|stellt, um|stell|te, hat um|stellt⟩ jmdn. od. etwas ~ *umzingeln* ▸ das Haus war von allen Seiten umstellt

um|stim|men ⟨V. trans.; stimmt um, stimm|te um, hat um|ge|stimmt, um|zu|stim|men⟩ **1** jmdn. ~ *jmdn. veranlassen, seine Meinung zu ändern* **2** ein Instrument ~ *die Stimmung eines Instrumentes ändern* ▸ er lässt sich nicht ~

um|sto|ßen ⟨V. trans.; stößt um, stieß um, hat um|ge|sto|ßen, um|zu|sto|ßen⟩ **1** jmdn. od. etwas ~ *durch Stoß umwerfen* **2** ⟨übertr.⟩ etwas ~ **2.1** *für ungültig erklären, rückgängig machen* **2.2** *grundlegend ändern* ▸ das stößt alle unsere Berechnungen um; eine Vase ~; einen Plan ~ ⟨übertr.⟩

um|strit|ten ⟨Adj.⟩ *nicht sicher, nicht einwandfrei geklärt* ▸ die Herkunft dieses Wortes ist ~

um|struk|tu|rie|ren ⟨V. trans.; struk|tu|riert um, struk|tu|rier|te um, hat um|struk|tu|riert, um|zu|struk|tu|rie|ren⟩ eine Sache ~ *ihre Struktur ändern* ▸ einen Betrieb ~; Abl *Umstrukturierung*

Um|sturz ⟨der; -es, -stür|ze; Pl. selten⟩ *grundlegende Veränderung (bes. der Staatsform)*

um|stür|zen ⟨V.⟩ **I** ⟨V. trans.; stürzt um, stürz|te um, hat um|ge|stürzt, um|zu|stür|zen⟩ **1** ein Gefäß, einen Tisch ~ *umwerfen* **2** eine Mauer ~ *niederreißen* **3** ⟨übertr.⟩ etwas ~ *grundlegend verändern* **4** die Regierung ~ *beseitigen* **II** ⟨V. intr.; stürzt um, stürz|te um, ist um|ge|stürzt, um|zu|stür|zen⟩ *umfallen* ▸ die alte Mauer ist umgestürzt

Um|tausch ⟨der; -(e)s, -e; Pl. selten⟩ *Rückgabe einer Sache gegen eine andere, bes. einer gekauften Ware gegen etwas Gleichwertiges* ▸ reduzierte Ware ist vom ~ ausgeschlossen

um|tau|schen ⟨V. trans.; tauscht um, tausch|te um, hat um|ge|tauscht, um|zu|tau|schen⟩ etwas ~ *zu-*

rückgeben u. dafür etwas anderes, Gleichwertiges bekommen ▸ sie möchte die Hose ~

um|top|fen ⟨V. trans.; topft um, topf|te um, hat um|ge|topft, um|zu|top|fen⟩ eine Pflanze ~ *in einen anderen, größeren Topf pflanzen*

um|trei|ben ⟨V. trans.; treibt um, trieb um, hat um|ge|trie|ben, um|zu|trei|ben; übertr.⟩ jmdn. ~ *jmdm. keine Ruhe lassen*

Um|trie|be ⟨nur Pl.; übertr.⟩ **1** *dunkle Machenschaften* **2** ⟨schweiz.⟩ *Zeit od. Geld verschlingende, lästige Nebenarbeiten u. Ä.* ▸ revolutionäre ~

um|trie|big ⟨Adj.⟩ ~ sein *(infolge innerer Unruhe) ständig unterwegs sein, viel unternehmen*

Um|trunk ⟨der; -(e)s, -trün|ke⟩ *Trinken in geselliger Runde*

um|tun ⟨V.; tut um, tat um, hat um|ge|tan, um|zu-tun⟩ **I** ⟨V. trans.; umg.⟩ jmdm. od. sich etwas ~ *umhängen, umlegen* ▸ tu dir eine Decke um **II** ⟨V. refl.; übertr.; umg.⟩ **1** sich (nach etwas) ~ *sich erkundigen, etwas erfahren wollen* **2** sich nach einer Arbeit ~ *einen Arbeitsplatz suchen*

U-Mu|sik ⟨die; -; unz.; umg.; kurz für⟩ *Unterhaltungsmusik;* Ggs *E-Musik*

um|ver|tei|len ⟨V. trans.; ver|teilt um, ver|teil|te um, hat um|ver|teilt, um|zu|ver|tei|len; Wirtsch.⟩ etwas ~ *anders, neu verteilen* ▸ Arbeit ~

um|wäl|zen ⟨V. trans.; wälzt um, wälz|te um, hat um|ge|wälzt, um|zu|wäl|zen⟩ etwas ~ **1** *auf die andere Seite wälzen* **2** ⟨übertr.; oft als Part. Präs.⟩ *gewaltsam, vollkommen verändern* ▸ von ~der Wirkung

umwandeln/verwandeln

Vom Verb **(sich) wandeln,** das „(sich) verändern, wechseln" bedeutet, sind die leicht zu verwechselnden Verben *umwandeln* und *verwandeln* abgeleitet. Für ihre Unterscheidung ist es wichtig zu wissen, dass *umwandeln* meist in Bezug auf Dinge gebraucht wird: *Man könnte die Überstunden in neue Arbeitsplätze umwandeln. Sonnenstrahlen werden in elektrische Energie umgewandelt.*
Verwandeln wird dagegen meistens von Personen gesagt, z. B. in Märchen: *Die Hexe verwandelte sie in eine Maus. Der Frosch hat sich in einen schönen Prinzen verwandelt.* Mitunter sind aber auch beide Verben verwendbar: *Seitdem sie neue Freunde hat, ist sie wie umgewandelt/verwandelt.*

um|wan|deln ⟨V. trans.; wan|delt um, wan|del|te um, hat um|ge|wan|delt, um|zu|wan|deln⟩ etwas (in od. zu etwas) ~ *in eine andere Form bringen, umgestalten* ▸ Todesstrafe in lebenslängliche Zuchthausstrafe ~; Gleichstrom in Wechselstrom ~; er ist wie umgewandelt *er benimmt sich plötzlich ganz anders;* Abl *Umwandlung*

um|wech|seln ⟨[-ks-] V. trans.; wech|selt um, wech|sel|te um, hat um|ge|wech|selt, um|zu-wech|seln⟩ etwas (in etwas) ~ *umtauschen*

Um|weg ⟨der; -(e)s, -e; a. übertr.⟩ *Weg, der länger ist als der gerade Weg* ▸ einen ~ machen; eine Sache auf ~en erreichen ⟨übertr.⟩

um|we|hen ⟨V. trans.; weht um, weh|te um, hat um|ge|weht, um|zu|we|hen⟩ jmdn. od. etwas ~ *umwerfen* ▸ der Wind hat den Zaum umgeweht

um|we|hen ⟨V. trans.; um|weht, um|weh|te, hat um|weht⟩ jmdn. od. etwas ~ *um jmdn. od. etwas herumwehen* ▸ der Wind umweht das Haus

Um|welt ⟨die; -; unz.⟩ **1** *der natürliche Lebensraum von Mensch u. Tier (Pflanzen, Erde, Luft u. Wasser);* Zus *Umweltbelastung, Umweltminister(in), Umweltsünder(in), Umweltverschmutzung; umweltbelastend, umweltgefährdend, umweltschädlich, umweltschonend* **2** *gesellschaftliche u. soziale Verhältnisse, in denen Menschen leben* ▸ sich seiner ~ anpassen; fremde, gewohnte, ungewohnte ~; sich in einer neuen ~ eingewöhnen; die ~ schützen; die ~ belasten *durch Abgase, Abfälle, Lärm u. Ä. beeinträchtigen*

um|welt|be|wusst ⟨Adj.⟩ *die eigene Verantwortung der natürlichen Umwelt gegenüber erkennend;* Abl *Umweltbewusstsein*

um|welt|feind|lich ⟨Adj.⟩ *der natürlichen Umwelt schadend;* Ggs *umweltfreundlich*

um|welt|freund|lich ⟨Adj.⟩ *der natürlichen Umwelt nicht od. weniger schadend;* Ggs *umweltfeindlich* ▸ ~e Industrie; ~e Verpackungen

Umweltschutz

Aufgrund der seit den 80er Jahren thematisierten massiven Umweltverschmutzung hat der *Umweltschutz* in der Bundesrepublik Deutschland heute einen gesetzmäßigen Status. Bürgerproteste gegen den Bau von Kernkraftwerken führten 1980 zur Gründung der Umweltpartei „Die Grünen", deren politisches Engagement gegen verseuchte Flüsse und Meere sowie gegen das Waldsterben die Bevölkerung aufrüttelte.
In den folgenden Jahrzehnten wurden in Deutschland viele gesetzliche Maßnahmen zum *Umweltschutz* getroffen, z.B. in den Bereichen Luftverschmutzung (durch Auto- und Industrieabgase), Energieversorgung (erneuerbare Energien wie Sonnen- oder Windenergie anstelle von Kernkraftwerken), Gewässer-, Strahlen- und Bodenschutz.
Von staatlicher Seite gibt es heute ein Bundesministerium für Umwelt, Naturschutz und Reaktorsicherheit sowie das Umweltbundesamt. Da aber der *Umweltschutz* eine ländergreifende Aufgabe ist, werden internationale Vereinbarungen immer bedeutender. Leider sind die Ergebnisse solcher Umweltkonferenzen meistens nicht ausreichend, um den bedrohlichen Klimawandel zu stoppen.

Um|welt|schutz ⟨der; -es; unz.⟩ *Aufrechterhaltung gesundheitsschonender Lebensbedingungen durch Verhindern od. Beseitigen von Umweltschäden* ▸ sie ist im ~ aktiv; Abl *Umweltschützer(in);* Zus *Umweltschutzorganisation*

U V W X Y Z

um|wen|den ⟨V.; wen|det um, wand|te/wen|de|te um, hat um|ge|wandt/um|ge|wen|det, um|zu-wen|den⟩ **I** ⟨V. trans.⟩ jmdn. od. etwas ~ *herumdrehen* **II** ⟨V. refl.⟩ sich (nach jmdm. od. etwas) ~ *sich umdrehen, den Kopf wenden (um nach jmdm. od. etwas zu sehen)*

um|wer|ben ⟨V. trans.; um|wirbt, um|warb, hat um|wor|ben⟩ jmdn. ~ *jmdn. für sich zu gewinnen suchen* ▸ die Banken ~ schon Kinder

um|wer|fen ⟨V. trans.; wirft um, warf um, hat um|ge|wor|fen, um|zu|wer|fen⟩ **1** jmdn. od. etwas ~ *zum Umfallen bringen, zu Boden werfen* **2** jmdm. od. sich etwas ~ *rasch umhängen* (Mantel, Tuch) **3** ⟨übertr.; umg.⟩ jmdn. ~ *verstören, aus der Fassung bringen* **4** ⟨übertr.⟩ einen Plan ~ *grundlegend ändern* ▸ das hat ihn völlig umgeworfen ⟨übertr.; umg.⟩; du siehst ~d aus ⟨übertr.; umg.⟩ *sehr gut;* ~d komisch ⟨übertr.; umg.⟩ *äußerst komisch*

um|wi|ckeln ⟨V. trans.; um|wi|ckelt, um|wi|ckel|te, hat um|wi|ckelt⟩ etwas (mit etwas) ~ *etwas um etwas herumwickeln* ▸ einen Stab mit Draht ~; den verletzten Arm mit einem Verband ~

um|zäu|nen ⟨V. trans.; um|zäunt, um|zäun|te, hat um|zäunt⟩ etwas ~ *mit einem Zaun umgeben, einzäunen;* Abl *Umzäunung*

um|zie|hen ⟨V.⟩ **I** ⟨V. intr.; zieht um, zog um, ist um|ge|zo|gen, um|zu|zie|hen⟩ *die Wohnung, den Wohnsitz wechseln* ▸ wir werden in eine größere Wohnung ~ **II** ⟨V. trans.; zieht um, zog um, hat um|ge|zo|gen, um|zu|zie|hen⟩ jmdn. od. sich ~ *jmds. od. die eigene Kleidung wechseln* ▸ ich musste Tim völlig ~; sich fürs Theater ~

um|zin|geln ⟨V. trans.; um|zin|gelt, um|zin|gel|te, hat um|zin|gelt⟩ jmdn. od. etwas ~ *sich jmdm. od. etwas von allen Seiten nähern u. ihn od. es einkreisen* ▸ den Feind ~; Abl *Umzingelung*

Um|zug ⟨der; -(e)s, -zü|ge⟩ **1** *das Umziehen, Wohnungswechsel;* Zus *Umzugskarton, Umzugskosten* **2** *Fahrt, Marsch eines Festzuges;* Zus *Fastnachtsumzug, Karnevalsumzug* ▸ an einem ~ teilnehmen; ~ nach Berlin

UN ⟨Abk. für⟩ *United Nations (Vereinte Nationen)*

un... ⟨Vorsilbe zur Bez. der Verneinung od. des Gegenteils⟩ *nicht,* z. B. unerwünscht, unhöflich

Un... ⟨Vorsilbe⟩ **1** ⟨zur Bez. des großen Maßes⟩ *sehr groß,* z. B. Unmenge, Unzahl **2** ⟨zur Bez. der Verneinung od. des Gegenteils⟩ *Miss...,* z. B. Unbehagen

U

un|ab|än|der|lich ⟨a. ['-----] Adj.⟩ *nicht (mehr) zu ändern, unwiderruflich* ▸ ein ~er Entschluss

un|ab|ding|bar ⟨a. ['----] Adj.⟩ Syn *unabdinglich* **1** *unbedingt nötig* **2** *nicht verzichtbar* ▸ ~e Voraussetzung dafür ist, dass ...; Abl *Unabdingbarkeit*

un|ab|hän|gig ⟨Adj.⟩ *nicht abhängig, selbstständig, frei* ▸ ~er Staat; sie ist wirtschaftlich, finanziell ~ (von jmd. anderem); sie geht auf jeden Fall dahin, ~ davon, ob ich mitkomme oder nicht *gleichgültig, ob ich mitkomme*

Un|ab|hän|gig|keit ⟨die; -; unz.⟩ **1** ⟨allg.⟩ *Selbstständigkeit, Freiheit, Ungebundenheit* **2** ⟨Pol.⟩ *Souveränität, Selbstbestimmung (eines Staats);* Zus *Unabhängigkeitsbewegung, Unabhängigkeitserklärung* ▸ einen Staat in die ~ entlassen; die, seine ~ erklären

un|ab|kömm|lich ⟨a. ['----] Adj.⟩ *unentbehrlich, nicht in der Lage, wegzugehen* ▸ ich bin augenblicklich ~ *ich muss derzeit hierbleiben*

un|ab|läs|sig ⟨a. ['----] Adj.⟩ *ohne aufzuhören, pausenlos, dauernd* ▸ er stört mich ~

un|ab|seh|bar ⟨Adj.⟩ **1** *nicht vorhersehbar* **2** *endlos, nicht erkennbar* ▸ die Folgen sind ~; auf ~e Zeit *(sehr) lange;* in ~er Zeit *irgendwann*

un|ab|sicht|lich ⟨Adj.⟩ *ohne Absicht, aus Versehen*

un|ab|wend|bar ⟨a. ['----] Adj.⟩ *mit Sicherheit eintretend* ▸ ~es Schicksal; Abl *Unabwendbarkeit*

un|acht|sam ⟨Adj.⟩ *nicht sorgsam, ohne Aufmerksamkeit, nachlässig;* Abl *Unachtsamkeit*

un|an|fecht|bar ⟨a. ['----] Adj.⟩ *so beschaffen, dass man es nicht anfechten kann* ▸ ~er Beweis; ~es Urteil; Abl *Unanfechtbarkeit*

un|an|ge|bracht ⟨Adj.⟩ *unpassend, nicht wünschenswert* ▸ diese Bemerkung war äußerst ~

un|an|ge|foch|ten ⟨Adj.⟩ **1** *unbestritten* **2** *unbehindert* ▸ ~er Tabellenführer ⟨Sp.⟩ *Erster mit großem Vorsprung;* er kam ~ über die Grenze

un|an|ge|kün|digt ⟨Adj.⟩ *ohne vorherige Ankündigung, spontan* ▸ ein ~es Diktat schreiben

un|an|ge|mel|det ⟨Adj.⟩ *ohne Anmeldung* ▸ er kam ~; sie mag keine ~en Gäste

un|an|ge|mes|sen ⟨Adj.⟩ *dem Sinn, der Bedeutung, dem Wert einer Sache nicht entsprechend* ▸ ein ~er Ausdruck; ~e Bezahlung

un|an|ge|nehm ⟨Adj.⟩ **1** *peinlich, Verlegenheit bereitend* **2** *schwierig* (Lage) **3** *nicht sympathisch* (Person) ▸ in eine ~e Lage, Situation geraten; ein ~er Mensch; eine ~e Überraschung erleben; er ist ~ aufgefallen; es ist mir sehr ~, dass ich zu spät komme; er kann sehr ~ werden *grob, böse*

un|an|nehm|bar ⟨a. ['----] Adj.⟩ *nicht akzeptierbar* ▸ ~e Bedingungen; sein Vorschlag ist ~

Un|an|nehm|lich|keit ⟨die; -, -en⟩ *unangenehme, lästige Sache* ▸ ~en auf sich nehmen; ich möchte Ihnen keine ~en bereiten

un|an|sehn|lich ⟨Adj.⟩ **1** *etwas armselig* **2** *nicht hübsch, nicht gepflegt* (Person) **3** *abgenutzt, abgetragen, unsauber* (Kleidungsstück)

un|an|stän|dig ⟨Adj.⟩ **1** *nicht ehrenhaft, korrupt, unmoralisch* (Handlungsweise) **2** *die gute Sitte, das Schamgefühl anderer verletzend, anstößig* (Witz, Bemerkung) ▸ ein ~es Angebot; ~e Witze erzählen Abl *Unanständigkeit*

un|an|tast|bar ⟨a. ['----] Adj.⟩ **1** *so beschaffen, dass man es nicht verletzen kann* (Rechte, Person) **2** *über Zweifel u. Misstrauen erhaben* ▸ die Würde des Menschen ist ~; Abl *Unantastbarkeit*

un|ap|pe|tit|lich ⟨Adj.⟩ **1** *nicht appetitlich* **2** ⟨übertr.⟩ *Ekel, Widerwillen hervorrufend*

Un|art ⟨die; -, -en⟩ *für andere störende, lästige od. unangenehme Gewohnheit*

un|ar|tig ⟨Adj.⟩ *unfolgsam, ungezogen* (Kind)

un|at|trak|tiv ⟨Adj.⟩ *nicht anziehend* ▸ das Angebot ist ~; Abl *Unattraktivität*

ụn|auf|dring|lich ⟨Adj.⟩ *dezent, zurückhaltend* ▸ sich ~ elegant kleiden

ụn|auf|fäl|lig ⟨Adj.⟩ **1** *nicht bemerkbar für andere, verstohlen* **2** *nicht auffallend, bescheiden* ▸ er steckte den Brief ~ ein; sich ~ entfernen; bitte folgen Sie mir ~!; sich ~ kleiden

un|auf|fịnd|bar ⟨a. ['----] Adj.⟩ *nicht zu finden* ▸ ein ~es Versteck; der Schlüssel ist leider ~

ụn|auf|ge|for|dert ⟨Adj.⟩ *von sich aus, von selbst, freiwillig* ▸ etwas ~ tun

ụn|auf|ge|regt ⟨Adj.⟩ *gelassen* ▸ Krisen ~ lösen

un|auf|hạlt|sam ⟨a. ['----] Adj.⟩ **1** *unaufhaltbar* **2** *ohne Halt zu machen, stetig* ▸ ~ fortschreiten

un|auf|hör|lich ⟨a. ['----] Adj.⟩ *ohne aufzuhören, (fort)dauernd, fortwährend* ▸ es regnete ~

ụn|auf|merk|sam ⟨Adj.⟩ *nicht konzentriert, abgelenkt, zerstreut* ▸ ein ~er Schüler, Zuhörer; im Unterricht ~ sein; Abl *Unaufmerksamkeit*

ụn|auf|rich|tig ⟨Adj.⟩ *unehrlich, nicht offen;* Abl *Unaufrichtigkeit*

ụn|aus|ge|füllt ⟨Adj.⟩ **1** *(noch) nicht ausgefüllt* **2** *ohne Inhalt, ohne Aufgabe* (Tag, Leben) ▸ ein Formular ~ zurückgeben

ụn|aus|ge|gli|chen ⟨Adj.; nur übertr.⟩ *launisch, wechselnd in der Stimmung;* Abl *Unausgeglichenheit*

ụn|aus|ge|go|ren ⟨Adj.; umg.; abwertend⟩ *noch nicht ausgereift;* Syn *unausgereift* ▸ ~e Pläne

un|aus|lösch|lich ⟨a. ['----] Adj.⟩ *unzerstörbar, unvergesslich* ▸ das Bild hat sich ~ eingeprägt

un|aus|steh|lich ⟨a. ['----] Adj.⟩ *unerträglich, sehr lästig* ▸ ein ~er Kerl; du bist heute ~

un|aus|weich|lich ⟨a. ['----] Adj.⟩ *unvermeidlich, sicher kommend* ▸ die Katastrophe war ~; Abl *Unausweichlichkeit*

ụn|bän|dig ⟨a. [-'--] Adj.⟩ **I** ⟨attr.; präd.⟩ *sehr groß, riesig* ▸ es herrschte ~e Freude, ~er Jubel (darüber); ~er Zorn, ~e Wut erfasste ihn **II** ⟨adv.⟩ *sehr, ungemein* ▸ ich habe mich ~ gefreut

ụn|barm|her|zig ⟨Adj.⟩ *ohne Mitleid, hart, grausam* ▸ eine ~e Kälte ⟨übertr.⟩ *sehr große K.;* ~ auf jmdn. einschlagen; Abl *Unbarmherzigkeit*

ụn|be|ab|sich|tigt ⟨Adj.⟩ *nicht beabsichtigt, ohne Absicht (geschehend)* ▸ jmdn. ~ kränken

ụn|be|ach|tet ⟨Adj.⟩ *nicht beachtet* ▸ ~ bleiben; etwas od. jmdn. ~ lassen *nicht beachten*

ụn|be|dacht ⟨Adj.⟩ *gedankenlos, vorschnell* ▸ eine ~e Antwort, Handlung; Abl *Unbedachtheit*

ụn|be|darft ⟨Adj.; umg.; abwertend⟩ **1** *unerfahren* **2** *leicht irrezuführen, naiv* **3** *geistig anspruchslos* ▸ er ist noch völlig ~; Abl *Unbedarftheit*

ụn|be|denk|lich ⟨Adj.⟩ **1** *keine Bedenken, Zweifel erregend* **2** *ohne zu überlegen* ▸ das würde ich ~ tun; ich halte das für ~; Abl *Unbedenklichkeit*

ụn|be|deu|tend ⟨Adj.⟩ *geringfügig, nichtig, unwichtig* ▸ ein ~er Fehler; ein ~er Mensch; die Sache ist zu ~, als dass man sie untersuchen sollte

ụn|be|dingt[1] ⟨a. [--'-] Adv.⟩ *auf jeden Fall* ▸ ~! *ganz gewiss! (als Antwort);* das müssen Sie sich ~ ansehen; ich muss ihn ~ sehen; er wollte ~ mitkommen; man muss ihm ~ helfen; nicht mehr als ~ nötig tun

ụn|be|dingt[2] ⟨a. [--'-] Adj.⟩ *uneingeschränkt, bedingungslos* ▸ ~en Gehorsam verlangen

ụn|be|ein|druckt ⟨Adj.⟩ *nicht beeindruckt (von etwas)* ▸ die Drohung ließ sie ~

ụn|be|fan|gen ⟨Adj.⟩ **1** *vorurteilslos, unparteiisch* **2** *ohne Hemmungen* ▸ ~ antworten; ~ an eine Sache herangehen; Abl *Unbefangenheit*

ụn|be|frie|di|gend ⟨Adj.⟩ *nicht befriedigend* ▸ eine ~e Arbeit; seine Leistungen sind ~

ụn|be|frie|digt ⟨Adj.⟩ *nicht befriedigt, enttäuscht* ▸ sie ist vom Leben ~

ụn|be|fris|tet ⟨Adj.⟩ *ohne festgelegtes Ende* ▸ ein ~er Vertrag

ụn|be|fugt ⟨Adj.⟩ *keine Erlaubnis besitzend* ▸ Unbefugten ist der Eintritt verboten

ụn|be|gabt ⟨Adj.⟩ *nicht begabt* ▸ er ist mathematisch, musikalisch, zeichnerisch ~

un|be|greif|lich ⟨a. ['----] Adj.⟩ *unverständlich, unerklärlich, rätselhaft* ▸ das ist ein ~er Fehler; das ist mir ~; es ist ~, wie das passierte

ụn|be|grenzt ⟨a. [--'-] Adj.⟩ **1** *ohne Grenzen, grenzenlos* **2** *unbeschränkt, uneingeschränkt* ▸ das Land der ~en Möglichkeiten ⟨scherzh. für⟩ *die USA;* ~es Vertrauen zu jmdm. haben

ụn|be|grün|det ⟨Adj.⟩ **1** *ohne genannten Grund* **2** *unberechtigt* ▸ ein ~er Verdacht; ~ ablehnen

Ụn|be|ha|gen ⟨das; -s; unz.⟩ *unbehagliches Gefühl* ▸ ein leises ~ überkam ihn; körperliches ~

ụn|be|hag|lich ⟨Adj.⟩ **1** *ungemütlich* **2** *unangenehm* ▸ es war eine ~e Situation; sich ~ fühlen; ~ auf seinem Stuhl herumrutschen *unruhig u. verlegen od. peinlich berührt*

ụn|be|hel|ligt ⟨Adj.; meist adv.⟩ **1** *unbehindert* **2** *ohne Belästigung, ungestört* ▸ hier sind Sie von lästigen Blicken ~; jmdn. ~ lassen *in Ruhe lassen;* jmdn. ~ die Kontrolle passieren lassen

ụn|be|herrscht ⟨Adj.⟩ *ohne Selbstbeherrschung* ▸ er ist oft ~; Abl *Unbeherrschtheit*

ụn|be|hol|fen ⟨Adj.⟩ *ungeschickt in den Bewegungen od. im Benehmen;* Abl *Unbeholfenheit*

un|be|irr|bar ⟨a. ['----] Adj.⟩ *fest, zielbewusst;* Abl *Unbeirrbarkeit*

ụn|be|irrt ⟨a. [--'-] Adj.⟩ *ohne sich beeinflussen, stören zu lassen* ▸ er geht ~ seinen Weg

ụn|be|kannt ⟨Adj.⟩ *nicht bekannt, fremd* ▸ ~e Größe ⟨Math.⟩; er ist hier kein Unbekannter *man kennt ihn hier;* das ist mir ~ *das kenne, weiß ich nicht;* es ist mir nicht ~, dass man hier nicht parken darf; ~ verzogen *am angegebenen Ort nicht mehr wohnhaft*

ụn|be|klei|det ⟨Adj.⟩ *ohne Kleidung, nackt*

ụn|be|küm|mert ⟨Adj.⟩ **1** *ohne sich um etwas zu kümmern, sorglos* **2** *gleichgültig* ▸ sie sang ~ weiter; Abl *Unbekümmertheit*

un|be|lehr|bar ⟨a. ['----] Adj.⟩ *eigensinnig, stur, dickköpfig* ▸ er ist ~; Abl *Unbelehrbarkeit*

ụn|be|liebt ⟨Adj.⟩ *nicht gern gesehen, unpopulär* ▸ sich bei jmdm. ~ machen *jmds. Unwillen erregen;* bei den Kollegen ~ sein; Abl *Unbeliebtheit*

ụn|be|mannt ⟨Adj.⟩ *ohne Besatzung* ▸ eine ~e Weltraumkapsel

ụn|be|merkt ⟨Adj.⟩ *ohne dass es bemerkt wird, ohne*

Aufmerksamkeit zu erregen ▸ sein Verschwinden blieb ~; er schlich ~ herein *heimlich*

ụn|be|nom|men ⟨a. [--'--] Adv.; nur in den Wendungen⟩ ~ bleiben, ~ sein *jmdm. freigestellt sein* ▸ es bleibt Ihnen ~, zu gehen oder zu bleiben *Sie haben die Wahl, zu gehen od. zu bleiben*

ụn|be|nutzt ⟨Adj.⟩ *ungebraucht, neu* ▸ ~e Geräte

ụn|be|ob|ach|tet ⟨Adj.⟩ *ohne gesehen zu werden* ▸ in einem ~en Augenblick; ~ davonschleichen

ụn|be|quem ⟨Adj.⟩ **1** *nicht bequem;* Abl *Unbequemlichkeit* **2** ⟨übertr.⟩ *unangenehm, lästig* ▸ ~e Fragen stellen; die Schuhe sind ~

ụn|be|re|chen|bar ⟨a. [--'---] Adj.⟩ **1** *unvorhersehbar, nicht einschätzbar* (Vorgang) **2** *wankelmütig, launenhaft* (Person) ▸ er ist ~; die Schmerzanfälle sind ~; Abl *Unberechenbarkeit*

ụn|be|rech|tigt ⟨Adj.⟩ *ohne Berechtigung, ohne Erlaubnis, unangemessen* ▸ ~e Forderungen stellen

ụn|be|rück|sich|tigt ⟨Adj.⟩ *nicht berücksichtigt* ▸ sein Einwand blieb ~ *wurde nicht besprochen*

ụn|be|rührt ⟨Adj.⟩ **1** *ungebraucht, unbenutzt, unbeschädigt* **2** *im Naturzustand* (Natur, Landschaft) **3** *jungfräulich, keusch* (Mädchen) ▸ das ~e Weiß der Schneedecke; das Essen ~ lassen

ụn|be|scha|det ⟨a. [--'--] Präp. m. Gen.⟩ *ohne Schaden* ▸ einen Anschlag ~ überstehen

ụn|be|schol|ten ⟨Adj.⟩ *ehrenhaft, von einwandfreiem Ruf* ▸ ein ~er Bürger

ụn|be|schrankt ⟨Adj.⟩ *nicht mit Schranken versehen* ▸ ~er Bahnübergang

ụn|be|schränkt ⟨a. [--'-] Adj.⟩ *ohne Einschränkung, unbegrenzt* ▸ er genießt mein ~es Vertrauen; ~e Vollmachten

ụn|be|schreib|lich ⟨a. [--'--] Adj.⟩ *nicht in Worte zu fassen, unglaublich* ▸ es herrschte ein ~es Durcheinander; er sah einfach ~ aus; ~ schön

ụn|be|schrie|ben ⟨Adj.⟩ *(noch) nicht beschrieben, leer* ▸ er ist kein ~es Blatt ⟨übertr.⟩ *(bei der Polizei für Straftaten) bereits bekannt*

ụn|be|schwert ⟨Adj.⟩ *unbekümmert, sorglos* ▸ ~e Tage verbringen; Abl *Unbeschwertheit*

ụn|be|se|hen ⟨a. [--'--] Adj.; meist adv.⟩ *ohne eingehende Prüfung* ▸ er kauft die Möbel ~

ụn|be|setzt ⟨Adj.⟩ *frei* ▸ die Stelle ist noch ~

un|be|sieg|bar ⟨a. ['----] Adj.⟩ *so beschaffen, dass man es, ihn nicht besiegen kann, übermächtig*

ụn|be|sorgt ⟨a. [--'-] Adj.⟩ *ohne sich Sorgen machen zu müssen* ▸ Sie können ganz ~ sein

ụn|be|stän|dig ⟨Adj.⟩ **1** *schwankend, veränderlich, wechselnd, wechselhaft* **2** *wankelmütig, Stimmungen nachgebend* ▸ das Wetter ist ~

ụn|be|stä|tigt ⟨Adj.⟩ *nicht bestätigt, nicht amtlich* ▸ nach ~en Meldungen

ụn|be|stech|lich ⟨a. [--'--] Adj.⟩ **1** *nicht bestechlich* **2** ⟨übertr.⟩ *sich nicht beeinflussen lassend*

ụn|be|stimmt ⟨Adj.⟩ **1** *nicht genau festgesetzt* **2** *nicht deutlich, unklar, ungenau* ▸ einen ~en Eindruck von etwas haben; ~es Fürwort = *Indefinitpronomen;* ich habe davon nur eine ~e Vorstellung; auf ~e Zeit verreisen

un|be|streit|bar ⟨a. ['----] Adj.⟩ *unwiderleglich, offensichtlich, klar* ▸ es ist doch ~, dass er lügt

ụn|be|strit|ten ⟨a. [--'--] Adj.⟩ *(allgemein) anerkannt* ▸ ~e Rechte; das ist eine ~e Tatsache

ụn|be|tei|ligt ⟨Adj.⟩ **1** *nicht beteiligt, ohne teilzunehmen* **2** *nicht interessiert* ▸ er ging ~ nebenher; an einer Sache ~ sein

un|beug|sam ⟨a. ['---] Adj.⟩ **1** *unerbittlich, hart* (Mensch) **2** *unabänderlich* (Wille); Abl *Unbeugsamkeit*

ụn|be|wacht ⟨Adj.⟩ *ohne Bewachung* ▸ in einem ~en Augenblick riss er sich los; ~er Parkplatz

ụn|be|waff|net ⟨Adj.⟩ *ohne Waffe(n)*

ụn|be|wäl|tigt ⟨a. [--'--] Adj.⟩ *nicht bewältigt* ▸ die ~e Vergangenheit

ụn|be|weg|lich ⟨a. [--'--] Adj.⟩ **1** *nicht bewegbar, starr, steif* (Gelenk, Maschinenteil) **2** *bewegungslos, still* **3** ⟨übertr.⟩ *keinerlei Gefühlsregung preisgebend* (Miene) ▸ ~e Feiertage *F., die in jedem Jahr am gleichen Tag gefeiert werden, z. B. Weihnachten;* ~e Güter; ~ stehen, sitzen

ụn|be|wegt ⟨Adj.⟩ *nicht bewegt, bewegungslos* ▸ er hörte mit ~em Gesicht zu

ụn|be|wohnt ⟨Adj.⟩ **1** *nicht bewohnt, ohne menschliche Wohnungen* (Gegend) **2** *leerstehend* (Haus, Zimmer) **3** *ohne Menschen* (Planet)

ụn|be|wusst ⟨Adj.⟩ *unwillkürlich, ohne es zu wissen, instinktiv* ▸ ich habe es ganz ~ getan; Abl *Unbewusste(s)*

un|be|zahl|bar ⟨a. ['----] Adj.⟩ **1** *viel zu teuer, nicht erschwinglich* **2** ⟨übertr.; umg.⟩ *großartig* ▸ du bist ~! ⟨übertr.; umg.⟩; dieses Gerät ist einfach ~ ⟨übertr.; umg.⟩ *sehr praktisch;* die Wohnungen in diesem Viertel sind (für uns) ~

ụn|be|zahlt ⟨Adj.⟩ *(noch) nicht bezahlt* (Rechnung)

Ụn|bil|den ⟨nur Pl.; meist in den Wendungen⟩ die ~ des Wetters *die Unannehmlichkeiten*

Ụn|bil|dung ⟨die; -; unz.; abwertend⟩ *Mangel an Bildung*

ụn|blu|tig ⟨Adj.⟩ *nicht blutig* ▸ ~er operativer Eingriff; ~er Kampf *K. ohne Blutvergießen*

ụn|bot|mä|ßig ⟨Adj.⟩ *unverschämt, frech, widerspenstig;* Abl *Unbotmäßigkeit*

un|brauch|bar ⟨a. ['---] Adj.⟩ **1** *nicht brauchbar, nicht zu gebrauchen* **2** *ungeeignet* ▸ etwas ~ machen *kaputt machen, zerstören;* seine Arbeit ist ~; er ist für diese Arbeit ~

ụn|bü|ro|kra|tisch ⟨Adj.⟩ *ohne formalen Aufwand* ▸ eine Sache ~ regeln; ~e Hilfe

ụnd ⟨Konj.; Abk.: u., bei Firmennamen a.: &⟩ **I** ⟨beiordnend, aufzählend⟩ *zusammen mit, zugleich, außerdem, dazu* ▸ du ~ ich; Bruder ~ Schwester; Tag ~ Nacht; er erzählte, ~ sie hörte aufmerksam zu; 3 ~ 5 ist 8; je zwei ~ zwei; ~ Ähnliches ⟨Abk.: u. Ä.⟩; ~ andere(s)/Andere(s), andre(s)/Andre(s) ⟨Abk.: u. a.⟩; ~ viele(s) andere/Andere ⟨Abk.: u. v. a.⟩; ~ viele(s) andere/Andere mehr ⟨Abk.: u. v. a. m.⟩ **II** ⟨anknüpfend, einen zweiten Hauptsatz od. ein Satzgefüge einleitend⟩ ich rief, ~ als keine Antwort kam, ging ich wieder hinaus **III** ⟨verstärkend⟩ durch ~ durch *vollständig durch;* nach ~ nach *allmählich;* immer größer ~ größer; na ~? ⟨umg.⟩ *was*

U

noch?, ist das alles?; ~ ob!, ~ wie! ‹umg.› *ja, sehr!* **IV** ‹auf Folgendes, Kommendes weisend› ~ so weiter *in diesem Sinne, in dieser Art so weiter* **V** ‹einleitend› ~ so kam es dann zu dem Unglück; ~ was soll ich jetzt tun? **VI** ‹entgegenstellend; umg.› der ~ singen können? *der kann doch gar nicht singen!*

Ụn|dank ‹der; -(e)s; unz.› *Mangel an Dank, unfreundliche Gegenleistung* ▸ er hat für alle seine Hilfe nur ~ geerntet

ụn|dank|bar ‹Adj.› **1** *gleichgültig gegen erwiesene Freundlichkeit od. Güte* **2** ‹übertr.› *viel Mühe bereitend u. unerfreulich, nicht lohnend* (Arbeit, Aufgabe) ▸ es wäre sehr ~ von uns, ihm jetzt nicht zu helfen; Abl *Undankbarkeit*

ụn|da|tiert ‹Adj.› *ohne Datum* (Schriftstück)

un|de|fi|nier|bar ‹a. [ụn-] Adj.› *nicht erkennbar, unbestimmbar* ▸ ein ~es Geräusch

un|dẹnk|bar ‹Adj.› *unvorstellbar* ▸ es ist ~, dass er hier in der Stadt ist und nicht zu uns kommt

ụn|deut|lich ‹Adj.› *nicht klar erkennbar* ▸ ich habe nur noch eine ~e Erinnerung daran; ~ schreiben *unleserlich;* etwas nur ~ sehen *verschwommen, unklar;* ~ sprechen *schwer verständlich*

ụn|dicht ‹Adj.› *durchlässig* (Stoff, Gefäß)

ụn|dif|fe|ren|ziert ‹Adj.; geh.› *ohne feine Abstufungen, Einzelheiten nicht berücksichtigend* ▸ eine ~e Stellungnahme; ein ~er Wirrwarr

Ụn|ding ‹das; -(e)s; unz.› *etwas Widersinniges, Torheit* ▸ es ist ein ~, das zu verlangen

ụn|di|p|lo|ma|tisch ‹Adj.› *nicht taktisch, ungeschickt* ▸ er hat sich ~ verhalten

ụn|dis|zi|p|li|niert ‹Adj.; -er, am -es|ten› *ohne Disziplin, unbeherrscht;* Abl *Undiszipliniertheit*

un|durch|drịng|lich ‹a. ['----] Adj.› **1** *so beschaffen, dass man nicht hindurchdringen kann* (Urwald, Gestrüpp) **2** ‹übertr.› *sehr verschlossen, ohne Gemütsbewegung* ▸ mit ~er Miene zuhören

un|durch|führ|bar ‹a. ['----] Adj.› *nicht durchführbar, nicht machbar* (Plan, Vorhaben)

ụn|durch|läs|sig ‹Adj.› *nicht durchlässig* ▸ ~er Stoff; Zus *lichtundurchlässig, wasserundurchlässig*

un|durch|schau|bar ‹Adj.› *so beschaffen bzw. sich so verhaltend, dass man es, ihn, sie nicht durchschauen kann* ▸ die Vorgänge sind für mich ~; sie ist ~; er ist ein ~er Mensch

ụn|durch|sich|tig ‹Adj.› **1** *nicht durchsichtig* (Kleid, Papier) **2** ‹übertr.› **2.1** *nicht klar erkennbar* **2.2** *nicht leicht zu durchschauen* (Person)

ụn|eben ‹Adj.› **1** *nicht eben, holperig* (Straße) **2** *hügelig, wellig* (Gelände)

Ụn|eben|heit ‹die; -, -en› **I** ‹unz.› *unebene Beschaffenheit* ▸ ~ des Geländes, des Weges, einer Oberfläche **II** ‹zählb.› *unebene Stelle, Loch od. Buckel* ▸ die Straße ist voller ~en

ụn|echt ‹Adj.› *nicht echt, nachgemacht, imitiert* (Edelstein, Kunstwerk); Abl *Unechtheit*

ụn|ehe|lich ‹Adj.› *von einer unverheirateten Frau geboren* ▸ sie hat ein ~es Kind

ụn|eh|ren|haft ‹Adj.› *nicht ehrenhaft*

ụn|ehr|lich ‹Adj.› *nicht ehrlich, unredlich, betrügerisch;* Abl *Unehrlichkeit*

ụn|ei|gen|nüt|zig ‹Adj.› *nicht eigennützig, selbstlos* ▸ ~ handeln; er, sie ist sehr ~

ụn|ein|ge|schränkt ‹Adj.› *ohne Einschränkung, vollkommen* ▸ ~es Lob; ~es Vertrauen

ụn|ein|heit|lich ‹Adj.› *nicht einheitlich, verschiedenartig, unterschiedlich (verlaufend)* ▸ es ergab sich ein ~es Bild; Abl *Uneinheitlichkeit*

ụn|ei|nig ‹Adj.› *nicht einig, nicht übereinstimmend* ▸ über etwas ~ sein; Abl *Uneinigkeit*

un|ein|neh|bar ‹a. ['----] Adj.› *so stark befestigt, dass man es nicht einnehmen kann* ▸ die Festung galt als ~; Abl *Uneinnehmbarkeit*

ụn|eins ‹Adv.› *uneinig;* Ggs *eins[1] (3)*

ụn|ein|sich|tig ‹Adj.› *unbelehrbar, unvernünftig* ▸ das Kind ist ~; Abl *Uneinsichtigkeit*

ụn|emp|find|lich ‹Adj.› *nicht empfindlich, gleichgültig* ▸ ~ gegen Kälte; Abl *Unempfindlichkeit*

un|ẹnd|lich ‹Adj.› **I** ‹attr.; präd.› **1** *nicht endlich, endlos, ohne Ende;* Ggs *endlich[2] (2)* **2** *unbegrenzt, grenzenlos* ▸ (eine) ~e Geduld haben; die ~e Weite des Meeres ‹übertr.›; bis ins Unendliche ‹übertr.›; Abl *Unendlichkeit* **II** ‹adv.› *sehr, außerordentlich* ▸ ~ groß; ~ traurig; ~ viel

un|ent|behr|lich ‹a. ['----] Adj.› *unbedingt nötig* ▸ er, sie ist (für uns) ~; sich ~ machen *so gut in etwas sein, dass man benötigt wird*

un|ent|gelt|lich ‹a. ['----] Adj.› *umsonst, gratis*

ụn|ent|schie|den ‹Adj.› **1** *nicht entschieden* **2** *nicht genau bestimmt, zweifelhaft* **3** ‹Sp.› *mit gleicher Punktzahl od. Toranzahl;* Abl *Unentschieden* ▸ es ist noch ~, ob …; das Spiel endete, steht ~

ụn|ent|schlos|sen ‹Adj.› *(noch) nicht entschlossen* ▸ ich bin ~ *ich habe noch keinen Entschluss gefasst;* Abl *Unentschlossenheit*

ụn|ent|schul|digt ‹Adj.› *ohne Entschuldigung* ▸ sein ~es Fernbleiben fiel auf; ~ fehlen

un|ent|wegt ‹a. ['---] Adv.› **1** *unverdrossen, unermüdlich* **2** *unaufhörlich* ▸ nur ein paar Unentwegte waren trotz Dauerregens gekommen; ~ arbeiten; das Kind schrie ~

un|er|bịtt|lich ‹a. ['----] Adj.› *unnachgiebig, hart, unbeugsam* ▸ sie flehten ihn an, aber er blieb ~; Abl *Unerbittlichkeit*

ụn|er|fah|ren ‹Adj.› *(noch) ohne Erfahrung, ungeübt* ▸ er ist noch ~; Abl *Unerfahrenheit*

un|er|fịnd|lich ‹a. ['----] Adj.› *unverständlich, unerklärlich* ▸ aus ~en Gründen fehlen

ụn|er|forscht ‹Adj.› *noch nicht erforscht* ▸ nur noch wenige Gebiete sind heutzutage ~

ụn|er|freu|lich ‹Adj.› *unangenehm* ▸ jmdm. eine ~e Mitteilung machen; die Atmosphäre war ~

ụn|er|füllt ‹Adj.› **1** *nicht in Erfüllung gegangen* **2** *nicht ausgelastet, unglücklich* ▸ ihr Kinderwunsch blieb ~ *sie hat keine Kinder bekommen*

ụn|er|gie|big ‹Adj.› *nicht ergiebig, ohne großen Ertrag od. Nutzen;* Abl *Unergiebigkeit*

un|er|gründ|lich ‹a. ['----] Adj.› *nicht ergründlich, so beschaffen, dass man es nicht ergründen kann* ▸ in ~er Tiefe ‹meist übertr.›

ụn|er|heb|lich ‹Adj.› *unwesentlich, unbedeutend* ▸ es ist ~, ob er kommt; der Schaden ist ~; Abl *Unerheblichkeit*

un|er|hört ‹a. ['---] Adj.› **I** ‹attr.; präd.› **1** *nicht erhört* (Bitte) **2** ‹meist übertr.› *empörend* **3** *außerordentlich* ▸ (das ist ja) ~!; das ist eine ~e Frechheit; er hat ~es Glück gehabt **II** ‹adv.; umg.› *sehr* ▸ ~ billig; die Preise sind ~ hoch

un|er|kannt ‹Adj.› *ohne erkannt zu werden* ▸ er gelangte ~ in die Stadt

un|er|klär|lich ‹a. ['----] Adj.› *nicht zu erklären, rätselhaft* ▸ eine ~e Angst überfiel sie; es ist mir ~, wie das geschehen konnte

un|er|läss|lich ‹a. ['----] Adj.› *unbedingt nötig* ▸ das ist eine ~e Voraussetzung für die Prüfung

un|er|le|digt ‹Adj.› *(noch) nicht erledigt, unausgeführt, noch zu tun* ▸ ~e Post *unbeantwortete Post*

un|er|mess|lich ‹a. ['----] Adj.› **I** ‹attr.; präd.› *nicht messbar, ungeheuer in der Ausdehnung, im Ausmaß* ▸ seine finanziellen Forderungen gingen ins Unermessliche; Abl *Unermesslichkeit* **II** ‹adv.› *außerordentlich* ▸ er ist ~ reich

un|er|müd|lich ‹a. ['----] Adj.› *ohne zu ermüden, ausdauernd* ▸ mit ~er Energie; ~ arbeiten; er ist ~ in seinem Fleiß; Abl *Unermüdlichkeit*

un|er|quick|lich ‹Adj.› *unangenehm, unerfreulich* ▸ ein ~es Gespräch

un|er|reicht ‹Adj.› *(noch) nicht erreicht* ▸ seine Kenntnisse auf diesem Gebiet sind (bisher) ~

un|er|sätt|lich ‹a. ['----] Adj.› **1** *nicht zu sättigen, nicht zu stillen* (Gier, Verlangen) **2** *gierig, nicht zufriedenzustellen* (Person) ▸ ~er Wissensdurst; er ist einfach ~

un|er|schöpf|lich ‹a. ['----] Adj.› *so beschaffen, dass man es nicht erschöpfen kann, enorm* ▸ er besaß einen geradezu ~en Vorrat an Witzen

un|er|schro|cken ‹Adj.› *mutig, furchtlos* ▸ er ist ~

un|er|schüt|ter|lich ‹a. ['----] Adj.› *so beschaffen, dass es nicht zu erschüttern ist* ▸ mit ~er Ruhe

un|er|schwing|lich ‹a. ['----] Adj.› *allzu teuer, nicht bezahlbar* ▸ ~e Preise; das Auto ist ~

un|er|setz|lich ‹a. ['----] Adj.› *nicht zu ersetzen, notwendig;* Syn *unersetzbar* ▸ ein ~er Schaden, Verlust; er ist in unserem Betrieb ~

un|er|sprieß|lich ‹Adj.; geh.› *keinen Nutzen bringend, unerfreulich* ▸ ein ~es Gespräch

un|er|träg|lich ‹a. ['----] Adj.› *nicht zu ertragen, nicht auszuhalten;* Ggs *erträglich* ▸ ~e Schmerzen; die Lage ist ~; dieser Mensch ist völlig ~ ‹übertr.›; es ist ~ heiß hier; Abl *Unerträglichkeit*

un|er|war|tet ‹a. ['----] Adj.› *plötzlich, unvorhergesehen* ▸ eine ~e Nachricht; ein ~es Wiedersehen; wir haben ~ Besuch bekommen; das kommt, geschieht (für uns alle) völlig ~

un|er|wünscht ‹Adj.› *nicht erwünscht, unwillkommen* ▸ Besuche sind ~

UNESCO ‹die; -; unz.; Kurzw. für› *United Nations Educational Scientific and Cultural Organization (Organisation der Vereinten Nationen für Erziehung, Wissenschaft u. Kultur)*

un|fä|hig ‹Adj.› *nicht fähig, nicht imstande (etwas zu tun)* ▸ ein ~er Mitarbeiter; er war ~ aufzustehen; Abl *Unfähigkeit;* Zus *arbeitsunfähig*

un|fair ‹[-fɛːr] Adj.› *nicht fair, nicht anständig, nicht ehrlich (bes. im Sport)* ▸ ein ~es Spiel

Un|fall ‹der; -(e)s, -fäl|le› *Missgeschick od. Unglück, das meistens Sach- od. körperlichen Schaden zur Folge hat* ▸ einen ~ haben; leichter, schwerer, tödlicher ~; gegen ~ versichert sein; Zus *Unfallopfer, Unfallversicherung; unfallfrei; Arbeitsunfall, Autounfall, Verkehrsunfall*

Un|fall|flucht ‹die; -; unz.› *Flucht dessen, der einen Unfall verursacht hat* ▸ ~ begehen

un|fass|bar ‹a. ['---] Adj.› *nicht begreifbar, erschütternd* (Ereignis, Unglück); Syn *unfasslich* ▸ eine ~e Grausamkeit; es ist ~, was er getan hat

un|fehl|bar ‹a. ['---] Adj.› **1** *untrüglich* (Instinkt, Sicherheit) **2** *niemals irrend* (Person) **3** *unanfechtbar* (Entscheidung) ▸ niemand, kein Mensch ist ~; Abl *Unfehlbarkeit*

un|fein ‹Adj.› *grob, unpassend* (Benehmen)

un|fer|tig ‹Adj.› **1** *(noch) nicht fertig, unvollendet, nicht zu Ende geführt* **2** ‹übertr.› *unreif* (Mensch) ▸ eine Arbeit ~ liegen lassen

un|flä|tig ‹Adj.› *unanständig, grob, frech, gemein* ▸ jmdn. ~ beschimpfen; Abl *Unflätigkeit*

un|fle|xi|bel ‹Adj.; -xi|bler, am -s|ten› *nicht anpassungsfähig;* Zus *bei Beugung entfällt das „e" in der Endsilbe: „unflexible Mitarbeiter"*

un|folg|sam ‹Adj.› *nicht folgsam, ungehorsam*

un|för|mig ‹Adj.› **1** *sehr groß u. doch ohne richtige od. schöne Form* **2** *missgestaltet* ▸ von ~er Gestalt

un|fran|kiert ‹Adj.› *ohne Briefmarke*

un|frei ‹Adj.› **1** *nicht frei, abhängig;* Abl *Unfreiheit* **2** *ohne Bewegungsfreiheit* **3** *unfrankiert*

un|frei|wil|lig ‹Adj.› **1** *gezwungen, gegen den eigenen Willen* **2** *nicht beabsichtigt* ▸ er hat ein ~es Bad genommen ‹scherzh.› *er ist ins Wasser gefallen;* eine Szene von ~er Komik

un|freund|lich ‹Adj.› **1** *grob, barsch, unhöflich* **2** *missgestimmt, übellaunig* **3** *kalt u. regnerisch* (Wetter) ▸ ~e Bedienung; ~ antworten; jmdn. ~ empfangen; Abl *Unfreundlichkeit*

Un|frie|den ‹der; -s; unz.› *Streit, Spannung;* oV *Unfriede* ▸ ~ stiften; mit jmdm. in ~ leben

un|frucht|bar ‹Adj.› **1** *nichts hervorbringend* (Boden) **2** *unfähig, sich fortzupflanzen* (Lebewesen) **3** ‹übertr.› *die Mühe nicht lohnend, nutzlos* ▸ ~e Gespräche ‹übertr.›; Abl *Unfruchtbarkeit*

Un|fug ‹der; -s; unz.› **1** ‹Rechtsw.› *die Allgemeinheit belästigendes Benehmen* **2** ‹umg.› *Unsinn, Dummheiten* ▸ mach keinen ~!; das ist doch (alles) ~!; ~ treiben; grober ~ ‹Rechtsw.›

...ung ‹Nachsilbe; zur Bildung Subst. aus Verben; die; -, -en› **1** *(zur Bezeichnung von Handlungen, Vorgängen od. Ereignissen),* z. B. Bewaffnung, Beschreibung, Verleumdung **2** *(zur Bezeichnung von Sachen, Räumen od. Personen),* z. B. Wohnung, Besiedlung, Bedienung, Erzählung

Un|gar ‹der; -en, -en› *Einwohner von Ungarn;* Syn *Magyar* ▸ er ist gebürtiger ~; Abl *Ungarin; ungarisch*

un|gast|lich ‹Adj.› **1** *nicht angenehm zum Aufenthalt* (Haus) **2** *unfreundlich zu Gästen*

un|ge|ach|tet ‹Präp. m. Gen.› *ohne zu beachten, trotz* ▸ ~ dessen *ohne Rücksicht darauf;* ~ seiner großen Verdienste wurde er entlassen

U

un|ge|ahnt ⟨a. [--'-] Adj.⟩ *nicht vorhersehbar, vorher nicht zu erkennen* ▸ er entwickelt ~e Fähigkeiten; hier bieten sich ~e Möglichkeiten

un|ge|be|ten ⟨Adj.⟩ *ohne gebeten zu sein, ohne Aufforderung* ▸ ~er Gast *G., den man nicht eingeladen hat u. den man auch nicht gern bei sich sieht;* sich ~ einmischen, etwas ~ tun

un|ge|beugt ⟨Adj.⟩ **1** *aufrecht, unerschütterlich* **2** ⟨Gramm.⟩ *nicht flektiert*

un|ge|bil|det ⟨Adj.⟩ *nicht gebildet, ohne Bildung*

un|ge|bo|ren ⟨Adj.⟩ *noch nicht geboren*

un|ge|bräuch|lich ⟨Adj.⟩ *nicht gebräuchlich, nicht üblich* (Wort, Redewendung)

un|ge|bremst ⟨Adj.⟩ **1** *mit voller Wucht* **2** ⟨übertr.⟩ *ungebrochen, nach wie vor vorhanden* ▸ ~ in einen Zaun fahren; die Reiselust der Deutschen ist ~ ⟨übertr.⟩

un|ge|bro|chen ⟨Adj.; übertr.⟩ *nicht gebrochen, vom Schicksal ungebeugt* ▸ sein Wille war noch ~

un|ge|bühr|lich ⟨Adj.⟩ *nicht höflich, ungehörig* ▸ ~es Benehmen; jmdn. ~ lange warten lassen

un|ge|bun|den ⟨Adj.⟩ **1** *ohne zusammenhaltendes Band* (Blumenstrauß) **2** *nicht gebunden, ohne Einband* (Buch) **3** *nicht Teil einer chem. Verbindung* (Element) **4** ⟨übertr.⟩ **4.1** *frei, ohne ständige Pflichten* **4.2** *unverheiratet, ledig* ▸ er ist noch ~

un|ge|deckt ⟨Adj.⟩ *(noch) nicht gedeckt* ▸ ~es Haus; ~e Kosten; ~er Scheck *Sch. ohne Deckung, ohne Guthaben auf dem Konto zur Bezahlung*

Un|ge|duld ⟨die; -; unz.⟩ *Mangel an Geduld, Unfähigkeit zu warten;* Ggs *Geduld* ▸ voller ~ auf die Ferien warten; seine ~ wächst; Abl *ungeduldig*

un|ge|eig|net ⟨Adj.⟩ **1** *nicht geeignet, nicht geschickt* **2** *nicht gut zu gebrauchen* ▸ ~es Werkzeug; das Gerät ist dafür ~; er ist als Chef ~

un|ge|fähr ⟨a. [--'-] Adv.⟩ *annähernd, etwa* ▸ ~ das Doppelte; ~e Schätzung; ich habe davon nur eine ~e Vorstellung ⟨umg.⟩ *eine ungenaue V.;* ~ um 3 Uhr wird er kommen; er ist ~ 30 Jahre alt; ich benötige ~ 10 Stück; „Hast du alles allein gemacht?" „So ~!"; das kommt doch nicht von ~ *das ist nicht zufällig so*

un|ge|fähr|det ⟨Adj.⟩ *ohne in Gefahr zu geraten, nicht bedroht* ▸ ein ~ er Sieg

un|ge|fähr|lich ⟨Adj.⟩ **1** *keine Gefahr mit sich bringend* **2** *ohne Gefahr, ohne Bedrohung* ▸ dieses Mittel ist ~; die Sache ist völlig ~

un|ge|fragt ⟨Adv.⟩ *ohne gefragt zu sein* ▸ ~ etwas sagen, dazwischenreden

un|ge|hal|ten ⟨Adj.⟩ *unwillig, ärgerlich* ▸ etwas in ~em Ton sagen; über etwas ~ sein

un|ge|hemmt ⟨Adj.⟩ *nicht gehemmt, ohne Hemmung* ▸ frei und ~ sprechen

un|ge|heu|er ⟨a. [--'--]⟩ **I** ⟨Adj.⟩ *riesig, gewaltig, außerordentlich* ▸ die Verantwortung, die er trägt, ist ~; Bes *bei Beugung entfällt das „e" in der Endsilbe: „ungeheure Leistung, ungeheure Kraft"* **II** ⟨adv.⟩ *sehr, außerordentlich* ▸ ~ groß, stark, schwer

Un|ge|heu|er ⟨das; -s, -⟩ **1** *riesenhaftes, furchterregendes, großes Tier* **2** ⟨übertr.⟩ *grausamer Mensch*

un|ge|heu|er|lich ⟨a. [--'---] Adj.; umg.⟩ *empörend* ▸ ein ~es Verbrechen; das ist ja ~!; eine ~e Anschuldigung; Abl *Ungeheuerlichkeit*

un|ge|hin|dert ⟨Adj.⟩ *ohne Hindernis, ohne gehindert zu werden* ▸ ~ über die Grenze kommen

un|ge|ho|belt ⟨Adj.; übertr.⟩ *grob, unhöflich, unerzogen* (Person, Benehmen)

un|ge|hö|rig ⟨Adj.⟩ *frech, unhöflich* (Antwort, Benehmen)

un|ge|hor|sam ⟨Adj.⟩ *nicht gehorsam, widerspenstig* ▸ ~ sein *nicht gehorchen;* Abl *Ungehorsam*

un|ge|klärt ⟨Adj.⟩ *nicht klar, nicht geklärt* ▸ es ist noch ~, ob …; aus ~er Ursache

un|ge|krönt ⟨Adj.⟩ **1** *nicht gekrönt* **2** *sehr erfolgreich, sehr gut* ▸ ~er König des Soul

un|ge|kürzt ⟨Adj.⟩ *nicht gekürzt* ▸ ~e Ausgabe

un|ge|le|gen ⟨Adj.⟩ *unpassend* ▸ zu ~er Stunde kommen; jmdm. ~ kommen *jmdn. stören*

un|ge|lenk ⟨Adj.⟩ *unbeholfen, ungeschickt in den Bewegungen*

un|ge|len|kig ⟨Adj.⟩ *nicht gelenkig, schwer beweglich* (Glieder, Person) ▸ im Alter wird man ~

un|ge|lernt ⟨Adj.; umg.; nur in der Fügung⟩ ~er Arbeiter *A. ohne Ausbildung, Hilfsarbeiter;* Ggs *gelernter Arbeiter;* → *lernen*

un|ge|liebt ⟨Adj.⟩ **1** *nicht geliebt* **2** *von jmdm. nicht gemocht* ▸ ~e Tochter; die ~en Hausaufgaben

un|ge|lo|gen ⟨Adv.; umg.⟩ *tatsächlich, wirklich* ▸ ich habe ~ drei Stunden dazu gebraucht

un|ge|löst ⟨Adj.⟩ *nicht gelöst, ungeklärt* ▸ ein ~es Problem; ~er Stoff ⟨Chem.⟩

Un|ge|mach ⟨das; -s; unz.; geh.⟩ **1** *Unglück* **2** *Beschwernis, große Mühe* ▸ es droht ~

un|ge|mein ⟨a. ['---] Adj.⟩ **I** ⟨attr.; präd.⟩ *sehr groß, viel, außerordentlich* ▸ eine ~e Anstrengung; es macht mir ~es Vergnügen **II** ⟨adv.⟩ *sehr, äußerst* ▸ er ist ~ liebenswürdig

un|ge|müt|lich ⟨Adj.⟩ **1** *nicht gemütlich* (Raum) **2** ⟨übertr.⟩ **2.1** *unangenehm* (Gefühl) **2.2** *unfreundlich, grob* (Person) ▸ sie kann sehr ~ werden ⟨übertr.⟩; in seinem Zimmer war es kalt und ~

un|ge|nannt ⟨Adj.⟩ *ohne Namensnennung, anonym* ▸ der Spender will ~ bleiben

un|ge|nau ⟨Adj.⟩ **1** *nicht genau, fehlerhaft* **2** *unbestimmt, ungefähr* ▸ die Uhr geht ~; nur ~e Angaben machen; Abl *Ungenauigkeit*

un|ge|niert ⟨[-ʒə-], a. [--'-] Adj.⟩ **1** *ungehemmt* **2** *zwanglos, frei* (Benehmen) ▸ sagen Sie es ~!

un|ge|nieß|bar ⟨a. ['----] Adj.⟩ Ggs *genießbar* **1** *nicht genießbar, verdorben* (Speise) **2** *nicht zum Essen geeignet, giftig* (Pilz) **3** ⟨übertr.; umg.⟩ *schlecht gelaunt* ▸ du bist heute ~ ⟨übertr.; umg.⟩; Abl *Ungenießbarkeit*

un|ge|nü|gend ⟨Adj.⟩ **1** *nicht ausreichend, sehr schlecht* **2** ⟨Bez. für⟩ *die schlechteste (deutsche) Schulnote (sechs)* ▸ das ist eine ~e Erklärung; sie hat in zwei Fächern „~" bekommen (als Schulnote)

un|ge|nutzt ⟨Adj.⟩ *ohne genutzt zu werden;* oV *ungenützt* ▸ den (günstigen) Augenblick, die Gelegenheit ~ verstreichen lassen

U V W X Y Z

un|ge|pflegt ⟨Adj.; -er, am -es|ten⟩ *etwas unsauber, vernachlässigt* ▸ ~ aussehen; der Park ist ~
un|ge|ra|de ⟨Adj.⟩ *nicht gerade, nicht durch 2 teilbar;* Ggs *gerade* ▸ ~ Zahl, Hausnummer
un|ge|recht ⟨Adj.; -er, am -es|ten⟩ *nicht gerecht, nicht dem Rechtsgefühl entsprechend* ▸ ~es Urteil; jmdn. ~ behandeln; er, sie ist ~; Abl *Ungerechtigkeit*
un|ge|recht|fer|tigt ⟨Adj.⟩ *nicht gerechtfertigt, unberechtigt* ▸ Vorwürfe als ~ zurückweisen
un|ge|re|gelt ⟨Adj.⟩ *nicht geregelt, unstrukturiert* ▸ ein ~es Leben führen; ~e Mahlzeiten
un|ge|reimt ⟨Adj.⟩ **1** *ohne Reime* (Gedicht, Vers) **2** ⟨übertr.⟩ *unvernünftig, unsinnig, unklar* ▸ ~es Zeug (daher)reden ⟨übertr.⟩; Abl *Ungereimtheit*
un|gern ⟨Adv.⟩ *nicht gern, mit innerem Widerstand*
un|ge|rührt ⟨Adj.⟩ *gleichgültig, kalt* ▸ sie weinte, aber er blieb völlig ~; ~ von ihren Bitten
un|ge|sagt ⟨Adj.⟩ *nicht gesagt, unterdrückt, unausgesprochen* ▸ das wäre besser ~ geblieben
un|ge|sät|tigt ⟨Adj.⟩ **1** ⟨geh.⟩ *nicht satt, noch hungrig* **2** ⟨Chem.⟩ **2.1** ⟨von Lösungen⟩ *nicht gesättigt* **2.2** ⟨von Kohlenwasserstoffen⟩ *Mehrfachbindungen enthaltend*
un|ge|sche|hen ⟨Adj.⟩ *nicht geschehen* ▸ ich wollte, ich könnte es ~ machen
Un|ge|schick|lich|keit ⟨die; -, -en⟩ **I** ⟨unz.⟩ *ungeschicktes Verhalten;* Syn *Ungeschick* ▸ der Unfall ist durch meine ~ passiert **II** ⟨zählb.⟩ *ungeschicktes Benehmen* ▸ politische ~en
un|ge|schickt ⟨Adj.; -er, am -es|ten⟩ **1** *nicht geschickt, schwerfällig* **2** ⟨übertr.⟩ *unklug* ▸ sich ~ anstellen; es war ~, das jetzt zu sagen
un|ge|schla|gen ⟨Adj.⟩ *(noch) nicht geschlagen, unbesiegt* ▸ eine ~e Mannschaft
un|ge|schlecht|lich ⟨Adj.⟩ *weder männliche noch weibliche Geschlechtsmerkmale aufweisend, ohne Geschlecht* ▸ ~e Fortpflanzung
un|ge|schlif|fen ⟨Adj.⟩ **1** *nicht geschliffen* (Werkstoff, Edelstein) **2** ⟨übertr.⟩ *ohne gute Manieren*
un|ge|schminkt ⟨Adj.; -er, am -es|ten; Steig. nur übertr.⟩ **1** *ohne Schminke* **2** ⟨übertr.⟩ *ohne Beschönigung* ▸ jmdm. die ~e Wahrheit sagen
un|ge|schönt ⟨Adj.⟩ *realistisch, ohne Beschönigung* ▸ eine ~e Darstellung des Alltags
un|ge|scho|ren ⟨Adj.⟩ *nicht geschoren* ▸ jmdn. ~ lassen ⟨übertr.⟩ *nicht zur Rechenschaft ziehen*
un|ge|schrie|ben ⟨Adj.⟩ *nicht schriftlich festgelegt* ▸ ein ~es Gesetz *etwas nicht als Gesetz Formuliertes, aber allgemein Anerkanntes*
un|ge|schützt ⟨Adj.⟩ *nicht geschützt* ▸ ~er Geschlechtsverkehr; mit ~en Augen, ~em Kopf
un|ge|se|hen ⟨Adj.⟩ *ohne gesehen zu werden* ▸ er gelangte ~ ins Haus und in sein Zimmer
un|ge|setz|lich ⟨Adj.⟩ *gesetzlich nicht erlaubt* ▸ etwas auf ~em Wege erreichen; →a. *illegal*
un|ge|si|chert ⟨Adj.⟩ *nicht (ab)gesichert, ohne Schutz* ▸ ein ~er Unfallort, Fußweg
un|ge|stillt ⟨Adj.⟩ *unbefriedigt* ▸ ~es Verlangen
un|ge|stört ⟨Adj.; -er, am -es|ten⟩ *nicht gestört, ohne Störung* ▸ für den ~en Ablauf einer Veranstaltung sorgen; hier kann ich ~ arbeiten

U

un|ge|straft ⟨Adj.⟩ *nicht gestraft, ohne Strafe* ▸ er ist ~ davongekommen
un|ge|stüm ⟨Adj.⟩ **1** *heftig u. schnell* **2** *ungeduldig vorwärtsdrängend* ▸ jmdm. ~ um den Hals fallen
Un|ge|stüm ⟨das; -s; unz.⟩ *ungestümes Wesen, leidenschaftl. Ungeduld* ▸ mit jugendlichem ~
un|ge|sühnt ⟨Adj.; geh.⟩ *ohne Strafe, ohne Sühne* ▸ die Tat darf nicht ~ bleiben
un|ge|sund ⟨Adj.⟩ **1** *nicht gut für die Gesundheit* (Klima, Speise) **2** *nicht gesund, kränklich* (Aussehen) **3** ⟨übertr.⟩ *nicht gut, unerfreulich* (Entwicklung) ▸ Süßigkeiten sind ~; sich ~ ernähren
un|ge|teilt ⟨Adj.⟩ *nicht geteilt, ganz* ▸ mit ~er Aufmerksamkeit zuhören, zusehen
un|ge|trübt ⟨Adj.; übertr.⟩ *uneingeschränkt, rein* ▸ in ~er Freude; ~e Freundschaft; ~es Glück
Un|ge|tüm ⟨das; -s, -e⟩ **1** *riesiges Tier* **2** *riesiger, schwerer Gegenstand* ▸ ein schwarzes ~
un|ge|übt ⟨Adj.⟩ *(noch) nicht geübt, ohne Übung* ▸ sie ist im Klavierspielen noch ~
un|ge|wiss ⟨Adj.⟩ *unsicher, unbestimmt* ▸ es ist ~, ob er heute noch kommt; der Ausgang, Erfolg der Sache ist ~; jmdn. im Ungewissen lassen *ihm nichts Genaues mitteilen;* Abl *Ungewissheit*
un|ge|wöhn|lich ⟨Adj.⟩ **I** ⟨attr.; präd.⟩ **1** *außergewöhnlich, nicht üblich* **2** *ungebräuchlich* (Ausdruck, Redewendung) **3** *erstaunlich* ▸ sein Benehmen ist ~; Abl *Ungewöhnlichkeit* **II** ⟨adv.⟩ *ganz besonders* ▸ das Bild ist ~ gut erhalten; es dauert heute ~ lange
un|ge|wohnt ⟨Adj.⟩ **1** *nicht gewohnt* **2** *nicht üblich* ▸ er antwortete mit ~er Schärfe
un|ge|wollt ⟨Adj.⟩ *nicht gewollt* ▸ das war, geschah ~; ~e Schwangerschaft
un|ge|zählt ⟨Adj.⟩ **I** ⟨attr.⟩ *so viele, dass man sie nicht zählen kann, sehr viel, unzählig* ▸ ich habe ~e Stunden damit verbracht **II** ⟨adv.⟩ *ohne gezählt zu haben* ▸ er steckte die Scheine ~ ein
un|ge|zähmt ⟨Adj.⟩ *(noch) nicht gezähmt, wild*
Un|ge|zie|fer ⟨das; -s; unz.⟩ *Tiere (bes. Insekten), die Pflanzen, Stoffe u. Vorräte angreifen u. vom Menschen als schädlich betrachtet werden*
un|ge|zo|gen ⟨Adj.⟩ *unartig, frech* ▸ ~es Kind; ~ antworten; ~ sein; Abl *Ungezogenheit*
un|ge|zü|gelt ⟨Adj.⟩ *nicht gezügelt, unbeherrscht*
un|ge|zwun|gen ⟨Adj.; übertr.⟩ *natürlich, nicht förmlich* ▸ in ~er Haltung; sie bewegt sich hier ganz ~; sich ~ unterhalten; Abl *Ungezwungenheit*
un|gif|tig ⟨Adj.⟩ *kein Gift enthaltend* ▸ ~er Pilz
Un|glau|be ⟨der; -ns; unz.⟩ *mangelnder Glaube, bes. an Gott*
un|glaub|haft ⟨Adj.; -er, am -es|ten⟩ *so beschaffen, dass man es nicht glauben kann* ▸ ~e Geschichte, Darstellung; seine Schilderung ist ~
un|gläu|big ⟨Adj.⟩ **1** *nicht gläubig (1)* **2** *nicht an Gott glaubend;* Abl *Ungläubige(r)* **3** *nicht glauben könnend, zweifelnd* ▸ jmdn. ~ anschauen
un|glaub|lich ⟨a. ['---] Adj.⟩ **1** *höchst erstaunlich, unwahrscheinlich* **2** ⟨übertr.⟩ *unerhört* ▸ (das ist) ~!; eine ~e Frechheit, eine ~e Geschichte; es ist ~, wie gut sie das kann

un|glaub|wür|dig ⟨Adj.⟩ **1** *so beschaffen, dass man es nicht glauben kann* (Aussage) **2** *so geartet, dass man ihm, ihr nicht glauben kann* (Person) ▸ seine Darstellung der Tat ist ~; der Zeuge ist ~; Abl *Unglaubwürdigkeit*

un|gleich[1] ⟨Adj.⟩ *unterschiedlich, verschieden, nicht übereinstimmend* ▸ ~e Größe, Höhe, Tiefe, Breite; ein ~es Paar; die beiden sind einfach zu ~; ~ verteilt; Abl *Ungleichheit;* Zus *Ungleichbehandlung*

un|gleich[2] ⟨Adv.; umg.⟩ *sehr viel, bei weitem* ▸ er hat ~ besser gespielt als sie

Un|gleich|ge|wicht ⟨das; -(e)s, -e⟩ *Unausgewogenheit, ungleiche Verteilung* ▸ ein ~ ausgleichen; Abl *ungleichgewichtig*

un|gleich|mä|ßig ⟨Adj.⟩ *nicht gleichmäßig* ▸ sein Puls geht ~; etwas ~ verteilen; Abl *Ungleichmäßigkeit*

Un|glück ⟨das; -(e)s, -e⟩ **1** *Ereignis, das Schaden u. Trauer hervorruft, schwerer Unfall;* Zus *Unglücksfall, Unglücksort; Lawinenunglück, Verkehrsunglück* **2** *Notlage, Zustand der Not* **3** ⟨übertr.⟩ *Pech;* Ggs *Glück (1)* ▸ er saß da wie ein **Häufchen** ~ ⟨übertr., umg.⟩ ▸ es ist ein ~ **geschehen;** ein ~ **kommt** selten allein ⟨Sprichw.⟩; pass auf, sonst **passiert** noch ein ~; **sein:** das ist kein (großes) ~ *das ist nicht so schlimm* ▸ **bei** dem ~ sind zwei Menschen gestorben; dabei hat er noch Glück **im** ~ gehabt; mit offenen Augen in sein ~ rennen ⟨übertr.; umg.⟩ *sich, ohne es zu bemerken, in eine Notlage bringen;* sich od. jmdn. ins ~ stürzen ⟨übertr.; umg.⟩ *sich od. jmdn. in schwere Not bringen;* **vom** ~ verfolgt werden *oft Pech haben;* **zu** allem ~ hat er auch noch seine Brieftasche verloren

un|glück|lich ⟨Adj.⟩ **1** *traurig, niedergeschlagen* (Person) **2** *unglückbringend* (Sache, Ereignis) ▸ der Unglückliche! *er kann einem leidtun!* ▸ ~er **Ausgang** einer Sache; er macht eine ~e **Figur** *er sieht etwas komisch aus;* eine ~e **Liebe** *L., die nicht erwidert wird;* durch einen ~en **Zufall** haben wir uns verpasst ▸ sich ~ **fühlen; sein:** ich bin ~ darüber; er ist ~ **gestürzt**

un|glück|li|cher|wei|se ⟨Adv.⟩ *leider* ▸ sie war ~ an diesem Tag nicht zu Hause

un|glück|se|lig ⟨Adj.⟩ **1** *viel Unglück habend* (Person) **2** *unglücklich verlaufend* (Sache) ▸ eine ~e Geschichte wieder in Ordnung bringen

Un|glücks|ra|be ⟨der; -n, -n; übertr.; umg.⟩ *jmd., der oft Unglück hat, Pechvogel;* Syn *Unglücksvogel*

Un|gna|de ⟨die; -; unz.; in der Wendung⟩ in ~ fallen *jmds. Gunst, Unterstützung verlieren;*

un|gnä|dig ⟨Adj.⟩ **1** *unfreundlich, übellaunig* **2** *ungünstig gesinnt* ▸ er ist heute sehr ~

un|gra|de ⟨Adj.; umg.⟩ = *ungerade*

un|gül|tig ⟨Adj.⟩ *nicht (mehr) gültig, keine Geltung (mehr) habend* (Fahrschein, Pass) ▸ der Pass wird am 20. Mai ~ *gilt ab 20. Mai nicht mehr;* ein Gesetz für ~ erklären; Ggs *gültig*

Un|gunst ⟨die; -; unz.⟩ **1** *Mangel an Gunst* **2** *das Ungünstigsein* ▸ zu jmds. ~en *zu jmds. Nachteil;* ich habe mich zu Ihren ~en verrechnet *zu Ihrem Nachteil;* →a. *zuungunsten*

un|güns|tig ⟨Adj.⟩ *nicht günstig, nachteilig* ▸ ~es Wetter (für einen Ausflug); bei ~er Witterung findet das Fest im Saal statt; das Urteil ist für ihn ~ ausgefallen; jmdn. ~ beurteilen; der Augenblick ist ~; dieses Bild von dir ist ~ *unvorteilhaft*

un|gut ⟨Adj.⟩ **1** *nicht gut* **2** *unangenehm* ▸ ich habe ein ~es Gefühl dabei; nichts für ~! *nehmen Sie es mir nicht übel!*

un|halt|bar ⟨a. ['---] Adj.⟩ **1** *nicht länger zu verteidigen* (militär. Stellung) **2** *nicht aufrechtzuerhalten* (Behauptung) **3** *sehr schlecht, dringend zu verändern* (Zustand) **4** ⟨Sp.⟩ *(für den Torwart) unerreichbar* (Schuss, Wurf)

un|hand|lich ⟨Adj.⟩ *nicht handlich, unpraktisch, unbequem* (Gerät)

Un|heil ⟨das; -(e)s; unz.⟩ **1** *schlimmes Geschehen, Unglück;* Zus *Unheil bringend / unheilbringend; Unheil verkündend / unheilverkündend* **2** *Schlimmes, Böses* ▸ ~ anrichten; ein ~ kommen sehen

un|heil|bar ⟨a. ['---] Adj.⟩ *nicht heilbar* (Krankheit) ▸ ~ krank sein; Abl *Unheilbarkeit*

un|heim|lich ⟨a. [-'--] Adj.⟩ **I** ⟨attr.; präd.; adv.⟩ **1** *leichte Furcht erregend, unbehaglich* **2** ⟨übertr.; umg.⟩ *sehr groß, sehr viel* ▸ es herrschte ein ~es Durcheinander ⟨übertr.; umg.⟩; ich habe ~en Hunger ⟨übertr.; umg.⟩; er sah ~ aus; in der Dunkelheit ist mir ~ zumute *ich empfinde eine unbestimmte Angst* **II** ⟨adv.; umg.⟩ *sehr* ▸ es ging ~ schnell; ich habe ~ viel Arbeit; er war ~ nett zu uns

un|höf|lich ⟨Adj.⟩ *nicht höflich, nicht hilfsbereit, sehr unfreundlich* ▸ jmdm. eine ~e Antwort geben; er ist sehr ~; Abl *Unhöflichkeit*

Un|hold ⟨der; -(e)s, -e⟩ **1** *böser Geist, Teufel, Ungeheuer* **2** *bösartiger Mensch, Verbrecher*

un|hör|bar ⟨a. [-'--] Adj.⟩ **1** *nicht mit dem Gehör wahrnehmbar* **2** *geräuschlos, lautlos*

un|hy|gi|e|nisch ⟨Adj.⟩ *nicht hygienisch, schmutzig*

uni ⟨[yni:], a. ['--] Adj.; undekl.⟩ *einfarbig;* Syn *unifarben* ▸ der Stoff, das Kleid ist ~

Uni ⟨die; -, -s; kurz für⟩ *Universität*

Uni|form ⟨a. ['---] die; -, -en⟩ *einheitliche Dienstkleidung der Soldaten, Polizisten usw.;* Ggs *Zivil(kleidung)* ▸ eine ~ tragen

uni|for|miert ⟨Adj.⟩ *in Uniform, einheitlich gekleidet* ▸ es wurden Uniformierte eingesetzt

Uni|kat ⟨das; -(e)s, -e⟩ *Urschrift, einzige Ausfertigung (eines Schriftstückes)*

Uni|kum ⟨das; -s, Uni|ka od. (übertr.) -s⟩ **1** *etwas in seiner Art Einmaliges, Seltenes* **2** ⟨übertr.; umg.⟩ *sonderbarer Mensch* ▸ er ist ein ~

un|in|te|r|es|sant ⟨Adj.⟩ *unwichtig, belanglos, langweilig* ▸ ein ~es Buch; ihre Meinung ist ~

un|in|te|r|es|siert ⟨Adj.⟩ *nicht interessiert* ▸ an jmdm. od. etwas ~ sein

Uni|on ⟨die; -, -en⟩ **1** *Vereinigung, Verbindung, Zusammenschluss* **2** ⟨Pol.⟩ *eine der beiden konservativen Parteien CDU od. CSU;* Abl *Unionspartei(en)* ▸ Europäische ~ ⟨Abk.: EU⟩

uni|so|no ⟨Adv.⟩ *im Einklang, einstimmig*

uni|ver|sal ⟨[-vɛr-] Adj.⟩ *gesamt, umfassend, allgemein;* Syn *universell* ▸ eine ~e Bildung
Uni|ver|sal|ge|nie ⟨[-vɛrzaːlʒəniː] das; -s, -s⟩ *jmd., der auf den vielen Gebieten überragend begabt ist*
Uni|ver|si|tät ⟨[-vɛr-] die; -, -en⟩ **1** *Lehr- u. Forschungsstätte für alle Wissensgebiete, Hochschule;* Abl *universitär;* Zus *Universitätsbibliothek, Universitätslaufbahn, Universitätsstudium* **2** *Gesamtheit der Lehrer, Angestellten u. Studenten einer U.* ▸ die ~ besuchen *studieren;* als Professor an eine ~ berufen werden; an der ~ immatrikuliert sein; er lehrt an einer ~; sie hält Vorlesungen an der ~; an der Bielefelder ~ studieren
Uni|ver|sum ⟨[-vẹr-] das; -s; unz.⟩ = *Weltraum*
Ụn|ke ⟨die; -, -n⟩ **1** ⟨Zool.⟩ *froschähnliches, kleines Tier* **2** ⟨umg.; scherzh.⟩ *Pessimist;* Abl *unken*
ụn|kennt|lich ⟨Adj.⟩ *nicht erkennbar* ▸ sich ~ machen; Abl *Unkenntlichkeit*
Ụn|kennt|nis ⟨die; -; unz.⟩ *das Nichtwissen, Nichtkennen* ▸ etwas aus ~ tun; ich habe ihn in ~ darüber gelassen *nicht darüber aufgeklärt*
ụn|klar ⟨Adj.⟩ **1** *undeutlich, verschwommen* (Bild) **2** *nicht verständlich* (Text, Vortrag) **3** *trübe, unrein* (Flüssigkeit) **4** *dunkel, verwickelt* (Angelegenheit) ▸ sich ~ ausdrücken; du solltest ihn nicht länger darüber im Unklaren lassen *du solltest ihm die Sache nun mitteilen;* Abl *Unklarheit*
ụn|klug ⟨Adj.⟩ *psychologisch nicht geschickt, unvorsichtig, unbesonnen* ▸ das war ~ von dir
ụn|kom|pli|ziert ⟨Adj.; -er, am -es|ten⟩ *nicht kompliziert* ▸ ~er Mensch
ụn|kon|ven|ti|o|nell ⟨[-vɛn-] Adj.⟩ *nicht konventionell, zwanglos, ungewöhnlich*
ụn|kon|zen|t|riert ⟨Adj.⟩ *nicht konzentriert, geistesabwesend;* Abl *Unkonzentriertheit*
ụn|kor|rekt ⟨Adj.⟩ *nicht korrekt;* Abl *Unkorrektheit*
Ụn|kos|ten ⟨Pl.⟩ *(zusätzliche) Kosten* ▸ die ~ trägt die Firma; sich in ~ stürzen ⟨umg.⟩ *(viel) Geld ausgeben;* der Umzug war mit großen ~ verknüpft
Ụn|kos|ten|bei|trag ⟨der; -(e)s, -trä|ge⟩ *finanzieller Beitrag der Gäste, z. B. bei Veranstaltungen*
Ụn|kraut ⟨das; -(e)s, -kräu|ter⟩ *oft als schädlich betrachtete, für die Natur jedoch wichtige Pflanze, die zwischen Nutz- u. Zierpflanzen wächst* ▸ ~ ausreißen, jäten, ziehen, zupfen
ụn|kre|a|tiv ⟨Adj.⟩ *einfallslos, fantasielos*
ụn|kri|tisch ⟨Adj.⟩ *nicht kritisch urteilend*
ụn|kul|ti|viert ⟨[-viːrt] Adj.; -er, am -es|ten; Steig. nur übertr.⟩ **1** *nicht kultiviert, nicht bebaut* (Boden) **2** ⟨übertr.⟩ *roh, ungeschliffen* (Benehmen)
ụn|künd|bar ⟨a. ['-'--] Adj.⟩ *nicht kündbar* (Vertrag, Stellung); Abl *Unkündbarkeit*
ụn|kun|dig ⟨Adj.; mit Gen.⟩ einer Sache ~ sein *etwas nicht können* ▸ des Lesens, Schreibens ~
ụn|längst ⟨Adv.⟩ *kürzlich, vor kurzem, neulich* ▸ er ist ~ angekommen, zurückgekehrt
ụn|lau|ter ⟨Adj.⟩ *nicht lauter, nicht ehrlich, nicht anständig* ▸ sich ~er Mittel bedienen; ~er Wettbewerb *Wettbewerb mit unlauteren Mitteln*
ụn|leid|lich ⟨Adj.⟩ *schlecht gelaunt u. daher sehr unfreundlich, unverträglich* ▸ er ist heute ~
ụn|le|ser|lich ⟨Adj.⟩ *nicht lesbar* ▸ eine ~e Handschrift, Inschrift, Unterschrift; ~ schreiben
ụn|lieb|sam ⟨Adj.⟩ *lästig* ▸ eine ~e Störung
ụn|lo|gisch ⟨Adj.⟩ *nicht logisch*
ụn|lös|bar ⟨a. ['---] Adj.⟩ *nicht lösbar* ▸ vor einer ~en Aufgabe stehen; Abl *Unlösbarkeit*
ụn|lös|lich ⟨Adj.; Chem.⟩ *nicht löslich* ▸ ein in Wasser ~er Stoff
Ụn|lust ⟨die; -; unz.⟩ Ggs *Lust (I)* **1** *Mangel an Lust* **2** *Unbehagen, Abneigung* ▸ mit ~ an etwas herangehen; Abl *unlustig;* Zus *Unlustgefühl*
ụn|mä|ßig **I** ⟨Adj.⟩ *kein Maß kennend, maßlos* ▸ ~ Mengen essen; Abl *Unmäßigkeit* **II** ⟨adv.; umg.⟩ *sehr, allzu* ▸ das ist ~ schwer; ~ viel essen
Ụn|men|ge ⟨die; -, -n⟩ *sehr große, nicht zählbare Menge* ▸ eine ~ von Menschen, Büchern
Ụn|mensch ⟨der; -en, -en⟩ *grausamer Mensch* ▸ ich bin ja kein ~ ⟨umg.⟩ *ich lasse mit mir reden*
ụn|mensch|lich ⟨Adj.⟩ **1** *nicht menschlich (denkend, handelnd), grausam, roh* **2** ⟨übertr.; umg.⟩ *sehr (groß), ungeheuer* ▸ mit ~er Grausamkeit, Härte; jmdn. ~ quälen; eine ~e Hitze ⟨übertr.; umg.⟩; Abl *Unmenschlichkeit*
ụn|mẹrk|lich ⟨a. ['---] Adj.⟩ *nicht merklich, nicht spürbar* ▸ eine ~e Veränderung
ụn|miss|ver|ständ|lich ⟨Adj.⟩ *sehr deutlich u. energisch* ▸ eine ~e Absage; sich ~ ausdrücken; jmdm. etwas ~ zu verstehen geben
ụn|mit|tel|bar ⟨Adj.⟩ **1** *ohne örtlichen od. zeitlichen Zwischenraum, sofort, gleich* **2** *ohne Erklärung, ohne Umweg über das Denken;* Abl *Unmittelbarkeit* ▸ in ~er Nähe; diese These ist ~ einleuchtend; ~ danach; das Grundstück liegt ~ neben dem unseren; ~ vor dem Zusammenstoß
ụn|mö|b|liert ⟨Adj.⟩ *ohne Möbel* ▸ ein ~es Zimmer
ụn|mo|dern ⟨Adj.⟩ *nicht modern, nicht der Mode, der Zeit entsprechend* (Kleidung, Anschauung)
ụn|mög|lich ⟨a. [-'--] Adj.⟩ **I** ⟨attr.; präd.; adv.⟩ **1** *nicht möglich, nicht durchführbar, nicht denkbar* **2** ⟨umg.⟩ *völlig aus dem Rahmen fallend, nahezu komisch* ▸ sie hatte ein ~es **Kleid** an ⟨umg.⟩; ein ~er **Mensch** ⟨umg.⟩ ▸ **aussehen:** du siehst (in dem Kleid) ~ aus! ⟨umg.⟩; er **benimmt** sich einfach ~; er hat sich ~ gemacht *sich schlecht benommen;* **sein:** er ist ~; es ist mir ~, zu kommen; du **verlangst** Unmögliches von mir ▸ das ist **ganz,** völlig ~; das ist **technisch,** zeitlich ~ ▸ ich halte es **für** ~; Abl *Unmöglichkeit* **II** ⟨adv.⟩ *keinesfalls, unter keinen Umständen* ▸ das kann ich ~ **allein** schaffen; das kann ~ **richtig** sein
ụn|mo|ra|lisch ⟨Adj.⟩ *nicht moralisch, unsittlich* ▸ eine ~e Forderung; ein ~er Mensch, Lebenswandel; ein ~es Angebot; Abl *Unmoral*
ụn|mo|ti|viert ⟨[-viːrt] Adj.⟩ *nicht motiviert, unbegründet* ▸ sie brach ganz ~ in Tränen aus
ụn|mün|dig ⟨Adj.⟩ *noch nicht mündig, minderjährig, noch nicht 18 Jahre alt;* Abl *Unmündigkeit*
ụn|mu|si|ka|lisch ⟨Adj.⟩ *für Musik nicht begabt*
Ụn|mut ⟨der; -(e)s; unz.⟩ *Missmut, Ärger* ▸ seinen ~ an jmdm. auslassen; seinem ~ Luft machen
ụn|nach|gie|big ⟨Adj.⟩ **1** *nicht biegsam, fest* **2** ⟨a. übertr.⟩ *unerbittlich, nicht kompromissbereit* ▸ eine

~e Haltung einnehmen; ~ bleiben, sein; sich ~ zeigen; Abl *Unnachgiebigkeit*

un|nach|sich|tig ⟨Adj.⟩ *nicht nachsichtig* ▸ mit ~er Strenge vorgehen; Abl *Unnachsichtigkeit*

un|nah|bar ⟨Adj.⟩ *verschlossen, unzugänglich* ▸ sie wirkt so ~; Abl *Unnahbarkeit*

un|na|tür|lich ⟨Adj.⟩ **1** *nicht natürlich, nicht der Natur entsprechend* **2** *geziert, gekünstelt* (Benehmen, Stil) ▸ ~es Verhalten; ein ~ warmer Winter; Abl *Unnatürlichkeit*

un|nor|mal ⟨Adj.⟩ *nicht normal*

un|nö|tig ⟨Adj.⟩ *nicht notwendig, überflüssig* ▸ diese Aufregung ist ~; sich ~ sorgen; das ist ~; (es ist) ~, das zu sagen; Abl *unnötigerweise*

un|nütz ⟨Adj.⟩ *nutzlos, ohne Nutzen* ▸ das ist alles ~es Gerede, Zeug; seine Zeit ~ vertun

UNO

Mit der Abkürzung *UNO* werden die **Vereinten Nationen** (englisch: United Nations oder UN) bezeichnet, eine auf Initiative der USA und unter Mithilfe Großbritanniens, Taiwans und der Sowjetunion 1945 gegründete Organisation zur Sicherung des Weltfriedens. Heute hat die *UNO*, deren Hauptsitz New York ist, 192 Mitgliedstaaten, also fast alle Staaten der Welt. Während Österreich seit 1955 UNO-Mitglied ist, trat die 1945 noch gar nicht existierende Bundesrepublik Deutschland erst 1973 bei. Die Schweiz gehört der *UNO* seit 2002 an. Grundsätze und Ziele der *UNO* sind in der **Charta der Vereinten Nationen** dargelegt. Neben der Wahrung des **Weltfriedens** und der **internationalen Sicherheit** setzt sie sich vor allem für die Achtung der **Menschenrechte** ein.
Das zentrale Organ der UNO, die alle Mitglieder umfassende **Generalversammlung**, ernennt auf Empfehlung des Sicherheitsrates den **UN-Generalsekretär** und die Richter des **Internationalen Gerichtshofes**. Vom **Sicherheitsrat** mit den ständigen Mitgliedern China, Frankreich, Großbritannien, Russland und USA werden **UN-Friedenstruppen** in Krisengebiete entsandt. Der Internationale Gerichtshof ist zuständig für das Schlichten internationaler Streitigkeiten auf der Basis des **Völkerrechts**.
Neben dem Kinderhilfswerk **UNICEF**, das in etwa 160 Staaten der Welt Gesundheitsfürsorge, Familienplanung, Ernährung und Erziehung fördert, und der **UNESCO** (Organisation für Erziehung, Wissenschaft und Kultur der UNO), deren Schwerpunkt die Bekämpfung des Analphabetentums ist, zählen die Weltgesundheitsorganisation **WHO** und die Welthandelsorganisation **WTO** zu den wichtigsten **UNO-Organisationen.**

UNO ⟨die; -; unz.; Abk. für⟩ *United Nations Organization;* →a. *UN*

un|or|dent|lich ⟨Adj.⟩ **1** *nicht ordentlich, nicht ordnungsliebend* (Person) **2** *nicht aufgeräumt* (Zimmer) **3** *nachlässig* (Kleidung) **4** *nicht sorgfältig* (Arbeit) **5** *durcheinander, wirr* (Sachen) **6** *moralisch nicht einwandfrei* (Lebenswandel); ▸ bei ihnen sieht es ~ aus; Abl *Unordentlichkeit*

Un|ord|nung ⟨die; -; unz.⟩ *Mangel an Ordnung, Durcheinander* ▸ eine heillose ~ hinterlassen; etwas in ~ bringen; in ~ geraten

un|or|tho|dox ⟨Adj.; übertr.⟩ *nicht orthodox* ▸ eine ~e Meinung

un|par|tei|isch ⟨Adj.⟩ *zw. den (streitenden) Parteien stehend, neutral* ▸ eine ~e Haltung einnehmen, vertreten; ~ urteilen

Un|par|tei|i|sche(r) ⟨die; -n, -n (der; -n, -n); Sp.⟩ *Schiedsrichter*

un|pas|send ⟨Adj.⟩ **1** *(im Augenblick) nicht passend* **2** *nicht angebracht* ▸ zu ~er Zeit; eine ~e Äußerung; seine Bemerkung war ~

un|päss|lich ⟨Adj.⟩ *unwohl, (vorübergehend) leicht krank* ▸ ~ sein; sich ~ fühlen; Abl *Unpässlichkeit*

Un|per|son ⟨die; -, -en; bes. in totalitären Staaten⟩ *bedeutende Person des öffentlichen Lebens, deren Name nicht mehr genannt werden darf*

un|per|sön|lich ⟨Adj.⟩ **1** *nicht mit einer bestimmten Person verbunden* **2** *sachlich, kühl, persönliche Dinge nicht berührend* (Mensch, Gespräch) ▸ die Atmosphäre in diesem Betrieb ist ~; ~es Verb ⟨Gramm.⟩ *Verb, von dem keine persönl. Formen gebildet werden können, sondern nur Formen mit „es“,* z. B. regnen, schneien

un|plan|mä|ßig ⟨Adj.⟩ *nicht dem Plan gemäß, nicht geplant* ▸ die Maschine landete ~ in Berlin

un|po|li|tisch ⟨Adj.⟩ *nicht politisch (interessiert)*

un|po|pu|lär ⟨Adj.⟩ *nicht populär* ▸ ~e Maßnahmen; eine ~e Meinung äußern

un|prak|tisch ⟨Adj.⟩ **1** *nicht praktisch (denkend, handelnd), umständlich* (Person) **2** *schwer benutzbar, kaum verwendbar* (Gegenstand) ▸ ein ~es Geschenk; er ist völlig ~

un|pro|b|le|ma|tisch ⟨Adj.⟩ *nicht problematisch, nicht schwierig* ▸ die Sache ist ~

un|pro|fes|si|o|nell ⟨Adj.⟩ *nicht professionell, nicht fachmännisch;* Abl *Unprofessionalität*

un|pünkt|lich ⟨Adj.⟩ *nicht pünktlich* ▸ ~ kommen, sein, zahlen; Abl *Unpünktlichkeit*

un|qua|li|fi|ziert ⟨Adj.; -er, am -es|ten⟩ **1** *nicht qualifiziert* **2** ⟨abwertend⟩ *nicht befähigt, ohne Sachverstand, niveaulos* ▸ ~e Äußerungen

un|ra|siert ⟨Adj.⟩ *nicht rasiert, stoppelbärtig*

Un|rat ⟨der; -(e)s; unz.⟩ *Schmutz, Abfall*

un|recht ⟨Adj.⟩ **1** *nicht recht* **2** *nicht richtig, falsch* **3** *ungelegen* ▸ auf ~e **Gedanken** kommen; zur ~en **Zeit** kommen ▸ er hat ~/Unrecht **bekommen** *er hat nicht Recht bekommen;* ich musste ihm ~/Unrecht **geben** *ich musste ihm sagen, dass er nicht Recht hat;* du **hast** ~/Unrecht *du hast nicht Recht, die falsche Ansicht;* da hast du nicht ganz ~/Unrecht *es trifft zum Teil zu, was du sagst;* **sein:** es ist ~, das zu sagen, zu tun; jmdm. ~/Unrecht **tun** *jmdn. zu schlecht beurteilen;* etwas Unrechtes tun ▸ es ist ~ **von** ihm zu …

Un|recht ⟨das; -(e)s; unz.⟩ **1** *unrechte Tat* **2** *Unge-*

rechtigkeit ▸ jmdn. ein ~ antun, zufügen; ein ~ begehen; ~ bekämpfen; ~ erdulden, (er)leiden; es geschieht ihm ~ ▸ das ist ein bitteres, großes, himmelschreiendes ~ ▸ er befindet sich, ist im ~ *hat nicht Recht;* sich zu ~ beklagen *ohne Berechtigung;* man hat ihn zu ~ verdächtigt

un|recht|mä|ßig ⟨Adj.⟩ *zu Unrecht (bestehend), ohne Recht (geschehend)* ▸ ~er Besitz; sich etwas ~ aneignen; Abl *Unrechtmäßigkeit*

un|red|lich ⟨Adj.⟩ *unehrlich, betrügerisch* (Charakter, Handlung); Abl *Unredlichkeit*

un|re|flek|tiert ⟨Adj.⟩ *ohne Überlegung* ▸ ~ handeln

un|re|gel|mä|ßig ⟨Adj.⟩ **1** *in ungleichen Abständen* **2** *nicht nach einer bestimmten Regel* ▸ ~er Puls; ~ zum Unterricht kommen

Un|re|gel|mä|ßig|keit ⟨die; -, -en⟩ **I** ⟨unz.⟩ *unregelmäßige Beschaffenheit* **II** ⟨zählb.⟩ *kleiner Verstoß, leichter Betrug* ▸ bei der Überprüfung der Kasse wurden ~en aufgedeckt, festgestellt

un|reif ⟨Adj.⟩ **1** *noch nicht reif, nicht ausgereift* **2** ⟨übertr.⟩ *jung, unfertig, noch nicht erwachsen* ▸ ~e Äpfel essen; er ist noch ~; Abl *Unreife*

un|rein ⟨Adj.⟩ *nicht rein, nicht sauber* ▸ ~e Haut; ~er Ton; ~es Wasser; sie singt, spielt ~; ins Unreine schreiben *als Entwurf;* Abl *Unreinheit*

un|ren|ta|bel ⟨Adj.; -b|ler, am -s|ten⟩ *keinen Gewinn bringend;* Bes *bei Beugung entfällt das „e" in der Endsilbe: „unrentable Geldanlage"*

un|rich|tig ⟨Adj.⟩ *nicht richtig, falsch* ▸ ~e Angaben machen; diese Darstellung, Folgerung, Schilderung ist ~; Abl *Unrichtigkeit*

Un|ru|he ⟨die; -, -n⟩ **I** ⟨unz.⟩ **1** *anhaltende, leichte innere Erregung, Besorgnis, Angstgefühl* **2** *störende Bewegung, Störung, Aufregung* **3** *laute Unzufriedenheit, Murren* ▸ in der Klasse herrscht ~; ~ stiften; ~ überkam mich ▸ innere ~; quälende ~ ▸ in ~ geraten, sein; jmdn. in ~ versetzen; von ~ erfasst werden **II** ⟨nur Pl.⟩ ~n *Straßenkämpfe, Ausschreitungen, Proteste* ▸ ~n beilegen, (im Keime) ersticken, niederschlagen, unterdrücken ▸ politische, religiöse ~n ▸ es kam zu ~n unter der Bevölkerung

Un|ru|he|herd ⟨der; -(e)s, -e⟩ *Mittelpunkt, Zentrum, von dem Unruhe u. Aufruhr ausgehen*

Un|ru|he|stif|ter ⟨der; -s, -⟩ *jmd., der den Frieden stört, Aufwiegler;* Abl *Unruhestifterin*

un|ru|hig ⟨Adj.⟩ **1** *nicht ruhig[1] (2), laut* **2** *rastlos, ungeduldig, angstvoll besorgt, erregt* **3** *bewegt* (Meer, See) ▸ er führt ein ~es Leben; ~ schlafen; die Mutter wurde langsam ~

un|rühm|lich ⟨Adj.⟩ *nicht rühmlich* ▸ bei etwas eine ~e Rolle spielen; ~er Abgang, ~es Ende

uns ⟨Personalpron. der 1. Person Pl., Dat. u. Akk. von⟩ *wir* ▸ das Haus gehört ~; ~ kann keiner was (anhaben) ⟨umg.⟩ *wir fühlen uns allen überlegen;* kennst du ~ nicht mehr? ▸ hier sind wir ganz für ~ *allein;* er saß hinter, neben, vor ~; fahr, geh, komm mit ~!; wir sind doch unter ~ ⟨umg.⟩ *im kleinen, vertrauten Kreis;* hier sind wir ganz unter ~ *ungestört;* unter ~ gesagt *vertraulich gesagt;* ein Freund von ~; von ~ aus ist nichts dagegen einzuwenden; vor ~ hat er Respekt; komm doch morgen zu ~! *besuch uns;* er gehört zu ~

un|sach|ge|mäß ⟨Adj.⟩ *nicht sachgemäß* ▸ ein Gerät, eine Maschine ~ handhaben

un|sach|lich ⟨Adj.⟩ *nicht sachlich, persönlich* ▸ bitte nicht ~ werden; Abl *Unsachlichkeit*

un|sag|bar ⟨Adj.⟩ *unaussprechlich, außerordentlich* ▸ ~ leiden, traurig sein

un|säg|lich ⟨Adj.⟩ **1** = *unsagbar* **2** *fürchterlich, grauenhaft, sehr schlecht*

un|sanft ⟨Adj.⟩ *nicht sanft, grob* ▸ jmdn. ~ aus dem Schlaf rütteln, ~ wecken; ~e Landung

un|sau|ber ⟨Adj.⟩ **1** *nicht sauber, schmutzig* **2** *nicht anständig* (Charakter, Angelegenheit)

un|schäd|lich ⟨Adj.⟩ *harmlos, nicht gefährlich* ▸ ~e Insekten; jmdn. ~ machen ⟨übertr.⟩ *ihm die Möglichkeit nehmen zu schaden*

un|scharf ⟨Adj.⟩ **1** *nicht scharf, verschwommen* **2** *undeutlich, unpräzise* ▸ ~e Konturen; das Bild ist ~; etwas ~ formulieren; Abl *Unschärfe*

un|schätz|bar ⟨a. [-'--] Adj.⟩ **1** *nicht schätzbar, bes. kostbar* **2** ⟨übertr.⟩ *unermesslich, außerordentlich groß* ▸ das ist von ~em Wert

un|schein|bar ⟨Adj.⟩ **1** *nicht auffallend, unbedeutend* **2** *einfach, bescheiden* ▸ ein ~er Mensch

un|schlag|bar ⟨a. ['---] Adj.⟩ **1** *mit Argumenten nicht zu schlagen* **2** *im Wettbewerb nicht zu schlagen* ▸ er ist ~; Abl *Unschlagbarkeit*

un|schlüs|sig ⟨Adj.⟩ *nicht entschlossen, unsicher* ▸ ich bin ~, was ich tun soll; Abl *Unschlüssigkeit*

un|schön ⟨Adj.⟩ **1** *nicht schön, hässlich* (Gesicht) **2** *unangenehm* (Angelegenheit)

Un|schuld ⟨die; -; unz.⟩ **1** *Schuldlosigkeit, Freiheit von Schuld* **2** *sittliche Reinheit, Tugend, Unverdorbenheit* **3** *Ahnungslosigkeit* **4** *Jungfräulichkeit* **5** ⟨übertr.⟩ *naiver, einfältiger Mensch* ▸ seine ~ beteuern, beweisen; meine ~ wird sich herausstellen; seine ~ verlieren ▸ an jmds. ~ glauben; seine Hände in ~ waschen ⟨übertr.; umg.⟩ *sich für nicht schuldig, nicht verantwortlich erklären;* die ~ vom Lande ⟨übertr.; abwertend⟩ *einfältiges Bauernmädchen*

un|schul|dig ⟨Adj.⟩ **1** *nicht schuldig, ohne Schuld, schuldlos* **2** *harmlos, tugendhaft* **3** *unverdorben* (Kind) ▸ ~e Vergnügungen *harmlose V.;* jmdn. ~ verurteilen; daran ist er ~ *daran hat er keine Schuld;* ⟨iron.⟩ *das ist nicht sein Verdienst;* er hat ~ im Gefängnis gesessen

Un|schulds|lamm ⟨das; -(e)s, -läm|mer; übertr.; umg.⟩ *jmd., der vorgibt, an einem Missgeschick unschuldig zu sein;* Syn *Unschuldsengel* ▸ das ~ spielen

un|schwer ⟨Adv.⟩ *nicht schwer, leicht, ohne (große) Mühe* ▸ das ist ~ zu erraten, zu erkennen

un|selbst|stän|dig ⟨Adj.⟩ *nicht selbstständig, auf andere angewiesen;* oV *unselbständig* ▸ ein ~er Mensch; er ist noch sehr ~; Abl *Unselb(st)ständigkeit*

un|se|lig ⟨Adj.⟩ *unglücklich, verhängnisvoll* ▸ eine ~e Tat; ein ~es Erbe antreten

un|sen|si|bel ⟨Adj.; -b|ler, am -s|ten⟩ *grob, taktlos,*

U

nicht feinfühlig, verletzend; Ggs *sensibel (1);* Bes *bei Beugung entfällt das „e" in der Endsilbe: „eine unsensible Herangehensweise"*

un|ser[1] 〈Personalpron. der 1. Person Pl., Gen. von〉 *wir* ▸ Gott, erbarme dich ~!; erinnerst du dich ~ noch?

un|ser[2] 〈Possesivpron. der 1. Person Pl.; adjektiv. Gebrauch〉 ~ Sohn lebt in Paris; ~e Tochter studiert noch; ~ Haus wurde renoviert; dürfen wir Ihnen ~e Freunde vorstellen?; ~e Reise war sehr schön; Vater ~, der du bist im Himmel; das ist eine Fotografie von ~em Sohn; →a. *unsere*

un|se|re 〈Possessivpron. der 1. Person Pl.; substantiv. Gebrauch〉 der, die, das unsere, unsre, unsrige; wessen Karten sind das? sind es die unseren, unsern, unsren, unsrigen?; die Unseren/unseren, Unsern/unsern, Unsren/unsren, Unsrigen/unsrigen *unsere Angehörigen;* das Unsere/unsere, Unsre/unsre, Unsrige/unsrige *unser Besitz;* wir haben das Unsere/unsere, Unsre/unsre, Unsrige/unsrige getan *das, was wir tun sollten od. konnten;* oV *unsre;* 〈adjektiv. Gebrauch〉 →a. *unser*

un|ser|ei|ner 〈unbestimmtes Pron.〉 *jmd. wie wir;* oV *unsereins* ▸ ~ hat es schwer

un|se|rer|seits 〈Adv.〉 *von uns aus, von unserer Seite aus;* oV *unsrerseits* ▸ ~ ist alles gesagt

un|se|ri|ös 〈Adj.; abwertend〉 *nicht vertrauenswürdig, nicht anständig* ▸ ein ~es Angebot

un|si|cher 〈Adj.〉 **1** *nicht sicher, nicht gefestigt, nicht fest, schwankend* (Lage, Stellung) **2** *zweifelhaft* **3** *gefährlich* ▸ eine ~e **Angelegenheit,** Sache; er hat eine ~e **Hand;** ein ~er **Kantonist** 〈umg.〉 *jmd., auf den man sich nicht verlassen kann* ▸ ~ **gehen;** Kriminelle **machen** hier die Gegend ~; **sein:** es ist noch ~, ob er kommt ▸ die Kranke ist noch ~ **auf** den Füßen; er ist **im** Rechnen noch ~

Un|si|cher|heit 〈die; -, -en〉 **I** 〈unz.〉 *unsicheres Wesen od. Verhalten, unsichere Beschaffenheit* **II** 〈zählb.〉 *unsichere Sache, unsicherer Anteil*

Un|si|cher|heits|fak|tor 〈der; -s, -en〉 *etwas, das Unsicherheit in einer, bei einer Sache verursacht*

un|sicht|bar 〈Adj.〉 *nicht sichtbar* ▸ ~e Strahlen; die Tarnkappe machte ihn ~; eine ~e Geheimschrift; Abl *Unsichtbarkeit*

Un|sinn 〈der; -(e)s; unz.〉 **1** *etwas Unlogisches, dummes Geschwätz od. Tun* **2** *dummes Zeug, Dummheiten* ▸ ~! *(zurückweisende Bemerkung);* ~ machen 〈umg.〉 *Unfug treiben,* 〈od.〉 *etwas falsch machen;* ~ reden, schwatzen; er hat nichts als ~ im Kopf 〈umg.〉

un|sin|nig 〈Adj.〉 **I** 〈attr.; präd.〉 *keinen Sinn habend, voller Unsinn* ▸ ~es Gerede, Geschwätz; ~e Preise verlangen 〈umg.〉 *viel zu hohe P.;* das Urteil ist ~ **II** 〈adv.; umg.〉 *sehr, allzu* ▸ das ist ~ teuer

Un|sit|te 〈die; -, -n〉 *schlechte Angewohnheit*

un|sitt|lich 〈Adj.〉 **1** *nicht sittlich* **2** *unanständig, anstößig* ▸ sich ~ benehmen; Abl *Unsittlichkeit*

un|so|li|de 〈Adj.〉 oV *unsolid* **1** *nicht solide, leichtlebig* (Person) **2** *ausschweifend* (Lebenswandel) **3** *nicht zuverlässig* (Firma)

un|so|zi|al 〈Adj.〉 *nicht sozial, dem sozialen Empfinden nicht gemäß* ▸ ~e Abgaben, Steuern

un|sport|lich 〈Adj.〉 *nicht sportlich* ▸ er ist sehr ~; Abl *Unsportlichkeit*

uns|re 〈Possessivpron. der 1. Person Pl.〉 = *unsere*

uns|ri|ge 〈Possessivpron.〉 = *unsere*

un|statt|haft 〈Adj.〉 *nicht erlaubt*

un|sterb|lich 〈a. [-'--] Adj.〉 *nicht sterblich, ewig (lebend, dauernd)* ▸ die ~en Götter; ~ verliebt sein 〈umg.; scherzh.〉 *sehr;* Abl *Unsterblichkeit*

un|stet 〈Adj.; geh.〉 *unruhig, rastlos, ruhelos* (Charakter, Leben, Mensch) ▸ mit ~em Blick

un|still|bar 〈a. ['---] Adj.〉 **1** *nicht stillbar* (Blutstrom) **2** 〈übertr.〉 *nicht zu befriedigen, (über)mächtig* ▸ ein ~es Verlangen empfinden, fühlen

Un|stim|mig|keit 〈die; -, -en; meist Pl.〉 **1** *Unterschied, Verschiedenheit, Fehler (z. B. in einer Rechnung)* **2** *Widerspruch (zw. Gesetzen, Zahlen)* **3** *Meinungsverschiedenheit* ▸ es gab häufig ~en zwischen ihnen; ~en bereinigen, beseitigen; Abl *unstimmig*

un|strit|tig 〈Adj.〉 *nicht strittig, von allen angenommen, klar* ▸ einige ~e Punkte diskutieren

Un|sum|me 〈die; -, -n〉 *sehr große Summe* ▸ eine ~ Geldes; er hat dafür ~n ausgegeben

un|sym|pa|thisch 〈Adj.〉 *nicht sympathisch, (gefühlsmäßig) unangenehm;* Ggs *sympathisch* ▸ ein ~er Mensch; eine ~e Stimme; er ist mir ~

un|sys|te|ma|tisch 〈Adj.〉 *planlos* ▸ ~ vorgehen

un|ta|de|lig 〈a. [-'---] Adj.〉 **1** *tadellos, einwandfrei* (Benehmen, Ware) **2** *vorbildlich* (Charakter, Leben); ▸ er hat sich ~ geführt; oV *untadlig*

un|ta|len|tiert 〈Adj.〉 *ohne Talent, unbegabt*

Un|tat 〈die; -, -en〉 *böse Tat, Verbrechen* ▸ eine ~ begehen; seine ~en büßen

un|tä|tig 〈Adj.〉 *nicht tätig, beschäftigungslos* ▸ ~ herumsitzen, zuschauen; Abl *Untätigkeit*

un|taug|lich 〈Adj.〉 *nicht tauglich, nicht brauchbar* ▸ mit völlig ~en Mitteln; ~ zum Wehrdienst sein; Abl *Untauglichkeit*

un|teil|bar 〈a. ['---] Adj.〉 *nicht teilbar, untrennbar* ▸ ein ~es Ganzes bilden; Abl *Unteilbarkeit*

un|ten 〈Adv.〉 **1** *tief, tiefer gelegen* **2** *am unteren Ende, an der unteren Seite;* Zus *unten erwähnt / untenerwähnt; unten liegend / untenliegend; unten stehend / untenstehend* ▸ sie möchte ~ im Garten **bleiben;** er ist schon nach ~ **gegangen;** es **liegt** ganz ~ auf der Landkarte 〈umg.〉 *im Süden;* **siehe** ~! *(Verweis auf später Gesagtes in Büchern);* ich **warte** ~ auf dich *(vor dem Haus);* wir **wohnen** ~ *im Parterre* ▸ ~ **am** Rand; ~ **auf** der Seite; er war von oben **bis** ~ nass; **dort,** hier ~ (z. B. im Tal); er ist bei mir ~ **durch** 〈übertr.; umg.〉 *ich halte nichts mehr von ihm;* 〈aber〉 →a. *untendurch;* sie hat **ganz** ~ angefangen *sie begann ihre Berufslaufbahn in einer sehr niedrigen Position;* von **hier** ~ (aus) kann ich es nicht sehen; **links,** rechts ~ im Bild; im Fahrstuhl **nach** ~ fahren; nach ~ (zu) wird der Baumstamm dicker; man wusste kaum noch, wo oben und (wo) ~ war (vor Durcheinander, Lärm, Freude); weiter ~ (im Tal, im Buchtext)

un|ten|drun|ter ‹Adv.; umg.› *unter etwas anderem* ▸ kein Unterhemd ~ anziehen

un|ten|durch ‹Adv.; umg.› *unter etwas anderem hindurch* ▸ die Kröten wandern ~; →a. *unten*

unter

Als Wechselpräposition erfordert *unter* entweder den Dativ oder den Akkusativ, was leicht zu Fehlern führen kann. Auf die Frage „wo?" steht *unter* mit Dativ: *Ich sitze unter der Lampe. Die Leiter liegt unter dem Baum. Das Kind fand den Ball unter dem Bett.*

Mit dem Akkusativ wird *unter* dagegen auf die Frage „wohin?" gebraucht: *Ich lege das Buch unter die anderen. Er stellt die Leiter unter den Baum.*

In der Umgangssprache wird unter dem häufig verschmolzen zu unterm, unter den zu untern. Es ist jedoch nicht üblich, die Formen unterm und untern in der Schriftsprache zu verwenden. Andere Wechselpräpositionen sind an, auf, hinter, in, neben, über, vor und zwischen.

un|ter ‹Präp. m. Dat. auf die Frage „wo?", mit Akk. auf die Frage „wohin?"› **1** *niedriger, tiefer als* **2** *verdeckt, überdeckt, versteckt von* **3** *weniger als* **4** *während, unterdessen* **5** *zwischen, inmitten, bei* **6** *mit bestimmten Begleitumständen* **7** *niedrigeren Ranges, untergeben, im Dienste von* ▸ er sah das Tal ~ sich liegen; das Eis brach ~ ihm, seinem Gewicht ein; ~ einem ‹österr.› *zugleich;* ~ jmdm., ~ jmds. Strenge leiden; ~ jmdm. dienen ‹Mil.›; eine Abteilung ~ sich haben (als Leiter) ▸ er hat es ~ großer Anstrengung gerade noch geschafft; ~ ärztlicher Aufsicht stehen; ~ der Bedingung, Voraussetzung, dass …; ~ der Decke liegen; ~ dem Durchschnitt liegen, sein; noch ganz ~ dem Eindruck des Erlebten stehen; das kostet nicht ~ 20 Euro; er war auch ~ den Gästen, Zuschauern; etwas ~ der Hand besorgen, kaufen *im Stillen, heimlich;* Kinder ~ 12 Jahren haben keinen Zutritt; mitten ~ den Kindern; ~ dem Kommando von … ‹Mil.›; das ist ~ aller Kritik *äußerst schlecht;* sich ~ die Menge mischen; 10 Grad ~ Null; etwas ~ (dem) Preis kaufen, verkaufen; ~ (lautem) Protest den Saal verlassen; ~ der Regierung Wilhelms I.; er kroch ~ der Schranke hindurch; er steht ~ meinem Schutz; ~ einer Stunde kann ich nicht zurück sein; der Hund saß ~ dem Tisch; er kam ~ dem Tisch hervor; etwas ~ Tränen gestehen, sagen, tun ‹übertr.› *weinend;* ~ Umständen ‹Abk.: u. U.› *möglicherweise, vielleicht;* ~ allen Umständen *auf jeden Fall, unbedingt;* ~ diesen Umständen verzichte ich; ~ Verzicht auf Nahrung; jmdn. ~ einem Vorwand ins Haus, in einen Hinterhalt locken; die Wiese steht ~ Wasser *ist überschwemmt;* ~ Wasser schwimmen; ~ der Woche *von Montag bis Freitag;* das ist ~ meiner Würde *das erlaubt meine W. nicht;* ~ die Zeichner gehen ‹umg.; scherzh.› *sich als Zeichner versuchen;* ~ einem Zwang handeln, stehen ▸ ~ ander(e)m/Ander(e)m, ~ ander(e)n/Ander(e)n ‹Abk.: u. a.›; ~ anderem/Anderem sah ich …; ist einer ~ euch, der dafür ist?; sie wollen ~ sich bleiben *sie wollen niemand anderen mit dabeihaben*

Un|ter ‹der; -s, -; in der dt. Spielkarte› *Bube*

un|ter…, Un|ter… ‹in Zus.› **I** ‹mit Verben› **1** ‹mit der Betonung auf „unter"› *etwas darunterlegen, darunterstellen usw.,* z. B. unterlegen, unterschieben **2** ‹mit der Betonung auf dem Grundwort› **2.1** *Bewegung nach unten od. von unten her,* z. B. unterdrücken, untergraben, untermalen **2.2** *nicht mehr tun od. geschehen,* z. B. unterbleiben, unterbrechen, unterlassen **II** ‹mit Adjektiven› *darunter od. unten befindlich,* z. B. unterirdisch, unterentwickelt **III** ‹mit Substantiven› *etwas unten, darunter, tiefer Befindliches, z. B. in geografischen Bezeichnungen* (Unteritalien), *in Titeln od. Rangbezeichnungen* (Unteroffizier), *bei Körperteilen* (Unterarm, Unterbauch), *in Gebäuden od. Schiffen* (Untergeschoss, Unterdeck)

Un|ter|ab|tei|lung ‹die; -, -en› *kleine Abteilung innerhalb einer größeren*

Un|ter|arm ‹der; -(e)s, -e; Anat.› *Teil des Armes zw. Hand u. Ellenbogen;* Ggs *Oberarm*

Un|ter|bau ‹der; -(e)s, -ten› **I** ‹zählb.› *Fundament, stützender Bau, Sockel (von Gebäuden, Brücken usw.)* **II** ‹unz.; übertr.› *stützende Basis* ▸ der ideologische, politische ~ ‹übertr.›

un|ter|be|lich|ten ‹V. trans.; un|ter|be|lich|tet, un|ter|be|lich|te|te, hat un|ter|be|lich|tet; Fot.› etwas *~ zu wenig belichten* ▸ unterbelichtete Fotos; unterbelichtet sein ‹übertr.; umg.› *geistig zurückgeblieben, dumm sein;* Abl *Unterbelichtung*

un|ter|be|setzt ‹Adj.› *nicht mit genügend Arbeitskräften besetzt* ▸ eine ~e Abteilung

un|ter|be|wer|ten ‹V. trans.; un|ter|be|wer|tet, un|ter|be|wer|te|te, hat un|ter|be|wer|tet› jmdn. od. etwas *~ zu gering bewerten;* Ggs *überbewerten*

un|ter|be|wusst ‹Adj.› *nicht bewusst, im Unterbewusstsein vorhanden;* Abl *Unterbewusstsein*

un|ter|be|zahlt ‹Adj.› *schlechter bezahlt, als es dem Tarif od. der Leistung entspricht;* Abl *Unterbezahlung*

un|ter|bie|ten ‹V. trans.; un|ter|bie|tet, un|ter|bot, hat un|ter|bo|ten› jmdn. od. etwas *~ weniger fordern als andere;* Ggs *überbieten* ▸ einen Mitbewerber ~; dieser Preis ist nicht zu ~

un|ter|bin|den ‹V. trans.; un|ter|bin|det, un|ter|band, hat un|ter|bun|den; übertr.› etwas *~ verhindern, verbieten;* Abl *Unterbindung*

un|ter|blei|ben ‹V. intr.; un|ter|bleibt, un|ter|blieb, ist un|ter|blie|ben› *nicht geschehen* ▸ das muss ~!

Un|ter|bo|den ‹der; -s, -bö|den› **1** *Fußboden aus Holzbrettern od. Estrich zum Belegen od. Bekleben mit lauffähigem Belag* **2** ‹bei Kfz› *untere Seite des Bodens;* Abl *Unterbodenschutz*

un|ter|bre̱|chen ⟨V. trans.; un|ter|bricht, un|ter|brach, hat un|ter|bro|chen⟩ **1** etwas ~ **1.1** *vorübergehend mit etwas aufhören* **1.2** *vorübergehend aufhören lassen, aufhalten, stören* **2** jmdn. ~ *dazwischenreden, während jmd. spricht* ▸ unterbrich mich nicht!; wir waren unterbrochen worden (beim Telefongespräch) ▸ seine Arbeit, ein Gespräch ~; nichts unterbrach das Schweigen; der Verbindung war kurzzeitig unterbrochen; Abl *Unterbrechung*

un|ter|brei|ten ⟨V. trans.; un|ter|brei|tet, un|ter|brei|te|te, hat un|ter|brei|tet⟩ jmdm. etwas ~ *vorlegen, darlegen* ▸ jmdm. einen Vorschlag, ein Angebot, einen Entwurf ~; Abl *Unterbreitung*

ụn|ter|brin|gen ⟨V. trans.; bringt un|ter, brach|te un|ter, hat un|ter|ge|bracht, un|ter|zu|brin|gen⟩ jmdn. od. etwas irgendwo ~ *für jmdn. od. etwas Platz finden* ▸ jmdn. im Hotel, in einer Wohnung ~; in diesem Koffer kann ich nicht alles ~; jmdn. in einer Firma, einem Amt ~; er konnte seinen Artikel bei der Zeitung ~ *sein A. wurde zur Veröffentlichung angenommen;* ein Kind bei Verwandten ~; Abl *Unterbringung*

un|ter|dẹs|sen ⟨Adv.⟩ *inzwischen, seitdem, mittlerweile*

Ụn|ter|druck ⟨der; -(e)s, -drü|cke⟩ *Druck, der kleiner ist als der atmosphärische Druck*

un|ter|drụ̈|cken ⟨V. trans.; un|ter|drückt, un|ter|drück|te, hat un|ter|drückt⟩ **1** etwas ~ *nicht aufkommen lassen, zurückhalten, bezwingen* **2** jmdn. ~ *gewaltsam beherrschen;* Abl *Unterdrücker(in)* ▸ seine Angst, ein Lächeln, seine Neugier, seinen Zorn ~; politische Gegner ~; ein unterdrücktes Gähnen; Abl *Unterdrückung*

ụn|ter|durch|schnitt|lich ⟨Adj.⟩ *den Durchschnitt nicht erreichend, unter dem Durchschnitt (liegend)*

ụn|te|re(r, -s) ⟨Adj.⟩ *unten befindlich* ▸ bitte den unteren Rand nicht beschreiben; wir wohnen im unteren Stockwerk; der Verein steht im unteren Teil der Tabelle; Ggs *obere(r, -s)*

un|ter|ei|n|ạn|der ⟨Adv.⟩ **1** *unter uns, unter euch, unter sich* **2** *miteinander, gegenseitig* **3** *eins unter das andere, eins unter dem anderen* ▸ das können wir ~ ausmachen; etwas ~ regeln; Zus *untereinanderlegen, untereinandersetzen*

ụn|ter|ent|wi|ckelt ⟨Adj.⟩ *(zu) gering entwickelt, in der Entwicklung zurückgeblieben* ▸ das Kind ist geistig ~; Abl *Unterentwicklung*

ụn|ter|er|nährt ⟨Adj.⟩ *zu gering, ungenügend ernährt;* Abl *Unterernährung*

Un|ter|fạn|gen ⟨das; -s, -⟩ *Wagnis, Unternehmen* ▸ ein gefährliches ~; das ist kein leichtes ~

ụn|ter|fas|sen ⟨V. trans.; fasst un|ter, fass|te un|ter, ist un|ter|ge|fasst, un|ter|zu|fas|sen⟩ jmdn. ~ **1** *unter den Arm fassen u. dadurch stützen* **2** *den Arm in den eines anderen schlingen, sich einhaken* ▸ untergefasst gehen *Arm in Arm*

un|ter|fọr|dern ⟨V. trans.; un|ter|for|dert, un|ter|for|der|te, hat un|ter|for|dert⟩ jmdn. ~ *weniger von jmdm. fordern, als er leisten könnte;* Abl *Unterforderung*

Un|ter|füh|rung ⟨die; -, -en⟩ *Verkehrsweg, der unter einem anderen Verkehrsweg liegt;* Zus *Eisenbahnunterführung, Straßenunterführung*

Ụn|ter|funk|ti|on ⟨die; -, -en⟩ *ungenügende Funktion (z. B. der Schilddrüse);* Ggs *Überfunktion*

Ụn|ter|gang ⟨der; -(e)s, -gän|ge⟩ **1** *das Untergehen, Verschwinden unter dem Horizont;* Zus *Monduntergang, Sonnenuntergang* **2** *das Zugrundegehen, Scheitern, Vernichtetwerden* (Volk, Stadt) **3** *Sinken* (Schiff) **4** *Tod* ▸ der Alkohol ist dein ~! ⟨umg.⟩; nach dem ~ der Sonne; der ~ der Kultur; seinem ~ entgegengehen

un|ter|ge̲|ben ⟨Adj.⟩ jmdm. ~ sein *in jmds. Dienst stehend, ihm unterstellt;* Abl *Untergebene(r)*

ụn|ter|ge|hen ⟨V. intr.; geht un|ter, ging un|ter, ist un|ter|ge|gan|gen, un|ter|zu|ge|hen⟩ **1** *unter dem Horizont verschwinden, verlöschen* (Mond, Sonne) **2** *sinken, versinken* (Schiff, Ertrinkender) **3** *zerstört, vernichtet werden* (Volk, Stadt) **4** *nicht gehört werden* ▸ ihre Rufe gingen im Lärm unter; sein Ruhm ist im Untergehen begriffen

ụn|ter|ge|ord|net ⟨Adj.⟩ → *unterordnen*

Ụn|ter|ge|schoss ⟨das; -es, -e⟩ *Geschoss zu ebener Erde od. halb unter der Erde, Kellergeschoss;* Ggs *Obergeschoss;* →a. *Geschoss*[2]

Ụn|ter|ge|wicht ⟨das; -(e)s; unz.⟩ *ungenügendes, zu geringes Gewicht;* Ggs *Übergewicht* ▸ das Modell hat ~; Abl *untergewichtig*

un|ter|glie̲|dern ⟨V. trans.; un|ter|glie|dert, un|ter|glie|der|te, hat un|ter|glie|dert⟩ etwas ~ *in kleinere Abschnitte gliedern;* Abl *Untergliederung*

ụn|ter|gra|ben ⟨V. trans.; gräbt un|ter, grub un|ter, hat un|ter|ge|gra|ben, un|ter|zu|gra|ben⟩ etwas ~ *beim Graben unter die Erde bringen* ▸ Dünger ~

un|ter|gra̲|ben ⟨V. trans.; un|ter|gräbt, un|ter|grub, hat un|ter|gra|ben⟩ etwas ~ **1** *unter der Oberfläche aushöhlen* **2** ⟨übertr.⟩ *langsam, unmerklich zerstören* ▸ der Fluss untergräbt das Ufer; jmds. Ansehen ~; er untergräbt seine Gesundheit

Ụn|ter|gren|ze ⟨die; -, -n⟩ *untere Grenze;* Ggs *Obergrenze* ▸ die ~ von etwas erreichen

Ụn|ter|grund ⟨der; -(e)s, -grün|de⟩ **I** ⟨unz.⟩ *Bereich der Illegalität;* Zus *Untergrundkämpfer, Untergrundorganisation* ▸ in den ~ gehen **II** ⟨zählb.⟩ **1** *unter der Ackerkrume liegende Bodenschicht* **2** *Grundfläche* **3** *Boden* **4** ⟨Mal.⟩ *unterste Farbschicht*

Ụn|ter|grund|bahn ⟨die; -, -en; kurz: U-Bahn⟩ *unter der Erdoberfläche in Tunneln fahrende Bahn in Großstädten*

ụn|ter|ha|ken ⟨V. trans.; hakt un|ter, hak|te un|ter, hat un|ter|ge|hakt, un|ter|zu|ha|ken⟩ jmdn. ~, sich (bei jmdm.) ~ = *unterfassen (2)* ▸ er hakte sie unter, ⟨od.⟩ er hakte sich bei ihr unter

ụn|ter|halb ⟨Präp. m. Gen.⟩ *unter etwas gelegen, tiefer befindlich (als)* ▸ ~ des Hauses am Berg

Ụn|ter|halt ⟨der; -(e)s; unz.⟩ **1** *alle Aufwendungen für die Lebensführung (Ernährung, Wohnung, Kleidung, Ausbildung);* Zus *Unterhaltspflicht, unterhaltspflichtig* **2** *Instandhaltung (von Anlagen, Gebäuden)* ▸ für jmds. ~ aufkommen, sorgen; seinen ~ von etwas, mit etwas bestreiten; jmdm. ~ zahlen

un|ter|hal|ten ⟨V. trans.; hält un|ter, hielt un|ter, hat un|ter|ge|hal|ten, un|ter|zu|hal|ten⟩ die Hand, einen Teller, ein Tuch ~ *unter etwas halten*

un|ter|hal|ten ⟨V.; un|ter|hält, un|ter|hielt, hat un|ter|hal|ten⟩ **I** ⟨V. refl.⟩ sich (mit jmdm.) ~ *ein Gespräch (mit jmdm.) führen* ▸ wir haben uns lange ~; ich unterhalte mich sehr gern mit ihm (darüber) **II** ⟨V. trans.⟩ **1** jmdn. ~ *für jmds. Lebensunterhalt sorgen* **2** ein Gebäude ~ *instand halten* **3** Beziehungen ~ *aufrechterhalten, pflegen* **4** jmdn. od. sich mit etwas ~ *die Zeit vertreiben, belustigen;* Abl *Unterhalter(in)* ▸ er hat uns mit seinen Geschichten ~; ~de Lektüre, Spiele; die Schulen werden vom Landkreis ~

un|ter|halt|sam ⟨Adj.⟩ *unterhaltend* ▸ er ist sehr ~ *kann jmdn. gut unterhalten;* ein ~es Theaterstück; →a. *unterhalten;* Abl *Unterhaltsamkeit*

Un|ter|hal|tung ⟨die; -, -en⟩ **I** ⟨zählb.⟩ **1** *Gespräch* **2** *vergnüglicher Zeitvertreib* ▸ die ~ allein führen; ich wünsche gute, angenehme ~!; es war eine anregende, geistreiche, interessante, lebhafte ~; eine Band sorgte für die ~ der Gäste **II** ⟨unz.⟩ *Unterhalt, Instandhaltung* ▸ es müsste mehr für die ~ der Schulen getan werden

Un|ter|hal|tungs... ⟨in Zus.⟩ **1** *der Unterhaltung dienend* **2** *anspruchslos, ohne tiefgründige Gedanken unterhaltend,* z. B. Unterhaltungsfilm, Unterhaltungsindustrie, Unterhaltungskunst, Unterhaltungskünstler, Unterhaltungsliteratur

Un|ter|hal|tungs|mu|sik ⟨die; -; unz.; kurz: U-Musik⟩ *leichte, heitere Musik zur Unterhaltung, z. B. Tanz-, Operettenmusik*

Un|ter|hal|tungs|wert ⟨der; -(e)s, -e⟩ *Grad der Unterhaltung, der von etwas ausgeht* ▸ der ~ eines Fußballspiels

Un|ter|händ|ler ⟨der; -s, -⟩ *jmd., der dafür sorgen soll, dass Konflikte friedlich gelöst werden, Vermittler;* Abl *Unterhändlerin*

Un|ter|hemd ⟨das; -(e)s, -en⟩ *unter der Oberbekleidung getragenes Hemd* ▸ in der Wäscheabteilung kann man ~en kaufen; bei dieser Hitze brauchst du kein ~ anzuziehen; ⓘ S. 683

un|ter|höh|len ⟨V. trans.; un|ter|höhlt, un|ter|höhlte, hat un|ter|höhlt⟩ etwas ~ *untergraben*

Un|ter|holz ⟨das; -es; unz.⟩ *niedriges Gehölz, Gebüsch im Wald, Buschwerk, Niederholz*

Un|ter|ho|se ⟨die; -, -n⟩ *unter der Hose zu tragende Hose* ▸ im Kaufhaus gibt es ~n häufig im Sonderangebot; im Winter trägt er gerne lange ~n; ⓘ S. 682; →a. *Schlüpfer, Slip*

un|ter|ir|disch ⟨Adj.⟩ **1** *unter der Erde befindlich, sich abspielend* (Gewölbe, Arbeiten); Ggs *oberirdisch* **2** ⟨übertr.⟩ *verborgen, heimlich* (Machenschaften) **3** ⟨Myth.⟩ *der Unterwelt angehörig*

un|ter|ju|beln ⟨V. trans.; ju|belt un|ter, ju|bel|te unter, hat un|ter|ge|ju|belt, un|ter|zu|ju|beln; umg.⟩ jmdm. etwas ~ *ihm heimlich u. gegen seinen Willen etwas zuschieben* ▸ er hat ihm Falschgeld untergejubelt

un|ter|kel|lern ⟨V. trans.; un|ter|kel|lert, un|ter|kel|ler|te, hat un|ter|kel|lert⟩ ein Haus ~ *mit einem Keller versehen;* Abl *Unterkellerung*

Un|ter|kie|fer ⟨der; -s, -⟩ *der untere, durch das Kiefergelenk mit dem übrigen Schädel verbundene Knochen der Mundhöhle;* Ggs *Oberkiefer*

un|ter|kom|men ⟨V. intr.; kommt un|ter, kam unter, ist un|ter|ge|kom|men, un|ter|zu|kom|men⟩ **1** irgendwo ~ *Aufnahme, Zuflucht, Obdach, Anstellung finden* **2** ⟨umg.; meist negativ⟩ jmdm. ~ *passiert, begegnet sein* ▸ so etwas ist mir bisher noch nicht untergekommen ⟨umg.⟩; er hofft, bei unserer Firma unterzukommen; für die Nacht (irgendwo, bei jmdm.) ~

Un|ter|kör|per ⟨der; -s, -; Anat.⟩ *der menschl. Körper unterhalb der Gürtellinie;* Ggs *Oberkörper*

un|ter|krie|gen ⟨V. trans.; kriegt un|ter, krieg|te un|ter, hat un|ter|ge|kriegt, un|ter|zu|krie|gen; umg.⟩ jmdn. ~ *bezwingen* ▸ sich nicht ~ lassen *nicht nachgeben, sich nicht entmutigen lassen*

un|ter|küh|len ⟨V. trans.; un|ter|kühlt, un|ter|kühlte, hat un|ter|kühlt⟩ den (menschl.) Körper ~ *seine Temperatur unter 36,3 °C senken* ▸ unterkühlt reagieren ⟨übertr.⟩ *sehr zurückhaltend, fast abweisend;* Abl *Unterkühlung*

Un|ter|kunft ⟨die; -, -künf|te⟩ *Obdach, (vorübergehende) Wohnung, Quartier* ▸ im Preis ist ~ und Verpflegung (im Urlaubsort) inbegriffen; wir suchen eine ~ für die Nacht

Un|ter|la|ge ⟨die; -, -n⟩ **1** *etwas, das untergelegt wird, z. B. Tuch, Decke, Platte, Polster, Blatt* **2** ⟨nur Pl.⟩ *zum Arbeiten od. als Beweisstück dienende, schriftliche Aufzeichnungen* ▸ ~n prüfen, verlangen; alle erforderlichen ~n einreichen, vorlegen; eine ~ aus Gummi, Holz, Plastik, Stroh; jmdm. Einblick in die ~n gewähren

un|ter|las|sen ⟨V. trans.; un|ter|lässt, un|ter|ließ, hat un|ter|las|sen⟩ etwas ~ *seinlassen, bleibenlassen, nicht tun* ▸ ~e Hilfeleistung; er hat es ~, rechtzeitig Bescheid zu geben; unterlass bitte diese Witze!; Abl *Unterlassung*

un|ter|lau|fen[1] ⟨V.⟩ **I** ⟨V. trans.; un|ter|läuft, unter|lief, hat un|ter|lau|fen⟩ etwas ~ *heimlich gegen etwas handeln* ▸ ein Verbot, ein Embargo ~ **II** ⟨V. intr.; un|ter|läuft, un|ter|lief, ist un|ter|laufen⟩ ein Fehler unterläuft jmdm. *geschieht unbemerkt* ▸ mir ist in meiner Arbeit ein Fehler ~

un|ter|lau|fen[2] **I** ⟨Part. Perf. von⟩ *unterlaufen*[1] **II** ⟨Adj.⟩ mit Blut ~ *unter der Haut mit Blut gefüllt* ▸ das Auge ist mit Blut ~; Zus *blutunterlaufen*

un|ter|le|gen ⟨V. trans.; legt un|ter, leg|te un|ter, hat un|ter|ge|legt, un|ter|zu|le|gen⟩ etwas ~ *etwas unter jmdn. od. etwas legen* ▸ beim Malen eine Zeitung ~

un|ter|le|gen[1] ⟨V. trans.; un|ter|legt, un|ter|leg|te, hat un|ter|legt⟩ etwas mit etwas ~ *(nachträglich) mit einer Unterlage versehen* ▸ Filme mit Musik ~

un|ter|le|gen[2] **I** ⟨Part. Perf. von⟩ *unterliegen* **II** ⟨Adj.; meist präd.⟩ *nicht ebenbürtig, schwächer als jmd. anderes;* Ggs *überlegen*[2] *(1)* ▸ jmdm. ~ sein; er ist ihr in vielen, in den meisten Belangen hoffnungslos ~; Abl *Unterlegenheit*

Un|ter|leib ⟨der; -(e)s, -er; Anat.⟩ **1** *unterer Teil des Bauches* **2** *die weiblichen Geschlechtsorgane*

un|ter|lie|gen ⟨V. intr.; un|ter|liegt, un|ter|lag, ist un|ter|le|gen⟩ (jmdm.) ~ *besiegt, bezwungen werden* ▸ vermutlich wird unsere Mannschaft ~; die bei der Wahl unterlegene Partei; →a. *unterlegen²*

Un|ter|lip|pe ⟨die; -, -n; Anat.⟩ *untere der beiden Lippen;* Ggs *Oberlippe*

un|term ⟨Verschmelzungsform aus Präp. u. Art.⟩ *unter dem*

un|ter|ma|len ⟨V. trans.; un|ter|malt, un|ter|mal|te, hat un|ter|malt; übertr.⟩ eine Sache mit etwas ~ *einer S. etwas begleitend hinzufügen* ▸ einen Vortrag mit Musik ~; Abl *Untermalung*

un|ter|mau|ern ⟨V. trans.; un|ter|mau|ert, un|ter|mau|er|te, hat un|ter|mau|ert⟩ **1** etwas ~ *mit Mauern von unten her stützen* **2** ⟨übertr.⟩ etwas (mit etwas) ~ *mit fester Grundlage versehen, mit stichhaltigen Argumenten stützen* ▸ seine Vormachtstellung ~; Abl *Untermauerung*

un|ter|men|gen ⟨V. trans.; mengt un|ter, meng|te un|ter, hat un|ter|ge|mengt, un|ter|zu|men|gen⟩ = *untermischen*

Un|ter|mie|te ⟨die; -; unz.⟩ **1** *Weitervermietung einer gemieteten Sache (Zimmer) an einen Dritten* **2** *das Mieten einer bereits von einer anderen Person gemieteten Sache;* Abl *Untermieter(in)* ▸ (bei jmdm.) in ~, zur ~ wohnen

un|ter|mi|nie|ren ⟨V. trans.; un|ter|mi|niert, un|ter|mi|nier|te, hat un|ter|mi|niert; übertr.⟩ etwas ~ *langsam, kaum merklich zerstören* ▸ jmds. Ansehen ~

un|ter|mi|schen ⟨V. trans.; mischt un|ter, misch|te un|ter, hat un|ter|ge|mischt, un|ter|zu|mi|schen⟩ etwas (etwas anderem) ~ *etwas unter etwas mischen* ▸ Gewürze, Kräuter, Mehl ~

un|tern ⟨Verschmelzungsform aus Präp. u. Art.⟩ *unter den*

un|ter|neh|men ⟨V. trans.; un|ter|nimmt, un|ter|nahm, hat un|ter|nom|men⟩ etwas ~ *machen, tun* ▸ man muss doch etwas (dagegen) ~!; was wollen wir heute ~?; hast du schon etwas in dieser Sache unternommen?; er will etwas ~, um die Sache aufzuklären ⟨übertr.⟩ *Maßnahmen ergreifen;* einen Versuch ~ *etwas versuchen*

Un|ter|neh|men ⟨das; -s, -⟩ **1** *Tat, Handlung, Vorhaben* **2** *ein od. mehrere Betriebe, eine od. mehrere Fabriken als wirtschaftliche Einheit;* Zus *Unternehmensführung, Unternehmensleitung; Privatunternehmen, Staatsunternehmen* ▸ ein ~ finanzieren, gründen; ein aussichtsreiches, ertragreiches, (un)rentables ~; das ist ein sehr gewagtes ~

Un|ter|neh|mens|be|ra|tung ⟨die; -, -en; Wirtsch.⟩ *Beratung von Unternehmen hinsichtlich ihrer betrieblichen Planung;* Abl *Unternehmensberater(in)*

Un|ter|neh|mer ⟨der; -s, -⟩ *jmd., der ein Unternehmen auf eigene Kosten führt;* Abl *Unternehmerin; Unternehmerschaft;* Zus *Bauunternehmer*

un|ter|neh|me|risch ⟨Adj.⟩ **1** *den Unternehmer betreffend, als Unternehmer* **2** *wie ein Unternehmer* ▸ ~ denken, handeln; ein ~es Risiko eingehen

Un|ter|neh|mung ⟨die; -, -en⟩ = *Unternehmen (1)*

Un|ter|neh|mungs|geist ⟨der; -(e)s; unz.⟩ *Freude an Unternehmungen, Tatkraft*

Un|ter|of|fi|zier ⟨der; -s, -e; Abk.: Uffz., schweiz.: Uof.; Mil.⟩ *ein militärischer Dienstgrad*

un|ter|ord|nen ⟨V.; ord|net un|ter, ord|ne|te un|ter, hat un|ter|ge|ord|net, un|ter|zu|ord|nen⟩ **I** ⟨V. trans.⟩ **1** jmdn. jmdm. ~ *jmdn. in jmds. Dienst stellen* **2** etwas einer Sache ~ *zugunsten einer Sache zurückstellen* ▸ jmdm. untergeordnet sein *ihm untergeben, unterstellt sein;* von untergeordneter Bedeutung *von geringerer B.;* das spielt nur eine untergeordnete Rolle *das ist eher unwichtig;* ein untergeordneter Satz *Nebensatz;* eine untergeordnete Stellung innehaben; Abl *Unterordnung* **II** ⟨V. refl.⟩ sich (jmdm.) ~ *sich (jmdm.) fügen* ▸ er kann sich nicht ~

un|ter|pflü|gen ⟨V. trans.; pflügt un|ter, pflüg|te un|ter, hat un|ter|ge|pflügt, un|ter|zu|pflü|gen⟩ etwas ~ *beim Pflügen in die Erde bringen*

un|ter|pri|vi|le|giert ⟨[-vi-] Adj.⟩ *ohne gesellschaftliche Privilegien, sozial benachteiligt*

Un|ter|re|dung ⟨die; -, -en⟩ *Besprechung, Verhandlung* ▸ eine ~ unter vier Augen

un|ter|re|prä|sen|tiert ⟨Adj.⟩ *unverhältnismäßig schwach vertreten* ▸ in der Jury sind Frauen ~

Un|ter|richt ⟨der; -(e)s, -e; Pl. selten⟩ **1** *planmäßige Vermittlung von Wissen durch einen Lehrer an (einen) Schüler;* Zus *Unterrichtsfach, Unterrichtsgegenstand; Deutschunterricht, Klavierunterricht, Mathematikunterricht, Schulunterricht* **2** *Unterrichtsstunde;* Abl *unterrichtsfrei* ▸ **ausfallen:** der ~ fällt heute aus; ~ **erteilen,** geben, haben, nehmen; den ~ **schwänzen** ⟨umg.⟩, versäumen ▸ **Englisch~,** Französisch~ geben, nehmen ▸ **am** ~ teilnehmen; ~ **in** einer Fremdsprache; wir haben **vormittags** und nachmittags ~; **während** des ~s reden; Abl *unterrichtlich*

un|ter|rich|ten ⟨V. trans. u. V. intr.; un|ter|rich|tet, un|ter|rich|te|te, hat un|ter|rich|tet⟩ **1** jmdn. ~ *jmdm. Unterricht geben, erteilen* **2** (etwas) ~ *ein bestimmtes Fach lehren* **3** jmdn. od. sich (über etwas) ~ *über etwas informieren, in Kenntnis setzen;* Abl *Unterrichtung* ▸ er unterrichtet Deutsch am Gymnasium; der Lehrer unterrichtet die Schüler; jmdn. in Musik, in Französisch ~; welche Fächer ~ Sie?; jmdn. über ein, von einem Ereignis ~; gut, schlecht, nicht unterrichtet sein; von gut unterrichteter Seite verlautete, dass …

Un|ter|richts|stun|de ⟨die; -, -n⟩ *Zeit des zusammenhängend gegebenen Unterrichts, meist 45 Minuten* ▸ während der ~n aufpassen

Un|ter|rock ⟨der; -(e)s, -rö|cke⟩ *Rock aus dünnem Stoff zum Unterziehen* ▸ Kleid mit ~

un|ters ⟨Verschmelzungsform aus Präp. u. Art.⟩ *unter das*

un|ter|sa|gen ⟨V. trans.; un|ter|sagt, un|ter|sag|te, hat un|ter|sagt⟩ (jmdm.) etwas ~ *nicht erlauben, verbieten* ▸ der Arzt hat mir das Rauchen untersagt; das Betreten des Grundstücks ist untersagt

un|ter|schät|zen ⟨V. trans.; un|ter|schätzt, un|ter|schätz|te, hat un|ter|schätzt⟩ jmdn. od. etwas ~ *zu gering schätzen, für geringer halten* ▸ du hast

U V W X Y Z

ihn unterschätzt; eine Entfernung ~; Ggs *überschätzen;* Abl *Unterschätzung*

un|ter|schei|den ⟨V.; un|ter|schei|det, un|ter|schied, hat un|ter|schie|den⟩ **I** ⟨V. trans.⟩ jmdn. od. etwas (von jmdm. od. etwas) ~ **1** *genau, in allen Einzelheiten erkennen, den Unterschied zu anderem erkennen* **2** *trennende Merkmale, Unterschiede hervorheben* **3** *auseinanderhalten, trennen, einteilen* ▸ das unterscheidet ihn von den andern ▸ in der Dunkelheit kann man die Farben nicht mehr ~; kannst du die beiden Schwestern voneinander ~?; er kann das Wesentliche nicht vom Unwesentlichen ~ ▸ diese Pflanzen sind leicht, schwer zu ~ ▸ das ~de genetische Merkmal; sie werden nach ihrer Farbe unterschieden **II** ⟨V. refl.⟩ sich (von jmdm. od. etwas) ~ *anders sein als jmd. od. etwas, von jmdm. od. etwas abweichen* ▸ die beiden Schwestern ~ sich sehr stark voneinander **III** ⟨V. intr.⟩ zwischen mehreren Dingen od. Personen ~ *einen Unterschied machen* ▸ man muss zwischen Theorie und Praxis ~

Un|ter|schei|dung ⟨die; -, -en⟩ *das Unterscheiden;* Zus *Unterscheidungsmerkmal*

Un|ter|schen|kel ⟨der; -s, -; Anat.⟩ *Teil des Beines zw. Fuß u. Knie;* Ggs *Oberschenkel*

Un|ter|schicht ⟨die; -, -en⟩ *untere Gesellschaftsschicht;* Ggs *Oberschicht*

un|ter|schie|ben ⟨V. trans.; schiebt un|ter, schob un|ter, hat un|ter|ge|scho|ben, un|ter|zu|schie|ben⟩ jmdm. od. einer Sache etwas ~ *darunter schieben* ▸ ich habe ihr ein Kissen untergeschoben

un|ter|schie|ben ⟨V. trans.; un|ter|schiebt, un|ter|schob, hat un|ter|scho|ben; übertr.⟩ jmdm. etwas ~ *(meist böswillig) zuschreiben* ▸ jmdm. ein Kind ~; man hat mir diese Bemerkung unterschoben

Un|ter|schied ⟨der; -(e)s, -e⟩ **1** *Anderssein, Verschiedenheit, Ungleichheit, Gegensatz* **2** *Unterscheidung, Trennung, Einteilung* ▸ einen ~ ausgleichen, feststellen, übersehen; zwischen beidem besteht ein feiner ~; der ~ fällt sofort ins Auge, kaum ins Gewicht; (k)einen ~ machen zwischen Jungen und Mädchen; die ~e verwischen sich allmählich ▸ ein beträchtlicher, feiner, geringer, großer, himmelweiter ~; der kleine ~ ⟨umg.; scherzh.⟩ *der auf den äußeren Geschlechtsmerkmalen beruhende Unterschied zw. Mann u. Frau* ▸ es gibt große ~e im Preis, in der Qualität; im ~ zu ihm liest sie viel; alle ohne ~ behandeln; ein ~ wie Tag und Nacht

un|ter|schied|lich ⟨Adj.⟩ *verschieden, ungleich(artig)* ▸ ~e Behandlung; wir sind ~er Meinung; von ~er Farbe; Abl *Unterschiedlichkeit*

un|ter|schieds|los ⟨Adj.⟩ *keinen Unterschied machend, gleich(artig)* ▸ ~e Behandlung

un|ter|schla|gen ⟨V. trans.; un|ter|schlägt, un|ter|schlug, hat un|ter|schla|gen⟩ **1** Geld ~ *unrechtmäßig zurückbehalten, veruntreuen* **2** eine Nachricht ~ *verheimlichen* ▸ eine Stelle im Text ~ *überspringen;* Abl *Unterschlagung*

Un|ter|schlupf ⟨der; -(e)s, -e⟩ *Zuflucht, Obdach, Schutz* ▸ ~ finden, suchen (für die Nacht, vor dem Gewitter); bei jmdm. ~ finden

un|ter|schrei|ben ⟨V. trans.; un|ter|schreibt, un|ter|schrieb, hat un|ter|schrie|ben⟩ etwas ~ **1** *seinen Namen unter etwas schreiben* (Brief, Urkunde) **2** ⟨übertr.⟩ *gutheißen* ▸ Sie müssen hier unten ~; das kann ich (nur) ~! ⟨übertr.⟩ *dem stimme ich uneingeschränkt zu;* wer hat den Brief unterschrieben?

un|ter|schrei|ten ⟨V. trans.; un|ter|schrei|tet, un|ter|schritt, hat un|ter|schrit|ten⟩ etwas ~ *unter einer gewissen Grenze bleiben* ▸ einen Betrag, Grenzwert ~; Abl *Unterschreitung*

Un|ter|schrift ⟨die; -, -en⟩ *Namenszug unter einem Schriftstück, einer Zeichnung usw.* ▸ hier fehlt noch eine ~; er hat seine ~ daruntergesetzt; seine ~ für etwas geben *einer Sache schriftlich zustimmen;* ~en sammeln (für einen Aufruf); ein Brief, ein Aufruf ohne ~; die ~ verweigern; eine unleserliche ~; jmdm. einen Brief zur ~ vorlegen

Un|ter|schrif|ten|ak|ti|on ⟨die; -, -en⟩ *Aktion zur Sammlung von Unterschriften, meist um gegen eine Sache zu protestieren*

un|ter|schrifts|reif ⟨Adj.⟩ *so weit vorbereitet, dass man es unterschreiben kann* ▸ der Vertrag ist ~

un|ter|schwel|lig ⟨Adj.⟩ *unterhalb der Bewusstseinsschwelle (vorhanden)* ▸ ~e Aggressionen

Un|ter|see|boot ⟨das; -(e)s, -e⟩ *Schiff, das unter Wasser fahren kann;* Syn ⟨kurz⟩ *U-Boot*

Un|ter|sei|te ⟨die; -, -n⟩ *untere Seite, Rückseite;* Ggs *Oberseite*

Un|ter|set|zer ⟨der; -s, -⟩ *Teller, Platte, Deckchen usw., worauf man einen Gegenstand stellt*

un|ter|setzt ⟨Adj.⟩ *klein, aber kräftig, stämmig, gedrungen* ▸ er ist ~

un|ter|spü|len ⟨V. trans.; un|ter|spült, un|ter|spül|te, hat un|ter|spült⟩ etwas ~ *von unten her auswaschen, unterhöhlen* ▸ der Fluss unterspült das Ufer; eine Hierarchie ~ ⟨übertr.⟩

Un|ter|stand ⟨der; -(e)s, -stän|de⟩ *Schutzraum gegen Unwetter, Zufluchtsort*

un|ters|te(r, -s) ⟨Adj.⟩ *am weitesten unten befindlich* ▸ die ~ Schublade; die ~e Zeile; das Unterste zuoberst, das Oberste zuunterst kehren; auf der ~n Stufe; →a. *unter, zuunterst*

un|ter|ste|hen ⟨V. intr.; steht un|ter, stand un|ter, hat (süddt., österr., schweiz.: ist) un|ter|ge|stan|den, un|ter|zu|ste|hen⟩ irgendwo ~ *sich unter etwas stellen* ▸ hier können wir bei Regen ~

un|ter|ste|hen ⟨V.; un|ter|steht, un|ter|stand, hat un|ter|stan|den⟩ **I** ⟨V. intr.⟩ **1** jmdm. ~ *unter einem Vorgesetzten stehen, arbeiten, ihm untergeordnet sein* **2** einer Sache ~ *von einer Sache abhängig sein, entscheidend von ihr beeinflusst werden* ▸ er untersteht dem Abteilungsleiter **II** ⟨V. refl.⟩ sich ~ (etwas zu tun) *es wagen (etwas zu tun)* ▸ untersteh dich! *wehe, wenn du das tust!*

un|ter|stel|len ⟨V. trans. od. refl.; stellt un|ter, stell|te un|ter, hat un|ter|ge|stellt, un|ter|zu|stel|len⟩ etwas od. sich (irgendwo) ~ *unter etwas stellen, unter ein schützendes Dach stellen, unter-*

U

bringen ▸ einen Wagen in einer Garage ~; ich habe mich während des Regenschauers untergestellt

un|ter|stel|len ⟨V. trans.; un|ter|stellt, un|ter|stell|te, hat un|ter|stellt⟩ **1** etwas ~ *als wahr annehmen* **2** jmdm. jmdn. od. etwas ~ *jmdm. die Beaufsichtigung, die Leitung von jmdm. od. etwas übertragen* **3** ⟨übertr.⟩ jmdm. etwas ~ *zur Last legen, von ihm behaupten* ▸ wir wollen einmal ~, dass das wahr ist; ich bin ihm unterstellt *er ist mein Vorgesetzter;* wie kannst du mir nur so etwas ~!

Un|ter|stel|lung ⟨die; -, -en⟩ **1** *Unterordnung* **2** *(fälschliche) Behauptung, Vermutung* ▸ das sind böswillige ~en!

un|ter|strei|chen ⟨V. trans.; un|ter|streicht, un|ter|strich, hat un|ter|stri|chen⟩ etwas ~ **1** *einen Strich unter etwas ziehen (um es hervorzuheben)* **2** ⟨übertr.⟩ *betonen (durch Worte, Gesten, Mimik)* **3** *ebenfalls betonen, gutheißen* ▸ das kann ich nur ~!; Wörter durch Unterstreichen hervorheben; Abl *Unterstreichung*

Un|ter|stu|fe ⟨die; -, -n⟩ *die drei unteren Klassen des Gymnasiums (5.-7. Klasse);* Ggs *Oberstufe*

un|ter|stüt|zen ⟨V. trans.; un|ter|stützt, un|ter|stütz|te, hat un|ter|stützt⟩ **1** jmdn. ~ *jmdm. beistehen, helfen, jmdn. fördern* **2** etwas ~ *fördern, befürworten* ▸ jmdn. bei seiner Arbeit ~; junge Künstler mit Geld ~; jmdn. mit Rat und Tat ~; diesen Vorschlag kann ich nur ~

Un|ter|stüt|zung ⟨die; -, -en⟩ **1** *das Unterstützen, Hilfe, Beistand* **2** *finanzielle Hilfe, Zuschuss, Rente* ▸ ~ der Armen, Bedürftigen; eine ~ annehmen, beantragen, beziehen, empfangen, erhalten, fordern; bekommt er irgendeine ~ von ihnen?; finanzielle ~; auf ~ angewiesen sein; du kannst auf meine ~ rechnen

un|ter|su|chen ⟨V. trans.; un|ter|sucht, un|ter|such|te, hat un|ter|sucht⟩ **1** etwas ~ *genau prüfend betrachten* **2** jmdn. od. etwas ~ *durch Tasten, Horchen, Vergleichen etwas zu erkennen suchen* **3** etwas ~ *erforschen, erörtern* ▸ einen Fall, einen Tatbestand ~; einen Kranken ~; etwas chemisch, gerichtlich ~; etwas eingehend, genau, gründlich ~; jmdn. auf seinen Geisteszustand (hin) ~; wir haben ihn vom Arzt ~ lassen

Un|ter|su|chung ⟨die; -, -en⟩ *das Untersuchen* ▸ die ~ des Falles ist abgeschlossen, läuft noch ⟨Rechtsw.⟩; die ~ des Patienten ergab keinen Befund ▸ eine ~ anordnen; eine ~ einleiten, durchführen, führen, vornehmen; die ~ wurde eingestellt; die ~ hat ergeben, dass …; die ~ verlief ergebnislos ▸ die ärztliche, gerichtsmedizinische ~; eingehende, gründliche, sorgfältige ~ ▸ er ist mit der ~ des Falles beauftragt ⟨Rechtsw.⟩; zum Arzt zur ~ kommen

Un|ter|su|chungs|aus|schuss ⟨der; -es, -schüs|se⟩ *mit der Untersuchung eines Falles beauftragter (parlamentarischer) Ausschuss*

Un|ter|su|chungs|haft ⟨die; -; unz.; kurz: U-Haft⟩ *Haft eines Angeschuldigten od. einer Straftat Verdächtigten vor Beginn des Prozesses* ▸ sich in ~ befinden; jmdn. in ~ nehmen

Un|ter|su|chungs|rich|ter ⟨der; -s, -⟩ *Richter, der in Strafsachen die Voruntersuchung leitet*

un|ter|tags ⟨Adv.; süddt., österr., schweiz.⟩ *tagsüber*

un|ter|tan ⟨Adj.; präd.; adv.⟩ **1** *als Untertan zugehörig, untergeben* **2** *hörig, gefügig* ▸ einem König ~ sein; sich jmdn. ~ machen *unterwerfen*

Un|ter|tan ⟨der; -s od. -en, -en⟩ **1** *Bürger einer Monarchie od. eines Fürstentums* **2** *unterwürfiger Mensch*

un|ter|tä|nig ⟨Adj.⟩ *übertrieben gehorsam, ergeben*

Un|ter|tas|se ⟨die; -, -n⟩ *passendes Tellerchen als Untersatz der Tasse* ▸ fliegende ~ *angeblich außerirdisches Flugobjekt, UFO*

un|ter|tau|chen ⟨V.⟩ **I** ⟨V. intr.; taucht un|ter, tauch|te un|ter, ist un|ter|ge|taucht, un|ter|zu|tau|chen⟩ **1** *im Wasser (zeitweise) versinken, tauchen* (Schwimmvogel) **2** ⟨übertr.⟩ *sich (dauerhaft) an einem unbekannten Ort verstecken (u. dort unter anderem Namen leben)* ▸ in der Menge ~ ⟨übertr.⟩ *verschwinden* **II** ⟨V. trans.; taucht unter, tauch|te un|ter, hat un|ter|ge|taucht, un|ter|zu|tau|chen⟩ **1** etwas ~ *ganz in eine Flüssigkeit eintauchen* **2** jmdn. ~ *unter Wasser drücken*

Un|ter|teil ⟨der od. das; -(e)s, -e⟩ *unterer bzw. unteres Teil;* Ggs *Oberteil*

un|ter|tei|len ⟨V. trans.; un|ter|teilt, un|ter|teil|te, hat un|ter|teilt⟩ etwas ~ *einteilen (in Gruppen);* Abl *Unterteilung*

Un|ter|ti|tel ⟨der; -s, -⟩ **1** *zweiter, erläuternder Titel unter dem Titel* **2** *am unteren Bildrand angezeigte, textliche Wiedergabe von Filmdialogen o. Ä. (z. B. bei fremdsprachigen Filmen)* ▸ Original(fassung) mit ~(n); Abl *untertiteln*

Un|ter|ton ⟨der; -(e)s, -tö|ne; übertr.⟩ *leiser, versteckter, mitschwingender Ton(fall)* ▸ in seiner Stimme schwang ein drohender ~; mit spöttischem ~

un|ter|trei|ben ⟨V. intr. u. V. trans.; un|ter|treibt, un|ter|trieb, hat un|ter|trie|ben⟩ (etwas) ~ *kleiner, bedeutungsloser darstellen, als etwas tatsächlich ist, abschwächen;* Ggs *übertreiben* ▸ er hat maßlos untertrieben, als er seinen Besitz beschrieb

Un|ter|trei|bung ⟨die; -, -en⟩ *das Untertreiben, untertriebene Darstellung*

un|ter|ver|mie|ten ⟨V. trans.; un|ter|ver|mie|tet, un|ter|ver|mie|te|te, hat un|ter|ver|mie|tet⟩ ein Zimmer ~ *weitervermieten*

un|ter|ver|sorgt ⟨Adj.⟩ *nicht ausreichend versorgt (mit etwas);* Abl *Unterversorgung*

un|ter|wan|dern ⟨V. trans.; un|ter|wan|dert, un|ter|wan|der|te, hat un|ter|wan|dert⟩ etwas ~ *durch langsames Eindringen aufspalten* ▸ Agenten ~ eine Partei; Abl *Unterwanderung*

Un|ter|wä|sche ⟨die; -; unz.⟩ *unter der Oberbekleidung getragene Kleidung;* Syn *Leibwäsche* ▸ ich brauche neue ~; heute zieht er warme ~ an

un|ter|wegs ⟨Adv.⟩ *auf dem Wege, auf der Reise* ▸ wir waren drei Tage ~; wir haben ~ gegessen; der Gedanke kam mir erst ~; ich war schon ~, als er kam; bei ihr ist ein Kind ~ ⟨übertr.; umg.⟩

sie ist schwanger; die ganze Stadt war ~, um ihn zu sehen ⟨übertr.; umg.⟩; die Waren sind ~ *abgeschickt;* er ist ~ nach Berlin; von ~ anrufen

un|ter|wei|sen ⟨V. trans.; un|ter|weist, un|ter|wies, hat un|ter|wie|sen⟩ jmdn. (in etwas) ~ *anleiten, lehren, unterrichten* ▸ Schüler ~; jmdn. in Mathematik, im Zeichnen ~; Abl *Unterweisung*

Un|ter|welt ⟨die; -; unz.⟩ **1** ⟨Myth.⟩ *das Reich der Toten* **2** ⟨übertr.⟩ *Verbrecherwelt*

un|ter|wer|fen ⟨V.; un|ter|wirft, un|ter|warf, hat un|ter|wor|fen⟩ **I** ⟨V. trans.⟩ jmdn. ~ **1** *besiegen, bezwingen* **2** *sich untertan machen* ▸ fremder Herrschaft unterworfen sein; Launen, Stimmungsschwankungen unterworfen sein *launisch sein; von Stimmungen abhängen;* Abl *Unterwerfung* **II** ⟨V. refl.⟩ sich jmdm. od. einer Sache ~ *sich ergeben, sich fügen* ▸ sich jmds. Willen ~

un|ter|wür|fig ⟨a. ['----] Adj.⟩ *allzu gehorsam, sehr ergeben, kriecherisch* ▸ eine ~e Haltung

Un|ter|zahl ⟨die; -; unz.; bes. Sp.⟩ *zahlenmäßige Unterlegenheit* ▸ in ~ spielen

un|ter|zeich|nen ⟨V. trans.; un|ter|zeich|net, un|ter|zeich|ne|te, hat un|ter|zeich|net⟩ etwas ~ *unterschreiben* ▸ einen Brief, ein Protokoll, einen Vertrag, ein Gerichtsurteil, ein Zeugnis ~

Un|ter|zeich|ne|te(r) ⟨die; -n, -n (der; -n, -n)⟩ *jmd., der ein Schriftstück unterzeichnet hat*

un|ter|zie|hen ⟨V. trans.; zieht un|ter, zog un|ter, hat un|ter|ge|zo|gen, un|ter|zu|zie|hen⟩ **1** etwas ~ *unter etwas anziehen* **2** etwas (unter etwas) ~ *unter etwas mischen* ▸ hast du einen Pullover untergezogen?; zum Schluss den Eischnee ~

un|ter|zie|hen ⟨V.; un|ter|zieht, un|ter|zog, hat unter|zo|gen⟩ **I** ⟨V. trans.⟩ jmdn. einer Prüfung, einem Verhör ~ *ihn prüfen, verhören* **II** ⟨V. refl.⟩ sich einer Sache ~ *sie auf sich nehmen, geschehen lassen, sie tun* ▸ er hat sich einer Operation unterzogen; sich der Mühe einer Reise ~

Un|tie|fe ⟨die; -, -n⟩ **1** *Mangel an nötiger Tiefe, seichte Stelle (im Meer, See, Fluss), Sandbank* **2** ⟨umg. a.⟩ *sehr große Tiefe*

Un|tier ⟨das; -(e)s, -e⟩ *schreckliches, wildes Tier, Ungeheuer*

un|tot ⟨Adj.⟩ **1** *wie ein lebender Toter, geisterhaft;* Abl *Untote(r)* **2** *nicht tot, unsterblich*

un|trag|bar ⟨a. ['---] Adj.⟩ *nicht tragbar, unerträglich* ▸ ~e Zustände; er ist für die Partei ~ geworden *er hat gegen Gesetze o. Ä. verstoßen u. muss seine Parteiämter aufgeben*

un|trai|niert ⟨[-trɛ-] od. [-tre-] Adj.⟩ *nicht trainiert, ohne Ausdauer* ▸ ein ~er Körper

un|trenn|bar ⟨a. ['---] Adj.⟩ **1** *nicht trennbar* **2** ⟨Gramm.⟩ ~er Verbteil = *Präfix* ▸ ~ verbunden

un|treu ⟨Adj.⟩ *nicht treu, treulos* ▸ ein ~er Ehemann; jmdm., sich selbst ~ werden; Abl *Untreue*

un|tröst|lich ⟨a. ['---] Adj.⟩ *keinem Trost zugänglich, sehr traurig* ▸ ich bin darüber ~

un|trüg|lich ⟨a. ['---] Adj.⟩ *ganz sicher* ▸ das ist ein ~es Zeichen für einen Wetterumschwung

Un|tu|gend ⟨die; -, -en⟩ *schlechte Angewohnheit*

un|ty|pisch ⟨Adj.⟩ *nicht typisch* ▸ das ist ~ für ihn

un|über|brück|bar ⟨Adj.⟩ *nicht zu beseitigend, sehr groß* ▸ es besteht eine ~e Kluft zwischen den Parteien; ~e Gegensätze

un|über|hör|bar ⟨Adj.⟩ *nicht zu überhören* ▸ seine Begeisterung ist ~

un|über|legt ⟨Adj.⟩ *unbesonnen, voreilig* ▸ das war eine ~e Handlung; Abl *Unüberlegtheit*

un|über|seh|bar ⟨a. ['-----] Adj.⟩ **I** ⟨attr.; präd.⟩ *nicht übersehbar, sehr groß* (Menge, Schwierigkeiten); Syn *unüberschaubar* **II** ⟨adv.⟩ *sehr, ungeheuer* ▸ ~ weit

un|über|sicht|lich ⟨Adj.⟩ **1** *teilweise verdeckt, versteckt* (Gelände) **2** *verworren* (Angelegenheit) ▸ ~e Verhältnisse; Abl *Unübersichtlichkeit*

un|über|trof|fen ⟨a. [---'--] Adj.⟩ *(bisher) nicht übertroffen* ▸ künstlerisch bleibt er ~

un|über|wind|bar ⟨a. ['-----] Adj.⟩ **1** *nicht zu überwinden, nicht zu beseitigen* **2** *unbesiegbar* ▸ ein ~es Hindernis

un|üb|lich ⟨Adj.⟩ *nicht üblich* ▸ ~e Methoden

un|um|gäng|lich ⟨a. ['----] Adj.⟩ *nicht vermeidbar, notwendig, erforderlich* ▸ die Reform ist ~

un|um|kehr|bar ⟨a. ['----] Adj.⟩ *nicht umkehrbar, endgültig* ▸ der Vorgang ist ~

un|um|schränkt ⟨a. [--'-] Adj.⟩ *unbeschränkt, alles umfassend* ▸ ~e Gewalt ausüben; ~ herrschen

un|um|stöß|lich ⟨a. ['----] Adj.⟩ *nicht umzustoßen, nicht zu ändern* (Tatsache, Beschluss, Gesetz)

un|um|strit|ten ⟨a. ['----] Adj.⟩ *nicht umstritten, allgemein anerkannt* ▸ ~e Tatsachen

un|um|wun|den ⟨a. [--'--] Adj.⟩ *klar u. deutlich, ehrlich* ▸ etwas ~ eingestehen, sagen, zugeben

un|un|ter|bro|chen ⟨a. [---'--] Adj.⟩ *fortwährend, dauernd, pausenlos* ▸ in ~er Folge; sie redet ~

un|ver|än|der|lich ⟨a. ['-----] Adj.⟩ *nicht veränderlich* ▸ ~e Größe ⟨Math.⟩; Abl *Unveränderlichkeit*

un|ver|än|dert ⟨a. [--'--] Adj.⟩ *nicht verändert, gleich (geblieben)* ▸ er ist ~; sein Benehmen war ~; etwas ~ lassen

un|ver|ant|wort|lich ⟨a. ['-----] Adj.⟩ *nicht zu verantworten* ▸ ~er Leichtsinn; dein Verhalten ist ~; es ist ~, das zu tun

un|ver|ar|bei|tet ⟨a. [--'---] Adj.⟩ **1** *nicht bearbeitet, roh* (Rohstoffe) **2** *unverdaut* **3** ⟨übertr.⟩ *nicht richtig verstanden* ▸ ~e Eindrücke ⟨übertr.⟩

un|ver|äu|ßer|lich ⟨a. ['-----] Adj.⟩ *immer gültig* (Rechte), *nicht verkäuflich* (Besitz)

un|ver|bes|ser|lich ⟨a. ['-----] Adj.⟩ *nicht zu bessern, nicht zu ändern* ▸ er ist ein ~er Optimist; du bist wirklich ~!

un|ver|bind|lich ⟨Adj.⟩ **1** *nicht verbindlich, nicht bindend* **2** *nicht sehr freundlich, gerade noch höflich, kurz angebunden* ▸ ~es Angebot *A. ohne Kaufzwang;* ihre ~e Art schafft ihr keine Freunde; ~e Preisempfehlung; jmdm. ~ antworten; jmdn. ~ behandeln; Abl *Unverbindlichkeit*

un|ver|blümt ⟨a. [--'-] Adj.⟩ *geradeheraus, offen* ▸ jmdm. ~ die Meinung, die Wahrheit sagen

un|ver|braucht ⟨Adj.⟩ *(noch) nicht verbraucht, noch frisch* ▸ ein ~er Spieler

un|ver|däch|tig ⟨Adj.⟩ *nicht verdächtig* ▸ er ist ~

ụn|ver|dau|lich ⟨Adj.⟩ **1** *nicht verdaulich* (Speisen) **2** ⟨übertr.⟩ *schwer verständlich* (Lektüre)
ụn|ver|daut ⟨Adj.⟩ **1** *nicht verdaut* **2** ⟨übertr.⟩ **2.1** *geistig (noch) nicht verarbeitet* **2.2** *nicht verstanden* ▸ dieser Stoff wird ~ ausgeschieden
ụn|ver|dient ⟨Adj.⟩ *nicht verdient, unberechtigt* ▸ ein ~es Glück; ~e Strafe, Vorwürfe
ụn|ver|dor|ben ⟨Adj.⟩ **1** *nicht verdorben, frisch* (Ware) **2** ⟨übertr.⟩ *anständig, unschuldig* (Charakter)
ụn|ver|dros|sen ⟨a. [--'--] Adj.⟩ *unermüdlich u. fröhlich, emsig* ▸ ~ arbeiten
ụn|ver|dünnt ⟨Adj.⟩ *nicht verdünnt* ▸ ~e Lösung
un|ver|ein|bar ⟨a. ['----] Adj.⟩ *nicht in Einklang zu bringen* ▸ ~e Gegensätze; ~e Ämter *Ä., die man nicht in einer Person ausüben kann*
ụn|ver|fälscht ⟨Adj.⟩ *echt, rein* ▸ ~en Dialekt sprechen; ~er Wein
ụn|ver|fäng|lich ⟨Adj.⟩ *nicht verfänglich, keinen Verdacht erregend, nicht gefährlich* ▸ eine möglichst ~e Antwort geben; ~e Fragen stellen
ụn|ver|fro|ren ⟨Adj.⟩ *dreist, frech, ziemlich unverschämt;* Abl *Unverfrorenheit*
ụn|ver|gäng|lich ⟨a. [--'--] Adj.⟩ *ewig, unsterblich* ▸ diese Musik ist ~; Abl *Unvergänglichkeit*
ụn|ver|ges|sen ⟨Adj.⟩ *nicht vergessen, in der Erinnerung lebendig* ▸ er wird uns immer ~ bleiben
un|ver|gẹss|lich ⟨a. ['----] Adj.⟩ *so beschaffen, dass man es nicht vergessen kann* ▸ ~e Eindrücke; es waren ~e Stunden; das ist mir ~
un|ver|gleich|lich ⟨a. ['----] Adj.⟩ *unübertrefflich, einzigartig* ▸ eine ~e Tat; von ~em Geschmack
ụn|ver|hält|nis|mä|ßig ⟨Adj.⟩ *über die normalen Verhältnisse hinausgehend, übermäßig* ▸ er ist ~ groß; das ist ~ teuer; Abl *Unverhältnismäßigkeit*
ụn|ver|hei|ra|tet ⟨Adj.⟩ *nicht verheiratet, ledig* ▸ ~ bleiben; er ist noch ~
ụn|ver|hofft ⟨Adj.⟩ *unerwartet, plötzlich* ▸ ein ~es Wiedersehen; sein Sieg kam ~
ụn|ver|hoh|len ⟨a. [--'--] Adj.⟩ *nicht verborgen, unverhüllt* ▸ mit ~er Schadenfreude lachen
ụn|ver|hüllt ⟨Adj.⟩ *nicht verhüllt, nicht verborgen, offen* ▸ die ~e Wahrheit
un|ver|käuf|lich ⟨a. ['----] Adj.⟩ *nicht verkäuflich, nicht zum Verkauf bestimmt* ▸ ~es Muster
un|ver|kẹnn|bar ⟨a. ['----] Adj.⟩ *nicht zu verkennen, deutlich zu erkennen* ▸ es ist ~, dass sie lügt
un|ver|lẹtz|lich ⟨a. ['----] Adj.⟩ *nicht verletzlich, so beschaffen, dass es nicht verletzt, übertreten werden kann od. darf* ▸ die ~e Würde des Menschen; Abl *Unverletzlichkeit*
ụn|ver|letzt ⟨Adj.⟩ *nicht verletzt, gesund* ▸ er ist bei dem Unfall ~ geblieben
un|ver|meid|bar ⟨Adj.⟩ *nicht zu vermeiden, unvermeidlich, unumgänglich* ▸ der Zusammenstoß war ~; ein ~es Zusammentreffen
un|ver|meid|lich ⟨a. ['----] Adj.⟩ *nicht zu vermeiden, nicht zu umgehen* ▸ die Erhöhung der Preise ist ~; du musst dich ins Unvermeidliche fügen
ụn|ver|min|dert ⟨Adj.⟩ *nicht vermindert, nicht geringer geworden, gleich geblieben* ▸ der Sturm tobt noch immer mit ~er Heftigkeit
ụn|ver|mit|telt ⟨Adj.⟩ *ohne Übergang, plötzlich* ▸ ~ fragte er mich nach ihr
Ụn|ver|mö|gen ⟨das; -s; unz.⟩ *Unfähigkeit, Mangel an Fähigkeit, an Können od. Kraft*
ụn|ver|mu|tet ⟨Adj.⟩ *nicht vermutet, unerwartet, plötzlich* ▸ wir haben ~ Besuch bekommen; ein ~es Hindernis; ~e Schwierigkeiten
Ụn|ver|nunft ⟨die; -; unz.⟩ *Mangel an Vernunft;* Abl *unvernünftig*
ụn|ver|öf|fent|licht ⟨Adj.⟩ *noch nicht veröffentlicht* ▸ ~e Manuskripte
ụn|ver|rich|tet ⟨Adj.⟩ *nicht getan, nicht erledigt* ▸ ~er Dinge gehen *ohne etwas erreicht zu haben*
ụn|ver|schämt ⟨Adj.; -er, am -es|ten⟩ *frech, dreist* ▸ eine ~e Antwort geben; ein ~er Kerl; er lügt ~; er ist ~; Abl *Unverschämtheit*
ụn|ver|schul|det ⟨a. [--'--] Adj.⟩ *keine Schulden habend, keine Schuld tragend, unschuldig* ▸ er ist ~ ins Unglück geraten; ~ verdächtigt werden
ụn|ver|se|hens ⟨a. [--'--] Adv.⟩ *plötzlich, überraschend* ▸ ~ war der Winter da
ụn|ver|sehrt ⟨a. [--'-] Adj.⟩ *nicht verletzt, heil* ▸ es kam ~ hier an; er blieb ~; Abl *Unversehrtheit*
un|ver|söhn|lich ⟨a. ['----] Adj.⟩ *nicht zur Versöhnung bereit;* Abl *Unversöhnlichkeit*
ụn|ver|ständ|lich ⟨Adj.⟩ **1** *nicht verständlich, nicht zu verstehen* **2** *nicht zu begreifen, unbegreiflich* ▸ die Aufgabe ist (mir) ~; seine Handlungsweise, sein Verhalten ist mir ~; einige ~e Worte murmeln; es ist mir ~, wie er das tun konnte; Abl *Unverständlichkeit*
Ụn|ver|ständ|nis ⟨das; -nis|ses; unz.⟩ *Mangel an Verständnis* ▸ auf ~ stoßen
ụn|ver|steu|ert ⟨Adj.⟩ *nicht versteuert* ▸ das ~e Einkommen
ụn|ver|sucht ⟨Adj.; in den Wendungen⟩ **1** nichts ~ lassen *alles versuchen* **2** es blieb nichts ~ (ihn zu retten) *es wurde alles versucht*
ụn|ver|träg|lich ⟨Adj.⟩ **1** *zänkisch, streitsüchtig* (Mensch) **2** *unvereinbar* (Gegensätze, Meinungen) **3** *so beschaffen, dass man es nicht vertragen kann* (Medikament, Speise) ▸ ~e Gegensätze *schroffe G.;* Abl *Unverträglichkeit*
ụn|ver|wandt ⟨Adj.⟩ *ohne sich abzuwenden* ▸ ~en Blickes sah er sie an; jmdn. ~ anstarren
un|ver|wẹch|sel|bar ⟨[-ks-] a. ['-----] Adj.⟩ *nur ihm bzw. ihr eigentümlich* ▸ ihr ~er Akzent; ein ~er Stil; ihre Stimme klingt ~
un|ver|wụnd|bar ⟨a. ['----] Adj.⟩ *nicht verwundbar;* Abl *Unverwundbarkeit*
un|ver|wüst|lich ⟨a. ['----] Adj.⟩ **1** *nicht zerstörbar, sehr haltbar, strapazierfähig* **2** ⟨übertr.⟩ *durch nichts aus dem Gleichgewicht zu bringen* ▸ er hat eine ~e Gesundheit; dieses Produkt ist ~
ụn|ver|zagt ⟨a. [--'-] Adj.⟩ *unerschrocken*
un|ver|zeih|lich ⟨a. ['----] Adj.⟩ *nicht verzeihlich, nicht zu verzeihen* ▸ ein ~er Fehler, Irrtum
ụn|ver|zicht|bar ⟨a. [--'--] Adj.⟩ *unabdingbar, unbedingt notwendig;* Abl *Unverzichtbarkeit*
ụn|ver|zins|lich ⟨Adj.⟩ *nicht verzinslich, keine Zinsen bringend od. fordernd* ▸ ein ~es Darlehen
ụn|ver|zollt ⟨Adj.⟩ *nicht verzollt* ▸ ~e Ware

un|ver|züg|lich 〈a. ['----] Adj.〉 *sofort, sogleich* ▸ ~e Abreise; sich ~ auf den Weg machen

un|voll|en|det 〈a. [--'--] Adj.〉 *nicht vollendet* (Bauwerk, Kunstwerk) ▸ er hinterließ einen ~en Roman; sein Werk ist, blieb ~

un|voll|kom|men 〈Adj.〉 *ansatzweise, mangelhaft* ▸ eine Sprache nur ~ beherrschen

un|voll|stän|dig 〈Adj.〉 *nicht alle Teile umfassend, nicht vollzählig* ▸ diese Ausgabe von Goethes Werken ist ~; Abl *Unvollständigkeit*

un|vor|be|rei|tet 〈Adj.〉 *nicht vorbereitet, ohne sich vorbereitet zu haben* ▸ ~ eine Rede halten; ~ sprechen; ~ in eine Prüfung gehen; das Unglück traf uns ganz ~ *plötzlich u. heftig*

un|vor|ein|ge|nom|men 〈Adj.〉 *ohne Vorurteil, sachlich, objektiv* ▸ einen Fall ~ prüfen; Abl *Unvoreingenommenheit*

un|vor|her|ge|se|hen 〈a. [--'----] Adj.〉 *nicht vorhergesehen, unerwartet, plötzlich* ▸ ~e Ausgaben

un|vor|her|seh|bar 〈a. [--'---] Adj.〉 *nicht vorherzusehen* ▸ es sind ~e Schwierigkeiten aufgetreten; Abl *Unvorhersehbarkeit*

un|vor|sich|tig 〈Adj.〉 *nicht vorsichtig, leichtsinnig;* Abl *Unvorsichtigkeit; unvorsichtigerweise*

un|vor|stell|bar 〈a. ['----] Adj.〉 *nicht vorstellbar* ▸ Schäden von ~em Ausmaß; ~ groß

un|vor|teil|haft 〈Adj.; -er, am -es|ten〉 *nicht vorteilhaft, ungünstig* ▸ ein ~er Kauf; ein ~es Kleid tragen; ~ angezogen sein; ~ aussehen, wirken

un|wahr 〈Adj.〉 *nicht wahr, erlogen, falsch*

Un|wahr|heit 〈die; -, -en〉 **I** 〈unz.〉 *Mangel an Wahrheit* **II** 〈zählb.〉 *unwahre Aussage, Lüge* ▸ die ~ sagen; das ist eine ~!; jmdn. bei ~en ertappen

un|weg|sam 〈Adj.〉 *schwer zu begehen, schwer zu durchqueren* ▸ durch ~es Gelände fahren

un|wei|ger|lich 〈a. ['----] Adj.〉 *unbedingt, auf jeden Fall* ▸ es musste ~ so kommen

un|weit 〈Präp. m. Gen.〉 *nicht weit, nahe* ▸ ~ des Ortes, der Stadt *nahe dem Ort, der Stadt*

Un|we|sen 〈das; -s; unz.〉 *schlimmes Treiben* ▸ ein Betrüger trieb dort sein ~

un|we|sent|lich 〈Adj.〉 *nicht wichtig, nebensächlich* ▸ ~e Änderungen; es ist ~, ob er dafür ist; er ist nur ~ älter als sie *kaum älter*

Un|wet|ter 〈das; -s, -〉 *Sturm u. Regen, Gewitter* ▸ ein ~ brach los; vor dem ~ Schutz suchen

un|wich|tig 〈Adj.〉 *nicht wichtig, ohne Bedeutung, nebensächlich* ▸ dieser Aspekt ist nicht ganz ~ *recht wichtig;* Abl *Unwichtigkeit*

un|wi|der|leg|bar 〈a. ['-----] Adj.〉 *nicht widerlegbar* ▸ ein ~er Beweis; seine Behauptung ist ~

un|wi|der|ruf|lich 〈a. ['-----] Adj.〉 *nicht zu widerrufen, endgültig* ▸ ein ~es Urteil; das steht ~ fest

un|wi|der|spro|chen 〈a. ['-----] Adj.〉 diese Behauptung darf nicht ~ bleiben *ihr muss widersprochen werden*

un|wi|der|steh|lich 〈a. ['-----] Adj.〉 **1** *so geartet, dass man nicht widerstehen kann* **2** 〈übertr.〉 *sehr anziehend, sehr attraktiv* ▸ ein ~er Drang; von ~er Komik; ein ~es Verlangen nach etwas haben; er, sie ist (einfach) ~; er hält sich für ~

un|wie|der|bring|lich 〈a. ['-----] Adj.〉 *endgültig, für immer* ▸ ein ~er Verlust; es ist ~ verloren

Un|wil|le 〈der; -ns; unz.〉 *Ärger, Verdruss, leichter Zorn;* oV *Unwillen* ▸ seinem ~n Luft machen 〈übertr.; umg.〉 *deutlich sagen, worüber man sich ärgert;* jmds. ~n erregen, hervorrufen; sein ~ richtet sich bes. gegen mich; ich konnte meinen ~n nicht länger zurückhalten; zu jmds. ~n

un|wil|lig 〈Adj.〉 **1** *ärgerlich, ungehalten* **2** *widerwillig* ▸ ~ sein, werden; etwas nur ~ tun

un|will|kom|men 〈Adj.〉 *lästig, unerwünscht, unangenehm* ▸ ein ~er Gast

un|will|kür|lich 〈a. [--'--] Adj.〉 *ohne Absicht, unbewusst, wie von selbst* ▸ eine ~e Bewegung; sich ~ umdrehen; ich tat es ganz ~

un|wirk|lich 〈Adj.〉 *der Wirklichkeit nicht entsprechend, jenseits der Wirklichkeit liegend* ▸ das kommt mir ~ vor; Abl *Unwirklichkeit*

un|wirk|sam 〈Adj.〉 **1** *ohne Wirkung* (Medizin) **2** *ungültig* (Vertrag)

un|wirsch 〈Adj.〉 *unliebenswürdig, kurz angebunden, barsch* ▸ ~ antworten

un|wirt|lich 〈Adj.〉 **1** *ungastlich, unfreundlich* (Haus) **2** *einsam, unfruchtbar* (Gegend) **3** *regnerisch u. kalt* (Wetter)

un|wirt|schaft|lich 〈Adj.〉 **1** *nicht sparsam* (Verfahren) **2** *keinen Gewinn bringend*

un|wis|send 〈Adj.〉 **1** *kein Wissen, keine Kenntnisse habend* **2** *unerfahren* ▸ sich ~ stellen

Un|wis|sen|heit 〈die; -; unz.〉 *Mangel an Wissen, an Kenntnissen* ▸ etwas aus ~ machen

un|wis|sen|schaft|lich 〈Adj.〉 *nicht wissenschaftlich (fundiert)* ▸ ~ arbeiten, vorgehen

un|wis|sent|lich 〈Adj.〉 *ohne Wissen, ohne Kenntnis (einer Sache)* ▸ ~ etwas Falsches tun

un|wohl 〈Adj.〉 *nicht ganz gesund, nicht gut* ▸ ich bin etwas ~, mir ist ~ *mir ist schlecht;* sich bei einer Sache ~ fühlen; Abl *Unwohlsein*

un|wür|dig 〈Adj.〉 *nicht würdig, nicht wert, nicht gemäß* ▸ das ist seiner ~; er ist des Lobes ~

Un|zahl 〈die; -; unz.〉 *sehr große Zahl, unzählbare Menge* ▸ eine ~ von Geschenken bekommen

un|zähl|bar 〈a. ['---] Adj.〉 *nicht zählbar, sehr groß* ▸ eine ~e Menge

un|zäh|lig 〈a. [-'--] Adj.〉 *sehr viele* ▸ ~e Menschen; ~e Mal(e) *sehr oft;* Unzählige kamen

Un|zeit 〈die; -; unz.; in der Wendung〉 zur ~ (kommen) *unpassend, zur falschen Zeit*

un|zeit|ge|mäß 〈Adj.〉 *unmodern, veraltet*

un|zen|siert 〈Adj.〉 *nicht zensiert, ohne Zensur*

un|zer|brech|lich 〈a. [--'--] Adj.〉 *nicht zerbrechlich* ▸ ~es Glas, Spielzeug

un|zer|stör|bar 〈a. ['----] Adj.〉 *nicht zerstörbar*

un|zer|stört 〈Adj.〉 *nicht zerstört*

un|zer|trenn|lich 〈a. ['----] Adj.〉 *sehr eng verbunden* ▸ ~e Freunde; die beiden sind ~

un|ziem|lich 〈Adj.〉 *ungehörig, unangemessen*

un|zi|vi|li|siert 〈[-vi-] Adj.〉 *nicht zivilisiert*

Un|zucht 〈die; -; unz.; veraltet〉 *unmoralische sexuelle Handlung* ▸ ~ treiben; Abl *unzüchtig*

un|zu|frie|den 〈Adj.〉 **1** *nicht zufrieden* **2** *nie zufrieden* **3** *missmutig* ▸ ein ~es Gesicht machen; ein

~er Mensch; mit jmdm. od. etwas ~ sein; Abl *Unzufriedenheit*

un|zu|gäng|lich ⟨Adj.⟩ **1** *nicht zugänglich* (Haus, Grundstück) **2** ⟨übertr.⟩ *herb, verschlossen* (Charakter, Mensch) ▸ er war, blieb allen Bitten, Mahnungen ~; Abl *Unzugänglichkeit*

un|zu|läng|lich ⟨Adj.⟩ *nicht ausreichend, ungenügend* ▸ ~e Leistung; Abl *Unzulänglichkeit*

un|zu|läs|sig ⟨Adj.⟩ *nicht zulässig, nicht erlaubt* ▸ ~e Einmischung; Abl *Unzulässigkeit*

un|zu|mut|bar ⟨a. [--'--] Adj.⟩ *nicht zumutbar;* Abl *Unzumutbarkeit*

un|zu|rech|nungs|fä|hig ⟨Adj.⟩ *nicht verantwortlich für seine Handlungen* ▸ der Angeklagte wurde für ~ erklärt; Abl *Unzurechnungsfähigkeit*

un|zu|rei|chend ⟨Adj.⟩ *nicht ausreichend* ▸ ein ~er Grund

un|zu|tref|fend ⟨Adj.⟩ *nicht zutreffend* ▸ Unzutreffendes bitte streichen (auf Formularen)

un|zu|ver|läs|sig ⟨Adj.⟩ **1** *nicht zuverlässig, nicht pflichtbewusst* (Person) **2** *zweifelhaft, ungenau* (Zahlenangaben) ▸ ein ~er Computer *ein C., der oft abstürzt;* Abl *Unzuverlässigkeit*

un|zweck|mä|ßig ⟨Adj.⟩ *unpraktisch* ▸ ~e Kleidung tragen; Abl *Unzweckmäßigkeit*

un|zwei|deu|tig ⟨Adj.⟩ *sehr deutlich, eindeutig, grob* ▸ jmdm. ~ die Meinung sagen

un|zwei|fel|haft ⟨a. [-'---] Adj.⟩ *zweifellos, unbestreitbar* ▸ es ist ~, dass er Recht hat

Up|date ⟨[ʌpdeɪt] das; -s, -s; EDV⟩ *neue, überarbeitete Fassung, z. B. bei EDV-Programmen* ▸ ein ~ verschicken; Abl *updaten*

üp|pig ⟨Adj.⟩ **1** *in Fülle vorhanden, reichlich, überreich* (Mahl, Wuchs) **2** *rundlich* (Körperformen) **3** *schwelgerisch, genießerisch* **4** *reich, lebendig* (Fantasie) ▸ sie hat eine ~e Figur; eine ~e Frau; ~e Vegetation; zu ~ leben ⟨umg.⟩ *verschwenderisch;* ~ wachsende, wuchernde, blühende Pflanzen; Abl *Üppigkeit*

ur..., Ur... ⟨in Zus.⟩ **1** *den Anfang, das Erste bezeichnend,* z. B. Uradel, Urahn(e), Urform, Urfassung, Urmensch, Urtext, Urzustand **2** *einen hohen Grad bezeichnend, sehr,* z. B. uralt, urkomisch **3** *Echtheit, Unverbrauchtheit bezeichnend,* z. B. Urkraft **4** *die vorhergehende od. nachfolgende Generation bezeichnend,* z. B. Urgroßvater, Urenkel

Ur|ab|stim|mung ⟨die; -, -en⟩ *unmittelbare, nicht über Wahlmänner gehende Abstimmung*

ur|alt ⟨Adj.⟩ **1** *sehr alt* (Mensch, Gegenstand) **2** *längst vergangen* ▸ aus ~en Zeiten

Uran ⟨das; -(e)s; unz.; chem. Zeichen: U⟩ *chem. Element, radioaktives Metall;* Abl *uranhaltig;* Zus *Uranaufbereitung, Uranvorkommen*

ur|auf|füh|ren ⟨V. trans.; ur|auf|führt, ur|auf|führte, hat ur|auf|ge|führt⟩ etwas ~ *zum ersten Mal aufführen;* Abl *Uraufführung*

ur|ban ⟨Adj.⟩ **1** *weltmännisch, gebildet* **2** *städtisch;* Abl *Urbanisierung; urbanisieren* ▸ der ~e Raum; Abl *Urbanität*

ur|bar ⟨Adj.⟩ *anbaufähig, nutzbar* ▸ Boden, Land, Wald ~ machen; Abl *Urbarmachung*

Ur|be|völ|ke|rung ⟨die; -, -en⟩ *ursprüngliche, erste Bevölkerung*

Ur|bild ⟨das; -(e)s, -er⟩ **1** *Vorbild eines Abbildes* **2** ⟨allg.⟩ *Inbegriff, Idee, Original*

ur|ei|gen ⟨Adj.⟩ *ursprünglich eigen, ganz eigen* ▸ es liegt in Ihrem ~sten Interesse ⟨umg.⟩

Ur|ein|woh|ner ⟨der; -s, -⟩ *Angehöriger der Urbevölkerung;* Abl *Ureinwohnerin*

Ur|en|kel ⟨der; -s, -⟩ *Sohn des Enkels od. der Enkelin;* Abl *Urenkelin*

Ur|ge|walt ⟨die; -, -en⟩ *ungebrochene, ungebändigte Naturgewalt* ▸ die ~(en) des Meeres

Ur|groß|el|tern ⟨Pl.⟩ *Eltern der Großeltern*

Ur|groß|mut|ter ⟨die; -, -müt|ter⟩ *Mutter der Großmutter od. des Großvaters*

Ur|groß|va|ter ⟨der; -s, -vä|ter⟩ *Vater des Großvaters od. der Großmutter*

Ur|he|ber ⟨der; -s, -⟩ **1** *Veranlasser, für eine Tat Verantwortlicher* **2** *Schöpfer, Verfasser eines Kunstwerkes* ▸ wer ist der geistige ~ dieser Aktion?; Abl *Urheberin*

Ur|he|ber|recht ⟨das; -(e)s, -e⟩ **1** *Verfügungsrecht des Urhebers über sein Werk* **2** *alle Rechtssätze, die ein individuelles geistiges Werk schützen;* Abl *urheberrechtlich*

urig ⟨Adj.; umg.⟩ *urwüchsig-knorrig, urwüchsig-humorvoll* ▸ ein ~er Typ

Urin ⟨der; -s, -e⟩ = *Harn* ▸ etwas im ~ haben ⟨übertr.; umg.⟩ *etwas Bevorstehendes deutlich spüren;* Abl *urinieren;* Zus *Urinprobe*

Ur|knall ⟨der; -(e)s; unz.; Kosmologie⟩ *allgemein angenommener Anfang unseres Universums;* Zus *Urknalltheorie*

ur|ko|misch ⟨Adj.⟩ *sehr komisch*

Ur|kun|de ⟨die; -, -n⟩ *Schriftstück, auf dem etwas (Wichtiges) festgehalten ist, Beweisstück, Zeugnis* ▸ eine ~ ausstellen, fälschen; eine mittelalterliche ~; Zus *Urkundenfälschung*

ur|kund|lich ⟨Adj.⟩ *auf einer Urkunde beruhend, mit ihrer Hilfe* ▸ ~ erwähnt sein

Ur|laub ⟨der; -(e)s, -e⟩ *arbeitsfreie Zeit, Ferien* ▸ drei Tage, zwei Wochen ~ ▸ seinen ~ antreten, abbrechen; ~ beantragen, einreichen, nehmen; ~ bewilligen, genehmigen; wann hast du ~?; im Sommer machen wir drei Wochen ~ ▸ es war ein erholsamer, langer, kurzer ~ ▸ auf, in ~ fahren, gehen, sein; jmdm. eine Postkarte aus dem ~ schreiben; wir waren im ~ wieder in Spanien; Zus *Urlaubsort, Urlaubsreise, Urlaubstag; Kurzurlaub, Skiurlaub, Sommerurlaub, Winterurlaub*

Ur|lau|ber ⟨der; -s, -⟩ *Ferienreisender, Tourist;* Abl *Urlauberin*

Ur|laubs|geld ⟨das; -(e)s, -er⟩ *zusätzlich zum Lohn gezahltes Geld zur Urlaubszeit*

ur|laubs|reif ⟨Adj.⟩ *erschöpft, erholungsbedürftig, Urlaub nötig habend* ▸ ich bin ~

Ur|laubs|zeit ⟨die; -, -en⟩ **1** *die Zeit des Urlaubs* **2** *Zeit, in der bes. viele Menschen verreisen (Sommer)* ▸ in der ~, während der ~, zur ~

Ur|ne ⟨die; -, -n⟩ **1** *krugartiges, henkelloses Gefäß mit Deckel, bes. für die Asche verbrannter Toter*

U

2 *Holzkasten mit Schiebedeckel zum Einwerfen des Stimmzettels bei Wahlen;* Zus *Wahlurne*

Ur|nen|gang ⟨der; -(e)s, -gän|ge⟩ = *Wahlgang (2)*

Uro|lo|gie ⟨die; -; unz.⟩ *Lehre von den Erkrankungen der Harnorgane;* Abl *Urologe; urologisch*

Ur|oma ⟨die; -, -s; umg.⟩ *Urgroßmutter*

Ur|opa ⟨der; -s, -s; umg.⟩ *Urgroßvater*

ur|plötz|lich ⟨Adj.⟩ *sehr, ganz plötzlich* ▸ ~ tauchte er vor mir auf

Ur|sa|che ⟨die; -, -n⟩ *Grund für ein Geschehen, Ursprung* ▸ die ~ einer **Krankheit,** eines Unfalls feststellen; ~ und **Wirkung** beschreiben ▸ die ~ von etwas **erkennen,** feststellen, kennen; du hast keine ~, dich zu beklagen ▸ **keine** ~! ⟨umg.⟩ *bitte, gern geschehen (höfliche Erwiderung auf Dank);* der Wagen ist aus **ungeklärter** ~ verunglückt

ur|säch|lich ⟨Adj.⟩ *die Ursache betreffend, auf ihr beruhend* ▸ die Krankheit steht in ~em Zusammenhang mit der erhöhten Radioaktivität

Ur|sprung ⟨der; -(e)s, -sprün|ge⟩ **1** *Beginn, Anfang, Ausgangspunkt* **2** ⟨übertr.⟩ **2.1** *Entstehung, Herkunft;* Zus *Ursprungsland* **2.2** *Ursache* ▸ seinen ~ in etwas haben *aus etwas entstanden sein*

ur|sprüng|lich ⟨a. [-'--] Adj.; Abk.: urspr.⟩ **1** *am Anfang, zu Beginn (befindlich)* **2** *erst(e, -s), zuerst vorhanden* **3** *einfach, natürlich* **4** *urwüchsig, echt* ▸ ~ wollte ich nach Berlin fahren; der ~e Plan wurde geändert; der Text war ~ viel länger; Abl *Ursprünglichkeit*

Ur|teil ⟨das; -(e)s, -e⟩ **1** ⟨Rechtsw.⟩ *Entscheidung des Richters im Prozess;* Zus *Urteilsspruch; Todesurteil* **2** *Gutachten;* Zus *Sachverständigenurteil* **3** *feste Meinung;* Zus *Werturteil* **4** *Urteilskraft, Urteilsfähigkeit* ▸ das ~ der **Nachwelt** ▸ ein ~ **abgeben,** fällen; das ~ **anfechten,** anerkennen, aufheben, bestätigen, sprechen, vollstrecken; sich über jmdn. od. etwas ein ~ **bilden;** ein ~ **revidieren** ▸ ein **abfälliges,** vernichtendes ~; ein **fachmännisches** ~; ein **gerechtes,** hartes, mildes, ungerechtes ~ ▸ etwas, nichts **auf** jmds. ~ geben; auf sein ~ kann man sich verlassen; **gegen** ein ~ Berufung einlegen ⟨Rechtsw.⟩; **über** etwas ein ~ sprechen; ich bin **zu** dem ~ gekommen, dass wir die Verhandlungen unterbrechen sollten

ur|tei|len ⟨V. intr.; ur|teilt, ur|teil|te, hat ge|ur|teilt⟩ (über jmdn. od. etwas) ~ *ein Urteil abgeben, fällen* ▸ abfällig, gerecht, hart, milde, vorschnell ~; dem Foto nach zu ~, sieht sie gut aus

Ur|teils|fä|hig|keit ⟨die; -; unz.⟩ *Fähigkeit, sachlich zu urteilen;* Syn *Urteilskraft, Urteilsvermögen;* Abl *urteilsfähig*

ur|tüm|lich ⟨Adj.⟩ *ursprünglich, urwüchsig, natürlich-einfach* ▸ ~e Bräuche; Abl *Urtümlichkeit*

Ur|ur|en|kel ⟨der; -s, -⟩ *Sohn des Urenkels od. der Urenkelin;* Abl *Ururenkelin*

Ur|ur|groß|el|tern ⟨Pl.⟩ *Eltern der Urgroßeltern*

Ur|ur|groß|mut|ter ⟨die; -, -müt|ter⟩ *Mutter der Urgroßmutter od. des Urgroßvaters*

Ur|ur|groß|va|ter ⟨der; -s, -vä|ter⟩ *Vater der Urgroßmutter od. des Urgroßvaters*

Ur|ver|trau|en ⟨das; -s; unz.; Psych.⟩ *im Säuglingsalter entwickeltes natürliches Vertrauen des Menschen zur Umwelt*

Ur|wald ⟨der; -(e)s, -wäl|der⟩ *unberührter, nicht bewirtschafteter Wald, bes. in den Tropen*

ur|wüch|sig ⟨[-ks-] Adj.⟩ **1** *natürlich-einfach, naturhaft* **2** *bodenständig* ▸ die ~e Natur

Ur|zeit ⟨die; -, -en⟩ *älteste Zeit der Erdgeschichte, Vorzeit* ▸ seit ~en *seit sehr langer Zeit*

US(A) ⟨Abk. für engl.⟩ *United States (of America), Vereinigte Staaten (von Amerika);* Abl *US-Amerikaner(in); US-amerikanisch*

User ⟨[ju:zə(r)] der; -s, -; EDV⟩ *Benutzer, Bediener (eines Computers)*

usur|pie|ren ⟨V. trans.; usur|piert, usur|pier|te, hat usur|piert; geh.⟩ etwas ~ *gewaltsam an sich reißen* ▸ den Thron, die Macht ~; Abl *Usurpator(in)*

Usus ⟨der; -; unz.⟩ *Brauch, Sitte, Gewohnheit* ▸ es ist bei uns schon lange so ~

usw. ⟨Abk. für⟩ *und so weiter*

Uten|si|li|en ⟨Pl.⟩ *(kleine, notwendige) Geräte, Gegenstände, Werkzeuge;* Zus *Malutensilien, Schreibutensilien, Waschutensilien*

Uto|pie ⟨die; -, -n⟩ **1** *Schilderung eines künftigen gesellschaftl. Zustandes* **2** ⟨allg.⟩ *Wunschtraum, Hirngespinst* ▸ das wird ~ bleiben; Abl *utopisch*

u. U. ⟨Abk. für⟩ *unter Umständen*

UV ⟨Abk. für⟩ *ultraviolett*

UV-Strah|len ⟨[u:fau-] Pl.⟩ *ultraviolette Strahlen;* Abl *UV-bestrahlt*

U

V v

V **1** ⟨röm. Zahlzeichen für⟩ *5* **2** ⟨Zeichen für⟩ *Volt, Volumen*

va|ge ⟨[va:gə] Adj.⟩ *unbestimmt, ungenau, verschwommen;* oV *vag* ▸ ich habe nur eine ~ Vorstellung davon; Abl *Vagheit*

Va|gi|na ⟨a. [va:-] die; -, -gi|nen⟩ = *Scheide (2);* Abl *vaginal*

va|kant ⟨[va-] Adj.⟩ *offen, unbesetzt* (Stelle)

Va|kanz ⟨[va-] die; -, -en⟩ *offene, unbesetzte Stelle*

Va|ku|um ⟨[va:-] das; -s, -kua; Phys.⟩ *Zustand in einem nahezu luftleeren Raum;* Zus *vakuumverpackt*

Va|len|tins|tag ⟨[va-] od. [fa-] der; -(e)s, -e⟩ *am 14. Februar gefeierter Festtag der Liebenden, an dem man bes. von Blumen schenkt*

Va|lenz ⟨[va-] die; -, -en; Gramm.⟩ *die Eigenschaft von Wörtern od. Morphemen, andere Einheiten zu verlangen, z. B. müssen bei vielen Verben bestimmte Arten von Objekten stehen*

Vamp ⟨[væmp] der; -s, -s⟩ *erotisch stark anziehende, kalt berechnende Frau*

Vam|pir ⟨[vam-], Betonung a. ['--] der; -s, -e⟩ **1** ⟨Zool.⟩ *Angehöriger einer Familie der Fledermäuse, die Blut saugen* **2** ⟨Volksglaube⟩ *blutsaugendes Nachtgespenst*

Van|da|le ⟨[van-] der; -n, -n⟩ **1** *Angehöriger eines ostgermanischen Volkes* **2** ⟨übertr.⟩ *grober, zerstörungswütiger Mensch* ▸ wie die ~n hausen; Abl *Vandalin*

Van|da|lis|mus ⟨[van-] der; -; unz.⟩ *rohe Zerstörungswut, die sich bes. gegen Kunstwerke richtet*

Va|nil|le ⟨a. [vanıljə] die; -; unz.; Bot.⟩ *Pflanze mit zylindrischen Früchten, die nach Fermentierung ein charakteristisches Aroma erhalten, das für Süßspeisen beliebt ist;* Zus *Vanilleeis, Vanillepudding, Vanillezucker*

va|ri|a|bel ⟨[va-] Adj.⟩ *wandelbar, veränderlich;* Ggs *konstant;* Abl *Variabilität;* Bes *bei Beugung entfällt das „e" in der Endsilbe: „variable Größe"*

Va|ri|a|b|le ⟨[va-] die; -n, -n; Math.; Phys.⟩ *veränderliche Größe*

Va|ri|an|te ⟨[va-] die; -, -n⟩ *veränderte Form, Abart, Spielart*

Va|ri|a|ti|on ⟨[va-] die; -, -en⟩ **1** *Veränderung, Abwandlung* **2** ⟨Biol.⟩ *Abweichung von der Art* **3** ⟨Mus.⟩ *melodische, harmonische od. rhythmische Veränderung, Abwandlung eines Themas*

Va|ri|e|té ⟨[variete:]⟩ *Theater, Bühne für akrobatische, tänzerische, musikalische u. a. Vorführungen;* oV *Varietee,* ⟨schweiz.⟩ *Variété*

va|ri|ie|ren ⟨[va-] V.; va|ri|iert, va|ri|ier|te, hat va|ri|iert⟩ **I** ⟨V. intr.⟩ *verschieden, anders sein, abweichen* **II** ⟨V. trans.⟩ etwas ~ *verändern, abwandeln;* Abl *Variierung*

Va|se ⟨[va:-] die; -, -n⟩ *kunstvoll gearbeitetes, offenes Ton-, Porzellan- od. Glasgefäß, bes. für Schnittblumen;* Zus *Blumenvase*

Va|se|li|ne ⟨[va-] die; -; unz.⟩ *halbfeste Salbe*

Va|ter ⟨der; -s, Vä|ter⟩ **1** *Erzeuger eines Kindes* **2** *Versorger u. Erzieher eines Kindes* **3** *Leiter, Vorsteher;* Zus *Herbergsvater* **4** *Urheber, Schöpfer* **5** *Ordenspriester, Pater* ▸ der ~ einer **Idee;** ~ **Staat** ⟨scherzh.⟩ *der Staat, bes. als Steuereinnehmer* ▸ ~ **sein,** werden; den ~ **verlieren; werden:** er ist gestern ~ geworden; unser ~ wird heute 70 ▸ er ist **ganz** der ~ *er sieht seinem V. sehr ähnlich;* **geistlicher** ~ *Seelsorger;* ein **guter,** liebevoller, nachsichtiger, strenger, treusorgender ~; der **Heilige** ~ *der Papst;* unser **himmlischer** ~ *Gott;* mein **leiblicher** ~ ▸ er ist ~ **von** drei Kindern ▸ **wer** ist der ~ dieses Kindes?

Vä|ter|chen ⟨das; -s, -; Koseform von⟩ *Vater*

Va|ter|fi|gur ⟨die; -, -en⟩ *Person, die ein väterliches Vorbild ist od. die Rolle des Vaters spielt*

Va|ter|land ⟨das; -(e)s, -län|der⟩ *Land, in dem man geboren od. aufgewachsen ist, Heimat(land);* Zus *Vaterlandsliebe*

va|ter|län|disch ⟨Adj.⟩ *das Vaterland betreffend, zu ihm gehörig* ▸ ~e Lieder; ~ gesinnt sein

vä|ter|lich ⟨Adj.⟩ *den Vater betreffend, zu ihm gehörig, ihm gemäß, wie ein Vater* ▸ jmdm. ein ~er **Freund** sein; ~e **Liebe;** von ~er **Linie,** Seite her; hör auf meinen ~en **Rat;** ~es **Wohlwollen** ▸ jmdm. ~ **helfen;** Abl *Väterlichkeit*

vä|ter|li|cher|seits ⟨Adv.⟩ *von des Vaters Seite her, aus des Vaters Familie* ▸ mein Großvater ~

va|ter|los ⟨Adj.⟩ *keinen Vater (mehr) habend* ▸ die Kinder wuchsen ~ auf

Va|ter|schaft ⟨die; -, -en⟩ **1** *das Vatersein* **2** *Rechtsverhältnis des Vaters zum Kind* ▸ Bestimmung, Feststellung der ~; die ~ anerkennen, leugnen

Va|ter|tag ⟨der; -(e)s, -e; umg.; scherzh.⟩ *der Tag Christi Himmelfahrt, an dem viele Männer gemeinsam Ausflüge ohne ihre Familie machen*

Va|ter|un|ser ⟨das; -s, -⟩ *das mit diesen Worten beginnende, von Jesus als Anleitung zum rechten Beten gegebene Gebet* ▸ das, ein ~ sprechen

Va|ti ⟨der; -s, -s; Koseform von⟩ *Vater*

Va|ti|kan ⟨[va-] der; -s; unz.⟩ **1** *Palast, Residenz des Papstes in Rom* **2** *die päpstliche Regierung*

v. Chr. ⟨Abk. für⟩ *vor Christo, vor Christus;* →a. *Christus*

Ve|ge|ta|ri|er ⟨[ve-] der; -s, -⟩ *Mann, der kein Fleisch isst;* Abl *Vegetarierin*

ve|ge|ta|risch ⟨[ve-] Adj.⟩ *auf Fleisch verzichtend* ▸ ~e Ernährung; haben Sie auch ~e Gerichte?; wir essen nur ~

Ve|ge|ta|ti|on ⟨[ve-] die; -, -en⟩ *Gesamtheit der in einem Gebiet vorkommenden Pflanzen* ▸ eine üppige ~

ve|ge|ta|tiv ⟨[ve-] Adj.⟩ **1** *pflanzlich* **2** ⟨Med.⟩ *unbewusst, nicht dem Willen unterliegend* (von Nerven) ▸ ~es Nervensystem *alle Nerven, die nicht bewusst beeinflussbar sind*

ve|ge|tie|ren ⟨[ve-] V. intr.; ve|ge|tiert, ve|ge|tier|te, hat ve|ge|tiert⟩ *kümmerlich dahinleben*

ve|he|ment ⟨[ve-] Adj.; -er, am -es|ten⟩ *heftig, ungestüm* ▸ sich ~ verteidigen; Abl *Vehemenz*

Ve|hi|kel ⟨[ve-] das; -s, -⟩ **1** *(altes, altmodisches, schlechtes) Fahrzeug* **2** ⟨übertr.⟩ *Mittel zum Zweck*

Veil|chen ⟨das; -s, -; Bot.⟩ *eine früh blühende Blume mit meist blauen, kleinen Blüten* ▸ er hat ein ~ ⟨übertr.; umg.⟩ *ihm hat jmd. ein Auge blau geschlagen*

Ve|lo ⟨[veː-] das; -s, -s; schweiz.⟩ *Fahrrad* ▸ ~ fahren; Zus *Velofahrer(in)*

Ve|lours ⟨[vəluːr] der; - [-luːrs]; unz.⟩ *samtartiges Gewebe*

Ve|ne ⟨[veː-] die; -, -n⟩ *Ader, die Blut zum Herzen führt;* Abl *venös;* Zus *Venenentzündung*

Ven|til ⟨[vɛn-] das; -s, -e⟩ **1** *Absperr-, Regelvorrichtung für Flüssigkeiten u. Gase* **2** *Möglichkeit, negative Gefühle abzubauen* ▸ ein ~ öffnen, schließen; das ~ ist verstopft; er braucht, sucht ein ~ für seinen Ärger ⟨übertr.⟩

Ven|ti|la|tor ⟨[vɛn-] der; -s, -en⟩ *Vorrichtung zur Lüftung u. Kühlung von Räumen, Motoren usw.*

ver... ⟨Vorsilbe; zur Bezeichnung⟩ **1** *des Abweichens von der Richtung, des Falschen, des Verkehrens ins Gegenteil,* z. B. verbilden (Charakter), verrechnen, verhören, verbieten, verbitten **2** *des Vollendens einer Handlung,* z. B. verbrauchen, verdursten, verwelken **3** *des Steigerns, Verstärkens,* z. B. verdichten, vergrößern, verschließen **4** *des Verwandelns,* z. B. verfinstern, verflüssigen, verkohlen **5** *des Zusammenbringens,* z. B. verflechten, verknüpfen, vermischen **6** *des Auseinanderbringens, Weggebens,* z. B. verjagen, verlieren

ver|ab|re|den ⟨V.; ver|ab|re|det, ver|ab|re|de|te, hat ver|ab|re|det⟩ **I** ⟨V. trans.⟩ etwas ~ *vereinbaren* ▸ eine Besprechung, ein Date ~; Zeit und Ort für eine Zusammenkunft ~; wir haben verabredet, dass wir ihn gemeinsam unterstützen; zur verabredeten Zeit kommen **II** ⟨V. refl.⟩ sich (mit jmdm.) ~ *ein Treffen vereinbaren, festlegen* ▸ ich habe mich mit ihm um 16 Uhr vor dem Kino verabredet

Ver|ab|re|dung ⟨die; -, -en⟩ **I** ⟨unz.⟩ *das Verabreden* **II** ⟨zählb.⟩ **1** *Treffen* **2** *Vereinbarung* ▸ ich habe heute Abend eine ~

ver|ab|rei|chen ⟨V. trans.; ver|ab|reicht, ver|ab|reich|te, hat ver|ab|reicht⟩ jmdm. etwas ~ *geben* ▸ jmdm. Arznei ~; Abl *Verabreichung*

ver|ab|scheu|en ⟨V. trans.; ver|ab|scheut, ver|ab|scheu|te, hat ver|ab|scheut⟩ jmdn. od. etwas ~ *Abscheu, Ekel vor jmdm. od. etwas empfinden, abscheulich finden* ▸ jmds. Handlungsweise ~; bestimmte Speisen ~; Abl *Verabscheuung*

ver|ab|scheu|ungs|wür|dig ⟨Adj.⟩ *so beschaffen, dass man es verabscheut;* Syn *verabscheuenswert*

ver|ab|schie|den ⟨V.; ver|ab|schie|det, ver|ab|schie|de|te, hat ver|ab|schie|det⟩ **I** ⟨V. trans.⟩ **1** jmdn. ~ *mit einer Geste, einem Gruß von jmdm. Abschied nehmen* **2** einen Beamten ~ *entlassen, in den Ruhestand versetzen* **3** ein Gesetz ~ *rechtskräftig machen* ▸ er verabschiedete ihn mit ein paar freundlichen Worten **II** ⟨V. refl.⟩ sich (von jmdm.) ~ *Abschied nehmen, sich trennen* ▸ darf ich mich von Ihnen ~?; Abl *Verabschiedung*

ver|ach|ten ⟨V. trans.; ver|ach|tet, ver|ach|te|te, hat ver|ach|tet⟩ jmdn. od. etwas ~ *für schlecht, wertlos halten* ▸ er verachtet seine Ehefrau; jmdn. wegen seiner Feigheit ~; dieser Wein ist nicht zu ~ ⟨umg.⟩ *ist recht gut;* Abl *verachtenswert*

ver|ächt|lich ⟨Adj.⟩ **1** *Verachtung verdienend* (Haltung, Handlung) **2** *voller Verachtung, Verachtung ausdrückend, herablassend* (Blick, Wort) ▸ jmdn. ~ ansehen, behandeln; mit einer ~en Handbewegung; ~ von jmdm. sprechen; Abl *Verächtlichkeit*

Ver|ach|tung ⟨die; -; unz.⟩ **1** *Mangel an Wertschätzung, an Achtung* **2** *Nichtbeachtung* ▸ jmdn. mit ~ strafen *ihn nicht beachten*

ver|al|bern ⟨V. trans.; ver|al|bert, ver|al|ber|te, hat ver|al|bert⟩ jmdn. ~ *necken, zum Narren halten;* Syn ⟨umg.⟩ *veräppeln;* Abl *Veralberung*

ver|all|ge|mei|nern ⟨V. trans.; ver|all|ge|mei|nert, ver|all|ge|mei|ner|te, hat ver|all|ge|mei|nert⟩ etwas ~ *für allgemeingültig erklären, auf alle Fälle anwenden* ▸ diese Behauptung kann man nicht ~; Abl *Verallgemeinerung*

ver|al|ten ⟨V. intr.; ver|al|tet, ver|al|te|te, ist ver|al|tet⟩ **1** *nicht mehr zeitgemäß sein, altmodisch werden* (Anschauungen, Mode) **2** *außer Gebrauch kommen, nicht mehr üblich sein* (Wort, Brauch) ▸ der Begriff ist veraltet

Ve|ran|da ⟨[ve-] die; -, -ran|den⟩ *vor- od. eingebauter, überdachter, meist mit Glaswänden versehener Raum an einem Haus;* Zus *Glasveranda*

ver|än|der|lich ⟨Adj.⟩ *so beschaffen, dass es sich verändern kann, schwankend, wechselnd, unbeständig;* Abl *Veränderlichkeit*

ver|än|dern ⟨V.; ver|än|dert, ver|än|der|te, hat ver|än|dert⟩ **I** ⟨V. trans.⟩ jmdn. od. etwas ~ *umgestalten, verwandeln, umarbeiten* ▸ er möchte die Gesellschaft ~; mit veränderter Stimme sprechen; seit dem Unfall ist er ganz verändert **II** ⟨V. refl.⟩ sich ~ **1** *anders werden* **2** ⟨umg.⟩ *Stellung, Beruf od. Wohnung wechseln* ▸ er hat sich zu seinem Vorteil verändert; ich möchte, will mich ~ ⟨umg.⟩

Ver|än|de|rung ⟨die; -, -en⟩ **1** *das Verändern* **2** *das Veränderwerden* **3** *das Verändertsein* **4** *Wechsel*

ver|ängs|tigt ⟨Adj.⟩ *eingeschüchtert, angstvoll* ▸ sie wirkt ganz ~

ver|an|kern ⟨V. trans.; ver|an|kert, ver|an|ker|te, hat ver|an|kert⟩ **1** ein Schiff ~ *durch Anker befestigen* **2** ⟨übertr.⟩ etwas in etwas ~ *festlegen* ▸ das Recht der Freizügigkeit ist in der Verfassung verankert ⟨übertr.⟩; Abl *Verankerung*

ver|an|la|gen ⟨V. trans.; ver|an|lagt, ver|an|lag|te, hat ver|an|lagt⟩ **1** jmdn. ~ *ihn einschätzen, seine Steuern festsetzen* **2** Gelder ~ *anlegen, festlegen* ▸ Eheleute gemeinsam für die Steuer ~

ver|an|lagt **I** ⟨Part. Perf. von⟩ *veranlagen* **II** ⟨Adj.⟩ irgendwie ~ sein *eine bestimmte Begabung, Fä-*

V

higkeit haben, bestimmte Eigenschaften besitzen ▸ sie ist künstlerisch ~

Ver|an|la|gung ⟨die; -, -en⟩ **1** *Festsetzung (der Steuern)* **2** *Charakteranlage, angeborene Fähigkeit od. Unfähigkeit, Begabung, Eigenschaft* ▸ das ist ~; eine künstlerische, krankhafte ~

ver|an|las|sen ⟨V. trans.; ver|an|lasst, ver|an|lass|te, hat ver|an|lasst⟩ **1** etwas ~ *dafür sorgen, dass etwas geschieht, etwas bewirken, anordnen* **2** jmdn. ~, etwas zu tun *ihn dazu bringen, etwas zu tun, ihn dazu bewegen, anregen* ▸ Maßnahmen ~; ich werde das Nötige, alles Weitere ~; ich fühlte mich veranlasst, schnellstens einzugreifen; wer hat das veranlasst?

Ver|an|las|sung ⟨die; -, -en⟩ *Anlass, Anregung, Antrieb, Beweggrund* ▸ es besteht ~, den Vorfall zu klären; auf ~ der Regierung; auf seine ~ hin wurden wir eingeladen

ver|an|schau|li|chen ⟨V. trans.; ver|an|schau|licht, ver|an|schau|lich|te, hat ver|an|schau|licht⟩ (jmdm.) etwas ~ *anschaulich machen, durch Bilder, Beispiele usw. deutlich machen* ▸ etwas durch eine Grafik ~; Abl *Veranschaulichung*

ver|an|schla|gen ⟨V. trans.; ver|an|schlagt, ver|an|schlag|te, hat ver|an|schlagt⟩ etwas ~ *schätzen, im Voraus berechnen* ▸ die Kosten ~; man hat die Kosten zu niedrig veranschlagt; Abl *Veranschlagung*

ver|an|stal|ten ⟨V. trans.; ver|an|stal|tet, ver|an|stal|te|te, hat ver|an|stal|tet⟩ eine Ausstellung, Tagung ~ *ins Werk setzen, stattfinden lassen, abhalten, durchführen;* Abl *Veranstalter(in)*

Ver|an|stal|tung ⟨die; -, -en⟩ **1** *das Veranstalten* **2** *das, was veranstaltet wird: Ausstellung, Fest, Kundgebung, Rundfunk-, Fernsehsendung, Tagung usw.;* Zus *Veranstaltungsort, Veranstaltungsreihe* ▸ eine feierliche ~ zum Gedenken an die Toten; sportliche ~en

ver|ant|wor|ten ⟨V.; ver|ant|wor|tet, ver|ant|wor|te|te, hat ver|ant|wor|tet⟩ **I** ⟨V. trans.⟩ etwas ~ **1** *die Verantwortung für etwas übernehmen, die Folgen von etwas tragen* **2** *rechtfertigen;* Abl *verantwortbar* ▸ eine Maßnahme, Tat ~; ich kann diesen Zustand nicht länger ~ **II** ⟨V. refl.⟩ sich ~ *sich rechtfertigen, sich verteidigen* ▸ er muss sich vor Gericht für seine Tat ~; du wirst dich deswegen, dafür ~ müssen

ver|ant|wort|lich ⟨Adj.⟩ **1** *die Verantwortung tragend* **2** *Verantwortung erfordernd* ▸ Klage gegen den ~en Ressortleiter ▸ die Verantwortlichen bestrafen; jmdn. für etwas ~ machen *ihm die Schuld daran geben;* sein: dafür bist du ~; er ist voll ~ für seine Tat; für etwas ~ zeichnen *durch Unterschrift die Verantwortung für etwas übernehmen* ▸ wer ist ~ für die Organisation?; Abl *Verantwortlichkeit*

Ver|ant|wor|tung ⟨die; -; unz.⟩ **1** *Pflicht, Bereitschaft, für seine Handlungen einzustehen, ihre Folgen zu tragen* **2** *Pflicht, bei der Durchführung einer Arbeit für einen ordnungsgemäßen Ablauf zu sorgen* **3** *Rechtfertigung, Verteidigung* **4** *Rechenschaft* ▸ die ~ ablehnen, haben, tragen, übernehmen; die ~ kann dir niemand abnehmen; er wollte mir die ~ aufbürden, zuschieben; sich der ~ (durch die Flucht) entziehen; sein: die ~ ist mir zu groß; hierfür will er die ~ nicht übernehmen ▸ eine schwere ~ auf sich nehmen; es ist auf meine ~ (hin) geschehen *ich verantworte es;* das kannst du nur auf deine eigene ~ (hin) tun *das musst du selbst verantworten;* wer hat die ~ für diese Maßnahme?; ihm fehlt der Mut zur ~; jmdn. zur ~ ziehen

Ver|ant|wor|tungs|be|wusst|sein ⟨das; -s; unz.⟩ *Gefühl, Sinn für Verantwortung* ▸ er hat kein, viel ~; Abl *verantwortungsbewusst*

ver|ant|wor|tungs|los ⟨Adj.; -er, am -es|ten⟩ *nicht an die Verantwortung denkend, leichtfertig* ▸ ~ handeln; Abl *Verantwortungslosigkeit*

ver|ant|wor|tungs|voll ⟨Adj.⟩ **1** *Verantwortung verlangend* **2** *Verantwortungsgefühl besitzend* ▸ das ist eine ~e Aufgabe

ver|ar|bei|ten ⟨V. trans.; ver|ar|bei|tet, ver|ar|bei|te|te, hat ver|ar|bei|tet⟩ **1** etwas (zu etwas) ~ *aus Rohstoffen herstellen, erzeugen* **2** etwas ~ *bearbeiten* **3** ⟨übertr.⟩ Eindrücke, Erlebnisse ~ *wirken lassen, geistig u. seelisch bewältigen* ▸ Speisen im Magen ~; neue Eindrücke geistig ~ ⟨übertr.⟩; Stoffe zu Kleidung ~; Abl *Verarbeitung*

ver|är|gern ⟨V. trans.; ver|är|gert, ver|är|ger|te, hat ver|är|gert⟩ jmdn. ~ *nachhaltig ärgern* ▸ er ist verärgert wegen deiner wiederholten Absage; du siehst sehr verärgert aus; Abl *Verärgerung*

ver|ar|men ⟨V. intr.; ver|armt, ver|arm|te, ist verarmt⟩ *arm werden* ▸ verarmter Adel; er ist durch Arbeitslosigkeit verarmt; Abl *Verarmung*

ver|ar|schen ⟨V. trans.; ver|arscht, ver|arsch|te, hat ver|arscht; derb⟩ jmdn. ~ *verspotten, veralbern, in die Irre führen;* Abl *Verarschung*

ver|arz|ten ⟨V. trans.; ver|arz|tet, ver|arz|te|te, hat ver|arz|tet; umg.⟩ jmdn. ~ *ärztlich behandeln*

ver|äs|teln ⟨V. refl.; ver|äs|telt sich, ver|äs|tel|te sich, hat sich ver|äs|telt⟩ sich ~ **1** *sich in viele Zweige gabeln* **2** ⟨übertr.⟩ *sich bis ins Letzte untergliedern, unterteilen;* Abl *Verästelung*

ver|ät|zen ⟨V. trans.; ver|ätzt, ver|ätz|te, hat verätzt⟩ jmdn. od. (jmdm.) etwas ~ *durch ätzende Stoffe verletzen, beschädigen;* Abl *Verätzung*

ver|aus|ga|ben ⟨V. refl.; ver|aus|gabt sich, ver|aus|gab|te sich, hat sich ver|aus|gabt⟩ sich ~ *sich bis zur Erschöpfung anstrengen* ▸ er hat sich mit dem Werk völlig verausgabt; Abl *Verausgabung*

ver|äu|ßern ⟨V. trans.; ver|äu|ßert, ver|äu|ßer|te, hat ver|äu|ßert⟩ **1** etwas ~ *verkaufen;* Abl *veräußerlich* **2** ein Recht ~ *übertragen;* Abl ⟨bes. Rechtsw.⟩ *Veräußerung*

Verb ⟨[vẹrb] das; -s, -en; Gramm.⟩ *Wort, das eine Tätigkeit, einen Vorgang od. Zustand ausdrückt,* z. B. gehen, lesen, regnen, dauern; oV *Verbum;* Syn *Tätigkeitswort, Zeitwort* ▸ deutsche ~en werden konjugiert; Zus *Verbform, Verbstellung*

ver|bal ⟨[ver-] Adj.⟩ **1** *mündlich, durch Worte mitgeteilt* **2** ⟨Gramm.⟩ *auf einem Verb beruhend, in der Art eines Verbs, mit Hilfe eines Verbs* ▸ etwas ~ ausdrücken; ~er Gebrauch eines Wortes

ver|ba|li|sie|ren ⟨[vɛr-] V. trans.; ver|ba|li|siert, ver|ba|li|sier|te, hat ver|ba|li|siert⟩ ein Gefühl ~ *in Worte fassen, formulieren*

Ver|band ⟨der; -(e)s, -bän|de⟩ **1** *Binde um eine Wunde od. erkrankte Körperstelle;* Zus *Verbandskasten, Verbandszeug* **2** *Bund, Zusammenschluss, z. B. von Vereinen, Körperschaften, Angehörigen eines Berufes;* Zus *Ärzteverband, Schriftstellerverband* **3** *Zusammenfassung mehrerer militärischer Einheiten;* Zus *Truppenverband* ▸ einen ~ anlegen, abnehmen, erneuern, wechseln; einem ~ beitreten; einen ~ gründen

ver|ban|delt ⟨Adj.; österr.; umg.⟩ *eng verbunden, liiert* ▸ sie sind miteinander ~

ver|ban|nen ⟨V. trans.; ver|bannt, ver|bann|te, hat ver|bannt⟩ jmdn. ~ *aus einem bestimmten Gebiet, meist aus dem Land, weisen* ▸ den Gedanken an jmdn. aus der Erinnerung, aus dem Bewusstsein ~ *ausschließen;* Napoleon wurde auf eine Insel verbannt

Ver|ban|nung ⟨die; -, -en⟩ **1** *das Verbannen* **2** *das Verbanntsein* **3** *Ort, an den jmd. verbannt ist od. wird;* Zus *Verbannungsort* ▸ lebenslängliche ~; aus der ~ zurückkehren; in die ~ gehen

ver|bar|ri|ka|die|ren ⟨V.; ver|bar|ri|ka|diert, ver|bar|ri|ka|dier|te, hat ver|bar|ri|ka|diert⟩ **I** ⟨V. trans.⟩ etwas ~ *mit Barrikaden sperren, verrammeln* ▸ die Straße, die Tür ~ **II** ⟨V. refl.; umg.⟩ sich ~ *sich durch eine Barrikade schützen, Deckung suchen* ▸ sich hinter Stühlen, Tischen ~

ver|be|am|ten ⟨V. trans.; ver|be|am|tet, ver|be|am|tet|te, hat ver|be|am|tet⟩ jmdn. ~ *zum Beamten machen, ins Beamtenverhältnis aufnehmen*

ver|ber|gen ⟨V. trans.; ver|birgt, ver|barg, hat ver|bor|gen⟩ **1** jmdn. od. etwas ~ *den Blicken od. dem Zugriff anderer entziehen, verstecken, verdecken* **2** ⟨übertr.⟩ etwas (vor jmdm.) ~ *verheimlichen, nicht sagen* ▸ du verbirgst doch etwas vor mir! ▸ sie konnte ihre Erregung nicht ~; seine Gedanken ~; das Gesicht in den Händen ~ ▸ sich hinter einem Busch ~; sich vor der Polizei, vor Verfolgern ~; →a. *verborgen*

ver|bes|sern ⟨V.; ver|bes|sert, ver|bes|ser|te, hat ver|bes|sert⟩ **I** ⟨V. trans.⟩ **1** etwas ~ *besser machen, vervollkommnen* **2** eine Aussage, einen Fehler ~ *richtigstellen* **3** seine Leistungen, einen Rekord ~ *steigern* **4** jmdn. ~ *seine Aussagen, Aussprache usw. berichtigen* ▸ ich muss mich ~ *ich muss berichtigen, was ich eben gesagt habe; ich muss mich steigern;* Sie müssen die Fehler in dem Brief ~; eine Leistung, einen Rekord ~; die Qualität des Produkts wurde verbessert; zweite, verbesserte Auflage (auf Buchtiteln) **II** ⟨V. refl.⟩ sich ~ **1** *besser werden* **2** *mehr Gehalt, eine bessere Stellung bekommen* ▸ er konnte sich mit der neuen Stelle ~

Ver|bes|se|rung ⟨die; -, -en⟩ **1** *das Verbessern;* Abl *verbesserungsfähig, verbesserungswürdig* **2** *etwas Besseres* **3** ⟨Schule⟩ *Berichtigung (einer schriftlichen Arbeit)* ▸ die Politiker bemühten sich um die ~ der Beziehungen zwischen beiden Ländern

ver|beu|gen ⟨V. refl.; ver|beugt sich, ver|beug|te sich, hat sich ver|beugt⟩ sich (vor jmdm.) ~ *Kopf u. Oberkörper nach vorn neigen (als Gruß, Zeichen der Ehrerbietung)* ▸ er verbeugte sich vor den Zuhörern; Abl *Verbeugung*

ver|beu|len ⟨V. trans.; ver|beult, ver|beul|te, hat ver|beult⟩ etwas ~ *durch Schlag od. Stoß eine Beule in etwas hineinbringen* ▸ bei dem Unfall wurde ein Kotflügel verbeult

ver|bie|gen ⟨V.; ver|biegt, ver|bog, hat ver|bo|gen⟩ **I** ⟨V. trans.⟩ etwas ~ *durch Biegen die Form verändern* ▸ einen Draht ~ **II** ⟨V. refl.⟩ sich ~ *die gerade Form verlieren* ▸ das Holz hat sich verbogen

ver|bies|tert ⟨Adj.; umg.; abwertend⟩ *missmutig, böse, verärgert* ▸ ~ sein; jmdn. ~ ansehen

ver|bie|ten ⟨V. trans.; ver|bie|tet, ver|bot, hat ver|bo|ten⟩ (jmdm.) etwas ~ *nicht erlauben, untersagen* ▸ du kannst mir nicht den Mund ~ ⟨übertr.⟩ *ich sage, was ich will, du hast mir da keine Vorschriften zu machen;* der Arzt hat mir das Rauchen verboten; verbotene Sachen tun; die Zeitung ist verboten worden *die weitere Herausgabe der Zeitung* ▸ das lasse ich mir nicht ~ ▸ der Film ist für Jugendliche verboten ▸ Betreten, Eintritt, Zutritt verboten; Rauchen verboten!; es ist strengstens verboten, in der Zufahrt zu parken; das sollte, müsste verboten werden; →a. *verboten*

ver|bin|den ⟨V.; ver|bin|det, ver|band, hat ver|bunden⟩ **I** ⟨V. trans.⟩ **1** (jmdm.) etwas ~ **1.1** *mit einer Binde bedecken, schützen* **1.2** *einen Verband um etwas legen* **2** jmdn. ~ *jmdm. einen Verband anlegen* **3** ⟨Tel.⟩ jmdn. (mit jmdm.) ~ *eine Telefonverbindung zw. zwei Teilnehmern herstellen* **4** etwas (mit etwas) ~ **4.1** ⟨a. übertr.⟩ *verknüpfen* (zwei Enden, Fäden) **4.2** *zusammenfügen, ineinanderpassen* (zwei Holzteile) **4.3** *koppeln, aneinanderhängen* (Maschinenteile, Wagen) **4.4** *vereinigen, zusammenstellen* (Zahlen, Sätze, Gedanken) **4.5** *assoziieren* (Erlebnisse) ▸ jmdm. die Augen ~ (so dass er nichts mehr sehen kann); eine Wunde ~; uns ~ viele gemeinsame Interessen; einen Verletzten ~ ▸ die Straßenbahnlinie verbindet den Vorort mit der Stadt; bitte ~ Sie mich mit dem Abteilungsleiter; mit diesem Urlaub verbinde ich viele schöne Erinnerungen ▸ er hat den Arm verbunden; wir fühlen uns (innerlich) sehr verbunden; falsch verbunden! ⟨Tel.⟩; ich bin Ihnen für Ihre Hilfe sehr verbunden *dankbar;* die Sache ist mit Schwierigkeiten verbunden; die damit verbundenen Kosten sind mir zu hoch **II** ⟨V. refl.⟩ **1** sich (mit etwas) (zu etwas) ~ *sich vermischen (mit einem bestimmten Ergebnis)* **2** ⟨übertr.⟩ sich (mit jmdm.) ~ *sich verbünden, sich zusammentun, heiraten* ▸ Mehl, Zucker und Eier ~ sich mit Flüssigkeit zu einem Teig

ver|bind|lich ⟨Adj.⟩ **1** *höflich, liebenswürdig, gefällig, zuvorkommend* (Benehmen, Worte) **2** *verpflichtend* (Zusage) ▸ ein ~es Abkommen; ~en, ~sten Dank!; ~e Verpflichtungen eingehen; ~, ~st danken; ~ lächeln; er ist sehr ~

V

Ver|bind|lich|keit ⟨die; -, -en⟩ **I** ⟨unz.⟩ *Liebenswürdigkeit, Höflichkeit, verbindliches Wesen* **II** ⟨zählb.; meist Pl.⟩ **1** *verbindliche, höfliche Äußerung, Tat* **2** *Verpflichtung* **3** ⟨nur Pl.⟩ *Geldschulden* ▸ seine ~en erfüllen; seinen ~en nicht nachkommen

Ver|bin|dung ⟨die; -, -en⟩ **1** *das Verbinden* **2** *das, was verbindet;* Zus *Verbindungsstück, Verbindungstür* **3** *Zustand des Verbundenseins, Zusammenhang* **4** *Vereinigung* **5** *Mischung* **6** *Stoff, der aus gleich- od. verschiedenartigen Atomen besteht* **7** *freier Zugang, Zufahrt* **8** *Bündnis* **9** *Eisenbahn-, Straßenbahn-, Buslinie, Möglichkeit zur Beförderung;* Zus *Verkehrsverbindung* **10** *Ehe* **11** *Beziehung, Umgang, Bekanntschaft* **12** *Fernsprechanschluss mit einem anderen Teilnehmer* **13** *Studentenverbindung, Korps;* Zus *Verbindungsstudent* ▸ ich habe die ~ zu ihm schon lange **abgebrochen;** neue ~en **anknüpfen,** knüpfen, suchen; die ~ mit jmdm. **aufnehmen;** mit jmdm. eine ~ **eingehen;** gute, keine ~en **haben** (zu einflussreichen Persönlichkeiten); eine telefonische ~ **unterbrechen** ▸ eine **chemische** ~; Sie haben mit dem Zug eine **direkte** ~ nach Frankfurt; eine **enge,** feste, lockere ~; einer **schlagenden** ~ angehören *Studentenverbindung;* eine **geheime,** verbotene ~ *Geheimbund;* **gute,** schlechte ~ zum Arbeitsplatz haben *Bahnverbindung;* eine **schlechte** ~ am Telefon haben ▸ ~ **durch** Bahn, Brücken, Bus, Fähre, Flugzeuge; viel Bewegung **in** ~ mit vernünftiger Ernährung; die verbilligte Fahrkarte gilt nur in ~ mit dem Ausweis; mit jmdm. in ~ bleiben; jmdn. mit einem Ereignis in ~ bringen; sich mit jmdm. in ~ setzen; ich stehe noch, nicht mehr in ~ mit ihm; mit jmdm. in ~ treten

Ver|bin|dungs|mann ⟨der; -(e)s, -män|ner od. -leu|te⟩ *Mittelsmann, jmd., der eine Verbindung aufrechterhält (als Spitzel der Polizei)*

ver|bis|sen ⟨Adj.; übertr.⟩ **1** *hartnäckig u. zäh* **2** *mühsam unterdrückt* (Zorn) **3** *verhalten zornig, grimmig* ▸ mit ~em Fleiß arbeiten; ~ hielt er an seinem Plan fest; Abl *Verbissenheit*

ver|bit|ten ⟨V. trans.; ver|bit|tet, ver|bat, hat ver|be|ten⟩ sich etwas ~ *verlangen, dass etwas unterbleibt* ▸ das verbitte ich mir!; ich verbitte mir jede Einmischung in meine Angelegenheiten!; ich verbitte mir diesen Ton!

ver|bit|tert ⟨Adj.⟩ *unzufrieden, griesgrämig* ▸ eine ~e Frau

ver|blas|sen ⟨V. intr.; ver|blasst, ver|blass|te, ist ver|blasst⟩ **1** *blass werden, verbleichen* **2** ⟨übertr.⟩ *allmählich verschwinden* ▸ die Farbe ist schon etwas verblasst; die Erinnerung an den Vorfall ist verblasst

Ver|bleib ⟨der; -(e)s; unz.⟩ *Aufenthaltsort (einer vermissten Person od. Sache)* ▸ wissen Sie etwas über seinen ~? *wissen Sie, wo er sich aufhält?*

ver|blei|ben ⟨V. intr.; ver|bleibt, ver|blieb, ist ver|blie|ben; geh.⟩ **1** irgendwo ~ *verharren, an einem Ort, in einer Stellung bleiben* **2** (jmdm.) ~ *übrig bleiben* **3** irgendwie (mit jmdm.) ~ *abschließend eine bestimmte Vereinbarung treffen* ▸ ein weiteres Verbleiben im Amt war für ihn nach diesem Vorfall nicht mehr möglich; wir sind so verblieben, dass er mich anruft, wenn er etwas Neues erfährt *wir haben vereinbart …;* und wie seid ihr verblieben? *was habt ihr vereinbart?;* die ~de Summe

ver|blen|den ⟨V. trans.; ver|blen|det, ver|blen|de|te, hat ver|blen|det⟩ **1** etwas ~ *mit anderem, besserem Baustoff (Blendsteinen) verkleiden* (Mauerwerk) **2** ⟨übertr.⟩ jmdn. ~ *der Einsicht, der vernünftigen Überlegung berauben* ▸ sein beruflicher Erfolg hat ihn verblendet; er ist vollkommen verblendet

ver|blö|den ⟨V.; umg.⟩ **I** ⟨V. intr.; ver|blö|det, ver|blö|de|te, ist ver|blö|det⟩ *stumpfsinnig werden* ▸ verblödet sein *dumm, stumpfsinnig* **II** ⟨V. trans.; ver|blö|det, ver|blö|de|te, hat ver|blö|det⟩ jmdn. ~ = *verdummen;* Abl *Verblödung*

ver|blüf|fen ⟨V. trans.; ver|blüfft, ver|blüff|te, hat ver|blüfft⟩ jmdn. ~ *in sprachloses Erstaunen versetzen, sehr überraschen* ▸ jmdn. durch eine schlagfertige Antwort ~; mit ~der Sicherheit, Offenheit sprechen; sie sehen einander ~d ähnlich; ich war so verblüfft, dass ich nichts sagen konnte; Abl *Verblüffung*

ver|blü|hen ⟨V. intr.; ver|blüht, ver|blüh|te, ist verblüht⟩ **1** *zu blühen aufhören, verwelken* (Blumen) **2** ⟨übertr.⟩ *altern*

ver|blu|ten ⟨V. intr.; ver|blu|tet, ver|blu|te|te, ist ver|blu|tet⟩ *durch Blutverlust, anhaltendes Bluten sterben* ▸ der Verletzte ist verblutet

ver|bohrt ⟨Adj.⟩ *hartnäckig (auf einer falschen Meinung) beharrend, stur;* Abl *Verbohrtheit*

ver|bor|gen **I** ⟨Part. Perf. von⟩ *verbergen* **II** ⟨Adj.⟩ *versteckt, unbemerkt, heimlich* ▸ ich vermutete eine ~e Falle ⟨übertr.⟩; eine ~e Gefahr; im Verborgenen bleiben *unbemerkt;* etwas im Verborgenen tun; im Verborgenen leben

Ver|bot ⟨das; -(e)s, -e⟩ *Untersagung, Befehl, etwas nicht zu tun* ▸ ein ~ aussprechen, erlassen, übertreten; ärztliches, ausdrückliches, strenges ~; gegen ein ~ verstoßen; trotz meines ~s hat er das Spiel gekauft; Zus *Verbotsschild, Verbotstafel; Ausgehverbot, Halteverbot, Parkverbot*

ver|bo|ten **I** ⟨Part. Perf. von⟩ *verbieten* **II** ⟨Adj.; umg.⟩ *auffallend od. übertrieben u. dabei fast komisch* ▸ sie sieht in dem Kleid ~ aus

Ver|brauch ⟨der; -(e)s; unz.⟩ **1** *das Verbrauchen, das Verbrauchtwerden, Konsum;* Zus *Brennstoffverbrauch, Kräfteverbrauch* **2** *Abnutzung, Verschleiß* ▸ einen großen ~ an Papier, Seife usw. haben *viel P., S. usw. verbrauchen*

ver|brau|chen ⟨V. trans.; ver|braucht, ver|brauch|te, hat ver|braucht⟩ etwas ~ **1** *immer wieder von einem Vorrat wegnehmen u. verwenden* **2** *völlig für einen Zweck verwenden* **3** *abnutzen, verschleißen* ▸ Gas, Strom ~; wir ~ viel Geld für Lebensmittel; wir haben den ganzen Vorrat verbraucht; verbraucht *abgenutzt;* verbrauchte Luft *schlechte L.;* er ist alt und verbraucht ⟨übertr.⟩ *nicht mehr leistungsfähig*

Ver|brau|cher 〈der; -s, -〉 Syn *Konsument* **1** *jmd., der etwas verbraucht* **2** *jmd., der Waren erwirbt;* Zus *Verbraucherschutz, Verbraucherverband* ▸ den ~ informieren; Abl *Verbraucherin*

ver|bre|chen 〈V. trans.; ver|bricht, ver|brach, hat ver|bro|chen〉 etwas ~ *ein Verbrechen begehen, Böses tun* ▸ ich habe nichts verbrochen

Ver|bre|chen 〈das; -s, -〉 **1** *schwere Rechtsverletzung, Straftat, die mit Gefängnis bestraft wird;* Zus *Verbrechensbekämpfung* **2** 〈übertr.〉 *verantwortungslose Handlung* ▸ ein ~ begehen; er hat bereits mehrere ~ begangen; es ist ein ~, das Kind so schlecht zu behandeln 〈übertr.〉; ~ gegen die Menschlichkeit

Ver|bre|cher 〈der; -s, -〉 *jmd., der ein Verbrechen begangen hat* ▸ der ~ wurde gefasst

Ver|bre|che|rin 〈die; -, -rin|nen〉 *weibl. Verbrecher*

ver|bre|che|risch 〈Adj.〉 **1** *in der Art eines Verbrechers* **2** *verwerflich, frevelhaft* ▸ ~e Handlung

ver|brei|ten 〈V.; ver|brei|tet, ver|brei|te|te, hat ver|brei|tet〉 **I** 〈V. trans.〉 etwas ~ **1** 〈a. übertr.〉 *etwas in weitere Gebiete vordringen lassen* **2** 〈übertr.〉 *weitererzählen, allgemein bekanntmachen* ▸ **Entsetzen,** Schrecken ~ *überall erregen;* ein **Gerücht** ~; eine **Nachricht** ~ ▸ eine verbreitete Ansicht *eine A., die sehr viele Personen haben, die von vielen geteilt wird* **II** 〈V. refl.〉 sich ~ **1** *sich ausbreiten* **2** 〈übertr.〉 *immer mehr bekanntwerden* ▸ ein **Geruch** verbreitet sich; eine **Krankheit** verbreitet sich; die **Nachricht** verbreitete sich schnell 〈übertr.〉; Abl *Verbreitung*

ver|brei|tern 〈V.; ver|brei|tert, ver|brei|ter|te, hat ver|brei|tert〉 **I** 〈V. trans.〉 eine Straße ~ *breiter machen* **II** 〈V. refl.〉 sich ~ *breiter werden* ▸ der Fluss hat sich verbreitert; Abl *Verbreiterung*

ver|bren|nen 〈V.〉 **I** 〈V. intr.; ver|brennt, ver|brann|te, ist ver|brannt〉 *durch Feuer zerstört werden* ▸ unsere Bücher, Möbel sind beim Bombenangriff verbrannt; zu Asche ~; verbrannt riechen, schmecken *angebrannt, brenzlig* **II** 〈V. trans.; ver|brennt, ver|brann|te, hat ver|brannt〉 **1** jmdn. od. etwas ~ *durch Feuer zerstören, ins Feuer werfen* **2** jmdm. od. sich etwas ~ *durch zu große Hitze od. Feuer verletzen* ▸ ich habe mir die Hand verbrannt; →a. *Mund;* Briefe, Holz, Papier ~; die Sonne hat sein Gesicht verbrannt 〈übertr.〉 *stark gerötet;* Leichen ~

Ver|bren|nung 〈die; -, -en〉 **I** 〈unz.〉 **1** *das Verbrennen, Zerstörung durch Feuer* **2** 〈Chem.〉 *Oxidation* **II** 〈zählb.〉 *Brandwunde* ▸ ~en haben

V

Ver|bren|nungs|mo|tor 〈der; -s, -en〉 *Kraftmaschine, bei der Energie durch Verbrennung eines Kraftstoff-Luft-Gemisches erzeugt wird*

ver|brieft 〈Adj.〉 *urkundlich zugesichert* ▸ ~e Rechte

ver|brin|gen 〈V. trans.; ver|bringt, ver|brach|te, hat ver|bracht〉 etwas irgendwo, irgendwie od. mit etwas ~ *verleben, zubringen* ▸ den Urlaub an der See, im Gebirge ~; wie habt ihr Weihnachten verbracht?; die Zeit mit Lesen ~

ver|brü|dern 〈V. refl.; ver|brü|dert sich, ver|brü|der|te sich, hat sich ver|brü|dert〉 sich (mit jmdm.) ~ *(mit jmdm.) Brüderschaft schließen, sehr vertraut werden;* Abl *Verbrüderung*

ver|brü|hen 〈V. trans.; ver|brüht, ver|brüh|te, hat ver|brüht〉 jmdn. od. sich ~ *mit kochendem Wasser verletzen* ▸ ich habe mich an der Suppe verbrüht

ver|bu|chen 〈V. trans.; ver|bucht, ver|buch|te, hat ver|bucht〉 **1** 〈Wirtsch.〉 Ausgaben ~ *in ein Geschäftsbuch eintragen, buchen* **2** etwas als etwas ~ *als etwas Positives od. Negatives einordnen* ▸ er hat die Entscheidung als Erfolg verbucht

ver|bum|meln 〈V. trans.; ver|bum|melt, ver|bum|mel|te, hat ver|bum|melt; umg.〉 etwas ~ **1** die Zeit ~ *nutzlos vertun* **2** einen Auftrag, eine Verabredung ~ *durch Nachlässigkeit vergessen*

Ver|bund 〈der; -(e)s, -e〉 **1** *Verbindung, Zusammenschluss* **2** *Haftung zwischen Beton u. Stahl*

ver|bun|den → *verbinden*

ver|bün|den 〈V. refl.; ver|bün|det sich, ver|bün|dete sich, hat sich ver|bün|det〉 sich (mit jmdm.) ~ *ein Bündnis mit jmdm. schließen, sich zusammenschließen* ▸ verbündete Staaten; Abl *Verbündete(r), Verbündung*

Ver|bun|den|heit 〈die; -; unz.〉 *das Verbundensein, (Gefühl enger) Zusammengehörigkeit*

ver|bür|gen 〈V.; ver|bürgt, ver|bürg|te, hat verbürgt〉 **I** 〈V. trans.〉 (jmdm.) etwas ~ *Gewähr für etwas leisten, Sicherheit für etwas geben, garantieren* ▸ verbürgte Nachricht *von maßgebender Stelle bestätigte N., beweisbare N.* **II** 〈V. refl.〉 sich für jmdn. od. etwas ~ *für jmdn. od. etwas Bürgschaft leisten, einstehen* ▸ ich verbürge mich für die Wahrheit dieser Behauptung

ver|bü|ßen 〈V. trans.; ver|büßt, ver|büßte, hat verbüßt〉 eine Gefängnisstrafe ~ *eine G. erleiden;* Abl *Verbüßung*

Ver|dacht 〈der; -(e)s; unz.〉 *Argwohn, Vermutung einer Schuld* ▸ einen ~ auf jmd. anderen **abwälzen;** einen ~ **äußern;** dein Benehmen könnte ~ **erregen;** ich **habe** den ~, dass sie verliebt ist; die Polizei hat einen begründeten ~; ~ **schöpfen** ▸ **begründeter,** unbegründeter ~ ▸ etwas **auf** ~ tun 〈umg.〉 *ohne genau zu wissen, ob es richtig ist, etwas probieren;* jmdn. **in** ~ haben, dass er etwas gestohlen hat *vermuten, dass er …;* er ist **über** jeden ~ erhaben 〈geh.〉 *er ist unbescholten, ehrenhaft;* Zus *Verdachtsmoment*

ver|däch|tig 〈Adj.〉 **1** *in einem Verdacht stehend, mutmaßlich schuldig;* Abl *Verdächtige(r)* **2** *zweifelhaft, unglaubwürdig, bedenklich* ▸ sich ~ machen *Verdacht erregen;* dieser Mann ist ~; die Polizei konnte zwei Verdächtige festnehmen; die Sache kommt mir ~ vor

ver|däch|ti|gen 〈V. trans.; ver|däch|tigt, ver|däch|tig|te, hat ver|däch|tigt〉 jmdn. (einer Sache) ~ *einer Schuld bezichtigen, für mutmaßlich schuldig halten, beschuldigen* ▸ sie verdächtigte den neuen Mitarbeiter; er wird von der Polizei verdächtigt, dass er die Straftat begangen hat; Abl *Verdächtigung*

ver|dam|men 〈V. trans.; ver|dammt, ver|damm|te, hat ver|dammt〉 jmdn. od. etwas ~ *verurteilen,* *verwerfen, verfluchen;* →a. *verdammt;* Abl *Verdammung*

Ver|dạmm|nis ⟨die; -; unz.⟩ **1** *Fluch* **2** *Höllenpein*

ver|dạmmt **I** ⟨Part. Perf. von⟩ *verdammen* **II** ⟨Adj.; umg.⟩ **II.I** ⟨attr.⟩ *verflucht* ▸ ~! *(Fluch, wenn etwas schiefgegangen ist);* es ist seine ~e Pflicht und Schuldigkeit ⟨übertr.; umg.⟩ *es ist unbedingt seine Pflicht* **II.II** ⟨adv.⟩ *sehr* ▸ das war ~ gut

ver|dạmp|fen ⟨V.⟩ **I** ⟨V. trans.; ver|dampft, ver|dampf|te, hat ver|dampft⟩ etwas ~ *vom flüssigen in den gasförmigen Zustand überführen, in Dampf verwandeln* **II** ⟨V. intr.; ver|dampft, ver|dampf|te, ist ver|dampft⟩ *sich in Dampf verwandeln* ▸ das Wasser ist verdampft

ver|dạn|ken ⟨V. trans.; ver|dankt, ver|dank|te, hat ver|dankt⟩ **1** jmdm. etwas ~ *jmdm. für etwas Dank schuldig sein* **2** ⟨schweiz.⟩ etwas ~ *für etwas danken* ▸ ich habe ihm sehr viel zu ~

ver|dạrb → *verderben*

ver|dạt|tert ⟨Adj.; umg.⟩ *erschrocken u. verwirrt*

ver|dau|en ⟨V.; ver|daut, ver|dau|te, hat ver|daut⟩ **I** ⟨V. trans.⟩ **1** Nahrung ~ *im Körper verarbeiten* **2** ⟨übertr.⟩ Erlebnisse ~ *geistig u. seelisch verarbeiten* ▸ ich muss die vielen Eindrücke erst ~ ⟨übertr.⟩; diese Speise ist gut, leicht, schwer zu ~ **II** ⟨V. intr.⟩ *Nahrung im Körper verarbeiten*

ver|dau|lich ⟨Adj.⟩ *so beschaffen, dass man es verdauen kann* ▸ leicht, schwer ~e Speisen; schwer ~e Lektüre ⟨übertr.⟩ *schwer verständlich, schwer zu verarbeiten;* Abl *Verdaulichkeit*

Ver|dau|ung ⟨die; -; unz.⟩ **1** *Vorgang des Verdauens, Umwandlung der Nahrung im Körper;* Zus *Verdauungsapparat, Verdauungskanal, Verdauungstrakt* **2** *Stuhlgang* ▸ die ~ förderndes Mittel; gute, schlechte ~ haben; wie ist Ihre ~?

Ver|dẹck ⟨das; -s, -e⟩ *Wagendach (eines Cabrios o. Ä.)* ▸ das ~ öffnen; ⓘ S. 896

ver|dẹ|cken ⟨V. trans.; ver|deckt, ver|deck|te, hat ver|deckt⟩ jmdn. od. etwas ~ **1** *zudecken, bedecken* **2** *verbergen* ▸ das Haar verdeckt seine Stirn

ver|dẹn|ken ⟨V. trans.; ver|denkt, ver|dach|te, hat ver|dacht⟩ jmdm. etwas ~ *verargen, verübeln, übelnehmen* ▸ ⟨meist verneinend⟩ ich kann es ihm nicht ~, dass er das getan hat

Ver|dẹrb ⟨der; -(e)s; unz.⟩ *Verderben* ▸ jmdm. auf Gedeih und ~ ausgeliefert sein *völlig*

ver|dẹr|ben ⟨V.⟩ **I** ⟨V. intr.; ver|dirbt, ver|darb, ist ver|dor|ben⟩ *schlecht werden, unbrauchbar od. ungenießbar werden, faulen* ▸ Speisen, Nahrungsmittel ~ lassen **II** ⟨V. trans.; ver|dirbt, verdarb, hat ver|dor|ben⟩ **1** etwas ~ *unbrauchbar machen, zerstören, vernichten, missraten, misslingen lassen* **2** jmdm. etwas ~ *jmdm. etwas nehmen* **3** ⟨übertr.⟩ jmdn. ~ *moralisch schlecht beeinflussen* **4** es sich mit jmdm. ~ *jmds. Gunst verlieren* ▸ dieser Anblick hat mir den Appetit verdorben; jmdm. die Freude, den Geschmack, die Lust an etwas ~; sich den Magen ~ *durch ungeeignete od. zu viel Speise eine Magenstörung, Übelkeit hervorrufen;* die Preise ~ *durch Unterbieten herunterdrücken* ▸ einen verdorbenen Magen haben; →a. *verdorben*

Ver|dẹr|ben ⟨das; -s; unz.⟩ **1** *Untergang, Zerstörung, Vernichtung* **2** ⟨übertr.⟩ *moralischer Verfall* ▸ der Alkohol war sein ~; in sein ~ rennen; Zus *Verderben bringend / verderbenbringend*

ver|dẹrb|lich ⟨Adj.⟩ *leicht verderbend, schnell unbrauchbar od. ungenießbar werdend* ▸ leicht ~e Lebensmittel; Abl *Verderblichkeit*

ver|deut|li|chen ⟨V. trans.; ver|deut|licht, ver|deut|lich|te, hat ver|deut|licht⟩ (jmdm.) etwas ~ *deutlicher machen, klarer machen* ▸ etwas durch ein Beispiel, Bild ~; Abl *Verdeutlichung*

ver|dịch|ten ⟨V.; ver|dich|tet, ver|dich|te|te, hat ver|dich|tet⟩ **I** ⟨V. trans.⟩ etwas ~ *zusammendrängen, -drücken* **II** ⟨V. refl.⟩ sich ~ **1** *dichter werden* **2** ⟨übertr.⟩ *sich häufen, zunehmen* ▸ die Hinweise ~ sich, dass die Firma bankrott ist ⟨übertr.⟩; Abl *Verdichtung*

ver|dị|cken ⟨V. refl.; ver|dickt sich, ver|dick|te sich, hat sich ver|dickt⟩ sich ~ *dicker werden, anschwellen* ▸ verdickte Stelle am Finger; Abl *Verdickung*

ver|die|nen ⟨V. trans.; ver|dient, ver|dien|te, hat ver|dient⟩ etwas ~ **1** *durch Arbeit, Leistung erwerben, erhalten;* Abl *Verdiener(in)* **2** *ein Anrecht, einen Anspruch auf etwas haben* ▸ er hat es verdient *es steht ihm zu, er hat viel geleistet;* er hat es nicht anders verdient *es geschieht ihm recht* ▸ seine Leistungen ~ Beachtung, Lob; wie viel Geld verdient man in diesem Beruf?; er verdient dreißig Euro in der Stunde; Geld ~; er hat Strafe verdient; er hat sich sein Studium selbst verdient; er verdient Unterstützung ▸ er verdient es nicht besser, nicht anders *es geschieht ihm recht* ▸ sich seinen Unterhalt mit Gelegenheitsarbeiten ~; sich ein Taschengeld mit Nachhilfeunterricht ~; →a. *verdient*

Ver|dienst **I** ⟨der; -(e)s, -e⟩ *Gewinn, Erwerb, Lohn, Einkommen, Gehalt* ▸ einen guten, geringen, hohen ~ haben; Zus *Verdienstspanne* **II** ⟨das; -(e)s, -e⟩ *dem Wohle anderer, einem guten Zweck dienende Tat* ▸ er hat sich um unsere Stadt große ~e erworben *Anspruch auf Anerkennung, auf Dank;* wenn es seiner Mutter heute wieder gutgeht, so ist das sein ~; seine ~e um die Entwicklung des Schulwesens; Abl *verdienstvoll;* Zus *Verdienstorden*

ver|dient **I** ⟨Part. Perf. von⟩ *verdienen* **II** ⟨Adj.⟩ *Anerkennung durch Verdienste beanspruchend, sich durch Verdienste auszeichnend* ▸ eine ~e Persönlichkeit

ver|dọn|nern ⟨V. trans.; ver|don|nert, ver|don|ner|te, hat ver|don|nert; umg.⟩ jmdn. zu etwas ~ *jmdm. gegen seinen Willen eine Arbeit, einen Auftrag geben* ▸ sie hat mich dazu verdonnert, die Gäste heute durch die Stadt zu führen

ver|dọp|peln ⟨V. trans.; ver|dop|pelt, ver|dop|pel|te, hat ver|dop|pelt⟩ etwas ~ **1** *doppelt machen, um die gleiche Größe, Zahl, das gleiche Maß vermehren* **2** ⟨übertr.⟩ *sehr beschleunigen, verstärken* ▸ seine Anstrengungen, seine Bemühungen ~; einen Konsonanten ~; Abl *Verdopp(e)lung*

ver|dọr|ben **I** ⟨Part. Perf. von⟩ *verderben* **II** ⟨Adj.⟩

1 *schlecht, ungenießbar* (Nahrungsmittel) **2** *verbraucht, stickig* (Luft) **3** ⟨übertr.⟩ *moralisch verkommen* ▸ er ist durch und durch ~ ⟨übertr.⟩; Abl *Verdorbenheit*

ver|dor|ren ⟨V. intr.; ver|dorrt, ver|dorr|te, ist verdorrt⟩ *trocken, dürr werden* (Pflanzen)

ver|drän|gen ⟨V. trans.; ver|drängt, ver|dräng|te, hat ver|drängt⟩ **1** jmdn. od. etwas ~ *beiseitedrängen, zur Seite schieben* **2** etwas ~ *aus dem Bewusstsein (ins Unterbewusstsein) drängen* ▸ jmdn. aus einer Stellung ~ ⟨übertr.⟩; jmdn. von seinem Platz ~; die Erinnerung an ein schlimmes Erlebnis ~ ⟨übertr.⟩; Abl *Verdrängung*

ver|dre|cken ⟨V.⟩ **I** ⟨V. intr.; ver|dreckt, ver|dreck|te, ist ver|dreckt⟩ *schmutzig werden* ▸ das Zimmer ist verdreckt **II** ⟨V. trans.; ver|dreckt, ver|dreck|te, hat ver|dreckt⟩ etwas ~ *sehr schmutzig machen* ▸ die Kinder ~ ihre Schuhe

ver|dre|hen ⟨V. trans.; ver|dreht, ver|dreh|te, hat ver|dreht⟩ etwas ~ **1** *falsch drehen, zu weit drehen* **2** ⟨übertr.⟩ *(bewusst) falsch deuten, unrichtig darstellen od. wiedergeben* ▸ die Augen ~ *(zum Ausdruck des Missfallens, des Überdrusses o. Ä.)*; den Hals ~ *(vor Neugierde) weit drehen u. recken, um etwas sehen zu können*; jmdm. den Kopf ~ ⟨übertr.; umg.⟩ *jmdn. in sich verliebt machen*; das Recht ~ ⟨übertr.⟩; er hat den Sinn meiner Worte (völlig) verdreht ⟨übertr.⟩; Tatsachen ~ ⟨übertr.⟩; →a. *verdreht*

ver|dreht **I** ⟨Part. Perf. von⟩ *verdrehen* **II** ⟨Adj.; übertr.; umg.⟩ **1** *verwirrt* **2** *ein bisschen verrückt* ▸ eine völlig ~e Schilderung; Abl *Verdrehtheit*

ver|drie|ßen ⟨V. trans.; ver|drießt, ver|dross, hat ver|dros|sen; geh.⟩ jmdn. ~ *missmutig machen, jmdm. Verdruss, Ärger bereiten* ▸ seine Antwort verdross mich; →a. *verdrossen*

ver|drieß|lich ⟨Adj.⟩ **1** *schlecht gelaunt, missmutig, ärgerlich, mürrisch* (Person) **2** *mühevoll, unangenehm* (Sache, Arbeit) ▸ ein ~es Gesicht machen; du bist heute so ~; Abl *Verdrießlichkeit*

ver|dross → *verdrießen*

ver|dros|sen **I** ⟨Part. Perf. von⟩ *verdrießen* **II** ⟨Adj.⟩ *mürrisch, unlustig* ▸ ein ~es Gesicht machen; Abl *Verdrossenheit*

ver|drü|cken ⟨V.; ver|drückt, ver|drück|te, hat verdrückt; umg.⟩ **I** ⟨V. trans.⟩ etwas ~ *essen* ▸ er hat fünf Stück Kuchen verdrückt ⟨umg.⟩ **II** ⟨V. refl.⟩ sich ~ *sich heimlich, unauffällig entfernen*

Ver|druss ⟨der; -es; unz.⟩ *Ärger* ▸ jmdm. ~ bereiten; der ~ der Bürger ist groß

ver|duf|ten ⟨V. intr.; ver|duf|tet, ver|duf|te|te, ist ver|duf|tet; übertr.; umg.⟩ *sich entfernen (heimlich, unauffällig)* ▸ verdufte! *mach, dass du wegkommst!*

ver|dum|men ⟨V.⟩ **I** ⟨V. trans.; ver|dummt, ver|dumm|te, hat ver|dummt⟩ jmdn. ~ *dumm machen* **II** ⟨V. intr.; ver|dummt, ver|dumm|te, ist ver|dummt⟩ *dumm werden, geistig träge werden*; Abl *Verdummung*

ver|dun|keln ⟨V.; ver|dun|kelt, ver|dun|kel|te, hat ver|dun|kelt⟩ **I** ⟨V. trans.⟩ **1** etwas ~ *dunkel, dunkler machen* **2** einen Raum ~ *die Fenster eines R. verhängen, so dass kein Licht nach außen dringen kann* **3** ⟨bes. Rechtsw.⟩ Tatbestände ~ *verschleiern* **II** ⟨V. refl.⟩ sich ~ *dunkel werden* ▸ der Himmel verdunkelt sich *bedeckt sich mit Wolken*; Abl *Verdunk(e)lung*

ver|dün|nen ⟨V. trans.; ver|dünnt, ver|dünn|te, hat ver|dünnt⟩ etwas (mit etwas) ~ *die Konzentration eines Stoffes durch Zugabe von Lösungs- od. Verdünnungsmitteln herabsetzen* ▸ Wein mit Wasser ~; Abl *Verdünnung*

ver|duns|ten ⟨V. intr.; ver|duns|tet, ver|duns|te|te, ist ver|duns|tet⟩ *(langsam) in Gasform übergehen* ▸ das Wasser ist verdunstet; Abl *Verdunstung*

ver|durs|ten ⟨V. intr.; ver|durs|tet, ver|durs|te|te, ist ver|durs|tet⟩ **1** *vor Durst, aus Mangel an Flüssigkeit sterben* **2** ⟨umg.⟩ *sehr großen, unerträglichen Durst haben* ▸ wir sind fast verdurstet

ver|dutzt ⟨Adj.⟩ *überrascht, verblüfft, verwirrt* ▸ ein ~es Gesicht machen

ver|eb|ben ⟨V. intr.; ver|ebbt, ver|ebb|te, ist verebbt⟩ *langsam abklingen, verklingen, nachlassen, allmählich still werden* ▸ der Beifall, der Lärm, das Stimmengewirr verebbte (allmählich)

ver|edeln ⟨V. trans.; ver|edelt, ver|edel|te, hat veredelt⟩ etwas ~ *edler, besser, vollkommener machen* ▸ eine Pflanze ~ *Teile einer edlen od. ertragreichen Zier- od. Nutzpflanze mit einer widerstandsfähigen Unterlage verbinden*; Abl *Vered(e)lung*

ver|eh|ren ⟨V. trans.; ver|ehrt, ver|ehr|te, hat verehrt⟩ **1** einen Heiligen ~ *einem H. kultische Ehren erweisen*; Abl *Verehrung* **2** jmdn. ~ *sehr hoch schätzen, bewundern*; Abl *Verehrung* **3** ⟨geh.; oft scherzh.⟩ jmdm. etwas ~ *schenken, als Geschenk überreichen* ▸ er hat mir das Buch zum Geburtstag verehrt; einen Lehrer, Schauspieler ~; jmdn. als Heiligen ~; Verehrteste!, Verehrtester! *(leicht iron. Anrede)*; verehrte Gäste! *(Anrede vor einer Ansprache)*

Ver|eh|rer ⟨der; -s, -⟩ **1** *jmd., der jmdn. verehrt, bewundernder Anhänger* **2** ⟨umg.⟩ *Freund, Liebhaber, jmd., der eine Frau umwirbt* ▸ sie hatte in ihrer Jugend viele ~; Abl *Verehrerin*

ver|ei|di|gen ⟨V. trans.; ver|ei|digt, ver|ei|dig|te, hat ver|ei|digt⟩ Beamte, Rekruten ~ *durch Eid verpflichten*; Abl *Vereidigung*

Ver|ein ⟨der; -(e)s, -e⟩ *Verbindung von Personen zu gemeinsamer Beschäftigung auf geselligem, sportlichem, künstlerischem o. ä. Gebiet als Organisation mit Satzung* ▸ einem ~ beitreten; einen ~ gründen; eingetragener ~ ⟨Abk.: e.V.⟩ *im Vereinsregister eingetragener u. damit zur jurist. Person gewordener V.*; aus einem ~ austreten; in einen ~ eintreten; er ist seit 30 Jahren Mitglied des ~s; etwas im ~ mit jmdm. tun *zusammen, gemeinsam mit jmdm.*; Zus *Vereinsführung, Vereinsmitglied, Vereinsvorsitzende(r); Förderverein, Reitverein, Sportverein*

ver|ein|bar ⟨Adj.⟩ *so beschaffen, dass man es mit etwas anderem vereinigen, zusammenbringen kann* ▸ die beiden Ansichten, Pläne sind nicht, sind ohne weiteres miteinander ~; Abl *Vereinbarkeit*

ver|ein|ba|ren ⟨V. trans.; ver|ein|bart, ver|ein|bar|te, hat ver|ein|bart⟩ etwas (mit jmdm.) ~ *verabreden, abmachen, miteinander festlegen* ▸ wir haben vereinbart, dass Projekt zu unterstützen; einen Preis ~; einen Treffpunkt, Zeitpunkt ~; Abl *Vereinbarung*

ver|ei|nen ⟨V. trans.; ver|eint, ver|ein|te, hat vereint⟩ etwas mit etwas od. jmdn. mit jmdm. ~ *zusammenbringen, vereinigen* ▸ mit vereinten Kräften *durch gemeinsame Anstrengung;* (wieder) vereint sein *(wieder) zusammen sein*

ver|ein|fa|chen ⟨V. trans.; ver|ein|facht, ver|ein|fach|te, hat ver|ein|facht⟩ etwas ~ *einfacher machen* ▸ ein vereinfachtes Verfahren; eine Sache vereinfacht darstellen; Abl *Vereinfachung*

ver|ein|heit|li|chen ⟨V. trans.; ver|ein|heit|licht, ver|ein|heit|lich|te, hat ver|ein|heit|licht⟩ etwas (mehrere Dinge) ~ *einheitlich, übereinstimmend machen;* Abl *Vereinheitlichung*

ver|ei|ni|gen ⟨V.; ver|ei|nigt, ver|ei|nig|te, hat ver|ei|nigt⟩ **I** ⟨V. trans.⟩ etwas mit etwas ~, mehrere Dinge ~ *verbinden, zusammenbringen, in Einklang, in Übereinstimmung bringen* ▸ mehrere Ämter, Funktionen, Unternehmen in einer Hand ~ **II** ⟨V. refl.⟩ sich mit jmdm. od. etwas ~ *zusammenschließen*

Ver|ei|ni|gung ⟨die; -, -en⟩ **I** ⟨unz.⟩ *das Vereinigen, Verbindung, Zusammenschluss* **II** ⟨zählb.⟩ *Verein* ▸ ~ für Datenschutz

ver|ein|nah|men ⟨V. trans.; ver|ein|nahmt, ver|ein|nahm|te, hat ver|ein|nahmt⟩ **1** Geld, Beträge, Gewinn ~ *einnehmen* **2** ⟨übertr.; umg.⟩ jmdn. od. etwas (für sich) ~ *ganz für sich beanspruchen;* Abl *Vereinnahmung*

ver|ein|sa|men ⟨V. intr.; ver|ein|samt, ver|ein|sam|te, ist ver|ein|samt⟩ *einsam werden* ▸ er ist in seinem Alter völlig vereinsamt; Abl *Vereinsamung*

Ver|ein|te Na|ti|o|nen ⟨Pl.; Abk.: VN⟩ *Vereinigung von Staaten zur internationalen Zusammenarbeit;* Syn ⟨engl.⟩ *United Nations Organization;* →a. *UNO*

ver|ein|zelt ⟨Adj.⟩ *nur einzeln, hier u. da, nur selten, gelegentlich* ▸ solche Fälle treten nur ~ auf; man findet diese Pflanzen noch ~ auf Wiesen

ver|ei|sen ⟨V.⟩ **I** ⟨V. intr.; ver|eist, ver|eis|te, ist ver|eist⟩ **1** *zu Eis werden* **2** *sich mit einer Eisschicht überziehen* ▸ die Straße ist vereist **II** ⟨V. trans.; ver|eist, ver|eis|te, hat ver|eist⟩ eine Körperstelle ~ *mit einer stark kühlenden Flüssigkeit örtlich betäuben;* Abl *Vereisung*

ver|ei|teln ⟨V. trans.; ver|ei|telt, ver|ei|tel|te, hat ver|ei|telt⟩ etwas ~ *zum Scheitern bringen, zunichtemachen, verhindern* ▸ jmds. Pläne, eine Unternehmung ~; Abl *Vereitelung*

ver|ei|tern ⟨V. intr.; ver|ei|tert, ver|ei|ter|te, ist ver|ei|tert⟩ *sich eitrig entzünden, sich mit Eiter füllen* ▸ vereiterter Zahn

ver|en|den ⟨V. intr.; ver|en|det, ver|en|de|te, ist ver|en|det⟩ *sterben* (von Tieren)

ver|en|gen ⟨V.; ver|engt, ver|eng|te, hat ver|engt⟩ **I** ⟨V. trans.⟩ eine Straße ~ *enger machen* **II** ⟨V. refl.⟩ sich ~ *enger werden;* Abl *Verengung*

ver|er|ben ⟨V.; ver|erbt, ver|erb|te, hat ver|erbt⟩ **I** ⟨V. trans.⟩ **1** jmdm. etwas ~, etwas an jmdn. od. etwas ~ *etwas als Erbe hinterlassen* **2** jmdm. etwas ~, etwas an od. auf jmdn. ~ *etwas als Erbanlage auf jmdn. übertragen;* Abl *Vererbung; verbbar, vererblich* ▸ jmdm. ein Grundstück, Vermögen ~; eine Krankheit auf ein Kind ~ **II** ⟨V. refl.⟩ sich ~ *als Erbanlage übertragen werden*

ver|fah|ren[1] ⟨V.⟩ **I** ⟨V. intr.; ver|fährt, ver|fuhr, ist ver|fah|ren⟩ irgendwie ~ *handeln, vorgehen, eine Sache auf bestimmte Weise erledigen* ▸ wir ~ am besten so, dass wir zuerst …; eigenmächtig ~; mit jmdm. ~ *jmdn. behandeln;* so kannst du nicht mit ihm ~!; schlecht, übel mit jmdm. ~ **II** ⟨V. refl.; ver|fährt, ver|fuhr, hat ver|fah|ren⟩ sich ~ *beim Fahren auf einen falschen Weg geraten* ▸ wir haben uns ~; →a. *verfahren*[2]

ver|fah|ren[2] **I** ⟨Part. Perf. von⟩ *verfahren*[1] **II** ⟨Adj.⟩ *falsch in Angriff genommen u. nahezu gescheitert* ▸ die Sache ist völlig ~

Ver|fah|ren ⟨das; -s, -⟩ **1** *Art u. Weise einer Ausführung, eines Vorgehens, Handlungsweise* **2** ⟨Rechtsw.⟩ *Reihenfolge notwendiger Rechtshandlungen zur Erledigung einer Rechtssache* ▸ ein ~ **ablehnen;** ein ~ **anwenden;** ein ~ gegen jmdn. **einleiten** ⟨Rechtsw.⟩; das ~ **einstellen** ⟨Rechtsw.⟩; das ~ **eröffnen** ⟨Rechtsw.⟩ ▸ **gerichtliches** ~; **geschicktes,** ungeschicktes ~ ▸ **mit** diesem ~ kommen wir in diesem Fall nicht weiter; **nach** dem modernsten, neuesten ~ arbeiten

Ver|fall ⟨der; -(e)s; unz.⟩ **1** *das Verfallen, das allmähliche Baufälligwerden (von Gebäuden);* Zus *Verfallserscheinung* **2** *Abnahme, Schwinden;* Zus *Kräfteverfall* **3** *Verlust der Lebenskraft u. Wirksamkeit (von Epochen, Strömungen);* Zus *Verfallserscheinung* **4** *Ende der Geltungsdauer;* Zus *Verfallstag* ▸ der ~ einer Kultur; der ~ des Römischen Reiches; geistiger, körperlicher ~; moralischer, sittlicher ~; in ~ geraten

ver|fal|len ⟨V. intr.; ver|fällt, ver|fiel, ist ver|fal|len⟩ **1** *baufällig werden, allmählich kaputtgehen* (Gebäude) **2** *körperlich schwach werden* **3** *die geistige Kraft, Frische verlieren* **4** *die Gültigkeit verlieren, ungültig werden* **5** *allmählich die Lebenskraft u. Wirksamkeit verlieren* (Epoche) **6** jmdm. od. einer Sache ~ *hörig werden, von jmdm. od. einer S. abhängig werden* ▸ dem **Alkohol,** dem Trunk, einem Laster ~; die **Gutscheine** ~ nach vier Wochen; der **Kranke** verfiel zusehends ▸ **auf** einen Gedanken ~ *auf einen merkwürdigen G. kommen;* **in** einen Fehler ~ *sich unversehens einen Fehler aneignen;* in Melancholie, Trübsinn ~ *melancholisch, trübsinnig werden;* in tiefes Nachdenken ~ ▸ eine ~e Burg; er sieht ganz ~ aus; Ihre Einreiseerlaubnis ist bereits ~

Ver|falls|da|tum ⟨das; -s, -da|ten⟩ *Datum, bis zu dem Lebensmittel od. Arzneien haltbar sind* ▸ das ~ ist abgelaufen

ver|fäl|schen ⟨V. trans.; ver|fälscht, ver|fälsch|te, hat ver|fälscht⟩ etwas ~ **1** *in einen schlechteren, minderwertigen Zustand versetzen, nachteilig ver-*

V

ändern **2** *bewusst falsch, irreführend darstellen* ▸ Lebensmittel ~ *mit Zutaten versehen, so dass ihr Aussehen auf Kosten der Qualität gewinnt;* einen Text ~; die Wahrheit ~; Abl *Verfälschung*

ver|fan|gen ⟨V. refl.; ver|fängt sich, ver|fing sich, hat sich ver|fan|gen⟩ sich in etwas ~ *sich in etwas verwickeln, verwirren, verstricken* ▸ das Tier hat sich im Netz ~; sich in Widersprüche ~

ver|fäng|lich ⟨Adj.⟩ *peinlich, bloßstellend* ▸ ~e Frage *F., deren Beantwortung Nachteile für den Antwortenden mit sich bringen kann;* in eine ~e Situation geraten; Abl *Verfänglichkeit*

ver|fär|ben ⟨V.; ver|färbt, ver|färb|te, hat ver|färbt⟩ **I** ⟨V. trans.⟩ etwas ~ *falsch färben, durch Färben unansehnlich machen* ▸ die Wäsche ~ **II** ⟨V. refl.⟩ sich ~ *die Farbe wechseln* ▸ im Herbst verfärbt sich das Laub; Abl *Verfärbung*

ver|fas|sen ⟨V. trans.; ver|fasst, ver|fass|te, hat verfasst⟩ eine Abhandlung, Beschwerde, Rede, einen Artikel, Brief, ein Buch ~ *schreiben, schriftlich herstellen;* Abl *Verfasser(in)*

Ver|fas|sung ⟨die; -, -en⟩ **1** *die schriftlich fixierten Grundsätze über Form u. Aufbau eines Staates sowie seine Rechte u. Pflichten gegenüber seinen Bürgern u. umgekehrt, Grundgesetz, Verfassungsurkunde;* Abl *verfassungswidrig;* Zus *Verfassungsrecht; verfassungsfeindlich, verfassungsgemäß* **2** *Zustand, insbes. der körperliche od. seelische Zustand eines Menschen;* Zus *Gemütsverfassung* ▸ die ~ ändern; die ~ brechen ▸ in ausgezeichneter, guter, schlechter ~ sein; geistige, körperliche, seelische ~; ich fand das Haus in einer unbeschreiblichen ~ vor ▸ gegen die ~ handeln, verstoßen; ich bin nicht in der ~ mitzugehen; er ist in keiner guten ~

Ver|fas|sungs|schutz ⟨der; -es; unz.; in Deutschland⟩ **1** *Schutz der verfassungsmäßigen Grundordnung des Bundes u. der Länder* **2** ⟨kurz für⟩ *Bundesamt für Verfassungsschutz*

ver|fau|len ⟨V. intr.; ver|fault, ver|faul|te, ist verfault⟩ *faul werden, in Fäulnis übergehen* (Fleisch, Obst, Knochen, Zähne)

ver|fech|ten ⟨V. trans.; ver|ficht, ver|focht, hat verfoch|ten⟩ eine Sache ~ *verteidigen* ▸ eine Meinung, einen Standpunkt ~; seine Rechte ~; Abl *Verfechter(in), Verfechtung*

ver|feh|len ⟨V. trans.; ver|fehlt, ver|fehl|te, hat verfehlt⟩ etwas ~ *nicht erreichen, nicht treffen (trotz Verabredung), nicht finden* ▸ wir haben uns gestern leider verfehlt ▸ er hat seinen Beruf verfehlt *er hat den falschen Beruf gewählt (als scherzh. Lob für jmdn., der eine bes. Leistung außerhalb seines Berufs vollbracht hat);* er hat das Thema verfehlt *das Th. nicht begriffen, nicht genau über das gegebene Th. geschrieben od. gesprochen;* wir haben den Weg verfehlt; seine Worte verfehlten ihre Wirkung; diese Maßnahme hat ihren Zweck verfehlt; →a. *verfehlt*

ver|fehlt **I** ⟨Part. Perf. von⟩ *verfehlen* **II** ⟨Adj.⟩ *verkehrt, falsch, unangebracht, fehl am Platze* ▸ ich halte es für vollkommen ~, das jetzt zu tun; ~e Politik

Ver|feh|lung ⟨die; -, -en⟩ **1** *Vergehen, Verstoß* **2** *Sünde* ▸ moralische ~en; ~ im Amt

ver|fein|den ⟨V. refl.; ver|fein|det sich, ver|fein|dete sich, hat sich ver|fein|det⟩ sich (mit jmdm.) ~ *(jmds.) Feind werden* ▸ sie haben sich verfeindet; sie sind miteinander verfeindet

ver|fei|nern ⟨V.; ver|fei|nert, ver|fei|ner|te, hat verfei|nert⟩ **I** ⟨V. trans.⟩ etwas ~ *feiner machen, verbessern* ▸ eine Soße, Suppe mit Sahne ~ **II** ⟨V. refl.⟩ sich ~ *feiner, besser werden;* Abl *Verfeinerung*

ver|femt ⟨Adj.⟩ *als schlecht od. unmoralisch verrufen, geächtet* ▸ ~e Kunst

ver|fes|ti|gen ⟨V.; ver|fes|tigt, ver|fes|tig|te, hat verfes|tigt⟩ **I** ⟨V. trans.⟩ etwas ~ *fest-, fester machen* ▸ wir wollen unser Bündnis ~ ⟨übertr.⟩ **II** ⟨V. refl.⟩ sich ~ *fest, fester werden* ▸ die Flüssigkeit, der Brei hat sich verfestigt; seine Vorurteile haben sich verfestigt ⟨übertr.⟩; Abl *Verfestigung*

ver|fil|men ⟨V. trans.; ver|filmt, ver|film|te, hat ver|filmt⟩ etwas ~ *als Film gestalten* ▸ einen Roman ~; Abl *Verfilmung*

ver|filzt ⟨Adj.; -er, am -es|ten⟩ **1** *filzig geworden* **2** ⟨übertr.⟩ *korrupt;* →a. *Filz* ▸ Pullover ist ~; ~e Parteistrukturen ⟨übertr.⟩

ver|fins|tern ⟨V. refl.; ver|fins|tert sich, ver|fins|terte sich, hat sich ver|fins|tert⟩ sich ~ *finster werden, sich verdüstern* ▸ sein Gesicht verfinsterte sich; der Himmel verfinstert sich zusehends

ver|flech|ten ⟨V.⟩ **I** ⟨V. trans.; ver|flicht/ver|flechtet, ver|flocht, hat ver|floch|ten⟩ etwas mit etwas ~ *(durch Flechten) mit etwas verbinden* ▸ Bänder miteinander ~; zwei Aufgaben miteinander ~ ⟨übertr.⟩ **II** ⟨V. intr.; ver|flicht/ver|flech|tet, verflocht, ist ver|floch|ten; übertr.⟩ *in einem engen Zusammenhang stehen* ▸ zwei Unternehmen sind eng verflochten; er ist in die Angelegenheit verflochten; Abl *Verflechtung*

ver|flie|gen ⟨V.⟩ **I** ⟨V. intr.; ver|fliegt, ver|flog, ist ver|flo|gen⟩ **1** *verschwinden* (Aroma, Duft, Geruch) **2** ⟨übertr.⟩ *schnell vorübergehen* ▸ sein Ärger war rasch wieder verflogen ⟨übertr.⟩; die Stunden verflogen im Nu ⟨übertr.⟩ **II** ⟨V. refl.; ver|fliegt, ver|flog, hat ver|flo|gen⟩ sich ~ *sich beim Fliegen verirren*

ver|flie|ßen ⟨V. intr.; ver|fließt, ver|floss, ist verflos|sen⟩ **1** *dahingehen, vergehen, ablaufen* (Frist, Zeit) **2** *ineinander übergehen, undeutlich werden* (Begriffe, Grenzen) ▸ es sind schon drei Monate verflossen; das Jahr verfloss sehr schnell

ver|flixt ⟨Adj.; umg.⟩ **I** ⟨attr.⟩ **1** *verflucht, verdammt* **2** *ärgerlich, unangenehm, lästig* **3** *schwierig* ▸ ~!, ~ noch mal! *(Ausrufe der Ungeduld, des Ärgers);* das ist eine ~e Geschichte, Sache **II** ⟨adv.⟩ *sehr* ▸ das ist ja ~ schnell gegangen

ver|flos|sen **I** ⟨Part. Perf. von⟩ *verfließen* **II** ⟨Adj.⟩ *früher, ehemalig, vergangen* ▸ an eine längst ~e Liebe erinnert werden; ~e Zeiten heraufbeschwören

ver|flu|chen ⟨V. trans.; ver|flucht, ver|fluch|te, hat ver|flucht⟩ **1** jmdn. ~ *verdammen, verwünschen, durch Fluch verstoßen, Gottes Strafe auf jmdn.*

V

herabwünschen **2** ⟨übertr.⟩ etwas ~ *heftig über etwas schimpfen, etwas sehr bereuen* ▸ ich habe es schon oft verflucht, dass ich damit angefangen habe; eine Arbeit ~; →a. *verflucht*

ver|flucht **I** ⟨Part. Perf. von⟩ *verfluchen* **II** ⟨Adj.; umg.⟩ **II.I** ⟨attr.⟩ **1** *sehr unangenehm, sehr peinlich* **2** *sehr groß* ▸ ~! *(Fluch, Ausruf des Ärgers);* da hat er aber ~es Schwein gehabt *großes Glück* **II.II** ⟨adv.; übertr.⟩ *sehr, äußerst* ▸ das ist mir ~ unangenehm

ver|flüch|ti|gen ⟨V. refl.; ver|flüch|tigt sich, ver|flüch|tig|te sich, hat sich ver|flüch|tigt⟩ sich ~ **1** *in gasförmigen Zustand übergehen* **2** ⟨übertr.; umg.; scherzh.⟩ *unauffällig weggehen, verschwinden* ▸ er hat sich verflüchtigt ⟨übertr.; umg.; scherzh.⟩; Abl *Verflüchtigung*

ver|fol|gen ⟨V. trans.; ver|folgt, ver|folg|te, hat verfolgt⟩ **1** jmdn. od. ein Tier ~ *jmds. od. eines Tieres Spur folgen, ihm nacheilen, jmdn. od. ein Tier einzufangen suchen;* Abl *Verfolger(in)* **2** ⟨übertr.⟩ **2.1** eine Handlung, einen Vorgang ~ *beobachten* **2.2** ein Ziel, einen Zweck ~ *zu erreichen, zu verwirklichen suchen* ▸ der Gedanke verfolgt mich seit Tagen ⟨übertr.⟩ *begleitet mich, peinigt, ängstigt mich* ▸ eine **Absicht** ~ ⟨übertr.⟩; einen **Flüchtling** ~; jmds. **Spur** ~ *jmds. Spur nachgehen;* was für einen **Zweck** verfolgst du damit? ⟨übertr.⟩ ▸ eine Entwicklung **aufmerksam,** interessiert, gespannt ~ ⟨übertr.⟩ ▸ jmdn. **mit** Bitten ~ ⟨übertr.⟩ *bedrängen, belästigen;* jmdn. mit seinem Hass ~ ⟨übertr.⟩ *ihn überall seinen Hass spüren lassen* ▸ vom Unglück verfolgt *oft vom Unglück betroffen*

Ver|fol|gung ⟨die; -, -en⟩ *das Verfolgen* ▸ die ~ aufnehmen; gerichtliche ~; die ~ von Juden im „Dritten Reich"; Zus *Verfolgungsjagd*

Ver|fol|gungs|wahn ⟨der; -s; unz.⟩ *krankhafte Zwangsvorstellung, dauernd verfolgt zu werden* ▸ an ~ leiden

ver|for|men ⟨V. trans.; ver|formt, ver|form|te, hat ver|formt⟩ etwas ~ *die Form, Gestalt von etwas ändern;* Abl *Verformung; verformbar*

ver|frach|ten ⟨V. trans.; ver|frach|tet, ver|frach|te|te, hat ver|frach|tet⟩ **1** etwas ~ *als Fracht auf den Weg bringen, verladen;* Abl *Verfrachtung* **2** ⟨übertr.; umg.⟩ jmdn. irgendwohin ~ *bringen* ▸ ein Kind ins Bett ~ ⟨übertr.; umg.⟩

ver|frem|den ⟨V. trans.; ver|frem|det, ver|frem|dete, hat ver|frem|det⟩ etwas ~ *durch eine andere, wesensfremde Gestaltung verändern (meist zu künstlerischen Zwecken)* ▸ Musik, Fotografien ~; Abl *Verfremdung*

ver|fres|sen ⟨Adj.; umg.⟩ *gefräßig* ▸ ~ sein *gern u. viel essen;* Abl *Verfressenheit*

ver|füg|bar ⟨Adj.⟩ *vorhanden, so dass man darüber verfügen kann, (augenblicklich) zur Verfügung stehend* ▸ ~es Kapital; so viel Geld habe ich nicht ~; Abl *Verfügbarkeit*

ver|fu|gen ⟨V. trans.; ver|fugt, ver|fug|te, hat verfugt⟩ etwas (mit etwas) ~ *dessen Fugen mit etwas ausfüllen* ▸ eine Mauer mit Mörtel ~; Fliesen ~

ver|fü|gen ⟨V.; ver|fügt, ver|füg|te, hat ver|fügt⟩ **I** ⟨V. trans.⟩ etwas ~ *anordnen, bestimmen* ▸ die Reformierung der Schule ~ **II** ⟨V. intr.⟩ **1** über etwas ~ **1.1** *zur Verfügung haben, stets beliebig verwenden können* **1.2** ⟨übertr.⟩ *etwas besitzen* **2** über jmdn. ~ *jmds. Dienste jederzeit in Anspruch nehmen können* ▸ er verfügt über großen Einfluss; über eine größere Summe ~; er verfügt über ein großes Wissen

Ver|fü|gung ⟨die; -, -en⟩ **I** ⟨unz.⟩ *Erlaubnis, Möglichkeit, über etwas bestimmen, etwas benutzen zu können* ▸ wir haben nicht genügend Arbeitskräfte zur ~; ich halte mich zu Ihrer ~ *zur Hilfe, zu Diensten bereit;* ich stehe Ihnen jederzeit gern zur ~; sich jmdm. zur ~ stellen *sich jmdm. zur Hilfe anbieten;* jmdm. etwas zur ~ stellen *jmdm. etwas zum beliebigen Verwenden überlassen* **II** ⟨zählb.⟩ *Anordnung, Bestimmung, Vorschrift* ▸ weitere ~en abwarten; eine ~ erlassen; weitere ~en treffen *Weiteres anordnen;* einstweilige ~ ⟨Rechtsw.⟩; letztwillige ~ *testamentarische Anordnung*

ver|füh|ren ⟨V. trans.; ver|führt, ver|führ|te, hat ver|führt⟩ **1** jmdn. zu etwas ~ *verleiten, verlocken* **2** jmdn. ~ *zum Geschlechtsverkehr verleiten* ▸ der niedrige Preis hat mich verführt, den Mantel zu kaufen; darf ich Sie zu einem Eis ~? ⟨umg.; scherzh.⟩; jmdn. zum Trinken ~; jmdn. zu einer Straftat ~; Abl *Verführer(in), Verführung*

ver|füh|re|risch ⟨Adj.⟩ *verlockend* ▸ sie sieht ~ aus *sehr hübsch, attraktiv, reizend;* dein Vorschlag ist ~, aber ich kann ihn nicht annehmen

ver|füt|tern ⟨V. trans.; ver|füt|tert, ver|füt|ter|te, hat ver|füt|tert⟩ etwas (an ein Tier) ~ *als Futter verwenden* ▸ altes Brot ~; Abl *Verfütterung*

Ver|ga|be ⟨die; -; unz.⟩ *das Vergeben, Übertragung (von Arbeiten usw.)* ▸ ~ von Studienplätzen

ver|gäl|len ⟨V. trans.; ver|gällt, ver|gäll|te, hat ver|gällt⟩ jmdm. etwas ~ *zerstören, verbittern* ▸ jmdm. die Lust am Leben ~

ver|gam|meln ⟨V. intr.; ver|gam|melt, ver|gam|mel|te, ist ver|gam|melt; umg.⟩ *alt werden, verschimmeln, verderben* (Lebensmittel) ▸ der Käse ist schon ganz vergammelt

ver|gan|gen **I** ⟨Part. Perf. von⟩ *vergehen* **II** ⟨Adj.⟩ **1** *(zeitlich) letzte(r, -s)* **2** *in der Vergangenheit liegend, abgeschlossen* ▸ längst ~e Zeiten; wir haben uns am ~en Montag getroffen

Ver|gan|gen|heit ⟨die; -, -en; Pl. selten⟩ **1** *gewesene, frühere Zeit;* Zus *Vergangenheitsbewältigung* **2** ⟨Gramm.⟩ *grammatische Form des Verbs, die ein vergangenes Geschehen ausdrückt (Präteritum, Perfekt, Plusquamperfekt)* **3** *das Leben (eines Menschen) bis zum gegenwärtigen Zeitpunkt* ▸ diese Erscheinung gehört der ~ an; lassen wir die ~ ruhen *sprechen wir nicht mehr davon, was einmal war;* sie hat eine bewegte, dunkle ~; die jüngste ~; ein Verb in die ~ setzen

ver|gäng|lich ⟨Adj.⟩ *nicht von Bestand, nicht ewig während, sterblich;* Abl *Vergänglichkeit*

ver|ga|sen ⟨V. trans.; ver|gast, ver|gas|te, hat vergast⟩ **1** etwas ~ *in Gas umwandeln* **2** jmdn. ~ *mit Giftgas töten;* Abl *Vergasung*

Ver|ga|ser ⟨der; -s, -⟩ *Teil eines Verbrennungsmotors, der flüssigen Kraftstoff in Gas umwandelt*

ver|gaß → *vergessen*

ver|ge|ben ⟨V.; ver|gibt, ver|gab, hat ver|ge|ben⟩ **I** ⟨V. trans.⟩ **1** Eintrittskarten (an jmdn.) ~ *verteilen, austeilen, verkaufen* **2** eine Stelle, einen Auftrag (an jmdn.) ~ *übertragen* **3** seinen Besitz (an jmdn.) ~ *verschenken, überlassen, abgeben* ▸ er ist schon ~ *er ist schon verheiratet, befindet sich in einer festen Beziehung;* eine Stelle ist noch zu ~; die Stelle ist schon ~ *schon besetzt;* die Stelle ist noch nicht ~ *noch frei* **II** ⟨V. intr. u. V. trans.⟩ jmdm. (etwas) ~ *verzeihen* ▸ vergib mir! ▸ dem Beichtenden seine Sünden ~; jmdm. ein Unrecht ~; Abl *Vergebung* **III** ⟨V. refl.⟩ sich etwas ~ *seiner Würde, seinem Ansehen schaden* ▸ du vergibst dir nichts, wenn du das tust

ver|ge|bens ⟨Adv.⟩ *vergeblich, erfolglos, umsonst, nutzlos* ▸ er hat sich ~ bemüht; es war alles ~; ich bin heute ~ dort gewesen; →a. *vergeblich*

ver|geb|lich ⟨Adj.⟩ *erfolglos, nutzlos* ▸ ~e Anstrengungen, Bemühungen, Versuche; sie hat sich ~ um die Stelle bemüht; →a. *vergebens;* Abl *Vergeblichkeit*

ver|ge|gen|wär|ti|gen ⟨V. trans.; ver|ge|gen|wär|tigt, ver|ge|gen|wär|tig|te, hat ver|ge|gen|wär|tigt⟩ sich etwas ~ *sich in Erinnerung rufen, sich deutlich vorstellen;* Abl *Vergegenwärtigung*

ver|ge|hen ⟨V.⟩ **I** ⟨V. intr.; ver|geht, ver|ging, ist ver|gan|gen⟩ **1** *vorbei-, vorübergehen, ablaufen, verstreichen* (Zeit, Zeitpunkt), *dahinschwinden* (Zeit) **2** *aufhören* (Geräusch, Schmerz) **3** *sich verflüchtigen* (Duft) **4** vor etwas ~ *deswegen umkommen, sehr daran leiden* ▸ da vergeht einem ja der Appetit, wenn man das sieht! ⟨übertr.; umg.⟩; dir wird das Lachen noch ~!; der Winter ist vergangen; die Zeit verging (wie) im Fluge ▸ das Jahr ist schnell vergangen ▸ ich vergehe vor Durst ▸ der Appetit, die Lust ist mir vergangen *ich habe keinen A., keine L. mehr;* →a. *vergangen* **II** ⟨V. refl.; ver|geht, ver|ging, hat ver|gan|gen⟩ sich an jmdm. ~ *eine böse Tat, bes. ein Sexualverbrechen an jmdm. verüben*

Ver|ge|hen ⟨das; -s, -⟩ *Gesetzesübertretung, kleinere Straftat* ▸ sich eines ~s schuldig machen

ver|gel|ten ⟨V. trans.; ver|gilt, ver|galt, hat ver|gol|ten⟩ jmdm. etwas ~ **1** *vergüten, entgelten, lohnen* **2** *sich für etwas an jmdm. rächen, jmdm. etwas heimzahlen* ▸ wie kann ich Ihnen das jemals ~?; jmdm. seine Hilfe böse, übel, schlecht ~; Gleiches mit Gleichem ~

Ver|gel|tung ⟨die; -; unz.⟩ *das Vergelten (meist negativ), Rache, Strafe* ▸ für etwas ~ üben

ver|ges|sen ⟨V.; ver|gisst, ver|gaß, hat ver|gessen⟩ **I** ⟨V. trans.; oberdt. a. V. intr.⟩ **1** jmdn. od. etwas ~ *aus dem Gedächtnis verlieren, sich nicht mehr an jmdn. od. etwas erinnern* **2** etwas ~ *versehentlich liegen od. stehen lassen* ▸ ich habe ~, was ich sagen wollte; du musst versuchen, das zu ~; vergiss die Tasche nicht! ▸ ich habe meinen Ausweis ~; ich habe seinen Namen, seine Adresse ~; ich habe meinen Schirm bei euch ~ ▸ das kannst du ~! ⟨umg.⟩ *das ist erledigt, das ist vorbei, daraus wird nichts;* den kannst du ~! ⟨umg.⟩ *rechne nicht mit ihm* ▸ dieses Ereignis, diesen Vorfall hatte ich schon völlig ~ ▸ auf etwas ~ ⟨österr.⟩ *etwas (zu tun) vergessen;* oh, das hab ich ganz ~!; nicht zu ~ … *(bei Aufzählungen);* mir gefällt an ihm seine Kollegialität, Offenheit und, nicht zu ~, seine Liebe zu Kindern; das werde ich dir nie ~! *ich werde immer daran denken, dass du das getan hast* ▸ manche Werke dieses Schriftstellers sind heute ~ *kennt man heute nicht mehr* **II** ⟨V. refl.⟩ sich ~ *unüberlegt sein, einer Gefühlsaufwallung nachgeben* ▸ wie konnte er sich so weit ~, das zu tun!

Ver|ges|sen|heit ⟨die; -; unz.⟩ *Zustand des Vergessenseins* ▸ in ~ geraten *allmählich vergessen werden*

ver|gess|lich ⟨Adj.⟩ ~ sein *oft etwas vergessen, ein schlechtes Gedächtnis haben;* Abl *Vergesslichkeit*

ver|geu|den ⟨V. trans.; ver|geu|det, ver|geu|de|te, hat ver|geu|det⟩ seine Kräfte, Zeit, sein Geld ~ *nutzlos, sinnlos verschwenden;* Abl *Vergeudung*

ver|ge|wal|ti|gen ⟨V. trans.; ver|ge|wal|tigt, ver|ge|wal|tig|te, hat ver|ge|wal|tigt⟩ **1** eine Frau, ein Mädchen ~ *mit Gewalt zum Geschlechtsverkehr zwingen;* Abl *Vergewaltiger* **2** ⟨übertr.⟩ ein Volk ~ *unterdrücken;* Abl *Vergewaltigung*

ver|ge|wis|sern ⟨V. refl.; ver|ge|wis|sert sich, ver|ge|wis|ser|te sich, hat sich ver|ge|wis|sert⟩ sich einer Sache ~ *sich durch Augenschein Gewissheit darüber verschaffen, es nachprüfen* ▸ hast du dich vergewissert, dass die Tür abgeschlossen ist?; Abl *Vergewisserung*

ver|gie|ßen ⟨V. trans.; ver|gießt, ver|goss, hat ver|gos|sen⟩ **1** *verschütten, danebengießen* **2** *fließen lassen* ▸ Blut ~ *jmdn. töten;* sie vergoss viele Tränen *sie weinte sehr*

ver|gif|ten ⟨V. trans.; ver|gif|tet, ver|gif|te|te, hat ver|gif|tet⟩ **1** jmdn. od. sich ~ *durch Gift schädigen od. töten* **2** etwas ~ **2.1** *(durch Beimischung von Gift o. Ä.) giftig machen* **2.2** ⟨übertr.⟩ *durch schlechten Einfluss schädigen, moralisch zerstören* ▸ sich durch verdorbenes Fleisch, verdorbene Pilze ~; die Atmosphäre in einer Gemeinschaft durch Misstrauen ~ ⟨übertr.⟩; vergiftete Pfeile

Ver|gif|tung ⟨die; -, -en⟩ *Erkrankung durch Vergiften, durch verdorbene Lebensmittel, durch Fremdkörper im Blut o. Ä.* ▸ unser Hund ist an einer ~ gestorben; Zus *Blutvergiftung, Fischvergiftung, Fleischvergiftung, Pilzvergiftung*

ver|gil|ben ⟨V. intr.; ver|gilbt, ver|gilb|te, ist vergilbt⟩ *vor Alter gelb werden* (Papier) ▸ vergilbte Blätter (eines Buches); vergilbte Fotografien

Ver|giss|mein|nicht ⟨das; -(e)s, -e; Bot.⟩ *eine Pflanze mit kleinen, blauen Blüten*

ver|git|tern ⟨V. trans.; ver|git|tert, ver|git|ter|te, hat ver|git|tert⟩ etwas ~ *mit Gittern versehen, mit Gittern sichern* ▸ vergitterte Fenster

ver|gla|sen ⟨V. trans.; ver|glast, ver|glas|te, hat verglast⟩ etwas ~ *mit Glasscheiben, Glasfenstern versehen;* Abl *Verglasung*

Ver|gleich ⟨der; -(e)s, -e⟩ **1** *Betrachtung mehrerer*

V

Gegenstände od. Personen, indem man ihre Vorzüge u. Nachteile nebeneinanderhält **2** *bildhafte, das Verständnis erleichternde Redewendung,* z. B. „schwarz wie die Nacht" **3** ‹Rechtsw.› *durch beiderseitiges Nachgeben gütliche Beilegung eines Streits* ▸ einen ~ anstellen, ziehen; der ~ hinkt *der V. ist ungenau, unrichtig;* einen ~ schließen ‹Rechtsw.›; sein: das ist ja gar kein ~! ‹umg.› *das ist ja viel besser (od. schlechter) als das andere!;* standhalten: *er hält dem ~ mit jedem anderen Schüler stand er ist genauso begabt wie alle anderen Sch.* ▸ guter, schlechter, treffender ~ ▸ etwas durch, mit einem ~ anschaulich, verständlich machen; sich durch einen ~ einigen; im ~ zu seiner Frau ist Herr X sehr ruhig; das ist kein ~ mit den früheren Versuchen

ver|gleich|bar ‹Adj.› *so beschaffen, dass man es miteinander vergleichen kann* ▸ das ist nicht miteinander ~; Abl *Vergleichbarkeit*

ver|glei|chen ‹V. trans.; ver|gleicht, ver|glich, hat ver|gli|chen› jmdn. mit jmdm. od. etwas mit etwas ~ *betrachtend gegenüberstellen, prüfend nebeneinanderstellen, prüfend gegeneinander abwägen* ▸ vergleiche Seite 12 ‹Abk.: vgl.› *schlage hierzu auf Seite 12 nach* ▸ mit ihm kannst du dich nicht ~ *nicht messen;* sein: dieses Werk ist nicht zu ~ mit seinem früheren ▸ das kann man damit nicht ~; das Original mit der Abschrift ~

ver|gleichs|wei|se ‹Adv.› *im Vergleich zu anderen* ▸ das ist ~ viel; nach einem ~ guten Start fiel er zurück

ver|glim|men ‹V. intr.; ver|glimmt, ver|glimm|te, ist ver|glom|men/ver|glimmt› *langsam aufhören zu glimmen* ▸ das Streichholz, die Kerze verglimmt

ver|glü|hen ‹V. intr.; ver|glüht, ver|glüh|te, ist verglüht› **1** *sich durch Reibung bis zur Weißglut erhitzen u. auflösen* (Meteore, Satelliten) **2** *zu glühen aufhören* (Feuerwerkskörper)

ver|gnü|gen ‹V. refl.; ver|gnügt sich, ver|gnüg|te sich, hat sich ver|gnügt› sich (mit etwas) ~ *jmdn. od. sich heiter unterhalten, jmdm. od. sich die Zeit kurzweilig vertreiben* ▸ die Kinder vergnügten sich mit Ballspielen; →a. *vergnügt*

Ver|gnü|gen ‹das; -s, -› **1** *Freude, Spaß* **2** *unterhaltsame Veranstaltung;* Zus *Tanzvergnügen* ▸ es bereitet, macht ihm ~, dem Jungen Unterricht zu geben; ich gönne ihm das ~; mit wem habe ich das ~? ‹förml.; veraltet; noch scherzh. od. iron.› *mit wem spreche ich?, wie ist bitte Ihr Name?;* die Kinder machten sich ein ~ daraus, die Affen zu necken; sein: es ist (mir) ein ~, zu sehen, wie es den Kindern schmeckt ▸ der Anblick bereitete mir ein großes ~; mit dem größten ~! *sehr gern!;* das ist ein teures ~ *sehr kostspielig;* viel ~! *(Wunsch für jmdn., der etwas Schönes vorhat);* es war ein sehr zweifelhaftes ~ *es war durchaus nicht so angenehm, wie ich dachte* ▸ an etwas ~ finden; etwas (nur) aus ~ tun; mit ~! *sehr gern!;* Sucht nach ~; etwas zum ~ tun

ver|gnüg|lich ‹Adj.› *Vergnügen bereitend, erheiternd* ▸ ein ~es Leben führen

ver|gnügt **I** ‹Part. Perf. von› *vergnügen* **II** ‹Adj.; -er, am -es|ten› *lustig, fröhlich, heiter, guter Dinge* ▸ sich einen ~en Tag machen; er lachte ~; „Kommt herein!", sagte er ~; sehr ~ sein

Ver|gnü|gung ‹die; -, -en› **1** *heitere Abwechslung, Zeitvertreib, Kurzweil* **2** *unterhaltsame Veranstaltung;* Zus *Vergnügungsreise*

Ver|gnü|gungs|park ‹der; -s, -s› *parkähnliches Gelände mit Karussells, Achterbahnen u. Ä.;* Syn *Freizeitpark*

ver|gol|den ‹V. trans.; ver|gol|det, ver|gol|de|te, hat ver|gol|det› Holz, Metall ~ *mit Blattgold überziehen* ▸ vergoldeter Schmuck; Abl *Vergoldung*

ver|gön|nen ‹V. trans.; ver|gönnt, ver|gönn|te, hat ver|gönnt; geh.› jmdm. etwas ~ *erlauben, zugestehen* ▸ es war ihm nicht vergönnt, die Geburt seines Urenkels zu erleben

ver|göt|tern ‹V. trans.; ver|göt|tert, ver|göt|ter|te, hat ver|göt|tert; übertr.› jmdn. ~ **1** *jmdn. überschwänglich lieben u. ihm zuliebe alles tun* **2** *schwärmerisch verehren* ▸ eine Frau ~; ein kleines Kind ~; von Jugendlichen vergöttertes Idol

ver|gra|ben ‹V. trans.; ver|gräbt, ver|grub, hat ver|gra|ben› etwas ~ *eingraben, unter der Erde verstecken* ▸ einen Schatz ~; sich in seinen Büchern ~ ‹übertr.› *ständig arbeiten u. lesen u. für niemanden zu sprechen sein;* Abl *Vergrabung*

ver|grä|men ‹V. trans.; ver|grämt, ver|gräm|te, hat ver|grämt› jmdn. ~ *verärgern, kränken*

ver|grämt **I** ‹Part. Perf. von› *vergrämen* **II** ‹Adj.› *kummervoll, verhärmt* ▸ ~es Gesicht

ver|grau|len ‹V. trans.; ver|grault, ver|graul|te, hat ver|grault; umg.› jmdn. ~ *verärgern u. vertreiben*

ver|grei|fen ‹V. refl.; ver|greift sich, ver|griff sich, hat sich ver|grif|fen› **1** sich an jmdm. ~ *jmdn. misshandeln od. missbrauchen, gegen jmdn. tätlich werden* **2** sich an fremdem Eigentum ~ *es sich widerrechtlich aneignen, stehlen* **3** ‹übertr.› sich im Ton ~ *unverschämt reden;* →a. *vergriffen*

ver|grei|sen ‹V. intr.; ver|greist, ver|greis|te, ist ver|greist› **1** *stark od. vorzeitig altern* **2** *zu alt werden* (Bevölkerung); Abl *Vergreisung*

ver|grif|fen **I** ‹Part. Perf. von› *vergreifen* **II** ‹Adj.› *nicht mehr lieferbar* ▸ das Buch ist ~

ver|grö|ßern ‹V.; ver|grö|ßert, ver|grö|ßer|te, hat ver|grö|ßert› **I** ‹V. trans.› **1** etwas ~ *größer machen* **2** sein Wissen ~ *erweitern* **3** sein Kapital ~ *vermehren* ▸ einen Betrieb, ein Haus, einen Garten ~; eine Fotografie ~; die Abbildung ist achtfach vergrößert **II** ‹V. refl.› sich ~ **1** *größer werden* **2** ‹umg.› *eine größere Wohnung, ein größeres Geschäft u. Ä. nehmen* ▸ die Geschwulst hat sich vergrößert; ein (leicht) vergrößertes Herz haben; Abl *Vergrößerung*

Ver|grö|ße|rungs|glas ‹das; -es, -glä|ser› = *Lupe*

ver|gu|cken ‹V. refl.; ver|guckt sich, ver|guck|te sich, hat sich ver|guckt; umg.› **1** sich ~ *sich beim Hinsehen täuschen* **2** sich (in jmdn.) ~ *sich (in jmdn.) verlieben*

Ver|güns|ti|gung ‹die; -, -en› *besonderer Vorteil, Vorrecht* ▸ wir bekommen steuerliche ~en

V

ver|gü|ten ⟨V. trans.; ver|gü|tet, ver|gü|te|te, hat ver|gü|tet⟩ **1** jmdm. Auslagen ~ *zurückerstatten* **2** jmdm. einen Schaden ~ *ersetzen* **3** (jmdm.) eine Leistung ~ *bezahlen;* Abl *Vergütung*

ver|haf|ten ⟨V. trans.; ver|haf|tet, ver|haf|te|te, hat ver|haf|tet⟩ jmdn. ~ *in Haft, in polizeilichen Gewahrsam nehmen, festnehmen* ▸ er wurde gestern in seiner Wohnung verhaftet; Abl *Verhaftung*

ver|haf|tet **I** ⟨Part. Perf. von⟩ *verhaften* **II** ⟨Adj.⟩ (mit) einer Sache ~ sein *mit einer S. eng zusammenhängen, verbunden sein*

ver|hal|len ⟨V. intr.; ver|hallt, ver|hall|te, ist verhallt⟩ *verklingen* ▸ sein Ruf verhallte ungehört

ver|hal|ten[1] ⟨V.; ver|hält, ver|hielt, hat ver|hal|ten⟩ **I** ⟨V. trans.⟩ **1** den Atem, Harn ~ *zurückhalten* **2** sein Lachen, seinen Zorn ~ *unterdrücken;* →a. *verhalten*[2] **II** ⟨V. refl.⟩ sich irgendwie ~ **1** *sich benehmen, handeln* (Person) **2** *sich in einem bestimmten Zustand befinden* (Sache, Angelegenheit, Sachverhalt) ▸ sich **abwartend,** passiv, vorsichtig ~; sich **anständig,** gemein, unanständig ~; er hat sich **falsch,** richtig ~; sie hat sich gestern sehr **merkwürdig** ~; sich **ruhig,** still ~ ▸ die Sache verhält sich **anders,** gerade umgekehrt; mit den anderen Kindern verhält es sich ganz **genauso** *ist es das Gleiche, ist es genauso;* wenn es sich **so** verhält ... *wenn es so ist ..., wenn die Sache so steht ...;* ich weiß nicht, **wie** ich mich ~ soll

ver|hal|ten[2] **I** ⟨Part. Perf. von⟩ *verhalten*[1] **II** ⟨Adj.⟩ **1** *zurückhaltend* **2** *unterdrückt, gedämpft* ▸ das Publikum reagierte ~ *kühl, wenig enthusiastisch;* mit ~er Stimme sprechen

Ver|hal|ten ⟨das; -s, -⟩ *Benehmen, Vorgehen, Handeln* ▸ sein ~ gibt (keinen) Anlass zu Kritik; anständiges, einwandfreies, mustergültiges, unverschämtes, vorbildliches ~; sein bisheriges ~ war tadellos; ihr ~ ist sehr merkwürdig; Zus *Verhaltensforschung, Verhaltensmuster, Verhaltensstörung, Verhaltensweise; verhaltensgestört*

Ver|hält|nis ⟨das; -nis|ses, -nis|se⟩ **1** *messbare od. vergleichbare Beziehung, Proportion;* Zus *Größenverhältnis* **2** *Art der Beziehungen zweier od. mehrerer Menschen od. Staaten zueinander* **3** ⟨umg.; kurz für⟩ *Liebesverhältnis, Beziehung zwischen Liebenden* **4** ⟨umg.⟩ *Geliebte* **5** ⟨Pl.⟩ die ~se *die Lebensumstände, Umstände, allgemeine Lage* ▸ sich den (gegebenen, augenblicklichen) ~sen **anpassen;** mit jmdm. ein ~ **haben** ⟨umg.⟩; die beiden haben ein ~ miteinander ⟨umg.⟩; bei ihnen **herrschen** geordnete ~se ▸ **ärmliche,** gesicherte, geordnete, schlechte ~se; sie kommt aus **einfachen** ~sen; seine **familiären,** finanziellen ~se; **freundschaftliches,** gutes, herzliches, kameradschaftliches ~; die **örtlichen,** politischen ~se kritisieren ▸ **in** geordneten, guten, einfachen ~sen leben; im ~ zu dem früheren Preis ist die Ware überteuert ⟨umg.⟩ *verglichen mit dem früheren Preis;* in freundschaftlichem ~ zu jmdm. stehen; seine Ausgaben stehen in keinem ~ zu seinen Einnahmen *seine A. sind bei weitem höher als seine E.;* das geht **über** meine ~se ⟨umg.⟩ *das kann ich mir finanziell nicht leisten;* über seine ~se leben *mehr Geld verbrauchen, als dem Einkommen angemessen ist;* **unter** normalen ~sen ist das anders; er hat ein gutes ~ **zu** seinem Vater; das ~ **zwischen** Deutschland und Frankreich, zwischen Bruder und Schwester ▸ in **welchem** (verwandtschaftlichen) ~ stehen die beiden zueinander?

ver|hält|nis|mä|ßig ⟨Adv.⟩ **1** *vergleichsweise, an anderem gemessen* **2** ⟨umg.⟩ *ziemlich* ▸ es hat ~ wenig; die Hose ist ~ teuer

Ver|hält|nis|mä|ßig|keit ⟨die; -, -en; Pl. selten⟩ *Angemessenheit* ▸ die ~ der Mittel

Ver|hält|nis|wort ⟨das; -(e)s, -wör|ter⟩ = *Präposition*

ver|han|deln ⟨V. trans. u. V. intr.; ver|han|delt, ver|han|del|te, hat ver|han|delt⟩ **1** (mit jmdm.) (etwas od. über etwas) ~ *(über) etwas beraten, etwas erörtern, besprechen* **2** etwas ~ *in einem Gerichtsverfahren erörtern* ▸ ich verhandle jedesmal mit Herrn X; über einen Vertrag ~

Ver|hand|lung ⟨die; -, -en⟩ **1** *das Verhandeln, Beratung, Erörterung, Besprechung;* Zus *Verhandlungsführer(in), Verhandlungspartner(in); verhandlungsbereit* **2** *Gerichtsverhandlung, Prozess;* Zus *Verhandlungstag* ▸ die ~ eröffnen, schließen; mit jmdm. in ~(en) stehen *verhandeln*

ver|han|gen ⟨Adj.⟩ *verschleiert, bedeckt* ▸ ~er Himmel; Zus *wolkenverhangen*

ver|hän|gen ⟨V. trans.; ver|hängt, ver|häng|te, hat ver|hängt⟩ **1** ein Fenster ~ *durch Vorhang verdecken* **2** ⟨übertr.⟩ etwas (über jmdn. od. etwas) ~ *veranlassen, verfügen;* Abl *Verhängung* ▸ den Ausnahmezustand ~; eine Strafe über jmdn. ~

Ver|häng|nis ⟨das; -nis|ses, -nis|se⟩ *schlimmer, verheerender Schicksalsschlag, unglückliche Fügung, großes Unglück* ▸ seine Lüge wurde ihm zum ~

ver|häng|nis|voll ⟨Adj.⟩ *folgenschwer, Unglück nach sich ziehend* ▸ eine ~e Entscheidung, Tat

ver|harm|lo|sen ⟨V. trans.; ver|harm|lost, ver|harm|los|te, hat ver|harm|lost⟩ etwas ~ *als harmlos hinstellen* ▸ er verharmloste die Situation; Abl *Verharmlosung*

ver|härmt ⟨Adj.; -er, am -es|ten⟩ *durch viele Sorgen elend, abgemagert u. kummervoll* ▸ ~es Gesicht; ~ aussehen

ver|har|ren ⟨V. intr.; ver|harrt, ver|harr|te, hat verharrt⟩ *ausharren, bleiben* ▸ auf, bei seiner Meinung ~; in einer bestimmten Stellung ~

ver|här|ten ⟨V.⟩ **I** ⟨V. refl.; ver|här|tet, ver|här|te|te, hat ver|här|tet⟩ sich ~ **1** *hart werden* **2** ⟨übertr.⟩ *verbittert werden, hartherzig werden* ▸ die Fronten haben sich verhärtet ⟨übertr.⟩ *die beiden sich gegenüberstehenden Parteien sind unnachgiebiger geworden* **II** ⟨V. intr.; ver|här|tet, ver|här|te|te, ist ver|här|tet⟩ *hart werden* ▸ der Muskel ist verhärtet; Abl *Verhärtung*

ver|has|peln ⟨V. refl.; ver|has|pelt sich, ver|has|pel|te sich, hat sich ver|has|pelt; umg.⟩ sich ~ *sich beim Reden verwirren*

ver|hasst ⟨Adj.; -er, am -es|ten⟩ *gehasst, ver-*

V

abscheut ▸ eine ~e Arbeit; ein ~er Mensch; ~ sein *gehasst werden;* es ist mir ~, lügen zu müssen *ich hasse, verabscheue es;* er ist überall ~

ver|hät|scheln ⟨V. trans.; ver|hät|schelt, ver|hät|schel|te, hat ver|hät|schelt⟩ jmdn. ~ *verzärteln, zu sehr verwöhnen;* Abl *Verhätschelung*

Ver|hau ⟨der; -(e)s, -e⟩ *aus vielen Teilen zusammengefügtes od. geflochtenes Hindernis*

ver|hau|en ⟨V.; ver|haut, ver|hau|te, hat ver|hau|en⟩ **I** ⟨V. trans.⟩ **1** jmdn. ~ *prügeln, verprügeln* **2** ⟨übertr.; umg.; bes. Schülerspr.⟩ etwas ~ *völlig falsch machen, sehr schlecht machen* ▸ den Aufsatz, die Mathearbeit habe ich ~ **II** ⟨V. refl.; übertr.; umg.⟩ sich ~ *sich sehr irren, sich täuschen*

ver|hed|dern ⟨V. refl.; ver|hed|dert sich, ver|hed|der|te sich, hat sich ver|hed|dert⟩ sich ~ *sich verfangen* ▸ die Fäden haben sich verheddert; sich beim Reden ~ ⟨übertr.⟩

ver|hee|ren ⟨V. trans.; ver|heert, ver|heer|te, hat ver|heert⟩ etwas ~ *verwüsten, zerstören* ▸ der Krieg hat das Land verheert; Abl *Verheerung*

ver|hee|rend **I** ⟨Part. Präs. von⟩ *verheeren* **II** ⟨Adj.⟩ **1** *entsetzlich, gewaltig, katastrophal* **2** ⟨übertr.⟩ *scheußlich, schrecklich, geschmacklos* ▸ ein ~er Brand verwüstete die Stadt; die Lage ist ~; seine Bemerkung hatte ~e Folgen

ver|heh|len ⟨V. trans.; ver|hehlt, ver|hehl|te, hat ver|hehlt⟩ etwas ~ *verbergen* ▸ ich kann meine Abneigung gegen ihn nicht ~; →a. *verhohlen*

ver|hei|len ⟨V. intr.; ver|heilt, ver|heil|te, ist ver|heilt⟩ *heil werden, sich schließen* (Wunde)

ver|heim|li|chen ⟨V. trans.; ver|heim|licht, ver|heim|lich|te, hat ver|heim|licht⟩ (jmdm.) etwas ~ *verbergen, verschweigen, nicht merken lassen* ▸ du verheimlichst mir doch etwas; ich kann die Nachricht nicht länger ~; ich habe nichts zu ~; Abl *Verheimlichung*

ver|hei|ra|ten ⟨V.; ver|hei|ra|tet, ver|hei|ra|te|te, hat ver|hei|ra|tet⟩ **I** ⟨V. trans.⟩ jmdn. mit jmdm. ~, zwei Menschen ~ *jmdn. jmdm. zur Ehe geben* **II** ⟨V. refl.⟩ sich ~ *heiraten, eine Ehe eingehen* ▸ sich zum zweiten Mal ~; →a. *verheiratet*

ver|hei|ra|tet **I** ⟨Part. Perf. von⟩ *verheiraten* **II** ⟨Adj.; Abk.: verh.; Zeichen: ⚭⟩ *ehelich gebunden* ▸ (un)glücklich ~ sein; sind Sie ~?

ver|hei|ßen ⟨V. trans.; ver|heißt, ver|hieß, hat ver|hei|ßen⟩ (jmdm.) etwas ~ *versprechen, voraussagen, prophezeien* ▸ jmdm. Glück ~; die Neuigkeiten ~ nichts Gutes; Abl *Verheißung*

ver|hei|ßungs|voll ⟨Adj.⟩ *vielversprechend* ▸ das war ein ~er Anfang

ver|hei|zen ⟨V. trans.; ver|heizt, ver|heiz|te, hat ver|heizt⟩ **1** Holz, Kohle, Papier ~ *zum Heizen verbrauchen, verwenden* **2** ⟨übertr.; umg.⟩ Truppen ~ *rücksichtslos einsetzen, sinnlos opfern*

ver|hel|fen ⟨V. intr.; ver|hilft, ver|half, hat ver|hol|fen⟩ jmdm. zu etwas ~ *jmdm. etwas verschaffen, behilflich sein, etwas zu erreichen, zu erhalten* ▸ jmdm. zu seinem Glück ~; jmdm. zu einer guten Stellung, zum Erfolg ~

ver|herr|li|chen ⟨V. trans.; ver|herr|licht, ver|herr|lich|te, hat ver|herr|licht⟩ jmdn. od. etwas ~ *überschwänglich preisen, übertrieben herrlich darstellen* ▸ Gewalt ~; Abl *Verherrlichung*

ver|heult ⟨Adj.⟩ *durch Heulen geschwollen, verschwollen* ▸ ~e Augen; sie sieht ganz ~ aus

ver|he|xen ⟨V. trans.; ver|hext, ver|hex|te, hat verhext⟩ jmdn. od. etwas ~ *(wie) durch Hexerei verwandeln* ▸ das ist wie verhext! ⟨umg.⟩ *das geht nicht, ich bringe es einfach nicht zustande!*

ver|hin|dern ⟨V. trans.; ver|hin|dert, ver|hin|der|te, hat ver|hin|dert⟩ etwas ~ *unmöglich machen, unterbinden, abwehren, abwenden* ▸ einen Plan, ein Vorhaben ~; ich konnte das Unglück noch rechtzeitig ~; ich bin dienstlich verhindert (zu kommen) *ich kann aus dienstlichen Gründen nicht kommen;* er war bei der Preisverleihung verhindert *er konnte nicht kommen;* Abl *Verhinderung*

ver|hoh|len **I** ⟨Part. Perf. von⟩ *verhehlen* **II** ⟨Adj.⟩ *heimlich, verborgen, unbemerkt* ▸ mit ~er Schadenfreude; er musste ~ gähnen

ver|höh|nen ⟨V. trans.; ver|höhnt, ver|höhn|te, hat ver|höhnt⟩ jmdn. ~ *grob verspotten, lächerlich machen;* Abl *Verhöhnung*

ver|hö|kern ⟨V. trans.; ver|hö|kert, ver|hö|ker|te, hat ver|hö|kert; umg.⟩ etwas ~ *(unter Wert) verkaufen, zu Geld machen;* Abl *Verhökerung*

Ver|hör ⟨das; -(e)s, -e⟩ *polizeiliche od. richterliche Befragung, Vernehmung* ▸ jmdn. einem ~ unterziehen; jmdn. ins ~ nehmen *jmdn. verhören*

ver|hö|ren ⟨V.; ver|hört, ver|hör|te, hat ver|hört⟩ **I** ⟨V. trans.⟩ jmdn. ~ *polizeilich od. richterlich vernehmen, befragen* ▸ er wurde stundenlang verhört **II** ⟨V. refl.⟩ sich ~ *etwas falsch hören* ▸ da habe ich mich wohl verhört

ver|hül|len ⟨V. trans.; ver|hüllt, ver|hüll|te, hat verhüllt⟩ **1** (sich) etwas ~ *(unter einer Hülle) verbergen, (mit einer Hülle) bedecken* **2** ⟨übertr.⟩ etwas ~ *freundlicher, höflicher darstellen, als es in Wirklichkeit ist, beschönigen* ▸ sich das Gesicht, den Kopf mit einem Schleier ~; die Berge sind von Wolken verhüllt; ~der Ausdruck *sprachliche Beschönigung, Euphemismus;* Abl *Verhüllung*

ver|hun|gern ⟨V. intr.; ver|hun|gert, ver|hun|ger|te, ist ver|hun|gert⟩ **1** *aus Mangel an Nahrung sterben* **2** ⟨übertr.; umg.; scherzh.⟩ *sehr großen Hunger haben* ▸ verhungert aussehen *völlig abgemagert;* ich bin ganz verhungert ⟨scherzh.⟩

ver|hun|zen ⟨V. trans.; ver|hunzt, ver|hunz|te, hat ver|hunzt; umg.⟩ etwas ~ *durch Nachlässigkeit od. Unfähigkeit verpfuschen;* Abl *Verhunzung*

ver|hü|ten ⟨V.; ver|hü|tet, ver|hü|te|te, hat ver|hü|tet⟩ **I** ⟨V. trans.⟩ etwas ~ *verhindern, vermeiden* ▸ die Empfängnis (eines Kindes) ~; ein Unheil (rechtzeitig) ~ **II** ⟨V. intr.⟩ *empfängnisverhütende Mittel benutzen* ▸ sie haben nicht verhütet; Abl *Verhütung*

Ver|hü|tungs|mit|tel ⟨das; -s, -⟩ *empfängnisverhütendes Mittel*

ve|ri|fi|zie|ren ⟨[ve-] V. trans.; ve|ri|fi|ziert, ve|ri|fi|zier|te, hat ve|ri|fi|ziert⟩ etwas ~ *die Wahrheit, Richtigkeit von etwas nachweisen, beglaubigen, bestätigen;* Abl *Verifikation, Verifizierung*

ver|in|ner|li|chen ⟨V. trans.; ver|in|ner|licht, ver|in|ner|lich|te, hat ver|in|ner|licht⟩ etwas ~ *sich innerlich aneignen* ▸ gesellschaftliche Werte und Normen ~; Abl *Verinnerlichung*

ver|ir|ren ⟨V. refl.; ver|irrt sich, ver|irr|te sich, hat sich ver|irrt⟩ **1** sich (irgendwo) ~ *in die Irre gehen, vom richtigen, rechten Weg abkommen, sich verlaufen* **2** sich irgendwohin ~ *einen Ort erreichen, an den man gar nicht gelangen wollte* ▸ sich im Wald ~; Abl *Verirrung*

ver|ja|gen ⟨V. trans.; ver|jagt, ver|jag|te, hat verjagt⟩ jmdn. od. etwas ~ *wegjagen, verscheuchen* ▸ einen Einbrecher ~; Fliegen, Mücken, Vögel, Wespen ~; jmdm. die Sorgen ~ ⟨übertr.⟩

ver|jäh|ren ⟨V. intr.; ver|jährt, ver|jähr|te, ist verjährt⟩ *nach Ablauf einer gesetzlichen Frist seine Gültigkeit verlieren* ▸ die Schuld ist verjährt; Abl *Verjährung*

ver|ju|beln ⟨V. trans.; ver|ju|belt, ver|ju|bel|te, hat ver|ju|belt; umg.⟩ etwas ~ *vergeuden, leichtsinnig verschwenden;* Syn *verjuxen* ▸ sein Geld ~

ver|jün|gen ⟨V.; ver|jüngt, ver|jüng|te, hat verjüngt⟩ **I** ⟨V. trans.⟩ **1** jmdn. ~ *jünger machen, jmds. Altern verzögern* **2** den Personalbestand ~ *mit jungen Kräften auffüllen* ▸ der Urlaub, die Vitaminkur hat sie verjüngt **II** ⟨V. refl.⟩ sich ~ *(nach oben) schmaler, dünner, enger werden* (Säule); Abl *Verjüngung*

ver|ka|beln ⟨V. trans.; ver|ka|belt, ver|ka|bel|te, hat ver|ka|belt⟩ etwas ~ *Kabel für etwas verlegen;* Abl *Verkabelung*

ver|kal|ken ⟨V. intr.; ver|kalkt, ver|kalk|te, ist verkalkt⟩ **1** *durch Einlagern, Anhäufen von Kalk hart werden* (Körpergewebe) **2** ⟨umg.; übertr.⟩ *alt werden u. geistige Kraft, Fähigkeiten einbüßen* ▸ er ist schon völlig, ziemlich verkalkt ⟨übertr.; umg.⟩; Abl *Verkalkung*

ver|kal|ku|lie|ren ⟨V. refl.; ver|kal|ku|liert sich, ver|kal|ku|lier|te sich, hat sich ver|kal|ku|liert⟩ sich ~ *sich verrechnen, sich irren*

ver|kannt **I** ⟨Part. Perf. von⟩ *verkennen* **II** ⟨Adj.⟩ *falsch beurteilt, unterschätzt* ▸ ein ~es Genie

ver|kappt ⟨Adj.⟩ *getarnt, verdeckt, nicht als das zu erkennen, was jmd. od. etwas ist* ▸ ein ~er Spion

ver|ka|tert ⟨Adj.⟩ *nach maßlosem Alkoholgenuss in der vorigen Nacht körperlich erschöpft*

Ver|kauf ⟨der; -(e)s, -käu|fe⟩ **I** ⟨unz.⟩ *Verkaufsabteilung (eines Unternehmens)* ▸ Einkauf und ~; im ~ arbeiten; Zus *Verkaufsleiter(in)* **II** ⟨zählb.⟩ **1** *das Verkaufen* **2** *das Verkauftwerden* ▸ Waren zum ~ anbieten; Zus *Verkaufspreis*

ver|kau|fen ⟨V.; ver|kauft, ver|kauf|te, hat verkauft⟩ **I** ⟨V. trans.⟩ (jmdm.) etwas ~, etwas (an jmdn.) ~ *für Geld als Eigentum weggeben* ▸ er hat das **Auto** schon verkauft; er hat mir die **Uhr** günstig verkauft ▸ etwas **billig,** teuer, preiswert ~; er möchte das Haus so **teuer** wie möglich ~ ▸ etwas **für** 100 Euro, Franken ~; etwas **über,** unter dem Wert ~ **II** ⟨V. refl.⟩ **1** sich (irgendwie) ~ *Käufer finden* **2** sich irgendwie ~ *die eigenen Vorzüge od. die Vorteile einer Sache geschickt zur Geltung bringen* **3** sich (für etwas) ~ *für Geld od. einen Vorteil etwas tun, was man eigentlich nicht tun will* ▸ die Ware verkauft sich **gut,** schlecht, nicht *findet viele, wenige, keine Käufer;* er kann sich gut, schlecht ~ *es gelingt ihm (nicht), seine positiven Seiten herauszustellen*

Ver|käu|fer ⟨der; -s, -⟩ **1** *jmd., der etwas verkauft* **2** *Angestellter od. Beauftragter der Verkaufsabteilung eines Unternehmens* ▸ der ~ des Grundstückes; er ist als ~ in einem Supermarkt angestellt

Ver|käu|fe|rin ⟨die; -, -rin|nen⟩ *weiblicher Verkäufer;* Syn ⟨oberdt.⟩ *Ladnerin,* ⟨schweiz.⟩ *Ladentochter* ▸ sie arbeitet als ~

ver|käuf|lich ⟨Adj.⟩ *so beschaffen, dass es verkauft werden kann* ▸ das Bild ist nicht ~

ver|kaufs|of|fen ⟨Adj.⟩ ~er Sonntag *S., an dem die Geschäfte ausnahmsweise geöffnet sind*

Ver|kaufs|zahl ⟨die; -, -en; meist Pl.⟩ *Zahl, die angibt, wie oft ein Produkt verkauft wird* ▸ eine Steigerung der ~en anstreben

Ver|kehr ⟨der; -s; unz.⟩ **1** *das Befördern von Personen, Gütern, Zahlungsmitteln, Nachrichten;* Zus *Fernverkehr, Fremdenverkehr, Reiseverkehr, Zahlungsverkehr* **2** *Bewegung von Personen u. Fahrzeugen;* Abl *verkehrsarm, verkehrsreich;* Zus *Verkehrsampel, Verkehrsdichte, Verkehrsordnung, Verkehrspolizist(in), Verkehrssicherheit, Verkehrsteilnehmer(in), Verkehrsunfall; Autoverkehr, Personenverkehr, Straßenverkehr* **3** *Umgang (mit jmdm.), menschliche Beziehungen (mit anderen);* Zus *Briefverkehr* **4** ⟨kurz für⟩ *Geschlechtsverkehr* **5** *Umlauf (von Münzen, Banknoten)* ▸ den ~ mit jmdm. **abbrechen;** der ~ **fließt,** stockt; eine Straße für den ~ **freigeben;** mit jmdm. ~ **haben** *Geschlechtsverkehr;* es **herrscht** viel, wenig ~ auf den Straßen; den ~ in der Innenstadt **regeln** ▸ **brieflicher,** schriftlicher ~; **fließender** ~ *Straßenverkehr, bei dem sich Fahrzeuge in Bewegung befinden;* **freundschaftlicher,** geschäftlicher, gesellschaftlicher, geselliger ~; **lebhafter,** reger, schwacher, starker, stockender ~ (auf den Straßen, in den Geschäften) ▸ Banknoten **aus** dem ~ ziehen; einen Wagen aus dem ~ ziehen; Zahlungsmittel **in** ~ bringen

ver|keh|ren ⟨V.; ver|kehrt, ver|kehr|te, hat verkehrt⟩ **I** ⟨V. trans.⟩ etwas ~ *verdrehen, wenden, falsch darstellen od. wiedergeben* ▸ Worte, den Sinn einer Sache ins Gegenteil ~; →a. *verkehrt;* Abl *Verkehrung* **II** ⟨V. refl.⟩ sich in sein Gegenteil ~ *sich in sein G. verwandeln* **III** ⟨V. intr.⟩ **1** (irgendwann) (irgendwo) ~ *(als öffentliches Verkehrsmittel) regelmäßig fahren* **2** bei jmdm. ~ *häufig bei jmdm. zu Gast sein* **3** mit jmdm. ~ *häufig mit jmdm. zusammenkommen, zusammen sein* ▸ mit jmdm. brieflich ~ *Briefe wechseln;* mit niemandem ~ *keine Besuche machen u. keine empfangen;* der Bus verkehrt montags bis freitags jede Stunde

Ver|kehrs|auf|kom|men ⟨das; -s; unz.⟩ *Zahl der Fahrzeuge, die in einem bestimmten Gebiet am Verkehr teilnehmen* ▸ hohes, geringes ~

ver|kehrs|be|ru|higt ⟨Adj.⟩ *von starkem u. schnellem Verkehr entlastet* ▸ ~e Straßen, Stadtviertel

V

Ver|kehrs|cha|os ⟨[-ka-] das; -; unz.⟩ *völliges Durcheinander im Straßenverkehr*

ver|kehrs|güns|tig ⟨Adj.⟩ *hinsichtlich der Verkehrsanbindung günstig gelegen*

Ver|kehrs|in|farkt ⟨der; -(e)s, -e; umg.⟩ *Zusammenbruch, Stillstand des Autoverkehrs aufgrund eines zu hohen Fahrzeugaufkommens* ▸ den Städten droht in absehbarer Zukunft der ~

Ver|kehrs|in|sel ⟨die; -, -n⟩ *kleiner, etwas erhöhter Platz für Fußgänger in der Straßenmitte*

Ver|kehrs|kon|t|rol|le ⟨die; -, -n⟩ *von der Verkehrspolizei im öffentlichen Verkehr durchgeführte Kontrolle des Fahrzeugs, der Kraftfahrzeugpapiere u. der Fahrtüchtigkeit des Fahrers*

Verkehrsmittel

Wie fast überall auf der Welt, so ist auch im deutschsprachigen Raum das **Auto** als **privates *Verkehrsmittel*** höchst beliebt. Dies führt dazu, dass besonders im morgendlichen und abendlichen Berufsverkehr sowie in den Ferienzeiten die Straßen häufig überlastet sind – trotz des sehr gut ausgebauten **Straßennetzes** kommt es zu langen **Staus.** In Deutschland gibt eine Vielzahl stark befahrener **Autobahnen,** die – anders als in Österreich und der Schweiz – für private Pkws gebührenfrei sind. Darüber hinaus sorgen viele autobahnähnlich ausgebaute **Bundesstraßen** für schnelle regionale Verbindungen.

In den meisten deutschen Städten und Gemeinden teilen sich die Autos die Straßen mit den **öffentlichen *Verkehrsmitteln,*** das sind vor allem **Busse** und – in größeren Städten – **Straßenbahnen.** Ein ganz eigenes Netz existiert in einigen Großstädten für die unterirdischen **U-Bahnen**.

Im Fernverkehr ist das bedeutendste Verkehrsmittel die **Eisenbahn,** deren weit verzweigtes **Schienennetz** in das gesamteuropäische Netz integriert ist. Vor der Fahrt mit öffentlichen Verkehrsmitteln kauft man an einem **Fahrkartenautomaten** einen Fahrschein, der meist noch entwertet werden muss. Fahrkarten für **Züge** sind am Schalter im Bahnhof, an Automaten oder über das Internet erhältlich.

Schwarzfahren, das Fahren ohne gültige Fahrkarte, ist sehr teuer, wenn man dabei ertappt wird.

Über Straße oder Schiene gelangt man in Deutschland auch zu zahlreichen **Flughäfen.** Vom internationalen Flughafen in Frankfurt am Main aus, der einer der weltweit größten ist, erreicht man Ziele in der ganzen Welt, während kleinere Flughäfen oft vor allem Inlands- oder Ferienflüge anbieten.

Ver|kehrs|mit|tel ⟨das; -s, -⟩ *Fahrzeug zur Beförderung von Personen, z. B. Zug, Straßenbahn, Auto, Schiff* ▸ öffentliches ~ *allen Personen zugängliches, oft städtisches od. staatliches Transportmittel (Bus, Straßen-, Eisenbahn);* viele Menschen fahren mit öffentlichen ~n

Ver|kehrs|netz ⟨das; -es, -e⟩ *Gefüge, Netz vieler Verkehrswege*

Ver|kehrs|re|gel ⟨die; -, -n⟩ *Vorschrift zur Regelung des Straßenverkehrs;* Syn *Verkehrsvorschrift*

Ver|kehrs|schild ⟨das; -(e)s, -er⟩ *Schild mit Verkehrszeichen*

ver|kehrs|si|cher ⟨Adj.⟩ *die Verkehrssicherheit gewährleistend* ▸ ein ~er Schulweg

Ver|kehrs|to|te(r) ⟨die; -n, -n (der; -n, -n); meist Pl.⟩ *Todesopfer eines Verkehrsunfalles*

ver|kehrs|tüch|tig ⟨Adj.⟩ *tauglich, sich ohne Gefährdung der Verkehrssicherheit im Straßenverkehr zu bewegen* ▸ nicht mehr ~e Fahrzeuge

Ver|kehrs|weg ⟨der; -s, -e⟩ *für Verkehrsmittel vorgesehener Weg, Straße, Eisenbahnlinie, Fluglinie, Schifffahrtslinie;* Syn *Verkehrsverbindung*

ver|kehrs|wid|rig ⟨Adj.⟩ *gegen die Verkehrsregeln verstoßend* ▸ ~es Verhalten

Ver|kehrs|zei|chen ⟨das; -s, -⟩ *Zeichen, das ein Gebot, Verbot od. eine Warnung ausdrückt u. somit zur Regelung u. Sicherung des Straßenverkehrs beiträgt* ▸ Kinder lernen die ~ in der Schule

ver|kehrt **I** ⟨Part. Perf. von⟩ *verkehren* **II** ⟨Adj.; -er, am -es|ten; Steig. nur umg.⟩ **1** *verdreht* **2** *auf dem Kopf (stehend), auf der falschen Seite (stehend, liegend)* **3** *falsch, nicht richtig* ▸ mit etwas an die ~e **Adresse** geraten ⟨übertr.; umg.⟩ *an den Unrechten geraten, abgewiesen werden;* mit dem ~en **Bein** (zuerst) aufgestanden sein ⟨übertr.; umg.⟩ *schlechter Laune sein;* du hast die ~e **Seite** aufgeschlagen ▸ ~ **antworten;** das Bild **hängt,** liegt ~; etwas ~ **machen; sein:** der Vorschlag ist gar nicht ~! ⟨übertr.; umg.⟩ *gar nicht übel, gar nicht schlecht;* das wäre nicht das Verkehrteste ⟨umg.⟩ *nicht schlecht, ganz günstig*

ver|kei|len ⟨V. refl.; ver|keilt sich, ver|keil|te sich, hat sich ver|keilt⟩ sich ~ *sich so ineinanderschieben, dass sie unbeweglich werden* ▸ bei dem Unfall haben sich die Fahrzeuge verkeilt

ver|ken|nen ⟨V. trans.; ver|kennt, ver|kann|te, hat ver|kannt⟩ jmdn. od. etwas ~ *nicht richtig erkennen, falsch beurteilen, unterschätzen* ▸ den Ernst der Sache ~; man sollte die Schwierigkeiten nicht ~; →a. *verkannt*

ver|ket|ten ⟨V. trans.; ver|ket|tet, ver|ket|te|te, hat ver|ket|tet⟩ etwas ~ **1** *mit einer Kette zusammenbinden* **2** ⟨übertr.⟩ *zusammenfügen, verbinden* ▸ es haben sich mehrere unglückliche Zufälle verkettet; Abl *Verkettung*

ver|kla|gen ⟨V. trans.; ver|klagt, ver|klag|te, hat ver|klagt⟩ jmdn. ~ *Klage gegen jmdn. erheben*

ver|klä|ren ⟨V. trans.; ver|klärt, ver|klär|te, hat verklärt⟩ etwas ~ *schöner, leuchtender, besser erscheinen lassen* ▸ die Erinnerung verklärt das Vergangene; →a. *verklärt;* Abl *Verklärung*

ver|klärt **I** ⟨Part. Perf. von⟩ *verklären* **II** ⟨Adj.⟩ *beseligt, glückselig* ▸ die Kinder betrachten den Weihnachtsbaum mit ~en Gesichtern

ver|kle|ben ⟨V.⟩ **I** ⟨V. trans.; ver|klebt, ver|kleb|te, hat ver|klebt⟩ etwas (mit etwas) ~ *mit Klebstoff od. einem anderen Material zukleben, schließen, bedecken* ▸ einen Riss im Papier ~; sich die Fin-

V

ger mit Teig ~ **II** ⟨V. intr.; ver|klebt, ver|kleb|te, ist ver|klebt⟩ **1** *sich durch klebrige Absonderung schließen* **2** *durch klebrige Beschaffenheit aneinanderhaften* ▸ von Eiter verklebte Augen; der Verband ist verklebt

ver|klei|den ⟨V.; ver|klei|det, ver|klei|de|te, hat ver|klei|det⟩ **I** ⟨V. trans.⟩ etwas (mit etwas) ~ *mit einer Hülle, einer Schicht, einem Überzug verdecken, verhüllen* ▸ Heizkörper mit einem Gitter ~; die Wände mit Holz ~ **II** ⟨V. refl.⟩ sich (als etwas) ~ *sein Äußeres durch andere Kleidung, durch Schminke usw. verändern, sich kostümieren* ▸ sich im Fasching als Harlekin ~

Ver|klei|dung ⟨die; -, -en⟩ **1** *das Verkleiden* **2** *das zum Verkleiden verwendete Material, Überzug, Kleidung* ▸ die ~ von der Wand entfernen

ver|klei|nern ⟨V.; ver|klei|nert, ver|klei|ner|te, hat ver|klei|nert⟩ **I** ⟨V. trans.⟩ etwas ~ **1** *kleiner machen, vermindern, verringern* **2** *in einem kleineren Maßstab darstellen* ▸ ein Foto ~ **II** ⟨V. refl.⟩ sich ~ *kleiner werden;* Abl *Verkleinerung* ▸ unsere Abteilung hat sich verkleinert

Ver|klei|ne|rungs|form ⟨die; -, -en; Gramm.⟩ *eine Ableitung vom Substantiv, die dessen Verkleinerung ausdrückt,* z. B. Blümchen od. Blümlein; Syn *Diminutiv, Diminutivform*

ver|klem|men ⟨V. refl.; ver|klemmt sich, ver|klemm|te sich, hat sich ver|klemmt⟩ sich ~ *durch Verbiegung od. Blockade unbeweglich werden, nicht mehr zu öffnen od. zu schließen sein* ▸ die Tür hat sich verklemmt; →a. *verklemmt*

ver|klemmt **I** ⟨Part. Perf. von⟩ *verklemmen* **II** ⟨Adj.; übertr.⟩ *(bes. sexuell) gehemmt, innerlich verkrampft, psychisch unfrei;* Abl *Verklemmtheit*

ver|kli|ckern ⟨V. trans.; ver|kli|ckert, ver|kli|cker|te, hat ver|kli|ckert; umg.⟩ jmdm. etwas ~ *erklären* ▸ kannst du mir das mal ~?

ver|klin|gen ⟨V. intr.; ver|klingt, ver|klang, ist ver|klun|gen⟩ *immer leiser werden, allmählich aufhören zu klingen* ▸ die Musik ist verklungen

ver|knal|len ⟨V. refl.; ver|knallt sich, ver|knall|te sich, hat sich ver|knallt; umg.⟩ sich (in jmdn.) ~ *sich (in jmdn.) verlieben* ▸ verknallt sein

ver|knei|fen ⟨V. trans.; ver|kneift, ver|kniff, hat ver|knif|fen; umg.⟩ sich etwas ~ **1** *auf etwas verzichten* **2** *etwas unterdrücken* ▸ sich das Lachen ~; ich habe es mir verkniffen, darauf zu antworten; →a. *verkniffen*

ver|knif|fen **I** ⟨Part. Perf. von⟩ *verkneifen* **II** ⟨Adj.; fast nur in der Wendung⟩ ~es Gesicht *ärgerlich verzogenes Gesicht*

ver|knö|chert ⟨Adj.; umg.; abwertend⟩ *alt u. in den Ansichten u. Gewohnheiten starr geworden, nicht mehr flexibel* ▸ er ist ein ~er Mensch

ver|kno|ten ⟨V. trans.; ver|kno|tet, ver|kno|te|te, hat ver|kno|tet⟩ etwas ~ *durch Knoten verbinden, verknüpfen* ▸ die Enden einer Schnur ~

ver|knüp|fen ⟨V. trans.; ver|knüpft, ver|knüpf|te, hat ver|knüpft⟩ etwas mit etwas ~, mehrere Dinge (miteinander) ~ **1** *durch Knoten verbinden, verknoten* **2** ⟨übertr.⟩ *verbinden, in Zusammenhang bringen* ▸ Fäden ~; die Sache ist mit großen Ausgaben verknüpft; Abl *Verknüpfung*

ver|koh|len[1] ⟨V.⟩ **I** ⟨V. trans.; ver|kohlt, ver|kohl|te, hat ver|kohlt⟩ etwas ~ *in kohlenartigen Zustand überführen* **II** ⟨V. intr.; ver|kohlt, ver|kohl|te, ist ver|kohlt⟩ *zu Kohle werden*

ver|koh|len[2] ⟨V. trans.; ver|kohlt, ver|kohl|te, hat ver|kohlt; umg.⟩ jmdn. ~ *veralbern*

ver|kom|men[1] ⟨V. intr.; ver|kommt, ver|kam, ist ver|kom|men⟩ **1** *den inneren Halt verlieren u. meist auch sein Äußeres vernachlässigen, verwahrlosen* **2** *schlecht werden* (Lebensmittel) **3** *nicht mehr gepflegt werden, baufällig werden, verwahrlosen* (Gebäude, Grundstück) ▸ nichts ~ lassen *alles aufbrauchen, verwenden, nichts wegwerfen*

ver|kom|men[2] **I** ⟨Part. Perf. von⟩ *verkommen*[1] **II** ⟨Adj.⟩ *verwahrlost, von schlechter Moral* ▸ ein ~er Mensch; Abl *Verkommenheit*

ver|kom|pli|zie|ren ⟨V. trans.; ver|kom|pli|ziert, ver|kom|pli|zier|te, hat ver|kom|pli|ziert; umg.; verstärkend⟩ etwas ~ *komplizieren, noch komplizierter machen (als es schon ist)* ▸ wir wollen die Sache nicht unnötig ~

ver|kork|sen ⟨V. trans.; ver|korkst, ver|korks|te, hat ver|korkst; umg.⟩ eine Arbeit ~ *verderben*

ver|kör|pern ⟨V. trans.; ver|kör|pert, ver|kör|per|te, hat ver|kör|pert⟩ jmdn. od. etwas ~ *durch seine Person anschaulich darstellen, sichtbar werden lassen* ▸ eine Rolle, eine Gestalt (auf der Bühne) ~; Abl *Verkörperung*

ver|kös|ti|gen ⟨V. trans.; ver|kös|tigt, ver|kös|tig|te, hat ver|kös|tigt⟩ jmdn. ~ *zu essen geben* ▸ im Urlaub ~ wir uns selbst; Abl *Verköstigung*

ver|kra|chen ⟨V. refl.; ver|kracht sich, ver|krach|te sich, hat sich ver|kracht; umg.⟩ sich (mit jmdm.) ~ *einen Krach, Streit mit jmdm. haben, sich entzweien* ▸ wir haben uns, ich habe mich mit ihm verkracht; wir sind noch immer verkracht

ver|kracht **I** ⟨Part. Perf. von⟩ *verkrachen* **II** ⟨Adj.⟩ *beruflich od. im Leben gescheitert* ▸ ~e Existenz *gescheiterter Mensch;* →a. *verkracht*

ver|kraf|ten ⟨V. trans.; ver|kraf|tet, ver|kraf|te|te, hat ver|kraf|tet⟩ etwas ~ *etwas bewältigen, mit etwas fertigwerden* ▸ ich kann die viele Arbeit nicht, gerade noch, gut ~; Abl *verkraftbar*

ver|kramp|fen ⟨V. refl.; ver|krampft sich, ver|krampf|te sich, hat sich ver|krampft⟩ sich ~ **1** *sich im Krampf zusammenziehen* **2** ⟨übertr.⟩ *starke innere Hemmungen bekommen, sehr befangen werden* ▸ seine Hände verkrampften sich zu Fäusten; →a. *verkrampft;* Abl *Verkrampfung*

ver|krampft **I** ⟨Part. Perf. von⟩ *verkrampfen* **II** ⟨Adj.⟩ *gehemmt, gezwungen, unnatürlich* ▸ ~es Lachen; eine ~e Unterhaltung; er ist völlig ~

ver|krie|chen ⟨V. refl.; ver|kriecht sich, ver|kroch sich, hat sich ver|kro|chen⟩ sich ~ **1** *in ein Versteck, in seinen Bau kriechen* (Tier) **2** ⟨übertr.⟩ *sich (bes. aus Angst) verstecken* ▸ ich hätte mich vor Verlegenheit am liebsten irgendwo verkrochen; er hat sich unters Bett verkrochen

ver|krü|meln ⟨V. refl.; ver|krü|melt sich, ver|krü|mel|te sich, hat sich ver|krü|melt; übertr.; umg.⟩

sich ~ *sich unauffällig zurückziehen, nach u. nach verschwinden*

ver|krüm|men ⟨V. refl.; ver|krümmt sich, ver|krümm|te sich, hat sich ver|krümmt⟩ sich ~ *krumm werden;* Abl *Verkrümmung*

ver|krus|tet ⟨Adj.⟩ **1** *von einer Kruste bedeckt* **2** ⟨übertr.⟩ *starr, nicht veränderungsfähig* (Gesellschaft) ▸ die Wunde ist ~

ver|küh|len ⟨V. refl.; ver|kühlt sich, ver|kühl|te sich, hat sich ver|kühlt⟩ sich ~ *zu kühl werden, sich erkälten;* Abl *Verkühlung*

ver|küm|mern ⟨V. intr.; ver|küm|mert, ver|küm|mer|te, ist ver|küm|mert⟩ **1** *allmählich die Lebensfähigkeit verlieren, allmählich eingehen* (Pflanze) **2** *sich zurückbilden, schrumpfen* (Organ) **3** ⟨übertr.; umg.⟩ *die Lebensfreude, Arbeitslust, Energie verlieren;* Abl *Verkümmerung*

ver|kün|den ⟨V. trans.; ver|kün|det, ver|kün|de|te, hat ver|kün|det⟩ etwas ~ **1** *bekanntgeben, öffentlich kundtun* **2** *ausdrücklich sagen, erklären, ausrufen* ▸ „Ich habe gewonnen!", verkündete er triumphierend; das Urteil ~; Abl *Verkündung*

ver|kün|di|gen ⟨V. trans.; ver|kün|digt, ver|kün|dig|te, hat ver|kün|digt; geh.⟩ etwas ~ *als glückliche Botschaft bringen, feierlich mitteilen* ▸ das Evangelium ~; Abl *Verkündigung*

ver|kup|peln ⟨V. trans.; ver|kup|pelt, ver|kup|pel|te, hat ver|kup|pelt; übertr.⟩ jmdn. (mit jmdm.) ~ *jmdn. mit jmdm. zusammenbringen mit dem Ziel, dass beide ein Paar werden* ▸ ich lasse mich nicht ~; Abl *Verkupp(e)lung*

ver|kür|zen ⟨V.; ver|kürzt, ver|kürz|te, hat ver|kürzt⟩ **I** ⟨V. trans.⟩ etwas ~ **1** ein Brett, einen Stock, eine Zeitspanne ~ *kürzer machen* **2** einen Weg ~ *abkürzen* ▸ die Arbeitszeit ~; sich die Zeit mit Lesen ~ *vertreiben;* den Spielstand ~ ⟨Sp.⟩ *den Punktabstand im Verlauf des Spiels verringern* **II** ⟨V. refl.⟩ sich ~ *kürzer werden* ▸ die Flugzeit hat sich verkürzt; Abl *Verkürzung*

ver|la|chen ⟨V. trans.; ver|lacht, ver|lach|te, hat ver|lacht⟩ jmdn. ~ *auslachen*

ver|la|den ⟨V. trans.; ver|lädt, ver|lud/ver|la|de|te, hat ver|la|den⟩ **1** Güter ~ *zur Beförderung in ein Fahrzeug bringen* **2** ⟨übertr.; umg.⟩ jmdn. ~ *hinters Licht führen, betrügen* ▸ Güter auf Lastwagen, Schiffe, in Güterwagen ~; Abl *Verladung*

Ver|lag ⟨der; -(e)s, -e⟩ *Unternehmen zur Vervielfältigung u. Verbreitung von Werken der Literatur, Kunst u. Musik* ▸ einen ~ gründen; belletristischer, medizinischer, kartographischer ~; für einen ~ arbeiten; das Buch ist im ~ XY erschienen; Zus *Verlagskatalog; Buchverlag, Fachverlag, Kunstverlag, Musikverlag, Zeitschriftenverlag, Zeitungsverlag*

ver|la|gern ⟨V.; ver|la|gert, ver|la|ger|te, hat ver|la|gert⟩ **I** ⟨V. trans.⟩ etwas ~ *anders lagern* ▸ das Gewicht (von einem Bein aufs andere) ~ **II** ⟨V. refl.⟩ sich ~ *den Standort, die Lage verändern* ▸ der Schwerpunkt (der Arbeit) hat sich auf ein anderes Gebiet verlagert; Abl *Verlagerung*

ver|lan|gen ⟨V.; ver|langt, ver|lang|te, hat ver|langt⟩ **I** ⟨V. trans.⟩ **1** ⟨persönl.⟩ etwas ~ *fordern, beanspruchen, energisch wünschen* **2** ⟨unpersönl.; geh.⟩ es verlangt jmdn. nach etwas *jmd. spürt ein Verlangen nach etwas* ▸ ich verlange, dass meine Anweisungen befolgt werden ▸ er hat 100 **Euro** für die Reparatur verlangt; diese Arbeit verlangt viel **Fingerspitzengefühl;** einen zu hohen **Preis** ~; dieses **Produkt** wird häufig verlangt; ich verlange unbedingte **Pünktlichkeit** ▸ etwas Rücksicht **kann** ich doch wohl ~! ▸ ich verlange **von** dir, dass du rechtzeitig zu Hause bist; das kannst du nicht von mir ~! ▸ **was** verlangt er dafür? *was, wie viel Geld will er dafür haben?* ▸ das ist zu viel verlangt! **II** ⟨V. intr.⟩ **1** nach jmdm. ~ *jmdn. zu sehen wünschen, sich nach jmdm. sehnen* **2** nach etwas ~ **2.1** *wünschen, etwas zu bekommen* **2.2** ⟨bes.⟩ *etwas zu essen od. zu trinken wünschen* ▸ er verlangt nach dir; der Kranke verlangt nach Wasser

Ver|lan|gen ⟨das; -s; unz.⟩ **1** *Wunsch, Forderung* **2** *Sehnsucht* ▸ ich **habe** kein ~ danach; jmds. ~ **nachkommen,** stillen ▸ **dringendes,** schmerzliches, sehnsüchtiges ~ ▸ **auf** mein ~ wurde mir die Liste gebracht; auf ~ von Herrn Müller; das ~ **nach** Nahrung

ver|län|gern ⟨V. trans.; ver|län|gert, ver|län|ger|te, hat ver|län|gert⟩ **1** etwas ~ *länger machen, ausdehnen* **2** ein Abkommen, einen Vertrag ~ *die Dauer der Gültigkeit ausdehnen* ▸ einen Rock, die Ärmel eines Pullovers ~; eine Suppe ~ ⟨übertr.⟩ *durch Hinzufügen von Flüssigkeit verdünnen;* er muss seinen Pass ~ lassen

Ver|län|ge|rung ⟨die; -, -en⟩ **1** *das Verlängern* **2** *verlängertes Stück* **3** ⟨Sp.⟩ **3.1** *das Verlängern der Spielzeit* **3.2** *Zeitraum eines Wettkampfs jenseits der übl. Spielzeit* ▸ in der ~ fielen zwei Tore; in die ~ gehen *länger spielen als üblich*

ver|lang|sa|men ⟨V. trans.; ver|lang|samt, ver|lang|sam|te, hat ver|lang|samt⟩ etwas ~ *langsamer machen, herabsetzen, verringern* ▸ das Tempo ~; Abl *Verlangsamung*

Ver|lass ⟨der; nur in den Wendungen⟩ es ist (kein) ~ auf ihn *er ist (nicht) zuverlässig, man kann sich (nicht) auf ihn verlassen*

ver|las|sen[1] ⟨V.; ver|lässt, ver|ließ, hat ver|las|sen⟩ **I** ⟨V. trans.⟩ **1** jmdn. od. etwas ~ *von jmdm. od. etwas fortgehen* **2** jmdn. ~ *im Stich lassen* ▸ er hat seine Frau ~; er hat die Wohnung um sieben Uhr ~; aller Mut, alle Zuversicht verließ ihn *er verlor allen Mut, alle Zuversicht.;* du bist wohl von allen guten Geistern ~? ⟨übertr.; umg.⟩ *du bist wohl nicht recht bei Verstand?; was denkst du dir eigentlich?;* →a. *verlassen*[2] **II** ⟨V. refl.⟩ sich auf jmdn. od. etwas ~ *jmdm. od. etwas vertrauen, mit jmdm. od. etwas rechnen, sicher sein, dass jmd. etwas tut* ▸ auf ihn kann man sich (nicht) ~; sich auf sein Glück ~

ver|las|sen[2] **I** ⟨Part. Perf. von⟩ *verlassen*[1] **II** ⟨Adj.⟩ **1** *unbewohnt, einsam, leer* **2** *allein u. hilflos* ▸ eine ~e Gegend; ~ dasitzen, daliegen; von Gott ~; Abl *Verlassenheit*

ver|läss|lich ⟨Adj.⟩ *zuverlässig* (Person); Abl *Verlässlichkeit*

Ver|laub ⟨der; -s; unz.; noch in der Wendung⟩ mit ~ *wenn es gestattet ist* ▸ das ist, mit ~ gesagt, eine Frechheit *mit allem schuldigen Respekt muss das gesagt werden*

Ver|lauf ⟨der; -(e)s, -läu|fe⟩ **1** *Weg, den etwas (Fluss, Straße) nimmt* **2** *Ablauf, Entwicklung* ▸ der ~ einer Krankheit; im ~ von drei Stunden; im weiteren ~ der Diskussion

ver|lau|fen ⟨V.⟩ **I** ⟨V. intr.; ver|läuft, ver|lief, ist ver|lau|fen⟩ **1** irgendwie ~ *sich entwickeln, geschehen* (Angelegenheit, Reise, Unternehmen) **2** *sich erstrecken, führen, weiterführen* (Fluss, Gelände, Weg) ▸ es ist alles gut, glücklich ~; die Linien ~ parallel; die Sache ist im Sand ~ *ist ohne Folgen geblieben, man hat nichts mehr davon gehört;* der Fluss, Weg verläuft hier in vielen Windungen **II** ⟨V. refl.; ver|läuft, ver|lief, hat ver|laufen⟩ sich ~ **1** *sich verirren* **2** *sich allmählich entfernen, auseinandergehen* **3** *versickern, auseinanderlaufen* ▸ sich im Wald, in einer Stadt ~; die Menschenmenge hat sich wieder ~

ver|laut|ba|ren ⟨V. trans.; ver|laut|bart, ver|laut|bar|te, hat ver|laut|bart⟩ etwas ~ *bekanntmachen* ▸ in einer Pressemitteilung ließ er ~, dass der Konflikt beigelegt wurde; Abl *Verlautbarung*

ver|lau|ten ⟨V. intr.; ver|lau|tet, ver|lau|te|te, ist ver|lau|tet⟩ **1** *gesagt werden, bekanntwerden* **2** etwas ~ lassen *etwas sagen, mitteilen* ▸ er hat nichts davon ~ lassen *nichts gesagt, nichts verraten*

ver|le|ben ⟨V. trans.; ver|lebt, ver|leb|te, hat verlebt⟩ etwas irgendwo ~ *verbringen, zubringen* ▸ den Urlaub im Gebirge ~; eine schöne Zeit bei Freunden ~; wo hast du deine Ferien verlebt?

ver|lebt **I** ⟨Part. Perf. von⟩ *verleben* **II** ⟨Adj.⟩ *durch ausschweifendes Leben verbraucht, elend* ▸ sie hat ein ~es Gesicht; ~ aussehen

ver|le|gen[1] ⟨V.; ver|legt, ver|leg|te, hat ver|legt⟩ **I** ⟨V. trans.⟩ **1** etwas (irgendwohin) ~ *den Platz von etwas ändern* **2** ein Geschäft, seinen Wohnsitz (irgendwohin) ~ *den Ort von etwas wechseln* **3** ein Buch, eine Zeitschrift ~ *im Verlag herausbringen, veröffentlichen* **4** einen Termin ~ *zeitlich verschieben, vertagen* **5** einen Gegenstand ~ *weglegen, ohne sich danach an die Stelle erinnern zu können* **6** eine Leitung ~ *legen, anbringen* ▸ ich habe meine Brille verlegt; Leitungen, Kabel, Rohre ~; Patienten auf eine andere Station im Krankenhaus ~; Truppen ~ *umquartieren;* eine Unterrichtsstunde ~ ▸ seinen Wohnsitz nach Berlin ~ ▸ in diesem Verlag werden Kinderbücher verlegt **II** ⟨V. refl.⟩ sich auf etwas ~ *etwas beginnen, neuerdings mit bes. Interesse betreiben* ▸ als Drohungen nichts nützten, verlegte er sich aufs Bitten

ver|le|gen[2] ⟨Adj.⟩ *befangen, peinlich berührt, beschämt, verwirrt, unsicher* ▸ ~ lächeln; jmdn. ~ machen; er ist nie um eine Antwort, Ausrede ~ *er weiß immer eine A.*

Ver|le|gen|heit ⟨die; -, -en⟩ **I** ⟨unz.⟩ *Befangenheit, Verwirrung, Unsicherheit, Beschämung* ▸ jmdn. in ~ bringen, setzen; sie lächelte aus ~ **II** ⟨zählb.⟩ *unangenehme Lage, Geldnot* ▸ jmdm. ~en bereiten; jmdm. aus einer ~ helfen

Ver|le|ger ⟨der; -s, -; Buchwesen⟩ *jmd., der Bücher od. Zeitungen verlegt, einen Verlag besitzt;* Abl *Verlegerin; verlegerisch;* Zus *Zeitungsverleger*

ver|lei|den ⟨V. trans.; ver|lei|det, ver|lei|de|te, hat ver|lei|det⟩ jmdm. etwas ~ *jmdm. die Freude an etwas nehmen* ▸ er kann einem alles ~

Ver|leih ⟨der; -(e)s, -e⟩ *Unternehmen, das gewerbsmäßig etwas ausleiht;* Zus *Kostümverleih*

ver|lei|hen ⟨V. trans.; ver|leiht, ver|lieh, ist ver|liehen⟩ **1** etwas ~ *(bes. gegen Entgelt) ausleihen, borgen;* Abl *Verleiher* **2** jmdm. einen Preis, Orden, Titel, Rechte ~ *(feierlich) zusprechen, übertragen* ▸ Autos, Fahrräder, Kostüme ~; jmdm. den Titel „Dr. h. c." ~; Abl *Verleihung*

ver|lei|ten ⟨V. trans.; ver|lei|tet, ver|lei|te|te, hat ver|lei|tet⟩ jmdn. zu etwas ~ *(zum Bösen) verführen* ▸ er wurde zu dem Diebstahl verleitet

ver|ler|nen ⟨V. trans.; ver|lernt, ver|lern|te, hat verlernt⟩ etwas ~ *etwas Erlerntes wieder vergessen* ▸ etwas verlernt haben *etwas, das man gelernt hat, nicht mehr können;* er hat sein Englisch verlernt; Schwimmen verlernt man nicht

ver|le|sen ⟨V.; ver|liest, ver|las, hat ver|le|sen⟩ **I** ⟨V. trans.⟩ **1** eine Bekanntmachung ~ *vorlesen, lesend vortragen;* Abl *Verlesung* **2** Salat, Körner ~ *auslesen, Schlechtes aussondern aus* ▸ ein Protokoll ~ **II** ⟨V. refl.⟩ sich ~ *falsch lesen*

ver|let|zen ⟨V. trans.; ver|letzt, ver|letz|te, hat verletzt⟩ **1** jmdn. od. sich ~, sich etwas ~ *verwunden, beschädigen* **2** ⟨übertr.⟩ jmdn. ~ *kränken;* Abl *verletzbar* ▸ jmds. Gefühle ~ *jmds. G. nicht achten, jmdn. kränken;* sich den Kopf, die Hand ~; seine Pflicht ~ *seine P. nicht tun;* jmds. Rechte ~ *in jmds. R. eingreifen;* er ist bei dem Unfall nicht verletzt worden; ~d *kränkend;* in ~dem Ton antworten; er sagte ~de Worte; er schwieg verletzt *gekränkt*

ver|letz|lich ⟨Adj.⟩ *verletzbar* ▸ er ist außerordentlich leicht ~; Abl *Verletzlichkeit*

Ver|let|zung ⟨die; -, -en⟩ **1** *das Verletzen* **2** *Vernachlässigung;* Zus *Pflichtverletzung* **3** *verletzte Stelle, Wunde, körperliche Beschädigung* ▸ er ist seinen ~en erlegen *daran gestorben;* jmdm. oder sich eine ~ zufügen; sich bei einem Unfall leichte, schwere, tödliche ~en zuziehen

ver|leug|nen ⟨V.; ver|leug|net, ver|leug|ne|te, hat ver|leug|net⟩ **I** ⟨V. trans.⟩ **1** etwas ~ *leugnen, nicht zugeben* **2** jmdn. ~ *leugnen, jmdn. zu kennen* ▸ er kann seine Gesinnung nicht ~ *nicht verbergen* **II** ⟨V. refl.⟩ sich ~ (lassen) *so tun, als ob man nicht zu Hause sei, die Tür (auf Klingeln hin) nicht öffnen* ▸ es lässt sich nicht ~, dass er Recht hatte *man muss es zugeben*

ver|leum|den ⟨V. trans.; ver|leum|det, ver|leum|de|te, hat ver|leum|det⟩ jmdn. ~ *böswillig in schlechten Ruf bringen, jmdm. Übles nachreden;* Abl *Verleumdung; verleumderisch*

ver|lie|ben ⟨V. refl.; ver|liebt sich, ver|lieb|te sich, hat sich ver|liebt⟩ sich (in jmdn.) ~ *Liebe zu jmdm. fassen, jmdn. liebgewinnen* ▸ verliebt *von*

V

Liebe erfüllt; er hat sich in sie verliebt; sie ist verliebt; ich bin in dieses Haus ganz verliebt ⟨übertr.; umg.⟩ *ich finde es reizend;* Abl *Verliebte(r), Verliebtheit;* Zus *Verliebtsein*

ver|lie|ren ⟨V.; ver|liert, ver|lor, hat ver|lo|ren⟩ **I** ⟨V. trans.⟩ **1** etwas ~ **1.1** *unbeabsichtigt fallen, liegen od. stehen lassen u. nicht wiederfinden* (Gegenstand) **1.2** *einbüßen* **2** ein Spiel, einen Wettkampf ~ *nicht gewinnen* **3** jmdn. ~ *jmdn. (durch Tod, Feindschaft o. Ä.) nicht mehr haben, mit jmdm. nicht mehr verkehren* ▸ gib mir die Hand, damit wir uns nicht ~! ⟨umg.⟩ *damit wir uns im Gedränge nicht voneinander entfernen* ▸ sie hat (durch einen Unfall) das **Augenlicht** verloren; im Herbst ~ die Bäume ihre **Blätter;** die **Fassung** ~ *die F. nicht länger bewahren können;* die **Geduld** ~ *ungeduldig werden;* er hat im Spiel all sein **Geld** verloren; **Haare,** Zähne ~; den **Mut** ~ ⟨übertr.⟩; die **Nerven** ~ ⟨übertr.⟩ *zornig, erregt werden;* ich habe mein **Portemonnaie** verloren; er hat den **Prozess** verloren; du hast wohl die **Sprache** verloren? ⟨übertr.; umg.⟩ *warum sagst du nichts?;* seine **Stellung** ~; den **Überblick** ~ *keinen Ü. mehr (über etwas) haben;* sie hat mit zehn Jahren ihren **Vater** verloren; eine **Wette** ~ *nicht gewinnen;* darüber braucht man kein **Wort** zu ~ ⟨übertr.⟩ *darüber braucht nichts gesagt zu werden, das versteht sich von selbst;* wir wollen keine **Zeit** ~ *keine Z. versäumen, wir wollen uns beeilen* ▸ sein Herz **an** jmdn. ~ *sich in jmdn. verlieben;* jmdn. **aus** den Augen ~ *von jmdm. nichts mehr wissen, weil man lange nichts von ihm gehört od. gesehen hat;* **im** Spiel ~ *besiegt werden, nicht gewinnen;* dort habe ich **nichts** verloren *dorthin möchte ich nicht gehen, es zieht mich nichts dorthin* ▸ **was** hast du hier verloren? ⟨übertr.; umg.⟩ *was willst du hier?* ▸ noch ist nichts verloren ⟨übertr.⟩; verloren gehen = *verlorengehen;* in Gedanken verloren *in G. versunken, vertieft* **II** ⟨V. refl.⟩ **1** sich ~ *verschwinden, vergehen* **2** ⟨übertr.⟩ sich in etwas ~ *darin versinken (u. andere wichtige Dinge nicht mehr wahrnehmen)* ▸ seine Schüchternheit verlor sich allmählich; die Spur verlor sich im Wald *wurde im Wald immer undeutlicher u. war dann nicht mehr zu sehen;* sie verliert sich immer wieder in Belanglosigkeiten **III** ⟨V. intr.; übertr.; umg.⟩ **1** *weniger schön werden* **2** an etwas ~ *etwas einbüßen* ▸ das Reisen hat für mich an Reiz verloren; →a. *verloren*

Ver|lie|rer ⟨der; -s, -⟩ **1** *jmd., der im Spiel, im Wettkampf verloren hat* **2** ⟨abwertend⟩ *Versager;* Abl *Verliererin*

Ver|lies ⟨das; -es, -e⟩ *unterird. Gefängnis, Kerker*

ver|lo|ben ⟨V. refl.; ver|lobt sich, ver|lob|te sich, hat sich ver|lobt⟩ sich (mit jmdm.) ~ *jmdm. (offiziell) versprechen, ihn zu heiraten* ▸ er hat sich mit ihr verlobt; mein Verlobter *mein Bräutigam;* meine Verlobte *meine Braut;* Abl *Verlobung,* ⟨geh.⟩ *Verlöbnis;* Zus *Verlobungsring*

ver|lo|cken ⟨V. trans. u. V. intr.; ver|lockt, ver|lock|te, hat ver|lockt⟩ (jmdn.) (zu etwas) ~ *jmdn. locken, etwas zu tun, jmdn. zu etwas verführen* ▸ das klare Wasser verlockt zum Schwimmen; ~d *verführerisch, anreizend;* ein ~des Angebot; der Kuchen sieht ~d aus; Abl *Verlockung*

ver|lo|gen ⟨Adj.⟩ **1** *lügenhaft, oft lügend* (Person) **2** *lügnerisch, unwahr* ▸ ~e Moral *Doppelmoral;* ~e Reden, Versprechungen; Abl *Verlogenheit*

ver|lor → *verlieren*

ver|lo|ren **I** ⟨Part. Perf. von⟩ *verlieren* **II** ⟨Adj.⟩ **1** *vergeblich, nutzlos* **2** *einsam, allein, verlassen;* Abl *Verlorenheit* ▸ das ist ~e Liebesmüh *da nutzt alle Mühe nichts;* er saß so ~ da; sie sah so ~ und traurig aus

ver|lo|ren|ge|hen *auch:* **ver|lo|ren ge|hen** ⟨V. intr.; geht ver|lo|ren, ging ver|lo|ren, ist ver|lo|ren|ge|gan|gen, ver|lo|ren|zu|ge|hen⟩ *abhandenkommen* ▸ pass auf, dass nichts verlorengeht / verloren geht!; an ihm ist ein Maler verlorengegangen / verloren gegangen ⟨umg.⟩ *er hätte Maler werden sollen*

ver|lo|sen ⟨V. trans.; ver|lost, ver|los|te, hat verlost⟩ etwas ~ *durch Lose verteilen* ▸ Geschenke, Gewinne ~; Abl *Verlosung*

ver|lot|tern ⟨V. intr.; ver|lot|tert, ver|lot|ter|te, ist ver|lot|tert⟩ *verwahrlosen, verkommen*

Ver|lust ⟨der; -(e)s, -e⟩ **1** *das Verlorengehen, Abhandenkommen* **2** *erlittener Schaden;* Abl *verlustreich;* Zus *Verlust bringend / verlustbringend* **3** *Verlieren durch Tod* (von Personen); Abl *verlustreich* ▸ einen großen ~ **erleiden** (durch den Tod eines Angehörigen); der ~ **geht** in die Millionen; Sie müssen den ~ Ihrer Kreditkarte **melden; treffen:** ein schwerer ~ hat ihn getroffen ▸ die Firma hatte im letzten Jahr **geringe,** hohe, starke ~e; **geschäftliche,** finanzielle ~e; ein **schmerzlicher,** schwerer ~

ver|ma|chen ⟨V. trans.; ver|macht, ver|mach|te, hat ver|macht⟩ jmdm. etwas ~ *testamentarisch zuwenden, als Erbe hinterlassen* ▸ jmdm. ein Haus, ein Vermögen, Wertgegenstände ~

Ver|mächt|nis ⟨das; -nis|ses, -nis|se⟩ **1** *Zuwendung durch Testament, letzter Wille* **2** *etwas, das jmdm. vermacht wird* ▸ jmdm. ein Haus als ~ hinterlassen

ver|mäh|len ⟨V. trans. u. V. refl.; ver|mählt, ver|mähl|te, hat ver|mählt; geh.⟩ jmdn. od. sich (mit jmdm.) ~ *verheiraten;* Abl *Vermählung*

ver|mark|ten ⟨V. trans.; ver|mark|tet, ver|mark|te|te, hat ver|mark|tet⟩ **1** etwas ~ *(als Verkaufsobjekt) auf den Markt bringen* **2** ⟨übertr.; umg.⟩ jmdn. ~ *in der Öffentlichkeit bekanntmachen u. Geld mit ihm verdienen;* Abl *Vermarktung*

ver|mas|seln ⟨V. trans.; ver|mas|selt, ver|mas|sel|te, hat ver|mas|selt; umg.⟩ (jmdm.) etwas ~ *falsch machen, verderben* ▸ er hat alles vermasselt

ver|meh|ren ⟨V.; ver|mehrt, ver|mehr|te, hat vermehrt⟩ **I** ⟨V. trans.⟩ etwas ~ *mehr aus etwas machen, die Anzahl von etwas erhöhen, vergrößern* ▸ seinen Besitz, sein Vermögen ~; vermehrte Nachfrage **II** ⟨V. refl.⟩ sich ~ **1** *sich fortpflanzen, Nachwuchs bekommen* **2** *an Zahl mehr werden, zunehmen;* Abl *Vermehrung*

ver|mei|den ⟨V. trans.; ver|mei|det, ver|mied, hat ver|mie|den⟩ etwas ~ *vor etwas ausweichen, einer Sache aus dem Wege gehen* ▸ er vermied es, sie anzusehen; einen Fehler ~; es lässt sich nicht ~, dass wir einen Mitarbeiter entlassen müssen; Abl *Vermeidung; vermeidbar*

ver|meint|lich ⟨Adj.⟩ *irrtümlich vermutet, fälschlich angenommen* ▸ der ~e Täter war unschuldig

ver|mel|den ⟨V. trans.; ver|mel|det, ver|mel|de|te, hat ver|mel|det⟩ etwas ~ *melden, ausdrücklich mitteilen* ▸ einen neuen Rekord ~

ver|men|gen ⟨V.; ver|mengt, ver|meng|te, hat vermengt⟩ **I** ⟨V. trans.⟩ etwas (mit etwas) ~ *zu einer Menge, Masse vermischen* **II** ⟨V. refl.⟩ sich ~ *zu einer Menge, Masse, Einheit werden*

Ver|merk ⟨der; -(e)s, -e⟩ *kurze Aufzeichnung, Anmerkung, Notiz*

ver|mer|ken ⟨V. trans.; ver|merkt, ver|merk|te, hat ver|merkt⟩ etwas irgendwo ~ *kurz aufzeichnen, notieren* ▸ etwas am Rand einer Seite ~

ver|mes|sen[1] ⟨V. trans.; ver|misst, ver|maß, hat ver|mes|sen⟩ Land ~ *genau ausmessen* ▸ der Ingenieur vermisst den neuen Bauabschnitt

ver|mes|sen[2] ⟨Adj.⟩ **1** *anmaßend, überheblich* **2** *tollkühn* ▸ seine Behauptung ist ~; Abl *Vermessenheit*

ver|mie|sen ⟨V. trans.; ver|miest, ver|mies|te, hat ver|miest; umg.⟩ jmdm. etwas ~ *verleiden, verderben* ▸ jmdm. eine Freude, den Urlaub ~

ver|mie|ten ⟨V. trans.; ver|mie|tet, ver|mie|te|te, hat ver|mie|tet⟩ (jmdm.) etwas ~, etwas (an jmdn.) ~ *gegen Entgelt zeitweilig zur Benutzung geben* ▸ zu ~ *(Aufschrift an freien Zimmern bzw. Wohnungen);* wir haben eine Wohnung zu ~; wer vermietet dieses Haus?; Abl *Vermietung*

Ver|mie|ter ⟨der; -s, -⟩ **1** *jmd., der etwas vermietet* **2** ⟨bei Wohnungen⟩ *Hauswirt* ▸ der ~ wohnt nebenan; unser ~ ist sehr nett

Ver|mie|te|rin ⟨die; -, -rin|nen⟩ *weibl. Vermieter*

ver|min|dern ⟨V.; ver|min|dert, ver|min|der|te, hat ver|min|dert⟩ **I** ⟨V. trans.⟩ etwas ~ *geringer machen, verringern* ▸ Schadstoffe ~ **II** ⟨V. refl.⟩ sich ~ *abnehmen, schwächer werden* ▸ die Nachfrage hat sich vermindert; Abl *Verminderung*

ver|mi|nen ⟨V. trans.; ver|mint, ver|min|te, hat ver|mint⟩ etwas ~ *mit Minen belegen* ▸ vermintes Gelände, Wasser; Abl *Verminung*

ver|mi|schen ⟨V.; ver|mischt, ver|misch|te, hat ver|mischt⟩ **I** ⟨V. trans.⟩ etwas mit etwas ~, mehrere Dinge ~ *untereinandermischen, durcheinanderbringen, vermengen* ▸ Saft mit Wasser ~ **II** ⟨V. refl.⟩ sich ~ *sich vermengen, ineinander aufgehen* ▸ die beiden Substanzen haben sich vermischt; Abl *Vermischung*

ver|mis|sen ⟨V. trans.; ver|misst, ver|miss|te, hat ver|misst⟩ **1** etwas ~ *das Fehlen von etwas bemerken* **2** jmdn. ~ *jmds. Abwesenheit bemerken od. schmerzlich spüren* ▸ wir haben dich sehr vermisst; jmdn. (bei der Polizei) als vermisst melden; Abl *Vermisste(r);* Zus *Vermisstenanzeige*

ver|mit|teln ⟨V.; ver|mit|telt, ver|mit|tel|te, hat ver|mit|telt⟩ **I** ⟨V. intr.⟩ *eine Einigung (zw. Streitenden) zustande bringen* ▸ zwischen zwei Gegnern ~; einige ~de Worte sprechen *begütigende, versöhnliche W.;* ~d eingreifen *eingreifen, um Streitende zu beruhigen, zu versöhnen* **II** ⟨V. trans.⟩ **1** jmdm. eine Arbeit, Anstellung ~ *jmdm. zu einer A. verhelfen, jmdm. eine A. verschaffen* **2** jmdn. (an jmdn.) ~ *jmdm. einen Arbeit (bei jmdm.) verschaffen;* Abl *vermittelbar* **3** jmdm. etwas ~ *jmdm. etwas beibringen, näherbringen* ▸ jmdm. eine Stelle im Ausland ~; dieser Lehrer kann seinen Schülern auch schwierige Inhalte gut ~; Abl *Vermittler(in)*

ver|mit|tels ⟨Präp. m. Gen.⟩ *mittels, durch, mit (Hilfe von)* ▸ ~ eines Schlüssels die Tür öffnen

Ver|mitt|lung ⟨die; -, -en⟩ **1** *das Vermitteln;* Zus *Zimmervermittlung* **2** *Telefonzentrale* **3** *Nachweis für Stellungssuchende;* Zus *Arbeitsvermittlung, Stellenvermittlung*

ver|mö|beln ⟨V. trans.; ver|mö|belt, ver|mö|bel|te, hat ver|mö|belt; umg.⟩ jmdn. ~ *verprügeln*

ver|mo|dern ⟨V. intr.; ver|mo|dert, ver|mo|der|te, ist ver|mo|dert⟩ *verwesen, verfaulen*

ver|mö|gen ⟨V. trans.; ver|mag, ver|moch|te, hat ver|mocht⟩ etwas ~ *können, zu etwas imstande sein* ▸ niemand vermochte das Problem zu lösen

Ver|mö|gen ⟨das; -s, -⟩ **I** ⟨zählb.⟩ *Geld u. in Geld schätzbarer Besitz* ▸ er hat sich damit ein ~ erworben; sie hat (großes, viel) ~; das kostet mich ein ~ ⟨umg.⟩ *sehr viel Geld;* jmdm. sein gesamtes ~ hinterlassen; Zus *Vermögensbildung* **II** ⟨unz.⟩ *Kraft, Leistungsfähigkeit, Können* ▸ das geht über sein ~ *das kann er nicht*

ver|mö|gend ⟨Adj.⟩ *großes Vermögen besitzend, reich, wohlhabend* ▸ er ist sehr ~

ver|mum|men ⟨V. refl.; ver|mummt sich, vermumm|te sich, hat sich ver|mummt⟩ sich ~ *sich umhüllen, verkleiden* ▸ vermummte Gestalten; mit vermummtem Gesicht; Abl *Vermummung*

ver|mu|ten ⟨V. trans.; ver|mu|tet, ver|mu|te|te, hat ver|mu|tet⟩ etwas ~ *annehmen, für möglich halten, mutmaßen* ▸ er vermutet, dass sie den Zug verpasst hat

ver|mut|lich ⟨Adj.; meist adv.⟩ *wahrscheinlich, vielleicht, es ist anzunehmen, dass …* ▸ er kommt ~ nicht mehr; ~ ist er es gewesen

Ver|mu|tung ⟨die; -, -en⟩ *Mutmaßung, Annahme* ▸ ich habe die ~, dass er absagt; meine ~ war richtig

ver|nach|läs|si|gen ⟨V. trans.; ver|nach|läs|sigt, ver|nach|läs|sig|te, hat ver|nach|läs|sigt⟩ **1** jmdn. od. etwas ~ *sich weniger um jmdn. od. etwas kümmern, als es nötig wäre* **2** etwas ~ *nicht genügend berücksichtigen od. beachten* ▸ seine Kleidung ~; seine Pflichten ~; sie fühlt sich von ihm vernachlässigt; Abl *Vernachlässigung*

ver|nar|ben ⟨V. intr.; ver|narbt, ver|narb|te, ist vernarbt⟩ *zur Narbe werden, heilen* ▸ die Wunde ist vernarbt; Abl *Vernarbung*

ver|narrt ⟨Adj.⟩ *eine starke Vorliebe für etwas empfindend, verliebt* ▸ ich bin in dieses Haus, dieses Bild ganz ~; Abl *Vernarrtheit*

ver|na|schen ⟨V. trans.; ver|nascht, ver|nasch|te,

V

hat ver|nascht⟩ **1** Geld ~ *für Naschereien verschwenden, ausgeben* **2** ⟨übertr.; umg.; oft scherzh.⟩ jmdn. ~ *Geschlechtsverkehr mit jmdm. haben*

ver|ne|beln ⟨V. trans.; ver|ne|belt, ver|ne|bel|te, hat ver|ne|belt⟩ **1** etwas ~ *einnebeln, mit künstlichem Nebel einhüllen* **2** ⟨übertr.; umg.⟩ Tatsachen ~ *verschleiern, verwischen;* Abl *Verneb(e)lung*

ver|neh|men ⟨V. trans.; ver|nimmt, ver|nahm, hat ver|nom|men⟩ **1** etwas ~ *hören, durch das Gehör bemerken;* Abl *vernehmbar* **2** etwas ~ *erfahren* **3** jmdn. ~ *befragen, verhören;* Abl *vernehmbar* ▸ ein leises Geräusch ~; dem Vernehmen nach ist sie augenblicklich in Florenz *wie man hört, wie gesagt wird;* der Zeuge wurde vernommen

ver|nehm|lich ⟨Adj.⟩ *deutlich vernehmbar, deutlich hörbar* ▸ sich (laut und) ~ räuspern

Ver|neh|mung ⟨die; -, -en⟩ *gerichtliche Befragung, Verhör*

ver|nei|gen ⟨V. refl.; ver|neigt sich, ver|neig|te sich, hat sich ver|neigt⟩ sich (vor jmdm.) ~ *sich verbeugen;* Abl *Verneigung*

ver|nei|nen ⟨V. trans.; ver|neint, ver|nein|te, hat ver|neint⟩ Ggs *bejahen* **1** eine Frage ~ *mit Nein beantworten* **2** eine Sache ~ *ablehnen, nicht gut finden* ▸ ~d den Kopf schütteln; Abl *Verneinung*

ver|net|zen ⟨V. trans.; ver|netzt, ver|netz|te, hat ver|netzt; El.; EDV⟩ etwas (mit etwas) ~ *in das elektronische Übertragungsnetz einbinden* ▸ er ist jetzt auch zu Hause vernetzt und kann im Internet surfen; Abl *Vernetzung*

ver|nich|ten ⟨V. trans.; ver|nich|tet, ver|nich|te|te, hat ver|nich|tet⟩ jmdn. od. etwas ~ *völlig zerstören* ▸ Briefe, Papiere ~; der Hagel hat die Ernte vernichtet; Schädlinge ~ *ausrotten, töten;* ~der Blick *ein Blick voller Entrüstung od. Verachtung;* ~de Kritik; ein ~des Urteil; Abl *Vernichtung*

ver|nied|li|chen ⟨V. trans.; ver|nied|licht, ver|nied|lich|te, hat ver|nied|licht⟩ etwas ~ *als niedlich darstellen, verharmlosen;* Abl *Verniedlichung*

Ver|nis|sa|ge ⟨[vɛrnisa:ʒə] die; -, -n⟩ *Eröffnung einer Ausstellung von Bilder eines Künstlers*

Ver|nunft ⟨die; -; unz.⟩ **1** *der bewusst gebrauchte Verstand* **2** *Einsicht, Besonnenheit* ▸ nimm doch ~ an! *beruhige dich doch u. denk nach!;* jmdn. zur ~ bringen *zur Einsicht bringen, seine Erregung beschwichtigen;* er ist endlich zur ~ gekommen *ruhig, einsichtig geworden*

Ver|nunft|ehe ⟨die; -, -n⟩ *Ehe, die aus Gründen der Vernunft, nicht aus Liebe geschlossen wurde;* Ggs *Liebesheirat*

ver|nünf|tig ⟨Adj.⟩ **1** *voller Vernunft, überlegt, einsichtig, besonnen* (Person) **2** *auf Vernunft begründet, einleuchtend* (Argument, Grund) ▸ das muss doch jeder ~e Mensch einsehen; das ist ein sehr ~er Vorschlag; ~ mit jmdm. reden ⟨umg.⟩ *sich offen mit jmdm. aussprechen;* sei doch ~!; er wird schon noch ~ werden *zur Einsicht kommen;* Abl *Vernünftigkeit; vernünftigerweise*

ver|öf|fent|li|chen ⟨V. trans.; ver|öf|fent|licht, ver|öf|fent|lich|te, hat ver|öf|fent|licht⟩ etwas ~ **1** *öffentlich bekanntmachen* **2** *gedruckt erscheinen lassen, publizieren* ▸ eine wissenschaftliche Arbeit ~; eine Stellungnahme in der Zeitung ~; in welcher Zeitschrift wurde der Bericht veröffentlicht?; Abl *Veröffentlichung*

ver|ord|nen ⟨V. trans.; ver|ord|net, ver|ord|ne|te, hat ver|ord|net⟩ **1** (jmdm.) etwas ~ *bestimmen, dass jmd. etwas einnimmt od. tut* **2** etwas ~ *verfügen, anordnen, (behördlich) festsetzen* ▸ jmdm. Medikamente, Tropfen, Umschläge ~; wenn vom Arzt nicht anders verordnet, täglich drei Tabletten *(Aufschrift auf Arzneimittelpackungen);* Abl *Verordnung*

ver|or|ten ⟨V. trans.; ver|or|tet, ver|or|te|te, hat ver|or|tet⟩ jmdn. od. etwas irgendwo ~ *etwas an einer bestimmten Stelle innerhalb eines größeren Zusammenhangs einordnen*

ver|pach|ten ⟨V. trans.; ver|pach|tet, ver|pach|te|te, hat ver|pach|tet⟩ (jmdm.) etwas ~ *gegen regelmäßig zu zahlendes Entgelt (Pacht) zur Benutzung überlassen* ▸ (jmdm.) ein Grundstück, eine Lagerhalle ~; Abl *Verpachtung*

ver|pa|cken ⟨V. trans.; ver|packt, ver|pack|te, hat ver|packt⟩ etwas ~ **1** *einpacken, einhüllen* **2** *versandfertig machen* ▸ Flaschen in Kisten ~; Ware in Papier ~; etwas in schöne Worte ~ ⟨übertr.⟩

Ver|pa|ckung ⟨die; -, -en⟩ **1** *das Verpacken* **2** *Material zum Verpacken, Hülle;* Zus *Verpackungsmaterial*

ver|pas|sen ⟨V. trans.; ver|passt, ver|pass|te, hat ver|passt⟩ **1** eine Gelegenheit, einen Zug ~ *versäumen* **2** jmdn. ~ *jmdn. (leider) nicht treffen (den man treffen wollte)* **3** ⟨umg.⟩ jmdm. etwas ~ *jmdm. etwas geben, das er nicht haben möchte* ▸ er hat den Zug verpasst; wir haben uns leider in München verpasst; den richtigen Zeitpunkt ~; jmdm. einen Denkzettel ~ ⟨umg.⟩ *eine warnende Strafe geben*

ver|pat|zen ⟨V. trans.; ver|patzt, ver|patz|te, hat ver|patzt; umg.⟩ etwas ~ *verpfuschen*

ver|pen|nen ⟨V. trans. u. V. intr.; ver|pennt, ver|penn|te, hat ver|pennt; umg.⟩ (etwas) ~ *verschlafen* ▸ ich habe total verpennt

ver|pes|ten ⟨V. trans.; ver|pes|tet, ver|pes|te|te, hat ver|pes|tet⟩ die Luft ~ *mit Gestank (wie von der Pest) erfüllen;* Abl *Verpestung*

ver|pet|zen ⟨V. trans.; ver|petzt, ver|petz|te, hat ver|petzt; umg.⟩ jmdn. od. etwas ~ *verraten, bei jmdm. melden* ▸ den Schuldigen ~

ver|pfän|den ⟨V. trans.; ver|pfän|det, ver|pfän|dete, hat ver|pfän|det⟩ (jmdm.) etwas ~ *(jmdm.) etwas als Pfand geben (für etwas anderes)* ▸ jmdm. seinen Besitz ~; Abl *Verpfändung*

ver|pfei|fen ⟨V. trans.; ver|pfeift, ver|pfiff, hat verpfif|fen; umg.⟩ jmdn. ~ *verraten, anzeigen*

ver|pflan|zen ⟨V. trans.; ver|pflanzt, ver|pflanz|te, hat ver|pflanzt⟩ Bäume ~ *an eine andere Stelle pflanzen, umsetzen;* Abl *Verpflanzung*

ver|pfle|gen ⟨V. trans.; ver|pflegt, ver|pfleg|te, hat ver|pflegt⟩ jmdn. ~ *regelmäßig mit Speise versorgen, verköstigen* ▸ wir wohnten im Appartement, wurden aber im Hotel verpflegt

Ver|pfle|gung ⟨die; -; unz.⟩ *Beköstigung, Kost*

▸ die ~ im Hotel war ausgezeichnet, gut, reichhaltig, schlecht; Zimmer mit voller ~ *mit Frühstück, Mittag- u. Abendessen, mit Vollpension*

ver|pflich|ten ⟨V.; ver|pflich|tet, ver|pflich|te|te, hat ver|pflich|tet⟩ **I** ⟨V. trans.⟩ **1** jmdn. ~ *jmdm. eine Pflicht auferlegen* **2** jmdn. für od. zu etwas ~ *jmdm. die Pflicht auferlegen, etwas zu tun* ▸ einen Schauspieler für eine Rolle, für die nächste Spielzeit ~; ~de Zusage *bindende Zusage* **II** ⟨V. refl.⟩ sich ~, etwas zu tun *versprechen, etwas zu tun* ▸ er hat sich verpflichtet, bei der Veranstaltung aufzutreten

ver|pflich|tet **I** ⟨Part. Perf. von⟩ *verpflichten* **II** ⟨Adj.⟩ **1** sich jmdm. ~ fühlen *das Gefühl haben, jmdm. Dank, eine Gegenleistung zu schulden* **2** ~ sein, etwas zu tun *die Pflicht haben, etwas zu tun, etwas tun müssen* **3** jmdm. (zu Dank) ~ sein *jmdm. etwas verdanken* ▸ ich bin ihm sehr ~ *ich verdanke ihm viel;* ich bin vertraglich ~, das zu tun; ich bin zum Schweigen ~

Ver|pflich|tung ⟨die; -, -en⟩ **1** *das Verpflichten* **2** *das Verpflichtetsein* **3** *Pflicht, Obliegenheit, Aufgabe* ▸ seine ~en erfüllen; seinen ~en nachkommen; gesellschaftliche ~en haben *die Pflicht haben, gewisse Leute einzuladen u. zu besuchen*

ver|pfu|schen ⟨V. trans.; ver|pfuscht, ver|pfusch|te, hat ver|pfuscht; umg.⟩ etwas ~ *schlecht machen, verderben* ▸ eine Arbeit ~; sein Leben ~

ver|pla|nen ⟨V. trans.; ver|plant, ver|plan|te, hat ver|plant⟩ jmdn. od. etwas (für etwas) ~ *in einem Plan unterbringen, nach einem Plan einsetzen*

ver|plap|pern ⟨V. refl.; ver|plap|pert sich, ver|plap|per|te sich, hat sich ver|plap|pert; umg.⟩ sich ~ *versehentlich etwas verraten*

ver|plem|pern ⟨V. trans.; ver|plem|pert, ver|plem|per|te, hat ver|plem|pert; umg.⟩ Geld, Zeit ~ *vergeuden* ▸ er hat sein ganzes Geld verplempert

ver|pönt ⟨Adj.⟩ *nicht angebracht, nach herrschender Sitte nicht zulässig* ▸ Alkohol ist bei ihm ~

ver|pras|sen ⟨V. trans.; ver|prasst, ver|prass|te, hat ver|prasst⟩ Geld ~ *vergeuden (bes. für üppiges Essen u. Trinken)* ▸ sein Vermögen ~

ver|prel|len ⟨V. trans.; ver|prellt, ver|prell|te, hat ver|prellt; umg.⟩ jmdn. ~ *verwirren, erschrecken, einschüchtern* ▸ einen Kunden ~

ver|prü|geln ⟨V. trans.; ver|prü|gelt, ver|prü|gel|te, hat ver|prü|gelt⟩ jmdn. ~ *jmdn. schlagen*

ver|puf|fen ⟨V. intr.; ver|pufft, ver|puff|te, ist verpufft⟩ **1** *schwach explodieren* **2** ⟨übertr.⟩ *erfolglos, wirkungslos bleiben;* Abl *Verpuffung*

ver|pul|vern ⟨V. trans.; ver|pul|vert, ver|pul|ver|te, hat ver|pul|vert; übertr.⟩ Geld ~ *vergeuden*

ver|pup|pen ⟨V. refl.; ver|puppt sich, ver|pupp|te sich, hat sich ver|puppt⟩ sich ~ *(von der Larve) zur Puppe werden (Insekten);* Abl *Verpuppung*

Ver|putz ⟨der; -es; unz.⟩ *Mauerbewurf, Putz*

ver|put|zen ⟨V. trans.; ver|putzt, ver|putz|te, hat ver|putzt⟩ **1** eine Wand, Mauer ~ *mit Putz, Mörtel bedecken* **2** ⟨übertr.; umg.⟩ etwas ~ *essen, aufessen* ▸ er hat fünf Stück Kuchen verputzt

ver|qualmt ⟨Adj.⟩ *mit (Zigaretten-)Rauch erfüllt* ▸ ein ~es Zimmer

ver|quer ⟨Adj.; umg.⟩ **1** *unpassend, ungelegen* **2** *leicht absurd, verdreht* ▸ er hat ~e Ansichten

ver|ram|meln ⟨V. trans.; ver|ram|melt, ver|rammel|te, hat ver|ram|melt⟩ eine Tür ~ *durch Hindernisse versperren, blockieren*

ver|ram|schen ⟨V. trans.; ver|ramscht, ver|ramsch|te, hat ver|ramscht⟩ Waren ~ *verschleudern, billig verkaufen* ▸ die Bücher werden verramscht

Ver|rat ⟨der; -(e)s; unz.⟩ **1** *Preisgabe, unberechtigte od. böswillige Mitteilung (eines Geheimnisses)* **2** *Treuebruch* ▸ an jmdm., an einer Sache ~ begehen, üben *jmdn., eine Sache verraten*

ver|ra|ten ⟨V.; ver|rät, ver|riet, hat ver|ra|ten⟩ **I** ⟨V. trans.⟩ **1** jmdn. (an jmdn.) ~ *jmds. Geheimnis weitererzählen, jmdn. anderen ausliefern* **2** (jmdm.) etwas ~ *preisgeben, unberechtigt mitteilen* ▸ ich verrate dir, wo du das kaufen kannst *teile es dir vertraulich mit;* er hat seinen besten Freund ~; sie hat ihm ein Geheimnis; jmdm. ein Versteck ~; bitte nichts ~, es soll eine Überraschung werden! **II** ⟨V. refl.⟩ sich durch etwas ~ *sich od. seine Absichten unbeabsichtigt zu erkennen geben* ▸ sich durch ein falsches Wort ~

Ver|rä|ter ⟨der; -s, -⟩ *jmd., der Verrat begeht od. begangen hat;* Abl *Verräterin*

ver|rä|te|risch ⟨Adj.⟩ **1** *in der Art eines Verrats, eines Verräters* **2** ⟨übertr.⟩ *etwas verratend, erkennen lassend* ▸ ~e Blicke wechseln ⟨übertr.⟩

ver|rau|chen ⟨V. intr.; ver|raucht, ver|rauch|te, ist ver|raucht; übertr.⟩ *vergehen* (Zorn); →a. *verraucht*

ver|raucht **I** ⟨Part. Perf. von⟩ *verrauchen* **II** ⟨Adj.⟩ *voller Rauch, verqualmt* ▸ eine ~e Bar

ver|rech|nen ⟨V.; ver|rech|net, ver|rech|ne|te, hat ver|rech|net⟩ **I** ⟨V. trans.⟩ etwas (mit etwas) ~ *berechnen, durch Rechnen ausgleichen* ▸ diesen Betrag ~ wir später mit der anderen Summe; einen Scheck ~ *den Betrag eines Sch. einem anderen Konto gutschreiben, nicht bar auszahlen;* Abl *Verrechnung* **II** ⟨V. refl.⟩ sich ~ **1** *falsch rechnen* **2** ⟨übertr.⟩ *Erwartungen hegen, die sich nicht erfüllen werden* ▸ wenn du glaubst, dass ich das tun werde, dann hast du dich verrechnet ⟨übertr.⟩

Ver|rech|nungs|scheck ⟨der; -s, -s⟩ *Scheck, der nicht in bar ausgezahlt, sondern einem anderen Konto gutgeschrieben wird*

ver|re|cken ⟨V. intr.; ver|reckt, ver|reck|te, ist ver|reckt; derb⟩ **1** *sterben, verenden* (von Vieh) **2** *elend zugrunde gehen* ▸ das werde ich ums Verrecken nicht tun! *auf keinen Fall!*

ver|reg|net ⟨Adj.⟩ *mit viel Regen* ▸ ein ~er Sonntag; unser Urlaub war völlig ~

ver|rei|sen ⟨V. intr.; ver|reist, ver|reis|te, ist verreist⟩ *auf Reisen gehen, für einige Zeit wegfahren* ▸ der Chef ist zurzeit verreist; ich muss heute ~

ver|ren|ken ⟨V.; ver|renkt, ver|renk|te, hat verrenkt⟩ **I** ⟨V. trans.⟩ jmdm. od. sich einen Arm, ein Bein ~ *(durch eine falsche Bewegung) aus dem Gelenk drehen* ▸ sich den Arm, den Hals ~ **II** ⟨V. refl.⟩ sich ~ *Arm od. Körper weit umbiegen;* Abl *Verrenkung*

V

ver|ren|nen ⟨V. refl.; ver|rennt sich, ver|rann|te sich, hat sich ver|rannt; übertr.⟩ **1** sich ~ *beim Denken in eine Sackgasse geraten* **2** sich in eine Idee ~ *hartnäckig an einer Idee festhalten*

ver|rich|ten ⟨V. trans.; ver|rich|tet, ver|rich|te|te, hat ver|rich|tet⟩ eine Arbeit ~ *ausführen, tun, erledigen* ▸ seine Notdurft ~ *Darm od. Harnblase entleeren;* Abl *Verrichtung*

ver|rie|geln ⟨V. trans.; ver|rie|gelt, ver|rie|gel|te, hat ver|rie|gelt⟩ eine Tür, ein Fenster ~ *mit Riegel verschließen, versperren;* Abl *Verrieg(e)lung*

ver|rin|gern ⟨V. trans.; ver|rin|gert, ver|rin|ger|te, hat ver|rin|gert⟩ **1** die Anzahl, Kosten, Menge ~ *geringer machen, kleiner machen* **2** den Preis, die Qualität ~ *herabsetzen;* Abl *Verringerung*

ver|rin|nen ⟨V. intr.; ver|rinnt, ver|rann, ist ver|ron|nen⟩ **1** *aufhören zu rinnen* **2** ⟨übertr.⟩ *vergehen* (Zeit) ▸ Stunde um Stunde verrann

Ver|riss ⟨der; -es, -e⟩ *sehr schlechte Kritik* ▸ ~ eines Buches, Theaterstücks, Films

ver|ro|hen ⟨V. intr.; ver|roht, ver|roh|te, ist ver|roht⟩ *roh, brutal werden* (Person, Sitten); Abl *Verrohung*

ver|ros|ten ⟨V. intr.; ver|ros|tet, ver|ros|te|te, ist ver|ros|tet⟩ *Rost ansetzen, sich mit Rost überziehen* ▸ das Schloss ist verrostet

ver|rot|ten ⟨V. intr.; ver|rot|tet, ver|rot|te|te, ist ver|rot|tet⟩ **1** *verfaulen, vermodern* (Pflanzenreste) **2** *zerbröckeln* (Mauerwerk) **3** ⟨übertr.; umg.⟩ *verkommen (äußerlich u. moralisch)*

ver|rucht ⟨Adj.; -er, am -es|ten⟩ **1** *ruchlos, schändlich* (Mensch, Tat) **2** *verworfen* (Gegend, Lokal); Abl *Verruchtheit*

ver|rü|cken ⟨V. trans.; ver|rückt, ver|rück|te, hat ver|rückt⟩ einen Schrank, Tisch ~ *wegrücken, an einen anderen Platz rücken* ▸ er hat den Stuhl verrückt; →a. *verrückt*

ver|rückt **I** ⟨Part. Perf. von⟩ *verrücken* **II** ⟨Adj.; -er, am -es|ten; umg.⟩ **1** *psychisch krank* **2** *überspannt, nicht recht bei Verstand* (Person) **3** *unsinnig, sehr merkwürdig, vom Normalen stark abweichend* (Einfall, Gedanke, Tat) ▸ er hat immer nur ~e **Ideen** ▸ jmdn. ~ **machen** *ihn aufregen, nervös machen;* der Lärm macht mich ganz ~; **sein:** bist du ~?; du bist ja ~!; du bist wohl ~ **geworden!**; ich bin vor Angst, Ungeduld fast ~ geworden; es ist zum Verrücktwerden! *es ist zum Verzweifeln!* ▸ ~ **auf** etwas sein *etwas unbedingt haben wollen;* ~ **nach** jmdm. sein *sehr verliebt in jmdn. sein, jmdn. leidenschaftlich begehren;* er war halb ~ **vor** Schmerz; er schrie **wie** ~; er schrie wie ein Verrückter; Abl *Verrücktheit*

Ver|ruf ⟨der; -(e)s; unz.⟩ *schlechter Ruf* ▸ jmdn. in ~ bringen; in ~ geraten, kommen

ver|ru|fen ⟨Adj.⟩ *mit schlechtem Ruf behaftet, berüchtigt* ▸ ein ~es Lokal; ein ~es Stadtviertel

ver|rüh|ren ⟨V. trans.; ver|rührt, ver|rühr|te, hat ver|rührt⟩ etwas (mit etwas) ~ *durch Rühren vermischen* ▸ die Zutaten zu einem Teig ~

ver|rut|schen ⟨V. intr.; ver|rutscht, ver|rutsch|te, ist ver|rutscht⟩ *sich durch Rutschen verschieben* ▸ der Schal, die Mütze ist mir verrutscht

Vers ⟨[fers] der; -es, -e; Abk.: V.⟩ **1** *durch das Metrum gegliederte, oft mit Reim versehene Einheit einer Dichtung in gebundener Rede, Zeile einer Strophe* **2** ⟨umg.⟩ *Strophe, Gedicht* **3** *Abschnitt in der Bibel* ▸ ~e schmieden ⟨übertr.⟩ *Gedichte machen, dichten;* ein Epos in ~en

ver|sa|gen ⟨V.; ver|sagt, ver|sag|te, hat ver|sagt⟩ **I** ⟨V. intr.⟩ *nicht das Erwartete leisten od. bewirken* ▸ die Beine versagten ihm (den Dienst) *er konnte sich nicht mehr auf den Beinen halten, er brach zusammen;* der Motor versagt *springt nicht an, setzt aus;* die Stimme versagte ihm; er hat bei der Prüfung versagt *ist durchgefallen;* Abl *Versager(in)* **II** ⟨V. trans.⟩ **1** jmdm. etwas ~ *jmdm. etwas verweigern, abschlagen, nicht gewähren* **2** sich etwas ~ *auf etwas verzichten*

ver|sal|zen ⟨V. trans.; ver|salzt, ver|salz|te, hat ver|sal|zen⟩ *zu stark salzen, übersalzen* ▸ das Essen ist ~; jmdm. die Suppe ~ ⟨übertr.; umg.⟩ *jmds. Erfolg verhindern*

ver|sam|meln ⟨V.; ver|sam|melt, ver|sam|mel|te, hat ver|sam|melt⟩ **I** ⟨V. trans.⟩ jmdn. irgendwo ~ *an einen Ort zusammenbringen, zusammenkommen lassen, zusammenrufen* ▸ er versammelte seine Schüler um sich **II** ⟨V. refl.⟩ sich (irgendwo) ~ *zusammenkommen, sich treffen* (von Personen) ▸ wir ~ uns um 10 Uhr

Ver|samm|lung ⟨die; -, -en⟩ **1** *Treffen von mehreren Personen, die zu einem bestimmten Zweck zusammenkommen;* Zus *Versammlungsort; Mitgliederversammlung, Parteiversammlung* **2** *die Personen, die bei einer Versammlung (1) zusammenkommen* ▸ eine ~ einberufen; die ~ eröffnen, leiten; er muss auf einer ~ sprechen

Ver|sand ⟨der; -(e)s; unz.⟩ *das Versenden (von Waren);* Zus *Versandhandel; versandfertig*

ver|san|den ⟨V. intr.; ver|san|det, ver|san|de|te, ist ver|san|det⟩ **1** *sich mit Sand füllen* **2** ⟨übertr.; umg.⟩ *ohne Erfolg verlaufen, wirkungslos bleiben u. vergessen werden* ▸ der Fluss ist versandet; die Angelegenheit ist versandet ⟨übertr.; umg.⟩; Abl *Versandung*

ver|sau|ern ⟨V. intr.; ver|sau|ert, ver|sau|er|te, ist ver|sau|ert⟩ **1** *sauer werden* (Wein) **2** ⟨übertr.; umg.⟩ *geistig verkümmern*

ver|säu|men ⟨V. trans.; ver|säumt, ver|säum|te, hat ver|säumt⟩ **1** eine Pflicht ~ *außer Acht lassen, nicht tun, nicht erfüllen* **2** einen Zeitpunkt, Zug ~ *verpassen, nicht erreichen* **3** eine Gelegenheit, die Zeit ~ *vorübergehen lassen* **4** ⟨schweiz. a.⟩ jmdn. ~ *aufhalten* ▸ Frau X hat mich versäumt ⟨schweiz.⟩; ich werde nicht ~, es zu tun *ich werde es ganz bestimmt tun;* Sie haben gestern Abend etwas versäumt *Sie hätten dabei sein sollen, denn es war sehr schön;* Sie haben nichts versäumt, wenn Sie den Film nicht gesehen haben *der F. war nicht bes. schön, nicht besonders gut;* die Schule, den Unterricht ~ *nicht zur Schule gehen (können);* wir haben schon zu viel Zeit versäumt; das Versäumte nachholen

Ver|säum|nis ⟨das; -nis|ses, -nis|se⟩ **1** *Unterlassung* **2** *versäumte Zeit*

ver|scha|chern ⟨V. trans.; ver|scha|chert, ver|scha|cher|te, hat ver|scha|chert; umg.⟩ etwas ~ *zu hohem Preis verkaufen, feilschend verkaufen*
ver|schach|telt ⟨Adj.⟩ *wie Schachteln ineinandergeschoben* ▸ ein ~er Satz *S. aus vielen Haupt- u. Nebensätzen, Schachtelsatz*
ver|schaf|fen ⟨V. trans.; ver|schafft, ver|schaff|te, hat ver|schafft⟩ **1** jmdm. etwas ~ *jmdm. etwas besorgen, jmdm. zu etwas verhelfen* **2** sich etwas ~ *etwas in seinen Besitz bringen, etwas erwerben* ▸ jmdm. eine Arbeit, Stellung, Wohnung ~; sich einen Überblick über eine Sache ~; ich muss mir das nötige Geld dazu ~; sich eine Genehmigung für etwas ~
ver|schämt ⟨Adj.; -er, am -es|ten⟩ *sich ein wenig schämend, verlegen, schüchtern* ▸ ~e Blicke
ver|schan|deln ⟨V. trans.; ver|schan|delt, ver|schan|del|te, hat ver|schan|delt; umg.⟩ etwas ~ *verunstalten, hässlich machen* ▸ die Wand ist durch Plakate verschandelt; Abl *Verschandelung*
ver|schan|zen ⟨V. refl.; ver|schanzt sich, ver|schanz|te sich, hat sich ver|schanzt⟩ sich hinter etwas ~ *ein Hindernis als Deckung vor sich aufbauen* ▸ sich hinter einer Ausrede ~ ⟨übertr.⟩ *eine A. als Vorwand nehmen;* Abl *Verschanzung*
ver|schär|fen ⟨V.; ver|schärft, ver|schärf|te, hat ver|schärft⟩ **I** ⟨V. trans.⟩ eine Strafe, das Tempo ~ *schärfer machen, vergrößern, vermehren* ▸ wir wollen die Spannung nicht noch ~; mit verschärftem Tempo **II** ⟨V. refl.⟩ sich ~ *verschlimmern* ▸ die Gegensätze zwischen ihnen haben sich verschärft; Abl *Verschärfung*
ver|schar|ren ⟨V. trans.; ver|scharrt, ver|scharr|te, hat ver|scharrt⟩ etwas (irgendwo) ~ *einscharren, oberflächlich vergraben* ▸ Hunde ~ gern Knochen
ver|schät|zen ⟨V. refl.; ver|schätzt sich, ver|schätz|te sich, hat sich ver|schätzt⟩ sich ~ *etwas falsch (ein)schätzen* ▸ er hat sich mit den Kosten verschätzt
ver|schau|keln ⟨V. trans.; ver|schau|kelt, ver|schau|kel|te, hat ver|schau|kelt; umg.⟩ jmdn. ~ *hereinlegen*
ver|schen|ken ⟨V. trans.; ver|schenkt, ver|schenk|te, hat ver|schenkt⟩ etwas ~ *als Geschenk weggeben* ▸ altes Spielzeug ~
ver|scher|beln ⟨V. trans.; ver|scher|belt, ver|scher|bel|te, hat ver|scher|belt; umg.⟩ etwas ~ *(unter Wert) verkaufen, zu Geld machen*
ver|scher|zen ⟨V. refl.; ver|scherzt sich, ver|scherz|te sich, hat sich ver|scherzt⟩ sich etwas ~ *etwas leichtfertig, unbedacht verlieren* ▸ sich jmds. Gunst, Wohlwollen ~
ver|scheu|chen ⟨V. trans.; ver|scheucht, ver|scheuch|te, hat ver|scheucht⟩ Tiere ~ *wegjagen* ▸ jmds. Bedenken ~ ⟨übertr.⟩
ver|schi|cken ⟨V. trans.; ver|schickt, ver|schick|te, hat ver|schickt⟩ Briefe, Prospekte, Waren ~ *fortschicken, versenden;* Abl *Verschickung*
ver|schie|ben ⟨V.; ver|schiebt, ver|schob, hat ver|scho|ben⟩ **I** ⟨V. trans.⟩ **1** etwas ~ *an einen anderen Platz, an eine andere Stelle schieben* **2** einen Termin, eine Verabredung ~ *zeitlich verlegen, aufschieben, auf einen späteren Zeitpunkt festsetzen* **3** ⟨übertr.; umg.⟩ Waren ~ *Waren auf unsaubere Weise kaufen u. (zu Wucherpreisen) verkaufen* ▸ die Abreise, den Urlaub ~; eine Arbeit auf den nächsten Tag ~; Abl *Verschiebung* **II** ⟨V. refl.⟩ sich ~ *sich neu verteilen* ▸ die Besitzverhältnisse haben sich verschoben
ver|schie|den ⟨Adj.⟩ **1** *unterschiedlich, ungleich, andersartig;* Abl *Verschiedenheit; verschiedenartig* **2** ⟨Pl.⟩ *mehrere* ▸ ich möchte gern Verschiedenes mit ihm besprechen; Verschiedenes *(als Zeitungsrubrik) vermischte Anzeigen* ▸ wir haben ~e **Interessen;** ich habe ihn ~e **Mal(e)** nicht angetroffen; wir sind ~er **Meinung;** an ~en **Orten** *an mehreren Orten* ▸ **sein:** das ist ~ *das ist in jedem Fall anders, das wird unterschiedlich gehandhabt;* die beiden Brüder sind sehr ~ ▸ ~ **groß,** lang, tief ▸ die Hemden sind **in** der Farbe, Größe ~; Abl *verschiedenfarbig*
ver|schie|dent|lich ⟨Adv.⟩ *öfters, mehrmals* ▸ ich habe schon ~ versucht, ihn zu sprechen
ver|schif|fen ⟨V. trans.; ver|schifft, ver|schiff|te, hat ver|schifft⟩ Waren ~ *mit dem Schiff versenden, verschicken;* Abl *Verschiffung*
ver|schim|meln ⟨V. intr.; ver|schim|melt, ver|schim|mel|te, ist ver|schim|melt⟩ *sich mit Schimmel überziehen* ▸ verschimmeltes Brot
ver|schla|fen[1] ⟨V.; ver|schläft, ver|schlief, hat ver|schla|fen⟩ **I** ⟨V. intr.⟩ *zu lange schlafen, über einen bestimmten Zeitpunkt hinaus schlafen* ▸ ich habe heute Morgen ~ **II** ⟨V. trans.⟩ etwas ~ **1** *mit Schlafen verbringen* **2** ⟨übertr.⟩ *versäumen* ▸ ich habe den Termin ~ ⟨übertr.⟩; →a. *verschlafen*[2]
ver|schla|fen[2] **I** ⟨Part. Perf. von⟩ *verschlafen*[1] **II** ⟨Adj.⟩ **1** *schlaftrunken, schläfrig* **2** ⟨übertr.⟩ **2.1** *langweilig, träge* **2.2** *öde* ▸ ich bin noch ganz ~; ein ~er Mensch ⟨übertr.⟩; ein ~es Nest ⟨übertr.⟩ *eine öde Kleinstadt;* Abl *Verschlafenheit*
Ver|schlag ⟨der; -(e)s, -schlä|ge⟩ *einfacher Schuppen, mit Brettern abgetrennter Raum*
ver|schla|gen[1] ⟨V. trans.; ver|schlägt, ver|schlug, hat ver|schla|gen⟩ **1** den Ball (z. B. beim Tennis) ~ *falsch angeben, den Ball falsch ins Spiel bringen* **2** jmdn. an einen Ort ~ *durch Zufall, ungewollt an einen Ort landen* ▸ die Kälte verschlug mir fast den Atem *ich konnte kaum atmen vor Kälte;* es verschlug ihm die Sprache *er konnte (vor Verblüffung) nicht weitersprechen;* das Schicksal hat uns hierher ~ *gegen unseren Willen an diesen Ort gebracht*
ver|schla|gen[2] **I** ⟨Part. Perf. von⟩ *verschlagen*[1] **II** ⟨Adj.⟩ *arglistig, hinterlistig, heimtückisch* (Person) ▸ er hat einen ~en Blick; ein ~er Mensch; Abl *Verschlagenheit*
ver|schlam|pen ⟨V.⟩ **I** ⟨V. trans.; ver|schlampt, ver|schlamp|te, hat ver|schlampt; umg.⟩ etwas ~ *durch Unachtsamkeit verlieren, verlegen* ▸ ich habe seinen Brief verschlampt **II** ⟨V. intr.; verschlampt, ver|schlamp|te, ist ver|schlampt⟩ *liederlich, unordentlich werden* ▸ seine Wohnung sieht verschlampt aus

V

ver|schlech|tern ⟨V.; ver|schlech|tert, ver|schlech|ter|te, hat ver|schlech|tert⟩ **I** ⟨V. refl.⟩ sich ~ **1** *schlechter werden, schlimmer werden* **2** *sich vermindern* ▸ ihr Gesundheitszustand hat sich deutlich verschlechtert; Abl *Verschlechterung* **II** ⟨V. trans.⟩ die Lage, den Zustand ~ *schlechter machen, verschlimmern*

ver|schlei|ern ⟨V.; ver|schlei|ert, ver|schlei|er|te, hat ver|schlei|ert⟩ **I** ⟨V. trans.⟩ **1** etwas ~ *mit einem Schleier bedecken* **2** ⟨übertr.⟩ Tatsachen, die Bilanz ~ *der genauen Feststellung entziehen* ▸ (sich) das Gesicht ~; verschleierter Blick *unklarer, schläfriger B.;* Abl *Verschleierung* **II** ⟨V. refl.⟩ sich ~ **1** *sein Gesicht mit einem Schleier bedecken* **2** *sich mit Dunst, mit dünnen Wolken bedecken* ▸ der Himmel verschleiert sich

Ver|schleiß ⟨der; -es; unz.⟩ **1** *Abnutzung* **2** *Verbrauch* **3** ⟨österr.⟩ *Kleinverkauf*

ver|schlei|ßen ⟨V.⟩ **I** ⟨V. trans.; ver|schleißt, verschliss, hat ver|schlis|sen⟩ etwas ~ *durch häufigen Gebrauch abnutzen* **II** ⟨V. intr.; ver|schleißt, verschliss, ist ver|schlis|sen⟩ *sich abnutzen, durch Abnutzung zerreißen* ▸ ihre Kleidung ist verschlissen

ver|schlep|pen ⟨V. trans.; ver|schleppt, verschlepp|te, hat ver|schleppt⟩ **1** jmdn. od. etwas ~ *widerrechtlich od. mit Gewalt wegbringen* **2** einen Prozess, die Verhandlungen ~ *absichtlich verzögern, hinauszögern, in die Länge ziehen* **3** eine Krankheit ~ *nicht beachten, nicht behandeln u. dadurch längere Zeit nicht loswerden* ▸ Gefangene ~; eine verschleppte Grippe; Abl *Verschleppung*

ver|schleu|dern ⟨V. trans.; ver|schleu|dert, verschleu|der|te, hat ver|schleu|dert⟩ **1** sein Vermögen ~ *vergeuden, leichtsinnig ausgeben* **2** Waren ~ *zu billig verkaufen;* Abl *Verschleuderung*

ver|schlie|ßen ⟨V.⟩ **I** ⟨V. trans.⟩ ein Schubfach, eine Tür ~ *mit Schloss versperren, zuschließen* ▸ wir sollten die Augen nicht vor diesem Unrecht ~; Verhandlungen hinter verschlossenen Türen *unter Ausschluss der Öffentlichkeit;* vor verschlossener Tür stehen; →a. *verschlossen;* Abl *verschließbar* **II** ⟨V. refl.; übertr.⟩ sich einer Sache od. jmdm. ~ *nichts von einer Sache od. jmdm. wissen wollen, sich abweisend verhalten* ▸ die Partei verschließt sich der Realität

ver|schlimm|bes|sern ⟨V. trans.; ver|schlim|bessert, ver|schlim|bes|ser|te, hat ver|schlim|bes|sert; umg.⟩ etwas ~ *durch vermeintliches Verbessern schlechter machen;* Abl *Verschlimmbesserung*

ver|schlim|mern ⟨V.; ver|schlim|mert, ver|schlimmer|te, hat ver|schlim|mert⟩ **I** ⟨V. trans.⟩ etwas ~ *schlimmer machen, verschlechtern* ▸ du hast die Sache noch verschlimmert **II** ⟨V. refl.⟩ sich ~ *schlimmer werden, sich verschlechtern* ▸ sein Zustand hat sich verschlimmert; Abl *Verschlimmerung*

ver|schlin|gen ⟨V. trans.; ver|schlingt, ver|schlang, hat ver|schlun|gen⟩ **1** etwas ~ *gierig essen, rasch hinunterschlucken* **2** ⟨übertr.⟩ etwas ~ *verbrauchen, kosten* **3** ⟨übertr.⟩ ein Buch ~ *rasch u. mit Spannung lesen* ▸ er verschlang schnell sein Essen; der Bau wird Millionen ~ ⟨übertr.⟩ *Millionen kosten*

ver|schlos|sen **I** ⟨Part. Perf. von⟩ *verschließen* **II** ⟨Adj.; übertr.⟩ *unzugänglich, in sich gekehrt, schweigsam, wortkarg* ▸ er ist eine ~e Natur; er ist sehr ~; Abl *Verschlossenheit*

ver|schlu|cken ⟨V.; ver|schluckt, ver|schluck|te, hat ver|schluckt⟩ **I** ⟨V. trans.⟩ **1** etwas ~ *hinunterschlucken* **2** ⟨übertr.⟩ Wörter, Silben ~ *undeutlich aussprechen, weglassen* **3** ⟨übertr.⟩ etwas ~ *verbrauchen, kosten* ▸ ich habe das Bonbon verschluckt; der Bau hat viel Geld verschluckt ⟨übertr.⟩ **II** ⟨V. refl.⟩ sich (an etwas) ~ *einen Krümel o. Ä. in die Luftröhre bekommen*

Ver|schluss ⟨der; -es, -schlüs|se⟩ **1** *das Sichverschließen;* Zus *Darmverschluss* **2** *Vorrichtung zum Zumachen, zum Verschließen;* Zus *Drehverschluss, Reißverschluss* ▸ etwas unter ~ halten *etwas sicher verwahren;* ⟨übertr.⟩ *nicht preisgeben*

ver|schlüs|seln ⟨V. trans.; ver|schlüs|selt, verschlüs|sel|te, hat ver|schlüs|selt⟩ etwas ~ *in Geheimschrift übertragen, chiffrieren* ▸ verschlüsselte Nachricht; Abl *Verschlüsselung*

Ver|schluss|sa|che ⟨die; -, -n; Pol.⟩ *Sache, die geheim bleibt, unter Verschluss aufbewahrt wird* ▸ die Akte bleibt ~

ver|schmach|ten ⟨V. intr.; ver|schmach|tet, verschmach|te|te, ist ver|schmach|tet; poet.⟩ *heftig leiden (bes. unter Durst)* ▸ vor Durst ~

ver|schmä|hen ⟨V. trans.; ver|schmäht, verschmäh|te, hat ver|schmäht⟩ jmdn. od. etwas ~ *zurückweisen, ablehnen*

ver|schmel|zen ⟨V.⟩ **I** ⟨V. intr.; ver|schmilzt, verschmolz, ist ver|schmol|zen⟩ *ineinander übergehen, in einer Verbindung aufgehen* **II** ⟨V. trans.; ver|schmilzt, ver|schmolz, hat ver|schmol|zen⟩ etwas ~ *zusammenfließen lassen, eng miteinander verbinden* ▸ zwei Dinge zu einer Einheit ~

ver|schmer|zen ⟨V. trans.; ver|schmerzt, verschmerz|te, hat ver|schmerzt⟩ etwas ~ *etwas überwinden, über etwas hinwegkommen* ▸ einen Verlust nicht ~ können

ver|schmie|ren ⟨V. trans.; ver|schmiert, verschmier|te, hat ver|schmiert⟩ **1** eine Wand ~ *bekritzeln, beschmutzen, beflecken* **2** Geschriebenes ~ *verwischen*

ver|schmitzt ⟨Adj.; -er, am -es|ten⟩ *lustig-schlau, pfiffig, schelmisch;* Abl *Verschmitztheit*

ver|schmut|zen ⟨V.⟩ **I** ⟨V. trans.; ver|schmutzt, ver|schmutz|te, hat ver|schmutzt⟩ etwas ~ *schmutzig machen, verunreinigen* **II** ⟨V. intr.; ver|schmutzt, ver|schmutz|te, ist ver|schmutzt⟩ *verunreinigt werden;* Abl *Verschmutzung*

ver|schnau|fen ⟨V. intr. u. V. refl.; ver|schnauft, ver|schnauf|te, hat ver|schnauft⟩ (sich) ~ *eine kurze Pause zum Luftschöpfen machen* ▸ ich muss einen Augenblick ~; Zus *Verschnaufpause*

ver|schneit ⟨Adj.⟩ *mit Schnee bedeckt* ▸ der Wald ist (tief) ~

Ver|schnitt ⟨der; -(e)s, -e⟩ **1** *Rum, Wein mit Beimischung;* Zus *Rumverschnitt* **2** *Abfall beim Zuschneiden von Stoff* ▸ viel ~ haben

ver|schnupft ⟨Adj.⟩ **1** *einen Schnupfen habend* **2** ⟨übertr.; umg.⟩ *verärgert, gekränkt*

ver|schnü|ren ⟨V. trans.; ver|schnürt, ver|schnür|te, hat ver|schnürt⟩ ein Paket ~ *mit Schnur zubinden*

ver|schol|len ⟨Adj.⟩ *seit langer Zeit abwesend mit unbekanntem Aufenthaltsort* ▸ er ist seit einem Jahr ~; das Schiff ist in der Arktis ~

ver|scho|nen ⟨V. trans.; ver|schont, ver|schon|te, hat ver|schont⟩ **1** jmdn. ~ *jmdn. schonen, jmdm. nichts antun;* Abl *Verschonung* **2** jmdn. mit etwas ~ *jmdn. damit nicht behelligen* ▸ wir sind von der Grippe verschont geblieben

ver|schö|nern ⟨V. trans.; ver|schö|nert, ver|schö|ner|te, hat ver|schö|nert⟩ etwas ~ *schöner machen, schmücken, verzieren*

ver|schrän|ken ⟨V. trans.; ver|schränkt, ver|schränk|te, hat ver|schränkt⟩ die Arme (vor der Brust) ~ *kreuzweise legen od. stellen* ▸ mit verschränkten Armen dastehen

ver|schre|cken ⟨V. trans.; ver|schreckt, ver|schreck|te, hat ver|schreckt⟩ jmdn. ~ *erschrecken, einschüchtern, verängstigen* ▸ diese Rede würde alle ~; sie sieht sehr verschreckt aus

ver|schrei|ben ⟨V.; ver|schreibt, ver|schrieb, hat ver|schrie|ben⟩ **I** ⟨V. trans.⟩ (jmdm.) etwas ~ *ein Rezept über etwas für jmdn. ausstellen* ▸ der Arzt hat mir ein Medikament verschrieben; Abl *Verschreibung* **II** ⟨V. refl.⟩ **1** sich ~ *etwas falsch schreiben, einen Schreibfehler machen* **2** sich einer Sache ~ *sich von nun an einer S. eingehend widmen* ▸ er hat sich der Musik verschrieben

ver|schrei|bungs|pflich|tig ⟨Adj.⟩ = *rezeptpflichtig*

ver|schro|ben ⟨Adj.⟩ *wunderlich, seltsam, überspannt* (Person, Ansicht); Abl *Verschrobenheit*

ver|schrot|ten ⟨V. trans.; ver|schrot|tet, ver|schrot|te|te, hat ver|schrot|tet⟩ ein Auto ~ *als Altmetall verwerten;* Abl *Verschrottung*

ver|schrum|peln ⟨V. intr.; ver|schrum|pelt, ver|schrum|pel|te, ist ver|schrum|pelt⟩ *zusammenschrumpfen, faltig werden* ▸ der Apfel ist verschrumpelt; verschrumpelte Haut

ver|schüch|tern ⟨V. trans.; ver|schüch|tert, ver|schüch|ter|te, hat ver|schüch|tert; meist im Perf. Pass. u. als Part. Perf.⟩ jmdn. ~ *schüchtern machen, einschüchtern* ▸ ein verschüchtertes Kind

ver|schul|den ⟨V.; ver|schul|det, ver|schul|de|te, hat ver|schul|det⟩ **I** ⟨V. refl.⟩ sich ~ *Schulden machen* ▸ er hat sich für dieses Auto verschuldet; Abl *Verschuldung* **II** ⟨V. trans.⟩ etwas ~ *ein Übel verursachen, daran schuld sein* ▸ einen Unfall ~; es geschah ohne mein Verschulden

V

ver|schul|det **I** ⟨Part. Perf. von⟩ *verschulden* **II** ⟨Adj.⟩ *mit Schulden belastet* ▸ eine ~e Firma

ver|schüt|ten ⟨V. trans.; ver|schüt|tet, ver|schüt|te|te, hat ver|schüt|tet⟩ **1** Flüssigkeit ~ *versehentlich vergießen* **2** einen Brunnen, Graben, Teich ~ *zuschütten, mit Erde bedecken;* Abl *Verschüttung* ▸ verschüttet werden *unter einstürzenden Gebäuden od. Erdmassen begraben werden*

ver|schwei|gen ⟨V. trans.; ver|schweigt, ver|schwieg, hat ver|schwie|gen⟩ (jmdm.) etwas ~ *(jmdm.) etwas verheimlichen, (ihm) nichts davon sagen* ▸ er hat (es) verschwiegen, dass er dabei war; die Wahrheit ~; ich habe nichts zu ~; →a. *verschwiegen;* Abl *Verschweigung*

ver|schwen|den ⟨V. trans.; ver|schwen|det, ver|schwen|de|te, hat ver|schwen|det⟩ etwas (auf etwas) ~ *unnötig verbrauchen, leichtsinnig ausgeben, vergeuden* ▸ viel Geld, Zeit ~; er hat viel Arbeit darauf verschwendet *dafür verwendet;* darauf brauchen wir keine Mühe zu ~; Abl *Verschwender(in), Verschwendung*

ver|schwen|de|risch ⟨Adj.⟩ **1** *wie ein Verschwender* **2** *überreich* ▸ ein ~es Leben führen; ~ leben; der Saal war ~ mit Blumen geschmückt

ver|schwie|gen **I** ⟨Part. Perf. von⟩ *verschweigen* **II** ⟨Adj.⟩ **1** *schweigen könnend, ein Geheimnis für sich behalten könnend* (Person) **2** *verborgen, ruhig, nicht leicht zu finden* (Platz, Stelle) ▸ ein ~es Plätzchen; still und ~ sein; er ist ~ wie ein Grab ⟨übertr.⟩; Abl *Verschwiegenheit*

ver|schwim|men ⟨V. intr.; ver|schwimmt, ver|schwamm, ist ver|schwom|men⟩ *undeutlich werden, sich verwischen* ▸ alles verschwamm mir vor den Augen; →a. *verschwommen*

ver|schwin|den ⟨V. intr.; ver|schwin|det, ver|schwand, ist ver|schwun|den⟩ **1** *(sich entfernen u.) unsichtbar werden, weggehen, -fahren, -fliegen usw.* **2** *vergehen, dahinschwinden* **3** *abhandenkommen, nicht mehr auffindbar sein* **4** ⟨umg.⟩ *sich unauffällig entfernen* ▸ verschwinde! ⟨umg.⟩ *ich will dich hier nicht mehr sehen!* ▸ der Fleck ist mit der Zeit verschwunden; das Kind ist seit gestern (spurlos) verschwunden; mein Schlüssel ist verschwunden ▸ sein Verschwinden wurde erst nach einigen Stunden bemerkt; ich muss mal (kurz) ~ ⟨umg.; verhüllend⟩ *die Toilette aufsuchen* ▸ langsam, schnell, rasch ~ ▸ die Sonne verschwand hinter den Bergen; das Flugzeug verschwand in den Wolken; sie verschwindet neben ihm ⟨übertr.; umg.⟩ *sie ist viel kleiner u. schmaler als er;* der Hund verschwand unter dem Tisch ▸ eine ~d kleine Zahl *sehr kleine Z.;* ~d wenig *sehr wenig*

ver|schwit|zen ⟨V. trans.; ver|schwitzt, ver|schwitz|te, hat ver|schwitzt⟩ **1** Kleidung ~ *durch Schwitzen feuchtmachen od. beflecken* **2** ⟨übertr.; umg.⟩ etwas ~ *(zu tun) vergessen* ▸ ich habe die Verabredung völlig verschwitzt ⟨übertr.; umg.⟩; ein verschwitztes Hemd

ver|schwom|men **I** ⟨Part. Perf. von⟩ *verschwimmen* **II** ⟨Adj.⟩ *unklar, undeutlich, unscharf* ▸ ich habe nur noch eine ~e Erinnerung daran; Buchstaben nur ~ sehen; Abl *Verschwommenheit*

ver|schwö|ren ⟨V. refl.; ver|schwört sich, verschwor sich, hat sich ver|schwo|ren⟩ **1** sich (mit jmdm.) gegen jmdn. ~ *sich heimlich mit jmdm. gegen jmdn. verbünden, ein Komplott schmieden;* Abl *Verschwörer(in)* **2** sich einer Sache ~ *sich einer Sache eingehend widmen, sich stark dafür engagieren* ▸ es hat sich alles gegen mich verschworen ⟨übertr.⟩ *nichts will mir gelingen*

Ver|schwö|rung ⟨die; -, -en⟩ *gegen jmdn. gerichteter geheimer Plan, Umsturz* ▸ eine ~ anzetteln, aufdecken; Zus *Verschwörungstheorie*

ver|se|hen ⟨V.; ver|sieht, ver|sah, hat ver|se|hen⟩ **I** ⟨V. trans.⟩ **1** ein Amt, einen Dienst ~ *verwalten, besorgen, sich um etwas kümmern, für etwas sorgen, erfüllen* **2** jmdn. mit etwas ~ *jmdn. mit etwas versorgen, ausstatten, ausrüsten* **3** etwas mit etwas ~ *etwas auf etwas anbringen, etwas mit etwas ausstatten* ▸ er versieht das Amt eines Hausmeisters; seinen Dienst gewissenhaft ~; jmdn. mit Kleidung, mit Geld, Lebensmitteln ~; ein Schriftstück mit einem Stempel ~; mit ihm bin ich gut ~ ⟨schweiz.⟩ *auf ihn kann ich mich verlassen* **II** ⟨V. refl.⟩ **1** sich ~ *sich irren, einen Fehler machen* **2** sich einer Sache ~ *sie erwarten* ▸ ⟨in Wendungen wie⟩ ehe man sich's versieht, … *schneller, als man denkt, im Handumdrehen, im Nu*

Ver|se|hen ⟨das; -s, -⟩ *Irrtum, leichter Fehler, unbeabsichtigter, leichter Missgriff* ▸ entschuldigen Sie, es war ein ~ von mir; etwas (nur) aus ~ tun *versehentlich, unbeabsichtigt, irrtümlich*

ver|se|hent|lich ⟨Adv.⟩ *aus Versehen, unbeabsichtigt, irrtümlich* ▸ ~ etwas einstecken

ver|selbst|stän|di|gen ⟨V. refl.; ver|selbst|stän|digt sich, ver|selbst|stän|dig|te sich, hat sich ver|selbst|stän|digt⟩ sich ~ *sich selbstständig machen;* oV *verselbständigen;* Abl *Verselbst(st)ändigung*

ver|sen|den ⟨V. trans.; ver|sen|det, ver|sand|te/ver|sen|de|te, hat ver|sandt/ver|sen|det⟩ etwas ~ *(an mehrere Adressen) senden* ▸ Heirats-, Todesanzeigen, Werbung ~; Abl *Versendung*

ver|sen|gen ⟨V. trans.; ver|sengt, ver|seng|te, hat ver|sengt⟩ etwas ~ *oberflächlich anbrennen, durch Hitze fleckig machen od. beschädigen*

ver|sen|ken ⟨V.; ver|senkt, ver|senk|te, hat ver|senkt⟩ **I** ⟨V. trans.⟩ etwas ~ **1** ein Schiff ~ *zum Sinken (unter Wasser) bringen, untergehen lassen* **2** etwas in der Erde ~ *vergraben* **II** ⟨V. refl.; übertr.⟩ sich in etwas ~ *seine Gedanken eingehend auf etwas richten, sich in etwas vertiefen* ▸ sich in ein Buch, eine Arbeit ~

Ver|sen|kung ⟨die; -, -en⟩ **1** *das Versenken (von Schiffen)* **2** ⟨Theat.⟩ *versenk- u. hebbarer Teil des Bühnenbodens* **3** ⟨übertr.⟩ *geistige Sammlung, Meditation* ▸ das ist ganz in der ~ verschwunden ⟨übertr.; umg.⟩ *ganz in Vergessenheit geraten*

ver|ses|sen ⟨Adj.⟩ auf etwas ~ sein *etwas unbedingt (immer wieder) haben, hören, sehen wollen* ▸ er ist ganz ~ auf Krimis; Abl *Versessenheit*

ver|set|zen ⟨V. trans.; ver|setzt, ver|setz|te, hat ver|setzt⟩ **1** etwas ~ **1.1** *an eine andere Stelle setzen* **1.2** *verpfänden* **1.3** ⟨bei der direkten Rede⟩ *antworten, erwidern* **2** jmdn. ~ **2.1** *an eine andere Dienststelle beordern* (Beamten) **2.2** *in die nächsthöhere Klasse überführen* (Schüler) **2.3** ⟨umg.⟩ *jmdn. vergeblich warten lassen, eine Verabredung mit jmdm. nicht einhalten* ▸ „Ich weiß es nicht", versetzte er ▸ einen Ofen, eine Wand ~; Pflanzen ~ *verpflanzen;* jmdm. einen Schlag, Fußtritt, Rippenstoß ~ *geben;* jmdm. einen (schweren) Schlag ~ ⟨übertr.⟩ *jmdn. schwer treffen, seelisch verwunden;* jmdm. einen Schock ~ *jmdn. schockieren;* seine Uhr, seinen Schmuck ~ ▸ jmdn. in Aufregung, Erstaunen, Schrecken, Trauer, Zorn ~ *in jmdm. Aufregung usw. hervorrufen;* sich in jmdn., in jmds. Lage ~ *sich in jmds. Lage einfühlen, seine Gefühle nachempfinden;* jmdn. in die Lage ~, etwas zu tun *jmdn. befähigen, es jmdm. ermöglichen, etwas zu tun;* jmdn. in den Ruhestand ~; er ist nach Hannover versetzt worden ▸ in diesem Schloss fühlt man sich in vergangene Zeiten versetzt *kann man sich das Leben vergangener Zeiten lebhaft vorstellen;* der Junge ist nicht versetzt worden *er ist sitzengeblieben, er muss die Klasse wiederholen;* Abl *Versetzung*

ver|seu|chen ⟨V. trans.; ver|seucht, ver|seuch|te, hat ver|seucht⟩ etwas (mit etwas) ~ *mit Krankheitskeimen, radioaktiven od. chem. Stoffen durchsetzen, infizieren;* Abl *Verseuchung*

ver|si|chern ⟨V.; ver|si|chert, ver|si|cher|te, hat ver|si|chert⟩ **I** ⟨V. trans.⟩ **1** (jmdm.) etwas ~ *(jmdm. gegenüber) etwas als wahr beteuern* **2** jmdn., sich od. etwas ~ *eine Versicherung (für jmdn. od. sich bzw. über etwas) abschließen* ▸ sie hat mir versichert, dass sie davon nichts wusste; ich versichere Ihnen, dass keine Gefahr besteht ▸ ich möchte das Gepäck, das Paket ~ ▸ das Haus ist hoch versichert ▸ ich versichere an Eides statt, dass ich unschuldig bin; seinen Hausrat gegen Feuer, Wasserschaden, Einbruch ~ ▸ seien Sie versichert, dass wir Ihnen helfen werden *bitte glauben Sie, dass wir Ihnen helfen* **II** ⟨V. refl.; geh.⟩ sich einer Sache ~ *sich davon überzeugen, dass eine Sache so ist, wie sie sein soll*

Ver|si|cher|te(r) ⟨die; -n, -n (der; -n, -n)⟩ *jmd., der eine Versicherung abgeschlossen hat, Versicherungsnehmer(in)*

Ver|si|cher|ten|kar|te ⟨die; -, -n⟩ *von der Krankenversicherung ausgestellte Karte mit den Personalien des Versicherten, Krankenversicherungskarte*

Ver|si|che|rung ⟨die; -, -en⟩ **1** *das Versichern, Beteuerung* **2** *Vertrag darüber, dass jmd. gegen einen regelmäßig zu zahlenden Betrag in einem bestimmten Fall den Schaden trägt;* Zus *Versicherungsbeitrag, Versicherungsschutz, Versicherungssumme; Feuerversicherung, Haftpflichtversicherung, Hausratversicherung, Lebensversicherung, Reiserücktrittsversicherung, Unfallversicherung* **3** *Unternehmen, das Personen u. Sachen gegen Schäden usw. versichert;* Zus *Versicherungsgesellschaft*

Ver|si|che|rungs|fall ⟨der; -(e)s, -fäl|le⟩ *Schadensfall, Fall, in dem die Versicherung (3) eine Leistung erbringen muss* ▸ im ~ Zahlungen leisten

Ver|si|che|rungs|pflicht ⟨die; -; unz.⟩ *Pflicht zur Versicherung gegen Krankheit, Arbeitslosigkeit, Unfälle o. Ä.;* Abl *versicherungspflichtig*

ver|si|ckern ⟨V. intr.; ver|si|ckert, ver|si|cker|te, ist ver|si|ckert⟩ *langsam abfließen, allmählich von der Erde aufgesaugt werden* ▸ Wasser versickert im Sand

ver|sie|geln ⟨V. trans.; ver|sie|gelt, ver|sie|gel|te, hat ver|sie|gelt⟩ **1** einen Brief, eine Tür ~ *mit Siegel verschließen* **2** das Parkett ~ *mit Kunstharzlack lackieren;* Abl *Versiegelung*

ver|sie|gen ⟨V. intr.; ver|siegt, ver|sieg|te, ist versiegt⟩ *zu fließen aufhören* ▸ eine ~de Quelle; seine Schaffenskraft ist versiegt ⟨übertr.⟩

ver|siert ⟨[vɛr-] Adj.⟩ *in einer Sache bewandert, erfahren* ▸ ein ~er Fachmann; Abl *Versiertheit*

ver|sil|bern ⟨V. trans.; ver|sil|bert, ver|sil|ber|te, hat ver|sil|bert⟩ **1** Metall ~ *mit einer Silberschicht überziehen* **2** ⟨übertr.; umg.; scherzh.⟩ etwas ~ *veräußern, verkaufen, zu Geld machen*

ver|sin|ken ⟨V. intr.; ver|sinkt, ver|sank, ist versun|ken⟩ **1** *(im Wasser) untergehen* (Schiff) **2** in etwas ~ **2.1** *(völlig od. nur zum Teil) einsinken* **2.2** ⟨übertr.⟩ *ganz in etwas aufgehen, sich völlig an etwas hingeben* ▸ wenn er Musik hört, versinkt alles um ihn herum ⟨übertr.⟩ *hört u. sieht er nichts anderes mehr* ▸ ich hätte vor Verlegenheit im **Boden** ~ können; in **Gedanken** ~ ⟨übertr.⟩ *sehr nachdenklich werden u. die Umwelt vergessen;* in **Schlaf** ~ *einschlafen;* bis zu den Knien im **Schnee,** im Sumpf ~

Ver|si|on ⟨[vɛr-] die; -, -en⟩ **1** *Fassung* **2** *Lesart*

ver|skla|ven ⟨V. trans.; ver|sklavt, ver|sklav|te, hat ver|sklavt⟩ jmdn. ~ **1** *zum Sklaven machen* **2** ⟨übertr.⟩ *unterdrücken, zu absolutem Gehorsam zwingen;* Abl *Versklavung*

Vers|maß ⟨das; -es, -e⟩ *Einheit zum Aufbau eines Verses, Metrum*

ver|snobt ⟨Adj.; -er, am -es|ten; abwertend⟩ *zum Snob geworden*

ver|sof|fen ⟨Adj.; umg.⟩ *viel u. oft Alkohol trinkend* ▸ er ist ein ~er Mensch

ver|söh|nen ⟨V.; ver|söhnt, ver|söhn|te, hat versöhnt⟩ **I** ⟨V. refl.⟩ sich (mit jmdm.) ~ *(mit jmdm.) Frieden schließen, einen Streit (mit jmdm.) beilegen* ▸ wir haben uns (wieder) versöhnt; er hat sich mit seinem Vater wieder versöhnt **II** ⟨V. trans.⟩ **1** jmdn. (mit jmdm.) ~ *zwischen zwei Parteien Frieden stiften, ihren Streit beilegen* **2** jmdn. ~ *jmdn. wieder freundlich stimmen* ▸ die Götter ~ ⟨Myth.⟩; Abl *Versöhnung*

ver|söhn|lich ⟨Adj.⟩ **1** *stets zum Sichversöhnen bereit, nicht nachtragend* (Person) **2** *ausgleichend, vermittelnd, auf Versöhnung bedacht* (Worte, Haltung, Verhalten); Abl *Versöhnlichkeit*

ver|son|nen ⟨Adj.⟩ *träumerisch, nachdenklich*

ver|sor|gen ⟨V. trans.; ver|sorgt, ver|sorg|te, hat ver|sorgt⟩ **1** jmdn. ~ *jmdn. mit allem Notwendigen versehen, für jmds. Unterhalt sorgen* **2** sich od. jmdn. mit etwas ~ *sich od. jmdm. etwas beschaffen, verschaffen* ▸ seine **Kinder** ~; er hat fünf Kinder zu ~; **Kranke** ~; **Tiere** mit Futter ~ ▸ sich od. jmdn. **mit** Lebensmitteln ~; sich **selbst** ~ *für sich selbst sorgen, bes. sein Essen selbst bereiten;* Abl *Versorger(in), Versorgung*

ver|spannt ⟨Adj.⟩ **1** *aufgrund ständigen Angespanntseins verhärtet u. schmerzhaft* (Muskel) **2** ⟨übertr.⟩ *leicht feindselig* (Beziehung) ▸ ~ sein ⟨eigtl.⟩ *verspannte Muskeln haben*

Ver|span|nung ⟨die; -, -en; meist Pl.⟩ **1** *verspannter (u. schmerzender) Muskel* **2** ⟨übertr.⟩ *leicht feindselige Stimmung* ▸ sie leidet unter starken ~en der Rückenmuskulatur

ver|spä|ten ⟨V. refl.; ver|spä|tet sich, ver|spä|te|te sich, hat sich ver|spä|tet⟩ sich ~ *später als erwartet, als vorgesehen kommen, zu spät kommen* ▸ ich habe mich leider etwas verspätet; der Zug hat sich verspätet; der Zug ist verspätet angekommen

Ver|spä|tung ⟨die; -, -en⟩ *das Sichverspäten, späteres Eintreffen als vorgesehen* ▸ der Zug ist mit einer Stunde ~ abgefahren; der Zug hat ~ *er kommt später als im Fahrplan vorgesehen;* der Zug hat drei Stunden ~

ver|spei|sen ⟨V. trans.; ver|speist, ver|speis|te, hat ver|speist⟩ etwas ~ *(auf)essen*

ver|sper|ren ⟨V. trans.; ver|sperrt, ver|sperr|te, hat ver|sperrt⟩ **1** eine Tür ~ *zuschließen, verschließen* **2** (jmdm.) etwas ~ *durch Hindernisse sperren, unzugänglich machen* ▸ ein Gebäude versperrt die Aussicht *nimmt, verhindert die A.*

ver|spie|len ⟨V.; ver|spielt, ver|spiel|te, hat verspielt⟩ **I** ⟨V. trans.⟩ Geld ~ *beim Spiel verlieren* **II** ⟨V. intr.; ver|spielt, ver|spiel|te, hat ver|spielt⟩ bei jmdm. ~ *jmds. Gunst, Wohlwollen verlieren* ▸ er hat bei mir verspielt; →a. *verspielt*

ver|spielt **I** ⟨Part. Perf. von⟩ *verspielen* **II** ⟨Adj.; -er, am -es|ten⟩ **1** *nur an das Spielen denkend* **2** *heiter u. verziert* ▸ ein ~es Kind

ver|spon|nen ⟨Adj.⟩ *verrückt, überspannt, sonderbar* ▸ ein ~er Mensch; ~e Ansichten äußern

ver|spot|ten ⟨V. trans.; ver|spot|tet, ver|spot|te|te, hat ver|spot|tet⟩ jmdn. od. etwas ~ *boshaft über jmdn. od. etwas lachen;* Abl *Verspottung*

ver|spre|chen ⟨V.; ver|spricht, ver|sprach, hat verspro|chen⟩ **I** ⟨V. trans.⟩ **1** (jmdm.) etwas ~ *zusichern, ausdrücklich erklären, etwas bestimmt zu tun* **2** etwas ~ *verheißen, hoffen lassen, erwarten lassen* ▸ das Wetter verspricht schön zu werden ▸ jmdm. eine **Belohnung,** Geld ~; sein Gesicht versprach nichts **Gutes** ▸ er hat es mir **fest** versprochen; jmdm. etwas **hoch** und heilig ~ ⟨verstärkend⟩; er verspricht **viel** und hält nichts ▸ ich verspreche mir **von** dieser Behandlung einen guten Erfolg *ich glaube, hoffe, dass diese B. guten E. haben wird;* ich verspreche mir viel, nichts davon *ich erhoffe mir, ich erwarte viel, nichts davon;* ich habe mir von dem Buch, Film mehr versprochen *ich habe geglaubt, das Buch, der Film wäre besser* ▸ ein viel ~des / vielversprechendes Buch; wie versprochen, schicke ich dir anbei das Buch **II** ⟨V. refl.⟩ sich ~ *etwas versehentlich anders sagen, ein Wort anders aussprechen, als man beabsichtigt hat* ▸ Entschuldigung, ich habe mich versprochen

Ver|spre|chen ⟨das; -s, -⟩ *feste Zusage, Zusicherung* ▸ jmdm. das ~ **abnehmen,** etwas zu tun; sein ~ **einlösen,** erfüllen; jmdm. das ~ **geben,** etwas zu tun; sein ~ nicht **halten** ▸ er verabschiedete sich **mit** dem ~ wiederzukommen

Ver|spre|cher ⟨der; -s, -⟩ *versehentlich falsches Aus-*

V

sprechen (u. Berichtigen) eines Wortes ▸ abgesehen von einigen ~n spielte er seine Rolle gut

Ver|spre|chung ⟨die; -, -en⟩ *das Versprechen, Zusicherung* ▸ große ~en machen *viel versprechen (was man nicht zu halten vermag);* leere ~en *Versprechungen, die nicht eingehalten werden*

ver|sprit|zen ⟨V. trans.; ver|spritzt, ver|spritz|te, hat ver|spritzt⟩ Wasser, Farbe, Gift, Tinte ~ *versprühen, in Tropfen verstreuen*

ver|sprü|hen ⟨V. trans.; ver|sprüht, ver|sprüh|te, hat ver|sprüht⟩ etwas ~ *in feine Tropfen verteilen, zerstäuben* ▸ Parfüm im Zimmer ~

ver|spü|ren ⟨V. trans.; ver|spürt, ver|spür|te, hat ver|spürt⟩ etwas ~ *spüren, innerlich empfinden* ▸ das Bedürfnis, den Wunsch ~, allein zu sein

ver|staat|li|chen ⟨V. trans.; ver|staat|licht, ver|staat-lich|te, hat ver|staat|licht⟩ Privatbetriebe ~ *in Staatseigentum überführen;* Abl *Verstaatlichung*

Ver|stand ⟨der; -(e)s; unz.⟩ *zum Auffassen, Erkennen u. Beurteilen notwendige Fähigkeit, Denkfähigkeit* ▸ ~ **haben;** da hat er mehr Glück als ~ gehabt! ⟨umg.⟩; hat er denn den ~ **verloren?** ⟨übertr.; umg.⟩ *was denkt er sich eigentlich?* ▸ einen **klaren,** scharfen ~ haben ▸ man muss doch **an** seinem ~ zweifeln! ⟨umg.⟩ *es ist unverständlich, wie er so etwas hat tun, sagen können!;* du bist wohl nicht ganz **bei** ~? *was denkst du dir eigentlich?, das ist doch Unsinn!;* etwas **mit** ~ tun *mit Überlegung tun;* das geht **über** meinen ~ ⟨umg.⟩ *das verstehe ich nicht;* du bringst mich noch **um** den ~! ⟨umg.⟩ *du machst mich noch verrückt!*

ver|stän|dig ⟨Adj.⟩ *besonnen, einsichtig, vernünftig* ▸ ~ handeln; Abl *Verständigkeit*

verständlich/verständig

Auch wenn die Adjektive *verständlich* und *verständig* einander auf den ersten Blick sehr ähneln, haben sie unterschiedliche Bedeutungen. *Verständlich* meint „(gut) zu verstehen, klar, deutlich“: *Das ist ein gut verständlicher Text. Sein Verhalten ist verständlich.*
Dagegen bedeutet *verständig* „voller Verständnis, einsichtig, vernünftig“: *Das Kind ist sehr verständig. Er zeigte sich ausgesprochen verständig.*

ver|stän|di|gen ⟨V.; ver|stän|digt, ver|stän|dig|te, hat ver|stän|digt⟩ **I** ⟨V. trans.⟩ **1** die Polizei ~ *benachrichtigen* **2** jmdn. über od. von etwas ~ *jmdm. etwas mitteilen, was er unbedingt wissen muss* **II** ⟨V. refl.⟩ **1** sich (mit jmdm.) ~ *mit jmdm. so sprechen, dass jeder den anderen versteht* **2** ⟨übertr.⟩ sich mit jmdm. (über etwas) ~ *sich mit jmdm. (über etwas) einigen* ▸ er konnte etwas Deutsch und ich etwas Französisch, so haben wir uns ganz gut miteinander ~ können; wir haben uns bereits über das weitere Vorgehen verständigt

Ver|stän|di|gung ⟨die; -; unz.⟩ **1** *das Verständigen, Benachrichtigung* **2** *das Sichverständigen (mit jmdm.);* Zus *Verständigungsmittel, Verständigungsschwierigkeit* **3** ⟨übertr.⟩ *friedlicher Ausgleich (von Meinungsverschiedenheiten), Einigung* ▸ die ~ am Telefon war sehr schlecht

ver|ständ|lich ⟨Adj.⟩ **1** *hörbar* **2** *begreiflich, dem Sinn nach erfassbar, klar* ▸ jmdm. etwas ~ machen *jmdm. etwas erklären;* sich ~ machen *so sprechen, dass es gehört u. begriffen wird;* ich kann so viel Italienisch, dass ich mich in Italien ~ machen kann; der Lärm war so groß, dass ich mich kaum ~ machen konnte; sein Vortrag war schwer ~; Abl *Verständlichkeit*

Ver|ständ|nis ⟨das; -nis|ses; unz.⟩ *das Verstehenkönnen, Einfühlungsvermögen* ▸ für jmdn. od. etwas ~ haben *sich gut in jmdn. od. etwas einfühlen können;* für Unzuverlässigkeit habe ich kein ~ *U. missfällt mir;* sie zeigte viel ~ für seine Probleme; Abl *verständnisvoll*

ver|ständ|nis|los ⟨Adj.⟩ *ohne Verständnis, nicht verstehen könnend* ▸ er sah sie ~ an; sie steht der Popmusik ~ gegenüber; Abl *Verständnislosigkeit*

ver|stär|ken ⟨V.; ver|stärkt, ver|stärk|te, hat verstärkt⟩ **I** ⟨V. trans.⟩ etwas ~ **1** eine Befestigung, Mauer ~ *stärker machen* **2** die Truppen, Zweifel ~ *vermehren, vergrößern* **3** die Anstrengung, Spannung, den Widerstand ~ *erhöhen* **4** die Farbe, die Stimme, den Ton ~ *intensiver machen;* Abl *Verstärkung* **II** ⟨V. refl.⟩ sich ~ **1** *stärker werden, kräftiger werden* **2** ⟨übertr.⟩ *zunehmen, wachsen* ▸ der Sturm hat sich verstärkt

Ver|stär|ker ⟨der; -s, -; El.⟩ *Gerät (an Stereoanlagen), das elektromagnetische Wellen stärker macht*

ver|stau|ben ⟨V. intr.; ver|staubt, ver|staub|te, ist ver|staubt⟩ *sich mit Staub bedecken* ▸ die Bücher ~ im Regal; →a. *verstaubt*

ver|staubt I ⟨Part. Perf. von⟩ *verstauben* **II** ⟨Adj.; übertr.; abwertend⟩ *veraltet, nicht mehr zeitgemäß, unmodern* ▸ er hat ~e Ansichten

ver|stau|chen ⟨V. trans.; ver|staucht, ver|stauch|te, hat ver|staucht⟩ sich die Hand, den Fuß ~ *sich durch ungeschickte Bewegung od. Sturz Gelenkbänder zerren;* Abl *Verstauchung*

ver|stau|en ⟨V. trans.; ver|staut, ver|stau|te, hat ver|staut⟩ etwas (irgendwo) ~ *gut verteilt unterbringen* ▸ Koffer, Gepäck im Auto ~

Ver|steck ⟨das; -(e)s, -e⟩ *Ort, an dem etwas versteckt ist od. werden kann, an dem man sich versteckt hat od. verstecken kann, verborgener Ort* ▸ ~ spielen; →a. *verstecken, Versteckspiel*

ver|ste|cken ⟨V.; ver|steckt, ver|steck|te, hat versteckt⟩ **I** ⟨V. trans.⟩ jmdn. od. etwas ~ *verbergen, wegbringen, so dass niemand es od. ihn findet od. sieht* ▸ jmdm. die **Brille,** Schuhe ~ (als Streich) ▸ Verstecken **spielen** *das Versteckspiel spielen;* mit jmdm. Verstecken spielen ⟨übertr.⟩ *ihn irreführen, im Ungewissen lassen* ▸ die Hand **hinterm** Rücken ~; einen Gegenstand **vor** jmdm. ~ **II** ⟨V. refl.⟩ sich ~ *sich verbergen, verschwinden* ▸ sich **hinter** jmdm. od. etwas ~ ⟨übertr.⟩ *jmdn. od. etwas als Vorwand benutzen;* sich hinter einem Busch ~; der Täter hatte sich **im** Gebüsch versteckt; **neben,** vor ihr muss ich mich ~

⟨übertr.; umg.⟩ *mit ihr kann ich mich nicht messen* ▸ wo hat er sich bloß versteckt?; →a. *versteckt*

Ver|steck|spiel ⟨das; -(e)s, -e⟩ **1** *Kinderspiel, bei dem sich mehrere Kinder verstecken u. ein anderes Kind sie suchen muss* **2** ⟨übertr.⟩ *Heimlichtuerei* ▸ ich habe genug von diesem ~ ⟨übertr.⟩

ver|steckt **I** ⟨Part. Perf. von⟩ *verstecken* **II** ⟨Adj.⟩ **1** *verborgen, ungesehen, nur schwer erkennbar* **2** ⟨übertr.⟩ *heimlich, nicht offen ausgesprochen, angedeutet* ▸ eine ~e Bosheit; ein ~er Platz; sie hörte aus seinen Worten einen ~en Vorwurf heraus; mit ~em Spott; sich ~ halten *sich verborgen halten;* das Haus liegt ganz ~ im Wald

ver|ste|hen ⟨V.; ver|steht, ver|stand, hat ver|standen⟩ **I** ⟨V. trans.⟩ **1** jmdn. od. etwas ~ *hören (können)* **2** etwas ~ *begreifen, den Sinn von etwas erfassen, beherrschen, gelernt haben* **3** jmdn. ~ **3.1** *den Sinn dessen, was jmd. sagt, erfassen, begreifen können* **3.2** *sich in jmds. Lage versetzen können* ▸ jetzt verstehe ich (es)!; ich verstehe dich nicht!; das wirst du erst ~, wenn du älter bist; er versteht (es gut), mit Kindern umzugehen ▸ **Englisch,** Französisch ~; ich verstehe etwas Englisch, kann es aber selbst nicht sprechen; ich habe seine **Reaktion** gut verstanden; diesen **Satz** verstehe ich nicht; **Spaß** ~ *einen Spaß nicht gleich übelnehmen;* keinen Spaß ~ *humorlos, überempfindlich sein;* dieses **Wort,** diesen Satz verstehe ich nicht; sprich lauter, ich verstehe kein Wort!; bei dem Lärm kann man sein eigenes Wort nicht ~ ▸ jmdm. etwas zu ~ **geben** *jmdm. etwas andeutend sagen* ▸ etwas **falsch,** richtig ~; etwas falsch ~ ⟨übertr.⟩ *etwas falsch deuten (u. übelnehmen);* bitte ~ Sie mich nicht falsch, wenn ich Ihnen das sage; ich kann Sie **gut** ~ ⟨a. übertr.⟩; das Buch ist **leicht,** schwer zu ~; wenn ich dich **richtig** verstanden habe, so meinst du, dass ...; ich habe ihn am Telefon nur **schwer,** schlecht, kaum ~ können ▸ wir ~ **unter** „Globalisierung" Folgendes: ... *wir meinen damit ...;* etwas **von** einer Sache ~ *Kenntnisse in einer S. haben, eine S. beherrschen;* von Musik, von Technik verstehe ich nichts; davon verstehst du nichts! *(als ablehnende Antwort, wenn man Fragen zurückweisen will)* ▸ **wie** soll ich das ~? *wie ist das gemeint?* ▸ verstanden? *(hast du es) begriffen?;* ⟨umg.⟩ *merk dir das, ich sage es nicht noch einmal! (als Zurechtweisung)* **II** ⟨V. refl.⟩ **1** sich ~ *klar sein, selbstverständlich sein* **2** sich (mit jmdm.) ~ *selten miteinander Streit haben, geistig verwandt sein, die gleichen Interessen, Ansichten, Ziele haben* ▸ versteht sich! *natürlich!; gewiss!; klar!;* das versteht sich von selbst *das ist doch selbstverständlich;* die beiden ~ sich gut, schlecht; wir ~ uns nicht ▸ sich **auf** etwas ~ *Übung in etwas haben, etwas gelernt haben;* er versteht sich auf die Behandlung schwieriger Patienten; ich verstehe mich gut, schlecht, nicht **mit** ihr

ver|stei|fen ⟨V.; ver|steift, ver|steif|te, hat ver|steift⟩ **I** ⟨V. trans.⟩ etwas ~ **1** *steif machen* **2** *verstärken, stützen, abstützen* ▸ einen Kragen ~; eine Brücke, Decke mit Pfeilern ~; Abl *Versteifung* **II** ⟨V. refl.⟩ **1** sich ~ *steif werden* (Glied, Gelenk) **2** sich auf etwas ~ *etwas unbedingt wollen*

ver|stei|gen ⟨V. refl.; ver|steigt sich, ver|stieg sich, hat sich ver|stie|gen⟩ sich zu etwas ~ *sich etwas anmaßen* ▸ er hat sich zu der Behauptung verstiegen, dass er ihn besiegen wird; →a. *verstiegen*

ver|stei|gern ⟨V. trans.; ver|stei|gert, ver|stei|ger|te, hat ver|stei|gert⟩ etwas ~ *durch Ausbieten zum bestmöglichen Preis verkaufen* ▸ Bilder, Möbel ~

Ver|stei|ge|rer ⟨der; -s, -⟩ *jmd., der (beruflich) fremdes Eigentum versteigert;* Syn *Auktionator*

Ver|stei|ge|rung ⟨die; -, -en⟩ *das Versteigern;* Syn *Auktion*

ver|stei|nert ⟨Adj.⟩ *zu Stein geworden* ▸ mit ~er Miene *ohne Gefühlsausdruck;* wie ~ dastehen *starr vor Erstaunen;* Abl *Versteinerung*

ver|stell|bar ⟨Adj.⟩ *so beschaffen, dass man es verstellen kann, beweglich* ▸ der Hebel ist ~

ver|stel|len ⟨V.; ver|stellt, ver|stell|te, hat ver|stellt⟩ **I** ⟨V. trans.⟩ **1** einen Gegenstand, ein Maschinenteil ~ *anders stellen, an einen anderen Platz stellen, umstellen* **2** ein Signal, eine Weiche ~ *in eine andere Stellung bringen* **3** etwas ~ *anders einstellen* **4** (jmdm.) etwas ~ *versperren, unzugänglich machen* **5** ⟨übertr.⟩ seine Stimme ~ *so verändern, dass ein anderer sie nicht erkennt* ▸ die Uhr ~ *ihre Zeiger anders stellen;* jmdm. den Weg ~; die Tür mit Möbeln ~; mit verstellter Stimme sprechen **II** ⟨V. refl.⟩ sich ~ *sich anders geben, als man ist, heucheln, etwas vortäuschen* ▸ er kann sich gut, schlecht, nicht ~; Abl *Verstellung*

ver|steu|ern ⟨V. trans.; ver|steu|ert, ver|steu|er|te, hat ver|steu|ert⟩ etwas ~ *Steuern für etwas zahlen* ▸ sein Einkommen ~; Abl *Versteuerung*

ver|stim|men ⟨V. trans.; ver|stimmt, ver|stimm|te, hat ver|stimmt⟩ **1** ein Instrument ~ *falsch stimmen* **2** ⟨übertr.⟩ jmdn. ~ *jmdm. die gute Stimmung verderben, jmdn. verärgern, in schlechte Laune versetzen* ▸ verstimmt sein ⟨übertr.⟩ *ärgerlich sein;* das Klavier ist verstimmt *hat keinen reinen Klang mehr;* Abl *Verstimmung*

ver|stockt ⟨Adj.; -er, am -es|ten⟩ *halsstarrig, uneinsichtig, trotzig;* Abl *Verstocktheit*

ver|stoh|len ⟨Adj.⟩ *heimlich, unauffällig* ▸ sich ~ umschauen; etwas ~ in die Tasche stecken

ver|stop|fen ⟨V. trans.; ver|stopft, ver|stopf|te, hat ver|stopft⟩ ein Loch, eine Öffnung (mit etwas) ~ *zustopfen, verschließen* ▸ das Schlüsselloch mit Papier ~; der Abfluss, Ausguss ist verstopft *ist verschmutzt u. lässt nichts abfließen;* die Straße ist verstopft *durch zu viele Fahrzeuge versperrt*

Ver|stop|fung ⟨die; -, -en⟩ **1** *das Verstopfen* **2** ⟨Med.⟩ *erschwerte Darmentleerung*

ver|stört ⟨Adj.⟩ *aus dem seelischen Gleichgewicht gebracht, zutiefst erschüttert, verwirrt* ▸ er ist wegen des Unfalls noch ganz ~; Abl *Verstörtheit*

Ver|stoß ⟨der; -es, -stö|ße⟩ *Verletzung (einer Regel, eines Gesetzes), Verfehlung, Zuwiderhandlung* ▸ ~ gegen die guten Sitten

ver|sto|ßen ⟨V.; ver|stößt, ver|stieß, hat ver|sto-

V

ßen⟩ **I** ⟨V. trans.⟩ seinen Sohn ~ *von sich stoßen, fortjagen, hinauswerfen* **II** ⟨V. intr.⟩ gegen eine Vorschrift ~ *eine V. verletzen*

ver|strah|len ⟨V. trans.; ver|strahlt, ver|strahl|te, hat ver|strahlt⟩ etwas ~ *durch Strahlung radioaktiv verseuchen* ▸ Atomkraftwerke ~ die Umwelt; verstrahltes Gebiet; Abl *Verstrahlung*

ver|strei|chen ⟨V.⟩ **I** ⟨V. trans.; ver|streicht, verstrich, hat ver|stri|chen⟩ Butter, Farbe, Salbe (auf etwas) ~ *breit streichen, verreiben* **II** ⟨V. intr.; ver|streicht, ver|strich, ist ver|stri|chen⟩ *ablaufen, vorübergehen* (Frist, Zeit) ▸ es sind bereits zwei Monate, Jahre verstrichen, seit …; eine Gelegenheit ungenutzt ~ lassen

ver|streu|en ⟨V. trans.; ver|streut, ver|streu|te, hat ver|streut⟩ Körner ~ *streuend ausbreiten, verteilen* ▸ (versehentlich) Salz, Zucker ~

ver|stri|cken ⟨V. trans.; ver|strickt, ver|strick|te, hat ver|strickt; übertr.⟩ jmdn. od. sich in etwas ~ *in etwas verwickeln, hineinziehen* ▸ sich in Widersprüche ~ ⟨übertr.⟩ *einander widersprechende Aussagen machen;* Abl *Verstrickung*

ver|strö|men ⟨V. trans.; ver|strömt, ver|ström|te, hat ver|strömt⟩ etwas ~ *von sich geben, verschwenderisch verbreiten, ausströmen* ▸ Rosen ~ einen betörenden Duft; Abl *Verströmung*

ver|stüm|meln ⟨V. trans.; ver|stüm|melt, ver|stümmel|te, hat ver|stüm|melt⟩ **1** jmdn. ~ *durch Abtrennung eines od. mehrerer Glieder schwer verletzen* **2** eine Nachricht, einen Text ~ *durch Unachtsamkeit od. Missverständnis entstellen, verkürzen* ▸ sich selbst ~; Abl *Verstümmelung*

ver|stum|men ⟨V. intr.; ver|stummt, ver|stumm|te, ist ver|stummt⟩ *stumm werden, aufhören zu sprechen bzw. zu tönen* ▸ der Lärm verstummte, als er den Raum betrat; vor Schreck ~

Ver|such ⟨der; -(e)s, -e⟩ *Handlung, durch die man etwas erkunden, prüfen od. erreichen will, Probe, Experiment* ▸ einen ~ **machen** (in der Chemie, Physik); den ~ machen, über eine Mauer zu klettern ▸ **aussichtsloser,** vergeblicher, geglückter, missglückter ~; **chemischer,** physikalischer, psychologischer ~; der **erste** ~ misslang; es gelang erst beim **dritten** ~, die Tür aufzubrechen; das soll mein **letzter** ~ sein; er machte einen **verzweifelten** ~, sich zu befreien ▸ es kommt **auf** den ~ an *es muss erprobt werden;* Zus *Atomwaffenversuch, Fluchtversuch, Flugversuch*

ver|su|chen ⟨V.; ver|sucht, ver|such|te, hat versucht⟩ **I** ⟨V. trans.⟩ **1** etwas ~ **1.1** *etwas tun, um etwas zu erproben, zu prüfen, zu erreichen* **1.2** *etwas tun, um zu sehen, ob man es kann* **1.3** *kosten, schmeckend prüfen* (Speisen) **1.4** *sich bemühen (etwas zu tun)* **2** ⟨geh.⟩ jmdn. ~ *auf die Probe stellen, zum Bösen verlocken* ▸ ich habe **alles** (Mögliche) versucht, aber es war vergeblich; sein **Glück** ~ *etwas wagen* ▸ er versuchte, es ihr zu **erklären;** ich will ~ zu **kommen; lass** mich es einmal ~!; versuch(e) nicht, mich zu **überreden,** mich umzustimmen ▸ es **mit** etwas od. jmdm. ~ *prüfen, wie etwas od. jmd. sich bewährt;* ich habe es mit Güte versucht ▸ jmdn. wegen versuchten Totschlags verhaften **II** ⟨V. refl.⟩ sich an od. in etwas ~ *ausprobieren, ob einem etwas gelingt* ▸ sich **an** einem Thema ~ *ein Th. zu gestalten, zu bearbeiten suchen;* ich habe mich schon einmal an Bachs Flötensonaten versucht, aber sie sind mir zu schwer; sich **in** einem Handwerk ~ *ein H. zu erlernen suchen*

Ver|suchs|ka|nin|chen ⟨das; -s, -; übertr.⟩ *jmd., den man für eine Erprobung missbraucht*

Ver|suchs|per|son ⟨die; -, -en⟩ *Person, mit der (bes. psychologische) Versuche gemacht werden*

Ver|suchs|tier ⟨das; -(e)s, -e⟩ *Tier, mit dem wissenschaftliche (medizinische, biologische usw.) Versuche gemacht werden*

Ver|su|chung ⟨die; -, -en⟩ *Verlockung zum Bösen, zur Sünde* ▸ ~en ausgesetzt sein; einer ~ erliegen, widerstehen; jmdn. in ~ führen; in ~ geraten, ⟨od.⟩ kommen, etwas zu tun, zu sagen *etwas sehr gern tun wollen (aber dagegen ankämpfen);* ich komme gar nicht in ~, das zu tun

ver|sün|di|gen ⟨V. refl.; ver|sün|digt sich, ver|sündig|te sich, hat sich ver|sün|digt⟩ sich (an jmdm. od. etwas) ~ *eine Sünde, ein Unrecht (an jmdm. od. etwas) begehen;* Abl *Versündigung*

ver|sun|ken **I** ⟨Part. Perf. von⟩ *versinken* **II** ⟨Adj.; übertr.⟩ in den Anblick eines Bildes ~ sein *ein B. nachdenklich betrachten u. die Umwelt vergessen;* Abl *Versunkenheit*

ver|sü|ßen ⟨V. trans.; ver|süßt, ver|süßte, hat versüßt; übertr.⟩ (jmdm.) etwas ~ *angenehmer, leichter machen* ▸ sich den Alltag ~

ver|ta|gen ⟨V. trans.; ver|tagt, ver|tag|te, hat vertagt⟩ etwas ~ *auf einen späteren Zeitpunkt verschieben* ▸ eine Sitzung ~; Abl *Vertagung*

ver|tau|schen ⟨V. trans.; ver|tauscht, ver|tausch|te, hat ver|tauscht⟩ etwas (mit etwas) ~ **1** *austauschen, auswechseln* **2** *verwechseln* ▸ wir ~ ständig unsere Mäntel; Abl *Vertauschung*

ver|tei|di|gen ⟨V. trans.; ver|tei|digt, ver|tei|dig|te, hat ver|tei|digt⟩ **1** jmdn. od. etwas ~ **1.1** *jmdn. od. etwas gegen Angriffe schützen* **1.2** *sich zum Fürsprecher für jmdn. od. etwas machen* **2** jmdn. ~ *vor Gericht vertreten* ▸ einen **Mandanten** ~; einen **Rekord** ~ *sich einen (sportlichen) R. erhalten wollen;* eine **Stadt,** eine militärische Stellung ~; seinen **Standpunkt** ~ ▸ sich **hartnäckig,** standhaft, tapfer ~ ▸ jmdn. od. sich **gegen** einen Vorwurf ~ ▸ der Angeklagte wird von Rechtsanwalt XY verteidigt

Ver|tei|di|ger ⟨der; -s, -⟩ **1** *Jurist, der einen Angeklagten vor Gericht verteidigt* **2** ⟨Sp.; bei Ballspielen⟩ *Spieler, der das Tor zu verteidigen hat;* Syn *Abwehrspieler* **3** ⟨allg.⟩ *Fürsprecher, Beschützer* ▸ sich einen ~ nehmen; Abl *Verteidigerin*

Ver|tei|di|gung ⟨die; -; unz.⟩ **1** *das Verteidigen, das Sichverteidigen, Abwehr von Angriffen* **2** *Militärwesen;* Zus *Verteidigungsminister(in), Verteidigungsministerium, Verteidigungspolitik*

ver|tei|len ⟨V. trans.; ver|teilt, ver|teil|te, hat verteilt⟩ **1** etwas ~ *austeilen, jedem einen Teil von etwas geben* **2** etwas irgendwo ~ *hierhin u. dorthin stellen od. legen* ▸ die **Post** ~; **Preise** an die

Sieger ~; die Rollen ~ ⟨Theat.; a. übertr.⟩ *jedem seine Aufgabe zuweisen* ▸ Zucker auf dem, über den Kuchen ~; Blumen auf den Tischen ~; die Gäste verteilten sich im Garten; Geld unter die Armen ~ ▸ ein Theaterstück mit verteilten Rollen lesen; Abl *Verteilung*

Ver|tei|ler ⟨der; -s, -⟩ **1** *jmd., der etwas verteilt;* Abl *Verteilerin* **2** ⟨El.⟩ *Kasten mit Anschluss- u. Verbindungsklemmen, in dem einzelne Leitungen miteinander verbunden werden* **3** ⟨Kfz; kurz für⟩ *Zündverteiler, Einrichtung in der Zündanlage, die die Zündspannung auf die Zylinder verteilt* **4** ⟨auf Schriftstücken⟩ *Angabe der Personen od. Dienststellen, die eine Kopie erhalten*

ver|teu|ern ⟨V.; ver|teu|ert, ver|teu|er|te, hat ver|teu|ert⟩ **I** ⟨V. trans.⟩ etwas ~ *teurer machen* **II** ⟨V. refl.⟩ sich ~ *teurer werden;* Abl *Verteuerung*

ver|teu|feln ⟨V. trans.; ver|teu|felt, ver|teu|fel|te, hat ver|teu|felt⟩ jmdn. od. etwas ~ *als bösartig, rücksichtslos hinstellen, verfluchen* ▸ die Globalisierung ~; →a. *verteufelt;* Abl *Verteufelung*

ver|teu|felt **I** ⟨Part. Perf. von⟩ *verteufeln* **II** ⟨Adj.; umg.⟩ **II.I** ⟨attr.⟩ *verdammt, verzwickt, unangenehm* ▸ das ist eine ~e Geschichte **II.II** ⟨adv.⟩ *sehr* ▸ ~ schlecht; ~ schwer

ver|tie|fen ⟨V.; ver|tieft, ver|tief|te, hat ver|tieft⟩ **I** ⟨V. trans.⟩ **1** einen Graben, ein Loch ~ *tiefer machen* **2** ein Gespräch, Problem ~ *nachhaltiger, fundierter erörtern* ▸ sein Wissen über eine Sache ~ *tiefer in eine S. eindringen u. dadurch sein Wissen vergrößern;* Abl *Vertiefung* **II** ⟨V. refl.⟩ sich ~ **1** *tiefer werden* **2** ⟨übertr.⟩ *sich verstärken* **3** sich in etwas ~ *sich eingehend mit etwas beschäftigen* ▸ sich in eine Arbeit ~; er war ganz vertieft in sein Spiel

ver|ti|kal ⟨[vɛr-] Adj.⟩ *senkrecht;* Ggs *horizontal*

Ver|ti|ka|le ⟨[vɛr-] die; -n, -n⟩ *Senkrechte;* Ggs *Horizontale*

ver|ti|l|gen ⟨V. trans.; ver|tilgt, ver|tilg|te, hat ver|tilgt⟩ **1** Ungeziefer, Unkraut ~ *vernichten, ausrotten* **2** ⟨übertr.; umg.⟩ etwas ~ *(auf)essen* ▸ er hat drei Würste vertilgt; Abl *Vertilgung*

ver|to|nen ⟨V. trans.; ver|tont, ver|ton|te, hat ver|tont⟩ ein Gedicht, ein Theaterstück ~ *in Musik umsetzen, komponieren;* Abl *Vertonung*

ver|trackt ⟨Adj.; -er, am -es|ten; umg.⟩ *verwickelt, verzwickt, unangenehm* ▸ eine ~e Geschichte

Ver|trag ⟨der; -(e)s, -trä|ge⟩ *schriftlich fixiertes Rechtsgeschäft, Abkommen* ▸ einen ~ (mit jmdm.) abschließen, schließen; diesen ~ sollten Sie nicht unterschreiben; ich möchte den ~ kündigen; langfristiger, kurzfristiger ~; das steht mir laut ~ zu; Abl *vertragsgemäß, vertragswidrig;* Zus *Vertragsabschluss, Vertragsentwurf, Vertragspartner(in), Vertragsrecht; Friedensvertrag, Kaufvertrag, Staatsvertrag, Werkvertrag*

ver|tra|gen ⟨V.; ver|trägt, ver|trug, hat ver|tra|gen⟩ **I** ⟨V. trans.⟩ **1** jmdn. od. etwas ~ *ertragen, aushalten, sich zumuten können, tun od. essen können, ohne dass es einem schadet* **2** ⟨schweiz.⟩ Zeitungen ~ *austragen* ▸ er verträgt keinen Alkohol; ich kann Hitze, Kälte (nicht, gut) ~; er kann Kritik ~ ⟨umg.⟩ *er reagiert nicht empfindlich auf K.;* diese Pflanzen ~ viel, keine Sonne; er verträgt (keinen) Spaß *er versteht (keinen) S.* ▸ bestimmte Speisen gut, schlecht ~ (können); er kann viel ~ *er kann viel essen od. trinken (bes. Alkohol)* **II** ⟨V. refl.⟩ **1** sich (mit jmdm.) ~ *sich (mit jmdm.) gut verstehen* **2** ⟨übertr.⟩ sich (mit etwas) ~ *gut zu etwas passen, mit etwas vereinbar sein* ▸ die beiden Kinder ~ sich gut, schlecht, nicht (miteinander) ▸ diese Behauptung verträgt sich nicht mit seinen sonstigen Ansichten; sich wieder ~ *sich versöhnen;* jetzt vertragt euch wieder!; sie haben sich wieder ~

ver|trag|lich ⟨Adj.⟩ *durch einen Vertrag (festgelegt)* ▸ ich bin ~ gebunden; etwas ~ vereinbaren

ver|träg|lich ⟨Adj.⟩ **1** *sich mit andern Menschen stets gut vertragend, friedlich, umgänglich, nachgiebig* (Person) **2** *so beschaffen, dass man es gut, leicht vertragen kann, bekömmlich* (Speisen) ▸ dieser Wein ist gut ~; Abl *Verträglichkeit*

Ver|trags|bruch ⟨der; -(e)s, -brü|che⟩ *Bruch, Nichteinhaltung eines Vertrages* ▸ einen ~ begehen; Abl *vertragsbrüchig*

ver|trau|en ⟨V. intr.; ver|traut, ver|trau|te, hat vertraut⟩ **1** jmdm. od. auf jmdn. ~ *das Vertrauen zu jmdm. haben, dass er sich in bestimmter Weise verhält* **2** auf etwas ~ *etwas bestimmt erwarten* ▸ jmdm. blind ~; du kannst ihm nicht ~; ich vertraue auf seine Ehrlichkeit; ich vertraue auf mein Glück; auf Gott ~; →a. *vertraut*

Ver|trau|en ⟨das; -s; unz.⟩ *Zuversicht, fester Glaube an die Zuverlässigkeit von jmdm. od. einer Sache, fester Glaube daran, dass jmd. sich in bestimmter Weise verhält* ▸ er hat mein ~ enttäuscht; jmds. ~ genießen; zu jmdm. ~ haben; jmds. ~ missbrauchen; jmdm. sein ~ schenken ▸ blindes, unbedingtes ~ zu jmdm. haben; er hat kein ~ mehr zu mir ▸ im ~ (gesagt) *unter uns;* jmdn. ins ~ ziehen *jmdn. in ein Geheimnis einweihen;* im ~ darauf, dass er zuverlässig ist, habe ich ihm den Auftrag gegeben; Abl *vertrauenswürdig;* Zus *Vertrauensbeweis, Vertrauensbruch, Vertrauensschwund; Vertrauen erweckend / vertrauenerweckend, vertrauensbildend*

Ver|trau|ens|fra|ge ⟨die; -, -n⟩ **1** *Frage, Sache, in der nur das Vertrauen zu jmdm. entscheidend ist (nicht das Können o. Ä.)* **2** ⟨Pol.⟩ *Frage der Regierung od. des Regierungschefs an das Parlament, ob sie noch das Vertrauen des Parlaments genießen* ▸ die ~ stellen; über die ~ abstimmen

Ver|trau|ens|per|son ⟨die; -, -en⟩ *zuverlässige Person, zu der man großes Vertrauen hat*

Ver|trau|ens|sa|che ⟨die; -, -n⟩ *eine Angelegenheit nur des Vertrauens* ▸ das ist ~

Ver|trau|ens|ver|hält|nis ⟨das; -nis|ses, -nis|se⟩ *Beziehung, die auf gegenseitigem Vertrauen beruht* ▸ ein ~ aufbauen; das ~ zu jmdm. zerstören

ver|trau|ens|voll ⟨Adj.⟩ *voller Vertrauen, völlig vertrauend* ▸ sich ~ an jmdn. wenden

ver|trau|lich ⟨Adj.⟩ **1** *nicht für die Allgemeinheit bestimmt* **2** *allzu freundschaftlich, allzu persönlich*

V

3 *vertraut* ▸ ~e Mitteilung ▸ eine Sache ~ behandeln *für sich behalten, nicht weitererzählen;* wenn man freundlich zu ihm ist, wird er sofort ~ ▸ plump~ *zudringlich, aufdringlich;* was ich Ihnen jetzt sage, ist streng ~; Abl *Vertraulichkeit*

ver|träumt 〈Adj.〉 **1** *träumerisch* **2** *abgelegen u. idyllisch* ▸ ein ~es Kind; ein ~er Ort; Abl *Verträumtheit*

ver|traut **I** 〈Part. Perf. von〉 *vertrauen* **II** 〈Adj.; -er, am -es|ten〉 *freundschaftlich-herzlich verbunden, innig* (Freund) ▸ sich mit einer Sache ~ machen *eine S. kennenlernen u. Fertigkeiten darin erwerben;* ~ mit etwas sein *etwas gut kennen od. können;* wir sind sehr ~ miteinander; mit den Vorschriften (nicht) ~ sein; mit jmdm. ~ werden *sich mit jmdm. befreunden;* Abl *Vertrautheit*

Ver|trau|te(r) 〈die; -n, -n (der; -n, -n)〉 *jmd., zu dem man Vertrauen hat, mit dem man vertraut ist* ▸ er ist der engste Vertraute des Präsidenten

ver|trei|ben 〈V. trans.; ver|treibt, ver|trieb, hat vertrie|ben〉 **1** jmdn. od. etwas ~ *wegjagen, verdrängen, verscheuchen* **2** Waren ~ *zum Kauf anbieten, verkaufen* ▸ der Wind hat die Wolken vertrieben; jmdm. od. sich die Zeit mit Spielen ~ *verkürzen, kurzweilig gestalten;* jmds. Sorgen ~; jmdn. von einem Platz ~

Ver|trei|bung 〈die; -, -en〉 *das Vertreiben* ▸ die ~ aus dem Paradies, aus einem Land

ver|tret|bar 〈Adj.〉 *so beschaffen, dass man es vertreten kann* ▸ das ist nicht ~; Abl *Vertretbarkeit*

ver|tre|ten[1] 〈V. trans.; ver|tritt, ver|trat, hat ver|treten〉 **1** etwas ~ *für etwas eintreten, etwas verteidigen, rechtfertigen* **2** jmdn. ~ **2.1** *vorübergehend jmds. Stelle einnehmen* **2.2** *für jmdn. eintreten, seine Rechte wahren* ▸ er vertritt den Abteilungsleiter während dessen Urlaub; eine Behauptung ~; sich die Beine ~ 〈umg.〉 *sich durch Umhergehen Bewegung verschaffen;* eine Firma ~ *als Vertreter den Verkauf von Waren für eine F. vermitteln;* sich den Fuß ~ *verstauchen;* jmds. Interessen ~; er vertritt die Meinung, dass … ▸ jmdn. dienstlich ~ ▸ wie willst du eine solche Handlungsweise vor deinen Vorgesetzten ~?

ver|tre|ten[2] **I** 〈Part. Perf. von〉 *vertreten*[1] **II** 〈Adj.〉 ~ sein *anwesend, vorhanden sein* ▸ bei der Besprechung war die Geschäftsleitung nicht ~ *war kein Vertreter der Geschäftsleitung anwesend*

Ver|tre|ter 〈der; -s, -〉 **1** *jmd., der eine Firma vertritt;* Zus *Handelsvertreter, Versicherungsvertreter* **2** *jmd., der für etwas od. jmdn. eintritt, spricht u. verhandelt;* Zus *Schülervertreter* **3** *jmd., der Teil einer bestimmten Bewegung ist u. ihre Anschauungen repräsentiert* ▸ er hat seinen ~ geschickt; ~ des Surrealismus; ~ der Elternschaft

Ver|tre|te|rin 〈die; -, -rin|nen〉 *weibl. Vertreter*

Ver|tre|tung 〈die; -, -en〉 *das Vertreten* ▸ in ~ des Präsidenten *statt des P.;* Abl *vertretungsweise;* Zus *Handelsvertretung, Stellvertretung*

Ver|trieb 〈der; -(e)s; unz.〉 **1** *das Vertreiben, Verkaufen (von Waren)* **2** *Abteilung in einer Firma, die Bestellungen bucht u. Waren ausliefert;* Zus *Vertriebsleiter(in)*

Ver|triebs|weg 〈der; -(e)s, -e〉 *Weg für den Vertrieb einer Ware, die Art u. Weise, wie eine Ware vertrieben wird* ▸ mehrere ~e nutzen

ver|trock|nen 〈V. intr.; ver|trock|net, ver|trock|nete, ist ver|trock|net〉 *trocken werden, austrocknen, durch Trockenheit absterben* ▸ die Blumen sind vertrocknet; das Brot ist vertrocknet

ver|trö|deln 〈V. trans.; ver|trö|delt, ver|trö|del|te, hat ver|trö|delt; umg.〉 Zeit ~ *mit Nichtstun vergeuden* ▸ ich habe den ganzen Tag vertrödelt

ver|trös|ten 〈V. trans.; ver|trös|tet, ver|trös|te|te, hat ver|trös|tet〉 jmdn. (auf etwas) ~ *jmdn. hinhalten, auf später hoffen lassen* ▸ ich vertröstete ihn auf morgen, auf später

ver|tun 〈V.; ver|tut, ver|tat, hat ver|tan〉 **I** 〈V. trans.〉 etwas ~ *verschwenden* ▸ kostbare Zeit mit Warten ~ **II** 〈V. refl.〉 sich ~ *sich irren* ▸ da habe ich mich vertan

ver|tu|schen 〈V. trans.; ver|tuscht, ver|tusch|te, hat ver|tuscht〉 etwas ~ *verheimlichen, unterdrücken* ▸ eine peinliche Angelegenheit, einen unangenehmen Vorfall ~; Abl *Vertuschung*

ver|übeln 〈V. trans.; ver|übelt, ver|übel|te, hat verübelt〉 jmdm. etwas ~ *übelnehmen*

ver|üben 〈V. trans.; ver|übt, ver|üb|te, hat ver|übt〉 einen Anschlag, ein Attentat ~ *begehen, tun*

ver|ul|ken 〈V. trans.; ver|ulkt, ver|ulk|te, hat verulkt; umg.〉 jmdn. od. etwas ~ *verspotten*

ver|un|glimp|fen 〈V. trans.; ver|un|glimpft, verun|glimpf|te, hat ver|un|glimpft〉 jmdn. ~ *beleidigen, verleumden;* Abl *Verunglimpfung*

ver|un|glü|cken 〈V. intr.; ver|un|glückt, ver|unglück|te, ist ver|un|glückt〉 **1** *einen Unfall erleiden* **2** 〈umg.〉 *misslingen, missraten* ▸ er ist tödlich verunglückt; mit dem Auto ~

ver|un|rei|ni|gen 〈V. trans.; ver|un|rei|nigt, ver|unrei|nig|te, hat ver|un|rei|nigt〉 etwas ~ *beschmutzen, schmutzig machen* ▸ Wasser mit Schadstoffen ~; verunreinigte Luft; Abl *Verunreinigung*

ver|un|si|chern 〈V. trans.; ver|un|si|chert, ver|un|si|cher|te, hat ver|un|si|chert〉 jmdn. ~ *(bewusst) unsicher machen;* Abl *Verunsicherung*

ver|un|stal|ten 〈V. trans.; ver|un|stal|tet, ver|unstal|te|te, hat ver|un|stal|tet〉 jmdn. od. etwas ~ *entstellen, hässlich, unansehnlich machen* ▸ eine Landschaft durch Straßen ~; durch eine Narbe verunstaltetes Gesicht; Abl *Verunstaltung*

ver|un|treu|en 〈V. trans.; ver|un|treut, ver|un|treute, hat ver|un|treut〉 Geld ~ *unterschlagen;* Abl *Veruntreuung*

ver|ur|sa|chen 〈V. trans.; ver|ur|sacht, ver|ur|sachte, hat ver|ur|sacht〉 etwas ~ *die Ursache, der Grund für etwas sein, etwas bewirken* ▸ das verursacht viel Arbeit, Kosten; der Brand hat einen großen Schaden verursacht; einen Skandal ~; Abl *Verursacher(in), Verursachung*

ver|ur|tei|len 〈V. trans.; ver|ur|teilt, ver|ur|teil|te, hat ver|ur|teilt〉 **1** etwas ~ *ablehnend beurteilen, ablehnen* **2** jmdn. (zu einer Strafe) ~ *durch Gerichtsbeschluss eine Strafe über jmdn. verhängen* ▸ jmds. Verhalten ~; jmdn. zu einer Geldstrafe, zu fünf Jahren Gefängnis ~; jmdn. zum Tode ~;

die Sache war von vornherein zum Scheitern verurteilt ⟨übertr.⟩ *es war klar, dass sie misslingen würde;* dazu verurteilt sein, etwas zu tun ⟨übertr.⟩ *etwas gegen seinen Willen tun müssen;* Abl *Verurteilung*

ver|viel|fa|chen ⟨V.; ver|viel|facht, ver|viel|fach|te, hat ver|viel|facht⟩ **I** ⟨V. trans.⟩ etwas ~ *vielfach nehmen, multiplizieren* **II** ⟨V. refl.⟩ sich ~ *stark vermehren* ▸ der Verkehr hat sich in den letzten Jahren vervielfacht; Abl *Vervielfachung*

ver|viel|fäl|ti|gen ⟨V. trans.; ver|viel|fäl|tigt, ver|viel|fäl|tig|te, hat ver|viel|fäl|tigt⟩ etwas ~ *auf mechanischem Wege mehrfach herstellen* ▸ einen Text, ein Schriftstück ~; Abl *Vervielfältigung*

ver|voll|stän|di|gen ⟨V. trans.; ver|voll|stän|digt, ver|voll|stän|dig|te, hat ver|voll|stän|digt⟩ etwas ~ *vollständig machen, ergänzen* ▸ seine Kenntnisse ~; eine Sammlung ~; Abl *Vervollständigung*

ver|wach|sen[1] ⟨[-ks-]⟩ **I** ⟨V. intr.; ver|wächst, verwuchs, ist ver|wach|sen⟩ **1** *zusammenwachsen* (Pflanzen-, Körperteile) **2** *zuwachsen, sich schließen* (Wunde) ▸ der Weg ist (durch Unkraut, Zweige o. Ä.) ~; mit etwas ~ ⟨übertr.⟩ *sich eng mit etwas verbinden;* er ist mit seinem Hof fest ~; zu einer Einheit ~ ⟨übertr.⟩ *allmählich zu einer E. werden* **II** ⟨V. refl.; ver|wächst, ver|wuchs, hat ver|wach|sen⟩ sich ~ **1** *zuwachsen, sich schließen* (Wunde) **2** *im Laufe des Wachstumsprozesses verschwinden* ▸ das wird sich schon wieder ~; →a. *verwachsen*[2]

ver|wach|sen[2] ⟨[-ks-]⟩ **I** ⟨Part. Perf. von⟩ *verwachsen*[1] **II** ⟨Adj.⟩ *verkrümmt* ▸ ~e Zehen

ver|wa|ckeln ⟨V. trans.; ver|wi|ckelt, ver|wi|ckelte, hat ver|wi|ckelt⟩ ein Foto ~ *beim Fotografieren durch Wackeln unscharf machen*

ver|wäh|len ⟨V. refl.; ver|wählt sich, ver|wähl|te sich, hat sich ver|wählt⟩ sich ~ *versehentlich die falsche Telefonnummer wählen* ▸ Entschuldigung, ich habe mich verwählt

ver|wah|ren ⟨V.; ver|wahrt, ver|wahr|te, hat verwahrt⟩ **I** ⟨V. trans.⟩ etwas ~ *in sichere Obhut nehmen, sicher aufbewahren* ▸ Geld im Tresor ~ **II** ⟨V. refl.⟩ sich gegen etwas ~ *gegen etwas protestieren* ▸ sich gegen einen Vorwurf ~

ver|wahr|lo|sen ⟨V. intr.; ver|wahr|lost, ver|wahr|los|te, ist ver|wahr|lost⟩ *schmutzig, ungepflegt werden, verkommen* ▸ einen Garten, die Wohnung ~ lassen; das Kind war völlig verwahrlost; Abl *Verwahrlosung*

Ver|wah|rung ⟨die; -; unz.⟩ *das Verwahren, sichere Unterbringung, Obhut* ▸ Geld, Papiere in ~ geben, in ~ nehmen; ~ in einer Anstalt

ver|waist ⟨Adj.⟩ **1** *ohne Eltern, weil diese tot sind* **2** ⟨übertr.⟩ *einsam, verlassen* ▸ das Kind ist ~; ein ~es Haus; ~e Dörfer

ver|wal|ten ⟨V. trans.; ver|wal|tet, ver|wal|te|te, hat ver|wal|tet⟩ eine Sache ~ *alle mit einer S. zusammenhängenden Angelegenheiten erledigen* ▸ ein Amt ~; Gelder ~; ein Gut, den Haushalt ~

Ver|wal|ter ⟨der; -s, -⟩ *jmd., der etwas verwaltet;* Abl *Verwalterin;* Zus *Gutsverwalter, Hausverwalter, Vermögensverwalter*

Ver|wal|tung ⟨die; -, -en⟩ **1** *das Verwalten;* Zus *Verwaltungsaufwand, Verwaltungskosten* **2** *Person, Unternehmen od. Behörde, die bzw. das etwas verwaltet;* Zus *Hausverwaltung* ▸ meine Tochter arbeitet in der städtischen ~; Schulen stehen unter staatlicher ~

Ver|wal|tungs|ap|pa|rat ⟨der; -(e)s, -e; häufig abwertend⟩ *Gesamtheit an (staatl.) Institutionen, Instanzen, die etwas verwalten*

ver|wan|deln ⟨V. trans.; ver|wan|delt, ver|wan|delte, hat ver|wan|delt⟩ **1** jmdn. od. etwas in jmdn. od. etwas ~ *jmdn. od. etwas eine andere Gestalt annehmen lassen* **2** jmdn. od. etwas ~ *verändern* **3** ⟨bes. Sp.⟩ etwas ~ *so nutzen, dass es dem eigenen Vorteil dient* ▸ Flüssigkeit in Dampf ~; die Hexe verwandelte die Prinzessin in ein Kätzchen ⟨im Märchen⟩ *verzauberte sie;* er verwandelte die Flanke zum 3:1; er ist seit seiner Kur wie verwandelt; Abl *Verwandlung*

ver|wandt ⟨Adj.; -er, am -es|ten; Steig. nur übertr.⟩ **1** *von gleicher Abstammung, zur selben Familie gehörend* **2** *auf den gleichen Ursprung zurückgehend* (Sprachen) **3** ⟨übertr.⟩ *in der Wesensart, Denkweise, Empfindungsart ähnlich* ▸ wir sind uns sehr ~ ⟨übertr.⟩ *von ähnlichem Wesen;* geistig ~ sein ⟨übertr.⟩; wir sind miteinander ~; sie sind eng, entfernt ~

Ver|wand|te(r) ⟨die; -n, -n (der; -n, -n)⟩ *jmd., der zur selben Familie gehört, Familienangehörige(r)* ▸ er ist ein ~r von ihm; ich wohne zurzeit bei ~n; haben Sie hier viele ~?; sie hat keinen Kontakt zu ihren ~n; zu unserer Hochzeit laden wir alle ~n ein; ein entfernter ~r; Zus *Verwandtenkreis*

Ver|wandt|schaft ⟨die; -, -en⟩ **1** *Gesamtheit aller Verwandten* **2** *die Familienangehörigen außerhalb der engsten Familie* **3** *das Verwandtsein;* Zus *Verwandtschaftsgrad, Verwandtschaftsverhältnis* **4** ⟨übertr.⟩ *Ähnlichkeit in der Art, verbindende Ähnlichkeit auf geistigem od. seelischem Gebiet;* Zus *Geistesverwandtschaft, Seelenverwandtschaft* ▸ die ~ zu Besuch haben; zwischen beiden Sprachen besteht eine ~

ver|wandt|schaft|lich ⟨Adj.⟩ *die Familienangehörigen, Verwandtschaft (1, 2) betreffend, auf ihr beruhend* ▸ ~e Beziehungen

ver|war|nen ⟨V. trans.; ver|warnt, ver|warn|te, hat ver|warnt⟩ jmdn. ~ *jmdn. warnend zurechtweisen;* Abl *Verwarnung*

ver|wa|schen ⟨Adj.⟩ **1** *durch vieles Waschen verblichen* **2** *blass, nicht leuchtend* **3** ⟨übertr.⟩ *unbestimmt, unklar, ungenau, verschwommen* ▸ eine ~e Hose; ein ~es Rot, Blau; eine ~e Formulierung ⟨übertr.⟩

ver|wäs|sern ⟨V. trans.; ver|wäs|sert, ver|wäs|ser|te, hat ver|wäs|sert⟩ **1** eine Suppe, Wein ~ *zu sehr mit Wasser verdünnen* **2** ⟨übertr.⟩ ein Thema ~ *oberflächlich, nicht überzeugend gestalten* ▸ etwas verwässert darstellen; Abl *Verwässerung*

ver|wech|seln ⟨[-ks-] V. trans.; ver|wech|selt, verwech|sel|te, hat ver|wech|selt⟩ **1** etwas (mit etwas) ~ *irrtümlich vertauschen* **2** jmdn. (mit

V

jmdm.) ~, etwas (mit etwas) ~ *irrtümlich für jmd. anderen bzw. für etwas anderes halten* ▸ zwei Begriffe, Wörter (miteinander) ~; wir haben unsere Bücher verwechselt; Entschuldigung, ich habe Sie verwechselt; ich habe ihn mit seinem Bruder verwechselt; sie sehen sich zum Verwechseln ähnlich; Abl *Verwechs(e)lung*

ver|we̲|gen ‹Adj.› **1** *kühn, draufgängerisch* **2** *keck, forsch* ▸ das ist eine recht ~e Idee; er sah ~ aus; Abl *Verwegenheit*

ver|we̲|hen ‹V.› **I** ‹V. trans.; ver|weht, ver|weh|te, hat ver|weht› etwas ~ *wehend beseitigen od. auseinandertreiben* ▸ der Wind, Schneesturm hat die Spur verweht; vom Wind verwehte Blätter **II** ‹V. intr.; ver|weht, ver|weh|te, ist ver|weht› *durch Wind verschwinden* ▸ seine Worte verwehten im Sturm; Abl *Verwehung*

ver|weh|ren ‹V. trans.; ver|wehrt, ver|wehr|te, hat ver|wehrt› jmdm. etwas ~ *verbieten*

ver|we̲ich|li|chen ‹V. trans.; ver|weich|licht, ver|weich|lich|te, hat ver|weich|licht› jmdn. ~ *verzärteln, weichlich machen;* Abl *Verweichlichung*

ver|we̲i|gern ‹V.; ver|wei|gert, ver|wei|ger|te, hat ver|wei|gert› **I** ‹V. trans.› (jmdm.) etwas ~ *ablehnen, nichts geben* ▸ die Annahme eines Briefes ~; jmdm. eine Auskunft ~; vor Gericht die Aussage ~; jmdm. eine Genehmigung ~; jmdm. Hilfe ~; das Pferd hat dreimal (das Hindernis) verweigert *das P. ist dreimal nicht über das H. gesprungen;* den Wehrdienst ~ **II** ‹V. refl.› sich einer Sache od. jmdm. ~ *sich einer Sache od. jmdm. nicht zuwenden;* Abl *Verweigerung*

ver|we̲i|len ‹V. intr.; ver|weilt, ver|weil|te, hat ver|weilt› irgendwo ~ *bleiben, sich aufhalten* ▸ die Bank lud zum Verweilen ein; Zus *Verweildauer*

ver|we̲int ‹Adj.› *vom Weinen gerötet, geschwollen* ▸ ~e Augen haben; ~ aussehen

Ver|we̲is[1] ‹der; -es, -e› *Verwarnung, Rüge, Tadel (auch als Dienststrafe)* ▸ einen ~ bekommen; jmdm. einen ~ erteilen; scharfer, strenger ~

Ver|we̲is[2] ‹der; -es, -e› *Hinweis (auf eine bestimmte Stelle od. ein Bild eines Textes)* ▸ in einem Text einen ~ anbringen

ver|we̲i|sen ‹V.; ver|weist, ver|wies, hat ver|wiesen› **I** ‹V. trans.› **1** jmdn. an jmdn. ~ *jmdn. bitten, sich an jmd. anderen zu wenden* **2** jmdn. auf etwas ~ *auf etwas aufmerksam machen* **3** jmdn. eines Ortes, von einem Ort ~ *dazu zwingen, einen Ort zu verlassen (u. nicht wieder zu betreten)* ▸ man verwies ihn auf die amtlichen Vorschriften; jmdn. vom 1. auf den 2. Platz ~ ‹übertr.› *verdrängen;* einen Schüler von der Schule ~ *zum Verlassen der Schule zwingen;* ich bin von Herrn X an Sie verwiesen worden; jmdn. des Landes ~ *aus dem Land ausweisen* **II** ‹V. intr.› auf etwas ~ *auf etwas hinweisen* ▸ auf ein Bild, eine Seite ~ (in einem Text)

ver|wel|ken ‹V. intr.; ver|welkt, ver|welk|te, ist ver|welkt› *welk werden* (Blumen)

ver|we̲n|den ‹V.; ver|wen|det, ver|wand|te/ver|wen|de|te, hat ver|wandt/ver|wen|det› **I** ‹V. trans.› etwas ~ *benutzen, gebrauchen, anwenden;* Abl *verwendbar* ▸ kann er die Sachen noch ~?; meine Kenntnisse kann ich hier gut, kaum ~; viel Arbeit, Fleiß, Mühe auf etwas ~ *etwas mit viel F., M. herstellen;* den Stoff können wir für ein Kinderkleid ~ **II** ‹V. refl.; geh.› sich für jmdn. ~ *sich für jmdn. einsetzen*

Ver|we̲n|dung ‹die; -, -en› *das Verwenden, Gebrauch, Anwendung, Benutzung* ▸ für etwas ~ finden; ich habe keine ~ dafür *ich kann es nicht gebrauchen;* Zus *Verwendungszweck*

ver|we̲r|fen ‹V. trans.; ver|wirft, ver|warf, hat ver|wor|fen› eine Methode, Idee, einen Plan ~ *zurückweisen, für nicht gut, für unbrauchbar erklären;* →a. *verworfen;* Abl *Verwerfung*

ver|we̲rf|lich ‹Adj.› *verdammenswert, verächtlich, unsittlich* ▸ ~e Handlungsweise, Tat; es ist ~, so etwas zu tun; Abl *Verwerflichkeit*

ver|we̲r|ten ‹V. trans.; ver|wer|tet, ver|wer|te|te, hat ver|wer|tet› etwas ~ *(noch für etwas) verwenden, benutzen, gebrauchen* ▸ Altmetall, Papierabfälle ~; Metallgegenstände als Schrott ~; einen Stoffrest noch ~; Eindrücke in einem Roman ~; Abl *Verwertung; verwertbar*

ver|we̲|sen ‹V. intr.; ver|west, ver|wes|te, ist verwest› *sich zersetzen, verfaulen*

Ver|we̲|sung ‹die; -; unz.› *das Verwesen* ▸ in ~ übergehen; Zus *Verwesungsgeruch*

ver|wi̲|ckelt ‹Adj.› *wirr, unklar, undurchsichtig, schwierig* ▸ die Zusammenhänge sind ziemlich ~

ver|wi̲l|dern ‹V. intr.; ver|wil|dert, ver|wil|der|te, ist ver|wil|dert› **1** *zur Wildnis werden, ungepflegt bleiben* (Garten, Park) **2** *sich äußerlich vernachlässigen* (Person) ▸ verwildert aussehen; einen Garten ~ lassen; Abl *Verwilderung*

ver|wi̲n|den ‹V. trans.; ver|win|det, ver|wand, hat ver|wun|den› etwas ~ *überwinden, verschmerzen, über etwas hinwegkommen* ▸ einen Verlust ~; sie kann den Tod ihres Mannes nicht ~

ver|wi̲n|kelt ‹Adj.› *eng, mit vielen Winkeln* ▸ ~e Gassen

ver|wi̲r|ken ‹V. trans.; ver|wirkt, ver|wirk|te, hat ver|wirkt› etwas ~ *(durch eigene Schuld) den Anspruch auf etwas verlieren* ▸ ein Recht ~

ver|wi̲rk|li|chen ‹V.; ver|wirk|licht, ver|wirk|lich|te, hat ver|wirk|licht› **I** ‹V. trans.› etwas ~ *in die Tat umsetzen, realisieren* ▸ einen Plan, eine Idee, einen Traum ~ **II** ‹V. refl.› sich ~ *Wirklichkeit werden* ▸ mein Wunsch hat sich verwirklicht; Abl *Verwirklichung*

ver|wi̲r|ren ‹V. trans.; ver|wirrt, ver|wirr|te, hat ver|wirrt› **1** etwas ~ *in Unordnung bringen* **2** jmdn. ~ *jmdn. aus der Fassung bringen, jmds. Gedanken in Unordnung bringen* ▸ jmdn. durch eine Frage ~; eine ~de Vielfalt; verwirrt aussehen; „Ich weiß nicht", sagte er verwirrt; ich bin ganz verwirrt; verwirrtes Haar

Ver|wi̲r|rung ‹die; -, -en› **1** *das Verwirren* **2** *das Verwirrtsein, Unordnung, Durcheinander* ▸ lass das sein, du machst dadurch die ~ ja nur noch größer; jmdn. in ~ bringen; in ~ geraten

ver|wi̲|schen ‹V.; ver|wischt, ver|wisch|te, hat verwischt› **I** ‹V. trans.› etwas ~ **1** Geschriebenes,

V

Tinte ~ *durch Wischen undeutlich machen* **2** ⟨übertr.⟩ Spuren ~ *unkenntlich machen* **II** ⟨V. refl.⟩ sich ~ *undeutlich werden, verschwimmen, sich ausgleichen* ▸ im Lauf der Zeit ~ sich die Gegensätze, Unterschiede

ver|wit|tern ⟨V. intr.; ver|wit|tert, ver|wit|ter|te, ist ver|wit|tert⟩ *durch Witterungseinfluss angegriffen werden, verfallen* (Gestein); Abl *Verwitterung*

ver|wit|wet ⟨Adj.; Abk.: verw.⟩ *Witwe bzw. Witwer geworden* ▸ er, sie ist seit einem Jahr ~; ihre Mutter ist ~; Frau Hedwig ~e Müller

ver|wo|ben ⟨Adj.⟩ mit jmdm. od. etwas ~ sein *eng verbunden, verflochten sein*

ver|wöh|nen ⟨V. trans.; ver|wöhnt, ver|wöhn|te, hat ver|wöhnt⟩ **1** jmdn. ~ *jmdn. bes. gut behandeln* **2** ein Kind ~ *verziehen, indem man es zu nachgiebig behandelt* ▸ lass dich mal etwas ~! *genieße es einmal, dass man alles für dich tut!;* er hat sie sehr mit Geschenken verwöhnt *reich, oft beschenkt;* das Kind ist sehr verwöhnt; Abl *Verwöhnung*

ver|wöhnt I ⟨Part. Perf. von⟩ *verwöhnen* **II** ⟨Adj.⟩ *anspruchsvoll, wählerisch* ▸ dieses Hotel wird auch ~en Ansprüchen gerecht; sie ist eine ~e Frau; Abl *Verwöhntheit*

ver|wor|fen → *verwerfen*

ver|wor|ren ⟨Adj.⟩ *unklar, verwickelt* ▸ eine ~e Angelegenheit; seine Erklärungen waren sehr ~; die Lage ist ziemlich ~; Abl *Verworrenheit*

ver|wund|bar ⟨Adj.⟩ **1** *so beschaffen, dass man es verwunden kann* **2** ⟨übertr.⟩ *verletzlich, leicht zu kränken, empfindlich* ▸ das ist seine ~e Stelle ⟨übertr.⟩ *wenn man davon spricht, ist er leicht gekränkt;* Abl *Verwundbarkeit*

ver|wun|den ⟨V. trans.; ver|wun|det, ver|wun|dete, hat ver|wun|det⟩ jmdn. od. ein Tier ~ *eine Wunde zufügen, verletzen* ▸ leicht, schwer, tödlich verwundet; die Verwundeten versorgen (im Krieg); Abl *Verwundete(r), Verwundung*

ver|wun|der|lich ⟨Adj.⟩ *Verwunderung hervorrufend, erstaunlich* ▸ es ist (nicht) ~, dass …

ver|wun|dern ⟨V. trans.; ver|wun|dert, ver|wunder|te, hat ver|wun|dert⟩ jmdn. ~ *wundern, erstaunen* ▸ es hat mich verwundert, dass sie geht; Abl *Verwunderung*

ver|wun|schen ⟨Adj.⟩ *verzaubert* ▸ ~es Schloss

ver|wün|schen ⟨V. trans.; ver|wünscht, ver|wünsch|te, hat ver|wünscht⟩ jmdn. od. etwas ~ **1** *verfluchen, verdammen* **2** ⟨im Märchen⟩ *verzaubern;* Abl *Verwünschung*

ver|wur|zeln ⟨V. intr.; ver|wur|zelt, ver|wur|zel|te, ist ver|wur|zelt; meist als Part. Perf.⟩ **1** *Wurzel(n) schlagen* **2** ⟨übertr.⟩ *bodenständig werden, heimisch werden* ▸ der Baum, die Pflanze ist tief im Boden verwurzelt; er ist tief in seiner Heimat verwurzelt ⟨übertr.⟩ *fest mit ihr verwachsen*

ver|wüs|ten ⟨V. trans.; ver|wüs|tet, ver|wüs|te|te, hat ver|wüs|tet⟩ etwas ~ **1** *vernichten, zerstören* **2** *in große Unordnung bringen* ▸ ein Land im Krieg ~; das Zimmer ist verwüstet; Abl *Verwüstung*

ver|zagt ⟨Adj.⟩ *mutlos geworden;* Abl *Verzagtheit*

ver|zäh|len ⟨V. refl.; ver|zählt sich, ver|zähl|te sich, hat sich ver|zählt⟩ sich ~ *falsch zählen, sich beim Zählen irren* ▸ ich muss mich verzählt haben

ver|zah|nen ⟨V. trans.; ver|zahnt, ver|zahn|te, hat ver|zahnt⟩ etwas (mit etwas) ~ *ineinandergreifen lassen* ▸ Außen- und Innenpolitik miteinander ~ ⟨übertr.⟩ *aufeinander abstimmen;* verzahnte Bretter; Abl *Verzahnung*

ver|zau|bern ⟨V. trans.; ver|zau|bert, ver|zau|ber|te, hat ver|zau|bert⟩ **1** etwas (in etwas) ~, jmdn. (in jmdn.) ~ *durch Zauber verwandeln* **2** ⟨übertr.⟩ jmdn. ~ *stark, tief beeindrucken u. beglücken* ▸ ihre Anmut hat ihn verzaubert ⟨übertr.⟩; die Hexe verzauberte die Königssöhne in Schwäne; ein verzauberter Prinz; Abl *Verzauberung*

Ver|zehr ⟨der; -(e)s; unz.⟩ *Verbrauch (durch Essen u. Trinken)* ▸ die Früchte sind nicht zum ~ geeignet (sondern nur zur Verzierung angebracht)

ver|zeh|ren ⟨V.; ver|zehrt, ver|zehr|te, hat verzehrt; geh.⟩ **I** ⟨V. trans.⟩ **1** etwas ~ *essen u. (od.) trinken* **2** jmdn. ~ *jmdm. seine ganze Kraft rauben* ▸ im Restaurant müssen wir etwas ~ ▸ er verzehrte in aller Ruhe sein Brot; die Arbeit, die Krankheit hat alle seine Kräfte verzehrt ⟨übertr.⟩; den mitgebrachten Proviant ~; jmdn. mit ~den Blicken ansehen *begehrend;* ~de Leidenschaft ⟨übertr.⟩ *heftige, ungesunde Leidenschaft* **II** ⟨V. refl.⟩ sich nach jmdm. od. etwas ~ *nach jmdm. od. etwas heftiges Verlangen, große Sehnsucht haben*

ver|zeich|nen ⟨V. trans.; ver|zeich|net, ver|zeichne|te, hat ver|zeich|net⟩ **1** jmdn. od. etwas irgendwo ~ *jmds. Namen od. etwas aufzeichnen, aufschreiben* **2** ⟨übertr.⟩ etwas (als etwas) ~ *feststellen* ▸ er ist in der Liste (nicht) verzeichnet; die Firma konnte große Gewinne ~ ⟨übertr.⟩

Ver|zeich|nis ⟨das; -nis|ses, -nis|se⟩ *Liste, Aufstellung, Register, Übersicht;* Zus *Abbildungsverzeichnis, Bücherverzeichnis, Inhaltsverzeichnis, Namensverzeichnis, Warenverzeichnis*

ver|zei|hen ⟨V. trans.; ver|zeiht, ver|zieh, hat ver|zie|hen⟩ **1** etwas ~ *vergeben, entschuldigen* **2** jmdm. etwas ~ *jmdm. etwas vergeben, nicht länger nachtragen* ▸ ~ Sie! *ich bitte um Entschuldigung;* ~ Sie, können Sie mir sagen, wo der Bahnhof ist? *(Höflichkeitsformel);* das wird er dir nie ~!; ich habe ihm (längst) verziehen; ~ Sie bitte die Störung; so etwas kann ich nicht ~; ich kann es mir nicht ~, dass ich das getan habe

ver|zeih|lich ⟨Adj.⟩ *so geringfügig, dass man es verzeihen kann, entschuldbar* ▸ ein ~er Irrtum

Ver|zei|hung ⟨die; -; unz.⟩ **1** *das Verzeihen, Vergebung* **2** *Entschuldigung* ▸ ~! *entschuldigen Sie!, das wollte ich nicht!;* jmdn. um ~ bitten; ich bitte Sie tausendmal um ~ *(höfliche Entschuldigungsformel);* ~, ich habe mich verwählt (am Telefon)

ver|zer|ren ⟨V.; ver|zerrt, ver|zerr|te, hat ver|zerrt⟩ **I** ⟨V. trans.⟩ etwas ~ **1** *entstellend verziehen, auseinander- od. zusammenziehen* **2** *die körperlichen Linien, Umrisse, Verhältnisse von etwas falsch darstellen* ▸ das Gesicht ~; vor Schmerz verzerrter Mund; der Ton klingt verzerrt; einen Vorfall verzerrt darstellen, wiedergeben ⟨übertr.⟩ *verfälscht* **II** ⟨V. refl.⟩ sich eine Sehne ~ *zu sehr dehnen;* Abl *Verzerrung*

ver|zet|teln ⟨V. refl.; ver|zet|telt sich, ver|zet|tel|te sich, hat sich ver|zet|telt⟩ sich ~ *zu vieles beginnen, ohne sich auf eine Sache zu konzentrieren*

Ver|zicht ⟨der; -(e)s, -e⟩ *das Aufgeben eines Anspruchs, Rechtes od. Vorhabens, Rücktritt* ▸ schmerzlicher, schwerer ~; unter ~ auf eine Entschädigung

ver|zich|ten ⟨V. intr.; ver|zich|tet, ver|zich|te|te, hat ver|zich|tet⟩ auf eine Sache ~ *nicht länger auf einer S. bestehen, sie nicht mehr beanspruchen* ▸ danke, ich verzichte (darauf)!; ich verzichte zu deinen Gunsten; auf einen Anspruch, eine Forderung ~; darauf kann ich ~ *das brauche ich nicht;* auf ein Vergnügen ~

ver|zie|hen ⟨V.; ver|zieht, ver|zog, hat ver|zo|gen⟩ **I** ⟨V. trans.⟩ **1** das Gesicht, den Mund ~ *in eine andere Form ziehen* **2** ein Kind ~ *schlecht erziehen, verwöhnen* ▸ er verzog keine Miene *er blieb völlig ruhig;* ohne die Miene zu ~, schlug er zu; er verzog den Mund zu einem Grinsen; das Kind ist verzogen **II** ⟨V. refl.⟩ sich ~ **1** *die Form ändern, schrumpfen, schief werden, sich krümmen* (bes. von Holz) **2** *wegziehen, verschwinden* (Gewitter, Wolken) **3** ⟨umg.⟩ *(unauffällig) weggehen, verschwinden* (Person) ▸ gegen zehn Uhr hab ich mich (ins Bett) verzogen ⟨umg.⟩; die Tür hat sich verzogen

ver|zie|ren ⟨V. trans.; ver|ziert, ver|zier|te, hat verziert⟩ etwas ~ *(aus)schmücken* ▸ ein Kleid mit Stickerei ~; eine Torte mit Schlagsahne ~; mit Schnitzerei verzierte Möbel; Abl *Verzierung*

ver|zin|sen ⟨V.; ver|zinst, ver|zins|te, hat ver|zinst⟩ **I** ⟨V. trans.⟩ (jmdm.) etwas ~ *jmdm. Zinsen für etwas zahlen* ▸ jmdm. ein Kapital, eine Spareinlage mit 3 % ~ **II** ⟨V. refl.⟩ sich ~ *Zinsen abwerfen, Zinsen einbringen* ▸ die Pfandbriefe verzinsen sich mit 5 %; Abl *Verzinsung*

ver|zins|lich ⟨Adj.⟩ *Zinsen bringend* ▸ ~es Darlehen, Kapital; ~e Wertpapiere

ver|zo|gen **I** ⟨Part. Perf. von⟩ *verziehen* **II** *um-, weggezogen* ▸ falls ~, bitte zurück an den Absender *(Vermerk auf Briefen)*

ver|zö|gern ⟨V.; ver|zö|gert, ver|zö|ger|te, hat ver|zö|gert⟩ **I** ⟨V. trans.⟩ etwas ~ *verlangsamen, hinausschieben, hinausziehen* ▸ den Ablauf einer Sache ~; der Materialmangel hat den Bau verzögert **II** ⟨V. refl.⟩ sich ~ *später als vorgesehen eintreten* ▸ seine Ankunft, Abreise hat sich verzögert; Abl *Verzögerung*

ver|zol|len ⟨V. trans.; ver|zollt, ver|zoll|te, hat verzollt⟩ Waren ~ *Zoll für W. bezahlen*

ver|zückt ⟨Adj.⟩ *wie gebannt vor Begeisterung* ▸ die Kinder sahen ~ dem Feuerwerk zu

Ver|zü|ckung ⟨die; -; unz.⟩ *Begeisterung, Ekstase* ▸ in ~ geraten

Ver|zug ⟨der; -(e)s; unz.⟩ *Verzögerung, Rückstand* ▸ ich bin mit der Arbeit, Zahlung in ~ geraten; mit der Zahlung im ~ sein; Gefahr ist im ~ *es droht Gefahr, die Situation ist gefährlich*

ver|zwei|feln ⟨V. intr.; ver|zwei|felt, ver|zwei|felte, ist ver|zwei|felt⟩ **1** *die Hoffnung völlig aufgeben* **2** ⟨umg.⟩ *die Geduld verlieren* ▸ am Leben, an den Menschen ~; es ist zum Verzweifeln! ⟨umg.⟩; er machte verzweifelte Anstrengungen, sie umzustimmen; ein verzweifelter Kampf *ein Kampf ums Letzte, um Leben u. Tod;* ich bin ganz verzweifelt *hoffnungslos*

Ver|zwei|f|lung ⟨die; -; unz.⟩ *völlige Hoffnungslosigkeit, Ratlosigkeit* ▸ jmdn. zur ~ bringen ⟨umg.⟩ *entnerven, reizen, zermürben;* Zus *Verzweiflungstat*

ver|zwei|gen ⟨V. refl.; ver|zweigt sich, ver|zweigte sich, hat sich ver|zweigt⟩ sich ~ *sich gabeln, in Zweige, in Teile aufspalten* ▸ der Baum, Weg verzweigt sich; eine verzweigte Familie, Verwandtschaft; ein verzweigtes Unternehmen *U. mit vielen Abteilungen, Filialen o. Ä.*

ver|zwickt ⟨Adj.; -er, am -es|ten; umg.⟩ *verwickelt, schwierig;* oV *verzwackt* ▸ eine ~e Aufgabe

Ves|per ⟨[fɛs-] die; -, -n⟩ **1** *Gottesdienst am frühen Abend;* Zus *Christvesper* **2** ⟨bes. süddt.⟩ *kleine Mahlzeit;* Abl *vespern;* Zus *Vesperbrot*

Ve|te|ran ⟨[ve-] der; -en, -en; a. übertr.⟩ *altgedienter Soldat* ▸ die ~en des Ersten Weltkrieges; Zus ⟨übertr.⟩ *Arbeiterveteran, Parteiveteran*

Ve|te|ri|när ⟨[ve-] der; -s, -e⟩ *Arzt für Tiere;* Syn *Tierarzt;* Abl *Veterinärin*

Ve|te|ri|när|me|di|zin ⟨[ve-] die; -; unz.⟩ *Zweig der Medizin, der sich mit Tierkrankheiten beschäftigt;* Syn *Tiermedizin;* Abl *veterinärmedizinisch*

Ve|to ⟨[ve:-] das; -s, -s⟩ *Einspruch* ▸ sein ~ einlegen *Einspruch erheben;* einen Antrag durch ein ~ ablehnen; Zus *Vetorecht*

Vet|ter ⟨der; -s, -n⟩ = *Cousin*

Vet|tern|wirt|schaft ⟨die; -; unz.; abwertend⟩ *Bevorzugung von Verwandten u. Freunden beim Vergeben von Ämtern u. Stellen;* →a. *Klüngelei*

vgl. ⟨Abk. für⟩ *vergleiche*

VHS ⟨Abk. für⟩ **1** *Volkshochschule* **2** *Verhandlungssache* **3** ⟨engl.⟩ *Video Home System (Videoheimsystem), ein Videoaufzeichnungssystem*

via ⟨[vi:a] Präp.⟩ *(auf dem Wege) über* ▸ nach Hamburg ~ Hannover fahren

Via|dukt ⟨[vi-] der od. das; -(e)s, -e⟩ *Talbrücke, Überführung*

Vi|b|ra|to ⟨[vi-] das; -s, -s; Mus.⟩ *leichtes Beben des Tons der Singstimme u. bei Streichinstrumenten u. Holzblasinstrumenten*

vi|b|rie|ren ⟨[vi-] V. intr.; vi|b|riert, vi|b|rier|te, hat vi|b|riert⟩ *beben, schwingen* (Saite, Stimme, Ton); Abl *Vibration*

Vi|deo ⟨[vi:-] das; -s, -s⟩ **1** *alle Verfahren u. Geräte im Bereich der Videotechnik* **2** ⟨kurz für⟩ **2.1** *Videoclip* **2.2** *Videofilm, auf einer Videokassette gespeicherter Film*

vi|deo..., Vi|deo... ⟨[vi:-] in Zus.⟩ *fernseh..., Fernseh..., bild..., Bild...*

Vi|deo|clip ⟨[vi:-] der; -s, -s⟩ *mit Musik unterlegter, kurzer Videofilm, z. B. von einem Popsänger od. einer Popgruppe;* Syn *Musikvideo*

Vi|deo|ka|me|ra ⟨[vi:-] die; -, -s⟩ *kleine, tragbare*

Fernsehkamera zur Anfertigung eigener Filme, die auf Videokassetten gespeichert werden

Vi|deo|kas|set|te ⟨[viː-] die; -, -n⟩ *auf eine Spule gewickeltes Magnetband zur Aufzeichnung u. Wiedergabe von Bild u. Ton*

Vi|deo|re|kor|der ⟨[viː-] der; -s, -⟩ *Gerät zum Speichern u. Wiedergeben von Fernsehsendungen, Filmen usw.;* oV *Videorecorder*

Vi|deo|text ⟨[viː-] der; -(e)s; unz.⟩ *Programm, das Zusatzinformationen über Fernsehsendungen u. Textzeilen für Hörgeschädigte anzeigt, Teletext*

Vi|deo|thek ⟨[vi-] die; -, -en⟩ **1** *Sammlung von Filmen u. Fernsehaufzeichnungen* **2** *Räumlichkeiten, in denen eine Videothek (1) untergebracht ist, aus der einzelne Filme (gegen Gebühr) entliehen werden können*

Vi|deo|über|wa|chung ⟨[viː-] die; -, -en⟩ *Überwachung (bes. von Räumlichkeiten) mittels einer od. mehrerer Videokameras*

Vieh ⟨das; -(e)s; unz.⟩ *Nutztiere der Hauswirtschaft, Rinder, Schweine, Schafe, Ziegen, Federvieh, auch Pferde u. Esel* ▸ der Bauer hat 10 Stück ~ *10 einzelne Tiere in der Landwirtschaft;* das ~ füttern; ~ halten, züchten; das ~ hüten (auf der Weide); er behandelt Menschen wie ~; Zus *Viehfutter, Viehhaltung, Viehzucht*

Vieh|zeug ⟨das; -(e)s; unz.; umg.⟩ *Ungeziefer u. a. lästige Tiere*

viel/mehr/am meisten

Zu den wenigen unregelmäßig gesteigerten Adjektiven im Deutschen gehört ***viel,*** dessen Formen ***viel – mehr – am meisten*** lauten: *Er besitzt viele Bücher. Sie besitzt mehr Bücher als er. Wir besitzen die meisten Bücher von allen.*

Steht ***viel*** zusammen mit einem nachfolgenden Adjektiv, so wird dieses häufig parallel dekliniert: *Wie viele schöne Dinge es doch gibt! Er hat viele bedeutende Werke verfasst. Aufgrund vieler kurzfristiger Erkrankungen wurde die Veranstaltung abgesagt.* Teilweise – besonders im Dativ – weicht die Deklination des nachfolgenden Adjektivs jedoch ab: *Er wurde mit vielem unnötigen Material belastet.* Ist ***viel*** endungslos, z. B. vor unzählbaren Substantiven, so wird das nachfolgende Adjektiv stark dekliniert: *viel dummes Gerede, viel überflüssiges Geld*

Im adverbialen Gebrauch steht ***viel*** vor gesteigerten Adjektiven: *Sie findet rosa Schleifen viel schöner als blaue. Er ist viel stärker als sie.* Vor nicht gesteigerten Formen findet man dagegen das Adverb ***sehr:*** *Der Abend war sehr schön. Trotzdem bin ich sehr müde.*

viel ⟨Adj.; mehr, am meis|ten⟩ **1** *eine große Menge, eine große Anzahl, eine Fülle, zahlreich* **2** ⟨vor dem Komp.⟩ *ein großes Stück, bedeutend* ▸ ~e/Viele können das nicht verstehen *eine große Zahl von Leuten;* der Kampf der wenigen/Wenigen gegen die ~n/Vielen; ~es/Vieles fällt ihm noch schwer ▸ und ~e **andere;** das macht ~ **Arbeit,** Mühe; durch ~es Arbeiten zu Geld kommen; mit ~em **Dank** zurück; ~e **Dinge;** ~e **Freunde,** Kinder; ~ **Geld;** schade um das ~e Geld; ~e **Grüße;** ~ **Gutes,** Böses, Schönes; ~e **Leute;** ~ **Obst** essen; dazu gehört ~ **Übung** ▸ ~ **arbeiten,** essen, lesen, schlafen, trinken; ich habe dir ~ zu **erzählen** ▸ ~ **diskutiert** = *vieldiskutiert;* **furchtbar,** unheimlich ~ ⟨umg.⟩; beide besitzen **gleich** ~; ~ **größer,** kleiner, schlimmer, schöner; ~e **hundert/Hundert** Menschen; ich würde ~ **lieber** hierbleiben; ~ **mehr,** ~ weniger; **recht** ~; ~ **sagend** = *vielsagend;* **unendlich** ~; ~ **versprechend** = *vielversprechend* ▸ das ist ein **bisschen** (zu) ~ ⟨umg.⟩; **nicht** ~; **sehr** ~; er arbeitet **so** ~, dass er ganz erschöpft ist; ~e **von** diesen Büchern; ~e/Viele von ihnen; **ziemlich** ~; ~ **zu** groß, zu klein

viel|deu|tig ⟨Adj.⟩ *mehrere Deutungen zulassend, unklar* ▸ ~e Worte; Abl *Vieldeutigkeit*

viel|dis|ku|tiert *auch:* **viel dis|ku|tiert** ⟨Adj.⟩ *im Zentrum der (öffentlichen) Diskussion stehend* ▸ ein ~es Buch; die ~e Ausstellung

vie|ler|lei ⟨Adj.; undekl.⟩ **1** *mannigfaltig* **2** *viele verschiedene Dinge* ▸ ich habe noch ~ zu tun

vie|ler|orts ⟨Adv.⟩ *an vielen Orten, in vielen Gegenden;* oV *vielenorts*

viel|fach ⟨Adj.⟩ **1** *viele Male so groß (wie etwas anderes)* **2** *viele Male aufeinander, nebeneinander* **3** ⟨umg.⟩ *häufig, oft* ▸ ~er Millionär *jmd., der viele Millionen besitzt;* diese Methode ist ~ erprobt; um ein Vielfaches größer *sehr viel größer*

Viel|falt ⟨die; -; unz.⟩ *Vorhandensein in vielen verschiedenen Arten, Mannigfaltigkeit* ▸ die ~ der Blumen, Farben; Abl *vielfältig*

viel|far|big ⟨Adj.⟩ *in vielen Farben, bunt* ▸ ~es Muster; ~er Stoff; ~ leuchten

Viel|fraß ⟨der; -es, -e⟩ **1** ⟨umg.; übertr.⟩ *jmd., der sehr viel isst* **2** ⟨Zool.⟩ *Art der Marder*

viel|leicht[1] ⟨Adv.⟩ **1** *möglicherweise, wenn es geht* **2** ⟨umg.; bei Zahlenangaben⟩ *etwa, ungefähr* ▸ „Kommst du heute Abend?" „~"!; es waren ~ 20 Leute da ⟨umg.⟩; ~ kann ich dir helfen; ich komme ~ auch mit

viel|leicht[2] ⟨Abtönungspartikel; verstärkend⟩ ich war ~ aufgeregt!; das sah ~ aus! *das sah unmöglich, sehr komisch aus*

viel|mals ⟨Adv.⟩ *viele Male, oft, häufig* ▸ ⟨meist in den Wendungen⟩ ich bitte ~ um Entschuldigung!; danke ~! *vielen Dank!;* er lässt dich ~ grüßen!

viel|mehr ⟨a. [-'-] Konj.; korrigierend⟩ *richtiger, besser, eher* ▸ es hat ihm nicht geschadet, es war ~ sehr hilfreich für ihn

viel|sa|gend *auch:* **viel sa|gend** ⟨Adj.⟩ *vieles ausdrückend, bedeutungsvoll* ▸ ein ~er Blick; jmdn. ~ ansehen

viel|schich|tig ⟨Adj.; a. übertr.⟩ *aus vielen Schichten, Komponenten bestehend* ▸ eine ~e Problematik ⟨übertr.⟩; Abl *Vielschichtigkeit*

viel|sei|tig ⟨Adj.⟩ **1** *in vielen Dingen bewandert, an vielen Dingen interessiert* (Person) **2** *viele Gebiete umfassend* (Interessen) ▸ eine ~e Bildung haben;

V

er ist ~ interessiert; auf ~en Wunsch *auf Wunsch vieler Personen;* Abl *Vielseitigkeit*

viel|ver|spre|chend *auch:* **viel ver|spre|chend** ⟨Adj.⟩ **1** *vieles erhoffen lassend* (Personen, Blick) **2** *aussichtsreich* (Unternehmen) ▸ das war ein ~er Anfang; ein ~er Junge

Viel|völ|ker|staat ⟨der; -(e)s, -en⟩ *Staat, der mehrere Nationalitäten umfasst*

Viel|zahl ⟨die; -; unz.⟩ *sehr große Anzahl* ▸ eine ~ von Interessierten kam zu dem Treffen

vier ⟨Adj.; Kardinalzahl; als Ziffer: 4⟩ →a. *acht* ▸ **alle** ~e von sich strecken ⟨umg.⟩ *sich bequem lang ausstrecken;* der Hund streckte alle ~e von sich *verendete;* mit jmdm. unter ~ **Augen** sprechen *mit jmdm. allein, vertraulich;* sich auf seine ~ **Buchstaben** setzen ⟨umg.⟩ *sich hinsetzen (auf den Popo);* die ~ **Elemente** *Feuer, Wasser, Luft, Erde;* die ~ **Farben** (im Kartenspiel); die ~ **Jahreszeiten,** Himmelsrichtungen; in seinen ~ **Wänden** bleiben ⟨umg.⟩ *zu Hause bleiben* ▸ **sein:** das ist so klar, wie zwei mal zwei ~ ist ▸ **auf** allen ~en kriechen ⟨umg.⟩ *auf Händen u. Füßen;* Zus *vierspurig, viertürig, vierwöchig*

Vier ⟨die; -, -en⟩ **1** *die Zahl, Ziffer 4* **2** *ausreichend (als Schulnote, Zensur)* **3** die ~ *Straßenbahn, Bus mit der Nummer 4* ▸ eine ~ bekommen; einen Aufsatz mit (einer) ~ zensieren; →a. *Drei*

Vier|bei|ner ⟨der; -s, -; umg.⟩ *Tier mit vier Beinen, (bes.) Hund, Pferd*

vier|blätt|rig ⟨Adj.⟩ *vier Blätter tragend;* oV *vierblätterig* ▸ ein ~es Kleeblatt bringt Glück

Vier|eck ⟨das; -(e)s, -e⟩ *geometrische Figur aus vier geraden Linien;* Abl *viereckig*

Vie|rer ⟨der; -s, -⟩ **1** ⟨Lotto⟩ *Treffer mit vier richtigen Zahlen* **2** *Omnibus der Linie 4* **3** ⟨oberdt.⟩ *Schulnote Vier*

vier|fach ⟨Adj.; in Ziffern: 4fach/4-fach⟩ *viermal(ig)*

vier|hän|dig ⟨Adj.; Mus.; nur in der Wendung⟩ ~ spielen *zu zweit an einem Klavier spielen*

vier|hun|dert ⟨Adj.; Kardinalzahl; als Ziffer: 400⟩ *viermal hundert;* →a. *achthundert*

vier|mal *auch:* **vier Mal** ⟨Adv.; in Ziffern: 4-mal / 4 Mal⟩ **I** ⟨Zusammen- u. Getrenntschreibung⟩ *vierfach wiederholt* ▸ sie hat ihn schon mindestens ~ daran erinnert **II** ⟨nur Zusammenschreibung⟩ *mit vier multipliziert* ▸ er verdient im Monat viermal so viel wie ich; ⟨aber⟩ vier mal vier ist sechzehn; →a. *...mal, Mal (II)*

Vier|rad|an|trieb ⟨der; -(e)s, -e⟩ = *Allradantrieb*

viert ⟨nur in der Wendung⟩ zu ~ *in einer Gruppe von vier Personen* ▸ sie waren zu ~

viert... ⟨in Zus.; zur Bildung von Adj.⟩ *an vierter Stelle stehend,* z. B. das viertbeste Ergebnis, der viertgrößte Spieler

vier|te(r, -s) ⟨Adj.; Ordinalzahl zu „vier"; Zeichen: 4.⟩ → *achte(r, -s)*

Vier|te(r) ⟨die; -n, -n (der; -n, -n)⟩ *der, die im Rang od. der Leistung nach an vierter Stelle Stehende;* →a. *erste(r, -s)* ▸ sie wurde ~

Vier|tel ⟨[fɪr-] das od. schweiz. a.: der; -s, -⟩ **1** *vierter Teil* **2** *Stadtteil;* Zus *Stadtviertel* **3** ⟨umg.⟩ *ein Glas mit einem Viertelliter Wein* **4** ⟨Mus.⟩ *Viertelnote* **5** ⟨Sp.⟩ *Spielabschnitt, z. B. im Basketball* ▸ noch ein ~ trinken ⟨umg.⟩; es ist (ein) ~ nach drei 3^{15} *bzw.* 15^{15} *Uhr;* es ist (ein) ~ vor drei 2^{45} *bzw.* 14^{45} *Uhr;* wir wohnen in einem ruhigen ~; →a. *akademisch*

vier|tel..., Vier|tel... ⟨[fɪr-] in Zus.⟩ *der vierte Teil vom Ganzen,* z. B. Vierteljahr, Viertelliter, Viertelpfund, Viertelstunde

Vier|tel|fi|na|le ⟨[fɪr-] das; -s, - od. -s; Sp.⟩ *Wettkampfrunde, aus deren vier parallelen Kämpfen die Teilnehmer am Halbfinale hervorgehen* ▸ sie schied im ~ aus

vier|teln ⟨[fɪr-] V. trans.; vier|telt, vier|telte, hat gevier|telt⟩ etwas ~ *in vier Teile teilen*

Vier|tel|no|te ⟨[fɪr-] die; -, -n; Mus.⟩ *Note im Taktwert des vierten Teils einer ganzen Note*

Vier|tel|stun|de ⟨[fɪr-] die; -, -n⟩ *vierter Teil einer Stunde, 15 Minuten* ▸ in drei ~n / drei viertel Stunden; Abl *viertelstündig, viertelstündlich*

vier|tens ⟨Adv.⟩ *an vierter Stelle*

Vier|vier|tel|takt ⟨der; -(e)s, -e; Mus.⟩ *Takt mit Notenwerten von vier Viertelnoten, 4/4-Takt*

vier|zehn ⟨Adj.; Kardinalzahl; als Ziffer: 14⟩ →a. *achtzehn* ▸ ~ Tage *zwei Wochen;* heute in ~ Tagen; Zus *vierzehntägig, vierzehntäglich*

vier|zig ⟨Adj.; Kardinalzahl; als Ziffer: 40⟩ →a. *achtzig*

Vier|zig|stun|den|wo|che ⟨die; -, -n⟩ *Woche mit 40 Stunden Arbeitszeit, 40-Stunden-Woche*

Vi|gnet|te ⟨[vɪnjɛtə] die; -, -n; Kfz; in der Schweiz u. in Österreich⟩ *Bescheinigung über eine jährliche Gebühr für die Benutzung der Autobahnen (als Plakette an der Windschutzscheibe)*

Vi|kar ⟨[vi-] der; -s, -e⟩ **1** ⟨kath. Kirche⟩ *Geistlicher ohne selbstständiges Amt* **2** ⟨ev. Kirche⟩ *Theologe im Vikariat;* Abl *Vikarin* **3** ⟨schweiz. a.⟩ *stellvertretender Lehrer;* Abl *Vikarin*

Vil|la ⟨[vɪl-] die; -, Vil|len⟩ *Landhaus, größeres Einfamilienhaus*

Vil|len ⟨[vɪl-] Pl. von⟩ *Villa;* Zus *Villenviertel*

Vi|o|la ⟨[vi-] die; -, Vi|o|len; Mus.⟩ = *Bratsche*

vi|o|lett ⟨[vi-] Adj.⟩ *lila* ▸ ein ~er Pullover; Abl *Violett*

Vi|o|li|ne ⟨[vi-] die; -, -n; Mus.⟩ = *Geige;* ⓘ S. 788; Zus *Violinkonzert*

Vi|o|lin|schlüs|sel ⟨[vi-] der; -s; unz.; Mus.⟩ *Notenschlüssel auf der zweiten Linie, der anzeigt, dass dort der Ton g liegt;* Syn *G-Schlüssel*

Vi|o|lon|cel|lo ⟨[violɔntʃɛlo] das; -, -cel|li; Kurzw.: Cello; Mus.⟩ *Streichinstrument in Form der Violine, doch größer, beim Spielen zw. den Knien gehalten u. auf einem Stachel ruhend;* ⓘ S. 788

Vi|per ⟨[viː-] die; -, -n; Zool.⟩ *eine Schlange mit Giftzähnen;* Syn *Otter*[2]

Vi|ren ⟨[viː-] Pl. von⟩ *Virus*

vir|tu|ell ⟨[vɪr-] Adj.⟩ **1** *der Kraft od. Möglichkeit nach (vorhanden)* **2** ⟨EDV⟩ *wie echt wirkend* ▸ die ~e Welt der Computerspiele

vir|tu|os ⟨[vɪr-] Adj.; -er, am -es|ten⟩ *meisterhaft, kunstfertig* ▸ ~ Klavier spielen; Abl *Virtuosität*

Vir|tu|o|se ⟨[vɪr-] der; -n, -n⟩ *Meister (in einer*

V

Kunst), (bes.) Musiker mit glänzender Technik; Abl Virtuosin; Zus Klaviervirtuose

vi|ru|lent ⟨[vi-] Adj.⟩ 1 ⟨Med.⟩ 1.1 krankheitserregend, ansteckend 1.2 giftig 2 ⟨übertr.⟩ auf dringliche Weise bedrohlich; Abl Virulenz

Vi|rus ⟨[vi:-] das od. der; -, Vi|ren⟩ 1 ⟨Med.⟩ der kleinste Erreger einer übertragbaren Krankheit, der sich nur in lebenden Wirtszellen vermehrt; Abl Virusinfektion 2 ⟨EDV⟩ ein sich in andere Programme einpflanzendes, zerstörerisches Computerprogramm

Vi|sa ⟨[vi:-] Pl. von⟩ Visum

Vi|sa|ge ⟨[viza:ʒə] die; -, -n; umg.; abwertend⟩ Gesicht

vis-a-vis auch: **vis-à-vis** ⟨[vizavi:] Adv.⟩ gegenüber ▸ er saß mir ~; ~ unserem Haus

Vi|sier ⟨[vi-] das; -s, -e⟩ 1 ⟨MA⟩ beweglicher Gesichtsschutz am Helm 2 ⟨an Feuerwaffen⟩ Zielvorrichtung am hinteren Ende des Laufs od. Rohrs ▸ jmdn. ins ~ nehmen ⟨übertr.; umg.⟩ seine ganze Aufmerksamkeit auf jmdn. lenken, ihn genau betrachten, beobachten

Vi|si|on ⟨[vi-] die; -, -en⟩ 1 Traumgesicht, Erscheinung, Trugbild 2 eine (schwärmerisch entworfene) Idee od. Vorstellung für die Zukunft; Zus Zukunftsvision ▸ eine ~ für das nächste Jahrzehnt entwerfen; Abl Visionär(in); visionär

Vi|si|te ⟨[vi-] die; -, -n⟩ Besuch zwecks Untersuchung ▸ der Arzt macht ~ auf der Station (im Krankenhaus); Zus Krankenvisite

Vi|si|ten|kar|te ⟨[vi-] die; -, -n⟩ Karte mit Aufdruck des Namens (sowie der Adresse, der Firma usw.)

vi|su|ell ⟨[vi-] Adj.⟩ das Sehen od. den Gesichtssinn betreffend ▸ ~er Eindruck; ~e Reize

Vi|sum ⟨[vi:-] das; -s, Vi|sa od. Vi|sen⟩ 1 Erlaubnis zur Ein- u. Ausreise in einen bzw. aus einem fremden Staat 2 Sichtvermerk auf dem Pass für den Aufenthalt in einem fremden Staat ▸ ein ~ für Russland beantragen

vi|tal ⟨[vi-] Adj.⟩ 1 das Leben betreffend, Lebens... 2 lebenswichtig 3 lebenskräftig; Abl Vitalität

Vi|t|a|min ⟨[vit-] das; -s, -e; Biochem.⟩ Wirkstoff, der von Tieren u. Menschen zur Steuerung bestimmter organischer Prozesse benötigt wird ▸ ~ B ⟨übertr.; umg.; scherzh.⟩ nützliche, einflussreiche Beziehungen, Kontakte; ~ C stärkt die Abwehrkräfte des Körpers; Abl vitaminreich

Vi|t|ri|ne ⟨[vi-] die; -, -n⟩ 1 Glasschrank; ⓘ S. 360 2 Schauschrank, Schaukasten

Vi|ze ⟨[fi:-] od. [vi:-] der; - od. -s, -s; umg.⟩ Stellvertreter

V

Vi|ze... ⟨[fi:-] od. [vi:-] in Zus.⟩ stellvertretende(r) ..., z. B. Vizekanzler(in), Vizepräsident(in)

Vlies ⟨das; -es, -e⟩ oV ⟨österr.⟩ Vließ 1 Rohwolle vom Schaf 2 ein dicker, warmer, flauschiger Stoff aus Chemiefasern; Zus Vliespullover

V-Mann ⟨[fau-]der; -(e)s, -Män|ner; Kurzw. für⟩ Verbindungsmann

Vo|gel ⟨der; -s, Vö|gel; Zool.⟩ ein Tier mit Flügeln, das sich von Insekten, Würmern, Früchten u. Ä. ernährt u. Eier in Nestern legt ▸ den ~ abschießen ⟨übertr.⟩ die beste Leistung erreichen; ⟨übertr.; iron.⟩ sich einen bes. dummen Fehler leisten; der ~ ist ausgeflogen ⟨übertr.⟩ der (die) Gesuchte ist nicht zu Hause; Vögel füttern; Vögel in Käfigen halten; du hast ja einen ~! ⟨übertr.; umg.⟩ du bist ja verrückt!; die Vögel singen morgens; jmdm. den bzw. einen ~ zeigen ⟨übertr.; umg.⟩ sich an die Stirn tippen, um auszudrücken, dass man den andern für verrückt hält; die Vögel zwitschern im Wald ▸ er ist ein schräger ~ ⟨übertr.; umg.⟩ ein sonderbarer, wunderlicher Mensch; Abl Vögelchen; Zus Vogelfeder, Vogelhaus, Vogelkunde, Vogelschutz; Hühnervogel, Raubvogel, Singvogel

Vo|gel|bau|er ⟨das; -s, -⟩ Käfig für einen Vogel od. für Vögel

Vo|gel|bee|re ⟨die; -, -n⟩ Frucht der Eberesche

vo|gel|frei ⟨Adj.; im alten dt. Recht⟩ ohne Rechtsschutz, geächtet ▸ jmdn. für ~ erklären

Vo|gel|grip|pe ⟨die; -, -n⟩ anzeigepflichtige Viruserkrankung der Vögel, die in Einzelfällen auch auf den Menschen übertragbar ist

vö|geln ⟨V. intr. od. V. trans.; vö|gelt, vö|gel|te, hat ge|vö|gelt; derb⟩ (jmdn. od. mit jmdm.) ~ mit jmdm. Geschlechtsverkehr haben

Vo|gel|per|s|pek|ti|ve ⟨die; -; unz.⟩ aus der ~ aus größerer Höhe, von oben ▸ ein Bild aus der ~; eine Landschaft aus der ~ betrachten

Vo|gel|scheu|che ⟨die; -, -n⟩ 1 auf Feldern, in Gärten ausgestellte Gestalt aus einem mit alten Kleidern behängten Holzkreuz zum Verscheuchen der Vögel 2 ⟨übertr.; umg.⟩ lange, dürre, hässliche od. geschmacklos gekleidete Person

Vo|gerl|sa|lat ⟨der; -(e)s, -e; österr.⟩ = Feldsalat

Vo|ka|bel ⟨[vo-] die; -, -n od. österr.: das; -s, -n⟩ einzelnes Wort (bes. aus einer fremden Sprache) ▸ englische ~n lernen; jmdn. ~n abfragen

Vo|ka|bu|lar ⟨[vo-] das; -s, -e⟩ Wortschatz ▸ das ~ eines Dichters, einer Sprache; unanständiges ~

Vo|kal ⟨[vo-] der; -s, -e; Sprachw.⟩ Laut, bei dem der Atem ungehindert aus dem Mund entweicht (a, e, i, o, u); Syn Selbstlaut; Ggs Konsonant

Vo|lant ⟨[vɔlã:] der; -s, -s; an Kleidungsstücken⟩ gefältelter Besatz

Vo|li|e|re ⟨[vɔljɛ:rə] die; -, -n⟩ Vogelhaus

Volk ⟨das; -(e)s, Völ|ker⟩ I ⟨zählb.⟩ 1 durch gemeinsame Sprache u. Kultur verbundene, größere Gemeinschaft von Menschen 2 zusammengehörige Gruppe gleichartiger Tiere; Zus Ameisenvolk, Bienenvolk ▸ die Völker Asiens sind wirtschaftlich erstarkt ▸ das deutsche, niederländische ~ II ⟨unz.⟩ 1 Bevölkerung eines Landes; Zus Volksaufstand, Volksempfinden, Volksfest, Volksglaube 2 die unteren Bevölkerungsschichten 3 Menschengruppe, Menge, Leute ▸ die Vertreter des ~es im Parlament ▸ auf dem Platz vor dem Schloss drängte sich das ~ ▸ ein Mann aus dem ~; etwas unters ~ bringen etwas verbreiten

Völ|ker|kun|de ⟨die; -; unz.⟩ Erforschung der Kultur der Völker, besonders der traditionellen Völker; Syn Ethnologie; Abl Völkerkundler(in); völkerkundlich

Völ|ker|mord ⟨der; -(e)s, -e⟩ Vernichtung od.

schwere Schädigung eines Volkes od. einer großen sozialen Gruppe; Syn *Genozid*

Vọl|ker|recht ‹das; -(e)s; unz.› *alle rechtlichen Vorschriften zum Zusammenleben verschiedener Völker;* Abl *Völkerrechtler(in); völkerrechtlich*

Vọ̈l|ker|ver|stän|di|gung ‹die; -; unz.› *Verständigung über friedvolle Koexistenz zw. den Völkern*

Vọ̈l|ker|wan|de|rung ‹die; -, -en› **1** *(seit dem 2. Jh. n. Chr.) Wanderung germanischer, später auch slawischer Völker nach Süd- u. Westeuropa* **2** ‹übertr.; umg.; scherzh.› *Menschenstrom, Bewegung vieler Menschen in einer Richtung*

vọ̈l|kisch ‹Adj.; nationalsozialistischer Sprachgebrauch› *ein Volk betreffend, zu ihm gehörend*

Vọlks|ab|stim|mung ‹die; -, -en› *Abstimmung der wahlberechtigten Bürger eines Staates über eine politisch-sachliche Frage*

Vọlks|be|geh|ren ‹das; -s, -› *Antrag auf Abstimmung der Wähler über einen Gesetzentwurf*

vọlks|ei|gen ‹Adj.; DDR› *entschädigungslos enteignet u. in Volkseigentum überführt* ▸ Volkseigener Betrieb ‹Abk.: VEB›

Vọlks|ei|gen|tum ‹das; -s; unz.; DDR› *das durch entschädigungslose Enteignung privater Betriebe entstandene Eigentum des Staates an Unternehmen in Industrie, Handel u. Landwirtschaft*

Vọlks|ent|scheid ‹der; -(e)s, -e› *Volksabstimmung aufgrund eines Volksbegehrens*

Vọlks|front ‹die; -, -en› *Koalition linksgerichteter Parteien*

Vọlks|held ‹der; -en, -en› *vom ganzen Volk verehrter Held;* Abl *Volksheldin*

Volkshochschule

In der *Volkshochschule* (kurz: VHS) werden Kurse oder Vorträge zur Weiterbildung für Erwachsene (z. T. auch für Kinder) angeboten. Das vielfältige Angebot dieser öffentlichen Einrichtung reicht von Deutsch- oder Fremdsprachenkursen über künstlerische, Computer- und Meditationskurse bis hin zu Koch- und Nähkursen oder gesellschaftspolitischen Informationen. Auch der Erwerb von Schulabschlüssen (z. B. mittlere Reife oder Abitur) ist an Volkshochschulen häufig möglich.

In der Regel werden die *Volkhochschulen,* deren Kurse aus Rücksicht auf Berufstätige oft abends stattfinden, von der zuständigen Gemeinde bzw. dem Kreis betrieben. Finanziert werden sie durch Landeszuschüsse, Gelder der Gemeinde / des Kreises und die Kursgebühr der Teilnehmer.

Vọlks|hoch|schu|le ‹die; -, -n; Abk.: VHS› *Bildungsstätte für Erwachsene außerhalb der Berufsarbeit* ▸ ich habe einen Kurs an der ~ belegt

Vọlks|krank|heit ‹die; -, -en› *Krankheit, unter der ein großer Anteil der Bevölkerung leidet* ▸ viele Allergien haben sich zu ~en entwickelt

Vọlks|kun|de ‹die; -; unz.› *Lehre von der Alltagskultur u. dem Leben eines Volkes*

Vọlks|lied ‹das; -(e)s, -er› *im Volk entstandenes u. überliefertes, einfaches Lied in Strophenform*

Vọlks|mär|chen ‹das; -s, -› *im Volk entstandenes u. mündlich überliefertes Märchen* ▸ die ~ der Brüger Grimm

Vọlks|mund ‹der; -(e)s; unz.› *volkstümlicher Gebrauch von Wörtern u. Redensarten* ▸ im ~ *im Sprachgebrauch des Volkes;* das Siegel des Gerichtsvollziehers heißt im ~ „Kuckuck“

Vọlks|mu|sik ‹die; -; unz.› *im Volk entstandene u. überlieferte, regional unterschiedliche Musik: Volkslied, Volkstanz u. Musik mit alten, volkstüml. Instrumenten (Alphorn, Hackbrett usw.)*

vọlks|nah ‹Adj.› *in unmittelbarem Kontakt mit der Bevölkerung stehend* ▸ eine ~e Entscheidung

Vọlks|par|tei ‹die; -, -en; allg.› *große, verschiedene soziale Bevölkerungsschichten vereinende politische Partei* ▸ Österreichische ~ ‹Abk.: ÖVP›

Vọlks|re|pu|b|lik ‹die; -, -en Abk.: VR› *Staatsbezeichnung vieler kommunist. Länder, auch mehrerer Staaten der sog. Dritten Welt* ▸ ~ China

Vọlks|schu|le ‹die; -, -n› **1** ‹früher› *allgemeine öffentliche Pflichtschule für Kinder vom 1.-8. bzw. 1.-4. Schuljahr (heute geteilt in Grundschule u. Hauptschule)* **2** ‹österr.› *Grundschule*

Vọlks|sport ‹der; -(e)s; unz.› *Sportart für die Allgemeinheit, für große Teile der Bevölkerung, Breitensport* ▸ das hat sich zum ~ entwickelt ‹übertr.; umg.› *ist sehr populär geworden*

Vọlks|stamm ‹der; -(e)s, -stäm|me› *Stamm innerhalb eines Volkes*

Vọlks|stück ‹das; -(e)s, -e› *volkstümliches Theaterstück, meist für städtisches Publikum*

Vọlks|tanz ‹der; -es, -tän|ze› *bäuerlicher od. traditioneller Tanz*

Vọlks|trau|er|tag ‹der; -(e)s, -e› *nationaler Trauertag für die Opfer des Nationalsozialismus u. die Gefallenen der beiden Weltkriege*

vọlks|tüm|lich ‹Adj.› *dem Volk eigen, dem Volk, der Art u. den Wünschen des Volkes entsprechend;* Abl *Volkstümlichkeit*

Vọlks|ver|het|zung ‹die; -, -en› *das Aufhetzen des Volkes durch hasserfüllte Propaganda*

Vọlks|ver|tre|ter ‹der; -s, -› *vom Volk gewählter Abgeordneter;* Abl *Volksvertreterin*

Vọlks|wirt ‹der; -(e)s, -e; kurz für› *Volkswirtschaftler;* Abl *Volkswirtin*

Vọlks|wirt|schaft ‹die; -, -en› *Gesamtheit der Wirtschaft eines Staates od. Landes;* Abl *volkswirtschaftlich;* Zus *Volkswirtschaftslehre*

Vọlks|wirt|schaft|ler ‹der; -s, -› *Wirtschaftler auf dem Gebiet der Volkswirtschaft;* Syn *Nationalökonom;* Abl *Volkswirtschaftlerin*

vọll ‹Adj.› **I** ‹attr.; präd.; adv.› **1** *ganz gefüllt* **2** *besetzt* (Straßenbahn, Wagen) **3** *bedeckt* (Tisch) **4** *ganz* **5** *erfüllt von* **6** ‹übertr.› **6.1** *rundlich, etwas dick, dicklich* (Backen, Gesicht) **6.2** ‹umg.› *betrunken* **7** ~er ‹erstarrte flektierte Form, nur ohne best. od. unbest. Art.› *gefüllt mit, voll von, erfüllt von* ▸ ~(er) Angst, Begeisterung, Freude, Hass; er ist (nicht) bei ~em Bewusstsein; das Tuch ist ~(er) Blut; die Bäume stehen in ~er

V W X Y Z

Blüte *ganz in Blüte;* das ist mein ~er Ernst! ‹übertr.› *ich meine es wirklich ernst;* der Zug war in ~er Fahrt, als ... *in schneller F.;* in ~em Galopp, Lauf *in schnellem G., L.;* die Sache ist in ~em Gange; ein ~es Glas; das Bild zeigt ihn in ~er Größe ‹übertr.›; aus ~em Halse schreien ‹übertr.› *laut schreien;* alle Hände ~ zu tun haben ‹übertr.› *sehr viel zu tun haben;* dem Pferd eine Hand ~ / Handvoll Futter geben; sie spielten vor ~em Haus *vor einem bis zum letzten Platz besetzten Zuschauerraum;* aus ~er Kehle, Brust singen *laut, kräftig;* die Jacke, Straße ist ~(er) Löcher; in ~em Maße *völlig, ganz, vorbehaltslos;* ein Becher ~ Milch; mit ~em Mund spricht man nicht; die Nase, Schnauze ~ von etwas haben ‹übertr.; umg.› *genug davon haben;* zum ~en Preis *ohne Preisermäßigung;* mit ~em Recht ‹verstärkend› *mit Recht;* die Straße ist ~(er) Schnee; die Uhr schlägt zur ~en Stunde *jeweils zur ganzen Stunde, um ein, zwei Uhr usw.;* er hat von der Suppe drei Teller ~ gegessen; das ist die ~e Wahrheit; der Topf ist ~ Wasser; es hat drei ~e Wochen, Monate gedauert; etwas in ~en Zügen genießen *bewusst genießen* ▸ er hat seine Rechnung, Schuld ~ bezahlt *ganz, ohne Rest;* mein Sohn muss jetzt im Bus ~ bezahlen *wie ein Erwachsener, ohne Ermäßigung;* ich kann dir nicht helfen, ich habe die Hände ~ ‹umg.› *ich habe gerade etwas in den Händen, das ich nicht absetzen kann;* er hat den Mund ~ (erg.: Speise); er nimmt den Mund zu ~ *er gibt an, übertreibt;* sein: das Maß ist ~! ‹übertr.› *es ist genug!;* werden: er ist etwas ~er geworden ‹übertr.› *etwas dicker* ▸ ~ beladen = *vollbeladen;* ~ besetzt = *vollbesetzt;* drei viertel ~; ~ und ganz *völlig* ▸ er kann aus dem Vollen schöpfen *er braucht nicht zu sparen;* bis obenhin ~ sein ‹umg.›; jmdn. nicht für ~ nehmen *jmdn. nicht ernst nehmen;* in die Vollen gehen ‹umg.› *verschwenderisch Geld ausgeben; sich sehr anstrengen;* der Saal war zum Bersten, Brechen ~ *überfüllt* **II** ‹nur adv.; Jugendspr.› *sehr* ▸ ich finde es, ihn, sie ~ gut; das war ~ peinlich

voll..., Voll... **1** ‹in Verbindungen u. Zus.› *ganz umfassend, ganz u. gar, vollständig,* z. B. vollfüllen, vollgießen, vollautomatisch, Vollpension **2** ‹nur in Zus. mit Verben› **2.1** *jmdn. durch eine (anhaltende) Tätigkeit belästigen,* z. B. vollquatschen **2.2** ‹umg.› *etwas durch ein Tun verunstalten, bedecken,* z. B. vollkritzeln

voll|auf ‹Adv.› *völlig, reichlich* ▸ ich habe damit ~ zu tun (und kann nichts anderes außerdem tun); er war damit ~ zufrieden

voll|au|to|ma|tisch ‹Adj.› *im gesamten Ablauf automatisch* ▸ ~e Waschmaschine

Voll|bad ‹das; -(e)s, -bä|der› *Bad für den ganzen Körper* ▸ ein ~ nehmen

Voll|bart ‹der; -(e)s, -bär|te› *Backen- u. Schnurrbart* ▸ sich einen ~ stehenlassen; Abl *vollbärtig*

voll|be|la|den *auch:* **voll be|la|den** ‹Adj.› *mit einer Last ganz beladen* ▸ ein ~es Flugzeug

voll|be|schäf|tigt ‹Adj.› *voll, ganztägig berufstätig*

Voll|be|schäf|ti|gung ‹die; -; unz.› *Zustand auf dem Arbeitsmarkt, bei dem weniger als 3 % aller Arbeitnehmer arbeitslos sind*

voll|be|setzt *auch:* **voll be|setzt** ‹Adj.› *vollständig besetzt* ▸ ein ~er Zug

Voll|be|sitz ‹der; -es; unz.› *Besitz ohne Einschränkung* ▸ er ist im ~ seiner körperlichen Kräfte

Voll|blut ‹das; -(e)s; unz.› *edles, reinrassiges Pferd;* Syn *Vollblüter;* Abl *vollblütig*

Voll|blut... ‹in Zus. mit Subst.› *ganz erfüllt von einer Tätigkeit, alles einsetzend* (von Personen), z. B. Vollblutakademiker, Vollblutpolitiker

Voll|brem|sung ‹die; -, -en› *(plötzliches) Bremsen mit ganz niedergetretenem Bremspedal bis zum Stillstand des Fahrzeugs*

voll|brin|gen ‹V. trans.; voll|bringt, voll|brach|te, hat voll|bracht› etwas ~ *zustande bringen, leisten, tun, ausführen* ▸ im Laufe ihres kurzen Lebens hat sie Großes vollbracht

voll|bu|sig ‹Adj.› *mit einem vollen (großen) Busen*

Voll|dampf ‹der; -(e)s; unz.› **1** *ganze Maschinenkraft* (Schiff) **2** ‹übertr.; umg.› *größtmögliches Tempo* ▸ mit ~ voraus! *(seemänn. Kommando)*

Völ|le|ge|fühl ‹das; -(e)s, -e› *Gefühl der Völle, der Übersättigung*

voll|en|den ‹V. trans.; voll|en|det, voll|en|de|te, hat voll|en|det› etwas ~ *zu Ende bringen, fertig machen* ▸ eine Arbeit, ein Werk ~; jmdn. vor vollendete Tatsachen stellen *jmdn. von einer Sache vorher nicht benachrichtigen;* vollendete Vergangenheit = *Plusquamperfekt*

voll|en|det **I** ‹Part. Perf. von› *vollenden* **II** ‹Adj.› *vollkommen, unübertrefflich* ▸ ein Werk von ~er Schönheit; sie hat das Stück ~ gespielt

voll|ends ‹Adv.› **1** *völlig, gänzlich, ganz* **2** ‹umg.› *nun auch noch, zu allem Überfluss* ▸ inzwischen war es ~ dunkel geworden; das wird ihn ~ zugrunde richten

Voll|en|dung ‹die; -, -en› **1** *das Vollenden* **2** *das Vollendetsein, Vollkommenheit* ▸ die ~ eines Meisterwerks; Tanzkunst in ~

vol|ler → *voll*

Völ|le|rei ‹die; -; unz.› *Unmäßigkeit im Essen u. Trinken* ▸ sich der ~ ergeben

Vol|ley|ball ‹[vɔle:-], engl. [vɔlı-] der; -(e)s, -bäl|le; Sp.› **I** ‹unz.› *Ballspiel zw. zwei Mannschaften zu je sechs Spielern, die versuchen, den Ball so über ein hohes, breites Netz zu schlagen, dass er den Boden im Spielfeld der gegnerischen Mannschaft berührt;* Abl *Volleyballerin* **II** ‹zählb.› *Ball, mit dem dieses Spiel gespielt wird*

voll|füh|ren ‹V. trans.; voll|führt, voll|führ|te, hat voll|führt› etwas ~ *vollbringen, ausführen* ▸ ein Kunststück ~; er vollführte wilde Luftsprünge

Voll|gas ‹das; -es; unz.› *hohe, volle Geschwindigkeit* ▸ ~ geben *den Gashebel ganz niedertreten, die Geschwindigkeit bis zum Äußersten beschleunigen;* mit ~ über die Kreuzung fahren

voll|ge|fres|sen ‹Adj.; derb› *über die Maßen satt, bis oben hin voll, pappsatt*

Voll|idi|ot ‹der; -en, -en; umg.› *vollkommener Idiot;* Abl *Vollidiotin*

vọl|lig ⟨Adj.⟩ *vollständig, gänzlich, ganz* ▸ er arbeitete bis zur ~en Erschöpfung; jmdm. ~e Freiheit lassen; du hast ~ Recht ▸ das genügt ~; er hat mich ~ missverstanden; jmdn. ~ zufriedenstellen ▸ das ist ~ ausgeschlossen; ich war ~ sprachlos ⟨umg.; verstärkend⟩; das ist ~ unmöglich ▸ er ist mit seinen Kräften ~ am Ende

vọll|jäh|rig ⟨Adj.⟩ = *mündig;* Abl *Volljährigkeit*

Vọll|kas|ko ⟨die; -, -s⟩ *Versicherung gegen sämtliche Schäden an Fahrzeugen;* Zus *Vollkaskoversicherung*

voll|kọm|men ⟨a. ['---] Adj.⟩ **1** *mustergültig, unübertrefflich, meisterhaft, ohne Makel* **2** ⟨umg.⟩ *völlig* ▸ ein ~es Kunstwerk; ~e Zahl *natürliche Z., die gleich der Summe ihrer echten Teiler ist;* das genügt ~ ⟨umg.⟩; ich verstehe ~! ⟨umg.⟩; ich bin ~ sprachlos ⟨umg.⟩; du bist ja ~ verrückt ⟨umg.⟩; Abl *Vollkommenheit*

Vọll|korn|brot ⟨das; -(e)s, -e⟩ *Brot aus Vollkornmehl*

Vọll|korn|mehl ⟨das; -(e)s, -e⟩ *dunkles Mehl aus grob gemahlenen Körnern*

Vọll|macht ⟨die; -, -en⟩ *Ermächtigung, Erlaubnis, bestimmte Handlungen vorzunehmen* ▸ jmdm. eine ~ erteilen; eine ~ unterschreiben; jmdn. mit allen ~en ausstatten

Vọll|milch ⟨die; -; unz.⟩ *Milch, die mindestens 3 % Fett enthält;* Zus *Vollmilchschokolade*

Vọll|mond ⟨der; -(e)s, -e⟩ *voll beleuchteter Mond, eine Mondphase* ▸ wir haben heute ~; es ist ~

vọll|mun|dig ⟨Adj.⟩ **1** *übertreibend, leicht angeberisch* **2** *kräftig, voll im Geschmack* (Wein) ▸ er hat uns ~ seine Unterstützung zugesagt

Vọll|nar|ko|se ⟨die; -, -n; Med.⟩ *tiefe Narkose*

Vọll|pen|si|on ⟨[-pã-] od. [-paŋ-], süddt., schweiz. [-pɛŋ-] die; -; unz.⟩ *Verköstigung (in einem Hotel, einer Pension) mit drei Mahlzeiten am Tag* ▸ Zimmer mit ~

Vọll|rausch ⟨der; -(e)s, -räu|sche⟩ *Rausch infolge Alkoholgenusses mit mangelnder Zurechnungsfähigkeit* ▸ einen ~ haben; er war im ~

vọll|sau|gen ⟨V. refl.; saugt sich voll, saug|te sich voll, hat sich voll|ge|saugt, sich voll|zu|sau|gen⟩ sich (mit etwas) ~ *so viel wie möglich (von etwas) einsaugen* ▸ ein Stoff, Schwamm saugt sich voll

vọll|schla|gen ⟨V. trans.; schlägt voll, schlug voll, hat voll|ge|schla|gen, voll|zu|schla|gen; übertr. umg.⟩ sich (den Bauch) ~ *übermäßig viel essen*

vọll|schlank ⟨Adj.⟩ *nicht ganz schlank, dicklich*

vọll|schmie|ren ⟨V. trans.; schmiert voll, schmierte voll, hat voll|ge|schmiert, voll|zu|schmie|ren⟩ **1** etwas (mit etwas) ~ *mit schlechter, schmieriger Schrift bedecken* **2** sich, jmdn. od. etwas (mit etwas) ~ *beschmutzen* ▸ eine Wand mit Farbe ~

vọll|stän|dig ⟨Adj.⟩ **1** *aus allen dazugehörenden Teilen bestehend, komplett;* Abl *Vollständigkeit* **2** ⟨umg.⟩ **2.1** *ganz, völlig* **2.2** *bis zu Ende (durchgeführt)* ▸ eine ~e Arbeit abliefern; eine Sache ~ (fertig) machen; die Sammlung ist noch nicht ~; du hast ~ Recht ⟨umg.⟩; er ist ~ verrückt

vọll|stop|fen ⟨V.; stopft voll, stopf|te voll, hat voll|ge|stopft, voll|zu|stop|fen⟩ **I** ⟨V. trans.⟩ etwas (mit etwas) ~ *so viel wie möglich in etwas hineinstopfen* ▸ sich mit Kuchen ~; sich die Taschen mit Äpfeln ~ **II** ⟨V. refl.; umg.⟩ sich (mit etwas) ~ *essen, bis man nicht mehr kann*

voll|strẹ|cken ⟨V. trans.; voll|streckt, voll|streck|te, hat voll|streckt⟩ ein Urteil ~ *ausführen, vollziehen* ▸ ein Todesurteil an jmdm. ~; das Urteil wurde bereits vollstreckt; Abl *Vollstreckung*

vọll|tan|ken ⟨V. trans. u. V. intr.; tankt voll, tankte voll, hat voll|ge|tankt, voll|zu|tan|ken⟩ **1** (etwas) ~ *so viel tanken, wie in den Benzintank hineingeht* **2** ⟨übertr.⟩ *sich betrinken*

Vọll|tref|fer ⟨der; -s, -⟩ **1** *Treffer mitten ins Ziel* **2** ⟨übertr.⟩ *Sache von großer Wirkung*

vọll|trun|ken ⟨Adj.⟩ *völlig betrunken u. nicht mehr zurechnungsfähig;* Abl *Volltrunkenheit*

Vọll|verb ⟨[-vɛrb] das; -(e)s, -en; Gramm.⟩ *Verb, das in einem Satz die Funktion des Prädikats allein übernehmen kann,* z. B. „laufen"; →a. *Modalverb, Hilfsverb*

Vọll|ver|samm|lung ⟨die; -, -en⟩ *Versammlung aller Mitglieder;* Syn *Plenum* ▸ ~ der UN

Vọll|wai|se ⟨die; -, -n⟩ *Kind, dessen Vater u. Mutter gestorben sind;* →a. *Halbwaise*

Vọll|wasch|mit|tel ⟨das; -s, -⟩ *Waschmittel, das sowohl bei hohen als auch bei niedrigen Temperaturen seine volle Waschkraft entwickelt*

vọll|wer|tig ⟨Adj.⟩ **1** *ohne Einschränkung gleichwertig* **2** *den vollen, ganzen Wert besitzend* ▸ jmdm. ~en Ersatz liefern; Abl *Vollwertigkeit*

Vọll|wert|kost ⟨die; -; unz.⟩ *Nahrung, die den vollen Gehalt an Bestandteilen u. Inhaltsstoffen bewahrt hat*

vọll|zäh|lig ⟨Adj.⟩ *die gewünschte od. vorgeschriebene od. übl. Anzahl aufweisend, ausnahmslos alle* ▸ ~e Liste der Mitglieder; sind wir ~?; sie waren ~ versammelt; Abl *Vollzähligkeit*

voll|zie|hen ⟨V. trans.; voll|zieht, voll|zog, hat voll|zo|gen⟩ etwas ~ *vollstrecken, durchführen* ▸ eine Strafe, ein Urteil ~; ~de Gewalt *ausübende Gewalt, Exekutive;* →a. *gesetzgebend, richterlich;* Abl *Vollziehung*

Voll|zug ⟨der; -(e)s, -zü|ge⟩ *das Vollziehen*

Vo|lon|tär ⟨[volɔn-] der; -s, -e⟩ *jmd., der unentgeltlich od. gegen geringes Gehalt zur Weiterbildung in einem Betrieb arbeitet* ▸ als ~ in einem Verlag arbeiten; Abl *Volontärin*

Vo|lon|ta|ri|at ⟨[volɔn-] das; -(e)s, -e⟩ **1** *Stelle, Tätigkeit eines Volontärs* **2** *Zeit, während der jmd. als Volontär arbeitet* ▸ ~ bei einer Zeitung

Volt ⟨[vọlt] das; - od. -(e)s, -; El.; Phys.; Zeichen: V⟩ *Einheit der elektrischen Spannung, definiert als diejenige Spannung zw. zwei Punkten eines Leiters, in der bei einer Stromstärke von 1 Ampere (A) die Leistung von 1 Watt (W) umgesetzt wird, 1 V = 1 W/1 A*

Vo|lu|men ⟨[vo-] das; -s, - od. Vo|lu|mi|na⟩ **1** ⟨Phys.; Zeichen: V⟩ *Rauminhalt* **2** *Gesamtmenge, Umfang, Ausmaß von etwas;* Zus *Auftragsvolumen, Handelsvolumen*

vo|lu|mi|nös ⟨[vo-] Adj.; -er, am -es|ten⟩ *umfangreich* ▸ sie besitzt eine ~e Stimme

1 der Hund 2 das Maul 3 das Fell 4 die Pfote 5 das Kaninchen 6 die Schildkröte 7 der Panzer 8 die Katze 9 der Wellensittich 10 der Kanarienvogel 11 der Papagei 12 der Schnabel 13 der Schwanz 14 die Kralle 15 die Maus 16 der Hamster 17 das Meerschweinchen

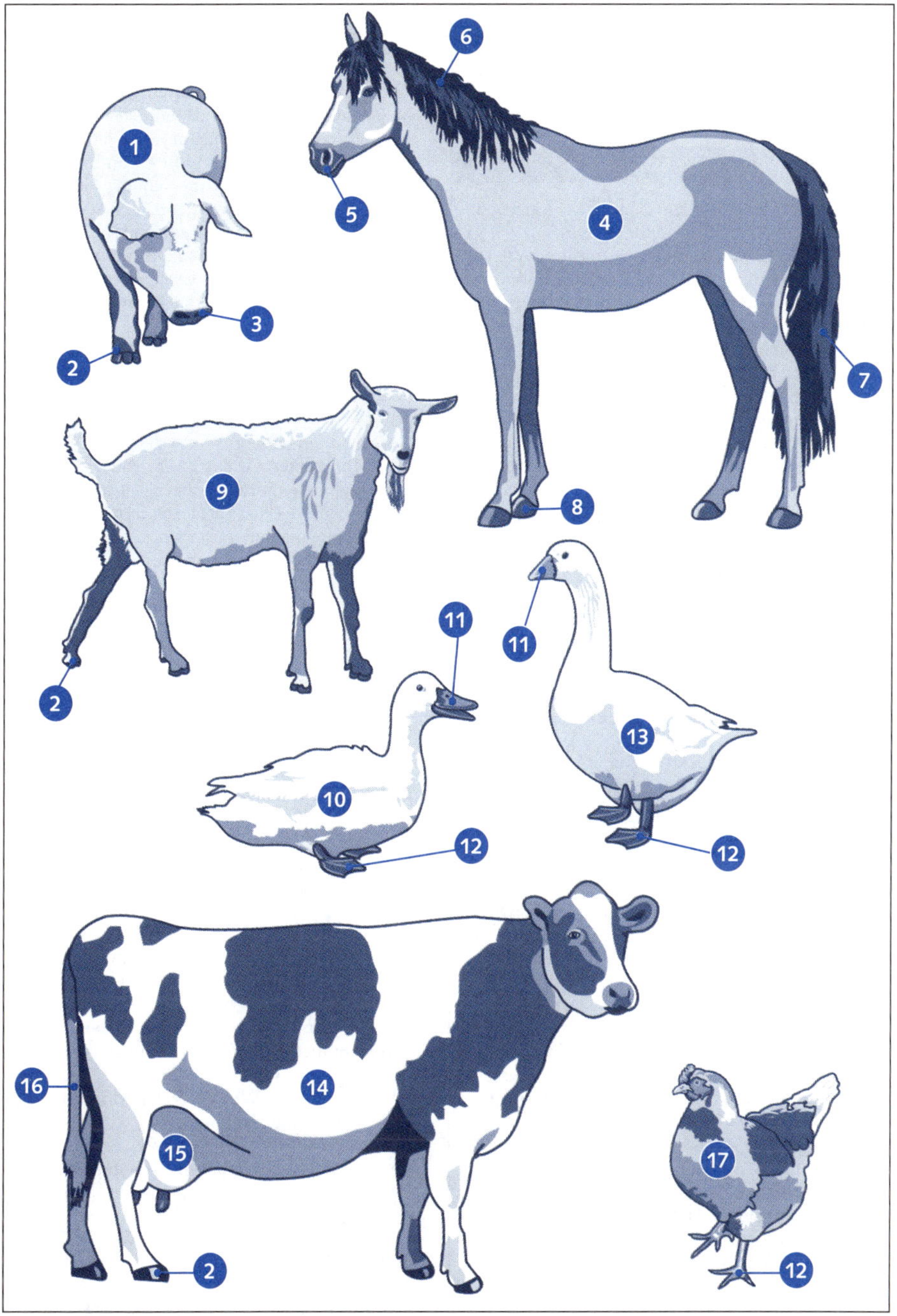

1 das Schwein 2 die Klaue 3 der Rüssel 4 das Pferd 5 das Maul 6 die Mähne 7 der Schweif 8 der Huf 9 die Ziege 10 die Ente 11 der Schnabel 12 der Fuß 13 die Gans 14 die Kuh 15 das Euter 16 der Schwanz 17 das Huhn

vom ⟨Verschmelzungsform aus Präp. u. Art.⟩ *von dem* ▸ ~ Baum (herab); ~ Hundert ⟨Abk.: v. H., vH.; Zeichen: %⟩ *Prozent,* ~ 1. Januar an; ~ 10. bis (zum) 15. Juni; mir ist schwindlig ~ Karussellfahren; ~ Tausend ⟨Abk.: v. T., vT.; Zeichen: ‰⟩ *Promille,* z. B. 0,5 ~ Tausend

von was/wovon + vor was/wovor

Sowohl bei relativischem als auch bei interrogativischem Gebrauch wird die Präposition *von* in der Umgangssprache oft (in Bezug auf Dinge) mit *was* verbunden. Standardsprachlich sollte man besser das Adverb *wovon* verwenden: *Er hat nicht gesagt, wovon* (nicht: *von was) sie reden. Wovon* (nicht: *von was) hast du geträumt?*
Bei Bezug auf Personen ist jedoch nur eine Fügung aus *von* und Artikel möglich: *Das ist das Mädchen, von dem* (nicht: *wovon) ich ihm erzählt habe.* In den folgenden Fällen würde die Verwendung von *wovon* (statt *von* und Interrogativpronomen) bedeuten, dass es sich um Dinge handelt: *Von wem habt ihr gerade gesprochen? Sie weiß nicht, von wem er redet.*
Im Fall einer Verbindung aus *vor* und *was* bzw. aus *vor* und Artikel / Interrogativpronomen verhält es sich ähnlich. Bei Bezug auf Dinge steht *wovor: Er hat nicht gesagt, wovor* (nicht: *vor was) er sich fürchtet. Wovor* (nicht: *vor was) hast du Angst?* Bei Bezug auf Personen hingegen heißt es: *Er war es, vor dem sie sich fürchtete. Vor wem ist das Kind davongelaufen?*
Gleiches gilt auch für andere Verbindungen aus *wo(r)* + Präposition:
Womit (nicht: *Mit was) handelt dein Freund?*
Wonach (nicht: *Nach was) soll ich suchen?*
Woran (nicht: *An was) denkst du gerade?*
Worauf (nicht: *Auf was) hast du Lust?*
Wogegen (nicht: *Gegen was) hilft der Tee?*
Woraus (nicht: *Aus was) besteht das Gemisch?*
Worum (nicht: *Um was) geht es überhaupt?*

von ⟨Präp. m. Dat.⟩ **I** ⟨räumlich⟩ *aus einer Richtung, von einem Ort, einer Person (her), an einem Ort beginnend* ▸ ich habe einen Brief ~ ihm bekommen ▸ ich komme gerade vom Arzt; hier gibt es Stoffe ~ fünf Euro an aufwärts; ~ diesem Fenster aus sieht man das Meer; ~ Hamburg bis Berlin; ~ Osten nach Westen; ~ einem Ufer zum anderen ▸ ~ da, dort; ~ ferne; ~ hier bis dort; ~ oben, unten, hinten, vorn, rechts, links; ~ weitem/Weitem **II** ⟨zur Bezeichnung der Zugehörigkeit⟩ *jmdm. gehörig, von jmdm. stammend od. ausgehend* ▸ grüßen Sie ihn ~ mir; ~ mir aus! ⟨umg.⟩ *meinetwegen, ich habe nichts dagegen;* was will er ~ mir?; das ist sehr nett ~ Ihnen ▸ die Königin ~ Großbritannien; ich bin müde ~ dem langen Marsch; eine Oper ~ Mozart; dieses Bild stammt ~ Rembrandt; ~ Seiten = *vonseiten* ▸ ~ wem ist die Rede? *über wen sprecht ihr?* **III** ⟨zeitlich⟩ *zu einem bestimmten Zeitpunkt beginnend* ▸ Kinder ~ 10 Jahren an aufwärts; ~ Kind(heit) an, auf *seit der Kindheit* ▸ sie hat ~ drei bis vier Uhr Unterricht ▸ ~ heute an; ~ morgens bis abends; ~ nun an **IV** *bestehend aus* ▸ eine Stadt ~ 100 000 Einwohnern; ein Grundstück ~ 500 Quadratmetern **V** ⟨zur Bez. des Gen.⟩ ein Freund ~ mir *einer meiner Freunde;* einige ~ ihnen; einer ~ vielen ▸ Tausende ~ Menschen **VI** ⟨zur Bez. von Eigenschaften⟩ schön ~ Gestalt; ~ schöner Gestalt; ein Mädchen ~ 20 Jahren; ein Tisch ~ dieser Länge **VII** ⟨vor Namen, zur Bez. des Adelstitels; Abk.: v.⟩ Baron, Graf ~ X; Herr, Frau ~ X

von|ei|n|an|der ⟨Adv.⟩ *einer vom anderen* ▸ wir haben lange nichts ~ gehört; sie können sich nicht ~ trennen

von|nö|ten ⟨Adv.⟩ *nötig, erforderlich* ▸ das ist nicht ~; größere Anstrengungen sind ~

von|sei|ten *auch:* **von Sei|ten** ⟨Adv.⟩ *von der Seite der, des, seitens* ▸ ~ der Regierung wurden alle Gerüchte dementiert

von|stat|ten|ge|hen ⟨V. intr.; geht von|stat|ten, ging von|stat|ten, ist von|stat|ten|ge|gan|gen, von|stat|ten|zu|ge|hen⟩ *ablaufen, weitergehen* ▸ die Sache ging gut vonstatten

Voo|doo ⟨[vudu:] der; -s; unz.; bes. auf Haiti⟩ *religiöser Kult mit Opferritus u. Trancezustand*

vor[1] ⟨Präp. m. Dat. u. Akk.⟩ **I** ⟨örtl.⟩ **1** *an od. gegenüber der Vorder- od. Außenseite* **2** ⟨übertr.⟩ *gegenüber* ▸ Achtung, Furcht ~ jmdm. haben *jmdm. gegenüber empfinden;* den Hut ~ jmdm. abnehmen; ~ jmdm. hergehen, stehen; er stand, saß ~ mir; wir haben unseren Urlaub noch vor uns; ~ sich gehen *sich ereignen, geschehen;* etwas ~ sich hin brummen ▸ ~ dem Fenster; ~ dem Haus, der Tür; ich warte ~ dem Kino auf dich; aus Furcht ~ Strafe weglaufen; etwas ~ Zeugen erklären, versichern *in Gegenwart von Z.* ▸ ~ allem, ~ allen Dingen *in erster Linie, besonders* **II** ⟨zeitl.⟩ *früher als, eher als* ▸ er wird nicht ~ Abend kommen; 2 000 Jahre ~ Christi Geburt, ~ Christus ⟨Abk.: v. Chr.⟩; einen Tag ~ seiner Prüfung wurde er krank; kurz ~ Weihnachten; ~ vier Wochen, Jahren; ~ der Zeit *früher als vorgesehen* **III** ⟨zur Bez. der Ursache⟩ *aus* ▸ er zitterte ~ Angst; er weiß ~ lauter Arbeit, Sorgen nicht mehr aus noch ein; er machte ~ Freude einen Luftsprung; sich ~ Schmerzen krümmen; er weinte ~ Wut **IV** ⟨veraltet⟩ *für* ▸ Gnade ~ Recht ergehen lassen

vor[2] ⟨Adv.⟩ *vorher* ▸ ⟨nur in der Wendung⟩ nach wie ~ *jetzt ebenso wie vorher, wie bisher*

vor|ab ⟨Adv.⟩ *zuvor, zuerst, im Voraus, zunächst* ▸ ich schicke Ihnen ~ einen Teil der Unterlagen, die weiteren folgen nächste Woche

Vor|abend ⟨der; -(e)s, -e⟩ *Abend vor einem Ereignis* ▸ am ~ des Festes, der Prüfung

Vor|ah|nung ⟨die; -, -en; umg.⟩ *Ahnung* ▸ ich hatte eine ~, dass dies geschehen würde

vo|r|an ⟨Adv.⟩ **1** *voraus, vorn, als Erster* **2** ⟨umg.⟩ *vorwärts* ▸ der Lehrer ~, die Kinder hinterher

vo|r|an|ge|hen ⟨V. intr.; geht vo|r|an, ging vo|r|an, ist vo|r|an|ge|gan|gen, vo|r|an|zu|ge|hen⟩

V

1 Syn *voranschreiten* **1.1** (jmdm. od. einer Sache) ~ *vorausgehen, vorn gehen, als Erster gehen* **1.2** ‹übertr.› *sich gut entwickeln, ablaufen* **2** jmdm. ~ *vor jmdm. hergehen* **3** einer Sache ~ *zuerst geschehen* ▸ geht es mit der Arbeit voran?; jmdn. ~ lassen; mit gutem Beispiel ~ *ein nachahmenswertes B. geben;* am vorangegangenen Tag *am Tag vorher*

vo|r|ạn|kom|men ‹V. intr.; kommt vo|r|an, kam vo|r|an, ist vo|r|an|ge|kom|men, vo|r|an|zu|kom|men› *Fortschritte machen, Erfolg haben* ▸ mit einer Arbeit (gut) ~ *eine Arbeit (zügig) erledigen*

Vor|an|mel|dung ‹die; -, -en› *vorherige Anmeldung, Vormerkung* ▸ schriftliche ~ ist erbeten

vo|r|ạn|schrei|ten ‹V. intr.; schrei|tet vo|r|an, schritt vo|r|an, ist vo|r|an|ge|schrit|ten, vo|r|an|zu|schrei|ten; geh.› = *vorangehen (1)*

vo|r|ạn|stel|len ‹V. trans.; stellt vo|r|an, stell|te vo|r|an, hat vo|r|an|ge|stellt, vo|r|an|zu|stel|len› einer Sache etwas ~ *etwas an den Anfang einer S. stellen* ▸ einem Buch eine Einleitung ~

vo|r|ạn|trei|ben ‹V. trans.; treibt vo|r|an, trieb vo|r|an, hat vo|r|an|ge|trie|ben, vo|r|an|zu|trei|ben› etwas ~ *beschleunigen* ▸ eine Entwicklung ~

Vor|ar|beit ‹die; -, -en› *vorbereitende Arbeit, der Vorbereitung einer Sache dienende Arbeit* ▸ er hat gute ~ geleistet; die ~en zu einem Buch

vor|ar|bei|ten ‹V. intr.; ar|bei|tet vor, ar|bei|te|te vor, hat vor|ge|ar|bei|tet, vor|zu|ar|bei|ten› **1** *vorbereitend arbeiten* **2** *im Voraus arbeiten* ▸ wegen des Weihnachtsurlaubs arbeiten wir jetzt vor

Vor|ar|bei|ter ‹der; -s, -› *Führer, Leiter einer Arbeitergruppe;* Abl *Vorarbeiterin*

vo|r|aus ‹Adv.› **1** *voran, noch vor den Folgenden;* Zus *vorauseilen, vorausfahren* **2** *besser, weiter (als andere), im Vorteil (gegenüber anderen)* ▸ vielen Dank im Voraus! ['--] *vielen Dank schon jetzt (für das, was Sie tun, was Sie mir geben wollen);* Miete im Voraus ['--] zahlen (für einen Monat) *für den folgenden Monat;* er war seiner Zeit (weit) ~ *er war (vom Stil, von seinen Anschauungen her) weiter als seine Zeitgenossen*

vo|r|aus|ah|nen ‹V. trans.; ahnt vo|r|aus, ahn|te vo|r|aus, hat vo|r|aus|ge|ahnt, vo|r|aus|zu|ah|nen; umg.; verstärkend› etwas ~ *ahnen*

vo|r|aus|be|rech|nen ‹V. trans.; be|rech|net vo|r|aus, be|rech|ne|te vo|r|aus, hat vo|r|aus|be|rech|net, vo|r|aus|zu|be|rech|nen› etwas ~ *im Voraus, für einen späteren Zeitpunkt berechnen* ▸ Kosten ~; Abl *Vorausberechnung*

vo|r|aus|den|ken ‹V. intr.; denkt vo|r|aus, dach|te vo|r|aus, hat vo|r|aus|ge|dacht, vo|r|aus|zu|den|ken› *kommende Entwicklungen berücksichtigen* ▸ Politiker sollten weiter ~

vo|r|aus|ge|hen ‹V. intr.; geht vo|r|aus, ging vo|r|aus, ist vo|r|aus|ge|gan|gen, vo|r|aus|zu|ge|hen› **1** (jmdm. od. etwas) ~ *vorangehen, vor jmdm. od. etwas hergehen* **2** (jmdm.) ~ *schon vor jmdm. (an einen Ort) gehen* **3** ‹übertr.› einer Sache ~ *vorher geschehen* ▸ ich gehe schon voraus; dem Streit war ein Missverständnis vorausgegangen

vo|r|aus|ge|setzt → *voraussetzen*

vo|r|aus|ha|ben ‹V. trans.; hat vo|r|aus, hat|te vo|r|aus, hat vo|r|aus|ge|habt, vo|r|aus|zu|ha|ben› jmdm. etwas ~ *gegenüber jmdm. einen Vorteil haben, besser sein* ▸ er hat seinem Bruder die Gewandtheit voraus

vo|r|aus|sa|gen ‹V. trans.; sagt vo|r|aus, sag|te vo|r|aus, hat vo|r|aus|ge|sagt, vo|r|aus|zu|sa|gen› etwas ~ *sagen, was noch kommen wird bzw. wie etwas Kommendes verlaufen wird, prophezeien* ▸ das Wetter ~; niemand kann uns die Zukunft ~; Abl *Voraussage; voraussagbar*

vo|r|aus|schau|en ‹V. intr.; schaut vo|r|aus, schau|te vo|r|aus, hat vo|r|aus|ge|schaut, vo|r|aus|zu|schau|en› *sich ausdenken, wie etwas Kommendes ablaufen wird;* Syn *vorausblicken* ▸ ~d handeln

vo|r|aus|schi|cken ‹V. trans.; schickt vo|r|aus, schick|te vo|r|aus, hat vo|r|aus|ge|schickt, vo|r|aus|zu|schi|cken› etwas ~ *vorher sagen, als Erstes mitteilen* ▸ eine Bemerkung ~

vo|r|aus|se|hen ‹V. trans.; sieht vo|r|aus, sah vo|r|aus, hat vo|r|aus|ge|se|hen, vo|r|aus|zu|se|hen› etwas ~ *ahnen, als sicher erwarten;* Syn *vorhersehen* ▸ niemand hat das ~ können; das war vorauszusehen *das war zu erwarten;* Abl *voraussehbar*

vo|r|aus|set|zen ‹V. trans.; setzt vo|r|aus, setz|te vo|r|aus, hat vo|r|aus|ge|setzt, vo|r|aus|zu|set|zen› etwas ~ **1** *als gegeben annehmen* **2** *erfordern* ▸ wir müssen dabei ~, dass die Sache sehr kostspielig wird; eine Tatsache als bekannt ~; vorausgesetzt, dass es Ihnen gefällt … *wenn es Ihnen gefällt …;* wir werden rechtzeitig da sein, vorausgesetzt, der Zug kommt pünktlich an

Vo|r|aus|set|zung ‹die; -, -en› **1** *Annahme, auf die man sich bei einer Handlung stützt* **2** *das, was gegeben, festgesetzt sein muss;* Abl *voraussetzungslos* ▸ gute englische Sprachkenntnisse sind ~; nur unter dieser ~ ist ein Erfolg möglich; unter diesen ~en kann ich die Arbeit nicht übernehmen; von einer falschen ~ ausgehen

Vo|r|aus|sicht ‹die; -; unz.› **1** *Vermutung, Ahnung* **2** *Wahrscheinlichkeit* ▸ in weiser ~ habe ich warme Sachen mitgenommen ‹umg.; scherzh.›; aller ~ nach *wahrscheinlich*

vo|r|aus|sicht|lich ‹Adj.› *wahrscheinlich, vermutlich* ▸ ~ wird er heute noch kommen

vo|r|aus|zah|len ‹V. trans.; zahl vo|r|aus, zahl|te vo|r|aus, hat vo|r|aus|ge|zahlt, vo|r|aus|zu|zah|len› etwas ~ *im Voraus zahlen;* Abl *Vorauszahlung*

Vor|bau ‹der; -(e)s, -ten› *vorspringender Gebäudeteil, Anbau, z. B. Balkon*

vor|bau|en ‹V.; baut vor, bau|te vor, hat vor|gebaut, vor|zu|bau|en› **I** ‹V. trans.› etwas ~ *vorn anbauen* **II** ‹V. intr.; übertr.› einer Sache ~ *Maßnahmen treffen, dass eine S. nicht geschieht* ▸ wir müssen rechtzeitig ~, dass er nicht kündigt

Vor|be|dacht ‹der; -(e)s; unz.› *Bedacht, Überlegung* ▸ etwas mit ~ tun

Vor|be|din|gung ‹die; -, -en; umg.; verstärkend› *Bedingung* ▸ eine ~ stellen

Vor|be|halt ‹der; -(e)s, -e› *Einschränkung, die unter Umständen geltend gemacht werden muss* ▸ unter dem ~, dass ein Fachmann hinzugezogen wird, bin ich mit dem Plan einverstanden; ich stimme dem ohne ~ zu; Abl *vorbehaltlos*

vor|be|halt|lich ⟨Adj.; mit Gen.; Amtsdt.⟩ *mit dem Vorbehalt, dass* ▸ ~ der Genehmigung des Chefs können wir Ihnen mitteilen, dass …

vor|bei ⟨Adv.⟩ **1** ⟨örtl.⟩ *neben (jmdm. od. etwas) u. dann weiter vorwärts;* Zus *vorbeifließen, vorbeiführen, vorbeilaufen* **2** ⟨zeitl.⟩ *vergangen* ▸ ~ sein *vorüber, vergangen sein, aufgehört haben;* der Schmerz, die Übelkeit ist ~; es ist 2 Uhr ~ ⟨umg.⟩; das Spiel war schon fast ~, als er kam

vor|bei|brin|gen ⟨V. trans.; bringt vor|bei, brachte vor|bei, hat vor|bei|ge|bracht, vor|bei|zu|bringen; umg.⟩ jmdm. etwas ~ *zu jmdm. (hin)bringen* ▸ einem Mitschüler die Hausaufgaben ~

vor|bei|fah|ren ⟨V. intr.; fährt vor|bei, fuhr vorbei, ist vor|bei|ge|fah|ren, vor|bei|zu|fah|ren⟩ an jmdm., an einem Haus ~ *kurz nebenherfahren u. dann weiterfahren, vorüberfahren* ▸ welcher Bus fährt am Bahnhof vorbei?

vor|bei|ge|hen ⟨V. intr.; geht vor|bei, ging vor|bei, ist vor|bei|ge|gan|gen, vor|bei|zu|ge|hen⟩ **1** (an jmdm. od. etwas) ~ *einen Augenblick nebenher- u. dann weitergehen, vorübergehen* **2** ⟨umg.⟩ bei jmdm. ~ *jmdn. kurz besuchen* **3** (an jmdm. od. etwas) ~ *nicht treffen, das Ziel verfehlen* (Schlag, Schuss) **4** ⟨übertr.⟩ *zu Ende gehen, aufhören* ▸ der Schmerz wird bald ~ ▸ eine Gelegenheit (ungenutzt) ~ lassen ⟨übertr.⟩ ▸ er ging achtlos an allen vorbei; bitte geh doch bei ihm vorbei und bring ihm die Unterlagen; im Vorbeigehen *ohne anzuhalten;* ⟨übertr.⟩ *flüchtig*

vor|bei|kom|men ⟨V. intr.; kommt vor|bei, kam vor|bei, ist vor|bei|ge|kom|men, vor|bei|zu|kommen⟩ **1** (an jmdm. od. etwas) ~ *(im Kommen) vorbeigehen, vorüberkommen* **2** ⟨umg.⟩ (bei jmdm.) ~ *jmdn. kurz u. zwanglos besuchen, zu jmdm. kommen* ▸ wir kommen hier mit dem Wagen nicht vorbei ⟨umg.⟩; wenn du an einer Buchhandlung vorbeikommst, frag doch bitte nach dem Buch; können Sie nicht bei mir ~ und mich abholen? ⟨umg.⟩; komm doch einmal, abends bei uns vorbei! ⟨umg.⟩

vor|bei|las|sen ⟨V. trans.; lässt vor|bei, ließ vor|bei, hat vor|bei|ge|las|sen, vor|bei|zu|las|sen⟩ jmdn. od. etwas ~ *vorbeigehen bzw. vorbeifahren lassen* ▸ lass mich vorbei!

vor|bei|re|den ⟨V. intr.; re|det vor|bei, re|de|te vorbei, hat vor|bei|ge|re|det, vor|bei|zu|re|den⟩ **1** an etwas ~ *über etwas reden, ohne den Kern der Sache zu treffen* **2** aneinander ~ *miteinander reden, ohne zu verstehen, was der andere meint*

vor|bei|schau|en ⟨V. intr.; schaut vor|bei, schau|te vor|bei, hat vor|bei|ge|schaut, vor|bei|zu|schauen⟩ **1** an jmdm. od. etwas ~ *jmdn. od. etwas (absichtlich) nicht (an)sehen* **2** (bei jmdm.) ~ *jmdn. kurz u. zwanglos besuchen* ▸ du könntest mal wieder ~!

vor|bei|schi|cken ⟨V. trans.; schickt vor|bei, schick|te vor|bei, hat vor|bei|ge|schickt, vor|beizu|schi|cken⟩ jmdn. (bei jmdm.) ~ *zu jmdm. od. etwas hinschicken (um etwas zu erledigen)*

vor|bei|schie|ßen ⟨V. intr.; schießt vor|bei, schoss vor|bei, hat vor|bei|ge|schos|sen, vor|bei|zuschie|ßen⟩ (an jmdm. od. etwas) ~ *beim Schießen das Ziel verfehlen, danebenschießen* ▸ der Pfeil schoss an der Scheibe vorbei

vor|bei|schleu|sen ⟨V. trans.; schleust vor|bei, schleus|te vor|bei, hat vor|bei|ge|schleust, vorbei|zu|schleu|sen⟩ jmdn. od. etwas an jmdm. od. etwas ~ *geschickt dafür sorgen, dass jmd. od. etwas unbemerkt vorbeikommt* ▸ er hat ihn an den Kontrollen vorbeigeschleust

vor|bei|schram|men ⟨V. intr.; schrammt vor|bei, schramm|te vor|bei, ist vor|bei|ge|schrammt, vor|bei|zu|schram|men; übertr.; umg.⟩ an etwas ~ **1** *einen Erfolg knapp verpassen* **2** *einem Schaden gerade noch entkommen* ▸ knapp an einer Niederlage, Blamage ~; am Sieg ~

vor|bei|zie|hen ⟨V. intr.; zieht vor|bei, zog vor|bei, ist vor|bei|ge|zo|gen, vor|bei|zu|zie|hen⟩ (an jmdm. od. etwas) ~ **1** *vorbei-, vorübermarschieren* **2** ⟨übertr.⟩ **2.1** *vergehen* (Jahre) **2.2** ⟨bes. Sp.⟩ *jmdn. od. etwas überholen, übertreffen* ▸ die Vergangenheit an sich ~ lassen ⟨übertr.⟩

vor|be|las|tet ⟨Adj.⟩ *bereits durch etwas belastet (z. B. durch Strafe, Erbanlage o. Ä.)* ▸ er ist erblich ~; Abl *Vorbelastung*

Vor|be|mer|kung ⟨die; -, -en⟩ **1** *vorausgeschickte Bemerkung* **2** *kurzes Vorwort* ▸ bevor ich mit der Rede beginne, möchte ich eine kurze ~ machen

vor|be|rei|ten ⟨V. trans.; be|rei|tet vor, be|rei|te|te vor, hat vor|ge|be|rei|tet, vor|zu|be|rei|ten⟩ **1** etwas ~ *vorher zurechtmachen* **2** etwas ~ *im Voraus bearbeiten* **3** jmdn. od. sich auf etwas ~ *dafür sorgen, dass jmd. od. man selbst für eine bevorstehende Aufgabe arbeitet, lernt* ▸ eine Arbeit, ein Fest ~; das Mittagessen ~; eine Unterrichtsstunde ~ ▸ er ist gut, schlecht, kaum vorbereitet *hat gut, wenig (für etwas) gearbeitet* ▸ sich auf eine Prüfung, auf den Unterricht ~; jmdn. (schonend) auf eine schlechte Nachricht ~ *jmdm. eine schlechte N. nach u. nach erklären;* darauf war ich nicht vorbereitet *das hatte ich nicht erwartet;* alles für die Abreise ~; einen Kranken für die Operation ~

Vor|be|rei|tung ⟨die; -, -en⟩ *das Vorbereiten, vorherige Arbeit, Ausarbeitung* ▸ ~en zur Abreise treffen; das Stück ist in ~ ⟨Theat.⟩; Zus *Vorbereitungszeit; Examensvorbereitung*

Vor|be|sit|zer ⟨der; -s, -⟩ *vorheriger, früherer Besitzer;* Abl *Vorbesitzerin*

Vor|be|spre|chung ⟨die; -, -en⟩ *vorbereitende Besprechung*

vor|be|stel|len ⟨V. trans.; be|stellt vor, be|stell|te vor, hat vor|be|stellt, vor|zu|be|stel|len⟩ etwas ~ *vorher bestellen, zurücklegen lassen* ▸ ein Buch, Theaterkarten ~; Abl *Vorbestellung*

vor|be|stim|men ⟨V. trans.; be|stimmt vor, bestimm|te vor, hat vor|be|stimmt, vor|zu|be|stimmen⟩ etwas ~ = *vorherbestimmen*

vor|be|stimmt **I** ⟨Part. Perf. von⟩ *vorbestimmen* **II** ⟨Adj.; Rel.⟩ *durch göttlichen Beschluss, durch* *das Schicksal vorher (vor der Geburt, vor dem Eintritt) bestimmt* ▸ ein ~es Ereignis; es ist mir ~, dass …

vor|be|straft ⟨Adj.⟩ *bereits früher gerichtlich bestraft* ▸ der Angeklagte ist zweimal ~

vor|beu|gen ⟨V.; beugt vor, beug|te vor, hat vor|ge|beugt, vor|zu|beu|gen⟩ **I** ⟨V. trans. u. V. refl.⟩ ein Körperteil od. sich ~ *nach vorn beugen* **II** ⟨V. intr.⟩ einer Sache ~ *eine S. vorsorglich verhüten* ▸ einer Krankheit ~; ~de Maßnahme

Vor|bild ⟨das; -(e)s, -er⟩ **1** *Muster* **2** *Beispiel, dem man nachstreben sollte;* Zus *Vorbildfunktion* ▸ etwas nach einem ~ gestalten; er ist mein ~; leuchtendes ~; sich jmdn. zum ~ nehmen

vor|bild|haft ⟨Adj.⟩ = *vorbildlich*

vor|bild|lich ⟨Adj.⟩ *mustergültig, beispielhaft* ▸ ein ~er Mensch, Schüler; ~ arbeiten; sich ~ benehmen; sein Verhalten ist ~

Vor|bil|dung ⟨die; -; unz.⟩ *vorbereitende Ausbildung*

Vor|bo|te ⟨der; -n, -n; übertr.⟩ *Vorzeichen, Anzeichen* ▸ Schneeglöckchen als ~n des Frühlings; Schnupfen als ~ einer Grippe; Abl *Vorbotin*

vor|brin|gen ⟨V. trans.; bringt vor, brach|te vor, hat vor|ge|bracht, vor|zu|brin|gen⟩ einen Protest, Wunsch ~ *sagen, ausdrücken* ▸ eine Beschwerde ~; hat noch jmd. etwas vorzubringen?

Vor|dach ⟨das; -(e)s, -dä|cher⟩ *Dach über einem Eingang vor dem Hauptteil eines Gebäudes*

vor|da|tie|ren ⟨V. trans.; da|tiert vor, da|tier|te vor, hat vor|da|tiert, vor|zu|da|tie|ren⟩ etwas ~ *mit einem künftigen Datum versehen;* Syn *vorausdatieren;* Ggs *rückdatieren* ▸ eine Rechnung ~

Vor|deck ⟨das; -(e)s, -s od. -e; Mar.⟩ *Teil des Oberdecks vor der Kommandobrücke;* oV *Vorderdeck;* Ggs *Achterdeck*

Vor|den|ker ⟨der; -s, -⟩ *jmd., der als Erster neue Denkanstöße gibt, Visionär* ▸ er war ein Pionier und ~; ~ einer Partei; Abl *Vordenkerin*

Vor|der|ach|se ⟨[-ks-] die; -, -n⟩ *die vordere von zwei Achsen;* Ggs *Hinterachse*

Vor|der|an|sicht ⟨die; -, -en⟩ *Ansicht von vorn*

Vor|der|bein ⟨das; -(e)s, -e; bei Vierfüßern⟩ *vorderes Bein;* Ggs *Hinterbein*

vor|de|re(r, -s) ⟨Adj.⟩ *vorn befindlich* ▸ der vorderste Platz *der am weitesten vorn befindliche Platz;* in den ~n Reihen sind schon alle Plätze besetzt; Zus *Vordereingang, Vorderrad* ⓘ S. 896, *Vordersitz, Vorderteil, Vordertür, Vorderzimmer*

Vor|der|front ⟨die; -, -en⟩ *Vorderseite, nach vorn gelegene Front (eines Gebäudes)*

Vor|der|grund ⟨der; -(e)s; unz.⟩ *dem Betrachter am nächsten liegender Teil eines Raumes od. Bildes* ▸ sich in den ~ drängen ⟨übertr.⟩ *die allgemeine Aufmerksamkeit (rücksichtslos) auf sich ziehen;* diese Frage rückt jetzt mehr in den ~ ⟨übertr.⟩ *gewinnt jetzt an Wichtigkeit;* im ~ stehen ⟨übertr.⟩ *allgemein beachtet werden; wichtiger als anderes sein;* folgende Überlegung stand im ~ ⟨übertr.⟩; jmdn. od. etwas in den ~ stellen ⟨übertr.⟩ *hervorheben;* in den ~ treten ⟨übertr.⟩ *an Wichtigkeit zunehmen*

vor|der|grün|dig ⟨Adj.⟩ *die tiefer liegenden, eigentlichen Gründe od. Probleme nicht beachtend*

Vor|der|mann ⟨der; -(e)s, -män|ner⟩ *jmd., der in einer Reihe vor jmdm. steht od. sitzt* ▸ mein ~; etwas auf ~ bringen ⟨übertr.; umg.⟩ *aufräumen, in Ordnung bringen, neu organisieren;* jmdn. auf ~ bringen ⟨übertr.; umg.⟩ *jmdn. antreiben*

Vor|der|schin|ken ⟨der; -s, -⟩ *Schinken vom Vorderbein des Schweins;* Syn *Kochschinken*

Vor|der|sei|te ⟨die; -, -n⟩ *nach vorn bzw. oben gelegene Seite (eines Buches, eines Hauses, einer Münze);* Ggs *Rückseite*

vor|ders|te(r, -s) ⟨Adj.⟩ *am weitesten vorn befindlich* ▸ an ~r Front kämpfen; in der ~n Reihe sitzen; bei den Vordersten sein; →a. *vordere(r, -s)*

Vor|di|p|lom ⟨das; -s, -e⟩ *vor dem Diplom zu absolvierende Prüfung* ▸ das ~ ablegen

vor|drän|gen ⟨V. refl.; drängt sich vor, dräng|te sich vor, hat sich vor|ge|drängt, sich vor|zu|drän|gen⟩ sich ~ **1** *rücksichtslos nach vorn drängen* **2** ⟨übertr.⟩ *die Aufmerksamkeit auf sich lenken*

vor|drin|gen ⟨V. intr.; dringt vor, drang vor, ist vor|ge|drun|gen, vor|zu|drin|gen⟩ irgendwohin ~ *nach vorn, vorwärtsdringen* ▸ in unbekanntes, unerforschtes Gebiet ~ *eindringen;* er drang mit seiner Beschwerde bis zum Chef vor

vor|dring|lich ⟨Adj.⟩ *bes. dringlich, bes. wichtig, vor anderen (zu berücksichtigen)* ▸ eine ~e Angelegenheit; die Sache muss ~ behandelt werden; Abl *Vordringlichkeit*

vor|ehe|lich ⟨Adj.⟩ *vor der Ehe (geschehen)*

vor|ei|lig ⟨Adj.⟩ *überstürzt, unüberlegt* ▸ ~ handeln; ~ urteilen; Abl *Voreiligkeit*

vor|ei|n|an|der ⟨Adv.⟩ *einer vor dem anderen* ▸ sie haben keine Geheimnisse ~; sie haben Angst ~

vor|ein|ge|nom|men ⟨Adj.⟩ *voller Vorurteile, von vornherein für, (meist jedoch) gegen etwas od. jmdn. eingenommen;* Abl *Voreingenommenheit*

vor|ent|hal|ten ⟨V. trans.; ent|hält vor, ent|hielt vor, hat vor|ent|hal|ten, vor|zu|ent|hal|ten⟩ jmdm. etwas ~ *jmdm. etwas (widerrechtlich) nicht geben* ▸ er will seinem Sohn sein Erbe ~; jmdm. wichtige Informationen ~

Vor|ent|schei|dung ⟨die; -, -en⟩ **1** *vorläufige Entscheidung* **2** ⟨bes. Sp.⟩ **2.1** *Zwischenergebnis, das die Entscheidung eines Wettkampfes bereits vorwegzunehmen scheint* **2.2** *Wettkampf zur Ermittlung der Teilnehmer am Finale* ▸ dieses Ergebnis ist bereits eine ~

Vor|ent|wurf ⟨der; -(e)s, -wür|fe⟩ *(vor dem endgültigen Entwurf erstellter) vorbereitender Entwurf*

vor|erst ⟨Adv.⟩ *vorläufig, zunächst, fürs Erste* ▸ bitte erzähle ~ nichts davon

vor|ex|er|zie|ren ⟨V. trans.; ex|er|ziert vor, ex|er|zier|te vor, hat vor|ex|er|ziert, vor|zu|ex|er|zie|ren; umg.⟩ (jmdm.) etwas ~ *vormachen*

Vor|fahr ⟨der; -en, -en⟩ *Verwandter in aufsteigender gerader Linie, z. B. Vater, Großvater, Großmutter;* Ggs *Nachkomme, Nachfahre*

vor|fah|ren ⟨V. intr.; fährt vor, fuhr vor, ist vor|ge|fah|ren, vor|zu|fah|ren⟩ **1** *weiter nach vorn fahren* **2** *vorausfahren* **3** (irgendwo) ~ *vors Haus fahren* *(um jmdn. abzuholen)* ▸ die Wagen sind vor dem Palast vorgefahren; ich fahre noch ein Stück vor; jmdn. ~ lassen

Vor|fahrt ⟨die; -; unz.⟩ **1** ⟨bei Straßenkreuzungen⟩ *Vorrang einer Fahrtrichtung* **2** *das Recht, mit dem Fahrzeug vor den anderen Fahrzeugen über die Kreuzung zu fahren, Vorfahrtsrecht* ▸ die ~ beachten, verletzen; sie hat die ~ nicht beachtet; er hat mir die ~ genommen; wer hat hier ~?

Vor|fall ⟨der; -(e)s, -fäl|le⟩ *Ereignis, Begebenheit, Geschehnis, Vorkommnis* ▸ dieser ~ veranlasste uns …; heiterer, peinlicher, unangenehmer ~

vor|fal|len ⟨V. intr.; fällt vor, fiel vor, ist vor|ge|fal|len, vor|zu|fal|len⟩ **1** *geschehen, sich ereignen* **2** ⟨umg.⟩ *nach vorn fallen* ▸ was ist vorgefallen?; er tat, als ob nichts vorgefallen wäre

Vor|feld ⟨das; -(e)s, -er; meist in der Wendung⟩ im ~ (einer Sache od. von einer Sache) *in der Zeit (unmittelbar) davor* ▸ im ~ der Wahlen

vor|fer|ti|gen ⟨V. trans.; fer|tigt vor, fer|tig|te vor, hat vor|fer|tigt, vor|zu|fer|ti|gen⟩ Bauteile ~ *vor der Montage in einer Fabrik anfertigen;* Syn *vorfabrizieren;* Abl *Vorfertigung*

Vor|film ⟨der; -(e)s, -e⟩ *kurzer Film, der vor dem Hauptfilm läuft*

vor|fin|den ⟨V. trans.; fin|det vor, fand vor, hat vor|ge|fun|den, vor|zu|fin|den⟩ jmdn. od etwas ~ *(an einem Ort) finden (wenn man hinkommt), antreffen* ▸ ich fand die Kinder, die Wohnung in einem unbeschreiblichen Zustand vor

Vor|freu|de ⟨die; -; unz.⟩ *Freude auf etwas Zukünftiges* ▸ die ~ ist die schönste Freude ⟨sprichwörtl.⟩; in der ~ auf Weihnachten

vor|füh|len ⟨V. intr.; fühlt vor, fühl|te vor, hat vor|ge|fühlt, vor|zu|füh|len; umg.⟩ bei jmdm. ~ *jmds. Meinung zu erkunden suchen*

vor|füh|ren ⟨V. trans.; führt vor, führ|te vor, hat vor|ge|führt, vor|zu|füh|ren⟩ **1** (jmdm.) etwas ~ *(öffentlich) zeigen;* Abl *Vorführung* **2** ⟨umg.⟩ jmdn. ~ *bloßstellen, lächerlich machen* ▸ jmdm. ein neues Kleid ~; er führte ein Kunststück vor; einen Film, Dias ~; er fühlt sich vorgeführt ⟨umg.⟩

Vor|ga|be ⟨die; -, -n⟩ *etwas Vorgegebenes, Richtlinie* ▸ sich nicht an die ~n halten

Vor|gang ⟨der; -(e)s, -gän|ge⟩ **1** *Geschehen, Ablauf, Hergang* **2** *in den Akten festgehaltener Fall* ▸ bitte geben Sie mir den ~ XY; jmdm. einen ~ schildern; politische Vorgänge aufklären

Vor|gän|ger ⟨der; -s, -⟩ *jmd., der einem in etwas (z. B. im Amt) vorangegangen ist;* Abl *Vorgängerin;* Zus *Amtsvorgänger(in)*

Vor|gar|ten ⟨der; -s, -gär|ten⟩ *kleiner Garten vor dem Haus*

vor|gau|keln ⟨V. trans.; gau|kelt vor, gau|kel|te vor, hat vor|ge|gau|kelt, vor|zu|gau|keln⟩ jmdm. etwas ~ *vorspiegeln, vortäuschen*

vor|ge|ben ⟨V. trans.; gibt vor, gab vor, hat vor|ge|ge|ben, vor|zu|ge|ben⟩ **1** etwas ~ *bewusst fälschlich behaupten* **2** (jmdm.) etwas ~ *anweisen, bestimmen* **3** (jmdm.) etwas ~ *jmdm. etwas als Bedingung für die Durchführung einer Arbeit stellen* ▸ er gab vor, krank gewesen zu sein; jmdm. eine Zeit für einen Auftrag ~

Vor|ge|bir|ge ⟨das; -s, -⟩ *die niedrigeren Berge vor einem Gebirge* ▸ das ~ der Alpen

vor|geb|lich ⟨Adj.⟩ *angeblich, wie fälschlich behauptet* ▸ seine ~e Krankheit; er war ~ krank

vor|ge|fasst ⟨Adj.⟩ *von vornherein gebildet, ohne die Tatsachen geprüft zu haben* ▸ ~e Meinung

Vor|ge|fühl ⟨das; -(e)s, -e⟩ *Ahnung* ▸ im ~ von etwas Bösem

vor|ge|hen ⟨V. intr.; geht vor, ging vor, ist vor|ge|gan|gen, vor|zu|ge|hen⟩ **1** irgendwie ~ *auf eine bestimmte Art u. Weise handeln* **2** *ablaufen, geschehen* **3** *Vorrang haben, wichtiger sein* **4** ⟨umg.⟩ *als Erster gehen* ▸ bitte geh schon vor, ich komme gleich nach ⟨umg.⟩ ▸ die Gesundheit, Arbeit geht vor ⟨umg.⟩; die Uhr geht vor *zeigt eine zu frühe Zeit an;* meine Uhr geht fünf Minuten vor ▸ jmdn. ~ lassen *jmdm. den Vortritt lassen;* ich kann sein Vorgehen nicht verstehen ▸ energisch, rücksichtslos ~ ▸ gegen jmdn. gerichtlich ~; was geht in dir vor? ⟨übertr.⟩ *was denkst du?* ▸ was geht hier vor?; wie sollen wir in dieser Angelegenheit ~?

Vor|ge|hens|wei|se ⟨die; -, -n; Pl. selten⟩ *Art u. Weise des Vorgehens;* Syn ⟨österr.⟩ *Vorgangsweise* ▸ jmds. ~ kritisieren, ablehnen

vor|ge|la|gert ⟨Adj.⟩ *vor etwas liegend* ▸ dem Festland ~e Inseln

Vor|ge|schich|te ⟨die; -, -n⟩ **I** ⟨zählb.⟩ *für einen Fall wichtige vorherige Begebenheit(en)* **II** ⟨unz.⟩ *Zeit vor Beginn der geschichtlichen Überlieferung*

Vor|ge|schmack ⟨der; -(e)s; unz.; übertr.⟩ *Probe, Vorgefühl von etwas Kommendem* ▸ der Nikolaustag gibt einen ~ auf Weihnachten

Vor|ge|setz|te(r) ⟨die; -n, -n (der; -n, -n)⟩ *im Amt, im Dienst Höhergestellte(r), jmd., dessen dienstl. Anordnungen man befolgen muss*

vor|ges|tern ⟨Adv.⟩ *am Tag vor gestern, vor zwei Tagen* ▸ wir haben ~ telefoniert; er kam ~; ~ Abend; Anschauungen von ~ ⟨übertr.; umg.⟩ *altmodische, veraltete A.;* Abl *vorgestrig*

vor|grei|fen ⟨V. intr.; greift vor, griff vor, hat vor|ge|grif|fen, vor|zu|grei|fen⟩ **1** einer Sache ~ *zuvorkommen, die Wirkung einer S. nicht abwarten* **2** jmdm. ~ *jmds. Handlung, Entscheidung vorwegnehmen, sie nicht abwarten* ▸ ich möchte Ihrer Entscheidung nicht ~; Abl *Vorgriff*

vor|ha|ben ⟨V. trans.; hat vor, hat|te vor, hat vor|ge|habt, vor|zu|ha|ben⟩ etwas ~ *planen, beabsichtigen, tun wollen* ▸ ich habe vor, ihn morgen zu besuchen; ich habe heute Abend schon etwas vor *ich bin schon verabredet;* eine Reise ~

Vor|ha|ben ⟨das; -s, -⟩ *Plan, Unternehmen, Absicht* ▸ sein ~ ändern; sein ~ durchführen

vor|hal|ten ⟨V.; hält vor, hielt vor, hat vor|ge|hal|ten, vor|zu|hal|ten⟩ **I** ⟨V. trans.⟩ **1** (jmdm. od. sich) etwas ~ *etwas vor jmdn. od. vor sich halten* **2** ⟨übertr.⟩ jmdm. etwas ~ *zum Vorwurf machen, vorwerfen* ▸ ich hielt mir vor dem Spiegel das Kleid vor; jmdm. seine Fehler ~ ⟨übertr.⟩; hinter der vorgehaltenen Hand lachen, gähnen;

etwas hinter vorgehaltener Hand äußern, sagen ⟨übertr.⟩ *heimlich* **II** ⟨V. intr.; umg.⟩ *reichen, ausreichen* ▸ die Erholung wird lange ~ *wird lange wirken*

Vor|hal|tung ⟨die; -, -en⟩ *Vorwurf, Ermahnung* ▸ jmdm. ~en machen

vor|han|den ⟨Adj.⟩ *verfügbar, vorrätig* ▸ ~ sein; von den Vorräten ist nichts mehr ~

Vor|han|den|sein ⟨das; -s; unz.⟩ *Dasein, Existenz, Verfügbarkeit* ▸ das ~ von Ausbildungsplätzen

Vor|hang ⟨der; -(e)s, -hän|ge⟩ *vor Fenster, Tür, Bühnenöffnung gehängter Stoff* ▸ der ~ geht auf, fällt, öffnet, schließt sich ⟨Theat.⟩; die Vorhänge auf-, zuziehen, zurückziehen; den ~ auf-, zumachen; vor den ~ treten ⟨Theat.⟩; Zus *Fenstervorhang, Türvorhang*

Vor|hän|ge|schloss ⟨das; -es, -schlös|ser⟩ *Sicherheitsschloss, das man vor etwas hängt*

Vor|haut ⟨die; -, -häu|te⟩ *Haut, die die Eichel des männlichen Gliedes überzieht*

vor|her ⟨Adv.⟩ **1** *früher, davor, zuvor, bevor etwas geschieht od. geschehen ist* **2** *im Voraus* ▸ einen Urlaub drei Monate ~ buchen; geht es nicht ~?; das hättest du mir ~ sagen können; lang, kurz ~; am Tag ~

vor|her|be|stim|men ⟨V. trans.; be|stimmt vor|her, be|stimm|te vor|her, hat vor|her|be|stimmt, vor-her|zu|be|stim|men⟩ etwas ~ *im Voraus bestimmen* ▸ das Ergebnis lässt sich nicht ~

vor|he|rig ⟨Adj.⟩ *früher, vorher stattfindend od. stattgefunden habend* ▸ nach ~er Vereinbarung

Vor|herr|schaft ⟨die; -; unz.⟩ *Vorrangstellung, Übergewicht, politisch führende Rolle*

vor|herr|schen ⟨V. intr.; herrscht vor, herrsch|te vor, hat vor|ge|herrscht, vor|zu|herr|schen⟩ *die Vorherrschaft innehaben, überwiegen* ▸ in dieser Landschaft herrscht Laubwald, Nadelwald vor; die ~de Meinung korrigieren

Vor|her|sa|ge ⟨die; -, -n⟩ *Voraussage, wie etwas kommen wird;* Zus *Wettervorhersage*

vor|her|sa|gen ⟨V. trans.; sagt vor|her, sag|te vorher, hat vor|her|ge|sagt, vor|her|zu|sa|gen⟩ (jmdm.) etwas ~ *sagen, was bzw. wie etwas kommen wird, prophezeien;* Abl *vorhersagbar*

vor|her|se|hen ⟨V. trans.; sieht vor|her, sah vorher, hat vor|her|ge|se|hen, vor|zu|se|hen⟩ etwas ~ = *voraussehen;* Abl *vorhersehbar*

vor|hin ⟨Adv.⟩ *kürzlich, eben erst* ▸ ich habe ihn ~ gesehen; deine Mutter hat ~ angerufen

Vor|hof ⟨der; -(e)s, -hö|fe⟩ **1** *vorderer Hof* **2** ⟨Med.⟩ *Teil des Herzens, in den das Blut einfließt;* Syn *Vorkammer*

Vor|hut ⟨die; -, -en; Mil.⟩ *vorausgeschickte Sicherungstruppe* ▸ wir bilden die ~

vo|rig ⟨Adj.⟩ **1** *vorhergehend, früher, vergangen* **2** ⟨schweiz.; umg.⟩ *übrig* ▸ ~es Jahr; die Bilanz des ~en Jahres *des letzten Jahres;* er hat im ~en Jahrhundert gelebt; das ~e Mal war es besser; ~e Woche ist er gekommen

Vor|jahr ⟨das; -(e)s, -e⟩ *vergangenes Jahr* ▸ im ~; im Wald liegt noch das Laub vom ~; Zus *Vorjahresmonat, Vorjahresniveau, Vorjahreszeitraum*

vor|jam|mern ⟨V. trans.; jam|mert vor, jam|mer|te vor, hat vor|ge|jam|mert, vor|zu|jam|mern; umg.⟩ jmdm. etwas ~ *jmdm. jammernd etwas erzählen*

Vor|kämp|fer ⟨der; -s, -⟩ *jmd., der für etwas Zukünftiges kämpft, Pionier;* Abl *Vorkämpferin*

vor|kau|en ⟨V. trans.; kaut vor, kau|te vor, hat vor-ge|kaut, vor|zu|kau|en; übertr.; umg.⟩ jmdm. etwas ~ *ganz genau immer wieder erklären*

Vor|kaufs|recht ⟨das; -(e)s; unz.⟩ *Recht, eine Sache im Verkaufsfall als Erster kaufen zu dürfen*

Vor|keh|rung ⟨die; -, -en⟩ *vorsorgliche Anordnung, Maßnahme* ▸ ~en treffen

Vor|kennt|nis|se ⟨Pl.⟩ *Kenntnisse, die zum Erlernen von etwas erforderlich sind* ▸ ~ besitzen

vor|knöp|fen ⟨V. trans.; knöpft vor, knöpf|te vor, hat vor|ge|knöpft, vor|zu|knöp|fen; übertr.; umg.⟩ sich jmdn. ~ *jmdn. zur Rechenschaft ziehen*

vor|kom|men ⟨V. intr.; kommt vor, kam vor, ist vor|ge|kom|men, vor|zu|kom|men⟩ **1** *nach vorn kommen* **2** (jmdm.) ~ *sich ereignen, geschehen* **3** irgendwo ~ *vorhanden sein* **4** jmdm. irgendwie ~ *scheinen, erscheinen* ▸ komm vor und schreib es an die Tafel! ⟨Schule⟩; es kommt mir vor, als hätte ich das schon einmal gehört; so etwas ist mir noch nicht vorgekommen *so etwas habe ich noch nie erlebt* ▸ es kann durchaus ~, dass …; so etwas kann ~ *so etwas erlebt man öfter;* das kann schon einmal ~ *das ist nicht so schlimm;* das sollte nicht wieder ~ ▸ diese Frau kommt mir bekannt vor; das kommt häufig, selten vor; so etwas kommt häufiger vor, als man denkt; er kommt sich sehr klug vor *er hält sich für sehr klug, besonders schlau;* das kommt mir komisch, seltsam, merkwürdig, verdächtig vor ▸ dieser Ausdruck kommt im Englischen oft vor; diese Tiere, Pflanzen kommen nur in den Tropen vor; das kommt dir nur so vor *das scheint dir nur so (ist aber nicht so);* ich komme mir vor wie ein Dummkopf *ich fühle mich wie ein D.* ▸ wie kommst du mir denn vor? ⟨umg.⟩ *was fällt dir ein?;* wo kommen diese Mineralien sonst noch vor?

Vor|kom|men ⟨das; -s, -⟩ *Vorhandensein (bes. von Mineralien)* ▸ reiches, schwaches ~ von Kohle, Silber; Zus *Erzvorkommen*

Vor|komm|nis ⟨das; -nis|ses, -nis|se⟩ *Vorfall*

Vor|kriegs|zeit ⟨die; -, -en⟩ *die Zeit vor Kriegsausbruch, bes. vor dem 2. Weltkrieg*

vor|la|den ⟨V. trans.; lädt vor, lud/la|de|te vor, hat vor|ge|la|den, vor|zu|la|den; Rechtsw.⟩ jmdn. ~ *zum Erscheinen vor Gericht auffordern;* Abl *Vorladung*

Vor|la|ge ⟨die; -, -n⟩ **1** *Entwurf;* Zus *Gesetzesvorlage* **2** *Muster zur Vervielfältigung, Grundmodell;* Zus *Zeichenvorlage* **3** ⟨Sp.; bes. Fußb.⟩ *nach vorn genau zum Torschuss gespielter Ball*

vor|las|sen ⟨V. trans.; lässt vor, ließ vor, hat vorge|las|sen, vor|zu|las|sen⟩ jmdn. ~ *vorangehen, voranfahren lassen* ▸ würden Sie mich bitte ~?

Vor|lauf ⟨der; -(e)s, -läu|fe⟩ **1** ⟨Sp.; Leichtathletik,

Radsp.⟩ *ein Lauf od. mehrere Läufe zur Ermittlung der Teilnehmer an den Zwischenläufen* **2** *das Vorspulen des Magnetbandes einer Kassette*

Vor|läu|fer ⟨der; -s, -⟩ *Person, Sache od. Erscheinung, die einer später auftretenden bereits ähnlich ist;* Abl *Vorläuferin*

vor|läu|fig ⟨Adj.⟩ *einstweilig, vorübergehend, provisorisch* (Anordnung, Entscheidung) ▸ das können wir ~ so lassen, so machen; ihm wurde ein ~er Bescheid erteilt; Abl *Vorläufigkeit*

vor|laut ⟨Adj.⟩ *dreist redend, ohne gefragt zu sein, naseweis* (bes. von Kindern)

Vor|le|ben ⟨das; -s, -⟩ *früheres, bisheriges Leben*

vor|le|gen ⟨V. trans.; legt vor, leg|te vor, hat vorge|legt, vor|zu|le|gen⟩ (jmdm.) etwas ~ **1** *etwas vor jmdn. zum Ansehen, Auswählen, Unterschreiben u. a. hinlegen* **2** *vorzeigen, zeigen, vorweisen* ▸ jmdm. eine Arbeit zur Prüfung ~; jmdm. einen Brief zur Unterschrift ~; ich musste meinen Pass, Ausweis, meine Zeugnisse ~; er legte ein scharfes Tempo vor ⟨übertr.; umg.⟩ *er begann sehr schnell zu laufen, zu arbeiten;* einem Kunden Waren ~

Vor|leis|tung ⟨die; -, -en⟩ *Zahlung, materielle Aufwendung zum Erzielen eines zukünftigen Gewinnes* ▸ in ~ treten müssen

vor|le|sen ⟨V. trans.; liest vor, laß vor, hat vor|gele|sen, vor|zu|le|sen⟩ (jmdm.) etwas ~ *vor od. für jmdn. laut lesen* ▸ jmdm. einen Brief ~; sie hat den Kindern Märchen vorgelesen; jmdm. aus der Bibel ~; Abl *Vorleser(in)*

Vor|le|sung ⟨die; -, -en⟩ *wissenschaftlicher Vortrag, Form des Unterrichts an Hochschulen u. Universitäten ohne Unterrichtsgespräch u. Diskussion* ▸ ~en halten; ~en hören; Abl *vorlesungsfrei;* Zus *Vorlesungsverzeichnis*

vor|letz|te(r, -s) ⟨Adj.⟩ *zweitletzt, vor dem Letzten befindlich*

Vor|lie|be ⟨die; -, -n⟩ *besondere Neigung* ▸ eine ~ für gutes Essen haben; etwas mit ~ tun *besonders gern*

vor|lieb|neh|men ⟨a. [-'---] V. intr.; nimmt vorlieb, nahm vor|lieb, hat vor|lieb|ge|nom|men, vor|lieb|zu|neh|men⟩ mit jmdm. od. etwas ~ *sich mit etwas, jmdm. begnügen, zufriedengeben*

vor|lie|gen ⟨V. intr.; liegt vor, lag vor, hat vor|gele|gen, vor|zu|le|gen⟩ **1** *vorhanden sein* **2** (jmdm.) ~ *zu bearbeiten sein* ▸ liegt irgendetwas Besonderes vor?; mir liegt eine Anfrage vor *ich habe hier eine A.;* was liegt gegen ihn vor? *was wirft man ihm vor?;* im ~den Falle *in dem Fall, den wir jetzt behandeln;* das Vorliegende besprechen

vor|lü|gen ⟨V. trans.; lügt vor, log vor, hat vor|gelo|gen, vor|zu|lü|gen⟩ jmdm. etwas ~ *jmdm. Lügen erzählen*

vorm ⟨Verschmelzungsform aus Präp. u. Art.⟩ *vor dem*

vor|ma|chen ⟨V. trans.; macht vor, mach|te vor, hat vor|ge|macht, vor|zu|ma|chen⟩ **1** (jmdm.) etwas ~ *jmdm. zeigen, wie etwas gemacht wird* **2** ⟨übertr.⟩ jmdm. etwas ~ *vorspiegeln, vortäuschen* ▸ mach es bitte den andern vor!; du kannst mir doch nichts ~! ⟨übertr.⟩ *ich glaube dir nicht;* er lässt sich von niemandem etwas ~ ⟨übertr.⟩

Vor|macht ⟨die; -; unz.⟩ *Vorherrschaft, führende polit. Stellung;* Zus *Vormachtstellung*

vor|ma|lig ⟨Adj.⟩ *ehemalig, früher* ▸ der ~e Besitzer

vor|mals ⟨Adv.; Abk.: vorm.⟩ *ehemals, früher* ▸ Schulz vorm. Kraus *(auf Firmenschildern)*

Vor|marsch ⟨der; -(e)s, -mär|sche⟩ *das Vorwärtsmarschieren, Vordringen* ▸ auf dem ~ sein

vor|mer|ken ⟨V. trans.; merkt vor, merk|te vor, hat vor|ge|merkt, vor|zu|mer|ken⟩ **1** sich etwas ~ *sich etwas in der Zukunft Stattfindendes im Voraus merken* **2** jmdn. od. etwas ~ *in ein Notizbuch, eine Merkliste o. Ä. eintragen* **3** etwas ~ *als Bestellung aufnehmen* ▸ ich merke es mir vor; jmdn. als Interessenten ~; sich für einen Lehrgang, einen Ausflug ~ lassen; Abl *Vormerkung*

Vor|mit|tag ⟨der; -(e)s, -e⟩ *Zeitraum vom Morgen bis zum Mittag* ▸ ich war am ~ dort; er kommt morgen ~; im Laufe des ~s rufe ich an; Abl *vormittägig, vormittäglich*

vor|mit|tags ⟨Adv.; Abk.: vorm.⟩ *am Vormittag* ▸ sie arbeitet ~; die Kinder gehen ~ zur Schule

Vor|mo|nat ⟨der; -(e)s, -e⟩ *letzter Monat* ▸ im ~

Vor|mund ⟨der; -(e)s, -e od. der; -(e)s, -mün|der⟩ *jmd., der bei minderjährigen Waisen die Eltern vertritt od. Entscheidungen für entmündigte Menschen trifft* ▸ jmdn. zum ~ bestellen

Vor|mund|schaft ⟨die; -, -en⟩ *gesetzliche Vertretung von Minderjährigen, entmündigten Erwachsenen usw.* ▸ die ~ für, über jmdn. übernehmen; jmdm. die ~ für, über jmdn. übertragen; unter ~ stehen; jmdn. unter ~ stellen; Abl *vormundschaftlich;* Zus *Vormundschaftsgericht*

vorn[1] ⟨Adv.⟩ oV ⟨umg.⟩ *vorne;* Ggs *hinten* **1** *an der Vorderseite, an der Spitze, obenan* **2** *führend, vor den anderen* ▸ Sie müssen ~ einsteigen; ~ marschieren, sitzen, stehen; es reicht ~ und hinten nicht ⟨übertr.; umg.⟩ *es reicht überhaupt nicht* ▸ das Zimmer liegt nach ~ hinaus *mit den Fenstern zur Straße;* von ~ *von Anfang an;* wir müssen noch einmal von ~ anfangen; von ~ bis hinten ⟨übertr.; umg.⟩ *ganz gründlich*

vorn[2] ⟨Verschmelzungsform aus Präp. + Art.; umg.⟩ *vor den* ▸ dann kriegte er einen ~ Latz

Vor|na|me ⟨der; -ns, -n⟩ *persönlicher Name, Taufname* ▸ bitte alle ~n angeben *(auf Formularen);* jmdn. beim ~n nennen

vor|ne|he|r|ein ⟨Adv.⟩ = *vornherein*

vor|nehm ⟨Adj.⟩ **1** *von edler Abstammung, von höherem Stand* **2** *edel, anständig, großzügig* (Gesinnung, Person) **3** *kostbar, elegant u. geschmackvoll* (Äußeres) ▸ er hat ein ~es Wesen; er ist immer sehr ~ gekleidet; Abl *Vornehmheit*

vor|neh|men ⟨V. trans.; nimmt vor, nahm vor, hat vor|ge|nom|men, vor|zu|neh|men⟩ **1** etwas ~ *etwas ausführen, tun* **2** sich etwas ~ *die Absicht haben, etwas zu tun* **3** ⟨übertr.; umg.⟩ sich jmdn. ~ *jmdn. zu sich rufen u. ihn ermahnen* **4** jmdn. ~ *bevorzugt behandeln, bedienen, bevor jmd. an der Reihe ist* ▸ ich habe mir vorgenommen, mit dem Rauchen aufzuhören ▸ an etwas eine Än-

V

derung ~ *etwas ändern;* (sich) eine Arbeit ~ *eine A. beginnen;* (sich) ein Buch ~ *ein B. zu lesen beginnen;* der Arzt hat zwei Patienten vorgenommen ▸ hast du dir für morgen schon etwas vorgenommen? *hast du morgen etwas vor?;* ich habe mir zu viel vorgenommen (und kann nicht alles erledigen)

vor|nehm|lich ⟨Adv.⟩ *besonders, vor allem* ▸ alle Kinder, ~ die kleineren, waren begeistert

vorn|he|r|ein ⟨Adv.⟩ von ~ *von Anfang an, sofort*

vorn|über ⟨Adv.⟩ *nach vorn*

vorn|weg ⟨Adv.⟩ *vorn, als Erste(r), an der Spitze;* Syn ⟨umg.⟩ *vorneweg*

Vor|ort ⟨der; -(e)s, -e⟩ *Vorstadt, äußerer Stadtteil* ▸ wir wohnen in einem ~ von Köln; Zus *Vorortbahn; Villenvorort*

Vor|platz ⟨der; -es, -plät|ze⟩ *Platz vor einem Haus*

vor|pre|schen ⟨V. intr.; prescht vor, presch|te vor, ist vor|ge|prescht, vor|zu|pre|schen⟩ **1** *nach vorn preschen* **2** ⟨übertr.⟩ *eilig, als Erster handeln* ▸ in einer Angelegenheit ~ ⟨übertr.⟩; er ist mit seinem Vorschlag zu weit vorgeprescht ⟨übertr.⟩

vor|pro|gram|miert ⟨Adj.; übertr.⟩ *vorausbestimmt* (meist Negatives) ▸ der Misserfolg war ~

Vor|rang ⟨der; -(e)s; unz.⟩ **1** *die höhere, wichtigere, bevorzugte Stellung;* Zus *Vorrangstellung* **2** *Vortritt, Vorrecht* **3** ⟨österr.⟩ *Vorfahrt* ▸ den ~ nicht beachten ⟨österr.⟩; einer Sache den ~ geben *eine S. bevorzugt behandeln;* diese Arbeit hat (den) ~ *muss zuerst erledigt werden;* jmdm. den ~ lassen

vor|ran|gig ⟨Adj.⟩ *wichtiger* ▸ ~e Arbeiten; diese Sache ist ~

Vor|rat ⟨der; -(e)s, -rä|te⟩ *etwas für späteren Bedarf Aufgehobenes* ▸ der ~ ist erschöpft; das Angebot gilt, solange der ~ reicht; ~ an Getränken, Lebensmitteln; etwas auf ~ kaufen *in größeren Mengen;* Zus *Vorratskammer, Vorratsraum*

vor|rä|tig ⟨Adj.⟩ *als Vorrat vorhanden, aufgespeichert, verfügbar, (reichlich) vorhanden* ▸ eine Ware ~ haben; diese Hemden sind noch ~

Vor|raum ⟨der; -(e)s, -räu|me⟩ *Raum vor einem größeren anderen Raum*

vor|rech|nen ⟨V. trans.; rech|net vor, rech|ne|te vor, hat vor|ge|rech|net, vor|zu|re|nen⟩ **1** (jmdm.) etwas ~ *eine Rechnung vor jmdm. rechnen, damit dieser sie versteht od. nachprüfen kann* **2** ⟨übertr.⟩ jmdm. seine Fehler ~ *vorhalten*

Vor|recht ⟨das; -(e)s, -e⟩ *Sonderrecht, Privileg*

Vor|red|ner ⟨der; -s, -⟩ *Redner, der vor einem anderen eine Rede gehalten hat* ▸ ich schließe mich meinem ~ an; Abl *Vorrednerin*

Vor|rei|ter ⟨der; -s, -; übertr.⟩ *jmd., der etwas Neues als Erster durchführt* ▸ ~ einer neuen Technik; Abl *Vorreiterin;* Zus *Vorreiterrolle*

Vor|rich|tung ⟨die; -, -en⟩ *Einrichtung, Gerät, Apparat, häufig als Hilfsmittel od. als Teil eines größeren Gegenstandes* ▸ eine ~ zum Ausladen

vor|rü|cken ⟨V.⟩ **I** ⟨V. trans.; rückt vor, rück|te vor, hat vor|ge|rückt, vor|zu|rü|cken⟩ etwas ~ *nach vorn rücken od. schieben* ▸ einen Schrank, Tisch ~; einen Stein (im Brettspiel) ~ *in Richtung zum Spielgegner od. zum Ende des Spiels setzen* **II** ⟨V. intr.; rückt vor, rück|te vor, ist vor|ge|rückt, vor|zu|rü|cken⟩ *auf dem Vormarsch sein* (Truppe) ▸ der Zeiger der Uhr rückt vor *rückt weiter;* in vorgerücktem Alter *in mittlerem Alter;* zu vorgerückter Stunde *zu später Stunde*

Vor|ru|he|stand ⟨der; -(e)s; unz.⟩ *(freiwilliger) vorzeitiger Ruhestand* ▸ in den ~ gehen

Vor|run|de ⟨die; -, -n; Sp.⟩ *Spielserie zur Ermittlung der Teilnehmer an der Zwischenrunde*

vors ⟨Verschmelzungsform aus Präp. u. Art.⟩ *vor das*

vor|sa|gen ⟨V.; sagt vor, sag|te vor, hat vor|ge|sagt, vor|zu|sa|gen⟩ **I** ⟨V. trans.⟩ jmdm. etwas ~ *zum Nachsagen, Wiederholen vorsprechen* **II** ⟨V. trans. u. V. intr.; Schülerspr.⟩ jmdm. (etwas) ~ *die Antwort heimlich zuflüstern*

Vor|sai|son ⟨[-zɛzɔ̃] od. [-zɛzɔŋ] die; -, -s⟩ *Zeit vor Saisonbeginn* ▸ in der ~ verreisen

Vor|satz ⟨der; -es, -sät|ze⟩ **1** *feste, unverrückbare Absicht* **2** ⟨Rechtsw.⟩ *bewusstes Wollen einer Straftat* ▸ den ~ fassen, etwas zu tun; ich habe den ~, zu kommen; gute Vorsätze fassen; bei seinem ~ bleiben; jmdn. in seinem ~ bestärken

vor|sätz|lich ⟨Adj.⟩ *mit Vorsatz, absichtlich* ▸ ~er Mord; jmdn. ~ belügen

Vor|schau ⟨die; -, -en⟩ **1** *vorausschauender Überblick* **2** ⟨Kino, TV⟩ *zusammenfassender Überblick über kommende Sendungen od. Programme*

Vor|schein ⟨der; -s; unz.; nur in den Wendungen⟩ **1** zum ~ bringen *erscheinen lassen, hervorholen u. zeigen* **2** zum ~ kommen **2.1** *sichtbar werden, erscheinen* **2.2** *erkennbar werden* (Gesinnung, Krankheit) ▸ als er das Paket öffnete, kam ein Spiel zum ~

vor|schi|cken ⟨V. trans.; schickt vor, schick|te vor, hat vor|ge|schickt, vor|zu|schi|cken⟩ jmdn. ~ *vorausschicken* ▸ Helfer ~

vor|schie|ben ⟨V. trans.; schiebt vor, schob vor, hat vor|ge|scho|ben, vor|zu|schie|ben⟩ **1** etwas ~ *nach vorn, vorwärtsschieben* **2** etwas ~ *vor etwas schieben* **3** ⟨übertr.⟩ etwas ~ *vorschützen, als angeblichen Grund nennen* **4** ⟨übertr.⟩ jmdn. ~ *jmdn. für sich handeln lassen, um selbst im Hintergrund zu bleiben* ▸ eine Krankheit, Verabredung ~ (um etwas nicht tun zu müssen) ⟨übertr.⟩; den Riegel ~

Vor|schlag ⟨der; -(e)s, -schlä|ge⟩ **1** *Rat* **2** *Anerbieten, Angebot* **3** ⟨schweiz.⟩ *(rechnerischer) Gewinn* ▸ einen ~ annehmen, ablehnen, zurückweisen; ich möchte Ihnen einen ~ machen; sein: ist das ein ~? ⟨umg.⟩ *bist du damit einverstanden?* ▸ hast du einen besseren ~? das ist ein guter, praktischer, vernünftiger ~ ▸ auf ~ von Herrn Witt

vor|schla|gen ⟨V. trans.; schlägt vor, schlug vor, hat vor|ge|schla|gen, vor|zu|schla|gen⟩ (jmdm.) jmdn. od. etwas ~ *empfehlen, raten, anbieten* ▸ ich schlage vor, eine kurze Pause zu machen; er wurde für das Amt des Stellvertreters vorgeschlagen; möchten Sie jemanden als Kandidaten ~?; Zus *Vorschlagsrecht*

vor|schnell ⟨Adj.⟩ *voreilig, übereilt, unüberlegt* ▸ ~e Antwort; ~es Urteil; ~ antworten, urteilen

vor|schrei|ben ⟨V. trans.; schreibt vor, schrieb vor, hat vor|ge|schrie|ben, vor|zu|schrei|ben⟩ **1** jmdm. etwas ~ *als Muster schreiben* **2** ⟨übertr.⟩ (jmdm.) etwas ~ *befehlen, bestimmen* ▸ Kindern einen Buchstaben, ein Wort ~; jmdm. Bedingungen ~ ⟨übertr.⟩; Preise ~ ⟨übertr.⟩ *amtlich festsetzen;* ich lasse mir von dir nichts ~ ⟨übertr.⟩; sich bei einem Medikament an die vorgeschriebene Dosis halten ⟨übertr.⟩

Vor|schrift ⟨die; -, -en⟩ *Anweisung, Richtlinie, Verordnung* ▸ die ~(en) **beachten,** befolgen, einhalten, übertreten, verletzen; ich lasse mir von Ihnen keine ~en **machen** ▸ **ärztliche,** gesetzliche, polizeiliche ~ ▸ bitte halten Sie sich genau **an** die ~en; ein Medikament **nach** ~ einnehmen; sich nach den ~en richten; Abl *vorschriftsmäßig, vorschriftswidrig*

vor|schrifts|ge|mäß ⟨Adj.⟩ *den Vorschriften entsprechend, gemäß* ▸ ~es Verhalten; ~ (über die Kreuzung) fahren, gehen

Vor|schub ⟨der; -(e)s; unz.; meist in der Wendung⟩ einer Sache ~ leisten *eine S. begünstigen*

Vor|schu|le ⟨die; -, -n⟩ *Vorbereitungsschule vor der Grundschule;* Zus *Vorschulalter, Vorschulerziehung, Vorschulkind*

Vor|schuss ⟨der; -es, -schüs|se⟩ *im Voraus geleisteter Teil einer Zahlung, bes. des Gehalts, Lohns* ▸ einen ~ erhalten; um einen ~ bitten

Vor|schuss|lor|bee|ren ⟨Pl.⟩ *Lob, bevor eine Leistung erbracht worden ist* ▸ ~ ernten

vor|schüt|zen ⟨V. trans.; schützt vor, schütz|te vor, hat vor|ge|schützt, vor|zu|schüt|zen⟩ etwas ~ *vorgeben, zum Vorwand nehmen* ▸ dringende Arbeiten ~; eine Erkältung ~

vor|schwär|men ⟨V. trans. u. V. intr.; schwärmt vor, schwärm|te vor, hat vor|ge|schwärmt, vorzu|schwär|men; umg.⟩ jmdm. (von jmdm. od. etwas) ~ *begeistert, schwärmerisch erzählen*

vor|schwe|ben ⟨V. intr.; schwebt vor, schweb|te vor, hat vor|ge|schwebt, vor|zu|schwe|ben⟩ jmdm. ~ *in jmds. Vorstellung (bereits) vorhanden sein* ▸ mir schwebt dabei etwas Bestimmtes vor *ich denke dabei an etwas B.*

vor|schwin|deln ⟨V. trans.; schwin|delt vor, schwin|del|te vor, hat vor|ge|schwin|delt, vor|zu-schwin|deln⟩ jmdm. etwas ~ *jmdn. anlügen*

vor|se|hen ⟨V.⟩ **I** ⟨V. trans.⟩ jmdn. od. etwas für etwas ~ *beabsichtigen, einplanen* ▸ jmdn. für einen Posten, für ein Amt ~; die Feier ist für den 21.12. vorgesehen **II** ⟨V. refl.⟩ sich (vor jmdm. od. etwas) ~ *sich in Acht nehmen* ▸ bitte sieh dich vor, damit du nicht fällst

Vor|se|hung ⟨die; -; unz.⟩ *göttliche Leitung der Geschehnisse, Schicksal* ▸ das war ~!

vor|set|zen ⟨V. trans.; setzt vor, setz|te vor, hat vor|ge|setzt, vor|zu|set|zen⟩ **1** etwas ~ *nach vorn setzen, vorwärtssetzen* **2** jmdm. etwas (zu essen, zu trinken) ~ *anbieten* ▸ den rechten, linken Fuß ~; einen Stein (im Brettspiel) ~; wir bekamen nur Brot vorgesetzt

Vor|sicht ⟨die; -; unz.⟩ **1** *Klugheit gegenüber einer Gefahr, Besonnenheit* **2** *das Achtgeben, Behutsamkeit* ▸ ~! *(Warnruf) Achtung!;* ~, Glas! *(Aufschrift auf Kisten);* ~, Stufe! *(Aufschrift vor Treppenstufen);* ~, zerbrechlich! *(Aufschrift auf Kisten);* ~, die Teller sind sehr heiß ▸ hier ist (äußerste, größte) ~ **geboten;** ~ **üben** *vorsichtig sein;* ~ **walten** lassen ▸ er ist **mit** ~ zu genießen ⟨umg.; scherzh.⟩ *bei ihm muss man sehr vorsichtig sein, er wird leicht zornig;* etwas mit ~ tun

vor|sich|tig ⟨Adj.⟩ **1** *mit Vorsicht, besonnen* **2** *behutsam* ▸ etwas ~ anfassen; etwas ~ behandeln; bitte, sei ~!; seien Sie ~, dass Sie nicht ausrutschen; Abl *Vorsichtigkeit*

vor|sichts|hal|ber ⟨Adv.⟩ *aus Vorsicht, für alle Fälle* ▸ du solltest ~ zum Arzt gehen

Vor|sichts|maß|nah|me ⟨die; -, -n⟩ *Maßnahme, die aus Vorsicht getroffen wird* ▸ ~n ergreifen

Vor|sil|be ⟨die; -, -n; Sprachw.⟩ *einem Wort vorangestellte Ableitungssilbe,* z. B. be…, ge…, ver…; Syn *Präfix* ▸ Verben mit abtrennbaren ~n

vor|sin|gen ⟨V. trans. u. V. intr.; singt vor, sang vor, hat vor|ge|sun|gen, vor|zu|sin|gen⟩ **1** (jmdm.) etwas ~ *etwas singen, um es andern zu zeigen, für jmdn. singen* **2** jmdm. (etwas) ~ *vor jmdm. singen (um sich prüfen zu lassen)* ▸ einem Lehrer ~; die Mutter singt den Kindern abends vor; sing mir das Lied einmal ~

vor|sint|flut|lich ⟨Adj.; übertr.; umg.; abwertend⟩ *völlig veraltet, sehr altmodisch* ▸ ~e Ansichten

Vor|sitz ⟨der; -es, -e⟩ *Leitung (eines Vereins, einer Sitzung)* ▸ den ~ haben, übernehmen

Vor|sit|zen|de(r) ⟨die; -n, -n (der; -n, -n); Abk.: Vors.⟩ *jmd., der den Vorsitz hat, Präsident*

Vor|sor|ge ⟨die; -; unz.⟩ *vorausschauende Fürsorge, vorsorglich durchgeführte (medizinische) Maßnahme;* Ggs *Nachsorge* ▸ ~ für etwas tragen; ~ fürs Alter treffen; zur ~ *vorsichtshalber, vorsorglich;* Zus *Vorsorgemaßnahme, Vorsorgeuntersuchung*

vor|sor|gen ⟨V. intr.; sorgt vor, sorg|te vor, hat vor|ge|sorgt, vor|zu|sor|gen⟩ (für etwas) ~ *vorausschauend für etwas sorgen, sich vorausschauend auf etwas vorbereiten* ▸ für das Alter ~

vor|sorg|lich ⟨Adj.⟩ *vorsichtshalber, fürsorglich vorbedacht* ▸ ich habe ihm ~ Geld gegeben; sie hat dem Kind ~ warme Sachen angezogen

Vor|spann ⟨der; -(e)s, -e; Film, TV⟩ *einem Film bzw. einer Sendung vorangestellte Angaben über Titel, Hersteller, Darsteller u. Ä.;* Ggs *Abspann*

Vor|spei|se ⟨die; -, -n⟩ *kleine Speise vor dem Hauptgericht;* Ggs *Nachspeise*

vor|spie|geln ⟨V. trans.; spie|gelt vor, spie|gel|te vor, hat vor|ge|spie|gelt, vor|zu|spie|geln⟩ jmdm. etwas ~ *jmdm. etwas vortäuschen*

Vor|spie|ge|lung ⟨die; -, -en; meist in der Wendung⟩ unter ~ falscher Tatsachen *durch Lüge*

Vor|spiel ⟨das; -(e)s, -e⟩ **1** *musikal. Einleitung, Präludium, Ouvertüre* **2** *einleitende Szenen vor dem eigtl. Schauspiel* **3** ⟨übertr.⟩ **3.1** *der Anfang* **3.2** *der Austausch von Zärtlichkeiten vor dem Geschlechtsverkehr* ▸ das war erst das ~! ⟨übertr.⟩

vor|spie|len ⟨V. trans. u. V. intr.; spielt vor, spiel|te vor, hat vor|ge|spielt, vor|zu|spie|len⟩ **1** (jmdm.)

V

etwas ~ *etwas spielen, um es anderen zu zeigen* **2** jmdm. (etwas) ~ *vor jmdm. auf einem Instrument spielen, vor Zuhörern musizieren od. Theater spielen* **3** ⟨übertr.⟩ jmdm. etwas ~ *vortäuschen* ▸ ich spiele es (euch) erst einmal vor; jmdm. etwas auf dem Klavier ~

vor|spre|chen ⟨V. trans. u. V. intr.; spricht vor, sprach vor, hat vor|ge|spro|chen, vor|zu|spre|chen⟩ **1** (jmdm.) etwas ~ *etwas sprechen, damit es jmd. nachspricht, wiederholt* **2** jmdm. eine Rolle ~ *vor jmdm. ein Stück aus einer Rolle sprechen (um sich als Schauspieler zu bewerben)* **3** bei jmdm. ~ *jmdn. aufsuchen, um ein Anliegen vorzubringen* ▸ einem Kind ein Wort, einen Satz ~; wann kann ich bei Ihnen ~?

vor|sprin|gen ⟨V. intr.; springt vor, sprang vor, ist vor|ge|sprun|gen, vor|zu|sprin|gen⟩ *herausragen, hervorstehen* ▸ ein ~des Bauteil; ~des Dach

Vor|sprung ⟨der; -(e)s, -sprün|ge⟩ **1** *vorspringender, herausragender Bauteil* **2** *heraus-, hervorragender Felsen, Küstenstrich o. Ä.;* Zus *Felsvorsprung* **3** *Abstand vor dem Verfolger, vor dem Gegner od. Mitbewerber* ▸ den ~ eines anderen aufholen, einholen; jmdm. beim Wettlauf fünf Schritte ~ geben; einen großen ~ vor jmdm. haben

vor|spu|len ⟨V. trans.; spult vor, spul|te vor, hat vor|ge|spult, vor|zu|spu|len⟩ einen Film, ein Magnetband ~ *weiter nach vorn spulen*

Vor|stadt ⟨die; -, -städ|te⟩ *Randbezirk einer Stadt, Vorort;* Abl *vorstädtisch*

Vor|stand ⟨der; -(e)s, -stän|de⟩ *aus einer od. mehreren Personen bestehende Leitung eines Unternehmens, eines Vereins o. Ä.;* Zus *Vorstandsetage, Vorstandsmitglied, Vorstandssprecher(in), Vorstandsvorsitzende(r)*

vor|ste|hen ⟨V. intr.; steht vor, stand vor, hat vorge|stan|den, vor|zu|ste|hen⟩ **1** *hervorragen, vorspringen* **2** einer Organisation, Schule ~ *an ihrer Spitze stehen, sie leiten;* Abl *Vorsteher(in)* ▸ dem Haushalt ~ *den H. führen;* er hat ~de Zähne; im Vorstehenden wurde erwähnt ⟨Amtsdt.⟩ *weiter oben;* wie ~d erwähnt *wie oben erwähnt*

vor|stel|len ⟨V.; stellt vor, stell|te vor, hat vor|gestellt, vor|zu|stel|len⟩ **I** ⟨V. trans.⟩ **1** etwas ~ *nach vorn stellen, vorrücken* **2** jmdn. od. sich jmdm. ~ *mit jmdm. bekanntmachen* **3** sich etwas ~ *sich etwas (aus)denken;* Abl *vorstellbar* ▸ gestatten Sie, dass ich mich vorstelle: Julia Lieder; darf ich mich ~: Julia Lieder ▸ in der Ausstellung wurden seine neuen Bilder vorgestellt; darf ich Ihnen Herrn X ~?; stellen Sie sich meine Überraschung vor! ⟨übertr.⟩; die Uhr ~ *den Zeiger nach vorn verrücken* ▸ kannst du dir das ~? ⟨übertr.⟩; das kann ich mir nicht ~ ⟨übertr.⟩ *das glaube ich nicht recht* ▸ das kann ich mir gut, lebhaft ~; so schwierig habe er es sich nicht vorgestellt **II** ⟨V. refl.⟩ sich (bei jmdm.) ~ *(bei jmdm.) wegen der Bewerbung um eine Arbeitsstelle vorsprechen* ▸ er möchte sich in unserem Betrieb ~

vor|stel|lig ⟨Adj.; nur in der Wendung⟩ bei jmdm. ~ werden *mündlich vorsprechen (um sich zu beschweren)* ▸ bei einer Behörde ~ werden

Vor|stel|lung ⟨die; -, -en⟩ **1** *das Vorstellen;* Zus *Vorstellungsgespräch* **2** *das Sichvorstellen;* Zus *Vorstellungskraft, Vorstellungsvermögen* **3** *Begriff, Gedanke, Bild, das man sich vorstellt, ausdenkt* **4** ⟨Theat.; Film⟩ *Aufführung, Darbietung* ▸ die ~ beginnt, endet um 20 Uhr; eine ~ geben ⟨Theat.⟩; ich habe davon keine, eine andere ~; sich eine ~ von etwas machen; du machst dir keine ~ von seinem Reichtum *du ahnst nicht, wie reich er ist* ▸ das war die erste, zweite, letzte ~; geschlossene, öffentliche ~; eine klare, verschwommene ~ von etwas haben ▸ die ~ findet am Nachmittag, am Abend statt

Vor|stoß ⟨der; -es, -stö|ße⟩ *das Vorstoßen, Vordringen, Angriff* ▸ einen ~ machen ⟨Mil.⟩ *angreifen;* ⟨übertr.⟩ *ein Anliegen vorzubringen suchen;* ~ in den Weltraum; ~ in unerforschtes Gebiet

vor|sto|ßen ⟨V.⟩ **I** ⟨V. trans.; stößt vor, stieß vor, hat vor|ge|sto|ßen, vor|zu|sto|ßen⟩ jmdn. od. etwas ~ *nach vorn stoßen* ▸ die Faust, den Fuß ~ **II** ⟨V. intr.; stößt vor, stieß vor, ist vor|ge|sto|ßen, vor|zu|sto|ßen⟩ irgendwohin ~ *vordringen, vorwärtsgehen (um etwas zu erforschen od. jmdn. anzugreifen)* ▸ in unerforschtes Gebiet ~

Vor|stra|fe ⟨die; -, -n⟩ *frühere Strafe, die noch im Strafregister ist;* Zus *Vorstrafenregister*

vor|stre|cken ⟨V. trans.; streckt vor, streck|te vor, hat vor|ge|streckt, vor|zu|stre|cken⟩ **1** die Arme, Hände ~ *nach vorn strecken* **2** jmdm. Geld ~ *(eine größere Summe) Geld leihen*

Vor|stu|fe ⟨die; -, -n⟩ *vorausgegangener Zustand* ▸ ~ einer Entwicklung

Vor|tag ⟨der; -(e)s, -e⟩ *der vorangehende bzw. vorangegangene Tag* ▸ am ~ eines Ereignisses; in der Küche steht noch das Geschirr vom ~

vor|tas|ten ⟨V. refl.; tas|tet sich vor, tas|te|te sich vor, hat sich vor|ge|tas|tet, sich vor|zu|tas|ten⟩ sich ~ *sich vorsichtig vorwärtsbewegen* ▸ sich Stück für Stück ~ ⟨übertr.⟩

vor|täu|schen ⟨V. trans.; täuscht vor, täusch|te vor, hat vor|ge|täuscht, vor|zu|täu|schen⟩ (jmdm.) etwas ~ *heucheln, fälschlich darstellen, vorspiegeln* ▸ Krankheit, Wissen ~; Abl *Vortäuschung*

Vor|teil ⟨der; -(e)s, -e⟩ **1** *Gewinn, Nutzen;* Ggs *Nachteil (2)* **2** *Vorzug, Überlegenheit* **3** ⟨Sp.; Tennis⟩ *erster Punkt nach dem Einstand* ▸ die Vor- und Nachteile abwägen ▸ die Sache hat den ~, dass …; sich einen (unerlaubten) ~ verschaffen; seinen ~ wahrnehmen ▸ er ist sehr auf seinen ~ bedacht; einen ~ aus etwas ziehen; jmdm. gegenüber im ~ sein; das ist für dich von (großem) ~; die Lage zu seinem ~ ausnützen; sich zu seinem ~ verändern *hübscher, umgänglicher werden*

vor|teil|haft ⟨Adj.; -er, am -es|ten⟩ **1** *Vorteil(e) bringend, günstig* (Angebot, Kauf) **2** *alle Vorzüge od. einen bestimmten Vorzug zur Geltung bringend, günstig* (Kleidung, Farbe) ▸ etwas ~ einkaufen, verkaufen; das ist ~ für ihn; die helle Tapete wirkt in dem dunklen Zimmer sehr ~

Vor|trag ⟨der; -(e)s, -trä|ge⟩ **I** ⟨zählb.⟩ **1** *sprachliche od. musikalische Darbietung* **2** *ausführliche Rede,* *bes. über ein wissenschaftliches Thema;* Zus *Vortragsreihe* ▸ einen ~ über Malta halten; der ~ war sehr interessant; zu einem ~ gehen **II** ⟨unz.⟩ *Art des Vortragens* ▸ ausdrucksvoller ~

vor|tra|gen ⟨V. trans.; trägt vor, trug vor, hat vor|ge|tra|gen, vor|zu|tra|gen⟩ **1** etwas ~ *nach vorn tragen* **2** (jmdm.) etwas ~ *künstlerisch darbieten, vorsprechen, vorsingen, vorspielen* **3** (jmdm.) etwas ~ *über etwas Bericht erstatten* ▸ jmdm. eine Angelegenheit, einen Beschluss ~; ein Gedicht, ein Lied ~

vor|treff|lich ⟨Adj.⟩ *ausgezeichnet, hervorragend, glänzend, vorzüglich* ▸ ein ~es Buch; er ist ein ~er Schwimmer; Abl *Vortrefflichkeit*

vor|tre|ten ⟨V. intr.; tritt vor, trat vor, ist vor|ge|tre|ten, vor|zu|tre|ten⟩ **1** *nach vorn treten, vor die andern treten* **2** *hervortreten, hervorstehen* ▸ der Schüler trat vor und hielt ein Referat

Vor|tritt ⟨der; -(e)s; unz.⟩ **1** *Recht zum Vorausgehen* **2** ⟨schweiz. a.⟩ = *Vorfahrt* ▸ den ~ haben; jmdm. den ~ lassen *jmdn. vorangehen lassen*

vo|r|ü|ber ⟨Adv.⟩ = *vorbei*

vo|r|ü|ber|ge|hen ⟨V. intr.; geht vo|r|über, ging vo|r|über, ist vo|r|über|ge|gan|gen, vo|r|über|zu|ge|hen⟩ **1** an jmdm. od. etwas ~ *vorbeigehen* **2** *vergehen* ▸ das Gewitter ging schnell vorüber; der Schmerz geht bald vorüber; daran kann man nicht einfach ~ *das muss man beachten*

vo|r|ü|ber|ge|hend **I** ⟨Part. Präs. von⟩ *vorübergehen* **II** ⟨Adj.⟩ *nur kurze Zeit dauernd, zeitweilig, kurzlebig* ▸ eine ~e Erscheinung; er hält sich hier nur ~ auf; das Geschäft ist ~ geschlossen

vo|r|ü|ber|zie|hen ⟨V. intr.; zieht vo|r|über, zog vo|r|über, ist vo|r|über|ge|zo|gen, vo|r|über|zu|zie|hen⟩ = *vorbeiziehen*

Vor|ur|teil ⟨das; -(e)s, -e⟩ *vorgefasste Meinung, Urteil ohne Prüfung der Tatsachen* ▸ ein ~ gegen jmdn. od. etwas haben; das ist ein ~; Abl *vorurteilsfrei, vorurteilslos*

Vor|vä|ter ⟨Pl.⟩ *Ahnen*

Vor|ver|gan|gen|heit ⟨die; -; unz.; Gramm.⟩ = *Plusquamperfekt*

Vor|ver|kauf ⟨der; -(e)s; unz.⟩ *Verkauf mehrere Tage vor der Aufführung (von Theater-, Konzertkarten o. Ä.)* ▸ sich Konzertkarten im ~ besorgen; Zus *Vorverkaufskasse, Vorverkaufsstelle*

vor|ver|le|gen ⟨V. trans.; ver|legt vor, ver|leg|te vor, hat vor|ver|legt, vor|zu|ver|le|gen⟩ etwas ~ *auf einen früheren Zeitpunkt festlegen* ▸ einen Termin, eine Prüfung, Veranstaltung ~

vor|vor|ges|tern ⟨Adv.⟩ *am Tag vor vorgestern, vor drei Tagen* ▸ er kam ~

vor|vor|letz|te(r, -s) ⟨Adj.; umg.⟩ *vor dem (der) vorletzten* ▸ das ~ Haus; die ~ Zahl

Vor|wahl ⟨die; -, -en⟩ **1** ⟨Tel.⟩ **1.1** *das Wählen der Vorwählnummer* **1.2** *die Vorwählnummer selbst* **2** *Wahlgang, bei dem Kandidaten für eine zweite Wahl aufgestellt werden* ▸ wie lautet die ~ von Hannover?

vor|wäh|len ⟨V. trans.; wählt vor, wähl|te vor, hat vor|ge|wählt, vor|zu|wäh|len; Tel.⟩ eine Nummer ~ *eine N. als Vorwählnummer wählen*

Vor|wand ⟨der; -(e)s, -wän|de⟩ *Ausrede, Scheingrund* ▸ er sucht einen ~, um daheimzubleiben; etwas als ~ benutzen; ein Treffen unter einem ~ absagen; etwas zum ~ nehmen

vor|wär|men ⟨V. trans.; wärmt vor, wärm|te vor, hat vor|ge|wärmt, vor|zu|wär|men⟩ etwas ~ *anwärmen, vorbereitend wärmen* ▸ Teller ~

Vor|war|nung ⟨die; -, -en; umg.⟩ **1** ⟨verstärkend⟩ *Warnung* **2** ⟨scherzh.⟩ *vorherige Benachrichtigung* ▸ sie kam ohne ~ vorbei

vor|wärts ⟨Adv.⟩ *nach vorn* ▸ ~! *geh weiter!, geh!; schnell!, beeil dich!;* das war ein großer Schritt ~ ⟨übertr.⟩ *ein großer Fortschritt;* ~ einparken; das kann ich ~ und rückwärts ⟨umg.⟩ *sehr gut*

vor|wärts|brin|gen ⟨V. trans.; bringt vor|wärts, brach|te vor|wärts, hat vor|wärts|ge|bracht, vor|wärts|zu|brin|gen; übertr.⟩ jmdn. od. etwas ~ *fördern, unterstützen* ▸ sein Aufenthalt im Ausland hat ihn ein großes Stück vorwärtsgebracht

Vor|wärts|gang ⟨der; -(e)s, -gän|ge; Kfz⟩ *einer der Gänge, die der Vorwärtsbewegung dienen*

vor|wärts|ge|hen ⟨V. intr.; geht vor|wärts, ging vor|wärts, ist vor|wärts|ge|gan|gen, vor|wärts|zu|ge|hen⟩ **1** *mit der Vorderseite voran gehen* **2** ⟨übertr.⟩ *besser werden;* Syn *vorwärtsschreiten* ▸ er soll ~; mit Ihrer Hilfe wird es jetzt ~ ⟨übertr.⟩

vor|wärts|kom|men ⟨V. intr.; kommt vor|wärts, kam vor|wärts, ist vor|wärts|ge|kom|men, vor|wärts|zu|kom|men; übertr.⟩ *Fortschritte machen, Erfolg haben* ▸ ich komme mit meiner Arbeit nicht vorwärts *ich komme schlecht voran*

vor|weg ⟨Adv.⟩ *von vornherein, im Voraus, vorher*

vor|weg|neh|men ⟨V. trans.; nimmt vor|weg, nahm vor|weg, hat vor|weg|ge|nom|men, vor|weg|zu|neh|men⟩ etwas ~ **1** *vor dem dafür vorgesehenen Zeitpunkt erledigen* **2** *vorher sagen, gleich sagen* ▸ um gleich das Wichtigste vorwegzunehmen, möchte ich …; Abl *Vorwegnahme*

Vor|weih|nachts|zeit ⟨die; -; unz.⟩ *Zeit vor Weihnachten, Adventszeit* ▸ in der ~ Kekse backen Abl *vorweihnachtlich*

vor|wei|sen ⟨V. trans.; weist vor, wies vo, hat vor|ge|wie|sen, vor|zu|wei|sen⟩ etwas ~ *hervorholen u. zeigen, zur Prüfung zeigen* ▸ den Ausweis, Pass ~; gute Kenntnisse ~ können

vor|wer|fen ⟨V. trans.; wirft vor, warf vor, hat vor|ge|wor|fen, vor|zu|wer|fen⟩ **1** einem Tier etwas (zum Fraß) ~ *etwas vor das Tier hinwerfen* **2** ⟨übertr.⟩ jmdm. etwas ~ *zum Vorwurf machen, tadelnd vorhalten* ▸ Tieren Fleisch ~; er wirft mir Unpünktlichkeit, Unhöflichkeit vor ⟨übertr.⟩; das lasse ich mir nicht ~ ⟨übertr.⟩

vor|wie|gend ⟨Adj.⟩ *überwiegend, in erster Linie, besonders* ▸ es waren ~ Kinder dort

vor|wit|zig ⟨Adj.⟩ *vorlaut, keck* ▸ er kam ~ auf die Bühne; Abl *Vorwitzigkeit*

Vor|wo|che ⟨die; -, -n⟩ *vergangene Woche, letzte Woche* ▸ Aufgaben von der ~ nachholen

Vor|wort ⟨das; -(e)s, -e⟩ *Einleitung (eines Buchs)*

Vor|wurf ⟨der; -(e)s, -wür|fe⟩ *Tadel, Rüge, Vorhaltung, Beschuldigung* ▸ Vorwürfe gegen jmdn.

erheben; jmdm. einen ~, Vorwürfe machen; ich werde es doch tun, dann brauche ich mir später keine Vorwürfe zu machen; jmdn. mit Vorwürfen überhäufen

vor|wurfs|voll ⟨Adj.⟩ *anklagend, tadelnd u. etwas traurig* ▸ ~er Blick; in ~em Ton

Vor|zei|chen ⟨das; -s, -⟩ **1** ⟨Math.; Zeichen: + bzw. -⟩ *Zeichen, das anzeigt, ob eine Zahl hinzugezählt od. abgezogen werden soll, Plus- bzw. Minuszeichen* **2** ⟨Mus.; Zeichen: # od. ♭⟩ *am Anfang eines Musikstückes (od. vor einzelnen Noten) stehendes Zeichen, das die Tonart bestimmt* **3** ⟨allg.⟩ *Anzeichen künftigen Geschehens;* Syn *Omen* ▸ ein günstiges ~

vor|zeich|nen ⟨V. trans.; zeich|net vor, zeich|ne|te vor, hat vor|ge|zeich|net, vor|zu|zei|nen⟩ **1** etwas ~ *als Entwurf, Muster zeichnen* **2** ⟨übertr.⟩ jmdm. etwas ~ *als Richtlinie geben* ▸ jmdm. seinen Weg ~; Abl *Vorzeichnung*

vor|zeig|bar ⟨Adj.⟩ *recht gut* ▸ die Ergebnisse waren durchaus ~

Vor|zei|ge... ⟨in Zus.; umg.; häufig abwertend⟩ *zum Vorzeigen gedacht, mustergültig,* z. B. Vorzeigefrau, Vorzeigeprojekt

vor|zei|gen ⟨V. trans.; zeigt vor, zeig|te vor, hat vor|ge|zeigt, vor|zu|zei|gen⟩ (jmdm.) etwas ~ *zur Prüfung zeigen, vorlegen* ▸ die Fahrkarte, den Pass ~

Vor|zeit ⟨die; -, -en⟩ *vorgeschichtliche Zeit* ▸ in grauer ~ ⟨übertr.⟩ *vor langen Zeiten, einst*

vor|zei|tig ⟨Adj.⟩ *verfrüht, früher als vorgesehen, als erwartet, zu früh (eintretend, geschehend)* ▸ ~e Abreise, Rückkehr; den Urlaub ~ abbrechen; das Kind ist ~ geboren; Abl *Vorzeitigkeit*

vor|zie|hen ⟨V. trans.; zieht vor, zog vor, hat vor|ge|zo|gen, vor|zu|zie|hen⟩ **1** jmdn. od. etwas ~ *nach vorn ziehen* **2** etwas unter etwas ~ *hervorziehen* **3** ⟨übertr.⟩ jmdn. (jmdm.) ~ *bevorzugen, mit Vorzug behandeln* **4** ⟨übertr.⟩ etwas (etwas anderem) ~ *lieber tun* **5** ⟨übertr.⟩ etwas ~ *früher als geplant beginnen (lassen), erledigen* ▸ ich ziehe es vor, zu Fuß zu gehen; ich zog es vor, schnell zu verschwinden; die Gardine(n) ~ ⟨umg.⟩ *vor das Fenster ziehen;* ein Kind, einen Schüler ~ ⟨übertr.⟩; ich ziehe Rotwein (dem Weißwein) vor; wir haben unseren Urlaub vorgezogen

Vor|zim|mer ⟨das; -s, -⟩ **1** *Büroraum zum Anmelden, Wartezimmer* **2** ⟨österr. a.⟩ *Diele, Korridor (einer Wohnung)* ▸ im ~ warten

Vor|zug ⟨der; -(e)s, -zü|ge⟩ Ggs *Nachteil (1)* **1** *Vorteil, Vorrecht, Überlegenheit* **2** *gute Eigenschaft* ▸ die Vorzüge und Nachteile einer Sache od. Person gegeneinander abwägen; einer Sache den ~ geben *eine S. vorziehen;* er, sie hat viele Vorzüge; das hat den ~, dass es günstiger ist

vor|züg|lich ⟨Adj.⟩ *ausgezeichnet, ganz bes. gut* ▸ er ist ein ~er Redner; dieser Wein schmeckt ~; er spricht ~ Französisch; Abl *Vorzüglichkeit*

vor|zugs|wei|se ⟨Adv.⟩ *vor allem, hauptsächlich*

vo|tie|ren ⟨[vo-] V. intr.; vo|tiert, vo|tier|te, hat vo|tiert⟩ für od. gegen jmdn. od. etwas ~ *abstimmen, etwas beschließen* ▸ die Abgeordneten votierten für die Vorlage

Vo|tum ⟨[vo:-] das; -, Vo|ten od. Vo|ta⟩ **1** *Stimmabgabe* **2** *Meinungsäußerung* **3** *Gutachten, Urteil* ▸ sein ~ abgeben

Vo|y|eur ⟨[voajø:r], umg. [vɔɪjø:r] der; -s, -e⟩ *jmd., der Befriedigung dabei empfindet, andere heimlich beim Liebesspiel zu beobachten;* Syn ⟨umg.⟩ *Spanner (2);* Abl *Voyeurismus; voyeuristisch*

vul|gär ⟨[vul-] Adj.⟩ *ordinär, derb* ▸ ~er Ausdruck; ~es Benehmen; ~e Sprache; Abl *Vulgarität*

Vul|kan ⟨[vul-] der; -s, -e⟩ *Berg, aus dessen Gipfel heiße Dämpfe u. glühende Lava dringen* ▸ erloschener, tätiger ~; Abl *vulkanisch;* Zus *Vulkanausbruch*

W *w*

W **1** 〈Zeichen für〉 *Watt* **2** 〈Abk. für〉 *West, Westen*

Waa|ge 〈die; -, -n〉 **1** *Gerät zur Gewichtsbestimmung* **2** *Gerät zur Bestimmung der Waagerechten;* Zus *Wasserwaage* **3** *ein Sternbild* **4** 〈übertr.〉 *Gleichgewicht* ▸ es hält sich die ~ 〈übertr.〉 *gleicht sich aus, ist gleich viel wert;* →a. *Goldwaage*

waa|ge|recht 〈Adj.〉 *eben, horizontal;* oV *waagrecht;* Ggs *senkrecht (1)*

Waa|ge|rech|te 〈die; -n, -n〉 *waagerechte Linie, Horizontale;* oV *Waagrechte;* Ggs *Senkrechte*

Waag|scha|le 〈die; -, -n〉 *Schale an der Waage zum Auflegen der zu wiegenden Last bzw. der Gewichte* ▸ das fällt in die ~ 〈übertr.〉 *das ist wichtig;* etwas in die ~ werfen 〈übertr.〉 *etwas Wichtiges bei einer Entscheidung geltend machen*

wab|be|lig 〈Adj.〉 *gallertartig, weich u. wackelnd;* oV *wabblig;* Abl *wabbeln*

Wa|be 〈die; -, -n〉 *aus Wachszellen bestehende Wand des Bienenstocks;* Abl *wabenförmig;* Zus *Wabenhonig; Bienenwabe, Honigwabe*

wach 〈Adj.〉 **1** *nicht schlafend, ausgeschlafen, munter;* Zus *Wachzustand; wachküssen, wach liegen / wachliegen* **2** 〈übertr.〉 *aufgeweckt, geistig rege* ▸ er ist ein ~er Geist 〈übertr.〉; die Nacht über ~ bleiben; jmdn. ~ halten *jmdn. am Einschlafen hindern;* 〈aber〉 →a. *wachhalten;* ~ rütteln = *wachrütteln (I);* ich bin seit sieben Uhr ~; er wird ~ *er wacht auf*

Wach|ab|lö|sung 〈die; -, -en〉 **1** *Ablösung des Wachtpostens* **2** 〈übertr.〉 *Wechsel an der Spitze (einer Partei, im Sport usw.)*

Wa|che 〈die; -, -n〉 **1** *jmd., der etwas bewacht, Gruppe von Personen, die etwas bewachen, Wächter;* Zus *Wachmannschaft* **2** *Dienst einer Wache (1);* Zus *Wachdienst; Nachtwache* **3** *Dienststelle der Polizei, Polizeiwache* ▸ die ~ ablösen; ~ haben, stehen; bei einem Kranken, vor einem Gebäude ~ halten

wa|chen 〈V. intr.; wacht, wach|te, hat ge|wacht〉 **1** *wach sein, nicht schlafen* **2** *Posten stehen, Wache halten* **3** über etwas od. jmdn. ~ *auf etwas od. jmdn. aufpassen* ▸ bei einem Kranken ~

wach|ha|bend 〈Adj.〉 *den Wachdienst ausübend* ▸ der ~e Offizier; die Wachhabenden

wach|hal|ten 〈V. trans.; hält wach, hielt wach, hat wach|ge|hal|ten, wach|zu|hal|ten; übertr.〉 etwas ~ *lebendig erhalten* ▸ eine Erinnerung ~

Wach|hund 〈der; -(e)s, -e〉 *als Wache dienender Hund* ▸ wie ein ~ *sehr aufmerksam*

Wach|mann 〈der; -(e)s, -män|ner od. -leu|te〉 **1** *Wächter* **2** 〈regional〉 *Polizeibeamter*

Wa|chol|der 〈der; -s, -; Bot.〉 **1** *ein strauchiger Nadelbaum mit schwarzblauen Beeren;* Zus *Wacholderbeere* **2** *mit den Beeren des Wacholders (1) hergestellter Branntwein;* Zus *Wacholderschnaps*

Wach|pos|ten 〈der; -s, -〉 = *Wachtposten*

wach|ru|fen 〈V. trans.; ruft wach, rief wach, hat wach|ge|ru|fen, wach|zu|ru|fen〉 **1** jmdn. ~ *durch Rufen wecken* **2** 〈übertr.〉 etwas ~ *(wieder) hervorrufen, in Erinnerung bringen* ▸ seine Bemerkung hat (in mir) alles wieder wachgerufen

wach|rüt|teln *auch:* **wach rüt|teln** 〈V. trans.; rüttelt wach, rüt|tel|te wach, hat wach|ge|rüt|telt, wach|zu|rüt|teln〉 **I** 〈Zusammen- u. Getrenntschreibung〉 jmdn. ~ *durch Rütteln wecken* ▸ er muss sie morgens ~ **II** 〈nur Zusammenschreibung〉 jmdn. ~ *aus einer geistigen Erstarrung herausreißen, aufschrecken* ▸ der Unfall hat ihn wachgerüttelt

Wachs 〈[-ks] das; -es, -e〉 *Bienenwachs o. ä. chem. Stoff mit dessen Eigenschaften* ▸ ~ formen, gießen, kneten; Kerzen aus ~ gießen; Zus *Wachsfigur, Wachskerze; wachsweich; Kerzenwachs*

wach|sam 〈Adj.〉 *auf Gefahren od. Feinde achtend, aufmerksam, vorsichtig prüfend* ▸ ~ sein; er ist ein ~er Aufpasser; Abl *Wachsamkeit*

wach|sen[1] 〈[-ks-] V. intr.; wächst, wuchs, ist gewach|sen〉 *größer werden, zunehmen, steigen, sich ausdehnen* ▸ die Anforderungen sind (stark) gewachsen; die Einwohnerzahl ist gewachsen; der Junge ist im letzten Jahr sehr gewachsen; hier wächst viel Mais, Raps ▸ sich einen Bart, das Haar ~ lassen ▸ der Baum ist gerade, krumm, schief gewachsen; gut gewachsen sein *einen schlanken, gut gebauten Körper haben* ▸ sie ist ihm ans Herz gewachsen *er hat sie (mittlerweile) sehr gern;* in die Höhe, in die Breite ~ (von Pflanzen) ▸ mit ~dem Interesse zuhören; jmdm. gewachsen sein *(auf einem Gebiet) genauso gut sein wie jmd. anderes;* jmdm. nicht gewachsen sein *jmdm. unterlegen sein;* der Lage (nicht) gewachsen sein *sie (nicht) beherrschen*

wach|sen[2] 〈[-ks-] V. trans.; wachst, wachs|te, hat ge|wachst〉 etwas ~ *mit Wachs einreiben* ▸ den Fußboden ~; die Skier ~

Wachs|tum 〈[-ks-] das; -s; unz.〉 **1** *das Wachsen, Größerwerden;* Zus *Wachstumshormon* **2** *Entwicklung;* Abl *wachstumsschwach, wachstumsstark;* Zus *Wirtschaftswachstum* ▸ das ~ beschleunigen, fördern, hindern; im ~ begriffen sein; Zus *wachstumsfördernd, wachstumshemmend*

Wachs|tums|bran|che 〈[-ks-brã:ʃə] die; -, -n; Wirtsch.〉 *Wirtschaftszweig, der (weiter)wächst* ▸ die Solarenergie bleibt eine ~

Wachs|tums|ra|te 〈[-ks-] die; -, -n〉 *Prozentsatz der Steigerung der Wirtschaftstätigkeit eines Landes innerhalb eines bestimmten Zeitraums*

Wacht 〈die; -, -en〉 *Wache* ▸ ~ halten; auf der ~ sein

Wach|tel 〈die; -, -n; Zool.〉 *fasanenartiger Hühnervogel auf Wiesen, Feldern u. Ödland*

Wäch|ter 〈der; -s, -〉 *jmd., der jmdn. od. etwas bewacht, Aufpasser* ▸ der Hund ist ein guter ~ des

Hauses; Abl *Wächterin;* Zus *Museumswächter, Nachtwächter, Parkwächter*

Wacht|meis|ter ⟨der; -s, -⟩ **1** *unterer Dienstgrad der Polizei* **2** *Polizist in diesem Dienstrang*

Wacht|pos|ten ⟨der; -s, -⟩ *wachestehende Person (bes. Soldat)* ▸ das Haus war von ~ umgeben

Wach|traum ⟨der; -(e)s, -träu|me⟩ *Traum im Wachen od. Halbschlaf, Träumerei*

Wacht|turm ⟨der; -(e)s, -tür|me⟩ *Turm mit weitem Rundblick für Wachtposten;* oV *Wachturm*

wa|cke|lig ⟨Adj.⟩ oV *wacklig* **1** *bei Berührung wackelnd, nicht fest (stehend), zitterig* **2** ⟨übertr.⟩ *unsicher, gefährdet* ▸ ~er Stuhl; ~es Unternehmen ⟨übertr.⟩ *vom Bankrott bedrohtes U.;* ~er Zahn; ich bin nach der Krankheit noch etwas ~ (auf den Beinen, in den Knien) ⟨umg.⟩ *schwach*

Wa|ckel|kon|takt ⟨der; -(e)s, -e⟩ *gestörte Verbindung im elektrischen Stromkreis*

wa|ckeln ⟨V. intr.; wa|ckelt, wa|ckel|te, hat ge|wa|ckelt⟩ **1** *(bei Berührung) hin u. her schwanken, nicht fest stehen* (Tisch, Schrank) **2** *locker sein* (Zahn) **3** *erzittern* ▸ mit dem Kopf ~

Wa|ckel|pe|ter ⟨der; -s, -; umg.⟩ = *Götterspeise*

Wa|ckel|pud|ding ⟨der; -s, -s⟩ = *Götterspeise*

wa|cker ⟨Adj.⟩ *tapfer, tüchtig* ▸ ein ~er Kämpfer, Krieger; er hat ~ ausgehalten, sich ~ verteidigt

Wa|de ⟨die; -, -n; Anat.⟩ *hinterer Teil des Unterschenkels;* ⓘ S. 146; Zus *Wadenkrampf, Wadenwickel*

Wa|den|bein ⟨das; -(e)s, -e; Anat.⟩ *einer der beiden Unterschenkelknochen des Menschen*

Waf|fe ⟨die; -, -n⟩ **1** *Gerät zum Kämpfen;* Abl *waffenlos;* Zus *Waffenbesitz, Waffengattung, Waffengesetz, Waffenhandel, Waffenhändler(in), Waffenlager, Waffenschrank; Feuerwaffe, Stichwaffe, Stoßwaffe* **2** ⟨übertr.⟩ *verbales Kampfmittel im Wortgefecht* ▸ (keine) ~n bei sich **führen,** haben; die ~n **strecken** ⟨a. übertr.⟩ *sich ergeben, aufgeben, kapitulieren;* ▸ seine Schlagfertigkeit ist seine **beste** ~ ▸ jmds. eigene Worte **als** ~ gegen ihn benutzen ⟨übertr.⟩; **mit** der ~ in der Hand kämpfen; **zur** ~ greifen

Waf|fel ⟨die; -, -n⟩ **1** *feines, süßes, flaches Gebäck mit wabenförmiger Musterung* **2** *zumeist spitz zulaufende Waffel (1) als Behältnis für Eiskugeln;* Zus *Eiswaffel* ▸ eine ~ mit zwei Kugeln Eis

Waf|fel|ei|sen ⟨das; -s, -⟩ *Gerät zum Waffelbacken*

Waf|fen|ge|walt ⟨die; -; unz.⟩ *Gewaltanwendung mittels Waffe(n)* ▸ sich mit ~ Einlass erzwingen

Waf|fen|ru|he ⟨die; -; unz.⟩ *Unterbrechung der Kampfhandlungen* ▸ die ~ (nicht) einhalten

Waf|fen|schein ⟨der; -(e)s, -e⟩ *behördliche Erlaubnis zum Tragen von Waffen*

Waf|fen|still|stand ⟨der; -(e)s; unz.⟩ *vertraglich vereinbarte Einstellung der Kampfhandlungen* ▸ sich auf einen ~ einigen

Wa|ge|mut ⟨der; -(e)s; unz.⟩ *Kühnheit, Mut zum Risiko;* Abl *wagemutig*

wa|gen ⟨V. trans.; wagt, wag|te, hat ge|wagt⟩ etwas ~ *sich trauen, den Mut aufbringen, haben (etwas zu tun)* ▸ sein Leben ~ *riskieren;* keinen Widerspruch ~; er wagte kein Wort zu sagen; ein gewagtes Unternehmen *gefährliches U.;* ein gewagter Vergleich *V. zwischen sehr verschiedenen Dingen;* das scheint mir sehr gewagt *unangemessen, gefährlich*

Wa|gen ⟨der; -s, -⟩ **1** *Fahrzeug mit zwei od. mehr Rädern;* Zus *Kinderwagen* **2** *Auto;* Zus *Wagenladung; Firmenwagen, Personenkraftwagen* **3** ⟨kurz für⟩ *Eisenbahnwagen, Waggon* **4** ⟨an Maschinen⟩ *Teil zum Führen eines Gegenstandes* ▸ **fahren** wir mit dem ~ oder gehen wir zu Fuß?; den ~ **waschen** lassen ▸ einen **eigenen** ~ fahren; die ~ der **ersten** Klasse sind im vorderen Zugabschnitt; **geschlossener,** offener ~; **Kleiner** bzw. Großer ~ *die Sternbilder Großer bzw. Kleiner Bär;* **zweirädriger,** drei-, vierrädriger ~ ▸ **aus** dem, in den ~ steigen; wir sind **mit** dem ~ gekommen; Pferde **vor** den ~ spannen

Wa|gen|he|ber ⟨der; -s, -⟩ *Gerät zum Anheben eines Kraftwagens (beim Reifenwechseln)*

Wa|gen|park ⟨der; -s, -s⟩ *alle zur Verfügung stehenden Wagen (eines Unternehmens), Fuhrpark*

Wag|gon ⟨[vagɔ̃:] od. [-gɔŋ] der; -s, -s⟩ *Eisenbahnwagen, (bes.) Güterwagen;* oV *Wagon;* Zus *Eisenbahnwaggon*

wag|hal|sig ⟨Adj.⟩ **1** *wagemutig, sehr mutig, tollkühn* (Person) **2** *äußerst gefährlich, riskant* (Sache) ▸ das ist ein ~es Unternehmen; Abl *Waghalsigkeit*

Wag|nis ⟨das; -nis|ses, -nis|se⟩ *kühnes Unternehmen, Tat, die Mut erfordert* ▸ ein großes ~ eingehen

Wa|gon ⟨[vagɔ̃:] od. [-gɔŋ] der; -s, -s⟩ = *Waggon*

Wahl ⟨die; -, -en⟩ **1** *das Wählen, Abstimmung;* Zus *Wahlausgang, Wahlbeteiligung, Wahlbetrug, Wahlergebnis, Wahlhelfer(in), Wahlleiter(in), Wahlniederlage, Wahlplakat, Wahlprogramm, Wahlsieg, Wahlsieger(in), Wahltag, Wahlurne, Wahlversprechen; wahlberechtigt; Bundestagswahl, Landtagswahl* **2** *Berufung zu einem Amt durch Abstimmung* **3** *Auswahl, Entscheidung zwischen mehreren Möglichkeiten;* Zus *Wahlfreiheit* **4** *Güte, Güteklasse* ▸ er ist sehr unbekümmert in der ~ seiner **Mittel** *er handelt, wie er es möchte, er ist skrupellos* ▸ **ausfallen:** die ~ fiel für ihn (un)günstig aus; **freistehen:** die ~ steht dir frei; zwischen zwei Dingen die ~ **haben;** wer die ~ hat, hat die Qual *die Schwierigkeit einer freien Entscheidung nimmt einem niemand ab;* ich habe keine andere ~; jmdm. die ~ **lassen;** eine ~ **treffen** müssen ▸ Produkte **erster,** zweiter, dritter ~; **direkte** ~ *Wahl, bei der die Wähler den Abgeordneten direkt wählen;* **geheime** ~ *Wahl durch Abgabe verdeckter u. anonymer Stimmzettel;* **indirekte** ~ *Wahl, bei der die Wähler Wahlmänner wählen, die ihrerseits die Abgeordneten wählen* ▸ ich stehe **vor** einer schwierigen ~; jmdn. vor die ~ stellen, etwas zu tun; **zur** ~ gehen; Sie haben drei Stücke zur ~; ~ zum Präsidenten

wähl|bar ⟨Adj.⟩ **1** *nicht vorgegeben* **2** *dazu berechtigt, gewählt zu werden* ▸ frei ~ sein; Abl *Wählbarkeit*

W

Wahl|be|zirk ⟨der; -(e)s, -e⟩ *Teil des Stadtgebietes mit jeweils einem Wahllokal, in dem die betreffenden Einwohner die Wahl vornehmen können*

wäh|len ⟨V. trans. u. V. intr.; wählt, wähl|te, hat ge|wählt⟩ **1** (jmdn. od. etwas) ~ *seine Stimme für jmdn. od. etwas abgeben* **2** jmdn. ~ *durch Abstimmung berufen* **3** (jmdn. od. etwas) ~ *sich für jmdn. od. etwas entscheiden, auswählen, aussuchen* **4** (eine Nummer) ~ *am Telefon eine Nummer eingeben* ▸ haben Sie (schon) gewählt? (erg.: etwas) *haben Sie sich (schon) etwas ausgesucht?* ▸ den richtigen **Augenblick,** Zeitpunkt ~; einen **Beruf** ~; ein **Gericht** (auf der Speisekarte) ~; eine **Nummer** am Telefon ~; diese **Partei** habe ich nicht gewählt; welche **Vorwahl** muss ich ~? ▸ ~ **gehen** ⟨umg.⟩ *zur Stimmabgabe zum Wahllokal gehen* ▸ Sie haben **gut** gewählt *etwas Gutes ausgesucht* ▸ jmdn. **ins** Parlament ~; jmdn. **zum** Präsidenten, Kanzler ~

Wäh|ler ⟨der; -s, -⟩ **1** *wahlberechtigte Person* **2** *jmd., der wählt, gewählt hat od. wählen wird* ▸ seine ~ mobilisieren; Abl *Wählerin, Wählerschaft;* Zus *Wählergunst, Wählerstimme*

wäh|le|risch ⟨Adj.⟩ *stets lange u. ausgiebig auswählend, anspruchsvoll* ▸ er ist sehr ~

Wahl|fach ⟨das; -(e)s, -fä|cher⟩ *Unterrichtsfach, an dem man nicht teilzunehmen braucht;* Ggs *Pflichtfach* ▸ Latein ist bei uns ~

Wahl|gang ⟨der; -(e)s, -gän|ge⟩ **1** *(Teil einer) Wahl* **2** *Stimmenabgabe bei einer Wahl;* Syn *Urnengang* ▸ er wurde bereits im ersten ~ gewählt

Wahl|ge|heim|nis ⟨das; -nis|ses; unz.⟩ *rechtliche Vorschrift, dass die Stimmenabgabe des Wählers geheim bleiben muss* ▸ das ~ verletzen

Wahl|hei|mat ⟨die; -; unz.⟩ *Gegend, die man sich selbst als Wohnsitz erwählt hat*

Wahl|kampf ⟨der; -(e)s, -kämp|fe⟩ *Kampf der Parteien, sich bei einer Wahl durch Wahlpropaganda durchzusetzen;* Zus *Wahlkampfthema*

Wahl|kreis ⟨der; -es, -e⟩ *für eine Wahl festgelegter Bezirk* ▸ für einen ~ kandidieren

Wahl|lo|kal ⟨das; -(e)s, -e⟩ *Raum, in dem man seine Stimme abgibt*

wahl|los ⟨Adj.⟩ *ohne zu wählen, auf gut Glück* ▸ ~ ein Stück herausgreifen

Wahl|recht ⟨das; -(e)s, -e⟩ **1** *das Recht, zu wählen bzw. sich wählen zu lassen* **2** *Gesamtheit aller rechtlichen Vorschriften über Art u. Durchführung von Wahlen* ▸ aktives ~ *das Recht, Abgeordnete zu wählen;* allgemeines ~ *Wahlrecht, bei dem alle volljährigen u. voll handlungsfähigen Staatsbürger wahlberechtigt sind;* passives ~ *das Recht, als Abgeordneter gewählt zu werden;* →a. *Wahl*

W

Wahl|re|de ⟨die; -, -n⟩ *Rede eines Politikers vor einer Wahl* ▸ eine gute ~ halten

Wahl|schein ⟨der; -(e)s, -e⟩ *Bescheinigung, die zur Wahl in einem beliebigen Wahllokal innerhalb des Wahlkreises od. zur Briefwahl berechtigt*

Wahl|spruch ⟨der; -(e)s, -sprü|che⟩ *als Richtlinie dienender Sinnspruch, Devise*

Wahl|ver|wandt|schaft ⟨die; -, -en⟩ *seelisch-geistige Verbundenheit, ähnliches Wesen*

wahl|wei|se ⟨Adj.; meist adv.⟩ *entweder … oder, nach Wahl, wie man wünscht* ▸ man kann ~ englische oder französische Kurse belegen

Wahn ⟨der; -(e)s; unz.⟩ **1** ⟨Med.⟩ *objektiv falsche Überzeugung u. Veränderung des Realitätsbewusstseins infolge einer psychischer Erkrankung* **2** *grundlose Hoffnung, Selbsttäuschung, Einbildung* ▸ sie lebt in dem ~, verfolgt zu werden

wäh|nen ⟨V.; wähnt, wähn|te, hat ge|wähnt; geh.⟩ **I** ⟨V. trans.⟩ jmdn. irgendwo ~ *fälschlich annehmen, dass jmd. irgendwo ist* ▸ ich wähnte dich in Berlin **II** ⟨V. refl.⟩ sich irgendwie ~ *fälschlich annehmen, dass etwas auf einen zutrifft* ▸ sich im Recht ~ *fälschlich glauben, man habe Recht*

wahn|haft ⟨Adj.; -er, am -es|ten⟩ *in der Art eines Wahns* ▸ ~e Vorstellungen haben

Wahn|sinn ⟨der; -(e)s; unz.⟩ **1** ⟨volkstüml. Bez. für⟩ *Psychose* **2** ⟨übertr.; umg.⟩ *Unsinn, unvernünftiges Denken u. Handeln, abwegiger (u. gefährlicher) Einfall* ▸ das ist doch (heller) ~!

wahn|sin|nig ⟨Adj.⟩ **I** ⟨attr.; präd.⟩ **1** *psychisch krank* **2** ⟨übertr.; umg.⟩ **2.1** *töricht, absonderlich;* Syn *wahnwitzig* **2.2** *verrückt* **2.3** *außerordentlich* ▸ ich habe ~e Schmerzen; das macht mich ~ ⟨übertr.; umg.⟩; ~ werden *geisteskrank werden* **II** ⟨adv.; übertr.; umg.⟩ *sehr, außerordentlich* ▸ ich habe mich ~ gefreut, geärgert; es war ~ teuer; er ist ~ verliebt; es tut ~ weh

Wahn|vor|stel|lung ⟨die; -, -en⟩ *zwanghafte Vorstellung;* Syn *Wahnidee* ▸ unter ~en leiden

Wahn|witz ⟨der; -es; unz.; übertr.⟩ = *Wahnsinn (2);* Abl *wahnwitzig*

wahr ⟨Adj.⟩ **1** *wirklich, tatsächlich (geschehen)* **2** *der Wahrheit entsprechend, nicht gelogen* **3** *richtig, zutreffend* **4** ⟨übertr.⟩ *aufrichtig, echt* ▸ eine ~e **Begebenheit,** Geschichte; er ist ein ~er **Freund** ⟨übertr.⟩; jetzt zeigt er sein ~es **Gesicht** ⟨übertr.⟩ *jetzt zeigt er, wie er wirklich ist bzw. denkt;* es ist ein ~es **Glück,** ein ~er Segen ⟨übertr.; verstärkend⟩ *es ist sehr gut;* was ist der ~e **Grund** für seine Absage?; darauf brach ein ~er **Sturm** der Begeisterung los ⟨übertr.; verstärkend⟩; das ist ein ~es **Wort** *damit hast du wirklich Recht;* es ist kein ~es Wort daran ▸ ~ **machen** = *wahrmachen;* das ist zu schön, um ~ zu **sein;** ist das ~?; das ist nicht das Wahre ⟨umg.⟩ *das ist nicht ganz das Richtige;* es ist etwas Wahres daran *es ist zum Teil richtig;* ~ **werden** *Tatsache werden, wirklich geschehen* ▸ das **einzige** Wahre an der Geschichte ist, dass … ▸ etwas **für** ~ halten; **nicht** ~? *ist es nicht so?, verstehst du?;* **so** ~ mir Gott helfe! *(Schwurformel)*

wah|ren ⟨V. trans.; wahrt, wahr|te, hat ge|wahrt⟩ **1** jmds. Rechte, Interessen ~ *schützen, sichern, verteidigen* **2** den Schein ~ *erhalten, aufrechterhalten;* Abl *Wahrung*

wäh|ren ⟨V. intr.; währt, währ|te, hat ge|währt; geh.⟩ **1** *dauern, Zeit in Anspruch nehmen* **2** *bestehen (bleiben)* ▸ die Freude währte nicht lange

wäh|rend[1] ⟨Präp. mit Gen.; heute a. mit Dat.⟩ *zur Zeit (des …, der …), im Verlauf (von)* ▸ ~ des

Essens lief der Fernseher; ~ der Tagung wohnte er im Hotel; ~ dem Spiel regnete es

wäh|rend[2] ⟨Konj.⟩ **1** ⟨zeitl.; zum Ausdruck von Gleichzeitigkeit⟩ *zu der Zeit als …* **2** ⟨entgegenstellend⟩ *wohingegen* ▸ ~ wir noch davon sprachen, geschah es bereits; der eine spart, ~ der andere sein Geld gern ausgibt

wäh|rend|dem ⟨Konj.; umg.⟩ *währenddessen*

wäh|rend|des|sen ⟨Konj.⟩ *während dieser Zeit, während dieses geschah* ▸ ich war zwei Stunden weg, und ~ hatte er mehrmals angerufen

wahr|ha|ben ⟨V. trans.; nur im Inf. und in der Fügung⟩ etwas nicht ~ wollen *nicht glauben wollen* ▸ er will nicht ~, dass es so ist

wahr|haft ⟨Adj.⟩ **I** ⟨attr.; adv.⟩ *wirklich, echt* ▸ ein ~er Mensch **II** ⟨nur adv.⟩ *wirklich, tatsächlich* ▸ ein ~ fürstliches Mahl; eine ~ große Tat

wahr|haf|tig[1] ⟨Adj.⟩ *wahrheitsliebend, aufrichtig;* Abl *Wahrhaftigkeit*

wahr|haf|tig[2] ⟨Adv.⟩ *wirklich, tatsächlich* ▸ ~! *das ist wahr!;* ~? *wirklich?, stimmt das?;* das geht ihn doch ~ nichts an; er ist ~ kein Dummkopf

Wahr|heit ⟨die; -, -en⟩ **1** *das Wahre, wahrer, richtiger Sachverhalt;* Zus *Wahrheitsfindung* **2** *Tatsache* ▸ die ~ einer Behauptung **anzweifeln;** das **entspricht** (nicht) der ~; um die ~ zu **gestehen,** es war so: …; **sagen** Sie jetzt endlich die ~; jmdm. die ~ (ins Gesicht) sagen ⟨übertr.; umg.⟩ *jmdm. deutlich seine Meinung sagen* ▸ es ist eine **alte** ~, dass …; eine **bittere,** traurige ~; das ist die **ganze** ~; der ~ **gemäß** antworten, berichten; die **nackte,** reine, volle ~; ich habe ihm ein paar **unangenehme** ~en sagen müssen ▸ ich zweifle **an** der ~ seiner Aussage; **bei** der ~ bleiben *nicht lügen;* **in** ~ wusste er es bereits *in Wirklichkeit*

Wahr|heits|ge|halt ⟨der; -(e)s; unz.⟩ *der Wahrheit entsprechender Anteil (einer Aussage)*

wahr|heits|ge|mäß ⟨Adj.⟩ *der Wahrheit entsprechend;* Syn *wahrheitsgetreu*

Wahr|heits|lie|be ⟨die; -; unz.⟩ *Bestreben, immer die Wahrheit zu sagen;* Abl *wahrheitsliebend*

wahr|lich ⟨Adv.; geh.⟩ *wirklich, tatsächlich* ▸ das ist ~ kein Vergnügen

wahr|ma|chen *auch:* **wahr ma|chen** ⟨V. trans.; macht wahr, mach|te wahr, hat wahr|ge|macht, wahr|zu|ma|chen⟩ etwas ~ *in die Tat umsetzen, verwirklichen* ▸ eine Drohung ~

wahr|nehm|bar ⟨Adj.⟩ **1** *fühlbar, hörbar, sichtbar* **2** *merklich* ▸ ein kaum ~es Geräusch; mit dem bloßen Auge (nicht) ~; Abl *Wahrnehmbarkeit*

wahr|neh|men ⟨V. trans.; nimmt wahr, nahm wahr, hat wahr|ge|nom|men, wahr|zu|neh|men⟩ **1** jmdn. od. etwas ~ *durch Sinnesorgane aufnehmen: hören, sehen, fühlen u. schmecken* **2** jmdn. od. etwas ~ *bemerken* **3** eine Gelegenheit ~ *nutzen, ausnutzen* **4** einen Termin ~ *einhalten* ▸ ein Geräusch ~; jmds. Interessen ~ *jmds. I. vertreten;* ein Recht ~; Abl *Wahrnehmung*

wahr|sa|gen ⟨V. intr.; sagt wahr, sag|te wahr, hat wahr|ge|sagt, wahr|zu|sa|gen⟩ *Zukünftiges vorhersagen, voraussagen* ▸ sich ~ lassen; jmdm. aus der Hand, aus den Karten ~; Abl *Wahrsager(in), Wahrsagung*

wahr|schein|lich ⟨Adj.; meist adv.⟩ **1** *vermutlich* **2** *es ist anzunehmen, dass …* ▸ der ~e Täter; ~ hat er es vergessen; er ist ~ schon gegangen; ~ komme ich später; das ist nicht sehr ~

Wahr|schein|lich|keit ⟨die; -; unz.⟩ *das Wahrscheinlichsein, vermutete Richtigkeit, annähernde Gewissheit* ▸ die ~, dass die Verschütteten tot sind, ist leider groß; aller ~ nach *wahrscheinlich*

Währung

Als *Währung* bezeichnet man die Geldeinheiten (Münzen und Banknoten), die in einem Staat oder einer Staatengemeinschaft gültig sind. In Westdeutschland wurde früher in der Währung **Deutsche Mark** (Abk.: DM) bezahlt, in Ostdeutschland mit **Mark** (Abk.: M). Nach der deutschen Wiedervereinigung 1990 wurde die DM zur einheitlichen Währung und blieb dies auch bis zur Einführung des **Euro** (Zeichen: €). Dieser ist seit dem 1.1.2002 alleinige Geldeinheit der Wirtschafts- und Währungsunion (Abk.: WWU) der EU und von 2008 an in 15 EU-Staaten gültiges Zahlungsmittel.
Steht bei **Währungsangaben** das Subjekt im Singular, steht das Prädikat ebenfalls im Singular: *Ein Euro entspricht etwa einem Dollar.* Steht die Währungsangabe im Plural, gilt dies auch für das Verb: *Zwei Euro entsprechen zwei Dollar.* Der Plural von Währungsangaben ist endungslos, wenn der Wert von etwas gemeint ist: *Das Buch kostet zehn Euro. Ich habe ein Brötchen für 25 Cent gekauft.* Sind dagegen einzelne Münzen oder Scheine gemeint, so wird die Pluralendung *-s* angefügt: *Zwei Euros sind mir aus dem Portemonnaie gefallen. Diese fünf Cents werde ich aufbewahren.*
Währungsangaben mit **Ziffern:** *40,25 € oder 40,25 EUR, 13 Euro, 22,95 €; 33 sfr, 12 Schweizer Franken*

Wäh|rung ⟨die; -, -en⟩ **1** *geldliche Einheit, mit der innerhalb eines Währungssystems gerechnet u. bezahlt wird, z. B. Euro, Franken, Dollar, Yen, Pfund;* Syn *Währungseinheit, Währungsbezeichnung* **2** *Art u. Weise, wie das umlaufende Geld gedeckt ist;* Zus *Währungspolitik, Währungsreform; Goldwährung* ▸ in britischer, chinesischer ~ bezahlen

Wäh|rungs|uni|on ⟨die; -; unz.⟩ **1** *Zusammenführung unterschiedlicher Währungen zu einer gemeinsamen* **2** ⟨allg.⟩ Europäische ~ *Einführung des Euro als gemeinsame Währung europäischer Staaten am 1.1.2002*

Wahr|zei|chen ⟨das; -s, -⟩ *charakteristisches Merkmal, bes. Denkmal* ▸ ~ einer Stadt

Waid|mann ⟨der; -(e)s, -män|ner; Jägerspr.⟩ = *Weidmann*

Wai|se ⟨die; -, -n⟩ *elternloses Kind;* Syn *Waisenkind;* Zus *Waisenhaus*

Wa̲l 〈der; -(e)s, -e; Zool.〉 *sehr großes Säugetier, das im Meer lebt;* Zus *Walfang, Walfisch*

Wạld 〈der; -(e)s, Wạ̈l|der〉 **1** *größere Fläche mit dichtem Baumwuchs;* Zus *Waldameise, Waldbrand, Waldrand, Waldweg; Laubwald, Mischwald, Nadelwald* **2** 〈übertr.〉 *große, dichte Menge (bes. von aufrechtstehenden Gegenständen)* ▸ die Tiere des ~es ▸ wir gehen gern in den ~; er sieht den ~ vor lauter Bäumen nicht 〈übertr.; umg.〉 *er bemerkt nicht, was offensichtlich ist;* sie wohnen direkt am ~ ▸ dichter, dunkler, verschneiter ~ ▸ tief im ~; ein ~ von Fahnen 〈übertr.〉

Wạ̈ld|chen 〈das; -s, -〉 *kleiner Wald*

Wạld|horn 〈das; -(e)s, -hör|ner; Mus.〉 = *Horn (4)*

wạl|dig 〈Adj.〉 *bewaldet, mit Wald bedeckt*

Wạld|lauf 〈der; -(e)s, -läu|fe〉 *sportlicher Lauf durch den Wald*

Wạld|meis|ter 〈der; -s; unz.; Bot.〉 *in Wäldern vorkommende, aromatische grüne Pflanze*

Wạl|dorf|schu|le 〈die; -, -n〉 *Privatschule ohne Klasseneinteilung mit bes. Betonung der künstlerischen u. handwerklichen Fächer*

Wạld|ster|ben 〈das; -s; unz.〉 *Absterben von Bäumen im Wald aufgrund von Umweltgiften*

wạl|ken[1] 〈V. trans.; walkt, walk|te, hat ge|walkt〉 **1** etwas ~ *schlagen, kneten* **2** Blech ~ *walzen*

wạl|ken[2] 〈[wɔ:-] V. intr.; walkt, walk|te, hat gewalkt〉 *Walking betreiben* ▸ durch den Park ~; Abl *Walker(in)*

Wal|kie-Tal|kie 〈[wɔ:kitɔ:ki] das; -s, -s〉 *sehr kleines Funksprechgerät, das man bei sich trägt*

Wal|king 〈[wɔ:kiŋ] das; -s; unz.; Sp.〉 *schnelles Gehen, Vorstufe des Joggings*

Wạll 〈der; -(e)s, Wạ̈l|le〉 *langgestreckte Erdaufschüttung zur Befestigung u. Einfriedigung*

Wạl|lach 〈der; -(e)s, -e〉 *kastrierter Hengst*

wạl|len 〈V. intr.; wallt, wall|te, hat ge|wallt〉 **1** *sieden, kochen, sprudeln* **2** 〈geh.〉 *in langen Wellen, Locken, weichen Falten fallen* ▸ ~des Haar

wạll|fah|ren 〈V. intr.; wall|fahrt, wall|fahr|te, ist ge|wall|fahrt〉 *eine Reise zu einem religiösen Ort machen, pilgern;* Abl *Wallfahrer(in), Wallfahrt*

Wạl|lung 〈die; -, -en; übertr.〉 *Aufregung, Erregung* ▸ jmdn. in ~ bringen; in ~ geraten

Wạl|nuss 〈die; -, -nüs|se〉 *wohlschmeckende, ölhaltige Nuss;* Syn 〈schweiz.〉 *Baumnuss;* Zus *Walnussbaum, Walnusskuchen*

Wal|pụr|gis|nacht 〈die; -, -näch|te〉 *Nacht vor dem 1. Mai, in der nach altem Volksglauben die Hexen auf dem Blocksberg (Brocken) tanzen*

Wạl|ross 〈das; -es, -e; Zool.〉 *große Robbe mit zu Hauern umgebildeten oberen Eckzähnen*

wạl|ten 〈V. intr.; wal|tet, wal|te|te, hat ge|wal|tet〉 *wirken, herrschen* ▸ seines Amtes ~ 〈a. scherzh.〉 *die mit seinem Amt verbundenen Aufgaben, Pflichten erfüllen;* Gnade ~ lassen *nachsichtig sein;* Vorsicht ~ lassen *vorsichtig sein*

Wạl|ze 〈die; -, -n〉 **1** *aus Stahl, Holz u. a. Werkstoffen gefertigtes Maschinenteil mit kreisförmigem Querschnitt* **2** *mit einer Walze (1) ausgestattetes, schweres Fahrzeug;* Zus *Dampfwalze*

wạl|zen 〈V. trans.; walzt, walz|te, hat ge|walzt〉 etwas ~ *mit einer Walze bearbeiten, glätten*

wạ̈l|zen 〈V.; wälzt, wälz|te, hat ge|wälzt〉 **I** 〈V. trans.〉 etwas ~ *rollend bewegen* ▸ Bücher ~ 〈übertr.; umg.〉 *in Büchern nachschlagen;* Probleme ~ 〈übertr.; umg.〉 *sich ausdauernd mit P. beschäftigen* ▸ sich auf dem Boden ~; die Schuld auf einen anderen ~ 〈übertr.〉; einen Stein vor eine Öffnung ~ **II** 〈V. refl.〉 sich ~ *sich um die eigene Achse rollend bewegen* ▸ sich im Bett von einer Seite auf die andere ~

Wạl|zer 〈der; -s, -〉 *Gesellschaftstanz im ¾-Takt, urspr. Rundtanz* ▸ Wiener ~; langsamer ~

Wạ̈l|zer 〈der; -s, -; übertr.; umg.〉 *dickes Buch* ▸ er liest gerne dicke ~

wạnd → *winden*

Wạnd 〈die; -, Wạ̈n|de〉 **1** *seitliche Begrenzung eines Raumes;* Zus *Wandbild, Wandgemälde, Wandleuchte* ⓘ S. 360, *Wandmalerei, Wandregal* ⓘ S. 468, *Wandspiegel, Wandteller, Wandteppich, Wanduhr, Wandzeitung; Gefäßwand, Zimmerwand, Zwischenwand* **2** *steiler Bergabhang;* Zus *Bergwand, Felswand* **3** 〈übertr.〉 *steil aufragende, große Fläche;* Zus *Nebelwand* ▸ eine ~ neu streichen; die Wände tapezieren, weißen ▸ in seinen, den eigenen vier Wänden *daheim, zu Hause;* in diesem Haus sind die Wände dünn; spanische ~ *zusammenklappbare Wand aus Stoff o. Ä.* ▸ die anderen Schauspieler an die ~ spielen 〈übertr.〉 *viel besser spielen als die anderen Sch.;* ~ an ~ wohnen *unmittelbar benachbart;* mit dem Kopf durch die ~ wollen 〈übertr.〉 *alles od. das Unmögliche durchsetzen wollen;* mit dem Kopf gegen die ~ rennen 〈übertr.; umg.〉 *etwas vergeblich versuchen;* bei ihm redet man wie gegen eine ~ 〈umg.〉 *er ist nicht zu überzeugen;* sie wurde weiß wie die ~ *sehr blass;* mit dem Rücken zur ~ stehen 〈übertr.〉 *in einer bedrohlichen Situation sein*

Wan|da̲|le 〈der; -n, -n〉 = *Vandale*

Wan|da|lịs|mus 〈der; -; unz.〉 = *Vandalismus*

Wạn|del 〈der; -s; unz.〉 **1** *Veränderung, Wechsel;* Zus *Bedeutungswandel* **2** *Lebensführung;* Zus *Lebenswandel* ▸ es hat sich ein tiefgreifender ~ vollzogen; im ~ sein *sich verändern*

wạn|del|bar 〈Adj.〉 *veränderlich, sich anpassend, flexibel* ▸ ein ~er Mensch; Zus *Wandelbarkeit*

wạn|deln 〈V.〉 **I** 〈V. trans.; wan|delt, wan|del|te, hat ge|wan|delt〉 jmdn. od. etwas ~ *verändern* ▸ diese Erfahrung hat sie gewandelt **II** 〈V. refl.; wan|delt, wan|del|te, hat ge|wan|delt〉 sich ~ *anders werden, sich verändern* ▸ seine Ansichten haben sich in den letzten Jahren (grundlegend) gewandelt **III** 〈V. intr.; wan|delt, wan|del|te, ist gewan|delt〉 *langsam, geruhsam gehen* ▸ auf und ab ~; im Park ~; er sieht aus wie eine ~de Leiche 〈umg.〉 *er ist erschreckend blass;* sie ist ein ~des Lexikon 〈übertr.〉 *sie weiß sehr viel;* Zus *Wandelhalle*

Wạn|der... 〈in Zus. mit Substantiven〉 *etwas mit wechselndem Standort,* z. B. Wanderausstellung, Wanderbühne, Wanderdüne, Wanderzirkus

wạn|dern ⟨V. intr.; wan|dert, wan|der|te, ist ge|wan|dert⟩ **1** *zu Fuß reisen, zu Fuß weit umhergehen;* Abl *Wanderer, Wand(r)erin;* Zus *Wanderkarte, Wanderlied, Wandersmann, Wanderstab, Wanderweg* **2** *sich regelmäßig einen anderen Wohnplatz, Laichplatz suchen* (von manchen Tieren) **3** ⟨übertr.⟩ **3.1** *umherschweifen* (Gedanken) **3.2** *(häufig) den Standort wechseln* **3.3** *weitergegeben, verbreitet werden* ▸ wir sind heute fünf Stunden gewandert ▸ Lachse ~ zum Laichen die Flüsse hinauf; Wolken ~ am Himmel *ziehen* ▸ sie ließ ihre Blicke über die Bilder ~ ⟨übertr.⟩ ▸ durch den Wald ~; im Gebirge ~; der Brief ist gleich in den Papierkorb gewandert ⟨übertr.; umg.⟩; ins Gefängnis ~ ⟨übertr.; umg.⟩ *ins G. gesperrt werden*

Wạn|der|po|kal ⟨der; -(e)s, -e; Sp.⟩ *jährlich einem neuen Sieger übergebener Pokal;* Syn *Wanderpreis*

Wạn|der|schaft ⟨die; -; unz.; früher bei Handwerksburschen⟩ *Zeit des Wanderns* ▸ auf die ~ gehen; auf (der) ~ sein *unterwegs*

Wạn|de|rung ⟨die; -, -en⟩ **1** *das Wandern* **2** *Ausflug zu Fuß* **3** *(Länge der) Strecke, die man gewandert ist* **4** *Wechsel des Wohnsitzes* (von Völkern, Tieren) ▸ eine weite ~ machen, unternehmen

Wạnd|lung ⟨die; -, -en⟩ **1** *Wandel, Wechsel, Änderung, Veränderung;* Abl *Sinneswandlung* **2** ⟨kath. Kirche⟩ *zweiter Hauptteil der Messe, in dem Brot u. Wein in Leib u. Blut Christi verwandelt werden* **3** ⟨Rechtsw.⟩ *Rückgängigmachen eines Kauf- od. Werkvertrages bei Mängeln* ▸ mit ihm ist eine ~ vor sich gegangen; eine innere ~ vollziehen

wạnd|lungs|fä|hig ⟨Adj.⟩ **1** *leicht zu ändern* **2** *sich oft verändernd* ▸ in der Jugend ist der Mensch besonders ~; Abl *Wandlungsfähigkeit*

Wạnd|schrank ⟨der; -(e)s, -schrän|ke⟩ *in die Wand eingelassener Schrank*

Wạnd|ta|fel ⟨die; -, -n⟩ *an der Wand hängende Schultafel zum Anschreiben von Aufgaben u. a. mit Kreide* ▸ etwas an die ~ schreiben, malen

wạnd|te → *winden*

Wạnd|ver|klei|dung ⟨die; -, -en⟩ *Bedeckung einer Wand mit Stoff od. Holz*

Wạn|ge ⟨die; -, -n⟩ *Teil des Gesichts zw. Jochbein u. Unterkiefer;* Syn *Backe[1] (1)* ▸ bleiche, eingefallene, frische, rote, runde ~n; jmdn. auf die ~n küssen; ⓘ S. 146; Zus *Wangenknochen*

wạn|kel|mü|tig ⟨Adj.⟩ *in den Ansichten, der inneren Haltung unbeständig, schwankend;* Abl *Wankelmut, Wankelmütigkeit*

wạn|ken ⟨V. intr.; wankt, wank|te, hat ge|wankt; bei Bewegung in einer Richtung: ist⟩ **1** *unsicher stehen od. gehen* **2** *wankelmütig sein, schwanken* **3** *sich neigen u. umzufallen, einzustürzen drohen* ▸ der Boden wankte ihm unter den Füßen ⟨a. übertr.⟩; er ist über die Straße gewankt; jmds. Entschluss ins Wanken bringen *jmdn. in seinem E. unsicher machen;* ins Wanken geraten *sich zu neigen beginnen; unsicher werden;* in seinem Entschluss ~d werden *unsicher werden*

wạnn ⟨Interrogativadv.⟩ *zu welcher Zeit, um welche Zeit* ▸ ~ ist Oscar Wilde geboren?; ich weiß noch nicht, ~ ich komme; ~ kommst du?; ~ ist das passiert?; bis ~ kannst du bleiben?; dann und ~ *gelegentlich, manchmal;* du kannst kommen, ~ (auch) immer du willst; seit ~ bist du schon da?; von ~ bis ~ hast du Unterricht?

wann/wenn

Da diese beiden Wörter ähnlich klingen, besteht die Gefahr, sie zu verwechseln. *Wann* ist ein Adverb, das nach der Zeit fragt: *Du kannst kommen, wann du willst* (= zu jeder Uhrzeit). *Weißt du, wann* (= zu welcher Uhrzeit) *er kommt?* Dagegen ist *wenn* eine Konjunktion, die „falls, sofern" bedeutet: *Du kannst kommen, wenn* (= falls) *du willst. Kannst du mir Bescheid sagen, wenn* (= sobald) *er kommt?*

Wạn|ne ⟨die; -, -n⟩ **1** *größeres, ovales Gefäß aus Metall, Holz od. Kunststoff* **2** ⟨kurz für⟩ *Badewanne* ▸ Wasser in die ~ laufen lassen; in die ~ steigen ⟨umg.⟩ *ein Bad nehmen*

Wạn|ze ⟨die; -, -n⟩ **1** ⟨Zool.⟩ *flaches Insekt mit einem stechend-saugenden Mundwerkzeug;* Zus *Hauswanze* **2** ⟨übertr.⟩ *sehr kleines Abhörgerät*

Wạp|pen ⟨das; -s, -⟩ *nach bestimmten Regeln bildlich gestaltetes Abzeichen von Personen od. Gemeinwesen;* Zus *Wappenkunde, Wappentier; Familienwappen, Landeswappen, Stadtwappen* ▸ er führt einen Löwen im ~

wạpp|nen ⟨V. refl.; wapp|net sich, wapp|ne|te sich, hat sich ge|wapp|net; übertr.⟩ sich gegen etwas ~ *sich innerlich auf etwas (Unangenehmes) vorbereiten* ▸ dagegen war ich nicht gewappnet

wa̲r → *sein[3]*

wa̲rb → *werben*

wa̲rd ⟨veraltet⟩ = *wurde*

Wa̲|re ⟨die; -, -n⟩ *Handelsgut, käufliche od. verkäufliche Sache od. Menge von Sachen* ▸ seine ~n anbieten, anpreisen; die ~n (mit dem Preisschild) auszeichnen; heiße ~ ⟨übertr.⟩ *illegale W.;* wir bekommen morgen wieder neue ~ (herein); Zus *Warenangebot, Warenlager*

Wa̲|ren|haus ⟨das; -es, -häu|ser⟩ *Kaufhaus für Waren aller Art im Einzelhandel*

Wa̲|ren|korb ⟨der; -(e)s, -kör|be⟩ **1** *Korb, in den Waren beim Einkaufen gelegt werden, Einkaufskorb* **2** ⟨Wirtsch.⟩ *Gesamtheit der Waren, die die Grundlage für die Berechnung des Preisindexes bilden* ▸ im Internet ein Produkt in den ~ legen

Wa̲|ren|zei|chen ⟨das; -s, -; veraltet⟩ *gesetzlich geschütztes Zeichen für eine Ware;* Syn *Schutzmarke;* →a. *Markenzeichen*

wa̲rf → *werfen*

wạrm ⟨Adj.; wär|mer, am wärms|ten⟩ **1** *eine angenehme Temperatur zw. kalt u. heiß aufweisend* **2** *Wärme speichernd, wärmend, vor Kälte schützend* (Kleidung) **3** ⟨übertr.⟩ **3.1** *herzlich, freundlich* (Charakter, Empfang) **3.2** *mit Rot od. Gelb* *als vorherrschendem Bestandteil* (Farbe) ▸ ~e Anteilnahme, Begrüßung ‹übertr.›; ein ~es Braun, Rot ‹übertr.›; ~es Essen; ~e Getränke servieren; ein ~er Herbst, Winter *milder H., W.;* ~e Miete ‹umg.› *Warmmiete;* die Miete beläuft sich auf 450 Euro ~ *einschließlich Heizung;* ~e Quellen; ~er Regen, Wind; ~es Wetter; ~e Worte des Dankes, der Freude ‹übertr.› ▸ sich ~ anziehen; ~ baden *in warmem Wasser;* jmdm. ~ die Hand drücken ‹übertr.›; ~ duschen; jmdm. etwas ~, wärmstens empfehlen ‹übertr.› *dringend empfehlen;* ~ essen *eine gekochte u. warme Mahlzeit zu sich nehmen;* ich habe seit drei Tagen nichts Warmes gegessen; ~ halten *wärmen, vor Kälte schützen* (Essen); ‹aber› →a. *warmhalten;* ~ laufen *im Leerlauf laufen, um warm zu werden* (Verbrennungsmotor); sich ~ laufen *im Laufen warm werden;* Alkohol, Kaffee macht ~ ‹umg.› *wärmt;* sich ~ machen *(durch Bewegung) aufwärmen;* ‹aber› ~ machen = *warmmachen;* sein: es ist ~ draußen; hier ist es ~; mir ist ~; ~ stellen = *warmstellen;* das Bier wird in der Sonne schnell ~ werden; ‹aber› ~ werden ‹übertr.› = *warmwerden;* jmdn. ~ zudecken ▸ hier ist es schön, herrlich, mollig ~ ‹umg.› ▸ es wurde ihr ~ ums Herz, als sie das sah, hörte, las ‹übertr.›

Wạrm|du|scher ‹der; -s, -; umg.; salopp; abwertend› *wenig abgehärtete Person, Weichling*

Wạ̈r|me ‹die; -; unz.› **1** *warmer Zustand, angenehme Temperatur zw. kalt u. heiß* **2** *Temperatur über 10 °C* **3** ‹Phys.› *durch die Eigenbewegung von Molekülen verursachte Form der Energie;* Zus *Wärmekraftwerk, Wärmelehre, Wärmeleiter, Wärmetechnik* **4** ‹übertr.› *Herzlichkeit, aufrichtige Freundlichkeit;* Zus *Herzenswärme* ▸ ist das eine ~! *hier ist es sehr warm!;* zehn Grad ~ *eine Temperatur von 10 °C;* feuchte, trockene ~; jmdn. mit ~ begrüßen *mit Herzlichkeit*

Wạ̈r|me|dạ̈m|mung ‹die; -; unz.› *(Einrichtung zum) Schutz vor Wärmeverlust;* Syn *Wärmeschutz;* Abl *wärmedämmend*

wạ̈r|men ‹V. trans. u. V. intr.; wärmt, wärm|te, hat ge|wärmt› (jmdn. od. etwas) ~ *warm machen, erwärmen, Wärme speichern* ▸ Wolle wärmt; komm herein und wärm dich; jmdm. od. sich das Essen ~; sich die Hände, Füße ~

Wạ̈r|me|reg|ler ‹der; -s, -› = *Thermostat*

Wạ̈rm|fla|sche ‹die; -, -n› *Flasche aus Gummi, die mit heißem Wasser gefüllt u. zum Wärmen auf den Körper gelegt wird*

Wạrm|front ‹die; -, -en; Meteor.› *diejenige Front eines Tiefdruckgebietes, die warme Luftmassen heranführt*

wạrm|hal|ten ‹V. trans.; hält warm, hielt warm, hat warm|ge|hal|ten, warm|zu|hal|ten; übertr.; umg.› sich jmdn. ~ *sich jmds. Wohlwollen, Sympathie erhalten;* →a. *warm*

wạrm|her|zig ‹Adj.› *mitfühlend, hilfsbereit u. herzlich;* Abl *Warmherzigkeit*

Wạrm|luft ‹die; -; unz.› *warme od. erwärmte Luft*

wạrm|ma|chen *auch:* **wạrm ma|chen** ‹V. trans.; macht warm, mach|te warm, hat warm|ge|macht, warm|zu|ma|chen› etwas ~ *erwärmen, aufwärmen;* →a. *warm*

Wạrm|mie|te ‹die; -, -n› *Miete einschließlich der anfallenden Kosten für Heizung, Wasser u. Strom;* Ggs *Kaltmiete*

wạrm|stel|len *auch:* **wạrm stel|len** ‹V. trans.; stellt warm, stell|te warm, hat warm|ge|stellt, warm|zu|stel|len› etwas ~ *so aufbewahren, dass es warm bleibt* ▸ Essen ~; →a. *warm*

Warm|wạs|ser|spei|cher ‹der; -s, -› *Warmwasserbereiter mit isoliertem Wasserkessel;* Syn *Boiler*

wạrm|wer|den ‹V. intr.; wird warm, wur|de warm, ist warm|ge|wor|den, warm|zu|wer|den; übertr.› mit jmdm. ~ *ihn besser kennenlernen u. Sympathie für ihn empfinden* ▸ ich bin mit ihm nie richtig warmgeworden; →a. *warm*

Wạrn|blink|an|la|ge ‹die; -, -n; Kfz› *Anlage, die alle Fahrtrichtungsanzeiger (als Warnung) gleichzeitig aufleuchten lässt* ▸ die ~ einschalten

Wạrn|drei|eck ‹das; -(e)s, -e› *zusammenklappbares Schild, das Autofahrer mitnehmen u. bei Pannen hinter dem Wagen aufstellen müssen*

wạr|nen ‹V. trans.; warnt, warn|te, hat ge|warnt› jmdn. ~ **1** *auf eine Gefahr hinweisen;* Abl *Warner(in);* Zus *Warnschild, Warnsignal* **2** *drohend auffordern, etwas (nicht) zu tun* ▸ ich warne dich, Sie!; ich hatte ihn gewarnt; jmdn. vor etwas od. jmdm. ~; vor Reisen in das Krisengebiet wird gewarnt; ~d den Finger (er)heben

Wạrn|schuss ‹der; -es, -schüs|se› **1** *Schuss als Warnung* **2** ‹übertr.› *Warnung* ▸ einen ~ abgeben

Wạrn|streik ‹der; -(e)s, -s od. -e› *kurzfristiger Streik als Hinweis auf die Bereitschaft der Beteiligten, ihre Interessen zur Not in einem langen Streik durchzusetzen*

Wạr|nung ‹die; -, -en› *Hinweis auf drohende Gefahr* ▸ das soll dir eine ~ sein, zur ~ dienen *tu das nicht noch einmal!;* ohne ~ schießen; ~ vor dem Hund! *(warnende Aufschrift an Häusern)*

Wạrn|zei|chen ‹das; -s, -› **1** *warnendes (Verkehrs-)Zeichen* **2** *Hupzeichen bestimmter Kraftfahrzeuge (Feuerwehr, Polizei-, Krankenwagen)*

Wạr|te ‹die; -, -n› **1** *Beobachtungs-, Wachtturm;* Zus *Wetterwarte* **2** *Aussichtspunkt* ▸ etwas von der hohen ~ aus betrachten ‹übertr.› *vom überlegenen Standpunkt aus*

Wạr|te|lis|te ‹die; -, -n› *Liste für Personen, die auf eine bestimmte Leistung o. Ä. warten* ▸ jmdn. auf die ~ setzen; sich auf der ~ eintragen; 300 Kinder stehen auf der ~ für die Kindergärten

wạr|ten[1] ‹V. intr.; war|tet, war|te|te, hat ge|war|tet› **1** (auf jmdn. od. etwas) ~ *verweilen, bis jmd. kommt od. etwas eintritt, sich gedulden;* Zus *Wartehalle, Warteraum, Wartesaal, Warteschlange, Wartezeit* **2** *für Kommendes od. einen Kommenden bereit sein* **3** *zögern, verharren* ▸ na, warte! (wenn ich dich erwische!) *(leichte Drohung)* ▸ könnten Sie einen Augenblick ~? ▸ das kann ~ *das hat Zeit;* da kannst du ~, bis du schwarz wirst! ‹übertr.; umg.; scherzh.› *das wird nie pas-*

W

sieren, egal, wie lange du wartest; er lässt lange auf sich ~ *es dauert lange, bis er kommt;* die Wirkung ließ nicht auf sich ~ *sie erfolgte sofort;* er hat mich ~ lassen; wie lange soll ich denn noch ~? ▸ sehnsüchtig, ungeduldig ~; stundenlang, tagelang ~ ▸ warte auf mich!; zu Hause wartete eine Überraschung auf ihn; ich habe lange (auf dich) gewartet; da kannst du lange ~!; ich kann nicht länger ~; wir wollen mit dem Essen noch etwas ~; nach langem Warten war es endlich so weit ▸ worauf ~ wir denn noch?

wạr|ten[2] ⟨V. trans.; war|tet, war|te|te, hat ge|war|tet⟩ ein Fahrzeug, eine Maschine ~ *durch regelmäßige Prüfung u. ggf. Reparaturen instand halten;* Abl *Wartung*

Wạ̈r|ter ⟨der; -s, -⟩ *jmd., der jmdn. od. etwas pflegt, betreut, darauf achtgibt;* Abl *Wärterin;* Zus *Bahnwärter, Leuchtturmwärter, Zoowärter*

Wạr|te|schlei|fe ⟨die; -, -n⟩ **1** ⟨Flugw.⟩ *kreisförmige Kurve eines Flugzeuges ohne Landeerlaubnis über einem Flughafen* **2** *Telefonleitung, auf der Anrufer informiert od. unterhalten werden, bis der gewünschte (Neben-)Anschluss frei ist* ▸ eine ~ drehen, fliegen; in der ~ hängen

Wạr|te|zim|mer ⟨das; -s, -⟩ *Raum, in dem man warten kann (bes. beim Arzt)*

...wärts ⟨Nachsilbe zur Bildung von Adv.⟩ *(zur Bez. der Richtung),* z. B. himmelwärts, seewärts, abwärts, aufwärts, seitwärts, rückwärts, vorwärts

Wạr|tung ⟨die; -, -en⟩ *das Warten*[2]*;* Zus *Wartungsarbeiten*

wạr|tungs|frei ⟨Adj.⟩ *so beschaffen, dass es nicht gewartet zu werden braucht* ▸ ein ~es Gerät

warum/worum

Mit dem Fragewort *warum,* das auch indirekte Fragesätze einleiten kann, fragt man nach dem Grund: *Warum bist du nicht gekommen? Ich fragte ihn, warum er das getan hatte.*
Das aus *wo(r)* und *um* zusammengesetzte Adverb *worum* wird hingegen mit Verben, die die Präposition um fordern, im Sinne von „um welche Sache?" verwendet: *Worum geht es in dem Buch? Das ist etwas, worum ich mich nicht kümmere.*

wa|rụm ⟨Interrogativadv.⟩ *aus welchem Grund, weshalb* ▸ ~ hast du das getan?; sag mir, ~ du das getan hast; ich weiß nicht, ~ (das so ist); ~ nicht?; ~ nicht gleich?; ~ (bist du) so ernst?

Wạr|ze ⟨die; -, -n⟩ *hornige Wucherung der Haut, besonders an Gesicht u. Händen*

wạs[1] ⟨Interrogativadv.⟩ **1** *welche Angelegenheit, welcher Vorgang* **2** ⟨umg.⟩ *warum, wie, wie viel* ▸ ~! *(Ausruf der Überraschung, des Erstaunens);* ~? ⟨unhöflich⟩ *wie bitte?;* ⟨ablehnend⟩ *das ist doch nicht dein Ernst!;* ~, das weißt du nicht? ▸ das Was und das Wie; ~ für ein Wunder, dass es gutgegangen ist ▸ angehen: ~ geht das mich an?; ~ bekommen Sie dafür (an Geld)?; ~ findest du daran so schön?; ~ führt dich zu mir?; ~ gibt es Neues?; ~ hast du, ~ fehlt dir?; ~ kostet das Buch?; ~ machst du da?; ~ meinst du dazu?; ~ hast du gesagt?; sein: ~ ist?; ~ ist denn (geschehen)?; ~ ist die Uhr? ⟨süddt.⟩ *wie spät ist es?;* ~ ist ihr Vater von Beruf?; ~ ist aus ihm geworden?; ~ ist schon dabei, wenn wir absagen; ~ es auch (immer) ist, sag es mir; ~ soll das bedeuten?; ~ soll ich (nur) tun?; ~ tun?; ~ weiß ich? ⟨umg.⟩ *ich habe keine Ahnung, ich weiß es nicht;* er hat Möbel, Bücher, CDs und ~ weiß ich noch alles gekauft ⟨umg.⟩ *und noch vieles andere;* ~ weißt du denn davon?; ~ willst du? *(auch als Drohung)* ▸ ach ~! *(Ausruf der geringschätzigen Ablehnung);* an ~ denkst du? ⟨umg.⟩ *woran;* auf ~ wartest du noch? ⟨umg.⟩ *worauf;* es kommt hier nicht nur auf das Was, sondern auch auf das Wie an; ~ denn?; ~ für (ein) …? *von welcher Art;* ~ für (ein) …! *(als Ausruf, Ausdruck des Erstaunens, der Bewunderung, des Entsetzens) welch;* ~ sind das für Blumen?; ~ für ein Lärm!; ~ sind denn das für Sachen, Geschichten!; ~ für ein Tier ist das?; für ~ hältst du mich? ⟨umg.⟩ *was denkst du bloß von mir?;* mit ~ beschäftigst du dich gerade? ⟨umg.⟩ *womit;* um ~ handelt es sich? ⟨umg.⟩ *worum*

wạs[2] ⟨Relativadv.⟩ *(als Zusammenfassung einer unbestimmten Sache, einzelner Dinge od. eines ganzen Satzes)* ▸ ~ mich betrifft (erg.: das, ~ …); erzähl, ~ du erlebt hast!; zeig, ~ du kannst!; ich weiß nicht, ~ ich sagen soll; ~ ich noch sagen, fragen wollte: … *(als Einleitung);* das Beste, ~ du tun kannst, ist kündigen; sag mir, ~ du (eigentlich) willst; du kannst machen, sagen, ~ du willst, er tut es doch nicht ▸ alles, manches, vieles, ~ ich hier gesehen, gehört habe; das ist etwas, ~ ich nicht verstehe

wạs[3] ⟨Indefinitpron.; umg.; kurz für⟩ *etwas* ▸ das ist doch ~ (ganz) anderes!; ich habe ~ Schönes für dich ▸ ich hab ~ für dich!; kann ich dir ~ helfen? ⟨umg.⟩ *bei, mit etwas;* ich sehe ~, ~ du nicht siehst; sein: na, das ist doch wenigstens ~! *etwas Ordentliches;* inzwischen kann wer weiß ~ geschehen *alles Mögliche, alles mögliche Schlimme;* er hielt ihn für wer weiß ~ *für etwas Besonderes*

Wạsch|an|la|ge ⟨die; -, -n⟩ *Anlage zum Reinigen von Kraftfahrzeugen*

Wạsch|bär ⟨der; -en, -en; Zool.⟩ *amerikanischer Kleinbär mit langem, buschigem Schwanz, der seine Nahrung vor dem Fressen in Wasser taucht*

Wạsch|be|cken ⟨das; -s, -⟩ *an der Wand befestigtes od. in einen Waschtisch eingelassenes kleines Becken, meist mit fließendem Wasser, zum Waschen der Hände, des Körpers;* ⓘ S. 147; Zus *Waschbeckenschrank* ⓘ S. 147

Wạsch|brett ⟨das; -(e)s, -er; früher⟩ *Brett mit Riefen zum Waschen von grober Wäsche*

Wạsch|brett|bauch ⟨der; -(e)s, -bäu|che; umg.⟩ *flacher, muskulöser Bauch*

Wạ̈|sche ⟨die; -, -n⟩ **1** *das Waschen;* Zus *Körperwäsche* **2** *das, was gewaschen wird, gewaschen wurde od. gewaschen werden muss;* Zus *Wäsche-*

klammer, Wäschekorb, Wäscheleine, Wäscheschleuder; Bettwäsche, Bügelwäsche, Buntwäsche, Feinwäsche, Kochwäsche, Unterwäsche, Wollwäsche ▸ die ~ abnehmen, aufhängen, auswringen, einweichen, kochen, schleudern, spülen, trocknen; ~ bügeln, flicken; ich muss heute ~ waschen; die ~ wechseln ▸ bunte, weiße ~; frische, neue, saubere ~ anziehen; schmutzige ~; seine schmutzige ~ in der Öffentlichkeit waschen ⟨übertr.⟩ *peinliche, intime Angelegenheiten öffentlich erörtern;* seidene, wollene ~; warme ~ ▸ Handtücher in die ~ geben *zum Waschen weglegen od. weggeben;* das Hemd ist in der ~ *wird demnächst od. gerade gewaschen*

wasch|echt ⟨Adj.⟩ **1** *beim Waschen sich nicht verändernd* (Stoff, Farbe) **2** ⟨übertr.; umg.⟩ *ganz echt, unverfälscht* ▸ er ist ein ~er Berliner

wa|schen ⟨V.; wäscht, wusch, hat ge|wa|schen⟩ **I** ⟨V. trans.⟩ sich, jmdn. od. etwas ~ *mit Wasser (u. Seife) reinigen, säubern* ▸ Gold ~ *aus dem Flusssand aussieben;* sich das Haar, den Kopf ~ (lassen); sich die Hände ~; wo kann ich mir bitte die Hände ~?; ein Kleid, einen Pullover ~; Wäsche ~ ▸ sich gründlich ~; sich kalt, warm ~ ▸ der Stoff ist beim Waschen eingelaufen; Wäsche zum Waschen geben ▸ eine Prüfung, die sich gewaschen hat *eine sehr schwierige Prüfung;* Abl *waschbar;* Zus *Waschtisch* ⓘ S. 147 **II** ⟨V. intr.; umg.⟩ *Wäsche waschen* ▸ ich wasche zweimal in der Woche; Zus *Waschpulver, Waschraum, Waschtag*

Wä|sche|rei ⟨die; -, -en⟩ **I** ⟨unz.⟩ *das Waschen* **II** ⟨zählb.⟩ *Betrieb, in dem man gegen Entgelt Wäsche waschen lassen kann*

Wä|sche|trock|ner ⟨der; -s, -⟩ *Maschine zum Trocknen der Wäsche nach dem Wäschewaschen*

Wasch|gang ⟨der; -(e)s, -gän|ge; bei Waschmaschinen⟩ *Abschnitt im Verlauf des Waschens*

Wasch|kü|che ⟨die; -, -n⟩ *Raum zum Waschen u. Kochen von Wäsche* ▸ draußen ist eine richtige ~ ⟨übertr.; umg.; scherzh.⟩ *sehr dichter Nebel*

Wasch|lap|pen ⟨der; -s, -⟩ **1** *kleiner Lappen aus Frotteestoff zum Waschen des Körpers* **2** ⟨übertr.; umg.; abwertend⟩ *Schwächling, Feigling* ▸ du bist ein ~ ⟨übertr.⟩

Wasch|ma|schi|ne ⟨die; -, -n⟩ *schwere Maschine zum Wäschewaschen*

Wasch|mit|tel ⟨das; -s, -⟩ *meist flüssiges od. pulverförmiges Mittel zum Waschen von Textilien* ▸ ~ in die Waschmaschine füllen; Zus *Feinwaschmittel, Vollwaschmittel*

Wasch|sa|lon ⟨[-lɔ̃] od. [-lɔŋ] der; -s, -s⟩ *gewerblicher Betrieb, in dem Waschmaschinen, Schleudern u. Trockenmaschinen durch Münzeinwurf benutzt werden können*

Wasch|stra|ße ⟨die; -, -n⟩ *Anlage, in der Kraftfahrzeuge gewaschen u. dabei von einem Arbeitsgang zum anderen gerollt werden*

Wa|schung ⟨die; -, -en⟩ *rituelles Waschen des Körpers;* Zus *Fußwaschung*

Wasch|zeug ⟨das; -(e)s; unz.⟩ *alles, was man zum Waschen des Körpers braucht*

Was|ser ⟨das; -s, -, bei Mineralwasser u. Ä. a. das; -s, Wäs|ser⟩ **1** *farblose Flüssigkeit, die bei 0 °C gefriert, Inhalt von Meer, See, Fluss;* Abl *wasserarm, wasserlöslich, wasserreich;* Zus *Wassereimer, Wasserflasche, Wasserglas, Wassergraben, Wasserleitung, Wasseroberfläche, Wasserpflanze, Wasserqualität, Wasserschlauch, Wassertemperatur, Wassertiefe, Wassertropfen, Wasservogel; Flusswasser, Leitungswasser, Meerwasser, Mineralwasser, Regenwasser, Trinkwasser* **2** *Gewässer* **3** *Flüssigkeit zu Heil- od. kosmetischen Zwecken;* Zus *Gesichtswasser, Haarwasser* **4** *mehr od. minder klare, vom Körper gebildete Flüssigkeit: Tränen, Schweiß, Speichel, Lymphe, Harn* ▸ ein Becher, Eimer, Glas (voll) ~ ▸ jmdm. das ~ abgraben ⟨übertr.⟩ *jmds. Wirksamkeit einschränken, seine Existenz gefährden;* ~ brodelt, kocht, siedet, das ~ fließt, rauscht, spritzt, strömt; ~ kochen, trinken; ~ lassen *urinieren;* er kann ihm nicht das ~ reichen ⟨übertr.⟩ *er ist ihm unterlegen;* das ~ schoss ihm in die Augen *er begann unwillkürlich zu weinen;* ~ schlucken (beim Schwimmen, Tauchen); das ~ steht ihm bis zum Halse ⟨übertr.⟩ *er befindet sich in bedrängter (finanzieller) Lage;* zusammenlaufen: das ~ läuft einem im Munde zusammen *Speichel bildet sich vor Appetit, Gier auf den Genuss* ▸ ~ abweisend = *wasserabweisend;* flaches, seichtes, tiefes ~; fließendes ~ *Fluss, Bach;* Zimmer mit fließendem ~ *mit Wasserleitung;* hartes, weiches ~; kaltes, warmes, heißes, kochendes ~; klares, trübes, frisches, reines ~; stille ~ sind tief ⟨übertr.⟩ *hinter der ruhigen, verschlossenen Außenseite eines Menschen verbirgt sich oft mehr, als es den Anschein hat;* bis dahin fließt, läuft noch viel ~ den Berg hinunter ⟨übertr.⟩ *bis dahin geschieht noch manches;* wohlriechende Wässer ▸ nah(e) am ~ gebaut sein ⟨übertr.; umg.⟩ *leicht weinen;* bei ~ und Brot eingesperrt sein; munter wie ein Fisch im ~ sein; das war ein Schlag ins ~ ⟨übertr.⟩ *ein nutzloses Unternehmen;* ins ~ fallen, gleiten, springen, stürzen; das Fest, Unternehmen ist ins ~ gefallen ⟨übertr.⟩ *hat nicht stattgefunden, ist nicht durchgeführt worden;* ~ in den Beinen haben *krankhafte Wasseransammlung in den Geweben der Beine;* es wird überall nur mit ~ gekocht ⟨übertr.⟩ *es wird woanders nichts anders, besser gemacht;* mit allen ~n gewaschen sein ⟨übertr.⟩ *raffiniert sein, alle Tricks kennen;* sich (mühsam) über ~ halten ⟨übertr.⟩ *(mühsam) seine Existenz erhalten;* unter ~ schwimmen; die Wiesen stehen unter ~ *sind überschwemmt;* ein Boot zu ~ lassen; einen Ort zu Lande und zu ~ erreichen können *auf dem Land- u. auf dem Wasserweg*

was|ser|ab|wei|send *auch:* **Was|ser ab|wei|send** ⟨Adj.⟩ *so beschaffen, dass es Wasser nicht aufnimmt* ▸ ~es Gewebe

Was|ser|ader ⟨die; -, -n⟩ *kleiner, auch unterirdischer Wasserlauf*

Was|ser|auf|be|rei|tung ⟨die; -; unz.⟩ *Reinigung von Wasser zur Wiederverwendung*

W

Wạs|ser|bad ⟨das; -(e)s, -bä|der⟩ **1** *Bad im Wasser* **2** *Topf mit kochendem Wasser, in das ein kleinerer Topf zum Erwärmen od. Anrühren von Speisen gestellt wird* ▸ Schokolade im ~ erhitzen

Wạs|ser|ball ⟨der; -(e)s, -bäl|le⟩ **I** ⟨unz.; Sp.⟩ *Ballspiel zwischen zwei Mannschaften im Wasser;* Abl *Wasserballer(in)* **II** ⟨zählb.⟩ **1** *aufblasbarer Gummiball* **2** ⟨Sp.⟩ *Ball für Wasserballspiele von rund 70 cm Umfang u. 450 g Gewicht*

Wạs|ser|bett ⟨das; -(e)s, -en⟩ *Bett, bei dem die Matratze aus Wasserschläuchen besteht*

Wạ̈s|ser|chen ⟨das; -s, -⟩ *kleiner Wasserlauf, Bächlein* ▸ er sieht aus, als ob er kein ~ trüben könnte ⟨übertr.⟩ *er sieht unschuldig, harmlos aus*

Wạs|ser|dampf ⟨der; -(e)s, -dämp|fe⟩ *Wasser in gasförmigem Zustand* ▸ Gemüse mit ~ garen

wạs|ser|dicht ⟨Adj.⟩ **1** *Wasser nicht durchlassend* **2** ⟨übertr.⟩ *unangreifbar* ▸ ein ~es Alibi

wạs|ser|durch|läs|sig ⟨Adj.⟩ *so beschaffen, dass es Wasser durchlässt;* Ggs *wasserundurchlässig* ▸ ~es Gestein; Abl *Wasserdurchlässigkeit*

Wạs|ser|fall ⟨der; -(e)s, -fäl|le⟩ *Wasserlauf mit (fast) senkrechtem Gefälle, oft in mehreren Stufen* ▸ er redet wie ein ~ ⟨umg.⟩ *ununterbrochen*

Wạs|ser|far|be ⟨die; -, -n⟩ *mit Wasser angeriebene, wasserlösl. u. durchscheinende Farbe;* Syn *Aquarellfarbe* ▸ mit ~n malen

wạs|ser|fest ⟨Adj.⟩ *beständig gegen die Einwirkung von Wasser* ▸ ~e Creme; Abl *Wasserfestigkeit*

Wạs|ser|hahn ⟨der; -(e)s, -häh|ne⟩ *drehbarer Hebel an der Wasserleitung;* ⓘ S. 147

wạs|ser|hal|tig ⟨Adj.⟩ *Wasser enthaltend*

wạ̈s|se|rig ⟨Adj.⟩ oV *wässrig* **1** *viel Wasser enthaltend* **2** *wasserähnlich, wie Wasser* **3** ⟨übertr.⟩ *fade, nicht gehaltvoll* ▸ eine ~e Brühe, Suppe; ~e Flüssigkeit; jmdm. den Mund ~ machen ⟨übertr.⟩ *jmdm. Lust auf etwas machen*

Wạs|ser|kes|sel ⟨der; -s, -⟩ *Kessel zum Kochen von Wasser*

Wạs|ser|klo|sett ⟨das; -s, -s; Abk.: WC⟩ *Toilette mit Wasserspülung u. Geruchverschluss*

Wạs|ser|ko|cher ⟨der; -s, -⟩ *Elektrogerät zum Kochen von Wasser;* ⓘ S. 255

Wạs|ser|kopf ⟨der; -(e)s, -köp|fe⟩ *Erweiterung der Gehirnkammern infolge krankhafter Vermehrung der Gehirnflüssigkeit*

Wạs|ser|kraft ⟨die; -; unz.⟩ *durch den Druck strömenden Wassers erzeugte Kraft*

Wạs|ser|kreis|lauf ⟨der; -(e)s; unz.⟩ *Bewegung des Wassers von der Atmosphäre zur Erde u. zurück mit der sich ständig wiederholenden Folge von Niederschlag, Abfluss u. Verdunstung*

Wạs|ser|mann ⟨der; -(e)s, -män|ner; Myth.⟩ **1** *männlicher Wassergeist* **2** *ein Sternbild*

Wạs|ser|mas|se ⟨die; -, -n; meist Pl.⟩ *große Menge an strömendem Wasser* ▸ von den ~n weggerissen werden

Wạs|ser|me|lo|ne ⟨die; -, -n; Bot.⟩ *Kürbisgewächs, dessen Früchte eine grüne Schale, rötliches Fruchtfleisch u. schwarze Kerne haben;* ⓘ S. 1003

wạ̈s|sern ⟨V. trans.; wäs|sert, wäs|ser|te, hat gewäs|sert⟩ etwas ~ **1** *etwas in Wasser legen u. dadurch Salz o. Ä. herauslösen, es weich machen od. säubern* **2** *stark begießen* (bes. Pflanzen); →a. *verwässern;* Abl *Wässerung*

Wạs|ser|pis|to|le ⟨die; -, -n⟩ *Spielzeug (in Form einer Pistole) zum Spritzen mit Wasser*

Wạs|ser|rat|te ⟨die; -, -n⟩ **1** ⟨Zool.⟩ *Wühlmaus, die meist in der Nähe von Gewässern Gänge baut* **2** ⟨übertr.; umg.⟩ *jmd., der gern u. gut schwimmt*

Wạs|ser|rohr ⟨das; -(e)s, -e⟩ *Rohr, durch das Wasser geleitet wird;* Zus *Wasserrohrbruch*

Wạs|ser|scha|den ⟨der; -s, -schä|den⟩ *durch Eindringen von Wasser entstandener Schaden*

wạs|ser|scheu ⟨Adj.⟩ *Angst vor Wasser habend, nicht gern badend;* Abl *Wasserscheu*

Wạs|ser|schloss ⟨das; -es, -schlös|ser⟩ *in einem See od. Teich liegendes Schloss*

Wạs|ser|schutz|po|li|zei ⟨die; -; unz.⟩ *Polizei, die für den Verkehr auf Gewässern zuständig ist*

Wạs|ser|ski ⟨[-ʃi] der; -s, -er; Sp.⟩ *breiter, kurzer Ski, auf dem man sich von einem Motorboot übers Wasser ziehen lässt;* oV *Wasserschi* ▸ ~ fahren

Wạs|ser|sport ⟨der; -(e)s; unz.⟩ *im od. auf dem Wasser betriebener Sport, z. B. Schwimmen, Wasserball, Segeln, Rudern*

Wạs|ser|stand ⟨der; -(e)s, -stän|de⟩ *Höhe, Stand des (Fluss-)Wassers;* Syn *Pegel (1)* ▸ hoher, niedriger ~; Zus *Wasserstandsmesser*

Wạs|ser|stoff ⟨der; -(e)s; unz.; chem. Zeichen: H⟩ *chem. Element, ein geruch- u. geschmackloses Gas;* Zus *Wasserstoffatom*

Wạs|ser|stoff|bom|be ⟨die; -, -n⟩ *Atombombe, deren Wirkung auf der Verschmelzung von Wasserstoffatomkernen beruht;* Syn *H-Bombe*

Wạs|ser|stra|ße ⟨die; -, -n⟩ *schiffbarer Wasserlauf als Verkehrsweg, Fluss, Kanal, auch See*

Wạs|ser|turm ⟨der; -(e)s, -tür|me; früher⟩ *Turm, in dessen Oberteil ein Wasserbehälter eingebaut ist, zur Aufrechterhaltung eines gleichmäßigen Druckes in Wasserleitungen*

wạs|ser|un|durch|läs|sig ⟨Adj.⟩ *kein Wasser durchlassend;* Ggs *wasserdurchlässig;* Abl *Wasserundurchlässigkeit*

Wạs|ser|ver|sor|gung ⟨die; -; unz.⟩ *Versorgung (einer Stadt, eines Dorfes) mit Wasser*

Wạs|ser|waa|ge ⟨die; -, -n⟩ *Gerät zum Bestimmen der senkrechten od. waagerechten Lage von Flächen od. Kanten;* Syn *Richtwaage, Setzwaage*

Wạs|ser|weg ⟨der; -(e)s, -e⟩ *Weg, der mit dem Schiff zurückgelegt wird*

Wạs|ser|wer|fer ⟨der; -s, -⟩ *Polizeifahrzeug mit Tank, von dem aus man Wasser (mit Tränengas) unter hohem Druck auf Demonstranten spritzen kann*

Wạs|ser|werk ⟨das; -(e)s, -e⟩ *Anlage zur Gewinnung von Wasser u. Versorgung mit Wasser*

Wạs|ser|zei|chen ⟨das; -s, -⟩ *Echtheit od. Qualität anzeigendes Muster im Papier*

wạ̈ss|rig ⟨Adj.⟩ = *wässerig*

wa̲|ten ⟨V. intr.; wa|tet, wa|te|te, ist ge|wa|tet⟩ *einsinkend gehen* ▸ durch einen Bach, durchs Wasser ~; im Sand, Schmutz, Wasser ~

wa̲t|scheln ⟨V. intr.; wat|schelt, wat|schel|te, ist

ge|wat|schelt⟩ *sich mit schleppenden Füßen u. mit leicht hin u. her schwankendem Gang bewegen* ▸ wie eine Ente ~

Watt[1] ⟨das; -s, -; Zeichen: W⟩ *Maßeinheit der elektrischen Leistung;* Zus *Wattstunde*

Watt[2] ⟨das; -(e)s, -en; kurz für⟩ *Wattenmeer*

Wat|te ⟨die; -, -n⟩ **1** *Baumwolle für Verbände* **2** *Schicht von Baumwollfasern zum Füttern u. Auspolstern von Kleidungsstücken* ▸ jmdn. in ~ packen ⟨übertr.; umg.⟩ *jmdn. mit übertriebener Vorsicht vor Krankheiten usw. schützen*

Wat|ten|meer ⟨das; -(e)s; unz.⟩ *flacher Streifen der Nordsee zw. Festland u. vorgelagerten Inseln*

Wat|te|stäb|chen ⟨das; -s, -⟩ *(Kosmetik-)Stäbchen, das an beiden Enden mit Watte umwickelt ist*

wat|tiert ⟨Adj.⟩ *mit Watte gefüttert, gepolstert* ▸ ~er Briefumschlag

WC ⟨Abk. für⟩ *Wasserklosett;* Zus *WC-Reiniger*

Web ⟨das; - od. -s; unz.; umg.; häufig in Zus.; Abk. für engl.⟩ *World Wide Web, Internet;* Zus *Webadresse, Webseite*

we|ben ⟨V. trans.⟩ **I** ⟨webt, web|te, hat ge|webt; schwach konjugiert⟩ etwas ~ *durch Kreuzen u. Verflechten von Fäden herstellen* ▸ Leinen, Tuch, Teppiche ~; die Spinne webt ihr Netz **II** ⟨webt, wob, hat ge|wo|ben; stark konjugiert; übertr.⟩ etwas ~ *erzeugen, sichtbar werden lassen* ▸ der Mond wob silberne Schleier um die Bäume

We|ber ⟨der; -s, -; Textilwesen⟩ *Handwerker, der Gewebe herstellt;* Abl *Weberin*

We|be|rei ⟨die; -, -en; Textilwesen⟩ **I** ⟨unz.⟩ *das Weben u. alle Vorgänge, die damit zusammenhängen* **II** ⟨zählb.⟩ **1** *Betrieb, in dem Gewebe hergestellt werden* **2** *das Gewebte, Webarbeit*

We|ber|knecht ⟨der; -(e)s, -e; Zool.⟩ *Spinnentier mit dünnen, langen Beinen;* Syn *Schneider (2), Schuster (2)*

Web|stuhl ⟨der; -(e)s, -stüh|le⟩ *Maschine zum Weben, urspr. von Hand u. Fuß betätigt*

Wech|sel ⟨[-ks-]; der; -s, -⟩ **1** *das Wechseln, Änderung, Veränderung;* Zus *Ortswechsel, Personalwechsel, Regierungswechsel, Wohnungswechsel* **2** *Tausch, Umtausch, Austausch;* Zus *Geldwechsel* **3** ⟨Wirtsch.⟩ *schriftliche Verpflichtung zur Zahlung einer Summe an den Inhaber der Urkunde* ▸ ~ der Jahreszeiten; ein ~ (in) der Regierung; einen ~ einlösen ⟨Wirtsch.⟩; einen ~ im Vorstand herbeiführen, vornehmen

Wech|sel|bad ⟨[-ks-] das; -(e)s, -bä|der⟩ *heiße u. kalte Vollbäder od. Duschen in raschem Wechsel* ▸ ein ~ der Gefühle ⟨übertr.⟩ *eine rasche Folge gegensätzlicher Empfindungen*

Wech|sel|be|zie|hung ⟨[-ks-] die; -, -en⟩ *wechselseitige, gegenseitige Beziehung* ▸ in ~ mit etwas, zu etwas stehen

Wech|sel|geld ⟨[-ks-] das; -(e)s; unz.⟩ **1** *Betrag, der auf die zu viel bezahlte Summe beim Kauf einer Ware herausgegeben wird* **2** *Kleingeld*

wech|sel|haft ⟨[-ks-] Adj.; -er, am -es|ten⟩ *rasch wechselnd, wechselvoll* ▸ ~es Wetter

Wech|sel|jah|re ⟨[-ks-] Pl.⟩ *bei Frauen der Zeitraum, in dem die Tätigkeit der Keimdrüsen u. die Menstruation allmählich aufhören, zwischen 45. u. 55. Lebensjahr;* Syn *Klimakterium*

Wech|sel|kurs ⟨[-ks-] der; -es, -e; Bankw.⟩ *Kurs, zu dem Geld gewechselt wird*

wech|seln ⟨[-ks-] V.; wech|selt, wech|sel|te, hat ge|wech|selt⟩ **I** ⟨V. trans.⟩ etwas ~ **1** *eins an die Stelle eines anderen setzen, tauschen, umtauschen* **2** *ändern, verändern* ▸ den **Beruf,** den Platz, die Stellung, die Wohnung ~; kannst du mir 10 **Euro** ~?; **Geld** ~ *eine größere Münze in kleinere od. eine bestimmte Geldsorte in eine andere umtauschen;* die **Kleider,** Schuhe, Wäsche ~; **Reifen,** Öl ~ (beim Auto); das **Thema** ~ *von etwas anderem zu sprechen beginnen* ▸ ich möchte meine Euro **in** Dollar ~; ein paar Worte **mit** jmdm. ~; Schuhe, Wäsche **zum** Wechseln **II** ⟨V. intr.⟩ **1** *sich abwechseln* **2** *den Platz tauschen* **3** *sich ändern, sich verändern* ▸ wollen wir ~? (z. B. beim Tragen, Spielen) ▸ das Wetter wechselt **häufig;** seine Stimmungen ~ **schnell** ▸ ~d *unterschiedlich;* mit ~dem Erfolg

wech|sel|sei|tig ⟨[-ks-] Adj.⟩ **1** *gegenseitig* **2** *im Wechsel, einander abwechselnd* ▸ in ~em Einverständnis; Abl *Wechselseitigkeit*

Wech|sel|strom ⟨[-ks-] der; -(e)s; unz.⟩ *elektrischer Strom, dessen Stärke u. Richtung sich ändern*

wech|sel|voll ⟨[-ks-] Adj.⟩ *abwechslungsreich, häufig wechselnd* ▸ ~e Landschaft; ~es Leben

Wech|sel|wäh|ler ⟨[-ks-] der; -s, -⟩ *Wähler, der nicht jedes Mal dieselbe Partei wählt;* Abl *Wechselwählerin*

wech|sel|warm ⟨[-ks-] Adj.⟩ *die Körpertemperatur entsprechend der Temperatur der Umgebung wechselnd* (von Tieren)

wech|sel|wei|se ⟨[-ks-] Adv.⟩ *im Wechsel, abwechselnd*

Wech|sel|wir|kung ⟨[-ks-] die; -; unz.⟩ *wechselseitige, gegenseitige Wirkung* ▸ in ~ mit etwas, zu etwas stehen

we|cken ⟨V. trans.; weckt, weck|te, hat ge|weckt⟩ **1** jmdn. ~ *aus dem Schlaf reißen, wachmachen* **2** ⟨übertr.⟩ etwas ~ *hervorrufen, wachrufen* ▸ jmds. Neugier, Misstrauen ~ ⟨übertr.⟩; wann soll ich dich ~?; warum hast du mich nicht geweckt?; diese Musik weckt Erinnerungen; Gefühle in jmdm. ~ ⟨übertr.⟩

We|cker ⟨der; -s, -⟩ *Uhr, die zu einer vorher bestimmten Zeit ein Signal von sich gibt, klingelt* ▸ ich haben den ~ schon gestellt; hast du den ~ nicht gehört?; jmdm. auf den ~ fallen, gehen ⟨umg.⟩ *jmdn. anhaltend belästigen*

Weck|ruf ⟨der; -(e)s, -e⟩ *Signal zum Wecken*

We|del ⟨der; -s, -⟩ *Bündel, Büschel von Federn, Haaren, Stroh, Laub o. Ä. zum Fächeln od. Staubwischen;* Zus *Staubwedel*

we|deln ⟨V. intr.; we|delt, we|del|te, hat ge|we|delt⟩ **1** mit dem Schwanz ~ *den Schwanz rasch hin u. her bewegen* (vom Hund) **2** mit einem Blatt Papier, mit einem Tuch ~ *etwas rasch hin u. her bewegen* **3** ⟨Skisp.⟩ *(beim Abwärtsfahren) die Skier parallel nach links u. rechts schwingen*

we|der ⟨Konj.⟩ ~ … noch … *nicht … und auch nicht …, nicht das eine u. auch nicht das andere, beides nicht* ▸ ~ er noch sie gab nach; das ist ~ Fisch noch Fleisch ⟨übertr.⟩ *weder das eine noch das andere, nichts Richtiges;* er möchte ~ Wein noch Schnaps, noch Bier; dazu habe ich ~ Zeit noch Geld; sie wusste ~ aus noch ein *sie wusste nicht, wie sie handeln sollte*

weder – noch

Weder – noch ist eine zweiteilige Konjunktion, bei der keines der beiden Wörter weggelassen werden kann: *Es gab weder Essen noch Trinken.* Wird *noch* wiederholt, so kann man ein Komma setzen: *Weder er noch ich(,) noch jemand anderes wusste Bescheid.* Auch wenn Sätze durch *weder – noch* miteinander verknüpft sind, ist das Setzen eines Kommas freigestellt: *Weder brachte er mir das Buch vorbei(,) noch kam er zu Besuch.* Gleiches gilt für die zweiteilige Fügung **entweder – oder:** *Entweder komme ich gleich(,) oder ich besuche dich am Abend.*

weg ⟨Adv.⟩ **1** *fort, aus dem Gesichtskreis, an einen anderen Ort* **2** *entfernt, entlegen, abseits* ▸ **Hände** ~ (von …)! *fass … nicht an!;* **Kopf** ~! *zur Seite, nach unten* ▸ **sein:** er war schon ~, als ich kam; meine Uhr ist ~ *ich habe meine U. verloren, kann sie nicht finden;* hin und ~ sein ⟨übertr.; umg.⟩ *sehr überrascht, begeistert sein;* von etwas, jmdn. ganz ~ sein ⟨übertr.; umg.⟩ *für jmdn., etwas begeistert sein;* das Schiff ist noch weit ~ ▸ ~ **da!**; ~ **damit!**; ich bin **darüber** ~ ⟨übertr.; umg.⟩ *ich habe es überwunden;* →a. *hinweg*

Weg ⟨der; -(e)s, -e⟩ **1** *festgetretene od. leicht befestigte Bahn zum Gehen;* Zus *Wegkreuzung, Weg(es)rand; Feldweg, Gartenweg, Spazierweg, Wanderweg* **2** *Verkehrsbahn, Verkehrsstrecke;* Zus *Landweg, Seeweg* **3** *Strecke, auf der man geht, zurückzulegende od. zurückgelegte Strecke;* Zus *Heimweg, Rückweg* **4** ⟨a. übertr.⟩ *Zugang* **5** *Entfernung* **6** ⟨übertr.⟩ **6.1** ⟨umg.⟩ *Gang, um etwas zu erledigen* **6.2** *Laufbahn, Bahn zum Ziel;* Zus *Lebensweg* **6.3** *Mittel, Verfahren, Möglichkeit* ▸ wir müssen **Mittel** und ~e finden, um das zu ändern; jmdn. ein **Stück** ~(es) begleiten ▸ wir können den ~ **abkürzen;** einer Entwicklung den ~ **bereiten** ⟨übertr.⟩; jmdm. den ~ zum Museum **beschreiben;** es **bleibt** (mir) kein anderer ~ (offen) ⟨übertr.⟩; jmdm. alle ~e **ebnen** ⟨übertr.⟩ *jmdm. eine Sache erleichtern;* einen (anderen) ~ **einschlagen;** wir müssen einen ~ **finden,** ihm zu helfen ⟨übertr.⟩; es muss doch einen ~ **geben,** wie man das erreichen kann ⟨übertr.⟩; seiner ~e **gehen** *gleichgültig, ärgerlich weggehen;* unbeirrt seinen ~ gehen ⟨übertr.⟩; unsere ~e haben sich mehrmals **gekreuzt** ⟨übertr.⟩ *wir sind uns im Leben mehrmals begegnet;* der Junge wird seinen ~ (schon) **machen** ⟨übertr.⟩ *sein Ziel erreichen, im Leben vorwärtskommen;* **sein:** wo ein Wille ist, da ist auch ein ~ ⟨Sprichw.⟩; hier **trennen** sich unsere ~e ⟨übertr.⟩; jmdm. den ~ **versperren** ⟨a. übertr.⟩; **vorbeiführen:** da führt kein ~ dran vorbei ⟨übertr.; umg.⟩ *das ist absolut nötig;* jmdm. den ~ **zeigen** ▸ mein **erster** ~ nach meiner Rückkehr war zu dir; ein **abschüssiger,** breiter, ebener, holpriger, schlechter, schmaler, steiler, steiniger ~; es gibt keinen **anderen** ~, um in das Gebäude zu gelangen; einen anderen ~ gehen ⟨übertr.⟩ *nicht beim Altgewohnten bleiben, neue Möglichkeiten aufzeigen;* er ist auf dem **besten** ~(e), ein Experte in seinem Fach zu werden ⟨übertr.⟩; wir haben **denselben** ~; er geht seine **eigenen** ~e ⟨übertr.⟩ *er lässt sich nichts vorschreiben;* auf dem **falschen** ~ sein ⟨übertr.⟩ *etwas falsch angefangen haben;* auf **gesetzlichem,** ungesetzlichem ~(e); auf **gütlichem** ~(e) *einvernehmlich;* auf **halbem** ~(e) stehen bleiben, stecken bleiben, umkehren; sich auf halbem ~(e) treffen *in der Mitte der Strecke;* auf **kürzestem** ~(e) nach Hause gehen ⟨übertr.⟩ *so schnell wie möglich;* ich habe noch einen **langen,** weiten ~ vor mir; jmdn. auf seinem **letzten** ~ begleiten ⟨übertr.⟩ *jmds. Beerdigung beiwohnen;* **neue** ~e weisen ⟨übertr.⟩; auf dem **rechten** ~(e) sein ⟨a. übertr.⟩; jmdn. vom rechten ~(e) abbringen ⟨übertr.⟩ *jmdn. zu Bösem verleiten;* auf dem **schnellsten** ~(e) ⟨übertr.; umg.⟩ *so schnell wie möglich;* auf **schriftlichem** ~e *schriftlich* ▸ er ist, befindet sich **auf** dem ~(e) der Besserung; jmdn. auf den ~ bringen *jmdm. den Weg zeigen;* ⟨übertr.⟩ *ihn anleiten, anregen (zu einer Arbeit usw.);* es liegt auf meinem ~ *ich komme daran vorbei;* sich auf den ~ machen *aufbrechen, fortgehen;* auf diesem ~(e) kann man Erfolg haben ⟨übertr.⟩ *auf diese Weise;* auf dem ~ nach Berlin; er ist schon auf dem ~ zu Ihnen; jmdm. **aus** dem ~ gehen *ihm Platz machen, ihn vorbeilassen;* ⟨übertr.⟩ *ihn meiden, ihm nicht begegnen wollen;* einer Sache aus dem ~ gehen ⟨übertr.⟩ *eine S. nicht tun;* jmdn. aus dem ~ räumen, schaffen ⟨übertr.⟩ *jmdn. beseitigen, töten;* etwas **in** die ~e leiten ⟨übertr.⟩ *etwas veranlassen;* jmdm. im ~(e) stehen; dem steht nichts im ~(e) ⟨übertr.⟩ *das kann ohne weiteres geschehen;* sich jmdm. in den ~ stellen *jmdm. entgegentreten;* ⟨übertr.⟩ *jmdn. behindern;* jmdn. **nach** dem ~ fragen; jmdm. nicht **über** den ~ trauen ⟨übertr.⟩ *jmdm. nicht vertrauen;* **vom** ~ abkommen *sich verlaufen;* vom rechten ~ abweichen ⟨übertr.⟩ *etwas Unrechtes tun;* den ~ **zum** Dorf, zur Stadt, zum Wald einschlagen; etwas zu ~e / zuwege bringen ▸ **wohin** des ~es? *wohin gehst du?*

weg… ⟨in Zus. mit Verben⟩ **1** *sich von etwas od. jmdm. entfernen, davon…* z. B. wegbewegen, wegfahren, wegfliegen, wegrennen **2** *jmdn. od. etwas von dem einen an einen anderen Ort transportieren,* z. B. wegbringen, weglocken, wegtragen **3** *jmdn. od. etwas (vollständig) von einer Stelle entfernen,* z. B. wegfegen, wegradieren, wegstreichen, wegwischen **4** *jmdn., sich od. etwas*

W

zur Seite bewegen, beiseitebewegen z. B. wegdrehen, weghängen, weglegen, wegräumen, wegschieben **5** *etwas absichtlich nicht wahrnehmen,* z. B. weghören, wegschauen, wegsehen **6** *jmdn. od. etwas von sich weisen, halten,* z. B. weghalten **7** *jmdn. od. etwas zum eigenen Schutz od. zum Schutz anderer einschließen,* z. B. wegschließen, wegsperren **8** *etwas als nicht mehr nötig betrachten u. entfernen,* z. B. weggießen, wegschmeißen; →a. *fort…*

weg|be|kom|men ⟨V. trans.; be|kommt weg, bekam weg, hat weg|be|kom|men, weg|zu|be|kommen; umg.⟩ etwas ~ = *wegkriegen*

Weg|be|rei|ter ⟨der; -s, -⟩ *jmd., der als erster etwas Neues tut* ▸ er gilt als ~ der Moderne; Abl *Wegbereiterin*

weg|bla|sen ⟨V. trans.; bläst weg, blies weg, hat weg|ge|bla|sen, weg|zu|bla|sen⟩ etwas ~ *durch Blasen entfernen* ▸ Staub ~; meine Schmerzen sind wie weggeblasen *sind plötzlich vergangen*

weg|blei|ben ⟨V. intr.; bleibt weg, blieb weg, ist weg|ge|blie|ben, weg|zu|blei|ben⟩ **1** *nicht (mehr) erscheinen, obwohl erwartet, nicht (mehr) kommen* **2** *plötzlich versagen* (Motor, Sprache) **3** *nicht verwendet werden* ▸ mir blieb die Sprache weg ⟨umg.⟩ *ich war sprachlos;* du kannst nicht einfach ~, ohne dich zu entschuldigen!

weg|den|ken ⟨V. trans.; denkt weg, dach|te weg, ist weg|ge|dacht, weg|zu|den|ken⟩ (sich) jmdn. od. etwas ~ *sich vorstellen, dass jmd. od. etwas nicht mehr da ist* ▸ das Internet lässt sich heute nicht mehr ~; die Eröffnungsfeier ist aus dem Programm nicht mehr wegzudenken

weg|drü|cken ⟨V. trans.; drückt weg, drück|te weg, hat weg|ge|drückt, weg|zu|drü|cken⟩ jmdn. od. etwas ~ *zur Seite drücken, wegdrängen* ▸ einen Anruf auf dem Handy ~ *durch Betätigen der Austaste nicht entgegennehmen*

We|ge|la|ge|rer ⟨der; -s, -⟩ *jmd., der anderen am Weg auflauert, um sie zu berauben*

we|gen ⟨Präp. mit Gen.; heute a. mit Dat.⟩ **1** *aufgrund (von)* **2** *um … willen* ▸ ~ der Krankheit des Vaters blieb er zu Hause; er hat sie nur des Geldes ~ geheiratet; ~ schlechten Wetters muss die Vorstellung ausfallen; von ~! ⟨umg.⟩ *keineswegs!, das denkst du dir so!*

…we|gen ⟨Nachsilbe zur Bildung von Adv.⟩ *um … willen,* z. B. meinetwegen, ihretwegen

weg|es|sen ⟨V. trans.; isst weg, aß weg, hat weg|ge|es|sen, weg|zu|es|sen⟩ jmdm. etwas ~ *so viel essen, dass der andere nichts mehr davon bekommt*

weg|fah|ren ⟨V. intr.; fährt weg, fuhr weg, ist weg|ge|fah|ren, weg|zu|fah|ren⟩ *abfahren, fortfahren, abreisen* ▸ wann fahrt ihr morgen weg?

W

Weg|fahr|sper|re ⟨die; -, -n; Kfz⟩ *Vorrichtung, die verhindert, dass ein Fahrzeug von Unbefugten weggefahren u. gestohlen werden kann*

Weg|fall ⟨der; -(e)s; unz.⟩ *das Wegfallen, Unterbleiben* ▸ nach ~ dieser Verordnung

weg|fal|len ⟨V. intr.; fällt weg, fiel weg, ist weg|ge|fal|len, weg|zu|fal|len⟩ *aufhören, nicht mehr getan, nicht mehr verwendet werden* ▸ die beiden letzten Sätze können ~ *sind nicht nötig;* etwas ~ lassen *streichen, beseitigen*

weg|fe|gen ⟨V. trans.; fegt weg, feg|te weg, hat weg|ge|fegt, weg|zu|fe|gen⟩ etwas ~ **1** *durch Fegen entfernen* **2** *mit heftiger Bewegung entfernen* ▸ der Sturm hat die Blätter, Zäune weggefegt

Weg|gang ⟨der; -(e)s; unz.⟩ **1** *das Weggehen* **2** *Ausscheiden* ▸ nach seinem ~

weg|ge|ben ⟨V. trans.; gibt weg, gab weg, hat weg|ge|ge|ben, weg|zu|ge|ben⟩ **1** etwas ~ *jmd. anderem geben* **2** ein Kind ~ *in Pflege geben*

weg|ge|hen ⟨V. intr.; geht weg, ging weg, ist weg|ge|gan|gen, weg|zu|ge|hen⟩ **1** *an einen anderen Ort gehen, sich entfernen* **2** ⟨umg.⟩ *sich beseitigen lassen* ▸ der Fleck geht nicht weg

weg|ha|ben ⟨V. trans.; hat weg, hat|te weg, hat weg|ge|habt, weg|zu|ha|ben; umg.⟩ etwas ~ **1** *fortgeschafft, erledigt haben* **2** *bekommen haben* ▸ ich möchte die Blumen hier ~; er hat einen (Schlag) weg ⟨übertr.⟩ *er ist sonderbar, verrückt*

weg|hö|ren ⟨V. intr.; hört weg, hör|te weg, hat weg|ge|hört, weg|zu|hö|ren⟩ *absichtlich nicht zuhören* ▸ du solltest jetzt besser ~

weg|ja|gen ⟨V. trans.; jagt weg, jag|te weg, hat weg|ge|jagt, weg|zu|ja|gen⟩ ein Tier od. jmdn. ~ *verjagen, grob wegschicken*

weg|kli|cken ⟨V. trans.; klickt weg, klick|te weg, hat weg|ge|klickt, weg|zu|kli|cken; EDV⟩ etwas ~ *(auf dem Monitor) durch Anklicken entfernen* ▸ mit der Maus ein Fenster ~

weg|kom|men ⟨V. intr.; kommt weg, kam weg, ist weg|ge|kom|men, weg|zu|kom|men⟩ **1** *abhandenkommen, verlorengehen* **2** ⟨umg.⟩ *sich entfernen* **3** (nicht) über etwas ~ *etwas (nicht) verschmerzen* **4** ⟨übertr.⟩ gut, schlecht bei etwas ~ *viel, wenig von etwas erhalten* ▸ mach, dass du wegkommst!; ich komme wenig weg *ich gehe selten aus;* ich komme nicht darüber weg, dass er gelogen hat

weg|krie|gen ⟨V. trans.; kriegt weg, krieg|te weg, hat weg|ge|kriegt, weg|zu|krie|gen; umg.⟩ **1** etwas ~ *abwaschen, abwischen, abkratzen können, entfernen, beseitigen können* **2** ⟨übertr.⟩ jmdn. von etwas ~ *zum Mitkommen, zum Weggehen von etwas bewegen können;* ▸ ich weiß nicht, wie ich den Fleck ~ soll

weg|las|sen ⟨V. trans.; lässt weg, ließ weg, hat weg|ge|las|sen, weg|zu|las|sen⟩ **1** etwas ~ *nicht verwenden, streichen* **2** jmdn. ~ *fortlassen, gehen lassen* ▸ die Kinder wollten ihn nicht ~

weg|lau|fen ⟨V. intr.; läuft weg, lief weg, ist weg|ge|lau|fen, weg|zu|lau|fen⟩ **1** *sich rasch entfernen, davonlaufen, fortlaufen* **2** *ausreißen* ▸ das läuft (mir) nicht weg ⟨übertr.; umg.⟩ *das kann ich später noch erledigen;* ihm ist seine Frau weggelaufen *sie hat ihn verlassen;* das Kind ist von zu Hause weggelaufen; vor einem Hund ~

weg|ma|chen ⟨V. trans.; macht weg, mach|te weg, hat weg|ge|macht, weg|zu|ma|chen; umg.⟩ etwas ~ *beseitigen, entfernen* ▸ einen Fleck ~

weg|müs|sen ⟨V. intr.; muss weg, muss|te weg, hat weg|ge|musst, weg|zu|müs|sen; umg.⟩ **1** *weg-*

gehen, aufbrechen müssen **2** *beseitigt werden müssen* ▸ ich muss pünktlich um 7 Uhr weg; musst du schon weg?; das Bild muss hier weg

weg|neh|men ⟨V. trans.; nimmt weg, nahm weg, hat weg|ge|nom|men, weg|zu|neh|men⟩ **1** jmdm. etwas ~ *nehmen u. behalten* **2** etwas ~ *nehmen u. (fest)halten* **3** etwas (irgendwo) ~ *nehmen u. an eine andere Stelle setzen* ▸ jmdm. sein Eigentum ~; heimlich Geld ~ *stehlen;* das nimmt zu viel Platz weg *es ist zu groß, umfangreich;* nimm doch bitte deine Sachen hier weg

weg|rei|ßen ⟨V. trans.; reißt weg, riss weg, hat weg|ge|ris|sen, weg|zu|rei|ßen⟩ **1** etwas ~ *zerstören (um anderes an die Stelle zu setzen), beseitigen, abreißen* **2** jmdm. etwas ~ *hastig, grob wegnehmen* ▸ Häuser ~; sie riss ihm das Buch weg

weg|rut|schen ⟨V. intr.; rutscht weg, rutsch|te weg, ist weg|ge|rutscht, weg|zu|rut|schen⟩ **1** *ausgleiten, ausrutschen* **2** *zur Seite rutschen, wegrücken* ▸ der Wagen ist in der Kurve weggerutscht; von jmdm. ~

weg|schaf|fen ⟨V. trans.; schafft weg, schaff|te weg, hat weg|ge|schafft, weg|zu|schaf|fen⟩ jmdn. od. etwas ~ *fortschaffen, wegbefördern, beseitigen* ▸ Müll ~; die Arbeit ~ ⟨übertr.; umg.⟩ *erledigen*

weg|schi|cken ⟨V. trans.; schickt weg, schick|te weg, hat weg|ge|schickt, weg|zu|schi|cken⟩ **1** etwas ~ *an einen anderen Ort schicken, ab-, fortschicken* **2** jmdn. ~ *zum Gehen veranlassen* ▸ du kannst mich doch nicht einfach so ~!; einen Brief, ein Paket, Waren ~

weg|schlei|chen ⟨V. refl.; schleicht sich weg, schlich sich weg, hat sich weg|ge|schli|chen, sich weg|zu|schlei|chen⟩ sich ~ *heimlich weggehen*

weg|schlie|ßen ⟨V. trans., schließt weg, schloss weg, hat weg|ge|schlos|sen, weg|zu|schlie|ßen⟩ etwas ~ *in ein Fach, einen Schrank, Tresor einschließen*

weg|schnap|pen ⟨V. trans.; schnappt weg, schnapp|te weg, hat weg|ge|schnappt, weg|zuschnap|pen; umg.⟩ jmdm. etwas ~ *es schnell nehmen, ehe jmd. zugreifen kann* ▸ jmdm. das letzte Exemplar vor der Nase ~

weg|se|hen ⟨V. intr.; sieht weg, sah weg, hat wegge|se|hen, weg|zu|seh|hen⟩ **1** *den Blick abwenden* **2** ⟨umg.⟩ über etwas ~ *hinwegsehen* ▸ es sah so grässlich aus, dass ich ~ musste

weg|sper|ren ⟨V. trans.; sperrt weg, sperr|te weg, hat weg|ge|sperrt, weg|zu|sper|ren⟩ **1** etwas ~ = *wegschließen* **2** ⟨umg.⟩ jmdn. ~ *ins Gefängnis o. Ä. bringen*

weg|ste|cken ⟨V. trans.; steckt weg, steck|te weg, hat weg|ge|steckt, weg|zu|ste|cken⟩ etwas ~ **1** *an eine andere Stelle tun u. dadurch verbergen* **2** *in die Tasche stecken, einstecken* **3** ⟨übertr.; umg.⟩ *etwas verkraften, damit fertigwerden* ▸ eine Niederlage leicht, schwer ~ ⟨übertr.; umg.⟩

weg|steh|len ⟨V. refl.; stiehlt sich weg, stahl sich weg, hat sich weg|ge|stoh|len, sich weg|zu|steh|len⟩ sich ~ *heimlich gehen*

weg|ster|ben ⟨V. intr.; stirbt weg, starb weg, ist weg|ge|stor|ben, weg|zu|ster|ben; umg.⟩ (jmdm.) ~ *sterben (u. jmdn. zurücklassen)* ▸ beide Elternteile sind ihm kurz nacheinander weggestorben

Weg|stre|cke ⟨die; -, -n⟩ *Stück eines Weges*

weg|tre|ten ⟨V.⟩ **I** ⟨V. intr.; tritt weg, trat weg, ist weg|ge|tre|ten, weg|zu|tre|ten⟩ **1** *an eine andere Stelle treten, zurücktreten* **2** *abtreten, sich entfernen* ▸ weggetreten! *(militär. Kommando);* (geistig) weggetreten ⟨übertr.; umg.⟩ *geistig abwesend, verwirrt* **II** ⟨V. trans.; tritt weg, trat weg, hat weg|ge|tre|ten, weg|zu|tre|ten⟩ etwas ~ *mit dem Fuß beiseitestoßen*

weg|tun ⟨V. trans.; tut weg, tat weg, hat weg|getan, weg|zu|tun⟩ etwas ~ **1** *woandershin räumen* **2** *in den Müll werfen* **3** *verstecken, verbergen*

weg|wei|send ⟨Adj.⟩ *die weitere Entwicklung bestimmend od. vorgebend;* Syn ⟨schweiz.⟩ *wegleitend* ▸ ~ wirken; ein Tarifabschluss von ~er Bedeutung

Weg|wei|ser ⟨der; -s, -⟩ *den Weg zu einem Ort weisendes Schild* ▸ folgen Sie den ~n!

weg|wer|fen ⟨V.; wirft weg, warf weg, hat wegge|wor|fen, weg|zu|wer|fen⟩ **I** ⟨V. trans.⟩ etwas ~ **1** *zu den Abfällen werfen* **2** *von sich werfen, auf die Erde werfen* ▸ alte Briefe ~ **II** ⟨V. refl.⟩ **1** sich an jmdn. ~ *seine Liebe einem Unwürdigen schenken* **2** sich ~ vor Lachen *sehr stark lachen*

Weg|werf|ge|sell|schaft ⟨die; -, -en; abwertend⟩ *wohlhabende Gesellschaft, in der viele Dinge, die nochmals verwendet od. repariert werden könnten, weggeworfen u. dann neu angeschafft werden*

Weg|zeh|rung ⟨die; -, -en⟩ *kleiner Essensvorrat für den Weg*

weg|zie|hen ⟨V.⟩ **I** ⟨V. trans.; zieht weg, zog weg, hat weg|ge|zo|gen, weg|zu|zieh|en⟩ **1** etwas ~ *durch Ziehen aus dem Weg räumen, entfernen* **2** jmdn. od. etwas ~ *beiseiteziehen* ▸ jmdm. den Boden unter den Füßen ~ ⟨übertr.⟩ *ihm die Existenzgrundlage nehmen* **II** ⟨V. intr.; zieht weg, zog weg, ist weg|ge|zo|gen, weg|zu|ziehen⟩ **1** *den Wohnsitz an einen anderen Ort verlegen* **2** *nach dem Süden fliegen* (Zugvögel) ▸ sie sind aus München wieder weggezogen

weh[1] ⟨Adj.⟩ *wund, schmerzend, verletzt* ▸ einen ~en Finger haben; ~ tun = *wehtun*

weh[2] ⟨Int.⟩ *(Ausruf der Drohung od. Klage)* ▸ ~ dem, der das tut! *dem, der das tut, wird es schlimm ergehen!;* o ~! *das ist aber schlimm!*

Weh ⟨das; -(e)s; unz.⟩ **1** *Schmerz;* Zus *Bauchweh, Halsweh, Kopfweh, Zahnweh* **2** *Leid, Kummer* ▸ Ach und ~ schreien (vor Schmerzen); das Wohl und ~ des Volkes hängt davon ab, ob … *die Zukunft des Volkes*

we|he ⟨Int.⟩ *(Ausruf der Drohung)* ▸ ~!, ~ dir! *wenn du das tust, wird es dir schlecht ergehen!;* ~, wenn du …!; →a. *weh*

We|he[1] ⟨die; -, -n⟩ *vom Wind zusammengewehter kleiner Berg von Schnee;* Zus *Schneewehe*

We|he[2] ⟨die; -, -n; meist Pl.⟩ *schmerzhafte Zusammenziehung der Gebärmutter zur Ausstoßung des Kindes* ▸ die Frau liegt in den ~n

we|hen ⟨V.; weht, weh|te, hat ge|weht⟩ **I** ⟨V. intr.; bei Bewegung in bestimmter Richtung: ist ge-

W

weht› **1** *hauchen, blasen* (Wind) **2** *sich im Wind bewegen, flattern* (Fahne) **3** irgendwohin ~ *von der Luft, vom Wind getragen werden* (Duft, Ton) ▸ Blätter sind ins Zimmer geweht; ihr Haar, die Fahne weht im Wind; der Wind weht vom Meer her; es weht ein starker Wind; hier weht ein neuer, frischer Wind ‹übertr.› *hier ist neuer Schwung zu spüren* ▸ der Wind weht heute eisig, frisch, kalt, lau, scharf **II** ‹V. trans.› etwas irgendwohin ~ *etwas irgendwohin bewegen, treiben* ▸ der Wind hat die Blätter von den Bäumen geweht

Weh|ge|schrei ‹das; -s; unz.› **1** *Jammergeschrei, Geschrei aus Schmerz* **2** *laute Klage* ▸ da erhob sich lautes ~; Syn *Wehklage*

weh|kla|gen ‹V. intr.; weh|klagt, weh|klag|te, hat ge|weh|klagt› *laut klagen, jammern* ▸ in lautes Wehklagen ausbrechen; „…!“, rief er ~d

weh|lei|dig ‹Adj.› *oft, gern klagend, übertrieben schmerzempfindlich;* Abl *Wehleidigkeit*

Weh|mut ‹die; -; unz.› *leichter Schmerz, leichte Trauer, um Vergangenes, Verlorenes, Sehnsucht nach Vergangenem* ▸ ihn erfasst ~, wenn er daran denkt; voller ~; Zus *wehmutsvoll*

weh|mü|tig ‹Adj.› *voller Wehmut* ▸ ~ lächeln; ~ blickte sie auf eine schöne Zeit zurück

Wehr[1] ‹die; -, -en› **1** ‹früher› *Verteidigungsanlage* **2** ‹meist in Zus.› *Verteidigung, Schutz, Schutztruppe;* Zus *Bürgerwehr, Feuerwehr, Gegenwehr, Notwehr* ▸ sich zur ~ setzen *sich wehren*

Wehr[2] ‹das; -(e)s, -e› *quer durch ein fließendes Gewässer gebaute Anlage zur Erhöhung des Wasserstandes usw.;* Syn *Stauwehr*

Wehr|be|auf|trag|te(r) ‹die; -n, -n (der; -n, -n)› *Mitglied des Bundestages, das die Einhaltung der Grundrechte in der Bundeswehr überwacht*

Wehr|dienst ‹der; -(e)s; unz.› *Pflichtdienst bei einer Armee, bes. der Bundeswehr* ▸ zum ~ einberufen werden; seinen ~ leisten, ableisten; Abl *wehrdienstpflichtig*

Wehr|dienst|ver|wei|ge|rer ‹der; -s, -› *jmd., der aus Gewissensgründen nicht zur Armee geht (u. stattdessen Zivildienst leistet);* Syn *Kriegsdienstverweigerer;* Abl *Wehrdienstverweigerung*

weh|ren ‹V. refl.; wehrt sich, wehr|te sich, hat sich ge|wehrt› sich (gegen jmdn. od. etwas) ~ *sich schützen, sich verteidigen, ankämpfen* ▸ wehr dich doch!; sich gegen Anschuldigungen ~; sich mit Händen und Füßen (dagegen) ~

Wehr|er|satz|dienst ‹der; -(e)s, -e› = *Zivildienst*

wehr|fä|hig ‹Adj.› *wehrdienst-, kriegsdienstfähig, tauglich* ▸ alle ~en Männer

wehr|los ‹Adj.› *unfähig, sich zu wehren, sich zu verteidigen* ▸ sie stand seinen Drohungen, Angriffen ~ gegenüber; Abl *Wehrlosigkeit*

Wehr|macht ‹die; -; unz.; 1935-1945› *Gesamtheit der deutschen Streitkräfte*

Wehr|pflicht ‹die; -; unz.› *Verpflichtung aller männl. Staatsangehörigen zum Wehrdienst* ▸ allgemeine ~; Abl *Wehrpflichtige(r); wehrpflichtig*

weh|tun *auch:* **weh tun** ‹V.; tut weh, tat weh, hat weh|ge|tan, weh|zu|tun› **I** ‹V. intr.› **1** *schmerzen, Schmerz bereiten* **2** jmdm. ~ *jmdm. körperlichen od. seelischen Schmerz zufügen* ▸ ich wollte dir nicht ~; mir tut der Bauch, der Kopf weh; es tut mir in der Seele weh, dass … *es tut mir sehr leid;* wo tut es (dir) denn weh? **II** ‹V. refl.› sich ~ *sich verletzen, sich stoßen, schneiden, klemmen usw.* ▸ hast du dir wehgetan / weh getan?

Weh|weh|chen ‹das; -s, -; umg.; scherzh.› *Schmerz, (bes.) übertriebenes od. eingebildetes Leiden* ▸ er hat immer irgendein ~

Weib ‹das; -(e)s, -er; veraltet; nur noch poet. u. umg.› **1** *Frau* **2** *Ehefrau* ▸ ein tolles ~ ‹umg.; scherzh.› *eine attraktive, interessante Frau*

Weib|chen ‹das; -s, -› *weibliches Tier* ▸ Männchen und ~; Zus *Tierweibchen*

Wei|ber|fast|nacht ‹die; -; unz.› = *Altweiberfastnacht*

Wei|ber|held ‹der; -en, -en; leicht abwertend› *Mann, der viele Liebesaffären mit Frauen hat*

wei|bisch ‹Adj.; abwertend› *wie eine Frau* ▸ ein ~er Mann

weib|lich ‹Adj.› **1** *die Frau betreffend, ihr zugehörig, ihr entsprechend;* Abl *Weiblichkeit* **2** *weiblichen Geschlechts* **3** *typisch, kennzeichnend für Frauen* ▸ ~e Eigenschaften; das ~e Geschlecht; ~es Substantiv ‹Gramm.›; ein ~es Tier; sie wirkt sehr ~

weich ‹Adj.› **1** *formbar, knetbar* (Ton, Wachs, Butter) **2** *dickflüssig, breiig* (Masse, Teig) **3** *nachgebend* (Bett, Kissen, Sessel) **4** *gar* (Gemüse, Fleisch) **5** *glatt, geschmeidig, seidig, wollig* (Haut, Fell) **6** ‹übertr.› **6.1** *weichherzig, nachgiebig, mitleidig* (Mensch) **6.2** *empfindsam, gefühlvoll, mitleidig* (Herz, Gemüt) **6.3** *gerührt, mild, sanft, zart* (Stimme, Wind) ▸ ~e Droge *physisch nicht süchtig machendes Rauschmittel, z. B. Haschisch, Marihuana;* Ggs *harte Droge;* ein ~es Ei *weichgekochtes, 3-4 Minuten gekochtes Ei;* ein ~es Herz haben ‹übertr.›; ~e Knie bekommen ‹übertr.› *Angst bekommen;* ein ~er Sessel; ~e Währung *instabile Währung;* ~es Wasser *nur wenig Kalk enthaltendes Wasser* ▸ sich ~ anfühlen; ~ sitzen, liegen *auf weicher Unterlage;* ~ werden = *weichwerden* ▸ ~ gekocht = *weichgekocht;* Abl *Weichheit*

Wei|che[1] ‹die; -, -n› **I** ‹unz.› *Weichheit* **II** ‹zählb., meist Pl.› *Flanke* (Pferd)

Wei|che[2] ‹die; -, -n; an Eisen- u. Straßenbahngleisen› *Vorrichtung zum Abzweigen eines Schienenstrangs* ▸ die ~n (richtig, falsch) stellen ‹a. übertr.› *den richtigen, falschen Lebensweg einschlagen; (un)angemessene Maßnahmen ergreifen*

Weich|ei ‹das; -(e)s, -er; umg.; salopp; abwertend› *Weichling* ▸ er ist ein echtes ~; sei doch kein ~!

wei|chen ‹V. intr.; weicht, wich, ist ge|wi|chen› (vor) jmdm. od. etwas ~ *nachgeben, sich geschlagen geben, sich zurückziehen* ▸ wir mussten der Übermacht ~; jmdm. nicht von der Seite ~ *bei jmdm. bleiben;* nicht von der Stelle ~

Wei|chen|stel|lung ‹die; -, -en; übertr.› *auf die Zukunft gerichtete Maßnahme* ▸ die politische ~ für die nächsten Jahre

W

weich|ge|kocht *auch:* **weich ge|kocht** ⟨Adj.⟩ *durch Kochen weich geworden* ▸ ~es Ei *Ei, das so lange gekocht wird, bis das Eiweiß fest u. das Eigelb noch weich ist*

weich|her|zig ⟨Adj.⟩ *mild, gutmütig, nachgiebig;* Abl *Weichherzigkeit*

weich|lich ⟨Adj.⟩ **1** *etwas weich* **2** ⟨übertr.⟩ **2.1** *verweichlicht, zaghaft* **2.2** *schmächtig, körperlich nicht kräftig* (Mann); Abl *Weichlichkeit*

Weich|ling ⟨der; -s, -e; abwertend⟩ *weichlicher Mann* ▸ er ist ein ~

Weich|spü|ler ⟨der; -s, -⟩ *chemischer Stoff, der beim Spülen ins Wasser gegeben wird, um die Wäsche weicher zu machen*

Weich|tei|le ⟨Pl.⟩ **1** *die weichen, knochenlosen Körperteile* **2** ⟨umg.⟩ *männliche Genitalien*

Weich|tier ⟨das; -(e)s, -e⟩ *sich kriechend fortbewegendes Tier mit weicher, ungeschützter Haut*

weich|wer|den *auch:* **weich wer|den** ⟨V. intr.; wird weich, wur|de weich, ist weich|ge|worden, weich|zu|wer|den; übertr.⟩ *nachgeben* ▸ am Ende ist sie doch weichgeworden / weich geworden; →a. *weich*

Wei|de[1] ⟨die; -, -n; Bot.⟩ *Baum bzw. Strauch mit weichen Blüten (Kätzchen);* Syn *Weidenbaum;* Zus *Korbweide, Trauerweide*

Wei|de[2] ⟨die; -, -n⟩ *Wiese, Grasfläche, auf der Vieh Nahrung findet* ▸ Pferde auf die ~ führen, treiben; Zus *Weideland; Viehweide*

wei|den ⟨V.; wei|det, wei|de|te, hat ge|wei|det⟩ **I** ⟨V. intr.⟩ *auf der Weide Nahrung suchen, Gras fressen* ▸ ~des Vieh **II** ⟨V. trans.⟩ Vieh ~ *auf die Weide führen* **III** ⟨V. refl.⟩ sich an etwas ~ *etwas genießen* ▸ sich an einem, jmds. Anblick ~

weid|lich ⟨Adv.; übertr.⟩ *ordentlich, kräftig, tüchtig* ▸ ~ von etwas Gebrauch machen

Weid|mann ⟨der; -(e)s, -män|ner; Jägerspr.⟩ *Jäger;* Abl *weidmännisch*

wei|gern ⟨V. refl.; wei|gert sich, wei|ger|te sich, hat sich ge|wei|gert⟩ sich ~, etwas zu tun *es ablehnen* ▸ er hat sich geweigert, das Geld anzunehmen; er weigerte sich mitzukommen

Wei|he ⟨die; -, -n⟩ **1** *Einsegnung, gottesdienstliche Handlung, mit der eine Person od. Sache für den Kult bestimmt wird;* Zus *Glockenweihe, Priesterweihe* **2** ⟨übertr.; geh.⟩ *Einweihung, feierliches Ingebrauchnehmen* ▸ die ~n empfangen, erteilen

wei|hen ⟨V.; weiht, weih|te, hat ge|weiht⟩ **I** ⟨V. trans.⟩ **1** jmdn. ~ *jmdm. die Weihe erteilen, geben* (Priester) **2** etwas ~ **2.1** *durch gottesdienstl. Handlungen segnen* (Hostie, Wasser) **2.2** *feierlich in kirchlichen Gebrauch nehmen* (Altar, Glocke) **3** ⟨geh.⟩ jmdm. etwas ~ *jmdm. etwas widmen* ▸ sein Leben einer Idee ~ ⟨geh.⟩; jmdn. zum Bischof ~; er ist dem Tod geweiht ⟨poet.⟩ *er muss sterben;* die Stadt ist dem Untergang geweiht *die S. wird sicherlich untergehen;* geweihtes Wasser; Abl *Weihung* **II** ⟨V. refl.; geh.⟩ sich einer Sache ~ *sich für eine S. opfern*

Wei|her ⟨der; -s, -⟩ *kleiner Teich;* Zus *Fischweiher*

wei|he|voll ⟨Adj.⟩ *sehr feierlich u. erhaben*

Weih|nacht ⟨die; -; unz.; geh.⟩ = *Weihnachten*

weih|nach|ten ⟨V. intr.; weih|nach|tet, weih|nach|te|te, hat ge|weih|nach|tet; unpersönl.⟩ es weihnachtet *es wird bald Weihnachten*

Weihnachten

Wichtigstes Familienfest des Jahres im deutschsprachigen Raum ist *Weihnachten,* das Fest aus Anlass der Geburt von Jesus Christus. Es beginnt am 24. Dezember, der auch Heiligabend genannt wird, und erstreckt sich über zwei gesetzliche Feiertage, den 1. Weihnachtsfeiertag am 25. und den 2. Weihnachtsfeiertag am 26. Dezember.

In den Wohnungen werden nach altem Brauch Weihnachtsbäume aufgestellt, das sind mit Kerzen, Kugeln, Sternen und anderem Weihnachtsschmuck dekorierte Tannen oder Fichten. Aber auch die Städte sind während der Vorweihnachtszeit, im Advent, mit vielen Lichtern geschmückt. Vielerorts gibt es Weihnachts- oder Christkindlmärkte, die neben Geschenken auch Essen und Trinken anbieten. Besonders beliebt ist der aus gewürztem heißem Rotwein gemachte Glühwein. In den Familien wiederum werden an Weihnachten Kekse gegessen, die man im Advent selbst gebacken hat. Ein typisches deutsches Weihnachtsgericht ist Gänsebraten mit Rotkohl und Klößen.

An Heiligabend gibt es in allen Kirchen mehrere Gottesdienste, vom Familiengottesdienst am Nachmittag bis hin zur Christmette um Mitternacht. Nach dem Kirchbesuch findet in den Familien das statt, was für alle Kinder der Höhepunkt des Weihnachtsfestes ist: die Bescherung mit Geschenken.

Weih|nach|ten ⟨das; -s, -; oft ohne Artikel⟩ *Fest der Geburt Jesu, ursprünglich am 6. Januar, im 4. Jh. auf den 25. Dezember verlegt* ▸ ~ feiern; diese(s), nächste(s), vorige(s) ~; (ich wünsche dir) fröhliche, frohe ~!; weiße ~ *Weihnachtstage mit Schnee;* komm doch (an, zu) ~ zu uns; über ~ *während der Weihnachtsfeiertage;* was hast du zu ~ (geschenkt) bekommen?; Zus *Weihnachtsfeier, Weihnachtsferien, Weihnachtsgeschenk, Weihnachtslied, Weihnachtstag*

weih|nacht|lich ⟨Adj.⟩ oV ⟨schweiz.⟩ *weihnächtlich* **1** *Weihnachten betreffend, zu ihm gehörend* **2** *für Weihnachten (hergestellt, gedacht)* **3** *wie für Weihnachten charakteristisch* ▸ bei uns herrscht schon ~e Stimmung; hier sieht es ja schon ganz ~ aus!

Weih|nachts|abend ⟨der; -(e)s, -e⟩ *Abend vor dem ersten Weihnachtstag, Heiligabend, 24. Dezember*

Weih|nachts|baum ⟨der; -(e)s, -bäu|me⟩ *Nadelbaum, der zu Weihnachten ins Zimmer gestellt u. geschmückt wird;* Syn *Tannenbaum (2)*

Weih|nachts|fei|er|tag ⟨der; -(e)s, -e⟩ *Feiertag zu Weihnachten* ▸ erster ~ *25. Dezember;* zweiter ~ *26. Dezember;* Syn *Weihnachtstag*

Weih|nachts|fest ⟨das; -(e)s, -e⟩ = *Weihnachten*
Weih|nachts|geld ⟨das; -(e)s, -er⟩ *zu Weihnachten zusätzlich gezahlter Lohn*
Weih|nachts|ge|schäft ⟨das; -(e)s, -e; Pl. selten⟩ *verstärkter Umsatz in der Weihnachtszeit*
Weih|nachts|mann ⟨der; -(e)s, -män|ner⟩ *dem heiligen Nikolaus nachempfundene Gestalt, die den Kindern Geschenke bringt*
Weih|nachts|markt ⟨der; -(e)s, -märk|te⟩ *Markt in der Weihnachtszeit mit Buden u. Ständen, an denen Gegenstände u. Speisen verkauft werden*
Weih|nachts|stern ⟨der; -s, -e; Bot.⟩ *in den Wintermonaten blühende Pflanze mit meist roten, sternförmigen Blütenblättern*
Weih|nachts|zeit ⟨die; -; unz.⟩ **1** *Zeit vom 1. Advent bis zum Jahresende* **2** *der Heilige Abend u. die Weihnachtsfeiertage*
Weih|rauch ⟨der; -s; unz.⟩ *als Räuchermittel verwendetes aromatisches Harz, das bes. bei religiösen Handlungen verbrannt wird*
Weih|was|ser ⟨das; -s; unz.; kath. Kirche⟩ *vom Priester geweihtes Wasser, in das die Gläubigen beim Betreten der Kirche die Finger tauchen, bevor sie sich bekreuzigen*
weil ⟨Konj.⟩ *aus dem Grunde, dass …* ▸ ich konnte nicht kommen, ~ ich krank war; warum bist du gestern nicht gekommen? ~ ich keine Zeit hatte
Weil|chen ⟨das; -s; unz.⟩ *Moment* ▸ ein ~ warten
Wei|le ⟨die; -; unz.⟩ *kurze Zeit, kleine Zeitspanne* ▸ kannst du eine ~ warten? ▸ es ist schon eine ganze ~ her ⟨umg.⟩ ▸ nach einer ~ sah ich ihn kommen; ich beobachte ihn seit einer ~; ich bin schon vor einer ~ gekommen
wei|len ⟨V. intr.; weilt, weil|te, hat ge|weilt; geh.; a. scherzh.⟩ irgendwo ~ *sich aufhalten, sein* ▸ er weilt nicht mehr unter uns, unter den Lebenden *er ist tot*
Wei|ler ⟨der; -s, -⟩ *sehr kleines Dorf*
Wein ⟨der; -(e)s, -e⟩ **I** ⟨zählb.⟩ **1** *gegorener Saft aus Weintrauben;* Zus *Weinfass, Weinflasche, Weinglas, Weinkarte, Weinkeller, Weinlokal, Weinrestaurant* **2** *Rebe, Weinrebe* **3** *gegorener Saft aus anderem Obst, z. B. Äpfeln, Beeren;* Zus *Apfelwein, Obstwein* ▸ eine Flasche, ein Glas ~; ein Schoppen ~ ▸ ~ anbauen; ~ kalt stellen *eine Flasche Wein kühlen;* der ~ steigt mir leicht in den, zu Kopf; wir trinken abends gern ~ ▸ alter, junger, leichter, schwerer, saurer, herber, süßer ~; offener ~ *im Glas servierter Wein;* jmdm. reinen ~ einschenken *jmdm. die (unangenehme) Wahrheit sagen;* roter, weißer ~ ▸ im ~ liegt die Wahrheit ⟨übertr.⟩ *wer ein wenig berauscht ist, plaudert manches aus* **II** ⟨unz.⟩ *Weintrauben* ▸ ~ keltern; ~ lesen
Wein|bau ⟨der; -(e)s; unz.⟩ *Anbau von Wein* ▸ ~ treiben, betreiben; Zus *Weinbaugebiet*
Wein|berg ⟨der; -(e)s, -e⟩ *Feld, meist Abhang, mit angepflanzten Weinstöcken*
Wein|brand ⟨der; -(e)s, -brän|de⟩ *aus Wein (in Deutschland) hergestelltes Branntweindestillat mit mindestens 38 % Alkohol*
wei|nen ⟨V.; weint, wein|te, hat ge|weint⟩ **I** ⟨V. intr.⟩ *Tränen vergießen, heulen, schluchzen* ▸ ich weiß vor Verblüffung nicht, ob ich lachen oder ~ soll ▸ bitterlich, herzzerreißend, jämmerlich, laut ~ ▸ in lautes Weinen ausbrechen; sich in den Schlaf ~; um jmdn. od. etwas ~ *weinen, weil man jmdn. od. etwas verloren hat;* leise vor sich hin ~; vor Freude, vor Schmerz ~; jmdn. zum Weinen bringen; es ist zum Weinen! *(Ausruf des Ärgers, der Enttäuschung)* **II** ⟨V. trans.; in Wendungen wie⟩ sich die Augen aus dem Kopf ~; bittere Tränen ~
wei|ner|lich ⟨Adj.⟩ **1** *leicht weinend* **2** *im nächsten Moment weinen wollend* **3** *tränenerstickt* ▸ mit ~er Stimme reden; das Kind ist heute so ~
Wein|es|sig ⟨der; -s; unz.⟩ *aus Weintrauben hergestellter Essig*
Wein|gut ⟨das; -(e)s, -gü|ter⟩ *Landbesitz mit mehreren Weinbergen*
Wein|krampf ⟨der; -(e)s, -krämp|fe⟩ *krampfhaftes, anfallartiges, heftiges Weinen*
Wein|le|se ⟨die; -, -n⟩ *Ernte der Weintrauben*
Wein|pro|be ⟨die; -, -n⟩ *das Probieren verschiedener Weinsorten (in geselliger Runde, vor dem Kauf größerer Mengen o. Ä.)* ▸ eine ~ machen
Wein|re|be ⟨die; -, -n⟩ *zur Gewinnung von Wein(trauben) gezüchtete Pflanze;* Syn *Rebstock*
wein|rot ⟨Adj.⟩ *purpurrot, dunkelrot mit Stich ins Blaue wie roter Wein* ▸ ein ~er Pullover
Wein|stein ⟨der; -(e)s; unz.⟩ *körniger Niederschlag am Boden von Weingläsern od. -flaschen*
Wein|stock ⟨der; -(e)s, -stö|cke⟩ = *Weinrebe*
Wein|stu|be ⟨die; -, -n⟩ *kleines Weinlokal*
Wein|trau|be ⟨die; -, -n⟩ = *Traube (2)*
wei|se ⟨Adj.⟩ *klug u. einsichtig, lebenserfahren, gereift* ▸ jmdm. ~ Lehren erteilen; ein ~r Mensch; ein ~r Ratschlag; ein ~s Urteil; ~ handeln
Wei|se ⟨die; -, -n⟩ **1** *(bestimmte) Art* **2** *Verfahren, Vorgehen* **3** ⟨Mus.⟩ **3.1** *Tonfolge, einfache Melodie* **3.2** *Lied;* Zus *Volksweise;* →a. *Weise(r)* ▸ das ist keine Art und ~ ⟨umg.⟩ *so darf man sich nicht benehmen* ▸ eine einfache, schlichte, volkstümliche ~ ▸ auf besondere ~; auf diese ~ *so;* jeder sucht sein Glück auf seine (eigene) ~; wir wollen in der ~ vorgehen, dass … *in der Art, so vorgehen, dass …;* in besonderer ~ *besonders;* in gewohnter ~ *wie üblich;* er hat mir in keiner ~ geholfen *überhaupt nicht;* du störst mich in keinster ~ ⟨umg.; scherzh.⟩ *nicht im Geringsten*
Wei|se(r) ⟨die; -n, -n (der; -n, -n)⟩ **1** *reifer, erfahrener, gelehrter Mensch* **2** *Sachverständige(r)* ▸ die drei Weisen aus dem Morgenland; die fünf, ⟨fachsprachl. a.⟩ Fünf Weisen ⟨Pol.; Wirtsch.⟩ *Sachverständigenrat zur Beurteilung der gesamtwirtschaftl. Entwicklung*
…wei|se ⟨Nachsilbe zur Bildung von Adv.⟩ **1** *in einer bestimmten Art* **2** ⟨zur Bez. des Maßes⟩ *jeweils eine bestimmte Mengeneinheit* ▸ dutzendweise *jeweils ein Dutzend;* glücklicherweise *zum Glück;* interessanterweise *so, dass es Interesse weckt;* löffelweise *Löffel für Löffel;* probeweise *zur Probe;* tropfenweise *in einzelnen*

W

Tropfen; zufälligerweise *durch Zufall;* zwangsweise *mit Zwang*

wei|sen 〈V.; weist, wies, hat ge|wie|sen〉 **I** 〈V. trans.〉 **1** jmdn. aus od. von etwas ~ *hinausweisen, wegschicken* **2** jmdm. etwas ~ *jmdm. etwas zeigen* ▸ jmdm. die Tür ~ 〈übertr.〉 *jmdn. hinauswerfen;* jmdm. den Weg ~ ▸ jmdn. aus dem Hause ~ *jmdn. hinauswerfen;* einen Verdacht, einen Gedanken (weit) von sich ~; einen Schüler von der Schule ~ **II** 〈V. intr.〉 irgendwohin ~ *zeigen, deuten, eine Richtung angeben* ▸ auf einen Stern ~; mit dem Finger in eine Richtung ~; die Kompassnadel weist nach Norden

Weis|heit 〈die; -, -en〉 **I** 〈unz.〉 **1** *Einsicht, Klugheit, Lebenserfahrung, geistige Reife* **2** *überlegenes Wissen, Gelehrsamkeit* ▸ die ~ des Alters; mit seiner ~ am Ende, zu Ende sein 〈übertr.; umg.〉 *nicht mehr weiterwissen, ratlos sein* **II** 〈zählb.〉 *weiser Spruch, kluge Lehre* ▸ deine ~(en) kannst du für dich behalten 〈übertr.; umg.〉; das ist eine alte ~; Zus *Volksweisheit*

Weis|heits|zahn 〈der; -(e)s, -zäh|ne〉 *hinterster Backenzahn* ▸ jmdm. die Weisheitszähne ziehen

weis|ma|chen 〈V. trans.; macht weis, mach|te weis, hat weis|ge|macht, weis|zu|ma|chen〉 jmdm. etwas ~ *vormachen, vortäuschen* ▸ das kannst du mir doch nicht ~!

weiß 〈Adj.; -er, am -es|ten〉 **1** *alle sichtbaren Farben reflektierend* (Körper) **2** *ohne Farbe* **3** *von der hellsten Farbe* **4** *bleich, blass* (Gesicht) **5** *hellhäutig* ▸ ~e Bohnen; ~es Feld (auf dem Spielbrett); ~es Fell; ~es Fleisch (vom Geflügel); ~es Haar; das Weiße Haus *Regierungsgebäude u. Wohnsitz des US-Präsidenten in Washington;* ~e Haut(farbe); ~es Mehl *bes. fein gemahlenes Weizenmehl;* ~er Stein (beim Brettspiel) ▸ ein Haus ~ anstreichen; ~ waschen = *weißwaschen (I);* ~ werden *blass werden; weißes Haar bekommen* ▸ blendend ~ ▸ etwas schwarz auf ~ besitzen *schriftlich besitzen;* auf diesem Blatt steht es schwarz auf ~ (geschrieben); das Weiße im Auge; →a. *Tod, Weihnachten*

Weiß 〈das; - od. -es, -〉 *weiße Farbe* ▸ sie erschien ganz in ~ *gekleidet;* aus ~ Schwarz machen

weis|sa|gen 〈V. trans.; sagt weis, sag|te weis, hat weis|ge|sagt, weis|zu|sa|gen geweissagt〉 (jmdm.) etwas ~ *voraussagen, prophezeien;* Abl *Weissager(in), Weissagung*

Weiß|bier 〈das; -(e)s, -e〉 *obergäriges, kohlensäurereiches Bier;* Syn *Weizenbier*

weiß|blond 〈Adj.〉 **1** *hellblond, fast weiß* (Haar) **2** *mit hellblondem, fast weißem Haar* (Person)

Weiß|brot 〈das; -(e)s, -e〉 *Brot aus Weizenmehl*

Wei|ße(r) 〈die; -n, -n (der; -n, -n)〉 *hellhäutiger Mensch*

wei|ßen 〈V. trans.; weißt, weiß|te, hat ge|weißt〉 etwas ~ *weiß anstreichen, weißtünchen;* oV 〈österr., süddt., schweiz.〉 *weißeln*

Weiß|glut 〈die; -; unz.〉 *beim Weißglühen entstehende Glut* ▸ jmdn. (bis) zur ~ bringen 〈übertr.; umg.〉 *jmdn. in äußerste Wut, Zorn bringen, reizen*

weiß|haa|rig 〈Adj.〉 *weiße Haare tragend*

Weiß|kohl 〈der; -(e)s, -e〉 *als Gemüse beliebte Nutzpflanze;* ⓘ S. 1002; Syn *Weißkraut*

weiß|lich 〈Adj.〉 *fast weiß*

Weiß|ma|cher 〈der; -s, -〉 *in Waschmitteln enthaltene Substanz mit aufhellender Wirkung*

weiß|wa|schen *auch:* **weiß wa|schen** 〈V. trans.; wäscht weiß, wusch weiß, hat weiß|ge|waschen, weiß|zu|wa|schen〉 **I** 〈Zusammen- u. Getrenntschreibung〉 Wäsche ~ *waschen, bis sie weiß wird* **II** 〈nur Zusammenschreibung; übertr.〉 jmdn. (von etwas) weißwaschen = *reinwaschen (II)* ▸ er wollte seine Komplizen weißwaschen

Weiß|wein 〈der; -(e)s, -e〉 *heller, gelblicher Wein*

Weiß|wurst 〈die; -, -würs|te〉 *schwach gewürzte Wurst aus Kalbfleisch*

Wei|sung 〈die; -, -en〉 **1** *Gebot, Befehl, Anweisung;* Abl *weisungsgebunden, weisungsgemäß* **2** 〈schweiz.〉 *Bericht einer Behörde vor einer Abstimmung* ▸ jmdm. (die) ~ geben, dass …

weit 〈Adj.; -er, am -es|ten〉 **I** 〈attr. u. präd.〉 **1** *ausgedehnt, geräumig* (Öffnung, Fläche, Raum) **2** *lose sitzend, groß* (Kleidungsstück) **3** *sich über große Entfernung erstreckend, lang* (Reise, Weg) **4** *groß* (Entfernung) ▸ ~e Ärmel; von hier hat man einen ~en Blick übers Land; aus ~er Entfernung; ein ~es Herz für andere Menschen haben 〈übertr.〉 *großzügig, hilfreich sein;* im ~eren Sinne 〈Abk.: i. w. S.〉 *im umfassenderen Sinne;* Ggs *im engeren Sinne* ▸ das Weite suchen 〈übertr.〉 *ausreißen, davonlaufen* **II** 〈adv.〉 **1** *fern, entfernt* **2** *in großem Umkreis* **3** *in großer Entfernung* **4** *(über) eine große Strecke* **5** *sehr, viel* **6** 〈vor Komp.〉 *viel, um vieles* ▸ den Mund ~ aufmachen; er hat es im Leben, in seinem Beruf ~ gebracht *er hat viel erreicht;* die Krankheit ist schon ~ fortgeschritten; es würde zu ~ führen, wenn ich es genau erklären wollte *zu viel Zeit erfordern;* ich musste ~ gehen, fahren; das geht zu ~! 〈übertr.〉 *das ist unverschämt!;* er ist ~ (in der Welt) herumgekommen; damit wirst du nicht ~ kommen 〈übertr.〉 *damit wirst du nicht viel erreichen;* das Haus liegt ~ von hier; ich muss mir das Kleid etwas ~er machen; 〈aber〉 →a. *weitermachen;* sein: ist es noch ~? *muss ich noch lange bis dorthin gehen, fahren?;* das Kleid ist mir zu ~ *zu groß;* der Weg ist mir zu ~ *zu lang;* wir sind schon ~er (fortgeschritten) im Lehrplan als die andere Klasse; wir wollen es nicht zu ~ treiben 〈übertr.〉 *nicht übertreiben* ▸ mit ~ aufgerissenen Augen; dieses Bild gefällt mir ~ besser als das andere; ~ blickend = *weitblickend;* es war ~ und breit niemand zu sehen *so weit das Auge reichte;* das Dorf liegt 5 km ~ entfernt von hier; ich bin ~ entfernt (davon), das zu tun 〈übertr.〉 *ich denke nicht daran;* ein paar Häuser ~er (entfernt) wohnt unser Großvater; ~ gehend = *weitgehend (I);* er ist ~ größer als du; ~ hergeholt = *weithergeholt;* das Fenster, die Tür stand ~ offen; ~ reichend = *weitreichend;* ~ verbreitet = *weitverbreitet;*

~ verzweigt = *weitverzweigt* ▸ mit Höflichkeit kommt man am ~esten; er ist bei ~em/Weitem der Beste *viel besser als die anderen, mit großem Abstand der Beste;* mit deinen Leistungen ist es nicht ~ her *deine L. sind nicht besonders gut;* ~er hinten, vorn, rechts, links, oben, unten; bis hierher und nicht ~er; so ~ kann ich nicht gehen, sehen, werfen; er wohnt so ~ weg, dass wir uns nur selten sehen; ich habe ihn schon von ~em/Weitem erkannt *aus großer Entfernung;* das ist nicht ~ von hier; jmdm. ~ voraus sein *großen Vorsprung vor ihm haben* ▸ wie ~ ist es von hier bis …?; wie ~ bist du mit deiner Arbeit?

weit|ab ⟨Adv.⟩ *weit entfernt* ▸ ~ vom Dorf

weit|aus ⟨Adv.⟩ *bei weitem* ▸ ~ besser, schlechter

Weit|blick ⟨der; -(e)s; unz.⟩ *Fähigkeit, Dinge im Voraus zu beurteilen, künftige Notwendigkeiten zu erkennen* ▸ politischen ~ besitzen

weit|bli|ckend *auch:* **weit bli|ckend** ⟨Adj.⟩ *mit Weitblick begabt;* Syn *weitschauend*

Wei|te ⟨die; -, -n⟩ **1** *das Weitsein, weite Beschaffenheit* **2** *Ferne, Entfernung, Abstand;* Zus *Hörweite, Schussweite, Sichtweite* **3** *Ausdehnung, Größe, Umfang;* Zus *Kragenweite* **4** *Durchmesser, Öffnung (eines Gefäßes)* ▸ das Meer lag in unendlicher ~ vor uns; in die ~ schauen; mit den Gedanken in die ~ schweifen

wei|ten ⟨V.; wei|tet, wei|te|te, hat ge|wei|tet⟩ **I** ⟨V. trans.⟩ etwas ~ *weiter machen, dehnen* ▸ ein Kleid ~ lassen **II** ⟨V. refl.⟩ sich ~ *weiter werden* ▸ die Hose hat sich durch das Tragen geweitet

wei|ter[1] ⟨Adj.⟩ **1** ⟨Komp. von⟩ *weit* **2** *andere(r, -s) hinzukommend, hinzutretend* ▸ hast du noch ~e Aufträge für mich?; zu ~en Auskünften bin ich gern bereit; nach einer ~en Stunde kam er

wei|ter[2] ⟨Adv.⟩ **1** *außerdem, weiterhin, sonst, noch darüber hinaus(gehend)* **2** *fort(fahrend), ohne Unterbrechung* **3** *in gleicher Weise* ▸ ~! ⟨kurz für⟩ *weitergehen!; sprich weiter!;* bitte, ~! *der, die, das nächste, bitte!* ▸ des, im Weiteren (waren noch zu sehen …) *außerdem;* kein Wort ~ (darüber)! ▸ ~ bestehen = *weiterbestehen;* und was geschah ~?; das hat ~ nichts zu sagen *das ist nicht wichtig;* ~ sage ich nichts; sein: was ist da ~ (dabei)?; alles Weitere ist klar; ihr Zustand kann sich ~ verschlechtern; ~ wollte ich nichts ▸ ~ gehende Gegenmaßnahmen treffen ▸ bis auf ~es/Weiteres *vorläufig, einstweilen;* das Theater ist, bleibt bis auf ~es/Weiteres geschlossen; (halt), nicht ~!; ~ nichts?; wenn es ~ nichts ist; ohne ~es/Weiteres, ⟨österr.⟩ ohneweiters *ohne Bedenken;* das kann man ohne ~es/Weiteres tun; ~ so! *so ist es gut!* und so ~ ⟨Abk.: usw.⟩

wei|ter… ⟨in Zus.⟩ **1** *fortfahren zu, nicht aufhören zu …,* z. B. weiterarbeiten, weiterbeschäftigen, weiterfahren, weiterklingen, weiterleben, weiterreden, weiterverfolgen **2** *an einen Dritten, an andere,* z. B. weiterempfehlen, weitergeben, weiterleiten, weiterreichen, weiterverkaufen, weitervermitteln **3** *einem anderen, anderen,* z. B. weitersagen, weitererzählen; →a. *fort…*

Wei|ter… ⟨in Zus.⟩ *Fort…, zur Fortsetzung, ohne Unterbrechung,* z. B. Weiterbildung, Weiterfahrt

wei|ter|be|ste|hen *auch:* **wei|ter be|ste|hen** ⟨V. intr.; be|steht wei|ter, be|stand wei|ter, hat wei|ter|be|stan|den⟩ *nicht aufhören zu bestehen*

wei|ter|bil|den ⟨V. trans.; bil|det wei|ter, bil|de|te wei|ter, hat wei|ter|ge|bil|det, wei|ter|zu|bil|den⟩ jmdn. od. sich ~ *fortbilden, weiter ausbilden*

Wei|ter|bil|dung ⟨die; -, -en⟩ **I** ⟨unz.⟩ **1** *das Weiterbilden* **2** *das Sichweiterbilden* ▸ zu meiner ~ studiere ich Informatik **II** ⟨zählb.⟩ *Kurs, den man besucht, um sich in einem bestimmten Bereich weiterzubilden* ▸ an einer ~ zur Bürokauffrau teilnehmen

wei|ter|brin|gen ⟨V. trans.; bringt wei|ter, brach|te wei|ter, hat wei|ter|ge|bracht, wei|ter|zu|brin|gen⟩ jmdn. od. etwas ~ **1** *vorwärtsbringen* **2** *fördern* ▸ diese Diskussion, dieser Streit bringt uns nicht weiter

wei|ter|ent|wi|ckeln ⟨V.; ent|wi|ckelt wei|ter, ent|wi|ckel|te wei|ter, hat wei|ter|ent|wi|ckelt, wei|ter|zu|ent|wi|ckeln⟩ **I** ⟨V. trans.⟩ eine Sache ~ *die Entwicklung einer S. vorantreiben* ▸ eine Methode ~ **II** ⟨V. refl.⟩ sich ~ *Fortschritte machen* ▸ er hat sich im Ausland charakterlich weiterentwickelt; Abl *Weiterentwicklung*

wei|ter|füh|ren ⟨V. trans.; führt wei|ter, führ|te wei|ter, hat wei|ter|ge|führt, wei|ter|zu|füh|ren⟩ **1** etwas ~ *fortsetzen, wiederaufnehmen* **2** jmdn. od. etwas ~ *über das Erreichte hinaus führen, voranbringen* ▸ ~de Literatur *L., die das Thema vertieft od. zu verwandten Themen führt;* ~de Schule *allgemeinbildende Sch. nach dem vierten Grundschuljahr, z. B. Hauptschule, Realschule, Gymnasium;* Abl *Weiterführung*

wei|ter|ge|ben ⟨V. trans.; gibt wei|ter, gab wei|ter, hat wei|ter|ge|ge|ben, wei|ter|zu|ge|ben⟩ etwas (an jmdn.) ~ **1** *einem anderen geben, von Hand zu Hand reihum geben* **2** *einem anderen mitteilen, übermitteln* ▸ ein Gesuch ~ *der nächsthöheren od. der zuständigen Instanz übergeben;* eine Nachricht ~; Abl *Weitergabe*

wei|ter|ge|hen ⟨V. intr.; geht wei|ter, ging wei|ter, ist wei|ter|ge|gan|gen, wei|ter|zu|ge|hen⟩ **1** *ohne Unterbrechung seinen Weg fortsetzen* **2** *sich räumlich, zeitlich weiter ausdehnen* ▸ bitte ~!; plötzlich ging es nicht weiter *der Weg war versperrt, hörte auf;* so kann es nicht ~ *das muss geändert werden;* und wie ging es weiter? *was geschah dann?*

wei|ter|hel|fen ⟨V. intr.; hilft wei|ter, half wei|ter, hat wei|ter|ge|hol|fen, wei|ter|zu|hel|fen⟩ jmdm. ~ *jmdm. über Hindernisse hinweghelfen* ▸ jetzt musst du dir allein ~

wei|ter|hin ⟨Adv.⟩ **1** *in Zukunft, künftig* **2** *außerdem* ▸ lass es dir auch ~ gutgehen

wei|ter|kom|men ⟨V. intr.; kommt wei|ter, kam wei|ter, ist wei|ter|ge|kom|men, wei|ter|zu|kom|men⟩ **1** *voran-, vorwärtskommen* **2** ⟨Sp.⟩ *die nächste Runde eines Wettbewerbs erreichen* ▸ mit einer Arbeit, im Leben ~

wei|ter|kön|nen ⟨V. intr.; kann wei|ter, konn|te wei|ter, hat wei|ter|ge|konnt, wei|ter|zu|kön-

W

nen〉 *weitergehen, weiterfahren, weiterarbeiten können* ▸ hilf mir, ich kann nicht weiter!

wei|ter|lau|fen 〈V. intr.; läuft wei|ter, lief wei|ter, ist wei|ter|ge|lau|fen, wei|ter|zu|lau|fen〉 **1** *ohne (längeren) Aufenthalt an einen anderen Ort laufen* **2** 〈übertr.〉 **2.1** *weiterhin in Betrieb sein* **2.2** *weiterhin vonstattengehen* ▸ sein Gehalt läuft weiter 〈übertr.〉 *wird weiterhin regelmäßig gezahlt*

wei|ter|ma|chen 〈V. trans.; macht wei|ter, mach|te wei|ter, hat wei|ter|ge|macht, wei|ter|zu|ma|chen〉 **1** *eine Tätigkeit fortsetzen* **2** *sich weiterhin genauso verhalten wie bisher* ▸ wenn du so weitermachst, wirst du Probleme bekommen; →a. *weiter*

wei|ter|schi|cken 〈V. trans.; schickt wei|ter, schick|te wei|ter, hat wei|ter|ge|schickt, wei|ter|zu|schi|cken〉 **1** etwas ~ *weiterbefördern* **2** jmdn. ~ *jmdn. zu einem anderen schicken*

wei|ter|spie|len 〈V.; spielt wei|ter, spiel|te wei|ter, hat wei|ter|ge|spielt, wei|ter|zu|spie|len〉 **I** 〈V. intr.〉 *das Spiel fortsetzen (nach einer Unterbrechung)* ▸ nach der Pause ~ **II** 〈V. trans.〉 den Ball ~ *ihn spielend an einen Mitspieler abgeben*

wei|ter|ver|ar|bei|ten 〈V. trans.; ver|ar|bei|tet wei|ter, ver|ar|bei|te|te wei|ter, hat wei|ter|ver|ar|bei|tet, wei|ter|zu|ver|ar|bei|ten〉 Rohstoffe ~ *in einem weiteren Arbeits- od. Produktionsgang fortfahren, etwas zu verarbeiten*

wei|ter|ver|mie|ten 〈V. trans.; ver|mie|tet wei|ter, ver|mie|te|te wei|ter, hat wei|ter|ver|mie|tet, wei|ter|zu|ver|mie|ten〉 etwas ~ *untervermieten*

wei|ter|wis|sen 〈V. intr.; weiß wei|ter, wuss|te wei|ter, hat wei|ter|ge|wusst, wei|ter|zu|wis|sen; meist verneint〉 (nicht mehr) ~ *(nicht) wissen, was zu tun ist*

wei|ter|zie|hen 〈V. intr.; zieht wei|ter, zog wei|ter, ist wei|ter|ge|zo|gen, wei|ter|zu|zie|hen〉 *an einen anderen Ort ziehen (nach einer Unterbrechung)*

wei|test|ge|hend 〈Adj.; Superl. von〉 *weitgehend*

weit|flä|chig 〈Adj.〉 *eine weite Fläche umfassend, großflächig* ▸ Wälder ~ abholzen

weit|ge|hend *auch:* **weit ge|hend** **I** 〈Adj.; Zusammen- u. Getrenntschreibung〉 *umfangreich, großzügig* ▸ ~e Unterstützung finden; ~e Vollmachten besitzen **II** 〈Adv.; nur Zusammenschreibung〉 *so weit wie möglich* ▸ wir werden Ihre Wünsche weitgehend berücksichtigen

weit|ge|hen|der 〈Adj.; Komp. von〉 *weitgehend*

weit|her 〈Adv.〉 *aus weiter Ferne* ▸ er kam ~; 〈aber〉 er kam von weit her; →a. *weit*

weit|her|ge|holt *auch:* **weit her|ge|holt** 〈Adj.; übertr.〉 *nicht überzeugend, nicht sehr treffend* ▸ dieses Argument ist ~

weit|hin 〈Adv.〉 *bis in weite Ferne, bis in große Entfernung* ▸ das laute Geschrei er Kinder war ~ zu hören

weit|läu|fig 〈Adj.〉 **1** *großräumig, großzügig angelegt* (Gebäude) **2** *entfernt* (Verwandter) **3** *ausführlich* (Erzählung) ▸ etwas ~ erzählen; wir sind ~ verwandt miteinander; Abl *Weitläufigkeit*

weit|ma|schig 〈Adj.〉 *mit weiten Maschen geknüpft, gestrickt usw.* (Netz)

weit|räu|mig 〈Adj.〉 *großräumig, mit weitem Raum* ▸ eine Unfallstelle ~ absperren, umfahren

weit|rei|chend *auch:* **weit rei|chend** 〈Adj.〉 *umfangreich* ▸ mit ~en Vollmachten versehen

weit|schwei|fig 〈Adj.〉 *sehr ausführlich, umständlich, wortreich* (Erzählung) ▸ etwas ~ erzählen, berichten; Abl *Weitschweifigkeit*

Weit|sicht 〈die; -; unz.〉 **1** = *Fernsicht* **2** 〈übertr.〉 *Fähigkeit, die Zukunft beurteilen zu können*

weit|sich|tig 〈Adj.〉 Ggs *kurzsichtig* **1** 〈Med.〉 *nahegelegene Gegenstände nicht scharf erkennend;* Syn *fernsichtig;* Abl *Weitsichtigkeit* **2** 〈übertr.〉 *vorausschauend, weitblickend, weise handelnd*

Weit|sprung 〈der; -(e)s, -sprün|ge; Sp.〉 *sportliche Sprungübung nach Anlauf von gekennzeichneter Absprungstelle in eine Sandgrube*

weit|ver|brei|tet *auch:* **weit ver|brei|tet** 〈Adj.〉 **1** *über ein weites Gebiet verbreitet* **2** *unter vielen Menschen verbreitet* ▸ ~e Pflanze; ~er Irrtum

weit|ver|zweigt *auch:* **weit ver|zweigt** 〈Adj.〉 *mit vielen Abzweigungen versehen* ▸ eine ~e Familie; er besitzt ein ~es Netz von Beziehungen

Weit|win|kel|ob|jek|tiv 〈das; -s, -e; Fot.〉 *Objektiv mit kurzer Brennweite u. großem Bildwinkel*

Wei|zen 〈der; -s; unz.; Bot.〉 *ein wichtiges Getreide, vor allem zum Backen von Brot* ▸ die Spreu vom ~ trennen 〈übertr.〉 *Gutes u. Schlechtes trennen;* Zus *Weizenfeld, Weizenkorn, Weizenmehl*

welch 〈Interrogativpron.; kurz für〉 *welcher, welche, welches, welch ein, eine, was für ein, eine (meist in Ausrufen)* ▸ ~ schönes Bild!

wel|che(r, -s) **I** 〈Interrogativpron.〉 **I.I** 〈adj. in Fragen nach einem od. mehreren Dingen, Vorgängen od. Personen aus einer Menge〉 *was für ein, eine* ▸ ~ Arbeit ist die beste?; ~ Stadt gefällt dir besser?; ~r Tag ist heute? ▸ an ~m Tag bist du geboren?; aus ~m Grund hast du das getan?; in ~ Schule gehst du?; mit ~m Zug bist du gekommen?; von ~m Autor stammt der Roman? **I.II** 〈adjektivisch, in indirekten Fragen〉 man sieht, ~n Eindruck seine Rede hinterlassen hat ▸ frag mich nicht, in ~m Zustand ich ihn angetroffen habe **I.III** 〈substantivisch〉 *wer, was* ▸ er hat eine der drei Schwestern geheiratet. Welche?; hier sind mehrere Bücher, ~s willst du haben? ▸ ~r von beiden ist schuld? **I.IV** 〈umg.〉 **1** *einige, manche* **2** *etwas* ▸ da gibt es ~, die dies nicht einsehen; es sollen viele Amerikaner hier sein, hast du schon ~ gesehen?; diesBlumen gefallen mir, ich werde mir auch ~ kaufen **II** 〈Relativpron.〉 *der, die, das* ▸ 〈veraltet, heute nur noch, um Häufung gleichlautender Pronomen zu vermeiden〉 derjenige, ~r; das Kind, ~s das schönste Bild gemalt hat; alle Schüler, ~ die Vorstellung besuchen wollen; das Buch, in ~s er mir die Widmung geschrieben hat

welk 〈Adj.〉 **1** *verblüht, vertrocknet, dürr* **2** *nicht mehr straff, schlaff, erschlafft, geschrumpft* ▸ ~es Laub; ~e Haut

wel|ken 〈V. intr.; welkt, welk|te, ist ge|welkt〉 **1** *welk werden, verblühen* (Blume) **2** *erschlaffen* (Haut)

W

Wẹll|blech ⟨das; -(e)s, -e; Pl. selten⟩ *wellenförmig gebogenes Eisenblech (bes. für Dächer)*

Wẹl|le ⟨die; -, -n⟩ **1** *Bewegung der Wasseroberfläche nach oben u. unten* **2** ⟨Phys.⟩ *räumliche Ausbreitung einer Schwingung, bei der Energie übertragen wird;* Zus *Wellenbereich; Schallwelle* **3** ⟨übertr.⟩ **3.1** *wellenartige Form des Kopfhaars, auch künstlich erzeugt;* Zus *Dauerwelle* **3.2** *kleine Erhebung, flacher Hügel;* Zus *Bodenwelle* **3.3** ⟨Tech.⟩ *zylinderförmige Stange zur Übertragung von Drehbewegungen* **3.4** *Bewegung, Strömung* **3.5** *plötzlicher Ansturm;* Zus *Angriffswelle, Hitzewelle, Kältewelle* ▸ **schlagen:** die Sache hat ~n geschlagen ⟨übertr.⟩ *hat Aufsehen erregt;* die ~n der Begeisterung, Empörung schlugen immer höher ▸ **grüne** ~; →a. *grün;* **hohe,** schäumende ~n ▸ auf welcher ~ liegt der Bremer Sender? *Frequenz;* sich **von** den ~n tragen lassen

wẹl|len ⟨V.; wellt, well|te, hat ge|wellt⟩ **I** ⟨V. trans.⟩ Haar ~ *wellenartig formen* ▸ künstlich, natürlich gewelltes Haar **II** ⟨V. refl.⟩ sich ~ **1** *Wellen bilden* (Papier) **2** *sich in Wellen legen* (Haar)

Wẹl|len|bad ⟨das; -(e)s, -bä|der⟩ *Schwimmbad mit künstlich bewegtem Wasser*

Wẹl|len|bre|cher ⟨der; -s, -⟩ *ins Meer gebauter Damm, der vor der vollen Kraft der Wellen schützt*

wẹl|len|för|mig ⟨Adj.⟩ *in der Form von Wellen* ▸ sich ~ ausbreiten

Wẹl|len|gang ⟨der; -(e)s; unz.⟩ *Wellenbewegung (im Meer)* ▸ hoher, starker ~

Wẹl|len|län|ge ⟨die; -, -n⟩ **1** *Abstand zweier aufeinanderfolgender Punkte gleicher Phase* **2** ⟨übertr.; umg.⟩ *Art zu denken, zu empfinden* ▸ wir liegen auf der gleichen ~ ⟨übertr.; umg.⟩

Wẹl|len|rei|ten ⟨das; -s; unz.; Sp.⟩ *Wassersport, bei dem man auf einem Brett steht u. sich von Wellen treiben lässt;* Syn *Surfing*

Wẹl|len|sit|tich ⟨der; -(e)s, -e; Zool.⟩ *kleiner bunter australischer Papagei, beliebter Käfigvogel;* ⓘ S. 1110

wẹl|lig ⟨Adj.⟩ *wellenförmig* ▸ ~es Haar

Wẹll|pap|pe ⟨die; -, -n; Pl. selten⟩ *gewellte, ein- od. zweiseitig mit Papier beklebte Papierbahn*

Wẹl|pe ⟨der; -n, -n⟩ *Junges (vom Hund, Fuchs)*

Wẹls ⟨der; -es, -e; Zool.⟩ *am Boden von Gewässern lebender großer Fisch mit Bartfäden am Maul*

Wẹlt ⟨die; -, -en⟩ **1** *Gesamtheit allen Daseins, aller Erscheinungen u. Erlebnisse, Empfindungen, Gedanken;* Zus *Außenwelt, Innenwelt* **2** *Gesamtheit der Himmelskörper, Weltall* **3** *die Erde* **4** *Gesamtheit der Menschen* **5** ⟨übertr.⟩ *Lebensbereich, Bereich;* Zus *Kinderwelt, Pflanzenwelt, Tierwelt* ▸ am **Ende** der ~ wohnen ⟨übertr.; scherzh.⟩ *sehr weit entfernt, weit draußen;* bis ans Ende der ~ laufen ⟨übertr.; scherzh.⟩ *weit laufen;* die ~ des **Films,** des Theaters, der Technik ⟨übertr.⟩; die ~ des **Kindes;** das ist der **Lauf** der ~ *so ist es nun einmal;* das **Licht** der ~ erblicken *geboren werden* ▸ der ~ **entsagen** *sich in die Einsamkeit zurückziehen;* das **kostet** nicht die ~ ⟨übertr.; umg.⟩ *das ist nicht teuer;* zwischen uns **liegen,** uns trennen ~en ⟨übertr.⟩ *wir verstehen uns gar nicht* ▸ **alle** ~ ⟨umg.⟩ *jeder, alle;* alle ~ spricht davon, alle ~ weiß es; die **Alte** ~ *Europa;* er lebt in einer **anderen** ~ ⟨übertr.⟩; die **Dritte** ~ *Gesamtheit der sog. Entwicklungsländer;* die **ganze** ~ ⟨umg.⟩ *alle Menschen, alle Länder der Erde;* Bücher sind **meine** ~ ⟨übertr.⟩; die **Neue** ~ *Amerika, bes. Nordamerika* ▸ **auf** die ~ kommen *geboren werden;* das ist das Schönste auf der ~ ⟨übertr.; umg.⟩; das findet man überall auf der ~; das ist nicht **aus** der ~ ⟨übertr.; umg.⟩ *nicht weit entfernt;* eine Sache, Streitigkeiten aus der ~ schaffen ⟨übertr.⟩ *bereinigen, beseitigen;* er ist viel **in** der ~ herumgekommen; um nichts in der ~ würde ich das tun ⟨übertr.⟩ *auf keinen Fall;* Kinder in die Welt setzen *zeugen, gebären (meist mit dem Unterton des Vorwurfs mangelnder Verantwortung);* in aller ~ *überall;* warum in aller ~ hast du nichts davon gesagt? ⟨umg.; verstärkend⟩; ein Mann **von** ~ ⟨übertr.⟩ *ein sehr gewandter M.;* **vor** aller ~ ⟨übertr.; umg.⟩ *öffentlich;* ein Kind **zur** ~ bringen *gebären*

Wẹlt... **I** ⟨in Zus. mit Substantiven⟩ **1** *die ganze Erde betreffend, international, auf der ganzen Erde,* z. B. Weltbevölkerung, Weltfriede, Welthandel, Weltmarkt, Weltöffentlichkeit, Weltpolitik, Weltrangliste, Weltruhm, Weltstar, Weltverband, Weltwirtschaft **2** *alle Länder der Welt (darstellend),* z. B. Weltatlas, Weltkarte **II** ⟨in Zus. mit Adj.⟩ *auf der ganzen Erde,* z. B. weltbekannt, weltberühmt, weltbeste(r, -s)

Wẹlt|all ⟨das; -s; unz.⟩ = *Weltraum*

Wẹlt|an|schau|ung ⟨die; -, -en⟩ *Art u. Weise, wie jmd. die Welt u. ihren Sinn sowie sein Dasein betrachtet u. beurteilt;* Abl *weltanschaulich*

Wẹlt|bank ⟨die; -, -en⟩ *1945 gegründete internationale Bank in Washington*

wẹlt|be|we|gend ⟨Adj.⟩ *sehr bedeutend*

Wẹlt|bild ⟨das; -(e)s, -er⟩ *Vorstellung von der Welt u. den Menschen, Einstellung der Welt gegenüber, Überzeugung* ▸ rechtsradikales ~

Wẹlt|bür|ger ⟨der; -s, -⟩ *der Mensch als allen anderen Menschen gleichwertiger u. gleichberechtigter Bürger der Welt;* Syn *Kosmopolit;* Abl *Weltbürgerin; weltbürgerlich*

Wẹlt|eli|te ⟨die; -; unz.; bes. Sp.⟩ *Gruppe der Weltbesten einer Disziplin* ▸ zur ~ gehören

Wẹl|ten|bumm|ler ⟨der; -s, -⟩ *jmd., der viel durch die Welt reist;* Abl *Weltenbummlerin*

Wẹlt|er|folg ⟨der; -(e)s, -e⟩ *großer Erfolg in der ganzen Welt* ▸ sein zweites Buch wurde ein ~

Wẹlt|flucht ⟨die; -; unz.⟩ *Abkehr vom Treiben der Welt, Sichzurückziehen von den Menschen*

wẹlt|fremd ⟨Adj.; -er, am -es|ten⟩ *die Welt nicht durchschauend, nicht kennend, unbeholfen* ▸ ein ~er Träumer, Gelehrter; Abl *Weltfremdheit*

Wẹlt|ge|schich|te ⟨die; -; unz.⟩ *Geschichte der Menschheit u. der Beziehungen der Völker untereinander sowie ihre Darstellung* ▸ in der ~ herumreisen ⟨übertr.; umg.⟩; Abl *weltgeschichtlich*

wẹlt|ge|wandt ⟨Adj.; -er, am -es|ten⟩ *erfahren im Umgang mit Menschen* ▸ er ist gebildet und ~

Welt|herr|schaft ⟨die; -; unz.⟩ *Vorherrschaft in der Welt* ▸ der Kampf um die ~

Welt|klas|se ⟨die; -, -n⟩ *Klasse der Weltbesten (einer Disziplin)* ▸ dieser Künstler, dieses Orchester ist ~ ⟨umg.⟩ *gehört zu den Besten der Welt*

Welt|krieg ⟨der; -(e)s, -e⟩ **1** *Krieg, an dem viele Länder beteiligt sind, vor allem die mächtigsten Länder der Welt* **2** Erster ~ *der Krieg von 1914-1918* **3** Zweiter ~ *der Krieg von 1939-1945*

Welt|ku|gel ⟨die; -, -n⟩ *die Erde mit allen Ländern u. Meeren als Kugel;* →a. *Globus*

welt|läu|fig ⟨Adj.⟩ = *weltgewandt;* Abl *Weltläufigkeit*

welt|lich ⟨Adj.⟩ **1** *zur diesseitigen Welt gehörend, irdisch* **2** *nicht zur Kirche gehörend* **3** *aufs Diesseits gerichtet* ▸ ~e und geistliche Musik

Welt|li|te|ra|tur ⟨die; -; unz.⟩ **1** *Gesamtheit der Literaturen aller Länder* **2** *die bedeutendsten Werke aller Länder u. Zeiten*

Welt|macht ⟨die; -, -mäch|te⟩ *Großmacht, Staat mit bedeutender Macht in der Welt*

Welt|mann ⟨der; -(e)s, -män|ner⟩ *gewandter Mann mit guten Umgangsformen;* Abl *weltmännisch*

Welt|meer ⟨das; -(e)s, -e⟩ **1** *zusammenhängende, einen großen Teil der Erdoberfläche bedeckende Wassermasse* **2** *jeder der drei Ozeane*

Welt|meis|ter ⟨der; -s, -; Sp.⟩ *Sportler, der die Weltmeisterschaft errungen hat;* Abl *Weltmeisterin;* Zus *Weltmeistertitel*

Welt|meis|ter|schaft ⟨die; -, -en; Sp.⟩ **1** *Wettkampf zur Ermittlung der besten Sportler der Welt* **2** *Sieg in einem solchen Wettkampf*

welt|of|fen ⟨Adj.⟩ *voller Interesse für alles, was in der Welt geschieht;* Abl *Weltoffenheit*

Welt|ord|nung ⟨die; -; unz.⟩ *Gesamtheit der die Welt in Gang haltenden Gesetze*

Welt|pre|mi|e|re ⟨[-prəmjɛːrə] die; -, -n⟩ *weltweit erste Aufführung*

Welt|raum ⟨der; -(e)s; unz.⟩ *der unendliche Raum, in dem sich die gesamten Himmelskörper befinden;* Syn *Kosmos, Universum*

Welt|reich ⟨das; -(e)s, -e⟩ *viele Länder umfassendes Herrschaftsgebiet* ▸ das römische ~

Welt|rei|se ⟨die; -, -n⟩ *Reise um die Erde*

Welt|re|kord ⟨der; -(e)s, -e; Sp.⟩ *beste Leistung der Welt in einer Sportart* ▸ einen neuen ~ aufstellen; einen ~ halten; Abl *Weltrekordler(in);* Zus *Weltrekordhalter(in)*

Welt|re|li|gi|on ⟨die; -, -en⟩ *über einzelne Länder u. Völker hinausreichende Religion, z. B. Christentum, Buddhismus, Islam*

Welt|ruf ⟨der; -(e)s; unz.⟩ *ausgezeichneter Ruf, Ansehen in der ganzen Welt* ▸ er ist ein Wissenschaftler von ~; Syn *Weltrang, Weltruhm*

Welt|schmerz ⟨der; -es; unz.⟩ *Schmerz, Trauer über die Unzulänglichkeit der Welt gegenüber dem eigenen Wollen u. den eigenen Ansprüchen*

Welt|si|cher|heits|rat ⟨der; -(e)s; unz.⟩ *wichtigstes, ständig tagendes Organ der UNO*

Welt|spit|ze ⟨die; -, -n⟩ *diejenigen, die (in einer Disziplin) die Besten der Welt sind* ▸ in der ~ sein; zur ~ gehören; diese Mannschaft ist ~

Welt|spra|che ⟨die; -, -n⟩ *Sprache, die vielen Völkern als Verkehrssprache dient (bes. Englisch)*

Welt|stadt ⟨die; -, -städ|te⟩ *Stadt mit mehr als 1 Mio. Einwohnern;* Abl *weltstädtisch*

welt|um|span|nend ⟨Adj.⟩ *die ganze Welt umfassend, alle Länder einbeziehend*

Welt|un|ter|gang ⟨der; -(e)s; unz.⟩ *Untergang, Ende dieser Welt* ▸ das ist doch kein ~ ⟨umg.⟩ *das ist nicht so schlimm*

Welt|ver|bes|se|rer ⟨der; -s, -⟩ *jmd., der bestrebt ist, die Welt besser zu ordnen, zu gestalten*

welt|weit ⟨Adj.⟩ *die ganze Welt umfassend, in der ganzen Welt bekannt* ▸ ein ~ tätiges Unternehmen

Welt|wirt|schaft ⟨die; -; unz.⟩ *die wirtschaftlichen Beziehungen u. Vorgänge zw. allen od. vielen Ländern;* Abl *weltwirtschaftlich*

Welt|wun|der ⟨das; -s, -⟩ die sieben ~ ⟨in der Antike⟩ *sieben außergewöhnliche Bau- u. Kunstwerke der antiken Welt* ▸ das achte ~ *etwas Einzigartiges, ganz Besonderes*

Welt|zeit ⟨die; -; unz.; Abk.: WZ⟩ *Zeit, die am nullten Längengrad gilt*

wem **I** ⟨Interrogativpron.; Dat. von wer⟩ ~ hast du das Buch gegeben?; ~ gehört dieses Haus?; bei ~ bist du gewesen?; mit ~ hast du gesprochen?; von ~ stammt das Gedicht? **II** ⟨Relativpron.; Dat. von wer⟩ ich habe vergessen, ~ ich das Buch gegeben habe

Wem|fall ⟨der; -(e)s, -fäl|le; Gramm.⟩ = *Dativ*

wen **I** ⟨Interrogativpron; Akk. von wer⟩ ~ hast du getroffen?; an ~ schreibst du?; für ~ machst du das? **II** ⟨Relativpron.; Akk. von wer⟩ ich weiß nicht, ~ du meinst; sag mir, ~ du kennst

Wen|de ⟨die; -, -n⟩ **1** *Wendung, Wechsel, Umkehr;* Zus *Sonnenwende* **2** *Anfang, Beginn von etwas Neuem;* Zus *Jahrhundertwende, Jahreswende* **3** *Umschwung (in einer Entwicklung)* **4** ⟨kurz für⟩ *Wendepunkt, Wendezeit* **5** ⟨Schwimmen, Segeln⟩ *Drehung um 180°* **6** ⟨Turnen⟩ *Drehung des ganzen Körpers um die Längsachse* ▸ es ist eine ~ eingetreten; die Zeit der ~ ⟨BRD/DDR⟩; →a. *Wendezeit;* an der, um die ~ des Jahrhunderts

Wen|de|hals ⟨der; -es, -häl|se⟩ *jmd., der sich nach einer politischen Wende den neuen Verhältnissen sehr schnell anpasst*

Wen|de|kreis ⟨der; -es, -e⟩ **1** *Kreis beim Wenden eines Fahrzeugs auf kleinstmöglichem Raum* **2** ⟨Geogr.⟩ *Breitenkreis zwischen tropischer u. gemäßigter Zone der Erde, auf dem die Sonne zur Zeit der Sommer- bzw. Wintersonnenwende im Zenit steht*

Wen|del|trep|pe ⟨die; -, -n⟩ *Treppe, die schraubenförmig um eine Achse nach oben führt*

Wen|de|ma|nö|ver ⟨[-vər] das; -s, -⟩ **1** *Manöver zum Wenden eines Fahrzeugs* **2** ⟨übertr.; bes. Pol.⟩ *Maßnahme zur Änderung der (politischen) Richtung od. Meinung* ▸ ein gewagtes ~ vollführen

wen|den ⟨V.⟩ **I** ⟨V. trans.; wen|det, wen|de|te, hat ge|wen|det⟩ etwas ~ **1** *umdrehen, auf die andere*

W

Seite drehen, drehen **2** *in die entgegengesetzte Richtung stellen* ▸ bitte ~! ⟨Abk.: b. w.⟩ *(Aufforderung zum Umdrehen eines Formulars usw.)* ▸ ich kann das Auto hier nicht ~; ein Kleidungsstück ~ *die Innenseite nach außen kehren* ▸ ich kann die Sache drehen und ~, so viel ich will, sie wird doch nicht anders ⟨übertr.⟩ *von allen Seiten betrachten* **II** ⟨V. trans.; wen|det, wand|te/wen|de|te, hat ge|wandt/ge|wen|det⟩ etwas irgendwohin ~ *in eine bestimmte Richtung bewegen* ▸ jmdm. den Rücken ~ *sich von jmdm. abkehren* ▸ seine Aufmerksamkeit auf etwas ~; den Kopf nach jmdm. od. etwas ~; sich nach links, rechts ~; sich nach Süden, Norden ~; sie wandte kein Auge von ihm *sie sah ihn fortwährend an* **III** ⟨V. refl.; wen|det, wand|te/wen|de|te, hat ge|wandt/ge|wen|det⟩ **1** sich ~ *sich drehen, umdrehen, die entgegengesetzte Richtung einschlagen* **2** ⟨übertr.⟩ **2.1** sich an jmdn. ~ *jmdn. ansprechen, nach etwas fragen, um Auskunft, Hilfe bitten* **2.2** sich gegen jmdn. ~ *jmdm. feindlich gegenübertreten (den man zuvor unterstützte)* ▸ ich wandte mich an meinen Bruder um Rat; die Zeitschrift wendet sich vor allem an Eltern; sich zu jmdm. ~; sich zum Ausgang, zur Tür ~ **IV** ⟨V. refl.; wen|det, wen|de|te, hat ge|wen|det⟩ sich ~ *anders werden* ▸ das Blatt hat sich gewendet ⟨übertr.⟩ *die Situation hat sich grundlegend verändert* ▸ es hat sich alles noch zum Guten gewendet **V** ⟨V. intr.; wen|det, wen|de|te, hat gewen|det⟩ *die entgegengesetzte Richtung einschlagen, umkehren* ▸ ich kann in der engen Straße (mit dem Auto) nicht ~ ▸ der Schwimmer stößt sich beim Wenden mit den Beinen ab

Wen|de|punkt ⟨der; -(e)s, -e⟩ **1** *Punkt, an dem sich etwas wendet* **2** ⟨übertr.⟩ *Zeitpunkt, an dem ein Umschwung eintritt* ▸ der ~ einer Entwicklung; in seinem Leben an einem ~ angelangt sein

Wen|de|zeit ⟨die; -, -en⟩ **I** ⟨zählb.⟩ *Zeitpunkt, an dem ein bedeutender Umschwung eintritt* **II** ⟨unz.; Gesch.⟩ *die Jahre 1989/90 (mit dem Zusammenbruch der DDR u. der Wiedervereinigung Deutschlands)* ▸ er hat die ~ in Leipzig erlebt

wen|dig ⟨Adj.⟩ **1** *beweglich, leicht lenkbar* (Fahrzeug) **2** *flink, Situationen schnell erkennend u. ausnutzend* (Person); Abl *Wendigkeit*

Wen|dung ⟨die; -, -en⟩ **1** *Richtungsänderung, Biegung, Drehung, Umkehr* **2** *Veränderung, Umschwung* **3** ⟨übertr.⟩ *sprachliche Formel, Redensart;* Zus *Redewendung* ▸ dem Gespräch eine andere ~ geben *von etwas anderem zu sprechen beginnen;* die Sache nahm eine unerwartete ~ *verlief anders als geplant;* eine glückliche, günstige ~; eine ~ zum Besseren, Schlechteren

W

Wen|fall ⟨der; -(e)s, -fäl|le; Gramm.⟩ = *Akkusativ*

we|nig ⟨Adj.⟩ **I** ⟨attr. u. präd.⟩ **1** *in kleiner Zahl, Menge (vorhanden), nicht viel, nicht viele* **2** *spärlich* ▸ bitte nur ~ Zucker *nur eine geringe Menge an Zucker* ▸ ich kann nur ~ Englisch; es ist nur in ~en Fällen, in den ~sten Fällen gutgegangen; er hat ~ Geld; ich habe (nur noch) ~ Hoffnung; ~ Leute, ~e Leute sind gekommen; dazu habe ich ~ Lust; wir haben uns nur ~e Male getroffen; es sind nur ~e Schritte bis dorthin; in ~en Tagen wird er kommen; hast du so ~ Vertrauen zu mir?; etwas mit ~en Worten erklären; er hat ~ Zeit; das hat ~ Zweck ⟨umg.⟩ ▸ sein: das ist (recht, sehr) ~; das ist mir aber zu ~ ▸ einige ~e Leute ⟨umg.⟩; es ist mir mehr oder ~er geglückt *eher mittelmäßig* ▸ ~er als 100 Personen; nicht ~er als 100 Personen kamen ⟨betonend⟩ *tatsächlich (sogar) 100 Personen* **II** ⟨substantivisch⟩ **1** *nicht viel, eine kleine Menge, kleine Anzahl* **2** ~e *eine kleine Zahl von Menschen* ▸ das ~e/Wenige, was ich dir sagen kann; die ~en/Wenigen, die dabei waren ▸ sein: das ist das ~ste/Wenigste, was man tun sollte *zumindest das sollte man tun;* er wird immer ~er ⟨umg.⟩ *immer magerer;* die Arbeit ist nicht ~er geworden; das wissen die ~sten/Wenigsten (Personen) ▸ das Zimmer war voller Bilder, hier wäre ~er mehr gewesen *weniger Bilder hätten besser gewirkt* ▸ ich kann Ihnen die Ware nicht für ~er geben *nicht für einen niedrigeren Preis;* je ~er, desto besser; ich komme mit ~em/Wenigem aus *mit wenig Essen, wenig Geld;* es waren nicht ~e/Wenige *es waren eine ganze Menge;* er ist um (ein) ~es/Weniges älter als ich **III** ⟨adv.⟩ **1** *nicht viel* **2** *nicht oft, selten* **3** *nicht sehr* ▸ ein (klein) ~ *ein bisschen;* sechs ~er zwei ist vier ▸ ankommen: es kommt ~er auf die Menge als auf die Güte an; danach frage ich ~; es gefällt mir immer ~er; das interessiert mich ~; es kümmert mich ~, ob es ihm gefällt; nützen: ihr Protest hat wenig genützt; spielen: das Stück wird ~ gespielt; das stört mich ~ ▸ er ist nur ~ älter, größer als ich; das ist ~ erfreulich ⟨umg.⟩; ich habe dir hier unser Haus mehr oder ~er originalgetreu aufgezeichnet ⟨umg.⟩ *nicht bes. originalgetreu* ▸ das hätte ich am ~sten erwartet; er war nicht ~ erstaunt *er war recht erstaunt;* ich kann sein Verhalten umso ~er verstehen, als … ▸ daran siehst du, wie ~ er davon weiß

We|nig|keit ⟨die; -; unz.⟩ **1** *kleine Menge* **2** *Kleinigkeit* ▸ meine ~ ⟨umg.; scherzh.⟩ *ich*

wenig/wenigstens

Aufgrund ihrer Ähnlichkeit werden das Adjektiv *wenig* und das Adverb *wenigstens* manchmal verwechselt. *Wenig* meint „nicht viel", bezeichnet also „eine geringe Menge": *Sie hat heute wenig gegessen. Es sind nur wenige Schritte bis zur U-Bahn.*
Demgegenüber meint das Adverb *wenigstens* „mindestens, zumindest, als wenigstes": *Er hätte uns wenigstens Bescheid sagen können. Das war wenigstens eine ehrliche Antwort. Er bekommt wenigstens drei Jahre Haft.*

we|nigs|tens ⟨Adv.⟩ *mindestens, als wenigstes* ▸ wenn du doch ~ geschrieben hättest; es kostet ~ vier Euro; du bist ~ ehrlich (wenn auch nicht höflich); ich habe ~ viermal gerufen

wẹnn ⟨Konj.⟩ **1** *für den Fall, dass …, falls* **2** *unter der Bedingung, dass …* **3** *sooft* **4** *sobald* ▸ ~ er dich erwischt, bekommst du Ärger; ~ ich Nachricht von ihm habe, lasse ich es dich sofort wissen; immer, ~ er kommt, wird es lustig; es würde mich freuen, ~ du kämst; ~ du rechtzeitig gekommen wärst, hättest du ihn noch getroffen; ~ er noch kommen sollte, dann sag ihm bitte …; ~ ich die Wahrheit sagen soll; sein: ~ das so ist, dann …; ~ du lieb bist, darfst du mitkommen; jedes Mal, ~ ich an eurem alten Haus vorbeigehe, denke ich an früher; ~ ich das wüsste! ⟨umg.⟩ *ich weiß es leider nicht* ▸ als ~ ⟨umg.⟩ *als ob;* er tut immer, als ~ er der Chef wäre; ~ auch *obwohl, zwar;* ~ er auch mein Freund ist, finde ich sein Verhalten nicht gut; ich komme am Nachmittag zu dir, ~ nicht, rufe ich dich noch an; ~ du nicht bald kommst, fangen wir ohne dich an; ~ nicht heute, so doch morgen; ~ ich nichts mehr von mir hören lasse, komme ich am Montag vorbei; ~ du nur besser zuhören würdest; ~ es schon sein muss, dann lieber gleich ⟨umg.⟩; selbst ~ ich es wüsste, ich würde es dir nicht sagen; und ~ du mich auch noch so bittest, ich kann es nicht tun; wie ~ ⟨umg.⟩ *als ob;* es war, wie ~ jemand gerufen hätte ▸ ⟨in Wunschsätzen⟩ ~ doch …, ~ nur … *ich wollte …;* ach, ~ er doch käme! *ich wollte, er käme;* ~ er doch schon da wäre!

wenn/ob

Mit der Konjunktion *wenn,* die „falls, sofern" bedeutet, wird ein konditionaler Nebensatz eingeleitet: *Ich werde erst gehen, wenn das Spiel zu Ende ist. Wenn du immer müde bist, solltest du mehr schlafen.*
Verwechselt wird *wenn* bisweilen mit der Konjunktion *ob,* die häufig in Verbindung mit Verben wie *fragen, überlegen* oder *wissen* indirekte Fragesätze einleitet: *Ich frage mich, ob ich das Richtige getan habe. Weißt du, ob er das Buch schon gelesen hat?*

Wẹnn ⟨das; -, - od. -s⟩ das ~ und Aber *Zweifel, Einwände* ▸ hier gibt es kein ~ und Aber

wẹnn|gleich ⟨Konj.⟩ *obgleich* ▸ ~ mir das Bild nicht gefällt, ist es doch gut gemalt

wẹnn|schon ⟨Adv.; umg.⟩ na ~! *das ist doch nicht schlimm!;* ~, dennschon! *wenn (es) überhaupt (getan wird), dann auch ordentlich*

wer[1] ⟨Interrogativpron.⟩ *welcher Mensch, was für ein Mensch, was für eine Person* ▸ ~ ist gekommen?; sein: ~ ist das?; ~ ist dieser Junge?; ~ weiß? *kann man es wissen?;* ~ weiß, vielleicht wird doch alles noch ganz anders?; ~ will noch etwas? ▸ ~ anders als er kann es gewesen sein? *nur er;* ~ ist da?; ~ von euch hat das getan?

wer[2] ⟨Indefinitpron.⟩ **1** *derjenige, der* **2** *jeder, der* **3** ⟨umg.⟩ *jemand* ▸ ~ sein ⟨umg.⟩ *anerkannt, angesehen sein;* dort war er ~ ▸ ~ auch kommt, er sei willkommen; ist schon ~ gekommen? ⟨umg.⟩; ~ es auch sei; ist da ~? ⟨umg.⟩; ~ dagegen ist, soll die Hand heben; es mag kommen, ~ will, er empfängt niemanden

wer[3] ⟨Relativpron.⟩ ich weiß nicht, ~ gekommen ist; er kann dir ~ weiß was erzählen ⟨umg.⟩ *er kann dir alles (Mögliche) erzählen;* er treibt sich wieder ~ weiß wo herum *irgendwo*

Wẹr|be|ab|tei|lung ⟨die; -, -en⟩ *Abteilung eines Unternehmens, der die Werbung obliegt*

Wẹr|be|agen|tur ⟨die; -, -en⟩ *Unternehmen, das für andere (Firmen) die Werbung durchführt*

Wẹr|be|ak|ti|on ⟨die; -, -en⟩ *Maßnahme, die der Werbung dient* ▸ eine ~ für ein neues Produkt

Wẹr|be|block ⟨der; -(e)s, -blö|cke; Radio; TV⟩ *mehrere Werbespots hintereinander*

Wẹr|be|bran|che ⟨[-brã:ʃə] die; -; unz.⟩ *Unternehmen, die im Bereich der Werbung tätig sind*

Wẹr|be|ge|schenk ⟨das; -(e)s, -e⟩ *Geschenk, das als Werbung (für ein Produkt od. eine Firma) an Kunden verteilt wird*

Wẹr|be|kam|pa|g|ne ⟨[-panjə] die; -, -n⟩ *große Werbeaktion;* Syn *Werbefeldzug*

wẹr|ben ⟨V.; wirbt, warb, hat ge|wor|ben⟩ **I** ⟨V. trans.⟩ Käufer, Mitglieder ~ *zu gewinnen suchen* **II** ⟨V. intr.⟩ **1** für jmdn. od. etwas ~ *Werbung, Reklame machen;* Zus *Werbefernsehen* **2** um jmdn. od. etwas ~ *sich intensiv um jmdn. od. etwas bemühen* ▸ für ein Produkt ~; für eine Partei ~; mit etwas ~ *einen bes. attraktiven Aspekt einer Sache herausstellen;* um eine Frau ~ *sie (zur Ehefrau) zu gewinnen suchen*

Wẹr|be|slo|gan ⟨[-slo:gən] der; -s, -s⟩ = *Slogan*

Wẹr|be|spot ⟨[-spɔt] der; -s, -s⟩ *kurzer Werbebeitrag im Fernseh- od. Rundfunkprogramm*

Wẹr|be|trom|mel ⟨die; -, -n; nur in der Wendung⟩ die ~ rühren *(für etwas) werben*

wẹr|be|wirk|sam ⟨Adj.⟩ *wirkungsvoll werbend* ▸ ein ~es Plakat; Abl *Werbewirksamkeit*

Wẹr|bung ⟨die; -, -en⟩ **1** *das Werben, Strategie, jmdn. od. bestimmte Personengruppen für sich od. für etwas zu gewinnen;* Zus *Werbungskosten; Fernsehwerbung, Radiowerbung* **2** *Werbebranche* ▸ auf dem Gebiet der ~ Erfahrung haben; in der ~ tätig sein; diese ~ ist gut gemacht

Wẹr|de|gang ⟨der; -(e)s; unz.⟩ **1** *Vorgang des Werdens, Reifens* **2** *Berufsausbildung, Laufbahn* ▸ können Sie mir kurz Ihren ~ schildern?

wẹr|den ⟨V.⟩ **I** ⟨Hilfsverb zur Bildung des Passivs, von Futur I u. II, des Konjunktivs, von Sätzen der Ungewissheit u. Wunschsätzen; wird, wurde, ist wor|den⟩ **I.I** ⟨Passiv⟩ er ist befördert worden; er wurde zum Direktor ernannt; der Nussbaum wird gefällt **I.II** ⟨Futur I⟩ ich werd dir helfen! ⟨umg.; scherzh.⟩ *wehe, wenn du das tust!;* es wird gleich regnen; du wirst ihn heute Abend sehen **I.III** ⟨Futur II; in Verbindung mit „sein" od. „haben"⟩ wir ~ gewachsen sein; wir ~ gewonnen haben **I.IV** ⟨Konjunktiv⟩ ich würde gern kommen, wenn ich Zeit hätte; würdest du es ihm wohl sagen? ⟨höfl. Form für⟩ *bitte sag es ihm!;* würden Sie bitte so freundlich sein, mir zu helfen? ⟨höfl. Form für⟩ *bitte helfen*

Sie mir! **I.V** ⟨in Sätzen der Ungewissheit, des Wunsches usw.⟩ kommen wird er wohl, aber vermutlich erst spät; lesen: er wird es wohl nicht gelesen haben *er hat es sicherlich nicht gelesen;* es wird ihm doch nichts passiert sein?; es wird schon so sein, wie du sagst *es ist sicher so;* es wird schon ~ ⟨umg.⟩ *es wird schon alles gutgehen* **II** ⟨Vollverb; V. intr.; wird, wur|de, ist geworden⟩ **1** *entstehen, sich entwickeln, wandeln (zu)* **2** *geschehen* ▸ er will Arzt ~; er ist Erster, Letzter geworden; es wird Nacht, Tag; es wird Zeit (zu gehen usw.); jetzt wird es aber (höchste) Zeit! ▸ was nicht ist, kann noch ~; was soll aus ihm ~?; es will nicht ~ *es gelingt einfach nicht;* was willst du später ~? *welchen Beruf willst du ergreifen?* ▸ alt ~; mir wird angst; arm, reich ~; blind, taub ~; böse, zornig ~; es wird dunkel, hell; wir können uns nicht einig ~; gesund, krank ~; größer ~; es wird schon alles noch gut ~; es wird kalt; mir wird kalt *ich beginne zu frieren;* daraus kann ich nicht klug ~ *das verstehe ich nicht;* ohnmächtig ~; mir wird schlecht, übel; es ist spät geworden; bist du verrückt geworden? ⟨umg.⟩ ▸ das muss anders ~; was ist aus ihnen geworden?; aus dem Geschäft ist nichts geworden; was soll aus dem Jungen noch ~?; aus nichts wird nichts ⟨umg.⟩; daraus wird nichts! ⟨umg.⟩ *das kommt nicht infrage!;* nun, wird's bald?, wird's endlich? *(drohende Aufforderung);* und was wird mit dir?; er ist zum Dieb geworden; der Kompost ist zu Erde geworden; seine Besuche ~ mir allmählich zur Last; zu Stein, zu Eis ~ ▸ und was wurde dann?; und wie ist dann alles geworden? ▸ eine ~de Mutter *eine Frau, die ein Kind erwartet*

Wer|fall ⟨der; -(e)s, -fäl|le; Gramm.⟩ = *Nominativ*

wer|fen ⟨V.; wirft, warf, hat ge|wor|fen⟩ **I** ⟨V. trans.⟩ **1** jmdn. od. etwas ~ *jmdm. od. etwas einen Schwung, Stoß geben, so dass er od. es wegfliegt, schleudern* **2** Falten, Schatten ~ *hervorbringen, bilden* ▸ der Vorhang wirft Falten; das Handtuch ~ ⟨Boxen⟩ *(als Zeichen zum Aufgeben des Kampfes);* ⟨allg.; übertr.⟩ *aufgeben;* Junge ~ *J. bekommen* (von Tieren); die Kuh hat ein Kalb geworfen; die Bäume warfen lange Schatten; eine Sechs, einen Pasch ~ (beim Würfeln) ▸ jmdm. Grobheiten an den Kopf ~ ⟨übertr.⟩ *Grobheiten sagen;* ein Auge auf jmdn. ~ ⟨übertr.⟩ *sich für jmdn. interessieren;* einen Blick auf etwas od. jmdn. ~ ⟨übertr.⟩ *etwas od. jmdn. kurz anblicken;* etwas auf den Boden ~; Ware auf den Markt ~ ⟨übertr.⟩ *in großen Mengen zum Verkauf anbieten;* eine Skizze aufs Papier ~ ⟨übertr.⟩ *schnell zeichnen;* etwas aus dem Fenster ~; jmdn. aus dem Haus ~ ⟨übertr.⟩ *jmdn. fortjagen;* den Ball in die Höhe ~; den Kopf stolz in den Nacken ~ ⟨übertr.⟩ *heben u. etwas nach hinten biegen;* die Tür ins Schloss ~ *zuschlagen;* jmdn. ins kalte Wasser ~ ⟨übertr.⟩ *einen Ungeübten eine schwierige Aufgabe (allein) lösen lassen;* mit Geld um sich ~ ⟨übertr.; umg.⟩ *prahlerisch od. leichtsinnig G. ausgeben;* jmdn. zu Boden ~ **II** ⟨V. refl.⟩ sich irgendwohin ~ *sich rasch, stoßweise auf etwas zu-, von etwas wegbewegen* ▸ sich jmdm. (weinend) an die Brust ~; sich jmdm. an den Hals ~ *sich jmdm., den man für sich gewinnen will, aufdrängen;* sich auf jmdn. ~ *jmdn. angreifen;* er warf sich aufs Bett *er ließ sich heftig, achtlos aufs B. fallen;* sich (wütend) auf den Boden ~ (bes. von Kindern); sich vor jmdm. auf die Knie ~; sich im Schlaf unruhig hin und her ~; sich jmdm. (weinend, glücklich) in die Arme ~; die Kinder haben ihn ins Wasser geworfen; sie warf sich ein Handtuch über die Schultern *legte es lose um;* sich vor den Zug ~ (um Selbstmord zu begehen); sich jmdm. zu Füßen ~ **III** ⟨V. intr.⟩ **1** *einen Ball (od. Stein) von sich schleudern (bes. als sportliche Übung)* **2** *Junge bekommen* (von Tieren) ▸ die Hündin, die Kuh hat geworfen ▸ wie weit kannst du ~? ich werfe 42 m weit

Wer|fer ⟨der; -s, -⟩ **1** *jmd., der etwas wirft;* Abl *Werferin;* Zus *Diskuswerfer(in), Hammerwerfer(in), Speerwerfer(in)* **2** *Gegenstand, der etwas wirft;* Zus *Flammenwerfer, Scheinwerfer*

Werft ⟨die; -, -en⟩ *Anlage am Wasser zum Bau u. Ausbessern von Schiffen*

Werk ⟨das; -(e)s, -e⟩ **1** *Handlung, Tat* **2** *Tätigkeit, Arbeit, Aufgabe* **3** *etwas Geschaffenes, Hervorgebrachtes, Erzeugnis;* Zus *Hauptwerk, Kunstwerk* **4** *Gesamtheit der Werke (3);* Zus *Gesamtwerk* **5** *künstliches Gefüge, ineinandergreifendes Getriebe;* Zus *Uhrwerk* **6** *große, komplizierte technische Anlage;* Zus *Elektrizitätswerk, Kraftwerk, Wasserwerk* **7** *Fabrik, Betrieb;* Zus *Werksangehörige(r), Werksfeuerwehr, Werksgelände, Werkshalle, Werksleiter(in)* **8** ⟨Sammelbez. für⟩ *mehrere zusammengehörige od. gleichartige Gegenstände;* Zus *Schuhwerk* ▸ der Leiter eines ~es ▸ ein ~ beginnen; ein ~ besichtigen ▸ das ist dein, mein ~ *das hast du, das habe ich getan;* Goethes gesammelte ~e; ein gutes ~ tun, gute ~e tun; die Künstlerin stellt ihre neu(e)sten ~e aus; sein Leben und ~; unvollendetes ~ eines Künstlers ▸ hier waren Diebe am ~ *hier haben D. etwas gestohlen;* sich ans ~ machen *etwas beginnen;* behutsam, vorsichtig zu ~e gehen *behutsam, vorsichtig sein*

Werk|bank ⟨die; -, -bän|ke⟩ *Arbeitstisch für handwerkliche Arbeiten* ▸ an der ~ stehen

wer|keln ⟨V. intr.; wer|kelt, wer|kel|te, hat ge|wer|kelt⟩ *sich (als Hobby od. zum Zeitvertreib) handwerklich betätigen* ▸ im Garten ~

wer|ken ⟨V. intr.; werkt, werk|te, hat ge|werkt⟩ *(bes. handwerklich) tätig sein, arbeiten* ▸ er werkt von früh bis spät

Wer|ken ⟨das; -s; unz.⟩ *handwerklicher Unterricht an Schulen;* Zus *Werkunterricht*

...wer|ker ⟨in Zus.; zur Bildung von Subst.; der; -s, -⟩ *jmd., der (praktisch) arbeitet, Arbeiter,* z. B. Handwerker, Heimwerker, Stahlwerker

werk|ge|treu ⟨Adj.⟩ *dem originalen Musikwerk, den Absichten des Komponisten genau entsprechend* ▸ ~e Wiedergabe; ein Stück ~ spielen

Wẹrk|schutz ⟨der; -es; unz.⟩ *Gruppe von Betriebsangehörigen mit polizeiliche Funktionen auf dem Gelände eines Werkes*

wẹrks|ei|gen ⟨Adj.⟩ *dem Werk (Betrieb) gehörig*

Wẹrk|statt ⟨die; -, -stät|ten⟩ **1** *Arbeitsstätte für die gewerbl. Herstellung von Waren* **2** *Arbeitsraum eines Künstlers* ▸ ein Auto in die ~ bringen *zur Reparatur bringen;* mein Wagen ist seit gestern in der ~; Syn ⟨geh.⟩ *Werkstätte*

Wẹrk|stoff ⟨der; -(e)s, -e⟩ *fester Rohstoff, z. B. Holz, Metall, Leder, Stein, aus dem sich Gegenstände aller Art formen lassen*

Wẹrk|stück ⟨das; -(e)s, -e⟩ *Gegenstand, der sich noch in der Herstellung od. Montage befindet*

Wẹrk|tag ⟨der; -(e)s, -e⟩ *Tag, an dem gearbeitet wird;* Ggs *Sonntag, Feiertag*

wẹrk|tags ⟨Adv.⟩ *an Werktagen* ▸ das Museum ist ~ geöffnet; der Zug verkehrt nur ~

wẹrk|tä|tig ⟨Adj.⟩ *für Lohn od. Gehalt arbeitend, in einem Arbeitsverhältnis stehend, einen Beruf ausübend* ▸ die ~e Bevölkerung; Abl *Werktätige(r), Werktätigkeit*

Wẹrk|zeug ⟨das; -(e)s; unz.⟩ **1** *Gerät zur Bearbeitung von Werkstoffen;* Zus *Werkzeugkasten* **2** ⟨übertr.⟩ *jmd., der von einem andern als Mittel zum Zweck benutzt wird* **3** ⟨bei Tieren; Pl.⟩ *bestimmte Gliedmaßen;* Zus *Kauwerkzeuge, Fresswerkzeuge* ▸ er hatte kein ~ dabei; ich habe nicht das richtige ~ für die Reparatur

Wer|mut ⟨der; -(e)s; unz.⟩ **1** ⟨Bot.⟩ *bittere Würz- u. Heilpflanze;* Syn *Absinth* **2** *mit Wermut (1) gewürzter Wein;* Zus *Wermutwein*

Wer|muts|trop|fen ⟨der; -s, -; übertr.⟩ *ein Hauch Bitterkeit, etwas Schmerzliches* ▸ die Absage seines Bruders war der einzige ~

wẹrt ⟨Adj.; -er, am -es|ten⟩ **1** *einen bestimmten Wert habend* **2** *lieb, teuer* **3** *bedeutungsvoll, wichtig* **4** *würdig* ▸ etwas ~ sein *einen bestimmten Wert, Preis haben;* jmdm. etwas ~ sein *jmdm. sehr wichtig sein;* die Sache ist es ~, dass man sie unterstützt ⟨übertr.⟩; das ist ja Gold ~! *das ist (für einen bestimmten Zweck) sehr wertvoll;* (das ist) nicht der Rede ~ wert! *(höfliche Antwort auf Dank);* der Ring ist 1 000 Euro ~; das Wiedersehen mit dir war mir die Reise ~ *unser Wiedersehen rechtfertigt alle Reisestrapazen;* was, wie viel ist der Schmuck ~?; Ihr Rat ist mir sehr viel ~; etwas (nicht) für ~ erachten, finden, halten *ihm keine Wichtigkeit beimessen*

Wẹrt ⟨der; -(e)s, -e⟩ **1** *Preis, Kauf-, Marktpreis, Preis, den man beim Verkauf bekommen würde;* Zus *Wertminderung, Wertsteigerung; Kaufwert, Verkaufswert* **2** *Messgröße, Ergebnis einer Untersuchung* **3** *Geltung, Bedeutung, Wichtigkeit* **4** ⟨meist Pl.⟩ = *Wertvorstellung;* Zus *Wertewandel* ▸ einer Sache, einem Ereignis großen, keinen ~ beimessen; das hat keinen ~ ⟨umg.⟩ *das ist zwecklos;* den ~ eines Gegenstandes schätzen, festsetzen ▸ sich seines (eigenen) ~es bewusst sein; ethischer, moralischer ~; der ideelle ~ einer Sache *der nicht messbare Gefühlswert, den eine S. für eine Person hat;* die Sammlung hat großen ~; innere ~e *der Charakter (im Gegensatz zum Aussehen);* der künstlerische ~ eines Werkes; materieller ~ ▸ an ~ gewinnen, verlieren; ~ auf etwas legen *etwas für sehr wichtig halten;* ~ auf Äußeres, auf Pünktlichkeit, Kleidung legen; die Aktien sind im ~ gesunken, gestiegen; er besitzt Bilder im ~ von einer Million Euro; ein Bild über, unter seinem (wirklichen) ~ verkaufen; sich unter ~ verkaufen ⟨übertr.⟩ *sich mit zu wenig zufriedengeben*

...wert ⟨in Zus.; zur Bildung von Adj.⟩ *lohnend, einer Sache würdig,* z. B. erachtenswert, lobenswert, nennenswert

Wẹrt|ar|beit ⟨die; -; unz.⟩ *hochwertige Arbeit*

wẹrt|be|stän|dig ⟨Adj.⟩ *seinen Wert immer behaltend;* Abl *Wertbeständigkeit*

Wẹrt|brief ⟨der; -(e)s, -e⟩ *versicherter, einen bestimmten Wert enthaltender Brief*

wẹr|ten ⟨V. trans.; wer|tet, wer|te|te, hat ge|wer|tet⟩ **1** etwas als etwas ~ *etwas irgendwie beurteilen* **2** ⟨Sp.⟩ etwas ~ *für gültig erklären* ▸ etwas als Erfolg ~; das Tor wurde nicht gewertet

wẹrt|frei ⟨Adj.⟩ *ohne eine Wertung vorzunehmen, nicht (be)wertend;* Syn *wertneutral*

Wẹrt|ge|gen|stand ⟨der; -(e)s, -stän|de⟩ *wertvoller Gegenstand;* Syn *Wertstück*

wẹr|tig ⟨Adj.⟩ *von hohem Wert, hochwertig* ▸ eine ~e Einrichtung besitzen; ~e Produkte

...wer|tig ⟨in Zus.; zur Bildung von Adj.⟩ **1** *einen bestimmten Wert habend,* z. B. geringwertig, hochwertig, neuwertig **2** *eine bestimmte Wertigkeit habend,* z. B. einwertig, zweiwertig

Wer|tig|keit ⟨die; -; unz.⟩ **1** ⟨allg.⟩ *Wert, Gewichtung* **2** ⟨Chem.⟩ *Eigenschaft eines Atoms, Ions od. Radikals, sich mit anderen Atomen, Ionen od. Radikalen zu vereinigen* **3** ⟨Sprachw.⟩ = *Valenz*

Wẹrt|kar|te ⟨die; -, -n; österr.⟩ = *Telefonkarte*

wẹrt|los ⟨Adj.⟩ *ohne Wert, nichts wert* ▸ etwas für ~ halten; Abl *Wertlosigkeit*

Wẹrt|pa|pier ⟨das; -s, -e⟩ *Urkunde, die dem Inhaber ein bestimmtes Recht garantiert, z. B. Aktie;* Zus *Wertpapierhandel*

Wẹrt|sa|che ⟨die; -, -n; meist Pl.⟩ *Wertgegenstand, z. B. Schmuck*

Wẹrt|schät|zung ⟨die; -; unz.⟩ *Hochachtung, Anerkennung* ▸ sich jmds. ~ erfreuen; sich bei jmdm. hoher ~ erfreuen; Abl *wertschätzen*

Wẹrt|stoff ⟨der; -(e)s, -e⟩ *Abfall, der sich zur Wiederverwertung eignet* ▸ ~e aus dem Hausmull aussortieren; Zus *Wertstoffsammlung*

Wer|tung ⟨die; -, -en⟩ **1** *das Werten* **2** ⟨Sp.⟩ *Klassement, Rangliste;* Zus *Gesamtwertung*

Wẹrt|ur|teil ⟨das; -(e)s, -e⟩ *Urteil über den Wert (einer Person, Sache od. Handlung)*

wẹrt|voll ⟨Adj.⟩ **1** *von hohem Wert, kostbar* (Sache) **2** *mit gutem Charakter ausgestattet* (Mensch) ▸ deine Hilfe ist mir sehr ~

Wẹrt|vor|stel|lung ⟨die; -, -en; meist Pl.⟩ *Vorstellung von dem, was für ein Individuum, eine Gruppe od. die Gesellschaft wichtig u. normgebend ist* ▸ traditionelle ~en

W

Wert|zu|wachs ⟨[-ks] der; -es; unz.⟩ *Steigerung des Wertes*

Wer|wolf ⟨der; -(e)s, -wöl|fe; Volksglauben⟩ *ein Mensch, der sich zeitweise in einen menschentötenden Wolf verwandeln kann*

wes ⟨Interrogativpron.; veraltet⟩ = *wessen* ▸ das zeigt, ~ Geistes Kind er ist *wie man ihn einschätzen muss*

We|sen ⟨das; -s, -⟩ **I** ⟨unz.⟩ **1** ⟨allg.⟩ *Grundeigenschaft, innerer Kern, das Wesentliche* **2** *Eigenart, Charakter (eines Menschen)* **3** ⟨Philos.⟩ *Sosein der Dinge, im Unterschied zum bloßen Dasein* ▸ freundliches, heiteres, kindliches ~ ▸ das liegt im ~ des Kapitalismus; seinem (innersten) ~ nach ist er gutmütig; es gehört zum ~ des Menschen, dass er Hunger hat **II** ⟨zählb.⟩ **1** *etwas Lebendes, Lebewesen, Geschöpf* **2** *Mensch* ▸ ein hilfloses ~; so ein kleines ~ *Kind, junges Tier;* alle lebenden ~; ein männliches ~ *Mann, Junge;* ein menschliches ~ *ein Mensch;* ein weibliches ~ *Frau, Mädchen*

...we|sen ⟨in Zus.; zur Bildung von Subst.; das; -s; unz.; Sammelbegriff für⟩ *alle Dinge u. Vorgänge, die zu einer Sache gehören,* z. B. Bankwesen, Gesundheitswesen, Schulwesen

we|sen|haft ⟨Adj.⟩ **1** *in der Art eines Lebewesens* **2** *im Wesen, dem Wesen nach*

We|sens|art ⟨die; -; unz.⟩ *Art u. Weise eines Wesens, Natur, Charakter, Temperament* ▸ sie ist von heiterer ~

We|sens|zug ⟨der; -(e)s, -zü|ge⟩ *Charaktereigenschaft, Charakterzug*

we|sent|lich ⟨Adj.⟩ **I** ⟨attr.; präd.⟩ **1** *bedeutsam, wichtig* **2** *den Kern der Sache treffend, grundlegend* ▸ es wurden keine ~en Änderungen beschlossen; ein ~er Bestandteil; das ist ein ~er Punkt; zwischen beidem besteht ein ~er Unterschied ▸ das Wesentliche erkennen; sein: das ist sehr ~; das Wesentliche vom Unwesentlichen unterscheiden können ▸ im Wesentlichen *im Grunde; kurzgefasst;* der Inhalt des Buches ist im Wesentlichen der ...; es ist nichts Wesentliches vorgefallen **II** ⟨adv.⟩ *sehr, bedeutend* ▸ es geht mir heute ~ besser; ~ größer, kleiner

Wes|fall ⟨der; -(e)s, -fäl|le; Gramm.⟩ = *Genitiv*

wes|halb[1] ⟨Interrogativadv.⟩ *warum, aus welchem Grund* ▸ ~ lachst du?; sag mir, ~ du gelacht hast; ich weiß nicht, ~ er eigentlich gekommen ist

wes|halb[2] ⟨Relativadv.⟩ *durch das, den, die veranlasst* ▸ er will den Grund, ~ er das getan hat, nicht nennen

wes|halb[3] ⟨Konj.⟩ *aus diesem, dem gerade genannten Grund* ▸ ich war plötzlich krank geworden, ~ ich gestern nicht kommen konnte

Wes|pe ⟨die; -, -n; Zool.⟩ *ein gelb-schwarzes geringeltes fliegendes Insekt mit Giftstachel*

Wes|pen|nest ⟨das; -(e)s, -er⟩ *Bau der Wespen* ▸ in ein ~ stechen ⟨übertr.⟩ *eine unangenehme Sache berühren u. dadurch Aufregung verursachen*

Wes|pen|tail|le ⟨[-taljə] die; -, -n; übertr.; scherzh.⟩ *sehr schlanke Taille*

wes|sen ⟨Interrogativpron.; Genitiv von wer, was⟩ ~ Buch ist dies?; ich weiß nicht, ~ Buch dies ist; ~ Schuld ist es?

Wes|si ⟨der; -s, -s; umg.⟩ *Westdeutsche(r), Person aus einem der alten dt. Bundesländer;* Ggs *Ossi*

West **I** ⟨ohne Artikel; Abk.: W⟩ = *Westen* ▸ Stuttgart ~ **II** ⟨der; -(e)s, -e⟩ *Westwind* ▸ es wehte ein milder ~

west|deutsch ⟨Adj.⟩ *das westliche Dtschld., (nicht amtlich, vor 1989) die Bundesrepublik Dtschld. betreffend, dazu gehörig;* Abl *Westdeutschland*

Wes|te ⟨die; -, -n⟩ *ärmelloses, bis zur Taille reichendes Kleidungsstück, das meist über Hemd od. Bluse getragen wird* ▸ eine weiße ~ haben ⟨übertr.⟩ *ohne Fehler, anständig, ehrlich sein;* ⓘ S. 683

Wes|ten ⟨der; -s; unz.; Abk.: W⟩ **1** *Himmelsrichtung, in der die Sonne untergeht;* Zus *Westseite* **2** *westl. gelegenes Gebiet;* Zus *Westküste, Westteil* **3** ⟨umg., vor 1989⟩ **3.1** *Westdeutschland (einschl. Süddeutschlands)* **3.2** *die nichtkommunistischen Länder (im „Westen")* ▸ der Wilde ~ *der früher noch sehr dünn besiedelte westliche Teil Nordamerikas;* im ~ der Stadt; nach ~; von ~; das Zimmer liegt, schaut nach ~

Wes|ten|ta|sche ⟨die; -, -n⟩ *kleine Tasche einer Weste* ▸ er kennt die Stadt wie seine ~ ⟨übertr.⟩ *ganz genau*

Wes|tern ⟨der; -s, -⟩ = *Wildwestfilm*

West|fa|le ⟨der; -n, -n⟩ **1** *jmd., der aus Westfalen stammt;* Abl *Westfälin; westfälisch* **2** *in Westfalen gezüchtete Rasse von Reitpferden*

west|lich ⟨Adj.⟩ *im Westen liegend, nach Westen zu* ▸ ~e(r) Länge ⟨Abk.: w. L.⟩ *Längengrad westlich des Nullmeridians (von Greenwich);* der Ort liegt weiter ~; in ~er Richtung; ~ von Hannover *außerhalb Hannovers in Richtung Westen*

West|mäch|te ⟨Pl.⟩ **1** ⟨vor dem u. im 1. Weltkrieg⟩ *Großbritannien u. Frankreich* **2** ⟨nach dem 2. Weltkrieg⟩ *auch die USA*

west|wärts ⟨Adv.⟩ *in westl. Richtung* ▸ ~ fahren

West|wind ⟨der; -(e)s, -e⟩ *Wind aus dem Westen*

wes|we|gen[1] ⟨Interrogativadv.⟩ = *weshalb*[1]

wes|we|gen[2] ⟨Relativadv.⟩ = *weshalb*[2]

wes|we|gen[3] ⟨Konj.⟩ = *weshalb*[3]

Wett|be|werb ⟨der; -(e)s, -e⟩ **I** ⟨zählb.⟩ **1** *Kampf um die beste Arbeit od. Leistung, Konkurrenz* **2** *Wettkampf* ▸ einen ~ ausschreiben, veranstalten; mit jmdm. im ~ stehen; Abl *Wettbewerber(in)* **II** ⟨unz.; Wirtsch.⟩ *Kampf mehrerer Anbieter eines Produktes um das Erringen der meisten Marktanteile* ▸ in der EU herrscht freier ~

wett|be|werbs|fä|hig ⟨Adj.; Wirtsch.; Sp.⟩ *in der Lage, mit anderen mitzuhalten;* Syn *konkurrenzfähig;* Abl *Wettbewerbsfähigkeit*

Wett|be|werbs|vor|teil ⟨der; -(e)s, -e; bes. Wirtsch.⟩ *Vorteil innerhalb eines Wettbewerbs* ▸ einen klaren ~ erzielen; seinen ~ behaupten

Wett|bü|ro ⟨das; -s, -s⟩ *Büro, bei dem man Wetten (für Pferderennen) abschließen kann*

Wet|te ⟨die; -, -n⟩ *Abmachung zw. zwei Personen, dass der, dessen Behauptung sich als unrichtig erweist, etwas zahlen od. leisten muss* ▸ eine ~ abschließen; eingehen: ich gehe jede ~ ein, dass es stimmt, was ich sage; was gilt die ~? *was zahlst du, wenn ich Recht habe?;* eine ~ gewinnen, verlieren ▸ um die ~ rennen *mit (einem) anderen rennen, um zu sehen, wer schneller ist*

wett|ei|fern ‹V. intr.; wett|ei|fert, wett|ei|fer|te, hat ge|wett|ei|fert› (mit jmdm.) um etwas ~ *mit jmdm. etwas um die Wette tun, versuchen, etwas vor jmdm. zu erreichen* ▸ sie wetteiferten miteinander um den ersten Platz; Abl *Wetteifer*

wet|ten ‹V. intr. u. V. trans.; wet|tet, wet|te|te, hat ge|wet|tet› (etwas) ~ *eine Wette eingehen, abschließen (darüber, dass etwas eintritt od. zutrifft)* ▸ ~, dass? *wollen wir wetten, dass es so ist, wie ich sage?;* ich wette, dass er nicht mehr kommt ▸ auf jmdn., auf ein Pferd ~ *eine Wette darüber eingehen, dass jmd. od. ein Pferd eine erwartete Leistung auch erbringen wird;* ich wette zehn gegen eins, dass es so ist; so haben wir nicht gewettet! ‹übertr.; umg.› *das hatten wir so nicht gesagt;* um fünf Euro, um eine Flasche Wein ~

Wet|ter ‹das; -s, -; unz.› **1** *Ablauf der meteorologischen Erscheinungen (in einem begrenzten Gebiet der Erde);* Abl *wetterbedingt;* Zus *Wettersatellit* **2** *Gewitter, starker Regen, Unwetter* ▸ sein: was ist für ~?; wie ist das ~?; zusammenbrauen: ein schlechtes ~ braut sich zusammen ▸ frühlingshaftes, herbstliches, sommerliches, winterliches ~; gutes, herrliches, kühles, regnerisches, schlechtes, schönes, stürmisches, warmes ~ ▸ bei schönem ~ machen wir einen Ausflug; bei schlechtem ~ findet das Konzert im Saal statt

Wet|ter|be|richt ‹der; -(e)s, -e› *meteorologischer Bericht über das Wetter u. seine wahrscheinliche Entwicklung* ▸ laut ~ soll es morgen regnen

wet|ter|be|stän|dig ‹Adj.› *unempfindlich gegen Einwirkungen des Wetters;* Syn *wetterfest* ▸ ~e Schuhe

Wet|ter|frosch ‹der; -(e)s, -frö|sche; übertr.; umg.; scherzh.› *Meteorologe* ▸ was sagt denn der ~?

wet|ter|füh|lig ‹Adj.› *bei Wetteränderung empfindlich reagierend;* Abl *Wetterfühligkeit*

Wet|ter|kar|te ‹die; -, -n› *Landkarte, auf der alle Faktoren des Wetters eingezeichnet sind*

Wet|ter|kun|de ‹die; -; unz.› = *Meteorologie*

Wet|ter|la|ge ‹die; -, -n› *Zustand des Wetters*

Wet|ter|leuch|ten ‹das; -s; unz.› *Aufleuchten entfernter Blitze*

wet|tern ‹V. intr.; wet|tert, wet|ter|te, hat ge|wet|tert; übertr.; umg.› auf, gegen oder über jmdn. od. etwas ~ *auf jmdn. od. etwas schimpfen*

Wet|ter|vor|her|sa|ge ‹die; -, -n› *Vorhersage der wahrscheinlichen Entwicklung des Wetters;* Syn *Wetterprognose* ▸ im Radio die ~ hören

Wett|kampf ‹der; -(e)s, -kämp|fe› *Kampf um die beste sportliche Leistung od. die Meisterschaft* ▸ an einem ~ teilnehmen; Abl *Wettkämpfer(in)*

Wett|lauf ‹der; -(e)s, -läu|fe› *Lauf, um zu prüfen, wer der schnellste Läufer ist* ▸ es wird ein ~ mit der Zeit ‹übertr.› *die Zeit ist äußerst knapp*

wett|ma|chen ‹V. trans.; macht wett, mach|te wett, hat wett|ge|macht, wett|zu|ma|chen› etwas ~ *wiedergutmachen, ausgleichen* ▸ einen Fehler, einen Verlust (wieder) ~

Wett|ren|nen ‹das; -s, -› *Rennen um die Wette, Wettlauf* ▸ ein ~ veranstalten; ein ~ um die besten Plätze ‹übertr.; umg.› *heftiges Bemühen*

Wett|rüs|ten ‹das; -s; unz.› *verstärktes Rüsten mehrerer Staaten, um einander nicht unterlegen zu sein;* Syn *Rüstungswettlauf*

Wett|streit ‹der; -(e)s, -e› *Bemühung, einen anderen od. andere zu übertreffen;* Abl *wettstreiten*

wet|zen ‹V.› **I** ‹V. trans.; wetzt, wetz|te, hat gewetzt› ein Messer, eine Sense ~ *schleifen, schärfen* **II** ‹V. intr.; wetzt, wetz|te, ist ge|wetzt; umg.› irgendwohin ~ *schnell laufen, rennen*

WG ‹die; -, -s; umg.; Abk. für› *Wohngemeinschaft*

Whirl|pool® ‹[wœ:lpu:l] der; -s, -s› *kleines Wasserbecken mit sprudelndem Wasser (für Massage)*

Whis|key ‹[vɪski] od. engl. [wɪskɪ] der; -s, -s› *irischer od. amerikanischer Whisky*

Whis|ky ‹[vɪski] od. engl. [wɪskɪ] der; -s, -s› *goldgelber Kornbranntwein;* →a. *Whiskey*

wich → *weichen*

wich|sen ‹[-ks-] V.; wichst, wichs|te, hat gewichst› **I** ‹V. trans.› Schuhe ~ *eincremen u. glänzend machen* **II** ‹V. intr.; derb› *onanieren*

Wicht ‹der; -(e)s, -e› **1** *Kobold, Zwerg* **2** *kleiner Kerl* (von Kindern) ▸ armseliger ~ *Kerl*

Wich|tel ‹der; -s, -› *Kobold, Zwerg*

wich|teln ‹V. intr.; wich|telt, wich|tel|te, hat gewich|telt› *sich zu Weihnachten in einer Gruppe (nach geheimer Ziehung) gegenseitig beschenken*

wich|tig ‹Adj.› **1** *wesentlich, bedeutend, schwerwiegend* **2** *einflussreich* **3** ‹übertr.› *bedeutend erscheinend, bedeutend tuend* ▸ eine ~e Arbeit, Aufgabe, Nachricht, Neuigkeit; ich muss noch einen ~en Brief schreiben; ein ~er Mann, eine ~e Persönlichkeit; mit ~er Miene sagte sie … ‹übertr.› ▸ eine Sache ~ nehmen *einer S. zu viel Bedeutung beimessen;* er nimmt sich sehr, zu ~; sein: das ist nicht (so) ~; es ist mir sehr ~, zu wissen, ob du kommst; die Sache ist sehr ~ für ihn; sich ~ vorkommen ▸ etwas für ~ halten

Wich|tig|keit ‹die; -; unz.› *wichtige Beschaffenheit, Bedeutung* ▸ einer Sache große ~ beimessen *eine S. für sehr wichtig halten;* das ist von großer ~

Wich|tig|tu|e|rei ‹die; -; unz.› *Benehmen, Gehabe, als ob das, was man tut od. weiß, besonders wichtig sei;* Abl *Wichtigtuer(in); wichtigtuerisch*

Wi|cke ‹die; -, -n; Bot.› *eine Pflanze, die sich um andere Pflanzen schlingt u. emporwächst*

Wi|ckel ‹der; -s, -› **1** *Zusammengerolltes, Bündel, Knäuel* **2** *Spule, Rolle;* Zus *Garnwickel, Lockenwickel* **3** ‹Med.› *Packung, Umschlag;* Zus *Halswickel, Wadenwickel* ▸ jmdn. beim ~ kriegen ‹übertr.; umg.› *jmdn. tadeln, ausschelten*

wi|ckeln ‹V. trans.; wi|ckelt, wi|ckel|te, hat ge|wickelt› **1** etwas (um etwas) ~ *rollen, um etwas schlingen;* Zus *Wickelrock* **2** ein Kind ~ *einem K. frische Windeln umlegen;* Zus *Wickelkommode, Wickelraum, Wickeltisch* ▸ einen Faden, ein Band auf, um eine Rolle ~; sich in eine Decke ~; etwas in Papier ~; sich einen Schal um den

Hals ~; einen Bindfaden um ein Paket ~; das Haar zu Locken ~ ▸ das Kind ist gerade frisch gewickelt; →a. *schiefgewickelt*

Wid|der ⟨der; -s, -⟩ **1** ⟨Zool.⟩ *männliches Schaf, Schafbock* **2** ⟨Astron.; Astrol.⟩ *ein Sternbild*

wider/wieder

Oft werden ***wider*** und ***wieder*** wegen der identischen Aussprache gerade in Zusammensetzungen verwechselt. Die seltene, mit dem Akkusativ gebrauchte Präposition ***wider*** bedeutet „gegen“: *Das ist wider die Regeln. Sie handelt wider die Abmachung.* Häufiger kommt ***wider*** in Zusammensetzungen wie *Widerwillen, widerwillig, widerfahren, widerlegen* oder *widerspiegeln* vor. Dagegen bedeutet das Adverb ***wieder*** „noch einmal, erneut“: *Er hat wieder gegen die Regeln verstoßen. Sie ist schon wieder gefallen.* Mit ***wider*** hat ***wieder*** gemein, dass es häufig Teil von Zusammensetzungen wie *Wiederkehr, Wiederholung, wiederbeleben* oder *wiederbringen* ist. Einige Verbzusammensetzungen mit ***wieder*** können getrennt oder zusammengeschrieben werden. In der Regel erkennt man dies an der Betonung, denn wenn das Verb nach ***wieder*** stärker betont wird, schreibt man getrennt: *wieder aufarbeiten, wieder einfallen.* Wird dagegen ***wieder*** stärker betont, so schreibt man zusammen: *wiederentdecken, wiedergeben.* Es gibt aber auch Verbverbindungen, die zusammen- oder getrennt geschrieben werden können: *wiedereinführen / wieder einführen, wiederverheiraten / wieder verheiraten.*

wi|der ⟨Präp. m. Akk.; veraltet, noch poet. u. in bestimmten Wendungen⟩ *gegen* ▸ ~ alle Gepflogenheiten; etwas ~ Willen tun *ungern*

wi|der..., Wi|der... ⟨in Zus.⟩ *gegen..., Gegen..., zurück..., Zurück...*

wi|der|bors|tig ⟨Adj.⟩ *widerspenstig, kratzbürstig;* Abl *Widerborstigkeit*

wi|der|fah|ren ⟨V. intr.; wi|der|fährt, wi|der|fuhr, ist wi|der|fah|ren⟩ jmdm. ~ *geschehen, zustoßen* ▸ ihm ist ein Unglück ~; jmdm. Gerechtigkeit ~ lassen *jmdn. gerecht beurteilen u. behandeln*

Wi|der|ha|ken ⟨der; -s, -⟩ *Haken, bei dem die zurückgebogene Spitze eingestoßen wird, so dass ein Zurückziehen od. -drehen nicht möglich ist*

Wi|der|hall ⟨der; -(e)s; unz.⟩ = *Echo (1)* ▸ seine Rede, sein Vorschlag fand (keinen) ~ ⟨übertr.⟩

wi|der|hal|len ⟨V. intr.; hallt wi|der, hall|te wi|der, hat wi|der|ge|hallt, wi|der|zu|hal|len⟩ **1** *zurückklingen* (Schall) **2** *den Schall, Ton zurückgeben* ▸ dumpf ~; aus den Bergen hallt das Echo wider

wi|der|le|gen ⟨V. trans.; wi|der|legt, wi|der|leg|te, hat wi|der|legt⟩ **1** eine Behauptung ~ *beweisen, dass eine B. falsch ist;* Abl *widerlegbar* **2** jmdn. ~ *beweisen, dass jmds. Behauptungen nicht zutreffen* ▸ einen Einwand ~; Abl *Widerlegung*

wi|der|lich ⟨Adj.⟩ **1** *abstoßend, ekelhaft* (Geruch, Geschmack, Anblick) **2** ⟨übertr.⟩ *hässlich, gemein, sehr unangenehm* ▸ er ist ein ~er Mensch ⟨übertr.⟩; ich finde das ~

Wi|der|ling ⟨der; -s, -e; umg.; abwertend⟩ *jmd., den man widerlich findet, abstoßender Mensch*

wi|der|na|tür|lich ⟨Adj.⟩ *gegen das natürliche Empfinden verstoßend;* Abl *Widernatürlichkeit*

Wi|der|part ⟨der; -(e)s, -e⟩ *Widersacher, Gegner*

wi|der|recht|lich ⟨Adj.⟩ *zu Unrecht, ungesetzlich* ▸ ~er Gebrauch; sich etwas ~ aneignen; Abl *Widerrechtlichkeit*

Wi|der|re|de ⟨die; -, -n⟩ *Widerspruch* ▸ keine ~!; er duldet keine ~; etwas ohne ~ hinnehmen

Wi|der|ruf ⟨der; -(e)s, -e⟩ *das Zurücknehmen (einer Anordnung), Ungültigkeitserklärung* ▸ das Betreten der Firma ist (bis) auf ~ verboten

wi|der|ru|fen ⟨V. trans.; wi|der|ruft, wi|der|rief, hat wi|der|ru|fen⟩ **1** einen Befehl, eine Erlaubnis ~ *für ungültig erklären, zurücknehmen* **2** eine Aussage, Nachricht ~ *für falsch erklären, dementieren*

Wi|der|sa|cher ⟨der; -s, -⟩ *Gegner, Gegenspieler, Feind;* Abl *Widersacherin*

wi|der|set|zen ⟨V. refl.; wi|der|setzt sich, wi|der|setz|te sich, hat sich wi|der|setzt⟩ **1** sich jmdm. ~ *jmdm. Widerstand leisten* **2** sich einem Befehl ~ *ihn nicht ausführen wollen;* Abl *widersetzlich*

wi|der|sin|nig ⟨Adj.⟩ *unsinnig, unlogisch, gegen die Vernunft;* Abl *Widersinn, Widersinnigkeit*

wi|der|spens|tig ⟨Adj.⟩ **1** *Widerstand leistend* (Kind, Tier, bes. Esel od. Pferd), *eigensinnig* **2** *schwer zu handhaben* ▸ ~es Haar; Abl *Widerspenstigkeit*

wi|der|spie|geln ⟨V.; spie|gelt wi|der, spie|gel|te wi|der, hat wi|der|ge|spie|gelt, wi|der|zu|spie|geln⟩ **I** ⟨V. trans.⟩ etwas ~ **1** *als Spiegelbild zeigen, zurückwerfen* **2** ⟨übertr.⟩ *verdeutlichen, zeigen* ▸ das Gemälde spiegelt diese Zeit wider ⟨übertr.⟩ **II** ⟨V. refl.; übertr.⟩ sich in etwas ~ *sich (als Wirkung) zeigen* ▸ all das spiegelt sich in dem Roman wider; Abl *Widerspieg(e)lung*

wi|der|spre|chen ⟨V.; wi|der|spricht, wi|der|sprach, hat wi|der|spro|chen⟩ **I** ⟨V. intr.⟩ **1** jmdm. od. einer Sache ~ *Einspruch erheben, das Gegenteil behaupten* **2** einer Sache ~ *das Gegenteil aussagen, zeigen, sehen lassen* ▸ einer Behauptung, Meinung, einem Vorwurf ~; hier muss ich Ihnen ~, die Sache ist anders; die Zeugen widersprachen sich gegenseitig; einander ~de Nachrichten **II** ⟨V. refl.⟩ sich (selbst) ~ *eine einer früheren Aussage entgegengesetzte Äußerung tun*

Wi|der|spruch ⟨der; -(e)s, -sprü|che⟩ **1** *Behauptung des Gegenteils, Einspruch;* Abl *widerspruchslos* **2** *mit einer anderen Tatsache unvereinbare Tatsache;* Abl *widerspruchsvoll* ▸ keinen ~ **dulden;** ~ gegen ein Rechtsurteil **einlegen;** (jeden) ~ **zurückweisen** ▸ **heftiger** ~ ▸ **auf** ~ stoßen; erhebt sich **dagegen** ~?; **in** ~ zu etwas geraten; im ~ zu etwas stehen; seine Handlungsweise steht im ~ zu seinen Worten, Versprechungen; sich in Widersprüche verwickeln *einander widersprechende Aussagen machen;* etwas **ohne** ~ anhören; jmdn. **zum** ~ reizen

wi|der|sprüch|lich ⟨Adj.⟩ *einander widersprechend, einen Widerspruch enthaltend* ▸ ~e Aussagen machen; Abl *Widersprüchlichkeit*

Wi|der|stand ⟨der; -(e)s, -stän|de⟩ **1** *das Sichwidersetzen, Gegenwehr, Abwehr* **2** ⟨kurz für⟩ *Widerstandsbewegung;* Zus *Widerstandskämpfer(in)* **3** *Kraft, die einer Bewegung entgegenwirkt* **4** ⟨El.⟩ **4.1** *Materialeigenschaft, die angibt, inwieweit das Material den Stromfluss behindert* **4.2** *elektrisches Bauelement, das den Stromfluss herabsetzt* ▸ den ~ **aufgeben;** jmds. ~ **brechen;** (jmdm.) ~ **leisten;** den ~ **organisieren** ▸ **aktiver** ~ *W. mit Gewaltanwendung;* **bewaffneter** ~; **erbitterter,** heftiger ~; **passiver** ~ *gewaltlose Nichtbefolgung von Befehlen* ▸ **auf** ~ stoßen; ~ **gegen** die Staatsgewalt *W. gegen einen Polizisten durch Drohung od. Gewalt;* **im** ~ aktiv sein; er ließ sich **ohne** ~ festnehmen; **zum** ~ aufrufen

Wi|der|stands|be|we|gung ⟨die; -, -en⟩ *organisierter Widerstand gegen ein Regime, bes. gegen den Nationalsozialismus*

wi|der|stands|fä|hig ⟨Adj.⟩ *abgehärtet, nicht anfällig für etwas* ▸ ~ gegen Ansteckung; ~ gegen Witterungseinflüsse; Abl *Widerstandsfähigkeit*

Wi|der|stands|kraft ⟨die; -, -kräf|te⟩ *Kraft, Fähigkeit, Widerstand zu leisten*

wi|der|stands|los ⟨Adj.⟩ *ohne Widerstand, ohne sich zu wehren* ▸ er ließ sich ~ festnehmen

wi|der|ste|hen ⟨V. intr.; wi|der|steht, wi|der|stand, hat wi|der|stan|den⟩ **1** einer Sache ~ *eine S. nicht tun, obwohl man es gern möchte, einer S. nicht nachgeben* **2** jmdm. ~ **2.1** *sich von jmdm. nicht verführen lassen* **2.2** *zuwider sein* (nur von Sachen, bes. Speisen) ▸ einer Versuchung ~; einer Sache nicht ~ können; ich kann dieser Torte nicht ~ ⟨umg.⟩ *ich muss ein Stück dieser Torte essen, sie verlockt mich zu sehr;* ich konnte der Verlockung nicht ~, es zu tun

wi|der|stre|ben ⟨V. intr.; wi|der|strebt, wi|der|streb|te, hat wi|der|strebt⟩ jmdm. ~ *zuwider sein, unangenehm sein* ▸ es widerstrebt mir, so etwas zu sagen; sie ging nur ~d mit *ungern*

Wi|der|streit ⟨der; -(e)s; unz.⟩ *Gegeneinanderwirken, Kampf* ▸ im ~ der Gefühle

wi|der|wär|tig ⟨Adj.⟩ **1** *abstoßend, ekelhaft* **2** *sehr unangenehm* **3** *sehr unsympathisch* ▸ eine ~e Arbeit; ein ~er Kerl; es ist ~; Abl *Widerwärtigkeit*

Wi|der|wil|le ⟨der; -ns, -n⟩ *Ekel, Abscheu, starke Abneigung* ▸ seine unterwürfige Art erregt meinen ~n; dieser Geruch weckt ~n (in mir); einen ~n gegen eine Speise haben; etwas nur mit ~n essen, tun; mit ~n an etwas herangehen

wi|der|wil|lig ⟨Adj.⟩ **I** ⟨nur attr.⟩ *Widerwillen spüren lassend* ▸ eine ~e Antwort geben **II** ⟨nur adv.⟩ *mit Widerwillen, höchst ungern* ▸ ~ antworten; etwas ~ essen, tun; ~ gehorchen; sie ging ~ mit; er schüttelte ~ den Kopf

Wi|der|wort ⟨das; -(e)s, -e⟩ *Widerspruch* ▸ jmdm. ~e geben *jmdm. (energisch) widersprechen*

wid|men ⟨V.; wid|met, wid|me|te, hat ge|wid|met⟩ **I** ⟨V. trans.⟩ jmdm. od. einer Sache etwas ~ *zueignen, darbringen, schenken* ▸ jmdm. ein Buch ~ *als Zeichen der Freundschaft od. Verehrung zueignen;* sein Leben der Kunst, der Wissenschaft ~; seine Zeit einer Sache ~ *sie mit einer S. verbringen* **II** ⟨V. refl.⟩ sich jmdm. od. einer Sache ~ *sich eingehend mit jmdm. od. einer S. beschäftigen* ▸ sie widmet sich ganz ihrem Hobby

Wid|mung ⟨die; -, -en⟩ *persönliche Zueignung, (handschriftliche od. gedruckte) Inschrift in einem Buch, mit der dieses jmdm. gewidmet wird*

wid|rig ⟨Adj.⟩ *hemmend, behindernd, ungünstig* ▸ sich unter ~en Umständen durchsetzen

wid|ri|gen|falls ⟨Adv.⟩ **1** *wenn nicht* **2** *falls dies nicht eintritt, im entgegengesetzten Fall*

Wid|rig|keit ⟨die; -, -en⟩ **I** ⟨unz.⟩ *widrige Beschaffenheit* ▸ die ~ der Umstände **II** ⟨zählb.⟩ *widriger Umstand* ▸ alle ~en überwinden

wie[1] ⟨Interrogativadv.⟩ **I** ⟨in direkten u. indirekten Fragen⟩ **I.I** ⟨allein stehend⟩ ~?, ~ bitte? *was hast du, was haben Sie gesagt?;* das war doch sehr schön, ~? ⟨umg.⟩ *nicht wahr?* **I.II** ⟨mit Verben⟩ *auf welche Weise?* ▸ ~ **gefällt** Ihnen das Buch?; ~ **geht's,** ~ geht es dir?; ~ **kommt** es, dass sie weint? *warum weint sie?;* ~ **macht** man das?; er erzählte, ~ er es gemacht hatte; ~ **meinen** Sie das?; **sein:** ~ wäre es, wenn wir ins Kino gingen? **I.III** ⟨mit Adj.⟩ *in welchem Maß?* ▸ ~ **alt** ist er?; ~ **hoch** ist dieser Berg?; ~ **spät** ist es? *wie viel Uhr ist es?;* ~ **viel** *welche Anzahl?, welche Menge?;* ~ viel(e) Einwohner hat Hamburg?, ich muss erst nachsehen, ~ viel Geld ich noch habe; ~ viel ist, macht drei mal vier?; ~ viele Mal(e); ⟨aber⟩ →a. *wievielmal;* ~ **weit** ist es bis zum Museum? **I.IV** ⟨mit Adv.⟩ ~ **lange** dauert es noch?; ~ **oft** bist du dort gewesen?; ich weiß nicht, ~ oft ich ihm das schon verboten habe ⟨in Ausrufen⟩ **II** ⟨in Ausrufen⟩ **II.I** ⟨allein stehend⟩ *wirklich?* ▸ ~! *(Ausruf des Erstaunens);* ~, hat er das wirklich gesagt? **II.II** ⟨vor Verben⟩ *sehr, so* ▸ ~ habe ich mich **gefreut,** als ich sie sah; ~ haben wir **gelacht,** als … *wir haben sehr gelacht* **II.III** ⟨vor Adj.⟩ ~ **froh** waren sie, als alle zurück waren; ~ **merkwürdig!** *das ist sehr merkwürdig!;* ~ **schrecklich!** *das ist ja schrecklich!;* ~ **viel** *sehr viel, so viel;* und ~ viel das gekostet hat! *das hat sehr viel gekostet* **II.IV** ⟨mit Adv.⟩ ~ **oft** habe ich dir das schon gesagt! *ich habe es dir schon so oft gesagt!;* ~ **schade!** *das ist sehr schade;* ~ **sehr** würde ich mich freuen, wenn du kämst; **und** ~! *(als Antwort) ja, sehr!*

wie[2] ⟨Konj.⟩ **I** ⟨vergleichend⟩ *im gleichen Maße, in der Art eines, einer …, gleich einem, einer …* **I.I** ⟨vor Pronomen⟩ es ist einer ~ der **andere;** in einem Falle ~ **diesem** muss man handeln; ein Mann ~ **er;** das kannst du so gut ~ **ich** **I.II** ⟨vor Substantiven⟩ stark ~ ein **Bär;** sie ist (ebenso) hübsch ~ ihre **Schwester;** S ~ **Siegfried** *(beim Buchstabieren, bes. am Telefon) gleich* **I.III** ⟨mit Verben⟩ ~ sich's **gehört** *in der Art guter Manieren;* ~ **gehabt** ⟨umg.⟩ *so wie bereits zuvor;* ~ man **sagt,** hat er … *die Leute sagen, er habe …;* ~ (schon) gesagt, habe ich … *um es noch einmal zu wiederholen;* ~ man **sieht,** ist alles noch beim

Alten; ~ dem auch sei, wir wollen es (trotzdem) versuchen *ganz gleich;* alles bleibt, ~ es war; ich weiß, ~ es ist, wenn …; so ~ er nun einmal ist; schlau, ~ er ist, hat er … *da er schlau ist …* **I.IV** ‹vor Adj.› der Schrank ist so breit ~ hoch; der Schrank sieht wieder aus ~ neu *als ob er neu wäre;* ~ reich er auch sein mochte, er konnte doch nicht helfen *obwohl er so reich war;* er ist so gut ~ taub *er ist fast ganz taub* **I.V** ‹vor Adv., Konj. u. Abtönungspartikeln› das musst du anders machen! ~ denn?; es ist noch alles so ~ früher; es war so schön ~ noch nie; und es war, ~ schon so oft …; ~ wenn ‹umg.; besser› *als ob;* es war, ~ wenn Schritte über den Flur tappten **II** ‹temporal, im Präs.; im Prät. nur: „als"› und ~ ich aus dem Fenster schaue, sehe ich…

Wie ‹das; -; unz.› das ~ *die Art u. Weise, die Form* ▸ es kommt nicht nur auf das Was, sondern auch auf das ~ an

wie|der ‹Adv.› *aufs Neue, noch einmal* ▸ ~ aufarbeiten = *wiederaufbereiten;* ~ eingliedern = *wiedereingliedern;* er hat ~ Fieber; sie hat es ~ nicht gemacht; sein: er ist ~ da ‹umg.› *zurück(gekommen);* da bin ich ~!; ich bin gleich ~ da; ~ tun *erneut tun, wiederholen;* das darf nicht ~ vorkommen ▸ hin und ~ *ab und zu, manchmal;* immer und immer ~; das darfst du nie ~ tun; einmal und nie ~!; er versuchte es ~ und ~ *immer (wieder) aufs Neue;* Zus *wieder aufführen / wiederaufführen, wieder eröffnen / wiedereröffnen*

wie|der…, Wie|der… ‹in Zus.; Betonung liegt auf der ersten Silbe› **1** *zurück…, Zurück…, Rück…,* z. B. wiederbekommen, wiederbringen, wiedererstatten, wiedergrüßen, wiederhaben, Wiedereroberung **2** *von neuem, erneut,* z. B. wiederentdecken, wiederfinden, wiederkriegen **3** *(wenn der zweite Bestandteil in dieser Form od. Bedeutung nicht selbstständig vorkommt),* z. B. wiederkäuen, wiederkehren

Wie|der|auf|bau ‹der; -(e)s; unz.› *neuer Aufbau* ▸ ~ einer zerstörten Stadt; Abl *wiederaufbauen*

wie|der|auf|be|rei|ten ‹V. trans.; be|rei|tet wie|der auf, be|rei|te|te wie|der auf, hat wie|der|auf|be|rei|tet, wie|der|auf|zu|be|rei|ten› etwas ~ *in einer Wiederaufbereitungsanlage behandeln;* Syn *wieder aufarbeiten* ▸ Kernbrennstoffe ~; Abl *Wiederaufbereitung*

Wie|der|auf|be|rei|tungs|an|la|ge ‹die; -, -n› *Anlage, in der abgebrannte Kernbrennstoffe in wiederverwendbare Anteile u. radioaktive Abfälle zerlegt werden;* Syn *Wiederaufarbeitungsanlage*

wie|der|auf|er|ste|hen ‹V. intr.; er|steht wie|der auf, erstand wie|der auf, ist wie|der|auf|er|standen, wie|der|auf|zu|er|ste|hen; verstärkend› *auferstehen* ▸ Christus ist von den Toten wiederauferstanden; Abl *Wiederauferstehung*

Wie|der|auf|nah|me ‹die; -; unz.› *das Wiederaufnehmen, der erneute Beginn (von Arbeiten, Strafprozessen);* Abl *wiederaufnehmen / wieder aufnehmen;* Zus *Wiederaufnahmeverfahren*

wie|der|be|le|ben ‹V. trans.; be|lebt wie|der, be|leb|te wie|der, hat wie|der|be|le|bt, wie|der|zu|be|le|ben› **1** jmdn. ~ *wieder zum Leben erwecken* **2** ‹übertr.› etwas ~ *zu neuem Leben erwecken* ▸ ein Unfallopfer ~; eine Tradition ~ wollen; Abl *Wiederbelebung;* Zus *Wiederbelebungsversuch*

wie|der|ein|glie|dern *auch:* **wie|der ein|glie|dern** ‹V. trans.; glie|dert wie|der ein, glie|der|te wie|der ein, hat wie|der|ein|ge|glie|dert, wie|der|ein|zu|glie|dern› Straftäter ~ *erneut in die Gesellschaft eingliedern;* Abl *Wiedereingliederung*

wie|der|er|ken|nen ‹V. trans.; er|kennt wie|der, er|kann|te wie|der, hat wie|der|er|kannt, wie|der|zu|er|ken|nen› jmdn. od. etwas ~ *nach langer Abwesenheit erkennen, aufs Neue erkennen* ▸ er hatte sich so verändert, dass ich ihn kaum wiedererkannt hätte; Abl *Wiedererkennung*

wie|der|er|we|cken ‹V. trans.; er|weckt wie|der, er|weck|te wie|der, hat wie|der|er|we|ckt, wie|der|zu|er|we|cken; übertr.› etwas ~ *erneut in Angriff nehmen, wiederbeleben*

Wie|der|ga|be ‹die; -; unz.› **1** *Rückgabe, Erstattung* **2** *Darstellung* (eines Musikstücks, einer Geschichte) **3** *das Abspielen aufgezeichneten Bild-, Tonmaterials* ▸ falsche, genaue, richtige, wörtliche ~ eines Textes, einer Aussage; der Lautsprecher hat eine gute, schlechte, exzellente ~

wie|der|ge|ben ‹V. trans.; gibt wie|der, gab wie|der, hat wie|der|ge|ge|ben, wie|der|zu|ge|ben› **1** jmdm. etwas ~ *zurückgeben* **2** etwas ~ *darstellen, berichten, erzählen, schildern* **3** etwas ~ *aufgezeichnetes Bild-, Tonmaterial abspielen* ▸ können Sie mir 2 Euro (Wechselgeld) ~?; bitte leg die 10 Euro aus, ich gebe sie dir später wieder; einem Gefangenen seine Freiheit ~ ▸ einen Vorgang falsch, richtig, entstellt, verzerrt ~; er hat die Stimmung gut wiedergegeben; einen Text sinngemäß ~; ein Gespräch wörtlich ~ ▸ etwas in eigenen Worten ~

Wie|der|ge|burt ‹die; -, -en› **1** ‹in manchen Religionen› *nochmalige Geburt zu einer neuen irdischen Existenz* **2** ‹übertr.› *Erneuerung* ▸ die ~ der Antike im Mittelalter; Abl *wiedergeboren*

wie|der|ge|win|nen ‹V. trans.; ge|winnt wie|der, ge|wann wie|der, hat wie|der|ge|won|nen, wie|der|zu|ge|win|nen› **1** jmdn. od. etwas ~ *zurückgewinnen* **2** etwas ~ *nutzbares Material aus Abfällen herausholen* ▸ seine gute Laune, seine Fassung ~; Rohstoffe ~; Abl *Wiedergewinnung*

wie|der|gut|ma|chen ‹V. trans.; macht wie|der|gut, mach|te wie|der|gut, hat wie|der|gut|ge|macht, wie|der|gut|zu|ma|chen› etwas ~ *gutmachen, ersetzen, erstatten* ▸ einen Schaden ~; wie kann ich das nur ~?; Abl *Wiedergutmachung*

wie|der|her|stel|len ‹V. trans.; stellt wie|der her, stell|te wie|der her, hat wie|der|her|ge|stellt, wie|der|her|zu|stel|len› **1** etwas ~ *in den alten Zustand versetzen* **2** jmdn. ~ *gesundmachen* ▸ etwas originalgetreu ~; Abl *Wiederherstellung*

wie|der|hol|bar ‹Adj.› *so beschaffen, dass man es wiederholen kann;* Abl *Wiederholbarkeit*

wie|der|ho|len ‹V. trans.; holt wie|der, hol|te wie|der, hat wie|der|ge|holt, wie|der|zu|ho|len› sich etwas ~ *zurückholen* ▸ mein Ball ist in den Garten gefallen, aber ich hole ihn mir wieder

wie|der|ho|len ⟨V.; wie|der|holt, wie|der|hol|te, hat wie|der|holt⟩ **I** ⟨V. trans.⟩ etwas ~ **1** *erneut sagen od. tun* **2** *nochmals durchlaufen* **3** ⟨TV⟩ *nochmals senden* **4** *noch einmal durchgehen, lernen* (Unterrichtsstoff) ▸ jmds. Worte ~; eine Klasse, ein Schuljahr ~; eine Klausur, Prüfung ~; den Stoff der letzten Woche ~; die Sendung wird am Dienstag wiederholt; Abl *Wiederholung* **II** ⟨V. refl.⟩ sich ~ **1** *erneut, wieder u. wieder geschehen* **2** *erneut, wieder u. wieder äußern* ▸ du wiederholst dich, das hast du schon einmal gesagt; der Wechsel der Jahreszeiten wiederholt sich jährlich

wie|der|holt **I** ⟨Part. Perf. von⟩ *wiederholen* **II** ⟨Adj.⟩ *mehrmalig, mehrmals, öfter* ▸ trotz ~er Anstrengungen gelang es ihm nicht; ich habe Sie ~ darum gebeten, dies nicht zu tun

Wie|der|ho|lungs|fall ⟨der; -(e)s, -fäl|le; Amtsdt.⟩ im ~ *falls dasselbe nochmals geschieht*

Wie|der|ho|lungs|zei|chen ⟨das; -s, -; Zeichen: |: u. :|⟩ *Zeichen am Anfang u. Ende des Teils eines Musikstücks, um anzugeben, dass die Stelle wiederholt werden soll;* →a. *Tilde*

Wie|der|hö|ren ⟨das; -s; unz.⟩ *nochmaliges Hören* ▸ auf/Auf ~! *(Abschiedsgruß am Telefon)*

Wie|der|in|stand|set|zung ⟨die; -, -en⟩ *Reparatur*

wie|der|käu|en ⟨V. trans. u. V. intr.; käut wie|der, käu|te wie|der, hat wie|der|ge|käut, wie|der|zu|käu|en⟩ **1** (Futter) ~ *aus dem Magen ins Maul zurückbringen u. noch einmal kauen* (bei Wiederkäuern) **2** ⟨übertr.; umg.⟩ etwas ~ *in monotoner Form wiederholen* ▸ die Kühe liegen im Gras und käuen wieder; eine Lektion, den Lehrstoff ~ ⟨übertr.; umg.⟩

Wie|der|käu|er ⟨der; -s, -; Zool.⟩ *ein Paarhufer mit mehreren Magenabschnitten (z. B. Kuh), bei dem die Nahrung bei der Verdauung oft mehrmals in die Mundhöhle zurückkehrt*

Wie|der|kehr ⟨die; -; unz.⟩ *das Wiederkehren* ▸ ~ eines Gedenktags *jährl. Eintreten eines G.*

wie|der|keh|ren ⟨V. intr.; kehrt wie|der, kehr|te wie|der, ist wie|der|ge|kehrt, wie|der|zu|keh|ren⟩ **1** *zurückkehren, zurückkommen* **2** *sich jähren, erneut eintreten* (Gedenktag, Festtag) **3** *sich wiederholen* ▸ diese Gelegenheit kehrt nie wieder; er ist aus dem Krieg nicht wiedergekehrt

wie|der|kom|men ⟨V. intr.; kommt wie|der, kam wie|der, ist wie|der|ge|kom|men, wie|der|zu|kom|men⟩ *zurückkommen, noch einmal kommen* ▸ Herr X ist nicht da, können Sie nicht noch einmal ~?; komm bald wieder!

Wie|der|schau|en ⟨nur in der Wendung⟩ auf/Auf ~! *(Abschiedsgruß)*

wie|der|se|hen ⟨V. trans.; sieht wie|der, sah wieder, hat wie|der|ge|se|hen, wie|der|zu|se|hen⟩ jmdn. ~ *nochmals mit jmdm. zusammentreffen* ▸ ich habe ihn nach 15 Jahren wiedergesehen; wann sehen wir uns wieder?

Wie|der|se|hen ⟨das; -s, -; Pl. selten⟩ *nochmaliges Zusammentreffen (zweier od. mehrerer Personen)* ▸ es war ein fröhliches, lustiges, trauriges, überraschendes ~; bei unserem letzten ~; auf/Auf ~! *(Abschiedsgruß);* jmdm. auf/Auf ~ sagen *sich von jmdm. verabschieden;* auf baldiges ~! *(Abschiedsgruß);* Zus *Wiedersehensfreude*

wie|der|tref|fen ⟨V. trans.; trifft wie|der, traf wieder, hat wie|der|ge|trof|fen, wie|der|zu|tref|fen⟩ jmdn. ~ *jmdn. (nach langer Zeit) erneut treffen* ▸ jmdn. zufällig ~

wie|de|r|um ⟨Adv.⟩ **1** *nochmals* **2** ⟨übertr.⟩ *andererseits* ▸ als ich ihn ~ fragte, antwortete er …; ich habe ihm geraten, es zu tun, er ~ ist der Meinung, es sei besser, es nicht zu tun

Wie|der|ver|ei|ni|gung ⟨die; -; unz.⟩ **1** *erneute Vereinigung* **2** *Vereinigung von BRD u. DDR 1990* ▸ die deutsche ~; Abl *wiedervereinigen*

wie|der|ver|wen|den ⟨V. trans.; ver|wen|det wieder, ver|wand|te/ver|wen|de|te wie|der, hat wieder|ver|wandt/wie|der|ver|wen|det, wie|der|zu|ver|wen|den⟩ etwas ~ *erneut, nochmals verwenden* ▸ eine Dose, einen Karton ~; Abl *Wiederverwendung; wiederverwendbar*

wie|der|ver|wer|ten ⟨V. trans.; ver|wer|tet wie|der, ver|wer|te|te wie|der, hat wie|der|ver|wer|tet, wie|der|zu|ver|wer|ten⟩ etwas ~ *erneut, nochmals verwerten, wiederaufarbeiten* ▸ Altglas, Altpapier ~; Abl *Wiederverwertung; wiederverwertbar*

wie|der|wäh|len ⟨V. trans.; wählt wie|der, wähl|te wie|der, hat wie|der|ge|wählt, wie|der|zu|wählen⟩ jmdn. od. eine Partei ~ *(durch Wahl) im Amt bestätigen;* Abl *Wiederwahl*

Wie|ge ⟨die; -, -n⟩ *Kinderbett auf gerundeten Brettern, so dass es seitwärts hin- u. hergeschaukelt werden kann* ▸ ein Baby in die ~ legen; von der ~ an ⟨übertr.⟩ *von Geburt an, von klein auf*

Wie|ge|mes|ser ⟨das; -s, -⟩ *halbrundes Messer mit zwei Griffen (zum Zerkleinern von Kräutern)*

wie|gen[1] ⟨V.; wiegt, wog, hat ge|wo|gen⟩ **I** ⟨V. trans.⟩ jmdn. od. etwas ~ *auf der Waage das Gewicht von jmdm. od. etwas feststellen* ▸ einen Koffer, ein Paket ~ ▸ etwas in der Hand ~ *das Gewicht von etwas, das man in der Hand hat, schätzen* **II** ⟨V. intr.⟩ *schwer sein, Gewicht haben* ▸ der Schrank wiegt mindestens zwei Zentner ▸ ihre Argumente ~ schwer ⟨übertr.⟩ *sind stark, wichtig;* der Brief wiegt zu viel ▸ wie viel wiegst du? **III** ⟨V. refl.⟩ sich ~ *sein Gewicht auf einer Waage prüfen*

wie|gen[2] ⟨V.; wiegt, wieg|te, hat ge|wiegt⟩ **I** ⟨V. trans.⟩ jmdn. ~ *sanft, behutsam schaukeln* ▸ ein Kind in den Schlaf ~; einen ~den Gang haben *einen federnden, leicht schaukelnden G.* **II** ⟨V. refl.⟩ sich ~ *langsam hin und her bewegen* ▸ sich in den Hüften ~ (beim Gehen); sich in Sicherheit ~ ⟨übertr.⟩ *sich (allzu) sicher fühlen*

Wie|gen|lied ⟨das; -(e)s, -er⟩ *Lied (urspr. beim Schaukeln der Wiege), mit dem man ein Kind zum Einschlafen bringen will;* Syn *Schlaflied*

wie|hern ⟨V. intr.; wie|hert, wie|her|te, hat ge|wiehert⟩ **1** *Laut geben* (vom Pferd) **2** ⟨übertr.; umg.⟩ *in unangenehmer Art laut lachen* ▸ die Pferde ~; er lachte ~d ⟨übertr.; umg.⟩

Wie|ner[1] ⟨der; -s, -⟩ *Einwohner der österreichischen Hauptstadt Wien;* Abl *Wienerin; wienerisch*
Wie|ner[2] ⟨Adj.; in Eigennamen⟩ ~ Schnitzel ⟨Kochk.⟩ *dünnes, mehrfach paniertes Kalbsschnitzel;* ~ Walzer *schneller Walzer im ¾-Takt;* ~ Würstchen *langes, dünnes Brühwürstchen*
wie|nern ⟨V. trans.; wie|nert, wie|ner|te, hat gewie|nert; umg.⟩ etwas ~ *putzen, bis es glänzt*
wies → *weisen*
Wie|se ⟨die; -, -n⟩ *regelmäßig geschnittenes Grasland* ▸ über eine ~ laufen; Zus *Wiesenblume*
Wie|sel ⟨das; -s, -⟩ *ein kleiner, schneller Marder (Raubtier)* ▸ er läuft so flink wie ein ~
wie|so ⟨Interrogativadv.⟩ *warum?, wie kommt das?, wie kommt es, dass …?* ▸ ~ hast du das getan?; sag mir, ~ du das getan hast
wie viel → *wie*
wie|viel|mal ⟨Interrogativadv.⟩ *welche Anzahl von Malen;* ⟨aber⟩ wie viele Mal(e)
wie|vielt ⟨a. ['--] in der Wendung⟩ zu ~ *zu wie vielen* ▸ zu ~ habt ihr gespielt? *wie viele wart ihr?*
wie|viel|te(r, -s) ⟨Interrogativpron.⟩ *welche(r, -s) (aus einer Reihe)* ▸ in die ~ Klasse geht sie?; der Wievielte ist heute? *welches Datum haben wir?*
wie|weit ⟨Konj.⟩ *bis zu welchem Grade* ▸ ich weiß nicht, ~ er Recht hat; →a. *wie*[1] *(I.III)*
wie|wohl ⟨Konj.; geh.⟩ *obwohl*
Wi|kin|ger ⟨a. [vi-] der; -s, -⟩ *Angehöriger eines nordgermanischen Seefahrervolkes;* Syn *Normanne;* Abl *wikingisch*
wild ⟨Adj.; -er, am -es|ten⟩ **1** *im Naturzustand;* Zus *Wildbach* **1.1** *ungezähmt* (Tier); Zus *Wildkatze, Wildpferd* **1.2** *nicht angebaut* (Pflanze); Zus *wild wachsend / wildwachsend* **1.3** *unbearbeitet* (Land) **1.4** ⟨abwertend⟩ *auf niedriger Kulturstufe stehend* (Volk) **2** ⟨übertr.⟩ **2.1** *unbeherrscht* **2.2** *sehr lebhaft u. furchtlos* (Kind) **2.3** *sehr zornig* **2.4** *ungestüm, heftig* **2.5** *ordnungswidrig, nicht genehmigt* ▸ ~es Camping *unerlaubtes C.;* ~es Fleisch *an Wunden wucherndes Fleisch;* die ~esten Gerüchte sind im Umlauf ⟨übertr.; umg.⟩ *übertriebene G.;* ~es Geschrei ⟨übertr.⟩; es entbrannte ein ~er Kampf ⟨übertr.⟩; den ~en Mann spielen ⟨übertr.; umg.⟩ *sich sehr energisch gebärden;* ~es Parken *unerlaubtes P.;* ~er Streik ⟨übertr.⟩ *von der Gewerkschaft nicht genehmigter Streik;* ~e Tiere ▸ die Haare hingen ihm ~ in die Stirn ⟨übertr.⟩ *sehr unordentlich;* er schaute ~ um sich ⟨übertr.⟩; er schlug ~ um sich ⟨übertr.⟩; sein: er ist ganz ~ vor Begeisterung ⟨übertr.; umg.⟩; diese Pflanzen wachsen hier ~; werden: als er das hörte, wurde er ~ ⟨übertr.⟩ ▸ ~ auf etwas sein ⟨übertr.; umg.⟩ *etwas leidenschaftlich gern haben, sehen wollen od. essen;* er ist ganz ~ auf Eis, auf Krimis ⟨übertr.; umg.⟩; die Sachen lagen ~ durcheinander ⟨übertr.⟩; das ist halb so ~ ⟨übertr.⟩ *nicht so schlimm;* ~ lebend = *wildlebend*
Wild ⟨das; -es; unz.; Sammelbez. für⟩ **1** *jagdbare Tiere* **2** *Wildbret* ▸ er isst gern ~
Wild|bahn ⟨die; -, -en⟩ *Jagdgebiet, Jagdrevier* ▸ freie ~ *nicht umzäuntes Jagdgebiet,*
Wild|bret ⟨das; -s; unz.⟩ *Fleisch vom Wild*
Wild|dieb ⟨der; -(e)s, -e⟩ = *Wilderer*
Wil|de(r) ⟨die; -n, -n (der; -n, -n); abwertend⟩ *Angehörige(r) eines traditionellen Volkes auf niedriger Kulturstufe* ▸ er schrie, gebärdete sich wie ein ~r ⟨übertr.⟩ *unbeherrscht, zornig, wütend*
Wil|de|rer ⟨der; -s, -⟩ *jmd., der Wild erlegt, ohne dazu berechtigt zu sein;* Syn *Wilddieb*
wil|dern ⟨V. intr.; wil|dert, wil|der|te, hat ge|wildert⟩ *unberechtigt Wild erlegen* ▸ in jmds. Bereich ~ ⟨übertr.; umg.⟩ *in einem B. illegal tätig sein;* Abl *Wilderei*
Wild|fang ⟨der; -(e)s, -fän|ge; übertr.⟩ *wildes, ausgelassenes Kind*
wild|fremd ⟨Adj.⟩ *völlig fremd, völlig unbekannt* ▸ du kannst nicht mit ~en Menschen gehen
Wild|hü|ter ⟨der; -s, -⟩ *Jäger, der sich um das Wild kümmert (es im Winter ernährt, vor Seuchen u. Wilderern schützt);* Abl *Wildhüterin*
wild|le|bend *auch:* **wild le|bend** ⟨Adj.⟩ *in Freiheit, im Naturzustand lebend* ▸ ~e Tiere
Wild|le|der ⟨das; -s, -⟩ *Leder mit samtartiger Oberfläche;* Zus *Wildlederjacke, Wildlederschuhe*
Wild|nis ⟨die; -, -nis|se⟩ *wilde Gegend, Land im Naturzustand*
Wild|park ⟨der; -s, -s⟩ *Tierpark, eingefriedigtes Waldstück, in dem Wild gehalten wird*
Wild|sau ⟨die; -, -en⟩ *weibliches Wildschwein*
Wild|schwein ⟨das; -(e)s, -e⟩ *im Wald gesellig lebendes Schwein mit dichtem Fell*
Wild|wech|sel ⟨[-ks-] der; -s, -; Jägerspr.⟩ *regelmäßig begangener Pfad des Hochwildes*
Wild|west|film ⟨der; -(e)s, -e⟩ *im Westen der USA spielender Film, Western*
Wild|wuchs ⟨[-ks] der; -es, -wüch|se; Pl. selten; a. übertr.⟩ *unkontrolliertes Wachstum* ▸ ~ von Gehölzen; baulichen ~ eindämmen ⟨übertr.⟩
Wil|le ⟨der; -ns, -n⟩ **1** *feste Absicht, Vorsatz* **2** *Entschlossenheit, Wollen* **3** *Einwilligung* ▸ jmds. ~n brechen *jmdn. zwingen, sich unterzuordnen;* seinen ~n durchsetzen (wollen); den ~n haben, etwas zu tun; er soll seinen ~n haben *wir wollen tun, was er will (wenn auch nicht gern);* lass ihm doch seinen ~n! *tu doch, was er will;* sein: wo ein ~ ist, ist auch ein Weg *was man wirklich will, kann man auch erreichen* ▸ einen eigenen ~n haben *wissen, was man will;* einen eisernen ~n haben ⟨übertr.⟩; es ist mein fester ~, es zu tun; es ist freier ~, das zu tun; letzter, ⟨fachsprachl.⟩ Letzter ~ *Bestimmung für den Todesfall, Testament;* schwacher, starker ~ ▸ auf seinem ~n bestehen; etwas aus freiem ~n tun *ohne Zwang, freiwillig;* ich konnte es beim besten ~n nicht tun (obwohl ich es sehr gerne getan hätte); gegen jmds. ~n handeln; es ist gegen meinen ~n geschehen; etwas mit ~ tun *absichtlich;* mit ein wenig gutem ~n geht es schon; nach dem ~n des Künstlers; jeder nach seinem ~n; es geschah ohne Wissen und ~n des Betreffenden; wider ~n *unabsichtlich, ohne es zu wollen;* ich musste wider ~n lachen; jmdm. zu ~n sein ⟨geh.⟩ *tun, was jmd. will*

wil|len ⟨Präp. m. Gen.⟩ **1** um jmds. ~ *jmds. wegen, weil es für jmdn. gut, angenehm ist* **2** um einer Sache ~ *weil es für eine Sache gut, förderlich ist* ▸ um unserer Freundschaft, um des lieben Friedens ~; um Gottes ~! *(Ausruf des Schreckens)*

wil|len|los ⟨Adj.⟩ *ohne (eigenen) Willen* ▸ ein ~er Mensch; er ist ein ~es Werkzeug in den Händen anderer ⟨übertr.⟩; Zus *Willenlosigkeit*

wil|lens ⟨Adv.⟩ ~ sein *bereit sein, etwas zu tun*

Wil|lens|kraft ⟨die; -; unz.⟩ *Kraft, seinen Willen durchzusetzen* ▸ große ~ besitzen

wil|lens|schwach ⟨Adj.⟩ *mit einem schwachen Willen ausgestattet;* Abl *Willensschwäche*

wil|lens|stark ⟨Adj.⟩ *mit einem starken Willen ausgestattet;* Abl *Willensstärke*

wil|lent|lich ⟨Adj.⟩ *absichtlich, mit Willen*

will|fäh|rig ⟨Adj.; geh.⟩ *nachgebend, gehorsam, gefügig* ▸ jmdm. ~ sein *tun, was jmd. anders möchte;* Abl *Willfährigkeit*

wil|lig ⟨Adj.⟩ *stets bereit, etwas zu tun, bereitwillig* ▸ ein ~er Arbeiter; er, sie ist sehr ~; etwas ~ tun

...wil|lig ⟨in Zus.; zur Bildung von Adj.⟩ *bereit, etwas zu tun od. etwas mit sich geschehen zu lassen,* z. B. arbeitswillig, reisewillig, impfwillig

will|kom|men ⟨Adj.⟩ *gern gesehen, gern angenommen, erwünscht, angenehm* ▸ ~! *(als Begrüßung)* ▸ ein ~er Anlass, eine ~e Gelegenheit *ein A., eine G., den bzw. die man gern benutzt (um etwas zu tun, zu sagen);* ein ~er Gast, eine ~e Nachricht ▸ jmdn. (herzlich) ~ heißen *jmdn. sehr freundlich (u. herzlich) begrüßen;* sein: er ist mir ~ *ich werde ihn freundlich empfangen;* dein Angebot, Geschenk ist mir sehr ~ *ich nehme es gern;* du bist mir (jederzeit, stets) ~ *ich freue mich (jederzeit, stets), wenn du kommst* ▸ herzlich ~! ▸ ~ in der Heimat! *(Empfangsgruß für eine Person, die in die Heimat zurückgekehrt ist)*

Will|kom|men ⟨das od. der; -s; unz.⟩ *(freundlicher) Empfang, Begrüßung* ▸ ein fröhliches, herzliches ~; Zus *Willkommensgruß*

Will|kür ⟨die; -; unz.⟩ *Handeln nach eigenem Gutdünken ohne Rücksicht auf Gesetze od. auf die anderen, Selbstherrlichkeit* ▸ jmds. ~ preisgegeben sein; Zus *Willkürherrschaft*

will|kür|lich ⟨a. [-'--] Adj.⟩ **1** *vom Willen gelenkt* (Bewegung) **2** *selbstherrlich, ohne Rücksicht auf bes. Gegebenheiten* **3** *zufällig* ▸ eine ~e Auswahl; etwas ~ anordnen, festlegen; Abl *Willkürlichkeit*

wim|meln ⟨V. intr.; wim|melt, wim|mel|te, hat gewim|melt⟩ **1** *sich in großer Anzahl durcheinanderbewegen* **2** von etwas ~ *große, wirre Mengen von etwas enthalten* **3** ⟨unpersönl.⟩ es wimmelt von etwas *große, wirre Mengen sind in etwas enthalten* ▸ Ameisen ~ um den Baumstumpf; hier wimmelt es von Ameisen; das Buch wimmelt von Fehlern; in dem Buch wimmelt es von Fehlern

wim|mern ⟨V. intr.; wim|mert, wim|mer|te, hat ge|wim|mert⟩ *leise jammern, leise klagen, kläglich weinen* ▸ vor Schmerzen ~

Wim|pel ⟨der; -s, -⟩ **1** *kleine, schmale, dreieckige Fahne* **2** ⟨Mar.⟩ *Signalflagge*

Wim|per ⟨die; -, -n⟩ *kurzes Haar am Rand des Augenlids* ▸ ohne mit der ~ zu zucken ⟨übertr.⟩ *ohne eine Regung zu zeigen, ohne Zögern*

Wim|pern|tu|sche ⟨die; -, -n⟩ *mit einem Bürstchen aufzutragende (schwarze) Paste zum Färben der Wimpern;* Syn *Mascara*

Wind ⟨der; -(e)s, -e⟩ **1** *(stärkere) Luftbewegung, Luftzug;* Zus *Windbö, Windrichtung* **2** *Blähung* ▸ ~ und Wetter ausgesetzt *dem Wetter ungeschützt ausgesetzt* ▸ ~e abgehen lassen *Blähungen;* ein leichter ~ ist aufgekommen; er hat ~ davon bekommen ⟨übertr.; umg.⟩ *er hat etwas davon erfahren;* der ~ bläst, heult, pfeift, weht; der ~ dreht sich, nimmt zu, lässt nach, nimmt ab, springt um; mach nicht so viel ~! ⟨übertr.; umg.⟩ *mach dich nicht so wichtig* ▸ eisiger, frischer, kalter, kühler, lauer, scharfer, warmer ~; frischen ~ in etwas bringen ⟨übertr.⟩ *neuen Schwung;* auf günstigen ~ warten (beim Segeln); leichter, sanfter, starker ~; hier weht ein scharfer ~ ⟨übertr.⟩ *der Umgangston ist scharf, streng, hier herrscht strenge Disziplin* ▸ jmdm. den ~ aus den Segeln nehmen ⟨übertr.⟩ *jmds. Absicht vereiteln; jmdm. so entgegnen, dass er nichts mehr sagen kann;* bei ~ und Wetter *bei jedem Wetter;* ⟨bes.⟩ *bei schlechtem Wetter;* daher weht der ~! ⟨übertr.; umg.⟩ *so war es also gemeint!;* durch den ~ sein ⟨umg.⟩ *zerstreut sein;* gegen den ~ fahren, gehen, laufen, fliegen; in den ~ reden ⟨übertr.⟩ *reden, ohne beachtet zu werden;* eine Warnung in den ~ schlagen ⟨übertr.⟩ *unbeachtet lassen;* die Familie ist in alle ~e zerstreut ⟨übertr.⟩ *jedes Familienmitglied wohnt in einem anderen Ort od. Land;* die Fahne nach dem ~ drehen ⟨übertr.; umg.⟩ *seine Meinung ändern, so wie es am günstigsten ist;* sich den ~ um die Nase, Ohren wehen lassen ⟨übertr.; umg.⟩ *Lebenserfahrung gewinnen;* der ~ weht von Osten; er kann laufen wie der ~ ⟨übertr.⟩ *sehr schnell;* und wie der ~ war er fort ⟨übertr.⟩ *sehr schnell;* merken, woher der ~ weht ⟨übertr.; umg.⟩ *merken, was zu geschehen droht;* wissen, woher der ~ weht *wissen, was los ist*

Wind|beu|tel ⟨der; -s, -⟩ *leichtes Gebäck (aus Brandteig), das mit Sahne gefüllt ist*

wind|dicht ⟨Adj.⟩ *undurchlässig für Wind* ▸ eine ~e Jacke

Win|de ⟨die; -, -n⟩ **1** ⟨Tech.⟩ *von einer Kurbel angetriebenes Gerät zum Heben von Lasten* **2** ⟨Bot.⟩ *windendes Kraut, windender Strauch*

Win|del ⟨die; -, -n⟩ *Tuch od. (heute meist) mit Kunststofffolie umhülltes Zellstoffhöschen, das um den Unterkörper des Säuglings gewickelt wird, um Urin u. Kot aufzunehmen* ▸ er lag damals noch in den ~n *er war damals noch ein Säugling*

win|den ⟨V.; win|det, wand, hat ge|wun|den⟩ **I** ⟨V. trans.⟩ **1** etwas ~ *drehen, drehend bewegen* **2** etwas um etwas ~ *wickeln, schlingen* **3** Blumen zu einem Kranz ~ *drehend zusammenfügen, flechten* ▸ jmdm. die Waffe aus den Händen ~; Draht, Garn um eine Spule ~ **II** ⟨V. refl.⟩ **1** sich (um etwas) ~ *ranken, um etwas herum- od. an et-*

W

was hinaufwachsen (Pflanzen) **2** sich ~ *sich krümmen* (Wurm, Schlange) **3** sich (irgendwohin) ~ *in Windungen verlaufen, sich schlängeln* (Fluss, Weg) **4** ⟨übertr.; umg.⟩ sich ~ *nicht offen reden wollen* ▸ sich durch eine Lücke im Zaun ~ *sich drehend hindurchbewegen;* der Bach windet sich durch die Wiesen; der Efeu windet sich um den Baumstamm; eine Schlange wand sich um sein Bein; sich vor Schmerz ~; er wand sich vor Verlegenheit ⟨übertr.; umg.⟩

Wịnd|ener|gie ⟨die; -; unz.⟩ **1** *im Wind enthaltene Strömungsenergie* **2** *durch Windkraftanlagen erzeugte elektrische od. mechanische Energie*

Wịn|des|ei|le ⟨die; -; unz.; übertr.⟩ *große Eile* ▸ in, mit ~ *sehr schnell;* er war in ~ verschwunden

Wịnd|fang ⟨der; -(e)s, -fän|ge⟩ *kleiner Raum zwischen Haustür u. Wohnungstür*

wịnd|ge|schützt ⟨Adj.⟩ *Schutz vor dem Wind bietend* ▸ eine ~e Schlafstätte

Wịnd|hauch ⟨der; -(e)s, -e⟩ *sanfter Wind, Luftzug*

Wịnd|ho|se ⟨die; -, -n⟩ *um eine senkrechte Achse kreisender Wirbelwind*

Wịnd|hund ⟨der; -(e)s, -e⟩ **1** ⟨Zool.⟩ *Angehöriger einer kurzhaarigen, hochbeinigen Hunderasse mit schmalem Kopf u. Körper* **2** ⟨übertr.; umg.⟩ *leichtsinniger, bedenkenloser Mensch*

wịn|dig ⟨Adj.⟩ **1** *voller Luftbewegung* **2** ⟨übertr.; umg.⟩ *unsicher, nicht glaubhaft, nicht überzeugend* ▸ eine ~e Ausrede ⟨übertr.; umg.⟩; eine ~e Sache ⟨übertr.; umg.⟩; ein ~er Tag; draußen, hier oben ist es ~ *weht ein starker Wind*

Wịnd|ja|cke ⟨die; -, -n⟩ *imprägnierte Jacke, die gegen Regen u. Wind schützt*

Wịnd|jam|mer ⟨der; -s, -⟩ *großes Segelschiff*

Wịnd|kraft ⟨die; -; unz.⟩ *Erzeugung von Strom durch Nutzung der Windenergie* ▸ die Förderung von Strom aus ~; Zus *Windkraftanlage*

Wịnd|licht ⟨das; -(e)s, -er⟩ *durch Glasbehälter geschützte Kerze*

Wịnd|müh|le ⟨die; -, -n⟩ *Mühle mit vier Flügeln, urspr. zum Mahlen von Getreide;* Zus *Windmühlenflügel*

Wịnd|po|cken ⟨Pl.⟩ *gutartige, hauptsächlich im Kindesalter auftretende, pockenartige Krankheit*

Wịnd|rad ⟨das; -(e)s, -rä|der⟩ *mit Flügeln versehene Kraftmaschine, die die Energie des Windes in technisch nutzbare mechan. Energie umsetzt*

Wịnd|ro|se ⟨die; -, -n; am Kompass⟩ *Scheibe, auf der die Himmelsrichtungen eingezeichnet sind*

Wịnd|schat|ten ⟨der; -s; unz.⟩ *windgeschützte Seite* ▸ im ~ eines Berges liegen

wịnd|schief ⟨Adj.⟩ *nicht im richtigen Winkel, nicht richtig gerade stehend* ▸ ~es Haus

Wịnd|schutz|schei|be ⟨die; -, -n⟩ *Glasscheibe vor den vorderen Sitzen des Kraftwagens;* ⓘ S. 896

Wịnd|stär|ke ⟨die; -, -n⟩ *in 17 (früher 12) Stufen eingeteilte Stärke des Windes*

wịnd|still ⟨Adj.⟩ *ohne Luftbewegung* ▸ es ist ~ *die Luft regt sich nicht;* Abl *Windstille*

Wịnd|stoß ⟨der; -es, -stö|ße⟩ *plötzliche starke Luftbewegung*

Wịn|dung ⟨die; -, -en⟩ *Abweichung von der Geraden, Krümmung, Biegung* ▸ sich in ~en fortbewegen; der Fluss verläuft in ~en

Wịnk ⟨der; -(e)s, -e⟩ **1** *Zeichen mit der Hand, dem Kopf od. mit den Augen* **2** ⟨übertr.⟩ *Hinweis, Andeutung (was jmd. tun soll)* ▸ jmdm. einen ~ geben ⟨a. übertr.⟩; er verstand den ~ sofort

Wịn|kel ⟨der; -s, -⟩ **1** ⟨Math.⟩ *zwischen zwei sich schneidenden Geraden liegende Ebene* **2** *von zwei Wänden gebildete Ecke (eines Raumes)* **3** ⟨übertr.⟩ *stille, abgelegene Stelle* ▸ einen ~ messen ⟨Math.⟩ ▸ ein dunkler, lauschiger, malerischer, versteckter ~ ⟨übertr.⟩; rechter ~ *W. von 90°;* spitzer ~ *W. von weniger als 90°;* stumpfer ~ *W. von mehr als 90°;* toter ~ *Bereich hinter dem Kraftfahrzeug, der im Rückspiegel nicht sichtbar ist* ▸ sich im hintersten ~ verkriechen ⟨übertr.⟩; der Weg biegt im rechten, spitzen ~ nach links, rechts ab; ein ~ von 45°

Wịn|kel|ad|vo|kat ⟨[-vo-] der; -en, -en; abwertend⟩ *unbedeutender od. schlechter Rechtsanwalt;* Abl *Winkeladvokatin*

Wịn|kel|mes|ser ⟨der; -s, -⟩ *Gerät zur Bestimmung, Messung eines Winkels*

Wịn|kel|zug ⟨der; -(e)s, -zü|ge⟩ *unlauteres Vorgehen, nicht einwandfreier Umweg, um etwas zu erreichen* ▸ Winkelzüge machen

wịn|ken ⟨V.; winkt, wink|te, hat ge|winkt, umg. a. ge|wun|ken⟩ **I** ⟨V. intr.⟩ **1** (jmdm.) ~ *ein Zeichen mit der Hand, mit einem Tuch o. Ä. geben* **2** (jmdm.) ~ *die Hand, ein Tuch o. Ä. als Abschiedsgruß od. Zeichen des Erkennens schwenken* **3** ⟨übertr.⟩ jmdm. ~ *jmdm. in Aussicht stehen* ▸ ihm winkt eine Belohnung ⟨übertr.⟩ *er wird eine Belohnung bekommen;* ihm winkt das Glück ⟨übertr.⟩ *Glück steht ihm bevor;* dem Kellner ~ ▸ sie winkte ihm mit dem Taschentuch **II** ⟨V. trans.⟩ jmdn. zu sich ~ *durch ein Zeichen herbeirufen*

wịn|seln ⟨V. intr.; win|selt, win|sel|te, hat ge|winselt⟩ *leise klagend Laut geben* ▸ der Hund winselte; um Gnade ~ ⟨übertr.⟩

Wịn|ter ⟨der; -s, -⟩ *die kalte Jahreszeit;* Ggs *Sommer* ▸ wir verleben schon den zweiten ~ hier; harter, kalter, milder, strenger, tiefer ~; im ~ ist es kalt; die Pflanzen sind gut über, durch den ~ gekommen; Sommer wie ~ *(ohne Unterschied) das ganze Jahr über;* Abl *winterlich;* Zus *Winteranfang, Wintereinbruch, Winterzeit*

Wịn|ter|gar|ten ⟨der; -s, -gär|ten⟩ *Teil eines Zimmers mit sehr großen, breiten Fenstern od. verglaste Veranda, wo man Topfpflanzen hält*

Wịn|ter|ge|trei|de ⟨das; -s, -⟩ *Getreide, das im Herbst gesät wird u. auf dem Feld überwintert*

wịn|ter|hart ⟨Adj.⟩ *fähig, den Winter zu überstehen* (von Pflanzen); Syn *winterfest*

Wịn|ter|man|tel ⟨der; -s, -män|tel⟩ *warmer Mantel für den Winter*

Wịn|ter|rei|fen ⟨Pl.⟩ *Autoreifen mit bes. grobem Profil für das Fahren bei Schnee u. Glätte*

Wịn|ter|sai|son ⟨[-zɛzɔ̃:] od. [-zɛzɔŋ] die; -, -s od. (österr.) [-zo:n] die; -, -en⟩ *Saison während der Wintermonate* ▸ in der ~ aktuell sein

W

Win|ter|schlaf ⟨der; -(e)s; unz.⟩ *Schlafstarre bestimmter Tiere im Winter* ▸ ~ halten

Win|ter|schluss|ver|kauf ⟨der; -(e)s, -käu|fe; Abk.: WSV⟩ *Verkauf von Artikeln (bes. Kleidung) vor dem Ende des Winters zu herabgesetzten Preisen;* Ggs *Sommerschlussverkauf*

Win|ter|spie|le ⟨Pl.⟩ Olympische ~ *im Winter stattfindender Teil der Olympischen Spiele*

Win|ter|sport ⟨der; -(e)s; unz.⟩ *nur od. bes. im Winter betriebener Sport wie Skilaufen, Schlittschuhlaufen, Eiskunstlauf, Eishockey, Rodeln;* Zus *Wintersportart, Wintersportgebiet*

Win|zer ⟨der; -s, -⟩ *jmd., der Weinreben anbaut u. Weine erzeugt;* Syn ⟨österr.⟩ *Weinhauer;* Abl *Winzerin*

win|zig ⟨Adj.⟩ *sehr klein* ▸ ein ~er Bruchteil; ein ~es Häuschen; er ist ~ (klein); ein ~es bisschen ⟨umg.⟩ *sehr, sehr wenig;* Abl *Winzigkeit*

Winz|ling ⟨der; -s, -e; umg.⟩ *sehr kleines Lebewesen* (Tier, Pflanze, bes. Person, Kind)

Wip|fel ⟨der; -s, -⟩ *Oberteil des Baumes mit den Zweigen u. Blättern* ▸ in den ~n der Bäume rauscht der Wind; Zus *Baumwipfel*

Wip|pe ⟨die; -, -n⟩ **1** *zweiarmiger Hebel* **2** *Brett, das in der Mitte beweglich auf einem Pfosten befestigt ist, mit je einem Sitz an beiden Enden zum Schaukeln für zwei, auch vier Personen*

wip|pen ⟨V. intr.; wippt, wipp|te, hat ge|wippt⟩ **1** *auf der Wippe schaukeln* **2** *auf u. nieder federn, schnellen* ▸ er wippte mit der Fußspitze

wir ⟨Personalpron.⟩ **1** ⟨Pl. von⟩ *ich* **2** ⟨als Pluralis Majestatis⟩ *ich* **3** ⟨umg.; gelegentl.⟩ *du, ihr, Sie* ▸ ~ Europäer; das haben ~ übersehen; ~ haben wohl nicht aufgepasst, was? ⟨umg.⟩

Wir|bel ⟨der; -s, -⟩ **1** *schnelle, drehende, kreisende Bewegung um eine bzw. die eigene Längsachse, drehende Bewegung in Flüssigkeiten od. Gasen;* Zus *Wirbelsturm; Luftwirbel* **2** ⟨Mus.⟩ **2.1** ⟨auf Schlaginstrumenten⟩ *sehr schnelle, gleichmäßige Schläge mit beiden Schlägeln;* Zus *Trommelwirbel* **2.2** ⟨an Saiteninstrumenten⟩ *mit drehbarem Griff versehener Zapfen, um den jeweils eine Saite befestigt ist* **3** *Stelle auf dem Kopf, an der die Haare strahlenförmig von einem Mittelpunkt ausgehen;* Zus *Haarwirbel* **4** ⟨Anat.⟩ *Glied des Achsenskeletts der Wirbeltiere u. des Menschen;* Zus *Wirbelknochen* **5** ⟨übertr.⟩ **5.1** *rasches, heftiges Durcheinander, rasche Aufeinanderfolge* **5.2** ⟨umg.⟩ *Aufregung, Aufsehen* **5.3** ⟨umg.⟩ *Aufruhr* ▸ sein Haar bildet auf dem Scheitel einen ~; sich einen ~ brechen ⟨Anat.⟩; es gab einen großen ~, als er kündigte ⟨übertr.; umg.⟩ ▸ einen ~ am Scheitel haben; im ~ der Ereignisse etwas vergessen

wir|bel|los ⟨Adj.⟩ *keine Wirbel habend* ▸ ~es Tier *Tier ohne Wirbelsäule;* Ggs *Wirbeltier*

wir|beln ⟨V.; wir|belt, wir|bel|te, hat ge|wir|belt⟩ **I** ⟨V. intr.; bei Bewegung in bestimmter Richtung: ist ge|wir|belt⟩ (irgendwohin) ~ *sich drehend schnell bewegen* ▸ sie wirbelte durch das Zimmer **II** ⟨V. trans.⟩ etwas irgendwohin ~ *rasch drehend fortbewegen* ▸ Wind wirbelt die Blätter in die Luft

Wir|bel|säu|le ⟨die; -, -n; Anat.⟩ *bewegliches Skelett im Rücken des Menschen u. der Wirbeltiere;* ⓘ S. 146; Syn *Rückgrat*

Wir|bel|tier ⟨das; -(e)s, -e⟩ *Tier mit einer Wirbelsäule;* Ggs *wirbelloses Tier*

Wir|bel|wind ⟨der; -(e)s, -e⟩ **1** *starker, wirbelnder Wind, Wirbelsturm* **2** ⟨übertr.⟩ *sehr lebhafte Person, bes. Kind* ▸ wie ein ~ ⟨übertr.⟩ *schnell*

Wir|ge|fühl *auch:* **Wir-Ge|fühl** ⟨das; -(e)s; unz.⟩ *Gemeinschaftsgefühl* ▸ das ~ stärken

wir|ken ⟨V.; wirkt, wirk|te, hat ge|wirkt⟩ **I** ⟨V. intr.⟩ **1** *Wirkung ausüben* (Medikament; Worte) **2** irgendwie ~ *einen bestimmten Eindruck erwecken* **3** *erfolgreich arbeiten, tätig sein* ▸ die Drohung hat gewirkt ▸ die Medizin beginnt zu ~; einen Anblick auf sich ~ lassen; sein: sein Wirken war erfolgreich ▸ diese Tabletten ~ abführend, beruhigend; Kaffee, Tee wirkt anregend; er wirkt gehemmt, unbeholfen; das Bild wirkt an dieser Stelle (nicht) günstig, (nicht) gut; er, sie wirkt noch immer jugendlich, jung; ein solches Verhalten wirkt lächerlich; schädlich ~ ▸ er wirkte lange als Vorsitzender; auf jmdn. od. etwas ~ *bei jmdm. od. etwas eine Wirkung hervorbringen;* dieser Raum wirkt auf mich bedrückend; das Mittel wirkt gut und schnell gegen Kopfweh ▸ ein rasch, schnell, stark ~des Medikament **II** ⟨V. trans.⟩ etwas ~ **1** ⟨geh.⟩ *hervorbringen, tun* **2** ⟨Textilwesen⟩ *durch Verschlingen von Fäden herstellen* (Stoffe) ▸ diese Medizin wirkt Wunder ⟨übertr.⟩ *hilft sofort*

wirk|lich ⟨Adj.⟩ **I** ⟨attr.; präd.⟩ **1** *tatsächlich, echt* **2** *tatsächlich vorhanden, bestehend* **3** *der Wirklichkeit, den Tatsachen entsprechend* ▸ ~! *ganz bestimmt!;* ~? *ist das wahr?* ▸ er ist ein ~er Künstler; das ~e Leben ist ganz anders, als es in diesem Film dargestellt wird ▸ wir müssen die Dinge so sehen, wie sie ~ sind **II** ⟨adv.⟩ *in der Tat, bestimmt* ▸ er ist ~ ein anständiger Kerl ⟨verstärkend⟩; es ist ~ kaum zu glauben ⟨verstärkend⟩; bist du ~ dort gewesen? ▸ das Essen hat ~ ausgezeichnet geschmeckt; das ist ~ sehr schön ▸ nicht ~ ⟨umg.⟩ *eigentlich nicht, nicht richtig;* sie hat es nicht ~ gern getan

Wirk|lich|keit ⟨die; -, -en⟩ **1** *das, was nicht nur Schein od. Möglichkeit ist, Realität* **2** ⟨allg.⟩ *das Wirklichsein, die Tatsachen* ▸ in ~ war es ganz anders; die ~ sieht anders aus

wirk|lich|keits|fremd ⟨Adj.⟩ **1** *der Wirklichkeit, dem Leben nicht entsprechend* **2** *lebensfremd, die Wirklichkeit nicht (er)kennend* (Person)

wirk|lich|keits|ge|treu ⟨Adj.⟩ *der Wirklichkeit genau entsprechend* ▸ ~e Nachbildung

wirk|sam ⟨Adj.⟩ *(die gewünschte) Wirkung ausübend* ▸ eine ~e Maßnahme, Strafe; ein ~es Mittel (gegen, für etwas); Abl *Wirksamkeit*

Wirk|stoff ⟨der; -(e)s, -e⟩ *Stoff, der in relativ kleinen Mengen stark (auf den Körper) wirken kann, z. B. Vitamine, Enzyme, Hormone*

Wir|kung ⟨die; -, -en⟩ **1** *Folge* **2** *Eindruck, Effekt* **3** *Einfluss* ▸ du verwechselst Ursache und ~ ▸ (starke) ~ ausüben; gute ~ haben; ~ hervor-

W

rufen; das Mittel tut seine ~ *hat den beabsichtigten Erfolg;* zeigen: die ~ zeigte sich schon sehr bald ▸ gute, schlechte ~; nachhaltige, rasche, schnelle ~; überraschende, unerwartete, wohltuende ~ ▸ mit ~ vom 1. Oktober *vom 1. Oktober an geltend;* seine Bemühungen sind ohne ~ geblieben

Wir|kungs|be|reich ⟨der; -(e)s, -e⟩ *Bereich der Wirkens (eines Menschen);* Syn *Wirkungsfeld, Wirkungskreis* ▸ einen großen ~ haben

Wir|kungs|grad ⟨der; -(e)s, -e⟩ **1** *Grad der Wirkung, Nutzeffekt* **2** *Verhältnis der gewonnenen Energie zur aufgewendeten Energie*

wir|kungs|los ⟨Adj.⟩ *ohne Wirkung* ▸ seine Worte verhallten, blieben ~; Abl *Wirkungslosigkeit*

wir|kungs|voll ⟨Adj.⟩ *von starker, großer, guter Wirkung* ▸ ein ~es Bild; er brachte seine Argumente ~ zur Geltung

wirr ⟨Adj.⟩ **1** *ungeordnet, durcheinander* **2** *verwirrt* ▸ jmdn. mit ~en Blicken ansehen; ~es Durcheinander; das Haar hing ihm ~ ins Gesicht; mir ist von dem Lärm ganz ~ im Kopf

Wir|ren ⟨Pl.⟩ **1** *ungeordnete Verhältnisse* **2** *Unruhen, Kämpfe, Verwicklungen* ▸ die politischen ~ der Weimarer Republik

Wirr|warr ⟨der; -s, -e⟩ *großes Durcheinander*

Wir|sing ⟨der; -s, -e⟩ *eine essbare Kohlart mit krausen grünen Blättern;* Zus *Wirsingkohl*

Wirt ⟨der; -(e)s, -e⟩ **1** *Inhaber od. Pächter einer Gaststätte, Gastgeber;* Zus *Gastwirt, Kneipenwirt* **2** *Vermieter eines Zimmers od. Hauses;* Zus *Hauswirt, Zimmerwirt* **3** ⟨Biol.⟩ *der von Parasiten befallene Organismus* ▸ der ~ hat uns persönlich bedient; die Rechnung ohne den ~ machen ⟨übertr.⟩ *etwas ohne Rücksicht auf einen anderen tun, der dann aber seine Einwilligung nicht gibt*

Wir|tin ⟨die; -, -tin|nen⟩ **1** *weiblicher Wirt* **2** *Ehefrau des Wirts*

Wirt|schaft ⟨die; -, -en⟩ **1** *planmäßige Tätigkeit zur Produktion, zur Verteilung u. zum Verkauf von Gütern, einschließlich der damit verbundenen Einrichtungen u. Betriebe;* Zus *Wirtschaftsaufschwung, Wirtschaftsentwicklung, Wirtschaftskraft, Wirtschaftslage, Wirtschaftsministerium, Wirtschaftspolitik, Wirtschaftswachstum* **2** *Lokal, Gaststätte* **3** *Hauswirtschaft, Haushalt* **4** ⟨umg.; übertr.⟩ *unordentliches Arbeiten, Durcheinander* ▸ die deutsche ~ ist im Aufschwung; er hat eine eigene ~; freie ~ (im Unterschied zur Planwirtschaft); das ist ja eine saubere, schöne ~! ⟨übertr.; umg.; iron.⟩ ▸ in eine(r) ~ einkehren

wirt|schaf|ten ⟨V. intr.; wirt|schaf|tet, wirt|schaf|te|te, hat ge|wirt|schaf|tet⟩ *die Einnahmen u. Ausgaben aufeinander abstimmen* ▸ wir haben in diesem Monat gut, schlecht gewirtschaftet

Wirt|schaf|te|rin ⟨die; -, -rin|nen⟩ = *Haushälterin*

wirt|schaft|lich ⟨Adj.⟩ **1** *die Wirtschaft betreffend, zu ihr gehörend, geldlich* **2** *sparsam, gut wirtschaften könnend;* Abl *Wirtschaftlichkeit* ▸ ~er Aufschwung, Stillstand (eines Landes, Staates); ~er Zusammenbruch; es geht ihm ~ sehr gut

Wirt|schafts|geld ⟨das; -(e)s; unz.⟩ *Geld für den Haushalt* ▸ mit dem ~ (nicht) auskommen

Wirt|schafts|gip|fel ⟨der; -s, -⟩ *Gipfeltreffen zur Besprechung von Fragen der Wirtschaft*

Wirt|schafts|kri|mi|na|li|tät ⟨die; -; unz.⟩ *kriminelle Vergehen von Personen in gehobener beruflicher Stellung im wirtschaftlichen Bereich (z. B. Betrug, Steuerhinterziehung)*

Wirt|schafts|kri|se ⟨die; -, -n⟩ *Zustand akuter Schwierigkeiten in der Wirtschaft (eines Staates);* Zus *Weltwirtschaftskrise*

Wirt|schafts|prü|fer ⟨der; -s, -⟩ *Wirtschaftler mit abgeschlossenem Studium, der in Unternehmen geschäftliche Vorgänge auf ihre Korrektheit hin prüft;* Syn *Bilanzprüfer;* Abl *Wirtschaftsprüferin*

Wirt|schafts|stand|ort ⟨der; -(e)s, -e⟩ *Standort (Region, Stadt, Land) im Hinblick auf seine wirtschaftliche Nutzbarkeit* ▸ für den ~ Dortmund werben

Wirt|schafts|wis|sen|schaf|ten ⟨Pl.⟩ *Wissenschaften von den Wirtschaftsformen u. -systemen, mit den Bereichen Betriebswirtschaft, Finanzwissenschaft, Volkswirtschaft u. a.;* Abl *Wirtschaftswissenschaftler(in); wirtschaftswissenschaftlich*

Wirt|schafts|wun|der ⟨das; -s, -⟩ *erstaunlicher wirtschaftlicher Aufstieg*

Wirt|schafts|zweig ⟨der; -(e)s, -e⟩ *Gesamtheit von Unternehmen derselben wirtschaftlichen Tätigkeit, Branche* ▸ Tourismus ist ein wachsender ~

Wirts|haus ⟨das; -es, -häu|ser⟩ *Gaststätte, Lokal*

Wirts|leu|te ⟨Pl.⟩ **1** *Wirt u. Wirtin im Wirts- od. Gasthaus* **2** *Ehepaar als Zimmervermieter*

Wisch ⟨der; -(e)s, -e; umg.⟩ *schlecht, unordentlich geschriebenes od. wertloses Schriftstück*

wi|schen ⟨V.⟩ **I** ⟨V. trans.; wischt, wisch|te, hat ge|wischt⟩ **1** etwas ~ *durch reibendes Darüberstreichen mit der Hand, mit einem Lappen o. Ä. reinigen;* Zus *Wischlappen, Wischtuch* **2** etwas von etwas ~ *etwas durch Reiben von etwas entfernen* ▸ sich die Augen ~ *sich einige Tränen von den Augen trocknen;* den Boden (feucht) ~; Staub ~ / staubwischen ▸ sich den Schweiß von der Stirn ~ **II** ⟨V. intr.; wischt, wisch|te, ist gewischt⟩ **1** über etwas ~ *(reibend) darüberstreichen* **2** irgendwohin ~ *sich schnell u. gewandt bewegen;* →a. *entwischen* ▸ der Hund wischte durch die Tür; mit der Hand über Tinte ~

Wi|scher ⟨der; -s, -⟩ **1** *(automat.) Gerät zum Abwischen;* Zus *Scheibenwischer* **2** *an einem Stab befestigtes Stoffbündel zum Wischen*

Wi|sent ⟨der; -(e)s, -e; Zool.⟩ *großes, starkes, zotteliges Wildrind, Bison*

wis|pern ⟨V. trans. u. V. intr.; wis|pert, wis|per|te, hat ge|wis|pert⟩ (etwas) ~ *leise, ohne Ton sprechen, flüstern* ▸ jmdm. etwas ins Ohr ~

Wiss|be|gier|de ⟨die; -; unz.⟩ *Drang, mehr Wissen zu erlangen;* oV *Wissbegier;* Abl *wissbegierig*

wis|sen ⟨V. trans.; weiß, wuss|te, hat ge|wusst⟩ **1** etwas ~ **1.1** *im Gedächtnis, im Bewusstsein haben* **1.2** *erfahren haben, Kenntnis von etwas haben* **1.3** *kennen* **2** etwas zu tun ~ *etwas können* ▸ das musst du ganz vorsichtig machen, weißt du?

⟨verstärkend⟩ ja, ich weiß (es)!; ich weiß (es) auch nicht; ich weiß nicht, was ich tun soll; er weiß, was er will; ich weiß nicht, wo er ist; ich weiß es nicht; nicht, dass ich wüsste ⟨umg.⟩ *davon weiß ich nichts;* was, das weißt du nicht (mehr)?; das weiß (doch) jedes Kind *das ist allgemein bekannt* ▸ weiß Gott!, weiß der Himmel! *ja, tatsächlich!;* ich habe weiß Gott anderes zu tun, als … *wirklich;* weißt du schon das Neueste?; ich weiß mir keinen Rat mehr ▸ er weiß sich immer zu helfen *er hat für jedes Problem eine Lösung;* ich wusste mir nicht anders zu helfen *ich habe so gehandelt, weil mir nichts Besseres einfiel;* ~ lassen = *wissenlassen;* ich möchte ~, ob ich Recht habe; um das zu verstehen, muss man ~, dass …; wie soll ich, woher soll ich das ~?; sie weiß mit Kindern umzugehen *sie kann gut mit K. umgehen* ▸ ein Gedicht auswendig ~; weißt du noch, wie wir unseren Lehrer geärgert haben?; ich weiß nur, dass er aus Kiel stammt; soviel ich weiß, war er gestern da *soweit ich unterrichtet bin;* um etwas ~ *von etwas Kenntnis haben;* er tut, als wüsste er von nichts; davon weiß ich nichts; ich will nichts davon ~!; weißt du was, wir gehen ins Kino *ich schlage vor;* ja, wenn ich das wüsste! (erg.: dann wäre ich froh) *ich weiß es leider nicht* ▸ was weiß ich! ⟨umg.⟩ *(unwillige Ablehnung) ich weiß es nicht, und es interessiert mich auch nicht;* was weißt du denn davon! *du hast keine Ahnung davon, also sei still!;* wer weiß! *das weiß niemand;* er denkt, er sei wer weiß wie klug *sehr klug;* er steckt wieder wer weiß wo *niemand weiß, wo er ist;* woher weißt du das? ▸ einen ~den Blick haben *einen Blick, aus dem Erfahrung spricht*

Wịs|sen ⟨das; -s; unz.⟩ **1** *Kenntnisse, Gelehrsamkeit* **2** *Kenntnis, Bewusstsein (von etwas)* ▸ meines ~s ⟨Abk.: m. W.⟩, unseres ~s ⟨Abk.: u. W.⟩ ist er schon abgereist *soweit mir, uns bekannt ist;* er besitzt, hat ein umfangreiches ~ ▸ mit jmds. ~; eine Aussage nach bestem ~ und Gewissen machen *ehrlich u. so gut man es weiß;* es ist ohne mein ~ geschehen *ohne dass ich es wusste;* ich habe es wider besseres ~ getan *ich habe es getan, obwohl ich wusste, dass es falsch war*

wịs|sen|las|sen *auch:* **wịs|sen las|sen** ⟨V. trans.; lässt wis|sen, ließ wis|sen, hat wis|sen|las|sen, wis|sen|zu|las|sen⟩ jmdn. etwas ~ *jmdm. etwas mitteilen* ▸ bitte lassen Sie es mich wissen, sobald er sich gemeldet hat

Wịs|sen|schaft ⟨die; -, -en⟩ *geordnetes, folgerichtig aufgebautes, zusammenhängendes Gebiet von Erkenntnissen* ▸ Vertreter von Kunst und ~; in der ~ tätig sein; sich einer ~ verschreiben, widmen; das ist eine ~ für sich ⟨umg.⟩ *das kann man nicht so schnell erlernen, erklären;* diese Ansicht ist von der ~ widerlegt worden; Zus *Wissenschaftsminister(in), Wissenschaftsministerium*

Wịs|sen|schaf|ter ⟨der; -s, -; schweiz. u. österr.⟩ = *Wissenschaftler;* Abl *Wissenschafterin*

Wịs|sen|schaft|ler ⟨der; -s, -⟩ *jmd., der in einer Wissenschaft arbeitet;* Abl *Wissenschaftlerin*

wịs|sen|schaft|lich ⟨Adj.⟩ *die Wissenschaft betreffend, darauf beruhend, in der Art einer Wissenschaft* ▸ ~e Arbeiten, Untersuchungen; ~e Bildung *auf einer Hochschule erworbene B.;* ein ~er Vortrag; ~ arbeiten, denken; der Text ist zu ~ geschrieben *er ist für Nichtwissenschaftler unverständlich;* Abl *Wissenschaftlichkeit*

Wịs|sens|durst ⟨der; -(e)s; unz.⟩ *Drang, Wissen zu erwerben;* Syn *Wissensdrang;* Abl *wissensdurstig*

Wịs|sens|ge|sell|schaft ⟨die; -, -en; Pl. selten⟩ *Gesellschaft, in der das Wissen u. die wissenschaftliche Forschung einen zentralen Stellenwert besitzen* ▸ den Übergang in die ~ einleiten

Wịs|sens|stand ⟨der; -(e)s, -stän|de; Pl. selten⟩ *zu einem bestimmten Zeitpunkt vorhandene Kenntnisse* ▸ auf dem neuesten ~ sein

wịs|sens|wert ⟨Adj.; -er, am -es|ten⟩ *interessant* ▸ man erfährt dort viel Wissenswertes

wịs|sent|lich ⟨Adj.⟩ **1** *mit Wissen, mit Absicht* **2** *absichtlich* ▸ ~ eine falsche Aussage machen

wịt|tern ⟨V. trans.; wit|tert, wit|ter|te, hat ge|wit|tert⟩ etwas ~ **1** *riechen* (vom Wild u. Hund) **2** ⟨übertr.⟩ *merken, ahnen, vermuten* ▸ Gefahr, Verrat ~ ⟨übertr.⟩; der Hund wittert Wild

Wịt|te|rung ⟨die; -, -en⟩ **1** *Wetter;* Abl *witterungsbedingt* **2** *Geruch der Ausdünstung von Tieren u. Menschen, den Wild u. Hund wahrnehmen (wittern) können* **3** *Geruchssinn* (von Wild u. Hund) ▸ ~ aufnehmen, bekommen; (von etwas) ~ haben *etwas wittern* ▸ günstige, ungünstige ~; milde, raue ~ ▸ bei jeder ~ spazieren gehen

Wịt|we ⟨die; -, -n⟩ *Frau, deren Ehemann gestorben ist;* Abl *Witwenschaft;* Zus *Witwenrente*

Wịt|wer ⟨der; -s, -⟩ *Mann, dessen Ehefrau gestorben ist;* Abl *Witwerschaft*

Wịtz ⟨der; -es, -e⟩ **I** ⟨zählb.⟩ *kleine lustige Geschichte (die erzählt wird)* ▸ einen ~, ~e erzählen; einen ~, ~e machen; mach keine ~e! ⟨übertr.⟩ *das ist doch wohl nicht dein Ernst?;* über etwas od. jmdn. ~e machen; ~e reißen ⟨umg.⟩; soll das ein ~ sein? ▸ anzüglicher, schmutziger, unanständiger ~; ein dummer, schlechter ~; geistreicher, guter ~ **II** ⟨unz.⟩ **1** *Gabe, Lustiges treffend zu erzählen, schlagfertig u. lustig zu entgegnen* **2** *Reichtum an lustigen Einfällen* **3** ⟨veraltet⟩ *Gescheitheit, Schlauheit* ▸ seine Rede sprühte von Geist und ~; der ~ der Sache ist der, dass … ⟨übertr.⟩ *das eigentlich Wichtige* ▸ er hat (viel) ~ ▸ etwas mit beißendem ~ darstellen; etwas mit feinem ~ erzählen; das ist der ganze ~ ⟨übertr.; umg.⟩ *das ist alles, worauf es ankommt*

Wịtz|bold ⟨der; -(e)s, -e⟩ **1** *jmd., der häufig Witze macht* **2** *jmd., der sich für sehr witzig hält* **3** *seltsamer, nicht ernstzunehmender Mensch*

wịt|zeln ⟨V. intr.; wit|zelt, wit|zel|te, hat ge|wit|zelt⟩ (über etwas od. jmdn.) ~ *eine witzige Anspielung machen, spötteln;* Abl *Witzelei*

wịt|zig ⟨Adj.⟩ **1** *begabt, treffende Witze zu machen* (Person); Abl *Witzigkeit* **2** *lustig u. geistreich, lustig u. treffend* (Ausspruch, Einfall) **3** ⟨umg.⟩

W

merkwürdig, interessant ▸ ~e Formulierung; eine Sache ~ darstellen, erzählen; er, sie ist sehr ~; das ist ja ~ ⟨umg.⟩; sehr ~! ⟨iron.; umg.⟩ *ich finde das überhaupt nicht witzig!*

wịtz|los ⟨Adj.; übertr.; umg.⟩ *zwecklos* ▸ das zu versuchen, ist ~

wo/woher/wohin

Als Bezeichnung für einen Ort leitet das Adverb *wo* Fragesätze oder Relativsätze ein: *Wo ist die Karte? Heute ist Markt, wo viel Gemüse und Obst angeboten wird.*
In eine Richtung weisen dagegen die Adverbien *woher* (= von wo?) und *wohin* (= zu welchem Ort?): *Ich weiß nicht, woher sie kommt. Du kannst gehen, wohin du willst.*

wo[1] ⟨Interrogativadv.⟩ *an welchem Ort, an welcher Stelle?* ▸ ~ kann man das kaufen?; ~ hat das Handy gelegen?; ~ bist du gewesen?; ich weiß nicht, ~ er gewesen ist; ~ wohnst du?; von ~ kommst du? *woher kommst du?*

wo[2] ⟨Relativadv.⟩ *der Ort, in dem, an dem …, an dem Ort, an dem …, in dem Ort, in dem …* ▸ in Hamburg, ~ ich geboren wurde; dort, ~ es am stillsten ist; ~ (auch) immer ich bin, denke ich an dich

wo[3] ⟨Int.; umg.⟩ ach ~! *durchaus nicht!, Unsinn!*

wo(r)… ⟨in Zus.; mit Präp. (mit „r" vor Präp., die mit einem Vokal anlauten)⟩ **1** ⟨als Fragewort verwendet⟩ z. B. wobei ist das passiert?; wodurch hast du das bemerkt?; wofür hat er das bekommen?; wogegen ist sie allergisch?; womit hat er das verdient?; woran hast du es erkannt?; worauf muss ich dabei achten?; woraus ist das entstanden?; worum geht es hier?; worüber grübelst du?; worunter ist das einzuordnen?; wovon träumst du?; wozu brauchst du das? **2** ⟨als Einleitung von Relativsätzen⟩ z. B. sie verloren alles, wofür sie gearbeitet hatten; er ist zu spät gekommen, womit wir nicht gerechnet hatten; es ist schwierig zu entscheiden, wonach man sich richten soll; er hat beschrieben, worin sich die beiden Thesen unterscheiden; es gibt etwas, worüber wir noch sprechen müssen; du kannst tun, wozu du Lust hast **3** ⟨als Konjunktion verwendet⟩ z. B. sie macht eine Lehre, wogegen er ein Studium begonnen hat

wo|an|ders ⟨Adv.⟩ *an einem anderen Ort*

wo|an|ders|hin ⟨Adv.⟩ *an einen anderen Ort, nach einem anderen Ort* ▸ ~ gehen; etwas ~ legen

wob → *weben*

wo|bei[1] ⟨Interrogativadv.⟩ *bei welcher Sache?, bei welcher Arbeit?* ▸ ~ bist du gerade? *womit beschäftigst du dich gerade?*

wo|bei[2] ⟨Relativadv.⟩ *bei dem (Vorhergehenden, eben Erwähnten)* ▸ ~ es notwendig ist, dass …; ~ er das nicht gewollt hat

Wọ|che ⟨die; -, -n⟩ **1** *Folge der Tage von Montag bis Sonntag* **2** *Zeitraum von sieben Tagen* **3** *Gesamtheit der sieben Wochentage, Arbeitswoche* ▸ im Lauf der ~ hat sich das Wetter gebessert; es vergingen ~n und Monate ▸ alle drei, vier ~n; jede ~ einmal; kommende, nächste ~; vorige, letzte ~ ▸ dreimal in der ~; in vier ~n werde ich …; es wird von ~ zu ~ besser, schlechter; vor einigen ~n; während der ~, ⟨umg.⟩ unter der ~ habe ich dazu keine Zeit (sondern nur sonntags); Zus *Wochenbeginn, Wochenmitte*

Wọ|chen|bett ⟨das; -(e)s, -en; veraltet⟩ *die 6-8 Wochen dauernde Zeit nach der Geburt eines Kindes;* Syn *Kindbett*

Wọ|chen|en|de ⟨das; -s, -n⟩ *Samstag u. Sonntag* ▸ wir machen am ~ einen Ausflug; was habt ihr am ~ vor?; wir verreisen übers ~

Wọ|chen|end|haus ⟨das; -es, -häu|ser⟩ *kleines Haus, das nur zum Aufenthalt am Wochenende bestimmt ist*

Wọ|chen|kar|te ⟨die; -, -n⟩ *Eisen-, Bus- od. Straßenbahnfahrkarte, die eine Woche gültig ist*

wọ|chen|lang ⟨Adj.⟩ **1** *mehrere od. viele Wochen dauernd* **2** *während mehrerer od. vieler Wochen* ▸ ~e Verzögerung; ich habe ~ gebraucht, bis ich es bemerkte; es hat ~ gedauert, bis er kam

Wọ|chen|markt ⟨der; -(e)s, -märk|te⟩ *jede Woche einmal od. mehrere Male stattfindender Markt*

Wọ|chen|schau ⟨die; -, -en; früher⟩ *in Kinos gezeigte Filmberichte mit einer Übersicht über die Ereignisse der vergangenen Woche*

Wọ|chen|stun|de ⟨die; -, -n⟩ *Unterrichtsstunde in einem Fach pro Woche* ▸ wir haben in diesem Schuljahr drei ~n Englisch

Wochentage

Im Deutschen lauten die Bezeichnungen für die *Wochentage* wie folgt: *Montag, Dienstag, Mittwoch, Donnerstag, Freitag, Samstag (auch: Sonnabend), Sonntag.* Die Tage von Montag bis Samstag bezeichnet man auch als Werktage, im Unterschied zum Sonntag, der ein gesetzlicher Feiertag ist.
Werden die Wochentagsnamen als Substantive gebraucht, so schreibt man sie groß: *am Dienstag, jeden Donnerstag, alle Freitage, des Sonntags.* Auch substantivische Zusammensetzungen aus Wochentag und Zeitangabe werden großgeschrieben: *am Dienstagabend, jeden Mittwochnachmittag, Samstagabend.* Von Wochentagsnamen abgeleitete Adverbien schreibt man dagegen klein: *dienstags* (= an jedem Dienstag), *dienstagabends* oder *dienstags abends, sonntagmorgens* oder *sonntags morgens.*

Wọ|chen|tag ⟨der; -(e)s, -e⟩ **1** *jeder der sieben Tage der Woche* **2** *jeder der sechs Tage der Woche außerhalb des Sonntags, Werktag* ▸ welcher ~ ist heute?; an welchem ~ hast du Berufsschule?

wọ|chen|tags ⟨Adv.⟩ *an Wochentagen (2), an Werktagen* ▸ der Supermarkt ist ~ von 8 - 20 Uhr geöffnet

wö|chent|lich ⟨Adj.⟩ *jede Woche (stattfindend)* ▸ zwei Stunden ~; zweimal ~

...wö|chent|lich ‹in Zus.; zur Bildung von Adj.› *nach einer Anzahl von Wochen wiederkehrend,* z. B. dreiwöchentlich; →a. *...wöchig*

Wo|chen|zei|tung ‹die; -, -en› *einmal in der Woche erscheinende Zeitung*

...wö|chig ‹in Zus.; zur Bildung von Adj.› *eine bestimmte Anzahl von Wochen dauernd* ▸ vierwöchiger Lehrgang; →a. *...wöchentlich*

Wöch|ne|rin ‹die; -, -rin|nen› *Frau (unmittelbar) nach der Entbindung, im Wochenbett*

Wod|ka ‹der; -s, -s› *wasserheller russ. Branntwein*

wo|durch[1] ‹Interrogativadv.› *durch welche Sache?* ▸ ~ ist er eigentlich so misstrauisch geworden?

wo|durch[2] ‹Relativadv.› *durch das (Vorhergehende, eben Erwähnte)* ▸ er hat wenig getrunken, ~ sich seine Krankheit wieder verschlimmert hat

wo|für[1] ‹Interrogativadv.› **1** *für welche Sache, zu welchem Zweck?* **2** *für welchen Menschen, für was für eine Art von Mensch?* ▸ ~ halten Sie mich?; ~ willst du das haben?; ~ ist das gut?

wo|für[2] ‹Relativadv.› *für das (Vorhergehende, eben Erwähnte)* ▸ er hilft mir oft, ~ ich ihm sehr dankbar bin; er ist nicht das, ~ er sich ausgibt

wog → *wiegen*[1]

Wo|ge ‹die; -, -n› *große Welle* ▸ die ~n der Begeisterung, Empörung ‹übertr.›; die ~n gingen mannshoch; die ~n schlugen über das Boot

wo|ge|gen[1] ‹Interrogativadv.› *gegen welche Sache?* ▸ ~ hilft dieses Mittel?

wo|ge|gen[2] ‹Relativadv.› *gegen das (Vorhergehende, eben Erwähnte)* ▸ er zahlte, ~ ich natürlich nichts einzuwenden hatte; →a. *wohingegen*

wo|gen ‹V. intr.; wogt, wog|te, hat ge|wogt; geh.› **1** *große Wellen schlagen* **2** ‹übertr.› *sich wellenartig hin u. her, auf u. nieder bewegen* ▸ die Ähren ~ im Wind ‹übertr.›; das ~de Meer; eine ~de Menschenmenge *M. in heftiger Bewegung*

wo|her[1] ‹Interrogativadv.› **1** *von wo?, von welchem Ort?* **2** *aus welcher Quelle?* ▸ ~ kommst du?; ~ weißt du das?; ~ (denn)! ‹umg.› *bestimmt nicht!*

wo|her[2] ‹Relativadv.› **1** *von wo, von welchem Ort* **2** *aus welcher Quelle* ▸ ich weiß genau, ~ er kommt; ich möchte wissen, ~ er das weiß

wo|hin[1] ‹Interrogativadv.› *nach welchem Ort?, an welchen Ort?, an welche Stelle, an welchen Platz?* ▸ ~ gehst du?; ich sah nicht, ~ er lief; ~ hast du den Schlüssel gelegt?; ~ willst du?

wo|hin[2] ‹Relativadv.› *an, zu welchem Ort* ▸ ich weiß nicht, ~ damit *wo ich es hintun soll;* er hat mir nicht gesagt, ~ er geht; nach dem Woher und Wohin fragen

wo|hin|ge|gen ‹Konj.› *im Gegensatz zu dem Vorausgehenden, dagegen, jedoch* ▸ er ist sehr hilfsbereit, ~ seine Frau unfreundlich ist

wo|hin|ter[1] ‹a. ['---] Interrogativadv.› *hinter welche Sache?* ▸ ~ hat er sich diesmal versteckt?

wo|hin|ter[2] ‹Relativadv.› *hinter welcher Sache* ▸ er wusste nicht, ~ er das Geld gelegt hatte

wohl[1] ‹Adv.› **1** *gut, angenehm;* Zus *wohl bekannt / wohlbekannt, wohl klingend / wohlklingend, wohl riechend / wohlriechend, wohl schmeckend / wohlschmeckend* **2** *gesund* **3** *etwa, ungefähr* **4** *sicher, wahrscheinlich, vermutlich* ▸ er wird ~ schon **abgereist** sein; ~ **aussehen** *frisch u. gesund;* ~ **bekomm's!** (beim Zutrinken) *lass es dir gut bekommen!;* ~ **fühlen** = *wohlfühlen;* dazu wirst du ~ keine Lust **haben,** oder doch?; **kommen** wird er ~, aber wann; **leben** Sie ~! *(Abschiedsgruß);* das kann man ~ **sagen!** *das ist wahr!;* **sehen:** siehst du ~, wie gut das geht! ‹verstärkend› *merkst du jetzt ...?;* das kann ~ **sein;** ist dir nicht ~? *fühlst du dich nicht gut?;* mir ist bei dem Gedanken nicht recht ~, dass er ... *ich bin besorgt bei dem G.;* sich's ~ sein lassen *Essen u. Trinken genießen, sein Leben genießen;* ich **weiß** ~, dass das nicht richtig ist *ich weiß gut, dass ...* ▸ ~ **durchdacht** = *wohldurchdacht;* ~ **erzogen** = *wohlerzogen;* ~ **geformt** = *wohlgeformt;* ~ **gemeint** = *wohlgemeint;* ~ **genährt** = *wohlgenährt;* ~ **situiert** = *wohlsituiert;* ~ oder **übel** muss er es tun *ob er will od. nicht, er muss es tun;* es ist ~ **wahr,** dass ... ▸ ich werde ihn ~ **am** Mittwoch besuchen; er wird ~ noch **in** Salzburg sein; **sehr** ~! ‹veraltet› *zu Befehl, jawohl!*

wohl[2] ‹Abtönungspartikel; umg.› ich habe ~ nicht richtig gehört? *das ist sicher nicht dein Ernst?;* du spinnst ~

Wohl ‹das; -(e)s; unz.› **1** *Heil, Glück, Förderung* **2** *Nutzen* **3** *Gesundheit, Gedeihen* ▸ das ~ meiner Familie liegt mir am Herzen; alles für das ~ des Volkes tun; (auf) Ihr ~! *(Trinkspruch);* das allgemeine, öffentliche ~; auf jmds. ~ trinken; für jmds. ~ sorgen; zum ~! *(Trinkspruch);* eine Erfindung, eine Errungenschaft zum ~e der Menschheit; →a. *Weh*

wohl|an ‹Adv.; poet.› **1** *nun denn! gut!* **2** *los!*

wohl|auf ‹Adv.› *gesund* ▸ (wieder) ~ sein

Wohl|be|fin|den ‹das; -s; unz.› *gutes Befinden, Gesundheit u. Wohlfühlen* ▸ für jmds. ~ sorgen

Wohl|be|ha|gen ‹das; -s; unz.; verstärkend› *Behagen* ▸ sich voller ~ ausstrecken; etwas mit ~ tun

wohl|be|hal|ten ‹Adj.; nur adv.› **1** *gesund, unverletzt* (Person) **2** *in gutem Zustand, unbeschädigt* (Sache) ▸ wir sind ~ zu Hause angekommen

wohl|durch|dacht *auch:* **wohl durch|dacht** ‹Adj.› *genau überlegt, sorgfältig geplant* ▸ ein ~er Plan

Wohl|er|ge|hen ‹das; -s; unz.› *Gesundheit u. Wohlbefinden* ▸ um jmds. ~ besorgt sein

wohl|er|zo|gen *auch:* **wohl er|zo|gen** ‹Adj.› *brav*

Wohl|fahrt ‹die; -; unz.› **1** *Wohlergehen (eines Volkes)* **2** *öffentliche Fürsorge*

Wohl|fahrts|staat ‹der; -(e)s, -en› *Staat, in dem die Bürger freie Gesundheitsfürsorge, Renten u. andere Sozialleistungen erhalten*

Wohl|fahrts|ver|band ‹der; -(e)s, -bän|de› *in der Wohlfahrtspflege tätiger Verband, z. B. Caritas*

wohl|füh|len *auch:* **wohl füh|len** ‹V. refl.; fühlt sich wohl, fühl|te sich wohl, hat sich wohl|gefühlt, sich wohl|zu|füh|len› sich ~ *sich gut, gesund fühlen* ▸ ich fühle mich heute nicht ganz wohl; ich fühle mich in dieser Stadt sehr wohl

Wohl|ge|fal|len ‹das; -s; unz.› *Gefallen, Freude u. Befriedigung* ▸ sich in ~ auflösen ‹übertr.; umg.; scherzh.› *zu nichts werden* (Plan); *sich auflösen*

(Verein); *allmählich entzweigehen* (Gegenstand); jmdn. mit ~ betrachten; Abl *wohlgefällig*

wohl|ge|formt *auch:* **wohl ge|formt** ⟨Adj.⟩ **1** *gut geformt* **2** ⟨Sprachw.⟩ *grammatisch korrekt;* Abl *Wohlgeformtheit* ▸ eine ~e Nase

Wohl|ge|fühl ⟨das; -(e)s; unz.⟩ *Gefühl des Behagens, des Wohlbefindens, angenehmes Gefühl*

wohl|ge|lit|ten ⟨Adj.; geh.⟩ *beliebt, gern gesehen* ▸ er ist dort (nicht) ~

wohl|ge|meint *auch:* **wohl ge|meint** ⟨Adj.⟩ *in guter Absicht gegeben* ▸ ein ~er Rat

wohl|ge|merkt ⟨a. ['- -'-] Adv.; eingeschoben⟩ *das sei betont* ▸ ich hatte ihn, ~, vorher gewarnt

wohl|ge|mut ⟨Adj.; geh.⟩ *fröhlich, zuversichtlich*

wohl|ge|nährt *auch:* **wohl ge|nährt** ⟨Adj.⟩ **1** *gut genährt* **2** ⟨iron.⟩ *dicklich, dick*

wohl|ge|sinnt ⟨Adj.⟩ *freundlich gesinnt*

wohl|ha|bend ⟨Adj.⟩ *in guten Vermögensverhältnissen (lebend)* ▸ eine ~e Familie; er ist sehr ~; Abl *Wohlhabenheit*

woh|lig ⟨Adj.⟩ *behaglich, angenehm* ▸ ein ~es Gefühl durchströmte sie; sich ~ strecken

Wohl|klang ⟨der; -(e)s; unz.⟩ *schöner, angenehmer Klang* ▸ der ~ dieser Musik

wohl|mei|nend ⟨Adj.; geh.⟩ = *wohlgemeint*

Wohl|sein ⟨das; -s; unz.; geh.⟩ *gutes Befinden, Gesundheit* ▸ (zum) ~! *(Trinkspruch)*

wohl|si|tu|iert *auch:* **wohl si|tu|iert** ⟨Adj.⟩ *wohlhabend, finanziell gut gestellt* ▸ eine ~e Familie

Wohl|stand ⟨der; -(e)s; unz.⟩ *gute Vermögenslage, hoher Lebensstandard* ▸ im ~ leben; zu ~ kommen; Zus *Wohlstandsgesellschaft*

Wohl|tat ⟨die; -, -en⟩ **1** *freiwillige, unentgeltliche Hilfe, gute Tat* **2** *Erleichterung, Annehmlichkeit* ▸ jmdm. ~en erweisen; die Kühle des Waldes ist eine ~; der heiße Kaffee ist eine wahre ~

Wohl|tä|ter ⟨der; -s, -⟩ *jmd., der anderen Wohltaten erweist, hilft;* Abl *Wohltäterin*

wohl|tä|tig ⟨Adj.⟩ *Wohltaten erweisend, mildtätig* ▸ für einen ~en Zweck *um bedürftigen Menschen zu helfen;* Abl *Wohltätigkeit*

Wohl|tä|tig|keits|ver|an|stal|tung ⟨die; -, -en⟩ *Veranstaltung, deren Erlös Bedürftigen zukommt*

wohl|tu|end ⟨Adj.⟩ *angenehm, erleichternd* ▸ ~e Kühle, Wärme; ~e Wirkung; es war ~ still

wohl|ver|dient ⟨Adj.; verstärkend⟩ *verdient* ▸ seinen ~en Lohn, seine ~e Strafe bekommen

wohl|weis|lich ⟨Adv.⟩ *nach sorgfältiger Überlegung, aus guten Gründen* ▸ ich habe ihm ~ nichts davon gesagt

Wohl|wol|len ⟨das; -s; unz.⟩ *freundl. Gesinnung, Zuneigung* ▸ sich jmds. ~ verscherzen; jmdn. mit ~ betrachten; Abl *wohlwollend*

W

Wohn|an|la|ge ⟨die; -, -n⟩ *Anlage, Gebäudekomplex mit Wohnungen* ▸ eine ~ im Grünen

Wohn|block ⟨der; -(e)s, -s od. -blö|cke⟩ *Block aus Mietshäusern* ▸ hier gibt es viele neue ~s

woh|nen ⟨V. intr.; wohnt, wohn|te, hat ge|wohnt⟩ irgendwo ~ **1** *seine Wohnung, seinen ständigen Aufenthalt haben* **2** *Unterkunft haben* ▸ auf dem Lande, in der Stadt ~; ich kann dort bei Freunden ~; ich habe lange Zeit in Gotha gewohnt; wir ~ im dritten Stock; zur Miete, Untermiete bei jmdm. ~ ▸ wo wohnst du?

Wohn|flä|che ⟨die; -, -n⟩ *Fläche (innerhalb eines Hauses od. einer Wohnung), die die Wohnräume umfasst;* →a. *Nutzfläche*

Wohn|ge|biet ⟨das; -(e)s, -e⟩ *Gebiet (innerhalb einer Stadt), das überwiegend aus Wohnhäusern besteht* ▸ neue ~e ausweisen

Wohn|ge|mein|schaft ⟨die; -, -en; Abk.: WG⟩ *Gemeinschaft mehrerer Personen in einer Wohnung mit gemeinsamer Haushaltsführung*

wohn|haft ⟨Adv.; bes. auf Formularen⟩ *ständig wohnend, mit ständigem Aufenthalt* ▸ ~ in Wien

Wohn|haus ⟨das; -es, -häu|ser⟩ *Haus mit einer od. mehreren Wohnungen;* Syn *Wohngebäude*

Wohn|heim ⟨das; -(e)s, -e⟩ *Heim zum Wohnen, oft für alleinstehende Personen, z. B. Studenten;* Zus *Studentenwohnheim*

Wohn|la|ge ⟨die; -, -n⟩ *Lage einer Wohnung, eines Wohnhauses bezüglich der Umgebung* ▸ angenehme, ruhige ~; ein Haus in bester ~

wohn|lich ⟨Adj.⟩ *behaglich, angenehm zum Wohnen od. Aufenthalt* ▸ ein sehr ~er Raum; ein Zimmer ~ einrichten; Abl *Wohnlichkeit*

Wohn|mo|bil ⟨das; -(e)s, -e⟩ *motorisierter Wohnwagen*

Wohn|ort ⟨der; -(e)s, -e⟩ *Ort, an dem man ständig wohnt* ▸ nennen Sie bitte Ihren ~

Wohn|sitz ⟨der; -es, -e⟩ **1** *Ort, an dem man ständig wohnt;* Syn *Domizil (1);* Abl *wohnsitzlos* **2** *Gemeinde, in der jmd. polizeilich gemeldet ist* ▸ seinen ~ in Berlin, auf dem Lande haben; einen zweiten ~ haben; Personen ohne festen ~

Woh|nung ⟨die; -, -en⟩ *Räume (auch einzelner Raum), in denen man wohnt, Räume für ständigen Aufenthalt* ▸ eine ~ beziehen; jmdm. od. sich eine ~ einrichten; eine ~ kaufen, mieten; wir suchen eine neue ~; die ~ wechseln *umziehen* ▸ billige, teure ~; gemütliche, hübsche ~; große, kleine, moderne ~ ▸ eine ~ im dritten Stock; ~ mit drei Zimmern, Bad, Küche und Balkon; Zus *Wohnungsschlüssel, Wohnungssuche, Wohnungssuchende(r), Wohnungstür; Wohnungseinrichtung; Eigentumswohnung, Mietwohnung, Zweizimmerwohnung*

Woh|nungs|bau ⟨der; -(e)s; unz.⟩ *Bau von Wohnhäusern* ▸ sozialer ~ *Bau von Wohnhäusern mit preiswerten Wohnungen*

woh|nungs|los ⟨Adj.⟩ *ohne Wohnung, ohne festen Wohnsitz, obdachlos;* Abl *Wohnungslose(r)*

Woh|nungs|not ⟨die; -; unz.⟩ *Mangel an freien Wohnungen*

Wohn|vier|tel ⟨das; -s, -⟩ *Teil der Stadt, in dem es vor allem Wohnhäuser gibt;* Ggs *Geschäftsviertel*

Wohn|wa|gen ⟨der; -s, -⟩ *Autoanhänger, der zum Wohnen u. Schlafen (auf Reisen) eingerichtet ist*

Wohn|zim|mer ⟨das; -s, -⟩ *Zimmer zum Aufenthalt während des Tages;* ⓘ S. 360; Zus *Wohnzimmerschrank* ⓘ S. 361, *Wohnzimmertisch* ⓘ S. 361

wöl|ben ⟨V.; wölbt, wölb|te, hat ge|wölbt⟩ **I** ⟨V. trans.⟩ etwas ~ *in der Art eines Gewölbes, in* *einem Bogen spannen* ▸ eine gewölbte Decke **II** ⟨V. refl.⟩ sich ~ *sich in einem Bogen spannen, sich gerundet erheben, sich krümmen* ▸ sich nach vorn, nach oben ~; eine Brücke wölbt sich über einen Fluss; der Fußboden hat sich gewölbt *bildet Rundungen nach oben*

Wöl|bung ⟨die; -, -en⟩ *gewölbte Fläche, Ausbuchtung (nach vorn, oben)*

Wolf ⟨der; -(e)s, Wöl|fe⟩ **1** ⟨Zool.⟩ *dem deutschen Schäferhund ähnliches, scheues Raubtier mit grauem Fell;* Abl *Wölfin; wölfisch* **2** ⟨Tech.⟩ *mit Zähnen versehene Maschine, die Faserbündel auflockert;* Zus *Reißwolf* **3** ⟨kurz für⟩ *Fleischwolf* ▸ Fleisch durch den ~ drehen; ich bin wie durch den ~ gedreht ⟨umg.; scherzh.⟩ *völlig erschöpft;* mit den Wölfen heulen ⟨übertr.⟩ *machen, was alle tun;* hungrig wie ein ~ sein *sehr hungrig sein;* →a. *Schaf(s)pelz*

Wolf|ram ⟨das; -s; unz.; chem. Zeichen: W⟩ *sehr hitzebeständiges Metall (in Glühbirnen)*

Wol|ke ⟨die; -, -n⟩ **1** *Gebilde aus verdichtetem Wasserdampf;* Abl *wolkenfrei;* Zus *Wolkenhimmel; wolkenverhangen; Gewitterwolke, Regenwolke* **2** *geballte Masse winziger Teilchen;* Zus *Dampfwolke, Nebelwolke, Rauchwolke, Staubwolke* ▸ ~n **ballen** sich am Himmel; die ~n **ziehen,** jagen über den Himmel ▸ der Rauch lag in einer **dichten** ~ über der Stadt; er blies, stieß den Rauch (seiner Pfeife) in dichten ~n von sich; der Berggipfel ist in **dicke** ~n gehüllt ▸ sie schwebt **auf** ~ sieben ⟨übertr.⟩ *sie ist überglücklich (verliebt);* ich bin **aus** allen ~n gefallen ⟨übertr.; umg.⟩ *war außerordentlich erstaunt;* der Himmel bedeckte sich, überzog sich **mit** ~n; wir flogen hoch **über** den ~n

Wol|ken|bruch ⟨der; -(e)s, -brü|che⟩ *kurzer, aber sehr starker Regen;* Abl *wolkenbruchartig*

Wol|ken|de|cke ⟨die; -, -n; Meteor.⟩ *den Himmel (vollständig) bedeckende Bewölkung* ▸ eine geschlossene ~; die ~ reißt auf

Wol|ken|krat|zer ⟨der; -s, -; umg.⟩ *Hochhaus*

wol|ken|los ⟨Adj.⟩ *ohne Wolken, klar u. blau* ▸ ein ~er Himmel; der Himmel war ~ blau

wol|kig ⟨Adj.⟩ **1** *voller Wolken, bewölkt* **2** *wie Wolken* **3** ⟨Fot.⟩ *fleckig*

Woll|de|cke ⟨die; -, -n⟩ *Decke aus Wolle*

Wol|le ⟨die; -, -n⟩ **1** *Tierhaare, die zum Spinnen geeignet sind;* Zus *Schafwolle* **2** *gesponnene Fäden aus Wolle (1) zum Stricken o. Ä.;* Zus *Wollhandschuhe, Wolljacke, Wollmütze, Wollpullover, Wollsocke* ▸ gebleichte, ungebleichte, gefärbte, ungefärbte ~; eine Jacke aus reiner ~; ein Pullover aus reiner ~; sich mit jmdm. in die ~ kriegen ⟨übertr.; umg.⟩ *mit jmdm. streiten*

wol|len[1] ⟨V.⟩ **I** ⟨V. intr.; will, woll|te, hat … wollen; Modalverb in Verbindung mit Inf.⟩ **I.I** ⟨als Äußerung des Willens od. eines Wunsches⟩ *die feste Absicht haben, den (festen, guten) Willen haben (etwas zu tun), fest wünschen (zu tun)* ▸ wir ~ **gehen!** *lass uns gehen!;* wenn man alles **glauben** wollte … *würde, könnte;* er will Geld von mir **haben;** das will etwas **heißen!** *das bedeutet viel;* **hören:** das will ich nicht gehört haben! ⟨zurechtweisend⟩ *das hättest du nicht sagen dürfen!;* ich will es ihm **sagen;** ich will Ihnen eins sagen; das will nichts sagen, besagen ⟨umg.⟩ *das bedeutet nichts;* was ich noch sagen wollte … ⟨einleitend⟩; wir ~ **sehen,** was passiert *warten wir es ab;* willst du wohl still **sein?** ⟨befehlend⟩ *sei sofort still!;* man will Sie **sprechen;** es will nicht **vorwärtsgehen** *es gibt keine Fortschritte dabei;* er will Arzt **werden;** ich will (endlich) **wissen,** was geschehen ist ▸ **was** willst du damit sagen? *was meinst du damit?* **I.II** ⟨mit Passiv⟩ *müssen* ▸ die Pferde ~ jeden Tag **gefüttert** werden; das will **gelernt** sein *das muss man gelernt haben;* das will genau **überlegt** sein **I.III** ⟨zur Bez. einer Behauptung⟩ er will dich gestern **gesehen** haben *er hat dich angeblich gesehen;* und dann will es niemand **gewesen** sein ⟨umg.⟩ *und dann behauptet jeder, er sei es nicht gewesen* **I.IV** ⟨Höflichkeitsform in der Anrede mit Inf.⟩ ~ Sie bitte so freundlich **sein;** ~ Sie bitte einen Augenblick **warten** *bitte warten Sie kurz* **II** ⟨V. intr. u. V. trans.; will, woll|te, hat ge|wollt; Vollverb⟩ **II.I** ⟨als Äußerung des Willens od. eines Wunsches⟩ (etwas) ~ *die feste Absicht haben, den (festen, guten) Willen haben (etwas zu tun), fest wünschen (zu tun)* ▸ ich will nicht! (eigtl.: ich will es nicht tun); er will, dass ich mitgehe ▸ meine **Augen** ~ nicht mehr ⟨umg.⟩ *ich kann nicht mehr gut sehen;* ich will doch nur dein **Bestes;** niemand will dir etwas **Böses** *niemand möchte dir etwas antun* ▸ man **muss** nur ~, dann geht es auch; **sein:** hier ist nichts zu ~ *hier nützt alles nichts* ▸ es will mir nicht **aus** dem Kopf ⟨umg.⟩ *ich muss immer daran denken;* das will mir nicht **in** den Kopf ⟨umg.⟩ *das verstehe ich nicht;* wir ~ heute Abend ins Theater (gehen); er will **nach** Amerika (reisen, auswandern); **ohne** es zu ~; **wenn** du willst, kannst du mitkommen; ich will **zu** einem Freund (gehen); zu wem ~ Sie? ⟨umg.⟩ *wen möchten Sie sprechen?* ▸ **was** ~ Sie, es ist doch gutgegangen! *warum regen Sie sich auf?;* was willst du noch mehr?; mach, was du willst!; er weiß, was er will; komme, was da wolle *was auch immer kommt;* (ganz) **wie** du willst! **II.II** ⟨in Wunschsätzen⟩ ich wollte, er wäre schon da *wenn es doch so wäre!*

wol|len[2] ⟨Adj.⟩ *aus Wolle*

wol|lig ⟨Adj.⟩ **1** *Wolle tragend* **2** *voller Wolle, mit Wolle bedeckt* **3** *wie Wolle* **4** *enggekräuselt u. sehr dicht* ▸ ~e Schafe; ein ~er Pullover

Wol|lust ⟨die; -; unz.⟩ *Lustgefühl bei der Befriedigung des Geschlechtstriebes;* Abl *wollüstig*

wo|mit[1] ⟨Interrogativadv.⟩ *mit was?, mit welcher Sache?* ▸ ~ hast du den Fleck entfernt?; ich weiß, ~ ich ihm eine Freude machen kann

wo|mit[2] ⟨Relativadv.⟩ *mit dem (Vorangegangenen, eben Erwähnten)* ▸ er hat mir erklärt, er wolle Pilot werden, ~ ich nicht einverstanden bin

wo|mög|lich ⟨Adv.⟩ *wahrscheinlich noch, am Ende, vielleicht sogar* ▸ wir müssen uns beeilen, sonst ist das Geschäft ~ schon geschlossen

wo|nach[1] ⟨Interrogativadv.⟩ *nach welcher Sache?* ▸ ~ hat er dich gefragt?; ~ soll man sich richten?

wo|nach[2] ⟨Relativadv.⟩ *nach dem (Vorangegangenen, eben Erwähnten)* ▸ er hat seit Jahren gut verdient, ~ er reich sein müsste

Won|ne ⟨die; -, -n⟩ *tiefe Freude, inniges Vergnügen* ▸ es ist eine wahre ~, den Kindern beim Spielen zuzusehen

wor... → *wo(r)...*

wo|r|an[1] ⟨a. ['--] Interrogativadv.⟩ *an was?, an welche Sache?* ▸ ~ denkst du jetzt?; wenn ich nur wüsste, ~ sie Freude hat; ~ liegt es?; er weiß nicht, ~ er ist ... *was er davon halten soll*

wo|r|an[2] ⟨Relativadv.⟩ *an dem (Vorangegangenen, eben Erwähnten)* ▸ er hat mich zu sich eingeladen, ~ mir gar nichts liegt

wo|r|auf[1] ⟨a. ['--] Interrogativadv.⟩ *auf was?, auf welche Sache?* ▸ ~ freust du dich am meisten?; ~ wartest du noch?

wo|r|auf[2] ⟨Relativadv.⟩ *auf das (Vorangegangene, soeben Erwähnte)* ▸ er fragte mich in der Prüfung etwas, ~ ich nicht gefasst war

wo|r|auf|hin ⟨Relativadv.⟩ *worauf, infolgedessen* ▸ er wurde frech, ~ ich die Tür zuschlug

wo|r|aus[1] ⟨a. ['--] Interrogativadv.⟩ **1** *aus was?, aus welchem Material?* **2** *aus welcher Sache?* ▸ ~ besteht Porzellan?; ~ schließt du das?

wo|r|aus[2] ⟨Relativadv.⟩ *aus dem (Vorangegangenen, eben Erwähnten)* ▸ er unterstützt uns großzügig, ~ man schließen kann, dass er reicht ist

wo|r|ein ⟨a. ['--] Adv.; umg. für⟩ *wohinein*

wo|r|in[1] ⟨a. ['--] Interrogativadv.⟩ *in was?, in welcher Sache?* ▸ ~ besteht hier der Unterschied?

wo|r|in[2] ⟨Relativadv.⟩ *in dem (Vorhergegangenen, eben Erwähnten)* ▸ das ist das Haus, ~ er lebte; er ist tolerant, ~ er sich von ihr unterscheidet

Work|aho|lic ⟨[wœːkəhɔlɪk] der; -s, -s⟩ **1** *jmd., der unter Arbeitszwang steht* **2** ⟨a. scherzh. für⟩ *jmd., der gern u. viel arbeitet*

Work|shop ⟨[wœːkʃɔp] der; -s, -s⟩ *Seminar, in dem durch Diskussion u. praktische Vorführungen Kenntnisse vermittelt u. erarbeitet werden*

Wort

Im Fall des Substantivs *Wort* besteht die Schwierigkeit darin, dass es **zwei Pluralformen** hat. Der Plural **Wörter** wird verwendet, wenn es sich um einzelne (zählbare) Wörter handelt: *Das Wörterbuch umfasst 50 000 Wörter. Es fällt ihr schwer, englische Wörter richtig zu schreiben.* Wenn eine Bemerkung, eine zusammenhängende Rede oder ein Ausspruch gemeint ist, wird die Pluralform **Worte** gebraucht: *Das waren seine letzten Worte. Ich werde ein paar Worte mit ihm sprechen.*

Wort **I** ⟨das; -(e)s, Wör|ter; Sprachw.⟩ *sprachliche Äußerung des Menschen mit bestimmter Bedeutung, kleinster selbstständiger Redeteil* ▸ die **Aussprache** eines ~es nachschlagen; die **Bedeutung** eines ~es erklären; den **Sinn** eines ~es (nicht) verstehen; im wahrsten, im eigentlichen Sinn des ~es ▸ Wörter **auslassen,** vergessen (beim Sprechen od. Schreiben); ein ~ richtig, falsch **aussprechen;** ein ~ richtig, falsch **betonen;** können Sie dieses ~ **buchstabieren?;** hier **fehlt** ein ~; ich **kenne** dieses ~ nicht; Wörter **lernen,** wiederholen; ein ~ (auf einen Zettel, an die Wandtafel) **schreiben;** zwei Wörter (in einem Satz) **streichen;** ein ~ in eine andere Sprache **übersetzen** ▸ sag mir ein **anderes** ~ für „Hochmut"; ein **deutsches,** englisches ~; **einfaches,** einsilbiges, mehrsilbiges, zusammengesetztes ~; **kurzes,** langes, schwieriges ~ ▸ ich habe den Brief ~ **für** ~ gelesen *ganz genau;* einen Satz ~ für ~ wiederholen; ein ~ **mit** fünf Buchstaben **II** ⟨das; -(e)s, -e⟩ **1** *Ausdruck* **2** *Ausspruch* **3** *Bemerkung* **4** *Rede* **5** ⟨Pl.⟩ *Text (eines Musikstücks)* ▸ **Musik** und ~e stammen von ... ▸ jmdm. das ~ **abschneiden** *jmdn. unhöflich unterbrechen;* jmdm. das ~ **entziehen** *jmdn. nicht weitersprechen lassen (in einer Diskussion);* das ~ **ergreifen** *anfangen zu sprechen (in einer Versammlung);* jmdm. das ~ **erteilen** *jmdm. die Erlaubnis geben zu sprechen (in einer Versammlung);* mir **fehlen** die ~e *ich bin so überrascht, entsetzt, dass ich nichts dazu sagen kann;* das ~ **führen** *der Hauptsprecher sein (in einer Diskussion);* ein ~ **gab** das andere, und schließlich gerieten sie in Streit *sie redeten immer heftiger miteinander;* jmdm. das ~ **reden** *das sagen, was jmd. gern hören möchte;* einer Sache das ~ reden *eine S. verteidigen, unterstützen;* das ~ an jmdn. **richten** *jmdn. anreden;* ohne ein ~ zu **sagen;** dieses ~ **stammt** von James Joyce; ich **verstehe** kein ~ *ich verstehe nichts;* ein paar ~e mit jmdm. **wechseln** *kurz u. oberflächlich mit jmdm. sprechen* ▸ hier versteht man ja sein **eigenes** ~ nicht mehr (vor lauter Lärm); ein **ernstes** ~ mit jmdm. sprechen *jmdn. ernst ermahnen;* Ihre **freundlichen** ~e haben mir sehr wohlgetan; das **große** ~ führen *die Diskussion, das Gespräch beherrschen;* große ~e machen *übertreibend, feierlich sprechen;* ein **gutes** ~ für jmdn. einlegen *sich für jmdn. einsetzen;* er brachte vor Verlegenheit **kein** ~ hervor; kein ~ miteinander sprechen; darüber braucht man kein ~ zu verlieren *das ist so klar, dass man darüber gar nicht sprechen muss;* an dem, was er gesagt hat, ist kein ~ wahr; kein ~ weiter (davon)! *ich will nichts mehr davon hören!;* das sind **leere** ~e *das ist leeres Gerede;* er hat das **letzte** ~ *er entscheidet;* er will immer das letzte ~ haben ⟨übertr.⟩ *er muss immer noch einmal widersprechen;* das waren seine letzten ~e, ehe er starb; darüber ist das letzte ~ noch nicht gesprochen *darüber ist noch nicht endgültig entschieden;* hier kann man ein **offenes** ~ reden, sagen *offen reden, offen sprechen;* ein **paar** ~e mit jmdm. sprechen; nicht das **rechte** ~ finden; **schöne** ~e machen *reden, ohne das Nötige zu tun;* **viele** ~e machen *sehr viel sprechen;* wir wollen nicht viele ~e machen *wir wollen nicht viel sprechen, sondern lieber handeln;* das ist ein **wahres** ~ *das ist* *wirklich wahr;* jmdm. mit warmen ~en danken ▸ aufs ~ gehorchen *sofort gehorchen;* jmdm. etwas aufs ~ glauben *alles glauben, was er sagt;* auf ein ~! *ich möchte Sie kurz sprechen;* du nimmst mir das ~ aus dem Mund *du sagst, was ich gerade sagen wollte;* 200 Euro, in ~en: zweihundert *(auf Quittungen);* in ~ und Bild über, von etwas berichten; jmdm. ins ~ fallen *jmdn. unterbrechen;* ich kann es kaum in ~e fassen; jmdm. das ~ im Munde umdrehen *behaupten, dass jmd. das Gegenteil von dem gesagt habe, was er wirklich gesagt hat;* mit einem ~ *kurz gesagt;* das heißt mit anderen ~en *das heißt anders ausgedrückt;* er hat die Sache mit keinem ~ erwähnt; jmdn. mit leeren ~en abspeisen *mit leerem Gerede;* nach ~en ringen *(nach einer Überraschung, einem Schrecken) mühsam zu sprechen versuchen;* ohne viele ~e zu machen; ich bitte ums ~ *ich möchte etwas sagen (in einer Diskussion);* nicht zu ~ kommen *nichts sagen können (weil der andere dauernd spricht);* andere nicht zu ~ kommen lassen *ohne Pause reden;* sich zu ~ melden *sich melden, um etwas zu sagen* **III** ⟨unz.⟩ **1** *Ehrenwort, Versprechen;* Zus *Wortbruch; wortbrüchig* **2** *Lehre* ▸ das ~ Gottes *die Bibel* ▸ sein ~ brechen; jmdm. sein ~ geben, etwas zu tun od. nicht zu tun; ich habe sein ~; sein ~ (nicht) halten ▸ jmdn. beim ~ nehmen *von jmdm. fordern, das auszuführen, was er versprochen hat*

Wọrt|art ⟨die; -, -en; Gramm.⟩ *Art des Wortes, Gruppe, in die ein Wort nach sprachlichen Gesichtspunkten eingeordnet wird, z. B. Substantiv, Verb, Adjektiv, Pronomen*

Wọrt|bil|dung ⟨die; -, -en; Sprachw.⟩ **1** *Bildung von (neuen) Wörtern (durch Ableitung od. Zusammensetzung)* **2** *neugebildetes Wort*

Wọ̈rt|chen ⟨das; -s, -⟩ *kleines Wort* ▸ hier habe ich noch ein ~ mitzureden ⟨umg.⟩ *ebenfalls zu bestimmen, auch meine Einwilligung zu geben*

Wọ̈r|ter|buch ⟨das; -(e)s, -bü|cher⟩ **1** *nach dem Alphabet geordnetes Verzeichnis der Wörter einer Sprache u. ihrer Erklärung bzw. ihrer Übersetzung in eine andere Sprache;* Zus *Englischwörterbuch, Französischwörterbuch* **2** *alphabetisches Verzeichnis der Wörter eines Fachgebietes od. eines bes. Teils einer Sprache;* Zus *Fachwörterbuch, Fremdwörterbuch* ▸ ~ der Umgangssprache, der Literatur, der Musik; deutsch-englisches, englisch-deutsches ~; etymologisches ~; medizinisches, zweisprachiges ~; im ~ ein Lemma, ein Wort nachschlagen

Wọ̈r|ter|ver|zeich|nis ⟨das; -nis|ses, -nis|se; bes. in Wörterbüchern⟩ *Verzeichnis der Wörter, über die in dem betreffenden Buch etwas geschrieben ist;* Syn *Wortregister, Wortverzeichnis*

Wọrt|feld ⟨das; -(e)s, -er; Sprachw.⟩ *Gruppe von Wörtern, die einen ähnlichen Inhalt haben*

Wọrt|fet|zen ⟨der; -s, -; meist Pl.⟩ *einzelne Wörter einer Rede o. Ä., deren Zusammenhang nicht verständlich ist*

Wọrt|füh|rer ⟨der; -s, -⟩ *Sprecher* ▸ sich zum ~ einer Sache machen; Abl *Wortführerin*

Wọrt|ge|fecht ⟨das; -(e)s, -e⟩ *leichter, oft witziger, geistreicher Streit mit Worten*

wọrt|ge|treu ⟨Adj.⟩ *wörtlich genau* ▸ ~e Übersetzung; einen Ausspruch ~ wiedergeben

Wọrt|ge|walt ⟨die; -; unz.⟩ *gute, effektive Anwendung von Schrift u. Sprache;* Abl *wortgewaltig*

wọrt|ge|wandt ⟨Adj.⟩ = *sprachgewandt;* Abl *Wortgewandtheit*

Wọrt|hül|se ⟨die; -, -n; abwertend⟩ *inhaltsleeres Wort, nichtssagende Redewendung*

wọrt|karg ⟨Adj.⟩ *schweigsam, wenig redend, wenig Worte machend;* Abl *Wortkargheit*

Wọrt|laut ⟨der; -(e)s; unz.⟩ *wörtlicher Inhalt, wörtlicher Text* ▸ wie ist der genaue ~ des Briefes?; sich genau nach dem ~ richten

wọ̈rt|lich ⟨Adj.⟩ *dem Text genau entsprechend, Wort für Wort* ▸ ~e Rede *genau wiedergegebene u. in Anführungszeichen gesetzte Rede;* Syn *direkte Rede;* ~e Übersetzung; du darfst das, was er sagt, nicht ~ nehmen; ich kann es nicht ~ wiedergeben, sondern nur dem Sinne nach

wọrt|los ⟨Adj.⟩ *ohne ein Wort zu sagen, schweigend* ▸ er drehte sich ~ um und ging hinaus; sie verstehen sich ~

Wọrt|mel|dung ⟨die; -, -en⟩ *Meldung zum Sprechen (in Versammlungen)* ▸ es liegen keine weiteren ~en vor *es will niemand sonst sprechen*

Wọrt|schatz ⟨der; -es, -schät|ze; Sprachw.⟩ **1** *Gesamtheit der Wörter (einer Sprache)* **2** *Gesamtheit der Wörter, die jmd. anwenden kann* ▸ das Kind hat jetzt einen ~ von etwa 50 Wörtern

Wọrt|spiel ⟨das; -(e)s, -e⟩ *geistreich-witziges Spiel mit gleich od. ähnlich klingenden, aber in der Bedeutung unterschiedlichen Wörtern*

Wọrt|stamm ⟨der; -(e)s, -stäm|me; Sprachw.⟩ *nach Abtrennung der Flexionsendungen übrig bleibender Bestandteil eines Wortes (oft Silbe);* →a. *Wurzel (3)*

Wọrt|stel|lung ⟨die; -, -en; Sprachw.⟩ *nach bestimmten Regeln festgelegte Folge der Wörter im Satz;* Syn *Wortfolge*

Wọrt|tren|nung ⟨die; -, -en; Sprachw.⟩ *Trennung von Wörtern am Zeilenende, Silbentrennung*

Wọrt|wahl ⟨die; -; unz.⟩ *Wahl der Worte, Ausdrucksweise* ▸ sich in der ~ vergreifen

Wọrt|wech|sel ⟨[-ks-] der; -s, -⟩ *Streit mit Worten* ▸ es kam zu einem heftigen, lauten ~

wort|wọ̈rt|lich ⟨Adj.; verstärkend⟩ *wörtlich, Wort für Wort* ▸ etwas ~ nehmen

wo|r|ü̲|ber[1] ⟨a. ['---] Interrogativadv.⟩ *über was?, über welche Sache?* ▸ ~ habt ihr gesprochen?

wo|r|ü̲|ber[2] ⟨Relativadv.⟩ *über das (Vorangegangene, eben Erwähnte)* ▸ er ist einfach gegangen, ohne etwas zu sagen, ~ ich erstaunt war

wo|r|ụm[1] ⟨a. ['--] Interrogativadv.⟩ *um was?, um welche Sache?* ▸ ~ handelt es sich?; ich habe keine Ahnung, ~ es geht

wo|r|ụm[2] ⟨Relativadv.⟩ *um das (Vorangegangene, eben Erwähnte bzw. Folgende)* ▸ da gibt es noch etwas, ~ ich dich sehr bitten möchte; das, ~ es hier geht, ist Folgendes

wo|r|ụn|ter[1] ⟨a. ['---] Interrogativadv.⟩ *unter wel-*

W

cher Sache? ▸ ~ hast du in der Schule am meisten gelitten?

wo|r|un|ter[2] ⟨Relativadv.⟩ *unter dem (Vorangegangenen, eben Erwähnten)* ▸ er redete viel von Franchising, ~ ich mir nichts vorstellen kann

wo|von[1] ⟨a. ['--] Interrogativadv.⟩ *von was?, von welcher Sache?* ▸ ~ redet ihr?; ~ ist die Rede?

wo|von[2] ⟨Relativadv.⟩ *von dem (Vorhergegangenen, eben Erwähnten)* ▸ er fragte mich nach etwas, ~ ich keine Ahnung hatte

wo|vor[1] ⟨a. ['--] Interrogativadv.⟩ *vor was?, vor welcher Sache?* ▸ ~ fürchtest du dich am meisten?

wo|vor[2] ⟨Relativadv.⟩ *vor dem (Vorangegangenen, eben Erwähnten)* ▸ die Dunkelheit ist das, ~ sich das Kind am meisten fürchtet

wo|zu[1] ⟨a. ['--] Interrogativadv.⟩ **1** *zu welchem Zweck?* **2** *zu welcher Sache?* ▸ ~ brauchst du das Geld?; ~ hast du dich nun entschlossen?

wo|zu[2] ⟨Relativadv.⟩ *zu dem (Vorangegangenen, eben Erwähnten)* ▸ er will mit mir nach Bonn fahren, ~ ich aber gar keine Lust habe

Wrack ⟨das; -s, -s⟩ **1** *durch Beschädigung unbrauchbar gewordenes, zerschelltes Schiff* **2** ⟨übertr.; umg.⟩ **2.1** *stark abgenutztes, kaum noch funktionsfähiges Fahrzeug,* **2.2** *körperlich od. seelisch verbrauchter Mensch* ▸ er ist (nur noch) ein ~

wrin|gen ⟨V. trans.; wringt, wrang, hat ge|wrungen⟩ die Flüssigkeit aus etwas ~ *durch Zusammendrehen u. -drücken herausholen, auswringen*

WSV ⟨Abk. für⟩ *Winterschlussverkauf*

Wu|cher ⟨der; -s; unz.⟩ **1** *Erzielung eines im Verhältnis zur Leistung zu hohen Gewinns, indem die Notlage, Unerfahrenheit od. der Leichtsinn des anderen ausgenützt wird;* Zus *Wucherzins; Mietwucher* **2** *unangemessene, überhöhte Preisforderung;* Zus *Wucherpreis* ▸ das ist ja ~! ⟨umg.⟩ *dieser Preis ist unverschämt hoch!;* ~ treiben

Wu|che|rer ⟨der; -s, -⟩ *jmd., der Wucher treibt, der Geld gegen überhöhte Zinsen ausleiht;* Abl *Wucherin; wucherisch*

wu|chern ⟨V. intr.; wu|chert, wu|cher|te, hat/ist ge|wu|chert; bei Bewegung in best. Richtung: ist⟩ **1** *üppig wachsen* (von Pflanzen) **2** *zu stark wachsen* (Körpergewebe) **3** (mit etwas) ~ *Wucher treiben* ▸ das Unkraut wuchert über den den Zaun; ~de Pflanzen, Ranken

Wu|che|rung ⟨die; -, -en; Med.⟩ **1** *Bildung nicht erwünschten Gewebes* **2** *durch Wucherung entstandene Geschwulst* ▸ gutartige, bösartige ~

wuchs → *wachsen*[2]

Wuchs ⟨[-ks] der; -es; unz.⟩ **1** *das Wachstum;* Zus *Pflanzenwuchs* **2** *Gestalt, Körperbau* ▸ von kleinem, hohem, schlankem ~

Wucht ⟨die; -; unz.⟩ *Gewicht, Kraft, Schwung, Druck, Heftigkeit* ▸ er schlug mit aller ~ zu; der Schlag traf mich mit voller ~

wuch|ten ⟨V. trans.; wuch|tet, wuch|te|te, hat gewuch|tet⟩ etwas irgendwohin ~ *mit Kraft heben* ▸ einen Schrank auf den Speicher ~

wuch|tig ⟨Adj.⟩ **1** *massig u. schwer* (Gegenstand, Gebäude) **2** *heftig, kraftvoll* (Schlag) ▸ ein ~er Turm; der Schrank ist für den Flur zu ~

wüh|len ⟨V.; wühlt, wühl|te, hat ge|wühlt⟩ **I** ⟨V. intr.⟩ **1** in etwas ~ *mit beiden Händen od. Vorderpfoten od. der Schnauze graben, die Erde aufreißen* **2** in etwas ~ **2.1** *etwas (suchend) durcheinanderbringen* **2.2** ⟨übertr.⟩ *etwas genauestens durchsuchen, erforschen* ▸ in der Erde, im Sand ~; in jmds. Vergangenheit ~ ⟨übertr.⟩; er wühlte in seinen Papieren; im Schmutz ~ ⟨übertr.⟩ *mit Freude über unangenehme Angelegenheiten sprechen;* das Schwein wühlte tief in der Erde nach Morcheln **II** ⟨V. trans.⟩ etwas in etwas ~ *durch Wühlen (I. 1) hervorbringen* ▸ Gänge in die Erde ~ **III** ⟨V. refl.⟩ sich durch etwas ~ *sich wühlend durch etwas hindurcharbeiten*

Wühl|maus ⟨die; -, -mäu|se; Zool.⟩ *mausähnliches Nagetier, das unterirdische Gänge anlegt*

Wühl|tisch ⟨der; -(e)s, -e⟩ *Verkaufstisch, auf dem Sonderangebote ausliegen, die der Käufer zwanglos herunternehmen u. begutachten kann (bes. in Kaufhäusern);* Syn ⟨norddt.⟩ *Grabbeltisch*

Wulst ⟨der; -(e)s, Wüls|te od. die; -, Wüls|te od. fachsprachl. der; -(e)s, -e⟩ *längliche Verdickung, länglicher, dicklicher Auswuchs*

wuls|tig ⟨Adj.⟩ *länglich dick, angeschwollen* ▸ ~e Lippen *aufgeworfene, dicke L.*

wund ⟨Adj.⟩ *aufgrund anhaltender Reibung aufgescheuert, gerötet u. schmerzend* ▸ ~er **Punkt** ⟨übertr.⟩ *Sache, von der man ungern spricht;* eine ~e **Stelle** am Finger haben ▸ ~ **liegen** = *wundliegen;* ein Kind pudern, damit es nicht ~ **wird;** Abl *Wundheit;* Zus *wund laufen / wundlaufen, wund reiben / wundreiben, wund reiten / wundreiten, wund schreiben / wundschreiben*

Wun|de ⟨die; -, -n⟩ *gewaltsame Zerstörung, Durchtrennung von Gewebe, Verletzung* ▸ eine alte ~ wieder **aufreißen** ⟨übertr.⟩ *einen alten Schmerz wieder neu wecken;* eine ~ **auswaschen,** reinigen, verbinden; die ~ **blutet,** eitert, nässt; die ~ **heilt,** schließt sich; **klammern:** die ~ muss geklammert, genäht werden; **schlagen:** der Krieg hat tiefe ~n geschlagen ⟨übertr.⟩ *hat viel Schaden, Schmerz verursacht;* seine ~ wurde sofort **verbunden;** sich eine ~ **zuziehen** ▸ **gefährliche,** tödliche ~; **klaffende,** leichte, offene, schwere, tiefe, vernarbte ~ ▸ das Kind hat eine ~ **am** Arm; den Finger **auf** eine ~ legen ⟨übertr.⟩ *von einer unangenehmen, peinlichen Sache zu sprechen beginnen;* er blutete **aus** vielen ~n; Zus *Wundsalbe; Bisswunde, Brandwunde, Quetschwunde, Platzwunde, Risswunde, Schnittwunde, Stichwunde*

Wun|der ⟨das; -s, -⟩ **1** *Vorgang, der den gewöhnlichen Erfahrungen u. den Naturgesetzen widerspricht* **2** ⟨übertr.⟩ *Ereignis od. Erzeugnis, welches das übliche Maß weit übertrifft, ungewöhnliche Erscheinung* ▸ ein ~ der **Technik;** es geschehen noch **Zeichen** und ~! ⟨übertr.; umg.⟩ *das Unerwartete geschieht doch noch!* ▸ ~ **tun;** er hat das ~ **vollbracht,** aus diesem Haufen eine gute Mannschaft zu machen ⟨übertr.⟩; diese Arznei **wirkt** ~ ⟨übertr.⟩ *hilft sofort* ▸ du wirst noch dein **blaues** ~ erleben ⟨übertr.; umg.⟩ *du wirst* *noch eine böse, unangenehme Überraschung erleben;* (das ist) kein ~ *das ist nicht erstaunlich* ▸ das grenzt an ein ~; diese Maschine ist ein ~ an Genauigkeit, Präzision; er ist wie durch ein ~ dem Tod entgangen, gerettet worden; sich ~ was einbilden ⟨umg.⟩ *sich einbilden, etwas Besonderes zu sein od. zu können;* er glaubt, ~ was vollbracht zu haben ⟨umg.⟩ *etwas ganz Besonderes;* er denkt, er sei ~ wer ⟨umg.⟩ *eine bedeutende Persönlichkeit*

wụn|der|bar ⟨Adj.⟩ **1** *übernatürlich, wie ein Wunder (erscheinend)* **2** *herrlich, sehr schön, großartig* ▸ wie war es im Theater? ~! ▸ sie ist eine ~e Künstlerin; ein ~es Land, eine ~e Stadt; wir haben eine ~e Reise gemacht ▸ das hast du ~ gemacht; sein: das ist ~!; es muss ~ sein, das selbst zu erleben ▸ das grenzt ans Wunderbare; Abl *wunderbarerweise*

Wụn|der|dro|ge ⟨die; -, -n; umg.⟩ *(angeblich) außergewöhnlich wirksames Heilmittel*

Wụn|der|hei|ler ⟨der; -s, -⟩ *jmd., der mit übersinnlichen Kräften u. mit Wundermitteln Kranke heilt;* Abl *Wunderheilerin*

Wụn|der|ker|ze ⟨die; -, -n⟩ *Draht mit einer Substanz, die nach dem Entzünden Funken sprüht*

Wụn|der|kind ⟨das; -(e)s, -er⟩ *weit über sein Alter geistig od. in einer bestimmten Begabung entwickeltes Kind* ▸ ein musikalisches ~

wunderlich/wunderbar

Aufgrund ihrer Ähnlichkeit werden die Adjektive *wunderbar* und *wunderlich* mitunter verwechselt. *Wunderbar* bedeutet „herrlich, großartig“: *Das ist ein wunderbarer Einfall. Das Wetter war wunderbar.*
Dagegen heißt *wunderlich* „seltsam, eigentümlich“: *Sie ist ein wenig wunderlich geworden. Er ist ein wunderlicher alter Mann.*

wụn|der|lich ⟨Adj.⟩ *seltsam, merkwürdig, sonderbar, eigentümlich* ▸ der Alte wird jetzt etwas ~

Wụn|der|mit|tel ⟨das; -s, -⟩ *Mittel, das erstaunlich gut hilft* ▸ ein neues ~ testen

wụn|dern ⟨V.; wun|dert, wun|der|te, hat ge|wun|dert⟩ **I** ⟨V. trans.⟩ **I.I** ⟨persönl. u. unpersönl.⟩ jmdn. ~ *überraschen, erstaunen, in Erstaunen setzen* ▸ das wundert mich; es wundert mich (nicht), dass er die Prüfung nicht bestanden hat; er hat sich sehr über dein Verhalten gewundert; es sollte mich ~, wenn er noch käme *ich glaube nicht, dass er noch kommt* **I.II** ⟨nur unpersönl.⟩ es wundert jmdn., wie ..., warum ..., was ... *jmd. möchte gern wissen, fragt sich, wie ..., warum ..., was ...* ▸ es wunderte ihn, was aus ihr geworden war; es wundert mich, woher er das weiß **II** ⟨V. refl.⟩ sich (über jmdn. od. etwas) ~ *erstaunt sein, staunen* ▸ da wirst du dich aber ~!, du wirst dich ~! ⟨umg.⟩ *du wirst erstaunt sein (denn es wird ganz anders kommen, als du denkst);* ich muss mich doch sehr ~! ⟨umg.; scherzh.⟩ *das hätte ich von dir nicht gedacht!*

wụn|der|schön ⟨Adj.⟩ *sehr schön u. reizvoll*

wụn|der|voll ⟨Adj.⟩ *wunderbar* ▸ es war ~

Wụn|der|waf|fe ⟨die; -, -n⟩ **1** *ungewöhnlich erfolgreiche Waffe* **2** ⟨übertr.⟩ *etwas, das eine erstaunliche, an ein Wunder grenzende Wirkung zeigt*

wụnd|lie|gen *auch:* **wụnd lie|gen** ⟨V. trans. u. V. refl.; liegt wund, lag wund, hat wund|ge|le|gen, wund|zu|lie|gen⟩ sich (den Rücken) ~ *sich durch langes Liegen die Haut (am Rücken) aufreiben*

Wụnd|starr|krampf ⟨der; -(e)s; unz.; Med.⟩ *mit Krämpfen einhergehende, lebensgefährliche Infektion durch den Tetanusbazillus;* Syn *Tetanus*

Wụnsch ⟨der; -(e)s, Wün|sche⟩ **1** *etwas, das man gern haben, verwirklicht sehen möchte, Begehren, Verlangen;* Abl *wunschgemäß;* Zus *Wunschkandidat(in), Wunschliste, Wunschzettel* **2** ⟨kurz für⟩ *Glückwunsch* ▸ jmdm. jeden ~ von den Augen ablesen; jmdm. einen ~ erfüllen; hast du noch einen ~?; haben Sie sonst noch Wünsche? *(Frage der Verkäuferin);* sein: ein eigenes Haus war schon immer mein ~ ▸ ich habe nur den einen ~, möglichst schnell von hier wegzukommen; es ist sein größter ~, einmal nach China zu reisen; alle guten Wünsche zum Geburtstag; ein heimlicher, stiller ~; ein heißer, sehnlicher ~ ▸ auf allgemeinen, vielfachen ~ wird die Sendung morgen wiederholt; Herr X scheidet auf seinen eigenen ~ aus unserem Betrieb aus; auf ~ von Herrn X; mit den besten Wünschen; es geht alles nach ~ *wie man es sich gewünscht hat;* sich (ganz) nach jmds. Wünschen richten; er ist seit langem von dem ~ erfüllt, Arzt zu werden; meine besten Wünsche zum neuen Jahr

Wụnsch|bild ⟨das; -(e)s, -er⟩ *Vorstellung von etwas, das man sich sehr wünscht*

Wụnsch|den|ken ⟨das; -s; unz.⟩ *unrealistisches Denken* ▸ das ist reines ~

Wụ̈n|schel|ru|te ⟨die; -, -n⟩ *gegabelter Zweig, der von „Rutengängern“ mit beiden Händen waagerecht gehalten wird u. angeblich Bodenschätze, Wasservorkommen, Kraftfelder o. Ä. anzeigt*

wụ̈n|schen ⟨V.; wünscht, wünsch|te, hat gewünscht⟩ **I** ⟨V. trans.⟩ **1** etwas ~ **1.1** *den Wunsch haben, etwas verwirklicht zu sehen, etwas zu bekommen* **1.2** *verlangen, fordern* **2** jmdm. etwas ~ *etwas für jmdn. erhoffen (u. diese Hoffnung ihm gegenüber äußern)* ▸ ich wünschte, ich könnte bei euch sein; ich wünsche, dass Sie die Vorschriften beachten ▸ ich wünsche Ihnen gute Besserung; jmdm. Glück ~; ich wünsche dir alles Gute (zum Geburtstag)!; jmdm. einen guten Morgen ~ *jmdm. guten M. sagen;* ich wünsche Ihnen gute Reise!; jmdm. frohe Weihnachten, ein gutes neues Jahr ~ ▸ sein: es ist (sehr) zu ~, dass er die Prüfung besteht *es ist wünschenswert;* übriglassen: sein Betragen lässt nichts zu ~ übrig *ist sehr gut, tadellos* ▸ jmdn., sich an einen Ort ~ ▸ was ~ Sie? *(Frage des Verkäufers);* ganz wie Sie ~ ▸ bitte die gewünschte Nummer hier einsetzen *(auf Bestellformularen);* anbei senden wir Ihnen den gewünschten Prospekt; das Medikament hatte (nicht) die gewünschte Wirkung **II** ⟨V. refl.⟩ sich etwas ~ *den Wunsch haben, etwas verwirklicht zu sehen, etwas zu bekommen* ▸ sich etwas brennend, sehnlich(st) ~ ▸ du darfst dir (von mir) etwas ~; was wünschst du dir zum Geburtstag, zu Weihnachten?

wün|schens|wert ⟨Adj.; -er, am -es|ten⟩ *so beschaffen, dass man es wünschen sollte* ▸ es wäre ~, zu wissen, ob sie gut angekommen sind

Wunsch|kind ⟨das; -(e)s, -er⟩ *Kind, das die Eltern sich gewünscht haben*

Wunsch|kon|zert ⟨das; -(e)s, -e; Radio; TV⟩ *Konzert, in dem von Hörern od. Zuschauern gewünschte Stücke gespielt werden*

wunsch|los ⟨Adj.; meist scherzh.⟩ *ohne etwas zu wünschen, ohne Wünsche* ▸ brauchen Sie noch irgendetwas? Nein, danke, ich bin ~ glücklich

Wunsch|traum ⟨der; -(e)s, -träu|me⟩ *sehnlicher Wunsch, seit langem ersehntes Ziel* ▸ fliegen zu lernen, ist sein ~ seit seiner Kindheit

wur|de → *werden*

Wür|de ⟨die; -, -n⟩ **I** ⟨unz.⟩ **1** *Respekt verdienender Wert eines jeden Menschen* **2** *Achtung gebietendes, ruhiges, überlegenes Verhalten, Wesen eines Menschen aufgrund seiner starken Persönlichkeit, seiner geistig-seelischen Kraft* ▸ die ~ des Alters; die ~ des Menschen ▸ jmds. ~ verletzen ▸ etwas mit ~ ertragen ⟨umg.⟩ *ohne zu klagen;* er verbeugte sich mit ~; das ist unter aller ~ *sehr schlecht;* ich halte es für unter meiner ~, das zu tun *ich halte es für unehrenhaft* **II** ⟨zählb.⟩ *mit Titel u. äußeren Ehren verbundene Stellung, verbundenes Amt* ▸ in Amt und ~n sein *eine feste, gute Stellung (bekommen) haben* ▸ jmdm. die ~ eines Bischofs, Doktors, Kardinals verleihen ▸ kaiserliche, königliche ~ ▸ in akademische ~n eingesetzt werden; Zus *Doktorwürde, Königswürde, Präsidentenwürde*

wür|de|los ⟨Adj.⟩ **1** *ohne Würde* **2** *die eigene Würde verletzend* ▸ ~es Verhalten; es ist ~, ihn um etwas zu bitten; Abl *Würdelosigkeit*

Wür|den|trä|ger ⟨der; -s, -⟩ *Inhaber eines hohen Amts* ▸ geistlicher ~

wür|de|voll ⟨Adj.⟩ *mit Würde, Respekt* ▸ sich ~ bewegen; jmdm. ~ die Hand reichen

wür|dig ⟨Adj.⟩ **1** *Achtung, Ehrfurcht gebietend, ehrwürdig* **2** *Ehre od. eine Auszeichnung verdienend, wert* ▸ er ist ein ~er Nachfolger des Direktors *ein ebenbürtiger N.;* sich einer Ehre ~ erweisen; er hat sich des Vertrauens, das wir in ihn gesetzt haben, (nicht) ~ gezeigt, erwiesen; jmdn. für ~ erachten, eine Auszeichnung zu erhalten

wür|di|gen ⟨V. trans.; wür|digt, wür|dig|te, hat gewür|digt⟩ jmdn. od. etwas ~ *hoch einschätzen, anerkennen* ▸ seine Verdienste wurden nicht gebührend gewürdigt; er würdigte ihn keines Blickes *er beachtete ihn gar nicht;* Abl *Würdigung*

Wurf ⟨der; -(e)s, Wür|fe⟩ **1** *das Werfen;* Zus *Speerwurf, Steinwurf* **2** *Ergebnis des Werfens* **3** ⟨bei manchen Säugetieren⟩ *die jungen Tiere, die unmittelbar nacheinander von einem Tierweibchen geworfen (geboren) worden sind* **4** ⟨übertr.⟩ *Erfolg, erfolgreiche Tat* ▸ ein ~ junger Hunde, Katzen ▸ der Roman war sein großer ~ ⟨übertr.⟩; ein guter, schlechter ~ (beim Würfeln od. Werfen) ▸ auf einen ~ *auf einmal;* ein ~ mit dem Ball, Speer, Stein; zum ~ ausholen

Wür|fel ⟨der; -s, -⟩ **1** ⟨Math.⟩ *von sechs Quadraten begrenzter Körper;* Syn *Hexaeder;* Abl *würfelförmig* **2** *Spielstein mit sechs quadratischen gleichen Flächen, die 1-6 Punkte (Augen) tragen;* Zus *Würfelbecher, Würfelspiel* **3** *klein geschnittenes, würfelförmiges Stückchen;* Zus *Käsewürfel, Schinkenwürfel, Speckwürfel* **4** ⟨umg.⟩ *gleichseitiges Viereck, Karo (als Stoffmuster)* ▸ die ~ sind gefallen ⟨übertr.⟩ *die Sache ist entschieden;* Käse, Speck, Wurst in ~ schneiden

wür|feln ⟨V.; wür|felt, wür|fel|te, hat ge|wür|felt⟩ **I** ⟨V. intr.⟩ *den Würfel od. die Würfel werfen (im Spiel)* ▸ du bist jetzt mit Würfeln an der Reihe, ⟨umg.⟩ dran; um Geld ~ *mit Würfeln um Geld spielen* **II** ⟨V. trans.⟩ **1** eine Zahl ~ *beim Würfeln als Ergebnis erzielen* **2** Käse, Wurst ~ *in Würfel schneiden* ▸ jetzt musst du eine Sechs ~, um zu gewinnen

Wür|fel|zu|cker ⟨der; -s; unz.⟩ *in würfelähnliche Stücke gepresster Zucker*

Wurf|sen|dung ⟨die; -, -en; kurz für⟩ *Postwurfsendung*

Würg|ge|griff ⟨der; -(e)s, -e⟩ *Griff, mit dem man jmdn. würgt* ▸ sich aus jmds. ~ befreien

wür|gen ⟨V.; würgt, würg|te, hat ge|würgt⟩ **I** ⟨V. trans.⟩ jmdn. ~ *jmdn. an der Kehle fassen, jmdm. die Kehle zudrücken* ▸ der Kragen würgt mich (am Hals) *drückt mich;* Abl *Würger* **II** ⟨V. intr.⟩ **1** *beinahe erbrechen* **2** *etwas unter Anstrengung schlucken bzw. (beim Erbrechen) wieder herausbringen* ▸ an einem Bissen ~ *einen B. (der schlecht schmeckt) mühsam hinunterschlucken*

Wurm ⟨der; -(e)s, Wür|mer⟩ **1** ⟨Zool.⟩ *ein langes, wirbelloses Tier ohne Glieder* **2** ⟨umg.⟩ *Made* **3** ⟨übertr.; umg.⟩ *kleines Kind, Geschöpf* ▸ Würmer haben *an einer Krankheit leiden, bei der Würmer im Darm schmarotzen;* der Apfel hat einen ~ ⟨umg.⟩ *der Apfel ist wurmstichig, madig* ▸ du armes ~! ⟨übertr.⟩ ▸ jmdm. die Würmer aus der Nase ziehen ⟨umg.; übertr.⟩ *jmdm. ein Geheimnis entlocken;* in dem Apfel ist ein ~ ⟨umg.⟩; da ist der ~ drin! ⟨übertr.; umg.⟩ *da stimmt etwas nicht, läuft etwas falsch;* von Würmern zerfressenes Holz; er wand sich wie ein ~ ⟨übertr.; umg.⟩ *er war sehr verlegen*

Würm|chen ⟨das; -s, -⟩ **1** *kleiner Wurm* **2** ⟨übertr.; umg.⟩ *kleines Kind* ▸ das arme ~ ⟨übertr.; umg.⟩

wur|men ⟨V. trans.; wurmt, wurm|te, hat gewurmt; umg.⟩ jmdn. ~ *ständig od. nachhaltig ärgern* ▸ es wurmt mich, dass ich es nicht wusste; seine Unzuverlässigkeit wurmt mich

Wurm|fort|satz ⟨der; -es, -sät|ze; Anat.⟩ *wurmartiger Fortsatz des Blinddarms;* Syn *Appendix (II)*

wurm|sti|chig ⟨Adj.⟩ *von einem Wurm, von Würmern befallen;* Syn *wurmig* ▸ ~e Frucht, ~es Holz

wurscht ⟨Adj.; nur präd.; umg.⟩ = *wurst*

W

wursch|teln ⟨V. intr.; wursch|telt, wursch|tel|te, hat ge|wursch|telt; umg.⟩ = *wursteln*

wurst ⟨Adj.; nur präd.; umg.⟩ *egal* ▸ das ist mir ~

Wurst ⟨die; -, Würs|te⟩ *zerhacktes u. gewürztes Fleisch, das in einer Darm- od. Kunststoffhaut gebraten, gekocht od. geräuchert wird* ▸ eine ~ **braten,** räuchern; eine ~ **füllen,** stopfen; ~ **machen** ▸ **frische,** gebratene, geräucherte ~ ▸ die ~ **in** Scheiben schneiden; ein Brot **mit** ~ belegen; es geht **um** die ~ ⟨übertr.; umg.⟩ *um die Entscheidung;* Zus *Wurstsalat, Wurstscheibe; Blutwurst, Bratwurst, Fleischwurst, Leberwurst, Mettwurst, Streichwurst*

Würst|chen ⟨das; -s, -⟩ **1** *kleine Wurst* **2** ⟨übertr.; umg.⟩ *bedauernswerter Mensch* ▸ er ist ein (armes) ~ ⟨übertr.; umg.⟩; Frankfurter, Wiener ~; heiße, warme ~

wurs|teln ⟨V. intr.; wurs|telt, wurs|tel|te, hat gewurs|telt; umg.⟩ *(in einem allgemeinen Durcheinander) nur die notwendigsten Dinge verrichten, ziellos arbeiten* ▸ (sich) durch die Probleme des Alltags ~; er wurstelt meistens nur allein vor sich hin

Wür|ze ⟨die; -, -n⟩ **1** *den Geschmack einer Speise od. eines Getränkes verfeinerndes od. verstärkendes Mittel, Gewürz;* Zus *Speisewürze* **2** ⟨übertr.⟩ *der Reiz, das Besondere (einer Sache)* ▸ die Suppe braucht noch etwas ~; in der Kürze liegt die ~ ⟨übertr.⟩ *ein kurze, treffende Aussage ist wirkungsvoller als eine lange Erzählung;* Pfeffer, Paprika als ~ verwenden

Wur|zel ⟨die; -, -n⟩ **1** ⟨Bot.⟩ *der Befestigung u. der Ernährung dienendes Pflanzenorgan* **2** ⟨Anat.⟩ *Stelle, an der ein Glied, Organ u. Ä. ansetzt, angewachsen ist;* Zus *Fußwurzel, Handwurzel, Zahnwurzel, Zungenwurzel* **3** ⟨Sprachw.⟩ *nicht mehr zerlegbarer, die Bedeutung tragender Kern eines Wortes;* →a. *Wortstamm* **4** ⟨Math.; Zeichen: √⟩ *die einer Potenz zugrundeliegende Zahl* **5** ⟨übertr.⟩ **5.1** *Ursache* **5.2** ⟨nur Pl.⟩ *Ursprung, Anfang* ▸ die ~n der **Menschheit** liegen in Afrika ⟨übertr.⟩; die ~ allen **Übels** ist der Hass ⟨übertr.⟩ ▸ bei dem Zahn muss die ~ **behandelt** werden; ~n **schlagen** ⟨übertr.⟩ *heimisch werden;* Pflanzen **treiben** ~n; die ~ (aus einer Zahl) **ziehen** ▸ ein Übel **an** der ~ packen ⟨übertr.⟩ *es mitsamt der Ursache, von Grund aus zu beseitigen suchen*

Wur|zel|be|hand|lung ⟨die; -, -en⟩ *Behandlung der Zahnwurzel*

wur|zel|los ⟨Adj.⟩ **1** *ohne Wurzel* **2** ⟨übertr.⟩ *nirgends recht heimisch*

wur|zeln ⟨V. intr.; wur|zelt, wur|zel|te, hat ge|wurzelt⟩ in etwas ~ **1** *darin Wurzeln schlagen* **2** *mit Wurzeln darin festgewachsen sein* **3** ⟨übertr.⟩ **3.1** *darin seinen Ursprung haben* **3.2** *damit fest verbunden sein* ▸ der Abscheu, das Misstrauen wurzelt fest in ihm ⟨übertr.⟩; seine Musik wurzelt in der Romantik ⟨übertr.⟩

Wur|zel|zei|chen ⟨das; -s, -; Zeichen: √⟩ *mathematisches Zeichen, das angibt, dass aus der darunterstehenden Zahl eine Wurzel gezogen wird*

wür|zen ⟨V. trans.; würzt, würz|te, hat ge|würzt⟩ **1** eine Speise (mit etwas) ~ *einer S. durch Hinzufügen von Gewürzen einen feineren od. stärkeren Geschmack verleihen* **2** ⟨übertr.⟩ einen Text (mit etwas) ~ *interessant, witzig, kurzweilig machen* ▸ er würzte seine Rede mit ironischen Anspielungen ⟨übertr.⟩; einen Braten mit Pfeffer ~; die Suppe ist zu wenig gewürzt

wür|zig ⟨Adj.⟩ *gut gewürzt, kräftig im Geschmack od. Geruch* ▸ eine ~e Suppe, Teemischung; Abl *Würzigkeit*

wusch → *waschen*

wu|sche|lig ⟨Adj.; umg.⟩ *lockig, kraus u. ungeordnet* ▸ ~es Haar

wu|seln ⟨V. intr.; wu|selt, wu|sel|te, ist ge|wu|selt; südd.; mdt.⟩ *sich eilig bewegen, hin u. her eilen* ▸ die Kinder ~ um sie herum

wuss|te → *wissen*

Wust ⟨der; -es; unz.⟩ *wüstes Durcheinander, ungeordneter Haufen, Gewirr* ▸ ich fand den Brief in einem ~ von Papier; ein ~ von Kleidern

wüst ⟨Adj.; -er, am -es|ten⟩ **1** *öde, unbebaut* **2** *sehr unordentlich, wirr* **3** *widerwärtig, roh* ▸ eine ~e Gegend; im Zimmer herrschte ein ~es Durcheinander; ein ~es Leben führen *ein ausschweifendes Leben;* sie haben ~ gehaust *alles unordentlich u. dreckig gemacht;* hier sieht es ja ~ aus; du siehst ganz ~ aus *dein Haar ist zerzaust*

Wüs|te ⟨die; -, -n⟩ **1** *trockenes, pflanzenloses Sandgebiet;* Zus *Sandwüste* **2** ⟨übertr.⟩ *Einöde, unbebautes Land;* Zus *Eiswüste* ▸ jmdn. in die ~ schicken ⟨umg.⟩ *jmdn. wegschicken, entlassen*

Wüst|ling ⟨der; -s, -e; abwertend⟩ *ausschweifend lebender Mensch*

Wut ⟨die; -; unz.⟩ **1** *heftiger Zorn;* Zus *Wutanfall, Wutausbruch* **2** *übertriebene Neigung zu etwas, übersteigerte Begeisterung;* Zus *Lesewut, Tanzwut* ▸ ihn packte die ~ *er wurde wütend;* seine ~ an jmdm. auslassen; eine ~ auf jmdn. haben ⟨umg.⟩; in ~ geraten *wütend werden;* er ballte die Fäuste in ohnmächtiger, blinder ~; er kochte, schäumte vor ~; sie schlug vor ~ mit der Faust auf den Tisch

wü|ten ⟨V. intr.; wü|tet, wü|te|te, hat ge|wü|tet⟩ **1** *toben, rasen vor Wut* **2** ⟨übertr.⟩ *heftig, wild wirksam sein (u. Verwüstungen anrichten)* ▸ der Sturm, das Feuer hat (schrecklich) gewütet ⟨übertr.⟩; die Seuche wütete in der Stadt

wü|tend **I** ⟨Part. Präs. von⟩ *wüten* **II** ⟨Adj.⟩ *voller Wut, äußerst zornig* ▸ der Hund sprang mit ~em Gebell auf ihn zu; jmdn. ~ angreifen *mit äußerster Heftigkeit angreifen;* jmdn. ~ machen; „Pass auf!“, schrie er ~; er ist ~ auf mich; über etwas ~ sein, werden; er ist ziemlich ~ auf dich

wut|ent|brannt ⟨Adj.⟩ *voller Wut* ▸ ~ stürmte er aus dem Haus und kehrte erst am Abend zurück

...wü|tig ⟨in Zus.; zur Bildung von Adj.; übertr.⟩ *übersteigert begeistert, etwas übertrieben ausübend,* z. B. lesewütig, tanzwütig

wut|schnau|bend ⟨Adj.⟩ *äußerst wütend*

WWW ⟨Abk. für engl.⟩ *World Wide Web;* →a. *Web*

X x

x **1** ⟨Math.; in algebraischen Gleichungen Zeichen für⟩ *unbekannte Größe* **2** ⟨umg.⟩ *unendlich viele* ▸ davon gibt es ~ Sorten

X **1** ⟨umg. Bez. für⟩ *jmd., dessen Namen ich nicht kenne od. nicht nennen will* **2** ⟨röm. Zahlzeichen für⟩ *zehn* ▸ Herr ~; jmdm. ein ~ für ein U vormachen ⟨übertr.; umg.⟩ *jmdn. täuschen, jmdm. etwas weismachen*

x-Ach|se ⟨[-ks-] die; -, -n; Math.⟩ = *Abzissenachse;* Ggs *y-Achse*

Xan|thip|pe ⟨die; -, -n; übertr.; umg.; abwertend⟩ *zanksüchtige Frau*

X-Bei|ne ⟨Pl.⟩ *Beine mit vom Knie an leicht nach außen gerichteten Unterschenkeln*

X-bei|nig *auch:* **x-bei|nig** ⟨Adj.⟩ *X-Beine aufweisend*

x-be|lie|big ⟨Adj.⟩ *irgendein, gleichgültig, was bzw. wer* ▸ jeder x-Beliebige *irgendeiner;* eine ~e Zahl

X-Chro|mo|som ⟨[-kro-] das; -s, -e; Genetik⟩ *eines der beiden geschlechtsbestimmenden Chromosome;* Ggs *Y-Chromosom*

x-fach ⟨Adj.; umg.⟩ *vielfach*

X-för|mig *auch:* **x-för|mig** ⟨Adj.⟩ *wie ein X geformt*

XL ⟨Abk. für engl.⟩ *extra large, sehr groß (als Konfektionsgröße)*

x-mal ⟨Adj.; umg.⟩ *sehr häufig, viele Male* ▸ jmdn. ~ bitten, ermahnen; ich habe es ihm schon ~ gesagt

XS ⟨Abk. für engl.⟩ *extra small, sehr klein (als Konfektionsgröße)*

X-Strah|len ⟨Pl.⟩ = *Röntgenstrahlen*

x-te ⟨Adj.; umg.⟩ der, die, das ~ *soundsovielte, irgendeine(r, -s) aus einer Reihe* ▸ die ~ Potenz; zum ~n Mal

XXL ⟨Abk. für engl.⟩ *extra extra large, übermäßig groß (als Konfektionsgröße)*

XXS ⟨Abk. für engl.⟩ *extra extra small, besonders klein (als Konfektionsgröße)*

Xy|lo|phon ⟨a. ['---] das; -s, -e; Mus.⟩ *Musikinstrument, bei dem unterschiedliche Töne erzeugende Holzstäbe mit Klöppeln angeschlagen werden;* oV *Xylofon*

Y ⟨umg. Bez. für⟩ *jmd., dessen Namen man nicht kennt od. auch nicht nennen will*

y-Ach|se ⟨[-ks-] die; -, -n; Math.⟩ = *Ordinatenachse;* Ggs *x-Achse*

Yacht ⟨die; -, -en⟩ = *Jacht*

Yak ⟨der; -s, -s; Zool.⟩ *langhaariges, zentralasiatisches Hochlandrind;* oV *Jak*

Yan|kee ⟨[jæŋkı] der; -s, -s; abwertend⟩ *US-Amerikaner*

Y-Chro|mo|som ⟨[-kro-] das; -s, -e; Genetik⟩ *eines der beiden geschlechtsbestimmenden Chromosomen;* Ggs *X-Chromosom*

Yel|low Press ⟨[jɛloʊ -] die; - -; unz.⟩ *Boulevardpresse*

Ye|ti ⟨der; -s, -s⟩ *angeblich im Himalaya lebendes, urtümliches menschenähnliches Wesen*

Yo|ga ⟨das; -s; unz.⟩ = *Joga*

Yo|gi ⟨der; -s, -s⟩ = *Jogi*

Youngs|ter ⟨[jʌŋs-] der; -s, -⟩ **1** *Jugendlicher* **2** *junger Nachwuchssportler* ▸ er ist der ~ in unserer Mannschaft

Yo-Yo ⟨das; -s, -s⟩ = *Jo-Jo*

Yp|si|lon ⟨das; -s, -s⟩ *Buchstabe, y, Y*

Yuc|ca ⟨die; -, -s; Bot.⟩ *ein Liliengewächs mit kräftigen, langen Blättern u. großer Blüte;* Zus *Yuccapalme*

Yup|pie ⟨der; -s, -s; meist abwertend⟩ *junger, gewandter, sportlicher, gepflegter Mensch (Mann od. Frau), der im Management Karriere gemacht hat*

Z z

z ⟨Math.; in algebraischen Gleichungen Zeichen für⟩ *unbekannte Größe (neben x und y)*

Zack ⟨ohne Artikel; in den Wendungen⟩ **1** auf ~ sein *aufmerksam, umsichtig sein, bes. schnell u. gut arbeiten* **2** jmdn. auf ~ bringen *jmdn. dazu bringen, etwas möglichst schnell zu tun*

Za|cke ⟨die; -, -n⟩ *herausragende Spitze, Zinke, Zahn (einer Reihe, z. B. an der Egge, der Gabel, an einem Kamm)* ▸ eine goldene Krone mit fünf, sieben ~n

Za|cken ⟨der; -s, -⟩ = *Zacke* ▸ du wirst dir keinen ~ aus der Krone brechen ⟨übertr.; umg.⟩ *des wird deiner Würde nicht schaden*

za|ckig ⟨Adj.⟩ **1** *mit Zacken versehen* **2** ⟨übertr.; umg.⟩ *militärisch straff* ▸ ~ grüßen

zag|haft ⟨Adj.; -er, am -es|ten⟩ *schüchtern, furchtsam, zögernd* ▸ ~ nach etwas greifen; sei nicht so ~!; Abl *Zaghaftigkeit*

zäh ⟨Adj.; -er, am -(e)s|ten⟩ **1** *weich, aber fest* (Leder) **2** *dickflüssig u. fest, schwer zu gießen od. zu schöpfen* (Masse, Teig); Zus *zähflüssig* **3** *schwer zu zerkleinern* (Fleisch) **4** ⟨übertr.⟩ **4.1** *ausdauernd, widerstandsfähig, beharrlich, durchhaltend* (Person) **4.2** *nicht nachlassend, nicht erlahmend* (Eifer, Fleiß) **4.3** *stockend, schleppend, langweilig* (Verlauf, Geschehen) ▸ der Nachmittag in der Schule verlief ~ ⟨übertr.⟩; nach ~en Verhandlungen kam es schließlich zum Abschluss ⟨übertr.⟩; ~ fließend = *zähfließend*

zäh|flie|ßend *auch:* **zäh flie|ßend** ⟨Adj.⟩ *langsam fließend* ▸ auf der Hinfahrt herrschte ~er Verkehr

Zäh|heit ⟨die; -; unz.⟩ *zähe Beschaffenheit* (von Sachen)

Zä|hig|keit ⟨die; -; unz.⟩ *zähes Wesen, zähe Beschaffenheit*

Zahl ⟨die; -, -en⟩ **1** *der Mengenbestimmung dienende Größe, mit der man zählt u. rechnet* **2** *für diese Größe stehendes Zeichen, Ziffer, z. B. 1, 2, 7;* Zus *Zahlenfolge* **3** *Menge, Gruppe, Anzahl* ▸ die ~ der Mitglieder, Zuschauer; die ~ Neun; die ~ der Verkehrstoten ist zurückgegangen ▸ eine ~ abrunden, aufrunden; ~en addieren, subtrahieren; sie kann sich keine ~en merken ▸ arabische, römische ~en *Ziffern;* ganze ~ *Ziffer ohne Bruch, z. B. 1, 2, 3, 4;* Ggs *Bruchzahl;* gerade ~ *durch 2 teilbare Z., z. B. 4, 6, 8;* große, kleine, hohe, niedrige ~; eine große ~ (von) Menschen; runde ~ *durch 10 od. 100 (auch: durch 5) teilbare Z.;* ungerade ~ *durch 2 nicht teilbare Z., z. B. 5, 7, 9* ▸ hundert an der ~ ⟨verstärkend⟩ *hundert;* eine ~ durch eine ~ teilen, dividieren; sie strömten in großer ~ herbei; eine ~ mit einer ~ malnehmen, multiplizieren

zahl|bar ⟨Adj.⟩ *so beschaffen, dass es bezahlt werden kann od. muss, zu bezahlen* (Geldbetrag, Summe) ▸ ~ am 1. bis 3. jedes Monats; ~ bei Lieferung

zähl|bar ⟨Adj.⟩ *so beschaffen, dass man es zählen kann*

zäh|le|big ⟨Adj.⟩ *widerstandsfähig, nicht empfindlich gegen Verletzungen, Krankheiten* ▸ ein ~es Klischee ⟨übertr.⟩; Abl *Zählebigkeit*

zahlen/zählen

Zwar gehen die Verben ***zahlen*** und ***zählen*** beide auf das Substantiv Zahl zurück, doch ihre Bedeutung unterscheidet sich. Ähnlich wie das präfigierte Verb **bezahlen,** nämlich im Sinne von „eine Rechnung begleichen", wird ***zahlen*** gebraucht: *Der Betrag ist einmal jährlich zu zahlen. Kannst du die Rechnung zahlen?*
Hingegen heißt ***zählen*** „feststellen, wie viele Personen oder Dinge vorhanden sind": *Er kann nicht bis drei zählen. Ich habe gerade mein Geld gezählt.*
Dieses Verb gibt es auch in übertragener Bedeutung: *Ich habe auf ihn gezählt* (= mich auf ihn verlassen, mit ihm gerechnet).

zah|len ⟨V.; zahlt, zahl|te, hat ge|zahlt⟩ **I** ⟨V. intr.⟩ *etwas bezahlen, einer finanziellen Forderung nachkommen, eine Schuld tilgen* ▸ Kellner, bitte ~!, ⟨eigtl.⟩ ich möchte gern ~! ▸ ~ Sie bar oder mit Kreditkarte?; der Kunde zahlt immer gut, (un)pünktlich **II** ⟨V. trans.; umg.⟩ (jmdm.) etwas ~ *bezahlen, vergüten* ▸ für das Gemälde zahlt er jeden Preis; jmds. Schulden ~; wegen überhöhter Geschwindigkeit Strafe ~ ▸ was habe ich zu ~? *was kostet es?*

zäh|len ⟨V.; zählt, zähl|te, hat ge|zählt⟩ **I** ⟨V. trans.⟩ **1** etwas ~ *die Anzahl von etwas feststellen* **2** etwas ~ *(eine bestimmte Anzahl) betragen, aufweisen* **3** jmdn. od. etwas zu etwas ~ *unter eine Gruppe fassen* ▸ die Anwesenden, Gegenstände ~; der Ort zählt 2000 Einwohner *der Ort hat 2000 E.;* er muss noch sein Geld ~; ich zähle die Stunden bis zu seiner Ankunft ⟨übertr.⟩ *ich kann seine A. kaum erwarten, ich schaue immer wieder auf die Uhr* ▸ ich zähle mich zu seinen Freunden *ich betrachte mich als seinen Freund;* jmdn. zu seinen Kunden ~ *jmdn. als K. haben* ▸ seine Tage sind gezählt ⟨übertr.⟩ *er hat nicht mehr lange zu leben* **II** ⟨V. intr.⟩ **1** *die Zahlenreihe kennen, aufsagen können* **2** ⟨übertr.⟩ **2.1** *gelten* **2.2** auf jmdn. od. etwas ~ *sich auf jmdn. od. etwas verlassen* **2.3** zu etwas ~ *zu einer Gruppe gehören* ▸ nicht bis drei ~ können ⟨übertr.; umg.⟩ *einfältig, ein bisschen dumm sein;* das zählt nicht *das gilt nicht, das hat keine Bedeutung;* auch ich zähle zu seinen Kunden *auch ich bin sein K.*

zah|len|mä|ßig ⟨Adj.⟩ *die Zahl, Anzahl betreffend* ▸ eine ~e Begrenzung der Zuwanderung

Zah|len|schloss ‹das; -es, -schlös|ser› *Kombinationsschloss, das mit Zahlen arbeitet*

Zäh|ler ‹der; -s, -› **1** *Zahl über dem Bruchstrich* **2** *Gerät mit Zählwerk;* Zus *Gaszähler*

zahl|los ‹Adj.› *ungezählt, unendlich viele* ▸ ~e Blumen, Sterne, Vögel

zahl|reich ‹Adj.› *in großer Zahl (vorhanden, auftretend), viel* ▸ ~e Personen, Teilnehmer, Zuschauer; die Zuschauer waren ~ erschienen

Zahl|tag ‹der; -(e)s, -e› **1** *Tag, an dem etwas (Gehalt, Lohn, Sold) gezahlt wird* **2** *Fälligkeitstag (von Wechseln)* ▸ heute ist ~

Zah|lung ‹die; -, -en› **1** *das Zahlen, Bezahlen (von Geld, einer Schuld);* Zus *Zahlungsanweisung, Zahlungsaufforderung, Zahlungsaufschub* **2** *gezahlter Betrag* ▸ die ~en einstellen *nicht mehr zahlen;* eine ~ leisten *etwas bezahlen, eine Rechnung begleichen;* etwas in ~ geben *statt Geld geben u. den Wert von der Rechnung abziehen lassen;* etwas in ~ nehmen *annehmen u. von der Rechnung abziehen;* ~ in Monatsraten

Zäh|lung ‹die; -, -en› *das Zählen;* Zus *Volkszählung*

zah|lungs|fä|hig ‹Adj.› *imstande, Zahlungen zu leisten;* Syn *solvent;* Abl *Zahlungsfähigkeit*

zah|lungs|kräf|tig ‹Adj.› *über genügend Geldmittel verfügend, viel Geld besitzend* ▸ ~e Investoren

Zah|lungs|mit|tel ‹das; -s, -› *Mittel zum Zahlen, z. B. Geld, Kreditkarte, Scheck*

zah|lungs|pflich|tig ‹Adj.› *(per Gesetz) verpflichtet, bestimmte Zahlungen zu leisten* ▸ ~e Eltern; die Gemeinde, das Bundesland ist ~

zah|lungs|un|fä|hig ‹Adj.› *nicht imstande, fällige Zahlungen zu leisten;* Syn *insolvent;* Abl *Zahlungsunfähigkeit*

Zah|lungs|ver|kehr ‹der; -s; unz.› *Gesamtheit aller Vorgänge, die mit Zahlungen zusammenhängen, Geldverkehr* ▸ bargeldloser ~

Zahl|wort ‹das; -(e)s, -wör|ter; Gramm.› *Wort, das eine Zahl bezeichnet,* z. B. eins, drei, vierter; Syn *Numerale*

zahm ‹Adj.› *an Menschen gewöhnt, keine Scheu vor Menschen habend* (Tier) ▸ ein ~es Reh, ein ~er Vogel; Abl *Zahmheit*

zäh|men ‹V. trans.; zähmt, zähm|te, hat ge|zähmt› **1** ein Tier ~ *zahm machen, an den Menschen gewöhnen, bändigen* **2** ‹übertr.› etwas ~ *beherrschen, unter Kontrolle bringen* ▸ Löwen, Tiger ~; seine Neugier ~ ‹übertr.›; Abl *Zähmung; zähmbar*

Zahn ‹der; -(e)s, Zäh|ne› **1** *Teil des Gebisses des Menschen u. der Wirbeltiere;* Zus *Zahnpflege, Zahnschmerzen, Zahnwurzel; Backenzahn, Eckzahn, Schneidezahn, Weisheitszahn* **2** *Zacke, Spitze (in einer Reihe, z. B. von Kamm, Säge, Zahnrad)* **3** ‹übertr.; umg.› *Geschwindigkeit* ▸ der ~ der **Zeit** ‹übertr.› *der Lauf der Zeit (in dem sich die Dinge allmählich abnutzen)* ▸ sich an einer Aufgabe die Zähne **ausbeißen** ‹übertr.; umg.› *eine A. trotz heftiger Bemühungen nicht bewältigen können;* das Kind **bekommt** Zähne; einen ziemlichen ~ **draufhaben** ‹übertr.; umg.› *ziemlich schnell fahren;* der Hund **fletscht** die Zähne; einen ~ **füllen;** sich die Zähne **putzen;** bei mir **wackelt** ein ~; jmdm. die Zähne **zeigen** ‹übertr.› *sich gegen jmdn. heftig zur Wehr setzen;* jmdm. einen ~ **ziehen** *entfernen;* diesen Zahn werde ich ihm ziehen ‹übertr.; umg.› *von dieser falschen Vorstellung werde ich ihn befreien, diese Illusion werde ich ihm nehmen;* einen ~ **zulegen** ‹übertr.; umg.› *die Geschwindigkeit erhöhen;* die Zähne **zusammenbeißen** ‹übertr.› *tapfer sein* ▸ die **dritten** Zähne ‹umg.; scherzh.› *Zahnersatz, falsche Zähne (nachdem die natürlichen Z. im Alter ausgefallen od. gezogen sind);* **falsche,** künstliche Zähne; **gute,** gesunde, kranke, schlechte Zähne haben; **lockerer** ~; **oberer,** unterer ~ ▸ jmdm. **auf** den ~ fühlen ‹übertr.; umg.› *jmds. Fähigkeiten od. Gesinnung zu ergründen suchen;* **bis** an die Zähne bewaffnet ‹übertr.› *stark bewaffnet;* **mit** den Zähnen klappern (vor Kälte od. Angst); mit den Zähnen knirschen (vor Wut)

Zahn|arzt ‹der; -es, -ärz|te› *Arzt für Zahnmedizin;* Abl *Zahnärztin;* Zus *Zahnarzthelferin, Zahnarztpraxis*

Zahn|bürs|te ‹die; -, -n› *kleine Bürste zum Säubern der Zähne;* ⓘ S. 147

Zahn|creme ‹[-kre:m] die; -, -s› = *Zahnpasta;* ⓘ S. 147; oV *Zahnkreme*

zäh|ne|knir|schend ‹Adj.; meist adv.; übertr.› *mit unterdrückter Wut, widerwillig* ▸ bei einem Streit ~ nachgeben

zah|nen ‹V. intr.; zahnt, zahn|te, hat ge|zahnt› *Zähne bekommen* ▸ das Kind zahnt

Zahn|er|satz ‹der; -es, -sät|ze› = *Prothese (2)*

Zahn|fleisch ‹das; -(e)s; unz.› *Schleimhaut über den die Zähne tragenden Kieferteilen* ▸ er geht auf dem ~ ‹übertr.; umg.› *er ist sehr erschöpft;* Zus *Zahnfleischentzündung*

Zahn|kre|me ‹die; -, -s› = *Zahncreme*

zahn|los ‹Adj.› *ohne Zähne* ▸ ein ~es Lächeln

Zahn|lü|cke ‹die; -, -n› *durch den Verlust eines Zahnes entstandene Lücke*

Zahn|me|di|zin ‹die; -; unz.› *Teilgebiet der Medizin, das sich mit Zahn- u. Mundkrankheiten befasst;* Syn *Zahnheilkunde*

Zahn|pas|ta ‹die; -, -pas|ten› *Paste zur Zahnpflege;* Syn *Zahncreme* ▸ diese ~ schmeckt mir nicht; für Kinder gibt es eine mildere ~; ⓘ S. 147; Zus *Zahnpastatube*

Zahn|rad ‹das; -(e)s, -rä|der› *radförmiger Teil einer Maschine mit gezacktem Rand zur Übertragung von Drehbewegungen*

Zahn|schmelz ‹der; -es; unz.› *den Zahn bedeckende harte Substanz*

Zahn|sei|de ‹die; -; unz.› *(meist gewachster) Faden, mit dem Speisereste aus den Zahnzwischenräumen entfernt werden können*

Zahn|span|ge ‹die; -, -n› *Vorrichtung aus Draht (mit Gaumenplatte), um die Stellung der Zähne zu korrigieren*

Zahn|stein ‹der; -(e)s; unz.› *feste Ablagerung auf den Zähnen* ▸ den ~ entfernen lassen

Z

Zahn|sto|cher 〈der; -s, -〉 *Stäbchen zum Reinigen der Zwischenräume zwischen den Zähnen nach dem Essen*

Zahn|tech|ni|ker 〈der; -s, -〉 *Handwerker, der Zahnersatz, Füllungen, Schienen, Spangen u. Ä. herstellt;* Abl *Zahntechnikerin*

Zan|der 〈der; -s, -; Zool.〉 *in Süßwasser lebender Barsch, schmackhafter Speisefisch*

Zan|ge 〈die; -, -n〉 **1** *Werkzeug zum Greifen u. Kneifen* **2** *Greifwerkzeug von Tieren* ▸ jmdn. in die ~ nehmen *jmdn. heftig bedrängen, jmdm. keine Möglichkeit zu Ausflüchten lassen*

Zank 〈der; -(e)s; unz.〉 *heftiger Wortwechsel, Streit* ▸ tu das nicht, sonst gibt es nur ~ und Streit

Zank|ap|fel 〈der; -s, -äp|fel; übertr.〉 *Gegenstand, Ursache eines Streites* ▸ der Ball ist ein ewiger, ständiger ~ zwischen den beiden Kindern

zan|ken 〈V. refl.; zankt sich, zank|te sich, hat sich ge|zankt〉 sich (mit jmdm.) ~ *sich mit jmdm. streiten* ▸ die Kinder ~ sich; ich habe mich mit ihm gezankt; sich um ein Spielzeug ~

zän|kisch 〈Adj.〉 *leicht, oft, wegen Kleinigkeiten (sich mit jmdm.) zankend* ▸ ein ~es Weib

Zäpf|chen 〈das; -s, -〉 **1** *kleiner Zapfen* **2** 〈Anat.; kurz für〉 *Gaumenzäpfchen* **3** 〈Pharm.〉 *Heilmittel in Form eines kleinen Zapfens, das in die Scheide od. durch den After in den Darm eingeführt wird;* Zus *Fieberzäpfchen*

zap|fen 〈V. trans.; zapft, zapf|te, hat ge|zapft〉 Bier, Wein ~ *duch ein Loch ausfließen lassen, einem Fass entnehmen;* Zus *Zapfhahn*

Zap|fen 〈der; -s, -〉 *kleines Gerät in Form eines Kegelstumpfes zum Verschließen von Fässern, Flaschen od. Rohren od. als Sperre;* →a. *Eiszapfen*

Zap|fen|streich 〈der; -(e)s, -e〉 *Signal am Abend, bei dem die Soldaten in den Unterkünften, bes. in der Kaserne, sein müssen* ▸ den ~ blasen; um 22 Uhr ist ~ 〈umg.〉 *um 22 Uhr ist Schluss*

Zapf|säu|le 〈die; -, -n〉 *Anlage zum Zapfen von Benzin od. Dieselöl, die die angegebene Menge (u. den Preis) anzeigt*

zap|pe|lig 〈Adj.〉 *häufig, anhaltend zappelnd* ▸ ~es Kind; sei doch nicht so ~!

zap|peln 〈V. intr.; zap|pelt, zap|pel|te, hat ge|zappelt〉 *sich rasch u. unruhig hin u. her bewegen* ▸ jmdn. ~ lassen 〈übertr.; umg.〉 *jmdn. bewusst im Ungewissen lassen, jmdn. absichtlich warten lassen;* das Kind zappelte hektisch vor Ungeduld; Zus *Zappelphilipp*

zap|pen 〈a. [zæp-] V. intr.; zappt, zapp|te, hat gezappt; TV〉 *zwischen verschiedenen Fernsehprogrammen schnell u. häufig hin u. her schalten*

zap|pen|dus|ter 〈Adj.; umg.〉 *völlig dunkel* ▸ dann ist's ~ 〈übertr.〉 *dann ist keine Hoffnung mehr*

zapp|lig 〈Adj.〉 = *zappelig*

Zar 〈der; -en, -en; in Russland bis 1917〉 *Herrscher;* Abl *Zarin*

zart 〈Adj.; -er, am -es|ten〉 **1** *schwach, empfindlich* (Pflanze) **2** *zerbrechlich, fein, dünn* (Gegenstand) **3** *weich, jung* (Fleisch, Gemüse, Obst) **4** *glatt, weich, dünn, fein* (Haut) **5** *körperlich empfindlich, dünn u. klein* (Person) **6** *empfindungsfähig, einfühlend* (Gemüt) **7** *unaufdringlich, leicht, hell, sanft;* Zus *zartrosa* ▸ im ~en Alter von fünf Jahren 〈übertr.〉; eine ~e Berührung *leichte u. liebevolle, feine, kaum spürbare B.;* ein ~es Rot *helles, feines R.;* ~e junge Triebe, Knospen ▸ sein: sie war als Kind ~ ▸ ~ besaitet = *zartbesaitet;* Abl *Zartheit*

zart|be|sai|tet *auch:* **zart be|sai|tet** 〈Adj.〉 *empfindsam, zart veranlagt* ▸ er ist ein ~er Mensch; sie ist ~

zart|bit|ter 〈Adj.〉 *von leicht bitterem Geschmack u. dunkel* (Schokolade); Zus *Zartbitterschokolade*

zart|glied|rig 〈Adj.〉 *mit zarten Gliedmaßen, schmächtig, feingliedrig* ▸ eine ~e Frau

zärt|lich 〈Adj.〉 *liebevoll, sanft* ▸ ~er Blick; jmdn. ~ ansehen; jmdm. ~ übers Haar streichen

Zärt|lich|keit 〈die; -, -en〉 **I** 〈unz.〉 *das Zärtlichsein, zärtl. Wesen, zärtl. Beschaffenheit* **II** 〈zählb.〉 *Liebkosung, liebevolle Berührung* ▸ ~en austauschen; jmdn. mit ~en überhäufen

Zas|ter 〈der; -s; unz.; umg.〉 *Geld*

Zä|sur 〈die; -, -en〉 *Einschnitt, Ruhepunkt (im Vers, in der Tonfolge, im historischen Ablauf)*

Zau|ber 〈der; -s, -〉 **1** *übernatürliches, magisches Mittel od. Reihe magischer Handlungen zur Beeinflussung eines Geschehens* **2** 〈übertr.〉 *unwiderstehlicher, fesselnder Reiz, anziehendes Wesen* ▸ alle waren von dem ~ ihrer Persönlichkeit gefangen, entzückt 〈übertr.〉; fauler ~ 〈übertr.; umg.〉 *Schwindel*

Zau|ber|buch 〈das; -(e)s, -bü|cher〉 *Buch mit Formeln u. Anweisungen zum Zaubern*

Zau|be|rei 〈die; -, -en〉 **I** 〈unz.〉 **1** *das Zaubern* **2** *Zauberkunst* **II** 〈zählb.〉 *Zauberkunststück*

Zau|be|rer 〈der; -s, -〉 **1** 〈im Volksglauben u. Märchen〉 *jmd., der zaubern kann, Magier* **2** 〈umg.〉 *jmd., der die Zauberkunst beherrscht, Zauberkünstler;* Abl *Zauberin*

zau|ber|haft 〈Adj.〉 *bezaubernd, wunderschön, entzückend* ▸ diese Landschaft ist ~

Zau|ber|kraft 〈die; -, -kräf|te〉 **1** *einen Zauber bewirkende Kraft* **2** *Kraft eines Zaubers* ▸ etwas mit ~ vollbringen, bewirken; Abl *zauberkräftig*

Zau|ber|kunst 〈die; -, -küns|te〉 *eine bes. auf Sinnestäuschung u. Fingerfertigkeit beruhende Kunst, Gegenstände verschwinden zu lassen, zu verändern od. hervorzubringen u. Ä.;* Abl *Zauberkünstler(in);* Zus *Zauberkunststück*

zau|bern 〈V. trans. u. V. intr.; zau|bert, zau|ber|te, hat ge|zau|bert〉 **1** 〈im Volksglauben u. in den Religionen der traditionellen Völker〉 *einen Zauber anwenden, etwas durch Zauber bewirken;* Zus *Zauberformel, Zauberspruch, Zauberstab* **2** 〈übertr.〉 **2.1** *die Zauberkunst beherrschen, Zauberkunststücke vorführen;* Zus *Zaubertrick* **2.2** etwas ~ *wie durch Zauberei hervorbringen* ▸ ~ können; jmdn. an einen anderen Ort ~ *durch Zauber an einen anderen O. versetzen;* ein wunderbares Essen auf den Tisch ~

zau|dern 〈V. intr.; zau|dert, zau|der|te, hat ge|zaudert〉 *(unschlüssig sein u.) zögern* ▸ nach langem Zaudern sagte er zu; Abl *Zauderer*

Z

Zaum ⟨der; -(e)s, Zäu|me⟩ *lederne Riemen (u. Gebiss) am Kopf u. im Maul von Zug- u. Reitpferden zum Führen u. Lenken, Trense* ▸ seine Gefühle im ~ halten ⟨übertr.⟩ *beherrschen*
Zaum|zeug ⟨das; -(e)s; unz.⟩ = *Zaum*
Zaun ⟨der; -(e)s, Zäu|ne⟩ *Einfriedigung, Grenzziehung aus Holz od. Draht* ▸ einen Streit vom ~ brechen ⟨übertr.⟩ *vorsätzlich einen Streit herbeiführen;* Zus *Drahtzaun, Lattenzaun*
Zaun|gast ⟨der; -(e)s, -gäs|te⟩ *außerhalb des Zauns stehender u. somit nichts zahlender Zuschauer*
Zaun|kö|nig ⟨der; -(e)s, -e; Zool.⟩ *kleiner Singvogel mit aufrecht stehendem Schwänzchen*
Zaun|pfahl ⟨der; -(e)s, -pfäh|le⟩ *Pfahl für einen Zaun* ▸ ein Wink mit dem ~ ⟨übertr.⟩ *direkter, deutlicher Hinweis;* jmdm. einen Wink mit dem ~ geben
z. B. ⟨Abk. für⟩ *zum Beispiel*
ZDF ⟨Abk. für⟩ *Zweites Deutsches Fernsehen*
Ze|b|ra ⟨das; -s, -s; Zool.⟩ *Huftier Afrikas mit schwarzweiß gestreiftem Fell*
Ze|b|ra|strei|fen ⟨der; -s, -⟩ = *Fußgängerüberweg*
Zech|bru|der ⟨der; -s, -brü|der; umg.; abwertend⟩ *jmd., der gern u. häufig Alkohol trinkt*
Ze|che ⟨die; -, -n⟩ **1** *Geldsumme, die für genossene Speisen u. Getränke im Gasthaus zu bezahlen ist* **2** ⟨Bgb.⟩ *Bergwerk* ▸ die ~ (be)zahlen ⟨übertr.; umg.⟩ *für entstandenen Schaden aufkommen;* die ~ prellen *die Zeche nicht bezahlen;* Zus *Zechpreller*
ze|chen ⟨V. intr.; zecht, zech|te, hat ge|zecht⟩ *(mit mehreren Personen, Freunden) viel Alkohol trinken, ein Gelage halten* ▸ bis spät in die Nacht hinein gemeinsam ~; Abl *Zecherei*
Ze|cke ⟨die; -, -n; Zool.⟩ *kleine, schmarotzende Milbe;* Zus *Zeckenbiss, Zeckenimpfung*
Ze|der ⟨die; -, -n; Bot.⟩ *Nadelbaum des Mittelmeergebiets;* Zus *Zedernholz*
Zeh ⟨der; -s, -en⟩ = *Zehe (1);* ⓘ S. 146
Ze|he ⟨die; -, -n⟩ **1** *Endglied des Fußes;* Zus *Zehennagel* **2** *Teilzwiebel des Knoblauchs;* Zus *Knoblauchzehe* ▸ die große, kleine ~; auf den ~en gehen, schleichen; sich auf die ~n stellen
Ze|hen|spit|ze ⟨die; -, -n⟩ *Spitze der Zehe* ▸ auf ~n gehen; sich auf die ~n stellen
zehn ⟨Adj.; Math.; Kardinalzahl; als Ziffer: 10⟩ *Grundzahl des Dezimalsystems* ▸ die Zehn Gebote ⟨bibl.⟩; ~ Jahre, Tage, Wochen, Monate; ~ Stück; es ist halb ~ (Uhr); ich wette ~ gegen eins, dass …; Abl *zehnjährig, zehnminütig, zehnprozentig, zehnstellig, zehnteilig*
Zehn ⟨die; -, -en⟩ **1** *die Zahl, Ziffer 10* **2** die ~ *Straßenbahn, Bus mit der Nummer 10;* Bes *Ableitungen* →a. *Acht…*
Zeh|ner ⟨der; -s, -⟩ **1** *vorletzte Ziffer einer mehrstelligen Zahl vor dem Komma* **2** ⟨umg.⟩ **2.1** *Zehncentstück* **2.2** *Zehneuroschein* **2.3** *Sprungturm (im Schwimmbad) von 10 m Höhe, Zehnmeterturm* ▸ vom ~ springen
Zeh|ner|sys|tem ⟨das; -s, -e⟩ = *Dezimalsystem*
zehn|fach ⟨Adj.; in Ziffern: 10fach/10-fach⟩ *zehnmal(ig)* ▸ das Zehnfache einer Summe
Zehn|kampf ⟨der; -(e)s, -kämp|fe; Sp.⟩ *eine Form des Wettkampfes in der Leichtathletik mit zehn Einzelkämpfen: 100-m-, 400-m-, 1500-m-Lauf, 110-m-Hürdenlauf, Weit-, Hoch-, Stabhochsprung, Kugelstoßen, Diskus-, Speerwerfen;* Abl *Zehnkämpfer(in)*
zehnt ⟨nur in der Wendung⟩ zu ~ *in einer Gruppe von zehn Personen* ▸ sie kamen zu ~
zehn|tau|send ⟨a. [-'--] Adj.; Kardinalzahl; als Ziffer: 10 000⟩ die oberen Zehntausend/zehntausend *die oberste Gesellschaftsschicht*
zehn|te(r, -s) ⟨Adj.; Ordinalzahl zu „zehn"; Zeichen: 10.⟩ *der/die/das dem neunten Folgende;* →a. *achte(r, -s)*
Zehn|te(r) ⟨die; -n, -n (der; -n, -n)⟩ *der, die in einer Rangfolge an zehnter Stelle Stehende*
Zehn|tel ⟨das od. schweiz. der; -s, -⟩ *zehnter Teil*
zehn|tens ⟨Adv.⟩ *an zehnter Stelle*
zeh|ren ⟨V. intr.; zehrt, zehr|te, hat ge|zehrt⟩ **1** an etwas ~ *etwas langsam zerstören, vernichten* **2** von etwas ~ **2.1** *von etwas (einem Vorrat) leben, sich von etwas ernähren* **2.2** *sich nachträglich noch über etwas freuen u. sich dadurch seelisch aufrichten* ▸ der Stress zehrt an ihren Nerven; von seinen Erinnerungen ~
Zei|chen ⟨das; -s, -⟩ **1** *deutlich wahrnehmbarer Hinweis, Signal;* Zus *Krankheitszeichen, Verkehrszeichen* **2** *etwas sichtbar, hörbar, schriftlich Dargestelltes, das etwas ausdrückt od. für etwas anderes steht, Sinnbild, Symbol;* Zus *Fragezeichen, Schriftzeichen* **3** *bildliche Darstellung od. Figur, körperliche Bildung o. Ä., die etwas kennzeichnet, Kennzeichen, Abzeichen;* Zus *Handwerkszeichen, Markenzeichen* **4** ⟨kurz für⟩ *Satzzeichen* **5** ⟨allg.⟩ *Beweis, Probe* **6** ⟨veraltet⟩ *Wunder* **7** ⟨Naturwissenschaften, Math.⟩ *(international) vereinbartes Symbol zur vereinfachten Darstellung von wissenschaftlichen Begriffen, chemischen Stoffen, Maßen u. Gewichten* ▸ das ist ein ~ der **Zeit** ▸ jmdm. ein ~ **geben;** bitte geben Sie mir ein ~; ein ~ an die Tür **machen;** ~ **setzen** *die Satzzeichen setzen* ▸ das ist ein **böses,** gutes, schlechtes ~ *das lässt auf kommendes Böses, Gutes, Unheil schließen;* **deutliches,** heimliches, klares, untrügliches, verabredetes ~; **mathematisches** ~, z. B. +, $\sqrt{}$ ▸ ein Geschenk **als** ~ der Freundschaft, Liebe, Verehrung; sich **durch** ~ miteinander verständigen; schwüle, drückende Hitze ist meist das ~ **für** ein kommendes Gewitter; der Abend stand **im** ~ der Familie *wurde in der F. verlebt;* das Fest, die Reise stand **unter** einem glücklichen ~; sein Verhalten ist ein ~ **von** Großzügigkeit, Schwäche, Unsicherheit; **zum** ~ der Zustimmung mit dem Kopf nicken; das ~ zur Abfahrt, zum Halten, zum Start geben
Zei|chen|set|zung ⟨die; -, -en; Gramm.⟩ = *Interpunktion*
Zei|chen|spra|che ⟨die; -, -n⟩ *bei gehörlosen Menschen Verständigung durch Zeichen*
Zei|chen|trick|film ⟨der; -(e)s, -e⟩ *Film aus einer Folge gezeichneter Einzelbilder*
zeich|nen ⟨V. trans. u. V. intr.; zeich|net, zeich-

Z

ne|te, hat ge|zeich|net⟩ **1** ⟨jmdn. od. etwas⟩ ~ *in Strichen, Linien darstellen;* Zus *Zeichenblock, Zeichendreieck* ⓘ S. 575, *Zeichenpapier, Zeichenstift, Zeichenunterricht* **2** ⟨veraltet⟩ einen Brief ~ *unterzeichnen, unterschreiben* **3** ⟨übertr.⟩ etwas ~ *darstellen, beschreiben (im Roman, Film, Theater usw.)* ▸ eine Aktie ~ *sich durch Unterschrift zur Übernahme einer A. verpflichten;* wer hat dieses Bild gezeichnet?; einen Grundriss, Plan ~ ▸ kannst du (gut) ~?; ~ lernen ▸ für etwas verantwortlich ~ *für etwas verantwortlich sein;* für diesen Vorgang zeichnet Herr XY verantwortlich ▸ ich zeichne gern; etwas in Umrissen ~; mit Bleistift, Kohle, Tusche ~ ▸ die Figuren des Romans sind realistisch, übertrieben, gut, klar gezeichnet; →a. *gezeichnet*

Zeich|ner ⟨der; -s, -⟩ **1** *jmd., der (künstlerisch od. technisch) zeichnet* **2** *jmd., der Anleihen, Aktien zeichnet;* Abl *Zeichnerin*

zeich|ne|risch ⟨Adj.⟩ *das Zeichnen betreffend, mit Hilfe einer Zeichnung* ▸ etwas ~ darstellen

Zeich|nung ⟨die; -, -en⟩ **1** *bildliche Darstellung in Linien;* Zus *Bleistiftzeichnung, Kohlezeichnung* **2** *unterschriftliche Verpflichtung zur Abnahme od. Beisteuerung* Zus *Zeichnungsfrist* **3** *natürliche Musterung (z. B. eines Tierfells)* **4** ⟨übertr.⟩ *Darstellung, Charakterisierung* ▸ sie hat eine ~ von dem Grundriss des Hauses angefertigt; die Flügel des Schmetterlings haben eine schöne, feine ~; eine lebendige, übertriebene ~ der Charaktere (im Roman, Drama usw.) ⟨übertr.⟩; einen Sachverhalt mit einer ~ grafisch darstellen

Zei|ge|fin|ger ⟨der; -s, -⟩ *Finger neben dem Daumen* ▸ streng den ~ heben

zei|gen ⟨V.; zeigt, zeig|te, hat ge|zeigt⟩ **I** ⟨V. trans.⟩ **1** etwas ~ **1.1** *zur Schau stellen* **1.2** *erkennen, spüren, merken lassen* **1.3** *deutlich werden lassen* **1.4** *einen Wert angeben* (vom Thermometer, von der Uhr) **2** jmdm. etwas ~ **2.1** *jmdm. etwas deutlich, verständlich machen, jmdm. etwas vormachen* **2.2** *jmdm. etwas vorführen* ▸ der Versuch zeigt, dass die Theorie richtig ist; nun zeig, was du kannst!; ich zeige dir, wie man es macht ▸ seinen Ärger, seine Freude, Ungeduld ~; er hat bei seiner Arbeit viel Ausdauer gezeigt; bitte zeigen Sie mir Ihren Ausweis!; er zeigte kein Bedauern, keine Reue; zeig mir den Brief!; das Thermometer zeigt zehn Grad über null; jmdm. sein Haus ~; seine Fragen zeigten sein Interesse, sein Verständnis; sein Können ~; jmdm. seine Liebe, Verachtung ~; jmdm. die Stadt ~; die Uhr zeigt zehn Uhr; jmdm. den Weg ~; bitte ~ Sie mir mein Zimmer (im Hotel) ▸ hier kann er ~, was er gelernt hat; er kann seine Gefühle nicht ~ ▸ seine Reaktion zeigte deutlich, dass er ein schlechtes Gewissen hatte **II** ⟨V. intr.⟩ irgendwohin ~ *auf etwas weisen, deuten* ▸ er zeigte auf das Bild und versuchte es zu deuten; in eine Richtung ~ *mit dem Finger, der Hand eine Richtung angeben;* mit dem Finger auf etwas od. jmdn. ~; die Magnetnadel zeigt nach Norden; Zus *Zeigestock* ⓘ S. 574 **III** ⟨V. refl.⟩ **1** sich ~ **1.1** *zum Vorschein kommen, sichtbar werden, sich offenbaren, offenkundig werden* **1.2** *sich sehen lassen* **2** sich irgendwie ~ *sich auf bestimmte Weise verhalten* ▸ das wird sich ~! *es wird sich herausstellen, ob es stimmt, ob ich Recht habe oder du;* es zeigte sich, dass er uns belogen hatte; es wird sich ja ~, ob ich Recht habe; sich jmdm. ~ *sich vor jmdm. sehen lassen* ▸ am Himmel zeigten sich die ersten Sterne ▸ wie kann ich mich Ihnen erkenntlich ~? *wie kann ich Ihnen (als Dank) einen Gegengefallen tun?;* er hat sich mir gegenüber immer sehr freundlich gezeigt; sich öffentlich ~ ▸ sich auf einem Fest ~ *ein F. besuchen*

Zei|ger ⟨der; -s, -⟩ **1** *Teil von Messgeräten, der etwas (meist auf einer Skala) anzeigt, auf etwas hinweist* **2** *Teil der Uhr, der die Stunden bzw. Minuten bzw. Sekunden anzeigt;* Zus *Minutenzeiger, Sekundenzeiger, Stundenzeiger, Uhrzeiger* ▸ den ~ vor-, zurückstellen; der große, kleine ~ (der Uhr)

Zei|le ⟨die; -, -n⟩ **1** *Reihe, mehrere aneinandergereihte Gegenstände;* Zus *Häuserzeile* **2** *Reihe von nebeneinanderstehenden Wörtern;* Zus *Zeilenabstand; Druckzeile, Verszeile* ▸ ich bin überzeugt, dass er von dem Buch noch nicht eine (einzige) ~ gelesen hat; fünfte ~ von oben; ein paar ~n an jmdn. schreiben ⟨übertr.⟩ *einen kurzen Brief, eine Karte;* etwas zwischen den ~n lesen ⟨übertr.⟩ *aus den Andeutungen in einem Brief, Artikel o. Ä. erraten*

...zei|lig ⟨in Zus.; zur Bildung von Adj.⟩ *eine bestimmte Art od. Zahl von Zeilen aufweisend,* z. B. dreizeilig, 3-zeilig, engzeilig, weitzeilig

Zei|sig ⟨der; -(e)s, -e; Zool.⟩ *ein Finkenvogel*

zeit/Zeit

Als nur in wenigen Fügungen verwendete Präposition steht das kleingeschriebene *zeit* mit dem Genitiv: *Er liebte sie zeit seines Lebens* (= sein ganzes Leben lang).
Wie alle Substantive großgeschrieben wird dagegen *die Zeit: Es ist Zeit zu gehen. Das war die beste Zeit meines Lebens.*
Besondere Schwierigkeiten bereitet die Schreibung von zurzeit und zur Zeit. Hier besteht ein Bedeutungsunterschied: *Ich bin zurzeit* (= momentan) *sehr beschäftigt. Es gab zur Zeit* (= während der Epoche) *der Römer bereits Badeanstalten, sogenannte Thermen.*

zeit ⟨Präp. m. Gen.⟩ *während* ▸ ⟨nur in den Wendungen⟩ ~ meines, seines, ihres Lebens

Zeit ⟨die; -, -en⟩ **1** *Ablauf des Geschehens, Nacheinander des Erlebens, Aufeinanderfolge der Ereignisse* **2** *bestimmter Abschnitt dieses Ablaufs, Zeitraum, Zeitalter, Epoche;* Zus *Zeitabschnitt; Barockzeit, Goethezeit, Neuzeit* **3** *Jahreszeit, Tageszeit;* Zus *Mittagszeit, Sommerzeit, Winterzeit* **4** *bestimmter Augenblick dieses Ablaufs, Zeitpunkt;* Zus *Essenszeit, Schlafenszeit* **5** *Mi-*

Z

nuten, Stunden, Wochen, die frei zur Verfügung stehen; Zus *Zeitaufwand, Zeitersparnis, Zeitgewinn, Zeitmangel, Zeitverlust* **6** ⟨kurz für⟩ *Uhrzeit;* Zus *Zeitangabe, Zeitansage* ▸ das ist nur eine Frage der ~ *es geschieht auf jeden Fall, es ist nur nicht klar, wann;* die ~ Karls des Großen; im Laufe der ~ *allmählich, nach u. nach;* ~ und Ort der Zusammenkunft werden noch bekanntgegeben; das ist ein Zeichen der ~ *der Gegenwart* ▸ die (gelaufene, gefahrene) ~ abnehmen ⟨Sp.⟩ *stoppen;* die ~en ändern sich *in jedem Zeitalter ist alles ein wenig anders u. wird auch anders beurteilt;* das braucht viel ~; dazu fehlt mir leider die ~; ich habe noch keine ~ gefunden, dir auf deinen Brief zu antworten; geben Sie mir noch etwas, noch eine Woche ~; ~ gewinnen *einen Aufschub erlangen;* (keine) ~ haben; das hat ~ *das eilt nicht;* ich habe noch fünf Minuten, eine Stunde, eine Woche ~; ich habe keine, viel ~; das hat ~ bis morgen; die ~ heilt alle Wunden; seine ~ ist noch nicht gekommen *die für ihn günstige Gelegenheit;* das kostet mich zu viel ~; jmdm. ~ lassen *jmdn. nicht drängen;* sich ~ lassen *sich nicht beeilen;* nehmen Sie sich ~! *beeilen Sie sich nicht!;* die ~ nützen, ausnützen; jmdm. (die) ~ rauben, stehlen *jmdn. von der Arbeit abhalten, an wichtigerem Tun hindern;* sein: es ist ~ (zu beginnen, zu gehen usw.); ~ ist Geld ⟨Sprichw.⟩ *man kann jede Stunde ausnützen für etwas, das Geld bringt;* es ist noch ~ genug; die ~ mit Lesen verbringen; die ~ vergeht wie im Fluge; wir wollen keine ~ verlieren *wir wollen uns beeilen;* sich die ~ mit Lesen vertreiben; die ~ vertrödeln; es wird (allmählich) ~! *der Zeitpunkt rückt heran, wir müssen jetzt gehen, beginnen* ▸ gute, schlechte, schwere ~en; freie ~ *Freizeit, freie Stunden;* frühere, vergangene ~en; die ganze ~ (über) ⟨umg.⟩ *währenddessen, während dieses Zeitraums;* es verging geraume ~; in der guten, alten ~ ⟨umg.⟩ *früher (als angeblich alles besser war);* die heutige ~; es ist höchste ~, dass wir gehen *wir müssen sofort gehen;* kurze, lange ~; die ~ wird ihm lang *er hat Langeweile;* ~ lang = *Zeitlang;* du liebe ~ *(Ausruf des Erstaunens) das hätte ich nicht gedacht!;* mitteleuropäische ~ ⟨MEZ⟩; ~ raubend = *zeitraubend;* wir haben reichlich, wenig, viel ~; es war eine schöne ~; ~ sparend = *zeitsparend;* es sind teure ~en ⟨umg.⟩ *gegenwärtig ist alles sehr teuer;* unsere ~ *die Gegenwart* ▸ ich bin an keine bestimmte ~ gebunden; es ist an der ~ (zu gehen) *der Zeitpunkt ist gekommen;* auf ~ ⟨Abk.: a. Z.⟩ *für eine bestimmte Dauer; bis auf Widerruf;* außer der ~ *zu einem unpassenden Zeitpunkt, außerhalb der Dienst- od. Essenszeit;* für alle ~en *für die Zukunft, für immer;* die ~ ist dafür noch nicht reif; in der ~ vor, nach dem Krieg; und in dieser ~ hatte er Erfolg; in früheren, vergangenen ~en; in (ganz) kurzer ~ hatte er alles Geld ausgegeben; in letzter ~ habe ich ihn nur selten gesehen; in nächster ~; in neuerer ~ *gegenwärtig u. vor wenigen Jahren;* in einer ~ von fünf Minuten; mit der ~ *allmählich, nach u. nach;* mit der ~ gehen *modern sein, sich der Gegenwart gegenüber aufgeschlossen zeigen;* er weiß nicht, was er mit seiner ~ anfangen soll *er kann sich nicht allein beschäftigen;* nach einiger, kurzer, längerer ~; seit einiger, kurzer ~; wir haben uns seit ewigen ~en nicht gesehen ⟨umg.⟩ *schon lange nicht mehr;* um diese ~ ist das Kind sonst schon im Bett; von ~ zu ~ *ab u. zu, gelegentlich;* vor ~en lebte einmal … *(formelhafter Märchenbeginn) vor vielen Jahren;* vor der ~ *vor dem festgesetzten Zeitpunkt, verfrüht;* vor einiger, kurzer, langer ~; das ist vor seiner ~ geschehen ⟨umg.⟩ *bevor er hier war, hier arbeitete, wohnte usw.;* während dieser ~; zur ~ *während einer Epoche;* →a. *zurzeit;* zu allen ~en *immer;* zu dieser, jener ~ gab es das noch nicht *damals;* zur festgesetzten ~ kommen; zur gleichen, selben ~; Sie können zu jeder ~ zu mir kommen; zu keiner ~ *niemals;* zu meiner ~ *als ich noch jung war;* alles zu seiner ~! *das brauchen wir jetzt noch nicht zu tun, zu bedenken;* du kommst gerade zur rechten ~ *im rechten Augenblick* ▸ wie viel ~ ist seitdem vergangen?

Zeit|al|ter ⟨das; -s, -⟩ *größerer historischer Zeitraum, Epoche* ▸ das ~ Friedrichs des Großen; das Goldene ~ ⟨Myth.⟩ *längst vergangene, glückliche Zeit;* in unserem ~ *in der jetzigen Zeit, in der Gegenwart*

Zeit|ar|beit ⟨die; -, -en⟩ *befristete Arbeit, die durch eine Vermittlungsfirma (die auch die Bezahlung regelt) od. das Arbeitsamt vermittelt wird*

zeit|auf|wän|dig ⟨Adj.⟩ = *zeitaufwendig*

zeit|auf|wen|dig ⟨Adj.⟩ *viel Zeit, eine große Zeitspanne beanspruchend* ▸ eine ~e Analyse; ein ~es Verfahren

Zeit|bom|be ⟨die; -, -n⟩ **1** *Bombe mit einem Zeitzünder* **2** ⟨übertr.; umg.⟩ *etwas, das mit der Zeit zunehmend bedrohlich wird* ▸ die globale Umweltverschmutzung ist zu einer ~ geworden ⟨übertr.; umg.⟩

Zeit|druck ⟨der; -(e)s; unz.⟩ *Bedrängnis infolge mangelnder Zeit* ▸ unter ~ geraten; wir stehen bei diesem Projekt unter einem hohen, erhöhten ~

Zeit|geist ⟨der; -(e)s; unz.⟩ *die ein Zeitalter charakterisierende geistige Haltung*

zeit|ge|mäß ⟨Adj.⟩ *dem Zeitgeist entsprechend, der Gegenwart angepasst* ▸ das ist nicht (mehr) ~

Zeit|ge|nos|se ⟨der; -n, -n⟩ *jmd., der zur gleichen Zeit lebt* ▸ er war ein ~ Hegels; ein seltsamer ~ ⟨umg.⟩ *ein seltsamer Mensch;* Abl *Zeitgenossin*

zeit|ge|nös|sisch ⟨Adj.⟩ *von einem Zeitgenossen stammend, in der Zeit, von der eben die Rede ist, entstanden* ▸ ~e Berichte

Zeit|ge|schich|te ⟨die; -; unz.⟩ *Erforschung u. Beschreibung des gegenwärtigen u. jüngst vergangenen politischen Geschehens;* Abl *zeitgeschichtlich*

zeit|gleich ⟨Adj.⟩ *zur gleichen Zeit* ▸ ~ findet im Rathaus ein Empfang statt

Zeit|grün|de ⟨Pl.; meist in der Wendung⟩ aus ~n *aufgrund fehlender Zeit, aus Mangel an Zeit*

zei|tig ⟨Adj.⟩ *frühzeitig, früh* ▸ morgens ~ aufstehen; ~ genug am Bahnhof sein

zeitig/zeitlich

Wie alle Ableitungen auf **-ig** und **-lich,** so besitzen auch die Adjektive *zeitig* und *zeitlich* eine unterschiedliche Bedeutung. Im Sinne von „früh" wird *zeitig* verwendet: *Ich muss morgen zeitig aufstehen.*
Häufiger ist das Adjektiv *zeitlich,* „die Zeit betreffend": *Das Vorhaben wird zeitlich sehr eng. Er weiß nicht, wie er es zeitlich einrichten soll.*

zei|ti|gen ⟨V. trans.; zei|tigt, zei|tig|te, hat ge|zei|tigt; geh.⟩ etwas ~ *hervorbringen, nach sich ziehen* ▸ dieser Vorfall hat eine unerwartete Wirkung gezeitigt

Zeit|kar|te ⟨die; -, -n⟩ *im Preis ermäßigte Fahrkarte für einen bestimmten Zeitabschnitt, Monatskarte*

Zeit|kon|to ⟨das; -s, -s od. -kon|ten⟩ *Zusammenstellung der (zusätzlich zur regulären Arbeitszeit) geleisteten Arbeitsstunden*

Zeit|lang *auch:* **Zeit lang** ⟨die; -; unz.⟩ *eine Weile* ▸ eine ~ ausruhen; er hielt eine ~ ihre Hand

zeit|le|bens ⟨Adv.⟩ *zeit meines (seines, ihres) Lebens, während meines (seines, ihres) Lebens* ▸ er hat ~ viele Sorgen gehabt

zeit|lich ⟨Adj.⟩ **1** *die Zeit betreffend, darin geschehend* **2** *vergänglich, irdisch* ▸ ich weiß nicht, wie ich unsere Verabredung ~ einrichten soll; das Zeitliche segnen ⟨übertr.; verhüllend⟩ *sterben*

zeit|los ⟨Adj.⟩ *von der Mode nicht abhängig* ▸ ~er Schnitt eines Kleidungsstückes; Abl *Zeitlosigkeit*

Zeit|lu|pe ⟨die; -; unz.⟩ *Verfahren, bei dem die Einzelbilder eines Films deutlich langsamer ablaufen;* Ggs *Zeitraffer* ▸ einen Wettkampf in ~ zeigen

Zeit|lu|pen|tem|po ⟨das; -s; unz.⟩ *sehr langsames Tempo (wie in der Zeitlupe)* ▸ sich im ~ bewegen; er arbeitet im ~

zeit|nah ⟨Adj.⟩ **1** *der jetzigen Zeit entsprechend, gemäß, gegenwartsnah* **2** *kurzfristig, rasch, bald* ▸ die Daten werden ~ ausgewertet

Zeit|not ⟨die; -; unz.⟩ *Bedrängnis infolge Mangels an Zeit* ▸ in ~ sein; er kommt immer in ~

Zeit|punkt ⟨der; -(e)s, -e⟩ *bestimmter Augenblick* ▸ den günstigen ~ verpassen; du bist zum richtigen ~ gekommen *gerade richtig*

Zeit|raf|fer ⟨der; -s; unz.⟩ *Verfahren, bei dem die Einzelbilder eines Films deutlich schneller ablaufen;* Ggs *Zeitlupe* ▸ das Aufblühen einer Blume im ~ zeigen

zeit|rau|bend *auch:* **Zeit rau|bend** ⟨Adj.⟩ *langwierig, viel Zeit verbrauchend* ▸ eine ~e Aufgabe

Zeit|raum ⟨der; -(e)s, -räu|me⟩ *eine begrenzte, bestimmte Zeit* ▸ in einem ~ von mehreren Monaten

Zeit|rech|nung ⟨die; -, -en⟩ *Art der Einteilung der Jahre* ▸ christliche ~; nach, vor unserer ~

Zeit|schrift ⟨die; -, -en⟩ *regelmäßig (wöchentlich, monatlich) erscheinende, meist bebilderte Druckschrift;* →a. *Zeitung* ▸ diese ~ habe ich abonniert; im Wartezimmer liegen viele ~en aus; Zus *Fernsehzeitschrift, Frauenzeitschrift, Modezeitschrift*

Zeit|sol|dat ⟨der; -en, -en; Mil.⟩ *Soldat, der sich für eine bestimmte Zeit zum Wehrdienst verpflichtet* ▸ er ist als ~ bei der Bundeswehr

Zeit|span|ne ⟨die; -, -n⟩ = *Zeitraum*

zeit|spa|rend *auch:* **Zeit spa|rend** ⟨Adj.⟩ *weniger Zeit in Anspruch nehmend* ▸ eine ~e Methode

Zei|tung ⟨die; -, -en⟩ *regelmäßig (täglich, wöchentlich) erscheinende Druckschrift mit Nachrichten über die Tagesereignisse* ▸ eine ~ abonnieren, abonniert haben; eine ~ drucken; die ~ lesen ▸ er arbeitet, ⟨umg.⟩ ist bei der ~; in den letzten Tagen ging die Nachricht durch die ~en, dass …; in der ~ steht, dass der Streik beendet ist; eine Anzeige, einen Aufsatz in einer ~ veröffentlichen; Zus *Zeitungsanzeige, Zeitungsartikel, Zeitungsbericht; Tageszeitung, Wochenzeitung*

Zei|tungs|aus|schnitt ⟨der; -(e)s, -e⟩ *ausgeschnittener Artikel aus einer Zeitung, den man aufhebt*

Zei|tungs|en|te ⟨die; -, -n; übertr.; umg.⟩ *falsche Meldung in einer Zeitung*

Zei|tungs|pa|pier ⟨das; -s; unz.⟩ *Teil einer alten Zeitung (als Verpackungsmaterial)* ▸ Geschirr in ~ einwickeln

Zeit|ver|schwen|dung ⟨die; -; unz.⟩ *Verschwendung von Zeit, schlechte Ausnutzung der verfügbaren Zeit;* Syn *Zeitvergeudung*

Zeit|ver|treib ⟨der; -(e)s, -e⟩ *Tätigkeit, mit der man sich die Zeit vertreibt, mit der man Zeit kurzweilig verbringt* ▸ das mache ich nur zum ~

zeit|wei|lig ⟨Adj.⟩ **I** ⟨attr.; adv.⟩ *eine Zeit lang dauernd, zeitlich begrenzt* **II** ⟨nur adv.⟩ *zeitweise, eine Zeit lang* ▸ sein Puls setzte ~ aus

zeit|wei|se ⟨Adv.⟩ *nur eine Zeit lang, ab und zu, gelegentlich* ▸ sich ~ gut unterhalten

Zeit|wert ⟨der; -(e)s, -e⟩ *Wert, den ein Gegenstand zur Zeit des Verlustes hat*

Zeit|wort ⟨das; -(e)s, -wör|ter; Gramm.⟩ = *Verb*

Zeit|zeu|ge ⟨der; -n, -n⟩ *jmd., der ein vergangenes Zeitalter u. damit bestimmte Vorgänge miterlebt hat u. davon berichten kann;* Abl *Zeitzeugin*

Zeit|zo|ne ⟨die; -, -n⟩ *Gebiet zw. zwei geografischen Längenkreisen der Erdkugel, in dem die gleiche Zeit gilt*

Zeit|zün|der ⟨der; -s, -⟩ *Zünder, der eine Sprengladung nach einer bestimmten Zeit zur Detonation bringt*

ze|le|b|rie|ren ⟨V. trans.; ze|le|b|riert, ze|le|b|rier|te, hat ze|le|b|riert⟩ **1** etwas ~ *feiern* **2** die Messe ~ *die M. lesen*

Zel|le ⟨die; -, -n⟩ **1** *kleiner, schmuckloser Raum, dessen Einrichtung auf das Notwendigste beschränkt ist;* Zus *Gefängniszelle, Telefonzelle* **2** *Teil der Bienenwabe, in dem der Honig gesammelt wird* **3** ⟨Biol.⟩ *kleinste lebendige Einheit u. Grundbaustein aller Lebewesen;* Zus *Zellkern, Zellteilung; Eizelle, Samenzelle* **4** ⟨Tech.⟩ *Teil eines stromerzeugenden Gerätes;* Zus *Brennstoff-*

zelle **5** *Gruppe von Mitgliedern als kleinste Einheit von politischen Organisationen*
Zel|lo|phan ⟨das; -s; unz.⟩ *durchsichtige, glasklare Folie aus Viskose*
Zell|stoff ⟨der; -(e)s, -e⟩ *feinfaserige, aus Zellulose bestehende, weiße, weiche Masse*
Zel|lu|li|tis ⟨die; -, -li|ti|den; Med.⟩ *Entzündung des Zellgewebes (bes. bei Frauen)*
Zel|lu|loid ⟨das; -(e)s; unz.⟩ **1** *durchsichtiger, elastischer Kunststoff* **2** ⟨Film; früher⟩ *Filmstreifen aus diesem Material*
Zel|lu|lo|se ⟨die; -; unz.⟩ *Hauptbestandteil pflanzlicher Zellwände;* Zus *Zellulosefaser*
Zelt ⟨das; -(e)s, -e⟩ **1** *aus Stoffbahnen u. Stangen aufgebaute einfache, leichte Behausung (für das Camping);* Zus *Indianerzelt* **2** *leicht gebautes u. schnell wieder abreißbares Gebäude;* Zus *Bierzelt, Zirkuszelt* ▸ seine ~e abbrechen *von seinem Wohnort wegziehen;* ein ~ aufschlagen; im Sommer fahren wir mit dem ~ nach Italien
zel|ten ⟨V. intr.; zel|tet, zel|te|te, hat ge|zel|tet⟩ *im Zelt übernachten*
Zelt|la|ger ⟨das; -s, -⟩ *aus Zelten bestehendes Ferien- od. Kriegslager*
Zelt|platz ⟨der; -es, -plät|ze⟩ = *Campingplatz*
Ze|ment ⟨der; -(e)s; unz.⟩ *wasserfestes Bindemittel aus Mörtel u. Beton*
ze|men|tie|ren ⟨V. trans.; ze|men|tiert, ze|men|tier|te, hat ze|men|tiert⟩ etwas ~ **1** *mit Zement ausgießen* **2** ⟨übertr.⟩ *für immer, nachhaltig festlegen* ▸ soziale Unterschiede ~
Ze|nit ⟨der; -(e)s, -e⟩ **1** = *Scheitelpunkt (1)* **2** ⟨übertr.⟩ *Höhepunkt* ▸ im ~ seines Lebens stehen ⟨übertr.⟩
zen|sie|ren ⟨V. trans.; zen|siert, zen|sier|te, hat zen|siert⟩ etwas ~ **1** *mit einer Zensur (I), Note versehen* **2** *der Zensur (II.1) unterwerfen* ▸ ein Buch, einen Film ~; eine Arbeit mit einer Zwei ~
Zen|sur ⟨die; -, -en⟩ **I** ⟨zählb.⟩ *Note, mit der eine Leistung beurteilt wird (im Schul- u. Examenszeugnis)* ▸ vor den Sommerferien gibt es ~en; gute, schlechte ~en **II** ⟨unz.⟩ **1** *staatliche Prüfung u. Kontrolle von Kunstwerken, Schriftstücken u. elektronischen Medien* **2** *Stelle, die die Kontrolle ausübt* ▸ eine ~ findet nicht statt; das Buch, der Film ist von der ~ verboten worden
zen|ti..., Zen|ti... ⟨in Zus.; Zeichen: c; vor Maßeinheiten⟩ *100. Teil einer Grundeinheit*
Zen|ti|li|ter ⟨a. ['----] der od. das; -s, -; Zeichen: cl⟩ *hundertstel Liter,* $^{1}/_{100}$
Zen|ti|me|ter ⟨a. ['----] der od. das; -s, -; Zeichen: cm⟩ *hundertstel Meter,* $^{1}/_{100}$ *Meter;* Zus *zentimeterdick, zentimetergenau*
Zen|ti|me|ter|maß ⟨das; -es, -e⟩ *in Zentimeter eingeteiltes Band zur Längenmessung (von Stoffen, Körperteilen u. a.);* →a. *Zollstock*
Zent|ner ⟨der; -s, -; Abk.: Ztr.⟩ **1** *Gewichtseinheit, 50 kg, 100 Pfund* **2** ⟨österr., schweiz.; Zeichen: q⟩ *100 kg;* Zus *zentnerschwer*
zent|ner|wei|se ⟨Adv.⟩ *in Zentnern*
zen|t|ral ⟨Adj.⟩ Ggs *dezentral* **1** *im Mittelpunkt (liegend)* **2** *im Mittelpunkt stehend, wichtigst* ▸ das ~e Problem unserer Firma ist die schlechte Finanzlage; das Haus ist ~ gelegen, liegt ~ *in der Mitte der Stadt*
zen|t|ral..., Zen|t|ral... ⟨in Zus.⟩ *in der Mitte liegend, mittel..., Mittel..., haupt..., Haupt...,* z. B. Zentralafrika, Zentralrechner
Zen|t|ral|ab|i|tur ⟨das; -(e)s, -e⟩ *zentral durchgeführtes, einheitliches Abitur*
Zen|t|ra|le ⟨die; -, -n⟩ **1** *Mittelpunkt, Ausgangspunkt* **2** *Hauptgeschäftsstelle* **3** *Teil eines Unternehmens, in dem bestimmte Arbeitsgänge zusammenlaufen* **4** ⟨kurz für⟩ *Telefonzentrale, Einrichtung für die Vermittlung von Telefongesprächen*
Zen|t|ral|hei|zung ⟨die; -, -en⟩ *für das ganze Haus von einer Stelle aus betriebene Heizung*
Zen|t|ra|li|sie|rung ⟨die; -, -en⟩ *Leitung von einer einzigen übergeordneten Stelle aus;* Ggs *Dezentralisierung*
Zen|t|ra|lis|mus ⟨der; -; unz.⟩ *Streben nach einheitlicher zentraler Lenkung des Staates, der Verwaltung;* Ggs *Föderalismus;* Abl *zentralistisch*
Zen|t|ral|ko|mi|tee ⟨das; -s, -s; Abk.: ZK⟩ *Führungsgremium, meist in kommunist. Parteien*
Zen|t|ral|ner|ven|sys|tem ⟨das; -s; unz.⟩ *Teil des Nervensystems aus Gehirn u. Rückenmark*
Zen|t|ral|rat ⟨der; -(e)s, -rä|te⟩ **1** *Spitzengremium eines Verbandes* **2** *offizielles Organ einer Partei* ▸ ~ der Juden in Deutschland; ~ der Muslime
Zen|t|ren ⟨Pl. von⟩ *Zentrum*
zen|t|rie|ren ⟨V. trans.; zen|t|riert, zen|t|rier|te, hat zen|t|riert⟩ etwas ~ *auf die Mitte einstellen*
Zen|t|ri|fu|gal|kraft ⟨die; -; unz.⟩ *auf einen sich drehenden Körper wirkende Trägheitskraft, die senkrecht zur Drehachse nach außen gerichtet ist;* Syn *Fliehkraft*
Zen|t|rum ⟨das; -s, Zen|t|ren⟩ **1** *Mitte, Mittelpunkt, Schwerpunkt* **2** *Innenstadt;* Zus *zentrumsnah; Stadtzentrum* **3** *wichtige öffentliche Einrichtung, Geschäft;* Zus *Einkaufszentrum* ▸ als Vizekanzler ist er im ~ der Macht; das industrielle ~ liegt im Norden des Landes; im ~ der Stadt wohnen; es gibt nur wenige Parkplätze im ~
Zep|pe|lin ⟨der; -s, -e⟩ *starres, lenkbares, mit Gas gefülltes Luftschiff*
Zep|ter ⟨das; -s, -⟩ *verzierter Stab als Zeichen der kaiserl. od. königl. Macht u. Würde* ▸ das ~ führen, schwingen ⟨übertr.⟩ *bestimmen können*
zer... ⟨Vorsilbe zur Bez. der Zerstörung, Auflösung, Trennung⟩ *auseinander...,* z. B. zerbröckeln, zerreißen, zertrennen, zerteilen
zer|bei|ßen ⟨V. trans.; zer|beißt, zer|biss, hat zer|bis|sen⟩ etwas ~ *entzweibeißen, durch Beißen beschädigen* ▸ der Hund zerbiss die Leine
zer|bers|ten ⟨V. intr.; zer|bers|tet, zer|barst/zer|borst/zer|bers|te|te/, ist zer|bors|ten⟩ *auseinanderbersten u. in Stücke brechen* ▸ in Einzelteile ~
zer|beult ⟨Adj.⟩ *voller Beulen* ▸ ein ~er Topf
zer|bre|chen ⟨V.⟩ **I** ⟨V. trans. u. V. intr.; zer|bricht, zer|brach, hat/ist zer|bro|chen⟩ **1** (etwas) ~ *in Stücke brechen, entzweibrechen* **2** ⟨übertr.⟩ an etwas ~ *infolge eines Kummers seelisch zugrunde gehen* ▸ das Glas ist zerbrochen **II** ⟨V. refl.; zer-

Z

bricht, zer|brach, hat zer|bro|chen; in der Wendung⟩ sich den Kopf ~ *angestrengt nachdenken, sich viele Gedanken machen*

zer|brech|lich ⟨Adj.⟩ **1** *so beschaffen, dass es leicht zerbricht* (Gegenstand) **2** ⟨übertr.⟩ *zart, schwächlich* (Person) ▸ Vorsicht, ~! *(Aufschrift auf Kisten);* ~es Wesen ⟨übertr.⟩; Abl *Zerbrechlichkeit*

zer|bro|chen → *zerbrechen*

zer|brö|seln ⟨V.⟩ **I** ⟨V. trans.; zer|brö|selt, zer|brö|sel|te, hat zer|brö|selt⟩ etwas ~ *in Brösel zerteilen, zu Bröseln reiben* ▸ Zwieback ~ **II** ⟨V. intr.; zer|brö|selt, zer|brö|sel|te, ist zer|brö|selt⟩ *zu Bröseln zerfallen* ▸ die Plätzchen sind zerbröselt

zer|drü|cken ⟨V. trans.; zer|drückt, zer|drück|te, hat zer|drückt⟩ etwas ~ *durch Drücken zerkleinern, zerstören* ▸ Kartoffeln ~; ein Insekt ~

Ze|re|mo|nie ⟨österr. [-moːnjə] die; -, -n⟩ *feierliche, an bestimmte Regeln od. Vorschriften gebundene Handlung* ▸ die ~ des Teebereitens im alten Japan; Zus *Begrüßungszeremonie*

Ze|re|mo|ni|ell ⟨das; -s, -e⟩ *Gesamtheit der Zeremonien bei feierlichen Anlässen, Förmlichkeiten, die eingehalten werden müssen* ▸ diplomatisches ~; Abl *zeremoniell;* Zus *Hofzeremoniell*

zer|fah|ren ⟨Adj.⟩ *sehr zerstreut, ständig etwas vergessend, unkonzentriert;* Abl *Zerfahrenheit*

Zer|fall ⟨der; -s; unz.; a. Chem.⟩ *das Zerfallen, Zersetzung, Auflösung* ▸ ~ des Römischen Reiches; →a. *radioaktiv*

zer|fal|len ⟨V. intr.; zer|fällt, zer|fiel, ist zer|fal|len⟩ **1** *auseinanderfallen, seinen Zusammenhalt verlieren, sich in viele kleine Teilchen auflösen* **2** *gegliedert sein* ▸ etwas zerfällt in drei Teile

zer|fet|zen ⟨V. trans.; zer|fetzt, zer|fetz|te, hat zer|fetzt⟩ jmdn. od. etwas ~ *zerreißen, in Stücke reißen* ▸ der Hund hat die Zeitung zerfetzt

zer|fled|dern ⟨V. trans.; zer|fled|dert, zer|fled|der|te, hat zer|fled|dert; meist im Perf. Pass. od. als Part. Perf.⟩ etwas ~ *durch häufigen Gebrauch abnutzen, unansehnlich machen*

zer|flei|schen ⟨V.; zer|fleischt, zer|fleisch|te, hat zer|fleischt⟩ **I** ⟨V. trans.⟩ jmdn. od. ein Tier ~ *mit den Zähnen auseinanderreißen, zerfetzen* ▸ der Wolf hat das Schaf zerfleischt **II** ⟨V. refl.; übertr.; umg.⟩ sich selbst ~ *sich starke Vorwürfe machen, harte Selbstkritik üben*

zer|flie|ßen ⟨V. intr.; zer|fließt, zer|floss, ist zer|flos|sen⟩ **1** *auseinanderfließen* (Flüssigkeit) **2** *flüssig werden* (Butter, Schokolade) ▸ vor Selbstmitleid ~ ⟨übertr.⟩ *übertrieben viel S. haben*

zer|franst ⟨Adj.⟩ *voller Fransen, ausgefranst* ▸ eine völlig ~e Hose

zer|fres|sen ⟨V. trans.; zer|frisst, zer|fraß, hat zer|fres|sen⟩ etwas ~ **1** *durch Fraß stark beschädigen od. zerstören* **2** *durch chemische Vorgänge beschädigen od. zerstören* ▸ die Säure zerfrisst das Gewebe

zer|furcht ⟨Adj.⟩ *von Falten, Furchen durchzogen* ▸ ~e Stirn

zer|ge|hen ⟨V. intr.; zer|geht, zer|ging, ist zer|gan|gen⟩ *sich auflösen, schmelzen, zerfallen* ▸ eine Tablette in etwas Flüssigkeit ~ lassen; dieses Fleisch ist so zart, es zergeht auf der Zunge ⟨übertr.⟩

zer|ha|cken ⟨V. trans.; zer|hackt, zer|hack|te, hat zer|hackt⟩ etwas ~ *mit dem Beil zerkleinern, zerstückeln* ▸ Fleisch, Holz, Knochen ~

zer|kau|en ⟨V. trans.; zer|kaut, zer|kau|te, hat zerkaut⟩ etwas ~ *durch Kauen zerkleinern*

zer|klei|nern ⟨V. trans.; zer|klei|nert, zer|klei|ner|te, hat zer|klei|nert⟩ etwas ~ *in kleine Stücke teilen* ▸ Fleisch, Gemüse, Holz ~; Abl *Zerkleinerung*

zer|klüf|tet ⟨Adj.⟩ *vielmals gespalten, mit Klüften, Rissen u. Spalten durchzogen* ▸ ~e Felsen

zer|knirscht ⟨Adj.; -er, am -es|ten⟩ *reuig, schuldbewusst* ▸ er war ganz ~; Abl *Zerknirschtheit, Zerknirschung*

zer|knit|tern ⟨V. trans.; zer|knit|tert, zer|knit|ter|te, hat zer|knit|tert⟩ Papier, Stoff ~ *zerdrücken, in ungleichmäßige Falten drücken*

zer|knül|len ⟨V. trans.; zer|knüllt, zer|knüll|te, hat zer|knüllt⟩ Papier ~ *zusammenballen, zerknittern*

zer|krat|zen ⟨V. trans.; zer|kratzt, zer|kratz|te, hat zer|kratzt⟩ **1** Möbel ~ *mit Kratzern versehen* **2** jmdm. etwas ~ *durch Kratzen (die Haut) verletzen* ▸ die Katze hat mir die Hand zerkratzt

zer|krü|meln ⟨V. trans.; zer|krü|melt, zer|krü|melte, hat zer|krü|melt⟩ etwas ~ *zu Krümeln zerkleinern, zerbröseln*

zer|las|sen ⟨V. trans.; zer|lässt, zer|ließ, hat zer|lassen⟩ Butter, Fett ~ *schmelzen lassen*

zer|le|gen ⟨V. trans.; zer|legt, zer|leg|te, hat zerlegt⟩ etwas ~ **1** *auseinandernehmen, in seine Bestandteile trennen* **2** *sachgemäß in Stücke zerteilen* ▸ eine Maschine, einen Schrank ~; Wild, Schlachtvieh ~; Abl *Zerlegung; zerlegbar*

zer|lumpt ⟨Adj.⟩ **1** *abgetragen, unansehnlich* (Kleidung) **2** *in Lumpen gekleidet* ▸ ~e Kinder

zer|mah|len ⟨V. trans.; zer|mahlt, zer|mahl|te, hat zer|mah|len⟩ etwas ~ *durch Mahlen zerreiben*

zer|mal|men ⟨V. trans.; zer|malmt, zer|malm|te, hat zer|malmt⟩ etwas ~ *heftig zerdrücken, mit den Zähnen zerquetschen*

zer|mar|tern ⟨V. refl.; zer|mar|tert sich, zer|mar|terte sich, hat sich zer|mar|tert; übertr.; umg.; nur in den Wendungen⟩ sich den Kopf, das Hirn ~ *angestrengt (aber vergeblich) nachdenken*

zer|mür|ben ⟨V. trans.; zer|mürbt, zer|mürb|te, hat zer|mürbt⟩ jmdn. ~ *jmdn. mürbe machen, jmds. Widerstandskraft brechen* ▸ die Sorgen haben ihn zermürbt; das lange Warten ist ~d

zer|pflü|cken ⟨V. trans.; zer|pflückt, zer|pflück|te, hat zer|pflückt⟩ **1** eine Blüte ~ *auseinanderrupfen* **2** ⟨übertr.⟩ einen Text ~ *kleinlich in allen Einzelheiten untersuchen u. kritisieren*

zer|plat|zen ⟨V. intr.; zer|platzt, zer|platz|te, ist zerplatzt⟩ *auseinanderplatzen*

zer|quet|schen ⟨V. trans.; zer|quetscht, zerquetsch|te, hat zer|quetscht⟩ etwas ~ *heftig zerdrücken*

Zerr|bild ⟨das; -(e)s, -er⟩ *boshaft entstellende Wiedergabe, übertrieben verspottende Darstellung*

zer|re|den ⟨V. trans.; zer|re|det, zer|re|de|te, hat

Z

zer|re|det⟩ etwas ~ *über etwas zu viel reden u. es dadurch zerstören*

zer|rei|ßen ⟨V.⟩ **I** ⟨V. trans.; zer|reißt, zer|riss, hat zer|ris|sen⟩ **1** etwas ~ *auseinanderreißen, durch Reißen gewaltsam trennen* **2** sich etwas ~ *ein Loch in etwas reißen* ▸ einen Brief ~; jmdm. das Herz ~ ⟨übertr.⟩ *jmdm. großen Kummer u. Schmerz zufügen;* sich die Hose ~; die Leute ~ sich die Mäuler über ihn ⟨übertr.⟩ *klatschen über ihn;* ein Schuss zerriss die Stille *dröhnte plötzlich durch die S.* ▸ Papier in Stücke ~; etwas mit den Zähnen ~ **II** ⟨V. intr.; zer|reißt, zer|riss, hat zer|ris|sen; übertr.; umg.⟩ sich für jmdn. ~ *für jmdn. so viel tun, dass es fast die eigenen Kräfte übersteigt* **III** ⟨V. intr.; zer|reißt, zer|riss, ist zer|ris|sen⟩ **1** *ein Loch od. Löcher bekommen* **2** *durch Abnutzung od. Gewalteinwirkung entzweigehen* (Stoff) ▸ der Faden, das Seil zerreißt ▸ der Stoff zerreißt leicht ▸ zerrissene Hosen; (innerlich) zerrissen ⟨übertr.⟩ *zwiespältig, uneins mit sich selbst*

Zer|reiß|pro|be ⟨die; -, -n; übertr.⟩ *starke Beanspruchung, Belastung* ▸ diese Wochen waren eine ~ für meine Geduld ⟨übertr.⟩

zer|ren ⟨V.; zerrt, zerr|te, hat ge|zerrt⟩ **I** ⟨V. intr.⟩ an jmdm. od. etwas ~ *gewaltsam ziehen* ▸ der Hund zerrt an der Leine **II** ⟨V. trans.⟩ jmdn. od. etwas irgendwohin ~ *gewaltsam irgendwohin ziehen* ▸ jmdn. aus dem Bett ~; jmdn. aus dem Wagen ~; jmdn. in den Schmutz ~ ⟨übertr.⟩ *jmdm. Übles nachreden;* man zerrt sie vor Gericht **III** ⟨V. refl.⟩ sich eine Sehne ~ *die S. überdehnen u. dadurch verletzen*

zer|rin|nen ⟨V. intr.; zer|rinnt, zer|rann, ist zer|ronnen; bes. poet.⟩ **1** *auseinanderrinnen, langsam zerfließen, schmelzen* **2** ⟨übertr.⟩ *sich in nichts auflösen* ▸ der Schnee zerrinnt; das Geld zerrinnt ihm in, unter den Händen ⟨übertr.⟩ *er kann nicht sparen, er gibt Geld zu schnell aus*

zer|ris|sen → *zerreißen*

Zer|ris|sen|heit ⟨die; -; unz.⟩ *(innerer) Zwiespalt, Uneinigkeit mit anderen od. sich selbst* ▸ der Streit ist symptomatisch für die ~ der Partei

Zer|rung ⟨die; -, -en; Med.⟩ *gewaltsame Überdehnung einer Sehne od. eines Muskels*

zer|rüt|ten ⟨V. trans.; zer|rüt|tet, zer|rüt|te|te, hat zer|rüt|tet⟩ **1** jmds. Gesundheit, Nerven ~ *durch Überanstrengung schädigen* **2** eine Ehe ~ *durch anhaltenden Ärger, Streit schädigen* ▸ ihre Ehe war schon lange zerrüttet; Abl *Zerrüttung*

zer|sä|gen ⟨V. trans.; zer|sägt, zer|säg|te, hat zersägt⟩ etwas ~ *durch Sägen zerteilen*

zer|schel|len ⟨V. intr.; zer|schellt, zer|schell|te, ist zer|schellt⟩ *in Stücke brechen* ▸ das Schiff ist an den Klippen zerschellt

zer|schla|gen ⟨V.; zer|schlägt, zer|schlug, hat zerschla|gen⟩ **I** ⟨V. trans.⟩ etwas ~ *durch Schlag zerbrechen, zerstören* ▸ eine Fensterscheibe, einen Teller, eine Vase ~; einen Staat ~ *in Teile spalten, teilen;* eine Verbrecherorganisation ~ *durch Verhaftung od. Tötung ihrer Mitglieder unschädlich machen;* ich bin wie ~, ganz ~ ⟨übertr.⟩ *sehr müde, abgearbeitet, erschöpft;* Abl ⟨bes. Pol.⟩ *Zerschlagung* **II** ⟨V. refl.⟩ sich ~ *nicht zustande kommen, scheitern, nicht verwirklicht werden* ▸ unser Plan, Vorhaben, die Verabredung hat sich ~

zer|schlis|sen ⟨Adj.⟩ *abgenutzt, fadenscheinig, durchlöchert* ▸ ~e Kleidung

zer|schmet|tern ⟨V. trans.; zer|schmet|tert, zerschmet|ter|te, hat zer|schmet|tert⟩ etwas ~ *heftig, mit Wucht zerschlagen* ▸ der stürzende Baum hat das Auto zerschmettert; Abl *Zerschmetterung*

zer|schnei|den ⟨V. trans.; zer|schnei|det, zerschnitt, hat zer|schnit|ten⟩ etwas ~ *in Stücke schneiden* ▸ eine Torte ~

zer|schun|den ⟨Adj.⟩ **1** *voller Schrammen, Abschürfungen u. Verletzungen* **2** ⟨übertr.⟩ *stark beeinträchtigt, erschöpft, verwüstet* ▸ ein ~er Körper; ein vom Krieg ~es Land ⟨übertr.⟩

zer|set|zen ⟨V.; zer|setzt, zer|setz|te, hat zer|setzt⟩ **I** ⟨V. trans.⟩ etwas ~ **1** *lösen, auflösen, spalten* **2** ⟨übertr.⟩ *untergraben, unterhöhlen* ▸ die politische Ordnung ~ ⟨übertr.⟩ **II** ⟨V. refl.⟩ sich ~ **1** *sich chemisch spalten* **2** ⟨übertr.⟩ *sich auflösen, sich lockern* ▸ eine Gemeinschaft, Ordnung zersetzt sich ⟨übertr.⟩; Abl *Zersetzung*

zer|split|tern ⟨V.⟩ **I** ⟨V. trans.; zer|split|tert, zersplit|ter|te, hat zer|split|tert⟩ etwas ~ **1** *in Splitter spalten* **2** ⟨übertr.⟩ *in zu viele einzelne kleine Teile aufteilen* ▸ der Blitz hat den Baum zersplittert **II** ⟨V. intr.; zer|split|tert, zer|split|ter|te, ist zer|split|tert⟩ *in Splitter zerbrechen, zerbrochen werden* ▸ die Fensterscheibe, der Knochen ist zersplittert; Abl *Zersplitterung*

zer|sprin|gen ⟨V. intr.; zer|springt, zer|sprang, ist zer|sprun|gen⟩ *zerbrechen* (Glas, Tasse) ▸ das Glas ist in tausend Stücke zersprungen

zer|stäu|ben ⟨V. trans.; zer|stäubt, zer|stäub|te, hat zer|stäubt⟩ etwas ~ *in winzigen Tröpfchen verteilen, versprühen* ▸ Parfüm ~

Zer|stäu|ber ⟨der; -s, -⟩ *Gerät zum Zerstäuben von Flüssigkeiten;* Zus *Parfümzerstäuber*

zer|stö|ren ⟨V. trans.; zer|stört, zer|stör|te, hat zerstört⟩ etwas ~ *vernichten, unbrauchbar machen, verwüsten, zertrümmern* ▸ jmds. Freude, Glück ~; Säure zerstört Gewebe; der Unfall hat sein Leben zerstört; das Gebäude ist durch Feuer zerstört worden

Zer|stö|rer ⟨der; -s, -⟩ **1** *jmd., der etwas zerstört, Vernichter* **2** ⟨Mil.⟩ *leichtes, schnelles Kriegsschiff*

zer|stö|re|risch ⟨Adj.⟩ *zerstörend, vernichtend* ▸ eine ~e Wirkung besitzen; mit ~er Gewalt

Zer|stö|rung ⟨die; -, -en⟩ **I** ⟨unz.⟩ *das Zerstören* **II** ⟨zählb.⟩ *Schaden durch Zerstören*

Zer|stö|rungs|wut ⟨die; -; unz.⟩ *krankhafte Neigung od. brutaler Wille zur Zerstörung*

zer|strei|ten ⟨V. refl.; zer|strei|tet sich, zer|stritt sich, hat sich zer|strit|ten⟩ sich ~ *sich durch Streit entzweien* ▸ die beiden haben sich zerstritten

zer|streu|en ⟨V.; zer|streut, zer|streu|te, hat zerstreut⟩ **I** ⟨V. trans.⟩ **1** etwas ~ *umherstreuen, streuend verteilen* **2** ⟨übertr.⟩ jmdn. ~ *jmdn. erheitern, unterhalten, jmdm. die Zeit vertreiben*

▸ jmds. Misstrauen ~ ⟨übertr.⟩ *jmds. M. beseitigen* **II** ⟨V. refl.⟩ sich ~ **1** *auseinandergehen, sich verlaufen* (Menge) **2** ⟨übertr.⟩ *sich die Zeit vertreiben, sich Unterhaltung schaffen;* →a. *zerstreut*

zer|streut **I** ⟨Part. Perf. von⟩ *zerstreuen* **II** ⟨Adj.; -er, am -es|ten; übertr.⟩ *unaufmerksam, abgelenkt, in Gedanken mit anderen Dingen beschäftigt, häufig etwas vergessend* ▸ er ist zurzeit sehr ~; Abl *Zerstreutheit*

Zer|streu|ung ⟨die; -, -en⟩ **I** ⟨unz.⟩ *das Zerstreutwerden* **II** ⟨zählb.; übertr.⟩ *Kurzweil, Unterhaltung* ▸ zur ~ ins Kino gehen

zer|stü|ckeln ⟨V. trans.; zer|stü|ckelt, zer|stü|ckelte, hat zer|stü|ckelt⟩ etwas ~ *in kleine Stücke zerteilen;* Abl *Zerstückelung*

zer|tei|len ⟨V.; zer|teilt, zer|teil|te, hat zer|teilt⟩ **I** ⟨V. trans.⟩ etwas ~ *in Teile zerlegen, in Stücke teilen* **II** ⟨V. refl.⟩ sich ~ *in Teile auseinanderfallen, sich in Teile auflösen, sich aufteilen, sich gliedern* ▸ der Baumstamm zerteilt sich in viele Äste

Zer|ti|fi|kat ⟨das; -(e)s, -e⟩ **1** *amtliche Bescheinigung, Bestätigung, Auszeichnung* **2** *Anteilschein an Investmenttrusts* ▸ ich möchte mein ~ in Deutsch machen; ein ~ ablegen

zer|ti|fi|zie|ren ⟨V. trans.; zer|ti|fi|ziert, zer|ti|fi|zierte, hat zer|ti|fi|ziert⟩ etwas ~ *ein Zertifikat über etwas ausstellen, amtlich bescheinigen, bestätigen;* Abl *Zertifizierung*

zer|tram|peln ⟨V. trans.; zer|tram|pelt, zer|trampel|te, hat zer|tram|pelt⟩ etwas ~ *heftig, mit Gewalt zertreten*

zer|tre|ten ⟨V. trans.; zer|tritt, zer|trat, hat zer|treten⟩ etwas ~ *mit den Füßen zerdrücken, niederdrücken u. zerstören* ▸ Blumen ~

zer|trüm|mern ⟨V. trans.; zer|trüm|mert, zer|trümmer|te, hat zer|trüm|mert; a. übertr.⟩ etwas ~ *in Trümmer schlagen, heftig zerschlagen* ▸ bei einer Schlägerei Bierflaschen ~; Abl *Zertrümmerung*

Zer|würf|nis ⟨das; -nis|ses, -nis|se⟩ *Entzweiung, Streit*

zer|zau|sen ⟨V. trans.; zer|zaust, zer|zaus|te, hat zer|zaust⟩ (jmdm.) etwas ~ *in Unordnung bringen* ▸ der Wind zersauste ihr das Haar

ze|tern ⟨V. intr.; ze|tert, ze|ter|te, hat ge|ze|tert⟩ *laut jammern u. um Hilfe schreien*

Zet|tel ⟨der; -s, -⟩ **1** *loses Blatt Papier;* Zus *Einkaufszettel, Merkzettel, Notizzettel* **2** *Formular, Schein;* Zus *Bestellzettel* ▸ ich habe den ~ mit der Telefonnummer verloren

Zet|tel|kas|ten ⟨der; -s, -käs|ten⟩ *Kasten für die Zettel od. mit den Zetteln einer Kartei*

Zeug ⟨das; -(e)s; unz.⟩ **1** *Textilien, Kleidung, Wäsche* **2** *Arbeitsgeräte* **3** *Material, Rohstoff zur Verarbeitung* **4** *allerlei Dinge, Kram, Siebensachen* **5** ⟨umg.⟩ *schlechte Speise, schlechtes Getränk* ▸ er hat das ~ zu einem guten Reiter ⟨übertr.⟩ *die Fähigkeiten;* er hat nicht das ~ dazu *er eignet sich nicht dafür;* arbeiten, was das ~ hält ⟨übertr.⟩ *mit allen Kräften, so viel wie möglich* ▸ was willst du mit dem alten ~?; (das ist doch) dummes ~! *(das ist doch) Unsinn, dummes Gerede;* dummes ~ reden *Unsinn reden;* unnützes ~ ▸ sich (ordentlich) ins ~ legen ⟨übertr.⟩ *sich sehr anstrengen;* was soll ich mit all dem ~?

...zeug ⟨in Zus. mit Verben od. Subst.; zur Bildung von Subst.; das; -(e)s; unz.⟩ *Gesamtheit von Dingen, die für einen bestimmten Zweck benötigt werden,* z. B. Spielzeug, Werkzeug

Zeu|ge ⟨der; -n, -n⟩ **1** *jmd., der über einen beobachteten Vorgang, bes. eine Straftat, vor Gericht aussagen soll;* Zus *Zeugenaussage* **2** *jmd., der aufgefordert od. unaufgefordert einem Vorgang beiwohnt, um später gegebenenfalls darüber berichten zu können;* Zus *Augenzeuge, Ohrenzeuge, Zeitzeuge* **3** *Zuschauer, Teilnehmer* ▸ haben Sie dafür ~n?; ~ eines Unfalls sein; ich war ~, wie es zu dem Unglück kam; einen ~n vernehmen ▸ als ~ aussagen; als ~ vorgeladen werden; etwas in Gegenwart von ~n sagen

zeu|gen[1] ⟨V. intr.; zeugt, zeug|te, hat ge|zeugt⟩ von etwas ~ *auf etwas schließen lassen* ▸ sein Verhalten zeugt von Ehrlichkeit, Großzügigkeit

zeu|gen[2] ⟨V. trans.; zeugt, zeug|te, hat ge|zeugt⟩ ein Kind ~ *erzeugen*

Zeu|gen|stand ⟨der; -(e)s; unz.⟩ *Platz, von dem aus Zeugen aussagen* ▸ jmdn. in den ~ rufen

Zeu|gin ⟨die; -, -gin|nen⟩ *weibl. Zeuge*

Zeugnis

Offizielle Dokumente, die etwas bewerten oder bescheinigen, nennt man im Deutschen *Zeugnisse.* Vor allem Schüler kennen dieses Wort gut, denn sie erhalten zweimal jährlich (meist Anfang Februar und direkt vor den Sommerferien) Schulzeugnisse, auf denen ihre Leistungen in Schulnoten von eins bis sechs beurteilt werden. Mit einem Abiturzeugnis wird die „allgemeine Hochschulreife“ bescheinigt, die nach der Schule zum Studium an Universitäten und Hochschulen berechtigt. Das erfolgreiche Ablegen einer Examensprüfung (an einer Universität) bestätigt das Examenszeugnis.
Für bestimmte Berufe wird auch ein Arbeitszeugnis benötigt, in dem der Arbeitgeber die Leistungen des bei ihm angestellten Arbeitnehmers beurteilt. Vor allem beim Wechsel der Arbeitsstelle ist dieses Dokument sehr wichtig. Darüber hinaus werden von Behörden mitunter offizielle Dokumente oder Atteste wie ein Gesundheitszeugnis oder ein polizeiliches Führungszeugnis angefordert.

Zeug|nis ⟨das; -nis|ses, -nis|se⟩ **1** *Zeugenaussage* **2** *urkundliche Bescheinigung, amtl. Bestätigung, Beglaubigung* **3** *Urkunde mit Bewertung einer Leistung;* Zus *Arbeitszeugnis, Examenszeugnis, Praktikumszeugnis, Schulzeugnis* **4** ⟨übertr.⟩ *Gegenstand aus vergangener Zeit, der Aufschluss über diese Zeit gibt* ▸ von etwas ~ ablegen *von etwas berichten, etwas bekunden;* jmdm. ein ~ ausstellen, schreiben; morgen gibt es ~se in der Schule; die Pyramiden sind ein ~ der altägyptischen Baukunst; ~se vorweisen, vorlegen

Z

▸ ärztliches ~; sie hat ein ausgezeichnetes ~; falsches ~ ablegen *eine falsche Aussage machen* ▸ wann bekommt ihr ~se?

Zeugs ‹das; -; unz.; umg.; abwertend für› *Zeug*

Zeu|gung ‹die; -, -en› *das Zeugen, Erzeugung, zur Befruchtung führende Begattung;* Zus *Zeugungsakt; zeugungs(un)fähig*

z. H. ‹Abk. für› *zu Händen*

Zi|cke ‹die; -, -n› **1** ‹regional› *weibliche Ziege* **2** ‹umg.; abwertend› *launische, streitsüchtige weibliche Person* ▸ ~n machen *sich widersetzen*

zi|ckig ‹Adj.› *launisch, frech, abweisend*

Zick|lein ‹das; -s, -; poet.› *Junges der Ziege*

Zick|zack ‹der; -(e)s, -e› *in Zacken verlaufende Linie, Zickzacklinie* ▸ der ~ eines Blitzes; im ~ laufen, fliegen; Zus ‹a. übertr.› *Zickzackkurs*

Zie|ge ‹die; -, -n› **1** ‹Zool.› *Tier mit kräftigen Hörnern u. rauem Fell;* ⓘ S. 1111; Zus *Ziegenbock, Ziegenkäse, Ziegenleder, Ziegenmilch* **2** ‹übertr.; umg.› *dumme od. unangenehme weibliche Person*

Zie|gel ‹der; -s, -› **1** *gebrannter Stein aus Lehm, Ton u. Ä. zum Bauen;* Syn *Backstein* **2** *flacher, leicht gewölbter, gebrannter Stein aus Ton zum Decken von Dächern;* Zus *Ziegeldach; Dachziegel* ▸ ~ brennen; ein Dach mit ~n decken

Zie|ge|lei ‹die; -, -en› *Fabrik zur Herstellung von Ziegeln;* Syn *Ziegelbrennerei*

Zie|gel|stein ‹der; -(e)s, -e› = *Ziegel (1)*

zie|hen ‹V.› **I** ‹V. trans.; zieht, zog, hat ge|zo|gen› **1** einen Wagen ~ *zu sich her od. hinter sich her bewegen, befördern* **2** eine Linie ~ *zeichnen, malen* **3** Garn, Stoff ~ *dehnen, strecken* **4** ‹unpersönl.› es zieht mich immer wieder dorthin *ich muss immer wieder dorthin gehen, fahren, reisen* ▸ es zieht mich heimwärts *ich möchte gern heimgehen* ▸ Blasen ~ *bilden;* Blumen, Obstbäume ~ *pflegen u. wachsen lassen, zum Blühen bzw. Fruchttragen bringen;* der Honig zieht Fäden *bildet beim Schöpfen Fäden;* ein (schiefes) Gesicht ~ *das G. unwillig verziehen, ein unwilliges G. machen;* einen Graben ~ *einen G. ausheben;* den Hut (vor jmdm.) ~ *zum Gruß abnehmen;* eine Karte ~ ‹Kart.›; ich werde eine Lehre daraus ~ *ich werde es mir zur Lehre dienen lassen;* er zog das Messer, den Revolver *er nahm (zum Angriff) das M., den R. aus der Tasche, zur Hand;* die Notbremse ~ *die N. betätigen;* Nutzen aus etwas ~ *etwas nützlich verwenden;* daraus kann man den Schluss ~, dass er Recht hatte; einen Vergleich zwischen zwei Dingen ~ *zwei D. miteinander vergleichen;* das Pferd zieht den Wagen; →a. *Zahn* ▸ das Kind lässt sich auf dem Schlitten ~ ▸ das Boot an Land ~; jmdn. an den Haaren ~; die Aufmerksamkeit auf sich ~ *auf sich lenken;* die Blicke auf sich ~ *auf sich lenken, die anderen auf sich aufmerksam machen;* jmds. Unmut, Unwillen, Hass auf sich ~ ‹übertr.›; Saiten auf ein Instrument ~ *spannen;* jmdn. auf seine Seite ~ *jmdn. für sich gewinnen, ihn günstig für sich beeinflussen;* den Korken aus der Flasche ~; einen Brief aus der Tasche ~; etwas in die Breite ~; etwas ins Lächerliche ~ *etwas lächerlich machen;* etwas in die Länge ~ ‹übertr.› *langsam ablaufen lassen, absichtlich verlängern;* jmdn. ins Vertrauen ~ *jmdm. etwas anvertrauen;* jmds. Worte in Zweifel ~ *anzweifeln, nicht glauben;* das wird noch üble Folgen nach sich ~ *üble Folgen haben;* diese Maßnahme wird noch weitere nach sich ~ *zur Folge haben;* eine Jacke übers Kleid ~ *noch dazu anziehen;* einen Ring vom Finger ~; die Gardine vors Fenster ~; jmdn. zur Verantwortung ~ *verlangen, dass jmd. sich verantwortet, sich rechtfertigt* ▸ nach der Operation müssen die Fäden gezogen werden **II** ‹V. refl.; zieht, zog, hat ge|zo|gen› sich ~ *länger sein als erwartet* ▸ der Weg zieht sich ▸ sich in die Länge ~ ‹übertr.› *länger dauern als erwartet* **III** ‹V. intr.; zieht, zog, ist ge|zo|gen› **1** irgendwohin ~ *wandern, marschieren, sich stetig fortbewegen* **2** irgendwohin ~ *seinen Wohnsitz verlegen* **3** an etwas ~ *etwas zu sich her bewegen* **4** ‹Brettspiel› *einen Stein auf ein anderes Feld rücken* **5** *Aroma u. Farbe an das heiße Wasser abgeben* (Tee, Kaffee) **6** ‹übertr.; umg.› *Wirkung haben, wirken* **7** ‹unpersönl.› es zieht *es herrscht Durchzug* ▸ hier zieht es *hier herrscht Durchzug;* Tür zu, es zieht! ▸ diese Ausrede, Masche zieht bei mir nicht mehr ‹übertr.; umg.›; der Hund zieht an der Leine; Wolken ~ über den Himmel ▸ jmdn. ~ lassen *weggehen lassen;* der Tee muss fünf Minuten ~; ein Ziehen im Kreuz verspüren *einen ziehenden Schmerz* ▸ er zog an seiner Pfeife, Zigarre *er zog den Rauch der P., Z. ein;* an einem Strick ~; aufs Land ~; durch die Welt ~ *in der W. umherfahren;* in den Krieg ~; in eine andere Wohnung ~; nach Bern, nach England ~; die Zugvögel ~ nach Süden *fliegen in Scharen;* zu jmdm. ~ *seinen Wohnsitz mit jmdm. zusammenlegen*

Zieh|har|mo|ni|ka ‹die; -, -ken› *tragbares Musikinstrument, bei dem die Töne mit Hilfe eines gefalteten Blasebalgs erzeugt werden*

Zie|hung ‹die; -, -en› *Bestimmung der Gewinner in einer Lotterie durch Herausziehen von einzelnen Losen od. Zahlen* ▸ ~ der Lottozahlen

Ziel ‹das; -(e)s, -e› **1** *auf ein bestimmtes Ende, einen bestimmten Zustand hin ausgerichtetes Bestreben, eine Absicht* **2** *Bestimmungsort* **3** *Punkt od. Fläche, der bzw. die getroffen werden soll* **4** *Endpunkt eines Wettlaufs od. einer Wettfahrt;* Zus *Ziellinie* ▸ sein ~ erreichen; sich seinem ~ nähern; sich ein ~ setzen, stecken; das ~ treffen, verfehlen (beim Werfen, Schießen); er hat sein ~ verfehlt ‹übertr.› *er hat nicht erreicht, was er wollte, sein Vorhaben ist gescheitert;* ein (bestimmtes) ~ verfolgen ▸ ein hohes, lohnendes ~ ▸ ans ~ gelangen, kommen; wir sind am ~; am ~ seiner Reise angelangt sein; damit bin ich endlich am ~ meiner Wünsche; er ist als erster durchs ~ gegangen; er studiert Sprachen mit dem ~, Lehrer zu werden; übers ~ (hinaus)schießen ‹übertr.› *das angemessene Maß überschreiten;* er musste kurz vor dem ~ aufgeben; ein ~ vor Augen haben; dieser Weg führt nicht zum ~ ‹übertr.›

ziel|be|wusst ⟨Adj.; -er, am -es|ten⟩ *fest entschlossen, ein gesetztes Ziel zu erreichen* ▸ ein ~er Mensch; ~ arbeiten; er ist sehr ~

zie|len ⟨V. intr.; zielt, ziel|te, hat ge|zielt⟩ (auf jmdn od. etwas) ~ **1** *ein Ziel ins Auge fassen (zum Werfen od. Schießen)* **2** ⟨übertr.⟩ *anspielen, jmdn. od. etwas meinen* ▸ gut, genau, sorgfältig ~; die Bemerkung zielt auf dich ⟨übertr.⟩; eine gezielte Bemerkung, Anspielung *B., A., die deutlich eine bestimmte Person od. Sache meint;* ein gut gezielter Schuss, Wurf

Ziel|ge|ra|de ⟨die; -, -n⟩ *letzte, gerade Strecke einer Laufbahn vor dem Ziel* ▸ in die ~ einlaufen

ziel|ge|rich|tet ⟨Adj.⟩ *bewusst auf ein bestimmtes Ziel hin ausgerichtet* ▸ ~es Handeln, Vorgehen

Ziel|grup|pe ⟨die; -, -n⟩ *Gruppe von Personen, die bei einer bestimmten Unternehmung (Werbung, Meinungsumfrage, Verkauf) erreicht werden soll*

ziel|los ⟨Adj.⟩ *ohne festes Ziel, planlos* ▸ ~ durch die Straßen laufen; Abl *Ziellosigkeit*

Ziel|schei|be ⟨die; -, -n⟩ **1** *Scheibe (meist mit konzentrischen schwarzen u. weißen Ringen) als Ziel für Schießübungen* **2** ⟨übertr.⟩ *Ziel, Angriffspunkt* ▸ er ist die ~ ihres Spottes ⟨übertr.⟩

Ziel|set|zung ⟨die; -, -en⟩ *das Setzen, Bestimmen eines Ziels, Absicht, Plan;* Syn ⟨ostdt.⟩ *Zielstellung* ▸ ein Plan mit einer klaren ~

ziel|si|cher ⟨Adj.⟩ *unbeirrt, ohne zu zögern* ▸ ~ auf etwas od. jmdn. zugehen; Abl *Zielsicherheit*

ziel|stre|big ⟨Adj.⟩ *eifrig nach einem Ziel strebend;* Abl *Zielstrebigkeit*

zie|men ⟨V. refl.; ziemt sich, ziem|te sich, hat sich ge|ziemt⟩ sich ~ *richtig, angemessen sein* ▸ das ziemt sich nicht für dich

ziem|lich ⟨Adj.⟩ **I** ⟨attr.; umg.⟩ *recht groß, lang, weit usw.* ▸ es war eine ~e **Anstrengung,** Arbeit; das ist eine ~e **Frechheit;** es dauerte eine ~e **Weile** **II** ⟨adv.⟩ *in nicht geringem, aber auch nicht zu hohem Maße, recht, einigermaßen* ▸ ~ **breit,** groß, gut, hoch, klein, schlecht; ~ **früh,** spät; für die Jahreszeit ist es ~ **kalt,** warm; ich bin schon ~ **müde** ▸ ~ **oft,** viel; **so** ~ ⟨umg.⟩ *beinahe, fast;* hast du alles allein gemacht? so ~!

Zier|de ⟨die; -, -n⟩ *Verschönerung, Schmuck;* oV *Zier* ▸ Blumen zur ~ auf den Tisch stellen

zie|ren ⟨V.; ziert, zier|te, hat ge|ziert⟩ **I** ⟨V. refl.⟩ sich ~ *zimperlich tun, sich bescheiden stellen, bescheiden abwehren* ▸ wenn man sie auffordert, etwas vorzusingen, ziert sie sich erst lange; zier dich doch nicht so!; geziert *unnatürlich, gekünstelt;* geziertes Benehmen; geziert sprechen **II** ⟨V. trans.⟩ etwas ~ *verschönern, schmücken* ▸ eine Feder zierte seinen Hut

Zier|fisch ⟨der; -(e)s, -e⟩ *in Aquarium od. Teich gehaltener kleiner Fisch, z. B. Goldfisch*

zier|lich ⟨Adj.⟩ **1** *zart u. anmutig* **2** *klein u. fein* ▸ ~e Hände, Füße; ein ~es Mädchen; eine ~e Vase; sie ist sehr ~; Abl *Zierlichkeit*

Zier|pflan|ze ⟨die; -, -n⟩ *zur Zierde, als Schmuck gezogene Pflanze;* Ggs *Nutzpflanze*

Zier|rat ⟨der; -(e)s, -e⟩ *Ausschmückung, Zierde, Schmuck* ▸ der Vorhang ist nur ~

Zif|fer ⟨die; -, -n⟩ **1** *schriftliches Zahlzeichen;* →a. *Zahl* **2** ⟨Abk.: Ziff.⟩ *Teil eines Paragrafen, Absatz* ▸ arabische, römische ~

Zif|fer|blatt ⟨das; -(e)s, -blät|ter⟩ *das Uhrwerk bedeckende Scheibe mit den Ziffern*

zig ⟨Adj.; umg.⟩ *eine unbestimmte Anzahl von, sehr viele;* →a. *zigfach, zigmal, zigtausend* ▸ es waren ~ Leute da

Zi|ga|ret|te ⟨die; -, -n⟩ *feingeschnittener, in eine Papierhülse gepresster Tabak* ▸ jmdm. eine ~ anbieten; sich eine ~ anzünden, anbrennen, anstecken; die ~ (im Aschenbecher) ausdrücken; sich eine ~ drehen; eine ~ rauchen; wie viele ~n raucht er am Tag?; Zus *Zigarettenautomat, Zigarettenpause, Zigarettenrauch, Zigarettenschachtel*

Zi|gar|re ⟨die; -, -n⟩ *stabförmig gewickelte Tabakblätter;* Abl *zigarrenförmig;* Zus *Zigarrenkiste*

Zi|geu|ner ⟨der; -s, -⟩ **1** ⟨abwertend⟩ *Angehöriger eines nicht sesshaften Volkes, Selbstbenennung: Rom, Sinto;* Zus *Zigeunermusik, Zigeunersprache* **2** ⟨übertr.; umg.⟩ *unruhig lebender, unsteter Mensch;* Abl *Zigeunerin;* Zus *Zigeunerleben*

zig|fach ⟨Adj.; umg.⟩ *vielfach* ▸ er ist ~er Sieger

zig|mal ⟨Adv.; umg.⟩ *viele Male, sehr oft* ▸ er hat ~ angerufen; ich habe es ihm schon ~ gesagt

zig|tau|send *auch:* **Zig|tau|send** ⟨Adj.⟩ *viele tausend* ▸ ~ Menschen waren gekommen

zig|tau|sen|de *auch:* **Zig|tau|sen|de** ⟨Adj.⟩ *viele tausend* ▸ ~ von Zuschauern klatschten Beifall

Zim|mer ⟨das; -s, -⟩ **1** *Wohn-, Arbeits- od. Schlafraum;* Zus *Zimmertür; Arbeitszimmer, Hotelzimmer, Kinderzimmer, Schlafzimmer, Wohnzimmer* **2** *Belegschaft, alle Bewohner eines Zimmers (in Heimen, Krankenhäusern)* ▸ ein ~ **aufräumen,** heizen, lüften; **haben** Sie ein ~ (frei)? (im Hotel); ein ~ **streichen,** tapezieren; ein ~ **mieten,** vermieten; (sich) ein ~ (in einem Hotel) **nehmen;** sich ein ~ **suchen** (zur Miete); ~ zu **vermieten** ▸ das Kind hat ein **eigenes** ~; **großes,** kleines, sonniges ~; **möbliertes** ~ ▸ er ist noch **in** seinem, ⟨bei Hotelzimmern⟩ auf seinem ~; ~ **mit** Balkon ▸ **wie viele** ~ hat die Wohnung? Vier ~, Küche, Bad

Zim|mer|laut|stär|ke ⟨die; -; unz.⟩ *mäßige, gedämpfte Lautstärke (des Radiogerätes)* ▸ bitte stellen Sie Ihr Gerät auf ~

Zim|mer|mäd|chen ⟨das; -s, -; in Hotels u. großen Haushalten⟩ *Angestellte, die die Zimmer aufräumt u. sauber hält*

Zim|mer|mann ⟨der; -(e)s, -leu|te⟩ *Handwerker zur Herstellung von Holzbauteilen für den Bau von Gebäuden;* Syn *Bautischler, Zimmerer*

zim|mern ⟨V. trans.; zim|mert, zim|mer|te, hat gezim|mert⟩ Möbel ~ *aus Holz herstellen*

Zim|mer|pflan|ze ⟨die; -, -n⟩ *fürs Zimmer geeignete Zierpflanze*

Zim|mer|tem|pe|ra|tur ⟨die; -, -en⟩ *Temperatur, wie sie im Wohnzimmer üblich ist (18-22 °C)*

zim|per|lich ⟨Adj.; abwertend⟩ **1** *übertrieben empfindlich (gegen Kälte, Unsauberkeit, Derbheit), verzärtelt, weichlich* **2** ⟨meist in Verneinungen⟩ *zurückhaltend, rücksichtsvoll, körperliche Gewalt* *meidend* ▸ bei der Festnahme ging die Polizei nicht gerade ~ vor; sei nicht so ~!

Zimt ⟨der; -(e)s; unz.⟩ *aus der Rinde des Zimtbaumes gewonnenes Gewürz;* Zus *Zimtstange*

Zink ⟨das; -(e)s; unz.; chem. Zeichen: Zn⟩ *bläulich weißes Metall, chem. Element mit der Ordnungszahl 30;* Zus *Zinkblech, Zinksalbe*

Zin|ke ⟨die; -, -n⟩ *Zacke, Spitze (z. B. der Gabel, des Kamms, des Rechens)*

zin|ken ⟨V. trans.; zinkt, zink|te, hat ge|zinkt⟩ etwas ~ *mit Zinken*[1] *versehen* (bes. Spielkarten) ▸ mit gezinkten Karten spielen

Zin|ken ⟨der; -s, -⟩ **1** = *Zinke* **2** ⟨umg.; scherzh.⟩ *große dicke Nase*

Zinn ⟨das; -(e)s; unz.; chem. Zeichen: Sn (lat.: stannum)⟩ *silberweißes, weiches Metall, chem. Element, Ordnungszahl 50;* Zus *Zinnsoldat*

Zin|ne ⟨die; -, -n⟩ *rechteckige, zahnförmig aufragende Zacke (auf einer Mauer, meist in einer Reihe)*

Zin|no|ber ⟨der; -s; unz.⟩ **1** *diamanten glänzendes Erz* **2** *gelbliches Rot* **3** ⟨übertr.; umg.⟩ *Getue* ▸ mach nicht solchen ~! ⟨übertr.; umg.⟩

Zins ⟨der; -es, -en⟩ **1** *Abgabe, Steuer* **2** *Miete, Pacht;* Zus *Mietzins* **3** ⟨Pl.⟩ ~en *prozentual berechnete Kosten für leihweise Überlassung von Kapital;* Zus *Zinserhöhung, Zinssenkung* ▸ das Kapital **bringt,** trägt ~en; ~en **zahlen** ▸ **hohe,** geringe ~en ▸ **für** das Geld bekommen Sie 4 % ~en; **von** seinen ~en leben (ohne das Kapital anzugreifen); →a. *Zinseszins*

Zin|sen ⟨Pl. von⟩ *Zins*

Zin|ses|zins ⟨der; -es, -en; meist Pl.⟩ *Zinsen von Zinsen, die zum Kapital hinzugeschlagen worden sind;* →a. *Zins* ▸ etwas mit Zins und ~ zurückzahlen *vollständig, in voller Höhe;* jmdm. etwas mit Zins und ~ heimzahlen ⟨übertr.; umg.; verstärkend⟩ *schlimmere Vergeltung, Rache üben, als das begangene Unrecht eigentlich fordert*

zins|güns|tig ⟨Adj.⟩ *günstig hinsichtlich der Höhe der zu zahlenden Zinsen* ▸ ~es Darlehen

zins|los ⟨Adj.⟩ *ohne Zins* ▸ ~es Darlehen

Zins|satz ⟨der; -es, -sät|ze⟩ *der Berechnung von Zinsen zugrundeliegender Prozentsatz*

Zio|nis|mus ⟨der; -; unz.⟩ **1** ⟨urspr.⟩ *jüd. Bewegung zur Herstellung eines selbstständigen jüd. Staates Israel* **2** ⟨heute⟩ *polit. Bewegung in Israel, die die Heimatrechte der benachbarten arab. Staaten nicht akzeptiert;* Abl *Zionist(in); zionistisch*

Zip|fel ⟨der; -s, -⟩ *Ecke, Ende, Eckstück (von Stoffen, Kleidungsstücken)* ▸ ich bekam gerade noch einen ~ seiner Jacke zu fassen; Zus *Rockzipfel*

Zip|fel|müt|ze ⟨die; -, -n⟩ *spitze Mütze, deren Ende umgeknickt ist od. herunterhängt*

Zip|per|lein ⟨das; -s, -⟩ *kleinere Leiden, Krankheiten* ▸ sie hat schon einige ~

Zipp|ver|schluss ⟨der; -es, -schlüs|se; bes. österr.⟩ *Reißverschluss*

zir|ka ⟨Adv.; Abk.: ca.⟩ *ungefähr, etwa;* oV *circa* ▸ ~ 100 Meter; ~ 20 Personen; ~ in drei Wochen

Zir|kel ⟨der; -s, -⟩ **1** *Gerät aus zwei beweglich an einem Ende verbundenen Schenkeln, deren einer in eine scharfe Spitze (zum Einstechen ins Papier) ausläuft u. deren anderer eine Bleistiftmine trägt, zum Zeichnen von Kreisen;* ⓘ S. 575 **2** ⟨übertr.⟩ *mehrere Personen, die zu einem best. Zweck regelmäßig zusammenkommen;* Zus *Lesezirkel*

zir|ku|lie|ren ⟨V. intr.; zir|ku|liert, zir|ku|lier|te, ist/hat zir|ku|liert⟩ *sich ständig im Kreis bewegen, umlaufen* ▸ Blut zirkuliert im Körper; Geld zirkuliert in einem Land, Staat; Abl *Zirkulation*

Zir|kus ⟨der; -, -kus|se⟩ **1** *Unternehmen, das Tierdressuren, Artistik u. a. gegen Entgelt darbietet;* Zus *Zirkusdirektor, Zirkuspferd; Wanderzirkus* **2** *Zelt od. Halle für diese Darbietungen;* Zus *Zirkuszelt* **3** ⟨übertr.; umg.⟩ *Aufregung, Aufhebens* ▸ mach doch nicht solchen ~! ⟨übertr.; umg.⟩; in den ~ gehen; so ein ~! ⟨übertr.; umg.⟩

zir|kus|reif ⟨Adj.⟩ *so gut wie eine Vorführung im Zirkus* ▸ seine Kunststücke sind ~

zir|pen ⟨V. intr.; zirpt, zirp|te, hat ge|zirpt⟩ *feine, schrille Töne von sich geben* ▸ die Grille zirpt

zi|scheln ⟨V. intr.; zi|schelt, zi|schel|te, hat ge|zi|schelt⟩ *ärgerlich od. böse zischend flüstern*

zi|schen ⟨V.; zischt, zisch|te, hat ge|zischt⟩ **I** ⟨V. intr.⟩ **1** *einen scharfen Ton von sich geben, wie wenn Feuer od. etwas Heißes u. Wasser zusammentreffen* **2** *Laut geben* (von Gänsen, Schlangen) ▸ das Fett zischt in der Pfanne **II** ⟨V. trans.⟩ **1** etwas ~ *zischelnd sagen* **2** ⟨übertr.; umg.⟩ einen ~ *ein Glas Schnaps od. Bier trinken* ▸ „Sei still!", zischte er

zi|se|lie|ren ⟨V. trans.; zi|se|liert, zi|se|lier|te, hat zi|se|liert⟩ Metall ~ *Ornamente in M. stechen*

Zis|ter|ne ⟨die; -, -n⟩ *unterirdischer, gemauerter Behälter zum Speichern von Regenwasser*

Zi|ta|del|le ⟨die; -, -n⟩ *Kernstück einer Festung od. befestigten Stadt*

Zi|tat ⟨das; -(e)s, -e⟩ **1** *wörtlich angeführte Stelle aus einem Buch* **2** *oft zitierter Ausspruch;* Zus *Zitatensammlung* ▸ ein ~ von Goethe

Zi|ther ⟨die; -, -n⟩ *Saiteninstrument mit flachem, seitlich bauchigem Schallkörper*

zi|tie|ren ⟨V. trans.; zi|tiert, zi|tier|te, hat zi|tiert⟩ **1** jmdn. od. etwas ~ *wörtlich wiedergeben, anführen* **2** jmdn. irgendwohin ~ *herbeirufen, zum Erscheinen auffordern, vorladen* ▸ einen Ausspruch, eine Stelle aus einem Buch ~; jmdn. vor Gericht ~; er wurde zum Chef zitiert

Zi|t|ro|nat ⟨das; -(e)s; unz.⟩ *kandierte Schale einer bestimmten Zitronenart*

Zi|t|ro|ne ⟨die; -, -n⟩ *eine gelbe, rundliche, sehr saure Frucht* ▸ möchten Sie ~ zum Tee?; ~n auspressen; (un)gespritzte ~n; ⓘ S. 1003; Zus *Zitronenbaum, Zitronenlimonade, Zitronenpresse, Zitronensaft, Zitronensäure, Zitronenschale*

Zi|t|ro|nen|fal|ter ⟨der; -s, -; Zool.⟩ *Schmetterling mit gelben Flügeln*

Zi|t|rus|frucht ⟨die; -, -früch|te⟩ *Frucht der Pflanzengattung Citrus, zu der Zitrone, Apfelsine, Mandarine, Pampelmuse u. a. gehören*

zit|te|rig ⟨Adj.⟩ *zum Zittern neigend (vor Alter, Schwäche, Nervosität), zitternd* ▸ ein ~er alter Mann; ~e Schrift *ungleichmäßige, mit zitternder Hand geschriebene Schrift;* er ist schon etwas ~

Z

zit|tern ⟨V. intr.; zit|tert, zit|ter|te, hat ge|zit|tert⟩ **1** *sich anhaltend, sehr rasch u. leicht unwillkürlich bewegen* (Person, Gliedmaßen) **2** *durch leichte, rasche Erdstöße od. Luftdruck erschüttert werden* (Boden, Fenster, Gebäude, Haus) **3** *schwingen* (Ton) **4** ⟨übertr.⟩ vor jmdm. od. etwas ~ *Angst haben* ▸ die Blätter ~ im leichten Wind; seine Hand zitterte, als er den Wein einschenkte; mir ~ die Knie (vor Schreck, vor Nervosität); seine Stimme zitterte, als er antwortete ▸ er zitterte am ganzen Körper; vor Angst, Furcht, Kälte ~ ▸ mit ~der Stimme sprechen

Zit|ter|par|tie ⟨die; -, -n; umg.⟩ *äußerst aufregende Situation (bei der um eine Entscheidung gebangt wird)* ▸ die Wahl wurde zu einer ~ für den Amtsinhaber

zitt|rig ⟨Adj.⟩ = *zitterig*

Zit|ze ⟨die; -, -n⟩ *Saugwarze weibl. Säugetiere*

Zi|vi ⟨[-vi] der; -s, -s; umg.; kurz für⟩ *Zivildienstleistende(r)*

zi|vil ⟨[-viːl] Adj.⟩ **1** *bürgerlich, nicht militärisch* **2** ⟨übertr.⟩ *angemessen, mäßig* (Preis)

Zi|vil ⟨[-viːl] das; -s; unz.; kurz für⟩ *Zivilkleidung;* Ggs *Uniform* ▸ einen Soldaten in ~ antreffen; in ~ sein; ~ tragen

Zi|vil|be|völ|ke|rung ⟨[-viːl-] die; -; unz.⟩ *nicht zur Armee gehörende Bevölkerung*

Zi|vil|cou|ra|ge ⟨[-viːlkuraːʒə] die; -, -n⟩ *Mut, die eigene Überzeugung zu vertreten u. dabei nachteilige Folgen für die eigene Person in Kauf zu nehmen* ▸ bei einer öffentlichen Diskussion ~ beweisen

Zi|vil|dienst ⟨[-viːl-] der; -(e)s; unz.⟩ *waffenloser, meist sozialer Dienst für Wehrdienstverweigerer;* Syn *Ersatzdienst* ▸ ~ leisten; Zus *Zivildienstleistende(r)* ⟨Abk.: Zivi⟩

Zi|vil|ge|richt ⟨[-viːl-] das; -(e)s, -e⟩ *für Zivilprozesse zuständiges Gericht*

Zi|vil|ge|setz|buch ⟨[-viːl-] das; -(e)s; unz.; Abk.: ZGB; schweiz.⟩ *Gesetzbuch über das bürgerliche Recht*

Zi|vi|li|sa|ti|on ⟨[-vi-] die; -, -en⟩ *die technisch fortgeschrittenen, verfeinerten äußeren Formen des Lebens u. der Lebensweise eines Volkes*

Zi|vi|li|sa|ti|ons|krank|heit ⟨[-vi-] die; -, -en⟩ *Krankheit, die infolge der Zivilisation u. der daraus folgenden geringeren Widerstandsfähigkeit stärker hervortritt, z. B. Erkältung*

zi|vi|li|sie|ren ⟨[-vi-] V. trans.; zi|vi|li|siert, zi|vi|li|sier|te, hat zi|vi|li|siert⟩ ein Volk ~ *die Zivilisation bei einem Volk einführen;* →a. *zivilisiert;* Abl *Zivilisierung*

zi|vi|li|siert ⟨[-vi-]⟩ **I** ⟨Part. Perf. von⟩ *zivilisieren* **II** ⟨Adj.; -er, am -es|ten⟩ **1** *die Errungenschaften der Zivilisation besitzend, technisch u. in den äußeren Lebensformen fortgeschritten, entwickelt* **2** *anständig, gesittet* ▸ sich ~ benehmen

Zi|vi|list ⟨[-vi-] der; -en, -en⟩ *Bürgerlicher, Nichtsoldat;* Abl *Zivilistin*

Zi|vil|klei|dung ⟨[-viːl-] die; -; unz.⟩ *bürgerliche Kleidung;* Ggs *Uniform*

Zi|vil|pro|zess ⟨[-viːl-] der; -es, -e⟩ *Prozess zur Entscheidung über Fragen des Privatrechts;* Ggs *Strafprozess;* Zus *Zivilprozessordnung*

Zi|vil|recht ⟨[-viːl-] das; -(e)s; unz.⟩ = *bürgerliches Recht;* Ggs *Strafrecht (2);* Abl *zivilrechtlich*

Zi|vil|stand ⟨[-viːl-] der; -(e)s; unz.; schweiz.⟩ *Familien-, Personenstand;* Zus *Zivilstandsamt, Zivilstandsregister*

zo|cken ⟨V. intr.; zockt, zock|te, hat ge|zockt; umg.⟩ *um Geld spielen, Glücksspiele machen* ▸ er hat die ganze Nacht gezockt; Abl *Zocker(in)*

Zo|fe ⟨die; -, -n; früher⟩ *Dienerin bei einer Angehörigen des höheren Adels, Kammerzofe*

Zoff ⟨der; -s; unz.; Jugendspr.⟩ *Ärger, Streit, Zank* ▸ er hat zu Hause immer ~

zog → *ziehen*

zö|ger|lich ⟨Adj.⟩ *zögernd, schleppend* ▸ ein ~es Vorankommen der Verhandlungen

zö|gern ⟨V. intr.; zö|gert, zö|ger|te, hat ge|zö|gert⟩ *sich nicht entschließen können, schwanken u. deshalb abwarten* ▸ zu lange ~; ohne Zögern antworten *schnell entschlossen;* etwas nur ~d tun

Zög|ling ⟨der; -s, -e⟩ **1** *jmdm. od. einem Institut zur Erziehung anvertraute(r) Jugendliche(r)* **2** ⟨scherzh.⟩ *Kind* ▸ ~ eines Internats; Eltern können ihre ~e am Samstag wieder abholen

Zö|li|bat ⟨der od. das; -(e)s; unz.⟩ *Ehelosigkeit (der katholischen Geistlichen)* ▸ im ~ leben

Zoll[1] ⟨der; -s, -; Zeichen: "⟩ *engl. Längenmaß, Inch, 2,54 cm* ▸ 3 ~ breit

Zoll[2] ⟨der; -(e)s, Zöl|le⟩ **1** ⟨Antike u. MA⟩ *Abgabe an bestimmten Plätzen im Innern des Landes;* Zus *Brückenzoll, Wegezoll* **2** ⟨heute⟩ **2.1** *Abgabe für Waren, die in einem anderen Staat befördert werden, an diesen Staat* **2.2** ⟨umg.⟩ *Dienststelle für die Zollkontrolle;* Zus *Zollamt, Zollbeamte(r), Zollbehörde* ▸ für eine Ware ~ bezahlen

zoll|frei ⟨Adj.⟩ *nicht zollpflichtig, keinem Zoll unterworfen* ▸ ~e Waren

Zoll|gren|ze ⟨die; -, -n⟩ *Linie, bei deren Überschreiten Zoll erhoben wird*

Zoll|kon|t|rol|le ⟨die; -, -n⟩ *Überprüfung von Waren od. Gepäck durch Zollbeamte*

zoll|pflich|tig ⟨Adj.⟩ *so beschaffen, dass dafür Zoll bezahlt werden muss* ▸ ~e Waren

Zoll|stock ⟨der; -(e)s, -stö|cke⟩ *(zusammenklappbarer) Messstab mit Zentimeter- u. Millimetereinteilung;* →a. *Zentimetermaß*

Zom|bie ⟨der; -s, -s; im Voodookult⟩ *willenloses Individuum, ein angeblich wiederbelebter Toter*

Zo|ne ⟨die; -, -n⟩ **1** *Landstrich, Gebiet, Gebietsstreifen;* Zus *Zonenrandgebiet; Gefahrenzone, Klimazone* **2** *bestimmter umgrenzter Bereich;* Zus *Fußgängerzone, Parkzone* **3** ⟨öffentl. Nahverkehr; Tel.⟩ *der Berechnung von Fahrpeisen u. Gebühren zugrundeliegende, gestaffelte Entfernung;* Zus *Tarifzone* ▸ in dieser ~ herrscht feuchtes Klima; entmilitarisierte ~

Zoo ⟨[tsoː] der; -s, -s⟩ *Anlage zur Haltung u. Schaustellung von einheimischen u. exotischen Tieren zu belehrenden u. wissenschaftlichen Zwecken;* Syn *Tiergarten, Tierpark* ▸ am Sonntag gehen wir in den ~; in dem ~ gibt es auch Löwen

Z

Zoo|lo|gie ⟨[tso:o-] die; -; unz.⟩ *Lehre von den Tieren;* Syn *Tierkunde;* Abl *Zoologe, Zoologin; zoologisch*

Zoom ⟨[zu:m] das; -s, -s; Fot.⟩ = *Zoomobjektiv*

zoo|men ⟨[zu:-] V. intr.; zoomt, zoom|te, hat gezoomt; Fot.⟩ *mit einem Zoomobjektiv das Bild dichter heranholen od. weiter entfernen*

Zoom|ob|jek|tiv ⟨[zu:m-] das; -s, -e; Fot.⟩ *Objektiv mit stufenlos verstellbarer Brennweite*

Zoo|wär|ter ⟨der; -s, -⟩ *Tierpfleger in einem Zoo;* Abl *Zoowärterin*

Zopf ⟨der; -(e)s, Zöp|fe⟩ **1** *aus drei Strängen geflochtenes, langes Haupthaar;* Zus *Zopfband, Zopfhalter* **2** *aus drei Teigstreifen geflochtenes Gebäck;* Zus *Hefezopf* **3** ⟨übertr.⟩ *rückständige Ansicht* ▸ einen ~, Zöpfe tragen; alte Zöpfe abschneiden ⟨übertr.⟩ *alte Bräuche, Gewohnheiten abschaffen;* das Haar in Zöpfe flechten

Zorn ⟨der; -(e)s; unz.⟩ *heftiger, leidenschaftlicher Unwille, aufwallender Ärger* ▸ jmds. ~ fürchten; der ~ packte ihn; sein ~ war verraucht ▸ einen ~ auf jmdn. haben; in ~ geraten; sich in ~ reden; er war rot vor ~; Zus *Zornausbruch*

zor|nig ⟨Adj.⟩ *voller Zorn* ▸ sie war sehr ~ auf ihren Mann; ~ werden; er warf ihr ~e Blicke zu

Zo|te ⟨die; -, -n⟩ *grob unanständiger Witz, unanständige Redensart* ▸ ~n reißen; Abl *zotig*

Zot|tel ⟨die; -, -n; umg.⟩ *unordentlich herabhängende Haarsträhne* ▸ das Haar hängt in langen ~n herab; Abl *zott(e)lig;* Zus *Zottelhaar*

z. T. ⟨Abk. für⟩ *zum Teil*

zu[1] ⟨Präp. mit Dat.⟩ **I** ⟨örtl.⟩ **1** *in Richtung auf etwas od. jmdn. (hin)* **2** *in (einem Ort), an (einem Ort)* **3** ⟨übertr.⟩ *gegen (jmdn.), (jmdm.) gegenüber* ▸ ~ jmdm. gehen, kommen; setz dich ~ mir *neben mich;* er ist sehr nett ~ mir ⟨übertr.⟩; aus Liebe ~ ihm ist sie nach München gezogen ▸ stell das Glas ~ den anderen; ~m Arzt, zum Bäcker gehen; ~ Bett gehen *ins Bett;* ~ Boden stürzen; das Geld, der Vorrat geht ~ Ende; ~m Fenster hinaussehen *aus dem F. hinaussehen;* jmdm. ~ Füßen sitzen; ~ Grunde = *zugrunde;* ~ Hause = *zuhause;* von Haus ~ Haus, von Tür ~ Tür gehen; sich etwas ~ Herzen nehmen; der Dom ~ Köln; ~ Lande und ~ Wasser *auf dem L. u. auf dem W.;* nach Osten ~; ~ seiner Rechten, Linken *an seiner rechten, linken Seite;* ~r Schule gehen *(regelmäßig) in die S. gehen;* ~r See fahren *Matrose, Seeoffizier sein;* jmdm. ~r Seite sitzen; jmdm. ~r Seite stehen ⟨übertr.⟩; der Weg ~r Stadt; ~ Tage = *zutage;* bitte ~ Tisch! *das Essen ist fertig!;* ~r Tür (hinaus) gehen; ~ Wege = *zuwege* **II** ⟨zeitl.⟩ *an einem Zeitpunkt, in, im* ▸ ~ Anfang; ~ Mittag essen; es wird von Tag ~ Tag besser, schlechter *jeden Tag;* von Zeit ~ Zeit *ab u. zu, gelegentlich; ~r Zeit des Bauernkrieges; ~ jener Zeit* **III** ⟨einen Übergang, eine Verwandlung in etwas bezeichnend⟩ *in* ▸ ~ Asche verbrennen; ~ Brei quetschen; jmdn. ~m Direktor ernennen; ~ Eis werden; etwas ~ Pulver zermahlen; jmdn. ~m Vorsitzenden wählen **IV** ⟨einen Zweck, ein Ziel bezeichnend⟩ ~m Beispiel; dir ~ Ehren; ~ meiner Freude kann ich sagen …; ~ Gunsten = *zugunsten;* er hat sich ~ seinen Gunsten verrechnet; Stoff ~ einem Kleid verarbeiten; ~ Lasten = *zulasten;* ~ Leide = *zuleide;* ~ Mute = *zumute;* ~ Nutze = *zunutze;* ⟨aber nur⟩ jmdm. ~m Nutzen gereichen; ~ Rande = *zurande;* ~ Rate = *zurate;* ~ Schanden = *zuschanden;* ~ Schulden = *zuschulden;* ~ Stande = *zustande;* ~ Ungunsten = *zuungunsten;* sich jmdn. ~m Vorbild nehmen; ~m Wohl!; er hat es ~ meiner vollen Zufriedenheit erledigt ▸ etwas Warmes ~m Anziehen; etwas ~m Essen, Trinken kaufen; Papier ~m Schreiben; ein Platz ~m Spielen **V** ⟨einen Anlass bezeichnend⟩ *an* ▸ ~ seinem Geburtstag, Jubiläum; ~ Weihnachten **VI** ⟨ein Mittel, eine Art u. Weise bezeichnend⟩ *mit, auf* ▸ ~ Fuß gehen; ~ Pferde ▸ ~ sein *geschlossen sein;* die Tür, das Fenster ist ~ **VII** ⟨eine Folge bezeichnend⟩ ~ Befehl! *wie befohlen!, wird ausgeführt!;* ~m Glück *glücklicherweise* **VIII** ⟨bei Zahlen- u. Verhältnisangaben⟩ *gegenüber* ▸ der Verein hat 3 ~ 2 gewonnen (3:2) *mit 3 Toren (gegenüber 2 Toren des Gegners);* 2 verhält sich ~ 4 wie 3 ~ 6 (2:4 = 3:6); das Stück ~ 10 € *für 10 €* ▸ etwas ~r Hälfte aufessen *die H. von etwas essen;* sie kamen ~ Hunderten *Hunderte kamen;* etwas ~m halben Preis kaufen *für den halben P.;* ~m Teil *teilweise, nicht ganz;* im Vergleich ~ seiner Schwester ist er klein *wenn man ihn mit seiner S. vergleicht* ▸ ~ dritt, ~ dreien *drei Personen, je drei;* wir haben ~ dritt Platz; ~m Ersten, ~m Zweiten, ~m Dritten *erstens, zweitens, drittens;* ~m ersten, letzten Male; ~ viel *mehr als angemessen, als zuträglich;* das ist ~ viel des Guten; es ist ~ viel Milch, Zucker im Kaffee; du hast schon viel ~ viel gesagt; heute ist mir alles ~ viel ⟨umg.⟩ *strengt mich alles an, habe ich zu nichts Lust;* was ~ viel ist, ist ~ viel! ⟨umg.⟩ *jetzt habe ich genug davon, meine Geduld ist zu Ende!;* er weiß ~ viel; besser ~ viel als zu wenig; viel ~ viel; ~ wenig *weniger als angemessen, als zuträglich;* es ist ~ wenig Salz in der Suppe; er hat die Sache ~ wenig erklärt; er weiß ~ wenig; das ist viel ~ wenig; das ist ~ wenig! **IX** ⟨das Hinzufügen bezeichnend⟩ *noch, außerdem, dazu, mit* ▸ Brot ~m Fleisch essen; Lieder ~r Gitarre singen; nimmst du Milch, Zucker ~m Kaffee?; ~ allem Übel, Unglück ▸ ~ alledem kam noch seine Krankheit **X** ⟨vor Namen, urspr. Ortsbez.⟩ Freiherr vom und ~m Stein

zu[2] ⟨Konj.⟩ **I** ⟨vor dem Inf.; allg.⟩ statt ~ gehorchen, schrie er … *statt dass er gehorchte;* ohne etwas ~ sagen; ich wünsche ihn ~ sprechen *ich möchte, will ihn sprechen;* ohne es ~ wissen *ohne mein (sein, ihr) Wissen* **II** ⟨vor dem Inf.; in Verbindung mit „sein"⟩ es ist gut ~ erkennen *man kann es gut erkennen;* es ist kaum ~ glauben *man kann es kaum glauben;* (es ist) nichts ~ machen! ⟨umg.⟩ *man kann nichts machen, es geht nicht;* dieser Wein ist nicht ~ trinken *er ist sehr*

Z

schlecht; es ist ~ unterscheiden zwischen … *man muss unterscheiden;* Zimmer (sind) ~ vermieten **III** ⟨vor dem Inf.; in Verbindung mit „haben"⟩ **1** *müssen* **2** ⟨verneinend⟩ *nicht dürfen* ▸ ich habe noch ~ arbeiten, ~ tun *ich muss noch arbeiten, noch etwas tun;* er hat hier nichts ~ bestimmen *er darf hier nicht bestimmen;* er hat nur noch kurze Zeit ~ leben *er wird nur noch kurze Zeit leben* **IV** ⟨vor dem Inf.; in Verbindung mit „um"⟩ *weil* ▸ ich komme, um dir ~ helfen *weil ich dir helfen will* **V** ⟨vor dem Part. Präs.⟩ die ~ lösende Aufgabe *die Aufgabe, die gelöst werden muss*

zu[3] ⟨Adv.⟩ **I** ⟨mit Verben⟩ *geschlossen* ▸ Tür ~! ⟨eigtl.⟩ *zumachen, Tür schließen!;* Tür ~, es zieht! ▸ ~ sein: *geschlossen sein;* die Tür ist ~; das Geschäft ist ~ **II** ⟨das Übermaß bezeichnend⟩ *mehr als (nötig)* ▸ das ist ~ dumm, ~ schade; ~ groß, hoch, klein, tief; er ist ~ klug, als dass er so etwas täte; es ist ~ schön, umwahr zu sein; ~ sehr, ~ viel, ~ wenig **III** ⟨in festen Wendungen⟩ ab und ~ *gelegentlich, hin u. wieder, ab u. zu, bisweilen, manchmal;* mach ~! ⟨umg.⟩ *mach schnell!;* nur ~! *nur Mut!*

zu… ⟨Vorsilbe⟩ **1** *zur Bezeichnung des Verschließens, Bedeckens,* z. B. zuschließen, zumachen, zuschütten **2** *der Richtung auf ein Ziel hin,* z. B. auf jmdn. zugehen, zukommen **3** *des Hinzufügens,* z. B. zugeben, zusetzen, zuzahlen

zu|al|ler|erst ⟨Adv.; verstärkend⟩ *zuerst*

zu|al|ler|letzt ⟨Adv.; verstärkend⟩ *zuletzt*

zu|ar|bei|ten ⟨V. intr.; ar|bei|tet zu, ar|bei|te|te zu, hat zu|ge|ar|bei|tet, zu|zu|ar|bei|ten⟩ jmdm. ~ *Vorbereitungen zu einer Arbeit für jmdn. erledigen* ▸ zwei Angestellte arbeiten ihm zu

zu|bau|en ⟨V. trans.; baut zu, bau|te zu, hat zu|gebaut, zu|zu|bau|en⟩ etwas ~ *durch Bauen schließen, bedecken* ▸ einen freien Platz ~

Zu|be|hör ⟨das; -s; unz.⟩ **1** *bewegliche Sachen, die zu etwas gehören* **2** ⟨Tech.⟩ *ein Gerät ergänzende Teile* ▸ Computer mit allem ~

zu|bei|ßen ⟨V. intr.; beißt zu, biss zu, hat zu|ge|bissen, zu|zu|bei|ßen⟩ *schnell u. kräftig beißen, mit den Zähnen schnappen* ▸ der Hund biss zu

zu|be|kom|men ⟨V. trans.; be|kommt zu, be|kam zu, hat zu|be|kom|men, zu|zu|be|kom|men; umg.⟩ etwas ~ *schließen können* ▸ ich bekomme den Kasten, die Tür nicht zu

Zu|ber ⟨der; -s, -⟩ *großer hölzerner Behälter mit zwei Handgriffen;* Zus *Waschzuber*

zu|be|rei|ten ⟨V. trans.; be|rei|tet zu, be|rei|te|te zu, hat zu|be|rei|tet, zu|zu|be|rei|ten⟩ ein Gericht ~ *vorbereiten u. kochen;* Abl *Zubereitung*

Zu|bett|ge|hen ⟨das; -s; unz.⟩ *das Schlafengehen am Abend* ▸ vor dem ~ ein Bad nehmen

zu|be|we|gen ⟨V. refl.; be|wegt sich zu, be|weg|te sich zu, hat sich zu|be|wegt, sich zu|zu|be|wegen⟩ sich auf jmdn. od. etwas ~ *sich in Richtung auf jmdn. od. etwas bewegen* ▸ die beiden Parteien bewegen sich aufeinander zu

zu|bil|li|gen ⟨V. trans.; bil|ligt zu, be|lig|te zu, hat zu|ge|bil|ligt, zu|zu|bil|li|gen⟩ jmdm. etwas ~ *gestatten, zugestehen, gewähren, einräumen* ▸ dem Angeklagten wurden mildernde Umstände zugebilligt; Abl *Zubilligung*

zu|bin|den ⟨V. trans.; bin|det zu, band zu, hat zuge|bun|den, zu|zu|bin|den⟩ etwas ~ *durch Binden (mit Bindfaden, Band, Schnur) verschließen* ▸ einem Kind die Schuhe ~; einen Sack ~

zu|blei|ben ⟨V. intr.; bleibt zu, blieb zu, ist zu|geblie|ben, zu|zu|blei|ben; umg.⟩ *geschlossen bleiben* ▸ die Tür soll ~

zu|brin|gen ⟨V. trans.; bringt zu, brach|te zu, hat zu|ge|bracht, zu|zu|brin|gen⟩ **1** Zeit (mit etwas) ~ *verbringen, verleben* **2** ⟨umg.⟩ etwas ~ *schließen können* ▸ er hat sechs Monate im Gefängnis zugebracht

Zu|brin|ger ⟨der; -s, -⟩ **1** *Verkehrsmittel (Kraftfahrzeug, Flugzeug) zur Beförderung an einen wichtigen Verkehrspunkt, vor allem Flugplatz;* Zus *Zubringerdienst* **2** ⟨kurz für⟩ *Zubringerstraße*

Zu|brin|ger|stra|ße ⟨die; -, -n⟩ *Straße, die zur Anschlussstelle einer Autobahn führt*

Zu|brot ⟨das; -(e)s; unz.; übertr.⟩ *zusätzlichen Verdienst* ▸ sich ein ~ verdienen

Zuc|chi|ni ⟨[tsuki:-] Pl.⟩ *gurkenähnliche Früchte, die als Gemüse verwendet werden*

Zucht ⟨die; -, -en⟩ **I** ⟨unz.⟩ **1** *das Aufziehen, Züchten;* Zus *Zuchtbetrieb, Zuchtbulle, Zuchthengst; Pflanzenzucht, Tierzucht* **2** ⟨veraltet⟩ *Gehorsam, Disziplin* ▸ hier herrscht (keine) ~ und Ordnung **II** ⟨zählb.⟩ *Ergebnis des Züchtens, Rasse* ▸ beide Tiere stammen aus einer ~

züch|ten ⟨V. trans.; züch|tet, züch|te|te, hat gezüch|tet⟩ Pflanzen, Tiere ~ *aufziehen u. durch Kreuzen möglichst die Rasse od. Art verbessern;* Zus *Züchter(in), Züchtung*

Zucht|haus ⟨das; -es, -häu|ser; früher⟩ **1** *Strafanstalt für die zu einer schweren Freiheitsstrafe verurteilten Verbrecher* **2** *die Strafe selbst* ▸ im ~ sitzen; →a. *Strafvollzugsanstalt*

züch|tig ⟨Adj.; veraltet⟩ *tugendhaft, sittsam*

züch|ti|gen ⟨V. trans.; züch|tigt, züch|tig|te, hat ge|züch|tigt⟩ jmdn. ~ *durch Schlagen bestrafen;* Abl *Züchtigung*

zu|cken ⟨V.; zuckt, zuck|te, hat ge|zuckt⟩ **I** ⟨V. intr.; bei Bewegung in einer Richtung: ist gezuckt⟩ **1** *eine plötzliche Bewegung machen* **2** ⟨a. übertr.⟩ *plötzlich, für einen kurzen Moment aufflackern* ▸ ein Blitz zuckte (am, über den Himmel); die Flammen zuckten *flackerten, loderten* ▸ nervöses Zucken des Gesichts, der Augenlider ▸ der Schmerz zuckte ihm durch den ganzen Körper; ohne mit der Wimper zu ~ *unbewegten Gesichtes, ohne eine Regung zu zeigen* **II** ⟨V. trans. u. V. intr.; in den Wendungen⟩ die Achseln ~, mit den Achseln ~ *wortlos die Schulter heben u. senken (als Zeichen der Ratlosigkeit)*

zü|cken ⟨V. trans.; zückt, zück|te, hat ge|zückt⟩ etwas ~ *schnell hervorziehen* ▸ die Pistole ~; den Bleistift, das Portemonnaie ~ ⟨umg.⟩

Zu|cker ⟨der; -s, -⟩ **1** *süß schmeckende, weiße od. braune Substanz, in Form von Pulver, Kristallen od. Stücken;* Abl *zuckerfrei, zuckerhaltig;*

Z

Zus *Zuckerdose, Zuckerguss, Zuckerstreuer; Kandiszucker, Puderzucker, Würfelzucker* **2** *süß schmeckende Substanz, die in Pflanzen gebildet wird, Kohlenhydrat;* Zus *Fruchtzucker, Traubenzucker* ▸ ein Löffel (voll) ~; ein Stück ~ ▸ er hat ~ ⟨umg.⟩ *er leidet an der Zuckerkrankheit* ▸ gebrannter, brauner ~; gestoßener ~ ▸ Kaffee mit ~ und Milch; den Tee mit ~ süßen; das ist süß wie ~; nehmen Sie ~ zum Kaffee?

Zu̩|cker|brot ⟨das; -(e)s, -e; in der Wendung⟩ mit ~ und Peitsche *mild od. streng, je nach Laune*

Zu̩|cker|hut ⟨der; -(e)s, -hü|te⟩ *kegelförmig gepresster Zucker*

Zu̩|cker|krank|heit ⟨die; -, -en⟩ = *Diabetes;* Abl *zuckerkrank*

zu̩|ckern ⟨V. trans.; zu|ckert, zu|cker|te, hat ge|zu|ckert⟩ etwas ~ *mit Zucker süßen*

Zu̩|cker|rohr ⟨das; -(e)s; unz.⟩ *zur Gewinnung von Zucker angebaute Graspflanze*

Zu̩|cker|rü|be ⟨die; -, -n⟩ *zur Gewinnung von Zucker gezüchtete Rübe*

zu̩|cker|sü̲ß ⟨Adj.⟩ **1** *süß wie Zucker, sehr süß* **2** ⟨übertr.⟩ *übertrieben freundlich, scheinheilig-nett*

Zu̩|cker|wat|te ⟨die; -; unz.⟩ *zu Fäden ausgezogener Zucker* ▸ auf dem Jahrmarkt ~ essen

Zu̩|ckung ⟨die; -, -en⟩ *einmaliges Zucken*

zu̲|de|cken ⟨V. trans.; deckt zu, deck|te zu, hat zu|ge|deckt, zu|zu|de|cken⟩ **1** etwas ~ *bedecken, schließen, indem man etwas darüberlegt* **2** jmdn. od. sich ~ *mit einer Decke bedecken*

zudem/zu dem, zum

Es gibt im Deutschen viele aus einer Präposition und einem Artikel gebildete Adverbien, deren Verwendung manchmal Schwierigkeiten bereitet. *Zudem* ist ein solches Adverb, das „dazu, überdies, außerdem" bedeutet: *Ich bin heiser, zudem habe ich starken Husten.*
Da die Präposition *zu* mit dem Dativ gebraucht wird, ist hier eine Verwechslung mit dem Adverb bei der Verwendung mit dem bestimmten Artikel möglich: *Das Konzert, zu dem wir gingen, war erschreckend langweilig.* Häufig verschmilzt die Präposition jedoch mit dem bestimmten Artikel zu der Form *zum: Er ist nicht mit uns zum Konzert gegangen.*

zu|de̲m ⟨Adv.; geh.⟩ *überdies, außerdem*

zu̲|dre|hen ⟨V. trans.; dreht zu, dreh|te zu, hat zu|ge|dreht, zu|zu|dre|hen⟩ **1** etwas ~ *durch Drehen schließen* **2** jmdm. den Rücken ~ *sich so stellen od. setzen, dass man jmdm. den R. zeigt (als Zeichen der Missachtung)* ▸ den Wasserhahn ~

zu̲|dring|lich ⟨Adj.⟩ **1** *aufdringlich* **2** *einen anderen belästigend (bes. mit Vertraulichkeiten)* ▸ ein ~er Mensch; ~ werden; Abl *Zudringlichkeit*

zu̲|drü|cken ⟨V.; drückt zu, drück|te zu, hat zu|gedrückt, zu|zu|drü|cken⟩ **I** ⟨V. trans.⟩ etwas ~ *durch Drücken schließen* ▸ den Koffer ~ **II** ⟨V. intr.⟩ *kräftig drücken* ▸ beim Händeschütteln ~

zu̲|ei|n|an|der ⟨a. [--'--] Adv.⟩ **1** *eines, einer zum anderen* **2** *einer mit dem anderen* ▸ sie sind sehr nett, lieb, böse ~; Zus *zueinander finden / zueinanderfinden, zueinandergehören, zueinander passen / zueinanderpassen*

zu̲|er|ken|nen ⟨V. trans.; er|kennt zu, er|kann|te zu, hat zu|er|kannt, zu|zu|er|ken|nen⟩ jmdm. etwas ~ *(gerichtlich) zusprechen;* Abl *Zuerkennung*

zu|e̩rst ⟨Adv.⟩ **1** *als Erster, als Erste, als Erstes* **2** *an erster Stelle* **3** *zu Anfang, anfänglich, in der ersten Zeit* ▸ ~ fand ich ihn unsympathisch, aber später kamen wir gut zurecht; ich gehe ~; ~ verstand ich nicht, was er damit meinte; mit der ~ genannten Bedingung bin ich einverstanden; ~ an die Reihe kommen; wer war ~ da?

zu̲|fah|ren ⟨V. intr.; fährt zu, fuhr zu, ist zu|ge|fahren, zu|zu|fah|ren⟩ **1** *weiterfahren* **2** auf jmdn. od. etwas ~ *in Richtung auf jmdn. od. etwas fahren* ▸ fahr (doch) zu!; auf ein Haus, eine Stadt ~

Zu̲|fahrt ⟨die; -, -en⟩ *Möglichkeit des Fahrens bis zu etwas hin* ▸ gibt es zu dem Grundstück keine andere ~?; Zus *Zufahrtsstraße*

Zu̲|fall ⟨der; -(e)s, -fäl|le⟩ *das Eintreten od. Zusammentreffen von Ereignissen, das nach menschlicher Voraussicht nicht zu erwarten war* ▸ das kann doch nicht bloß ~ sein!; das wollen wir dem ~ überlassen; der ~ wollte (es), dass wir uns gestern begegneten ▸ es war kein ~, dass wir erst heute davon erfuhren; es war reiner, purer ~, dass wir uns hier trafen ▸ durch ~ erfuhr ich davon; durch eine Reihe von Zufällen bin ich in diese Firma gekommen; was für ein, welch ein ~ (dass ich dich gerade hier treffe)!; Zus *Zufallsbekanntschaft, Zufallstreffer*

zu̲|fal|len ⟨V. intr.; fällt zu, fiel zu, ist zu|ge|fal|len, zu|zu|fal|len⟩ **1** *sich von selbst schließen* (Fenster, Tür) **2** ⟨übertr.⟩ jmdm. ~ *als Anteil, z. B. durch Erbschaft, Eigentum werden* ▸ die Augen fielen ihm vor Müdigkeit fast zu; das gesamte Erbe fiel dem Sohn zu ⟨übertr.⟩; ihm fiel die Rolle des Beraters zu ⟨übertr.⟩ *er wurde zum Berater*

zu̲|fäl|lig ⟨Adj.⟩ **1** *durch Zufall (geschehend)* **2** *ohne dass es vorauszusehen war, unerwartet* ▸ eine ~e Beobachtung; wir sind uns gestern ~ begegnet; es geschah ganz ~; das habe ich (ganz) ~ gesehen; ich traf ihn ~ in der Stadt; er ging ~ vorüber; haben Sie ~ noch eine Zeitung von gestern da?; Abl *Zufälligkeit; zufälligerweise*

zu̲|flie|gen ⟨V. intr.; fliegt zu, flog zu, ist zu|ge|flogen, zu|zu|flie|gen; umg.⟩ **1** *sich krachend schließen* (Tür, Fenster) **2** jmdm. ~ *zu jmdm. fliegen* **3** auf jmdn. od. etwas ~ *in Richtung auf jmdn. od. etwas fliegen* ▸ der Kanarienvogel ist uns zugeflogen *er ist eines Tages zu uns hereingeflogen (u. wir haben ihn behalten, weil wir nicht wissen, wem er gehört);* in der Schule ist ihm alles zugeflogen ⟨übertr.⟩ *er hat sehr leicht gelernt;* alle Herzen fliegen ihr zu ⟨übertr.⟩ *alle haben sie sofort gern;* auf einen Wald, eine Stadt ~

zu̲|flie|ßen ⟨V. intr.; fließt zu, floss zu, ist zu|ge|flos|sen, zu|zu|flie|ßen⟩ **1** einer Sache ~ *in eine bestimmte Richtung fließen* **2** ⟨übertr.⟩ jmdm.

Z

od. einer Sache ~ *zuteilwerden* ▸ der Reinerlös der Veranstaltung floss dem Sozialwerk zu

Zu|flucht ‹die; -, -en› **1** *Hilfe, Rettung, Schutz;* Zus *Zufluchtsort, Zufluchtsstätte* **2** ‹übertr.› *Ausweg* ▸ jmdm. ~ vor dem Unwetter bieten; seine ~ zu einem nicht ganz legalen Mittel nehmen ‹übertr.›; bei jmdm. ~ suchen

Zu|fluss ‹der; -es, -flüs|se› **1** ‹a. übertr.› *das Zu-, Hinzufließen* **2** *hinzufließendes Gewässer* **3** *Nahrung durch fließendes Gewässer* ▸ der See erhält ~ von zwei Bächen

zu|flüs|tern ‹V. trans.; flüs|tert zu, flüs|terte zu, hat zu|ge|flüs|tert, zu|zu|flüs|tern› jmdm. etwas ~ *etwas flüsternd zu jmdm. sagen*

zu|fol|ge ‹Präp.; nachgestellt m. Dat., vorangestellt m. Gen.› *als Folge des …, der …, gemäß, nach, folgend* ▸ dem Befehl ~ hat er gehandelt

zu|frie|den ‹Adj.› *befriedigt, mit seinen Lebensumständen einverstanden, keine großen Wünsche habend* ▸ er sieht sehr ~ aus; sie ist eine ~e Person; ich bin es ~ *es ist mir recht;* er ist nie ~; bist du nun endlich ~?; mit etwas ~ sein *einverstanden mit etwas sein, von etwas befriedigt sein;* wir sind mit dem Ergebnis nicht ~; ~ stellen = *zufriedenstellen*

zu|frie|den|ge|ben ‹V. refl.; gibt sich zu|frie|den, gab sich zu|frie|den, hat sich zu|frie|den|ge|geben, sich zu|frie|den|zu|ge|ben› **1** sich ~ *von nun an zufrieden sein, nichts mehr wünschen od. fordern* **2** sich mit etwas ~ *sich einverstanden erklären, etwas akzeptieren* ▸ nun gib dich endlich zufrieden!; damit werde ich mich nie ~!

Zu|frie|den|heit ‹die; -; unz.› *das Zufriedensein* ▸ er hat es zu meiner vollen ~ gemacht

zu|frie|den|las|sen ‹V. trans.; lässt zu|frie|den, ließ zu|frie|den, hat zu|frie|den|ge|las|sen, zu|frie|den-zu|las|sen› jmdn. ~ *in Ruhe lassen* ▸ lass mich damit endlich zufrieden!

zu|frie|den|stel|len *auch:* **zu|frie|den stel|len** ‹V. trans.; stellt zu|frie|den, stell|te zu|frie|den, hat zu|frie|den|ge|stellt, zu|frie|den|zu|stel|len› jmdn. ~ *jmds. Zufriedenheit erreichen, jmdn. od. jmds. Wünsche befriedigen* ▸ er ist leicht, schwer zufriedenzustellen / zufrieden zu stellen; man kann ihn mit nichts ~; das ist eine ~e Leistung

zu|frie|ren ‹V. intr.; friert zu, fror zu, ist zu|ge|froren, zu|zu|frie|ren› *sich mit einer Eisschicht ganz bedecken* ▸ der See ist zugefroren

zu|fü|gen ‹V. trans.; fü|gt zu, füg|te zu, hat zu|gefügt, zu|zu|fü|gen› **1** (einer Sache) etwas ~ *hinzufügen, hinzutun* **2** jmdm. etwas ~ *jmdm. etwas (Böses) antun* ▸ dem Essen Salz ~; jmdm. eine Niederlage ~; jmdm. Schaden ~

Zu|fuhr ‹die; -; unz.› *das Heranschaffen, Versorgung, Nachschub* ▸ ~ von Lebensmitteln, Waren; ~ von Warmluft

zu|füh|ren ‹V.; führt zu, führ|te zu, hat zu|ge|führt, zu|zu|füh|ren› **I** ‹V. trans.› jmdm. jmdn. ~, einer Sache etwas ~ *jmdn. zu jmdm., etwas zu einer Sache hinführen, hinleiten, etwas in etwas hineinführen* ▸ dem Körper Nährstoffe ~; einem Geschäft neue Kunden ~; Abl *Zuführung* **II** ‹V. intr.› auf etwas ~ *in Richtung auf etwas führen* ▸ die Straße führt genau auf das Dorf zu

Zug ‹der; -(e)s, Zü|ge› **I** ‹zählb.› **1** *das Ziehen;* Zus *Vogelzug* **2** *Lokomotive mit angehängten Wagen, Eisenbahn;* ⓘ S. 897; Zus *Zugabteil* **3** *Lastwagen mit Anhänger;* Zus *Lastzug* **4** *Gruppe, Reihe, Schar;* Zus *Festzug, Geleitzug, Protestzug, Trauerzug* **5** ‹Brettspiel› *das Ziehen, Rücken eines Steins;* Zus *Spielzug* **6** *kriegerische od. räuberische Unternehmung;* Zus *Kriegszug, Raubzug* **7** *das Einsaugen (beim Atmen, Rauchen, Trinken);* Zus *Atemzug* **8** *Griff, Schnur u. a. zum Ziehen;* Zus *Klingelzug* **9** *Vorrichtung zum Spannen, Zusammenhalten;* Zus *Gummizug* **10** ‹übertr.› **10.1** *Linie;* Zus *Gesichtszug, Schriftzug* **10.2** *Bestandteil, Eigenart;* Zus *Charakterzug, Wesenszug* ▸ der ~ der Trauernden folgte dem Sarg; in diesem Jahr setzt der ~ der Vögel nach dem Süden schon früh ein ▸ der ~ ist entgleist; wann geht der nächste ~ nach Hamburg?; der ~ hält nicht auf allen Stationen; sein: der ~ war leer, überfüllt; einen ~ tun ‹Brettspiel›; den ~ verpassen, versäumen ▸ einen anderen ~ nehmen; das ist ein anständiger, schöner ~ von ihm ‹übertr.›; ein falscher, unüberlegter ~ ‹beim Brettspiel›; in den falschen ~ steigen; einen kräftigen, tüchtigen ~ (aus dem Glas) tun; milde, scharfe, strenge Züge haben ▸ du bist am ~ ‹Brettspiel›; ‹a. übertr.› *du bist an der Reihe zu handeln;* ein ~ an der Zigarre, Zigarette; er leerte das Glas in einem, auf einen, mit einem ~ *ohne abzusetzen;* etwas in groben Zügen erklären, schildern *zusammenfassend, ohne Einzelheiten;* er liegt in den letzten Zügen ‹übertr.› *er ist völlig erschöpft;* er genoss sein Leben in vollen Zügen ‹übertr.› *nach Kräften;* früh mit dem ersten ~ fahren; der ~ Napoleons nach Russland; es ging ~ um ~ *ohne Unterbrechung, es ging rasch u. planmäßig vonstatten;* ich hole dich vom ~ ab; darin liegt ein ~ von Größe ‹übertr.› *eine gewisse G.;* ich bringe dich gern zum ~ **II** ‹unz.› **1** *Zugkraft* **2** *Luftbewegung in Räumen, Luftzug;* Zus *Durchzug* **3** *Beanspruchung eines Werkstoffes durch zwei in Richtung der Achse angreifende, einander jedoch entgegengesetzt gerichtete Kräfte* **4** ‹übertr.› *Bewegung, Spannung, Schwung* ▸ einen starken ~ ausüben (von Maschinenteilen) ▸ im ~e der Reformen in der Sozialgesetzgebung *im Laufe der R., im Zusammenhang mit den R.;* diese Pflanze muss vor ~ geschützt werden; zum ~e kommen ‹übertr.› *handeln od. sprechen können, an die Reihe kommen*

Zu|ga|be ‹die; -, -n› *etwas, das zusätzlich gegeben wird, das über die pflichtgemäße Leistung od. Menge hinausgeht* ▸ die Sängerin gab nach ihrem Konzert noch drei ~n; als ~ spielte das Orchester eine Sonate von Beethoven

Zu|gang ‹der; -(e)s, -gän|ge› **1** *Eingang (Tür od. Weg)* **2** *Zutritt* **3** *Neuerwerb, Zuwachs (an Büchern, Waren)* ▸ zur modernen Kunst kann ich keinen ~ finden ‹übertr.› *ich verstehe die moder-*

Z

ne K. nicht; gibt es zu diesem Raum nur einen ~?; zu diesen Gesellschaftskreisen habe ich keinen ~; alle Zugänge waren gesperrt

zu|gan|ge ⟨Adv.; umg.; in den Wendungen⟩ mit jmdm. od. etwas ~ sein *mit jmdm. od. etwas beschäftigt sein* ▸ er ist noch mit seinem Auto ~

zu|gäng|lich ⟨Adj.⟩ **1** *Zugang gewährend, erreichbar* (Ort, Platz) **2** *verfügbar* (Gegenstände, bes. Bücher) **3** ⟨übertr.⟩ **3.1** *gegenüber anderen Menschen aufgeschlossen, offen, umgänglich* (Mensch) **3.2** *verständlich* (Buch, Kunstwerk) ▸ jmdm. ein schwieriges Werk ~ machen ⟨übertr.⟩; die Berghütte ist im Winter schwer ~

Zug|be|glei|ter ⟨der; -s, -; Eisenb.⟩ *Angestellter, der im Zug Fahrkarten verkauft u. kontrolliert;* ⓘ S. 897; Abl *Zugbegleiterin*

Zug|brü|cke ⟨die; -, -n⟩ *Brücke, die um eine waagerechte Achse am Ende des Tragwerks bewegt u. so hochgezogen werden kann*

zu|ge|ben ⟨V. trans.; gibt zu, gab zu, hat zu|ge|geben, zu|zu|ge|ben⟩ **1** *dazugeben, zusätzlich geben* (Ware) **2** *hinzufügen* (Gewürze) **3** ⟨übertr.⟩ *für richtig erklären (obwohl man zuerst etwas anderes behauptet hat)* ▸ ich gebe zu, dass er Recht hat ⟨übertr.⟩; gib doch endlich zu, dass du dabei warst! ⟨übertr.⟩; der Angeklagte hat die Tat zugegeben; zugegeben, er hat es gewusst, aber …

zu|ge|ge|be|ner|ma|ßen ⟨Adv.⟩ *wie bereits zugegeben* ▸ er ist ~ dabei gewesen

zu|ge|gen ⟨Adv.⟩ *anwesend* ▸ ich war zufällig ~, als …; bei etwas ~ sein

zu|ge|hen ⟨V.; geht zu, ging zu, ist zu|ge|gan|gen, zu|zu|ge|hen⟩ **I** ⟨persönl.⟩ **1** *sich schließen (lassen)* **2** jmdm. ~ *jmdm. geschickt werden* **3** einer Sache ~ *sich einer S. nähern* **4** auf jmdn. od. etwas ~ *näher an jmdn. od. etwas herangehen, sich jmdm. od. einem Ort, einer Sache nähern* ▸ die Antwort wird Ihnen morgen ~; mir ist eine Anzeige, ein Brief der Firma X zugegangen; das Fest geht bereits dem Ende zu; das Fenster, die Tür geht schwer, geht nicht zu; der Koffer ist so voll, dass er nicht zugeht ▸ ich lasse Ihnen in den nächsten Tagen die Unterlagen ~ *ich lasse Ihnen die U. schicken* ▸ der Pfahl geht oben spitz zu ⟨umg.⟩ *endet in einer Spitze* ▸ er ging einige Schritte auf ihn zu; er ging rasch auf den Ausgang zu; auf das Dorf, den Wald ~; er geht schon auf die siebzig zu *er wird schon bald 70 Jahre alt* **II** ⟨unpersönl.⟩ es geht irgendwie zu *es geschieht etwas auf bestimmte Weise, es ist etwas los* ▸ gestern Abend ging es recht lebhaft bei euch zu ⟨umg.⟩ *war lebhafte Stimmung, war viel Leben;* es geht hier manchmal merkwürdig zu ▸ das kann doch nicht mit rechten Dingen ~!; es müsste mit dem Teufel ~, wenn dir das nicht gelänge ⟨umg.⟩ *es gelingt dir gewiss*

zu|ge|hö|rig ⟨Adj.; m. Dat.⟩ einer Sache ~ *zu einer S. gehörend* ▸ dem Kloster ~e Grundstücke; sich jmdm. ~ fühlen; Abl *Zugehörigkeit*

zu|ge|knöpft **I** ⟨Part. Perf. von⟩ *zuknöpfen* **II** ⟨Adj.⟩ *abweisend, unzugänglich, verschlossen;* Abl *Zugeknöpftheit*

Zü|gel ⟨der; -s, -⟩ **1** *am Gebiss befestigter Riemen zum Lenken u. Führen von Reittieren* **2** ⟨Sinnbild für⟩ *Herrschaft, Leitung, Aufsicht* ▸ die ~ anziehen ⟨a. übertr.⟩; die ~ lockern ⟨übertr.⟩ *jmdn. nicht mehr so streng beaufsichtigen, jmdm. mehr Freiheit geben* ▸ ein Pferd am ~ führen; er versuchte, die ~ an sich zu reißen ⟨übertr.⟩; die ~ aus der Hand geben ⟨übertr.⟩; die ~ fest in der Hand haben ⟨übertr.⟩

zü|gel|los ⟨Adj.; übertr.⟩ *unbeherrscht, ungebändigt* ▸ ein ~er Mensch; er ist ~; Abl *Zügellosigkeit*

zü|geln ⟨V. trans.; zü|gelt, zü|gel|te, hat ge|zü|gelt; übertr.⟩ seine Leidenschaft ~ *beherrschen*

zu|ge|reist ⟨Adj.⟩ *von auswärts zugezogen, nicht einheimisch;* Abl *Zugereiste(r)*

Zu|ge|ständ|nis ⟨das; -nis|ses, -nis|se⟩ *Verzicht auf einen Teil des eigenen Vorteils od. Rechtes (um eine Einigung zu erzielen)* ▸ jmdm. ~se machen; jmdm. ein ~ machen *jmdm. etwas zugestehen*

zu|ge|ste|hen ⟨V. trans.; ge|steht zu, ge|stand zu, hat zu|ge|stan|den, zu|zu|ge|ste|hen⟩ jmdm. etwas ~ *zubilligen, erlauben, dass jmd. etwas bekommt od. tun darf* ▸ jmdm. besondere Freiheiten ~

zu|ge|tan **I** ⟨Part. Perf. von⟩ *zutun* **II** ⟨Adj.; nur präd.⟩ jmdm. ~ sein *jmdm. freundlich gesinnt sein* ▸ ich bin ihm sehr ~

Zu|ge|winn ⟨der; -(e)s, -e⟩ *zusätzlicher Wert, Gewinn (bes. während der Dauer einer Ehe)*

Zug|füh|rer ⟨der; -s, -; Eisenb.⟩ *Angestellter, der die Aufsicht im Zug führt;* Abl *Zugführerin*

zu|gig ⟨Adj.⟩ *dem Zug, der Zugluft ausgesetzt* ▸ ein ~er Platz; es ist ~ hier

zü|gig ⟨Adj.⟩ **1** *schwungvoll, flott (vorankommend, vorangehend)* **2** *in einem Zug, ohne Aufenthalt, Pause* **3** ⟨schweiz.⟩ *zugkräftig* ▸ ~ arbeiten; die Arbeit geht ~ voran

zug|kräf|tig ⟨Adj.; übertr.⟩ *starke Anziehungskraft besitzend* ▸ ein ~er Werbeslogan

zu|gleich ⟨Adv.⟩ **1** *im gleichen Augenblick, gleichzeitig* **2** *(alle) auf einmal, miteinander, zusammen* ▸ alle sollen ~ rufen

Zug|luft ⟨die; -; unz.⟩ *Zug, einseitige Luftströmung* ▸ sich der ~ aussetzen; ~ bekommen

Zug|pferd ⟨das; -(e)s, -e⟩ **1** *Pferd als Zugtier* **2** ⟨übertr.⟩ *jmd., der einen Betrieb od. eine Unternehmung voranbringt* ▸ ~ einer Partei ⟨übertr.⟩

zu|grei|fen ⟨V. intr.; greift zu, griff zu, hat zu|gegrif|fen, zu|zu|grei|fen⟩ **1** *greifen u. nehmen, packen, anfassen* **2** *rasch entschlossen helfen* **3** *sich rasch zum Kauf entschließen* **4** *nehmen u. essen (bei Tisch)* ▸ bitte greifen Sie zu! *(bei Tisch);* ich hatte keine Zeit zum Überlegen, ich musste sofort ~; auf Daten ~ ⟨EDV⟩ *Daten abrufen*

Zu|griff ⟨der; -(e)s; unz.⟩ **1** *das Zugreifen, Griff nach etwas, das Ergreifen* **2** *das Einschreiten, Vorgehen (gegen etwas)* **3** ⟨EDV⟩ *das Auffinden von Daten, die auf Datenträgern gespeichert sind* ▸ sich dem ~ der Polizei entziehen

zu|grun|de *auch:* **zu Grun|de** ⟨Adv.; eigtl.⟩ *bis auf den Grund* ▸ ~ gehen *vernichtet werden, ins Verderben geraten u. sterben;* er ist an dieser Krankheit elend ~ gegangen; einer Sache etwas ~ le-

Z

gen *als Grundlage benutzen;* er legte seinem Vortrag ein Wort von Goethe ~; einer Sache ~ liegen *die Grundlage für eine S. sein;* seiner Arbeit liegt die Auffassung ~, dass ...; jmdn. od. etwas ~ richten *vernichten, ins Verderben bringen;* das Trinken hat ihn ~ gerichtet

Zug|tier ⟨das; -(e)s, -e⟩ *Tier zum Ziehen von Lasten, z. B. Pferd, Rind, Esel*

zu|gu|cken ⟨V. intr.; guckt zu, guck|te zu, hat zu|ge|guckt, zu|zu|gu|cken; umg.⟩ jmdm. od. einer Sache ~ *zuschauen*

zu|guns|ten *auch:* **zu Guns|ten** ⟨Präp. m. Gen.⟩ *für jmdn. od. etwas, zu seinen, ihren Gunsten* ▸ er hat sich ~ des Kunden verrechnet

zu|gu|te|hal|ten ⟨V. trans.; hält zu|gute, hielt zu|gute, hat zu|gute|ge|hal|ten, zu|gute|zu|hal|ten⟩ **1** jmdm. etwas ~ *jmdm. etwas anrechnen, als Milderungsgrund, als Entschuldigung gelten lassen* **2** sich etwas auf etwas ~ *stolz auf etwas sein*

zu|gu|te|kom|men ⟨V. intr.; kommt zu|gute, kam zu|gute, ist zu|gute|ge|kom|men, zu|gute|zu|kom|men⟩ **1** jmdm. ~ *helfen, nützen* **2** jmdm. etwas ~ lassen *jmdn. von etwas Nutzen haben lassen* ▸ das Geld kommt dem Zoo zugute

Zug|ver|bin|dung ⟨die; -, -en⟩ *Verbindung durch Eisenbahn (zwischen zwei od. mehreren Orten)* ▸ eine gute, schlechte, günstige ~

Zug|ver|kehr ⟨der; -s; unz.⟩ *Eisenbahnverkehr*

Zug|vo|gel ⟨der; -s, -vö|gel; Zool.⟩ *Vogel, der regelmäßig bei Herannahen der kalten Jahreszeit wärmere Gegenden aufsucht*

Zug|zwang ⟨der; -(e)s; unz.⟩ **1** ⟨Schach⟩ *Zwang, in einer bestimmten Situation des Spiels einen bestimmten Zug zu machn* **2** ⟨übertr.⟩ *Zwang, in einer Situation (auf bestimmte Weise) zu reagieren* ▸ jmdn. in ~ bringen; unter ~ stehen

zu|ha|ben ⟨V. intr.; hat zu, hat|te zu, hat zu|ge|habt, zu|zu|ha|ben; umg.⟩ *nicht geöffnet sein* (von Geschäften) ▸ die Drogerie hat zu

zu|hal|ten ⟨V.; hält zu, hielt zu, hat zu|ge|hal|ten, zu|zu|hal|ten⟩ **I** ⟨V. trans.⟩ etwas ~ *(mit der Hand) bedecken, zudecken, verschließen, geschlossen halten* ▸ jmdm. den Mund ~; sich die Ohren ~; die Tür (von innen) ~ **II** ⟨V. intr.⟩ auf jmdn. od. etwas ~ *auf jmdn. od. etwas zusteuern* ▸ das Boot hielt auf die Insel zu

Zu|häl|ter ⟨der; -s, -⟩ *jmd., der seinen Lebensunterhalt ganz od. teilweise illegal aus den Einkünften einer Prostituierten bezieht;* Abl *Zuhälterei*

zu|hän|gen ⟨V. trans.; hängt zu, häng|te zu, hat zu|ge|hängt, zu|zu|hä|gen⟩ etwas ~ *durch Davorhängen von etwas bedecken, verhängen* ▸ das Fenster mit einer Decke ~

zu|hau|en ⟨V.; haut zu, hau|te zu, hat zu|ge|hau|en, zu|zu|hau|en⟩ **I** ⟨V. trans.⟩ **1** Holz, einen Stein ~ *zurechthauen, behauen* **2** eine Tür ~ *grob schließen* **II** ⟨V. intr.⟩ *zu schlagen beginnen* ▸ hau doch endlich zu!; er blieb lange ruhig, aber schließlich haute er zu

zu|hauf ⟨Adv.; poet.⟩ *in Haufen, in großen Mengen, in Scharen* ▸ sie kamen ~

zu|hause *auch:* **zu Hause** ⟨Adv.⟩ *daheim* ▸ ~ bleiben *nicht aus dem Haus gehen;* ~ sein *in seiner Wohnung sein;* von ~ aus arbeiten *in seiner Wohnung, nicht an einem auswärtigen Arbeitsplatz*

Zu|hau|se ⟨das; -s; unz.⟩ *Heim, Häuslichkeit* ▸ er hat kein ~ mehr; ein schönes ~ haben; wir suchen ein neues ~ für unsere Katze

zu|hei|len ⟨V. intr.; heilt zu, heil|te zu, ist zu|ge|heilt, zu|zu|hei|len⟩ *bei der Heilung sich schließen* ▸ die Wunde ist zugeheilt

Zu|hil|fe|nah|me ⟨die; -; unz.; in den Wendungen⟩ unter, ohne ~ von etwas *mit, ohne Hilfe von etwas*

zu|hö|ren ⟨V. intr.; hört zu, hör|te zu, hat zu|ge|hört, zu|zu|hö|ren⟩ jmdm. od. einer Sache ~ *auf jmdn. od. eine S. hören, lauschen* ▸ würden Sie mir bitte ~?; hör mir doch mal zu! ⟨umg.⟩ *pass auf, sei aufmerksam (denn ich will dir etwas sagen);* (bei) einem Gespräch, einer Radiosendung, einem Vortrag ~; es gibt wenige Menschen, die (gut) ~ können *die sich aufmerksam u. teilnehmend die Sorgen anderer anhören*

Zu|hö|rer ⟨der; -s, -⟩ **1** *jmd., der zuhört, jmd., der sich etwas anhört* **2** *Besucher einer Veranstaltung, bei der es hauptsächlich etwas zu hören gibt, z. B. in der Oper u. beim Konzert* ▸ die ~ klatschten Beifall; Abl *Zuhörerin, Zuhörerschaft*

zu|ju|beln ⟨V. intr.; ju|belt zu, ju|bel|te zu, hat zu|ge|ju|belt, zu|zu|ju|beln⟩ jmdm. ~ *sich jmdm. zuwenden u. jubeln* ▸ die Menge jubelte ihm zu

Zu|kauf ⟨der; -(e)s, -käu|fe⟩ *zusätzlicher, ergänzender Kauf* ▸ der ~ von Wertpapieren

zu|keh|ren ⟨V. trans.; kehrt zu, kehr|te zu, hat zu|ge|kehrt, zu|zu|keh|ren⟩ jmdm. den Rücken ~ *zuwenden, zudrehen, hinwenden zu*

zu|klap|pen ⟨V.⟩ **I** ⟨V. trans.; klappt zu, klapp|te zu, hat zu|ge|klappt, zu|zu|klap|pen⟩ *mit einem klappenden Geräusch schnell schließen, zuschlagen* ▸ ein Buch ~ **II** ⟨V. intr.; klappt zu, klapp|te zu, ist zu|ge|klappt, zu|zu|klap|pen⟩ *sich mit einem klappenden Geräusch schließen* ▸ der Deckel klappte zu

zu|kle|ben ⟨V. trans.; klebt zu, kleb|te zu, hat zu|ge|klebt, zu|zu|kle|ben⟩ **1** einen Brief ~ *mit Klebstoff verschließen* **2** eine Wand ~ *vollständig bekleben*

zu|knal|len ⟨V.; umg.⟩ **I** ⟨V. trans.; knallt zu, knall|te zu, hat zu|ge|knallt, zu|zu|knal|len⟩ etwas ~ *mit einem Knall schließen, heftig zuschlagen* ▸ die Tür ~ **II** ⟨V. intr.; knallt zu, knall|te zu, ist zu|ge|knallt, zu|zu|knal|len⟩ *sich mit einem Knall schließen* ▸ die Tür, das Fenster knallte zu

zu|knöp|fen ⟨V. trans.; knöpft zu, knöpf|te zu, hat zu|ge|knöpft, zu|zu|knöp|fen⟩ etwas ~ *mit Knöpfen schließen* ▸ den Mantel ~; →a. *zugeknöpft*

zu|kom|men ⟨V. intr.; kommt zu, kam zu, ist zu|ge|kom|men, zu|zu|kom|men⟩ **1** jmdm. etwas ~ lassen **1.1** *jmdm. etwas zuschicken* (Brief) **1.2** *schenken* **1.3** *gewähren* (Vergünstigung) **2** auf jmdn. ~ *an jmdn. herankommen, jmdm. näher kommen* ▸ jmdm. Geld ~ lassen; das Gewitter kommt gerade auf uns zu; die Kinder kamen freudestrahlend auf mich zu; es kommt viel Arbeit auf uns zu ‹übertr.; umg.›; wir müssen die Dinge auf uns ~ lassen *wir müssen abwarten, wie sich die D. entwickeln*

zu|krie|gen ‹V. trans.; kriegt zu, krieg|te zu, hat zu|ge|kriegt, zu|zu|krie|gen; umg.› etwas ~ = *zubekommen*

Zu|kunft ‹die; -; unz.› **1** *die noch bevorstehende Zeit;* Zus *Zukunftsängste, Zukunftsperspektive, Zukunftspläne* **2** ‹Gramm.› *Futur* ▸ wir müssen abwarten, was die ~ bringt; der ~ zuversichtlich entgegensehen; diese Technologie hat keine ~ *wird keinen Bestand haben, wird bald vergessen sein;* der junge Künstler hat eine große ~ (vor sich) *wird sicherlich berühmt werden, wird später viel Erfolg haben;* vorstellen: wie stellst du dir deine ~ vor? ▸ jmdm. eine glänzende ~ voraussagen; einer ungewissen ~ entgegengehen ▸ du musst auch an die ~ denken!; er arbeitet, sorgt für die ~; Pläne für die ~ haben; in ~ werde ich vorsichtiger sein; in ferner ~ wird es möglich sein; in nächster ~ ist noch nichts zu befürchten; sie macht sich Sorgen um die ~ ihrer Kinder

zu|künf|tig ‹Adj.› *die Zukunft betreffend, in der Zukunft stattfindend, bevorstehend* ▸ meine Zukünftige ‹umg.› *meine Verlobte;* mein Zukünftiger ‹umg.› *mein Verlobter;* mein ~er Schwiegersohn; die ~e Entwicklung beobachten

zu|kunfts|fä|hig ‹Adj.› *künftigen Entwicklungen standhaltend, auch in der Zukunft erfolgversprechend* ▸ die Kirche ~ machen

Zu|kunfts|mu|sik ‹die; -; unz.; übertr.› *unsichere Aussicht auf eine Realisierung in der Zukunft* ▸ das ist ~! *das ist noch ungewiss*

zu|kunfts|träch|tig ‹Adj.› *zukünftige Möglichkeiten erkennen lassend* ▸ eine ~e Technologie

zu|kunfts|wei|send ‹Adj.› *in die Zukunft weisend, zukunftsträchtig;* oV *zukunftweisend*

zu|lä|cheln ‹V. intr.; lä|chelt zu, lä|chel|te zu, hat zu|ge|lä|chelt, zu|zu|lä|cheln› jmdm. ~ *jmdn. anblicken u. lächeln* ▸ jmdm. freundlich ~

Zu|la|ge ‹die; -, -n› **1** *Gewährung von etwas Zusätzlichem, Zugabe* **2** *erhöhte Zahlung, Gehalts-, Lohn-, Besoldungserhöhung;* Zus *Gehaltszulage* ▸ eine ~ von monatlich 50 € bekommen

zu|lan|gen ‹V. intr.; langt zu, lang|te zu, hat zu|gelangt, zu|zu|lan|gen› = *zugreifen (4)* ▸ bitte langen Sie zu! *(Aufforderung beim Essen);* kräftig ~

zu|las|sen ‹V. trans.; lässt zu, ließ zu, hat zu|ge|lassen, zu|zu|las|sen› **1** etwas ~ **1.1** *dulden, erlauben, gestatten, nicht verhindern* **1.2** ‹umg.› *geschlossen lassen* **2** jmdn. ~ *jmdn. hereinlassen, jmdm. Zutritt gewähren, jmdn. aufnehmen* ▸ ich kann hier leider keine Ausnahme ~; ein Kraftfahrzeug ~ *ein K. zum Gebrauch, zum Fahren freigeben;* bitte lass die Tür, das Fenster zu ‹umg.›; der Sachverhalt ist eindeutig, er lässt keine Zweifel zu ▸ er ist als Mitglied zugelassen; Wertpapiere zum Börsenhandel ~; der Abiturient wurde zum Studium zugelassen

zu|läs|sig ‹Adj.› *erlaubt, gestattet* ▸ man darf nur die ~en Hilfsmittel benutzen; ~e Höchstgeschwindigkeit; Abl *Zulässigkeit*

Zu|las|sung ‹die; -, -en› **1** *das Zulassen* **2** *das Zugelassenwerden* ▸ ~ von Kraftfahrzeugen

Zulassungsstelle

Bei der *Kfz-Zulassungsstelle* oder Zulassungsbehörde kann man Fahrzeuge behördlich ab-, an- und ummelden. Hierzu benötigt man bestimmte Dokumente, das sind in der Regel der Personalausweis des Fahrzeughalters, der Kfz-Brief des entsprechenden Fahrzeuges und eine Versicherungsbescheinigung.
Die von den jeweiligen Landkreisen verwalteten *Zulassungsstellen* geben die Nummernschilder für die Fahrzeuge aus. Gegen ein zusätzliches Entgelt ist es möglich, ein Schild mit einer gewünschten Kombination aus Buchstaben und Ziffern zu erhalten.

Zu|las|sungs|stel|le ‹die; -, -n› *die für eine Zulassung zuständige Stelle (z. B. Verkehrsamt für Kraftfahrzeuge, Börsenausschuss für Wertpapiere)*

zu|las|ten *auch:* **zu Las|ten** ‹Präp. m. Gen.› *auf Kosten* ▸ die Rechnung geht ~ der Firma Lau

Zu|lauf ‹der; -(e)s, -läu|fe› **I** ‹unz.› *Andrang* ▸ großen ~ (an Kunden od. Publikum) haben *beliebt, vielbesucht, gesucht sein;* der Arzt, das Theaterstück, die Ausstellung hat großen ~ **II** ‹zählb.› **1** *zulaufende Flüssigkeitsmenge* **2** *Vorrichtung, Stelle, an der Flüssigkeit zulaufen kann* ▸ den ~ sperren, verringern; den ~ aufdrehen, zudrehen

zu|lau|fen ‹V. intr.; läuft zu, lief zu, ist zu|ge|laufen, zu|zu|lau|fen› **1** *hineinlaufen, hineinfließen* **2** ‹umg.› *weiterlaufen, zu laufen beginnen* **3** auf jmdn. od. etwas ~ *zu jmdm. od. etwas hinlaufen* ▸ der Hund ist uns zugelaufen *der H. ist uns eines Tages nachgelaufen u. mit uns gekommen (u. wir haben ihn behalten, weil wir nicht wissen, wem er gehört);* das Wasser ist zu heiß, du musst noch kaltes Wasser ~ lassen; der Pfahl läuft oben spitz zu ‹übertr.› *endet oben in einer Spitze;* die Kinder liefen auf den Vater zu

zu|le|gen ‹V.; legt zu, leg|te zu, hat zu|ge|legt, zu|zu|le|gen› **I** ‹V. intr.› **1** *an Größe, Umfang, Gewicht zunehmen* **2** *steigern, erhöhen* (Tempo, Gewinn) ▸ die etablierten Parteien haben deutlich zugelegt *mehr Wählerstimmen als zuvor bekommen;* er hat ordentlich zugelegt ‹umg.; scherzh.› *zugenommen* **II** ‹V. refl.; umg.› sich etwas ~ *sich etwas kaufen, erwerben, anschaffen* ▸ er hat sich einen Hund zugelegt ‹scherzh.›

zu|lei|de *auch:* **zu Lei|de** ‹Adv.; nur in den Wendungen› jmdm. etwas ~ tun *jmdm. eine Verletzung zufügen, Schaden zufügen, jmdn. kränken* ▸ hat er dir etwas ~ getan?; er kann keiner Fliege etwas ~ tun ‹umg.› *er ist ein sanfter Mensch*

zu|lei|ten ‹V. trans.; lei|tet zu, lei|te|te zu, hat zu|ge|lei|tet, zu|zu|lei|ten› **1** einer Sache etwas ~ *hinleiten, zuführen* **2** jmdm. etwas ~ *übermitteln* ▸ jmdm. ein Schreiben ~; Abl *Zuleitung*

zu|lẹtzt ⟨Adv.⟩ **1** *als Letzte(r, -s), an letzter Stelle, ganz hinten, zum Schluss* **2** ⟨übertr.⟩ *schließlich, endlich, am Ende* **3** *vor kurzem, beim letzten Mal* ▸ die Schuhe packen wir ~ ein; ~ kam sie mir ganz zufrieden vor; ich habe ihn ~ im Konzert getroffen; ~ verlor ich die Geduld; ich möchte nicht immer ~ an die Reihe kommen; nicht ~ aus diesem Grund hat er gekündigt

zu|lie|be ⟨Adv.⟩ jmdm. ~ *jmdm. zu Gefallen, weil es jmd. gern möchte* ▸ tu es mir ~!; ich bin nur meiner Mutter ~ hingegangen; →a. *zuleide*

Zu|lie|fer|be|trieb ⟨der; -(e)s, -e⟩ *Betrieb, der Teile von Produkten herstellt u. liefert*

Zu|lie|fe|rer ⟨der; -s, -; kurz für⟩ *Zulieferbetrieb*

zụm ⟨Verschmelzungsform aus Präp. u. Art.⟩ *zu dem* ▸ ~ Ersten *erstens;* ~ ersten, letzten Mal

zu|ma|chen ⟨V. trans.; macht zu, mach|te zu, hat zu|ge|macht, zu|zu|ma|chen; umg.⟩ etwas ~ *schließen* ▸ den Koffer, die Tür ~; soll ich das Fenster ~?; der Laden hat zugemacht *das Geschäft ist aufgegeben worden*

zu|mal ⟨Konj.⟩ **1** *vor allem da, besonders weil, umso mehr, als* **2** *vor allem, besonders* ▸ unsere ganze Familie ist sehr musikalisch, ~ unser Sohn; er hat immer eine etwas belegte Stimme, ~ wenn er lange geredet hat

zu|mau|ern ⟨V. trans.; mau|ert zu, mau|er|te zu, hat zu|ge|mau|ert, zu|zu|mau|ern⟩ eine Tür, ein Loch ~ *mit Mauersteinen schließen*

zu|meist ⟨Adv.⟩ **1** *meistens, meist* **2** *zum größten Teil* ▸ die Teilnehmer waren ~ Jugendliche

zu|mịn|dest ⟨Adv.⟩ *zum Mindesten, wenigstens* ▸ er hätte ~ anrufen und Bescheid sagen können

zu|mu|te *auch:* **zu Mu|te** ⟨Adv.⟩ jmdm. ist irgendwie ~ *jmd. ist in einer bestimmten Stimmung, fühlt sich in bestimmter Weise* ▸ mir ist seltsam, ängstlich, fröhlich ~; mir ist (nicht) wohl ~

zu|mu|ten ⟨V. trans.; mu|tet zu, mu|te|te zu, hat zu|ge|mu|tet, zu|zu|mu|ten⟩ jmdm. etwas ~ *zu viel von jmdm. etwas fordern, rücksichtslos verlangen* ▸ du kannst niemandem ~, Tag und Nacht für dich da zu sein; er hat sich, seinen Kräften zu viel zugemutet; Abl *zumutbar*

Zu|mu|tung ⟨die; -, -en⟩ **1** *unbescheidenes Verlangen* **2** *rücksichtsloses Benehmen* ▸ das ist eine ~!; es ist eine ~, so spät abends anzurufen

zu|nächst ⟨Adv.⟩ *zuerst, fürs Erste, vorerst* ▸ ~ werde ich einmal gar nichts unternehmen; das ist ~ noch nicht vorgesehen

zu|näh|en ⟨V. trans.; näht zu, näh|te zu, hat zu|genäht, zu|zu|nä|hen⟩ etwas ~ *mit Nähstichen, durch eine Naht schließen*

Zu|nah|me ⟨die; -, -n⟩ **1** *das Zunehmen* **2** *Vermehrung;* Zus *Gewichtszunahme* **3** *Wachstum* ▸ ~ des Reiseverkehrs

Zu|na|me ⟨der; -ns, -n⟩ *Familienname, Nachname, Beiname* ▸ bitte schreiben Sie den Vor- und ~n

zụn|den ⟨V.; zün|det, zün|de|te, hat ge|zün|det⟩ **I** ⟨V. intr.⟩ **1** *sich zur Flamme entwickeln, brennen* **2** ⟨übertr.⟩ *Begeisterung erwecken* ▸ hat es (bei dir) endlich gezündet? ⟨übertr.; umg.⟩ *hast du es endlich begriffen?;* das Pulver hat (nicht) gezündet; er hielt einen ~den Vortrag ⟨übertr.⟩ **II** ⟨V. trans.⟩ **1** etwas ~ *entzünden, in Brand setzen* **2** eine Bombe ~ *zur Explosion bringen* **3** einen Motor, ein Triebwerk ~ *in Gang setzen*

Zụn|der ⟨der; -s; unz.⟩ *Zündstoff aus Feuerschwamm* ▸ das brennt wie ~

Zün|der ⟨der; -s, -⟩ **1** *Vorrichtung zum Entzünden von Sprengstoffen* **2** ⟨österr.; kurz für⟩ *Zündholz*

Zụ̈nd|holz ⟨das; -es, -höl|zer⟩ = *Streichholz;* Zus *Zündholzschachtel*

Zụ̈nd|ker|ze ⟨die; -, -n; Kfz⟩ *Vorrichtung an Verbrennungsmotoren zum Entzünden des Kraftstoff-Luft-Gemischs mit elektrischen Funken*

Zụ̈nd|schloss ⟨das; -es, -schlös|ser; Kfz⟩ *Schloss zum Einschalten der Zündung*

Zụ̈nd|schlüs|sel ⟨der; -s, -; Kfz⟩ *Schlüssel zum Einschalten der Zündung*

Zụ̈nd|schnur ⟨die; -, -schnü|re⟩ *Schnur mit brennbarem Gemisch, das nach dem Anzünden langsam weiterbrennt u. eine Sprengladung zündet*

Zụ̈nd|stoff ⟨der; -(e)s, -e⟩ **1** *Stoff zum Zünden explosiver Stoffe* **2** ⟨übertr.⟩ *etwas, das zu Streit Anlass geben kann*

Zụ̈n|dung ⟨die; -, -en⟩ **1** *das Zünden, Entzünden, Sichentzünden* **2** *Vorrichtung zum Entzünden von Spreng- u. Treibladungen* **3** *Zündkerze u. Vorrichtung zum Steuern ihrer elektrischen Entladung* ▸ die ~ ausschalten, einschalten

zu|neh|men ⟨V. trans. u. V. intr.; nimmt zu, nahm zu, hat zu|ge|nom|men, zu|zu|neh|men⟩ **1** (an etwas) ~ *größer, stärker werden, wachsen, sich (ver)mehren* **2** (etwas) ~ *(in einem bestimmten Maß) dicker werden* ▸ die Dunkelheit, Helligkeit nimmt zu; ich habe wieder (ein Kilo) zugenommen; wenn er wieder ganz gesund ist, werden auch seine Kräfte wieder ~; die Tage, Nächte nehmen zu *werden länger* ▸ der Bedarf an Akademikern nimmt weiter zu ▸ wir haben ~den Mond; es wird ~d kälter *immer kälter;* in ~dem Maße; mit ~dem Alter

zu|nei|gen ⟨V.; neigt zu, neig|te zu, hat zu|geneigt, zu|zu|nei|gen⟩ **I** ⟨V. intr.⟩ einer Sache ~ *einer S. Zuneigung entgegenbringen, sie gut finden* ▸ einer Ansicht, Auffassung, Meinung ~; die Mehrheit der Befragten neigte keiner der beiden Parteien zu; jmdm. zugeneigt sein *Zuneigung für jmdn. empfinden, jmdn. gernhaben* **II** ⟨V. refl.⟩ sich jmdm. od. einer Sache ~ *sich zu jmdm. od. einer S. neigen, hinneigen* ▸ das Fest, der Tag neigte sich seinem Ende zu

Zu|nei|gung ⟨die; -, -en⟩ *freundschaftliche Liebe, herzliches Wohlwollen;* Ggs *Abneigung* ▸ für jmdn. ~ empfinden; jmds. ~ erwidern; aufrichtige, herzliche, innige, freundschaftliche ~

Zụnft ⟨die; -, Zụ̈nf|te; 11.-19. Jh.⟩ *berufliche Vereinigung der Handwerker zur gegenseitigen Hilfe, zur Regelung der Ausbildung, Arbeitszeit u. a.*

zụ̈nf|tig ⟨Adj.; umg.⟩ *tüchtig, ordentlich* ▸ ein ~er Schluck; ~ speisen

Zụn|ge ⟨die; -, -n⟩ **1** ⟨Anat.⟩ *bewegliches Organ im Mund zum Schmecken u. Sprechen;* Zus *Zungenspitze, Zungenwurzel* **2** *Speise aus Kalbs- od.*

Rindszunge **3** *zungenförmiges Lederstück im Ausschnitt von Schnürschuhen* ▸ lieber würde ich mir die ~ abbeißen, als dass ich das verriete ⟨umg.⟩; heraushängen: mir hängt die ~ zum Hals heraus ⟨übertr.; umg.⟩ *ich bin abgehetzt;* jmdm. die ~ herausstrecken *(um ihn zu ärgern);* hüte deine ~! ⟨übertr.⟩ *sei nicht so vorlaut, nicht so unverschämt!;* Wein löst die ~ ⟨übertr.⟩ *W. macht die Menschen gesprächig, redefreudig;* sich die ~ verbrennen ⟨übertr.⟩ *etwas sagen, was einem schadet od. was man hinterher bereut* ▸ eine belegte ~ haben (als Krankheitszeichen); böse ~n behaupten, dass ... ⟨übertr.⟩ *boshafte Menschen* ▸ sowie ich das Wort gesagt hatte, hätte ich mir auf die ~ beißen können ⟨übertr.⟩ *bereute ich es;* es liegt mir auf der ~ ⟨übertr.⟩ *das Wort fällt mir im Augenblick nicht ein;* du musst deine ~ besser im Zaum halten ⟨übertr.⟩ *du darfst nicht alles ausplaudern;* mit der ~ schnalzen

zụ̈n|geln ⟨V. intr.; zün|gelt, zün|gel|te, hat ge|zün|gelt⟩ **1** *die Zunge rasch herausstrecken, mehrmals blitzschnell hin u. her bewegen u. wieder zurückziehen* (von Schlangen) **2** ⟨übertr.⟩ *sich rasch u. zuckend hin u. her bewegen* (bes. Flammen)

Zụn|gen|bre|cher ⟨der; -s, -⟩ *Wort, Name, Satz, das bzw. der schwer auszusprechen ist*

Zụn|gen|kuss ⟨der; -es, -küs|se⟩ *intim-zärtlicher (meist sehr leidenschaftlicher) Kuss, bei dem sich die Zungen der Küssenden (im Mund) berühren*

Zụn|gen|schlag ⟨der; -(e)s, -schlä|ge⟩ *Ausdrucksweise, Art zu reden* ▸ falscher ~ ⟨übertr.⟩ *ein Sichversprechen, bei dem man etwas anderes zum Ausdruck bringt, als man sagen wollte*

Zụ̈ng|lein ⟨das; -s, -; poet.⟩ *kleine Zunge* ▸ das ~ an der Waage ⟨übertr.⟩ *das, was den Ausschlag für etwas gibt, das Entscheidende*

zu|nịch|te|ma|chen ⟨V. trans.; macht zu|nich|te, mach|te zu|nich|te, hat zu|nich|te|ge|macht, zu|nich|te|zu|ma|chen⟩ etwas ~ *zerstören, vereiteln* ▸ der Chef hat meine Pläne zunichtegemacht

zu̲|ni|cken ⟨V. intr.; nickt zu, nick|te zu, hat zu|ge|nickt, zu|zu|ni|cken⟩ jmdm. ~ *jmdn. anblicken u. grüßend od. zustimmend nicken*

zu|nụt|ze *auch:* **zu Nụt|ze** ⟨Adv.; in der Wendung⟩ sich etwas ~ machen *etwas ausnutzen, nutzbringend anwenden, für sich verwerten*

zu|o̲berst ⟨Adv.⟩ *ganz oben* ▸ das Unterste ~ kehren *alles durcheinanderbringen*

zu̲|ord|nen ⟨V. trans.; ord|net zu, ord|ne|te zu, hat zu|ge|ord|net, zu|zu|ord|nen⟩ jmdn. od. etwas einer Sache ~ *ordnend hinzufügen* ▸ Namen nicht ~ können; Abl *Zuordnung*

zu̲|pa|cken ⟨V. intr.; packt zu, pack|te zu, hat zu|ge|packt, zu|zu|pa|cken; umg.⟩ **1** *kräftig zugreifen, derb anfassen* **2** *tatkräftig helfen, energisch (körperlich) arbeiten* ▸ er kann tüchtig ~

zu̲|par|ken ⟨V. trans.; parkt zu, park|te zu, hat zu|ge|parkt, zu|zu|par|ken⟩ etwas ~ *mit einem od. mehreren geparkten Autos versperren* ▸ eine Ausfahrt ~; der Radweg war vollständig zugeparkt

zu|pạss|kom|men ⟨V. intr.; kommt zu|pass, kam zu|pass, ist zu|pass|ge|kom|men, zu|pass|zu|kom|men⟩ jmdm. ~ *gelegen kommen, im rechten Augenblick geschehen;* oV *zupassekommen* ▸ dein Angebot, Vorschlag kommt mir sehr zupass

zụp|fen ⟨V. trans. u. V. intr.; zupft, zupf|te, hat gezupft⟩ **1** (an) etwas ~ *kurz u. vorsichtig ziehen* **2** die Saite(n) eines Instruments ~ *anreißen* ▸ sich die Augenbrauen ~ lassen; jmdn. am Ärmel ~

Zụpf|in|s|t|ru|ment ⟨das; -(e)s, -e; Mus.⟩ *Instrument, das durch Anreißen (Zupfen) der Saiten zum Klingen gebracht wird, z. B. Gitarre, Harfe*

zu̲|pros|ten ⟨V. intr.; pros|tet zu, pros|te|te zu, hat zu|ge|pros|tet, zu|zu|pros|ten⟩ jmdm. ~ *sein Glas erheben u. zu jmdm. „Prost" sagen*

zu̲r ⟨Verschmelzungsform aus Präp. u. Art.⟩ *zu der* ▸ jmdm. ~ Rechten sitzen; ~ Schule gehen

zu|rạn|de *auch:* **zu Rạn|de** ⟨Adv.; in der Wendung⟩ mit etwas ~ kommen *etwas bewältigen*

zu|ra̲|te *auch:* **zu Ra̲|te** ⟨Adv.⟩ **1** jmdn. ~ ziehen *sich von jmdm. beraten lassen* **2** etwas ~ ziehen *als Hilfsmittel verwenden* ▸ einen Arzt ~ ziehen; ein Lexikon ~ ziehen *in einem L. nachsehen*

zu̲|ra|ten ⟨V. intr.; ; rät zu, riet zu, hat zu|ge|ra|ten, zu|zu|ra|ten⟩ jmdm. (zu etwas) ~ *jmdm. zu etwas raten* ▸ ich kann dir weder zu- noch abraten; nur auf sein Zuraten hin habe ich es getan

zu̲|rech|nen ⟨V. trans.; rech|net zu, rech|ne|te zu, hat zu|ge|rech|net, zu|zu|rech|nen⟩ **1** einer Sache etwas ~ *zuordnen* **2** jmdm. etwas ~ *jmdm. etwas zuschreiben;* Abl *Zurechnung*

zu̲|rech|nungs|fä|hig ⟨Adj.⟩ *fähig, seine Handlungen zu erkennen, bewusst auszuführen u. zu verantworten;* Abl *Zurechnungsfähigkeit*

zu|rẹcht... ⟨in Zus.⟩ *wie es gewünscht, gebraucht wird,* z. B. zurechtbiegen, zurechtmachen

zu|rẹcht|bie|gen ⟨V. trans.; biegt zu|recht, bog zu|recht, hat zu|recht|ge|bo|gen, zu|recht|zu|bie|gen⟩ etwas ~ *so biegen, dass es so ist, wie es gebraucht wird* ▸ einen Draht ~; (sich) die Wahrheit ~ ⟨übertr.; umg.⟩ *Dinge verdreht darstellen, so dass sie der eigenen Sichtweise entsprechen*

zu|rẹcht|fin|den ⟨V. refl.; fin|det sich zu|recht, fand sich zu|recht, hat sich zu|recht|ge|fun|den, sich zu|recht|zu|fin|den⟩ sich ~ *allein den Weg zu einem Ort finden* ▸ danke, ich finde mich schon allein zurecht! *(Antwort auf das Angebot, den Weg zu zeigen);* sich in einer Arbeit ~ *beim Betrachten einer A. erkennen, worum es sich handelt u. was getan werden muss;* sich in einer Stadt ~

zu|rẹcht|kom|men ⟨V. intr.; kommt zu|recht, kam zu|recht, ist zu|recht|ge|kom|men, zu|recht|zu|kom|men⟩ **1** *zur rechten Zeit, rechtzeitig kommen* **2** (mit jmdm. od. etwas) ~ *keine Schwierigkeiten mit jmdm. od. etwas haben, etwas leicht bewältigen können* ▸ ich kam gerade noch zurecht; ich komme damit einfach nicht zurecht

zu|rẹcht|le|gen ⟨V.; legt zu|recht, leg|te zu|recht, ist zu|recht|ge|legt, zu|recht|zu|le|gen⟩ **I** ⟨V. trans.⟩ (jmdm.) etwas ~ *so hinlegen, wie es gebraucht wird, bereitlegen* ▸ für die Reise schon alles ~ **II** ⟨V. refl.; übertr.⟩ sich etwas ~ *ausdenken, vorher überlegen* ▸ sich eine Ausrede ~

Z

zu|rẹcht|ma|chen ⟨V. trans.; macht zu|recht, mach|te zu|recht, hat zu|recht|ge|macht, zu|recht|zu|ma|chen; umg.⟩ **1** etwas ~ *fertig machen, vorbereiten* **2** ⟨übertr.⟩ jmdn. od. sich ~ *gut anziehen, kämmen, schminken usw. (bes. für festliche Gelegenheiten)* ▸ wir erwarten Besuch, ich muss das Gästezimmer noch ~; ich muss mich für heute Abend noch ~ ⟨übertr.⟩

zu|rẹcht|rü|cken ⟨V. trans.; rückt zu|recht, rück|te zu|recht, hat zu|recht|ge|rückt, zu|recht|zu|rü|cken⟩ **1** etwas ~ *an die rechte Stelle rücken* **2** ⟨übertr.⟩ eine Äußerung ~ *klarstellen, in Ordnung bringen* ▸ jmdm. den Kopf ~ ⟨übertr.⟩ *jmdm. energisch die Meinung sagen*

zu|rẹcht|stut|zen ⟨V. trans.; stutzt zu|recht, stutz|te zu|recht, hat zu|recht|ge|stutzt, zu|recht|zu|stut|zen⟩ **1** etwas ~ *auf ein gewünschtes Maß stutzen* **2** ⟨übertr.⟩ jmdn. ~ *jmdn. heftig ermahnen, ihn in seine Schranken weisen* ▸ eine Hecke ~

zu|rẹcht|wei|sen ⟨V. trans.; weist zu|recht, wies zu|recht, hat zu|recht|ge|wie|sen, zu|recht|zu|wei|sen⟩ jmdn. ~ *tadeln;* Abl *Zurechtweisung*

zu|re|den ⟨V. intr.; re|det zu, re|de|te zu, hat zu|ge|re|det, zu|zu|re|den⟩ jmdm. ~ *jmdn. durch Reden beeinflussen* ▸ jmdm. gut ~; auf langes Zureden hin erklärte er sich endlich bereit dazu

zu|rei|ten ⟨V.⟩ **I** ⟨V. trans.; rei|tet zu, ritt zu, hat zu|ge|rit|ten, zu|zu|rei|ten⟩ ein Pferd ~ *durch Reiten an den Reiter u. an die Hilfen gewöhnen* **II** ⟨V. intr.; rei|tet zu, ritt zu, ist zu|ge|rit|ten, zu|zu|rei|ten⟩ auf jmdn. od. etwas ~ *in Richtung auf jmdn. od. einen Ort reiten* ▸ auf den Wald ~

zu|rich|ten ⟨V. trans.; rich|tet zu, rich|te|te zu, hat zu|ge|rich|tet, zu|zu|rich|ten⟩ **1** etwas ~ *zum Gebrauch herrichten, zubereiten;* Abl *Zurichtung* **2** jmdn. od. etwas irgendwie ~ *in einen schlechten Zustand bringen, beschädigen* ▸ er wurde bei einer Schlägerei übel zugerichtet

zụ̈r|nen ⟨V. intr.; zürnt, zürn|te, hat ge|zürnt⟩ jmdm. ~ *sehr ärgerlich auf jmdn. sein*

zu|rol|len ⟨V.⟩ **I** ⟨V. trans.; rollt zu, roll|te zu, hat zu|ge|rollt, zu|zu|rol|len⟩ etwas auf jmdn. od. etwas ~ *zu jmdm. od. etwas hinrollen* **II** ⟨V. intr.; rollt zu, roll|te zu, ist zu|ge|rollt, zu|zu|rol|len⟩ auf jmdn. od. etwas ~ *zu jmdm. od. etwas hinrollen, sich rollend nähern* ▸ der Ball rollte auf uns zu

zu|rụ̈ck ⟨Adv.⟩ **1** *an den Ausgangspunkt, wieder am gleichen Ort* **2** *zurückgeblieben, noch nicht sehr weit entwickelt* ▸ ~! *halt!, nicht weitergehen!;* es gibt kein Zurück mehr ⟨übertr.⟩ *keine Umkehr, es ist unabänderlich;* ~ sein; sie ist wieder ~ *zurückgekommen;* ich bin in fünf Minuten (wieder) ~; in Deutsch und Mathematik ist er sehr ~; er ist in seiner Entwicklung etwas ~; die Fahrt hin und ~ kostet 15 Euro; einmal Hamburg und ~!

zu|rụ̈ck... ⟨in Zus.⟩ **1** *(wieder) zum Ausgangspunkt hin,* z. B. zurückgehen, zurückstellen **2** *(wieder) zum Ursprünglichen,* z. B. zurückbilden, zurückgeben **3** *am Ausgangspunkt, hinter sich,* z. B. zurückbleiben, zurücklassen; →a. *rück...*

zu|rụ̈ck|be|hal|ten ⟨V. trans.; be|hält zu|rück, be|hielt zu|rück, hat zu|rück|be|hal|ten, zu|rück|zu|be|hal|ten⟩ etwas ~ *bei sich behalten, nicht weggeben* ▸ er behielt auch etwas für sich zurück

zu|rụ̈ck|be|kom|men ⟨V. trans.; be|kommt zurück, be|kam zu|rück, hat zu|rück|be|kom|men, zu|rück|zu|be|kom|men⟩ etwas ~ *wiederbekommen, nachdem man es weggegeben hatte* ▸ ich habe das verliehene Buch endlich ~; ich bekomme noch einen Euro zurück

zu|rụ̈ck|beu|gen ⟨V. trans.; beugt zu|rück, beug|te zu|rück, hat zu|rück|ge|beugt, zu|rück|zu|beu|gen⟩ den Oberkörper, sich ~ *nach hinten beugen*

zu|rụ̈ck|bil|den ⟨V. refl.; bil|det sich zu|rück, bil|de|te sich zu|rück, hat sich zu|rück|ge|bil|det, sich zu|rück|zu|bil|den⟩ sich ~ **1** *in der Entwicklung allmählich wieder zu einem früheren Stadium zurückkehren* **2** *schrumpfen, kleiner werden* ▸ die Geschwulst hat sich zurückgebildet

zu|rụ̈ck|bin|den ⟨V. trans.; bin|det zu|rück, band zu|rück, hat zu|rück|ge|bun|den, zu|rück|zu|bin|den⟩ die Haare ~ *nach hinten binden*

zu|rụ̈ck|blät|tern ⟨V. intr.; blät|tert zu|rück, blät|ter|te zu|rück, hat zu|rück|ge|blät|tert, zu|rück|zu|blät|tern⟩ *(in einem Buch) noch einmal nach vorn blättern* ▸ zwei Seiten ~

zu|rụ̈ck|blei|ben ⟨V. intr.; bleibt zu|rück, blieb zurück, ist zu|rück|ge|blie|ben, zu|rück|zu|blei|ben⟩ **1** *nicht Schritt halten, nicht mitkommen* **2** *dableiben, verweilen (an einem Ort)* **3** ⟨übertr.⟩ *ein Leistungsziel nicht erreichen (in der Schule)* **4** *übrig bleiben, überdauern* ▸ er ist in diesem Schuljahr so zurückgeblieben, dass er das Klassenziel nicht erreichen wird ▸ es werden viele schöne Erinnerungen ~; es bleiben keine dauernden Schäden zurück ▸ der Läufer ist weit hinter den anderen zurückgeblieben; die Arbeit blieb weit hinter meinen Erwartungen zurück; in der Heimat, Fremde ~; durch die Krankheit bin ich mit meiner Arbeit zurückgeblieben ▸ ein geistig zurückgebliebenes Kind

zu|rụ̈ck|bli|cken ⟨V. intr.; blickt zu|rück, blick|te zu|rück, hat zu|rück|ge|blickt, zu|rück|zu|bli|cken⟩ **1** *nach hinten blicken, sich umsehen* **2** ⟨übertr.⟩ *sich erinnern, Vergangenes vom augenblicklichen Standpunkt aus überschauen* ▸ als der Zug abfuhr, blickte er sehnsüchtig, traurig zurück; auf sein Leben, auf die Vergangenheit ~

zu|rụ̈ck|brin|gen ⟨V. trans.; bringt zu|rück, brach|te zu|rück, hat zu|rück|ge|bracht, zu|rück|zu|brin|gen⟩ jmdn. od. etwas ~ *wieder an den Ausgangsort od. zum ursprüngl. Besitzer bringen* ▸ er brachte das entwendete Buch zurück

zu|rụ̈ck|den|ken ⟨V. intr.; denkt zu|rück, dach|te zu|rück, hat zu|rück|ge|dacht, zu|rück|zu|den|ken⟩ *an zurückliegendes Geschehen, an einen zurückliegenden Zeitpunkt denken* ▸ so weit ich ~ kann *so weit meine Erinnerung reicht;* wenn ich so an meine Jugendzeit zurückdenke …

zu|rụ̈ck|drän|gen ⟨V. trans.; drängt zu|rück, drängte zu|rück, hat zu|rück|ge|drängt, zu|rück|zu|drän|gen⟩ **1** jmdn. od. etwas ~ *nach hinten, an den Ausgangspunkt drängen* **2** ⟨übertr.⟩ etwas ~

unterdrücken, nicht zeigen ▸ er musste die Menge der Schaulustigen ~; seine Vorbehalte ~

zu|rụ̈ck|dre|hen ⟨V. trans.; dreht zu|rück, dreh|te zu|rück, hat zu|rück|ge|dreht, zu|rück|zu|dre-hen⟩ etwas ~ *rückwärtsdrehen, nach hinten drehen, auf einen zurückliegenden Punkt drehen* ▸ den Uhrzeiger ~; man kann die Zeit nicht ~ ⟨übertr.⟩ *Geschehenes kann man nicht ungeschehen machen*

zu|rụ̈ck|er|obern ⟨V. trans.; er|obert zu|rück, er-ober|te zu|rück, hat zu|rück|er|obert, zu|rück|zu-er|obern⟩ etwas ~ *wiedererobern, nachdem man es verloren hatte* ▸ ein Land ~

zu|rụ̈ck|er|stat|ten ⟨V. trans.; er|stat|tet zu|rück, er-stat|te|te zu|rück, hat zu|rück|er|stat|tet, zu|rück-zu|er|stat|ten; verstärkend⟩ (jmdm.) etwas ~ *erstatten, zurückgeben* ▸ jmdm. ausgelegtes Geld ~

zu|rụ̈ck|fah|ren ⟨V.⟩ **I** ⟨V. intr.; fährt zu|rück, fuhr zu|rück, ist zu|rück|ge|fah|ren, zu|rück|zu|fah-ren⟩ *wieder zum Ausgangspunkt fahren* ▸ wir können den gleichen Weg ~; ich werde mit dem Bus, der Bahn ~ **II** ⟨V. trans.; fährt zu|rück, fuhr zu|rück, hat zu|rück|ge|fah|ren, zu|rück|zu-fah|ren⟩ jmdn. ~ *wieder zum Ausgangspunkt fahren, mit einem Fahrzeug zurückbringen* ▸ wir werden euch heute Abend nach Hause ~

zu|rụ̈ck|fal|len ⟨V. intr.; fällt zu|rück, fiel zu|rück, ist zu|rück|ge|fal|len, zu|rück|zu|fal|len⟩ **1** *nach hinten fallen* **2** *nicht mehr mithalten können u. den Anschluss verlieren* **3** an jmdn. ~ *wieder in das vorige Eigentum, den vorigen Besitz übergehen* **4** auf jmdn. ~ *dem Verantwortlichen selbst schaden* ▸ der Junge ist im letzten halben Jahr (in der Schule) sehr zurückgefallen *in seinen Leistungen schlechter geworden;* sein Kopf fiel zurück ▸ die Mehrwertsteuer fällt wieder an den Staat zurück; deine Tat wird auf dich ~; in der letzten Runde fiel er auf den dritten Platz zurück ⟨Sp.⟩

zu|rụ̈ck|fin|den ⟨V. intr.; fin|det zu|rück, fand zu-rück, hat zu|rück|ge|fun|den, zu|rück|zu|fin|den⟩ **1** *den Weg zum Ausgangspunkt finden* **2** *zurückkehren* ▸ ich finde auch allein zurück; der verlorene Sohn hat ins Elternhaus zurückgefunden; zu sich selbst ~ ⟨übertr.⟩

zu|rụ̈ck|flie|gen ⟨V. intr.; fliegt zu|rück, flog zu-rück, ist zu|rück|ge|flo|gen, zu|rück|zu|flie|gen⟩ *wieder zum Ausgangsort fliegen*

zu|rụ̈ck|flie|ßen ⟨V. intr.; fließt zu|rück, floss zu-rück, ist zu|rück|ge|flos|sen, zu|rück|zu|flie|ßen⟩ **1** *wieder zum Ausgangsort fließen* **2** ⟨übertr.⟩ *wieder an den Ausgangspunkt gelangen* (Geld) ▸ das Kapital floss an den Investor zurück

zu|rụ̈ck|for|dern ⟨V. trans.; for|dert zu|rück, for-der|te zu|rück, hat zu|rück|ge|for|dert, zu|rück-zu|for|dern⟩ etwas ~ *die Rückgabe fordern, wiederhaben wollen* ▸ verliehene Bücher ~

zu|rụ̈ck|fra|gen ⟨V. intr.; fragt zu|rück, frag|te zu-rück, hat zu|rück|ge|fragt, zu|rück|zu|fra|gen⟩ *eine Rückfrage stellen*

zu|rụ̈ck|füh|ren ⟨V.; führt zu|rück, führ|te zu|rück, hat zu|rück|ge|führt, zu|rück|zu|füh|ren⟩ **I** ⟨V. intr.⟩ *wieder zum Ausgangspunkt führen* ▸ dieser Weg führt wieder, führt nicht zurück **II** ⟨V. trans.⟩ **1** jmdn. ~ *wieder zum Ausgangspunkt führen, geleiten* **2** ⟨übertr.⟩ etwas auf etwas ~ *etwas durch etwas erklären, die Ursache von etwas in etwas sehen* ▸ ich führte sie zu ihrem Platz zurück; das führt mich auf mein eigentliches Anliegen zurück ⟨übertr.⟩; das Unfall ist auf seinen Leichtsinn zurückzuführen ⟨übertr.⟩

zu|rụ̈ck|ge|ben ⟨V. trans.; gibt zu|rück, gab zu-rück, hat zu|rück|ge|ge|ben, zu|rück|zu|ge|ben⟩ **1** (jmdm.) etwas ~ *etwas geben, was er schon einmal hatte;* Abl *Zurückgabe* **2** etwas ~ *antworten, erwidern, entgegnen* ▸ unser Lehrer will uns morgen die Aufsätze ~; kannst du mir das Buch nächste Woche ~?; er hatte vergessen, mir das Geld zurückzugeben

zu|rụ̈ck|ge|hen ⟨V. intr. u. V. trans.; geht zu|rück, ging zu|rück, ist zu|rück|ge|gan|gen, zu|rück|zu-ge|hen⟩ **1** *wieder an den Ausgangspunkt gehen, zurückkehren* **2** (einen Schritt) ~ *nach hinten gehen* **3** ⟨übertr.⟩ **3.1** *zurückgeschickt werden* **3.2** *geringer werden, nachlassen, sinken* **3.3** auf jmdn. od. etwas ~ *seinen Ursprung in jmdm. od. etwas haben* ▸ ich habe meinen Schirm vergessen, ich muss noch einmal ~ (ins Haus) ▸ die Börsenkurse sind in letzter Zeit zurückgegangen ⟨übertr.⟩; die Entzündung geht langsam zurück ⟨übertr.⟩; das Hochwasser geht zurück ⟨übertr.⟩; bitte einen Schritt ~; der Umsatz geht stark zurück ⟨übertr.⟩; wir wollen denselben Weg, ⟨od.⟩ auf demselben Weg ~ ▸ ich möchte das Gerät ~ lassen *nicht kaufen, zurückgeben* ▸ dieser Brauch geht noch auf die Germanen zurück; sie geht wieder in den Beruf zurück

zu|rụ̈ck|ge|win|nen ⟨V. trans.; ge|winnt zu|rück, ge|wann zu|rück, hat zu|rück|ge|won|nen, zu-rück|zu|ge|win|nen⟩ jmdn. od. etwas ~ *wiedergewinnen, erneut in seinen Besitz bringen* ▸ jmds. Zuneigung ~

zu|rụ̈ck|ge|zo|gen → *zurückziehen;* Abl *Zurückgezogenheit*

zu|rụ̈ck|grei|fen ⟨V. intr.; greift zu|rück, griff zu-rück, hat zu|rück|ge|grif|fen, zu|rück|zu|grei|fen⟩ **1** *in der Vergangenheit beginnen* **2** auf etwas ~ *etwas (Gesammeltes, Aufbewahrtes) hervorholen* ▸ wenn ich das erzählen will, muss ich weit ~; ich muss auf meine Vorräte ~; im Notfall greife ich gern auf Ihr Angebot, auf Ihre Hilfe zurück *mache ich gern von Ihrem A., Ihrer H. Gebrauch*

zu|rụ̈ck|ha|ben ⟨V. trans.; hat zu|rück, hat|te zu-rück, hat zu|rück|ge|habt, zu|rück|zu|ha|ben; umg.⟩ etwas ~ *zurückbekommen (haben)* ▸ ich möchte das Geld morgen ~; habt ihr eure Mathematikarbeit schon zurück?

zu|rụ̈ck|hal|ten ⟨V.; hält zu|rück, hielt zu|rück, hat zu|rück|ge|hal|ten, zu|rück|zu|hal|ten⟩ **I** ⟨V. trans.⟩ **1** jmdn. ~ *festhalten, aufhalten, am Weggehen, am Tun hindern* **2** etwas ~ *in Besitz behalten, nicht herausgeben* ▸ du solltest deine Gefühle mehr ~ ⟨übertr.⟩; sie konnte ihre Tränen nicht länger ~ ⟨übertr.⟩; ich konnte ihn gerade noch davon, davor ~, eine Dummheit zu bege-

Z

hen **II** ⟨V. refl.; übertr.⟩ **1** sich ~ *sich beherrschen, sein Gefühl od. seine Meinung verbergen, sich nicht einmischen;* Abl *Zurückhaltung* **2** sich mit etwas ~ *etwas noch nicht sagen, es verbergen* ▸ sich mit seiner Meinung, seinem Urteil ~

zu|rụ̈ck|hal|tend **I** ⟨Part. Präs. von⟩ *zurückhalten* **II** ⟨Adj.⟩ *unaufdringlich, nicht zu gesprächig, sich abwartend verhaltend, seine Gefühle verbergend* ▸ sie ist sehr ~; sie hat eine ~e Art; er verhielt sich zunächst ~

zu|rụ̈ck|ho|len ⟨V. trans.; holt zu|rück, hol|te zurück, hat zu|rück|ge|holt, zu|rück|zu|ho|len⟩ jmdn. od. etwas ~ *wieder zum Ausgangs-, Ursprungsort holen*

zu|rụ̈ck|kau|fen ⟨V. trans.; kauft zu|rück, kauf|te zu|rück, hat zu|rück|ge|kauft, zu|rück|zu|kau|fen⟩ etwas ~ *etwas erneut kaufen, was man verkauft hatte* ▸ ein Grundstück, Aktien ~

zu|rụ̈ck|keh|ren ⟨V. intr.; kehrt zu|rück, kehr|te zu|rück, ist zu|rück|ge|kehrt, zu|rück|zu|keh|ren⟩ **1** *zurückkommen* **2** *nach Hause kommen, heimkehren* **3** *wieder am Ausgangspunkt ankommen* **4** ⟨übertr.⟩ *sich wieder einstellen, wieder verfügbar werden* ▸ er verließ die Stadt und kehrte nie wieder zurück; langsam kehrte das Bewusstsein zurück (nach einer Ohnmacht); wir sind heute von einer längeren Reise zurückgekehrt

zu|rụ̈ck|kom|men ⟨V. intr.; kommt zu|rück, kam zu|rück, ist zu|rück|ge|kom|men, zu|rück|zu-kom|men⟩ **1** *wieder zum Ausgangsort kommen* **2** *sich wieder einstellen, wieder verfügbar werden* **3** ⟨übertr.⟩ auf etwas ~ *etwas wieder aufgreifen, erneut behandeln, besprechen* ▸ er wird morgen aus dem Urlaub ~; auf ein Thema, einen Vorschlag ~ ⟨übertr.⟩; er kommt immer wieder darauf zurück ⟨übertr.⟩ *er spricht ständig davon*

zu|rụ̈ck|kön|nen ⟨V. intr.; kann zu|rück, konn|te zu|rück, hat zu|rück|ge|konnt, zu|rück|zu|können; umg.⟩ *zurückgehen, zurückkommen können* ▸ ich kann nicht mehr zurück ⟨übertr.⟩ *ich kann die Entscheidung nicht mehr rückgängig machen*

zu|rụ̈ck|las|sen ⟨V. trans.; lässt zu|rück, ließ zurück, hat zu|rück|ge|las|sen, zu|rück|zu|las|sen⟩ jmdn. od. etwas ~ *an einem Ort, einem Platz lassen (u. sich entfernen)* ▸ einen Koffer ~; der Verunglückte lässt drei kleine Kinder ~; hat er keine Nachricht zurückgelassen?

zu|rụ̈ck|lau|fen ⟨V. intr.; läuft zu|rück, lief zu|rück, ist zu|rück|ge|lau|fen, zu|rück|zu|lau|fen⟩ *wieder zum Ausgangspunkt laufen, nach hinten laufen*

zu|rụ̈ck|le|gen ⟨V. trans.; legt zu|rück, leg|te zurück, hat zu|rück|ge|legt, zu|rück|zu|le|gen⟩ **1** etwas ~ **1.1** *beiseitelegen, aufbewahren* **1.2** *nach hinten legen* **2** Geld ~ *sparen* **3** eine Strecke, einen Weg ~ *hinter sich bringen* ▸ 50 Kilometer in der Stunde ~; können Sie mir die Konzertkarten bis morgen ~?; den Kopf in die Kissen ~

zu|rụ̈ck|leh|nen ⟨V. trans.; lehnt zu|rück, lehn|te zu|rück, hat zu|rück|ge|lehnt, zu|rück|zu|leh|nen⟩ sich od. etwas ~ *nach hinten lehnen* ▸ sich (beruhigt) ~ können ⟨übertr.⟩ *sich nach dem Erreichen eines Ziels entspannen können*

zu|rụ̈ck|lie|gen ⟨V. intr.; liegt zu|rück, lag zu|rück, hat zu|rück|ge|le|gen, zu|rück|zu|lie|gen⟩ **1** *in der Vergangenheit liegen* **2** (hinter jmdm.) ~ *(in einem Wettkampf, -bewerb) weiter hinten liegen* ▸ es liegt jetzt fünf Jahre zurück, dass ich sie gesehen habe; sie liegen bereits mehrere Punkte hinter der gegnerischen Mannschaft zurück

zu|rụ̈ck|mel|den ⟨V. refl.; mel|det sich zu|rück, mel|de|te sich zu|rück, hat sich zu|rück|ge|meldet, sich zu|rück|zu|mel|den⟩ sich ~ *seine Rückkehr melden* ▸ sich nach dem Urlaub ~

zu|rụ̈ck|müs|sen ⟨V. intr.; muss zu|rück, muss|te zu|rück, hat zu|rück|ge|musst, zu|rück|zu|müssen; umg.⟩ *zurückfahren, -gehen müssen* ▸ diese Datei muss in die Erfassung zurück

zu|rụ̈ck|neh|men ⟨V.⟩ **I** ⟨V. trans.⟩ etwas ~ **1** *etwas, das zurückgegeben wird, annehmen, wieder in Empfang nehmen;* Abl *Zurücknahme* **2** *nach hinten verlagern* (Körperteil) **3** ⟨übertr.⟩ *widerrufen, rückgängig machen* ▸ er hat sein Angebot zurückgenommen ⟨übertr.⟩; er hat die Klage zurückgenommen ⟨übertr.⟩; die Schultern ~; du kannst deine Versprechen nicht mehr ~ ⟨übertr.⟩; die Ware kann nicht zurückgenommen werden **II** ⟨V. refl.⟩ sich ~ *sich zurückhalten, sich zügeln*

zu|rụ̈ck|pral|len ⟨V. intr.; prallt zu|rück, prall|te zu|rück, ist zu|rück|ge|prallt, zu|rück|zu|pral|len⟩ *beim Aufschlag abprallen* (Ball, Stein)

zu|rụ̈ck|rei|chen ⟨V.; reicht zu|rück, reich|te zurück, hat zu|rück|ge|reicht, zu|rück|zu|rei|chen⟩ **I** ⟨V. trans.⟩ jmdm. etwas ~ *zurück-, wiedergeben* ▸ einem Passanten die Ausweispapiere ~ **II** ⟨V. intr.⟩ *sich zurückverfolgen lassen, entstanden sein* ▸ die Anfänge der Handwerkskunst reichen bis ins Mittelalter zurück

zu|rụ̈ck|rei|sen ⟨V. intr.; reist zu|rück, reis|te zurück, ist zu|rück|ge|reist, zu|rück|zu|rei|sen⟩ *wieder an den Ausgangsort reisen* ▸ nach Hause ~

zu|rụ̈ck|ru|fen ⟨V.; ruft zu|rück, rief zu|rück, hat zu|rück|ge|ru|fen, zu|rück|zu|ru|fen⟩ **I** ⟨V. intr.⟩ *jmdn. wieder anrufen* ▸ ich habe im Augenblick keine Zeit, ich rufe in zehn Minuten zurück **II** ⟨V. trans.⟩ **1** jmdn. ~ *zur Rückkehr, zum Umkehren rufen, auffordern* **2** etwas ~ **2.1** *zur Rücksendung, Rückführung auffordern* **2.2** *als Antwort rufen* ▸ die Kinder ~; jmdn. wegen dringender Geschäfte aus dem Urlaub ~; sich etwas ins Gedächtnis ~ *sich an etwas erinnern*

zu|rụ̈ck|schau|en ⟨V. intr.; schaut zu|rück, schau|te zu|rück, hat zu|rück|ge|schaut, zu|rück|zu|schau-en⟩ **1** *nach hinten schauen* **2** ⟨übertr.⟩ *in die Vergangenheit blicken, sich erinnern* ▸ nicht ~

zu|rụ̈ck|scheu|en ⟨V. intr.; scheut zu|rück, scheu-te zu|rück, ist zu|rück|ge|scheut, zu|rück|zu-scheu|en⟩ vor etwas ~ *erschrocken zurückweichen*

zu|rụ̈ck|schi|cken ⟨V. trans.; schickt zu|rück, schick|te zu|rück, hat zu|rück|ge|schickt, zurück|zu|schii|cken⟩ jmdn. od. etwas ~ *an den Ausgangsort schicken* ▸ die Sendung soll an den Absender zurückgeschickt werden

zu|rụ̈ck|schie|ben ⟨V. trans.; schiebt zu|rück,

Z

schob zu|rück, hat zu|rück|ge|scho|ben, zu|rück-zu|schie|ben⟩ etwas ~ *nach hinten schieben*

zu|rück|schla|gen ⟨V.; schlägt zu|rück, schlug zu-rück, hat zu|rück|ge|schla|gen, zu|rück|zu|schla-gen⟩ **I** ⟨V. trans.⟩ **1** einen Ball ~ *in die Gegen-richtung schlagen* **2** eine Decke ~ *umklappen, aufklappen* **3** ⟨übertr.⟩ einen Angriff ~ *abwehren* **II** ⟨V. trans. u. V. intr.⟩ (jmdn.) ~ *jmdn. schla-gen, von dem man zuvor geschlagen wurde* ▸ er wehrte den Schlag ab und schlug zurück **III** ⟨V. intr.; übertr.⟩ *sich zur Wehr setzen, sich rächen* ▸ die Partei schlug zurück

zu|rück|schnei|den ⟨V. trans.; schnei|det zu|rück, schnitt zu|rück, hat zu|rück|ge|schnit|ten, zu-rück|zu|schnei|den⟩ Bäume, Sträucher, Hecken ~ *nachgewachsene Triebe abschneiden, stutzen* ▸ die Staude muss zurückgeschnitten werden

zu|rück|schnel|len ⟨V. intr.; schnellt zu|rück, schnell|te zu|rück, ist zu|rück|ge|schnellt, zu-rück|zu|schnel|len⟩ *an den Ausgangspunkt schnellen, federnd zurückspringen* ▸ beim Loslas-sen schnellte die Feder zurück

zu|rück|schrau|ben ⟨V. trans.; schraubt zu|rück, schraub|te zu|rück, hat zu|rück|ge|schraubt, zu-rück|zu|schrau|ben; übertr.; umg.⟩ etwas ~ *ein-schränken* ▸ seine Erwartungen ~

zu|rück|schre|cken ⟨V. intr.; schreckt/schrickt zu-rück, schreck|te/schrak zu|rück, ist zu|rück|ge-schreckt/zu|rück|ge|schro|cken, zu|rück|zu-schre|cken⟩ **1** *erschrecken u. zurückweichen* **2** vor etwas ~ *etwas nicht tun wollen, weil man Angst, Skrupel hat* ▸ der Gedanke an die Kosten ließ ihn davor ~; er schreckt vor nichts zurück

zu|rück|schrei|ben ⟨V. intr.; schreibt zu|rück, schrieb zu|rück, hat zu|rück|ge|schrie|ben, zu-rück|zu|schrei|ben⟩ (jmdm.) ~ *wieder an jmdn. schreiben, schriftlich antworten*

zu|rück|seh|nen ⟨V. refl.; sehnt sich zu|rück, sehn-te sich zu|rück, hat sich zu|rück|ge|sehnt, sich zu|rück|zu|seh|nen⟩ **1** sich nach jmdm. ~ *gern wieder bei jmdm. sein wollen* **2** sich nach etwas ~ *etwas gern wiederhaben, wieder erleben wollen* ▸ ich sehne mich nach der schönen Zeit zurück

zu|rück|sen|den ⟨V. trans.; sen|det zu|rück, sand-te/sen|de|te zu|rück, hat zu|rück|ge|sandt/zu-rück|ge|sen|det, zu|rück|zu|sen|den⟩ etwas ~ *an den Ausgangsort senden*

zu|rück|set|zen ⟨V.; setzt zu|rück, setz|te zu|rück, hat zu|rück|ge|setzt, zu|rück|zu|set|zen⟩ **I** ⟨V. trans.⟩ **1** jmdn., sich od. etwas ~ **1.1** *wieder an den alten Platz (hin)setzen* **1.2** *nach hinten setzen* **2** ein Auto ~ *rückwärtsbewegen, rückwärtsfahren* **3** ⟨übertr.⟩ jmdn. ~ *benachteiligen, auf kränken-de Weise weniger beachten als andere;* Abl *Zu-rücksetzung* ▸ die Ware im Preis ~ ⟨umg.⟩ *den Preis einer W. herabsetzen;* den Wagen drei Me-ter ~; sie setzte die Vase auf den Tisch zurück; bei deinem Verhalten muss sie sich zurückge-setzt fühlen ⟨übertr.⟩ **II** ⟨V. intr.⟩ *zurückfahren* ▸ plötzlich setzte der Bus zurück

zu|rück|ste|cken ⟨V.; steckt zu|rück, steck|te zu-rück, hat zu|rück|ge|steckt, zu|rück|zu|ste|cken⟩ **I** ⟨V. trans.⟩ etwas ~ **1** *weiter nach hinten stecken* **2** *wieder an die alte Stelle stecken* ▸ ich habe den Brief in den Umschlag zurückgesteckt **II** ⟨V. intr.⟩ ~ müssen *verzichten müssen* ▸ er musste ~

zu|rück|ste|hen ⟨V. intr.; steht zu|rück, stand zu-rück, hat (süddt., österr., schweiz.: ist) zu|rück-ge|stan|den, zu|rück|zu|ste|hen⟩ **1** *weiter hinten stehen* **2** ⟨übertr.⟩ **2.1** *hintangesetzt, benachteiligt werden* **2.2** *anderen den Vortritt lassen, sich nicht an etwas beteiligen* ▸ er muss immer hinter sei-nem Bruder ~; die Renovierung des Hauses muss zunächst noch ~ *kann vorläufig nicht durchgeführt werden*

zu|rück|stel|len ⟨V. trans.; stellt zu|rück, stell|te zu-rück, hat zu|rück|ge|stellt, zu|rück|zu|stel|len⟩ et-was ~ **1** *wieder an den alten Platz stellen* **2** *weiter nach hinten stellen* **3** ⟨übertr.⟩ **3.1** *hintansetzen;* Zus *Zurückstellung* **3.2** *zeitlich verschieben* **3.3** *für einen bestimmten Kunden aufbewahren, zurück-legen* ▸ ich musste meine eigenen Pläne zunächst ~ ⟨übertr.⟩; eine Ware bis zum Abend ~ lassen (um sie abzuholen od. noch einmal anzusehen) ⟨übertr.⟩; den Zeiger der Uhr fünf Minuten ~ *fünf Minuten früher einstellen;* stell bitte den Stuhl wieder an seinen Platz zurück; aus ge-sundheitlichen Gründen wurde er vom Militär-dienst zurückgestellt ⟨übertr.⟩ *nicht zum M. einberufen*

zu|rück|sto|ßen ⟨V. trans.; stößt zu|rück, stieß zu-rück, hat zu|rück|ge|sto|ßen, zu|rück|zu|sto|ßen⟩ jmdn. od. etwas ~ *wegstoßen, nach hinten stoßen* ▸ sein Verhalten stößt mich zurück ⟨übertr.⟩

zu|rück|strö|men ⟨V. intr.; stömt zu|rück, ström|te zu|rück, ist zu|rück|ge|strömt, zu|rück|zu|strö-men⟩ *an den Ausgangspunkt strömen* ▸ das Was-ser strömt zurück; die Menschen strömten zu-rück in den Saal ⟨übertr.⟩

zu|rück|stu|fen ⟨V. trans.; stuft zu|rück, stuf|te zu|rück, hat zu|rück|ge|stuft, zu|rück|zu|stu|fen⟩ **1** jmdn. ~ *in eine niedrigere Stufe, Rangfolge ein-ordnen* **2** ⟨übertr.⟩ etwas ~ *einschränken, verrin-gern* ▸ einen Verein aus der Regionalliga in die Verbandsliga ~; er wurde in eine andere Ge-haltsklasse zurückgestuft

zu|rück|trei|ben ⟨V. trans.; treibt zu|rück, trieb zu-rück, hat zu|rück|ge|trie|ben, zu|rück|zu|trei|ben⟩ **1** jmdn. od. ein Tier ~ *an den Ausgangsort trei-ben, vertreiben* **2** etwas ~ *nach hinten, in die Ge-genrichtung treiben* ▸ Angreifer ~; die Strömung trieb das Boot zurück; Kühe in den Stall ~

zu|rück|tre|ten ⟨V. intr.; tritt zu|rück, trat zu|rück, hat zu|rück|ge|tre|ten, zu|rück|zu|tre|ten⟩ **1** *nach hinten, in die Gegenrichtung treten* **2** jmdn. ~ *jmdn. treten, von dem man vorher getreten wurde* **3** ⟨übertr.⟩ (gegenüber od. hinter etwas) ~ *weni-ger werden, sich verringern (im Vergleich zu etwas anderem)* **4** ⟨übertr.⟩ (von etwas) ~ **4.1** *einen Posten, ein Amt aufgeben, sich davon zurückzie-hen* **4.2** *von einem Recht keinen Gebrauch ma-chen* **4.3** *eine (Kauf-)Vereinbarung rückgängig machen* ▸ jetzt müssen alle anderen Pläne hinter dieser Aufgabe ~; die Regierung ist gestern zurückgetreten; in den Schatten des Baumes ~; sie können von dem Kauf binnen 14 Tagen ~

zu|rụ̈ck|ver|fol|gen ⟨V. trans.; ver|folgt zu|rück, ver|folg|te zu|rück, hat zu|rück|ver|fol|gt, zu-rück|zu|ver|fol|gen⟩ etwas ~ *in die Vergangenheit verfolgen* ▸ E-Mails bis zum Ursprung ~

zu|rụ̈ck|ver|lan|gen ⟨V. trans.; ver|langt zu|rück, ver|lang|te zu|rück, hat zu|rück|ver|langt, zu-rück|zu|ver|lan|gen⟩ etwas ~ *die Rückgabe von etwas verlangen* ▸ ein verliehenes Buch ~

zu|rụ̈ck|ver|set|zen ⟨V.; ver|setzt zu|rück, ver|setz-te zu|rück, hat zu|rück|ver|setzt, zu|rück|zu|ver-set|zen⟩ **I** ⟨V. trans.⟩ **1** etwas ~ *in seinen früheren Zustand versetzen* **2** jmdn. ~ *auf einen niedrigeren Posten versetzen* **II** ⟨V. refl.⟩ sich in eine Zeit, eine Lage ~ *sich daran erinnern, sie sich vorstellen* ▸ sich in seine Kindheit ~

zu|rụ̈ck|wei|chen ⟨V. intr.; weicht zu|rück, wich zu|rück, ist zu|rück|ge|wi|chen, zu|rück|zu|wei-chen⟩ **1** (vor jmdm. od. etwas) ~ **1.1** *nach hinten weichen* **1.2** *sich zurückziehen, fliehen* **2** ⟨übertr.⟩ vor etwas ~ *einer Drohung, Forderung nachgeben* ▸ die Menge wich vor den Angreifern zurück; die Gewerkschaft weicht in ihren Forderungen nicht zurück; ~des Wasser

zu|rụ̈ck|wei|sen ⟨V. trans.; weist zu|rück, wies zu|rück, ist zu|rück|ge|wie|sen, zu|rück|zu|wei-sen⟩ **1** jmdn. (an der Grenze) ~ *zurückschicken* **2** jmdn. od. etwas ~ *abweisen, ablehnen, verneinen;* Abl *Zurückweisung* ▸ er wies die Forderung energisch zurück; jmdn. in seine Grenzen ~ *jmdm. klarmachen, dass er seine G. nicht überschreiten darf*

zu|rụ̈ck|wer|fen ⟨V. trans.; wirft zu|rück, warf zu-rück, hat zu|rück|ge|wor|fen, zu|rück|zu|wer|fen⟩ **1** etwas ~ **1.1** *nach hinten werfen* **1.2** *an den Ausgangspunkt werfen* **2** ⟨übertr.⟩ **2.1** jmdn. od. etwas ~ *in einer Entwicklung, Unternehmung eine ungünstige Wende herbeiführen* **2.2** etwas ~ *widerspiegeln, reflektieren* ▸ die neuen Fakten werfen meine Arbeit um Wochen zurück ⟨übertr.⟩

zu|rụ̈ck|wir|ken ⟨V. intr.; wirkt zu|rück, wirk|te zu|rück, hat zu|rück|ge|wirkt, zu|rück|zu|wir-ken⟩ (auf jmdn. od. etwas) ~ *auf den Ausgangspunkt, Ursprung wirken, rückläufig wirken*

zu|rụ̈ck|wol|len ⟨V. intr.; will zu|rück, woll|te zu-rück, hat zu|rück|ge|wollt, zu|rück|zu|wol|len; umg.⟩ *zurückgehen, -fahren, -kommen wollen*

zu|rụ̈ck|wün|schen ⟨V. trans.; wünscht zu|rück, wünsch|te zu|rück, hat zu|rück|ge|wünscht, zu-rück|zu|wün|schen⟩ (sich) jmdn. od. etwas ~ *wünschen, dass jmd. od. etwas zurückkommen möge, wieder da sei* ▸ sich alte Zeiten ~

zu|rụ̈ck|zah|len ⟨V. trans.; zahlt zu|rück, zahl|te zu|rück, hat zu|rück|ge|zahlt, zu|rück|zu|zah|len⟩ Geld ~ *dem Geber zurückgeben* ▸ ich muss meine Schulden noch ~; diese Frechheit werde ich ihm ~! ⟨übertr.; umg.⟩ *vergelten*

zu|rụ̈ck|zie|hen ⟨V.⟩ **I** ⟨V. trans.; zieht zu|rück, zog zu|rück, hat zu|rück|ge|zo|gen, zu|rück|zu-zie|hen⟩ **1** jmdn. od. etwas ~ **1.1** *nach hinten ziehen* **1.2** *an den Ausgangspunkt ziehen* **2** den Vorhang ~ *beiseiteziehen* **3** den Fuß, die Hand ~ *wegziehen* **4** ⟨übertr.⟩ **4.1** die Truppen ~ *zurückbeordern* **4.2** einen Auftrag ~ *widerrufen* ▸ ein Angebot, eine Bewerbung, eine Klage ~ ⟨übertr.⟩; die Firma zog ihr Produkt zurück ⟨übertr.⟩ *nahm es vom Markt;* das Rad, den Wagen ein Stück ~ **II** ⟨V. refl.; zieht zu|rück, zog zu|rück, hat zu|rück|ge|zo|gen, zu|rück|zu|zie-hen⟩ sich ~ **1** *sich zum Ausgangsort begeben* **2** ⟨übertr.⟩ **2.1** *sich absondern* **2.2** *das Leben in der Öffentlichkeit, im Beruf aufgeben* ▸ wir haben uns von ihm zurückgezogen ⟨übertr.⟩ *verkehren nicht mehr mit ihm;* im Alter von 65 Jahren zog er sich von seinen Geschäften zurück ⟨übertr.⟩; die Abgeordneten zogen sich zur Beratung zurück ⟨übertr.⟩; das alte Ehepaar lebt sehr zurückgezogen ⟨übertr.⟩ *einsam;* ein zurückgezogenes Leben führen ⟨übertr.⟩ **III** ⟨V. intr.; zieht zu|rück, zog zu|rück, hat zu|rück|ge|zo|gen, zu-rück|zu|zie|hen⟩ irgendwohin ~ *wieder zum Ausgangsort ziehen* ▸ er ist nach Bremen zurückgezogen

zu̲|ru|fen ⟨V. trans.; ruft zu, rief zu, hat zu|ge|ru-fen, zu|zu|ru|fen⟩ jmdm. etwas ~ *ihm laut auf einige Entfernung etwas kurz mitteilen* ▸ jmdm. einen Befehl, Gruß, eine Warnung ~; Abl *Zuruf*

zur|ze̲it ⟨Adv.⟩ *jetzt, gegenwärtig, derzeit* ▸ ~ geht es ihm besser; Herr K. ist ~ verreist; ⟨aber⟩ zur Zeit Karls des Großen; →a. *Zeit*

Zu̲|sa|ge ⟨die; -, -n⟩ **1** *bejahende, zustimmende Antwort, Annahme (einer Einladung)* **2** *Versprechen* ▸ jmdm. eine ~ geben; ~n nicht einhalten

zu̲|sa|gen ⟨V.; sagt zu, sag|te zu, hat zu|ge|sagt, zu-zu|sa|gen⟩ **I** ⟨V. trans.⟩ (jmdm.) etwas ~ *versprechen* ▸ er hat sein Kommen fest zugesagt **II** ⟨V. intr.⟩ **1** *eine Einladung annehmen* **2** *eine Bewerbung, ein Angebot annehmen* **3** ⟨übertr.⟩ jmdm. ~ *gefallen, angenehm sein* ▸ mein Bruder hat uns zum Essen eingeladen, ich habe bereits zugesagt; seine neue Tätigkeit sagt ihm zu ⟨übertr.⟩

zu|sạm|men ⟨Adv.⟩ **1** *gemeinsam, miteinander* **2** *gleichzeitig* **3** *insgesamt, im Ganzen* ▸ Eltern und Kinder ~; England und Griechenland ~ ▸ wir sind ~ angekommen, eingetroffen; wir haben an diesem Buch, in dieser Firma zwei Jahre lang ~ gearbeitet; unsere Ausgaben betrugen ~ 200 Euro; wir können bis Würzburg ~ fahren; wollen wir ein Stück ~ gehen?; zwei Hamburger, zwei Bier - macht ~ 9 Euro; ~ musizieren, spielen, tanzen; die beiden wollen ein Buch ~ schreiben; sie möchten gern ~ sein; die Kinder spielen viel ~; lass uns den schweren Koffer ~ tragen; wir haben ~ überlegt, was da zu tun sei ▸ ~ mit unseren Freunden; ihr Schmuck hat einen Wert von ~ 1 000 Euro

zu|sạm|men... ⟨in Zus.⟩ **1** *beieinander,* z. B. zusammenbleiben, zusammensitzen **2** *zueinander, in eins,* z. B. zusammenfegen, zusammenkommen **3** *aneinander,* z. B. zusammenbinden, zusammenschweißen **4** *übereinstimmend,* z. B. zusammenklingen, zusammenpassen **5** ⟨umg.⟩ *entzwei, kaputt,* z. B. zusammenschlagen

zu|sạm|men|ar|bei|ten ⟨V. intr.; ar|bei|tet zu|sam|men, ar|bei|te|te zu|sam|men, hat zu|sam|men|ge|ar|bei|tet, zu|sam|men|zu|ar|bei|ten⟩ *gemeinsam (auf ein Ziel hin) arbeiten* ▸ sie haben gut zusammengearbeitet; Abl *Zusammenarbeit*

zu|sạm|men|bal|len ⟨V.; ballt zu|sam|men, ball|te zu|sam|men, hat zu|sam|men|ge|ballt, zu|sam|men|zu|bal|len⟩ **I** ⟨V. trans.⟩ Papier, Schnee ~ *zu einem Knäuel, Klumpen zusammendrücken* **II** ⟨V. refl.⟩ sich ~ *in gedrängter Fülle auftreten, sich dicht zusammendrängen* ▸ Gewitterwolken ballten sich zusammen; Abl *Zusammenballung*

zu|sạm|men|bau|en ⟨V. trans.; baut zu|sam|men, bau|te zu|sam|men, hat zu|sam|men|ge|baut, zu|sam|men|zu|bau|en⟩ etwas ~ *aus einzelnen Teilen aufbauen, zusammensetzen* ▸ Möbel ~

zu|sạm|men|bei|ßen ⟨V. trans.; beißt zu|sam|men, biss zu|sam|men, hat zu|sam|men|ge|bis|sen, zu|sam|men|zu|bei|ßen⟩ die Zähne ~ *aufeinanderbeißen, zusammenpressen* ▸ sie ertrug den Schmerz und biss die Zähne zusammen

zu|sạm|men|bin|den ⟨V. trans.; bin|det zu|sam|men, band zu|sam|men, hat zu|sam|men|ge|bun|den, zu|sam|men|zu|bin|den⟩ etwas ~ *durch Binden vereinigen, verknüpfen* ▸ sich die Haare ~

zu|sạm|men|blei|ben ⟨V. intr.; bleibt zu|sam|men, blieb zu|sam|men, ist zu|sam|men|ge|blie|ben, zu|sam|men|zu|blei|ben⟩ *vereint bleiben, sich nicht trennen* ▸ wir wollen trotz des Streites ~

zu|sạm|men|brau|en ⟨V.; braut zu|sam|men, brau|te zu|sam|men, hat zu|sam|men|ge|braut, zu|sam|men|zu|brau|en⟩ **I** ⟨V. trans.; umg.⟩ ein Getränk ~ *nicht ganz sachgemäß mischen* ▸ sich einen Grog ~ **II** ⟨V. refl.⟩ sich ~ **1** *sich entwickeln* **2** ⟨übertr.⟩ *sich (drohend) ankündigen* ▸ ein Unwetter, ⟨übertr.⟩ Unheil braut sich zusammen

zu|sạm|men|bre|chen ⟨V. intr.; bricht zu|sam|men, brach zu|sam|men, ist zu|sam|men|ge|bro|chen, zu|sam|men|zu|bre|chen⟩ **1** *in Trümmer gehen, einstürzen* (Gebäude) **2** ⟨übertr.⟩ **2.1** *schweren Schaden erleiden, zum Stillstand kommen* (Angriff, Unternehmung) **2.2** *vor Entkräftung erkranken, ohnmächtig werden* **2.3** *einen Nervenzusammenbruch erleiden* **2.4** *den anfänglichen Widerstand völlig aufgeben* ▸ die Brücke brach infolge zu starker Belastung zusammen; für ihn brach eine Welt zusammen ⟨übertr.⟩; die Nahrungsversorgung droht zusammenzubrechen; er brach tot zusammen; Abl *Zusammenbruch*

zu|sạm|men|brin|gen ⟨V. trans.; bringt zu|sam|men, brach|te zu|sam|men, hat zu|sam|men|ge|bracht, zu|sam|men|zu|brin|gen⟩ **1** jmdn. (mit jmdm.) ~ *miteinander bekannt machen* **2** etwas ~ *ansammeln lassen, anhäufen* **3** ⟨übertr.⟩ etwas ~ **3.1** *in einen Zusammenhang bringen* **3.2** ⟨umg.⟩ *sich an den Wortlaut, genauen Zusammenhang von etwas erinnern* ▸ kannst du mich gelegentlich mit ihm ~?; ich möchte die beiden zerstrittenen Brüder gern wieder ~ *versöhnen;* im Laufe seines Lebens hat er ein Vermögen zusammengebracht; ich kann den genauen Wortlaut nicht mehr ~ ⟨übertr.⟩ *ich weiß ihn nicht mehr*

zu|sạm|men|drän|gen ⟨V. trans.; drängt zu|sam|men, dräng|te zu|sam|men, hat zu|sam|men|ge|drängt, zu|sam|men|zu|drän|gen⟩ **1** jmdn. od. etwas ~ *auf engen Raum drängen* **2** ⟨übertr.⟩ etwas ~ *kurz, knapp zusammenfassen* ▸ wir waren auf engsten Raum zusammengedrängt; das sind die Ereignisse der letzten Tage, in wenige Sätze zusammengedrängt ⟨übertr.⟩

zu|sạm|men|drü|cken ⟨V. trans.; drückt zu|sam|men, drück|te zu|sam|men, hat zu|sam|men|ge|drückt, zu|sam|men|zu|drü|cken⟩ etwas ~ *durch Drücken, Pressen flach machen* ▸ die Kleider wurden im Koffer zusammengedrückt

zu|sạm|men|fah|ren ⟨V. intr.; fährt zu|sam|men, fuhr zu|sam|men, ist zu|sam|men|ge|fah|ren, zu|sam|men|zu|fah|ren⟩ **1** *im Fahren aufeinanderstoßen* **2** ⟨übertr.⟩ *vor Schreck zusammenzucken* ▸ dort sind zwei Autos zusammengefahren; vor Schreck ~ ⟨übertr.⟩

zu|sạm|men|fal|len ⟨V. intr.; fällt zu|sam|men, fiel zu|sam|men, ist zu|sam|men|ge|fal|len, zu|sam|men|zu|fal|len⟩ **1** *einstürzen, einsinken* (Gebäude, Teig) **2** ⟨übertr.⟩ **2.1** *abmagern, hager u. faltig werden* **2.2** *zeitlich übereinstimmen, gleichzeitig stattfinden;* Abl *Zusammenfall* ▸ das altersschwache Haus ist zusammengefallen; mein Geburtstag und sein Jubiläum werden ~; der Hefeteig ist wieder zusammengefallen; er sieht ganz zusammengefallen aus *elend u. mager*

zu|sạm|men|fal|ten ⟨V. trans.; fal|tet zu|sam|men, fal|te|te zu|sam|men, hat zu|sam|men|ge|fal|tet, zu|sam|men|zu|fal|ten⟩ **1** etwas ~ *durch Falten aufeinanderlegen u. verkleinern* **2** ⟨übertr.; umg.⟩ jmdn. ~ *ihn scharf zurechtweisen* ▸ einen Briefbogen, die Serviette ~

zu|sạm|men|fas|sen ⟨V. trans.; fasst zu|sam|men, fass|te zu|sam|men, hat zu|sam|men|ge|fasst, zu|sam|men|zu|fas|sen⟩ etwas ~ **1** *kurz das Wichtigste von etwas angeben* **2** *zu einem Ganzen vereinen* ▸ er hat die Besprechung in einem Bericht zusammengefasst; ~d lässt sich sagen, dass die Entwicklung positiver verläuft; ich möchte die Ergebnisse kurz ~; Abl *Zusammenfassung*

zu|sạm|men|fin|den ⟨V. refl.; fin|det sich zu|sam|men, fand sich zu|sam|men, hat sich zu|sam|men|ge|fun|den, sich zu|sam|men|zu|fin|den⟩ sich ~ *sich treffen* ▸ beim Klassentreffen haben wir uns alle wieder einmal zusammengefunden

zu|sạm|men|flie|ßen ⟨V. intr.; fließt zu|sam|men, floss zu|sam|men, ist zu|sam|men|ge|flos|sen, zu|sam|men|zu|flie|ßen⟩ *im Fließen sich vereinigen* ▸ hier fließen zwei Flüsse zusammen; die rote Farbe floss mit der blauen zusammen

zu|sạm|men|fü|gen ⟨V.; fügt zu|sam|men, füg|te zu|sam|men, hat zu|sam|men|ge|fügt, zu|sam|men|zu|fü|gen⟩ **I** ⟨V. trans.; a. übertr.⟩ etwas ~ *zusammensetzen, verbinden, miteinander verbinden* ▸ Scherben ~; einzelne Teile ~; Abl *Zusammenfügung* **II** ⟨V. refl.⟩ sich ~ *zueinanderpassen* ▸ alles hat sich gut zusammengefügt

zu|sạm|men|füh|ren ⟨V. trans.; führt zu|sam|men, führ|te zu|sam|men, hat zu|sam|men|ge|führt, zu-

Z

sam|men|zu|füh|ren› jmdn. (mit jmdm.) ~ *zueinander hinführen, bekannt machen* ▸ er hat uns zusammengeführt; Abl *Zusammenführung*

zu|sam|men|ge|hen ‹V. intr.; geht zu|sam|men, ging zu|sam|men, ist zu|sam|men|ge|gan|gen, zu-sam|men|zu|ge|hen› **1** *sich verbinden, fusionieren* **2** *zueinander passen* ▸ die Parteien wollen ~

zu|sam|men|ge|hö|ren ‹V. intr.; ge|hört zu|sam-men, ge|hör|te zu|sam|men, hat zu|sam|men|ge-hört, zu|sam|men|zu|hö|ren› **1** *eng verbunden sein* **2** *sich zu etwas Gemeinsamem ergänzen* ▸ wer sind die beiden? gehören sie zusammen?; diese beiden Handschuhe gehören zusammen

zu|sam|men|ge|hö|rig ‹Adj.; a. übertr.› *zusammengehörend, eng miteinander verbunden* ▸ ~e Personen, Teile; Abl *Zusammengehörigkeit*

zu|sam|men|ge|wür|felt ‹Adj.› *zufällig vereint* ▸ eine bunt ~e Gesellschaft

Zu|sam|men|halt ‹der; -(e)s; unz.; a. übertr.› *das Aneinanderhaften, Verbundenheit* ▸ der ~ der Klasse ist ziemlich gut

zu|sam|men|hal|ten ‹V.; hält zu|sam|men, hielt zu|sam|men, hat zu|sam|men|ge|hal|ten, zu|sam-men|zu|hal|ten› **I** ‹V. trans.› etwas ~ *(geordnet) beieinanderhalten* ▸ seinen Besitz, sein Vermögen ~ *nicht verkaufen, nicht verteilen;* die Lehrerin konnte ihre Klasse bei dem Ausflug nur schwer ~ **II** ‹V. intr.; übertr.› *einander beistehen, in Treue u. gegenseitiger Hilfsbereitschaft verbunden sein* ▸ die beiden Freunde halten fest zusammen ‹übertr.›

Zu|sam|men|hang ‹der; -(e)s, -hän|ge› *Verbindung einzelner Teile, sinngemäße Beziehung, bes. in der Rede* ▸ einen ~ ahnen, erkennen, feststellen, vermuten; er hat die Zusammenhänge nicht durchschaut ▸ die historischen Zusammenhänge sehen; es besteht nur ein loser ~ zwischen beiden Ereignissen ▸ einen Satz aus dem ~ herauslösen, reißen; sein Name fiel im ~ mit dem Unfall; im, in ~ mit etwas stehen; das muss in diesem ~ einmal gesagt werden; ein ~ mit dem Einbruch konnte nicht festgestellt werden; ohne ~ kann man das Zitat nicht verstehen; ich finde, sehe keinen ~ zwischen beiden Vorfällen; Abl *zusammenhang(s)los*

zu|sam|men|hän|gen ‹V. intr.; hängt zu|sam|men, hing zu|sam|men, hat zu|sam|men|ge|han|gen, zu|sam|men|zu|hän|gen› (mit etwas) ~ *miteinander verbunden sein, in Beziehung stehen* ▸ die beiden Früchte hängen zusammen; mit allem, was damit zusammenhängt; es wird wohl damit ~; meine Migräne hängt mit dem schwülen Wetter zusammen; in der Schulzeit hingen wir wie die Kletten zusammen ‹übertr.; umg.› *waren wir sehr eng befreundet;* wie hängt das zusammen?; es fällt ihm schwer, ~d zu reden

zu|sam|men|kau|fen ‹V. trans.; kauft zu|sam|men, kauf|te zu|sam|men, hat zu|sam|men|ge|kauft, zu-sam|men|zu|kau|fen› etwas ~ *durch mehrere Käufe zusammentragen* ▸ die Aktien eines Unternehmens ~; der Verein hat nach und nach die besten Spieler zusammengekauft

zu|sam|men|klap|pen ‹V.› **I** ‹V. trans.; klappt zu-sam|men, klapp|te zu|sam|men, hat zu|sam|men-ge|klappt, zu|sam|men|zu|klap|pen› etwas ~ *falten, zusammenlegen* ▸ ein Taschenmesser, den Liegestuhl, den Schirm ~; Abl *zusammenklappbar* **II** ‹V. intr.; klappt zu|sam|men, klapp|te zu-sam|men, ist zu|sam|men|ge|klappt, zu|sam|men-zu|klap|pen; übertr.; umg.› *am Ende seiner Kräfte sein, gesundheitlich zusammenbrechen* ▸ er ist plötzlich zusammengeklappt

zu|sam|men|kle|ben ‹V.; klebt zu|sam|men, kleb-te zu|sam|men, hat zu|sam|men|ge|klebt, zu|sam-men|zu|kle|ben› **I** ‹V. trans.› etwas ~ *durch Klebstoff verbinden* **II** ‹V. intr.› *aneinanderhaften*

zu|sam|men|knei|fen ‹V. trans.; kneift zu|sam-men, kniff zu|sam|men, hat zu|sam|men|ge|knif-fen, zu|sam|men|zu|knei|fen› etwas ~ *aneinander-, aufeinanderpressen* ▸ die Pobacken ~

zu|sam|men|knül|len ‹V. trans.; knüllt zu|sam-men, knüll|te zu|sam|men, hat zu|sam|men|ge-knüllt, zu|sam|men|zu|knül|len› etwas ~ *zu einem Knäuel drücken, zusammenpressen* ▸ Papier, das Taschentuch, die Serviette ~

zu|sam|men|kom|men ‹V. intr.; kommt zu|sam-men, kam zu|sam|men, ist zu|sam|men|ge|kom-men, zu|sam|men|zu|kom|men› **1** *sich ansammeln* **2** *sich begegnen, sich treffen, sich gemeinsam einfinden* **3** *ein (Liebes-)Paar werden* **4** *sich gleichzeitig ereignen* ▸ wir werden morgen beim Tennisspiel ~; bei der letzten Sammlung ist nicht viel Geld zusammengekommen; einmal im Jahr kommen die Mitglieder zusammen; verschiedene unglückliche Umstände kamen zusammen

zu|sam|men|kra|chen ‹V. intr.; kracht zu|sam-men, krach|te zu|sam|men, ist zu|sam|men|ge-kracht, zu|sam|men|zu|kra|chen; umg.› **1** *zusammenbrechen, einstürzen* **2** *zusammenstoßen, aufeinanderprallen (bes. von Fahrzeugen)*

zu|sam|men|krat|zen ‹V. trans.; kratzt zu|sam-men, kratz|te zu|sam|men, hat zu|sam|men|ge-kratzt, zu|sam|men|zu|krat|zen; übertr.› etwas (bes. Geld) ~ *mühsam sammeln, vereinigen* ▸ ich musste meine letzten Cents dafür ~

Zu|sam|men|kunft ‹die; -, -künf|te› **1** *Treffen, Begegnung* **2** *Versammlung, Sitzung* ▸ wir haben heute Abend eine ~ der Vorstandsmitglieder

zu|sam|men|lau|fen ‹V. intr.; läuft zu|sam|men, lief zu|sam|men, hat zu|sam|men|ge|lau|fen, zu-sam|men|zu|lau|fen› **1** *herbeiströmen, Gruppen bilden* (Menschenmenge) **2** *sich vereinigen* (Flüsse, (Math.) Linien) **3** *ineinanderlaufen, sich vermischen* (Farben) ▸ im Betrieb laufen alle Fäden in seiner Hand zusammen ‹übertr.› *er hat eine Schlüsselposition im Betrieb inne;* das Wasser lief mir im Munde zusammen ‹übertr.; umg.› *ich bekam großen Appetit*

zu|sam|men|le|ben ‹V. intr.; lebt zu|sam|men, leb-te zu|sam|men, hat zu|sam|men|ge|lebt, zu|sam-men|zu|le|ben› (mit jmdm.) ~ *in einem gemeinsamen Haushalt leben;* Abl *Zusammenleben*

zu|sam|men|le|gen ‹V.; legt zu|sam|men, leg|te zu|sam|men, hat zu|sam|men|ge|legt, zu|sam-men|zu|le|gen⟩ **I** ⟨V. trans.⟩ **1** etwas ~ *durch Falten kleiner machen* **2** Unternehmen, Vereine ~ *miteinander verbinden, vereinigen;* Abl *Zusammenlegung* **3** Personen ~ *gemeinsam in einem Raum unterbringen;* Abl *Zusammenlegung* ▸ wegen geringer Beteiligung wurden die beiden Computerkurse zusammengelegt; das Tischtuch, Wäsche ~; Regierungsbereiche ~ **II** ⟨V. intr.⟩ (Geld) ~ *gemeinsam Geld geben* ▸ alle Hausbewohner legten für einen Kranz zusammen *sammelten Geld*

zu|sạm|men|neh|men ⟨V.; nimmt zu|sam|men, nahm zu|sam|men, hat zu|sam|men|ge|nom|men, zu|sam|men|zu|neh|men⟩ **I** ⟨V. trans.⟩ etwas ~ **1** *sammeln* **2** ⟨meist als Part. Perf.⟩ *zusammenziehen, addieren, als Einheit betrachten* ▸ ich musste allen Mut ~, um …; alles zusammengenommen macht fünfzig Euro *insgesamt* **II** ⟨V. refl.; übertr.⟩ sich ~ *sich beherrschen, achtgeben, aufpassen* ▸ nimm dich zusammen!; er hat sich sehr zusammengenommen

zu|sạm|men|pa|cken ⟨V. trans.; packt zu|sam|men, pack|te zu|sam|men, hat zu|sam|men|ge|packt, zu|sam|men|zu|pa|cken⟩ etwas ~ **1** *in eins packen* **2** *zusammen verpacken* **3** *für den Transport zusammensuchen u. einpacken* **4** *ordnend zusammen-, wegräumen* ▸ du musst noch die Badesachen für die Reise ~

zu|sạm|men|pas|sen ⟨V. intr.; passt zu|sam|men, pass|te zu|sam|men, hat zu|sam|men|ge|passt, zu|sam|men|zu|pas|sen⟩ **1** *aufeinander abgestimmt sein* (Farben, Gegenstände) **2** *sich gut verstehen, gemeinsame Interessen haben* (Personen) ▸ die Bluse und der Rock passen gut zusammen; die beiden passen einfach nicht zusammen

zu|sạm|men|pral|len ⟨V. intr.; prallt zu|sam|men, prall|te zu|sam|men, ist zu|sam|men|ge|prallt, zu|sam|men|zu|pral|len⟩ = *zusammenstoßen;* Abl *Zusammenprall*

zu|sạm|men|pres|sen ⟨V. trans.; presst zu|sam|men, press|te zu|sam|men, hat zu|sam|men|ge|presst, zu|sam|men|zu|pres|sen⟩ etwas ~ *aufeinanderdrücken, gegeneinanderpressen* ▸ sie presste die Lippen vor Ärger fest zusammen

zu|sạm|men|raf|fen ⟨V. trans.; rafft zu|sam|men, raff|te zu|sam|men, hat zu|sam|men|ge|rafft, zu|sam|men|zu|raf|fen⟩ **1** ein Kleid, einen Vorhang ~ *hochheben u. in Falten legen* **2** etwas ~ *gierig an sich reißen* **3** Besitz, Geld ~ *sich aneignen*

zu|sạm|men|rau|fen ⟨V. refl.; rauft sich zu|sam|men, rauf|te sich zu|sam|men, hat sich zu|sam|men|ge|rauft, sich zu|sam|men|zu|rau|fen; umg.⟩ sich ~ *sich erst oft streiten u. dann doch ganz gut verstehen* ▸ die beiden haben sich im Laufe der Zeit zusammengerauft

zu|sạm|men|rech|nen ⟨V. trans.; rech|net zu|sam|men, rech|ne|te zu|sam|men, hat zu|sam|men|ge|rech|net, zu|sam|men|zu|rech|nen⟩ Beträge, Zahlen, Kosten, Ausgaben ~ *zusammenzählen*

zu|sạm|men|rei|men ⟨V. trans.; reimt zu|sam|men, reim|te zu|sam|men, hat zu|sam|men|ge|reimt, zu|sam|men|zu|rei|men; umg.⟩ sich etwas ~ *sich etwas erklären, einen Sinn, einen Zusammenhang erkennen* ▸ das kann ich mir nicht ~

zu|sạm|men|rei|ßen ⟨V. refl.; reißt sich zu|sam|men, riss sich zu|sam|men, hat sich zu|sam|men|ge|ris|sen, sich zu|sam|men|zu|rei|ßen; umg.⟩ sich ~ *energisch werden u. handeln, aus Gleichgültigkeit erwachen* ▸ reiß dich zusammen!

zu|sạm|men|rol|len ⟨V.; rollt zu|sam|men, roll|te zu|sam|men, hat zu|sam|men|ge|rollt, zu|sam|men|zu|rol|len⟩ **I** ⟨V. trans.⟩ eine Decke, Papier, einen Schlafsack ~ *zu einer Rolle verkleinern* **II** ⟨V. refl.⟩ sich ~ *sich zu einer Rolle krümmen*

zu|sạm|men|rot|ten ⟨V. refl.; rot|tet sich zu|sam|men, rot|te|te sich zu|sam|men, hat sich zu|sam|men|ge|rot|tet, sich zu|sam|men|zu|rot|ten⟩ sich ~ *eine große Gruppe bilden (bes. in aufrührerischer Absicht);* Abl *Zusammenrottung*

zu|sạm|men|rü|cken ⟨V.⟩ **I** ⟨V. trans.; rückt zu|sam|men, rück|te zu|sam|men, hat zu|sam|men|ge|rückt, zu|sam|men|zu|rü|cken⟩ Möbel, Stühle ~ *nahe aneinanderrücken, nebeneinanderstellen* **II** ⟨V. intr.; rückt zu|sam|men, rück|te zu|sam|men, ist zu|sam|men|ge|rückt, zu|sam|men|zu|rü|cken⟩ *einander näher rücken* ▸ bitte rücken Sie noch etwas zusammen!; nach dem Debakel sind beide Parteien zusammengerückt ⟨übertr.⟩

zu|sạm|men|ru|fen ⟨V. trans.; ruft zu|sam|men, rief zu|sam|men, hat zu|sam|men|ge|ru|fen, zu|sam|men|zu|ru|fen⟩ jmdn. ~ *zu einem gemeinsamen Treffen einladen, eine Versammlung einberufen* ▸ ich habe Sie zusammengerufen, um Ihnen Folgendes zu sagen: …

zu|sạm|men|sa|cken ⟨V. intr.; sackt zu|sam|men, sack|te zu|sam|men, ist zu|sam|men|ge|sackt, zu|sam|men|zu|sa|cken⟩ *zusammenbrechen, zusammensinken*

zu|sạm|men|schie|ben ⟨V. trans.; schiebt zu|sam|men, schob zu|sam|men, hat zu|sam|men|ge|scho|ben, zu|sam|men|zu|schie|ben⟩ Dinge ~ *durch Schieben einander nähern, in eins schieben*

zu|sạm|men|schla|gen ⟨V.⟩ **I** ⟨V. trans.; schlägt zu|sam|men, schlug zu|sam|men, hat zu|sam|men|ge|schla|gen, zu|sam|men|zu|schla|gen⟩ **1** etwas ~ *aneinander-, gegeneinanderschlagen* **2** ⟨umg.⟩ **2.1** etwas ~ *zerschlagen, zertrümmern* **2.2** ⟨übertr.⟩ jmdn. ~ *brutal niederschlagen* ▸ er hat im Zorn die halbe Einrichtung zusammengeschlagen ⟨umg.⟩; die Hände über dem Kopf ~ (vor Entsetzen) ⟨übertr.; umg.⟩ **II** ⟨V. intr.; schlägt zu|sam|men, schlug zu|sam|men, ist zu|sam|men|ge|schla|gen, zu|sam|men|zu|schla|gen⟩ über jmdm. od. etwas ~ *sich über jmdm. od. etwas schließen, jmdn. od. etwas unter sich begraben* ▸ die Wellen schlugen über ihm zusammen

zu|sạm|men|schlie|ßen ⟨V.; schließt zu|sam|men, schloss zu|sam|men, hat zu|sam|men|ge|schlos|sen, zu|sam|men|zu|schlie|ßen⟩ **I** ⟨V. trans.⟩ etwas ~ *schließend vereinen* ▸ zwei Fahrräder ~ **II** ⟨V. refl.; übertr.⟩ sich ~ *sich vereinigen* ▸ die beiden Firmen, Gemeinden haben sich zusammengeschlossen; Abl *Zusammenschluss*

zu|sạm|men|schnei|den ⟨V. trans.; schnei|det zu-

Z

sam|men, schnitt zu|sam|men, hat zu|sam|menge|schnit|ten, zu|sam|men|zu|schnei|den⟩ Filmaufnahmen, Videos ~ *zu einem Ganzen zusammenfügen, verkürzen, verändern*

zu|sạm|men|schnü|ren ⟨V. trans.; schnürt zu|sam|men, schnür|te zu|sam|men, hat zu|sam|men|ge|schnürt, zu|sam|men|zu|schnü|ren⟩ **1** etwas ~ *durch Schnüre miteinander verbinden* **2** ⟨übertr.⟩ jmdm. etwas ~ *beengen, bedrücken* ▸ alte Zeitungen zu einem Bündel ~; die Angst schnürte mir die Kehle zusammen ⟨übertr.⟩

zu|sạm|men|schrau|ben ⟨V. trans.; schraubt zu|sam|men, schraub|te zu|sam|men, hat zu|sam|men|ge|schraubt, zu|sam|men|zu|schrau|ben⟩ Dinge ~ *durch Schrauben miteinander verbinden*

zusạm|men|schre|cken ⟨V. intr.; schreckt/schrickt zu|sam|men, schreck|te/schrak zu|sam|men, ist zu|sam|men|ge|schreckt/zu|sam|men|ge|schro|cken, zu|sam|men|zu|schre|cken⟩ *vor Schreck eine ruckartige Bewegung machen, zusammenzucken*

zu|sạm|men|schrei|ben ⟨V. trans.; schreibt zu|sam|men, schrieb zu|sam|men, hat zu|sam|menge|schrie|ben, zu|sam|men|zu|schrei|ben⟩ etwas ~ **1** *in einem Wort schreiben* **2** *aus anderen Büchern herausnehmen u. neu schreiben* **3** ⟨umg.⟩ *flüchtig niederschreiben* ▸ bei dieser Arbeit ist das meiste aus ungenannten Quellen zusammengeschrieben; wie kann man nur so viel Unsinn ~! ⟨umg.⟩; werden diese beiden Wörter zusammengeschrieben?

zu|sạm|men|schrump|fen ⟨V. intr.; schrumpft zu|sam|men, schrumpf|te zu|sam|men, ist zu|sam|men|ge|schrumpft, zu|sam|men|zu|schrump|fen⟩ **1** *sich durch Schrumpfen verkleinern* (Früchte) **2** *faltig, runzlig werden* (Haut, bes. Gesichtshaut) **3** ⟨übertr.⟩ *sich vermindern, weniger werden, geringer werden* (Geld, Vorräte)

zu|sạm|men|schwei|ßen ⟨V. trans.; schweißt zu|sam|men, schweiß|te zu|sam|men, hat zu|sam|men|ge|schweißt, zu|sam|men|zu|schwei|ßen⟩ **1** Metallstücke ~ *durch Schweißen miteinander verbinden* **2** ⟨übertr.⟩ Menschen ~ *eng verbinden* ▸ das gemeinsame Unglück hat die beiden noch enger zusammengeschweißt ⟨übertr.⟩

Zu|sạm|men|sein ⟨das; -s; unz.⟩ **1** *Beisammensein* **2** *Zusammenleben*

zu|sạm|men|set|zen ⟨V.; setzt zu|sam|men, setz|te zu|sam|men, hat zu|sam|men|ge|setzt, zu|sam|men|zu|set|zen⟩ **I** ⟨V. trans.⟩ etwas ~ *zu einem Ganzen, in eins fügen* ▸ eine Maschine, ein Mosaik ~; ein zusammengesetztes Wort *Kompositum;* Abl *Zusammensetzung* **II** ⟨V. refl.⟩ **1** sich ~ **1.1** *nebeneinandersetzen* **1.2** *zusammenkommen, sich treffen, um etwas gemeinsam zu klären* **2** sich aus etwas ~ *bestehen aus, sich aufbauen aus* ▸ wir müssen uns bald einmal ~ und alles besprechen ⟨umg.⟩; der Vorstand setzt sich aus folgenden Personen zusammen; sie wollen sich in der Schule ~

zu|sạm|men|sin|ken ⟨V. intr.; sinkt zu|sam|men, sank zu|sam|men, ist zu|sam|men|ge|sun|ken, zu|sam|men|zu|sin|ken⟩ *langsam nach unten, zu Boden sinken* ▸ zusammengesunken saß er da

zu|sạm|men|sit|zen ⟨V. intr.; sitzt zu|sam|men, saß zu|sam|men, hat (süddt., österr., schweiz.: ist) zu|sam|men|ge|ses|sen, zu|sam|men|zu|sit|zen⟩ **1** *nebeneinandersitzen* **2** *gesellig beieinander sein* ▸ wir werden im Konzert ~; abends noch ~

zu|sạm|men|spa|ren ⟨V. trans.; spart zu|sam|men, spar|te zu|sam|men, hat zu|sam|men|ge|spart, zu|sam|men|zu|spa|ren⟩ (sich) etwas ~ *durch Sparen ansammeln* ▸ sie hat sich schon eine nette Summe zusammengespart

zu|sạm|men|spie|len ⟨V. intr.; spielt zu|sam|men, spiel|te zu|sam|men, hat zu|sam|men|ge|spielt, zu|sam|men|zu|spie|len⟩ **1** *gut aufeinander abgestimmt spielen* **2** *eine Wechselwirkung ausüben;* →a. *zusammen* ▸ die Mannschaft hat gut zusammengespielt; mehrere Faktoren müssen bei der Neuentwicklung ~; Abl *Zusammenspiel*

zu|sạm|men|stau|chen ⟨V. trans.; staucht zu|sam|men, stauch|te zu|sam|men, hat zu|sam|men|ge|staucht, zu|sam|men|zu|stau|chen; übertr.; umg.⟩ jmdn. ~ *jmdn. derb zurechtweisen*

zu|sạm|men|ste|cken ⟨V.; steckt zu|sam|men, steck|te zu|sam|men, hat zu|sam|men|ge|steckt, zu|sam|men|zu|ste|cken⟩ **I** ⟨V. trans.⟩ etwas ~ *(mit Nadeln, Klammern u. Ä.) miteinander verbinden* ▸ die zugeschnittenen Stoffteile mit Stecknadeln ~; die Köpfe ~ ⟨übertr.; umg.⟩ *miteinander tuscheln; gemeinsam etwas planen* **II** ⟨V. intr.; übertr., umg.⟩ *oft, zumeist heimlich, zusammen sein* ▸ sie stecken dauernd zusammen

zu|sạm|men|ste|hen ⟨V. intr.; steht zu|sam|men, stand zu|sam|men, hat (süddt., österr., schweiz.: ist) zu|sam|men|ge|stan|den, zu|sam|men|zu|ste|hen⟩ **1** *nebeneinanderstehen* **2** ⟨übertr.⟩ *einander beistehen* ▸ in Freud und Leid ~ ⟨übertr.⟩

zu|sạm|men|stel|len ⟨V. trans.; stellt zu|sam|men, stell|te zu|sam|men, hat zu|sam|men|ge|stellt, zu|sam|men|zu|stel|len⟩ etwas ~ **1** *nebeneinanderstellen, an eine gemeinsame Stelle setzen* **2** *Teile auswählen u. zu etwas vereinigen, zusammensetzen;* Abl *Zusammenstellung* ▸ eine Liste, ein Menü, eine Übersicht, ein Programm ~

zu|sạm|men|sto|ßen ⟨V. intr.; stößt zu|sam|men, stieß zu|sam|men, ist zu|sam|men|ge|sto|ßen, zu|sam|men|zu|sto|ßen⟩ **1** *aufeinanderprallen, gegeneinanderprallen* **2** *sich berühren* (Linien) **3** *eine gemeinsame Grenze haben* (Grundstücke) ▸ die Autos sind zusammengestoßen; die beiden Straßen stoßen an dieser Stelle zusammen; Abl *Zusammenstoß*

zu|sạm|men|strö|men ⟨V. intr.; strömt zu|sam|men, ström|te zu|sam|men, ist zu|sam|men|ge|strömt, zu|sam|men|zu|strö|men⟩ *sich in großer Menge vereinigen, herbeiströmen* ▸ viele Menschen waren auf dem Platz zusammengeströmt

zu|sạm|men|stür|zen ⟨V. intr.; stürzt zu|sam|men, stürz|te zu|sam|men, ist zu|sam|men|ge|stürzt, zu|sam|men|zu|stür|zen⟩ *einstürzen, zusammenbrechen* ▸ die Tribüne ist zusammengestürzt

zu|sạm|men|su|chen ⟨V. trans.; sucht zu|sam|men,

Z

such|te zu|sam|men, hat zu|sam|men|ge|sucht, zu|sam|men|zu|su|chen⟩ etwas ~ *suchen u. sammeln* ▸ Material für eine Arbeit ~

zu|sam|men|tra|gen ⟨V. trans.; trägt zu|sam|men, trug zu|sam|men, hat zu|sam|men|ge|tra|gen, zu|sam|men|zu|tra|gen⟩ etwas ~ *herbeischaffen u. sammeln* ▸ Material für ein Buch ~

zu|sam|men|tref|fen ⟨V. intr.; trifft zu|sam|men, traf zu|sam|men, ist zu|sam|men|ge|trof|fen, zu|sam|men|zu|tref|fen⟩ **1** (mit jmdm.) ~ *sich treffen, begegnen* **2** (mit etwas) ~ *zur gleichen Zeit geschehen* ▸ mein Geburtstag und Ostern treffen in diesem Jahr zusammen *fallen auf denselben Tag;* ich werde heute erneut mit ihm ~

zu|sam|men|trei|ben ⟨V. trans.; treibt zu|sam|men, trieb zu|sam|men, hat zu|sam|men|ge|trie|ben, zu|sam|men|zu|trei|ben⟩ Vieh, Menschen (irgendwo) ~ *gemeinsam auf einen Platz treiben*

zu|sam|men|tre|ten ⟨V.⟩ **I** ⟨V. trans.; tritt zu|sam|men, trat zu|sam|men, hat zu|sam|men|ge|tre|ten, zu|sam|men|zu|tre|ten; umg.⟩ etwas ~ *durch Tritte zerstören* ▸ einen Karton ~; Blumen, ein Beet ~ **II** ⟨V. intr.; tritt zu|sam|men, trat zu|sam|men, ist zu|sam|men|ge|tre|ten, zu|sam|men|zu|tre|ten⟩ *sich versammeln, zusammenkommen* ▸ der Vorstand ist gestern zusammengetreten

zu|sam|men|trom|meln ⟨V. trans.; trom|melt zu|sam|men, trom|mel|te zu|sam|men, ist zu|sam|men|ge|trom|melt, zu|sam|men|zu|trom|meln; übertr.; umg.⟩ mehrere Personen ~ *herbeirufen, zu einer Zusammenkunft bitten*

zu|sam|men|tun ⟨V.; tut zu|sam|men, tat zu|sam|men, hat zu|sam|men|ge|tan, zu|sam|men|zu|tun⟩ **I** ⟨V. trans.⟩ etwas ~ *miteinander verbinden, vereinigen* ▸ beim Waschen nicht Weiß- und Buntwäsche ~ **II** ⟨V. refl.⟩ sich ~ *sich vereinigen (um gemeinsam etwas zu tun)* ▸ sie haben sich zusammengetan, um ein Geschäft zu eröffnen

zu|sam|men|wach|sen ⟨[-ks-] V. intr.; wächst zu|sam|men, wuchs zu|sam|men, ist zu|sam|men|ge|wach|sen, zu|sam|men|zu|wach|sen⟩ **1** *sich durch Wachstum verbinden, vereinigen* **2** ⟨übertr.⟩ *sich seelisch eng verbinden, sich eng befreunden* ▸ der gebrochene Knochen ist wieder zusammengewachsen; der Euro lässt die Staaten ~ ⟨übertr.⟩

zu|sam|men|wir|ken ⟨V. intr.; wirkt zu|sam|men, wirk|te zu|sam|men, hat zu|sam|men|ge|wirkt, zu|sam|men|zu|wir|ken⟩ *vereint wirken* ▸ hier haben verschiedene Kräfte zusammengewirkt

zu|sam|men|zäh|len ⟨V. trans.; zählt zu|sam|men, zähl|te zu|sam|men, hat zu|sam|men|ge|zählt, zu|sam|men|zu|zäh|len⟩ Gegenstände, Zahlen ~ *eins zum andern zählen* ▸ alles zusammengezählt gibt 12,50 Euro; zwei und zwei ~ ⟨übertr.⟩ *aus den Tatsachen einen logischen Schluss ziehen*

zu|sam|men|zie|hen ⟨V.⟩ **I** ⟨V. trans.; zieht zu|sam|men, zog zu|sam|men, hat zu|sam|men|ge|zo|gen, zu|sam|men|zu|zie|hen⟩ **1** etwas ~ **1.1** *durch Ziehen verengen, verkürzen* **1.2** *miteinander verbinden, vereinigen* **2** Zahlen ~ *addieren* ▸ die Augenbrauen ~; im Grenzgebiet Truppen ~ **II** ⟨V. refl.; zieht zu|sam|men, zog zu|sam|men, hat zu|sam|men|ge|zo|gen, zu|sam|men|zu|zie|hen⟩ sich ~ **1** *sich verkleinern, verengen, schließen* **2** *entstehen, sich bilden* ▸ der Stoff zieht sich beim Waschen zusammen; im Westen zieht sich ein Gewitter, Unwetter zusammen **III** ⟨V. intr.; zieht zu|sam|men, zog zu|sam|men, ist zu|sam|men|ge|zo|gen, zu|sam|men|zu|zie|hen⟩ (mit jmdm.) ~ *in eine gemeinsame Wohnung ziehen* ▸ sie ist mit ihrem Freund zusammengezogen

zu|sam|men|zu|cken ⟨V. intr.; zuckt zu|sam|men, zuck|te zu|sam|men, ist zu|sam|men|ge|zuckt, zu|sam|men|zu|zu|cken⟩ *vor Schreck od. Schmerz eine ruckartige Bewegung machen*

Zu|satz ⟨der; -es, -sät|ze⟩ **1** *etwas, das zusätzlich angefügt, hinzugefügt wird;* Zus *Zusatzversicherung* **2** *hinzugefügte Bemerkung, Ergänzung, Erweiterung, Einschuss, Nachtrag* ▸ ein ~ zu einem Brief; ~ zu einer chemischen Lösung

Zu|satz|stoff ⟨der; -(e)s, -e⟩ *Stoff, der einer Sache, bes. Lebensmitteln, bei der Herstellung zusätzlich beigegeben wird* ▸ auf ~e verzichten

Zu|satz|zahl ⟨die; -, -en⟩ *zusätzliche Gewinnzahl beim Lotto*

zu|schan|den *auch:* **zu Schan|den** ⟨Adv.⟩ *kaputt* ▸ das hat alle unsere Erwartungen, Hoffnungen, Pläne ~ gemacht *zunichtegemacht, sie vereitelt;* ~ werden *vernichtet werden*

zu|schan|zen ⟨V. trans.; schanzt zu, schanz|te zu, hat zu|ge|schanzt, zu|zu|schan|zen; umg.⟩ jmdm. etwas ~ *ihm dazu verhelfen;* Syn *zuschustern* ▸ er hat ihm diesen Posten zugeschanzt

zu|schau|en ⟨V. intr.; schaut zu, schau|te zu, hat zu|ge|schaut, zu|zu|schau|en⟩ *ein Ereignis, einen Vorgang mit den Augen verfolgen* ▸ darf ich bei der Probe ~?; alle haben zugeschaut, als das Kind geschlagen wurde

Zu|schau|er ⟨der; -s, -⟩ **1** *Betrachter, Augenzeuge* **2** *Besucher einer Veranstaltung, bei der es hauptsächlich etwas zu sehen gibt (z. B. im Kino, Theater, Varieté, bei Schauspielen od. bei sportlichen Wettkämpfen);* Zus *Zuschauerquote, Zuschauerraum, Zuschauerzahl* ▸ die ~ klatschten begeistert; Abl *Zuschauerin*

zu|schi|cken ⟨V. trans.; schickt zu, schick|te zu, hat zu|ge|schickt, zu|zu|schi|cken⟩ jmdm. etwas ~ *etwas zu jmdm. schicken*

zu|schie|ben ⟨V. trans.; schiebt zu, schob zu, hat zu|ge|scho|ben, zu|zu|schie|ben⟩ **1** etwas ~ *durch Schieben schließen* **2** jmdm. etwas ~ **2.1** *etwas zu jmdm. hinschieben* **2.2** ⟨übertr.⟩ *jmdn. für etwas verantwortlich machen, etwas auf ihn abwälzen* ▸ eine Schublade ~; er wollte mir die ganze Arbeit, Schuld, Verantwortung ~ ⟨übertr.⟩

Zu|schlag ⟨der; -(e)s, -schlä|ge⟩ **1** *zusätzlich zu zahlender Betrag, Aufschlag;* Abl *zuschlagfrei, zuschlagpflichtig* **2** ⟨bei Auktionen⟩ *Annahme des höchsten Angebots (durch Hammerschlag)* **3** ⟨Kaufmannsspr.⟩ *Erteilung des Auftrags* ▸ wenn Sie mit dem ICE fahren wollen, müssen Sie einen ~ zahlen; die Firma machte das beste Angebot und erhielt den ~; den ~ an den Meistbietenden erteilen (auf Auktionen)

zu|schla|gen ⟨V.⟩ **I** ⟨V. trans.; schlägt zu, schlug zu, hat zu|ge|schla|gen, zu|zu|schla|gen⟩ etwas ~ *mit einer heftigen Bewegung, geräuschvoll schließen* ▸ man hörte ihn die Wagentür ~; 10% werden dem Preis noch zugeschlagen *der Preis erhöht sich um 10%* **II** ⟨V. intr.⟩ **II.I** ⟨schlägt zu, schlug zu, hat zu|ge|schla|gen, zu|zu|schla|gen⟩ **1** *heftig u. plötzlich schlagen* **2** ⟨übertr.⟩ **2.1** *ein (weiteres) Verbrechen begehen* **2.2** *bei einem Angebot zugreifen* ▸ er holte aus und schlug zu; der Mörder schlug gestern Nacht erneut zu ⟨übertr.⟩; am Büffet kräftig ~ ⟨übertr.⟩; bei diesem Preis musste ich einfach ~ ⟨übertr.⟩ **II.II** ⟨schlägt zu, schlug zu, ist zu|ge|schla|gen, zu|zu|schla|gen⟩ *sich mit heftigem Schlag schließen* ▸ die Tür ist zugeschlagen

zu|schlie|ßen ⟨V. trans.; schließt zu, schloss zu, hat zu|ge|schlos|sen, zu|zu|schlie|ßen⟩ etwas ~ *mit dem Schlüssel verschließen* ▸ einen Koffer, eine Tür ~; er schloss den Tresor zu

zu|schnap|pen ⟨V. intr.⟩ **I** ⟨schnappt zu, schnappte zu, hat zu|ge|schnappt, zu|zu|schnap|pen⟩ *mit dem Maul rasch nach etwas greifen, plötzlich beißen* ▸ der Hund schnappte zu **II** ⟨schnappt zu, schnapp|te zu, ist zu|ge|schnappt, zu|zu|schnap|pen⟩ *sich mit einem klappenden Geräusch schließen* ▸ das Schloss ist zugeschnappt

zu|schnei|den ⟨V. trans.; schnei|det zu, schnitt zu, hat zu|ge|schnit|ten, zu|zu|schnei|den⟩ etwas ~ *nach bestimmten Maßen in bestimmte Form(en) schneiden* ▸ ein Kleid, den Stoff ~; der Lehrgang war ganz auf das Examen (hin) zugeschnitten ⟨übertr.⟩ *darauf ausgerichtet;* Abl *Zuschnitt*

zu|schnü|ren ⟨V. trans.; schnürt zu, schnür|te zu, hat zu|ge|schnürt, zu|zu|schnü|ren⟩ **1** ein Paket ~ *mit Schnur umwickeln* **2** einen Schuh ~ *mit Schnur schließen, fest zubinden* **3** jmdm. die Kehle ~ *zusammendrücken* ▸ die Angst schnürte ihr die Kehle zu ⟨übertr.⟩

zu|schrau|ben ⟨V. trans.; schraubt zu, schraub|te zu, hat zu|ge|schraubt, zu|zu|schrau|ben⟩ etwas ~ **1** *mit Schrauben schließen* **2** *schließen, indem man den Deckel festschraubt* ▸ eine Flasche ~

zu|schrei|ben ⟨V. trans.; schreibt zu, schrieb zu, hat zu|ge|schrie|ben, zu|zu|schrei|ben⟩ **1** jmdm. etwas ~ **1.1** *jmdn. für den Urheber von etwas halten od. erklären* **1.2** *jmdm. etwas zur Last legen* **2** einer Sache etwas ~ *eine S. für die Ursache von etwas halten* ▸ das hast du dir selbst zuzuschreiben ⟨übertr.⟩ *es ist deine eigene Schuld;* dieses Gemälde wird Leonardo da Vinci zugeschrieben ⟨übertr.⟩; Abl *Zuschreibung*

Zu|schrift ⟨die; -, -en⟩ *Brief, schriftliche Mitteilung* ▸ ich habe auf meine Anzeige viele ~en bekommen; eine ~ aus dem Leserkreis

zu|schul|den *auch:* **zu Schul|den** ⟨Adv.⟩ sich etwas ~ kommen lassen *etwas Unrechtes tun*

Zu|schuss ⟨der; -es, -schüs|se⟩ *finanzieller Beitrag, zusätzliche Zahlung* ▸ einen ~ beantragen, bewilligen, leisten; die Krankenkasse gibt einen ~ zu meiner Kur; Zus *Lohnzuschuss*

zu|schüt|ten ⟨V. trans.; schüt|tet zu, schüt|te|te zu, hat zu|ge|schüt|tet, zu|zu|schüt|ten⟩ einen Graben ~ *mit Erde od. Schutt füllen, bedecken*

zu|se|hen ⟨V. intr.; sieht zu, sah zu, hat zu|ge|sehen, zu|zu|se|hen⟩ **1** = *zuschauen* **2** *bei etwas Zeuge sein, ohne selbst einzugreifen* **3** ⟨übertr.⟩ *sich bemühen, versuchen* ▸ sieh zu, dass du vorwärtskommst!; *beeil dich!;* ich sah ihm bei der Arbeit zu; wir müssen ~, dass wir so schnell wie möglich zum Bahnhof kommen ⟨übertr.⟩; da sehe ich nicht mehr lange zu! ⟨übertr.⟩ *da warte ich nicht mehr lange ab, da greife ich bald ein;* schon vom Zusehen wird mir schwindlig; soll er selbst ~, wie er das schafft! ⟨übertr.⟩

zu|se|hends ⟨Adv.⟩ *merklich, offenkundig, sichtlich* ▸ dem Kranken geht es ~ besser; er wächst ~

Zu|se|her ⟨der; -s, -; österr.; schweiz.⟩ = *Zuschauer;* Abl *Zuseherin*

zu sein → *zu*

zu|sei|ten *auch:* **zu Sei|ten** ⟨Adv.⟩ *neben, an der Seite* ▸ ~ eines Gebäudes

zu|sen|den ⟨V. trans.; sen|det zu, sand|te/sen|de|te zu, hat zu|ge|sandt/zu|ge|sen|det, zu|zu|sen|den⟩ jmdm. etwas ~ = *zuschicken*

zu|set|zen ⟨V.; setzt zu, setz|te zu, hat zu|ge|setzt, zu|zu|set|zen⟩ **I** ⟨V. trans.⟩ einer Sache etwas ~ *hinzufügen, dazutun* ▸ man könnte der Bowle noch einen Schuss Rum ~ **II** ⟨V. intr.⟩ jmdm. ~ *ihn bedrängen (damit er etwas Bestimmtes tut)* ▸ ihm wurde so lange, hart zugesetzt, bis er nachgab

zu|si|chern ⟨V. trans.; si|chert zu, si|cher|te zu, hat zu|ge|si|chert, zu|zu|si|chern⟩ jmdm. etwas ~ *versprechen, fest zusagen;* Abl *Zusicherung*

zu|sper|ren ⟨V. trans.; sperrt zu, sperr|te zu, hat zu|ge|sperrt, zu|zu|sper|ren; süddt.; österr.⟩ etwas ~ *verriegeln, zuschließen* ▸ du musst die Tür ~

zu|spie|len ⟨V. trans.; spielt zu, spiel|te zu, hat zu|ge|spielt, zu|zu|spie|len⟩ **1** jmdm. den Ball ~ *den Ball zu jmdm. werfen, stoßen;* Abl *Zuspiel* **2** ⟨übertr.⟩ jmdm. etwas ~ *dafür sorgen, dass er es wie zufällig bekommt* ▸ die Unterlagen wurden ihm heimlich zugespielt

zu|spit|zen ⟨V.; spitzt zu, spitz|te zu, hat zu|gespitzt, zu|zu|spit|zen⟩ **I** ⟨V. trans.⟩ etwas ~ *mit einer scharfen Spitze versehen, spitzmachen* ▸ einen Pfosten ~; einen Sachverhalt zugespitzt formulieren ⟨übertr.⟩ *leicht übertreibend (um ihn deutlich zu machen)* **II** ⟨V. refl.⟩ sich ~ *sich verschärfen, sich drohend verändern* ▸ die politische Lage hat sich zugespitzt; Abl *Zuspitzung*

zu|spre|chen ⟨V.; spricht zu, sprach zu, hat zu|gespro|chen, zu|zu|spre|chen⟩ **I** ⟨V. trans.⟩ **1** jmdm. etwas ~ *durch Urteil zuerkennen;* Abl *Zusprechung* **2** jmdm. Mut, Trost ~ *mit Worten Mut, Trost geben* ▸ das Gericht sprach ihm das Erbe zu; das Kind wurde bei der Scheidung der Mutter zugesprochen **II** ⟨V. intr.⟩ **1** jmdm. ~ *auf jmdn. einreden, jmdm. in Worten Trost, Unterstützung spenden* **2** ⟨übertr.⟩ dem Essen ~ *Essen (mit Appetit) zu sich nehmen* ▸ dem Wein fleißig ~ ⟨übertr.⟩ *viel trinken;* jmdm. tröstend ~

Zu|spruch ⟨der; -(e)s; unz.⟩ **1** *guter Rat, Trost,*

freundliches Zureden **2** *Anklang, Beliebtheit* **3** *Besuch, Zulauf, Andrang* ▸ das neue Musical erfreut sich allgemeinen ~s; ärztlicher, geistlicher ~; der neue Supermarkt findet großen ~

Zu|stand ⟨der; -(e)s, -stän|de⟩ **1** ⟨allg.⟩ *Beschaffenheit, augenblickliche Lage (einer Sache od. Person), Verfassung* **2** ⟨Phys.⟩ *Beschaffenheit (eines Stoffes od. physikalischen Systems)* ▸ Zustände bekommen, haben *Anfälle;* der ~ des Patienten hat sich gebessert, verschlechtert, nicht verändert; sein: das ist doch kein ~! ⟨umg.⟩ *das kann doch nicht so bleiben!, hier muss sich einiges ändern!* ▸ der augenblickliche, heutige, jetzige ~; sein ~ ist bedenklich, hoffnungslos, schlecht; die Wohnung befindet sich in einem, keinem guten ~; körperlicher, krankhafter, moralischer, seelischer ~; die politischen, wirtschaftlichen Zustände im Lande; den schlechten ~ einer Ware beanstanden; der Garten ist in einem unbeschreiblichen, verwahrlosten ~; es herrschen dort unhaltbare, unerträgliche Zustände ▸ in diesem ~ kann ich dich unmöglich allein lassen

zu|stan|de *auch:* **zu Stan|de** ⟨Adv.⟩ **1** etwas ~ bringen *leisten, schaffen* **2** ~ kommen *entstehen, verwirklicht werden;* Abl *Zustandekommen* ▸ eine Einigung ist nicht ~ gekommen

zu|stän|dig ⟨Adj.⟩ **1** *zur Sache gehörig, dafür vorgeschrieben* **2** *zur Bearbeitung einer Sache berechtigt bzw. verpflichtet* ▸ die ~e Behörde; der für diesen Fall ~e Richter; wer ist dafür ~?; niemand will dafür ~ sein; Abl *Zuständigkeit*

Zu|stän|dig|keits|be|reich ⟨der; -(e)s, -e⟩ *Bereich, für den jmd. zuständig ist, Ressort*

zu|stat|ten|kom|men ⟨V. intr.; kommt zu|stat|ten, kam zu|stat|ten, ist zu|stat|ten|ge|kom|men, zu-stat|ten|zu|kom|men; geh.⟩ *nützen* ▸ was du jetzt lernst, wird dir später im Beruf ~

zu|ste|cken ⟨V. trans.; steckt zu, steck|te zu, hat zu|ge|steckt, zu|zu|ste|cken⟩ jmdm. etwas ~ *jmdm. heimlich etwas geben*

zu|ste|hen ⟨V. intr.; steht zu, stand zu, hat zu|ge-stan|den, zu|zu|ste|hen⟩ jmdm. ~ *jmds. Recht od. rechtmäßiger Anteil sein* ▸ 21 Urlaubstage im Jahr stehen uns zu; diese Frage steht dir nicht zu

zu|stei|gen ⟨V. intr.; steigt zu, stieg zu, ist zu|ge-stie|gen, zu|zu|stei|gen⟩ *(in ein Fahrzeug) zusätzlich einsteigen* ▸ in Frankfurt ~; ist noch jemand (in den Zug) zugestiegen?

zu|stel|len ⟨V. trans.; stellt zu, stell|te zu, hat zu|ge-stellt, zu|zu|stel|len⟩ **1** etwas ~ *verdecken, versperren, indem man etwas davorstellt* **2** jmdm. etwas ~ *durch die Post zuschicken, ins Haus bringen;* Abl *Zusteller(in), Zustellung;* Zus *Zustellbezirk* ▸ mein Anwalt hat mir die Klage zugestellt

zu|steu|ern ⟨V.⟩ **I** ⟨V. trans.; steu|ert zu, steu|er|te zu, hat zu|ge|steu|ert, zu|zu|steu|ern; umg.⟩ etwas (zu etwas) ~ *beisteuern, dazugeben* ▸ meine Eltern wollen zu unserer Reise 200 Euro ~ **II** ⟨V. intr.; steu|ert zu, steu|er|te zu, ist zu|ge|steu|ert, zu|zu|steu|ern⟩ auf jmdn. od. etwas ~ *auf jmdn. od. etwas zielstrebig zugehen od. zufahren* ▸ das Schiff steuert auf die Küste, den Hafen zu; auf eine Inflation, eine Krise ~ ⟨übertr.⟩

zu|stim|men ⟨V. intr.; stimmt zu, stimm|te zu, hat zu|ge|stimmt, zu|zu|stim|men⟩ **1** jmdm. ~ *jmdm. Recht geben, mit seiner Ansicht übereinstimmen* **2** einer Sache ~ *sie billigen, damit einverstanden sein* ▸ ich stimme ihm zu; er nickte ~d

Zu|stim|mung ⟨die; -, -en⟩ *Übereinstimmung mit einer Ansicht, Billigung, Einwilligung, Erlaubnis, Beifall* ▸ seine ~ (zu etwas) geben, verweigern; seine Vorschläge fanden allgemeine ~

zu|stop|fen ⟨V. trans.; stopft zu, stopf|te zu, hat zu-ge|stopft, zu|zu|stop|fen⟩ etwas ~ *verschließen, indem man etwas hineinstopft* ▸ ein Loch ~

zu|sto|ßen ⟨V.⟩ **I** ⟨V. trans.; stößt zu, stieß zu, hat zu|ge|sto|ßen, zu|zu|sto|ßen⟩ etwas ~ *durch einen Stoß schließen* ▸ die Tür mit dem Fuß ~ **II** ⟨V. intr.; stößt zu, stieß zu, hat zu|ge|sto|ßen, zu|zu-sto|ßen⟩ *einen Stoß führen* **III** ⟨V. intr.; stößt zu, stieß zu, ist zu|ge|sto|ßen, zu|zu|sto|ßen⟩ etwas stößt jmdm. zu *geschieht ihm* ▸ ich habe Angst, dass ihm etwas zustößt

zu|strö|men ⟨V. intr.; strömt zu, ström|te zu, ist zu|ge|strömt, zu|zu|strö|men⟩ einem Ort ~ *sich in Mengen auf einen Ort hin bewegen* ▸ die Menschen strömten dem Sportplatz zu; Abl *Zustrom*

zu|ta|ge *auch:* **zu Ta|ge** ⟨Adv.⟩ **1** etwas ~ bringen, fördern **1.1** *sichtbar machen, hervorziehen* **1.2** ⟨übertr.⟩ *offenkundig machen* **2** ⟨übertr.⟩ ~ kommen, treten *offenkundig werden, erkannt werden* **3** ⟨übertr.⟩ offen ~ liegen *leicht zu erkennen, offenkundig sein* ▸ er kramte in seinen Taschen und förderte einen zerknüllten Brief ~; ein Geheimnis ~ bringen, fördern ⟨übertr.⟩; seine Absichten liegen offen ~ ⟨übertr.⟩

Zu|tat ⟨die; -, -en; meist Pl.⟩ *Kleinigkeit, die zu einer Sache nötig od. wünschenswert ist* ▸ für diesen Kuchen brauchen Sie folgende ~en …

zu|tei|len ⟨V. trans.; teilt zu, teil|te zu, hat zu|ge-teilt, zu|zu|tei|len⟩ jmdm. etwas ~ **1** *als Anteil übergeben, bewilligen, zusprechen* **2** ⟨übertr.⟩ *auftragen, als Aufgabe übertragen* ▸ wir bekamen folgende Arbeit, Aufgabe zugeteilt; jmdm. eine Unterkunft, ein Quartier ~; Abl *Zuteilung*

zu|teil|wer|den ⟨V. intr.; wird zu|teil, wur|de zu-teil, ist zu|teil|ge|wor|den, zu|teil|zu|wer|den; geh.⟩ jmdm. ~ *gegeben, gewährt werden* ▸ ihm wurde ein großes Glück zuteil; jmdm. eine Vergünstigung ~ lassen *gewähren, geben*

zu|tiefst ⟨Adv.⟩ *aufs Tiefste, völlig, sehr, im Innersten* ▸ er war ~ gekränkt und enttäuscht

zu|tra|gen ⟨V.; trägt zu, trug zu, hat zu|ge|tra|gen, zu|zu|tra|gen⟩ **I** ⟨V. refl.⟩ sich ~ *sich ereignen, geschehen* ▸ was hat sich gestern zugetragen? **II** ⟨V. trans.⟩ jmdm. etwas ~ *(heimlich) erzählen* ▸ das ist mir von jmdm. zugetragen worden

zu|trau|en ⟨V. trans.; traut zu, trau|te zu, hat zu|ge-traut, zu|zu|trau|en⟩ jmdm. etwas ~ *von ihm glauben od. fürchten, dass er etwas tun kann* ▸ das ist ihm zuzutrauen! *er ist dazu imstande, fähig;* er traut sich nichts zu; er traut sich zu viel zu; ich traue ihm nichts Böses, nur Gutes zu

Zu|trau|en ⟨das; -s; unz.⟩ *Vertrauen, Glaube an jmds. Redlichkeit* ▸ sein Verhalten erweckt ~; ich habe (kein) ~ zu ihm; jmdm. sein ~ schenken; das ~ zu jmdm. verlieren

zu|trau|lich ⟨Adj.⟩ *voll Vertrauen, anschmiegsam* (Kind), *zahm* (Tier); Abl *Zutraulichkeit*

zu|tref|fen ⟨V. intr.; trifft zu, traf zu, hat zu|ge|trof|fen, zu|zu|tref|fen⟩ *richtig sein, in einer bestimmten Situation wirksam, angemessen sein* ▸ das, was du sagst, trifft genau zu; auf wen könnte diese Beschreibung ~?; diese Darstellung dürfte wohl nicht ganz ~; das trifft für alle Studenten zu; eine ~de Bemerkung

Zu|tref|fen|de(s) ⟨das; -n; unz.⟩ *das, was für jmdn. od. für einen bestimmten Fall zutrifft* ▸ ~ bitte unterstreichen

zu|trei|ben ⟨V.⟩ **I** ⟨V. intr.; treibt zu, trieb zu, ist zu|ge|trie|ben, zu|zu|trei|ben⟩ auf jmdn. od. etwas ~ *sich ohne eigenes Zutun in Richtung auf jmdn. od. etwas bewegen* ▸ das Schiff trieb den Klippen zu; auf eine Krise ~ ⟨übertr.⟩ **II** ⟨V. trans.; treibt zu, trieb zu, hat zu|ge|trie|ben, zu|zu|trei|ben⟩ jmdn. od. ein Tier auf jmdn. od. etwas ~ *in die Richtung von jmdm. od. etwas treiben*

Zu|tritt ⟨der; -(e)s; unz.⟩ *das Hereinkommen, Eintreten u. das Recht dafür* ▸ ~ bekommen, erhalten; jmdm. ~ gewähren; Unbefugte haben keinen ~; Unbefugten ist der ~ nicht erlaubt; ich habe freien ~ zur Ausstellung *ich brauche nichts zu bezahlen;* ~ verboten! *(Aufschrift an Türen)*

zu|tun ⟨V. trans.; tut zu, tat zu, hat zu|ge|tan, zu|zu|tun⟩ **1** etwas (zu etwas) ~ *hinzutun, hinzufügen* **2** ⟨umg.⟩ kein Auge ~ *nicht schlafen können* ▸ in den Teig zwei Eier ~; ich habe die ganze Nacht kein Auge zugetan; →a. *zugetan*

Zu|tun ⟨das; -s; unz.⟩ *Mitwirkung, Hilfe, Unterstützung* ▸ ⟨meist in der Wendung⟩ ohne mein ~ *ohne dass ich etwas dazutat*

zu|un|guns|ten *auch:* **zu Un|guns|ten** ⟨Präp.; nachgestellt m. Dat., vorangestellt m. Gen.⟩ *zum Nachteil* ▸ dem Kunden ~; ~ des Kunden; →a. *Ungunst*

zu|un|terst ⟨Adv.⟩ *ganz unten, ganz unten hin* ▸ die Decke liegt ~; das Oberste ~ kehren

zu|ver|läs|sig ⟨Adj.⟩ **1** *Vertrauen verdienend, vertrauenswürdig, seine Versprechungen haltend, treu* (Person) **2** *die Wahrheit enthaltend, glaubwürdig* (Nachricht) **3** *genau* (Uhr) ▸ er ist ein sehr ~er Freund, Mensch, Mitarbeiter; wir haben die Information aus ~er Quelle; die Wettervorhersage ist nicht ~; Abl *Zuverlässigkeit*

Zu|ver|sicht ⟨die; -; unz.⟩ **1** *Vertrauen in die Zukunft* **2** *feste Hoffnung, Überzeugung* ▸ sie strahlt große ~ aus; er hat seine ~ stets bewahrt; ich bin voller ~, dass es uns gelingen wird

zu|ver|sicht|lich ⟨Adj.⟩ *voller Zuversicht, in festem Vertrauen hoffend* ▸ in ~er Erwartung; ~ auf einen Erfolg hoffen; ich rechne ~ damit; ich bin ganz ~; Abl *Zuversichtlichkeit*

zu viel → *zu*

Zu|viel ⟨das; - od. -s; unz.⟩ *Übermaß* ▸ ein ~ an Nachsicht, Sparsamkeit

zu|vor ⟨Adv.⟩ *vorher, als Erstes* ▸ ~ meinen besten Dank; ich habe ihn nie ~ gesehen; es war im Jahr ~, als …; du solltest dich ~ vergewissern, ob …; es ist alles wie ~ *wie schon immer*

zu|vor|kom|men ⟨V. intr.; kommt zu|vor, kam zuvor, ist zu|vor|ge|kom|men, zu|vor|zu|kom|men⟩ **1** jmdm. ~ *schneller sein als jmd.* **2** einer Sache ~ *handeln, bevor eine S. eintritt* ▸ Sie sind meiner Frage zuvorgekommen *Sie haben eben schon gesagt, was ich Sie gerade fragen wollte;* einer Gefahr ~; wir mussten uns rasch entschließen, sonst wären uns andere zuvorgekommen

zu|vor|kom|mend **I** ⟨Part. Präs. von⟩ *zuvorkommen* **II** ⟨Adj.⟩ *höflich u. hilfsbereit* ▸ ein ~es Wesen haben; ich wurde überall ~ behandelt; er ist gegen jeden ~; Abl *Zuvorkommenheit*

Zu|wachs ⟨[-ks] der; -es, -wäch|se⟩ *Vermehrung* ▸ wir haben ~ bekommen *ein Baby;* ~ an Besitz, Einnahmen, Vermögen; ein ~ an Mitgliedern; Zus *Zuwachsrate; Familienzuwachs*

zu|wach|sen ⟨[-ks-] V. intr.; wächst zu, wuchs zu, ist zu|ge|wach|sen, zu|zu|wach|sen⟩ *sich durch Wachsen schließen* ▸ die Wunde ist wieder zugewachsen

zu|wan|dern ⟨V. intr.; wan|dert zu, wan|der|te zu, ist zu|ge|wan|dert, zu|zu|wan|dern⟩ *einwandern, von auswärts zuziehen;* Abl *Zuwanderung*

zu|we|ge *auch:* **zu We|ge** ⟨Adv.; nur in der Wendung⟩ etwas ~ bringen *schaffen, bewältigen* ▸ er bringt nichts ~

zu|wei|len ⟨Adv.⟩ *gelegentlich, ab und zu* ▸ der Regen ist ~ mit Schnee vermischt

zu|wei|sen ⟨V. trans.; weist zu, wies zu, hat zu|gewie|sen, zu|zu|wei|sen⟩ jmdm. etwas ~ *zuteilen, als Anteil geben, als Arbeit anweisen* ▸ sie wies ihm die Arbeit, eine Aufgabe zu; jmdm. eine Wohnung, ein Quartier ~; Abl *Zuweisung*

zu|wen|den ⟨V.; wen|det zu, wand|te/wen|de|te zu, hat zu|ge|wandt/zu|ge|wen|det, zu|zu|wenden⟩ **I** ⟨V. trans.⟩ jmdm. etwas ~ *etwas in Richtung auf jmdn. wenden* ▸ jmdm. das Gesicht, den Rücken ~; jmdm. Geld ~ *zukommen lassen;* das Gesicht der Sonne ~; sie hat ihre ganze Liebe dem Kind zugewandt, ⟨od.⟩ zugewendet; die der Straße zugewandten Zimmer *die zur Straße hin liegenden Zimmer* **II** ⟨V. refl.⟩ **1** sich jmdm. ~ *sich zu jmdm. wenden, umdrehen* **2** sich einer Sache ~ *Interesse für eine S. zeigen* ▸ wir wollen uns einem neuen Thema ~

Zu|wen|dung ⟨die; -, -en⟩ **I** ⟨unz.⟩ *freundliches, liebevolles Verhalten einer Person, einem Tier gegenüber* ▸ es fehlt dem Kind, Hund an der nötigen ~ **II** ⟨zählb.⟩ *Schenkung, finanzielle Hilfe* ▸ ~en erhalten; jmdm. ~en machen

zu we|nig → *zu*

zu|wer|fen ⟨V. trans.; wirft zu, warf zu, hat zu|geworlfen, zu|zu|wer|fen⟩ **1** eine Tür ~ *durch Werfen schließen, zuschlagen* **2** jmdm. etwas ~ *etwas in Richtung auf jmdn. werfen, so dass er es auffangen kann* ▸ wirf mir den Ball zu!; jmdm. Blicke, eine Kusshand ~ ⟨übertr.⟩; die Tür des Autos ~

zu|wi̲|der[1] ⟨Adv.⟩ *widerwärtig, unangenehm* ▸ dieses Essen, diese Musik, diese Person ist mir ~

zu|wi̲|der[2] ⟨Präp. m. Dat.⟩ *entgegen, widersprechend* ▸ er betrat dem Verbot ~ die Baustelle

zu|wi̲|der|han|deln ⟨V. intr.; han|delt zu|wi|der, han|del|te zu|wi|der, hat zu|wi|der|ge|han|delt, zu|wi|der|zu|han|deln⟩ einer Sache ~ *gegen eine S. handeln* ▸ dem Gesetz, einem Verbot, einem Vertrag ~; ~de Personen werden bestraft; er hat seinem Grundsatz zuwidergehandelt; Abl *Zuwiderhandelnde(r), Zuwiderhandlung*

zu|wi̲|der|lau|fen ⟨V. intr.; läuft zu|wi|der, lief zu|wi|der, ist zu|wi|der|ge|lau|fen, zu|wi|der|zu|lau|fen⟩ einer Sache ~ *gegen eine S. wirken, stehen* ▸ das läuft seinen Absichten zuwider

zu̲|win|ken ⟨V. intr.; winkt zu, wink|te zu, hat zu|ge|winkt, umg. a. zu|ge|wun|ken, zu|zu|win|ken⟩ jmdm. ~ *jmdn. winkend grüßen* ▸ jmdm. mit der Hand ~; jmdm. zum Abschied ~

zu̲|zah|len ⟨V. trans.; zahlt zu, zahl|te zu, hat zu|ge|zahlt, zu|zu|zah|len⟩ etwas ~ *zusätzlich zahlen* ▸ ich musste noch zwei Euro ~; Abl *Zuzahlung*

zu|zei̲|ten ⟨Adv.⟩ *zuweilen, manchmal* ▸ ~ hat sie Heimweh; ⟨aber⟩ zu Zeiten Luthers

zu̲|zie|hen ⟨V.⟩ **I** ⟨V. trans.; zieht zu, zog zu, hat zu|ge|zo|gen, zu|zu|zie|hen⟩ **1** einen Vorhang ~ *durch Ziehen schließen* **2** einen Knoten ~ *fest zusammenziehen* **3** ⟨übertr.⟩ jmdn. ~ *hinzuziehen, jmdn. um einen Rat bitten;* Abl *Zuziehung* ▸ einen Arzt, Sachverständigen ~ **II** ⟨V. refl.; zieht zu, zog zu, hat zu|ge|zo|gen, zu|zu|zie|hen⟩ **1** sich ~ *sich bewölken* **2** ⟨übertr.⟩ sich etwas ~ *(durch eigene Schuld) etwas bekommen (das man nicht haben will)* ▸ sich eine Erkältung ~ ⟨übertr.⟩; ich weiß nicht, womit ich mir seinen Hass zugezogen habe ⟨übertr.⟩ **III** ⟨V. intr.; zieht zu, zog zu, ist zu|ge|zo|gen, zu|zu|zie|hen⟩ *den Wohnsitz von außerhalb hierherverlegen* ▸ die Familie ist erst vor kurzem zugezogen; Abl *Zuzug*

zu̲|züg|lich ⟨Präp. m. Gen.⟩ *mit (Hinzurechnung), mitsamt* ▸ ~ der Kosten, (der) Zinsen; 120 Euro ~ Mehrwertsteuer

zu̲|zwin|kern ⟨V. intr.; zwin|kert zu, zwin|ker|te zu, hat zu|ge|zwin|kert, zu|zu|zwin|kern⟩ jmdm. ~ *jmdn. ansehen u. dabei zwinkern*

zwa̱|cken ⟨V. trans.; zwackt, zwack|te, hat gezwackt; umg.⟩ jmdn. ~ *zwicken*

zwa̱ng → *zwingen*

Zwa̱ng ⟨der; -(e)s, Zwän|ge⟩ **1** *Notwendigkeit, dringende Forderung, gebieterisches Verlangen, Gebot, Druck* **2** *Hemmung, Beschränkung der Handlungsfreiheit* **3** ⟨Rechtsw.⟩ *Anwendung körperlicher od. seelischer Gewalt* **4** ⟨Psych.⟩ *psychische Erkrankung, bei der sich bestimmte Denkinhalte od. Handlungsimpulse immer wieder aufdrängen u. nicht unterdrückt werden können* ▸ jmdm. ~ antun; tu dir nur keinen ~ an *sag frei heraus, was du denkst;* auf jmdn. ~ ausüben; es besteht kein ~, das zu tun *man braucht es nicht zu tun* ▸ ein äußerer, lästiger ~; ein innerer, moralischer, sanfter ~ ▸ unter ~ stehen *zum Handeln gezwungen sein;* frei von Zwängen

zwä̱n|gen ⟨V. trans.; zwängt, zwäng|te, hat gezwängt⟩ jmdn. od. etwas irgendwohin ~ *pressen, drücken, quetschen, klemmen* ▸ wir konnten uns nur mühsam durch die Menge ~; die Wäsche noch in den Koffer ~

zwa̱ng|haft ⟨Adj.; -er, am -es|ten⟩ *durch Zwang entstanden* ▸ ~er Drang; Abl *Zwanghaftigkeit*

zwa̱ng|los ⟨Adj.; -er, am -es|ten⟩ *ungezwungen, ohne Förmlichkeit, frei, unverbindlich* ▸ es ging ziemlich ~ zu; Abl *Zwanglosigkeit*

Zwa̱ngs|ar|beit ⟨die; -, -en⟩ *unter Zwang zu leistende Arbeit (als schwere Freiheitsstrafe)* ▸ Millionen von Häftlingen wurden im Nationalsozialismus zur ~ gezwungen; Abl *Zwangsarbeiter(in)*

Zwa̱ngs|ja|cke ⟨die; -, -n⟩ *Jacke mit bes. langen Ärmeln ohne Öffnung, deren Enden auf dem Rücken zusammengebunden werden (bei Tobsüchtigen verwendet)*

Zwa̱ngs|la|ge ⟨die; -, -n⟩ *Bedrängnis, Notlage, die jmdm. bestimmtes Handeln aufzwingt, Dilemma* ▸ ich befinde mich, bin in einer ~

zwa̱ngs|läu|fig ⟨Adj.⟩ *unabsichtlich, unabwendbar, notgedrungen, aus einer Zwangslage heraus (entstanden)* ▸ eine ~e Entwicklung; die ~e Folge davon ist ...; das ergibt sich ~; es musste ~ dahin kommen; Abl *Zwangsläufigkeit*

Zwa̱ngs|maß|nah|me ⟨die; -, -n⟩ *erzwungene Maßnahme* ▸ zu ~n greifen

Zwa̱ngs|ver|stei|ge|rung ⟨die; -, -en⟩ *Art der Zwangsvollstreckung in Form einer Versteigerung*

Zwa̱ngs|voll|stre|ckung ⟨die; -, -en⟩ *Vollstreckung im Konkursverfahren*

Zwa̱ngs|vor|stel|lung ⟨die; -, -en; Psych.⟩ *beherrschender Bewusstseinsinhalt, der den an Zwang (4) Leidenden gegen seinen Willen überwältigt*

zwa̱ngs|wei|se ⟨Adj.⟩ *erzwungen, aufgrund behördlicher Anordnung*

zwa̱n|zig ⟨Adj.; Kardinalzahl; als Ziffer: 20⟩ sie ist Mitte (der) ~ *etwa 25 Jahre alt;* Bes *Ableitungen* →a. *acht*

Zwa̱n|zig ⟨die; -, -en⟩ *die Zahl 20*

zwa̱n|zi|ger ⟨Adj.; undekl.⟩ **1** *das Jahr 20 betreffend* **2** *zwischen den Jahren 20 u. 30 eines Jahrhunderts geschehen* ▸ die ~ Jahre = *Zwanzigerjahre;* →a. *achtziger*

Zwa̱n|zi|ger **I** ⟨der; -s, -⟩ **1** *Münze im Wert von 20 Cent* **2** *Schein im Wert von 20 Euro* **3** *Mann zwischen 20 u. 30 Jahren* **II** ⟨Pl.⟩ **1** *die Lebensjahre zwischen 20 u. 30* **2** *die Jahre zwischen 1920 u. 1930* ▸ er ist in den ~n

Zwa̱n|zi|ger|jah|re *auch:* **zwa̱n|zi|ger Jah|re** ⟨Pl.⟩ **1** *die Lebensjahre zw. 20 u. 30* **2** ⟨in Ziffern: 20er Jahre / 20er-Jahre⟩ die ~ des 20. Jh. *die Jahre zwischen 1920 u. 1930* ▸ sie sind erst in den ~n *sie sind erst zwischen 20 u. 30 Jahre alt*

zwa̱r **I** ⟨Konj.⟩ ~, ... aber ... *wohl ... aber, dennoch* ▸ diese Möbel sind ~ schön, aber sie sind auch sehr teuer; es schmeckt ~ nicht gut, soll aber sehr gesund sein **II** ⟨Konj.; in Verbindung mit „und"⟩ *um es genauer zu sagen* ▸ ich habe mir den Arm gebrochen, und ~ den rechten; wir treffen uns, und ~ am Montag

Zweck ⟨der; -(e)s, -e⟩ **1** *Sinn einer Handlung, eines Vorgangs* **2** *Ziel einer Handlung* ▸ was ist der ~ Ihres Besuchs? ▸ welchem ~ soll das dienen?; dieses kleine Gerät erfüllt völlig seinen ~ *genügt völlig;* seinen ~ (nicht) erreichen; es hat keinen ~, länger zu warten; was soll das für einen ~ haben?; die Maßnahme hat ihren ~ (völlig) verfehlt; welchen ~ verfolgt er damit? ▸ dem ~ entsprechende Kleidung anziehen; Geld für einen guten ~ spenden; diese Pflanze wird für medizinische ~e angebaut; das brauche ich für private ~e ▸ ich brauche das Buch für einen bestimmten ~; er dient ihr nur als Mittel zum ~; zu welchem ~ willst du das haben?

zweck|be|stimmt ⟨Adj.⟩ = *zweckgebunden*

zweck|dien|lich ⟨Adj.⟩ *einem bestimmten Zweck dienlich, nützlich, zweckmäßig* ▸ ~e Hinweise nimmt die Polizei entgegen

zweck|ent|frem|den ⟨V. trans.; hat zweck|ent-frem|det; nur im Inf. u. Part. Perf.⟩ etwas ~ *für einen anderen als den vorgesehenen Zweck benutzen* ▸ eine Tasse als Aschenbecher ~; die Gelder wurden zweckentfremdet ausgegeben; zweckentfremdetes Gerät; Abl *Zweckentfremdung*

zweck|ge|bun|den ⟨Adj.⟩ *nur für einen bestimmten Zweck zu verwenden;* Abl *Zweckgebundenheit*

zweck|los ⟨Adj.⟩ **1** *ohne Zweck, keinen Zweck habend* **2** *nutzlos, vergeblich* ▸ ein ~er Versuch; es ist ~, länger zu warten; Abl *Zwecklosigkeit*

zweck|mä|ßig ⟨Adj.⟩ **1** *für einen Zweck gut geeignet* **2** *einen Zweck erfüllend* ▸ es ist nicht ~, das so zu machen; Abl *Zweckmäßigkeit*

zwecks ⟨Präp. m. Gen.⟩ *zum Zwecke der, des …* ▸ ~ besserer Verteilung, Ausnutzung *um es besser zu verteilen, auszunützen*

zweck|wid|rig ⟨Adj.⟩ *dem eigentlichen Zweck nicht entsprechend* ▸ ~e Verwendung von Geldern

zwei ⟨Adj.; Kardinalzahl; als Ziffer: 2⟩ *eine(r) u. noch eine(r), eins u. noch eins* ▸ wir ~ ⟨umg.⟩ *wir beide;* einer von euch ~en muss mitkommen ⟨umg.⟩ *von euch beiden;* alle ~ ⟨umg.⟩ *alle beide* ▸ er hat ~ Gesichter ⟨übertr.⟩ *er ist nicht aufrichtig, er verstellt sich oft;* er ist Vater ~er Kinder; ~ Mal = *zweimal;* alles hat seine ~ Seiten *seinen Vor- u. seinen Nachteil* ▸ dazu gehören ~! ⟨umg.⟩ *das ist nur möglich, wenn beide mitmachen, einverstanden sind;* wenn ~ sich streiten, freut sich der Dritte ⟨Sprichw.⟩ ▸ sie gingen ~ und ~ nebeneinander; zu ~en, zu ~t; →a. *acht, zweite(r, -s);* Abl *zweibändig, zweibeinig, zweigeschossig, zweihändig, zweijährig, zweistöckig, zweistündig, zweitägig, zweitürig*

Zwei ⟨die; -, -en⟩ **1** *die Zahl 2* **2** *gut (als Schulnote, Zensur)* **3** die ~ *Straßenbahn, Bus mit der Nummer 2* ▸ eine ~ bekommen, schreiben; einem Schüler eine ~ geben; er hat in Deutsch eine ~

zwei… →a. *acht…*

Zwei|bett|zim|mer ⟨das; -s, -; in Ziffern: 2-Bett-Zimmer⟩ *Schlafzimmer mit zwei Betten (bes. im Hotel)* ▸ wir hätten gern ein ~

zwei|deu|tig ⟨Adj.⟩ **1** *zwei od. mehrere Deutungen zulassend, unklar* **2** *schlüpfrig, etwas unanständig* ▸ ~e Antwort, ~er Ausdruck, Begriff; eine ~e Bemerkung, ein ~er Witz; Abl *Zweideutigkeit*

zwei|di|men|si|o|nal ⟨Adj.⟩ *nur zwei Dimensionen besitzend, berücksichtigend* ▸ ~e Abbildung

Zwei|drit|tel|mehr|heit ⟨die; -; unz.⟩ *Mehrheit aus mindestens zwei Dritteln aller Stimmen*

zwei|ei|ig ⟨Adj.⟩ *aus zwei befruchteten Eizellen entstanden;* Ggs *eineiig* ▸ ~e Zwillinge

zwei|ein|halb ⟨Adj.; Bruchzahl; in Ziffern: $2^1/_2$⟩ *zwei und noch ein halb*

Zwei|er|be|zie|hung ⟨die; -, -en⟩ *partnerschaftliche Beziehung zw. zwei Personen*

zwei|er|lei ⟨Adj.; undekl.⟩ *zwei verschiedene Arten (von), zwei verschiedene Dinge* ▸ die Dinge mit ~ Maß messen ⟨übertr.⟩ *ungerecht beurteilen;* ~ Schuhe; das Kleid ist aus ~ Stoff; auf ~ Weise

zwei|fach ⟨Adj.; in Ziffern: 2fach/2-fach⟩ **1** *zweimal (geschehend), zweimalig* **2** *doppelt* ▸ ~es Verbrechen (z. B. Mord u. Raub); ~ geschieden

Zwei|fa|mi|li|en|haus ⟨das; -es, -häu|ser⟩ *Wohnhaus für zwei Familien (meist mit Garten)*

Zwei|fel ⟨der; -s, -⟩ *Unsicherheit, nicht festes Wissen, nicht fester Glaube, inneres Schwanken, Bedenken* ▸ jmds. ~ ausräumen; es besteht gar kein ~, dass …; ich hege ~, dass es wirklich stimmt; darüber herrscht kein ~; es sind mir einige ~ gekommen, ob es richtig war, was ich getan habe; es unterliegt keinem ~, dass er Recht hat ▸ das ist, steht außer ~ *es ist ganz sicher, ganz gewiss;* ich habe ihn nicht darüber im ~ gelassen, dass es mir ernst ist; eine Aussage in ~ stellen, ziehen; seine Bemerkung hat mich wieder in neue ~ gestürzt; ohne ~! *ganz richtig!; auf jeden Fall;* es ist ohne ~ richtig, das zu tun

zwei|fel|haft ⟨Adj.; -er, am -es|ten⟩ **1** *Zweifel zulassend, verdächtig* **2** *fraglich, unsicher* ▸ ein ~es Unternehmen; er ist von ~em Ruf; das ist ein ~es Vergnügen ⟨iron.⟩ *kein reines V.;* der Erfolg des Projekts ist ~; Abl *Zweifelhaftigkeit*

zwei|fel|los ⟨Adj.; meist adv.⟩ *ohne Zweifel, sicher, bestimmt* ▸ er hat ~ Recht

zwei|feln ⟨V. intr.; zwei|felt, zwei|fel|te, hat gezwei|felt⟩ (an jmdm. od. etwas) ~ *Zweifel haben, nicht sicher sein, nicht genau wissen, nicht fest glauben* ▸ ich zweifle, ob das wirklich richtig ist; ich zweifle nicht an seinem guten Willen, aber er wird es sicher nicht schaffen; ich zweifle an seiner Zuverlässigkeit; niemand zweifelt daran; er schüttelte ~d den Kopf

Zwei|fels|fall ⟨der; -(e)s, -fäl|le⟩ *Fall, in dem man nicht weiß, wie man sich entscheiden soll* ▸ im ~ ruf mich bitte an

zwei|fels|frei ⟨Adj.; meist adv.⟩ *keinen Zweifel zulassend, eindeutig* ▸ einen Toten ~ identifizieren; es steht ~ fest, dass das nicht stimmt

zwei|fels|oh|ne ⟨Adv.⟩ *ohne Zweifel* ▸ ~ hat er Recht

Zweif|ler ⟨der; -s, -⟩ *jmd., der ständig zweifelt;* Abl *Zweiflerin*

Zweig ⟨der; -(e)s, -e⟩ **1** *dünner Ast* **2** ⟨übertr.⟩ *abzweigende Linie, Teil einer Gabelung, Nebenlinie, Seitenlinie* **3** *Gebiet innerhalb eines größe-*

Z

ren; Zus *Industriezweig, Wissenszweig* **4** *Untergruppe, Unterabteilung* ▸ der ~ einer Eisenbahnlinie ‹übertr.›; ~ einer Familie ‹übertr.›; die Satzlehre ist ein ~ der Grammatik ‹übertr.› ▸ einen ~ (vom Baum) abbrechen; ~e bilden ▸ abgestorbener, belaubter, dürrer, kahler ~; er kommt auf keinen grünen ~ ‹sprichw.› *er hat keinen Erfolg* ▸ der Vogel hüpft von ~ zu ~

zwei|ge|teilt ‹Adj.› **1** *in zwei Teile geteilt* **2** *zwiespältig* ▸ ein ~es Land; er war ~er Meinung

zwei|glei|sig ‹Adj.› Syn *doppelgleisig* **1** *mit zwei Gleisen versehen* **2** ‹übertr.› *zwei Möglichkeiten, Alternativen gleichzeitig verfolgend, betreibend* ▸ ~e Bahnlinie; ~ fahren, vorgehen ‹übertr.›

Zweig|stel|le ‹die; -, -n› *kleinere Niederlassung (einer Bank, Behörde, eines Konzerns) in einem anderen Stadtteil, Filiale*

Zwei|kampf ‹der; -(e)s, -kämp|fe› *Kampf zwischen zwei Personen, Duell* ▸ jmdn. zum ~ fordern

zwei|köp|fig ‹Adj.› **1** *mit zwei Köpfen versehen* **2** *aus zwei Personen bestehend* ▸ ~er Adler (auf Wappen); ~es Fabeltier; ein ~er Vorstand

zwei|mal *auch:* **zwei Mal** ‹Adv.; in Ziffern: 2-mal / 2 Mal› **I** ‹Zusammen- u. Getrenntschreibung› *zweifach wiederholt* ▸ wir haben uns heute schon ~ zufällig getroffen; er ließ es sich nicht ~ sagen *er tat es sofort;* ~ täglich, wöchentlich, jährlich **II** ‹nur Zusammenschreibung› *mit zwei multipliziert* ▸ heute arbeiten bei uns zweimal so viele Mitarbeiter wie vor zwanzig Jahren

Zwei|mas|ter ‹der; -s, -› *Schiff mit zwei Masten*

zwei|po|lig ‹Adj.› *mit zwei Polen versehen*

Zwei|rad ‹das; -(e)s, -rä|der› *Fahrrad, Motorrad o. Ä. mit zwei Rädern*

zwei|rei|hig ‹Adj.› *mit zwei Reihen ausgestattet, versehen* ▸ ~er Anzug *Anzug mit zwei Knopfreihen, mit je zwei Knöpfen untereinander auf jeder Seite der Jacke;* Syn *Zweireiher*

Zwei|sam|keit ‹die; -; unz.› *Gemeinsamkeit zu zweien*

zwei|schnei|dig ‹Adj.› *auf beiden Seiten schneidend, auf beiden Seiten geschliffen* ▸ ~es Schwert ‹übertr.› *Sache, die einerseits Nutzen, aber auch andererseits Schaden bringen kann*

zwei|sei|tig ‹Adj.› *auf beiden Seiten* ▸ das Blatt ist ~ beschrieben

Zwei|sit|zer ‹der; -s, -› *mit zwei Sitzen versehenes Kraftfahrzeug (bes. Sportwagen)*

zwei|spal|tig ‹Adj.› *in zwei Spalten (gesetzt, gedruckt), zwei Spalten breit* ▸ ~es Inserat, das Kinderlexikon ist ~ gedruckt; einen Text ~ setzen

zwei|spra|chig ‹Adj.› Syn *bilingual* **1** *in zwei Sprachen abgefasst* **2** *zwei Sprachen zugleich lernend, sprechend* ▸ ~es Wörterbuch; er ist ~ aufgewachsen; Abl *Zweisprachigkeit*

zwei|spu|rig ‹Adj.› **1** *mit zwei Fahrspuren (versehen)* **2** = *zweigleisig (2)* ▸ ~e Straße

zwei|stim|mig ‹Adj.; Mus.› **1** *für zwei Stimmen (geschrieben)* **2** *mit zwei Stimmen besetzt* ▸ eine ~e Komposition; ~ singen

zweit ‹nur in der Fügung› zu ~ *in einer Gruppe von zwei Personen* ▸ sie kamen zu ~

zweit... ‹in Zus.; zur Bildung von Adj.› *an zweiter Stelle stehend,* z. B. das zweitbeste Ergebnis, der zweitgrößte Konzern, der zweithöchste Berg

zweit-/ander-

Mit dem Adjektiv *zweite(r, -s)* wird eine Person oder eine Sache bezeichnet, die einem Ersten nachfolgt: *Wollen wir noch eine zweite Flasche Wein bestellen? Ich möchte noch ein zweites Bier trinken.*
Dagegen bedeutet *andere(r, -s)* „nicht dasselbe, verschieden": *Ich möchte einen anderen* (= nicht denselben) *Wein bestellen.*

zweit|bes|te(r, -s) ‹Adj.› *nach dem Besten (stehend)* ▸ er ist der ~ Schüler der Klasse

zwei|te(r, -s) ‹Adj.; Ordinalzahl zu „zwei"; Zeichen: 2.› *der/die/das dem ersten Folgende* ▸ der ~ Bildungsweg *Schulausbildung nach Berufsausbildung bzw. -tätigkeit mit Abschluss, der zum Besuch einer Fachhochschule od. Hochschule berechtigt;* die Zweite Bundesliga; er ist ein ~r Caruso ‹übertr.; umg.› *er singt fast so gut wie Caruso;* Zweites Deutsches Fernsehen ‹Abk.: ZDF› *eine durch Staatsvertrag der Bundesländer gegründete Fernsehanstalt;* er spielt nur die ~ Geige, ~ Rolle ‹übertr.› *nur eine untergeordnete Rolle;* das ~ Gesicht haben ‹übertr.› *die angebliche Fähigkeit, kommende Geschehnisse vorauszusehen;* etwas aus ~r Hand kaufen *durch einen Zwischenhändler, gebraucht;* ich kenne die Sache nur aus ~r Hand ‹übertr.› *ich habe die Sache nicht selbst gesehen od. erlebt, ich kenne sie nur vom Hören, vom Erzählen;* zum ~n Mal; die ~ Stimme singen; jeden ~n Tag; der Zweite Weltkrieg *der Weltkrieg von 1939-1945*

Zwei|te(r, -s) ‹die; -n, -n, der; -n, -n od. das; -n, -n› *der, die, das im Rang od. der Leistung nach an zweiter Stelle Stehende;* →*a. erste(r, -s)* ▸ sie wurde Zweite; nur jeder Zweite gewinnt; es kommt ein Zweites hinzu; er kann arbeiten wie kein Zweiter *wie sonst niemand*

zwei|tei|len ‹V. trans.; zwei|teilt, zwei|teil|te, hat ge|zwei|teilt› etwas ~ *in zwei Stücke teilen* ▸ ich kann mich nicht ~ ‹übertr.› *ich kann nicht alles auf einmal machen, nicht an mehreren Orten gleichzeitig sein;* Abl *Zweiteilung*

zwei|tens ‹Adv.› *an zweiter Stelle*

zweit|klas|sig ‹Adj.; übertr.› *nicht sehr gut* ▸ ~es Hotel; eine ~e Mannschaft

zweit|letz|te(r, -s) ‹Adj.› *vor dem Letzten (stehend)*

zweit|ran|gig ‹Adj.› **1** *weniger wichtig, weniger bedeutend* **2** = *zweitklassig* ▸ ein ~es Problem

Zweit|schrift ‹die; -, -en› *Abschrift, Kopie*

Zweit|stim|me ‹die; -, -n; bei manchen Wahlen› *die zweite der einem Wähler zur Verfügung stehenden zwei Stimmen*

Zweit|wa|gen ‹der; -s, -› *zweiter (meist kleinerer) Personenkraftwagen eines Kraftfahrzeughalters*

Zwerch|fell ‹das; -(e)s, -e; Anat.› *Scheidewand*

zwischen Brust- u. Bauchhöhle der Säugetiere u. des Menschen; Syn *Diaphragma*

Zwerg ‹der; -(e)s, -e› **1** ‹Myth.› *sehr kleines, im Wald, meist unter der Erde lebendes, altes Männchen mit Bart (bes. im Märchen)* **2** ‹abwertend› *sehr kleiner Mensch;* Abl *Zwergin*

Zwerg... ‹in Zus.; zur Bildung von Subst.› *sehr kleine Art, Rasse (eines Tieres od. einer Pflanze),* z. B. Zwerghuhn, Zwergkaninchen

zwer|gen|haft ‹Adj.› **1** *wie ein Zwerg* **2** *winzig klein* ▸ von ~em Wuchs

Zwerg|staat ‹der; -(e)s, -en› *sehr kleiner Staat*

Zwetsch|ge ‹die; -, -n; süddt.; schweiz.› = *Pflaume;* ⓘ S. 1003

Zwetsch|ke ‹die; -, -n; österr.› = *Pflaume;* ⓘ S. 1003

Zwi|ckel ‹der; -s, -› *dreieckiger Einsatz in Kleidungsstücken;* Zus *Fersenzwickel, Hosenzwickel*

zwi|cken ‹V.; zwickt, zwick|te, hat ge|zwickt› **I** ‹V. trans.› **1** jmdn. od. etwas ~ *mit zwei Fingern od. zwei bewegl. Teilen eines Werkzeugs kurz drücken, kneifen* **2** ‹österr.› einen Fahrschein ~ *lochen* ▸ jmdn. in den Arm, die Wange ~ **II** ‹V. intr. u. V. trans.; übertr.; umg.› (jmdn.) ~ *leicht schmerzen* ▸ die enge Hose zwickt

Zwick|müh|le ‹die; -, -n› **1** *Stellung im Mühlespiel, doppelte Mühle, bei der man den Gegner, wie er auch zieht, in einer Mühle fangen kann* **2** ‹übertr.› *Situation, in der man, wie man sich auch verhält, Unannehmlichkeiten bekommt* ▸ sich in einer ~ befinden; in eine ~ geraten

Zwie|back ‹der; -(e)s, -bä|cke› *auf beiden Seiten geröstetes, knuspriges Weizengebäck*

Zwie|bel ‹die; -, -n› **1** *ein Gemüse, das unter der Erde wächst u. eine braune od. rote Schale hat u. aus vielen weißen Häuten besteht;* ⓘ S. 1002; Zus *Zwiebelgemüse, Zwiebelkuchen, Zwiebelsuppe; Küchenzwiebel* **2** ‹Bot.› *Zwiebel (1), die in die Erde gesteckt wird u. im Frühjahr Blumen hervorbringt;* Zus *Blumenzwiebel, Tulpenzwiebel* ▸ mir tränen die Augen, wenn ich ~n schneide; ~n kleinhacken; ~n in Ringe schneiden

Zwie|bel|turm ‹der; -(e)s, -tür|me› *Kirchturm in Form einer Zwiebel*

Zwie|ge|spräch ‹das; -(e)s, -e› *Gespräch zu zweit*

Zwie|licht ‹das; -(e)s; unz.› **1** *Licht aus verschiedenen Lichtquellen zugleich, bes. aus Tages- u. künstlichem Licht* **2** *Dämmerlicht*

zwie|lich|tig ‹Adj.; übertr.› *undurchschaubar* ▸ ~e Person; er ist eine ~e Erscheinung

Zwie|spalt ‹der; -(e)s, -e› *innere Zerrissenheit, Unfähigkeit, sich zw. zwei Dingen zu entscheiden* ▸ ich befinde mich in einem ~

zwie|späl|tig ‹Adj.› *innerlich zerrissen, schwankend, von mehreren Empfindungen od. Triebkräften bestimmt* ▸ er ist ein ~er Mensch; mein Eindruck war ~; Abl *Zwiepältigkeit*

Zwie|spra|che ‹die; -, -n› *Zwiegespräch, Aussprache zu zweien* ▸ mit jmdm. ~ halten

Zwie|tracht ‹die; -; unz.› *Uneinigkeit, Streit* ▸ ~ säen, stiften

Zwil|le ‹die; -, -n› *kleine Schleuder*

Zwil|ling ‹der; -s, -e› **1** *eines von zwei zur gleichen Zeit im Mutterleib entwickelten u. kurz nacheinander geborenen Kindern od. Tieren;* Zus *Zwillingsbruder, Zwillingspaar, Zwillingsschwester* **2** ‹Pl.; Astron.; Astrol.› *ein Sternbild*

Zwin|ge ‹die; -, -n› *Werkzeug, das mittels zweier, durch Schrauben verstellbarer Backen das Ein- od. Zusammenspannen von Werkzeugen ermöglicht*

zwin|gen ‹V.; zwingt, zwang, hat ge|zwun|gen› **I** ‹V. trans.› jmdn. zu etwas ~ *jmdn. mit Gewalt od. Drohung dazu bringen, etwas zu tun* ▸ jmdn. auf, in die Knie ~; man kann niemanden zu seinem Glück ~ ‹umg.› *jeder muss selbst wissen, was ihn glücklich macht;* er wollte mich zum Kauf ~; ich kann ihn nicht dazu ~; besondere Umstände ~ mich dazu, das Haus zu verkaufen; es bestehen ~de Gründe zu dieser Maßnahme; das ist eine ~de Notwendigkeit; diese Begründung ist nicht ~d *nicht überzeugend, nicht einleuchtend;* ich bin gezwungen, ihn einzuladen *ich muss ihn einladen;* →a. *gezwungen* **II** ‹V. refl.› sich zu etwas ~ *sich zu etwas überwinden* ▸ ich muss mich dazu ~, freundlich zu ihr zu sein; er zwang sich zur Ruhe

Zwin|ger ‹der; -s, -› *Käfig, eingezäunter Platz für Tiere, bes. Hunde;* Zus *Hundezwinger*

zwin|kern ‹V. intr.; zwin|kert, zwin|ker|te, hat gezwin|kert› *die Augen zusammenkneifen u. die Lider schnell abwechselnd öffnen u. schließen* ▸ mit den Augen ~

zwir|beln ‹V. trans.; zwir|belt, zwir|bel|te, hat gezwir|belt› etwas ~ *schnell zw. zwei od. drei Fingern drehen* ▸ den Schnurrbart ~; Fäden ~

Zwirn ‹der; -(e)s, -e; Textilwesen› *aus mehreren Fäden zusammengedrehtes, besonders reißfestes Garn;* Zus *Baumwollzwirn, Seidenzwirn*

zwi|schen ‹Präp.› **I** ‹m. Dat.; örtl. u. allg.› *etwa in der Mitte von, mitten unter, in der Hälfte* ▸ ich saß ~ ihm und seiner Frau; es hat Streit ~ ihnen gegeben; ~ den Bäumen hindurchgehen; ~ beiden Begriffen besteht ein Unterschied; Verhandlungen ~ Frankreich und England; ~ beiden Häusern ist ein schmaler Durchgang; er saß ~ den Kindern; er schwankte ~ Zorn und Lachen; Zus *Zwischendeck* **II** ‹m. Akk.; örtl.› *mitten hinein, mitten in* ▸ ich habe die Krokusse ~ die Büsche gepflanzt; er sprang ~ die Streitenden **III** ‹m. Akk. od. Dat.; zeitl.› *in der Hälfte eines Zeitraums* ▸ die Feier findet irgendwann ~ dem 3. und 7. Januar statt; mein Urlaub fällt ~ den 10. und 31. Juli; ~ Weihnachten und Neujahr wird der Betrieb geschlossen; ich komme ~ zwei und drei Uhr; Zus *Zwischenbericht, Zwischenbilanz, Zwischenergebnis*

Zwi|schen|be|mer|kung ‹die; -, -en› *eingeworfene Bemerkung, ohne dass gefragt worden ist* ▸ darf ich mir eine ~ erlauben?

Zwi|schen|ding ‹das; -(e)s, -e› = *Mittelding*

zwi|schen|drin ‹Adv.› *mitten darin, in der Mitte, dazwischen* ▸ ich saß ~

zwi|schen|durch ‹Adv.› *zwischen der einen u. der nächsten Handlung, während einer Handlung*

▸ wir nehmen am Tag drei Mahlzeiten ein und essen ~ etwas Obst

Zwị|schen|fall ⟨der; -(e)s, -fäl|le⟩ *unerwarteter Vorfall, unbeabsichtigter Vorgang, den Ablauf einer Sache hemmendes Ereignis* ▸ ärgerlicher, lustiger, peinlicher ~; die Reise verlief ohne ~

Zwị|schen|fra|ge ⟨die; -, -n⟩ *ein Gespräch, einen Vortrag o. Ä. unterbrechende Frage*

Zwị|schen|han|del ⟨der; -s; unz.⟩ *zw. Erzeuger u. Verkäufer vermittelnder Handel, Großhandel;* Abl *Zwischenhändler(in)*

Zwị|schen|la|ger ⟨das; -s, -⟩ *Örtlichkeit für eine vorübergehende Lagerung, bes. von radioaktiven Abfallstoffen;* →a. *Endlager;* Abl *zwischenlagern*

zwị|schen|lan|den ⟨V. intr.; lan|det zwi|schen, lan|de|te zwi|schen, ist zwi|schen|ge|lan|det, zwi|schen|zu|lan|den⟩ *vor der Landung am Zielort auf einem anderen Flughafen landen* ▸ die Maschine landete in Mailand zwischen; Abl *Zwischenlandung*

Zwị|schen|lö|sung ⟨die; -, -en⟩ *vorübergehende Lösung vor der endgültigen Lösung*

Zwị|schen|mahl|zeit ⟨die; -, -en⟩ *Mahlzeit zw. den Hauptmahlzeiten, z. B. Nachmittagskaffee*

zwị|schen|mensch|lich ⟨Adj.⟩ *zw. den Menschen (vorhanden, sich abspielend)* ▸ ~e Beziehungen

Zwị|schen|prü|fung ⟨die; -, -en⟩ *einen Abschnitt des Studiums od. einer Ausbildung abschließende Prüfung* ▸ eine ~ ablegen

Zwị|schen|raum ⟨der; -(e)s, -räu|me⟩ *freier Raum zw. zwei Dingen, Abstand* ▸ eine Zeile ~ lassen

Zwị|schen|ruf ⟨der; -(e)s, -e⟩ *Ruf in ein Gespräch, eine Rede, einen Vortrag hinein* ▸ ablehnende, empörte, zustimmende ~e; der Redner wurde durch häufige ~e unterbrochen

Zwị|schen|spiel ⟨das; -(e)s, -e⟩ **1** ⟨Theat.⟩ *kleines, meist heiteres, in ein Theaterstück od. zwischen größere Stücke eingeschobenes Theaterstück, zwischen zwei Akte od. Szenen einer Oper eingeschobenes Musikstück* **2** ⟨Mus.⟩ *Instrumentalspiel zw. den Strophen eines Gesangstücks* **3** ⟨übertr.⟩ *in eine Handlung eingeschobener od. zwischen zwei Handlungen ablaufender Vorgang*

zwị|schen|staat|lich ⟨Adj.⟩ *zw. Staaten (vorhanden, sich abspielend)* ▸ ~e Beziehungen

Zwị|schen|zeit ⟨die; -, -en⟩ **1** *Zeitraum zwischen zwei Handlungen od. Vorgängen* **2** ⟨Sp.⟩ *die für das Zurücklegen einer Teilstrecke gestoppte Zeit* ▸ in der ~ hatte er Erkundigungen eingezogen

zwị|schen|zeit|lich ⟨Adv.⟩ *inzwischen, in der Zwischenzeit* ▸ sie hat ihre Haltung ~ geändert

Zwị|schen|zeug|nis ⟨das; -nis|ses, -nis|se⟩ **1** *Zeugnis, das für einen Teil eines längeren Zeitraums ausgestellt wird* **2** ⟨Schulw.⟩ *Zeugnis nach dem ersten Halbjahr, Halbjahreszeugnis*

Zwịst ⟨der; -(e)s, -e; geh.⟩ *Streit, Hader, Uneinigkeit, Feindschaft* ▸ mit jmdm. im ~ liegen

Zwịs|tig|keit ⟨die; -, -en; geh.⟩ *Zwist, Streiterei, Streit* ▸ eheliche ~en

zwịt|schern ⟨V.; zwit|schert, zwit|scherte, hat gezwit|schert⟩ **I** ⟨V. intr.⟩ *Laut geben* (von Vögeln) **II** ⟨V. trans.⟩ einen ~ *einen Schnaps trinken*

Zwịt|ter ⟨der; -s, -⟩ *fortpflanzungsfähiges Lebewesen mit männlichen u. weiblichen Geschlechtsmerkmalen;* Syn *Hermaphrodit*

zwo̲ ⟨Adj.; Kardinalzahl; umg.; oft zur besseren Verständigung, bes. am Telefon⟩ *zwei*

zwọ̈lf ⟨Adj.; Kardinalzahl; als Ziffer: 12⟩ die ~ Apostel; die ~ Monate; die Zwölf Nächte *die Nächte zw. dem ersten Weihnachtstag u. Dreikönige;* ~ Stück *ein Dutzend;* (um) ~ Uhr mittags; (um) ~ Uhr nachts; Abl *zwölfjährig, zwölfmonatig, zwölfstündig;* Bes *Ableitungen* →a. *acht*

Zwọ̈lf ⟨die; -, -en⟩ **1** *die Zahl 12* **2** die ~ *Straßenbahn, Bus mit der Nummer 12*

zwọ̈lf|mal *auch:* **zwọ̈lf Ma̲l** ⟨Adj.; in Ziffern: 12-mal / 12 Mal⟩ **I** ⟨Zusammen- u. Getrenntschreibung⟩ *zwölffach wiederholt* ▸ um Mitternacht schlägt die Glocke ~ **II** ⟨nur Zusammenschreibung⟩ *mit zwölf multipliziert* ▸ der neue Helikopter kann zwölfmal so viel Wasser laden wie ein Löschflugzeug; ⟨aber⟩ zwölf mal zwei ist vierundzwanzig; →a. *…mal, Mal (II)*

zwọ̈lft ⟨nur in der Wendung⟩ zu ~ *in einer Gruppe von zwölf Personen*

zwọ̈lf|te(r, -s) ⟨Adj.; Ordinalzahl zu „zwölf"; Zeichen: 12.⟩ *an zwölfter Stelle stehend*

Zwọ̈lf|te(r) ⟨die; -n, -n (der; -n, -n)⟩ *der, die im Rang od. der Leistung nach an zwölfter Stelle Stehende*

Zwọ̈lf|tel ⟨das od. schweiz. auch: der; -s, -⟩ *zwölfter Teil*

zwo̲|te(r, -s) ⟨Adj.; Ordinalzahl zu „zwo", umg.; oft zur besseren Verständigung, bes. am Telefon⟩ *zweite(r, -s)*

Zy|an|ka̲|li ⟨das; -s; unz.⟩ *sehr giftiges Kaliumsalz der Blausäure;* Syn *Kaliumzyanid*

Zy̲|k|len ⟨Pl. von⟩ *Zyklus*

zy̲|k|lisch ⟨Adj.⟩ *in der Art eines Zyklus, im Kreislauf regelmäßig wiederkehrend;* oV *cyclisch*

Zy|k|lo̲n ⟨der; -s, -e; Meteor.⟩ *Wirbelsturm in tropischen Gebieten*

Zy|k|lo̲p ⟨der; -en, -en; grch. Myth.⟩ *einäugiger Riese*

Zy̲|k|lus ⟨der; -, Zy̲|k|len⟩ **1** *Kreislauf, regelmäßige Wiederkehr;* Zus *Menstruationszyklus* **2** *Reihe, Zusammenfassung mehrerer gleichartiger Schrift- od. Musikwerke;* Zus *Opernzyklus*

Zy|lịn|der ⟨der; -s, -⟩ **1** *walzenförmiger Körper mit kreisförmigem Querschnitt;* Abl *zylinderförmig, zylindrisch* **2** *hoher, röhrenförmiger, zumeist schwarzer Herrenhut* **3** ⟨in Dampfmaschinen u. Verbrennungsmotoren⟩ *Raum, in dem Dampf od. verbrannte Gase einen Kolben hin- u. herbewegen*

zy̲|nisch ⟨Adj.⟩ *bissig-rücksichtslos, kalt berechnend, dabei gefühllos, menschenverachtend* ▸ ~e Bemerkungen machen; Abl *Zyniker(in)*

Zy|nịs|mus ⟨der; -; unz.⟩ *zynische Haltung*

Zy|p|rẹs|se ⟨die; -, -n; Bot.⟩ *ein Nadelbaum mit kleinen, dichten Blättern*

Zys|te ⟨die; -, -n; Med.⟩ *abgeschlossener Hohlraum im Gewebe mit flüssigem Inhalt*

z. Z. *auch:* **z. Zt.** ⟨Abk. für⟩ *zur Zeit*

Z